UKRAINIAN-ENGLISH COLLOCATION DICTIONARY

УКРАЇНСЬКО-АНГЛІЙСЬКИЙ КОМБІНАТОРНИЙ СЛОВНИК

UKRAINIAN-ENGLISH COLLOCATION DICTIONARY

for students of Ukrainian

Yuri I. Shevchuk

HIPPOCRENE BOOKS, INC.
New York

Second printing (corrected), 2022

Cover design by Natasha Mikhalchuk
Cover illustration by Lev Sloujitel

For further information, contact:
HIPPOCRENE BOOKS, INC.
171 Madison Avenue
New York, NY 10016
www.hippocrenebooks.com

Cataloging-in-Publication Data is available from the Library of Congress.

ISBN: 978-0-7818-1421-8

Printed in the United States of America.

CONTENTS

ABBREVIATIONS

A.	accusative case singular
ab.	abbreviation
adj.	adjective
adv.	adverb
affirm.	affirmative
agric.	agriculture
anat.	anatomy
anim.	animate
ant.	antonym
astr.	astronomy
aviat.	aviation
biol.	biology
book.	bookish style
bot.	botany
card.	cardinal numeral
cf.	compare for example
chem.	chemistry
coll.	collective numeral or noun
colloq.	colloquial
comp.	comparative, comparative degree
comput.	computer technology
conj.	conjunction
count.	countable nouns
D.	dative case singular
dem.	demonstrative (pronoun)
dim.	diminutive
dir.	direction of motion
econ.	economy
emph.	emphatic
Eng.	English
euph.	euphemism
f.	feminine
fam.	familiar, informal style
fig.	figurative
form.	formal style
fut.	future tense
Gal.	Galician variant
geogr.	geography
geol.	geology
geom.	geometry
G.	genitive case singular
hist.	history, historical term
im.	imperative
impers.	impersonal sentence
impf.	imperfective aspect
inan.	inanimate
indecl.	indeclinable
indef.	indefinite
inf.	infinitive
I.	instrumental case singular
intens.	intensifier
inter.	interjection
interr.	interrogative
intr.	intransitive
iron.	ironic
joc.	jocular
leg.	legal term
lit.	literally, verbatim
L.	locative case singular
ling.	linguistics
m.	masculine
math.	mathematics
med.	medicine
meteo.	meteorology
mil.	military
mod.	modal word
multi.	multidirectional verb
mus.	music
n.	noun
N.	nominative case singular
nonequiv.	nonequivalent item
nt.	neuter
num.	numeral
neg.	negative
old	old Soviet usage
ord.	ordinal numeral
orn.	ornithology
pa.	past tense
part.	particle
pass.	passive voice, passive construction
pejor.	pejorative
pf.	perfective aspect
pers.	person, personal
phr.	phrase, phraseologism
phys.	physics, physical
physiol.	physiology
pl.	plural number
poet.	poetic, poeticism
polit.	politics
posn.	static position
poss.	possessive
pr.	pronoun
pred.	predicative
prep.	preposition
pres.	present tense
psych.	psychology
refl.	reflexive verb
relig.	religion
sb	somebody
sg.	singular number
sth	something
super.	superlative, superlative degree
techn.	technology
tran.	transitive
unc.	uncountable nouns
uni.	unidirectional verb
usu	usually
v.	verb
V.	vocative case singular
var.	variant
vulg.	vulgar
w.	word
zool.	zoology

Introduction

The *Ukrainian-English Collocation Dictionary (UECD)* has no precedents, either in English, Ukrainian, or wider Slavic lexicography. There is more than one English dictionary of collocations, yet there is not a single monolingual Ukrainian collocation dictionary or bilingual collocation dictionary of any Slavic language.[1] This is the first bilingual dictionary that describes in American English how words are used in a Slavic language to build utterances. Compiling it meant fitting the lexicons of Ukrainian and English, two very different languages, into comparable syntactic structures.

An educated European easily knows a few hundred Greek and Latin words that were once adopted by her respective language community. That does not mean that she can speak these languages however, since it is one thing to know words and quite another to construct phrases and untterances with them. General monolingual dictionaries, like the *Merriam Webster Collegiate Dictionary*, the *Concise Oxford English Dictionary*, or the *Dictionary of the Ukrainian Language («Словник української мови»)*, primarily provide their users with information about the meanings of words and the idioms these words are part of. We turn to them when we need to find out what, for example, the noun *cloud* signifies. By contrast, collocation dictionaries tell us how to combine words into phrases and sentences in a flow of speech.

In the case of the noun *cloud*, they are supposed to inform the learner: 1) what type of *clouds* can there be (*big, enormous, heavy; dense, thick; light; high, low; ragged; black, dark, gray, leaden, white, gloomy, ominous; hail, rain, snow, storm; altocumulus, altostratus, cumulus, cumulonimbus, cirrus, cirrocumulus, cirrostratus, stratus, nimbostratus, stratocumulus*, etc.); 2) what form a *cloud* can take (*a bank of clouds, a layer of clouds, a formation of clouds, a veil of clouds, a wall of clouds*, etc.); 3) what can be done with clouds (*drive a cloud, e.g., The strong wind drove the snow clouds westwards. disperse, appear from behind, disappear in, hide behind*, etc.); 4) what a *cloud* can do (*gather, appear, amass, form, e.g. Heavy clouds formed on the horizon. block something (sth), cover sth, obscure sth; drift, float, move*, etc.); 5) spatial situations a *cloud* can typically be part of (*in a cloud, into a cloud, on a cloud, between two clouds, over clouds, through clouds*, etc.).

Collocation dictionary users thus get accustomed to seeing every word they focus on in terms of its logical and syntactic connections with the larger lexical system. Such an approach to lexicon greatly facilitates the acquisition of communicative skills in a given language. It allows learners to introduce structure, logic, and predictability into what otherwise can easily seem an intimidating and chaotic infinity of words. It helps to make the most of even a limited lexicon and turn it into a fluent flow of speech, since what matters is not how many words one knows, but how creatively one can use those words.

Teaching learners how to put words together, the collocations dictionary teaches them the strategic skills of creating with language, appropriating its expressive arsenal, and enjoying a sense of language ownership in the process. Having a collocation dictionary at one's easy disposal is a requisite condition for the fast and rewarding acquisition of a foreign language and the perfecting of one's mother tongue. Now for the first time, the English-speaking learners of Ukrainian around the world have such a resource to assist them.

Lexicographic Methodology

There are two principal approaches in dictionary compiling: descriptive and prescriptive. The *descriptive* approach is about what is. It reflects the state of a language at a given time period and is more accepting of new words and meanings once they attain a certain level of currency with speakers. The *prescriptive* approach is about what ought to be. It is by definition conservative and suspicious of new words and meanings, particularly those that contradict the recognized literary standard. The lexicographer who undertakes the task of compiling a Ukrainian dictionary is inevitably faced with the dilemma of which one of the two approaches to adopt. In the case of a language with a long history of colonial suppression and assimilation, the dilemma is not only methodological but also ethical.

Since the early 18th century and especially after the adoption in the Russian Empire of the notorious Valuev Circular (1863) and the Ems Edict (1876), the Ukrainian language has been on the receiving end of relentless Russification[2]. One of its particularly insidious varieties practiced from the early 1930s until the Soviet collapse in 1991, was the massive interference in the Ukrainian language system at all its levels–phonetic, morphological, lexical, and syntactic–with the aim of "bringing it closer to Russian." This policy was a purely Soviet Russian invention. Neither Poles, nor Romanians, nor Czechs, occupying Ukrainian territory, resorted to such a policy with their minority languages. Nor did the imperial Russian government.[3] This interference in fact aimed at doing away with the properties that gave Ukrainian its originality and expressive wealth, and reducing it to a pale simulacrum of the "great and mighty Russian language," turning Ukrainian into a stigma of provincialism.[4]

The history of the Russian war against the Ukrainian language knows a variety of discriminatory policies, from direct bans on its public use to more hidden but no less destructive forms of symbolic violence that amount to linguicide.[5] Under Soviet domination, the primary vehicle of this policy was the orthography (spelling system) introduced in 1933. Among other things, it banned hundreds of lexical items, case endings, and syntactic constructions as "bourgeois nationalist," replacing them with Russian equivalents. After 1991, these assimilationist practices not only persisted, but took new and effective forms. One of them is the policy of consistently mixing Ukrainian with Russian in the press, radio, television, and film, pursued on such a massive scale that today one is hard-pressed to find Ukrainian speech samples not contaminated with Russian.[6] As a result, the Ukrainian language of the early 21st century is riddled with Russian elements whose usage has no justification other than the continued assimilation.

Therefore, to apply the *descriptive approach* in compiling a Ukrainian dictionary would inevitably mean accepting the massive number of imposed Russian borrowings deeply alien to Ukrainian, legitimizing the Russification as such, and further undermining the already badly shaken indigenous foundations of the Ukrainian language. A descriptive lexicography is justified for languages like English, French, Spanish, or German, which are largely free from

---

[1]The lexicographical index *Slovnyky ukraïnskoï movy: 1596-2018*, compiled by Dmytro Pylypchuk [Kyiv: Prosvita Publishers, 2018] describes some 9,244 Ukrainian dictionaries of all kinds published both in and outside Ukraine from 1596 to 2018 and lists no comparable Ukrainian collocation dictionary, whether monolingual or bilingual.

[2]The Russian imperial government's regulations contained in the book *Ukraïnska identychnist' i movne pytannia v Rosiiskii imperiï: sproba derzhavnoho rehuliuvannia* [Ukrainian Identity and the Language Question in the Russian Empire: an Attempt at Government Regulation], Kyiv, Clio Publishers, 2015, published by the Institute of History of the National Academy of Sciences of Ukraine and the Central State Historical Archive of Ukraine furnish the latest evidence of the relentless Russification policies conducted between 1847 and 1914.

[3]Yurii Shevelov. "Tak nas navchaly pravyl'nykh proiznoshenii" [Thus we were taught correct pronunciations] in Yurii Shevelov, *Vybrani pratsi u dvokh knyhakh. Movoznavstvo. Knyha I.* [Selected works in two books. Book I], edited by Larysa Masenko (Kyiv: Kyiv-Mohyla Academy, 2008), 311–16; George Shevelov. *The Ukrainian Language in the First Half of the Twentieth Century (1900–1941). Its State and Status.* (Cambridge, MA: Harvard Ukrainian Research Institute, 1989), 173.

[4]The image of the "great mighty ... Russian language" was first articulated by the Russian classical writer Ivan Turgenev in 1882 and implanted in the consciousness of generations of the Soviet subjects. Celebrating Russian, it came to imply the inferiority of all the non-Russian languages and identities of the Soviet realm, including Ukrainian.

[5]Larysa Masenko, Viktor Kubaichuk, and Orysia Dems'ka-Kulchyns'ka, *Ukraïns'ka mova v XX storichchi: istoriia linhvotsydu.* [The Ukrainian language in the 20th century. A history of linguicide.] (Kyiv: Kyiv-Mohyla Academy, 2005).

[6]Yuri Shevchuk. *Movna shyzofreniia. Quo vadis, Ukraïno?* [Language schizophrenia. Whence Ukraine?] (Brustury: Diskursus, 2015).

assimilatory pressures, or for those that have managed to recover from the detrimental effects of foreign domination, like Polish, Czech, or Slovak.

Prescriptive lexicography is typically used as a tool of decolonization. It intentionally prescribes its community of speakers the choices that maximize differences from the former colonizer and even create them where they previously did not exist. It is also used to reorient the given language away from the cultural domination of the former colonizer and facilitate a revival driven by indigenous roots rather than by alien influence.

This was the case with the emergence of the doctrine of American exceptionalism, which in the early 19th century gave rise to American English with its claim to be not a regional variety of British English, but a separate language with its distinct lexicography to support that claim. This is true of language planning in present-day Croatia, which has been going on since the disintegration of Yugoslavia and is aimed at forming a Croatian language out of what was only recently considered Serbo-Croatian, a language native both to Serbs and Croats.[7]

The prescriptive approach seems entirely justified in the case of the Ukrainian language deeply affected by its long history of Russification and imperial repression. This approach means that the Dictionary user is encouraged to favor the words and forms that are deemed by a number of recognized experts as desirable because they are native, correspond to the inner logic and nature of Ukrainian and are supported by the tradition of their usage in the writings of those Ukrainians who constitute the literary canon free, to the degree possible, of Russian influence.[8] By the same token, the Dictionary user is encouraged to avoid the words and forms considered to be imposed from Russian. The application of the prescriptive method in the Dictionary is limited to the following five cases in which Russian interference is recognizable or foreign borrowings are needlessly employed to present the user as educated and fashionable, despite the fact that Ukrainian already has words that signify exactly the same concepts.

1) Where there are two synonyms, one without a Russian cognate and the other with, the former is given preference. For instance, in these pairs of synonyms, the first word is favored over the second: **авті́вка** *vs.* **маши́на** *a car*, **вродли́вий** *vs.* **краси́вий** *beautiful, handsome*, **горі́шній** *vs.* **ве́рхній** *upper*, **долі́шній** *vs.* **ни́жній** *lower*, **дев'ятдеся́т** *vs.* **дев'яно́сто** *ninety*, **дружи́на** *vs.* **кома́нда** *a team*, **кітва́** *vs.* **я́кір** *anchor*, **маля́рство** *vs.* **живо́пис** *painting*, **поста́ва** *vs.* **постано́вка** *production (of play)*, **по́тяг** *vs.* **по́їзд** *a train*, **розсте́жувати** *vs.* **розслі́дувати** *to investigate*, **рубе́ць** *vs.* **шов** *a seam*, **ру́ханка** *vs.* **заря́дка** *a workout*, **слоі́к** *vs.* **ба́нка** *a jar*, **чарда́к** *vs.* **па́луба** *a deck*, **чека́ти** *vs.* **жда́ти** *to wait*, etc.

2) Indigenous items are favored over accepted foreign loans, registered in other Ukrainian dictionaries, and particularly over the recent, needless borrowings that express notions already denoted by indigenous words or well-assimilated foreign ones. Thus, the *Ukr.* **мовозна́вець** *linguist* is favored over **лінгві́ст**, *Ukr.* **світли́на** *photograph* over **фотогра́фія**, *Ukr.* **підсо́ння** *climate* over **клі́мат**, *Ukr.* **травни́к** *lawn* over **газо́н**, *Ukr.* **у́ступ** *paragraph* over **абза́ц**, *Ukr.* **хідни́к** *sidewalk* over **тротуа́р**, on the condition that both words in each such pair are close or absolute synonyms. When the synonyms are only partial and have important semantic differences, both appear as headwords in the Dictionary, e.g., *Ukr.* **обгово́рення** and the borrowed **диску́сія** *discussion, debate.*

3) Native words and neologisms are favored over foreign, often ad hoc, borrowings from English that are indiscriminately inserted into Ukrainian speech, even though they are often impossible to understand. These "junk loans" express notions that have already been verbalized. They are used despite the fact that lexicographers refuse to grant them recognition, e.g., the *Ukr.* **винахі́дливий** *vs. Eng.* **креати́вний** *unconventional, creative, Ukr.* **виробни́цтво** *vs. Eng.* **прода́кшен** *production*, *Ukr.* **документа́льна про́за** *vs. Eng.* **нон-фі́кшн** *non-fiction*, *Ukr.* **за́гадка** *vs. Eng.* **пазл** *puzzle*, *Ukr.* **змі́ст** *vs. Eng.* **конте́нт** *content*, *Ukr.* **майсте́рня** *vs. Eng.* **во́ркшоп** *a workshop*, **поши́рення** *vs. Eng.* **шер** *a share (on social media)*, **раху́нок** *vs. Eng.* **акка́унт** *account (on a social network), Ukr.* **речене́ць** *vs. Eng.* **дедла́йн** *a deadline, Ukr.* **уподоба́йка** *vs. Eng.* **лайк** *a like (on social media)*, *Ukr.* **фанта́зія** *vs. Eng.* **фе́нтезі** *fantasy*, etc.

4) The Dictionary uses Ukrainian equivalents of English terms that have not yet received general currency among Ukrainian speakers, e.g., **га́даний уби́вця** *an alleged killer*, *Ukr.* **колонка́р** *vs. Eng.* **колумні́ст** *columnist.*

5) Indigenous Ukrainian syntax is known to favor verbal constructions *(She frequently showered.)* over nominal ones *(She took frequent showers.)* and active voice *(Rob sent the letter.)* over passive *(The letter was sent by Rob.)*, as is the case with English or Russian.[9] The illustrative quotations reflect this fact, e.g., **Зако́н ухвали́в парла́мент.** *The parliament passed the law.* rather than **Зако́н ухва́лений парла́ментом.** *The law was passed by the parliament.* Likewise, impersonal sentences with a predicate in the active voice are given preference over those with a reflexive verb as a predicate, e.g., **У дослі́дженні ко́смосу ши́роко використо́вують фотогра́фію.** rather than **У дослі́дженні ко́смосу ши́роко використо́вується фотогра́фія.** *Photography is widely used in space exploration.*

Apart from these five cases, the Dictionary uses the descriptive approach in the presentation of the lexicon. In particular, it seeks to record the realities of speech that have been consistently ignored in Soviet and post-Soviet Ukrainian lexicography, as well as those that reflect important new trends in the language of the decolonizing and democratizing society Ukraine is today. The Dictionary is the first to describe in English the collacability of some of the most frequent Ukrainian taboo words of sexual and scatological origin, i. e., vulgarisms, labeled *vulg.*[10] Given the fact that in Ukrainian, as is the case with English, and most other European languages, vulgarisms belong to the segment of the vocabulary system that stands out for its high frequency above all in spoken, as opposed to written, speech, excluding them would mean skewing the picture of the contemporary Ukrainian language use.

One of the most pernicious colonial legacies the Ukrainian language still has to deal with is the limited layer of indigenous colloquial lexicon, jargon, and slang at the disposal of its speakers. These areas of word production are important indicators of language vitality, since it is here that innovation, experimentation, and creativity occur–processes that make a language dynamic, prestigious, and attractive for those who speak it. Yurii Shevelov wrote that urban slang distinct from Russian effectively does not exist in the modern Ukrainian language. He regarded the existence of slang together with well-developed technical and scientific terminology as an important precondition for the survival of Ukrainian.[11]

With this in mind, a selection of popular colloquialisms, jargonisms, and slang is featured in the Dictionary. They appear both as head entries and in illustrative quotations, e.g. **видзиго́рний** *colloq.* chichi, **вхехе́лювати** *slang* shell out, **збіго́висько** *colloq.* a shindig,

[7]Robert D. Greenberg, "When is Language a Language? The Case of Former Yugoslavia," in: Michael S. Flier and Andrea Graziosi (Eds.), *The Battle for Ukrainian. A Comparative Perspective*, Ukrainian Research Institute, Harvard University, Cambridge, MA, 2017, 517-20.

[8]The decision about which lexical items and syntactic forms to favor and which to avoid in the Dictionary was informed by the study of the corpus of the academic *Dictionary of the Ukrainian Language* [«Словник української мови»] and the writings of such authorities on the matter as Olena Kurylo, Yurii Shevelov, Borys Antonenko-Davydovych, Sviatoslav Karavansky, Oleksander Ponomariv, Oleksandra Serbenska.

[9]Olena Kurylo, *Uvahy do suchasnoï ukraïns'koï literaturnoï movy* [Notes on the contemporary Ukrainian literary language] (Kyiv: Solomia Pavlychko Osnovy, 2008), 55. Hinzburg, M.D. ed. *Ukraïns'ka dilova mova. Praktychnyi posibnyk na shchoden'.* [Ukrainian business and professional language. A practical, everyday manual] (Kharkiv: Torsinh, 2003), 480.

[10]Lesia Stavytska broke the taboo on lexicographical description and the academic study of the obscene Ukrainian lexicon by publishing her groundbreaking *Ukraïns'ka mova bez tabu. Slovnyk netsenzurnoï leksyky ta ïi vidpovidnykiv [The Ukrainian language without taboos. A dictionary of obscene vocabulary and its equivalents]* (Kyiv: Krytyka, 2008).

[11]Shevelov, "Tak nas navchaly pravyl'nykh proiznoshenii," 328.

лимóн *slang* a million; **задáрмá** *colloq.* for free, **на хібá** *colloq., euph.* why, what for, **непотрíбний** *colloq.* crummy, **об'їжджáти** *colloq.* to cheat, **пальнé** *colloq.* booze, **пáра** *colloq.* class *(only at college),* **розчепíрювати** *colloq.* to spread, **слáвний** *colloq.* lovely, **стýкнутий** *colloq.* crazy, **стягáти** *colloq.* to steal.

The Ukrainian language of today actively verbalizes the newest trends in a Ukrainian society that is slowly but surely developing awareness of and demonstrating a greater appreciation for human rights and the liberal values of including previously excluded or marginalized groups. The Dictionary seeks to reflect these trends, describing some key feminist, gay, and lesbian vocabulary items and presenting a more gender-balanced picture of the world wherein female subjects are given equal agency with male ones. The traditional patriarchal assignment of social roles is questioned, undermined, and rejected.

This should be immediately obvious to the user as she delves into the body of the *Dictionary's* illustrative material. The user should be prepared to deal with women who lead and not follow, run businesses, serve in the armed forces, and are much more often intelligent than pretty, brunette than blonde. Likewise men in the illustrative material of the dictionary often appear in "non-traditional" social roles that are becoming increasingly visible and, more importantly, acceptable in Ukrainian life. Men thus may be often impressionable and not always stern. They may be attracted not only to women, but also to men.

The Orthographic Standards

Since the 1960s, there has been a growing and increasingly more influential movement among Ukrainians in Ukraine to replace the Soviet-imposed colonialist orthography with the Ukrainian orthography adopted in 1928 and often referred to as the Kharkiv Pravopys (the Kharkiv orthography). The movement became more vocal with the emergence of an independent Ukraine in 1991. It is under the mounting pressure of this movement that various post-Soviet Ukrainian governments reinstated a number of rules of the Kharkiv orthography. Yet the continuing influence of the Russian colonial legacy is manifest in the fact that the latest edition of the Ukrainian orthography of 2019 allows for the existence of both indigenous Ukrainian and Soviet-imposed norms in a number of cases (*Ukr.* **міт** alongside *Sov.* **міф** *myth*, *Ukr.* **авдитóрія** and *Sov.* **аудитóрія** *classroom*, *Ukr.* **лавреáт** and *Sov.* **лауреáт** *laureate*, *Ukr.* **ґнший** and *Sov.* **íнший** *other*, *Ukr.* **Вергíлій** alongside *Sov.* **Вергíлій** *Virgil*, and many other parallel forms that, instead of streamlining, complicate language usage.[12]

Relying on the scholarly based Kharkiv orthography of 1928, the Dictionary continues the uninterrupted tradition practiced by the publishers and research institutions of the Ukrainian diaspora in the West.[13] They include *Svoboda*, the world's oldest Ukrainian newspaper; the Taras Shevchenko Scientific Society, with centers in New York City, Toronto, and Paris, the Ukrainian Free Academy of Sciences (New York, N.Y.), the Canadian Institute of Ukrainian Studies, and the Harvard Ukrainian Research Institute, to name but a few. Since this orthography is not free from a number of inconsistencies and disputable points, this Dictionary, much like my *Beginner's Ukrainian* (Hippocrene Books, 2011, a textbook for North American college students and self-learners), follows the Kharkiv orthography in spirit if not always in letter, reflecting some major changes that have occurred in modern Ukrainian since 1928. Here is a list of rules followed in the Dictionary.

1. The *transcription principle* is applied in rendering foreign loans as opposed to the *transliteration principle* used in Russian and imposed on Ukrainian by the Soviet regime. A loan is reproduced in Ukrainian as it sounds and not as it is spelled. For example, the American toponym *Illinois* becomes *Ukr.* **Ілинóй** not ***Іллінóйс**[14], German *Freiburg* **Фрáйбурґ** not *Фрéйбург, Italian *gnocchi* **ньóккі** not ***гньóккі**. Exceptions are foreign proper names, toponyms, and hydronyms that have universally accepted Ukrainian equivalents of long standing. Thus the capital of Italy is **Рим** not ***Рóма**; that of France is **Парúж** not ***Парí**; of Austria **Вíдень** not ***Він**. Likewise, the river on whose banks Rome is situated is **Тибр** not ***Тéвере**. These are universally accepted names with a long tradition of use in Ukrainian. That is why the Rhine River in Germany is **Райн** not the Russian-imposed ***Рейн**.

Transcription of foreign loans is the logical outcome of the Ukrainian spelling system that is phonetically based.[15] This means that one letter ideally represents a single sound, as in Spanish or Italian. Transliteration corresponds to the etymologically based spellings used in English, French, or Russian that are inevitably much more complicated and ridden with all manner of exceptions to the rule. Geminated letters that are pronounced as one sound in the source language are rendered by a single letter in Ukrainian, e.g., **іміґрáнт** not ***імміґрáнт** *immigrant*, **іновáція** not ***інновáція** *innovation,* **конотáція** not ***коннотáція** *connotation*, **іраціонáльний** not ***ірраціонáльний** *irrational*, **сюреалíзм** not ***сюрреалíзм** *surrealism,* etc.

2. The Rule of Nine is used to render the letter **~i~** or more rarely **~y~** signifying the phoneme [i], more rarely [i:] in foreign loans (*critical, implication, oligarchy, politics, aristocracy, finale, biophysics,* etc.). The rule stipulates that **~i~** corresponds to the Ukrainian **~и~** if the former follows any of the nine consonants [d] *Ukr.* **д**, [t] *Ukr.* **т**, [z] *Ukr.* **з**, [s] *Ukr.* **с**, [ts] *Ukr.* **ц**, [zh] *Ukr.* **ж**, [sh] *Ukr.* **ш**, [ch] *Ukr.* **ч**, and [r] *Ukr.* **р**, if **~i~** is followed by a consonant, e.g. **дирéктор** not ***дірéктор** *director,* **президéнт** not ***презідéнт** *president*, **позитúв** not ***позітíв** *positive*, **ситуáція** not ***сітуáція** *situation*, **критúчний** not ***крітíчний** *critical*. The foreign **~i~/~y~** is the Ukrainian **~і~** in: 1) all other positions, e.g., **вíза** not ***вúза** *visa,* **лíтера** not ***лúтера** *letter* from Latin *litera,* **мíстика** not ***мúстика** *mystic*, **фінáл** not ***финáл** *finale*, and 2) when the combination of **~i~/~y~** with one of the nine consonants is followed by a vowel, e.g. **пріоритéт** not ***приоритéт** *priority*, **рáдіо** not ***рáдио** *radio*, **Ріо-Ґрáнде** not ***Рúо-Грáнде** *Rio Grande*, **тріюмф** not ***триюмф** *triumph.*

There are some exceptions to the Rule of Nine. In Ukrainian the front vowel [y] of mid elevation (**лис** *fox*) is very close to the English [ɪ] (list, sit) and phonematically opposed to the palatalizing high vowel [i] (**ліс** *forest*), which, in turn, is similar to the long English [i:] (*lease, seat*). Therefore the English [ɪ] (Bill Clinton) is rendered by the Ukrainian [и], e.g., **Бил Клúнтон** not ***Білл Клінтон**, and [i:] by the Ukrainian **~i~** (**брíфинґ** not ***брúфинг** *briefing*, **дíлер** not ***дúлер** *dealer*).

3. The Greek letter theta **Θ, θ**, which corresponds to the English and French digraph **th**, is always rendered by the Ukrainian **~т~** without exception, e.g., **анáтема** not ***анáфема** *anathema*, **аритмéтика** not ***арифмéтика** *arithmetic*, **Атéни** not ***Афíни** *Athens,* **етéр** not ***ефíр** ether, *fig.* airwaves, **катéдра** not ***кáфедра** *cathedra, professorship*, **міт** not ***міф** *myth*, **ортогрáфія** not ***орфогрáфія** *orthography*, **скит** not ***скіф** *a Scythian.*

4. The Latin letter **H, h** *(hit, holding)* is always rendered by the Ukrainian **Г, г**, e.g., *hard rock* is **гард-рóк** not ***хард-рóк**, *hippie* is **гúпі** not ***хíппі**, *hit parade* is **гіт-парáд** not ***хіт-парáд**, *hobby* is **гóбі** not ***хóббі**, *hockey* is **гокéй** not ***хокéй.**

5. The Latin letter **G, g** *(gala, goal, Gastarbeiter)* is rendered by **Ґ, ґ**, e.g., **аґітáція** *agitation*, **аґрéсія** *aggression,* **ґáнґстер** *gangster*, **іґнорувáти** *to ignore*, **іміґрáнт** *an immigrant*, **ґрáція** *graciousness*,

[12] Ukrainian Orthography of 2019, https://mon.gov.ua/storage/app/media/zagalna%20 serednya/05062019-onovl-pravo.pdf, 124-31.

[13] Viktor Kubaichuk, *Khronolohiia movnykh podii v Ukraïni (Zovnishnia istoriia ukraïns'koï movy)* [A chronology of language events in Ukraine (An external history of the Ukrainian language)] (Kyiv: KIS, 2004), 87.

[14] An asterisk marks either incorrect forms or the forms translated verbatim from Ukrainian that do not exist in English.

[15] *Suchasna ukraïns'ka literaturna mova. Vstup. Fonetyka* [Modern Ukrainian Literary Language. Introduction. Phonetics] (Kyiv: Naukova dumka, 1969), 402.

гриль *grill*. There are two exceptions: 1) fully assimilated foreign loans that are frequently used in Ukrainian, e.g., **газе́та** *newspaper, gazette*, **грана́та** *grenade*, **пога́ний** *bad*, **пога́нин** *pagan*; 2) Greek words in which the letter gamma **Г, γ** correlates with the Latin G, g, e.g., **геогра́фія** not ***ґеогра́фія** *geography*, **біоло́гія** not ***біоло́ґія** *biology*, **гангре́на** not ***ґанґре́на** *gangrene*, **педаго́г** not ***педаґо́ґ** *educator, pedagogue*.

6. The letter combination ~**au**~ *(automobile, author)* is rendered by the Ukrainian ~**ав**~ not *~**ау**~, e.g., **авди́т** not ***ауди́т** *audit*, **авді́єнція** not ***ауді́єнція** *audience, reception*, **лавр** not ***ла́ур** *bay leaf*, **лавреа́т** not ***лауреа́т** *laureate*, **фа́вна** not ***фа́уна** *fauna, animal world*

7. The English diphthongs [ɔʊ] *(boast, stone, load)* and [aʊ] (*crown, loud, proud*) are rendered by the Ukrainian ~**ов**~ and ~**ав**~ respectively, e.g., *show* is **шов** not ***шо́у**, *know-how* is **нов-га́в** not ***но́у-ха́у**, *Downing Street* is **Да́внинґ-стріт** not ***Да́унінг-стріт**, *browser* is **бра́взер** not ***брау́зер**.

8. The English letter **W, w** in initial position is rendered by **В, в** not **У, у**, e.g., *Wellington* is **Ве́линґтон** not ***Уе́ллінгтон**, *William* is **Ві́льям** not ***Уі́льям**, *Wall Street* is **Во́л-Стріт** not ***Уо́лл-стріт**.

9. The English digraphs ~**er**~, ~**ir**~, ~**ur**~, ~**or**~, ~**yr**~, ~**ear**~, denoting the tense long vowel [ɘ:] *(burner, learn, turn)* are rendered by the Ukrainian ~**ер**~, e.g., *earl* **ерл**, *surfing* **се́рфінґ**, *church* **черч**, *hamburger* **ге́мберґер**, *Irving* **Е́рвінґ**, *Turner* **Те́рнер**.

10. The German letter combination ~**ei**~ is the Ukrainian ~**ай**~. Thus *Einstein* is **Айнштайн** not ***Ейнште́йн**, *Leipzig* is **Ля́йпциґ** not ***Ле́йпциг**, *Steinbeck* is **Стайнбек** not ***Сте́йнбек**, *Reich is* **райх** not ***рейх**, *Zeitgeist* is **ца́йт-ґайст** not ***це́йт-ґейст**, Heinrich Heine is **Га́йнрих Га́йне** not ***Ге́нріх Ге́йне.**

11. The German letter combination ~**eu**~ is rendered by the Ukrainian digraph ~**ой**~, e.g., **Фройд** not ***Фрейд** *Freud*, **Дойч** not ***Дейч** *Deutsch (family name)*.

12. The Spanish geminate ~**ll**~ *(caballo, mantequilla)* is rendered by the Ukrainian ~**й**~, which is the first sound denoted by the letters **я, є, ї** and **ю**, e.g., **пае́я** not ***пае́лія** *paella (dish)*, **сеґі́дія** not ***сеґіді́лья** *seguidilla (dance)*, **торті́я** not ***торті́лья** *tortilla (dish)*, **Севі́я** not ***Севі́лья** *Sevilla (city)*.

13. The Dictionary restores the letter **и**~ to its rightful place at the beginning of a word, e.g., **и́дол** *idol*, **и́кавка** *hiccup*, **имбе́р** *ginger*, **инди́к** *turkey*, **и́ней** *hoarfrost*, **и́ноді** *sometimes*, **инозе́мний** *foreign*, **и́нший** *different*, **ржа́** *rust*, **и́рій** *south*, **и́скра** *spark*.

14. The letter combination ~**eu**~ in Greek and Latin loans is rendered by the Ukrainian ~**ев**~, e.g., **евтена́зія** *euthanasia*, **евфемі́зм** *euphemism*, **невтралітéт** not ***нейтралітéт** *neutrality*, **невро́н** not ***нейро́н** *neuron*.

15. In order to avoid two vowels in a row, ~**ia**~ and more rare ~**iy**~, the digraphs ~**ія**~ and ~**ію**~ are used respectively, e.g., **Адрія́тика** not ***Адріа́тика** *the Adriatic*, **артерія́льний** not ***артеріа́льний** *arterial*, **геніяльний** not ***геніа́льний** *brilliant*, **дія́гноз** not ***діа́гноз** *diagnosis*, **діяле́ктика** not ***діале́ктика** *dialectics*, **матерія́л** not ***матеріа́л** *material, cloth*, **індустріялiза́ція** not ***індустріалiза́ція** *industrialization*, **тріюмф**, not ***тріу́мф** *triumph*.

16. Ukrainian morphology tends to fully assimilate foreign common nouns into productive declensional patterns. The French **essai** *essay* thus becomes Ukrainian **есе́й,** declinable much like **музе́й**, *cf.* French **musée** *museum*. The same rationale is behind the declension of all foreign nouns ending in an ~**o** preceded by a consonant, e.g., **кре́щендо** *crescendo* – **з креще́ндом** *with a crescendo*, **метро́** *subway* – **у метрі́** *in the subway*, **пальто́** *coat* – **без пальта́** *without a coat*, **Сан-Франци́ско** *San Francisco* – **у Сан-Франци́ску** *in San Francisco*, **Торо́нто** *Toronto* – **до Торо́нта** *to Toronto*.

17. Third-declension feminine nouns whose stem ends in a consonant cluster (**гото́вність** *readiness*, **злість** *anger*, **со́вість** *conscience*, **тото́жність** *identity*) and the five nouns **кров** *blood*, **любо́в** *love*, **о́сінь** *autumn*, **Русь** *Rus (historical name of the Great Principality of Kyiv)*, and **сіль** *salt*, take the ending ~**и** in the genitive case, e.g., **без зло́сти** *without anger*, **від любо́ви** *from love*, **без со́ли** *without salt*, **без тото́жности** *without identity*.

18. Contrary to the Russifying practice of Ukrainian Soviet and post-Soviet lexicography, the Dictionary treats Russian anthroponyms the same way as it does any other–English, French, Polish or Spanish–namely, as foreign words. It does not replace them with Ukrainian equivalents. Thus the founder of Russian communism **Владі́мір Лє́нін** *Vladimir Lenin* does not get Ukrainianized into ***Володи́мир Ле́нін**, as if he were Ukrainian.[16] Likewise the writer **Михаи́л Булга́ков** *Mikhail Bulgakov* is **Міхаі́л Булга́ков** not ***Миха́йло Булга́ков,** the communist politician **Надє́жда Кру́пская** *Nadezhda Krupskaya* is **Надє́жда Кру́пская** not ***Наді́я Кру́пська**, the poet **О́сип Мандельшта́м** *Joseph Mandelstam* is **О́сіп Мандельшта́м** not ***Йо́сип Мандельшта́м** and so on. Following the same logic, the English *William* stays **Ви́льям** and does not become **Васи́ль** *Vasyl*, the Polish *Katarzyna* is **Катажи́на** and does not become **Катери́на**, the Spanish *Irene* stays **Іре́не** without becoming **Ири́на**.[17]

19. Ukrainian toponyms and hydronyms are transcribed into English based on how they are spelled in the Ukrainian language. Thus the name of Ukraine's capital is **Kyiv** Київ not the colonial Russian *Kiev. By the same token other Ukrainian city names in English are **Odesa** not *Odessa, **Kharkiv** not *Kharkov, **Rivne** not *Rovno, **Chernihiv** not *Chernigov, **Berdychiv** not *Berdichev, **Bila Tserkva** not *Belaya Tserkov, etc. The same pertains to Ukrainian rivers and other bodies of water, e.g., **Dnipro** not *Dnieper; **Inhul** not *Ingul; **Psel** not *Psiol; **Tysa** not *Tisa, etc.

20. Ukrainian proper and common names are transliterated into English in the Dictionary based on the Library of Congress transliteration system.

What's in the Dictionary

The Ukrainian-English Collocation Dictionary describes more than 8,500 nouns, pronouns, adjectives, verbs, adverbs, prepositions, conjunctions, and particles that make up the core Ukrainian lexicon today. The learner can find out the meaning(s) of each item described and how it combines with other words to create expressions and sentences in an idiomatic flow of communication. It also covers the specialized vocabularies of politics, arts, culture, sports, education, cooking, filmmaking, religion, medicine, and other important domains regarded as part of the everyday life of an average educated speaker. Alongside stylistically neutral words, the Dictionary features a select variety of frequently used words typical of formal, terminological, technical, poetic, colloquial, slang, and vulgar styles of speech, as well as new coinages that have found wide acceptance. Reflecting a vision of Ukrainian as a global language spoken not only on the Ukrainian mainland but, for more than a century, in other countries, such as Canada, the United States, France, the UK, etc., the Dictionary also features the lexical items that have survived in the diaspora and recently staged a comeback into literary Ukrainian on the mainland (**лето́вище** *airport*, **речене́ць** *deadline*, **світли́на** *photograph*, **травни́к** *lawn*, **хідни́к** *sidewalk, etc.)*.

The *UECD* combines essential elements of six types of dictionaries, namely: 1) a translation dictionary; 2) a collocation dictionary; 3) a learner's dictionary; 4) a thesaurus; 5) a phraseological dictionary; and 6) an encyclopedia.

---

[16] The assimilatory practice of Ukrainianizing Russian anthroponyms as if Russians and Ukrainians were the same nation, has been preserved in the latest edition of the Ukrainian Orthography (2019).

[17] Yuri Shevchuk, "Linguistic Strategies of Imperial Appropriation. Why Ukraine Is Absent from World Film History," in *Contemporary Ukraine on the Cultural Map of Europe*, eds. Larissa M. L. Zaleska Onyshkevych and Maria G. Rewakowicz, (Armonk, NY: M. E. Sharp, Inc., 2009), 359–74.

Translation dictionary. As a typical bilingual translation dictionary, the *UECD* offers English equivalents of every respective entry or its meaning. At the same time, and unlike similar dictionaries published earlier, it singles out the Ukrainian words that have no English equivalents and offers adequate means of rendering them in English.

This is above all the case with the so-called *nonequivalent items* that reflect the specifically Ukrainian way of verbalizing reality, e. g., **доба́** *twenty-four hours*, **окрі́п** *boiling water*; **біл́іти** *show white*, as in **На о́брії біл́іли го́ри.** *The mountains showed white on the horizon.* **зелені́ти** *show green*, **сірі́ти** *show gray*, **червоні́ти** *show red.*

Collocation dictionary. The collocation part of the Dictionary gives the information on how each respective word combines with other words in a minimal collocation and utterance, on types of verbal government (**не́хтувати** + *A. or I. to ignore sb/sth,* **гра́ти на** + *L. or* **на** *A. to play an instrument,* **ко́штувати** + *A. or D. to cost to somebody (sb)*, and on the most current idioms the item is part of, all illustrated with typical word combinations and simple sentence patterns.

Learner's dictionary. As a learner's dictionary, the *UECD* offers information on the lexical meaning, morphology, collocability, and other essential morphological properties of each headword. These include the choice of endings for the genitive singular of the second declension inanimate masculine nouns (**без уся́кого апара́та** *without any appliance* vs. **без уся́кого апара́ту** *without any personnel*, **для столя́рського інструме́нта** *for carpenter's tools* vs. **для музи́чного інструме́нту** *for a musical instrument*, verbal conjugation patterns, all types of sound mutations in nouns and verbs, prepositional and verbal government, irregular forms, and important exceptions to rules. Learners will be ill-advised to treat these exceptions as just a nuisance. They are features that mark Ukrainian as original and different from other Slavic languages. Once they are understood, these exceptions turn nuisances into helpers. Sound mutations in Ukrainian are limited to nouns and verbs.

Sound mutations in nouns. There are four types of sound mutation affecting the Ukrainian noun as it declines. Three are more frequent, while the fourth one is less so.

1) vowel alternation: ~**і**~ becomes ~**о**~ or more rarerly ~**е**~, e.g., **міст** *a bridge* – **на мо́сті** *on a bridge*, **кіт** *a cat* – **для кота́** *for a cat*, **ніс** *a nose* – **без но́са** *without a nose,* **рік** *a year* – **до ро́ку** *to a year,* **піч** *an oven* – **бі́ля пе́чі** *near an oven*

2) the dropping of ~**о**~ or more rarely ~**е**~ in the final syllable, e.g., **куто́к** *a corner* – **у кутку́** *in a corner*, **сон** *a dream* – **у́ві сні** *in a dream*, **украї́нець** *a Ukrainian man* – **на украї́нцеві** *on a Ukrainian man*, **кіне́ць** *an end* – **без кінця́** *with no end,* **олі́ве́ць** *a pencil* – **для олівця́** *for a pencil*

3) a velar shift whereby three velar consonants before the locative singular ending ~**і** change:

г to **з**, e.g., **кри́га** *ice* – **на кри́зі** *on ice,* **круг** *a circle* – **у кру́зі** *in a circle,* **нога́** *a foot* – **на нозі́** *on a foot*

к to **ц**, e.g., **ло́жка** *a spoon* – **у ло́жці** *in a spoon,* **о́ко** *an eye* – **в о́ці** *in an eye*, **рука́** *a hand* – **в руці́** *in a hand*

х to **с**, e.g., **ву́хо** *an ear* – **у ву́сі** *in an ear,* **му́ха** *a fly* – **на му́сі** *on a fly*, **по́верх** *a floor* – **на по́версі** *on a floor*

4) the insertion of the vowel ~**о**~ *or more rarely* ~**е**~ in the genitive plural of some nouns so as to avoid a consonant cluster that is difficult to pronounce, e.g., **вікно́** *a window* – **ві́кон** *of windows*, **збі́рка** *a collection* – **збі́рок** *of collections*, **кни́жка** *a book* – **книжо́к** *of books*, **брехня́** *a lie* – **бре́хень** *of lies*, **сідло́** *a saddle* – **сі́дел** *of saddles*, etc.

The learner will quickly recognize those nouns that are affected by one of the four described sound mutations every time the vertical line | meant to separate the word stem from its ending in regular nouns, will instead split the final part of a stem to signify which part remains unchanged and which one changes. Thus, instead of the expected **міст** *a bridge* there is **м|іст**, since its declension is **~оста́, ~осто́ві, ~осто́м**, *etc.* Likewise, instead of **ніс** *a nose*, there is **н|іс**, since its declension is **~о́са, ~о́сові, ~о́сом**, *etc.*; instead of **куто́к** *a corner* there is **кут|о́к**, since its declension is **~ка́, ~ко́ві, ~ко́м**, *etc.*; instead of **ма́рк|а** *a stamp* there is **ма́р|ка**, since its declension is **~ки, ~ці, ~кою, у ~ці**, *etc.*

Motion vs. static position. Ukrainian grammar has a set of forms that is a combination of a verb, preposition, and case ending to signify the idea of movement as opposed to static position. Reflecting this peculiarity of the Ukrainian-language picture of the world, the Dictionary consistently differentiates between the situations involving direction of motion (labeled *dir.*) and static position (labeled *posn.).* A preposition typically governs the accusative case to express direction of motion, e.g., *dir.* **Вона́ покла́ла зо́шит на підло́гу.** *She put the notebook on the floor. dir.* **Кіт схова́вся під лі́жко.** *The cat hid under the bed.* The same preposition governs the locative or, less often, the instrumental case when static position is indicated, e.g., *posn.* **Зо́шит лежи́ть на підло́зі** *(L.). The notebook is lying on the floor. posn.* **Кіт сиди́ть під лі́жком** *(I.). The cat is sitting under the bed.*

Predicate-object government. Another challenge the Ukrainian verb presents to learners is the often complicated manner it governs its object in a sentence.[18] It is not always easy even for native Ukrainian speakers to choose the correct case form of the object in such expressions as: **дя́кую вам** *or* **вас** *thank you*, **Я говорю́ украї́нською** *or* **на украї́нській.** *I speak Ukrainian.* **ви́бачте мені́** *or* **мене́** *excuse me*, **Вона́ повідо́мила студе́нтам** *or* **студе́нтів.** *She informed the students.* **опано́вувати профе́сію** *or* **профе́сією** *to master a profession*, **Вони́ зрекли́ся наси́льства** *or* **від наси́льства.** *They renounced violence.* **Жі́нка хворі́є гри́пом** *or* **на грип.** *The woman is sick with the flu.*[19] The predicate-object government can be direct, as in **малюва́ти ескі́з** *to draw a sketch,* and **малюва́ти олівце́м** *to draw with a pencil*, or mediated by prepositions, as in **малюва́ти на папе́рі** *to draw on paper.*

Almost all existing Ukrainian-English dictionaries are meant for Ukrainian learners of English and omit this information as redundant. The *UECD* consistently offers the user the information on a verb's government, with or without prepositions by indicating the prepositions that typically accompany the given verb and the case that its object takes. Thus, for example, **купува́ти** *to buy* as a typical transitive verb governs both a direct object in the accusative case (to buy sth) and an indirect one in the dative case (to buy for sb), e.g., **Хома́ ча́сто купу́є дружи́ні кві́ти.** *Khoma often buys his wife flowers.* This is a case when the predicate-object government patterns in Ukrainian and English are identical.

There are instances when these patterns differ, as with **поя́снювати** *to explain.* In Ukrainian, it follows the direct-indirect object pattern, while in English the indirect object requires the preposition to, e.g., **Студе́нтка поя́снює викладаче́ві свій за́дум.** *The (female) student is explaining her idea to the instructor.* In a similarly asymmetrical manner, the Ukrainian **слу́хати** *to listen* governs a direct accusative object, **Оле́на слу́хає переда́чу.** whereas its English equivalent needs the preposition *to*: *Olena is listening to the show.* The asymmetry may involve prepositions of perceptibly differing semantic configuration, as with the verb **танцюва́ти під му́зику** (*lit.* *dance under the music) *to dance to the music.* The predicate-object government becomes even more complicated with prepositions that can be used with any verb.

Thus, for example, **схо́дитися** *to gather, congregate*, can govern its indirect objects via the prepositions **в** *in*, **до** *to*, **на** *on*, **се́ред** *in the middle of*: **Страйкарі́ схо́дилися у групи.** *The strikers were gathering in groups.* **Усі́ шляхи́ схо́дяться в Ки́єві.** *All the*

[18]The syntactic function of the object is performed by nouns, substantivized adjectives, personal and other pronouns.

[19]Larysa M. Kalibaba and Valentyna Fursa, *Slovnyk diieslivnoho keruvannia* [Dictionary of verbal government] (Kyiv: Lybid, 2017).

roads meet in Kyiv. **У кав'ярні схо́диться боге́ма.** *The bohemian set congregates in the coffee house.* **Вони́ зійшли́ся до старо́ї альта́нки.** *They met at the old gazebo.* **Віктор ча́сом схо́дився з коле́гами на пи́во.** *Viktor would sometimes meet with colleagues for beer.* **Чо́вни́ зійшли́ся се́ред о́зера.** *The boats gathered in the middle of the lake.* All these and other patterns of predicate-object government are described.

Thesaurus. The *UECD* is also meant to be used as a dictionary of synonyms. It lists some 5,000 synonymic groups, 8,000 synonyms, and 1,000 antonyms. To help the user navigate the alphabetically arranged entries, it deploys a number of lexicographical labels, such as *See*, *Also see*, *Cf.*, and *Ant.*, designed to organize the entries thematically. Each label refers an entire headword or one of its separate meanings to the key item in its thematic group, to a partial synonym, to an antonym, as well as to the words that are deceptively similar but have important semantic differences, e. g., **кни́га** *and* **кни́жка** both translated as *a book*, **кла́сти** *and* **ста́вити** both translated as *to put*, **бі́гти** *and* **бі́гати** both translated as *to run*, **повзти́** *and* **по́взати** both translated as *to crawl*, etc. Thus the Dictionary cross-references a great majority of its entries.

The label *See* refers to the principal synonym that is given the fullest treatment, e.g., **вчи́тель**, *m.* teacher *See* **спеціялі́ст** [specialist]. The label *Also see* refers to other synonyms with a more specialized meaning, e.g., **хворо́б|а**, *f.* disease, sickness *Also see* **грип** [flu], **рак** [cancer]. The label *Ant.* refers to antonyms, e.g., **люб|и́ти** to love *Ant.* **нена́видіти** [to hate]. The label *Cf.* refers to synonyms that are at once similar to and significantly different from the word described and therefore present a challenge to learners, e.g., **бреху́н**, *m.* liar. *Cf.* **шахра́й** [swindler], **вар|и́ти**, *tran.* to cook, boil. *Cf.* **сма́жити** [fry]. Clear distinctions are drawn between the synonymous verbs that govern very different objects. For example, the verbs **відкрива́ти, відчиня́ти, відмика́ти, розгорта́ти, розплю́щувати** are all translated as *to open*, but the first verb refers to a box, the second to a door, the third to a lock, the fourth to a book, and the fifth to eyes.

Phraseological dictionary. Most commonly used Ukrainian idioms are marked by the symbol ♦, e.g., ♦ **ломи́тися у відчи́нені две́рі** *to preach to the choir*, ♦ **кра́пля в мо́рі** *a drop in the ocean*, ♦ **в по́ті чола́** *by the sweat of one's brow*, ♦ **як ка́жуть у при́казці** *as the saying goes*. The users can learn what popular idioms, sayings, set terminological expressions, and one-liners each headword is typically a part of. For example, the noun **воро́та** *gate* is used in the expression ♦ **ні в тин ні в воро́та** *neither here nor there*, **ідеа́л** *an ideal* in ♦ **в ідеа́лі** *in the best-case scenario*, **ка́ша** *porridge* in ♦ **зава́рювати ка́шу** *to get into trouble*, **ша́пка** *a cap* in ♦ **На зло́дієві ша́пка гори́ть.** *The lady doth protest too much.*

Idioms that the user may not be sure how to use are furnished with explanatory examples, e. g., 1) **Павло́ таке́ ка́же, що ні в тин ні в воро́та.** *Pavlo is saying something that is neither here nor there.* 2) **В ідеа́лі цю роль ма́ла би гра́ти пито́ма полта́вка.** *In the best-case scenario, a female native of Poltava should play the part.* In addition to idioms in the strict sense of the term, the symbol ♦ is also used for Ukrainian expressions whose morphological or syntactic structure is different from that of their English equivalents, e.g., ♦ **високочутли́вий** *highly sensitive*, ♦ **без тя́ми** *mindlessly*, ♦ **на еле́ктриці** *electrically powered*, ♦ **радіожурналі́ст** *a radio reporter*, ♦ **так чи ина́кше** *anyhow, anyway, in any case*, ♦ **швидка́ допомо́га** *an ambulance*, **що завго́дно** *whatever, anything*.

Encyclopedia. The Dictionary also has an encyclopedic aspect in that it offers information on a number of such specialized spheres of human activity as politics, law, education, sports, culture, science, history, and others absent from mono- and bilingual dictionaries and often not readily available even on the Internet. The user will learn, for example, that the noun **зако́н** in its meaning *law, statute* can be described as **головни́й** main, **найви́щий** *supreme*, **конституці́йний** *constitutional*; **суво́рий** *strict*; **відпові́дний** *applicable*, **чи́нний** *existing*; **дикта́торський** *dictatorial*, **дискриміна́ці́йний** *discriminatory*, **драко́нівський** *draconian*, **неконституці́йний** *unconstitutional*, **нелегіти́мний** *illegitimate*, **несправедли́вий** *unjust*; **боже́ственний** *divine*, **біблі́йний** *biblical*, **свяще́нний** *holy*; **лю́дськи́й** *human*. In its other meaning *law, principle,* the same noun can be described as **астрономі́чний** *astronomical*, **кінети́чний** *kinetic*, **математи́чний** *mathematical*, **фізи́чний** *physical*, **фонети́чний** *phonetic*; **важли́вий** *important*, **класи́чний** *classical*, **основни́й** *basic*, **фундамента́льний** *fundamental*. The Dictionary user will learn not only that **кінь** *a horse* can be: **бі́лий** *white*, **була́ний** *buckskin*, **ворони́й** *black*, **гніди́й** *bay*, **миша́стий** *dun*, **ряби́й** *pinto*, **руди́й** *chestnut*, **си́вий** *gray*, **ча́лий** *roan*, but also the manner a horse can move in: **бі́гти в на́мет** *or* **бі́гти у чвал** *to gallop*, **бі́гти у клю́с** *to trot*, **задкува́ти** *to rear*; **посковзну́тися** *to slip*, **ру́хатися кро́ком** *to walk*; **спотика́тися** *to stumble*, **стриба́ти** *to jump*.

Feminitives. The Dictionary offers feminitives, i.e. feminine names for professions, nouns indicating social status, origin, religion, nationality, *etc.*, that are gaining increasing currency in everyday usage, particularly among the younger, educated generation, *cf.*, **економі́ст**, *m.* and **економі́стка**, *f. economist*, **істо́рик**, *m.* and **історики́ня**, *f. historian*, **лі́кар**, *m.* and **лі́карка**, *f. physician.* Following a long-standing lexicographical tradition, masculinitives, i. e., male-gendered nouns, are given a full description, while feminitives are mentioned in the first line with the masculinitive after a bold semicolon, e. g., **репорте́р**, *m.*, **~а; репорте́рка**, *f.* The collocation patterns of feminitives are more often than not identical to those of masculinitives. Since English animate nouns have no morphological indicators of gender the Dictionary uses the stylistically neutral descriptor *(female)* to explicate the feminine gender of the Ukrainian noun, e.g., **Репорте́рка не бої́ться ста́вити го́стрі запита́ння.** *The (female) reporter is not afraid of posing pointed questions.*

Feminitives are a segment of the contemporary Ukrainian wordstock that stands out for its creativity and experimentation aimed at supplying all masculine animate nouns with their feminine correlates. Ukrainian morphology does not always provide equivalents that are universally acceptable. There are a number of lacunas that are sometimes filled with the feminitives whose viability is yet to be proved, e.g., **аналі́тик**, *m. an analyst* and ***аналі́тичка**, *f.*; **кри́тик**, *m. a critic* and ***критике́са**, *f.*, ***кри́тичка**, *f.* Some such lacunas are still to be filled, e.g., **лі́рик**, *m. a lyric poet,* **пі́дліток**, *m. a teenager,* **страте́г**, *m. a strategist*, **та́ктик**, *m. a tactician,* **куре́ць**, *m. a smoker,* **сві́док**, *m. a witness.*

Stress. In written Ukrainian, word stress is not marked. The rare exceptions are when a word receives a logical emphasis, e.g., **Наталя пояснила, що́ мала на увазі.** *Natalia explained what she had in mind.* or when the word meaning changes with the change of stress, e.g, **Він описує не заня́ття, а занятт́я.** *He is describing not a pastime but a class*. Ukrainian word stress presents a challenge for learners since it is highly mobile. Much like in English, the meaning of a word can change with a change in stress, *cf.*, **за́в'язка** *a cord, string* and **зав'я́зка** *a beginning*, **за́клад** *an institution* and **закла́д** *a bet*, **за́мок** *a castle* and **замо́к** *a lock*, **лу́па** *a magnifying glass* and **лупа́** *dandruff,* **людськи́й** *human* and **лю́дський** *humane*, *etc.*

Stress may also change the grammatical meaning of words, for example, the aspect of verbs, *cf. impf.* **задиха́тися** and *pf.* **зади́хатися** *to be short of breath*, *impf.* **закида́ти** and *pf.* **заки́дати** *to fill up, cover*; etc.[20] Some words can have two correct stresses with no change of meaning, e.g., **кла́довище** *a cemetery*, **ко́ри́сть** *a benefit*, **пода́ння́** *an application,* **по́ми́лка** *a mistake*; **ву́гі́льний** *of or pertaining to coal*, **за́ти́шний** *cozy*, **ко́ри́сний** *useful,* **пові́тря́ний** *air, of or pertaining to air*; **ви́ди́мо** *obviously*, **ви́со́ко** *high up*, **глибо́ко** *deeply*, **за́вжди́** *always*, **зада́рма́** *for free*; **ви́сі́ти** *hang (of a fruit)*, **закі́нчи́ти** *to finish*, **зали́ши́ти** *to leave,* **користува́тися** *to use,* **ко́штува́ти** *to cost*, etc.[21]

[20]For more examples, see Serhii Ivanovych Holovashchuk, *Skladni vypadky naholoshennia. Slovnyk-dovidnyk* [Complicated cases of stress. A dictionary-handbook] (Kyiv: Lybid, 1995).

[21]V. T. Busel, M. D. Vasyleha-Derybas, et al. *Velykyi zvedenyi orfohrafichnyi slovnyk suchasnoї ukraïns'koï leksyky* [Large composite orthographic dictionary of contemporary Ukrainian lexicon] (Kyiv and Irpin: Perun, 2003). Also http://lcorp.ulif.org.ua/dictua/

Stress is typically mobile in personal pronouns depending on whether or not they follow a preposition, *cf.*, **Він ба́чить мене́ (тебе́).** *He sees me (you).* **Він ди́виться на ме́не (на те́бе).** *He is looking at me (you).* Such a highly mobile word stress is a problem not even every native speaker can successfully handle. The correct stressing of words is not only a matter of speech culture but also of intelligibility. Therefore all Ukrainian dictionaries and serious language manuals always mark word stress. Word stress is consistently marked in this Dictionary. It is not marked in monosyllabic words, e.g., **жук** *a beetle,* **кін** *a stage,* **ліс** *a forest,* **сад** *a garden.*

Of all the parts of speech whose endings change, the stress is mobile in nouns, verbs, and personal pronouns. It is static in adjectives. Nouns have three main stress-mobility patterns. The stress may change from singular to plural case forms, yet it typically remains on the same syllable for all singular or for all plural forms regardless of case.

Nominal stress pattern 1. The stress falls on the same syllable in singular and plural, e.g., **виде́лка** *a fork* and **виде́лки** *forks*, **по́тяг** *a train* and **по́тяги** *trains,* **світли́на** *a photograph* and **світли́ни** *photographs*, **хло́пець** *a boy* and **хло́пці** *boys*.

Nominal stress pattern 2. In the singular, the stress is on the stem and in the plural on the ending, *cf.* **ві́тер** *the wind* and **вітри́** *winds,* **дя́дько** *an uncle* and **дядьки́** *uncles*. This stress pattern is particularly typical of first-declension feminine nouns with the suffix ~к~, e. g., **жі́нка** *a woman* and **жінки́** *women*, **кни́жка** *a book* and **книжки́** *books*, **украї́нка** *a Ukrainian woman* and **українки́** *Ukrainian women.*[22]

Nominal stress pattern 3. The stress in the singular is on the ending while in the plural it is on the stem, *cf.*, **весло́** *an oar* and **ве́сла** *oars*, **вода́** *water* and **во́ди** *waters,* **коза́** *a goat* and **ко́зи** *goats*, **село́** *a village* and **се́ла** *villages*, **сльоза́** *a tear* and **сльо́зи** *tears.*

In some rare cases, the stress can move around within the singular or plural group respectively, *cf. N. sg.* **голова́** *a head* but *A. sg.* **на го́лову** *on a head*; *N. sg.* **нога́** *a leg* but *A. sg.* **на но́гу** *on a leg*; *N. sg.*, **середа́** *Wednesday* but *A. sg.* **у се́реду** *A.sg. on Wednesday*; *N. sg.*, **дити́на** *a child, N. pl.* **ді́ти** *children, G. pl.* **діте́й**, *I. pl.* **ді́тьми.**[23]

There are two most typical verbal stress patterns in the present tense.

Verbal stress pattern 1. The stress is on the last syllable in the first-person singular, and on the first in all other personal forms, e.g., **я кажу́** *I say,* **ти ка́жеш** *you say,* **вона́ ка́же** *she says,* **ми ка́жемо** *we say,* **ви ка́жете** *you say,* **вони́ ка́жуть** *they say*.

Verbal stress pattern 2. The stress in on the same syllable in all six personal forms, cf. **я чита́ю** *I read,* **ти чита́єш** *you read,* **вона́ чита́є** *she reads,* **ми чита́ємо** *we read,* **ви чита́єте** *you read,* **вони́ чита́ють** *they read.* When the stress falls on the last syllable in the third-person plural, e.g., **вони́ живу́ть** *they live*, it remains there in the remaining five forms, **я живу́** *I live,* **ти живе́ш** *you live,* **вона́ живе́** *she lives,* **ми живемо́** *we live,* **ви живете́** *you live.*[24]

Nonequivalent items. There are no beautiful or ugly languages. There are only the languages that one knows or does not know, since learning a foreign language in earnest always means falling in love with it, discovering the unknown and exciting world it verbalizes. Each language paints its very own picture of reality, paints it in its own inimitable way so that learning a language inevitably means getting intimately acquainted with how a given language community sees the world, how, in the infinity of things and phenomena, it singles out those it deems important and overlooks others that are not.

[22]Sviatoslav Karavans'kyi, *Sekrety ukraïns'koï movy* [Secrets of the Ukrainian language] (Lviv: BaK, 2009), 25–26.

[23]Iurii Shevelov. *Narysy suchasnoï ukraïns'koï literaturnoï movy ta inshi linhvistychni studiï* [Essays on contemporary Ukrainian literary language and other linguistic studies] (Kyiv: Tempora, 2012), 239.

[24]Ukrainian word stress can be verified with the *Ukrainian Dictionaries Online* published by the National Academy of Sciences of Ukraine: http://lcorp.ulif.org.ua/dictua/

Every language has certain words and grammatical means to describe reality that have no equivalents in other language(s). These are the so-called *nonequivalent items*. They include culture-specific words like the American *camp (style)* or British *Puritan*. They are usually transliterated and morphologically adapted into another language, e.g., *Ukr:* **кемп, пурита́нин.**

Nonequivalent items segment reality in a way that varies from language to language. The Dictionary singles them out, whether an entire word or a separate meaning, with the label *nonequiv.* One group of nonequivalent words denotes everyday things and has no one-word English correlate, e.g., **доба́** *a twenty-four hour period,* **наро́дність** *national authenticity,* **насі́ння** *sunflower or pumpkin seeds*, **окрі́п** *boiling water*, **по́бут** *way of life, life, everyday life*, **поня́ття** *criminal ways, criminal value system,* **подру́жжя** *a married couple,* **рейс** *a flight, bus, train or boat*, **смета́на** *sour cream.*

The verb **заку́шувати**, alongside its other meanings, has a nonequivalent one *to have a bite while drinking liquor*. Another group consists of culture-specific nouns, e.g., **кум** *kum (godfather of one's child, relative to a parent)*, **кума́** *kuma (godmother of one's child, relative to a parent)* since, unlike the English godfather/ godmother, they also mean a trusted friend treated like close family. Hence **кумі́вство** is Ukrainian for *nepotism, favoritism*. This and similarly culture-specific nonequivalent items are transliterated into English and explained in parentheses in the Dictionary, e.g., **пи́санка** *pysanka (painted Easter egg, traditional Ukrainian folk art)*, **рушни́к** rushnyk *(embroidered ritual cloth used in weddings, Easter, and other ceremonies).*

Nonequivalent items are not limited to lexicon; they also include grammar. Ukrainian, like other Slavic languages, has a special group of verbs called *verbs of motion* that describe movement in a way that is very different from English. They are, in a sense, also nonequivalent. This group differs from the rest of the verbs in that each has two forms of imperfective aspect. Each presents motion as a process that is either a linear, one-time action or circular, repeated, or habitual. Thus, the verb *to go* has two Ukrainian equivalents in the imperfective aspect **йти** and **ходи́ти**. The former is called *unidirectional* and the latter *multidirectional.*[25] Similarly, *to run* has two equivalents *uni.* **бі́гти** and *multi.* **бі́гати**, *to crawl* has *uni.* **повзти́** and *multi.* **по́взати**, *to fly* has *uni.* **леті́ти** and *multi.* **літа́ти**.

There are more than ten pairs of motion verbs in Ukrainian (the unidirectional is followed by multidirectional): **бі́гти** *and* **бі́гати** *to run*, **вести́** *and* **води́ти** *to lead, drive*, **везти́** *and* **вози́ти** *to transport*, **ї́хати** *and* **ї́здити** *to go (by vehicle)*, **йти** *and* **ходи́ти** *to go (on foot)*, **леті́ти** *and* **літа́ти** *to fly*, **лі́зти** *and* **ла́зити** *to climb*, **нести́** *and* **носи́ти** *to carry (on foot)*, **пливти́** *and* **пла́вати** *to swim, sail*, **повзти́** *and* **по́взати** *to crawl*. The Dictionary marks each verb of motion with the respective label *uni.* and *multi.* and registers the adverbial modifiers these verbs typically combine with as is dictated by their grammatical meaning. Unidirectional verbs are typically described by adverbs that correspond to such notions as one-time, specific action and linear movement.

The unidirectional **бі́гти** *to run, jog*, for example, is described by adverbs implying linear motion, e.g., **вго́ру** *up, upwards, upstairs*, **вниз** *or* **додо́лу, надоли́ну** *downwards, downstairs*; **впере́д** *forward*, **наза́д** *back*; **геть** *away*, **додо́му** *or* **домі́в**, *colloq. homeward*, **про́сто** *straight*; **на за́хід** *westward*, **на пі́вніч** *northward, etc.* The multidirectional **бі́гати** combines with the modifiers that correspond to the notions of there-and-back or customary motion, permanent capability: **ввесь час** *all the time*, **за́вжди́** *always*, **звича́йно** *usually*, **ча́сто** *often*, **як пра́вило** *as a rule*, **пості́йно** *constantly*, **рі́дко** *seldom*, **ніко́ли не** *never*. Some adverbs can enter combinations with both unidirectional and multidirectional verbs, e.g., **до́бре** *well*, **шви́дко** *fast*, **ско́ро** *quickly*; **ле́две** *barely*, **пові́льно** *slowly*.

[25] Unidirectional verbs are also called "determinate," and the multidirectional "indeterminate." See Stefan M. Pugh and Ian Press, *Ukrainian. A Comprehensive Grammar* (London and New York: Routledge, 1999), 209–10.

A special group of nonequivalent verbs signify the presence of color as a dynamic, as opposed to static, characteristic. The verbs are derived from select primary colors like **біліти** *to show white, become white*, **жовтіти** *to show yellow, become yellow,* **зеленіти** *to show green, become green,* **синіти** *to show blue, become blue*, etc., and signify that a fragment of the environment is perceived as specifically colored, e.g., ◊ **Скрізь навкóло білíють зaснíжені гóри.** *The snow-covered mountains show white all around.* ◊ **Пóле червонíло мáками.** *The field was red with poppies.*

Proper names. In order to expose the users to Ukrainian onomastic practices, the *UECD* makes active use of proper names in illustrative examples. These names primarily include: 1) anthroponyms, or names of people,[26] 2) toponyms or names of settlements,[27] 3) hydronyms or names of bodies of water like rivers, lakes, and seas, 4) names of government bodies, 5) names of streets and squares; 6) names of institutions, and 7) titles of texts, films, plays and the like.

Names of people and settlements are written in the upper case whether they consist of just one or several words, e.g., **Олéна** *Olena,* **Кирúло** *Kyrylo,* **Катерúна Петрéнко** *Kateryna Petrenko,* **Лукá Ткачéнко** *Luka Tkachenko*, **Бíла Цéрква** *Bila Tserkva (city)*, **Горíшні Плáвні** *Horishni Plavni (city)*. Proper names can follow honorifics and generic nouns that are not capitalized, e.g., **пáні Зінчýк** *Mrs. Zinchuk,* **дóктор Климéнко** *Dr. Klymenko*, **корóль Данúло** *King Danylo,* **княгúня Óльга** *Princess Olha*, **богúня Афродúта** *Goddess Aphrodite*.[28]

If names of settlements and bodies of water are accompanied by corresponding generic nouns, the latter are in lower case, e.g., **Чóрне мóре** *the Black Sea*, **óзеро Синевíр** *Lake Synevir*, **рíчка Деснá** *the Desna River*, **протóка Дарданéлли** *the Strait of Dardanelles*, **мíсто Тернóпіль** *the City of Ternopil*. In groups six and seven, the generic noun is in lower case and the specific one is not only in the upper case, but also in quotation marks, e.g., **готéль «Тáврія»** the *Tavria Hotel*, **ресторáн «Шквáрочка»** the *Shkvarochka Restaurant*, **журнáл «Украї́нський тúждень»** the *Ukrainian Weekly* magazine, **ромáн «Тáнґо смéрти»** the novel *Tango of Death*, **п'єса «Мúна Мазáйло»** the play *Myna Mazailo*, **статтú «Парадóкси колóніяльного менталітéту»** the article "Paradoxes of the Colonial Mentality," **ігровúй фільм «Атлантúда»** the feature film *Atlantis*.

If the names of groups six and seven are used fully–both the generic noun and the title–only the generic noun is declined while the title in quotation marks remains in the nominative case, e.g. **У журнáлі «Украї́нський тúждень» зáвжди́ є цікáві матерiя́ли.** *There are always interesting stories in the Ukrainian Week magazine.* When the generic noun of such names is omitted as self-evident, the part in quotation marks is necessarily declined, e.g., **В «Украї́нському тúжні» зáвжди́ є цікáві матерiя́ли.** *There are always interesting stories in the Ukrainian Week.*

Anthroponyms include individual's first and family names, as well as patronymics. The etymologically Ukrainian first names used are mostly: 1) indigenous Ukrainian names, e.g., **Всéволод** *m. Vsevolod*, **Любомúр** *m. Liubomyr*, **Святослáв** *m. Sviatoslav*, **Ярослáв** *m. Yaroslav*; **Килúна** *f. Kylyna,* **Людмúла** *f. Liudmyla*, **Ярúна** *f. Yaryna*; 2) shared Judeo-Christian names often assimilated into Ukrainian beyond easy recognition, e.g., **Васúль** *m. Vasyl, m., cf. Basil*, **Івáн**, *Ivan, m., cf. John*, **Юрíй**, *Yurii, m., cf., George*; **Галúна**, *f. Halyna, cf., Latin gallina "hen,"* **Катерúна**, *f., Kateryna, cf. Catherine*, **Марíя**, *f. Maria*; 3) assimilated Scandinavian names, like the popular **Олéг**, *m., Oleh*, **Íгор**, *m., Ihor,* **Óльга**, *f., Olha.*

[26]Nadiia Denysivna Babych, et al. *Slovnyk prizvyshch. Praktychnyi slovozminno-orfohrafichnyi (na materiali Chernivechchyny)* [Dictionary of surnames. Practical declension-orthographic (on material from the Chernivtsi region)] (Chernivtsi: Bukrek, 2002).

[27]Volodymyr Oleksandrovych Horpynych, *Slovnyk heohrafichnykh nazv Ukraïny (toponimy ta vidtoponimni prykmetnyky)* [Dictionary of geographical names of Ukraine (toponyms and toponymic adjectives)] (Kyiv: Dovira, 2001).

[28]The rules regulating the use of capitalization are laid out in the 2019 edition of the Ukrainian Orthography: https://pravopys.net/sections/38/

The most typical Ukrainian family names end in the suffixes **~енко/~єнко** (meaning the son of sb)[29] and **~ук/~юк** (signifying the bearer's biological, social, geographic or national origin)[30]. Compare, for example, the first name **Павлó** *Pavlo* (equivalent to the English *Paul*) and the family name **Павлéнко** *Pavlenko* (the son of Pavlo), likewise **бóндар** (a cooper, barrel-maker) and **Бондарéнко** *Bondarenko* (a cooper's son), **Сокáль** *Sokal* (a city in the Province of Lviv) and **Сокальчýк** *Sokalchuk* (a person from Sokal), **слю́сар** (a locksmith) and **Слюсарчýк** (a locksmith's son).

Each morphological type of family name gravitates to its own region of distribution. The **~енко**-names are most typical of, though not limited to, Central Ukraine adjoining the Dnipro River (**Наддніпря́нщина)**, the present-day provinces of Chernihiv, Kyiv, Cherkasy, Kropyvnytsky, as well as the provinces of Sumy, Kharkiv, Luhansk, Donetsk, Dnipro (Sicheslav), Poltava, and Kherson.[31] The **~ук/~юк**-names are most typical of Western Polissia, Volyn, and the provinces of Khmelnytsky, Ivano-Frankivsk and Chernivtsi.[32]

There are also family names that tell a more complicated story about those who bear them. Those with the suffix **~ишин** mean "the son of somebody's wife," e.g., **Павлúшин** *Pavlyshyn* (son of **Павлúха** *Pavlykha* (Pavlo's wife). A family name may point to a specific profession, e.g., **Ковáль** *Koval* (blacksmith), **Крáмáр** *Kramar* (shop-keeper), **Мéльник** *Melnyk* (miller), **Рíзник** *Riznyk* (butcher), **Стóляр** *Stoliar* (carpenter); place of residence or origin, e.g., **Міщýк** *Mishchuk* (city dweller), **Брóдський** *Brodsky* (resident of Brody), performer of an action, e.g., **Палíй** *Palii* (a burner), **Плохíй** *Plokhii* (one who worsens).

There are dozens of derivational paradigms and thematic groups of Ukrainian family names.[33] The fifteen most frequent Ukrainian family names are: 1. Melnyk **Мéльник**, 2. Shevchenko **Шевчéнко**, 3. Kovalenko **Ковалéнко**, 4. Bondarenko **Бондарéнко**, 5. Boiko **Бóйко**, 6. Tkachenko **Ткачéнко**, 7. Kravchenko **Крáвченко**, 8. Kovalchuk **Ковальчýк**, 9. Koval **Ковáль**, 10. Oliinyk **Олíйник**, 11. Shevchuk **Шевчýк**. 12. Polishchuk **Поліщýк**, 13. Tkachuk **Ткачýк**, 14. Savchenko **Сáвченко** and 15. Bondar **Бóндар**[34].

Toponyms include names of cities, towns, and villages as well as names of specific areas of the country. This group of proper names is made up of semantically transparent toponyms like **Кúїв** *Kyiv (the city of Kyi)*, **Львíв** *Lviv (the city of Lev)*, **Запорíжжя** *Zaporizhzhia (the city below the rapids)*, and those that originate from other languages and lost their original meaning like **Бáхмач** *Bakhmach*, **Бахчисарáй** *Bakhchysarai*, **Варáш** *Varash*, **Керч** *Kerch*, **Мелітóполь** *Melitopol*, **Одéса** *Odesa,* **Сáрни** *Sarny*, **Херсóн** *Kherson*. Under the Soviet occupation (1920–1991), thousands of Ukrainian settlements were renamed, many given such Russian names as *Vesiole, Zapadne, Yuzhne, Ianvarske, Volna, Hrazhdanka, Dalne, Neudachne, Nechaiane*, etc., names that undermine the national literary foundations of Ukrainian toponymy.[35]

As the result of decommunization policies,[36] many have either regained their original names or been given new ones that connect them to Ukrainian culture and identity. Thus the city of **Комсомóльськ** *Komsomolsk* again became **Горíшні Плáвні** *Horishni Plavni*, likewise **Кузнецóвськ** *Kuznetsovsk* became **Варáш** *Varash*, **Артéмівськ** *Artemivsk* became **Бáхмут** *Bakhmut*, **Цюрю́пінськ** *Tsiuriupinsk* became **Олéшки** *Oleshky*. The city of **Іллічíвськ** *Illichivsk* was renamed **Чорномóрськ** *Chornomorsk*,

[29]Iu. K. Redko. "Suchasni ukraïns'ki prizvyshcha", Kyiv: "Naukova dumka", 1966, 18.

[30]Iu. K. Redko, ibid., 153-4.

[31]Iu. K. Redko, ibid., 197.

[32]Iu. K. Redko, ibid., 199.

[33]Ivan Ivanovych Triiniak. *Slovnyk ukraïns'kykh imen* [Dictionary of Ukrainian names] (Kyiv: Dovira, 2005).

[34]https://uk.wikipedia.org/wiki/Українські_прізвища

[35]V. O. Horpynych, ibid., 5.

[36]https://uk.wikisource.org/wiki/Закон_України_«Про_засудження_комуністичного_та_націонал-соціалістичного_режимів»

Кіровогра́д *Kirovohrad* became **Кропивни́цький** *Kropyvnytsky*, **Дніпропетро́вськ** *Dnipropetrovsk* is now **Дніпро́** *Dnipro*, **Те́льманове** *Telmanove* became **Бо́йківське** *Boikivske*, etc.[37]

The territory of Ukraine can be described in terms of its historical and geographical parts and its current administrative division into provinces or **о́бласть** *oblast* and districts or **райо́н** *raion*. The historical-geographical names are: **Букови́на** *Bukovyna*, **Воли́нь** *Volyn*, **Галичина́** *Galicia*, **Донба́с** *Donbas*, **Закарпа́ття** *Zakarpattia (Transcarpathia)*, **Запорі́жжя** *Zaporizhzhia*, **Наддніпря́нщина** *Naddniprianshchyna (the lands adjacent to the Dnipro River)*, **Поді́лля** *Podillia (Lower Ukraine)*, **Полі́сся** *Polissia (Northern Ukraine)*, **Причорномо́р'я** *Prychornomoria (Black Sea Region)*, **Таври́да** *Tavryda (the Crimea)*, **Сі́верщина** *Sivershchyna (Northeastern Ukraine)*, **Слобожа́нщина** *Slobidska Ukraine, Slobozhanshchyna (Eastern Ukraine)*. Today, Ukraine consists of 24 provinces and the Autonomous Republic of Crimea.

The names of provinces are derived from the names of their respective capitals, e.g., **Черні́гівська о́бласть** *the Chernihiv Province* is derived from **Черні́гів** *Chernihiv*, **Херсо́нська о́бласть** *the Kherson Province* from **Херсо́н** *Kherson*, **Ха́рківська о́бласть** *the Kharkiv Province* from **Ха́рків** *Kharkiv* and so on. Two notable exceptions are **Воли́нська о́бласть** *the Volyn Province* whose name is derived from the name of the historical land of **Воли́нь** *Volyn* and not from its capital city of **Луцьк** *Lutsk*, and **Закарпа́тська о́бласть** *the Zakarpattia Province*, derived from **Закарпа́ття** *Zakarpattia*, the name of the geographical area of Transcarpathian Ukraine, and not from its capital city of **У́жгород** *Uzhorod*.

As a rule, the historical lands are larger than the administrative provinces. Thus, Volyn includes the entire provinces of Rivne, Volyn, the western part of Zhytomyr and northern part of the Ternopil Provinces. The Donbas includes the Donetsk and Luhansk Provinces. Galicia includes the Ivano-Frankivsk, Lviv, and Ternopil Provinces. Polissia includes the northern parts of the Volyn, Rivne, Zhytomyr, Kyiv, Chernihiv, and Sumy Provinces, stretching for some thousand kilometers from the Polish border in the west to the Russian border in the east.[38]

The Ukrainian language also has an easy way of denoting the environs of a particular city by adding the suffix **~івщин** and the ending **~а** to the respective city name, e.g., **Ки́їв** *Kyiv* – **Ки́ївщина** *the area around Kyiv*, **Микола́їв** *Mykolaïv* – **Микола́ївщина** *the area around Mykolaïv*, **Хва́стів** *Khvastiv* – **Хва́стівщина** *the area around Khvastiv*, **Іва́нків** *Ivankiv* – **Іва́нківщина** *the area around Ivankiv*, etc.

Such territorial designations are about a looser idea of the land with a respective settlement as its center. They are not meant to coincide with the administrative units of province or district. Thus **Ки́ївщина** *Kyivshchyna* is not necessarily coterminous with **Ки́ївська о́бласть** *the Kyiv Province,* nor **Бори́спільщина** *Boryspil'shchyna* with **Бори́спільський райо́н** *the Boryspil district*.

Hydronyms are the names of lakes, rivers, seas, and other bodies of water. The Dnipro River **Дніпро́**, by far the most important economically, historically, and symbolically, divides the country into **Правобере́жжя** *or* **Правобере́жна Украї́на** *the Right-Bank (western) Ukraine* and **Лівобере́жжя** *or* **Лівобере́жна Украї́на** *the Left-Bank (eastern) Ukraine*. Throughout their history, Ukrainians have worshiped the Dnipro as their sacred river. It figures in folklore and is also poetically referred to as Slavutych **Славу́тич**, *var.* Slavuta **Славу́та** and by the old Greek name of Borysthenes Βορυσθένης **Бористе́н**. The Prypiat River **При́п'ять** is the largest right tributary of the Dnipro while the Desna River **Десна́** is its largest left tributary.

[37]https://uk.wikipedia.org/wiki/Список_топонімів_України,_перейменованих_внаслідок_декомунізації

[38]http://www.encyclopediaofukraine.com/display.asp?linkpath=pages%5CP%5CO%5CPolisia.htm

Other important Ukrainian rivers are the Dnister **Дністе́р**, and the Southern Buh **Пів́де́нний Буг**. Lake Svitiaz **о́зеро Сві́тязь** in the extreme northwest is the deepest (58.6 m^2), Yalpuh **Я́лпуг** in the southwest is the largest lake (149 km^2). Lake Synevyr **Синеви́р** located in the Carpathian Mountains at an elevation of 989 m enjoys the reputation of the most picturesque. Ukraine is washed by the Black Sea **Чо́рне мо́ре** and the Sea of Oziv **Ози́вське мо́ре** also called **Азо́вське мо́ре** the Sea of Azov.

Terminology. Select specialized terminology is featured in the Dictionary both as separate entries that are part of the commonly used lexicon and in illustrative quotations. For example, the noun **запа́с** has the non-terminological meaning of "stock, supply, stockpile" **Фе́рмер накопи́чив вели́кий запа́с збі́жжя.** *The farmer amassed a large stock of grain.* and the military terminological meaning of "reserve" **Макси́м став офіце́ром запа́су.** *Maksym became a reserve officer*. These terms are organized by such disciplines and areas of knowledge as art, astronomy, chemistry, film, finance, medicine, military, music, physics, politics, religion, sports, technology and others, each having a respective label assigned (*See* List of Abbreviations).

Etiquette. The illustrative material of the Dictionary is designed to familiarize its user with the basics of Ukrainian etiquette, which is in the process of rediscovering words and forms banished by the Soviets as "bourgeois nationalist." This first of all pertains to the Ukrainian words **пан** Mr., **па́ні** Mrs., and **па́нна** Ms. The three can be used as: 1) references to a third person or 2) in the vocative case, as a way of addressing somebody. As in English, these honorifics precede both a person's name and surname. Such etiquette formulas as **пан Ме́льник** *Mr. Melnyk*, **па́ні Бондаре́нко** *Mrs. Bondarenko,* **па́нна Шевче́нко** *Ms. Shevchenko* indicate the greatest degree of formality toward and social distance from the person involved. Unlike English, Ukrainian also uses the same honorifics with first names, e.g., **пан Лука́** **Mr. Luka,* **па́ні Оле́на** **Mrs. Olena,* **па́нна Катери́на** **Ms. Kateryna*. Such formulas indicate a certain measure of familiarity within a relationship of considerable social difference, either in age or status.

They are not always used appropriately even by native speakers. When used on their own to refer to a person, the honorific **пан** is equivalent to the English *gentleman*, e.g., **До вас прийшо́в яки́йсь пан.** *A gentleman has come to see you.* **Па́ні** is equivalent to the English *lady*, e.g., **Ця ласка́ва па́ні допомогла́ нам.** *This kind lady helped us*. **Па́нна** is equivalent to the English *young lady*, e.g., **Він познайо́мився з одніє́ю ціка́вою па́нною.** *He met an interesting young lady*. As address formulas they correlate with the English *Sir, Ma'am, and young lady*, respectively, e.g., **Ви́бачте, па́не (па́ні, па́нно), де тут мо́жна заплати́ти?** *Excuse me, Sir (Ma'am, young lady), where can I pay here?* The formula **Пані́ та пано́ве!** correlates with the English *Ladies and Gentlemen!* The old Soviet honorifics **това́риш** *comrade and* **това́ришка** *(female) comrade* are being driven out of use or, when used, carry ironic, sarcastic, or other negative connotations.

Diminutive and affectionate forms. Ukrainian has a developed system of diminutives, i.e., word variants that originally meant the same thing only smaller in size or quality, cf., **рука́** *a hand* and *dim.* **ру́чка** *small hand,* **дуб** *oak* and *dim.* **дубо́к** *small oak.* Besides nouns, other parts of speech like adjectives, adverbs, and even verbs can have diminutives. Some still indicate a smaller size of the same; others have developed new meanings, cf., **лист** *a sheet* and *dim.* **листо́к** *a leaf*, **рука́** *hand, arm* and *dim.* **ру́чка** *a pen, handle.* There are also diminutives that connote affection or familiarity instead of a smaller size. This is particularly the case with people's names. **Васи́лько** *Vasylko* the diminutive of the masculine name **Ва́силь** *Vasyl* means both little Vasyl, if the person it refers to is a child, and/or *"dear, beloved, etc." Vasyl.* The same is true of other first name diminutives, cf., **Марі́я** *Mariia* and *dim.* **Марі́йка** *Mariika*, **Лі́да** *Lida* and *dim.* **Лі́дочка** *Lidochka*, **Наді́я** *Nadiia* and *dim.* **Наді́йка** *Nadiika.*

Ukrainian names also have short forms that do not indicate a smaller size or younger age, but only affection and intimacy. These word variants are not diminutives but familiar name forms, cf., **Богда́на** *Bohdana* and *fam.* **Да́на** *Dana*, **Соломі́я** *Solomiia* and *fam.* **Со́ля** *Solia,* **Миха́йло** *Mykhailo* and *fam.* **Ми́ша** *Mysha,* **Григо́рій** *Hryhorii* and *fam.* **Гриць** *Hryts*. Diminutives and affectionate forms of proper names, though used in the Dictionary, are not marked. On the contrary, those of common names are labeled *dim.* when they preserve the meaning of smallness, that often gives them the connotations of affection or intimacy. They are usually translated, cf., **гніздо́** nest and *dim.* **гнізде́чко** *nest, small nest*, **де́рево** *a tree* and *dim.* **деревце́** *a small tree*, **ді́вчи́на** *a girl* and *dim.* **ді́вчинка** *a little girl.*

Diminutives of adjectives and adverbs connote affection and intimacy. They are typically used with children or adults who are treated affectionately, e.g., **мали́й** *small* and *dim.* **мале́нький**, **смачни́й** *tasty* and *dim.* **смачне́нький**, **га́рно** *in a nice way* and *dim.* **гарне́нько**, **ле́гко** *easily* and *dim.* **леге́нько**, **шви́дко** *quickly* and *dim.* **швиде́нько**. In addition to affection and social proximity, diminutives can connote a greater degree of politeness, e.g., **Хвили́нку!** *Just a minute!* Diminutives form another group of the Ukrainian lexicon that has no equivalents in the English language.

Soviet use. The Ukrainian language today still retains traces of Soviet Russian domination. Words and forms that persist in contemporary speech from that time are marked by the label *old* meaning old Soviet usage, e.g., **заслу́жений**, *adj.* **3** *old* honored *(Soviet-era title still in wide use)* **Званн́я «З. арти́ст» дава́ло пе́вні привіле́ї.** *The title of "Honored Artist" carried certain privileges*. The Dictionary uses the adjective **сове́тський** *Soviet* transcribed from the Russian adjective *сове́тский* and not its Soviet Ukrainian equivalent **радя́нський** to imply that the entire Soviet Ukrainian experience and culture are imposed colonial phenomena with their origins outside of Ukraine, e.g., **сове́тська вла́да** Soviet authorities, **сове́тське мовозна́вство** *Soviet linguistics,* **сове́тська мента́льність** *Soviet mentality,* **сове́тська окупа́ція** *Soviet occupation, etc.*

Illustrative quotations. Illustrative quotations exemplify the usage of each head word or its specific sense. They are: 1) word combinations, 2) sentences, and 3) idiomatic expressions. The former two are constructed and often modeled on relevant illustrative quotations of select Ukrainian writers found in the corpus of the 11-volume *Dictionary of the Ukrainian Language*, published between 1970 and 1980 by the Academy of Sciences of the Ukrainian Soviet Socialist Republic. The idioms are taken from existing monolingual and Ukrainian-English lexicographic sources and are more often than not exemplified.

All three varieties of illustrative quotations tend to be short, to the point, and deliberately devoid of elements that may distract from rather that instruct the user on how the given word appears in contemporary Ukrainian speech. Word combinations are typically presented as syntactic patterns each based on one type of government and composed of a headword that stays the same and a modifier that varies in meaning but not in its syntactic function.

Word combinations and sentences are marked by a white diamond ◊. Idioms are marked by a black diamond ♦. For example, the headword **кише́ня** *a pocket* can be illustrated by: 1) a word combination ◊ **вели́ка бокова́ кише́ня** *a large side pocket*; 2) a sentence ◊ **Поліціянт змусив її вивернути кишені.** *The policeman made her turn out her pockets.* 3) an idiomatic expression or sentence ♦ **набива́ти собі́ кише́ні** *fig. to line one's pockets* ◊ **Бага́то депута́тів парла́менту наса́мперед намага́лися наби́ти собі́ кише́ні.** *Many members of parliament tried first and foremost to line their pockets*.

The idioms include not only phraseological expressions in the usual sense of the word like, for example, ♦ **зна́ти щось як свої́ п'ять па́льців** *to know sth like the back of one's hand*, ♦ **клеї́ти ду́рня** *to play the fool*, ♦ **наставля́й кише́ню!** *fat chance!* ♦ **па́дати кому́сь в о́чі** *to catch sb's eye*, but also: 1) terms and terminological expressions, e.g., ♦ **дванадцятипа́ла ки́шка** *anat. a duodenum*, ♦ **перехі́дни́й ку́бок** *sport a challenge cup*, ♦ **півні́чне ся́йво** *meteo aurora borealis, aka the Northern Lights*; 2) clichés and situational equivalents, e.g., ♦ **не пали́ти!** *no smoking!* ♦ **ні́ма́ сце́на** *a dumb show*; 3) lexical items whose structure differs from that of their English equivalents, e.g., ♦ **бойови́й кінь** *a charger*, ♦ **пере́дній план** *a foreground*, ♦ **слоно́ва кі́стка** ivory, ♦ **фотопапі́р** *photographic paper*, ♦ **ці́ни на па́ливо** *fuel prices*.

Intended users

The Dictionary is meant for a wide range of users, including: 1) Ukrainian-language learners of all levels, from elementary and intermediate to advanced and superior; 2) translators from Ukrainian into English and from English into Ukrainian; 3) professionals who work in a bilingual Ukrainian-English environment such as scholars, researchers, business people, diplomats, journalists, travelers, and others who take short- and long-term interest in things Ukrainian; 4) instructors of such specialized disciplines as the theory and practice of translation, comparative and contrastive language studies, lexicographers and others; 5) Ukrainian-speaking learners of English; 6) native speakers of Ukrainian who wish to improve and enrich their mother tongue.

How to Use the Dictionary

For a continuing language learner, the Dictionary is supposed to be self-explanatory and easy to use intuitively. Those who would like to mine the greatest possible lode of information from it, would be well-advised to familiarize themselves with exactly how material is presented.

Structure of the word entry

Head words are given in bold. In nouns, adjectives, pronouns, and verbs, whose endings change, depending on their function in the sentence, the stem is separated from the ending by a vertical line |, e. g., **ба́тьк|о** father, **мо́в|а** language, **мі́ст|о** city, the exception being nouns with a zero ending, e.g., **вояк** soldier, **любо́в** love, **син** son, as well as the unchanging parts of speech, like adverbs, e.g., **і́ноді** sometimes, **ліво́руч** leftwards. The unchanging part of the head word is represented in the body of the entry by a tilde ~, e.g., **карти́н|а,** *f.* picture ◊ **Вона́ лю́бить цю ~у.** She is fond of this picture. The dictionary form of the headword is represented in the body of the entry by its initial letter with a period in bold type, e.g., ◊ **На стіні́ ви́сить к.** There is a picture hanging on the wall.

When a noun undergoes sound mutations (i/o-alternation, o/e-dropping, velar shift, etc.), its unchanging part does not coincide with the stem, and the sign | will then separate the mutation-affected part of the stem, e. g., **м|іст**, *m.* bridge, *cf.* **на ~о́сті** on a bridge, **кни́ж|ка,** *f.* book, *cf.* **у ~ці** in a book, **бага́то ~о́к** many books, **о́|ко,** *nt.* eye, *cf.* **в ~ці** in an eye, **па́ра ~че́й** a pair of eyes, **кут|о́к,** *m.* corner, *cf.* **у ~ку́** in the corner. The exception to this convention is when a noun described is part of a hyphenated Ukrainian compound in an oblique case. For example, the noun **мі́ст|о** city is represented by **м.** throughout its entry, if it is in the nominative case, and by a tilde with its case ending in all the oblique cases, e.g., **до ~а** to the city, **над ~ом** over the city, **у ~і** in the city, etc. The compound noun **мі́сто-супу́тник** a satellite city is **м.-супу́тник** in the nominative case but, in all the oblique cases, both its parts are fully spelled out **до мі́ста-супу́тника** to a satellite city, **над мі́стом-супу́тником** over a satellite city, **у мі́сті-супу́тнику** in a satellite city, etc.

Lexical meaning. Various types of word meanings are described in the Dictionary. The direct referential meaning is always described first. The headword verb **лет|і́ти** has the direct meaning *to fly* ◊ **Ви́соко**

над мóрем ~я́ть гýси. High above the sea, the geese are flying. It also has figurative or metaphorical meanings: *to spread (of news, voice, song, etc.)* ◊ **Чýтка швúдко ~і́ла мíстом.** The gossip was quickly spreading through the city. and *to fly (of a person, car, etc.), speed through, dash* ◊ **Він одягнýвся й полетíв на заняття́.** He got dressed and dashed off to classes. The metaphorical meanings are marked by the label *fig.*

The semantic description of entries includes an array of stylistically marked shades of meanings in addition to the neutral ones. They are: (1) bookish, e.g., **синонíм** equivalent, analogue ◊ **Козáк Мамáй – с. вíльного украї́нського дýху.** Cossack Mamay is the equivalent of the free Ukrainian spirit. (2) colloquial, e.g., **нездáлий** *colloq.* lousy ◊ **Із Івáна дóсить н. брехýн.** Ivan is a rather lousy liar. (3) informal, e.g. **ти** you *(singular)* ◊ **Вонú звертáються одúн до одногó на «т.»** They are on a first-name basis. (4) terminological, e.g., **удáр** *med.* stroke; fit ◊ **Дíєта змéншує небезпéку ~у.** The diet diminishes the danger of a stroke. (5) poetic, e.g., **я́сні зóрі, тúхі вóди** *fig., poet.* Ukraine ◊ **Марí ї цíлу ніч снúлися я́сні зóрі, тúхі вóди.** All night long Maria dreamed of Ukraine. (6) euphemistic, e.g., **усувá|ти** *euph.* to kill, eliminate ◊ **Журналíста усýнули за накáзом диктáтора.** The journalist was eliminated on the dictator's order.

(7) ironic, e.g. **авжéж** *iron., colloq.* dream on, fat chance;
(8) pejorative, e.g., **фрукт** *fig., pejor.* oddball, freak ◊ **Óля знáла дивакíв, алé такóго ~а зустрічáла впéрше.** Olia knew weirdos, but this was the first time that she encountered such a freak.
(9) slangy, e.g., **лимóн** *slang* million ◊ **Квартúра кóштувáла три ~и.** *iron.* The apartment cost three million. (10) jocular, e.g., **релігíйно** *joc.* zealously, with zeal ◊ **Тетя́на р. чúстить зýби.** *joc.* Tetiana brushes her teeth religiously. (11) vulgar, obscene, e.g., **спускáти** *vulg. (only of men)* to ejaculate, come, have orgasm ◊ **Кохáючись, він мíг не с. стíльки, скíльки хотíв.** Making love, he could refrain from coming for as long as he wanted to. Each stylistic register of the meaning is signified by a corresponding lexicographic label.

The meanings of each polysemantic headword are numbered in bold type and translated by their English equivalent in the regular type, e.g. **малю́н|ок**, *m.*, **~ку 1** drawing, sketch **2** illustration **3** pattern, ornament. In those instances when a word or its meaning have no one-word English equivalent, they are briefly described, e.g., **д|обá**, *f.* a twenty-four hour period, day and night; **окр|íп**, *m.*, **~óпу** boiling water.

Each entry offers important information on the phonetic (word stress and its shifts), morphological (endings, stem changes), and syntactic (typical word combinations, clichés and phrases) properties of the word described. The structure of each entry depends on what part of speech it is. Lists of words which the head word typically combines with, are, to the extent possible, organized thematically and then alphabetically within each thematic group. Semicolons are used to separate such groups.

Nouns (*n.*) are given in the nominative singular, followed by the label of their grammatical gender *m.* (masculine), *f.* (feminine), or *nt.* (neuter). The gender label is absent for nouns that only have plural forms *(pluralia tantum)*; instead the label *only pl.* appears, e. g., **вор|óта**, *only pl.* gate, **двéр|і**, *only pl.* door, **нóжиц|і**, *only pl.* scissors. The singular case form is marked only by the capitalized abbreviation of the case name, given in the order traditionally used in Ukrainian grammar books: *N.* (nominative singular), *G.* (genitive singular), *D.* (dative singular), *A.* (accusative singular), *I.* (instrumental singular), *L.* (locative singular), and *V.* (vocative singular).

Plural case forms are explicitly marked by *pl.*, as in *G. pl.* (genitive plural), etc. As is the practice in most Ukrainian dictionaries, the *genitive singular case ending* is always given for the inanimate masculine nouns of the second declension and sometimes for nouns of other declensions, particularly for those with mixed stems and stems ending in the sound **~й**, e. g., **лíні|я**, *f.*, **~ї** a line. This follows the gender label after a comma and has no label of *G.*, e. g., **метр**, *m.*, **~а** meter. At the end of the entry, other case endings that are somehow irregular are given, but only if they do not occur in the illustrative quotations in the body of the entry. Most often this is the ending of the *locative singular (L.)* ending accompanied by the preposition **в**, which corresponds to the English *in, inside, at.*

The words a given noun, e.g., *a wall* typically combines with are arranged in the following order: 1) adjectives (*a thick wall*), 2) nouns on the right of the headword (*a wall of separation*), 3) nouns on the left of the headword *(a stone wall)*, 4) verbs on the left of the headword (*to build a wall*), 5) verbs on the right of the headword (*walls protect*), 6) prepositions (*behind a wall*). This is a full inventory of the syntactic connections a noun can have. Some of them might be absent depending on the specific noun. For instance, the noun **зловживáн|ня**, *nt.* abuse, is followed by a list of adjectives (1) that typically modify it with the label *adj.* **велúке** great, **значнé** significant, **масштáбне** large-scale; **періодúчне** occasional, **постíйне** constant, **систематúчне** systematic, **хронíчне** chronic; **небезпéчне** dangerous, **серйóзне** serious; **вíдкрúте** open, **нахáбне** brazen, **очевúдне** obvious, *etc.* Then come collocations of **зловживáння** with other nouns (2) that follow it marked by **з.** + *n.* **з. влáдою** abuse of power (**службóвим станóвищем** office; **довíр'ям** trust). Then collocations of the noun with other nouns that precede it are listed (3) labeled *n.* + **з. вúпадок з.** an instance of abuse. (**прúклад** example).

Thereafter come the verbs that typically take the noun as their object: *v.* + **з. ігнорувáти з.** ignore abuse (**припиня́ти** stop; **розстéжувати** investigate; **терпíти** tolerate; **повідомля́ти про** report); **уникáти з.** avoid abuse; **запобігáти ~ню** prevent abuse (**потурáти** connive in); **звинувáчувати** + *A.* **у ~ні** accuse sb of abuse (**підóзрювати** + *A.* **в** suspect sb of). The verbs are arranged by the case they require, in this order: accusative, genitive, dative, instrumental, and locative. Parentheses separate each case group of verbs + noun collocation from the next. Parentheses are used only if there is more than one such collocation. Then come the verbs that combine with the noun as their subject marked by the label **з.** + *v.* **існувáти** exist, **трапля́тися** occur, e.g., ◊ **У. процéсі ревíзії чáсом трапля́ються з.** Abuses sometimes occur in the process of auditing.

Finally under the label *prep.*, the entry lists the prepositions that the noun typically follows: *prep.* **без ~ь** without abuse. The prepositional part of the entry describing a given noun can furnish both the preposition(s) that are followed by the noun, e.g. **без ножá** without a knife, **з ножéм** with a knife, and those that follow the noun, e.g. **ніж для олівцíв** a pencil knife, in that order. It is important to bear in mind that the meaning of Ukrainian prepositions in *verb + noun collocations* often depends on whether static or dynamic relations are being expressed. English grammar does not distinguish between spatial relations in: *The book is on the shelf.* and *She put the book on the shelf.*

For Ukrainian grammar, these are two different situations. The first is about the position of the object *(book)*. The second is about its motion *(onto a shelf)*. Thus, one and the same preposition requires the noun in one case to denote position and in a different case to denote motion. Two labels are used to distinguish between these situations: *posn.* for "position," and *dir.* for "direction of motion." Position is typically expressed by *preposition + noun in the locative* (*prep. + L.*) so that the Ukrainian translation of the first sentence is ◊ **Кни́жка на полúці.** Direction is expressed by the *preposition + noun in the accusative* (*prep. + A.*) ◊ **Вонá поклáла кни́жку на полúцю.** Position can also be denoted by prepositions requiring a noun in the instrumental case, e.g., ◊ **Кни́жка під горíшньою полúцею.** The book is under the top shelf. The information on the noun case required by the preposition is offered in the respective noun entry.

Here is a shortened description of the noun **мáп|а**, *f.* map ◊ **На стінí клáсу висíла м. свíту.** On the classroom wall, there hung a map of the world. *adj.* **адміністратúвна** administrative, **географíчна** geographic, **геологíчна** geological, **дорóжня** road, **метеорологíчна** weather [...] **інтерактúвна** interactive; **цифровá** digital ... **м.** + *n.* **м. вýлиць** a street map (**маршрýту** route, **метрополітéну** subway,

мі́ста city, **сві́ту** world; **пого́ди** weather; **ру́ху автобу́сів** bus) ... *v.* + **м. вивча́ти ~у** study a map (**використо́вувати** use; **диви́тися на** look at, **розгляда́ти** examine, **чита́ти** read; [...] **зго́рта́ти** fold up, **розгорта́ти** unfold; **перекро́ювати** *fig.* redraw); **користува́тися ~ою** use a map (**йти за** follow; **перевіря́ти** + *A.* **за** check sth by); **бу́ти позна́ченим на ~і** be marked on a map (**познача́ти** + *A.* **на** mark sth on) ... **м.** + *v.* **виявля́ти** + *A.* reveal sth, **опи́сувати** + *A.* depict sth ◊ **М. то́чно опи́сувала маршру́т.** The map gave an accurate depiction of the route. **пока́зувати** + *A.* show sth ... *prep.* **за ~ою** by a map ◊ **За ~ою вони́ подола́ли трети́ну шля́ху.** By the map, they covered a third of the distance. **згі́дно з ~ою** according to a map; **на ~у** *dir.* on/to a map ◊ **Він поста́вив це мі́сто на ~у сві́ту.** *fig.* He put the city on the world's map. **на ~і** *posn.* on a map ◊ **Вона́ шука́ла щось на ~і.** She was looking for something on the map. *Also see* **ка́рта 1, план 3**

Adjectives (*adj.*) appear in the masculine nominative singular form, followed by the label *adj.*, e.g., **смачн|и́й**, *adj.* tasty; **оста́нн|ій**, *adj.* last. One should bear in mind that Ukrainian feminine adjectives end in **~а** for hard stems, **смачна́ стра́ва** *a tasty dish*, and **~я** for soft stems, **оста́ння ніч** *the last night*. Neuter adjectives end in **~е** for hard stems, **смачне́ ті́стечко** *a tasty cake*, and **~є** for soft stems, **оста́ннє попере́дження** *the last warning*. All plural adjectives without exception end in **~і**, **смачні́ вече́рі** *tasty dinners*, **оста́нні слова́** *the last words*. The words a given adjective, e.g., *large* typically combines with are arranged in the following order: 1) adverbs *adv. very large*, 2) verbs on the left *become large*.

Here is the description of the adjective **нудн|и́й**, *adj.* boring, tedious, *adv.* **вкрай** extremely, **ду́же** very, **геть** totally, **зо́всім** completely, **надзвича́йно** in the extreme, **нестéрпно** unbearably, **страше́нно** terribly; **де́що** somewhat, **до́сить** fairly, **доста́тньо** enough, **тро́хи** a little; **не зо́всім** not entirely. *v.* + **н. бу́ти ~и́м** be boring (**вважа́ти** + *A.* consider sb/sth; **виявля́тися** prove; **здава́тися** + *D.* seem to sb, **лиша́тися** remain, **роби́ти** + *A.* make sth, **става́ти** grow).

For irregular adjectives the form of their comparative degree is listed at the end of the entry, marked by the label *comp.*, e.g., **до́бр|ий**, *adj.* **1** kind, kindly, warm *comp.* **добрі́ший**;| **2** good, positive, useful *comp.* **кра́щий, лі́пший**; **3** good, fine, excellent *comp.* **кра́щий, лі́пший**; **4** tasty, delicious *comp.* **добрі́ший**. No form of the comparative degree is given for regular adjectives. For some semantically or stylistically specialized adjectives typical collocations with nouns may be provided, e.g., **знамени́т|ий**, *adj.* **1** *colloq.* superb, wonderful, great ◊ **Це ~а іде́я!** This is a great idea! ◊ **Со́ля принесла́ ~і нови́ни.** Solia brought great news. ◊ **Гали́на – ~а оповіда́чка.** Halyna is a superb story-teller.

Adverbs *(adv.)* are normally not given as a separate entry. Exceptions are those instances when they are not derived from adjectives, e.g., **взагалі́**, *adv.* **1** in general, on the whole; **2** at all, not at all; **3** always; **ліво́руч**, *adv.* to the left, on the left; **наго́ру**, *adv.* upwards; or when its meaning is different from that of the cognate adjective, *cf.* **га́рний**, *adj.* beautiful, pleasant and **га́рно**, *adv., colloq.* all right, fine, OK. The description of the adverb is limited to its meaning since it is typically modified by the same adverbs that modify its cognate adjective referred to at the end of the entry, e.g., **шви́дко**, *adv.* fast, quickly, swiftly, rapidly ◊ **Яри́нині вака́ції промину́ли несподі́вано ш.** Yaryna's vacation passed unexpectedly quickly. ◊ **Чо́вен ш. наближа́вся до маяка́.** The boat was quickly approaching the lighthouse. ◊ **Схвильо́вана жі́нка говори́ла так ш., що Мики́та ле́две розумі́в її́.** The agitated woman spoke so quickly that Mykyta barely understood her. *See* **швидки́й 1-4.**

Verbs (*v.*). The Dictionary treats the imperfective infinitive as the basic form of the verb giving it a full description. The perfective infinitive is separately registered in alphabetical order; some of its meanings are enumerated and supplied with one or two examples. For a full description, the user is referred to the imperfective form by the label *pf., see* ... as in: **купи́|ти**, *pf., see* **купува́ти** to buy, purchase ◊ **Миро́ся ~ла комп'ю́тер у мере́жі.** Myrosia bought the computer on the Internet. The full description of the verb furnishes all the information the learner needs to use the verb in the present, past, and future tenses. To conjugate the verb in the present one needs to know its present tense third-person plural form. The latter is provided for regular verbs, e.g., **чита́|ти, ~ють** to read.

For irregular verbs affected by sound mutations, other personal forms are listed in the following order: first-person singular, second-person singular, and third-person plural, e.g., **люб|и́ти, ~лю́, ~иш, ~лять** to like, love. Then, after a bold semicolon **;** comes the perfective infinitive with the likewise obligatory third-person plural and, optional, other endings, e.g., **відпочива́|ти, ~ють; відпочи́ти, відпочи́н|уть** to rest, relax. If the perfective differs from the imperfective only by a prefix, the prefix is given, e.g., **вар|и́ти, ~ять; з~** to cook, boil. For a limited number of verbs that have no perfective form, the bold semicolon is followed by the label *no pf.* For mostly foreign loans whose perfective is identical to the imperfective, the label *same* is used, e.g. **асоцію|ва́ти, ~ють;** *same, tran.* to associate; **дату|ва́ти ~ють;** *same, tran.* to date; **інтерпрету|ва́ти, ~ють;** *same, tran.* to interpret.

Then the verb is always classified as either transitive *tran.* or intransitive *intr.*, which also includes the reflexive verbs. By default, transitive verbs require a direct object in the accusative; for the rare cases when they take a genitive direct object, the label *tran.* is followed by + *G.*, e.g., **вимага́|ти, ~ють,** *no pf., tran.* + *G.* **1** to demand, push for, urge **2** to require, need, call for, demand. Verbs with the irregular past tense forms have their past tense masculine and plural forms listed under the labels *pa. m. and pl.* respectively, after a bold semicolon following the perfective infinitive, e.g., **кла́сти, клад|у́ть; по~;** *pa. m.* **клав,** *pl.* **кла́ли,** *tran.* **1** to put, place, set, *etc.*

The words a given head verb, e.g., *to read* combines with are arranged in the following order: 1) adverbs (*to read quickly*), 2) nouns as objects (*to read sb's thoughts*), 3) nouns as subjects (*The text reads well.*), 4) verbs on the left (*try to read*), 5) prepositions (*She read this expression in the paper.*). For example, the morphological and semantic description of **вар|и́ти, ~ять; з~,** *tran.* **1** boil (...) **2** cook, prepare *(food)* is followed by the list of adverbs **до́бре** well, **присто́йно** decently, **сма́чно** deliciously; **ке́псько** poorly, **пога́но** badly; **пові́льно** slowly, **шви́дко** quickly; **за́вжди́** always, **традиці́йно** traditionally, **ча́сто** often.

Then come nouns: **в.** + *n.* **в. вече́рю** make dinner (**обі́д** lunch, **сніда́нок** breakfast; **борщ** borshch, **ю́шку** soup). Then come verbs and verbal expressions that combine with it on the left: *v.* + **в. вмі́ти** know how to; **вчи́ти** + *A.* teach sb to, **навчи́тися** *pf.* learn to; **пропонува́ти** + *D.* offer sb to, **проси́ти** + *A.* ask sb to, *etc.* The verb's syntactic description concludes with prepositions (*prep.*) it is most often used with: **в. на** + *A.* cook for *(an occasion)* ◊ **Воло́дя ~ить ю́шку на обі́д.** Volodia is cooking soup for lunch. **в. на** + *L.* cook on sth ◊ **Він воліє в. на електри́чній плиті́.** He prefers to cook on an electric stove.

Finally the past participle for transitive verbs (*pa. pple.*) is provided, and the second-person singular forms of its imperfective and perfective imperatives with exclamation marks (*pa. pple.*) **зва́рений** cooked; **(з)вари!**

Prepositions (*prep.*). The *UECD* offers a detailed description of the most frequently used prepositions. The prepositions **в** and **з** have pronunciation variants reflecting the gravitation of the Ukrainian sound system towards an even distribution of vowels and consonants. The former has the variants **у** and the optional variant **у́ві** before the locative singular form of the noun **сон**, e.g., **у́ві сні** *or* **у сні** *in a dream*. All these variants have the same meaning.

The preposition **в** is used: 1) between vowels, e.g., **Вона́ пла́ває в о́зері.** She is swimming in the lake. 2) at the beginning of a sentence before a vowel, e.g., **В океа́ні коли́сь було́ бага́то ри́би.** Once there was a lot of fish in the ocean. 3) after a vowel and before most consonants with the exception of **в~**, **ф~** and the clusters **льв~**, **вс~**, **тв~**, **хв~**, e.g., **Капіта́н диви́вся в біно́кль.** The captain was looking through the binoculars.

The preposition **у** is used: 1) between consonants, e.g., **Він у музе́ї.** He is in a museum. 2) at the beginning of a sentence before a consonant, e.g., **У скла́ді нема́є ві́кон.** There are no windows in the warehouse. 3) before words that start with **в~, ф~** and the clusters **вс~**, **гв~**, **дв~**, **зв~**, **льв~**, **св~**, **тв~**, **хв~** irrespective of the ending of the previous word, e.g., **Вона́ живе́ у Льво́ві.** She lives in Lviv. 4) after a pause signified by a comma, semicolon, colon, dash or ellipsis before a consonant, e.g., **Він прийшо́в у ... спідни́ці.** He came dressed in ... a skirt.

The preposition **з** has variants **зі, із, зо** all meaning the same thing. The preposition **з** is used 1) at the beginning of a sentence before a vowel, e.g., **З одни́м ма́ляром він подружи́вся.** He became friends with one artist. 2) in the middle of a sentence before a vowel, irrespective of the ending of the previous word, e.g., **дикта́нт з украї́нської мо́ви** a dictation in the Ukrainian language; 3) at the beginning of a sentence before a consonant, with the exception of the consonants **з, с, ц, ч, ш**, and **щ**, e.g., **З Марко́вим приї́здом у ха́ті ста́ло веселі́ше.** Their place became merrier with Marko's arrival. The variant **з** is more rarely used before a consonant cluster if the previous word ends in a vowel, e.g., **студе́нти з планше́тами** students with tablets; **З Крижо́поля ніхто́ не приї́хав.** Nobody came from Kryzhopil. 4) after a vowel before a consonant, e.g., **Хома́ з ні́жністю в се́рці ду́мав про не́ї.** Khoma was thinking of her with tenderness in his heart. before a word beginning with a vowel, irrespective of the previous word's ending, e.g., **і́спит з аритме́тики** an exam in arithmetic; 5) before a consonant (with the exception of **с, ш**) if the previous word ends in a vowel, e.g., **ка́ва з молоко́м** coffee with milk.

The preposition **із** is used mostly: 1) before the consonants **з, с, ц, ч, ш,** and **щ**, irrespective of the previous word's ending, e.g., **борщ із часнико́м** borshch with garlic, **дружи́на із шести́ чолові́к** a team of six people; 2) between consonant clusters, both before and after them, e.g., **сере́жки із срі́бла** earrings (made) of silver, **лист із Ба́хмача** a letter from Bakhmach.

The preposition **зі** is used before words that begin in the consonant clusters with **з, с, ц, щ**, irrespective of how the previous word ends, e.g., **робітни́к зі щі́ткою в руці́** a worker with a brush in hand, **Вони́ прийшли́ зі свої́ми дру́зями.** They came with their friends. **нови́ни зі Льво́ва** news from Lviv. Before some consonant clusters both variants **із** and **зі** can be used, e.g., **Вони́ прокину́лися ра́зом із** *or* **зі схо́дом со́нця.** They woke up with the sunrise.

The preposition **зо** is a variant of **зі** that appears before the numerals **два** *two* and **три** *three* and the instrumental case of the personal pronoun **я** I, e.g., **зо дві со́тні стари́х світли́н** some two hundred old photographs, **зо мно́ю** *or* **зі мною** with me.[39]

Conjunctions (*conj.*) Of all frequently used conjunctions described in the Dictionary, only two have variants: **і** *and* has **й** and **щоб** *so as, in order to, to* has **що́би.**

The conjunction **і** is used 1) at the beginning of a sentence before a consonant, e.g., **І тоді́ він пішо́в геть.** And then he went away. 2) between two consonants, e.g., **хліб і сіль** bread and salt, **любо́в і при́язнь** love and friendship; 3) after a vowel or consonant before a word that starts with a consonant cluster, e.g., **Вона́ га́рно танцю́є і співа́є.** She is a good dancer and singer. 4) after a consonant before a vowel, e.g., **олíве́ць і а́ркуш папе́ру** a pencil and a sheet of paper; 5) between words signifying related concepts, e.g., **брати і се́стри** brothers and sisters, **ба́тько і ма́ти** father and mother.

The variant **й** is used: 1) between vowels, e.g., **щу́ка й о́кунь** pike and perch, **Марко́ й Ори́ся** Marko and Orysia; 2) at the start of a sentence before a vowel, e.g., **Й опі́вночі ви́йшов мі́сяць.** And at midnight, the moon came out. 3) after a consonant before a vowel, e.g., **свине́ць й о́лово** lead and tin, **Іва́н й Анті́н** Ivan and Antin.

Що́би, the optional variant of the conjunction **щоб**, rather rarely occurs before consonants, e.g., **Вона́ про́сить, що́би** *or* **щоб Хома́ поспіша́в.** She is asking that Khoma make haste.

Phonomorphological variants of words. The variants of the prepositions and conjunctions described above help: 1) ensure an equilibrium between consonants and vowels in the flow of speech, 2) avoid, to the extent possible consonant clusters as well as the occurrence of several vowels in a row, and thus 3) make speaking Ukrainian easier. This variability affects prepositions and conjunctions, as well as prefixes. The prefix **в~** and its variant **у~** follow the same logic of positional variability as the preposition **в** and its variant **у.** It is important to remember that: the meaning of the word does not change so that both **втіка́ч** and **утіка́ч** mean *fugitive*, **вчи́тель** and **учи́тель** *teacher*, **взя́ти** and **узя́ти** *to take*, **влі́тку** and **улі́тку** *in the summer*, **вночі́** and **уночі́** *at night*, **вкра́дений** and **укра́дений** *stolen*.

The exceptions to this easy rule are of four kinds. One is when one variant differs by its stylistic coloring, not referential meaning, e.g., **Украї́на** *and* **Вкраї́на** mean exactly the same thing, *Ukraine,* but the former is used in everyday speech and is stylistically neutral, while the latter has a poetic flavor and is limited mostly to poetry and an elevated register of speech. It is important that the stress stays on the same syllable in both variants.

The second exception is when the prefix **в~** or **у~** alters the meaning of the word if changed, cf., **вклад** *contribution* and **укла́д** *order, system*; **впра́ва** *exercise, drill* and **упра́ва** *administration, management*; **вника́ти** *to get into, grasp, understand* and **уника́ти** *to avoid;* **вступ** *introduction* and **усту́п** *protrusion.*

The third exception is when a variant, even if theoretically possible, is not used in actual communication, e.g., **ува́га** *attention*, **уго́да** *agreement*, **узага́льнення** *generalization*. The fourth exception is when a prefixed word does not have an alternative, e.g., **вплив** *influence*, **вплив́овий** *influential*; **узбере́жжя** *coast, shore,* **умо́ва** *condition,* **устано́ва** *institution,* **уя́ва** *imagination*. This is also the case when the prefix **у~** is stressed, e.g, **у́смішка** *a smile*, **у́ступ** *paragraph*, **у́чень** *pupil, student*.

The Dictionary reflects this variability and treats the variant with the prefix **в~** as the basic form, with a full description that mentions its **у~** variant. It also registers the **у~** variant separately under the letter **У, у** without giving its meaning or any other traits, but instead refers the user to its full description under the letter **В, в**, e.g., **удо́ма**, *var., see* **вдо́ма.**

Yuri I. Shevchuk
Columbia University,
New York, N.Y.
sy2165@columbia.edu

[39] *The Ukrainian Orthography of 2019*, 18-19: https://mon.gov.ua/storage/app/media/zagalna%20serednya/05062019-onovl-pravo.pdf

ПЕРЕДМОВА

«Українсько-англійський комбінаторний словник» (УАКС), не має аналогів в українському, в слов'янському загалом та в англійському словникарстві. Досі укладено й опубліковано не один англійський комбінаторний словник, але немає жодного такого українського словника, чи, тим більше, двомовного словника комбінаторики в будь-якій слов'янській мові.[1] Це перший двомовний комбінаторний словник, що описує засобами американської англійської те, як слова окремої слов'янської мови вживають у мовленні. Щоб укласти такий словник, треба було звести вибраний найчастотніший вокабуляр української й англійської – двох дуже відмінних мов – у співставні синтактичні конструкції.

Освічений европеєць легко нарахує в своєму вокабулярі кілька сотень грецьких і латинських запозичень, асимільованих його мовою. Це, проте, ще не означає, що він здатний висловлюватися грекою чи латиною. Позаяк одна справа – знати окремі слова, а цілком инша – вміти поєднувати їх у вирази та речення. Загальні тлумачні словники, на зразок таких як академічний «Словник української мови», словник «Меріям Вебстер» чи «Короткий Оксфордський словник англійської мови», головно надають користувачам інформацію про значення слів і подекуди про фразеологізми, в яких їх вживають. До таких словників звертаються, скажімо, коли хочуть знати, що означає іменник **хмáра**. Натомість комбінаторні словники інформують про те, як слова поєднують у вирази й речення в живому потоці мовлення.

У випадку іменника **хмáра** такі словники мають указувати: 1) які бувають хмари: **важкí, велúкі, величéзні, густí, щíльні; легкí; висóкі, низькí подéрті** *чи* **рвáні; бíлі, свинцéві, сíрі, сріблЯ́сті, тéмні, чóрні; зловíсні, похмýрі; грáдові, грозовí, дощовí, сніговí; висококупчáсті, високошарувáті, купчáсті, купчáсто-дощовí, перúсті** *чи* **пір'ї́сті, пір'Я́сті, пірчáсті, перúсто-купчáсті, перúсто-шарувáті, шарувáті, шарувáто-дощовí, шарувáто-купчáсті** і т. д. 2) якої форми може набувати хмара: **клуб чи клубóк хмар, шар хмар, утвóрення хмар**; 3) що можна робити із хмарами: **гнáти хмáри, розвíювати** чи **розганЯ́ти хмáри, ховáтися за хмáри; зникáти у хмáрах**; 4) що хмари можуть робити: **збирáтися, з'являтися, скýпчуватися, утвóрюватися, вкривáти, застилЯ́ти, покривáти, закривáти, затулЯ́ти, огортáти, розвíюватися, розхóдитися, підіймáтися** *чи* **піднімáтися, вúсіти** *чи* **нависáти, нестúся, пливтú** *чи* **плистú, пропливáти, рýхатися**, і т. д.

Тим робом користувачі комбінаторного словника привчаються бачити кожне слово, на якому вони зосереджують увагу, в його логічних і синтактичних зв'язках із ширшим лексиконом. Такий підхід до словника сприяє тому, що студент швидше набуває навичок розмови у даній мові. Він дозволяє впровадити структуру, логіку і передбачуваність у те, що на позір здається хаотичним і спантеличливим морем слів. Такий підхід допомагає максимізувати порівняно обмежений вокабуляр, перетворити його на вільний потік мовлення, позаяк штука не в тім, скільки слів мовець знає, а в тім, як творчо він здатен використовувати їх у спілкуванні.

Навчаючи студентів мистецтву поєднувати слова, комбінаторний словник розвиває в них здатність творити з мовою, присвоювати собі її виражальний арсенал і водночас насолоджуватися відчуттям, що ця мова вже належить їм. Мати під рукою комбінаторний словник – це необхідна умова швидкого й успішного засвоєння чужої мови, а також удосконалення рідної. Щойно тепер англомовні студенти української мови по всьому світові, як і українці, що вивчають англійську, вперше мають у пригоді такий ресурс.

[1]Лексикографічний показчик «Словники української мови: 1596-2018», що його уклав Дмитро Пилипчук [Київ: Видавництво «Просвіта», 2018] подає опис яких 9,244 українських словників різних типів, виданих у період із 1596 до 2018 р. в Україні та поза її межами, але не згадує жодного видання, одномовного чи двомовного, аналогічного цьому.

Словникарська методологія

Є два підходи в укладанні словників: описовий і приписовий. *Описовий* підхід робить наголос на тому, що є. Він віддзеркалює стан мови в конкретний період, швидше приймає нові слова і значення, якщо вони набули певного поширення серед спільноти. *Приписовий* підхід наголошує на тому, як має бути, що відповідає мовному стандартові. За визначенням, він консервативний і з підозрою чи навіть вороже трактує нові слова й значення, особливо, якщо вони суперечать визнаним нормам.

Той, хто бере на себе місію укласти словник української мови, неуникно постає перед дилемою, який із цих двох підходів узяти. Якщо справа торкається мови з тривалою історією колоніяльного придушення й асиміляції, ця дилема не лише методологічна, а й етична. Від початку XVIII ст., й особливо після того, як у Російській імперії було впроваджено сумнозвісні Валуєвський циркуляр (1863) й Емський указ (1876), українська мова стала об'єктом запеклої русифікації[2]. Однією з її особливо згубних форм, застосовуваною від початку 1930-х років аж до розвалу совєтської імперії в 1991 році, було масивне втручання в саму систему мови на всіх рівнях (фонетичному, морфологічному, лексичному та синтактичному) з метою «наблизити» її до російської.

Ця політика була чисто совєтсько-російським винаходом. Ні поляки, ні румуни, ні чехи, що свого часу окуповували частини української території, не застосовували її до мов своїх національних меншин. Не вдавався до неї навіть імперський російських режим[3]. Це втручання ставило на меті знищити ті властивості української мови, що робили її самобутньою, виражально багатою, цікавою, а натомість звести її до блідої подобизни «великої й могутньої російської мови», перетворити українську мову на тавро провінційности.[4]

Історія російської війни з українською мовою знає чимало дискримінаційних заходів від прямих заборон її публічного вживання до завуальованіших, але не менш руйнівних форм символічного насильства, що тотожні лінґвоцидові.[5] За совєтського панування важливим знаряддям лінґвоциду був правопис, впроваджений у 1933 році, який, серед иншого, забороняв сотні лексичних одиниць, цілі словотвірні моделі, відмінкові закінчення, синтактичні конструкції як «буржуазно-націоналістичні» і заступав їх еквівалентами, трансплантованими з російської.

Після розвалу СССР ці асиміляційні практики не тільки збереглися, а й набули нових форм. Однією з них є політика змішування української мови з російською в пресі, на радіо, телебаченні, в кінематографі, яка набула таких широких масштабів, що сьогодні непросто знайти взірці українського мовлення, не занечищені російською.[6] Як наслідок, українська мова початку XXI століття переповнена русизмами. Тому застосовувати описовий підхід в укладанні українського словника неуникно означало б приймати величезну кількість нав'язаних російських запозичень, чужих українській мові; означало б узаконювати русифікацію як таку, далі підривати й без того

[2]Розпорядження, укази й інші нормативні акти російського імперського уряду зібрані в книжці «Українська ідентичність і мовне питання в Російській імперії: спроба державного регулювання», Київ: «Кліо», 2015, що її опублікували Інститут історії Національної академії наук України та Центральний державний історичний архів України, є лише найновішим доказом запеклої політики зросійщення, що її проводила Москва від 1847 р. до 1914 р.

[3]Шевельов, Юрій. «Так нас навчали правильних проізношеній», в: Юрій Шевельов «Вибрані праці у двох книгах. Мовознавство. Книга I», Лариса Масенко (ред.), Київ: Києво-Могилянська Академія, 2008, 311–16; George Shevelov. The Ukrainian Language in the First Half of the Twentieth Century (1900–1941). Its State and Status. (Cambridge, MA: Harvard Ukrainian Research Institute, 1989), 173.

[4]Образ «великої й могутньої ... російської мови», оспівлений класиком російської літератури Іваном Турґеньєвим у 1882 р., було імплантовано у свідомість усіх поколінь совєтських підданих. Святкуючи російську мову, він водночас мав на увазі меншовартість мов і тотожностей неросійських народів совєтської імперії, включаючи й українців.

[5]Масенко, Лариса, Кубайчук, Віктор, Демська-Кульчинська, Орися. «Українська мова в XX столітті: історія лінґвоциду», Київ: Києво-Могилянська Академія, 2005.

[6]Шевчук, Юрій. «Мовна шизофренія. Quo vadis, Україно?», Брустури: «Дискурсус», 2015.

поруйновані підмурки української мови. *Описове словникарство* виправдане для таких мов, як англійська, французька, еспанська чи німецька, що не зазнавали асиміляційного тиску зовні, або для таких, як польська, чеська чи словацька, що змогли оговтатися від згубних наслідків чужинецького панування.

Приписове словникарство типово застосовують як знаряддя деколонізації. Воно свідомо приписує спільноті вибори, що максимізують відмінності з мовою колонізатора і навіть створюють ці відмінності там, де їх раніше не було. Його також використовують для того, щоб переорієнтувати мовну спільноту з-поза культурних впливів імперії, сприяти відродженню, яке живиться питомими джерелами, а не чужими впливами.

Властиво так було у випадку з доктриною американської винятковости, що на початку XIX століття дала поштовх американському варіянтові англійської мови з його претензією на те, що він – не реґіональний різновид англійської, а окрема національна мова, із власним словникарством, правописом та иншими відмінностями. Це ж стосується мовного планування в Хорватії після розпаду Югославії, що ставить на меті виокремити хорватську мову з того, що ще недавно називали сербо-хорватською, питому як для сербів, так і для хорватів.[7]

Приписовий підхід видається цілком виправданим для української мови, глибоко враженої тривалою історією русифікації й імперського поневолення. Цей підхід на практиці означає, що користувача Словника заохочують віддавати перевагу словам і формам, які авторитетні мовознавці вважають бажаними, тому що вони питомі і відповідають внутрішній логіці й істоті української мови, мають за собою традицію вжитку у творах, що складають літературний канон, відносно вільний від російських впливів.[8]

Так само користувача УАКС заохочують уникати слів і форм, які нав'язані з російської. Застосування приписового підходу у Словникові обмежено наступними п'ятьма випадками, що складають або очевидне російське втручання в лексичну систему української мови, або ж є непотрібними чужими запозиченнями, до яких сьогодні часто вдаються через бажання сприйматися освіченими й модними, незважаючи на те, що українська давно має слова, які виражають ідентичні поняття.

1) Із пари синонімів, один із яких не має однокореневого відповідника в російській, а другий має, перевагу віддано першому: **автівка**, *а не* **маши́на**, **вродли́вий**, *а не* **краси́вий**, **горі́шній**, *а не* **ве́рхній**, **долі́шній**, *а не* **ни́жній**, **дев'ятдеся́т**, *а не* **дев'яно́сто**, **дружи́на**, *а не* **кома́нда**, **кітва́**, *а не* **я́кір**, **маля́рство**, *а не* **живо́пис**, **поста́ва**, *а не* **постано́вка**, **по́тяг**, *а не* **по́їзд**, **рубе́ць**, *а не* **шов**, **ру́ханка**, *а не* **заря́дка**, **сло́їк**, *а не* **ба́нка**, **чарда́к**, *а не* **па́луба**, **чека́ти**, *а не* **жда́ти** і т. д.

2) Перевагу надано питомим українським словам перед запозиченнями, що вже зареєстровані в инших словниках. Це особливо стосується невиправданих нових запозичень, що означають поняття, вже давно означені або українськими словами, або ж раніше асимільованими етранжизмами, напр., **мовозна́вець**, *а не* **лінґві́ст**, **світли́на**, *а не* **фотогра́фія**, **підсо́ння**, *а не* **клі́мат**, **травни́к**, *а не* **газо́н**, **у́ступ**, *а не* **абза́ц**, **хідни́к**, *а не* **тротуа́р**, за умови, що обидва слова в кожній такій парі є близькими або ж повними синонімами. Коли ж це лише часткові синоніми з важливими семантичними розбіжностями, то в Словнику подано обидва, наприклад, **підсо́ння** і **клі́мат**.
3) Перевагу надано питомим словам і неологізмам перед чужими словами, часто свавільно запозиченими з англійської. Ці запозичення, не розбираючи, включають в українське мовлення без огляду на те, що їх часто не розуміє широкий загал. Такі непотрібні запозичення виражають поняття, що вже давно ословлені. Журналісти часто вживають їх усупереч тому, що ці оказіональні запозичення не зареєстровано в лексикографічних джерелах. Так, наприклад, замість **винахі́дливий**, **тво́рчий** кажуть *креати́вний*, замість **виробни́цтво** – *прода́кшен*, замість **документа́льна про́за** – *нон-фі́кшн*, замість **за́гадка** – *пазл*, замість **зміст** – *конте́нт*, замість **майсте́рня** – *воркшо́п*, замість **поши́рення** *(у соціяльних мережах)* – *шер*, замість **раху́нок** *(у соціяльних мережах)* – *акка́унт*, замість **речене́ць, те́рмін** – *дедла́йн*, замість **уподоба́йка** *(у соціяльних мережах)* – *лайк*, замість **фанта́зія** – *фе́нтезі*, замість **родови́й** – *ґе́ндерний* і т. д.

4) У Словнику часом вжито українські відповідники англійських слів, які ще не стали загальновживаними, напр., **га́даний** убі́вця *англ. an alleged killer*, **колонка́р** *англ. a columnist*
5) Відомо, що, на відміну від англійської чи російської мов, питома українська синтакса віддає перевагу дієслівним конструкціям *(Вона часто гуляла.)* перед іменними *(Вона часто ходила на прогулянки.)*, активному способові *(Лист написав Роман.)* перед пасивним *(Лист написаний Романом.)*.[9] Це віддзеркалюють ілюстрації слововжитку, напр., **Зако́н ухвали́в парла́мент.** *замість* **Зако́н ухва́лений парла́ментом.** Так само перевагу в Словникові надано безособовим конструкціям із присудком в активному стані перед контрукціями зі зворотним дієсловом у ролі присудка, напр., **У дослі́дженні ко́смосу ши́роко використо́вують фотогра́фію.** *замість* **У дослі́дженні ко́смосу ши́роко використо́вується фотогра́фія.**

За винятком цих п'яти випадків, у Словнику застосовано описовий підхід. Зокрема в ньому задокументовано реалії мовлення, що їх послідовно іґноровано в совєтському й навіть постсовєтському словникарстві, а також ті, які віддзеркалюють нові тенденції в мові сучасної України, що деколонізується й демократизується. Словник є першим лексикографічним джерелом, де засобами англійської мови описано найчастотніші українські лексеми – сексуальні та схатологічні табу, тобто *вульґаризми* з ремаркою *vulg*.[10] Враховуючи те, що в українській, як і в англійській та більшості европейських мов, вульґаризми належать до ділянки лексичної системи, що вирізняється високою частотністю насамперед у розмовному стилі, виключити їх означало б спотворити дійсну картину сучасного слововжитку.

Одним із найбільш згубних наслідків колоніялізму, з яким все ще змушені мати справу українці, є вкрай обмежений шар питомого розмовного словника, жарґону і сленґу. Ці ділянки словотвору є важливими показниками життєвої сили мови, позаяк саме тут відбуваються іновації, експериментування і творчість – процеси, що надають кожній мові динамізму, престижу та привабливости в очах тих, хто нею розмовляє. Юрій Шевельов писав, що міський сленґ, відмінний від російського, фактично не існує в сучасній українській мові. Він розглядав існування сленґу поряд із розвиненою технічною та науковою термінологією як важливу передумову виживання української мови.[11] Враховуючи це, Словник подає вибірку популярних розмовних, жарґонних та сленґових слів. Вони фігурують як окремі гасла та в складі прикладів-ілюстрацій, напр., розмовне **видзиґо́рний** *модний*, сленґове **вхехе́лювати** *платити*, розмовне **збіго́висько** *вечірка*, сленґове **лимо́н** *мільйон*; розмовне **зада́рма́** *безоплатно*, розмовне евфемістичне **на хіба́** *навіщо*, розмовне **непотрі́бний** *поганий*, розмовне **об'ї́жджа́ти** *дурити*, розмовне **пальне́** *алкоголь*, розмовне **па́ра** *заняття (в університеті)*, розмовне **розчепі́рювати** *розставляти (ноги)*, розмовне **сла́вний** *хороший*, розмовне **сту́кнутий** *божевільний*, розмовне **стяга́ти** *красти* і т. д.

[7] Robert D. Greenberg, "When is Language a Language? The Case of Former Yugoslavia," in: Michael S. Flier and Andrea Graziosi (Eds.), *The Battle for Ukrainian. A Comparative Perspective*, Ukrainian Research Institute, Harvard University, Cambridge, MA, 2017, 517-20.

[8] Рішення про те, яким лексичним одиницям та синтактичним формам надавати перевагу, а яких уникати, ґрунтується на вивченні корпусу академічного «Словника української мови» в 11 томах та праць таких авторитетів, як Олена Курило, Юрій Шевельов, Борис Антоненко-Давидович, Святослав Караванський, Олександер Пономарів, Олександра Сербенська та ин.

[9] Курило, Олена. «Уваги до сучасної української літературної мови», Київ: Видавництво Соломії Павличко «Основи», 2008), 55. Гінзбург, М. Д., (ред.) «Українська ділова мова. Практичний посібник на щодень», Харків: «Торсінг», 2003), 480.

[10] Леся Ставицька зламала табу на лексикографічний опис й наукове вивчення обсценної української лексики, опублікувавши новаторське дослідження «Українська мова без табу. Словник нецензурної лексики та її відповідників», Київ: «Критика», 2008.

[11] Шевельов, Юрій. «Так нас навчали правильних проізношеній», 328.

Сьогодні українська мова активно осволює найновіші явища й тенденції суспільства, в якому повільно, але неуникно зростає поцінування прав людини й ліберальних вартостей, гідності раніше переслідуваних чи виключених соціяльних груп. Словник відзеркалює ці явища, описуючи вибрані ключові одиниці з вокабуляру феміністок, гомосексуалів і лезбійок, а також презентуючи врівноваженішу між статями картину світу, в якій жінки́ мають рівну агентивність і значення з чоловіками.

Відтак традиційний патріярхальний розподіл суспільних ролей між статями піддано критиці, деконструкції й зрештою відкинено. Користувачі відчують таку статеву ревізію, читаючи ілюстративний матеріял УАКС. Користувачам слід бути готовим до того, що жінки, а не чоловіки часто очолюють установи, провадять бізнеси, служать у війську, і що жінки значно частіше розумні, а не гарні, брюнетки, а не білявки. За цією ж логікою, чоловіки виступають в ілюстративному матеріялі Словника у «нетрадиційних» суспільних ролях, що стають дедалі помітнішими і, що особливо важливо, прийнятними в сучасній Україні. Відтак чоловіки часто можуть бути вразливими і не завжди твердими. Їм теж можуть подобатися не лише жінки, а й чоловіки тощо.

Ортографічні стандарти

Від 1960-х рр. серед українців на українському культурному материку набирав сили і впливу рух за те, щоб замінити нав'язаний совєтським режимом колоніяльний правопис на український, ухвалений у 1928 р., який часто називають Харківським правописом чи Скрипниківкою. Цей рух став особливо потужним після того, як було проголошено незалежну Україну. Під його тиском ріжні постсовєтські уряди України відновили деякі правила Харківського правопису. Однак дальший вплив колоніяльної спадщини виявляється в тому, що найновіша редакція Українського правопису від 2019 р. узаконює паралельне існування як питомих, так і накинутих совєтським режимом норм у низці випадків: *укр.* **міт** поряд із *сов.* **міф**, *укр.* **авдито́рія** поряд із *сов.* **аудито́рія**, *укр.* **лавреа́т** поряд із *сов.* **лауреа́т**, *укр.* **и́нший** поряд із *сов.* **і́нший**, та багато инших паралельних форм, які замість того, щоб спростити правила слововжитку, ускладнюють їх.[12]

Словник спирається на науково узасаднений Харківський правопис 1928 р., продовжуючи безперервну правописну і словникарську традицію науково-дослідних і видавничих установ української діяспори на Заході.[13] Серед них «Свобода», найстаріша на світі українська газета, Наукове товариство імени Шевченка з осередками в Нью-Йорку, Торонті та Парижі, Українська вільна академія наук у Нью-Йорку, Канадський інститут українських досліджень з осередками в Едмонтоні та Торонті, Колумбійський університет, Український науковий інститут Гарвардського університету та ин.

Оскільки цей правопис має низку непослідовностей і суперечливих пунктів, Словник, аналогічно підручнику «Українська для початківців» (Yuri Shevchuk. *Beginner's Ukrainian*, Hippocrene Books, 2011), для студентів української мови північноамериканських університетів і самоуків, тримається Харківського правопису за духом, якщо не завжди за літерою, відзеркалюючи важливі зміни, що зайшли в сучасній мові після 1928 року. Ось перелік правил, що їх дотримано в УАКС:

1. Віддача чужих запозичень українською мовою спирається на *транскрипцію*, тобто на те, як слово звучить, а не на те, як його пишуть (*транслітерація*). Транслітерацію, що її використовують у російській для віддачі запозичень, послідовно насаджували в українському правописі протягом совєтського періоду. Відтак американський топонім *Illinois* в українській слід віддавати як **Ілінóй**, а не **Іллінóйс*[14], німецьке *Freiburg* – **Фрáйбурґ**, а не **Фрéйбург*, італійське *gniocchi* – **ньóккі**, а не **гньóккі*. Винятки складають чужі власні назви, топоніми та гідроніми, що мають загальноприйняті українські відповідники з тривалою традицією вжитку. Зокрема столиця Італії – **Рим**, а не **Рома*; Франції – **Пари́ж**, а не **Парí*; Австрії – **Ві́день**, а не **Він*. Так само річку, на якій стоїть Рим, називають українською **Тибр**, а не **Тéвере*.

Транскрипція чужих запозичень є логічним наслідком цілої системи українського письма, яке є фонетично вмотивованим.[15] Це означає, що одна літера зазвичай віддає один звук так, як це маємо в еспанській чи італійській мовах. Натомість транслітерація відповідає етимологічно вмотивованим системам письма, що їх використовують в англійській, французькій і російській. Вона неуникно складніша і сповнена безкінечних винятків із правила. Подвоєні приголосні, що їх вимовляють як один звук у мові-джерелі, віддаються в українській однією літерою, напр., **іміґрáнт**, а не **іммігрáнт*, **інова́ція**, а не **інновáція*, **конота́ція**, а не **коннотáція*, **ірраціона́льний**, а не **ірраціонáльний*, **сюреалі́зм**, а не **сюрреалíзм* і т. д.

2. Для віддачі латинської літери **~i~** (чи рідше **~y~**), що означає фонему [i], рідше [i:] у чужих запозиченнях (*critical, implication, oligarchy, politics, aristocracy, finale, biophysics,* і т. д.) використовують правило «дев'ятки». За ним, **~i~** відповідає українській літері **~и~**, якщо перед останньою йде одна з цих приголосних: [d], *укр.* **д**, [t], *укр.* **т**, [z], *укр.* **з**, [s], *укр.* **с**, [ts], *укр.* **ц**, [zh], *укр.* **ж**, [sh], *укр.* **ш**, [ch], *укр.* **ч**, and [r], *укр.* **р**, а за нею – инший приголосний звук, напр., **дирéктор**, а не **дірéктор*, **крити́чний**, а не **крітíчний*, **президéнт**, а не **президéнт*, **позити́в**, а не **позітíв*, **ситуа́ція**, а не **сітуáція*.

Чужі літери **~i~/~y~** віддають в українській мові літерою **~i~** в: 1) усіх инших позиціях, напр., **ві́за**, а не **ви́за*, **лі́тера**, а не **ли́тера*, **мі́стика**, а не **ми́стика*, **фіна́л**, а не **финáл* та 2) коли після поєднання літер **~i~/~y~** з однією з дев'яти приголосних правила дев'ятки йде голосна, а не приголосна, напр., **пріоритéт**, а не **приоритéт*, **рáдіо**, а не **рáдио radio*, **Ріо-Ґра́нде**, а не *Рúо-Ґрáнде, **трію́мф**, а не **триюмф*. Існують винятки з цього правила.

В українській мові голосний переднього ряду середнього підйому [и], як в іменнику **лис**, дуже близький за якістю до англійського [ɪ], як в словах **list** *список* чи **bit** *шматок*. Він фонематично протиставлений голосному переднього ряду високого підйому [i], як в слові **ліс**. Цей голосний своєю чергою за якістю близький до довгого англійського [i:], як у словах **lease, beat**. За цією логікою, англійський голосний [ɪ], як у **Bill Clinton**, в українській віддаємо літерою **~и~**, напр. **Бил Кли́нтон**, а не **Білл Клінтон*, а англійський голосний звук [i:] – українською літерою **~i~**, напр., **брі́финг**, а не **бри́финг*, **ді́лер**, а не **ди́лер*.

3. Грецьку літеру «тету» **Θ, θ**, що відповідає англійському та французькому диграфові **th**, в українській завжди й без винятків віддаємо літерою **Т, т**, напр., **ана́тема**, а не **ана́фема*, **аритме́тика**, а не **арифмéтика*, **Атéни**, а не **Афíни*, **етéр**, а не **ефíр*, **катéдра**, а не **кáфедра*, **міт**, а не **міф*, **ортогра́фія**, а не **орфогрáфія*, **скит**, а не **скіф*.

4. Латинську літеру **H, h**, як у словах **hit, holding**, завжди віддаємо українською літерою **Г, г**, напр., *hard rock* – **гард-рóк**, а не **хард-рóк*, *hippie* – **гúпі**, а не **хіппі*, *hit parade* – **гіт-пара́д**, а не **хіт-пара́д*, *hobby* – **гóбі**, а не **хóббі*, *hockey* – **гокéй**, а не **хокéй*.

5. Латинську літеру **G, g**, як у словах **gala, goal, Gastarbeiter**, віддають українською літерою **Ґ, ґ**, напр., **аґіта́ція**, а не **агітáція*,

[12]«Український правопис» (2019 р.), 124-31, https://mon.gov.ua/storage/app/media/zagalna%20serednya/05062019-onovl-pravo.pdf

[13]Кубайчук, Віктор. «Хронологія мовних подій в Україні (Зовнішня історія української мови)», Київ: «КІС», 2004, 87.

[14]Зірочкою у Словнику позначено або неправильні, або сконструйовані форми, що їх не вживають у мовленні.

[15]«Сучасна українська літературна мова. Вступ. Фонетика», Київ: «Наукова думка», 1968, 402.

аґре́сія, а не **агре́сія*, **ґа́нґстер**, а не **га́нгстер*, **іґнорува́ти**, а не **ігнорува́ти*, **ґра́ція**, а не **гра́ція*, **ґриль**, а не **гриль*. Є два винятки з цього правила: 1) цілком асимільовані чужі запозичення, напр. **газе́та** від *gazette*, **грана́та** від *grenade*, **пога́ний** від *paganus*; 2) слова грецького походження, в яких літера «гамма» **Г, γ** корелює з латинською **G, g**, напр., **геогра́фія**, а не **ґеоґра́фія*, **біоло́гія**, а не **біоло́ґія*, **гангре́на**, а не **ґанґре́на*, **педаго́г**, а не **педаґо́ґ*.

6. Диграф **~au~ (automobile, author)** віддаємо українським сполученням літер **~ав~**, а не ***~ау~***, напр., **авди́т**, а не **ауди́т*, **авдіє́нція**, а не **аудіє́нція*, **лавр**, а не **ла́ур*, **лавреа́т**, а не **лауреа́т*, **фа́вна**, а не **фа́уна*.

7. Англійські дифтонги **[əʊ] (boast, stone, load)** та **[aʊ] (crown, loud, proud)** віддаємо українськими диграфами **~ов~** та **~ав~** відповідно, напр., *show* – **шов**, а не **шо́у*, *know-how* – **но́в-гав**, а не **но́у-ха́у*, *Downing Street* – **Да́вниґ-стріт**, а не **Да́унінг-стріт*, *browser* – **бра́взер**, а не **брау́зер*.

8. Англійську літеру **W, w** на початку слова віддаємо українською **В, в**, а не **У, у**, напр., *Wellington* – **Ве́лингтон**, а не **Уе́ллінгтон*, *William* – **Ві́льям**, а не **Уі́льям*, *Wall Street* – **Во́л-Стріт**, а не **Уо́лл-стріт*.

9. Англійські буквосполуки **~er~, ~ir~, ~ur~, ~or~, ~yr~, ~ear~** на позначення напруженого довгого голосного **[ə:] (burner, learn, turn)** віддаємо українським **~ер~**, напр., *earl* – **ерл**, *surfing* – **се́рфінґ**, *church* – **черч**, *hamburger* – **ге́мберґер**, *Irving* – **Е́рвінґ**, *Turner* – **Те́рнер**.

10. Німецьку буквосполуку **~ei~** віддаємо українським **~ай~**, напр., *Einstein* – **А́йнштайн**, а не **Ейнште́йн*, *Leipzig* – **Ля́йпциґ**, а не **Ле́йпциг*, *Steinbeck* – **Ста́йнбек**, а не **Сте́йнбек*, *Reich* – **райх**, а не **рейх*, *Zeitgeist* – **ца́йт-ґайст**, а не **це́йт-ґейст*, Heinrich Heine – **Га́йнрих Га́йне**, а не **Ге́нріх Ге́йне*.

11. Німецьке **~eu~** віддаємо українським диграфом **~ой~**, напр., **Фройд**, а не **Фрейд*, **Дойч**, а не **Дейч*.

12. Еспанський подвоєний приголосний **~ll~**, як у словах **caballo, mantequilla**, віддаємо українським **~й~**, напр., **пае́я** *paella*, а не **пае́лья*, **сеґі́дія** *seguidilla*, а не **сегі́дiлья*, **торті́я** *tortilla*, а не **търті́лья*, **Севі́я** *Sevilla*, а не **Севі́лья*.

13. Словник повертає літері **И, и** належне їй місце на початку слова, напр., **и́дол**, **и́кавка**, **имбе́р**, **инди́к**, **и́ней**, **и́ноді**, **инозе́мний**, **и́нший**, **иржа́**, **и́рій**, **и́скра**.

14. Буквосполучення **~eu~** у грецьких та латинських запозиченнях віддаємо українським **~ев~**, напр., **невтралі́тет** *neutrality*, а не **нейтралі́те́т*, **невро́н** *neuron*, а не **нейро́н*.

15. Щоб уникнути зяяння, тобто двох голосних поспіль **~ia~** (рідше **~iu~**) віддаємо відповідно диграфами **~ія~** та **~ію~**, напр., **Адрія́тика**, а не **Адріа́тика*, **артерія́льний**, а не **артеріа́льний*, **генія́льний**, а не **геніа́льний*, **дія́гноз**, а не **діа́гноз*, **діяле́ктика**, а не **діале́ктика*, **матерія́л**, а не **матеріа́л*, **індустріялiза́ція**, а не **індустріалiза́ція*, **тріюмф**, а не **тріу́мф*.

16. Українська морфологічна система схильна цілком асимілювати іменникові запозичення з инших мов, включаючи їх у власні відмінкові парадигми. Відтак французький іменник *essai* став українським **есе́єм**, що відмінюється так само, як **музе́й**. Така ж логіка мотивує відмінювання всіх чужих іменників із закінченням **~о**, перед яким стоїть приголосний, напр., **метро́ – у метрі́**, **пальто́ – без пальта́**, **Сан-Франци́ско – у Сан-Франци́ску**, **Торо́нто – до Торо́нта.**

17. Жіночі іменникі третьої відміни, основа яких закінчується на збіг приголосних (**гото́вність**, **злість**, **со́вість**, **тото́жність**), а також **кров**, **любо́в**, **о́сінь**, **Русь** та **сіль** у родовому однині мають закінчення **~и**, напр., **без зло́сти**, **від любо́ви**, **без со́ли**, **для тото́жности.**

18. Російські антропоніми потрактовані в УАКС так само, як зазвичай трактують антропоніми кожної иншої мови: англійської, французької, польскої чи еспанської, а саме – як чужі слова. Їх не заступають українськими відповідниками. Відтак *рос.* Владимир Ленин не стає українцем **Володи́миром Ле́ніном*.[16] Так само Михаил Булгаков українською має бути **Міха́їл Булга́ков**, а не **Миха́йло Булга́ков*, Надежда Крупская – **Наде́жда Кру́пская**, а не **Наді́я Кру́пська*, Осип Мандельштам – **О́сіп Мандельшта́м**, а не **Йо́сип Мандельшта́м* і т. д. За цією ж логікою англієць William лишається **Ві́льямом** і не стає **Василем*, французка Cathérine чи полька Katarzyna – відповідно **Катрі́н** та **Катажи́на** і не стають **Катери́нами*, еспанка *Irene* – **Іре́не** і не стає **Іри́ною*.[17]

19. Українські топоніми та гідроніми транскрибовано англійською відповідно до того, як їх пишуть українці. Відтак українська столиця Київ англійською є **Kyiv**, а не колоніяльне **Kiev*, транслітероване з російської. Так само зберігають питому транслітерацію в англійській инші українські міста: **Odesa**, а не **Odessa*, **Kharkiv**, а не **Kharkov*, **Rivne**, а не **Rovno*, **Chernihiv**, а не **Chernigov*, **Berdychiv**, а не **Berdichev* **Bila Tserkva**, а не **Belaya Tserkov*, і т. д. Те ж стосується до українських річок і водойм, напр., **Dnipro**, а не **Dnieper*, **Inhul**, а не **Ingul*, **Psel**, а не **Psiol*, **Tysa**, а не **Tisa*, і т. д.

20. Українські власні і загальні назви транслітеровано англійською мовою у Словникові згідно з правилами транслітерації Бібліотеки Конґресу США.

Що у Словнику

«Українсько-англійський комбінаторний словник» описує понад 8,000 іменників, займенників, прикметників, дієслів, прислівників, прийменників, сполучників і часток, що складають найчастотнішу ділянку лексикону сучасної української мови. Користувач може довідатися про значення кожного реєстрового слова (гасла), з якими иншими воно типово поєднується у вирази й речення в потоці мовлення. Словник також містить спеціялізовану лексику таких галузей, як політика, мистецтво, спорт, освіта, наука, кухарство, фільморобство, релігія, медицина та инші важливі царини спілкування, що їх звикли вважати невід'ємною частиною щоденного життя освіченого мовця. Поряд із стилістично невтральними словами, Словник подає різноманіття високочастотної лексики з книжного, термінологічного, технічного, поетичного, розмовного, сленґового та жарґонного стилів мовлення, яка набула загального поширення.

Віддзеркалюючи бачення української мови як глобальної, мови, що нею розмовляють і пишуть не тільки на українському культурному материкові, а й вже понад століття в таких країнах, як Канада, Сполучені Штати Америки, Франція, Велика Британія, Польща та инші, УАКС також описує вибрані лексичні одиниці, що збереглися в мові західної діяспори, а тепер повертаються й знаходять визнання на українському мовному материкові, напр. **летовище** як питомий синонім слова **аеропо́рт**, **речене́ць** як питомий синонім слова **те́рмін**, **травни́к** як питомий синонім слова **газо́н**, **хідни́к** як питомий синонім слова **тротуа́р**, **світли́на** як питомий синонім слова **фотогра́фія** та ин.

УАКС поєднує головні риси одразу шести типів словників, а саме: 1) перекладного, 2) комбінаторного, 3) навчального, 4) синонімічного, 5) фразеологічного та 6) енциклопедичного.

Перекладний словник. Як кожен перекладний двомовний словник УАКС подає англійські відповідники реєстрового слова та його окремого значення, якщо слово багатозначне. На відміну від

[16] Асиміляторська практика віддачі російських імен українськими відповідниками так, ніби росіяни є українцями, зберігається в останній редакції Українського правопису (2019).
[17] Shevchuk, Yuri. "Linguistic Strategies of Imperial Appropriation. Why Ukraine Is Absent from World Film History," in *Contemporary Ukraine on the Cultural Map of Europe*, eds. Larissa M. L. Zaleska Onyshkevych and Maria G. Rewakowicz, (Armonk, NY: M. E. Sharp, Inc., 2009), 359–74.

подібних словників, що їх публікували раніше, він чітко виріжняє українські слова, що не мають англійських відповідників, і пропонує адекватний спосіб їх віддачі англійською мовою. Йдеться про так звані *безеквівалентні лексичні одиниці* (з ремаркою *nonequiv.)*, що віддзеркалюють питомо українське бачення світу, напр., **добá** *twenty-four hours*, **окрíп** *boiling water*; **білíти** *show white* (**На обрії біліли гори.** *The mountains showed white on the horizon.*), **зеленíти** *show green*, **сірíти** *show gray*, **червонíти** *show red* і т. п.

Комбінаторний словник. Комбінаторна частина УАКС подає інформацію про те, як описуване слово поєднують з иншими у мінімальні двочленні чи поширеніші вислови, типи дієслівного керування (**нéхтувати** + *A. or I. to ignore sb/sth,* **грáти на** + *L. or* **на** *A. to play an instrument,* **кóштувати** + *A. or D. to cost to somebody (sb)*, а також найуживаніші фразеологізми, в яких воно бере участь. Усе це ілюстровано типовими словосполуками чи простими реченнями.

Навчальний словник. УАКС подає інформацію про лексичне значення, морфлогію, поєднуваність та инші риси реєстрового слова, описує його морфологічні властивості, зокрема і такі проблемні форми, як закінчення родового відмінка однини неживих іменників чоловічого роду другої відміни, напр., **без усякого апарáта** *(прилад)* на відміну від **без усякого апарáту** *(персонал)*, **для столя́рського інструмéнта** *(як молоток)* на відміну від **для музи́чного інструмéнту** *(як скрипка)*, моделі відмінювання дієслів, усі типи звукових мутацій в іменниках та дієсловах, прийменникове та дієслівне керування, неправильні форми слів та важливі винятки із правил. Винятки слід трактувати поважно, бо це ті риси, що надають українській мові неповторности і відріжняють її від инших слов'янських мов. Чергування звуків в українській мові стосуються іменників та дієслів.

Чергування звуків в іменниках. Є чотири типи чергувань звуків в українських іменниках. Три з них мають вищу частотність, а один – нижчу.

1) чергування голосних в корені слова, коли **~і~** стає **~о~** чи рідше **~е~**, напр., **міст – на мóсті**, **кіт – для котá**, **ніс – без нóса**, **рік – до рóку**, **піч – бíля пéчі**, **річ – до рéчі**;

2) випадання **~о~** чи рідше **~е~** в кінцевому складі, напр., **кутóк – у куткý**, **сон – ýві сні**, **украї́нець – на украї́нцеві**, **кінéць – без кінця́**, **олівéць – для олівця́**;

3) велярний пересув приголосних, коли велярні **г**, **к** та **х** змінюються перед закінченням **~і**:
г на **з**, напр., **кри́га – на кри́зі**, **круг – у крýзі**, **ногá – на нозí**
к на **ц**, напр., **лóжка – у лóжці**, **óко – в óці**, **рукá – в руцí**
х на **с**, напр., **вýхо – у вýсі**, **мýха – на мýсі**, **пóверх – на пóверсі**;

4) поява голосного **~о~** чи рідше **~е~** в кінці основи родового відмінка множини окремих іменників з метою уникнути збігу приголосних, напр., **вікнó – вíкон**, **збíрка – збíрок**, **кни́жка – книжóк**, **брехня́ – брéхень**, **сідлó – сíдел** і т. д.

Користувач УАКС швидко навчиться впізнавати іменники, що зазнають цих чергувань, щоразу коли бачитиме вертикальну риску |, яка відділяє основу від закінчення реєстрового слова у правильних іменниках, натомість розщеплює кінцеву частину основи, тим робом вказуючи частину основи, що лишається незмінною, та ту, що зазнає чергувань. Так, замість форми **міст** УАКС подає **м|іст**, позаяк цей іменник має такі відмінкові форми: **~остá, ~остóві, ~остóм**, і т. д. Так само замість **ніс** є **н|іс**, позаяк його відмінкові форми є **~óса, ~óсові, ~óсом**, і т. д.; замість **кутóк** – **кут|óк**, тому що: **~кá, ~кóві, ~кóм**, і т. д.; замість **мáрк|а** – **мáр|ка**, тому що: **~ки, ~ці, ~кою, у ~ці**, і т.д.

Рух чи статика. Українська граматика має набір форм, утворених поєднанням дієслова, прийменника та відмінкового закінчення, що позначають рух предмета на відміну від його статичного положення. Віддзеркалюючи цю цікаву особливість українськомовної картини світу, Словник послідовно розрізняє становища, де маємо справу з напрямком руху (позначені маркером *dir.* від *direction*), і такі, де маємо справу зі статикою (позначені маркером *posn.* від *position*). Типово прийменник керує знахідним відмінком для позначення напрямку руху, напр., *dir.* **Вонá поклáла зóшит на підлóгу**. *dir.* **Кіт ховáвся під лíжко.** Той самий прийменник керує місцевим чи рідше орудним відмінком, позначаючи статичне положення, напр., *posn.* **Зóшит лежи́ть на підлóзі.** *(місцевий відмінок)*. **Кіт сиди́ть під лíжком.** *(орудний відмінок)*.

Дієслівне керування. Иншою проблемою, що її представляє для студента українське дієслово, є часто складний спосіб керування присудка додатком.[18] Навіть для питомого українського мовця не завжди легко вибрати правильний відмінок додатка для таких дієслів, як **дя́кувати – дя́кую вам** чи **дя́кую вас**, **говори́ти – Я говорю́ украї́нською** чи **Я говорю́ на украї́нській. вибачáти – ви́бачте мені́** чи **ви́бачте менé**, **повідомля́ти – Вонá повідóмила студéнтам.** чи **Вонá повідóмила студéнтів. опанóвувати – опанóвувати профéсію** чи **опанóвувати профéсією**, **зрікáтися – Вони́ зрекли́ся наси́льства.** чи **Вони́ зрекли́ся від наси́льства. хворíти – Жíнка хворíє гри́пом.** чи **Жíнка хворíє на грип.**[19] Керування присудка додатком може бути прямим, тобто без прийменника, напр., **малювáти ескíз** чи **малювáти олівцéм**, або ж через прийменник, напр., **малювáти на папéрі.**

Майже всі сучасні українсько-англійські словники призначено для україномовців, що вивчають англійську, тому вся згадана вище інформація в них відсутня як зайва. УАКС подає необхідні дані про дієслівне керування як із прийменниками, так і без них, вказуючи прийменники, що типово супроводжують відповідне дієслово, а також відмінок, якого вимагає прийменник. Так, наприклад, **купувáти** як типове перехідне дієслово керує прямим додатком у знахідному відмінку (**купувáти квíти**), а також непрямим додатком в давальному відмінку (**купувáти жíнці**): **Хомá чáсто купýє жíнці квíти.** Khoma often buys his wife flowers. Це власне той випадок, коли моделі керування присудка додатком ідентичні в українській та англійській мовах.

Проте є випадки, коли вони відріжняються, як, наприклад, із дієсловом **поя́снювати** to explain. В українській мові це дієслово відповідає щойно описаній моделі прямого-непрямого додатка. В англійській же непрямий додаток вимагає прийменника *to*: **Студéнтка поя́снює виклáдачéві свій зáдум.** та The (female) student is explaining her idea to the instructor. Так само асиметрично порівняно з англійським відповідником керує додатком дієслово **слýхати** to listen. Воно вимагає прямого додатка у знахідному відмінку: **Олéна слýхає передáчу.** Його ж англійський відповідник вимагає непрямого додатка з прийменником *to*: Olena is listening to the show.

Така асиметрія може пов'язуватися з прийменниками, що мають помітно різні семантичні конфігурації, як у випадку з дієсловом **танцювáти під мýзику** – англ. to dance to the music *(дослівно *танцювати до музики)*. Керування присудка додатком стає ще складнішим, коли маємо справу з прийменниками, що можуть супроводжувати будь-яке дієслово. Так, наприклад, **схóдитися** може керувати непрямим додатком через прийменники **в**, **до**, **на**, **серед**: **Страйкарí схóдилися у грýпи. Усі шляхи́ схóдяться в Ки́єві. У кав'я́рні схóдиться богéма. Вони́ зійшли́ся до старóї альтáнки. Вíктор чáсом схóдився з колéгами на пи́во. Човни́ зійшли́ся сéред óзера.** Словник описує всі ці та инші моделі дієслівного керування.

Словник синонімів. УАКС також є словником синонімів. Він реєструє біля 5.000 синонімічних гнізд, 8.000 синонімів та близько 1.000 антонімів. Щоб допомогти користувачеві дати собі раду з його корпусом словникових статтей, зорганізованих за абеткою, у Словнику вжито лексикографічні ремарки, які

[18] Синтактичну функцію додатка виконують іменники, субстантивізовані прикметники та більшість займенників.

[19] Калібаба, Лариса, Фурса, Валентина. «Словник дієслівного керування», Київ: «Либідь», 2017.

організовують його ще й тематично. Кожна з них пов'язує гасло чи окреме значення або з центральним словом у гнізді, або з його частковими синонімами, або з антонімами, або ж відсилає до слів, що оманливо подібні до нього, але водночас мають важливі семантичні відмінності. Наприклад, слова **кни́га** і **кни́жка** перекладають як a book, **кла́сти** і **ста́вити** – як to put, **бі́гти** і **бі́гати** – як to run, **повзти́** і **по́взати** – як to crawl і т. д.

Словник подає перехресні покликання на тематично пов'язані слова до більшої частини статтей за допомогою простих ремарок. Ремарка *See* вказує на головний синонім тематичного ряду, який описано найповніше, напр., **вчи́тель**, *m.* teacher *See* **спеціялі́ст**. Ремарка *Also see* відсилає до инших синонімів зі спеціялізованим значенням, напр., **хворо́б|а**, *f.* disease, sickness *Also see* **грип**, **рак**. Ремарка *Ant.* є покликанням на антоніми, напр., **люб|и́ти** to love *Ant.* **нена́видіти** to hate. Ремарка *Cf.* є покликанням на синоніми, що водночас подібні і значно відмінні від реєстрового слова, а тому становлять трудність для користувача, напр., **бреху́н**, *m.* liar *Cf.* **шахра́й** swindler, **вар|и́ти**, *tran.* to cook, boil *Cf.* **сма́ж|ити**, *tran.* fry.

Зокрема у Словнику чітко розмежовані дієслова-синоніми, що керують різними додатками. Наприклад, дієслова **відкрива́ти, відчиня́ти, відмика́ти, розгорта́ти, розплю́щувати** перекладають англійським *to open*, але в українській мові відкривають *кри́шку чи коро́бку*, відчиняють *две́рі чи вікно́*, відмикають *замо́к*, розгортають *кни́жку чи газе́ту*, розплющують *о́чі*.

Фразеологічний словник. В УАКС найчастотніші фразеоло-гізми позначені символом ♦, напр., ♦ **ломи́тися у відчи́нені две́рі** to preach to the choir, ♦ **кра́пля в мо́рі** a drop in the ocean, ♦ **в по́ті чола́** by the sweat of one's brow, ♦ **як ка́жуть у при́казці** as the saying goes. Користувачі можуть довідатися про те, в яких популярних ідіомах, виразах, крилатих висловах чи приказках вжито реєстрове слово. Наприклад, іменник **воро́та** вжито в ідіомі ♦ **ні в тин ні у воро́та** neither here nor there, іменник **ідеа́л** – в ♦ **в ідеа́лі** in the best-case scenario, **ка́ша** – в ♦ **зава́рювати ка́шу** to get into trouble, **ша́пка** – в ♦ **На зло́дієві ша́пка гори́ть**. The lady doth protest too much.

Для ідіом, вживання яких може викликати питання, подано пояснювальні ілюстрації, напр., 1) **Павло́ таке́ ка́же, що ні в тин ні у воро́та.** Pavlo is saying something that is neither here nor there. 2) **В ідеа́лі головну́ роль ма́ла би гра́ти питóма полта́вка.** In the best-case scenario, a female native of Poltava should play the lead role. У додаток до фразеологізмів символ ♦ також вжито для українських виразів, що мають морфологічну чи синтактичну структуру, значно відмінну від структури їхніх англійських відповідників, напр., ♦ **без тя́ми** mindlessly, ♦ **високочутли́вий** highly sensitive, ♦ **на еле́ктриці** electrically powered, ♦ **радіожурналі́ст** radio reporter, ♦ **так чи ина́кше** anyhow, in any case, ♦ **швидка́ допомо́га** ambulance, ♦ **що завго́дно** whatever, anything.

Енциклопедичний словник. УАКС має енциклопедичний аспект, позаяк він подає інформацію про низку таких спеціялізованих царин людської діяльности, як політика, право, освіта, спорт, культура, наука, історія, кінематограф та инші, які відсутні в звичайних тлумачних чи перекладних словниках і часто навіть не так легко приступні в інтернеті. Так користувачі довідаються, наприклад, що іменник **зако́н** (у значенні «статут») можуть описувати такі означення, як **головни́й, найви́щий, конституці́йний; суво́рий; відпові́дний, чи́нний; дикта́торський, дискриміна́ці́йний, драко́нівський, неконституці́йний, нелегіти́мний, несправедли́вий; боже́ственний, біблі́йний, свяще́нний; лю́дськи́й**.

У його иншому значенні «правило, норма», цей же іменник вже описують такі означення, як **астрономі́чний, кінети́чний, математи́чний, фізи́чний, фонети́чний; важли́вий, класи́чний, основни́й, фундамента́льний**. Користувачі довідаються не лише, що **кінь** буває **бі́лим, була́ним, вороно́м, гніди́м, мишáстим, рябóм, руди́м, си́вим, ча́лим**, але і як він може рухатися: **бі́гти в намéт** *чи* **бі́гти у чвал, бі́гти у клюс, задкува́ти; посковзну́тися, ру́хатися кро́ком; спотика́тися, стриба́ти.**

Фемінітиви. В УАКС подано фемінітиви, тобто іменники жіночого роду, що називають професії, суспільнуий статус, походження, релігію, національність, громадянство тощо. Фемінітиви набувають усе більшого поширення у щоденному вжитку сучасної України, особливо серед молодого освіченого покоління, напр., **економі́ст – економі́стка, істо́рик – історики́ня, лі́кар – лі́карка**. Чоловічі форми таких іменників описано повністю, а жіночі – лише згадано в першому рядку праворуч від гасла, позаяк їхня лексична поєднуваність назагал така сама, як і в чоловічих форм, напр., **репорте́р**, *m.*, **~а; репорте́рка**, *f.*

Оскільки живі іменники в англійській мові не мають морфологічних ознак граматичного роду, у Словнику вжито стилістично невтральне означення *(female)*, щоб позначити жіночий рід відповідного українського іменника, напр., **Репорте́рка не боїться ста́вити го́стрі запита́ння.** The (female) reporter is not afraid of posing pointed questions. Фемінітиви є ділянкою сучасного українського словника, що виріжняється творчістю й експериментуванням і ставить за мету забезпечити кожен без винятку маскулінітив корелятом жіночого роду. Українська морфологія не завжди пропонує готові відповідники, що були б загальноприйнятними для мовної спільноти. Тому існують прогалини, які часто заповнюють фемінітивами, що ще мають довести свою життєвість і функційність, напр., **аналі́тик** – *аналі́тичка, **кри́тик** – *критике́са, *кри́тичка. Деякі з цих прогалин ще належить заповнити, напр., **лі́рик, пі́дліток, страте́г, та́ктик, куре́ць, сві́док.**

Наголос. В українському письмі наголос зазвичай не позначають. Винятком є випадки, коли на слово падає логічний, а не словесний наголос, напр., Наталя поясни́ла, **що́** ма́ла на увазі. або ж коли слово змінює значення із зміною наголосу, напр., Він опи́сує не **заня́ття** літерату́рою *(чим займається)*, а **занятт́я** з літерату́ри *(ле́кцію)*. Словесний наголос представляє серйозні труднощі для студентів, позаяк він є дуже рухомим. В українській мові, як і в англійській, значення слова може змінюватися залежно від того, на який склад падає наголос, напр., **за́в'язка** *(моту́зка)* і **зав'я́зка** *(поча́ток)*, **за́клад** *(устано́ва)* і **закла́д** *(парі́)*, **за́мок** *(форте́ця)* і **замо́к** *(механі́зм у две́рях)*, **лу́па** *(скло)* і **лупа́** *(у воло́ссі)*, **лю́дський** *(що стосу́ється до люди́ни)* і **людськи́й** *(гума́нний)* тощо.

Наголос може змінювати і граматичне значення слова, напр., **задиха́тися** і **задиха́тися, закида́ти** і **заки́дати**.[20] Деякі слова мають одразу два правильні наголоси, не міняючи значення, напр., **кла́дови́ще, ко́ри́сть, пода́ння́, по́ми́лка; ву́гі́льний, за́ти́шний, ко́ри́сний, повітря́ний; ви́ди́мо, ви́со́ко, гли́бо́ко, за́вжди́, зада́рма́; ви́сі́ти, закі́нчи́ти, зали́ши́ти, кори́стува́тися, ко́штува́ти** тощо.[21]

Наголос є рухомим в особових займенниках залежно від того, чи перед ними є прийменник, напр., Він бачить **мене́ (тебе́).** Він дивиться **на ме́не (на те́бе).** Такий рухомий наголос створює проблему навіть для питомих мовців. Правильне наголошення слів – це справа не лише культури мовлення, але й зрозумілости казаного. Тому словесний наголос позначають у всіх поважних словниках та підручниках української мови для чужинців. Словесний наголос завжди позначений і в УАКС, окрім односкладових слів, напр., **жук**, **кін**, **ліс**, **сад** тощо.

З усіх змінних частин мови наголос є рухомим в іменниках, дієсловах та особових займенниках. Він статичний у

---

[20]Більше подібних прикладів є в Головачук, С. І. «Складні випадки наголошення», Київ: «Либідь», 1995.

[21]Бусель, В. Т., Василега-Дерибас, М.Д. та ин. «Великий зведений орфографічний словник сучасної української лексики», Київ та Ірпінь: «Перун», 2003. Також http://lcorp.ulif.org.ua/dictua/

прикметниках. Іменники мають три головні моделі рухомого наголосу. Однина іменника може відріжнятися за наголосом від множини, але він зазвичай лишається на тому самому складі в усіх формах однини чи множини незалежно від конкретного відмінка.

Іменникова модель наголосу № 1. Наголос однаковий в однині й множині іменника, напр., **виде́лка** і **виде́лки**, **по́тяг** і **по́тяги**, **світли́на** і **світли́ни**, **хло́пець** і **хло́пці.**

Іменникова модель наголосу № 2. В однині наголос падає на основу, а в множині – на закінчення, напр., **ві́тер** – **вітри́**, **дя́дько** – **дядьки́**. Ця модель особливо типова для іменників жіночого роду першої відміни з наростком ~**к**~, напр., **жі́нка** – **жінки́**, **кни́жка** – **книжки́**, **комі́рка** – **комірки́**, **украї́нка** – **украї́нки́**, **хві́ртка** –**хвіртки́**.[22]

Іменникова модель наголосу № 3. В однині наголос падає на закі́нчення, а в множині – на основу, напр., **весло́** – **ве́сла**, **вода́** – **во́ди**, **коза́** – **ко́зи**, **село́** – **се́ла**, **сльоза́** – **сльо́зи**. У нечисленних випадках наголос може рухатися у формах одини і множини відповідно, напр., **голова́** – **на го́лову**, **нога́** – **на но́гу**, **середа́** – **у се́реду**, **дити́на** – **ді́ти** – **діте́й** – **ді́тьми.**[23]

Типові моделі дієслівного наголосу у теперішньому часі. Дієслівна модель наголосу №1. Наголос падає на закінчення у першій особі однини, а в усіх инших особових формах – на корінь, напр., **я кажу́**, але **ти ка́жеш**, **вона ка́же**, **ми ка́жемо**, **ви ка́жете**, **вони́ ка́жуть**.

Дієслівна модель наголосу №2. Наголос падає на той самий склад в усіх особових формах, напр., **я чита́ю**, **ти чита́єш**, **вона чита́є**, **ми чита́ємо**, **ви чита́єте**, **вони́ чита́ють**. Коли наголос падає на останній склад у третій особі множини, напр., **вони живу́ть**, він лишається на останньому складі в п'яти инших особових формах: **я живу́**, **ти живе́ш**, **вона́ живе́**, **ми живемо́**, **ви живете́**.[24]

Безеквівалентні одиниці. Не існує гарних і потворних мов. Існують мови, які знаєш, і ті, яких не знаєш, позаяк вивчати чужу мову серйозно значить завжди залюблюватися в неї, відкривати невідомий і захопливий спосіб, в який ця мова ословлює світ. Кожна мова малює власну, своєрідну картину дійсности, забарвлює її у свій неповторний спосіб так, що, вивчати мову, неуникно значить близько знайомитися з тим, як мовна спільнота бачить світ, як вона виокремлює в безлічі речей і явищ ті, що вважає важливими, і водночас іґнорує ті, що важливимим для неї не є. Кожна мова має слова і граматичні засоби, які особливим чином описують дійсність і які відсутні в инших мовах. Це так звані *безеквівалентні одиниці*. До них належать культурно специфічні слова на зразок іменника з американської англійської *camp (як стиль)* чи з британської англійської *Puritan*. Такі слова зазвичай транслітерують і морфологічно адаптують в мовах, що їх запозичують, напр., українською відповідно **кемп** та **пурита́нин.**

Безеквівалентні лексичні одиниці сеґментують дійсність у спосіб, що міняється від мови до мови. Ці одиниці вирізнено в Словнику як гасло чи його значення, ремаркою *nonequiv.* Окрема група безеквівалентних одиниць позначає буденні речі і не має англійських відповідників в одному слові, напр., **доба́** a twenty-four hour period, **наро́дність** national authenticity, **насі́ння** sunflower or pumpkin seeds, **окрі́п** boiling water, **по́бут** way of life, life, everyday life, **поня́ття** *jarg.* criminal ways, criminal value system, **подру́жжя** a married couple, **рейс** a flight, bus, train or boat, **смета́на** sour cream. Дієслово **заку́шувати**, поряд з иншими значеннями має безеквівалентне «заїдати алкоголь чимось».

[22]Караванський, Святослав. «Секрети української мови», Львів: «БаК», 2009), 25–26.
[23]Шевельов, Ю. В. «Нариси сучасної української літературної мови та інші лінгвістичні студії», Київ: «Темпора», 2012, 239.
[24]Словесний наголос можна перевіряти за мережевою сторінкою «Українські словники online»: http://lcorp.ulif.org.ua/dictua/

Инша група безеквівалентних одиниць складається з іменників, що позначають культурно специфічні поняття. Наприклад, **кум**, **кума́** крім прямого значення «люди, що є хрещеними чиїхось дітей», метафорично означають близьких друзів, членів родини. Відтак іменник **кумі́вство** є українським відповідником англійських *nepotism, favoritism*. Такі та подібні специфічні для української культури безеквівалентні одиниці у Словнику транслітеровано англійською і пояснено, напр., **пи́санка** pysanka *(painted Easter egg, traditional Ukrainian folk art)*, **рушни́к** rushnyk *(embroidered ritual cloth used in weddings, Easter, and other ceremonies)*.

Безеквівалентні одиниці не обмежені лексичною системою. Вони також уключають морфологію. Так українська, як і инші слов'янські мови, має особливу лексичну групу, що називаються *дієсловами руху*. Вони описують рух у спосіб, що дуже відрізняється від їхніх англійських відповідників. У певному сенсі слова – це теж безеквівалентні одиниці. Кожне з них відрізняється від инших дієслів тим, що має не одну, а дві форми недоконаного виду. Кожна описує рух або як лінійний одноразовий процес, або ж як повторюваний рух «туди й назад». Відтак англійське *to go* має аж два українські відповідники недоконаного виду: **йти** і **ходи́ти**. Перший називають *дієсловом спрямованого руху*, а другий – *дієсловом неспрямованого руху*. Так само *to run* має два відповідники **бі́гти** та **бі́гати**, *to crawl* – **повзти́** і **по́взати**, *to fly* – **леті́ти** та **літа́ти**.

В українській мові є понад десять пар дієслів руху (за дієсловом спрямованого руху йде дієслово неспрямованого руху): **бі́гти** і **бі́гати**, **вести́** і **води́ти**, **везти́** і **вози́ти**, **ї́хати** і **ї́здити**, **йти** і **ходи́ти**, **леті́ти** і **літа́ти**, **лі́зти** і **ла́зити**, **нести́** і **носи́ти**, **пливти́** і **пла́вати**, **повзти́** і **по́взати**. У Словнику кожне з них позначено відповідною ремаркою: дієслово спрямованого руху – *uni.* (скорочення від *unidirectional*), а дієслово неспрямованого руху – *multi.* (скорочення від *multidirectional*). Словникова стаття кожного дієслова руху реєструє обставини часу і способу дії, з якими його зазвичай вживають, і як це зумовлює його граматичне значення. Дієслова спрямованого руху зазвичай описують прислівники, що відповідають таким поняттям, як одноразова, конкретна дія та лінійний рух. Наприклад, дієслово спрямованого руху **бі́гти** описують прислівники, що імплікують лінійний рух: **вго́ру**, **вниз**, **додо́лу, надоли́ну**; **впере́д**, **наза́д**; **геть**, **додо́му** *or* **домі́в**, **про́сто**; **на за́хід**, **на пі́вніч** тощо.

Дієслово неспрямованого руху **бі́гати** поєднується з обставинами, що співідносяться з такими поняттями, як рух туди й назад, повторювана дія, постійна якість, напр., **ввесь час**, **за́вжди́**, **звича́йно**, **ча́сто**, **як пра́вило**, **пості́йно**, **рі́дко**, **ніко́ли**. Деякі прислівники можуть сполучатися як із дієсловами спрямованого, так і неспрямованого руху, напр., **до́бре**, **залюбки́**, **шви́дко**, **ско́ро**; **ле́две**, **обере́жно**, **пові́льно.**

Особлива група безеквівалентної лексики означає присутність кольору як динамічної ознаки предмета на відміну від статичної. Вони утворені від номінацій основних кольорів: **бі́лий** – **білі́ти**, **жо́втий** – **жовті́ти**, **зеле́ний** – **зелені́ти**, **си́ній** – **сині́ти**, **черво́ний** – **червоні́ти**, означаючи, що якийсь фраґмент оточення постає забарвленим у відповідний колір, напр., **Скрізь навко́ло білі́ють засні́жені верши́ни гір.** або **По́ле червоні́ло ма́ками.**

Власні імена. Щоб ознайомити користувачів із українською ономастикою, «Українсько-англійський комбінаторний словник» широко використовує в ілюстративному матеріялі власні назви. Вони включають такі групи: 1) антропоніми, тобто імена людей,[25] 2) топоніми або назви поселень[26]; 3) гідроніми або назви таких водойм, як річки, озера, моря;

[25]Бабич, Н. Д. та ин. «Словник прізвищ. Практичний словозмінно-орфографічний», Чернівці: «Букрек», 2002.
[26]Горпинич, В.О. «Словник географічних назв України (топоніми та відтопонімні прикметники)», Київ: «Довіра», 2001.

4) назви урядових установ, 5) назви вулиць та майданів; 6) назви інституцій; 7) назви текстів, фільмів, п'єс тощо.

Імена людей та назви поселень пишуть із великої літери незалежно, чи це одне слово чи два, напр. **Оле́на Кури́ло**, **Катери́на Петре́нко**, **Лука́ Ткаче́нко**, **Бі́ла Це́рква**, **Горі́шні Пла́вні.** Перед власними іменами можуть стояти титули чи загальні іменники, які пишуть з малої літери, напр., **па́ні Зінчу́к**, **до́ктор Климе́нко**, **коро́ль Дани́ло**, **княги́ня О́льга**, **богиня Афроди́та**.[27] Якщо назви населених пунктів та водойм супроводжують родові іменники, то останні пишуть з малої літери, напр., **Чо́рне мо́ре**, **о́зеро Синеві́р**, **рі́чка Десна́**, **прото́ка Дардане́лли**, **мі́сто Терно́піль**.

У групах власних імен №6 та №7 родовий іменник у складі назви пишуть із малої літери, а власний – з великої і в лапках, напр., **готе́ль «Та́врія»**, **ресторáн «Шква́рочка»**, **журна́л «Украї́нський ти́ждень»**, **рома́н «Та́нго сме́рти»**, **п'єса «Ми́на Маза́йло»**, статтю **«Парадо́кси коло́ні́яльного менталіте́ту»**, **ігрови́й фі́льм «Атланти́да»**. Якщо власні назви в групах №6 та №7 вжито в реченні цілком, тобто родовий іменник і власна назва, тоді відміняють лише родовий іменник, а власну назву в лапках не відміняють, напр., **У журна́лі «Украї́нський ти́ждень» за́вжди́ є ціка́ві матерія́ли.** Коли ж родовий іменник пропущено, то відміняють власну назву в лапках, напр., **В «Украї́нському ти́жні» за́вжди́ є ціка́ві матерія́ли.**

Антропоніми – це імена, по батькові та прізвища людей. Імена українського походження, що вжиті в Словнику, це переважно: 1) питомі українські імена, напр., **Все́волод**, **Любоми́р**, **Святосла́в**, **Яросла́в**; **Кили́на**, **Людми́ла**, **Яри́на**; 2) спільні юдео-християнські імена, часто асимільовані українською мовою так, що їх не завжди легко впізнати, напр., **Васи́ль**, **Іва́н**, **Ю́рій**; **Гали́на**, **Катери́на**, **Марі́я**; 3) асимільовані скандинавські імена такі, як популярні **Оле́г**, **І́гор**, **О́льга.**

Найтиповіші українські прізвища утворюються наростками **~енк/~єнк** (означає «син когось»)[28], **~ук/~юк**, (вказує на біологічне, соціяльне, географічне чи національне походження його носія)[29]. Відтак ім'я **Павло́** і прізвище **Павле́нко** (син Павла), назва професії **бо́ндар** (виробник барил) і прізвище **Бондаре́нко** (син бондаря), місто **Сока́ль** (у Львівській області) і прізвище **Сокальчу́к** (людина з Сокаля), **слю́сар** і прізвище **Слюсарчу́к** (слюсарів син).

Кожен морфологічний тип прізвища тяжіє до власного реґіону поширення в Україні. Прізвища на **~енко** найтиповіші на Чернігівщині, Київщині та Черкащині, хоч і не обмежуються до них і теж є дуже поширеними на Кропивниччині, Сумщині, Харківщині, Донбасі, Полтавщині, Січеславщині та Херсонщині.[30] Прізвища на **~ук/~юк** найтиповіші на Західному Поліссі, Волині, Хмельниччині, Івано-Франківщині та Буковині.[31]

Є також прізвища з наростком **~и́шин**, що розповідають ще складніші історії про тих, хто їх носить. Цей наросток означає «син чиєїсь жінки», напр., **Павли́шин** (син Павлихи, жінки Павла). Прізвище може вказувати теж на професію, напр., **Кова́ль**, **Кра́ма́р**, **Ме́льник**, **Рі́зник**, **Сто́ляр**; місце помешкання чи походження, напр., **Міщу́к** (мешканець міста), **Бро́дський** (мешканець Бродів), виконавця дії, напр., **Палі́й**, **Плохі́й**, **Стогні́й**, **Червоні́й.** Існують десятки словотворчих моделей і тематичних груп українських прізвищ.[32] До п'ятнадцяти найчастотніших українських прізвищ належать такі: 1. **Ме́льник**, 2. **Шевче́нко**, 3. **Ковале́нко**, 4. **Бондаре́нко**, 5. **Бо́йко**, 6. **Ткаче́нко**, 7. **Кра́вченко**, 8. **Ковальчу́к**, 9. **Кова́ль**, 10. **Олі́йник**, 11. **Шевчу́к**. 12. **Поліщу́к**, 13. **Ткачу́к**, 14. **Са́вченко** and 15. **Бо́ндар**[33].

Топоніми – це назви міст, містечок, селищ, сіл, а також реґіонів України. До цієї групи власних назв належать семантично прозорі топоніми такі, як **Ки́їв**, тобто «місто (князя) Кия», **Львів**, тобто «місто (князя) Лева», **Запорі́жжя**, тобто «місце за Дніпровськими порогами», а також такі, що походять з інших мов і тому є семантично непрозорими в українській мові, напр., **Ба́хмач**, **Бахчиса́ра́й**, **Вара́ш**, **Керч**, **Меліто́поль**, **Оде́са**, **Са́рни**, **Херсо́н**. За совєтської окупації (1920–1991) тисячі українських міст та сіл було перейменовано, на російській кшталт, напр., Весьоле, Западне, Южне, Январське, Волна, Гражданка, Дальнє, Неудачне тощо. Така практика підривала й руйнувала національні основи українскої топоніміки[34]. Завдяки заходам декомунізації та дерусифікації,[35] багато міст відновили первісні назви чи ж отримали нові, що пов'язують їх з українською культурою та тотожністю. Так місто **Комсомо́льськ** сьогодні знову – **Горі́шні Пла́вні**, **Кузнецо́вськ – Вара́ш**, **Арте́мівськ – Ба́хмут**, **Цюрю́пінськ – Оле́шки**. Місто **Іллічі́вськ** перейменували на **Чорномо́рськ**, **Кіровогра́д – на Кропивни́цький**, **Дніпропетро́вськ** – на **Дніпро́**, **Те́льманове** – на **Бо́йківське** тощо.[36]

Територію України можна описувати в термінах її історичних земель та її теперішнього адміністративного поділу на області та райони. Назвами історичних земель, що складають сучасну Україну, є **Букови́на**, **Воли́нь**, **Галичина́**, **Донба́с**, **Закарпа́ття**, **Запорі́жжя**, **Наддніпря́нщина**, **Поді́лля**, **Полі́ сся**, **Причорномо́р'я**, **Таври́да**, **Сі́верщина**, **Слобожа́нщина** та ін. Адміністративно Україна складається з 24 областей та Автономної Республіки Крим. Назви областей переважно походять від назв їхніх столичних міст, напр., **Черні́гівська о́бласть** – від назви її столиці княжого міста **Черні́гова**, **Херсо́нська о́бласть** – від назви **Херсо́н**, **Ха́рківська о́бласть** – від назви **Ха́рків** і т. д. З цього правила є два винятки: **Воли́нська о́бласть**, назва якої утворена від назви історичного краю **Воли́нь**, а не від назви її столиці **Лу́цька**, та **Закарпа́тська о́бласть**, утворена від топоніма **Закарпа́ття**, назви краю, а не від назви його столиці **У́жгорода**.

Зазвичай історичні землі України більші, ніж адміністративні області. Так, Волинь обіймає цілу Волинську, Рівненську та великі частини Житомирської і Тернопільської областей. Донбас – Донецьку та Луганську області. Галичина – Івано-Франківську, Львівську та Тернопільську області. Полісся – північні терени Луччини, Рівненщини, Житомирщини, Київщини, Сумщини та всю Чернігівщину, простягаючись на тисячу кілометрів від польського кордону на заході до російського на сході.[37]

Українська мова має продуктивний і легкий спосіб окреслювати географічні території, що прилягають до окремого міста, шляхом додавання до назви того міста наростка **~івщин~** та закінчення **~а**, напр., **Ки́їв – Ки́ївщина** *(терени навколо Києва)*, **Микола́їв –Микола́ївщина**, **Хва́стів – Хва́стівщина**, **Іва́нків – Іва́нківщина** і т. д. Цей тип топонімів позначає загальне поняття території з містом в її центрі, що не конечно збігається з адміністративними межами відповідних областей чи районів. Так, **Ки́ївщина** не обов'язково тотожна з **Ки́ївською о́бластю**, а **Бори́спільщина** – з **Бори́спільським райо́ном**.

---

[27] Правила вживання великої літери викладені в найновішій редакції «Українського правопису» (2019 р.) https://pravopys.net/sections/38/

[28] Редько, Ю. К. «Сучасні українські прізвища», Київ: «Наукова думка», 18.

[29] Редько, Ю. К., ibid, 153-154.

[30] Редько, Ю. К., ibid., 197.

[31] Редько, Ю. К., ibid., 199.

[32] Трійняк, І. І. «Словник українських імен», Київ: «Довіра», 2005.

[33] https://uk.wikipedia.org/wiki/Українські_прізвища

[34] Горпинич, В. О., ibid., 5.

[35] https://uk.wikisource.org/wiki/Закон_України_«Про_засудження_комуністичного_та_націонал-соціалістичного_режимів»

[36] https://uk.wikipedia.org/wiki/Список_топонімів_України,_перейменованих_внаслідок_декомунізації

[37] http://www.encyclopediaofukraine.com/display.asp?linkpath=pages%5CP%5CO%5CPolisia.htm

Гідроніми – це назви озер, річок, морів та инших водойм. Найважливішою з них в економічному, культурному, історичному й символічному сенсі є річка **Дніпро́**, що поділяє Україну на **Правобере́жжя** чи **Правобере́жну Украї́ну** та **Лівобере́жжя** чи **Лівобере́жну Украї́ну**. Протягом усієї своєї історії українці поклонялися Дніпрові як священній ріці. Він оспіваний у фольклорі і часто ще називається **Славу́тичем** чи **Славу́тою** та по-грецьки **Бористе́ном** Βορυσθένης. Річка **При́п'ять** – найбільша його права, а **Десна́** – найбільша ліва притока.

Серед инших важливих річок України є **Дністе́р** та **Півде́нний Буг**. Озеро **Сві́тязь** на північному заході найглибше (58,6 м), **Я́лпуг** на південному заході найбільше (149 км^2). Озеро **Синеви́р** розташовується у Карпатських горах на висоті 989 м і тішиться славою наймальовничішого. Україну омивають **Чо́рне** та **Озі́вське моря́**. Останнє ще називають **Азо́вським.**

Термінологія. УАКС подає вибрану термінологію спеціяльних царин людської діяльности як окремими гаслами, так і в ілюстративних прикладах. Наприклад, іменник **запа́с** має нетермінологічне значення «припаси, фонди»: **Фе́рмер накопи́чив вели́кий запа́с збі́жжя.** Він теж має військове термінологічне значення «резерв»: **Макси́м став офіце́ром запа́су.** Ці терміни організовано за такими дисциплінами й царинами знання, як астрономія, військова справа, кібірнетика, кінематограф, медицина, мистецтво, музика, релігія, спорт, хемія, фізика, фінанси та ин. Кожна має відповідну словникову ремарку (*Див. Список скорочень – List of Abbreviations*).

Етикет. Ілюстративний матеріял Словника складений так, щоб ознайомити користувачів із засадами українського етикету – галузі, що перебуває у процесі повторного віднайдення слів і формул, заборонених совєтським режимом як «буржуазно-націоналістичних». Це насамперед стосується слів **пан**, **па́ні** та **па́нна**. Їх вживають як: 1) покликання на третю особу; 2) у кличному відмінку як звертання до другої особи. Ці шанобливі титули ставлять і перед ім'ям, і перед прізвищем. Такі етикетні формули, як **пан Ме́льник, па́ні Бондаре́нко**, **па́нна Шевче́нко** передають найвищий ступінь формальности та суспільного віддалення мовця від особи, на яку той вказує. На відміну від англійської мови, в українській ці ж шанобливі титули вживають і з іменами, напр., **пан Лука́, па́ні Оле́на, па́нна Катери́на.** Такі етикетні формули засвідчують певну міру фамільярности між мовцями, що є розділені значною суспільною відстанню, чи то віковою, чи статусовою. Навіть питомі носії мови не завжди вживають їх до речі і правильно.

Шанобливий іменник **пан**, вжитий як покликання на третю особу чоловічого роду, є відповідником англійського *gentleman*, напр., **До вас прийшо́в яки́йсь пан.** *A gentleman has come to see you.* **Па́ні** є відповідником англійського *lady*, напр., **Нам допомогла́ ця ласка́ва па́ні.** *This kind lady has helped us.* **Па́нна** є відповідником англійського *young lady*, напр., **Він познайо́мився з одніє́ю ціка́вою па́нною.** *He met an interesting young lady.* У функції звертань вони корелюють відповідно з англійськими *Sir, Ma'am, and young lady*, напр., **Ви́бачте, па́не (па́ні, па́нно), де тут мо́жна заплати́ти?** *Excuse me, Sir (Ma'am, young lady), where can I pay here?* Звертання **Пані́ та пано́ве!** відповідають англійському *Ladies and Gentlemen!* Звертання совєтської доби **това́риш** та **това́ришка** зараз виходять з активного вжитку, а як і вживаються, то несуть відтінок іронії, сарказму чи инші неґативні конотації.

Зменшувальні та пестливі форми. Українська мова має розвинутий арсенал зменшувальних форм, тобто варіянтів слів, що первісно означали ту ж річ, тільки меншого розміру чи якости, напр., **рука́** і **ру́чка, ру́ченька**, **дуб** і **дубо́к, добо́чок**. Окрім іменників, зменшувальні форми можуть мати прикметники (**гарне́нький, раде́нький**), прислівники (**тихе́нько, швиде́нько**) і навіть дієслова (**ї́стоньки, люби́тоньки, спа́тоньки**). Деякі з них продовжують означати менші різновиди того ж предмета чи якости. Инші набули нових значень, напр., **лист** *(як лист паперу)* і зменш. **листо́к** *(на дереві)*, **рука́** *(як частина людського тіла)* і зменш. **ру́чка** *(перо).* Є також зменшувальні форми, що несуть конотації пестливости, ніжности чи фамільярности, а не значення меншого розміру чи якости. Це особливо стосується до людських імен, а також зменшувальних форм прикметників, прислівників та дієслів. Наприклад, ім'я **Васи́лько** може означати меншу за віком людину на ім'я **Васи́ль**, якщо воно стосується дитини чи підлітка, або ж нести конотацію пестливости до дорослого чоловіка на ім'я Василь. Те ж стосується зменшувальних форм инших імен, напр., **Марі́я** і зменш. **Марі́йка, Марі́чка**, **Лі́да** і зменш. **Лі́дочка, Ліду́ня, Ліду́ся** і т. д.

Українські імена також мають короткі форми, що не означають людини меншої за розміром чи молодшої за віком, а лише конотують ніжність і пестливе ставлення. Тут йдеться про фамільярні форми імен, напр., **Богда́на** і скорочене **Да́на**, **Соломі́я** і **Со́ля**, **Миха́йло** і **Ми́ша, Григо́рій** і **Гриць, Іва́н** і **Іва́сь.** Зменшувальні чи пестливі варіянти власних імен ніяк не марковані в Словнику, натомість зменшувальні варіянти загальних іменників мають ремарку *dim.* (скорочення від *diminutive)* там, де вони зберегли значення меншого розміру чи якости, що часто надає їм конотацій пестливости й близькости між мовцями. Часто їх перекладено, напр., **гніздо́** nest і зменш. **гнізде́чко** *nest, small nest*, **де́рево** *a tree* і зменш. **деревце́** *a small tree*, **дівчи́на** *a girl* і зменш. **дівчинка** *a little girl*.

Зменшувальні форми прикметників та прислівників зазвичай передають конотації ніжности й близькости. Їх вживають стосовно дітей та дорослих, яких трактують із ніжністю, напр., **мали́й** *small* і зменш. **мале́нький**, **смачни́й** *tasty* і зменш. **смачне́нький**, **га́рно** *in a nice way* і зменш. **гарне́нько, ле́гко** *easily* і зменш. **леге́нько**, **шви́дко** *quickly* і зменш. **швиде́нько**. Крім ніжности й близької суспільної відстані, зменшувальні форми можуть також висловлювати більший рівень чемности, напр., **Хвили́нку!** Just a minute! Зменшувальні форми складають ще одну групу українського словника, що не має однослівних відповідників в англійській мові.

Совєтський вжиток. Сучасна українська мова й досі зберігає ряд атавізмів совєтського панування. Слова та формули, які є пережитками з тієї доби позначено ремаркою *old,* тобто старий совєтський вжиток, напр., **заслу́жений**, *adj.* [...] **3** *old* honored *(совєтський почесний титул, що його досі широко вживають)* **Зва́ння «Заслу́жений арти́ст» дава́ло пе́вні привіле́ї.** На відміну від усіх сучасних українських словників, у УАКС вживано прикметник **совє́тський**, транслітерований з російського ориґіналу *советский*, а не його український відповідник **радя́нський.** Це сиґналізує, що весь досвід совєтського життя і культури є чужим, насадженим колоніяльним явищем, що походить з-поза України і її традицій, напр., **сове́тська вла́да** Soviet authorities, **сове́тське мовозна́вство** Soviet linguistics, **сове́тська мента́льність** Soviet mentality, **сове́тська окупа́ція** Soviet occupation тощо.

Ілюстрації слововжитку. Ілюстрації покликані демонструвати, як саме вживають в сучасному мовленні кожне реєстрове слово чи його окреме значення. Серед них є: 1) словосполуки, 2) речення та 3) фразеологічні вирази. Два перші часто змодельовані за прикладами з творів вибраних українських письменників, що їх цитує «Словник української мови» в 11 томах, який опублікувала Академія Наук УРСР в 1970-80-х рр. Фразеологізми у УАКС взято із тлумачних та перекладних українсько-англійських лексикографічних джерел. Їх, як правило, теж супроводжують ілюстрації.

Усі три різновиди ілюстрацій зазвичай короткі, посутні і свідомо позбавлені елементів, що відволікали б увагу замість того, щоб демонструвати, як саме те чи те слово вживають у сучасній мові. Словосполуки представлені як синтактичні моделі, кожна заснована на одному типі керування, кожна складається з означуваного слова, що не змінюється і означення, що міняється лексично, але синтактична функція якого незмінна. Словосполуки й речення позначено білим ромбом ◊. Фразеологізми – чорним ♦. Наприклад, реєстрове слово **кишéня** можуть ілюструвати: 1) словосполука ◊ **вели́ка бокова́ кишéня** *a large side pocket*; 2) речення ◊ **Поліція́нт зму́сив її ви́вернути кишéні.** *The policeman made her turn out her pockets.* 3) фразеологічний вираз чи ціле речення з ним ♦ **набива́ти собі́ кишéні** *fig. to line one's pockets* ◊ **Бага́то депута́тів парла́менту наса́мперед намага́лися наби́ти собі́ кишéні.** *Many members of parliament tried first and foremost to line their pockets.*

Фразеологічні звороти – це не тільки фразеологізми у звиклому сенсі слова як, наприклад, ♦ **зна́ти щось як свої́ п'ять па́льців** to know sth like the back of one's hand, ♦ **клéїти ду́рня** to play the fool, ♦ **наставля́й кишéню!** fat chance! ♦ **пада́ти кому́сь в о́чі** to catch sb's eye, але теж і 1) терміни й термінологічні звороти, напр., ♦ **дванадцятипа́ла ки́шка** *anat.* duodenum, ♦ **перехідни́й ку́бок** *sport* challenge cup, ♦ **півні́чне ся́йво** *meteo* aurora borealis; 2) кліше та ситуативні відповідники, напр., ♦ **не пали́ти!** no smoking! ♦ **німа́ сцéна** dumb show; 3) лексичні одиниці, що істотно відріжняються від англійських відповідників за будовою, напр., ♦ **бойови́й кінь** charger, ♦ **перéдній план** foreground, ♦ **слоно́ва кі́стка** ivory, ♦ **фотопапі́р** photographic paper, ♦ **ці́ни на па́ливо** fuel prices тощо.

Користувачі Словника

Словник адресований розмаїттю користувачів, включаючи: 1) студентів української мови всіх рівнів, від початкового до поглибленого та найвищого; 2) перекладачів української англійською та англійської українською; 3) фахівців, що працюють у двомовному українсько-англійському середовищі (дослідники, вчені, бізнесмени, дипломати, журналісти, мандрівники) та тих, хто має довготермінове чи навіть короткочасне зацікавлення українськими справами;
4) викладачів таких спеціялізованих дисциплін, як теорія та практика перекладу, порівняльне та контрастивне мовознавство, лексикографів, лексикологів та инших; 5) україномовних студентів англійської мови; 6) питомих носіїв української мови, що бажають удосконалити та збагатити власну мову.

Як користуватися Словником

Користувачі з досвідом вивчення чужих мов легко вживатимуть Словник, керуючися інтуїцією й логікою, оскільки він укладений так, щоб бути самоочевидним. Однак тим, хто бажає видобувати з нього якнайбільше інформації та знань, бажано докладніше ознайомитися, як у ньому подано матеріял.

Структура словникової статті

Реєстрові слова подано жирним шрифтом. У змінних частинах мови (іменники, прикметники, займенники та дієслова) основа відділена від закінчення прямовисною рискою, напр., **ба́тьк|о** father, **мо́в|а** language, **мі́ст|о** city. Винятком є іменники з нульовим закінченням, напр., **воя́к** soldier, **любо́в** love, **син** son. У незмінних частинах мови (прислівники) такий поділ на основу й закінчення відсутній, напр., **и́ноді** sometimes, **ліво́руч** leftwards. Незмінну частину гасла репрезентує тильда ~, напр., **карти́н|а**, *f.* picture ◊ **Вона́ лю́бить цю ~у.** She is fond of this picture. Словникову форму реєстрового слова в корпусі статті репрезентує його перша літера з крапкою жирним шрифтом, напр., ◊ **На сті́ні ви́сить к.** There is a picture hanging on the wall.

Коли іменник зазнає звукових мутацій (чергування голосних ~і~ з ~о~, випадання ~о~, пересув велярних перед ~і), незмінна частина такого іменника вже не збігається з його основою. Тому в таких випадках прямовисна риска | відділяє прикінцеву частину основи, що зазнає мутацій, напр., **м|іст**, *m.* bridge, **на ~о́сті** on a bridge, **кни́ж|ка**, *f.* book, **у ~ці** in a book, **бага́то ~о́к** many books, **о́|ко**, *nt. eye*, **в ~ці** in an eye, **па́ра ~чéй** a pair of eyes, **кут|о́к**, *m.* corner, **у ~ку́** in the corner. Винятком із цього правила є слова у складі іменників із двох основ, що пишуться через дефіс і стоять у непрямому відмінку. Наприклад, слово **мі́ст|о** city у всьому корпусі словникової статті репрезентує **м.**, якщо воно стоїть у називному відмінку однини, і тильда, якщо воно в непрямому відмінку, напр., **до ~а** to the city, **над ~ом** over the city, **у ~і** in the city, і т. д. Іменник **мі́сто-супу́тник** satellite city у Словнику є **м.-супу́тник** у називному однини, але в усіх непрямих відмінках обидві його частини пишуться цілком: **до мі́ста-супу́тника** to a satellite city, **над мі́стом-супу́тником** over a satellite city, **у мі́сті-супу́тнику** in a satellite city, і т. д.

Лексичне значення. У Словнику описано різні типи значень слова. Пряме референційне значення подано першим. Пряме значення дієслова **лет|і́ти** – to fly ◊ **Ви́соко над мо́рем ~я́ть гу́си.** High above the sea, the geese are flying. Воно теж має переносне чи метафоричне значення «поширюватися» *(про новини, голос, пісню* тощо) ◊ **Чу́тка шви́дко ~і́ла мі́стом.** The gossip was quickly spreading through the city. та «бігти, їхати» *(про людину, автівку* тощо) ◊ **Він одягну́вся й полеті́в на заня́ття.** He got dressed and dashed off to classes. Переносні значення слова позначає ремарка *fig. (figurative).*

Опис семантики гасел включає діяпазон стилістично позначених відтінків значення у додаток до невтральних. До таких відтінків входять: (1) книжний, напр., **сино́нім** equivalent, analogue ◊ **Коза́к Мама́й – с. ві́льного украї́нського ду́ху.** Cossack Mamay is the equivalent of the free Ukrainian spirit.
(2) розмовний, напр., **незда́лий** *colloq.* lousy ◊ **Із Іва́на до́сить н. бреху́н.** Ivan is a rather lousy liar. (3) неформальний, напр., **ти** you *(singular)* ◊ **Вони́ зверта́ються оди́н до одного́ на «т.»** They are on a first-name basis. (4) термінологічний, напр., **уда́р** *med.* stroke; fit ◊ **Ді́єта змéншує небезпéку ~у.** The diet diminishes the danger of a stroke.

(5) поетичний, напр., **я́сні зо́рі, ти́хі во́ди** *fig., poet.* Ukraine ◊ **Марії́ ці́лу ніч сни́лися я́сні зо́рі, ти́хі во́ди.** All night long Maria dreamed of Ukraine. (6) евфемістичний, напр., **усува́|ти** *euph.* to kill, eliminate ◊ **Журналі́ста усу́нули за нака́зом дикта́тора.** The journalist was eliminated on the dictator's order. (7) іронічний, напр., **новоспéчений** *iron.* brand-new;
(8) зневажливий, напр., **фрукт** *fig., pejor.* oddball, freak ◊ **О́ля зна́ла дивакі́в, але́ тако́го ~а зустріча́ла впéрше.** Olia knew weirdos, but this was the first time that she encountered such a freak. (9) сленґовий, напр., **лимо́н** *slang* million ◊ **Кварти́ра ко́штува́ла три ~и.** *iron.* The apartment cost three million.

(10) жартівливий, напр., **релігі́йно** *joc.* zealously, with zeal ◊ **Тетя́на р. чи́стить зу́би.** *joc.*Tetiana brushes her teeth religiously. (11) вульгарний, обсценний, напр., **спуска́ти** *vulg. (only of men)* to ejaculate, come ◊ **Коха́ючись, він міг не с. сті́льки, скі́льки хоті́в.** Making love, he could refrain from coming for as long as he wanted to. Кожен стилістичний реєстр позначений відповідною лексикографічною ремаркою *(див. List of Abbreviations).*

Значення багатозначного гасла пронумеровані жирними числами і перекладені англійським відповідником звичайним шрифтом, напр., **малю́н|ок**, *m.*, **~ка 1** drawing, sketch **2** illustration **3** pattern, ornament. Коли слово чи його окреме значення не мають однослівного відповідника в англійській, їх стисло описано, напр., **д|оба́**, *f.* a twenty-four hour period, day and night; **окр|і́п**, *m.*, **~о́пу** boiling water.

Словникова стаття подає інформацію про фонетичні (наголос і його рух), морфологічні (закінчення, зміни в основі тощо) та синтактичні (типові словосполуки, кліше, фразеологічні звороти тощо) властивості гасла. Структура кожної словникової статті залежить від того, якою частиною мови є гасло. Списки слів, з якими зазвичай поєднується гасло, зорганізовані за темою, а тоді за абеткою в межах тематичної групи, наскільки це дозволяє матеріял. Кожна тематична група відділена крапкою з комою.

Іменники (*n.*) подано в називному відмінку однини з ремаркою граматичного роду *m.* (masculine – чоловічий), *f.* (feminine – жіночий) чи *nt.* (neuter – середній). В іменниках, що не мають форми однини *(pluralia tantum)*, ремарка роду відсутня, натомість стоїть ремарка *only pl.*, напр., **вор|óта**, *only pl.* gate, **двéр|і**, *only pl.* door, **нóжиц|і**, *only pl.* scissors. Відмінкові форми однини позначено великою першою літерою англійської назви відмінка у порядку, який традиційно використовують в українських граматиках: *N.* (nominative – називний однини), *G.* (genitive – родовий однини), *D.* (dative – давальний однини), *A.* (accusative – знахідний однини), *I.* (instrumental – орудний однини), *L.* (locative – місцевий однини), and *V.* (vocative – кличний однини).

Відмінкові форми множини супроводжує ремарка *pl. (plural – множина)*, напр., *G. pl.* (genitive plural – родовий множини) і т. д. Аналогічно иншим українським словникам, *закінчення родового відмінка однини* завжди подано для неживих іменників чоловічого роду другої відміни та иноді для іменників инших відмін, особливо зі змішаним типом основи та основ, що закінчуються на фонетичний [й], напр., **лíні|я**, *f.*, ~ї line. Закінчення родового однини йде за ремаркою граматичного роду після коми і не має маркера *G.*, напр., **метр**, *m.*, **~а** meter. При кінці словникової статті подано инші відмінкові закінчення, що можуть становити труднощі для користувачів, але тільки за умови, що ці форми не вжито в ілюстраціях статті. Найчастіше це закінчення місцевого однини *L. (locative)* із применником **в.**

Слова, з якими типово поєднується певний іменник, напр., **стінá**, подано в такому порядку: 1) прикметники (*глухá* стінá), 2) іменники праворуч від гасла (стінá *кімнáти*), 3) іменники ліворуч від гасла *(висотá* стінú), 4) дієслова ліворуч від гасла (*мурувáти* стíну), 5) дієслова праворуч від гасла (стінá *розвáлюється*), 6) прийменники (*за* стінóю). Фактично цей порядок є переліком типових синтактичних зв'язків українського іменника. Для деяких гасел подані не всі з них, а лише вибрані. Так, наприклад, за іменником **зловживáн|ня**, *nt.* abuse, йде перелік прикметників (1) з ремаркою *adj. (adjective)*, що зазвичай описують його: **велúке** great, **значнé** significant, **масштáбне** large-scale; **періодúчне** occasional, **постíйне** constant, **систематúчне** systematic, **хронíчне** chronic; **небезпéчне** dangerous, **серйóзне** serious; **відкрúте** open, **нахáбне** brazen, **очевúдне** obvious тощо. Далі йдуть сполуки гасла **зловживáння** з иншими іменниками (2), що стоять за ним, із ремаркою **з.** + *n.*: **з. влáдою** abuse of power (**службóвим станóвищем** office; **довíр'ям** trust), сполуки іменника з иншими іменниками (3), що стоять перед ним з ремаркою *n.* + **з. вúпадок з.** an instance of abuse. (**прúклад** example).

Далі подано дієслова, що зазвичай поєднуються з цим гаслом як з додатком: *v.* + **з. ігнорувáти з.** ignore abuse (**припинáти** stop; **розстéжувати** investigate; **терпíти** tolerate; **повідомлáти про** report); **уникáти з.** avoid abuse; **запобігáти ~ню** prevent abuse (**потурáти** connive in); **звинувáчувати** + *A.* **у ~ні** accuse sb of abuse (**підóзрювати** + *A.* **в** suspect sb of). Ці дієслова розташовані у порядку, що залежить від типу керування відмінком їхнього додатка: знахідний *(A.)*, родовий *(G.)*, давальний *(D.)*, орудний *(I.)* та місцевий *(L.)*. Кожна відмінкова група додатків взята в круглі дужки, що графічно відокремлюють її від наступної. Дужки використовують, тільки коли таких словосполук дві й більше. Далі подано дієслова, що поєднуються з гаслом як із підметом: **з.** + *v.* **існувáти** exist, **траплáтися** occur, напр., ◊ **У. процéсі ревíзії чáсом трапляються з.** Abuses sometimes occur in the process of auditing.

Нарешті під ремаркою *prep. (preposition)* подано прийменники, з якими типово поєднується цей іменник, спочатку в позиції після прийменника: *prep.* **без ~ь** without abuse, а тоді в позиції перед ним. Для гасла **н|іж**, *m.*, **~á** knife, це виглядає ось як: *prep.* **без ~ожá** without a knife, **з ~ожéм** with a knife; **н. для олíвців** a pencil knife. Важливо пам'ятати, що значення українських прийменників у сполуках дієслово + іменник, залежить від того, якого типу відносини вони передають: статики **Кнúжка на полúці.** чи руху **Вонá поклáла кнúжку на полúцю.** Часто один і той же прийменник передає відносини і статики, і руху, керуючи проте різними відмінками іменника, що стоїть після нього. Для чіткого розмежування між цими двома типами відносин у Словнику вжито дві окремі ремарки: *posn. (position)* – статичне положення, та *dir. (direction of motion)* – напрям руху.

Статичне положення зазвичай виражене поєднанням *прийменник + іменник у місцевому відмінку* (*prep.* + *L.*). Статичне положення може також виражети сполука *прийменник + іменник у орудному відмінку*, напр., **Кнúжка стоїть під горíшньою полúцею.** Інформація про відмінок, що його вимагає прийменник у словосполуках такого типу, подана у відповідній словниковій статті.

Ось, для прикладу, скорочений опис іменника **мáп|а**, *f.* map ◊ **На стінí клáсу висíла м. свíту.** On the classroom wall, there hung a map of the world. *adj.* **адміністратúвна** administrative, **географíчна** geographic, **геологíчна** geological, **дорóжня** road, **метереологíчна** weather [...] **інтерактúвна** interactive; **цифровá** digital ... **м.** + *n.* **м. вýлиць** a street map (**маршрýту** route, **метрополітéну** subway, **мíста** city, **свíту** world; **погóди** weather; **рýху автóбусів** bus) ... *v.* + **м. вивчáти ~у** study a map (**використóвувати** use; **дивúтися на** look at, **розглядáти** examine, **читáти** read; [...] **згортáти** fold up, **розгортáти** unfold; **перекрóювати** *fig.* redraw); **корúстувáтися ~ою** use a map (**йти за** follow; **перевіряти** + *A.* **за** check sth by); **бýти позначеним на ~і** be marked on a map (**позначáти** + *A.* **на** mark sth on) ... **м.** + *v.* **виявлáти** + *A.* reveal sth, **опúсувати** + *A.* depict sth ◊ **М. тóчно опúсувала маршрýт.** The map gave an accurate depiction of the route. **покáзувати** + *A.* show sth ... *prep.* **за ~ою** by a map ◊ **За ~ою вонú подолáли третúну шляхý.** By the map, they covered a third of the distance. **згíдно з ~ою** according to a map; **на ~у** *dir.* on/to a map ◊ **Він постáвив це мíсто на ~у свíту.** *fig.* He put the city on the world's map. **на ~і** *posn.* on a map ◊ **Вонá шукáла щось на ~і.** She was looking for something on the map. *Also see* **кáрта 1, план 3**

Прикметники (*adj.*) подано в чоловічому роді називного відмінка однини з ремаркою *adj.*, напр., **смачн|úй**, *adj.* tasty; **остáнн|ій**, *adj.* last. Прикметники твердої основи мають закінчення **~а** у жіночому роді: **смачнá** стрáва, та **~я** – м'якої основи (**остáння** ніч). Прикметники середнього роду твердої основи закінчуються на **~е** (**смачнé** тíстечко), а м'якої основи – на **~є** (**остáннє** поперéдження). У множині всі прикметники мають закінчення **~і**, напр., **смачнí** вечéрі, **остáнні** словá. Слова, з якими типово поєднується прикметник, напр., **велúкий**, подано в такому порядку: 1) прислівники *adv.* (**дýже велúкий**), 2) дієслова в позиції ліворуч від прикметника (**здавáтися велúким**).

Ось словниковий опис прикметника **нудн|úй**, *adj.* boring, tedious, *adv.* **вкрай** extremely, **дýже** very, **геть** totally, **зóвсім** completely, **надзвичáйно** in the extreme, **нестéрпно** unbearably, **страшéнно** terribly; **дéщо** somewhat, **дóсить** fairly, **достáтньо** enough, **трóхи** a little; **не зóвсім** not entirely. *v.* + **н. бýти ~úм** be boring (**вважáти** + *A.* consider sb/sth; **виявлáтися** prove; **здавáтися** + *D.* seem to sb, **лишáтися** remain, **робúти** + *A.* make sth, **ставáти** grow).

Для неправильних прикметників при кінці словникової статті подано їхню форму порівняльного ступеня з ремаркою *comp.*, напр., **дóбр|ий**, *adj.* **1** kind, kindly, warm *comp.* **добрíший**; **2** good, positive, useful *comp.* **крáщий, лíпший**; **3** good, fine, excellent *comp.* **крáщий, лíпший**; **4** tasty, delicious *comp.* **добрíший**. Для правильних прикметників форми порівняльного ступеня з наростком **~іш (зручнúй – зручнíший)** не подано.

Опис деяких семантично й стилістично спеціялізованих прикметників також може включати їхні типові сполуки з іменниками, напр., **знамени́т|ий**, *adj.* **1** *colloq.* superb, wonderful, great ◊ **Це ~а ідéя!** ◊ **Сóля принеслá ~і нови́ни.** ◊ **Гали́на – ~а оповідáчка.**

Прислівники *(adv.)* у Словнику звичайно не подані як окремі гасла. Виняток складають ті, що не є похідними від прикметників, напр., **взагалí**, *adv.* **1** in general, on the whole **2** at all, not at all **3** always; **ліво́руч**, *adv.* to the left, on the left; **нагóру**, *adv.* upwards; або коли прислівник відрізняється від однокореневого прикметника за лексичним, а не граматичним значенням, *cf.* **гáрний**, *adj.* beautiful, pleasant and **гáрно**, *adv., colloq.* alright, fine, OK. Опис прислівника обмежений його значенням і не включає инших прислівників, з якими він вживається, позаяк останні так само вживаються з прикметником, від якого походить оцей прислівник.

Натомість при кінці статті є покликання на відповідний однокореневий прикметник, напр., **шви́дко**, *adv.* fast, quickly, swiftly, rapidly ◊ **Яри́нині вакáції промину́ли несподíвано ш.** Yaryna's vacation passed unexpectedly quickly. ◊ **Чóвен ш. наближáвся до маякá.** The boat was quickly approaching the lighthouse. ◊ **Схвильóвана жíнка говори́ла так ш., що Мики́та лéдве розумíв її.** The agitated woman spoke so quickly that Mykyta barely understood her. *See* **швидки́й 1-4**

Дієслова (*v.*) Недоконаний інфінітив дієслівного гасла потрактовано в Словнику як базову форму, яка описана якомога докладно. Доконаний інфінітив реєструється в абетковому порядку як коротка стаття з лише одним-двома англійськими відповідниками й однією ілюстрацією. Для повного опису користувача відсилають до недоконаної форми дієслівного гасла за допомогою ремарок *pf., see,* напр., **купи́|ти**, *pf., see* **купувáти** to buy, purchase ◊ **Мирóся ~ла комп'ютер у мерéжі.** Myrosia bought the computer on the Internet.

Повний опис дієслівного гасла подає всю інформацію, якої потребує користувач, щоб правильно вживати дієслово в теперішньому, минулому та майбутньому часах доконаного і недоконаного виду. Щоб відміняти дієслово в теперішньому часі, мовець повинен знати його форму теперішнього часу третьої особи множини. Її подано для правильних дієслів, напр., **читá|ти**, **~ють** to read.

Для дієслів, що зазнають звукових мутацій, також подано инші особові форми у такому порядку: 1-а, 2-а особи однини та 3-я особа множини, напр., **люб|и́ти**, **~лю́**, **~иш**, **~лять** to like, love. Після жирної крапки з комою (**;**) йде доконаний інфінітив, за ним – обов'язкова форма 3-ї особи множини, а для неправильних дієслів – инші особові форми, напр., **відпочивá|ти**, **~ють; відпочи́ти**, **відпочи́н|уть** to rest, relax. Якщо доконаний вид відрізняється від недоконаного лише приростком, то після жирної крапки з комою подано лише приросток із тильдою, напр., **вар|и́ти**, **~ять; з~** to cook, boil.

У випадку дієслів, що не мають доконаного виду, після жирної крапки з комою йде ремарка *no pf.* Деякі дієслова, запозичені з чужих мов, мають однакові форми інфінітивів недоконаного та доконаного виду. Такі випадки позначає слово *same* на місці, де мав би бути доконаний інфінітив, напр., **асоцію|вáти**, **~ють;** *same, tran.* to associate; **дату|вáти ~ють;** *same, tran.* to date; **інтерпрету|вáти**, **~ють;** *same, tran.* to interpret.

Дієслово завжди позначене як перехідне *tran.* чи неперехідне *intr.* Неперехідні також включають зворотні дієслова. Перехідні дієслова вимагають прямого додатка у знахідному відмінку, але в рідкісних випадках, коли додаток стоїть у родовому відмінку, після ремарки *tran.* йде + *G.*, напр., **вимагá|ти**, **~ють;** *no pf., tran.* + *G.* **1** to demand, push for, urge **2** to require, need, call for, demand. Для дієслів, що мають неправильні форми минулого часу, після інфінітива доконаного виду і жирної крапки з комою (**;**) подано форму минулого часу чоловічого роду однини та форму множини відповідно під ремарками *pa. m. (past masculine) and pl. (plural)*, напр., **клáсти**, **клад|у́ть; по~;** *pa. m.* **клав**, *pl.* **клáли**, *tran.* **1** to put, place, set, і т. д.

Слова, з якими поєднується дієслівне гасло **(читáти)**, подано в такому порядку: 1) прислівники (читати *шви́дко*), 2) іменники в функції додатка (читáти *думки́*), 3) іменники в функції підмета (*Редáктор* читáє статтю́.), 4) дієслова в позиції ліворуч від гасла (*намагáтися* читати), 5) прийменники (Лі́да прочитáла нови́ни *в* газéті.). Ось, для прикладу, морфологічний і семантичний опис гасла **вар|и́ти**, **~ять; з~**, *tran.* **1** boil (...) **2** cook, prepare *(food)*, make. *adv.* **дóбре** well, **пристóйно** decently, **смáчно** deliciously; **кéпсько** poorly, **погáно** badly; **повíльно** slowly, **шви́дко** quickly; **зáвжди́** always, **традиці́йно** traditionally, **чáсто** often. **в.** + *n.* **в. вечéрю** make dinner (**обíд** lunch, **снідáнок** breakfast; **борщ** borshch, **ю́шку** soup); *v.* + **в. вмíти** know how to; **вчи́ти** + *A.* teach sb to, **навчи́тися** *pf.* learn to; **пропонувáти** + *D.* offer sb to, **проси́ти** + *A.* ask sb to, *etc., etc.*; *prep.* **в. на** + *A.* cook for *(an occasion)* ◊ **Волóдя ~ить ю́шку на обíд.** Volodia is cooking soup for lunch. **в. на** + *L.* cook on sth ◊ **Він волíє в. на електри́чній плиті́.** He prefers to cook on an electric stove.

Далі подано дієприкметник минулого часу, утворений від дієслова, якщо останнє є перехідним, *pa. pple.*, із перекладом, напр., *pa. pple.* **звáрений** cooked. У неперехідних дієсловах ця форма відсутня. Останніми йдуть форми наказового способу 2-ї особи недоконаного та доконаного виду зі знаком оклику, напр., **(з)вари́!**

Прийменники (*prep.*) УАКС описує лише найчастотніші прийменники української мови. Прийменники **в** та **з** мають варіянти, що віддзеркалюють тяжіння звукової системи української мови до рівномірного розподілу у мовленні голосних та приголосних. Прийменник **в** має варіянт **у** і факультативний варіянт **у́ві** перед іменником **сон** у місцевому відмінку однини, напр., **у́ві снí** *або* **у снí**. Кожен варіянт має таке ж значення, що й сам прийменник.

Прийменник **в** вживають: 1) між голосними, напр., **Вонá плáває в óзері.** 2) на початку речення перед голосним, напр., **В океáні кóлись булó багáто ри́би.** 3) після голосного та перед більшістю приголосних за винятком **в~**, **ф~**, а також перед збігом приголосних **льв~**, **вс~**, **тв~**, **хв~**, напр., **Він диви́вся в біно́кль.** Прийменник **у** вживають: 1) між приголосними, напр., **Він у музéї.** 2) на початку речення перед приголосним, напр., **У склáді немáє вíкон.** 3) перед словами, що починаються на **в~**, **ф~** та збіги **вс~**, **гв~**, **дв~**, **зв~**, **льв~**, **св~**, **тв~**, **хв~**, без огляду на закінчення попереднього слова, напр., **Вонá живé у Львóві.** 4) після павзи, позначеної комою, крапкою з комою, двокрапкою, тире чи еліпсом перед приголосним, напр., **Він прийшóв ... у спідни́ці.** *He came dressed ... in a skirt.*

Прийменник **з** має варіянти **зі**, **із**, **зо**. Варіянт **з** вживають: 1) на початку речення перед приголосним, напр., **З одни́м мáляром він подружи́вся.** 2) у середині виразу чи речення перед голосним без огляду на закінчення попереднього слова, напр., **диктáнт з украї́нської мóви**; 3) на початку речення перед приголосним за винятком приголосних **з**, **с**, **ц**, **ч**, **ш**, та **щ**, напр., **З Маркóвим приї́здом у хáті стáло веселíше.** Варіянт **з** рідше вживають перед збігом приголосних, якщо попереднє слово закінчується на голосний, напр., **студéнти з планшéтами**; **З Крижóполя нíхто не приї́хав.** 4) після голосного перед приголосним, напр., **Хомá з нíжністю в сéрці ду́мав про нéї.** 5) перед словом, що починається з голосного, без огляду на закінчення попереднього слова, напр., **íспит з аритмéтики**; 2) перед приголосною за винятком **с**, **ш**, якщо попереднє слово закінчується на голосний, напр., **кáва з молокóм.**

Варіянт **із** вживають головно: 1) перед приголосними **з**, **с**, **ц**, **ч**, **ш**, та **щ**, без огляду на закінчення попереднього слова, напр., **борщ із часникóм**, **дружи́на із шести́ футболíстів**; 2) між, перед і після збігу приголосних, напр., **серéжки із срíбла**, **лист із Бáхмача.**

Варіянт **зі** вживають перед словами, що починаються зі збігу приголосних, у складі яких є: **з, с, ц, щ**, без огляду на закінчення попереднього слова, напр., **новúни зі Львóва; робітнúк зі щíткою в руці; Вонú прийшлú зі своїми дрýзями.** Перед деякими збігами приголосних вживають як варіянт **із**, так і **зі**, напр., **Вонú прокúнулися рáзом із** *or* **зі схóдом сóнця.**

Зо є варіянтом прийменника **зі**. Його вживають перед числівниками **два** та **три** та орудним відмінком займенника **я**, напр., **зо дві сóтні старúх світлúн**, **зо мнóю** *or* **зі мнóю**.[38]

Сполучники (*conj.*) Зі сполучників, що описані в Словнику, тільки два мають варіянти: **і** має варіянт **й** та **щоб** має варіянт **щóби.** Сполучник **і** вживають:1) на початку речення перед приголосним, напр., **І тоді він пішóв геть.** 2) між приголосними, напр., **хліб і сіль**, **любóв і прúязнь**; 3) після голосного чи приголосного, перед словом, що починається зі збігу приголосних, напр., **Вонá гáрно танцює і співáє.** 4) після приголосного, перед голосним, напр., **олівéць і áркуш папéру**; 5) між словами, що позначають пов'язані поняття, напр., **брáти і сéстри**, **бáтько і мáти.**

Варіянт **й** вживають: 1) між голосними, напр., **щýка й óкунь**, **Маркó й Орúся**; 2) на початку речення, перед голосним, напр., **Й опівночі вúйшов мíсяць.** 3) після приголосного, перед голосним, напр., **свинéць й óлово**, **Івáн й Антíн.**

Сполучник **щóби** (варіянт сполучника **щоб**) доволі рідко і необов'язково вживають перед приголосними, напр., **Вонá прóсить, щóби** *або* **щоб Хомá поспішáв.**

Фономорфологічні варіянти слів. Описані варіянти прийменників та сполучників допомагають:
1) забезпечувати рівновагу між голосними та приголосними у потоці мовлення, 2) уникати, наскільки можливо, збігу приголосних чи голосних і таким чином 3) полегшувати мовлення українською.

Така варіятивність накладає відбиток не лише на прийменники чи сполучники, а й на приростки слів. Приросток **в~** та його варіянт **у~** відповідають тій самій логіці позиційної варіятивности, що й прийменник **в** та його варіянт **у.** Важливо пам'ятати, що значення слова тут не змінюється так, що в кожній із наведених далі пар перше слово означає дослівно те ж, що й друге: **втікáч** та **утікáч**, **вчúтель** та **учúтель**, **взяти** та **узяти**, **влíтку** та **улíтку**, **вночí** та **уночí**, **вкрáдений** та **украдений.** Важливо теж, що в кожній парі варіянтів наголос лишається на одному й тому ж місці.

Є чотири винятки з цього нескладного правила:
1) коли один варіянт різниться від иншого за стилістичним забарвленням, а не референційним значенням, напр., **Украї́на** та **Вкраї́на** означають цілком те саме, але перший іменник використовують у щоденному спілкуванні як стилістично нейтральний, а другий має поетичне забарвлення і тому вживаний у поезії чи в піднесеному стилі.

2) коли зміна приростка **в~** на **у~** змінює значення слова, напр., **вклад** *(грішми, працею)* та **уклáд** *(устрій, система)*, **впрáва** *(з граматики)* та **упрáва** *(адміністрація)*, **вникáти** *(розуміти)* та **уникáти** *(обминати),* **вступ** *(переднє слово)* та **устýп** *(виступ, виїмка).*

3) коли варіянт, навіть якщо теоретично можливий, у дійсності не вживають, напр., **увáга**, а не *ввáга, **угóда**, а не *вгóда, **узагáльнення**, а не *взагáльнення.

4) коли слово з приростком не має альтернативи, як такої, напр., **вплив**, **впливóвий**, **узберéжжя**, **умóва**, **установа**, **уява.** Це теж стосується випадків коли на приросток **у~** падає наголос, напр., **ýсмішка**, **ýступ**, **ýчень.**

Словник віддзеркалює цю варіятивність і трактує варіянти з приростком **в~** як базові, надаючи їм повний опис зі згадкою варіянтів з **у~**. Варіянти з **у~** також зареєстровано як окреме гасло під літерою **У** без значення, але з покликанням на повний опис слова під літерою **В**, напр., **удóма**, *var., see* **вдóма.**

Юрій І. Шевчук
Колумбійський університет
Нью-Йорк
sy2165@columbia.edu

[38]«Український правопис» (2019 р.), 18-19: https://mon.gov.ua/storage/app/media/zagalna%20serednya/05062019-onovl-pravo.pdf

Acknowledgments

The publication of the *Ukrainian-English Collocation Dictionary* was made possible, in part, with: multiple publication grants from the Harriman Institute at Columbia University, a grant from the Heritage Foundation of First Securities Savings Bank of Chicago, and financial support of the Ukrainian Studies Fund.

I should like to express my graditude to the late Professor Oleksander Ponomariv, one of the greatest authorities on contemporary Ukrainian language, Professor Pavlo Hrytsenko, the Director of the Ukrainian Language Institute at the National Academy of Sciences of Ukraine, Professor Larysa Masenko of the National University of Kyiv-Mohyla Academy, especially Professor Michael Flier of Harvard University, each of whom readily offered me valuable advice and expertise on difficult matters of Ukrainian word usage, syntax, onomastics, and other pertinent issues.

My thanks are to Dr. Hanna Dydyk-Meush who edited and proofread the Ukrainian part of the Dictionary and offered advice on how it could be improved. I thank the late Marta Kolomayets of Fulbright Ukraine, Volodymyr Voitenko of Kyiv, Ukraine, and Eugene Shklar for their advice, constructive criticism, encouragement, and support as I worked on the project whose immensity I did not fully realize as I was undertaking it.

I am grateful to my Ukrainian language students at Columbia and Yale Universities, who brilliantly stood up to the challenge of finding English equivalents to some of the most impossibly original and idiosyncratic Ukrainian words and expressions and whose enthusiasm in learning Ukrainian was and continues to be a source of inspiration for me in my research and teaching.

I am deeply grateful to Natasha Mikhalchuk, an accomplished designer who has done an admirable job creating an original and elegant cover design for the Dictionary and who always readily helped me with many software-related issues.

This Dictionary would hardly be possible without the support of my sister and my greatest friend Natalia Shama-Shevchuk, whose unconditional love, encouragement, understanding, and hospitality each time I traveled to Ukraine for ten years of painstaking research on the Dictionary helped me carry out the work that, one would be right to think, is beyond the capacities of a single lexicographer, however productive and driven.

Working on the Dictionary, I drew inspiration from the glorious tradition of Ukrainian philology that is represented by Professors Yurii Zhluktenko and Tamara Yavorska who taught me at Kyiv Taras Shevchenko State University, as well as Professor George Shevelov, formerly of Columbia University (1954-1977), whose student and follower I consider myself.

Слово подяки

«Українсько-англійський комбінаторний словник» опубліковано завдяки фінансовій підтримці Інституту Гаримана Колумбійського університету, Фундації «Спадщина» Федерального щадничого банку «Певність» у Шикагу, а також Фонду Катедр Українознавства.

Висловлюю щиру подяку святої пам'яті професорові Олександру Пономареву, одному з найбільших авторитетів із сучасної української мови, професорові Павлові Гриценку, директорові Інституту української мови Національної академії наук України, професорці Ларисі Масенко Національного університету «Києво-Могилянська Академія», професорові Майклові Флаєру Гарвардського університету, які радо давали мені цінні поради у проблемних питаннях українського слововжитку, синтакси та ономастики.

Моя вдячність докторці Ганні Дидик-Меуш, яка зредагувала й скорегувала українську частину Словника та дала рекомендації, що допомогли мені значно покращити його. Дякую Володимирові Войтенку (Київ), святої пам'яті Марті Коломиєць (програма Фулбрайта, Україна) та Євгенові Шкляру за допомогу, поради, конструктивну критику, заохочення та підтримку у праці над проєктом, огром якого я спочатку вповні не усвідомлював.

Я вдячний своїм студентам української мови в Колумбійському та Єйльському університетах, які щоразу гідно зустрічали виклики знайти англійські відповідники для цілої низки неможливих за своєрідністю українських слів та ідіом, і чиє захоплення українською мовою надихало і далі надихає мене у науковій і викладацькій праці.

Щиро дякую талановитій дизайнерці Наташі Михальчук за оригінальну й вишукану обкладинку Словника, а також за допомогу з програмовим забезпеченням.

Цей Словник ледве відбувся б, без підтримки моєї сестри і найбільшої подруги Наталі Шами-Шевчук. Її безумовна любов, посвята, заохочення і гостинність, щоразу, коли я протягом десяти років роботи над Словником приїжджав до України на літо, допомогли мені у праці, що за своїм обсягом далеко перевищує можливості одного словникаря, хай хоч набільш плідного та заповзятого.

Я працював над Словником, натхненний славною традицією української філологічної науки, що її уособлюють для мене професори Юрій Жлуктенко і Тамара Яворська, які навчали мене в Київському державному університеті імени Тараса Шевченка, а також Юрій Шевельов, професор Колумбійського університету (1954-1977), учнем і послідовником якого я себе мислю.

Ukrainian Alphabet

А а	І і	Т т
Б б	Ї ї	У у
В в	Й й	Ф ф
Г г	К к	Х х
Ґ ґ	Л л	Ц ц
Д д	М м	Ч ч
Е е	Н н	Ш ш
Є є	О о	Щ щ
Ж ж	П п	ь
З з	Р р	Ю ю
И и	С с	Я я

A

а, *conj.*
1 and *(expresses opposition)* ◊ **Його́ зва́ти Юркó, а її?** His name is Yurko, and hers?
2 but ◊ **не вели́кий, а мали́й** not big, but small
3 whereas, while ◊ **Ярина живé в Ки́єві, а Ніна – у Льво́ві.** Yaryna lives in Kyiv, whereas Nina lives in Lviv.

абе́т|ка, *f.*
1 alphabet, ABCs ◊ **В украї́нські ~ці три́дцять три лі́тери.** There are 33 letters in the Ukrainian alphabet.
adj. **ара́бська** Arabic, **глаголи́чна** Glagolitic, **гре́цька** Greek, **кирили́чна** Cyrillic, **лати́нська** Latin, **ри́мська** Roman; **фонети́чна** phonetic
v. + **а. вчи́ти ~ку** learn an alphabet ◊ **Пéред по́дорожжю до Атéн він ви́вчив гре́цьку ~ку.** Before his journey to Athens, he learned the Greek alphabet. (**зна́ти** know, **розка́зувати** recite)
2 primer ◊ **Ма́ма купи́ла Пе́трикові нову́ ~ку.** Mom bought Petryk a new primer.
See **буква́р, кни́жка**
3 *fig.* basics, essentials, rudiments *(of a subject)* ◊ **Зако́ни Нью́тона вважа́ють ~кою фі́зики.** Newton's laws are considered the ABCs of physics.
See **заса́да**
G. pl. **~ок**

або́, *conj.*
1 or *(expresses the alternative of equivalent options)* ◊ **На ви́хідні Макси́м ди́виться телеві́зор а. слу́хає му́зику.** On weekends, Maksym watches TV or listens to music. ♦ **а. .., а.** ... either ... or ... ◊ **Прихо́дько а. підтри́має нас, а. утри́мається.** Prykhodko will either back us or abstain.
Also see **чи 1**
2 that is, i.e., or ◊ **Це мі́сто Брест, а. Бере́стя украї́нською.** This city is Brest, or Berestia in Ukrainian.

або́рт, *m.*, **~у**
abortion ◊ **Католи́цька це́рква домага́лася по́вної заборо́ни ~ів у краї́ні.** The Catholic Church pressed for a total ban on abortions in the country.
adj. **пі́зній** late-term, **ра́нній** early-term; **мимові́льний** *and* **спонта́нний** spontaneous ◊ **Мимові́льний а. назива́ють ви́киднем.** A spontaneous abortion is referred to as a miscarriage. **терапевти́чний** therapeutic ◊ **Терапевти́чні ~и виклика́ють у ви́падках, коли́ плід загро́жує здоро́в'ю чи життю́ ма́тері.** Therapeutic abortions are induced when the fetus presents a threat to the health or life of the mother. **леґа́льний** legal; **нелеґа́льний** illegal; **леґалізо́ваний** *or* **узако́нений** legalized
v. + **а. виклика́ти а.** induce an abortion (**вико́нувати** perform, **прово́дити** carry out, **роби́ти** do ◊ **Лі́кар відмо́вився роби́ти її а. на пі́зньому ета́пі ваги́тности.** The doctor refused to do an abortion at the late stage of her pregnancy. **ма́ти** have ◊ **Вона́ вже ма́ла два ~и.** She has already had two abortions. **забороня́ти** ban, **обме́жувати** restrict; **леґалізува́ти** *or* **узако́нювати** legalize)
Cf. **ви́кидень 1**

абревіяту́р|а, *f.*
abbreviation, acronym ◊ **ООН – це а. Організа́ції Об'є́днаних На́цій.** UN is the abbreviation for the United Nations.
adj. **відо́ма** well-known, **знайо́ма** familiar; **незнайо́ма** unfamiliar; **звича́йна** usual, **прийня́та** accepted, **станда́ртна** standard; **ди́вна** strange, **незґра́бна** clumsy
v. + **а. зна́ти ~у** know an abbreviation (**використо́вувати** use; **натрапля́ти на** *or* **наштóвхуватися на** come across) ◊ **У те́ксті О́льга натра́пила на незнайо́мі абревіяту́ри.** In the text, Olha came across unfamiliar acronyms. **бу́ти ~ою** + *G.* be an abbreviation for ◊ **Лі́тери км – це а. кіло́метра.** The letters km are the abbreviation for kilometer. (**виявля́тися** turn out; **користува́тися** use) ◊ **Користу́йся станда́ртними ~ами!** Use standard abbreviations!
а. + *v.* **означа́ти** + *A.* stand for ◊ **Що означа́є ця а.?** What does this abbreviation stand for?
Also see **скоро́чення 3**

абсолю́тн|ий, *adj.*
absolute
а. + *n.* **а. неві́глас** an absolute know-nothing ◊ **Він гово́рить як а. неві́глас.** He speaks like an absolute know-nothing. (**чемпіо́н** champion), ♦ **а. слух** *mus.* a perfect pitch; **~а бі́льшість** an absolute majority (**і́стина** truth)
See **по́вний 2.** *Also see* **тота́льний, цілкови́тий 1**

абстра́ктн|ий, *adj.*
abstract
а. + *n.* **~а іде́я** an abstract idea (**і́стина** truth, **ле́ксика** vocabulary); **~е ми́слення** abstract thinking (**мисте́цтво** art; **поня́ття** concept)
adv. **вкрай** extremely, **деда́лі** increasingly, **де́що** somewhat, **до́сить** fairly, **ду́же** very, **на́дто** too; **геть** totally, **цілко́м** completely
v. + **а. бу́ти ~им** be abstract (**здава́тися** + *D.* seem to sb, **лиша́тися** remain) ◊ **План лиша́вся для багатьо́х на́дто ~им.** The plan remained too abstract for many.
Ant. **конкре́тний**

аванґа́рд, *m.*, **~у**
1 vanguard, advance guard; *also fig.*
adj. **ви́знаний** recognized, **незапере́чний** undeniable, **спра́вжній** genuine; **бойови́й** fighting, **ви́пробуваний** tested, **загарто́ваний** hardened; **ідеологі́чний** ideological, **культу́рний** cultural, **політи́чний** political
v. + **а. бу́ти ~ом** be the vanguard (**вважа́ти** + *A.* consider sb, **здава́тися** + *D.* seem to sb; **лиша́тися** remain, **оголо́шувати** + *A.* proclaim sb) ◊ **Комуні́сти оголоси́ли себе́ ~ом істо́рії.** The communists proclaimed themselves the vanguard of history. ♦ **бу́ти (йти) в ~і** be in the vanguard ◊ **Він пра́гнув бу́ти в ~і осві́тньої рефо́рми.** He strove to be in the vanguard of educational reform.
2 *art* avant-garde, *only sg.*
adj. **архітекту́рний** architectural, **літерату́рний** literary, **мисте́цький** artistic, **поети́чний** poetic

аванґа́рдов|ий, *adj.*
art avant-garde, of or pertaining to the avant-garde
adv. **ді́йсно** really, **до́сить** fairly, **ду́же** very, **незапере́чно** undeniably, **спра́вді** truly; **на́дто** too, **надмі́рно** excessively
v. + **а. бу́ти ~им** be avant-garde (**вважа́ти** + *A.* consider sb, **виявля́тися** prove ◊ **Нова́ поста́ва п'є́си ви́явилася на́дто ~ою.** The new production of the play proved excessively avant-garde. **лиша́тися** remain)

ава́нс, *m.*, **~у**
advance *(payment, etc.)*
adj. **вели́кий** large, **готі́вковий** cash, **значни́й** considerable, **ще́дрий** generous; **жалюгі́дний** pitiable, **невели́кий** small ◊ **Це лише́ невели́кий а., ре́шта заробі́тку бу́де при кінці́ мі́сяця.** This is only a small advance; the rest of the salary will come at the end of the month. **скро́мний** modest
v. + **а. діставáти а.** get an advance (**отри́мувати** receive; **дава́ти** + *D.* give sb, **плати́ти** + *D.* pay sb) ◊ **Їм заплати́ли значни́й а.** They were paid a considerable advance.
prep. **а. від** + *G.* advance on ◊ **а. від а́вторського гонора́ру** an advance on the author's honorarium; **а. в** + *A.* advance of *(amount)* ◊ **Пе́трів діста́в а. у де́сять ти́сяч гри́вень.** Petriv has gotten an advance of ₴10,000.
Also see **передпла́та 2; пла́та**

ава́рі|я, *f.*, **~ї**
accident, crash, wreck
adj. **вели́ка** bad, **масшта́бна** large-scale; **жахли́ва** horrible, **серйо́зна** serious, **страшна́** terrible, **трагі́чна** tragic; **смерте́льна** deadly, **фата́льна** fatal; **мале́нька** slight, **невели́ка** small, **незначна́** minor; **автомобі́льна** car, **залізни́чна** railroad, **повітря́на** airplane; **промисло́ва** industrial, **тра́нспортна** traffic, **я́дерна** nuclear
n. + **а. же́ртва ~ї** an accident victim (**запобіга́ння** prevention, **зби́тки від** toll, **розсте́ження** investigation) ◊ **На розсте́ження повітря́ної ~ї тре́ба принаймні рік.** At least a year is needed for the airplane crash investigation.
v. + **а. пережи́ти ~ю** survive an accident ◊ **Мі́сто пережило́ промисло́ву ~ю.** The city survived an industrial accident. (**потра́пити в** get into); **зазнава́ти ~ї** suffer an accident (**уника́ти** avoid ◊ **Він ле́две уни́кнув автомобі́льної ~ї.** He scarcely avoided a car accident. **ого́втуватися від** recover from) ◊ **Вони́ ти́ждень ого́втувалися від незначно́ї ~ї.** It took them a week to recover from a minor accident. **запобіга́ти ~ї** prevent an accident
а. + *v.* **відбува́тися** take place, **става́тися** happen ◊ **А. ста́лася вночі́.** The accident happened at night. **трапля́тися** occur
Cf. **катастро́фа**

авдито́рі|я, *f.*, **~ї**
1 lecture hall, auditorium; classroom
adj. **лекці́йна** lecture, **семіна́рська** seminar, **університе́тська** university, **шкільна́** school; **біологі́чна** biology, **географі́чна** geography, **фізи́чна** physics ◊ **У фізи́чній ~ї де́сять комп'ю́терів.** There are ten computers in the physics classroom. **хемі́чна** chemistry, *etc.*; ♦ **навча́льна а.** classroom ◊ **Він шука́є ві́льну навча́льну ~ю.** He is looking for a vacant classroom.
See **кімна́та.** *Also see* **за́ла 1**
2 audience, listenership, viewership; public
adj. **вели́ка** large, **величе́зна** vast, **все бі́льша** ever-growing, **значна́** sizeable, **ма́сова** mass, **різномані́тна** diverse, **широ́ка** wide; **невели́ка** small, **обме́жена** limited; **зацікáвлена** interested, **прихи́льна** appreciative, **співчутли́ва** sympathetic; **воро́жа** hostile; **ви́брана** select; **зага́льна** general, **пере́січна** mainstream ◊ **Фільм розрахо́ваний на пере́січну ~ю.** The movie is meant for a mainstream audience. **нефахова́** lay, **фахова́** professional; **потенці́йна** potential, **реа́льна** real; **ці́льова́** target, **глядáцька** viewing, **мере́жева** Internet, **слуха́цька** listening ◊ **Програ́ма сяга́є вели́кої слуха́цької ~ї.** The show reaches a large listening audience. **телевізі́йна** television, **цифрова́** digital; **за́хідна** Western, **міжнаро́дна** international, **націона́льна** national, **світова́** worldwide
v. + **а. прива́блювати ~ю** attract an audience ◊ **Бло́ґер прива́блює значну́ мере́жеву ~ю.** The blogger is attracting a sizable Internet audience. (**захо́плювати** captivate, **звору́шувати** move, **інформува́ти** inform, **навча́ти** educate; **перекóнувати** persuade, **плека́ти** foster ◊ **Телеведу́чий ви́плекав ві́ддану ~ю.** The TV host fostered a truly devoted viewership. **забавля́ти** regale ◊ **Ма́рта вмі́є**

забавля́ти ~ю. Marta knows how to regale her audience. **розважа́ти** entertain, **чарува́ти** charm; **антагонізува́ти** antagonize, **відчу́жувати** alienate, **відшто́вхувати** push away, **обража́ти** insult) ◊ **Зава́га обра́зила ~ю.** The remark insulted the audience. **(до)сяга́ти ~ї** reach an audience (**апелюва́ти до** appeal to, **зверта́тися до** address); **бу́ти призна́ченим ~ї** be meant for an audience ◊ **Рекла́ма призна́чена фахові́й ~ї.** The ad is meant for a professional audience. (**подо́батися** like ◊ **Нови́й жанр я́вно не подо́бався традиці́йній чита́цькій ~ї.** The traditional reading audience clearly did not like the new genre. **імпонува́ти** appeal to); **виступа́ти пе́ред ~єю** perform to an audience (**гра́ти пе́ред** play to) ◊ **Гурт гра́є пе́ред вузько́ю ~єю прихи́льників.** The group plays to a narrow audience of its fans.

а. + *v.* **аплодува́ти** + *D.* applaud sb, **пле́скати** + *D.* clap for sb; **підтри́мувати** + *A.* support sb, **уболіва́ти за** + *A.* cheer for sb, **засви́стувати** + *A.* boo sb; **відповіда́ти** + *D.* respond to sb, **реаґува́ти на** + *A.* react to sth/sb; **реві́ти** roar, **смія́тися** laugh; **о́хкати** gasp ◊ **А. о́хнула від несподі́ванки.** The audience gasped with surprise.

prep. **пе́ред ~єю** before an audience ◊ **Він говори́в пе́ред заціка́вленою ~єю.** He was speaking in front of an interested audience. **а. в** + *A. (number)* an audience of ◊ **а. у сто осі́б** a hundred-strong audience

Also see **пу́бліка**

авіялі́ні|я, *f.*, **~ї**, *usu pl.*
airline ◊ **украї́нські ~ї** Ukrainian airlines

adj. **вели́кі** large, **головні́** major, **провідні́** leading; **вну́трішні** domestic, **міжнаро́дні** international, **націона́льні** national, **реґіона́льні** regional; **держа́вні** state, **комерці́йні** commercial, **прива́тні** private; **бюдже́тні** low-cost; **америка́нські** American, **украї́нські** Ukrainian

v. + **а. літа́ти ~ями** fly an airline ◊ **~ї, яки́ми вони́ літа́ли, ра́птом збанкрутува́ли.** The airline they used to fly suddenly went bankrupt. (**оперува́ти** operate)

а. + *v.* **літа́ти** fly ◊ **До Рі́вного почала́ літа́ти пе́рша бюдже́тна а.** The first low-cost airline started flying to Rivne. **обслуго́вувати** service, **працюва́ти** operate ◊ **Ці ~ї працю́ють на вну́трішніх маршру́тах.** This airline operates on domestic routes.

авто́бус, *m.*, **~а**
bus

adj. **реґуля́рний** regular, **чо́вникови́й** shuttle; **міжмі́ський** intercity, **місце́вий** local, **мі́ський** city; **екскурсі́йний** sightseeing, **на́йнятий** chartered, **туристи́чний** tourist; **клу́бний** club, **шкі́льни́й** school; **вла́сний** one's own, **грома́дський** public; **льві́вський а.** 1) a bus made in Lviv, 2) a bus to Lviv; **пе́рший** first ◊ **Коли́ відхо́дить пе́рший Льві́вський а.?** When does the first bus to Lviv depart? **оста́нній** last; **ранко́вий** morning, **де́нний** afternoon, **вечі́рній** evening, **нічни́й** night; **напівпоро́жній** half-empty ◊ **Нічни́й а. ма́йже за́вжди́ був напівпоро́жній.** The night bus was almost always half-empty. **поро́жній** empty; **на́пханий** packed, **по́вний** full; ♦ **одина́дцятий а.** bus number eleven

v. + **а. встига́ти на а.** make a bus ◊ **Він не встига́є на лу́цький а.** He is not making the Lutsk bus. (**запі́знюватися на** be late for, **сіда́ти на** board, get on, **сі́сти на** *pf.* catch) ◊ **Ся́дьте на сьо́ми́й а.** Catch bus number seven. **вихо́дити з ~а** get off a bus; **ї́хати** *and* **ї́здити ~м** go by bus (**подорожува́ти** travel) ◊ **Вони́ подорожува́тимуть шкі́льни́м ~ом.** They will be traveling by a school bus.

а. + *v.* **іти́** go, **ходи́ти** run ◊ **До ле́товища хо́дять мі́ські ~и.** City buses run to the airport. **прибува́ти** arrive, **прихо́дити** come; **відбува́ти** leave, **відхо́дити** depart; **запі́знюватися** run late, **під'їжджа́ти** pull up; **зупиня́тися** stop ◊ **Бі́ля села́ ~и не зупиня́лися.** Buses did not stop near the village.

prep. **в а.** *dir.* in/onto a bus ◊ **Вона́ взяла́ валі́зу в а.** She took her suitcase onto the bus. **в ~і** *posn.* in/on a bus ◊ **В ~і не лиша́лося мі́сць.** There were no seats left on the bus. **на а.** *dir.* on/to/for a bus ◊ **Він запізни́вся на а.** He was late for the bus. **а. на** + *A.* bus to *(destination)* ◊ **а. на Терно́піль** a bus to Ternopil; **а. до** + *G.* a bus to *(a place)* ◊ **а. до сере́дмі́стя** a bus to downtown *(a place)*; **а. від** + *G.* ... **до** + *G.* a bus from *(a place)* to *(a place)* ◊ **а. від Луга́нська до Маріу́поля** bus from Luhansk to Mariupol

Also see **електри́чка**. *Cf.* **трамва́й**

авто́бусн|ий, *adj.*
bus, of or pertaining to a bus

а. + *n.* **~а зупи́нка** a bus stop (**компа́нія** company, **лі́нія** line, **ста́нція** station); **~е депо́** a bus depot (**сполу́чення** connection) ◊ **Це село́ не ма́є прямо́го ~ого сполу́чення з мі́стом.** The village has no direct bus connection with the city.

авто́граф, *m.*, **~а**
autograph

adj. **єди́ний** only ◊ **Це єди́ний а. філо́софа, що зберігся.** This is the only extant autograph of the philosopher. **рі́дкісний** rare; **підро́блений** counterfeit, **спра́вжній** genuine; **безці́нний** priceless, **ці́нний** valuable

v. + **а. проси́ти** + A. **а.** ask sb for an autograph (**дава́ти** + *D.* give sb, **писа́ти** write, **ста́вити** put ◊ **Письме́нник поста́вив а. на звороті світли́ни.** The writer put his autograph on the back of the photo. **збира́ти** collect; **виявля́ти** discover, **знахо́дити** find); **полюва́ти за ~ами** hunt for autographs ◊ **Ві́ктор люби́в полюва́ти за ~ами футболі́стів.** Viktor liked to hunt for soccer players' autographs.

автозапра́в|ка, *f.*
gas station, filling station

adj. **деше́ва** cheap, **найдеше́вша** cheapest ◊ **Вона́ знайшла́ найдеше́вшу ~ку в мі́сті.** She found the cheapest gas station in town. **дорога́** expensive; **нова́** new, **ста́ра́** old; **дале́ка** distant; **єди́на** only, **оста́ння** last; **місце́ва** local

v. + **а. кори́стува́тися ~кою** use a gas station; **зупиня́тися на ~ці** stop at a gas station ◊ **Лари́са зупини́лася на ~ці переві́рити акумуля́тор.** Larysa stopped at a gas station to check the battery.

prep. **на ~ку** *dir.* to a gas station ◊ **Він пої́хав на ~ку.** He drove off to the gas station. **на ~ці** *posn.* at a gas station

автомобі́л|ь, *m.*, **~я**
car, automobile

adj. **вели́кий** large, **мали́й** small, **мініатю́рний** miniature, **сере́дній** mid-size; **дитя́чий** children's, **і́грашко́вий** toy; **швидки́й** fast, **пові́льний** slow; **нови́й** new, **стари́й** old ◊ **Ната́лчин стари́й а. працюва́в, на́че нови́й.** Natalka's old car ran like new. **деше́вий** cheap, **дороги́й** expensive; **антиква́рний** antique, **старови́нний** vintage; **відреставро́ваний** restored ◊ **Лев приї́хав на відреставро́ваному старови́нному ~і.** Lev came in a restored vintage car. **гібри́дний** hybrid, **ди́зельний** diesel, **електри́чний** electric; ♦ **вантажни́й а.** *or usu* **вантажі́вка** a truck; **легкови́й** passenger; **перего́новий** race ◊ **Нови́й перего́новий а. ви́явився ще шви́дшим.** The new race car proved even faster. **спорти́вний** *or* **спорто́вий** sports; **броньо́ваний** armored; **патру́льний** patrol, **поліці́йний** police; **вкра́дений** stolen, **ужи́ваний** used

n. + **а. ма́рка ~я** make of a car, **моде́ль ~я** model of a car, **ви́пуск ~я** year of a car

v. + **а. вести́ а.** drive a car (**ма́ти** have; **ремонтува́ти** repair; **купува́ти** buy, **продава́ти** sell; **винайма́ти** rent ◊ **Коли́ було́ тре́ба, Ната́ля винайма́ла а.** When there was a need, Natalia would rent a car. **позича́ти у ко́гось** borrow from sb, **позича́ти кому́сь** lend sb; **заво́дити** start, **зупиня́ти** stop, **вимика́ти** turn off, **розігріва́ти** warm up ◊ **Андрі́єві довело́ся на моро́зі розігріва́ти а.** Andrii had to warm up his car in the cold. **паркува́ти** park; **ки́дати** abandon, **лиша́ти** leave; **замика́ти** lock, **відмика́ти** unlock; **розбива́ти** wreck, **викрада́ти** hijack, **грабува́ти** rob ◊ **Хтось пограбува́в його́ а.** Somebody robbed his car. **доганя́ти** catch up with, **переганя́ти** pass, overtake, **гальмува́ти** brake, **розганя́ти** accelerate, **поверта́ти** turn; **сіда́ти в а.** get in a car; **напиха́тися в** pile into) ◊ **У його́ мале́нький а. могло́ напха́тися до шести́ чолові́к.** Up to six people could pile into his small car. **вихо́дити з ~я** get out of the car (**вломи́тися до** *pf.* break into ◊ **Хтось ти́хо вломи́вся до її ~я і ви́крав ці́нні докуме́нти.** Somebody quietly broke into her car and stole valuable documents.); **під'їжджа́ти ~ем до** + *G.* drive a car up to sth ◊ **Він під'ї́хав ~ем до само́го вхо́ду готе́лю.** He drove his car right up to the hotel entrance. (**не справля́тися з** lose control of)

а. + *v.* **заво́дитися** start ◊ **А. ніко́ли не заво́дився з пе́ршого ра́зу.** The car never started on the first try. **працюва́ти на** run on ◊ **Її а. працю́є на нееtило́ваному бензи́ні.** Her car runs on unleaded gasoline. **бра́ти** burn ◊ **А. бере́ сім лі́трів на сто кіломе́трів.** The car burns seven liters per one hundred kilometers. **виї́жджа́ти** pull out, **від'їжджа́ти** drive off, **доганя́ти** catch up, **переганя́ти** pass, overtake ◊ **Їх перегна́в спорти́вний а.** A sports car passed them. **розганя́тися** accelerate, **спові́льнюватися** slow down, **зупиня́тися** stop, **під'їжджа́ти** pull up, **виля́ти** swerve, **зано́сити** *impers.* skid ◊ **Лари́са загальмува́ла, й а. зане́сло право́руч.** Larysa braked and her car skidded to the right. **лама́тися** *or* **псува́тися** break, **ї́хати** drive, **поверта́ти** turn

prep. **в а.** *dir.* in/into a car ◊ **Він стрибну́в про́сто в а.** He jumped straight into the car. **в ~і** *posn.* in a car ◊ **В ~і сиді́ло че́тверо пасажи́рів.** Four passengers were sitting in the car. **за ~ем** behind a car ◊ **За ~ем біг пес.** A dog ran after the car. **на ~і** by car ◊ **Вони́ добира́лися до села́ на ~і.** They made their way to the village by car. **під а.** *dir.* under a car ◊ **Кошеня́ схова́лося під а.** The kitten hid under the car. **під ~ем** *posn.* ◊ **Під ~ем утвори́лася калю́жа оли́ви.** A pool of oil formed under the car.

I. **~ем** by car ◊ **Зві́дси до Карпа́т три годи́ни ~ем.** It is a three-hour car ride from here to the Carpathians.

Also see **вантажі́вка, ко́лесо 2.** *Cf.* **двигу́н, маши́на 2**

автоно́мі|я, *f.*, **~ї**
autonomy, autonomous status; *short for autonomous republic* ◊ **Кри́мська а.** the Crimean Autonomy

adj. **абсолю́тна** absolute, **по́вна** full, **цілкови́та** complete; **відно́сна** relative, **обме́жена** limited, **пе́вна** certain, **частко́ва** partial; **значна́** considerable, **су́ттєва** substantial; **бі́льша** greater, **дедалі́ бі́льша** increasing; **ме́нша** lesser; **місце́ва** local, **мі́ська** municipal, **націона́льна** national, **реґіона́льна** regional; **адміністрати́вна** administrative, **економі́чна** economic, **культу́рна** cultural, **мо́вна** linguistic, **осві́тня** educational, **політи́чна** political, **управлі́нська** managerial, **фіна́нсова** financial

v. + **а. ма́ти ~ю** have autonomy (**ґарантува́ти** + *D.* guarantee sb, **зберіга́ти** preserve, **здобува́ти** win; **реалізо́вувати** exercise ◊ **Шко́ла**

бі́знесу ма́є пра́во реалізува́ти свою́ освí́тню ~ю. The business school has the right to exercise its educational autonomy. **надава́ти** + *D.* give sb; **втрача́ти** lose, **зме́ншувати** lessen, **скоро́чувати** reduce, **обме́жувати** limit, **підрива́ти** undermine; **поси́лювати** increase; **боро́тися за** struggle for) ◊ **Терито́рія бо́реться за культу́рну ~ю.** The territory is struggling for cultural autonomy. **позбува́тися ~ї** get rid of autonomy (**вимага́ти** demand, **домага́тися** push for) ◊ **Університе́т упе́рто домага́вся від міністе́рства управлі́нської ~ї.** The university doggedly pushed the ministry for managerial autonomy. **ті́шитися ~єю** enjoy autonomy (**користува́тися** use; **поступа́тися** give up) ◊ **Мі́сто не збира́лося поступа́тися адміністрати́вною ~єю.** The city was not about to give up its administrative autonomy.
See **незале́жність**

а́втор, *m.*, ~а; ~ка, *f.*
author ◊ **Хто а. тво́ру?** Who is the author of the work?
adj. **ви́знаний** recognized, **відо́мий** well-known, **славе́тний** famous, **ориґіна́льний** original, **тво́рчий** creative, **плі́дний** prolific; **своєрі́дний** unconventional; **анонí́мний** anonymous, **невідо́мий** unknown; **єди́ний** sole; **провідни́й** leading; **улю́блений** favorite
v. + **а. люби́ти ~а** like an author (**нена́видіти** hate ◊ **Вона́ нена́виділа цього́ ~а.** She hated this author. **чита́ти** read, **цитува́ти** cite) ◊ **Іва́нна полюбля́є цитува́ти маловідо́мих ~ів.** Ivanna is fond of citing little-known authors.
а. + *v.* **писа́ти** + *A.* write sth, **твори́ти** + *A.* create sth ◊ **хро́ніка, яку створи́в анонí́мний а.** the chronicle created by an anonymous author; **публікува́ти** + *A.* publish sth, **висно́вувати** + *A.* conclude sth ◊ **~и́ висно́вують, що ві́йну розпоча́то під фальши́вим при́водом.** The authors conclude that the war was started under a false pretext. **дохо́дити ви́сновку** come to a conclusion ◊ **А. дохо́дить сумно́го ви́сновку.** The author comes to a sad conclusion. **дово́дити** + *A.* argue sth, **заува́жувати** + *A.* note sth, **підкре́слювати** + *A.* emphasize sth, **ста́вити** + *A.* **під су́мнів** question sth ◊ **А. ста́вить під су́мнів нові́ пра́вила.** The author questions the new rules.
See **письме́нник.** *Also see* **романі́ст**

авторите́т, *m.*, ~у *and* ~а
1 ~у, *only sg.* respect, reputation, authority, weight
adj. **вели́кий** great, **величе́зний** enormous, **всесві́тній** world, **неаби́який** remarkable, **несхи́тний** unshakable; **безсумні́вний** unquestionable, **незапере́чний** undeniable; **де́який** some, **значни́й** considerable, **пе́вний** certain; **серйо́зний** serious
v. + **а. ма́ти а.** have respect (**завойо́вувати** win, **здобува́ти** gain; **підніма́ти** raise, **поси́лювати** strengthen; **посла́блювати** diminish, **підрива́ти** undermine, **ста́вити під су́мнів** question) ◊ **Комі́сія поста́вила під су́мнів а. Климе́нка як кінозна́вця.** The committee questioned Klymenko's authority as a film expert. **додава́ти** + *D.* ~у add to sb's authority ◊ **Рі́шення ле́две дода́сть дире́кторові ~у.** The decision will hardly add to the director's authority. **ті́шитися ~ом** enjoy respect (**хова́тися за** hide behind) ◊ **Він ніко́ли не хова́вся за чужи́м ~ом.** He never hid behind somebody else's authority.
а. + *v.* **зроста́ти** grow; ♦ **не лиша́тися й слі́ду від ~у** to vanish without a trace ◊ **Від його́ ~у му́дрого полі́тика не лиши́лося й слі́ду.** His reputation as a wise politician vanished without a trace.
Also see **пова́га, прести́ж, репута́ція, респекта́бельність, си́ла 3**

2 ~а authority *(of a person)*, expert, aficionado
adj. **вели́кий** great, **величе́зний** enormous, **ви́знаний** recognized, **відо́мий** well-known, **всесві́тній** world; **безсумні́вний** unquestionable, **незапере́чний** undeniable; **серйо́зний** serious; ♦ **криміна́льний а.** a criminal boss
v. + **а. бу́ти ~ом** be an authority (**вважа́ти** + *A.* consider sb; **виявля́тися** turn out, **лиша́тися** remain, **ставáти** become) ◊ **Се́ред журналі́стів Ма́рків став ви́знаним ~ом.** Among journalists, Markiv became a recognized authority. **зверта́тися до ~а** turn to an authority (**апелюва́ти до** appeal to)
prep. **а. в** + *L.* authority on sth ◊ **Вона́ – зна́ний а. у сіме́йному пра́ві.** She is a well-known authority on family law.
Also see **величина́ 3**

авторите́тн|ий, *adj.*
authoritative, respected, of note, recognized, reputable ◊ **~а журналі́стка** a respected (female) journalist; **~е вида́ння** a publication of note
adv. **абсолю́тно** absolutely, **виня́тко́во** exceptionally, **ду́же** very, **надзвича́йно** extraordinarily, **ціл́ко́м** completely; **до́сить** quite, **доста́тньо** sufficiently; **не зо́всім** not quite ◊ **не зо́всім а. аналі́тик** a not quite reputable analyst
v. + **а. бу́ти ~им** be respected (**вважа́ти** + *A.* consider sb ◊ **Газе́ту вважа́ють ~им джерело́м інформа́ції.** The newspaper is considered an authoritative source of information. **виявля́тися** turn out, **лиша́тися** remain ◊ **Він лиша́ється ціл́ко́м ~им експе́ртом у своїй ца́рині.** He remains a completely respected expert in his field. **ставáти** become)
Also see **вплив́о́вий, прести́жний, респекта́бельний, солі́дний 2, че́сний 4**

автостра́д|а, *f.*
highway, expressway
adj. **головна́** main, **маґістра́льна** major; **пряма́** straight; **швидка́** fast; **широ́ка** wide; **моде́рна** modern, **нова́** new; **міжмі́ська** intercity, **міжобласна́** interprovince; **міжнаро́дна** international, **націона́льна** national, **транснаціона́льна** transnational, **трансєвропе́йська** trans-European, **трансконтинента́льна** trans-continental; **гі́рська** mountain, **прибере́жна** coastal; **пла́тна** toll; **двосму́гова** two-lane, **чотирисму́гова** four-lane ◊ **Вони́ ї́хали чотирисму́говою ~ою.** They drove on a four-lane highway. **зане́дбана** neglected; **напівпоро́жня** half empty, **пусти́нна** *poet.* deserted, **поро́жня** empty, **само́тня** *poet.* lonely; **заванта́жена** busy, packed ◊ **А. Льві́в - Пере́мишль незмі́нно заванта́жена.** The Lviv-Przemyśl highway is invariably busy. **запру́джена** crowded, **переванта́жена** overloaded.
v. + **а. будува́ти ~у** build a highway (**відкрива́ти** open, **модернізува́ти** modernize, **утри́мувати** maintain, **ремонтува́ти** repair ◊ **Ви́дно було́, що ~у до́вго не ремонтува́ли.** One could see that this highway had not been repaired in a long time. **закрива́ти** close; **виї́жджа́ти на** hit) ◊ **Ви́їхавши на прибере́жну ~у, ми не зупиня́лися до само́ї Я́лти.** Having hit the coastal highway, we did not stop all the way to Yalta. **з'ї́жджа́ти з ~и** turn off a highway ◊ **Га́нна з'ї́хала з ~и на сільську́ доро́гу.** Hanna turned off the highway onto a rural road. **ї́хати ~ою** drive on a highway ◊ **Вони́ ї́хали ~ою но́мер ві́сім.** They were driving on highway 8. (**пої́хати** *pf.* take ◊ **Миха́йло пої́хав пла́тною ~ою.** Mykhailo took a toll highway. **користува́тися** use, **подоро́жува́ти** travel; **перетина́ти** + *A.* cross sth) ◊ **Ціє́ю трансконтинента́льною ~ою ле́гко перетну́ти всю Євро́пу.** One can easily cross all of Europe on this transcontinental highway.
а. + *v.* **обхо́дити** + *A.* bypass sth ◊ **А. обхо́дить усі́ міста́.** The highway bypasses all cities. **перетина́ти** + *A.* cross sth, **прохо́дити че́рез** + *A.* pass through sth ◊ **А. прохо́дить че́рез пі́вдень краї́ни.** The highway passes through the south of the country. **сполуча́ти** + *A.* **з** + *I.* connect sth to sth ◊ **Нова́ а. сполучи́ла Луцьк із Бре́стом.** The new highway connected Lutsk to Brest.
prep. **з ~и** off a highway; **на ~у** *dir.* on/to a highway; **на ~і** *posn.* on a highway ◊ **Зупиня́тися на ~і заборо́нено.** It is forbidden to stop on the highway. **по ~і** *or* **~ою** along the highway ◊ **Автí́вка ї́хала ~ою** *or* **по ~і на схід.** The car went east along the highway.
See **доро́га.** *Also see* **тра́са 2**

аґе́нці|я, *f.*, ~ї
agency
adj. **грома́дська** public, **держа́вна** state, **міська́** city, **офіці́йна** official, **уря́дова** government; **допомо́гова** relief; **зо́внішня** outside, **міжнаро́дна** international, **місце́ва** local; **незале́жна** independent; **правоохоро́нна** law-enforcement, **розві́дувальна** intelligence, **шпигу́нська** spy, **юриди́чна** legal; **посере́дницька** intermediary, **рекла́мна** advertising, **туристи́чна** travel, **шлю́бна** marriage
а. + *n.* **а. знайо́мств** a dating agency (**нерухо́мости** real estate, **нови́н** news ◊ **міжнаро́дні ~ї нови́н** international news agencies; **працевлаштува́ння** employment, **усино́влення** adoption) ◊ **Їм порекоменду́вали ~ю усино́влення.** An adoption agency was recommended to them.
v. + **а. зверта́тися до ~ї** turn to an agency ◊ **Він зверну́вся по пора́ду до юриди́чної ~ї.** He turned to a legal agency for advice. (**дзвони́ти до** call up)
prep. **в ~ї** at/in an agency; **че́рез ~ю** through an agency ◊ **Вони́ шука́ли помé́шкання че́рез ~ю.** They looked for accommodations through an agency.
Also see **слу́жба, стіл 3**

адвока́т, *m.*; ~ка, *f.*
lawyer, attorney, counsel
adj. **авторите́тний** reputable, **блиску́чий** brilliant, **відмі́нний** excellent, **вплив́о́вий** influential, **до́брий** good, **компете́нтний** competent, **першоря́дний** first-rate, **провідни́й** leading, **професі́йний** professional, **розу́мний** clever, **спри́тний** smart, **че́сний** honest, **чудо́вий** superb; **бува́лий** seasoned, **досві́дчений** experienced; **безпора́дний** inept, **ке́пський** poor, **недосві́дчений** inexperienced, **нече́сний** dishonest, **пога́ний** bad; **безкошто́вний** pro bono, **дороги́й** expensive; **жаді́бний** greedy, **ненаси́тний** insatiable, **бага́тий** rich; **держа́вний** state's, **прива́тний** private; ♦ **а.-пра́ктик** a practicing attorney
а. + *n.* **а. апеля́ції** an appellate lawer (**за́хисту** defense, **обвинува́чення** prosecution); **а. із конституці́йного пра́ва** a constitutional lawyer (**корпорати́вного** corporate, **криміна́льного** criminal, **сіме́йного** family, **циві́льного** civil; **прав люди́ни** human rights) ◊ **а. із прав люди́ни** a human rights lawyer
v. + **а. найма́ти ~а** hire a lawyer (**вчи́тися на** be trained as); **зверта́тися до** + *G.* turn to a lawyer; **працюва́ти ~ом** work as a lawyer
See **спеціялі́ст.** *Also see* **захисни́к 2, правни́к, юри́ст**

адміністра́тор, *m.*, ~а; ~ка, *f.*
1 administrator, *also techn.*; manager ◊ **Ві́дділом керу́є досві́дчений а.** An experienced administrator runs the division. ◊ **Валенти́на отри́мала по́вний до́ступ до ба́зи да́них від систе́много ~а.** *techn.* Valentyna obtained full access to the database from the system administrator.

See **директор.** *Also see* **голова́ 3, завідувач, очільник, президент 2**
2 receptionist *(in hotel)* ◊ **Я замо́вив кімна́ту в ~а готе́лю.** I booked a room with the hotel receptionist.
adj. **ввічливий** *and* **че́мний** polite, **ґре́чний** courteous, **люб'я́зний** kind, **помічни́й** obliging, **послу́жливий** supportive, **приві́тний** friendly, **ува́жний** attentive, **терпля́чий** patient; **гру́бий** rude, **наха́бний** brazen, **нетерпля́чий** impatient, **нече́мний** impolite
v. + **а. проси́ти ~а** ask a receptionist ◊ **Лев про́сить ~а замо́вити таксі́вку.** Lev is asking the receptionist to order a taxi. **замовля́ти** + *A.* **в ~а** order sth from a receptionist ◊ **Треба́ замо́вити в ~а додатко́ве лі́жко.** We need to order an additional bed from the receptionist. (**зверта́тися до** turn to) ◊ **Вона́ зверну́лася до ~а по ма́пу мі́ста.** She turned to the receptionist for a city map. **дзвони́ти ~ові** call a receptionist
N. pl. **~и**

адре́с|а, *f.*

address
adj. **дома́шня** home, **прива́тна** private; **робо́ча** *or* **службо́ва** business, **конта́ктна** contact, **зворо́тна** return, **поштова** postal; **пра́вильна** correct; **непра́вильна** *or* **хи́бна** wrong; **ста́ла** fixed ◊ **Він три ро́ки не має́ ста́лої ~и.** He has not had a fixed address for three years. **електро́нна** email, **мере́жева** Internet
n. + **а. змі́на ~и** a change of address; **прі́звище й а.** name and address
v. + **а. дава́ти** + *D.* **~у** give sb an address ◊ **Ната́лка да́ла їй Іва́нову електро́нну ~у.** Natalka gave her Ivan's email address. (**дістава́ти** get, **знахо́дити** find, **лиша́ти** + *D.* leave sb, **отри́мувати від** + *G.* receive from sb, **писа́ти** + *D.* write sb, **пита́ти в** + *G.* ask sb for) ◊ **Вона́ запита́ла в Петра́ ~у його́ бра́та.** She asked Petro for his brother's address.
prep. **на ~у** *dir.* to/at an address ◊ **Пиші́ть мені на службо́ву ~у.** Write me at my business address. **за ~ою** *posn.* at an address ◊ **За якою ~ою ви живете́?** What address do you live at? **за ~ою** by an address ◊ **За ~ою не мо́жна ви́значити вла́сника раху́нку.** The account owner cannot be determined by the address.

адресу|ва́ти, ~ють; за~, *tran.*

to address *(a letter, message, etc.)*, direct + *D.* ◊ **Він заадресува́в лист Ю́рченкові.** He addressed the letter to Yurchenko.
adv. **нале́жно** properly, **пра́вильно** correctly; **непра́вильно** *or* **хи́бно** incorrectly; **помилко́во** by mistake ◊ **Він помилко́во заадресува́в лист не тій люди́ні.** By mistake he has addressed the letter to the wrong person. **осо́бисто** personally
pa. pple. **заадресо́ваний** addressed
(за)адресу́й!
Also see **зверта́ти 5**

аж, *part., conj.*

1 *part.* as many (much) as, as long as, entire ◊ **Він пробу́в у них а. сім днів.** He stayed with them for a whole seven days. ◊ **Оле́г прохворі́в а. рік.** Oleh was sick for an entire year.
2 *part.* very ◊ **а. до кінця́** till the very end, ◊ **а. до жо́втня** till as late as October
3 *conj.* till, until, that ◊ **Лі́да так до́вго чита́ла, а. її заболі́ли о́чі.** Lida read so long, that her eyes started aching.

акаде́мі|я, *f.*, ~ї

academy
adj. **військо́ва** military; **мисте́цька** art, **музи́чна** music, **сільськогоспода́рська** agricultural, **худо́жня** arts, **юриди́чна** law; **лі́тня** summer
а. + *n.* **а. нау́к** an academy of sciences (**держа́вного управлі́ння** state administration, **мисте́цтв** art, **Міні́стерства вну́трішніх спра́в** Ministry of the Interior), ◊ **Націона́льний університе́т «Ки́єво-Могиля́нська а.» (НаУКМА)** the National University of Kyiv Mohyla Academy, ◊ **Націона́льна А. Нау́к Украї́ни (НАНУ)** the National Academy of Sciences of Ukraine.
See **університе́т**

акт, *m.*, ~у *and* ~а

1 ~у act, deed, action, move
adj. **гума́нний** humane, **добросусі́дський** neighborly ◊ **ни́зка добросусі́дських ~ів у́ряду** a number of the government's neighborly acts; **доброчи́нний** charitable, **дру́жній** friendly; **демонстрати́вний** demonstrative, **драмати́чний** dramatic; **символі́чний** symbolic; **тво́рчий** creative; **ва́рварський** barbaric, **воро́жий** hostile, **дику́нський** savage; **навми́сний** deliberate, **свідо́мий** conscious; **жахли́вий** horrible, **нечу́ваний** unheard-of, **обу́рливий** outrageous, **страшни́й** terrible; **злочи́нний** criminal, **незако́нний** unlawful, **нелеґа́льний** illicit, **нелеґіти́мний** illegitimate; **наси́льницький** violent, **провокати́вний** provocative; **законода́вчий** legislative, **політи́чний** political, **публі́чний** public; ♦ **терористи́чний а.** *usu* **тера́кт** a terrorist attack; **гомосексуа́льний** homosexual; ♦ **стате́вий а.** sexual intercourse
а. + *n.* **а. ві́дчаю** act of despair ◊ **голо́дний страйк, як а. ві́дчаю** a hunger strike as an act of despair (**ро́зпачу** despondency; **во́лі** will, **непоко́ри** disobedience ◊ **Її втеча з до́му – а. непоко́ри батька́м.** Her flight from home is an act of disobedience to her parents. **підтри́мки** support, **солі́дарности** solidarity; **наси́льства** violence, **самосу́ду** lynching; **зра́ди** betrayal)
v. + **а. вчиня́ти а.** commit an act (**здійснювати** *and* **роби́ти** carry out; **виправдо́вувати** justify ◊ **Він ви́правдо́вував ~и наси́льства з бо́ку правоохоро́нців.** He justified the acts of violence by the law-enforcement officers. **засу́джувати** condemn); **вдава́тися до ~у** resort to an act ◊ **Нато́вп уда́вся до ~у самосу́ду.** The mob resorted to an act of lynching. (**схиля́ти** + *A.* **до** talk sb into) ◊ **Ні́на схиля́ла його́ до стате́вого ~у.** Nina was talking him into sex. **запобіга́ти ~ові** prevent an act (**потура́ти** condone)
Cf. **вчи́нок**
2 ~у act (*theater*) ◊ **У п'є́сі три ~и.** The play has three acts.
adj. **вступни́й** opening, **пе́рший** first ◊ **Вони́ досиді́ли до кінця́ пе́ршого ~у.** They sat till the end of the first act. **заверша́льний** concluding, **оста́нній** last, **фіна́льний** final
v. + **а. гра́ти а.** perform an act ◊ **Акто́ри зігра́ли фіна́льний а. по-ново́му.** The actors performed the final act in a new way.
prep. **в ~і** in an act ◊ **У тре́тьому ~і п'є́си він ги́не.** In the third act of the play, he perishes. **з ~у** from an act ◊ **Це моноло́г зі вступно́го ~у коме́дії.** This soliloquy is from the opening act of the comedy.
See **дія 6, п'є́са**
3 ~а report, record, document, certificate ◊ **Усе́, що в них тепе́р залиша́лося, був а. аре́шту майна́.** All they had remaining now was the property seizure record.
adj. **засві́дчений** certified, **обвинува́льний** indictment, **офіці́йний** official, **письмо́вий** written; **поліці́йний** police; ♦ **нормати́вний а.** normative document
а. + *n.* **а. до́питу** an interrogation record (**конфіска́ції майна́** property seizure, **о́бшуку** search)
v. + **а. долуча́ти а. до** + *G.* adduce a record to sth (**засві́дчувати** certify, **надава́ти** + *D.* produce to sb; **писа́ти** write, **склада́ти** draw up; **підробля́ти** forge, **фальсифікува́ти** falsify) ◊ **Полі́ція сфальсифікува́ла а. о́бшуку.** The police falsified the search record.
See **протоко́л**

акти́в, *m.*, ~у, *usu pl.*

econ. assets
adj. **ба́нкові** bank, **бізне́сові** business; **готівко́ві** cash, **грошові́** monetary, **лікві́дні** liquid, **неготівко́ві** non-cash; **комерці́йні** commercial, **корпорати́вні** corporate, **майнові́** property, **фізи́чні** physical, **фіна́нсові** financial; **на́явні** available, **прихо́вані** hidden; **зага́льні** overall, **чи́сті** net; **закордо́нні** foreign; **грома́дські** public, **держа́вні** state; **особи́сті** personal; ♦ **~и та паси́ви** assets and liabilities
n. + **а. ва́ртість ~ів** assets value (**використа́ння** use; **знеці́нення** depreciation; **зроста́ння** growth; **про́даж** sale ◊ **Оголо́шено про́даж ~ів.** The sale of assets has been announced. **скоро́чення** reduction; **ціна́** price)
v. + **а. ма́ти ~и** have assets (**купува́ти** buy, **придба́ти** *only pf.* acquire, **продава́ти** sell, **перево́дити** transfer ◊ **Університе́т перевів свої́ фіна́нсові ~и до і́ншого ба́нку.** The university transferred its financial assets to a different bank. **реалізува́ти** realize; **накопи́чувати** accumulate ◊ **За рік банк накопи́чив значні́ готівко́ві ~и** In one year, the bank accumulated considerable cash assets. **заморо́жувати** freeze; **збі́льшувати** increase ◊ **Опера́ції збі́льшили лікві́дні ~и товари́ства.** The transactions have increased the society's liquid assets. **скоро́чувати** reduce); **позбува́тися ~ів** dispose of assets ◊ **Компа́нія позбула́ся америка́нських ~ів.** The company disposed of its US assets. **володі́ти ~ами** own assets (**кори́стува́тися** use, **розпоряджа́тися** manage) ◊ **Його́ ~ами розпоряджа́ється банк.** The bank manages his assets.
а. + *v.* **бі́льшати** increase ◊ **А. фі́рми рі́зко побі́льшали.** The firm's assets have sharply increased. **зроста́ти до** + *G.* grow to *(amount)* ◊ **Чи́сті ~и музе́ю зросли́ до ста мільйо́нів.** The museum's net assets have grown to a hundred million. ♦ **зроста́ти в ці́ні** to appreciate, **ко́штува́ти** + *A.* be worth sth ◊ **Її ~и ко́шту́ють мільйо́ни.** Her assets are worth millions. **оці́нюватися в** + *A.* be valued at *(amount)*; **знеці́нюватися** depreciate, **ме́ншати** decrease

активі́ст, *m.*; активі́стка, *f.*

activist, campaigner, advocate, champion
adj. **відо́мий** well-known; **вплив́о́вий** influential; **грі́зний** formidable; **ві́дданий** devoted, **затя́тий** die-hard, **незла́мний** indomitable, **переко́наний** convinced, **при́страсний** passionate; **молоди́й** young, **стари́й** old; **бува́лий** seasoned, **ви́пробуваний** tested, **досві́дчений** experienced; **непідку́пний** incorruptible, **спра́вжній** true; ◊ **а. ру́ху за права́ люди́ни** a human-rights activist
v. + **а. перетво́рювати на ~а** turn sb into an activist; **бу́ти ~ом** be an activist (**вважа́ти** + *A.* consider sb ◊ **Ле́ва вважа́ють ви́пробуваним ~ом па́ртії.** Lev is considered a tested campaigner for the Party. **лиша́тися** remain, **става́ти** become)
Also see **прибі́чник**

акти́вн|ий, *adj.*

1 active, dynamic, energetic
adv. **винятко́во** exceptionally, **вкрай** extremely, **до́сить** fairly ◊ **Чита́ння – це до́сить ~е заня́ття.** Reading is a fairly active pursuit. **доста́тньо** sufficiently, **ду́же** very, **на ди́во** surprisingly, **несподі́вано** unexpectedly, **позі́рно** seemingly, **похва́льно** commendably, **спра́вді** really, **цілко́м** completely; **відно́сно** relatively, **порі́вняно** comparatively; **на́дто** too, **надмі́ру** excessively
а. + *n.* **а. відпочи́нок** active leisure (**за́хист** protection, **о́пір** resistance; **словни́к** word stock, **уча́сник** participant); **~а пози́ція** an active stand ◊ **Вони́ зайняли́ ~у пози́цію в диску́сії.** They took an active stand in the discussion. (**ле́ксика**

vocabulary, **оборо́на** defense, **роль** role, **у́часть** participation); ♦ **а. торго́вий бала́нс** a favorable trade balance
v. + **а. бу́ти ~им** be active (**вважа́ти** + *A.* consider sb; **виявля́тися** turn out, **лиша́тися** remain ◊ **Зі́на лиша́ється політи́чно ~ою.** Zina remains politically active. **става́ти** become)
Also see **енергі́йний 1, жва́вий 1, рухли́вий.** *Ant.* **паси́вний 1**
2 *ling.* active ◊ **а. стан дієсло́ва** the active voice of the verb (**дієприкме́тник** participle); **~а констру́кція** an active construction (**фо́рма** form)
Ant. **паси́вний 2**

акти́вн|ість, *f.*, ~ости, *only sg.*
activity, bustle, movement; activeness *(state of being active)*
adj. **безпере́рвна** nonstop, **невпи́нна** relentless; **вели́ка** great, **висо́ка** high, **інтенси́вна** intense; **де́яка** certain; **ди́вна** strange, **підозрі́ла** suspicious; **зага́льна** general, **ма́сова** mass, **поши́рена** widespread; **значна́** significant, **помі́тна** noticeable; **неаби́яка** extraordinary, **неба́чена** unparalleled, **несподі́вана** unexpected, **нехаракте́рна** uncharacteristic, **особли́ва** particular; **типо́ва** typical; **відкри́та** open, **наха́бна** brazen, **неприхо́вана** unconcealed, **я́вна** obvious; **ви́борча** voter, **грома́дська** public, **політи́чна** political, **урядо́ва** government; **бі́ржева** stock exchange, **ділова́** business, **економі́чна** economic, **інвестиці́йна** investment, **комерці́йна** commercial, **промисло́ва** industrial, **спожи́вча** consumer, **фіна́нсова** financial; **дослі́дницька** research, **інтелектуа́льна** intellectual, **культу́рна** cultural, **науко́ва** scientific; **вулкані́чна** volcanic, **сейсмі́чна** seismic, **со́нячна** solar; **гормона́льна** hormonal, **розумо́ва** mental, **стате́ва** sexual, **фізи́чна** physical
n. + **а. ви́бух ~ости** burst of activity (**межа́** limit; **верши́на** height, **пік** peak; **рі́вень** level; **поча́ток** beginning, **кіне́ць** end; **збі́льшення** increase, **зроста́ння** growth ◊ **зроста́ння ділово́ї ~ости при кінці́ ро́ку** the growth of business activity toward the end of the year; **зме́ншення** decrease, **скоро́чення** reduction, **спад** decline)
v. + **а. виявля́ти а.** display activity ◊ **Студе́нти ви́явили висо́ку політи́чну а.** The students displayed high political activity. (**почина́ти** start, **збі́льшувати** increase, **поси́лювати** intensify, **зме́ншувати** diminish, **посла́блювати** weaken, **зупиня́ти** stop, **припиня́ти** put an end to) ◊ **Репре́сії припини́ли організаці́йну а. па́ртії.** The repressions put an end to the party's organizing activity. **заохо́чувати** + *A.* **до ~ости** encourage sb to be active; **вирізня́тися ~істю** stand out by one's activity
а. + *v.* **збі́льшуватися** increase, **зроста́ти** grow, **поси́люватися** intensify ◊ **Со́нячна а. поси́люється.** The solar activity is intensifying. **ме́ншати** diminish, **сла́бшати** weaken, **зупиня́тися** stop, **припиня́тися** cease; **почина́тися** start
prep. **а. в** + *L.* an activity in *(a field)* ◊ **а. в культу́рному житті́** activity in cultural life; **а. що́до** + *G.* activity concerning sb/sth
Also see **життя́ 2.** *Cf.* **дія́льність.** *Ant.* **паси́вність**

акто́р, *m.*, ~а; ~ка *or* актри́са, *f.*
actor
adj. **блиску́чий** brilliant, **видатни́й** outstanding, **надзвича́йний** extraordinary, **неаби́який** remarkable, **незрівня́нний** incomparable, **непереве́ршений** unsurpassed; **обдаро́ваний** gifted, **талановитий** talented, **чудо́вий** wonderful, **ви́тончений** refined, **тонки́й** subtle; **ви́знаний** recognized, **відо́мий** well-known, **зна́ний** renowned, **славе́тний** famous, **успі́шний** successful; **впра́вний** apt, **досві́дчений** experienced; **головни́й** principal, **провідни́й** leading; **оскароно́сний** Oscar-winning; ♦ **кінoакто́р** a movie actor ◊ **улю́блений кінoакто́р** a favorite movie actor; **професі́йний** professional, **серйо́зний** serious; **невідо́мий** unknown, **нови́й** new; **сцені́чний** stage, **театра́льний** theater, **телевізі́йний** TV; **драмати́чний** dramatic, **комі́чний** comic, **трагі́чний** tragic; **шекспі́рівський** Shakespearean; **класи́чний** classical; **жахли́вий** appalling, **ке́пський** shoddy, **недолу́гий** *and* **незда́лий** *colloq.* lousy, **пога́ний** bad, **таки́й собі́** so-so; **бі́дний** poor, **бідола́шний** wretched, **безробі́тний** unemployed, **голо́дний** hungry
а. + *n.* **а. кіна́** a film actor (**теа́тру** theater); **а. дру́гого пла́ну** a supporting actor
v. + **а. запро́шувати ~а на роль** invite an actor for a part (**вибира́ти** *or* **відбира́ти** cast ◊ **Режисе́р сам вибира́в** *or* **відбира́в усі́х головни́х ~ів.** The director single-handedly cast all the principal actors. **відкрива́ти** discover ◊ **Вона́ відкри́ла цього́ тонко́го ~а в яко́мусь провінці́йному теа́трі.** She discovered this subtle actor in some provincial theater. **знахо́дити** find, **найма́ти** hire, **поміча́ти** notice, **прослухо́вувати** audition ◊ **Режисе́р прослу́хав двох ~ів.** The director auditioned two actors. **шука́ти** look for); **дава́ти ~ові роль** + *G.* cast an actor as ◊ **У фі́льмі акто́рові дали́ роль Тара́са Бу́льби.** In the movie, the actor was cast as Taras Bulba.
а. + *v.* **гра́ти** play ◊ **Цей чудо́вий а. зігра́в кі́лька деся́тків ро́лей.** This wonderful actor has played several dozen parts. **виступа́ти** perform, **змальо́вувати** portray, **інтерпретува́ти** interpret ◊ **А. інтерпрету́є моноло́г до́сить нетрадиці́йно.** The actor interprets the soliloquy in a rather unconventional way. **про́бувати** *or* **тренува́ти** + *A.* rehearse sth ◊ **Акто́ри незаба́ром про́буватимуть дру́гий акт.** The actors will soon be rehearsing the second act.

актуа́льн|ий, *adj.*
1 topical
adv. **вкрай** extremely, **ду́же** very, **надзви́чайно** extraordinarily, **як ніко́ли pані́ше** like never before; **до́сить** fairly ◊ **Її́ стаття́ є до́сить ~ою.** Her article is fairly topical. **зо́всім не** not at all.
а. + *n.* **~а пробле́ма** a topical problem (**те́ма** subject); **~е пита́ння** a topical issue
2 pressing, urgent
adv. **абсолю́тно** absolutely, **го́стро** acutely ◊ **Змі́на підсо́ння ста́ла ~ою пробле́мою.** Climate change has become an urgent problem.
3 relevant, pertinent
adv. **особли́во** particularly ◊ **Тото́жність особли́во ~а для сього́днішньої мо́лоді.** Identity is particularly relevant for today's youth. **я́вно** clearly

акце́нт, *m.*, ~у
accent ◊ **Джейн гово́рить украї́нською ма́йже без ~у.** Jane speaks Ukrainian almost without an accent.
adj. **вира́зний** pronounced, **помі́тний** noticeable, **си́льний** strong; **легки́й** slight, **чарі́вний** charming; **жахли́вий** awful, **страшни́й** terrible; **чужи́й** alien, **чужозе́мний** foreign; **приє́мний** pleasant; **ди́вний** strange, **фальши́вий** phony, **чудерна́цький** bizarre
v. + **а. ма́ти а.** have an accent (**імітува́ти** imitate, **культивува́ти** cultivate, **мавпува́ти** ape ◊ **Він для смі́ху мавпу́є полта́вський а.** He apes a Poltava accent for laughs. **втрача́ти** lose; **локалізува́ти** place ◊ **Вона́ ма́ла си́льний а., яки́й Тара́с ні́як не міг локалізува́ти.** She had a strong accent, which Taras was at pains to place. **розпізнава́ти** identify); **набува́ти ~у** acquire an accent ◊ **Її́ англі́йська набула́ легко́го украї́нського ~у.** Her English acquired a slight Ukrainian accent. (**позбува́тися** get rid of ◊ **Гриць намага́вся позбу́тися чудерна́цького ~у.** Hryts tried to get rid of his bizarre accent. **соро́митися** be ashamed of); **розмовля́ти з ~ом** speak with an accent ◊ **Ле́ся розмовля́ла з ~ом.** Lesia spoke with an accent.
а. + *v.* **виявля́тися** come out ◊ **Марі́їн а. виявля́ється, коли́ вона́ хвилю́ється.** Maria's accent comes out when she gets excited. **зра́джувати** betray ◊ **Ло́ренс міг ви́дати себе́ за украї́нця, якби́ його́ не зра́джував а.** Lawrence could pass himself off for a Ukrainian if his accent did not betray him. **з'явля́тися** develop ◊ **У не́ї з'яви́вся а.** She developed an accent.
prep. **без ~у** without an accent; **з ~ом** with an accent

а́кці|я, *f.*, ~ї
1 *econ.* share, stock; *often pl.*
adj. **додатко́ва** additional, **звича́йна** ordinary, **привіле́йо́вана** preferred
n. + **а. ва́ртість ~ї** stock value (**і́ндекс** index; **знеці́нення** depreciation, **паді́ння** fall; **подоро́жчання** appreciation; **оці́нка** valuation, **ціна́** price; **ку́півля** purchase, **про́даж** sale, **пропози́ція** offer; **ри́нок** market); **по́пит на ~ї** demand for shares; **торгі́вля ~ями** shares trading ◊ **Оптимісти́чний прогно́з дав нови́й по́штовх торгі́влі ~ями.** The optimistic prognosis gave a new impetus to shares trading.
v. + **а. купува́ти ~ї** buy stocks (**діставáти** get, **отри́мувати** receive; **ма́ти** have, **придба́ти** *pf.* acquire, **продава́ти** sell, **успадко́вувати** inherit; **випуска́ти** issue ◊ **Компа́нія ви́пустила додатко́ві ~ї.** The company issued additional shares. **інвестува́ти в** invest in) ◊ **Ода́рченко заінвестува́в усі́ свої́ гро́ші в ~ї зеле́ної енерге́тики.** Odarchenko invested all his money into green energy stocks. **позбува́тися ~й** to get rid of stocks ◊ **Банк не зміг позбу́тися токси́чних ~й.** The bank failed to get rid of the toxic stocks. **володі́ти ~ями** to own stocks (**заволоді́ва́ти** take possession of, **торгува́ти** trade in) ◊ **Бро́кер торгу́є рі́жними ~ями.** The broker trades in various stocks.
а. + *v.* **продава́ти за** + *A.* trade at *(price)* ◊ **~ї компа́нії продаю́ть за три́ста гри́вень шту́ка.** *impers.* The company's shares trade at ₴300 apiece. **зроста́ти** appreciate, **йти вго́ру** go up; **знеці́нюватися** depreciate, **па́дати** fall ◊ **~ї на́фтових компа́ній рі́зко впа́ли.** The oil companies' stocks abruptly fell. **па́дати в ці́ні** diminish in value
2 *book.* action, steps, measures, *often pl.*
а. + *n.* **а. запобіга́ння** a preventive action (**проте́сту** protest, **проти́дії** counter, **соліда́рности** solidarity)
v. + **а. організо́вувати ~ю** organize an action (**прово́дити** carry out) ◊ **Профспі́лки прово́дять ~ї проте́сту про́ти урядо́вої полі́тики еконо́мії.** The trade unions are carrying out protest actions against the government's austerity policies.
Also see **дія 2, за́хід[1] 2**
3 sale, promotion, promotion sale
v. + **а. прово́дити ~ю** run a promotion sale
prep. **на ~ї** at a sale ◊ **Миха́йло купи́в фотоапара́т на різдвя́ній ~ї.** Mykhailo bought the camera at a Christmas sale.
See **розпро́даж**

але́, *conj.*
but, however, yet ◊ **Я мо́жу лиши́тися, а. не хо́чу.** I can stay but I don't want to. ◊ **Це ну́дно, а. ко́рисно для здоро́в'я.** It's boring but it is good for your health.
Also see **та 2, одна́к, проте́**

алергі́|я, *f.*, ~ї
allergy
adj. **го́стра** severe, **несподі́вана** unexpected, **серйо́зна** serious, **си́льна** bad, **смерте́льна** life-threatening; **легка́** mild, **невели́ка** minor

n. + **а. на́пад ~ї** an allergy attack (**пора́** season, **симпто́м** symptom; **ін'є́кція від** shot, **лі́ки від** medicine) ◊ **Мо́тря зверну́лася до лі́каря по лі́ки від ~ї.** Motria turned to her doctor for an allergy medicine. **обсте́ження на ~ю** an allergy examination ◊ **Йому́ тре́ба пройти́ обсте́ження на ~ю.** He needs to undergo an allergy examination.

v. + **а. виклика́ти ~ю** cause an allergy (**діягностува́ти** diagnose, **лікува́ти** treat, **поле́гшувати** alleviate; **загострювати** aggravate, **провокува́ти** trigger) ◊ **Тя́жко сказа́ти, що спровокува́ло в діте́й ~ю.** It is difficult to say what triggered the allergy in the children. **ма́ти ~ю на** + *A.* be allergic to sth ◊ **Є́вга ма́є ~ю на бджоли́ну отру́ту.** Yivha has an allergy to bee venom. **позбу́ватися ~ї** get rid of an allergy (**потерпа́ти від** suffer from) ◊ **Щове́сни він потерпа́є від а. на пило́к.** Every spring, he suffers from a pollen allergy. **запобіга́ти ~ї** prevent an allergy ◊ **Ін'є́кція запобіга́є ~ї на пеніцилі́н.** The injection prevents a penicillin allergy.

prep. **а. на** + *A* an allergy to sth ◊ **а. на во́вну** a wool allergy (**горі́хи** nut, **ї́жу** food, **молоко́** milk, **пеніцилі́н** penicillin, **пило́к** pollen, **пі́р'я** feather ◊ **У ньо́го го́стра а. на пі́р'я.** He has a severe feather allergy. **сі́но** hay)

See **хворо́ба**

алкого́лік, *m.*; алкоголі́чка, *f.*

alcoholic ◊ **Анон́імні ~и** Alcoholics Anonymous

adj. **безнаді́йний** hopeless, **жахли́вий** horrible, **шале́ний** raging; **звича́йний** regular; **спадко́вий** hereditary, **хроні́чний** chronic; **коли́шній** former

v. + **а. лікува́ти ~а** treat an alcoholic ◊ **За́клад лі́кує хроні́чних ~ів.** The establishment treats chronic alcoholics. **бу́ти ~ом** be an alcoholic (**виявля́тися** turn out, **лиша́тися** remain, **роби́ти** + *A.* make sb, **става́ти** become) ◊ **Він реа́льно міг ста́ти ~ом.** He could realistically become an alcoholic.

а. + *v.* **виліко́вуватися** recover, **лікува́тися від** + *G.* be treated for sth ◊ **А. рік лікува́вся й наре́шті ви́лікувався від неду́ги.** The alcoholic was treated for a year and finally recovered from his disease.

Cf. **пия́к**

алкого́л|ь, *m.*, **~ю**, *only sg.*

alcohol, liquor; *coll.* alcoholic drinks

adj. **розве́дений** diluted, **чи́стий** pure ◊ **Авті́вка працю́є на чи́стому ~і.** The car runs on pure alcohol. **концентро́ваний** concentrated, **міцни́й** strong

n. + **а. відсо́ток** *or* **проце́нт ~ю** percentage of alcohol (**кра́пля** drop, **рі́вень** level; **грами́нка** *colloq.* touch, **ка́почка** *colloq.* nip ◊ **Він ча́сом додава́в до ка́ви ка́почку ~ю.** Sometimes he would add a nip of alcohol to his coffee. **тро́хи** *or* **трі́шки** a little); **вжива́ння ~ю** alcohol use (**про́даж** sales, **спожива́ння** consumption ◊ **Спожива́ння ~ю се́ред мо́лоді зроста́є.** Alcohol consumption among youth is on the rise. **вміст** content ◊ **Пи́во ви́явилося з низьки́м умі́стом ~ю.** The beer proved to have low alcohol content. **заборо́на** prohibition, **леґаліза́ція** legalization); **зале́жність від ~ю** alcohol addiction; **зловжива́ння ~ем** alcohol abuse

v. + **а. пи́ти а.** drink alcohol (**спожива́ти** consume, **вжива́ти** use, **подава́ти** + *D.* serve sb, **пропонува́ти** + *D.* offer sb; **забороня́ти** ban) ◊ **У цій краї́ні давно́ заборони́ли а.** Alcohol was long ago banned in this country. **уника́ти ~ю** avoid alcohol (**трима́тися якнайда́лі від** stay away from) ◊ **Про́тягом ро́ку О́льга трима́лася якнайда́лі від ~ю.** For a year, Olha stayed away from alcohol. **зловжива́ти ~ем** abuse alcohol ◊ **Ніхто́ не підо́зрює, що пан Т. зловжива́є ~ем.** Nobody suspects Mr. T. abuses alcohol.

алкого́льн|ий, *adj.*

alcoholic, ◊ **а. напі́й** an alcoholic drink; ♦ **у ста́ні ~ого сп'я́ніння** under the influence of alcohol ◊ **Він за кермо́м у ста́ні ~ого сп'я́ніння.** He is behind the wheel while under the influence of alcohol.

алма́з, *m.*, **~у** *and* **~а**

1 ~у *chem.* diamond *(mineral)*

adj. **бездога́нний** flawless, **доскона́лий** perfect; **спра́вжній** real; **фальши́вий** fake; **промисло́вий** industrial, **синтети́чний** synthetic, **штучни́й** artificial

v. + **а. використо́вувати а.** use a diamond (**виробля́ти** manufacture, **синтезува́ти** synthesize); **користува́тися ~ом** make use of a diamond

Cf. **діяма́нт**

2 ~а glazier's diamond ◊ **Таке́ скло ле́гко рі́зати ~ом.** Such glass is easy to cut with a glazier's diamond.

альбо́м, *m.*, **~у**

1 album; scrapbook; collection

adj. **весі́льний** wedding, **випускни́й** graduation, **сіме́йний** *or* **роди́нний** family ◊ **У роди́нному ~і бракува́ло кілько́х світли́н.** Several photographs were missing from the family album. ◊ **шкі́льний а.** a yearbook

v. + **а. заво́дити а.** start an album ◊ **Він заві́в а. зі світли́нами дру́зів.** He started an album with pictures of his friends. (**попо́внювати** + *I.* add sth to) ◊ **Пі́сля ко́жних уроди́н він попо́внював роди́нний а. нови́ми фо́тами.** After each birthday, he would add new pictures to the family album.

prep. **в а.** *dir.* in/to an album ◊ **Він покла́в листа́ в а.** He put the letter into the album. **в ~і** *posn.* in an album; **до ~у** into an album ◊ **О́ля захова́ла запи́ску до ~у.** Olia tucked the note into her album. **а. з** + *I.* album with sth ◊ **гру́бий а. із газе́тними ви́різками** a thick scrapbook with newspaper clippings

See **кни́жка**

2 album *(recording)*, record, CD

adj. **музи́чний** music; **дебю́тний** debut, **пе́рший** first, **насту́пний** next, **найнові́ший** latest, **нови́й** new, **оста́нній** last; **рі́дкісний** rare, **стари́й** old; **конце́ртний** live, **студі́йний** studio; **со́льний** solo; **подві́йний** double ◊ **Він знав слова́ ці́лого подві́йного ~у.** He knew the lyrics to the entire double album. **надзвича́йний** extraordinary, **чудо́вий** superb; **популя́рний** popular, **улю́блений** favorite; **успі́шний** successful

n. + **а. ви́хід ~у** an album release (**despite доріжка** track, **обкла́динка** cover)

v. + **а. видава́ти а.** put out an album ◊ **Гурт ви́дасть дебю́тний а. за** *or* **че́рез мі́сяць.** The group will put out its debut album in a month. (**випуска́ти** release, **запи́сувати** record, **продюсува́ти** produce ◊ **Ірина продюсува́ла до́брий деся́ток популя́рних ~ів.** Iryna has produced a good dozen popular albums. **роби́ти** make; **заванта́жувати з** + *G.* download from sth, **стя́гувати з** + *G. colloq.* download from sth ◊ **Його́ а. мо́жна стягну́ти з мере́жі.** One can download his album from the web.

а. + *v.* **вихо́дити** come out ◊ **Нови́й а. піяні́ста ма́є от-о́т ви́йти.** The pianist's new album is about to come out. **з'явля́тися** appear, **продава́тися** sell ◊ **Конце́ртний а. продає́ться кра́ще, як студі́йний.** The live album sells better than the studio one.

альтернати́в|а, *f.*

alternative, option, choice

adj. **га́рна** nice, **до́бра** *and* **хоро́ша** good, **прива́блива** attractive, **ціка́ва** interesting; **ймові́рна** credible ◊ **Реструктуриза́ція бо́ргу вигляда́ла ймові́рною ~ою банкру́тству.** Restructuring the debt looked like a credible alternative to bankrupcy. **можли́ва** viable, **підходя́ща** suitable, **практи́чна** practical, **прийня́тна** acceptable, **реа́льна** real, **реалісти́чна** realistic, **резо́нна** reasonable, **серйо́зна** serious, **спра́вжня** genuine; **безпе́чна** safe, **здоро́ва** healthy; **деше́ва** cheap; **тимчасо́ва** temporary; **ке́пська** poor, **пога́на** bad, **пози́рна** seeming, **фальши́ва** phony; **єди́на** the only, **ная́вна** available, **тепе́рішня** current

v. + **а. дава́ти** + *D.* **~у** give sb an alternative ◊ **Полі́ція дала́ грабі́жникам єди́ну ~у – зда́тися.** The police have given the robbers the only alternative–to surrender. (**ма́ти** have, **пропонува́ти** + *D.* offer sb, **знахо́дити** find, **шука́ти** look for; **вивча́ти** explore, **обгово́рювати** discuss, **розгляда́ти** consider, **прийма́ти** accept, **відкида́ти** reject) ◊ **Студе́нти відки́нули ~у як фальши́ву.** The students rejected the alternative as phony.

а. + *v.* **бу́ти ная́вною** be available ◊ **Тут ная́вні дві ~и: одна́ – можли́ва, і́нша – пози́рна.** Here, two alternatives are available: one viable, the other specious. **існува́ти** exist, **лиша́тися** remain; **зника́ти** vanish ◊ **Зі змі́ною пого́ди в мандрі́вникі́в одна́ за одно́ю зни́кли всі до́брі альтернати́ви.** With the change in weather, the travelers saw all their good alternatives vanish one after the other.

prep. **а.** + *D.* an alternative to sth ◊ **перегово́ри як а. вое́нному конфлі́ктові** negotiations as an alternative to a military conflict

ама́тор, *m.*, **~а**; **~ка**, *f.*

1 amateur *(as opposed to a professional)*

adj. **звича́йний** common ◊ **У бо́ксі Павло́ – звича́йний а.** Pavlo is a common amateur in boxing. **скро́мний** humble; **впра́вний** apt, **обдаро́ваний** gifted, **талановитий** talented

v. + **а. бу́ти ~ом** be an amateur (**вважа́ти** + *A.* consider sb, **лиша́тися** remain ◊ **У фотогра́фії Лев так і лиша́ється обдаро́ваним ~ом.** In photography, Lev still remains a gifted amateur. **става́ти** become)

Also see **люби́тель 2.** *Ant.* **професіона́л, спеціялі́ст, фахіве́ць**

2 lover *(of sth)*, devotee, admirer, fan + *G. or inf.*

adj. **вели́кий** great, **ві́дданий** devoted, **затя́тий** steadfast, **невипра́вний** incorrigible, **неперевéршений** unsurpassed, **пристра́сний** passionate, **спра́вжній** true; **ви́тончений** refined, **розбі́рливий** discriminating, **то́нкий** astute

v. + **а. перетво́рювати** + *A.* **на ~а** turn sb into an amateur ◊ **Флоре́нція перетвори́ла Василя́ на ~а всьо́го італі́йського.** Florence has turned Vasyl into a lover of all things Italian. **бу́ти ~ом** be a devotee ◊ **І́гор – а. архітекту́рного бруталі́зму.** Ihor is a lover of architectural brutalism. (**роби́ти** make sb)

See **знаве́ць, люби́тель 1**

3 dabbler, layman, dilettante

adj. **безнаді́йний** hopeless, **невипра́вний** incorrigible; **жалюгі́дний** pathetic, **жахли́вий** dreadful, **страшни́й** terrible; **цілкови́тий** complete, **я́вний** obvious

v. + **а. бу́ти ~ом** be a dabbler (**вважа́ти** + *A.* consider sb, **виявля́тися** turn out ◊ **Як керівни́к, Самі́йленко ви́явився страшни́м ~ом.** As an administrator, Samiilenko proved a terrible dilettante. **лиша́тися** remain)

Ant. **професіона́л, спеціялі́ст, фахіве́ць**

ама́торськ|ий, *adj.*

1 amateur, non-professional ◊ **Вони́ гра́ють в ~ому теа́трі.** They act in an amateur theater.

See **люби́тельський 1.** *Ant.* **професі́йний 3**

2 inept, amateurish, unskillful

adv. **безнаді́йно** hopelessly, **невипра́вно** incorrigibly; **жалюгі́дно** pathetically, **жахли́во** dreadfully, **страше́нно** terribly; **цілкови́то** completely, **я́вно** obviously

v. + **а. бу́ти ~им** be amateurish (**вважа́ти** + *A.* consider sb/sth, **виявля́тися** turn out, **лиша́тися** remain; **назива́ти** + *A.* call sth ◊ **Кри́тик назва́в поста́ву ~ою.** The critic called the production amateurish. **оголо́шувати** + *A.* announce sth)
Also see **люби́тельський 2**

амбаса́д|а, *f.*
embassy
adj. **закордо́нна** *or* **чужозе́мна** foreign, **і́нша** other; **америка́нська** American, **кана́дська** Canadian, **украї́нська** Ukrainian, **по́льська** Polish, *etc.*
v. + **а. відкрива́ти ~у** open an embassy ◊ **По́льща відкри́ла ~у в Ки́єві.** Poland opened its embassy in Kyiv. (**закрива́ти** close, **напада́ти на** assail, **атакува́ти** attack, **бомби́ти** bomb, **підпа́лювати** set fire to, **штурмува́ти** storm; **охороня́ти** guard, **захища́ти** protect); **зверта́тися до ~и** turn to an embassy (**проника́ти до** get into)
n. + **а. буди́нок ~и** an embassy building (**автомо́біль** car, **персона́л** personnel, **представни́к** representative, **ре́чник** spokesman, **ре́чниця** spokeswoman, **секрета́р** secretary)
prep. **в ~і** in/at an embassy ◊ **поже́жа в росі́йській ~і** a fire in the Russian Embassy; **пе́ред ~ою** in front of an embassy ◊ **че́рга пе́ред австрі́йською ~ою** a line in front of the Austrian Embassy
Also see **мі́сія 3**

амбасадо́р, *m.*, **~а; ~ка**, *f.*
ambassador
adj. **надзвича́йний і повнова́жний** extraordinary and plenipotentiary; **неофіці́йний** unofficial, **поче́сний** honorary, **спеція́льний** special; **коли́шній** former, **тепе́рішній** current, **нови́й** new, **новопризна́чений** newly-appointed; **грузи́нський** Georgian, **че́ський** Czech, **украї́нський** Ukrainian, *etc.*
v. + **а. посила́ти ~а** send an ambassador (**відклика́ти** recall ◊ **Уряд відкли́кав ~а в Єги́пті для консульта́цій.** The government recalled its ambassador to Egypt for consultations. **висила́ти з** + *G.* expel from); **виступа́ти ~ом** act as an ambassador (**служи́ти** serve as, **признача́ти** + *A.* appoint sb ◊ **Па́на Кисли́цю призна́чили ~ом Украї́ни до Організа́ції Об'є́днаних На́цій.** Mr. Kyslytsia was appointed Ukraine's Ambassador to the United Nations.
prep. **а. в** + *L.* an ambassador in *(a country, etc.)*; **а. до** + *G.* an ambassador to *(a country, etc.)*
N. pl. **~и**
See **диплома́т**

амбі́тн|ий, *adj.*
ambitious
adv. **до́сить** fairly, **доста́тньо** sufficiently, **ду́же** very ◊ **Він мав ду́же ~і пла́ни.** He had very ambitious plans. **винятко́во** exceptionally, **надзвича́йно** extremely, **напро́чуд** amazingly; **на́дто** too, **надмі́ру** beyond measure; **божеві́льно** crazily, **жахли́во** horribly, **страше́нно** terribly, **шале́но** fiercely; **тро́хи** a little, **зо́всім не** not at all; **політи́чно** politically, **соція́льно** socially
v. + **а. бу́ти ~им** be ambitious (**здава́тися** + *D.* seem to sb, **вигляда́ти** look, **виявля́тися** turn out ◊ **Ти́хий І́гор ви́явився надзвича́йно ~им студе́нтом.** Quiet Ihor turned out to be an extremely ambitious student. **звуча́ти** sound, **лиша́тися** remain, **става́ти** become)

амбі́ці|я, *f.*, **~ї**
ambition
adj. **вели́ка** great, **величе́зна** enormous, **го́ла** naked, **нестри́мна** irrepressible, **си́льна** strong, **шале́на** fierce; **здоро́ва** healthy, **надиха́юча** inspiring; **нездоро́ва** *and* **хво́ра** unhealthy, **руйні́вна** destructive; **особи́ста** personal
v. + **а. ма́ти ~ю** have an ambition ◊ **Він має ~ю ста́ти дире́ктором фі́рми.** His ambition is to become the director of the firm. **бракува́ти** + *D.* **~ї** lack ambition ◊ **Оле́ксі не бракува́ло здоро́вої ~ї.** Oleksa did not lack a healthy ambition. **керува́тися ~єю** be driven by ambition ◊ **Не́ля керу́ється го́лою ~єю.** Nelia is driven by naked ambition.
See **почуття́**

амора́льн|ий, *adj.*
immoral
adv. **вкрай** extremely, **геть** totally, **глибо́ко** deeply, **ду́же** very, **жахли́во** horribly, **страше́нно** terribly, **цілко́м** completely ◊ **цілко́м а. вчи́нок** a completely immoral deed; **до́сить** rather; **без су́мніву** without a doubt, **однозна́чно** unambiguously, **я́вно** clearly
v. + **а. таврува́ти** + *A.* **як** + *A.* brand sb/sth as immoral ◊ **Економі́ст затаврува́в полі́тику ба́нків як глибо́ко ~у.** The economist branded the banks' policies as deeply immoral. **бу́ти ~им** be immoral (**вважа́ти** + *A.* consider sb/sth ◊ **Це́рква вважа́є секс до шлю́бу ~им.** The church considers premarital sex immoral. **вигляда́ти** look; **виявля́тися** turn out; **здава́тися** + *D.* seem to sb ◊ **Уся́ ця істо́рія здава́лася Ма́рті ~ою.** The entire story seemed immoral to Marta. **лиша́тися** remain, **става́ти** become; **назива́ти** + *A.* call sb/sth, **оголо́шувати** + *A.* declare sb/sth) ◊ **Консерва́тори оголоси́ли ~ими експериме́нти зі стовбу́ровими клі́тинами.** The conservatives declared experiments with stem cells immoral.
Ant. **че́сний 5**

ана́ліз, *m.*, **~у**
1 analysis
adj. **всеохо́пний** comprehensive, **зага́льний** overall, **по́вний** complete; **глибо́кий** in-depth, **дета́льний** *or* **докла́дний** detailed, **рете́льний** thorough, **серйо́зний** serious, **скрупульо́зний** scrupulous, **системати́чний** systematic, **ува́жний** careful; **коро́ткий** brief, **непо́вний** incomplete, **пе́рвісний** initial, **поверхо́вий** superficial, **частко́вий** partial; **крити́чний** critical, **об'єкти́вний** objective ◊ **Москале́нко незда́тний на об'єкти́вний а. стано́вища.** Moskalenko is incapable of an objective analysis of the situation. **непра́вильний** incorrect, **хи́бний** flawed; **порівня́льний** *or* **зіставни́й** comparative; **методологі́чний** methodological, **статисти́чний** statistical, **теорети́чний** theoretical; **кі́лькісний** quantitative, **я́кісний** qualitative; **граммати́чний** grammatical, **мо́вний** linguistic, **морфологі́чний** morphological, **те́кстовий** textual, **фонологі́чний** phonological, *etc.*; **економі́чний** economic, **істори́чний** historical, **літерату́рний** literary, **структу́рний** structural, **фіна́нсовий** financial, **юриди́чний** legal; **молекуля́рний** molecular, **спектра́льний** spectral, **хемі́чний** chemical
v. + **а. вико́нувати а.** carry out an analysis ◊ **Вони́ ви́конали зага́льний а. да́них.** They carried out an overall analysis of the data. (**застосо́вувати до** + *G.* apply to sth, **здійснювати** perform, **прово́дити** *and* **прова́дити** conduct, **роби́ти** do ◊ **Річ не в тім, як зроби́ти а., а в тім, як застосува́ти його́.** The trick is not how to do the analysis but rather how to apply it. **врахо́вувати** take into account ◊ **Він не міг не врахо́вувати лекси́чний а. лі́топису.** He could not but take into account the lexical analysis of the chronicle. **надава́ти** + *D.* furnish to sb, **пропонува́ти** + *D.* offer sb, **чита́ти** read; **відкида́ти** reject ◊ **Мі́ністр оборо́ни несподі́вано відки́нув кі́лькісний а. заку́півель збро́ї як поверхо́вий.** The defense minister suddenly rejected the quantitative analysis of arms procurements as superficial. **спира́тися на** rely on)
а. + *v.* **виявля́ти** + *A.* reveal sth ◊ **Хемі́чний а. ви́явив отру́ту в ка́ві поме́рлої.** The chemical analysis revealed poison in the deceased woman's coffee. **дово́дити** + *A.* prove sth, **засві́дчувати** + *A.* indicate sth, **підтве́рджувати** + *A.* confirm sth; **демонструва́ти** + *A.* demonstrate sth, **пока́зувати** + *A.* show sth ◊ **А. показа́в наявні́сть незна́ної ма́си в цій діля́нці ко́смосу.** The analysis showed the presence of an unknown mass in this region of space.
Also see **аналі́тика**
2 *med.* test
а. + *n.* **а. кро́ви** a blood test (**ка́лу** stool, **се́чі** urine, **сли́ни** saliva, *etc.*) ◊ **Хво́рому тре́ба зроби́ти а. кро́ви.** The patient needs to get a blood test.

аналізу|ва́ти, **~ють; про~**, *tran.*
to analyze; parse
adv. **всеохо́пно** comprehensively, **дета́льно** *or* **докла́дно** in detail, **загало́м** in general, **по́вністю** *or* **цілко́м** completely; **глибо́ко** in depth, **педанти́чно** pedantically, **приски́пливо** meticulously, **рете́льно** thoroughly ◊ **Його́ слова́ рете́льно ~ва́тимуть.** His words will be thoroughly parsed. **серйо́зно** seriously, **скрупульо́зно** scrupulously, **системати́чно** systematically, **ува́жно** carefully; **ко́ротко** briefly, **непо́вно** incompletely, **поверхо́во** superficially, **частко́во** partially; **крити́чно** critically, **об'єкти́вно** objectively
v. + **а. намага́тися** try to ◊ **Він намага́вся докла́дно про~ докуме́нт.** He tried to analyze the document in detail. **про́бувати** attempt to, **вдава́тися** manage to ◊ **Їм удало́ся рете́льно про~ ма́су метада́них.** They managed to analyze a mass of metadata. **почина́ти** begin, **продо́вжувати** continue, **закі́нчувати** finish
pa. pple. **проаналізо́ваний** analyzed
(**про**)**аналізу́й!**
See **ду́мати 1.** *Also see* **жува́ти 3, зва́жувати 2, оці́нювати**

аналі́тик, *m.*; **аналі́тичка**, *f.*
analyst ◊ **Він працю́є ~ом Слу́жби безпе́ки Украї́ни.** He works as a Ukrainian Security Service analyst.
adj. **авторите́тний** authoritative, **відо́мий** well-known, **вплико́вий** influential, **головни́й** principal, **провідни́й** leading, **ста́рший** senior; **блиску́чий** brilliant, **неаби́який** remarkable, **неперевéршений** unsurpassed, **прекра́сний** great, **прони́кливий** insightful ◊ **Лише́ прони́кливий а. міг ви́тлумачити результа́ти.** Only an insightful analyst could interpret the results. **тонки́й** astute ◊ **Він – тонки́й а.** He is an astute analyst. **чудо́вий** superb; **комп'ю́терний** computer; **бізнесо́вий** business, **ри́нковий** market, **фіна́нсовий** financial; **військо́вий** military, **політи́чний** political, **юриди́чний** legal
а. + *n.* **а. да́них** a data analyst (**розві́дувальної інформа́ції** intelligence, **систе́м** systems, **пита́нь безпе́ки** security, **полі́ції** police, **слу́жби безпе́ки** security service ◊ **Пан Кузьму́к працюва́в ~ом слу́жби безпе́ки.** Mr. Kuzmuk worked as a security service analyst. **у́ряду** government
See **експе́рт, спеціялі́ст**

аналі́ти|ка, *f.*, *only sg.*
1 analytics, analytical research, analytical study, analysis
adj. **бізнесо́ва** business, **ри́нкова** market, **фіна́нсова** financial; **військо́ва** military, **демографі́чна** demographic, **економі́чна** economic, **соціологі́чна** sociological, **соція́льна** social, **політи́чна** political; **блиску́ча** brilliant ◊ **Дослі́дницький центр відо́мий блиску́чою ~ою.** The research center is known for its brilliant analytics. **глибо́ка** in-depth, **доскона́ла** perfect, **чудо́ва** superb, **я́кісна** high-quality; **докла́дна**

detailed, **скрупульо́зна** scrupulous, **солі́дна** impressive; **ціка́ва** interesting; **незале́жна** independent, **неупере́джена** unbiased, **об'єкти́вна** objective; **недба́ла** careless, **поверхо́ва** superficial; **зада́внена** outdated, **застарі́ла** obsolete; **непра́вильна** wrong, **ома́нлива** misleading, **хи́бна** faulty

v. + **а. дава́ти** + *D.* **~ку** give sb an analysis (**включа́ти** include, **ма́ти** have, **місти́ти** contain; **пропонува́ти** + *D.* offer sb ◊ **Статтю́ пропону́є фахівця́м ціка́ву політи́чну ~ку.** The article offers specialists interesting political analytics. **чита́ти** read, **бра́ти до ува́ги** take into account; **спира́тися на** rely on) ◊ **Авторі́ спира́ються на зада́внену економі́чну ~ку.** The authors rely on an outdated economic analytics. **послуго́вуватися** *or* **послугува́тися ~кою** make use of analytics

See **ана́ліз**

2 *colloq.* analytic geometry ◊ **і́спит з ~ки** an analytic geometry exam

See **предме́т**

L. **в ~ці**

аналіти́чн|ий, *adj.*

1 analytic(al), based on analysis ◊ **а. ме́тод** an analytic(al) method

2 penetrating *(of mind, etc.)*, sharp, perceptive; capable of analyzing

adv. **гли́бо́ко** deeply, **до́сить** fairly, **доста́тньо** sufficiently, **ду́же** very, **надзвича́йно** extremely ◊ **Вона́ ма́є надзвича́йно ~е ми́слення.** She has an extremely analytical way of thinking. **винятко́во** exceptionally

v. + **а. бу́ти ~им** be penetrating (**виявля́тися** turn out, **лиша́тися** remain ◊ **На́віть у вісімдеся́т пан Садови́й лиша́вся таки́м же ~им мисли́телем, яки́м Мари́на його́ за́вжди́ зна́ла.** Even at eighty, Mr. Sadovy remained as sharp a thinker as Maryna had always known him to be. **става́ти** become)

See **проникли́вий 1**

3 *ling.* analytical ◊ **~а фо́рма** an analytical form; ◊ **Украї́нський прикме́тник ма́є як ~у, так і синтети́чну фо́рму сту́пеня порівня́ння.** The Ukrainian adjective has both analytical and synthetic forms of the comparative.

Ant. **синтети́чний**

анало́гі|я, *f.*, **~ї**

analogy, parallel, similarity, correspondence, likeness

adj. **близька́** close, **відпові́дна** proper, **власти́ва** suitable, **га́рна** nice, **до́бра** good, **доре́чна** apt, **доскона́ла** perfect, **ко́рисна** useful, **про́ста́** simple, **я́вна** obvious; **ефе́ктна** eye-catching, **переко́нлива** convincing, **разю́ча** impressive, striking; **закономі́рна** *or* **логі́чна** logical, **очеви́дна** obvious; **ке́пська** poor, **пога́на** bad; **ома́нлива** misleading, **сумні́вна** questionable; **фальши́ва** fake; **несподі́вана** unexpected; **істори́чна** historical ◊ **В ана́лізі є кі́лька ома́нливих істори́чних ~й.** There are several misleading historical analogies in the analysis. **літерату́рна** literary, **музи́чна** musical, **хемі́чна** chemical

v. + **а. прово́дити ~ю** draw an analogy ◊ **Вчи́тель прові́в ~ю між люди́ною і ма́впою.** The teacher drew an analogy between humans and monkeys. (**ба́чити** see, **вбача́ти** *form.* see ◊ **Я не ба́чу** *or* **вбача́ю ~ї між ци́ми двома́ я́вищами.** I see no similarity between these two phenomena. **пропонува́ти** + *D.* offer sb, **роби́ти** make, **використо́вувати** make use of) ◊ **Ма́рків використо́вує ~ї, запози́чені із гре́цьких мі́тів.** Markiv makes use of analogies taken from Greek myths.

а. + *v.* **вража́ти** + *A.* impress sb; **пасува́ти** fit ◊ **Літерату́рна а. тут ле́две пасу́є.** The literary analogy hardly fits here. **підхо́дити до** + *G.* suit sth; **переко́нувати** + *A.* convince sb ◊ **Зазвича́й ефе́ктні ~ї виклика́ють у ньо́го су́мніви та недові́ру.** As a rule, eye-catching analogies provoke his doubts and distrust.

prep. **за ~єю з** + *I.* by analogy to/with sth ◊ **Сюже́т побудо́вано за ~єю з п'єсою Кулі́ша.** The plotline is constructed by analogy with the play by Kulish. **а. (до)** + *G.* an analogy for sth ◊ **Студе́нти ма́ли завда́ння знайти́ ~ю до літерату́рного геро́я в мітоло́гії.** The students had the assignment of finding an analogy for the literary character in mythology. **а. з** + *I.* an analogy to/with sb/sth, **а. між** + *I.* an analogy between sb/sth

Also see **пара́ле́ль 2, сино́нім 2**

ана́рхі|я, *f.*, **~ї**, *only sg.*

anarchy, *fig.* chaos

adj. **все бі́льша** ever-growing, **деда́лі бі́льша** ever-increasing; **всеохо́пна** all-encompassing, **зага́льна** general, **по́вна** utter, **тота́льна** total, **цілкови́та** complete; **небезпе́чна** dangerous; **неуни́кна** inevitable; **факти́чна** virtual; **економі́чна** economic, **мора́льна** moral, **політи́чна** political, **ри́нкова** market, **суспі́льна** social; **вну́трішня** internal, **міжнаро́дна** international

v. + **а. поро́джувати ~ю** cause anarchy ◊ **Без регуля́ції ри́нок поро́джував економі́чну ~ю.** Without regulation, the market caused economic anarchy. (**погли́блювати** exacerbate ◊ **Інфля́ція лише́ погли́блювала зага́льну суспі́льну ~ю.** Inflation was only exacerbating the general social anarchy. **поши́рювати** spread, **ство́рювати** create); **уника́ти ~ї** avoid anarchy (**призво́дити до** lead to, **спричиня́тися до** cause, **сповза́ти до** slide into; **рятува́ти** + *A.* **від** save sb/sth from); **запобіга́ти ~ї** prevent anarchy (**протиді́яти** counteract) ◊ **Уря́д незда́тний протиді́яти ~ї.** The government is incapable of countering anarchy.

а. + *v.* **вража́ти** + *A.* affect sth, **охо́плювати** + *A.* sweep over sth, **поглина́ти** + *A.* engulf sth ◊ **Краї́ну погли́нула політи́чна а.** Political anarchy engulfed the country. **панува́ти на** + *L.* reign in sth ◊ **На фо́ндовому ри́нку панува́ла а.** Anarchy reigned in the stock market. **погі́ршуватися** worsen, **погли́блюватися** deteriorate; **поши́рюватися** spread

Also see **безла́ддя, хао́с.** *Ant.* **лад 1, поря́док 1**

анато́мі|я, *f.*, **~ї**, *only sg.*

1 anatomy *(discipline)* ◊ **Ка́тря готу́ється до і́спиту з ~ї.** Katria is studying for her examination in anatomy.

adj. **кліні́чна** clinical, **порівня́льна** comparative ◊ **Профе́сор виклада́тиме їм порівня́льну ~ю.** The professor will teach them comparative anatomy. **топографі́чна** topographic, **хірургі́чна** surgical; **лю́дська́** human, **твари́нна** animal; **дитя́ча** child, **жіно́ча** female, **чолові́ча** male; ♦ **патологі́чна а.** anatomic pathology

а + *n.* **а. дити́ни** child anatomy (**жі́нки** female, **люди́ни** human, **чолові́ка** male; **твари́ни** animal; **голови́** head, **ступні́** foot, *etc.*)

v. + **а. вивча́ти ~ю** study anatomy (**зна́ти** know ◊ **Тут тре́ба доскона́ло зна́ти ~ю люди́ни.** Here one needs to know human anatomy perfectly. **розумі́ти** understand; **виклада́ти** teach; **бра́ти до ува́ги** take into consideration; **ігнорува́ти** ignore)

See **предме́т 2**

2 anatomy *(structure of body)* ◊ **Ста́туя зобража́є юнака́ дове́ршеної ~ї.** The statue portrayed a youth of flawless anatomy.

See **будо́ва 3, склад[2] 1**

3 *fig.* anatomy, essence ◊ **а. америка́нської демокра́тії** the anatomy of American democracy

See **суть**

анахроні́|зм, *m.*, **~у**

anachronism

adj. **вели́кий** great, **по́вний** utter, **цілкови́тий** complete; **гніту́чий** depressing, **жалюгі́дний** pathetic, **обу́рливий** outrageous ◊ **Вони́ сприйма́ли сове́тські на́зви як обу́рливі ~и.** They took the Soviet names as outrageous anachronisms. **сканда́льний** scandalous, **сумни́й** sad; **очеви́дний** obvious, **я́вний** clear; **імпе́рський** imperial, **комуністи́чний** Communist, **сове́тський** Soviet

v. + **а. відкида́ти** + *A.* **як а.** reject sth as an anachronism (**вигляда́ти як** look like); **бу́ти ~ом** be an anachronism (**вважа́ти** + *A.* consider sth ◊ **Він вважа́є ці́лу акаде́мію нау́к сове́тським ~ом.** He considers the entire academy of sciences to be a Soviet anachronism. **вигляда́ти** look, **лиша́тися** remain ◊ **Така́ настано́ва до лю́дської сексуа́льности лиша́ється сумни́м ~ом.** Such an attitude to human sexuality remains a sad anachronism. **оголо́шувати** + *A.* declare sth, **роби́ти** + *A.* make sth, **става́ти** become); **позбува́тися ~у** get rid of an anachronism

Also see **архаї́зм**

анекдо́т, *m.*, **~а**

funny story, joke, amusing anecdote

adj. **заба́вний** amusing, **гумористи́чний** humorous, **доте́пний** witty, **куме́дний** comic, **смішни́й** funny ◊ **Лесь зна́є по́вно смішни́х ~ів.** Les knows lots of funny jokes. **ориґіна́льний** original, **сві́жий** fresh; **бана́льний** banal, **заї́жджений** hackneyed, **заяло́жений** tired, ♦ **борода́тий а.** an old chestnut; **нудни́й** boring; **стари́й** old; **заплу́таний** convoluted, **складни́й** complicated; **філосо́фський** philosophical; **гру́бий** crude, **паску́дний** filthy; **америка́нський** American, **англі́йський** English, **по́льський** Polish, **украї́нський** Ukrainian; **гали́цький** Galician, **оде́ський** Odesa, *etc.*

v. + **а. розка́зувати** *or* **розповіда́ти** + *D.* **а.** tell sb a funny story ◊ **Ніхто́ не вмі́є розказа́ти а. так талановíто, як Лю́да.** Nobody knows how to tell a funny story with such ingenuity as Liuda. (**збира́ти** collect ◊ **Сергі́й збира́в забу́ті гали́цькі ~и.** Serhii collected forgotten Galician jokes. **люби́ти** like, **полюбля́ти** be fond of; **збагну́ти** *pf.* get, **розумі́ти** understand, **осяга́ти** *form.* comprehend ◊ **Ро́стик не спромі́гся осягну́ти тако́го заплу́таного ~а.** Rostyk failed to comprehend such a convoluted joke. **цінува́ти** value ◊ **Він ціну́є ориґіна́льні та сві́жі ~и.** He values original and fresh jokes. **ділитися ~ом** share a joke ◊ **Час від ча́су Сергі́й дзвони́в, щоб поділи́тися черго́вим смішни́м ~ом.** From time to time, Serhii would call to share another funny joke. **обмі́нюватися ~ами** exchange jokes

Also see **жарт 2**

анестезі́|я, *f.*, **~ї**, *only sg.*

anesthesia

adj. **зага́льна** general, **місце́ва** local; **по́вна** complete, **частко́ва** partial

v. + **а. дава́ти** + *D.* **~ю** give sb anesthesia (**застосо́вувати** employ) ◊ **Лі́кар одра́зу застосува́в зага́льну ~ю.** The doctor immediately employed general anesthesia. **вимага́ти ~ї** require anesthesia ◊ **Складна́ опера́ція вимага́є частко́вої ~ї.** The complicated operation requires a partial anesthesia. (**потребува́ти** need; **відмовля́тися від** turn down; **одужувати від** recover from, **прихо́дити до тя́ми пі́сля** come to one's senses after, **отя́млюватися від** come around from ◊ **Миросла́ва отя́млювався від ~ї чоти́ри до́вгі дні.** It took Myroslava four long days to come around from anesthesia.

prep. **без ~ї** without anesthesia ◊ **Їй ви́рвали зу́ба без уся́кої ~ї.** She had her tooth pulled out without any anesthesia. **під ~єю** under anesthesia ◊ **Він перебува́в під ~єю дві годи́ни.** He was under anesthesia for two hours.

анкéт|а, *f.*
questionnaire, form
adj. **безкінéчна** endless, **дóвга** long, **доклáдна** detailed, **розлóга** lengthy; **корóтка** short, **прóстá** simple, **стúсла** brief; **обов'язкóва** mandatory; **спеціáльна** special, **стандáртна** standard; **мерéжева** online, **поштóва** postal; ♦ **вíзова а.** a visa application form
v. + **а. запóвнювати ~у** fill out a form ◊ **У готéлі гóсті запóвнили стúслу ~у.** At the hotel, the guests filled out a brief form. (**діставáти** get, **отрúмувати** receive ◊ **Марúна отрúмала вíзову ~у.** Maryna received the visa application form. **віддавáти** + *D.* give sb back, **повертáти** + *D.* return to sb, **відповідáти на** respond to; **готувáти** prepare, **опрацьóвувати** design, **розробля́ти** develop ◊ **Щоб дослідúти поведíнку вúборців, соціóлоги розробúли спеціáльну ~у.** To study voters' behavior, sociologists developed a special questionnaire. **аналізувáти** analyze, **обробля́ти** process; **давáти** + *D.* give sb, **посилáти** + *D.* send sb, **роздавáти** + *D.* distribute to sb ◊ **Викладáч роздáв студéнтам стандáртну ~у.** The instructor distributed a standard questionnaire to the students. **читáти** read; **звертáтися по** turn for)
prep. **а. про** + *A.* questionnaire about sth; **а. стосóвно** + *G.* questionnaire concerning sth ◊ **Дівчáта відповілú на ~у стосóвно ї́хніх зацікáвлень.** The girls responded to a questionnaire concerning their interests.

анонíмн|ий, *adj.*
anonymous, unsigned *(of text)*
adv. **пóвністю** *and* **цілкóм** completely ◊ **Він бажáв залишúтися цілкóм ~им.** He wished to remain completely anonymous. **віднóсно** relatively, **гóловно** largely, **перевáжно** mostly ◊ **Погрóзи, що ї́х отрúмує жíнка, перевáжно ~і.** The threats the woman receives are mostly anonymous.
а. + *n.* **а. áвтор** an anonymous author (**доброзúчливець** well-wisher, **письмéнник** writer, **шанувáльник** admirer, **прибíчник** supporter; **донóс** denunciation, **лист** letter, **текст** text); **~а п'єса** an anonymous play (**скáрга** complaint)
v. + **а. бýти ~им** be anonymous ◊ **Дзвінкú булú ~ими.** The calls were anonymous. (**лишáтися** remain, **ставáти** become)

ансáмбл|ь, *m.*, **~ю**
1 ensemble, unit, entity ◊ **Ці спорýди ствóрювали архітектýрний а.** The edifices created an architectural ensemble.
See **композúція 1**
2 company, group, band ◊ **Шкíльний а. тáнцю гастролювáв за кордóном.** The school's dance company toured abroad.
See **колектúв**
3 *fig.* harmony, coordination ◊ **Актóри досягнýли експресúвного ~ю.** The actors attained expressive harmony.
See **гармóнія**

антибіóтик, *m.*, **~а**
med. antibiotic
adj. **ефектúвний** effective, **потýжний** powerful, **сúльний** strong; **новúй** new; **вúпробуваний** tested
n. + **а. дóза ~ів** a dose of antibiotics ◊ **Лíкар дав йомý сім доз ~ів.** The doctor gave him seven doses of antibiotics. (**курс** course)
v. + **а. приймáти а.** take an antibiotic ◊ **Вонá рíдко колú приймáє ~и.** She rarely ever takes antibiotics. (**отрúмувати** receive; **призначáти** + *D.* prescribe sb, **садúти** + *A.* **на** put sb on ◊ **Сúмона посадúли на новúй а.** Symon was put on a new antibiotic. **вживáти** use; **надуживáти** overuse) ◊ **Він надуживáє ~ами.** He overuses this antibiotic. **лікувáти** + *A.* **~ом** treat sb with an antibiotic (**корúстувáтися** use ◊ **Корúстувáтися ~ами слід обережно.** One should use antibiotics with caution. **зловживáти** abuse)
See **лíки**

антиквáр, *m.*, **~а; ~ка**, *f.*
antiques dealer, antiquarian, antiquary
adj. **відóмий** well-known, **місцéвий** local, **старúй** old
v. + **а. звертáтися до ~а** turn to an antiques dealer (**купувáти в** buy from, **придбáти в** + *G.* *only pf.* acquire from) ◊ **Старý світлúну Максúм придбáв у місцéвого ~а.** Maksym acquired the old photograph from a local antiquarian. **продавáти** + *A.* **~ові** sell sth to an antiquarian; **торгувáтися з ~ом** bargain with an antiquarian
See **колекціонéр, продавéць, торгóвець**

antíчн|ий, *adj.*
ancient; classical, of or pertaining to Ancient Greece, Rome, or Egypt
adv. **автентúчно** authentically, **доказóво** provably, **спрáвді** genuinely, **я́вно** clearly; **імовíрно** plausibly, **можлúво** possibly, **напéвно** probably, **правдоподíбно** credibly ◊ **Знáйдені монéти правдоподíбно ~і.** The discovered coins are credibly ancient.
v. + **а. бýти ~им** be ancient (**виявля́тися** prove ◊ **Мармурóва статуéтка кентáвра вúявилася спрáвді ~ою.** The marble centaur figurine proved to be genuinely ancient. **вважáти** + *A.* consider sth ◊ **Дóсі погрýддя вважáли автентúчно ~им.** Until now, the bust has been considered authentically ancient. **здавáтися** + *D.* seem to sb, **оголóшувати** + *A.* declare sth)
See **старúй**. *Also see* **randáвній**

апарáт, *m.*, **~а** *and* **~у**
1 ~а appliance, machine, apparatus ◊ **Що це за а.?** What kind of an appliance is this?
adj. **копіювáльний** photocopier, **літáльний** aircraft ◊ **Кáжуть, що вонú сконструювáли й вúпробували пéрший літáльний а.** They are said to have designed and tested the first aircraft. **слуховúй** hearing aid, **фотографíчний а.** (*usu* **фотоапарáт**) camera
See **прúстрій**
2 ~у staff, personnel, bureaucracy
adj. **партíйний** party, **судовúй** judicial, **управлíнський** administrative, **урядóвий** government; ♦ **держáвний а.** the machinery of state
v. + **а. збíльшувати а.** increase the staff (**реформувáти** reform, **розшúрювати** expand ◊ **За рік а. міністéрства розшúрили на п'ять відсóтків.** In a year, the ministry personnel were expanded by 5%. **скорóчувати** reduce) ◊ **Урядóвий а. скорóчують.** The government personnel are being reduced.
3 ~у *anat.* system, apparatus
adj. **вестибуля́рний** vestibular, **голосовúй** vocal, **зоровúй** visual, **слуховúй** auditory, **травнúй** digestive
v. + **а. вивчáти а.** study an apparatus (**лікувáти** treat, **обстéжувати** examine ◊ **Лíкар обстéжив слуховúй а. хвóрого.** The doctor examined the patient's auditory apparatus. **пошкóджувати** damage ◊ **Трáвма моглá пошкóдити йогó вестибуля́рний а.** The trauma could damage his vestibular system. **уражáти** hurt)
See **систéма 6**

апаратýр|а, *f.*, *only sg.*
equipment, appliances, tools
adj. **дослíдницька** research, **електрúчна** electrical, **електрóнна** electronic, **лабораторна** laboratory, **медúчна** medical; ♦ **відеоапаратýра** video equipment, ♦ **радіоапаратýра** radio equipment, **телевізíйна** television; **телекомунікацíйна** telecommunication; **комунікацíйна** communication, **навіґацíйна** navigation; **знімáльна** filming, **цифровá** digital; **технíчна** technical; **дорогá** expensive; **необхíдна** necessary; **спеціялізóвана** specialized, **спеціáльна** special; **чутлúва** sensitive; **модéрна** modern, **найновíша** latest, **новá** new, **новíтня** advanced, **новочáсна** cutting-edge, **сучáсна** modern, contemporary; **архаї́чна** archaic, **допотóпна** antediluvian ◊ **Тут корúстýються допотóпною ~ою.** They use antediluvian equipment here. **бракóвана** defective; **кéпська** poor, **невідповíдна** inadequate; **погáна** bad; **застарíла** obsolete, **старá** old
v. + **а. встанóвлювати ~у** install, mount, assemble equipment (**використóвувати** use; **випробóвувати** test; **експлуатувáти** operate ◊ **Лукашýк умíло експлуатýє дослíдницьку ~у цéнтру.** Lukashuk ably operates the center's research equipment. **купувáти** buy, **придбáти** *only pf.* acquire; **давáти** + *D.* give sb, **надавáти** + *D.* supply sb with; **онóвлювати** upgrade; **продавáти** + *D.* sell sb; **монтувáти** assemble ◊ **Змонтувáти такý новíтню ~у міг лишé фахівéць.** Only a specialist could assemble such advanced equipment. **потребувáти** need; **направля́ти** *colloq.* fix, **ремонтувáти** repair; **псувáти** break); **корúстувáтися ~ою** use equipment (**забезпéчувати** + *A.* provide sb with; **облáднувати** + *A.* furnish sth with) ◊ **Шкóлу трéба обладнáти сучáснішою ~ою.** The school needs to be furnished with more modern equipment.
а. + *v.* **працювáти** work ◊ **Старá а. працює вже дéсять рокíв.** The old equipment has worked for ten years already. **слýжити** serve; **складáтися з** + *G.* consist of sth; **ламáтися** *or* **псувáтися** break down ◊ **А. чáсто псýється.** The equipment breaks down frequently.
Also see **облáднання**

апáті|я, *f.*, **~ї**, *only sg.*
apathy
adj. **велúка** great, **величéзна** enormous, **глибóка** deep, **гóстра** acute, **жахлúва** horrible, **надзвичáйна** extraordinary, **небувáла** uncommon, **неперебóрна** insurmountable, **сúльна** profound, **страшнá** dreadful, **тéмна** dark, **хронíчна** chronic, **чóрна** black; **загáльна** general, **тривáла** prolonged, **ширóка** widespread; **вúборча** voter, **політúчна** political, **суспíльна** social; **несподíвана** unexpected, **раптóва** sudden
n. + **а. нáпад ~ї** an attack of apathy
v. + **а. поринáти в ~ю** plunge into apathy ◊ **Вíктор порúнув в ~ю.** Viktor plunged into apathy. **потерпáти від** *or* **страждáти від** suffer from apathy (**призвóдити до** lead to) ◊ **Порáзка чáсом призвóдить до ~ї.** Defeat sometimes leads to apathy. **піддавáтися ~ї** give in to apathy (**улягáти** succumb to) ◊ **В обстáвинах війнú людúна лéгко улягáє ~ї.** Under the circumstances of war, a person easily succumbs to apathy. **бýти врáженим ~єю** be affected by apathy ◊ **Усé суспíльство врáжене глибóкою вúборчою ~єю.** The entire society is affected by deep voter apathy. (**борóтися з** fight) ◊ **Непрóсто борóтися із хронíчною ~єю.** It is not easy to fight chronic apathy.
а. + *v.* **оволодівáти** + *I.* overtake sb, **охóплювати** + *A.* grip sb ◊ **Йогó охопúла глибóка а.** He was gripped by deep apathy. **панувáти в** + *L.* *or* **сéред** + *G.* reign over *or* among ◊ **Серéд мóлоді панýє політúчна а.** Political apathy reigns among the youth.
prep. **з ~єю** with apathy ◊ **Робітнúк говорúв з ~єю в гóлосі.** The worker was speaking with apathy in his voice. **а. до** + *G.* apathy towards sb/sth, **а. сéред** + *G.* apathy among sb
See **хворóба**. *Also see* **нудьгá 1, пасúвність.**
Ant. **актúвність**

апети́т, *m.*, **~у**
1 *only sg.* appetite
adj. **вели́кий** big, **величе́зний** voracious, **во́вчий** ravenous, **до́брий** good, **добря́чий** *colloq.* good, **здоро́вий** healthy ◊ **Вони́ ї́ли зі здоро́вим ~ом.** They were eating with healthy appetites. **неаби́який** remarkable, **ненаже́рливий** gluttonous, **ненаси́тний** insatiable; **ди́кий** savage, **шале́ний** fierce; **ке́пський** poor ◊ **До семи́ ро́ків хло́пчик мав ке́пський а.** Till the age of seven, the boy had a poor appetite. **пога́ний** bad
n. + **а. брак ~у** a lack of appetite (**втра́та** loss, **зме́ншення** decrease) ◊ **Брак ~у мо́же бу́ти пе́ршим ви́явом хворо́би.** A lack of appetite can be the first sign of an illness.
v. + **а. збу́джувати а.** whet an appetite (**ма́ти** have ◊ **Уве́чері вона́ ма́є вели́кий а.** In the evening, she has a great appetite. **поси́лювати** increase, **стимулюва́ти** stimulate; **зме́ншувати** reduce, **контролюва́ти** control, **приду́шувати** suppress, **стри́мувати** curb; **задовольня́ти** satisfy ◊ **Борщ задовольни́в її а.** The borshch satisfied her appetite. **втрача́ти** lose, **псува́ти** spoil ◊ **Цуке́рки лише́ зіпсува́ли Іва́нкові а.** Candies only spoiled little Ivan's appetite. **додава́ти** + *D.* **~у** fuel sb's appetite ◊ **Ро́зповідь додала́ хло́пцям ~у.** The story fueled the boys' appetite. (**не ма́ти** not have ◊ **Він не ма́є ~у.** He has no appetite. **позбавля́ти** + *A.* deprive sb of) ◊ **Ви́гляд м'я́са позба́вив її ~у.** The sight of meat deprived her of an appetite.
а. + *v.* **зроста́ти** grow, **з'явля́тися в** + *G.* develop ◊ **Унаслі́док прогу́лянки па́рком у Марка́ з'яви́вся добря́чий а.** As a result of his walk in the park, Marko developed a good appetite. **розпа́люватися** build up, **поверта́тися до** + *G.* return to sb ◊ **До Іри́ни поверну́вся здоро́вий а.** A healthy appetite returned to Iryna. **зника́ти** vanish, **пропада́ти** disappear
prep. **а. на** + *A.* appetite for sth
2 *fig. usu pl.* desire ◊ **Поді́ї підігріва́ли ~и Виноку́ра на мі́сце в парла́менті.** The events fueled Vynokur's appetite for a seat in parliament.
adj. **все бі́льший** growing, **ненаже́рливий** gluttonous, **нестри́мний** unbridled; **згу́бний** destructive, **руйні́вни́й** ruinous ◊ **Уре́шті він до́рого заплати́в за свої руйні́вні ~и до розва́г і гро́шей.** Eventually he paid dearly for his ruinous desire for fun and money. **самогу́бчий** suicidal, **саморуйні́вни́й** self-destructive; **політи́чний** political, **стате́вий** sexual
v. + **а. виклика́ти в** + *G.* **а.** give sb an appetite ◊ **У Петра́ це ви́кликало си́льні стате́ві ~и.** This gave Petro a strong sexual appetite. **потура́ти ~ам** indulge an appetite ◊ **Ні́на рі́дко потура́є свої́м спожива́цьким ~ам.** Nina rarely indulges her consumerist appetites.
а. + *v.* **оволоді́ва́ти** *or* **опано́вувати** + *I.* overtake sb ◊ **~и самозбага́чення опанува́ли багатьма́.** An appetite for self-enrichment overtook many people. **охо́плювати** + *A.* grip sb
prep. **а. до** + *G.* appetite for sth ◊ **Його́ згуби́ли ~и до вла́ди й бага́тства.** His appetite for power and wealth was his undoing.
See **бажа́ння, жада́ння**

аплоду|ва́ти, ~ють; *no pf., intr.*
to applaud, clap; **за~** to begin clapping ◊ **За́ла заплодува́ла.** The auditorium started clapping. **по~** to clap *(for some time)* ◊ **Вони́ че́мно поаплодува́ли.** They clapped politely for a while.
adv. **бурхли́во** tumultuously, **захо́плено** rapturously ◊ **Їм захо́плено ~вав уве́сь світ.** The whole world rapturously applauded them. **ра́дісно** enthusiastically, **те́пло** warmly, **шале́но** wildly; **го́лосно** *or* **гу́чно** loudly, **оглу́шливо** deafeningly; **несподі́вано** unexpectedly, **ра́птом** suddenly, **спонта́нно** spontaneously; **до́вго** for a long time, **ко́ротко** briefly; **че́мно** politely
v. + **а. почина́ти а.** start applauding (**ста́ти** *pf.* start, **продо́вжувати** go on, **переста́ти** *pf.* stop ◊ **Пу́бліка переста́ла а.** The public stopped applauding. **відмовля́тися** refuse to, **не збира́тися** not be about to) ◊ **Вони́ не збира́лися а. Садово́му за поже́ртву.** They were not about to applaud Sadovy for his donation.
(по)аплоду́й!

аре́н|а, *f.*
1 arena *(sports, circus, etc.)*; *also fig.*
adj. **атлети́чна** athletic, **баскетбо́льна** basketball, **волейбо́льна** volleyball, **гоке́йна** hockey, **олімпі́йська** Olympic, **спорти́вна** *or* **спорто́ва** sports, **тренува́льна** training, **циркова́** circus; ♦ **льодова́ а.** an ice rink
v. + **а. будува́ти ~у** build an arena ◊ **Баскетбо́льну ~у збудува́ла місько́ва вла́да.** The basketball arena was built by the city government. (**споруджува́ти** erect; **залиша́ти** leave, **кида́ти** abandon ◊ **Пі́сля пора́нення плеча́ Даце́нко ки́нув спорто́ву ~у.** *fig.* After his shoulder injury, Datsenko abandoned the sports arena. **вихо́дити на** enter) ◊ **Оби́дві дружи́ни ви́йшли на льодову́ ~у.** Both teams entered the ice rink.
prep. **з ~и** from an arena; **на ~і** *posn.* in an arena ◊ **Чоти́ри націона́льні збі́рні змага́лися на ~і.** Four national teams were competing in the arena. **на ~у** *dir.* into an arena
2 *fig.* arena *(of activity)*
adj. **ґлоба́льна** global, **європе́йська** European, **міжнаро́дна** international, **світова́** world; **націона́льна** national; **бізнесо́ва** business, **дипломати́чна** diplomatic, **економі́чна** economic, **комерці́йна** commercial, **фіна́нсова** financial; **культу́рна** cultural, **науко́ва** academic; **законода́вча** legislative, **політи́чна** political ◊ **До́сі жі́нки гра́ють другоря́дні ро́лі на політи́чній ~і краї́ни.** Until now, women have played supporting roles in the country's political arena. **публі́чна** public, **суспі́льна** social, **юриди́чна** legal; **широ́ка** wide, **ши́рша** wider
v. + **а. забезпе́чувати** + *D.* **~у** provide sb with an arena ◊ **Кана́л забезпе́чує опозиці́йним па́ртіям публі́чну ~у.** The channel provides the opposition parties with a public arena. (**вихо́дити на** enter) ◊ **Вона́ ра́но ви́йшла на науко́ву ~у.** She entered the academic arena early. **з'явля́тися на ~і** emerge in an arena ◊ **Полі́тик з'яви́вся на суспі́льній ~і краї́ни мі́сяць тому́.** The politician emerged in the nation's social arena a month ago. (**панува́ти на** dominate) ◊ **Вели́кі корпора́ції пану́ють на економі́чній ~і сві́ту.** Big corporations dominate the world economic arena.
prep. **на ~і** *posn.* in an arena; **на ~у** *dir.* into an arena; **по́за ~ою** outside an arena ◊ **По́за дипломати́чною ~ою він – звича́йна прива́тна осо́ба.** Outside the diplomatic arena, he is a regular private person.
Also see **сце́на 5**

аре́шт, *m.*, **~у**
arrest, detention, seizure
adj. **ґаранто́ваний** guaranteed, **неуни́кний** inevitable; **громадя́нський** citizen's; **дома́шній** house; **ма́совий** mass, **незако́нний** unlawful; **несподі́ваний** unexpected; **сваві́льний** arbitrary; **тає́мний** secret
а. + *n.* **а. акти́вів** assets seizure (**майна́** property, **раху́нку** account) ◊ **Йому́ загро́жує а. майна́.** He is under a threat of having his property seized.
n. + **а.** ◊ **о́рдер на а.** an arrest warrant, ◊ **акт ~у** an arrest report ◊ **За́хист стве́рджує, що полі́ція сфальшува́ла акт ~у.** The defense maintains that the police falsified the arrest report. (**протоко́л** minutes)
v. + **а. прово́дити а.** carry out an arrest ◊ **Вла́да провела́ ма́сові ~и.** The authorities carried out mass arrests. (**припини́ти** stop; **бра́ти** + *A.* **під** put sb under) ◊ **Чолові́ка взяли́ під а.** The man was put under arrest. **уника́ти ~у** avoid arrest ◊ **Їй удало́ся уни́кнути ~у.** She managed to avoid arrest. (**вті́кати від** escape, **призво́дити до** lead to ◊ **Кри́тика режи́му призвела́ до ~у всіх промо́вців.** Criticism of the regime led to the arrest of all the speakers. **протестува́ти про́ти** protest) ◊ **Вони́ протесту́ють про́ти ~ів кри́мських тата́р.** They are protesting the arrests of Crimean Tatars. **бу́ти під ~ом** be under arrest
prep. **до ~у** prior to arrest; **під а.** *dir.* under arrest ◊ **Їх посади́ли під а.** They were put under arrest. **під ~ом** *posn.* under arrest ◊ **«Чи я під ~ом?» – запита́ла ді́вчина у слі́дчого.** "Am I under arrest?" the girl asked the detective.

арешто́ву|вати ~ють; за~, *tran.*
1 to arrest, apprehend
adv. **без о́рдеру** without a warrant, **не розбира́ючи** indiscriminately, **незако́нно** unlawfully, **нелега́льно** illegally, **несподі́вано** unexpectedly, **підсту́пно** treacherously; **нега́йно** without delay, **одра́зу** at once, **тут же** right away, **шви́дко** quickly ◊ **Терори́стів шви́дко арештува́ли.** The terrorists were quickly apprehended.
v. + **а. бу́ти тре́ба** + *D.* need to; **ви́рі́шувати** decide to; **дозволя́ти** + *D.* allow sb to ◊ **Суддя́ дозво́лив слу́жбі безпе́ки заарештува́ти міні́стра.** The judge allowed the security service to arrest the minister. **збира́тися** be going to, **ма́ти нам́ір** have the intention of; **нама́гатися** try to, **нака́зувати** + *D.* order sb to; **не дава́ти** + *D.* not let sb ◊ **Лю́ди не дали́ полі́ції арештува́ти активі́ста.** People did not let the police arrest the activist. **почина́ти** begin, **ста́ти** *pf.* start ◊ **Охоро́на ста́ла не розбира́ючи а. журналі́стів.** The security started arresting the reporters indiscriminately. **продо́вжувати** go on, **переста́ти** stop
Also see **забира́ти 3, затри́мувати 3**
2 to seize *(of bank account, etc.)* ◊ **Акти́ви компа́нії заарештува́ли за рі́шенням су́ду.** The company's assets were seized by a court's ruling.
pa. pple. **заарешто́ваний** arrested
арешто́вуй! арешту́й!

аристокра́т, *m.*, **~а; ~ка**, *f.*
aristocrat; *also fig.*
adj. **да́вній** old-time, **стари́й** old; **спадко́вий** hereditary; **оста́нній** last; **автенти́чний** authentic, **приро́джений** born, **спра́вжній** true; **ли́повий** *colloq.* phony, **фальши́вий** fake; **англі́йський** English, **еспа́нський** Spanish
v. + **а. бу́ти ~ом** be an aristocrat (**виявля́тися** turn out, **лиша́тися** remain ◊ **Зарі́чний був і лиша́ється спра́вжнім ~ом ду́ху.** *fig.* Zarichny has been and remains a true aristocrat of the spirit. **народи́тися** be born, **ста́ти** become) ◊ **Колись ~ом наро́джувалися, а не става́ли.** There once was a time when one could be born an aristocrat, not become one.
Ant. **плебе́й**

аристокра́ті|я, *f.*, **~ї**
aristocracy
adj. **англі́йська** English, **еспа́нська** Spanish; **земе́льна** landed, **спадко́ва** hereditary, **спра́вжня** genuine, **приро́джена** born; **бі́дна** poor, **збанкру́тіла** bankrupt
v. + **а. нале́жати до ~ї** belong to the aristocracy ◊ **Він на́чебто нале́жить до спадко́вої ~ї.** Allegedly he belongs to hereditary aristocracy.

аритме́ти|ка, *f.*, *only sg.*
arithmetic
adj. **ба́зова** basic, **засадни́ча** essential; **нехи́тра** easy, **про́ста́** simple; **розумо́ва**

mental; **дитя́ча** children's
v. + **а. вивча́ти ~ку** study arithmetic (**роби́ти** do) ◊ **Іва́н ро́бить ~ку на за́втра.** Ivan is doing arithmetic for tomorrow.
prep. **в ~ці** in arithmetic ◊ **У її ~ці немає нічо́го складно́го.** There is nothing complicated in her arithmetic.
See **предме́т.** *Also see* **матема́тика**

а́ркуш, *m.*, ~а

sheet *(of paper)* ◊ **два ~і папе́ру** two sheets of paper
adj. **бі́лий** white, **поро́жній** blank, **сві́жий** fresh, **цупки́й** strong, **чи́стий** clean; **друко́ваний** printed; **вели́кий** large; **гру́бий** thick, **тонки́й** thin; **невели́кий** small; **заля́паний** blotted, **зім'я́тий** rumpled, **пожма́каний** crumpled; **за́йвий** spare, **окре́мий** separate; **ордина́рний** single, **подві́йний** double; **звича́йний** regular, **станда́ртний** standard ◊ **Малю́нок ви́конано на чотирьо́х скле́єних станда́ртних ~ах.** The drawing is done on four standard sheets glued-together.
v. + **а. бра́ти а.** take a sheet ◊ **Візьми́ поро́жній а. папе́ру.** Take a blank sheet of paper. (**вклада́ти до** + *G.* insert in sth ◊ **На́дя вкла́ла до кни́жки кі́лька чи́стих ~ів.** Nadia inserted a few clean sheets into the book. **видира́ти з** + *G.* rip out of sth ◊ **Вона́ ви́дерла з те́ки ~і з таємно́ю інформа́цією.** She ripped the sheets with secret information out of the folder. **вирива́ти з** + *G.* tear out of sth; **згорта́ти** fold, **бга́ти** *and* **м'я́ти** crumple, **рва́ти** tear up)
Also see **лист**[1] **2, сторі́нка 1.** *Also see* **листо́к 1, ка́ртка 3**

а́рмі|я, *f.*, ~ї

1 army
adj. **вели́ка** large, **величе́зна** enormous; **могу́тня** mighty, **поту́жна** powerful; **нездола́нна** unconquerable, **непоремо́жна** invincible, **перемо́жна** victorious, **звитя́жна** *poet.* triumphant; **здеморалізо́вана** demoralized, **перемо́жена** vanquished; **наро́дна** people's, **націона́льна** national; **прива́тна** private ◊ **Оліга́рх утри́мує прива́тну ~ю.** The oligarch maintains a private army. **жалюгі́дна** pathetic, **мала́** *or* **невели́ка** small, **строка́та** *colloq.* ragtag; **нена́вчена** untrained, **непрофесі́йна** nonprofessional; **коза́цька** Cossack, **партиза́нська** guerrilla, **повста́нська** insurgent, **селя́нська** peasant; **революці́йна** revolutionary; **пості́йна** standing, **професі́йна** professional, **ре́гуля́рна** regular; **сою́зна** allied; **суча́сна** modern; **доброво́льча** volunteer, **на́ймана** mercenary; **кі́нна** cavalry, **польова́** field, **та́нкова** tank; **воро́жа** enemy, **зага́рбницька** invader, **окупаці́йна** occupying, **чужа́** alien, **чужозе́мна** foreign; **імпера́торська** emperor's, **імпе́рська** imperial, **королі́вська** royal, **ца́рська** tsar's, **ці́сарська** kaiser's
v. + **а. ма́ти ~ю** have an army (**збира́ти** gather, **набира́ти** recruit, **розбудо́вувати** build up, **створю́вати** create, **формува́ти** form; **комплектува́ти** equip, **мобілізува́ти** mobilize, **озбро́ювати** arm, **розгорта́ти** deploy ◊ **Ге́тьман розгорну́в про́ти во́рога коза́цьку ~ю.** The hetman deployed a Cossack army against the enemy. **змі́цнювати** strengthen; **навча́ти** train; **реорганізо́вувати** reorganize, **реформува́ти** reform; **ліквідува́ти** eliminate, **розбива́ти** crush, **розпуска́ти** disband; **годува́ти** feed, **забезпе́чувати** sustain, **утри́мувати** maintain; **підтри́мувати** support; **вести́** lead, **очо́лювати** head; **підрива́ти** undermine, **посла́блювати** weaken; **дола́ти** overcome, **зни́щувати** destroy); **вступа́ти до ~ї** enter an army (**приє́днуватися до** join, **втіка́ти з** flee, **дезертирува́ти з** desert) ◊ **Спочა́тку вояки́ ти́сячами дезертирува́ли з сове́тської ~ї.** Initially soldiers deserted the Soviet army by the thousands. **завдава́ти пора́зки ~ї** inflict defeat on an army ◊ **Хмельни́цький завда́в пора́зки королі́вській ~ї.** Khmelnytsky inflicted a defeat on the royal army. **кома́ндувати ~єю** command an army ◊ **Генера́л кома́ндував та́нковою ~єю.** The general commanded a tank army. (**керува́ти** lead; **би́тися з** fight, **бо́ротися з** struggle with)
а. + *v.* **вхо́дити до** + *G.* enter sth ◊ **По́льсько-украї́нська а. ввійшла́ до Москви́.** The Polish-Ukrainian army entered Moscow. **атакува́ти** + *A. or* **напада́ти на** + *A.* attack sb ◊ **~ї хрестоно́сців напа́ли на Константино́поль.** Armies of Crusaders attacked Constantinople. **займа́ти** + *A.* take sth, **окупува́ти** + *A.* occupy sth; **грабува́ти** + *A.* loot sth, **пали́ти** + *A.* burn sth, **плюндрува́ти** + *A.* plunder sth, **спусто́шувати** + *A.* devastate sth; **би́тися з** + *I.* fight sb, **стика́тися з** + *I.* clash with sb ◊ **Оби́дві ~ї зіткну́лися в би́тві під Ґрюнва́льдом.** Both armies clashed in the battle of Grunwald. **захо́дити з фла́нгу до** + *G.* flank sb ◊ **Німе́цька а. зайшла́ до них із лі́вого фла́нгу.** The German army flanked them on the left. **наступа́ти** advance, **ото́чувати** + *A.* surround sb; **розташо́вуватися** deploy, **таборува́ти** *or* **табори́тися** camp; **відступа́ти** retreat, **втіка́ти** flee, **панікува́ти** panic
prep. **в ~ї** in the army ◊ **Ві́ктор прослужи́в в ~ї два ро́ки.** Viktor served in the army for two years.
Also see **дружи́на 3, си́ла 5, слу́жба 2, части́на 4**
2 *fig.* army, host, crowd, throng
adj. **величе́зна** vast, **деда́лі бі́льша** growing, **невели́ка** small, **спра́вжня** veritable, **ці́ла** entire
а. + *n.* **а. аге́нтів** an army of agents (**шпигуні́в** spies, **грабі́жників** robbers, **зло́діїв** thieves, **злочи́нців** criminals; **вболі́вальників** fans, **фана́тиків** fanatics, **активі́стів** activists, **прибі́чників** supporters ◊ **Палі́й привів ~ю прибі́чників.** Palii brought along an army of supporters. **прихи́льників** backers)
v. + **а. годува́ти ~ю** feed an army ◊ **Підприє́мці змушені годува́ти ~ю податкі́вців.** The businessmen are made to feed an army of tax officers. (**створю́вати** create, **найма́ти** hire, **організо́вувати** organize, **спира́тися на** rely on)
See **бага́то.** *Also see* **ма́са 3, на́товп 2, си́ла 6**

арома́т, *m.*, ~у

aroma, scent, perfume, fragrance
adj. **боже́ственний** divine, **неземни́й** unearthly, **ра́йський** heavenly; **незвича́йний** unusual, **особли́вий** peculiar, **терпки́й** pungent; **густи́й** dense, **запа́морочливий** heady, **п'янки́й** intoxicating, **інтенси́вний** intense, **си́льний** strong; **га́рний** nice, **легки́й** light, **ні́жний** tender, **прие́мний** pleasant, **розкі́шний** luxuriant, **сві́жий** fresh, **соло́дкий** sweet, **чудо́вий** wonderful
v. + **а. вдиха́ти а.** inhale an aroma ◊ **Вона́ вдихала п'янки́й а. бузку́.** She inhaled the intoxicating aroma of the lilac. (**ма́ти** have ◊ **Парфу́ми ма́ли чудо́вий а.** The perfume had a wonderful aroma. **ню́хати** smell); **п'яні́ти від ~у** get intoxicated by an aroma; **напо́внювати** + *A.* **~ом** fill sth with an aroma ◊ **Марі́я напо́внила ку́хню ~ом сма́женої ка́ви.** Maria filled the kitchen with the aroma of roasted coffee. **насоло́джуватися** savor)
а. + *v.* **вита́ти** waft ◊ **Кімна́тою вита́в сві́жий а. помара́нчів.** The fresh aroma of oranges wafted around the room. **пливти́** float, **запо́внювати** *or* **напо́внювати** + *A.* fill sth, **лиша́тися** linger ◊ **У його́ ні́здрях лиша́вся а. Лари́синого воло́сся.** The aroma of Larysa's hair lingered in his nostrils.
Also see **дух 10, за́пах.** *Ant.* **смо́рід**

арсена́л, *m.*, ~у

1 arsenal, weaponry; armory, munition dump
adj. **біологі́чний** biological, **військо́вий** military, **хемі́чний** chemical, **я́дерний** nuclear; **вели́кий** large, **величе́зний** huge, **гро́зний** formidable, **серйо́зний** serious, **ці́лий** whole, **широ́кий** wide
а. + *n.* **а. артиле́рії** an arsenal of artillery (**бомбардува́льників** bombers', **збро́ї** weaponry, **підво́дних чо́внів** submarines, **раке́т** missiles, **рушни́ць** rifles, **та́нків** tanks, *etc.)*
v. + **а. використо́вувати а.** use an arsenal (**застосо́вувати про́ти** + *G.* utilize against sb ◊ **Режи́м застосува́в про́ти повста́нців хемі́чний а.** The regime utilized its chemical arsenal against the rebels. **захо́плювати** take possession of, **зберіга́ти** keep, **охороня́ти** guard, **утри́мувати** maintain; **виса́джувати в пові́тря** blow up) ◊ **Во́рог ви́садив а. у пові́тря.** The enemy blew up the arsenal.
2 *fig.* arsenal, array, collection, assortment, range
adj. **бага́тий** rich, **вели́кий** large, **величе́зний** huge, **винятко́вий** exceptional, **гро́зний** formidable, **дивови́жний** amazing, **імпоза́нтний** imposing, **надзвича́йний** extraordinary, **неаби́який** remarkable, **необме́жений** unlimited, **рі́дкісний** rare, **різномані́тний** diverse, **серйо́зний** serious, **ці́лий** whole, **широ́кий** wide; ♦ **«Мисте́цький а.»** The Mystetsky Arsenal *(an important modern art museum in Kyiv)*
а. + *n.* **а. да́них** an arsenal of data (**до́казів** evidence, **докуме́нтів** documents, **за́собів** means, **мето́дів** methods, **можли́востей** opportunities, **спо́собів** devices, **форм** forms)
v. + **а. ма́ти а.** have an arsenal (**використо́вувати** use, **застосо́вувати** utilize; **збага́чувати** enrich, **попо́внювати** replenish, **придба́ти** *pf.* acquire, **розбудо́вувати** build up, **створю́вати** create); **володі́ти ~ом** be in possession of an array (**оволоді́вати** obtain) ◊ **Чита́льня оволоді́ла ~ом комп'ю́терів.** The library obtained an arsenal of computers.
See **на́бір 1**

арти́ст, *m.*; ~ка, *f.*

performer, entertainer, artist
adj. **блиску́чий** brilliant, **винятко́вий** exceptional, **доверше́ний** accomplished, **досві́дчений** experienced, **неперевéршений** unsurpassed, **обдаро́ваний** gifted, **талановитий** talented; **відо́мий** well-known, **популя́рний** popular, **славе́тний** famous; **жалюгі́дний** pathetic, **ке́пський** poor, **нікче́мний** lousy, **ні́який** no, **паску́дний** crummy, **пога́ний** bad
а. + *n.* **а. бале́ту** ballet dancer, **а. естра́ди** variety performer, **а. кабаре́** cabaret performer, **а. теа́тру та кіна́** theater and film actor; ♦ **наро́дний а. Украї́ни** a People's Artist of Ukraine *(title awarded by government for great achievements in arts; atavism of Soviet system)*
v. + **а. бу́ти ~ом** be a performer (**працюва́ти** work as ◊ **Усе́ життя́ Водяни́й пропрацюва́в ~ом кабаре́.** All his life, Vodiany worked as a cabaret performer. **става́ти** become) ◊ **Мико́ла мрі́яв ста́ти ~ом естра́ди.** Mykola dreamed of becoming a variety performer.
Also see **акто́р**

архаї́|зм, *m.*, ~у

1 archaism, something archaic or dated
adj. **безнаді́йний** hopeless; **очеви́дний** obvious, **я́вний** clear; **по́вний** *or* **цілкови́тий** complete
v. + **а. бу́ти ~ом** be an archaism (**вважа́ти** consider sth,+ *A.* **вигляда́ти** look, **здава́тися** + *D.* seem to sb, **става́ти** become) ◊ **Така́ мане́ра вдяга́тися ста́ла культу́рним ~ом.** Such a manner of dressing has become a cultural archaism.
Also see **анахроні́зм**
2 *ling.* archaism, archaic word, meaning, or form
adj. **лекси́чний** lexical, **морфологі́чний** morphological, **поети́чний** poetic, **семанти́чний** semantic, **синтакти́чний** syntactic,

стилісти́чний stylistic, **фонети́чний** phonetic; **ча́сто вжи́ваний** frequently used

v. + **а. виявля́ти а.** identify an archaism (**опи́сувати** describe, **перетво́рювати** + *A.* **на** transform sth into ◊ **Асимілятори перетвори́ли лі́теру ґ на графі́чний а.** Assimilators transformed the letter ґ into a graphic archaism. **шука́ти** look for); **бу́ти ~ом** be an archaism (**класифікува́ти** + *A.* classify sth as ◊ **Словни́к класифі́кує зна́чення сло́ва семанти́чним ~ом.** The dictionary classifies the meaning of the word as a semantic archaism. **става́ти** become)

архі́в, *m.*, ~у

archive

adj. **бага́тий** rich, **вели́кий** large, **величе́зний** huge, **маси́вний** massive, **найбі́льший** largest, **розло́гий** extensive; **мали́й** *or* **невели́кий** small, **скро́мний** modest; **важли́вий** important, **відо́мий** well-known, **леґенда́рний** legendary, **центра́льний** central; **секре́тний** classified; **газе́тний** newspaper, **журна́льний** magazine, **звукови́й** sound, **істори́чний** historical, ♦ **кіноархі́в** film archive, **літерату́рний** literary, **меди́чний** medical; ♦ **фотоархі́в** a photo archive; **держа́вний** state, **націона́льний** national, **осо́бистий** personal, **прива́тний** private, **публі́чний** public; **відкри́тий** open, **закри́тий** off-limits, **засекре́чений** classified; **місце́вий** local, **місьќий** city, **обласни́й** provincial, **райо́нний** county, **реґіона́льний** regional ◊ **У по́шуках інформа́ції Віта́ зверну́лася до реґіона́льного ~ву.** In search of the information, Vita turned to the regional archive. **університе́тський** university; **електро́нний** electronic, **мере́жевий** online, **цифрови́й** digital

а. + *n.* **а. ви́різок** an archive of clippings (**докуме́нтів** documents, **за́писів** records, **листі́в** letters, **листува́ння** correspondence, **мап** maps, **нота́ток** notes, **світли́н** photographs, **фі́льмів** films)

v. + **а. будува́ти а.** build an archive ◊ **Товари́ство збудува́ло а. ру́ху о́пору.** The association built the archive of the resistance movement. (**влашто́вувати** set up, **відкрива́ти** open, **збира́ти** gather, **організо́вувати** organize, **ство́рювати** create; **попо́внювати** replenish, **розбудо́вувати** build up; **зберіга́ти** keep, **мі́сти́ти** house ◊ **Пе́рша кімна́та мі́стить прива́тний а. Гірняка́.** The first room houses Hirniak's private archive. **охороня́ти** guard, **утри́мувати** maintain; **вивча́ти** study, **огляда́ти** examine, **опрацьо́вувати** process, **перегляда́ти** look through, **розшу́кувати** *or* **шука́ти** look for ◊ **Він шука́є осо́бистий а. Коле́сси.** He is looking for Kolessa's personal archive. **викрада́ти** steal; **зни́щувати** destroy, **спа́лювати** burn) ◊ **Нацисти спали́ли ма́су украї́нських ~ів.** The Nazis burned a mass of Ukrainian archives. **опікува́тися ~ом** take care of an archive ◊ **Пані Ра́диш до́бре опі́кується ~ом акаде́мії.** Mrs. Radysh takes good care of the academy's archive.

а. + *v.* **включа́ти** include ◊ **А. включа́є нота́тки драмату́рга.** The archive includes the playwright's notes. **зберіга́ти** preserve, **кри́ти в собі́** conceal ◊ **Забу́тий а. крив у собі́ безці́нні скарби́.** The forsaken archive concealed priceless treasures. **мі́сти́ти** contain

prep. **в а.** *dir.* in/to an archive ◊ **Вона́ ма́ла поверну́ти всі ма́пи в а.** She was supposed to return all the maps to the archive. **в ~і** *posn.* in an archive; **з ~у** from an archive

Also see **бібліоте́ка, збі́рка**

архіте́ктор, *m.*, ~а; ~ка, *f.*

architect

adj. **вели́кий** great, **видатни́й** prominent, **досві́дчений** experienced, **молоди́й** young, **нова́торський** innovative, **оригіна́льний** original, **ціка́вий** interesting; **обдаро́ваний** gifted, **талано́витий** talented; **моде́рний** modern, **модерні́стський** modernist ◊ **Городе́цький був модерні́стським ~ом.** Horodetsky was a modernist architect. **суча́сний** contemporary; **головни́й** chief ◊ **Він працю́є головни́м ~ом Лу́цька.** He works as the chief architect of Lutsk. **провідни́й** leading, **ста́рший** senior; **місце́вий** local; **пейза́жний** landscape, **церко́вний** church

v. + **а. найма́ти ~а** hire an architect ◊ **Дире́ктор найня́в ново́го ~а.** The director hired a new architect. **замовля́ти** + *A.* **~ові** commission sth from an architect ◊ **Плато́н замо́вив ~ові генера́льний план прибудо́ви.** Platon commissioned the general annex plan from an architect. **признача́ти ~ом** appoint an architect ◊ **Його́ призна́чили головни́м ~ом.** He was appointed the chief architect.

а. + *n.* **кре́слити** draw up ◊ **А. накре́слив прое́кт майда́ну.** The architect drew up a plan of the new square. **нагляда́ти за** + *I.* supervise sth ◊ **За будівни́цтвом нагляда́є а.** An architect supervises the construction. **прое́ктува́ти** + *A.* design sth; **ство́рювати** + *A.* create sth

See **спеціялі́ст, письме́нник**

архітекту́р|а, *f.*

1 architecture

adj. **баро́кова** baroque, **ґоти́чна** Gothic, **класи́чна** classical, **колоніяльна** colonial, **мазе́пинська** Mazepist *(late 17th–early 18th centuries)*, **моде́рна** modern, **модерні́стська** modernist, **ри́мська** Roman ◊ **Вона́ ціка́виться ри́мською ~ою.** She is interested in Roman architecture. **рома́нська** Romanesque ◊ **Це́рква є є́диним зразко́м рома́нської ~и у краї́ні.** The church is the only sample of Romanesque architecture in the country. **середньові́чна** medieval, **суча́сна** contemporary; **житлова́** residential, **пейза́жна** landscape, **церко́вна** church ◊ **Мазе́пинська церко́вна а. вража́є ви́шуканістю.** Mazepist architecture impresses with its refinement. **нова́** new, **стара́** old

n. + **а. на́прям ~и** a trend in architecture ◊ **Екологі́чний на́прям ~и стає впливо́вим.** The ecological trend in architecture is becoming influential. (**стиль** style, **шко́ла** school)

2 *fig.* architecture, design, structure, make-up ◊ **а. европе́йської безпе́ки** the European security architecture

See **будо́ва 3, структу́ра.** *Also see* **організа́ція 4**

архітекту́рн|ий, *adj.*

architectural, of or pertaining to architecture

а. + *n.* **а. анса́мбль** an architectural ensemble (**прое́кт** project, **стиль** style), **а. факульте́т** a department of architecture ◊ **Лю́да вчи́лася на ~ому факульте́ті Льві́вської політе́хніки.** Liuda studied at the Department of Architecture of the Lviv Politechnic. **~а па́м'ятка** an architectural landmark (**шко́ла** school)

асамбле́|я, *f.*, ~ї

assembly

adj. **ви́брана** elected, **ви́борна** elective, **генера́льна** general, **дора́дча** consultative, **представни́цька** representative; **держа́вна** state, **місце́ва** local, **націона́льна** national, **провінці́йна** provincial; **законода́вча** legislative, **конституці́йна** constitutional, **парла́ментська** parliamentary, **устано́вча** constituent; ♦ **Генера́льна А. ООН** the UN General Assembly; **Парла́ментська асамбле́я Ра́ди Евро́пи** the Parliamentary Assembly of the Council of Europe

v. + **а. обира́ти ~ю** elect an assembly (**склика́ти** convoke ◊ **Уряд був зму́шений нега́йно скли́кати конституці́йну ~ю.** The government was forced to immediately convoke a constitutional assembly. **формува́ти** form; **розганя́ти** break up, **розпуска́ти** dissolve) ◊ **Революціоне́ри розпусти́ли устано́вчу ~ю.** The revolutionaries dissolved the constituent assembly.

Also see **збо́ри 2**

асортиме́нт, *m.*, ~у

assortment (*of goods, services*), range; variety, selection

adj. **бага́тий** rich, **вели́кий** large ◊ **Їх ура́зив вели́кий а. по́слуг у готе́лі.** They were impressed by the wide range of services at the hotel. **величе́зний** vast, **різномані́тний** varied, **розма́їтий** diverse; **широ́кий** wide; **звича́йний** usual, **станда́ртний** standard; **бі́дний** poor, **невели́кий** small, **обме́жений** limited; **ди́вний** strange, **строка́тий** motley, **чудерна́цький** weird; ◊ **Таки́й широ́кий а. страв бува́є в найкра́щих рестора́нах.** Such a wide variety of dishes can be found in the best restaurants.

v. + **а. ма́ти а.** have an assortment (**пропонува́ти** + *D.* offer sb; **підбира́ти** select) ◊ **Худо́жник підібра́в ціка́вий а. ткани́н на костю́ми.** The artist selected an interesting assortment of fabrics for the costumes. **вирізня́тися ~ом** stand out for its assortment (**пиша́тися** take pride in) ◊ **Кав'я́рня пи́шається вели́ким ~ом ка́ви.** The coffeehouse takes pride in its great selection of coffee.

Also see **ви́бір 1**

асоцію|ва́ти, ~ють; *same, tran.*

to associate, link, connect

adv. **в пе́вний спо́сіб** in some way; **загало́м** generally, **зокре́ма́** specifically, **пря́мо** directly; **звича́йно** usually, **традиці́йно** traditionally, **ча́сто** often; **пра́вильно** correctly; **безпідста́вно** groundlessly, **помилко́во** mistakenly ◊ **Філо́софа помилко́во ~ють із Просві́тництвом.** The philosopher is mistakenly associated with the Enlightenment.

pa. pple. **асоційо́ваний** associated ◊ **Павлюка́ обра́ли асоційо́ваним чле́ном товари́ства.** Pavliuk was elected associate member of the society.

асоціюй!

See **пов'я́зувати 3**

асоцію|ва́тися; *same, refl.*

to associate oneself ◊ **Майда́н Незале́жности в Ки́єві ~ється в багатьо́х люде́й зі свобо́дою.** Many people associate Independence Square in Kyiv with freedom.

See **пов'я́зуватися 3**

асоція́ці|я, *f.*, ~ї

1 association (*organization*)

adj. **америка́нська** American, **европе́йська** European, **украї́нська** Ukrainian, *etc.*; **міжнаро́дна** international, **місце́ва** local, **націона́льна** national, **реґіона́льна** regional, *etc.* **грома́дська** public, **доброві́льна** voluntary; **бібліоте́карська** library, **бізнесо́ва** business, **ви́борча** voter, **мисте́цька** arts, **науко́ва** scientific, **неприбутко́ва** non-profit, **політи́чна** political, **професі́йна** professional, **профспі́лко́ва** trade union, **молоде́ча** *or* **молоді́жна** youth, **студе́нтська** student, **торго́ва** trade

а. + *n.* **а. архіте́кторів** an architects' association (**бібліоте́карів** librarians', **науко́вців** scientists', **нумізма́тів** numismatists', **письме́нників** writers'; **ви́борців** voters', **мате́рів** mothers', **споживачі́в** consumers', *etc.*)

v. + **а. очо́лювати ~ю** head an association ◊ **Бібліоте́карську ~ю очо́лює Лі́дія П.** Lidiia P. heads the Library Association. (**ство́рювати** create, **розбудо́вувати** build up; **реє́струва́ти** register, **розпуска́ти** dissolve); **керува́ти ~єю** direct an association

prep. **а. з** + *I.* association with sb; **а. між** + *I.* association between sb

See **організáція 1.** *Also see* **компáнія 2, корпорáція, пáртія, товари́ство 3**
2 *psych.* association, connection *(mental, etc.)*
adj. **прямá** direct, **міцнá** *or* **си́льна** strong, **стáла** stable, **чіткá** clear; **приє́мна** pleasant, **рáдісна** happy; **сумнá** sad
v. + **а. виклика́ти ~ю** evoke an association ◊ **Слóво «ви́бори» виклика́є в Олексáндри сумні́ ~ї.** The word "election" evokes sad associations in Oleksandra's mind. (**провокувáти** provoke, **формувáти** form) ◊ **Микóла сформувáв стáлу ~ю між цим селóм і дити́нством.** Mykola formed a stable association between this village and his childhood.
а. + *v.* **виникáти** emerge ◊ **У її́ голові́ виникáли ~ї з її́ пéршим кохáнням.** The connections with her first love emerged in her head. **залишáтися** linger; **утвóрюватися** form, **формувáтися** form
prep. **за ~єю з** + *I.* by association with sb/sth
Also see **згáдка 2, пам'ять 2, спóгад 1**

аспéкт, *m.*, **~у**
aspect, perspective
adj. **важли́вий** important, **головни́й** principal, **засадни́чий** essential, **ключови́й** key, **центрáльний** central; **загáльний** general, **широ́кий** wide; **бізнесóвий** business, **військóвий** military, **гуманітáрний** humanitarian, **екологі́чний** ecological, **економі́чний** economic, **ети́чний** ethical, **істори́чний** historical, **культу́рний** cultural, **людськи́й** human, **морáльний** moral, **наукóвий** scientific, **психологі́чний** psychological, **релігі́йний** religious, **соціáльний** social, **техні́чний** technical, **фінáнсовий** financial, **формáльний** formal, **юриди́чний** legal; **застосóвний** applied, **практи́чний** practical, **теорети́чний** theoretical
v. + **а. аналізувáти а.** analyze an aspect (**брáти до увáги** take into consideration ◊ **Вони́ беру́ть до увáги істори́чні ~и конфлі́кту.** They take into consideration historical aspects of the conflict. **врахóвувати** take into account, **обговóрювати** discuss ◊ **Ми обговóримо ідеологі́чні ~и фі́льму.** We'll discuss ideological aspects of the film. **розглядáти** examine; **наголóшувати** stress, **підкрéслювати** emphasize; **ігнорувáти** ignore); **нехтувати ~ом** neglect an aspect ◊ **Áвтор нéхтує економі́чним ~ом проблéми.** The author neglects the economic aspect of the problem. **наголóшувати на ~і** stress an aspect ◊ **Свящéнник наголоси́в на морáльному ~і ї́хнього ви́бору.** The priest stressed the moral aspect of their choice.
а. + *v.* **бу́ти в цéнтрі увáги** be at the center of attention; **привертáти увáгу** draw attention ◊ **Увáгу привернýв екологі́чний а. прое́кту.** The project's ecological aspect drew attention.
Also see **бік 3, момéнт 4, сторонá 4, тóчка**

аспірантýр|а, *f.*, *only sg.*
doctoral program, postgraduate studies
v. + **а. заснóвувати ~у** establish a doctoral program (**ствóрювати** create; **закі́нчувати** graduate from, **вступáти на** join); **вступáти до ~и** *or* **на ~у** enter a doctoral program ◊ **Пі́сля маґістратýри, Óля вступи́ла до ~и** *or* **на ~у.** After her MA studies, Olia entered a doctoral program. (**приймáти** + *A.* **до** admit sb to, **рекомендувáти** + *A.* **до** give sb a letter of recommendation to) ◊ **Профéсор Кіт рекомендувáв Áллу до ~и.** Professor Kit gave Alla a letter of recommendation to a doctoral program.
prep. **а. з** + *G.* a doctoral program in *(subject)* ◊ **В університéті немáє ~и з соціолóгії.** There is no doctoral program in sociology at the university. **на ~і** *posn.* in a doctoral program; **на ~у** *dir.* to a doctoral program; **пі́сля ~и** after a doctoral program ◊ **Пі́сля ~и Юркó працювáв у Рі́вному.** After his doctoral program, Yurko worked in Rivne.
See **бакалаврáт, маґістратýра, навчáння, прогрáма**

асфальту|вáти, ~ють; за~, *tran.*
to asphalt, surface with asphalt, blacktop ◊ **Дорóгу нарéшті ~ють.** The road is finally being asphalted.
adv. **гáрно** nicely, **ретéльно** thoroughly, **старáнно** painstakingly; **недбáло** carelessly, **нехлю́йно** sloppily
v. + **а. бу́ти трéба** + *D.* need to ◊ **Дорóгу трéба булó давнó за~.** The road needed to be asphalted a long time ago. **збирáтися** be going to, **мáти нáмір** have the intention to, **планувáти** plan to; **починáти** begin, **стáти** *pf.* start; **продóвжувати** continue, **закі́нчувати** finish
pa. pple. **(за)асфальтóваний** asphalted
(за)асфальтýй!

ательє́, *nt.*, *indecl.*
1 atelier, workshop, studio
adj. **вели́ке** large, **простóре** spacious, **сві́тле** bright; **знáне** renowned, **прести́жне** prestigious; **дизáйнерське** design, **виробни́че** production, ♦ **фотоательє́** photographic studio, **худóжнє** artistic
v. + **а. відкривáти а.** open an atelier (**влаштóвувати** set up ◊ **У підвáлі Ільчýк влаштувáв а.** Ilchuk set up his studio in the basement. **мáти** have, **облáднувати** equip, **тримáти** maintain)
See **майстéрня 2**
2 repair shop *(for shoes, clothes, appliances)*
а. + *n.* **а. взуттяя́** a shoemaker's shop (**мóди** fashion, **óдягу** tailor's) ◊ **Він мав невели́ке а. óдягу.** He had a small tailor's shop.

атлéти|ка, *m.*, *only sg.*
athletics
adj. ♦ **легкá а.** track and field ◊ **Маркó сім рóків займáється легкóю ~кою.** Marko has done track and field for seven years. ♦ **важкá а.** weightlifting ◊ **Чéрез хворóбу він ки́нув важкý ~ку.** Because of his sickness he quit weightlifting. **любительська** amateur ◊ **Марýся зайнялáся люби́тельською ~кою.** Marusia took up amateur athletics. **професі́йна** professional, **шкільнá** school
L. **в ~ці**
See **спорт**

атмосфéр|а, *f.*
1 atmosphere
adj. **вéрхня** *or* **горі́шня** upper, **долі́шня** *or* **ни́жня** lower; **забрýднена** polluted ◊ **У мі́сті забрýднена а.** The atmosphere in the city is polluted. **отрýєна** poisoned, **зади́млена** smoky, **земнá** earthly, **марсія́нська** Martian; **чи́ста** clear
а. + *n.* **а. Землі́** the atmosphere of Earth (**Мáрса** Mars, **Юпі́тера** Jupiter; **планéти** the planet)
v. + **а. забрýднювати ~у** pollute the atmosphere (**очи́щувати** clean; **впливáти на** influence)
2 *fig.* atmosphere, mood, feeling, ambience, tone
adj. **весéла** cheerful, **гáрна** nice, **гости́нна** hospitable, **домáшня** homelike, **дрýжня** friendly, **емоці́йна** emotional, **інти́мна** intimate, **зати́шна** cozy, **зрýчна** comfortable, **карнавáльна** carnival, **позити́вна** positive, **приє́мна** pleasant, **приві́тна** welcoming, **рáдісна** joyful, **романти́чна** romantic, **святкóва** festive, **спокі́йна** calm, **сприя́тлива** congenial, **унікáльна** unique ◊ **У готéлі «Синеві́р» дýже приє́мна а.** The Synevir Hotel has a very pleasant atmosphere. **важкá** heavy, **ворóжа** hostile, **гніти́юча** oppressive, **натя́гнута** strained, **неґати́вна** negative, **напрýжена** tense, **понýра** grim, **похмýра** gloomy ◊ **У зáлі панувáла похмýра а.** A gloomy atmosphere reigned over the auditorium.
v. + **а. встанóвлювати ~у** establish ambience (**підтри́мувати** maintain, **покрáщувати** improve, **ствóрювати** create; **отрýювати** poison, **псувáти** spoil, **руйнувáти** ruin)
а. + *v.* **бу́ти наси́ченою** + *I.* be saturated with sth ◊ **А. на зустрі́чі булá наси́чена недові́рою.** The atmosphere at the meeting was saturated with distrust. **панувáти** reign; **змі́нюватися** change
Also see **клі́мат 2, нáстрій 2**

áтом, *m.*, **~а**
atom
adj. **заря́джений** charged; **нестабі́льний** unstable, **розщéплений** split
а. + *n.* **а. азóту** a nitrogen atom (**вóдню** hydrogen, **вуглецю́** carbon, **ки́сню** oxygen, *etc.*)
v. + **а. розщéплювати а.** split an atom ◊ **Метóю експеримéнту розщепи́ти а.** The goal of the experiment is to split the atom. (**вивчáти** study; **ізолювáти** isolate) ◊ **Фі́зики ізолювáли а. цьогó елемéнта.** Physicists isolated an atom of this element.

атомóв|ий, *var.* **áтомний**, *adj.*
atomic ◊ **~а бóмба** an atomic bomb (**збрóя** weapons; **мáса** mass), ♦ **~а електростáнція** a nuclear power plant ◊ **Рі́вненська ~а електростáнція** the Rivne Nuclear Power Plant

Б

бáб|а, *f.*, *var. (affectionate)* **~ýся, ~ця**
1 grandmother ◊ **б. Марі́я та дід Івáн** Grandmother Maria and Grandfather Ivan
adj. **дорогá** dear, **кохáна** *colloq.* beloved, **лю́бляча** loving, **улю́блена** favorite, **щасли́ва** happy; **молодá** young
v. + **б. бу́ти ~ою** be a grandmother (**називáти** + *A.* call sb ◊ **Людми́лі ди́вно, що її́ називáють тепéр ~ою.** It is strange to Liudmyla that she is now called grandmother. **роби́ти** + *A.* make sb, **ставáти** become) ◊ **Чéрез рік пі́сля одрýження дочки́ Гали́на стáла щасли́вою ~ою.** A year after her daughter's marriage, Halyna became a happy grandmother.
prep. **б. по бáтьківській лі́нії** a paternal grandmother (**матери́нській** maternal) ◊ **Натáля – Катрýсина б. по матери́нській лі́нії.** Natalia is Katrusia's maternal grandmother.
Cf. **дід 1**
2 old woman ◊ **Жили́ собі́ дід і б.** Once upon a time, there lived an old man and an old woman. *(traditional beginning of a folk tale)*
adj. **нéмічна** frail, **слабá** *or* **хвóра** sick; ♦ **кам'янá б.** a Kurgan stela; ♦ **сніговá б.** *or* **снігови́к** a snowman
Cf. **дід 2**
3 *pejor.* woman
adj. **врéдна** obnoxious, **злa** evil, **лихá** mean, **нестéрпна** unbearable, **сварли́ва** peevish, **серди́та** angry; ♦ **базáрна б.** a gossip, chatter-box; ♦ **б. з вóза, кóням лéгше** goodbye and good riddance
See **жі́нка 1**
4 *pejor.* wife, missus ◊ **Макáр полáявся зі своє́ю ~ою.** Makar bickered with his missus.
See **жі́нка 2**
5 *pejor.* sissy, wimp, effeminate man
adj. **абсолю́тна** absolute, **остáння** ultimate ◊ **Симóн пові́вся як остáння б.** Symon behaved like the ultimate wimp. **правди́ва** true, **спрáвжня** utter, **чи́ста** complete, **якáсь** some kind of
N. pl. **~и́**, *G. pl.* **баб** *or* **~ів**

бáв|ити, ~лю, ~иш, ~лять; *no pf.*, *tran.*
1 to amuse, entertain, be entertaining for sb; **по~** *pf.* to entertain *(for some time)* + *I.* with sth

adv. **безкінéчно** endlessly ◊ **Чернівці́ безкінéчно ~или Ні́ну своїми людьми́.** Chernivtsi amused Nina endlessly with its people. **ввесь час** all the time, **незмі́нно** invariably; **гáрно** nicely, **дýже** much; **з приємні́стю** with pleasure, **приємно** pleasantly, **рáдо** gladly ◊ **Він рáдо ~ив студéнтів кумéдними істóріями.** He gladly entertained his students with funny stories.
v. + **б. вмі́ти** be able to ◊ **Сергі́й умі́є б. товари́ство анекдóтами.** Serhii is able to entertain company with jokes. **знáти, як** know how to; **намагáтися** try to, **хоті́ти** want to; **починáти** begin, **стáти** *pf.* start, **переставáти** stop ◊ **Йогó перестáли б. Натáлчині розмóви про майбýтнє.** Natalka's talks of the future stopped amusing him. **продóвжувати** continue
Also see **весели́ти, розважáти 1, ті́шити 3**
2 to babysit, look after *(a child)*; **по~** *pf.* to look after *(for some time)*
adv. **вмі́ло** skillfully ◊ **Бабýся вмі́є по~ дитя́.** Grandma knows how to babysit a child. **з любóв'ю** lovingly, **терпля́че** patiently

бáв|итися; по~, *refl.*
1 to amuse oneself, have fun + *I.* with sth ◊ **На її́ вечі́рках ми гáрно ~илися.** We had good old fun at her parties.
adv. **гáрно** nicely, **дóбре** well, **чудóво** wonderfully; **зáвжди́** always, **без кінця́** endlessly, **безперестáнку** nonstop, **дóвго** for a long time, **досхочý** to one's heart's delight
Also see **весели́тися, грáти 4, грáтися 1, гуля́ти 2**
2 to play
prep. **б. в** + *A.* play at sth *or* with ◊ **б. у вíйнý** play at war; **б. в ляльки́** play dolls (**козакі́в** Cossacks ◊ **Ді́ти пішли́ до лі́су б. в козакі́в.** The children went to the woods to play Cossacks. **пірáтів** pirates ◊ **Частíше за все Юркó з друзя́ми ~илися в пірáтів.** Yurko and his friends played pirates more frequently than anything else. **полі́тику** *fig.* politics) ◊ **Йомý порáдили не б. у полі́тику.** *fig.* He was advised not to play at politics.
Also see **грáти 4, грáтися 1**
3 *fig.* fool around, waste time ◊ **Я не дýмаю з ни́ми б.** I'm not going to fool around with them.

бавóвн|а, *f., only sg.*
1 cotton, cotton cloth
adj. **делікáтна** delicate ◊ **Такý делікáтну ~у булó нелéгко знайти́ в той час.** Such delicate cotton was not easy to find then. **легкá** light, **тонкá** thin; **стовідсóткова** 100%, **чистa** pure; **грýба** thick; **м'якá** soft; **натурáльна** natural, **органі́чна** organic, **прóстá** plain, **сирá** raw, **чéсана** combed
n. + **б. клубóк ~и** a cotton ball ◊ **Він зібрáв сім клубкі́в ~и в мішóк.** He gathered seven cotton balls in a bag.
v. + **б. носи́ти ~у** wear cotton (**вирóщувати** grow; **збирáти** pick, **сади́ти** plant); **віддавáти перевáгу ~і** prefer cotton ◊ **Гáнна віддає перевáгу ~і пéред і́ншими матері́ялами.** Hanna prefers cotton to other materials. **виробля́ти** + *A.* **з ~и** produce sth from/of cotton (**роби́ти** + *A.* **з** make sth, **ши́ти** + *A.* **з** sew sth) ◊ **Лі́на поши́ла сýкню з ~и.** Lina sewed a dress from cotton.
prep. **з ~и** of/from cotton ◊ **штани́ з грýбої ~и** pants of thick cotton
See **ткани́на 1.** *Also see* **матéрія 1, матері́ял 4**
2 cotton plant
n. + **б. врожáй ~и** a cotton crop ◊ **значни́й урожáй ~и** a considerable cotton crop (**вирóщування** cultivation, **збирáння** harvesting ◊ **сезóн збирáння ~и** the cotton harvesting season; **наси́ння** seed, **плантáція** plantation, **пóле** field) ◊ **Поля́ ~и тягли́ся аж до сáмого óбрію.** Cotton fields stretched all the way to the horizon.
See **росли́на**

багáт|ий, *adj.*
1 rich, wealthy, affluent
adv. **винятко́во** exceptionally, **дóсить** fairly, **достáтньо** sufficiently, **дýже** very, **казкóво** fabulously, **невірогі́дно** unbelievably, **неймові́рно** incredibly, **неми́слимо** unthinkably, **неможли́во** impossibly, **неправдоподі́бно** improbably, **страшéнно** terribly
v. + **б. бýти ~им** be rich (**вважáти** + *A.* consider sb, **вигляда́ти** look ◊ **У новóму вбрáнні Лі́дія вигляда́ла ~ою пáнею.** Lidiia looked a rich lady in her new attire. **виявля́тися** turn out ◊ **Він ви́явився казкóво ~им.** He turned out to be fabulously wealthy. **лишáтися** remain, **почувáтися** feel, **роби́ти** + *A.* make sb ◊ **Фінáнсова кри́за зроби́ла багатьóх неми́слимо ~ими.** The financial crisis made many people unthinkably rich. **ставáти** become)
Also see **забезпéчений 3, си́тий 3.** *Ant.* **бі́дний 1**
2 rich *(in resources, etc.)*, abounding in, full of
adv. **винятко́во** exceptionally, **вкрай** extremely; **відно́сно** relatively, **порі́вняно** comparatively, **потенці́йно** potentially; **незвичáйно** unusually, **особли́во** especially; **архітектýрно** architecturally, **духóвно** spiritually, **епістемологі́чно** epistemologically, **культýрно** culturally ◊ **культýрно ~е мі́сто** a culturally rich city; **наукóво** scientifically
prep. **б. на** + *A. or* **б.** + *I.* rich in sth ◊ **Місцéві лі́си ~і гриба́ми** *or* **на грибі́.** The local forests are rich in mushrooms.
Ant. **бі́дний 4**
comp. **~ший**

багаті́|ти, ~ють; роз~, *intr.*
to get rich, become rich
adv. **дóсить** fairly, **достáтньо** sufficiently, **дýже** very ◊ **Він дýже розбагаті́в на прóдажі нерухóмости.** He got very rich selling real estate. **казкóво** fabulously, **неймові́рно** incredibly, **неми́слимо** unthinkably, **неможли́во** impossibly, **неправдоподі́бно** improbably, **страшéнно** terribly; **крок за крóком** step by step, **поступóво** gradually; **миттєво** instantly, **скóро** *or* **шви́дко** quickly
v. + **б. починáти** begin to, **стáти** *pf.* start ◊ **Компáнія стáла поступóво б.** The company started gradually getting rich. **продóвжувати** continue, **переставáти** stop; **мрі́яти** dream of ◊ **Вони́ мрі́ють роз~.** They dream of getting rich. **наді́ятися** *or* **сподівáтися** hope to ◊ **Бі́дні іммігрáнти сподівáлися шви́дко роз~ в нові́й краї́ні.** The poor immigrants hoped to quickly get rich in the new country. **намагáтися** try to, **старáтися** strive to; **помагáти** + *D.* help sb to; **не давáти** + *D.* prevent sb from ◊ **Лі́нощі не давáли Михайлюкóві роз~.** Laziness prevented Mykhailiuk from getting rich.
(роз)багаті́й!
Ant. **бідні́ти**

багáт|о, *num., adv.*
1 *num.* a lot of, many, much, a great deal of + *G.* ◊ **Б. істóриків змі́нили пóгляди на цю поді́ю.** Many historians changed their viewpoint of this event.
adv. **винятко́во** exceptionally ◊ **На підготóвку в неї́ йде винятко́во б. енéргії.** The preparation takes her an exceptional amount of energy. **вкрай** extremely, **дóсить** fairly, rather ◊ **дóсить б. зуси́ль** a fair amount of effort; **достáтньо** sufficiently, **дýже** very, **невірогі́дно** unbelievably, **неймові́рно** incredibly, **неми́слимо** unthinkably, **неможли́во** impossibly, **страшéнно** terribly ◊ **Навчáння кóштувало страшéнно б. грóшей.** The training cost a terrible lot of money. **потенці́йно** potentially; **надзвичáйно** extraordinarily ◊ **надзвичáйно б. робóти** an extraordinary amount of work; **особли́во** especially ◊ **особли́во б. чáсу** especially a lot of time; **так** so *G. and L.* **~ьóх** ◊ **Він дзвони́в до ~ьóх фахівці́в.** He called many specialists. *D.* **~ьóм** ◊ **Ромáн сподóбався ~ьóм читачáм.** Many readers liked the novel. *I.* **~ьмá** ◊ **Ми познайóмилися з ~ьмá ціка́вими людьми́.** We met many interesting people.
Also see **áрмія 2, мáса 3, мóре 2, пóвно 2, си́ла 6, хмáра 3.** *Ant.* **мáло**
2 *adv.* richly, affluently, lavishly, opulently, luxuriously ◊ **Дáнина хáта дóсить б. обстáвлена.** *colloq.* Dana's place is fairly lavishly furnished.
Also see **дóрого.** *Ant.* **небагáто 2**
3 *adv.* much *(with comp. and super. degree)*, by far, considerably ◊ **Олéкса б. крáще розумі́є брáта.** Oleksa understands his brother much better.
comp. **бі́льше** more
4 *as n., sg.* a lot of, many, many people ◊ **Вонá ~ьóм подóбалася.** Many people liked her. ♦ **б. хто** many people ◊ **Сьогóдні про ньóго знáє б. хто.** Today many people know about him. ♦ **б. що** many things ◊ **Він б. чогó не розумі́в.** There were many things he did not understand.
Ant. **небагáто**[2] **2**

багатознáчн|ий, *adj.*
1 polysemous, polysemantic, of many meanings ◊ **~е слóво** a polysemous word
2 important, significant, weighty ◊ **Таки́м ~им фáктом не слід нéхтувати.** Such a weighty fact should not be ignored. ◊ **~а поді́я** an important event (**розмóва** conversation)
3 equivocal, enigmatic, cryptic ◊ **Він ки́нув на Олéну б. пóгляд.** He gave Olena a cryptic look.

багатознáчн|ість, *f.*, **~ости**, *only sg.*
1 polysemy ◊ **граматúчна б. ціє́ї конкрéтної фóрми** the grammatical polysemy of this particular form
2 importance ◊ **Ви́раз ~ости на Гáннином обли́ччі не перекóнував йогó.** The air of importance on Hanna's face was not convincing for him.
See **знáчення 1**
3 equivocation ◊ **Він не терпі́в ~ости.** He did not tolerate equivocation.

багаторі́чн|ий, *adj.*
1 of many years, lasting many years
б. + *n.* **б. дóсвід** many years of experience (**анáліз** analysis); **~а дрýжба** a long-lasting friendship (**пóдорож** journey); **~е листувáння** a correspondence of many years; **~і спостерéження** many years of observations
2 *bot.* perennial ◊ **Пóле засі́яли ~ими трáвами.** The field was sowed with perennial grasses.
Ant. **однорі́чний**

багатосторóнн|ій, *adj.*
multilateral
б. + *n.* **б. анáліз** multilateral analysis (**ви́мір** dimension, **контрáкт** contract, **підхі́д** approach); **~я дипломáтія** multilateral diplomacy (**домóвленість** *or* **угóда** agreement ◊ **Порýшення з бóку одногó підписáнта уневажнювало всю ~ю угóду.** A violation by one signatory invalidated the whole multilateral agreement. **конвéнція** convention, **співпрáця** cooperation); **~і перегóвори** multilateral negotiations

багáтств|о, *nt.*
1 wealth, riches, affluence, fortune
adj. **вели́ке** great, **величéзне** immense, **значнé** considerable, **казкóве** fabulous, **небуя́ке** extraordinary, **неймові́рне** incredible, **несказáнне** untold, **чимáлé** substantial; **кричýще** screaming, **разю́че** striking; **прихóване** hidden; **міти́чне** mythical, **уя́вне** imaginary; **невели́ке** small, **скрóмне** modest

v. + **б. мати б.** have wealth (**тратити** spend ◊ **Вона потратила велике б. на одяг.** She spent great wealth on clothes. **розділяти** divide, **заповідати** + *D.* bequeath sb, **успадковувати** inherit) ◊ **Зі смертю батьків Мушик успадкував значне б.** With his parents' death, Mushyk inherited a considerable fortune. **хизуватися ~ом** flaunt one's wealth ◊ **Він хизувався ~ом із кожного приводу.** He flaunted his wealth on every occasion.

See **ресурс 1.** *Also see* **засіб 3, майно, скарб 3, скарбниця 2.** *Ant.* **бідність**

2 *fig.* richness, opulence ◊ **б. почуттів** a profusion of emotions; ♦ **природні ~а** natural resources

Also see **заможність, капітал 2.** *Ant.* **бідність**

багат|тя, *nt.*

fire, campfire, bonfire

adj. **велике** big, **величезне** enormous; **маленьке** *dim.* small, **невелике** little; **тріскуче** crackling; **згасаюче** dying, **згасле** extinguished

v. + **б. робити б.** make a campfire ◊ **У такому сухому лісі небезпечно робити б.** It is dangerous to make a fire in such a dry forest. (**палити** light, **роздмухувати** fan, **розкладати** build, **розпалювати** kindle ◊ **У пластовому таборі Лев навчився розпалювати б. одним сірником.** At the scout camp, Lev learned how to kindle a fire with one match. **підтримувати** feed ◊ **Дівчата назбирали хмизу, щоб підтримувати б.** The girls gathered some brushwood to feed the fire. **гасити** extinguish) ◊ **Злива загасила б.** The downpour extinguished the campfire. **варити їсти на ~ті** cook over a campfire ◊ **Назар любить варити їсти на ~ті.** Nazar likes to cook over a campfire.

б. + *v.* **горіти** burn, **палати** *and* **палах(ко)тіти** blaze; **гріти** + *A.* warm sb; **загорятися** catch ◊ **Дерево було сухе, і б. зразу загорілося.** The wood was dry and the fire caught right away. **займатися** ignite; **гаснути** die out, **догоряти** burn itself out; **диміти** smoke ◊ **Б. трохи подиміло, а тоді згасло.** The fire smoked a little and then it died out. **потріскувати** crackle

G. pl. **~ь** ◊ **п'ять невеликих ~ь** five small bonfires

Also see **вогонь 2.** *Cf.* **пожежа**

баґаж, *m.*, **~у**, *only sg.*

luggage, baggage

adj. **важкий** heavy, **великий** large; **необмежений** unlimited, **обмежений** limited; **окремий** separate; **легкий** light, **малий** *or* **невеликий** small, **ручний** carry-on; **загублений** lost, **знайдений** found; **чужий** somebody else's

n. + **б. місце ~у** a piece of luggage ◊ **Він має три місця ~у.** He has three pieces of luggage. **огляд ~у** a luggage inspection ◊ **Нелю зупинили для огляду ~у.** Nelia was stopped for luggage inspection. (**доставка** delivery; **пошук** search, **реєстрація** check-in)

v + **б. мати б.** have luggage (**волокти** drag, **нести** carry; **здавати** check, **забирати** claim ◊ **Лев забрав б., пройшовши паспортний контроль.** Lev claimed his luggage, having passed through passport control. **вантажити** load, **розвантажувати** unload ◊ **Б. якраз розвантажують.**The luggage is just being unloaded. **обшукувати** search ◊ **Б. обшукали.** The luggage was searched. **оглядати** inspect; **губити** lose, **знаходити** find) ◊ **Б. знайшли через добу.** The luggage was found in 24 hours.

I. **~ем**

Also see **валіза**

баґажник, *m.*, **~а**

trunk *(in a car)*, boot; luggage compartment

adj. **автомобільний** car, **мотоциклетний** *(motorcycle)* pannier; **великий** big, **місткий** roomy; **зручний** convenient; **малий** *or* **невеликий** small, **тісний** tight; ♦ **велосипедний б.** a bicycle pannier

v. + **б. відкривати б.** open a trunk (**відмикати** unlock; **закривати** shut, **замикати** lock ◊ **Вона замкнула б.** She locked the trunk. **захлопувати** slam shut; **вантажити** load, **пакувати** pack ◊ **Валик тісно запакував б. валізами.** Valyk packed the trunk tight with suitcases. **розвантажувати** unload); **класти** + *A.* **до ~а** put sth in a trunk

prep. **в б.** *dir.* in/to a trunk ◊ **Вона сховала запасне колесо в б.** She put the spare wheel into the trunk. **в ~у** *posn.* in a trunk ◊ **У ~у не лишалося місця.** There was no space left in the trunk. **до ~а** in/to a trunk ◊ **Поклади городину до ~а.** Put the vegetables in the trunk. **з ~а** from/out of a trunk ◊ **З ~а випала помпа.** A pump fell out of the trunk.

бажан|ий, *adj.*

1 desirable ◊ **Присутність спостерігачів на виборчій дільниці ~а.** The presence of observers at the polling station is desirable.

adv. **вкрай** extremely, **гостро** acutely, **дуже** highly, **надзвичайно** extraordinarily, **особливо** particularly **явно** clearly; **економічно** economically, **етично** ethically, **морально** morally, **політично** politically, **суспільно** socially

v. + **б. бути ~им** be desirable (**вважати** + *A.* consider sb/sth, **здаватися** + *D.* seem to sb, **лишатися** remain, **ставати** become)

Also see **любий 4**

2 advisable ◊ **Ваша участь у заході дуже ~а.** Your participation in the event is strongly advisable.

бажан|ня, *nt.*

1 wish, desire + *inf.* ◊ **Хому не лишало б. поїхати десь далеко.** The desire to go somewhere far would not leave Khoma.

adj. **велике** great ◊ **Миколу охопило велике б. познайомитися з цією людиною.** Mykola was gripped by a great desire to meet this person. **величезне** enormous, **гаряче** fervent, **інтенсивне** intense, **глибоке** deep, **гостре** acute, **жадібне** voracious, **заповітне** cherished, **найбільше** greatest, **пристрасне** passionate, **сильне** strong; **дедалі більше** increasing; **нездоланне** insuperable, **ненаситне** insatiable, **непереборне** irresistible; **нездійсненне** unrealizable; **несподіване** unexpected, **раптове** sudden ◊ **Оля відчула раптове б. поласувати морозивом.** Olia felt a sudden desire to enjoy some ice cream. **свідоме** conscious; **невідступне** relentless, **нереалізоване** unrealized; **потамоване** repressed, **приховане** hidden, **таємне** secret, **укрите** concealed; **відчайдушне** desperate, **зухвале** brazen; **правдиве** true, **справжнє** real, **щире** genuine; **новорічне** New Year; **останнє** last, **передсмертне** dying ◊ **Передсмертне б. королеви залишилося знехтуваним.** The queen's dying wish remained ignored. **особисте** personal, **егоїстичне** selfish; **природне** natural, **природжене** innate; **підсвідоме** subconscious, **несвідоме** unconscious; **суперечливе** conflicting ◊ **Тамару розривали суперечливі б.** Tamara was torn apart by conflicting desires. **плотське** carnal, **еротичне** erotic, **сексуальне** sexual, **гетеросексуальне** heterosexual, **гомосексуальне** homosexual; **взаємне** mutual

v. + **б. мати б.** have a wish ◊ **Він мав б. випити чогось.** He had a desire to have a drink. (**відчувати** feel, **розділяти** share ◊ **Ми розділяємо ваше б. дізнатися правду.** We share your desire to learn the truth. **викликати** provoke, **збуджувати** arouse, **підігрівати** fan, **породжувати** bring about, **провокувати** provoke, **розпалювати** fuel, **стимулювати** stimulate; **виражати** express, **висловлювати** voice ◊ **Діти висловили б. лишитися в селі.** The children expressed a wish to stay in the village. **виявляти** reveal, **виконувати** fulfill, **задовольняти** satisfy, **здійснювати** carry out, **реалізувати** realize, **удовольняти** gratify; **контролювати** control ◊ **Йому нелегко контролювати плотські б.** It is not easy for him to control his carnal desires. **долати** overcome); **підкорятися ~ню** obey a wish, **відповідати ~ням** meet sb's wishes ◊ **Продукт відповідає ~ням споживачів.** The product meets consumers' wishes. ♦ **палати ~ням** to be burning with desire

б. + *v.* **не давати спокою** + *D.* not leave sb alone ◊ **Оксані не давало спокою б. подзвонити братові.** The desire to call her brother would not leave Oksana in peace. **оволодівати** + *I.* take over sb, **охоплювати** + *A.* grip sb ◊ **Марка охопило б. кинути все.** Marko was gripped by a desire to give up everything. **переслідувати** + *A.* haunt sb ◊ **Адама переслідує б. піти до священника й висповідатися.** Adam is haunted by the desire to go to a priest and confess.

Also see **воля 2, готовність 2, жага 2, жадання 2, жадоба 1, охота 1, побажання 2, прагнення, снага 3, спокуса, спрага 2.** *Cf.* **побажання 1**

2 wish *(expression of hope)* ♦ **Хай збудуться ваші б.** May your wishes come true.

v. + **б. загадувати б.** make a wish ◊ **Побачивши комету, Романа загадала б.** Having seen a comet, Romana made a wish.

See **побажання 1.** *Also see* **жадання 1, настрій 3**

бажа|ти, **~ють; по~**, *tran.*

1 to wish sb sth + *G.* + *D. or* + *inf.* ◊ **Хочу по~ удачі вам і всій вашій дружині.** I'd like to wish you and your entire team good luck.

adv. **вже** already, **наперед** in advance; **з запізненням** belatedly; **завжди** always, **іноді** sometimes, **про всяк випадок** just in case; **просто** simply; **від усього серця** from the bottom of one's heart, **сердечно** heartily, **тепло** warmly, **щиро** sincerely ◊ **Степан щиро побажав братові знайти своє кохання.** Stepan sincerely wished his brother would find his love.

б. + *n.* **б. веселого Різдва** wish a Merry Christmas (**щасливого Нового року** a happy New Year; **Божого благословіння** God's blessing, **всіх благ** all the blessings, **всього найкращого** all the best, **здоров'я** good health, **наснаги** strength, **нових здобутків** new achievements, **перемоги** victory, **удачі** good luck, **успіху** success, **щасливої дороги** a happy journey, **щастя** happiness; **невдачі** failure, **поразки** defeat ◊ **Вона потай ~ла їм поразки.** She secretly wished them defeat. **смерті** death); ♦ **нікому не б. лиха** to wish nobody ill

v. + **б. хотіти** want to ◊ **Я хочу по~ молодятам вірної любови.** I want to wish the newlyweds faithful love. **відмовлятися** refuse to, **забувати** forget to ◊ **Не забудь по~ їм щасливої дороги.** Don't forget to wish them a happy journey. **не хотіти** not want to

2 *only impf.* to want, wish, feel inclined + *G. or* + *inf.* ◊ **Дві години сну – це все, що вони тепер ~ють.** Two hours of sleep is all they now want.

adv. **завжди** always, **іноді** sometimes, **про всяк випадок** just in case, **просто** simply ◊ **Олег просто ~в повернутися додому.** Oleh simply wished to return home. **справді** really; **потай** secretly; **тільки** only; **щиро** sincerely

See **хотіти.** *Also see* **прагнути**

pa. pple. **бажаний** desired

(по)бажай!

баз|а, *f.*

1 *only sg.* basis, foundation, rationale, grounds ◊ **Роботи Бурдьє стали теоретичною ~ою для її аналізу.** Bourdieu's works became a theoretical basis for her analysis.

adj. **ґрунтовна** sound, **достатня** sufficient, **міцна** strong, **непохитна** unshakable,

перекóнлива convincing, **серйóзна** serious, **солíдна** solid, **твердá** firm, **чудóва** wonderful, **широка** broad; **вузькá** narrow, **слабкá** weak, **сумнíвна** questionable, **хисткá** shaky; **доказóва** evidentiary, **духóвна** spiritual, **економíчна** economic, **емпірúчна** empirical, **ідеологíчна** ideological, **наукóва** scientific, ◊ **наукóва б. дáних** a scientific database; **політúчна** political, **суспíльна** social, **фінáнсова** financial; **гіпотетúчна** hypothetical, **реáльна** real, **теоретúчна** theoretical
v. + **б. давáти** + *D.* **~у** give sb/sth a basis (**забезпéчувати** + *D.* provide sb with ◊ **Зíбрані дáні забезпéчили йомý достáтню ~у для спостерéжень.** The collected data provided him with a sufficient basis for observations. **мáти** have ◊ **Її теóрія мáє потýжну доказóву ~у.** Her theory has a powerful evidentiary basis. **пропонувáти** + *D.* offer sb, **ствóрювати** create, **формувáти** form; **зміцнювати** strengthen, **розширювати** widen; **підривáти** undermine, **послáблювати** weaken, **розхúтувати** shake; **спирáтися на** rely on ◊ **Гіпóтеза спирáється на солíдну ~у.** The hypothesis relies on a solid foundation. ♦ **підвóдити ~у під** + *A.* to give substance to, substantiate sth; **бýти ~ою** be a basis (**користувáтися** use ◊ **Áвтор корúстується реáльною ~ою дáних.** The author uses a real database. **служúти** + *D.* serve sb as, **ставáти** become)
prep. **на ~у** *dir.* on/to a basis; **на ~і** *posn.* on a basis ◊ **Він написáв лéкцію на ~і влáсних спостерéжень.** He wrote the lecture on the basis of his own observations. **б. для** + *G.* basis for
Also see **ґрунт 2, оснóва 2, підстáва**
2 base, camp, station, post
adj. **військóва** military ◊ **російська військóва б. в Сúрії** a Russian military base in Syria; **військóво-повітряна** airforce, **морськá** naval, **ракéтна** missile, **спортúвна** sports, **тренувáльна** training ◊ **Головнá тренувáльна б. клýбу розташóвана в Кримý.** The club's main training camp is located in the Crimea. **закордóнна** overseas, **чужозéмна** foreign
v. + **б. будувáти ~у** build a base (**встанóвлювати** establish, **мáти** have, **організóвувати** organize, **розгортáти** deploy, **розташóвувати** locate, **утрúмувати** maintain, **евакуювáти** evacuate, **закривáти** close down ◊ **Військóву ~у закриють.** The military base will be closed down. **ліквідóвувати** eliminate; **використóвувати** use) ◊ **Військóво-морськý ~у використали для нáпаду на суверéнну краïну.** The naval base was used to attack a sovereign country.

бáзов|ий, *adj.*
1 basic, essential, fundamental ◊ **Курс даé студéнтам ~і знáння з хéмії.** The course gives students basic knowledge of chemistry. ◊ **Закóн зазіхáє на ~і правá людúни.** The law encroaches on basic human rights.
See **оснóвний 1**
2 base, of or pertaining to base ◊ **У реґіóні розгóрнуто два ~і й шість допомíжних табóрів.** There are two base camps and six auxiliary ones set up in the region.
See **головнúй 1**

базу|вáти, ~ють; *no pf., tran.*
base, build, ground
adv. **прямо** directly ◊ **Заяву вонá ~є прямо на фáктах.** She bases her statement directly on facts. **перекóнливо** convincingly, **солíдно** solidly, **твéрдо** firmly
prep. **б. на** + *L.* base on sth

байдýже, *adv., pred.*
1 with indifference, indifferently ◊ **Він б. спостерігáв за суперéчкою покупця і продавчúні.** He observed the argument between a customer and a saleswoman with indifference.
adv. **абсолютно** absolutely, **геть** totally, **глибóко** deeply, **зóвсім** utterly, **цілкóм** completely ◊ **У вíдповідь вонá цілкóм б. позіхнýла.** In response, she yawned with complete indifference. **лéдве** barely, **мáйже** almost; **зóвсім не** not at all, **ніяк не** in no way
2 *pred.* indifferent, all the same + *D.*
v. + **б. бýти** be ◊ **Хомí зóвсім б., як зреаґýють колéґи.** It is completely all the same to Khoma how his colleagues would react. (**ставáти** become) ◊ **Марíї стáло б., що дíялося у шпитáлі.** Maria became indifferent as to what was going on at the hospital. ♦ **Мені б.** I don't care.
prep. **б. до** + *G.* or **про** + *A.* indifferent about sb/sth ◊ **Ïм зóвсім б. до плітóк.** They are utterly indifferent to gossips.
3 *pred.* no matter, never mind ◊ **Б., що він скáже.** Never mind what he says.

байдýж|ий, *adj.*
indifferent
adv. **абсолютно** absolutely, **геть** totally, **глибóко** deeply, **зóвсім** utterly, **незмíнно** invariably, **підкрéслено** emphatically ◊ **підкрéслено ~е стáвлення** an emphatically indifferent attitude; **цілкóм** completely; **лéдве** barely, **мáйже** almost; **менш** less; **позíрно** seemingly
б. + *n.* **б. вúраз** an indifferent expression (**гóлос** voice, **пóгляд** look, **рóзум** mind, **тон** tone), ♦ **б. вúгляд** an air of indifference; **~а людúна** an indifferent person (**пихá** arrogance) ◊ **На йогó облúччі був вúраз ~oï пихú.** His face wore an expression of indifferent arrogance. **~е сéрце** an indifferent heart (**слóво** word, **стáвлення** attitude)
v. + **б. бýти ~им** be indifferent (**виглядáти** look, **виявлятися** turn out, **звучáти** sound, **здавáтися** + *D.* seem to sb, **лишáтися** remain; **прикидáтися** pretend to be, **ставáти** become) ◊ **Йогó тон став ~им і чужúм.** His tone became indifferent and alien.
prep. **б. до** + *G.* indifferent to sb/sth ◊ **Дáрка цілкóм ~а до йогó залицянь.** Darka is completely indifferent to his advances.

байдýж|ість, *f.*, **~ости**, *only sg.*
indifference, disinterest, deafness
adj. **абсолютна** absolute ◊ **Скáзане не викликáло в Івáнни нічóго, крім абсолютної ~ости.** What was said provoked nothing but absolute indifference in Ivanna. **все бíльша** growing, **глибóка** deep, **пóвна** total, **цілковúта** complete; **демонстратúвна** demonstrative, **неприхóвана** undisguised, **підкрéслена** emphatic; **позíрна** seeming ◊ **За її позíрною ~істю крúлася зацікáвленість.** Curiosity was hiding behind her seeming indifference. **показнá** studied, **удáвана** feigned; **зумúсна** deliberate; **безсéрда** heartless, **жорстóка** cruel, **холóдна** cold, **черствá** callous
v. + **б. виявляти б.** show indifference (**виражáти** express, **вислóвлювати** voice, **демонструвáти** exhibit, **покáзувати** display; **культивувáти** cultivate, **симулювáти** feign; **відчувáти** sense ◊ **Андрíй відчýв у її відповіді погáно прихóвану б.** Andrii sensed poorly disguised indifference in her response. **наштóвхуватися на** be met with ◊ **Її прохáння про допомóгу наштовхнýлося на б.** Her plea for help was met with indifference.
prep. **б. до** + *G.* indifference to sb/sth; **з ~істю** with indifference ◊ **Сúмон сказáв це із ~істю в гóлосі.** Symon said it with indifference in his voice.
Also see **глухотá 2, хóлод 3**

бáй|ка, *f.*
1 fable
adj. **знáна** well-known, **класúчна** classic ◊ **Він знáє кíлька класúчних ~óк.** He knows several classic fables. **популярна** popular, **старá** old, **улюблена** favorite
v. + **б. вивчáти напáм'ять ~ку** learn a fable by heart ◊ **На вівтóрок дíти мáють вúвчити напáм'ять ~ку «Синúця».** For Tuesday, the children are to learn the fable "Tomtit" by heart. (**декламувáти** or **рецитувáти** recite; **знáти** know; **розкáзувати** or **розповідáти** + *D.* tell sb ◊ **Юркó розповíв нéбожам ~ку «Вовк та Ягня».** Yurko told his nephews the fable "The Wolf and the Lamb." **читáти** read)
prep. **в ~ці** in a fable; **з ~ки** from a fable; **б. про** + *A.* a fable about sth ◊ **Вúраз похóдить з ~ки Езóпа про жáбу та волá.** The expression comes from Aesop's fable about the frog and the ox.
Also see **кáзка 1**
2 *fig.* fabrication, fiction, lies, fib ◊ **Не розкáзуйте нам ~óк!** Don't tell us lies! ◊ **Усé це – чúста б.** All that is pure fiction. ◊ **Рóзповіді про йогó дрýжбу з письмéнником – ~кú.** The tales of his friendship with the writer are fibs.
See **брехня 1.** *Also see* **кáзка 2**

бак, *m.*, **~а**
tank, vat, container
adj. **велúкий** big, **висóкий** tall, **громіздкúй** bulky, **місткúй** voluminous; **бензúновий** gasoline, **водянúй** water, **молóчний** milk
v. + **б. наливáти б.** fill a tank (**напóвнювати** fill up ◊ **Їй бракýє грóшей, щоб напóвнити б. бензúном.** She lacks money to fill up the tank with gas. **використóвувати** use ◊ **Зелéні ~и використóвували для дúзельного пáльного.** They used the green tanks for diesel fuel. **спорожняти** empty, **споживáти** consume; **замíняти** replace) ◊ **Механíк замінúв старúй б.** The mechanic replaced the old tank.
б. + *v.* **протікáти** *and* **тектú** leak ◊ **Б. протікáє.** The tank leaks.
prep. **б. для** + *G.* a tank for sth ◊ **б. для пáльного** a gas tank (**вóди** water, **молокá** milk, **олíї** oil); ♦ **Пóвний б., будь лáска!** Fill it up, please!

бакалáвр, *m.*, **~а; ~ка**, *f.*
bachelor *(degree)*, BA + *G.* ◊ **б. філосóфії** a bachelor of philosophy ◊ **На цьомý факультéті готýють ~ів із п'ятьóх дисциплíн.** They train BA students in five disciplines at this department. **Він ще не мáє стýпеня ~а.** He does not yet have a bachelor's degree.
Also see **маґíстр**

бакалаврáт, *m.*, **~у**, *only sg.*
bachelor's program, bachelor's studies ◊ **Він навчáвся на ~і.** He did his bachelor's studies.
prep. **б. з** + *G.* bachelor's degree in *(a discipline)* ◊ **б. з істóрії** a bachelor's degree in history
See **прогрáма 1.** *Also see* **аспірантýра, маґістéріюм**

бакалáврськ|ий, *adj.*
bachelor's, of or pertaining to a bachelor's degree ◊ **В університéті відкрúли ~у прогрáму з психолóгії.** A bachelor's program in psychology has been started at the university.
See **дóкторський, маґістéрський**

бактéрі|я, *f.*, **~ї**
bacterium
adj. **небезпéчна** dangerous, **шкідлúва** harmful; **здорóва** healthy, **кóрисна** beneficial ◊ **Бувáють як шкідлúві, так і здорóві вúди ~й.** There are both harmful and healthy varieties of bacteria.
v. + **б. виявляти ~ю** identify a bacterium ◊ **Цю ~ю вúявили столíття томý.** This bacterium was identified a century ago. (**дослíджувати** study; **атакувáти** attack, **вбивáти** kill ◊ **Дéякі ~ї лéгко вбúти заморóжуванням.** Some bacteria are easily killed by freezing. **знúщувати** destroy)

◊ **Ві́рус зни́щує здоро́ві ~ї в кишкі́внику.** The virus destroys healthy bacteria in the intestine. **позбува́тися ~й** get rid of bacteria

бал[1], *m., ~у*
ball *(dance)*, dance
adj. **випускни́й** graduation ◊ **Випускни́й б. до́бре організо́вано.** The graduation ball is organized well. **шкі́льний** school, **новорі́чний** New Year's; **костюмо́ваний** costume, **маскара́дний** masked; **доброчи́нний** charitable; ♦ **б.-маскара́д** a masquerade
v. + **б. організо́вувати б.** organize a ball (**дава́ти** give ◊ **Шко́ла дає́ б.** The school gives a ball. **влашто́вувати** throw ◊ **Карпе́нки влашто́вують б.** The Karpenkos throw a ball. **запро́шувати** + *A.* **на** invite sb to, **йти на** go to, **прийти́ на** come to) ◊ **Вони́ прийшли́ на новорі́чний б.** They came to the New Year's ball.
N. pl. **~и́**
Also see **збіго́висько 3, прийняття́**

бал[2], *m., ~а*
point, mark, grade
adj. **висо́кий** high, **до́брий** good, **найви́щий** top; **ке́пський** poor, **низьки́й** low, **найни́жчий** lowest, **пога́ний** bad; **виріша́льний** decisive; **додатко́вий** additional
v. + **б. ста́вити** + *D.* **б.** give sb a point ◊ **Кана́дський суддя́ поста́вив їм висо́кий б.** The Canadian judge gave them a high mark. (**дістава́ти** get, **заробля́ти** earn, **здобува́ти** win, **отри́мувати** receive; **втрача́ти** lose, **зніма́ти** take away) ◊ **За по́милку гімна́стові зняли́ ~и.** They took away points from the gymnast for the mistake.
prep. **б. за** + *A.* a point for sth ◊ **Вона́ діста́ла три ~и за викона́ння впра́ви.** She got three points for her execution of the exercise.
N. pl. **~и**

балаку́ч|ий, *adj.*
talkative, loquacious
adv. **вкрай** extremely, **до́сить** fairly, **ду́же** very, **страше́нно** terribly; **дивови́жно** amazingly; **неприє́мно** unpleasantly, **нестерпно** unbearably; **на́дто** too, **не в мі́ру** beyond measure
v. + **б. бу́ти ~им** be talkative (**виявля́тися** prove ◊ **Його́ сусі́д по кімна́ті ви́явився не в мі́ру ~им.** His roommate turned out to be talkative beyond measure. **здава́тися** + *A.* seem to sb ◊ **Вона́ здала́ся Ма́рті дивови́жно ~ою, як для судді́.** She seemed to Marta to be amazingly talkative for a judge. **става́ти** become) ◊ **Поба́чивши до́кази, заарешто́ваний став ~им.** Having seen the evidence, the arrested man became talkative.

бале́т, *m., ~у*
1 ballet *(art)*
adj. **аванґа́рдовий** avant-garde, **класи́чний** classical ◊ **Со́ля віддає́ перева́гу класи́чному ~у пе́ред аванґа́рдовим.** Solia prefers classical ballet to avant-garde. **моде́рний** modern; **романти́чний** romantic
n. + **б. арти́ст** (*f.* **арти́стка**) **~у** a ballet dancer (**теа́тр** theater) ◊ **У буди́нку розташу́ється теа́тр ~у.** The building will be occupied by the ballet theater.
v. + **б. вивча́ти б.** study ballet ◊ **Тут вивча́ють класи́чний б.** They study classical ballet here. (**виклада́ти** teach ◊ **Вона́ де́сять ро́ків виклада́є б.** For ten years, she has taught ballet. **люби́ти** like ◊ **Ма́ма навчи́ла Бори́са люби́ти б.** Mom taught Borys to like ballet.
Cf. **о́пера**
2 ballet *(as a play or performance)*
adj. **аванґа́рдовий** avant-garde, **класи́чний** classical ◊ **класи́чний б. «Дон Кіхо́т»** the classical ballet *Don Quixote*; **романти́чний** romantic; **популя́рний** popular, **улю́блений** favorite; **одноа́ктовий** one-act, **двоа́ктовий** two-act ◊ **двоа́ктовий б. «Жизе́ль»** the two-act ballet *Giselle*; **тріа́ктовий** three-act, *etc.*
v. + **б. компонува́ти б.** compose a ballet (**писа́ти** write ◊ **Компози́тор писа́в як о́пери, так і ~и.** The composer wrote both operas and ballets. **ста́вити** stage ◊ **Теа́тр упе́рше ста́вив аванґа́рдовий б.** The theater staged an avant-garde ballet for the first time. **створю́вати** create, **хореографува́ти** choreograph; **вико́нувати** perform, **танцюва́ти** dance) ◊ **Він танцюва́в цей маловідо́мий б. впе́рше.** He was dancing the little-known ballet for the first time.
prep. **в ~і** in a ballet ◊ **Балери́на ви́конає головну́ па́ртію в ~і.** The ballerina will perform the lead part in the ballet. ♦ **б. на дві дії́** a two-act ballet
See **п'є́са**

бале́тн|ий, *adj.*
ballet, of or pertaining to ballet ◊ **Семенчу́к став ~им огляда́чем газе́ти.** Semenchuk became the newspaper's ballet reviewer.
б. + *n.* **б. костю́м** a ballet costume (**репертуа́р** repertoire ◊ **Теа́тр урізномані́тнив б. репертуа́р.** The theater made its ballet repertoire more varied. **стрибо́к** jump; **уро́к** lesson; **хорео́граф** choreographer); **~а виста́ва** a ballet performance (**постано́ва** production; **тру́па** company) ◊ **У тра́вні ~а тру́па теа́тру на гастро́лях.** In May, the ballet company of the theater is on tour. ◊ **~і декора́ції** ballet scenery (**пуа́нти** pointe shoes)

банк, *m., ~у*
1 bank
adj. **вели́кий** big, **провідни́й** major ◊ **Музе́й фінансу́ють три провідні́ ~и краї́ни.** Three of the country's major banks are financing the museum. **центра́льний** central; **невели́кий** small; **емісі́йний** issuing, **іпоте́чний** mortgage, **комерці́йний** commercial, **оща́дний** savings, **пересувни́й** mobile, **позико́вий** loan, **резе́рвний** reserve; **місце́вий** local; **европе́йський** European, **міжнаро́дний** international, **націона́льний** national ◊ **Націона́льний Б. Украї́ни** the National Bank of Ukraine; **держа́вний** state, **прива́тний** private; **офшо́рний** offshore ◊ **Гро́ші відмива́ли че́рез офшо́рний б. на Ки́прі.** The money was laundered through an offshore bank in Cyprus. **чужозе́мний** foreign
v. + **б. виру́чати б.** bail out ◊ **У́ряд ви́ручив б.-банкру́т.** The government bailed out the bankrupt bank. (**грабува́ти** rob ◊ **Б. грабу́ють не впе́рше.** This is not the first time the bank has been robbed. **закрива́ти** close down, **ліквідо́вувати** liquidate; **засно́вувати** found); **йти́ до ~у** go to a bank ◊ **Йому́ не тре́ба йти до ~у, щоб депонува́ти чек.** He does not need to go to the bank to deposit a check. **бу́ти ви́нним** + *A.* **~у** owe sth to a bank ◊ **Фі́рма ви́нна ~у мільйо́н гри́вень.** The firm owes the bank a million hryvnias.
б. + *v.* **бра́ти** *or* **пра́вити** + *A.* charge sth ◊ **Б. бере́** *or* **пра́вить сто гри́вень за опера́цію.** The bank charges ₴100 per transaction. **випла́чувати** *and* **плати́ти** + *A.* + *D.* pay sb sth ◊ **Б. пла́тить компенса́цію ошахро́ваним клі́єнтам.** The bank is paying the defrauded clients a compensation. **випуска́ти** + *A.* issue sth ◊ **Б. ви́пустив меморія́льну моне́ту.** The bank issued a commemorative coin. **ґарантува́ти** + *A.* underwrite sth ◊ **Центра́льний б. ґарантува́в се́рію нови́х обліга́цій.** The central bank underwrote a series of new bonds. **дава́ти** + *D.* **по́зику** to give sb a loan, **позича́ти** + *A.* + *D.* lend sb sth ◊ **Б. пози́чив шко́лі гро́ші.** The bank lent the school the money. **банкрутува́ти** go bankrupt, **зазнава́ти кра́ху** crash
prep. **в б.** *dir.* in/to a bank ◊ **Вони́ покла́ли гро́ші в б.** They deposited the money in the bank. **в ~у** *posn.* in a bank ◊ **Він трима́є папе́ри в ~у.** He keeps the papers in a local bank. **від ~у** from a bank ◊ **по́зика від ~у** a loan from a bank; **до ~у** to a bank ◊ **Вони́ зверну́лися до ~у.** They turned to the bank. **з ~у** from/out of a bank
2 *fig.* bank, stock, collection, store
б. + *n.* ♦ **б. да́них** a database; **б. кро́ви** a blood bank (**пла́зма** plasma, **спе́рми** sperm); **б. іде́й** a bank of ideas (**інова́цій** innovations; **пропози́цій** proposals; **публіка́цій** publications, **статте́й** articles)
See **збі́рка**

банкома́т, *m., ~а*
ATM, automated teller machine
v. + **б. встано́влювати б.** install an ATM ◊ **У крамни́ці встанови́ли нови́й б.** They installed a new ATM in the store. (**грабува́ти** rob; **знахо́дити** find ◊ **Їм тре́ба було́ якнайшви́дше знайти́ б.** They needed to find an ATM as soon as possible. **шука́ти** look for); **вийма́ти гро́ші з ~а** get money from an ATM ◊ **Ва́ля ви́йняла тро́хи готі́вки з ~а.** Valia got some cash from an ATM.

банкру́т, *m.*; **~ка**, *f.*
bankrupt, bankrupt individual
adj. **абсолю́тний** absolute, **по́вний** total, **факти́чний** virtual ◊ **Оре́ста ма́є спра́ву з факти́чним ~ом.** Oresta is dealing with a virtual bankrupt. **цілкови́тий** complete; **економі́чний** economic, **фіна́нсовий** financial; **інтелектуа́льний** intellectual, **мора́льний** moral, **політи́чний** political
v. + **б. бу́ти ~ом** be bankrupt ◊ **Він був ~ом.** He was bankrupt. (**виявля́тися** turn out; **оголо́шувати** + *A.* declare sb ◊ **Суддя́ оголоси́в фі́рму ~ом.** The judge declared the firm bankrupt. **роби́ти** + *A.* make sb ◊ **Свої́ми пора́дами він тро́хи не зроби́в бра́та ~ом.** By his advice, he nearly made his brother go bankrupt. **става́ти** become)

банкру́тств|о, *nt.*
bankruptcy
adj. **економі́чне** economic ◊ **Полі́тика у́ряду загро́жувала мали́м бі́знесам економі́чним ~ом.** The government policies threatened small businesses with economic bankruptcy. **фіна́нсове** financial; **інтелектуа́льне** intellectual, **мора́льне** moral ◊ **Плагія́т – сві́дчення інтелектуа́льного та мора́льного ~а плагія́тора.** Plagiarism is evidence of the intellectual and moral bankruptcy of the plagiarizer. **політи́чне** political; **корпорати́вне** corporate, **осо́бисте** personal; **неуни́кне** inevitable, **остато́чне** ultimate, **по́вне** complete, **цілкови́те** utter, **факти́чне** virtual ◊ **Пе́ред ба́нком стоя́ла перспекти́ва факти́чного ~а.** The bank was faced with the prospect of virtual bankruptcy.
v. + **б. оголо́шувати б.** declare bankruptcy ◊ **Голова́ мі́ста розгляда́в мо́жливість оголоси́ти б.** The city's mayor was considering the possibility of declaring bankruptcy. **уника́ти ~а** avoid bankruptcy ◊ **Вона́ уни́кнула ~а.** She has avoided bankruptcy. (**бу́ти на гра́ні** be on the verge of, **опиня́тися на гра́ні** end up on the verge of ◊ **Фі́рма опини́лася на гра́ні ~а.** The firm ended up on the verge of bankruptcy. **призво́дити до** *and* **спричиня́тися до** cause ◊ **Його́ дії́ призвели́ до ~а компа́нії.** His actions caused the company's bankruptcy. **рятува́ти** + *A.* **від** save sb from) ◊ **Ніщо́ не вряту́є їх від ~а.** Nothing will save them from bankruptcy.

баня́к, *m., ~а́*
1 pot, saucepan, stockpot; potful
adj. **алюмі́нієвий** aluminum, **емальо́ваний**

enameled, **залізний** iron, **мідний** copper, **чавунний** cast iron; **високий** tall, **глибокий** deep, **мілкий** shallow; **великий** big; **малий** *or* **невеликий** small; **повний** full; **порожній** empty; **новий** new, **новенький** *colloq.* brand-new; **розбитий** broken, **старий** old; **замашний** *colloq.* handy, **зручний** handy, **улюблений** favorite
б. + n. **б. бігосу** a potful of cabbage stew (**борщу** borshch, **картоплі** potatoes, **рису** rice)
v. + **б. витирати б.** wipe a pot (**мити** wash, **чистити** scrub; **відставляти з** + *G.* remove from sth ◊ **Вона відставила гарячий б. із плити.** She removed the hot pot from the stove. **накривати** cover, **наливати** pour, **ставити** put ◊ **Він налив б. води і поставив його на вогонь.** He poured a potful of water and put it on the fire. **наповнювати** fill ◊ **Кирило наповнив б. молоком.** Kyrylo filled the pot with milk. **вивертати** *or* **перевертати** overturn)
prep. **в б.** *dir.* in/to a pot ◊ **Він поклав буряки в б.** He put the beets into a pot. **в ~у** *posn.* in a pot ◊ **У ~у лишалося трохи рису.** A little rice was left in the pot.
2 *fig., colloq.* head, dome, nut ◊ **Від Петрової балаканини в неї заболів б.** Her dome started aching from Petro's prattle.
See **голова 1**
3 *fig., colloq.* dumbhead, dummy, dimwit ◊ **Сергій пояснив двічі цьому ~ові.** Serhii has explained twice to the dimwit.
See **дурень.** *Also see* **жлоб 1, нещастя 2, стовп 3, туман 3**

бар, *m.*, **~у**
bar
adj. **винний** wine, **пивний** beer; **соковий** juice; **місцевий** local, **популярний** popular, **студентський** student; **відкритий** open; **людний** crowded; **дешевий** cheap, **дорогий** expensive; **міні-б.** a mini-bar
n. + **б. адреса ~у** the bar address (**власник** owner, **менеджер** manager; **обслуга** staff; **меню** menu, **стілець** stool), ♦ **шинквас ~у** a counter, bar ◊ **Він розклав папери на шинквасі ~у.** He spread her papers on the bar.
v. + **б. відвідувати б.** frequent a bar ◊ **Він став відвідувати ~и.** He began frequenting the bars. **заходити до ~у** stop at a bar; enter a bar (**ходити до** go to, frequent) ◊ **До ~у ходять журналісти.** The bar is frequented by journalists. **зустрічатися в ~і** meet at a bar
prep. **в б.** *dir.* in/to a bar ◊ **Сходи ведуть у б.** The staircase leads to a bar. **в ~і** at/in a bar; **до ~у** to a bar; **б. під назвою** a bar named sth ◊ **Вони зустрілися в ~і під назвою «Кентавр».** They met at a bar named Centaur.
See **ресторан**

барвист|ий, *adj.*
1 colorful, colored, multicolored; *also fig.* ◊ **Зіновій полюбляє носити ~і сорочки.** Zinovii is fond of wearing colorful shirts.
adv. **винятково** exceptionally, **вкрай** extremely, **досить** quite, **дуже** very, **надзвичайно** extraordinarily, **особливо** especially; **приємно** pleasantly ◊ **Строї акторів приємно ~і.** The actors' costumes are pleasantly colorful. **надмірно** excessively, **надто** too, **непотрібно** unnecessarily, **страшенно** terribly; **типово** typically, **характерно** characteristically
v. + **б. бути ~им** be colorful ◊ **Леся – людина ~а в усіх відношеннях.** *fig.* Lesia is a colorful person in all respects. (**виглядати** look ◊ **На білому тлі декорації виглядали особливо ~ими.** Against the white background, the set looked especially colorful. **виявлятися** turn out; **здаватися** + *D.* seem to sb; **робити** + *A.* make sth; **ставати** become) ◊ **У травні степ ставав ~им.** In May, the steppe became colorful.
Also see **строкатий 1**
2 bright, vivid, expressive, rich; *also fig.* ◊ **Її мова неповторно ~а і виразна.** Her language is inimitably vivid and expressive. ◊ **~і кольори** bright colors; ◊ **б. словник** a rich vocabulary
See **експресивний, яскравий 3**

бар|ити, ~ять; за~, *tran.*
to keep sb waiting, detain, hold sb back ◊ **Я не хочу вас б.** I do not want to keep you waiting. ◊ **Робота не забарила їх.** The work did not hold them back.
pa. pple. **забарений** detained
(за)бари!

бар|итися, ~яться; за~, *intr.*
1 to delay, procrastinate, be held back ◊ **Ходімо, годі б.** Let's go, enough procrastinating. ◊ **Вона забарилася через транспортні корки.** She got held up because of the traffic jams.
prep. **б. з** + *I.* procrastinate with sth ◊ **Скільки можна б. з цією справою?** How long can one procrastinate on this matter?
Also see **затримуватися 1**
2 to come late ◊ **Весна ~иться.** Spring is coming late.
Also see **запізнюватися 1**
(за)барися!

басейн, *m.*, **~у**
1 swimming pool, pool
adj. **великий** large, **довгий** long; **малий** little ◊ **У дворі є малий б. для дітей.** There is a small pool for children in the yard. **невеликий** small; **квадратний** square, **прямокутний** rectangular; **відкритий** outdoor, **закритий** indoor; **глибокий** deep, **мілкий** shallow; **дитячий** children's; **надувний** inflatable; **олімпійський** Olympic-size
n. + **б. бік ~у** a side of a pool (**дно** bottom, **край** edge; **середина** middle; **поміст** deck; **глибина** depth, **довжина** length, **ширина** width)
v. + **б. будувати б.** build a pool (**наповнювати** fill ◊ **Б. наповнили водою.** The pool was filled with water. **спускати** drain, **чистити** clean ◊ **Б. час від часу спускали й чистили.** The pool was drained and cleaned every now and then. **пірнати в** dive into, **стрибати в** jump into, **шубовснути в** *pf.* plunge into); **ходити до ~у** go to a pool ◊ **Узимку вони ходять до закритого ~у.** In winter, they go to an indoor pool. **плавати в ~і** swim in a pool ◊ **Він плаває в олімпійському ~і.** He swims in an Olympic-size pool.
2 *geogr.* basin ◊ **Донецький б.** the Donets River Basin

баскетбол, *m.*, **~у**, *only sg.*
basketball ◊ **Христина любить б.** Chrystyna likes basketball.
adj. **жіночий** women's, **чоловічий** men's, **юнацький** youth, **університетський** university, **шкільний** school; **любительський** amateur, **олімпійський** Olympic, **професійний** professional
n. + **б. тренер із ~у** a basketball coach (**змагання** competition; **чемпіонат** championship) ◊ **Чемпіонат з ~у проходитиме в десяти містах.** The basketball championship will take place in ten cities.
v. + **б. дивитися б.** watch basketball (**любити** be fond of; **розвивати** develop; **грати в** play) ◊ **Ганна досить добре грає в б.** Hanna plays basketball fairly well.
See **гра**

батаре|я, *f.*, **~ї**
1 battery ◊ **У телефоні сіла б.** The phone battery died.
adj. **акумуляторна** storage, **анодна** plate, **гальванічна** galvanic, **електрична** electric, **сонячна** solar; **заряджена** charged ◊ **Б. в комп'ютері цілком заряджена.** The computer battery is fully charged. **перезарядна** rechargeable; **розряджена** dead; **запасна** spare, **одноразова** disposable; **комп'ютерна** computer, **ліхтарикова** flashlight ◊ **Марія взяла запасну ліхтарикову ~ю.** Maria took along a spare flashlight battery; **літієва** lithium
v. + **б. вставляти ~ю** insert ◊ **Він уставив до годинника нову ~ю.** He inserted a new battery in his watch. (**заряджати** charge ◊ **Потрібно годину, щоб зарядити ~ю цілком.** An hour is needed to charge the battery fully. **перезаряджати** recharge; **виснажувати** drain ◊ **Три години користування виснажать ~ю комп'ютера на сорок відсотків.** Three hours of usage will drain 40% of the computer battery. **купувати** buy, **міняти** change, **переробляти** recycle)
Also see **елемент 5**
2 radiator, heater ◊ **~ї в помешканні ледь теплі.** The radiators in the apartment are barely warm. ◊ **Рушник швидко висушиться на ~ї опалення.** The towel will quickly dry on the heating radiator.
3 *mil.* battery ◊ **Артилерійська б. складається із трьох і більше гармат.** An artillery battery is made up of three or more cannons.
4 battery, array, series, bank, line ◊ **У кутку стояла б. порожніх пляшок із-під пива.** A battery of empty beer bottles stood in the corner.
See **ряд 1**
G. pl. **~й**

батьківщин|а[1], *f.*
inheritance, legacy, patrimony ◊ **Після смерти батьків кожен брат дістав рівну частку ~и.** After their parents' death, each brother got an equal share of the inheritance. ♦ **нам ~и не ділити** *colloq.* there's nothing to quarrel about.
See **спадок 1.** *Also see* **спадщина.**
Cf. **батьківщина**

батьківщин|а[2], *f.*
fatherland, homeland, mother country
adj. **дорога** dear ◊ **На вигнанні Олена зрозуміла, наскільки дорога для неї б.** In exile, Olena realized how dear her homeland was to her. **кохана** beloved, **улюблена** beloved; ♦ **мала б.** homeland, hometown ◊ **Волинь – їхня мала б.** Volyn is their homeland. **давня** ancient, **стара** old; **дідівська** ancestral; **первісна** original ◊ **Крим вважають первісною ~ою цієї рослини.** The Crimea is considered to be the original homeland of this plant. **правдива** true, **справжня** genuine; **друга** second, **нова** new, **прибрана** adopted ◊ **Для тисяч українців Канада стала прибраною ~ою.** Canada became the adopted homeland for thousands of Ukrainians. **вільна** free, **незалежна** independent; **втрачена** lost, **захоплена** invaded, **окупована** occupied, **поневолена** enslaved
v. + **б. відвідувати ~у** visit one's homeland ◊ **Леся щороку відвідує ~у.** Every year, Lesia visits her homeland. (**боронити** defend; **лишати** leave; **повертатися на** return to) ◊ **Він не втрачає віри повернутися на кохану ~у.** He does not lose his hope of returning to his beloved homeland. **виїжджати з ~и** leave one's homeland ◊ **Вони виїхали з окупованої ~и.** They left their occupied homeland. (**втікати з** flee; **ставати на захист** rise in defense of)
prep. **на ~у** *dir.* to one's homeland; **на ~і** *posn.* in one's homeland ◊ **На ~і все смакує краще.** Everything tastes better in one's homeland.
♦ **любов до ~и** love for one's country
Cf. **батьківщина**

батьк|о, *m.*
1 father
adj. **відданий** devoted, **гордий** proud ◊ **Він став гордим ~ом синьоокої дівчинки.** He became the proud father of a blue-eyed baby girl. **дбайливий** caring ◊ **Богдан – дбайливий б. своїх дітей.** Bohdan is a caring father of his

children. **до́брий** good, **лагі́дний** gentle; **стро́гий** stern, **суво́рий** strict ◊ **Б. був суво́рим з Андрі́єм.** Father was strict with Andrii. **байду́жий** indifferent, **безсерде́чний** heartless, **відсу́тній** absent ◊ **Б. був відсу́тнім і байду́жим до до́чок.** Their father was absent and indifferent to his daughters. **жорсто́кий** cruel, **ке́пський** poor, **лихи́й** mean, **пога́ний** bad; **молоди́й** young, **ю́ний** youthful; **лі́тній** elderly, **стари́й** old, **старі́ючий** *or* **що старі́є** aging; **хво́рий** sick, **вмира́ючий** *or* **що вмира́є** dying; **втра́чений** lost, **поме́рлий** deceased; **відчу́жений** estranged; **рі́дний** biological, **спра́вжній** real; **на́званий** *or* **наре́чений** adoptive, **суро́гатний** surrogate; **гомосексуа́льний** gay; **неодру́жений** unmarried, **само́тній** single; **овдові́лий** widowed, **розлу́чений** divorced; **славе́тний** famous ◊ **Соломі́я не лиша́лася в ті́ні славе́тного ~а.** Solomiia did not stay in the shadow of her famous father. ♦ **хреще́ний б.** a godfather

v. + **б. вдава́тися в ~а** take after one's father ◊ **На́дя вдала́ся в ~а.** Nadia took after her father. (**нага́дувати** *and* **скида́тися на** resemble ◊ **Мане́рами Марко́ скида́вся на ~а.** In his manners, Marko resembled his father. **визнача́ти** determine ◊ **Гене́тичний ана́ліз ви́значив її спра́вжнього ~а.** Genetic analysis determined her real father. **втрача́ти** lose; **люби́ти** love, **обо́жнювати** *colloq.* adore, **поважа́ти** respect, **шанува́ти** honor; **наслі́дувати** emulate ◊ **У дити́нстві Мико́ла у всьо́му наслі́дував ~а.** When a child, Mykola emulated his father in each and every way. **зневажа́ти** despise, **нена́видіти** hate; **слу́хатися** obey ◊ **Вона́ переста́ла слу́хатися ~а.** She stopped obeying her father. **хова́ти** bury); **йти сліда́ми ~а** follow one's father's footsteps ◊ **Га́нна пішла́ сліда́ми ~а і ста́ла лі́каркою.** Hanna followed her father's footsteps and became a doctor. (**успадко́вувати** + *A.* **від** inherit sth from) ◊ **Юлія́н успадкува́в від ~а схи́льність до мов.** Yuliian inherited his proclivity for languages from his father. **підкоря́тися ~ові** obey one's father; **бу́ти** *or* **дово́дитися** + *D.* **~ом** be sb's father ◊ **Миха́йло був їй ~ом, а не бра́том.** Mykhailo was father to her, not a brother. (**вважа́ти** + *A.* consider sb; **става́ти** become) ◊ **Рома́н не плану́є става́ти ~ом так ра́но.** Roman does not plan on becoming a father so early.

Cf. **ма́ти**[1]

2 *fig.* founder, mastermind, creator, architect ◊ **Котляре́вського назива́ють ~ом ново́ї украї́нської літерату́ри.** Kotliarevsky is called the father of the new Ukrainian literature.

3 *fam.* polite form of address to an older man

N. pl. **~и́**

батьк|и́, *pl. of* **ба́тько**

1 fathers ◊ **Б. з матеря́ми чека́ли на діте́й.** Fathers and mothers were waiting for their children.

See **ба́тько 1**

2 parents ◊ **Мої́ б. живу́ть на селі́.** My parents live in the countryside. ◊ **обо́є ~ів** both parents

adj. **молоді́** young, **ю́ні** youthful; **старі́** old, **лі́тні** aging; **здоро́ві** healthy, **немі́чні** frail, **хво́рі** sick ◊ **Вона́ догляда́є за хво́рими ~а́ми.** She takes care of her sick parents.

See **ба́тько 1**

ба́тьківськ|ий, *adj.*

1 father's, paternal ◊ **~а лі́нія** a paternal line (**ува́га** attention) ◊ **Ді́ти ма́ють доста́тньо ~ої ува́ги.** The children have enough paternal attention.

Ant. **матери́нський**

2 parental, parents' ◊ **б. коміте́т** a parents' committee, PTA; ◊ **б. контро́ль** parental control

ба́ченн|я, *nt., only sg.*

1 seeing, act of seeing, viewing ◊ **Тума́н ускла́днює б. тере́ну.** The fog hampers viewing the terrain. **при́лад нічно́го б.** a night-vision device

2 *fig.* view, understanding, idea

adj. **аналогі́чне** comparable ◊ **Сто́рони трима́лися аналогі́чного б. стано́вища.** The parties held a comparable view of the situation. **однако́ве** same, **поді́бне** similar, **тото́жне** identical; **відмі́нне** *and* **іна́кше** different, **протиле́жне** opposing; **вла́сне** one's own ◊ **Він ма́є вла́сне б. пробле́ми.** He has his own view of the problem. **особи́сте** personal, **зага́льне** general, **ни́нішнє** *or* **тепе́рішнє** current, **поши́рене** widely held; **врівнова́жене** balanced, **зва́жене** measured, **об'єкти́вне** objective, **пра́вильне** correct; **непра́вильне** *and* **хи́бне** wrong; **наї́вне** naive, **спро́щене** simplistic; **ідеалізо́ване** idealized, **оптимісти́чне** optimistic, **позити́вне** positive, **романти́чне** romantic; **спотво́рене** distorted, **упере́джене** prejudiced; **нега́тивне** negative, **песимісти́чне** pessimistic, **цині́чне** cynical

v. + **б. висло́влювати б.** express a view ◊ **Він ви́словив особи́сте б. стано́вища мі́ста.** He expressed his personal view of the city's situation. (**ма́ти** have, **обгово́рювати** discuss, **окре́слювати** outline, **поя́снювати** explain, **представля́ти** present, **презентува́ти** put forward; **поділя́ти** share ◊ **Бі́льшість фра́кції поділя́ла позити́вне б. полі́тики у́ряду.** The majority of the faction shared a positive view of the government policies. **прийма́ти** adopt; **відкида́ти** reject, **запере́чувати** refute, **піддава́ти су́мніву** question) ◊ **Він піддава́в су́мніву песимісти́чне б. майбу́тнього ба́нку.** He questioned the pessimistic view of the bank's future.

See **по́гляд, розумі́ння**

ба́ч|ити, ~ать; по~, *tran. and intr.*

1 *tran.* to see ◊ **Яре́ма диви́вся і нічо́го не ~ив.** Yarema was looking without seeing anything.

adv. **вира́зно** *and* **чі́тко** distinctly, **до́бре** well, **доскона́ло** perfectly, **кра́ще** *or* **лі́пше** better, **прекра́сно** great ◊ **Вона́ прекра́сно все ~ила в нови́х окуля́рах.** She saw everything great in her new glasses. **я́сно** clearly; **непога́но** not bad, **так собі́** so-so; **ке́псько** poorly, **ле́две** hardly, **наси́лу** barely, **невира́зно** vaguely, **пога́но** badly, **тьмя́но** dimly; **ті́льки** just; **ра́птом** suddenly ◊ **Ра́птом він поба́чив, як її обли́ччя блі́дне.** He suddenly saw her face go pale. ♦ **б. на вла́сні о́чі** to see with one's own eyes ◊ **Вони́ ~или славе́тну італі́йку на вла́сні о́чі.** They saw the famous Italian woman with their own eyes. ♦ **б. неозбро́єним о́ком** to see with a naked eye; ♦ **ті́льки його́ (її, їх) й ба́чили** he (she, they) vanished without a trace ◊ **Рома́н поїхав, так ті́льки його́ й ~или.** Roman left never to be seen again.

v. + **б. бу́ти зда́тним** be capable of ◊ **Вона́ зда́тна б. майбу́тнє.** She is capable of seeing the future. **бу́ти мо́жна** be possible to ◊ **Експона́ти не мо́жна бу́де б. рік.** It will not be possible to see the exhibits for a year. **бу́ти га́рно** be nice to, **бу́ти чудо́во** be wonderful to ◊ **Було́ б чудо́во по~ їх на виста́ві.** It would be wonderful to see them at the performance. **бу́ти ра́дим** be happy to ◊ **Ми ра́ді б. вас.** We are happy to see you. **бу́ти здиво́ваним** be surprised to; **бу́ти шоко́ваним** be shocked to ◊ **Сла́ва шоко́вана б. його́ в тако́му товари́стві.** Slava is shocked to see him in such company. **бу́ти су́мно** + *D.* be sad to ◊ **Ва́лі су́мно б., як він марну́є тала́нт.** Valia is sad to see him waste his talent. **бу́ти ціка́во** + *D.* be interesting to ◊ **Ціка́во по~ акто́ра в ро́лі Га́млета.** It is interesting to see the actor in the part of Hamlet. **встига́ти** manage to ◊ **О́ля встигла по~ зло́дія ду́же до́бре.** Olia managed to see the thief very well. **могти́** can; **поверта́тися, щоб** turn to ◊ **Він поверну́вся, щоб по~, хто за ним іде́.** He turned around to see who was following him. **нама́гатися** + *pf.* strain to ◊ **Ві́ктор нама́гався по~ щось у те́мряві.** Viktor strained to see something in the dark. **вдава́ти, що не** pretend not to ◊ **Він уда́в, що не ~ить виклада́ча.** He pretended not to see the instructor. **сподіва́тися** expect to, **чека́ти** wait to ◊ **Вона́ чека́ла по~ всіх дру́зів на вечі́рці.** She waited to see all her friends at the party. ♦ **ма́ти змо́гу по~** to have the opportunity to see; ♦ **ма́ти шанс по~** to have the chance to see ◊ **Зо́я ма́ла шанс по~ рі́зні краї́ни.** Zoia had the chance to see different countries.

prep. ♦ **б. на́скрізь** to see through sb/sth ◊ **О́ля ~ить її на́скрізь з усіма́ її бре́хнями.** Olia sees right through her with all her lies.

Cf. **диви́тися 1**

2 *intr.* to have vision, see ◊ **На свій вік вона́ чудо́во ~ить.** She has a great vision for her age. ◊ **Пі́сля опера́ції він став кра́ще б.** After the surgery, his vision improved.

3 *tran.* to see, understand, grasp, realize ◊ **Вона́ ~ила, що тут нічо́го не вді́єш.** She realized that nothing could be done there. ◊ **~ачи, що ніхто́ не го́диться на ці умо́ви, нача́льник пішо́в на компромі́с.** Seeing that nobody agreed to such terms, the boss compromised.

See **розумі́ти 1**

pa. pple. **(по)ба́чений** seen

(по)ба́ч!

ба́ч|итися; по~, *intr.*

1 to see each other, meet, see sb ◊ **Поба́чимося за́втра.** I'll see you tomorrow. ◊ **Він ~иться з не́ю на пра́ці.** He sees her at work.

adv. **впе́рше** first; **ко́ротко** briefly, **наре́шті** finally; **весь час** all the time, **все** *colloq.* all the time ◊ **Вони́ все ~аться доро́гою на робо́ту.** They see each other all the time on their way to work. **періоди́чно** periodically, **пості́йно** constantly, **регуля́рно** regularly, **ча́сто** often; **випадко́во** by accident; **прива́тно** privately, **таємно** secretly ◊ **Вони́ б. таємно.** They met in secret. **я́кось** somehow, one day

prep. **б. з** + *I.* see sb ◊ **І́гор рі́дко ~иться із бра́том.** Ihor rarely sees his brother.

See **зустріча́тися 1.** *Also see* **стика́тися 3**

2 *only in* 3rd *pers.* to be visible to sb, be seen by sb, imagine, visualize + *D.* ◊ **Дмитро́ві ча́сто ~илося рі́дне мі́сто.** Dmytro often imagined his home town.

See **уявля́ти 1.** *Also see* **малюва́тися 4, ми́слити 4**

3 *impers., only* 3rd *pers.* to seem ◊ **Мені́ так ~иться, що тут ма́ло що змі́нилося.** It seems to me that little has changed here.

See **здава́тися 1**

(по)ба́чся!

бдж|ола́, *f.*

bee

adj. **медоно́сна** honey; **молода́** young; **розлю́чена** furious, **серди́та** angry

n. + **б. рій ~іл** a swarm of bees ◊ **Він купи́в рій ~іл для па́сіки.** He bought a swarm of bees for his apiary.

v. + **б. прива́блювати ~іл** attract bees ◊ **Цвіт ака́ції прива́блює ~іл.** The acacia blossom attracts bees.

б. + *v.* **гуді́ти** buzz, **дзижча́ти** hum ◊ **Навко́ло ву́лика дзижча́ли ~о́ли.** Bees hummed around the beehive. **жа́лити** + *A.* sting sb ◊ **Б. вжа́лила дити́ну у що́ку.** A bee stung the child in the cheek. **запи́лювати** + *A.* pollinate sth, **літа́ти** fly, **рої́тися** swarm ◊ **У цю по́ру почина́ють рої́тися ~о́ли.** Around this time, bees start swarming.

See **кома́ха**

без, *prep.*

1 without + *G.* ◊ **б. ви́нятку** *or* **ви́їмку** without exception ◊ **Ви обі́йдетеся б. ме́не.** You'll do fine without me. ♦ **б. су́мніву** without a doubt;

♦ **б. упи́ну** nonstop, all the time ◊ **Учора́ Сергі́й дзвони́в кому́сь б. упи́ну.** Yesterday, Serhii was calling somebody all the time.
2 to (*in time by the clock designations*) ◊ **Була́ б. п'яти́ хвили́н пе́рша.** It was five minutes to one.
3 less, minus, shy of ◊ **Вони́ пробули́ в Кам'я́нці б. двох днів мі́сяць.** They stayed in Kamianets two days shy a month.

безглу́зд|ий, *adj.*
senseless, nonsensical, absurd ◊ **~а іде́я** an absurd idea ◊ **Його́ підхі́д здава́вся ~им.** His approach seemed nonsensical. ◊ **Ця полі́тика вигляда́ла ~ою.** This policy looked truly absurd. ◊ **Вона́ не пови́нна роби́ти одну́ ~у зая́ву за і́ншою.** She ought not make one senseless statement after another.
See **божеві́льний 1**

бездога́нн|ий, *adj.*
impeccable, unimpeachable, perfect, faultless
adv. **абсолю́тно** absolutely ◊ **Садови́й – фахіве́ць із абсолю́тно ~ою репута́цією.** Sadovyi is a specialist with an absolutely perfect reputation. **ціл́ко́м** completely, **спра́вді** truly, **ді́йсно** really, **винятко́во** exceptionally, **про́сто** simply; **практи́чно** practically; **ма́йже** almost ◊ **Саніта́рні умо́ви в рестора́ні ви́явилися ма́йже ~ими.** The sanitary conditions at the restaurant turned out to be almost impeccable.
v. + **б. бу́ти ~им** be perfect (**вигляда́ти** look ◊ **На Хомі́ піджа́к вигляда́в ~им.** On Khoma, the jacket looked almost perfect. **виявля́тися** turn out, **здава́тися** + *D.* seem to sb, **лиша́тися** remain ◊ **Її́ мане́ри лиша́ються ~ими.** Her manners remain impeccable. **роби́ти** + *A.* make sb ◊ **Він зроби́в текст ~им.** He made the text faultless. **става́ти** become) ◊ **За шість мі́сяців її́ вимо́ва ста́ла ~ою.** In six months, her pronunciation became impeccable.
Also see **досконали́й 1**

безжа́лісн|ий, *adj.*
pitiless, merciless ◊ **Упе́рше її́ робо́ту піддава́ли такі́й ~ій кри́тиці.** Her work was subjected to such merciless criticism for the first time. ◊ **Рома́на пообіця́ла йому́ бу́ти абсолю́тно ~ою у ана́лізі.** Romana promised him to be absolutely merciless in her analysis.
prep. **б. до** + *G.* pitiless toward sb ◊ **Тре́нер став ~им до хло́пців.** The coach became pitiless toward the boys. **б. з** + *I.* pitiless with sb
See **жорсто́кий 1**

безкошто́вн|ий, *adj.*
free of charge, gratis, at no cost ◊ **~а осві́та** free education; ◊ **Перемо́жець діста́не б. квито́к до Нью-Йо́рка.**The winner will get a free ticket to New York. ◊ **б. проїзд** a free trip ◊ **Він має пра́во на б. дзвіно́к.** He had the right to a free phone call. ◊ **~і по́слуги** free services
Also see **даре́мний 3**

безла́дд|я, *nt., only sg.*
disorder, mess, disarray
adj. **вели́ке** great, **неба́чене** unprecedented, **неймові́рне** unbelievable, **по́вне** complete ◊ **Збо́ри охопи́ло по́вне б.** The meeting was engulfed in complete disarray. **ціл́кови́те** utter; **громадя́нське** civic, **економі́чне** economic, **організаці́йне** organizational, **політи́чне** political
v. + **б. спричиня́ти б.** cause disorder (**поро́джувати** bring about, **ство́рювати** create ◊ **Нака́з створи́в б.** The order created disarray. **пошу́рювати** spread, **приво́дити** + *A.* **в** bring sth into)
б. + *v.* **виника́ти** erupt ◊ **Скрізь, де вони́ з'явля́лися, виника́ло б.** Everywhere they appeared disorder erupted. **охо́плювати** + *A.* engulf sth, **панува́ти в** + *L.* reign ◊ **У її́ голові́ панува́ло неймові́рне б.** Incredible disarray reigned in her head. **пошу́рюватися** spread, **припиня́тися** end
Also see **ана́рхія, хао́с.** *Ant.* **лад 1, поря́док 1**

безнаді́йн|ий, *adj.*
hopeless ◊ **Його́ ді́агноз ви́явився не таки́м ~им.** His diagnosis proved not quite hopeless. ◊ **Зе́ня – ~а ідеалі́стка.** Zenia is a hopeless idealist.
adv. **абсолю́тно** absolutely ◊ **Їй доручи́ли абсолю́тно ~у спра́ву.** She was assigned an absolutely lost case. **все бі́льше** more; **геть** totally, **ціл́ко́м** completely; **спра́вді** truly, **ді́йсно** really, **про́сто** simply, **практи́чно** practically; **ма́йже** almost; **дале́ко не** far from, **аж нія́к не** not at all
v. + **б. бу́ти ~им** be hopeless (**вигляда́ти** look ◊ **Її́ перспекти́ви вигляда́ли ~ими.** Her prospects looked hopeless. **виявля́тися** turn out, **здава́тися** + *D.* seem to sb, **става́ти** become) ◊ **Стано́вище стає все бі́льше ~им.** The situation is becoming more hopeless.

безпарті́йн|ий, *adj. and n.*
1 *adj.* non-party, with no party affiliation
adv. **абсолю́тно** absolutely, **винятко́во** exceptionally; **давно́** long since; **ді́йсно** really; **ті́льки** *or* **самі́** only ◊ **У ру́сі беру́ть у́часть самі́ ~і чле́ни.** Only non-party members participate in the movement. **ціл́ко́м** completely
v. + **б. бу́ти ~им** be non-party (**виявля́тися** turn out, **лиша́тися** remain ◊ **Ада́м лиши́вся ~им до кінця́ навча́ння в університе́ті.** Adam had no party affiliation throughout his university studies. **става́ти** become)
2 *n., m.* non-party man, **~а**, *f.* non-party woman
adj. **випадко́вий** occasional, **впе́ртий** headstrong, **переко́наний** confirmed
v. + **б. бу́ти ~им** be a non-party man (**лиша́тися** remain, **става́ти** become); **нале́жати до ~их** have no party affiliation ◊ **Вони́ нале́жать до ~их.** They have no party affiliation.

безпе́|ка, *f., only sg.*
security, safety ◊ **О́льга дотри́мується пра́вил ~ки ру́ху.** Olha follows the road safety rules.
adj. **ґаранто́вана** guaranteed, **по́вна** full, **ціл́кови́та** complete; **необхі́дна** necessary; **правди́ва** real, **спра́вжня** genuine; **ілюзо́рна** illusory, **фальши́ва** false; **зага́льна** general, **колекти́вна** collective, **особи́ста** personal; **держа́вна** state, **екологі́чна** ecological, **економі́чна** economic, **европе́йська** European, **колекти́вна** collective ◊ **Догово́ри́ ма́ли на меті́ поси́лити колекти́вну ~ку на материку́.** The treaties set the goal of strengthening collective security on the continent. **світова́** world; **поже́жна** fire
n. + **б. ґара́нтії ~ки** security guarantees (**за́ходи** measures, **систе́ма** system ◊ **Російська ане́ксія Кри́му зруйнува́ла систе́му европе́йської ~ки.** The Russian annexation of the Crimea destroyed the postwar European security system. **слу́жба** service); ♦ **Ра́да ~ки ООН** the UN Security Council ♦ **Слу́жба ~ки Украї́ни (СБУ)** the Security Service of Ukraine
v. + **б. забезпе́чувати ~ку** ensure security ◊ **А́втор дово́дить, що лише́ я́дерна збро́я забезпе́чить ~ку краї́ні.** The author argues that only nuclear weapons will ensure the country's security. (**ґарантува́ти** + *D.* guarantee sb ◊ **Підписа́нти Будапе́штського протоко́лу ґарантува́ли Украї́ні ~ку й суверені́тет.** The signatories of the Budapest Protocol guaranteed Ukraine its security and sovereignty. **змі́цнювати** bolster, **поси́лювати** strengthen; **зме́ншувати** diminish, **зни́щувати** destroy, **підрива́ти** undermine)
prep. **в ~ці** in safety ◊ **Із роди́ною сестри́ його́ ді́ти в ~ці.** With his sister's family, his children are safe. **для ~ки** for security ◊ **за́ходи для бі́льшої ~ки інвести́цій** measures for greater investment security
Cf. **оборо́на.** *Ant.* **загро́за 1, небезпе́ка, ри́зик**

безпереста́нку, *adv.*
nonstop, without interruption, all the time, continuously ◊ **Вона́ б. свари́лася з ки́мось.** She was quarreling with somebody all the time. ◊ **Богда́н б. дава́в їй пора́ди.** Bohdan gave her advice nonstop. ◊ **Вона́ трену́ється ма́йже б.** She is working out almost nonstop.

безпе́чн|ий, *adj.*
safe, secure
adv. **абсолю́тно** absolutely ◊ **Він працю́є в абсолю́тно ~их умо́вах.** He is working in absolutely safe conditions. **до́сить** fairly, **доста́тньо** sufficiently, **ду́же** very ◊ **Архі́ви зберіга́ють у ду́же ~ому мі́сці.** The archives are kept in a very safe place. **максима́льно** maximally, **надзвича́йно** extraordinarily, **особли́во** particularly, **відно́сно** relatively, **порі́вняно** comparatively; **дивови́жно** amazingly, **неймові́рно** incredibly, **несподі́вано** unexpectedly; **геть** totally, **зо́всім** entirely, **ціл́ко́м** completely; **ле́две** barely, **ма́йже** almost; **мініма́льно** minimally, **не зо́всім** not entirely ◊ **не зо́всім ~а ді́льни́ця мі́ста** a not entirely safe part of town
v. + **б. бу́ти ~им** be safe ◊ **За́хист від радіа́ції є ле́две ~им.** The protection from radiation is barely safe. (**вважа́ти** + *A.* consider sb/sth; **вигляда́ти** look; **виявля́тися** turn out, **здава́тися** + *D.* seem to sb ◊ **Приту́лок здава́вся їм ціл́ко́м ~им.** The shelter seemed completely safe to them. **лиша́тися** stay ◊ **Части́на терито́рії лиша́лася відно́сно ~ою два мі́сяці.** A part of territory remained relatively safe for two months. **роби́ти** + *A.* make sth ◊ **Він зроби́в ї́хнє перебува́ння в зо́ні конфлі́кту максима́льно ~им.** He made their stay in the conflict zone as safe as possible. **става́ти** become)
prep. **б. для** + *G.* safe for/to sb/sth ◊ **ме́тод б. для персона́лу** a method safe for the staff
Also see **неви́нний 4.** *Opp.* **злоя́кісний 1, небезпе́чний**

безпідста́вн|ий, *adj.*
groundless, unfounded, uncalled for, unwarranted
adv. **абсолю́тно** absolutely, **геть** totally, **ціл́ко́м** completely; **очеви́дно** apparently, **я́вно** clearly
v. + **б. бу́ти ~им** be groundless ◊ **Ва́ша триво́га геть ~а.** Your concern is totally uncalled for. (**вважа́ти** + *A.* consider sth, **виявля́тися** prove ◊ **Звинува́чення ви́явилися абсолю́тно ~ими.** The accusations proved absolutely groundless. **здава́тися** + *D.* seem to sb) ◊ **Її́ підо́зри здава́лися Мо́трі ~ими.** Her suspicions seemed unfounded to Motria.

безпора́дн|ий, *adj.*
1 helpless, powerless
adv. **абсолю́тно** absolutely, **геть** totally, **ду́же** very, **зо́всім** entirely, **про́сто** simply, **ціл́ко́м** completely; **до́сить** fairly ◊ **Вони́ опини́лися в до́сить ~ому стано́вищі.** They found themselves in a fairly helpless situation. **дивови́жно** amazingly, **на ди́во** amazingly, **невпізна́нно** unrecognizably ◊ **Це була́ не його́ Катери́на, а яка́сь невпізна́нно ~а жі́нка.** This was not his Kateryna but some unrecognizably helpless woman. **неймові́рно** incredibly, **несподі́вано** unexpectedly; **типо́во** typically; **звору́шливо** touchingly; **жалюгі́дно** pathetically, **су́мно** sadly; **ма́йже** almost; **не зо́всім** not entirely
v. + **б. вдава́ти ~ого** pretend to be helpless ◊ **Ті́льки вда́вши ~ого, Масе́нко міг отри́мати від не́ї допомо́гу.** Only by pretending to be helpless, could Masenko get help from her. **бу́ти ~им** be helpless (**виявля́тися** prove ◊ **Він ви́явився ~им.** He proved to be helpless.

здавáтися + *D.* seem to sb, **почувáти себé** *or* **почувáтися** feel ◊ **Полíна почувáлася ~ою.** Polina felt helpless. **ставáти** become)
prep. **б. в** + *L.* helpless about/in sth ◊ **Вонá здавáлася ~ою у спрáвах адмiнiстрáцiї.** She seemed helpless in administrative matters. **б. з** + *I.* helpless with sb/sth ◊ **Олéг б. iз дíтьми.** Oleh is helpless with children.
2 *fig.* inept, incompetent, unskillful ◊ **Христúнi писáння булú жалюгíдно ~ими.** Khrystia's writing was pathetically incompetent. ◊ **Дóбрий актóр вúявився ~им мiнíстром.** The good actor turned out to be an inept minister.
adv. **економíчно** economically, **епiстемологíчно** epistemologically, **iдеологíчно** ideologically, **лоґíстично** logistically, **органiзацíйно** organizationally, **педагогíчно** pedagogically, **полiтúчно** politically ◊ **Провiднúк опозúцiї вúявив себé полiтúчно ~им.** The opposition leader proved to be politically incompetent. **професíйно** professionally
prep. **б. як** + *N.* incompetent as sb ◊ **Вонá ~а як ґаздúня дóму.** She is inept as a homemaker.

безпорáдн|iсть, *f.*, **~ости**, *only sg.*
helplessness, impotence; *fig.* ineptness, incompetence ◊ **Її б. булá несподíванкою.** Her helplessness was a surprise.
adj. **абсолю́тна** absolute, **велúка** great, **пóвна** utter, **тотáльна** total, **цiлковúта** complete; **несподíвана** unexpected; **рíдкiсна** rare; **я́вна** clear ◊ **Я́вна б. урядý викликáла занепокóєння.** The government's clear ineptitude caused concern. **ганéбна** shameful, **жалюгíдна** pathetic; **зворýшлива** touching; **позíрна** seeming, **удáвана** feigned ◊ **За удáваною ~iстю ховáється людúна, якá знáє, що хóче.** Behind the feigned helplessness, there hides a person who knows what she wants. **бáтькiвська** parental, **педагогíчна** pedagogical, **полiтúчна** political, **професíйна** professional
v. + **б. бáчити б.** see sb's helplessness ◊ **Усé що вiн бáчить, – це професíйна б.** All he sees is professional ineptitude. (**виявля́ти** display; **удавáти** feign; **виганя́ти** + *A.* **за** fire sb for, **звiльня́ти** + *A.* **за** let sb go for; **критикувáти** + *A.* **за** criticize sb for)
prep. **б. в** + *L.* helplessness about/in sth ◊ **б. у планувáннi сiмéйного бюджéту** helplessness in planning the family budget

безпрецедéнтн|ий, *adj.*
unprecedented, unparalleled, without precedent ◊ **Стаття́ спричинúлася до ~ого скандáлу.** The article brought about an unprecedented scandal.
adv. **абсолю́тно** absolutely ◊ **абсолю́тно б. ýспiх** absolutely unprecedented success; **геть** totally, **цiлкóм** completely ◊ **цiлкóм б. в iстóрiї вúпадок** a case completely without precedent in history
v. + **б. бýти ~им** be without precedent ◊ **Поéма – ~а в лiтератýрi.** The poem is without precedent in literature. (**вважáти** + *A.* consider sth, **здавáтися** + *D.* seem to sb) ◊ **Фiльм мóже здáтися ~им лишé невíгласовi.** The movie may seem without precedent only to an ignoramus.

безпритýльн|ий, *adj., n.*
1 *adj.* homeless ◊ **Вiн виглядáв ~им.** He looked homeless. ◊ **У мíстi кiлька сóтень хронíчно ~их дiтéй.** There are several hundred chronically homeless children in the city.
v. + **б. бýти ~им** be homeless (**виявля́тися** turn out; **лишáтися** remain, **почувáти себé** *or* **почувáтися** *fig.* feel; **робúти** + *A.* make sb ◊ **Вiйнá зробúла тúсячi людéй ~ими.** The war made thousands of people homeless. **ставáти** become) ◊ **Вiн не мiг подýмати, що стáне ~им.** He could not imagine he would become homeless.
2 *fig.* lonely ◊ **В цьóму середóвищi Софíя почувáлася духóвно ~ою.** *fig.* In this environment, Sofia felt spiritually homeless.
See **самóтнiй.** *Also see* **одинóкий 1**
3 *as n., m. and f.* homeless person ◊ **Тут чáсто ночýють ~i.** The homeless often spend the night here. ◊ **~а булá наркомáнкою.** The homeless woman was a drug addict.

безпритýльн|iсть, *f.*, **~ости**, *only sg.*
homelessness
adj. **дитя́ча** children's; **мáсова** mass, **пошúрена** widespread, **хронíчна** chronic; **жахлúва** dreadful, **страшнá** horrible; **безпрецедéнтна** unprecedented
v. + **б. змéншувати б.** reduce homelessness (**скорóчувати** slash ◊ **Мiськúй головá пообiця́в скоротúти б.** The mayor pledged to slash homelessness. **порóджувати** engender) ◊ **Поєднáння економíчних, суспíльних i психологíчних чúнникiв порóджує б.** A combination of economic, social, and psychological factors engenders homelessness. **борóтися з ~iстю** fight homelessness

безробíтн|ий, *adj., n.*
1 *adj.* unemployed, jobless, out of work
adv. **геть** totally, **давнó** long since, **пóвнiстю** *or* **цiлкóм** completely; **фактúчно** effectively, in fact; **чáстково** partially; **постíйно** continuously, **хронíчно** chronically ◊ **В остáннi п'ять рóкiв числó хронíчно ~ої мóлодi залишáлося мáйже незмíнним.** Over the last five years, the number of chronically unemployed youth has remained almost unchanged.
v. + **б. бýти ~им** be unemployed ◊ **Прóтягом двох рóкiв вiн був ~им.** For two years, he was unemployed. (**виявля́тися** turn out, **лишáтися** remain, **робúти** + *A.* make sb, **ставáти** become) ◊ **Вонá стáла чáстково ~ою внáслiдок економíчної крúзи.** She became partially unemployed as a consequence of the economic crisis.
2 *as n., m. and f.* unemployed, jobless person ◊ **До загóну вiн брав тíльки ~их.** He took only jobless people for the team. ◊ **Сéред присýтнiх булó кíлька ~их.** There were a few unemployed people among those present.

безробíтт|я, *nt., only sg.*
unemployment, joblessness
adj. **висóке** high ◊ **Проблéми країни ускладнювало висóке б.** High unemployment compounded the country's problems. **загáльне** general, **мáсове** mass, **тимчасóве** temporary, **хронíчне** chronic, **часткóве** partial ◊ **Звiт не брав пiд увáгу часткóвого б.** The report did not take into account partial unemployment.
n. + **б. допомóга з б.** an unemployment benefit, dole; **змéншення б.** a reduction in unemployment (**зростáння** increase), **нáслiдки б.** consequences of unemployment (**причúни** causes; **рíвень** level, **фóрма** form)
v. + **б. порóджувати б.** cause unemployment ◊ **Крúза порóджувала б.** The crisis caused unemployment. (**пошúрювати** spread; **скорóчувати** reduce); **борóтися з ~ям** fight unemployment
б. + *v.* **досягáти** + *G.* reach *(a level)* ◊ **Б. досягнýло двадцятú вiдсóткiв.** Unemployment has reached 20%. **зростáти** grow ◊ **За пéршу половúну рóку б. зрослó на п'ять вiдсóткiв.** Over the first half of the year, unemployment grew by 5%. **спадáти** go down
prep. **б. сéред** + *G.* unemployment among sb ◊ **б. сéред мóлодi** unemployment among the youth

безсмéрт|я, *nt., only sg.*
immortality
adj. **жадáне** desired ◊ **Сатанá обiця́в йомý такé жадáне б.** Satan promised him the immortality he had so desired. **прáвдиве** true, **спрáвжнє** genuine ◊ **Поéтка питáла себé, чи існýє спрáвжнє б.** The (female) poet asked herself whether or not true immortality existed.
v. + **б. ґарантувáти** + *D.* **б.** guarantee sb immortality ◊ **Кýпiль у рíчцi Стúксi мáла ґарантувáти Ахíловi б.** Bathing in the River Styx was supposed to guarantee Achilles immortality. (**давáти** + *D.* give sb) ◊ **Áвтор ромáну дав головнóму герóєвi б.** The author of the novel gave the protagonist immortality. **досягáти б.** achieve immortality (**жадáти** desire); **надiля́ти** + *A.* **~ям** grant sb immortality ◊ **Богú надiлúли кентáвра Хiрóна ~ям.** Gods granted the Centaur Chiron immortality.
Ant. **смéртнiсть 1**

безсóнн|я, *nt., only sg.*
insomnia ◊ **Трéтю нiч пóспiль Гáнну мýчило б.** Hanna was beset with insomnia for the third night in a row. ♦ **пiгýлки вiд б.** sleeping pills
adj. **пóвне** complete ◊ **Пiсля двох ночéй пóвного б. вiн лéдве мiг щось робúти.** After two nights of complete insomnia, he could hardly do anything. **тривáле** lengthy, **хронíчне** chronic
v. + **б. потерпáти вiд б.** suffer from insomnia ◊ **Мирослáва цíлий мíсяць потерпáє вiд б.** Myroslava has been suffering from insomnia for an entire month.
See **хворóба**

безсторóнн|iй, *adj.*
impartial, nonpartisan, unbiased, objective
adv. **абсолю́тно** absolutely ◊ **Станóвище фíрми потребýє абсолю́тно ~ього анáлiзу.** The firm's situation requires an absolutely nonpartisan analysis. **послiдóвно** consistently, **скрупульóзно** scrupulously, **цiлкóм** completely; **лéдве** hardly ◊ **Рiшення суддí лéдве ~є.** The judge's ruling is hardly nonpartisan.
v. + **б. бýти ~iм** be unbiased ◊ **Характерúстика експéрта ~я.** The expert's characterization is unbiased. (**здавáтися** + *A.* seem to sb ◊ **Її пiдхíд видáється менí цiлкóм ~iм.** Her approach seems completely objective to me. **лишáтися** remain) ◊ **Iвáн лишáвся послiдóвно ~iм.** Ivan remained consistently nonpartisan.

безхмáрн|ий, *adj.*
cloudless; *also fig.* ◊ **У сíчнi тут зазвичáй чúсте й ~е нéбо.** In January, the sky here is clear and cloudless as a rule.
adv. **абсолю́тно** absolutely, **геть** totally, **зóвсiм** utterly ◊ **Пiсля дощý нéбо стáло зóвсiм ~им.** After the rain, the sky became utterly cloudless. **цiлкóм** completely; **мáйже** almost, **чáстково** partially
v. + **б. бýти ~им** be cloudless ◊ **Її нáстрiй був спокíйним i безхмáрним.** *fig.* Her mood was calm and cloudless. (**лишáтися** stay; **ставáти** become)

бензúн, *m.*, **~у**, *only sg.*
1 gasoline, gas, petrol ◊ **Цiнá на б. упáла до рекóрдного рíвня за остáннi дéсять рóкiв.** The price of gas has fallen to the lowest it has been in ten years.
adj. **дешéвий** cheap, **дорогúй** expensive; **етилóваний** leaded, **неетилóваний** unleaded
2 *chem.* benzine

бенкéт, *m., var.* **банкéт**, **~у**
banquet, feast; *also fig.*
adj. **велúкий** big, **пúшний** sumptuous, **розкíшний** lavish; **гучнúй** grand, **помпéзний** pompous; **спрáвжнiй** veritable ◊ **Удóма на них чекáв спрáвжнiй б.** A veritable banquet awaited them at home. **весíльний** wedding, **офiцíйний** official, **прощáльний** farewell, **формáльний** formal, **ювiлéйний** anniversary ◊ **На її ювiлéйному ~i булá живá мýзика.** There was live music at her anniversary banquet. **королíвський** royal, **президéнтський**

presidential; **традиційний** traditional, **щорічний** annual

prep. **б. із нагóди** + *G.* a banquet on the occasion of sth ◊ **Діти влаштували б. із нагóди срібного весілля батьків.** The children arranged a banquet on the occasion of their parents' silver wedding anniversary. **б. на чéсть** + *G.* a banquet in honor of sb ◊ **Фундáція далá б. на честь лавреáта прéмії.** The foundation gave a banquet in honor of the prize winner.

See **вечірка.** *Also see* **прийняття 1**

бéре|г, *m.*, **~га**

1 coast, shore, bank *(of river)*

adj. **висóкий** high, **крутий** steep, **прямовисний** precipitous; **низький** low, **полóгий** gentle; **далéкий** distant, **недосяжний** unreachable; **протилéжний** opposite; **лівий** left, **прáвий** right

v. + **б. бáчити б.** see a shore (**схóдити на** go ashore) ◊ **Григóрій не міг зійти на б. у Гáврі.** Hryhorii could not go ashore in Le Havre. **досягáти ~га** reach land ◊ **Щоб досягнýти протилéжного ~га, трéба вміти дóбре плáвати.** To reach the opposite bank one needs to be a good swimmer.

2 *only pl.* edge, border *(of fabric, plate)*; margin *(of page)*

adj. **білі** white ◊ **тéмно-зелéна хýстка з білими ~гáми** a dark green kerchief with white edges; **блакитні** sky-blue, **зелéні** green, *etc.*; **вузькі** narrow, **ширóкі** wide; **ліві** left, **прáві** right

v. + **б. вишивáти ~гй** embroider edges ◊ **~гй рушникá вишили червóним і чóрним.** The edges of the rushnyk were embroidered red and black. **лишáти ~гй** leave a margin (**рóбити** set)

prep. **на ~гáх** in the margin

Also see **пóле 5**

L. **на ~зі**, *N. pl.* **~гй**

бéрез|ень, *m.*, **~ня**

March ◊ **Він народився пéршого ~ня.** He was born on March 1.

L. **в ~ні**

See **місяць 1, сíчень**

бестсéлер, *m.*, **~а**

bestseller ◊ **Письмéнник публікýє оди́н б. за іншим.** The writer publishes one bestseller after another.

adj. **літератýрний** literary, **музи́чний** music; **національний** national ◊ **список національних ~ів** a national bestseller list; **відóмий** well-known, **пéрший** first, **популярний** popular, **славéтний** famous; **спрáвжній** true; **ще оди́н** yet another

v. + **б. бýти ~ом** be a bestseller ◊ **Кни́жка булá ~ом два місяці.** The book has been a bestseller for two months. (**лишáтися** remain ◊ **Новий альбóм рок-гýрту лишáється національним ~ом уже п'ять ти́жнів.** The new album by the rock group has remained a national bestseller for five weeks. **оголóшувати** + *A.* declare sth; **робити** + *A.* make sth, **ставáти** become) ◊ **Ромáн став її пéршим ~ом.** The novel became her first bestseller.

See **кни́жка 1, ýспіх**

бетóн, *m.*, **~у**

concrete

adj. **гóлий** bare ◊ **Стіни помéшкання були з гóлого ~у.** The apartment walls were bare concrete. **мóкрий** wet; **нови́й** new, **свіжий** fresh; **твердий** solid; **потрíсканий** cracked

n. + **б. блок ~у** a block of concrete ◊ **Підмýрок бýдинку зрóблено з вели́ких блóків ~у.** The building's foundation is made of large blocks of concrete. (**шар** layer)

v. + **б. заливáти б. на** + *A.* pour concrete onto sth ◊ **Спочáтку на кóжен пóверх заливáли б.** First they poured concrete onto every floor. (**клáсти на** + *A.* lay on sth; **мішáти** mix) ◊ **Б. мішáє спеціяльна маши́на.** A special machine mixes concrete. **роби́ти** + *A.* **з ~у** make sth of concrete ◊ **Перегорóдки зроби́ли з ~у.** The partitions were made of concrete. **заливáти** + *A.* **~ом** pour concrete onto/into sth ◊ **Прохід між будинками залили́ ~ом.** They poured concrete into the passage between the buildings. (**покривáти** + *A.* cover sth with)

prep. **з ~у** from/of/out of concrete

бетóнн|ий *adj.*

concrete, made of concrete; of or pertaining to concrete

б. + *n.* **б. блок** a concrete block (**мур** wall, **паркáн** fence, **фундáмент** foundation); **~а перегорóдка** a concrete partition (**підлóга** floor, **плитá** slab, **стінá** wall); **~і схóди** concrete stairs

би, *part. (after consonant)*, **б** *(after vowel)*

1 *hypothetic and unreal impossible conditions following a verb in past* ◊ **Нíна прийшлá б, якби знáла про концéрт.** Nina would come if she knew about the concert. *or* Nina would have come had she known about the concert. ◊ **Він зробив би це, якби ви попроси́ли.** He would do it if you asked. *or* He would have done it had you asked.

2 *exhortation, with the predicate in pa. pf. inverted with subject* ◊ **Подзвони́в б. ти батькáм.** (You should) call your parents.

3 *polite request with the negated predicate inverted with subject* ◊ **Чи не пози́чила б. ти нам грóшей?** Couldn't you lend us some money? ◊ **Чи не поїхали б. ви зáвтра?** Couldn't you leave tomorrow?

би́тв|а, *f.*

1 battle

adj. **вели́ка** big, **ґрандіóзна** grandios, **епíчна** epic; **запéкла** fierce, **кривáва** bloody ◊ **Полк брав ýчасть не в однíй кривáвій ~і з вóрогом.** The regiment took part in more than one bloody battle with the enemy. **вирішáльна** decisive, **остáння** final; **важли́ва** important, **відóма** well-known, **істори́чна** historic, historical, **славéтна** famous; **морськá** naval, **сухопýтна** land; **грядýща** *poet.* upcoming ◊ **Оби́два табори́ гарячкóво готувáлися до грядýщої ~и.** Both camps were frenetically preparing for the upcoming battle. **майбýтня** future, **прийдéшня** forthcoming; **ви́грана** won, **прóграна** lost; **слáвна** glorious

v. + **б. вигравáти ~у** win a battle ◊ **Манéвр дозвóлив козакáм ви́грати ~у.** The maneuver allowed the Cossacks to win the battle. (**програвáти** lose; **вступáти в** enter) ◊ **Резéрв вступи́в у ~у вчáсно.** The reserve entered the battle on time.

б. + *v.* **відбувáтися** take place ◊ **Б. під Ґрюнвáльдом відбулáся в 1410 рóці.** The Battle of Grunwald took place in 1410. **розгортáтися** unfold; **закі́нчуватися** + *I.* end in sth ◊ **Б. закі́нчилася порáзкою напáдників.** The battle ended in the invaders' defeat. **починáтися** begin; **лютувáти** rage, **продóвжуватися** continue, **тривáти** last ◊ **Б. тривáла дві дóби.** The battle lasted for two days.

prep. **в ~у** *dir.* in/to a battle; **в ~і** *posn.* at/in a battle; **б. з** a battle with/against sb ◊ **б. з татáрами** a battle with Tatars; **б. під** + *I.* the battle of *(place name)* ◊ **б. під Жóвтими Вóдами** the Battle of Zhovti Vody

Cf. **бій 1**

2 *fig.* battle, struggle, fight

adj. **затя́та** relentless, **наполéглива** unremitting, **упéрта** persistent ◊ **Рóками вони́ ведýть упéрту ~у з епідéмією СНІДу.** For years, they have waged a persistent battle against the AIDS epidemic. **економі́чна** economic, **ідеологі́чна** ideological, **інформаці́йна** information ◊ **інформаці́йна б. за сéрця й гóлови людéй** an information battle for the people's hearts and minds; **політи́чна** political

prep. **б. з** + *I.* a battle against/with sth ◊ **Хвóрий не обов'язкóво прирéчений прогрáти ~у з рáком.** The patient is not necessarily doomed to lose his battle against cancer. **б. за** + *A.* a battle for/over sth ◊ **б. за крáщі умóви прáці** a battle for better working conditions; **б. між** + *I.* a battle between sb ◊ **Матеріял про ~у між містя́нами та забудóвниками.** The story is about the battle between city denizens and developers. **б. навкóло** + *G.* battle over sth ◊ **б. навкóло попрáвки до Конститýції** a battle over a constitutional amendment

See **боротьбá 1.** *Also see* **бій 2**

б|и́ти, ~'ю, ~'єш, ~'ють; на~, по~, *tran.*

1 to hit, strike, pound, beat

adv. **дóвго** for a long time, **серди́то** angrily, **си́льно** severely, **щоси́ли** with all one's force; **гóлосно** *or* **гýчно** loudly ◊ **Хтось гóлосно ~ив кулакóм у двéрі.** Somebody was loudly pounding the door with their fist. **злéгка** lightly ◊ **Він злéгка ~ив молоткóм по долотý.** He hit the chisel lightly with a hammer. **легéнько** *dim.* gently, **обережно** carefully, **трóхи** a little; ♦ **б. головóю в мур** to bang one's head against a wall ◊ **Перекóнувати йогó – однáково, що б. головóю в мур.** Convincing him is like hitting one's head against a brick wall. ♦ **б. себé у грýди** beat one's chest ◊ **Він ~ив себé у грýди, запевня́ючи Гáнну, що нíчого про це не знáє.** He beat his chest assuring Hanna that he knew nothing about it.

prep. **б. в** + *A.* beat in sth; **б. по** + *L* beat on sth ◊ **Жéртву ~или по головí чи́мось важки́м.** The victim was hit on the head with something heavy.

See **вдаря́ти 1.** *Also see* **заї́жджати 5, ї́бати 4, кóпати, полоскáти 3**

2 to beat, give a beating; *pf.* **на~, по~** ◊ **Тут батькáм заборóнено б. дітéй.** Parents are forbidden to beat their children here.

adv. **безжáльно** ruthlessly ◊ **Хлóпця безжáльно наби́ли.** The boy was beaten ruthlessly. **бóляче** painfully, **дóвго** for a long time ◊ **Нaпáдники дóвго ~или жéртву.** The assailants beat the victim for a long time. **до смéрті** to death, **дýже** badly ◊ **Йогó дýже поби́ли поліціянти.** The policemen beat him badly. **жорстóко** cruelly, **си́льно** severely; **лéгко** lightly, **трóхи** a little

v. + **б. брáтися** set about, **починáти** begin, **стáти** *pf.* start; **намагáтися** try to ◊ **Бори́с намагáвся б. бунтівнóго си́на, алé це не допомагáло.** Borys tried to beat his recalcitrant son, but it did not help. **могти́** can ◊ **У ті часи́ чоловíк міг будь-коли́ по~ жíнку.** In those times, a husband could beat his wife any time. **накáзувати** + *D.* command sb to ◊ **Пан наказáв по~ неслухня́ного хлóпця рíзками.** The master gave the order to beat the disobedient boy with rods. **погрóжувати** threaten to; **хотíти** want to

Also see **чи́стити 5**

3 *usu pf.* to defeat ◊ **Ти знáєш, хто когó поби́в у вчорáшньому мáтчі.** Do you know who defeated whom in yesterday's match?

See **перемагáти 1.** *Also see* **вигравáти 1, долáти 1, завойóвувати 1, розбивáти 2, справля́тися 3**

4 to strike *(of clock, drum, etc.)*, beat, hit; *pf.* **про~** ◊ **Годи́нник на вéжі проби́в пíвніч.** The clock on the tower struck midnight. ♦ **б. на спóлох** to sound the alarm ◊ **У монасти́рі стáли б. на спóлох.** They started sounding the alarm at the monastery. ♦ **б. вíдступ** to beat a retreat ◊ **Генерáл наказáв б. негáйний вíдступ.** The general gave the order to beat an immediate retreat.

prep. **б. в** + *A.* beat sth, hit against sth ◊ **Він гóлосно ~ив у барабáн.** He was loudly beating his drum.

5 to break, smash; *pf.* **роз~** ◊ **Він розби́в склó.** He broke the glass. ♦ **роз~** + *D.* **сéрце** *pf.* break sb's heart ◊ **Марíя розби́ла сéрце не однóму юнакóві.** Maria has broken the heart of more than one youth.

See **розбива́ти 1**
6 to kill, murder; *pf.* **за~, в~, по~** ◊ **Полоне́них брута́льно заби́ли** *or* **поби́ли.** The captives were brutally murdered.
See **вбива́ти 1.** *Also see* **замо́рювати 1, ліквідува́ти 2, ни́щити, прибира́ти 4, усува́ти 2**
7 to hurt, injure, bloody; *pf.* **роз~** + *D.* + *A.* ◊ **Він не хоті́в роз~ Іва́нові колі́но.** He did not mean to hurt Ivan's knee.

би́|тися; по~, *intr.*

1 to fight, attack each other, do battle ◊ **Во́рога зму́сили б. на два фро́нти.** They forced the enemy to fight on two fronts.
adv. **безстра́шно** fearlessly, **відва́жно** valiantly, **до оста́нньої кра́плі кро́ви** to the last drop of blood, **запе́кло** fiercely, **на смерть** to death, **самові́ддано** selflessly, **смілúво** bravely
v. + **б. бу́ти гото́вим** be ready to ◊ **Мі́сто було́ гото́вим б.** The city was ready to fight. **йти** go to ◊ **Усі́, як оди́н, пішли́ б. з окупа́нтом.** All as one, they went to fight the occupier. **продо́вжувати** continue ◊ **Гру́па продо́вжувала б. з во́рогом.** The group continued to fight the enemy. **хоті́ти** want to
prep. **б. з** + *I.* fight (with/against) sb; **б. за** + *A.* fight for sth ◊ **Вояки б'ю́ться за свобо́ду своє́ї краї́ни.** The soldiers are fighting for the freedom of their country.
2 to fight, brawl, have a fistfight, scuffle ◊ **У шко́лі Юрко́ ма́ло не що́дня з ки́мось ~вся.** At school, Yurko had a fight with somebody almost every day.
adv. **безпереста́нку** incessantly, **ввесь час** all the time, **за́вжди́** always, **постíйно** constantly; **ні́коли не** never, **рі́дко** rarely; **ду́же** badly; ♦ **б. навкула́чки** to have a fistfight
v. + **б. бу́ти гото́вим** be ready to ◊ **Страйкарі́ були́ гото́ві б. з полі́цією.** The strikers were ready to fight with the police. **взя́тися** *pf.* set about ◊ **Ра́птом хло́пці взяли́ся б.** Suddenly the boys set about brawling. **почина́ти** begin, **ста́ти** *pf.* start; **переста́ти** stop; **хоті́ти** want to
prep. **б. з** + *I.* fight with sb
3 *sport* to box, fight, spar ◊ **По́льський боксе́р уже́ ~вся з украї́нським.** The Polish boxer already fought the Ukrainian one.
4 to hit, knock, pound, strike; *pf.* **уда́ритися** ◊ **Вона́ чу́ла, як об сті́ну щось ~лося.** She heard something hitting against the wall.
adv. **го́лосно** *or* **гу́чно** loudly; **злегка́** lightly **леге́нько** *dim.* gently, **ти́хо** quietly ◊ **Хви́лі ти́хо ~лися об бе́рег.** The waves quietly pounded against the shore. ♦ **б. голово́ю в мур** to bang one's head against a wall
prep. **б. в** + *A.* hit against sth ◊ **Ніхто́ не збира́вся б. голово́ю в мур, щоб перекона́ти Кили́ну.** Nobody was about to hit their head against a wall in order to convince Kylyna. **б. об** + *A.* hit against sth
5 to break, get broken *(smashed)* ◊ **Ця кера́міка не б'є́ться.** This pottery does not break. ◊ **Деше́ва це́гла ле́гко ~лася.** The cheap bricks broke easily.
6 to beat *(of heart)*, throb
adv. **відчайду́шно** frantically, **го́лосно** loudly, **ди́ко** wildly, **си́льно** furiously, **шале́но** *colloq.* like crazy ◊ **У не́ї шале́но ~лося се́рце.** Her heart was beating like crazy. **шви́дко** fast; **ле́две** barely, **сла́бо** faintly, **ти́хо** quietly
v. + **б. почина́ти** begin, **става́ти** *pf.* start ◊ **Його́ се́рце ста́ло шале́но б.** His heart started beating frantically. **перестава́ти** stop ◊ **У не́ї переста́ло б. се́рце.** Her heart stopped beating.
Also see **сту́кати 4**
7 *only impf. with prep.* to rack one's brain, struggle with *(issue, etc.)*
prep. **б. над** + *I.* rack one's brain over sth ◊ **Вона́ ~лася над за́гадкою рік.** She racked her brain over the riddle for a year.
See **ду́мати 1**
8 *only impf.* to shake, thrash around, toss about, wriggle; *pf.* **за~** to start thrashing around ◊ **Хво́рий заби́вся в гісте́риці.** The patient started thrashing around hysterically.
prep. **б. в** + *L.* toss about in *(a state)* ◊ **Він ~вся в аго́нії.** He tossed about in agony.
See **мета́тися 1**

бібліогра́фі|я, *f.*, ~ї

bibliography ◊ **Б. займа́є сторі́нку.** The bibliography takes up a page.
adj. **аното́вана** annotated, **ви́брана** select; **коро́тка** short, **сти́сла** brief; **вичéрпна** exhaustive, **всеохо́пна** comprehensive, **докла́дна** detailed ◊ **При кінці́ по́дано докла́дну ~ю.** A detailed bibliography is given at the end. **розло́га** extensive, **по́вна** complete
n. + **б. спи́сок ~ї** a list of bibliography
v. + **б. збира́ти ~ю** collect a bibliography ◊ **Він зібра́в ~ю про сленг.** He collected a bibliography on slang. (**склада́ти** compile, put together; **писа́ти** write, **редагува́ти** edit; **поно́влювати** update ◊ **~ю періоди́чно поно́влюють.** The bibliography is periodically updated. **включа́ти** include, **місти́ти** contain, **надава́ти** provide, **подава́ти** give, **пропонува́ти** + *D.* offer sb ◊ **А́втор запропонува́в коро́тку ~ю на те́му пандемі́ї.** The author offered a short bibliography on the subject of the pandemic. **публікува́ти** publish)
prep. **в ~ї** in a bibliography ◊ **У ~ї вка́зані ду́же важли́ві публіка́ції.** Very important publications are referred to in the bibliography. **б. на те́му** + *G.* a bibliography on the subject of sth
Also see **спи́сок**

бібліоте́|ка, *f.*

1 library *(building)* ◊ **Б. потребу́є ремо́нту.** The library is in need of a renovation.
adj. **вели́ка** big, **мала́** small ◊ **Шкільна́ б. на́дто мала́.** The school library is too small. **мале́нька** *dim.* small, **невели́ка** small; **багатоповерхо́ва** multistoried; **до́бра** good, **першокла́сна** first-rate, **прекра́сна** excellent; **дитя́ча** children's, **науко́ва** scientific ◊ **Б. займа́є триповерхо́ву буді́влю.** The library occupies a three-story building. **публі́чна** public, **університе́тська** university, **шкільна́** school
n. + **б. катало́г ~ки** a library catalog (**ко́рпус** building; **відві́дувач** patron, **користува́ч** user, **персона́л** staff; **по́слуги** services, **ресу́рси** resources)
v. + **б. будува́ти ~ку** build a library (**відкрива́ти** open, **засно́вувати** found ◊ **~ку заснува́ла гру́па бізнесме́нів.** A group of businessmen founded the library. **відві́дувати** visit ◊ **Зо́я ча́сто відві́дує ~ку.** Zoia frequently visits the library. **ма́ти** have ◊ **Мі́сто ма́є аж п'ять ~к.** The city has as many as five libraries. **фінансува́ти** finance, **фундува́ти** fund; **відкрива́ти** open) ◊ **Нову́ ~ку наре́шті відкри́ли торі́к.** The new library was finally opened last year. **вино́сити** + *A.* **з ~ки** take sth out of a library ◊ **Періоди́чні вида́ння не мо́жна вино́сити з ~ки.** Periodicals may not be taken out of the library. (**ма́ти до́ступ до** have access to ◊ **Випускники́ ма́ють до́ступ до університе́тської ~ки.** Alumni have access to the university library. **поверта́ти** + *A.* **до** return sth to; **ходи́ти до** go to) ◊ **Ю́рій хо́дить до ~ки щодня́.** Yurii goes to the library every day. **користува́тися ~кою** use a library ◊ **~кою ста́ло зручні́ше користува́тися.** It became more convenient to use the library. **бра́ти** + *A.* **в ~ці** take sth from a library (**позича́ти** + *A.* **в** borrow sth from ◊ **Вона́ позича́є фі́льми в місце́вій ~ці.** She borrows movies from a local library; **працюва́ти в** work in) ◊ **Сього́дні Оле́ні тре́ба попрацюва́ти в ~ці.** Today Olena needs to work in the library.
б. + *v.* **воло́діти** + *I.* possess sth ◊ **Б. воло́діє уніка́льною збі́ркою стари́х руко́писів.** The library possesses a unique collection of old manuscripts. **зберіга́ти** + *A.* keep sth, **ма́ти** + *A.* have sth; **оцифро́вувати** + *A.* digitize sth, **сканува́ти** + *A.* scan sth; **придба́ти** + *A. pf.* acquire ◊ **Б. придба́ла листува́ння поéтки.** The library has acquired the (female) poet's correspondence.
prep. **в ~ку** *dir.* in/to a library ◊ **Вони́ йшли в ~ку.** They were going to the library. **в ~ці** *posn.* at/in a library; **з ~ки** from a library ◊ **кни́жки́ з ~ки** books from a library
Also see **буди́нок**
2 library *(collection)*
adj. **бага́та** rich, **вели́ка** big, **величе́зна** huge, **значна́** considerable, **найбі́льша** the biggest, **оши́рна** extensive, **хоро́ша** good; **мале́нька** *dim.* small, **невели́ка** small ◊ **Вона́ ма́ла невели́ку ~ку довідко́вих матеріа́лів під руко́ю.** She had a small library of reference materials on hand. **безці́нна** invaluable, **імпоза́нтна** impressive, **першокла́сна** first-rate, **прекра́сна** excellent; **віртуа́льна** virtual, **електро́нна** electronic, **мере́жева** online, **цифрова́** digital; **археологі́чна** archeological, **архітекту́рна** architectural, **меди́чна** medical, **музи́чна** music, **фотографі́чна** photographic, *etc.*; **особи́ста** personal
б. + *n.* **б. відеофі́льмів** a video library (**звукоза́писів** sound recording; **світли́н** photographic)
v. + **б. ма́ти ~ку** have a library (**накопи́чувати** amass ◊ **Він накопи́чив ~ку че́ських фі́льмів.** He amassed a library of Czech films. **посіда́ти** possess; **збага́чувати** enrich, **розбудо́вувати** build up, **ство́рювати** create, **успадко́вувати** inherit) ◊ **~ку профе́сора успадкува́в його́ улю́блений у́чень.** The professor's favorite student inherited his library. **додава́ти** + *A.* **до ~ки** add sth to a library; **володі́ти ~кою** own a library ◊ **Вона́ воло́діє ~кою аванґа́рдової пое́зії.** She owns a library of avant-garde poetry. (**заволоді́вати** take possession of) ◊ **Пі́сля сме́рті режисе́ра його́ жі́нка заволоді́ла його́ ~кою фі́льмів.** After the director's death, his wife took possession of his film library.
Also see **архі́в, збі́рка, зібра́ння 2**

бібліоте́кар, *m.*, ~я; ~ка, *f.*

librarian ◊ **Левко́ працю́є ~ем.** Levko works as a librarian.
adj. **винятко́вий** exceptional ◊ **Університе́т ма́є винятко́вих ~ів.** The university has exceptional librarians. **досві́дчений** experienced, **кваліфіко́ваний** qualified, **професі́йний** professional; **моло́дший** junior; **головни́й** chief, **ста́рший** senior; **науко́вий** academic, **університе́тський** university, **шкільни́й** school
See **спеціялі́ст**

біг, *m.*, ~у

1 *only sg.* run, running ◊ **Ко́ні спові́льнили б.** The horses slowed down. ♦ **з ~ом ча́су** *fig.* as time goes by, with passage of time ◊ **З ~ом ча́су вони́ потоваришува́ли.** As time went by, they became friends.
2 *sports* race ◊ **б. із перешко́дами** steeplechase ◊ **б. на коро́тку ві́дстань** a sprint ◊ **Валенти́на неперевéршена в ~у на коро́тку ві́дстань.** Valentyna is unsurpassed at the sprint.
L. **на ~у́**, *N. pl.* **~и́**

бі́га|ти, ~ють; *no pf., intr., multi.*

1 run around, run *(there and back)*, jog ◊ **Темп пра́ці на фа́бриці таки́й висо́кий, що робітники́ не хо́дять, а ~ють.** The pace of work at the factory is so fast that workers do not walk, but run around.
adv. **ввесь час** all the time, **за́вжди́** always, **звича́йно** usually, **ча́сто** often ◊ **Марі́я ча́сто ~є на стадіо́н.** Maria often runs to the stadium. **як пра́вило** as a rule ◊ **Він, як пра́вило, ~в ура́нці.** As a rule, he jogged in the morning. **пості́йно** constantly, **рі́дко** seldom, **ні́коли не**

never; **добре** well ◊ **Вона дуже добре ~є.** She is a very good runner. **швидко** fast, **скоро** quickly; **ледве** barely, **повільно** slowly

v. + **б. вміти** be able to ◊ **Данило вміє добре б. на велику дистанцію.** Danylo is a good long-distance runner. **вчитися** learn to; **любити** like to ◊ **Юрко любить б.** Yurko likes jogging. **могти** can ◊ **В юності Дана могла скоро б.** In her youth, Dana could run quickly.

prep. **б. до** + *G.* run to *(place)* ◊ **Він иноді ~є до сусідів на каву.** He sometimes runs to his neighbors' for coffee. **б. від** + *G.* **до** + *G.* run from *(a place)* to *(a place)* ◊ **Щоранку він ~в від свого будинку до станції.** Every morning, he would run from his building to the station. **б. на** + *A.* run to *(an event)* ◊ **Оля ~ла на всі концерти.** Olia ran to all concerts. **б. по** + *A.* run for *(with a purpose)* ◊ **Обов'язком Пилипка було б. до крамниці по хліб.** It was Pylypko's duty to run to the shop for bread. **б. по** + *L.* run down/up sth, swarm around ◊ **Натовпи людей ~али по площі.** Crowds of people swarmed the square. **б. через** + *A.* run across sth

Cf. **бігти 1, ходити 1**

2 to visit, frequent; to woo, pursue, *only with prep.* ◊ **Тетяна ~ла до баби поласувати чимось смачним.** Tetiana visited her grandma to relish something delicious. ◊ **Він уже місяць ~в до Марти.** Ha had been wooing Marta for a month already.

See **відвідувати**

3 to run after, chase, *only with prep.*

prep. **б. за** +*I.* run after sb ◊ **Іван став б. за нею, як цуцик.** Ivan started following her like a puppy.

бігай!

бігти, біж|ать; по~, *intr., uni.*

1 to run, jog; to walk quickly ◊ **Куди це він ~ить?** Where is he running to?

adv. **зараз** now, **у цей момент** at this moment, **хутко** rapidly, **швидко** quickly ◊ **Валя бігла так швидко, що її годі було наздогнати.** Valia ran so quickly, no one could catch up with her. **вгору** up, upwards, upstairs ◊ **Нападники бігли вгору вулицею.** The assailants were running up the street. **вниз** *or* **додолу, надолину** downwards, downstairs; **вперед** forward, **назад** back ◊ **Кур'єр доставив пакет і побіг назад до фургона.** The courier delivered the package and ran back to his van. **геть** away, **додому** *or* **домів**, *colloq.* home, **просто** straight; **на захід** westward, **на північ** northward, *etc.* **навмання** aimlessly, **панічно** in panic; **якнайдалі** as far as possible

v. + **б. бути треба** + *D.* need to ◊ **Їм треба б. на станцію.** They need to run to the station. **зніматися й** get up and ◊ **Галя знялася й побігла геть.** Halia got up and ran away. **кидатися** dash, take off ◊ **Перелякані люди кинулися б., хто куди.** The frightened people took off running every which way. **наказувати** + *D.* order sb to ◊ **Командир наказав Симонові б. до села.** The commander ordered Symon to run to the village. **просити** + *A.* ask sb to ◊ **Вона попросила Анатолія по~ купити продуктів.** She asked Anatolii to run and buy some groceries. **починати** begin to, **стати** *pf.* start; **продовжувати** continue to; **мати намір** have the intention to, **хотіти** want to

prep. **б. до** + *G.* run to *(place)*; **б. від** + *G.* run away from sb/sth, flee, retreat ◊ **Люда мусила б. від однієї хати до иншої в пошуках сина.** Liuda had to run from one house to another in search of her son. **б. на** + *A.* run to *(an event)* ◊ **Зенон біг на роботу.** Zenon was running to work. **б. по** + *A.* run for *(with a purpose)* ◊ **Вона побігла по допомогу до сусіда.** She ran to the neighbor's for help. **б. по** + *L.* run down/up sth, run across ◊ **Юнак біг навмання по незнайомому місту.** The youth was running aimlessly across the strange city. **б. через** + *A.* run across sth ◊ **Найманці змушували полонених б. через мінне поле.** The mercenaries forced the captives to run across a minefield. ♦ **як дурному з гори б.** *colloq.* (as) easy as pie ◊ **Завдання було, як дурному з гори б.** The task was as easy as pie.

Also see **кидатися 1.** *Cf.* **бігати 1, іти 1**

2 to run away, escape ◊ **Вона хотіла б. якнайдалі, щоб нічого не бачити.** She wanted to run as far as possible so as not to see anything.

See **втікати[1] 1**

3 *fig.* to run *(of car, bus, etc.)*, travel, go ◊ **Потяги ~ать по мосту в обидва боки.** Trains run along the bridge in both directions. ◊ **Білі хмари бігли по небу.** White clouds traveled across the sky. ◊ **Її думки бігли до родини.** Her thoughts ran to her family.

See **рухатися 1.** *Also see* **іти 2**

4 *fig.* to flow (*of water, sweat, etc.*), run, stream ◊ **Струмок ~ить униз горою.** The creek runs down the hill. ◊ **Піт біг їй по обличчю.** Sweat streamed down her face.

See **втікати[2]**

5 *fig.* to extend, run, stretch ◊ **Вузенька стежка ~ить понад берегом річки.** A narrow path runs along the bank of the river. ◊ **Старий ліс біг аж до кар'єру.** The old forest extended all the way to the quarry.

See **тягтися 7**

6 *fig.* pass *(of time)*, go by; *pf.* **про~** ◊ **Рік пробіг, як день.** A year passed like one day. ◊ **День за днем швидко бігла їхня відпустка на Сицилії.** Their vacation in Sicily went by quickly day after day.

See **минати 3.** *Also see* **відходити 9, іти 10, летіти 5, проходити 4, текти 3**

7 to boil over, overflow; *pf.* **з~** ◊ **Поки Слава ходила відчиняти двері, третина молока збігла.** While Slava went to open the door, a third of the milk boiled over. ◊ **Антін розмовляє по телефону, а тим часом ~ить його юшка.** Antin is talking on the phone and meanwhile his soup is boiling over.

(по)біжи!

бід|а, *f.*

misfortune, trouble, misery, bad luck ◊ **Останнім часом у них як не одна б., то инша.** Lately they have had one trouble after another.

adj. **велика** great, **найбільша** greatest, **страшна** terrible ◊ **Місто спіткала страшна б.** A terrible misfortune befell the city. **несподівана** unexpected

v. + **б. потрапляти в ~у** get into trouble ◊ **Якби він слухав Ліну, то не потрапив би в ~у.** Had he listened to Lina, he would not have gotten into trouble. ♦ **б. в тому, що** the trouble is ◊ **Найбільша б. була в тому, що ніхто з них не володів українською мовою.** The greatest trouble was that none of them had command of Ukrainian. ♦ **б. його бери** *colloq.* to hell with it ◊ **Я зроблю так, як забажаю, і б. його бери.** I will do as I please and to hell with it. ♦ **напитувати ~и** to be asking for trouble; ♦ **як на ~у** to make things worse ◊ **Вони ледь зводять кінці з кінцями, а тут, як на ~у, небажана вагітність.** They are barely making ends meet, when to make things worse comes an unwanted pregnancy. ♦ **на ~у** *colloq.* why the hell, what the hell for ◊ **На ~у було Ользі зв'язуватися з цими типами!** Why the hell did Olha get involved with those characters! ♦ **не б.** it's OK, it's all right ◊ **Вони запізнюються, але то не б.** They are late, but that's all right.

Also see **зло[1] 2, лихо 1, негода 2.** *Cf.* **невезіння.** *Ant.* **щастя**

бідн|ий, *adj.*

1 poor, poverty-stricken

adv. **відчайдушно** desperately, **вкрай** extremely, **досить** quite, **дуже** very ◊ **Судячи з одягу, цей пан має бути дуже ~им.** Judging by his clothes, the gentleman must be very poor. **надзвичайно** extraordinarily, **неврогідно** unbelievably, **неймовірно** incredibly, **страшенно** terribly; **відносно** relatively, **особливо** especially, **порівняно** comparatively; **однаково** equally; **ледве** scarcely, **не зовсім** not exactly; **надміру** *or* **понадміру** beyond measure, **занадто** *or* **надто** too ◊ **Він надто б., щоб купити новий костюм.** He is too poor to buy a new suit. **завжди** always; ♦ **б., як церковна миша** as poor as a church mouse ◊ **Вони були ~ими, як церковні миші.** They were as poor as church mice.

v. + **б. бути ~им** be poor ◊ **Насправді ці люди не зовсім ~і.** In reality, those people are not exactly poor. (**виглядати** look ◊ **Хата виглядала ~ою.** The house looked impoverished. **виявлятися** turn out, **здаватися** + *D.* seem to sb; **лишатися** remain; **робити** + *A.* make sb, **ставати** become) ◊ **За роки кризи багато заможних родин стали ~ими.** Over the years of the crisis, many well-to-do families became poor.

Also see **жалюгідний 2.** *Ant.* **багатий 1**

2 poor, unfortunate, hapless ◊ **Їм шкода ~ої Орисі.** They feel sorry for poor Orysia. ◊ **Його ~е серце не переживе розлуки з коханою.** His poor heart will not survive separation from his beloved (woman).

See **нещасний.** *Also see* **жалюгідний 1**

3 *fig.* poor, meager, limited ◊ **Людина з ~ою уявою не напише цікавий сценарій.** A person with a limited imagination will not write an interesting script. ◊ **Його дієта лишалася одноманітною й ~ою.** His diet remained monotonous and poor.

See **кволий 1**

4 *fig.* poor, lacking, deficient, wanting

adv. **винятково** exceptionally, **вкрай** extremely; **відносно** relatively, **порівняно** comparatively ◊ **продукт, порівняно б. на білок** a product comparatively poor in protein; **незвичайно** unusually, **особливо** especially; **гнітюче** depressingly ◊ **Весь цей період виявився гнітюче ~им на добрі фільми.** This entire period turned out to be depressingly lacking in good films. **архітектурно** architecturally, **духовно** spiritually, **епістемологічно** epistemologically, **культурно** culturally, **морально** morally, **науково** scientifically ◊ **Він задихався в науково ~ому середовищі інституту.** He was suffocating in the scientifically wanting environment of the institute. **творчо** creatively; ♦ **б. родич** *fig.* a poor relation, pale imitation ◊ **Радіо часто вважають ~им родичем телебачення.** Radio is often considered to be a pale imitation of television.

prep. **б.** + *I. or* **на** + *A.* poor in sth ◊ **б. вітамінами** *or* **на вітаміни** deficient in vitamins

Also see **кволий 2.** *Ant.* **багатий 2**

бідн|ість, *f.*, **~ости**, *only sg.*

1 poverty

adj. **безпросвітна** grinding, **жахлива** abject ◊ **Тисячі людей у зоні війни живуть у жахливій ~ості.** Thousands of people in the war zone live in abject poverty. **страхітлива** horrifying, **страшна** horrible; **винятковa** exceptional; **загальна** general, **небачена** unprecedented, **повсюдна** universal, **поширена** widespread, **хронічна** endemic; **дитяча** child, **міська** urban, **сільська** rural

n. + **б. загроза ~ости** a threat of poverty; **рівень ~ости** a poverty rate ◊ **На півдні країни рівень ~ости особливо високий.** The poverty level is particularly high in the south of the country. ♦ **на межі ~ости** at the poverty level ◊ **Сім'ї з таким прибутком перебувають на межі ~ости.** Families with such an income are at the poverty level. ♦ **над межею ~ости** above the poverty level, ♦ **нижче від межі ~ости** below the poverty level; **зростання ~ости** increase in poverty (**скорочення** reduction in)

v. + **б. зменшувати б.** reduce poverty ◊ **Фонд**

заснóвано, щоб змéншити міськý б. The fund was founded to reduce urban poverty. (**ліквідóвувати** eradicate, **перемагáти** win over, **полéгшувати** alleviate; **бýти прирéченим на** be doomed to, **прирікáти** + *A.* **на** doom sb to) ◊ **Новé законодáвство прирікáло на б. тисячі дрібних підприємців.** The new legislation doomed thousands of small entrepreneurs to poverty. **борóтися з ~істю** fight poverty; **покінчувати** do away with) ◊ **Уряд покінчив із дитячою ~істю.** The government did away with child poverty.

prep. **в ~ості** in poverty ◊ **Біженці жили у страхітливій ~ості.** The refugees lived in horrifying poverty. **б. сéред** + *G.* poverty among sb ◊ **Автор аналізýє причини ~ости сéред безробітної мóлоді.** The author analyzes the causes of poverty among unemployed youth.

Also see **злидні.** *Cf.* **зубожіння.** *Ant.* **багáтство, замóжність**

2 *fig.* poverty, deficiency, lack, want ◊ **Остáнні йогó прáці демонструвáли дивовижну б. оригінáльного дýмання.** His latest works displayed an amazing lack of original thinking.

prep. **б. на** + *A.* lack of sth ◊ **несподівана б. на нові ідéї** an unexpected lack of new ideas

бíжен|ець, *m.*, ~ця; ~ка, *f.*

refugee ◊ **Унаслідок російської агрéсії пóнад мільйóн украíнців стáли ~цями.** As a result of the Russian aggression more than a million Ukrainians became refugees.

adj. **правдивий** *or* **спрáвжній** genuine; **липовий** *collog.* phony; **безпритýльний** homeless, **голóдний** hungry; **колишній** former; **перспективний** would-be, **потенційний** potential; **екологічний** environmental ◊ **Зміна підсóння призвóдить до зростáння числá екологічних ~ців.** Climate change is bringing about an increase in the number of environmental refugees. **економічний** economic, **політичний** political, **цивільний** civilian

n. + **б. громáда ~ців** a refugee community (**грýпа** group ◊ **Він перевíз чéрез кордóн грýпу ~ців.** He took a group of refugees across the border. **діти** children, **організáція** organization, **сім'я** family; **криза** crisis, **питáння** issue, **проблéма** problem; **потік** flow; **станóвище** situation; **стáтус** status; **тáбір** camp, **центр** center; **дóля ~ів** the fate of refugees (**наплив** influx, **потік** flood, **хвиля** wave)

v. + **б. брáти ~ця** take a refugee ◊ **Кóжна сумíжна з Сíрією країна мýсила брáти тисячі ~ців.** Every country bordering on Syria had to take thousands of refugees. (**переселяти** resettle, **приймáти** accept ◊ **Львів прийняв ~ців із Криму.** Lviv accepted the refugees from the Crimea. **рятувáти** rescue; **висилáти** expel, **депортувáти** deport, **репатріювáти** repatriate) ◊ **Липових ~ців ýряд репатріювáв.** The government repatriated phony refugees. **підпадáти під визначення ~ця** qualify as a refugee ◊ **З такóю істóрією він підпадáє під визначення ~ця.** With such a story he qualifies as a refugee. **давáти притýлок ~цеві** give asylum to a refugee ◊ **Притýлок ~цям найохóчіше давáла Канáда.** Canada was the most willing to give asylum to refugees. (**допомагáти** help) ◊ **Агéнція допомагáє ~цям.** The agency helps refugees. **бýти ~цем** be a refugee (**вважáти** + *A.* consider sb, **оголóшувати** + *A.* declare sb ◊ **Імміграційний трибунáл оголосив йогó ~цем згідно з конвéнцією.** The immigration tribunal declared him a Convention refugee. **робити** + *A.* make sb ◊ **Посýха зробила тисячі ефіóпців ~цями.** The drought made thousands of Ethiopians refugees. **ставáти** become)

б. + *v.* **бýти перемíщеним** be displaced, **втікáти від** + *G.* flee sth ◊ **~ці втікáли від переслíдувань чéрез статéву орієнтáцію.** The refugees fled persecution on the basis of sexual orientation. **жити** live ◊ **Зимóю ~ці змýшені жити в намéтах.** In winter, the refugees are forced to live in tents. **повертáтися** return; **прибувáти** arrive

prep. **сéред ~ців** among refugees ◊ **Сéред ~ців є хвóрі.** There are sick people among the refugees. **б. від** + *G.* a refugee from *(persecution, etc.)* ◊ **~ці від політичних репрéсій** refugees from political repression; **б. з** + *G.* refugee from *(a place)* ◊ **~ці із зóни бойових дій** refugees from the area of hostilities.

бíзнес, *m.*, ~у

1 business *(buying and selling goods)*

adj. **великий** big; **вигідний** lucrative, **прибуткóвий** profitable; **основний** main ◊ **Основним ~ом фірми є напрáва комп'ютерів.** The firm's main business is computer repair. **конкурéнтний** competitive ◊ **Йогó б. виявився конкурéнтним.** His business proved to be competitive. **привáтний** private; **серйóзний** serious; **газéтний** newspaper, **інвестиційний** investment, **забезпеченéвий** *or* **страховий** insurance, **кінематографічний** *usu* **кінобізнес** filmmaking ◊ **осерéдок кінобізнесу** a center of the filmmaking business; **комп'ютерний** *or* **комп'ютеровий** computer, **консультаційний** consulting, **музичний** music, **реклáмний** advertising ◊ **Вонá бáчить майбýтнє в реклáмному ~і.** She sees her future in the advertising business. **розважáльний** entertainment

v + **б. вести б.** do business ◊ **Він ведé б. із двомá партнéрами.** He does business with two partners. (**мáти** have, **провáдити** conduct ◊ **Тамáра провáдила консультаційний б. одноосíбно.** Tamara conducted her consulting business single-handedly. **займáтися ~ом** do business ◊ **Яким ~ом вонá займáється?** What kind of business does she do? **працювáти в ~і** work in business ◊ **Максим працює в газéтному ~і.** Maksym works in the newspaper business. (**розумітися на** understand) ◊ **Ліна дóбре розуміється на розважáльному ~і.** Lina understood the entertainment business well.

prep. **в ~і** in business

Also see **індýстрія, підприємництво**

2 business *(commercial organization)*

adj. **великий** large, **серéдній** medium-sized, **малий** small, **новий** new ◊ **Кількість нових ~ів зрослá на три відсóтки.** The number of new businesses grew by 3%. **родинний** *or* **сімéйний** family, **глобáльний** global, **міжнарóдний** international, **місцéвий** local; **держáвний** state-owned, **привáтний** private; **вигідний** lucrative, **перспективний** promising, **прибуткóвий** profitable, **успíшний** successful ◊ **Родина володíє успíшним ресторáнним ~ом.** The family owns a successful restaurant business. **мерéжевий** online; **гуртовий** wholesale, **роздрібний** retail; **легáльний** legitimate, **нелегáльний** illegal

n. + **б. активи ~у** business assets ◊ **Поліція заарештувáла активи трьох ~ів.** The police seized the assets of three businesses. (**влáсник** owner, **заснóвник** founder, **спадкоємець** inheritor)

v. + **б. запускáти б.** launch a business ◊ **Вони запускáють невеликий готéлевий б.** They are launching a small hotel business. (**заснóвувати** establish ◊ **Він заснувáв пекáрський б. у містéчку.** He founded a bakery business in town. **купувáти** buy, **перебирáти** take over ◊ **Стáрша дочкá мáла перебрáти родинний б. пíсля виходу бáтька на пéнсію.** The elder daughter was supposed to take over the family business after her father's retirement. **придбáти** *pf.* acquire ◊ **Він придбáв б. будівéльних матеріялів.** He acquired a construction supplies business. **мáти** have; **починáти** start, **нарóщувати** grow, **розбудóвувати** build up, **розширяти** expand; **продавáти** sell) ◊ **Віта продáє успадкóваний від бáтька б.** Vita is selling the business inherited from her father. **позбувáтися ~у** get rid of a business (**вихóдити з** leave); **володíти ~ом** own a business (**заволодівáти** take possession of) ◊ **Він заволодíв ~ом конкурéнта.** He took possession of his rival's business.

б. + *v.* **розташóвуватися в** + *L.* be based in *(a place)* ◊ **Йогó масáжний б. розташóвується в Ірпіні.** His massage business is based in Irpin. **бýти успíшним** do well ◊ **Дóсі їхній б. був успíшним.** Until now, their business has done well. **тíшитися ýспіхом** be a success, **процвітáти** thrive ◊ **Місцéві ~и стáли процвітáти.** Local businesses started thriving. **зростáти** grow, **розширятися** expand; **банкрутувáти** go bankrupt, **зазнавáти невдáчі** fail, **розвáлюватися** collapse

Also see **підприємство**

бізнесмéн, *m.*; ~ка, *f.*

businessman ◊ **Бар – улюблене мíсце зýстрічі сéред ~ів.** The bar is a favorite meeting place among businessmen. ◊ **Вонá запросила на нарáду вáжливих ~ів міста.** She invited a number of important businessmen for a meeting. ◊ **Йомý приємно мáти спрáву з тямовитим ~ом.** It is a pleasure for him to deal with an astute businessman.

L. **на ~ові**

See **підприємець**

б|ій, *m.*, ~óю

1 combat, fight, battle

adj. **гарячий** *fig.* intense ◊ **Б. виявився гарячим.** The fight turned out to be intense. **запéклий** fierce, **кривáвий** bloody, **смертéльний** *and* **смéртний** mortal; **рукопáшний** hand-to-hand; **вирішáльний** decisive, **остáнній** final; **вáжливий** important; **назéмний** ground, **повітряний** aerial ◊ **Найбíльш пам'ятною у фíльмі є сцéна повітряного ~óю.** The most memorable in the movie is the aerial combat scene. **майбýтній** future; **виграний** won, **прóграний** lost; ♦ **зустрічний б.** *mil.* a meeting engagement; ♦ **б. бикíв** a bullfight ◊ **У Каталóнії заборонили ~ї бикíв.** Bullfights are banned in Catalonia.

v. + **б. вести б.** be engaged in a combat ◊ **Вони вели б. з сильнішим вóрогом.** They were engaged in a combat with a stronger enemy. (**вигравáти** win; **програвáти** lose ◊ **Перший б. вояки програли.** The soldiers lost their first combat. **вступáти в** enter; **йти на** go to ◊ **Вони йшли на смéртний б.** They were going to a mortal battle. **посилáти** + *A.* **в** send sb into) ◊ **Совєтські генерáли посилáли в б. ненáвчених новобрáнців.** Soviet generals sent untrained recruits into combat. ♦ **давáти** + *D.* **б.** to combat ◊ **Новий дирéктор мав нáмір дáти б. безвідповідáльності підлéглих.** *fig.* The new director intended to combat the irresponsibility of his subordinates. **зчіплятися в ~óю з** + *I.* be locked in combat with sth ◊ **Два табори зчепилися в запéклому ~óю.** The two camps were locked in fierce combat.

б. + *v.* **вибухáти** erupt ◊ **Б. вибухнув там, де йогó не сподівáлися.** The battle erupted where it was not expected. **відбувáтися** take place, **охóплювати** + *A.* engulf sb, **продóвжуватися** continue, **розгортáтися** unfold; **закінчуватися** end, **починáтися** begin ◊ **Почáвшись на майдáні, б. охопив прилéглі вýлиці.** Having begun on the square, the battle engulfed adjacent streets. **тривáти** + *A.* last for *(period)* ◊ **Б. тривáв годину.** The battle lasted for an hour.

prep. **без ~óю** without resistance, without a fight ◊ **Вони здáлися без ~óю.** They surrendered without a fight. **в б.** *dir.* in/to combat; **в ~óю** *posn.* in combat; ♦ **з ~óєм** reluctantly ◊ **Лéся з ~óєм погóдилася відклáсти пóдорож.** Lesia

reluctantly agreed to postpone her trip. ♦ **бра́ти з ~ою** *or* **~оєм** to take sth by storm; **пе́ред ~оєм** before a battle; **пі́сля ~ою** after a battle; **б. з** + *I.* combat with sb; **б. за** + *A.* combat for sth ◊ **б. за залізни́чний ву́зол** combat for the railroad hub; ♦ **б. на смерть** a battle to the death
Also see **су́тичка 1.** *Cf.* **би́тва 1**
2 *fig.* struggle, battle ◊ **пам'ятник борця́м, що полягли́ у ~ою за во́лю** a monument to the fighters who fell in the struggle for freedom
See **боротьба́ 1.** *Also see* **би́тва 2**

бі́й|ка, *f.*
brawl, fracas, skirmish, fight
adj. **ву́лична** street, **зага́льна** general, **поголо́вна** all-out ◊ **В ба́рі зчини́лася поголо́вна б.** An all-out brawl erupted in the bar. **ма́сова** mass, **п'я́на** drunken
v. + **б. виклика́ти ~ку** spark a brawl (**почина́ти** start ◊ **Тим ра́зом ~ку поча́в не Дани́ло.** This time around, it was not Danylo who started the brawl. **провокува́ти** provoke; **встрява́ти в** get involved in) ◊ **Сла́вка му́сить устря́(ну)ти в ко́жну ву́личну ~ку.** Slavka must get involved in every street brawl.
prep. **в ~ці** in a brawl ◊ **Синця́ під о́ком Павло́ діста́в у ~ці.** Pavlo got his black eye in a brawl.

бі|к, *m.*, **~о́ку**
1 side *(of a body)* ◊ **Вона́ ста́ла лі́вим ~о́ком до рі́чки.** She stood with her left side to the river.
adj. **лі́вий** left ◊ **Васи́ля ду́же боли́ть лі́вий б.** Vasyl's left side badly hurts. **пра́вий** right
v. + **б.** ♦ **бра́тися в ~оки́** to put one's arms akimbo ◊ **Хло́пці танцюва́ли, взя́вшися в ~оки́.** The boys were dancing, their arms akimbo. ♦ **вила́зити ~о́ком** + *D. fig.* to pay dearly for sth ◊ **Марі́я бої́ться, що ї́хня допомо́га ви́лізе їй ~о́ком.** Maria fears that she would pay dearly for their assistance. **става́ти ~о́ком до** + *G.* stand with one's side toward sb/sth ◊ **Петро́ став ~о́ком до бра́ми.** Petro stood with his side toward the gate. ♦ **нам'я́ти** *or* **полата́ти ~о́ки** + *D.* to beat sb up, give sb a beating ◊ **Сусі́д пригрози́в, що намне́ Тимоше́ві ~о́ки.** The neighbor threatened to beat Tymish up.
prep. ♦ **ру́ки в ~о́ки** arms akimbo ◊ **О́ля стоя́ла, ру́ки в ~о́ки.** Olia was standing with her arms akimbo. **в ~о́ці** *and* **~оку́** in one's side ◊ **Зе́ня відчу́ла біль у пра́вому ~о́ці.** Zenia felt a pain in her right side. **на б.** *dir.* onto one's side ◊ **Поверну́вшись на б., він засну́в.** Having turned onto his side, he fell asleep. **на ~о́ці** *and* **~оку́** *posn.* on one's side ◊ **Бори́с спить на ~о́ці.** Borys is sleeping on his side. **по ~оці** on a side ◊ **Ві́та ля́снула себе́ по ~о́ці.** Vita slapped herself on the side.
2 side *(of object)*, edge, end, part
adj. **оди́н** one, **цей** this, **зворо́тний** reverse ◊ **З одного́ ~о́ку карто́ну ескі́з, а зі зворо́тного – розраху́нки.** There is a sketch on one side of the cardboard and calculations on the reverse side. **і́нший** other, **протиле́жний** opposite; **той** right, **не той** wrong ◊ **Вона́ поста́вила пі́дпис не з то́го ~о́ку докуме́нта.** She put her signature on the wrong side of the document. **лі́вий** left ◊ **Прі́рва з лі́вого ~о́ку доро́ги тягну́лася яку́ трети́ну кіломе́тра.** The precipice on the left side of the road continued for about one third of a kilometer. **пра́вий** right; **наві́тряний** windward, **підві́тряний** leeward ◊ **Наме́т напну́ли з підві́тряного ~о́ку горба́.** They pitched the tent on the leeward side of the hill. **со́нячний** sunny ◊ **Костянти́нова кімна́та була́ по со́нячному ~о́ці поме́шкання.** Kostiantyn's room was on the sunny side of the apartment. **те́мний** dark ◊ **Його́ улю́блений альбо́м гу́рту назива́ється «Те́мний б. Мі́сяця».** His favorite album of the group is called *The Dark Side of the Moon.* **за́хідний** western, **півде́нний** southern, *etc.* ◊ **З півні́чного ~о́ку ха́ти нема́є ві́кон.** There are no windows on the northern side of the house.
prep. **з ~о́ку** on a side ◊ **з ~о́ку водія́** on the driver's side; **з ~о́ку на б.** from side to side ◊ **Він похи́тувався з ~о́ку на б.** He was swaying from side to side. ♦ **з одного́ ~о́ку .., з і́ншого ~о́ку** on the one hand, ... on the other hand ◊ **З одного́ ~о́ку, це було́ б ці́каво, а з і́ншого – на́дто до́рого.** On the one hand, it would be interesting, but on the other hand, too expensive. **на ~о́ці** on the side; ♦ **на б.** to one side ◊ **Пес схили́в го́лову на б.** The dog cocked its head to one side. **по ~о́ці** along/down/on a side ◊ **ліс по схі́дному ~о́ці по́ля** the forest along the eastern side of the field. ♦ **під ~о́ком у** + *G.* next to sb/sth, nearby ◊ **Крамни́ця якра́з тут, під ~о́ком.** The store is right nearby.
Also see **кіне́ць 1, край[1] 1, сторона́ 3**
3 *fig.* aspect, perspective
adj. **духо́вний** spiritual, **метафізи́чний** metaphysical, **мора́льний** moral; **матеріа́льний** material, **фіна́нсовий** financial ◊ **Вона́ пройма́лася фіна́нсовим ~о́ком спра́ви.** Her concern was for the financial aspect of the matter. **практи́чний** practical, **теорети́чний** theoretical; **адміністрати́вний** administrative, **організаці́йний** organizational; **нега́тивний** negative, **позити́вний** positive, **си́льний** strong, **слабки́й** weak; **га́рний** nice, **прие́мний** pleasant, **симпати́чний** agreeable ◊ **Оптимі́зм – симпати́чний б. Ната́лчиної нату́ри.** Her optimism is the agreeable side of Natalka's nature. **неприє́мний** disagreeable, **паску́дний** *colloq.* seedy ◊ **Він прихо́вував паску́дний б. спра́ви.** He was hiding the seedy side of the matter. **потво́рний** ugly, **те́мний** dark
v. + **б. ба́чити б.** see a side ◊ **Хома́ ба́чив маніпуляти́вний б. її нату́ри.** Khoma saw the manipulative side of her nature. (**виявля́ти** reveal, **демонструва́ти** + *D.* demonstrate to sb, **пока́зувати** + *D.* show to sb ◊ **Він показа́в не найкра́щий свій б.** He did not show his best side. **ма́ти** have; **прихо́вувати** hide)
See **аспе́кт.** *Also see* **моме́нт 3, ри́са 1, сторона́ 4, 8, я́кість 2**
4 side, faction, party *(in argument, competition, etc.)*
adj. **воро́жий** enemy, **протиле́жний** opposing; **свій** one's own
v. + **б.** ♦ **става́ти на б.** + *G.* side with sb. ◊ **Лев став на наш б.** Lev sided with us. **бу́ти на ~о́ці** + *G.* be on sb's side ◊ **Він на ~о́ці скри́вджених.** He is on the side of the wronged party.
prep. **з ~о́ку** from/on the side ◊ **Подиві́мося на стано́вище з протиле́жного ~о́ку.** Let's look at the situation from the opposite side.
Also see **сторона́ 5**
5 direction ◊ **Від майда́ну ву́лиці розхо́дяться на чоти́ри ~о́ки.** From the square, the streets branch out in four directions. ♦ **на всі ~оки́** 1) in all directions ◊ **Він крути́в голово́ю на всі ~оки́.** He turned his head in all directions. 2) *fig.* very, a lot ◊ **Кри́тики хва́лять рома́н на всі ~оки́.** Critics praise the novel to high heaven.
See **на́прям 1.** *Also see* **курс 1, на́прямок, сторона́ 2**
L. **на ~о́ці** *or* **~оку́**, *N. pl.* **~оки́**

біли́зн|а, *f., only sg., coll.*
linens, sheets; underwear
adj. **дома́шня** household; **накрохма́лена** starched, **нова́** new, **сві́жа** fresh ◊ **Пості́льна б. не зо́всім сві́жа.** The bed linens were not quite fresh. **чи́ста** clean; **брудна́** dirty, **заяло́жена** soiled, **поно́шена** worn-out; ♦ **жі́ноча б.** lingerie, ♦ **пості́льна б.** bed linen, ♦ **спі́дня б.** underwear
v. + **б. мі́няти ~у** change linens ◊ **Він не хоті́в, щоб готе́ль мі́няв йому́ пості́льну ~у щодня́.** He did not want the hotel to change his linens every day. (**крохма́лити** starch ◊ **Олекса́ндра за́вжди́ крохма́лила пості́льну ~у.** Oleksandra always starched the bed linens. **прасува́ти** press, **пра́ти** wash) ◊ **Христи́на пере́ ~у раз на мі́сяць.** Khrystyna washes sheets once a month.

бі́л|ий, *adj.*
1 white
adj. **абсолю́тно** absolutely ◊ **абсолю́тно ~а су́кня** an absolutely white dress; **бездога́нно** impeccably ◊ **бездога́нно б. комі́рець** an impeccably white collar; **геть** totally, **цілко́м** completely; **весь** all, **ду́же** very, **одна́ково** equally, **рівномі́рно** uniformly; **про́сто** simply, **сліпу́чо** dazzlingly ◊ **Сніг був таки́м сліпу́чо ~им, що рі́зав о́чі.** The snow was so dazzlingly white it hurt the eyes. **яскра́во** brightly; **ле́две** barely
б. + *n.* ♦ **б. ведмі́дь** *zool.* a polar bear, ♦ **б. вірш** a blank verse; ♦ **б. гриб** *bot.* a porcini mushroom; ♦ **~а воро́на** *fig.* a black sheep, sore thumb ◊ **В ї́хньому товари́стві Зе́ня була́ ~ою воро́ною.** In their circle, Zenia stood out like a sore thumb. ♦ **~а гаря́чка** *med.* delirium tremens ◊ **У ньо́го ~а гаря́чка.** *fig.* He is out of his mind. ♦ **~а кни́га** *(in government)* a white paper; ♦ **~а ніч** *fig.* a white night, ◊ **~а пля́ма істо́рії** *fig.* a blank spot of history; ♦ **~а сова́** *orn.* a snowy owl; **~а соро́чка** a white shirt; **~е вино́** white wine (**м'я́со** meat) ◊ **Вона́ надає́ перева́гу ~ому м'я́су пе́ред те́мним.** She prefers white meat to dark.
v. + **б. бу́ти ~им** be white (**малюва́ти** *or* **фарбува́ти** + *A.* paint sth ◊ **Він помалю́є віта́льню ~им.** He will paint the living room white. **става́ти** become) ◊ **За годи́ну по́ле ста́ло геть ~им.** In an hour, the field became totally white.
prep. (in comp.) **б., як** + *N.* white as sth ◊ ♦ **б., як сніг** snow-white; ♦ **чо́рним по ~ому** *fig.* in black and white, clearly ◊ **Тут усе́ напи́сано чо́рним по ~ому. Чого́ са́ме ви не розумі́єте?** It's all written in black and white here. What exactly don't you understand?
Ant. **чо́рний 1**
2 *fig.* pale, pallid; colorless, transparent ◊ **Її обли́ччя нездо́рово ~е.** Her face is sickly pale. ◊ **пля́шка з невідо́мою ~ою ріди́ною** a bottle with an unknown colorless liquid
See **блі́дий 1.** *Also see* **жо́втий 2, сі́рий 5**
3 *fig.* gray *(of hair)*, white, gray-haired ◊ **За рік Оле́ксине воло́сся ста́ло геть ~им.** Over a year, Oleksa's hair went totally white.
See **си́вий 1**
4 *as n., nt.* white, white color, white clothes ◊ **Персона́л ліка́рні носи́в ~е.** All the hospital staff wore white.
v. + **б. вдяга́ти ~е** dress in white ◊ **Молода́ вдяга́є ~е в пе́рший день весі́лля.** The bride dresses in white on the first day of the wedding. (**люби́ти** like, **носи́ти** wear); **ходи́ти в ~ому** wear white
5 white *(of a race)*, Caucasian; *also as n.* white person ◊ **~а ра́са** a white race, ◊ **тради́ції ~ої брази́льської культу́ри** the traditions of white Brazilian culture; ◊ **Спочат́ку всі ~і вигляда́ли однаковісі́нькими для ньо́го.** At first all the whites looked exactly the same to him.
6 white *(in chess)*, *also as n.* ◊ **Дру́гу па́ртію вона́ гра́ла ~ими.** She played the second game as white.

білі́|ти, **~ють; по~**, *intr.*
1 to whiten, become white, pale ◊ **Ві́ра так си́льно сти́снула по́ручень, що її кула́к побілі́в.** Vira squeezed the handrail so firmly that her fist whitened. **Рома́н побілі́в від страху́.** Roman paled with terror.
adv. **несподі́вано** unexpectedly, **ра́птом** suddenly; **цілко́м** completely
2 *nonequiv., only impf., 3rd pers.* to show white ◊ **На за́ході ~ли верши́ або гір.** Mountain peaks showed white in the west.

біл|о́к, *m.*, **~ка́**
1 *anat.* white *(of an eye)* ◊ **Під час поло́гів ~ки́ її оче́й цілко́м нали́лися кро́в'ю.** During

the childbirth, the whites of her eyes became completely bloodshot.
2 white *(of an egg)*, albumen
v. + **б. відділяти б.** separate a white ◊ **Слід відділити б. від жовтка.** The white should be separated from the yolk. (**збивати** beat) ◊ **Вона трохи збила ~ки виделкою.** She beat the whites with a fork a little.
Cf. **жовток**
2 *chem.* protein
adj. **необхідний** essential, **природний** natural, **синтезований** synthesized, **рослинний** vegetable, **тваринний** animal
n. + **б. брак** *or* **нестача ~ків** protein deficiency ◊ **Недоїдання спричинилося до нестачі ~ків в організмі дитини.** Malnutrition caused a protein deficiency in the child's body. (**вміст** content, **рівень** level); **джерело ~ків** a source of protein
v. + **б. містити б.** contain protein ◊ **Квасоля містить ~ки.** Beans contain proteins. (**бути багатим на** be rich in) ◊ **Йогурт багатий на б.** Yogurt is rich in protein. **забезпечувати** + *A.* **~ком** supply sb/sth with protein ◊ **Тофу забезпечує їх ~ком.** Tofu supplies them with protein.
б + *v.* **траплятися в** + *L.* be found in sth ◊ **Цей різновид ~ків трапляється в горіхах.** This variety of proteins is found in nuts.

б|іль, *m.*, **~олю**
pain, ache
adj. **великий** great, **гострий** sharp, **дикий** excruciating, **жахливий** awful ◊ **Через жахливий б. у грудях він не міг дихати.** Because of an awful chest pain, he could not breathe. **немислимий** unthinkable, **нестерпний** unbearable, **паралізуючий** paralyzing, **пекучий** burning, **пронизливий** piercing, **різкий** acute, **сильний** intense, **страшний** terrible; **пульсуючий** throbbing, **стріляючий** shooting, **тупий** dull; **невеликий** small, **помірний** mild, **слабкий** slight; **впертий** persistent, **набридливий** nagging, **постійний** constant, **хронічний** chronic; **незрозумілий** unexplained ◊ **Час від часу він відчував незрозумілий б. у скронях.** From time to time, he felt an unexplained pain in his temples. **раптовий** sudden; **грудний** chest, **м'язовий** muscle, **тазовий** pelvic; **все більший** growing; ◊ **головний б.** a headache, ◊ **зубний б.** a toothache
n. + **б. відчуття ~олю** a sensation of pain ◊ **Відчуття ~олю так і не повернулося.** The sensation of pain never returned. (**поріг** threshhold ◊ **Відомо, що ця порода псів має високий поріг ~олю.** This breed of dogs is known to have a high pain threshold. **рівень** level, **інтенсивність** intensity, **сила** severity; **полегшення** relief), **крик ~олю** a cry of pain
v. + **б. викликати б. в** + *G.* cause sb pain *or* + *L* cause pain to sth ◊ **Навіть найменший рух тіла викликав у неї б.** Even the smallest bodily movement caused her pain. *or* ◊ **Світло викликало різкий б. в очах.** The light caused an acute pain in the eyes. (**витримувати** endure, **контролювати** control, **зносити** bear; **лікувати** treat ◊ **Часом відпочинок ефективно лікує б. у попереку.** Sometimes rest efficiently treats lower back pain. **відчувати** feel ◊ **Він став відчувати тупий б. під лопаткою.** He started feeling a dull pain under his shoulder blade. **мати** have ◊ **Він мав помірний б. у зап'ясті.** He had a mild pain in his wrist. **збільшувати** increase, **погіршувати** aggravate, **посилювати** exacerbate ◊ **Біг погіршив їй б. у коліні.** Jogging aggravated the pain in her knee. **блокувати** block, **зменшувати** reduce, **знімати** kill ◊ **Препарат зняв б. на три години.** The medicine killed the pain for three hours. **зупиняти** stop, **мінімалізувати** minimize, **полегшувати** ease, **послаблювати** relieve, **притупляти** dull ◊ **Валя сподівалася, що алкоголь хоч трохи притупить зубний б.** Valia hoped that alcohol would dull her toothache at least a little bit. **терпіти** suffer; **ігнорувати** ignore ◊ **Вона йшла, ігноруючи пекучий б. у п'ятах.** She was walking, ignoring the burning pain in her heels. **завдавати** + *D.* **~олю** inflict pain on sb ◊ **Він завдав другові ~олю.** He inflicted pain on his friend. (**зазнавати** experience ◊ **Вона зазнала дикого ~олю.** She experienced an excruciating pain. **звикати до** get accustomed to ◊ **Михайло звик до тупого ~олю в лікті.** Mykhailo got accustomed to the dull pain in his elbow. **верещати від** scream with, **вити від** howl with ◊ **Він ледве не вив від ~олю в животі.** He almost howled with the stomach pain. **кричати від** cry with, **стогнати від** groan with; **звиватися від** writhe about with ◊ **Вона звивалася від ~олю.** She was writhing about with pain. **перекошуватися від** contort in ◊ **Обличчя чоловіка перекосилося від ~олю.** The man's face contorted in pain. **потерпати від** suffer from) ◊ **Марія потерпала від постопераційного ~олю.** Maria suffered from postoperative pain.
б. + *v.* **виникати** occur, **з'являтися** come, **мучити** + *A.* torment sb ◊ **Антона мучив зубний б.** A toothache was tormenting Antin. **наростати** grow, **погіршуватися** worsen, **посилюватися** intensify; **зникати** disappear, **послаблюватися** ease, **проходити** pass, **слабнути** recede ◊ **Головний б. поступово слабне.** The headache is gradually receding. **повертатися** return; **охоплювати** + *A.* sweep over sb/sth, **пронизувати** shoot through/up/down ◊ **Нестерпний б. пронизав йому ногу.** An unbearable pain shot through his leg.
prep. **б. у** + *L.* a pain in *(part of body)* ◊ **б. у животі** a stomach pain (**нозі** leg, **ступні** foot; **руці** arm, hand, **спині** back, **суглобі** joint ◊ **гострий б. у ліктьовому суглобі** a sharp pain in the elbow joint; **горлі** throat); **без ~олю** without pain, painlessly ◊ **Процедура відбулася без ~олю.** The procedure took place with no pain.
Also see **мука, страждання**
2 *fig.* pain, grief, heartache ◊ **Вона писала листа з великим ~олем у серці.** She was writing the letter with great heartache.
adj. **великий** great, **величезний** enormous, **глибокий** profound, **гострий** sharp, **жахливий** awful, **невимовний** unspeakable, **нестерпний** unbearable; **душевний** spiritual ◊ **Її зрада завдала великого душевного ~олю Левові.** Her betrayal inflicted a great spiritual pain on Lev. **моральний** moral
v. + **б. викликати б. в** + *G.* cause sb pain ◊ **Її звинувачення викликали в Тимошенка б. і гіркоту.** Her accusations caused Tymoshenko pain and bitterness. (**долати** get over ◊ **Б. від утрати коханої людини було не так легко подолати.** It was not so easy to get over the pain of losing a loved one. **відчувати** feel, **знати** know ◊ **Зоя знала б. розчарування.** Zoia knew the pain of disillusionment. **переживати** experience; **зменшувати** lessen, **полегшувати** ease, **притупляти** dull; **виражати** express ◊ **Його фільм виражав глибокий б. і гнів.** His film expressed a profound pain and anger. **маскувати** mask, **приховувати** hide; **поділяти** share) ◊ **Ми поділяємо ваш б.** We share your pain. **завдавати** + *D.* **~олю** inflict pain on sb ◊ **Він не раз завдавав Андрієві ~олю.** He inflicted pain on Andrii more than once.

більше, *adv., comp. of* **багато**
1 more ◊ **Тієї середи він зробив б., як завжди.** That Wednesday he did more than usual. **б. за все** more than anything, ◊ **все б. й б.** more and more
adv. **значно** considerably, **куди** *colloq.* way, **набагато** much, ♦ **якомога б.** as many *or* much as possible ◊ **Йосипа хотів узяти з собою якомога б. газет.** Yosyp wanted to bring along as many newspapers as possible. ♦ **тим б.** moreover, besides; ♦ **що б., то краще** the more the better
Also see **понад 4.** *Ant.* **менше**
2 any more *(in neg. sentences)* ◊ **Він б. не працює тут.** He doesn't work here any more. ◊ **Тамара б. не відвідує музеїв.** Tamara does not visit museums any more.
Also see **багато**

більш|ий, *adj., comp. of* **великий**
bigger, larger, greater
adv. **набагато** much, **значно** considerably ◊ **Донецьк набагато б. від Ялти** *or* **як Ялта, за Ялту.** Donetsk is much bigger than Yalta. **помітно** noticeably, **куди** *colloq.* way, **далеко** by far, **цілком** completely, **геть** totally, **трохи** a little, **трішки** a bit, **все** ever
prep. **б. від** + *G. or* **за** + *A.*, **ніж** + *N.*, **як** + *N.* bigger than ◊ **Нова спальня ~а від старої** *or* **за стару, ніж стара, як стара.** The new bedroom is bigger than the old one.
Ant. **менший**

більш|ість, *f.*, **~ости**, *only sg.*
majority, most (of sb/sth) + *G.* ◊ **Б. Ганниних друзів мають вищу освіту.** The majority of Hanna's friends have higher education.
adj. **абсолютна** absolute, **велика** great, **величезна** huge ◊ **Величезна б. злочинців – це безробітна міська молодь.** A huge majority of criminals are the unemployed urban youth. **колосальна** colossal, **переважна** overwhelming ◊ **Переважна б. киян взяла участь у виборах.** An overwhelming majority of Kyivans took part in the election. **значна** significant, **немала** *and* **чимала** sizeable; **панівна** dominant; **мовчазна** silent; **жалюгідна** pathetic, **крихітна** tiny, **мінімальна** minimal, **невелика** small, **незначна** insignificant; **видима** visible ◊ **Видима б. православних належить до Київського патріярхату.** A visible majority of Orthodox believers belong to the Kyiv Patriarchate. **виразна** distinct, **помітна** noticeable; **очевидна** clear, **явна** apparent; **мовна** linguistic, **релігійна** religious, *etc.*; **законодавча** legilative, **конституційна** constitutional, **необхідна** requisite, **потрібна** necessary, **парламентська** parliamentary, **проурядова** pro-government, **українська** Ukrainian, **польська** Polish
n. + **б. влада ~ости** majority rule (**контроль** control; **очільник** leader, **партія** party; **підтримка** support ◊ **Коаліція ґарантує їм підтримку ~ости.** The coalition guarantees them the support of the majority. **позиція** position; **рішення** decision, **уряд** government) ◊ **Система ускладнює створення уряду ~ости.** The system complicates the formation of a majority government.
v. + **б. ґарантувати б.** ensure a majority (**давати** + *D.* give sb, **забезпечувати** + *D.* secure for sb ◊ **Він сподівався забезпечити партії законодавчу б.** He hoped to secure a legislative majority for the party. **завойовувати** win ◊ **Група завоювала б. у сто голосів.** The group won a 100-vote majority. **здобувати** + *D.* gain for sb, **зберігати** maintain, **мати** have; **діставати** get, **отримувати** obtain; **становити** make up, account for; constitute ◊ **Греки становлять б. населення реґіону.** Greeks make up a majority of the region's population. **утворювати** *and* **формувати** form ◊ **Партія утворила** *and* **сформувала парламентську б.** The party formed a parliamentary majority. **підтримувати** support; **втрачати** lose; **контролювати** control, **утримувати** retain); **належати до ~ости** belong to a majority; **бути ~істю** be a majority (**вигравати** win by ◊ **Вони виграли ~істю голосів.** They won by a majority of votes. **диспонувати** command) ◊ **Прем'єр усе ще диспонує ~істю.** The premier still commands the majority.

prep. **в ~ості** in the majority ◊ **Проти́вники одностате́вих шлю́бів у ~ості.** Opponents of same-sex marriage are in the majority. ♦ **в ~ості ви́падків** in most cases; **се́ред ~ости** among the majority ◊ **Ду́мка пану́є се́ред ~ости студе́нтів.** The opinion prevails among the majority of students. **б. в** + *A.* a majority of *(number)*; **б. з** + *G. pl.* a majority of sb ◊ **б. з ї́хніх ро́дичів** most of their reletives
Ant. **менши́на**

бі́ля, *prep.* + *G.*
1 near, close to ◊ **Його́ ха́та була́ б. о́зера.** His house was near the lake. ◊ **Бори́с захова́в скарб за́раз б. вели́кої сосни́.** Borys hid the treasure right near the big pine.
Also see **бли́зько 2, з-під 2, ко́ло² 1, край²**
2 about, approximately ◊ **б. десяти́ ортографі́чних поми́лок** about ten spelling mistakes; ◊ **Хло́пці зустрі́лися б. сьо́мої годи́ни.** The boys met at around seven o'clock.
Also see **бли́зько 3, з-під 2, ко́ло² 4**

біля́в|ка, *f.*
blonde, fair-haired woman
adj. **вродли́ва** *and* **га́рна** beautiful, **гарне́нька** pretty, **прива́блива** attractive, **разю́ча** stunning ◊ **разю́ча б. із суво́рим обли́ччям** a stunning blonde with a stern face; **розкі́шна** gorgeous; **натура́льна** natural; **пла́тинова** platinum, **попеля́ста** ash; **синьо́ока** blue-eyed; **деліка́тна** delicate, **струнка́** slim; **таємни́ча** mysterious
v. + **б. бу́ти ~кою** be a blonde ◊ **Вона́ – б.** She is a blonde. (**вигляда́ти** look ◊ **Тама́ра вигляда́ла ~кою.** Tamara looked blonde. **лиша́тися** remain, **роби́тися** turn, **става́ти** become) ◊ **Вона́ хо́че ста́ти ~кою.** She wants to become a blonde. **малюва́тися на ~ку** dye one's hair blonde ◊ **Оля́ помалюва́лася на ~ку.** Olia dyed her hair blonde.
L. **на ~ці**, *G. pl.* **~ок**
Cf. **брюне́тка**

біогра́фі|я, *f.*, **~ї**
biography
adj. **авторизо́вана** authorized ◊ **авторизо́вана б. полі́тика** an authorized biography of the politician; **офіці́йна** official; **неавторизо́вана** unauthorized, **неофіці́йна** unofficial; **докла́дна** detailed, **коро́тка** short; **по́вна** full-length; **нова́** new; **захо́плива** captivating, **ціка́ва** interesting
v. + **б. видава́ти ~ю** issue a biography (**публікува́ти** publish; **дослі́джувати** research ◊ **Сергі́й дослі́джував ~ю компози́тора.** Serhii researches the composer's biography. **писа́ти** write, **чита́ти** read) ◊ **Вона́ чита́є ~ю Тичи́ни.** She is reading a biography of Tychyna. **працюва́ти над ~єю** work on a biography
See **кни́жка.** *Also see* **автобіогра́фія**

бі́рж|а, *f.*, **~і**
exchange, stock exchange, bourse ◊ **Щодня́ молода́ жі́нка сумлі́нно відві́дувала місце́ву ~у пра́ці.** Every day, the young woman diligently attended the local labor exchange.
adj. **валю́тна** currency ◊ **Він бага́то ро́ків спекулю́є на валю́тній ~і.** For many years, he has speculated on the currency exchange. **зернова́** grain, **міжба́нкова валю́тна** interbank currency, **това́рна** commodity, **фо́ндова** stock ◊ **Він працю́є на фо́ндовій ~і.** He works at the stock exchange.

бла́г|о, *nt.*
1 *nt.* good, benefit
adj. **зага́льне** general, **спі́льне** common, **суспі́льне** public; **вла́сне** own, **особи́сте** personal ◊ **Володи́мир розумі́в, що на ка́рті стої́ть не його́ особи́сте, а суспі́льне б.** Volodymyr understood that it was not his personal but social good that was at stake.
prep. **для ~а** for the good of ◊ **Помири́ся з ним для вла́сного ~а.** Make peace with him for your own good. **на б.** + *G.* for the good of sb/sth ◊ **на б. грома́ди** for the good of the community.
Also see **добро́ 1**
2 *nt., usu pl.* blessings, gifts, happiness
v. + **б. зна́ти б.** know a blessing ◊ **Він зна́є ~а й проклЯ́ття спра́вжнього коха́ння.** He knows the blessings and the curse of a true love. **бажа́ти** + *D.* **благ** wish sb blessings ◊ **Він побажа́в їм усі́х земни́х благ.** He wished them all the earthly blessings. **користува́тися ~ами** use blessings (**насоло́джуватися** relish, **ті́шитися** enjoy) ◊ **Вони́ ті́шаться ~ами свобо́ди.** They enjoy the blessings of freedom. ♦ **Усі́х благ!** All the best!
3 *as pred., colloq.* good, great, fortunate, luckily ◊ **Б., що ви підтри́муєте нас.** It's great that you support us. ◊ **Б., дире́ктор ні́чого не підо́зрював.** Luckily, the director did not suspect anything.
L. **в ~у**

благоді́йн|ий, *adj.*
1 charitable, philanthropic
б. + *n.* **б. авкціо́н** a charitable auction ◊ **Б. авкціо́н ті́шився у́спіхом.** The charitable auction was a success. (**ве́чір** evening, **допомо́га** help, **за́клад** institution, **за́хід** event, **кампа́нія** drive, **конце́рт** concert, **матч** match; **ста́тус** status, **фонд** foundation); **~а вече́ря** a charitable dinner (**вечі́рка** party, **виста́ва** exhibition, **збі́рка** fundraiser ◊ **Вони́ зорганізува́ли ~у збі́рку.** They organized a charitable fundraiser. **книга́рня** bookstore, **мета́** aim ◊ **Він роби́в усе́ це винятко́во з ~ою мето́ю.** He was doing it all with an exceptionally charitable aim. **організа́ція** organization, **поже́ртва** donation); **~е товари́ство** a charitable society (**фінансува́ння** funding)
2 beneficial, favorable, blissful ◊ **Він розкошува́в в ~ому промі́нні вечі́рнього со́нця.** He luxuriated in the blissful rays of the evening sun. ◊ **Ото́чення справля́є б. вплив на юнака́.** His environment has a favorable influence on the youth.
See **до́брий 2**

благоді́йник, *m.*; **благоді́йниця**, *f.*
benefactor, philanthropist, donor
adj. **бага́тий** rich, **вели́кий** big, **відо́мий** well-known; **ще́дрий** generous; **анoні́мний** anonymous ◊ **Шко́ла завдя́чує коле́кцією кни́жок анoні́мному ~ові.** The school owes the book collection to an anonymous benefactor. **невідо́мий** unknown; **корпорати́вний** corporate, **прива́тний** private
v. + **б. знахо́дити ~а** find a benefactor (**шука́ти** look for) ◊ **Він шука́є ще́дрого ~а.** He is looking for a generous donor.
б. + *v.* **дарува́ти** + *A.* + *D.* give sth to sb ◊ **Бага́тий б. подарува́в скульпту́ру музе́єві.** A rich benefactor gave the sculpture to the museum. **же́ртвувати** + *A.* + *D.* donate sb sth, **зобов'я́зуватися** pledge ◊ **Допомогти́ сироти́нцеві зобов'яза́вся відо́мий б.** A well-known benefactor pledged to help the orphanage. **підтри́мувати** + *A.* support sb, **фінансува́ти** + *A.* fund sth
prep. **від ~а** from a benefactor ◊ **Да́ток надійшо́в від ~а.** The donation came from a benefactor.

благоді́йн|ість, *f.*, **~ости**, *only sg.*
philanthropy, charity ◊ **Вона́ зна́на ~істю на ко́ристь бі́дних.** She is known for her charity in support of the poor.
adj. **міжнаро́дна** international, **місце́ва** local, **націона́льна** national
v. + **б. підтри́мувати б.** support philanthropy (**пропаґува́ти** promote; **дава́ти на** give to ◊ **Вони́ бага́то даю́ть на б.** They give a great deal to philanthropy. **же́ртвувати на** donate to) ◊ **Щоро́ку вона́ же́ртвує ти́сячі на б.** Every year, she donates thousands for charity. **жи́ти з ~ости** live off charity ◊ **Усе́ життя́ Мико́ла живе́ з ~ости и́нших.** All life long, Mykola has lived off other people's charity. (**зале́жати від** depend on) ◊ **Шко́ла зале́жала від ~ости прива́тних жертвода́вців.** The school depended on the charity of private donors. **займа́тися ~істю** be involved in philanthropy ◊ **Він акти́вно займа́ється ~істю.** He is actively involved in philanthropy.
prep. **на б.** for charity ◊ **Фонд збира́є гро́ші на б.** The foundation raises money for charity.

блаки́тн|ий, *adj.*
sky-blue, azure; one of the two Ukrainian national colors ◊ **~е не́бо** azure sky; ♦ **жо́вто-б.** yellow and blue; ♦ **~а мрі́я** *fig.* cherished dream ◊ **Його́ ~а мрі́я – жи́ти на бе́резі мо́ря.** His cherished dream is living on a seashore.
See **си́ній 1.** *Also see* **небе́сний 2**

бланк, *m.*, **~а**
form *(document)*
adj. **електро́нний** online, **зіпсо́ваний** spoiled, **нови́й** new, **чи́стий** blank; **запо́внений** filled out; **офіці́йний** official ◊ **Зая́ву слід писа́ти ті́льки на офіці́йному ~у.** The application ought to be written only on an official form. **реєстраці́йний** registration, ♦ **анке́тний б.** a questionnaire, ♦ **фі́рмо́вий б.** a letterhead
б. + *n.* **б. акредита́ції** an accreditation form (**замо́влення** order ◊ **Вона́ попроси́ла в продавчи́ні чи́стий б. замо́влення.** She asked the saleswoman for a blank order form. **зая́ви** application, **реєстра́ції** registration, **ска́рги** complaint)
v. + **б. запо́внювати б.** fill out a form ◊ **Він запо́внив б. реєстра́ції на конфере́нцію.** He filled out the conference registration form. (**здава́ти** submit ◊ **Він здав запо́внений реєстраці́йний б.** He submitted the filled-out registration form. **датува́ти** put the date, **підпи́сувати** sign, **поверта́ти** return, **штампува́ти** stamp; **псува́ти** spoil) ◊ **Він зіпсува́в б. зая́ви на ві́зу.** He spoiled a visa application form.
prep. **на ~у** in the form ◊ **На ~у стоя́ла печа́тка.** There was a stamp in the form.

близню́к, *m.*, **~а́**; **близню́чка**, *f.*
twin, twin-brother ◊ **Вони́ ~и́.** They are twin-brothers.
adj. **моло́дший** younger, **ста́рший** older ◊ **Ста́рший б. – це той, хто народи́вся пе́ршим.** The older twin is the one who was the first to be born. **однояйце́вий** *or med.* **монозиго́тний** monozygotic, **різнояйце́вий** *or med.* **дизиго́тний** dizygotic; **тото́жний** identical ◊ **Розрізни́ти одна́ково вбра́них тото́жних ~ів було́ немо́жливо.** To tell apart identical twins, dressed the same way, was impossible.
♦ **сія́мські ~и́** Siamese twins
n. + **б. па́ра ~ів** a pair of twins ◊ **Спостере́ження веду́ть за ста па́рами ~ів.** The observation is being conducted over a hundred pairs of twins.
v. + **б. вино́шувати ~ів** carry twins ◊ **О́ля вино́шує ~ів.** Olia is carrying twins. (**вихо́вувати** raise, **ма́ти** have, **наро́джувати** give birth to, **очі́кувати** expect; **роз'є́днувати** separate ◊ **Ліка́рям нале́жало ви́значити власти́вий моме́нт, щоб роз'єдна́ти сія́мських ~ів.** The doctors needed to determine the right moment to separate the Siamese twins. **розлуча́ти** separate) ◊ **~ів розлучи́ли.** The twins were separated. **бу́ти ваґі́тною ~а́ми** be pregnant with twins ◊ **Марі́я ваґі́тна ~а́ми.** Maria is pregnant with twins.

близьк|и́й, *adj.*
1 nearby, close; short *(of distance)* ◊ **У ~их се́лах нічо́го не зна́ли про поді́ї в Берди́чеві.**

Nothing was known about the events in Berdychiv in nearby villages.
adv. **геть** totally, **достáтньо** sufficiently, **дóсить** fairly ◊ **Дорóга до шкóли вúявилася дóсить ~óю.** The way to school turned out to be fairly short. **дýже** very; **віднóсно** relatively, **осóбливо** particularly, **порíвняно** comparatively; ♦ **не б. світ** far away, long way off ◊ **Вонú вúїхали рáно, знáючи, що до Чернівців не б. світ.** They departed early, knowing how far away Chernivtsi was. **географíчно** geographically, **фізúчно** physically; **загрóзливо** perilously ◊ **загрóзливо ~é джерелó висóкої радіяції** a perilously close source of high radiation, **небезпéчно** dangerously, **стрáшно** frighteningly
v. + **б. бýти ~ńм** be close (**вигля́дати** look; **виявля́тися** turn out, **здавáтися** + *D.* seem to sb ◊ **Середмíстя здавáлося геть ~ńм.** Downtown seemed to be totally nearby. **робúти** + *A.* make sth) ◊ **Новíй гíлка метрополітéну зробúла далéку окóлицю ~óю.** The new subway line made the distant neighborhood close.
prep. **б. до** + *G.* close to sth ◊ **Склад хемікáлій небезпéчно б. до рíчки.** The depot of chemicals is dangerously close to the river.
Also see **корóткий 1, недалéкий 1.** *Ant.* **далéкий 1, дóвгий 1**
2 close *(of time)*, imminent, impending ◊ **~á годúна розставáння** the imminent hour of separation
Also see **спорíднений 2**
3 close, intimate, immediate ◊ **Ми – ~í дрýзі.** We are close friends.
adv. **геть** totally, **дýже** very, **надзвичáйно** extraordinarily, **страшéнно** terribly; **достáтньо** sufficiently, **дóсить** fairly ◊ **Вонú – йогó дóсить ~á родúна.** They are his fairly close family. **надмíрно** inordinately, **нáдто** too, **неможлúво** impossibly; **віднóсно** relatively, **осóбливо** particularly, **порíвняно** comparatively; **неймовíрно** incredibly, **несподíвано** unexpectedly, **омáнливо** misleadingly; **позíрно** seemingly; **духóвно** spiritually, **емоцíйно** emotionally, **ідеологíчно** ideologically, **політúчно** politically ◊ **політúчно ~í пáртії** politically close parties; **філосóфськи** philosophically
v. + **б. бýти ~ńм** be close ◊ **З усíх її пóдруг Хрúстя осóбливо ~á.** Of all her (female) friends, Khrystia is particulaly close. (**виявля́тися** turn out ◊ **Їхні пóгляди вúявилися дóсить ~úми філосóфськи.** Their views turned out to be quite close philosophically. **здавáтися** + *D.* seem to sb; **лишáтися** remain; **робúти** + *A.* make sb/sth ◊ **Спíльний дóсвід і зробúв їх ~úми друзя́ми.** The shared experience made them close friends. **почувáтися** *and* **почувáти себé** feel, **робúтися** get ◊ **Її улю́блений есеїст робúться ідеологíчно ~ńм до скрáйньої прáвиці.** Her favorite essayist is getting ideologically close to the extreme right. **ставáти** become)
prep. **б. до** + *G.* close to sb/sth; **б. з** + *I.* close to/with sb/sth ◊ **Він чýється ~ńм з Вíктором.** He feels close to Viktor.
comp. **блúжчий**
Also see **спорíднений 2**
3 *fig.* near, dear ◊ **Усé, що вонá кáже, ~é і зрозуміле Дмитрóві.** Everything she says is dear and clear to Dmytro.
4 close, strict, faithful ◊ **Перéклад мáє бýти максимáльно ~ńм до оригінáлу.** The translation must be as close to the original as possible.

блúзьк|íсть, *f.*, **~ости**, *only sg.*

1 proximity, closeness ◊ **Б. до мíсця прáці – моя́ головнá вимóга у вúборі помéшкання.** Proximity to the place of work is my main requirement in the selection of an apartment.
adj. **географíчна** geographic, **просторóва** spacial, **фізúчна** physical; **надмíрна** excessive, **небезпéчна** dangerous, **страшнá** frightening
б. + *v.* **відчувáтися** be felt ◊ **У повíтрі відчувáлася б. óсени.** The proximity of fall was felt in the air. **існувáти** exist
prep. **в ~ості до** + *G.* in proximity to/from sb/sth; **б. до** + *G.* proximity to sb/sth ◊ **Йогó турбувáла надмíрна б. дитя́чого садкá до отрýєної рíчки.** He was worried by the excessive proximity of the kindergarten to the poisoned river.
Ant. **вíдстань**
2 closeness, intimacy; faithfulness *(of language)*
adj. **правдúва** true, **реáльна** real, **спрáвжня** genuine; **дослíвна** literal ◊ **Перекладáч намагáвся зберігáти дослíвну б. перéкладу до оригінáлу.** The tranlsator tried to preserve the literal closeness of his translation to the original. **духóвна** spiritual ◊ **Між Мáртою й Óлею існувáла духóвна б.** There was a spiritual intimacy between Marta and Olia. **емоцíйна** emotional, **ідеологíчна** ideological, **культýрна** cultural, **мóвна** linguistic, **статéва** sexual
n. + **б. відчуття́ ~ости** a feeling of intimacy (**страх** fear) ◊ **Йогó поведíнкою керувáв страх статéвої ~ости.** The fear of sexual intimacy drove his behavior.
v. + **б. відчувáти б.** feel intimacy (**плекáти** foster, **ствóрювати** create; **бýти спромóжним на** be capable of) ◊ **Він неспромóжний на емоцíйну б.** He is incapable of emotional intimacy. **боя́тися ~ости** be afraid of intimacy (**досягáти** achieve) ◊ **Вонú досягнýли ~ости пóглядів.** They have achieved close views.
б. + *v.* **виникáти** develop ◊ **Між нúми вúникла правдúва б.** True intimacy developed between them.
prep. **б. з** + *I.* with sb ◊ **Хомá відчувáв емоцíйну б. із новúм знайóмим.** Khoma felt emotional intimacy with his new acquaintance. **б. між** + *I.* intimacy among/between sb ◊ **Спíльна спрáва ствóрювала б. між нúми.** The common cause created closeness among them.
Also see **інтúмність**

блúзько, *adv., prep.*

1 *adv.* close, nearby ◊ **Колúсь вонú б. товаришувáли.** Once they used to be close friends. ◊ **Тепéр він живé б.** Now he lives nearby. ♦ **брáти** + *A.* **б. до сéрця** to take sth close to the heart ◊ **Вам не слід брáти так б. до сéрця кóжен коментáр, що з'являється в мережí.** You should not take every comment that appears on the Internet so close to your heart.
See **блúзький.** *Also see* **недалéко, неподалíк 1, поблизý 1**
2 *prep.* close to + *G.* ◊ **Стáнція метрá б. її дóму.** The subway station is near her house.
Also see **бíля 1, з-під 2, неподалíк 2, поблизý 2**
3 *adv.* approximately, about ◊ **В ньóго лишáлося б. ста грúвень.** He had about a hundred hryvnias left.
Also see **бíльше-мéнше, бíля 2, щось[2] 3, якúй 4**

блиск, *m.*, **~у**

glitter, shine; flash ◊ **срíбля́стий б. мóря** a silvery glitter of the sea
adj. **інтенсúвний** intense ◊ **Інтенсúвний б. ракéти освітúв усé навкóло.** The intense flash of the flare illuminated everything around. **сúльний** strong ◊ **Сúльний б. сóнця на засліпúв Марúну.** A strong glitter of the sun blinded Maryna. **сліпýчий** blinding; **слабкúй** faint, **тьмя́ний** dim; **металéвий** metallic, **холóдний** cold ◊ **холóдний б. ножá** the cold glimmer of a knife; **далéкий** distant; **раптóвий** instantaneous
б. + *n.* **б. зíрок** glitter of the stars (**мíсяця** moon, **сóнця** sun; **водú** water, **мóря** sea, **рíчки** river; **льóду** ice, **снíгу** snow; **метáлу** metal, **ножá** knife; **лáку** polish, **повéрхні** surface, **помáди** lipstick)
v. + **б. мáти б.** have glitter ◊ **Її помáда мáє б.** Her lipstick has glitter.
2 gleam *(in sb's eyes)*
adj. **дúвний** strange, **холóдний** cold, **тéмний** dark; **злий** evil, **недóбрий** wicked, **мóторошний** macabre, **небезпéчний** dangeous, **хúжий** predatory; **жáдібний** greedy, **збýджений** aroused, **полум'я́ний** fiery
v. + **б. мáти б.** have gleam ◊ **Івáн мав якúйсь недóбрий б. в очáх.** Ivan had some wicked gleam in his eyes.
б. + *v.* **з'явля́тися** appear ◊ **Як Галúна чýла йогó ім'я́, в її очáх з'явля́вся холóдний б.** When Halyna heard his name a cold gleam appeared in her eyes. **мерехтíти** glimmer ◊ **В її очáх замерехтíв полум'я́ний б.** A fiery gleam began to glimmer in her eyes.
Also see **ся́яти 1**
3 *only sg., fig., colloq.* glitz, glamor, splendor ◊ **Кóжну вечíрку вонú робúли з ~ом.** They held their every party with glitz.
4 *only sg., fig., colloq.* brilliance ◊ **Він зачарувáв усíх ~ом талáнту.** He charmed everybody with the brilliance of his talent.

блúскав|ка, *f.*

1 lightning
adj. **сліпýча** blinding ◊ **Нíчне нéбо розпанáхала сліпýча б.** A blinding lightning split the night sky. **яскрáва** bright; **кульовá** ball ◊ **Він нíколи в життí не бáчив кульовóї ~ки.** He never in his life saw a ball lightning. **плескáта** sheet
n + **б. спáлах ~ки** a flash of lightning (**удáр** bolt) ◊ **Удáр ~ки влучúв у копúцю солóми.** A bolt of lightning struck a straw stack. ♦ **грім і б.** thunder and lightning ◊ **Натáлка панíчно бóїться грóму і ~ки.** Natalka goes into a panicked fright from thunder and lightning.
б. + *v.* **вдаря́ти в** + *A.* strike sth ◊ **Дéрево розкидáє спóри, колú в ньóго вдаря́є б.** The tree scatters its spores when lightning strikes it. **влучáти в** + *A.* hit sth, **освітлювати** + *A.* illuminate sth ◊ **Сéрія ~ок освітúла нéбо.** A series of lightnings illuminated the sky. **спалáхувати** flash ◊ **На захóді спалахнýли три яскрáві ~ки.** Three bright lightnings flashed in the west. **вбивáти** + *A.* kill sb ◊ **Йогó вбúла б.** He was killed by lightning.
2 zipper
adj. **залíзна** iron ◊ **Мішóк мав залíзну ~ку.** The bag had an iron zipper. **капрóнова** nylon, **металéва** metal, **мíдна** copper, **пластмáсова** plastic; **дóвга** long ◊ **Рíвно посерéдині спіднúці йшла дóвга мíдна б.** A long copper zipper ran right down the middle of the skirt. **малéнька** *dim.* small, **непомíтна** unnoticeable; **дешéва** cheap; **міцнá** strong; **зіпсóвана** broken
v. + **б. закривáти ~ку** close a zipper ◊ **Вонá закрúла ~ку у валíзі.** She closed the zipper in her suitcase. (**застібáти** do up; **відкривáти** open, **розстібáти** undo ◊ **Він розстібнýв ~ку в штанáх.** He undid the zipper in his pants. **псувáти** break, **рвáти** tear; **замiня́ти** replace, **направля́ти** fix ◊ **~ку лéгше замінúти, ніж напрáвити.** It is easier to replace than fix a zipper. **ремонтувáти** repair)
б. + *v.* **відкривáтися** open ◊ **У штанáх відкрúлася б.** The zipper in the pants opened. **заклúнювати** get stuck ◊ **У сýмці б. стáла чáсто заклúнювати.** The zipper in the purse started getting stuck often. **застрягáти** stick ◊ **Б. в маринáрці застрягáє.** The jacket zipper sticks. **ламáтися** *or* **псувáтися** break
prep. **на ~ці** with a zipper ◊ **кишéня на ~ці** a pocket with a zipper
Also see **зáмок 2**

блискýч|ий, *adj.*

1 shiny, gleaming, glossy, lustrous; bright
б. + *n.* **б. меч** a shiny sword (**пáнцир** armor, **пáсок** belt), **б. пóгляд** a gleaming gaze); **~а лускá** shiny scales (**пíдлóга** floor, **повéрхня** surface); **~е вoлóсся** shiny hair (**лéзо** blade;

проміння sun rays); **~і зо́рі** shiny stars (**ні́гті** nails, **череви́ки** boots)
prep. **б. від** + *G.* shiny with sth ◊ **Лі́кті піджака́ були́ ~ими від бру́ду.** The jacket elbows were shiny with grime.
2 brilliant, splendid, remarkable, outstanding
adv. **абсолю́тно** absolutely ◊ **Іде́я здала́ся їй абсолю́тно ~ою.** The idea seemed to her absolutely brilliant. **винятко́во** exceptionally, **навдивови́жу** amazingly, **надзвича́йно** extraordinarily, **напра́вду** *or* **спра́вді** truly; **геть** totally, **цілко́м** utterly
б. + *n.* **б. ви́ступ** a splendid appearance ◊ **Її б. ви́ступ ви́кликав жва́ву диску́сію.** Her splendid appearance caused a lively discussion. (**комента́р** commentary, **пере́клад** translation, **план** plan; **результа́т** result; **ро́зум** mind, **тала́нт** talent); **~а ду́мка** a brilliant thought (**іде́я** idea; **інтерпрета́ція** interpretation, **ле́кція** lecture, **мето́дика** methodology, **перемо́га** victory, **стаття́** article); **~е викона́ння** a splendid execution (**володі́ння мо́вою** command of a language; **дося́гнення** achievement)
v. + **б. бу́ти ~им** be brilliant ◊ **Її результа́т був ~им.** Her result was splendid. (**вважа́ти** + *A.* consider sb ◊ **Її вважа́ють ~ою перекладачкою.** She is considered a brilliant translator. **вигляда́ти** look, **здава́тися** + *D.* seem to sb)
Also see **геніа́льний**

блищ|а́ти, ~а́ть; *no pf., intr.*

1 to shine, gleam; glimmer, glisten; *pf.* **за~** to start shining; ◊ **Мі́сяць ~а́в че́рез щіли́ну у што́рах.** The moon shone through a crack between the curtains.
adv. **ду́же** a lot, **яскра́во** brightly; **ле́две** scarcely, **сла́бо** faintly, **тро́хи** a little, **тьмя́но** dimly ◊ **У су́тінках тьмя́но ~а́в ба́мпер маши́ни.** The car bumper dimly glimmered in the dusk. **час від ча́су** from time to time ◊ **У лі́сі час від ча́су ~а́в ліхта́рик.** A flashlight shone in the forest from time to time.
v. + **б. почина́ти** begin to, **ста́ти** *pf.* start ◊ **Її о́чі ста́ли б.** *or* **заблища́ли ентузія́змом.** Her eyes started to shine with enthusiasm. **перестава́ти** stop
prep. **б. від** + *G.* shine with sth ◊ **Її підборі́ддя ~а́ло від жи́ру.** Her chin glistened with grease. **б. че́рез** + *A.* shine through sth ◊ **Бі́лі зу́би жі́нки ~а́ли че́рез розту́лені гу́би.** The woman's white teeth shone through the parted lips.
Also see **гра́ти 6, сяя́ти 1**
2 *fig.* to shine, stand out for, stick out, excel ◊ **В тако́му ото́ченні вона́ про́сто ~а́тиме еруди́цією.** In such environment, her intelligence will simply shine. ◊ **Марко́ особли́во не ~а́в до́брими мане́рами.** Marko did not particularly excel in good manners.

блід|и́й, *adj.*

1 pale, pallid ◊ **Його́ ~і гу́би затремті́ли.** His pale lips started quivering.
adv. **гніту́че** depressingly, **ду́же** very ◊ **Ду́же ~а́ шкі́ра її рук здава́лася прозо́рою.** The very pale skin of her hands seemed transparent. **смерте́льно** deathly, **хворобли́во** sickly; **до́сить** rather; **де́що** somewhat, **тро́хи** a little; **на́дто** too; **приро́дно** naturally
v. + **б. бу́ти ~им** be pale ◊ **Її шкі́ра приро́дно ~а́.** Her skin is naturally pale. (**вигляда́ти** look ◊ **Тере́нь вигляда́в смерте́льно ~им.** Teren looked deathly pale. **здава́тися** + *D.* seem to sb; **роби́ти** + *A.* make sth; **става́ти** become) ◊ **Ті́ло дити́ни ста́ло хворобли́во ~им.** The baby's body became sickly pale.
Also see **бі́лий 2, жо́втий 2, сі́рий 5**
2 poor, inexpressive, pathetic ◊ **Ко́пія портре́ту Ре́мбрандта вигляда́ла ~ою подо́бизною оригіна́лу.** The replica of Rembrandt's portrait looked like a poor imitation of the original.
Also see **жалюгі́дний 4**

бло|к, *m.*, ~ку *and* ~ка

1 ~ку bloc, alliance
adj. **вели́кий** large, **солі́дний** solid ◊ **Вони́ спира́лися на солі́дний б. депута́тів у місько́ї упра́ві.** They relied on a solid bloc of the city council members. **ви́борчий** voting, **військо́вий** military, **економі́чний** economic, **парті́йний** party, **реґіона́льний** regional, **торго́вий** trading; **європе́йський** European; **комуністи́чний** Communist, **сове́тський** Soviet, **соціялісти́чний** Socialist
prep. **в ~ці** in/within a bloc; **по́за ~ком** outside a bloc ◊ **Краї́на послідо́вно лиша́ється по́за військо́вими ~ками й сою́зами.** The country has consistently stayed outside military blocs and alliances.
See **па́ртія 1, сою́з 1**
2 ~ка unit, module, set ◊ **Від уда́ру бли́скавки буди́нок лиши́вся без ~ка жи́влення.** Because of the lightning strike the building was left without a power supply unit.
adj. **вели́кий** big, **невели́кий** small ◊ **При́стрій склада́ється з шести невели́ких ~ків.** The device consists of six small units.
v. + **б. встано́влювати б.** install a module (**додава́ти до** + *G.* add to sth, **заванта́жувати** load ◊ **Він заванта́жив б. па́м'яті ново́ю програ́мою.** He loaded the memory module with a new software. **заміня́ти** replace ◊ **Він сам заміни́в б. па́м'яті в комп'ю́тері.** He single-handedly replaced the memory module in his computer. **форматува́ти** configure)
3 ~ка *techn.* block, pulley ◊ **вантажопідійма́льний б.** a load block
4 ~ка block, slab
adj. **вели́кий** big, **величе́зний** huge, **маси́вний** massive, **мали́й** *and* **невели́кий** small; **солі́дний** solid; **бето́нний** concrete, **ґрані́тний** granite ◊ **Коло́ну ви́тесали з одно́го ґрані́тного ~ка.** The column was hewn out of a single granite block. **дерев'я́ний** wooden, **кам'яни́й** stone, **крижани́й** ice, **цеме́нтний** cement ◊ **Доро́гу перекри́то цеме́нтними ~ками.** The road is blocked by cement slabs. **будіве́льний** building **прямоку́тний** rectangular

блонди́н, *m.*; ~ка, *f.*

blond, fair-haired man ◊ **Чолові́че насе́лення села́ було́ ~ами.** The male population of the village was blond.
adj. **вродли́вий** handsome ◊ **Со́лин чолові́к – вродли́вий б. із сі́рими очи́ма.** Solia's husband is a handsome blond with gray eyes. **прива́бливий** attractive, **разю́чий** stunning, **ціка́вий** interesting; **синьоо́кий** blue-eyed; **жи́лавий** sinewy, **му́жній** virile, **м'язи́стий** muscular
Also see **біля́вка.** *Cf.* **брюне́т**

бл|оха́, *f.*

flea ◊ **знак від уку́су ~охи́** a mark from a fleabite
v. + **б. дістава́ти ~о́хи** get fleas ◊ **Бровко́ діста́в ~о́хи.** Brovko *(dog)* has gotten fleas. (**контролюва́ти** control ◊ **Наши́йник контролю́є ~о́хи** *or* **~іх в її пса.** The collar controls fleas in her dog. **ма́ти** have); **набира́тися ~іх** get infested with fleas ◊ **Кіт десь набра́вся ~іх.** Their cat got infested with fleas someplace.
б. + *v.* **куса́ти** + *A.* bite sb ◊ **Його́ покуса́ли ~о́хи.** He was bitten by fleas. **куса́тися** bite; **заво́дитися** get infested with ◊ **У ха́ті завели́ся ~о́хи.** The house got infested with fleas. **перено́сити хворо́би** carry disease, **поши́рювати хворо́би** spread disease ◊ **~о́хи поши́рюють рі́жні хворо́би.** Fleas spread various diseases.
L. **на ~осі́**

блю|ва́ти, ~ю́ть; ви́~, на~, *intr.*

vomit, throw up; *pf.* **ви́~** vomit up ◊ **Вона́ ви́блювала все, що з'ї́ла.** She vomited up everything she had eaten.
v. + **б. зму́шувати** + *A.* make sb ◊ **В ліка́рні його́ зму́сили ви́~ пігу́лки, які́ він ковтну́в.** At the hospital, they made him vomit up the pills he had ingested. **зму́шувати себе́** make oneself; **почина́ти** begin to, **ста́ти** *pf.* start to; **хоті́ти** want to ◊ **Він хоті́в б. від само́го ви́гляду ї́жі.** He wanted to vomit from the very appearance of food. **хоті́тися** + *D.* feel like ◊ **Оле́нці хоті́лося б.** Olenka felt like vomiting.
(на)блюй! *and* **ви́блюй!**
Also see **верта́ти 3, ну́дити 3**

бо, *conj.*

because, for, as *(cause)* ◊ **Замо́в квитки́ за́раз, б. за́втра бу́де пі́зно.** Order the tickets now because it'll be too late tomorrow. ◊ **Наза́р хвилюва́вся, б. виступа́в на пу́бліці впе́рше.** Nazar was nervous, because he was speaking in public for the first time.
See **тому́ 2.** *Also see* **оскі́льки 1**

бо|г, *m.*, ~га

god
adj. **гре́цький** Greek ◊ **Старода́вні ри́мляни перейняли́ бі́льшість гре́цьких ~гів.** Ancient Romans adopted a majority of the Greek gods. **дохристия́нський** pre-Christian, **ри́мський** Roman, **язи́чницький** pagan; **христия́нський** Christian ◊ **христия́нський Б.** the Christian God; **юде́йський** Jewish; **фальши́вий** false
б. + *n.* **б. виноро́бства** the god of winemaking (**війни́** war, **мо́ря** sea, **родю́чости** fertility, **со́нця** sun, **торгі́влі** commerce)
v. + **б. знахо́дити ~га** find a god ◊ **Хворо́ба помогла́ Марі́ї знайти́ ~га.** Her sickness helped Maria find God. (**ма́ти** have; **хвали́ти** praise; **забува́ти** forsake; **ві́рити в** believe in); **боя́тися ~га** fear god (**зріка́тися** renounce; **моли́тися до** pray to); **дя́кувати ~гові** thank god (**моли́тися** pray to, **підкоря́тися** obey, **поклоня́тися** worship, **служи́ти** serve) ◊ **Усі свяще́ники служи́ли одному́ ~гові.** All the priests served one god. ♦ **відда́ти ду́шу ~гові** to die; ♦ **дасть Б.** God willing, hopefully ◊ **Дасть Б., Окса́на наре́шті здійсни́ть мрі́ю.** God willing, Oksana will finally realize her dream. ♦ **дя́ку(вати) ~гові** thank God ◊ **Дя́ку ~гові, ця істо́рія ма́ла щасли́вий кіне́ць.** Thank God, the story had a happy ending. ♦ **Б. зна що.** God knows what. ♦ **Боро́нь, ~же!** *or* **Не дово́дь, ~же!** God forbid!
v. + **б. існува́ти** exist ◊ **Він пе́вен, що Б. існу́є.** He is sure that God exists. **кара́ти** + *A.* punish sb, **оберіга́ти** + *A.* protect sb, **проща́ти** + *D.* forgive
prep. **з ~гом** with god ♦ **з ~гом!** God speed!

боге́м|а, *f., coll., only sg.*

Bohemia, the Bohemians, Bohemian set, underground
adj. **літерату́рна** literary ◊ **Вона́ трима́лася да́лі від літерату́рної ~и столи́ці.** She kept far from the literary Bohemia of the capital. **кінематографі́чна** film, **мисте́цька** artistic ◊ **Він писа́в про життя́ мисте́цької ~и.** He wrote on the life of the artistic Bohemia. **театра́льна** theatrical, **міське́ва** local
v. + **б. бу́ти чле́ном ~и** be a member of Bohemia ◊ **Він – член театра́льної ~и.** He is a member of the theatrical Bohemia. (**нале́жати до** belong to)
Cf. **елі́та**

боге́мн|ий, *adj.*

bohemian, of or pertaining to Bohemia, underground ◊ **~е життя́ набри́дло Оста́пові до́сить шви́дко.** Ostap got sick and tired of bohemian life quite soon. ◊ **Поліщуки́ посели́лися в ~ій части́ні мі́ста.** The Polishchuks took up residence in a bohemian part of town.

боже́віл|я, *nt., only sg.*

insanity, madness, lunacy

adj. **по́вне** complete ◊ **Все, що він ка́же, – по́вне б.** Everything he is saying is complete insanity. **цілкови́те** utter, **я́вне** clear, **яке́сь** some kind of; **зага́льне** general, **ма́сове** mass ◊ **Здава́лося, що мі́сто охопи́ло ма́сове б.** The city seemed to have been engulfed by mass insanity. **тимчасо́ве** temporary

v. + **б. зупиня́ти б.** *fig.* stop insanity ◊ **Слід зупини́ти б.!** The insanity should be stopped! (**лікува́ти** treat) ◊ **Лікува́ти б. ду́же тя́жко.** Treating insanity is very hard. **довести́** + *A.* **до б.** drive sb insane ◊ **Віктор мо́же довести́ ко́жного до б.** Viktor can drive anybody insane.

божеві́льн|ий, *adj.*

1 insane, crazy, mad

adv. **абсолю́тно** absolutely, **безнаді́йно** hopelessly, **геть** totally, **ді́йсно** really, **доказо́во** provably, **криміна́льно** criminally ◊ **Суд ви́знав уби́вцю криміна́льно ~им.** The court recognized the killer to be criminally insane. **напра́вду** indeed, **небезпе́чно** dangerously, **спра́вді** really, **цілко́м** completely; **тро́хи** a little; **невиліко́вно** incurably, **хроні́чно** chronically; ♦ **на́че** *or* **як б.** like crazy ◊ **Він крича́в, на́че б.** He screamed like crazy.

v. + **б. бу́ти ~им** be insane (**вважа́ти** + *A.* consider sb, **видава́тися** + *D.* appear to sb ◊ **Її́ о́чі видава́лися ~ими.** Her eyes appeared crazy. **вигляда́ти** look ◊ **У тако́му о́дязі профе́сор вигляда́в тро́хи ~им.** In such attire, the professor looked a little crazy. **виявля́тися** turn out, **звуча́ти** sound, **здава́тися** + *D.* seem to sb ◊ **Петро́ зда́вся їй ~им.** Petro seemed crazy to her. **лиша́тися** remain, **роби́ти** + *A.* drive sb)

Also see **безглу́здий, навіже́ний 1**

2 *pejor.* crazy, insane, stupid, ridiculous, absurd ◊ **Що ти гово́риш? Ти що, цілко́м б.!** What are you saying? Are you completely mad!

б + *n.* **б. вчи́нок** a crazy action (**на́мір** intention, **план** plan) ◊ **Со́ля відмовля́ла дівча́т від ~ого пла́ну.** Solia was talking the girls out of their crazy plan. **~а ду́мка** a crazy thought (**іде́я** idea, **ініціати́ва** initiative) ◊ **Він оголоси́в їхню ініціати́ву абсолю́тно ~ою.** He declared their initiative to be absolutely insane.

See **дурнува́тий.** *Also see* **навіже́ний 2, шале́ний 4**

3 *fig.* insane, impossibly great, fierce, intense

б. + *n.* **~і те́рміни** impossible deadlines (**умо́ви** conditions, **ці́ни** prices) ◊ **У крамни́ці ~і ці́ни.** Prices are insane in the store.

Also see **навіже́ний 3, шале́ний**

божево́лі|ти, ~ють; з~, *intr.*

1 to lose one's mind, go crazy

adv. **абсолю́тно** absolutely ◊ **Він абсолю́тно збожево́лів.** He hac gone absolutely crazy. **безнаді́йно** hopelessly, **безповоро́тно** irrevocably, **геть** totally, **доказо́во** certifiably, **остато́чно** finally, **цілко́м** completely; **ма́йже** almost, **тро́хи не** nearly ◊ **Вони́ тро́хи не збожево́ліли від жа́ху.** They went nearly crazy with terror.

prep. **б. від** + *G.* go crazy with *(emotion, etc.)* ◊ **б. від коха́ння** go crazy with love (**наванта́ження** work load, **напру́ження** tension, **робо́ти** work; **стра́ху́** fear, **су́мнівів** doubts, **триво́ги** anxiety, **ту́ги** longing; **ра́дості** joy, **ща́стя** happiness)

Also see **дурі́ти 1**

2 *fig., colloq., only impf.* to be crazy about ◊ **Ці́ле поколі́ння ~ло за рок-гу́ртом «Брата́ми Гадю́кіними».** An entire generation was crazy about the *Hadiukin Brothers* rock band.

adv. **абсолю́тно** absolutely, **геть** totally ◊ **Вона́ геть ~є за Василе́м.** Shel is totally crazy about Vasyl. **все ще** still, **давно́** for a long time, **напра́вду** truly, **чи́сто** utterly, **цілко́м** completely; **я́вно** obviously; **все бі́льше** increasingly, **чому́сь** for some reason

prep. **б. за** + *I.* be crazy about sb/sth

Also see **дурі́ти 3**

бо́ком, *adv.*

1 sideways ◊ **Він ішо́в б.** He walked sideways. ◊ **Ша́фу мо́жна нести́ че́рез две́рі ті́льки б.** The wardrobe can be carried through the door only sideways.

2 on one side

v. + **б. лежа́ти б.** be lying on one side ◊ **Він не міг до́вго лежа́ти б.** He could not be lying on his side for long. (**кла́сти** + *A.* put sth, **ста́вити** + *A.* stand sth) ◊ **Вони́ поста́вили матра́ц б.** They stood the mattress on its side.

бокс, *m.*, **~у**, *only sg.*

sports boxing

adj. **люби́тельський** amateur ◊ **Мі́сто має тради́цію люби́тельського ~у.** The city has an amateur boxing tradition. **професі́йний** professional; **юна́цький** youth; **олімпі́йський** Olympic; **жіно́чий** female, **чолові́чий** male; **світови́й** world ◊ **Він – оди́н із найславе́тніших спортсме́нів у світово́му ~і.** He is one of the most famous athletes in world boxing. **та́йський** Thai

б. + *n.* **б. легко́ї катего́рії** lightweight boxing (**напівсере́дньої** welterweight, **сере́дньої** middleweight **напівважко́ї** light heavyweight, **важко́ї** heavyweight, **надважко́ї** super heavyweight) ◊ **Їх ціка́вить б. надважко́ї катего́рії.** They take interest in super heavyweight boxing.

v. + **б. диви́тися б.** watch boxing ◊ **Вона́ лю́бить диви́тися б. по телеві́зору й нажи́во.** She likes to watch boxing on TV and live. **займа́тися ~ом** do boxing ◊ **Мико́ла займа́ється ~ом уже́ п'ять ро́ків.** Mykola has done boxing for five years now.

prep. **з ~у** in boxing ◊ **Він – їхній тре́нер із ~у.** He is their boxing coach. (**змага́ння** competition, **турні́р** tournament, **чемпіона́т** championship) ◊ **націона́льний чемпіона́т із жіно́чого ~у** a national female boxing championship

Also see **спорт**

бо́лісн|ий, *adj.*

1 painful, sore, harrowing; *also fig.* ◊ **Його́ б. стан трива́в ще два ти́жні.** His painful condition lasted for another two weeks. ◊ **Ко́жен іммігра́нт перехо́дить б. проце́с призвича́єння до ново́ї краї́ни.** Each immigrant undergoes the painful process of getting accustomed to the new country. ◊ **~і зга́дки** painful memories

See **болю́чий 1.** *Also see* **важки́й 7**

2 sickly, unhealthy ◊ **Ви́гляд у жі́нки був б.** The woman's appearance was sickly.

See **хво́рий**

бол|і́ти, ~я́ть; *no pf.*, *intr.*

1 ache, hurt + *A. and D.*; *pf.* **за~** to start aching ◊ **Іва́на** *or* **Іва́нові ~и́ть голова́.** Ivan has a headache. ◊ **Йо́сипа рі́зко заболі́ло colі́но.** Yosyp's knee suddenly started aching.

adv. **впе́рто** persistently ◊ **Юркова рука́ впе́рто ~іла.** Yurko had a persistent pain in his arm. **все ще** still, **да́лі** further; **ду́же** badly ◊ **Пі́сля дня в по́лі, в Оре́сти ду́же ~іла спи́на.** After a day in the field, Oresta's back hurt badly. **несте́рпно** unbearably, **си́льно** nastily, **страше́нно** terribly; **тро́хи** a little ◊ **Па́лець тро́хи ~ів.** The finger hurt a little.

v. + **б. почина́ти** begin to, **ста́ти** *pf.* start ◊ **Оле́ну ра́птом ста́ла б. ши́я.** Olena's neck started aching suddenly. **продо́вжувати** continue; **перестава́ти** stop ◊ **Зуб переста́в б.** The tooth stopped aching.

Also see **крути́ти 5, лама́ти 2**

2 *fig.* to ail, hurt, trouble sb ◊ **Що вас ~и́ть?** What ails you? **Мене́** *or* **мені́ ~и́ть диви́тися, як вони́ стражда́ють.** It hurts me to see them suffer so.

боли́!

бол|о́то, *nt.*

1 marsh, swamp, bog, wetland

adj. **вели́ке** large, **величе́зне** vast ◊ **Доро́га йшла че́рез величе́зне б.** The road went through a vast marsh. **торфо́ве** peat; **глухе́** wild, **непрохідне́** impassable ◊ **Коли́сь тут було́ непрохідне́ б., що зва́лося Ру́бань.** Once there was an impassable marsh here that was called Ruban. **небезпе́чне** dangerous, **підсту́пне** treacherous, **страшне́** terrible

v. + **б. осу́шувати б.** drain a swamp ◊ **Уря́д наказа́в осуши́ти со́тні ~іт.** The government ordered hundreds of swamps to be drained. (**потрапля́ти в** end up in) ◊ **Загі́н потра́пив у б., яко́го не було́ на жо́дній ма́пі.** The detachment ended up in a marsh that was not on any of the maps. **загруза́ти** *or* **застрява́ти в ~о́ті** get bogged down in a marsh ◊ **Полк загру́з** *or* **застря́в у ~о́ті.** The regiment got bogged down in the marsh. (**тону́ти в** sink in) ◊ **Не одна́ коро́ва потону́ла в страшно́му ~і.** More than one cow sank in the terrible swamp.

б. + *v.* **засмо́ктувати** + *A.* suck sb in ◊ **Б. засмо́ктувало його́ но́ги.** The bog was sucking in his feet. **затя́гувати** + *A.* pull sb in

prep. **в б.** *dir.* in/to a swamp ◊ **Вони́ захо́дили в б.** They were going into the swamp. **в ~о́ті** *posn.* in a swamp; **че́рез б.** through a swamp ◊ **Він прові́в їх че́рез б.** He led them through the swamp.

2 *only sg.* mud ◊ **Ко́жен із них був по colі́на в зеле́ному ~о́ті.** Each of them was up to his knees in green mud. ◊ **Він зняв чо́боти, щоб поми́ти їх від ~о́та.** He took off his high boots to wash them of mud.

See **грязь 1**

3 *only sg., fig.* swamp, quagmire ◊ **Вона́ пообіця́ла ви́сушити б. кору́пції.** She publicly pledged to drain the swamp of corruption. ◊ **Б. щоде́нної рути́ни засмо́ктувало Рома́на.** The swamp of day-to-day routine sucked Roman in.

болю́ч|ий, *adj.*

1 painful, sore

adv. **вкрай** extremely, **до́сить** rather ◊ **Проце́с ви́явився до́сить ~им.** The process turned out to be rather painful. **ду́же** very ◊ **ду́же ~а ра́на** a very painful wound, **надзвича́йно** extraordinarily, **спра́вді** really, **страше́нно** terribly; **тро́хи** a little; **зо́всім не** not at all

v. + **б. бу́ти ~им** be painful (**виявля́тися** turn out; **става́ти** become)

Also see **бо́лісний 1, дошку́льний 1**

2 *fig.* painful, disagreeable, unpleasant ◊ **Вона́волі́ла зна́ти ~у пра́вду.** She preferred to know the painful truth.

Also see **важки́й 7, бо́лісний 2**

3 *fig.* painful, sensitive, delicate, tricky ◊ **Сто́рони обгово́рюють ~і аспе́кти двосторо́нніх взає́мин.** The parties are discussing the painful aspects of bilateral relations.

adv. **емоці́йно** emotionally, **мора́льно** morally, **психі́чно** mentally

See **чутли́вий 3**

бо́ляче, *adv., pred.*

1 *adv.* painfully, painful, with pain ◊ **Павло б. вда́рився лі́ктем об две́рі.** Pavlo painfully hit his elbow against the door. ◊ **Со́нце б. пекло́ її у спи́ну.** The sun painfully burned her back. ◊ **Чолові́к б. сти́снув йому́ ру́ку.** The man painfully squeezed his hand.

2 *pred.* pained, painful + *D.*

v. + **б. бу́ти б.** be pained ◊ **Йому́ було́ б. слу́хати жі́нку.** He was pained to listen to the woman. (**роби́тися** *or* **става́ти** become) ◊ **Яри́ні зроби́лося** *or* **ста́ло б. усвідо́млювати, що це – кіне́ць.** It became painful to Yaryna to realize that that was it.

бо́мб|а, *f.*

bomb

adj. **вели́ка** big ◊ **Одна́ вели́ка б. не**

розірвалася. One big bomb failed to go off. **величезна** huge, **колосальна** colossal, **масивна** massive; **маленька** *dim.* small, **невелика** small; **потужна** powerful; **авіаційна** aerial, **атомна** atomic, **бінарна хемічна** binary chemical, **воднева** hydrogen ◊ **Сполучені Штати випробували водневу ~у в 1952 році.** The United States tested its hydrogen bomb in 1952. **касетна** cluster, **невтронна** neutron, **ядерна** nuclear; **запалювальна** incendiary; **кустарна** crude, **імпровізована** improvised, **саморобна** homemade, **терористична** terrorist ◊ **Терористичну ~у було знешкоджено.** The terrorist bomb was disabled. ♦ **б. з докладною системою наведення** a precision guided bomb

v. + **б. детонувати ~у** detonate a bomb ◊ **~у детонував годинниковий пристрій.** A timer detonated the bomb. (**підривати** explode; **закладати** place, **підкладати** plant ◊ **Невелику ~у підклали в багаж.** A small bomb was planted in the luggage. **нести** carry, **випускати** release ◊ **На об'єкт випустили три ~и.** Three bombs were released on the facility. **скидати** drop; **прив'язувати** strap ◊ **Терористка прив'язала ~у собі до тіла.** The (female) terrorist strapped a bomb to her body. **знешкоджувати** disable, **невтралізувати** neutralize, **розряджати** defuse; **винаходити** invent, **випробовувати** test; **конструювати** construct, **робити** make, build ◊ **Він зробив ~у за інструкцією з інтернету.** He built the bomb by an instruction from the Internet. **розробляти** develop)

б. + *v.* **влучати в** + *A.* hit sth ◊ **Б. влучила у лікарню.** The bomb hit the hospital. **падати** fall, **потрапляти в** + *A.* strike sth; **вбивати** + *A.* kill sb ◊ **Всю родину вбила б.** A bomb killed the entire family. **знищувати** + *A.* destroy sb/sth, **руйнувати** + *A.* ruin sth; **вибухати** explode, **детонувати** detonate, **розривати** + *A.* **на шматки** blow sth to pieces ◊ **Потужна б. розірвала вантажівку на шматки.** A powerful bomb blew the truck to pieces.

Also see **міна**²

борг, *m.*, **~у**
debt

adj. **великий** big ◊ **На його шиї висів великий б.** A big debt hung on his neck. **величезний** huge, **значний** significant, **істотний** substantial, **масивний** massive, **тяжкий** heavy; **дрібний** minor, **маленький** *dim.* small, **невеликий** small, **незначний** insignificant; **непогашений** outstanding, **несплачений** unpaid ◊ **Несплачений б. не давав йому спати.** The unpaid debt prevented him from sleeping. **довготерміновий** long-term, **короткотерміновий** short-term; **загальний** overall, **накопичений** accumulated, **спільний** joint; **комерційний** commercial, **корпоративний** corporate, **державний** national, **урядовий** government; **зовнішній** external ◊ **Уряд не в стані сплатити масивний б.** The government is incapable of paying off its massive debt. **міжнародний** international; **особистий** personal; **іпотечний** mortgage; **споживчий** consumer; **штучний** simulated; **старий** old

n. + **б. анулювання ~у** a debt cancellation ◊ **Сторони обговорять анулювання ~у.** The parties will discuss the debt cancellation. (**ґарантія** security, **консолідація** consolidation, **обслуговування** service, **погашення** retirement, **проблема** problem, **рівень** level, **скорочення** reduction, **сплата** payment, **тягар** burden)

v. + **б. віддавати** *and* **повертати б.** pay debt ◊ **Марія віддала** *and* **повернула б.** Maria paid the debt. (**гасити** clear ◊ **Брат допоміг йому погасити старий б.** His brother helped him clear the old debt. **ліквідувати** eliminate; **мати** have; **накопичувати** accumulate ◊ **Країна накопичила величезний зовнішній б.** The country accumulated a huge external debt. **консолідувати** consolidate, **обслуговувати** service, **сплачувати** pay off ◊ **Банк дасть їм можливість сплатити б. частинами.** The bank will give them the opportunity to pay off the debt piecemeal. **анулювати** cancel, **пробачати** forgive, **реструктурувати** restructure, **рефінансувати** refinance, **скорочувати** reduce, **списувати** write off; **влазити** *or* **залазити в** get into) ◊ **Фірма залізла у ~и.** The firm got into debt. ♦ **купувати** + *A.* **в** to buy sth on credit ◊ **Вони купили холодильник в б.** They bought the refrigerator on credit. **не змогти сплачувати ~у** *pf.* default on debt ◊ **Існувала загроза, що уряд не зможе сплачувати ~у.** There existed a danger that the government would default on its debt. **звільнятися від** be out of ◊ **Він звільнився від ~у.** He is out of debt. ♦ **наробити ~ів** to run up debts ◊ **Він устиг наробити купу ~ів.** He managed to incur a bunch of debts. **бути в ~у перед** + *I.* owe sb, be indebted to sb ◊ **Ми перед ними в великому ~у.** *fig.* We are deeply indebted to them. ♦ **бути в ~ах** to be deep in debt ◊ **Вони вперше в ~ах.** They are in debt for the first time.

б. + *v.* **дорівнювати** + *D.* total sth, **становити** + *A.* stand at *(value)* ◊ **Б. компанії становить мільйон гривень.** The company's debt stands at ₴1,000,000. **сягати** + *G.* reach sth ◊ **Очікувалося, що до кінця року внутрішній б. сягне ста мільярдів.** The debt was anticipated to reach a hundred billion by the end of the year. **бути наслідком** + *G.* arise from sth ◊ **Б. був наслідком невдалих інвестицій.** The debt arose from bad investments.

prep. **б. (розміром) в** + *A.* a debt of *(amount)* ◊ **Він має б. (розміром) у десять тисяч гривень.** He has a debt of ₴10,000.

Also see **заборгованість**

бор|ода, *f.*
beard

adj. **велика** big, **густа** thick, **довга** long, **коротка** short; **маленька** *dim.* small, **рідка** thin; **гостра** pointed; **акуратна** neat, **акуратно підстрижена** neatly trimmed; **гарна** nice; **занехаяна** *and* **занедбана** unkempt, **кострубата** scraggy, **кошлата** *and* **кудлата** shaggy, **скуйовджена** disheveled; **колюча** prickly ◊ **Він мав колючу ~оду.** He had a prickly beard. **біла** white, **руда** red, **сива** gray, **сивіюча** graying, **чорна** black; **фальшива** fake; ♦ **Синя Б.** Bluebeard

n. + **б. щетина ~оди** beard stubble

v. + **б. відрощувати ~оду** grow a beard ◊ **Він відростив ~оду.** He grew a beard. (**мати** have, **носити** wear ◊ **Іван роками носить ~оду.** Ivan has worn a beard for years. **підрізувати** trim, **стригти** cut; **голити** shave, **зголювати** shave off ◊ **Максим зголив ~оду.** Maksym shaved off his beard. **гладити** *and* **погладжувати** stroke ◊ **Володя слухав, погладжуючи ~оду.** Volodia listened, stroking his beard. **терти** rub, **чухати** scratch; **смикати** + *A.* **за** tug sb at ◊ **Гаврилко смикав його за ~оду.** Havrylko was tugging him at his beard. **тягнути** + *A.* **за** pull sb at)

б. + *v.* **відростати** grow ◊ **У нього швидко відросла б.** His beard grew quickly. **сивіти** go gray ◊ **За рік Петрова б. помітно посивіла.** Over the year, Petro's beard went noticeably gray.

prep. **з ~одою** with a beard ◊ **Дитина боялася чоловіків із ~одою.** The child was scared of men with a beard.

N. pl. **~оди**, *G. pl.* **~ід**, *D. pl.* **~одам**

бор|отися, ~ються; *no pf., intr.*

1 to fight, struggle, wage war

adv. **відважно** valiantly ◊ **Вони відважно ~ються з ворогом.** They valiantly fight the enemy. **самовіддано** selflessly, **сміливо** bravely; **до останнього** to the bitter end, **завзято** ardently, **запекло** fervently

v. + **б. бути готовим** be prepared to ◊ **Вони готові б. до останнього.** They are prepared to fight to the bitter end. **починати** begin to, **стати** *pf.* start, **продовжувати** go on, **переставати** stop ◊ **Вони не переставали б.** They did not stop fighting.

prep. **б. з** + *I.* fight with sb/sth ◊ **б. з корупцією** fight corruption; **б. за** + *A.* fight for sb/sth ◊ **Увесь народ ~овся за перемогу.** The entire nation fought for victory. **б. проти** + *G.* fight against sb/sth

Also see **змагатися 2**

2 *fig.* to fight, oppose, campaign against

adv. **затято** relentlessly, **завзято** ardently; **ввесь час** all the time, **разом** together ◊ **Вона закликала б. разом із насильством у сім'ї.** She called to fight domestic violence together. **серйозно** seriously, **систематично** systematically; **про людське око** for appearances' sake ◊ **Президент ~еться з корупцією не серйозно, а про людське око.** The president fights corruption not in earnest but for appearances' sake. **формально** formally

prep. **б. з** + *I.* fight with sb/sth; **б. за** + *A.* fight for sb/sth ◊ **б. за прозорість** to fight for transparency; **б. проти** + *G.* fight against sb/sth ◊ **б. проти українофобії** fight against Ukrainophobia

3 *fig.* to fight, compete, vie ◊ **У його серці надія ~олася з відчаєм.** In his heart, hope fought with despair.

See **змагатися 1**

4 *fig.* to struggle, fight back, repress ◊ **Оксана третю годину ~еться зі сном.** For the third hour, Oksana has been fighting back sleep.

боротьб|а, *f., only sg.*

1 struggle, fight

adj. **велика** great, **важка** tough, **гаряча** heated, **запекла** fierce, **затята** relentless, **напружена** intense; **безперервна** uninterrupted, **безперестанна** nonstop, **довга** long, **довготривала** long-running, **затяжна** protracted ◊ **На них чекала важка й затяжна б.** A tough and protracted struggle awaited them. **постійна** constant ◊ **Віта втомилася від постійної ~и із собою.** Vita got tired of the constant struggle with her own self. **безкомпромісна** uncompromising, **послідовна** consistent, **рішуча** resolute, **смертельна** mortal; **тривала** prolonged; **грядуща** *poet.* upcoming, **майбутня** future; **героїчна** heroic, **епічна** epic, **історична** historic; **визвольна** liberation, **економічна** economic, **ідеологічна** ideological, **інформаційна** information ◊ **Вони програвали в інформаційній ~і з урядом.** They were losing in the information struggle with the government. **класова** class, **політична** political; ♦ **б. не на життя, а на смерть** a life-and-death struggle

v. + **б. вести ~у** carry on ◊ **Він вів ~у з колоніялізмом.** He carried on the struggle with colonialism. (**підтримувати** support, **розпочинати** begin; **закінчувати** end; **вступати в** take up ◊ **Вони вступили в ~у з дискримінацією.** They took up the struggle against discrimination. **очолювати** head ◊ **Народну ~у очолив новий провідник.** A new leader headed the people's struggle. **вигравати** win, **програвати** lose) ◊ **Вони не можуть програти цю історичну ~у.** They cannot lose this historic struggle. **брати участь у ~і** take part in a struggle (**зчіплюватися в** be locked in ◊ **Обидва політики зчепилися в запеклій ~і за голоси.** Both politicians are locked in a fierce struggle for votes.

б. + *v.* **вибухати** erupt ◊ **Між союзниками вибухнула б. за сфери впливу.** A struggle for spheres of influence erupted between the allies. **відбуватися** take place, **починатися** begin, **точитися** go on; **загострюватися** intensify ◊ **Із поступом до комунізму класова б. мала загострюватися.** With the advance

to communism, class struggle was supposed to intensify.
prep. **б. з** + *I.* a struggle against/with sth; **б. за** + *A.* a struggle for sth ◊ **б. за лю́дські права́** a struggle for human rights; **б. між** + *I.* a struggle between/among sb; **навко́ло** + *G.* struggle over sth ◊ **трива́ла б. навко́ло призна́чення ново́го Генера́льного прокуро́ра** a protracted fight over the appointment of a new Prosecutor General; **б. про́ти** + *G.* a struggle against sth ◊ **б. про́ти ра́сових упере́джень** struggle against racial prejudices
Also see **би́тва 2, бій 2, змага́ння 2**
2 *sports* wrestling
adj. **ві́льна** free-style, **класи́чна** Greco-Roman ◊ **Вони́ нату́жно тренува́лися до чемпіона́ту із класи́чної ~и́.** They strenuously trained for the Greco-Roman wrestling championship.
See **спорт**

бо́рошн|о, *nt., only sg.*
flour
adj. **пека́рське** baking, **про́сте́** plain, **універса́льне** all-purpose, **хлі́бне** bread; **бі́ле** white, **ви́білене** bleached, **небі́лене** unbleached; **вівся́не** oatmeal, **греча́не** buckwheat, **жи́тнє** rye, **кукуру́дзяне** cornmeal, **пшени́чне** wheat, **ри́сове** rice, *etc.*
n. + **б. кілогра́м ~а** a kilogram of flour (**ло́жка** spoonful, **мішо́к** sack, **скля́нка** cup) ◊ **До су́міші додали́ скля́нку ~а.** A cup of flour was added to the mixture. **ма́рка ~а** a brand of flour (**сорт** type)
v. + **б. використо́вувати б.** use flour ◊ **Вона́ використо́вує виняткóво небі́лене б.** She uses exclusively unbleached flour. (**додава́ти до** + *G.* add to sth, **змі́шувати** mix, **поє́днувати** combine; **просі́ювати** sift) ◊ **Спочáтку б. слід обов'язко́во просі́яти.** First the flour should definitely be sifted.

борт, *m.*, ~у
board, side
adj. ♦ **лі́вий б.** the port ◊ **Їм дали́ каю́ту з лі́вого ~у корабля́.** They were given a cabin on the port side of the ship. ♦ **пра́вий б.** the starboard
v. + **б. бра́ти** + *A.* **на б.** take sb on board ◊ **Капіта́н узя́в п'ять бі́женців на б. корабля́.** The captain took five refugees on board the ship. **викида́ти** + *A.* **за б.** 1) throw sth overboard ◊ **Вби́вця ви́кинув пістоле́т за б.** The killer threw his gun overboard. 2) *fig.* discard, dispense with ◊ **Здава́лося, що здоро́вий глузд він ви́кинув за б.** It seemed he dispensed with common sense. **па́дати за б.** fall overboard (**штовха́ти** + *A.* **за** push sb) ◊ **Хтось я́вно штовхну́в моряка́ за б.** Somebody clearly pushed the sailor overboard.
prep. **за ~ом** overboard, in the water ◊ **люди́на за ~ом!** man overboard! **на ~у́** on board ◊ **Три́ста пасажи́рів перебува́ли в той моме́нт на ~у́ літака́.** At that moment, there were three hundred passengers on board the plane. ♦ **б. об б.** broadside to broadside
N. pl. **~и́**

борщ, *m.*, ~у́
borshch, beet-and-cabbage soup *(a Ukrainian national dish)*, vegetable soup
adj. **черво́ний** red, **зеле́ний** *or* **щавле́вий** sorrel ◊ **Мари́на заміни́ла щаве́ль на шпина́т у зеле́ному ~і́.** Maryna replaced sorrel with spinach in her sorrel borshch. **зимо́вий** winter ◊ **Він ро́бить зимо́вий б. із ква́шених буря́ків.** He makes winter borshch from sour beets. **лі́тній** summer; **холо́дний** cold
N. pl. **~і́**
See **ю́шка**

бо́ч|ка, *f.*
barrel, keg, cask
adj. **дерев'я́на** wooden, **дубо́ва** oak, **клено́ва** maple, **сосно́ва** pine; **залі́зна** iron, **метале́ва** metal, **пластма́сова** plastic, *etc.*; **ви́нна** wine ◊ **У льоху́ двана́дцять ви́нних ~ок.** There are twelve wine barrels in the cellar. **пивна́** beer; **ді́ря́ва** leaky; ♦ **бездо́нна б.** *fig.* a bottomless pit; ♦ **порохова́ б.** *fig.* a powder keg ◊ **Мі́сто було́ правди́вою порохово́ю ~кою.** The city was a genuine powder keg.
n. + **б. бік ~ки** a side of the barrel (**дно** bottom, **кри́шка** lid, **обру́ч** hoop) ◊ **іржа́ві обручі́ ~ки** rusty hoops of the barrel
v. + **б. напо́внювати ~ку** fill a barrel (**ста́вити** put) ◊ **Він поста́вив ~ку під край да́ху.** He put the barrel under the edge of the roof. **зберіга́ти** + *A.* **в ~ці** keep sth in a barrel ◊ **Збі́жжя зберіга́ли у ~ках.** The grain was kept in barrels.
б. + *v.* **мі́стити** + *A.* contain sth ◊ **Б. місти́ла ква́шені помідо́ри.** The barrel contained salted tomatoes. **протіка́ти** leak
prep. **в ~ку** *dir.* in/to a barrel ◊ **Він схова́в папе́ри в ~ку.** He hid the papers in a barrel. **в ~ці** *posn.* in a barrel; ♦ **Гро́ші на ~ку!** Show me the money!

боягу́з, *m.*; ~ка, *f.*
coward
adj. **вели́кий** big; **безнаді́йний** hopeless, **неща́сний** pathetic ◊ **Марко́ гля́нув на ньо́го, як ди́вляться на неща́сного ~а.** Marko looked at him, the way a pathetic coward is looked at.
v. + **б. бу́ти ~ом** be a coward, be easily scared ◊ **Хоч Гриць ніко́ли не був ~ом, він відчува́в страх.** Though Hryts had never been easily scared, he felt fear. (**вважа́ти** + *A.* consider sb ◊ **Його́ ма́рно вважа́ють ~ом.** He is considered to be a coward for no good reason. **виявля́тися** turn out; **лиша́тися** remain; **назива́ти** + *A.* call sb) ◊ **Як ви смі́єте назива́ти кого́сь ~ом!** How dare you call anybody a coward! **зна́ти** + *A.* **як ~а** know sb as a coward ◊ **Його́ зна́ли як вели́кого ~а.** He was known as a big coward.

боягу́зтв|о, *nt., only sg.*
cowardice
adj. **вели́ке** big, **ганéбне** shameful, **ма́сове** mass ◊ **ма́сове б. се́ред офіце́рів** mass cowardice among officers; **безпрецеде́нтне** unprecedented, **нечу́ване** unheard-of ◊ **акт нечу́ваного ~а** an act of unheard-of cowardice; **мора́льне** moral, **політи́чне** political
v. + **б. виявля́ти б.** show cowardice ◊ **Пе́ршими б. виявля́ли большеви́цькі коміса́ри.** Bolshevik commissars were the first to show cowardice. **звинува́чувати** + *A.* **в ~і** accuse sb of cowardice ◊ **Їх звинува́тили в ~і.** They were accused of cowardice.
prep. **б. пе́ред лице́м во́рога** cowardice in the face of the enemy
Ant. **хоро́брість; му́жність 1**

бо|я́тися, ~ю́ся, ~ї́шся, ~я́ться; *no pf., intr.*
to be afraid of, fear, be scared of, worry + *G.* ◊ **Вам ні́чого б.** You have nothing to worry about.
adv. **до нестя́ми** silly ◊ **Іва́н до нестя́ми ~ї́ться павукі́в.** Ivan is scared silly of spiders. **ду́же** very much, **жахли́во** dreadfully, **пані́чно** panic ◊ **Сергі́й пані́чно боя́вся води́.** Serhii had a panic fear of water. **си́льно** badly, **стра́шно** terribly; **напра́вду** truly, **спра́вді** genuinely; **тро́хи** a little, **де́що** somewhat, **майже** almost, **про́сто** simply ◊ **Він про́сто ~я́вся помили́тися.** He was simply afraid of making a mistake. **зо́всім не** not at all ◊ **чолові́к, що зо́всім не ~ї́ться висоти́** the man who is not at all afraid of heights; **ніскі́лечки** not a bit, **ле́две** scarcely; **за́вжди́** always; **ніко́ли не** never
v. + **б. почина́ти** begin to, **ста́ти** *pf.* start ◊ **Він став б. відкри́того про́стору.** He started being afraid of open spaces. **навчи́тися** *pf.* learn to

prep. **б. за** + *G.* fear for sb/sth ◊ **Валя ~я́лася за здоро́в'я си́на.** Valia feared for her son's health.
бі́йся! ♦ **не бі́йтеся!** don't be afraid! don't worry!
Also see **жаха́тися 2, ляка́тися 2, потерпа́ти 2, сра́ти 3, сця́ти 2, тремті́ти 3**

брак[1], *m.*, ~у, *only sg.*
lack, deficit, dearth + *G.* of ◊ **Урядо́вець ви́явив по́вний б. професі́йности.** The official revealed utter lack of professionalism.
adj. **вели́кий** great ◊ **Він відчува́в вели́кий б. знань місце́вої культу́ри.** He felt his great lack of knowledge of the local culture. **величе́зний** huge, **го́стрий** acute, **значни́й** significant; **пості́йний** constant, **хроні́чний** chronic ◊ **Хроні́чний б. набі́лу – звичний аспе́кт ї́хнього життя́.** The chronic dearth of dairy is a usual aspect of their life. **зага́льний** general ◊ **зага́льний б. мо́вної культу́ри се́ред журналі́стів** a general lack of language culture among journalists; **по́вний** total, **цілкови́тий** complete; **позі́рний** seeming; **очеви́дний** apparent, **я́вний** obvious ◊ **Поса́ду обійма́ла люди́на з я́вним ~ом кваліфіка́ції.** The post was occupied by a person who obviously lacked qualification. **штýчний** artificial
v. + **б. ство́рювати б.** create a deficit (**виявля́ти** reveal ◊ **Реві́зія ви́явила б. ко́штів у місько́й скарбни́ці.** The audit revealed a lack of funds in the municipal treasury. **відчува́ти** feel ◊ **Га́нна відчува́ла б. товари́шів у ново́му мі́сті.** Hanna felt a lack of friends in the new city. **збі́льшувати** increase, **зме́ншувати** diminish, **скоро́чувати** reduce, **усува́ти** eliminate)
prep. **за ~ом** + *G.* for lack of sth ◊ **за ~ом бажа́ння** for lack of desire (**гро́шей** money, **ча́су** time) ◊ **Він відкла́в по́дорож за ~ом гро́шей.** He postponed the journey for lack of money. **че́рез б.** + *G.* for/from lack of sth ◊ **За́ходу не мо́жна провести́ че́рез б. ресу́рсів.** The event is impossible to hold because of the dearth of resources.
Also see **го́лод 2, дефіци́т 2, неста́ча.** *Ant.* **на́дмір**

брак[2], *m.*, ~у, *only sg.*
deficiency, defective product, substandard articles, reject ◊ **У проду́кції забага́то ~у.** There are too many rejects in the production.
adj. **звича́йний** regular ◊ **Вона́ продава́ла звича́йний б.** She sold regular rejects. **очеви́дний** obvious; **неуни́кний** inevitable; **ма́совий** massive, **хроні́чний** chronic, **ча́стий** frequent
v. + **б. виробля́ти б.** produce substandard articles (**роби́ти** make; **викида́ти** discard, **відкида́ти** reject; **виявля́ти** identify; **переробля́ти** recycle; **кара́ти** + *A.* **за** punish sb for, **штрафува́ти** + *A.* **за** fine sb for) ◊ **Компа́нія штрафува́ла робітникі́в за б.** The company fined its workers for deficiencies. **позбува́тися ~у** stop producing deficiencies (**уника́ти** avoid) ◊ **Він намага́вся уника́ти ~у.** He did his best to avoid deficient articles.

бра́кн|ути, ~уть; за~, *intr.*
only 3rd pers. sg. to lack, be short of, be lacking in + *D.* ◊ **Кура́торові музе́ю ніко́ли не ~е уя́ви.** The museum curator is never lacking in imagination. ◊ **Недосві́дченому промо́вцеві я́вно бра́кло слів.** The inexperienced speaker was clearly short of words.
See **бракува́ти[1] 1.** *Also see* **забракува́ти**

браку|ва́ти[1], ~ють; забра́кн|ути, ~уть, *intr.*
1 to lack, be short of + *D.* + *G.* ◊ **Сашко́ві ~ва́ло десяти́ гри́вень, щоб купи́ти кни́жку.** Sashko was ₴10 short to buy the book.
adv. **геть** totally ◊ **Марко́ві геть ~є почуття́ мі́ри.** Marko totally lacks a sense of measure.

го́стро acutely ◊ **Компа́нії го́стро ~є економі́стів.** The company is acutely short of economists. **ду́же** badly, **про́сто** simply, **цілко́м** completely; **напра́вду** truly, **спра́вді** really; **вира́зно** distinctly, **я́вно** clearly ◊ **Їй я́вно ~ва́ло організа́торських на́вичок.** She obviously lacked organizational skills. **ра́птом** suddenly ◊ **Їм ра́птом забра́кнуло папе́ру.** They were suddenly short of paper.
v. + **б. здава́тися, що** + *clause* ◊ **Студе́нтам ~є мотива́ції.** The students lack motivation. **могти́** can ◊ **Їм могло́ забра́кнути води́.** They could run out of water. ♦ **Ті́льки цього́ ~ва́ло!** This is the last thing we need! ♦ **Ада́мові чого́сь ~є.** There's something wrong with Adam.
Also see **бра́кнути**. *Cf.* **бракува́ти²**
2 *only impf.* to miss + *D.* + *G.*, be in need of ◊ **Нам ду́же ~ва́ло вас.** We missed you very much. ◊ **Їй так ~ва́ло те́плого сло́ва.** She was so much in need of a kind word.
See **сумува́ти 2**. *Also see* **жури́тися 3, нудьгува́ти 2, тужи́ти 2**
бракуй! забра́кни!

браку|ва́ти², **~ють; за~**, *tran.*
to reject *(as flawed)*, discard + *A.* ◊ **Він ~ва́в ко́жну ініціяти́ву.** He rejected each initiative. ◊ **Керівни́к забракува́в наш план як нереа́льний.** The director rejected our plan as unrealistic. ◊ **Вона́ шука́ла при́від за~ законопрое́кт.** She was looking for an excuse to reject the bill.
(за)бракуй!
Cf. **бракува́ти¹ 1**

бра́м|а, *f.*
gate
adj. **вели́ка** big ◊ **Він зроби́в ~у до́ста́тньо вели́кою для вантажі́вок.** He made the gate big enough for trucks. **висо́ка** high ◊ **На висо́кій ~і ви́сіла рекла́ма.** A commercial hung on the high gate. **вузька́** narrow, **широ́ка** wide; **важка́** heavy ◊ **Важку́ ~у за́мку мо́жуть відчини́ти кі́лька ду́жих люде́й.** Several strong people can open the heavy castle gate. **в'ї́зна** entrance; **головна́** main, **центра́льна** central; **бічна́** *or* **бокова́** side, **за́дня** back, **пере́дня** front; **вну́трішня** inner, **зо́внішня** outer; **подві́йна** double; **відчи́нена** open, **за́мкнена** locked, **зачи́нена** closed; **дерев'я́на** wooden, **дубо́ва** oak, **залі́зна** iron, **ко́вана** wrought-iron, **метале́ва** metal, **стале́ва** steel; **за́мкова** castle, **заводська́** plant, **міська́** city, **па́ркова** park, **тюре́мна** prison, **університе́тська** campus, **фабри́чна** factory, **форте́чна** fortress; **шлю́зова** sluice
v. + **б. відчиня́ти ~у** open a gate ◊ **Бічну́ ~у відчиня́ли ті́льки наполови́ну.** They opened the side gate only halfway. (**відмика́ти** unlock; **зачиня́ти** close **замика́ти** lock ◊ **На ніч ~и замика́ли.** They locked the gates for the night. **вла́муватися в** *or* **че́рез** break through) ◊ **Напа́дники вмала́лися че́рез за́дню ~у.** The assailants broke through the back gate.
б. + *v.* **відчиня́тися** open ◊ **Б. відчиня́лася назо́вні.** The gate opened outward. **зачиня́тися** close; **вести́ до** + *G.* lead to sth ◊ **Б. веде́ до старо́го мо́сту.** The gate leads to the old bridge.
prep. **бі́ля ~и** near a gate ◊ **Вона́ стоя́ла бі́ля ~и.** She stood near the gate. **в ~у.** *dir.* in/into a gate ◊ **Ве́ршники заї́хали у ~у.** The horsemen rode into the gate. **в ~і** *posn.* in a gate ◊ **Танк стоя́в про́сто у ~і.** The tank stood right in the gate. **з ~и** out of a gate ◊ **Із ~и тюрми́ ви́вели в'я́знів.** Inmates were led out of the prison gate. **під ~ою** at a gate ◊ **Під ~ою собо́ру зібра́лися лю́ди.** People gathered at the cathedral gate. **че́рез ~у** through a gate ◊ **Ві́йсько сою́зників ввійшло́ до мі́ста че́рез півде́нну ~у.** The allied army entered the city through the southern gate.
Also see **воро́та 1**. *Cf.* **две́рі**

брат, *m.*
1 brother
adj. **рі́дний** full, by birth *(as opposed to a cousin)*, ♦ **двою́рідний б.** a cousin ◊ **Ільќо – його́ двою́рідний б.** Ilko is his cousin. ♦ **трою́рідний б.** a second cousin; ♦ **зве́дений б.** a step-brother; **моло́чний** milk ◊ **Сашко́ та Юрко́ – моло́чні ~и́.** Sashko and Yurko are milk brothers. **на́званий** *or* **наре́че́ний** foster ◊ **У не́ї оди́н рі́дний і два наре́че́них ~и.** She has one full and two foster brothers. **дороги́й** dear, **коха́ний** beloved, **улю́блений** favorite; **доку́чливий** annoying, **зіпсо́ваний** spoiled, **розбе́щений** bratty; **поме́рлий** deceased; **неодру́жений** unmarried; ♦ **ваш б.** *colloq.* your kind, your sort of people ◊ **Я ва́шого ~а зна́ю.** I know your kind. ♦ **на ~а** (per) a person, apiece ◊ **Цу́кру даю́ть по кілогра́му на ~а.** They give a kilo of sugar per person.
v. + **б. ма́ти** + *A.* **за ~а** have sb for a brother ◊ **Він мав Тара́са за ~а.** He had Taras for a brother. **дово́дитися** + *D.* **~ом** be a brother to sb ◊ **Ві́ктор дово́диться їй трою́рідним ~ом.** Viktor is a second cousin to her. (**назива́ти** + *A.* call sb); ♦ **як б. із сестро́ю** like brother and sister
2 brother *(intimate or fam. form of address to man)*

бра́ти, бер|у́ть; взя́ти, ~у́, ві́зьм|уть, *tran.*
1 to take, grab, pick up
adv. **вага́ючись** hesitantly, **обере́жно** carefully ◊ **Вона́ обере́жно ~е́ світли́ну і до́вго її вивча́є.** She carefully takes the photo and studies it for a long time. **нетерпля́че** impatiently, **рішу́че** resolutely, **серди́то** angrily; **ра́птом** suddenly, **шви́дко** quickly; **за́вжди́** always ◊ **Вона́ за́вжди́ ~е́ з собо́ю телефо́н.** She always takes her phone along. **ча́сто** often, **ніко́ли** never, **рі́дко** rarely; **наза́д** back ◊ **Якби́ мо́жна було́ взя́ти свої́ слова́ наза́д!** If one could take one's words back! ♦ **б. відпу́стку** to take a vacation ◊ **Соломі́яволі́ла б. щорі́чну відпу́стку при кінці́ се́рпня.** Solomiia preferred taking her annual vacation in late August. ♦ **б. го́ру над** + *I.* to get the upper hand over sb ◊ **До́сі Га́нна за́вжди́ бра́ла над ним го́ру в ша́хах.** Until now, Hanna always got the upper hand over him in chess. ♦ **б. за живе́** to cut to the quick ◊ **Пе́рші рядки́ листа́ взя́ли Оле́ну за живе́.** The first lines of the letter cut Olena to the quick. ♦ **б. зобов'я́зання** to take it upon oneself ◊ **Васи́лій узя́в зобов'я́зання навчи́тися украї́нської.** Vasilii took it upon himself to learn Ukrainian. ♦ **б.** + *A.* **на робо́ту** to hire sb ◊ **Вони́ взяли́ на робо́ту двох помічникі́в.** They hired two assistants. ♦ **б. но́ги на пле́чі** to flee, beat it ◊ **Ду́маю, нам кра́ще б. но́ги на пле́чі.** I think it's better we beat it. ♦ **б. сло́во** to take the floor; ♦ **б. (на се́бе) смі́ли́вість** to take the liberty of ◊ **Він узя́в смі́ли́вість ді́яти самості́йно.** He took the liberty of acting independently.
prep. **б. до** + *G.* take to *(a place)* ◊ **Насту́пного ра́зу Мико́ла ві́зьме її до Черніве́ць.** Next time Mykola will take her to Chernivtsi. **б. за** + *A.* take by sth ◊ **Жі́нка взяла́ дити́ну за ру́ку.** The woman took the child by the hand. **б. на** + *A.* take to *(an event)* ◊ **Тетя́на взяла́ до́чку на конце́рт.** Tetiana took her daughter to a concert.
Also see **бра́тися 1, забира́ти 1, перебира́ти 6**
2 to get, procure, obtain ◊ **Де це він ~е́ гро́ші?** Where does he get the money? ◊ **Вони́ ~у́ть во́ду із кри́ниці.** They get water from a well.
3 to buy ◊ **Ю́ля взяла́ буха́нку сві́жого хлі́ба в пека́рні.** Yulia bought a loaf of fresh bread at a bakery. ◊ **У готе́лі мо́жна ле́гко взя́ти квитки́ до теа́тру.** At the hotel, one can easily buy theater tickets. ♦ **б. напрока́т** + *A.* to rent sth ◊ **Ва́рто взя́ти напрока́т маши́ну.** It is worth renting a car.
See **купува́ти 1**
4 to affect, impress ◊ **Васи́ля́ ні́чого не ~е́.** Nothing affects Vasyl. ◊ **Стріли не бра́ли геро́я ка́зки.** Arrows did no harm to the fairy tale's protagonist.
See **вплива́ти¹**
5 to conquer, overcome; climb ◊ **Туре́цьке ві́йсько не взяло́ Ві́дня.** The Turkish army did not conquer Vienna. ◊ **Авті́вка ле́две взяла́ стрі́мки́й узві́з.** The car barely climbed the steep rise of the road.
See **дола́ти 1, завойо́вувати 1**
6 to perceive, take, understand, deem ♦ **б.** + *A.* **за чи́сту моне́ту** to take sth at face value ◊ **Не тре́ба б. все, що він ка́же, за чи́сту моне́ту.** You should not take everything he says at face value. ♦ **б. бли́зько до се́рця** take sth close to one's heart ◊ **Я не брав би ці чутки́ так бли́зько до се́рця.** I would not take these rumors so close to my heart. ♦ **Зві́дки він узя́в, що Рома́н одру́жений?** What makes him think that Roman is married? ♦ **б. за ду́рня** (*f.* **дуре́пу**) take sb for a fool ◊ **Він брав Іва́на за ду́рня.** He took Ivan for a fool. ♦ **б. до ві́дома** to take under advisement ◊ **Нача́льник сказа́в, що ві́зьме ви́сновки до ві́дома.** The boss said he would take the conclusions under advisement. ♦ **б.** + *A.* **до ува́ги** to take notice of sth
prep. **б. за** + *A.* take for sth ◊ **Марти́н узя́в слова́ при́ятеля за жарт.** Martyn took his friend's words for a joke.
Also see **вважа́ти 2, ма́ти 4, рахува́ти 5, розці́нювати 2, сприйма́ти 2**
7 to bear, take ◊ **На перехре́сті ~і́ть право́руч.** At the intersection, bear right.
8 to overtake, overcome, overwhelm ◊ **Да́ну взяв важки́й сон.** Heavy sleep overcame Dana. ◊ **Його́ бра́ло нетерпі́ння дові́датися, що ста́лося.** He grew impatient to find out what had happened. ◊ **Її брав су́мнів що́до надійности партне́ра.** She grew doubtful as to the reliability of her partner. ◊ **Ната́лку ~е́ сміх від ду́мки про це.** Natalka wants to laugh at the thought of it.
pa. pple. **взя́тий** taken
бери́! візьми́!

бра́|тися; взя́тися, *intr.*
1 to take, grab, take a hold of ◊ **Він узя́вся за ру́чку й поверну́в її.** He took hold of the handle and turned it. ◊ **Лев бере́ться за ка́мінь і ці́литься ним у воро́ну.** Lev takes a stone and aims it at the crow.
prep. **б. за** + *A.* take by sth ◊ **Лі́да бере́ться за ві́ник і почина́є мести́ порі́г.** Lida takes a broom and starts sweeping the doorstep. ♦ **б. за збро́ю** to take up arms ◊ **Вони́ взяли́ся за збро́ю.** They took up arms. ♦ **б. за ро́зум** to come to one's senses; ♦ **б. за ру́ки** to join hands ◊ **Ді́ти взяли́ся за ру́ки.** The children joined hands.
See **бра́ти 1**
2 to get down to, set about, turn to, take up, begin
adv. **залюбки́** with pleasure, **охо́че** willingly ◊ **Адвока́т ~вся ра́дити тим, хто був не у змо́зі заплати́ти.** The lawyer took up advising those who were not in a position to pay. **ра́до** gladly; **неохо́че** reluctantly; **шви́дко** quickly ◊ **Рома́на шви́дко взяла́ся направля́ти велосипе́д.** Romana quickly got down to fixing the bicycle.
prep. **б. до** + *G.* get down to sth ◊ **Вони́ ще не ~лися до робо́ти.** They still have not gotten down to work. **б. за** + *A.* take sth up ◊ **Вона́ взяла́ся за важке́ завда́ння.** She took up a hard task.
Also see **кида́тися 2, почина́ти, сіда́ти 3, става́ти 4, схо́плюватися 5, хапа́тися 2**
3 *only 3rd pers.* to originate, arise, come, appear ◊ **Зві́дки взяла́ся ця іде́я?** Where has the idea come from? ◊ **На не́бі неві́до́мо зві́дки взяли́ся важкі́ хма́ри.** Heavy clouds appeared in the sky out of nowhere.
See **похо́дити¹ 1**. *Also see* **іти́ 14**
4 to get married, *pf.* **по~** ◊ **Вони́ побе́ру́ться восени́.** They will get married in the fall.
See **одру́жуватися**. *Also see* **реєструва́тися 3, розпи́суватися 3**

5 to stick, cling, be glued ◊ **Боло́то ~лося до колі́с.** The mud stuck to the wheels. ◊ **Фа́рба на підло́зі ~лася.** The paint on the floor was wet.
6 to get covered + *I.* ◊ **Його́ обли́ччя взяло́ся пля́мами.** His face got covered with spots. ◊ **За ніч усе́ навко́ло взяло́ся і́неєм.** Overnight everything around got covered with hoarfrost.
See **покрива́тися 1**

бреха́ти, ~у́, бре́ш|уть; з~, *tran. and intr., colloq.*
1 to lie to sb + *D.* ◊ **Він збреха́в дру́гові.** He lied to friend.
adv. **за́вжди́** always, **неоднора́зово** repeatedly; **и́ноді** sometimes, **рі́дко** rarely, **ча́сом** at times, **ніко́ли не** never ◊ **Вона́ ніко́ли не ~е.** She never lies. **безду́шно** heartlessly, **безпардо́нно** in-your-face, **безсо́вісно** *and* **безсоро́мно** shamelessly ◊ **Він безсоро́мно ~е.** He is shamelessly lying. **ганебно** shamefully; **стра́шно** terribly ◊ **Він стра́шно бреха́в.** He was telling terrible lies. **впе́рто** stubbornly; **імпульси́вно** impulsively; **відкри́то** openly; **наха́бно** brazenly; **гру́бо** crudely, **примiти́вно** primitively, **про́сто** simply, **ту́по** dumbly, **цині́чно** cynically, **я́вно** obviously; ◊ **Він я́вно збреха́в нам.** He obviously lied to us. **ле́гко** easily, **переко́нливо** convincingly; **зуми́сне** *and* **навми́сне** deliberately, **намі́рено** intentionally, **свідо́мо** consciously
v. + **б. бу́ти зму́шеним** be forced to ◊ **Вона́ зму́шена б.** She is forced to lie. **зму́шувати** + *A.* make sb ◊ **Їх постійно зму́шували б.** They were constantly made to lie. **бу́ти тре́ба** + *D.* need to; **вмі́ти** be able to; **відмовля́тися** refuse to, **не хоті́ти** not want to; **обіця́ти** + *D.* **не** promise sb not to ◊ **Вона́ пообіця́ла Павло́ві не б.** She gave Pavlo a promise not to lie.
prep. **б. про** + *A.* lie about sth ◊ **Він бреха́в про свою́ у́часть у проте́стах.** He was lying about his participation in the protests.
Also see **ви́гадувати 2, лицемі́рити, лука́вити 2, фальши́вити 2, шахрува́ти.** *Cf.* **обма́нювати**
2 to bark (*of dog*), yap; *pf.* **за~** to start barking ◊ **Забреха́в пес.** A dog started barking. ◊ **У сусі́дньому поме́шканні цілий день бреха́в пес.** A dog barked in the adjacent apartment all day long.

брех|ня́, *f., colloq.*
1 lie, falsehood
adj. **абсолю́тна** absolute, **по́вна** total, **цілкови́та** complete; **вели́ка** great; **безду́шна** heartless; **безпардо́нна** straight-faced, **безсоро́мна** shameless, **кричу́ща** blatant, **наха́бна** brazen, **нечу́вана** unheard-of; **гру́ба** crude, **примiти́вна** primitive, **цині́чна** cynical; **очеви́дна** apparent, **я́вна** obvious; **жалюгі́дна** miserable, **жахли́ва** terrible, **оги́дна** disgusting; **(з)уми́сна** *and* **навми́сна** deliberate, **намі́рена** intentional, **свідо́ма** conscious
v. + **б. викрива́ти ~ню́** expose a lie (**ковта́ти** *fig.* swallow ◊ **Мало хто ковтне́ таку́ кричу́щу ~ню́.** Few will swallow such a blatant lie. **поши́рювати** spread; **викрива́ти** + *A.* **як** expose sth as) ◊ **А́втор матерія́лу викрива́є тве́рдження міні́стра як намі́рену ~ню́.** The author of the story exposes the minister's assertion as an intentional lie. **ві́рити ~ні́** believe a lie ◊ **Як ви ві́рите такі́й ~ні́?** How can you believe such a lie? **бу́ти ~не́ю** be a lie (**здава́тися** + *D.* seem to sb, **виявля́тися** turn out; **па́хнути** smell of, **смерді́ти** stink of) ◊ **Його́ зая́ви смерді́ли ~не́ю.** His statements stank of lies.
prep. **б. про** + *A.* a lie about sb/sth ◊ **Б. про нові́ обли́ччя в уря́ді для ду́рнів.** The lie about new faces in the government is for fools.
Also see **ба́йка 2, ви́гадка, лицемі́рство, обма́н 1, фі́кція, фо́кус[2] 2, шахра́йство**
2 *only pl.* gossip, rumors, hearsay; ♦ **розно́сити ~ні** to spread rumors, spread lies ◊ **Воро́жа пропага́нда вмі́ло розно́сила ~ні.** The enemy propaganda skillfully spread lies.
G. pl. **~ень** ◊ **Яки́х ті́льки ~ень він не говори́в!** The rumors he would tell!
Also see **пліт́ка**

брех|у́н, *m.,* **~а́,** *colloq.*; **брехýха,** *f.*
liar
adj. **безнаді́йний** hopeless, **вели́кий** great, **доко́наний** perfect, **найбі́льший** greatest, **неперевéршений** unsurpassed, **приро́джений** born ◊ **Вона́ впе́рше зіткну́лася з приро́дженим ~о́м.** She came across a born liar for the first time. **винахі́дливий** inventive, **до́брий** good, **таланови́тий** gifted; **звича́йний** common; **жалюгі́дний** miserable, **ке́пський** poor, **незда́лий** *collog.* inept, **пога́ний** bad ◊ **З те́бе пога́ний б.** You make a bad liar. **імпульси́вний** impulsive, **невипра́вний** incorrigible, **патологі́чний** pathological
v. + **б. бу́ти ~о́м** be a liar (**здава́тися** + *D.* seem to sb ◊ **Оле́кса здава́вся йому́ ~о́м.** Oleksa seemed to be a liar to him. **виявля́тися** turn out ◊ **Чолові́к ви́явився звича́йним ~о́м.** The man turned out to be a common liar. **лиша́тися** remain ◊ **Він як був, так і лиши́вся ~о́м.** He was and remains a liar. **назива́ти** + *A.* call sb ◊ **Журналі́ст назва́в міні́стра патологі́чним ~о́м.** The journalist called the minister a pathological liar. **става́ти** become)
Also see **лицемі́р.** *Cf.* **шахра́й**

брига́д|а, *f.*
brigade
adj. **деса́нтна** airborne ◊ **Вони́ слу́жать у деса́нтній ~і.** They serve in an airborne brigade. **та́нкова** armored, **мотопіхо́тна** motorized, **піхо́тна** infantry
n. + **б. команди́р** *or* **кома́ндувач ~и** the brigade commander (**штаб** headquarters)
v. + **б. розгорта́ти ~у** deploy a brigade ◊ **Вони́ розгорну́ли піхо́тну ~у.** They deployed an infantry brigade. (**формува́ти** form) ◊ **Він сформува́в ~у.** He formed a brigade. **кома́ндувати ~ою** command a brigade ◊ **Його́ призна́чили кома́ндувати та́нковою ~ою.** He was appointed to command an armored brigade.
prep. **в ~і** in a brigade ◊ **Вона́ служи́ла в мотопіхо́тній ~і.** She served in a motorized brigade.

бридк|и́й, *adj.*
repugnant, ugly, disgusting, hideous
adv. **виня́тково** exceptionally, **геть** totally, **на ди́во** amazingly, **на рі́дкість** uniquely ◊ **У ці́й на рі́дкість ~і́й поро́ді псі́в було́ щось прива́бливе.** There was something attractive in this uniquely hideous breed of dogs. **особли́во** particularly, **цілко́м** completely
v. + **б. бу́ти ~и́м** be ugly (**вигляда́ти** look ◊ **По́ряд із не́ю Пили́п вигляда́во ~и́м.** By her side, Pylyp looked ugly. **виявля́тися** turn out, **здава́тися** + *D.* seem to sb, **лиша́тися** remained)
Also see **потво́рний 1.** *Ant.* **вродли́вий, га́рний 1**

бри́дко, *adv., pred.*
1 *adv.* disgusting, revolting ◊ **Воло́дя б. говори́в про не́ї.** Volodia said disgusting things about her.
2 *pred.* disgusted, disgusting + *D.* ◊ **І́гореві б. вдава́ти, що він не прича́тний.** It is disgusting for Ihor to pretend he is not involved.
v. + **б. бу́ти б.** be disgusting ◊ **Їм б. ду́мати про те, що вони́ ба́чили в Криму́.** It was disgusting for them to think of what they had seen in the Crimea. (**роби́тися** *and* **става́ти** feel)
prep. **б. від** + *G. or inf.* disgusted at/from/by sb/sth ◊ **Оле́ні ста́ло б. від ду́мки про це.** Olena felt disgusted by the thought of it.

бри́тв|а, *f.*
razor ◊ **го́стрий, як б.** as sharp as a razor
adj. **безпе́чна** safety, **відкри́та** open ◊ **Вона́ з жа́хом диви́лася на відкри́ту ~у.** She was looking with horror at the open razor. **електри́чна** electric, **небезпе́чна** straight ◊ **У руці́ він трима́в небезпе́чну ~у.** He was holding a straight razor in his hand. **одноразо́ва** disposable; **го́стра** sharp, **тупа́** blunt; **нова́** new
n. + **б. ле́зо ~и** a razor blade ◊ **Ле́зо старо́ї ~и було́ надще́рбленим.** The old razor blade was chipped. (**ру́чка** handle)
v. + **б. голи́ти** + *A.* **~ою** shave sth with a razor ◊ **Він го́лить бо́роду електри́чною ~ою.** He shaves his beard with an electric razor. (**голи́тися** shave ◊ **Дід го́литься небезпе́чною ~ою.** The old man shaves with a straight razor. **користува́тися** use; **рі́зати** + *A.* cut sth)
G. pl. **бритв** *or* **бри́тов**

бр|ова́, *f., often pl.*
brow, eyebrow
adj. **густі́** thick, **кущи́сті** *or* **кущува́ті** bushy ◊ **Ма́рта пам'ята́ла цьо́го па́на по кущи́стих ~ова́х.** Marta remembered this gentleman by his bushy eyebrows. **вузе́нькі** *dim.* narrow, **рі́денькі** *dim.* sparse, **тоне́нькі** *dim.* thin, **тонкі́** thin, **широ́кі** wide; **нави́слі** overhanging; **чо́рні** dark; **лі́ва** left, **пра́ва** right
v. + **б. вигина́ти ~о́ви** arch one's eyebrows (**зво́дити** draw together, **піді́ймати** *or* **підніма́ти** raise ◊ **Вона́ підняла́ ~о́ви від здивува́ння.** She raised her brows with surprise. **су́пити** knit ◊ **Ми́ша слу́хав, насу́пивши ~о́ви.** Mysha was listening, his eyebrows knitted. **малюва́ти** paint; **виску́бувати** pluck ◊ **Ля́на повиску́бувала ~о́ви.** Liana plucked her eyebrows. **підво́дити** line ◊ **Акто́р підві́в ~о́ви.** The actor lined his brows. ♦ **не вести́** *or* **не морга́ти ~ово́ю** to not give a damn. ◊ **Лі́да спостеріга́ла за ни́ми і ~ово́ю не морга́ла.** Lida was observing them, without giving a damn.
б. + *v.* **вигина́тися** arch, **насу́плюватися** frown ◊ **Що до́вше він чита́в запи́ску, то бі́льше насу́плювалися його́ ~о́ви.** The longer he read the message the more his eyebrows frowned. **піді́йматися** *or* **підніма́тися** rise, **сі́патися** *or* **смика́тися** twitch ◊ **Час від ча́су в Іва́на сі́палася б.** From time to time, Ivan's eyebrow twitched.
G. pl. **~ів**

бро́нз|а, *f.*
1 bronze
adj. **ли́та** cast ◊ **фігу́рка з ли́тої ~и** a cast bronze figurine; **начи́щена** burnished, **поліро́вана** polished
prep. **в ~і** in bronze ◊ **погру́ддя філо́софа, ви́лите в ~і** the philosopher's bust cast in bronze; **з ~и** of bronze ◊ **старови́нні жіно́чі прикра́си з ~и** ancient female bronze ornaments; **з ~ою** in bronze ◊ **Скульпто́р працю́є з ~ою.** The sculptor works in bronze.
See **мета́л.** *Also see* **залі́зо, сталь**
2 bronze (*object made of bronze*)
adj. **антиква́рна** antique ◊ **На блоши́ному ри́нку продаю́ть антиква́рну ~у.** They sell antique bronze at the flea market. **анти́чна** ancient ◊ **У музе́ї є дві анти́чні ~и.** There are two ancient bronzes in the museum. **рі́дкісна** rare, **ста́ра** old, **уніка́льна** unique
3 *fig.* bronze, bronze medal
adj. **олімпі́йська** Olympic ◊ **Вона́ здобула́ олімпі́йську ~у.** She took Olympic bronze.
v. + **б. дістава́ти ~у** get a bronze ◊ **Він діста́в ~у зі стрибкі́в із жерди́ною.** He got a bronze in pole vault. (**завойо́вувати** win, **здобува́ти** take; **ма́ти** have)
See **меда́ль**

бро́нзов|ий, *adj.*
1 bronze, made of bronze ◊ **З бі́гом ча́су ~а ста́туя позелені́ла.** With the passage of time, the bronze statue turned green. ♦ **Б. вік** *hist.* the Bronze Age
Also see **залі́зний 1, метале́вий 1, стале́вий 1**
2 bronze, yellowish-brown ◊ **Він підійшо́в до ~их двере́й кабіне́ту.** He approached the bronze office door.
See **бруна́тний**

броню|ва́ти, ~ють; за~, *tran.*
to reserve, book *(seat, ticket)*
adv. **заздалегі́дь** in advance ◊ **Квитки́ кра́ще б. заздалегі́дь.** It is better to reserve the tickets in advance. **нега́йно** immediately, **зара́з же** *or* **зра́зу** right away, **операти́вно** promptly, **шви́дко** quickly, **я́кось** somehow ◊ **Тре́ба за~ три мі́сця в купе́йному ваго́ні.** We need to reserve three second-class seats. **винятко́во** exclusively, **спеція́льно** specially, **ті́льки** only; **за́вжди́** always, **звича́йно** usually, **традиці́йно** traditionally, **як пра́вило** as a rule
б. + *n.* **б. квито́к** reserve a ticket (**кі́мнату** room ◊ **Я хоті́ла б за~ кі́мнату.** I'd like to reserve a room. **готе́ль** hotel, **мі́сце** seat, **рестора́н** restaurant) ◊ **Ари́на заброню́вала рестора́н на уроди́ни чолові́ка.** Yaryna reserved a restaurant for her husband's birthday.
prep. **б. для** + *G.* reserve for sb ◊ **Для госте́й заброню́вали сім мі́сць.** Seven seats were reserved for the guests. **б. на** + *A.* reserve for *(a date, occasion)* ◊ **Готе́ль заброню́вали на дру́ге се́рпня.** They reserved the hotel for August 2. **б. по** + *L.* reserve by *(phone)* ◊ **б. по телефо́ну** reserve by phone; ◊ **Квитки́ ~ють у мере́жі.** Tickets are reserved online.
pa. pple. **заброньо́ваний** reserved
(за)броню́й!
See **замовля́ти 1**

бруд, *m.*, **~у**, *only sg.*
1 dirt, filth, muck ◊ **Вона́ ви́терла б. зі скла.** She wiped the dirt off the glass.
adj. **вели́кий** great ◊ **На ку́хні був вели́кий б.** There was great filth in the kitchen. **жахли́вий** awful, **неймові́рний** incredible, **страшни́й** terrible ◊ **Вона́ не розумі́ла, як мо́жна жи́ти в тако́му страшно́му ~і.** She did not understand how one could live in such terrible filth. **надмі́рний** excessive; **масни́й** greasy, **смердю́чий** stinky
n. + **б. шар ~у** a layer of dirt ◊ **Підвіко́нник покрива́в шар ~у.** A layer of dirt covered the window sill.
v. + **б. змива́ти б.** wash dirt ◊ **Сашко́ змив б. з авті́вки.** Sashko washed the dirt off the car. (**підміта́ти** sweep ◊ **Вона́ підмела́ б.** She swept the dirt. **стира́ти** wipe, **чи́стити** clean off) ◊ **Б. ле́гко зчи́стити щі́ткою.** It is easy to brush off dirt with a brush.
б. + *v.* **накопи́чуватися** accumulate, **покрива́ти** + *A.* cover sth, **проника́ти в** + *A.* penetrate sth ◊ **Б. прони́к у ко́жен за́куток кімна́ти.** Dirt penetrated every nook of the room.
Also see **грязь 2**
2 *fig.* dirt, filth, smut
v. + **б. виколу́пувати** *or* **вишпо́ртувати б.** dig up dirt ◊ **Репорте́р – ма́йстер виколу́пувати б. на відо́мих люде́й.** The reporter is a master of digging up dirt on well-known people. (**дістава́ти** get, **збира́ти** gather, **ри́ти** dig, **ма́ти** have) ◊ **Президе́нт мав б. на мі́ністра.** The president had dirt on the minister. ♦ **облива́ти** + *A.* **~ом** to drag sb through the mud ◊ **Вида́ння облило́ ~ом че́сну люди́ну.** The publication dragged an honest person through the mud.
prep. **б. на** + *A.* dirt on sb

брудн|и́й, *adj.*
1 dirty, foul, filthy
adv. **винятко́во** exceptionally, **вкрай** extremely, **геть** totally, **зо́всім** entirely, **ціл́ко́м** completely; **до́сить** rather ◊ **Соро́чка була́ вже до́сить ~о́ю.** The shirt was already rather dirty. **доста́тньо** sufficiently, **ду́же** very ◊ **На безприту́льному був ду́же б. о́дяг.** The homeless man had very dirty clothes on. **надзвича́йно** extraordinarily, **особли́во** particularly; **незвича́йно** unusually, **неймові́рно** incredibly; **жахли́во** horribly, **страше́нно** terribly; **(за)на́дто** too; **ле́две** barely, **ма́йже** almost; **не зо́всім** not entirely
v. + **б. бу́ти ~и́м** be dirty (**виявля́тися** turn out ◊ **Ставо́к ви́явився страше́нно ~и́м.** The pond turned out to be terribly dirty. **лиша́тися** stay; **става́ти** become) ◊ **За ти́ждень бі́лизна ста́ла ~о́ю.** In a week, the linen became dirty.
Also see **чо́рний 4.** *Ant.* **чи́стий 1, 2**
2 *fig.* dirty, corrupt, unfair, foul ◊ **Все, чого́ торка́лися його́ ру́ки, ставало ~и́м.** Everything his hands touched, became filthy. ◊ **~а́ гра** a dirty game. ◊ **~і́ світли́ни** dirty photographs

брудн|и́ти, ~я́ть; за~, *tran.*
1 to soil, dirty, bemire
adv. **геть** totally ◊ **Матві́й геть забрудни́в собі́ ко́мір.** Matvii has totally soiled his collar. **ду́же** badly ◊ **Зе́ня ду́же забрудни́ла соро́чку.** Zenia badly soiled her shirt. **ненаро́ком** inadvertently; **до́сить** enough, **тро́хи** a little
v. + **б. нама́гатися не** try not to ◊ **Він працю́є, намага́ючись не за~ о́дягу.** He is working, trying not to soil his clothes.
Also see **забру́днювати 1, 2**
2 *fig.* to soil, stain, dishonor, sully ♦ **б. ру́ки** to soil one's hands ◊ **Лев не хо́че б. ру́ки ціє́ю спра́вою.** Lev is reluctant to soil his hands with this affair.
adv. **безповоро́тно** irreparably ◊ **Вона́ безповоро́тно забрудни́ла репута́цію.** She has irreparably sullied her reputation. **наза́вжди́** forever; **підсту́пно** treacherously
v. + **б. загро́жувати** threaten to; **могти́** can; **намага́тися** try to ◊ **Він пошíрював чутки́, намага́ючися за~ че́сну люди́ну.** He spread rumors trying to sully an honest person.
Also see **забру́днювати 3**
pa. pple. **забру́днений** dirtied, soiled
(за)брудни́!

бруна́тн|ий, *adj.*
brown ◊ **Вона́ взяла́ зі собо́ю улю́блену ~у су́мочку.** She took along her favorite brown purse. ◊ **Воло́дя ви́брав ~у валі́зу.** Volodia chose a brown suitcase.
See **ко́лір.** *Also see* **бро́нзовий 2, шокола́довий 2**

брута́льн|ий, *adj.*
1 brutal, cruel ◊ **Він мав репута́цію найбі́льш ~ого охоро́нця концта́бору.** He had the reputation of the most brutal guard of the concentration camp.
adv. **абсолю́тно** absolutely, **вкрай** extremely, **ду́же** very, **жахли́во** horribly, **надзвича́йно** extraordinarily, **нечу́вано** without precedent, **страхітли́во** horrifyingly ◊ **Полоне́них піддава́ли страхітли́во ~им до́питам.** The captives were subjected to horrifyingly brutal interrogations.
v. + **б. бу́ти ~им** be brutal (**виявля́тися** turn out ◊ **Лі́за ви́явилася люди́ною безсе́рдою і ~ою.** Liza turned out to be a heartless and brutal person. **става́ти** become) ◊ **Коли́ Ма́рка атакува́ли, він става́в ~им.** When Marko was under attack he became brutal.
prep. **б. з** + *I.* brutal toward sb ◊ **Ні́на бува́ла ~ою на́віть із дру́зями.** Nina happened to be brutal even with her friends.
Also **жорсто́кий 1**
2 *fig.* brutal, severe, strong, nasty ◊ **Вона́ ні́куди пі́де в таки́й б. хо́лод.** She will not go anywhere in such brutal cold. ◊ **На ву́лиці стоя́ла ~а спе́ка.** It was brutally hot outdoors.
Also see **лю́тий[2] 3**

брюне́т, *m.*; **~ка**, *f.*
dark-haired man, brunet
adj. **висо́кий** tall ◊ **Її коле́га був висо́ким ~ом.** Her colleague was a tall dark-haired man. **вродли́вий** *and* **га́рний** handsome, **оша́тний** elegant, **прива́бливий** attractive, **разю́чий** stunning, **ціка́вий** interesting; **каро́окий** brown-eyed; **му́жній** virile ◊ **О́льга уявля́ла чолові́ка свої́х ма́рень му́жнім ~ом.** Olha imagined the man of her dreams to be a virile brunet.
Cf. **блонди́н**

брюне́т|ка, *f.*
dark-haired woman, brunette ◊ **Сергі́єві однако́во до впо́доби і біля́вки, і ~ки.** Serhii equally likes both blondes and brunettes.
adj. **га́рна** beautiful ◊ **Ця га́рна б. – зо́всім не та, за ко́го ви її прийняли́.** This beautiful brunette is not at all the person you took her for. **гарне́нька** pretty, **прива́блива** attractive, **разю́ча** stunning, **розкі́шна** gorgeous; **натура́льна** natural ◊ **Ро́ма вигляда́є натура́льною ~кою.** Roma looks a natural brunette. **деліка́тна** delicate, **струнка́** slim; **таємни́ча** mysterious, **фата́льна** fatal
v. + **б. малюва́тися на ~ку** dye one's hair dark ◊ **Ні́на помалюва́лася на ~ку.** Nina dyed her hair dark. **бу́ти ~кою** be a brunette (**вигляда́ти** look, **здава́тися** + *D.* seem to sb ◊ **Жі́нка́ здала́ся вартово́му ~кою.** The woman seemed to be a brunette to the guard. **лиша́тися** remain, **роби́тися** turn, **става́ти** become) ◊ **Коли́ це ти ста́ла ~кою?** When did you become a brunette?
L. **на ~ці**, *G. pl.* **~ок**
Cf. **біля́вка**

бува́|ти, ~ють; по~ *intr.*
1 *only impf.* to be, happen, occur *(repeatedly)* ◊ **Тут ~ли поже́жі, по́вені і землетру́си.** There were fires, floods, and earthquakes here.
adv. **за́вжди́** always, **і́ноді** sometimes, **час від ча́су** from time to time ◊ **Сва́рки час від ча́су ~ють і в їхній роди́ні.** Fights occur in their family as well from time to time. **ча́сто** often ◊ **Ча́сто ~є так, що він не встига́є зроби́ти, що запланува́в.** It often happens that he does not manage to do what he planned. **ні́коли не** never ◊ **У цих края́х ні́коли не ~є хуртови́н.** There are never blizzards in these parts. ♦ **як** *or* **на́че не ~ло** without a trace ◊ **Де поді́лися її су́мніви? Зни́кли, як не ~ло.** What happened to her doubts? Disappeared without a trace.
See **відбува́тися 1, трапля́тися 1.** *Also see* **випада́ти 4, виника́ти 2, ді́ятися, прохо́дити 7, роби́тися 3, става́тися**
2 to visit, frequent; *pf.* **по~**
adv. **за́вжди́** always; **вряди́-годи́** rarely ◊ **Юрко́ став б. в батькі́в лише́ вряди́-годи́.** Yurko would visit his parents only rarely. **і́ноді** sometimes, **час від ча́су** from time to time, **ча́сто** often; **наре́шті** finally ◊ **Вона́ наре́шті побува́є у Вене́ції.** She will finally visit Venice. **ні́коли не** never ◊ **Вони́ ні́коли не ~ли на Азо́вському мо́рі.** They have never been to the Sea of Azov.
v. + **б. бу́ти тре́ба** + *D.* need to ◊ **Вам тре́ба обов'язко́во по~ на Ку́бі.** You need to visit Cuba by all means. **могти́** can; **поча́ти** begin to, **ста́ти** *pf.* start, **продо́вжувати** continue to ◊ **Вони́ продо́вжували б. в селі́ три́чі на рік.** They continued to visit the village three times a year. **переста́ти** *pf.* stop ◊ **Він переста́в б. в теа́трах.** He stopped attending theaters. **ма́ти на́мір** have the intention to, **нама́гатися** do one's best to ◊ **Він намага́ється б. в інститу́ті раз на мі́сяць.** He does his best to visit the institute once a month. **хоті́ти** want to
prep. **б. в** + *L.* visit *(a place, city, etc.)* ◊ **Де ви**

~ли в Іта́лії? What places did you visit in Italy? **б. на** + *L.* attend *(an event, lecture, etc.)* ◊ **Марко́ ~в на всіх пре́м'єрах.** Marko would attend all premieres.
Also see **їздити 2, мандрува́ти 2, подорожува́ти**
3 *as link verb, only 3rd pers. sg.* + *D.* ◊ **Тама́рі ча́сто ~ло су́мно.** Tamara often felt sad. ◊ **Батька́м ніко́ли не ~ло со́ромно за діте́й.** The parents were never ashamed for their children.
See **бу́ти 1.** *Also see* **залиша́тися 2**
(по)бува́й! ♦ бува́й (здоро́вий)! *or pl.* **бува́йте (здоро́ві)!** so long, take care!

буде́нн|ий, *adj.*

1 everyday, usual, common ◊ **Його́ день запо́внювали ~і кло́поти.** His day was filled with everyday chores.
adv. **до́сить** fairly ◊ **Для них це була́ до́сить ~а істо́рія.** For them this was a fairly common story. **ду́же** very, **цілко́м** completely
2 casual, informal, everyday, leisurely ◊ **б. о́дяг** an everyday dress; ◊ **Обста́ва в це́ркві здава́лася Мо́трі ~ою.** The setting in the church seemed casual to Motria. ◊ **Профе́сор не вбира́в крава́тки, щоб створи́ти на і́спиті ~у атмосфе́ру.** The professor did not put a tie on, so as to create a casual atmosphere at the exam.
Ant. **святко́вий 2**
3 *fig.* dull, monotonous, gray ◊ **Її трактува́ння війни́ неціка́ве і ~е.** Her treatment of the war was uninteresting and dull.
Also see **проза́їчний 2**

бу́д|ень, *m.*, **~ня**

1 weekday ◊ **Лі́да ходи́ла до спортза́ли ви́ключно в ~ні.** Lida attended the gym exclusively on weekdays. ◊ **Тепе́р цей коли́сь святко́вий день був звича́йним ~нем.** Now this once festive day was a regular weekday.
v. + **б. припада́ти на б.** fall on a weekday ◊ **Цього́річ її наро́дини припада́ють на б.** This year, her birthday falls on a weekday.
prep. **в б.** on a weekday ◊ **Вони́ обо́є працю́ють в ~ні.** They both work on weekdays.
Ant. **вихідни́й 2, свя́то**
2 *fig., usu pl.* humdrum, monotony ◊ **~ні пра́ці у крамни́ці гніти́ли Ві́ку.** The humdrum of the work at the store depressed Vika. ◊ **Життя́ в столи́ці знає свої ~ні.** Life in the capital knows its own monotony.
See **рути́на**

буди́льник, *m.*, **~а**

alarm clock, alarm
v. + **б. вимика́ти б.** turn off an alarm clock ◊ **У те́мряві він не зра́зу зміг ви́мкнути б.** In darkness, he did not manage to turn the alarm off right away. (**наставля́ти на** + *A.* set for *(an hour)*) ◊ **Юрко́ наста́вив б. на шо́сту ра́нку.** Yurko set the alarm for 6:00 a.m.
б. + *v.* **дзвені́ти** ring ◊ **Десь упе́рто дзвені́в б.** Somewhere an alarm clock rang insistently. **дзижча́ти** buzz, **луна́ти** sound ◊ **У сусі́дів обри́дливо луна́в б.** An alarm clock sounded annoyingly at the neighbors' place. **пища́ти** *and* **пі́кати** beep; **не задзвені́ти** *pf.* fail to go off ◊ **Богда́на боя́лася, що б. не задзвени́ть.** Bohdana feared that the alarm would fail to go off.
L. **на ~у**
See **годи́нник 2**

буди́н|ок, *m.*, **~ку**

1 building, house, edifice
adj. **багатоповерхо́вий** multistory, **двоповерхо́вий** two-story ◊ **Не́ля виростáла в містéчку одно- й двоповерхо́вих ~ків.** Nelia was growing up in a township of one- and two-story buildings. **триповерхо́вий** three-story, **чотириповерхо́вий** four-story, **п'ятиповерхо́вий** five-story, **шестиповерхо́вий** six-story, *etc.*; **вели́кий** big ◊ **Письме́нник жив у вели́кому ~ку на двана́дцять під'ї́здів.** The writer lived in a big building of twelve entrances. **величе́зний** huge, **висо́кий** tall, **висо́тний** high-rise ◊ **Вони́ домага́лися заборо́ни висо́тних ~ків.** They pressed for a ban on high-rise buildings. **маси́вний** massive; **невели́кий** small, **низьки́й** low; ♦ **багатокварти́рний б.** an apartment building; **бето́нний** concrete ◊ **На пі́вдень лежа́ла гніту́ча око́лиця бето́нних ~ів.** To the south, there lay a depressing area of concrete buildings. **дерев'я́ний** wooden, **кам'яни́й** stone, **цегляни́й** brick; **велича́вий** grand, **вели́чний** magnificent, **разю́чий** impressive, **га́рний** beautiful, **хоро́ший** nice; **розкі́шний** luxurious; **помпе́зний** pompous; **пону́рий** gloomy, **похму́рий** dingy, **потво́рний** ugly; **зане́дбаний** neglected, **занеха́яний** derelict, **напівзруйно́ваний** half-ruined, **поки́нутий** abandoned, **поро́жній** empty, **розва́лений** dilapidated; **навко́лишній** *usu pl.* surrounding ◊ **Всі навко́лишні ~ки були́ я́сно-бруна́тного ко́льору.** All the surrounding buildings were of light brown color. **прилегли́й** adjacent, **сусі́дній** neighboring; **головни́й** main, **центра́льний** central; **адміністрати́вний** administrative ◊ **Адміністрати́вні ~ки займа́ли три кварта́ли.** Administrative buildings occupied three blocks. **житлови́й** residential, **заводськи́й** plant, **музе́йний** museum, **муніципа́льний** municipal, **о́фісний** office, **університе́тський** university, **урядо́вий** government, **фабри́чний** factory, **шкі́льний** school ◊ **прое́кт типо́вого шкі́льно́го ~ку** a design of a typical school building; **нови́й** new, **пе́рвісний** original; **тепе́рішній** current; **відо́мий** well-known, **славе́тний** famous; **істори́чний** historic, **стари́й** old; **весь** entire ◊ **Аге́нція нерухо́мости займа́ла весь б.** The real estate agency occupied the entire building.
б. + *n.* **б. аеропо́рту** *or* **лето́вища** an airport building (**ба́нку** bank, **в'язни́ці** prison, **гурто́житку** dormitory, **ліка́рні** hospital, **місько́ї ра́ди** *and* **упра́ви** City Hall, **музе́ю** museum, **о́пери** opera, **парла́менту** parliament, **су́ду** court, **теа́тру** theater, **терміна́лу** terminal, **університе́ту** university ◊ **Коли́сь у головно́му ~ку університе́ту засіда́в парла́мент.** Once the main university building was the seat of parliament. **фа́брики** factory) ◊ **Б. фа́брики – рі́дкісний зразо́к старо́ї австрі́йської архітекту́ри.** The factory building is a rare sample of the old Austrian architecture.
n. + **б. вікно́ ~ку** a window of the building ◊ **Ві́кна ~ку вузькі́.** The windows of the building are narrow. (**дах** roof ◊ **важки́й черепи́чний дах ~ку** the heavy tile roof of the building; **две́рі** door, **стіна́** wall; **бік** side, **зад** *and* **тил** back; **інтер'є́р** interior, **пере́д** *and* **фаса́д** front; **вла́сник** owner, **покупе́ць** buyer; **ва́ртість** value, **ціна́** price; **купі́вля** purchase, **про́даж** sale; **ме́шканець** resident; **будівни́цтво** construction, **опоря́дкува́ння** decoration, **ремо́нт** repair)
v. + **б. будува́ти б.** build a building (**зво́дити** put up, **спору́джувати** erect ◊ **Вели́чний б. о́пери споруди́ли столі́ття тому́.** The magnificent opera building was erected a century ago. **розширя́ти** extend; **малюва́ти** *or* **фарбува́ти** + *I.* paint *(a color)* ◊ **Б. помалюва́ли черво́ним ко́льором.** The building was painted red. **опорядко́вувати** decorate, **прибира́ти** clean, **проєктува́ти** design ◊ **Б. спроєктува́в молоди́й архіте́ктор.** The beautiful building was designed by a young architect. **тинькува́ти** plaster; **зно́сити** tear down; **руйнува́ти** ruin; **ремонтува́ти** repair; **займа́ти** occupy; **купува́ти** buy; **ма́ти** have, **посіда́ти** possess ◊ **Сім'я́ посіда́є два житлові́ ~ки на око́лиці мі́ста.** The family possesses two residential buildings on the outskirts of the city. **винайма́ти** *or* **найма́ти** rent ◊ **Фі́рма винайма́тиме окре́мий б. під головни́й о́фіс.** The firm will be renting a separate building for its main office. **здава́ти** rent out; **продава́ти** sell ◊ **Дмитру́к прода́в б.** Dmytruk sold the building. **утри́мувати** maintain; **обшуко́вувати** search ◊ **Вони́ обшука́ли весь б.** They searched the entire building. **перебира́тися в** move into) ◊ **Сім'я́ перебра́лася в багатокварти́рний б.** The family moved to an apartment building.
виселя́тися з ~ку move out of a building (**переїжджа́ти до** move into); **жи́ти в ~ку** live in a building (**ме́шкати в** reside in; **зупиня́тися в** stay in) ◊ **Компози́тор зупиня́вся в ~ку на ро́зі щора́зу, як бува́в в Оде́сі.** The composer stayed in the building on the corner every time he visted Odesa.
б. + *v.* **бу́ти розташо́ваним** *and* **розташо́вуватися** be situated ◊ **Б. ми́тниці розташо́вується на о́строві.** The customs building is located on an island. **стоя́ти** stand ◊ **Вона́ була́ прие́мно заско́чена, що б. старо́ї шко́ли все ще стоя́в.** She was pleasantly surprised that the old school building was still standing. **вихо́дити на** + *A.* face sth; **горі́ти** burn, **загоря́тися** catch fire ◊ **Б. загорі́вся від уда́ру бли́скавки.** The building caught fire from lightning strike. **згорі́ти** *pf.* burn down, **розва́люватися** fall apart ◊ **Б. пово́лі розвали́вся.** The building slowly fell apart.
prep. **в б.** *dir.* at/in/to a building ◊ **Найма́нці ці́лилися у житлові́ ~ки.** The mercenaries aimed at residential buildings. **в ~ку** *posn.* at/in a building; **від ~ку до ~ку** from building to building; **до ~ку** to a building ◊ **Його́ підвели́ до ~ку консервато́рії.** He was taken to the conservatory building. **з ~ку** out of a building ◊ **Густи́й дим ішо́в з о́фісного ~ку напро́ти.** Thick smoke was coming out of the office building across the street. **за ~ком** behind a building ◊ **Він лиши́в а́вто за ~ком.** He left his car behind the building. **пе́ред ~ком** in front of a building ◊ **сквер пе́ред ~ком** a park in front of the building
Also see **будо́ва 1, ко́рпус 3, ма́єток 3, об'є́кт 3, о́пера 3, приміщення, теа́тр 1, ха́та 1.** *Cf.* **забудо́ва 2**
2 house *(institution)* ◊ **б. культу́ри** a house of culture
Also see **дім 1**

буд|и́ти, ~жу́, ~ять; роз~, *tran.*

1 to wake up, awaken ◊ **Коли́ вас роз~?** When do you want me to wake you up?
adv. **вча́сно** on time, **до́вго** for a long time, **ле́две** scarcely, **наре́шті** finally ◊ **Тара́с до́вго ~и́в Ма́рту і наре́шті розбуди́в.** Taras took a long time to wake Marta up and finally succeeded. **наси́лу** barely, **неохо́че** reluctantly; **пі́зно** late, **ра́но** early; **за́раз же** right away, **нега́йно** immediately, **одра́зу** at once
v. + **б. йти́** go to, **могти́** can ◊ **Ді́ти так мі́цно спа́ли, що їх наси́лу змогли́ роз~.** The children slept so tight that they barely managed to wake them up. **проси́ти** + *A.* ask sb to ◊ **Він попроси́в ма́тір роз~ його́ ра́но.** He asked his mother to wake him up early. **хоті́ти** want to; **забу́ти** *pf.* forget to ◊ **Він боя́вся, що його́ забу́дуть роз~.** He was afraid they would forget to wake him up. **не могти́** cannot
prep. **б. до** + *G. or* **на** + *A.* wake up *(for a purpose)* ◊ **Лі́да пішла́ б. си́на до шко́ли.** Lida went to wake her son up for school. ◊ **Ви мо́жете роз~ Петрука́ на по́тяг?** Can you wake Petruk up for the train? **б. о** + *L.* wake at *(time)* ◊ **Розбуди́ мене́ о сьо́мій три́дцять.** Wake me up at seven thirty.
Also see **збу́джувати 1, підніма́ти 2**
2 *fig.* to awaken, stir, provoke, bring on, stimulate ◊ **Літерату́ра пови́нна б. в чита́ча ду́мку.** Literature must stimulate the reader's thought.
pa. pple. **розбу́джений** woken
(роз)буди́!
Also see **збу́джувати 2, підніма́ти 3, провокува́ти**

буд|и́тися; з~, *intr.*
1 to wake up ◊ **Коли́ ти ~ишся?** When do you wake up? ◊ **Оста́ннім ча́сом Васили́на ~иться се́ред но́чі і не мо́же засну́ти.** Lately Vasylyna has woken up in the middle of the night and cannot fall asleep.
adv. **вча́сно** on time, **до́вго** for a long time, **ле́две** scarcely, **наре́шті** finally, **наси́лу** barely ◊ **Вона́ наси́лу збуди́лася.** She barely woke up. **неохо́че** reluctantly; **пі́зно** late, **ра́но** early; **за́раз же** right away ◊ **Задзвені́в буди́льник, і він за́раз же збуди́вся.** The alarm went off and he woke up right away. **нега́йно** immediately, **одра́зу** at once, **ле́гко** easily, **шви́дко** quickly
v. + **б. намага́тися** try to ◊ **І́гор намага́вся ско́ро з~.** Ihor was trying to wake up quickly. **не могти́** cannot ◊ **Вона́ до́вго не могла́ з~.** For a long time, she could not wake up.
prep. **б. від** *or* **од** + *G.* wake up from *(sleep)* ◊ **Вона́ збуди́лася від кошма́ру.** She woke up from a nightmare. **б. о** + *L.* wake at *(time)* ◊ **Розбуди́ мене́, будь ла́ска, о шо́стій.** Please, wake me up at six.
Also see **збу́джуватися 1**
2 *fig.* to awake, stir, wake up ◊ **У його́ се́рці ~илася ні́жність до цьо́го чолові́ка.** Tenderness for the man was awaking in his heart. ◊ **В не́ї збуди́лася підо́зра, що тут щось не те.** The suspicion that something was wrong here awoke in her. ◊ **Наро́д намага́вся з~ від самозабуття́.** The nation was trying to wake up from self-oblivion.
Also see **збу́джуватися 3, з'явля́тися 4**

будіве́льн|ий, *adj.*
construction, of or pertaining to construction
б. + *n.* **б. гра́фік** a construction schedule (**план** plan; **до́свід** experience ◊ **Вони́ потребува́ли інжене́ра з ~им до́свідом.** They needed an engineer with construction experience. **майда́н** *or* **майда́нчик** site), ♦ **б. факульте́т** a department of construction engineering; **~а брига́да** a construction brigade (**кома́нда** team) ◊ **зімпровізо́вана ~а кома́нда** a makeshift construction team; **~і матерія́ли** building materials

будіве́льник, *m.*; **будіве́льниця**, *f.*
builder ◊ **Він отри́мав спеція́льність інжене́ра-будіве́льника.** He received the speciality of construction engineer.
adj. **винятко́вий** exceptional, **відмі́нний** excellent ◊ **Їх рекомендува́ли як відмі́нних ~ів.** They were recommended as excellent builders. **до́брий** good; **досві́дчений** experienced, **майсте́рний** masterful; **місце́вий** local
v. + **б. найма́ти ~а** hire a builder ◊ **Вони́ найняли́ місце́вого ~а.** They hired a local builder.
See **спеціялі́ст.** *Also see* **забудо́вник**

будівни́цтв|о, *nt., only sg.*
construction *(as process)*, building, putting up
adj. **акти́вне** active, **бурхли́ве** *fig.* whirlwind ◊ **Мі́сто зна́ло пері́оди засто́ю й бурхли́вого ~а.** The city knew periods of stagnation and whirlwind construction. **енергі́йне** energetic; **важли́ве** important, **стратегі́чне** strategic, **терміно́ве** urgent ◊ **Уряд розгляда́є б. моста́** *or* **мо́сту як терміно́ве.** The government regards the bridge construction as urgent. **вели́ке** large ◊ **Маши́ни застосо́вують на вели́ких ~ах.** The machines are used at large constructions. **величе́зне** huge, **колоса́льне** colossal, **маси́вне** massive, **масшта́бне** large-scale; **до́вге** long, **затя́гнуте** protracted, **трива́ле** lengthy; **пові́льне** slow; **моде́рне** modern; **житлове́** residential, **зеле́не** *fig.* green *(of parks, etc.)* ◊ **За пла́ном, житлове́ б. має́ йти́ одноча́сно з зеле́ним.** According to the plan, residential construction is to go together with the green one. **промисло́ве** industrial
б.+ *n.* **б. автостра́ди** a highway construction (**бібліоте́ки** library, **електро́вні** power plant, **кана́лу** canal, **житла́** housing, **заво́ду** plant, **залізни́ці** railroad, **мо́сту** *or* **моста́** bridge)
n. + **б. ва́ртість ~а** construction costs (**гра́фік** *or* **ро́зклад** schedule, **програ́ма** program, **прое́кт** project, **фінансува́ння** funding; **розши́рення** expansion)
v. + **б. вести́ б.** carry out construction ◊ **Фі́рма веде́ б. трьох об'є́ктів.** The firm carries out the construction of three facilities. (**планува́ти** plan, **(роз)почина́ти** begin ◊ **Б. автостра́ди розпочали́ рік тому́.** The highway construction was begun a year ago. **відклада́ти** postpone, **зупиня́ти** stop, **продо́вжувати** continue, **закі́нчувати** complete; **фінансува́ти** finance) ◊ **Чоти́ри ба́нки фінансува́тимуть б. ново́го термі́налу.** Four banks will finance the new airport terminal. **перешкоджа́ти ~у** obstruct construction ◊ **Відсу́тність інфраструкту́ри перешкоджа́ла ~у по́рту.** The absence of infrastructure obstructed the port construction. **нагляда́ти за ~ом** oversee a construction ◊ **За ~ом теа́тру нагляда́є два архіте́ктори.** Two architects oversee the theater construction.
б. + *v.* **відбува́тися** take place ◊ **Масшта́бне б. відбува́ється в півні́чній око́лиці мі́ста.** A large-scale construction is taking place in the northern part of town. **йти** be underway ◊ **Тут ішло́ б. місько́ї бібліоте́ки.** The city library construction was underway here. **почина́тися** begin, **продо́вжуватися** go on, **закі́нчуватися** end, **зупиня́тися** stop ◊ **Б. зупини́лося.** The construction stopped.
prep. **на ~і** at construction ◊ **Він прово́див ці́лі дні на ~і.** He spent entire days at construction. **під час ~а** during a construction.
Also see **будо́ва 2**
2 *fig.* building, creation, development
adj. **військо́ве** military, **держа́вне** state ◊ **Держа́вне б. вимага́є націона́льно свідо́мих провідникі́в.** State-building requires nationally conscious leaders. **культу́рне** cultural ◊ **За культу́рне б. у краї́ні відповіда́ють урядо́вці, дале́кі від культу́ри.** Officials removed from culture are in charge of cultural development in the country. **мо́вне** language, **націона́льне** national

будо́в|а, *f.*
1 building, edifice, structure ◊ **Непода́лі́к пло́щі Ри́нок височи́ть вели́чна б. Лати́нського собо́ру.** The magnificent edifice of the Latin Cathedral rises not far from the Market Square.
See **буди́нок 1**
2 construction *(as process)*, putting up ◊ **Режи́м змуси́в ти́сячі селя́н працюва́ти на ~і гре́блі.** The regime forced thousands of peasants to work at the construction of the dam.
See **будівни́цтво 1**
3 *only sg.* structure, makeup, anatomy
adj. **про́ста́** simple ◊ **Механі́зм має́ про́сту ~у.** The mechanism has a simple structure. **непро́ста́** elaborate, **складна́** complex; **вну́трішня** internal ◊ **і́спит із вну́трішньої ~и лю́дського о́ка** a test on the internal structure of the human eye; **зага́льна** overall; **аналогі́чна** analogous, **поді́бна** similar, **одна́кова** identical ◊ **Помеш́кання в буди́нку ма́ють одна́кову ~у.** The apartments in the building have an identical structure. **відмі́нна** different, **і́нша** other, **особли́ва** peculiar, **своєрі́дна** original; **логі́чна** logical, **форма́льна** formal; **жорстка́** rigid, **солі́дна** solid; **анатомі́чна** anatomical, **а́томна** atomic, **молекуля́рна** molecular; **генети́чна** genetic, **клі́тинна** cellular, **хемі́чна** chemical; **граматична** grammatical, **морфологі́чна** morphological, **семанти́чна** semantic ◊ **Стаття́ опи́сує морфологі́чну і семанти́чну ~у сло́ва.** The entry describes the morphological and semantic structure of the word. **синтакти́чна** syntactic, **фонети́чна** phonetic; **нарати́вна** narrative, **сюже́тна** plot; **адміністрати́вна** administrative, **інституці́йна** institutional, **корпорати́вна** corporate, **організаці́йна** organizational; **економі́чна** economic, **політи́чна** political
б. + *n.* **б. голови́** a head structure (**кісто́к** bone, **органі́зму** body, **скеле́ту** skeleton, **че́репа** crane; **а́тома** atomic, **моле́кули** molecular; **клі́тини** cellular; **мо́ви** language, **ре́чення** sentence ◊ **Вона́ ма́ла проаналізува́ти ~у цьо́го ре́чення.** She was to analyze and the structure of this sentence. **скла́ду** syllabic, **сло́ва** word; **вла́ди** power, **держа́ви** state, **у́ряду** government; **га́лузі** industry, **корпора́ції** corporation, **ме́неджменту** management, **організа́ції** organization)
v. + **б. вивча́ти ~у** study a structure (**зна́ти** know, **розумі́ти** understand ◊ **Експериме́нти ма́ли допомогти́ їм зрозумі́ти ~у ві́русу.** The experiments were to help them understand the structure of the virus. **змі́нювати** change, **модифікува́ти** modify, **виявля́ти** reveal, **відкрива́ти** discover; **відно́влювати** restore, **відтво́рювати** recreate; **пору́шувати** disrupt, **руйнува́ти** ruin, **зни́щувати** destroy)
Also see **анато́мія 2, компози́ція 1, констру́кція 1, організа́ція 4, склад[2] 1, структу́ра**
4 build, stature
adj. **атлети́чна** athletic ◊ **юна́к атлети́чної ~и** a youth of athletic build. **жи́лава** sinewy, **креме́зна** stocky ◊ **Петро́ не таки́й креме́зний ~ою, як його́ брат.** Petro is not as stocky in build as his brother. **міцна́** brawny, **м'язи́ста** muscular, **поту́жна** powerful, **си́льна** strong; **важка́** heavy; **стру́нка** slender; **сере́дня** medium; **худа́** thin

буду|ва́ти, ~ють; з~, *tran.*
1 to build, construct
adv. **до́бре** well, **мі́цно** robustly, **солі́дно** solidly; **ке́псько** poorly, **пога́но** badly ◊ **Він пога́но збудува́в альта́нку.** He did a bad job building the gazebo. **до́вго** for a long time; **шви́дко** quickly ◊ **Нову́ доро́гу ~ва́ли навдивови́жу шви́дко.** They were building the new road amazingly quickly. **бага́то** a lot ◊ **У мі́сті бага́то збудува́ли.** Much has been built in the city. **інтенси́вно** intensively
v. + **б. вмі́ти** be able to ◊ **Він умі́є до́бре б.** He is able to build well. **могти́** can ◊ **Як ско́ро він мо́же з~ ґара́ж?** How quickly can he build the garage? **ду́мати** intend to ◊ **Вони́ ду́мають б. буди́нок.** They intend to build a house. **збира́тися** be going to, **планува́ти** plan to; **почина́ти** begin to, **ста́ти**, *pf.* start, **продо́вжувати** continue, **закі́нчувати** finish
Also see **виво́дити 3, забудо́вувати, констру́ювати, ста́вити 5**
2 *fig.* to build, construct, put together, make, create ◊ **Дослі́дник збудува́в ориґіна́льну гіпо́тезу.** The researcher put together an unconventional hypothesis. ◊ **Вони́ ~ють нове́ життя́.** They are building a new life.
б. + *n.* **б. взає́мини** build a relationship (**держа́ву** state, **сім'ю́** family) ◊ **Га́нна й Валенти́н пра́гнули з~ щасли́ву сім'ю́.** Hanna and Valentyn strove to build a happy family. ♦ **б. план** to make a plan ◊ **Вона́ збудува́ла собі́ план культу́рної ді́яльности.** She made herself a plan of cultural activities. ♦ **б. пові́тряні** *or* **надхма́рні за́мки** build castles in Spain
3 *fig.* to base, ground, found ◊ **Тео́рію він ~є на емпіри́чних фа́ктах.** He bases the theory on empirical facts.
See **засно́вувати 2**
4 *techn.* to construct, draw; *pf.* **по~** ◊ **пра́вила, за яки́ми мо́жна ле́гко по~ е́ліпс** rules by which one could easily construct an ellipse
б. + *n.* **б. багатоку́тник** construct a polygon (**квадра́т** square, **пірамі́ду** pyramid, **прямоку́тник** rectangle, **трику́тник** triangle, *etc.*)
Also see **кре́слити, малюва́ти 1**

pa. pple. збудо́ваний built
(з)буду́й!
Also see ста́вити 5

буду|ва́тися; з~, *intr.*
1 *pass., only impf.* to be built, be under construction ◊ **Теа́тр ~є́ться вже рік.** The theater has been under construction for a year now. ◊ **що ~є́ться** under construction ◊ **Гурто́житки, що ~ю́ться, ма́тимуть по п'ять по́верхів.** The dormitories under construction will have five stories each.
2 to build *(for oneself)* ◊ **Вони́ почали́ шука́ти ділянку, на які́й мо́жна б.** They started looking for a plot on which they can build.
See **будува́ти 1**

будь-як|и́й, *pron.,* **~о́го**
any, any one, whichever, whatever ◊ **На це зго́диться б. папі́р.** Any paper will do for this.
Also see **вся́кий 1, неаби́який 4**

бу́кв|а, *f.*
1 letter ◊ **Пе́рша б. ро́зділу ілюміно́вана.** The initial letter of the chapter is illuminated. ◊ **Скі́льки букв у сло́ві?** How many letters are there in the word? ♦ **писа́ти з вели́кої ~и** to write in upper case, capitalize (**мало́ї** lower) ◊ **В украї́нській мо́ві зага́льні іме́нники пи́шуть із мало́ї ~и.** Common nouns are written in lower case in Ukrainian. ♦ **б. в ~у** letter for letter ◊ **то́чна ко́пія оригіна́лу, б. в ~у** an exact copy of the original, letter for letter
See **лі́тера 1**
2 *fig.* formal meaning, letter ♦ **б. зако́ну** the letter of the law
See **лі́тера 2**

буке́т, *m.,* **~а**
1 bouquet, bunch ◊ **На столі́ стоя́в б. сві́жих кві́тів.** There was a bouquet of fresh flowers standing on the table.
adj. **вели́кий** large, **величе́зний** huge; **мале́нький** *dim.* small, **невели́кий** small; **га́рний** nice ◊ **Він прині́с га́рний б. чорнобри́вців.** He brought along a nice bouquet of marigolds. **пи́шний** gorgeous; **зів'ялий** withered, **сві́жий** fresh; **весі́льний** wedding; **дороги́й** expensive; **скро́мний** modest
б. + *n.* **б. кві́тів** a bouquet of flowers (**бузку́** lilac, **воло́шок** cornflowers, **жоржи́н** dahlias, **ма́ків** poppies, **троя́нд** roses, **тюльпа́нів** tulips)
v. + **б. дарува́ти** + *D.* **б.** give sb a bouquet ◊ **За тради́цією, школярі́ дарува́ли вчителя́м ~и кві́тів.** Traditionally, the schoolchildren gave their teachers bouquets of flowers. (**ки́дати** + *D.* throw sb ◊ **Глядачі́ кидали ї́й ~и троя́нд.** Spectators were throwing her bouquets of roses. **кла́сти** place, **лови́ти** catch; **нести́** carry, **трима́ти** hold; **роби́ти** make) ◊ **Ні́на Микола́ївна зроби́ла б. жоржи́н для його́ ма́ми.** Nina Mykolayivna made a bouquet of dahlias for his mother.
prep. **в ~і** in a bouquet ◊ **Він поєдна́в в ~і жо́вті й си́ні кві́ти.** He combined yellow and blue flowers in the bouquet.
2 *fig.* bouquet, flavor, aroma
adj. **аромати́чний** of aromas, **смакови́й** of flavors ◊ **Ка́ва має га́рний смакови́й б.** The coffee has an nice bouquet of flavors.

бульва́р, *m.,* **~у**
boulevard ◊ **За росі́йської окупа́ції па́м'ятник Володи́мирові Ле́ніну стоя́в на ~і Тара́са Шевче́нка.** During the Russian occupation, the Vladimir Lenin monument stood on Taras Shevchenko Boulevard.
adj. **зеле́ний** tree-lined ◊ **зеле́ні ~и столи́ці** the tree-lined boulevards of the capital city; **широ́кий** wide; **прями́й** straight; **велично́ий** magnificent
L. **на ~і**, *N. pl.* **~и**
See **ву́лиця**

бульва́рн|ий, *adj.*
fig. sensationalist, cheap ♦ **~а пре́са** the tabloid press; ♦ **б. рома́н** pulp fiction ◊ **Людми́ла полюбля́ла чита́ти ~і рома́ни.** Liudmyla liked to read pulp fiction. ◊ **Мере́жева сторі́нка часо́пису має ~е забарвлення.** The magazine's web page has a sensationalist bent.

бум, *m.,* **~у**
boom
adj. **безпрецеде́нтний** unprecedented, **вели́кий** great, **нечу́ваний** unheard-of, **правди́вий** *or* **спра́вжній** veritable; **трива́лий** lengthy; **повоє́нний** postwar; **бі́ржовий** stock-market, **будіве́льний** construction ◊ **На змі́ну будіве́льному ~ові прийшо́в засті́й.** The construction boom was followed by stagnation. **економі́чний** economic, **інвестиці́йний** investment, **креди́тний** credit, **купіве́льний** spending, **мере́жевий** Internet, **спожи́вчий** consumer, **технологі́чний** technological
v. + **б. підігріва́ти б.** fuel a boom ◊ **Зроста́ння рі́вня життя́ підігріва́ло купіве́льний б.** The rise in the living standards fueled the spending boom. (**розпа́лювати** fan, **стимулюва́ти** stimulate; **ство́рювати** create) ◊ **Спро́щені пра́вила кредитува́ння ма́ли створи́ти будіве́льний б.** The streamlined crediting rules were supposed to create a construction boom. **зазнава́ти ~у** experience a boom (**вести́ до** *or* **приво́дити до** lead to, **призво́дити до** cause *(mostly in neg. sense)*, **спричиня́тися до** bring about) ◊ **Вели́ка кі́лькість талановитих ка́дрів спричини́лася до ~у в мере́жевих техноло́гіях.** The great number of talented specialists brought about a boom in the Internet technologies.
б. + *v.* **почина́тися** begin, **трива́ти** + *A.* continue for *(period)* ◊ **Б. трива́в сім мі́сяців.** The boom continued for seven months. **закі́нчуватися** end ◊ **Економі́чний б. закі́нчився, ле́две поча́вшись.** The economic boom ended, having barely begun.
prep. **під час ~у** during a boom ◊ **Ната́лка народи́лася під час повоє́нного дитя́чого ~у.** Natalka was born during the postwar baby boom. **б. в** + *L.* a boom in sth ◊ **трива́лий б. у виробни́цтві автомобі́лів** a lengthy boom in the cars production

бураві́|й, *m.,* **~ю**
hurricane, strong wind
adj. **вели́кий** major ◊ **Мо́тря впе́рше ба́чила вели́кий б.** Motria saw a major hurricane for the first time. **лю́тий** fierce, **поту́жний** powerful; **руйнівни́й** devastating, **страшни́й** terrible
n. + **у. же́ртва ~ю** a hurricane victim (**поту́жність** *or* **си́ла** force; **зби́тки від** damage) ◊ **Зби́тки від ~ю були́ невели́кими.** The hurricane damage was small. **сезо́н ~їв** hurricane season ◊ **Вони́ опини́лися на о́строві в сезо́н ~їв.** They ended up on the island in hurricane season.
б. + *v.* **завдава́ти** + *D.* **шко́ди** damage sth ◊ **Б. завда́в шко́ди навко́лишнім се́лам.** The hurricane damaged the surrounding villages. **руйнува́ти** + *A.* ruin sth ◊ **Б. руйнува́в усе́ на своє́му шляху́.** The hurricane was ruining everything in its path. **спусто́шувати** + *A.* devastate sth; **йти** come ◊ **Вони́ чу́ли, що йде б.** They heard that a hurricane was coming. **налі́тати на** + *A.* hit sth ◊ **На мі́сто налеті́в поту́жний б.** A powerful hurricane hit the city.
prep. **під час ~ю** during a hurricane ◊ **Мо́ре залило́ доро́ги під час ~ю.** The sea flooded roads during the hurricane.
Also see **бу́ря 1, што́рм 1.** *Cf.* **смерч**

бу́р|я, *f.*
1 storm, tempest
adj. **вели́ка** great, **лю́та** raging, **неаби́яка** major, **неба́чена** unprecedented, **нищі́вна** devastating **си́льна** bad, **скаже́на** ferocious, **страхітли́ва** monster, **страшна́** terrible, **шале́на** fierce; **піща́на** sand, **снігова́** snow; **електри́чна** electric, **магні́тна** magnetic, **со́нячна** solar; **морська́** sea, **степова́** steppe
v. + **б. заповіда́ти ~ю** foretell a storm ◊ **Дід запові́в ~ю.** The old man foretold a storm. (**прогнозува́ти** forecast; **перечі́кувати** wait out ◊ **Вони́ не ма́ли ча́су перечі́кувати ~ю.** They had no time to wait out the storm. **потрапля́ти в** get caught up in) ◊ **Доро́гою до Херсо́ну вони́ потра́пили в піща́ну ~ю.** On the way to Kherson, they got caught up in a sandstorm. **хова́тися** + *A.* **від ~і** take shelter from a storm ◊ **Мандрівники́ схова́лися від ~і у стодо́лі.** The wayfarers took shelter from the storm in a hay barn.
б. + *v.* **знbacksquóматися** *and* **розгуля́тися,** *pf.* break ◊ **Вночі́ зняла́ся страшна́ б.** A terrible storm broke at night. **лютува́ти** rage ◊ **Снігова́ б. лютува́ла ці́лу ніч.** The snowstorm raged all night. **йти** be coming, **наближа́тися** *and* **насува́тися на** + *A.* be approaching sth, **збира́тися** be brewing, **налі́тати на** + *A.* hit sth, **прихо́дити** move in, **розбушува́тися** *pf.* break; **проліта́ти** + *I. or* **по** + *L.* sweep through sth ◊ **Си́льна б. пролеті́ла Букови́ною** *or* **по Букови́ні.** A bad storm swept through Bukovyna. **затиха́ти** abate, **посла́блюватися** subside, **прохо́дити** pass; **трива́ти** last; ♦ **шука́ти при́хистку від ~і** to seek shelter from a storm
prep. **в ~ю** *dir.* in/to a storm; ♦ **у ро́зпал ~і** at the height of a storm; **пе́ред ~ею** before a storm ♦ **ти́ша пе́ред ~ею** the calm before a storm ◊ **Христи́на мовча́нка була́ ти́шею пе́ред ~ею.** Khrystia's silence was but the calm before a storm. **під час ~і** during a storm
Also see **бураві́й, гроза́ 1, смерч, што́рм 1**
2 *fig.* storm ◊ **Слова́ потону́ли в ~і о́плесків.** The words drowned in thunderous applause. ♦ **б. в скля́нці води́** a tempest in a teapot
Also see **што́рм 2**

буря́к, *m.,* **~а́**
beet ◊ **сала́т із ~а́ та горі́хів** a beet-and-walnut salad
adj. **вели́кий** big, **мале́нький** *dim.* small, **невели́кий** small; **соло́дкий** sweet ◊ **Невели́кі ~и́ особли́во соло́дкі.** Small beets are particularly sweet. **цукро́вий** sugar; **черво́ний** red; ♦ **кормови́й б.** a mangel, mangold
See **горо́дина**

бур'я́н, *m.,* **~у́**
weed
adj. **висо́кий** tall ◊ **Моги́ли поросли́ висо́ким ~о́м.** The graves grew over with tall weed. **густи́й** dense, **рі́денький** *dim.* sparse; **одnorі́чний** annual, **багатorі́чний** perennial; **шкідли́вий** noxious
v. + **б. вирива́ти б.** pull up the weed ◊ **Б. мав заглибо́ке корі́ння, щоб його́ мо́жна було́ ви́рвати.** The weeds' roots were too deep for them to be pulled out. (**контролюва́ти** control, **ни́щити** kill, **поло́ти** remove ◊ **Пора́ йти на горо́д поло́ти б.** It's time to go to the vegetable garden to remove the weeds. **трима́ти під контро́лем** keep under control) ◊ **Селя́ни використо́вують пестици́ди, щоб трима́ти ~и́ під контро́лем.** Peasants use pesticides to keep the weeds under control. **позбува́тися ~у́** get rid of weed; **зароста́ти ~о́м** grow over with weeds
б. + *v.* **з'явля́тися** appear, **пророста́ти** spring up ◊ **Між камі́нням поча́в пророста́ти б.** Weeds began to spring up among the stones. **рости́** grow ◊ **Попі́д парка́ном росли́ густі́ ~и́.** Dense weeds grew along the fence. **пошúрюватися** *and* **ши́ритися** + *I. or* **по** + *L.* spread through sth ◊ **Б. ши́рився зане́дбаним по́лем.** Weeds were spreading through the neglected field.
prep. **в б.** *dir.* into the weeds ◊ **Ді́вчина стрибну́ла у висо́кий б. схова́тися.** The girl

jumped into the tall weeds to hide. **в ~і** *posn.* in the weeds ◊ **Він сидів у ~і.** He sat in the weeds.

бутербро́д, *m.*, **~а**
sandwich
adj. **веґетаріа́нський** vegetarian ◊ **Тут мо́жна купи́ти веґетаріа́нський б.** One can buy a vegetarian sandwich here. **вели́кий** big, **мале́нький** *dim.* small, **невели́кий** small; **дома́шній** homemade; **сві́жий** fresh, **си́тний** filling, **до́брий** *or* **смачни́й** delicious
v. + **б. бра́ти б.** take a sandwich ◊ **На пра́цю вона́ взяла́ б.** She took a sandwich to work. (**готува́ти** prepare ◊ **Мико́ла наготува́в ~и** *or* **~ів у по́дорож.** Mykola prepared sandwiches for the trip. **замовля́ти** order, **купува́ти** buy; **ї́сти** eat; **роби́ти** make) ◊ **Він ро́бить смачні́ ~и із си́ром і помідо́ром.** He makes delicious cheese-and-tomato sandwiches.
prep. **до ~а** in a sandwich ◊ **Що тобі (вам) покла́сти до ~а?** What do you want in your sandwich? **б. з** + *I.* a sandwich of/with sth ◊ **б. із ку́ркою** a chicken sandwich (**м'я́сом** meat, **ри́бою** fish, **си́ром** cheese, **тунце́м** tuna, **ши́нкою** ham); ◊ **б. із ши́нкою, помідо́ром та цибу́лею** a ham-tomato-and-onion sandwich

бу́|ти, є *(for all persons, optional)*; *no pf.*; *pa. m.* **~в**, *pl.* **~ли́**; *fut.* **бу́д|уть**, *intr.*
1 to be ◊ **Тут у дев'ятна́дцятому столі́тті ~в пала́ц.** There was a palace here in the nineteenth century. ♦ **б. на «ти» з** + *I.* to be on a first-name basis with sb ◊ **Петре́нко ~в на «ти» з усіма́ в о́фісі.** Petrenko was on a first-name basis with everybody in the office. ◊ **б. сами́м собо́ю** to be who one is ◊ **У цій краї́ні він мо́же б. сами́м собо́ю.** In this country, he can be who he is. ◊ **б. чи не б.?** to be or not to be? **мо́же б.** a) maybe, perhaps; b) *inter.* OK, fine; ♦ **~в, та загу́в** was and is no more, it went south ◊ **У мі́сті нема́ кінотеа́трів. Оди́н ~в, та загу́в.** There are no movie theaters in the city. There was one and it is no more. ♦ **де вже ~о́** + *inf.* it is (was) out of the question ◊ **Петро́ спав. Де вже ~ло́ проси́ти його́ працюва́ти.** Petro was sleeping. It was out of the question asking him to work some more. ♦ **як б.?** what to do? ◊ **Миросла́ва вага́лася, як б.** Myroslava hesitated what to do. ♦ **як не є, (але́)** all things considered ◊ **Як не є, але́ вона́ йому́ не чужа́.** She is not a stranger to him, all things considered.
Also see **бува́ти 3, дово́дитися 3, залиша́тися 2, знахо́дитися 3, існува́ти 1, перебува́ти 1, пробува́ти 1, сиді́ти 2, станови́ти 1, 2, ходи́ти 11**
2 to have, be in possession of *in* **в** + *G.* ◊ **В Анто́на ~ло́ бага́то робо́ти.** Antin had a lot of work. ◊ **Скі́льки в те́бе ча́су і гро́шей?** How much time and money do you have?
3 to serve as, act as, work as, function as + *I.* ◊ **Оле́на ~ла́ йому́ сестро́ю.** Olena was a sister to him.
adv. **всього́-на́-всього** merely ◊ **Миха́йло всього́-на́-всього є ви́нятком із пра́вила.** Mykhailo is merely an exception to the rule. **го́ловно** mainly, **лише́** *or* **ті́льки** only, **наса́мперед** primarily, **пе́рш за все** first of all
prep. **б. для** + *G.* serve to/for sb; **б. як** + *N.* *or no prep.* + *I.* be for sb ◊ **Непого́да ~ла для не́ї ви́правданням не йти на вечі́рку.** Nasty weather served as an excuse for her not to go to the party.
See **служи́ти 3.** *Also see* **пра́вити 2**
4 *only in pa. or fut.* to happen, occur ◊ **З не́ю ~ло́ щось ди́вне.** Something strange was happening to her. ◊ **Іре́на не зна́ла, що з ни́ми ~де за́втра.** Irena did not know what would happen to them tomorrow. ♦ **Якось то (воно́) ~де.** It will sort itself out somehow.
See **відбува́тися 1, трапля́тися 1** *Also see* **бува́ти 1, ді́ятися, роби́тися 3, става́тися**
5 *colloq., only fut.* to be enough, suffice, do ◊ **~де мені́ й трьох помічникі́в.** Three assistants will do for me.
prep. **б. з** + *G. or pf. inf.* be enough for sb ◊ **~де з них і ста гри́вень.** ₴100 is enough for them. **б. на** + *A.* suffice for *(a period)* ◊ **Бо́рошна в не́ї ~де на два ти́жні.** She has enough flour for two weeks. ♦ **~де (вже)!** Enough (already)!
Also see **става́ти 10**
6 *only fut. with impf. inf. expresses future impf. tense* ◊ **За́втра він ~де працюва́ти вдо́ма.** Tomorrow he'll be working at home.
Also see **става́ти 11**
7 *only in 3rd pers. sg., as a link verb in modal expressions of: 1) possibility* **б. мо́жна**, *2) necessity* **б. тре́ба, потрі́бно**, *3) obligation* **б. необхі́дно**, *4) advice* **б. слід, ва́рто**, *etc.* + *D.* ◊ **Вам тре́ба ~ло запита́ти про це.** You needed to ask about it. ◊ **Тама́рі слід ~де тро́хи відпочи́ти.** Tamara will be well advised to have a little rest.
8 *link verb in pass. constructions* ◊ **Статтю́ ~ла шви́дко прочи́тана.** The article has been quickly read. ◊ **Усі́х інфіко́ваних ~ло́ ізольо́вано.** All the infected ones were quarantined.
9 *only pa. with verb in pa. expresses anterior or habitual past action* ◊ **Якось ми ~ли́ пода́ли ска́ргу.** Once we had filed a complaint. ◊ **Бабу́ся Яри́на ~ло́ розповіда́ла ді́тям страшні́ істо́рії.** Granny Yaryna used to tell the children scary stories.
Also see **вигляда́ти 1**
10 *colloq. (only of woman)* to be married to sb *only with* **за** + *I.* ◊ **Ні́на була́ за італі́йцем.** Nina was married to an Italian.
11 *only fut. or pa., with* **з** + *G.* to become, make, prove to be ◊ **З ді́вчини ~де до́бра акто́рка.** The girl will make a good actor. ◊ **З Мико́ли ~в до́брим стомато́логом.** Mykola was a good dentist.
See **става́ти 2.** *Also see* **вигляда́ти 1**
12 *colloq., only pa., 3rd pers. sg., impers., with inf. (advice)* should, need ◊ **~ло́ вам сказа́ти пра́вду.** You should have told the truth. ◊ **~ло́ О́лі не продава́ти кни́жо́к.** Olia should not have sold the books.
бу́дь! ♦ **~те здоро́ві!** Bless you! *(in response to sneezing)*; ♦ *imper.* **~мо, гей!** Cheers! To our health! *(popular drinking toast)*

бутт|я́, *nt., only sg.*
being, existence; living, life ◊ **Ма́рксова те́за про те, що б. визнача́є свідо́мість, ча́сто хи́бна.** Marx's assertion that being determines consciousness was often false.
adj. **реа́льне** real ◊ **Антропо́лог описа́в реа́льне б. цього́ пле́мени.** The anthropologist described the tribe's real life. **факти́чне** actual; **культу́рне** cultural, **матеріа́льне** material, **мо́вне** linguistic, **суспі́льне** social
See **життя́ 1, існува́ння 2**

буха́н|ка, *f.*
loaf ◊ **Одніє́ї ~ки для тако́го товари́ства зама́ло.** One loaf is not enough for such a company.
adj. **вели́ка** big, **величе́зна** huge ◊ **З наго́ди фестива́лю спекли́ величе́зну ~ку хлі́ба.** On the occasion of the festival, they baked a huge loaf of bread. **добря́ча** sizeable; **мале́нька** *dim.* small, **невели́ка** small; **запашна́** fragrant; **сві́жа** fresh, **те́пла** warm ◊ **Б. була́ ще те́плою.** The loaf was still warm. **черства́** stale; **кру́гла** round, **продовгува́та** oblong; **покра́яна** *or* **порі́зана** sliced; **ці́ла** whole
v. + **б. полови́на ~ки** half a loaf (**четверти́на** quarter), **ціна́ ~ки** the price of a loaf
v. + **б. кра́яти** *or* **рі́зати ~ку** slice a loaf ◊ **Рома́н то́нко покра́яв ці́лу ~ку жи́тнього хлі́ба.** Roman thinly sliced a whole loaf of rye bread. (**пекти́** bake) ◊ **Ма́ти спекла́ п'ять ~ок хлі́ба.** Mother baked five loaves of bread.
L. **на ~ці**
Also see **хліб**

бухга́лтер, *m.*; **~ка**, *f.*
accountant ◊ **Че́рез ~а фі́рма ма́ла заплати́ти пеню́.** Because of the accountant, the firm was to pay a penalty.
adj. **диплómо́ваний** certified, **профес́ійний** professional; **податко́вий** tax ◊ **Він зверну́вся до податко́вого ~а.** He turned to a tax accountant. **головни́й** chief ◊ **Його́ шви́дко підви́щили до головно́го ~а.** He was quickly promoted to the chief accountant.
See **спеціялі́ст**

бухгалтері́|я, *f.*, **~ї**
1 accounts, accounts department ◊ **Б. компа́нії на шо́стому по́версі.** The company's accounts are located on the sixth floor. ◊ **Марі́чку переве́ли з економі́чного ві́дділу до ~ї.** Marichka was transferred from the economic department to accounts.
2 bookkeeping ◊ **Ві́ктор керува́в бі́знесом, а його́ жі́нка вела́ ~ю.** Viktor ran the business and his wife did the bookkeeping.
adj. **підозрі́ла** suspicious, **подві́йна** double-entry; **елемента́рна** basic, **про́ста́** simple, **складна́** complicated; **че́сна** honest
v. + **б. вести́ ~ю** do bookkeeping; **вдава́тися до ~ї** resort to bookkeeping ◊ **Щоб підрахува́ти зби́тки, не тре́ба вдава́тися до складно́ї ~ї.** To calculate the damages, one needs not resort to complicated bookkeeping.

бюдже́т, *m.*, **~у**
budget
adj. **вели́кий** large ◊ **В ї́хньому розпоря́дженні був вели́кий б.** They had a big budget at their disposal. **величе́зний** huge, **колоса́льний** colossal ◊ **колоса́льний б. міністе́рства оборо́ни** the colossal budget of the Defense Ministry; **мале́нький** *dim.* small, **невели́кий** small, **обме́жений** limited, **скро́мний** modest; **рі́чни́й** annual, **мі́сячний** monthly, **тижне́вий** weekly; **весь** entire, **зага́льний** overall; **фіксо́ваний** fixed; **держа́вний** state, **мі́ський** city ◊ **Вида́тки на осві́ту стано́влять три відсо́тки мі́ського ~у.** Educational expenditures account for 3% of the city budget. **муніципа́льний** municipal, **націона́льний** national, **федера́льний** federal; **особи́стий** personal, **роди́нний** *or* **сіме́йний** family, **студе́нтський** student ◊ **Ори́син студе́нтський б. склада́ється зі стипе́ндії та допомо́ги батькі́в.** Orysia's student budget consists of her stipend and her parents' aid. **військо́вий** military, **оборо́нний** defense; **дослі́дницький** research; **операці́йний** operating; **вида́тковий** expenditure, **прибутко́вий** revenue
v. + **б. готува́ти б.** prepare a budget ◊ **Вони́ готува́ли рі́чни́й б. шко́ли.** They were preparing the annual school budget. (**виділя́ти** + *D.* allocate to sb ◊ **Ре́ктор університе́ту ви́ділив невели́кий б. на нові́ комп'ю́тери.** The university president allocated a small budget for new computers. **признача́ти** + *D.* assign to sb; **дістава́ти** *and* **отри́мувати** get; **ма́ти** have; **затве́рджувати** approve, **прийма́ти** pass; **склада́ти** draw up; **подава́ти** submit, **представля́ти** *or* **презентува́ти** present ◊ **У се́реду прем'є́р предста́вить парла́менту держа́вний б.** On Wednesday, the premier will present the national budget to the parliament. **пропонува́ти** propose; **відкида́ти** reject; **допо́внювати** amend ◊ **Фра́кція запропонува́ла допо́внити держа́вний б.** The faction proposed to amend the state budget. **збі́льшувати** increase, **подво́ювати** double; **зме́ншувати** cut, **скоро́чувати**

reduce; **контролювáти** control; **витрачáти** *or* **трáтити** spend ◊ **Він ви́тратив річни́й б. на нови́й планшéт.** He spent his annual budget on a new tablet. **перевитрачáти** overspend; **переви́щувати** exceed); **дотри́муватися ~у** adhere to a budget ◊ **Забудóвник дотри́мується признáченого ~у.** The developer sticks to the allocated budget.
prep. **в ~і** in a budget ◊ **В ~і булó достáтньо грóшей на пóдорож.** There was enough money for the trip in the budget. **в мéжах ~у** within a budget ◊ **Покýпка цілкóм у мéжах ~у.** The purchase is well within the budget. **пóнад б.** over budget ◊ **Спорýдження стадіóну ви́йшло пóнад б.** The stadium construction went over budget. **б. на** + *A.* a budget for sth ◊ **б. на óсвіту дітéй** the budget for children's education

бюджéтн|ий, *adj.*

1 budgetary, of or pertaining to budget
б + *n.* **б. дефіци́т** a budget deficit (**ліми́т** limit, **нáдлишок** surplus; **план** plan), ♦ **б. рік** a fiscal year ◊ **Б. рік починáється пéршого жóвтня.** The fiscal year begins on October 1. **~а кри́за** a budget crisis ◊ **Захóди еконóмії полéгшили ~у кри́зу.** The austerity measures alleviated the budget crisis. (**полíтика** policies, **систéма** system, **субси́дія** subsidy); **~е відшкодувáння** a budgetary compensation (**планувáння** planning); **~і ви́трати** budget expenses (**скорóчення** cuts ◊ **Вони́ не допýстять ~их скорóчень в охорóні здорóв'я.** They will not stand for budget cuts in health services. **фóнди** funds)
2 budget, cheap, affordable ◊ **пéрша ~а авіалíнія** the first budget airline; ◊ **Мерéжева сторíнка пропонувáла ~і готéлі по Єврóпі.** The web page offered budget hotels around Europe.
See **дешéвий 1**

бю́рк|о, *nt.*, **~а**

desk, writing table, bureau, escritoire
adj. **антиквáрне** antique ◊ **Від прáдіда Вáлик успадкувáв антиквáрне б.** Valyk inherited an antique desk from his great grandfather. **старé** old ◊ **кíлька стари́х ~ів** several old desks; **дерев'я́не** wooden, **дубóве** oak, *etc.*; **комп'ю́терне** computer ◊ **Кóжен працівни́к сиді́в за комп'ю́терним ~ом.** Every associate sat at a computer desk. **óфісне** office, **робóче** work; **захарáщене** cluttered, **порóжнє** empty; **улю́блене** favorite
v. + **б. прибирáти б.** clean one's desk (**сідáти за** sit down at) ◊ **Назáр сів за б. і став писáти.** Nazar sat down at the desk and started writing. **вставáти** *and* **піднімáтися з-за** get up from a desk; **сиді́ти за ~ом** sit at a desk ◊ **Вонá сиди́ть за ~ом бíля дверéй.** She sits at the desk next to the door. **опини́тися на ~у** land on a desk ◊ **На йогó ~у опини́лися секрéтні папéри.** Classified documents landed on his desk.
prep. **в б.** *dir.* in/to a desk ◊ **Вонá сховáла телефóн у б.** She put her phone into his desk. **в ~у** *posn.* in a desk ◊ **Привáтне листувáння вонá тримáє зáмкненим в ~у.** She keeps her private correspondence locked in her desk. **на б.** *dir.* on/to a desk ◊ **Він постáвив лáмпу на б.** He put the lamp on the desk. **на ~у** *posn.* on a desk ◊ **На ~у стоя́ла лáмпа.** There was a lamp on her desk.
See **стіл 1.** *Cf.* **бюрó**

бюр|ó, *nt.*, **~á**

1 bureau, agency
adj. ◊ **довíдкóве б.** an information bureau, information ◊ **Він звернýвся в інформацíйне б. залізни́чного вокзáлу.** He turned to the train station's information. ◊ **констрýкторське б.** a design office, ◊ **реклáмне б.** an advertising agency, ◊ **ритуáльне** *or* **поховáльне б.** a funeral home, ◊ **туристи́чне б.** a travel agency
б. + *n.* **б. знáхідок** a lost-and-found office ◊ **Комп'ю́тер чекáв на неї в ~í знáхідок.** The computer awaited her at the lost-and-found office. **б. працевлаштувáння** an employment agency
v. + **б. відкривáти б.** open a bureau ◊ **На двірці́ відкри́ли довíдкове б.** An information bureau was opened at the station. (**звертáтися в** turn to, go to) ◊ **Звернíться до ~á знáхідок.** Go to the lost-and-found office. **йти до ~á** go to a bureau ◊ **Вонá йшла до ~á прáці.** She was going to the employment agency.
prep. **в б.** *dir.* in/to a bureau ◊ **Вони́ ї́хали в поховáльне б.** They were driving to a funeral home. **в ~í** at/in a bureau
See **устанóва.** *Cf.* **бю́рко**
2 desk, writing table ◊ **На йогó робóчому ~í панувáв пóвний розгардія́ш.** His work desk was a complete mess.
See **бю́рко**

бюрокрáт, *m.*; **~ка**, *f.*

bureaucrat
adj. **безли́кий** faceless, **безсердéчний** heartless, **пиха́тий** arrogant, **скорумпóваний** corrupt; **європéйський** European, *usu* **євробюрокрáт** a Eurobureaucrat; **професíйний** career ◊ **Як професíйний б. Павлéнко намагáвся бýти пóза полíтикою.** As a career bureaucrat, Pavlenko strove to be outside politics. **місцéвий** local, **міськи́й** municipal, **урядóвий** government; **чужозéмний** foreign
See **урядóвець**

бюрократи́чн|ий, *adj.*

bureaucratic, of or pertaining to bureaucracy ◊ **План схвали́ли, дотри́муючись усі́х ~их процедýр.** The plan was endorsed with adherence to all bureaucratic procedures.
б. + *n.* **б. апарáт** a bureaucratic apparatus (**контрóль** control; **лад** order, **поря́док** routine, **режи́м** regimen; **стандáрт** standard; **атаві́зм** atavism, **пережи́ток** vestige); **~а модéль** a bureaucratic model (**організáція** organization, **систéма** system; **вимóга** requirement, **нóрма** norm; **одноманíтність** repetitiveness, **рути́на** monotony)
2 *fig.* bureaucratic, red-tape, formal ◊ **Кóжного другого урядóвця характеризувáв б. підхíд до спрáви.** A bureaucratic approach to business characterized every other official. ◊ **Бори́с хотíв позбýтися ~ого спóсобу ми́слення.** Borys wanted to get rid of his bureaucratic way of thinking.

бюрокрáті|я, *f.*, **~ї**, *only sg.*

1 bureaucracy *(government)*
adj. **вели́ка** large, **величéзна** huge, **маси́вна** massive; **роздýта** bloated ◊ **Він скороти́в роздýту ~ю міністéрства на трети́ну.** He slashed the ministry's bloated bureaucracy by a third. **держáвна** state, **місцéва** local, **міськá** municipal, **урядóва** government; **паразити́чна** parasitic, **скорумпóвана** corrupt
2 bureaucracy *(red tape)*
adj. **громіздкá** cumbersome, **надмíрна** excessive, **неповороткá** clumsy, **непотрíбна** unnecessary; **нечýвана** unheard-of, **страшнá** dreadful; **хронíчна** endemic
v. + **б. змéншувати ~ю** cut bureaucracy ◊ **Він змéншив ~ю в устанóві.** He cut bureaucracy at the institution. (**ліквідóвувати** eliminate; **погíршувати** worsen, **порóджувати** create) ◊ **Рефóрма породи́ла ~ю там, де її ранíше не булó.** The reform created bureaucracy where it had not been previously. **борóтися з ~єю** fight bureaucracy

В

в, *prep., used after and before vowels, var.* **у (вві, уві)** *is used after consonants*

relations of place
1 *(location)* in, at, inside + *L.* ◊ **В університéті дéсять факультéтів.** There are ten departments at the university. ◊ **Сáра прожилá в Украї́ні рік.** Sarah has lived in Ukraine for a year. **В Олéксиній дýші ще жéвріла надíя.** There was still hope glimmering in Oleksa's soul.
2 at *(at sb's place)*, in + *G.* ◊ **Я жи́тиму у дрýга.** I will live at my friend's. ◊ **В ї́хніх сусíдів свíтло рíдко коли́ горíло пíзно.** The lights were rarely on late at their neighbors'. ◊ **у мéне (вдóма)** at my place (**тéбе** your, **ньóго** his, **нас** our, **них** their) ◊ **Ми диви́лися фільм у них (удóма).** We watched the movie at their place.
3 *(possession)* to have, be in possession of *in* **бýти + в** + *G.* ◊ **Під кінéць лéкції у студéнтів булó бáгато питáнь.** Toward the end of the lecture, the students had many questions. ◊ **Сьогóдні в Адáма бáгато чáсу.** Today Adam has much time.
4 *dir.* in, to, into + *A.* ◊ **Рóма постáвила стіл у спáльню.** Roma put the table in the bedroom. ◊ **Він диви́вся Ми́ші прóсто в óчі.** He was looking Mysha straight into the eyes. ◊ **Вонá стрибнýла в холóдну вóду.** She jumped into the cold water.
5 *(object aimed at)* at, on, in + *A.* ◊ **Хтось удáрив йогó у плечé.** Somebody hit him in the shoulder. ◊ **Вонá ти́хо постýкала у двéрі.** She quietly knocked on the door. ◊ **Тарáс поцілувáв йогó в лоб** *or* **лóба.** Taras kissed him on the forehead. ◊ **Стрілá влучи́ла йомý в óко.** The arrow hit him in the eye. ◊ **Лелéки летíли в пíвнічному нáпрямі.** The storks were flying in the northern direction.
6 through, into + *A.* ◊ **Роя́ль не пролáзив у двéрі.** The grand piano did not fit through the door.
objective relations
7 *(participation in action)* in, to, into + *A.* ◊ **Він ки́нувся в бíйку.** He threw himself into the brawl. ◊ **Бíля ти́сячі людéй взяли́ ýчасть у протéсті.** About a thousand people took part in the protest.
8 *(sphere of activity)* in, to + *L.* ◊ **Вонá дóбре оріентýється в кіновирóбни́цтві.** She is well-versed in film production.
9 *(clothes on sb)* in *or* no *prep* + *A.* or *L.* ◊ **Андрíй одягнýвся в костю́м.** Andrii put on a suit. ◊ **Він ходи́в у чóрному.** He wore black. ◊ **Він був в ошáтному капелю́сі.** He had an elegant hat on.
10 *(object of interest, attraction, assessment, etc.)* in, about + *A.* or *L.* ◊ **Він кохáвся в модернíзмі.** He loved modernism. ◊ **Ти помиля́єшся в Бори́сові.** You are wrong about Borys.
11 *(game played)* + *A.* ◊ **Він чáсто грáє в кáрти.** He often plays cards. ◊ **Дíти грáли в піжмýрки.** The children were playing hide-and-seek. ◊ **Він грáє у гокéй.** He plays hockey.
relations of time
12 on, in, at + *A.* *(of week days and time indications) or* + *L.* ◊ **У дáний момéнт ідýть перемóвини.** The negotiations are underway at the present moment. ◊ **Хомá повернýвся в недíлю.** Khoma returned on Sunday. ◊ **у двоти́сячному рóці** in the year two thousand
13 *(indication of age)* at ◊ **Пáні С. дóсить енергíйна у свої́ сíмдеся́т рóків.** Mrs. S. is fairly vigorous at seventy.
quantitative relations
14 *(measure, weight, size, etc.)* + *A.* or *L.* of ◊ **инди́чка в сім кілогрáмів** a seven-kilo turkey hen; ◊ **відстань у сто кіломéтрів** a distance of 100 km; ◊ **колóна висотóю у триповерхóвий буди́нок** the column as tall as a three-story building; ◊ **Шкóла у ста мéтрах від дóму.** The school is 100 m away from home.

15 *(number of times)* times + *A.* ◊ **Сього́дні він написа́в у три ра́зи бі́льше, як учо́ра.** Today he wrote three times more than yesterday. ◊ **у сім разі́в до́вша ві́дстань** a seven times longer distance
state and condition
16 *(physical or psychological state)* in, into + *A. or L.* ◊ **Її син у поло́ні.** Her son is in captivity. ◊ **Лі́да розмовля́є уві сні.** Lida speaks in her sleep. ◊ **Лев закрича́в у гні́ві.** Lev shouted in anger.

ва|га́, *f.*

1 weight, load
adj. **вели́ка** great **величе́зна** enormous, **значна́** significant, **колоса́льна** colossal, **максима́льна** maximum◊ **Максима́льна в. вантажу́ не пови́нна переви́щувати дві то́нни.** The maximum cargo weight must not exceed two tonnes. **мале́нька** *dim.* small, **мізе́рна** negligible, **мініма́льна** minimal, **невели́ка** small; **додатко́ва** additional; **зага́льна** total; **а́томна** atomic, **молекуля́рна** molecular; **жива́** live, **забі́йна** dressed ◊ **Жива́ в. твари́ни бі́льша, як забі́йна.** The animal's live weight is greater than its dressed one. **пито́ма** specific *or* unit; **се́редня** average, **чи́ста** net; ♦ **пито́ма в.** *chem.* specific gravity
v. + **в. визнача́ти ~гу́** determine weight (**вимі́рювати** measure; **витри́мувати** withstand ◊ **Констру́кція мо́же витри́мувати значну́ ~гу́.** The structure can withstand a considerable weight. **нести́** bear ◊ **А́рка несе́ всю ~гу́ мо́сту.** The arch bears the entire weight of the bridge. **розподіля́ти** distribute); ♦ **бу́ти на ~гу́ зо́лота** to be worth one's weight in gold ◊ **Перекладачі́ тут на ~гу́ зо́лота.** Here, interpreters are worth their weight in gold. **бу́ти ~го́ю в** + *A.* weigh sth ◊ **Valíза ~го́ю в два́дцять кілогра́мів.** The suitcase weighs 20 kg.
в. + *v.* **збі́льшуватися на** + *A.* increase by *(measure)* ◊ **В. свині́ збі́льшилася на со́рок кілогра́мів.** The pig's weight increased by 40 kg. **зроста́ти на** + *A.* grow by *(measure)*; **зме́ншуватися на** + *A.* go down by *(measure)*; **мі́нятися** change ◊ **В. части́нки мі́няється.** The particle weight changes.
prep. **на ~гу́** by weight ◊ **Цу́кор продава́ли на ~гу́.** They were selling the sugar by weight. **під ~го́ю** under the weight ◊ **Дах впав під ~го́ю сні́гу.** The roof collapsed under the weight of snow. **~го́ю в** + *A.* in weight, weight *(measure)*
Also see **ма́са 2**
2 weight *(of sb's body)*
adj. **до́бра** right, **ідеа́льна** ideal, **оптима́льна** optimal; **за́йва** excess; **важка́** *sport* heavy, **се́редня** *sport* middle ◊ **боксе́р се́редньої ~ги́** a middleweight boxer. **легка́** *sport* light
v. + **в. втрача́ти ~гу́** lose weight ◊ **Оста́п поча́в втрача́ти ~гу́.** Ostap began to lose weight. (**зме́ншувати** reduce, **контролюва́ти** control, **утри́мувати** maintain ◊ **Ко́жен спортсме́н утри́мує оптима́льну ~гу́ ті́ла.** Each athlete maintains the optimal body weight. **скида́ти** shed ◊ **Тама́ра ски́нула за́йву ~гу́.** Tamara shed her excess weight. **витри́мувати** stand, **нести́** carry, **перено́сити** shift, **розподіля́ти** distribute); **позбува́тися ~ги́** get rid of weight; **пильнува́ти** *or* **слі́дкува́ти за ~го́ю** watch one's weight ◊ **Ма́рті остоги́дло слі́дкува́ти за свое́ю ~го́ю.** Marta got sick and tired of watching her weight. **прибува́ти на ~зі́** put on weight ◊ **За мі́сяць курча́та прибули́ на ~зі́.** In one month, the chickens put on weight.
в. + *v.* **збі́льшуватися** increase, **зроста́ти** grow; **зме́ншуватися** go down; **колива́тися** fluctuate, vary ◊ **Її в. колива́лася зале́жно від пори́ ро́ку.** Her weight varied depending on the season of the year. **мі́нятися** change
3 *fig.* weight, importance, influence ◊ **спра́ва неаби́якої ~ги́** a matter of quite some importance
See **вплив, зна́чення 1.** *Also see* **ва́ртість 2**
4 scales, balances
adj. **ку́хонна** kitchen, **лаборато́рна** laboratory, **торго́ва** retail; **електро́нна** electronic, **цифрова́** digital; **механі́чна** mechanical
v. + **в. зрівнова́жувати ~гу́** balance scales ◊ **Він забу́вся зрівнова́жити ~гу́ й му́сив тепе́р ва́жити все споча́тку.** *colloq.* He forgot to balance the scales and now had to weigh everything from the start. (**кла́сти** + *A.* **на** put sth on, **ста́вити** + *A.* **на** stand sth on ◊ **Він поста́вив бо́чку на ~гу́.** He stood the barrel on the scales. **става́ти на** step on) ◊ **Ді́вчина ста́ла на ~гу́.** The girl stepped on the scales. **користува́тися ~го́ю** use scales ◊ **Марі́я користу́ється ку́хонною ~го́ю.** Maria uses kitchen scales. **ва́жити** *or* **зва́жувати** + *A.* **на ~зі́** weigh sth on a scale ◊ **Бо́рошно зва́жили на електро́нній ~зі́.** The flour was weighed on electronic scales.
в. + *v.* **пока́зувати** + *A.* show sth ◊ **В. показа́ла сто кілогра́мів.** The scales showed 100 kg. **лама́тися** *and* **псува́тися** break

ваган|ня, *nt., usu pl.*

hesitation, vacillation, indecision
adj. **нескінче́нні** endless ◊ **Га́нні набри́дли його́ нескінче́нні в.** Hanna got tired of his endless hesitation. **вели́кі** great, **до́вгі** long, **трива́лі** lengthy; **пості́йні** constant; **безпідста́вні** groundless, **непотрі́бні** needless; **коро́ткі** brief, **митте́ві** momentary, **найме́нші** least, **невели́кі** little; **початко́ві** initial
v. + **в. ба́чити в.** see hesitation ◊ **Вона́ ба́чила в. у Славко́вих оча́х.** She saw hesitation in Slavko's eyes. (**відчува́ти** sense, **поміча́ти** notice, **чу́ти** hear; **ма́ти** have) ◊ **Він мав пе́вні в. що́до проте́сту.** He had certain hesitation as to the protest.
prep. **без ~ь** without hesitation ◊ **Вона́ пого́дилася на умо́ви без ~ь.** She agreed to the terms without hesitation. **пі́сля ~ь** after hesitation ◊ **Він написа́в лист пі́сля пе́вних ~ь.** He wrote the letter after some hesitation.
Also see **су́мнів**

вага́|тися, ~ються; *no pf., intr.*

to hesitate, vacillate; be hesitant; *pf.* **за~** to start hesitating ◊ **Він завага́вся.** He started hesitating. *pf.* **по~** to hesitate *(for a while)* ◊ **Наза́р набра́в її число́, тро́хи повага́вшись.** Nazar dialed her number after some hesitation.
adv. **бага́то** much, **все** *colloq.* all the time, **весь час** all the time, **ду́же** a lot; **зо́всім не** not at all ◊ **Реда́ктор зо́всім не ~вся, коли́ публі́кува́в репорта́ж.** The editor did not hesitate at all when he published the coverage. **ле́две** barely; **мить** (for) a moment ◊ **Ле́ся яку́сь мить ~лася.** Lesia was hesitant for a moment. **секу́нду** (for) a second, **тро́хи** a little ♦ **не ~ючись** without hesitation; **види́мо** visibly
v. + **в. зму́шувати** + *A.* make sb ◊ **Її інтона́ція зму́сила Оре́ста за~.** Her intonation made Orest feel hesitant. **не люби́ти** not like to, **намага́тися не** try not to, **нена́видіти** hate to ◊ **На́стя нена́видить до́вго в.** Nastia hates long hesitations. **почина́ти** begin to, **ста́ти** *pf.* start ◊ **Чому́ ви ста́ли в.?** Why did you start hesitating?
prep. **в. що́до** + *G.* hesitate about sth ◊ **Кили́на види́мо ~лася що́до запро́шення.** Kylyna was visibly hesitant about the invitation. **в. між** + *I.* hesitate between *(options)* ◊ **Він ~вся між черво́ним і бі́лим вино́м.** He vacilated between red and white wine.
(за)вага́йся!
Also see **сумніва́тися**

ваґітн|ий, *adj., only f.*

pregnant with + *I.; also fig.* ◊ **Оле́нка ~а двійня́тами.** Olenka is pregnant with twins. ◊ **Він да́вно в. ново́ю іде́єю.** *fig.* He has been pregnant with the new idea for a long time.
adv. **види́мо** visibly, **я́вно** clearly; **впе́рше** for the first time, **вдру́ге** for the second time, **знову** again ◊ **Вона́ зно́ву ~а.** She is pregnant again.
v. + **в. бу́ти ~ою** be pregnant (**вигляда́ти** look ◊ **У мішкува́тій су́кні вона́ вигляда́є ~ою.** She looks pregnant in a baggy dress. **здава́тися** + *D.* seem to sb) ◊ **Він зда́ється ~им.** He seems pregnant.
prep. **в. від** + *G.* pregnant by sb ◊ **Вона́ ~а від свого́ тре́нера.** She is pregnant by her trainer.

ваґітн|ість, *f.,* ~ости

pregnancy
adj. **здоро́ва** healthy ◊ **Мари́на ма́є всі озна́ки здоро́вої ~ости.** Maryna has all the signs of a healthy pregnancy. **норма́льна** normal, **успі́шна** successful; **пі́зня** late, **ра́ння** early; **позама́ткова** ectopic ◊ **Обсте́ження ви́явило в не́ї позама́ткову в.** The examination revealed she had an ectopic pregnancy. **ризико́вана** high-risk, **тяжка́** difficult ◊ **Вона́ ма́ла тяжку́ в.** She had a difficult pregnancy. **пе́рша** first, **дру́га** second, *etc.*; **двомі́сячна** two-month, **тримі́сячна** three-month, **шестимі́сячна** six-month, *etc.*; **підлі́ткова** teenage ◊ **У мі́сті епіде́мія підлі́ткових ~осте́й.** There is an epidemic of teenage pregnancies in town. **позашлю́бна** out-of-wedlock; **неба́жана** unwanted ◊ **Він наро́дився уна́слідок неба́жаної ~ости.** He was born as a result of an unwanted pregnancy. **ненавми́сна** unintended, **незаплано́вана** unplanned; ♦ **за́сіб від ~ости** a contraceptive
v. + **в. ма́ти в.** have a pregnancy ◊ **Вона́ ма́є тре́тю в. за п'ять ро́ків.** She has her third pregnancy in five years. (**перерива́ти** interrupt ◊ **Вона́ не збира́лася перерива́ти в.** She was not going to interrupt her pregnancy. **припиня́ти** terminate ◊ **Вона́ шука́ла спо́сіб припини́ти в.** She sought a way to terminate her pregnancy. **зберіга́ти** preserve, **продо́вжувати** continue; **прихо́вувати** hide; **підтве́рджувати** confirm) ◊ **Обсте́ження підтве́рдило її в.** The examination confirmed her pregnancy. **уника́ти ~ости** avoid a pregnancy ◊ **До́сі їм удава́лося уника́ти ~ости.** So far, they have managed to avoid pregnancy. **бу́ти на п'я́тому мі́сяці ~ости** be five-months pregnant ◊ **Ні́на на сьо́мому мі́сяці ~ости.** Nina is seven-months pregnant. **запобіга́ти ~ості** prevent a pregnancy ◊ **Препара́т запобіга́є ~ості.** The medicine prevents pregnancy.
в. + *v.* **проґресува́ти** progress, **розвива́тися** develop ◊ **Її в. розвива́лася норма́льно.** Her pregnancy developed normally.
prep. **при ~ості** in pregnancy ◊ **симпто́ми типо́ві при ~ості** symptoms typical in pregnancy; **про́тягом ~ости** during pregnancy ◊ **Жі́нка ма́ла висо́кий тиск про́тягом ~ости.** The woman had high blood pressure during her pregnancy.

ваґітні|ти, ~ють; за~, *intr.*

to become pregnant, conceive + *I.* ◊ **Га́нна заваґі́тніла мі́сяць тому́.** Hanna got pregnant a month ago.
adv. **вже** already, **наре́шті** finally, **одра́зу** right away ◊ **Вона́ заваґі́тніла пі́сля весі́лля.** She got pregnant after her wedding. **успі́шно** successfully; **несподі́вано** unexpectedly, **ра́птом** suddenly
v. + **в. бу́ти нездатною** be incapable of ◊ **Вона́ незда́тна за~.** She is incapable of getting pregnant. **не могти́** cannot ◊ **Вона́ два ро́ки не могла́ за~.** For two years, she could not get pregnant. **допомага́ти** + *D.* help sb to
(за)ваґі́тній!

ваго́м|ий, *adj.*

1 *phys.* ponderable ◊ **~е ті́ло перебува́є у ґравітаці́йному по́лі Землі́.** A ponderable body is in the Earth's gravitational field.
2 *fig.* weighty, compelling, significant, important ◊ **Від не́ї спо́дівалися ~их результа́тів.** Weighty results are expected from her.
adv. **винятко́во** exceptionally, **вкрай**

extremely, **все більш** increasingly; **більш** more; **диви́вижно** amazingly, **до́сить** fairly ◊ **Слідство диспону́є до́сить ~ими до́казами.** The investigation is in possession of fairly compelling evidence. **ду́же** very; **надзвича́йно** extraordinarily; **неймові́рно** incredibly, **особли́во** particularly

See **важли́вий.** *Also see* **ва́ртий 2, виріша́льний 2, відповіда́льний 2, життє́вий 3, значни́й 2, крити́чний 3, пова́жний 4, помі́тний 3, рішу́чий 3, серйо́зний 3**

ваго́н, *m.*, ~а

train car, carriage

adj. **м'який** soft-seated, **тверди́й** hard-seated; **напако́ваний** packed, **поро́жній** empty; **нови́й** new; **скрипу́чий** creaky, **стари́й** old; **брудни́й** dirty, **смердю́чий** *or* **смердя́чий** stinky; **чи́стий** clean; **насту́пний** next, **пе́рший** first, **попере́дній** previous; **оста́нній** last ◊ **Він ви́йшов з оста́ннього ~а.** He got off the last train car. **передоста́нній** penultimate; **пасажи́рський** passenger ◊ **При кінці вантажно́го по́тяга був оди́н пасажи́рський в.** There was one passenger car at the end of the freight train. **зага́льний** fourth-class ◊ **У студе́нтські ро́ки вона́ ї́здила в зага́льному ~і.** In her student years, she would travel in a fourth-class car. **купе́йний** second-class, **плацка́ртний** third-class, **спа́льний** sleeping; **ба́ґажний** baggage, **ванта́жний** freight, **ву́гільний** coal, **холоди́льний** refrigerator ◊ **М'ясо перево́зили в холоди́льних ~ах.** The meat was transported in refrigerator cars. ♦ **в.-ресторан** a dining car

n. + **в. вікно́ ~а** a car window ◊ **Вона́ диви́лася у вікно́ ~а.** She was looking out of the train car window. (**две́рі** door, **но́мер** number)

v. + **в. додава́ти в.** add a car ◊ **До по́тяга дода́ли ще два ~и.** Two more cars had been added to the train. (**знахо́дити** find ◊ **Іва́н шви́дко знайшо́в тре́тій в.** Ivan quickly found car number three. **шука́ти** look for ◊ **Він шука́в спа́льний в.** He was looking for a sleeping car. **сіда́ти в** get in) ◊ **Вони́ сі́ли в пе́рший в.** They got in the first car. **висіда́ти з ~а** get out of a car ◊ **Він ви́сів з ~а непомі́ченим.** He got out of the car unnoticed. (**вихо́дити з** get off; **перехо́дити до** walk over to) ◊ **Вони́ перейшли́ до і́ншого ~а.** They walked over to a different car.

prep. **в в.** *dir.* in/to a car; **в ~і** *posn.* in a car

ва́д|а, *f.*

defect, drawback, flaw

adj. **вели́ка** great, **головна́** main ◊ **головна́ в. політи́чної систе́ми краї́ни** the main flaw of the country's political system; **засадни́ча** basic, **значна́** significant, **крити́чна** critical, **серйо́зна** serious, **фата́льна** fatal, **фундамента́льна** fundamental; **дрібна́** minor, **мале́нька** *dim.* small, **невели́ка** small, **непомі́тна** unnoticeable ◊ **Непомі́тна в. не зме́ншує ці́нності ва́зи.** An unnoticeable flaw does not diminish the value of the vase. **набу́та** acquired, **приро́джена** congenital ◊ **приро́джена в. се́рця** a congenital heart defect; **успадко́вана** inherited; **лю́дська** human; **мора́льна** moral, **фізи́чна** physical; **очеви́дна** obvious, **я́вна** clear; **при́кра** unfortunate

в. + *n.* **в. вихова́ння** a flaw of upbringing, **в. хара́ктеру** a character flaw ◊ **Надмі́рна балаку́чість була́ при́крою ~ою його́ хара́ктеру.** Excessive talkativeness was an unfortunate character flaw of his.

v. + **в. ма́ти ~у** have a flaw ◊ **Її́ ло́гіка має одну́ ~у: вона́ хи́бна.** Her logic has one flaw–it is wrong. (**мі́стити** contain ◊ **Текст мі́стить ку́пу серйо́зних вад.** The text contains a bunch of serious flaws. **ба́чити** see, **викрива́ти** expose, **виявля́ти** identify, **знахо́дити** find, **підкре́слювати** highlight, **поміча́ти** spot; **виправля́ти** correct, **усува́ти** remove ◊ **Він усу́нув у су́кні дрібні́ ~и.** He removed minor flaws in the dress. **вка́зувати на** point to) ◊ **Вка́зувати на чужі́ ~и ле́гше, ніж виправля́ти вла́сні.** It is easier to point to other people's flaws than correct one's own. **позбува́тися ~и** get rid of a flaw ◊ **Марко́ позбу́вся і ціє́ї ~и.** Marko got rid of this flaw as well.

в. + *v.* **з'явля́тися** appear ◊ **У журна́лі з'яви́лися редакці́йні ~и.** Editorial flaws appeared in the magazine.

prep. **без вад** without flaws, flawless ◊ **Телефо́н був без вад.** The phone was without flaws. ♦ **не без вад** not without flaws ◊ **Найкра́щий кандида́т не без вад.** The best candidate is not without flaws.

Also see **мі́нус 3, неґати́в 2, недо́лік, прови́на 3, сла́бість 3**

ва́ж|ити, ~ать; з~, *tran. and intr.*

1 *intr., only impf.* to weigh ◊ **Гу́ска ~ить сім кілогра́мів.** The goose weighs 7 kg.

adv. **бага́то** much ◊ **Він здиво́ваний, що таке́ мале́ дитя́ так бага́то ~ить.** He is surprised that such a small child weighs so much. **ма́ло** little, **нічо́го не** nothing ◊ **Су́мка майже нічо́го не ~ить.** The bag weighs almost nothing.

2 *tran.* to weigh ◊ **Йому́ тре́ба з~ я́блука.** He needs to weigh the apples.

adv. **акура́тно** meticulously, **то́чно** accurately; **методи́чно** methodically, **рете́льно** thoroughly; **ні́коли не** never ◊ **Продаве́ць ні́коли нічо́го то́чно не ~ив.** The salesman never weighed anything accurately. **недба́ло** carelessly, **по́спіхом** hastily, **прибли́зно** approximately

v. + **в. тре́ба бу́ти** need to; **проси́ти** + *A.* ask sb to ◊ **Ми́ля попроси́ла з~ їй кілогра́м я́блук.** Mylia asked to weigh 1 kg of apples for her.

Also see **зва́жувати 1, тягну́ти 11**

3 *intr., fig.* matter, mean, be of importance ◊ **Тут ~ить ко́жне сло́во.** Every word matters here.

prep. **в. для** + *G.* mean for sb ◊ **Ва́ша ду́мка бага́то ~ить для не́ї.** Your opinion means much to her.

pa. pple. **зва́жений** weighed; well-thought through

(з)важ!

важк|и́й, *adj.*

1 heavy, weighty, hefty ◊ **Кили́на ле́две волокла́ ~і́ валі́зи.** Kylyna was barely dragging her heavy suitcases.

adv. **вкрай** extremely, **ду́же** very, **надзвича́йно** extraordinarily, **неможли́во** impossibly, **страше́нно** terribly; **до́сить** rather, **доста́тньо** enough; **відно́сно** relatively, **порі́вняно** comparatively; **надмі́рно** excessively, **на́дто** too; **неймові́рно** incredibly, **навдивови́жу** amazingly, **неправдоподі́бно** implausibly, **на ди́во** surprisingly, **несподі́вано** unexpectedly ◊ **несподі́вано в. планше́т** an unexpectedly heavy tablet; **непотрі́бно** needlessly; **підозрі́ло** suspiciously ◊ **підозрі́ло в. паку́нок** a suspiciously heavy package

в. + *n.* **в. баня́к** a heavy pot (**ванта́ж** load, **стіл** table, **стіле́ць** chair); **~а́ валі́за** a heavy suitcase (**пате́льня** *or* **сковорода́** skillet, **поли́ця** shelf, **ша́фа** wardrobe; **су́мка** bag; **бра́ма** gate, **черепи́ця** tiles; **коро́на** crown, **ша́пка** hat; **шу́ба** fur coat); ♦ **~а́ атле́тика** *sport.* weight-lifting, ♦ **~а́ вода́** *phys.* heavy water; **~е́ бари́ло** a heavy barrel (**відро́** bucket); **~і́ две́рі** a heavy door (**мета́ли** *chem.* metals; **хма́ри** clouds) ◊ **Не́бо вкри́ли ~і́ хма́ри.** Heavy clouds covered the sky.

v. + **в. бу́ти ~и́м** be heavy (**вигляда́ти** look ◊ **Ша́фа вигляда́ла ~о́ю.** The wardrobe looked heavy. **виявля́тися** turn out, **здава́тися** + *D.* seem to sb; **роби́ти** + *A.* make sth/sb)

Also see **тяжки́й 1.** *Ant.* **легки́й 1**

2 heavy, overweight, bulky ◊ **в. чолові́к, ро́ків со́рок на ви́гляд** a heavy man, some forty years in appearance; ◊ **Оре́ст відчу́в на плечі́ ~у ру́ку.** Orest felt a heavy hand on his shoulder.

3 heavy *(of gait, etc.)* ◊ **Вона́ почу́ла ~і́ кро́ки.** She heard heavy steps. ◊ **Його́ хода́ ста́ла ~о́ю від уто́ми.** His gait became heavy from fatigue. ◊ **~е́ ди́хання** heavy breathing

Ant. **легки́й 5**

4 heavy, onorous, weighty; hefty, stiff ◊ **Він несе́ в. тяга́р вини́ за пора́зку.** He carries a heavy burden of guilt for the defeat.

5 hard, difficult, tough, complicated, arduous

adv. **божеві́льно** insanely, **вкрай** extremely ◊ **вкрай ~е́ стано́вище** an extremely difficult position; **геть** totally, **доста́тньо** sufficiently, **до́сить** rather ◊ **Лі́кар оці́нює її́ стан як до́сить в.** The doctor assesses her condition as rather grave. **ду́же** very, **жахли́во** awfully, **надзвича́йно** extraordinarily, **надмі́рно** inordinately, **на́дто** too, **особли́во** particularly; **страше́нно** terribly; **відно́сно** relatively, **порі́вняно** comparatively; **неймові́рно** incredibly, **несподі́вано** unexpectedly; ◊ **непотрі́бно** needlessly; **ома́нливо** misleadingly; **пози́рно** seemingly; **де́що** somewhat, **тро́хи** a little

в. + *n.* **в. день** a difficult day (**пері́од** period, **поча́ток** beginning, **рік** year); **~а́ боротьба́** a hard struggle (**пра́ця** work; **зада́ча** *math.* problem, **кни́жка** book, **пробле́ма** problem, **теоре́ма** theorem) ◊ **Він зміг розібра́тися у ~і́й теоре́мі.** He managed to figure out the difficult theorem. **~е́ життя́** a difficult life

v. + **в. бу́ти ~и́м** be difficult (**вигляда́ти** look ◊ **Прое́кт вигляда́в ~и́м.** The project looked difficult. **виявля́тися** turn out, **здава́тися** + *D.* seem to sb ◊ **Завда́ння здало́ся О́льзі страше́нно ~и́м.** The task seemed to be terribly complicated to Olha. **знахо́дити** + *A.* find sth ◊ **Вона́ знахо́дить діяло́г непотрі́бно ~и́м.** She finds the dialogue to be needlessly difficult. **роби́ти** + *A.* make sth)

Also see **складни́й 1, соло́ний 2, тяжки́й 2**

6 heavy, sad, sorrowful, depressing ◊ **Наді́я пого́дилася на ї́хні умо́ви з ~и́м се́рцем.** Nadiia agreed to their terms with a heavy heart. ◊ **Він хоті́в уни́кнути ще одного́ ~о́го проща́ння.** He wanted to avoid yet another sad parting. ◊ **~е́ мовча́ння** a depressing silence

See **сумни́й.** *Also see* **жа́лібний 1, поху́рий 2, тяжки́й 4.** *Ant.* **весе́лий**

7 heavy, hard, painful, bitter, severe ◊ **Реце́нзія ста́ла для а́втора ~о́ю обра́зою.** The review became a painful insult to the author. ◊ **Відста́вка міні́стра еконо́міки була́ ~и́м уда́ром для рефо́рма́торів.** The economy minister's resignation was a heavy blow to the reformers. ◊ **Во́рог відступа́в, зазнаю́чи ~и́х втрат.** The enemy was in retreat, taking heavy losses.

See **болю́чий 2.** *Also see* **бо́лісний 1**

8 grave, serious ◊ **Його́ привезли́ у ~о́му ста́ні.** He was brought in grave condition. ◊ **~а́ хворо́ба** a grave sickness; ◊ **Він діста́в ~е́ пора́нення.** He suffered a serious injury.

See **серйо́зний 4**

9 *fig.* difficult *(of a person)*, troublesome, trying ◊ **За соло́дкою у́смі́шкою кри́лася ~а́ люди́на.** A difficult person was hiding behind the sweet smile. ◊ **Він – ~а́ дити́на.** He is a difficult child.

10 *fig.* close *(of air, etc.)*, musty, stale, suffocating ◊ **У кімна́ті було́ ~е́ пові́тря.** The air in the room was close.

11 heavy *(of machinery, etc.)*, powerful ◊ **А́рмія ма́ла ~е́ озбро́єння.** The army had some heavy weapons. ♦ **~а́ промисло́вість** heavy industry

comp. **ва́жчий**

ва́жко, *adv., pred.*

1 *adv.* heavily; gravely, bitterly, *etc.* ◊ **Він в. ступа́в по підло́зі.** He trod heavily on the floor. ◊ **Ма́рта зупини́лася, в. ди́хаючи.** Marta stopped, breathing heavily. ◊ **Він в. хворі́в.** He was seriously sick.

See **важки́й 1-9**

2 *pred.* hard, difficult, with difficulty; heavy + *D.*

◊ **Миколі в. сказа́ти, що він відчува́є.** It is hard for Mykola to say what he feels.
v. + **б. бу́ти в.** be hard ◊ **Зено́нові було́ в. зрозумі́ти її дії.** It was hard for Zenon to understand her actions. (**роби́тися** *or* **става́ти** feel) ◊ **Іва́нові зроби́лося** *or* **ста́ло в. на се́рці.** Ivan felt heavy at heart.
Also see **ли́хо 2**

важли́в|ий, *adj.*
important, significant
adv. **винятко́во** exceptionally, **вкрай** extremely, **все бі́льш** increasingly; **до́сить** rather, **ду́же** very; **надзвича́йно** extraordinarily; **неймові́рно** incredibly, **несподі́вано** unexpectedly, **особли́во** particularly; **ле́две** scarcely
v. + **в. бу́ти ~им** be important (**вважа́ти** + *A.* consider sb/sth, **виявля́тися** turn out ◊ **Ма́рка, на яку́ він рока́ми не зверта́в ува́ги, ра́птом ви́явилася надзвича́йно ~ою.** The stamp he had not paid attention to for years suddenly turned out to be extraordinarily important. **здава́тися** + *D.* seem to sb, **лиша́тися** remain ◊ **Її стаття́ залиша́ється ~ою на́віть че́рез п'ятна́дцять ро́ків.** Her article remains important even fifteen years since. **става́ти** become) ◊ **Пое́ма ста́ла ду́же ~ою сього́дні.** The poem became very important today.
Also see **ваго́мий 2, ва́ртий 2, виріша́льний 2, відповіда́льний 2, життє́вий 3, значни́й 2, істори́чний 2, крити́чний 3, пова́жний 4, помі́тний 3, рішу́чий 3, серйо́зний 3**

ва́жча|ти, ~ють; по~, *intr.*
1 to become heavy, grow heavier, put on weight ◊ **З ко́жною ми́ттю його́ пові́ки ~ли.** His eyelids grew heavier by the second.
adv. **ду́же** much, **наба́гато** a lot, **зна́чно** considerably, **помі́тно** noticeably, **ра́птом** suddenly, **несподі́вано** unexpectedly, **шви́дко** quickly; **все бі́льше** increasingly, **поступо́во** gradually, **пові́льно** slowly
v. + **в. могти́** can; **почина́ти** begin to, **ста́ти** *pf.* start; **продо́вжувати** continue, **перестава́ти** stop
prep. **в. на** + *A.* grow heavier by *(measure)* ◊ **Хло́пець пова́жчав на два кілогра́ми.** The boy has put on 2 kg.
2 to become harder, grow more complicated ◊ **Її взаємини з си́ном ~ли.** Her relationship with his son grew more complicated.
Also see **ускла́днюватися**
3 to feel heavier + *D.* ◊ **Ле́севі ~ло на се́рці від триво́ги.** Les felt heavier at heart with anxiety.
(по)ва́жчай!
Ant. **ле́гшати**

ва́з|а, *f.*
vase ◊ **Скляни́й сло́їк служи́в йому́ за ~у.** The glass jar served him as a vase.
adj. **кам'яна́** stone, **кера́мічна** ceramic, **кришта́лева** crystal, **порцеля́нова** porcelain, **скляна́** glass, **срі́бна** silver; **гре́цька** Greek, **кита́йська** Chinese ◊ **Музе́й має коле́кцію кита́йських ваз.** The museum has a collection of Chinese vases. **вели́ка** large, **величе́зна** huge; **висо́ка** tall; **невели́ка** small; **га́рна** beautiful; **анти́чна** ancient *(Greek or Roman)*, **стара́** old, **старови́нна** ancient
v. + **в. напо́внювати ~у** + *I.* fill a vase with sth ◊ **Він напо́внив ~у водо́ю.** He filled the vase with water. (**розбива́ти** break, **трощи́ти** smash; **ста́вити** put) ◊ **О́ля поста́вила ~у на стіл.** Olia put the vase on the table.
в. + *v.* **оздо́блювати** *or* **прикраша́ти** + *A.* adorn sth ◊ **Камі́н оздо́блювала гре́цька в.** A Greek vase adorned the mantelpiece. **па́дати** fall, **розбива́тися** break ◊ **В. впа́ла й розби́лася.** The vase fell and broke. **стоя́ти** stand
prep. **у ~у** *dir.* in/to a vase ◊ **Він поста́вив троя́нди у ~у.** She put the roses in a vase. **у ~і** *posn.* in a vase ◊ **У ~і воло́шки га́рно вигляда́ють.** The cornflowers look nice in the vase. **в. з** + *I.* a vase of *(flowers, etc.)* ◊ **в. з польови́ми квіта́ми** a vase of wild flowers

вака́нсі|я, *f.*, **~ї**
vacancy, opening + *G.* ◊ **В журна́лі є в. реда́ктора.** There is a vacancy for editor at the magazine.
adj. **відповідна** suitable ◊ **Він шука́в ~ю, відпові́дну своє́му фахові.** He was looking for a vacancy suitable for his profession. **незапо́внена** unfilled, **нова́** new; **довгоочі́кувана** long-awaited, **жада́на** desired
v. + **в. запо́внити ~ю** fill a vacancy ◊ **~ю шви́дко запо́внили.** The vacancy was quickly filled. (**оголо́шувати** announce, **ство́рювати** create, **шука́ти** look for)
в. + *v.* **відкрива́тися** arise, come up ◊ **У її бю́рі відкри́лася в.** A job opening came up at her office. **з'явля́тися** occur ◊ **В компа́нії з'яви́лася в. економі́ста.** A vacancy for economist occurred at the company.
prep. **в. в** + *L.* a vacancy at/in *(a place)*

вака́нтн|ий, *adj.*
vacant ◊ **У компа́нії було́ ~е мі́сце помі́чника бухга́лтера.** There was a vacant position of assistant accountant in the company.
v. + **в. бу́ти ~им** be vacant (**лиша́тися** remain, **става́ти** become ◊ **Щойно ста́ла ~ою поса́да засту́пника міні́стра.** The post of deputy minister has just become vacant. **трима́ти** keep ◊ **Дире́ктор трима́в її стару́ поса́ду ~ою.** The director kept her old position vacant.
See **ві́льний 2**

валі́з|а, *f.*
suitcase
adj. **вели́ка** big, **величе́зна** huge, **мале́нька** *dim.* small, **невели́ка** small; **важка́** *or* **тяжка́** heavy; **легка́** light; **відкри́та** open, **напако́вана** packed, **по́вна** full, **розбу́хла** bulging; **поро́жня** empty; **поша́рпана** battered, **стара́** old; **пластма́сова** plastic, **шкіряна́** leather; **ручна́** carry-on ◊ **Пра́вила дозволя́ли одну́ ручну́ ~у.** The rules allowed one carry-on suitcase. ♦ **в. на колі́щатках** a rolling suitcase
v. + **в. бра́ти ~у** take a suitcase ◊ **Він узя́в до Оде́си мале́ньку ~у.** He took a small suitcase to Odesa. (**відкрива́ти** open, **закрива́ти** close, **застіба́ти** fasten; **здава́ти в ба́ґаж** check ◊ **Вона́ здала́ ~у в ба́ґаж.** She checked the suitcase. **напиха́ти** + *I.* cram with sth ◊ **Він напха́в ~у подару́нками.** He crammed the suitcase with presents. **пакува́ти** pack ◊ **Чи ви пакува́ли ~и самі?** Did you pack your suitcases yourself? **розпако́вувати** unpack; **волокти́** drag ◊ **Дівчи́на волокла́ величе́зну ~у.** The girl was dragging a huge suitcase. **тягну́ти** pull; **коти́ти** roll, **нести́** carry, **підбира́ти** pick up, **підніма́ти** lift; **кида́ти** drop, **ста́вити** put, **хапа́ти** grab; **кла́сти** + *A.* **у** put sth in) ◊ **Олекса́ндра шви́дко покла́ла у ~у апте́чку.** Oleksandra quickly put a first-aid kit in her suitcase. **вийма́ти** + *A.* **з ~и** take sth out of a suitcase (**кла́сти до** put in, **пакува́ти до** pack in) ◊ **Не забу́дь спакува́ти ку́ртку до ~и.** Don't forget to pack a jacket in the suitcase.
в. + *v.* **бу́ти на́пханою** + *I.* be crammed with sth, **бу́ти напако́ваною** + *I.* be stuffed with sth, **бу́ти по́вною** + *G.* be full of sth ◊ **В. по́вна книжо́к.** The suitcase is full of books. **мі́стити** + *A.* contain sth; **тріща́ти по швах** crack at the seams
prep. **в ~у** *dir.* in/to a suitcase; **в ~і** *posn.* in a suitcase ◊ **У ~і нема́є мі́сця.** There is no room in the suitcase. **до ~и** in/to a suitcase
Also see **ба́ґаж**

валю́т|а, *f.*
currency
adj. **ґлоба́льна** global, **міжнаро́дна** international, **націона́льна** national, **при́йнята** common ◊ **Америка́нський до́лар вважа́ють при́йнятою ~ою міжнаро́дних опера́цій.** The US dollar is considered to be a common currency of international transactions. **чужа́** foreign; **єди́на** single, **обмі́нна** convertible; **си́льна** strong, **стабі́льна** stable, **тверда́** hard; **слабка́** weak; **офіці́йна** official ◊ **Євро ста́ло офіці́йною ~ою Гре́ції.** Euro became Greece's official currency. **папе́рова** paper; **електро́нна** *or* **цифрова́** digital, **резе́рвна** reserve; ♦ **криптовалю́та** cryptocurrency; **європе́йська** European, **кита́йська** Chinese, **украї́нська** Ukrainian ◊ **На летови́щі пла́тять украї́нською ~ою.** They pay with the Ukrainian currency at the airport.
n. + **в. девальва́ція ~и** currency devaluation (**колива́ння** fluctuation, **конвертува́ння** conversion, **подоро́жчання** appreciation ◊ **Подоро́жчання кита́йської ~и на ру́ку америка́нським виробника́м.** The Chinese currency appreciation is to the US producers' benefit. **о́бмін** exchange; **резе́рви** reserves, **рефо́рма** reform, **ри́нки** markets, **рух** movement, **систе́ма** system)
v. + **в. конвертува́ти ~у** convert a currency (**міня́ти** exchange, **ма́ти** have; **купува́ти** buy, **продава́ти** sell; **видава́ти** issue; **використо́вувати** use, **впрова́джувати** introduce ◊ **Уряд упрова́див нову́ ~у.** The government introduced a new currency. **девальвува́ти** devalue, **зне́цінювати** depreciate; **підтри́мувати** support; **прив'я́зувати до** + *G.* peg to sth ◊ **Уряд прив'яза́в ~у до до́лара.** The government pegged its currency to the dollar. **конвертува́ти** *or* **перево́дити** + *A.* **в** convert sth to) **Вона́ перевела́ гро́ші в місце́ву ~у.** She converted the money to the local currency. **плати́ти ~ою** pay in a currency
Also see **гри́вня, гро́ші, зеле́ний 6**

валю́тн|ий, *adj.*
currency, of or pertaining to currency, monetary ◊ **по́зика Міжнаро́дного ~ого фо́нду** a loan of the International Monetary Fund
в. + *n.* **в. авкціо́н** a currency auction (**дефіци́т** deficit, **коридо́р** corridor, **креди́т** credit, **курс** rate, **о́бмін** exchange; **спекуля́нт** speculator, **торго́вець** trader; **фонд** fund); **~а зо́на** a currency zone (**інтерве́нція** intervention, **істе́рія** *fig.* hysteria, **кри́за** crisis; **рефо́рма** reform, **систе́ма** system); **~е законода́вство** currency legislation (**обме́ження** limitation; **реґулюва́ння** regulation); **~і колива́ння** currency fluctuations (**резе́рви** reserves, **ри́нки** markets) ◊ **світові́ ~і ри́нки** world monetary markets

ва́нн|а, *f.*, **~и** *and* **~ої**
1 **~и** bath
adj. **гаря́ча** hot ◊ **Його́ ті́ло потребува́ло гаря́чої ~и.** His body needed a hot bath. **лі́тня** tepid, **холо́дна** cold; **паро́ва** vapor; **лікува́льна** medicinal, **профілакти́чна** prophylactic; **до́вга** long; **розкі́шна** luxurious; **га́рна** nice, **заспоко́йлива** soothing, **приє́мна** pleasant; **грязьова́** mud, **пі́нна** bubble
v. + **в. бра́ти** *or* **прийма́ти ~у** take a bath ◊ **Марі́я прийняла́ ~у.** Maria has taken a bath. (**готува́ти** prepare, **дава́ти** + *D.* give sb, **пропонува́ти** + *D.* offer sb) ◊ **Готе́ль пропону́є го́стям лікува́льні ~и.** The hotel offers its guests medicinal baths.
prep. **для ~и** for bath ◊ **олі́я для ~и** a bath oil (**рушни́к** towel; **сіль** salt) ◊ **мінера́льна сіль для ~и** a mineral bath salt
G. pl. **ванн**
2 **~ої** bathtub, tub ◊ **Лі́да напусти́ла ~у води́.** Lida filled the bathtub with water.
adj. **вели́ка** big, **величе́зна** enormous, **мала́** small, **невели́ка** small; **пластма́сова** plastic, **чаву́нна** cast-iron; **вмуро́вана в пі́длогу** sunken
v. + **в. напо́внювати ~у** fill a bathtub ◊ **Вона́**

напо́внила ~у водо́ю. She filled the bathtub with water. (**спуска́ти** drain); **купа́тися у ~і** bathe in a bathtub (**ки́снути у** soak in, **лежа́ти у** lie in) ◊ **Він люби́в до́вго лежа́ти у ~і.** He liked to lie in the bathtub for a long time.
prep. **у ~у** *dir.* in/to a bathtub ◊ **Він ліг у по́вну ~у.** He lay in a full bathtub. **у ~і** *posn.* in a bathtub; **для ~и** for bathtub
G. pl. **ванн**
3 ~ої bathroom *(with shower, sink, short for* **в. кімна́та**) ◊ **Скі́льки ~их на по́версі?** How many bathrooms are there on the floor? ◊ **Від спа́льні до ~ої лише́ два кро́ки.** There are but two steps from the bedroom to the bathroom.
adj. **окре́ма** separate, **спі́льна** shared, **вели́ка** large, **просто́ра** spacious , **суча́сна** modern; **зру́чна** comfortable; **незру́чна** uncomfortable; **кри́хітна** tiny, **мала́** small, **тісна́** cramped
L. **у ~ій**, *G. pl.* **ва́нних**

ванта́ж, *m.*, **~у́**
1 cargo, shipment, load
adj. **важки́й** heavy, **вели́кий** big; **легки́й** light; **безці́нний** priceless, **дорогоці́нний** precious, **ці́нний** valuable; **небезпе́чний** hazardous, **ризико́вий** high-risk, **смерте́льний** deadly; **сухи́й** dry; **військо́вий** military, **гуманіта́рний** humanitarian ◊ **Під ви́глядом гуманіта́рних ~ів Кремль посила́в в окупо́ваний Донба́с збро́ю.** The Kremlin sent weapons to the occupied Donbas under the guise of humanitarian cargoes. **лю́дський** human, **меди́чний** medical, **сільськогоспода́рський** agricultural
v. + **в. бра́ти в.** take on a cargo ◊ **Фу́ра заї́хала до мі́ста взя́ти вели́кий в.** The tractor-trailer drove into the city to take on a big cargo. (**ванта́жити** *and* **ладува́ти** load; **званта́жувати** *and* **виладо́вувати** offload; **везти́** carry ◊ **Водій віз сільськогоспода́рський в.** The driver carried an agricultural cargo. **доставля́ти** deliver ◊ **В. доста́вили з запі́зненням на сім годи́н.** The cargo was delivered with a seven-hour delay. **супрово́джувати** accompany ◊ **Безці́нний в. супрово́джує polі́ція.** The police accompany the priceless cargo. **перево́зити** move, **транспортува́ти** transport; **прийма́ти** receive) ◊ **Вона́ огля́нула і прийняла́ в.** She inspected and received the cargo. **ма́ти спра́ву з ~е́м** handle a cargo ◊ **Склад ма́є спра́ву з ~а́ми з усіє́ї краї́ни.** The depot handles cargoes from all over the country.
Also see **тяга́р 1**
2 *fig.* burden, millstone, load ◊ **Її гніти́в в. вини́.** She was depressed by the burden of guilt.
See **тяга́р 2**

ванта́ж|ити, **~ать; на~**, *tran.*
to load, fill up + *I.* with ◊ **Щоб на~ ваго́н, їм тре́ба годи́на.** To load a car, they need an hour. ◊ **Він наванта́жив студе́нтів завда́ннями.** *fig.* He loaded the students with assignments.
adv. **ду́же** heavily, **надмі́рно** excessively, **на́дто** too; **ле́две** barely, **тро́хи** a little; **пові́льно** slowly, **шви́дко** quickly; **самості́йно** single-handedly
v. + **в. бу́ти тре́ба** + *D.* need to ◊ **Їм тре́ба на~ пожи́тки на маши́ну.** They need to load their effects onto the car. **могти́** can; **почина́ти** begin to, **ста́ти** *pf.* start, **продо́вжувати** continue to, **закі́нчувати** finish, **перестава́ти** stop
prep. **в. в** + *A.* load in/to sth ◊ **Цу́кор ~или в конте́йнери.** The sugar was being loaded into containers. **в. на** + *A.* load onto sth
pa. pple. **наванта́жений** loaded
(на)ванта́ж!

вантажі́в|ка, *f.*
truck, lorry
adj. **важка́** heavy ◊ **Ву́гілля перево́зили важки́ми ~ками.** The coal was transported by heavy trucks. **вели́ка** big, **величе́зна** huge, **десятито́нна** ten-ton, **дванадцятито́нна** twelve-ton, *etc.*; **мала́** *and* **невели́ка** small; **конте́йнерна** container; **переки́нута** overturned; **армі́йська** army, **військо́ва** military
n. + **в. воді́й ~ки** a truck driver ◊ **Павло́ – воді́й ~ки.** Pavlo is a truck driver. (**каби́на** cabin, **ку́зов** bed); **конво́й ~ок** a convoy of trucks
v. + **в. води́ти ~ку** drive a truck ◊ **Ва́ля во́дить ~ку.** Valia drives a truck. (**заправля́ти** fuel; **ванта́жити** *or* **ладува́ти** load, **розванта́жувати** *and* **виладо́вувати** unload; **паркува́ти** park); **ї́здити ~кою** ride a truck ◊ **Він ї́здить ~кою.** He drives a truck. (**доставля́ти** + *A.* deliver sth by, **перево́зити** + *A.* move sth by, **транспортува́ти** + *A.* transport sth by)
в. + *v.* **бу́ти наванта́женою** + *I.* be loaded with sth ◊ **В. наванта́жена лі́сом.** The truck is loaded with timber. **везти́** + *A.* carry sth; **курсува́ти** travel ◊ **Між крамни́цею і скла́дом щодня́ курсува́ла в.** A truck traveled between the store and the warehouse every day. **переверта́тися** overturn, **потрапля́ти в ава́рію** get into an accident ◊ **Його́ в. потра́пила в ава́рію.** His truck got into an accident.
prep. **у ~ку** *dir.* in/to a truck ◊ **Ко́лесо покла́ли у ~ку.** The wheel was put into the truck. **у ~ці** *posn.* in a truck ◊ **Він спав у ~ці.** He slept in the truck. **на ~ку** *dir.* on/to a truck ◊ **Вони́ не могли́ поклада́тися на одну́ ~ку.** They could not rely on one truck. **на ~ці** *posn.* on a truck ◊ **Хтось написа́в на ~ці матю́к.** Somebody wrote a dirty word on the truck.
See **автомобі́ль**

ванта́жн|ий, *adj.*
cargo, cargo-carrying, of or pertaining to a cargo
в. + *n.* **в. відсі́к** a cargo bay ◊ **В. відсі́к літака́ запако́ваний по́штою.** The airplane cargo bay is packed with mail. (**конте́йнер** container, **літа́к** plane; **терміна́л** terminal); ♦ **в. кора́бель** a freighter; ♦ **~і переве́зення** freight, transportation of goods

варе́ник, *m.*, **~а**, *usu pl.*
1 *nonequiv.* varenyk *(stuffed dumpling, Ukrainian national dish)* ◊ **З чим ~и?** What are the varenyks stuffed with?
adj. **ва́рені** boiled, **пря́жені** *or* **сма́жені** fried; **дома́шні** homemade; **заморо́жені** frozen ◊ **У ньо́го лиша́лося зо три деся́тки заморо́жених ~ів.** He had about three dozen frozen varenyks remaining. **сві́жі** fresh; **гаря́чі** hot, **холо́дні** cold; **до́брі** *or* **смачні́** tasty, **смачню́чі** delicious; **ма́мині** mama's, **бабу́сині** grandma's ◊ **Для Окса́ни бабу́сині ~и найдо́бріші у сві́ті.** For Oksana, her grandma's varenyks are the tastiest in the world.
v. + **в. вари́ти ~и** cook varenyks (**ї́сти** eat, **ліпи́ти** *and* **роби́ти** make ◊ **Хло́пці наліпи́ли три́ста ~ів.** The boys made three hundred varenyks. **заморо́жувати** freeze ◊ **Части́ну ~ів вона́ звари́ла на вече́рю, а ре́шту заморо́зила.** She cooked one part of the varenyks for dinner and froze the rest. **пря́жити** *or* **сма́жити** fry, **продава́ти** sell) ◊ **У крамни́ці продава́ли дома́шні ~и.** They sold homemade varenyks in this store.
prep. **в. з** + *I.* a varenyk with *(stuffing)* ◊ **~и з ви́шнями** cherry varenyks (**капу́стою** sauerkraut, **карто́плею** potato, **си́ром** cheese, **я́годами** berry); **~и з** + *I.* varenyks *(served with)* ◊ **~и пода́ли зі смета́ною.** The varenyks were served with sour cream.
Also see **ї́жа, пирі́г**

варе́н|ня, *nt.*
jam, preserves ◊ **Марі́чка ма́ла троя́ндове в. до ча́ю.** For tea, Marichka had rose preserves.
adj. **абрико́сове** apricot, **мали́нове** raspberry, **полуни́чне** strawberry, **сли́вове** plum, **я́блучне** apple; **ки́сле** sour ◊ **Сли́вове в. тро́хи ки́сле.** Plum preserves are a bit sour. **соло́дке** sweet, **терпке́** tart; **до́бре** *or* **смачне́** tasty, **смачню́че** delicious; **дома́шнє** homemade; **густе́** thick, **рідке́** thin
n. + **в. ло́жка в.** a spoonful of jam (**сло́їк** jar ◊ **У Наза́ра лиша́вся сло́їк полуни́чного в.** Nazar had a jar of strawberry preserves remaining. **смак** taste; **літр** liter ◊ **З відра́ сливо́к мо́жна зроби́ти п'ять лі́трів в.** Five liters of jam can be made of a bucket of plums. **пів лі́тра** half a liter)
v. + **в. вари́ти в.** make jam (**ї́сти** eat; **кла́сти** put ◊ **Він покла́в у філіжа́нку ча́йну ло́жку в.** He put a teaspoon of jam in the glass. **подава́ти** serve) ◊ **Вона́ подала́ я́блучне в. до млинці́в.** She served apple jam to go with pancakes. **додава́ти в.** add jam; **ма́зати** + *A.* **~ням** spread jam on ◊ **Він пома́зав хліб абрико́совим ~ням.** He spread apricot jam on the bread.
prep. **з ~ням** with jam ◊ **хліб із ~ням** bread with jam
G. pl. **~ь** ◊ **На зи́му вона́ наробила сім рі́зних ~ь.** For the winter, she made seven different jams.

вар|и́ти, **~ю́, ~ять; з~**, *tran.*
1 to boil ◊ **Споча́тку тре́ба з~ карто́плю, буря́к і мо́ркву.** First potatoes, beets, and carrots need to be boiled.
adv. **вже** already, **наре́шті** finally; **до́вго** for a long time ◊ **Стару́ ку́рку тре́ба до́вго в.** An old chicken needs to be boiled for a long time. **доста́тньо до́вго** long enough
в. + *n.* **в. горо́дину** boil vegetables (**карто́плю** potatoes, **кукуру́дзу** corn, **ло́кшину** noodles, **м'я́со** meat, **я́йця** eggs, *etc.*)
v. + **в. бу́ти тре́ба** + *D.* need to, **почина́ти** begin to, **ста́ти** *pf.* start to; **припиня́ти** stop, cease
Cf. **сма́жити**
2 to cook, prepare *(food)*, make; *also* **в. ї́сти** ◊ **У сере́ду Іва́нова че́рга в. ї́сти.** On Wednesday, it is Ivan's turn to cook.
adv. **виня́тково** exceptionally, **до́бре** well ◊ **Де це він навчи́вся так до́бре в.?** Where did he learn to cook so well? **прекра́сно** wonderfully ◊ **Тара́с прекра́сно ~ить.** Taras is a wonderful cook. **присто́йно** decently, **сма́чно** deliciously ◊ **Ніхто́ так сма́чно не ~ить, як Оре́ста.** Nobody cooks such delicious meals as Oresta. **ке́псько** poorly, **пога́но** badly, **посере́дньо** mediocrely, **сте́рпно** bearably; **пові́льно** slowly, **шви́дко** quickly; **за́вжди́** always, **традиці́йно** traditionally, **ча́сто** often
в. + *n.* **в. вече́рю** make dinner ◊ **Наза́р зва́рить вече́рю.** Nazar will make dinner. (**обі́д** lunch, **сніда́нок** breakfast; **борщ** borshch, **ю́шку** soup; **варе́ники** varenyks, **голубці́** cabbage rolls, **плов** pilaf) ◊ **Ахте́м навчи́в його́ в. плов.** Akhtem taught him to make pilaf. ♦ **в. во́ду з** + *G. fig.* to give sb a hard time ◊ **Цей виклада́ч – ма́йстер в. во́ду зі студе́нтів.** This instructor is a master at giving his students a hard time. ♦ **~ить голова́** *or* **казано́к в** + *G.* to have a good head for sth, be well versed in sth ◊ **В Адрія́ни до́бре ~ить голова́** *or* **казано́к у фіна́нсах.** Andriana has a good head for finances.
v. + **в. вмі́ти** know how to ◊ **Оле́г вмі́є в. до́бру ка́ву.** Oleh knows how to make good coffee. **встига́ти** have the time to; **ква́питися** be in a hurry to; **вчи́ти** + *A.* teach sb to, **навчи́тися** *pf.* learn to ◊ **Джейн навчи́лася в. борщ.** Jane learned to cook borshch. **проси́ти** + *A.* ask sb to
prep. **в. на** + *A.* cook for *(an occasion)* ◊ **Він ~ить ю́шку на обі́д.** He is cooking a soup for lunch. **в. на** + *L.* cook on sth ◊ **Він ~ить на га́зовій плиті́.** He cooks on a gas stove.
Also see **готува́ти 3, запа́рювати 2**
3 to brew, distill *(beer, vodka, etc.)* ◊ **У нові́й бровáрні ~ять аж сім со́ртів місце́вого пи́ва.** They brew as many as seven sorts of local beer in the new brewery.
pa. pple. **зва́рений** cooked, boiled
(з)вари́!

варія́нт, *m.*, **~а**
1 version *(based on sth)*
adj. **нови́й** new, **оста́нній** latest, **оно́влений** updated ◊ **Оно́влений в. застосу́нку працю́є на́віть шви́дше.** The updated application version works even faster. **тепе́рішній** current; **ориґіна́льний** original, **пе́рший** first, **попере́дній** preliminary, **початко́вий** initial, **чорнови́й** draft; **демонстраці́йний** demo, **експеримента́льний** experimental, **про́бний** trial; **майбу́тній** future, **пізні́ший** later, **пода́льший** subsequent; **ба́зовий** basic, **станда́ртний** standard; **допо́внений** amended, **змі́нений** altered, **модифіко́ваний** modified, **покра́щений** improved, **спро́щений** simplified; **індивідуалізо́ваний** customized; **просу́нутий** advanced, **складни́й** complex, **хитрому́дрий** sophisticated; **дороги́й** expensive, **люксо́вий** deluxe; **деше́вий** cheap; **бі́льший** larger, **збі́льшений** enlarged; **коро́тший** shorter ◊ **коро́тший в. плаща́** a shorter version of the raincoat; **скоро́чений** abbreviated, shortened; **ме́нший** smaller, **мініатю́рний** miniature
v. + **в. випуска́ти в.** release a version ◊ **Фі́рма ви́пустила дороги́й в. годи́нника.** The firm released an expensive version of the watch. (**виробля́ти** *and* **продукува́ти** produce, **впрова́джувати** introduce, **запуска́ти** launch, **представля́ти** present, **пропонува́ти** + *D.* offer sb **опрацьо́вувати** develop, **писа́ти** write, **роби́ти** make, **ство́рювати** create; **заванта́жувати** download)
в. + *v.* **вихо́дити** come out, **з'явля́тися** be out; **ма́ти ви́йти** be due out; **засно́вуватися на** + *L.* be based on sth
2 version, edition
adj. **адапто́ваний** adapted, **ви́правлений** revised ◊ **А́втор пода́в ви́правлений в. статті́.** The author submitted a revised version of the article. **здредаго́ваний** edited; **коро́ткий** short, **сконденсо́ваний** condensed, **скоро́чений** abridged, **спро́щений** simplified, **нескоро́чений** unabridged, **по́вний** complete; **подо́вжений** extended, **розши́рений** expanded; **пе́рший** first ◊ **Пе́рший в. сцена́рію їй не сподо́бався.** She did not like the first version of the script. **попере́дній** previous; **авторизо́ваний** authorized, **офіці́йний** official; **неавторизо́ваний** unauthorized, **неофіці́йний** unofficial; **а́вторський** author's, **режисе́рський** director's; **друко́ваний** printed, **опубліко́ваний** published; **черне́тковий** rough ◊ **Він не хоті́в ніко́му пока́зувати черне́тковий в. те́ксту.** He did not want to show the rough draft version of the text to anybody. **електро́нний** electronic, **цифрови́й** digital; **інтеракти́вний** interactive, **мере́жевий** online; **екранізо́ваний** screen, **музи́чний** musical, **телевізі́йний** television, **сцені́чний** stage; **широкоформа́тний** big-screen
в. + *n.* **в. ві́рша** a version of the verse ◊ **тре́тій в. ві́рша** the third version of the verse (**кни́жки** book, **п'є́си** play, **поста́ви** production; **статті́** article, **те́ксту** text, **фі́льму** film)
v. + **в. зни́щувати в.** destroy a version ◊ **Поет зни́щив попере́дні ~и ві́рша.** The poet destroyed the previous versions of the verse. (**пали́ти** burn; **переробля́ти** redo, **роби́ти** do, **ста́вити** stage) ◊ **Він хо́че поста́вити музи́чний в. п'є́си.** He wants to stage the musical version of the play. **працюва́ти над ~ом** work on a version
prep. **у ~і** in a version ◊ **рома́н в оно́вленому ~і** the novel in an updated version
3 variant, option
adj. **альтернати́вний** alternative ◊ **Ко́жен студе́нт мав завда́ння опрацюва́ти альтернати́вний в. опера́ції.** Each student was tasked to develop an alternative option of the operation. **єди́ний** only, **можли́вий** possible, **ная́вний** available, **нульови́й** zero, **практи́чний** practical, **реа́льний** real ◊ **Він розгляда́в план як реа́льний в.** He regarded the plan as a real option. **реалісти́чний** realistic; **безви́грашний** no-win ◊ **Це був я́вно безви́грашний в.** This was a clearly no-win option. **безпро́грашний** win-win, **ви́грашний** winning, **до́брий** good, **найкра́щий** best, **прива́бливий** attractive; **деше́вий** cheap, **дороги́й** expensive; **легки́й** easy, **м'яки́й** soft
v. + **в. вибира́ти в.** choose an option (**врахо́вувати** take into account, **зва́жувати** weigh ◊ **Вона́ му́сила зва́жити ко́жен ная́вний в.** She had to weigh each available option. **розгляда́ти** consider; **ма́ти** have; **дава́ти** + *D.* give sb, **пропонува́ти** + *D.* offer sb; **бра́ти** take, **реалізува́ти** exercise) ◊ **Вони́ реалізу́ють найви́гідніший в. зли́ття компа́ній.** They will exercise *or* are exercising the most beneficial option of the companies merger. **віддава́ти перева́гу ~у** give preference to an option ◊ **Вона́ віддає перева́гу доро́жчому ~у модерніза́ції.** She gives preference to the more expensive modernization option.
Also see **можли́вість**

ва́рт|а, *f.*
guard, sentry, watch
adj. **пості́йна** constant, **цілодобо́ва** round-the-clock; **поси́лена** heavy; **прикордо́нна** border ◊ **Вони́ діста́лися на і́нший бік, уни́кнувши прикордо́нної ~и.** They got to the other side, avoiding the border guard. **озбро́єна** armed, **тюре́мна** prison; **військо́ва** military ◊ **Генера́ла ото́чувала військо́ва в.** The general was surrounded by the military guard. **поліці́йна** police; **особи́ста** personal, **прива́тна** private; **королі́вська** royal, **пала́цова** palace, **поче́сна** honor, **президе́нтська** presidential
v. + **в. кли́кати ~у** call out the guard ◊ **У ві́дчаї вона́ покли́кала ~у.** In desperation, she tried calling the guard. (**міня́ти** change ◊ **~у міня́ють щогоди́ни.** The guard is changed every hour. **ста́вити** post) ◊ **Бі́ля па́м'ятника поста́вили поче́сну ~у.** An honor guard was posted at the monument. ♦ **звільня́ти** + *A.* **з-під ~и** to release sb from custody ◊ **Затри́маних звільни́ли з-під ~и.** The detainees were released from custody.
в. + *v.* **охороня́ти** + *A.* protect sb ◊ **Буди́нок посла́ охороня́є в.** The Ambassador's house is protected by guards. **супрово́джувати** + *A.* escort sb, **чергува́ти** be on duty ◊ **Бі́ля двере́й черґу́є в.** A guard is on duty at the door.
prep. **на ~і** on guard ◊ **Кі́лька поліція́нтів були́ на ~і бі́ля бра́ми.** Several policemen were on guard near the gate. ♦ **бра́ти** + *A.* **під ~у** to arrest sb ◊ **Мі́ністра взяли́ під ~у в парла́менті.** The minister was arrested in the parliament. ♦ **під ~ою** under arrest, in custody ◊ **Його́ трима́ють під ~ою.** He is being kept under arrest.

ва́рт|ий, *pred., adj., var.* **варт**
1 *pred.* worth, worthy of, deserving + *G.* ◊ **Фільм в. держа́вного фінансува́ння.** The movie is worth government financing.
adv. **ду́же** well, **звича́йно** certainly, **напра́вду** truly, **спра́вді** genuinely, **ціл́ком** entirely; **особли́во** especially; **ма́йже** almost, **потенці́йно** potentially; **ле́две** hardly, **навря́д чи** barely ◊ **Чолові́к навря́д чи в. ва́шого ча́су.** The man is barely worth your time.
в. + *n.* **в. дові́ри** worthy of sb's trust (**підтри́мки** support, **ува́ги** attention) ◊ **Комента́р в. ува́ги.** The comment is worth paying attention to.
v. + **в. бу́ти ~им** + *G.* be worth, merit ◊ **Спра́ва не була́ ~а ва́ших зуси́ль.** The matter did not merit your efforts. (**вважа́ти** + *A.* consider sth ◊ **Він вважа́є ініціяти́ву ~ою підтри́мки.** He considers the initiative worth supporting. **вигляда́ти** look ◊ **Капелю́х вигляда́в ~им таки́х гро́шей.** The hat looked worthy of such money. **виявля́тися** prove, **здава́тися** + *D.* seem to sb, **знахо́дити** + *A.* find sth, **роби́ти** + *A.* make sth ◊ **Все це ро́бить її́ до́свід ~им ви́вчення.** All this makes her experience worth studying. **става́ти** become); ♦ **не бу́ти ~им ла́маного гроша́** not to be worth a penny
Also see **гі́дний 1**
2 *adj.* important, valuable, necessary ◊ **Реда́ктор ви́кинув із те́ксту ма́йже все ~е.** The editor took almost everything valuable from the text.
See **важли́вий.** *Also see* **ваго́мий 2, виріша́льний 2, відповіда́льний 2, життє́вий 3, знач́ний 2, крити́чний 3, пова́жний 4, помі́тний 3, пріорите́тний, рішу́чий 3, серйо́зний 3**

ва́рт|ість, *f.*, **~ости**
1 value
adj. **вели́ка** great, **величе́зна** enormous, **винятко́ва** exceptional, **висо́ка** high, **значна́** considerable; **надзвича́йна** extraordinary; **мізе́рна** negligible, **невели́ка** small, **низька́** low; **грошова́** monetary; **зага́льна** total ◊ **А́кції зага́льною ~істю в мільйо́н гри́вень.** Stocks with a total value of ₴1,000,000. **залишко́ва** residual; **до́дана** surplus; **по́вна** full; **номіна́льна** nominal, **реа́льна** real, **ри́нкова** market, **сере́дня** average, **спра́вжня** real ◊ **Він заплати́в за зе́млю втри́чі ме́нше її́ спра́вжньої ~ости.** He paid a third of the real value for the land.
в. + *n.* **в. акти́вів** assets value ◊ **В. акти́вів компа́нії подво́їлася.** The assets value of the company has doubled. (**а́кції** share, **вла́сности** property, **землі́** land, **нерухо́мости** real estate); ♦ **в. життя́** cost of living
n. + **в. збі́льшення ~ости** an increase in value (**зроста́ння** rise; **втра́та** loss, **зме́ншення** reduction, **паді́ння** drop) ◊ **Паді́ння ~ости рубля́ спричини́лося до па́ніки в Москві́.** The drop in the ruble value caused panic in Moscow.
v. + **в. ма́ти в.** have a value (**визнача́ти** put ◊ **Тя́жко ви́значити в. руко́пису.** It is difficult to put a value on the manuscript. **виво́дити** *or* **вирахо́вувати** work out, **встано́влювати** determine, **обчи́слювати** calculate, **прикида́ти** estimate; **збі́льшувати** increase ◊ **Зна́ння трьох мов лише́ збі́льшить в. Іва́нни як фахівця́.** Her command of three languages will only increase Ivanna's value as a specialist. **підно́сити** raise, **роздува́ти** inflate ◊ **Він роздува́в в. фі́рми пе́ред її́ про́дажем.** He inflated the firm's value before selling it. **максимізува́ти** maximize, **перебі́льшувати** exaggerate, **переоці́нювати** overestimate; reassess; **подво́ювати** double, **потро́ювати** triple; **втрача́ти** lose; **зме́ншувати** diminish, **зни́жувати** lower ◊ **Посере́дник намага́вся шту́чно зни́зити в. нерухо́мости.** The middleman was trying to artificially lower the value of the piece of real estate. **скоро́чувати** reduce; **недооці́нювати** underestimate; **зберіга́ти** retain; **представля́ти** represent, **станови́ти** constitute) ◊ **Коле́кція моне́т стано́вить висо́ку номіна́льну в.** The coin collection constitutes a high nominal value. **додава́ти** + *D.* **~ости** add value to sb/sth ◊ **Таки́й до́свід додава́в Оре́сті ~ости як організа́торці.** Such experience added value to Oresta as organizer. (**набува́ти** gain in) ◊ **З ча́сом пе́рський ки́лим набува́є ~ости.** With time, the Persian rug gains in value.
prep. ♦ **бу́ти ~істю в** + *A.* to be worth sth ◊ **Пе́рстень ~істю в ти́сячу гри́вень.** The ring is worth ₴1,000.
Also see **ці́нність 1**
2 *fig.* value, importance ◊ **Спо́гади очеви́дців ма́ють в. для істо́риків.** The eyewitnesses' reminiscences have value for historians.
adj. **вели́ка** great, **величе́зна** immense, **висо́ка** high, **додатко́ва** added, **надзвича́йна** extraordinary ◊ **предме́т надзвича́йної ~ости** an object of extraordinary value; **неоціне́нна** invaluable; **обме́жена** limited; **трива́ла** lasting;

правди́ва true, **реа́льна** real, **спра́вжня** genuine; **сумні́вна** questionable ◊ **пора́да сумні́вної ~ости** advice of questionable value; **естети́чна** esthetic, **культу́рна** cultural, **практи́чна** practical, **сентимента́льна** sentimental, **символі́чна** symbolic ◊ **Ви́бір мо́ви спілкува́ння ма́є величе́зну символі́чну в.** The choice of the language of communication has an immense symbolic value. **суспі́льна** social; **пожи́вна** nutritional ◊ **Квасо́ля ма́є висо́ку пожи́вну в.** Beans have high nutritional value.

v. + **в. визнава́ти в.** recognize the value ◊ **Коле́ґи до́вго не хоті́ли ви́знати в. її ви́находу.** For a long time, her peers would not recognize the value of her invention. (**виявля́ти** reveal, **демонструва́ти** demonstrate, **розумі́ти** understand, **усвідо́млювати** realize; **дово́дити** prove, **підтве́рджувати** confirm; **оці́нювати** assess, **перебі́льшувати** exaggerate, **переоці́нювати** overrate, **підкре́слювати** underline; **недооці́нювати** underestimate, **піддава́ти су́мніву** question ◊ **Вони́ піддаю́ть су́мніву культу́рну в. книжко́вого фо́руму.** They question the cultural value of the book forum. **приме́ншувати** diminish); **додава́ти до ~ости** add to the value; **наголо́шувати на ~ості** emphasize the value

в. + *v.* **поляга́ти в** + *L.* lie in sth ◊ **В. публіка́ції поляга́є в нови́х да́них, які вона́ упри́ступнює.** The value of the publication lies in the new data it makes accessible.

prep. **в. для** + *G.* value to sb ◊ **Вона́ поціно́вує в. словника́ для перекладачі́в.** She prizes the value of the dictionary to translators.

Also see **вага́ 3, ціна́**

ва́рто, *pred., var.* **варт**
worth *(advice)*, worthy, worthwhile; should + *D.*
♦ **бу́ти в.** + *inf.* be worth doing sth ◊ **Марко́ві було́ в. купи́ти цю кни́жку.** This book was worth buying for Marko. ◊ **У таку́ пого́ду в. погуля́ти над рі́чкою.** In weather like this, it is worth taking a walk by the river.

adv. **абсолю́тно** absolutely ◊ **Їм абсолю́тно в. зроби́ти це.** They should absolutely do it. **бі́льше** more, **геть** totally

варту|ва́ти[1], **~ють;** *no pf., tran.*
to cost, be worth ◊ **Стіл ~ва́в сто гри́вень.** The table cost ₴100. ◊ **Кни́жка ~ва́ла Катери́ні бага́то безсо́нних ноче́й.** The book cost Kateryna many a sleepless night.

See **ко́штува́ти.** *Also see* **обхо́дитися 2**

варту|ва́ти[2], **~ють;** *no pf., tran. and intr.*
to stand guard, be on watch, look after ◊ **Він ~є на́шу безпе́ку.** He guards our safety. ◊ **Під двери́ма ~ють два пси.** Two dogs are on watch at the door.

See **охороня́ти**

вбива́|ти, *var.* **убива́ти**, **~ють; вби́ти**, *var.* **уби́ти**, **вб'|ють**, *tran. and intr.*
1 *tran. and intr.* to kill, murder, slay, assassinate + *I.* with sth ◊ **Лесь наре́шті знайшо́в батьківщи́ну зара́ди якої ва́рто вмира́ти і в.** Les finally found the homeland for which it is worth to die and to kill.

adv. **не розбира́ючи** indiscriminately; **безжа́льно** mercilessly, **брута́льно** brutally, **жорсто́ко** cruelly, **несправедли́во** unjustly, **пі́дло** basely, **підсту́пно** treacherously; **вре́шті-ре́шт** eventually, **наре́шті** finally; **неуни́кно** inevitably, **пові́льно** slowly, **поступо́во** gradually; **зара́з же** right away, **митте́во** instantly, **шви́дко** quickly ◊ **Він запевня́в, що на бі́йні твари́н ~ли шви́дко й безбо́лісно.** He assured that animals were killed quickly and painlessly at the slaughterhouse. **ма́йже** almost, **тро́хи не** nearly ◊ **Його́ тро́хи не вби́ла бли́скавка.** He was nearly killed by lightning. **випадко́во** accidentally, **ненаро́ком** inadvertently; **зуми́сне** on purpose, **навми́сне** deliberately, **намі́рено** intentionally; **незако́нно** unlawfully; **системати́чно** systematically

в. + *n.* **в. ка́менем** kill with a stone (**ку́лею** bullet, **ноже́м** knife, **соки́рою** ax; **отру́тою** poison, venom, **поло́нієм** polonium, **го́лодом** by starvation) ◊ **Уряд убива́в селя́н го́лодом.** The government was killing peasants with starvation. ♦ **Він не вб'є му́хи.** He won't hurt a fly.

v. + **в. бу́ти гото́вим** be prepared to; **виріі́шувати** decide to; **змушувати** + *A.* make sb; **збира́тися** be going to, **ма́ти намі́р** intend to, **планува́ти** plan to; **намага́тися** try to, **роби́ти спро́бу** make an attempt to ◊ **Терори́сти зроби́ли кі́лька спроб уби́ти нача́льника полі́ції.** Terrorists made several attempts to assassinate the chief of police. **погро́жувати** threaten to ◊ **Незнайо́мець погро́жував вби́ти всю роди́ну.** The stranger threatened to kill the entire family. **хоті́ти** want to; **змогти́** *pf.* manage to ◊ **Вона́ змогла́ вби́ти ґвалті́вника́.** She managed to kill the rapist.

Also see **би́ти 6, замо́рювати 1, кла́сти 3, ліквідува́ти 2, ни́щити, прибира́ти 4, усува́ти 2**
2 *fig.* to overwhelm *(with emotion)*, kill, finish off

adv. **до́слівно** literally ◊ **Її байду́жість до́слівно ~є Ле́ва.** Her indifference is literally killing Lev. **спра́вді** truly; ♦ **хоч убий** for the life of me (him, her) ◊ **Протиле́жна сторона́, хоч уби́й, не пого́диться.** The opposite side won't agree for the life of them. ♦ **в. двох за́йців одни́м по́стрілом** to kill two birds with one stone
3 to waste *(time)* ◊ **Він диви́вся фі́льми, щоб уби́ти час.** He watched movies, so as to kill time.

prep. **в. на** + *A.* waste on sb/sth ◊ **Ми вби́ли годи́ну на впра́ви.** We wasted an hour in order to do the exercises.

See **марнува́ти, тра́тити 2**
4 to drive in *(a nail, etc.)*, hammer in ◊ **Васи́ль ~є цвя́х у до́шку двома́ уда́рами молотка́.** Vasyl drives a nail into the board with two hits of the hammer. ♦ **вби́ти** + *D.* **в го́лову, що** + *clause pf.* to take (put) into one's (sb's) head ◊ **Він уби́в Рома́нові в го́лову, що його́ лю́блять.** He put it into Roman's head that he is disliked.

pa. pple. **вби́тий** killed
вбива́й! вбий!

вби́вств|о, *nt., var.* **убивство**
murder, assassination, killing, homicide

adj. **брута́льне** brutal, **дику́нське** savage, **жорсто́ке** cruel; **зуми́сне** deliberate, **навми́сне** premeditated, **сплано́ване** planned ◊ **Все це ма́ло озна́ки сплано́ваного ~а.** All this had the signs of a planned killing. **ціле́ве** targeted; **випадко́ве** accidental, **ненавми́сне** unintended; **трагі́чне** tragic; **крива́ве** bloody; **безпрецеде́нтне** unprecedented, **нечу́ване** unheard-of, **страхітли́ве** horrifying, **страшне́** horrible; **загадко́ве** enigmatic, **таємни́че** mysterious; **безглу́зде** senseless, **ма́сове** mass ◊ **Він приче́тний до ма́сових убивств циві́льних.** He is involved in mass killings of civilians. **пова́льне** indiscriminate, **сваві́льне** wanton; **замо́вне** contract ◊ **«Самогу́бство» наспра́вді було́ замо́вним ~ом.** The "suicide" was actually a contract killing. **незако́нне** unlawful; **політи́чне** political

v. + **в. вчиня́ти** *or* **ско́ювати в.** commit murder ◊ **Слі́дство встанови́ло, що громадя́ни́н Т. вчини́в два ~а.** The investigation established that citizen T. had committed two murders. (**відверта́ти** avert; **розсте́жувати** investigate; **готува́ти** prepare, **замовля́ти** contract, **організо́вувати** organize; **планува́ти** plan; **кваліфікува́ти** + *A.* **як** rule *or* classify sth as ◊ **Його́ смерть кваліфіку́ють як випадко́ве в.** His death is ruled an accidental homicide. **плати́ти за** pay for) ◊ **В заплати́в за в. жі́нки.** He paid for his wife's murder. **роби́ти спро́бу ~а** attempt a murder (**бу́ти сві́дком** be witness to, **става́ти сві́дком** become witness to ◊ **Винничу́к став сві́дком загадко́вого ~а.** Vynnychuk became witness to an enigmatic murder. **бу́ти співуча́сником** be accomplice to ◊ **Він був співуча́сником крива́вого ~а.** He was an accomplice to a bloody murder. **става́ти співуча́сником** become accomplice to; **вдава́тися до** resort to) ◊ **Щоб зберегти́ вла́ду, дикта́тор вдався до ~а вла́сних громадя́н.** To keep his power, the dictator resorted to the murder of his own citizens. **запобіга́ти ~у** prevent a murder (**перешкоджа́ти** thwart); **бу́ти ~ом** be a murder (**вважа́ти** + *A.* regard sth as; **кваліфікува́ти** + *A.* classify sth as; **погро́жувати** + *D.* threaten sb with) ◊ **Терори́сти погро́жують у́рядові ~ом заруч́ників.** The terrorists threaten the government with the murder of the hostages. **звинува́чувати** + *A.* **у ~і** accuse sb of murder ◊ **Її звинува́чують у ~і вла́сного чолові́ка.** She stands accused of her own husband's murder. (**звинува́чуватися у** be accused of; **признава́тися у** admit to) ◊ **Він призна́вся у ~і бізнесо́вого партне́ра.** He admitted to killing his business partner.

Also see **зло́чин, самогу́бство**

вби́вц|я, *m. and f., var.* **убивця**
killer, assassin, murderer

adj. **засу́джений** convicted, **оска́ржений** accused, **підо́зрюваний** suspected; **безсерде́чний** heartless, **брута́льний** brutal, **жорсто́кий** cruel, **крива́вий** bloody, **кровоже́рний** bloodthirsty; **закоре́нілий** confirmed; ♦ **патологі́чний в.** a serial killer ◊ **Фільм засно́ваний на реа́льній істо́рії патологі́чного ~і.** The movie is based on a real-life story of a serial killer. **боже́вільний** crazy, **психопати́чний** psychopathic; **сумнозві́сний** notorious; **спра́вжній** real ◊ **Про́тягом сорока́ ро́ків ім'я́ спра́вжнього ~і лиша́лося невідо́мим.** For forty years, the name of the real killer remained unknown. **випадко́вий** accidental; **га́даний** alleged ◊ **відби́тки па́льців га́даного ~і** the alleged killer's fingerprints; **замо́вний** contract ◊ **Головно́ю герої́нею фі́льму є замо́вна в.** The protagonist of the film is a (female) contract killer. **на́вчений** trained ◊ **Слу́жба безпе́ки ви́крила гру́пу спеціа́льно на́вчених ~ь.** The security service revealed a group of specially trained killers. **на́йнятий** hired, **професі́йний** professional

v. + **в. викрива́ти ~ю** reveal a killer (**висте́жувати** track down ◊ **Щоб ви́стежити ~ю, сім'я́ найняла́ прива́тного детекти́ва.** In order to track down the killer, the family hired a private eye. **зааре́штовувати** arrest, **затри́мувати** apprehend ◊ **~ю затри́мали насту́пного дня.** The killer was apprehended on the following day. **знахо́дити** find ◊ **Слі́дчий знайшо́в ~ю журналі́ста.** The detective found the journalist's killer. **зупиня́ти** stop, **лови́ти** catch; **впізнава́ти** recognize ◊ **Сві́док упізна́в ~ю.** The witness recognized the killer. **ідентифі́кува́ти** identify **притя́гувати до су́ду** bring to justice ◊ **Прокуро́р пообіця́в, що притя́гне до су́ду ~ю полі́тика.** The prosecutor promised he would bring the politician's killer to justice. **розшу́кувати** be wanted by *(police)* ◊ **Полі́ція розшу́кує ~ю.** The killer is wanted by the police. **шука́ти** look for)

в. + *v.* **вбива́ти** + *A.* kill sb, **души́ти** + *A.* strangle sb ◊ **В. души́в свої́х же́ртв.** The killer strangled his victims. **мордува́ти** + *A.* murder sb ◊ **В. замордува́в се́меро осі́б.** The killer murdered seven people. **висте́жувати** + *A.* stalk sb; **втіка́ти** flee, **хова́тися** hide ◊ **У. хова́ється за кордо́ном.** The killer is hiding abroad.

Also see **злочи́нець**

вби́вч|ий, *var.* **убивчий**, *adj.*
1 deadly, mortal, lethal ◊ **Ніхто́ не ба́чив і не**

відчува́в ~ого промі́ння радіоакти́вного плуто́нію. Nobody saw and felt the deadly rays of radioactive plutonium.
See **смерте́льний 1.** *Also see* **фата́льний 1**
2 *fig.* scathing, searing, extreme, devastating ◊ **Ва́жко працюва́ти в таку́ ~у спе́ку.** It's hard to work in such searing heat. ◊ **В її́ го́лосі брині́в у. сарка́зм.** Searing sarcasm was ringing in her voice.
See **дошку́льний**
3 *fig.* stunning, killing, killer ◊ **Андрі́й усміха́вся до не́ї ~ою по́смішкою.** Andrii was smiling his killer smile at her. ◊ **В Окса́ни ~е почуття́ гу́мору.** Oksana has a killer sense of humor.
See **разю́чий 1, ефе́ктний, приголо́мшливий**

вбира́|ти, *var.* **убира́ти, ~ють; вві́бра́ти**, *var.* **уві́бра́ти**, *also* **вбра́ти**, *var.* **убра́ти, вбер|у́ть**, *tran.*
1 to take in, inhale ◊ **Оле́кса рі́зко вві́бра́в пові́тря че́рез ніс.** Oleksa sharply inhaled the air through the nose.
2 to absorb, soak up; *also fig.* ◊ **Сті́ни зро́блені з матеріа́лу, що ~є звук.** The walls are made of the material that absorbs sound.
adv. **до́бре** well, **кра́ще** better, **ле́гко** easily, **шви́дко** quickly ◊ **Баво́вна шви́дко ~є воло́гу.** Cotton quickly absorbs moisture. **пові́льно** slowly, **поступо́во** gradually
v. + **в. ста́ти** *pf.* start to, **продо́вжувати** continue to; **перестава́ти** stop ◊ **Насити́вшись водо́ю, гу́бка переста́ла в. воло́гу.** Having gotten saturated with water, the sponge stopped absorbing moisture.

вбира́|тися, *var.* **убира́тися; вібра́тися**, *var.* **увібра́тися**, *intr.*
pass. to get absorbed ◊ **Дощова́ вода́ ~ється корі́нням де́рева.** Rainwater is absorbed by the tree roots.

вби́|ти, *var.* **уби́ти**, *pf., see* **вбива́ти**
to kill; destroy ◊ **Своє́ю відпові́ддю Гали́на ~ла в ньо́го бажа́ння продо́вжувати розмо́ву.** *fig.* By her response, Halyna killed in him the desire to continue the conversation.

вбік, *var.* **убі́к**, *adv.*
aside, to the side ◊ **Наза́р диви́вся куди́сь у.** Nazar was looking somewhere aside.
adv. **геть** totally, **ціл́ком** completely; **де́що** somewhat, **куди́сь** somewhere, **тро́хи** a little ◊ **Вона́ посу́нула сті́ле́ць тро́хи в.** She shifted the chair a little to the side.
v. + **в. відступа́ти в.** step aside ◊ **Хло́пець відступи́в в.** The boy stepped aside.

вболіва́льник, *var.* **уболіва́льник**, *m.*; **вболіва́льниця**, *f., var.*, **уболіва́льниця**
1 *sport* fan
adj. **вели́кий** great, **величе́зний** huge, **ві́дданий** devoted, **ві́рний** loyal ◊ **Петро́ – ві́рний у. льві́вських «Карпа́т».** Petro is a loyal fan of Lviv *Karpaty (soccer club).* **затя́тий** inveterate, **при́страсний** passionate; **галасли́вий** rowdy; **правди́вий** true, **спра́вжній** real; **да́вній** long-time, **стари́й** old; **баскетбо́льний** basketball, **гоке́йний** hockey, **футбо́льний** soccer, *etc.*
n. + **в. вебсторі́нка ~ів** a fan website ◊ **Віта́ння з'яви́лося на вебсторі́нці ~ів боксе́ра.** The greeting appeared on the boxer's fan website. (**гру́па** group, **клуб** club) ◊ **Він ма́є три клу́би ~ів.** He has three fan clubs.
v. + **в. відшто́вхувати ~а від** + *G.* alienate a fan from sb ◊ **Пора́зка відштовхну́ла від дружи́ни не одного́ ~а.** The team's defeat alienated more than one fan from it. (**підво́дити** let down; **розчаро́вувати** disappoint; **задовольня́ти** satisfy, **захо́плювати** delight, **прива́блювати** attract); **бу́ти ~ом** be a fan (**виявля́тися** turn out ◊ **Іва́н ви́явився при́страсним ~ом клу́бу.** Ivan turned out to be a passionate fan of the club. **лиша́тися** remain, **става́ти** become) ◊ **Він став футбо́льним ~ом.** He became a soccer fan.
в. + *v.* **запо́внювати** + *A.* pack sth ◊ **Ти́сячі ~ів запо́внили вщент мі́ський стадіо́н.** Thousands of fans packed the city stadium to the rafters. **збира́тися** gather, **з'явля́тися** turn up ◊ **На гру з'яви́лося бага́то ~ів.** Many fans showed up for the game. **прихо́дити** come; **осви́стувати** + *A.* boo sb ◊ **Місце́ві ~и осви́стували дружи́ну-супе́рницю.** Local fans were booing the rival team. **аплодува́ти** + *D.* applaud sb, **пле́скати** clap; **вболіва́ти за** + *A.* root for *(a team)*, cheer, **заохо́чувати** + *A.* encourage sb; **скандува́ти** + *A.* chant sth ◊ **~и скандува́ли одне́ га́сло.** The fans were chanting the same slogan.
2 supporter, admirer ◊ **Співа́к ма́є бага́то ~ів у Херсо́ні.** The singer has a lot of supporters in Kherson. ◊ **Акто́рка була́ перевдя́гнена, щоб уни́кнути ува́ги набри́дливих ~ів.** The actress was in disguise to avoid the attention of her meddlesome admirers.
Also see **прибі́чник 1**

вбра́|ти, *var.* **убра́ти**, *pf., see* **вбира́ти**
to dress, clothe ◊ **Сестра́ ~ла Оле́нку.** Sister dressed Olenka.

вбра́|тися, *var.* **убра́тися**, *pf., see* **вбира́тися**
to dress oneself, clothe oneself ◊ **Марко́ ху́тко ~вся.** Marko quickly dressed.

вважа́|ти, ~ють, *var.* **уважа́ти;** *no pf.*
1 to be of the opinion, think, *usu* + **що** + *clause* ◊ **Я ~ю, що нам слід зачека́ти ще день.** I think we should wait for another day.
adj. **ді́йсно** really ◊ **Ви ді́йсно ~єте, що це неви́нна поми́лка?** Do you really think it's an innocent mistake? **односта́йно** unanimously, **напра́вду** truly, **серйо́зно** seriously, **спра́вді** genuinely, **так** so ◊ **Він так не ~є.** He doesn't think so. **помилко́во** mistakenly, **пра́вильно** correctly; **все ще** still, **до́вго** for a long time, **яки́йсь час** for some time; **да́лі** further, **незмі́нно** invariably, **як за́вжди́** as always, **як і рані́ше** as before; **впе́рто** stubbornly, **по́при все** despite everything, **одна́к** however, **ту́по** *colloq.* pig-headedly
v. + **в. бу́ти схи́льним** be inclined to ◊ **Вона́ схи́льна в., що ї́хня спі́лка тимчасо́ва.** She is inclined to think that their alliance is temporary. **почина́ти** begin, **ста́ти** *pf.* start to, **продо́вжувати** continue to ◊ **Він продо́вжує в., що втруча́ння невипра́вдане.** He continues to think that the interference is unjustified. **переста́ти** *pf.* stop to ◊ **Си́мон переста́в так в.** Symon has stopped thinking so.
Also see **гада́ти 2, ду́мати 2, лічи́ти 2, рахува́ти 4**
2 to consider, regard, look at, deem + *I.* ◊ **Коміте́т ~є її́ у́часть бажа́ною.** The committee considers her participation desirable. ♦ **~а́й** *or* **~а́йте** one can say ◊ **Він діста́в ма́єток, ~а́й задарма.** He got the estate for nothing, one can say.
prep. **в. за** + *A.* take for sb/sth ◊ **Ната́лка ~ла його́ за наї́вного ду́рня.** Natalka took him for a naive fool.
See **ду́мати 2, сприйма́ти 2.** *Also see* **бра́ти 6, розці́нювати 2**
3 to pay attention, count with, heed, take into account, reckon with ◊ **Вони́ йшли, не ~ючи на тру́днощі.** They went, paying no attention to difficulties.
adv. **обов'язко́во** definitely; **весь час** all the time, **за́вжди́** always, **незмі́нно** invariably ◊ **Він незмі́нно ~є на на́слідки свої́х зая́в.** He invariably takes into consideration the consequences of his pronouncements. **в пе́ршу че́ргу** above all, **наса́мперед** primarily, **перш за все** first of all; **особли́во** especially; **пи́льно** carefully, **скрупульо́зно** scrupulously; **зо́всім не** not at all, **майже не** almost, **ніко́ли не** never
v. + **в. бу́ти слід** + *D.* should ◊ **Вам слід в. на пого́ду.** You should pay attention to the weather. **бу́ти тре́ба** + *D.* need to ◊ **Ле́вові тре́ба в. на те, що він ї́сть і п'є.** Lev needs to be careful about what he eats and drinks. **зму́шувати** + *A.* make sb ◊ **Нови́й провідни́к краї́ни зму́сив Брю́сель в. на се́бе.** The new leader of the country made Brussels heed him. ♦ **~й!** watch out! be careful!
prep. **в на** + *A.* pay attention to ◊ **Тлума́чачи текст, Адрія́на ~ла на обста́вини, в яки́х його́ напи́сано.** While interpreting the text, Adriiana paid attention to the circumstances it had been written in.
Also see **зважа́ти, рахува́тися 1, 2**

вверх, *var.* **уве́рх**, *adv., dir.*
up, upward; upstream ◊ **Поди́вися в.!** Look up! ◊ **Гу́сінь лі́зла в. по сто́вбуру де́рева.** The caterpillar was climbing up the tree trunk.
Also see **вго́ру**

ввесь, *var.* **уве́сь**, *see* **весь**

вве́чері, *var.* **уве́чері**, *adv.*
in the evening, at night *(before midnight)* ◊ **В. жа́би го́лосно ква́кали.** In the evening, the frogs croaked loudly.
adv. **вчо́ра** yesterday ◊ **Вчо́ра в. була́ гроза́.** There was a thunderstorm yesterday evening. **за́втра** tomorrow, **позавчо́ра** the day before yesterday, **сього́дні** tonight; **коли́сь** some day, **я́кось** one day ◊ **Вона́ обі́цяє повести́ Петра́ до о́зера я́кось в.** She promises to take Petro to the lake one day.
Also see **вночі́, ве́чір, звечо́ра 2.** *Ant.* **вра́нці**

ввій|ти́, *var.* **увійти́**, *pf., see* **вхо́дити**
to enter, go in, come in ◊ **Відві́дувачі ~шли́ з чо́рного вхо́ду.** The visitors entered through the back door.

ввімкну́|ти, *var.* **увімкну́ти**, *pf., see* **вмика́ти**
to turn on, switch on ◊ **Христя́ ~ла сві́тло.** Khrystia turned on the light.

ввод|и́ти, *var.* **уво́дити, ~ять; ввести́**, *var.* **увести́, введ|у́ть;** *pa. m.* **ввів**, *pl.* **ввели́**, *tran.*
1 to bring in, take, usher, introduce; *also fig.* ◊ **Капіта́н наказа́в увести́ заарешто́ваного.** The captain ordered to bring the arrested in. ◊ **Виклада́ч уві́в нову́ змі́нну в рівня́ння.** The instructor introduced a new variable into the equation. ◊ **Ма́йстер уво́див ї́х у таємни́ці ремесла́.** The master introduced them to the secrets of his craft. ◊ **Письме́нниця ввела́ в мо́ву ни́зку нови́х слів.** The (female) writer introduced a host of new words into the language.
prep. **в. в** + *A.* bring in/to sth; ♦ **в. в курс спра́ви** to tell sb what's what, put sb in the know of sth ◊ **Борисе́нко шви́дко ввів усі́х у курс спра́ви.** Borysenko quickly put everybody in the know of the matter. ♦ **в. в ома́ну** to mislead, lie ◊ **Журналі́ст свідо́мо вводи́в чита́чів в ома́ну.** The journalist intentionally lied to readers. ♦ **в. у споку́су** to lead into temptation ◊ **І не введи́ нас у споку́су, а ви́зволи нас від лука́вого.** And lead us not into temptation but deliver us from evil (Matthew, 6:13).
в. до + *G.* introduce, induct in/to sth ◊ **Її́ ввели́ до комі́сії.** She was inducted into the committee.
Ant. **виво́дити 1**
2 to launch, set in motion ◊ **Цей ме́тод збага́чення руди́ ввели́ давно́.** This method of ore enrichment was initiated a long time ago. ♦ **в. в ді́ю** *and* **експлуата́цію** to put into operation ◊ **Заво́д уведу́ть у ді́ю в жо́втні.** The plant will

be put into operation in October.
3 to inject (*drugs, etc.*) ◊ **Лі́ки ~ять дожи́льно.** The medicine is injected intravenously.
prep. **в. в** + *A.* inject in/to sth ◊ **Лі́кар уві́в адренал́ін про́сто в се́рце.** The doctor injected adrenaline straight into the heart.

вгада́|ти, *var.* **угада́ти**, *pf., see* **вга́дувати**
to guess, divine, surmise, intuit ◊ **Ви ніко́ли не ~єте, з ким одружи́лася Ната́ля.** You'll never guess who Natalia got married to.

вга́ду|вати, *var.* **уга́дувати**, **~ють; вгада́|ти**, **~ють**, *tran.*
to guess ◊ **Вгада́й, хто це.** Guess who that is.
adv. **ле́гко** easily ◊ **По його́ розмо́ві ле́гко вгада́ти, що Дави́д з Полі́сся.** It is easy to guess by the way he speaks that Davyd is from Polissia. **за́раз же** right away, **одра́зу** at once, **шви́дко** quickly, **я́кось** somehow; **геніа́льно** brilliantly, **пра́вильно** correctly; **ле́две** scarcely, **наси́лу** barely; **ма́йже** almost; **ні за які гро́ші не** not for love or money, **ніко́ли не** never
v. + **в. вдава́тися** + *D.* manage to ◊ **Йому́ вдало́ся вгада́ти відпові́дь на пита́ння.** He managed to guess the answer. **могти́** can; **намага́тися** try to, **про́бувати** attempt to
pa. pple. **вга́даний** guessed
вга́дуй! вгада́й!

вглиб, *var.* **угли́б**, *prep., adv.*
1 *prep.* deep into sth, into the depth of sh + *G.* ◊ **Ма́терині слова́ прони́кли їй у. се́рця.** Her mother's words got into her heart of heart's. ◊ **Він ру́хався в. па́рку.** He was moving into the depth of the park.
2 *adv.* deep, into the depth ◊ **Тут слід диви́тися в.** One should look deep here. ◊ **Да́лі в., ліс става́в густі́шим.** The forest grew thicker farther into its depth. ♦ **бу́ти** + *A.* **в.** to be (*measure*) deep ◊ **Бі́ля бе́рега рі́чка два ме́три в.** Near the bank, the river is 3 m deep.

вго́лос, *var.* **уго́лос**, *adv.*
aloud, out loud
v. + **в. чита́ти в.** read aloud ◊ **Ю́рій узя́в за зви́чку чита́ти все в.** Yurii made it his habit to read everything aloud. (**дивува́тися** marvel ◊ **Вона́ в. дивува́лася фанта́зії маляра́.** She marveled aloud at the artist's imagination. **ду́мати** think) ◊ **Він говори́в такі інти́мні ре́чі, нена́че ду́мав в.** He was saying such intimate things, as if thinking out loud.

вгорі́, *var.* **угорі́**, *adv., posn.*
above, up above, high up ◊ **В. те́мно та хо́лодно.** It is dark and cold up above.
adv. **ген** far ◊ **Ген у. над мі́стом ширя́ють леле́ки.** Storks are hovering far above the city. **геть** all the way, **десь** somewhere, **пря́мо** straight ◊ **На схо́дах пря́мо в. хтось стоя́в.** Somebody was standing on the staircase right above. **там** there
Cf. **вго́ру**

вго́ру, *var.* **уго́ру**, *adv., dir.*
up, upwards, uphill ◊ **Володи́мир подиви́вся в.** Volodymyr looked up. ◊ **Вузька́ сте́жка змі́їлася дале́ко в.** The narrow path snaked way uphill. ◊ **Хтось підніма́вся в. схо́дами.** Somebody was climbing up the stairs. ◊ **Взи́мку ці́ни на па́льне пі́дуть в.** The fuel prices will rise in the winter. ♦ **в. і вниз** up and down; ♦ **ру́ки в.!** hands up!
Also **вверх.** *Cf.* **наве́рх**

вда́ван|ий, *var.* **уда́ваний**, *adj.*
feigned, simulated ◊ **~а щи́рість лицемі́ра** a feigned candidness of a hypocrite
adv. **ви́разно** distinctly, **геть** totally, **я́вно** clearly ◊ **Він говори́в із я́вно ~им обу́ренням на обли́ччі.** He spoke with a clearly simulated indignation on his face.
Also see **ви́гаданий, зо́внішній 2, пози́рний, символі́чний 2, уя́вний.** *Ant.* **реа́льний, спра́вжній**

вда|ва́ти, *var.* **удава́ти**, **~ю́ть; вда́|ти**, *var.* **уда́ти**, **~м**, **~си́**, **~сть**, **~мо́**, **~сте́**, **~ду́ть**, *tran. and intr.*
1 *tran.* to pretend, feign, simulate, *often with* **з се́бе**
adv. **вмі́ло** skillfully, **майсте́рно** masterfully, **нату́жно** strenuously, **переко́нливо** convincingly ◊ **Лев переко́нливо ~ва́в із се́бе неви́нного.** Lev convincingly feigned innocence. **всього́ лише́** merely; **дарма́** in vain; **за́вжди́** always, **навми́сне** deliberately; **наспра́вді** in reality; **про́сто** simply; **принайм́ні** *or* **хоч** at least ◊ **Чи Га́нна мо́же хоч уда́ти, що їй ціка́во?** Can Hanna at least pretend that this is interesting for her? **зрадли́во** treacherously, **підсту́пно** perfidiously, **хи́тро** cunningly; **скі́льки завго́дно** all one wants ◊ **Мо́жеш скі́льки завго́дно в.** You can pretend all you want.
в. + *n.* **в. біль** feign pain (**божеві́лля** madness, **лють** fury; **забу́дькуватість** forgetfulness, **заціка́вленість** interest ◊ **Рома́н ~вав заціка́влення у то́му, що каза́в виклада́ч.** Roman feigned interest in what the instructor was saying. **неви́нність** innocence; **потрясі́ння** shock, **розгу́бленість** confusion; **захо́плення** fascination), **в. вче́ного** feign to be a scholar (**осві́чену люди́ну** educated person ◊ **То́ня ~ва́ла з се́бе осві́чену люди́ну.** Tonia pretended to be an educated person. **лібера́ла** liberal, **патріо́та** patriot, **профе́сора** professor, **фахівця́** expert, **шпигуна́** spy; **ідіо́та** idiot; **дру́га** friend, **прибі́чника** supporter, **сою́зника** ally, **новачка́** novice, **початкі́вця** beginner; **ветера́на** veteran; **лібера́ла** liberal; **байду́жого** indifferent, **наї́вного** naive, **неви́нного** innocent; **непоінформо́ваного** uninformed; **обу́реного** outraged; **свято́го** saint; **глухо́го** deaf, **пригл́ухуватого** a little deaf, **сліпо́го** blind, **хво́рого** sick), ♦ **в. ду́рня** *or* **ду́рника** to play the fool
v. + **в. бу́ти змушеним** be forced to, **бу́ти тре́ба** + *D.* need to, **ма́ти** have to; **вмі́ти** be able to, **могти́** can; **люби́ти** like to, **намага́тися** try to, **про́бувати** attempt to ◊ **Вони́ про́бували в. з се́бе прибі́чників ру́ху.** They attempted to pretend to be the movement's supporters. **бу́ти глу́по** be foolish to, **бу́ти ма́рно** be futile to; **бу́ти нече́сно** be dishonest to; **почина́ти** begin to, **ста́ти** *pf.* start ◊ **Вона́ ста́ла в. глуху́.** She started pretending to be deaf. **перестава́ти** stop ◊ **Переста́ньте в. ду́рника!** Stop playing the fool! **продо́вжувати** go on
only pres. pple. **вда́ваний** feigned
Also see **симулюва́ти 1**
2 *intr.* to pretend, feign ◊ **Він не хво́рий, він ті́льки ~є.** He isn't sick; he is only feigning.
вдава́й! вдай!
Also see **симулюва́ти 2**

вда|ва́тися, *var.* **удава́тися; вда́тися**, *var.* **уда́тися**, *intr.*
1 to be a success, come out well, succeed
adv. **до́бре** well ◊ **Хліб ду́же до́бре ~вся.** The bread came out very well. **за́вжди́** always; **ле́гко** easily, **з пе́ршого ра́зу** at first go, **одра́зу** at once ◊ **Нова́ поста́ва п'є́си ~ла́ся з пе́ршого ра́зу.** The new production of the play was a success at first go. **ніко́ли не** never, **я́вно** clearly ◊ **Виста́ва я́вно ~ла́ся.** The show was clearly a success. **ле́две** hardly, **ма́йже** almost ◊ **Його́ іміта́ція бра́та по телефо́ну ма́йже ~ла́ся.** His impersonation of his brother over the phone almost succeeded.
2 *only impers. with* 3rd *pers. sg.* + *D.* to succeed, manage
adv. **до́бре** well ◊ **Наза́рові до́бре ~є́ться іміту́вати полта́вську гові́рку.** Nazar manages to imitate the Poltava vernacular well. **за́вжди́** always; **ле́гко** easily; **з пе́ршого ра́зу** at first go ◊ **Рі́дко кому́ ~є́ться скла́сти і́спит із пе́ршого ра́зу.** Rarely anybody succeeds in passing the exam at first go. **ле́две** hardly, **ма́йже** almost
Also see **могти́ 2, щасти́ти 2**
3 *usu pf.* to turn on, prove, happen ◊ **День ~вся ти́хим.** The day turned out to be calm.
4 to grow up to be, prove to be ◊ **Людми́ла ~ла́ся розу́мною жі́нкою.** Liudmyla grew up to be an intelligent woman. ◊ **Усі́ їхні ді́ти ~ли́ся працьови́тими.** All their children grew up to be hard-working. ◊ **Він не ~вся ро́зумом.** He is not the sharpest knife in the drawer.
prep. **в. до** + *G. or* **на** + *A.* prove apt to sth ◊ **Він ~вся ско́рим на вся́кі ви́гадки.** He was quick to come up with all kinds of inventions.
5 to fall into (*despair , etc.*), lapse, give in to
prep. **в. в** + *A.* give in to (*emotion*) ◊ **Мо́тря не ~ва́лася в ро́зпач.** Motria did not give in to despair. ◊ **Під час панде́мії ле́гко ~тися в депре́сію.** During the pandemic, it is easy to fall into depression. ♦ **в. в па́ніку** to panic
6 to resort to, turn to, engage in, do ◊ **Махно́ ~вся до коме́рції з вла́сної во́лі.** Makhno turned to commerce of his own will.
adv. **весь час** all the time, **зно́ву** again, **и́ноді** sometimes, **и́нколи** at times, **час від ча́су** from time to time, **ча́сто** often; **ніко́ли не** never ◊ **Вони́ ніко́ли не ~ва́лися до таки́х ме́тодів.** They had never resorted to such methods.
v. + **в. бу́ти гото́вим** be ready to ◊ **Вони́ гото́ві ~тися до си́ли.** They are ready to resort to violence. **бу́ти зму́шеним** be forced to ◊ **Вони́ були́ зму́шені ~тися до подві́йної бухгалте́рії.** They were forced to resort to double-entry bookkeeping. **бу́ти тре́ба** + *D.* need to; **відмовля́тися** refuse to; **поча́ти** begin to, **ста́ти** *pf.* start to ◊ **Він став части́ше в. до обма́ну.** He started resorting to deception more often. **перестава́ти** stop
prep. **в. в** + *A.* engage in (*activity, etc.*), do ◊ **Узи́мку Ната́лка ~ва́лася у вишива́ння.** In winter, Natalka did embroidery. ♦ **в. в подро́биці** to go into detail ◊ **Я розкажу́ вам суть спра́ви, не ~ючи́сь у подро́биці.** I'll tell you the gist of the matter without going into detail. **в. до** + *G.* resort to sth

вдалині́, *var.* **удалині́**, *adv., posn.*
far away, in the distance ◊ **Він ба́чив в. буди́нки.** He saw buildings in the distance.
adv. **ген** over there, **геть** all the way, **десь там** somewhere there ◊ **Десь там у. лежи́ть його́ омрі́яний о́стрів.** Somewhere there, in the distance, there lies his cherished island.
v. + **в. видні́тися** be visible ◊ **Геть у. ледь видні́ється мая́к.** The lighthouse is barely visible all the way in the distance. **проступа́ти** come forth ◊ **Ген в. з тума́ну проступа́ють о́бриси форте́ці.** Over there, in the distance, the contours of the fortress come forth.
Cf. **вдалину́**

вдалину́, *var.* **удалину́**, *adv., dir.*
into the distance
adv. **куди́сь** somewhere, **про́сто** straight, **пря́мо** directly ◊ **Яре́ма ди́виться в., але́ ні́чого не ба́чить.** Yarema is looking into the distance and does not see anything.
Cf. **вдалині́**

вда́ри|ти, *var.*, **уда́рити**, *pf., see* **вдаря́ти**
to hit, strike ◊ **Він ~в хло́пця в обли́ччя.** He hit the boy in the face.

вда́ри|тися, *var.* **уда́рити**, *pf., see* **вдаря́тися**
to hit, strike ◊ **Да́на ~лася ного́ю об стіл.** Dana hit her foot against the table.

вдаря́|ти, *var.* **ударя́ти**, **~ють**; **вда́р|ити**, *var.* **уда́рити**, **~ять**, *tran.*
1 to strike, hit, deliver a blow + *I.* with sth ◊ **Павло́ уда́рив себе́ по ло́бі, мовля́в, як я одра́зу не здогада́вся.** Pavlo hit himself on the forehead as if to say, I should have figured it out right away.
adv. **про́сто** *or* **пря́мо** directly ◊ **Ка́мінь уда́рив його́ про́сто в го́лову.** The rock hit him directly in the head. **си́льно** hard, **щоси́ли** with all one's force; **леге́нько** *dim.* gently; **бо́лісно** painfully ◊ **Дівчи́на бо́лісно вда́рила напа́дника по голові́.** The girl painfully hit her attacker on the head. **лю́то** fiercely, **серди́то** angrily; **несподі́вано** unexpectedly, **ра́птом** suddenly; **випадко́во** accidentally; **знову** again, **повто́рно** repeatedly
в. + *n.* **в. доло́нею** hit with one's palm (**кулако́м** fist, **руко́ю** hand; **ка́менем** stone, **кийко́м** *or* **патико́м** stick, **лопа́тою** spade, **мече́м** sword, **молотко́м** hammer ◊ **Пили́п уда́рив себе́ молотко́м по па́льцю.** Pylyp hit his finger with a hammer. **ноже́м** knife, **па́лицею** club, **соки́рою** ax)
v. + **в. намага́тися** try to ◊ **Він намага́вся вда́рити пса патико́м.** He was trying to hit the dog with a stick. **не дава́ти** + *D.* prevent sb from ◊ **Ма́рта схопи́ла чолові́ка за ру́ку, щоб не да́ти йому́ вда́рити дити́ну.** Marta grabbed her husband by the hand to prevent him from hitting the child. **хоті́ти** want to
prep. **в. в** + *A. or* **по** + *L.* hit in/on sth; ♦ **в. по плечу́** to pat sb on the shoulder.
Also see **би́ти 1, заї́жджати 5, ї́бати 4, ко́пати**
2 *fig.* to sting, hurt, upset ◊ **Відмо́ва ба́нку підтри́мати музе́й вда́рила кура́тора.** The bank's refusal to support the museum stung the curator. ♦ **в. в го́лову** *(of alcohol)* to go to one's head ◊ **Вино́ ~ло йому́ в го́лову.** The wine went to his head.
3 *colloq.* to hit, shoot, fire, bombard
prep. **в. з** + *G.* fire sth *(a weapon)*; **в. по** + *L.* fire at sth ◊ **Вони́ вда́рили по ві́кнах з автома́тів.** They fired their machine guns at the windows.
See **стріля́ти 1**
4 to hit, strike *(of bullet, etc.)* ◊ **У дуб вда́рила бли́скавка.** The oak was struck by lightning.
prep. **в. в** + *A.* hit in sth ◊ **Ку́ля вда́рила його́ в сідни́цю.** The bullet hit him in the buttock.
See **влуча́ти**
5 to fountain, gush, spurt ◊ **Вода́ стру́менем вда́рила зі шла́нга.** The water gushed from the hose in a stream. ◊ **На́фта вда́рила зі свердлови́ни.** Oil gushed from the oil well.
pa. pple. **вда́рений** struck
вдаря́й! вдар!

вдар|я́тися, *var.* **ударя́тися**; **вда́ритися**, *var.* **уда́ритися**, *intr.*
1 to hit, strike, collide ◊ **У те́мряві ~илися два велосипеди́сти.** In the dark, two bicyclists collided.
prep. **в. в** + *A.* hit against/on sth ◊ **Му́ха ~илася їй в обли́ччя.** A fly hit her on her face. **в. об** + *A.* hit against sth ◊ **Хома́ ~ився лі́ктем об одві́рок.** Khoma hit his elbow against the doorframe.
2 *colloq., only pf.* to start, get down to, set about ◊ **Ні́на ~илася прибира́ти.** Nina got started tidying up. ◊ **Хло́пці ~илися бі́гти.** The boys took flight. ♦ **в. вро́зтіч** to scatter ◊ **На́товп ~ився вро́зтіч.** The crowd scattered. ♦ **вда́ритися в ма́ндри** *pf.* to start traveling ◊ **На пе́нсії Катери́на планува́ла ~итися в ма́ндри сві́том.** In her retirement, Kateryna planned to start traveling the world. ♦ **~итися у плач** *or* **сльо́зи** *pf.* to start crying
See **почина́ти.** *Also see* **става́ти 5**
3 *colloq., fig.* to get engaged in, go in for, enter into, start doing
adv. **несподі́вано** unexpectedly ◊ **Він несподі́вано вда́рився в полі́тику.** He unexpectedly jumped into politics. **ра́птом** suddenly; **з ентузія́змом** enthusiastically, **захо́плено** eagerly, **серйо́зно** seriously ◊ **Він серйо́зно вда́рився у видавни́чу спра́ву.** He got seriously engaged in the publishing business.
prep. **в. в** + *A.* engage in sth;♦ **в. в горі́лку** *or* **до горі́лки** *pf.* to start drinking ◊ **Він уда́рився до горі́лки.** He started drinking.

вда́|ти, *var.* **уда́ти**, *pf., see* **вдава́ти**
to pretend, feign, simulate ◊ **Поба́чивши во́рога, він упа́в і ~в ме́ртвого.** Having seen the enemy, he fell and feigned dead.

вда́|тися, *var.* **уда́тися**, *pf., see* **вдава́тися**
to be a success, come out well; succeed, manage, *etc.* ◊ **Бала́да – не автенти́чний текст, а містифіка́ція, що ~ла́ся.** The ballad is not an authentic text, but a mystification that succeeded.

вда́ч|а, *f.*, **~і**
nature, character, personality
adj. **безтурбо́тна** insouciant ◊ **Безтурбо́тна в. допомага́є йому́ дола́ти тру́днощі.** His insouciant personality helps him overcome difficulties. **весе́ла** cheerful, **життєра́дісна** happy, **ла́гідна** gentle, **оптимісти́чна** optimistic; **песимісти́чна** pessimistic, **пону́ра** gloomy, **похму́ра** grim, **си́льна** strong ◊ **На́дя – люди́на си́льної ~і.** Nadia is a person of strong character. **симпати́чна** pleasant; **брехли́ва** deceitful, **гнила́** rotten, **дратівли́ва** irritable, **жахли́ва** nasty, **запальна́** volatile; **капри́зна** capricious ◊ **Че́рез капри́зну ~у Йо́сип бува́є нестерпни́м.** Yosyp can be insufferable because of his capricious nature. **нерво́ва** nervous, **нетерпля́ча** impatient, **недові́рлива** distrustful, **підозрі́ла** suspicious, **підсту́пна** treacherous, **пога́на** bad; **іроні́чна** ironic, **саркасти́чна** sarcastic, **цині́чна** cynical
v. + **в. виявля́ти ~у** reveal one's character ◊ **Під час кри́зи він ви́явив свою́ гнилу́ ~у.** During the crisis, he revealed his rotten nature. (**відобража́ти** reflect ◊ **Іре́нина оці́нка відобража́ла її оптимісти́чну ~у.** Irena's assessment reflected her optimistic character. **демонструва́ти** show, **ма́ти** have ◊ **Він мав дово́лі підозрі́лу ~у.** He had a rather suspicious personality. **формува́ти** form; **прихо́вувати** hide, **хова́ти** conceal)
в. + *v.* **виявля́тися** be revealed ◊ **У її вчи́нку ви́явилася її запальна́ в.** Her fiery nature was manifest in her action. **зава́жати** + *D.* prevent sb ◊ **Нетерпля́ча в. зава́жає їй зосере́дитися на нау́ці.** Her impatient personality prevents her from focusing on her studies.
prep. **за ~ею** by nature ◊ **Сашко́ був ти́хим за ~ею.** Sashko was quiet by nature. **на ~у** by character ♦ **бу́ти на ~у** to have a personality ◊ **Васи́ль весе́лий на ~у.** Vasyl has a cheerful personality.
Also see **нату́ра 1, приро́да 2, хара́ктер 1.** *Also see* **душа́ 2, організа́ція 3, склад[2] 2**

вдень, *var.* **уде́нь**, *adv.*
during the day, in the daytime; ♦ **і. в., і вночі́** day and night, always; ♦ **ні в., ні вночі́** never ◊ **Вони́ не спочива́ли ні в., ні вночі́.** They never had a moment's rest.

вдиха́|ти, **~ють**; **вдихн|у́ти**, **~уть**, *tran.*
1 to inhale, breathe in
adv. **ва́жко** heavily, **глибо́ко** deeply ◊ **Ві́ктор глибо́ко вдихну́в.** Viktor took a deep breath. **енергі́йно** vigorously, **жа́дібно** greedily ◊ **Вона́ жа́дібно ~ла пові́тря.** She was greedily inhaling the air. **рі́зко** sharply; **з насоло́дою** with pleasure, **не без насоло́ди** not without pleasure, **пові́льно** slowly ◊ **Він пові́льно вдихну́в за́пах її воло́сся.** He slowly inhaled the scent of her hair.
Ant. **видиха́ти 1**
2 *only pf., fig.* to impart, give, bestow ◊ **Револю́ція гі́дности вдихну́ла нове́ життя́ у грома́дянське суспі́льство.** The Revolution of Dignity imparted a new life to civil society.
See **дава́ти 1, дарува́ти 1**
вдиха́й! вдихни́!

вдів|е́ць, *var.* **удіве́ць**, *m.*, **~ця́**; **вдови́ця**, *var.* **удови́ця**, *f.*
widower
adj. **бі́дний** poor, **нещა́сний** hapless ◊ **У со́рок ро́ків Миха́йло залиши́вся нещა́сним ~це́м.** At the age of forty, Mykhailo was left a hapless widower. **само́тній** lonely; **стари́й** old; **весе́лий** merry, **щасли́вий** happy; **енергі́йний** lively; **задово́лений** content; **куме́дний** funny ◊ **Він грає роль куме́дного ~ця́.** He plays the part of a funny widower.
v. + **в. вихо́дити за ~ця́** marry a widower ◊ **Па́нна Р. ви́йшла за ~ця́.** Ms. R. married a widower.
See **вдова́**

вд|ова́, *var.* **удова́**, **вдови́ця**, **удови́ця**, *f.*
widow
adj. **бі́дна** poor, **невті́шна** inconsolable ◊ **Па́ні С. не вдава́ла з се́бе невті́шної ~ови́.** Mrs. S. did not feign an inconsolable widow. **неща́сна** hapless, **само́тня** lonely; **молода́** young; **лі́тня** elderly, **стара́** old; **весе́ла** merry, **енергі́йна** lively, **задово́лена** content; **куме́дна** funny, **щасли́ва** happy; **бага́та** rich ◊ **Він шука́в бага́ту ~ову́.** He was looking for a rich widow. **замо́жна** wealthy; ♦ **соло́м'яна в.** a grass widow; ♦ **титуло́вана в.** a dowager
v. + **в. бу́ти ~ово́ю** be a widow (**виявля́тися** turn out; **(за)лиша́ти** + *A.* leave sb ◊ **Вона́ не хоті́ла, щоб чолові́к залиши́в її ~ово́ю.** She did not want her husband to leave her a widow. **(за)лиша́тися** be left, **роби́ти** + *A.* make sb ◊ **Війна́ зроби́ла ~ово́ю не одну́ жі́нку.** The war made more than one woman a widow. **става́ти** become; **одру́жуватися з** marry) ◊ **Батьки́ перекона́вуати си́на не одру́жуватися з ~ово́ю.** The parents reasoned with their son not to marry a widow.
N. pl. **~о́ви**, *G. pl.* **~і́в** ◊ **сті́льки ~і́в** so many widows

вдоли́ні, *var.* **удоли́ні**, *prep., adv., posn.*
1 *prep.* below sth, at the bottom + *G.* ◊ **В. сторі́нки щось напи́сано.** There is something written at the bottom of the page.
2 *adv.* downstairs; in the lower part ◊ **Він посели́вся в.** He moved in downstairs. ◊ **Ді́вчинка чу́ла чужі́ го́лоси в.** The girl heard strange voices downstairs.
Also see **внизу́**

вдо́ма, *var.* **удо́ма**, **до́ма**, *adv.*
at home, home ◊ **Марі́ї нема́є в.** Maria is not home.
prep. **в** + *G. of pers. pr.* **в.** at sb's place ◊ **Усі́ збира́ються в не́ї в.** Everybody is gathering at her place. ♦ **не всі в.** to be crazy ◊ **У ньо́го не всі вдо́ма.** He is funny upstairs. ◊ **Бідола́шна ді́вчина щось таке́ ка́же, на́че в не́ї не всі в.** The poor girl is saying things as if she were crazy.

вдочери́|ти, *var.* **удочери́ти**, *pf., see* **вдочеря́ти**
to adopt *(only a girl)*, take as one's daughter ◊ **Матві́йчуки́ ~ли ді́вчинку.** The Matviichuks adopted a little girl.

вдочеря́|ти, *var.* **удочеря́ти**, **~ють**; **вдочер|и́ти**, **~я́ть**, *tran.*
to adopt *(only a girl)*, take as one's son
adv. **зако́нно** legally, **офіці́йно** officially; **вже** already, **наре́шті** finally ◊ **Мельниче́нки наре́шті вдочери́ли дити́ну.** The

Melnychenkos finally adopted a baby girl.
v. + **в. вирі́шувати** decide to ◊ **Вони́ ви́рішили вдочери́ти ді́вчинку.** They decided to adopt a little girl. **могти́** can; **хоті́ти** want to; **бу́ти зму́шеним** be forced to; **дозволя́ти** + *D.* allow sb to; **забороня́ти** + *D.* forbid sb to, **не дава́ти** + *D.* not let sb, **не дозволя́ти** + *D.* no allow sb to
pa. pple. **вдоче́рена** adopted, taken as daughter
вдочеря́й! вдочери́!
Cf. **всиновля́ти**

вдяга́|ти, *var.* **удяга́ти, ~ють; вдягну́|ти**, *var.* **удягну́ти, ~у́ть;** *pa. pf., m.* **вдяг**, *var.* **удя́г** *or* **вдягну́в**, *var.* **удягну́в**, *pl.* **вдягли́**, *var.* **удягли́** *or* **вдягну́ли**, *var.* **удягну́ли**, *tran.*
to dress, put on ◊ **Вона́ доста́тньо заробля́ла, щоб удягну́ти й нагодува́ти діте́й.** She earned enough to dress and feed her children.
adv. **все** *colloq.* always, **весь час** all the time, **за́вжди́** always; **и́ноді** sometimes, **час від ча́су** from time to time; **ні за які́ гро́ші** not for love or money, **ніко́ли не** never ◊ **Рома́н ніко́ли не ~є крава́тки.** Roman never puts on a tie. **пові́льно** slowly, **шви́дко** quickly; **га́рно** nicely ◊ **З наго́ди свя́та Ната́ля вдягну́ла бра́тика особли́во га́рно.** On the occasion of the holiday, Natalia dressed her little brother particularly nicely. **зі смако́м** with taste, **мо́дно** fashionably
v. + **в. люби́ти** like to ◊ **Він люби́в у. до́вгий плащ.** He liked putting on his long raincoat. **бу́ти схи́льним** be inclined to ◊ **На пра́цю па́ні С. схи́льна в. те́мний костю́м.** For work, Mrs. S. is inclined to put a dark suit on. **почина́ти** begin to, **перестава́ти** stop; **ра́дити** + *D.* advise sb to, **сказа́ти** + *D.* tell sb to ◊ **Їм сказа́ли вдягну́ти на конце́рт бі́лі сорочки́.** They were told to put white shirts on for the concert. **не дозволя́ти** + *D.* not to allow sb to ◊ **Учня́м не дозволя́ли в. до шко́ли джи́нси.** They did not allow the students to put on jeans for school.
prep. **в. на** + *A.* put on sth/sb ◊ **Ю́лі тре́ба вдягну́ти щось оша́тне на го́лову.** Yulia needs to put something elegant on her head.
pa. pple. **вдя́гнений** *or* **вдя́гнутий** dressed, put on
вдяга́й! вдягни́!

вдяга́|тися, *var.* **удяга́тися; вдягну́тися**, *var.* **удягну́тися**, *intr.*
to dress (oneself), put on; wear sth
adv. **га́рно** nicely, **до́бре** well ◊ **Мико́ла вміє до́бре в.** Mykola knows how to dress well. **зі смако́м** with taste, **мо́дно** fashionably ◊ **Незважа́ючи на скро́мні доста́тки, Іва́н мо́дно ~вся.** Despite his modest means, Ivan dressed fashionably. **ориґіна́льно** unconventionally, **оша́тно** elegantly, **сти́льно** stylishly; **відпові́дно** suitably, **нале́жно** appropriately ◊ **Оре́ст вдягну́вся нале́жно до ока́зії.** Orest dressed appropriately for the occasion. **як слід** properly; **аскети́чно** ascetically, **буде́нно** casually, **консервати́вно** conservatively, **присто́йно** decently, **про́сто** simply, **скро́мно** modestly ◊ **Він ~еться скро́мно.** He dresses modestly. **ди́вно** in a strange manner, **без смаку́** tastelessly, **ке́псько** poorly, **недба́ло** carelessly, **пога́но** badly; **старомо́дно** in an old-fashioned way; **ле́гко** lightly, **недоста́тньо** insufficiently ◊ **Га́нна недоста́тньо вдягну́лася на таки́й лю́тий хо́лод.** Hanna did not dress sufficiently for such bitter cold. **ску́по** scantily; **те́пло** warmly; **по-ділово́му** in a business manner ◊ **Він удягну́вся по-ділово́му.** He dressed in a business manner. **професі́йно** professionally; **до́рого** expensively; **вульґа́рно** vulgarly, **кричли́во** ostentatiously, **надмі́рно** excessively, **провокати́вно** provocatively ◊ **Ґвалтівни́к виправдо́вувався, що його́ же́ртва вдягла́ся провокати́вно.** The rapist justified himself saying that his victim had dressed provocatively. **сканда́льно** outrageously; **одна́ково** the same way ◊ **Вони́ почали́ одна́ково в.** They began to dress the same way. **поді́бно** similarly, **схо́же** alike; **іна́кше** differently; **по-весняно́му** for spring, **по-зимо́вому** for winter, **по-лі́тньому** for summer; **на пляж** for the beach
v. + **в. бу́ти слід** + *D.* should ◊ **Вам слід скро́мно вдягну́тися.** You should dress modestly. **бу́ти схи́льним** be inclined to ◊ **Оста́ннім ча́сом Адрія́на схи́льна в. в пасте́льні кольори́.** Lately Adriiana has been inclined to dress in pastel colors. **люби́ти** like to, **почина́ти** begin to, **ста́ти** *pf.* start to ◊ **Ва́ля ста́ла в. аскети́чно.** Valia started to dress ascetically. **продо́вжувати** go on to, **перестава́ти** stop to; **проси́ти** + *A.* ask sb to ◊ **Ма́ти попроси́ла її́ те́пло вдягну́тися.** Mother asked her to dress warmly.
prep. **в. в** + *A.* dress in sth ◊ **Іва́н удягну́вся в костю́м.** Ivan put a suit on. ◊ **Я не ма́ю у що вдягну́тися.** I have nothing to wear. **в. за** + *A.* dress as sb/sth ◊ **Він удягну́вся за бла́зня.** He dressed as a clown. **в. на** + *A.* to dress for *(occasion)* ◊ **Рома́н вдягну́вся на та́нці.** Roman dressed for dancing. **в. як** + *N.* to dress as sb/sth ◊ **На бал-маскара́д вона́ вдягла́ся, як Казано́ва.** She dressed as Casanova for the masked ball.
Also see **ходи́ти 10**

вдя́гнен|ий, *var.* **удя́гнений**, *adj.*
dressed
adv. **га́рно** nicely, **до́бре** well, **еле́ґантно** elegantly, **наря́дно** dashingly, **оха́йно** tidily, **оша́тно** smartly, **бездога́нно** impeccably
v. + **в. бу́ти ~им** be dressed (**вигляда́ти** look, **виявля́тися** turn out ◊ **Він ви́явився присто́йно ~им.** He turned out to be decently dressed. **здава́тися** + *D.* seem to sb, **лиша́тися** remain)
See **вдяга́тися**

вдягну́|ти, *var.* **удягну́ти**, *pf., see* **вдяга́ти**
to dress, put on ◊ **На виста́ву Арсе́н ~в старо́го ді́дового капелю́ха.** Arsen put on his granddad's old hat for the performance.

вдягну́|тися, *var.* **удягну́тися**, *pf., see* **вдяга́тися**
to dress (oneself), put on ◊ **О́ля ~лася в си́нє.** Olia dressed in blue.

вез|ти́, ~у́ть; за~ ; *pa. m.* **віз**, *pl.* **везли́**, *tran. and intr., uni.*
1 to transport, ferry, cart, drive, take *(only by a vehicle as opposed to* **нести́***)* + *I.* by ◊ **За́втра він завезе́ нас маши́ною до Оде́си.** Tomorrow he will drive us to Odesa by his car.
adv. **на схід** eastward ◊ **По́тяг віз пасажи́рів на схід.** The train was taking the passengers eastward. **на пі́вніч** northward, *etc.*, **про́сто** straight ◊ **Водій мав нака́з в. набі́л про́сто до крамни́ці.** The driver had the order to take the dairy straight to the store. **вже** already, **в цю хвили́ну** at this moment, **за́раз** now, **сього́дні** today, **тепе́р** now, **наре́шті** finally; **обере́жно** carefully, **пові́льно** slowly ◊ **Він зму́шений в. крихки́й ванта́ж пові́льно.** He is compelled to drive the fragile cargo slowly. **недба́ло** carelessly ◊ **Горо́дину з по́ля ~ли́ недба́ло.** They transported the vegetables from the field carelessly. **у по́спіху** in haste, **шви́дко** quickly
v. + **в. бу́ти мо́жна** be possible to ◊ **Ме́блі мо́жна за~ до скла́ду.** It is possible to ferry the furniture to the warehouse. **бу́ти тре́ба** + *D.* need to ◊ **Марко́ві тре́ба в. те́ку до реда́ктора.** Marko needs to take the folder to the editor. **бра́тися** take it upon oneself ◊ **Він узя́вся за~ діте́й на пляж.** He took it upon himself to take the children to the beach. **встига́ти** have the time to; **допомага́ти** + *D.* help sb, **намага́тися** try to, **про́бувати** attempt to ◊ **Хри́стя спро́бувала в. споря́дження велосипе́дом.** Khrystia tried to transport the equipment by bicycle.
prep. **в. в** + *A. dir.* transport in/to *(a place)* ◊ **Книжки́ завезли́ у шко́лу.** The books were taken to the school. **в. в** + *L. posn.* transport in sth ◊ **Ву́гілля ~ли́ у ваго́нах.** The coal was ferried in railroad cars. **в. до** + *G.* transport to *(a place)*; **в. на** + *A.* transport for *(purpose)* ◊ **Вони́ ~ли́ ко́ні на про́даж.** They ferried horses for sale.
Also see **нести́ 2.** *Cf.* **возити, нести́ 1**
2 *intr., impers., only* 3rd *pers. sg.* to have luck, be lucky, strike it lucky + *D.; pf.* **по~** ◊ **Оле́нці ~ло́ в усьо́му.** Olenka was lucky in all things.
adv. **за́вжди́** always, **ча́сто** often; **зно́ву** again, **ніко́ли не** never, **рі́дко** rarely; **дивови́жно** amazingly ◊ **Іва́нові дивови́жно повезло́ з жі́нкою.** Ivan has been amazingly lucky with his wife. **ду́же** very, **надзвича́йно** extremely, **неймові́рно** incredibly
prep. **в. в** + *L.* have luck in sth; **в. з** + *I.* be lucky with sb/sth
Also see **вести́ся 4**
pa. pple. **заве́зений** delivered, carried to
(за)везі́!

вели́к|ий, *adj.*
1 big, large, great
adv. **винятко́во** exceptionally, **вкрай** extremely, **ду́же** very; **доста́тньо** enough ◊ **За́ла була́ доста́тньо ~ою.** The hall was big enough. **жахли́во** dreadfully, **загро́зливо** threateningly, **страше́нно** terribly; **надзвича́йно** extraordinarily, **на́дто** too, **не в мі́ру** inordinately, **неймові́рно** incredibly, **неправдоподі́бно** implausibly; **напра́вду** truly, **спра́вді** really; **таки́й** such ◊ **таке́ ~е мі́сто** such a big city; **відно́сно** relatively, **порі́вняно** comparatively, **потенці́йно** potentially; ◊ **~а доро́га** a long road; ♦ **~а земля́** the mainland ◊ **Експеди́ція поверну́лася на ~у зе́млю.** The expedition returned to the mainland. ♦ **~а лі́тера** a capital letter, uppercase; ♦ **в. па́лець** *anat.* a thumb; ♦ **В. піст** *relig.* Lent
v. + **в. бу́ти ~им** be big (**вважа́ти** + *A.* consider sb/sth, **вигляда́ти** look ◊ **Усере́дині собо́р вигляда́є неймові́рно ~им.** Inside, the cathedral looks incredibly big. **виявля́тися** turn out, **здава́тися** + *D.* seem to sb, **лиша́тися** remain, **роби́ти** make, **става́ти** become)
Also see **вели́кий 7, жахли́вий 2, значни́й 1, капіта́льний 1, об'є́мний 1, си́льний 9, страше́нний 2, страшни́й 2, тяжки́й 5.** *Ant.* **мали́й**
2 *colloq.* grown-up, adult ◊ **Від мали́х діте́й боли́ть голова́, а від вели́ких – се́рце.** Small children give you headache; big ones give you heartache. ♦ **мале́ і ~е** everybody, big and small
See **доро́слий**
3 big, great, extreme, bad, intense, terrible
в. + *n.* **в. вплив** a great influence (**го́лод** famine; **біль** pain, **гнів** anger, **жаль** pity ◊ **В його́ оча́х був в. жаль.** There was great pity in his eyes. **су́мнів** doubt; **тала́нт** talent; **моро́з** cold, **шторм** storm) ◊ **Стари́й корабе́ль потоне при пе́ршому ж ~ому што́рмі.** The old ship will sink in the very first big storm. **~а по́милка** a bad mistake ◊ **Це – його́ ~а по́милка.** That is his bad mistake. (**посу́ха** drought, **спе́ка** heat wave) ♦ **на ~у си́лу** with great difficulty ◊ **Пота́пенко досягну́в мети́, хоч і на ~у си́лу.** Potapenko achieved his goal, althought with great difficulties. ♦ **бу́ти (ста́ти) у ~ій приго́ді** to be (prove to be) of great help ◊ **В гора́х ко́мпас бу́де для вас у ~ій приго́ді.** In the mountains, a compass will be of great help to you.
Also see **висо́кий 3, жахли́вий 2, капіта́льний 4, неабияки́й, 1, незбагне́нний 2, страшни́й 2**
4 great, prominent, eminent, important, outstanding ◊ **Богда́н-І́гор Анто́нич був ~им**

поéтом. Bohdan-Ihor Antonych was a great poet. ◊ **в. актóр** a great actor; ♦ **~е цабé** *or* **~а ця́ця** a big shot ◊ **Сéнченка вважáють у компáнії за ~е цабé.** Senchenko is considered a big shot in the company.
Also see **видатни́й 1, неаби́який 2**
comp. **бі́льший**

величе́зн|ий, *adj.*
huge, enormous, immense ◊ **~а будóва тривáла кі́лька рóків.** The huge construction had gone on for several years.
adv. **ді́йсно** really ◊ **Літáк мав ді́йсно ~і рóзміри.** The aircraft had really enormous dimensions. **неймовíрно** unbelievably, **прóсто** simply, **спрáвді** truly
v. + **в. бу́ти ~им** be huge (**вигляда́ти** look, **виявля́тися** turn out ◊ **Леґендáрний дуб ви́явився ~им.** The legendary oak turned out to be huge. **здавáтися** + *D.* seem to sb ◊ **Звíдти собóр здавáвся спрáвді ~им.** From there, the cathedral looked truly enormous. **ставáти** become)
See **вели́кий 1, 3.** *Also see* **вели́кий 7, жахли́вий 2, значни́й 1, си́льний 9, страшéнний 2, страшни́й 2, тяжки́й 5, чимáлий 1.** *Ant.* **мали́й**

величин|á, *f.*
1 size, dimensions
adj. **значнá** considerable, **максимáльна** maximal; **натурáльна** life, **рíзна** *or* **рíжна** different ◊ **Я́нголи в колéкції рі́зної ~и́.** The angels in the collection are of different size. **значнá** considerable, **малá** small, **мінімáльна** minimal, **невели́ка** little, **скрóмна** modest, **збі́льшена** increased, **змéншена** reduced; **серéдня** medium; **достáтня** sufficient, **загáльна** overall; **самá** sheer; **змíнна** varying; **зру́чна** convenient, **налéжна** proper, **оптимáльна** optimal; **однáкова** equal; **не та** wrong ◊ **Рáма є не ті́єї** *or* **тóї ~и́.** The frame is of the wrong size. **віднóсна** relative; **нормáльна** normal, **прáвильна** right ◊ **Óтвір мáє бу́ти прáвильної ~и́.** The opening is to be of the right size. **стандáртна** standard
v. + **в. мáти ~у́** have a size (**збі́льшувати** increase ◊ **~у́ допомóги збі́льшили.** The size of aid was increased. **змéншувати** reduce, **змі́нювати** alter; **зберігáти** maintain); **бу́ти ~и́** be of size ◊ **Стáтуя булá натурáльної ~и́.** The statue was of life-size.
See **рóзмір 1.** *Also see* **кі́лькість, масштáб 2, óбсяг 1, прополрція 2**
2 *math.* value, quantity, magnitude
adj. **фізи́чна** physical, **стáла** constant, ♦ **змі́нна в.** a variable ◊ **Ми мáємо спрáву із трьомá змі́нними ~ами.** We are dealing with three variables.
3 *fig.* authority *(of person)*, the first one ◊ **Супру́н вважáють найбі́льшою ~ою незалéжної журналі́стики.** Suprun is considered to be the greatest authority in independent journalism.
Also see **авторитéт 3**
N. pl. **величи́ни**

велосипéд, *m.*, **~а**
bicycle ◊ **Батьки́ подарувáли Олéнці складни́й в.** Her parents gave Olenka a folding bicycle.
adj. **дитя́чий** children's, **дорóслий** adult, **жінóчий** female, **чоловíчий** male; **нови́й** new, **стари́й** old, **ужи́ваний** used; **іграшкóвий** toy, **мініатю́рний** miniature, **невели́кий** small; **одноколі́сний** one-wheel ◊ **Блáзень ї́хав на одноколі́сному ~і.** The clown was riding a one-wheel bicycle. **двоколі́сний** two-wheel, **триколі́сний** three-wheel; **складни́й** folding; **гíрський** mountain, **спорти́вний** sports, **шосéйний** racing
v. + **в. купувáти в.** buy a bicycle (**наймáти** rent ◊ **Найкрáще найня́ти в., щоб об'ї́хати середмі́стя.** It is best to rent a bicycle to ride around the city center. **позичáти** + *D.* lend sb, **позичáти в** + *G.* borrow from sb; **ламáти** break; **направля́ти** repair, **ремонтувáти** fix ◊ **Ні́на ремонтувáла в. самá.** Nina fixed her bicycle herself. **обпирáти об** + *A.* lean against sth ◊ **Марі́я обпéрла в. об паркáн.** Maria leaned her bicycle against the fence. **сідáти на** mount) ◊ **Івáн сів на в.** Ivan mounted the bicycle. **злáзити з** get off a bicycle (**пáдати з** fall off) ◊ **Він не раз пáдав з ~а.** He fell off the bicycle more than once. **ї́здити** *and* **ї́хати ~ом** ride a bicycle ◊ **Кóжен поліціянт ї́хав ~ом.** Each policeman was riding a bicycle. (**подорожувáти** travel by) ◊ **Вони́ подорожу́ють по Єврóпі ~ами.** They travel Europe by bicycles.
prep. **на ~і** on a bicycle ◊ **Гáнна бáчила йогó на ~і.** Hanna saw him on a bicycle.

велосипéдн|ий, *adj.*
bicycling, of or pertaining to bicycle
в. + *n.* **в. ланцю́г** a bicycle chain (**педáль** pedal, **шолóм** helmet), ♦ **в. спорт** cycle racing ◊ **У ї́хньому містéчку в. спорт тí́шився дивови́жною популя́рністю.** In their town, cycle racing enjoyed an amazing popularity. **~а пóмпа** a bicycle pump (**рáма** frame, **сті́йка** rack ◊ **По оби́два бóки від вхóду ~і сті́йки.** There are bicycle racks on both sides of the entrance. **ши́на** tire; **прогу́лянка** ride; **дорі́жка** lane, **стéжка** path) ◊ **У пáрку сóрок кіломéтрів ~их стежóк.** There are 40 km of bicycle paths in the park. **~е дзéркальце** a bicycle mirror (**кермó** handlebar, **кóлесо** wheel); **~і перегóни** a cycling race

вéрес|ень, *m.*, **~ня**
September ◊ **Сьогóдні пéрше ~ня.** Today is September 1. ◊ **Він народи́вся двáдцять пéршого ~ня.** He was born on September 21.
prep. **у ~ні** in September ◊ **Погóда мóже бу́ти тéплою у ~ні.** The weather can be warm in September. **до ~ня** before/till September ◊ **Вони́ закри́ті до ~ня.** They are closed till September. **на в.** by September ◊ **На в. усі́ були́ омолóджені.** By September, everybody was rejuvenated. **прóтягом ~ня** for the duration of September.
See **мі́сяць 1, сі́чень**

верну́|ти, *var.* **поверну́ти**, *pf.*, *see* **вертáти**
to return, give back; turn back ◊ **Ярéма забу́в в. ї́й грóші.** Yarema forgot to give her the money back.

верн|у́тися, *var.* **поверну́тися**, *pf.*, *see* **вертáтися**
to come back, return, turn back ◊ **Макáр знав, що нікóли не ~éться сюди́.** Makar knew that he would never return here.

верств|á, *f.*
1 layer, stratum ◊ **Зéмлю вкривáє товстá в. сухóго ли́стя.** A thick layer of dry leaves covers the earth.
See **шар[1] 1**
2 stratum, walk of life, layer, class, level
adj. **вікова́** age ◊ **Опи́т провóдили за віковими ~ами населéння.** The polling was conducted by age strata of population. **клáсова** class, **суспі́льна** social; **аристократи́чна** aristocratic, **ви́ща** higher, **замóжна** well-to-do, **маєтна** wealthy; **влáдна** ruling; **робітни́ча** working, **селя́нська** peasant; **бі́дна** poor, **ни́жча** lower; **маргіналізóвана** marginalized
в. + *n.* **в. мóлоді** a layer of youth (**насéлення** population, **селя́н** peasants, **суспі́льства** society)
v. + **в. вивчáти ~у́** study a walk of life (**дослі́джувати** investigate; **представля́ти** represent ◊ **Він шукáв тип, що представля́в би влáдну ~у́ суспі́льства.** He was looking for the type that would represent the ruling stratum of society. **станови́ти** constitute; **зни́щувати** destroy) ◊ **Режи́м зни́щив ~у́ дрібни́х підприємців.** The regime destroyed the stratum of small businessmen. **налéжати до ~и́** belong to a walk of life ◊ **Вонá налéжала до забезпéченої ~и́.** She belonged to a well-provided for stratum. (**похóдити з** originate from)
N. pl. **~и**, *G. pl.* **верств**
Also see **шар[1] 2**

вертá|ти, *var.* **повертáти**, **~ють; (по) верн|у́ти**, **~уть**, *tran. and intr.*
1 *tran.* to return, give back + *A.* + *D.* ◊ **Він вернýв грóші брáтові.** He returned the money to his brother.
adv. **вже** already, **нарéшті** finally; **вспак** *and* **назáд** back; **я́кось** somehow; **зáраз же** right away ◊ **Прочитáвши кни́жку, Нáстя зáраз же вернýла її пóдрузі.** Having read the book, Nastia returned it to her friend right away. **негáйно** immediately, **одрáзу** at once, **шви́дко** quickly; **так і не** never ◊ **Вони́ так і не верну́ли бóргу.** They never returned the debt. **ще не** not yet
v. + **в. бу́ти змýшеним** be compelled to ◊ **Вонá булá змýшена верну́ти компáнії пéрепустку.** She was compelled to return her pass to the company. **бу́ти трéба** + *D.* need to ◊ **Дани́лові трéба верну́ти валі́зу.** Danylo needs to return the suitcase. **вимагáти** demand, **вирі́шувати** decide to, **відмовля́тися** refuse to ◊ **Вонá відмóвилася верну́ти Микóлі пéрстень.** She refused to return the ring to Mykola. **могти́** can ◊ **Напі́й мóже верну́ти вам енéргію.** The drink can give you back your energy. **обіця́ти** + *D.* promise sb to
Also see **повертáти 5**
2 *intr.* to return, turn back, go back ◊ **Вони́ верну́ли вспак.** They turned back.
Also see **повертáти 4**
3 *colloq.* to throw up, vomit ◊ **Він зáраз же ~є все, що ї́сть.** He right away vomits everything he eats.
See **блювáти.** *Also see* **ну́дити 3**
pa. pple. **повéрнутий**, *var.* **повéрнений** returned
вертáй! (по)верни́!

вертá|тися, *var.* **повертáтися; (по)верн|у́тися**, *intr.*
to return, come back ◊ **Полі́на дóвго не хотí́ла в. до мі́ста.** For a long time, Polina was reluctant to return to the city.
adv. **без затри́мки** without delay, **вспак** *and* **назáд** back, **незабáром** before long ◊ **Ві́ктор обіця́в незабáром верну́тися.** Viktor promised to return before long. **скóро** soon, **зáраз же** right away ◊ **Коли́ ти вернéшся?** When will you be back?
Also see **повертáти 4, повертáтися 2**

вертол|і́т, *m.*, **~ьóта**
helicopter ♦ **~ьóтом** by helicopter ◊ **Жертв пáводку евакуювáли ~ьóтом.** The flood victims were evacuated by helicopter.
adj. **армі́йський** army ◊ **Вони́ мáли два армі́йські ~ьóти.** They had two army helicopters. **військóвий** military, **пожéжний** fire, **поліці́йний** police; **привáтний** private, **циві́льний** civilian; **бойови́й** combat, **озбрóєний** armed, **розві́дувальний** reconnaissance, **санітáрний** ambulance, **удáрний** attack; **вантáжний** cargo, **трáнспортний** transport; **президéнтський** presidential ◊ **Пóряд був майдáнчик для президéнтського ~ьóта.** Nearby, there was a pad for the presidential helicopter. **рятувáльний** rescue; **зби́тий** downed
v. + **в. доставля́ти в.** dispatch a helicopter ◊ **Їм достáвили пожéжний в.** A fire helicopter was dispatched to them. (**посилáти** send; **наймáти** rent, **пілотувáти** pilot; **розгортáти** deploy; **сади́ти** land; **збивáти** shoot off; **сідáти у** board) ◊ **Втікачі́ сі́ли у в.** The fugitives boarded the helicopter. **літáти ~ьóтом** fly a helicopter ◊ **Він сім рóків літáє трáнспортним ~ьóтом.** For seven years, he has flown a transport

helicopter. (**доставля́ти** + *A.* deliver sb/sth by, bring ◊ **Спостеріга́чів доста́вили ~ьо́том.** The observers were brought by a helicopter. **транспортува́ти** + *A.* transport sb/sth by)

в. + *v.* **ви́сіти** hang ◊ **Над мі́стом ви́сіли два поліці́йні ~ьо́ти.** Two police helicopters hung over the city. **літа́ти** fly, **кружля́ти** circle, **ширя́ти** hover; **злітати** take off, **підійма́тися** climb; **приземля́тися** *and* **сіда́ти** land ◊ **Галя́вина була́ замало́ю, щоб на неї міг сі́сти в.** The clearing was too small for a helicopter to land on. **тріскоті́ти** buzz; **везти́** + *A.* carry sth, **перево́зити** + *A.* ferry sth, **доставля́ти** + *A.* deliver sth, **транспортува́ти** + *A.* transport sth ◊ **Вантажний в. транспортува́в урято́ваних люде́й.** A cargo helicopter transported rescued people. **патрулюва́ти** + *A.* patrol sth, **рятува́ти** + *A.* rescue sb; **атакува́ти** + *A.* attack sb/sth, **пірна́ти** swoop down ◊ **В. пірну́в додо́лу.** The helicopter swooped down. **розбива́тися** crash; **скида́ти** + *A.* drop sth ◊ **Раз на мі́сяць прилітав в. і скида́в медикаме́нти.** Once a month, a helicopter would arrive and drop some medicine. **бу́ти обла́днаним** + *I.* be equipped with sth ◊ **В. обла́днаний при́ладом нічно́го ба́чення.** The helicopter is equipped with a night-vision device.

prep. **у в.** *dir.* in/to a helicopter ◊ **Вони́ залі́зли у в.** They climbed into the helicopter. **у ~ьо́ті** *posn.* in a helicopter ◊ **Воя́к залиши́в шо́лом у ~ьо́ті.** The soldier left his helmet in the helicopter.

Also see **літа́к**

верх, *m.*, ~у

1 top, summit, upper part, peak, roof, spire ◊ **Край доро́ги стоя́ло старе́ де́рево без ~у.** There was an old tree without the top standing by the side of the road.

adj. **ви́довжений** elongated, **го́стрий** pointed ◊ **Дах ма́є го́стрий в.** The roof has a pointed top. **пло́ский** flat, **сам** very ◊ **Хло́пці ви́лізли на сам в. горі́.** The boys made it to the very top of the mountain.

в. + *n.* **в. горі́** a mountain top (**да́ху** roof; **де́рева** tree), **в. буди́нку** a building roof (**пала́цу** palace, **собо́ру** cathedral)

prep. **від ~у** from the top ◊ **Ву́лиця в'юни́лася від ~у па́горба до ста́ву.** The street wound from the hill top down to the pond. **до ~у** to the top ◊ **Вона́ до ~у напо́внила мішо́к бо́рошном.** She filled the sack with flour to the top. **на ~у́** at the top ◊ **На ~у́ шпиля́ був флю́ґер.** There was a weathervane at the top of the spire.

See **пік 1.** *Also see* **верши́на 1.** *Ant.* **низ 1**

2 *fig.* height, peak, limit, acme ◊ **Скульпту́ру Фі́дія вважа́ли ~ом доскона́лости.** Phidias' sculpture was considered the pink of perfection. ◊ **Пропози́ція була́ ~ом наха́бства.** The proposal was the height of impudence.

в.+ *n.* **в. впли́ву** the height of influence (**могу́тности** power, **ро́звитку** development, **ро́зквіту** prosperity, **сла́ви** fame, **у́спіху** success, **ща́стя** happiness; **лі́та** summer, **спе́ки** heatwave)

v. + **в. мина́ти** *or* **прохо́дити в.** pass the height; **(до)сяга́ти ~у** reach the height ◊ **Він сягну́в ~у майсте́рности.** He reached the height of mastery. **бу́ти в ~у** be at the height ◊ **В XI сторі́ччі Ки́їв був у ~у могу́тности.** In the 11th century, Kyiv was at the height of her power.

Also see **верши́на 2, висота́ 4, зені́т 2, пік 2.** *Ant.* **доли́на, низ**

3 *only pl., usu colloq.* higher-ups, upper classes, superiors, elite; administration ◊ **Він зобов'я́заний трима́ти ~и́ в ку́рсі.** He is obligated to keep the higher-ups in the know.

adj. **бізнесо́ві** business ◊ **У бізнесо́вих ~а́х назріва́в бунт.** There was a rebellion brewing in the upper business strata. **інтелектуа́льні** intellectual ◊ **Інтелектуа́льні ~и́ єди́ні в пита́нні про мо́ву.** The intellectual elite is unanimous on the issue of language. **культу́рні** cultural, **політи́чні** political, **суспі́льні** social

prep. **у ~а́х** 1) at the top, the high-ups ◊ **У ~а́х пла́н зустрі́ли з осторо́гою.** The high-ups reacted to the plan with caution. 2) summit, ♦ **перемо́вини у ~а́х** summit negotiations

Also see **елі́та.** *Ant.* **низ 4**

ве́рхн|ій, *adj.*

upper ◊ **На ~іх гілля́ках я́блука вже дости́гли.** On the upper branches, the apples were already ripe. ♦ **в. о́дяг** outer garment; ◊ **~я пала́та парла́менту** the upper chamber of parliament; **в. по́верх** the upper floor

See **горі́шній.** *Ant.* **ни́жній**

верши́н|а, *f.*

1 top, summit, peak

adj. **висо́ка** high, **го́ла** bare, **го́стра** sharp, **засні́жена** snow-covered, **кам'яни́ста** rocky ◊ **На кам'яни́стій ~і горі́ зо́всім нема́є росли́нности.** There is no vegetation at all on the rocky peak of the mountain. **пло́ска** flat; **дале́ка** distant; **гірська́** mountain

v. + **в. завойо́вувати** *and* **здобува́ти ~у** ◊ **Гру́па завоюва́ла не одну́ гірську́ ~у.** The group conquered more than one mountain peak. (**вила́зити на** scale, **вихо́дити на** climb) ◊ **Вони́ ви́йшли на ~у па́горба.** They climbed to the hill top. **досяга́ти ~и** reach a peak ◊ **Він досягну́в ~и горі́ шви́дше, як сподіва́вся.** He reached the mountain peak quicker than he had expected.

в. + *v.* **видні́тися** loom ◊ **На о́брії видні́лися ~и церко́в Берди́чева.** The church tops of Berdychiv could be seen on the horizon. **височі́ти** tower, **підійма́тися** *or* **підніма́тися над** + *I.* rise over sth

prep. **до ~и** to a peak ◊ **Вони́ діста́лися до ~и.** They made their way to the summit. **на ~у** *dir.* on/ to a peak ◊ **Вертолі́т сів на пло́ску ~у па́горба.** The helicopter made a landing on the flat hill top. **на ~і** *posn.* at the top ◊ **На ~і сосни́ сів оре́л.** An eagle perched on the pine top.

Also see **верх 1, пік 1.** *Ant.* **низ 1**

2 *fig.* acme, peak, height ◊ **Ви́знання було́ ~ою необа́чности.** The admission was the height of indiscretion.

See **верх 2.** *Also see* **висота́ 4, зені́т 2**

3 *geom.* apex, vertex ◊ **в. трику́тника** the apex of a triangle, ◊ **в. кута́** the vertex of an angle

вершк|и́, *only pl.*, ~і́в

cream

adj. **густі́** thick; **зби́ті** whipped, **сві́жі** fresh, **соло́дкі** sweet ◊ **Вона́ ма́є глади́шку соло́дких ~і́в.** She has a jar of sweet cream. **дома́шні** homemade; **жи́рні** heavy; **знежи́рені** fat-free, **нежи́рні** low-fat, **десятивідсо́ткові** 10%, **двадцятивідсо́ткові** 20%; **зби́ті** whipped

v. + **в. збива́ти в.** whip cream (**збира́ти** skim ◊ **Вона́ зібра́ла з молока́ в.** She skimmed the cream off the milk. **налива́ти** pour ◊ **Він нали́в в. до сло́їка.** He poured the cream in the jar. **подава́ти** + *D.* serve sb); **налива́ти** + *D.* ~**і́в** pour sb some cream ◊ **Ма́рта налила́ йому́ ~і́в у філіжа́нку.** Marta poured him a cupful of cream. (**додава́ти** add, **подава́ти** + *D.* serve sb, **пропонува́ти** + *D.* offer sb); **напо́внювати** + *A.* ~**а́ми** fill sth with cream

в. + *v.* **гу́снути** thicken ◊ **Сві́жі в. за ніч загу́сли** *or* **зґу́сли.** The fresh cream thickened overnight. **псува́тися** go bad, **скиса́ти** go sour ◊ **В. шви́дко ски́сли.** The cream went sour quickly.

Cf. **смета́на**

2 *fig.* the upper crust, crème de la crème ♦ **в. суспі́льства** *fig.* the upper crust ◊ **Оста́п нале́жить до тво́рчих ~і́в столи́ці.** Ostap belongs to the creative upper crust of the capital.

весе́л|ий, *adj.*

cheerful, happy, merry

adv. **до́сить** fairly, **доста́тньо** enough, **ду́же** very, **надзвича́йно** extremely, **на рі́дкість** exceptionally; **напра́вду** really, **осо́бливо** particularly, **спра́вді** truly, **як ні́коли** like never before ◊ **Того́ ве́чора Ори́ся була́ як ні́коли ~ою.** That evening, Orysia was cheerful as never before. **майже** almost; **дале́ко не** far from, **не зо́всім** not quite

в. + *n.* **в. на́стрій** a cheerful mood ◊ **Він у ~ому на́striї.** He is in a cheerful mood. (**ре́гіт** *and* **сміх** laughter; **та́нець** dance; **хло́пець** boy); **~а вда́ча** a happy character ◊ **Оле́нку лю́блять за ~у вда́чу.** Olenka is liked for her happy character. (**мело́дія** tune, **пі́сня** song; **наста́нова** attitude, **по́смішка** smile); **~е життя́** a cheerful life (**обли́ччя** face); **~і спо́гади** happy reminiscences

v. + **в. бу́ти ~им** be happy (**вигляда́ти** look, **видава́тися** appear, **здава́тися** + *D.* seem to sb ◊ **Рома́на не здава́лася сестрі́ особли́во ~ою.** Romana did not seem particularly cheerful to her sister. **виявля́тися** turn out)

See **ра́дісний, со́нячний 3, щасли́вий.** *Ant.* **смутни́й, сумни́й**

весел|и́ти, ~я́ть; роз~, *tran.*

to amuse, cheer up, entertain

adv. **ду́же** greatly ◊ **Оле́ну ду́же ~и́ла його́ ува́га.** His attention greatly amused Olena. **надзвича́йно** extremely, **як ні́коли** like never before; ♦ **в. о́ко** *or* **о́чі** to please the eye ◊ **Живі́ кві́ти ~и́ли о́чі.** Fresh flowers pleased the eye. ◊ **Її істо́рія розвесели́ла всіх.** Her story amused everybody.

v. + **в. бра́тися** get down to ◊ **Вони́ взяли́ся в. госте́й.** They got down to entertaining their guests. **вмі́ти** know how to; **люби́ти** like to ◊ **Він люби́в в. товари́ство жа́ртами.** He liked to amuse the company with jokes. **почина́ти** begin to, **ста́ти** *pf.* start to

pa. pple. **розвеселе́ний** cheered up

(роз)весели́!

See **ба́вити 1.** *Also see* **розважа́ти 1, ті́шити 3**

весел|и́тися; *no pf., intr.*

to amuse oneself, enjoy oneself, have fun; *pf.* cheer up ◊ **У мі́сті ти ~и́шся сам, в селі́, ти ~и́ш і́нших.** In the city, you amuse yourself and in the country, you amuse other people.

adv. **га́рно** nicely ◊ **Вони́ га́рно ~и́лися в на́шому товари́стві.** They had good old fun in our company. **ду́же** a great deal, **чудо́во** wonderfully, **як ні́коли** like never before

See **ба́витися 1.** *Also see* **гра́ти 4, гра́тися 1, гуля́ти 2**

ве́село, *adv., pred.*

1 *adv.* cheerfully, merrily, happily ◊ **У Васи́ля в. блища́ли о́чі.** Vasyl's eyes gleamed cheerfully. ◊ **Дру́зі в. провели́ час.** The friends had a merry time. ◊ **Іва́н в. розсмія́вся.** Ivan broke out in a cheerful laughter.

See **весе́лий**

2 *pred.* cheerful, fun

v. + **в.** ♦ **бу́ти в.** to have fun, enjoy oneself + *D.* ◊ **Нам було́ в.** We had fun. (**почува́тися** feel ◊ **Всі почува́лися в.** Everybody felt cheerful. **става́ти** grow) ◊ **Їй ста́ло в.** She grew cheerful.

весі́л|ля, *nt.*

wedding, wedding party

adj. **бага́те** sumptuous, **бучне́** opulent, **вели́ке** big, **гучне́** grand ◊ **Батьки́ молодо́ї наполяга́ли на гучно́му ~лі.** The bride's parents insisted on a grand wedding. **пи́шне** lavish; **традиці́йне** traditional ◊ **Вони́ ма́ли традиці́йне в.** Theirs was a traditional wedding. **католи́цьке** Catholic, **правосла́вне** Orthodox, **церко́вне** church; **королі́вське** royal; **та́ємне** secret; **золоте́** golden, **сріб́не** silver; **невели́ке** small, **скро́мне** modest; **гомосексуа́льне** gay, **одностате́ве** same-sex

n. + **в. да́та в.** the wedding date (**день** day, **мі́сце** venue ◊ **За́мок став популя́рним мі́сцем ~ь.** The castle became a popular wedding

venue. **підготовка** preparation, **план** plan, **церемонія** ceremony)
v. + **в. мати в.** have a wedding (**відвідувати** attend; **робити** *and* **влаштовувати** arrange ◊ **Вони зробили скромне в. без помпи.** They arranged a modest wedding without any pomp. **оголошувати** announce, **планувати** plan, **призначати** appoint ◊ **В. призначили на суботу.** The wedding was appointed for Saturday. **справляти** celebrate ◊ **В. справляли на пляжі.** The wedding was celebrated on a beach. **відкладати** put off, **відміняти** call off, **скасовувати** cancel; **запрошувати** + *A.* **на** invite sb to ◊ **Вони запросили на в. друзів.** They invited their friends to the wedding. **йти** *and* **ходити на** go to) ◊ **Він ненавидить ходити на в.** He hates going to weddings. **готуватися до в.** prepare for a wedding ◊ **Молода і молодий готувалися до в.** The bride and the groom were preparing for their wedding.
в. + *v.* **відбуватися** take place ◊ **Срібне в. відбувалося в саду.** The silver wedding was taking place in a garden.
prep. **до в.** before a wedding ◊ **У ті часи не було й мови про секс до в.** In those days, sex before wedding was out of the question. **на в.** *dir.* to a wedding; **на ~лі** *posn.* at a wedding ◊ **На ~лі грала оркестра.** A band played at the wedding. **перед ~лям** before a wedding

весільн|ий, *adj.*
wedding, of or pertaining to a wedding
в. + *n.* **в. альбом** a wedding album (**коровай** bread, **торт** cake; **костюм** suit, **подарунок** present; **фотограф** photographer); **~а оркестра** a wedding orchestra (**промова** speech, **процесія** procession, **церемонія** ceremony; **світлина** photo; **сукня** dress); **~е вбрання** wedding attire (**прийняття** reception) ◊ **Замість бенкету вони мали скромне ~е прийняття.** Instead of a banquet, they had a modest wedding reception.
Cf. **шлюбний**

вес|на́, *f.*
spring
adj. **рання** early, **пізня** late, **дощова** rainy, **мокра** wet, **суха** dry; **тепла** warm, **холодна** cold; **коротка** short ◊ **В. у Нью-Йорку часто коротка.** Spring in New York is often short. **довга** long; **минула** past, **торішня** last year's; **ця** this; **наступна** next
v. + **в. мати ~ну** have spring ◊ **Уперше за багато років видалася така холодна в.** For the first time in many years, they had such a cold spring. (**проводити** spend) ◊ **~ну Марія провела на городі.** Maria spent the spring in her vegetable garden.
в. + *v.* **надходити** *or* **приходити** come, **наставати** arrive, **починатися** begin; **добігати кінця** come to an end ◊ **В. добігла кінця.** The spring came to an end. **закінчуватися** end, **проходити** pass
prep. **до ~ни** before/by spring ◊ **Роботу закінчать до ~ни.** The work will be finished by the spring. ♦ **~ною** *or* **на ~ні** in spring; **протягом ~ни** for the duration of the spring
N. pl. **~ни**, *G. pl.* **~ен**
Also see **зима, літо, осінь**

весно́ю, *adv.*
in spring ◊ **В. йому буде шістдесят.** In spring, he will be sixty.
adv. **завжди** always, **іноді** sometimes, **рідко коли** rarely ever, **саме** right, **тільки** only, **щойно** just ◊ **Щойно в. вони переїхали до нового помешкання.** It was just in spring that they moved to a new apartment. **якраз** exactly; **пізно** late, **рано** early ◊ **Береза цвіте рано в.** The birch blooms early in spring. **саме** right ◊ **Аварія сталася саме в.** It was in spring that the accident occurred.

весня́н|ий, *adj.*
spring, of or pertaining to spring
в. + *n.* **в. вітер** the spring wind ◊ **Віє в. вітер.** Spring wind is blowing. (**вечір** evening, **день** day, **ранок** morning; **сезон** season ◊ **колекція одягу для ~ого сезону** a clothes collection for the spring season; **семестр** semester; **дощ** rain, **мороз** frost); **~á злива** a spring shower (**погода** weather) ◊ **Капризна ~á погода не дозволяє їм нічого планувати.** The capricious spring weather does not permit them to make plans. **~é рівнодення** a spring equinox (**сонце** sun, **тепло** warmth); **~і канікули** spring break

вести́, *uni.*, **вед|у́ть; від~, за~**; *pa. m.* **вів**, *pl.* **вели́**, *tran.*
1 to lead, guide, escort, take ◊ **Куди ви нас ~ете?** Where are you taking us?
adv. **вже** already, **в цю хвилину** at this moment, **зараз** now, **сьогодні** today, **тепер** now; **вперед** forward, **назад** backward; **прямо** straight ◊ **Куратор завів їх прямо до зали модерністів.** The curator took them straight to the modernists' hall. **рішуче** resolutely, **твердо** firmly; **вміло** ably; ♦ **в. перед** to lead, be the leader ◊ **У всьому Ірина прагнула в. перед.** In all things, Iryna strove to lead.
v. + **в. братися** take it upon oneself to ◊ **Петро взявся за~ їх до криївки.** Petro took it upon himself to take them to the hideout. **допомагати** + *D.* help sb to, **намагатися** try to, **пробувати** attempt to; **погоджуватися** agree to; **наказувати** + *D.* order sb to ◊ **Вона наказала помічникові за~ їх до гуртожитку.** She ordered her assistant to take them to the dormitory.
prep. **в. в** + *A.* lead in/to *(a place)* ◊ **Чоловіка завели в кімнату.** The man was taken to the room. **в. до** + *G.* lead to *(a place)* ◊ **Стежка ~é до озера.** The path leads to a lake. ♦ **за~** + *A.* **під дурного хату** to get sb into a predicament; **в. за** + *A.* lead by sth ◊ **Стефанія вела дівчинку за руку.** Stefaniia was leading the little girl by the hand. **в. на** + *A.* lead to *(an event)* ◊ **Ліда погодилася за~ дітей на концерт.** Lida agreed to take the children to the concert. **в. по** + *L.* lead along/across sth ◊ **Якийсь чоловік вів його по вулиці.** A man was leading him down the street. **в. через** + *A.* take across sth *(a space)* **Тільки Хома міг в. їх через трясовину.** Only Khoma could be their guide across the quagmire.
Also see **вибігати 3, заводити 1, іти 13, орієнтувати 1.** *Cf. multi.* **водити**
2 to hold, conduct, be engaged in, wage ◊ **Ця країна ~é неоголошену війну з сусідами.** This country wages an undeclared war against its neighbors.
adv. **активно** actively ◊ **Прокуратура активно ~é розстеження вбивства.** The prosecutor's office conducts an active investigation of the assassination. **послідовно** consistently, **таємно** secretly; **неохоче** reluctantly, **про людське око** for appearances' sake
в. + *n.* **в. боротьбу** wage a struggle (**війну** war; **кампанію** campaign) ◊ **Уряд ~é кампанію дезінформації.** The government is waging a misinformation campaign. ♦ **в. вогонь** fire, shoot ◊ **По них вели вогонь з лісу.** They were fired at from the forest. **в. дискусію** hold a discussion (**перемовини** *or* **переговори** negotiations, **розмову** conversation)
3 to conduct, drive, steer ◊ **Автівку вела Марія.** Maria drove the car.
adv. **бездоганно** impeccably, **вміло** skillfully, **майстерно** masterfully, **професійно** professionally; **обережно** carefully; **абияк** sloppily, **кепсько** poorly, **недбало** carelessly, **погано** badly ◊ **Вона одразу помітила, як погано Тарас ~é машину.** She noticed at once how badly Taras was driving the car.
Also see **керувати 1**
4 *fig.* to direct, run, head, manage ◊ **Він ~é лабораторію два роки.** He has run the laboratory for two years.
adv. **ефективно** efficiently, **добре** well, **задовільно** satisfactorily, **успішно** successfully ◊ **Професор Г. успішно вів проєкт.** Professor H. successfully directed the project.
See **керувати 2.** *Also see* **очолювати**
5 to keep *(records of sth)*
adv. **акуратно** neatly ◊ **Він акуратно вів протоколи.** He kept neat minutes. **методично** methodically, **скрупульозно** scrupulously, **старанно** diligently, **сумлінно** conscientiously
в. + *n.* **в. записи** keep records (**протокол** minutes, **рахунки** accounts, **щоденник** diary)
6 to teach ◊ **Хто у вас вів математику?** Who taught you math?
See **викладати 4.** *Also see* **вчити 1**
pa. pple. **відведений** *and* **заведений** taken to
(за)веди!

вести́ся; по~, *intr.*
1 *pass., only impf.* to be conducted, be carried out ◊ **Будівництво вестиметься у два етапи.** The construction will be carried out in two stages. ◊ **Тоді не велися протоколи.** Minutes were not kept then.
2 *impers., only 3rd pers. sg.* to be customary, use to be; *pf.* **по~** to become a custom ◊ **У нас повелося радитися з фахівцями.** It has become a custom with us to consult specialists. ♦ **як ведеться** as is the custom ◊ **Він, як велося, спочатку звернувся до батьків.** As was the custom, he addressed the parents first.
3 *impers., only 3rd pers. sg.* to do, fare + *D.* ◊ **Марті добре велося на новій посаді.** Marta had had it well in her new position.
4 *only 3rd pers. sg.* to be fortunate, be in luck + *D.* ◊ **Адамові в усьому ведеться.** Adam has been lucky in everything.
See **везти 2**
5 *pass.* to be led, be conducted, be headed, *etc.* ◊ **Консультації ведуться приватно.** The consultations are conducted in private. ◊ **Записи велися регулярно.** The records were kept regularly.
See **вести 1-6**

весь, *adj.*, **вс|ього́**; *var.*, **ввесь, уве́сь**
1 all, whole, entire, throughout ◊ **Вона зажадала ~іх ґарантій безпеки.** She demanded all guarantees of her safety. ◊ **Для ~іх присутніх оголошення було несподіванкою.** For all those present, the announcement was a surprise. ◊ **Від холоду ~е її тіло тремтіло.** Her entire body was shivering with cold. ♦ **бути ~е одно** + *D.* to be all the same to sb ◊ **Павлові ~е одно, що про нього думають.** It makes no difference to Pavlo what they think about him. ♦ **бути в. в** + *A.* to closely resemble sb ◊ **Надя ~я в матір.** Nadia very much resembles her mother. ♦ **Це ~е.** That's all. ♦ **~ім серцем** with all one's heart, ♦ **~ім по сім** equally to everybody ◊ **Він розлив залишки води ~ім по сім.** He poured out the remaining water equally to everybody. ♦ **з усієї сили** with all one's strength; ♦ **по ~ій країні** throughout the country, ♦ **по ~ьому світові** all over the world
2 all, for the duration of *(in indications of time period)* ◊ **В. день їхня сім'я провела на селі.** Their family spent all day long in the country. ◊ **в. час** all the time, all along ◊ **Розмова тривала ~ю ніч.** The conversation lasted all night long. ◊ **~ю суботу** all Saturday long.
3 *as n., only nt.* everything ◊ **Навколо площі ~е палало.** Around the square, everything was ablaze. ◊ **Вона має ~е, що потребує.** She has everything she needs. ◊ **Леся згадала ~е, що почула.** Lesia recollected everything she heard.
4 *as n., only pl.* everybody ◊ **~і замовкли.** Everybody fell silent. ◊ **Таке враження, що режисер ~іх ненавидить.**The impression is that the director hates everybody. ♦ **не ~і вдома в**

+ *G.* to be off one's rocker ◊ **Чоловік таке́ ка́же, на́че в нього не ~і вдо́ма.** The man is saying things as if he were off his rocker.
Also see **все**[2]
5 altogether, all told, a total of; as little as, only ◊ **~ього одна́ доба́** only one day, ◊ **У докуме́нті ~ього сто сторіно́к.** The document has a total of a hundred pages. ◊ **Миколі було́ ~ього сім ро́ків.** Mykola was only seven years.

ветера́н, *m.*; **~ка**, *f.*
1 veteran
adj. **молоди́й** young ◊ **Вона́ ма́ла зу́стріч з гру́пою молоди́х ~ів Російсько-української війни́.** She had a meeting with a group of young Russian-Ukrainian War veterans. **стари́й** old; **армі́йський** army, **бойови́й** combat, **військо́вий** military, **воє́нний** war; **загарто́ваний у боя́х** battle-hardened, **пора́нений** wounded
в. + *n.* **в. Афга́нської війни́** an Afghan war veteran (**Дру́гої світово́ї війни́** Second World War, **Майда́ну** Maidan, **Російсько-української війни** Russian-Ukrainian War, **Украї́нської повста́нської а́рмії** Ukrainian Insurgent Army)
v. + **в. шанува́ти ~а** honor a veteran ◊ **Шко́ла вшанува́ла ~ів УПА́.** The school honored the UPA (Ukrainian Insurgent Army) veterans. **бу́ти ~ом** be a veteran ◊ **Пан Ко́сів – в. націона́льного підпі́лля.** Mr. Kosiv is a national underground veteran.
2 *fig.* veteran, old hand ◊ **Він – в. трьох президе́нтських кампа́ній.** He is a veteran of three presidential campaigns.
adj. **бува́лий** seasoned ◊ **Їм потрі́бен бува́лий в. рекла́мної спра́ви.** They need a seasoned advertising business veteran. **досві́дчений** experienced, **загарто́ваний** hardened; **довголі́тній** long-time, **двадцятилі́тній** twenty-year, **сивочо́лий** grizzled

вече́р|я, *f.*
dinner, supper
adj. **до́бра** tasty, **смачна́** delicious ◊ **Рекла́ма обіця́ла смачну́ ~ю.** The commercial promised a delicious dinner. **чудо́ва** excellent, **пи́шна** sumptuous; **вели́ка** big; **легка́** light; **ра́ння** early, **пі́зня** late; **святко́ва** holiday; **традиці́йна** traditional, **уро́чиста** solemn; **незабу́тня** unforgettable, **пам'я́тна** memorable; **ділова́** business; **інти́мна** intimate, **прива́тна** private, **романти́чна** romantic, **ти́ха** quiet; **доброчи́нна** charitable
v. + **в. готува́ти ~ю** prepare a dinner ◊ **Вони́ готува́ли ~ю ра́зом.** They prepared dinner together. (**замовля́ти** order, **подава́ти** + *D.* serve sb ◊ **Святко́ву ~ю подава́ли у вели́кій за́лі.** The holiday dinner was served in a big hall. **прино́сити** + *D.* bring sb ◊ **Щоб оща́дити час, Наза́р прино́сив роди́ні ~ю з рестора́ну.** To save time, Nazar brought his family dinner from a restaurant. **запро́шувати** + *D.* **на** invite sb to ◊ **Він запроси́в знайо́мих на ~ю.** He invited his acquaintances to dinner. **відмовля́тися від ~і** turn down a dinner (**обхо́дитися без** do without) ◊ **Готу́ючись до і́спитів, студе́нти обхо́дилися без ~і.** While preparing for their exams, the students did without dinner.
prep. **на ~ю** *dir.* for dinner ◊ **Що на ~ю?** What's for dinner? **на ~і** *posn.* at dinner ◊ **Вона́ оголоси́ла нови́ну на доброчи́нній ~і.** She announced the news at the charitable dinner.
G. pl. **вече́р**
Cf. **обі́д 1, сніда́нок**

вече́ря|ти, ~ють; по~ *intr.*
to dine, to have dinner/supper + *I.* ◊ **Він повече́ряв борще́м.** He had borshch for dinner.
adv. **наре́шті** finally, **нашвидку́ру́ч** *colloq.* hastily, **шви́дко** quickly ◊ **Шви́дко повече́рявши, вони́ продо́вжили працюва́ти.** After a quick dinner, they resumed their work. **з насоло́дою** with pleasure, **сма́чно** deliciously; **на пові́трі** al fresco ◊ **Мо́жна по~ на пові́трі, скажі́мо, в альта́нці.** We can have dinner al fresco, say in the gazebo.
v. + **в. готува́тися** prepare to, **збира́тися** be going to ◊ **Лукашуки́ ще не збира́лися в.** The Lukashuks were not yet going to have dinner. **хоті́ти** want to ◊ **Андрі́й давно́ хоті́в по~ в рестора́ні «Млин».** For a long time, Andrii had wanted to dine at the Mlyn Restaurant. **запро́шувати** + *A.* invite sb ◊ **Вони́ запроси́ли Си́мона по~ .** They invited Symon to dinner. **кли́кати** + *A.* call sb to ◊ **О́ля покли́кала діте́й в.** Olia called the children to dinner. **почина́ти** begin to, **закі́нчувати** finish
(по)вече́ряй!
See **обі́дати**

ве́ч|ір, *m.*, **~ора**
1 evening
adj. **вчора́шній** yesterday, **за́втрашній** tomorrow, **сього́днішній** today's, **цей** this, **насту́пний** next ◊ **Він чека́в насту́пного ~ора.** He was waiting for the next evening. **попере́дній** previous; **пі́зній** late, **ра́нній** early; **січне́вий** January, **липне́вий** July, **травне́вий** May, *etc.*; **весня́ний** spring, **осі́нній** fall; **га́рний** beautiful, **приє́мний** pleasant, **чудо́вий** wonderful ◊ **Був чудо́вий в.** It was a wonderful evening. **спокі́йний** calm, **ти́хий** quiet; **моро́зний** frosty, **прохоло́дний** cool, **холо́дний** cold; **те́плий** warm; **дощови́й** rainy, **сухи́й** dry; **звича́йний** usual, **типо́вий** typical; **ці́лий** whole ◊ **Він слу́хав му́зику ці́лий в.** He listened to the music the whole evening. **незабу́тній** unforgettable, **пам'я́тний** memorable, **романти́чний** romantic; ♦ **Святи́й в.** *or* **Свят-в.** *relig.* Christmas Eve ◊ **На Свят-в.вона́ приготува́ла двана́дцять традиці́йних страв.** For Christmas Eve, she prepared twelve traditional dishes. ♦ **~ора́ми** evenings, every evening ◊ **~ора́ми Є́ва навча́лася.** Every evening, Yeva studied. ♦ **До́брий в.!** Good evening!
v. + **в. прово́дити в.** spend an evening ◊ **Оста́п прово́дить ~ори́ в її товари́стві.** Ostap spends evenings in her company. (**га́яти** waste ◊ **І́нна зга́яла в. на люде́й, що її не ціка́влять.** Inna wasted the evening on the people who were of no interest to her. **закі́нчувати** end, **почина́ти** begin) ◊ **В. Ні́на почала́ дзвінко́м до по́други.** Nina began her evening with a call to her female friend. **насоло́джуватися ~ором** enjoy an evening ◊ **Го́сті насоло́джувалися ~ором.** The guests were enjoying the evening.
в. + *v.* **бу́ти** be ◊ **Був холо́дний в.** It was a cold evening. **настава́ти** arrive ◊ **Наста́в в. її від'ї́зду.** The evening of her departure arrived. **прихо́дити** come; **(про)мина́ти** pass, **прохо́дити** go by ◊ **В. пройшо́в за приготува́нням до ново́го се́местру.** The evening passed in preparation for the new semester.
prep. **до ~ора** till/towards evening ◊ **Тума́н зник до ~ора.** The fog vanished towards the evening. **з ~а до ра́нку** from evening till morning; **на в.** by the evening ◊ **На в. пого́да зіпсува́лася.** By the evening the weather went bad.
2 evening *(event held in the evening)*
adj. **ба́тьківський** PTA *(parents teacher association)* ◊ **Юрко́ зрежисерува́в учні́вську виста́ву на ба́тьківський в.** Yurko directed a student play for the PTA evening. **літерату́рний** literary, **музи́чний** musical, **поети́чний** poetic; ♦ **кінове́чір** a movie evening; **весе́лий** fun ◊ **весе́лий в.** a fun evening; **га́рний** nice, **доскона́лий** perfect, **пам'я́тний** memorable, **приє́мний** pleasant, **уро́чистий** solemn, **успі́шний** successful, **ціка́вий** interesting **чудо́вий** wonderful
prep. **на в.** *dir.* to an evening ◊ **Сла́ва привела́ на в. сусі́да.** Slava brought her neighbor to the evening. **на ~орі** *posn.* at an evening ◊ **На ~орі вико́нували його́ улю́блену п'є́су.** They performed his favorite piece at the evening. **під час ~ора** during an evening
See **за́хід**[1] **1**

вечі́р|ка, *f.*
party, reception
adj. **вели́ка** big, **невели́ка** small; **весе́ла** merry, **гучна́** rowdy; **незабу́тня** unforgettable, **па́м'ятна** memorable, **чудо́ва** wonderful; **ка́мерна** low-key, **скро́мна** modest; **приє́мна** pleasant, **те́пла** warm; **несподі́вана** surprise; **весі́льна** wedding, **випускна́** graduation, **парубо́цька** bachelor, **прем'є́рна** launch ◊ **Їх запроси́ли на прем'є́рну ~ку фі́льму.** They were invited to a launch party for the movie. **роди́нна** *or* **сіме́йна** family, **студе́нтська** student, **товари́ська** friends'; **традиці́йна** traditional, **щорі́чна** annual; **імпровізо́вана** impromptu; **дорога́** expensive, **ґламуро́ва** glamorous, **розкі́шна** lavish, **шика́рна** chic
v. + **в. влашто́вувати ~ку** arrange a party ◊ **Хома́ влаштува́в гучну́ ~ку.** Khoma arranged a rowdy party. (**дава́ти** give ◊ **При кінці сезо́ну він дава́в ~ку в теа́трі.** At the end of the season, he would give a party at the theater. **ма́ти** have, **організо́вувати** organize, **роби́ти** throw; **готува́ти** prepare, **планува́ти** plan; **відві́дувати** attend; **відклада́ти** put off, **відміня́ти** *or* **скасо́вувати** cancel; **псува́ти** ruin ◊ **Лев зіпсува́ти ~у.** Lev ruined the party. **запро́шувати** + *A.* **на** invite sb to ◊ **Їх запроси́ли на ґламуро́ву ~у.** They were invited to a glamorous party. **йти на** go to, **прихо́дити на** come to); **йти з ~ки** leave a party ◊ **Вони́ пішли́ з ~ки ра́но.** They left the party early. **з'явля́тися на ~ці** show up at a party.
в + *v.* **бу́ти в ро́зпалі** be in full swing ◊ **Опі́вночі в. бу́де в ро́зпалі.** The party will be in full swing at midnight. **відбува́тися** take place, **трива́ти** + *A.* last for *(a period)* ◊ **В. трива́ла до ра́нку.** The party lasted till morning.
prep. **до ~ки** before/for a party ◊ **Він закі́нчи́в писа́ти до ~ки.** He finished writing before the party. ◊ **Вони́ готува́лися до ~ки.** They were preparing for the party. **на ~ку** *dir.* for/to a party, ◊ **Ірі́на трима́ла цю су́кню на ~ки.** Iryna kept the dress for parties. **на ~ці** *posn.* at a party ◊ **І́гор ну́дився на ~ці.** Ihor was bored at the party.
Also see **збіго́висько, зу́стріч 3**

вечі́рн|ій, *adj.*
evening, of or pertaining to evening
в. + *n.* **в. авто́бус** an evening bus (**по́тяг** train; **курс** course; **ле́гіт** breeze) ◊ **Вони́ сиді́ли на бе́резі, насоло́джуючися ~ім ле́готом.** They sat on the shore, enjoying the evening breeze. **~я виста́ва** an evening performance (**змі́на** shift; **зу́стріч** meeting, **прогу́лянка** stroll; **моли́тва** prayer, **слу́жба** service); **~є за́няття́** an evening class ◊ **Сього́дні Ка́тря має ~і заняття́.** Today Katria has evening classes. (**не́бо** sky, **сві́тло** light, **со́нце** sun); **~і нови́ни** evening news

вже, *adv.*, *var.* **уже́**
1 already ◊ **Він в. ї́в.** He has already eaten. ♦ **та й уже́** and that's it, end of story ◊ **Марко́ попра́в біли́зну, та й уже́.** Marko has done the laundry; end of story.
2 *in neg. sentences* any more, any longer ◊ **Яре́ма в. не па́лить.** Yarema does not smoke any longer. ◊ **Тара́са в. не мо́жна впізна́ти.** Taras cannot be recognized any longer. ◊ **Пі́сля розмо́ви Оле́нці в. ні́чого не хоті́лося роби́ти.** After the conversation, Olenka did not want to do anything any more.
3 *colloq.* right away, immediately, now ◊ **Відпиши́ йому́, в.!** Write him back, now!
4 as much as, as many as, now, already ◊ **Юрко́ не спить в. тре́тю ніч.** Yurko has not slept for the third night now. ◊ **Лю́да схудла в. на сім кілогра́мів.** Liuda lost as many as seven kilos.

♦ **на що в.** even ◊ **На що в. безстра́шний Іван, і той переляка́вся.** Fearless as he was, even Ivan was frightened.
5 *with im. (expresses impatience, irritation, etc.)* already ◊ **Замо́вкни та їж в.!** Shut up and eat already!

вжи́ван|ий, *adj., var.* **ужи́ваний**
1 used; usual, commonly used
adv. **до́сить** fairly, **ду́же** very ◊ **Сло́во не нале́жить до ду́же ~их.** The word does not belong to those very often used. **за́вжди́** always, **и́ноді** sometimes, **рі́дко** rarely, **традиці́йно** traditionally, **ча́сто** frequently; **пра́вильно** correctly, **хи́бно** erroneously
2 used, second-hand ◊ **Студе́нт міг дозво́лити собі́ лише́ в. велосипе́д.** The student could afford but a used bicycle. ◊ **Вона́ люби́ла загляда́ти до крамни́ці ~их рече́й.** She liked to drop by a second-hand store.
v. + **в. бу́ти ~им** be second-hand (**вигляда́ти** look ◊ **Комп'ю́тер вигляда́в ~им.** The computer looked used. **виявля́тися** turn out)

вжива́н|ня, *var.* **ужива́ння**, *nt.*
use, usage, utilization ◊ **Виклада́ч поясни́в їм пра́вила в. зна́ка м'я́кшення.** The instructor explained the rules of using the soft sign to them.
adj. **довготерміно́ве** long-term, **інтенси́вне** heavy, **надмі́рне** excessive, **повто́рне** repeated, **пості́йне** constant, **реґуля́рне** regular, **трива́ле** extended, **ча́сте** frequent, **широ́ке** wide, **щоде́нне** daily; **випадко́ве** occasional, **еконо́мне** sparing, **обме́жене** limited; **жарго́нне** jargon, **нормати́вне** normative, **традиці́йне** traditional; **ви́правдане** justified, **влу́чне** apt, **доре́чне** fitting, **зако́нне** legitimate, **обґрунто́ване** substantiated, **пра́вильне** correct; **нова́торське** innovative, **тво́рче** creative; **неви́правдане** unjustified, **недоре́чне** uncalled-for, **незако́нне** illegitimate, **ненале́жне** improper, **ненормати́вне** subnormal, **необґрунто́ване** unsubstantiated, **непра́вильне** incorrect, **хи́бне** erroneous; **безпе́чне** safe, **зва́жене** judicious, **обере́жне** careful
в + *n.* **в. алкого́лю** alcohol use ◊ **Він старі́в від надмі́рного в. тютюну́.** He was aging from the excessive use of tobacco. (**геро́їни** heroin, **кока́їни** cocaine, **нарко́тиків** drugs; **медикаме́нтів** pharmaceuticals; **ви́разу** expression, **мо́ви** language ◊ **У сове́тський пері́од ца́рина в. украї́нської мо́ви зме́ншилася.** In the Soviet period, the Ukrainian language sphere of use shrank. **сло́ва** word)
v. + **в. аналізува́ти в.** analyze the use ◊ **А́вторка аналізу́є в. біблі́йних алю́зій у пое́зії Тичи́ни.** The (female) author analyzes the use of biblical allusions in Tychyna's poetry. (**вивча́ти** study; **дозволя́ти** permit ◊ **Пра́вила дозволя́ють помі́рне в. де́яких пестици́дів у рільни́цтві.** The rules allow moderate use of certain pesticides in agriculture. **леґалізува́ти** legalize, **узако́нювати** make legal; **заохо́чувати** encourage, **поле́гшувати** make easier, **схва́лювати** approve; **заборони́ти** forbid; **засу́джувати** condemn ◊ **Це́рква засу́джувала в. будь-яки́х контрацепти́вів.** The church condemned the use of any contraceptives. **зме́ншувати** diminish, **обме́жувати** limit, **скоро́чувати** reduce, **стри́мувати** curb; **припиня́ти** stop; **контролюва́ти** control, **реґулюва́ти** regulate; **збі́льшувати** increase, **максимізува́ти** maximize, **подво́ювати** double, **потро́ювати** triple, *etc.*; **виправдо́вувати** justify ◊ **Меди́чна необхі́дність мо́же виправдо́вувати в. марихуа́ни.** Medical necessity may justify the use of marijuana. **вплива́ти на** influence); **виступа́ти про́ти в.** oppose the use ◊ **Він виступа́є про́ти в. мето́дики як антинауко́вої.** He opposes the use of the methodology as anti-scientific. (**відмовля́тися від** give up) ◊ **Деда́лі бі́льше мо́лоді відмовля́лося від в. рі́дної мо́ви як таврá провінціялі́зму.** Increasingly more youth gave up the use of their mother language as a stigma of provincialism. **запобіга́ти ~ю** preclude the use (**надава́ти переваґу** give preference to, **сприя́ти** promote)
prep. **від в.** from use ◊ **Су́кня втра́тила фо́рму від ча́стого в.** The dress lost shape from frequent use. **для в.** for use ◊ **Формуля́р був суво́ро для офіці́йного в.** The form was strictly for official use. **в. в** + *L.* use in sth ◊ **в. те́хніки в будівни́цтві пірамі́д** the use of technology in the construction of the pyramids; **в. для** + *G.* use for sth ◊ **Уря́д забороня́є в. поштово́ї скри́ньки для прива́тної кореспонде́нції.** The government forbids the use of the mailbox for private correspondence.
Cf. **вжи́ток, використа́ння**

вжива́|ти, *var.* **ужи́вати**, **~ють; вжи́ти**, *var.* **ужи́ти, вживу́ть**, *tran.*
to use, make use of ◊ **Тут ча́сто ~ють цей ви́слів.** They often use this expression here.
adv. **акти́вно** actively, **безпереста́нку** incessantly, **без розбо́ру** indiscriminately ◊ **Це лише́ так здава́лося, що маля́р ~є фа́рби без розбо́ру.** It only seemed that the artist used his paints indiscriminately. **все** *colloq.* all the time, **весь час** all the time, **реґуля́рно** regularly; **винятко́во** exclusively, **го́ловно** mainly, **загало́м** generally, **наса́мперед** primarily; **звича́йно** usually, **типо́во** typically, **традиці́йно** traditionally, **ча́сто** frequently; **и́ноді** sometimes, **рі́дко** rarely, **ча́сом** at times; **взагалі́ не** not at all ◊ **Вона́ взагалі́ не ~є пома́ди.** She does not use lipstick at all. **ле́две коли́** barely ever, **ні́коли не** never; **відпові́дно** appropriately, **нале́жно** properly, **пра́вильно** correctly, **ефекти́вно** efficiently, **успі́шно** successfully; **вибірко́во** selectively ◊ **Прокурату́ра ~ла зако́н я́вно вибірко́во.** The prosecutor's office used the law in a clearly selective manner. **відповіда́льно** responsibly, **зва́жено** judiciously, **оба́чно** cautiously, **обере́жно** carefully, **оща́дно** sparingly; **зуми́сно** *or* **навми́сно** deliberately, **свідо́мо** consciously
v. + **в. бу́ти гото́вим** be ready to, **бу́ти схи́льним** tend to ◊ **Він схи́льний в. сумні́вні мéтоди, щоб досягну́ти мети́.** He tends to use questionable methods to attain a goal. **бу́ти ле́гко** be easy to, **бу́ти про́сто** be simple to; **бу́ти необхі́дно** be necessary to ◊ **Тут необхі́дно в. спеціа́льно на́вченого пса.** Here it is necessary to use a specially trained dog. **бу́ти тре́ба** + *D.* need to; **дозволя́ти** + *D.* allow sb to; **забороня́ти** + *D.* forbid sb to, **не дозволя́ти** + *D.* not allow sb to; **люби́ти** like to; **навчи́тися** *pf.* learn to; **почина́ти** begin to, **ста́ти** *pf.* start, **переста́ти** stop; **хоті́ти** want to
Also see **використо́вувати 1**
2 to take, eat, drink, consume, ingest ◊ **Рані́ше він не ~в молока́.** He did not drink milk before. ♦ *intr.* **не в.** abstain from alcohol ◊ **Він не ~є.** He doesn't drink.
See **ї́сти, пи́ти, спожива́ти 1**
pa. pple. **вжи́тий** used; ingested
вжива́й! вжий!

вжи́|ти, *var.* **ужи́ти**, *pf., see* **вжива́ти**
to use, utilize, make use of ◊ **Він ~в цей ви́раз навми́сно.** He used the expression deliberately.

вжи́т|ок, *m.*, **~ку**, *var.* **ужи́ток**
usage, use ◊ **Матерія́ли до́вго лиша́лися без ~ку.** The materials remained without use for a long time.
adj. **до́вгий** long ◊ **Словни́к розпада́вся від до́вгого ~ку.** The dictionary was falling apart from long use. **надмі́рний** excessive, **повто́рний** repeated ◊ **Фільтр надає́ться до повто́рного ~ку.** The filter is suitable for repeated use. **повсякде́нний** everyday, **пості́йний** constant, **реґуля́рний** regular, **трива́лий** lengthy, **ча́стий** frequent, **широ́кий** wide, **щоде́нний** daily; **випадко́вий** occasional, **еконо́мний** *or* **оща́дний** sparing ◊ **Оща́дний у. бо́рошна збі́льшував їхні ша́нси ви́жити.** Sparing use of flour increased their chances of survival. **обме́жений** limited; **діяле́ктний** dialectal, **жарго́нний** jargon ◊ **Сло́во ви́йшло по́за жарго́нний в.** The word went beyond the jargon usage. **нормати́вний** normative, **реґіона́льний** regional; **традиці́йний** traditional; **ви́правданий** justified, **влу́чний** apt ◊ **влу́чний в. цита́т із кла́сиків** an apt use of quotes from the classics; **пра́вильний** correct; **непра́вильний** incorrect, **хи́бний** erroneous; **дома́шній** *or* **ха́тній** household ◊ **предме́ти ха́тнього ~ку** household articles
в. + *n.* **в. алкого́лю** alcohol use (**геро́їни** heroin, **кока́їни** cocaine, **нарко́тиків** drug; **медикаме́нтів** pharmaceuticals; **ви́разу** expression, **мо́ви** language ◊ **Ца́рина в. украї́нської мо́ви рі́зко зме́ншилася.** The Ukrainian language sphere of use drastically diminished. **сло́ва** word) ◊ **Зако́н обме́жує в. чужи́х слів у рекла́мі.** The law limits the use of foreign words in commercials.
v. + **в. заохо́чувати в.** encourage the use ◊ **Ко́нкурс заохо́чує в. нови́х спо́собів перeróбки смі́ття.** The competition encourages the use of new methods of trash recycling. (**поле́гшувати** make easier, **схва́лювати** approve; **заборони́ти** forbid; **зме́ншувати** diminish, **скоро́чувати** reduce, **стри́мувати** curb; **контролюва́ти** control, **реґулюва́ти** regulate; **збі́льшувати** increase, **максимізува́ти** maximize, **подво́ювати** double, **потро́ювати** triple; **виправдо́вувати** justify; **вво́дити** + *A.* **в** bring sth into ◊ **Уря́д уві́в у в. банкно́ту у дві́сті гри́вень.** The government brought a ₴200 banknote into use. **вхо́дити в** come into); **вихо́дити з ~ку** go out of use ◊ **Відеокасе́ти ви́йшли зі ~ку де́сять ро́ків тому́.** Video cassettes went out of use ten years ago. **запобіга́ти ~ку** preclude the use (**надава́ти переваґу** give preference to, **сприя́ти** promote)
prep. **від ~ку** from use ◊ **Ви́раз став кліше́ від надмі́рного ~ку.** The expression became a cliché from excessive use. **в. в** + *L.* use in sth ◊ **в. фто́ру в зубни́х па́стах** the use of fluoride in toothpastes
Also see **вжива́ння, використа́ння**

взагалі́, *adv., var.* **узагалі́** *and* **загало́м**
1 in general, on the whole ◊ **В. вона́ першоря́дна спеціялі́стка.** In general, she is a first-rate specialist. ♦ **в. і зокре́ма́** in general and in particular ◊ **Заува́га стосу́ється мовозна́вства в. й пе́рекладу зокре́ма́.** The remark pertains to linguistics in general, and translation in particular. ♦ **в. ка́жучи** generally speaking ◊ **В. ка́жучи, джаз їй подо́бався.** Generally speaking, she liked jazz.
2 at all, not at all (*for emphasis in negative or conditional clauses)* ◊ **Лі́на не знає́ Ки́єва в.** Lina does not know Kyiv at all.
3 always ◊ **Вона́ в. така́ пону́ра чи лише́ зі мно́ю?** Is she always so gloomy or only with me?
See **за́вжди́**

взає́мин|и, *n., only pl.*
relationship, ties, connection *(usu among people)*
adj. **безхма́рні** cloudless ◊ **Сканда́л отру́їв їхні безхма́рні в.** The scandal poisoned their cloudless relationship. **близькі́** close, **ви́гідні** beneficial, **гармоні́йні** harmonious, **га́рні** nice, **до́брі** good, **дру́жні** friendly, **здоро́ві** healthy, **іде́альні** ideal, **міцні́** strong, **прекра́сні** wonderful, **при́ятельські** amicable, **серде́чні** cordial, **те́плі** warm, **това́риські** amiable, **чудо́ві** excellent ◊ **У Ма́рка з Оле́гом чудо́ві в.** Marko is on excellent terms

with Oleh. **важкі́** difficult, **ке́пські** poor, **крихкі́** fragile, **напру́жені** tense, **натя́гнуті** strained, **непро́сті** tricky, **пога́ні** bad ◊ **В. між ни́ми, як ніко́ли, пога́ні.** The relationship between them is bad as never before. **проблемати́чні** problematic, **складні́** complicated; **індивідуа́льні** individual, **лю́дські** human, **міжособи́сті** interpersonal, **особи́сті** personal ◊ **Політи́чні розбі́жності не відбива́лися на ї́хніх особи́стих ~ах.** Political differences did not affect their personal relationship. **подру́жні** marital, **роди́нні** family; **інти́мні** intimate, **платоні́чні** platonic, **романти́чні** romantic, **стате́ві** sexual; **гетеросексуа́льні** heterosexual, **гомосексуа́льні** homosexual, **лесбі́йські** lesbian; **монога́мні** monogamous, **поліга́мні** polygamous; **прямі́** direct ◊ **Він має прямі́ в. з партне́рами в І́ндії.** He has direct relationship with his partners in India. **бізнесо́ві** business, **економі́чні** economic, **фіна́нсові** financial; **військо́ві** military, **диплома́ти́чні** diplomatic, **корпорати́вні** corporate, **культу́рні** cultural, **політи́чні** political, **суспі́льні** social; **офіці́йні** official, **професі́йні** *or* **фахові́** professional, **форма́льні** formal; **контракто́ві** contractual, **робо́чі** working

в. + *n.* **в. дові́ри** a relationship of trust (**дру́жби** friendship, **порозумі́ння** understanding, **солідарности** solidarity)

v. + **в. будува́ти в.** build a relationship ◊ **В. вони́ будува́ли на пова́зі.** They built their relationship on respect. (**встано́влювати** establish ◊ **По́льща й Кана́да пе́ршими встанови́ли диплома́ти́чні в. з Украї́ною.** Poland and Canada were the first to establish a diplomatic relationship with Ukraine. **культивува́ти** cultivate, **ма́ти** have, **плека́ти** foster, **почина́ти** begin, **продо́вжувати** continue, **утри́мувати** maintain ◊ **Па́ні М. утри́мувала з ним товари́ські в.** Mrs. M. maintained an amicable relationship with him. **зміцнювати** strengthen, **погли́блювати** deepen, **покра́щувати** improve, **розбудо́вувати** build up, **розвива́ти** develop; **зни́щувати** destroy, **підрива́ти** undermine, **припиня́ти** stop, **розрива́ти** break off ◊ **Він розірва́в в., дізна́вшись, що Катери́на одру́жена.** He broke off the relationship, having found out that Kateryna was married. **руйнува́ти** ruin; **прихо́вувати** hide; **впливати на** influence); **відбива́тися на ~ах** affect relationship ◊ **Зая́ва не відбилася на ~ах двох па́ртій.** The statement did not affect the relationship of the two parties.

в. + *v.* **бу́ти** be ◊ **Між ни́ми немає стате́вих в.** There is no sexual relationship between them. **існува́ти** exist ◊ **Між полі́цією і місце́вою грома́дою існу́ють до́брі в.** A good relationship exists between the police and the local community. **встано́влюватися** form, **змі́цнюватися** strengthen, **погли́блюватися** deepen, **покра́щуватися** improve, **процвіта́ти** flourish, **розвива́тися** develop; **продо́вжуватися** continue ◊ **Ї́хні інти́мні в. продо́вжувалися рік.** Their intimate relationship continued for a year. **трива́ти** last ◊ **Плі́дні в. трива́ли недо́вго.** The fruitful relationship did not last long. **закі́нчуватися** end **погі́ршуватися** worsen, **припиня́тися** stop, **розрива́тися** break down

prep. **у ~ах** in a relationship ◊ **У лю́дських ~ах пови́нно бу́ти мі́сце для компромі́су.** There ought to be a place for compromise in human relationships. **в. з** + *I.* a relationship with sb; **в. між** + *I.* a relationship between/among sb

Also see **стосу́нок 1.** *Also see* **відно́сини**

взає́мн|ий, *adj.*

1 mutual, shared ◊ **Студе́нтів об'є́днує ~а зацікавленість спо́ртом.** The students are united by their shared interest in sports.

2 returned (*of feeling, affection*), reciprocated, reciprocal ◊ **Емоці́йне тя́жіння між ни́ми було́ ~им.** The emotional gravitation between them was reciprocal. ◊ **Павло́ пра́гнув не сті́льки ува́ги, скі́льки ~ого коха́ння.** Pavlo desired not so much attention as reciprocated love.

взаємоді́|я, *f.*, **~ї**

interaction

adj. **акти́вна** active, **інтенси́вна** intensive, **по́вна** full, **пості́йна** constant, **реґуля́рна** regular, **си́льна** strong; **періоди́чна** periodic; **пряма́** direct ◊ **Ефе́кт – на́слідок прямо́ї ~ї у́ряду з суспі́льством.** The effect is the result of a direct government interaction with society. **непряма́** indirect, **складна́** complex; **групова́** group, **колекти́вна** collective, **політи́чна** political, **суспі́льна** social; **психологі́чна** psychological; **молекуля́рна** molecular, **фізи́чна** physical, **хемі́чна** chemical, **я́дерна** nuclear

v. + **в. забезпе́чувати ~ю** ensure interaction ◊ **Він забезпе́чує ~ю всіх підро́зділів адміністра́ції.** He ensures the interaction of all the subdivisions of the administration. (**поле́гшувати** ease, **організо́вувати** organize, **підтри́мувати** support; **пору́шувати** disrupt; **ускла́днювати** complicate); **запобіга́ти ~ї** prevent interaction (**перешкоджа́ти** hamper; **сприя́ти** facilitate)

prep. **в. з** + *I.* interaction with sb; **в. між** + *I.* interaction between/among sb/sth ◊ **хемі́чна в. між складни́ками ро́зчину** chemical interaction among the elements of the solution

взаємоді́|яти, ~ють; *no pf., intr.*

to interact ◊ **Вони́ були́ гото́ві в. на́віть із опоне́нтами.** They were ready to interact even with their opponents.

adv. **акти́вно** actively, **інтенси́вно** intensively, **пості́йно** constantly, **реґуля́рно** regularly; **пря́мо** directly; **ті́сно** closely ◊ **Вони́ ті́сно ~ють з очі́льниками грома́ди.** They are in close interaction with community leaders. **непря́мо** indirectly; **колекти́вно** collectively, **політи́чно** politically; **психологі́чно** psychologically; **неуни́кно** inevitably; **фізи́чно** physically, **хемі́чно** chemically ◊ **Їм потрі́бен матерія́л, що хемі́чно не ~є з кислото́ю.** They need the material that does not chemically interact with acid.

prep. **в. з** + *I.* interact with sb/sth ◊ **Студе́нти ті́сно ~яли зі школяра́ми.** The students closely interacted with schoolchildren.

вздовж, *var.* **узд́овж**, *adv., prep.*

1 *adv.* lengthwise, lengthways ◊ **Ку́рячу груди́нку слід розрі́зати в.** The chicken breast should be cut lengthwise. ♦ **в., і впо́перек** thoroughly, through and through, inside out ◊ **Він знає Рі́вне в., і впо́перек.** He knows Rivne through and through.

Ant. **впо́перек 1**

2 *prep.* along, alongside, beside, by sth + *G.* ◊ **Шосе́ йде в. мо́ря.** The highway runs along the sea. ◊ **Він рухався в. парка́ну.** He moved along the fence. ◊ **В. рі́чки росту́ть топо́лі.** Poplar trees grow beside the river.

Also see **по́над 2.** *Ant.* **впо́перек 3**

взір|е́ць, *m.*, **~ця́**

example, model, standard, sample; epitome

adj. **до́брий** good ◊ **до́брий в. самості́йного ми́слення** a good example of independent thinking; **га́рний** nice, **класи́чний** classic, **конкре́тний** specific ◊ **Вони́ розгля́нули конкре́тний в. політи́чної підзві́тности.** They examined a specific example of political accountability. **особли́вий** special, **про́стий** simple, **станда́ртний** standard, **традиці́йний** traditional; **альтернати́вний** alternative, **експеримента́льний** experimental, **статисти́чний** statistical; **ідеа́льний** ideal, **правди́вий** true, **спра́вжній** genuine

в. + *n.* **в. громадяни́на** a model citizen (**дослі́дника** researcher, **студе́нта** student, **у́чня** pupil; **вояка́** soldier) ◊ **Богуна́ вважа́ли правди́вим ~цем вояка́.** Bohun was considered to be a true model of a soldier. **в. самові́дданости** a model of selflessness (**смі́ливости** courage, **че́сности** honesty)

v. + **в. використо́вувати в.** use an example (**дава́ти** + *D.* give sb ◊ **Вона́ дала́ студе́нтам в. діялогі́чного мо́влення.** She gave the students an example of dialogical speech. **надава́ти** + *D.* provide sb with ◊ **Він нада́в слі́дчому в. її пі́дпису.** He provided the detective with a sample of her signature. **представля́ти** *or* **презентува́ти** present, **пропонува́ти** propose, **служи́ти за** serve as) ◊ **Текст служи́в виклада́чеві за в. до́бре напи́саного есе́ю.** The text served for the instructor as an example of a well-written essay. **бути́ ~цем** + *G.* be a model ◊ **Лари́са була́ для всіх ~цем смі́ливости.** Larysa was a model of courage for everybody. (**вважа́ти** + *A.* consider sb; **лиша́тися** remain, **става́ти** become)

prep. **в. для** + *G.* a model for sth◊ **Її робо́та – в. для насліду́вання.** Her work is a model for emulation.

Also see **зразо́к, при́клад 2**

взірце́в|ий, *adj.*

exemplary, model ◊ **Лев трима́в поме́шкання у ~ому ста́ні.** Lev maintained the apartment in an exemplary condition.

adv. **абсолю́тно** absolutely ◊ **Він пока́зував її робо́ту як абсолю́тно ~у.** He showed her work as absolutely exemplary. **однозна́чно** unambiguously, **про́сто** simply, **цілко́м** completely; **ле́две** hardly, **ма́йже** almost ◊ **Її коро́тка програ́ма була́ ма́йже ~ою.** Her short routine was almost exemplary.

v. + **в. бу́ти ~им** be exemplary (**вважа́ти** + *A.* consider sb/sth, **здава́тися** + *D.* seem to sb, **лиша́тися** remain, **става́ти** become) ◊ **У нові́й шко́лі Адрія́на ста́ла ~ою учени́цею.** At the new school, Adriiana became a model pupil.

prep. **в. для** + *G.* exemplary for sb ◊ **Стиль керівни́цтва Степово́ї лиша́вся ~им для багатьо́х її насту́пників.** Stepova's leadership style remained exemplary for many of her successors.

Also see **зразко́вий**

взна|ва́ти, *var.* **узнава́ти, ~ю́ть; ~ти, ~ю́ть**, *tran.*

1 to learn, find out ◊ **В інтерне́ті Ма́рта ~є все, що їй тре́ба.** On the Internet, Marta will learn everything she needs.

adv. **бага́то** a lot ◊ **Студе́нти бага́то ~ли з її ле́кції.** The students learned a lot from her lecture. **вре́шті-ре́шт** eventually ◊ **Вре́шті-ре́шт Оле́кса ~в пра́вду.** Oleksa eventually learned the truth. **поступо́во** gradually; **нега́йно** immediately, **за́раз же** at once, **шви́дко** quickly; **так і не** never

v. + **в. бу́ти мо́жна** be possible to, **бу́ти необхі́дно** + *D.* be necessary to ◊ **Їм було́ необхі́дно ~ти подро́биці розмо́ви.** It was necessary for them to learn the details of the conversation. **бу́ти тре́ба** + *D.* need to; **вдава́тися** + *D.* manage to ◊ **Це все, що мені́ вдало́ся ~ти.** This is all I managed to find out. **лиша́тися** + *D.* remain to ◊ **Слі́дчому лиши́лося ~ти моти́ви злочи́нця.** What remained for the detective was to find out the criminal's motives. **могти́** can, **намага́тися** try to, **пра́гнути** strive to, **хоті́ти** want to

prep. **в. в** *or* **від** + *G.* learn from sb ◊ **Не́ля ~ва́ла місце́ві нови́ни в** *or* **від своє́ї перука́рки.** Nelia learned local news from her hairdresser. **в. про** + *A.* learn about sth ◊ **Де я мо́жу ~ти про це?** Where can I learn about it?

Also see **виноси́ти 3, дізнава́тися, дові́дуватися**

2 to recognize ◊ **О́льга не ~ла шкі́льної по́други.** Olha did not recognize her school

(female) friend. ◊ **Без бороди́ його́ ле́две ~єш.** He can be barely recognized without his beard.
See **впізнава́ти.** *Also see* **пізнава́ти 3, розпізнава́ти 2**
pa. pple. **взна́ний** learned, recognized
взнава́й! взнай!

взна́|ти, *var.* **узна́ти**, *pf., see* **взнава́ти**
to learn, find out; recognize ◊ **Марі́я не одра́зу ~ла в юнако́ві кузе́на.** Maria did not immediately recognize her cousin in the youth.

взутт|я́, *nt., only sg., coll.*
footwear, boots, shoes
adj. **до́бре** good, **ви́гідне** *and* **зру́чне** comfortable; **га́рне** nice; **мо́дне** fashionable; **нове́** new, **нові́сіньке** brand-new; **добро́тне** well-made, **я́кісне** quality; **деше́ве** cheap, **недороге́** inexpensive ◊ **У цій крамни́ці мо́жна знайти́ я́кісне і недороге́ в.** One can find quality and inexpensive shoes in the store. **дороге́** expensive; **ґу́мове** rubber, **шкіряне́** leather; **буде́нне** everyday, **ділове́** business, **святко́ве** festive, **спорти́вне** sports; **весняне́** spring, **зимо́ве** winter, **лі́тнє** summer ◊ **Череви́ки – це не зо́всім лі́тнє в.** Boots are not quite summer footwear. **осі́ннє** fall; **зно́шене** *or* **сто́птане** worn-out ◊ **Його́ сто́птане в. слід ви́кинути.** His worn-out shoes should be thrown out. **старе́** old; **розно́шене** broken-in
n. + **в. ма́рка в.** a brand of shoes (**па́ра** pair ◊ **дві па́ри нові́сінького в.** two pairs of brand-new shoes; **фасо́н** style; **я́кість** quality)
v. + **в. взува́ти в.** put on shoes (**наклада́ти** *colloq.* put on ◊ **З наго́ди свя́та А́да накла́ла нове́ в.** On the occasion of the holiday, Ada put on her new shoes. **носи́ти** wear; **вибира́ти** choose ◊ **Він до́вго вибира́в в. до костю́ма.** He took a long time to choose the shoes to go with his suit. **замовля́ти** order, **купува́ти** buy; **носи́ти** wear, **розно́шувати** break in ◊ **Оле́г розноси́в нове́ в. за день.** Oleh broke in his new shoes in a day. **продава́ти** sell) ◊ **У крамни́ці продава́ли ті́льки дитя́че в.** They sold only children's shoes in the store.
в. + *v.* **зно́шуватися** *or* **сто́птуватися** wear out, **рва́тися** tear; **пасува́ти** *or* **підхо́дити** + *D.* become sb ◊ **Це в. не ду́же пасува́ло** *or* **підхо́дило Окса́ні.** These shoes did not quite become Oksana. **пасува́ти** *or* **підхо́дити до** + *G.* go well with sth ◊ **Черво́не в. га́рно пасу́є до чо́рної су́кні.** Red shoes go well together with a black dress.
prep. **у ~і** in shoes ♦ **ходи́ти у ~і** to wear shoes ◊ **Весно́ю й о́сінню вона́ ча́сто ходи́ла у ґу́мовому ~і.** In spring and fall, she often wore rubber footwear. **в. до** + *G.* shoes to go with sth ◊ **в. до су́кні** shoes to go with a dress; **в. з** + *G.* shoes made of *(material)* ◊ **в. зі шкі́ри** shoes made of leather; **в. на** + *A.* shoes with *(heel, etc.)* ◊ **в. на висо́кому підбо́рі** high-heeled shoes; ◊ **в. на пря́жках** shoes with buckles
Also see **череви́к**

взя́|ти, *pf., var.* **узя́ти**, *see* **бра́ти**
to take; hire, *etc.* ◊ **Профе́сор ~в до лаборато́рії дру́гого асисте́нта.** The professor hired a second assistant to the lab.

взя́|тися, *pf., var.* **узя́тися**, *see* **бра́тися**
to set about, start ◊ **Тре́нер ~вся пока́зувати їм нову́ впра́ву.** The coach set about showing them a new drill.

виба́гли|вий, *adj.*
1 exacting, exigent, demanding, strict; discriminating
adv. **вкрай** extremely ◊ **Вона́ – вкрай ~а люди́на.** She is an extremely demanding person. **винятко́во** exceptionally, **до́сить** rather, **доста́тньо** sufficiently, **ду́же** very ◊ **Він став ду́же ~им кри́тиком.** He became a very demanding critic. **несподі́вано** unexpectedly, **особли́во** particularly; **неможли́во** impossibly ◊ **Вона́ ма́ла неможли́во в. смак.** She had an impossibly discriminating taste.
v. + **в. бу́ти ~им** be exacting (**вважа́ти** + *A.* consider sb ◊ **Він не вважа́в себе́ ~им у то́му, що стосу́ється ї́жі.** He did not consider himself discriminating in what concerned food. **виявля́тися** turn out; **здава́тися** + *D.* seem to sb; **лиша́тися** remain, **става́ти** become)
prep. **в. до** + *G.* demanding toward sb/sth ◊ **Ба́тько ви́явився менш ~им до ону́ків, як до діте́й.** Father turned out to be less demanding toward his grandchildren than his children. ♦ **бу́ти в. до** + *G.* to demand a lot of, require sth ◊ **Орхіде́ї ~і до сві́тла.** Orchids require light.
See **вимо́гливий.** *Also see* **суво́рий**
2 fanciful, fancy, ornate, whimsical
adv. **вкрай** extremely ◊ **Сті́ни покрива́є вкрай в. візеру́нок.** An extremely fanciful pattern covers the walls. **винятко́во** exceptionally, **до́сить** rather, **доста́тньо** sufficiently, **ду́же** very ◊ **Ната́ля носи́ла ду́же ~і прикра́си.** Natalia wore very fancy decorations.
Also see **вига́дливий 2, ви́шуканий, химе́рний 2**

виба́глив|ість, *f.*, **~ости**, *only sg.*
fastidiousness, meticulousness, assiduousness ◊ **В. – її характе́рна ри́са.** Fastidiousness is her characteristic trait.
adj. **вели́ка** great, **надмі́рна** excessive, **несте́рпна** insufferable ◊ **А́дамова в. у ї́жі ста́ла нестерпно́ю.** Adam's fastidiousness about food became insufferable.
v. + **в. виявля́ти в.** show fastidiousness ◊ **Павло́ не виявля́є ~ости в о́дязі.** Pavlo does not show fastidiousness in the way he dresses. **бу́ти зна́ним ~істю** be known for one's fastidiousness
prep. **в. у** + *L.* fastidiousness in sth; **в. до** + *G.* fastidiousness to sth

вибача́|ти, ~ють; ви́бач|ити, ~ать, *tran.*
to forgive, pardon, excuse + *D.* ◊ **Зре́штою він ви́бачив О́льзі кри́тику.** Eventually he forgave Olha her criticism. ◊ **Ви́бачте, що я сумніва́вся у вас.** Forgive me for doubting you.
adv. **великоду́шно** benevolently ◊ **Пан Ти́хий великоду́шно ви́бачив Марко́ві його́ необа́чність.** Mr. Tykhy benevolently forgave Marko his indiscretion. **ра́до** gladly; **ле́гко** easily; **нехо́че** reluctantly; **вже** already, **за́раз же** right away, **одра́зу** immediately, **шви́дко** quickly; **наре́шті** finally; **ні́коли не** *and* **так і не** never ◊ **Оле́на ні́коли не ви́бачить їй тако́ї обра́зи.** Olena will never forgive her such an insult. ♦ **~а́й (~а́йте) на сло́ві** pardon the expression ◊ **Мені́, ~йте на сло́ві, остоги́дло повто́рювати одне́ й те ж.** I am, pardon the expression, sick and tired of repeating one and the same thing.
v. + **в. бу́ти зда́тним** be able to; **бу́ти нezда́тним** be incapable of ◊ **Він незда́тний ви́бачити обра́зу.** He is incapable of forgiving an insult. **бу́ти ле́гко** + *D.* be easy to ◊ **По́милку ле́гко ви́бачити.** It is easy to forgive the mistake. **могти́** can; **блага́ти** + *A.* beg sb to, **проси́ти** + *A.* ask sb to ◊ **Григо́рій про́сить її ви́бачити його́ слова́.** Hryhorii asks her to forgive his words. **стара́тися** try to
prep. **в. за** forgive (for) sth ◊ **Ви́бачте за кло́піт, чи мо́жна подзвони́ти?** Forgive me the hassle, may I make a call?
pa. pple. **ви́бачений** forgiven
вибача́й! ви́бач!
Also see **пробача́ти**

вибача́|тися; ви́бачитися, *intr.*
to ask for pardon, apologize ◊ **Жі́нка ви́бачилася за по́ми́лку.** The woman apologized for her mistake. ◊ **Не ~йтеся на ко́жному кро́ці!** Don't apologize every step of the way!
prep. **в. за** + *A.* apologize for sb/sth; **в. пе́ред** + *I.* apologize to sb ◊ **Він ви́бачився пе́ред О́льгою.** He apologized to Olha.
See **перепро́шувати**

ви́бачен|ня, *nt.*
apology, expression of regret
adj. **щи́ре** sincere, **щиросерде́чне** heartfelt; **офіці́йне** official ◊ **Же́ртви ава́рії на ша́хті вимага́ли від компа́нії офіці́йних ~ь.** The mining accident victims demanded official apologies from the company. **форма́льне** formal; **письмо́ве** written; **по́вне** full, **публі́чне** public, **у́сне** oral; **запізні́ле** belated; **нега́йне** immediate
v. + **в. висло́влювати в.** express an apology ◊ **Він ви́словлює працівника́м щи́ре в.** He expresses his sincere apology to the employees. (**перека́зувати** + *D.* convey to sb, **посила́ти** + *D.* send sb, **пропонува́ти** + *D.* offer sb ◊ **Вона́ запропонува́ла їм форма́льне в.** She offered them a formal apology. **публікува́ти** publish, **роби́ти** make; **отри́мувати** receive; **відкида́ти** reject ◊ **Він відки́нув Павло́ве в. як нещи́ре.** He rejected Pavlo's apology as insincere. **прийма́ти** receive; **вимага́ти від** + *G.* demand from sb, **заслуго́вувати на** deserve); **сподіва́тися в.** expect an apology ◊ **Вони́ сподіва́лися в. за безпідста́вне тве́рдження.** They expected an apology for the groundless allegation. (**хоті́ти** want)
prep. **в. від** + *G.* apology from sb ◊ **Він так і не отри́мав в. від авіалі́нії.** He never received an apology from the airline. **в. за** + *A.* apology for sth
Cf. **проба́чення 1.** *Also see* **проба́чення 2**

ви́бачи|ти, *pf., see* **вибача́ти**
to forgive ◊ **Петро́ ні́коли не ~ть їм зра́ди.** Petro will never forgive them for their betrayal.

ви́бачи|тися, *pf., see* **вибача́тися**
to apologize, ask forgiveness ◊ **Васи́ль ~вся за при́кре перео́чення.** Vasyl apologized for his unfortunate oversight.

вибира́|ти, ~ють; ви́брати, ви́бер|уть, *tran.*
1 to choose, select
adv. **ві́льно** freely, **добро́ві́льно** voluntarily, **залю́бки́** willingly, **самості́йно** on one's own; **до́вго** for a long time ◊ **Те́сля до́вго ~в інструме́нт.** The carpenter took a long time to choose his tools. **прискі́пливо** scrupulously ◊ **Тетя́на прискі́пливо ~ла аксесуа́ри до су́кні.** Tetiana was scrupulously choosing accessories for her dress. **рете́льно** carefully, **розу́мно** wisely; **конкре́тно** specifically, **навми́сно** deliberately, **свідо́мо** consciously, **спеціа́льно** especially; **дові́льно** arbitrarily, **навманн́я** randomly ◊ **Він навманн́я ви́брав три я́блука з ко́шика.** He randomly chose three apples from the basket.
v. + **в. бу́ти ві́льним** be free to ◊ **Вони́ ві́льні в. собі́ мі́сце прожива́ння.** They are free to choose their place of residence. **бу́ти в ста́ні** be capable of; **допомага́ти** + *D.* help sb to ◊ **Бори́с допомі́г їм ви́брати ме́блі для віта́льні.** Borys helped them choose the furniture for the living room. **могти́** can, **хоті́ти** want to ◊ **Він сам хоті́в ви́брати взуття́.** He wanted to choose the shoes himself. **бу́ти зму́шеним** be forced to ◊ **Він зму́шений в. там, де нема́є ви́бору.** He is forced to choose where there is no choice. **му́сити** have to
prep. **в. з** + *G.* choose from sth ◊ **Він ~в із трьох варія́нтів.** He was choosing from three options. **в. за** + *G.* choose as sb ◊ **Оле́на ви́брала його́ за помічника́.** Olena chose him to be her assistant. **в. між** + *I.* choose between *(alternatives)* ◊ **Лі́на му́сила в. між двома́**

дру́зями. Lina had to choose between two friends.
Also see **відбира́ти 4, обира́ти 2, підбира́ти 2**
2 to elect *(by voting)* + *I.* ◊ **Його́ ви́брали голово́ю коміте́ту.** He was elected the chair of the committee. ◊ **Вони́ ~ють про́від організа́ції.** They elect the leadership of the organization.
See **обира́ти 1**
pa. pple. **ви́браний** chosen, select
вибира́й! ви́бери!

вибира́|тися; ви́братися, *intr.*
1 to get out of
adv. **до́вго** for a long time ◊ **Вони́ до́вго ~лися з фіна́нсової халепи.** They took a long time to get out of the financial quandary. **з тру́днощами** with difficulties, **ле́две** scarcely, **наси́лу** barely ◊ **Хло́пці наси́лу ви́бралися з боло́та.** The boys barely got out of the bog. **непро́сто** not easy ◊ **Буде́ непро́сто ви́братися з ціє́ї ситуа́ції.** It will not be easy to get out of this situation.
v. + **в. намага́тися** try to ◊ **Ле́ся намага́лася ви́братися на доро́гу.** Lesia tried to get on the road. **роби́ти спро́бу** make an attempt, **шука́ти спо́сіб** look for a way to
2 to go to, set out, head to
prep. **в. до** + *G.* set out to *(a place)* ◊ **Ми ~ємося до батькі́в у го́сті.** We are setting out on a visit to our parents. ♦ **в. в доро́гу** *or* **по́дорож** to set out on the road ◊ **За мі́сяць Ю́ркові в. в доро́гу до Ки́єва.** In a month, Yurko will have to set out on a trip to Kyiv.
3 to move out, get out, leave
prep. **в. з** + *G.* ◊ **Вони́ ма́ли день, щоб ви́братися з краї́ни.** They had a day to leave the country. ◊ **Хома́ хо́че ви́братися з помешкання.** Khoma wants to move out of the apartment.
4 *pass., only impf.* to be elected, to run *(for office)* ◊ **Вона́ ~тиметься по на́шому о́кругу.** She will be running in our ward. ◊ **Іва́нів ~ється вдру́ге.** Ivaniv has been elected for the second time.
5 to climb *(a hill, etc.)*, get to, reach ◊ **За три годи́ни вони́ ви́бралися на верши́ну.** They reached the peak in three hours.

вибіга́|ти, ~ють; ви́бігти, ви́біж|ать, *intr.*
1 to run out
adv. **момента́льно** in an instant, **прожо́гом** in a flash, **за́раз же** right away, **шви́дко** quickly; **крадькома́** in stealth, **ти́хо** quietly ◊ **О́ля ти́хо ви́бігла на ву́лицю.** Olia ran quietly in an instant.
v. + **в. намага́тися** try to, **хоті́ти** want to ◊ **Вона́ хоті́ла ви́бігти, щоб подиви́тися, хто так галасу́є.** She wanted to run outside to see who was making such an uproar.
prep. **в. на** + *A.* run out into/onto *(space)*; **в. з** + *G.* run out of *(space)* ◊ **Лю́ди ~ли з буди́нку.** The people ran out of the building. **в. напере́д** + *G.* run to the front of sth ◊ **Він ви́біг напере́д коло́ни вояків і скома́ндував зупини́тися.** He ran to the front of the column of soldiers and commanded them to stop.
Cf. **вихо́дити 1**
2 to flow out, spill out, run out *(of water, etc.)* ◊ **Полови́на молока́ на плиті́ ви́бігла.** Half the milk on the stove boiled out.
3 *fig.* to lead, run ◊ **Доро́га ~є з я́ру на рівни́ну.** The road runs from the ravine to the plain.
See **вести́ 1**
вибіга́й! ви́біжи!

ви́біг|ти, *pf., see* **вибіга́ти**
to run out ◊ **Миха́йло ви́біг на балко́н.** Mykhailo ran out on the balcony.

ви́б|ір, *m.*, **~ору**
1 selection, choice + *G.* ◊ **широ́кий в. старо́ї му́зики** a wide selection of old music
adj. **бага́тий** rich ◊ **Фі́рма пропонува́ла бага́тий в. техні́чних по́слуг.** The firm offered a rich selection of technical services. **вели́кий** great, **величе́зний** enormous, **різномані́тний** varied, **широ́кий** wide; **до́брий** good, **хоро́ший** fine, **ціка́вий** interesting, **чудо́вий** wonderful; **бі́дний** poor, **вузьки́й** narrow, **жалюгі́дний** pathetic ◊ **В. сирі́в у ві́дділі набі́лу жалюгі́дний.** The choice of cheeses in the dairy department is pathetic. **ке́пський** poor, **обме́жений** limited, **пога́ний** bad; **ная́вний** available
в. + *n.* **в. варія́нтів** a selection of options (**взуття́** shoes, **о́дягу** clothing, **пі́се́нь** songs, **това́рів** merchandise, **фасо́нів** style; **авторі́в** authors, **жа́нрів** genres, **літерату́ри** literature; **фі́льмів** movies)
v. + **в. дава́ти** + *D.* **в.** give sb a selection ◊ **Меню́ дає́ вели́кий в. вин.** The menu gives a great selection of wines. (**пропонува́ти** + *D.* offer sb; **знахо́дити** find) ◊ **Тут ви знайде́те вели́кий в. дитя́чого о́дягу.** Here you will find a great selection of children's clothing.
prep. **на в.** selectively, at choice ◊ **Поліція́нти переві́ряли люде́й на в.** The policemen checked people selectively.
Also see **асортиме́нт**
2 choice
adj. **ві́льний** free, **зрозумі́лий** understandable, **чітки́й** distinct; **ди́вний** strange; **пе́рший** first; **індивідуа́льний** individual, **особи́стий** *or* **персона́льний** personal, **самості́йний** independent; **аналогі́чний** identical, **поді́бний** similar; **остато́чний** final ◊ **Ля́на зроби́ла остато́чний в.** Liana made her final choice. **щасли́вий** lucky; **фата́льний** fatal
n. + **в. пра́во ~ору** the right of choice ◊ **Систе́ма позбавля́ла люди́ну пра́ва ~ору мо́ви.** The system deprived an individual of the right to choose the language. (**свобо́да** freedom) ◊ **Ко́жен з них має́ свобо́ду ~ору.** Each of them has the freedom of choice.
v. + **в. дава́ти** + *D.* **в.** give sb a choice (**виправдо́вувати** justify, **захища́ти** defend; **ма́ти** have, **пропонува́ти** + *D.* offer sb, **роби́ти** make ◊ **Ко́жен змагу́н зроби́в аналогі́чний в.** Each competitor made an identical choice. **критикува́ти** criticize, **ста́вити під су́мнів** question; **шкодува́ти про** regret) ◊ **Оле́кса пошкодува́в про поспі́шний в. партне́ра.** Oleksa regretted his hasty choice of partner. **не ма́ти ~ору** have no choice ◊ **Лев не мав ~ору.** Lev had no choice.
prep. **без ~ору** without a choice ◊ **Їх лиша́ли без ~ору.** They were left without a choice. **в. між** + *I.* a choice between *(options)* ◊ **Він мав в. між знайо́мим і невідо́мим.** He had a choice between the familiar and the unknown.
Also see **рі́шення 1**

ви́бор|ець, *m.*, **~ця; ~ка**, *f.*
voter, elector
adj. **акти́вний** active, **заанґажо́ваний** engaged ◊ **Тимі́ш – політи́чно заанґажо́ваний в.** Tymish is a politically engaged voter. **зареєстро́ваний** registered, **звича́йний** ordinary, **типо́вий** typical ◊ **Опи́т ви́явив на́строї типо́вого ~ця.** The poll revealed the mood of a typical voter. **нови́й** new, **потенці́йний** potential, **поінформо́ваний** informed; **ві́дданий** loyal; **байду́жий** indifferent, **паси́вний** passive; **скепти́чний** skeptical, **цині́чний** cynical; **лі́вий** left-wing, **пра́вий** right-wing; **патріоти́чний** patriotic; **російськомо́вний** Russian-speaking, **українськомо́вний** Ukrainian-speaking; **місце́вий** local, **украї́нський** Ukrainian; **пророссі́йський** pro-Russian
n. + **в. апа́тія ~ців** voter apathy ◊ **Вона́ поя́снювала низьку́ я́вку апа́тією ~ців.** She attributed the low turnout to voter apathy. (**вто́ма** fatigue, **реєстра́ція** registration, **у́часть** participation, **я́вка** turnout; **залякува́ння** intimidation; **спи́сок** list)
v. + **в. закли́ка́ти ~ця** call on a voter **Па́ртія закли́кала ~ців проголосува́ти.** The party called on voters to vote. (**заохо́чувати до** + *G.* urge to sth, **застеріга́ти про́ти** + *G.* warn against sth ◊ **Кампа́нія застеріга́ла ~ця від апа́тії.** The campaign warned the voter against apathy. **здобува́ти** win, **переко́нувати** persuade ◊ **Тре́ба переко́нати ~ця ви́йти й проголосува́ти.** The voter should be persuaded to come out and vote. **прива́блювати** attract; **реєструва́ти** register; **вплива́ти на** influence, **схиля́ти на свій бік** sway) ◊ **Він схили́в на свій бік проросі́йського ~ця.** He swayed the pro-Russian voter.
в. + *v.* **бра́ти у́часть в** + *L.* participate in sth ◊ **Вели́ка кі́лькість ~ців взяла́ у́часть у пе́ршому ту́рі.** A great number of voters participated in the first round. **ви́рішувати** + *A.* decide sth ◊ **Результа́т ви́рішив молоди́й в.** The young voter has decided the outcome. **віддава́ти перева́гу** + *D.* give preference to sb ◊ **~ці відда́ли перева́гу безпарті́йному кандида́тові.** Voters gave preference to a non-partisan candidate. **голосува́ти за** + *G.* vote for sb; **підтри́мувати** + *A.* support sb/sth, back, **схва́лювати** + *A.* approve sth, **схиля́тися на ко́ристь** + *G.* favor sb/sth, **фаворизува́ти** + *A.* favor sb; **йти на ви́бори** go to the polls ◊ **На ви́бори прийшла́ реко́рдна кі́лькість ~ців.** A record number of voters came to the polls. **кида́ти бюлете́нь** cast a vote, **відкида́ти** + *A.* reject sb/sth ◊ **~ці відки́нули уря́дову програ́му еконо́мії.** Voters rejected the government austerity program.

ви́бор|и, *n., only pl.*, **~ів**
election
adj. **ві́льні** free, **відкри́ті** open ◊ **Опози́ція вимага́є ві́льних і відкри́тих ~ів.** The opposition demands a free and open election. **че́сні** fair ◊ **Уряд не в ста́ні ґарантува́ти че́сні в.** The government is incapable of ensuring a fair election. **незако́нні** unlawful, **нелега́льні** illegal; **сфальшо́вані** rigged, **фальши́ві** false, **шахра́йські** fraudulent; **непрямі́** indirect, **прямі́** direct; **демократи́чні** democratic, **багатопарті́йні** multiparty; ♦ **додатко́ві в.** a by-election, ♦ **дострокові́ в.** a preterm election, **ра́нні** early; **зага́льні** general, **місце́ві** local, **мі́ські** city, **муніципа́льні** municipal, **націона́льні** national, **обласні́** provincial ◊ **Націона́льні й обласні́ в. відбува́лися водно́час.** National and provincial elections take place at the same time. **райо́нні** county, district; **законода́вчі** legislative, **парла́ментські** parliamentary, **президе́нтські** presidential; **нові́** new, **повто́рні** repeat; **неда́вні** *or* **нещода́вні** recent, **оста́нні** last; **майбу́тні** future, **насту́пні** next, **прийде́шні** forthcoming; **спеція́льні** special; **парті́йні** party, **профспілко́ві** trade union, **студе́нтські** student government, **шкі́льні** school; **пе́рвісні** *US* primary
в. + *n.* **в. мі́ського голови́** a mayoral election (**парті́йного прово́ду** party leadership, **студе́нтського самоврядува́ння** student government, **шкі́льного самоврядува́ння** school government)
n. + **в. да́та ~ів** the election date ◊ **Оголо́шено да́ту ~ів.** The election date has been announced. (**день** day, **переддень** eve, **пері́од** period, **сезо́н** season; **час** time, **результа́ти** result(s); **систе́ма** system; **ви́світлення** coverage ◊ **Мере́жева сторі́нка пропону́є докла́дне ви́світлення ~ів.** The website offers a detailed election coverage. **трансля́ція** broadcast)
v. + **в. вигравати в.** win an election ◊ **Фіна́нсова підтри́мка допомогла́ їй ви́грати в.** The financial support helped her win the election. (**визнача́ти** determine, **ви́рішувати** decide; **програва́ти** lose ◊ **Він міг програ́ти насту́пні в.** He could lose the next election. **відклада́ти** put off ◊ **В. відкла́ли на пів ро́ку.** The election was put off by half a year. **скасо́вувати** cancel; **фальшува́ти** rig; **планува́ти на** + *A.* schedule for *(a date)* ◊ **Президе́нтські в. заплану́вали на кіне́ць**

тра́вня. They scheduled the presidential election for late May. **ма́ти** have; **оголо́шувати** call, **організо́вувати** organize ◊ **Профспі́лкові в. до́бре організува́ли.** The trade union election was well organized. **прово́дити** hold ◊ **Окупаці́йний режи́м прові́в нелеѓальні в. в Криму́.** The occupation regime held an illegal election in the Crimea. **бойкотува́ти** boycott, **опротесто́вувати** dispute ◊ **Він опротестува́в в. в суді́.** He disputed the election in court. **вплива́ти на** influence; **йти на** run for) ◊ **Вона́ йшла́ на в. від консервати́вної па́ртії.** She ran for election from the Conservative Party. **маніпулюва́ти ~ами** manipulate an election (**догляда́ти за** monitor, **спостеріга́ти за** observe) ◊ **Вони́ спостеріга́ли за ~ами від Європе́йського Сою́зу.** They observed the election on behalf of the European Union.

в. + *v.* **бу́ти запланóваними на** + *A.* be scheduled for *(a date)*; **відбува́тися** occur, take place ◊ **В. відбува́лися в атмосфе́рі заля́кування.** The election occurred in the atmosphere of intimidation. **прохо́дити** be underway ◊ **У мі́сті прохо́дять муніципа́льні в.** A municipal election is underway in the city. **наближа́тися** approach

prep. **на в.** *dir.* for/to an election ◊ **Він іде́ на в. з ново́ю програ́мою.** He runs for the election with a new program. **на ~ах** *posn.* at/in an election; **в. до** + *G.* an election to *(body)* ◊ **в. до міськóї ра́ди** the City Council election

ви́борн|ий, *adj.*

1 elective ◊ **Вона́ рока́ми працю́є на ~их поса́дах.** She has for years held an elective office. ◊ **Верхо́вна Ра́да склада́ється з чотирьохсо́т п'ятдеся́ти ~их чле́нів.** The Verkhovna Rada *(Ukrainian Parliament)* consists of 450 elective members.

Cf. **ви́борчий**

2 of or pertaining to election, election, electoral ◊ **Зако́н забороня́є ~у аѓіта́цію в передде́нь ви́борів.** The law forbids election campaigning on the election eve.

See **ви́борчий**

ви́борч|ий, *adj.*

election, electoral, of or pertaining to election

в. + *n.* **в. бюлете́нь** an election ballot (**деба́ти** debate, **маніфе́ст** manifesto; **проце́с** process); **~а дільни́ця** a polling station (**зая́ва** statement, **кампа́нія** campaign, **комі́сія** commission ◊ **Центра́льну ви́борчу комі́сію очо́лив стари́й бюрокра́т.** An old bureaucrat became the head the Central Election Commission. **обітя́нка** pledge; **платфо́рма** platform, **рефо́рма** reform; **страте́гія** strategy); **~е законода́вство** an electoral legislation; ♦ **зага́льне ~е пра́во** a universal suffrage

Also see **ви́борний 2.** *Cf.* **ви́борний**

ви́бран|ий, *adj.*

1 selected, chosen ◊ **Ната́ля трима́ла том ~их тво́рів Майка Йога́нсена.** Natalia held a volume of Maik Yohansen's selected works.

Also see **о́браний 1**

2 *also as n.* select, elite ◊ **Він ні́коли нале́жав до ~ого товари́ства столи́ці.** He belonged to the select society of the capital. ◊ **Він пи́ше для ~их.** He writes the select few.

See **елі́тний.** *Cf.* **еліта́рний**

ви́бра|ти, *pf., see* **вибира́ти**

to choose, select ◊ **Клі́єнт ~в кімна́ту до впо́доби.** The client chose a room to his liking.

ви́бра|тися, *pf., see* **вибира́тися**

to move out; set out ◊ **На вимо́гу хазя́йки Ковальчуки́ нега́йно ~лися з кварти́ри.** At their landlady's demand the Kovalchuks immediately moved out of the apartment.

ви́бух, *m.*, **~у**

1 explosion, blast, burst, detonation

adj. **вели́кий** big ◊ **луна́ вели́кого ~у** an echo of a big explosion; **величе́зний** huge, **грі́мки́й** thunderous, **гучни́й** loud, **катастрофі́чний** catastrophic, **маси́вний** massive, **оглу́шливий** deafening ◊ **Він до́вго не міг ого́втатися від оглу́шливого ~у бо́мби.** He took a long time to regain his senses after a deafening bomb explosion. **поту́жний** powerful, **руйні́вний** ruinous, **си́льний** violent; **мале́нький** *dim.* small, **невели́кий** small; **приглу́шений** muffled ◊ **Він почу́в приглу́шений в.** He heard a muffled explosion. **дале́кий** distant; **контрольо́ваний** controlled; **а́томний** atomic, **я́дерний** nuclear; **га́зовий** gas, **хемі́чний** chemical; **вулкані́чний** volcanic; ♦ **«Вели́кий в.»** *astr.* the Big Bang; **соція́льний** *fig.* social

в. + *n.* **в. бо́мби** a bomb explosion ◊ **Хло́пця оглуши́ло ~ом бо́мби.** The boy was shell-shocked by a bomb explosion. (**ґрана́ти** grenade, **мі́ни** mine, **раке́ти** missile, **снаря́да** shell)

v. + **в. ба́чити в.** see an explosion ◊ **В. мо́жна було́ поба́чити за кі́лька кіломе́трів.** One could see the explosion several kilometers away. (**влаштува́ти** arrange ◊ **Він влаштува́в контрольо́ваний в.** He arranged a controlled explosion. **прово́дити** carry out ◊ **Щоб зрівня́ти го́ру, тре́ба провести́ кі́лька маси́вних ~ів.** In order to flatten the mountain, several massive explosions need to be carried out. **пережива́ти** survive; **чу́ти** hear); **призво́дити до ~у** cause an explosion ◊ **Найме́нша по́ми́лка мо́же призвести́ до ~у.** The smallest mistake can cause an explosion. (**причиня́тися до** bring about, **става́ти причи́ною** become the cause of) ◊ **Газ у копа́льні став причи́ною ~у.** Gas in the mine became the cause of the explosion. **запобіга́ти ~ові** prevent an explosion

в. + *v.* **відбува́тися в** + *L.* occur in *(a place)* ◊ **Я́дерний в. відбу́вся в Казахста́ні.** The nuclear explosion took place in Kazakhstan. **става́тися в** + *L.* happen in *(a place)*; **струсну́ти** + *A.* shake sth ◊ **Си́льний в. струсну́в буди́нок.** A violent explosion shook the building. **вбива́ти** + *A.* kill sb, **ра́нити** + *A.* wound sb; **зни́щувати** + *A.* destroy sb/sth, **руйнува́ти** + *A.* ruin sth ◊ **В. зруйнува́в полови́ну гре́блі.** The explosion ruined half the dam. **луна́ти** sound ◊ **Десь пролуна́ли оди́н за о́дним чоти́ри ~и.** Four explosions sounded somewhere one after another. **чу́тися** be heard ◊ **~и чу́лися в сусі́дньому мі́сті.** The explosions were heard in the neighboring city.

Also see **розри́в 2**

2 *fig.* outbreak, outburst, explosion, eruption

adj. **вели́кий** great ◊ **пері́од вели́кого ~у тво́рчої ене́ргії** a period of a great creative energy explosion; **безпрецеде́нтний** unprecedented, **поту́жний** powerful, **несподі́ваний** unexpected, **рапто́вий** sudden ◊ **Рапто́вий в. зло́сти паралізува́в Йо́сипа.** A sudden outburst of anger paralyzed Yosyp. **правди́вий** true, **спра́вжній** veritable; **страхітли́вий** terrifying, **страшни́й** terrible; **демографі́чний** demographic, **інформаці́йний** information ◊ **доба́ інформаці́йного ~у** the age of information explosion

в. + *n.* **в. о́плесків** an outburst of applause ◊ **Її спів на мить потону́в у ~у о́плесків.** For an instant her singing drowned in an outburst of applause. (**проте́стів** protest; **ра́дости** joy, **смі́ху** laughter; **зґвалтува́нь** rapes, **злочи́нности** crime, **краді́жок** theft, **пограбува́нь** robberies; **ебо́ли** Ebola, **епіде́мії** epidemic, **чуми́** plague)

v. + **в. ба́чити в.** see an explosion ◊ **Він ба́чив в. наси́льства на ву́лицях мі́ста.** He saw an explosion of violence on the city streets. **бу́ти сві́дком ~у** witness an explosion

в. + *v.* **відбува́тися** take place ◊ **У мі́сті відбу́вся в. чуми́.** An explosion of plague took place in the city. **става́тися** occur

вибуха́|ти, **~ють; ви́бухн|ути**, **~уть;** *pa. m.* **ви́бухнув**, *pl.* **ви́бухнули**, *intr.*

1 to explode, blow up, go off ◊ **Мі́на ви́бухнула під пе́ршою вантажі́вкою.** The mine went off under the first truck.

adv. **випадко́во** accidentally ◊ **Мі́на ви́бухнула випадко́во.** The mine went off accidentally. **передча́сно** prematurely; **водно́час** at the same time, **одноча́сно** simultaneously; **ґвалто́вно** abruptly, **несподі́вано** unexpectedly, **ра́птом** suddenly; **грі́мко** thunderously, **го́лосно** loudly, **оглу́шливо** deafeningly; **оди́н за о́дним** *m.* one after the other, **одна́ за о́дною** *f.* one after the other ◊ **П'ять бомб ви́бухнуло одна́ за о́дною.** Five bombs went off one after the other.

v. + **в. загро́жувати** threaten to; **могти́** can ◊ **Коте́л міг ви́бухнути.** The boiler could explode. **почина́ти** begin to, **ста́ти** *pf.* start, **продо́вжувати** continue to; **перестава́ти** stop

prep. **в. в** + *L.* explode in/inside *(a space)* ◊ **Заря́д мав в. у водого́ні.** The charge was supposed to explode in the water pipe. **в. на** + *L.* explode on/in sth ◊ **На ку́хні ви́бухнув га́зовий бало́н.** The gas tank exploded in the kitchen. **в. над** + *I.* explode above/over sth ◊ **Бо́мби ~ли над земле́ю.** The bombs exploded above the ground. **в. під** + *I.* explode under sth

Also see **розрива́тися 2**

2 *fig.* to begin, break out, erupt ◊ **У мі́сті ви́бухнула епіде́мія СНІДу.** An AIDS epidemic broke out in the city.

n. + **в. війна́** war ◊ **Між двома́ краї́нами ви́бухнула війна́.** A war broke out between the two countries. **епіде́мія** epidemic, **конфлі́кт** conflict, **кри́за** crisis ◊ **У США ви́бухнула фіна́нсова кри́за.** A financial crisis erupted in the United States. **поже́жа** fire ◊ **Поже́жа ви́бухнула на гори́щі.** The fire began in the attic.

See **почина́тися.** *Also see* **заво́дитися 2, зніма́тися 6, розпочина́тися, спала́хувати 3.** *Ant.* **закі́нчуватися**

3 *fig.* to break out (*with emotion, etc.*), explode + *I.* ◊ **Він ви́бухнув гучни́м смі́хом.** He broke out laughing loudly.

adv. **дослі́вно** literally ◊ **Він дослі́вно ви́бухнув прокля́ттями.** He literally exploded in curses. **практи́чно** practically; **несподі́вано** unexpectedly, **ні сі́ло ні впа́ло** *colloq.* for no good reason ◊ **Ма́рта ні сі́ло, ні впа́ло ви́бухнула ла́йкою.** For no good reason, Marta exploded in obscenities. **ра́птом** suddenly; **тро́хи не** nearly

вибуха́й! ви́бухни!

ви́бухну|ти, *pf., see* **вибуха́ти**

to explode, go off; break out ◊ **Між ни́ми ~ла го́стра супере́чка.** A bitter argument broke out between them.

ви́важен|ий, *adj.*

calculated, balanced, careful, cautious ◊ **Вони́ бра́ли в. ри́зик.** They took a calculated risk.

adv. **вкрай** extremely, **до́сить** fairly, **доста́тньо** sufficiently ◊ **Він пропонува́в доста́тньо ~у та́ктику розбудо́ви бі́знесу.** He was offering a sufficiently cautious business development tactic. **надзвича́йно** extraordinarily; **ле́две** hardly

v. + **в. бу́ти ~им** be balanced ◊ **Її тон був підкре́слено ~им.** Her tone was emphatically balanced. (**здава́тися** + *D.* seem to sb; **лиша́тися** remain, **става́ти** become) ◊ **Його́ су́дження ста́ли вкрай ~ими, ма́йже обере́жними.** His judgments became extremely balanced, almost cautious.

ви́вез|ти, *pf., see* **виво́зити**

to take out, get out *(by a vehicle)* ◊ **Вона́ ~ла з мі́ста всі архі́ви істо́рика.** She took all the historian's archives out of the city.

ви́ве|сти, *pf., see* **виво́дити**

to take out ◊ **Христя ~ла пса погуля́ти па́рком.**

Khrystia took her dog out for a walk in the park.

ви́в|із, *m.*, **~озу**, *only sg.*
1 *econ.* export, exportation, traffic
adj. **зако́нний** lawful, **лега́льний** legal; **заборо́нений** banned, **контраба́ндний** contraband, **незако́нний** unlawful, **нелега́льний** illegal; **ма́совий** massive, **масшта́бний** large-scale, **обме́жений** limited, **регульо́ваний** regulated
в. + *n.* **в. капіта́лу** the export of capital (**на́фти** oil, **сировини́** raw materials, **това́рів** goods) ◊ **Знеці́нення націона́льної валю́ти сприя́ло ~озу това́рів на міжнаро́дні ри́нки.** The national currency devaluation promoted the export of goods to international markets.
v. + **в. здійсню́вати в.** conduct the export ◊ **Че́рез порт здійснюють полови́ну ~озу на́фти.** Half of the oil exports is conducted through the port. (**організо́вувати** organize, **поле́гшувати** facilitate; **контролюва́ти** control, **обме́жувати** limit; **унеможли́влювати** make impossible, **усклáднювати** complicate); **перешкоджа́ти ~ові** hamper exportation ◊ **Ми́тниця перешкоджа́є ~ові культу́рних ці́нностей із краї́ни.** The customs hamper the traffic of cultural treasures out of the country.
See **е́кспорт.** *Ant.* **ввіз, і́мпорт**
2 transportation, removal *(by vehicle),* shipping out, deportation ◊ **Він організо́вував наси́льницький в. ти́сяч украї́нців до Ра́йху.** He organized the forceful deportation of thousands of Ukrainians to the Reich. ◊ **В. збі́жжя з по́ля закі́нчили.** The grain transportation out of the field has been finished.

ви́віс|ка, *f.*
1 sign, signboard
adj. **вели́ка** big ◊ **Над вхо́дом до шинку́ ви́сіла вели́ка в.** There was a big sign hanging over the tavern entrance. **помі́тна** noticeable; **мале́нька** *dim.* small, **невели́ка** small, **ле́две помі́тна** barely noticeable; **барви́ста** colorful, **помальо́вана** *and* **пофарбо́вана** painted; **нео́нова** neon, **осві́тлена** illuminated; **напи́сана від руки́** handwritten, **саморо́бна** homemade; **дерев'я́на** wooden, **карто́нна** cardboard, **фане́рна** plywood; **ви́цвіла** faded, **облі́зла** flaked-off, **стара́** old
в. + *n.* **в. апте́ки** a pharmacy sign (**ба́нку** bank, **ба́ру** bar, **крамни́ці** store, **рестора́ну** restaurant; **університе́ту** university, **устано́ви** establishment, **факульте́ту** department, **шко́ли** school)
v. + **в. виві́шувати ~ку** hang out a sign (**ві́шати** hang, **поміща́ти** post, **прилашто́вувати до** + *G.* attach to sth, **ста́вити** put up ◊ **Вла́сник закла́ду поста́вив у две́рях ~ку «Відчи́нено».** The owner of the establishment put up an "Open" sign on the door. **зніма́ти** take down; **ба́чити** see, **поміча́ти** spot, **чита́ти** read; **ігнорува́ти** ignore)
в. + *v.* **бли́мати** flash ◊ **На даху́ бли́мала нео́нова в.** A neon sign was flashing on the roof. **ви́сіти на** + *L.* hang on sth, **вка́зувати** + *A.* indicate sth ◊ **В. вка́зувала годи́ни пра́ці апте́ки.** The signboard indicated the pharmacy's hours of operation. **мі́стити** + *A.* bear sth, **оголо́шувати** + *A.* announce sth, **писа́тися** + *A.* read sth ◊ **На ~ці писа́лося «Вхід заборо́нено».** The sign read "Off limits". **попереджа́ти про** + *A.* warn about sth, **рекламува́ти** + *A.* advertise sth ◊ **Барви́ста в. рекламува́ла дома́шній набі́л.** The colorful sign advertised homemade dairy. **облáзити** flake off ◊ **В. ма́йже облі́зла.** The sign has almost flaked off.
prep. **на ~ці** on a signboard
Also see **знак 5, на́пис**
2 *fig.* façade, pretense, veneer, front ◊ **Ане́ксію Кри́му здійснювали під брехли́вою ~кою оборо́ни так зва́них росі́йських «співвітчи́зників».** The annexation of the Crimea was carried out under the mendatious pretense of protecting the so-called Russian "compatriots."
prep. **під ~кою** under the guise of sth
See **при́від**
G. pl. **~ок**

виво́д|ити, ~жу, ~ять; ви́вести, ви́вед|уть; *pa. pf., m.* **ви́вів**, *pl.* **ви́вели**, *tran.*
1 to lead out, take out of ◊ **Доро́га ви́веде вас із лі́су.** The road will lead you out of the forest.
adv. **вже** already; **ра́птом** suddenly, **за́раз же** right away; ♦ **в. з ла́ду** to disable, put out of action, incapacitate ◊ **Хтось ви́вів з ла́ду авто́бус.** Somebody disabled the bus. ♦ **в. з се́бе** to cause sb to lose temper, irritate, vex; ♦ **в. на орбі́ту** to launch into orbit ◊ **Компа́нія ~ить на орбі́ту сателі́ти зв'язку́.** The company launches communications satellites into orbit. ♦ **в. на чи́сту во́ду** to expose, unmask *(a cheat, liar)*
Ant. **вво́дити 1**
2 to breed, raise ◊ **Він ви́вів кі́лька нови́х со́ртів я́блук.** He bred several new sorts of apples. ◊ **З десяти́ яє́ць кво́чка ви́вела ві́сім курча́т.** The brooding hen hatched eight chicks out of ten eggs.
3 to build, erect ◊ **Сті́ну ви́вели на п'ять ме́трів.** The wall was built 5 m high. ◊ **Робітники́ взяли́ся в. сті́ни.** The workers got down to building the walls.
See **будува́ти 1.** *Cf.* **забудо́вувати**
4 *pf.* to get rid of *(vermin),* remove *(stains, etc.),* put an end to ◊ **Як мо́жна ви́вести ми́ші?** How can one get rid of mice? ◊ **Пра́льний за́сіб ~ить будь-яку́ пля́му.** The cleaner removes any stain.
See **позбува́тися 3**
5 to depict, portray *(a character)* ◊ **А́втор ~ить Павли́ну як незале́жну жі́нку, що шука́є самореаліза́ції.** The author depicts Pavlyna as an independent woman in search of self-fulfillment.
See **опи́сувати 1**
pa. pple. **ви́ведений** led out; bred; built; removed; depicted
виводь! ви́веди!

виво́з|ити ~ять; ви́вез|ти, ~уть; *pa. pf. m.* **ви́віз**, *pl.* **ви́везли**, *tran.*
1 to take out *(by vehicle),* drive out, ferry out
adv. **весь час** all the time, **за́вжди** always, **ча́сто** often ◊ **Він ча́сто ~ив нас до лі́су.** He often drove us out to the forest. ◊ **У старі́ часи́ цілю́щу во́ду о́зера ~или до і́нших міст.** In old times, the medicinal water of the lake was transported to other cities.
в. + *n.* **в. вантажі́вкою** transport out by a truck ◊ **Ка́мінь вивози́ли з кар'є́ру вантажі́вками.** They transported the stone out of the quarry by trucks. (**ваго́нами** train cars, **візко́м** cart, **во́зом** wagon, **літако́м** aircraft, **кораблє́м** ship, **по́тягом** train, **причі́пом** trailer, **тра́ктором** tractor, *etc.*)
prep. **в. в** + *A. dir.* take out to *(a place)* ◊ **Архі́ви ~или в Ра́йх.** The archives were taken out to the Reich. **в. в** + *L.* take out in/inside sth ◊ **Експона́ти ~или у спеціа́льних конте́йнерах.** They transported the exhibits in special containers. **в. до** + *G.* take out to *(a place)* ◊ **Же́ртв по́вені ви́везли по́тягом до Ві́нниці.** The flood victims were taken by train out to Vinnytsia. **в. з** + *G.* take out from *(a place)*; **в. на** + *A. dir.* take out to/onto *(a place)* ◊ **Сашко́ ви́віз гній з хлива́ на по́ле.** Sashko took the manure out of the shed to the field. ◊ **Ко́ні ле́две ви́везли во́за на горб.** The horses barely drove the wagon onto the hill. **в. на** + *L.* take out *(by a vehicle)* ◊ **Вони́ ви́везли збро́ю на літаку́.** They ferried out the weapons by plane.
2 *econ.* to export ◊ **Украї́на ~ить збі́жжя.** Ukraine exports grain.
See **експортува́ти**
pa. pple. **ви́везений** driven out, exported
виво́зь! ви́вези!

ви́вор|іт, *m.*, **~оту**
reverse side, the wrong side ◊ **Етике́тка була́ на ~оті соро́чки.** The label was on the reverse side of the shirt.
Also see **низ 2.** *Ant.* **лице́ 2**

вивча́|ти, ~ють; ви́вч|ити, ~ать, *tran.*
1 *only impf.* to study *(a subject),* learn ◊ **Богда́на ~є істо́рію.** Bohdana studies history. ◊ **Що ти ~єш?** What do you study?
adv. **весь час** all the time, **все життя́** all life long, **до́вго** long; **глибо́ко** deeply, **погли́блено** in-depth ◊ **Вона́ погли́блено ~є семіо́тику.** She does an in-depth study of semiotics. **інтенси́вно** intensively; **із заціка́вленням** with interest, **вду́мливо** thoughtfully, **рете́льно** thoroughly, **системати́чно** systematically, **скрупульо́зно** meticulously, **стара́нно** diligently, **сумлі́нно** conscientiously, **ува́жно** carefully; **неохо́че** reluctantly, **поверхо́во** superficially, **по́спіхом** hurriedly, **ся́к-та́к** haphazardly; **крити́чно** critically ◊ **Його́ студе́нти крити́чно ~ють маркси́стську філосо́фію.** His students critically study Marxist philosophy. **вже** already ◊ **Вони́ вже ~ли Шекспі́ра два ро́ки тому́.** They already studied Shakespeare, two years ago. **наре́шті** finally, **ні́коли не** never ◊ **Вона́ ні́коли не ~лаМіше́ля Фука́.** She has never studied Michel Foucault. **ще не** not yet
v. + **в. бу́ти зму́шеним** be forced to ◊ **Ко́жен сове́тський студе́нт був зму́шений в. істо́рію комуністи́чної па́ртії.** Every Soviet student was forced to study the history of the Communist Party. **бу́ти тре́ба** + *D.* need to ◊ **Луці́ тре́ба в. анато́мію.** Luka needs to study anatomy. **ма́ти** be supposed to, **му́сити** have to, **почина́ти** begin to, **ста́ти** *pf.* start; **продо́вжувати** continue; **мрі́яти** dream of, **хоті́ти** want to ◊ **Га́нна да́вно хоті́ла в. політи́чні нау́ки.** Hanna had for a long time wanted to study political science.
prep. **в. про́тягом** + *G.* study for the duration of *(period)* ◊ **Вони́ ~ли че́ську про́тягом двох ро́ків.** They studied Czech for two years.
Also see **займа́тися[1] 1, опано́вувати 1, прохо́дити 5.** *Cf.* **вчи́ти 3, пізнава́ти 1**
2 *only pf.* to memorize, learn
adv. **зра́зу** instantly, **нега́йно** immediately, **за́раз же** right away, **шви́дко** quickly; **без пробле́м** without a problem, **ле́гко** easily ◊ **Він ле́гко ви́вчив сто слів.** He easily memorized a hundred words. **ма́йже** almost, **ле́две** scarcely, **наси́лу** barely ◊ **О́льга наси́лу ви́вчила теоре́му Піта́гора.** Olha barely learned the Pythagoras' theorem. ♦ **в. напа́м'ять** to learn by heart
v. + **в. бу́ти тре́ба** + *D.* need to; **забува́ти(ся)** forget to ◊ **Петро́ забу́в(ся) в. грама́тику.** Petro forgot to learn the grammar. **задава́ти** + *D.* give sb the assignment to ◊ **Їм задали́ в. напа́м'ять діяло́г.** It was assigned to them to learn a dialogue by heart. **могти́** can
See **запам'ято́вувати**
3 to examine, inspect, study ◊ **Супе́рники мо́вчки ~ли оди́н о́дного.** The rivals were examining each other silently. ◊ **Ро́ма ува́жно ~ла світли́ну.** Roma carefully examined the photograph.
See **розгляда́ти 1.** *Also see* **огляда́ти 1**
4 *only pf.* to educate, give education ◊ **Дя́дько Васи́ль ви́ховав і ви́вчив сироту́.** Uncle Vasyl raised and gave the orphan an education. ◊ **Вони́ у ста́ні ви́вчити діте́й у найкра́щому університе́ті.** They are in a position to educate their children at the best university.
See **вчи́ти 1, навча́ти**
pa. pple. **ви́вчений** learned
вивча́й! ви́вчи!

вивча́|тися, ~ються; ви́вч|итися, ~аться, *intr.*
1 to learn *(a subject, discipline)* + *G. or inf.* ◊ **У шко́лі Петро́ ~вся заса́д матема́тики.**

At school, Petro learned the essentials of math. ◊ **На фе́рмі, О́ля ви́вчилася догляда́ти за дома́шніми твари́нами.** On the farm, Olia learned to look after domestic animals.
See **навча́тися 2**
2 *only pf.* to get an education ◊ **Ви́вчившись у сере́дній шко́лі, Кили́на пішла́ до університе́ту.** Having finished secondary school, Kylyna went to college.
prep. **в. на** + *A.* 1) train to be sth ◊ **Тут ~ються на юри́стів.** Here people train to be lawyers. 2) *pf.* become ◊ **Він ви́вчився на лі́каря.** He became a doctor.
3 *pass.* to be studied ◊ **Які́ предме́ти тут ~ються?** What subjects are studied here?

ви́вчен|ий, *adj.*
1 learned, studied, memorized ◊ **Бага́то рече́й, ~их у дити́нстві, лиши́лися в її па́м'яті на все життя́.** Many things learned in childhood, stayed in her memory for her entire life.
adv. **глибо́ко** deeply, **погли́блено** in-depth, **рете́льно** thoroughly, **скрупульо́зно** meticulously, **стара́нно** diligently, **сумлі́нно** conscientiously, **ува́жно** carefully; **неохо́че** reluctantly; **ле́две** barely, **ма́ло** little, **поверхо́во** superficially, **по́спіхом** hastily ◊ **По́спіхом в. матерія́л шви́дко забу́вся.** The hastily memorized material got quickly forgotten.
v. + **в. бу́ти ~им** be memorized ◊ **Усі два́дцять нови́х слів ~і за годи́ну.** All twenty new words have been memorized in one hour. (**вважа́ти** + *A.* consider sth ◊ **Цей ві́рус вважа́ють ма́ло ~им.** This virus is considered to be little studied. **здава́тися** + *D.* seem to sb)
2 educated, trained ◊ **Вони́ шука́ли фахівця́, ~ого в до́брому університе́ті.** They were looking for a specialist educated at a good university.
See **осві́чений**[1]. *Also see* **вче́ний**[1] **2, на́вчений, начи́таний, письме́нний**

ви́вченн|я, *nt., only sg.*
learning, memorizing, studying, acquisition, research
adj. **акти́вне** active; **паси́вне** passive; **докла́дне** detailed, **погли́блене** in-depth ◊ **шко́ла з погли́бленим ~ям матема́тики** a school with an in-depth study of mathematics; **серйо́зне** serious, **фахове́** professional; **ефекти́вне** effective, **пришви́дшене** expedited, **швидке́** fast, **я́кісне** high-quality; **пові́льне** slow, **поступо́ве** gradual; **рете́льне** thorough; **аналіти́чне** analytical, **крити́чне** critical, **незале́жне** independent; **успі́шне** successful
n. + **в. до́свід в.** experience of studying ◊ **Він має до́свід в. цукри́ці.** He has the experience studying diabetes. (**потре́ба** need, **тру́днощі** difficulties; **програ́ма** program, **центр** center) ◊ **О́пит прово́див Оде́ський центр в. демокра́тії.** The polling was conducted by the Odesa Democracy Study Center.
v. + **в. забезпе́чувати в.** ensure learning ◊ **Мето́дика забезпе́чує пришви́дшене в. чужо́ї мо́ви.** The methodology ensures an expedited acquisition of a foreign language. (**організо́вувати** organize; **поле́гшувати** facilitate; **пропонува́ти** + *D.* offer sb); **сприя́ти ~ю** promote learning
Cf. **навча́ння**

ви́вчи|ти, *pf., see* **вивча́ти** *and* **вчи́ти**
to learn, memorize ◊ **Вікто́рія ~ла напа́м'ять ці́лого ві́рша.** Viktoria learned by heart an entire poem.

ви́вч|итися, *pf., see* **вивча́тися**
to become educated ◊ **За рік Лев ~иться на ку́харя.** In a year, Lev will train to become a chef.

ви́гадан|ий, *adj.*
fictitious, made-up, invented, fake ◊ **Він но́сить ~им ім'я́м.** He carries an assumed name.
adv. **від поча́тку до кінця́** from beginning to end; **очеви́дно** obviously, **цілко́м** completely, **я́вно** clearly
v. + **в. бу́ти ~им** be made-up (**виявля́тися** turn out, **здава́тися** + *D.* seem to sb)
See **позі́рний**. *Ant.* **реа́льний, спра́вжній**

ви́гада|ти, *pf., see* **вига́дувати**
to invent ◊ **Світла́на про́сто ~ла буре́мний рома́н з І́горем.** Svitlana simply invented her stormy love affair with Ihor.

ви́гад|ка, *f.*
fiction, fabrication, invention, lies, *often pl.*
adj. **відве́рта** forthright, **по́вна** complete, **чи́ста** pure, **цілкови́та** total, **я́вна** clear ◊ **Ро́зповідь була́ я́вною ~кою.** The story was clear fiction. **приміти́вна** primitive, **незґра́бна** clumsy, **неймові́рна** incredible, **неправдоподі́бна** implausible ♦ **пра́вда чи в.** truth or fiction
v. + **в. поши́рювати ~ки** spread lies ◊ **Миро́н поши́рює ~ки про свої́ по́двиги на війні́.** Myron is spreading the fabrications about his heroic exploits in the war. (**живи́ти** feed, **піддава́ти су́мніву** question ◊ **Ніко́му не спа́ло на ду́мку підда́ти су́мніву Іри́нині незґра́бні ~ки.** It did not occur to anybody to question Iryna's clumsy lies. **розві́ювати** dispel, **викрива́ти** expose) ◊ **Марі́я погро́жувала ви́крити його́ ~ки.** Maria threatened to expose his fabrications. **вдава́тися до ~ок** resort to fabrications, **ві́рити ~кам** believe lies ◊ **Андрі́й пові́рив її ~кам.** Andrii believed her lies.
L. **у ~ці**
Also see **брехня́ 1, леґе́нда 2, міт 2, фанта́зія 2**

вига́длив|ий, *adj.*
1 inventive, resourceful, witty, sharp ◊ **В. хло́пець знав, що роби́ти в таку́й хале́пі.** The inventive boy knew what to do in such a tight spot.
See **спри́тний**. *Also see* **би́стрий 3, тямови́тий**
2 fancy, whimsical, elaborate ◊ **Ма́рмур мав в. візеру́нок.** Tha marble had a whimsical pattern. ◊ **~а ра́ма відверта́є ува́гу від полотна́.** The fancy frame detracts attention away from the canvas.
Also see **виба́гливий 2, химе́рний 2**

вига́ду|вати, ~ють; ви́гада|ти, ~ють, *tran. and intr.*
1 *tran.* to invent, imagine, make up, concoct ◊ **Він лю́бить в. всіля́кі істо́рії.** He likes to make up all kinds of stories.
в. + *n.* **в. гру** invent a game (**істо́рію** story, **нови́ну** news, **поя́снення** explanation, **причи́ну** reason) ◊ **Він ви́гадав причи́ну своє́ї відсу́тности на за́ході.** He invented the reason for his absence at the event.
Also see **фантазува́ти 2**
2 *intr., euph.* to slander, lie, denigrate
prep. **в. на** + *A.* lie about sb ◊ **Не тре́ба в. на че́сну люди́ну!** Don't slander an honest person!
See **бреха́ти 1**
3 *tran.* to save, gain ◊ **На випро́дажі мо́жна ви́гадати неабия́кі гро́ші.** One can save quite some money at a sale.
See **заоща́джувати**. *Also see* **еконо́мити, оща́джувати**
pa. pple. **ви́гаданий** invented
вига́дуй! ви́гадай!

виганя́|ти, ~ють; ви́гнати, ви́жен|уть, *tran.*
1 to drive out, throw out
adv. **нега́йно** immediately, **одра́зу** at once, **за́раз же** right away ◊ **Сніг розта́в, і Лев за́раз же ви́гнав коро́ву на по́ле па́стися.** The snow melted, and Lev right away drove his cow to the field to graze.
prep. **в. з** + *G.* throw out of sth ◊ **Її ви́гнали зі збо́рів.** They threw her out of the meeting. **в. на** + *A.* throw out on/to sth ◊ **Він ви́гнав хло́пця на ву́лицю.** He threw the boy out on the street.
See **гна́ти 1**
2 *colloq.* to expel, fire, dismiss *(from school, work, etc.)* ◊ **Сергі́я ви́гнали зі шко́ли за про́пуски занять.** Serhii was expelled from school for absenteeism.
prep. **в. з** + *G.* expel from *(school, etc.)*
3 to build, erect ◊ **У само́му середмі́сті Ки́єва ви́гнали хмарося́г.** They built a skyscraper right in downtown Kyiv.
See **будува́ти 1**
4 to distill ◊ **У комі́рці Оста́п ~є самого́нку.** In the pantry, Ostap distills moonshine.
5 to grow *(quickly)*, throw *(offshoots, etc.)* ◊ **За ти́ждень кущ ви́гнав до́вгі па́ростки.** Within a week, the bush grew long offshoots.
pa. pple. **ви́гнаний** expelled
виганя́й! ви́жени!

ви́гідн|ий, *adj.*
1 profitable, advantageous, beneficial, vantage ◊ **Вони́ зайняли́ ~у пози́цію бі́ля рі́чки.** They occupied a vantage ground near the river.
adv. **винятко́во** exceptionally, **ви́соко** highly, **до́сить** quite, **доста́тньо** sufficiently, **ду́же** very ◊ **ду́же ~а ба́нкова опера́ція** a very profitable bank transaction; **надзвича́йно** extremely, **неймові́рно** incredibly, **напра́вду** truly, **спра́вді** really, **страше́нно** immensely, **шале́но** insanely; **потенці́йно** potentially; **ле́две** scarcely, **навря́д чи** hardly; **економі́чно** economically, **політи́чно** politically, **стратегі́чно** strategically, **такти́чно** tactically, **фіна́нсово** financially
v. + **в. бу́ти ~им** be advantageous (**вважа́ти** + *A.* consider sth ◊ **Він уважа́в їхню пропози́цію ле́две ~ою.** He considered their offer to be scarcely advantageous. **вигляда́ти** appear, **виявля́тися** turn out, **здава́тися** + *D.* seem to sb, **лиша́тися** remain ◊ **Інвестиці́йний портфе́ль лиша́ється ~им.** The investment portfolio remains profitable. **роби́ти** + *A.* make sth, **става́ти** become)
prep. **в. для** + *G.* profitable for sb/sth ◊ **Мане́вр здава́вся ~им для па́ртії.** This maneuver seemed advantageous for the party.
2 lucrative ◊ **Пропози́ція ви́явилася ~ою.** The offer turned out to be lucrative.
adv. **винятко́во** exceptionally ◊ **винятко́во в. контра́кт** an exceptionally lucrative contract; **до́сить** fairly, **доста́тньо** sufficiently, **ду́же** very, **надзвича́йно** extremely, **неймові́рно** incredibly, **спра́вді** really; **економі́чно** economically

ви́ґідн|ий, *adj.*
1 comfortable, cozy, pleasant ◊ **Авто́бус, яки́м вони́ ї́хали, ви́дався несподі́вано ~им.** The bus they traveled by appeared unexpectedly comfortable. ◊ **Ці кросі́вки надзвича́йно ~і для до́вгих прогу́лянок.** The sneakers are extraordinarily comfortable for long walks.
See **зру́чний 1**
2 convenient, suitable ◊ **Він проси́в призна́чити ~ішу да́ту для співбе́сіди.** He asked to appoint a more convenient date for the interview. ◊ **У весня́ному семе́стрі Сави́цька має ду́же в. ро́зклад.** In the spring semester, Savytska has a very convenient schedule.
See **зру́чний 2**

ви́гляд, *m.*, **~у**
look(s), appearance, air, countenance, aspect
adj. **га́рний** handsome ◊ **Га́рний в. адвока́та приверта́в ува́гу.** The lawyer's handsome appearance drew attention. **прива́бливий** attractive, **прие́мний** pleasant, **молоди́й** young, **ю́ний** youthful ◊ **Заві́дувач кате́дри мав ю́ний в.** The department chair had a youthful look. **весе́лий** joyful, **задово́лений** content, **щасли́вий** happy; **байду́жий** indifferent,

ворожий hostile, **неприязний** unfriendly, **холодний** cold; **комічний** comic, **лютий** fierce, **розлючений** outraged, **сердитий** angry; **кумедний** funny ◊ **Песик був дуже кумедним на в.** The little dog was very funny in appearance. **сміховинний** ludicrous, **смішний** ridiculous; **дивакуватий** odd, **дивний** strange; **гордий** proud, **зверхній** haughty, **надутий** puffed up, **пихатий** arrogant, **помпезний** pompous ◊ **На портреті маляр надав йому помпезного ~у.** In the portrait, the artist gave him a pompous look. **гнітючий** depressing, **невдоволений** resentful, **незадоволений** disgruntled, **невеселий** unhappy, **ображений** hurt, **сумний** sad, **понурий** glum, **похмурий** gloomy ◊ **Похмурий в. будинку викликав у неї відчуття тривоги.** The gloomy appearance of the building provoked the feeling of anxiety in her. **трагічний** tragic; **серйозний** serious, **аристократичний** aristocratic, **шляхетний** noble; **загальний** general; **внутрішній** interior, **зовнішній** outward

v. + **в. мати в.** have an appearance ◊ **Вона мала дивний в. у сукні.** She had a strange appearance in the dress. (**напускати на себе** assume) ◊ **Іван напустив на себе трагічний в.** Ivan has assumed a tragic look. ♦ **(з)робити в., що** + *clause* to pretend to ◊ **Вона робила в., що не чує Андрія.** She pretended not to hear Andrii. **набирати ~у** assume an air ◊ **Вона набрала кумедного ~у.** She assumed a comic expression. (**набувати** take on ◊ **Місто набуло веселого ~у.** The city took on a joyful appearance. **прибирати** take on) ◊ **Лариса прибрала байдужого ~у.** Larysa took on an indifferent look.

prep. **з ~у** by appearance ◊ **Жінка, судячи з ~у, не спала три ночі.** Judging by her appearance, the woman had not slept for three nights. **на в.** in appearance ◊ **заможна на в. людина** a person well-to-do in appearance; ♦ **під ~ом** + *G.* under the pretense of sth, under the guise of sb, pretending to be sb/sth ◊ **Він пробрався в місто під ~ом цигана.** He made his way into the city pretending he was a Gypsy. **у ~і** + *G.* in the form (shape) of sth ◊ **Він подав задум у ~і сценарію.** He submitted the idea in the form of a screenplay.

Also see **вид**[1] **2, врода 1, образ 2, подоба 1.** *Cf.* **зовнішність**

вигляда|ти[1], ~ють; *no pf., intr.*

to look, seem, appear to be ◊ **Ліна ~ла сумною.** Lina looked sad.

adv. **гарно** nice, **модно** fashionable, **ошатно** elegant, **привабливо** attractive; **загадково** enigmatic ◊ **Він ~в загадково в довгому плащі й крислатому капелюху.** He looked enigmatic in the long raincoat and broad-brimmed hat. **таємничо** mysterious, **цікаво** interesting; **дивно** strange, **кумедно** ludicrous, **смішно** funny ◊ **Миша ~в смішно в жіночому вбранні.** Mysha looked funny in women's clothes. **загрозливо** threatening, **небезпечно** dangerous

adj. **задоволеним** content ◊ **Степан ~в задоволеним.** Stepan looked content. **радісним** joyful, **щасливим** happy; **похмурим** gloomy, **роздратованим** irritated, **стривоженим** anxious, **сумним** sad; **здивованим** surprised; **враженим** stunned, **шокованим** shocked

в. + *n.* **в. аматором** look an amateur (**дурнем** fool; **дипломатом** diplomat, **професором** professor, **спеціялістом** specialist, **шпигуном** spy) ◊ **На світлині Андрій ~є шпигуном із романів Флемінга.** In the picture, Andrii looks like a spy from Fleming's novels.

v. + **в. бути треба** + *D.* need to ◊ **Марії треба буде в. ошатно.** Maria will need to look elegant. **вміти** know how to ◊ **Хома вміє в. привабливим.** Khoma knows how to look attractive. **могти** can; **намагатися** try to ◊ **Він намагався в. зацікавленим розмовою.** He tried to look interested in the chat. **хотіти** want to; **змушувати** + *A.* make sb ◊ **Він змусив її в. дурепою.** He made her look like a fool. **починати** begin to, **стати** *pf.* start to

prep. **в., наче** *or* **як** + *N.* look like sb ◊ **У костюмі вона ~є, наче адвокатка.** In the suit, she looks like an attorney.

Also see **здаватися**[1] **2; бути 9, 11**

вигляда|ти[2], ~ють; виглян|ути, ~уть, *intr.*

1 to look out

adv. **крадькома** stealthily ◊ **Вона підійшла до дверей і крадькома виглянула в коридор.** She approached the door and stealthily looked out into the hallway. **обережно** cautiously, **швидко** quickly; **на хвилю** for a moment; **періодично** periodically, **час від часу** from time to time, **часто** frequently

prep. **в. в** + *A.* look out in/to *(a space)* ◊ **Він виглянув у вікно.** He looked out the window. **в. з-за** + *G.* look out from behind sth ◊ **Хлопець на мить виглянув з-за рогу будинку.** The boy looked out for a moment from behind the corner of the building. **в. на** + *A.* look out on/to sth ◊ **Валя час від часу ~ла на вулицю.** Valia looked out onto the street from time to time.

2 to emerge, become visible ◊ **З-за повороту виглянула вантажівка.** A truck emerged from around the corner.

adv. **виразно** distinctly ◊ **На обрії виразно ~ли бані і шпилі старого міста.** The spires and domes of the old city were distinctly visible on the horizon. **чітко** clearly; **ледве** barely, **невиразно** indistinctly; **на мить** for a moment, **несподівано** unexpectedly, **раптом** suddenly

v. + **в. починати** begin to ◊ **У небі почали в. хмари.** Clouds began to emerge in the sky. **стати** *pf.* start

prep. **в. з-за** + *G.* emerge from behind sth ◊ **З-за гори виглянуло сонце.** The sun peeked out from behind the mountain.

3 *only impf.* to wait, expect, look out for ◊ **Хомина жінка з нетерпінням ~ла його з подорожі.** Khoma's wife impatiently waited for him to return from the journey.

See **чекати 1.** *Also see* **ждати 1**

вигна|ти, *pf., see* виганяти

to drive out, throw out, expel ◊ **Директор урешті-решт ~в її за неуспішність.** The principal ultimately expelled her for poor grades.

вигод|а, *f.*

benefit, advantage, gain, profit

adj. **велика** great, **величезна** enormous, **значна** significant, **максимальна** maximal, **неабияка** extraordinary, **незаперечна** undeniable, **реальна** real, **справжня** genuine, **суттєва** substantial, **явна** obvious; **доведена** proven; **додаткова** additional; **пряма** direct; **мінімальна** minimal ◊ **В. від нововведення виявилася мінімальною.** The benefit of the innovation turned out to be minimal. **невелика** small; **взаємна** mutual, **спільна** common; **неочікувана** unanticipated, **несподівана** unexpected; **потенційна** potential; **довготермінова** long-term, **тривала** lasting; **короткотермінова** short-term, **негайна** immediate; **економічна** economic, **фінансова** financial; **громадська** public, **політична** political, **суспільна** social; **практична** practical; **особиста** personal ◊ **Кожен із них діє для особистої ~и.** Each of them acts for personal gain.

v. + **в. мати ~у** have a profit ◊ **Вони мають неабияку ~у з крамниці.** They have extraordinary profit from the store. (**діставати** get, **отримувати** receive; **давати** + *D.* give sb ◊ **Закордонна торгівля давала економічну ~у всьому місту.** Foreign trade gave economic benefit to the entire city. **ґарантувати** + *D.* guarantee, **забезпечувати** + *D.* provide sb, **обіцяти** + *D.* promise sb ◊ **Автори ідеї обіцяли інвесторам величезні фінансові ~и.** The authors of the idea promised the investors enormous financial benefits. **приносити** + *D.* bring sb, **пропонувати** + *D.* offer sb ; **визнавати** recognize, **зважувати** ponder, **оцінювати** assess, **розуміти** appreciate; **заперечувати** deny, **ставити під сумнів** question; **збільшувати** increase, **максимізувати** maximize, **подвоювати** double; **шукати** seek) ◊ **Він шукає в плані реальну ~у.** He is seeking a real benefit in the plan.

в. + *v.* **виникати з** + *G.* arise from sth; **переважати** + *A.* outweigh sth ◊ **В. від освіти переважає витрати на неї.** The benefit of education outweighs expenditures on it. **полягати в** + *L.* consist in sth ◊ **В. від співпраці полягає у поєднанні досвіду однієї фірми з енергією иншої.** The benefit from the cooperation consists in the combination of the experience of one firm and the energy of another.

prep. **без ~и** without benefit ◊ **Вона допомогла їм без усякої ~и для себе.** She helped them without any benefit for herself. **в. від** *or* **з** + *G.* benefit from sth; **для ~и** for/to benefit ◊ **для ~и дослідників** for the benefit of researchers; **з ~ою** with benefit.

вигод|а, *f., often pl.*

1 comfort, convenience, luxury

adj. **велика** great, **додаткова** additional, **звичайна** usual, **максимальна** maximal, **повна** complete; **скромна** modest ◊ **Він звик до скромних вигод життя в селі.** He got used to the modest comfort of life in the countryside. **особиста** personal, **фізична** physical

n. + **в. зона ~и** a comfort zone (**рівень** level)

prep. **для ~и** for comfort ◊ **Вона вдягалася радше для ~и, як для привабливости.** She dressed for comfort rather than for attraction. **з ~ою** with comfort ◊ **Він і далі подорожує з мінімальними ~ами.** He goes on traveling with minimal comfort. **у ~і** in comfort ◊ **працювати в повній ~і** to work in full comfort

Also see **зручність 1**

2 *often pl.* amenity

adj. **виняткові** exceptional, **елементарні** elementary, **засадничі** basic, **звичайні** usual ◊ **Вони позбавлені звичайних вигод життя.** They are deprived of the usual life amenities. **прості** simple; **відмінні** excellent, **прекрасні** wonderful; **мінімальні** minimal, **необхідні** indispensable; **сучасні** modern

v. + **в. включати ~и** include amenities ◊ **Номер включав мінімальні ~и.** The *(hotel)* room included minimal amenities. (**ґарантувати** + *D.* guarantee sb, **мати** have, **надавати** + *D.* give sb, **покращувати** improve; **пропонувати** + *D.* offer sb; **створювати** create); **бракувати вигод** lack amenities ◊ **У готелі бракувало засадничих вигод.** The hotel lacked basic amenities. (**позбавляти** + *A.* deprive sb of); **забезпечувати** + *D.* **~ами** provide sb with amenities, (**користуватися** use, **насолоджуватися** *and* **тішитися** enjoy)

prep. **без вигод** without amenities; **з ~ами** with amenities ◊ **Будинок із сучасними ~ми.** The building has modern amenities.

Also see **зручність 2**

вигра|вати, ~ють; вигра|ти, ~ють, *tran.*

1 to win ◊ **Наша дружина ~ла фінальну гру.** Our team won the final game.

adv. **вже** already, **врешті-решт** ultimately, **нарешті** finally; **без усяких** *colloq.* hands down ◊ **Італійці без усяких виграли матч.** The Italians won the match hands down. **легко** easily, **переконливо** convincingly, **рішуче** decisively; **несподівано** unexpectedly, **раптом** suddenly; **ледве** barely, **майже** almost; **за всяку ціну** whatever the price, **обов'язково** definitely

в. + *n.* **в. гроші** win money (**відзнаку** distinction, **лотерею** lottery , **нагороду** award, **приз** prize; **гру** game, **змагання** competition,

кýбок cup, **матч** match, **турні́р** tournament, **чемпіона́т** championship); ♦ **в. в кáрти** to win at cards ◊ **Вонá ви́грала грóші в кáрти.** She won the money playing cards.

v. + **в. бýти здáтним** be capable of ◊ **Вонá здáтна ви́грати змагáння.** She is capable of winning the competition. **бýти трéба** + *D.* need to ◊ **Йомý трéба булó ви́грати за вся́ку цінý.** He needed to win whatever the price. **збирáтися** be going to; **змогти́** *pf.* manage to ◊ **Вонá змоглá ви́грати в остáнній момéнт.** She managed to win at the last moment. **могти́** can; **намагáтися** try to; **не змогти́** *pf.* fail to ◊ **Він не зміг ви́грати нáвіть брóнзу.** He failed to win even bronze. **надíятися** hope to, **сподівáтися** expect to, **хотíти** want to; **кля́стися** swear to, **обіця́ти** + *D.* promise sb to

prep. **в. в** + *G.* win against sb ◊ **Вонá ви́грала у традиці́йної супéрниці.** She won against her traditional rival. **в. в** + *L.* win in *(competition)* ◊ **Він ви́грав у пéрших трьох забíгах.** He won in the first three heats.

See **перемагáти 1.** *Also see* **би́ти 3, долáти 1, завойóвувати 1, розбивáти 2, справля́тися 3**

2 to gain, profit ◊ **Вонá вмíла ви́грати нáвіть у безнадíйних обстáвинах.** She was capable of profiting even in hopeless circumstances.

prep. **в. з** + *G. or* **на** + *A.* gain by/from sth ◊ **Івáн тíльки ~є з цьóго.** Ivan will only be better off by it.

вид[1], *m.*, **~у**

1 view, vista ◊ **Вонá милувáлася чудóвим ~ом Олéського зáмку.** She was admiring the wonderful view of the Olesko Castle.

adj. **вели́чний** magnificent, **гáрний** nice ◊ **З горí відкривáється гáрний в. на Дніпрó.** A nice view of the Dnipro opens from the hill. **дивови́жний** amazing, **мальовни́чий** picturesque, **захóпливий** breathtaking, **незабýтній** unforgettable, **приє́мний** pleasant, **фантасти́чний** fantastic, **чудóвий** wonderful; **гнітю́чий** depressing, **ди́вний** strange, **жахли́вий** horrible, **понýрий** grim ◊ **Пéред ни́ми простягáвся понýрий в. лíсу, зни́щеного копачáми бурштинý.** A grim view of the forest destroyed by amber diggers stretched in front of them. **похмýрий** gloomy, **сумни́й** sad; **неося́жний** boundless, **панорáмний** panoramic, **широ́кий** sweeping; **гíрський** mountain, **морськи́й** sea, **степови́й** steppe; **міськи́й** city, **промислóвий** industrial

v. + **в. мáти в.** have a view ◊ **Кíмнáта мáє фантасти́чний в.** The room has a fantastic view. (**пропонувáти** + *D.* offer sb ◊ **Вітáльня пропонýє в. на Собóр св. Софíї.** The living room offers a view of St. Sophia Cathedral. **закривáти** block; **малювáти** paint); **милувáтися ~ом** admire a view (**насолóджуватися** enjoy; **бýти врáженим** be stunned by, **бýти шокóваним** be shocked by) ◊ **Вони́ шокóвані ~ом міськи́х нéтрів.** They are shocked by the view of the city slums.

в. + *v.* **відкривáтися** open ◊ **З-за поворóту дорóги відкривáвся в. на храм Посейдóна.** A view of the Temple of Poseidon opened from behind the turn of the road. **простягáтися** stretch

prep. **з ~ом** with a view ◊ **балкóн з ~ом на гóри** a balcony with a view of the mountains; **в. з** + *G.* a view from *(a place)* ◊ **в. із ї́хньої кýхні** the view from their kitchen; **в. на** + *A.* view of sth

Also see **ви́гляд, карти́на 2, краєви́д 1**

2 *rare* appearance, look, air; face ◊ **Мíсто прибрáло святкóвого ~у.** The city assumed a festive look.

prep. **з ~у** in appearance ◊ **3 ~у ї́й рóків п'ятдеся́т.** In appearance, she is about fifty. **на ~ý в** + *G.* in plain view ◊ **На ньóго напáли в усі́х на ~ý.** He was attacked in everybody's plain view. ♦ **не подавáти ~у** to give no sign ◊ **Він не подавáв ~у, що знáє ї́х.** He gave no sign that he knew them.

See **ви́гляд.** *Cf.* **зóвнішність**

вид[2], *m.*, **~у**

1 type, sort, kind, variety + *G.* ◊ **рíзні ~и мистéцтва** various types of art

adj. **головни́й** principal, **основни́й** basic; **звичáйний** common ◊ **звичáйний в. фізи́чної прáці** a common type of physical work; **конкрéтний** specific, **окрéслений** defined, **особли́вий** particular, **пéвний** certain; **відмíнний** different, **рíзний** various; **рíдкісний** rare, **унікáльний** unique; **типóвий** typical, **традиці́йний** traditional ◊ **Сорóчку зрóблено з традиці́йного ~у лля́ного полотнá.** The shirt is made of the traditional type of linen cloth.

в. + *n.* **в. ї́жі** type of food (**напóїв** drinks; **пальнóго** fuel; **пóслуг** services, **продýкції** goods ◊ **Тут виробля́ють три головні́ ~и продýкції.** Three main types of goods are manufactured here. **забезпéчення** *and* **страхувáння** insurance; **трáнспорту** transportation) ◊ **Яки́м ~ом трáнспорту ти лю́биш ї́здити?** What type of transportation do you like to go by?

See **тип 1.** *Also see* **відмíна 1, категóрія 1, прóфіль 3, рід 4, фóрма 2**

2 *biol.* species

в. + *n.* **в. комáх** a species of insects (**плазунíв** reptiles, **птахíв** birds, **росли́н** plants, **ссавцíв** mammals, **твари́н** animals) ◊ **У лісáх навкóло Чорнóбиля стáли води́тися ~и твари́н, які́ були́ зни́кли.** The species of animals that had disappeared started to appear in the forests around Chornobyl.

3 *ling.* aspect ◊ **недокóнаний в. дієслóва** the imperfective verb aspect

adj. **дієслі́вний** verbal; **докóнаний** perfective, **недокóнаний** imperfective ◊ **Дéякі дієслóвá мáють іденти́чні фóрми недокóнаного й докóнаного ~у.** Some verbs have identical forms of the imperfective and perfective aspects.

вида|вáти, ~ю́ть; ~ти, ~м, ~си, ~сть, ~мо, ~сте, ~дуть, *tran.*

1 to publish *(book, album, etc.)*, issue

adv. **вже** already, **нарéшті** finally, **недáвно** *or* **нещодáвно** recently, **незабáром** soon, **операти́вно** promptly, **скóро** quickly; **періоди́чно** periodically, **постíйно** constantly, **реґуля́рно** regularly; **щодня́** every day, **щомíсяця** every month, **щоти́жня** every week, **щорóку** every year; **недáвно** recently ◊ **Вонá недáвно ~ла свій пéрший ромáн.** She recently published her first novel. **неодноразóво** more than once, **несподíвано** unexpectedly; **пéрвісно** initially, **попéредньо** previously, **ши́роко** widely; **анонíмно** anonymously, **посмéртно** posthumously; **в мерéжі** online ◊ **Настýпного рóку газéту ~вáтимуть у мерéжі.** Next year, the newspaper will be published online. **нелеґáльно** illegally; **з порýшенням áвторських прав** in violation of the copyright

в. + *n.* **в. альбóм** publish an album (**альманáх** almanac, **газéту** newspaper, **журнáл** magazine, **збíрку** collection, **кни́жку** book, **часóпис** periodical, *etc.*)

v. + **в. ви́рішувати** decide to, **дýмати** *or* **збирáтися** be going to ◊ **Він дýмав ~ти кни́жку в íншому видавни́цтві.** He was going to publish the book in a different publishing house. **мáти нáмір** have the intention to, **планувáти** plan to, **намагáтися** try to, **хотíти** want to; **відвáжуватися** *or* **навáжуватися** dare to; **відмовля́тися** refuse to ◊ **Головни́й редáктор відмóвився в. матерíял.** The editor-in-chief refused to publish the story.

Also see **випускáти 5, містúти 3**

2 to give, issue, grant

adv. **без проблéм** without a problem, **відрáзу** at once, **негáйно** immediately, **операти́вно** promptly, **зáраз же** right away; **вже** already, **нарéшті** finally, **щóйно** just now; **осóбисто** personally; **закóнно** legally; **незакóнно** illegally

в. + *n.* **в. вíзу** issue a visa ◊ **Кóнсул ~є всі ти́пи віз.** The consul issues all the types of visas. (**пáспорт** passport, **пóсвідку** certificate; **фактýру** receipt ◊ **Прийня́вши оплáту, вонá ~ла клієнтові фактýру.** Having received the payment, she issued the client a receipt. **інстрýкцію** instruction, **накáз** order, **розпоря́дження** directive) ◊ **Головá мíста ~в розпоря́дження припини́ти прóдаж алкогóлю.** The city mayor issued a directive to suspend the sale of alcohol.

See **давáти 1**

3 to give away, betray ◊ **Під тортýрами він ~в усé, що знав.** Under torture, he gave away everything he knew.

adv. **зрáдницьки** treasonously, **пíдло** ignobly, **підстýпно** treacherously; **несподíвано** unexpectedly; **таємно** secretly ◊ **Вонá таємно ~вáла слýжбі безпéки учáсників організáції.** She secretly betrayed the organization's participants to the security service.

в. + *n.* **в. дрýга** betray a friend (**таємни́цю** secret) ◊ **Він ~в таємни́цю репортéрові.** He has betrayed the secret to the reporter.

See **зрáджувати 1.** *Also see* **здавáти 3**

4 to pretend to be, pose as, *only with* **себé**

adv. **перекóнливо** convincingly, **спри́тно** shrewdly, **успíшно** successfully ◊ **Він ~є себé за журналíста.** He poses as a journalist.

Also see **вдавáти, прикидáтися**

5 to marry off, wed, give in marriage *(usu of a girl), also* **в. зáміж** ◊ **Батькú хóчуть ~ти дóчку настýпного рóку.** The parents want to marry their daughter off next year.

prep. **в. за** + *A.* wed to sb ◊ **Надíю ~ли зáміж за кохáного хлóпця.** Nadiia was wed to her beloved boy.

See **віддавáти 6**

6 to extradite, hand over ◊ **Ізрáїльський ýряд відмóвився ~ти підóзрюваного вбúвцю.** The Israeli government refused to hand over the suspected killer.

pa. pple. **ви́даний** published, issued. *etc.*

видавáй! вúдай!

ви́да|ти, *pf., see* **видавáти**

to publish; issue; betray; *etc.* ◊ **Левóві ~ли нови́й пáспорт.** Lev was issued a new passport.

видав|éць, *m.*, **~ця́; видавчи́ня,** *f.*

publisher

adj. **вели́кий** big ◊ **Її п'є́сою зацікáвився вели́кий в.** A big publisher got interested in her play. **впливóвий** influential, **прести́жний** prestigious ◊ **Письмéнник підписáв контрáкт із прести́жним ~цéм.** The writer signed a contract with a prestigious publisher. **провідни́й** *and* **чíльний** leading; **маловідóмий** obscure, **невели́кий** small; **незалéжний** independent; **академíчний** academic, **наукóвий** scientific, **комерці́йний** commercial; **електрóнний** electronic, **мерéжевий** online

в. + *n.* **в. газéт** a newspaper publisher (**журнáлів** magazine, **літератýри** literature) ◊ **Він був незалéжним ~цéм украї́нської літератýри.** He was an independent publisher of Ukrainian literature.

v. + **в. знахóдити ~ця́** find a publisher (**мáти** have; **шукáти** look for) ◊ **Спочáтку він уклáв словни́к, а тоді́ став шукáти ~ця́.** First he compiled the dictionary and then started looking for a publisher.

видавни́цтв|о, *nt.*

publishers, publishing house

adj. **вели́ке** big ◊ **Він працю́є редáктором у вели́кому ~і.** He works as an editor in a big publishing house. **впливóве** influential, **дитя́че** children's books, **академíчне** academic, **наукóве** scientific, **університéтське** university; **комерці́йне** commercial, **некомерці́йне** noncommercial; **відóме** *and* **знáне** well-known, **популя́рне** popular; **маловідóме** little-known, **невідóме** obscure, unknown ◊ **Її кни́жка**

з'яви́лася у невідо́мому ~і. Her book appeared in an obscure publishing house. **успі́шне** successful; **нове́** new, **старе́** old

в. + *n.* **в. газе́т** a newspaper publisher (**журна́лів** magazine, **класи́чної літерату́ри** classical literature, **книжо́к** book, **му́зики** music, **пое́зії** poetry, **худо́жньої літерату́ри** fiction) ◊ **У буди́нку розташо́вується успі́шне в. худо́жньої літерату́ри.** A successful fiction publisher is located in this building.

v. + **в. засно́вувати в.** found a publishing house ◊ **Популя́рне в. заснува́в письме́нник Іве́нко.** The writer Ivchenko founded the popular publishing house. (**купува́ти** buy, **продава́ти** sell; **відкрива́ти** open, **почина́ти** begin; **закрива́ти** close down); **здава́ти** + *A.* **до ~ва** submit sth to a publishing house ◊ **У понеділок вона́ здасть руко́пис до ~а.** On Monday, she will submit the manuscript to the publishing house. **пропонува́ти** + *A.* **~у** offer sth to a publishing house ◊ **Він запропонува́в збі́рку кілько́м ~ам.** He offered his collection to several publishers.

в. + *n.* **відкида́ти** + *A.* reject sth ◊ **Два відо́мі ~а відки́нули його́ рома́н.** Two well-known publishers rejected his novel. (**пропонува́ти** + *D.* **контра́кт** offer sb a contract; **прийма́ти** + *A.* accept sth; **видава́ти** + *A.* **дру́ком** issue sth in print, **друкува́ти** + *A.* print sth, **перевидава́ти** + *A.* reprint sth, **публікува́ти** + *A.* publish sth; **банкрутува́ти** go bankrupt, **бу́ти на гра́ні банкру́тства** be on the verge of bankruptcy, **опиня́тися на гра́ні банкру́тства** end up on the verge of bankruptcy; **процвіта́ти** flourish; **назива́тися** be called) ◊ **В. назива́ється «Акаде́мія».** The publishing house is called "Academia".

Also see **друка́рня**

вида́н|ня, *nt.*

1 publication, edition

adj. **ви́правлене** revised, **допо́внене** updated, **обме́жене** limited, **по́вне** complete, **розши́рене** expanded, **скоро́чене** abridged, **частко́ве** partial; **факсимі́льне** facsimile; **безці́нне** priceless, **рі́дкісне** rare, **спеція́льне** special, **уніка́льне** unique; **нове́** new; **єди́не** only, **оригіна́льне** original, **пе́рше** first, **дру́ге** second, **оста́ннє** last; **вплибо́ве** influential, **голо́вне** main, **провідне́** leading; **дитя́че** children's; **ілюстро́ване** illustrated; **крити́чне** critical; **академі́чне** academic, **науко́ве** scholarly; **популя́рне** popular; **місце́ве** local, **національне** national; **друко́ване** printed, **електро́нне** electronic, **мере́жеве** Internet ◊ **Мере́жеве в. шви́дко ста́ло до́сить впливо́вим.** The Internet publication quickly became fairly influential. **вечі́рнє** evening, **де́нне** daytime, **ранко́ве** morning; **ни́нішнє** current, **тепе́рішнє** present; **попере́днє** previous; **майбу́тнє** future; **пропа́м'ятне** commemorative, **ювіле́йне** anniversary

v. + **в. друкува́ти в.** print an edition ◊ **Рі́дкісне в. Бі́блії друкува́ли в Острозі́.** The rare Bible edition was printed in Ostrih. (**готува́ти** prepare ◊ **Вони́ ра́зом приготува́ли пропа́м'ятне в. «Літерату́рного ві́сника».** They prepared the commemorative edition of the *Literary Herald* together. **здійснювати** produce, **ілюструва́ти** illustrate, **ініціюва́ти** initiate, **публікува́ти** publish ◊ **Він публіку́є дитя́чі в. світово́ї кла́сики.** He publishes children's editions of world classics. **реда́гува́ти** edit, **рецензува́ти** review ◊ **Її попроси́ли зрецензува́ти нове́ в. словника́.** She was asked to review the new dictionary edition. **розповсю́джувати** distribute; **диви́тися** watch ◊ **Вона́ щове́чора диви́ться в. нови́н.** Every evening she watched the news edition. **слу́хати** listen to, **чита́ти** read; **передпла́чувати** subscribe to)

в. + *v.* **вихо́дити** come out, **з'явля́тися** appear ◊ **Огля́дове в. ро́ку з'явля́ється в газе́ті при кінці́ гру́дня.** The year-in-review edition appears in the paper in late December. **включа́ти** + *A.* contain sth; **пропонува́ти** + *A.* offer sth ◊ **В. пропону́є ці́нні інвестиці́йні пора́ди.** The edition offers some valuabe investment tips.

prep. **для в.** for publication; **у ~ні** in a publication ◊ **У ~ні бюлете́ня нема́є стати́стики.** There were no statistics in the bulletin edition. **в. від** + *G.* *(date)* an edition dated ◊ **в. газе́ти від тре́тього че́рвня** the June 3 edition of the newspaper; **в. за** + *A.* an edition for *(month)* ◊ **в. часо́пису за кві́тень** an April edition of the magazine

Also see **літерату́ра 2, публіка́ція 1**

2 publishing *(as process)*, publication

adj. **електро́нне** electronic, **мере́жеве** Internet; **по́вне** complete, **частко́ве** partial; **посме́ртне** posthumous

в. + *n.* **в. архі́ву** a publication of an archive (**докуме́нтів** documents, **кни́жки** book, **коментарі́в** commentaries, **листува́ння** correspondence, **матерія́лів** materials, **пое́зії** poetry, **рома́ну** novel, **сві́дчень очеви́дців** eyewitness accounts, **спо́минів** memoirs, **щоде́нників** diaries) ◊ **Вона́ взяла́ся за в. ба́тькових щоде́нників.** She got down to publishing her father's diaries.

v. + **в. готува́ти в.** prepare a publication ◊ **Він готу́є в. архі́ву.** He prepares the publication of the archive. (**заплано́вувати** schedule, **організо́вувати** organize, **планува́ти** plan; **почина́ти** start ◊ **Газе́та почала́ довгоочі́куване в. секре́тних докуме́нтів.** The newspaper started the long-awaited publication of the secret documents. **відклада́ти** put off, **затри́мувати** hold, **зупиня́ти** stop, **припиня́ти** cease) ◊ **В. се́рії припини́ли.** The series publication was ceased. **запобіга́ти ~ню** prevent a publication ◊ **Він запобі́г ~ню її спо́гадів як накле́пницьких.** He prevented the publication of her memoirs as slanderous. (**перешкоджа́ти** obstruct; **прийма́ти до** accept for)

Also see **ви́пуск 1, публіка́ція 2**

G. pl. **~ь**

видатн|и́й, *adj.*

1 outstanding, prominent, eminent, distinguished

adv. **абсолю́тно** absolutely, **без су́мніву** doubtlessly, **ді́йсно** really, **напра́вду** truly, **спра́вді** genuinely

v. + **в. бу́ти ~им** be outstanding ◊ **Архі́пенко був ~им ску́льптором.** Arkhypenko was an outstanding sculptor. (**вважа́ти** + *A.* consider sb, **назива́ти** + *A.* call sb; **виявля́тися** turn out, **здава́тися** + *D.* seem to sb, **става́ти** become)

Also see **вели́кий 4, неаби́який 2, помі́тний 3**

2 salient, notable, remarkable ◊ **Оригіна́льний пра́вопис а́втора є ~ою особли́вістю цього́ вида́ння рома́ну.** The original author's orthography is a salient peculiarity of this edition of the novel.

Also see **помі́тний 1**

вида́т|ок, *m.*, **~ку**, *often pl.*

1 *econ.* expenditure ◊ **До кни́ги акура́тно запи́сували при́бутки і ~ки фотосту́дії.** The incomes and expenditures of the photo studio were painstakingly entered in the register.

adj. **вели́кий** great ◊ **Нова́ лі́нія метра́ вимага́ла вели́ких ~ків.** The new subway line required great expenditures. **величе́зний** enormous, **висо́кий** high, **значни́й** considerable, **максима́льний** maximal, **маси́вний** massive; **дрібни́й** minor, **мале́нький** *dim.* small, **мініма́льний** minimal, **невели́кий** small, **низьки́й** low, **скро́мний** modest; **заплано́ваний** planned, **передба́чений** anticipated; **необхі́дний** requisite, **потрі́бний** needed; **зага́льний** general, **суку́пний** aggregate, **сума́рний** total; **додатко́вий** additional ◊ **Ремо́нт пов'я́заний із додатко́вими ~ками.** The renovation involves additional expenditures. **збі́льшений** increased, **зме́ншений** decreased; **надмі́рний** excessive; **ді́йсний** actual, **тепе́рішній** current; **майбу́тній** future, **пода́льший** further; **мину́лий** passed; **щорі́чний** annual ◊ **Щорі́чні ~ки на осві́ту зазна́ли скоро́чення.** Annual expenditures for education underwent cuts. **бюдже́тний** budget; **капіта́льний** capital ◊ **Фі́рма збі́льшила капіта́льні ~ки на обла́днання.** The firm has increased the capital expenditures on equipment. **операти́вний** operating; **прями́й** direct; **сере́дній** average; **держа́вний** state, **місце́вий** local, **місько́й** *and* **муніципа́льний** municipal, **націона́льний** national, **урядо́вий** government; **бізнесо́вий** business, **корпорати́вний** corporate, **особи́стий** individual, **персона́льний** personal, **прива́тний** private; **меди́чний** medical, **оборо́нний** defense

n. + **в. кі́лькість ~кі́в** the amount of expenditures (**предме́т** item, **рі́вень** level, **су́ма** sum); **збі́льшення ~кі́в** an increase in expenditure (**скоро́чення** cut)

v. + **в. збі́льшувати ~ки** increase expenditure ◊ **Уго́да вимага́ла збі́льшити ~ки на зарпла́тню на чоти́ри відсо́тки.** The agreement required to increase the expenditure on wages by 4%. (**зме́ншувати** decrease, **скоро́чувати** cut; **контролюва́ти** control, **обме́жувати** limit; **ма́ти** have; **оці́нювати** assess, **підрахо́вувати** calculate; **виправдо́вувати** justify, **узаса́днювати** substantiate; **схва́лювати** approve; **тягну́ти за собо́ю** incur ◊ **У́часть у конфере́нції тягну́ла за собо́ю ~ки.** Participation in the conference incurred expenditures. **спи́сувати у** write sth off as) ◊ **Економі́ст списа́в де́сять мільйо́нів у ~ки.** The economist wrote off ten million as expenditures. **вимага́ти ~кі́в** require expenditures; **бу́ти пов'я́заним з ~ками** involve expenditure ◊ **Війна́ пов'я́зана з ~ками.** War involves expenditures.

в. + *v.* **збі́льшуватися** increase, **зроста́ти** grow, **переви́щувати** + *A.* exceed sth ◊ **Його́ ~ки на розва́ги переви́щували розу́мні ме́жі.** His expenditure for entertainment exceeded reasonable limits. **зме́ншуватися** diminish, **па́дати** fall ◊ **Тама́рині особи́сті ~ки впа́ли.** Tamara's personal expenditures fell. **скоро́чуватися** decrease; **станови́ти** + *A.* amount to *(a sum)* ◊ **Насту́пного ро́ку оборо́нні ~ки краї́ни стано́витимуть п'ять відсо́тків бюдже́ту.** Next year, the defense expenditures of the country will amount to 5% of the budget.

prep. **в. на** + *A.* expenditure for/on sth ◊ **держа́вні ~ки на науко́ві дослі́дження** state expenditures for scientific research (**осві́ту** education, **охоро́ну здоро́в'я** health care, **підгото́вку** training, **соціа́льне забезпе́чення** welfare, *etc.*); ♦ **в. на ду́шу насе́лення** per capita expenditure

Also see **ви́трата 1**

2 use, consumption, spending ◊ **Їм ска́зано скороти́ти в. бензи́ну на трети́ну.** They were told to cut the use of gasoline by a third.

в. + *n.* **в. бензи́ну** the use of gasoline (**води́** water, **ву́гілля** coal, **еле́ктрики** electricity, **ене́ргії** energy, **ко́штів** funds ◊ **Взи́мку в. ко́штів на буді́вни́цтво спові́льнювався.** In the winter, the spending of funds for construction slowed down. **на́фти** oil, *etc.*)

Also see **ви́трата 2**

виде́л|ка, *f.*

fork ◊ **ножі́ та ~ки** knives and forks

adj. **вели́ка** large; **мале́нька** *dim.* small; **десе́ртна** dessert, **сала́тна** salad; **алюмі́нієва** aluminum, **метале́ва** metal, **пластма́сова** plastic, **срі́бна** silver; **одноразо́ва** disposable

v. + **в. бра́ти ~ку** take a fork (**кла́сти** put ◊ **Він покла́в ~ку лі́воруч від тарі́лки.** He put the fork left of the plate. **трима́ти** hold, **облі́зувати** lick, **настро́млювати на** impale on) ◊ **Вона́ настроми́ла на ~ку кава́лок свини́ни.** She

impaled a piece of pork on her fork. **ї́сти з ~ки** eat from a fork, **користува́тися ~кою** use a fork (**ї́сти** eat with, **міша́ти** stir with, **прони́зувати** pierce with, **м'я́ти** mash with)
L. **на ~ці**, *G. pl.* **~ок**

види́м|ий, *adj.*
visible, clear, noticeable, perceivable ◊ **Ніяки́х ~их змін у ї́хніх взає́минах не відбуло́ся.** No visible changes in their relationship occurred. ◊ **Хво́рий вимовля́в ко́жне ре́чення з ~им зуси́ллям.** The patient uttered every sentence with perceivable effort. ♦ **~а річ** evidently, surely, certainly ◊ **Гість, ~а річ, не сперечáвся з господáрем.** The guest surely did not argue with the host. ♦ **~а смерть** a sure death
See **помі́тний 1.** *Also see* **ви́дний 1**

ви́дим|ість, *f.*, **~ости**, *only sg.*
visibility
adj. **винятко́ва** exceptional, **відмі́нна** excellent, **до́бра** good ◊ **В. того́ дня була́ не про́сто до́бра, а винятко́ва.** That day, the visibility was not simply good, it was exceptional. **доскона́ла** perfect; **ке́пська** poor, **низька́** low, **обме́жена** limited, **пога́на** bad ◊ **За тако́ї пога́ної ~ости леті́ти було́ вкрай небезпе́чно.** With such bad visibility, it was extremely dangerous to fly.
v. + **в. скоро́чувати в.** reduce visibility ◊ **Тума́н скороти́в в. до кілько́х ме́трів.** The fog reduced visibility to a few meters.
в. + *v.* **зме́ншуватися** *and* **скоро́чуватися** be down to ◊ **В. зме́ншилася до ста ме́трів.** The visibility was down to 100 m.

видиха́|ти, **~ють; ви́дихн|ути**, **~уть**, *tran.*
1 to exhale, breathe out
adv. **ва́жко** heavily, **го́лосно** loudly ◊ **Він го́лосно ви́дихнув.** He exhaled loudly. **енергі́йно** vigorously, **із си́лою** forcefully ◊ **Лі́кар попроси́в її ви́дихнути з си́лою.** The doctor asked her to exhale forcefully. **рі́зко** sharply; **пові́льно** slowly, **ти́хо** quietly
Ant. **вдиха́ти 1**
2 *only impf., fig.* to exude, give off ◊ **Цвілі́ я́блуні, ~ючи п'янки́й арома́т.** Apple trees bloomed, exuding an intoxicating aroma. ◊ **Гру́ба в кутку́ кімна́ти ~ла приє́мне тепло́.** The stove in the corner of the room emanated pleasant warmth.
Also see **виділя́ти 3**
pa. pple. **ви́дихнутий** exhaled
видиха́й! ви́дихни!

видиха́|тися, **~ються; ви́~**, *intr.*
to fizzle out, lose *(fragrance, taste, etc.)*, go insipid
adv. **геть** totally ◊ **Пи́во геть ~лося.** The beer went totally flat. **цілко́м** completely; **де́що** somewhat, **ма́йже** almost, **тро́хи** a little; **одра́зу** at once, **шви́дко** quickly

ви́дихну|ти, *pf., see* **видиха́ти**
to exhale, breathe out ◊ **Він затамува́в по́дих, а тоді́ рі́зко ~в.** He held his breath and then exhaled sharply.

виділя́|ти, **~ють; ви́діл|ити**, **~ять**, *tran.*
1 to allocate *(funds, etc.)*, assign, designate
adv. **офіці́йно** officially, **спеція́льно** specially; **вряди́-годи́** every now and then ◊ **Вряди́-годи́ підприє́мець ~в гро́ші на потре́би грома́ди.** Every now and then, the businessman allocated money for the needs of the community. **і́ноді** sometimes, **рі́дко коли́** rarely ever, **пла́ново** as planned, **пості́йно** constantly, **реґуля́рно** regularly, **час від ча́су** from time to time
v. + **в. бу́ти тре́ба** + *D.* need to; **виріша́вати** decide to ◊ **Мі́сто ви́рішило ви́ділити шко́лі фіна́нсову допомо́гу.** The city decided to allocate the school financial aid. **могти́** be able to ◊ **Він мо́же ви́ділити де́сять чолові́к вам на буді́вництво.** He can assign ten people for your construction. **пого́джуватися** agree to; **почина́ти** start, **продо́вжувати** continue to, **перестава́ти** stop; **вимага́ти** demand to, **проси́ти** + *A.* ask sb to
2 to separate, distinguish, emphasize, highlight + *I.*
adv. **ви́разно** distinctly, **чі́тко** clearly; **ле́две** barely; **курси́вом** in italics, **си́нім** in blue, **черво́ним** in red ◊ **Тре́ба ви́ділити незнайо́мі слова́ черво́ним.** The unknown words need to be highlighted in red.
Also see **наголо́шувати 2, підкре́слювати 1-3**
3 to release, give off, emanate ◊ **Пошко́джений реа́ктор ~в маси́вну кі́лькість радіа́ції.** The damaged reactor released massive amounts of radiation.
adv. **непомі́тно** imperceptibly; **безпереста́нку** *or* **без упи́ну** nonstop, **пості́йно** constantly
Also see **видиха́ти 2**
4 to secrete ◊ **Лю́дське ті́ло ~є піт у ві́дповідь на підви́щену температу́ру середо́вища.** The human body secretes sweat in response to the increased ambient temperature.
pa. pple. **ви́ділений** designated, assigned, highlighted
виділя́й! ви́діли!

виділя́|тися; ви́ділитися, *intr.*
1 to stand out, be notable, be prominent
adv. **ви́разно** distinctly, **ле́гко** easily ◊ **Він ле́гко ~вся еруди́цією на тлі і́нших студе́нтів.** He easily stood out by his intelligence against the backdrop of other students. **одра́зу** immediately, **чі́тко** clearly, **яскра́во** vividly
Also see **пиша́тися 4**
2 to separate, split, break away ◊ **Із па́ртії ви́ділилися войовни́чі соціялі́сти.** Militant socialists broke away from the party.
3 to emanate, come out ◊ **Зі старо́ї ша́хти продо́вжує в. отру́йний газ.** A poisonous gas continues to come out of the old mine.
4 to secrete, excrete ◊ **Із печі́нки виділя́ються речови́ни, що сприя́ють тра́вленню ї́жі.** Substances that facilitate food digestion are secreted from the liver.

ви́дн|ий, *adj.*
1 visible, clear, in plain view
adv. **ви́разно** *and* **чі́тко** distinctly, **зда́лека** from afar, **одра́зу** immediately; **я́сно** clearly; **ле́две** scarcely, **наси́лу** barely ◊ **буди́нок, наси́лу в. за густи́м са́дом** a building, barely visible behind the thick garden; **ще бі́льше** even more
v. + **в. бу́ти ~им** be visible ◊ **Дзвіни́ця ~а зда́лека ко́жному мандрівнико́ві.** The belfry is visible from afar to every traveler. (**лиша́тися** remain, **става́ти** become) ◊ **Від уто́ми його́ кульга́ння ста́ло ще бі́льш ~им.** His limp became even more visible from fatigue.
Also see **види́мий, помі́тний 1**
2 eminent, distinguished; important
adv. **до́сить** fairly, **ду́же** very ◊ **Він – осо́ба ~а.** He is a person of note. **спра́вді** really ◊ **Вона́ посі́ла ~е мі́сце се́ред професу́ри.** She took a place of prominence among professors.
3 light, full of light ◊ **Ніч ви́далася ~ою, на́че при по́вному мі́сяці.** The night turned out bright as if there were a full moon.
See **сві́тлий 1, я́сний 1**

ви́дно, *pred.*
1 seen, visible + *D.* ◊ **Звідси Оре́стові було́ до́бре в. все мі́сто.** From here, the entire city was very clearly visible to Orest.
adv. **до́бре** well, **прекра́сно** perfectly ◊ **О́льзі ста́ло прекра́сно в. причи́ни його́ не́хоті.** Olha could perfectly see the reasons for his reluctance. **ле́две** scarcely, **наси́лу** barely; **ма́йже** almost, **ке́псько** poorly, **пога́но** badly; **все** everything, **нічо́го не** nothing ◊ **За тако́го сві́тла їй нічо́го не в.** With such light, she can see nothing.
2 *pred., impers.* evident, clear ◊ **В., що ви не зві́дси.** It is clear you are not a local.
3 *mod.* obviously, apparently, perhaps, possibly ◊ **Марко́, в., ще на робо́ті.** Marko is probably still at work.
See **напе́вно 2, мабу́ть**

видо́вищ|е, *nt.*
1 sight, view, spectacle, scene ◊ **Оце́ так в.!** What a sight!
adj. **зви́кле** *or* **зви́чне** common, **знайо́ме** familiar; **га́рне** nice, **незабу́тнє** unforgettable, **прекра́сне** wonderful, **приє́мне** pleasant, **разю́че** stunning ◊ **Мільйо́н протестува́льників на майда́ні Незале́жности – це разю́че в.** A million protesters on Independence Square is a stunning sight. **ціка́ве** interesting, **чудо́ве** great; **ди́вне** bizarre, **куме́дне** comic, **смішне́** funny; **гніту́юче** depressing, **жалюгі́дне** pathetic, **жахли́ве** horrible ◊ **Вчо́ра вона́ ста́ла сві́дком жахли́вого ~а, – ву́личної бі́йки.** Yesterday, she became witness to a horrible spectacle–a street fight. **мо́торошне** macabre, **поню́ре** grim, **похму́ре** gloomy, **страхітли́ве** horrifying, **сумне́** sad; **рі́дкісне** rare, **уніка́льне** unique
v. + **в. ба́чити в.** see a sight (**диви́тися на** look at) ◊ **Варва́ра диви́лася на жалюгі́дне в. з оги́дою.** Varvara looked at the pathetic sight with disgust. **бу́ти сві́дком ~а** witness a spectacle; **насоло́джуватися ~ем** enjoy a spectacle ◊ **Він насоло́джувався ~ем кори́ди.** He was enjoying the spectacle of the bullfight. (**спостеріга́ти за** observe)
в. + *v.* **відбува́тися** happen, take place ◊ **В. змі́ни ва́рти відбува́лося щогоди́ни.** The spectacle of changing of the guards happened every hour. **розгорта́тися** unfold
Also see **сце́на 4**
2 entertainment, performance
adj. **ву́личне** street ◊ **ма́йстер ву́личних видо́вищ** a master of street entertainments; **театра́льне** theater, **циркове́** circus; **гучне́** rowdy ◊ **Мі́сто грямі́ло від гучни́х видо́вищ.** The city reverberated with rowdy entertainment. **захо́пливе** captivating, **правди́ве** true, **спра́вжнє** genuine, **ціка́ве** interesting; ♦ **хлі́ба і видо́вищ** bread and circuses ◊ **Наро́дові тре́ба хлі́ба і видо́вищ.** People need bread and circuses.
v. + **в. влашто́вувати в.** arrange a performance ◊ **Він мо́же влаштува́ти циркове́ в. і без аре́ни.** He can arrange a circus performance without an arena. (**організо́вувати** organize)
See **розва́га**

ви́дужа|ти, *pf., see* **виду́жувати**
to recover, recuperate ◊ **Хво́ра цілко́м ~ла.** The (female) patient has completely recovered.

виду́жу|вати, **~ють; ви́дужа|ти**, **~ють**, *intr.*
to recover, recuperate, get well *(from sickness, etc.)*
adv. **шви́дко** quickly, **ху́тко** rapidly; **крок за кро́ком** step by step, **пові́льно** slowly, **поступо́во** gradually; **обов'язко́во** definitely; **успі́шно** successfully, **несподі́вано** unexpectedly, **ра́птом** suddenly
prep. **в. від** + *G.* recover from *(sickness)* ◊ **Він виду́жує від гри́пу.** He is recovering from the flu.
виду́жуй! ви́дужай! ♦ **виду́жуйте скорі́ше!** Get well soon!
Also see **лікува́тися 2**

вижива́нн|я, *nt., only sg.*
survival ◊ **боротьба́ за в.** a fight for survival; ◊ **в. найбі́льш пристосо́ваного** survival of the fittest
adj. **довготермі́нове** long-term, **трива́ле** lasting, **короткотермі́нове** short-term; **імові́рне** plausible, **можли́ве** possible; **майбу́тнє** future; **щоде́нне** day-to-day; **успі́шне** successful; **чудотво́рне** miraculous; **біологі́чне** biological, **економі́чне** economic, **культу́рне** cultural,

мо́вне linguistic, політи́чне political
n. + **в. інсти́нкт в.** the survival instinct (**ймові́рність** probability, **можли́вість** possibility, **коефіціє́нт** rate, **ша́нси** chances) ◊ **До́бра фізи́чна фо́рма чле́нів експеди́ції збі́льшувала ї́хні ша́нси в.** The good physical form of the expedition members increased their survival chances.
v. + **в. ґарантува́ти в.** ensure survival (**забезпе́чувати** assure, **боро́тися за** fight for; **вплива́ти на** influence); **бу́ти важли́вим для в.** be important for survival (**бу́ти необхі́дним для** be indispensable for ◊ **Гнучкі́сть необхі́дна для в. у змага́льному середо́вищі.** Flexibility is indispensable for survival in a competitive environment.
prep. **для в.** for survival

вижива́|ти, ~ють; ви́жити, ви́жив|уть, *intr. and tran.*
1 *intr.* to survive, stay alive ◊ **Він повтори́в: «Ви́живе мо́ва, ви́живе й батькі́вщи́на.»** He repeated, "If the language survives so shall the homeland".
adv. **ле́две** scarcely ◊ **У в'язни́ці вони́ ле́две ~ли на хлі́бі й воді́.** In prison, they scarcely survived on bread and water. **наси́лу** barely, **я́кось** somehow ◊ **Він я́кось ~є без робо́ти.** He somehow survives without a job. **успі́шно** successfully
v. + **в. бу́ти тре́ба** + *D.* need to ◊ **Їм тре́ба було́ ви́жити за вся́ку ціну́.** They needed to survive at whatever the price. **змогти́** *pf.* manage to, **спромогти́ся** contrive to; **ма́ти шанс** have the chance to, **могти́** can, **му́сити** must; **пощасти́ти** + *D. pf.* be lucky enough to ◊ **Гали́ні пощасти́ло ви́жити.** Halyna was lucky enough to survive.
Also see **дохо́дити 3, пережива́ти 2**
2 *tran.* to expel, drive out, push out ◊ **Вла́сник усі́ляко намага́вся ви́жити сім'ю з помі́шкання.** The owner tried each and every way to drive the family out of the apartment.
3 *tran.* to do away with, get rid of ◊ **Генера́льний прокуро́р оголоси́в, що його́ пріорите́т – ви́жити кору́пцію.** The prosecutor general declared doing away with corruption to be his priority. ♦ **в. з ро́зуму** to become a dotard ◊ **Пан Ф. геть ви́жив із ро́зуму.** Mr. F. has become a total dotard.
See **позбува́тися 3.** *Also see* **позбавля́тися**
pa. pple. **ви́житий** expelled
вижива́й! ви́живи!

ви́жи|ти, *pf., see* **вижива́ти**
to survive, *etc.* ◊ **Тама́ру вре́шті ~ли з робо́ти.** Eventually Tamara was pushed out of work.

ви́зволенн|я, *nt., only sg.*
liberation, rescue
adj. **вели́ке** great ◊ **день вели́кого в.** the day of the great liberation; **довгожда́не** long-awaited, **неспо́діване** sudden; **кла́сове** class, **когніти́вне** cognitive, **націона́льне** national, **соція́льне** social ◊ **А́втор дово́дить, що соція́льне в. не можли́ве без когніти́вного.** The author argues that social liberation is impossible without the cognitive one. **особи́сте** personal; **правди́ве** real, **спра́вжнє** true
n. + **в. рух в.** a liberation movement (**теоло́гія** theology, **філосо́фія** philosophy)
v. + **в. ґарантува́ти в.** guarantee liberation ◊ **Об'є́днання сил ґарантува́ло їм в.** Joining of forces guaranteed them the liberation. (**забезпе́чувати** assure, **обіця́ти** + *D.* promise sb, **прино́сити** + *D.* bring sb; **святкува́ти** celebrate) ◊ **Краї́на святку́є в.** The country is celebrating its liberation. (**пра́гнути** long for **хоті́ти** want, **шука́ти** seek)
prep. **за в.** for sb's liberation ◊ **боротьба за в.** a struggle for liberation; **в. від** + *G.* liberation from sb/sth ◊ **в. від окупа́ції** liberation from occupation
Ant. **завою́вання**

ви́звол|ити, *pf., see* **визволя́ти**
to liberate, free, set free ◊ **Ніхто́, крім само́ї Лю́ди, не мо́же в. її́ від згу́бної зви́чки.** Nobody but Liuda herself can liberate her from the harmful habit.

визво́льн|ий, *adj.*
liberation, emancipatory, of or pertaining to liberation ◊ **Ге́тьман Іва́н Мазе́па очо́лив ~у ві́йну украї́нців про́ти Моско́вії.** Hetman Ivan Mazepa led the Ukrainians' war of liberation against Muscovy. ◊ **В. рух спричини́вся до незале́жности краї́ни.** The liberation movement brought about the nation's independence.

визволя́|ти, ~ють; ви́звол|ити, ~ять, *tran.*
to liberate, free, set free
adv. **вже** already, **вре́шті-ре́шт** eventually, **наре́шті** finally, **нега́йно** immediately; **за вся́ку ці́ну** at any cost, **обов'язко́во** definitely; **ра́зом** together; **тріюмфа́льно** triumphantly, **ле́гко** easily, **шви́дко** quickly ◊ **Вони́ шви́дко ~ли одне́ мі́сто за і́ншим.** They quickly liberated one city after another.
prep. **в. від** + *G.* free from sb ◊ **Вони́ ви́зволили край від зага́рбників.** They liberated the land from invaders. **в. з** + *G.* free from sth ◊ **Бра́нців ви́зволили з нево́лі.** The prisoners have been liberated from captivity.
pa. pple. **ви́зволений** liberated
визволя́й! ви́зволи!
Ant. **завойо́вувати**

визна|ва́ти, ~ють; ви́зна|ти, ~ють, *tran.*
1 to recognize
adv. **вре́шті-ре́шт** eventually, **нега́йно** immediately, **одра́зу** at once, **за́раз же** right away; **безумо́вно** unconditionally, **односта́йно** unanimously ◊ **Європе́йські краї́ни односта́йно ~ли нови́й у́ряд.** The European countries unanimously recognized the new government. **офіці́йно** officially, **форма́льно** formally, **неофіці́йно** unofficially; **відкри́то** openly, **неоднозна́чно** unequivocally; **публі́чно** publicly, **оста́ннім** last, **пе́ршим** first; ◊ **в. як незале́жну держа́ву** recognize as independent state
в. + *n.* **в. зако́н** recognize the law (**зако́нні́сть** legitimacy, **кваліфіка́цію** qualification, **краї́ну** country, **незале́жність** independence, **справедли́вість** fairness, **суверені́те́т** sovereignty ◊ **Сполу́чені Шта́ти не ~ва́ли росі́йський суверені́те́т над краї́нами Ба́лтії.** The United States did not recognize Russian sovereignty over the Baltic nations. **уго́ду** treaty, **у́ряд** government; **авторите́т** expertise)
v. + **в. бу́ти гото́вим** be ready to; **відмовля́тися** refuse to ◊ **Ізра́їль відмовля́вся ви́знати Голодомо́р ґеноци́дом украї́нського наро́ду.** Israel refused to recognize the Holodomor as the genocide of the Ukrainian people. **пого́джуватися** agree to
Also see **узако́нювати 1**
2 to admit to, acknowledge, confess, accept
adv. **вго́лос** out loud, **відве́рто** frankly, **відкри́то** openly, **ві́льно** freely, **доброві́льно** voluntarily, **з гото́вністю** readily, **публі́чно** publicly, **щи́ро** sincerely; **з жа́лем** regretfully, **ле́две** hardly, **наси́лу** barely, **неохо́че** reluctantly, **під ти́ском** under pressure, **ти́хо** quietly; **на́чебто** allegedly; **оста́ннім** *or* **оста́нньою** last ◊ **Він пе́ршим ба́чить чужі́ поми́лки́ і оста́ннім ~є вла́сні.** He is the first to see other people's mistakes and the last to recognize his own.
v. + **в. бу́ти гото́вим** be ready to ◊ **Вони́ були́ гото́ві ви́знати за ним ра́цію.** They were ready to admit that he was right. **бу́ти зобов'я́заним** be obliged to; **бу́ти тя́жко** + *D.* be hard to ◊ **Га́нні було́ тя́жко ви́знати, що вона́ вже не молода́.** It was hard for Hanna to admit that she was not young any more. **відмовля́тися** refuse to; **пого́джуватися** agree to; **могти́** can, **му́сити** have to ◊ **Му́шу ви́знати, що я зляка́вся.** I have to admit that I got frightened. **хоті́ти** want to; ♦ **слід ви́знати, що** it should be admitted that ◊ **Слід ви́знати, що в її́ ве́рсії поді́й є зерно́ пра́вди.** It should be admitted that there is a grain of truth in her version of events. ♦ **в. себе́ винни́м** *or* **невинни́м** *leg.* plead guilty *or* innocent ◊ **Оска́ржений відмо́вився ви́знати себе́ ви́нним.** The defendant refused to plead guilty.
Cf. **допуска́ти 4**
3 *rel.* to believe in, worship, profess ◊ **Вони́ ~ю́ть одного́ єди́ного Бо́га, Ісу́са Христа́.** They believe in one and only God, Jesus Christ.
See **ві́рити 2**
pa. pple. **ви́знаний** recognized
визнава́й! ви́знай!

ви́знан|ий, *adj.*
1 recognized, accepted, acknowledged ◊ **Профе́сор Л. – в. авторите́т у ге́нній інжене́рії.** Professor L. is a recognized authority in genetic engineering. ◊ **Вона́ ста́ла ~им у сві́ті тала́нтом.** She became a talent recognized around the world. ◊ **Музе́й зверну́вся до ~ого у краї́ні ма́йстра з реставра́ції іко́н.** The museum turned to a master in icon restoration, recognized in the country.
2 deemed, considered, found, declared + *I.* ♦ **бу́ти ~им ді́йсним** to be declared valid ◊ **Його́ перемо́га на ви́борах була́ ~а ді́йсною.** His election victory was declared valid. ◊ **Її́ було́ ~о непрацезда́тною.** She was deemed unfit for work. ◊ **Оска́ржений був в. ви́нним.** The defendant was found guilty. ◊ **Росі́йська окупа́ція Кри́му ~а гру́бим пору́шенням міжнаро́дних норм.** The Russian occupation of the Crimea was recognized to be a gross violation of international norms.

визна́н|ня, *nt.*
1 recognition, acceptance, official approval
adj. **диплома́ти́чне** diplomatic, **законода́вче** legislative, **офіці́йне** official, **урядо́ве** government, **форма́льне** formal, **юриди́чне** legal; **зага́льне** universal, **міжнаро́дне** international; **беззастере́жне** unreserved, **безумо́вне** unconditional; **взає́мне** mutual; **нега́йне** immediate; **по́вне** full ◊ **Вони́ домага́лися від америка́нського у́ряду по́вного диплома́ти́чного в. Украї́ни.** They pressed the US government for a full diplomatic recognition of Ukraine. **частко́ве** partial; **факти́чне** effective, de facto
v. + **в. здобува́ти в.** gain recognition (**ма́ти** have ◊ **Че́рез рік нова́ краї́на ма́ла офіці́йне в. коли́шнього колоніза́тора.** A year later, the new nation had the official recognition of its former colonizer. **отри́мувати** receive; **заслуго́вувати на** deserve); **вимага́ти в.** demand recognition (**домага́тися від** + *G.* press sb for, **шука́ти** seek); **ті́шитися ~ням** enjoy recognition; **відмовля́ти** + *D.* **в ~ні** deny sb recognition ◊ **Європе́йський Сою́з відмо́вив Ко́сову в офіці́йному ~ні як краї́ни.** The European Union denied Kosovo an official recognition as nation.
Also see **узако́нення 2**
2 recognition, acclaim, respect
adj. **вели́ке** great ◊ **Вона́ ті́шилася вели́ким ~ням в Євро́пі.** She enjoyed great acclaim in Europe. **відпові́дне** due, **заслу́жене** well-deserved, **нале́жне** proper, **по́вне** full, **правди́ве** true, **спра́вжнє** real ◊ **жест спра́вжнього в. ї́хніх заслу́г** a gesture of genuine recognition of their merits; **взає́мне** mutual; **все бі́льше** growing; **відкри́те** overt, **експліци́тне** explicit; **імпліци́тне** implicit; **митте́ве** instant, **нега́йне** immediate, **швидке́** quick; **жада́не**

coveted; **ви́мушене** forced, **неохо́че** reluctant; **грома́дське** public, **професі́йне** professional, **суспі́льне** societal, social, public; **запізні́ле** belated, **недоста́тнє** insufficient ◊ **Низька́ платня́ – сві́дчення недоста́тнього в. його́ ці́нности як науко́вця.** Low salary is evidence of his insufficient recognition as a scientist. **посме́ртне** posthumous; **особи́сте** personal, **всесві́тнє** universal, **зага́льне** general, **міжнаро́дне** international, **націона́льне** national, **широ́ке** wide ◊ **О́пера завойо́вала широ́ке в.** The opera won wide acclaim.

v. + **в. завойо́вувати в.** win recognition (**здобува́ти** gain, **ма́ти** have; **дістава́ти** get, **отри́мувати** receive ◊ **Че́рез п'ять ро́кі́в її ви́нахід отри́мав запізні́ле урядо́ве в.** Five years after, her invention received belated government recognition. **заслуго́вувати на** deserve) ◊ **Дося́гнення інститу́ту заслуго́вують на всесві́тнє в.** The institute's achievements deserve universal recognition. **досяга́ти в.** attain recognition (**позбавля́ти** + *G.* deprive sb of ◊ **Фата́льна обмо́вка позба́вила її жада́ного в.** The fatal slip of the tongue deprived her of the coveted recognition. **шука́ти** seek); **ті́шитися ~ням** enjoy recognition; **відмовля́ти** + *D.* **у ~ні** deny sb recognition ◊ **Рока́ми ску́льпторові відмовля́ли у ~ні в його́ вла́сній краї́ні.** For years, the sculptor was denied recognition in his own country.

в. + *v.* **прино́сити** + *D.* + *A.* bring sb sth ◊ **В. принесло́ режисе́рові сла́ву і гро́ші.** Recognition brought the director fame and money. **прихо́дити** come ◊ **В. прийшло́ до не́ї ра́но.** Recognition came early to her.

prep. **без в.** without recognition ◊ **Все життя́ вона́ твори́ла без нале́жного в.** All life long, she created without proper recognition. **на в.** + *G.* in recognition of sb/sth ◊ **пре́мія на в. її вне́ску в націона́льну культу́ру** a prize in recognition of her contribution to national culture; **як в.** + *G.* as recognition of sb/sth; **в. се́ред** + *G.* recognition among sb

3 *leg.* confession

adj. **беззастере́жне** unconditional, **відкри́те** open, **остато́чне** final, **по́вне** full, **че́сне** honest, **щиросерде́чне** wholehearted; **передсме́ртне** deathbed, **слі́зне** tearful; **правди́ве** true, **публі́чне** public, **щи́ре** sincere; **ви́мушене** forced, **неохо́че** reluctant, **примусо́ве** coerced; **брехли́ве** deceitful, **фальши́ве** false; **запі́знене** belated; **запи́сане на ві́део** filmed, **запи́сане на магніто́фо́н** taped, **письмо́ве** written, **підпи́сане** signed, **у́сне** oral; ◊ **в. вини́** a confession of guilt

v. + **в. вибива́ти в. з** + *G.* extract a confession from sb ◊ **Оска́ржений стве́рджує, що в. ви́били з ньо́го погро́зами.** The defendant claims that the confession was extracted from him by threats. (**вислухо́вувати** hear out ◊ **Він ви́слухав її слі́зне в.** He heard out her tearful confession. **дістава́ти** obtain ◊ **Полі́ція діста́ла його́ «щиросерде́чне» в. торту́рами.** The police obtained his "wholehearted" confession by torture. **засві́дчувати** witness, **отри́мувати** receive, **писа́ти** write ◊ **Адвока́т допомі́г кліє́нтці написа́ти в. вини́.** The attorney helped the (female) client to write her confession of guilt. **підпи́сувати** sign, **роби́ти** make ◊ **Вона́ зроби́ла передсме́ртне в. у вби́встві.** She made a deathbed confession to the killing. **виклю́чати зі спра́ви** exclude) ◊ **Суд ви́ключив зі спра́ви незако́нно добу́те в.** The court excluded the unlawfully obtained confession. **домага́тися в.** press for a confession ◊ **Полі́ція мо́же домага́тися в. лише́ дозво́леними мето́дами.** The police can press for confession only by allowed methods. (**відмовля́тися від** retract) ◊ **На суді́ вона́ відмо́вилася від запи́саного на ві́део в.** At the trial, she retracted the videoed confession.

prep. **в. у зло́чині** a confession to a crime; ◊ **У спра́ві було́ в. па́ні Б. у вби́встві.** There was Mrs. B.'s confession to murder in the case. **в. з бо́ку** + *G.* a confession by sb ◊ **правди́ве в. з бо́ку заарешто́ваного** a true confession by the person arrested

G. pl. **~ь**

ви́зна|ти, *pf., see* **визнава́ти**

to recognize, admit ◊ **Андрі́йченко наре́шті ~в свою́ поми́лку.** Andriichenko finally admitted to his mistake.

визнача́|ти, ~ють; ви́знач|ити, ~ать, *tran.*

1 to determine, establish, define, specify

adv. **докла́дно** exactly, **то́чно** precisely, **чі́тко** distinctly, **я́сно** clearly; **в зага́льному** in general, **прибли́зно** approximately, **наді́йно** reliably ◊ **Систе́ма ґлоба́льного позиціюва́ння наді́йно ~ла ї́хнє знахо́дження.** The global positioning system reliably determined their location. **недвозна́чно** unambiguously, **об'єкти́вно** objectively, **пра́вильно** correctly; **скрупульо́зно** scrupulously, **стара́нно** painstakingly; **наре́шті** finally; **за́раз же** right away ◊ **Медсестра́ за́раз же ви́значила гру́пу кро́ви хво́рого.** The nurse right away determined the patient's blood type. **шви́дко** quickly

в. + *n.* **в. а́втора** determine the author ◊ **Ана́ліз те́ксту ви́значив його́ а́втора.** Analysis of the text determined its author. (**величи́ну** value, **висоту́** altitude, **ві́дстань** distance, **глибину́** depth; **змі́ст** content, **зна́чення** meaning ◊ **Чита́ч мо́же ви́значити зна́чення сло́ва з конте́ксту.** The reader can determine the meaning of the word from the context. **мі́сце** place; **поня́ття** concept; **приро́ду** nature, **хара́ктер** character; **час** time)

v. + **в. бу́ти ва́жко** be difficult to, **бу́ти неможли́во** be impossible to; **бу́ти тре́ба** + *D.* need to ◊ **Команди́рові тре́ба було́ то́чно ви́значити ві́дстань до укрі́плення.** The commander needed to determine the distance to the fortification precisely. **вмі́ти** know how to ◊ **Тама́ра вмі́є в. доро́гу по зо́рях.** Tamara knows how to map the way by stars. **вчи́тися** learn to; **допомага́ти** + *D.* help sb to; **могти́** can, be able to ◊ **Графо́лог міг в. темпера́мент люди́ни за її по́черком.** The graphologist could determine a person's temperament by her penmanship. **намага́тися** try to

prep. **в. за** + *I.* determine by sth

Also see **встано́влювати 3, з'ясо́вувати 2**

2 to decide, determine ◊ **Спі́льний до́свід ви́значив ї́хні стосу́нки.** Shared experience determined their relationship.

adv. **біологі́чно** biologically, **генети́чно** genetically, **економі́чно** economically, **культу́рно** culturally; **пря́мо** directly, **вре́шті-ре́шт** ultimately, **вели́кою мі́рою** to a great extent ◊ **Гено́м вели́кою мі́рою ~є меди́чну істо́рію осо́би.** The genom to a great extent determines a person's medical history. **го́ловно** mainly; **наса́мперед** primarily; **спі́льно** jointly

Also see **задава́ти 2, зумо́влювати 2**

pa. pple. **ви́значений** specified, determined

визнача́й! ви́знач!

ви́значи|ти, *pf., see* **визнача́ти**

to determine, define; decide ◊ **Він до́сить то́чно ~в зна́чення сло́ва.** He determined the meaning of the word fairly accurately.

виїжджа́|ти, ~ють, *var.* **виїзди́ти; ви́їхати, ви́їд|уть**, *intr.*

1 to leave, depart, drive out, get out ◊ **Юрко́ ~є продава́ти ме́блі на місько́му я́рмарку.** Yurko drives out to sell furniture at the town fair.

adv. **нега́йно** immediately ◊ **Вони́ діста́ли нака́з ви́їхати нега́йно.** They got the order to leave immediately. **одра́зу** at once, **по́спіхом** hastily, **ра́до** gladly; **неохо́че** reluctantly; **назу́стріч** + *D.* to meet sb ◊ **Він попроси́в, щоб назу́стріч хло́пцям ви́їхала маши́на з допомо́гою.** He asked for a car with help to go meet the boys.

prep. **в. до** + *G.* leave for *(a place)* ◊ **Вони́ ви́їхали до Полта́ви о сьо́мій годи́ні.** They left for Poltava at seven o'clock. **в. з** + *G.* go out of *(a place)* ◊ **З фабри́чної бра́ми ~ла вантажі́вка.** A truck drove out of the factory gate. **в. за** + *A.* drive out of *(a place)* ◊ **Йому́ тре́ба було́ ви́їхати за мі́сто до поча́тку годи́ни пік.** He needed to get out of town before the rush hour began. **в. на** + *A.* get on/to *(a place)* ◊ **За годи́ну вони́ ви́їхали на оде́ську тра́су.** An hour later, they got onto the Odesa highway.

Also see **від'їжджа́ти 1, забира́тися 3, зніма́тися 5, ї́хати.** *Ant.* **заїжджа́ти 1**

2 to drive atop, get atop *(by vehicle)*, reach the top *(usu opposed to* **з'їжджа́ти** *to go down)* ◊ **Фунікуле́р шви́дко ви́їхав на вершо́к гори́.** The cable car quickly got to the top of the mountain.

prep. **в. на** + *A.* drive on *(top of sth)*

Also see **забира́тися 1, заїжджа́ти 1**

3 to move out, leave, resettle ◊ **Пі́сля росі́йської окупа́ції Кри́му деся́тки ти́сяч ви́їхали на материко́ву Украї́ну.** After the Russian occupation of the Crimea, tens of thousands left for mainland Ukraine.

prep. **в. до** + *G.* move to *(a place)* ◊ **Симоне́нки ви́їхали до Полта́ви.** The Symonenkos moved to Poltava. **в. з** + *G.* move out of *(a place)* ◊ **Він ~в із кварти́ри.** He has moved out of the apartment.

Also see **забира́тися 3**

4 *colloq., only with prep.* to take advantage of, exploit

prep. **в. на** + *L.* take advantage of sb ◊ **Вона́ шука́ла, на ко́му ви́їхати.** She was looking for somebody to take advantage of.

See **використо́вувати 2**

виїжджа́й! ви́їдь!

ви́їзд, *m.*, **~у**

1 departure, exit, exodus

adj. **ви́мушений** forced, **доброві́льний** voluntary; **ма́совий** mass ◊ **Ро́зпад СССР спровокува́в ма́совий в. росі́ян із коли́шніх коло́ній.** The collapse of the USSR provoked a mass exodus of Russians out of the former colonies, **неочі́куваний** unanticipated, **несподі́ваний** unexpected, **передча́сний** premature, **поспі́шний** hasty, **ра́нній** early, **рапто́вий** abrupt, **хутки́й** quick, **шви́дки́й** fast; **неуни́кний** impending, **сплано́ваний** scheduled

n. + **в. да́та ~у** a departure date ◊ **Вони́ узгі́днили зру́чну для всіх да́ту ~у.** They coordinated a departure date convenient for all. (**день** day, **пункт** point, **час** time)

v. + **в. відклада́ти в.** postpone departure ◊ **Че́рез хворо́бу дочки́ вони́ відкла́ли в.** Because of their daughter's sickness they postponed their departure. (**затри́мувати** delay; **здійснювати** make; **оголо́шувати** announce; **пришви́дшувати** hasten) ◊ **Уряд намага́вся пришви́дшити в. сою́зницьких ві́йськ.** The government tried to hasten the departure of the allied troops.

prep. **до ~у** before departure ◊ **За день до ~у Йо́сип ще вага́вся.** A day before his departure, Yosyp still hesitated. **пе́ред ~ом** prior to departure; **пі́сля ~у** after departure; **в. в** + *A.* a departure on *(a trip, etc.)* ◊ **Він не міг дочека́тися ї́хнього ~у у по́дорож.** He could not wait for them to set out on their journey. **в. до** + *G.* a departure to *(a place)* ◊ **ї́хній в. до батькі́в** their departure for their parents' place.

Also see **від'ї́зд**

2 exit *(for traffic)* ◊ **Пі́сля ~у на Терно́піль шосе́ ста́ло ши́ршим.** After the Ternopil exit, the

highway became wider.
adj. **найбли́жчий** nearest ◊ **Найбли́жчий в. за ві́сім кіломе́трів.** The nearest exit is 8 km away. **насту́пний** next, **оста́нній** last ◊ **Вони́ не поміти́ли оста́нній в. пе́ред держа́вним кордо́ном.** They did not notice the last exit before the national border.
v. + **в. проїжджа́ти в.** pass an exit ◊ **Вам тре́ба проїхати ще три ~и.** You need to pass three more exits. (**пропуска́ти** miss ◊ **Оле́на пропусти́ла в.** Olena missed her exit. **шука́ти** look for) ◊ **Він шука́в в. на Півде́нний міст.** He was looking for the Pivdenny Bridge exit. **з'їжджа́ти на ~і** get off at an exit ◊ **Вони́ му́сили з'їхати на найбли́жчому ~і.** They had to get off at the nearest exit.
prep. **на ~і** at an exit ◊ **Запра́вка бу́де на сьо́мому ~і.** The gas station will be at exit seven. **в. на** + *A.* exit to *(a city)* ◊ **За два кіломе́три бу́де в. на Микола́їв.** In 2 km, there will be the Mykolaïv exit.
Ant. **в'їзд**

вийма́|ти, ~ють; ви́йняти, ви́йм|уть, *tran.*
to take out, pull out, draw, get out
adv. **вже** already, **наре́шті** finally; **за́раз же** right away, **одра́зу** immediately; **крадькома́** stealthily ◊ **Соломі́я крадькома́ ви́йняла з кише́ні телефо́н.** Solomiia stealthily took the phone out of her pocket. **обере́жно** carefully ◊ **Він обере́жно ~в я́йця з коро́бки і клав їх до холоди́льника.** He was carefully taking the eggs out of the box and putting them in the refrigerator. **ти́хо** quietly; **несподі́вано** unexpectedly, **ра́птом** suddenly, **спри́тно** deftly, **шви́дко** quickly; **наси́лу** barely ◊ **Вона́ наси́лу ви́йняла колю́чку з-під шкі́ри.** She barely took out a thorn from under her skin. **оди́н за о́дним** one by one ◊ **Одну́ за о́дною ~в Марко́ гру́ші з ко́шика.** Marko was taking pears out of the basket, one by one. **ма́йже** almost
v. + **в. бу́ти тре́ба** + *D.* need to; **змогти́** *pf.* manage to; **намага́тися** try to ◊ **Він намага́вся ви́йняти шухля́ду зі стола́.** He was trying to pull the drawer out of his desk. **спро́бувати** *pf.* attempt to ◊ **Вона́ спро́бувала ви́йняти ска́лку з па́льця.** She attempted to get the splinter out of her finger. **хоті́ти** want to
prep. **в. з** + *G.* take out of sth
pa. pple. **ви́йнятий** extracted, taken out
виймай! вийми!
Also see **витяга́ти 1; виклада́ти 1**

ви́й|ти, *pf., see* **вихо́дити**
to go out, exit, *etc.* ◊ **Як ~деш із па́рку, поверни́ право́руч.** After exiting the park, turn left.

викида́|ти, ~ють; ви́кин|ути, ~уть, *tran.*
1 to throw out, cast, discard, toss
adv. **геть** away; **одра́зу** at once, **за́раз же** right away; **про́сто** simply, **рішу́че** resolutely, **ціл́ком** completely, **шви́дко** quickly ◊ **Ля́на шви́дко ви́кинула цига́рку в туале́т.** Liana quickly threw the cigarette in the toilet. ♦ **в. з голови́** to put sth out of one's mind ◊ **Со́ля ви́кинула з голови́ ду́мку про ньо́го.** Solia put the thought of him out of her mind. ♦ **в. гро́ші на ві́тер** to throw money to the wind
v. + **в. бра́тися** get down to ◊ **Вона́ взяла́ся в. з альбо́му світли́ни, на яки́х був Тимі́ш.** She got down to throwing the pictures with Tymish in them out of the album. **встигнути** *pf.* manage to ◊ **Вона́ встигла ви́кинути компромету́ючі докуме́нти.** She managed to toss the compromising documents. **ква́питися** *or* **поспіша́ти** hasten to; **не дава́ти** + *D.* not let sb, **не дозволя́ти** + *D.* not allow sb to
2 *colloq.* to expel, drive out, fire, evict ◊ **Вла́сник міг ви́кинути їх із поме́шкання.** The owner could evict them from the apartment.
adv. **ле́гко** easily ◊ **За кри́тику вла́ди її мо́жуть ле́гко ви́кинути з пра́ці.** They can easily fire her for criticizing the authorities. **незако́нно** unlawfully, **несправедли́во** unjustly, **свав́ільно** arbitrarily
Also see **виключа́ти 2**
3 to cross out, take out, cut, expurgate ◊ **Це́нзор ви́кинув із те́ксту ці́лі усту́пи.** The censor took entire passages out of his text. ♦ **Із пі́сні слів не ви́кинеш.** You cannot ignore what's obvious.
pa. pple. **ви́кинутий** discarded
викида́й! ви́кинь!

ви́кид|ень, *m.,* **~ня**
1 miscarriage, abortion
adj. **несподі́ваний** unexpected, **раптови́й** sudden, **сponта́нний** spontaneous; **повто́рний** recurrent, **ще оди́н** another
n. + **в. небезпе́ка ~ня** a danger of miscarriage ◊ **Надмі́рний стрес під час вагі́тности збі́льшує небезпе́ку ~ня.** Excessive stress during pregnancy increases the danger of miscarriage. (**ри́зик** risk; **ймові́рність** likelihood)
v. + **в. виклика́ти в.** *or* **~ня** induce a miscarriage (**провокува́ти** provoke ◊ **Вона́ уника́ла важко́ї пра́ці, щоб не провокува́ти ~ня.** She avoided hard work not to provoke a miscarriage. **ма́ти** have); **зазнава́ти ~ня** suffer a miscarriage (**призво́дити до** cause) ◊ **Ни́зка чи́нників мо́же призвести́ до ~ня.** A number of factors can cause a miscarriage. **уника́ти ~ня** avoid a miscarriage; **закі́нчуватися ~нем** end in a miscarriage ◊ **Вагі́тність закі́нчи́лася ~нем.** The pregnancy ended in a miscarriage.
Cf. **або́рт**
2 fetus *(after miscarriage or abortion)* ◊ **Вче́ні бра́ли стовбуро́ві кліти́ни з ~нів.** Scientists harvested stem cells from aborted fetuses.

ви́кину|ти, *pf., see* **викида́ти**
to throw out, toss ◊ **Він ~в пістоле́т у рі́чку.** He tossed the gun in the river.

виклада́|ти, ~ють; ви́класти, ви́клад|уть, *tran.*
1 to put out, take out ◊ **Вона́ ви́клала ре́чі на стіл.** She put her things out on the table.
adv. **акура́тно** neatly, **обере́жно** carefully, **пові́льно** slowly; **по́спіхом** hastily, **спри́тно** deftly, **шви́дко** quickly
v. + **в. взя́тися** *pf.* get down to, **почина́ти** begin to, **ста́ти** *pf.* start ◊ **Іва́н став в. проду́кти з су́мки.** Ivan started taking the groceries out of the bag. **ква́питися** *or* **поспіша́ти** hasten to, **ма́ти** be supposed to, **хоті́ти** want to
prep. **в. з** + *G.* put out of sth; **в. на** + *A.* put out on sth ◊ **Степа́н мав ви́класти кни́жки з поли́ці на стіл.** Stepan was supposed to put all the books out of the shelves on the table.
Also see **вийма́ти 1**
2 to arrange, cover, put together + *I.* ◊ **Вони́ ви́клали пери́метр наме́ту камінця́ми.** They covered the tent perimeter with small rocks. ◊ **На схи́лі па́горба хтось ви́клав величе́зний три́зуб із де́рну.** On the hill slope, somebody arranged a huge trident from turf.
3 to relate, narrate, tell, outline ◊ **Ко́жен уча́сник мав хвили́ну, щоб ви́класти іде́ю сцена́рію.** Each participant had a minute to outline the idea of the script.
adv. **ко́ротко** briefly ◊ **Він ко́ротко ви́клав суть спра́ви.** He briefly narrated the core of the matter. **сти́сло** pithily, **шви́дко** quickly; **письмо́во** in writing; **присту́пно** accessibly, **прозо́ро** transparently, **то́чка за то́чкою** point by point ◊ **Він ви́клав хроноло́гію поді́й то́чка за то́чкою.** He related the chronology of the events point by point. **двома́** *or* **кількома́ слова́ми** in a few words, **чі́тко** *and* **я́сно** clearly; **свої́ми слова́ми** in one's own words
4 *only impf.* to teach, lecture in, be a teacher of
◊ **Що він ~є?** What does he teach?
adv. **до́бре** well, **блиску́че** brilliantly, **ефекти́вно** effectively, **ціка́во** in an interesting manner ◊ **Не ко́жен мо́же в. матема́тику так ціка́во.** Not everybody can teach mathematics in such an interesting way. **зазвича́й** customarily, **звича́йно** usually, **пості́йно** constantly, **ча́сто** often; **зно́ву** again, **іно́ді** sometimes; **реґуля́рно** regularly, **час від ча́су** from time to time
v. + **в. вмі́ти** know how to ◊ **Окса́на вмі́є в. і в шко́лі, і в університе́ті.** Oksana knows how to teach both at secondary school and university. **ма́ти** be supposed to, **могти́** can ◊ **Рома́н вважа́є, що тепе́р мо́же в. по́льську.** Roman believes that now he can teach Polish. **не могти́** cannot.
Also see **вести́ 6, вчи́ти 1, чита́ти 3**
pa. pple. **ви́кладений** put out; related
виклада́й! виклади!

виклада́ч, *m.,* **~а́; ~ка,** *f.*
instructor *(usu at college or university as opposed to* **вчи́тель** *at secondary school)*
adj. **блиску́чий** brilliant ◊ **Хоме́нко мав репута́цію блиску́чого ~а́.** Khomenko had the reputation of a brilliant instructor. **видатни́й** outstanding, **винятко́вий** exceptional, **відмі́нний** excellent, **до́брий** good, **досві́дчений** experienced, **компете́нтний** competent, **неперевe̍рше́ний** unsurpassed, **приро́джений** natural, **хоро́ший** fine; **популя́рний** popular, **улю́блений** favorite; **дипломо́ваний** certified, **кваліфіко́ваний** qualified; **натхне́нний** inspired; **жахли́вий** terrible ◊ **Він бага́то знав, але́ був жахли́вим ~е́м.** He knew a lot but was a terrible instructor. **ке́пський** poor, **недосві́дчений** inexperienced, **некомпете́нтний** incompetent, **пога́ний** bad; **моло́дший** junior ◊ **Кар'є́ру він почина́в як моло́дший в.** He started his career as a junior instructor. **ста́рший** senior
в. + *n.* **в. істо́рії** a history instructor (**літерату́ри** literature, **матема́тики** math, **мо́ви** language, **украї́нської** Ukrainian language, **фі́зики** physics, **акаде́мії** academy ◊ **Він – в. Сільськогоспода́рської акаде́мії.** He is an Agricultural Academy instructor. **інститу́ту** institute, **консервато́рії** conservatory, **лі́тньої шко́ли** summer school, **університе́ту** university)
n. + **в. брак ~і́в** instructor shortage (**підгото́вка** preparation; **наявність** availability), **профспі́лка ~і́в** an instructors' union
v. + **в. ма́ти ~а́** have an instructor (**найма́ти** hire; **готува́ти** train) ◊ **На ново́му факульте́ті гото́ють ~і́в соціоло́гії.** They train sociology instructors at the new department.
в. + *v.* **вчи́ти** + *A.* teach sb; **зага́дувати** *or* **задава́ти** + *A.* + *D.* assign sb sth ◊ **В. загада́в їй додатко́ві впра́ви.** The instructor assigned her additional exercises. **поя́снювати** + *A.* + *D.* explain sth to sb ◊ **В. поясни́в матеія́л студе́нтам.** The instructor explained the material to the students.
L. **на ~е́ві,** *N. pl.* **~і́**
See **спеціялі́ст.** *Also see* **профе́сор.** *Cf.* **вчи́тель**

ви́клик, *m.,* **~у**
1 call, summons, demand, order ◊ **В кімна́ту на в. ме́неджерки прийшо́в засту́пник.** The deputy came in the room at the (female) manager's summons.
adj. ♦ **радіови́клик** a radio call ◊ **знайо́мий сиґна́л радіови́клику** the familiar signal of a radio call; **телефо́нний** telephone; **несподі́ваний** unexpected, **раптови́й** sudden; **терміно́вий** urgent ◊ **Дві годи́ни не було́ відповіді на його́ терміно́ві ~и.** For two hours, there was no response to his urgent calls.
в. + *n.* **в. поже́жників** a fire call ◊ **Для ~у поже́жників слід набра́ти 101.** To call the fire engine, one should dial 101. (**полі́ції** police, **шви́дкої** ambulance)

v. + **в. дістава́ти в.** get a call ◊ **Він діста́в терміно́вий в. ви́йти на нічну́ змі́ну.** He got an urgent call to come to the night shift. (**отри́мувати** receive; **посила́ти** + *D.* send sb; **відповіда́ти на** answer ◊ **Вона́ за кермо́м і не мо́же в. на телефо́нні ~и.** She is behind the wheel and cannot answer telephone calls. **очі́кувати на** await) ◊ **Він очі́кує на ї́хній в.** He is awaiting their call. **чека́ти ~у** wait for a call
prep. **за ~ом** on call ◊ **Ура́нці терапе́вт працю́є за ~ом.** In the morning, the general practitioner works on call.
2 summons, subpoena
adj. **офіці́йний** official, **письмо́вий** written, **судови́й** court; ♦ **в. до су́ду** a subpoena ◊ **Вона́ розписа́лася під ~ом до су́ду.** She signed the subpoena.
v. + **в. випи́сувати в.** issue a subpoena (**доставля́ти** deliver, **прино́сити** + *D.* serve sb with ◊ **Поліція́нт прині́с йому́ судови́й в.** A policeman served him with a subpoena. **отри́мувати** receive; **ігнорува́ти** ignore) ◊ **Ігнору́ючи в. до су́ду, він ризику́є аре́штом.** Ignoring the subpoena, he is risking arrest.
prep. **в. на суд** a summons to appear in court
3 challenge
adj. **вели́кий** great, **велич́езний** huge ◊ **Пе́ред ним стоя́в велич́езний в.** He was faced with a huge challenge. **гро́зний** daunting, **ґлоба́льний** global, **значни́й** significant, **монумента́льний** monumental, **неаби́який** major, **непрости́й** tough, **серйо́зний** serious, **спра́вжній** real; **зухва́лий** audacious, **наха́бний** brazen ◊ **Він зігнорува́в її наха́бний в.** He ignored her brazen challenge. **смі́ливий** brave, **провокати́вний** provocative; **головни́й** main, **остато́чний** ultimate, **пе́рший** primary; **нови́й** new; **безпрецеде́нтний** unprecedented, **особли́вий** special, **уніка́льний** unique; **постій́ний** continuing; **захо́пливий** exciting ◊ **Ко́жен день робо́ти був пов'я́заний із нови́ми захо́пливими ~ами.** Every day of work involved new exciting challenges. **ціка́вий** interesting; **майбу́тній** future; **економі́чний** economic, **інжене́рний** engineering, **інтелектуа́льний** intellectual, **мора́льний** moral, **психологі́чний** psychological, **політи́чний** political, **техні́чний** technical, **технологі́чний** technological
v. + **в. представля́ти в.** present a challenge ◊ **Кумі́вство в у́ряді представля́є в. для суспі́льства.** Government nepotism presents a challenge to society. (**пропонува́ти** + *D.* offer sb, **станови́ти** constitute, **ста́вити** pose, **ство́рювати** create, **прийма́ти** meet, **відповіда́ти на** respond to, **дола́ти** overcome, **розв'я́зувати** solve), ♦ **ки́дати** + *D.* **в.** to challenge sb to sth ◊ **Прокуро́р ки́нув смі́ливий в. оліга́рхові.** The prosecutor courageously challenged the oligarch. **бу́ти ~ом** be a challenge (**лиша́тися** remain; **става́ти** become; **стоя́ти пе́ред** face) ◊ **Вони́ стоя́ть пе́ред ~ом ви́вчити місце́ву мо́ву.** They face the challenge of learning the local language.
в. + *v.* **виника́ти** arise ◊ **Нови́й в. ви́ник несподі́вано.** The new challenge arose unexpectedly. **вирина́ти** *and* **постава́ти пе́ред** + *I.* be confronted with ◊ **Пе́ред не́ю ви́ринув в. поєдна́ти пра́цю з вихова́нням дити́ни.** She was confronted with the challenge of combining work with raising her child. **залиша́тися** remain, **існува́ти** exist, **стоя́ти** lie
prep. **з ~ом** with defiance ◊ **Вона́ каза́ла все це з ~ом.** She was saying all this with defiance.
Also see **пробле́ма**

ви́клика|ти, *pf., see* **виклика́|ти**
to call, *etc.* ◊ **Сканда́льний матерія́л, опублі́кований в газе́ті, ~в серйо́зне занепоко́єння в па́ні Лукашу́к.** The scandalous story published in the newspaper caused Mrs. Lukashuk's serious concern.

виклика́|ти, ~ють; ви́кликати, ви́клич|уть, *tran.*
1 to call *(an ambulance, etc.)*, call for, summon, send for, call out
adv. **го́лосно** loudly ◊ **Команди́р го́лосно ~в ко́жного вояка́ на пріз́вище.** The commander loudly called every soldier out by the family name. **наре́шті** finally ◊ **Вони́ наре́шті ви́кликали полі́цію.** They finally called the police. **нега́йно** immediately, **одра́зу** at once, **операти́вно** promptly, **шви́дко** quickly; **в па́ніці** in a panic; **неодноразо́во** more than once ◊ **Глядачі́ неодноразо́во ~ли викона́вця на сце́ну о́плесками.** The audience called the performer out on stage by applause more than once.
v. + **в. бу́ти мо́жна** can ◊ **Шви́дку мо́жна ви́кликати за но́мером 103.** One can call the ambulance by dialing 103. **бу́ти необхі́дно** be necessary ◊ **За цих обста́вин необхі́дно в. допомо́гу.** In those circumstances, it is necessary to call for assistance. **бу́ти слід** + *D.* should ◊ **Їм слід ви́кликати кого́сь із близьки́х ро́дичів.** They should call one of their close relations. **бу́ти тре́ба** + *D.* need to; **взя́тися** get down to; **встиѓнути** *pf.* manage to; **квапи́тися** *or* **поспіша́ти** hasten to; **намага́тися** try to, **проси́ти** + *A.* ask sb to; **відмовля́тися** refuse to
2 to summon, subpoena ◊ **Його́ ~ли до полі́ції.** He was summoned by the police.
adv. **несподі́вано** unexpectedly, **ра́птом** suddenly, **терміно́во** urgently; **офіці́йно** officially ◊ **Лаврі́ненка офіці́йно ~ли на проце́с як сві́дка.** Lavrinenko was officially summoned to the trial as witness.
prep. **в. для** + *G.* summon for *(a purpose)* ◊ **Жі́нку ви́кликали для опізна́ння ті́ла.** The woman was summoned to identify the body. **в. до** + *G.* summon to *(a place)* ◊ **Її ви́клали до су́ду.** She was summoned to court. **в. на** + *A.* summon for *(event)* ◊ **Його́ ~ли на до́пит до слі́дчого.** He was being summoned for interrogation by a detective.
3 to provoke *(feeling, doubt, etc.)*, cause, arouse
adv. **логі́чно** logically ◊ **Така́ розв'я́зка спра́ви логі́чно ви́кличе обу́рення.** Such an outcome of the matter will logically provoke indignation. **неуни́кно** inevitably, **передба́чувано** predictably, **як не ди́вно** strange as it seems
в. + *n.* **в. гнів** provoke anger (**лють** fury; **істе́рику** hysteria, **па́ніку** panic, **страх** fear; **недові́ру** distrust, **обу́рення** indignation, outrage, **роздратува́ння** irritation, **розчарува́ння** disappointment ◊ **Його́ відмо́ва ви́кликала в Павла́ лють.** His refusal provoked Pavlo's fury. **депре́сію** depression, **сльо́зи** tears, **сум** sadness; **сміх** laughter, **су́мнів** doubt, **підо́зру** suspicion) ◊ **Рі́шення не могло́ не ви́кликати підо́зри.** The decision could not but arouse suspicion.
Also see **збу́джувати 2, зніма́ти 5, наво́дити 5, роди́ти 2**
4 to challenge *(to a fight)* ◊ **Коза́к маха́в ша́блею, ~ючи во́рога на двобі́й.** The Cossack was brandishing his saber, challenging the enemy to a showdown.
prep. **в. на** + *A.* challenge to *(a fight, competition)*
pa. pple. **ви́кликаний** summoned, challenged
виклика́й! ви́клич!

виключа́|ти, ~ють; ви́ключ|ити, ~ать, *tran.*
1 to exclude, rule out
adv. **абсолю́тно** absolutely, **геть** totally, **категори́чно** categorically, **цілко́м** completely ◊ **Прогно́з пого́ди цілко́м ~є о́пади.** The weather forecast completely rules out precipitation.
2 to expel *(from school, etc.)*, exclude *(from list)*
adv. **вже** already, **наві́щось** for some reason, **наза́вжди** forever, **наре́шті** finally, **остато́чно** ultimately, **раз і наза́вжди** once and for all; **офіці́йно** officially
v. + **в. вимага́ти** demand to, **вирі́шувати** decide to ◊ **З'їзд вирі́шив ви́ключити фра́кцію з па́ртії.** The congress decided to expel the faction from the party. **могти́** can ◊ **Рома́ну мо́жуть ви́ключити з дружи́ни.** They may expel Romana from the team.
prep. **в. з** + *G.* expel from *(list, party, etc.)*
Also see **викида́ти 2**
pa. pple. **ви́ключений** excluded, expelled
виключа́й! ви́ключ!

ви́ключи|ти, *pf., see* **виключа́ти**
to exclude; expel ◊ **Вона́ ~ла Васи́льченка зі спи́ску.** She excluded Vasylchenko from the list.

викона́в|ець, *m.*, **~ця; ~иця**, *f.*
1 performer, actor, musician
adj. **блиску́чий** excellent, **вели́кий** great, **видатни́й** outstanding ◊ **Їм пощасти́ло слу́хати видатно́го ~ця дві́чі.** They were lucky enough to listen to this outstanding performer twice. **висококла́сний** high-class, **віртуо́зний** virtuoso, **генія́льний** brilliant, **до́брий** good, **дове́ршений** accomplished, **доскона́лий** perfect, **майсте́рний** masterful, **неперевéршений** unsurpassed, **обдаро́ваний** gifted, **прито́мний** *colloq.* decent; **бува́лий** seasoned, **досві́дчений** experienced, **професі́йний** professional; **ке́пський** poor, **паску́дний** *colloq.* lousy, **пога́ний** bad, **таки́й собі́** so-so; **зірко́вий** star, **леґенда́рний** legendary, **славе́тний** famous, **усла́влений** famed; **ву́личний** street, **джа́зовий** jazz, **музи́чний** musical, **телевізі́йний** television, **циркови́й** circus
v. + **в. ба́чити ~ця** see a performer (**слу́хати** listen to, **чу́ти** hear; **запро́шувати** invite) ◊ **~ця впе́рше запро́шували ви́ступити в націона́льній філармо́нії.** The performer was invited to appear at the National Philharmonic Society for the first time.
в. + *v.* **гра́ти** + *A.* play sth, **співа́ти** + *A.* sing sth, **танцюва́ти** + *A.* dance sth; **виступа́ти** perform; **інтерпретува́ти** + *A.* interpret sth
Also see **акто́р, музика́нт**
2 *leg.* executor ◊ **судови́й в.** a bailiff, law enforcement officer ◊ **П'ять ~ів з'яви́лося виселя́ти роди́ну з кварти́ри.** Five law enforcement officers showed up to evict the family from the apartment.

викона́вч|ий, *adj.*
executive ◊ **Прем'єр очо́лює ~у гі́лку вла́ди.** The premier heads the executive branch of power. ◊ **Вона́ обговори́ла спра́ву з ~им дире́ктором.** She discussed the matter with the executive director. ◊ **її пе́рше ~е рі́шення** her first executive decision
Cf. **законода́вчий, судови́й**

викона́нн|я, *nt., only sg.*
1 execution *(of plan, decision, etc.)*, fulfillment, implementation
adj. **бездога́нне** flawless ◊ **Вона́ дала́ зразо́к бездога́нного в. обов'язкі́в держа́вного службо́вця.** She gave an example of a flawless execution of the civil servant's responsibilities. **до́бре** good, **доскона́ле** perfect, **ефекти́вне** effective, **зразко́ве** model, **то́чне** precise, **успі́шне** successful; **вча́сне** timely; **нега́йне** immediate ◊ **Він вимага́є нега́йного в. рі́шення.** He demands an immediate execution of the decision. **операти́вне** prompt, **шви́дке́** quick, **аби́яке** shoddy, **ке́пське** poor, **пога́не** bad
в. + *n.* **в. нака́зу** execution of an order (**дослі́дження** research, **завда́ння** assignment, **мі́сії** mission, **обов'я́зку** responsibility, **пла́ну** plan, **про́єкту** project, **резолю́ції** resolution, **рі́шення** decision)
v. + **в. ґарантува́ти в.** guarantee execution (**забезпе́чувати** secure, **підтри́мувати** support, **поле́гшувати** ease, **уможли́влювати** make possible, **приско́рювати** accelerate; **гальмува́ти** hold back, **спові́льнювати**

slow down; саботува́ти sabotage) ◊ Вони́ саботу́ють в. резолю́ції. They are sabotaging the implementation of the resolution. вимага́ти в. demand implementation (домага́тися push for); заважа́ти ~ю stand in the way of implementation (спри́яти facilitate ◊ Вона́ не спри́яла, але́ й не заважа́ла ~ю пла́ну. She neither facilitated nor stood in the way of the plan's implementation. перешкоджа́ти hamper); зволіка́ти з ~ям procrastinate with implementation ◊ Чому́ вона́ зволіка́є з ~ям мі́сії? Why does she procrastinate with the execution of the mission? наполяга́ти на ~і insist on implementation
See здійснення. *Also see* рі́шення 3
2 performance *(of role)*, staging, rendition
adj. бездога́нне flawless ◊ Бездога́нне в. ро́лі не могло́ не вража́ти. The flawless performance of the part could not but impress. блиску́че brilliant, віртуо́зне virtuoso, до́бре good, доскона́ле perfect, незвича́йне unusual, неперевéршене unsurpassed, нова́торське innovative, оригіна́льне original, чудо́ве great
в. + *n.* в. а́рії a performance of an aria ◊ Його́ в. а́рії Хосе́ вважа́ють неперевéршеним. His performance of the aria of José is considered unsurpassed. (ві́рша poem, конце́рту concerto, п'є́си piece, пі́сні song, ро́лі part)
v. + в. критикува́ти в. criticize a performance (оці́нювати assess, хвали́ти praise; слу́хати listen to, чу́ти hear; покра́щувати improve, шліфува́ти hone) ◊ Акто́р шліфува́в в. ро́лі. The actor honed his performance of the part. захо́плюватися ~ям admire a performance (насоло́джуватися relish) ◊ Вони́ насоло́джувалися її ~ням конце́рту Ско́рика. They were relishing her rendition of the Skoryk concerto.
в. + *v.* виклика́ти сенса́цію cause a sensation, вража́ти + *A.* impress sb, захо́плювати + *A.* captivate sb, подо́батися + *D.* like, розчаро́вувати + *A.* disappoint
Also see гра

ви́кона|ти, *pf., see* вико́нувати

to fulfill, do, carry out, *etc.* ◊ Вони́ ~ли рі́шення збо́рів. They fulfilled the meeting's decision.

вико́ну|вати, ~ють; ви́кона|ти, ~ють, *tran.*

1 to fulfill, do, carry out, execute
adv. бездога́нно flawlessly, до́бре well, доскона́ло perfectly, ефекти́вно effectively, зразко́во in an exemplary manner, то́чно precisely, успі́шно successfully ◊ Він успі́шно ви́конав план. He successfully fulfilled the plan. вча́сно in a timely manner; негайно immediately, оперативно promptly, швидко quickly, абия́к shoddily, ке́псько poorly, пога́но badly; за нака́зом by order, на замо́влення on commission ◊ Вона́ ~є робо́ту на замо́влення. She works on commission. по пу́нктах point by point, ра́до gladly, рете́льно thoroughly, скрупульо́зно scrupulously, стара́нно assiduously; ле́две scarcely, наполови́ну by half, по́вністю fully, цілко́м completely, наси́лу barely, ма́йже almost, неохо́че reluctantly
в. + *n.* в. забага́нку fulfill a whim ◊ Він ~вав ко́жну її забага́нку. He fulfilled each of her whims. (завда́ння task, за́дум design, нака́з order, обо́в'язок duty, план plan, резолю́цію resolution, рі́шення decision)
v. + в. бра́тися set about; ду́мати be going to ◊ Сте́фа й не ду́мала в. обіця́нки. Stefa was not at all going to fulfill her promise. зобов'я́зувати + *A.* oblige sb to, зобов'я́зуватися take it upon oneself to ◊ Вона́ зобов'яза́лася ви́конати пере́клад за три дні. She took it upon herself to do the translation in three days. обіця́ти + *D.* promise sb to; нака́зувати + *D.* order sb to, планува́ти plan, почина́ти begin to
Also see здійснювати
2 perform *(a song, part, etc.)*, stage, render
adj. бездога́нно flawlessly, блиску́че brilliantly, віртуо́зно like a virtuoso, до́бре well, доскона́ло perfectly, незвича́йно unusually, неперевéршено matchlessly, по-нова́торськи innovatively, оригіна́льно in an original manner, чудо́во superbly
в. + *n.* в. а́рію perform an aria (ві́рш poem, конце́рт concerto, п'є́су piece, пі́сню song, роль part)
v. + в. забороня́ти forbid to ◊ Режи́м заборони́в в. пі́сню публі́чно. The regime forbade to perform the song in public. ма́ти be supposed to ◊ Він ма́є в. вірш Тичи́ни. He is supposed to recite a poem by Tychyna. пого́джуватися agree to; проси́ти + *A.* ask sb to; почина́ти begin to; відмовля́тися refuse to; вмовля́ти + *A.* talk sb into, persuade sb to ◊ Акто́ра вмовля́ли ви́конати роль Макбе́та. They were talking the actor into doing the part of Macbeth.
Also see гра́ти 1
pa. pple. ви́конаний fulfilled, carried out
вико́нуй! ви́конай!

використа́нн|я, *nt., only sg.*

use, utilization, application
adj. акти́вне active ◊ Споря́дження годи́ться для акти́вного в. за рі́зних пого́дних умо́в. The equipment is suitable for use under various weather conditions. ефекти́вне effective, зако́нне legitimate, зва́жене judicious, нале́жне proper, нова́торське innovative, оптима́льне optimal, розу́мне sensible ◊ За розу́много в. ці ресу́рси мо́жуть заміни́ти на́фту. If used sensibly, these resources can replace oil. спри́тне shrewd; зага́льне general, звича́йне ordinary, по́вне full; довготермíно́ве long-term, повто́рне repeated, постíйне constant, реґуля́рне regular, трива́ле extended, ча́сте frequent ◊ Взуття́ зноси́лося від ча́стого в. The shoes wore out from frequent use. широ́ке wide ♦ това́ри широ́кого в. consumer goods ◊ У відді́лі мо́жна придба́ти това́ри широ́кого в. One can acquire consumer goods in the department. широкомасшта́бне large-scale, щоде́нне daily; обме́жене limited, споради́чне sporadic; майбу́тнє future; осо́бисте personal, прива́тне private; невідповíдне inadequate, недозво́лене unauthorized, незако́нне illegal ◊ Він му́сив заплати́ти штраф за незако́нне в. медикаме́нтів. He was compelled to pay a fine for the illegal use of medicines. нeнале́жне improper; вну́трішнє internal, зо́внішнє external ◊ Цей крем виняткóво для зо́внішнього в. The cream is exclusively for external use. клíні́чне clinical, комерці́йне commercial, меди́чне medical, некомерці́йне non-commercial, промисло́ве industrial
в. + *n.* в. алкого́лю alcohol use (геро́їни heroin, нарко́тиків drug ◊ Це веле́ до все бі́льшого в. нарко́тиків се́ред студе́нтів. This resulted in the increased drug use among students. мінера́льних до́брив fertilizer, пестици́дів pesticide)
v. + в. дозволя́ти в. allow the use ◊ Зако́н дозволя́в обме́жене в. марихуа́ни з лікува́льною мето́ю. The law allowed a limited marijuana use for medicinal purposes. (забороня́ти ban, зупиня́ти stop, перерива́ти interrupt; обме́жувати limit, скоро́чувати curtail, стри́мувати curb; збі́льшувати increase, поси́лювати intensify ◊ Він наказа́в поси́лити в. електро́нної ро́звідки. He ordered to intensify the use of electronic reconnaissance. реґулюва́ти regulate; підтри́мувати support, схва́лювати approve, уможли́влювати enable; виправдо́вувати justify, виступа́ти за advocate); домага́тися в. push for the use ◊ Організа́ція домага́ється в. нетокси́чних матерія́лів за́мість амальга́ми. The organization pushes for the use of non-toxic materials instead of amalgam. (виступа́ти про́ти oppose) ◊ Він виступа́є про́ти в. дитя́чої пра́ці. He opposes the use of child labor. запобіга́ти ~ю prevent the use ◊ Нова́ систе́ма запобіга́є недозво́леному ~ю комп'ю́терної програ́ми. The new system prevents an unauthorized use of the computer software. (потура́ти condone ◊ Він потура́в ~ю тортýр у полі́ції. He condoned the use of torture by the police. спри́яти promote; заважа́ти be in the way of, перешкоджа́ти hamper) зволіка́ти з ~ям procrastinate with the use ◊ Лі́кар зволіка́є з ~ям препара́ту. The doctor procrastinates with the use of the medicine.
prep. в. для + *G.* use for sth ◊ успі́шне в. контрацепти́вів a successful use of contraceptives; в. як + *G.* use as sth ◊ в. гно́ю як до́брива для полі́в the utilization of manure as a fertilizer for the fields
See кори́стува́ння. *Cf.* вжива́ння, вжи́ток

використо́ву|вати, ~ють; ви́корист|ти, ~ють, *tran.*

1 to use, utilize, make use of
adv. акти́вно actively, відпові́дно adequately, ефекти́вно effectively, нале́жно appropriately, пра́вильно correctly, успі́шно successfully; за́вжди́ always, ні́коли не never, охо́че readily; не розбира́ючи indiscriminately ◊ Здава́лося, що маля́р ~є фа́рби не розбира́ючи. The artist seemed to use the paints indiscriminately. скрізь everywhere, ча́сто frequently, широ́ко widely; вибі́рково selectively, ча́сом at times; безпе́чно safely, зва́жено judiciously, му́дро wisely, обере́жно carefully, розу́мно intelligently, спри́тно shrewdly, успі́шно successfully; еконо́мно thriftily, оща́дно sparingly; нeнале́жно inappropriately, непра́вильно incorrectly, помилко́во mistakenly; загало́м generally, звича́йно usually, традиці́йно traditionally ◊ Піґме́нт традиці́йно ~ють щоб фарбува́ти воло́сся. This pigment is traditionally used to dye hair. як пра́вило as a rule; го́ловно mainly, наса́мперед primarily; одноча́сно simultaneously ◊ Він ~є одноча́сно ана́ліз і си́нтез. He uses analysis and synthesis simultaneously. послідо́вно consistently, постí́йно continuously; винятко́во exclusively; метафори́чно metaphorically
v. + в. бу́ти ва́жко + *D.* be difficult to, бу́ти ле́гко + *D.* be easy to ◊ Крі́сло ле́гко в. лю́дям ста́ршого ві́ку. The armchair is easy to use for aged people. бу́ти про́сто + *D.* be simple to; бу́ти гото́вим be ready to ◊ У ві́дчаї вони́ були́ гото́ві ви́користати збро́ю. In despair, they were ready to use arms. бу́ти схи́льним be inclined to; вчи́ти + *A.* teach sb to; дозволя́ти + *D.* allow sb to; збира́тися be going to, планува́ти plan to; люби́ти like to; забороня́ти + *D.* forbid sb to, не дава́ти + *D.* not to allow sb to
prep. в. для + *G.* use for sth ◊ Він ~є све́тер для за́хисту від хо́лоду. He uses the sweater for protection from cold. в. як + *A.* use as sth ◊ Кімна́ту ~вали як лекці́йну за́лу. The room was used as a lecture hall.
Also see експлуатува́ти 2, застосо́вувати, кори́стува́тися 1, операва́ти 3, розпоряджа́тися 3, спожива́ти
2 to take advantage, exploit ◊ Він лю́бить в. і́нших. He likes to take advantage of others.
adv. безсоро́мно shamelessly, відкри́то openly, я́вно obviously; за́вжди́ always, про́сто simply, типо́во typically
v. + в. намага́тися try to ◊ Він намага́вся в. Тама́ру. He tried to take advantage of Tamara.
Also see виїжджа́ти 4, кори́стува́тися 2
pa. pple. ви́користаний used
використо́вуй! ви́користай!

використо́ву|ватися; ви́користатися, *intr.*

pass. to be used ◊ Цей ви́нахід широ́ко ~ється

у медици́ні. This invention is widely utilized in medicine. ◊ Тепе́р чорни́льниці ~ються ті́льки у фі́льмах. Nowadays, inkwells are used only in movies.
Also see застосо́вуватися

викрада́|ти, ~ють; ви́красти, ви́крад|уть, *tran.*
1 to kidnap *(a person)*, highjack *(car, plane)*
adv. **на ви́куп** for a ransom ◊ **Його́ ви́крали на ви́куп.** He was kidnapped for a ransom. **неспо́дівано** unexpectedly, **ра́птом** suddenly; **підсту́пно** treacherously
See **кра́сти 1, 2**
pa. pple. **ви́крадений** stolen, kidnapped
викрада́й! ви́кради!

ви́кра|сти, *pf., see* **викрада́ти**
to steal, kidnap ◊ **Терори́сти ~ли люди́ну про́сто з ву́лиці.** The terrorists kidnapped the person straight from the street.

ви́кресли|ти, *pf., see* **викре́слювати**
to cross out, strike out ◊ **Секрета́рка ~ла ї́хні імена́ зі спи́ску запро́шених.** The secretary struck out their names from the guest list.

викре́слю|вати, ~ють; ви́кресл|ити, ~ять, *tran.*
1 to cross out, strike out *(from a list)* ◊ **Вона́ ви́креслила за́йві ре́чення.** She crossed out the redundant sentences.
adv. **нега́йно** immediately, **за́раз же** right away, **шви́дко** quickly; **ро́зчерком пера́** with a stroke of a pen; **рете́льно** meticulously
See **стира́ти 2**
2 *fig.* to cross out, strike out, remove, erase, efface
adv. **не вага́ючися** without hesitation, **раз і наза́вжди** once and for all, **рі́шуче** resolutely; **згодом** eventually ◊ **Ві́ктор згодом ви́креслив епізо́д із пам'я́ті.** *fig.* Eventually Viktor effaced the episode from his memory.
Also see **стира́ти 3**
pa. pple. **ви́креслений** crossed out, deleted
викре́слюй! ви́кресли!

вила́з|ити, вила́жу, ~ять; ви́ліз|ти, ~уть, *intr.*
1 to get out of, climb out ◊ **Ви́лізши з наме́ту, На́стя подиви́лася навкруги́.** Having gotten out of the tent, Nastia looked around.
adv. **ле́две** hardly, **наси́лу** barely, **пові́льно** slowly; **крадькома́** stealthily, **непомі́тно** unnoticed, **обере́жно** carefully, **ти́хо** quietly; **вмить** in an instant, **неспо́дівано** unexpectedly, **прово́рно** nimbly, **ра́птом** suddenly ◊ **Ра́птом із ді́рки у стіні́ ви́ліз кіт.** Suddenly a cat got out of the hole in the wall. **швиде́нько** *dim.* quickly; **до́вго** for a long time ◊ **Роди́на Шевці́в до́вго вила́зила з боргі́в.** *fig.* It took the Shvets family a long time to get out of debt.
v. + **в. нама́гатися** try to, **стара́тися** strive to, **хоті́ти** want to ◊ **Він не хоті́в в. з-під ко́вдри.** He did not want to get out from under the blanket. **змогти́** *pf.* manage to, **спромогти́ся** *pf.* contrive to
prep. **в. з** + *G.* get out of sth; **в. че́рез** + *A.* get out through sth ◊ **Він ви́ліз із кімна́ти че́рез вікно́.** He got out of the room through the window.
2 to climb on to, mount ◊ **Він ви́ліз на верşо́к ду́ба.** He climbed to the top of the oak tree.
prep. **в. на** + *A.* climb on/to sth; **в. по** + *L.* climb sth ◊ **Іва́н ви́ліз по драби́ні на гори́ще.** Ivan climbed the ladder to the attic.
Also see **забира́тися 1**
3 to appear, become visible, pop up ◊ **З-під сні́гу ~или пе́рші кві́ти.** The first flowers were appearing from under the snow. ♦ **в. бо́ком** + *D.* to come back to haunt sb ◊ **Тимі́ш передчува́в, що це знайо́мство ви́лізе йому́ бо́ком.** Tymish had a bad feeling that this meeting would come back to haunt him.
4 to come out *(of hair, etc.)*, fall out ◊ **Від хеміотерапі́ї в нього ста́ло в. воло́сся.** His hair started falling out from chemotherapy.
See **випада́ти 1**
5 *only impf. with* **не** to stay, not to leave ◊ **Мі́сяць він не ~ив із ха́ти.** For one month, he would not leave the house.
вила́зь! ви́лізь!

ви́леті|ти, *pf., see* **виліта́ти**
to fly out, *etc.* ◊ **Воло́дя ку́лею ~в із кімна́ти.** *fig.* Volodia flew out of the room like a bullet.

вилива́|ти, ~ють; ви́лити, ви́лл|ють, *tran.*
1 to pour out, empty out *(liquid)*, spill, overturn ◊ **Рома́н ненаро́ком ви́лив молоко́.** Roman accidentally spilled the milk. ♦ **в. сльо́зи за** + *I.* to shed tears for sb/sth
adv. **випадко́во** accidentally, **ненаро́ком** inadvertently ◊ **Він ненаро́ком ви́лив ка́ву на білосні́жний о́бру́с.** He inadvertently spilled coffee on the snow-white tablecloth. **уми́сно** deliberately; **по́вністю** fully, **цілко́м** completely; **тро́хи не** almost
v. + **в. нама́гатися не** try not to ◊ **Лі́да несла́ по́вний по ві́нця сло́їк молока́, намага́ючися не ви́лити ні кра́плі.** Lida was carrying a milk jar filled to the brim, trying not to spill a drop.
prep. **в. в** + *A.* pour in/to *(a vessel, etc.)*; **в. з** + *G.* pour from/out of *(a vessel, etc.)* ◊ **Федо́ра ви́лила молоко́ з каструлі́ у пля́шку.** Fedora poured the milk from the pot into a bottle **в. на** + *A.* pour on/to sth ◊ **Вона́ ви́лила вміст бари́ла на зе́млю.** She emptied the contents of the barrel onto the ground.
Cf. **розлива́ти 1**
2 to cast, mold *(metals)* ◊ **Па́рох наполяга́в, що́би дзвін ви́лили із бро́нзи.** The parish priest insisted that the bell be cast of bronze.
Also see **формува́ти 4**
3 to vent *(emotions)*, pour out, express ◊ **А́лла ви́лила своє́ роздратува́ння сусі́дові.** Alla vented her frustration to her neighbor.
в. + *n.* **в. гнів** vent one's anger (**ві́дчай** despair, **сму́ток** sadness; **захо́плення** excitement, **любо́в** love, **ра́дість** joy) ◊ **Він ви́лив свою́ ра́дість у листі́.** He poured out his joy in the letter.
See **виража́ти.** *Also see* **висло́влювати, передава́ти 4**
pa. pple. **ви́литий** poured out, spilled
вилива́й! ви́лий!

ви́ли|ти, *pf., see* **вилива́ти**
to spill, pour out ◊ **Він ~в з бо́чки дощову́ во́ду.** He poured out the rainwater from the barrel.

ви́ліз|ти, *pf., see* **вила́зити**
to get out, climb, *etc.* ◊ **Сашко́ так набра́вся, що ле́две ви́ліз із ба́ру.** Sashko got so drunk he barely crawled out of the bar.

виліко́ву|вати, ~ють; ви́ліку|вати, ~ють, *tran.*
to cure, heal ◊ **Вона́ ви́лікувала багатьо́х хво́рих.** She cured many sick people.
adv. **ле́гко** easily, **успі́шно** successfully; **цілко́м** completely ◊ **Завдяки́ змі́ні підсо́ння та діє́ти вона́ змогла́ цілко́м ви́лікувати хво́рі леге́ні.** Thanks to the change of climate and diet, she was able to completely cure her sick lungs. **шви́дко** quickly; **ди́вом** *and* **чу́дом** miraculously; **ма́йже** almost, **наре́шті** finally
v. + **в. бу́ти ва́жко** + *D.* be difficult to ◊ **Два́дцять ро́ків тому́ цю хворо́бу було́ ва́жко ви́лікувати.** Some twenty years ago, the disease was difficult to cure. **бу́ти неможли́во** be impossible to; **вдава́тися** + *D.* succeed in ◊ **О́лі вдало́ся в. ни́рки.** Olia succeeded in curing her kidneys. **могти́** can; **обіця́ти** + *D.* promise sb to
prep. **в. від** + *G.* cure of sth ◊ **У ра́нньому ві́ці в. дити́ну від короткозо́рости ле́гше.** At an early age, it is easier to cure a child of shortsightedness.
pa. pple. **ви́лікуваний** cured
виліко́вуй! ви́лікуй!
Also see **лікува́ти 2**

виліко́ву|ватися; ви́лікуватися, *intr.*
to get cured; cure oneself ◊ **Оста́п не одра́зу ви́лікувався від коха́ння.** *fig.* Ostap did not get cured of his love immediately.
See **лікува́тися**

ви́лікува́|ти, *pf., see* **лікува́ти** *and* **виліко́вувати**
to cure, heal, *etc.* ◊ **Лі́ки шви́дко ~ли його́ отру́єння.** The medicine quickly cured his food-poisoning.

ви́лікува|тися, *pf., see* **лікува́тися** *and* **виліко́вуватися**
to get cured, heal oneself ◊ **Вона́ цілко́м ~лася від ка́шлю за два ти́жні.** She completely cured herself of a cough in two weeks.

ви́л|іт, *m.,* **~ьоту**
1 flying out, departure *(only by plane)*
adj. **заплано́ваний** scheduled ◊ **Їм довело́ся відкла́сти заплано́ваний в.** They were compelled to put off the scheduled departure. **нега́йний** immediate, **поспі́шний** hasty, **терміно́вий** urgent, **швидки́й** quick
в. + *n.* **в. гру́пи** a group departure (**делега́ції** delegation, **екіпа́жу** crew, **пасажи́рів** passengers; **літака́** airplane, **ре́йсу** flight)
n. + **в. годи́на ~ьоту** the hour of departure (**да́та** date, **день** day) ◊ **День ~ьоту делега́ції кі́лька разі́в перено́сили.** The day of the delegation's departure was rescheduled several times.
v. + **в. відклада́ти в.** put off a departure (**затри́мувати** hold back, **перено́сити** reschedule; **скасо́вувати** cancel ◊ **Нічні́ ~ьоти скасува́ли.** Night departures have been cancelled. **прискоро́вувати** hasten; **унеможли́влювати** make impossible, **ускла́днювати** complicate; **готува́ти** prepare); **готува́тися до ~ьоту** prepare for a departure
prep. **до ~ьоту** prior to/before/for departure ◊ **Вони́ ба́чилися за день до ~ьоту.** They saw each other before the departure. ◊ **Вони́ були́ гото́ві до ~ьоту.** They were ready for departure. **пе́ред ~ьотом** before departure; **пі́сля ~ьоту** after departure; **в. до** + *G. or* **на** + *A.* a flight departure to *(destination)* ◊ **В. ре́йсу до Ри́му** *or* **на Рим затри́мують.** The flight departure for Rome is being delayed. **в. з** + *G.* departure from *(a place)* ◊ **в. з Оде́си** departure from Odesa
Also see **відлі́т, від'ї́зд.** *Ant.* **прилі́т**
2 *mil.* sortie ◊ **За мі́сяць вона́ зроби́ла два́дцять бойови́х ~ьотів.** Within a month, she made twenty operational sorties.

виліта́|ти, ~ють; ви́лет|іти, ви́лечу, ~ять, *intr.*
1 to fly out, depart, leave *(by air)* ◊ **Марко́ ~є рі́вно о сьо́мій ве́чора.** Marko is leaving *(by plane)* at exactly 7:00 PM.
adv. **без затри́мки** without delay, **вча́сно** on time; **нега́йно** immediately, **одра́зу** at once, **за́раз же** right away; **з запі́зненням** with a delay ◊ **Ко́жен тре́тій рейс на летови́щі ~в із запі́зненням прина́ймні на годи́ну.** Every third flight at the airport left with at least an hour's delay. **вже** already, **наре́шті** finally; **коли́-небу́дь** ever, **ні́коли не** never
prep. **в. до** + *G. or* **на** + *A.* depart for *(a destination)* ◊ **Вона́ планува́ла ви́летіти до Ха́ркова** *or* **на Ха́рків пі́зно вночі́.** She planned to depart for Kharkiv late at night. **в. з** + *G.* depart from *(a place)* ◊ **Че́рез тума́н вони́ не могли́**

ви́летіти з Я́лти пів дня́. Because of the fog, they could not depart from Yalta for half a day.
See виї́жджа́ти 1, від'ї́жджа́ти 1. *Also see* відліта́ти 1. *Ant.* приліта́ти 1
2 *fig.* dash out, dart out ◊ Всі, як оди́н, ви́летіли з кімна́ти. Everybody, as one, rushed out of the room. ♦ в. в трубу́ to go bankrupt, go up in smoke ◊ Усі ї́хні інвести́ції ви́летіли в трубу́. All their investments went up in smoke. ♦ в. з голови́ to forget sth
3 *fig., colloq.* to be expelled, drop out ◊ Він тро́хи не ви́летів з університе́ту. He was all but expelled from the university.
вилітáй! ви́лети!

ви́л|ка, *f.*
plug
v. + в. вийма́ти ~ку remove a plug (висми́кувати pull out ◊ Хома́ ви́смикнув ~ку з розе́тки. Khoma pulled the plug out of the socket. встромля́ти put in ◊ В те́мряві він намага́вся встроми́ти ~ку до розе́тки. In the darkness, he tried to put the plug into the socket. заміня́ти change, направля́ти *or* ремонтува́ти fix)
L. на ~ці, *G. pl.* ~ок

вимага́|ти, **~ють**; *no pf., tran.* + *G.*
1 to demand, push for, urge
adv. весь час all the time; впе́рто stubbornly, наполе́гливо insistently ◊ Вона́ наполе́гливо ~ла, щоб ї́й заплати́ли. She insistently demanded to be paid. насті́йно persistently, невідсту́пно relentlessly, го́лосно loudly ◊ Клі́єнт го́лосно ~в ви́бачення. The client loudly demanded an apology. гру́бо rudely, лю́то furiously, наха́бно brazenly; категори́чно categorically; нетерпля́че impatiently; серди́то angrily; да́лі further; зно́ву again, неоднора́зово more than once, повто́рно repeatedly
v. + в. бу́ти ма́рно be futile to; бу́ти слід should ◊ Вам слід в. зу́стрічі з ме́неджером. You should demand to see the manager. бу́ти тре́ба + *D.* need to ◊ Катери́ні тре́ба було́ в. фіна́нсової компенса́ції. Kateryna needed to demand a financial compensation. почина́ти begin to ◊ Він поча́в в. письмо́вих ґара́нтій. He began to demand written guarantees. ста́ти *pf.* start; перестава́ти stop ◊ Переста́ньте в. неможли́вого! Stop demanding the impossible! нава́жуватися dare, have the courage to
Also see домага́тися 1, жада́ти 2
2 to require, need, call for, demand
adv. за́вжди́ always, неуни́кно inevitably, обов'язко́во necessarily ◊ Робо́та над словнико́м обов'язко́во ~ла самодисципліни. Work on the dictionary necessarily required self-discipline. ча́сто often; зазвича́й usually, як пра́вило as a rule
в. + *n.* в. до́свіду require experience ◊ Поса́да дире́ктора ~ла до́свіду. The position of the director required experience. (зосере́дження focus ◊ Редаґува́ння ~є зосере́дження. Editing requires focus. зуси́ль efforts, посвя́ти dedication, ува́ги attention)
prep. в. від + *G.* demand from sb ◊ Завда́ння не ~ло від них вели́ких зуси́ль. The task did not demand great efforts from them.
See потребува́ти
no pa. pple.
вимага́й!

вимика́|ти, **~ють**; **ви́мкн|ути**, **~уть**, *tran.*
to turn off, switch off ◊ Він заміни́в електри́чну ла́мпу, не ~ючи стру́му. He replaced the bulb, without switching off the electricity.
в. + *n.* в. во́ду turn off the water ◊ У туале́ті забу́ли ви́мкнути во́ду. They forgot to turn the water off in the restroom. (двигу́н engine, маши́ну car, сві́тло light, телеві́зор TV set, холоди́льник refrigerator) ◊ Раз на рік Наза́р ~є і розморо́жує холоди́льник. Once every year Nazar turns off and defrosts the refrigerator.
v. + в. бу́ти тре́ба + *D.* need to; забува́ти forget to ◊ Він забу́в ви́мкнути комп'ю́тер. He forgot to turn off the computer. піти́ *pf.* go to ◊ Хома́ піш́ов ви́мкнути сві́тло в коридо́рі. Khoma went to switch off the light in the corridor. проси́ти + *A.* ask sb to ◊ Стюарде́са попроси́ла всіх ви́мкнути телефо́ни. The air hostess asked everybody to switch off their phones.
pa. pple. ви́мкнений or ви́мкнутий turned off
вимика́й! ви́мкни!
Also see гаси́ти 2. *Ant.* вмика́ти

вимика́ч, *m.*, **~á**
switch
adj. електри́чний electric, напівпровіднико́вий semiconductor; зіпсо́ваний broken, несправ́ний faulty ◊ Ко́жен дру́гий в. у гурто́житку ви́явився несправ́ним. Every other switch in the dormitory turned out to be faulty. спра́вний functioning; нови́й new
v. + в. встано́влювати в. install a switch ◊ Еле́ктрик установи́в нови́й в. The electrician installed a new switch. (направля́ти fix ◊ Він не знав, як напра́вити в. He did not know how to fix the switch. ремонтува́ти repair; псува́ти break) ◊ Цей в. ле́гко зіпсува́ти. This switch is easy to break.
в. + *v.* лама́тися *and* псува́тися break ◊ В. ла́мпи зіпсува́вся. The lamp switch broke. працюва́ти function ◊ Ча́сом в. не працюва́в чи́ном. Sometimes the switch did not function.
I. ~е́м, *N. pl.* ~і
Ant. вмика́ч

ви́мкну|ти, *pf., see* **вимика́ти**
to switch off, turn off, *etc.* ◊ Він ~в стру́м. He switched off the electricity.

вимо́в|а, *f.*
pronunciation, articulation; accent
adj. бездога́нна flawless ◊ Вона́ гово́рить із бездога́нною ~ою. She speaks with a flawless pronunciation. відпові́дна adequate, га́рна nice, до́бра good, нале́жна proper, пра́вильна correct, приє́мна pleasant, літерату́рна standard; ди́вна strange, екзоти́чна exotic; ке́пська poor, непра́вильна incorrect, пога́на bad; альтернати́вна alternative, варія́нтна variant, відмі́нна different; букови́нська Bukovynian, га́лицька Galician, гуцу́льська Hutsul, дія́спорна diaspora, ле́мківська Lemko, льві́вська Lviv, полі́ська Polissia, полта́вська Poltava, *etc.*; за́хідна western, пі́внічна northern
v. + в. виправля́ти ~у correct pronunciation ◊ Виклада́ч виправля́в ~у студе́нтів. The instructor corrected students' pronunciation. (змі́нювати alter, іміту́вати imitate, ма́ти have, осво́ювати acquire ◊ За пів ро́ку Олекса́ндер цілко́м осво́їв літерату́рну англі́йську ~у. In half a year, Oleksander has completely acquired the standard English pronunciation. зауважувати notice ◊ Він заува́жив ди́вну ~у го́стя. He noticed the guest's strange accent. зверта́ти ува́гу на pay attention to); навча́ти + *A.* ~и *or* ~і teach sb pronunciation ◊ Він умі́в навчи́ти пра́вильної ~и *or* пра́вильній ~і ко́жного. He knew how to teach everybody the correct pronunciation.
prep. з ~ою with accent ◊ З тако́ю ~ою її не ві́зьму́ть до теа́тру. She will not be hired by the theater with such an accent.
Also see акце́нт

ви́мови|ти, *pf., see* **вимовля́ти**
to pronounce, utter ◊ Анато́лій ~в слова́ коха́ння із чу́тним тремті́нням в го́лосі. Anatolii uttered the words of love with an audible tremor in his voice.

вимовля́|ти, **~ють**; **ви́мов|ити**, **~лю**, **~иш**, **~лять**, *tran.*
to pronounce, utter, say
adv. бездога́нно flawlessly, го́лосно loudly, до́бре well, нале́жно properly, пра́вильно correctly, чі́тко distinctly, я́сно clearly; звук за зву́ком sound by sound, пові́льно slowly, по склада́х syllable by syllable, сло́во за сло́вом word by word; недба́ло carelessly, пога́но badly ◊ Дити́на пога́но вимовля́ла [р]. The child pronounced [r] badly. шви́дко quickly
v. + в. бу́ти ле́гко be easy to; бу́ти неможли́во be impossible to, вчи́ти + *A.* teach sb to; зна́ти, як know how to ◊ Вона́ не зна́ла, як ви́мовити це сло́во. She did not know how to pronounce the word. могти́ can, намага́тися try to ◊ Він кі́лька разі́в намага́вся ви́мовити на́зву рі́чки. He tried to pronounce the name of the river several times. пока́зувати, як show how to
pa. pple. ви́мовлений pronounced
вимовля́й! ви́мови!
Also see промовля́ти 1

вимо́|га, *f.*
1 demand, requirement ◊ Вона́ відки́нула пе́ршу ~гу як безглу́зду. She rejected the first demand as senseless.
adj. зако́нна legitimate, реалісти́чна realistic, розу́мна reasonable, справедли́ва just; абсу́рдна absurd, безглу́зда senseless, безпідста́вна meritless, наха́бна brazen, нереалісти́чна unrealistic, нерозу́мна unreasonable; важли́ва important, головна́ main, ключова́ key, центра́льна central; несподі́вана unexpected; нова́ new, ще одна́ another; до́бре відо́ма well-known, стара́ old; категори́чна categorical ◊ ~ги вла́сника става́ли все бі́льш категори́чними. The owner's demands became ever more categorical. обов'язко́ва mandatory, радика́льна radical, суво́ра strict, терміно́ва urgent; остато́чна final; економі́чна economic, політи́чна political, програ́мна programmatic; фіна́нсова financial; наро́дна popular, опозиці́йна opposition, профспі́лкова union, публі́чна public; письмо́ва written
v. + в. висува́ти ~гу put forward a demand ◊ Робітники́ ви́сунули ~гу підви́щити платню́. The workers put forward the demand to raise their wages. (ста́вити present ◊ Як вона́ мо́же ста́вити пе́ред ним таку́ абсу́рдну ~гу! How can she present him with such an absurd demand! повто́рювати repeat, поно́влювати renew; задовольня́ти satisfy; вивча́ти study, обгово́рювати discuss, розгляда́ти consider; відкида́ти reject ◊ Профе́сор відки́нув ~ги студе́нтів, на́віть не розгля́нувши ї́х. The professor rejected the students' demands, without even having considered them. відповіда́ти на respond to, реаґува́ти на react to); йти назу́стріч ~зі accommodate a demand (поступа́тися yield to; опира́тися resist) ◊ Вони́ не могли́ опира́тися цій справедли́вій ~зі. They could not resist this just demand.
пого́джуватися з ~гою agree to a demand ◊ Ме́неджмент пого́дився з головно́ю ~гою страйкарі́в. The management agreed to the strikers' main demand.
prep. на ~гу on request ◊ зупи́нка на ~у stop on request; в. до + *G.* requirement to sb
Also see домага́ння 1, прете́нзія 1. *Cf.* ультима́тум, умо́ва 1
2 *usu pl.* requirements, norms, rules, prerequisites ◊ Заво́д переста́в відповіда́ти ~гам безпе́ки. The plant stopped meeting the safety requirements.
See при́нцип. *Also see* есте́тика 2, пра́вило
3 *usu pl.* necessities, needs, requirements ◊ Релігі́йна осві́та вже не задовольня́ла ~гам ново́ї доби́. Religious education did not satisfy the needs of the new epoch any longer.
See потре́ба. *Also see* за́пит 2

4 request, inquiry ◊ **Депута́т надісла́в ~гу про інформа́цію до мініс́тра.** The deputy sent an information request to the minister.
See **за́пит 1**

вимо́глив|ий, *adj.*
demanding, exacting, tough ◊ **А́лла В. була́ ~ою, на́віть безжа́льною виклада́чкою.** Alla V. was a demanding, even merciless instructor.
adv. **вкрай** extremely ◊ **Вкрай в. до са́мого се́бе, нача́льник ті́шився пова́гою підле́глих.** Extremely demanding of himself, the boss enjoyed the respect of his subordinates. **ду́же** very, **неймові́рно** incredibly ◊ **А́вторка ма́ла спра́ву з неймові́рно ~ими читача́ми.** The (female) author was dealing with incredibly exacting readers. **неможли́во** impossibly, **нестéрпно** intolerably; **до́сить** fairly, **доста́тньо** sufficiently; **відно́сно** relatively, **особли́во** particularly; **ме́нше** less
v. + **в. бу́ти ~им** be demanding (**вважа́ти** + *A.* consider sb/sth, **виявля́тися** turn out; **здава́тися** + *D.* seem to sb; **лиша́тися** remain; **става́ти** become) ◊ **Що бі́льше вона́ стара́лася, то ~іши́м става́в тре́нер.** The more she exerted herself, the tougher her coach became.
prep. **в. до** + *G* demanding to sb ◊ **Ба́тько ме́нш в. до Га́нни, як до Павла́.** Father is less demanding to Hanna than to Pavlo.
See **суво́рий.** *Also see* **виба́гливий 1**

ви́мушен|ий, *adj.*
1 compelled, obliged ◊ **Че́рез брак гро́шей він в. ки́дати навча́ння й іти́ працюва́ти.** Because of the lack of money, he is forced to give up his studies and go to work.
2 forced, coerced, forcible ◊ **Пілóт зроби́в ~у поса́дку.** The pilot made a forced landing.
See **примусо́вий 1**
3 strained, forced, unnatural
adv. **де́що** somewhat, **цілко́м** utterly, **я́вно** obviously ◊ **Я́вно ~а по́смішка лиша́лася на Ма́ртиному обли́ччі про́тягом усіє́ї розмо́ви.** An obviously forced smile had remained on Marta's face for the duration of the entire conversation.
Also see **лицемі́рний 1, фальши́вий 3**

вин|а́, *f.*
1 fault, guilt, blame ◊ **Всю ~у́ за зла́мані две́рі покла́ли на Степа́на.** The entire blame for the broken door was placed on Stepan. ◊ **Воро́жа реа́кція грома́дськости – це в. полі́ції.** The hostile reaction of the public is the police's fault.
adj. **вели́ка** great ◊ **Вели́ка в. економі́ста поляга́ла в то́му, що він зіґно́рував її́ осторо́ги.** The economist's great fault consisted in his having ignored her warnings. **величе́зна** enormous, **страшна́** terrible; **вся** entire, **цілкови́та** complete; **частко́ва** partial
n. + **в. відчуття́ ~и́** a sense of guilt ◊ **Її́ не ки́дало го́стре почуття́ ~и́.** An acute sense of guilt would not leave her.
v. + **в. бра́ти ~у́** take the blame (**визнава́ти** admit ◊ **Се́ред цих полі́тиків не заве́дено визнава́ти ~у́ за бу́дь-що.** Among those politicians, it is not done to admit blame for anything. **відчува́ти** feel ◊ **Він відчува́в величе́зну ~у́.** He felt enormous guilt. **нести́** carry ◊ **Тепе́р він нести́ме ~у́ аж до сме́рти.** Now he will carry the blame all the way to his death. **переклада́ти на** + *A.* shift to ◊ **Вона́ за́вжди́ переклада́є вла́сну ~у́ на і́нших.** She always shifts her own blame on others. **поділя́ти** share; **полéгшувати** alleviate ◊ **Ця обста́вина поле́гшувала ї́хню ~у́.** This circumstance alleviated their fault. **ві́шати на** + *A.* pin on sb, **зва́лювати на** + *A.* lay on sb, **кла́сти на** + *A.* place on sb ◊ **Президе́нт кладе́ всю ~у́ за стан еконо́міки на війну́.** The President places the entire blame for the state of the economy on the war. **запере́чувати** deny, **споку́тувати** atone for) ◊ **Ризику́ючи життя́м, він споку́тував свою́ ~у́.** By risking his life, he was atoning for his guilt. **уника́ти ~и́** escape the blame (**не визнава́ти** not to admit)
в. + *v.* **бу́ти в** + *L.* be in sth ◊ **У прова́лі пла́ну не було́ ї́хньої ~и́.** There was no fault of theirs in the failure of the plan. **ляга́ти на** + *A.* fall on sb ◊ **В. за все це ляга́є на них.** The blame for all this falls on them. **поляга́ти в** + *L.* lie in sth ◊ **Вся ї́хня в. поляга́ла у бра́ку послідо́вности.** All their fault lay in the lack of consistency.
prep. **в. за** + *A.* a blame for sth ◊ **Вони́ не відчува́ли ~и́ за прова́л.** They felt no blame for the failure. **че́рез ~у́** through sb's fault ◊ **Непорозумі́ння тра́пилося не че́рез Ле́вову ~у.** The misunderstanding took place through no fault of Lev's.
Also see **гріх, провина 1**
2 *leg.* guilt, culpability ◊ **Суд встанови́в ~у́ мініс́тра по́за вся́ким су́мнівом.** The court established the minister's guilt beyond any doubt.
adj. **дове́дена** proven, **незапере́чна** undeniable ◊ **Зна́йдені докуме́нти роби́ли ~у́ уря́довця незапере́чною.** The found documents made the official's guilt undeniable.
n. + **в. визна́ння ~и́** an admission of guilt ◊ **Зая́ва є визна́нням ~и́.** The statement is an admission of guilt. (**до́каз** proof) ◊ **Слі́дство не посіда́є до́казів її́ ~и́.** The investigation is not in possession of proof of her guilt.
v. + **в. визнава́ти ~у́** admit, confess one's guilt ◊ **Він відмо́вився ви́знати ~у́** He refused to admit his guilt. (**запере́чувати** deny; **визнача́ти** determine, **встано́влювати** establish, **дово́дити** prove) ◊ **За́пис дово́дить ~у́ ва́рти.** The recording proves the guard's guilt.
в. + *v.* **поляга́ти в** + *L.* lie in sth ◊ **Його́ в. поляга́ла в пору́шенні прав громадя́н.** His guilt lay in violation of citizens' rights.

ви́най|ти, *pf., see* **винахо́дити**
to invent ◊ **З мере́жі, він дізна́вся, хто ~шов телефо́н.** From the Internet, he found out who invented the telephone.

ви́нах|ід, *m.*, **~оду**
invention
adj. **важли́вий** important ◊ **Ко́лесо – оди́н із найважливі́ших ~одів в істо́рії лю́дства.** The wheel is one of the most important inventions in human history. **вели́кий** great, **видатни́й** outstanding, **ґенія́льний** brilliant, **чудо́вий** wonderful; **найнові́ший** latest, **нови́й** new; **революці́йний** revolutionary; **запатенто́ваний** patented; **меди́чний** medical, **науко́вий** scientific, **техні́чний** technological, *etc.*
v. + **в. ліцензува́ти в.** license an invention (**патентува́ти** patent, **реєструва́ти** register; **продава́ти** market) ◊ **Він ви́гідно продає́ в.** He markets his invention profitably.

винахо́д|ити, **~жу, ~ять; ви́найти, ви́найд|уть;** *pa. pf., m.* **ви́найшов**, *pl.* **ви́найшли**, *tran.*
to invent ◊ **По́рох ви́найшли кита́йці.** Powder was invented by the Chinese.
adv. **практи́чно** practically, **сам** single-handedly, **факти́чно** in effect ◊ **Він факти́чно ви́найшов психоана́ліз.** He in effect invented psychoanalysis.
v. + **в. вдава́тися** + *D.* succeed in ◊ **Йому́ так і не вдало́ся ви́найти філосо́фський ка́мінь.** He never succeeded in inventing the philosopher's stone. **змогти́** *pf.* manage to, **могти́** can; **намага́тися** try to
pa. pple. **ви́найдений** invented ◊ **нещода́вно ви́найдене шту́чне о́ко** a recently invented artificial eye
Cf. **відкрива́ти 8**

ви́н|ести, *pf., see* **вино́сити**
to carry out, take out; bear, tolerate, stand ◊ **Він ~іс ко́шик я́блук для госте́й.** He carried out a basketful of apples for his guests.

виника́|ти, **~ють; ви́никн|ути**, **~уть**, *intr.*
1 to appear, emerge, arise
adv. **нізві́дки** from nowhere ◊ **Підозрі́лий тип ви́ник нізві́дки.** The suspicious character appeared from nowhere. **ра́птом** suddenly; **споча́тку** first; **нещода́вно** recently; **безпере́рвно** nonstop, **весь час** all the time; **від ча́су до ча́су** from time to time, **пості́йно** constantly, **ча́сто** often ◊ **В її́ голові́ ча́сто ~ють спо́гади про ту зу́стріч.** Reminiscences of that encounter often emerge in her mind. **чому́сь** for some reason; **за жо́дних обста́вин** under no circumstance, **ніко́ли не** never
Also see **розвива́тися 2**
2 to take place, occur, happen, erupt ◊ **То тут, то там між ба́ндами ~ли су́тички.** Here and there, skirmishes between gangs would take place. ◊ **Сканда́л ви́ник, як грім із я́сного не́ба.** The scandal erupted like a bolt from the blue.
See **відбува́тися 1, трапля́тися 1.** *Also see* **бува́ти 1, бу́ти 4, ді́ятися, прохо́дити 7, роби́тися 3, става́тися**

ви́ник|нути, *pf., see* **виника́ти**
to emerge, *etc.* ◊ **Із те́мряви ~ла чолові́ча по́стать.** A male figure emerged from the darkness.

вин|и́ти, **~я́ть;** *no pf., tran.*
to blame, fault
adv. **безпідста́вно** groundlessly ◊ **Його́ ~я́ть у банкру́тстві компа́нії безпідста́вно.** They blame him for the bankuptcy of the company groundlessly. **несправедли́во** unfairly; **частко́во** in part
v. + **в. бу́ти не мо́жна** cannot; **бу́ти схи́льним** be inclined to ◊ **Вона́ була́ схи́льною в. се́бе на́віть за чужі́ поми́лки.** She was inclined to blame herself even for other people's mistakes. **намага́тися** try to; **сміти** dare, have the courage to; **відмовля́тися** refuse to, **не сміти** not dare ◊ **Не смій в. її́ за те, що ста́лося.** Don't you dare blame her for what happened.
prep. **в. в** + *L. or* **за** + *A.* blame for sth
Also see **доріка́ти 2.** *Cf.* **звинува́чувати 1, обвинува́чувати 2**

ви́нн|ий[1], *var.* **ви́нен**, *adj.*
1 guilty, ashamed, guilt-ridden
adv. **ду́же** very, **напра́вду** truly ◊ **напра́вду в. ви́раз обли́ччя** a truly guilty expression of the face; **спра́вді** really, **страше́нно** terribly; **одна́ково** equally
v. + **в. вигляда́ти ~им** look guilty ◊ **Вона́ вигляда́ла ~ою.** She looked guilty. (**почува́тися** feel) ◊ **Хло́пці почува́лися ~ими.** The boys felt guilty. ♦ **бу́ти ~им** to be to blame ◊ **У ці́й істо́рії була́ ~а його́ сестра́.** His sister was to blame for that affair.
prep. **в. в** + *L.* guilty of sth
Also see **пови́нний 2.** *Ant.* **неви́нний 1**
2 *leg.* guilty, culpable
adv. **одна́ково** equally; **доказо́во** provably, **звича́йно** certainly, **йморі́вно** probably, **очеви́дно** obviously, **я́вно** clearly
v. + **в. бу́ти ~им** be guilty ◊ **В оча́х прокуро́ра він був ~им.** In the prosecutor's eyes, he was guilty. (**визнава́ти** + *A.* find sb ◊ **Суд ви́знав її́ ~ою за всіма́ пу́нктами.** The court found her guilty on all counts. **визнава́ти се́бе** plead ◊ **Пан С. ви́знав се́бе ~им.** Mr. S. pleaded guilty. **оголо́шувати** + *A.* declare sb) ◊ **Газе́ти оголоси́ли оска́рженого ~ими до ви́року су́ду.** The papers declared the accused guilty before the court's verdict.
prep. **в. в** + *L.* guilty of sth ◊ **Генера́л був ~им в держа́вній зра́ді.** The general was guilty of high treason.
Also see **пови́нний 2.** *Ant.* **неви́нний 1**

3 indebted ♦ **бу́ти ~им** + *D.* to owe sb, be in debt to sb ◊ **Вони́ ~і ба́нкові со́рок ти́сяч.** They owe the bank 40,000.
Also see **зобов'я́заний**

ви́нн|ий², *adj.*

wine, of or pertaining to wine
в. + *n.* **в. бар** a wine bar (**бі́знес** business; **за́пах** smell; **о́цет** vinegar; **підва́л** cellar, **тури́зм** tourism); ♦ **в. ка́мінь** a tartar; **~а бо́чка** a wine cask (**ка́рта** list, **крамни́ця** store, **проду́кція** production; **промисло́вість** industry) ◊ **На пі́вдні краї́ни розвива́ється ~а промисло́вість.** The wine industry has been developing in the south of the country. ♦ **~а кислота́** tartaric acid

вин|о́, *nt.*

wine ◊ **Вони́ затри́малися у ві́дділі «~а й води»».** They lingered in the *Wines and Waters* department.
adj. **десе́ртне** dessert, **іскри́сте** sparkling, ♦ **шампа́нське в.** champagne ; **ки́сле** sour, **напівсоло́дке** semi-sweet, **соло́дке** sweet, **сухе́** dry; **бі́ле** white, **роже́ве** rosé, **черво́не** red ◊ **Він віддає перева́гу черво́ному ~у́.** He gives preference to red wine. **легке́** light; **наси́чене** full-bodied; **крі́плене** fortified, **міцне́** strong, **п'я́нке́** heady; **винятко́ве** exceptional, **га́рне** fine, **до́бре** good, tasty, **смачню́ще** delicious, **чудо́ве** great; **ви́тримане** aged, **зрі́ле** mature, **молоде́** young, **старе́** old; **деше́ве** cheap ◊ **деше́ве крі́плене в. «Золота́ о́сінь»** the cheap fortified wine *The Golden Autumn*; **дома́шнє** house, **місце́ве** local, **столо́ве** table; **дороге́** expensive; **ма́ркове** vintage; **ри́сове** rice, **фрукто́ве** fruit, **я́блучне** apple ◊ **Він ро́бить цілко́м присто́йне я́блучне в.** He makes quite decent apple wine.
n. + **в. графи́н ~а́** a carafe of wine ◊ **Він прині́с графи́н ~а́.** He brought a carafe of wine. (**деґуста́ція** tasting; **ке́лих** *and* **скля́нка** glass, **пля́шка** bottle; **коле́кція** collection; **е́кспорт** export, **і́мпорт** importation; **експорте́р** exporter, **імпорте́р** importer ◊ **Компа́нія – оди́н із найбі́льших імпорте́рів ~а́.** The company is one of the biggest wine importers. **про́даж** sales)
v. + **в. вибира́ти в.** choose wine ◊ **Маркія́н ви́брав у крамни́ці в. на уроди́ни.** Markiian chose the wine for the birthday party in the store. (**купува́ти** buy; **витри́мувати** age ◊ **В. витри́мують у пляшка́х.** The wine is being aged in bottles. **деґустува́ти** taste ◊ **Відві́дувачі продеґустува́ли місце́ве в.** The visitors tasted the local wine. **куштува́ти** have a taste of, **смакува́ти** relish; **глуши́ти** *colloq.* guzzle ◊ **Хло́пці глуши́ли в. пляшка́ми.** The guys guzzled wine by the bottle. **ду́ти** *and* **ду́длити** *colloq.* swig ◊ **Чолові́к ви́дув** *and* **ви́дудлив усе́ в. за три ковтки́.** The man swigged all the wine in three gulps. **ковта́ти** gulp, **пи́ти** drink, **ціди́ти** *and* **цму́лити** *colloq.* sip ◊ **Вона́ з насоло́дою цму́лила улю́блене в.** She was sipping her favorite wine with relish. **охоло́джувати** chill; **подава́ти** + *D.* serve sb, **пропонува́ти** + *D.* offer sb, **продукува́ти** produce, **роби́ти** make) **випива́ти ~а́** have some wine ◊ **Пе́ред вече́рею вони́ ви́пили ~а́.** Before dinner, they had some wine. (**налива́ти** + *D.* pour sb ◊ **Нали́ти вам бі́лого ~а́?** Shall I pour you some white wine? **проси́ти** ask for; **хоті́ти** want; **хоті́тися** + *D.* feel like) ◊ **Окса́ні захоті́лося ~а́.** Oksana felt like some wine. **насоло́джуватися ~о́м** enjoy wine (**смакува́ти** relish ◊ **Вона́ смакува́ла яки́мось дороги́м ~о́м.** She was relishing some expensive wine. **сла́витися** be famous for) ◊ **Край сла́виться десе́ртними ~ами.** The land is famous for its dessert wines.
в. + *v.* **броди́ти** ferment ◊ **В. має переста́ти броди́ти.** The wine needs to stop fermenting. **вдаря́ти** + *D.* **в го́лову** go to one's head ◊ **В. вда́рило їй у го́лову.** The wine went to her head. **п'яни́ти** + *A.* intoxicate sb; **ди́хати** breathe ◊ **В. має поди́хати хоч кі́лька хвили́н.** The wine needs to breathe for at least a few minutes. **дозріва́ти** mature; **ли́тися** *or* **текти́** flow ◊ **На ї́хніх збіго́виськах ллє́ться в.** Wine flows at their shindigs.

виногра́д, *m.*, ~у

1 *coll.* grapes
adj. **бі́лий** white, **зеле́ний** green, **муска́тний** muscadine, **чо́рний** black; **ки́слий** sour, **сві́жий** fresh; **соло́дкий** sweet; **сти́глий** ripe
n. + **в. гро́но ~у** a bunch of grapes (**розве́дення** cultivation; **я́года** berry); **врожа́й ~у** grape harvest (**збира́ння** picking) ◊ **пора́ збира́ння ~у** the season of grape picking
v. + **в. виро́щувати в.** grow grapes ◊ **Тут виро́щують бі́лий і чо́рний в.** White and black grapes are grown here. (**збира́ти** harvest ◊ **В. почина́ють збира́ти в сере́дині се́рпня.** They begin to harvest grapes in mid-August. **ї́сти** eat; **чави́ти** crush)
See **я́года**
2 grapevine *(plant)* ◊ **Вони́ посади́ли де́сять кущі́в ~у.** They planted ten grapevine bushes.
See **де́рево, кущ**

вино́с|ити, вино́шу, ~ять; ви́нес|ти, ~уть; *pa. pf., m.* **ви́ніс**, *pl.* **ви́несли**, *tran.*

1 to take out, carry out
adv. **вже** already, **наре́шті** finally, **нега́йно** immediately, **одра́зу** at once, **обере́жно** carefully; **надві́р** outside ◊ **Стіл ви́несли надві́р.** They took the table outside. **ра́зом** together; **ле́две** barely
prep. **в. в.** + *A.* take out into *(a space)* ◊ **Лі́жко ви́несли в коридо́р.** They took the bed out into the corridor. **в. до** + *G.* take out to *(a space)*; **в. з** + *G.* take out from *(a space)* ◊ **Робітники́ ~или мішки́ зі скла́ду.** The workers were taking the sacks from the warehouse. ♦ **в. смі́ття з ха́ти** to wash one's dirty linen in public ◊ **Па́ні Л. вже не впе́рше ~ить смі́ття з ха́ти.** This is not the first time Mrs. L. washes her dirty linen in public. **в. за** + *A.* take out behind sth; **в. на** + *A.* take out on/ to *(a space)* ◊ **Він ви́ніс гній за хлів на горо́д.** He carried the manure behind the cowshed and out to the vegetable garden. ♦ **в. на лю́ди** to make sth public ◊ **Він не хоті́в в. на лю́ди те, що ста́лося.** He did not want to make public what had happened.
2 to carry, convey, take, push, wash, sweep ◊ **За хвили́ну ліфт ви́ніс їх на тридця́тий по́верх.** In a minute, the elevator took them to the thirtieth floor. ◊ **Перепла́кані ко́ні шви́дко ви́несли каре́ту на па́горб.** The frightened horses quickly carried the carriage onto the hill. ◊ **Хви́ля ви́несла його́ на бе́рег.** The wave carried him ashore.
3 *fig.* to learn, be left with ◊ **Лі́на ~ила щось ці́нне з ко́жної розмо́ви з профе́соркою.** Lina learned something valuable from every conversation with her (female) professor.
See **взнава́ти 1.** *Also see* **дізнава́тися, дові́дуватися**
4 to make *(a decision)*, decide ◊ **Обмі́ркува́вши спра́ву, вони́ ви́несли рі́шення.** Having discussed the matter, they made a decision.
See **ви́рішувати 1**
5 to offer, make public, submit
prep. **в. на** + *A.* offer for *(consideration, etc.)* ◊ **Прое́кт ви́несуть на обгово́рення.** The project will be offered for discussion. ◊ **Вона́ ви́несла законопрое́кт на ро́згляд парла́менту.** She submitted the bill for the consideration of Parliament.
See **пропонува́ти**
6 to bear, tolerate, stand, suffer, put up with
adv. **геро́їчно** heroically ◊ **Ді́вчата геро́їчно ~или випро́бування війни́.** The girls heroically suffered the trials of war. **сто́їчно** stoically, **терпля́че** patiently; **ле́две** hardly ◊ **Я́рка ле́две його́ ~ить.** Yarka can hardly stand him. **наси́лу** barely, **я́кось** somehow
v. + **в. бу́ти гото́вим** be ready to; **бу́ти зму́шеним** be forced to, **бу́ти тре́ба** + *D.* need to; **не бу́ти у змо́зі** be unable to ◊ **Іри́на не у змо́зі в. тако́го те́лепня.** Iryna is unable to suffer such a fool. **не бу́ти в ста́ні** be incapable of, **могти́** can ◊ **Спочатку Оле́г міг в. її при́мхи.** Initially, Oleh could tolerate her whims.
See **терпі́ти 1.** *Also see* **мири́тися 3**
pa. pple. **ви́несений** taken out, *etc.*
вино́сь! ви́неси!

винятко́в|ий, *adj.*

1 exceptional, exclusive ◊ **Компа́нія здобула́ в. до́ступ до держа́вного кредитува́ння.** The company gained an exclusive access to government credits.
adv. **абсолю́тно** absolutely, **ду́же** very; **до́сить** rather; **напра́вду** *or* **спра́вді** truly
v. + **в. бу́ти ~им** be exceptional ◊ **Привіле́ї сена́торства ~і й не перехо́дять у спа́док.** The privileges of senatorship are exclusive and not inheritable. (**вважа́ти** + *A.* consider sth; **здава́тися** + *D.* seem to sb; **залиша́тися** remain) ◊ **Ме́неджерове пра́во пі́дпису фіна́нсових папе́рів залиша́лося ~им.** The manager's right to sign financial documents remained exclusive.
2 rare, unique, exceptional ◊ **Оле́нин тала́нт до чужи́х мов напра́вду в.** Olena's talent for foreign languages is truly exceptional. ◊ **краєви́д ~ої краси́** a landscape of exceptional beauty.
See **рідкі́сний**

ви́нят|ок, *m.*, ~ку

exception
adj. **важли́вий** important ◊ **Пра́вило має важли́ві ~ки.** The rule has important exceptions. **вели́кий** big, **вира́зний** clear, **головни́й** main, **помі́тний** notable, **разю́чий** striking; **єди́ний** sole; **невели́кий** small, **рідкі́сний** rare; **частко́вий** partial; **промо́вистий** telling, **ціка́вий** interesting; **конкре́тний** specific ◊ **Виклада́ч зупини́вся на конкре́тному ~ку.** The instructor focused on a specific exception. **особли́вий** special; **можли́вий** possible; **приє́мний** pleasant, **чудо́вий** wonderful; **при́крий** unfortunate, **сумни́й** sad
v. + **в. дозволя́ти в.** grant an exception (**роби́ти для** + *G.* make for sb/sth ◊ **Суддя́ зроби́в в. для хво́рого.** The judge made an exception for the patient. **розгляда́ти** examine; **станови́ти** constitute, represent ◊ **Земля́ стано́вить рідкі́сний в. се́ред плане́т.** The Earth represents a rare exception among the planets. **поклика́тися на** envoke, refer to; **опи́сувати** + *A.* **як** describe sth as, **подава́ти** + *A.* **як** present sth as) ◊ **Ре́чниця міністе́рства подала́ аре́шт як при́крий в.** The ministry spokeswoman presented the arrest as an unfortunate exception. **бу́ти ~ком** be an exception ◊ **Песимісти́чна настано́ва для Оле́сі – ра́дше в., ніж пра́вило.** Pessimistic attitude is an exception rather than the rule for Olesia. (**вважа́ти** + *A.* consider sb/sth; **вигляда́ти** look like, **лиша́тися** remain ◊ **У на́товпі конформі́стів вона́ лиша́лася чудо́вим ~ком.** In the crowd of conformists, she remained a wonderful exception. **става́ти** become)
prep. **без ~ку** without exception ◊ **Володі́ти держа́вною мо́вою пови́нні всі без ~ку службо́вці.** All officials without exception are obliged to have a command of the state language. **за ~ком** + *G.* with the exception of ◊ **Всі отри́мали до́брі оці́нки, за ~ком Павлюка́.** Everybody got good grades with the exception of Pavliuk. **в. з** + *G.* an exception to *(a rule)* ◊ **Вона́ не зверну́ла уваги на в. із пра́вила.** She paid no attention to the exception to the rule.
Also see **рі́дкість.** *Ant.* **пра́вило**

випада́|ти, ~ють; ви́пасти, ви́пад|уть; *pa. pf., m.* **ви́пав**, *pl.* **ви́пали**, *intr.*
1 to fall out, come out
adv. **випадко́во** accidentally, **непомі́тно** unnoticeably, **ча́сто** often; **впе́рше** for the first time; **ра́но** early ◊ **У ньо́го ра́но почало́ в. воло́сся.** His hair started falling out early. **ра́птом** suddenly, **несподі́вано** unexpectedly
n. + **в. гамане́ць** wallet, **квито́к** ticket ◊ **Лі́ля не помі́тила, як у не́ї з кише́ні ви́пав квито́к.** Lilia did not notice the ticket fall out of her pocket. **зуб** tooth, **воло́сся** hair; ♦ **в. з голови́** to get forgotten ◊ **У Петра́ шви́дко ви́пало з голови́ все те, що йому́ сказа́ли на зу́стрічі.** Petro quickly forgot all he had been told at the meeting.
prep. **в. з** + *G.* fall out of sth; **в. на** + *A.* fall out on/to sth ◊ **Перо́ ви́пало з її кише́ні на підло́гу.** The pen fell out of her pocket on the floor.
Also see **вила́зити 4**
2 to fall *(of rain, etc.)* ◊ **Тут рі́дко ~ють дощі́.** It rarely rains here. ◊ **За́втра ма́є ви́пасти сніг.** It is supposed to snow tomorrow. ◊ **Того́ ра́нку не ви́пала роса́.** That morning, there was no dew.
See **па́дати 1**
3 to befall, to happen to, come upon + *D.* ◊ **Їй ви́пало щастя бу́ти на фестива́лі.** She had the good fortune to be at the festival. ♦ **в. на до́лю** + *D.* to be fated, be destined ◊ **На до́лю Полі́щукові ви́пало об'ї́здити світ.** Polishchuk was fated to have traveled the world.
4 to happen, occur, come about ◊ **Восени́ в мі́сті рі́дко коли́ ~ють со́нячні дні.** In fall, sunny days rarely occur in the city.
See **бува́ти 1.** *Also see* **трапля́тися 1**
5 to be done *(obligation due to custom, usu in negated or conditional statements)*, to be customary, should, be awkward *(with negation)*, inappropriate ◊ **~ло б і вам прийти́ на його́ ле́кцію.** You, too, should come to his lecture. ◊ **Не ~є верта́тися з по́дорожі без гости́нця для діте́й.** It is awkward to return from a trip without a present for children. ◊ **Мені́ не ~ло ста́вити Марі́ї такі́ пита́ння.** It was not my place to pose Maria such questions.
Also see **зру́чно 2, ли́чити 2, слід**[2]

випадко́в|ий, *adj.*
accidental, chance, random, fortuitous ◊ **Вони́ завдя́чують знайо́мством ~ій зу́стрічі.** They owe their acquaintance to a chance encounter.
adv. **абсолю́тно** absolutely ◊ **Ві́рина поя́ва на фестива́лі абсолю́тно ~а.** Vira's appearance at the festival is absolutely accidental. **геть** totally, **ціл́ком** completely; **пози́рно** seemingly
v. + **в. бу́ти ~им** be exceptional ◊ **Її комента́р лише́ пози́рно в.** Her comment is only seemingly accidental. (**вважа́ти** + *A.* consider sth; **вигляда́ти** look ◊ **Умеблюва́ння її поме́шкання вигляда́ло як не ціл́ком ~им.** Her apartment furnishing looked completely random. **здава́тися** + *D.* seem to sb)
Also see **дові́льний 2.** *Ant.* **закономі́рний, навми́сний, свідо́мий 2**

випадко́в|ість, *f.*, **~ости**
coincidence, fortuity, chance; accident
adj. **ди́вна** strange, **підозрі́ла** suspicious, **неймові́рна** incredible; **фата́льна** fatal ◊ **Він ле́две не втра́тив зо́ру чере́з фата́льну в.** He nearly lost his vision because of a fatal coincidence. **по́вна** complete, **цілкови́та** utter, **чи́ста** pure; **щасли́ва** happy
prep. **завдяки́ ~ості** thanks to a fortuity; **че́рез в.** because of a fortuity
Also see **ви́падок 2, збіг 1.** *Ant.* **закономі́рність**

ви́пад|ок, *m.*, **~ку**
1 case, occurrence, event
adj. **вира́зний** distinct, **очеви́дний** obvious ◊ **очеви́дний в. дискриміна́ції за мо́вною озна́кою** an obvious case of language-based discrimination; **ясни́й** clear; **звича́йний** common, **класи́чний** classic, **типо́вий** typical, **хрестомати́йний** textbook; **винятко́вий** exceptional, **ізольо́ваний** isolated, **окре́мий** separate, **особли́вий** special; **грани́чний** extreme, **ди́вний** strange, **підозрі́лий** suspicious, **разю́чий** striking; **незвича́йний** unusual; **бана́льний** banal, **про́сти́й** simple, ♦ **неща́сний в.** an accident ◊ **Кі́лькість неща́сних ~ків на доро́гах зме́ншилася.** The number of accidents on the roads decreased. ♦ **про всяк в.** just in case ◊ **Він покла́в у су́мку ліхта́рик про всяк в.** He put a flashlight in his bag just in case. **на в.** + *G. or* **якщо́** in the event (that) ◊ **Вона́ взяла́ парасо́льку на в. дощу́.** She took an umbrella along in the event of rain.
v. + **в. аналізува́ти в.** analyze a case (**бра́ти до ува́ги** take into consideration, **вивча́ти** study; **врахо́вувати** take into account, **розгляда́ти** examine; **ігнорува́ти** ignore, **омина́ти** bypass; **опи́сувати** describe, **підкре́слювати** highlight, **фіксува́ти** record; **зга́дувати** mention ◊ **Разю́чий в. роздво́єння особи́стости зга́дують кі́лька а́вторів.** Several authors mention the striking case of a split personality. **наво́дити** cite; **поя́снювати** account for) ◊ **Теорі́я поя́снює на́віть нетипо́ві ~ки кліти́нних мута́цій.** The theory accounts for even atypical cases of cellular mutations.
в. + *v.* **трапля́тися** occur, **постава́ти** arise, **приверта́ти ува́гу** attract attention ◊ **Ди́вний в. не одра́зу приверну́в її ува́гу.** The strange case did not attract her immediate attention.
Also see **істо́рія 3.** *Cf.* **епізо́д 1, поді́я**
2 coincidence, chance, accident, fortuity ◊ **Він ка́же, що лю́дство завдя́чує відкриття́м зако́ну ґравіта́ції звича́йному ~ку.** He says that humanity owes the discovery of the law of gravitation to a regular accident.
adj. **сумни́й** sad, **щасли́вий** happy ◊ **Те, що він лиши́вся живи́м, – щасли́вий в.** The fact that he stayed alive is a happy coincidence.
See **випадко́вість.** *Also see* **збіг 1**

ви́па|сти, *pf., see* **випада́ти**
to fall out. *etc.* ◊ **У не́ї з кише́ні ~в шмато́к папе́ру.** A piece of paper fell out of her pocket.

виплива́|ти, ~ють; ви́плив|ти, ~уть, *intr.*
1 to flow out, swim out, sail out, set sail
adv. **вдо́світа** before the dawn, **на світа́нку** at sunrise, **ра́но** early ◊ **Він ви́плив ра́но-вра́нці.** He set sail early in the morning.
prep. **в. в** + *A.* sail out in/to *(space)* ◊ **Шху́на пові́льно ~ла у відкри́те мо́ре.** The schooner was slowly sailing out into the open sea. **в. з** + *G.* sail out of sth ◊ **Вітри́льник ви́плив із по́рту.** The sailship left the port. **в. на** + *A.* sail out on/to sth ◊ **Ми́рка ви́пливла на сере́дину о́зера й пірну́ла.** Myrka swam to the middle of the lake and dove. ♦ **в. на пове́рхню** to surface, come to light, become known ◊ **Ра́но чи пі́зно їхні інтри́ґи ви́пливли на пове́рхню.** Sooner or later, their intrigues became known.
Ant. **впливати**[2]
2 *fig.* to appear, emerge, come out ◊ **Із тума́ну ви́пливло три по́статі.** Three figures emerged from the fog. ◊ **Мі́сяць пові́льно ~ав із-за хмар.** The moon slowly appeared from behind the clouds.
See **з'явля́тися 2**
3 *only impf.* to follow *(as conclusion)*
adv. **логі́чно** logically ◊ **З його́ слів ~є, що Іва́н «за».** As it follows from his words, Ivan is in favor. **неуни́кно** inevitably, **очеви́дно** apparently, **я́вно** obviously
виплива́й! ви́пливи!

ви́плив|ти, *var.* **ви́плисти**, *pf., see* **виплива́ти**
to swim out, float out, sail out, emerge ◊ **Вра́нці корабе́ль ви́плив у відкри́те мо́ре.** In the morning, the ship sailed out into the open sea.

ви́правдан|ня, *nt.*
1 justification + *D.* to sth ◊ **Його́ пове́дінці нема́є в.** There is no justification to his behavior.
adj. **будь-яке́** any, **відпові́дне** adequate, **доста́тнє** sufficient, **найме́нше** slightest ◊ **Змі́на пла́ну не ма́ла найме́ншого в.** The change of plan did not have the slightest justification. **пе́вне** some, **переко́нливе** compelling, **прийня́тне** acceptable, **раціона́льне** rational, **резо́нне** reasonable, **розу́мне** clever, **серйо́зне** serious, **спри́тне** shrewd; **незґра́бне** clumsy; **економі́чне** economic, **ети́чне** ethical, **ідеологі́чне** ideological, **інтелектуа́льне** intellectual, **мора́льне** moral, **науко́ве** scientific, **політи́чне** political, **релігі́йне** religious, **теологі́чне** theological, **теорети́чне** theoretical, **філосо́фське** philosophical, **юриди́чне** legal
v. + **в. дава́ти** + *D.* **в.** give sb/sth a justification (**знахо́дити** find ◊ **Вони́ знайшли́ в., щоб скороти́ти персона́л.** They found a justification for staff reduction. **ма́ти** have, **приду́мувати** invent, **пропонува́ти** + *D.* offer sb; **ба́чити** see; **відкида́ти** reject ◊ **Він відки́нув в. як непереко́нливе.** He rejected the justification as unconvincing. **ста́вити під су́мнів** question) ◊ **Газе́та ста́вить в. його́ дій під су́мнів.** The newspaper questions the justification of his actions. **вимага́ти в.** require a justification (**потребува́ти** need) ◊ **Її відсу́тність не потребу́є ~ь.** Her absence needs no justifications.
prep. **в** *or* **на в.** in justification ◊ **На в. Марі́я сказа́ла, що ці́лу ніч не спа́ла.** In her justification, Maria said she had not slept all night. **в. для** + *G.* a justification of sth ◊ **Не могло́ бу́ти в. для тако́ї жорсто́кости.** There could be no justification for such cruelty.
2 exoneration, *leg.* acquittal ◊ **Адвока́тка домогла́ся по́вного в. оска́ржуваного.** The attorney won the defendant's full acquittal.
3 excuse ◊ **Пога́ний на́стрій – це не в. для то́го, щоб не зверта́ти ува́ги на клі́єнтів.** Bad mood is hardly an excuse for not paying attention to clients.
Also see **ба́за 1, осно́ва, підста́ва, при́від, причи́на**

ви́правда|ти, *pf., see* **виправдо́вувати**
to justify ◊ **Пове́дінку Ні́ни неможли́во в.** Nina's behavior is impossible to justify.

виправдо́ву|вати, *var.* **випра́вдувати**, *colloq.*, **~ють; ви́правда|ти, ~ють**, *trans.*
1 to justify, warrant + *I.* by ◊ **Він ~вав пору́шення незна́нням зако́ну.** He justified the violation by his ignorance of the law.
adv. **абсолю́тно** absolutely, **ді́йсно** really, **напра́вду** truly; **ва́жко** *or* **тя́жко** hard, **ле́гко** easy ◊ **Витра́ти ле́гко ви́правдати.** The expenses are easy to justify.
v. + **в. нама́гатися** seek to, **стара́тися** try to ◊ **Вона́ стара́лася ви́правдати свої ва́гання.** She tried to justify her hesitation. **бу́ти ле́гко** be easy to, **бу́ти тя́жко** be hard to ◊ **Підви́щення ціни́ бу́де тя́жко ви́правдати.** The price hike will be hard to justify. **бу́ти тре́ба** + *D.* need to, **бу́ти необхі́дно** be necessary to, **бу́ти можли́во** be possible to, **бу́ти неможли́во** be impossible to ◊ **Його́ байду́жість до вла́сних діте́й неможли́во ви́правдати.** His indifference to his own children is impossible to justify.
prep. **в. пе́ред** + *I.* justify to sb ◊ **Уряд зобов'я́заний ви́правдати бюдже́т пе́ред краї́ною.** The government is obligated to justify the budget to the nation.
Also see **обґрунто́вувати 2**
2 to exonerate, exculpate, *leg.* acquit ◊ **Вона́ наді́ється, що суд ви́правдає чолові́ка.** She hopes the court will acquit her husband.

pa. pple. **ви́правданий** justified; exonerated
виправдо́вуй! ви́правдай!

виправдо́ву|ватися; ви́правдатися, *intr.*
1 to justify oneself, exonerate oneself, exculpate oneself ◊ **Докуме́нт дозволя́є па́ні Ж. ви́правдатися.** The document allows Mrs. Zh. to exonerate herself. ◊ **Він нама́гався ви́правдатися за свої́ контроверсі́йні ви́ступи.** He was trying to justify himself for his controversial appearances.
2 *impf.* to apologize ◊ **Ві́та ста́ла в. за те, що забу́ла про його́ народи́ни.** Vita started apologizing for having forgotten about his birthday. ◊ **Не тре́ба в.!** No need to apologize!
3 to be vindicated, prove to be right, be confirmed
adv. **абсолю́тно** absolutely, **по́вністю** completely, **цілко́м** fully ◊ **Цього́ ра́зу економі́чний прогно́з анаї́тика цілко́м ви́правдався.** This time around, the analyst's economic prognosis was fully vindicated. **поча́сти** in part, **частко́во** partly; **знову** again, **неоднора́зово** more than once

ви́прави|ти, *pf., see* **виправля́ти**
to correct, rectify ◊ **Реда́ктор перечита́в текст і ~в помилки́.** The editor reread the text and corrected mistakes.

ви́прави|тися, *pf., see* **виправля́тися**
to correct oneself; straighten up ◊ **Виклада́ч дав студе́нтові доста́тньо ча́су в. без підка́зки.** The instructor gave the student enough time to correct himself without a prompt.

ви́правлен|ня, *nt.*
1 correction
adj. **дрібне́** minor ◊ **Докуме́нт потребу́є дрібни́х ~ь.** The document needs minor corrections. **мале́ньке** *dim.* small, **невели́ке** small, **незначне́** insignificant; **необхі́дне** necessary; **важли́ве** important, **сутте́ве** essential; **докорі́нне** radical, **рете́льне** thorough
v. + **в. вно́сити в.** introduce a correction ◊ **Реда́ктор вніс ни́зку ~ь до статті́.** The editor introduced a number of corrections into the article. (**роби́ти** make; **відкида́ти** reject; **прийма́ти** accept) ◊ **А́втор прийня́в її́ в.** The author accepted her corrections. **потребува́ти в.** need correction
prep. **на в.** for correction ◊ **Стаття́ відісла́ли на в.** The article was sent for correction.
2 fixing, repair, rectification ◊ **Дефе́кти потребу́ють нега́йного в.** The defects need to be immediately fixed.

виправля́|ти, ~ють; ви́прав|ити, ~лю, ~иш, ~лять, *tran.*
1 to correct, rectify, set right
adv. **згодо́м** eventually, **наре́шті** finally, **одра́зу** immediately, **нега́йно** at once, **пізні́ше** later, **по́хапцем** hastily, **за́раз же** right away ◊ **Вони́ за́раз же ви́правили недо́ліки.** They rectified the drawbacks right away. **шви́дко** quickly; **в оста́нній моме́нт** at the last moment; **на ща́стя** fortunately; **я́кось** somehow
в. + *n.* **в. по́милку** correct a mistake (**вимо́ву** pronunciation, **грама́тику** grammar, **написа́ння** spelling; **докуме́нт** document, **текст** text; **непорозумі́ння** misunderstanding, **стано́вище** situation)
v. + **в. бу́ти ле́гко** be easy to, **бу́ти про́сто** be simple to; **бу́ти необхі́дно** be necessary to, **бу́ти тре́ба** + *D.* need to ◊ **Павли́ні тре́ба нега́йно ви́правити одне́ при́кре непорозумі́ння.** Pavlyna needed to rectify one unfortunate misunderstanding at once. **вимага́ти** demand to ◊ **Він вимага́є ви́правити поми́лки.** He is demanding to correct the mistakes. **відмовля́тися** refuse to, **ма́ти** be supposed to, **могти́** can, **намага́тися** try to, **про́бувати** attempt to; **помага́ти** + *D.* help sb to; **проси́ти** + *A.* ask sb to ◊ **Юрко́ проси́в ї́х в. його́ по́льську.** Yurko asked them to correct his Polish.
prep. **в. з** + *G.* correct from, **в. на** + *A.* correct ◊ **Вона́ ~є текст зі старо́го право́пису на нови́й.** She is correcting the text from the old orthography to the new one.
Also see **поправля́ти 2, реда́ґува́ти, справля́ти 5**
2 to improve, better *(ways, conduct, etc.)*
в. + *n.* **в. настано́ву** improve one's attitude (**поведі́нку** conduct, **робо́ту** work) ◊ **І́гор пообіця́в ви́правити свою́ робо́ту.** Ihor promised to improve his work.
See **покра́щувати**
pa. pple. **ви́правлений** corrected
виправля́й! ви́прав!

виправля́|тися; ви́правитися, *intr.*
1 to correct oneself ◊ **Вона́ зроби́ла по́милку в підраху́нках, але шви́дко ви́правилася.** She made a mistake in her calculations but quickly corrected herself.
Also see **поправля́тися 1**
2 to mend one's ways *(conduct)* ◊ **Він обіця́є ви́правитися і не кра́сти.** He promises to mend his ways and not steal.
3 to straighten up, stand upright ◊ **Петро́ве ті́ло зані́міло так, що він не одра́зу міг ви́правитися.** Petro's body had gotten so numb that he could not straighten up right away.

ви́прасува|ти, *pf., see* **прасува́ти**
to iron, press ◊ **За годи́ну він ~в біли́зну.** In one hour, he pressed the laundry.

ви́пра|ти, *pf., see* **пра́ти**
to wash, launder ◊ **Лі́дія одра́зу ~ла і ви́сушила о́дяг.** Lidiia washed and dried the clothes.

випробо́вуван|ня, *nt.*
testing, process of testing, trial ◊ **Пі́сля в. нови́й літа́к оголоси́ли абсолю́тно безпе́чним.** After the testing, the new airplane was pronounced absolutely safe.
adj. **обов'язко́ве** obligatory, **техні́чне** technical; **всебі́чне** comprehensive, **рете́льне** thorough, **серйо́зне** serious, **трива́ле** lengthy; **виріша́льне** decisive; **пе́рше** first, **насту́пне** next, **оста́ннє** final; **успі́шне** successful
v. + **в. влашто́вувати в.** arrange a testing (**організо́вувати** organize, **прово́дити** conduct; **прохо́дити** pass) ◊ **Пра́лка успі́шно пройшла́ в.** The washing machine successfully passed the trial.
prep. **в. на** + *A.* testing for sth ◊ **в. на токси́чність** a trial for toxicity
G. pl. **~ь**
Cf. **випро́бування**

випробо́ву|вати ~ють; ви́пробу|вати, ~ють, *tran.*
to test, try, put to a test ◊ **Вона́ встигла ви́пробувати деся́тки літакі́в.** She managed to test dozens of aircraft.
adv. **відпові́дно** adequately, **всебі́чно** comprehensively ◊ **Миросла́ва спе́ршу всього́ всебі́чно ви́пробувала лижі.** First of all Myroslava comprehensively tested the skis. **нале́жно** properly, **по́вністю** fully, **рете́льно** thoroughly, **серйо́зно** seriously; **обов'язко́во** obligatorily; **експеримента́льно** experimentally, **емпі́рично** empirically, **клі́нічно** clinically, **науко́во** scientifically; **мора́льно** morally, **фізи́чно** physically; **одноча́сно** simultaneously; **періоди́чно** periodically, **реґуля́рно** regularly, **системати́чно** systematically; **техні́чно** technically; **індивідуа́льно** individually, **окре́мо** separately; **незале́жно** independently; **успі́шно** successfully ◊ **Проце́сор успі́шно ви́пробували.** The processor was successfully tested. **форма́льно** formally
v. + **в. бу́ти ва́жко** be difficult to ◊ **Ва́жко в. механі́зм у шту́чних умо́вах.** It is difficult to test the mechanism under artificial conditions. **бу́ти необхі́дно** be necessary to, **бу́ти тре́ба** + *D.* need to ◊ **Сплав тре́ба ви́пробувати.** The alloy needs to be tested. **вирі́шувати** decide to, **намага́тися** seek to, **стара́тися** try to; **ма́ти змо́гу** have an opportunity to, **ма́ти намі́р** have the intention to, **хоті́ти** want to ◊ **Він хоті́в ви́пробувати велосипе́д.** He wanted to test the bicycle.
prep. **в. на** + *A.* test for sth ◊ **Він ви́пробував ки́йок на гну́чкість.** He tested the stick for flexibility. **в. на** + *L.* test on sb/sth ◊ **Нові́ ~вали на лаборато́рних миша́х.** The new drug was tested only on laboratory mice.
pa. pple. **ви́пробуваний** tested
випробо́вуй! ви́пробуй!
Also see **про́бувати 1**

випро́буван|ня, *nt.*
1 test, trial ◊ **Зо́на ~ь я́дерної збро́ї забру́днена на столі́ття.** The area of nuclear weapons tests has been contaminated for centuries.
adj. **вели́ке** large, **повномасшта́бне** large-scale; **вичерпне** exhaustive, **всебі́чне** comprehensive, **докла́дне** detailed, **рете́льне** thorough, **скрупульо́зне** scrupulous, **широ́ке** wide; **пе́рвісне** initial, **попере́днє** preliminary; **станда́ртне** standard; **емпіри́чне** empirical, **експеримента́льне** experimental, **лаборато́рне** laboratory, **польове́** field; **успі́шне** successful; **клі́нічне** clinical ◊ **Препара́т пройшо́в клі́нічні в.** The medicine underwent clinical trials. **меди́чне** medical; **контрольо́ване** controlled
в. + *n.* **в. збро́ї** weapons test (**лі́ків** drug; **ново́ї моде́лі авті́вки** new car model, *etc.*)
n. + **в. да́ні в.** test data ◊ **Він запита́в да́ні оста́ннього в.** He requested the last test data. (**стати́стика** statistics; **діапазо́н** range, **ета́п** stage, **фа́за** phase; **мі́сце** site ◊ **Вона́ ма́є застере́ження що́до мі́сця в.** She has reservations as to the test site. **пері́од** period, **умо́ви** conditions; **ме́тод** method, **програ́ма** program, **процеду́ра** procedure, **систе́ма** system; **результа́т** result); **кі́лькість ~ь** number of tests (**се́рія** series)
v. + **в. прово́дити в.** carry out a trial (**закі́нчувати** complete, **припиня́ти** stop; **почина́ти** start, **продо́вжувати** continue; extend ◊ **В. продо́вжили на мі́сяць.** They extended the trial for a month. **прохо́дити** undergo) ◊ **Шту́чна нога́ пройшла́ в. на лю́дях.** The artificial leg underwent human trials. **бра́ти у́часть у ~ні** take part in a trial
в. + *v.* **виявля́ти** + *A.* reveal sth ◊ **В. ви́явили важли́ві недо́ліки ново́го па́лива.** The trials revealed important drawbacks of the new fuel. **демонструва́ти** + *A.* demonstrate sth, **сві́дчити** + *A.* evidence sth ◊ **В. засві́дчило зме́ншення побі́чних ефе́ктів від препара́ту.** The trial evidenced a reduction of the side effects of the drug.
prep. **в. на** + *A.* trial for sth ◊ **в. на еласти́чність** a trial for elasticity
Cf. **випробо́вування**
2 *fig.* trial, ordeal, hardship
adj. **вели́ке** great, **висна́жливе** grueling ◊ **висна́жливе в. на витрива́лість** a grueling endurance test; **жорсто́ке** cruel, **серйо́зне** serious, **страшне́** terrible, **суво́ре** severe, **тяжке́** difficult; **виріша́льне** decisive, **оста́ннє** final; **неаби́яке** extraordinary ◊ **Він ви́тримав неаби́яке в. на зрі́лість.** He passed an extraordinary test for maturity. **серйо́зне** serious, **спра́вжнє** real
v. + **в. влашто́вувати в.** arrange a trial (**прово́дити** carry out; **пережива́ти** survive ◊ **Ніхто́ не зна́є, чи ї́хні почуття́ пережи́ву́ть в. ча́сом.** Nobody knows whether or not their feelings will survive the test of time. **прохо́дити** pass) ◊ **Лука́ш пройшо́в в. на вразли́вість.** Lukash passed a vulnerability test. **бу́ти ~ням**

be a test ◊ **Прису́тність ма́тері була́ для них ~ням на терпи́мість.** Their mother's presence was a tolerance test for them. (**виявля́тися** turn out, **става́ти** become)
prep. **в. на** + *A.* test for sth
Also see **і́спит 2.** *Cf.* **випробо́вування**

ви́пробува|ти, *pf., see* **випробо́вувати**
to test, try out, put to the test ◊ **Він ~в сті́лець на мі́цність.** He has tested the chair for sturdiness.

ви́пуск, *m.*, **~у**
1 release, issuing, publication
adj. **неда́вній** recent, **нови́й** new, **оста́нній** latest ◊ **Оста́нній в. нови́н став шо́ком для прису́тніх.** The latest news release became a shock to all those present. **нега́йний** immediate, **обі́цяний** promised; **насту́пний** subsequent, **попере́дній** previous; **запі́знений** belated, **пі́зній** late; **ра́нній** early, **передча́сний** premature; **очі́куваний** anticipated; **неочі́куваний** unanticipated, **несподі́ваний** unexpected, **рапто́вий** sudden; **комерці́йний** commercial, **офіці́йний** official ◊ **Офіці́йний в. кни́жки полі́тика відбу́деться в субо́ту.** The official release of the politician's book will take place on Saturday.
в. + *n.* **в. альбо́му** an album release (**кни́жки** book, **підру́чника** textbook ◊ **Вони́ чека́ли на в. ново́го підру́чника.** They waited for the publication of the new textbook. **компа́кт-ди́ску** CD/DVD, **фі́льму** movie)
n. + **в. да́та ~у** the release date ◊ **Він знає да́ту ~у фі́льму.** He knows the film release date. (**день** day, **час** time; **умо́ви** terms)
v. + **в. здійснювати в.** carry out a release ◊ **В. пе́ршого числа́ журна́лу здійсни́ли спі́льно.** The release of the magazine's first issue was carried out jointly. (**організо́вувати** organize, **планува́ти** plan ◊ **В. альбо́му співа́чки запланува́ли на поча́ток ве́ресня.** The release of the (female) singer's album was planned for early September. **оголо́шувати** announce; **очі́кувати** anticipate; **блокува́ти** block, **затри́мувати** delay, **ста́вити під загро́зу** put in jeopardy) ◊ **Сканда́л поста́вив під загро́зу в. фі́льму.** The scandal put the movie release in jeopardy. **запобіга́ти ~у** *or* **~ові** prevent a release ◊ **Вона́ змогла́ запобі́гти ~ові програ́ми.** She managed to prevent the publication of the program.
в. + *v.* **вихо́дити** come out, **з'явля́тися** appear, **продава́тися** sell ◊ **В. альбо́му до́бре продається.** The release of the album sells well.
prep. **в. на** + *A.* release on sth ◊ **Оре́сті імпонува́ла іде́я ~у її кни́жки на компа́кт-ди́ску.** Oresta fancied the idea of releasing her book on a CD.
Also see **вида́ння 2, ви́хід 3, публіка́ція 2**
2 release, setting free *(from prison, etc.)* ◊ **В. затри́маних ма́ли здійсни́ти за два дні.** The release of the detainees was supposed to be carried out in two days.
prep. **в. з** + *G.* release from *(a place)* ◊ **в. хво́рого з ліка́рні** a patient's release from hospital
See **випуска́ти 1**
3 edition *(of newspaper, etc.)*, issue, broadcast, newscast
adj. **ранко́вий** morning ◊ **В ранко́вому ~у нови́н було́ ма́ло подро́биць про викра́дення літака́.** There was little detail about the airplane highjacking in the morning news edition. **де́нний** daytime, **вечі́рній** evening; **запізні́лий** belated, **ра́нній** early; ♦ **е́кстренний в. нови́н** a breaking news edition; **терміно́вий** urgent; **ціка́вий** interesting ◊ **особли́во ціка́вий в. телепрогра́ми** a particularly interesting edition of a TV show
v. + **в. готува́ти в.** prepare an edition ◊ **У сту́дії готува́ли терміно́вий в. нови́н.** A breaking news edition was being prepared in the studio. (**передава́ти** air, **роби́ти** produce; **диви́тися** watch, **слу́хати** listen to; **пропуска́ти** miss) ◊ **Він пропусти́в оста́нній в. переда́чі.** He missed the last edition of the broadcast.
prep. **в ~у** in an edition
Also see **переда́ча 2**
4 graduation, graduating class
adj. **бакала́врський** bachelor's, **маґісте́рський** master's, **університе́тський** university, **шкі́льний** secondary-school; **оста́нній** last, **пе́рший** first ◊ **пе́рший маґісте́рський в. факульте́ту місько́го планува́ння** the first graduating class of the MA program in the Department of Urban Planning
Cf. **клас 2**

випуска́|ти, ~ють; ви́пуст|ити, ви́пущу, ~ять, *tran.*
1 to let go, let out, unleash, untie; drain, pour out ◊ **Уве́чері Юрко́ ~в пса побі́гати.** At night, Yurko would let the dog out to run around.
adv. **вже** already, **зго́дом** eventually, **наре́шті** finally, **нега́йно** at once, **обов'язко́во** definitely; **періоди́чно** periodically, **час від ча́су** from time to time, **ча́сто** often
v. + **в. бу́ти тре́ба** + *D.* need to ◊ **Йому́ тре́ба ви́пустити во́ду з басе́йну.** He needs to drain the water from the swimming pool. **прихо́дити** come to ◊ **Раз на день вартови́й прихо́див ви́пустити в'я́зня погуля́ти.** Once a day, the guard came to let the prisoner out for a walk. **проси́ти** + *A.* ask sb to; **хоті́ти** want to
prep. **в. в** + *A. dir.* to release in/to *(a space)* ◊ **Вона́ ви́пустила коро́ви в по́ле па́стися.** She let the cows into the field to graze. **в. до** + *G.* let out to sb ◊ **Хло́пець проси́в ба́тька ви́пустити його́ до дру́зів поба́витися.** The boy asked his father to let him go to his friends to play. **в. з** + *G.* release from *(a place)* ◊ **Уча́сників перемо́вин не ~ли з кімна́ти аж до ве́чора.** They did not allow the talks participants out of the room till the very evening. **в. на** + *A.* let on/to *(a space)* ◊ **Чаба́н ви́пустив ове́ць на лу́ку.** The shepherd let the sheep onto the meadow.
2 to drop, let go of, let slip, lose hold of ◊ **Від висна́ження ворота́р ча́сто ~в із рук м'яч.** Out of exhaustion, the goalie often let the ball slip from his hands. ◊ **Маля́р не ~в із рук пе́нзля.** The artist would not let go of his brush.
3 to release, set free, set at liberty
adv. **вже** already, **зго́дом** eventually, **наре́шті** finally, **неда́вно** recently, **ско́ро** soon ◊ **Її ма́ли ско́ро ви́пустити.** She was supposed to be released soon. **що́йно** just now; **без попере́дніх умо́в** without prior conditions, **невідкла́дно** without delay, **нега́йно** immediately; **за ви́куп** for ransom; **незако́нно** illegally
v. + **в. вимага́ти** demand to ◊ **Студе́нти вимага́ли ви́пустити всіх затри́маних.** The students demanded to release all those detained. **обіця́ти** + *D.* promise sb to ◊ **Викрада́чі обіця́ли полі́ції ви́пустити зару́чників за мільйо́н гри́вень.** The kidnappers promised the police to release the hostages for ₴1,000,000. **проси́ти** + *A.* ask sb to
prep. **в. з** + *G.* release from *(a place)* ◊ **Його́ ви́пустять із в'язни́ці че́рез три ро́ки.** They will release him from prison in three years. **в. на** + *A.* let on/to sth ♦ **в. на во́лю** set sb free ◊ **Він мрі́яв про день, коли́ його́ ви́пустять на во́лю.** He dreamed of the day he would be set free.
4 to produce, manufacture, turn out ◊ **На заво́ді ~ють запчасти́ни.** They produce spare parts at the plant.
See **виробля́ти 1**
5 to publish, issue ◊ **Це видавни́цтво ви́пустило альбо́м її світли́н.** The publishing house issued an album of her photographs.
See **видава́ти 1, публікува́ти.** *Also see* **мі́стити 3**
6 to issue, emit ◊ **Націона́льний банк ви́пустив нову́ банкно́ту.** The National Bank emitted a new bank note.
7 to train, educate ◊ **єди́ний університе́т у краї́ні, що ~є спеція́лістів із палеоантрополо́гії** the only university in the country that trains specialists in paleoanthropology
See **вчи́ти 1, навча́ти.** *Also see* **вивча́ти 4**
8 *only pf.* to leave out, cut, remove, omit
в. + *n.* **в. лі́теру** omit a letter (**звук** sound, **кінці́вку** ending, **ре́чення** sentence, **склад** syllable, **у́ступ** paragraph ◊ **Щоб скороти́ти текст, а́втор ви́пустив два у́ступи.** To shorten the text, the author cut two paragraphs. **поча́ток** beginning, **фіна́л** finale, *etc.*)
See **скоро́чувати 1**
9 to let out, show, put out; sprout *(of plants. etc.)*; untuck *(a shirt)* ◊ **Кіт ви́пустив па́зури.** The cat put out his claws. ◊ **Дере́ва ~ли зеле́ні па́гони.** The trees were putting out green sprouts. ◊ **Він за́вжди́ ~в соро́чку пове́рх штані́в.** He always untucked his shirt over pants.
pa. pple. **ви́пущений** issued, released, *etc.*
випуска́й! ви́пусти!

випускни́к, *m.*; **випускни́ця**, *f.*
graduate, alumnus ◊ **Він – в. Націона́льного університе́ту і́мени Шевче́нка.** He is a graduate of the National Shevchenko University.
adj. **неда́вній** recent, **нови́й** new, **новоспе́чений** *iron.* brand-new; **славе́тний** famous ◊ **Шко́ла впе́рше прийма́ла свого́ славе́тного ~а́.** For the first time, the school was hosting its famous alumnus.
n. + **в. бал ~і́в** graduates' ball (**зу́стріч** get-together) ◊ **Традиці́йна зу́стріч ~і́в відбува́лася в оста́нню субо́ту тра́вня.** The traditional graduates' get-together took place on the last Saturday of May.
в. + *n.* **в. акаде́мії** an academy graduate (**інститу́ту** institute, **університе́ту** university, **факульте́ту** faculty, department, school, **шко́ли** school ◊ **в. Ірпі́нської сере́дньої шко́ли №3** a graduate of Irpin High School No.3
в. + *v.* **збира́тися** gather ◊ **~и́ шко́ли 1990 ро́ку ви́пуску збира́лися на пікні́к.** The alumni of the school, class of 1990, were gathering for a picnic. **зустріча́тися** meet; **відзнача́ти** + *A.* mark sth, **святкува́ти** + *A.* celebrate sth

ви́пусти|ти, *pf., see* **випуска́ти**
to release, set free; publish ◊ **Його́ ~ли завдяки́ вруча́нню адвока́та.** He was released thanks to the intercession of a lawyer.

виража́|ти, ~ють; ви́раз|ити, ви́ражу, ~ять, *tran.*
to express, be an expression of, convey
adv. **правди́во** truthfully ◊ **Пое́т правди́во ~в на́строї інтелектуа́лів.** The poet truthfully expressed the intellectuals' mood. **переко́нливо** convincingly, **реалісти́чно** realistically; **влу́чно** aptly, **га́рно** beautifully, **до́бре** well, **майсте́рно** masterfully ◊ **А́втор майсте́рно ~є відчу́женість геро́їні.** The author masterfully expresses the heroine's alienation. **відкри́то** openly, **експліци́тно** explicitly, **імпліци́тно** implicitly, **метафори́чно** metaphorically, **опосередко́вано** in a roundabout way; **докла́дно** precisely, **лаконі́чно** laconically, **розбі́рливо** articulately, **то́чно** accurately, **чі́тко** distinctly, **я́сно** clearly; **ко́ротко** briefly, **сти́сло** concisely; **барви́сто** colorfully, **красномо́вно** eloquently; **безда́рно** ineptly, **невда́ло** infelicitously, **незгра́бно** clumsily
в. + *n.* **в. ду́мку** express an opinion (**перекона́ння** conviction ◊ **Лев рі́дко коли́ ~в перекона́ння відкри́то.** Lev rarely ever expressed his convictions openly. **ентузія́зм** enthusiasm, **задово́лення** satisfaction, **захо́плення** excitement, **ра́дість** joy; **підтри́мку** support; **почуття́** feeling; **занепоко́єння**

concern, **співчуття́** sympathy, **су́мнів** doubt; **біль** pain, **журбу́** anguish, **триво́гу** anxiety; **воро́жість** hostility, **несхва́лення** disapproval, **о́суд** opprobrium, **підо́зру** suspicion; **іро́нію** irony, **сарка́зм** sarcasm)
v. + **в. бу́ти зда́тним** be capable of, **вдава́тися** + *D.* succeed in, **змогти́** *pf.* manage to ◊ **Як вона́ змогла́ ви́разити так бага́то в кілько́х слова́х!** How did she manage to express so much in a few words! **вмі́ти** be able to ◊ **Акто́р уміє ви́разити складні́ почуття́.** The actor is able to express complex feelings. **знахо́дити спо́сіб** find a way to, **могти́** can, **нама́гатися** try to, **стара́тися** seek to, **хоті́ти** want to; **бу́ти неспромо́жним** be incapable of
pa. pple. **ви́ражений** expressed
виража́й! ви́рази!
Also see **вилива́ти 3, висло́влювати, відобража́ти 1, передава́ти 4**

виража́|тися; ви́разитися, *intr.*
to express oneself; to be expressed ◊ **У її оча́х ~лася надія.** Hope was expressed in her eyes. ◊ **На́віть у поста́ві його́ ті́ла ~лося вага́ння.** Hesitation was expressed even in the posture of his body.
Also see **висло́влюватися, малюва́тися 3**

ви́рази|ти, *pf., see* **виража́ти**
to express, voice ◊ **Інна ~ла ду́мку не зо́всім переко́нливо.** Inna expressed her thought not quite convincingly.

ви́раз, *m.*, **~у**
1 expression, phrase ◊ **Текст бага́тий сокови́тими ~ами.** This text abounds in juicy expressions.
adj. **вда́лий** fitting, **влу́чний** apt ◊ **Надія ма́ла напоготові влу́чний в.** Nadiia had an apt expression at the ready. **невда́лий** infelicitous ◊ **Він попроси́в проба́чення за невда́лий в.** He apologized for the infelicitous expression. **архаї́чний** archaic, **забу́тий** forgotten, **застарі́лий** obsolete, **що старі́є** obsolescent; **брудни́й** dirty, **вульґа́рний** vulgar, **лайли́вий** obscene; **діале́ктний** dialectal, **наро́дний** folk; **розмо́вний** colloquial; **звича́йний** common, **щоде́нний** everyday; **ідіомати́чний** idiomatic, **фразеологі́чний** phraseological; **ориґіна́льний** original, **сві́жий** fresh; **заї́жджений** *or* **заяло́жений** hackneyed
v. + **в. вжива́ти в.** use an expression ◊ **Марко́ не чув, щоб вона́ вжива́ла лайли́ві ~и.** Marko did not hear her use obscene expressions. (**зустріча́ти** come across, **чу́ти** hear); **вдава́тися до ~у** resort to an expression ◊ **Письме́нник ча́сто вдає́ться до цього́ коли́сь сві́жого ~у.** The writer often resorts to this once fresh expression. **зловжива́ти ~ом** abuse an expression, **пересипа́ти** + *A.* **~ами** pepper sth with expressions
Also see **зворо́т 3, ідіо́ма, фігу́ра 9, фо́рмула 2, фра́за**
2 look, countenance, appearance, expression
adj. **ла́гідний** kind, **те́плий** warm; **звитя́жний** triumphant, **перемо́жний** victorious ◊ **Іва́н повідо́мив її про ґрант із перемо́жним ~ом.** Ivan informed her about the grant with a victorious expression. **щасли́вий** happy; **відсу́тній** vacant ◊ **Він слу́хав із відсу́тнім ~ом на обли́ччі.** He listened with a vacant look on his face. **вто́млений** tired, **здиво́ваний** surprised, **розгу́блений** confused, **спантели́чений** bewildered; **суво́рий** stern; **неви́нний** innocent, **побо́жний** pious, **святе́нницький** sanctimonious ◊ **Її обли́ччя набра́ло святе́нницького ~у.** Her face took on a sanctimonious expression. **ди́вний** strange, **загадко́вий** enigmatic, **змо́вницький** conspiratorial; **знева́жливий** disdainful, **знуща́льний** mocking, **іроні́чний** ironic, **презирли́вий** scornful, **саркасти́чний** sarcastic, **цині́чний** cynical; **насторо́жений** guarded, **недові́рливий** distrustful; **гні́вний** angered, **лю́тий** furious, **серди́тий** angry; **жа́лібний** doleful, **жа́лобний** mournful, **співчутли́вий** sympathetic; **заду́мливий** pensive, **зосере́джений** focused, **мрі́йли́вий** dreamy, **спокі́йний** calm, **ува́жний** attentive; **сумни́й** sad, **триво́жний** concerned, **тужни́й** melancholic; **вра́жений** stunned, **зля́каний** frightened, **шоко́ваний** shocked
v. + **в. зберіга́ти в.** maintain an expression ◊ **Про́тягом церемо́нії па́ні Т. нама́галася зберіга́ти жа́лобний в.** Throughout the ceremony, Mrs. T. tried to maintain a mournful countenance. (**ма́ти** have ◊ **Він мав розгу́блений в.** He had a confused expression. **міня́ти** change, **носи́ти** wear, **чита́ти** read); **набира́ти ~у** take on an expression (**набува́ти** *or* **прибира́ти** assume) ◊ **Її обли́ччя набуло́ байду́жого ~у.** Her face assumed an indifferent expression.
в. + *v.* **затри́муватися** linger, **лиша́тися** remain ◊ **На її обли́ччі залиша́вся недові́рливий в.** A distrustful expression remained on her face. **зника́ти** disappear; **з'явля́тися** appear ◊ **На її обли́ччі з'яви́вся ла́гідний в.** A kind expression appeared on her face.
Also see **мі́на**[1]

ви́р|іб, *m.*, **~обу**
product, artifact, manufactured article
adj. **високоя́кісний** quality, **га́рний** good; **дефе́ктний** defective; **господа́рський** household, **комерці́йний** commercial, **спожи́вчий** consumer; ♦ **бляша́ні ~оби** tinware, ♦ **залі́зні ~оби** ironware ◊ **У цій крамни́ці продаю́ть високоя́кісні залі́зні ~оби.** Quality ironware is sold in this store. ♦ **керамі́чні ~оби** earthenware, ceramics, ♦ **промисло́ві ~оби** industrial goods; **худо́жній** artistic
v. + **в. доставля́ти в.** deliver a product ◊ **В. доста́вили за три дні.** The product was delivered in three days. (**замовля́ти** order, **купува́ти** buy, **постача́ти** supply, **продава́ти** sell ◊ **Де́які спожи́вчі ~оби продава́тимуть зі зни́жкою.** Some consumer goods will be sold at a discount. **продукува́ти** produce, **роби́ти** make; **просува́ти** promote, **рекламува́ти** advertise; **виво́зити** *or* **експортува́ти** export ◊ **Майстер експорту́є свої́ худо́жні ~оби до За́хідної Євро́пи.** The master exports his art products to Western Europe. **вво́зити** *or* **імпортува́ти** import)
See **проду́кт 1**

ви́різа|ти, *pf., see* **вирі́зувати, рі́зати 4**
to cut out, *etc.* ◊ **Хтось ~в на па́рті своє́ ім'я́.** Somebody carved his name on the desk.

вирі́зу|вати, ~ють; ви́різати, ви́ріж|уть, *tran.*
1 to cut out
adv. **акура́тно** neatly ◊ **Вона́ акура́тно ви́різала з карто́ну двох я́нголів.** She neatly cut two angels out of cardboard. **га́рно** nicely, **майсте́рно** skillfully; **шви́дко** quickly ◊ **Хло́пець шви́дко ви́різав гі́лку з бере́зи.** The boy quickly cut a branch from the birch.
v. + **в. бра́тися** get down to ◊ **Він узя́вся в. з дерев'я́ної до́шки спи́нку для стільця́.** He got down to cutting a back for the chair out of a wooden board. **почина́ти** begin to, **ста́ти** *pf.* start to
prep. ◊ **Марія ~вала з газе́т ціка́ві матеріяли.** Maria cut interesting stories out of newspapers.
2 to carve *(wood)*
adv. **впра́вно** deftly, **майсте́рно** skillfully, **шви́дко** quickly; **зазвича́й** *or* **звича́йно** usually ◊ **Ра́ми звича́йно ~ють із сосни́.** Frames are usually carved out of pine. **традиці́йно** traditionally ◊ **Іконоста́си традиці́йно ~вали з ли́пи.** Iconostases were traditionally carved out of linden. **як пра́вило** as a rule
Also see **рі́зати 4**
3 to massacre, butcher ◊ **Ри́мляни ~вали й пали́ли всіх і вся на своїм шляху́.** The Romans massacred and burned everybody and everything on their way.
Also see **рі́зати 2**
pa. pple. **ви́різаний** cut out, carved
вирі́зай! ви́ріж!

виріша́льн|ий, *adj.*
1 decisive, conclusive, deciding
adv. **абсолю́тно** absolutely, **без су́мніву** without a doubt; **потенці́йно** potentially ◊ **Експериме́нт вступи́в у потенці́йно ~у ста́дію.** The experiment entered a potentially decisive stage.
v. + **в. бу́ти ~им** be decisive ◊ **Вони́ стоя́ть пе́ред ~ою би́твою.** They are faced with a decisive battle. (**вважа́ти** + *A.* consider sth ◊ **Її го́лос вважа́ли ~им.** Her vote was considered to be decisive. **виявля́тися** turn out, prove; **здава́тися** + *D.* seem to sb; **оголо́шувати** + *A.* announce sth, **става́ти** become) ◊ **Економі́чні са́нкції ста́ли ~ими у розв'яза́нні конфлі́кту.** The economic sanctions became decisive in the resolution of the conflict.
prep. **в. для** + *G.* decisive for sth ◊ **У́часть мо́лоді ви́явилася ~ою для перемо́ги кандида́та.** Youth participation turned out to be decisive for the candidate's victory.
2 crucial, critical, pivotal, paramount ◊ **Він контролюва́в ~у га́лузь еконо́міки.** He was in control of a critical branch of the economy.
See **важли́вий 2.** *Also see* **ваго́мий 2, ва́ртий 2, відповіда́льний 2, життє́вий 3, значни́й 2, крити́чний 3, пова́жний 4, помі́тний 3, рішу́чий 3, серйо́зний 3**

ви́ріши|ти, *pf., see* **вирі́шувати**
to decide ◊ **Суддя́ ~в спра́ву на ї́хню ко́ристь.** The judge decided the case in their favor.

вирі́шу|вати, ~ють; ви́ріш|ити, ~ать, *tran.*
1 to decide, resolve; make up one's mind ◊ **Ми нічо́го й не ви́рішили.** We made no decision.
adv. **одноосі́бно** single-handedly, **сам** alone ◊ **Марія сама́ ~вала все, що стосува́лося господа́рства.** Maria decided alone everything that had to deal with the household. **колекти́вно** collectively, **ра́зом** together; **навми́сно** deliberately ◊ **Вона́ навми́сно ви́рішила вчини́ти по-сво́єму.** She deliberately decided to act her way. **спеція́льно** expressly; **резо́нно** sensibly, **розу́мно** wisely, **свідо́мо** consciously, **тве́рдо** firmly; **блискави́чно** in a flash, **ґвалто́вно** abruptly, **нега́йно** immediately, **за́раз же** right away, **ра́птом** suddenly, **шви́дко** quickly; **спра́вді** really, **факти́чно** effectively, in fact; **капри́зно** capriciously, **сваві́льно** arbitrarily; **ле́две** scarcely, **наси́лу** barely; **ма́йже** almost; **вре́шті-ре́шт** eventually, **наре́шті** finally, **остато́чно** ultimately; **я́кось** somehow; **ніко́ли не** never, **нія́к не** in no way; **ва́жко** with difficulty; **неохо́че** reluctantly; **вже** already
v. + **в. бу́ти ва́жко** + *D.* be difficult to ◊ **Їм було́ ва́жко ви́рішити, як заінвестува́ти гро́ші.** It was difficult for them to decide how to invest the money. **бу́ти ле́гко** + *D.* be easy to; **ма́ти** be supposed to; **му́сити** must; **не могти́** cannot ◊ **До́ра до́вго не могла ви́рішити, що роби́ти з си́ном.** For a long time, Dora could not decide what to do with her son. **нама́гатися** try to
Also see **вино́сити 4, заду́мувати 2, зва́жувати 2, розсу́джувати 2**
2 to solve, find solution, resolve
adv. **вже** already, **вре́шті-ре́шт** eventually, **наре́шті** finally, **остато́чно** ultimately; **го́ловно** mainly, **наполови́ну** half ◊ **Пробле́му ви́рішили наполови́ну.** The problem was half-resolved. **по́вністю** fully, **ціко́м** completely; **поча́сти** in part, **частко́во** partially; **спра́вді** really, **факти́чно**

actually, in fact; **ле́две** scarcely, **наси́лу** barely; **майже** almost; **не обов'язко́во** not necessarily; **адеква́тно** adequately, **задові́льно** satisfactorily, **нале́жно** properly, **успі́шно** successfully ◊ **Вона́ успі́шно ~вала одну́ математи́чну зада́чу за і́ншою.** She successfully solved one mathematical problem after another. **з гото́вністю** readily, **ле́гко** easily, **шви́дко** quickly; **я́кось** somehow; **ніко́ли не** never, **ня́к не** in no way ◊ **Ві́ктор ня́к не виріши́ть диле́ми.** Viktor will in no way solve the dilemma. **ва́жко** with difficulty
v. + **в. бу́ти ва́жко** + *D.* be difficult to; **бу́ти ле́гко** + *D.* be easy to ◊ **Конфлі́кт ле́гко ви́рішити.** The conflict is easy to solve. **бу́ти неможли́во** be impossible to; **могти́** can, **намага́тися** try to, **про́бувати** attempt to; **(до) помага́ти** + *D.* help sb to
pa. pple. **ви́рішений** decided, solved ◊ **Це ви́рішене пита́ння.** This is a done issue.
вирі́шуй! ви́ріши!

виробля́|ти, *var.* **виро́блю|вати, ~ють; ви́роб|ити, ~лю, ~иш, ~лять**, *tran.*
1 to make, manufacture, produce ◊ **Обла́днання ~ють у Лу́цьку.** The equipment is made in Lutsk.
adv. **бездога́нно** impeccably, **га́рно** beautifully, **майсте́рно** masterfully; **ефекти́вно** effectively; **де́шево** cheaply; **незале́жно** independently; **реґуля́рно** regularly, **щорі́чно** annually; **комерці́йно** commercially, **промисло́во** industrially, **професі́йно** professionally
v. + **в. бу́ти гото́вим** be ready to, **бу́ти зда́тним** be able to; **бу́ти тре́ба** + *D.* need to; **дозволя́ти** + *D.* allow sb to, **допомага́ти** + *D.* help sb to; **могти́** can; **почина́ти** begin to ◊ **Насту́пного ро́ку вони́ почну́ть промисло́во в. проте́зи.** Next year, they will begin to produce the prostheses industrially. **ста́ти** *pf.* start; **припиня́ти** stop; **продо́вжувати** continue to; **ма́ти на́мір** intend to, **планува́ти** plan to
prep. **в. з** + *G.* produce from/of *(a material)* ◊ **Всі прикра́си тут ~ли з бро́нзи.** Here they made all the ornaments of bronze.
Also see **випуска́ти 4, роби́ти 1**
2 to work out, elaborate, develop *(a plan, strategy)*
в. + *n.* **в. ме́тод** develop a method (**підхі́д** approach; **план** plan ◊ **Вони́ ви́робили план ді́й.** They elaborated the plan of action. **платфо́рму** platform, **програ́му** program, **страте́гію** strategy)
See **готува́ти 2**
3 to acquire, develop, form; foster, instill ◊ **У ві́йську він ви́робив ко́рисні ри́си хара́ктеру.** When in the army, he acquired useful character traits. ◊ **Мо́ре ~ло в люди́ни витрива́лість.** The sea fostered stamina in a person.
See **формува́ти 3**
4 *mining* to exhaust, use up, deplete ◊ **Ву́гільну ша́хту наполови́ну ви́робили.** The coal mine is half exhausted.
See **висна́жувати 2**
5 *colloq., fig.* to do sth bad, cause havoc ◊ **Ми таке́ ~ли на вечі́рці!** The things we did at the party! *or* We had such a blast at the party!
pa. pple. **ви́роблений** manufactured
виробля́й! ви́роби!

виробни́к, *m.*, **~а́; виробни́ця**, *f.*
producer, manufacturer
adj. **вели́кий** large, **головни́й** main, **пе́рший** first, **поту́жний** powerful, **провідни́й** leading ◊ **Брази́лія – провідни́й в. ка́ви.** Brazil is a leading coffee producer. **найбі́льший** largest ◊ **спи́сок десяти́ найбі́льших ~і́в ялови́чини** a list of the ten largest beef producers; **чі́льний** top; **дру́гий найбі́льший** second-largest, **тре́тій найбі́льший** third-largest ◊ **І́ндія ста́ла тре́тім найбі́льшим ~о́м ста́лі.** Idia became the third-largest steel producer. **неве́ликий** small; **монопо́льний** monopolistic; **націона́льний** domestic; **прива́тний** private; **чужозе́мний** foreign, **спеціалізо́ваний** specialist, **комерці́йний** commercial, **промисло́вий** industrial, **сільськогоспода́рський** agricultural
в. + *n.* **в. ву́гілля** a coal producer (**еле́ктрики** *and* **електроене́ргії** power; **молока́** milk, **набі́лу** dairy; **м'я́са** meat, **олі́ї** oil, **пти́ці** poultry, **ялови́чини** beef, **сільськогоспода́рських проду́ктів** agricultural products)
v. + **в. бу́ти ~о́м** be a producer (**вважа́ти** + *A.* consider sb, **лиша́тися** remain; **роби́ти** + *A.* make sb; **става́ти** become)

виробни́цтв|о, *nt.*
1 production, manufacturing
adj. **по́вне** full, **повномасшта́бне** full-scale, **ма́сове** mass, **широкомасшта́бне** large-scale; **конве́єрне** assembly-line ◊ **Щоб нала́годити конве́єрне в. ме́блів, потрі́бен час.** To set up an assembly-line furniture production, one needs time. **кварта́льне** quarterly, **мі́сячне** monthly, **рі́чне** annual; **ефекти́вне** efficient; **конкуре́нтне** competitive, **прибутко́ве** profit-making; **збитко́ве** money-losing; **місце́ве** local, **націона́льне** domestic; **ґлоба́льне** global, **світове́** world, **обме́жене** limited; **автомобі́льне** automobile, **зернове́** grain, **моло́чне** dairy, **промисло́ве** industrial, **сільськогоспода́рське** agricultural, **това́рне** goods, **хемі́чне** chemical; **кінематографі́чне** film; **куста́рне** artisanal; **капіталісти́чне** capitalist
в. + *n.* **в. автомобі́лів** automobile production (**літакі́в** aircraft; **збро́ї** arms, **озбро́єнь** weapons; **ву́гілля** coal, **га́зу** gas, **еле́ктрики** electricity, **ене́ргії** energy, **на́фти** oil; **баво́вни** cotton, **во́вни** wool; **молока́** milk, **м'я́са** meat, **си́ру** cheese, **теля́тини** veal, **ялови́чини** beef; **нафтохемі́чних проду́ктів** petrochemical products, **електро́ніки** electronic equipment, **комп'ю́терів** computer; **харчови́х проду́ктів** foodstuffs, **фі́льмів** film); **в. по́вного ци́клу** full-cycle production
n. + **в. гра́фік ~а** a production schedule (**лі́нія** line, **ме́тоди** methods, **модерніза́ція** modernization, **проце́с** process, **систе́ма** system, **техноло́гія** technology; **зроста́ння** increase; **скоро́чення** reduction ◊ **Кри́за спричини́лася до скоро́чення ~а.** The crisis has caused a reduction in production. **спад** drop; **ва́ртість** cost, **кво́та** quota, **о́бсяг** volume, **рі́вень** level, **я́кість** quality); **за́соби ~а** *econ.* means of production
v. + **в. запуска́ти в.** launch production ◊ **За два ро́ки компа́нія запу́стить по́вний цикл ~а до́брив.** In two years, the company will launch a full-cycle fertilizer production. (**нала́годжувати** set up, **організо́вувати** organize, **почина́ти** begin, **продо́вжити** *only pf.* resume, **продо́вжувати** continue; **збі́льшувати** increase, **приско́рювати** accelerate, **стимулюва́ти** stimulate; **вдоскона́лювати** better, **модернізува́ти** modernize, **покра́щувати** improve; **контролюва́ти** control; **реґулюва́ти** regulate; **блокува́ти** block, **гальмува́ти** hold back ◊ **По́датки гальму́ють в. олі́ї.** Taxes hold back the oil production. **затри́мувати** hold back, **зме́ншувати** cut; **згорта́ти** fold, **зупиня́ти** stop, **припиня́ти** cease; **обме́жувати** limit; **йти в** go into) ◊ **Незаба́ром літа́к іде́ у в.** Soon the aircraft goes into production. **перешкоджа́ти ~у** hamper production
в. + *v.* **зроста́ти** rise; **занепада́ти** suffer a decline ◊ **Куста́рне в. ковба́с занепа́ло.** The artisanal sausage production suffered a decline. **зме́ншуватися** decrease, **па́дати** fall
Cf. **проду́кція**
2 *colloq.* factory, enterprise ◊ **Бага́то виробни́цтв га́лузі не могли́ конкурува́ти, і їх закрива́ли.** Many enterprises of the industry could not compete and closed down.
prep. **на ~і** at an enterprise
See **бі́знес 2, заво́д 1, підприє́мство, фа́брика**

виробни́ч|ий, *adj.*
production, of or pertaining to production
в. + *n.* **в. гра́фік** a production schedule (**план** plan; **ві́дділ** department, **ву́зол** cluster, **кооперати́в** cooperative; **ме́тод** method, **потенція́л** potential, **проце́с** process, **осере́док** *or* **центр** center, **цикл** cycle); **~а дисциплі́на** production discipline (**систе́ма** system, **структу́ра** structure; **страте́гія** strategy; **тра́вма** injury); **~е завда́ння** production assignment (**зобов'я́зання** obligation; **підприє́мство** enterprise; **середо́вище** environment; **устаткува́ння** equipment); **~і можли́вості** production opportunities (**поту́жності** capacities **ресу́рси** resources; **умо́ви** conditions)

ви́рок, *m.*, **~у**, *leg.*
verdict, judgment, sentence
adj. **випра́вдувальний** *or* **виправдни́й** not guilty, **обвинува́льний** guilty, **сме́ртний** death ◊ **Вона́ уни́кнула сме́ртного ~у.** She avoided the death sentence. **позити́вний** favorable, **неґати́вний** adverse; **зако́нний** lawful; **незако́нний** unlawful; **односта́йний** unanimous, **остато́чний** final; **жорсто́кий** cruel, **немилосе́рдний** merciless, **суво́рий** severe
в. + *n.* **в. прися́жних** a jury's verdict ◊ **Вона́ зачита́ла в. прися́жних.** She read the jury's verdict. (**судді́** judge's, **су́ду** court's ◊ **В. су́ду був остато́чний і не підляга́в оска́рженню.** The court's verdict was final and could not be appealed. **трибуна́лу** tribunal's)
v. + **в. оголо́шувати в.** announce a verdict ◊ **В. оголоси́ли пі́сля годи́нної пере́рви.** The verdict was announced after an hour's break. (**чита́ти** read; **прийма́ти** pass, **ухва́лювати** hand down ◊ **Прися́жні шви́дко ухвали́ли в.** The jury handed down their verdict quickly. **оска́ржувати** appeal, **перегляда́ти** review, **відміня́ти** overturn ◊ **Апеляці́йний суд відміни́в в.** The appellate court overturned the verdict. **скасо́вувати** quash; **дістава́ти** get ◊ **Він діста́в випра́вдувальний в.** He got a not-guilty verdict. **отри́мувати** receive, **підтве́рджувати** uphold); **очі́кувати ~у** await a verdict (**сподіва́тися** expect; **уника́ти** avoid)
в. + *v.* **бу́ти на ко́ристь** be in sb's favor ◊ **В. був не на ко́ристь позивача́.** The verdict was not in plaintiff's favor.
prep. **в. в** + *L.* a verdict in *(a case)* ◊ **в. у спра́ві про вби́вство** the verdict in a murder case. **в. на ко́ристь** + *G.* a verdict in sb's favor ◊ **В. на ко́ристь на́фтової компа́нії ви́кликав обу́рення.** The verdict in favor of the oil company provoked an outrage.
Also see **рі́шення 2.** *Cf.* **те́рмін[2] 3**

ви́р|ости, *pf.*, *see* **рости́**
to grow, increase ◊ **Дефіци́т бюдже́ту ~іс на два відсо́тки.** The budget deficit increased by 2%.

ви́align|ти

ви́рости|ти, *pf.*, *see* **виро́щувати**
to grow, cultivate ◊ **Вона́ ~ла морозості́йкий сорт волб́ського горі́ха.** She grew a frost-resistant sort of walnut.

виро́щу|вати, ~ють; ви́рост|ити, ви́рощу, ~ять, *tran.*
1 to rear *(children, animals)*, bring up, raise
adv. **дба́йливо** caringly, **з любо́в'ю** lovingly; **завжди́** always, **звича́йно** usually, **як пра́вило** as a rule; **успі́шно** successfully ◊ **Вони́ успі́шно ви́ростили трьох діте́й.** They successfully raised three children.
adj. **в. здоро́вим** raise healthy ◊ **Марко́ ви́ростив щеня́ здоро́вим.** Marko raised a healthy puppy. (**розу́мним** intelligent, **ува́жним** caring, **че́сним** honest)
v. + **в. бу́ти про́сто** be simple to ◊ **Коли́сь в.**

курéй булó прóсто. Once it was simple to raise chickens. **бýти трéба** + *D.* need to ◊ **Їм трéба ви́ростити вíсім порося́т.** They need to rear eight piglets. **вмíти** know how to; **намагáтися** try to, **хотíти** want to ◊ **Óльга хóче ви́ростити дóчок здорóвими і розýмними.** Olha wants to raise her daughters healthy and intelligent. **допомагáти** + *D.* help sb to, **заохóчувати** + *A.* encourage sb to
2 to grow *(plants)*, cultivate
adv. **зáвжди́** always, **зазвичáй** as usual, **звичáйно** usually, **незмíнно** invariably, **традиці́йно** traditionally ◊ **На пíвдні краї́ни традиці́йно ~ють пшени́цю.** They traditionally grow wheat in the south of the country. **як прáвило** as a rule; **успíшно** successfully; **комерці́йно** commercially; **органíчно** organically
v. + **в. вирíшувати** decide to; **вчи́тися** learn to ◊ **Він навчи́вся в. васильки́.** He learned to grow basil. **навчáти** + *A.* teach sb to; **починáти** begin to, **стáти** *pf.* start to
pa. pple. **ви́рощений** raised, grown
виро́щуй! ви́рости!

висихá|ти, ~ють; ви́сохн|ути, *var.* **ви́сохти, ~уть**, *intr.*
1 to dry up *(of sth wet)*, become dry
adv. **вже** already, **нарéшті** finally; **дóвго** for a long time, **повíльно** slowly, **поступóво** gradually; **мáйже** almost, **наси́лу** barely; **скóро** quickly ◊ **На вíтрі біли́зна скóро ~ла.** The laundry was quickly drying in the wind.
v. + **в. вивíшувати** + *A.* hang sth out to, **вíшати** + *A.* hang sth to ◊ **Він пові́сив рушни́к в. на сóнці.** He hung the towel in the sun.
2 to wither *(of plants)*, fade ◊ **За мíсяць її відсýтности всі вазóни ви́сохли.** Over a month of her absence, all her room plants withered.
pa. pple. **ви́сохлий** dried up, withered
висихáй! ви́сохни!

ви́с|іти, вишý, виси́ш, вися́ть, висимó, виситé, вися́ть; *no pf., intr.*
1 to hang, be suspended, dangle
adv. **кри́во** askew ◊ **Васи́лева кравáтка ~и́ть кри́во.** Vasyl's necktie hangs askew. **рíвно** straight; **давнó** for a long time; **для краси́** for decoration; **зáвжди** always ◊ **Карти́на зáвжди́ тут ви́сíла.** The picture has always hung here.
prep. **в. в** + *L.* hang in sth; **в. на** + *L.* hang on sth ◊ **У ї́хній спáльні на стінí ~и́ть стари́й ки́лим.** An old carpet hung in their bedroom on the wall.
♦ **в. на волоси́нці** to be hanging by a thread ◊ **План ви́сів на волоси́нці.** The plan was hanging by a thread. **в. над** + *I.* hang over sth ◊ **Вербá ~іла над повéрхнею óзера.** *fig.* The willow hung over the surface of the lake. **в. чéрез** hang across sth ◊ **У ньóго ~íла сýмка чéрез плечé.** He had a bag hanging across his shoulder.
2 to hang, hover, float, drift ◊ **Трéтій день над мíстом ~и́ть смоґ.** For the third day, the smog has hung over the city.

ви́слов|ити, *pf., see* **вислóвлювати**
to express, voice ◊ **Депутáти ~лять підтри́мку законопроє́кту.** The members of parliament will voice their support for the bill.

ви́слови|тися, *pf., see* **вислóвлюватися**
to express oneself ◊ **Прошý пробáчення, я невдáло ~лася.** Sorry, I expressed myself infelicitously.

вислóвлю|вати, ~ють; ви́слов|ити, ~лю, ~лять, *tran.*
to express, to put into words, say
adv. **зрозумíло** accessibly, **кóротко** concisely ◊ **Він ~є думки́ кóротко і зрозумíло.** He voices his opinions concisely and accessibly. **чáсто** often; **красномóвно** eloquently; **прóсто** simply

в. + *n.* **в. підтри́мку** + *D.* voice support for sb (**застерéження** reservation; **згóду** agreement; **протéст** protest, *etc.*)
v. + **в. бýти вáжко** + *D.* be hard to ◊ **Йомý вáжко ви́словити свої́ почуттá.** It is hard for him to express his feelings. **бýти неспромóжним** be incapable of ◊ **Він був неспромóжним ви́словити те, що відчувáв.** He was incapable of expressing what he felt. **не бýти у змóзі** be unable to, **не вмíти** not know how to ◊ **Павлó не вмíв ви́словити всю нíжність, якý мав до ціє́ї жíнки.** Pavlo did not know how to express all the tenderness he had for that woman. **потрáпити** *pf.* be capable of ◊ **Пи́сьменниця потрáпить в. склáдні лю́дські пережи́вання.** The (female) writer is capable of expressing complex human emotions. **проси́ти** + *A.* ask sb to, **хотíти** want to ◊ **Вони́ хотíли ви́словити подя́ку.** They wanted to express gratitude.
pa. pple. **ви́словлений** expressed, voiced
вислóвлюй! ви́слови!
See **виражáти**. *Also see* **виливáти 3, відображáти 1, передавáти 4, формулювáти**

вислóвлю|ватися; ви́словитися, *intr.*
1 to express oneself, to voice one's thoughts ◊ **Тетя́на красномóвно ~ється.** Tetiana eloquently expresses herself. ◊ **Журналíст не давáв їй ви́словитися.** The journalist would not let her express herself. ◊ **Студéнт мáє навчи́тися в. по сýті і кóротко.** The student has to learn to express himself to the point and in brief.
2 to speak *(in favor of)*, take a position ◊ **Він ви́словився за пéршу пропози́цію.** He spoke in favor of the first proposal. ◊ **Полови́на опи́таних ~ється на підтри́мку закóну.** A half of those polled speak in support of the law. ◊ **Він ви́словився прóти перемóвин із терори́стами.** He spoke against negotiating with the terrorists.
3 *only impf., pass.* to be said, to be expressed, be articulated ◊ **Ця ідéя чíтко ~ється в йогó спóминах.** This idea is clearly articulated in his memoirs.
Also see **виражáтися**

ви́снажен|ий, *adj.*
exhausted, drained; used up, depleted
adv. **абсолю́тно** absolutely, **вкрай** extremely ◊ **Булó нереалісти́чно поклада́тися на зáхист укрáй ~их вояків.** It was unrealistic to rely on the protection by the extremely exhausted soldiers. **все бíльше** increasingly, **геть** totally, **дýже** greatly, **надзвичáйно** extraordinarily, **пóвністю** utterly, **страшéнно** terribly, **цілкови́то** *or* **цілкóм** completely; **ви́димо** visibly ◊ **Ви́димо ~і, робітники́ продóвжували працювáти.** Visibly exhausted, the workers went on working. **я́вно** obviously; **емоці́йно** emotionally, **нервóво** *and* **психологíчно** psychologically, **розумóво** mentally, **фізи́чно** physically ◊ **Орéста виглядáла фізи́чно ~ою.** Oresta looked physically exhausted.
v. + **в. бýти ~им** be exhausted (**виглядáти** look, **звучáти** sound, **здавáтися** + *D.* seem to sb ◊ **Уся баскетбóльна дружи́на здавáлася цілкови́то ~ою.** The entire basketball team seemed completely exhausted. **почувáтися** feel ◊ **Щорáзу пíсля чергóвої розмóви з Олексáндрою чоловíк почувáвся емоці́йно ~им.** Each time after another conversation with Oleksandra, the man felt emotionally drained. **повертáтися** come back; **прихóдити** come) ◊ **Розвíдники прийшли́ таки́ми ~ими, що лéдве могли́ стоя́ти.** The scouts came so exhausted they could hardly stand.
prep. **в. від** + *G.* exhausted from/with sth ◊ **Володи́мир був страшéнно ~им від рýханки.** Volodymyr was terribly exhausted from his workout.
Also see **занепáлий 2, квóлий 1, стóмлений**

ви́снаженн|я, *nt., only sg.*
exhaustion
adj. **вели́ке** great, **величéзне** enormous, **все бíльше** growing, **пóвне** total, **скрáйнє** extreme, **страшнé** terrible, **цілкови́те** complete; **ви́диме** visible ◊ **Її́ обли́ччя посíріло від ви́димого в.** Her face went gray with visible exhaustion. **я́вне** obvious; **емоці́йне** emotional ◊ **Оксáна не в стáні щось сказáти від вели́кого емоці́йного в.** Oksana is incapable of saying anything from a great emotional exhaustion. **нервóве** psychological, **розумóве** mental ◊ **Розумóве в. не давáло їй зосерéдитися.** Mental exhaustion would not let her focus. **фізи́чне** physical ◊ **Вáжкá прáця причини́лася до фізи́чного в. робітникíв.** Hard work caused the workers' complete physical exhaustion.
v. + **в. відчувáти в.** feel exhaustion ◊ **Він відчувáв нервóве в.** He felt psychological exhaustion, (**долáти** overcome ◊ **Долáючи в., вони́ лíзли на дзвіни́цю.** Overcoming exhaustion, they were climbing the belfry. **іґнорувáти** ignore ◊ **Вонá йшла, іґнорýючи в.** She was walking, ignoring her exhaustion. **не звертáти увáги на** not pay attention to) ◊ **Сашкó веслувáв, не звертáючи увáги на дедáлі бíльше в.** Sashko rowed, paying no attention to his growing exhaustion. **уникáти в.** avoid exhaustion (**довóдити** + *A.* **до** drive sb to ◊ **Партнéр довíв Марíю до в.** The partner drove Maria to exhaustion. **вмирáти від** die from/of ◊ **Остáп вмирáв від в.** Ostap was dying of exhaustion. **засипáти від** fall asleep with; **пáдати від** collapse from, **привóдити** *and* **призвóдити до** lead to, **спричиня́тися до** cause, **страждáти від** suffer from) ◊ **Дрýгий день вони́ страждáли від емоці́йного в.** For the second day, they had been suffering from emotional exhaustion.
prep. **від в.** from/with exhaustion

ви́снажи|ти, *pf., see* **виснáжувати**
to exhaust ◊ **Суперéчка вкрай ~ла Оксáну.** The argument extremely exhausted Oksana.

виснáжу|вати, ~ють; ви́снаж|ити, ~ать, *tran. and intr.*
1 to exhaust, tire out, wear out
adv. **вкрай** extremely ◊ **Вóлогість у поє́днанні зі спéкою вкрай ~вала заробітчáн.** Humidity combined with heat extremely exhausted the migrant workers. **все бíльше** increasingly, **геть** totally, **дýже** greatly ◊ **Робóта в копáльні дýже ~вала.** Work in the mine was greatly exhausting. **надзвичáйно** extraordinarily, **пóвністю** utterly, **стрáшно** terribly, **цілкови́то** *or* **цілкóм** completely; **врéшті-рéшт** eventually, **неуни́кно** inevitably, **поступóво** gradually, **рáно чи пíзно** sooner or later; **шви́дко** quickly; **ви́димо** visibly, **я́вно** obviously; **емоці́йно** emotionally, **нервóво** psychologically, **розумóво** mentally, **фізи́чно** physically ◊ **Монотóнність ~вала її не так фізи́чно, як емоці́йно.** The monotony exhausted her not so much physically as emotionally.
Also see **стóмлювати 1**
2 to exhaust, use up, deplete, consume ◊ **Хемíчне виробни́цтво ~вало підґрунтові́ вóди.** The chemical production was quickly exhausting the groundwater.
adv. **все бíльше** increasingly, **геть** totally, **дýже** greatly, **мáйже** almost, **наполови́ну** by a half ◊ **Уря́д наполови́ну ви́снажив валю́тні зáпаси краї́ни.** The government depleted the country's currency reserves by a half. **почáсти** in part, **частко́во** partially; **пóвністю** utterly; **цілкови́то** *or* **цілкóм** completely; **врéшті-рéшт** eventually, **неуни́кно** inevitably, **поступóво** gradually, **рáно чи пíзно** sooner or later; **шви́дко** quickly
pa. pple. **ви́снажений** exhausted
виснáжуй! ви́снаж!
Also see **виробля́ти 4**

виснáжу|ватися; ви́снаж|итися, *intr.*
to get exhausted, get drained, get worn out; *also pass.*
prep. **в. від** + *G.* get exhausted from ◊ **Лóра ~валася від напрýги у стосýнках із шéфом.** Lora was getting exhausted from the tension in her relationship with her boss.
See **виснáжувати 1, 2, стóмлюватися**

ви́снов|ок, *m.*, **~ку**
conclusion, inference
adj. **важли́вий** important, **головни́й** main, **істóтний** essential; **кóрисний** useful; **закономíрний** *or* **логíчний** logical, **незапере́чний** irrefutable ◊ **В. здавáвся незапере́чним.** The conclusion seemed irrefutable. **неуни́кний** unavoidable, **обґрунтóваний** substantiated, **очеви́дний** obvious, **прáвильний** correct, **тверди́й** firm; **остатóчний** final, **перекóнливий** convincing; **повчáльний** instructive; **пéрший** first; **безпідстáвний** groundless, **необґрунтóваний** unsubstantiated, **непрáвильний** incorrect, **хи́бний** false; **невтíшний** disappointing; **поквáпний** hasty ◊ **Я не роби́в би поквáпних ~ків.** I would not draw hasty conclusions. **несподíваний** unexpected, **попере́дній** tentative
v. + **в. роби́ти в.** draw a conclusion (**обґрунтóвувати** substantiate, **підтвéрджувати** confirm, **підтри́мувати** support, **поділя́ти** share ◊ **Він поділя́є ї́хні ~ки щóдо економíчного станóвища мíста.** He shares their conclusions as to the city's economic situation. **відкидáти** reject, **заперéчувати** rebut, **спростóвувати** refute, **стáвити під сýмнів** question) ◊ **Мýшу постáвити під сýмнів в., що здаєтьcя менí нáдто поквáпним.** I have to question the conclusion that seems to me all too hasty. **дохóдити ~ку** reach a conclusion ◊ **Вони́ дійшли́ ~ку, що слід покладáтися на влáсні си́ли.** They reached the conclusion that they should rely on their own forces. (**вести́ до** lead to ◊ **Здобýті дáні вели́ ї́х до ~ку, що кількомá арéштами тут не обíйти́ся.** The data obtained led them to the conclusion that a few arrests would not do there. **прихóдити до** come to ◊ **Комíсія прийшлá до невтíшного ~ку.** The commission came to a disappointing conclusion. **бýти підстáвою для** warrant ◊ **Це не підстáва для ~ку, що все втрáчено.** This does not warrant the conclusion that all is lost. **заснóвувати на** + *L.* base on sth) ◊ **Áвтор заснóвує ~ки на реáльних фáктах.** The author bases his conclusions on real-life facts.
Also see **морáль 2.** *Cf.* **узагáльнення**

висóк|ий, *adj.*
1 high, tall
adv. **винятkóво** exceptionally ◊ **У лíсі росли́ винятkóво ~і сóсни.** Exceptionally tall pines grew in the forest. **вкрай** extremely, **дýже** very ◊ **дýже висóка горá** a very high mountain, **страшéнно** terribly; **надмíрно** excessively, **нáдто** too; **віднóсно** relatively, **особли́во** particularly; **дóсить** fairly, **достáтньо** sufficiently
v. + **в. бýти ~им** be high (**вигляда́ти** look ◊ **Звíдси хмарося́г виглядáє особли́во ~им.** From here, the skyscraper looks particularly high. **виявля́тися** turn out ◊ **Паркáн ви́явився нáдто ~им, щоб йогó перелíзти без драби́ни.** The fence turned out to be too high to climb it without a ladder. **здавáтися** + *D.* seem to sb; **ставáти** grow)
Ant. **низьки́й 1**
2 high, excellent, high-level ◊ **ви́роби віднóсно висóкої я́кости** goods of a relatively high quality; ◊ **Він дотри́мувався ~их стандáртів.** He followed high standards.
See **відмíнний 2, дóбрий 3, я́кісний 2**
3 high, elevated, inflated ◊ **Лíля мáла ~у температýру.** Lilia had a high temperature. ◊ **Ціни у крамни́ці неможли́во ~і для них.** The prices in the store are impossibly high for them. ◊ **Тиск води́ ставáв небезпéчно ~им.** The water pressure was becoming dangerously high.
See **вели́кий 3.** *Also see* **завели́кий**
4 *fig.* elevated, lofty, exalted ◊ **~і ідеáли** lofty ideals ◊ **Панегíрик напи́сано типóвим для тієї́ дóби ~им сти́лем.** The panegyric is written in the lofty style, typical of the epoch. ◊ **Ї́ї ~а морáльність ви́явилася лицемíрною пóзою.** Her high morality proved to be a hypocritical posture.
See **шляхéтний 2.** *Also see* **гóрдий 2**
5 high *(of sound)*, high-pitched
adv. **вкрай** extremely ◊ **Він мáє укрáй в. гóлос.** He has an extremely high-pitched voice. **геть** totally, **дóсить** fairly, **достáтньо** sufficiently, **дýже** very, **надзвичáйно** extraordinarily, **нáдто** too; **неприрóдно** unnaturally; **типóво** typically; **на ди́во** amazingly, **неймовíрно** incredibly ◊ **Вонá закíнчила áрію на неймовíрно ~ій нóті.** She finished the aria at an incredibly high note.
v. + **в. бýти ~им** be high (**здавáтися** + *D.* seem to sb, **лишáтися** stay, **ставáти** become)
Also see **тонки́й 3.** *Ant.* **низьки́й 4**
comp. **ви́щий**

висот|á, *f.*
1 height *(size, tallness)* ◊ **Прилáд визначáє ~ý об'є́кта на вíдстані.** The device determines the height of an object at a distance.
adj. **вели́ка** great, **достáтня** sufficient ◊ **Тут потрíбна пожéжна драби́на достáтньої ~и́.** A fire ladder of sufficient height is needed here. **значнá** considerable, **максимáльна** maximal, greatest, **мінімáльна** minimal, **серéдня** average ◊ **Три пóверхи – це серéдня в. буди́нків для ї́хнього мíста.** Three stories are the average building height for their city. **потрíбна** requisite, **рекóрдна** record
v. + **в. визначáти ~ý** determine a height (**вимíрювати** measure; **мáти** have ◊ **Брóнзовий Бýдда мав ~ý тринáдцять мéтрів.** The bronze Buddha had a height of 13 m. **збíльшувати** increase; **змéншувати** decrease; **підганя́ти** adjust, **утри́мувати** maintain); **досягáти ~и́** reach a height ◊ **Дéякі дерéва досягáли неймовíрної ~и́.** Some trees reached incredible height.
prep. **з ~и́** from a height ◊ **Мíсто мóжна побáчити з ~и́ собóрної дзвіни́ці.** One can see the city from the height of the cathedral belfry.
2 height, altitude, elevation ◊ **Він не боя́вся працювáти на вели́кій ~í.** He had no fear working at great height.
adj. **вели́ка** great ◊ **Дéякі комáхи здáтні піднімáтися на вели́ку ~ý.** Some insects are capable of rising to great altitude. **грани́чна** ceiling, **значнá** considerable, **максимáльна** maximal, **мінімáльна** minimal, **серéдня** average ◊ **серéдня в. польóту леле́ки** the stork's average flight altitude; **потрíбна** requisite, **рекóрдна** record
v. + **в. набирáти ~ý** gain altitude ◊ **Літáк шви́дко набирáв ~ý.** The airplane was quickly gaining altitude. (**втрачáти** lose; **утри́мувати** maintain ◊ **Автопілóт утри́мував постíйну ~ý літакá.** The autopilot maintained the aircraft's constant altitude. **піднімáтися на** rise to); **боя́тися ~и́** be afraid of height (**досягáти** reach ◊ **Ракéта досягнýла потрíбної ~и́ за три хвили́ни.** The missile reached the requisite altitude in three minutes. **піднімáтися до** attain)
prep. **з ~и́** from height ◊ **Сóнце сліпи́ло ї́х із ~и́.** The sun blinded them from above. **на ~ý** *dir.* to altitude; **на ~í** *posn.* at an altitude ◊ **На такíй ~í у всіх почалá крути́тися головá.** Everybody started feeling dizzy at this altitude.
3 height *(a hill)* ◊ **Вони́ здобувáли однý ~ý за íншою.** They conquered one height after another.
v. + **в. здирáтися на ~ý** scale a height ◊ **Він здéрся на остáнню ~ý.** He has scaled the last height.
4 *often pl.* height *(high level)*, acme, zenith
adj. **безпрецедéнтна** unprecedented, **запáморочлива** dizzying ◊ **Співáк сягнýв запáморочливих висóт популя́рности.** The singer reached dizzying heights of popularity. **неймовíрна** incredible, **неми́слима** unthinkable, **неправдоподíбна** improbable, **новá** new
See **верх 2.** *Also see* **верши́на 2, зенíт 2, пік 2**

ви́сохн|ути, *pf.*, *var.* **ви́сохти**, *see* **висихáти**
to dry up ◊ **Хідни́к ще не ви́сох пíсля зли́ви.** The sidewalk has not yet dried after the downpour.

вистáв|а, *f.*
1 performance, show, theater play; *also fig.*
adj. **аматóрська** amateur, **професíйна** professional; **вечíрня** evening, **дéнна** matinee; **дитя́ча** children's, **студéнтська** student, **театрáльна** theater; **дебю́тна** debut, **повтóрна** repeat ◊ **Він очíкував повтóрної в. театрáльної трýпи.** He waited for the repeat performance of the theater company. **балéтна** ballet, **вокáльна** vocal, **концéртна** concert, **танцювáльна** dance, **циркова́** circus; **драмати́чна** dramatic, **комедíйна** comedy, **музи́чна** musical, **óперна** *or* **оперóва** opera, **театрáльна** theatrical; ♦ **моновистáва** solo performance, one-man show; **захóплива** exciting, **особли́ва** special, **першоклáсна** first-rate, **цікáва** interesting, **чудóва** wonderful; **доброчи́нна** charity, **шкільнá** school ◊ **Він берé ýчасть у шкільни́х ~ах.** He takes part in the school performances.
v. + **в. влаштóвувати ~у** arrange a show ◊ **Школярí влаштувáли музи́чну ~у.** The schoolchildren arranged a music show. (**давáти** give ◊ **Режисéр ви́рішив давáти ~у прóсто нéба.** The director decided to give the show in the open. **роби́ти** produce, **стáвити** stage, **диви́тися** watch); **іти́ на ~у** go to a show ◊ **Вони́ йшли на ~у з дíтьми.** They were going to the show with their children.
prep. **на ~у** *dir.* to a show; **на ~і** *posn.* at a show ◊ **Вони́ на ~і в теáтрі Франкá.** They are at the show at the Franko Theater.
See **п'єса 1**
2 art exhibit ◊ **Музéй взя́вся організувáти ~у її́ робíт.** The museum took it upon itself to mount an exhibit of her work.
See **ви́ставка**

ви́став|ка, *f.*
exhibition *(of art, etc.)*, show
adj. **вели́ка** big, **найбíльша** biggest ◊ **найбíльша в істóрії ~ка Ренé Маґрíта** the biggest exhibit of René Magritte in history; **важли́ва** important, **імпозáнтна** impressive; **малéнька** *dim.* small, **невели́ка** small; **щорíчна** annual; **міжнарóдна** international; **постíйна** permanent, **спеціяльна** special; **пересувнá** traveling, **тимчасóва** temporary; **віртуáльна** virtual, **мерéжева** online, **музéйна** museum; ♦ **фотови́ставка** photographic exhibit, **худóжня** art; **груповá** group, **спíльна** joint; **одноосíбна** one-man, one-woman
в. + *n.* **в. грáфіки** a graphic exhibit ◊ **Для неї́ в. грáфік Бронзíна стáла одкровéнням.** For her, the Bronzino graphic exhibition became a revelation. (**деревори́тів** woodcuts, **ліногравю́р** linocuts; **маля́рства** painting, **скульптýри** sculpture, **фотогрáфії** photography; **квíтів** flower; **котíв** cat, **собáк** dog)
n. + **в. грáфік ~ки** an exhibition schedule (**каталóг** catalogue, **прогрáма** program; **мíсце** venue, **тривáлість** duration; **організáтор** organizer, **спóнсор** sponsor) ◊ **Два привáтних бáнки стáли спóнсорами ~ки.** Two private banks became the exhibition sponsors.
v. + **в. відвíдувати ~ку** attend an exhibition ◊ **Васили́на запланувáла відвíдати великóдню ~ку квíтів у настýпну субóту.** Vasylyna planned to attend the Easter flower show next Saturday. (**ходи́ти на** go to,

дивитися see; **відкривáти** open ◊ **Міністр культури відкрив ~ку.** The minister of culture opened the exhibition. **влаштóвувати** arrange, **організóвувати** organize, **планувáти** plan, **покáзувати** show ◊ **~ку дитя́чого малю́нка покáзуватимуть у «Новій ґалереї».** The children's drawings exhibition will be shown in the New Gallery. **презентувáти** present, **приймáти** host, **прово́дити** hold ◊ **~ку прово́дили у «Мисте́цькому арсенáлі».** The exhibit was held at the Mystetsky Arsenal. **розгортáти** mount; **спонсорувáти** sponsor; **курувáти** curate; **йти на** go on ◊ **П'ять її полóтен пішлó на ~ку.** Five of her canvases went on the exhibition.

v. + *v.* **відбувáтися** take place, **відкривáтися** open, **починáтися** begin; **закíнчуватися** end, **закривáтися** close; **тривáти** + *A.* continue *(time)* ◊ **В. тривáтиме мíсяць.** The exhibition will continue for a month. **називáтися** be called sth ◊ **В. назива́ється «Незнáний Пíнзель».** The exhibit is called *An Unknown Pinsel.* **включáти** + *A.* comprise sth; **складáтися з** + *G.* consist of sth; **демонструвáти** + *A.* demonstrate sth, **збирáти** + *A.* **докýпи** bring sth together ◊ **Унікáльна в. зібрáла докýпи робóти скýльптора, розки́дані по рíжних колéкціях.** The unique exhibition brought together the sculptor's works scattered among various collections. **ілюструвáти** + *A.* illustrate sth; **присвя́чуватися** + *D.* be dedicated to sb/sth

prep. **на ~ку** *dir.* to an exhibition; **на ~ці** *posn.* at an exhibition ◊ **Лишé йогó пíзні робóти покáзують на ~ці.** Only his late works are displayed at the exhibition.

Also see **виставá 2**

вистачá|ти, ~ють; ви́стач|ити ~ать, *intr.*
impers. to be enough, suffice + *G.* ◊ **Щоб закінчи́ти завдáння, Ромáнові ви́стачило годи́ни.** One hour was enough for Roman to finish the assignment.

adv. **лéдве** scarcely ◊ **Їм лéдве ~ло грóшей на пéрший внéсок за іпотéку.** They had scarcely enough money for their first mortgage deposit. **пóвністю** entirely, **цілкóм** completely

prep. **в. на** + *A.* suffice for sth

no im.

Also see **ставáти 10**

ви́стачи|ти, *pf., see* **вистачáти**
to suffice, *etc.* ◊ **Запáсів харчíв їм ~ть на мíсяць.** The food reserves will suffice them for a month.

ви́ступ, *m.*, **~у**
1 performance ◊ **Йогó сóльний в. ви́кликав сенсáцію.** His solo performance caused a sensation.

adj. **бездогáнний** flawless, **блискýчий** brilliant ◊ **Газéти писáли про її блискýчий в.** The papers wrote about her brilliant performance. **винятковий** exceptional, **віртуóзний** virtuoso, **разю́чий** impressive, **дóбрий** good, **досконáлий** perfect, **натхнéнний** inspired, **незабýтній** unforgettable, **неперевéршений** unmatched, **потýжний** powerful, **разю́чий** stunning ◊ **Оди́н оглядáч нáвіть називáє йогó в. «разю́чим».** One reviewer even calls his performance "stunning." **си́льний** strong, **хорóший** fine, **чудóвий** great; **кéпський** poor, **погáний** bad, **провáльний** disastrous, **слабéнький** *dim.* weak; **сóльний** solo

v. + **в. влаштóвувати в.** arrange an appearance ◊ **Він влаштувáв скрипáльці в. у консерватóрії.** He arranged a performance at the conservatory for the (female) violin player. (**бáчити** see, **диви́тися** watch, **слýхати** listen to; **аналізувáти** analyze, **оцíнювати** assess, **рецензувáти** review; **впливáти на** affect); **заважáти ~ові** *or* **~у** hamper a performance ◊ **Брак зосерéджености заважáв її ~ові.** Lack of concentration hampered her performance.

prep. **у ~і** in a performance ◊ **У йогó ~і все здавáлося досконáлим.** Everything seemed perfect in his performance.

2 speech, talk, appearance, remarks; publication ◊ **Вонá хвилювáлася пéред ~ом.** She was nervous before her appearance.

adj. **пéрший** first, **дрýгий** second, **завершáльний** concluding, **остáнній** latest ◊ **Остáнній в. аналíтика у прéсі ви́кликав жвáві дискýсії.** The analyst's latest publication in the press provoked lively discussions. **недáвній** *or* **нещодáвній** recent; **особи́стий** personal, **публíчний** public; **рíдкісний** rare; **періоди́чний** periodic, **реґуля́рний** regular, **чáстий** frequent; **гóстрий** harsh, **дошкýльний** scathing, **крити́чний** critical; **газéтний** newspaper, **журнáльний** magazine, ♦ **інтернéт-в.** an online appearance ◊ **Він відóмий завдяки́ інтернéт-ви́ступам.** He is well-known thanks to his online appearances. **радіови́ступ** a radio appearance, **телевізíйний** television

v. + **в. організóвувати в.** organize an appearance (**роби́ти** make ◊ **Він зроби́в два ~и на телебáченні.** He made two appearances on television. **перенóсити** reschedule, **скасóвувати** cancel)

в. + *v.* **відбувáтися** occur, take place ◊ **У стýдії відбувáються ~и полíтиків.** Appearances of politicians occur in the studio. **закíнчуватися** end, **починáтися** begin ◊ **В. почáвся й закінчи́вся цитáтами з Бíблії.** The speech began and ended with quotes from the Bible. **тривáти** last ◊ **В. тривáв дéсять хвили́н.** The remarks lasted ten minutes.

виступá|ти, ~ють; ви́ступ|ити, ~лю, ~иш, ~лять, *intr.*
1 to step out, come forward, advance

adv. **вперéд** forward ◊ **Він ви́ступив на крок уперéд.** He came a step forward. **далéко** far, **дéщо** somewhat, **знáчно** considerably, **назýстріч** toward, **рáптом** suddenly ◊ **Рáптом з-за дéрева ви́ступила пóстать.** A figure suddenly came out from behind the tree. **рішýче** resolutely

prep. **в. з** + *G.* step out from/of *(a space)* ◊ **Утікáч ви́ступив із тéмряви.** The fugitive stepped out of the dark. **в. з-за** + *G.* step out from behind sth

2 *fig.* to appear, become visible

adv. **повíльно** slowly ◊ **Фортéця повíльно ~ла з тумáну.** The fortress was slowly appearing out of the fog. **поступóво** gradually

3 to stick out, project, protrude ◊ **Грýба пáля на два мéтри ~ла над водóю.** The thick post protruded 2 m above the water. ◊ **Вели́кий ніс ~в на її обли́ччі.** A big nose stuck out on her face.

4 to give a speech, speak, hold forth

adv. **гáрно** *and* **дóбре** well, **красномóвно** eloquently, **цікáво** interestingly; **безкомпромíсно** uncompromisingly, **гóстро** sharply, **запáльно** ardently, **зворýшливо** movingly ◊ **Брат небíжчика ~в на три́зні особли́во зворýшливо.** The brother of the deceased spoke at the wake particularly movingly. **пáлко** fervently, **при́страсно** passionately, **сміли́во** boldly; **кéпсько** poorly, **нýдно** boringly; **дóвго** at length ◊ **Дирéктор шкóли ~в дóвго й нýдно.** The school principal spoke at length and boringly. **кóротко** briefly; **змістóвно** meaningfully, **по сýті** to the point; **відкри́то** openly, **публíчно** publicly

v. + **в. бýти здáтним** be able to, **бýти нездáтним** be incapable of ◊ **Багáто з них нездáтні в. пéред пýблікою.** Many of them are incapable of speaking before the public. **бýти трéба** + *D.* need to ◊ **Комýсь із прóводу пáртії трéба булó ви́ступити пéред студéнтами.** Somebody from the party leadership needed to address the students. **вміти** know how to; **(лéдве) могти́** (barely) can ◊ **Полíтик лéдве міг в.** The politician could barely give a speech. **починáти** begin to; **закíнчувати** finish; **запрóшувати** + *A.* invite sb to ◊ **Йогó запроси́ли ви́ступити з лéкцією.** He was invited to give a talk.

prep. **в. з** + *I.* appear with sth *(a talk, etc.)*, deliver sth, voice sth ◊ **Вонá ~є з промóвами.** She delivers speeches. ◊ **Він ви́ступив зі спростувáнням.** He voiced a refutation. **в. за** + *A.* 1) speak for/in support of; 2) stand for sth, champion sth ◊ **Вонá послідóвно ~є за правá ґеїв, лезбíйок і трансґéндерних осíб.** She consistently champions gay, lesbian, and transgender rights. **в. пéред** + *I.* speak in front of sb ◊ **Вонá ~ла пéред молóдшою авдитóрією.** She spoke in front of a younger audience. **в. прóти** + *G.* 1) speak against sb/sth, denounce sth ◊ **Прем'єр відкри́то ви́ступив прóти іміґрáнтів.** The premier openly spoke against immigrants. 2) be against sth ◊ **Вони́ акти́вно ~ють прóти монополізáції прéси.** They are actively against the monopolization of the press.

5 to perform, act, play, sing, dance, give a performance

adv. **бездогáнно** flawlessly, **блискýче** brilliantly ◊ **Пiянíст ви́ступив абсолю́тно блискýче.** The pianist gave an absolutely brilliant performance. **досконáло** perfectly, **чудóво** wonderfully; **рáзом** together; **професíйно** professionally; **нажи́во** live ◊ **Рок-гýрт ~име нажи́во.** The rock group will be performing live. **публíчно** publicly; **чáсто** often; **а капéла** a cappella ◊ **Хор ~в а капéла.** The choir sang a cappella. **сóло** solo

v. + **в. готувáтися** prepare to, **збирáтися** be going to, **мáти нáмір** have the intention to, **відмовля́тися** refuse to ◊ **Він відмóвився в. пéред пýблікою.** He refused to perform in front of the public. **сподівáтися** hope to, **хотíти** want to; **проси́ти** + *A.* ask sb to

prep. **в. на** + *L.* perform at/on *(an event)* ◊ **Вонá ~ла впéрше на фестивáлі.** She performed at the festival for the first time.

Also see **співáти, танцювáти**

ви́ступи|ти, *pf., see* **виступáти**
to step out; appear; give a speech, *etc.* ◊ **Вонá ~ла з шерéнги, щоб отри́мати нагорóду.** She stepped out of the line to receive her award.

висувá|ти, ~ють; ви́сун|ути, ~уть, *tran.*
1 to put out, move out, haul out, heave out ◊ **Однá люди́на лéдве змóже ви́сунути важки́й я́щик із комóри.** One person will hardly be able to haul the heavy box out of the pantry.

2 to stick out, show ◊ **Вонá ви́сунула гóлову з-під кóвдри.** She stuck her head out from under the blanket. ◊ **Дíвчина ви́сунула язикá, дрáжнячися з ним.** The girl stuck out her tongue, teasing him.

3 *fig.* to put forward, propose, submit, nominate ◊ **Йогó ви́сунули кандидáтом на ви́борах.** He was nominated as a candidate for the election. ◊ **Її опонéнт ви́сунув альтернати́вний законопроéкт.** Her opponent put forward an alternative bill.

в. + *n.* **в. арґумéнт** put forward an argument ◊ **Завíдувач відділу ви́сунув на рóзгляд комітéту кíлька арґумéнтів.** The head of the department put forward several arguments for the consideration of the committee. (**ідéю** idea, **план** plan, **проéкт** project; **кандидатýру** candidature, **люди́ну** person) ◊ **Президéнт ~є на цю посáду цілкóм недосвíдчену люди́ну.** The president is offering an utterly inexperienced person for this position.

See **пропонувáти**
ви́сунутий stuck out, put out
висувáй! ви́сунь!

ви́суну|ти, *pf., see* **висувáти**
to put out, *etc.* ◊ **Олексáндер я́кось ~в рóяль на серéдину зáли.** Oleksander somehow moved the grand piano out to the middle of the hall.

ви́тв|ір, *m.*, **~ору**
1 work *(of art, literature)*; creation
adj. **безсме́ртний** immortal ◊ **Ста́туя нале́жить до безсме́ртних ~ів лю́дського ге́нія.** The statue belongs to immortal creations of the human genius. **вели́кий** great, **га́рний** beautiful ◊ **Ко́жен в. її рук був по-сво́єму га́рним.** Each creation of her hands was beautiful in its own way. **геніа́льний** brilliant, **доскона́лий** perfect, **неповто́рний** inimitable, **оригіна́льний** innovative, **спра́вжній** true ◊ **спра́вжній в. мисте́цтва** a true work of art. **чудо́вий** wonderful; **рі́дкісний** rare, **уніка́льний** unique; **важли́вий** important; **відо́мий** well-known, **славе́тний** famous; **архітекту́рний** architectural, **драмати́чний** dramatic, **кінематографі́чний** cinematographic, **літерату́рний** literary, **мисте́цький** art, **поети́чний** poetic, **скульпту́рний** sculptural, **худо́жній** artistic
в. + *n.* **в. мисте́цтва** a work of art (**архітекту́ри** architecture, **кінемато́графу** filmmaking, **маля́рства** painting, **приро́ди** nature ◊ **Каньйо́н – в. приро́ди рі́дкісної краси́.** The canyon is a creation of nature of rare beauty. **скульпту́ри** sculpture; **лю́дського ґе́нія** human genius);
♦ **в. уя́ви** *or* **фанта́зії** a figment of imagination ◊ **Уся́ ро́зповідь ви́явилася ~ором На́диної уя́ви.** The whole tale turned out to be a figment of Nadia's imagination.
v. + **в. виготовля́ти в.** manufacture a work (**продукува́ти** produce, **роби́ти** make, **ство́рювати** create ◊ **Вона́ створи́ла ни́зку геніа́льних ~орів маля́рства.** She created a number of brilliant works of painting. **продава́ти** sell; **купува́ти** buy) ◊ **На я́рмарку продава́ли й купува́ли ~ори наро́дного мисте́цтва.** Works of folk art were sold and bought at the fair.
See **твір 1**

ви́т|ерти, *pf., see* **витира́ти**
to wipe, clean off, *etc.* ◊ **Пе́рш ніж зайти́, він ~ер но́ги.** Before entering, he wiped his shoes.

витира́|ти, ~ють; ви́терти, ви́тр|уть; *pa. pf., m.* **ви́тер**, *pl.* **ви́терли**, *tran.*
1 to wipe off, clean off, rub, mop
adv. **акура́тно** neatly, **на́чисто** clean ◊ **Він на́чисто ви́тер столо́ве срі́бло.** He wiped clean all the silverware. **скрупульо́зно** scrupulously, **рете́льно** thoroughly, **стара́нно** diligently; **поква́пно** hastily, **за́раз же** right away, **шви́дко** quickly ◊ **Лі́да шви́дко ви́терла калю́жу води́ на підло́зі.** Lida quickly mopped the puddle of water on the floor. **ле́гко** gently; **обере́жно** carefully
v. + **в. бра́тися** get down to, **дава́й** *colloq.* get down to ◊ **Вона́ прийшла́ і дава́й витира́ти підло́гу.** She came and got right down to cleaning the floor. **бу́ти тре́ба** + *D.* need to; **почина́ти** begin to; **намага́тися** try to ◊ **Він намага́вся ви́терти кров із соро́чки.** He tried to wipe the blood off his shirt. **проси́ти** + *A.* ask sb ◊ **Вона́ попроси́ла його́ ви́терти по́рох із ме́блів.** She asked him to wipe the dust off the furniture.
prep. **в. з** + *G.* wipe from/off sth
Also see **ми́ти, стира́ти 1**
2 to delete, erase, rub out, wipe (off) ◊ **Вона́ взяла́ ґу́мку і ви́терла все ре́чення.** She took an eraser and deleted the whole sentence.
adv. **одра́зу** immediately, **за́раз же** right away, **шви́дко** quickly; **поча́сти** partially; **ціл́ком** completely; **на́чисто** clean ◊ **Лі́да на́чисто ви́терла дзе́ркало.** Lida wiped the mirror clean.
v. + **в.ква́питися** hurry to ◊ **Вінква́пився ви́терти до́шку до поча́тку заня́ття.** He hurried to wipe the blackboard before the start of the class. **спіши́ти** be in a hurry to; **дава́й** *colloq.* get down to; **почина́ти** begin
Also see **стира́ти 2**
3 to wear out, wear down ◊ **Хло́пчик ви́тер штани́ на колі́нах до діро́к.** The little boy wore his pants down till they had holes on the knees.

ви́трат|а, *f.*
1 *usu pl.* expense, money spent, expenditure
adj. **вели́кі** great, **величе́зні** enormous, **значні́** significant, **максима́льні** maximal, **надмі́рні** excessive; **помі́тні** noticeable; **додатко́ві** additional; **зага́льні** overall, **суку́пні** aggregate; **за́йві** extra ◊ **Він уника́є за́йвих ви́трат.** He avoids extra expenditures. **малі́** small, **мізе́рні** meager, **мініма́льні** minimal ◊ **Її ~и на м'я́со мініма́льні.** Her expenditures on meat are minimal. **невели́кі** small, **обме́жені** limited, **скро́мні** modest; **сере́дні** average; **необхі́дні** necessary ◊ **Спо́нсор бере́ на се́бе необхі́дні ~и.** A sponsor takes upon himself the necessary expenditures. **непотрі́бні** unnecessary; **потрі́бні** required; **неочі́кувані** unexpected, **непередба́чені** unforeseen; **періоди́чні** periodic, **пості́йні** constant, **щоде́нні** daily; **майбу́тні** future, **тепе́рішні** current; **щомі́сячні** monthly, **щорі́чні** annual; **бюдже́тні** budget ◊ **Вона́ запропонува́ла зна́чно скороти́ти бюдже́тні ~и.** She proposed to considerably reduce budget expenditures. **особи́сті**; **прямі́** direct; **капіта́льні** capital; **фіна́нсові** financial; **енергети́чні** energy; **урядо́ві** government; **дослі́дницькі** research, **меди́чні** medical; **військо́ві** military, **воє́нні** war, **оборо́нні** defense; **податко́ві** tax; **бізнесо́ві** business, **корпорати́вні** corporate
v. + **в. визнача́ти ~и** determine expenditures ◊ **Нака́з визнача́в ~и лаборато́рії.** The order determined the lab's expenditures. (**забороня́ти** forbid ◊ **Уря́д заборони́в ~и на ме́блі.** The government forbade expenditures on furniture. **збі́льшувати** increase ◊ **Уря́д збі́льшив ~и на осві́ту.** The government has increased education expenditures. **зме́ншувати** reduce, **контролюва́ти** control, **обме́жувати** limit ◊ **Батьки́ погро́жують обме́жити йому́ особи́сті ~и.** His parents threaten to limit his personal expenditures. **обчи́слювати** figure out, **підрахо́вувати** calculate, **покрива́ти** cover, **роби́ти** make; **дозволя́ти** + *D.* allow sb, **санкціонува́ти** authorize, **схва́лювати** approve) ◊ **Вони́ схвали́ли ~и на харчі́ і поме́шкання.** They approved room and board expenditures.
в. + *v.* **збі́льшуватися на** + *A.* increase by *(value)* ◊ **~и на охоро́ну здоро́в'я збі́льшилися на три відсо́тки.** The health care expenditures increased by 3%. **зроста́ти на** + *A.* grow by *(value)*, **переви́щувати** + *A.* exceed sth ◊ **~и на оборо́ну не переви́щують двох відсо́тків націона́льного бюдже́ту.** Defense expenditures do not exceed 2% of the national budget. **зме́ншуватися** diminish, **станови́ти** + *A.* constitute sth, **сяга́ти** + *G.* reach sth
prep. **в. на** + *A.* expenditures for/on sth
See **вида́ток 1.** *Also see* **кошт**
2 waste, spending, consumption
adj. **вели́ка** great, **величе́зна** huge, **значна́** considerable, **і́стотна** significant, **маси́вна** massive ◊ **Ніщо́ не виправдо́вує маси́вну ~у ресу́рсів.** Nothing justifies the massive waste of resources. **неаби́яка** major, **серйо́зна** serious; **мініма́льна** minimal **невели́ка** small, **низька́** low; **ма́рна** useless, **непотрі́бна** unnecessary
v. + **в. уника́ти ~и** avoid a waste ◊ **Вони́ хоті́ли уни́кнути ~и зуси́ль на про́грану спра́ву.** They sought to avoid wasting efforts for the lost matter.
в. + *n.* **в. гро́шей** expenditure of money (**ко́штів** funds, **пально́го** fuel, **ресу́рсів** resources), **в. ча́су** a waste of time ◊ **Писа́ння рекоменда́цій було́ для не́ї ~ою ча́су.** Writing letters of recommendation was a waste of time for her.
See **вида́ток 2**

ви́тратити|ти, *pf., see* **витрача́ти**
to spend, use up ◊ **До кінця́ насту́пного мі́сяця підприє́мство ~ть усе́ пальне́.** By the end of the next month the enterprise will have used up all the fuel.

витрача́|ти, *var.* **тра́тити, ~ють; ви́трат|ити, ви́трачу, ~ять**, *tran.*
1 to spend *(time, money)*
adv. **шви́дко** quickly ◊ **Він шви́дко ви́тратив заоща́дження.** He quickly spent his savings. **ще́дро** generously; **еконо́мно** frugally, **оба́чно** prudently, **оща́дно** sparingly; **крок за кро́ком** step by step, **поступо́во** gradually; **за́вжди́** always, **іно́ді** sometimes, **рі́дко** rarely, **ча́сто** often; **ні́коли не** never
prep. **в. на** + *A.* spend on sth
See **тра́тити 1**
2 to waste ◊ **Він ма́рно ~в час на люди́ну, яку́ ні́коли не переконає.** He was wasting his time on a person he would never convince.
See **марнува́ти.** *Also see* **пропада́ти 3**
pa. pple. **ви́трачений** spent
витрача́й! ви́трати!

витрача́|тися; ви́тратитися, *intr.*
pass. to be spent ◊ **Чужі́ гро́ші ле́гко ~ються.** Somebody else's money is easily spent.

ви́трима|ти, *pf., see* **витри́мувати**
to withstand, bear, tolerate, endure ◊ **Міст не ~в вантажу́ і впав.** The bridge did not withstand the cargo and fell.

витри́му|вати, ~ють; ви́трима|ти, ~ють, *tran. and intr.*
1 *tran.* to withstand, bear, support, endure, weather
adv. **без пробле́м** without problem, **ле́гко** easily; **ди́вом** *or* **чу́дом** miraculously ◊ **Росли́на ди́вом ви́тримала висо́ку радіа́цію.** The plant miraculously endured high radiation. **ле́две** scarcely, **наси́лу** barely
в. + *n.* **в. вагу́** bear a weight, **в. і́спит** pass a test ◊ **Ко́жен із них успі́шно ви́тримав і́спит на самодоста́тність.** Each of them has successfully passed a test in self-sufficiency. **в. обло́гу** withstand a siege; **в. што́рм** weather a storm ◊ **Стари́й кора́бе́ль не ви́тримає вели́кого што́рму.** The old ship will not weather a big storm.
v. + **в. бу́ти зда́тним** be capable of ◊ **Матерія́л зда́тний в. вели́кі наванта́ження.** The material is capable of withstanding great stresses. **бу́ти доста́тньо міцни́м, щоб** be strong enough to ◊ **Капро́нова ни́тка доста́тньо міцна́, щоб ви́тримати вагу́ у три́дцять кілогра́мів.** The nylon thread is strong enough to withstand a 30-kg load. **бу́ти зро́бленим для то́го, щоб** be made to, **бу́ти ство́реним для то́го, щоб** be created to; **бу́ти тре́ба** + *D.* need to, **могти́** can; **допомага́ти** + *D.* help sb/sth to; **ма́ти зда́тність** have the capacity to
2 *tran.* to endure, tolerate, put up with, bear
adv. **до́вго** *and* **трива́лий час** for a long time; **мо́вчки** silently ◊ **Він мо́вчки ~вав насміха́ння.** He silently tolerated mockery. **сті́йко** firmly, **сто́їчно** stoically, **терпля́че** patiently; **ди́вом** miraculously, **я́кось** somehow
в. + *n.* **в. біль** endure pain (**знуща́ння** harassment, **прини́ження** humiliation, **страждання** suffering, **тортýру** torture) ◊ **Він ви́тримав торту́ри.** He has endured torture. **в. кри́тику** take criticism
See **терпі́ти 1.** *Also see* **мири́тися 3**
3 *intr., only pf. with part.* **не** to snap, lose self-control, break down; break, give in ◊ **Бра́ма не ви́тримала на́тиску юрби́ і впа́ла.** The gate gave in to the push of the mob and fell down. ◊ **Катери́на не ви́тримала й ля́снула кривдника по обли́ччю.** Kateryna snapped and slapped her abuser on the face. ◊ **Він не ви́тримав і розпла́кався.** He broke down in tears.
4 *tran.* to hold out, endure, survive ◊ **Козаки́ могли́ в. бій із чисе́льнішим во́рогом.** Cossacks could hold out in battle against a more numerous enemy. ◊ **Форте́ця ви́тримала п'ять**

ата́к. The fortress survived five assaults.
5 *tran.* to maintain, hold ◊ **Ви́тримавши па́взу, він сказа́в, що пого́джується.** Having held the pause, he said he agreed.
6 *tran.* to age, mature ◊ **Вино́ ~вали у бари́лах.** The wine was aged in barrels. ◊ **Сир ~ють у пече́рі зі ста́лою температу́рою і воло́гістю пові́тря.** The cheese is matured in a cave with a stable air temperature and humidity.
pa. pple. **ви́триманий** tolerated; aged, *etc.*
витри́муй! ви́тримай!

витяга́|ти, ~ють; ви́тягн|ути, *var.* **ви́тягти, ~уть;** *pa. pf., m.* **ви́тяг** *var.* **ви́тягнув,** *pl.* **ви́тягли** *var.* **ви́тягнули,** *tran.*

1 to pull out, draw out, take out ◊ **Він ви́тягнув посві́дчення з гаманця́.** He took his ID out of the wallet.
adv. **вже** already, **наре́шті** finally; **одра́зу** immediately, **за́раз же** right away; **несподі́вано** unexpectedly, **ра́птом** suddenly ◊ **Ра́птом вона́ ви́тягла з кише́ні ножа́.** Suddenly, she pulled a knife out of her pocket. **рішу́че** resolutely; **ско́ро** fast, **спри́тно** deftly, **шви́дко** quickly; **навма́ння** randomly ◊ **Вона́ ~ла карти́ з коло́ди навма́ння.** She was pulling cards from the deck randomly. **ле́две** scarcely, **наси́лу** barely; **ма́йже** almost ◊ **Він ма́йже ви́тягнув був чо́вен на бе́рег.** He had almost drawn the boat ashore.
v. + **в. намага́тися** try to, **про́бувати** attempt to ◊ **Вона́ спро́бувала ви́тягти з о́ка щось го́стре.** She attempted to take something sharp out of her eye. **хоті́ти** want to
prep. **в. з** + *G.* pull out of sth
Also see **вийма́ти**
2 to stretch, extend *(a limb)* ◊ **Дитя́ ~є ру́ки їй назу́стріч.** The child stretches its hands towards her. ◊ **Юрко́ ви́тягнув ши́ю.** Yurko craned his neck. ♦ **в. но́ги** *fig., colloq.* to die, kick the bucket ◊ **Вона́ ще не збира́лася в. но́ги.** She is not yet going to give up living.
3 to extend, draw out, stretch ◊ **Він ви́тягнув ґу́му на довжину́ руки́.** He stretched the rubber the length of his arm.
4 *fig.* to extract, get out, wrest, wring, squeeze ◊ **Уряд намага́вся ви́тягти з люде́й бі́льше гро́шей.** The government tried to extract more money from the people.
pa. pple. **ви́тягнутий** pulled out, ♦ **на ви́тягнуту ру́ку** at arm's length.
витяга́й! ви́тягни!

ви́тягну|ти, *var.* **ви́тягти,** *pf., see* **витяга́ти**

to take out, pull out, get out, *etc.* ◊ **Полі́на ~ла пістоле́т із шухля́ди стола́.** Polina took a handgun out of the table drawer.

ви́х|ід, *m.,* **~оду**

1 going out, sailing out, getting out, departure
adj. **поква́пний** *or* **поспі́шний** hasty ◊ **Поква́пний в. па́ртії з урядо́вої коалі́ції ще бі́льше погли́бив політи́чну кри́зу.** The hasty exit of the party from the government coalition further deepened the political crisis. **шви́дки́й** quick, **ґвалто́вний** abrupt, **несподі́ваний** unexpected, **рапто́вий** sudden; **легки́й** easy, **успі́шний** successful; **впорядко́ваний** orderly, **організо́ваний** organized; **поступо́вий** gradual; **безбо́лісний** painless; **ґраці́йний** gracious; **передча́сний** premature, **ра́нній** early ◊ **Мало хто сподіва́вся тако́го ра́ннього ~оду боксе́ра з чемпіона́ту.** Few expected such an early exit of the boxer from the championship. **спі́знений** belated
v. + **в. влашто́вувати** + *D.* **в.** arrange sb an exit (**забезпе́чувати** + *D.* secure sb, **організо́вувати** organize) ◊ **Вони́ зорганізува́ли швидки́й в. ві́йська з мі́ста.** They organized the troops' quick exit from the city.
в. + *v.* **відбува́тися** happen ◊ **В. з ото́чення відбува́вся ра́но вра́нці.** The getting out of the encirclement was happening early in the morning. **затри́муватися** be delayed; **прохо́дити** be underway
prep. **в. в** + *A.* exit in/to *(a space)* ◊ **В. еска́дри відкла́ли на день.** The squadron's sailing out was put off for a day. **в. з** + *G.* exit from sth; **в. на** + *A.* departure on *(mission, etc.)* ◊ **Його́ в. на завда́ння не помі́тили.** His departure on the mission was not noticed.
2 exit, way out
adj. **бокови́й** side ◊ **У крити́чний моме́нт бокови́й в. із кінотеа́тру ви́явився заблоко́ваним.** At a critical moment, the movie theater side exit turned out to be blocked. **за́дній** back, **ти́льний** rear; **головни́й** main; **за́хідний** western, **півде́нний** southern, **півні́чний** northern, **схі́дний** eastern; **аварі́йний** emergency, **поже́жний** fire; **найбли́жчий** nearest ◊ **Вони́ шука́ли найбли́жчого ~оду.** They were looking for the nearest exit. **запасни́й** spare, **таємни́й** secret
v. + **в. блокува́ти** block an exit (**охороня́ти** guard; **знахо́дити** find ◊ **Знайти́ в. у те́мряві не зо́всім про́сто.** It is not quite easy to find the exit in the darkness. **шука́ти** look for; **ма́ти** have; **пока́зувати** show, **вка́зувати на** point to) ◊ **Стюарде́са вказа́ла руко́ю на аварі́йний в.** The air hostess pointed her hand to the emergency exit. **шука́ти ~оду** look for an exit (**добира́тися до** reach, **йти до** head for, **ки́датися до** dash for) ◊ **Всі ки́нулися до ти́льного ~оду.** Everybody dashed for the rear exit. **слідкува́ти за ~одом** keep the exit under observation ◊ **Він слідкува́в за півде́нним ~одом.** He kept the southern exit under observation.
в. + *v.* **бу́ти розташо́ваним** be located ◊ **В. розташо́ваний у лі́вому крилі́.** The exit is located in the left wing.
prep. **в. до** + *G.* exit to sth, **в. з** + *G.* exit from sth ◊ **в. з будинку до са́ду** an exit from the building to the garden; **в. на** + *A.* exit onto sth ◊ **Є в. на дах.** There is an exit onto the roof.
3 release, issuance ◊ **Пу́бліка зустрі́ла в. фі́льму з ентузія́змом.** The public met the film release with enthusiasm.
See **ви́пуск 1.** *Also see* **вида́ння 2, публіка́ція 2**
4 appearance, emergence, arrival ◊ **Всі чека́ли ~оду провідно́го акто́ра.** Everybody waited for the appearance of the lead actor.
See **поя́ва**
5 going out, resignation, retirement, withdrawal
adj. **ви́мушений** forced ◊ **Для па́на М. перспекти́ва ви́мушеного ~оду на пе́нсію става́ла все реа́льнішою.** The prospect of a forced retirement was becoming ever more real for Mr. M. **демонстрати́вний** demonstrative; **несподі́ваний** unexpected, **рапто́вий** sudden; **сканда́льний** scandalous
prep. **в. з** + *G.* resignation from *(an organization, etc.)* ◊ **в. із па́ртії** quitting a party
6 output, yield ◊ **Раціоналіза́ція дозво́лила збі́льшити в. молока́ і м'я́са на фе́рмі.** Rationalization allowed to increase the milk and meat output at the farm.
7 *fig.* way out, solution ◊ **На́віть із його́ складно́го стано́вища му́сив бу́ти в.** There had to be a way out even from his tough situation. ◊ **У нас нема́є ~оду.** We have no way out.
adj. **до́брий** good, **єди́ний** only, **і́нший** other, **іде́альний** ideal, **зру́чний** convenient, **можли́вий** possible; **очеви́дний** obvious, **пра́вильний** right, **реа́льний** real, **реалісти́чний** realistic; **легки́й** easy; **логі́чний** logical; **несподі́ваний** unexpected
v. + **в. ба́чити в.** see a way out (**виявля́ти** reveal, **відкрива́ти** open) ◊ **Поя́ва посере́дника відкрива́ла в. із конфлі́кту.** The appearance of the mediator was opening a way out of the conflict. **знахо́дити** find; **ма́ти** have; **пропонува́ти** + *A.* offer sb ◊ **Мане́вр пропонува́в їм реа́льний в.** The maneuver offered them a real way out. **шука́ти** look for); **не ба́чити ~оду** not to see a way out ◊ **Він не ба́чив ~оду з хале́пи, в яку́ потра́пив.** He did not see a way out of the hole he had gotten into. (**не ма́ти** have no ◊ **Клієнтка не ма́ла і́ншого ~оду, як пода́ти на компа́нію до су́ду за шахра́йство.** The (female) customer had no way out other than suing the company for fraud. **шука́ти** look for)
в. + *v.* **існува́ти** exist ◊ **Тут існу́є оди́н можли́вий в.** There exists one possible way out here. ♦ **з уся́кого стано́вища є в.** where there's a will, there's a way
prep. **в. з** + *G.* a way out of sth
Also see **рі́шення 1**

вихідн|и́й, *adj., n.*

1 *adj.* off duty, free, non-working *(of day, etc.)* ◊ **в. день** a day off ◊ **Поне́ділок був для не́ї ~и́м днем.** Monday was her day off.
v. + **в. бу́ти ~и́м** 1) be off *(of a day)* ◊ **Ці́лий ти́ждень бу́де в Наза́ра ~и́м.** Nazar's entire week will be off. 2) be off duty *(of a person)* ◊ **Ні́на була́ ~о́ю.** Nina had her day off. (**виявля́тися** turn out, **лиша́тися** remain; **оголо́шувати** + *A.* declare sth, **роби́ти** + *A.* make sth) ◊ **Парла́мент ви́рішив зроби́ти народи́ни пое́та ~им днем.** The parliament decided to make the poet's birthday a non-working day.
2 *m.* day off
adj. **га́рний** nice ◊ **Ї́хній в. уда́вся га́рним.** Their day off turned out to be nice. **жада́ний** longed for, **прие́мний** pleasant; **додатко́вий** additional; **мину́лий** past, **насту́пний** coming, **оста́нній** last; **черго́вий** another; ♦ **~і** a weekend ◊ **Що ти роби́тимеш у ~і?** What will you do on the weekend?
v. + **в. бра́ти в.** take a day off ◊ **Він узя́в в., щоб допомогти́ бра́тові.** He took a day off in order to help his brother. (**ма́ти** have ◊ **Оста́нній раз робітники́ ма́ли в. два ти́жні тому́.** The last time the workers had their day off was two weeks ago. **прово́дити** spend ◊ **Вона́ проведе́ в., готу́ючися до по́дорожі.** She will spend her day off preparing for the trip. **чека́ти ~о́го** await a day off
prep. **на в.** for a day off ◊ **На насту́пний в. ми запланува́ли пі́ти до о́пери.** For the coming day off, we made plans to go to the opera. **у в.** on a day off ◊ **У той в. па́дав дощ.** It rained on that day off.
See **день.** *Ant.* **бу́день 1**

ви́хован|ий, *adj.*

well bred, well brought-up, courteous, educated
adv. **га́рно** nicely ◊ **Ді́ти були́ га́рно ~ими.** The children were nicely educated. **до́сить** fairly, **доста́тньо** sufficiently ◊ **Нови́й прия́тель си́на ви́явився доста́тньо ~им юнако́м.** The son's new friend turned out to be a sufficiently well brought-up youth. **ду́же** very; **ле́две** barely; ◊ **ке́псько в.** poorly bred, ◊ **пога́но в.** ill-bred
Also see **че́мний**

вихо́ванн|я, *nt., only sg.*

upbringing, education
adj. **винятко́ве** exceptional, **відмі́нне** excellent, **до́бре** good, **найкра́ще** best, **нале́жне** proper; **ке́пське** poor, **пога́не** bad; **тепли́чне** *fig.* sheltered; **католи́цьке** Catholic, **правосла́вне** Orthodox, **релігі́йне** religious; **духо́вне** spiritual, **культу́рне** cultural; **привіле́йоване** privileged
v. + **в. дава́ти** + *D.* **в.** give sb an upbringing ◊ **Батьки́ дали́ їм до́бре в.** The parents gave them a good upbringing. (**ґарантува́ти** + *D.* guarantee to sb ◊ **Шко́ла ґарантува́ла ко́жному у́чневі нале́жне в.** The school guaranteed a proper upbringing to each pupil. **забезпе́чувати** + *D.* provide to sb) ◊ **Вони́ забезпе́чили ді́тям в.** They provided an education to their children.
See **осві́та**

ви́хова|ти, *pf., see* **вихо́вувати**
to bring up, *etc.*◊ **Ма́рта і Тара́с до́бре ~ють хло́пця.** Marta and Taras will raise the boy well.

вихо́ву|вати, ~ють; ви́хова|ти, ~ють, *tran.*
1 to bring up, raise, educate ◊ **Батьки́ ~вали діте́й працьови́тими й че́сними.** The parents raised their children hard-working and honest.
adv. **до́бре** well, **з любо́в'ю** with love ◊ **Ма́ти ~вала до́чку́ з любо́в'ю.** The mother brought her daughter up with love. **ке́псько** poorly, **пога́но** badly ◊ **Його́ пога́но ви́ховали.** He was ill-bred.
v. + **в. змогти́** *pf.* manage to ◊ **Він сам зміг ви́ховати діте́й.** He managed to raise the children alone. **намага́тися** strive to, **стара́тися** try to, **хоті́ти** want to ◊ **Він хоті́в ви́ховати Пе́трика допи́тливим до навко́лишнього сві́ту.** He wanted to raise Petryk to be curious about the world around him.
2 to foster, develop, instill *(traits)* ◊ **Вона́ ~є в си́нові любо́в до мисте́цтва.** She instills a love for art in her son.
в. + *n.* **в. заціка́влення** foster interest ◊ **Від ра́ннього ві́ку брат ~є у Марі́ї зацікав́лення теа́тром.** From an early age, her brother has fostered an interest in theater in Maria. (**зда́тність** capacity, **любо́в** love, **потре́бу** need, **ри́су** trait, **ціка́вість** curiosity)
prep. **в. в** + *G. or L.* foster in sb ◊ **Тво́рчість вихо́вувала в них зда́тність прийма́ти рі́шення.** Creativity fostered the capacity to make decisions in them.
Also see **формува́ти 3**
pa. pple. **ви́хований** well-bred
вихо́вуй! ви́ховай!

вихо́д|ити, ~жу, ~ять; ви́йти, ви́йд|уть, *intr.*
1 to exit, go out, walk out; step forward; leave, depart ◊ **Він ви́йшов пі́сля шо́стої ра́нку.** He left after 6:00 AM.
adv. **за́раз же** right away, **шви́дко** quickly; **беззву́чно** silently, **крадькома́** in stealth, **непомі́тно** unnoticed, **ти́хо** quietly
v. + **в. нака́зувати** + *D.* order sb to ◊ **Він наказа́в солда́тові ви́йти на два кро́ки впере́д.** He ordered the soldier to walk two steps forward. **проси́ти** + *A.* ask sb to
prep. **в. в** + *A.* go out in/to *(a space)* ◊ **Вони́ ви́йшли в сад.** They went out in the garden. **в. до** + *G.* go out to sb ◊ **Вона́ ви́йшла до Марка́ поговори́ти.** She came out to talk with Marko. **в. з** + *G.* go out of *(a space)* ◊ **Він ви́йшов із ха́ти.** He went out of his place. ♦ **в. з мо́ди** go out of fashion ◊ **Фасо́н шта́нів ви́йшов із мо́ди де́сять ро́кі́в тому́.** The style of pants went out of fashion ten years ago. **в. на** + *A.* go out on/to *(a space)* ◊ **Він ви́йшов на ву́лицю.** He went out on the street.
Also see **зніма́тися 5.** *Cf.* **вибіга́ти 1**
2 get off *(bus, etc.)* ◊ **Ви ~ите на насту́пній зупи́нці?** Are you getting off at the next stop?
adv. **несподі́вано** unexpectedly, **ра́птом** suddenly, **одра́зу** at once, **поква́пно** in haste, **за́раз же** right away, **ху́тко** *or* **шви́дко** quickly
v. + **в. бу́ти пора́** + *D.* be time for sb to ◊ **За п'ять хвили́н їм бу́де пора́ в. з по́тяга.** In five minutes, it will be time for them to get off the train. **бу́ти тре́ба** + *D.* need to ◊ **Мені́ тре́ба ви́йти.** I need to get off. **готува́тися** get ready to, **збира́тися** be going to ◊ **Вони́ збира́лися в. че́рез три зупи́нки.** They were going to get off in three stops. **поспіша́ти** be in a hurry to, **хоті́ти** want to; **встига́ти** have the time to ◊ **Він усти́г ви́йти.** He had the time to get off. **змогти́** *pf.* manage to
3 to be published, come out
adv. **періоди́чно** periodically, **пості́йно** constantly, **ча́сто** often, **щодня́** every day, **щоти́жня** every week, **щомі́сяця** every month; **щосубо́ти** on Saturdays ◊ **Нова́ газе́та ~ть щосубо́ти.** The new newspaper comes out on Saturdays.
4 *only impf.* to face *(of a window)*, to give onto
adv. **про́сто** straight, **пря́мо** directly, **якра́з** just; **як на те** as chance would have it ◊ **Васи́лів балко́н ~ив пря́мо на її поме́шкання.** Vasyl's balcony directly faced her apartment.
prep. **в. на** + *A.* give on sth
Also see **диви́тися 6**
5 to leave *(a party)*, break away from, drop out, secede
adv. **вже** already, **наре́шті** finally, **остато́чно** ultimately; **демонстрати́вно** demonstratively ◊ **Вони́ демонстрати́вно ви́йшли з бра́тства.** They demonstratively left the fraternity. **зі сканда́лом** with a scandal; **доброві́льно** voluntarily, **ти́хо** quietly ◊ **Вона́ ти́хо ви́йшла з па́ртії.** She quietly left the party. ♦ **в. на пе́нсію** to retire ◊ **Він ви́йшов на пе́нсію три ро́ки тому́.** He retired three years ago.
prep. **в. з** + *G.* secede from, leave ◊ **Шотла́ндія ма́ло не ви́йшла з Об'є́днаного Королі́вства.** Scotland all but seceded from the United Kingdom.
See **відділя́тися 2**
6 *impers. only in 3rd pers. sg.* to turn out, appear, **що** + *a clause* ◊ **~ить, що він зна́є.** It turns out that he knows.
See **виявля́тися 2.** *Also see* **з'ясо́вуватися 2**
вихо́дь! ви́йди!

вишива́|ти, ~ють; ви́ши|ти, ~ють, *tran.*
to embroider
adv. **ви́шукано** elaborately, **га́рно** beautifully, **делі́катно** delicately, **майсте́рно** masterfully, **розкі́шно** richly; **бі́лим по бі́лому** white on white; **гу́сто** heavily; **маши́ною** by machine, **руко́ю** by hand; **черво́ним** in red, **чо́рним** in black ◊ **Ма́ти ви́шила йому́ соро́чку черво́ним і чо́рним.** His mother emboidered him a shirt in red and black.
v. + **в. вмі́ти** know how to, can ◊ **Тара́с умі́є в.** Taras can embroider. **могти́** can, be able to; **навча́ти** + *A.* teach sb to ◊ **Бабу́ся навчи́ла Христи́ну в.** Grandma taught Khrystyna to embroider. **навчи́тися** learn to ◊ **Йому́ було́ ле́гше навчи́тися в. маши́ною, як руко́ю.** It was easier for him to learn to embroider by machine than by hand. **бра́тися** get down to, **почина́ти** begin to, **сіда́ти** sit down to, **переста́ти** *pf.* stop ◊ **Вона́ на хви́лю переста́ла в.** For a moment, she stopped embroidering.
pa. pple. **ви́шитий** embroidered
вишива́й! ви́ший!
Also see **ши́ти 2**

ви́шив|ка, *f.*
embroidery
adj. **га́рна** beautiful, **густа́** heavy, **делі́катна** delicate, **майсте́рна** masterful; **мі́сцева** local, **ти́пова** typical, **характе́рна для** + *G.* characteristic of sth ◊ **Густа́ в. характе́рна для святко́вого жі́ночого вбрання́.** Heavy embroidery is characteristic of festive female clothing. **наро́дна** folk ◊ **У мі́сті є музе́й наро́дної ~ки.** There is a museum of folk embroidery in the city. **ста́ра́** old; **воли́нська** Volynian, **гуцу́льська** Hutsul, **полта́вська** Poltava, *etc.*
L. **на ~ці**, *G. pl.* **~ок**

ви́ши|ти, *pf., see* **вишива́ти**
to embroider ◊ **Соро́чку Окса́ні ~ла ма́ти.** Oksana's mother embroidered this shirt for her.

ви́шит|ий, *adj., var.* **виши́ваний**
embroidered
adv. **га́рно** beautifully ◊ **До джи́нсів йому́ браку́є га́рно ~ої соро́чки.** He needs a beautifully embroidered shirt to go with the jeans. **гу́сто** heavily, **делі́катно** delicately, **майсте́рно** masterfully; **власнору́ч** with one's own hands; **традиці́йно** traditionally ◊ **Ко́жна по́шивка була́ традиці́йно ~ою черво́ним і чо́рним.** Each pillowcase was traditionally embroidered in red and black.
в. + *n.* **в. ко́мір** an embroidered collar (**костю́м** suit, costume, **обру́с** tablecloth, **рука́в** sleeve, **рушни́к** rushnyk); **~а карти́на** an embroidered picture (**крава́тка** tie ◊ **Оле́кса був у ~ій крава́тці.** Oleksa had an embroidered tie on. **листі́вка** postcard, **по́шивка** pillowcase, **серве́тка** napkin, **соро́чка** shirt, **су́кня** dress); **~е вбрання́** embroidered attire (**укрива́ло** bedspread)
See **вишива́ти**

ви́ш|ня, *f.*
1 sour cherry *(berry)* ◊ **варе́ники з ~нями** cherry dumplings
adj. **вели́ка** big, **мале́нька** *dim.* small; **сокови́та** juicy; **су́шена** dried; **ки́сла** sour, **соло́дка** sweet ◊ **В. з цього́ де́рева особли́во соло́дка.** The cherry from this tree is particularly sweet.
v. + **в. рва́ти ~ні** pick sour cherries ◊ **Вона́ нарва́ла ~ень на варе́ння.** She picked sour cherries for jam.
See **я́года.** *Cf.* **чере́шня 1**
2 sour cherry *tree*, cherry tree◊ **Че́рез ду́же те́плу весну́ ~ні зацвіли́ рані́ше.** Because of a very warm spring, the cherry trees started blooming earlier. ◊ **Іва́н посади́в п'ять ~ень.** Ivan planted five cherry trees.
See **де́рево**

ви́шукан|ий, *adj.*
refined, exquisite, dainty
adv. **вира́зно** distinctly, **дивови́жно** amazingly, **ду́же** very, **несподі́вано** unexpectedly, **спра́вді** truly ◊ **Усти́м ста́вився до ньо́го зі спра́вді ~ою че́мністю.** Ustym treated him with truly refined courteousness.
в. + *n.* **в. візеру́нок** a refined ornamentation (**деко́р** decor ◊ **В. деко́р Ала́мбри не мо́же не вража́ти.** The exquisite decor of the Alhambra cannot but impress. **о́дяг** clothes, **орна́мент** ornament, **прикра́си** decoration, **смак** taste); **~а вече́ря** an exquisite dinner ◊ **Він мав на́мір почастува́ти їх напра́вду ~ою вече́рею.** He had the intention of treating them to a truly refined dinner. (**стра́ва** dish; **різьба́** wood-carving); **~і мане́ри** refined manners ◊ **Його́ ~і мане́ри відшто́вхували Мо́трю.** His refined manners pushed Motria away.
в. + *v.* **бу́ти ~им** be refined (**вигляда́ти** look; **здава́тися** + *D.* seem to sb; **лиша́тися** remain; **ставати** become) ◊ **Умеблюва́ння її кабіне́ту ста́ло ще бі́льш ~им.** The furnishing of her study became even more exquisite.
Also see **виба́гливий 2**

ви́ще, *adv., prep.*
1 *adv.* higher, above
adv. **відно́сно** relatively, **зна́чно** significantly, **куди́** *colloq.* way, **наві́ть** even, **помі́тно** noticeably, **порі́вняно** comparatively, **тро́хи** a little, **ще** still ◊ **Вони́ підняли́ ці́ни на набі́л ще в.** They raised the dairy prices still higher.
v. + **в. вихо́дити** ascend, go up ◊ **Вона́ ви́йшла на три схо́дини в.** She went three steps higher. **леті́ти** fly, **підійма́тися** climb ◊ **Температу́ра підняла́ся тро́хи в.** The temperature went a little higher. **розташо́вуватися** be located
Ant. **ни́жче 1**
2 *adv.* above *(in a text)*, earlier ◊ **Він покли́кався на при́клади, опи́сані в.** He referred to the examples described above. ♦ **як було́ зга́дано в.** as was mentioned above
Ant. **ни́жче 2**
3 *prep.* above sth + *G.* ◊ **Усі ді́вчата но́сять**

спідни́ці в. колі́н. All the girls wear skirts above their knees.
Ant. **ни́жче 3**

ви́щ|ий, *adj., comp., see* **висóкий**
1 higher, taller ◊ **Два ~і пóверхи займáли солдáти.** The two higher floors were occupied by soldiers. ♦ **в. ступі́нь** *ling.* a comparative degree
adv. **ви́разно** distinctly, **знáчно** significantly, **куди́** *colloq.* way, **нáвіть** even, **наполови́ну** by half, **помі́тно** noticeably ◊ **Тамáра помі́тно ~а, як Тетя́на.** Tamara is noticeably taller than Tetiana. **віднóсно** relatively, **порі́вняно** comparatively; **трóхи** a little, **ще** still
v. + **в. бу́ти ~им** be higher (**виявля́тися** turn out; **здавáтися** + *D.* seem to sb ◊ **Колóна здає́ться ~ою, як є насправді.** The column seems higher than it is in reality. **лишáтися** remain)
prep. **в. за** + *A. or* **від** + *G.*, **ніж** *or* **як** + *N.* higher than sb/sth ◊ **Соснá трóхи ~а від ду́ба.** The pine is a little higher than the oak. **в. на** + *A.* lower *(measure)* ◊ **За рік Марі́я стáла ~ою на п'ять сантимéтрів.** In a year, Maria became 5 cm taller.
Ant. **ни́жчий 1**
2 higher *(of education, science, qualification, etc.)* ◊ **Вонá вивчáє ~у матемáтику.** She studies higher mathematics. ♦ **~а осві́та** higher education ◊ **зáклад ~ої осві́ти** a higher education institution; ♦ **в. пілотáж** aerobatics
Ant. **ни́жчий 2**

ви́яв|ити, *pf., see* **виявля́ти**
to reveal, disclose, uncover, expose ◊ **Полі́ція ~ила джерелó йогó багáтства.** The police have revealed the source of his wealth.

виявля́|ти, ~ють; ви́яв|ити, ~лю, ~иш, ~лять, *tran.*
1 to reveal, disclose, uncover, expose
adv. **вже** already, **нарéшті** finally; **завчáсно** in advance; **тóчно** exactly; **несподі́вано** unexpectedly ◊ **Він несподі́вано ви́явив багáто загадкóвого у кни́жці.** Unexpectedly, he revealed a lot of puzzling things in the book. **рáптом** suddenly, **шви́дко** quickly; **з жáхом** with horror, **зі здивувáнням** with surprise
v. + **в. змогти́** *pf.* manage to; **пощасти́ти** + *D.* be lucky enough to ◊ **Їм пощасти́ло ви́явити ви́тік секрéтної інформáції.** They were lucky enough to reveal the leak of secret information. **хоті́ти** want to
Also see **розкривáти 3**
2 to demonstrate, show, exhibit
adv. **детáльно** in detail, **згóдом** eventually, **нарéшті** finally; **послідóвно** consistently ◊ **Вонá послідóвно ~ла політи́чну заанґажóваність.** She convincingly showed her political partisanship. **пості́йно** constantly; **шви́дко** quickly
в. + *n.* **в. відвáгу** show courage (**витривáлість** stamina ◊ **Юнáк ви́явив фізи́чну витривáлість.** The youth demonstrated physical stamina. **ві́рність** loyalty, **впéртість** stubbornness, **гости́нність** hospitality, **си́лу вóлі** willpower, **харáктер** character)
See **покáзувати 2**
pa. pple. **ви́явлений** revealed
виявля́й! ви́яви!

виявля́|тися; ви́явитися, *intr.*
1 to come to light, become known, be revealed
adv. **згóдом** eventually, **пізні́ше** later on ◊ **Йогó спрáвжні нáміри ви́явилися пізні́ше.** His true intentions came to light later.
2 *only in 3rd pers. sg.* to turn out, appear ◊ **Злéнко ви́явився дóбрим мéнеджером.** Zlenko turned out to be a good manager. *also impers.* ◊ **Микóла, як ~ється, ві́льно володі́є япóнською.** Mykola, it turns out, is fluent in Japanese.
adv. **врéшті-рéшт** eventually, **згóдом** subsequently ◊ **Згóдом ви́явилося, що вонá кри́лася за чужи́м і́менем.** Subsequently, it turned out that she was hiding behind somebody else's name. **з чáсом** with time, **незабáром** soon, **пізні́ше** later; **поступóво** gradually; **рáптом** suddenly, **шви́дко** quickly; **на здивувáння** to sb's surprise
Also see **вихóдити 6, з'ясóвуватися**

вівтóр|ок, *m.*, **~ка**
Tuesday
adj. **пéрший** first, **мину́лий** past, last ◊ **Я не отри́мував від них нови́н із мину́лого ~ка.** I have not had news from them since last Tuesday. **остáнній** last *(in a month)* ◊ **остáнній в. рóку** the last Tuesday of the year; **той** *colloq.* past; **насту́пний** next, **цей** this; **довгождáний** long-awaited, **щасли́вий** lucky; **нещасли́вий** unfortunate, **сумни́й** sad, **фатáльний** fatal
в. + *v.* **наставáти** *or* **прихóдити** come ◊ **Настáв довгождáний в. ї́хнього побáчення.** The long-awaited Tuesday of their date has come. **прохóдити** pass
prep. **у в.** on Tuesday; **від ~ка** from/since Tuesday ◊ **Лю́ба працю́є в бібліотéці від остáннього ~ка квíтня.** Liuba has worked in the library since the last Tuesday of April. **до ~ка** till Tuesday ◊ **Ори́ся ви́рішила почекáти до насту́пного ~ка.** Orysia decided to wait till next Tuesday. **на в.** by/for Tuesday
See **день**

вівц|я́, *f.*
sheep, ewe
adj. **домáшня** domestic; **дорóсла** mature, **молодá** young; ♦ **заблу́кана** *or* **заблу́дла в.** a lost sheep ◊ **Він здáвся вчи́тельці заблу́длою ~éю.** He seemed to the (female) teacher to be a lost sheep. **мéртва** dead; ♦ **парши́ва в.** a black sheep ◊ **Він був парши́вою ~éю роди́ни.** He was the black sheep of the family.
n. + **в. отáра овéць** a flock of sheep ◊ **Щоб запобі́гти епідéмії, вони́ зни́щили отáру овéць.** In order to prevent the epidemic, they destroyed a flock of sheep. (**порóда** breed ◊ **особли́во продукти́вна порóда овéць** a particularly productive breed of sheep; **стри́ження** shearing)
v. + **в. ви́рóщувати овéць** raise sheep ◊ **З кóжним рóком все мéнше гуцу́лів ви́рóщують овéць.** With each passing year, ever fewer Hutsuls raise sheep. (**пáсти** herd ◊ **Улі́тку хлóпці пáсли овéць.** In the summer, the boys herded sheep. **тримáти** keep; **гнáти** drive ◊ **Вони́ загнáли овéць до загорóжі.** They drove the sheep into the pen. **рі́зати** slaughter ◊ **Бáтько зарі́зав ~ю з нагóди свя́та.** Father slaughtered a sheep on the occasion of the holiday. **смáжити** roast; **стри́гти** shear); **доглядáти за ~éю** tend a sheep
в. + *v.* **бéкати** *or* **мéкати** bleat ◊ **Зачу́вши хижакá, ~і стáли гóлосно бéкати.** Having sensed the predator, the sheep started bleating loudly. **пáстися** graze ◊ **На пáгорбі пáслися ~і.** The sheep were grazing on the hill.
Cf. **овéчий**

від, *var.* **од**, *prep.* + *G.*
1 *(origin, with anim. n.)* from ◊ **Лист в. Івáна.** The letter is from Ivan. ◊ **нови́ни в. дочки́** news from a daughter
Cf. **з 1**
2 *(distancing from sb/sth)* away from ◊ **дáлі в. вікнá** farther from the window; *(separation from sb/sth)* ◊ **Бáтько пішóв в. них.** Their father left them. ◊ **Вонá віді́йшлá в. двéрей.** She stepped away from the door.
3 *(starting point of movement)* from ◊ **Ву́лиця велá в. ри́нкової плóщі до синагóги.** The street led from the market square to the synagogue. ◊ **Вонá відчувáла теплó, що ши́рилося кімнáтою в. гру́би.** She felt the warmth that spread throughout the room from the stove. ◊ **в. зáхідного кордóну до схі́дного** from the western frontier to the eastern one; ◊ **в. мóря до мóря** from sea to sea
4 *(starting point of time)* ◊ **в. понеді́лка до середи́** from Monday to Wednesday; ◊ **Передáча називáлася «В. субóти до субóти».** The show was titled *From Saturday to Saturday*.
5 *(date of occurrence)* ◊ **нaкáз в. пéршого чéрвня** the order dated June 1
6 *(cause)* of, with ◊ **Лі́на трóхи не помéла в. рáдості.** Lina nearly died of joy. ◊ **Він тремті́в в. хóлоду.** He was shivering with cold.
7 *(source)* from ◊ **Він упéрше чув такі́ бру́дні словá в. бáтька.** He heard such obscene words from his father for the first time. ◊ **важли́ве оголóшення в. студéнтської рáди** an important announcement from the student council
8 *(in comp.)* than ◊ **Óльжина автíвка нові́ша в. Мáртиної.** Olha's car is newer than Marta's. ◊ **Лев жив бли́жче до середмі́стя в. Олéни.** Lev lived closer to downtown than Olena.
Also see **за[1] 26, ніж[2], як[2] 2**
9 *(remedy)* against, from, for ◊ **Ви мáєте щось в. кáшлю?** Do you have anything for a cough? ♦ **бу́ти не в. тогó, щоб** + *inf.* to feel like ◊ **Яри́на не в. тогó, щоб щось з'ї́сти.** Yaryna feels like having a bite.
10 *(means of protection)* against ◊ **сі́тка в. комарі́в** mosquito net, ◊ **наки́дка в. дощу́** rain cape
11 *(sb/sth one gets rid of)* from, of ◊ **Йогó звільни́ли в. військóвої слу́жби.** He was exempted from military service. ◊ **Хтось почи́стив хідни́к в. снíгу.** Somebody cleaned the snow from the sidewalk. ◊ **Лю́да звільни́лася в. нікоти́нової залéжности.** Liuda got rid of her nicotine addiction.

відбирá|ти, ~ють; відібрáти, відбер|у́ть, *tran.*
1 to take away, deprive of, take by force ◊ **Вонá відібрáла в Мáрти ключ.** She took the key away from Marta.
adv. **вже** already, **врéшті-рéшт** eventually, **нарéшті** finally; **назáвжди́** forever ◊ **Полі́ція назáвжди́ відібрáла в нéї прáво носи́ти збрóю.** The police forever deprived her of the right to bear arms. **несподі́вано** suddenly, **спри́тно** deftly, **шви́дко** quickly; **незакóнно** illegally, **підсту́пно** treacherously, **силомі́ць** forcibly, **си́лою** by force ◊ **Напáдники си́лою відібрáли в нéї велосипéд.** The assailants took her bicycle from her by force. **хи́трощами** by subterfuge; **трóхи не** nearly; **я́кось** somehow
v. + **в. бу́ти зму́шеним** be compelled to, **вдавáтися** + *D.* manage to ◊ **Сóлі вдалóся відібрáти в них докумéнти.** Solia managed to take the documents away from them. **ви́рішувати** decide to, **намагáтися** try to; **погрóжувати** + *D.* threaten sb to; **хоті́ти** want to
prep. **в. в** + *G.* take away from sb ◊ **У пáна М. відібрáли прáво відві́дувати музéй безоплáтно.** They took away Mr. M.'s right to visit the museum for free.
Also see **віднімáти 1, забирáти 2**
2 *fig.* to deprive of, rob of, take away ◊ **Лють на мить відібрáла йому́ здáтність бáчити й чу́ти.** Fury for a moment deprived him of the capacity to see and hear. ♦ **в. життя́** + *D.* to kill, rob sb of life ◊ **Вони́ відібрáли життя́ неви́нній люди́ні.** They robbed an innocent person of her life. ♦ *impers., only 3rd pers. sg.* **в. мóву** + *D.* **від** + *G.* to become speechless with *(emotion, etc.)* ◊ **Пили́пові відібрáло мóву від жáху.** Pylyp became speechless with terror. ♦ *impers., only 3rd pers. sg.* **в. ру́ки** *or* **нóги** + *D.* to go numb in the hands (legs, *etc.*) ◊ **Він відчувáв, як йому́ поступóво ~є язикá.** He felt his tongue gradually go numb.
See **позбавля́ти.** *Also see* **віднімáти 3**
3 *fig.* to take up, waste, squander ◊ **Робóта відібрáла йому́ кі́лька рóків життя́.** The work took several years of his life.

See **га́яти 1, марнува́ти.** Also see **витрача́ти 2, тра́тити 2**
4 to select, single out, identify ◊ **Письме́нниця ~є в житті́ типо́ве й відкида́є випадко́ве.** The (female) writer singles out the typical and discards the accidental in life. ◊ **Він відібра́в чоти́ри зразки́ вла́сного мисте́цтва.** He selected four samples of his own art.
See **вибира́ти 1**
pa. pple. **відібраний** taken away
відбира́й! відбери́!

відбува́|тися, ~ються; відбу́тися, відбу́д|уться, *intr.*
1 *only 3rd pers.* to take place, happen, occur ◊ **Що тут ~ється?** What is going on here?
adv. **вже** already, **що́йно** just; **за пла́ном** according to a plan ◊ **До́сі все ~лося суво́ро за пла́ном.** Until now, everything was happening strictly according to the plan. **згодо́м** later, **наре́шті** finally; **успі́шно** successfully; **стихі́йно** spontaneously; **наспра́вді** really ◊ **Що наспра́вді відбува́ється?** What is really happening? **факти́чно** effectively, in fact; **шви́дко** quickly; **ле́две** barely ◊ **Ле́две відбу́вся в мі́сті оди́н страйк, як поча́вся і́нший.** One strike had barely taken place in the city when another began. **зно́ву** again, **періоди́чно** periodically, **час від ча́су** from time to time, **ча́сто** often
v. + **в. ма́ти** need to, have to ◊ **Споча́тку ма́є відбу́тися переві́рка.** First, a verification needs to occur. **могти́** can ◊ **Мо́жуть відбу́тися поді́ї, що закре́слять ва́ші пла́ни.** There can occur the events that will thwart your plans. **почина́тися** begin to, **ста́ти** *pf.* start, **продо́вжувати** continue to ◊ **У прокурату́рі продо́вжували в. незрозумі́лі ре́чі.** Incomprehensible things continued to happen at the prosecutor's office. **перестава́ти** stop
prep. **в. з** + *I.* happen to sb/sth ◊ **Щось ди́вне ~ється з його́ пода́нням.** Something strange is happening to his application. **в. під час** + *G.* happen during sth ◊ **Су́тичка відбула́ся під час демонстра́ції.** The clash occurred during the demonstration.
Also see **ді́ятися, іти́ 5, прохо́дити 7, роби́тися 3,точи́тися[1] 1**
2 to get away with, get off the hook, avoid (*problems*) + *I.* ◊ **Він відбу́вся символі́чним штра́фом.** He got away with a token fine.
вібува́йся! відбу́дься!

відбу́|тися, *pf., see* **відбува́тися**
to take place, happen, *etc.* ◊ **Що́йно ~ла́ся вели́ка поді́я.** A great event has just taken place.

відва́жи|тися, *pf., see* **відва́жуватися**
to dare, be brave enough, have the courage ◊ **Він ~вся попроси́ти профе́сора про рекоменда́цію.** He had the courage to ask his professor for a letter of recommendation.

відва́жу|ватися, ~ються; відва́ж|итися, ~аться, *intr.*
to have the courage, dare
adv. **наси́лу** barely; **ма́йже** almost, **наре́шті** finally, **невідо́мо як** nobody knows how ◊ **Іре́на невідо́мо як відва́жилася ї́хати до Єги́пту сама́.** Nobody knows how Irena mustered the courage to go to Egypt alone. **по́тім** then, **я́кось** somehow
v. + **в. бу́ти тре́ба** + *D.* need to, **могти́** can ◊ **Ті́льки Хома́ міг відва́житися на таки́й необду́маний вчи́нок.** Only Khoma could dare do something so reckless. **не могти́** cannot; **перекону́вати** + *A.* convince sb to
prep. **в. на** + *A.* have the courage for *or* + *inf.* ◊ **Кали́на я́кось відва́жилася на хоро́брий крок.** Kalyna somehow mustered the courage for a courageous step.
відва́жуйся! відва́жся!

відве́рт|ий, *adj.*
1 frank, candid, outspoken
adv. **абсолю́тно** absolutely ◊ **Хо́чу бу́ти з ва́ми абсолю́тно ~им.** I want to be absolutely frank with you. **виняткóво** exceptionally, **вкрай** extremely, **до кінця́** altogether, **ду́же** very, **надзвича́йно** extraordinarily, **на́скрізь** through and through, **напра́вду** truly, **спра́вді** really; **геть** totally, **цілко́м** completely; **безжа́льно** ruthlessly, **бо́лісно** painfully; **не ду́же** not very, **не зо́всім** not entirely; **зана́дто** *or* **на́дто** too; **позі́рно** seemingly ◊ **За позі́рно ~ою по́зою хова́лося лука́вство.** Deviousness was hiding behind a seemingly candid pose.
v. + **в. бу́ти ~им** be frank (**вважа́ти** + *A.* consider sb ◊ **До́сі Миросла́ва вважа́ла її́ ~ою в су́дженнях.** Until now, Myroslava considered her to be frank in her judgments. **виявля́тися** turn out, **здава́тися** + *D.* seem to sb ◊ **Її́ оці́нка кни́жки здава́лася а́второві ра́дше че́мною, ніж ~ою.** Her assessment of the book seemed to the author to be more polite than completely candid. **лиша́тися** remain; **ставáти** become)
prep. **в. в** + *L.* frank about/in sth ◊ **Тимі́ш става́в бо́лісно ~им у характери́стиках її́ дру́зів.** Tymish was becoming painfully candid in his characterizations of her friends. **в. з** + *I.* frank with sb ◊ **Мо́жна бу́ти цілко́м ~им зі мно́ю.** You can be completely frank with me.
Also see **прями́й 2, щи́рий 1**
2 patent, downright, barefaced, blatant ◊ **Вона́ не сподіва́лася прочита́ти в газе́ті таку́ ~у брехню́.** She did not expect to read such a barefaced lie in the paper. ◊ **~е шахра́йство** patent fraud ◊ **Вони́ вдали́ся до ~их маніпуля́цій.** They resorted to blatant manipulations.
Also see **я́вний**

відве́рт|ість, *f.,* **~ости,** *only sg.*
candor, frankness, sincerity ◊ **І́горева в. ста́ла для них несподі́ванкою.** Ihor's candor took them by surprise.
adj. **вели́ка** great ◊ **Я не сподіва́вся би від па́ні З. вели́кої ~ости.** I would not expect great candor from Mrs. Z. **виняткóва** exceptional, **по́вна** full, **цілкови́та** complete ◊ **Вона́ не зда́тна на цілкови́ту в. на́віть з найбли́жчими дру́зями.** She is incapable of complete sincerity even with her closest friends. **ди́вна** strange, **несподі́вана** unexpected, **нехаракте́рна** uncharacteristic, **підозрі́ла** suspicious, **рі́дкісна** rare; **позі́рна** seeming, **уда́вана** feigned, **фальши́ва** fake ◊ **Його́ в. фальши́ва.** His candor is fake.
v. + **в. виявля́ти в.** show candor ◊ **Лі́дія виявля́ла рі́дкісну в.** Lidiia showed rare candor. (**демонструва́ти** demonstrate); **вимага́ти ~ости** demand candor (**сподіва́тися** expect) ◊ **Андрі́й не сподіва́вся від ньо́го ~ости.** Andrii did not expect candor from him.
prep. **в. у** + *L.* candor in sth ◊ **в. економі́ста в оці́нках стано́вища** the economist's candor in his assessments of the situation
Also see **щи́рість**

відві́да|ти, *pf., see* **відві́дувати**
to pay a visit ◊ **Сте́фа ~ла ті́тку з дя́дьком.** Stefa paid a visit to her aunt and uncle.

відві́дин|и, *only pl.*
visit, social call, visitation
adj. **дру́жні** friendly; **пам'я́тні** memorable; **пі́зні** late ◊ **Він перепроси́в сусі́дку за пі́зні в.** He apologized to his (female) neighbor for a late visit. **реґуля́рні** regular
v. + **в. організо́вувати в.** organize a visit (**скасо́вувати** cancel, **запро́шувати на** invite sb for) ◊ **Вони́ запроси́ли юнака́ на в., щоб бли́жче пригля́нутися до ньо́го.** They invited the youth for a visit to take a closer look at him. **йти з ~ами до** + *G.* go on a visit to sb ◊ **Вони́ ходи́ли з ~ами до ро́дичів.** They went on a visit to their relations.
prep. **на в.** *dir.* on a visit ◊ **Вона́ рі́дко ходи́ла на в. до дру́зів.** She rarely visited friends. **на ~ах** *posn.* on a visit ◊ **Вони́ познайо́милися на ~ах о́пери.** They met on a visit to the opera. **під час відві́дин** during a visit
See **візи́т**

відві́ду|вати, ~ють; відві́да|ти, ~ють, *tran.*
1 to visit, call on, drop by ◊ **Ми відві́дали Сашка́ в ліка́рні.** We visited Sashko in the hospital.
adv. **вже** already, **наре́шті** finally; **і́ноді** sometimes, **рі́дко** seldom; **раз на ти́ждень** once a week, **ча́сто** often; **залюбки́** gladly, **з прие́мністю** with pleasure, **неохо́че** reluctantly; **ле́две коли́** hardly ever ◊ **Вона́ ле́две коли́ ~є гінеко́лога.** She hardly ever visits a gynecologist. **ні́коли не** never
v. + **в. бу́ти змý́шеним** be compelled to ◊ **Він зму́шений в. Оле́ну в реаніма́ції.** He is compelled to visit Olena at the intensive care unit. **бу́ти пора́** + *D.* be time to ◊ **Ю́рієві пора́ відві́дати роди́ну в Берди́чеві.** It is high time Yurii visited his family in Berdychiv. **бу́ти тре́ба** + *D.* need to; **виpí́шувати** decide to; **збира́тися** be going to, **ма́ти на́мір** have the intention to, **планува́ти** plan to; **нама́гатися** try to ◊ **Тара́с нама́гається в. батькі́в раз на два мі́сяці.** Taras tries to visit his parents once every two months. **відмовля́тися** refuse to; **проси́ти** + *A.* ask sb to; **почина́ти** begin, **ста́ти** *pf.* start ◊ **Вона́ ста́ла в. психоаналі́тика.** She started visiting a psychoanalyst. **продо́вжувати** continue to; **перестава́ти** stop
Also see **заві́тати, загляда́ти 2, прові́дувати, ходи́ти 3.** *Cf.* **перебува́ти[2]**
2 to attend, frequent ◊ **Він переста́в в. о́перу.** He stopped frequenting the opera house.
adv. **пості́йно** constantly, **реґуля́рно** regularly ◊ **Він реґуля́рно ~є її́ ле́кції.** He regularly attends her lectures. **релігі́йно** *iron.* religiously ◊ **Ця па́ні релігі́йно ~вала ко́жен за́хід кіноклу́бу.** The lady religiously attended each film club event. **щодня́** every day, **щоти́жня** every week, *etc.* **раз на мі́сяць** once a month
v. + **в. бу́ти тре́ба** + *D.* need to ◊ **Їй тре́ба відві́дати бібліоте́ку.** She needs to go to the library. **почина́ти** begin to, **ста́ти** *pf.* start ◊ **Він став в. заня́ття йо́гою.** He started attending yoga classes. **продо́вжувати** continue to; **перестава́ти** stop
pa. pple. **відві́даний** visited
відві́дуй! відві́дай!

віддa|ва́ти, ~ю́ть; ~ти, ~м, ~си́, ~сть, ~мо́, ~сте́, ~ду́ть, *tran. and intr.*
1 *tran.* to give away, relinquish + *D.* ◊ **Він ~в дру́гові все, що мав.** He gave away everything he had to his friend.
adv. **вже** already, **наре́шті** finally; **доброві́льно** voluntarily, **залюбки́** willingly, **ра́до** gladly; **неохо́че** reluctantly; **наза́вжди** forever; **нега́йно** immediately, **одра́зу** at once; **поча́сти** in part, **части́нами** piecemeal; **по́вністю** fully, **цілко́м** completely; **безкошто́вно** free of charge, **за бе́зцінь** for pittance, **да́ром** *or* **зада́рма** for free; ♦ **в. Бо́гові ду́шу** to die
v. + **в. бу́ти гото́вим** be ready to ◊ **Він був гото́вий ~ти а́вто Наді́йці.** He was ready to give away his car to Nadiika. **бу́ти зму́шеним** be forced to ◊ **Вони́ зму́шені в. трети́ну гро́шей рекети́рам.** They are forced to relinquish a third of the money to the racketeers. **бу́ти тре́ба** + *D.* need to; **му́сити** have to; **відмовля́тися** refuse to, **нака́зувати** + *D.* order sb to; **обіця́ти** + *D.* promise sb to; **пропонува́ти** + *D.* propose to sb, **хоті́ти** want ◊ **Він хоті́в ~ти кому́сь сво́го пса.** He wanted to give his dog away to somebody.
2 *tran.* to give back, return, repay + *D.*

adv. **вже** already, **нарешті** finally; **добровільно** voluntarily, **неохоче** reluctantly; **назавжди** forever; **негайно** immediately, **одразу** at once ◊ **Ганна ~ла автівку сусідові одразу, як приїхала додому.** Hanna returned her neighbor the car at once after she had come back home. **почасти** in part, **частинами** piecemeal; **повністю** fully, **цілком** completely
в. + *n.* **в. борг** repay a debt ◊ **Він був готовим в. борг частинами протягом двох років.** He was ready to repay the debt piecemeal for the duration of two years. (**гроші** money, **позику** loan)
v. + **в. бути змушеним** be forced to, **бути зобов'язаним** be obliged to; **бути треба** + *D.* need to, **мусити** have to; **вимагати в/від** + *G.* demand from sb ◊ **Автор листа вимагав від поліції ~ти йому конфісковане майно.** The author of the letter demanded the police give him back the confiscated property. **відмовлятися** refuse to; **змушувати** + *A.* make sb ◊ **Якщо пан Т. не віддасть грошей добровільно, то його змусять.** If Mr. T. does not return the money voluntarily, they will make him. **наказувати** + *D.* order sb to; **могти** can, be able to, **обіцяти** + *D.* promise sb to; ♦ **в. тіло землі** to bury sb ◊ **Після молитви їхні тіла ~ли землі.** After a prayer, their bodies were buried.
See **повертати 4**
3 *tran.* to give, hand in, deliver ◊ **Він мав ~ти лист особисто пані Бондар.** He was supposed to give the letter personally to Mrs. Bondar.
See **давати 1**
4 *tran., fig.* to dedicate, sacrifice, give ◊ **Вона ~ла п'ять років цьому фільму.** She dedicated five years to this movie. ♦ **в.** + *D.* **душу** *or* **серце** to give sb/sth one's heart ◊ **Десять років вона ~вала душу школярам.** For ten years, she gave her soul to the schoolchildren. ♦ **в. життя за** + *A.* to give one's life for sb/sth ◊ **За свої переконання він ~в би життя.** He would give his life for his convictions.
See **жертвувати 2**
5 *tran., colloq.* to sell ◊ **Він не збирався в. майже новий велосипед за такі мізерні гроші.** He was not about to sell an almost new bicycle for such paltry money. ♦ **в. за безцінок** to sell for a pittance ◊ **Не можучи чекати, вони віддали меблі за безцінь.** Being in no position to wait, they sold the furniture for a pittance.
See **продавати 1.** *Also see* **реалізувати 2, спускати 7**
6 *tran.* to marry off, wed, give in marriage *(usu of a girl), also* ♦ **в. заміж** ◊ **Вони хочуть ~ти дочку (заміж) за чоловіка, якого вона кохає.** They want to give their daughter in marriage to a man she loves.
adv. **вже** already, **врешті-решт** ultimately, **нарешті** finally; **ще не** not yet; **за домовленістю** by agreement ◊ **У цій культурі дочку ~ють заміж за домовленістю між батьками.** In this culture, a daughter is married off by agreement between parents. **проти волі** against one's will; **силоміць** forcefully
prep. **в. за** + *A.* wed to sb ◊ **Батьки хотіли ~ти Ліду за багатого, розумного й вродливого.** The parents wished to give Lida in marriage to someone rich, intelligent, and handsome.
Also see **видавати 5**
7 *tran., fig.* to issue, bestow, give, render ♦ **в. данину** + *D.* to pay sb tribute ◊ **У передмові до книжки авторка ~вала данину своєму вчителеві.** In the preface to her book, the (female) author was paying tribute to her teacher. ♦ **в.** + *D.* **наказ** to issue an order ◊ **Командир ~в наказ наступати.** The commander gave an order to attack. ♦ **в.** + *D.* **належне** to give sb their due ◊ **Слід ~ти Богдані належне – вона чудова перекладачка.** To give Bohdana her due, she is a superb translator. ♦ **в.** + *D.* **перевагу** to give preference to ◊ **Він ~вав перевагу потягам.** He gave preference to trains. ♦ **в.** + *D.* **честь** to salute sb; ♦ **в.** + *D.* **останню шану** to pay the last honors ◊ **Сотні людей прийшли ~ти останню шану загиблому.** Hundreds of people came to pay their last honors to the fallen.
8 *intr., only impf.* to taste of, to smell of, reek + *I.* ◊ **Повітря ~вало медом.** The air smelled of honey. ◊ **Стара скриня ~вала пліснявою.** The old coffer smelled of mold.
See **пахнути 1.** *Also see* **нести 4**
9 *intr., only impf.* to exude, emanate, radiate + *I.* ◊ **Галине обличчя ~вало енергією юності.** Halia's face exuded the energy of youth. ◊ **Все навколо ~вало спокоєм.** Everything around exuded calm.
pa. pple. **відданий** given away
віддавай! віддай!

віддан|ий, *adj.*

1 devoted, faithful, loyal + *D.*
adv. **абсолютно** absolutely, **безмежно** boundlessly, **дуже** very; **неподільно** undividedly, **цілковито** completely ◊ **Роман цілковито в. справі реформи.** Roman is completely devoted to the cause of the reform.
v. + **в. бути ~им** be devoted (**вважати** + *A.* consider sb; **виявлятися** turn out ◊ **Вона виявилася ~ою прихильницею актора.** She turned out to be the actor's devoted supporter. **лишатися** remain, **ставати** become)
See **вірний 1.** *Also see* **сердечний 3.** *Ant.* **зрадливий 1**
2 given away, returned ◊ **Тепер Петро не міг знайти ~их йому вчора документів.** Now Petro could not find the documents given him back yesterday.
See **віддавати**

відда|ти, *pf., see* **віддавати**

to give back, return, *etc.* ◊ **Степан ~сть гроші за тиждень.** Stepan will return the money in a week.

відділ, *m.*, **~у**

1 part, section, division, level ◊ **Шухляда має три ~и.** The drawer has three parts.
adj. **більший** larger, **великий** large, **головний** main, **основний** principal; **маленький** *dim.* small, **менший** smaller, **невеликий** small; **вищий** higher ◊ **Фермент грає помітну роль у функціонуванні вищих ~ів нервової системи.** The enzyme plays a significant part in the function of the higher levels of the nervous system. **нижчий** lower; **передній** front ◊ **Двигун зазвичай монтують у передньому ~і автівки.** The engine is usually mounted in the front section of the car. **середній** middle, **задній** back, **тильний** rear; **окремий** separate, **спеціяльний** special; **інший** other, **різний** *or* **ріжний** *only pl.* different, **різноманітний** *or* **ріжноманітний** *only pl.* various
в. + *n.* **в. автобуса** a section of a bus (car, **вагону** train car, **літака** aircraft, **ракети** missile; **валізи** suitcase, **портфеля** briefcase ◊ **Папери він носив у середньому ~і портфеля.** He carried his papers in the middle section of the briefcase. **сейфа** safe, **шухляди** drawer; **будови** structure, **системи** system; **вітрини** store window, **кімнати** room) ◊ **Книжкові стелажі поділяли кімнату на чотири ~и.** Bookstands divided the room into four sections.
v. + **в. мати в.** have a section ◊ **Літак має в. для екіпажу.** The aircraft has a section for the crew. (**утворювати** form) ◊ **П'ять рядів сидінь утворювали середній в. автобуса.** Five rows of seats formed the middle section of the bus. **поділяти** + *A.* **на ~и** divide sth into sections (**поділятися на** be divided into) ◊ **Тіло комахи поділяється на три ~и.** The insect's body is divided into three parts.
prep. **у в.** *dir.* in/to a section ◊ **Він поклав гроші у верхній в. сейфа.** He put the money in the upper section of the safe. **в ~і** *posn.* in a section ◊ **Гроші лежали в тильному ~і сейфа.** The money was in the rear section of the safe.
Also see **рівень 1, частина 1**
2 department, section, division
adj. **взуттєвий** shoe; **канцелярський** staples; **парфумерний** perfumes, **дитячий** children's, **жіночий** women's, **чоловічий** men's; **фармацевтичний** pharmaceutical; **кадровий** personnel, **комерційний** commercial, **маркетинговий** marketing, **плановий** planning ◊ **Вона очолить плановий в. міської ради.** She will head the City Council's planning department. **проєктний** design, **рекламний** advertising, **торговий** sales, **фінансовий** financial; **науковий** science, **науково-дослідний** research; **архівний** archival, **бібліотекарський** librarian's, **бібліотечний** library, **довідковий** directory, **каталоговий** catalog, **перекладацький** interpreters', translation ◊ **Вона звернулася в перекладацький в. фірми.** She turned to the firm's translation section. **розвідувальний** intelligence, **розстежувальний** investigations, **юридичним** legal, *etc.*
в. + *n.* **в. археології** an archeology department ◊ **В інституті історії є окремий в. археології.** There is a separate archeology department at the Institute of History. (**архівів** archives, **електроніки** electronics; **збуту** sales); **в. кадрів** a department of human resources; **в. крамниці** a store department (**супермаркету** supermarket, **універмагу** department store) ◊ **В крамниці немає ~у електроніки.** There is no electronics department in the store.
n. + **в. голова ~у** the department head (**директор** director, **координатор** coordinator, **працівник** employee) ◊ **За три роки зі скромного працівника ~у він став його директором.** In three years, he turned from a humble department employee into its director.
v. + **в. засновувати в.** establish a department (**створювати** create; **очолювати** head ◊ **Вона роками очолювала в. кадрів.** For years, she headed the department of human resources. **знаходити** find ◊ **Вони довго не могли знайти ~у дитячого взуття.** They took a long time to find the children's shoes department. **шукати** look for) **переводити** + *A.* **до ~у** transfer sb to a department ◊ **Його перевели до архівного ~у.** He was transferred to the archival department. **завідувати ~ом** be in charge of a department (**керувати** manage; **зв'язуватися з** contact) ◊ **Вам слід зв'язатися з юридичним ~ом.** You should contact the legal department.
prep. **у ~і** in a department ◊ **Позиками займаються у фінансовому ~і.** Loans are dealt with in the financial department.
Also see **відділення 1, катедра 2, управління 2, філія, частина 3**
3 section *(in newspaper, etc.)*, part
adj. **головний** main ◊ **Головний в. журналу присвячено політиці.** The magazine's main section is dedicated to politics. **окремий** separate, **спеціяльний** special; **наступний** next, **попередній** previous; **бізнесовий** business ◊ **Він рідко знаходить щось цікаве в бізнесовому ~і газети.** He rarely finds something interesting in the business section of the newspaper. **культурний** culture, **освітній** education, **спортивний** sports ◊ **Кожен щоденник має спортивний в.** Every daily has a sports section. **улюблений** favorite, **цікавий** interesting, **великий** large, **довгий** long; **короткий** short, **невеликий** small; **новий** new
в. + *n.* **в. газети** a newspaper section (**журналу** magazine, **книжки** book, **тижневика** weekly, *etc.*); **в. бізнесу** a business section (**культури** culture, **освіти** education, **розваг** entertainment ◊ **Від наступного місяця журнал матиме в. культури й розваг.** As of next month, the magazine will have the culture and entertainment section. **театру** theater, *etc.*)

v. + **в. додава́ти в.** add a section (**ма́ти** have; **розширя́ти** expand ◊ **В. мо́ди розши́рили.** The fashion section has been expanded. **усува́ти** remove; **присвя́чувати** + *D.* dedicate to sth; **пропуска́ти** skip) ◊ **Васи́ль за́вжди́ пропуска́є спорти́вний в.** Vasyl always skips the sports section. **діли́ти** + *A.* **на ~и** divide sth into sections ◊ **Газе́ту поділи́ли на ~и.** The paper was divided into sections.
prep. **в ~і** in a section

відді́лен|ня, *nt.*
1 department, section, branch, division
adj. **гінекологі́чне** gynecology, **дитя́че** *and* **педіятри́чне** pediatric, **інфекці́йне** infectious diseases, **кліні́чне** clinical, **реанімаці́йне** intensive-care ◊ **Швидка́ доста́вила її в реанімаці́йне в. ліка́рні.** The ambulance brought her to the intensive-care unit of the hospital. **хірургі́чне** surgical; **жіно́че** women's, **чолові́че** men's; **фармацевти́чне** pharmaceutical; **амбулато́рне** outpatient, **стаціона́рне** inpatient, *etc.*; ♦ **поло́гове в.** a maternity ward; **переклада́цьке в.** a translation division ◊ **Переклада́цьке в. займа́є ці́лий по́верх.** The translation division occupies the entire floor.
в. + *n.* **в. ліка́рні** a hospital division *and* department ◊ **кліні́чне в. ліка́рні** a clinical division of the hospital (**факульте́ту** department) ◊ **На факульте́ті є філологі́чне та переклада́цьке в.** There are philology and interpreters' divisions at the department. **в. інформа́тики** a computer science division (**обро́бки да́них** data processing)
v. + **в. відкрива́ти в.** open a division ◊ **В. перекладачі́в відкри́ли в 1960-х рока́х.** The interpreters' division was opened in the 1960s. (**закрива́ти** shut down, **ліквідо́вувати** eliminate; **засно́вувати** found; **розширя́ти** expand) ◊ **Дека́н розши́рив кібернети́чне в.** The dean expanded the cybernetic division.
Also see **ві́дділ 2, като́дра 2, підро́зділ 2, управлі́ння 2, фі́лія, части́на 3**
G. pl. **~ь** ◊ **У ліка́рні шість ~ь.** There are six divisions in this hospital.
2 *only sg.* separation *(also as process)*
♦ **в. це́ркви від держа́ви** disestablishment of religion, separation of church and state
adj. **несподі́ване** unexpected, **поступо́ве** gradual, **неуни́кне** inevitable ◊ **Істо́рик передбача́в неуни́кне в. цих земе́ль від Росі́йської імпе́рії.** The historian foresaw the inevitable separation of these lands from the Russian Empire. **остато́чне** ultimate; **культу́рне** cultural, **політи́чне** political, **релігі́йне** religious
prep. **в. від** + *G.* a separation from sb/sth

відділи́|ти, *pf., see* **відділя́ти**
to separate, isolate, break up ◊ **Учи́тель ~в ста́рших школярі́в від моло́дших.** The teacher separated senior students from junior ones.

відділи́|тися, *pf., see* **відділя́тися**
to separate, part ◊ **Те, що Слова́ччина ~лася від Че́хії, ста́ло несподі́ванкою для багатьо́х.** The fact that Slovakia had separated from the Czech Republic became a surprise to many.

відділя́|ти, ~ють; відділ|и́ти, ~ять, *tran.*
to separate, set apart, detach, break up ◊ **Парка́н ~в двір від садка́.** The fence separated the courtyard from the garden.
adv. **ви́разно** distinctly ◊ **Лексико́граф ви́разно відділи́в одну́ гру́пу слів від і́ншої.** The lexicographer distinctly separated one group of words from the other. **неоднозна́чно** unequivocally, **рі́зко** sharply, **чі́тко** clearly; **ле́гко** easily ◊ **У ці́й істо́рії він міг ле́гко відділи́ти факт від ви́гадки.** In that story, he could easily separate fact from fiction. **факти́чно** effectively; **безповоро́тно** irreversibly, **наре́шті** finally; **категори́чно** categorically, **по́вністю** fully, **цілко́м** completely; **механі́чно** mechanically; **форма́льно** formally; **юриди́чно** legally; **географі́чно** geographically, **просторо́во** spacially, **фізи́чно** physically; **символі́чно** symbolically; **я́кось** somehow
v. + **в. бу́ти ва́жко** + *D.* be difficult to, **бу́ти немо́жли́во** be impossible to ◊ **Ча́сто немо́жли́во відділи́ти мора́льні пита́ння від політи́чних.** Oftentimes, it is impossible to separate moral issues from political ones. **бу́ти ле́гко** + *D.* be easy to, **бу́ти тре́ба** + *D.* need to ◊ **Дем'я́нові тре́ба відділи́ти одну́ части́ну кімна́ти від і́ншої.** Demian needs to separate one part of the room from the other. **намага́тися** try to, **про́бувати** attempt to
prep. **в. від** + *G.* separate sth from sb/sth
pa. pple. **відді́лений** separated
відділя́й! відділи́!

відділя́|тися; відділи́тися, *intr.*
1 to separate from, come off ◊ **Кора́ ле́гко ~ється від гнило́го сто́вбура сосни́.** The bark easily comes off the rotten pine trunk.
adv. **ле́гко** easily, **шви́дко** quickly; **пові́льно** slowly, **поступо́во** gradually ◊ **Шкі́ра поступо́во ~лася від ті́ла змії́.** The skin was gradually separating from the snake's body. **несподі́вано** unexpectedly, **ра́птом** suddenly
v. + **в. почина́ти** begin to ◊ **Фа́рба почала́ в. від полотна́.** The paint began to come off the canvas. **ста́ти** *pf.* start
prep. **в. від** + *G.* separate from
2 to separate from, secede, break away from ◊ **Фра́кція відділи́лася від па́ртії.** The faction has broken away from the party.
adv. **безповоро́тно** irreversibly, **наза́вжди́** forever, **остато́чно** ultimately, **раз і наза́вжди́** once and for all; **несподі́вано** unexpectedly, **ра́птом** suddenly; **організаці́йно** organizationally, **офіці́йно** officially, **форма́льно** formally; **економі́чно** economically; **політи́чно** politically, **програ́мно** programmatically, **релігі́йно** religiously
v. + **в. бу́ти ва́жко** + *D.* be difficult to, **бу́ти тре́ба** + *D.* need to; **виріша́ти** decide to, **збира́тися** be going to ◊ **Вони́ збира́лися відділи́тися від кооперати́ву.** They were going to separate from the cooperative. **ма́ти на́мір** have the intention to, **планува́ти** plan to; **нава́жуватися** dare, have the courage to; **намага́тися** try to, **про́бувати** attempt to, **хоті́ти** want to; **не дава́ти** + *D.* not let sb, **не дозволя́ти** + *D.* not allow sb to
prep. **в. в** + *A.* separate into sth ◊ **Вони́ відділи́лися в незале́жну профспі́лку.** They separated into an independent trade union. **в. від** + *G.* separate from sb/sth ◊ **П'ятеро осі́б відділи́лося від заго́ну і зни́кло в лі́сі.** Five persons separated from the detachment and disappeared in the forest.
Also see **вихо́дити 5**

відзнача́|ти, ~ють; відзна́ч|ити, ~ать, *tran.*
1 to mark, check, tick off + *I.* ◊ **Катери́на ~ла черво́ним незрозумі́лі ви́рази.** Kateryna checked incomprehensible expressions with red.
See **познача́ти.** *Also see* **зазнача́ти 1**
2 *fig.* to note, remark, mention; notice ◊ **«Кра́ще й не зро́биш,» – відзна́чив інспе́ктор.** "One couldn't do it better," the inspector noted.
adv. **зокре́ма** in particular, **конкре́тно** specifically, **між і́ншим** by the way, **особли́во** especially; **за́раз же** right away ◊ **Зайшо́вши в ха́ту, Лі́да за́раз же відзна́чила розгарді́яш.** Having entered the apartment, Lida right away noticed a mess. **одра́зу** at once
See **каза́ти 1.** *Also see* **говори́ти, зазнача́ти 3, зауважувати 2**
3 *fig.* to celebrate, mark ◊ **Цьогорі́ч Тара́с не мав на́міру в. уроди́ни.** This year Taras had no intention of celebrating his birthday.
See **святкува́ти.** *Also see* **гуля́ти 4**
4 to honor, grace ◊ **Уряд відзна́чив уче́ну наторо́дою.** The government honored the (female) scientist with an award.
See **нагоро́джувати 1**
pa. pple. **відзна́чений** marked
відзнача́й! відзна́ч!

відзна́чи|ти, *pf., see* **відзнача́ти**
to mark, celebrate; point out, *etc.* ◊ **Інститу́т ~в ювіле́й дире́ктора.** The institute marked its director's jubilee.

відібра́|ти, *pf., see* **відбира́ти**
to take away, deprive of; select, *etc.* ◊ **Учи́тель ~в найкра́щих опові́дачів у кла́сі.** The teacher selected best storytellers in the grade.

відій|ти́, *pf., see* **відхо́дити**
to step back, step aside, retreat, *etc.* ◊ **Миха́йло ~шо́в від двере́й.** Mykhailo stepped away from the door.

відітну́|ти, *pf., see* **тя́ти**
to cut off, sever ◊ **Сергі́й ~в ски́бку хлі́ба.** Serhii cut a slice of bread.

від'їжджа́|ти, ~ють; від'ї́хати, від'ї́д|уть, *intr.*
1 to depart, leave *(by a vehicle, as opposed to on foot)* ◊ **Ми від'їжджа́ємо за́втра вра́нці.** We are leaving tomorrow morning.
adv. **вже** already, **наре́шті** finally; **ще не** not yet ◊ **Авто́бус ще не від'ї́хав.** The bus has not yet left. **незаба́ром** *or* **ско́ро** soon; **вча́сно** on time, **за ро́зкладом** according to the schedule; **з запі́зненням** with a delay; **крадькома́** in stealth, **непомі́тно** unnoticed ◊ **Його́ гість від'ї́хав непомі́тно.** His guest departed unnoticed. **ти́хо** quietly; **за́раз же** right away, **негайно** immediately; **по́спіхом** in a hurry, **шви́дко** quickly; **авто́бусом** by bus, **автомобі́лем** by car, **коне́м** by horse, **літако́м** by plane, **по́тягом** by train ◊ **Вони́ ~ють по́тягом.** They are leaving by train.
v. + **в. бу́ти пора́** + *D.* be time to ◊ **Нам пора́ в.** It's time for us to leave. **збира́тися** be going to, **ма́ти на́мір** have the intention to, **планува́ти** plan to ◊ **Ва́ля плану́є від'ї́хати пополу́дні.** Valia is planning to leave in the afternoon. **змогти́** *pf.* manage to; **ква́питися** hasten to, **поспіша́ти** be in a hurry to ◊ **Він не поспіша́в в.** He was not in a hurry to leave.
prep. **в. в** + *A.* depart on *(a trip, etc.)* ◊ **Оле́на ~є в по́дорож до Вене́ції.** Olena is leaving on a trip to Venice. **в. з** + *G.* depart from *(a place)* ◊ **За́втра цирк ~є з мі́ста.** The circus departs from the city tomorrow. **в. на** + *L.* depart by *(a vehicle)* ◊ **Гру́па від'ї́хала на пе́ршому ж кораблі́.** The group left by the very first ship.
Also see **виїжджа́ти 1, відхо́дити 1, залиша́ти 3.** *Cf.* **відліта́ти 1, відхо́дити 2**
2 to drive away, ride away ◊ **Осідла́вши коня́, чолові́к від'ї́хав у степ.** Having mounted the horse, the man rode off into the steppe.
від'їжджа́й! від'ї́дь!

від'ї́зд, *m.*, **~у**
departure *(by a vehicle)*
adj. **ґвалто́вний** abrupt ◊ **Його́ ґвалто́вний в. заско́чив усі́х.** His abrupt departure surprised everybody. **несподі́ваний** unexpected, **поспі́шний** hasty, **рапто́вий** sudden, **шви́дкий** quick; **таємни́й** secret; **добро́вільний** voluntary; **заплано́ваний** planned ◊ **Її в. був заплано́ваний і аж нія́к не рапто́вий.** Her departure was planned and not at all sudden. **скасо́ваний** canceled; **пі́зній** late, **спі́знений** belated; **близьки́й** imminent, **неуни́кний** inevitable; **одноча́сний** simultaneous; **ра́нній** early
в. + *n.* **в. авто́буса** a bus departure

(маршрýтки shuttle bus, пóтяга train) ◊ **Сýтичка затримáла в. пóтяга на годúну.** The skirmish delayed the train departure by an hour.
n. + **в. дáта ~у** the departure date (**день** day, **час** time) ◊ **Час ~у вкáзаний у квиткý.** The departure time is indicated on the ticket.
v. + **в. відкладáти в.** postpone a departure ◊ **Васúль відклáв в. на невúзначений час.** Vasyl postponed his departure for an indefinite time. (**затрúмувати** delay; **організóвувати** organize, **планувáти** plan, schedule) ◊ **В. запланувáли на сéреду.** The departure was scheduled for Wednesday.
prep. ♦ **бýти у ~і** to be away ◊ **Лíна будé у ~і.** Lina will be away. **до ~у** before, prior to a departure ◊ **Він полагóдить усé до ~у.** He will arrange everything before the departure. **пéред ~ом** before a departure ◊ **Вонú зустрíлися пéред ~ом.** They met before the departure. **пíсля ~у** after a departure. **в. до** + *G.* a departure for *(a place)* ◊ **В. до Херсóну був ретéльно сплановáний.** The departure for Kherson was thoroughly planned. **в. з** + *G.* a departure from *(a place)* ◊ **в. із конферéнції** a departure from the conference; **в. на** + *A.* a departure to/for *(a place)* ◊ **Він координýє в. добровóльців на фронт.** He coordinates the volunteers' departure to the front.
Also see **вúїзд 1.** *Cf.* **вúліт 1.** *Ant.* **прúїзд**

від'ї́ха|ти, *pf., see* **від'їжджáти**
to leave, depart, drive away ◊ **Пóтяг ~в із запíзненням.** The train left with a delay.

відкидá|ти, ~ють; відкúн|ути, ~уть, *tran.*
1 to throw off, throw away, cast off, cast away; shovel ◊ **Він швúдко відкúнув сніг.** He quickly shoveled the snow.
adv. **вбік** aside, **вперéд** forward, **геть** away, **далéко** far, **назáд** back, backwards ◊ **Вонá зі злíстю відкúнула лопáту назáд.** She threw back her spade with anger. **рáптом** suddenly, **рíзко** abruptly ◊ **Сміючúсь, він рíзко ~в гóлову назáд.** While laughing, he would abruptly toss his head back. **швúдко** quickly; ♦ **в. нóги** *colloq.* to kick the bucket
v. + **в. брáтися** get down to; **бýти трéба** + *D.* need to ◊ **Хлóпцеві трéба булó відкúнути пісóк із проїзду.** The boy needed to shovel the sand from the passageway. **квáпитися** hurry to, **намагáтися** try to, **прóбувати** attempt to; **починáти** begin to, **стáти** *pf.* start
See **кúдати 1**
2 *fig.* to reject, turn down ◊ **Вонá з обýренням відкúнула Маркóві підóзри.** She rejected Marko's suspicions with indignation.
adv. **впéрто** stubbornly ◊ **Він продóвжує впéрто в. ї́хнє запрóшення.** He continues to stubbornly turn down their invitation. **категорúчно** categorically, **обýрено** indignantly
в. + *n.* **в. ідéю** reject an idea ◊ **Цю ідéю слід відкúнути.** The idea should be rejected. (**план** plan, **припýщення** assumption, **пропозúцію** offer, **рекомендáцію** recommendation, **твéрдження** assertion; **допомóгу** assistance; **звинувáчення** accusation, **підóзру** suspicion)
prep. **в. як** + *N.* reject as sth ◊ **Вонá відкúнула твéрдження як безпідставне.** She rejected the assertion as groundless.
Also see **заперéчувати 1.** *Ant.* **приймáти 1**
3 to repel, fight off ◊ **Вонú ~ли одúн нáступ найманців за íншим.** They repelled one mercenaries' assault after the other.
4 *fig.* to suppress, hold back, overcome ◊ **Він готувáвся до íспиту, ~ючи сон.** He was preparing for the exam, overcoming his sleepiness.
5 *colloq.* to subtract ◊ **Якщó від десятú відкúнути вíсім, дістáнемо два.** If we subtract eight from ten, we'll get two.
See **віднімáти 2.** *Also see* **мíнус 1**
6 *fig.* to cast, reflect ◊ **У цю годúну дня сóсни ~ють дóвгі тíні.** At this hour of the day, the pines cast long shadows.
pa. pple. **відкúнутий** thrown off, rejected
відкидáй! відкúнь!

відкúну|ти, *pf., see* **відкидáти**
to reject, throw away, toss away, *etc.* ◊ **Óля ~ла йогó залицяння.** Olia rejected his courtship.

відкладá|ти, ~ють; відклáсти, відклад|ýть, *tran.*
1 to put aside, put away ◊ **Прочитáвши статтю, вонá відклáла часóпис.** Having read the article, she put the magazine away.
adv. **вбік** *or* **набíк** aside ◊ **Юркó відклáв кнúжку набíк.** Yurko put the book aside.
2 to put off, postpone ◊ **Розмóву відклáли на íнший день.** The conversation was put off till another day.
adv. **вже** already; **всьогó-нá-всього** merely, **тíльки** only ◊ **Катастрóфу тíльки відкладáли, а не уникáли.** They were only putting the catastrophe off, rather than avoiding it. **на невúзначений час** indefinitely; **неохóче** reluctantly; **рáдо** gladly ◊ **Вонá рáдо відклáла зýстріч на п'ятницю.** She gladly postponed the meeting till Friday. ♦ **Не ~й на зáвтра тогó, що мóжеш зробúти сьогóдні.** Don't put off till tomorrow what you can do today.
v. + **в. бýти змýшеним** be forced to ◊ **Він змýшений відклáсти купíвлю комп'ютера.** He was forced to postpone the purchase of the computer. **вирíшувати** decide to; **відмовлятися** refuse to ◊ **Він відмóвився відклáсти голосувáння.** He refused to put the vote off. **погóджуватися** agree to; **просúти** + *A.* ask sb to; **волíти** prefer to ◊ **Вонá волíла відклáсти зýстріч на два дні.** She preferred to put off the meeting for two days. **хотíти** want to
prep. **в. до** + *G.* postpone till ◊ **Знімáння прогрáми відклáли до понедíлка.** The filming of the show was put off till Monday. **в. на** + *A.* postpone for *(time)*
3 to save, set aside ◊ **Вонá відклáла три мішкú картóплі на садíння.** She set three sacks of potatoes aside for planting. ♦ **в. на чóрний день** to save for a rainy day ◊ **Він потихéньку ~є грóші на чóрний день.** He is quietly saving money for a rainy day.
pa. pple. **відклáдений** put away, put off
відкладáй! відкладú!

відклá|сти, *pf., see* **відкладáти**
to put off, postpone ◊ **Відкриття фестивáлю ~ли.** The opening of the festival was put off.

відключá|ти, ~ють; відключ|úти, ~ать, *tran.*
to disconnect, cut off ◊ **Їм сéред зимú відключúли тепло.** Their heating got cut off in the middle of winter.
adv. **без поперéдження** without a warning; **незакóнно** unlawfully, **нелеґáльно** illegally; **негáйно** immediately, **оперативно** promptly, **рáптом** suddenly ◊ **Всю вýлицю рáптом відключúли від газопостачáння.** The whole street was suddenly cut off from gas supply. **швúдко** quickly
v. + **в. бýти трéба** + *D.* need to; **могтú** can; **намагáтися** try to, **погрóжувати** threaten to ◊ **Компáнія погрóжує відключúти їм струм.** The company threatens to cut off their power. **хотíти** want to; **не давáти** + *D.* not let sb, **не дозволяти** + *D.* not allow sb to
prep. **в. від** + *G.* disconnect from sth ◊ **На десятилíття країну відключúли від рéшти світу.** *fig.* For decades, the country was disconnected from the rest of the world.
pa. pple. **відключений** disconnected
відключáй! відключú!
Ant. **підключáти**

відкривá|ти, ~ють; відкрú|ти, ~ють, *tran.*
1 to uncover, open *(a box, etc.)*, reveal ◊ **Він відкрúв дíжку.** He opened the barrel.
adv. **геть** totally, **цілкóм** completely; **лéдве** scarcely **наполовúну** half, **трóхи** a little; **крадькомá** stealthily, **обережно** with caution ◊ **Рибáлка обережно відкрúв відрó з рúбою.** The fisherman cautiously opened the bucket with fish. **повíльно** slowly, **якóсь** somehow
в. + *n.* **в. облúччя** uncover a face (**стінý** wall; **баняк** pot, **крúшку** cover, **скóвороду** skillet, **фасáд** façade)
Cf. **відчиняти 2, розчиняти**[2]. *Ant.* **закривáти 1**
2 *colloq.* to unlock, open ◊ **Влáсник щодня ~в перукáрню.** The owner would open his hair salon every day.
See **відмикáти**
3 to unwrap, open, untie ◊ **Олéна швúдко відкрúла посúлку.** Olena quickly opened the parcel. ◊ **Степáн ~є листú спеціяльним ножéм.** Stepan opens his letters with a special knife.
4 to uncork, open ◊ **Юркó лю́бить в. шампáн.** Yurko likes to uncork champagne.
в. + *n.* **в. бляшáнку** open a can ◊ **Він не мав чим відкрúти бляшáнку з олúвками.** He had nothing to open a can of olives with. (**консéрву** canned food, **пляшку** bottle, **пúво** beer, **слóїк** jar)
5 to reveal, disclose, show ◊ **Завíса піднялáся, ~ючи глядачéві чудóві декорáції.** The curtain went up, revealing a wonderful set to the viewer. ♦ **в. дýшу** *or* **сéрце** + *D.* to reveal one's soul to sb, pour one's heart out ◊ **Лев не мав нікóго, комý міг би відкрúти сéрце.** Lev did not have anybody he could pour his heart out to. ♦ **в.** + *A.* **як гомосексуáла** to out sb ◊ **Він відкрúв кількóх полíтиків як гомосексуáлів.** He outed several politicians.
6 to open, unfold ◊ **Лéдве відкрúвши газéту, Мáрта порúнула в читáння новúн.** Right after opening the newspaper, Marta dove into reading the news.
See **розгортáти 1.** *Ant.* **закривáти 4**
7 to open *(eyes, mouth)* ◊ **Íгор відкрúв рóта від здивувáння.** Ihor opened his mouth with surprise. ♦ **в. óчі** + *D.* **на** + *A.* *fig.* to open sb's eyes to sth ◊ **Профéсор відкрúв студéнтам óчі на прирóду колоніялíзму.** The professor opened his students' eyes to the nature of colonialism.
See **розплю́щувати.** *Ant.* **закривáти**
8 to open *(event)*, begin, start ◊ **Дирéктор урочúсто відкрúв збóри.** The director solemnly opened the meeting.
в. + *n.* **в. вéчір** open an evening ◊ **Йогó попросúли відкрúти вéчір поéзії.** He was asked to open the poetry evening. (**вúставку** exhibit, **дискýсію** discussion, **засíдання** sitting, **захід** event, **перемóвини** talks, **сéсію** session, **слýхання** hearing, *etc.*)
9 to discover, find ◊ **Дослíдник несподíвано відкрúв невідóму планéту.** The researcher unexpectedly discovered an unknown planet. ♦ **в. Амéрику** *fig.* to reinvent the wheel
Cf. **винахóдити**
10 to open, inaugurate, unveil ◊ **У Полтáві відкрúли пам'ятник Мазéпі.** The monument to Mazepa was unveiled in Poltava.
adv. **офіцíйно** officially, **помпéзно** with pomp, **урочúсто** solemnly, **формáльно** formally, **церемонíйно** ceremoniously
v. + **в. запрóшувати** + *A.* invite sb to ◊ **Йогó запросúли відкрúти нову бібліотéку.** He was invited to open the new library. **мáти** be supposed to, **мáти нáмір** intend to, **планувáти** plan to, **сподівáтися** hope to
11 to open *(a bank account)*, initiate ◊ **Олéна відкрúла ощáдний рахýнок.** Olena opened a savings account. ◊ **Новíй компáнії одрáзу ~ють кредитóву лíнію.** A line of credit will be immediately opened to the new company

Ant. **закривати 6**
відкривай! відкрий!

відкрива́|тися; відкри́тися, *intr.*
1 to open, unlock, unfasten, unbuckle ◊ **Вікна в будинку ~ються по-англійськи.** The windows in the building open the English way. ◊ **Олекса не помітив, як у нього відкрився портфе́ль.** Oleksa did not notice his briefcase had opened.
Also see **відчиня́тися, розчиня́тися**[2]. *Ant.* **закрива́тися 1**
2 to open, begin, start ◊ **Фестива́ль ~ється за́втра.** The festival opens tomorrow.
adv. **вже** already ◊ **Бібліоте́ка вже відкри́лася.** The library opened already. **офіці́йно** officially, **помпе́зно** with pomp, **урочи́сто** solemnly ◊ **Збо́ри урочи́сто відкри́лися ви́ступом дире́ктора.** The meeting solemnly opened with the director's address. **форма́льно** formally, **церемоні́йно** ceremoniously
v. + **в. ма́ти** be supposed to, be to ◊ **Ви́ставка візанті́йської ікони ма́є відкри́тися на поча́тку тра́вня.** The Byzantine icon exhibit is to open in early May.
Cf. **відчиня́тися, розчиня́тися**[2]. *Ant.* **закрива́тися 2**
3 *fig.* to open, become visible, reveal itself ◊ **З її вікна́ ~вся чудо́вий краєви́д.** A beautiful view opened from her window.
4 *fig.* to open up, become available, become possible; become visible, come into view
prep. **в. пе́ред** + *I.* become available to sb ◊ **Пе́ред не́ю ~лися безме́жні можли́вості.** Limitless opportunities opened up to her.
5 *fig.* to open up to sb, confide in, pour one's heart out to + *D.* ◊ **Він не нава́жувався відкри́тися по́друзі.** He did not have the courage to open up to his female friend. ♦ **в. як гомосексуа́л** to come out of the closet ◊ **Лесь публі́чно відкри́вся як гомосексуа́л.** Les came out of the closet publicly.
v. + **в. бу́ти ва́жко** + *D.* be difficult to ◊ **Із тако́ю таємни́цею їй ва́жко відкри́тися на́віть найбли́жчій люди́ні.** It is difficult for her to open up to even the closest person with such a secret. **виріша́вати** decide to; **збира́тися** be going to, **ма́ти на́мір** have the intention to, **ма́ти потре́бу** have the need to; **намага́тися** try to
6 to open *(of a wound)*, start bleeding; *also fig.* ◊ **У чолові́ка відкри́лася стара́ ра́на.** The man's old wound has opened.

відкри́|ти, *pf., see* **відкрива́ти**
to open, uncover; discover, *etc.* ◊ **Письме́нник ~в нову́ сторі́нку в істо́рії націона́льної літерату́ри.** The writer opened a new page in the national literary history.

відкри́т|ий, *adj.*
1 open, opened
adj. **ле́две** *or* **ледь** scarcely ◊ **Він чув ї́хню розмо́ву че́рез ледь ~і две́рі.** He heard their conversation through the scarcely opened door. **ма́йже** almost, **тро́хи** a little, **на́встіж** fully, **наполови́ну** half, **ціло́м** completely, **широ́ко** widely ◊ **Наме́т був широ́ко ~им.** The tent was wide open. **в. склад** *ling.* an open syllable; **здиво́вано** in surprise ◊ **здиво́вано в. рот** a mouth opened in surprise
2 working *(of store, library, etc.)* ◊ **Ви ~і?** Are you open *(of store)*? ◊ **Суперма́ркет в. до пі́вночі.** The supermarket is open till midnight.
Ant. **закри́тий, прихо́ваний**

відкри́|тися, *pf., see* **відкрива́тися**
to open ◊ **Две́рі ~лися, і в кімна́ту зайшо́в яки́йсь незнайо́мець.** The door opened and a stranger entered the room.

відкритт|я́, *nt.*
1 opening ◊ **До в. заві́си лиша́лося хвили́ни.** Minutes remained till the opening of the curtain.
2 opening, inauguration, start; unveiling ◊ **Він приї́хав на в. лі́тнього сезо́ну.** He came for the opening of the summer season.
adj. **офіці́йне** official ◊ **Його́ запроси́ли на офіці́йне в. термiна́лу лето́вища.** He was invited to the official opening of the airport terminal. **урочи́сте** solemn, **успі́шне** successful; **довгоочі́куване** long-expected
v. + **в. відклада́ти в.** postpone an opening ◊ **Че́рез него́ду в. пам'я́тника відкла́ли.** Because of the nasty weather the unveiling of the monument was postponed. (**затри́мувати** delay; **оголо́шувати** announce; **організо́вувати** organize) ◊ **Гру́па організо́вує в. музе́ю.** The group organizes the museum opening.
в. + *v.* **відбува́тися** take place, happen ◊ **В. чемпіона́ту відбу́лося в субо́ту.** The opening of the championship took place on Saturday.
3 discovery, invention ◊ **Його́ в. ста́ли револю́цією у фі́зиці.** His discoveries became a revolution in physics.
adj. **важли́ве** important, **вели́ке** great, **видатне́** remarkable, **відо́ме** well-known, **геніа́льне** brilliant, **дивови́жне** amazing, **захо́пливе** exciting, **знамени́те** famous, **революці́йне** revolutionary; **ціка́ве** interesting; **несподі́ване** unexpected; **неви́знане** unrecognized; **гнітю́че** depressing, **жахли́ве** awful, **мо́торошне** gruesome, **пону́ре** grim, **страшне́** terrible; **випадко́ве** accidental; **істори́чне** historic ◊ **Він зроби́в істори́чне в.** He made a historic discovery. **неда́внє** *or* **нещода́внє** recent, **нове́** new, **оста́ннє** latest; **археологі́чне** archeological, **географі́чне** geographical ◊ **доба́ вели́ких географі́чних ~ів** the epoch of great geographical discoveries. **меди́чне** medical, **науко́ве** scientific
v. + **в.** ◊ **оголо́шувати про в.** announce a discovery ◊ **Акаде́мія нау́к не поспіша́ла оголо́шувати про видатне́ в.** The Academy of Sciences was not in a hurry to announce the remarkable discovery. (**повідомля́ти про** report) ◊ **Пре́са повідо́мила про в. фотосинте́зи.** The press reported the discovery of photosynthesis. **вести́ до в.** lead to a discovery ◊ **До́сліди привели́ до в. невтри́на.** The experiments led to the discovery of the neutrino.

відлеті́|ти, *pf., see* **відліта́ти**
to fly away ◊ **Леле́ки ~ли в и́рій.** The storks have flown away south.

відл|і́т, *m.*, **~ьо́ту**
departure *(of flight, airplane, bird, etc.)* ◊ **До ~ьо́ту ре́йсу лиша́лася годи́на.** An hour was left before the departure of the flight.
в. + *n.* **в. літака́** an airplane departure (**ре́йсу** flight ◊ **Час ~ьо́ту ї́хнього ре́йсу лиша́вся той са́мий.** Their flight departure time remained the same. **журавлі́в** cranes, **птахі́в** birds, *etc.*)
n. + **в. да́та ~ьо́ту** the date of departure (**день** day, **час** time) ◊ **Він переплу́тав час ~ьо́ту літака́.** He confused the departure time of the airplane.
v. + **в. відклада́ти в.** postpone a departure (**затри́мувати** delay; **організо́вувати** organize, **планува́ти** plan, schedule) ◊ **Він сплануа́в в. експеди́ції.** He planned the departure of the expedition.
prep. **до ~ьо́ту** before, prior to a departure ◊ **Вони́ не встига́ють поба́читися із дру́зями до ~ьо́ту ре́йсу.** They do not have time to see their friends before their flight departure. **пе́ред ~ьо́том** before a departure ◊ **Вона́ помоли́лася пе́ред ~ьо́том.** She said a prayer before the departure. **пі́сля ~ьо́ту** after a departure ◊ **На́товп розійшо́вся пі́сля ~ьо́ту гелiко́птера.** The crowd dispersed after the helicopter's departure. **в. до** + *G.* a departure for *(a place)*; **в. з** + *G.* a departure from *(a place)* ◊ **в. зі Льво́ва до Барсело́ни** the departure from Lviv to Barcelona
See **ви́літ 1**

відліта́|ти, ~ють; відлеті́ти, відлечу́, відлет|я́ть, *intr.*
1 fly away *(of a plane, birds, etc.)*, leave, depart, head ◊ **Він спостеріга́в за згра́єю птахі́в, що ~ли на пі́вніч.** He observed a flock of birds that were heading north.
adv. **дале́ко** far; **на за́хід** westward, **на пі́вдень** southward, **на пі́вніч** northward, **на схід** eastward; **нега́йно** immediately, **несподі́вано** unexpectedly, **поспі́шно** hastily, **покváпно** hurriedly, **рапто́во** suddenly, **шви́дко** quickly; **таємно** secretly; **незаба́ром** *or* **ско́ро** soon ◊ **Ми ско́ро ~ємо до Ри́му.** We are flying to Rome soon.
prep. **в. до** + *A.* leave for *(a place)* ◊ **Коли́ він ~є до Нью-Йо́рку?** When is he leaving for New York? **в. з** + *G.* depart from *(a place)* ◊ **Вона́ не зауважи́ла, що її літа́к ~є з лето́вища «Ки́їв».** She did not notice that her airplane was departing from Kyiv Airport.
v. + **в. бу́ти тре́ба** + *D.* need to ◊ **Їм тре́ба відлеті́ти насту́пного ти́жня.** They need to leave next week. **ма́ти** be supposed to; **виріша́вати** decide to, **збира́тися** be going to, **ма́ти на́мір** have the intention to, **планува́ти** plan to; **поспіша́ти** be in a hurry to; **хоті́ти** want to
Also see **виліта́ти 1.** *Cf.* **від'їжджа́ти 1, відхо́дити 1**
2 to come off, fall off ◊ **У штана́х відлеті́в ґу́дзик.** A button fell off of the pants. ◊ **У две́рях ~є ру́чка.** The door handle keeps falling off.
відліта́й! відлети́!

відмика́|ти, ~ють; відімкн|у́ти, ~у́ть, *tran.*
to unlock, unbolt
adv. **ле́гко** easily; **за́раз же** right away ◊ **Слі́дчий вимага́в, щоб вона́ за́раз же відімкну́ла сейф.** The investigator demanded that she unlock the safe right away. **нега́йно** immediately; **шви́дко** quickly; **ле́две** hardly, **наси́лу** barely; **наре́шті** finally; **я́кось** somehow
в. + *n.* **в. воро́та** unlock a gate ◊ **Він не міг відімкну́ти воро́та без ключа́.** He could not unlock the gate without the key. (**ґара́ж** garage, **две́рі** door, **замо́к** lock, **сейф** safe)
v. + **в. бу́ти тре́ба** + *D.* need to ◊ **Окса́ні тре́ба нега́йно відімкну́ти кімна́ту.** Oksana needs to immediately unlock the room. **вмі́ти** be capable of ◊ **Він умі́в в. всі ти́пи замкі́в.** He was capable of picking all the types of locks. **змогти́** *pf.* manage to, **зна́ти як** know how to; **намага́тися** try to ◊ **Вона́ до́вго намага́лася відімкну́ти вікно́.** She tried to unlock the window for a long time. **переко́нувати** + *D.* persuade sb to, **проси́ти** + *A.* ask sb to; **заборо́няти** + *D.* forbid sb to ◊ **Ма́ти заборони́ла ді́тям в. поме́шкання незнайо́мим лю́дям.** Mother forbade her children to unlock the apartment to strangers. **відмовля́тися** refuse to
pa. pple. **відімкнутий** unlocked
відмика́й! відімкни́!
Cf. **відкрива́ти, відчиня́ти**

відмі́н|а, *f.*
1 variety, sort, type ◊ **Найкра́щою для кавуні́в є легкі́ й родю́чі ~и ґру́нту.** Light and fertile varieties of soil are best for watermelons.
See **вид**[2] **1, сорт, тип 1**
2 difference, distinction ◊ **Він одра́зу заува́жив кі́лька важли́вих відмі́н між ци́ми світли́нами.** He immediately noticed a few important differences between these pictures.
prep. **на ~у від** + *G.* unlike sb/sth, in contrast to sb/sth ◊ **На ~у від ста́ршого бра́та Рома́н лю́бить чита́ти.** Unlike his elder brother, Roman likes to read.
See **відмі́нність, рі́зниця**
3 *ling.* declension, declination ◊ **Украї́нський і́менник ма́є чоти́ри ~и.** The Ukrainian noun has four declensions. ◊ **І́менники жі́ночого ро́ду з нульови́м закі́нченням нале́жать до тре́тьої**

~и. Feminine nouns with zero ending belong to the third declension.

відмі́нн|ий, *adj.*

1 different, distinct

adv. **абсолю́тно** absolutely, **вира́зно** distinctly, **драмати́чно** dramatically, **ду́же** very, **засадни́чо** fundamentally, **зна́чно** significantly, **істо́тно** essentially, **куди́** *colloq.* by far, **помі́тно** noticeably, **радика́льно** radically, **разю́че** strikingly, **суттєво** substantially; **по́вністю** wholly ◊ **по́вністю ~ий підхі́д до спра́ви** a wholly different approach to the matter, **цілко́м** completely; **де́що** somewhat, **до́сить** rather, **доста́тньо** sufficiently, **ле́две** scarcely, **трі́шки** *dim.* slightly, **тро́хи** a little; **приємно** pleasantly; **я́кісно** qualitatively

v. + **в. бу́ти ~им** be different (**вигляда́ти** look **Пе́рший малю́нок вигляда́є вира́зно ~им від тре́тього.** The first drawing looks distinctly different from the third one. **виявля́тися** turn out, **здава́тися** + *D.* seem to sb; **лиша́тися** remain; **роби́ти** + *A.* make sth ◊ **Вони́ зроби́ли остато́чну ве́рсію фі́льму суттєво ~ою від пе́рвинної.** They made the final cut of the movie substantially different from the initial one. **ставáти** become)

prep. **в. від** + *G.* different from sb/sth

Also see **і́нший, поля́рний 2, протиле́жний.** *Cf.* **рі́зний 1.** *Ant.* **одна́ковий 1, поді́бний 1**

2 excellent, outstanding, exceptional ◊ **Її́ робо́та ви́різнялася ~ою я́кістю.** Her work stood out for its excellent quality.

See **до́брий 3, я́кісний 2.** *Also see* **висо́кий 2, сла́вний 3**

відмі́нн|ість, *f.*, ~ости

difference, distinction, dissimilarity

adj. **вели́ка** great, **величе́зна** huge, **головна́** principal, **докорі́нна** radical, **засадни́ча** basic, **значна́** considerable, **істо́тна** essential ◊ **У їхніх по́глядах на життя́ не було́ істо́тних ~остей.** There were no essential differences in their views of life. **ключова́** key, **колоса́льна** colossal, **неаби́яка** remarkable, **основна́** main, **помі́тна** noticeable, **разю́ча** striking ◊ **Тя́жко не помі́тити разю́чої ~ости між чолові́ком і жі́нкою.** It is difficult not to notice the striking difference between the husband and wife. **суттєва** substantial, **фундамента́льна** fundamental; **безсумні́вна** doubtless, **вира́зна** distinct, **чітка́** clear, **я́вна** obvious; **вся** whole; **реа́льна** real, **спра́вжня** true; **важли́ва** important; **поверхо́ва** superficial, **пози́рна** seeming ◊ **~ості між двома́ у́рядами були́ ра́дше пози́рними, як істо́тними.** The differences between the two governments were seeming rather than essential. **мала́** small, **мале́нька** *dim.* slight, **незначна́** minor; **ти́пова** typical, **характе́рна** characteristic, **ціка́ва** interesting; **потенці́йна** potential, **статисти́чна** statistical, **я́кісна** qualitative; **генети́чна** genetic, **етні́чна** ethnic, **кла́сова** class, **психологі́чна** psychological, **ра́сова** racial, **соція́льна** social, **стате́ва** gender, **фізи́чна** physical; **географі́чна** geographical, **націона́льна** national, **реґіона́льна** regional; **ідеологі́чна** ideological, **істори́чна** historical, **політи́чна** political, **світо́глядна** philosophical ◊ **Світо́глядні ~ості між чоловіка́ми не заважа́ли їм співпрацюва́ти.** Philosophical differences between the men did not prevent them from cooperating. **структу́рна** structural

v. + **в. виявля́ти в.** reveal a difference (**вивча́ти** study, **дослі́джувати** explore; **знахо́дити** find ◊ **Ларисі шви́дко знайшла́ де́сять ~остей між малю́нками.** Larysa quickly found ten differences between the drawings. **шука́ти** look for; **підкре́слювати** emphasize; **поміча́ти** notice, **розумі́ти** appreciate; **ба́чити** see, **визнава́ти** recognize, **розпізнава́ти** tell; **усвідо́млювати** be aware of; **поя́снювати** + *I.* explain by ◊ **Ма́рта поя́снює ~ості між дру́зями рі́зним суспі́льним ста́тусом.** Marta explains the differences between the friends by their different social status. **ігнорува́ти** ignore; **вка́зувати на** point to; **диви́тися на** look at) ◊ **Вона́ диви́лася лише́ на ключові́ ~ості у двох пропози́ціях.** She looked only at the key differences in the two proposals. **легкова́жити ~істю** make light of a difference (**спостеріга́ти за** observe) ◊ **Дослі́дник спостеріга́є за ~ями в спо́собах адапта́ції пеліка́нів до середо́вища.** The researcher observes the differences in the way pelicans adapt to their environment. **зосере́джуватися на ~ості** focus on difference ◊ **Він на́дто зосере́джується на ~остях.** He focuses too much on differences. (**наголо́шувати на** stress)

в. + *v.* **бу́ти** be ◊ **Між по́другами є вели́кі ~ості у смака́х.** There are great differences in tastes between the (female) friends. **існува́ти** exist; **поляга́ти в** + *L.* lie in sth; **виника́ти з** + *G.* appear from sth, **постава́ти з** + *G.* arise from sth, **відобража́ти** + *A.* reflect sth

prep. **в. у** + *L* a difference in sth; **в. за ві́ком** an age difference; **в. між** + *I.* a difference between sb/sth

Also see **відмі́на, рі́зни́ця 1.** *Cf.* **диференція́ція.** *Ant.* **поді́бність**

відмі́нно, *adv.*

1 differently, distinctly ◊ **Він ро́бить усе́ в. від і́нших.** He does everything differently from the others.

2 excellently, in an excellent way, superbly ◊ **Вони́ в. розумі́ють оди́н о́дного.** They understand each other perfectly. ◊ **На нові́й поса́ді Тама́ра в. дава́ла собі́ ра́ду.** In her new position, Tamara managed superbly.

3 *as n., indecl.* grade of A *(in school)*, highest grade ◊ **Вона́ скла́ла і́спит на «в.».** She passed the exam with an A. ♦ **вчи́тися на «в.»** to be a straight-A student ◊ **Лев у́читься на в.** Lev is a straight-A student.

Ant. **пога́но 5**

відмі́н|ок, *m.*, ~ка

ling. case

adj. **називни́й** nominative, **родови́й** genitive, **дава́льний** dative, **знахі́дний** accusative ◊ **У знахі́дному ~ку однини́ на́голос перехо́дить на пе́рший склад.** In the accusative singular, the stress shifts to the first syllable. **ору́дний** instrumental, **місце́вий** locative, **кли́чний** vocative; **непра́вильний** *or* **хи́бний** wrong; **нале́жний** proper, **потрі́бний** required, **пра́вильний** right

n. + **в. закі́нчення ~ка** a case ending ◊ **парале́льні закі́нчення дава́льного ~ка** two parallel dative case endings; (**фо́рма** form) ◊ **Іме́нник стої́ть у фо́рмі родово́го ~ка множини́.** The noun in the genitive plural case form.

v. + **в. ста́вити** + *A.* **у в.** put sth in a case ◊ **Студе́нти ма́ли поста́вити ви́рази у пра́вильний в.** The students were to put the expressions in the right case. **керува́ти ~ком** govern a case ◊ **Діє́слово «ко́штува́ти» керу́є знахі́дним ~ком.** The verb *to cost* governs an accusative case. **стоя́ти у ~ку** be in a case ◊ **Пря́ми́й дода́ток рі́дко стої́ть у родово́му ~ку.** A direct object is rarely in the genitive case.

prep. **у в.** *dir.* in a case; **у ~ку** *posn.* in a case

відмі́ню|вати, ~ють; провідміня́|ти, ~ють, *tran., ling.*

to decline *(by cases)* ◊ **Він ~є нови́й іме́нник, щоб шви́дше запам'ята́ти його́.** He declines the new noun in order to memorize it quicker.

adv. **вго́лос** out loud; **по́думки** in one's mind; **émíло** aptly, **ле́гко** easily, **пра́вильно** correctly; **непра́вильно** incorrectly; **шви́дко** quickly, **ле́две** scarcely, **наси́лу** hardly

в. + *n.* **в. займе́нник** decline a pronoun (**дієприкме́тник** participle, **іме́нник** noun, **прикме́тник** adjective, **числі́вник** numeral) ◊ **Не ко́жен мо́же в. числі́вник «со́рок» пра́вильно.** Not everyone can decline the numeral "forty" correctly.

відмо́в|а, *f.*

refusal, rejection, denial

adj. **абсолю́тна** absolute, **впе́рта** obstinate, **категори́чна** categorical, **невблага́нна** adamant, **по́вна** utter, **рішу́ча** resolute, **тверда́** firm; **цілкови́та** complete; **гру́ба** rude; **несподі́вана** unexpected; **пе́рвісна** initial ◊ **Вони́ забу́ли про пе́рвісну ~у партне́ра допомага́ти їм.** They forgot about their partner's initial refusal to help them. **прихо́вана** veiled ◊ **Її́ слова́ були́ прихо́ваною ~ою.** Her words were a veiled refusal. **че́мна** polite

v. + **в. зустріча́ти ~у** be met with a refusal ◊ **Його́ запро́шення зустрі́ло ~у Миха́йла.** His invitation was met with Mykhailo's refusal. (**отри́мувати** receive ◊ **Ві́ктор отри́мав ~у на пода́ння.** Viktor received a refusal to his application. **прийма́ти** accept, **сприйма́ти** take); **зустріча́тися з ~ою** be met with a refusal ◊ **Її́ пропози́ція зустрі́лася з ~ою.** Her proposal was met with a refusal.

відмовля́|ти, ~ють; відмо́в|ити, ~лю, ~иш, ~лять, *intr. and tran.*

1 *intr.* to turn sb down, refuse sb, say no to sb + *D.* *or inf.* ◊ **Він не відмо́вив допомогти́ сестрі́.** He did not refuse to help his sister.

adv. **абсолю́тно** absolutely, **впе́рто** obstinately, **геть** totally, **категори́чно** categorically ◊ **Кліє́нт категори́чно відмо́вив плати́ти за ке́пське обслуго́вування.** The client categorically refused to pay for poor service. **недвозна́чно** unequivocally **остато́чно** ultimately, **рішу́че** resolutely, **по́вністю** utterly, **про́сто** simply, **тве́рдо** firmly, **цілко́м** completely; **неодноразо́во** more than once, **повто́рно** repeatedly, **послідо́вно** consistently; **несподі́вано** unexpectedly; **пе́рвісно** initially, **спочатку** at the beginning; **неохо́че** reluctantly; **че́мно** politely; **ніко́ли не** never ◊ **Тара́с ніко́ли ніко́му не ~в.** Taras never refused anybody.

v. + **в. бу́ти ва́жко** be difficult to ◊ **О́льзі ва́жко відмо́вити їй.** It is difficult for Olha to refuse her. **бу́ти неможли́во** be impossible; **відва́жуватися** dare ◊ **Він відва́жився відмо́вити Роксола́ні.** He dared refuse Roksolana. **ма́ти пра́во** have the right to ◊ **Вона́ ма́є пра́во відмо́вити їм.** She has the right to refuse them. **могти́** can; **не могти́** cannot; **продо́вжувати** continue to

prep. **в. в** + *L.* refuse to do sth ◊ **Фонд відмо́вив їй у стипе́ндії.** The fund refused to grant her the scholarship.

2 *intr.* to reply *(usu in dialogue)*, respond ◊ **«Я нічо́го не зна́ю», – відмо́вив Оле́сь.** "I don't know anything," Oles replied.

See **відповіда́ти 1**

3 *tran.* to dissuade, persuade against, talk out of

adv. **безпереста́нку** nonstop, **весь час** all the time; **впе́рто** insistently, **га́ряче́** ardently, **переко́нливо** convincingly; **вже** already, **вре́шті-ре́шт** ultimately, **наре́шті** finally; **ле́гко** easily, **успі́шно** successfully, **шви́дко** quickly; **майже** almost; **ле́две** hardly, **наси́лу** barely; **дарма́** futilely, **ма́рно** in vain

prep. **в. від** + *G.* talk out of sth ◊ **Марі́чка відмо́вила його́ від у́части в кампа́нії.** Marichka talked him out of participation in the campaign.

Cf. **переко́нувати**

4 *intr., fig.* to fail sb, let down ◊ **Чолові́кові ста́ли в. но́ги.** The man's legs began to fail. ◊ **Катери́ні відмо́вило почуття́ гу́мору.** Kateryna's sense of humor failed her.

See **підво́дити 2**

відмовля́|тися; відмо́в|итися, *intr.*
1 to refuse, *also fig.* + *inf.* ◊ **Лю́ди ~ються мири́тися з беззако́нням.** People refuse to put up with injustice.
adv. **абсолю́тно** absolutely, **впе́рто** obstinately ◊ **Вона́ впе́рто ~ється ви́знати провину́.** She stubbornly refuses to recognize her guilt. **геть** totally, **категори́чно** categorically, **недвозна́чно** unequivocally, **остато́чно** ultimately, **рішу́че** resolutely, **по́вністю** utterly, **про́сто** simply, **тве́рдо** firmly, **ціко́м** completely; **неоднора́зово** more than once, **послідо́вно** consistently; **несподі́вано** unexpectedly; **пе́рвісно** initially, **спочáтку** at the beginning ◊ **Спочáтку начáльник ~вся ви́слухати Тимошá.** At the beginning, the boss refused to hear Tymish out. **неохо́че** reluctantly; **че́мно** politely; **ніко́ли не** never
v. + **в. бу́ти вáжко** be difficult to, **бу́ти неможли́во** be impossible to; **відвáжуватися** *or* **навáжуватися** dare, **мáти прáво** have the right to, **могти́** can; **не могти́** cannot; **продо́вжувати** continue to
2 to turn down, give up, deny, decline, relinquish ◊ **Звичáй забороня́в го́стеві в. від подару́нків госпо́даря.** Custom forbade the guest to decline the host's gifts.
adv. **згóдом** subsequently, **нарéшті** finally, **поступо́во** gradually; **одрáзу** at once; **зáраз же** right away; **неохо́че** reluctantly; **че́мно** politely; **ніко́ли не** never ◊ **Він ніко́ли не ~ється від наго́ди дізнáтися щось нове.** He never foregoes the opportunity to learn something new. **впе́рто** persistently ◊ **Вони́ впе́рто ~ються від будь-яки́х розко́шів.** They persistently deny themselves every luxury. **послідо́вно** consistently
v. + **в. бу́ти зму́шеним** be compelled to ◊ **Сві́док був зму́шений відмо́витися від свідчень.** The witness was compelled to retract his testimony. **вирі́шувати** decide to, **намагáтися** try to ◊ **Лю́да не раз намагáлася відмо́витися від курі́ння.** More than once Liuda tried to give up smoking. **хоті́ти** want to
prep. **в. від** + *G.* refuse sth ◊ **в. від запро́шення** to turn down an invitation, ◊ **в. від посáди** to resign a position, ◊ **в. від пі́дпису** to deny one's signature, ◊ **в. від прáва на** + *A.* to relinquish one's right to sth ◊ **Вонá відмо́вилася від прáва на адвокáта.** She relinquished her right to have an attorney.
Also see **позбувáтися 2**

віднес|ти́, *pf., see* **відно́сити**
to carry away, take to; refer, relate; date to, *etc.* ◊ **Експе́рти поми́лково ~ли́ знáхідку до неандертáльського періо́ду.** Experts mistakenly dated the finding to the Neanderthal period.

відні́мá|ти, ~ють; відня́ти, ~у́, відні́м|уть, *tran.*
1 to take away, deprive of; *also fig.* ◊ **Бáтько ки́нувся в. в хло́пчика сірники́.** The father dashed to take the matches away from the little boy.
adv. **врéшті-рéшт** eventually, **нарéшті** finally; **назáвжди́** forever, **несподі́вано** suddenly; **незако́нно** illegally ◊ **Банк незако́нно відня́в буди́нок у сім'ї́.** The bank took the house away from the family illegally. **підсту́пно** treacherously, **силомі́ць** forcibly, **си́лою** by force, **хи́трощами** by subterfuge; **тро́хи не** nearly ◊ **Трагéдія тро́хи не відня́ла йому́ ро́зум.** *fig.* The tragedy nearly deprived him of his sanity.
v. + **в. бу́ти зму́шеним** be compelled to ◊ **Начáльник зму́шений відня́ти в не́ї пере́пустку.** The boss is compelled to take away her pass from her. **вдавáтися** + *D.* manage to ◊ **Йому́ не вдало́ся відня́ти в Ти́щенка зе́млю.** He did not manage to take the land away from Tyshchenko. **вирі́шувати** decide to, **намагáтися** try to; **погро́жувати** + *D.* threaten sb to ◊ **Він погро́жував істо́рикові відня́ти в ньо́го можли́вість працювáти в архі́ві.** He threatened the historian to deprive him of the opportunity to work in the archive.
prep. **в. в** + *G.* take away from sb ◊ **Знеці́нення валю́ти ~ло в люде́й заощáдження.** The currency devaluation was depriving people of their savings.
See **відбирáти 1.** *Also see* **забирáти 2, позбавля́ти**
2 *math., usu pf.* to subtract ◊ **Сім відня́ти три дорі́внює чоти́ри.** Seven minus three makes four.
adv. **вмить** in a flash ◊ **Вонá вмить відня́лá 241 від 950.** She subtracted 241 from 950 in a flash. **операти́вно** promptly, **зáраз же** right away, **шви́дко** quickly; **поми́лко́во** mistakenly, **неправи́льно** incorrectly; **прáвильно** correctly
v. + **в. вмíти** know how to ◊ **Ді́вчинка вмі́є додавáти і в.** The little girl knows how to add and subtract. **мáти** be supposed to; **навчáти** + *A.* teach sb to, **навчи́тися** learn to; **забувáти** forget to, **пам'ятáти** remember to
prep. **в. від** + *G.* subtract from sth ◊ **Він відня́в одинáдцять від дев'ятдесяти́ двох.** He subtracted eleven from ninety-two.
Also see **відкидáти 5, мі́нус 1.** *Ant.* **додавáти 3**
3 *impers., only 3rd pers. sg.* to be paralyzed, become numb + *D.* ◊ **Степáнові відняло́ но́гу.** Stepan's leg became numb. ♦ **Вам що, мо́ву відняло́?** Have you lost your tongue?
adv. **пові́льно** slowly, **поступо́во** gradually; **несподі́вано** unexpectedly, **рáптом** suddenly; **назáвжди́** forever, **надо́вго** for a long time, **на яку́сь мить** for a while; **тро́хи не** nearly
prep. **в. від** + *G.* go speechless with ◊ **Хомі́ відняло́ мо́ву від по́диву.** Khoma went speechless with surprise.
Also **відбирáти 2**
pa. pple. **відня́тий** taken away, subtracted
відні́мáй! відні́ми́!

віднови́|ти, *pf., see* **відно́влювати**
to renew, resume, restore ◊ **Дирéктор клу́бу ~в поети́чні читáння.** The club's director renewed the poetry readings.

відно́вленн|я, *nt., only sg.*
renovation, resumption, restoration ◊ **Бюро́ домагáється в. контáктів з аґéнтом.** The bureau presses for a resumption of contacts with its agent.
adj. **вели́ке** big, **всеохо́пне** comprehensive, **масштáбне** large-scale ◊ **Компáнія фінансу́є масштáбне в. архітекту́рних пáм'яток мі́ста.** The company is financing the restoration of the city's architectural sights. **широ́ке** extensive; **по́вне** full, **цілкови́те** complete;
в. + *n.* **в. зв'язкі́в** a restoration of ties ◊ **Вонá вистyпáє за в. культу́рних зв'язкі́в між двомá грома́дами.** She advocates the restoration of cultural ties between the two communities. (**стосу́нків** relations; **ене́ргії** energy, **сил** strength; **буди́нку** building, **зáмку** castle, **о́пери** opera house, **пáрку** park, **собо́ру** cathedral, **теáтру** theater, **цéркви** church, *etc.*)
v. + **в. починáти в.** begin restoration (**закі́нчувати** complete; **переживáти** undergo ◊ **Мі́сто переживáє прáвди́ве в.** The city is undergoing a veritable renewal. **ґарантувáти** + *D.* guarantee sb ◊ **Лі́кар ґаранту́є в. фу́нкції ни́рок пі́сля оперáції.** The doctor guarantees the restoration of the kidney function after the surgery. **обіця́ти** + *D.* promise sb; **виступáти за** advocate; **чекáти на** await) ◊ **Собо́р чекáє на в. пів столі́ття.** The cathedral has waited for its restoration for half a century. **вимагáти в.** demand *and* require restoration (**потребувáти** need) ◊ **Мозáїка потребу́є в.** The mosaic is in need of a restoration.
prep. **для в.** for restoration ◊ **фо́нди для в. тради́цій гончáрства** the funds for the restoration of the pottery tradition; **на в.** for restoration ◊ **зуси́лля на в. дові́ри** efforts to restore trust
Also see **реставрáція 1, 2**

відно́влюван|ий, *adj.*
renewable ◊ **Він виступáє за перехі́д до ~ої ене́ргії.** He champions a shift to renewable energy.
в. + *n.* **в. ресу́рс** a renewable resource; **~а еле́ктрика** renewable electricity (**енергéтика** power generation, **ене́ргія** energy); **~е пáльне́** renewable fuel

відно́влю|вати, ~ють; віднов|и́ти, ~лю́, ~иш, ~лять, *tran.*
1 to renew, regenerate, restore
adv. **крок за кро́ком** step by step ◊ **Вони́ крок за кро́ком ~вали пе́рвісний ви́гляд цéркви.** Step by step they were restoring the original appearance of the church. **поступо́во** gradually; **негáйно** immediately, **шви́дко** quickly, **якнайшви́дше** as quickly as possible; **по́вністю** fully, **цілко́м** completely; **частко́во** partially; **автомати́чно** automatically, **незмі́нно** invariably, **неоднора́зово** more than once, **періоди́чно** periodically ◊ **Вонá періоди́чно ~є передплáту на газéту.** She periodically renews her subsription to her paper. **повто́рно** repeatedly, **пості́йно** constantly, **реґуля́рно** regularly, **час від чáсу** from time to time
в. + *n.* **в. буди́нок** restore a building (**відно́сини** relationship ◊ **Вони́ віднови́ли відно́сини.** They restored their relationship. **си́ли** one's energy); **в. зуси́лля** renew efforts (**передплáту** subscription)
v. + **в. бу́ти вáжко** + *D.* be difficult to, **бу́ти склáдно** be complicated to; **бу́ти трéба** + *D.* need to ◊ **Хло́пцям трéба булó шви́дко віднови́ти си́ли.** The boys needed to restore their energy quickly. **встигáти** have the time to, **змогти́** *pf.* manage to, **могти́** can; **намагáтися** try to; **вирі́шувати** decide to, **хоті́ти** want to
Also see **повертáти 5, реставрувáти 1**
2 to continue, resume
adv. **негáйно** immediately ◊ **Тамáра негáйно віднови́ла навчáння.** Tamara immediately resumed her studies. **зáраз же** right away, **шви́дко** quickly, **якнайшви́дше** as quickly as possible
v. + **в. бу́ти трéба** + *D.* need to; **збирáтися** be going to, **планувáти** plan to; **могти́** can ◊ **Ні́на змо́же віднови́ти підгото́вку до змагáнь чéрез мі́сяць.** Nina will be able to resume her preparation for the competition only in a month. **обіця́ти** + *D.* promise sb to
See **продо́вжувати 3**
pa. pple. **відно́влений** renewed
відно́влюй! віднови́!

відно́син|и, *only pl.*
relationship, terms, relations
adj. **гáрні** *colloq.* good ◊ **Між ни́ми гáрні в.** There is a good relationship between them. **до́брі** good, **дру́жні** friendly, **зразко́ві** exemplary, **нормáльні** normal, **прекрáсні** wonderful, **чудо́ві** superb; **кéпські** poor, **непрості́** difficult, **погáні** bad, **проблемати́чні** problematic, **склáдні** complicated
v. + **в. мáти в.** have a relationship (**підтри́мувати** sustain ◊ **Петро́ підтри́мує робо́чі в. як зі стари́ми, так і з нови́ми партнéрами.** Petro is sustaining a working relationship with both old and new partners. **розвивáти** develop; **припиня́ти** cease, **розривáти** break) ◊ **Компáнія погро́жує розі́рвáти в. з посерéдником.** The company is threatening to break the relationship with the middleman. ♦ **бу́ти в дру́жніх ~ах** be on friendly terms ◊ **Вони́ у дру́жніх ~ах.** They are on friendly terms.
prep. **в. з** + *I.* a relationship with sb; **в. між** + *I.* a relationship between/among sb
See **взає́мини.** *Also see* **стосу́нок 1, 2**

відно́с|ити, відно́шу, ~ять; віднес|ти́, ~у́ть; *pa. pf., m.* **відні́с,** *pl.* **віднесли́,** *tran.*
1 to carry away, take to ◊ **Ві́тер ~ив чо́вен у мо́ре.** The wind was carrying the boat to the sea.
adv. **вбік** aside, **дале́ко** far, **да́лі** farther, **геть** away, **ліво́руч** to the left, **право́руч** to the right ◊ **Течія́ ~ила її право́руч.** The current was carrying her to the right. **пові́льно** slowly, **поступо́во** gradually; **шви́дко** quickly
v. + **в. бра́тися** get down to ◊ **Відпочи́вши, робітники́ взяли́ся в. мішки́ до хліва́.** Having rested, the workers got down to carrying the bags to the barn. **почина́ти** begin to; **допомага́ти** + *D.* help sb to; **проси́ти** + *A.* ask sb to
prep. **в. в** + *L.* to carry away in/to *(a space)*, **в. до** + *G.* to carry away to *(a space)*; **в. на** + *A.* to carry away to *(a space)* ◊ **Воло́дя відні́с ва́зу на балко́н.** Volodia took the vase to the balcony.
2 *fig.* to date to *(a period)*
adv. **докла́дно** accurately, **то́чно** precisely; **пра́вильно** correctly; **непра́вильно** incorrectly, **помилко́во** mistakenly, **хи́бно** wrongly; **традиці́йно** traditionally ◊ **Полотно́ традиці́йно ~ять до початку XV ст.** The canvas has traditionally been dated to the early 15th century.
v. + **в. бу́ти не в ста́ні** be in no position to; **бу́ти схи́льним** be inclined to ◊ **Вона́ схи́льна в. текст до оста́нніх ро́ків життя́ письме́нника.** She is inclined to date the text to the last years of the writer's life. **ма́ти підста́ви** have the grounds to
prep. **в. до** + *G.* date to *(a time period)*
See **датува́ти 2**
pa. pple. **відне́сений** carried away, taken to
відно́сь! віднеси́!

відно́с|итися; віднес|ти́ся, *intr.*
1 *only impf.* to relate to, pertain to, have relevance to, refer to, concern ◊ **Все це до ньо́го не ~илося.** All this had no relationship to him.
adv. **пря́мо** directly ◊ **Її ціка́вили папе́ри, що пря́мо ~илися до спра́ви.** She was interested in the documents directly related to the matter. **я́кось** somehow; **ле́две** scarcely, **ма́ло** little ◊ **Ви́сновки ма́ло ~яться до дослі́дження.** The conclusions have little relevance to the study. **зо́всім не** not at all, **ні́як не** in no way
prep. **в. до** + *G.* relate to sth/sb
See **стосува́тися.** *Also see* **торка́тися 4**
2 *pass.* to be carried away, be taken + *I.* ◊ **Тоді́ сухе́ ли́стя віднесе́ться ві́тром у поля́.** Dry leaves will then be carried away by the wind to the fields. ◊ **Пі́сля заня́ття все обла́днання ~илося до комі́рки.** After the class, all the equipment was taken to the pantry.
See **відно́сити 1**

відно́сн|ий, *adj.*
1 relative, comparative ◊ **Він розумі́в ~е як анто́нім абсолю́тного.** He understood the relative as the antonym of the absolute.
adv. **де́що** somewhat ◊ **Його́ у́спіх здава́вся де́що ~им.** His success seemed somewhat relative. **тро́хи** a little; **цілко́м** completely
2 *ling.* relative ◊ **в. займе́нник** a relative pronoun, ◊ **~е ре́чення** a relative clause

відно́сно, *adv., prep.*
1 *adv.* relatively ◊ **Він – в. поінформо́ваний репорте́р.** He is a relatively well-informed reporter.
Also see **порі́вняно 1**
2 *prep.* concerning, as regards + *G.* ◊ **Він мав до не́ї прохання в. ново́ї кварти́ри.** He had a request for her concerning the new apartment. ◊ **До Ада́ма хтось дзвони́в в. за́втрашньої нара́ди.** Somebody called Adam concerning tomorrow's conference.

відно́шен|ня, *nt.*
1 relevance, connection, pertinence
prep. **у ~ні** in the sense, as to ◊ **В екологі́чному ~ні план був непри́йнятним.** The plan was unacceptable in the ecological aspect. **в. до** + *G.* relevance to sb/sth ◊ **Нові́ да́ні ма́ли сумні́вне в. до її тео́рії.** The new data had dubious relevance to her theory.
Also see **стосу́нок 2**
2 relation, relationship, interconnection ◊ **складні́ в. між це́рквою та суспі́льством** complicated relations between church and society
See **взає́мини, відно́сини, стосу́нок 1**
3 letter of reference ◊ **Кандида́т мав пода́ти в. з попере́днього мі́сця пра́ці.** The candidate was to submit a letter of reference from his previous place of work.
See **лист**

відня́|ти, *pf., see* **відніма́ти**
to take away; subtract ◊ **Податко́ва інспе́кція ~ла в них усі́ заоща́дження.** The tax police took away all their savings.

відобража́|ти, ~ють; відобраз|и́ти, відображу́, ~я́ть, *tran.*
1 to reflect, express, portray, show
adv. **пря́мо** directly, **бли́зько** closely, **дета́льно** *or* **докла́дно** in detail ◊ **Спо́гади письме́нника докла́дно ~ють його́ психоло́гію.** The writer's memoirs reflect his psychology in detail. **до́бре** well, **правди́во** faithfully, **пра́вильно** correctly, **то́чно** accurately, **чі́тко** distinctly, **яскра́во** vividly; **нале́жно** adequately; **всього́ лише́** merely; **ке́псько** poorly, **пога́но** badly
v. + **в. ма́ти** be supposed to ◊ **Па́м'ятник має в. пра́гнення наро́ду до свобо́ди.** The monument is supposed to reflect the people's desire for freedom.
See **виража́ти, висло́влювати, передава́ти 4**
2 to reflect
adv. **про́сто** straight ◊ **Хромо́вана пове́рхня ба́мпера ~ла со́нце про́сто йому́ в о́чі.** The chrome bumper surface reflected the sun straight into his eyes. **пря́мо** directly; **тьмя́но** dimly
pa. pple. **відобра́жений**
відобража́й! відобрази́!

відобра́жен|ня, *nt.*
1 *only sg.* reflection, depiction, description, expression
adj. **до́бре** good, **доскона́ле** perfect, **достові́рне** faithful, **майсте́рне** masterful, **правди́ве** truthful, **пра́вильне** correct, **то́чне** accurate, **чітке́** clear, **яскра́ве** vivid; **пряме́** direct; **блі́де** pale, **нена́лежне** inadequate, **ке́пське** poor ◊ **Фільм є ке́пським ~ням кни́жки.** The movie is to be a poor reflection of the book.
v. + **в. ба́чити в.** see a reflection ◊ **В архітекту́рі мі́ста він ба́чив в. імпе́рської пихи́.** He saw the reflection of the imperial arrogance in the city's architecture. (**знахо́дити** find ◊ **Почуття́ пое́тки знайшли́ в. в її ві́ршах.** The (female) poet's feelings found their expression in her poems. **бу́ти ~ням** be a reflection ◊ **Ця істори́чна хро́ніка є яскра́вим ~ням своє́ї доби́.** This historical chronicle is a vivid reflection of its epoch. (**вважа́ти** + *A.* consider sth, **виявля́тися** prove; **става́ти** become) ◊ **Результа́ти дослі́дження ста́ли ~ням ці́нні́сних орієнта́цій насе́лення.** The research results became a reflection of the population's value orientations.
Also see **дзе́ркало 3**
2 reflection *(in a mirror, etc.)*
adj. **вира́зне** *and* **чітке́** clear; **невира́зне** dim, **тьмя́не** faint; **розпли́вчасте** blurred, **спотво́рене** distorted
v. + **в. ба́чити в.** see a reflection (**вивча́ти** study, **розгляда́ти** examine; **заува́жувати** *or* **поміча́ти** catch; **диви́тися на** look at); **милува́тися ~ням** admire one's reflection ◊ **Він милува́вся свої́м ~ням у ві́трині.** He was admiring his reflection in the shop window.
в. + *v.* **вигляда́ти** look ◊ **Лари́сине в. вигляда́ло ди́вним.** Larysa's reflection looked strange. **здава́тися** + *D.* seem to sb
prep. **в. в** + *L.* a reflection in sth

відобрази́|ти, *pf., see* **відобража́ти**
to reflect; express, convey ◊ **Письме́нник блиску́че ~в дра́му геро́їні.** The writer has brilliantly expressed the character's drama.

відо́м|ий, *adj.*
1 known, familiar ◊ **Вони́ пої́хали ~ою доро́гою.** They took a familiar road.
adv. **до́бре** well ◊ **до́бре в. факт** a well-known fact; **широ́ко** widely; **ле́две** barely, **ма́ло** little; **не зо́всім** not quite
v. + **в. бу́ти ~им** + *I.* be known for sth ◊ **Украї́нці ~і гости́нністю.** Ukrainians are known for their hospitality. (**лиша́тися** remain, **става́ти** become) ◊ **Її есе́й став ~им се́ред студе́нтів.** Her essay became known among students. ♦ **~а річ** of course, naturally
prep. **в. під ім'я́м** + *G.* known by the name of sb ◊ **Як акто́р, Пе́трів в. під сцені́чним ім'я́м Кропива́.** As an actor, Petriv is known by the stage name of Kropyva. **в. се́ред** + *G.* known among sb
Also see **знайо́мий 1.** *Ant.* **невідо́мий, незнайо́мий**
2 well-known, renowned, famous; notorious ◊ **На чита́нні бу́дуть ~і письме́нники.** Well-known writers will be at the reading.
adv. **сканда́льно** scandalously; ♦ **сумновідо́мий** notorious
v. + **в. бу́ти ~им** + *I.* be known for sth ◊ **За́хід краї́ни в. за́мками.** The west of the country is well-known for its castles. (**лиша́тися** remain ◊ **Він лиша́ється ~им авторите́том у соціоло́гії.** He remains a well-known authority in sociology. **става́ти** become)
Also see **леґенда́рний 2**

відо́мо, *pred.*
1 *impers. in* **бу́ти в.** to be known ◊ **В., що Лев – до́бра люди́на.** Lev is known to be a good person.
2 to know + *D.* ◊ **Всім в., що зроби́ти це неможли́во.** Everybody knows that it was impossible to do it. ♦ **наскі́льки мені́ в.** as far as I know; ♦ **як в.** it's common knowledge ◊ **Як в., Земля́ кру́гла, а не пло́ска.** It is common knowledge that the Earth is round, not flat.

відповіда́льн|ий, *adj.*
1 responsible, in charge ◊ **урядо́вець, в. за зв'язки́ з пре́сою** the official responsible for press relations
adv. **пря́мо** directly ◊ **Розсте́ження встанови́ло осо́бу, пря́мо ~у за розпоря́дження.** The investigation established the person directly responsible for the directive. **в основно́му** chiefly, **го́ловно** mainly, **насампе́ред** primarily; **по́вні́стю** fully, **цілко́м** completely; **єди́но** solely, **осо́би́сто** personally; **колекти́вно** collectively, **одна́ково** equally, **рі́вною мі́рою** in equal measure; **мора́льно** morally; **номіна́льно** nominally, **форма́льно** formally, **юриди́чно** legally; **фіна́нсово** financially
v. + **бу́ти ~им** be responsible (**вважа́ти** + *A.* consider sb ◊ **Він не вважа́в себе́ ~им за прораху́нки.** He did not consider himself to be responsible for the miscalculations. **залиша́ти** + *A.* leave sb ◊ **Хе́мич залиши́в її ~ою за підро́зділ.** Khemych left her in charge of the unit. **лиша́тися** remain, **признача́ти** + *A.* appoint sb ◊ **Команди́р призначи́в його́ ~им за ви́шкіл вояків.** The commander appointed him responsible for the soldiers' training. **роби́ти** + *A.* make sb, **става́ти** become)
prep. **в. за** + *A.* responsible for sth/sb
2 serious, important, weighty ◊ **Вона́ не боя́лася прийма́ти ~і рі́шення.** She was not afraid of making serious decisions. ◊ **Колекти́вові доручи́ли страше́нно ~у мі́сію.** The team was

charged with a terribly important mission.
See **важли́вий.** *Also see* **ваго́мий 2, ва́ртий 2, виріша́льний 2, життє́вий 3, значни́й 2, крити́чний 3, пова́жний 4, помі́тний 3, рішу́чий 3, серйо́зний 3**

відповіда́льн|ість, *f.*, **~ости**, *only sg.*
responsibility, liability
adj. **вели́ка** great, **величе́зна** enormous, **неаби́яка** major, **серйо́зна** serious; **пе́рша** primary, **пряма́** direct; **зага́льна** overall, **остато́чна** ultimate ◊ **Остато́чна в. за ви́слід спра́ви лежи́ть на ній.** The ultimate responsibility for the outcome of the case rests with her. **винятко́ва** exclusive; **взає́мна** mutual, **колекти́вна** collective, **спі́льна** joint; **індивідуа́льна** individual, **осо́биста** *and* **персона́льна** personal; **особли́ва** special; **конституці́йна** constitutional; **ети́чна** ethical, **мора́льна** moral, **політи́чна** political, **суспі́льна** social; **корпорати́вна** corporate, **кримі́на́льна** criminal, **фіна́нсова** financial, **фіска́льна** fiscal, **юриди́чна** legal; **обме́жена** limited
v. + **в. бра́ти в.** take responsibility ◊ **Вона́ взяла́ вели́ку в.** She took a great responsibility. (**визнава́ти** acknowledge, **ма́ти** have, **нести́** carry ◊ **Він несе́ серйо́зну фіна́нсову в.** He is carrying a serious financial responsibility. **перебира́ти** take over, **прибира́ти** assume, **прийма́ти** accept ◊ **Міністр прийня́в в. за прова́л пла́ну.** The minister accepted the responsibility for the collapse of the plan. **відчува́ти** feel; **делеґува́ти** + *D.* delegate sb ◊ **Нача́льниця делеґу́є в. за звіт засту́пникові.** The (female) boss delegates the responsibility for the report to her deputy. **передава́ти** + *D.* hand over to sb, **переклада́ти на** + *L.* shift onto sb ◊ **Генера́л переклав в. за пора́зку на солда́тів.** The general shifted the responsibility for the defeat onto his soldiers. **поділя́ти з** + *I.* share with sb ◊ **Батьки́ поділя́ють в. за вихова́ння діте́й.** Parents share the responsibility for their children's upbringing. **поклада́ти на** + *L.* place on sb) ◊ **В. за безпе́ку делеґа́ції покла́ли на двох охоро́нців.** The responsibility for the delegation's security was placed on two bodyguards. **уника́ти ~ости** avoid responsibility (**вті́кати від** duck) **обтя́жувати** + *A.* **~істю** burden sb with a responsibility
prep. **в. за** + *A.* responsibility for sth

відповіда́|ти, ~ють; відпові́|сти́, ~м, ~си́, ~сть, ~мо́, ~сте́, ~дя́ть, *intr.*
1 to answer, respond, reply, give an answer
adv. **запере́чно** negatively ◊ **На всі її пита́ння він ~в запере́чно.** He answered all her questions in the negative. **стве́рдно** affirmatively; **впе́внено** confidently, **тве́рдо** firmly; **задові́льно** satisfactorily, **по́вністю** fully, **цілко́м** completely; **по су́ті** to the point, **правди́во** truthfully, **пря́мо** directly, **че́сно** honestly; **вага́ючися** hesitantly, **нерво́во** nervously, **ухи́льно** evasively; **ко́ротко** shortly; **пові́льно** slowly; **спокі́йно** calmly, **стри́мано** in a reserved manner ◊ **Вона́ ~ла їм стри́мано й без за́йвих слів.** She was answering them in a reserved manner and without too many words. **саркасти́чно** sarcastically, **су́хо** drily, **ти́хо** quietly, **хо́лодно** coldly; **незмі́нно** invariably; **вже** already, **наре́шті** finally; **про́сто** simply; **нега́йно** immediately, **одра́зу** at once, **операти́вно** promptly, **за́раз же** right away, **шви́дко** quickly; **несмі́ли́во** sheepishly; **ра́дісно** cheerfully; **че́мно** politely
v. + **в. бу́ти ва́жко** + *D.* be difficult to ◊ **Іва́нні було́ ва́жко одра́зу відповісти́ на пита́ння.** It was difficult for Ivanna to answer the question at once. **бу́ти тре́ба** + *D.* need to ◊ **Студе́нтці тре́ба в. якомо́га коро́тше.** The (female) student needs to give as short answers as possible. **відмовля́тися** refuse to ◊ **Він відмо́вився в. на пита́ння журналі́стів.** He refused to answer reporters' questions. **змогти́** *pf.* manage to, **зна́ти що** know what to ◊ **Вона́ не зна́ла, що йому́ відпові́сти.** She did not know what to answer him. **не змогти́** *pf.* fail to; **могти́** can; **му́сити** must, **бу́ти слід** + *D.* should; **проси́ти** + *A.* ask sb to, **хоті́ти** want to
prep. **в. на** + *A.* answer sth ◊ **Вони́ ма́ли в. на ви́клики.** They had to respond to challenges.
Also see **відмовля́ти 2, протиставля́ти 2**
2 *usu impf.* to answer for, be responsible for
adv. **пря́мо** directly ◊ **Вона́ пря́мо ~є, щоб кни́жка ви́йшла до реченця́.** She is directly responsible for the book to come out by the deadline. **колекти́вно** collectively, **осо́бисто** *and* **персона́льно** personally; **тве́рдо** firmly ◊ **Зе́ня тве́рдо ~ла за ко́жне сло́во.** Zenia was firmly responsible for her every word.
prep. **в. за** + *A.* answer for sth ◊ **Він мо́же в. сам за се́бе.** He can answer for his own self.
♦ **Ти за це відповіси́.** You'll pay for this.
v. + **в. відмовля́тися** refuse to ◊ **Він відмо́вився в. за вчи́нки и́нших.** He refused to answer for other people's actions. **зму́шувати** + *A.* make, **му́сити** must
3 *only impf.* to meet *(requirements, etc.)*, conform to, match + *D.* ◊ **Програ́ма не ~є на́шим потре́бам.** The program does not conform to our needs.
adv. **бли́зько** closely, **до́бре** well ◊ **Промо́ва до́бре ~ла на́строям мо́лоді.** The speech conformed well to the moods of the youth. **докла́дно** exactly, **то́чно** precisely, **доскона́ло** perfectly, **чудо́во** wonderfully; **загало́м** in general; **відда́лено** remotely, **прибли́зно** approximately ◊ **Кварти́ра прибли́зно ~ла о́писові в рекла́мі.** The apartment matched its description in the advertisement approximately.
v. + **в. бу́ти зобов'я́заним** be obliged to, **бу́ти пови́нним** must ◊ **Його́ професі́йна поведі́нка пови́нна в. пра́вилам.** His professional conduct must conform to the rules. **ма́ти** be supposed to
Also see **задовольня́ти 2, зго́дний 2**
відповіда́й! *no pf., instead* **дай** *or* **да́йте відповідь!**

відпові́дн|ий, *adj.*
1 appropriate, suitable, proper; corresponding, respective + *D.*
adv. **доста́тньо** fairly, **загало́м** generally, **по́вністю** fully, **цілко́м** completely; **ле́две** scarcely, **ма́йже** almost; **не зо́всім** not quite ◊ **Мі́сце є не зо́всім ~им для розмо́ви.** The place is not quite suitable for a conversation. **нія́к не** in no way
v. + **в. бу́ти ~им** be appropriate (**вважа́ти** + *A.* consider sb/sth ◊ **Ада́менка вважа́ють ~им поса́ді.** They consider Adamenko to be suitable for the post. **здава́тися** + *D.* seem to sb); ♦ **~им чи́ном** accordingly, appropriately ◊ **Вона́ ді́яла ~им чи́ном.** She acted accordingly.
prep. **в. для** + *G.* suitable for sb/sth
2 required, necessary ◊ **Вони́ операти́вно зроби́ли всі ~і ви́міри.** They promptly took all the required measurements.

відпові́дно, *adv., prep.*
1 *adv.* appropriately, suitably, properly ◊ **У крамни́ці їх в. обслу́жать.** In the store, they will serve you properly.
Also see **зго́дно 1**
2 *prep. with prep.* **до** + *G.* in accordance with ◊ **Вони́ вчини́ли в. до нака́зу.** They acted in accordance with the order. ◊ **Її на́стрій міня́вся в. до пого́ди.** Her mood changed in accordance with the weather.
Also see **зго́дно 2**

ві́дповід|ь, *f.*
answer, response
adj. **дета́льна** *and* **докла́дна** detailed ◊ **Він отри́мав докла́дну в. на свій за́пит.** He received a detailed response to his inquiry. **конкре́тна** specific, **по́вна** full; **коро́тка** short, **посу́тня** to the point, **сти́сла** brief; **пряма́** direct; **чітка́** clear ◊ **Вона́ ухиля́лася від чі́ткої ~і.** She evaded a clear answer. **незрозумі́ла** incomprehensible, **розпли́вчаста** vague; **правди́ва** truthful, **че́сна** honest; **остато́чна** final; **прито́мна** sensible, **резо́нна** reasonable, **розу́мна** intelligent, **серйо́зна** serious; **задові́льна** satisfactory, **позити́вна** positive, **сприя́тлива** favorable, **стве́рдна** affirmative; **запере́чна** *and* **неґати́вна** negative, **несприя́тлива** unfavorable; **гру́ба** rude; **форма́льна** formal; **че́мна** polite; **довгоочі́кувана** long-awaited, **очі́кувана** anticipated; **блискави́чна** instantaneous ◊ **Вона́ гото́ва із блискави́чною ~дю на ко́жне заува́ження.** She is at the ready with an instantaneous answer to every remark. **нега́йна** immediate, **несподі́вана** unexpected, **рапто́ва** sudden, **шви́дка** quick
v. + **в. дава́ти** + *D.* **в.** give sb an answer ◊ **Я мо́жу да́ти вам лише́ запере́чну в.** I can only give you a negative answer. (**надава́ти** + *D.* supply sb with, **надсила́ти** + *D.* send sb, **писа́ти** write ◊ **Він написа́в розло́гу в. на ко́жну пропози́цію.** He wrote a lengthy response to every proposal. **дістава́ти** get, **отри́мувати** receive ◊ **Вона́ отри́мала в. від видавця́.** She received the answer from the publisher. **вга́дувати** guess, **зна́ти** know; **формулюва́ти** formulate; **чу́ти** hear; **заслуго́вувати на** deserve ◊ **Ска́рга не заслуго́вує на в.** The complaint does not deserve an answer. **чека́ти на** wait for) ◊ **Тара́с все ще чека́є на в.** Taras is still waiting for an answer. **боя́тися ~і** fear an answer ◊ **Вла́сне тако́ї ~і вони́ боя́лися.** It was exactly the answer they had feared. (**вимага́ти** demand ◊ **Ма́рта вимага́ла ~і.** Martay demanded an answer. **потребува́ти** need; **чека́ти** await) ◊ **Вона́ впе́рто чека́ла ~і.** She obstinately awaited an answer. **пого́джуватися з ~дю** agree with an answer
в. + *v.* **надхо́дити** *and* **прихо́дити** come ◊ **Мину́в ти́ждень, а в. не наді́йшла́.** A week passed, but the answer did not come. **дивува́ти** + *A.* surprise sb, **шокува́ти** + *A.* shock sb; **надиха́ти** + *A.* inspire sb
prep. **у в. на** + *A.* in response to sth ◊ **Обме́ження у́ряд уві́в у в. на загро́зу землетру́су.** The government enacted the limitations in response to the threat of an earthquake. **в. від** + *A.* an answer from sb; **в. з** + *G.* an answer from sth; **в. на** + *A.* an answer to sth

відпові́|сти́, *pf., see* **відповіда́ти**
to answer, respond, give an answer ◊ **Студе́нтка блиску́че ~ла́ на пита́ння.** The (female) student gave brilliant answers to the questions.

відпочива́|ти, ~ють; відпочи́ти, відпочи́н|уть, *intr.*
1 to rest, relax, take a rest ◊ **Тобі́ тре́ба відпочи́ти.** You need to take some rest.
adv. **га́рно** nicely, **до́бре** well; **до́вго** for a long time ◊ **Вона́ не могла́ дозво́лити собі́ до́вго в.** She could not allow herself to take a long rest. **ко́ротко** briefly, **яки́йсь час** awhile; **періоди́чно** periodically, **реґуля́рно** regularly, **час від ча́су** from time to time, **ча́сто** often; **рі́дко** rarely; **тро́хи** a little; **зру́чно** comfortably, **спокі́йно** calmly, **ти́хо** quietly; **ле́две** barely ◊ **Ле́две відпочи́вши, вони́ пішли́ да́лі.** Having barely relaxed, they walked on.
v. + **в. бу́ти мо́жна** + *D.* be possible, can ◊ **Тут мо́жна до́бре відпочи́ти.** One can take a good rest. **бу́ти необхі́дно** + *D.* be necessary for sb ◊ **Окса́ні необхі́дно тро́хи відпочи́ти.** It is necessary for Oksana to rest a little. **бу́ти тре́ба** + *D.* need to; **дава́ти** + *D.* let sb; **дава́ти** + *D.* **можли́вість** give sb an opportunity to,

дозволя́ти + *D.* allow sb to; **могти́** can; **забороня́ти** + *D.* forbid sb to ◊ **Нача́льник заборони́в робітника́м в. до кінця́ зміни.** The boss forbade the workers to take a break till the end of the shift. **нака́зувати** + *D.* order sb to, **ра́дити** + *D.* advise sb to ◊ **Лі́кар пора́див па́ні О. відпочи́ти принаймні ти́ждень.** The doctor advised Mrs. O. to rest for at least a week. **збира́тися** be going to, **ма́ти на́мір** have the intention to, **хоті́ти** want to; **відмовля́тися** refuse to

prep. **в. від** + *G.* rest from sth ◊ **Вона́ ~ла від шале́ного ри́тму міськóго життя́.** She was resting from the insane pace of city life.

2 to vacation, spend a vacation, be on holidays ◊ **Де ви ~ли влі́тку?** Where did you vacation in the summer?

adv. **га́рно** nicely ◊ **Із дру́зями Павлюки́ га́рно ~ли.** With their friends, the Pavliuks had nice vacations. **до́бре** well; **до́вго** for a long time; **щоро́ку** every year; **ра́зом з** + *I.* together with sb; **сам** alone

v. + **в. ї́здити** go on vacation ◊ **Щоро́ку вони́ ї́здять у Карпа́ти в.** Every year, they go on vacation to the Carpathians. **лю́бити** like to ◊ **Богда́на лю́бить в. сама́.** Bohdana likes to vacation alone. **ма́ти на́мір** have an intention to, **планува́ти** plan to

prep. **в. в** + *L.* to vacation in *(a place)* ◊ **Вони́ ~ли в Еспа́нії.** They vacationed in Spain. **в. на** + *L.* vacation by *(a lake, etc.)* ◊ **Юрчуки́ ~ли на Бі́лому о́зері.** The Yurchuks vacationed by the White Lake.

3 *fig.* to be buried ◊ **На Личакі́вському цви́нтарі ~є бага́то вели́ких люде́й.** Many great people are buried in the Lychakiv Cemetery.

відпочива́й! відпочи́нь!

відпочи́н|ок, *m.*, ~ку, *only sg.*

1 rest, break, repose, relaxation

adj. **га́рний** nice ◊ **Вона́ мрі́яла про га́рний в. на мо́рі.** She was dreaming of a nice break by the sea. **до́брий** good, **чудо́вий** wonderful; **до́вгий** long, **трива́лий** lengthy; **коро́ткий** short; **відпові́дний** adequate, **доста́тній** sufficient, **заслу́жений** well-deserved; **нале́жний** proper

n. + **в. день ~ку** a day off ◊ **У тра́вні вони́ ма́ли шість додатко́вих днів ~ку.** In May, they had six additional days off. **пері́од ~ку** a rest period (**час** time; **зо́на** area); **кімна́та ~ку** a recreation room

v. + **в. влашто́вувати** + *D.* **в.** arrange sb a rest (**ма́ти** have; **продо́вжувати** continue; **скоро́чувати** shorten, **перерива́ти** interrupt, **заслуго́вувати на** deserve) ◊ **Закінчи́вши робо́ту, він заслуго́вував на в.** Having finished work, he deserved a rest. **вимага́ти ~ку** demand a rest ◊ **Його́ зму́чене ті́ло вимага́ло ~ку.** His tired body demanded a rest. (**потребува́ти** need; **шука́ти** look for) ◊ **Вона́ шука́ла ~ку у кни́жках.** She was looking for rest in books.

prep. **без ~ку** without rest, nonstop ◊ **Він за кермо́м без ~ку.** He has been behind the wheel without a break. **на в.** for rest ◊ **коро́тка пере́рва на в.** a short rest break. **в. від** + *G.* a rest from *(activity, etc.)* ◊ **в. від речинців** a rest from deadlines; **в. пі́сля** + *G.* a rest after sth

2 free time, leisure, vacation, holidays

adj. **зимо́вий** winter, **лі́тній** summer; **тижне́вий** weeklong, **двотижне́вий** two-week; **мі́сячний** month-long, **щорі́чний** annual; **мале́нький** *dim.* little, **коро́ткий** brief; **до́вгий** long, **трива́лий** lengthy; **омрі́яний** dream ◊ **Хома́ не міг дочека́тися омрі́яного ~ку в Гре́ції.** Khoma could not wait for his dream vacation in Greece.

v. + **в. бра́ти в.** have, take a vacation; **насоло́джуватися ~ком** enjoy a vacation ◊ **П'ять днів було́ зама́ло для Ма́рти, щоб насоло́дитися ~ком у гора́х.** Five days were too little for Marta to enjoy her vacation in the mountains.

prep. **без ~ку** without a vacation ◊ **Васи́ль працюва́в без ~ку.** Vasyl worked without a vacation. **на в.** *dir.* for vacation ◊ **У ли́пні ти́сячі люде́й ї́дуть до Бердя́нська на в.** In July, thousands of people go to Berdiansk for vacation. **на ~ку** *posn.* on holiday; **в. в** + *L.* vacation in *(a place)* ◊ **Вони́ були́ два ти́жні на ~ку в гора́х.** For two weeks they had been on holiday in the mountains.

See **відпу́стка, кані́кули 1.** *Also see* **вака́ції, дозві́лля, заня́ття**

відпочи́|ти, *pf., see* відпочива́ти

to rest, have a rest, relax ◊ **Са́ме на селі́ вони́ як слід ~нуть.** It is in the country that they will have a proper rest.

відпра́ви|ти, *pf., see* відправля́ти

to send, send away, *etc.* ◊ **Полі́ція встанови́ла, хто ~в лист.** The police established who had sent the letter.

відправля́|ти, ~ють; відпра́в|ити, ~лю, ~иш, ~лять, *tran.*

1 to send, send off, mail; to dispatch ◊ **Оле́на відпра́вить лист при пе́ршій наго́ді.** Olena will send the letter at the earliest opportunity.

adv. **вже** already, **наре́шті** finally, **нега́йно** immediately, **одра́зу** at once, **операти́вно** promptly, **за́раз же** right away ◊ **Він за́раз же відпра́вив відповідь електро́нною по́штою.** He emailed his response right away. **шви́дко** quickly; **вча́сно** on time; **обов'язко́во** definitely; **таємно** secretly

в. + *n.* **в. ві́дповідь** send a response (**гро́ші** money, **запи́ску** note, **лист** letter, **повідо́млення** message; **паке́т** package, **паку́нок** pack, **поси́лку** parcel; **кур'є́ра** courier, **представника́** representative)

prep. **в. до** + *G.* send sth to sb ◊ **Її відпра́вили до лі́каря.** She was sent to the doctor. **в. на** + *A.* send to *(some place)* ♦ **в. на той світ** to dispatch, kill ◊ **Він відпра́вив на той світ пів дюжи́ни воро́гів.** He dispatched half a dozen enemies. **в. по** + *A.* send for sth ◊ **Він відпра́вив Дани́ла по во́ду.** He sent Danylo for water.

See **посила́ти 1**

2 to celebrate *(a religious service, etc)*, hold

adv. **до́бре** well, **нале́жно** properly, **урочи́сто** solemnly ◊ **Тіє́ї неді́лі па́рох ~в слу́жбу особли́во урочи́сто.** That Sunday, the parish priest celebrated the liturgy in a particularly solemn manner.

pa. pple. **відпра́влений** sent, dispatched; celebrated

відправля́й! відпра́в!

відправля́|тися; відпра́витися, *intr.*

1 to set out *(on the road)*, depart ◊ **Вони́ ма́ли в. ра́но-вра́нці.** They were supposed to set out early in the morning.

adv. **вже** already, **наре́шті** finally; **нега́йно** immediately, **за́раз же** right away ◊ **Він за́раз же відпра́вився до дру́зів.** He right away set out to his friends. **несподі́вано** unexpectedly, **ра́птом** suddenly

2 *pass., only impf.* to be sent ◊ **По́шта ~лася раз на ти́ждень.** The mail was sent once a week.

adv. **за́вжди́** always, **реґуля́рно** regularly; **і́ноді** sometimes, **рі́дко** rarely, **час від ча́су** from time to time; **автомати́чно** automatically ◊ **Сиґна́л ~ється автомати́чно.** The signal is sent automatically.

3 *pass.* to be celebrated *(of liturgy, etc.)*, be held ◊ **Ранко́ва літургі́я ~лася о сьо́мій годи́ні.** The morning liturgy was celebrated at seven o'clock.

відпу́ст|ка, *f.*

vacation, holiday, leave

adj. **га́рна** nice, **доскона́ла** perfect, **омрі́яна** dream, **приє́мна** pleasant, **чудо́ва** wonderful; **незабу́тня** unforgettable, **па́м'ятна** memorable; **ви́мушена** forced; **декре́тна** maternity, **додатко́ва** additional; **жахли́ва** awful, **зіпсо́вана** ruined; **неопла́чувана** unpaid, **опла́чувана** paid ◊ **Компа́нія ґарантува́ла їй опла́чувану декре́тну ~ку.** The company guaranteed a paid maternity leave to her. **до́вга** long, **продо́вжена** extended, **трива́ла** lengthy; **робо́ча** working, **тво́рча** creative; **двотижне́ва** two-week, **тижне́ва** weeklong, **триде́нна** three-day ◊ **Він попроси́в триде́нну ~ку.** He asked for a three-day leave. **щорі́чна** annual; **зимо́ва** winter, **лі́тня** summer, *etc.*

v. + **в. бра́ти ~ку** take a vacation ◊ **Він узя́в ~ку.** He took a leave. (**використо́вувати** use ◊ **Ка́тря продукти́вно використа́ла ~ку.** Katria used her vacation productively. **відклада́ти** put off, **скасо́вувати** cancel; **дава́ти** + *D.* give sb ◊ **Їй дали́ триде́нну ~ку.** They gave her a three-day vacation. **ма́ти** have, **отри́мувати** get; **прово́дити** spend ◊ **Як ви провели́ ~ку?** How did you spend your vacation? **планува́ти** plan ◊ **Наза́рова жі́нка рете́льно планува́ла ї́хню ~ку.** Nazar's wife thoroughly planned their vacation. **продо́вжувати** extend; **проси́ти** ask for; **псува́ти** ruin, **скоро́чувати** shorten; **іти́ в** go on ◊ **Вона́ пішла́ у ~ку.** She went on a vacation. **відсила́ти** + *A.* **у** send sb on) ◊ **Його́ відісла́ли у ви́мушену ~ку.** He was sent on a forced vacation. **потребува́ти ~ки** need a vacation ◊ **Ві́ктор потребу́є трива́лої ~ки.** Viktor is in need of a lengthy vacation. (**чека́ти** wait for ◊ **Іва́нна чека́ла ~ки.** Ivanna waited for her vacation. **поверта́тися з** return from); **насоло́джуватися ~кою** enjoy a vacation ◊ **Цього́річ вони́ як ні́коли насоло́джувалися ~кою.** This year, they were enjoying their vacation as never before. **бу́ти у ~ці** be on a leave ◊ **Левко́ був у тво́рчій ~ці.** Levko was on a creative leave.

prep. **до ~ки** for; before, prior to a vacation ◊ **Він гото́ється до ~ки.** He is preparing for vacation. **пе́ред ~кою** before a vacation; **пі́сля ~ки** after a vacation; **у ~ку** *dir.* on vacation; **у ~ці** *posn.* on vacation

G. pl. **~ок**

Also see **відпочи́нок 2, декре́т 2, дозві́лля.** *Cf.* **кані́кули 1**

відремонту|ва́ти, *pf., see* ремонтува́ти

to fix, repair ◊ **Меха́нік ~ва́в маши́ну.** The mechanic fixed the car.

відрізни́|ти, *pf., see* відрізня́ти

to tell the difference, tell apart, differentiate ◊ **Фахіве́ць ~ть підро́бку від ориґіна́лу.** An expert will tell the forgery from the original.

відрізня́|ти, *var.* відріжня́ти, ~ють; відрізн|и́ти, *var.* відріжни́ти, ~я́ть, *tran.*

to distinguish, differentiate, tell sth from sth ◊ **Він за́вжди́ ~в щи́рість від лука́вства.** He always distinguished honesty from duplicity.

adv. **ле́гко** easily, **за́раз же** right away, **шви́дко** quickly; **ва́жко** with difficulty, **ле́две** hardly, **наси́лу** barely ◊ **Із ві́дстані він наси́лу ~в її в на́товпі.** From a distance, he barely distinguished her in the crowd. **ви́разно** distinctly, **чі́тко** clearly; **акусти́чно** acoustically, **візуа́льно** visually, **фонети́чно** phonetically; **форма́льно** formally; **семанти́чно** semantically, **стилісти́чно** stylistically, **функціона́льно** functionally

v. + **в. бу́ти ва́жко** be difficult to ◊ **Ча́сом Марі́ї ва́жко в. у́явне від ді́йсного.** Sometimes, it is difficult for Maria to differentiate the imaginary from the real. **бу́ти неможли́во** be impossible to ◊ **Близня́т не мо́жна відріжни́ти одне́ від о́дного.** The twins are impossible to tell apart. **бу́ти ле́гко** be easy to; **бу́ти важли́во** be important to, **бу́ти потрі́бно** be necessary to; **бу́ти у ста́ні** be capable of, **вдава́тися** + *D.* succeed in, **могти́** can, **намага́тися** try to; **бу́ти**

не в стáні be incapable of, **не могтú** cannot
prep. **в. від** + *G.* tell from sth/sb
pa. pple. **відрíзнений** told apart
відрізняй! відрізни!
Also see **розпізнавáти 2**

відрізня|тися, *var.* **відріжня́тися; відрізн|ити́ся**, *var.* **відріжни́тися**, *intr., usu impf.*

to be different from, differ from
adv. **виразно** distinctly ◊ **Відбитки пáльців вирáзно ~лася.** The fingerprints were distinctly different. **в усьóму** in everything ◊ **Брáт і сестрá в усьóму ~ються.** The brother and sister are different in everything. **дýже** very, **помíтно** noticeably, **чíтко** clearly; **дóсить** fairly, rather ◊ **Ромéшкання дóсить ~лося від тóго, що рекламувáли в мерéжі.** The apartment was rather different from the one advertised on the Internet. **лéдве** barely, **трóхи** a little
prep. **в. від** + *G.* differ from sb/sth; **в.** + *I.* differ in sth ◊ **Чим ~ється америкáнський футбóл від європéйського?** What's the difference between American and European football?
Also see **відхóдити 5, контрастувáти**

від|рó, *nt.*

bucket, pail, bucketful
adj. **велúке** big ◊ **У кутку́ стоя́ло велúке в.** There was a big bucket in the corner. **пóвне** full ◊ **Вонú нарвáли пóвне в. вúшень.** They picked a full bucket of sour cherries. **порóжнє** empty; **залíзне** iron, **металéве** metal, **пластмáсове** plastic; **нóве** new; **дíряве** leaky; **старé** old; **пожéжне** fire
v. + **в. виливáти в.** pour a bucketful ◊ **На ньóго вúлили в. водú.** They poured a bucketful of water on him. (**випорожня́ти** empty, **висипáти** dump ◊ **Волóдя вúсипав в. піску́ в калю́жу.** Volodia dumped a bucketful of sand in the puddle. **набирáти** fill ◊ **Він набрáв в. груш.** He filled the bucket with pears. **нестú** carry, **принóсити** bring ◊ **Він принíс в. вугíлля.** He brought a bucketful of coals. **стáвити** put) ◊ **Натáля постáвила в. на лáву.** Natalia put the bucket on the bench.
в. + *v.* **бýти пóвним** + *I.* be full of sth; **містúти** + *A.* contain sth; **перепóвнюватися** + *I.* overflow with sth ◊ **В. перепóвнилося дощовóю водóю.** The bucket overflowed with rain water. **протікáти** leak ◊ **Він вважáв, що пластмáсове в. не мóже протікáти.** He thought that a plastic bucket could not leak.
prep. **у в.** *dir.* in/to a bucket ◊ **Вонá постáвила слóїк у порóжнє в.** She put the jar in the empty bucket. **у ~рі** *posn.* in a bucket ◊ **Молокó у ~рі скúсло.** The milk in the bucket soured.
N. pl. **~ра**, *G. pl.* **~ер** ◊ **шість ~ер** six buckets

відрóдженн|я, *nt., only sg.*

1 revival, rebirth
adj. **велúке** great, **неабúякe** major, **прáвдиве** true, **спрáвжнє** genuine; **повíльне** slow, **поступóве** gradual; **несподíване** unexpected, **раптóве** sudden, **швидкé** quick; **недáвнє** *or* **нещодáвнє** recent; **нúнішнє** *and* **тепéрішнє** current; **економíчне** economic, **культýрне** cultural, **літературне** literary, **націонáльне** national, **релігíйне** religious; **довгоочíкуване** long-awaited; **небáчене** unprecedented
в. + *n.* **в. зацікáвлення** a revival of interest (**культýри** culture, **мистéцтва** art, **мóви** language, **промислóвости** industry, **ремеслá** craft, **традúції** tradition; **мíста** city, **регíону** region, **селá** village)
n. + **в. добá в.** an era of revival (**епóха** age, **перíод** period; **почáток** beginning ◊ **Подíя стáла почáтком культýрного в. мíста.** The event became the beginning of the city's cultural revival. **процéс** process; **ознáки** signs)
v. + **в. заохóчувати в.** encourage revival (**переживáти** experience ◊ **Мóва переживáла в.** The language experienced a revival. **підштóвхувати** boost, **пришвúдшувати** accelerate, **стимулювáти** stimulate; **гальмувáти** hinder, **сповíльнювати** slow down); **вестú до в.** lead to revival (**привóдити до** bring about); **клáсти край ~ю** put an end to revival (**перешкоджáти** hamper; **сприя́ти** facilitate) ◊ **Угóда сприя́ла ~ю двосторóнньої торгíвлі.** The agreement facilitated the revival of bilateral trade.
2 *hist.* Renaissance ◊ **Вонá захóплювалася епóхою В.** She was fascinated by the age of Renaissance. ◊ **Музéй мáє портрéти рáннього В.** The museum has early Renaissance portraits.

відря́джен|ня, *nt.*

business trip, mission
adj. **ділове́** business ◊ **Вонá у ділово́му ~ні.** She is on a business trip. **дóвге** long, **тривáле** lengthy; **корóтке** short; **таємне** secret; **терміно́ве** urgent; **періодúчне** periodic, **чáсте** frequent; **вдáле** *and* **успíшне** successful, **продуктúвне** productive
v. + **в. відкладáти в.** postpone a business trip (**планувáти** plan; **ї́хати в** go on) ◊ **Борис періодúчно ї́здив у в.** Borys went on periodic business trips. **повертáтися з в.** return from a business trip; **бýти у ~і** be on a business trip.
prep. **в. до** + *G.* business trip to *(a place)* ◊ **Остáп відклáв в. до Чернівців.** Ostap postponed his business trip to Chernivtsi.
See **пóдорож**

відсвяткувá|ти, *pf., see* **святкувáти**

to celebrate, mark *(a holiday)* ◊ **Кáтря ~ла народúни із друзя́ми.** Katria celebrated her birthday with her friends.

відсóт|ок, *m.,* **~ка**

1 percent ◊ **Шістдесят сім ~ків студéнтів університéту – це жінки́.** 67% of the University student body are women.
Also see **процéнт 1**
2 *fig.* ratio, share, amount, percentage
adj. **висóкий** high ◊ **Висóкий в. самогу́бств припадáє на безприту́льних осíб.** Homeless individuals account for a high percentage of suicides. **значнúй** considerable, **помíтний** palpable ♦ **на сто ~ків** completely, hundred percent ◊ **Лíда мáла рáцію на сто ~ків.** Lida was a hundred percent right. **малúй** small, **мізéрний** negligible, **мінімáльний** minimal
See **рíвень 1.** *Also see* **вміст 2, коефіцієнт 2, процéнт 2**
3 *econ., usu pl.* interest, dividends
adj. **висóкі** high, **дóбрі** *colloq.* handsome, **максимáльні** maximal, **пристóйні** decent; **грабíжницькі** predatory, **здúрницькі** usurious; **надмíрні** excessive; **жалюгíдні** pitiable, **мінімáльні** minimal, **малí** *and* **невелúкі** small, **низькí** low, **помíрні** moderate; **мíсячні** monthly ◊ **Депозúт дає висóкі мíсячні ~ки.** The deposit gives a high monthly interest. **рíчні** annual; **отрúмані** accrued ◊ **Угóда дозволя́ла ї́м використóвувати лишé отрúмані ~ки.** The agreement allowed them to use only the accrued interest. **прóсті** simple, **склáдні** compound
v. + **в. дістава́ти ~ки** *colloq.* receive interest (**заробля́ти** earn, **отрúмувати** draw ◊ **Вонú отрúмують дóбрі ~ки з інвестúцій у нерухóмість.** They draw handsome interest from real estate investments. **принóсити** bear ◊ **Депозúтний сертифікáт принóсив жалюгíдні ~ки.** The certificate of deposit bore a pitiable interest. **виплáчувати** pay, **брáти** charge ◊ **Посерéдник берé помíрні ~ки.** The middleman charges moderate interest. **прáвити** *colloq.* charge) ◊ **Він прáвив із Семенюків здúрницькі ~ки за пóзику.** He was charging the Semeniuks a usurious loan interest.
в. + *v.* **змéншуватися** diminish, **зростáти** grow, **накопúчуватися** accrue, accumulate
prep. **без ~ків** without interest; **з ~ками** with interest; **під ~ки** at interest ◊ **Він позúчив грóші під невелúкі ~ки.** He borrowed money at a low interest rate. **~ки за** + *I.* an interest on sth ◊ **Вонá сплáчувала ~ки за іпотéкою.** She paid interest on her mortgage.
Also see **процент 3**

відста|вáти, ~ю́ть; відстáти, відстáн|уть, *intr.*

1 to lag behind, fall behind
adv. **безнадíйно** hopelessly ◊ **Совéтський Союз безнадíйно ~в від Зáходу.** The Soviet Union was hopelessly falling behind the West. **дýже** much, **знáчно** considerably, **катастрофíчно** catastrophically, **помíтно** noticeably, **серйóзно** seriously, **лéдве** barely, **трóхи** a little ◊ **Він трóхи ~є з хéмії.** He lags behind in chemistry a little.
v. + **в. починáти** begin to, **стáти** *pf.* start ◊ **Вонú йшли швúдко, й Івáн став в.** They walked fast and Ivan started lagging behind. **перестáти** *pf.* stop; **просúти** + *A.* **не** ask sb not to ◊ **Він просúв ї́х не в.** He asked them not to lag behind. **намагáтися не** try not to
prep. **в. від** + *G.* lag behind sb ◊ **Хомá ~є від рéшти грýпи.** Khoma lags behind the group.
♦ **Не в.!** Keep pace!
Ant. **переганя́ти 1**
2 to be behind *(of a clock)*, be slow ◊ **Годúнник ~є.** The clock is slow.
prep. **в. на** + *A.* be *(so much)* slow ◊ **Годúнник ~є на годúну.** The watch is an hour slow.
Ant. **поспішáти 2, спішúти 2**
3 to come off, become detached ◊ **В Орúсі ~ла підóшва на чóботі.** The sole in Orysia's high boot came off. ◊ **Шпалéри ~ли від стінú.** The wallpaper came off the wall.
4 *fig., colloq.* to stop bothering, let sb be, leave sb alone ◊ **Він не ~вáв від Петрá з питáннями.** He would not stop bothering Petro with questions.
pa. pple. **відстáлий** backward
відставáй! відстáнь!

відстáв|ка, *f.*

resignation, retirement
adj. **вúмушена** forced, **добровíльна** voluntary, **обов'язкóва** mandatory, **передчáсна** premature; **несподíвана** unexpected; **ганéбна** shameful, **скандáльна** scandalous ◊ **Прéса пúше про скандáльну ~ку прокурóра.** The press is writing about the prosecutor's scandalous resignation. **мáсова** mass
v. + **в. оголóшувати ~ку** announce resignation (**відхиля́ти** reject; **приймáти** accept ◊ **Президéнт прийня́в ї́ї ~ку.** The president accepted her resignation. **провокувáти** provoke), ♦ **подавáти у ~у** to resign ◊ **Ї́ї змýсили подáти у ~ку.** She was forced to resign. ♦ **йти в** resign; **вимагáти ~ки** demand resignation (**привóдити до** lead to) ◊ **Накáз привíв до мáсової ~ки працівникíв компáнії.** The order led to a mass resignation of the company's associates. **погрожувати** + *D.* **~кою** threaten sb with resignation ◊ **Він погрозúв президéнтові фíрми ~кою.** He threatened the president of the firm with resignation.
в. + *v.* **набувáти чúнности** *or* **ставáти чúнною** become effective ◊ **В. стáне чúнною за добу́.** The resignation will become effective in a day.
prep. **у ~ку** *dir.* in/to resignation ♦ **посилáти** + *A.* **у ~ку** to dismiss sb ◊ **Йогó послáли у ~ку.** He was dismissed. **у ~ці** *posn.* in retirement; ♦ **бýти у ~ці** to be retired *(usu from government or military service)* ◊ **Вонá у ~ці.** She is retired.
G. pl. **~ок**

відстáл|ий, *adj.*

backward, underdeveloped; dated, archaic
adv. **взагалí** utterly, **винятко́во** exceptionally,

геть totally, **глибо́ко** profoundly, **ду́же** very, **зо́всім** entirely, **ціль́ком** completely; **безнаді́йно** hopelessly, **жалюгі́дно** pathetically, **жахли́во** awfully; **до́сить** rather, **доста́тньо** sufficiently, **зна́чно** considerably; **вира́зно** distinctly, **очеви́дно** obviously, **помі́тно** noticeably, **я́вно** clearly; **ді́йсно** really, **спра́вді** truly; **хроні́чно** chronically; **частко́во** in part; **економі́чно** economically, **культу́рно** culturally, **політи́чно** politically, **розумо́во** mentally, **суспі́льно** socially
v. + **в. бу́ти ~им** be backward ◊ **Нау́ка у краї́ні є зо́всім ~ою.** Science in the country is utterly backward. (**виявля́тися** turn out ◊ **Він ви́явився люди́ною консервати́вною й глибо́ко ~ою.** He turned out to be a conservative and deeply backward individual. **здава́тися** + *D.* seem to sb, **лиша́тися** remain ◊ **Пе́ршу полови́ну столі́ття краї́на лиша́лася економі́чно ~ою.** The country remained economically backward for the first half of the century. **ставáти** become)
Also see **недорозви́нений**. *Ant.* **розви́нутий**

ві́дстан|ь, *f.*
distance
adj. **вели́ка** great, **величе́зна** enormous, **до́вга** long, **значна́** considerable, **максима́льна** maximum ◊ **Максима́льна в. між двома́ зі́рками не перевищу́є десяти́ світлови́х ро́ків.** The maximum distance between the two stars does not exceed ten light years. **серйо́зна** serious; **коро́тка** short, **мала́** small, **мале́нька** *dim.* small, **мініма́льна** minimal, **невели́ка** little; **да́на** given; **де́яка** *and* **пе́вна** certain; **змі́нна** varying; **фіксо́вана** fixed; **сере́дня** average; **то́чна** accurate; **географі́чна** geographical, **фізи́чна** physical; **безпе́чна** safe ◊ **Тури́сти спостеріга́ли за слона́ми з безпе́чної ~і.** The tourists observed the elephants from a safe distance. **оба́чна** discreet, **розу́мна** reasonable, **шанобли́ва** respectful ◊ **Вони́ трима́лися на шанобли́вій ~і від проце́сії.** They kept a respectful distance from the procession. **однако́ва** same, **рі́вна** equal; **оптима́льна** optimal; **додатко́ва** extra; **по́вна** full; **пра́вильна** correct; **прибли́зна** approximate
v. + **в. визнача́ти в.** determine a distance ◊ **В. до па́горба ви́значили пра́вильно.** The distance to the hill was correctly determined. (**вимі́рювати** measure, **встано́влювати** establish ◊ **Прила́д встанови́ти в. до об'є́кта.** The instrument establishes the distance to the object. **обчи́слювати** calculate, **прикида́ти** *colloq.* estimate; **дола́ти** overcome, **покрива́ти** cover, **проїжджа́ти** travel, **пролітáти** fly, **пропливáти** swim, **прохо́дити** walk ◊ **За годи́ну люди́на прохо́дить в. шість кіломе́трів.** In an hour, a person walks a distance of 6 km. **збі́льшувати** increase, **зме́ншувати** close, **скоро́чувати** shorten; **трима́ти** keep ◊ **Він трима́в небезпе́чно мініма́льну в. від маши́ни.** He kept a dangerously minimal distance from the car. **тягну́тися на** span ◊ **Міст тя́гнеться на в. двох кіломе́трів.** The bridge spans a distance of 2 km. **трима́ти** + *A.* **на ~і** keep sb at) ◊ **Ма́рта трима́ла Оре́ста на доста́тній ~і.** Marta kept Orest at sufficient distance. **трима́тися на ~і від** + *G.* to keep a distance from sb/sth
в. + *v.* **збі́льшуватися** increase ◊ **В. між Земле́ю й астеро́їдом збі́льшувалася.** The distance between the Earth and the asteroid increased. **зроста́ти** grow; **зме́ншуватися** diminish, **зника́ти** disappear ◊ **В. між ни́ми поступо́во зни́кла.** *fig.* The distance between them gradually disappeared.
prep. **з ~і** from a distance; **на в.** + *G. dir.* at a distance of ◊ **Гарма́та ле́две стріля́ла на в. одного́ кіло́метра.** The cannon barely shot at a distance of 1 km. **на ~і** + *G. posn.* at, within a distance of; *fig.* from afar ◊ **Сусі́дній ша́нець був на ~і п'ятдесяти́ ме́трів.** The adjacent trench was at a distance of 50 m. ♦ **на ~і о́клику** within an earshot; **в. від** + *G.* a distance from *(a place)*; **в. до** + *G.* a distance to *(a place)* ◊ **Вони́ проїхали в. від Терно́поля до Ко́сова.** They traveled the distance from Ternopil to Kosiv. **в. між** + *I.* a distance between *(places)* ◊ **в. між двома́ клаві́шами** the distance between two keys
Cf. **ро́змах 1.** *Ant.* **бли́зькість**

відста́|ти, *pf., see* **відстава́ти**
to lag, fall behind ◊ **Велосипеди́ст ~в від ре́шти змагу́нів.** The cyclist had fallen behind the rest of the competitors.

ві́дступ, *m.*, **~у**
1 retreat
adj. **впорядко́ваний** orderly; **стратегі́чний** strategic, **такти́чний** tactical; **ви́мушений** forced; **несподі́ваний** unexpected, **поква́пний** hasty, **швидки́й** swift; **безла́дний** disorderly, **гане́бний** ignominious, **прини́зливий** humiliating; **пані́чний** panicky, **хаоти́чний** chaotic ◊ **Мане́вр переврорився на хаоти́чний в.** The maneuver turned into a chaotic retreat.
v. + **в. блокува́ти в.** block a retreat ◊ **Со́тня заблокува́ла в. во́рога.** The company has blocked the enemy's retreat. (**відріза́ти** cut off ◊ **Та́нки відрі́зали їм в.** The tanks cut off their retreat. **гра́ти** sound ◊ **Команди́р наказа́в гра́ти в.** The commander ordered to sound the retreat. **роби́ти** make; **прикрива́ти** cover ◊ **Він прикрива́в в. побрати́мів автома́тними че́ргами.** He covered his comrades' retreat with bursts of machine-gun fire. **провокува́ти** provoke); **зму́шувати** + *A.* **до ~у** force sb to ◊ **Загро́за ото́чення зму́сила їх до ~у.** A threat of encirclement forced them to retreat. (**причиня́тися до** cause) ◊ **Артилері́йський вого́нь причини́вся до ~у повста́нців.** The artillery fire caused the rebels' retreat.
2 departure, deviation, violation
adj. **безпрецеде́нтний** unprecedented, **серйо́зний** serious, **я́вний** obvious; **свідо́мий** conscious ◊ **Його́ звинува́чували у свідо́мому ~і від ети́чних норм.** He was being accused of a conscious violation of the ethical norms.
prep. **в. від** + *G.* departure from sth
See **пору́шення 1**
3 digression
adj. **коро́ткий** brief ◊ **Пі́сля коро́ткого ~у вона́ поверну́лася до те́ми ле́кції.** After a brief digression, she returned to the topic of the lecture. **мале́нький** slight, **невели́кий** small; **до́вгий** long, **значни́й** significant; **сутте́вий** substantial; **нескінче́нний** endless, **пості́йний** constant, **ще оди́н** another; **ліри́чний** lyrical ◊ **Промо́вець зроби́в ліри́чний в.** The speaker made a lyrical digression. **ціка́вий** interesting
v. + **в. роби́ти в.** make a digression; **втри́муватися від ~ів** refrain from digressions (**припуска́тися** allow oneself) ◊ **Ле́кторка ча́сом припуска́лася ~ів.** The (female) lecturer at times allowed herself digressions.
prep. **в. від** + *G.* digression from sth ◊ **пості́йні ~и від те́ми перемо́вин** constant digressions from the topic of the negotiations
4 indentation, indent
adj. **вели́кий** big; **невели́кий** small ◊ **Ко́жен у́ступ позна́чений невели́ким ~ом.** Every paragraph is marked off by a small indentation. **необхі́дний** required, **обов'язко́вий** mandatory; **періоди́чний** periodic, **ча́стий** frequent
v. + **в. роби́ти в.** make an indent ◊ **Комп'ю́тер ро́бить ~и автомати́чно.** The computer makes the indents automatically.
Cf. **у́ступ**

відступа́|ти, **~ють; відступ|и́ти**, **~лю́, ~иш, ~лять**, *intr.*
1 to step back, step aside, retreat, recede
adv. **вбік** aside, **геть** away ◊ **Він відступи́в геть від кра́ю да́ху.** He stepped back, away from the edge of the roof. **наза́д** back, **за́дки** backwards; **крок за кро́ком** step by step **помі́льно** slowly ◊ **Мо́ре помі́льно ~ло.** The sea was slowly receding. **помале́ньку** *dim.* slowly
prep. **в. від** + *A.* step away from sth; **в. з** + *G.* step away from sth ◊ **Чолові́к за́дки відступа́в із кімна́ти.** The man was retreating backwards from the room.
See **відхо́дити 1**
2 *mil.* to retreat, be in retreat
adv. **вча́сно** on time, **завча́сно** in advance; **да́лі** farther, **якнайда́лі** as far as possible; **організо́вано** in an orderly manner; **поква́пно** hastily, **поспі́шно** hurriedly, **швидко** quickly ◊ **Полк швидко ~в.** The regiment was quickly retreating. **пові́льно** slowly; **в па́ніці** in panic, **гане́бно** shamefully; **несподі́вано** unexpectedly
v. + **в. всти́гнути** *pf.* manage to ◊ **Загі́н усти́г відступи́ти.** The unit managed to retreat. **намага́тися** try to; **поспіша́ти** be in hurry to ◊ **Вони́ поспіша́ли відступи́ти на безпе́чну ві́дстань.** They were in a hurry to retreat to a safe distance. **зму́шувати** + *A.* force sb to, **нака́зувати** + *D.* order sb to ◊ **Полко́вник наказа́в нега́йно в.** The colonel ordered to retreat immediately. **ки́датися** rush to, **почина́ти** begin to, **ста́ти** *pf.* start to; **продо́вжувати** continue to ◊ **Вони́ продо́вжували в.** They continued to retreat.
Also see **відхо́дити 3, втіка́ти**[1] **2**
3 *fig.* to digress, deviate, depart; violate
adj. **відкри́то** openly ◊ **Він відкри́то ~в від зако́ну.** He openly digressed from the law. **серйо́зно** seriously, **я́вно** obviously; **свідо́мо** consciously; **не раз** more than once, **пості́йно** constantly, **ча́сто** often; **ні́коли не** never, **в жо́дному ра́зі** in no case
v. + **в. намага́тися не** try not to ◊ **Вона́ намага́лася не в. від обіця́нок.** She tried not to deviate from her pledges. **обіця́ти** + *D.* **не** promise sb not to
prep. **в. від** + *G.* depart from sth
See **відхо́дити 2**
4 to relinquish, give up; give, hand over ◊ **Господа́р відступи́в го́стеві зручні́шу спа́льню.** The host gave his guest a more comfortable bedroom.
See **дава́ти 1**
5 to indent, make an indentation ◊ **Олекса́ндра відступи́ла і продо́вжила писа́ти.** Oleksandra made an indentation and went on writing.
відступа́й! відступи́!

відступи́|ти, *pf., see* **відступа́ти**
to step back, step aside, retreat, recede; retreat, *etc.* ◊ **Вони́ ~ли без втрат.** They retreated without losses.

відсу́тн|ій, *adj., n.*
1 *adj.* absent, nonexistent
adv. **абсолю́тно** absolutely, **геть** totally, **ді́йсно** really, **по́вністю** entirely, **ціль́ком** completely; **і́ноді** sometimes, **тимчасо́во** temporarily, **ча́сто** often, **вира́зно** distinctly, **на ди́во** amazingly, **я́вно** clearly; **факти́чно** virtually, in fact
v. + **в. бу́ти ~ім** be absent (**вважа́ти** + *A.* consider sb/sth, **виявля́тися** turn out ◊ **Мико́ла ви́явився ~ім на семіна́рі.** Mykola turned out to be absent at the seminar. **лиша́тися** remain)
prep. **в. на** + *L.* absent from *(an event, etc.)*
Ant. **наяв́ний, прису́тній**
2 *adj., fig.* vacant, blank, emotionless ◊ **Уля́на слу́хала з ~ім ви́разом на обли́ччі.** Uliana listened with a vacant look on her face.
3 *m. and f.* those absent ◊ **Він записа́в імена́ ~іх.** He wrote down the names of those absent.

відсу́тн|ість, *f.*, **~ости**, *only sg.*
absence
adj. **абсолю́тна** absolute ◊ **абсолю́тна в. імуніте́ту** an absolute absence of impunity;

по́вна utter, **цілкови́та** complete; **до́вга** long, **коро́тка** brief; **періоди́чна** periodic, **тимчасо́ва** temporary, **трива́ла** lengthy, **ча́ста** frequent, **ви́разна** distinct, **дивови́жна** amazing, **ди́вна** strange; **помі́тна** notable, **я́вна** clear, **факти́чна** virtual; **несподі́вана** unexpected; **приголо́мшлива** shocking, **разю́ча** striking; **дозво́лена** authorized, **недозво́лена** unauthorized, **ви́правдана** justified, **неви́правдана** unjustified ◊ **Він надолу́жує неви́правдану в. на ле́кціях.** He is making up for his unjustified absence from lectures.

v. + **в. поміча́ти в.** notice sb's absence (**виправдо́вувати** justify, **поя́снювати** explain ◊ **Вона́ поя́снює в. хворо́бою.** She explains her absence by sickness. **ігнорува́ти** ignore, **не зверта́ти ува́ги на** not pay attention to)

prep. ♦ **за ~ости** in the absence of sb/sth ◊ **За ~ости еле́ктрики вони́ користува́лися свічка́ми.** In the absence of electricity, they used candles. **про́тягом ~ости** during sb's absence; **в. у** + *L.* absence in/from *(a list, etc.)* ◊ **Да́ну здивува́ла Оле́ксина в. у спи́ску фіналі́стів.** Oleksa's absence from the list of finalists surprised Dana. **в. на** + *L.* absence from *(an event, etc.)* ◊ **в. на фестива́лі** absence from a festival; **в. се́ред** + *G.* absence among sb

Also see **нея́вка**. *Ant.* **прису́тність**

відтя́|ти, *pf., see* **тя́ти**
to cut, cut off, sever ◊ **Со́ля ~ла кава́лок ковбаси́.** Solia cut a piece of sausage.

відхо́д|и, *only pl.*
waste ◊ **Вона́ шука́ла спо́сіб зме́ншити в. виробни́цтва папе́ру.** She was looking for a way to reduce the paper production waste.

adj. **енергети́чні** energy, **промисло́ві** industrial, **сільськогоспо́дарські** agricultural, **харчо́ві** food, **хімі́чні** chemical; **радіоакти́вні** radioactive, **я́дерні** nuclear; **небезпе́чні** dangerous, **отру́йні** poisonous, **токси́чні** toxic ◊ **Компа́нія спуска́ла токси́чні в. в о́зеро.** The company dumped toxic waste in the lake. **шкідли́ві** hazardous; **рідкі́** liquid, **тверді́** solid; **інфекці́йні** infectious, **лікарня́ні** hospital, **меди́чні** medical; **електро́нні** electronic, **пла́стикові** *and* **поліетиле́нові** plastic ◊ **Мо́ре забру́днене поліетиле́новими ~ами.** The sea is badly polluted with plastic waste. **зеле́ні** green, **лю́дські** human, **овоче́ві** vegetable, **органі́чні** organic, **твари́нні** animal; **будіве́льні** construction, **виробни́чі** production, **фабри́чні** factory; **місько́і** municipal; **перероблені** recycled

n. + **в. використа́ння ~ів** waste utilization ◊ **використа́ння лю́дських і твари́нних ~ів** human and animal waste utilization; (**зберіга́ння** storage, **збір** collection ◊ **технологія збо́ру і зберіга́ння ~ів** a waste collection and storage technology; **переве́зення** shipment, **перероб́ка** recycling, processing, **повто́рна перероб́ка** reprocessing, **спа́лення** incineration; **мінімізáція** minimization, **скоро́чення** reduction) ◊ **Вони́ домогли́ся скоро́чення місько́их ~ів.** They attained a municipal waste reduction.

v. + **в. використо́вувати в.** utilize waste (**зберіга́ти** store ◊ **В. зберіга́ли у спеція́льних конте́йнерах.** The waste was stored in special containers. **збира́ти** collect; **дава́ти** generate ◊ **Виробни́цтво ста́лі дає шкідли́ві в.** Steel production generates hazardous waste. **продукува́ти** produce, **ство́рювати** create; **виво́зити** ferry out, **перево́зити** ship, **транспортува́ти** transport; **переробля́ти** recycle, process; **скида́ти** dump; **зако́пувати** bury, **пали́ти** burn, **спа́лювати** incinerate; **перетво́рювати на** + *A.* convert into sth ◊ **Він знайшо́в спо́сіб перетво́рювати в. на пальне́.** He found a way to convert waste into fuel. **зме́ншувати** reduce, **мінімізува́ти** minimize, **скоро́чувати** cut; **ліквідува́ти** eliminate; **експортува́ти** export ◊ **Краї́на продо́вжує експортува́ти хімі́чні в.** The country continues to export its chemical waste. **імпортува́ти** import); **позбува́тися ~ів** get rid of waste ◊ **Її мето́ю було́ позбу́тися папе́рових ~ів.** Her goal was getting rid of paper waste.

в. + *v.* **забру́днювати** + *A.* pollute sth ◊ **Рідкі́ в. птахофе́рми забру́днювали підзе́мні во́ди.** The poultry farm liquid waste polluted the underground water. **отру́ювати** + *A.* poison sth; **накопи́чуватися** pile up ◊ **В. накопи́чувалися.** The waste was piling up.

Cf. **сміття́ 1**

відхо́д|ити, **~жу**, **~ять; віді́йти́**, **віді́йд|уть;** *pa. pf., m.* **віді́йш|о́в**, *pl.* **~ли**, *intr.*

1 to go away, move away, step away

adv. **геть** away, **дале́ко** far, **да́лі** farther ◊ **Він віді́йшо́в да́лі.** He moved farther away. **набі́к** aside ◊ **Чолові́к віді́йшо́в набі́к.** The man stepped aside. **на хвили́ну** for a moment ◊ **Він догляда́в за Рома́ном, на хвили́ну не ~ячи від ньо́го.** He looked after Roman, not stepping away from him for a moment. **по о́дному** one by one; **крадькома́** stealthily, **навшпи́ньках** on tiptoes, **ти́хо** quietly

v. + **в. вcти́гнути** *pf.* manage to ◊ **Вони́ встигли віді́йти́ дале́ко від та́бору.** They managed to go far away from the camp. **намага́тися** attempt to, **про́бувати** try to; **хоті́ти** want to; **не могти́** cannot ◊ **Він не міг віді́йти́ від комп'ю́тера.** He could not step away from the computer. **нака́зувати** + *D.* order sb to

prep. **в. в** + *A.* step away into *(space)* ◊ **Вона́ віді́йшла́ в тінь.** She stepped away into the shadow. **в. до** + *G.* move away to sth ◊ **Хма́ри ~или до о́брію.** The clouds were moving away to the horizon. **в. на** + *A.* move *(a distance)* away ◊ **Він віді́йшо́в на два ме́три.** He moved 2 m away. ♦ **в. на дру́гий** *or* **за́дній план** *fig.* to move to the background, become less important

Also see **від'їжджа́ти 1**. *Cf.* **від'їжджа́ти 1**, **відліта́ти 1**. *Ant.* **прихо́дити 1**

2 to depart *(of train, bus, ship)*, leave ◊ **Коли́ ~ить авто́бус?** When does the bus leave?

adv. **вже** already ◊ **Авто́бус уже́ віді́йшо́в.** The bus has already left. **наре́шті** finally; **ще не** not yet; **незаба́ром** shortly, **ра́но** early, **ско́ро** soon, **шви́дко** quickly; **геть** away; **в оста́нню хвили́ну** at the last moment, **от-о́т** *colloq.* any moment; **вча́сно** on time, **з хвили́ни на хвили́ну** any minute, **одноча́сно** at the same time; **пунктуа́льно** punctually, **то́чно** exactly; **з запі́зненням** with a delay ◊ **По́тяг віді́йшо́в із запі́зненням на годи́ну.** The train left with an hour delay.

v. + **в. ма́ти** be supposed to ◊ **Корабе́ль ма́є віді́йти́ за дві хвили́ни.** The ship is supposed to leave in two minutes.

Also see **від'їжджа́ти 1**

3 *mil.* to retreat, be in retreat ◊ **Вони́ віді́йшли́, щоб уни́кнути ото́чення.** They retreated to avoid encirclement.

See **відступа́ти 2.** *Also see* **втіка́ти**[1] **2**

4 to deviate, digress, depart ◊ **Він – оди́н із тих промо́вців, що за́вжди ~ять від те́ми.** He is one of those speakers who always digress from the topic.

adv. **и́ноді** sometimes, **рі́дко** seldom ◊ **Вона́ рі́дко ~ила від пла́ну.** She rarely deviated from the plan. **пості́йно** constantly; **час від ча́су** from time to time, **ча́сто** often

prep. **в. від** + *G.* depart from sth ◊ **У кілько́х епізо́дах фі́льм ~ить від сцена́рію.** In a few episodes, the movie departs from the script.

See **відступа́ти 3**

5 *fig.* differ, be different

prep. **в. від** + *G.* differ from sth ◊ **За світо́глядом Макси́м віді́йшо́в від ба́тька.** As to his worldview, Maksym differs from his father.

See **відрізня́тися 1.** *Also see* **контрастува́ти 6** *fig.* to abandon, give up, veer away from

prep. **в. від** + *G.* depart from sth ◊ **Він віді́йшо́в від полі́тики.** He abandoned politics. ◊ **Пі́сля сканда́лу ви́борці ста́ли ма́сово в. від па́ртії.** After the scandal, voters started abandoning the party en masse.

See **покида́ти 2.** *Also see* **ки́дати 4**

7 to branch off, veer away

prep. **в. від** + *G.* veer away from sth ◊ **Сте́жка до кри́ниці ~ла від доро́ги за́раз за ду́бом.** The path to the well branched off the road right after the oak.

8 *colloq.* to recover from *(sickness, etc.)*, regain *(strength, health, etc.)*, recuperate ◊ **О́льга до́вго ~ила від шо́ку.** It took Olha a long time to recover from the shock.

prep. **в. від** + *G.* recover from sth

See **ого́втуватися 1**

9 to pass, go by, elapse ◊ **О́сінь ~ить.** Autumn is passing. ♦ **в. у ві́чність** *poet.* to pass away, lapse into eternity ◊ **У цій кімна́ті віді́йшо́в у ві́чність вели́кий пое́т.** In this room, the great poet passed away. ♦ **в. в небуття́** to lapse into oblivion

See **мина́ти 3, 4.** *Also see* **бі́гти 6, іти́ 10, леті́ти 5, прохо́дити 4, текти́ 3**

10 to go to, become sb's property ◊ **Збі́рка маля́рства віді́йшла́ ста́ршому си́нові.** The painting collection went to her elder son.

prep. **в. від** + *G.* **до** + *G.* go from sb to sb, be transferred from to ◊ **Ельза́с віді́йшо́в від Фра́нції до Німе́ччини.** Alsace went from France to Germany.

11 *fig.* to disappear, vanish ◊ **У Михайли́ни віді́йшла́ вся́ка охо́та йти до теа́тру.** Mykhailyna lost any desire to go to the theater.

See **зника́ти**

відхо́дь! віді́йди́!

відчини́|ти, *pf., see* **відчиня́ти**
to open, *etc.* ◊ **Ні́на ~ла оби́два вікна́, щоб позбу́тися за́паху тютюну́.** Nina opened both windows to get rid of the tobacco smell.

відчини́|тися, *pf., see* **відчиня́тися**
to open, unlock ◊ **Две́рі ~лися, і до кімна́ти зайшла́ покоі́вка.** The door opened and a maid entered the room.

відчиня́|ти, **~ють; відчин|и́ти**, **~ю́**, **~ять**, *tran.*

1 to open *(door, window, etc.)* ◊ **Він відчини́в две́рі, щоб прові́трити коридо́р.** He opened the door to air the corridor.

adv. **на́встіж** *and* **широ́ко** wide ◊ **Ї́вга відчини́ла на́встіж вікно́.** Yivha opened the window wide. **по́вністю** fully; **ра́птом** suddenly, **рі́зко** abruptly, **шви́дко** quickly; **ле́две** barely, **тро́хи** a little; **крадькома́** stealthily ◊ **Він крадькома́ відчини́в две́рі.** He stealthily opened the door. **обере́жно** with caution, **пові́льно** slowly, **тихе́нько** *dim.* quietly, **ти́хо** quietly; **цілко́м** completely; **з гри́ком** with a bang ◊ **Хтось із гри́ком відчини́в заги́н.** Somebody opened the pen with a bang.

в. + *n.* **в. бра́му** open a gate (**вікно́** window, **две́рі** door, **ілюміна́тор** porthole, **кімна́ту** room, **комі́рку** pantry, **поме́шкання** apartment; **сейф** safe, **холоди́льник** refrigerator, **ша́фу** wardrobe) ◊ **Соломі́я відчини́ла ша́фу і взяла́ плащ.** Solomiia opened the wardrobe and took out her raincoat.

v. + **в. змогти́** *pf.* manage to ◊ **Він зміг відчини́ти бра́му.** He managed to open the gate. **не змогти́** *pf.* fail to; **намага́тися** try to, **спро́бувати** *pf.* make an attempt to, **хоті́ти** want to; **проси́ти** + *A.* ask sb to

Cf. **відкрива́ти 1.** *Ant.* **зачиня́ти**

2 *rare* to unlock ◊ **Ілля́ відчини́в скла́д.** Illia unlocked the warehouse.

See **відмика́ти**

3 to open, uncover *(box, etc.)* ◊ **Лі́на ~є шкату́лку й виймає звідти біжуте́рію.** Lina opens the box and takes her jewelry out of it.
See **відкрива́ти 1**
pa. pple. **відчи́нений** opened, unlocked
відчиня́й! відчини́!

відчиня́|тися; відчини́тися, *intr.*
to open ◊ **Две́рі у спа́льню відчини́лися.** The bedroom door opened.
adv. **автомати́чно** automatically, **на́встіж** *and* **ши́роко** wide, **цілко́м** completely, **по́вністю** fully; **ле́две** barely, **наполови́ну** halfway ◊ **Вікно́ ~лося наполови́ну.** The window opened halfway. **тро́хи** a little; **безшу́мно** silently, **пові́льно** slowly, **ти́хо** quietly; **з гу́ркотом** with a bang; **випадко́во** accidentally; **ле́гко** easily
v. + **в. відмовля́тися** refuse to, **не хоті́ти** would not ◊ **Бра́ма не хо́че в.** The gate would not open. **почина́ти** begin to, **ста́ти** *pf.* start to ◊ **Тепе́р сейф став ле́гко в.** Now the safe started to open easily.
Cf. **відкрива́тися 1**

відчува́|ти, ~ють; відчу́|ти, ~ють, *tran.*
1 to feel, sense ◊ **Я нічо́го не ~ю.** I do not feel anything.
adv. **ра́птом** suddenly; **глибо́ко** deeply, **го́стро** acutely; **ле́две** hardly, **наси́лу** barely, **тро́хи** a little; **бо́лісно** painfully, **з бо́лем** with pain, **з шо́ком** with shock; **то́нко** keenly ◊ **Хома́ навчи́вся то́нко в. її на́стрій.** Khoma learned to keenly sense her mood.
в. + *n.* **в. вто́му** feel tired (**го́лод** hungry ◊ **Вона́ ~ла го́стрий го́лод.** She felt acutely hungry. **спра́гу** thirsty, **страх** fear ◊ **Іва́н відчува́в страх.** Ivan felt fear. **го́рдість** pride, **захо́плення** thrill, **ра́дість** joy; **біль** pain, **вину́** guilt, **жаль** pity, **со́ром** shame; **розчарува́ння** disappointment, **сум** sadness); ♦ **в. себе́** feel ◊ **Ірe̋на ~ла себе́ впе́внено за кермо́м.** Irena felt confident behind the wheel.
v. + **в. бу́ти прие́мно** + *D.* be pleasant to ◊ **Дем'я́нові прие́мно в. прису́тність однодý мців се́ред слухачі́в.** It is pleasant for Demian to feel the presence of like-minded people among his audience. **бу́ти схи́льним** be inclined to; **почина́ти** begin to, **ста́ти** *pf.* start; **перестава́ти** stop, **продо́вжувати** continue ◊ **Він яки́йсь час продо́вжував в. слa̋бість у колі́нах.** For some time, he continued feeling weakness in his knees.
Also see **чу́ти 3**. *Cf.* **почува́ти 1**
2 to sense, discern, recognize, realize ◊ **Га́ля відчу́ла, що сказа́ла щось не те.** Halia sensed she had said something wrong.
adv. **інтуї́ти́вно** intuitively ◊ **Ната́ля інтуї́ти́вно ~ла, що їй ка́жуть пра́вду.** Natalia intuitively sensed she was being told the truth. **незрозумі́лим чи́ном** incomprehensibly, **по́при все** despite everything, **я́кось** somehow
See **розумі́ти 1**
pa. pple. **відчу́тий** felt
відчува́й! відчу́й!

відчува́|тися; *no pf., intr.*
to be felt, be discernible, be sensed ◊ **У пові́трі ~вся го́стрий смо́рід гнили́зни.** A sharp stench of rot was discernible in the air.
adv. **вира́зно** distinctly ◊ **Се́ред уча́сників за́ходу вира́зно ~лася односта́йність.** Unanimity was distinctly felt among the participants of the event. **го́стро** sharply; **все ще** still, **да́лі** further, **іна́кше** differently, **як ра́ніше** as before
v. + **в. ста́ти** *pf.* start ◊ **Ста́ла в. підозрі́ла настано́ва господи́ні до цих люде́й.** The suspicious attitude of the hostess toward those people started being felt. **продо́вжувати** continue to, **перестава́ти** stop
Cf. **почува́тися 2**

відчу́женн|я, *nt., only sg.*
estrangement, alienation ◊ **У го́лосі по́други Ори́ся відчува́ла в.** Orysia sensed alienation in her (female) friend's voice.
adj. **ви́мушене** forced; **по́вне** utter, **цілкови́те** complete; **де́яке** *or* **пе́вне** certain, **частко́ве** partial; **все бі́льше** increasing ◊ **А́вторка пи́ше про все бі́льше в. вла́ди від наро́ду.** The (female) author writes about an increasing estrangement of the authorities from the people. **емоці́йне** emotional
v. + **в. відчува́ти в.** sense alienation (**зазнава́ти** experience, **перено́сити** suffer); **спричиня́тися до в.** cause alienation ◊ **Конфлі́кт спричини́вся до в. між полі́цією та грома́дою.** The conflict caused alienation between the police and the community.
prep. **в. від** + *G.* alienation from sb/sth; **в. між** + *I.* alienation between sb

відчу́|ти, *pf., see* **відчува́ти**
to feel, sense ◊ **Реве́ка не ~ла, як їй на плече́ впав паву́к.** Reveka did not feel a spider fall on her shoulder.

відчутт|я́, *nt.*
1 feeling, sense, sensation ◊ **Нерухо́мість виклика́є в. онімі́ння.** Stillness causes a sensation of numbness.
adj. **відчу́тне** palpable, **глибо́ке** deep, **го́стре** acute ◊ **Страйкарі́в мотиву́є го́стре в. соціа́льної несправедли́вости.** The strikers are driven by their acute awareness of social injustice. **нездола́нне** overwhelming, **поту́жне** powerful, **си́льне** strong; **вну́трішнє** inner; **чітке́** clear; **невира́зне** vague, **хистке́** shaky
в. + *n.* **в. відра́зи** a feeling of repugnance (**дежавю́** déjà vu, **обу́рення** indignation, **оги́ди** disgust; **го́рдости** pride, **задово́лення** content, **ра́дости** joy; **вага́ння** hesitation, **невпе́внености** uncertainty, **роздво́єности** ambivalence, **спантели́чення** confusion; **жа́ху** terror, **па́ніки** panic, **стра́ху́** fear, **триво́ги** anxiety; **загро́зи** threat, **небезпе́ки** danger; **несправедли́вости** injustice; **само́тности** loneliness; **співпережива́ння** empathy; **безпора́дности** helplessness, **пара́лічу** paralysis; **обра́зи** hurt, **прини́ження** humiliation)
v. + **в. втрача́ти в.** lose a feeling ◊ **У лаборато́рії вона́ поступо́во втра́тила в. відра́зи до щурі́в.** In the laboratory, she gradually lost her sense of repugnance toward rats. (**ма́ти** have; **заго́стрювати** sharpen ◊ **Жах від поже́жі загостри́в в. загро́зи у її жертв.** The terror of the fire has sharpened the sense of threat in its victims. **поси́лювати** heighten; **притýплювати** dull)
See **почуття́ 1**. *Also see* **чуття́ 1**
2 sense, consciousness, awareness ◊ **У поло́ні він утра́тив в. ча́су.** When in captivity, he lost awareness of time. ◊ **Її переслі́дує в. прису́тности в буди́нку ще кого́сь.** She is haunted by the consciousness of somebody else's presence in the building.
See **чуття́ 3**
3 perception, image ◊ **В. – це відобра́ження в мо́зку власти́востей лю́дського ото́чення.** Perception is the reflection of the human environment in the brain.
4 appreciation, knowledge ◊ **У робо́ті йому́ помага́є вро́джене в. краси́.** In his work, he is helped by his natural appreciation of beauty.
See **розумі́ння 1; чуття́ 3**

в|із, *m.*, **~о́за**
wagon *(usu four-wheeled and open)*, cart
adj. **важки́й** heavy; **поро́жній** empty; **запря́жений вола́ми** ox-drawn, **запря́жений кі́ньми** horse-drawn; **селя́нський** peasant; ♦ **Що з ~о́за впа́ло, те пропа́ло.** It's no use crying over spilt milk.
v. + **в. вантажи́ти в.** *or* **~о́за** load a wagon (**розванта́жувати** unload; **запряга́ти** + *I.* harness to *(a horse, etc.)* ◊ **Важко́го ~о́за запрягли́ вола́ми.** They harnessed the heavy wagon to oxen. **тягну́ти** pull; **вила́зити на** climb) ◊ **Вона́ ви́лізла на ~о́за.** She climbed the wagon. **зла́зити з ~о́за** climb off a wagon; **ї́хати ~о́зом** drive a wagon ◊ **Дід ї́здив ~о́зом.** The old man drove a wagon. **ї́хати на ~о́зі** ride in a wagon ◊ **На невели́кому ~о́зі ї́хало чоти́ри робі́тниці.** Four (female) workers were riding in a small wagon.
в. + *v.* **коти́тися** roll; **скрипі́ти** creak ◊ **Незма́щений в. го́лосно скрипі́в.** The ungreased wagon creaked loudly. **гримі́ти** rumble, **торохкота́ти** *colloq. and* **торохкоті́ти** clatter
prep. **на в.** *or* **~о́за** *dir.* on/onto a wagon ◊ **Він покла́в мішки́ на в.** *or* **~о́за.** He put the sacks onto the wagon. **на ~о́зі** *posn.* on a wagon; **під в.** *or* **~о́за** *dir.* under a wagon ◊ **Пес ліг під в.** *or* **~о́за.** The dog lay down under the wagon. **під ~о́зом** *posn.* under a wagon ◊ **Чолові́ки позасина́ли під ~о́зом.** The men fell asleep under the wagon.
Cf. **візо́к**

ві́з|а, *f.*
1 visa, visa stamp ◊ **В її па́спорті не лиша́лося мі́сця для віз.** There was no space left for visa stamps in her passport.
adj. **америка́нська** US, **кана́дська** Canadian, **шенге́нська** Schengen, *etc.*; **ділова́** business ◊ **Ділова́ в. не дозволя́ла Оле́ні вчи́тися в США.** Her business visa did not allow Olena to study in the U.S.A. **робо́ча** working, **туристи́чна** tourist, **студе́нтська** student, **тимчасо́ва** temporary; **обме́жена** limited, **п'ятирі́чна** five-year, **десятирі́чна** ten-year
v. + **в. ма́ти ~у** have a visa ◊ **Він має туристи́чну ~у.** He has a tourist visa. (**діставáти** obtain ◊ **Він діста́в ~у.** He has obtained the visa. **отри́мати** receive; **продо́вжувати** extend; **анулюва́ти** invalidate, **скасо́вувати** cancel) ◊ **~у скасува́ли пе́ред в'ї́здом до краї́ни.** The visa was canceled before her entry into the country.

візи́т, *m.*, **~у**
visit, call
adj. **держа́вний** state, **міністе́рський** ministerial, **офіці́йний** official, **президе́нтський** presidential, **робо́чий** working ◊ **Вона́ прибула́ до Ві́дня з коро́тким робо́чим ~ом.** She came to Vienna on a short working visit. **форма́льний** formal; **неформа́льний** informal; **закордо́нний** foreign ◊ **Пе́рший закордо́нний в. президе́нта був до Брюсе́лю.** The president's first foreign visit was to Brussels. **огля́довий** inspection, **ознайо́мчий** study; **осо́бистий** personal, **прива́тний** private; **коро́ткий** short, **швидки́й** quick; **до́вгий** long, **трива́лий** lengthy; **годи́нний** hour-long, **двогоди́нний** two-hour, **тригоди́нний** three-hour, *etc.*; **триде́нний** three-day, **семиде́нний** seven-day, *etc.*; **періоди́чний** periodic, **пості́йний** regular, **принаго́дний** occasional, **реґуля́рний** regular, **ча́стий** frequent; **щоде́нний** daily, **щотижне́вий** weekly, **щорі́чний** yearly; **нечa̋стий** infrequent, **рідки́й** rare; **повто́рний** repeat; **неоголо́шений** unannounced; **та́ємний** secret; **неочі́куваний** unexpected, **непередба́чений** unanticipated, **несподі́ваний** sudden; **неда́вній** *and* **нещода́вній** recent, **оста́нній** last, **попере́дній** previous; **гряду́щий** *poet.* forthcoming, **майбу́тній** upcoming, **насту́пний** next; **заплано́ваний** planned ◊ **Заплано́ваний в. протрива́в три годи́ни.** The planned visit lasted three hours. **неба́жаний** unwelcome ◊ **Іва́нів несподі́ваний в. був неба́жаним.** Ivan's sudden visit was unwelcome. **незабу́тній** unforgettable, **пам'я́тний** memorable

v. + **в. влаштовувати в.** arrange a visit (**організовувати** organize ◊ **В. групи буде організовувати приватна компанія.** A private company will be organizing the group's visit. **планувати** plan, **робити** make; **оголошувати** announce; **переносити** reschedule, **скасовувати** cancel; **продовжувати** extend ◊ **Делеґація продовжила в. ще на день.** The delegation extended its visit for another day. **переривати** interrupt ◊ **Землетрус перервав її в. до Чилі.** The earthquake interrupted her visit to Chile. **висвітлювати** cover) ◊ **Її в. докладно висвітлювали всі національні газети.** All the national papers covered her visit in detail. **приїжджати з ~ом** come on a visit ◊ **Прем'єр приїжджає з офіційним ~ом до Індії вперше.** The premier is coming on an official visit to India for the first time.

prep. **з ~ом** on a visit ◊ **Він перебуває в таборі з оглядовим ~ом.** He is in the camp on an inspection visit. **під час ~у** during a visit ◊ **Інцидент стався під час президентового ~у.** The incident occurred during the president's visit. **в. до** + *G.* a visit to/with sb/sth

Cf. **відвідини**

віз|óк, *m.*, ~кá

a cart, hand cart, pushcart ◊ **Олена взяла продуктовий в.** Olena got a shopping cart.

adj. **маленький** *dim.* small, **невеликий** small; **великий** big; **місткий** spacious; **продуктовий** shopping; **дерев'яний** wooden ◊ **Цеглу перевозили в дерев'яному ~кý.** They carried the bricks in a wooden cart. **залізний** iron, **металевий** metal, **пластмасовий** plastic; ♦ **одноколісний** a wheelbarrow, **двоколісний** two-wheel, **чотириколісний** four-wheel; **складний** folding; ◊ **баґажний в.** a luggage cart; ◊ **дитячий в.** a baby carriage; ♦ **інвалідний в.** a wheelchair ◊ **Настя користувалася інвалідним ~кóм.** Nastia used a wheelchair.

v. + **в. вантажити в.** *or* **~кá** load a cart (**штовхати** push; **брати** take, **купувати** buy); **виймати** + *A.* **з ~кá** take sb out of a cart ◊ **Він вийняв із ~кá продукти.** He took the groceries out of the cart. (**класти** + *A.* **до** put sb/sth into) ◊ **Вона поклала городину до ~кá.** She put the vegetables in the cart.

prep. **у в.** *dir.* in/to a cart; **у ~кý** *or* **~кóві** *posn.* in a cart

Also see **коляска 1.** *Cf.* **віз**

в|ійнá, *f.*

war, warfare

adj. **довга** long, **тривала** lengthy; **коротка** short; **виснажлива** exhausting ◊ **Вони готуються до виснажливої ~ійни.** They are preparing for an exhausting war. **кривава** bloody, **руйнівна** ruinous; **громадянська** civil; **ґлобальна** global ◊ **ґлобальна в. з бідністю** a global war on poverty; **світова** world ◊ **Друга світова в.** World War II; **тотальна** all-out; **холодна** cold ◊ **Аналітики заговорили про нову холодну ~ійну між Заходом та Росією.** Analysts started talking about a new cold war between the West and Russia. **релігійна** religious, **священна** holy; **неоголошена** undeclared, **неспровокована** unprovoked; **справедлива** just; ♦ **загарбницька в.** a war of aggression; ♦ **визвольна в.** a war of liberation; **безглузда** senseless; **брудна** dirty; **підставна** proxy, **суроґатна** surrogate; **імперіялістична** imperialist, **колоніяльна** colonial; **гібридна** hybrid ◊ **Головним діячем гібридної ~ійни став так званий «троль».** The so-called "troll" became the principal actor of the hybrid war. **інформаційна** information, **партизанська** guerrilla; **морська** naval, **повітряна** air; **атомна** atomic, **ядерна** nuclear; **біологічна** biological, **хемічна** chemical; **звичайна** regular, **конвенційна** conventional; **фальшива** phony; **обмежена** limited; **превентивна** preventative; **економічна** economic, **торгова** trade; **класова** class, **культурна** culture

n. + **в. ветеран** a war veteran ◊ **ветеран російсько-української ~ійни** a Russian-Ukrainian war veteran (**втрати** casualties, **жертва** victim, **інвалід** invalid; **герой** hero; **зона** zone; **період** period, **роки** years, **час** time; **трофеї** booty; **мета** aims, **план** plan) ◊ **докладний план ~ійни** a detailed war plan; **наслідки ~ійни** consequences of war ◊ **Ніхто не у стані передбачити наслідків цієї ~ійни на виснаження.** Nobody is in a position to foresee the consequences of this war of attrition. (**результати** aftermath; **оголошення** declaration; **початок** outbreak; **стан** state ◊ **Країна була у стані ~ійни.** The nation was in a state of war. **страхіття** horrors; **театр** theater) ◊ **На стіні висіла мапа театру ~ійни.** There was the theater of war map hanging on the wall.

v. + **в. вести** *and* **провадити ~ійну** wage a war ◊ **США вели в Афганістані підставну ~ійну.** The United States waged a proxy war in Afghanistan. (**вигравати** win; **програвати** lose ◊ **Здавалося, що Захід програє цю неоголошену ~ійну.** The West seemed to be losing the undeclared war. **відвертати** avert; **починати** *or* **розпочинати** start ◊ **Сталін намагався створити враження, наче фіни першими розпочали ~ійну.** Stalin tried to create the impression that the Finns had been the first to start the war. **оголошувати** declare; **провокувати** provoke; **вступати в** enter ◊ **Еспанія вступила у ~ійну на боці Німеччини.** Spain entered the war on the side of Germany. **грати у** play ◊ **Пилипко любив грати у ~ійну з хлопцями зі своєї околиці.** Pylypko liked to play war with the boys from his neighborhood. **йти на** go to) ◊ **Кожен п'ятий чоловік у місті пішов був на ~ійну.** Every fifth man in the city had gone to war. **уникати ~ійни** avoid a war (**призводити до** lead to, **спричинятися до** cause) ◊ **Такі дії могли спричинитися до торгової ~ійни.** Such actions could cause a trade war. **запобігати ~ійні** prevent a war ◊ **Він намагався запобігти безглуздій ~ійні.** He tried to prevent the senseless war. **бути зруйнованим ~ійною** be ruined by a war (**бути сплюндрованим** be ravaged by, **бути спустошеним** be devastated by) ◊ **Країна спустошена ~ійною.** The country is devastated by the war. **брати участь у ~ійні** take part in a war (**воювати в** fight ◊ **Швайцарія століттями не воювала у ~ійнах.** For centuries, Switzerland has not fought a war. **перемагати у** win, **програвати у** lose) ◊ **У цій ~ійні можна лише програти.** One can only lose this war.

в. + *v.* **вибухати** erupt ◊ **В. вибухла** *or* **вибухнула несподівано.** The war erupted unexpectedly. **починатися** start; **доходити кінця** come to an end, **закінчуватися** end; **поширюватися на** + *A.* spread to *(a place)*; **приходити** come ◊ **В. прийшла в кожну сім'ю.** The war came to every family. **загрожувати** + *D.* threaten sb ◊ **Европі загрожувала реальна в.** A real war was threatening Europe. **лютувати** rage ◊ **В. лютувала третій рік.** The war raged for the third year. **наближатися** approach; **продовжуватися** go on, **тривати** last, **тягнутися** drag on

prep. **на ~ійну** *dir.* to a war ◊ **Їх мобілізували на ~ійну в Афганістані.** They were mobilized to the war in Afghanistan. **на ~ійні** *posn.* in a war ◊ **Він загинув на ~ійні.** He perished in the war. **між ~ійнами** between wars ◊ **Це сталося між Першою і Другою світовими ~ійнами.** This occurred between the First and the Second World Wars. **у ~ійну** *dir.* during/into a war ◊ **Вона працювала на фабриці у ~ійну.** During the war, she worked at a factory. ◊ **вступ країни у ~ійну** the country's entry into the war; **у ~ійні** *posn.* in a war ◊ **Вони взяли участь у російсько-грузинській ~ійні.** They took part in the Russian-Georgian War. **в. за** + *A.* a war for sth; **в. з** + *I.* a war with sb/sth ◊ **в. із сильнішим ворогом** a war with a more powerful enemy; **в. між** + *I.* a war between sb; **в. на** + *L.* a war on sth ◊ **в. на боці Німеччини** a war on German side; **в. проти** + *G.* a war against sb/sth ◊ **тотальна в. проти СНІДу** an all-out war against AIDS

N. pl. **~ійни**, *G. pl.* **~óєн** *and* **~ійн**

Cf. **битва, бій**

військóв|ий, *adj.*

1 military, army, martial

в. + *n.* **в. аташе** a military attaché (**госпіталь** hospital; **літак** aircraft, **транспорт** transportation; **обов'язок** duty; **одяг** dress; **округ** district ◊ **Київський в. округ** the Kyiv Military District; **потяг** train; **ранґ** rank; ♦ **в. трибунал** a court martial; **~а дисципліна** military discipline (**оркестра** orchestra; **публікація** publication; **служба** service; **співпраця** cooperation); **~е будівництво** a military construction (**мистецтво** art; **спорядження** equipment; **судно** vessel); **~і навчання** military exercises

Cf. **воєнний.** *Ant.* **цивільний 2**

2 *as n., only m. and f.* military person ◊ **Протягом шести поколінь кожен чоловік у родині був ~им.** For six generations, every male in the family was in the military. ◊ **Владу в країні захопили ~і.** The military seized the power in the country.

Ant. **цивільний 5**

ві|к, *m.*, ~у

1 *only sg.* age ♦ **громадянин похилого ~ку** a senior citizen

adj. **дитячий** child's, **молодий** young, **юний** tender ◊ **Її юний в. не викликав довіри в начальника.** Her tender age did not inspire her boss' confidence. **зрілий** ripe, **середній** middle; **літній** advanced, **поважний** venerable ◊ **пан поважного ~ку** a gentleman of venerable age; **похилий** senior, **старий** old ◊ **Хома сповільнюється у старому ~ці.** Khoma does not slow down in his old age. **пенсійний** retirement; **шкільний** school

v. + **в. визначати в.** determine sb's age ◊ **Ніхто не міг визначити його в.** Nobody could determine his age. (**встановлювати** establish; **приховувати** conceal; **продовжувати** extend; **проживати** live; **виглядати на** look ◊ **Пан А. виглядає на свій в.** Mr. A. looks his age. **поводитися на** act ◊ **Оля поводилася не на свій в.** Olia did not act her age. **вдягатися на** dress) ◊ **Пан Р. не вдягається на свій в.** Mr. R. does not dress his age. **досягати ~ку** reach the age ◊ **Його мати досягнула сторічного ~ку.** His mother reached the age of one hundred. ♦ **В. живи – в. учись.** It is never too late to learn.

prep. **для ~ку** for sb's age ◊ **Пан Ілленко навдивовижу енергійний для свого ~ку.** Mr. Illienko is amazingly vigorous for his age. ♦ **у розквіті ~ку** in the prime of one's life; ♦ **довіку** all life long, for as long as one lives ◊ **Я буду вдячний вам до ~ку.** I will be grateful to you for as long as I live. **на ~ку** *or* **~ці** in one's lifetime ◊ **Вона побувала в багатьох країнах на своєму ~кý.** She visited many countries in her lifetime. **у ~ці** *or* **~кý** + *G.* at an age of ◊ **Побачимо, що ти думатимеш про це у її ~ці.** Let's see what you think about it at her age.

Also see **рік 2**

2 epoch, period, age, era

adj. **атомний** atomic ◊ **початок атомного ~ку** the beginning of the Atomic Age; **ядерний** nuclear; **геологічний** geological, **інформаційний** information, **комп'ютерний** computer; ♦ **Середні ~ки** the Middle Ages ◊ **У Середні ~ки місто занепало.** The city suffered a decline in the Middle Ages.

See **доба 3, період 1.** *Also see* **рік 3**

3 century ◊ **У двадцятому ~ці відбулося дві**

світові війни́. Two world wars occurred in the twentieth century.
See **століття 1**
4 *fig.* ages, eternity ◊ **Годи́на очі́кування здала́ся Марії ~ком.** An hour of waiting seemed ages to Maria. ♦ **на ~ки ві́чні** for ever and ever
5 *as adv.* long, forever ◊ **Тама́ра в. пам'ята́тиме цю люди́ну.** Tamara will forever remember this person.
See **до́вго, за́вжди́**

вік|но́, *nt.*
window, window pane
adj. **вели́ке** big, **величе́зне** huge, **висо́ке** tall, **панора́мне** panoramic, **широ́ке** wide; **вузе́ньке** *dim.* narrow, **вузьке́** narrow, **кри́хітне** tiny, **мале́** small, **мале́ньке** *dim.* small ◊ **В. таке́ мале́ньке, що в нього ле́две мо́жна проли́зти.** The window is so small that one can barely get through it. **невели́ке** small, **низьке́** low; **ви́бите** broken, **розби́те** shattered, **розтро́щене** smashed, **трі́снуте** cracked; **відкри́те** *and* **відчи́нене** open ◊ **В. кабіне́ту відчи́нене на́встіж.** The study window is wide open. **відімкнене** unlocked; **закри́те** *and* **зачи́нене** closed, **за́мкнене** locked ◊ **В. не про́сто зачи́нене, а за́мкнене.** The window is not simply closed but locked. **брудне́** dirty, **у патьо́ках** rain-streaked ◊ **Все в. в патьо́ках.** The window is all rain-streaked. **заку́рене** *and* **запоро́шене** dusty; **покри́те і́неєм** frosted, **спітні́ле** steamed-up; **чи́сте** clean; **балко́нне** balcony ◊ **Вона́ повісила што́ри на балко́нне в.** She hung curtains on the balcony window. **кухо́нне** kitchen, **підва́льне** basement ◊ **Усі підва́льні ~на забі́ті до́шками.** All the basement windows are boarded over. **бокове́** side, **за́днє** *or* **ти́льне** rear, **пере́днє** *or* **фронтове́** front; **лі́ве** left, **пра́ве** right; **водíйське** driver's, **пасажи́рське** passenger; **пла́стикове** plastic, **скляне́** glass; **броньо́ване** armored, **куленепробивне́** bullet-proof
в. + n. **в. автомобі́ля** a car window ◊ **заку́рене в. автомобі́ля** the dusty car window (**ваго́на** carriage, **по́тяга** train; **ва́нної** bathroom, **віта́льні** living room, **гори́ща** attic, **пе́ршого по́верху** first-floor, **спа́льні** bedroom) ◊ **~на спа́льні зачи́нені.** The bedroom windows are closed. ♦ **в. можли́вости** *fig.* a window of opportunity ◊ **Відкри́лося в. можли́вости прийня́ти нове́ законода́вство.** A window of opportunity opened to adopt a new legislation.
n. + **в. висота́ ~на́** the height of a window (**ро́змір** size, **товщина́** thickness, **ширина́** width; **ра́ма** frame) ◊ **Ра́ми ~он пофарбува́ли черво́ним ко́льором.** The window frames were painted red.
v. + **в. відчиня́ти в.** open a window ◊ **Він відчини́в в.** He opened the window. (**відмика́ти** unlock, **розча́хувати** fling open, **опуска́ти** roll down ◊ **Марко́ опусти́в в., щоб провітрити авті́вку.** Marko rolled down the window to air the car. **зачиня́ти** shut, **замика́ти** lock, **вставля́ти** install ◊ **На балко́ні вста́влять нові ~на.** New windows will be installed on the balcony. **заміня́ти** replace ◊ **Усі скляні́ ~на замінили пла́стиковими.** All the glass windows were replaced by plastic ones. **ми́ти** wash, **чи́стити** clean; **розбива́ти** break, **трощи́ти** smash; **вдивля́тися в** peer in/through, **диви́тися в** look through ◊ **Ва́ля диви́лася у в.** Valia looked through the window. **сту́кати у** knock on) ◊ **Хтось тихе́нько посту́кав у в.** Somebody knocked quietly on the window. **визира́ти з ~на́** glance out (of) a window ◊ **Вона́ ви́зирнула з ~на́.** She glanced out (of) the window. (**виставля́ти го́лову з** stick one's head out of ◊ **Він ви́ставив го́лову з ~на́.** He stuck his head out of the window. **вихиля́тися з** lean out of; **ба́чити + A. з** see sth out of, **диви́тися з** look out (of) ◊ **Вона́ диви́лася на хло́пця з ~на́ авті́вки.** She was looking at the boy out of the car window.
в. + v. **відчиня́тися** open, **відмика́тися** unlock ◊ **В. не хоті́ло відмика́тися.** The window would not unlock. **розча́хуватися** fling open ◊ **В. розчахну́лося від пори́ву ві́тру.** The window flung open with a wind gust. **зачиня́тися** close ◊ **~на ле́гко відчиня́лися і зачиня́лися.** The windows easily opened and closed. **замика́тися** lock; **розбива́тися** break; **блища́ти** gleam, **світи́тися** glow ◊ **~на шко́ли яскра́во світи́лися в те́мряві но́чі.** The school windows glowed brightly in the dark of the night. **ся́яти** shine; **бряжча́ти** *and* **брязкоті́ти** rattle ◊ **Щора́зу, як прохо́див поїзд, ~на в буди́нку бряжча́ли.** Every time a train passed, the windows in the building would rattle. **пітні́ти** steam up ◊ **~на маши́ни спітні́ли.** The car windows steamed up. **вихо́дити на** look out on sth ◊ **Її в. вихо́дить на дити́нець готе́лю.** Her window looks out on the hotel patio.
prep. **бі́ля ~на́** at/by a window ◊ **Вона́ пішла́ й ста́ла бі́ля ~на́.** She went and stood at the window. **з ~на́** out (of) a window ◊ **Час від ча́су Павло́ диви́вся з ~на́ на о́брій.** From time to time, Pavlo looked at the horizon out (of) the window. **за ~но́м** behind the window, *fig.* outside ◊ **За ~но́м лютува́в шторм.** A storm raged outside. **під ~но́м** by/under a window ◊ **Під ~но́м віта́льні росте́ бузо́к.** There is lilac growing under the livingroom window. **у в.** *dir.* in/to/through a window; **у ~ні́** *posn.* in a window ◊ **У ~нах її поме́шкання було́ те́мно.** It was dark in her apartment windows.

ві́льн|ий, *adj.*
1 free, independent, unconstrained ◊ **Вони́ живу́ть у ~ій краї́ні.** They are living in a free country. ◊ **Він культиву́є у студе́нтів ~е ми́слення.** He cultivates free thinking in his students.
adj. **відно́сно** relatively, **порі́вняно** comparatively ◊ **порі́вняно ~е пересува́ння краї́ною** comparatively free movement around the country; **ма́йже** almost; **абсолю́тно** absolutely ◊ **люди́на абсолю́тно ~ого ду́ху** a person of an absolutely free spirit; **геть** totally, **по́вністю** fully, **цілко́м** completely ◊ **Він – цілко́м ~а люди́на.** He is a completely free man. ♦ **в. слуха́ч** *(at university)* an auditor
v. + **в. бу́ти ~им** be free ◊ **Вона́ була́ ~ою у свої́х рі́шеннях.** She was free in her decisions. (**вважа́ти + A.** consider sb; **виявля́тися** turn out; **здава́тися + D.** seem to sb; **лиша́тися** remain; **оголо́шувати + A.** declare sb; **става́ти** become)
prep. **в. в + L.** free in sth
Also see **дові́льний 1, звільнений 2, самості́йний**
2 free, not busy; vacant, unoccupied
adj. **абсолю́тно** absolutely, **геть** totally, **по́вністю** fully ◊ **У субо́ту Марко́ бу́де по́вністю ~им.** On Saturday, Marko will be fully free. **цілко́м** completely; **весь час** all the time, **наре́шті** finally, **пості́йно** constantly, **и́ноді** sometimes, **рі́дко** rarely
v. + **в. бу́ти ~им** be vacant ◊ **Його́ улю́блена кімна́та в готе́лі була́ ~ою.** His favorite room in the hotel was vacant. (**виявля́тися** turn out ◊ **У деся́тому ря́ді чоти́ри мі́сця ви́явилися ~ими.** Four seats in the tenth row turned out to be vacant. **здава́тися + D.** seem to sb; **лиша́тися** remain; **сиді́ти** sit, **стоя́ти** stand, **става́ти** become)
prep. **в. від + G.** free from sth
Also see **вака́нтний**
3 loose *(of clothes)*
adv. **де́що** somewhat ◊ **Штани́ де́що ~і в та́лії.** The pants are somewhat loose at the waist. **до́сить** fairly, **тро́хи** a little; **на́дто** too, **цілко́м** completely; **ви́гідно** comfortably
в. + n. **в. ко́мір** a loose collar (**костю́м** suit, **о́дяг** clothes); **~а соро́чка** a loose shirt (**спідни́ця** shirt, **су́кня** dress) ◊ **Крамни́ця пропонува́ла асортиме́нт ~их су́конь для ва́гітних жіно́к.** The store offered an assortment of loose dresses for pregnant women.
v. + **в. бу́ти ~им** be loose (**виявля́тися** turn out; **здава́тися + D.** seem to sb, **лиша́тися** remain; **роби́ти + A.** make sb ◊ **Краве́ць зроби́в соро́чку ви́гідно ~ою.** The tailor made the shirt conveniently loose. **става́ти** become)
Also see **широ́кий 2.** *Ant.* **тісни́й 2**

ві́льно, *adv., pred.*
1 *adv.* freely, fluently
adv. **відно́сно** relatively, **ма́йже** almost, **геть** totally, **цілко́м** completely ◊ **Він цілко́м в. розмовля́є по́льською.** He speaks Polish quite fluently. **особли́во** particularly
2 *pred.* free + *D.* ◊ **Дани́лові тепе́р в. і ве́село.** Danylo feels free and merry now.
3 *pred.* allowed + *D.* ◊ **Не ко́жному працівнико́ві в. працюва́ти в архі́ві.** Not every associate is allowed to work in the archive.

ві́р|а, *f.*
1 faith, trust, credence
adj. **абсолю́тна** absolute ◊ **Петро́ мав абсолю́тну ~у у вла́сні можли́вості.** Petro had an absolute faith in his own capacities. **вели́ка** great, **величе́зна** enormous, **глибо́ка** deep ◊ **Її глибо́ка в. у люди́ну лише́ зміцни́лася.** Her deep faith in the human being only strengthened. **дивови́жна** amazing, **міцна́** strong, **незмі́нна** abiding, **несхи́тна** unshakable, **по́вна** complete, **пості́йна** constant; **сліпа́** blind ◊ **Тоталіта́рна ідеоло́гія вимага́ла від послідо́вників сліпо́ї ~и.** Totalitarian ideology required blind faith from its followers. **і́стинна** *or* **щи́ра** genuine, **правди́ва** *and* **спра́вжня** true; **новозна́йдена** newly-found ◊ **В оча́х вояків ви́дно новозна́йдену ~у в команди́ра.** In the soldiers' eyes, one can see a newly-found faith in their commander. **поно́влена** renewed; **акти́вна** active; **звору́шлива** touching; **грома́дська** public ◊ **Прокуро́р обіця́в віднови́ти грома́дську ~у в систе́му правосу́ддя в мі́сті.** The prosecutor pledged to restore public faith in the city's justice system. **особи́ста** personal; **про́ста́** simple
n. + **в. брак ~и** lack of faith (**си́ла** power)
v. + **в. висло́влювати ~у** express faith ◊ **Кома́ндувач ви́словив ~у в їхню ві́дданість.** The commander expressed his faith in their loyalty. (**виявля́ти** show, **ма́ти** have; **відно́влювати** restore, **відро́джувати** renew, **віднахо́дити** regain; **вселя́ти** inspire ◊ **Така́ послідо́вність вселя́ла ~у.** Such consistency inspired trust. **зберіга́ти** retain; ♦ **йня́ти + D. ~у** to believe sb/sth, give credence to sb/sth ◊ **Рані́ше він ле́гко йняв ~у вся́ким неймові́рним істо́ріям.** Earlier, he easily gave credence to various incredible stories. **поділя́ти** share; **втрача́ти** lose ◊ **Вона́ втрача́є ~у у спра́ву свого́ життя́.** She is losing faith in the cause of her life. **зни́щувати** destroy, **підрива́ти** undermine, **похитну́ти** *pf.* shake) ◊ **Ніхто́ не мо́же похитну́ти його́ ~у в добро́ту люди́ни.** Nobody can shake his faith in the goodness of man. **бракува́ти ~и + D.** lack faith ◊ **Їм бракува́ло ~и в перемо́гу.** They lacked faith in victory. ♦ **не йня́ти ~и + D.** to disbelieve sb/sth ◊ **Він не йняв ~и цим до́казам.** He disbelieved this evidence. ♦ **не йня́тися + D. ~и** *impers.* sb cannot believe ◊ **Оле́гові не йме́ться ~и, що він учи́тиметься в ціє́ї професо́рки.** Oleh cannot believe he will study with this (female) professor.
prep. **без ~и** without faith, **з ~ою** with faith ◊ **Вони́ стара́лися з ~ою в се́рці.** They exerted themselves with faith in their hearts. **в. в + A.** faith in sb/sth
Also see **перекона́ння**
2 religion, belief, faith
adj. **глибо́ка** deep, **жива́** living; **світова́** world; **фанати́чна** fanatical; **будді́йська** Buddhist,

гре́ко-католи́цька Greek Catholic, **католи́цька** Catholic, **мусульма́нська** Muslim, **правосла́вна** Christian Orthodox, **християнська** Christian, **юде́йська** Jewish, **язи́чницька** pagan
v. + **в. передава́ти ~у** pass on a faith (**поши́рювати** spread, **пропові́дувати** preach, **спові́дувати** profess ◊ **Вони́ спові́дують живу́ ~у.** They profess a living faith. **підрива́ти** undermine ◊ **Ніщо́ не могло́ підірва́ти його́ глибо́ку ~у.** Nothing could undermine his deep faith. **хита́ти** shake; **поси́лювати** strengthen); **навча́ти** + *A.* **~і** teach sb a faith ◊ **Бабу́ся навча́ла діте́й християнській ~і.** Grandma taught the children Christian faith.
prep. **в. в** + *A.* faith in sth ◊ **в. у ві́чне життя́** a faith in eternal life
See **релі́гія**. *Also see* **це́рква 2**

ві́р|ити, ~ять; по~, *intr.*

1 to believe, give credence to, trust, have confidence in + *D.* ◊ **Я не ~ю йому́.** I don't believe him.
adv. **гаряче́** fervently ◊ **Бори́с гаряче́ ~ив ко́жному її́ сло́ву.** Borys fervently believed her every word. **глибо́ко** deeply, **при́страсно** passionately, **тве́рдо** firmly, **напра́вду** for real, **спра́вді** really ◊ **Чи він спра́вді ~ить у ду́хів?** Does he really believe in spirits? **че́сно** honestly, **щи́ро** sincerely; **ле́гко** easily, **наї́вно** naively; **одра́зу** immediately, **за́раз же** right away; **за́вжди́** always; **геть** totally, **по́вністю** fully, **ціл́ко́м** completely; **серйо́зно** seriously; **до́вго** long; **наре́шті** finally; **неохо́че** reluctantly; **пра́вильно** correctly; **непра́вильно** incorrectly, **поми́лко́во** mistakenly, **хи́бно** falsely; ♦ **в.** + *D.* **на сло́во** to take sb at their word ◊ **Не слід в. цій люди́ні на сло́во.** You should not take this person at her word. ♦ **не в. вла́сним оча́м** not to believe one's own eyes; ♦ **не в. вла́сним ву́хам** not to believe one's own ears
v. + **в. бу́ти ва́жко** + *D.* be difficult to ◊ **Судді́ ва́жко по~ таки́м непереко́нливим арґуме́нтам.** It is difficult for the judge to give credence to such unconvincing reasoning. **бу́ти гото́вим** be ready ◊ **Степа́н був гото́вий по~ йому́.** Stepan was ready to give him credence. **бу́ти пови́нним** be obliged, **бу́ти схи́льним** be inclined to; **ма́ти підста́ви** have grounds to, **ма́ти причи́ни** have reasons to ◊ **Полі́ція має причи́ни в. свідко́ві.** The police have reasons to believe the witness. **хоті́ти** want to; **відмовля́тися** refuse to ◊ **Кили́на відмовля́лася в. вла́сним оча́м.** Kylyna refused to believe her own eyes. **не могти́** cannot
prep. **в. в** + *A.* believe in sb/sth
Also see **йня́ти, йня́тися**
2 to believe *(in god, etc.)*
adv. **гаряче́** fervently ◊ **Він гаряче́ ~ив.** He was a ferventl believer. **глибо́ко** deeply, **і́стинно** truly, **при́страсно** passionately; **несхи́тно** unwaveringly, **фанати́чно** fanatically, *etc.*
prep. **в. в** + *A.* believe in sb/sth ◊ **Він ві́рив у відьо́м.** He believed in witches.
Also see **визнава́ти 3**
3 to believe, be sure of, be convinced in, think ◊ **Богда́на ~ила, що цей день при́йде́.** Bohdana believed this day would come.
adv. **гаряче** fervently, **глибо́ко** deeply, **і́стинно** truly, **при́страсно** passionately, **тве́рдо** firmly, **напра́вду** genuinely, **спра́вді** really ◊ **Бага́то люде́й спра́вді ~ять, що це вну́трішній конфлі́кт.** Many people really believe this is an internal conflict. **за́вжди́** always; **ле́гко** easily; **ціл́ко́м** completely; **серйо́зно** seriously; **до́вго** long ◊ **Він до́вго ~ив, що живе́ у справедли́вому суспі́льстві.** He had long thought that he lived in a just society. **наре́шті** finally; **неохо́че** reluctantly; **пра́вильно** correctly; **наї́вно** naively, **непра́вильно** incorrectly, **поми́лко́во** mistakenly, **хи́бно** falsely
v. + **в. бу́ти ва́жко** + *D.* be hard to ◊ **Іва́нові ва́жко по~, що все щасли́во закі́нчи́лося.** It is hard for Ivan to believe that everything ended happily. **бу́ти гото́вим** be ready to
See **ду́мати 1.** *Also see* **вважа́ти 2, знахо́дити 2 (по)ві́р!**

ві́ри|тися, *intr.*

only impers., impf., 3rd pers. sg. to believe, can believe, give credence + *D.* ◊ **Іва́нові не ~лося, що він наре́шті вдо́ма.** Ivan could not believe he was finally home.
adv. **ду́же** very much ◊ **Іва́нні ду́же ~ться, що її́ прое́кт нале́жно оці́нять.** Ivanna very much believes that her project will be properly appreciated. **охо́че** willingly; **ле́две** hardly, **ма́ло** barely, **неохо́че** reluctantly ◊ **О́льзі неохо́че ~лося в його́ запе́внення.** Olha was reluctant to give credence to his assurances.
Also see **йня́тися**

ві́рн|ий, *adj.*

1 faithful, loyal, true + *D.* ◊ **Ко́жен активі́ст дав обі́ця́нку бу́ти ~им спра́ві.** Each activist took an oath of being faithful to their cause.
adv. **абсолю́тно** absolutely, **в усьо́му** in everything, **до кінця́** to the end, **ду́же** very; **за́вжди́** always, **непохи́тно** *or* **несхи́тно** unwaveringly, **спра́вді** truly, **ціл́ко́м** completely
v. + **в. бу́ти ~им** be faithful ◊ **Вони́ ~і фахові́й ети́ці.** They are true to their professional ethics. (**виявля́тися** turn out, **здава́тися** + *D.* seem to sb, **лиша́тися** remain ◊ **Со́рок ро́ків вона́ лиша́ється ~ою покли́канню.** For forty years, she has remained true to her calling. **става́ти** become) ◊ **в. друг** a trusted friend; ♦ **бу́ти** *and* **лиша́тися ~им своє́му сло́ву** to be *and* remain true to one's word; ♦ **бу́ти** *and* **лиша́тися ~им собі́** to be *and* remain true to oneself
Also see **ві́дданий 1, серде́чний 3, щи́рий 3.** *Ant.* **зрадли́вий 1, неві́рний**
2 certain, assured ◊ **Нака́з прирі́ка́в їх на ~у смерть.** The order doomed them to certain death.
3 *as n.* faithful ◊ **~і моско́вської це́ркви ма́сово перехо́дили до Украї́нської правосла́вної це́ркви.** The faithful of the Moscow church were switching over to the Ukrainian Orthodox Church en masse.

ві́рн|ість, *f.*, **~ости**, *only sg.*

loyalty, fidelity, faithfulness, allegiance + *D.*
adj. **абсолю́тна** absolute, **безпере́чна** indisputable, **вели́ка** great, **величе́зна** enormous, **звору́шлива** touching, **неподі́льна** undivided, **непохи́тна** *or* **несхи́тна** unwavering, **спра́вжня** true, **ціл́кови́та** complete; **духо́вна** spiritual, **ідеологі́чна** ideological, **політи́чна** political; **сині́вська** filial, **подру́жня** marital; **сліпа́** blind, **фанати́чна** fanatical
v. + **в. виявля́ти в.** show loyalty ◊ **Чене́ць має виявля́ти в. кано́нам сво́го о́рдену.** A monk is to show loyalty to his order's canons. (**демонструва́ти** demonstrate, **зберіга́ти** retain, **здобува́ти** gain ◊ **Молоди́й команди́р здобу́в пова́гу і в. свої́х вояків.** The young commander gained his soldiers' respect and loyalty. **втрача́ти** lose, **підрива́ти** undermine); **вимага́ти ~ости** require loyalty ◊ **Її́ покли́кання вимага́є ~ости бу́кві і духо́ві зако́ну.** Her vocation requires allegiance to the letter and spirit of the law.
Ant. **зрадли́вість**

ві́рус, *m.*, **~у**

virus
adj. **лета́льний** lethal, **смерте́льний** deadly; **небезпе́чний** dangerous; **віруле́нтний** virulent; **зара́зний** infectious, **паску́дний** *colloq.* nasty, **токси́чний** toxic; **живи́й** live; **комп'ю́терний** computer; **нови́й** new
в. + *n.* **в. гепати́ту** hepatitis virus (**гри́пу** flu, **Ебо́ли** Ebola, **імунодефіци́ту люди́ни** human immunodeficiency, **ко́ру** measles, **сви́нки** mumps, *etc.*; **ВІЛ** HIV); ♦ **коронаві́рус** coronavirus
n. + **в. варія́нт ~у** a virus variant (**штам** strain ◊ **англі́йський штам ~у** the UK virus strain; **мута́ція** mutation; **поши́рення** spread)
v. + **в. виявля́ти в.** discover a virus (**ідентифі́кува́ти** identify ◊ **Нови́й в. ідентифі́кува́ли як віруле́нтний.** The new virus was identified as virulent. **ізолюва́ти** isolate; **передава́ти** + *D.* pass on to sb ◊ **За цих умо́в в. ле́гко переда́ти здоро́вому органі́змові.** Under these conditions, it is easy to pass the virus on to a healthy body. **дістава́ти** get, **підхопи́ти** *colloq.* catch ◊ **Вона́ підхопи́ла в. гри́пу вдру́ге цьогорі́ч.** She caught the flu virus for the second time this year. **поши́рювати** spread); **боро́тися з ~ом** fight a virus (**заража́тися** get infected with) ◊ **Він зарази́вся ~ом сви́нки.** He got infected with the mumps virus.
в. + *v.* **атакува́ти** + *A.* attack sb/sth ◊ **В.атаку́є мо́зок.** The virus attacks the brain. **вбива́ти** + *A.* kill sb, **заража́ти** + *A.* infect sb; **зазнава́ти мута́ції** mutate ◊ **В. зазнає́ мута́ції і стає відпі́рним до пеніцилі́ни.** The virus mutates and becomes resistant to penicillin. **поши́рюватися на** + *A.* spread to sth ◊ **В. поши́рився на леге́ні.** The virus spread to the lungs. **репродукува́тися** replicate ◊ **Завдяки́ медикаменто́зному кокте́йлеві в. не репродуку́ється.** Thanks to the drug cocktail, the virus does not replicate.
Also see **грип.** *Cf.* **бактері́я**

вірш, *m.*, **~а**

poem, verse
adj. **автобіографі́чний** autobiographical, **анонімний** anonymous; **ви́шуканий** refined, **га́рний** beautiful, **до́брий** good, **хоро́ший** fine; **глибо́кий** deep, **філосо́фський** philosophical; **вели́кий** big, **до́вгий** long; **коро́ткий** short; **відо́мий** *and* **зна́ний** well-known, **популя́рний** popular, **славе́тний** famous; **ви́браний** selected ◊ **збі́рка ви́браних ~ів** a collection of selected poems; **драмати́чний** dramatic, **епі́чний** epic, **ліри́чний** lyrical, **любо́вний** love, **нарати́вний** narrative; **гумористи́чний** humorous, **сатири́чний** satirical; **прозо́вий** prose
v. + **в. аналізува́ти в.** analyze a poem ◊ **Вона́ ціка́во аналізу́є декаде́нтські ~і Франка́.** She does an interesting analysis of Franko's decadent poems. (**декламува́ти** recite ◊ **Він деклам́ує ~і Руда́нського.** He recites Rudansky's poems. **чита́ти** read; **переклада́ти** translate; **тлума́чити** interpret; **писа́ти** write, **склада́ти** compose; **присвя́чувати** + *D.* dedicate to sb/sth ◊ **Він присвяти́в в. дру́гові.** He dedicated the verse to his friend. **надиха́ти** + *A.* **писа́ти** inspire sb to write ◊ **По́дорож надихну́ла її́ написа́ти два ~і.** The journey inspired her to write two poems. **вчи́ти напа́м'ять** learn by heart, **зна́ти напа́м'ять** know by heart; **публікува́ти** publish) ◊ **Він опублікува́в в. у студе́нтській збі́рці.** He published the poem in a student collection.
prep. **у ~і** in a poem ◊ **У ~і нема́є ри́ми.** There is no rhyme in the poem. **в. про** + *A.* a poem about sb/sth ◊ **в. про заборо́нене коха́ння** a poem about a forbidden love
Also see **ду́ма 1, поéзія 3, поéма 1**

віта́н|ня, *nt.*, *often in pl.*

1 greeting, hello, salutation
adj. **гу́чне** loud, **дру́жнє** friendly ◊ **Вона́ отри́мала дру́жні в. із Коломи́ї.** She received friendly greetings from Kolomyia. **ра́дісне** happy, **че́мне** polite; **неохо́че** reluctant ◊ **Іва́нові ста́ло ні́яково від тако́го неохо́чого в.** Ivan felt ill at ease from such a reluctant greeting. **пону́ре** grim, **похму́ре** gloomy
v. + **в. обмі́нюватися ~нями** exchange greetings ◊ **Зайшо́вши до о́фісу, вона́**

обміня́лася ~ня́ми зі співпрацівника́ми. Having entered the office, she exchanged greetings with her coworkers.
Also see **приві́т 1**
2 regards, best wishes, congratulation, greetings
adj. **різдвя́ні** Christmas ◊ **Тепе́р різдвя́ні в. пересила́ють мере́жею.** Now Christmas greetings are sent via the Internet. **новорі́чні** New Year, **велико́дні** Easter, **святко́ві** holiday, **народи́нні** *or* **уроди́нні** birthday ◊ **Він став отри́мувати народи́нні в.** He started receiving birthday greetings.
v. + **в. передава́ти** + *D.* **в.** extend greetings to sb (**перека́зувати** *and* **посила́ти** send ◊ **Перека́зуйте в. молодя́там.** Give my regards to the newlyweds. **дістава́ти** get, **отри́мувати** receive, **прийма́ти** accept; **відповіда́ти на** respond to) ◊ **Вона́ не ма́є ча́су відпові́сти́ на в.** She has no time to respond to the greetings.
prep. **в. від** + *G.* a greeting from sb ◊ **в. від дру́зів і роди́ни** greetings from friends and family; **в. з** + *I.* a greeting on *(occasion)* ◊ **Він посла́в Йо́сипові в. з народи́нами.** He sent Yosyp birthday greetings.
Also see **поздоро́влення, приві́т, привіта́ння**

віта́|ти, ~ють; при~, *tran.*

1 to greet, welcome, salute
adv. **ве́село** cheerfully, **приві́тно** amicably, **ра́дісно** joyfully, **серде́чно** cordially, **те́пло** warmly ◊ **Ма́рта те́пло привіта́ла сусі́да.** Marta greeted her neighbor warmly. **неохо́че** reluctantly, **прохоло́дно** coolly, **хо́лодно** coldly; **за́вжди́** always, **незмі́нно** invariably, **обов'язко́во** definitely; **ні́коли не** never
v. + **в.ква́питися** *and* **спіши́ти** be in a hurry to ◊ **Він ква́пився при~ Андрі́я.** He was in a hurry to greet Andrii. **поча́ти** begin to, **ста́ти** *pf.* start, **дава́й** *colloq.* set about ◊ **Лев дава́й в. її з дося́гненнями.** Lev set about greeting her on her achievements. **забува́ти** forget to
Also see **зустріча́ти 2**
2 to congratulate
adv. **від усьо́го се́рця** with all one's heart, **ра́дісно** joyfully, **серде́чно** cordially, **щи́ро** sincerely; **неохо́че** grudgingly ◊ **Оста́п неохо́че привіта́в її з пере́могою.** Ostap grudgingly greeted her on her victory. **похму́ро** gloomily
prep. **в. з** + *I.* congratulate on sth
no pa. pple. **поздоро́влений** congratulated *is used instead*
(при)віта́й!
See **поздоровля́ти**

ві́т|ер, *m.*, ~ру

wind
adj. **буре́мний** storm-force, **гура́ганний** hurricane, **си́льний** strong, **скаже́ний** *and* **шале́ний** ferocious, **шква́льний** gale-force, **штормови́й** stormy; **пори́вчастий** gusty; **леге́нький** *dim.* light, **легки́й** light, **помі́рний** moderate; **гаря́чий** hot, **те́плий** warm ◊ **Те́плий в. із пі́вдня розтопи́в сніг.** A warm wind from the south melted the snow. **зи́мний** *colloq.* cold, **крижани́й** icy, **лю́тий** fierce, **моро́зний** freezing, **прони́зливий** piercing, **прохоло́дний** cool, **холо́дний** cold; **бокови́й** side, ♦ **зустрі́чний в.** headwind, **пого́жий** good, **попу́тний** fair, tail ♦ **Попу́тного (вам) ~ру!** Fair winds and following seas (to you)! **сприя́тливий** favorable; **несприя́тливий** unfavorable, **супроти́вний** adverse; **зимо́вий** winter, **осі́нній** fall, *etc.*; **серди́тий** *poet.* angry ◊ **За вікно́м завива́в серди́тий осі́нній в.** Angry autumn wind howled outside the window. **півні́чний** northerly, **півде́нний** southerly, **півде́нно-східний** south-easterly, *etc.*; **політи́чний** *fig.* political ◊ **Він відчува́є, куди́ ві́є політи́чний в.** He senses which way the political wind is blowing.
n. + **в. ене́ргія ~ру** the wind energy (**на́прям** direction, **пори́в** gust, **си́ла** power) ◊ **Еле́ктрику тут ґене́ру́є си́ла ~ру.** Wind power generates electricity here. **рев ~ру** the roar of the wind ◊ **За ре́вом ~ру його́ не було́ чу́ти.** For the roar of the wind, he could not be heard.
v. + **в. витри́мувати в.** withstand the wind ◊ **Наме́т зда́тен ви́тримати си́льний в.** The tent is capable of withstanding strong wind. **захища́ти** + *A.* **від ~ру** protect sb/sth from the wind ◊ **Живопліт боро́нить від ~ру.** The hedge protects from the wind.
в. + *v.* **ві́яти** *and* **ду́ти** blow ◊ **Ві́яв те́плий в.** A warm wind was blowing. **здійма́тися** start blowing ◊ **Ра́птом здійня́вся в.** Suddenly, the wind started blowing. **змі́нюватися** change, **змі́нювати на́прям** change direction, **поси́люватися** increase ◊ **Із ко́жною хвили́ною в. поси́лювався.** The wind was increasing with every minute. **вщуха́ти** *and* **затиха́ти** die down ◊ **В. до́вго не вщуха́в.** The wind would not die out for a long time. **посла́блюватися** drop; **ви́ти** *and* **завива́ти** howl, **реві́ти** roar, **свисті́ти** whistle ◊ **В. свисті́в у верхові́ттях дере́в.** The wind whistled through the peaks of the trees. **стогна́ти** moan; **гати́ти в** + *A.* buffet sth ◊ **В. гати́в у бра́му.** The wind buffeted the gate. **трясти́** + *A. or I.* rattle sth ◊ **В. тряс ши́би** *or* **ши́бами.** The wind rattled the panes. **збу́рювати** whip up ◊ **Осі́нні ~ри́ збу́рили хви́лі на о́зері.** Autumn winds whipped up waves on the lake.
prep. **на в.** *dir.* in/to the wind, ♦ **кида́ти гро́ші на в.** to throw money to the wind ◊ **Він ле́гко кида́в гро́ші на в.** He easily threw money to the wind. **на ~рі** *posn.* in the wind ◊ **Прапорці́ тріпоті́ли на ~рі.** The streamers fluttered in the wind. **про́ти ~ру** against the wind ◊ **Я́хта ру́халася про́ти ~ру.** The yacht was moving against the wind.

вітри́н|а, *f.*

store window, display window, show window ◊ **Мі́сто ва́било його́ ~ами.** The city attracted him with its store windows.
adj. **вели́ка** big, **га́рна** beautiful, **оша́тна** elegant, **прива́блива** attractive; **нова́** new; **ориґіна́льна** unconventional ◊ **Універма́г відо́мий своєрі́дними ~ами.** The department store is known for its unconventional display windows.
v. + **в. огляда́ти ~у** look at a store window ◊ **Ні́на зупини́лася, щоб огля́нути ~у.** Nina stopped in order to look at the store window. **прикраша́ти** decorate; **виставля́ти** + *A.* **на** display sth in ◊ **Щоти́жня на ~у виставля́ли нові́ су́кні.** Every week, new dresses were displayed in the store window.
prep. **на ~у** *dir.* in/to a store window; **на** *or* **у ~і** *posn.* in a store window ◊ **У ~і бага́то кві́тів.** There are many flowers in the store window.

ві́чн|ий, *adj.*

1 eternal, everlasting, perpetual ◊ **життя́ як в. рух** life as eternal motion; ♦ **в. сон** *fig.* death, ♦ **в. спочи́нок** *fig.* eternal rest, death ◊ **На Ба́йковому кладо́вищі знайшло́ в. спочи́нок бага́то видатни́х украї́нців.** Many outstanding Ukrainians found their eternal rest in the Baikove Cemetery. ◊ **~а мерзлота́** permafrost; ◊ **~а і́стина** the eternal truth (**мо́лодість** youth); **~е проклі́яття** an eternal damnation
v. + **в. бу́ти ~им** be eternal ◊ **Їм здава́лося, що ї́хнє коха́ння ~е.** It seemed to them that their love was eternal. (**вважа́ти** + *A.* consider sth **розгляда́ти** + *A.* **як** regard sth as; **здава́тися** + *D.* seem to sb, **оголо́шувати** + *A.* declare sth)
Also see **дові́чний 2**
2 *colloq.* eternal, constant, continual, incessant ◊ **Вона́ по за́в'язку у ~их кло́потах.** She is in constant chores up to her chin. ◊ **Хома́ – в. оптимі́ст.** Khoma is an eternal optimist.

ві́чн|ість, *f.*, ~ости, *f.*, *only sg.*

1 eternity, perpetuity, timelessness ◊ **Для ньо́го в. – власти́вість Все́світу.** To him, eternity is a property of the Universe.
2 *fig.* eternity, very long time, ages ◊ **По́ки він чита́в, мину́ла в.** While he was reading, an eternity passed. ♦ **на в.** forever; ♦ **ці́ла в.** all eternity
v. + **в. жи́ти в.** live for an eternity (**трива́ти** last ◊ **Розмо́ва трива́ла в.** The conversation lasted an eternity, **чека́ти** wait for) ◊ **Він уже́ в. чека́є на ї́хню відповідь.** He has waited an eternity for their response. **здава́тися** + *D.* **~істю** seem an eternity to sb ◊ **Дві годи́ни здали́ся їм ~істю.** Two hours seemed an eternity to them.
See **час 1**
3 *fig.* past, afterlife ♦ **відхо́дити** *or* **іти́, ка́нути у в.** lapse into oblivion ◊ **Він ба́чив, як відхо́дили у в. дру́зі.** He saw friends lapse into oblivion.

віша́к, *m.*, ~а́

1 rack, coat hook ◊ **За́раз бі́ля вхо́ду стоя́в в.** Right by the entrance there stood a coat rack.
adj. **висо́кий** tall; **насті́нний** wall; **дерев'я́ний** wooden; **старомо́дний** old-fashioned
v. + **в. ві́шати в.** hang a rack ◊ **Він пові́сив на стіну́ в. з кіло́чками.** He hung a rack with pegs onto the wall. (**ві́шати** + *A.* **на** hang sth on; **прикріпля́ти до** + *G.* attach to sth ◊ **До стіни́ прикріпи́ли в. із залі́зними гачка́ми для о́дягу.** A rack with iron hooks for clothes was attached to the wall. **ста́вити** put ◊ **Він поста́вив в. під стіну́.** He put the rack to the wall. **купува́ти** buy)
в. + *v.* **па́дати** fall; **стоя́ти** stand ◊ **В гардеро́бі стоя́ли маси́вні ~и́.** Massive clothes racks stood in the cloakroom.
prep. **на в.** *dir.* onto a clothes rack ◊ **Він ки́нув ша́лик на в.** He threw the scarf onto the clothes rack. **на ~у́** *or* **~о́ві** *posn.* on a clothes rack ◊ **Вона́ лиши́ла ша́лик на ~о́ві.** She left the scarf on the hook.
2 hanger, clothes loop ◊ **Він зроби́в гачо́к із дротяно́го ~а́.** He made a hook from a wire hanger.
adj. **дерев'я́ний** wooden, **дротяни́й** wire, **пластма́сова** plastic ◊ **На підло́зі розки́дані пластма́сові ~и́.** Plastic hangers are scattered on the floor. **за́йвий** spare
v. + **в. бра́ти в.** *or* **~а́** take (along) a hanger ◊ **Вона́ взяла́ ~и́.** She took some hangers. (**ві́шати** hang ◊ **Вона́ пові́сила ~и́ до ша́фи.** She hung the hangers in the wardrobe. **ві́шати** + *A.* **на** hang sth on ◊ **Він пові́сив штани́ на в.** He hung his pants on a hanger.
в. + *v.* **ви́сіти в** + *L.* hang in *(a space)* ◊ **У ша́фі ви́сів в. для штані́в.** There was a pants hanger hanging in the wardrobe.
prep. **в. на** + *A.* a hanger for sth ◊ **в. на све́тр** a sweater hanger

ві́ша|ти, ~ють; пові́с|ити, пові́шу, ~иш, ~ять, *tran.*

1 to hang, hang up, suspend
adv. **кри́во** askew ◊ **Він пові́сив карти́ну кри́во.** He hung the picture askew. **недба́ло** carelessly, **під куто́м** at an angle; **акура́тно** neatly ◊ **Він акура́тно пові́сив ма́пу на до́шку.** He neatly hung the map on the blackboard. **обере́жно** carefully, **рі́вно** upright; **похапце́м** hastily, **шви́дко** quickly ◊ **Вона́ шви́дко пові́сила што́ри на ві́кна.** She quickly hung up the curtains on the windows. ♦ **в. го́лову** *or* **но́са** to become disheartened ◊ **Вона́ не ~є го́лову при пе́ршій невда́чі.** She does not get disheartened at first failure. ♦ **в. всіх соба́к на** + *A.* to lay all the blame on sb ◊ **На полко́вника хоті́ли по~ всіх соба́к за втра́чене мі́сто.** They wanted to lay all the blame for the lost city on the colonel.
v. + **в. бра́тися** set about ◊ **Він узя́вся в. пра́пор на дах.** He set about hanging up the flag on the roof. **бу́ти тре́ба** + *D.* need to ◊ **Їм тре́ба**

по~ оздоби на ялинку They need to hang the decorations on the Christmas tree.
prep. **в. на** + *A.* hang on sth; **в. через** + *A.* hang across ◊ **Хома повісив сумку через плече.** Khoma hung his bag across the shoulder.
2 to hang *(a person),* execute by hanging ◊ **Його мали по~ на світанку.** He was supposed to be hanged at dawn.
See **страчувати**
pa. pple. **повішений** hung, hanged
вішай! повісь!

ві|яти, **~ють; по~**, *intr.*
1 to blow *(of the wind),* puff; *pf.* to start blowing ◊ **Повіяв холодний північний вітер.** A cold northerly wind started blowing.
adv. **іноді** sometimes, **рідко** rarely, **час від часу** from time to time; **безперестанку** nonstop ◊ **Сироко ~є безперестанку два дні.** The sirocco has blown nonstop for two days. **постійно** constantly; **з заходу** from the west, **з півночі** from the north, *etc.* ◊ **Вітер ~яв зі сходу.** The wind was blowing from the east.
v. + **в. починати** begin to, **стати** *pf.* start to; **продовжувати** continue to ◊ **Сильний вітер продовжував в. ще кілька годин.** A strong wind continued to blow for another several hours. **переставати** stop
Also see **дихати 3**
2 *impers., only 3rd pers. sg.* to emanate, ooze, emit + *I.* ◊ **Від мармуру ~яло прохолодою.** The marble emitted coolness.
prep. **в. від** + *G.* emanate from *(a source, etc.)*; **в. з** + *G.* emanate from *(a place, etc.)* ◊ **Із кухні ~є пахощами борщу.** The aroma of borshch is emanating from the kitchen.
See **дихати 2**
3 to flap *(of a flag, etc.),* flutter, fly ◊ **Над містом гордо ~є жовто-блакитний прапор.** A yellow-and-blue flag proudly flies over the city.

в'їзд, *m.*, **~у**
1 entry *(for vehicles),* entrance, entryway ◊ **В. у двір із тильного боку будинку.** The entrance to the courtyard is at the back side of the building.
adj. **новий** new; **закамуфльований** camouflaged, **невидимий** invisible, **прихований** concealed; **вузький** narrow, **широкий** wide; **відкритий** open; **заблокований** blocked, **закритий** closed ◊ **Всі ~и на площу закриті.** All the entryways to the square are closed.
v. + **в. блокувати в.** block an entry ◊ **Фургон блокував в.** A truck blocked the entryway. (**закривати** close; **розблоковувати** unblock; **пропускати** miss; **шукати** look for)
prep. **в. в** + *A.* entry into *(a space)*; **в. на** + *A.* entry into *(a space)*; **в. до** + *G* entry in/to *(a space)* ◊ **Він шукав в. до цитаделі.** He was looking for the entryway to the citadel.
2 *only sg.* entering *(by vehicle),* entry
adj. **недозволений** unauthorized, **нелеґальний** illegal ◊ **В. на територію табору без письмового дозволу є нелеґальним.** Entry to the territory of the camp without a written permission is illegal. **тріумфальний** triumphant ◊ **тріумфальний в. Хмельницького до Києва** Khmelnytsky's triumphant entry into Kyiv; **урочистий** solemn; **право на в.** the right of entry
n. + **в. дата ~у** the date of entry ◊ **На штампі вказана дата ~у до країни.** The stamp indicates the date of entry into the country. (**пункт** point; **умови** terms)
prep. **в. в** + *A.* entry into *(a place);* **в. до** + *G* entry in/to *(a place)*
Cf. **вхід**. *Ant.* **виїзд**

включа|ти, **~ють; включ|ити**, **~у́**, **~ать**, *tran.*
1 to include ◊ **Ціна ~є послуги перекладача.** The price includes translator's services.
adv. **завжди** always ◊ **Екскурсія завжди ~є деґустацію вин.** The excursion always includes a wine tasting. **зазвичай** usually, **частіше всього** more often than not, **як правило** as a rule; **рідко** rarely; **обов'язково** necessarily ◊ **Спальний квиток обов'язково ~є постіль.** The sleeping-car ticket necessarily includes bed linens.
v. + **в. забувати** forget to ◊ **Він забув включити до списку Олексу.** He forgot to include Oleksa in the list.
Also see **містити 1**
2 to switch on, turn on ◊ **Вона включила електричний вітряк.** She switched the electric fan on.
See **вмикати.** *Ant.* **виключати**
pa. pple. **включений** included; switched on
включай! включи!

включи|ти, *pf., see* **включати**
to include ◊ **Її ~ли до національної збірної.** She was included in the national team.

включно, *adv.*
including ◊ **Таке програмування ведуть усі головні телеканали, в. з державними.** Such programming is pursued by all the major TV channels, including the government-owned ones.
prep. **в. до** + *G.* including sb/sth ◊ **Він знав імена президентів академії – до найпершого в.** He knew the names of the academy's presidents, including the very first one. **в. з** + *I.* including sb/sth ◊ **За столом сиділа вся сім'я, в. з найменшими дітьми.** The whole family was sitting at the table including the smallest children.
Ant. **виключно**

вкрай, *adv., var.* **украй** *(only with adj. and adv.)*
very, extremely ◊ **в. лихий** very angry ◊ **Тарас в. спантеличений від побаченого.** Taras is extremely baffled by what he had seen. ◊ **Вони в. змучилися.** They got extremely tired.
See **дуже**

вкра|сти, *var.* **украсти**, *pf., see* **красти**
to steal ◊ **Вакуленко дуже журився, щоб його ідею ніхто не ~в.** Vakulenko worried a lot lest somebody steal his idea.

влад|а, *f.*
1 authorities
adj. **верховна** supreme, **вища** higher, **найвища** highest; **державна** state, **місцева** local, **міська** city, **муніципальна** municipal, **районна** district, **обласна** provincial, **реґіональна** regional, **центральна** central ◊ **Газета розстежує окремих представників центральної влади.** The newspaper is investigating selected representatives of the central authorities. **військова** military, **імміґраційна** immigration; **духовна** spiritual, **релігійна** religious, **церковна** church ◊ **Втручання в політику підривали церковну ~у.** Meddling with politics undermined the church authorities. **світська** secular, **цивільна** civilian; **виконавча** executive, **законодавча** legislative, **судова** judicial; **податкова** tax; **німецька** German, **польська** Polish, **українська** Ukrainian, *etc.*; **окупаційна** occupational, **совєтська** Soviet; ♦ **четверта в.** the Fourth Estate, the press
v. + **в. інформувати ~у** inform the authorities (**попереджати** *or* **попереджувати** alert ◊ **Він попереджав районну ~у про небезпеку аварії.** He alerted the district authorities on the danger of an accident. **ставити до відома** notify) ◊ **Вона ставила міську ~у до відома про порушення правил зонування.** She notified the city authorities about zoning rules violations. **контактувати з ~ою** contact the authorities (**колаборáціонувати з** collaborate with ◊ **Вони колабораціонували з окупаційною владою.** They collaborated with the occupation authorities. **співпрацювати** cooperate with)
в. + *v.* **вирішувати** + *A.* decide sth, **приймати рішення** make a decision; **заперечувати** + *A.* deny sth ◊ **В. заперечує причетність до фінансового скандалу.** The authorities deny their involvement in the financial scandal. **стверджувати** + *A.* maintain sth; **обіцяти** + *A.* promise sth ◊ **В. обіцяє направити дорогу за тиждень.** The authorities promise to repair the road in a week. **дозволяти** + *A.* allow sth; **рекомендувати** + *A.* recommend sth, **схвалювати** + *A.* approve sth; **відмовляти** + *D.* **в** + *L.* refuse sb sth ◊ **В. відмовила йому в охороні.** The authorities refused him protection. **вилучати** + *A.* confiscate sth, **заарештовувати** + *A.* arrest sb/sth, **затримувати** + *A.* detain sb, **реквізувати** + *A.* **в.** + *G.* seize sth from sb
2 power, authority; *also fig.* ◊ **Центральний банк наділений серйозною ~ою.** The central bank is vested with serious power.
adj. **абсолютна** absolute, **велика** great ◊ **Гроші мали над ним велику ~у.** *fig.* Money had a great power over him. **величезна** huge, **найвища** supreme, **необмежена** limitless, **повна** full, **цілковита** complete; **вища** higher; **достатня** sufficient, **певна** certain, **реальна** real, **справжня** genuine; **обмежена** limited, **символічна** symbolic, **фіктивна** fictitious; **свавільна** arbitrary; **виконавча** executive, **конституційна** constitutional, **політична** political, **президентська** presidential, **судова** judicial, **урядова** government, **юридична** legal; **божественна** divine, **моральна** moral, **релігійна** religious; **законна** lawful, **леґітимна** legitimate; **авторитарна** authoritarian, **диктаторська** dictatorial; **імперська** imperial, **самодержавна** autocratic; **демократична** democratic, **народна** popular
в. + *n.* **в. грошей** the power of money (**ідей** ideas, **слова** word; **народу** people, **натовпу** mob)
n. + **в. відносини ~и** power relations (**структура** structure) ◊ **Структура політичної ~и застаріла.** The political power structure has become obsolete. **гілка ~и** a branch of power ◊ **Політична незалежність суддів посилить гілку судової ~и.** The political independence of judges will strengthen the branch of judicial power. (**динаміка** dynamics, **позиція** position) ◊ **Директорка звикла розмовляти з позиції ~и.** The (female) director got accustomed to speaking from a position of power.
v. + **в. брати ~у** take power ◊ **Партія готова взяти ~у в країні.** The party is ready to take the power in the country. (**забирати** take away, **захоплювати** seize, **зосереджувати** concentrate, **прибирати** assume ◊ **Вона прибрала виконавчу ~у в компанії.** She assumed the executive power in the company. **віддавати** + *D.* relinquish to sb; **давати** + *D.* give sb, **делеґувати** + *D.* delegate to sb ◊ **Він легко делеґував ~у іншим.** He easily delegated authority to others. **передавати** + *D.* transfer to sb; **перевищувати** exceed, **узурпувати** usurp; **мати** have, **посідати** possess; **консолідувати** consolidate, **посилювати** strengthen; **демонструвати** demonstrate, **показувати** show; **відкидати** reject, **заперечувати** deny, **ставити під сумнів** question; **обмежувати** limit ◊ **Закон обмежує ~у місцевих громад.** The law limits the power of local communities. **підривати** undermine, **послаблювати** weaken; **втрачати** lose; **визнавати** recognize, **поважати** respect); **бракувати** + *D.* **~и** lack power (**зрікатися** renounce, **позбавляти** + *A.* deprive sb of; **відмовлятися від** give up; **повставати проти** rebel against) ◊ **Для неї немислимо повстати проти батьківської ~и.** It is unthinkable for her to rebel against her parents' authority.
♦ **приходити до ~и** to come into office ◊ **Ліві партії мали реальний шанс прийти до ~и.** Left-wing parties had a real chance to come

into office. **зловжива́ти ~ою** abuse authority ◊ **Він зловжива́в ~ою шеф-реда́ктора.** He abused the authority of the editor-in-chief. (**користува́тися** use, **поступа́тися** + *D.* cede to sb) ◊ **Він поступи́вся ~ою новоо́браному президе́нтові.** He ceded power to the newly elected president. **бу́ти при ~і** be in power (**лиша́тися при** remain in, **пробу́ти при** stay in) ◊ **Прем'єр пробу́в при ~і шість ро́ків.** The premier has stayed in power for six years.
в. + *v.* **бу́ти** *or* **перебува́ти в рука́х** + *G.* be in the hands of sb ◊ **В. над за́собами ма́сової інформа́ції перебува́є в рука́х кілько́х оліга́рхів.** The power over the mass media is in the hands of a few oligarchs. **бу́ти зосере́дженою** *or* **зосере́джуватися в** + *L.* be concentrated in sth
prep. **у ~і** in sb's power ◊ **Дозво́лити будівни́цтво було́ у його́ ~і.** Allowing the construction was in his power. **під ~ою** + *G.* under the authority of sb/sth ◊ **Полі́ція була́ під ~ою міськóго голови́.** The police were under the city mayor's authority. **при ~і** in power ◊ **па́ртія при ~і** the party in power; **в. над** + *I.* power over sb/sth ◊ **Він не мав ~и над Оле́ною.** He had no power over Olena.
Also see **вплив 2.** *Cf.* **повнова́ження**

вла́сне, *part.*
1 indeed, precisely, exactly ◊ **В. це й потрі́бно її супе́рникам.** This is exactly what her rivals need. ♦ **в. ка́жучи** as a matter of fact ◊ **Вона́, в. ка́жучи, зроби́ла важли́вий вне́сок у ро́звиток самовряду́вання.** As a matter of fact, she made an important contribution to the development of self-government.
Also see **са́ме**
2 yes, yeah, exactly, indeed ◊ **Це кни́жка, яку́ ви чита́ли? – В.** This is the book you read? Indeed.

вла́сн|ий, *adj.*
1 own, one's own ◊ **його́ ~а кварти́ра** his own apartment; ♦ **ба́чити на ~і о́чі** to see with one's own eyes ◊ **Петро́ ба́чив су́тичку на ~і о́чі.** Petro saw the skirmish with his own eyes.
See **свій 1**
2 literal, verbatim ◊ **Це і є полі́тика у ~ому розумі́нні сло́ва.** This is politics in the literal sense of the word.
See **буква́льний, дослі́вний**
3 *ling.* proper ◊ **~а на́зва** *or* **~е ім'я** a proper name ◊ **~і імена́ слід писа́ти з вели́кої лі́тери.** Proper names should be written in uppercase.
Ant. **зага́льний 5**

вла́сник, *m.*; **вла́сниця**, *f.*
owner, proprietor, landlord
adj. **вели́кий** big, **дрібни́й** petty, **мали́й** small; **єди́ний** sole; **спі́льний** joint; **частко́вий** part; **майбу́тній** future, **нови́й** new; **пе́рвісний** original ◊ **Пе́рвісним ~ом збі́рки був Тере́щенко.** Tereshchenko was the original owner of the collection. **пе́рший** first, **початко́вий** initial; **коли́шній** former, **попере́дній** previous; **ни́нішній** current, **тепе́рішній** present ◊ **Він установи́в, хто тепе́рішній в. телекана́лу.** He established who the present owner of the TV channel was. **зако́нний** lawful, **леґіти́мний** legitimate, **повнопра́вний** rightful, **юриди́чний** legal; **індивідуа́льний** individual, **колекти́вний** collective, **прива́тний** private; **го́рдий** proud, **щасли́вий** lucky
в. + *n.* **в. бі́знесу** a business owner (**буди́нку** building ◊ **~ом буди́нку ви́явився банк.** A bank turned out to be the building owner. **землі́** land, **ма́єтку** estate, **пса** dog, **фа́брики** factory, *etc.*)
v. + **в. визнача́ти ~а** determine the owner (**встановлювати** establish, **знахо́дити** find; **ма́ти** have ◊ **Карти́на має двох ~и.** The painting has two owners. **розшу́кувати** look for); **бу́ти ~ом** be an owner ◊ **Пе́вний був єди́ним ~ом ма́єтку.** Pevny was the sole owner of the estate. (**виявля́тися** turn out, **лиша́тися** remain, **става́ти** become)
Also see **господа́р 2, хазя́їн 1**

вла́сн|ість, *f.*, **~ости**, *only sg.*
1 property, possessions, belongings
adj. **вели́ка** large, **значна́** considerable, **величе́зна** enormous, **найбі́льша** biggest; **кри́хітна** tiny, **мале́нька** *dim.* little, **невели́ка** small ◊ **Він успадкува́в невели́ку в. від ба́би.** He inherited some small property from his grandmother. **незначна́** insignificant; **жалюгі́дна** miserable, **мізе́рна** meager; **нажи́та** acquired; **успадко́вана** inherited; **експропрійо́вана** expropriated, **заарешто́вана** seized, **конфіско́вана** confiscated; **вкра́дена** stolen, **втра́чена** lost, **награбо́вана** looted; **інтелектуа́льна** intellectual; **держа́вна** state, **колекти́вна** collective ◊ **Буди́нок є колекти́вною ~істю театра́льної тру́пи.** The building is the theater company's collective property. **корпорати́вна** corporate, **особи́ста** personal, **прива́тна** private, **суспі́льна** public
v. + **в. ма́ти в.** have property ◊ **Вони́ ма́ють мале́ньку в. у селі́.** They have a small property in the country. (**передава́ти у спа́док** + *D.* hand down to sb, **же́ртвувати** + *D.* donate to sb; **втрача́ти** lose; **вилуча́ти** seize, **конфіско́вувати** confiscate; **кра́сти** steal; **націоналізува́ти** nationalize, **приватизува́ти** privatize ◊ **В. держа́ви приватизува́ли.** The state property has been privatized. **охороня́ти** protect; **здобува́ти** obtain, **купува́ти** buy, **нажива́ти** acquire ◊ **В. вони́ нажили́ тя́жкою пра́цею.** They have acquired their property by hard work. **успадко́вувати** inherit); **позбува́тися ~ости** get rid of one's property (**відмовля́тися від** give up)
Also see **ма́єток 1, майно́**
2 ownership, proprietorship, title
adj. **грома́дська** public, **держа́вна** state, **зага́льна** common, **колекти́вна** collective, **корпорати́вна** corporate, **спі́льна** joint; **індивідуа́льна** individual, **прива́тна** private ◊ **Прива́тна в. – джерело́ нері́вности.** Private property is a source of inequality. ♦ **дові́рча в.** a trust, ♦ **орендо́вана в.** leased property, ♦ **пайова́ в.** equity sharing, co-ownership; **єди́на** sole, **по́вна** full; **чужозе́мна** foreign
n. + **в. пра́во ~ости** proprietory rights, copyright ◊ **Компа́нія здобула́ пра́во ~ости на цей фільм.** The company got hold of the movie's copyright. (**фо́рма** form)
v. + **в. втрача́ти в.** lose ownership (**захо́плювати** seize, **передава́ти** + *D.* transfer to sb) ◊ **Вона́ переда́ла мі́стові в. на кінотеа́тр.** She transferred the ownership of the movie theater to the city. **набува́ти ~ости** acquire ownership
prep. **в. на** + *A.* ownership of sth ◊ **в. на зе́млю** ownership of the land (**кварти́ру** apartment; **автомобі́ль** car, **буди́нок** house; **коле́кцію маля́рства** painting collection)

власти́в|ий, *adj.*
1 inherent in, intrinsic to, characteristic of, typical of, distinctive + *D.* ◊ **Така́ поведі́нка ~а молоди́м і недосві́дченим.** Such behavior is characteristic of the young and inexperienced.
adv. **глибо́ко** deeply, **до́сить** fairly, **ду́же** very ◊ **Росли́нний орна́мент ду́же в. украї́нському баро́ку.** Floral ornament is very typical of the Ukrainian baroque. **ціл́ком** entirely
в. + *n.* **в. ви́гляд** a characteristic look (**на́стрій** sentiment, **оптимі́зм** optimism ◊ **Поет пи́ше про це з ~им йому́ оптимі́змом.** The poet writes about it with the optimism characteristic of him. **сарка́зм** sarcasm, **тон** tone); **~а енергі́я** characteristic vigor (**неува́жність** absentmindedness, **при́страсть** passion, **прони́кливість** insightfulness; **ри́са** feature); **я́кість** quality; **~е наха́бство** characteristic brazenness ◊ **Оле́на втруча́лася в особи́сте життя́ при́ятеля з ~им її наха́бством.** Olena interfered with her friend's personal life with her characteristic brazenness. (**недба́льство** negligence; **почуття́** feeling, **я́вище** phenomenon)
v. + **в. бу́ти ~им** be characteristic ◊ **Для них ~і фаталісти́чні на́строї.** Fatalistic sentiments are characteristic of them. (**вважа́ти** + *A.* consider sth ◊ **Я́вище вважа́ють ~им ра́нньому капіталі́змові.** The phenomenon is considered characteristic of early capitalism. **виявля́тися** turn out; **здава́тися** + *D.* seem to sb; **лиша́тися** remain; **става́ти** become)
Also see **притама́нний 1, характе́рний**
2 proper, appropriate, suitable
в. + *n.* **в. підхі́д** a proper approach ◊ **Вони́ шука́ли ~ого підхо́ду до пробле́ми.** They were looking for a proper approach to the problem. **~а відповідь** a suitable response (**процеду́ра** procedure, **реа́кція** reaction) ◊ **Її реа́кцію тя́жко назва́ти ~ою.** Her reaction is difficult to call proper.
Also see **нале́жний 3, слу́шний 1**
3 real, genuine, authentic, true ◊ **Усі́ назива́ють її Ри́сею, ~е ж її ім'я – Марі́я.** Everybody calls her Rysia, though her real name is Maria.
See **спра́вжній.** *Also see* **притама́нний 2**

власти́в|ість, *f.*, **~ости**
characteristic, property, quality ◊ **Речовина́ ма́є в. вбира́ти воло́гу.** The substance has the quality of absorbing moisture.
adj. **біологі́чна** biological, **електри́чна** electrical, **механі́чна** mechanical, **структу́рна** structural, **фізи́чна** physical, **хемі́чна** chemical; **знебо́лювальна** anesthetic ◊ **знебо́лювальні ~ості де́яких росли́н** the anesthetic properties of some plants; **лікува́льна** medicinal ◊ **Лікува́льні ~ості мінера́льної води́ ви́соко ці́нять.** The medicinal properties of mineral water are highly valued. **важли́ва** important, **дивови́жна** amazing, **ко́рисна** useful, **надзвича́йна** extraordinary, **притама́нна** inherent; **зага́льна** general, **індивідуа́льна** individual
v. + **в. вивча́ти в.** study a property ◊ **Студе́нти вивча́ють хемі́чні ~ості азо́ту.** The students study the chemical properties of nitrogen. (**ма́ти** have, **посіда́ти** possess; **змі́нювати** alter ◊ **Температу́ра змі́нює фізи́чні ~ості мета́лу.** Temperature alters the physical properties of metal. **модифікува́ти** modify; **демонструва́ти** demonstrate)
See **озна́ка 1, ри́са 1, хара́ктер 3, я́кість 2**

влашто́ву|вати, *var.* **улашто́вувати**, **~ють; влашту|ва́ти**, *var.* **улаштувати**, **~ють**, *tran.*
1 to arrange, organize, set up ◊ **Катери́на влаштува́ла їм зу́стріч із юри́стом.** Kateryna set up a meeting with an attorney for them.
adv. **вже** already, **наре́шті** finally; **залюбки́** with pleasure ◊ **Він залюбки́ влашту́є вам по́каз фі́льму.** He will arrange a screening of the movie for you with pleasure. **ле́гко** easily, **операти́вно** promptly; **за́раз же** right away, **шви́дко** quickly; **ле́две** scarcely, **наси́лу** barely, **я́кось** somehow ◊ **Мо́жете я́кось в. мені́ зу́стріч із не́ю?** Can you somehow arrange a meeting with her for me? **ча́сто** often, **щоти́жня** every week, **щомі́сяця** every month, *etc.*
v. + **в. бу́ти ва́жко** + *D.* be difficult for sb to ◊ **Данило́ві було́ ва́жко в. всі ці консульта́ції.** It was difficult for Danylo to organize all those consultations. **бу́ти ле́гко** + *D.* be easy for sb to, **бу́ти мо́жливо** be possible to, **бу́ти тре́ба** + *D.* need to; **змогти́** *pf.* manage to, **могти́** can; **намага́тися** try to; **пого́джуватися** agree to, **пропонува́ти** + *D.* offer sb to ◊ **Па́ні М. запропонува́ла йому́ влаштува́ти відкри́те обгово́рення ініціяти́ви.** Mrs. M. offered him

to organize an open discussion of the initiative. **просúти** + *A.* ask sb to
prep. **в. в** + *L.* arrange at/in *(a place)*; **в. на** + *A.* arrange for *(a date, time, etc.)* ◊ **Вечéрю влаштували на шóсту трúдцять у ресторáні.** The dinner was arranged for 6:30 p.m.at a restaurant.
Also see **організóвувати 1, 2**
2 *only impf.* to suit
adv. **пóвністю** fully, **прекрáсно** wonderfully, **цілкóм** completely; **зóвсім не** not at all, **ніяк не** in no way ◊ **Готéль нас ніяк не ~є.** The hotel doesn't suit us in any way.
Also see **підхóдити 4.** *Cf.* **пасувáти**
3 to set up, build, make ◊ **Зимóю на плóщі ~вали кóвзанку.** In winter, an ice rink would be set up on the square. ◊ **Маля́р улаштувáв стýдію в помéшканні.** The artist set up his studio at the place.
See **робúти 2**
4 to get sb sth, secure sth for sb ◊ **Богдáна влаштувáла дівчúну на харóшу робóту.** Bohdana secured a good job for the girl.
prep. **в. до** + *G.* ◊ **Йогó влаштували до престúжного університéту.** He was secured a place at a prestigious university. **в. на** + *A.* ◊ **Бáтько влаштувáв її на хлíбне мíсце в інвестиціїйній компáнії.** Her father got her a plum job at an investment company.
pa. pple. **влаштóваний** arranged
влаштóвуй! влаштýй!

влаштóву|ватися; влаштувáтися, *intr.*
1 to get established, settle, prepare oneself for ◊ **Вонú ~ються на новóму помéшканні.** They are settling in their new apartment.
prep. **в. на** + *A.* settle for *(a period)* ◊ **Він допомагáв їм в. тут на зúму.** He helped them to settle here for the winter. ♦ **в. на робóту** to get oneself a job ◊ **Вонá влаштувáлася на дóбру робóту.** She got herself a good job.
2 to settle, sit down, install oneself ◊ **Зрýчно влашувáвшися на канáпі, Гáнна стáла читáти.** Having comfortably settled on a couch, Hanna started to read. ◊ **Учáсники семінáру тúхо ~валися на стільця́х.** The seminar participants were quietly settling into chairs.
3 to get settled *(of a problem, etc.)*, get resolved, sort itself out ◊ **Все влаштувáлося.** Everything settled. ◊ **Він сподівáвся, що конфлíкт влаштýється сам собóю.** He hoped for the conflict to sort itself out.
Also see **розв'я́зуватися 2**
4 *pass., only impf.* to get arranged, get organized ◊ **У шкóлі постíйно ~ються театрáльні вистáви.** Theatrical performances are constantly organized at the school.
See **влаштóвувати 1, 3**

влашту|вáти, *var.* **улаштувáти**, *pf., see* **влаштóвувати**
to arrange, organize ◊ **Посерéдник ~є зýстріч між нúми.** The middleman will arrange a meeting between them.

влашту|вáтися, *pf., see* **влаштóвуватися**
to get settled, get resolved, *etc.* ◊ **Вонá вíрила, що все ~ється.** She believed that everything would get resolved.

влучá|ти, ~ють; влýч|ити, ~у, ~ать, *intr.*
to hit *(target, mark, etc.)*, strike
adv. **акурáт** *colloq.* precisely, **лóвко** *colloq.* aptly, **майстéрно** masterfully, **прóсто** *or* **пря́мо** straight ◊ **Стрілá влýчила йомý прóсто в сéрце.** The arrow hit him straight in the heart. **тóчно** exactly ◊ **Вонá влýчила в деся́тку.** She hit the bullseye.
n. + **в. бóмба** bomb ◊ **Бóмба влýчила в міст.** A bomb hit the bridge. **кáмінь** stone, **кýля** bullet, **ракéта** missile, **снаря́д** projectile, **стрілá** arrow
v. + **в. бýти вáжко** be difficult to ◊ **З велúкої вíдстані вáжко влýчити в мішéнь.** It is difficult to hit the target from a long distance. **бýти неможлúво** be impossible to; **бýти трéба** + *D.* need to; **вдавáтися** manage to, **вмíти** be able to, **могтú** can; **намагáтися** try to ◊ **Вóрог намагáвся влýчити у склад із боєприпáсами.** The enemy tried to hit the munitions dump. **хотíти** want to; **щастúти** + *D.* be lucky enough to; ♦ **не в.** to miss ◊ **Він ніяк не міг влýчити у я́блучко.** He kept missing the bullseye.
prep. **в. в** + *A.* hit sb in sth ◊ **в. в гóлову** hit a head (**грýди** chest ◊ **Кýля влýчила йомý у грýди.** The bullet hit him in the chest. **óко** eye, **живíт** stomach, **лóба** forehead, **рýку** arm, **шúю** neck, *etc.*)
Also see **вдаря́ти 4, потрапля́ти 1**
влучáй! влуч!

влýчи|ти, *pf., see* **влучáти**
to hit, strike ◊ **Юркó нехотя́чий ~в йомý кáменем у гóлову.** Yurko accidentally hit him in the head with a stone.

влýчн|ий, *adj.*
1 accurate *(of shooting)*, on target, on the mark
adv. **абсолю́тно** absolutely, **винятkóво** exceptionally ◊ **винятkóво в. пóстріл** an exceptionally accurate shot; **вкрáй** extremely, **дýже** very, **дóсить** fairly, **достáтньо** sufficiently; **зáвжди** always, **незмíнно** invariably, **як зáвжди** as always; **чáсом** sometimes, **чáсто** often, **на рíдкість** exceptionally, **на всі сто** *colloq.* a hundred percent; ◊ **в. стрілéць** sharp shooter
v. + **в. бýти ~им** be accurate (**виявля́тися** turn out, **здавáтися** + *D.* seem to sb, **робúти** make, **ставáти** become) ◊ **Молодúй футболíст швúдко став ~им напáдником.** The young soccer player quickly became a high-scoring forward.
2 *fig.* incisive *(of word, expression, etc.)*, neat, pointed ◊ **Áвторка вміє підібрáти в. епíтет.** The (female) author knows how to choose a neat epithet. ◊ **Він – мáйстер ~их характерúстик.** He is a master of incisive characterizations. ◊ **~е зауважéння** a pointed remark

вм|éрти, *var.* **умéрти**, *pf., see* **вмирáти**
to die; *also fig.* ◊ **Óла дýмала, що ~рé зó смíху.** Olia thought she would die laughing.

вмивá|ти, *var.* **умивати, ~ють; вмú|ти**, *var.* **умúти, ~ють**, *tran.*
1 to wash *(face and hands)*
adv. **дóбре** well ◊ **Мáти дóбре вмúла Івáнкові облúччя.** Mother washed Ivanko's face well. **обережно** carefully, **ретéльно** thoroughly; **швúдко** quickly ◊ **Він швúдко вмив рýки в холóдній водí.** He quickly washed his hands in cold water. **регуля́рно** regularly, **чáсто** often; ♦ **в. рýки від** + *G.* to wash one's hands of sth/sb
2 *fig.* to wash, bathe ◊ **Зéмлю вмив дощ.** The rain washed the earth.
pa. pple. **вмúтий** washed
вмивáй! вмий!
See **мúти**

вмивá|тися, *var.* **умивáтися; вмúтися**, *var.* **умúтися**, *refl.*
to wash oneself *(face and hands)* ◊ **Перш як в., Гáнна застелúла лíжко.** Before washing her face, Hanna made her bed.
adv. **дóбре** well, **ретéльно** thoroughly ◊ **Ретéльно вмúвшись від макія́жу, Мóтря вúтерла облúччя рушникóм.** Having thoroughly washed off the makeup, Motria wiped her face with a towel. **швúдко** quickly; **регуля́рно** regularly, **чáсто** often
v. + **в. брáтися** set about, **починáти** begin to ◊ **Він почáв в. холóдною водóю.** He started washing his face with cold water. **забувáти(ся)** forget to ◊ **Він так поспішáв, що забýв(ся) вмúтися.** He was in such a hurry he forgot to wash his face. **змýшувати** + *A.* make sb ◊ **Вонá змýсила дівчинку вмúтися.** She made the little girl wash her face. **казáти** + *A.* tell sb to

вмикá|ти, *var.* **умикáти, ~ють; ввімкн|ýти**, *var.* **увімкнýти, ~ýть**, *tran.*
to turn on *(lights, radio, etc.)*, switch on
adv. **вже** already, **нарéшті** finally ◊ **Вонá нарéшті ввімкнýла рáдіо.** She finally switched on the radio. **лéгко** easily, **прóсто** simply, **я́кось** somehow; **неспóдівано** unexpectedly, **рáптом** suddenly; **обережно** carefully; **беззвýчно** silently, **тúхо** quietly
v. + **в. бýти трéба** + *D.* need to; **вирíшувати** decide to; **намагáтися** try to ◊ **Він намагáвся ввімкнýти світло в тéмряві.** He was trying to switch on the light in darkness. **поспішáти** be in a hurry to; **просúти** + *A.* ask sb to; **ітú** go to ◊ **Вонá пішлá в коридóр увімкнýти зóвнішнє освíтлення.** She went to the hallway to switch on the outside lighting.
pa. pple. **ввíмкнутий**, *var.* **ввíмкнений** switched on
вмикáй! ввімкнú!
Also see **включáти.** *Ant.* **вимикáти**

вмикáч, *m.*, **~á**
switch, button ◊ **Він повíльно натúснув на в.** He slowly pressed the button.
adj. **головнúй** master ◊ **Він вúвів із лáду головнúй в.** He disabled the master switch. **автоматúчний** automatic, **годúнниковий** timer, **електрúчний** electrical, **сéнсорний** sensor ◊ **Сéнсорний в. реагýє на будь-якúй рух бíля вхóду.** The sensor switch reacts to any motion at the entrance. **новúй** new, **старúй** old; **звичáйний** regular, **прóстúй** simple; **зіпсóваний** broken
v. + **в. заміня́ти в.** replace a switch ◊ **Елéктрик замінúв зіпсóваний в.** The electrician replaced the broken switch. (**направля́ти** fix, **ремонтувáти** repair; **вивóдити з лáду** disable, **ламáти** break; **тúснути на** press) ◊ **Вонá натúснула на в. сигналізáції.** She pressed the alarm switch.
в. + *v.* **ламáтися** *and* **псувáтися** break ◊ **В. чáсто псувáвся.** The switch would often break. **контролювáти** + *A.* control sth ◊ **Автоматúчний в. контролює освíтлення в теплúці.** The automatic switch controls the lighting in the greenhouse.
N. pl. **~í**
Ant. **вимикáч**

вмирá|ти, *var.* **умирáти, ~ють; вмéрти**, *var.* **умéрти, вмр|уть**, *pa. pf., m.* **вмер**, *pl.* **~ли**, *intr.*
1 to die, pass away; *also fig.*
adv. **повíльно** slowly, **поступóво** gradually; **мáло не** *or* **трóхи не** nearly ◊ **Вонá трóхи не вмéрла від здивувáння.** *fig.* She nearly died with surprise. **ґвалтóвно** abruptly, **неспóдівано** unexpectedly, **рáптом** suddenly, **швúдко** quickly; **мáсово** en masse, **деся́тками** by the dozen, **сóтнями** by a hundred, **тúсячами** by the thousand ◊ **Селя́ни ~ли від гóлоду тúсячами.** Peasants were dying of famine by the thousand. **безглýздо** senselessly, **дармá** in vain; **героїчно** heroically; **мúрно** peacefully ◊ **Він мúрно вмер ýві снí.** He died peacefully in his sleep. **молодúм** young ◊ **Йогó жíнка вмéрла молодóю.** His wife died young. **передчáсно** prematurely; **трагíчно** tragically; **при полóгах** at childbirth; ♦ **в. своєю смéртю** to die a natural death ◊ **«Ви не дастé менí вмéрти своєю смéртю!» – кричáла жíнка до дітéй.** "You won't let me die a natural death!" the woman would shout to her children. ♦ **вмéрти не своєю смéртю** *pf.* not to die a natural death ◊ **Президéнт умéр не своєю смéртю.** The

president did not die a natural death.
v. + **в. бу́ти гото́вим** be ready to, **виріша́вати** decide to, **воліти** prefer ◊ **Вони воліли вме́рти, як підкори́тися йому.** They preferred to die rather than submit to him. **не збира́тися** not be going to ◊ **Він не збира́вся в. на чужій війні.** He was not going to die in somebody else's war. **не дава́ти** + *D.* not allow sb to; **не хотіти** not to want to
prep. **в. від** + *G. or* **з** + *G.* ◊ **Вони слу́хали і ~ли зо сміху.** They were listening and dying of laughter. **в. за** + *A.* die for sb/sth ◊ **Вона́ гото́ва вме́рти за перекона́ння.** She is ready to die for her convictions.
Also see **дохо́дити 7, замерза́ти 3, пропада́ти 4, става́ти 9**
2 *only impf., fig., colloq.* to love intensely, be crazy about
adv. **буква́льно** *or* **дослі́вно** literally, **про́сто** simply ◊ **У шко́лі вона́ про́сто ~ла за му́зикою ди́ско.** When at secondary school, she was simply crazy about disco music.
prep. **в. за** + *I.* be crazy about sb ◊ **Він ~є за О́лею.** He is crazy about Olia.
Also see **кінча́тися 3**
вмира́й! вмри!

вми́|ти, *var.* **уми́ти**, *pf., see* **вмива́ти**
to wash ◊ **Медсестра́ обере́жно ~ла йому́ ра́ну.** The nurse carefully washed his wound.

вми́|тися, *var.* **уми́тися**, *pf., see* **вмива́тися**
to wash *(one's face and hands)* ◊ **Оре́ст ~вся, одягну́вся й побіг на пра́цю.** Orest washed his face, dressed, and ran to work.

вмі́л|ий, *var.* **умі́лий**, *adj.*
skillful, adept, able, expert
adv. **виняткóво** exceptionally ◊ **Ні́на виявилася виняткóво ~ою ме́неджеркою.** Nina proved to be an exceptionally skillful manager. **до́сить** fairly, **доста́тньо** sufficiently, **ду́же** very, **надзвича́йно** extremely; **напра́вду** truly, **особли́во** particularly; **не зо́всім** not quite
v. + **в. бу́ти ~им** be skillful (**вважа́ти** + *A.* consider sb, **виявля́тися** prove, **здава́тися** + *D.* seem to sb ◊ **Дослі́дник здава́вся ~им.**The researcher seemed adept. **роби́ти** + *A.* make sb, **става́ти** become)
prep. **в. в** + *L.* adept at sth ◊ **Він став ~им у підро́бці пі́дписів.** He became adept at forging signatures.

вміст, *var.* **умі́ст**, *m.*, **~у**
1 contents, ingredients
adj. **весь** all ◊ **Весь у. шухля́ди опини́вся під столо́м.** All the contents of the drawer ended up under the table. **по́вний** full; **невідо́мий** unknown, **таємни́й** secret ◊ **Лише́ вона́ зна́є таємни́й в. досьє́.** Only she knows the secret contents of the file.
v. + **в. вилива́ти в.** pour out the contents ◊ **Він ви́лив у. пля́шки до баняка́.** He poured the contents of the bottle in the pot. (**виклада́ти** take out, **висипа́ти** spill, **витру́шувати** dump) ◊ **Вона́ ви́трусила в. су́мки на підло́гу.** She dumped the contents of the bag on the floor.
Cf. **зміст 3**
2 content, quantity, amount, proportion
adj. **висо́кий** high, **жалюгі́дний** pitiable, **максима́льний** maximal, **мініма́льний** minimal, **низьки́й** low; ◊ **в. алкого́лю** the amount of alcohol; ◊ **в. кофеї́ни в напо́ї** the amount of caffeine in a drink
v. + **в. контролюва́ти в.** control content ◊ **При́лад контролю́є в. ки́сню в пові́трі.** The device regulates the oxygen content in the air. (**визнача́ти** determine; **збі́льшувати** increase; **зме́ншувати** reduce; **реґулюва́ти** regulate)
в. + *v.* **станови́ти** + *A.* amount to *(a value)* ◊ **В. со́ли в ро́зчині стано́вить три відсо́тки.** The quantity of salt in the solution amounts to 3%. **переви́щувати** + *A.* exceed sth ◊ **В. токсинів у ґру́нті переви́щує но́рму.** The amount of pollutants in the ground exceeds the norm. **збі́льшуватися** increase; **зме́ншуватися** decrease
Also see **відсо́ток 2, проце́нт**

вмі́|ти, *var.* **умі́ти**; *no pf.*, **~ють**, *tran. and intr.*
1 *intr.* to be able to, can, know how to ◊ **Він ~є танцюва́ти фокстро́т.** He can dance the foxtrot.
adv. **до́бре** well ◊ **Вона́ до́бре ~є гра́ти на сце́ні.** She is well able to play on stage. **як ніхто́** like no one else, **ле́две** scarcely, **ма́йже** almost, **ся́к-та́к** so-so; **вже** already ◊ **Він уже ~є пла́вати.** He can already swim. **наре́шті** finally; **ще не** not yet ◊ **Дитя́ ще не ~є ходи́ти.** The baby cannot yet walk.
Also see **могти́ 1, потрапля́ти 3, тя́мити 2**
2 *tran., colloq.* to know ◊ **Марі́я ~ла дві чужі́ мо́ви.** Maria knew two foreign languages. ◊ **Він ~в бага́то пісе́нь.** He knew many songs.
See **зна́ти 1**
вмій!

вмо́ви|ти, *var.*, **умо́вити**, *pf., see* **вмовля́ти**
to persuade, wheedle ◊ **Іва́н ~в дру́зів піти́ на ризико́ваний крок.** Ivan had wheedled his friends to take the risky step.

вмо́ви|тися, *var.*, **умо́витися**, *pf., see* **вмовля́тися**
to agree, come to an agreement, arrange for ◊ **Вони́ ~лися піти́ на конце́рт ра́зом.** They agreed to go to the concert together.

вмовля́|ти, *var.* **умовля́ти**, **~ють**; **вмо́в|ити**, *var.* **умо́вити**, **~лю**, **~иш**, **~лять**, *tran.*
to persuade, talk into, wheedle
adv. **впе́рто** persistently ◊ **Вони́ впе́рто ~ли Гали́ну не ї́хати до Жито́мира.** They persistently persuaded Halyna not to go to Zhytomyr. **до́вго** for a long time, **наполе́гливо** insistently, **невідсту́пно** relentlessly, **терпля́че** patiently ◊ **Реда́ктор терпля́че ~в а́втора прийня́ти його́ пра́вки.** The editor was patiently persuading the author to accept his corrections. **вре́шті-ре́шт** ultimately ◊ **Його́ вре́шті-ре́шт умо́вили не роби́ти жо́дної зая́ви.** They ultimately persuaded him to make no statement. **ле́гко** easily, **наре́шті** finally, **я́кось** somehow; **за вся́ку ціну́** at whatever the cost, **ле́стощами** by flattery, **слі́зно** tearfully
v. + **в. бу́ти ва́жко** be difficult to, **бу́ти ле́гко** be easy to, **бу́ти можли́во** be possible to, **бу́ти тре́ба** need to; **допомага́ти** help to; **змогти́** manage to ◊ **Як ви змогли́ вмо́вити її?** How did you manage to persuade her? **могти́** be able to; **наді́ятися** hope to, **намага́тися** try to, **про́бувати** make an attempt to ◊ **Оле́кса про́бував умо́вити його́ обіця́нками.** Oleksa made attempts to persuade him with promises. **не бу́ти тре́ба** not need to ◊ **Його́ не тре́ба було́ до́вго в.** He did not need to be persuaded for long. **почина́ти** begin to, **ста́ти** *pf.* start ◊ **Іва́н став слі́зно в. його́ переду́мати.** Ivan started persuading him tearfully to change his mind.
pa. pple. **умо́влений** persuaded, coaxed
вмовля́й! вмо́в!
Cf. **перекóнувати**

вмовля́|тися, *var.* **умовля́тися**; **вмо́витися**, *var.* **умо́витися**, *intr.*
to agree, come to an agreement, arrange for *(for a meeting, etc.)*
adv. **вже** already, **вре́шті-ре́шт** ultimately, **до́вго** for a long time ◊ **Вони́ до́вго ~лися про зу́стріч.** It took them a long time to arrange their next meeting. **ле́гко** easily, **наре́шті** finally; **нега́йно** immediately, **одра́зу** at once, **за́раз же** right away; **таємно** secretly ◊ **Вони́ таємно вмо́вилися продо́вжувати консульта́ції.** They secretly agreed to continue their consultations.
v. + **в. бу́ти тре́ба** + *D.* need to ◊ **Їм тре́ба вмо́витися про ціну́.** They need to agree on a price. **змогти́** *pf.* manage to, **не змогти́** *pf.* fail to ◊ **Вони́ не змогли́ вмо́витися.** They failed to come to an agreement. **виріша́вати** decide to ◊ **Вони́ ви́рішили вмо́витися про мі́сце ле́кції.** They decided to arrange for the lecture venue. **пропонува́ти** + *D.* offer sb to
prep. **в. на** + *A.* agree for *(date, etc.)* ◊ **На яки́й день вони́ вмо́вилися?** What day did they agree for? **в. про** + *A.* agree on sth
See **домовля́тися 2**

вна́слідок, *adv.*, *var.* **уна́слідок**
as a result, because of + *G.* ◊ **Рейс скасува́ли в. бу́рі.** The flight has been canceled as a result of the storm. ◊ **Поже́жа ста́лася в. уда́ру блискави́ці.** The fire occurred because of a lightning strike.
Also see **результа́т, че́рез 6**

вниз, *adv.*, *var.* **уни́з**, *dir.*
downward, down, downhill
adv. **куди́сь** somewhere ◊ **Струмо́к плив між скеля́ми куди́сь у.** The stream flowed between the rocks somewhere downward. **одра́зу** right away, **про́сто** straight ◊ **Він диви́вся про́сто в., на ву́лицю.** He was looking straight downward at the street. **рі́зко** abruptly; **ті́льки** only; **тро́хи** a little; **пла́вно** gently, **поступо́во** gradually
v. + **в. йти в.** go downward (**бі́гти** run ◊ **Вода́ бі́гла у. па́горбом.** The water ran down the hill. **ї́хати** drive, **коти́ти(ся)** roll, **лі́зти** climb, **спуска́тися** descend); **в. по рі́чці** down a river
Also see **вдоли́ну, надоли́ну**. *Ant.* **наве́рх**

внизу́, *adv.*, *var.* **унизу́**, *posn.*
1 below, beneath, underneath, in the lower part ◊ **В., під балко́ном, спав чолові́к.** Below, under the balcony, a man was sleeping.
adv. **десь** somewhere ◊ **Десь у. хтось го́лосно хропі́в.** Somewhere below, somebody snored loudly. **одра́зу** right, **про́сто** straight, **пря́мо** directly ◊ **Вони́ схова́лися пря́мо в.** They hid directly underneath.
Also see **надоли́ні 1**. *Ant.* **вгорі́, нагорі́ 1**
2 downstairs ◊ **Вони́ живу́ть у., на пе́ршому по́версі.** They live downstairs on the first floor. ◊ **Ку́хня та віта́льня в., а спа́льня нагорі́.** The kitchen and living room are downstairs, while the bedroom is upstairs.
Also see **надоли́ні 2**

вно́с|ити, *var.* **уно́сити**, **вно́шу**, **~ять**; **внес|ти́**, *var.* **унести́**, **~у́ть**; *pa. pf. m.* **вніс**, *pl.* **внесли́**, *tran.*
1 to bring in, carry in
adv. **ле́две** scarcely ◊ **Він ле́две вніс валі́зу бра́та до ха́ти.** He scarcely carried his brother's suitcase into the house. **наси́лу** barely; **ле́гко** easily; **нега́йно** immediately, **одра́зу** at once, **за́раз же** right away, **шви́дко** quickly
v. + **в. бу́ти тре́ба** + *D.* need to; **почина́ти** begin to, **ста́ти** *pf.* start, **дава́й** *colloq.* get down to ◊ **Почу́вши, що йде дощ, Петро́ дава́й у. сті́льці до ха́ти.** Having heard the rain falling, Petro got down to carrying the chairs into the house. **допомага́ти** + *D.* help sb to; **проси́ти** + *A.* ask sb
2 to introduce *(a motion, proposal, etc.)* ◊ **Вона́ внесла́ попра́вки до законопрое́кту.** She introduced amendments to the bill.
pa. pple. **вне́сений** brought in, introduced ◊ **Він прийня́в уне́сені виправле́ння.** He accepted the corrections introduced.
вно́сь! внеси́!

вночі́, *adv., var.* **уночі́**
at night, during the night
adv. **коли́сь** once, **я́кось** one day ◊ **Упе́рше він почу́в цей звук я́кось у.** He heard the sound for the first time one day at night. **пі́зно** late ◊ **По́тяг прихо́див пі́зно в.** The train was arriving late at night. ♦ **і вдень і в.** day and night, all the time; ♦ **ні вдень ні в.** never ◊ **Ми́ша не відпочива́в ні вдень ні в.** Mysha never rested.
Also see **вве́чері.** *Ant.* **вдень**

внук, *var., see* **ону́к**

вну́трішн|ій, *adj.*
1 inner, inside, internal, interior ◊ **спеціялі́ст з ~іх хворо́б** a specialist in internal diseases; ◊ **в. па́спорт** an internal passport; ◊ **Вона́ пришпили́ла паке́т на ~ьому бо́ці жаке́та.** She pinned the package on the inside of the jacket.
Ant. **зо́внішній 1**
2 inherent, innate, intrinsic ◊ **Пра́вило супере́чать ~ім зако́нам мо́ви.** The rule is in contradiction with the intrinsic laws of the language.
3 home, domestic, internal ◊ **~я безпе́ка** internal security. ◊ **~і спра́ви** internal affairs ◊ **Міністе́рство ~іх справ** (*abbrev.* **МВС**) the Ministry of the Interior
Ant. **зо́внішній 3**

вну́чка, *var., see* **ону́ка**

вовк, *m.*; **вовчи́ця**, *f.*
wolf
adj. **голо́дний** hungry ◊ **Він наза́вжди́ запам'ята́в своє зі́ткнення з голо́дним ~ом.** He remembered forever his encounter with a hungry wolf. **само́тній** lone, **сі́рий** gray; ♦ **стари́й** *or* **стрі́ляний в.** a seasoned man ◊ **У полі́тиці він – стрі́ляний в.** In politics, he was a seasoned man. ♦ **в. в ове́чій шку́рі** a wolf in sheep's clothing
n. + **в. згра́я ~ів** a pack of wolves ◊ **Грабі́жники наки́нулися на них, як згра́я ~ів.** The robbers pounced on them, like a pack of wolves.
в. + *v.* **ви́ти** howl ◊ **Десь у лі́сі вив в.** A wolf was howling somewhere in the forest. **гарча́ти** growl ◊ **Поба́чивши мисли́вця, в. став гарча́ти.** Having seen the hunter, the wolf started growling. **накида́тися на** + *A.* pounce on sb; **полюва́ти на** + *A.* hunt sb ◊ **~и́ полю́ють на за́йців.** Wolves hunt hares. ♦ **диви́тися ~ом на** + *A.* to look daggers at sb ◊ **Іва́н диви́вся на них ~ом.** Ivan was looking daggers at them.

во́вн|а, *f., only sg.*
wool
adj. **густа́** thick, **тонка́** fine, **м'яка́** soft; **до́вга** long ◊ **поро́да кіз із тонко́ю й до́вгою ~ою** a breed of goats with thin and long wool; **чи́ста** pure; **сира́** raw; **верблю́жа** camel's ◊ **Ко́вдра з верблю́жої ~и.** The blanket is of camel's wool. **кашмі́рова** cashmere, **ко́зяча** goat's, **мерино́сова** merino, **ове́ча** sheep's; ♦ **неочи́щена в.** wool in the grease; **шту́чна** artificial; **бі́ла** white, **сі́ра** gray, **чо́рна** black; **фарбо́вана** dyed
n. + **в. клубо́к ~и** a ball of wool ◊ **Він діста́в із мішка́ клубо́к ~и.** He took a ball of wool out of the bag.
v. + **в. виробля́ти ~у** produce wool ◊ **Селя́ни виробля́ють ~у куста́рним спо́собом.** Peasants produce wool the artisanal way. (**пря́сти** spin, **стри́гти** shear ◊ **Він настри́г три мішки́ ~и.** He has shorn three sacks of wool. **фарбува́ти** dye, **чеса́ти** comb) ◊ **~у че́шуть, а тоді́ пряду́ть.** The wool is combed and then spinned. ♦ **наплести́ сім кіп греча́ної ~и** *pf.* to say a lot of nonsense ◊ **Хло́пець напле́в Ма́рті сім кіп греча́ної ~и.** The boy said a lot of nonsense to Marta.
Cf. **шерсть 1.** *Also see* **шерсть 3**

вог|о́нь, *m.*, **~ню́**
1 fire, flame
adj. **вели́кий** big, **величе́зний** enormous, **всепоглина́льний** all-consuming, **катастрофі́чний** catastrophic, **лю́тий** fierce, **руйні́вни́й** destructive, **спусто́шливий** devastating; **максима́льний** maximal; **мали́й** small ◊ **Стра́ву слід вари́ти на мало́му ~ні́.** The dish should be cooked on a small fire. **мале́нький** *dim.* small, **мініма́льний** minimal ◊ **М'я́со млі́ло на мініма́льному ~ні́.** The meat simmered on minimal fire. **невели́кий** small, **сере́дній** medium; **слабе́нький** *dim.* faint, **тремки́й** flickering; **рятівни́й** life-saving; ♦ **Ди́му без ~ню́ не бува́є.** Where there's smoke, there's fire.
v. + **в. запа́лювати в.** light a fire (**роздму́хувати** fan ◊ **Ві́тер роздму́хав в. у поже́жу.** The wind fanned the fire into a blaze. **гаси́ти** extinguish, **задму́хувати** blow out; **залива́ти** douse *(with water)*; ♦ **прохо́дити крізь в. і во́ду** to go through fire and water; ♦ **боя́тися** + *G.*, **як ~ню́** to be scared stiff of sb/sth ◊ **Він боя́вся ше́фа, як ~ню́.** He was scared stiff of the boss. ♦ **гра́тися з ~не́м** play with fire
в. + *v.* **горі́ти** burn, **пала́ти** be ablaze, **світи́тися** glow; **освітлювати** + *A.* illuminate sth ◊ **В. ліхтаря́ ле́две осві́тлює вхід.** The light of the lantern scarcely illuminates the entrance. **обпіка́ти** + *A.* burn sb/sth; **бли́мати** flicker; **га́снути** go out ◊ **Дале́кий в. ра́птом згас.** The distant fire suddenly went out.
Also see **по́лум'я 1, сві́чка 1.** *Cf.* **бага́ття, поже́жа**
2 fire, bonfire ◊ **Щоб зігрі́тися, вона́ сі́ла бли́жче до ~ню́.** In order to warm herself, she sat closer to the fire.
See **бага́ття**
3 *only sg., mil.* fire, shooting, gunfire, firing
adj. **потужни́й** powerful, **си́льний** heavy ◊ **Во́рог підда́в лі́вий фланг си́льному ~ню́.** The enemy subjected the left flank to heavy fire. **автома́тний** machine-gun, **артилері́йський** artillery, **гарма́тний** cannon, **зені́тний** anti-aircraft, **міноме́тний** mortar, **рушни́чний** rifle, **сна́йперський** sniper ◊ **Вони́ були́ зму́шені хова́тися від сна́йперського ~ню́.** They had to hide from sniper fire. **прикрива́льний** covering; **прями́й** direct; **воро́жий** hostile
n. + **в. че́рга ~ню** a burst of fire ◊ **яскра́ві че́рги автома́тного ~ню́** bright bursts of machine-gun fire; ♦ **В.!** Fire! ◊ **«В.!» – кри́кнув лейтена́нт.** "Fire!" the lieutenant shouted.
v. + **в. виклика́ти в.** draw fire ◊ **Вояки́ ви́кликали воро́жий в.** The soldiers drew the hostile fire. (**відкрива́ти** open ◊ **Вони́ могли́ відкрива́ти в. лише́ за нака́зом команди́ра.** They could open fire only on their commander's order. **припиня́ти** cease ◊ **Во́рог припини́в артилері́йський в. на пів годи́ни.** The enemy ceased the artillery fire for half an hour. **скеро́вувати на** + *A.* direct at *(an object, etc.)* ◊ **Він скерува́в зені́тний в. на вертолі́т.** He directed anti-aircraft fire at the helicopter. **потрапля́ти під** come under) ◊ **Заги́н потра́пив під гарма́тний в.** The detachment came under cannon fire. **уника́ти ~ню́** avoid fire; **бу́ти під ~не́м** be under fire (**опиня́тися під** find oneself under) ◊ **Він опини́вся під ~не́м го́строї кри́тики.** *fig.* He found himself under the fire of scathing criticism.

вод|а́, *f.*
water
adj. **питна́** potable ◊ **У них закі́нчувалася питна́ в.** They were running out of potable water. **пр́існа** fresh, **соло́на** salt; **джере́льна** spring, **коло́дязна** well ◊ **Вони́ користу́ються коло́дязною ~ою.** They use well water. **мінера́льна** mineral; **гірська́** mountain, **дощова́** rain, **морська́** sea, **озе́рна** lake, **підзе́мна** underground, **річкова́** river; **прозо́ра** transparent; **кришта́лево чи́ста** crystal-clear, **чи́ста** clean; **брудна́** dirty, **зара́жена** contaminated, **забру́днена** polluted; **гаря́ча** hot, **кипля́ча** boiling, **те́пла** warm; **підігрі́та** heated; **крижана́** ice-cold, **прохоло́дна** cool, **холо́дна** cold; **охоло́джена** chilled; **ми́льна** soapy; **жорстка́** hard, **м'яка́** soft ◊ **М'яка́ в. надава́ла її воло́ссю га́рного бли́ску.** Soft water gave her hair a nice shine. **прото́чна** running; **стоя́ча** still; **дистильо́вана** distilled, **стери́льна** sterile, **фільтро́вана** filtered; **водогі́нна** tap; **зро́шувальна** irrigation; **свята́** *and* **свя́чена** holy; ♦ **чи́стої ~и́** pure and simple ◊ **Це була́ чи́стої ~и́ демаго́гія.** This was demagoguery, pure and simple.
n. + **в. відро́ ~и́** a bucket of water ◊ **Щоб поми́ти авті́вку, тре́ба хоч три відра́ ~и́.** To wash his car, he needed at least three buckets of water. (**ква́рта** cup, **ковто́к** gulp ◊ **Вона́ зроби́ла ковто́к ~и́.** She took a gulp of water. **кра́пля** drop, **пля́шка** bottle, **скля́нка** glass) ◊ **Він дав Іва́нові скля́нку ~и́.** He gave Ivan a glass of water. **брак ~и́** water shortage ◊ **Че́рез брак ~и́ вони́ рі́дко купа́лися.** Because of the shortage of water they rarely bathed. (**постача́ння** supply, **ресу́рси** resources; **очи́щення** purification, **фільтрува́ння** filtering; **рі́вень** level, **температу́ра** temperature ◊ **Температу́ра ~и́ в о́зері доста́тньо висо́ка.** The water temperature in the lake is high enough. **тиск** pressure, **я́кість** quality) ◊ **Я́кість ~и́ у краї́ні лиша́є бажа́ти кра́щого.** The tap water quality leaves much to be desired. **ко́лір ~и́** the color of water (**смак** taste)
v. + **в. пи́ти ~у** drink water ◊ **З тако́го по́суду пили́ ~у.** They drank water from such containers. (**ковта́ти** swallow; **вихиля́ти** down ◊ **Марі́я ви́хилила всю ~у, що лиша́лася.** Maria downed all the remaining water. **ду́длити** *colloq.* swill, **ду́ти** *colloq.* chug, **жлу́ктити** *colloq.* guzzle; **випаро́вувати** reduce, **вилива́ти** spill, **випле́скувати** throw, **випорожня́ти** empty; **налива́ти в** + *L. or* **до** + *G.* pour in/to *(a vessel, etc.)* ◊ **Він нали́в ~у у пля́шку.** He poured the water in the bottle. **пролива́ти на** + *A.* spill on/over sth, **точи́ти** draw ◊ **Жі́нка наточи́ла ~и́ з коло́нки.** The woman drew water from the pump. **кип'ят́ити** boil, **підігріва́ти** heat up; **охоло́джувати** chill; **вимика́ти** turn off, **вмика́ти** turn on; **носи́ти** carry ◊ **Ко́жен із них носи́в ~у двома́ ві́драми.** Each of them carried water in two buckets. **помпува́ти** pump; **опрі́снювати** desalinate, **очища́ти** *or* **очи́щувати** purify, **фільтрува́ти** filter; **забру́днювати** *and* **занечи́щувати** pollute, **заража́ти** contaminate; **дово́дити до кипі́ння** bring to a boil; **абсорбува́ти** absorb, **вбира́ти** soak up ◊ **Баво́вна до́бре вбира́є ~у.** Cotton soaks up water well. **пропуска́ти** leak ◊ **Ві́кна пропуска́ють ~у.** The windows leak water. ♦ **за холо́дну ~у не бра́тися** not to move a finger, do nothing ◊ **Мину́ло три годи́ни, а вони́ за холо́дну ~у не бра́лися.** Three hours passed, but they did not move a finger. ♦ **не розли́й в.** inseparable ◊ **Поверну́вшись із по́дорожі, хло́пці ста́ли не розли́й в.** On coming back from their trip, the boys became inseparable. **гаси́ти** + *A.* **~о́ю** extinguish sth with water (**ми́ти** + *A.* wash sth with ◊ **Вона́ поми́ла інструме́нт ~о́ю.** She washed the instrument with water. **напо́внювати** + *A.* fill sth with ◊ **Вона́ напо́внила ба́лію підігрі́тою ~о́ю.** She filled the tub with heated water. **просяка́ти** + *A.* saturate sth with) ◊ **Просякну́вши хусти́ну ~о́ю, він прикла́в її до ло́ба.** Having saturated the kerchief with water he put it on his forehead. ♦ **як** *or* **мов, на́че у ~у впа́сти** to vanish into thin air ◊ **Рома́н переверну́в у кімна́ті все догори́ дри́гом, а його́ па́спорт, на́че у ~у впав.** Roman turned everything in the room upside down, but his passport vanished into thin air.
в. + *v.* **бі́гти** run ◊ **Із кра́на бі́гла чи́ста в.**

Clean water ran from the tap. **лúтися** pour, **текти́** flow ◊ **В. за стінóю перестáла текти́.** The water behind the wall stopped flowing. **заливáти** + *A.* flood sth ◊ **В. залилá підвáл.** Water flooded the basement. **крáпати** drip ◊ **Зі стéлі печéри крáпала в.** Water dripped from the cave ceiling. **проливáтися** spill, **просóчуватися** ooze, **просякáти** + *A.* soak sth ◊ **В. просяклá йомý капелюхá.** Water soaked his hat. **випарóвуватися** evaporate; **замерзáти** freeze ◊ **В. у слóїку замéрзла.** The water in the jar froze. **охолóджуватися** cool; **закипáти** come to a boil ◊ **В. закипíла.** The water came to a boil. **кипíти** boil, **нагрівáтися** heat up ◊ **В. швúдко нагрíлася.** The water quickly heated up.

N. pl. **~и**
Also see **ріднá**

вод|úти, ~жý, ~ять; *no pf., multi., tran. and intr.*
1 *tran.* to lead *(around)*, guide, take, show around; accompany; **по~**, *pf.* to guide, lead, *etc. (for some time)*
adv. **весь час** all the time, **зáвждú** always, **звичáйно** usually, **постíйно** constantly, **чáсто** often ◊ **Вчúтель чáсто ~ить школярíв до зоопáрку.** The teacher often takes his schoolchildren to the zoo. **як прáвило** as a rule; **нíколи не** never; **рíдко** seldom; **трóхи** a little; **охóче** willingly ◊ **Вонá охóче ~úла гостéй по Кам'янцю́.** She willingly showed the guests around Kam'yanets.
v. + **в. бýти цікáво** + *D.* be interesting to sb ◊ **Лéвові цікáво в. її музéєм.** It is interesting to Lev to show her around the museum. **погóдитися** agree to; **пропонувáти** + *D.* offer sb to; **просúти** + *A.* ask sb to
prep. **в. до** + *G.* take to *(a place)* ◊ **Він любúв в. кóні до рíчки.** He liked to take the horses to the river. **в. за** + *A.* lead by sth ◊ **Він ~úв дитúну за рýку, дóки вонá не стáла дóбре ходúти самá.** He led the child by the hand, till it started walking well on its own. ♦ **в. за ніс** + *A.* to fool sb, take sb for a ride ◊ **Весь цей час Петрá прóсто ~úли за ніс.** All this time, Petro was simply being bamboozled. **в. на** + *A.* take to *(a place)* ◊ **Щорáнку її ~úли на дóпити.** Every morning, she was taken to interrogations. **в. по** + *L.* show around *(a place)*; ♦ **в. компáнію з** + *I.* to mix with sb, socialize with, be friends with ◊ **Сóля ~ить компáнію з однóлітками.** Solia mixes with kids of her own age. ♦ **в. хліб-сíль з** + *I.* to be on friendly terms with sb ◊ **Андрíй ще зі шкóли ~ить із Маркóм хліб-сíль.** Andrii has been on friendly terms with Marko since school.
2 *tran.* to lead, be at the head of ◊ **Він не раз ~úв воякíв у бій.** More than once he led his soldiers into battle.
3 *tran.* to drive *(a car, etc.)*, steer ◊ **Ярéма навчúвся в. автíвку.** Yarema learned to drive.
adv. **бездогáнно** impeccably ◊ **Ромáн бездогáнно ~ить автóбус.** Roman drives a bus impeccably well. **вмíло** skillfully, **майстéрно** masterfully, **професíйно** professionally; **обережно** carefully; **абúяк** sloppily, **кéпсько** poorly, **небезпéчно** in a dangerous way, **недбáло** carelessly, **погáно** badly
v. + **в. вмíти** be able to, **могтú** can; **любúти** like to; **навчáти** + *A.* teach sb to, **навчáтися** learn to ◊ **Він навчúвся в. човнá.** He learned to steer a boat.
4 *intr.* to move, shift + *I.* ◊ **Олéг став в. щíткою по пíдлóзі.** Oleh started moving the brush on the floor.
adv. **задýмливо** pensively ◊ **Він задýмливо ~úв пáльцем по шúбі.** He was pensively moving his finger on the window pane. **механíчно** mechanically, **мóвчки** silently, **повíльно** slowly; **увáжно** carefully ◊ **Дíвчúна увáжно ~úла за ним очúма.** The girl carefully followed him with her eyes. **нéрвово** nervously, **тривóжно** anxiously
prep. **в. за** + *I.* follow sb/sth; **в. по** + *L.* move on/along/up and down sth ◊ **Óльга механíчно ~úла олівцéм по чúстому áркушу.** Olha was mechanically moving the pencil up and down a blank sheet.
See **рýхати 1**
pa. pple. **вóджений**
водú!
Cf. **вестú**, *uni.*

вод|úтися; *no pf., intr.*
1 *colloq.* to fraternize; hang out with, mix with, hobnob
adv. **зáвждú** always ◊ **Тарáс зáвждú ~úвся з підозрíлими тúпами.** Taras would always fraternize with suspicious characters. **чáсто** often; **нíколи не** never
v. + **в. заборонáти** + *D.* forbid sb to ◊ **Бáтько заборонúв їй в. з Лíдою.** Father forbade her to hang out with Lida. **обіцяти** + *D.* **не** promise sb not to; **любúти** like to ◊ **Юркó любúв в. зі стáршими хлóпцями.** Yurko liked to hang out with older guys. **почáти** *pf.* begin to, **стáти** *pf.* start ◊ **Гáнна і Пилúп стáли в. рік томý.** Hanna and Pylyp started going out a year ago. **перестáти** *pf.* stop
prep. **в. з** + *I.* hobnob with sb
See **дружúти, товаришувáти 1**
2 *impers., only 3rd pers.* to be the custom, be done ◊ **Володúмир, як ~иться, прийшóв із гостúнцем.** As is the custom, Volodymyr came with a present.
3 *only 3rd pers.* to be found, occur; be in existence; have *with* в + *G. (only of inan.)*
adv. **зáвждú** always, **колúсь** once, **колúсь давнúм-давнó** once upon a time, **остáннім чáсом** lately, **ранíше** earlier, **столíттями** for centuries, **традицíйно** traditionally; **тепéр** now ◊ **У лісáх ~яться вовкú.** Wolves can be found in the forests. **нíколи не** never ◊ **В óзері нíколи ранíше не ~úлися вугрí.** Eels were never found in this lake before.
v. + **в. могтú** can ◊ **В льохý мóжуть в. щурí.** Rats can occur in the cellar. **переставáти** stop; **починáти** begin to, **стáти** *pf.* start ◊ **У Мáрти стáли в. грóші.** Marta has come into some money.
Also see **зустрічáтися 4, трапля́тися 2**

водí|й, *m.*, **~я́; ~йка**, *f.*
driver, chauffeur ◊ **Він працює ~єм.** He works as a driver.
adj. **блискýчий** brilliant, **відмíнний** excellent, **впрáвний** skilled ◊ **Івáн зарекомендувáв себé впрáвним ~єм.** Ivan proved himself a skilled driver. **дóбрий** good ◊ **Олéг – дóбрий в.** Oleh is a good driver. **неперевéршений** unsurpassed, **чудóвий** great; **досвíдчений** experienced, **кваліфікóваний** qualified, **професíйний** *or* **фаховúй** professional; **обережний** careful
в. + *n.* **в. автóбуса** a bus driver (**автомóбіля** car, **вантажíвки** truck, **пóтяга** train, **таксíвки** cab, **швидкóї** *colloq.* ambulance) ◊ **Він пропрацювáв ~єм швидкóї все життя́.** He has worked as an ambulance driver all his life.
v. + **в. викликáти ~я́** summon a driver ◊ **Вонá вúкликала ~я́.** She summoned her driver. (**потребувáти** need ◊ **Сьогóдні шеф бíльше не потребувáтиме ~я́.** Today, the boss will not be needing his driver any more. **шукáти** look for) ◊ **Він шукáє нóвого ~я́.** He is looking for a new driver. **бýти ~єм** be a driver (**виявля́тися** turn out, **працювáти** work as, **ставáти** become) ◊ **У Нью-Йóрку Михáйло став ~єм таксíвки.** In New York, Mykhailo became a taxi driver.
N. pl. **~ї**
Also see **таксúст**

вóєнн|ий, *adj.*
military, war, martial; of or pertaining to war
в. + *n.* **в. злочúнець** a war criminal (**репортáж** reportage, **репортéр** reporter; **фільм** movie); ♦ **в. стан** martial law ◊ **В. стан лишáтиметься у мíсті ще мíсяць.** The city will remain under martial law for another month. ♦ **~і дíї** hostilities, warfare
Cf. **військóвий**

воз|úти, вожý, ~ять; *no pf., multi., tran.*
to drive around, drive there and back, take *(by vehicle)*, cart, ship, move; **по~**, *pf.* to drive around, *etc. (for some time)* ◊ **Вонá ~ить сусíда до крамнúці.** She drives her neighbor to the store.
adv. **чáсто** often ◊ **Вчúтелька чáсто ~úла школярíв до якóгось музéю.** The (female) teacher often takes her schoolchildren to a museum. **весь час** all the time, **зáвждú** always, **звичáйно** usually, **як прáвило** as a rule, **постíйно** constantly, **рíдко** seldom, **нíколи не** never
pa. pple. **завéзений** delivered, shipped
(по)возú!
Also see uni. **везтú 1, завóзити 1**

вокзáл, *m.*, **~у**
station *(usually larger in size than* **стáнція** *station)* ◊ **Центрáльний в. мíста подíбний на звичáйну стáнцію.** The central station of the city resembles a regular station.
adj. **автóбусний** *usu* **автовокзáл** bus ◊ **Грýпа зустрічáлася на автовокзáлі «Півдéнний».** The group was meeting at the *Pivdennyi* Bus Station. ♦ **аеровокзáл** an airport, **залізнúчний** train, **морськúй** sea, **річковúй** river; **велúкий** large, **величéзний** huge; **малúй** small, **малéнький** *dim.* small; **модéрний** modern; **новúй** new, **старúй** old; **центрáльний** central; **лю́дний** crowded, **порóжній** empty
n. + **в. будúнок ~у** a station building ◊ **Будúнок ~у – однúн із наймéнш привáбливих у мíсті.** The station building is one of the least attractive in town. (**примíщення** premises; **пáркінг** parking; **платфóрма** platform; **начáльник** master, **персонáл** staff)
v. + **в. діставáтися на в.** get to a station ◊ **Хрúсті трéба якнайшвúдше дістáтися на аеровокзáл.** Khrystia needs to get to the airport as soon as possible. (**ї́хати на** go to ◊ **Десятúй автóбус не йде на автовокзáл.** Bus number ten does not go to the bus station. **приїжджáти** *or* **прихóдити на** arrive at) ◊ **Її пóтяг прúїде** *or* **прийдé на в. за годúну.** Her train will arrive at the station in an hour. **від'їжджáти** *or* **відхóдити з ~у** leave a station
в. + *v.* **розташóвуватися** *or* **бýти розташóваним** be located ◊ **В. розташóваний бíля центрáльної плóщі.** The station is located near the central square.
prep. **до ~у** to a train station ◊ **Менí трéба дістáтися до ~у.** I need to get to the train station. **на в.** *dir.* to a train station; **на ~і** *posn.* at a train station ◊ **Івáнна бáчила йогó на ~і.** Ivanna saw him at the train station. **у ~і** in, inside a train station ◊ **Ресторáн у сáмому ~і.** The restaurant is inside the very station.

волí|ти, ~ють; *no pf., tran.*
1 to prefer *(to do sth) only with inf.* ◊ **Він любúть селó, алé ~є мéшкати в мíсті.** He likes the country but prefers to live in the city.
adv. **зáвждú** always, **зазвичáй** usually, **звичáйно** certainly, **крáще** better, **рáдше** rather, **швúдше** sooner, **як прáвило** as a rule
Also see **перевáга 3**
2 to want ◊ **Хомá ~в бýти з найдорóжчими для ньóго людьмú.** Khoma wanted to be with those dearest to him.
See **хотíти**
волíй!

волóг|ий, *adj.*
humid, damp, moist
adv. **дóсить** quite, **дýже** very ◊ **Повíтря надвóрі зробúлося дýже ~им.** The air outdoors became very humid. **геть** totally, **вкрай** extremely, **надто**

too, **страше́нно** terribly; **зо́всім не** not at all; **прие́мно** pleasantly; **неприе́мно** unpleasantly; **де́що** somewhat, **тро́хи** a little

v. + **в. бу́ти ~им** be damp (**виявля́тися** turn out ◊ **Підсо́ння у реґіо́ні ви́явилося ~им.** The climate in the region turned out to be humid. **здава́тися** + *D.* seem to sb ◊ **Іва́нові о́чі здали́ся їй ~ими від звору́шення.** Ivan's eyes seemed to her moist with emotion. **лиша́тися** remain; **роби́тися** get, **става́ти** become) ◊ **Взи́мку тюре́мна ка́мера стає холо́дною і ~ою.** In winter, the prison cell becomes cold and damp.

prep. **в. від** + *G.* damp from/with sth ◊ **Дро́ва ~і від дощу́.** The firewood is damp from rain.

Also see **мо́крий 1, 2, сири́й 1**

воло́г|ість, *m.*, **~ости**, *only sg.*
humidity

adj. **висо́ка** high ◊ **За висо́кої ~ости пові́тря ди́хати ва́жче.** It is harder to breathe with high air humidity. **значна́** considerable, **надзвича́йна** extraordinary, **надмі́рна** excessive, **помі́тна** noticeable, **скра́йня** extreme; **відно́сна** relative; **мініма́льна** minimal, **низька́** low

n. + **в. рі́вень ~ости** the level of humidity

v. + **в. збі́льшувати в.** increase humidity (**зме́ншувати** reduce, **контролюва́ти** control, **утри́мувати** maintain)

в. + *v.* **збі́льшуватися** increase, **зроста́ти** grow; **не змі́нюватися** not change; **колива́тися** vary ◊ **В. колива́ється зале́жно від пори́ ро́ку.** Humidity varies depending on the season of the year. **зме́ншуватися** decrease, **па́дати** drop ◊ **У го́рах в. рі́зко впа́ла.** In the mountains, the humidity dropped abruptly. **руйнува́ти** + *A.* ruin sth ◊ **В. руйну́є руко́писи.** Humidity is ruining the manuscripts.

Also see **си́рість**

володі́|ти ~ють; *no pf., intr.*
1 to have, own, possess + *I.* ◊ **О́ля ~є до́свідом робо́ти з ді́тьми.** Olia possesses the experience of work with children.

adv. **да́лі** further ◊ **Вона́ да́лі ~ла невели́ким поме́шканням в О́вручі.** She continued to own a small apartment in Ovruch. **як і ра́ніше** as before; **зако́нно** lawfully, **форма́льно** formally; **незале́жно** independently ◊ **Два бра́ти незале́жно ~ли нерухо́містю.** The two brothers independently owned pieces of real estate. **пе́рвісно** originally; **колекти́вно** collectively, **спі́льно** jointly; **індивідуа́льно** individually, **особи́сто** personally; **нелеґа́льно** illegally, **незако́нно** unlawfully; **неподі́льно** in an undivided way, **ціл**ко́м completely ◊ **Промо́вець ціл**ко́м **~в ува́гою авдито́рії.** *fig.* The speaker had the audience's full attention.

See **ма́ти 1.** *Also see* **трима́ти 6**

2 to be in command of, to control ♦ **в. собо́ю** to control oneself

adv. **до́бре** well ◊ **Га́нна до́бре ~ла собо́ю на́віть під психологі́чним ти́ском.** Hanna controlled herself well even under psychological pressure. **чудо́во** superbly; **ке́псько** poorly; **ле́две** scarcely

See **контролюва́ти**

3 to know how to, be proficient in, speak *(a language)*; be in command of *(data, situation, etc.)*

adv. **блиску́че** brilliantly ◊ **Тарасю́к блиску́че ~є матерія́лом.** Tarasiuk has a brilliant command of the material. **ві́льно** fluently, **до́бре** well ◊ **Ю́рко до́бре ~є шістьма́ мо́вами.** Yurko has a good command of six languages. **доскона́ло** perfectly, **чудо́во** wonderfully; **непога́но** decently; **майсте́рно** masterfully, **професі́йно** professionally, **ке́псько** poorly, **пога́но** badly; **ле́две** hardly ◊ **Помічни́ця ле́две ~ла ново́ю мето́дикою обро́бки да́них.** The (female) assistant was hardly in command of the new methodology of data processing. **ся́к-та́к** so-so

(о)володі́й!

воло́сс|я, *nt., only sg., coll.*
hair

adj. **густе́** thick, **рідке́** thin; **до́вге** long, **коро́тке** short; ♦ **ко́ротко підстри́жене** cropped; **біля́ве** fair, **золоти́сте** golden, **кашта́нове** auburn, **руде́** red, **ру́се** brown, **руся́ве** brownish, **си́ве** gray ◊ **Коли́сь густе́ й чо́рне, тепе́р її в. було́ рідки́м і си́вим.** Once thick and black, her hair was now thin and gray. **сріблю́сте** silvery, **те́мне** dark, **чо́рне** black; **жорстке́** coarse, **м'яке́** soft, **шовкови́сте** silky; **кучеря́ве** curly, **пряме́** straight, **скуйо́вджене** shaggy, **хвиля́сте** wavy; **га́рне** beautiful; **акура́тне** tidy; **блиску́че** shiny; **сухе́** dry; **жи́рне** greasy, **масне́** oily; **брудне́** dirty, **неми́те** unwashed; **заплу́тане** tangled, **неоха́йне** unkempt; **неслухня́не** unruly ◊ **Неслухня́не в. па́дало їй на ло́ба.** Her unruly hair fell on her forehead.

n. + **в. ло́кон в.** lock of hair (**па́смо** wisp); **довжина́ в.** hair length (**ко́лір** color)

v. + **в. ма́ти в.** have hair ◊ **Вона́ має до́вге в.** She has long hair. (**вклада́ти** arrange ◊ **Її в. уклада́в перука́р.** A hairstylist arranged her hair. **зав'я́зувати зза́ду** tie back, **заплі́тати** braid, **розгла́джувати** smooth; **відро́щувати** grow ◊ **Оле́г відрости́в в. до плече́й.** Oleh grew shoulder-length hair. **підріза́ти** trim, **стри́гти** cut ◊ **Ле́ся впе́рше стри́гла в. ко́ротко.** Lesia cut her hair short for the first time. **ми́лити** soap, **ми́ти** wash, **розчі́сувати** comb, **суши́ти** dry; **вибі́лювати** bleach, **фарбува́ти** dye; **гла́дити** stroke, **голу́бити** caress

в. + *v.* **випада́ти в** + *G.* lose ◊ **У ньо́го випада́є в.** He is losing hair. **рости́ в** + *G.* grow ◊ **У Марі́ї шви́дко росте́ в.** Maria's hair grows quickly. **ви́сіти** hang, **па́дати** fall, **спада́ти** flow; **блища́ти** shine, **відсві́чуватися** gleam

prep. **у в.** *dir.* in/to one's hair ◊ **Ва́ля втира́ла у в. крем.** Valia rubbed cream into her hair. **у ~і** *posn.* in one's hair ◊ **У її ~і застря́ла пелю́стка троя́нди.** A rose petal got stuck in her hair.

Cf. **шерсть 1**

во́л|я, *f., only sg.*
1 will, determination, willpower

adj. **вели́ка** great, **величе́зна** enormous, **залі́зна** iron, **непербо́рна** indomitable, **си́льна** strong ◊ **жі́нка си́льної ~і** a woman of strong will; **слабка́** weak

n. + **в. зуси́лля ~і** exertion of will ◊ **Зуси́ллям ~і він подола́в бажа́ння ви́пити ще.** By exertion of will, he supressed the desire to have another drink. **си́ла ~і** willpower

v. + **в. ма́ти ~ю** have the willpower ◊ **Вона́ му́сила ма́ти ~ю, щоб сху́днути.** She must have had the willpower to lose weight. (**висна́жувати** drain, **лама́ти** break) ◊ **Торту́ри злама́ли їй в.** Torture broke her willpower. **бракува́ти** + *D.* ~**і** lack the will ◊ **Оста́пові брaку́є ~і ки́нути пали́ти.** Ostap lacks the willpower to quit smoking. (**доклада́ти** exert ◊ **Він докла́в вели́кої ~і, щоб закі́нчи́ти пра́цю.** He exerted great will, to finish the work.

Also see **си́ла 1, хара́ктер 2**

2 will, desire, wish

adj. **ви́разна** distinct, **непербо́рна** indomitable ◊ **Їх урятува́ла непербо́рна в. ви́жити.** The indomitable will to survive saved them. **си́льна** strong; **слабка́** weak; **ві́льна** free; **свідо́ма** conscious; **зага́льна** general, **колекти́вна** collective, **наро́дна** popular, **націона́льна** national, **політи́чна** political ◊ **відсу́тність в уря́ду політи́чної ~і провести́ рефо́рми** the government's lack of political will to conduct the reforms; **індивідуа́льна** individual; ♦ **до́бра в.** goodwill ◊ **Щоб знайти́ компромі́с, потрі́бно ма́ти терпі́ння і до́бру ~ю.** To find a compromise, patience and goodwill are needed. ◊ **лю́ди до́брої ~і** people of goodwill; **боже́ственна** divine, **людська́** human; **оста́ння** *or* **передсме́ртна** last ◊ **Лист місти́в оста́нню ~ю небі́жчика.** The letter contained the last will of the deceased. ♦ **ві́льному в.** as you wish, you are free to do as you wish ◊ **Він не хо́че бу́ти тут. Ві́льному в.** He does not want to be here. He is free to do as he wishes.

v. + **в. ма́ти ~ю** have the will ◊ **Хло́пець мав ~ю дося́гну́ти у́спіху.** The boy had a will to achieve success. (**втрача́ти** lose ◊ **Він утра́тив вся́ку ~ю жи́ти.** He lost any will to live. **нав'я́зувати** + *D.* imposed upon sb) ◊ **Економі́чним шантаже́м Кремль ду́мав нав'яза́ти Євро́пі свою́ ~ю.** By economic blackmail, the Kremlin intended to impose its will on Europe. ♦ **віддава́тися на ~ю** + *D.* to submit to sb ◊ **Вона́ люби́ла віддава́тися на ~ю уя́ви.** She liked to submit to her imagination. **бракува́ти ~і** lack the will ◊ **О́лі бракува́ло ~і ки́нути пали́ти.** Olia lacked the will to quit smoking. (**йти про́ти** go against) ◊ **Він не нава́жувався піти́ про́ти її ~і.** He did not dare go against her will. **підкоря́тися ~і** obey the will ◊ **Лев підкори́вся ~і ма́тері.** Lev obeyed his mother's will.

prep. **з вла́сної ~і** 1) as one wishes ◊ **Вона́ веде́ господа́рство з вла́сної ~і.** She manages her household as she wishes. 2) voluntarily, of one's free will ◊ **Петро́ пого́дився на ї́хні у́мови з вла́сної ~і.** Petro agreed to their terms of his own free will. ♦ **по во́лі-нево́лі** *or* **по ~і чи по нево́лі** willy-nilly ◊ **По во́лі-нево́лі він му́сив гра́ти за пра́вилами.** He was obliged to play by the rules, willy-nilly. **про́ти ~і** against sb's will ◊ **Він учини́в про́ти вла́сної ~і.** He acted against his own will. ♦ **як твоя́** (*pl.* **ва́ша**) **в.** as you wish

Also see **бажа́ння**

3 freedom, liberty ◊ **Тут мо́жна відчу́ти дух ~і.** Here one can feel the spirit of freedom. ◊ **Вони́ стоя́ть за ~ю.** They stand for freedom.

v. + **в. дава́ти** + *D.* **~ю** give sb/sth latitude, free rein ◊ **Виклада́ч дава́в студе́нтам ~ю для самови́яву.** The instructor gave his students freedom of self-expression. ♦ **дава́ти ~ю нога́м** to run for it, take flight ◊ **Поба́чивши небезпе́ку, хло́пець дав ~ю нога́м.** Having seen the danger, the boy took flight. ♦ **дава́ти ~ю почуття́м** let one's emotions loose ◊ **Йо́сип дав ~ю почуття́м.** Yosyp let his emotions loose. **відпуска́ти** + *A.* **на ~ю** set sb free ◊ **Полі́ція відпусти́ла страйкарі́в на ~ю.** The police set free the strikers.

prep. **на ~ю** *dir.* 1) outside, outdoors ◊ **Прові́вши два дні за письмо́вим столо́м, Марко́ хоті́в десь на ~ю, в ліс.** Having spent two days at his desk, Marko wanted to get some place outside, to the forest. 2) out of prison; free; **на ~і** *posn.* 1) outdoors, outside; 2) free, out of captivity, out of prison ◊ **Наре́шті він на ~і.** He is finally free.

Cf. **свобо́да.** *Ant.* **ра́бство**

во́ро|г, *m.*
enemy, adversary, foe

adj. **безжа́лісний** merciless ◊ **Вони́ ма́ють спра́ву з безжа́лісним ~гом.** They are dealing with a merciless enemy. **брута́льний** brutal, **жорсто́кий** cruel, **крива́вий** murderous, **кровоже́рний** blood-thirsty; **вели́кий** great, **найбі́льший** biggest, **головни́й** main; **віроло́мний** perfidious, **зрадли́вий** duplicitous ◊ **Перехитри́ти зрадли́вого ~га було́ неле́гко.** It was tough to outsmart the duplicitous enemy. **підсту́пний** treacherous, **хи́трий** cunning; **мерзе́нний** despicable, **нена́висний** hated, **оги́дний** loathsome, **пі́длий** base; **гро́зний** formidable ◊ **До мі́ста підступа́в гро́зний в.** A formidable enemy was approaching the city. **могу́тній** mighty, **непремо́жний** invincible, **си́льний** powerful; **закля́тий** sworn; **запе́клий** bitter, **затя́тий** relentless; **злий** wicked, **лю́тий** fierce, **страшни́й** fearsome; **правди́вий** real, **спра́вжній** true; **серйо́зний** serious; **ві́чний** eternal, **да́вній** long-time, **коли́шній** former, **незмі́нний** invariable, **стари́й** old, **традиці́йний** traditional; **нови́й** new; **неви́ди́мий** invisible, **прихо́ваний** hidden, **таємни́й** secret; **потенці́йний** potential; **спі́льний** common; **вну́трішній** internal, **зо́внішній** external, **міжнаро́дний** international, **чужозе́мний** foreign; ♦ **в. наро́ду** public enemy, *hist.* an enemy of the people

n. + **в. ді́ї ~га** enemy actions (**лі́нія** lines, **оборо́на** defenses, **си́ли** forces; **терито́рія** territory)

v. + **в. атакува́ти ~га** attack an enemy ◊ **Полк заатакува́в ~га на світа́нку.** The regiment attacked the enemy at dawn. (**здобува́ти (собі)** make ◊ **Недба́лим заува́женням Ні́на здобула́ ~га.** By her careless remark, Nina made an enemy. **ма́ти** have; **вбива́ти** kill, **дола́ти** overcome ◊ **Вони́ мо́жуть подола́ти ~га ра́зом.** They can overcome the enemy together. **зни́щувати** destroy, **ліквідо́вувати** eliminate, **перемага́ти** defeat ◊ **Об'єдна́вшись, вони́ перемо́жуть ~га.** By uniting, they will defeat the enemy. **відля́кувати** deter ◊ **Дезінформа́ція ма́ла відляка́ти ~га.** The misinformation was supposed to deter the enemy. **перехитри́ти** *pf.* outsmart; **зустріча́ти** meet) ◊ **Повста́нці зустрі́ли ~га в уще́лині.** The rebels met the enemy in a gorge. **позбува́тися ~га** get rid of an enemy (**захища́ти** + *A.* **про́ти** protect sb against, **обороня́ти** + *A.* **від** defend sb against), ♦ **потрапля́ти в ру́ки ~га** to fall into the enemy's hands; **завдава́ти пора́зки ~гові** defeat an enemy ◊ **Козаки́ завдали́ пора́зки ~гові.** The Cossacks defeated the enemy. **боро́тися з ~гом** fight an enemy ◊ **Ада́м бо́реться з лі́нню – своїм головни́м ~гом.** *fig.* Adam is fighting laziness, his main enemy. (**змага́тися** *and* **конкурува́ти з** compete with; **стоя́ти пе́ред** face) ◊ **Мі́сто стоя́ло пе́ред страшни́м ~гом – епіде́мією чуми́.** *fig.* The city faced a fearful enemy, a plague epidemic. **става́ти ~га́ми** become enemies ◊ **Вони́ ста́ли ~га́ми.** They became enemies.

в. + *v.* **атакува́ти** + *A* attack sb ◊ **В. атакува́в лі́вий фланг.** The enemy attacked the left flank. **бра́ти** + *A.* **в поло́н** take sb prisoner; **напада́ти на** + *A* assault sb

prep. ♦ **пе́ред лице́м ~га** in the face of the enemy ◊ **Захисники́ не панікува́ли пе́ред лице́м ~га.** The defenders did not panic in the face of the enemy. **про́ти ~га** against an enemy ◊ **Два та́бори об'єдна́лися про́ти спі́льного ~га.** The two camps united against their common enemy.

V. **~же**, *N. pl.* **~ги́**

Also see **супе́рник.** *Cf.* **завойо́вник, кри́тик 1, опоне́нт, шпигу́н.** *Ant.* **друг**

ворогу|ва́ти ~ють; *no pf., intr.*
to be enemies with, be hostile to

adv. **відкри́то** openly, **го́стро** fiercely, **затя́то** relentlessly ◊ **Ще вчо́ра вони́ затя́то ~ва́ли.** Only yesterday, they were relentless enemies. **непримире́нно** irreconcilably, **тя́жко** bitterly; **давно́** long since, **до́вго** for a long time, **традиці́йно** traditionally

v. + **в. почина́ти** begin to, **ста́ти** *pf.* start ◊ **Вони́ ста́ли тя́жко в.** They started being bitter enemies. **продо́вжувати** continue to; **припиня́ти** stop ◊ **Здава́лося, що вони́ ні́коли не припи́нять в.** It seemed they would never stop being enemies.

prep. **в. з** + *I.* be enemies with sb ◊ **Марі́я ні з ким не ~є.** Maria has no enemies. **в. між собо́ю** be enemies to one another ◊ **гру́пи, що ~ють між собо́ю** groups that are hostile to one another

Cf. **нена́видіти.** *Ant.* **дружи́ти, приятелюва́ти 1**

воро́ж|ий, *adj.*
1 hostile, inimical, unfriendly ◊ **В. по́гляд незнайо́мця непокої́в Бори́са.** The stranger's hostile look disturbed Borys.

adv. **абсолю́тно** absolutely ◊ **Його́ іде́ї, абсолю́тно ~і заса́дам демокра́тії.** His ideas are absolutely inimical to the principles of democracy. **відве́рто** downright, **відкри́то** openly, **вкрай** extremely, **все бі́льше** increasingly, **глибо́ко** deeply, **ду́же** very, **надзвича́йно** extraordinarily, **неймові́рно** incredibly, **однозна́чно** unambiguously, **про́сто** simply, **я́вно** obviously; **ле́две** hardly

в. + *n.* **в. ви́гляд** a hostile appearance (**жест** gesture, **по́гляд** look, **тон** tone ◊ **В. тон Гали́ни означа́в, що розмо́ву закі́нчено.** Halyna's hostile tone meant that the conversation was over. **та́бір** camp) ◊ **Делега́ція розколо́лася на два ~і табори́.** The delegation split into two hostile camps. **~а іде́я** a hostile idea (**інтона́ція** intonation, **настано́ва** attitude, **поведі́нка** behavior; **фра́кція** faction; **ду́мка** opinion, **зая́ва** statement, **оці́нка** assessment, **промо́ва** speech, **реце́нзія** review); **~е о́чення** a hostile environment (**сприйня́ття** reception, **ста́влення** treatment) ◊ **Вона́ не могла́ не помі́тити ~ої поста́ви бра́та до Пили́па.** She could not but notice her brother's hostile treatment of Pylyp. **~і перекона́ння** hostile convictions

v. + **в. розгляда́ти** + *A.* **як** regard sth as (**сприйма́ти** + *A.* **як** perceive sth as) ◊ **Вони́ сприйняли́ зая́ву як ~у.** They perceived the statement as hostile. **бу́ти ~им** be hostile (**вважа́ти** + *A.* consider sth ◊ **Вони́ вважа́ють ініціати́ву ~ою.** They consider the initiative hostile. **виявля́тися** turn out, **здава́тися** + *D.* seem to sb; **оголо́шувати** + *A.* declare sth ◊ **Інквізи́ція оголоси́ла тракта́т уче́ного ~им до це́ркви.** The Inquisition declared the scientist's treatise to be hostile to the Church. **лиша́тися** remain; **роби́ти** + *A.* make sb, **става́ти** become) ◊ **Її о́точення става́ло все бі́льш ~им.** Her environment was becoming increasingly hostile.

prep. **в. до** + *G.* hostile to/toward sb/sth

Also see **хи́жий 2**

2 of or pertaining to enemy, hostile

в. + *n.* **в. вини́щувач** an enemy fighter (**корабе́ль** ship, **літа́к** aircraft, **танк** tank; **на́ступ** advance, **о́бстріл** shelling, **полк** regiment; **снаря́д** shell; **та́бір** camp); **~а авія́ція** an enemy air force (**а́рмія** army, **диві́зія** division; **артиле́рія** artillery; **ді́яльність** activity, **опера́ція** operation, **провока́ція** provocation, **пропаґа́нда** propaganda; **ку́ля** bullet, **раке́та** missile; **ро́звідка** reconnaissance; **пози́ція** position, **ціль** target); **~е бомбардува́ння** an enemy bombing (**ві́йсько** troops, **розташува́ння** disposition); **~і солда́ти** enemy soldiers

воро́ж|ість, *f.*, **~ости**, *only sg.*
hostility, malice

adj. **вели́ка** great, **відве́рта** downright, **відкри́та** open, **все бі́льша** increasing, **глибо́ка** deep, **запе́кла** bitter, **непримире́нна** irreconcilable, **скра́йня** extreme, **надзвича́йна** extraordinary, **неймові́рна** incredible, **однозна́чна** unequivocal, **я́вна** obvious ◊ **Це було́ ска́зано з я́вною ~істю.** This was said with an obvious hostility. **завуальо́вана** veiled, **прихо́вана** concealed ◊ **У зая́ві звуча́ла прихо́вана в. до іміґра́нтів.** The statement resonated with a concealed hostility towards immigrants. **взає́мна** mutual, **особи́ста** personal; **ди́вна** strange, **незрозумі́ла** incomprehensible, **несподі́вана** unexpected; **безпідста́вна** groundless

v. + **в. виража́ти в.** express hostility (**висло́влювати** voice, **виявля́ти** show; **виклика́ти** arouse, **провокува́ти** provoke; **відчува́ти** sense) ◊ **Катери́на відчува́ла в. в її листі́.** Kateryna sensed hostility in her letter.

prep. **в. до** + *G.* hostility toward sb/sth

Cf. **відчу́ження, ворожне́ча**

ворожне́ч|а, *f.*, **~і**, *only sg.*
antagonism, hostility, conflict

adj. **взає́мна** mutual; **етні́чна** ethnic, **міжетні́чна** interethnic, **націона́льна** national, **ра́сова** racial ◊ **ви́яв ра́сової ~і** a manifestation of racial antagonism; **міжконфесі́йна** inter-confessional, **релігі́йна** religious; **кла́сова** class, **політи́чна** political ◊ **Політи́чна в. між ни́ми не заважа́є їм лиша́тися дру́зями.** The political antagonism between them does not prevent them from being friends. **вели́ка** great, **глибо́ка** deep, **го́стра** acute, **запе́кла** bitter, **непримире́нна** irreconcilable, **скра́йня** extreme; **все бі́льша** increasing; **надзвича́йна** extraordinary, **неймові́рна** incredible; **відве́рта** overt, **відкри́та** open, **я́вна** obvious; **да́вня** ancient, **пості́йна** permanent, **трива́ла** long-lasting, **хроні́чна** chronic; **безглу́зда** senseless

v. + **в. загострювати ~у** exacerbate an antagonism ◊ **Відпо́відь на провока́цію лише́ заго́стрить міжетні́чну ~у в мі́сті.** A response to the provocation will only exacerbate the interethnic antagonism in the city. (**погі́ршувати** worsen, **поси́лювати** aggravate, **розпа́лювати** inflame; **посла́блювати** alleviate; **поро́джувати** give rise to, **провокува́ти** provoke); **бу́ти причи́ною ~і** be the cause of antagonism (**вести́ до** lead to, **спричиня́тися до** cause)

prep. **в. між** + *I.* antagonism between/among sb/sth

See **конфлі́кт.** *Cf.* **конкуре́нція, супе́рництво**

вор|о́та, **~і́т**, *only pl.*
1 gate ◊ **У в. ле́две мо́же проїхати мала́ вантажі́вка.** A small truck can barely pass through the gate. ♦ **ні в тин ні у в.** neither here nor there ◊ **Анато́лій щось каза́в, ні в тин ні у в.** Anatolii was saying something neither here nor there.

See **бра́ма**

2 goal *(in soccer)*

adj. **відкри́ті** open ◊ **Як він міг прома́зати у відкри́ті в.?** How could he miss an open goal? **поро́жні** empty

v. + **в. става́ти на в.** go in goal ◊ **На в. му́сив ста́ти нова́к.** A rookie had to go in goal. ♦ **стоя́ти на ~о́тах** *or* **~о́тях** be *or* play in goal ◊ **Ми́ша стої́ть на ~о́тах** *or* **~о́тях.** Mysha is playing in the goal.

восени́, *adv.*
in autumn, in fall

adj. **аж** as late as ◊ **Зу́стріч відбула́ся аж в.** The encounter took place as late as in the fall. **за́вжди́** always, **і́ноді** sometimes, **пі́зно** late ◊ **Вони́ саджа́ть часни́к пі́зно в.** They plant garlic in late fall. **ра́но** early, **рі́дко коли́** rarely ever, **са́ме** right, **ті́льки** only, **що́йно** only just, **якра́з** exactly

Cf. **навесні́**

впада́|ти, *var.* **упада́ти**, **~ють; впа́сти**, *var.* **упа́сти**, **впаду́ть;** *pa. pf., m.* **впав**, *pl.* **впа́ли**, *intr.*
1 *usu impf.* to fall into, flow into *(of river)* ◊ **Струмо́к ~є у рі́чку.** The creek flows into the river.

prep. **в. в** + *A.* flow into *(sea, etc.)*; ♦ **в. в о́ко** *or* **о́чі** *or* **у ві́чі** to catch sb's eye ◊ **Марко́ одра́зу впав їй у ві́чі.** Marko immediately caught her eye.

Also see **вхо́дити 2**

2 to fall into *(anger, etc.)*, sink into ◊ **Офіце́р упа́в у лють.** The officer flew into a rage.

adv. **і́ноді** sometimes ◊ **Лише́ і́ноді Юрко́ ~в у го́стру ту́гу за до́мом.** Only sometimes Yurko fell into an acute homesickness. **час від ча́су** from time to time; **ле́гко** easily ◊ **Вона́ ле́гко ~ла в депре́сію.** She easily fell into depression. **несподі́вано** unexpectedly, **ра́птом** suddenly; **ні́коли не** never

prep. **в. в** + *A.* fall into *(a state)*

впада́й! впади́!

впа́|сти, *pf., var.* **упа́сти**, *see* **впада́ти** *and* **па́дати**
to fall ◊ **Щось го́лосно ~ло на ку́хні.** Something fell loudly in the kitchen. ◊ **Вона́ ~ла в ро́зпач.** She fell into despair.

впéвнен|ий, *adj., var.* **упéвнений**
sure, certain, confident, positive
adv. **абсолю́тно** absolutely, **геть** totally, **ду́же** very, **надзвича́йно** extremely, **на всі сто** *colloq.* one hundred percent, **пóвністю** fully, **страшéнно** terribly, **цілкóм** completely ◊ **Я цілкóм в. у цьóму.** I'm completely sure of it. **вже** already; **достáтньо** sufficiently, **лéдве** scarcely, **ма́йже** almost; **зáвжди́** always; **зóвсім не** not at all, **ніко́ли не** never, **ще не** not yet; ♦ **в. у собí** self-confident ◊ **Тим рáзом зáвжди́ ~а в собі Надія потра́пила у пáстку.** This time around, ever self-confident Nadiia walked into a trap.
v. + **в. бу́ти ~им** be sure (**здавáтися** + *D.* seem to sb, **лишáтися** stay; **ставáти** become) ◊ **Вонá стáла ~ою, що за ни́ми стéжать.** She became confident that they were being followed.
prep. **в. в** + *L.* certain of sth/sb ◊ **Христи́на лишáлася на всі сто ~ою в своїх прогнóзах.** Khrystyna remained a hundred percent sure of her forecasts.
Also see **пéвний 2, самовпéвнений 2**

впéвнен|ість, *var.* **упéвненість**, *f.*, **~ости**, *only sg.*
confidence, certainty, assurance, certitude
adj. **абсолю́тна** absolute ◊ **Натáлею ру́хала абсолю́тна в. у влáсній правотí.** Natalia was driven by her absolute confidence that she was right. **вели́ка** great, **впéрта** stubborn, **ди́вна** strange, **дивови́жна** amazing, **зави́дна** enviable ◊ **Він брехáв із зави́дною ~істю.** He was lying with enviable confidence. **незрозумíла** incomprehensible, **несподíвана** unexpected, **несхи́тна** unshakable, **рíдкісна** rare; **пóвна** full, **цілкови́та** complete; ♦ **Звідки такá в.?** How can you be so sure?
v. + **в. мáти в.** have confidence (**вислóвлювати** express ◊ **Він ви́словив у., що все бу́де за плáном.** He expressed certitude that everything would be according to the plan. **відчувáти** feel; **вселя́ти** + *D.* instill in sb, **давáти** + *D.* give sb, **зберігáти** maintain, **поси́лювати** strengthen; **втрачáти** lose, **зни́щувати** destroy, **підривáти** undermine, **послáблювати** weaken; **віднóвлювати** renew, **повертáти** + *D.* give back to sb) ◊ **Її словá поверну́ли Войтéнкові в. у перемóзі.** Her words gave the confidence about victory back to Voitenko. **бракувáти** + *D.* **~ости** lack confidence ◊ **Йому́ рíдко коли́ бракувáло ~ости.** He rarely ever lacked confidence. (**додавáти** + *D.* add sb ◊ **Прису́тність дру́зів додавáла Натáлці ~ости.** Her friends' presence added to Natalka's confidence. **набувáти** gain) ◊ **Із дóсвідом він набу́в ~ости.** With experience he gained confidence.
в. + *v.* **зростáти** grow ◊ **З кóжною секу́ндою її в. зростáла.** Her confidence grew by the second. **з'являтися** appear; **випарóвуватися** *fig.* evaporate, **зникáти** vanish; **повертáтися** return ◊ **До Андрія поверну́лася в.** Andrii has regained his confidence.
prep. **з ~істю** with confidence; **в. в** + *L.* confidence about sb/sth

вперéд, *adv.*, *var.* **уперéд**
1 forward, ahead, forth, on ◊ **Каравáн повíльно ру́хався в.** The caravan slowly moved forward. ◊ **Йогó ви́нахід був вели́ким крóком у.** His invention was a great step forward.
adv. **винятко́во** exceptionally, **все** *colloq.* all the time ◊ **Вони́ йшли все в.** They marched on all the time. **прóсто** straight, **рíзко** abruptly ◊ **Гімнáст усім тíлом нахили́вся прóсто в.** The gymnast leaned straight forward with all his body. **тíльки** only; ♦ **диви́тися в.** to look into the future ◊ **Він ди́виться в.** He is looking into the future.
Also see **напере́д 1.** *Ant.* **назáд 1**
2 *colloq.* in advance, beforehand ◊ **Готéль замóвлено в.** The hotel was booked in advance.
See **завчáсно 2, напере́д 2**
3 *as interj.* forward ◊ **Сержáнт скомáндував «В.!»** The sergeant commanded "Forward!"

впéрт|ий, *var.* **упéртий**, *adj.*
1 obstinate, stubborn; *also fig.* ◊ **Зóя – ~а оптимíстка.** Zoya is an obstinate optimist.
adv. **вкрай** extremely ◊ **Прими́рення усклáднювала вкрай ~а вдáча дíвчи́ни.** The reconciliation was complicated by the girl's extremely stubborn character. **дóсить** quite, **достáтньо** rather, **ду́же** very, **надзвича́йно** extraordinarily, **страшéнно** terribly
v. + **в. бу́ти ~им** be stubborn ◊ **Богдáн був ду́же ~им.** Bohdan was very stubborn. (**здавáтися** + *D.* seem to sb, **вважáти** + *A.* consider sb ◊ **Хри́стю вважáли люди́ною із влáсною ду́мкою, ще й ~ою.** *impers.* Khrystia was considered to be opinionated and obstinate at that. **виявля́тися** turn out; **лишáтися** stay, **ставáти** become) ◊ **Йогó партнéр рáптом став ~им і безкомпромíсним.** His partner suddenly became obstinate and uncompromising.
Also see **цупки́й 6**
2 persistent, tenacious, purposeful ◊ **Юрчу́к лишáвся ~им дослíдником.** Yurchuk remained a tenacious researcher. ◊ **Кни́жка кóштувáла йому́ п'яти́ рóків ~ої прáці.** The book cost him five years of persistent work. ◊ **Дíвчи́на ви́явилася надзвича́йно ~ою і зáвжди́ домагáлася свогó.** The girl turned out to be extraordinarily tenacious and always got what she wanted.
See **наполéгливий**
3 *fig.* persistent, constant, continuous ◊ **~ій холóдній мжи́чці не булó крáю.** There was no ending to that persistent cold drizzle. ◊ **Хомí не давáв спáти в. кáшель.** Persistent cough prevented Khoma from sleeping.
See **хронíчний 2**

впéрт|ість, *var.* **упéртість**, *f.*, **~ости**, *only sg.*
1 obstinacy, stubbornness
adj. **безглу́зда** senseless ◊ **Все зупини́лося чéрез її безглу́зду в.** Everything came to a stop because of her senseless stubbornness. **глу́па** silly; **вели́ка** great, **небáчена** unprecedented, **нераціонáльна** irrational, **особли́ва** particular, **скрáйня** extreme; **ди́вна** strange, **незрозумíла** incomprehensible
v. + **в. виявля́ти в.** demonstrate one's obstinacy (**покáзувати** show) ◊ **Мáрті не трéба булó покáзувати в.** Marta should not have shown her obstinacy.
2 persistence, tenaciousness, purposefulness
adj. **вели́ка** great ◊ **Те, що íнші здобувáли рóзумом, він опанóвував вели́кою ~істю.** What others attained by intelligence, he mastered by his great persistence. **величéзна** enormous, **неаби́яка** extraordinary; **зави́дна** enviable, **похвáльна** commendable; **винятко́ва** exceptional, **рíдкісна** rare
v. + **в. виявля́ти в.** demonstrate persistence; **вимагáти ~ости** require persistence ◊ **Такá робóта вимагáє ~ости.** Such work requires tenaciousness. (**потребувáти** take)

впізна|вáти, *var.* **упізнавáти**, **~ю́ть; впізнá|ти**, *var.* **упізнáти**, **~ють**, *tran.*
to recognize, identify
adv. **вже** already; **зблúзька** from up close, **здáлека** from afar **лéгко** easily; **лéдве** hardly, **наси́лу** barely, **тя́жко** hard ◊ **Тепéр у Богдáнові тя́жко впізнáти юнакá, яки́й колúсь хотíв здобу́ти світ.** It is hard to recognize the youth who once wanted to conquer the world in Bohdan. **негáйно** at once, **одрáзу** immediately, **зáраз же** right away
v. + **в. бу́ти лéгко** be easy to ◊ **Єву лéгко впізнáти по пальтí.** Yeva is easy to recognize by her overcoat. **бу́ти неможли́во** be impossibe to ◊ **У грúмі хлóпця булó неможли́во впізнáти.** In the make-up, the boy was impossible to recognize. **вчи́тися** learn to ◊ **Ще в дитя́чі рóки Софíя навчи́лася в. голоси́ птахíв.** Already as a child, Sofia learned to recognize birds' voices.
prep. **в. в** + *L.* recognize in sb/sth ◊ **Дослíдник ~в у тéксті стиль Панáса Ми́рного.** The researcher recognized Panas Myrny's style in the text. **в. по** + *L.* recognize by sth
pa. pple. **впíзнаний** recognized
впізнавáй! впізнáй!
Also see **взнавáти 2, пізнавáти 3, розпізнавáти 1**

впізнá|ти, *var.* **упізнáти**, *pf., see* **впізнавáти**
to recognize ◊ **Сашкó не ~в своєї шкільнóї пóдруги.** Sashko did not recognize his school (female) friend.

вплив, *m.*, **~у**
1 influence
adj. **вели́кий** great, **величéзний** enormous, **значни́й** considerable, **неаби́який** major ◊ **Її твóри мáли неаби́який в. на національну літерату́ру.** Her works had a major influence on the national literature. **пéвний** certain, **помíтний** significant; **надмíрний** excessive; **головни́й** main, **панівни́й** dominant; **важли́вий** important, **винятко́вий** exceptional, **вирішáльний** decisive, **глибóкий** profound, **могу́тній** powerful ◊ **Скрізь у мíсті відчу́тний могу́тній в. арáбської культу́ри.** Everywhere in the city, one could feel the powerful influence of the Arab culture. **си́льний** strong; **мінімáльний** minimal, **незначни́й** insignificant, **обмéжений** limited; **бáжаний** desirable, **благотвóрний** beneficial, **дóбрий** good, **жадáний** desired, **позити́вний** positive; **згу́бний** detrimental, **небáжаний** undesirable; **неґати́вний** negative, **погáний** bad, **руйнівни́й** destructive, **шкідли́вий** pernicious; **непропорцíйний** disproportionate; **потенцíйний** potential; **тривáлий** lasting; **цивілізу́ючий** civilizing; **взаємний** mutual; **прями́й** direct; **незаперéчний** undeniable ◊ **Орáціо Джентилéскі перебувáв під незаперéчний ~ом Каравáджа.** Orazio Gentileschi was under the undeniable influence of Caravaggio. **я́вний** obvious; **непрями́й** indirect; **віднóсний** relative; **далекося́жний** far-reaching, **широ́кий** wide; **зóвнішній** external; **генети́чний** genetic; **економíчний** economic, **ети́чний** ethical, **морáльний** moral, **релігíйний** religious, **політи́чний** political; **культу́рний** cultural, **мóвний** linguistic, **стилісти́чний** stylistic
n. + **в. сфéра ~у** a sphere of influence
v. + **в. мáти в.** have an influence (**роби́ти** exercise, **справля́ти** exert ◊ **Олéна справля́є обмéжений в. на рíшення дочки́.** Olena exerts a limited influence on her daughter's decisions. **використóвувати** use, **давáти** + *D.* give sb ◊ **Грóші давáли йому́ величéзний в. у полíтиці.** Money gave him an enormous influence in politics. **поси́лювати** increase, **розширя́ти** expand; **змéншувати** reduce, **мінімізувáти** minimize, **невтралізувáти** neutralize, **нівелювáти** eliminate; **втрачáти** lose ◊ **Він утрáтив коли́шній економíчний в.** He lost his former economic influence. **зберігáти** retain; **визнавáти** recognize, **розумíти** understand; **виявля́ти** reveal, **демонструвáти** demonstrate, **покáзувати** show; **аналізувáти** analyze, **вивчáти** study, **визначáти** determine, **дослíджувати** explore ◊ **Вонá дослíджує в. телебáчення на національну тотóжність.** She has been exploring the influence of television on national identity. **оцíнювати** assess; **прослíдкóвувати** trace; **потрапля́ти під** come under) ◊ **Тарáс потрáпив під шкідли́вий в. однолíтків.** Taras came under a pernicious influence of his peers. **бу́ти незалéжним від ~у** be independent of influence (**уникáти** avoid)

◊ **Вíктор не зміг уни́кнути психологíчного ~у áрмії.** Viktor failed to avoid the psychological influence of the army. **опирáтися ~ові** resist influence (**протидíяти** counter); **бу́ти під ~ом** be under the influence ◊ **Дмитрó був під си́льним ~ом від побáченого.** Dmytro was under a strong influence of what he had seen. (**дíяти під** act under ◊ **Вонá дíяла під ~ом пережи́того.** She acted under the influence of what she had gone through. **лишáтися під** remain under, **опини́тися під** fall under; **пояснювати** + *A.* attribute sth to) ◊ **Він пояснював нездáтність приймáти рíшення ~ом батькíв.** He attributed his inability to make decisions to his parents' influence.

в. + *v.* **зростáти** grow ◊ **В. полíтика зростáв.** The politician's influence grew. **посилюватися** get stronger, **поши́рюватися на** + *A.* extend to sb/sth, **сягáти** + *G.* reach sth ◊ **Йогó в. сягáв Амéрики.** His influence reached America. **занепадáти** wane, **змéншуватися** diminish, **обмéжуватися** + *I.* be limited to sth ◊ **Її в. обмéжується людьми́ з совєтським менталітéтом.** Her influence is limited to people with the Soviet mentality.

prep. **під ~ом** + *G.* under influence of sb/sth; **в. на** + *A.* influence on/upon sb/sth

Also see **вагá 3, дíя 4.** *Cf.* **ефéкт 2, тиск 2**

2 authority, power ◊ **Я не мáю на ньóго ~у.** I have no authority with him. ◊ **Він тíшився дедáлі бíльшим ~ом у мíсті.** He enjoyed increasing authority in the city.

See **влáда 2**

впливá|ти[1], *var.* упливáти, ~ють; впли́н|ути, *var.* упли́нути, ~уть, *intr.*

to influence, impact, affect

adv. **все бíльше** increasingly, **гли́бóко** profoundly, **драмати́чно** dramatically, **ду́же** greatly, **знáчно** considerably, **íстóтно** substantially, **поту́жно** powerfully, **си́льно** heavily, **фундаментáльно** fundamentally; **акти́вно** actively, **крити́чно** critically, **рішу́че** decisively; **гóловно** mainly, **насáмперед** primarily; **почáсти** in part, **частковó** partially; **дéщо** somewhat, **трóхи** slightly; **прямо** directly ◊ **Довéдено, що люди́на пря́мо ~є на підсóння.** It has been proven that humankind directly influences the climate. **непря́мо** indirectly; **потенцíйно** potentially, **без су́мніву** undoubtedly, **очеви́дно** obviously, **я́вно** clearly; **неуни́кно** inevitably; **дóбре** favorably, **кóри́сно** advantageously, **позити́вно** positively, **цíлюще** beneficially; **нега́тивно** negatively, **шкідли́во** adversely; **надмíрно** unduly; **генети́чно** genetically; **економíчно** economically, **ети́чно** ethically, **морáльно** morally, **політи́чно** politically; **культу́рно** culturally, **мóвно** linguistically; **ментáльно** mentally, **психологíчно** psychologically, **сомати́чно** somatically, *etc.*

v. + **в. намагáтися** attempt to ◊ **Нáстя намагáлася в. на брáта.** Nastia attempted to influence her brother.

prep. **в. на** + *A.* influence sb/sth

впливáй! впли́нь!

Also see **брáти 4, дíяти 5**

впливá|ти[2], *var.* упливáти, ~ють; вплив|ти́, *var.* упливти́, вплисти́, уплисти́, ~у́ть, *intr.*

to swim in/to, sail in/to, flow into

adv. **плáвно** gently, **повíльно** slowly; **безшу́мно** silently, **ти́хо** quietly ◊ **Вони́ стоя́ли на мíсці, де струмóк ти́хо ~є в óзеро.** They stood in the place where the creek quietly flowed into the lake.

prep. **в. в** + *A. or* **до** + *G.* swim into sth ◊ **Я́хта уплилá до пóрту.** The yacht sailed into the port.

впливáй! вплива́й!

Ant. **випливáти 1**

впливóв|ий, *adj.*

influential

adv. **все бíльше** increasingly, **ду́же** very, **надзвичáйно** extremely, **особли́во** particularly, **неймовíрно** incredibly, **страшéнно** tremendously; **напрáвду** really, **спрáвді** truly; **дóсить** fairly, **достáтньо** sufficiently; **занáдто** *or* **нáдто** too, **надмíру** excessively; **ідеологíчно** ideologically, **інтелектуáльно** intellectually, **культу́рно** culturally, **політи́чно** politically ◊ **Козорíз був політи́чно ~ою люди́ною.** Kozoriz was a politically influential individual.

v. + **в. бу́ти ~им** be influential (**вважáти** + *A.* consider sb; **виявля́тися** turn out ◊ **Йогó текст ви́явився надзвичáйно ~им ідеологíчно.** His text turned out to be extremely influential ideologically. **здавáтися** + *D.* seem to sb, **лишáтися** remain ◊ **Він лишáється ~им кінорежисéром.** He remains an influential film director. **роби́ти** + *A.* make sb ◊ **Кни́га зроби́ла йогó спрáвді ~им фíлóсофом.** The book made him a truly influential philosopher. **ставáти** become)

prep. **в. у** + *L.* influential in sth ◊ **Джан Лорéнцо Бернíні був ~им як у скульпту́рі, так і в архітекту́рі.** Gian Lorenzo Bernini was influential both in sculpture and architecture. **в. сéред** + *G.* influential among sb ◊ **Дослíдницю і тепéр уважáють ~ою сéред фемінíсток.** The (female) researcher is considered influential among feminists even now.

Also see **авторитéтний**

вплив|ти́, *var.* упливти́, вплисти́, *pf., see* впливáти[2]

to swim in/to, sail in/to, flow into ◊ **Чóвен ~в у канáл.** The boat sailed into the canal.

впли́ну|ти, *var.* упли́нути, *pf., see* впливáти[1]

to influence, impact, affect ◊ **Смерть бáтька гли́бóко ~ла на хлóпця.** His father's death deeply affected the boy.

вподóб|а, *var.* уподóба, *f.*

pleasure, taste, liking ♦ **бу́ти** + *D.* **до ~и** to be to sb's liking; to like sb/sth ◊ **Натáлці до ~и зíльники.** Natalka likes dry flowers arrangements. ♦ **бу́ти** + *D.* **не до ~и** not to like sb/sth ◊ **Марíї не до ~и ця люди́на.** Maria does not like this person. ♦ **припáсти** *or* **стáти** + *D.* **до ~и** to come to like sb/sth ◊ **План припáв** *or* **став до ~и мінíстрові.** The minister came to like the plan.

prep. **по своїй ~і** to one's taste ◊ **Вонá підбирáла мéблі по своїй ~і.** She selected the furniture to her taste.

See **подóбатися.** *Also see* **вподóбання 1, захóплення; люби́ти 3**

вподóбан|ня, *var.* уподóбання, *nt.*

1 liking, predilection, taste, penchant

adj. **естети́чне** esthetic, **кінематографíчне** movie ◊ **В ї́хніх театрáльних ~нях мáло спíльного.** They have little in common in their tastes for theater. **літерату́рне** literary; **відмíнне** different, **спíльне** common; **ди́вне** strange, **незрозумíле** incomprehensible

v. + **в.** ♦ **бу́ти** + *D.* **до в.** to be to sb's liking ◊ **Йомý до в. простотá.** Simplicity is to his liking. **поділя́ти в.** share taste ◊ **Він поділя́є Степáнові музи́чні в.** He shares Stepan's musical tastes.

в. + *v.* **відрізня́тися** *or* **відрíжня́тися** differ ◊ **Відóмо, що в. відрíжня́ються.** Tastes are known to differ.

prep. **в. до** + *G.* taste for sth ◊ **Олéкса мáє ди́вне в. до яскрáвого óдягу.** Oleksa has a strange penchant for bright clothes.

See **смак 2.** *Also see* **вподóба**

2 hobby ◊ **Сéред її ~ь малярство посідáє пéрше мíсце.** Among her hobbies, painting occupies the first place.

adj. **дáвнє** long-time ◊ **Нумізмáтика – її дáвнє у.** Numismatics is her long-time hobby. **старé** old; **новé** new, **новомóдне** newfangled; **приємне** enjoyable, **улю́блене** favorite, **цікáве** interesting

Also see **захóплення 3, при́страсть 3**

впóперек, *var.* упóперек, *adv., prep.*

1 *adv.* across, widthwise, to the opposite side ◊ **Кóжен áркуш папéру слíд згорну́ти в.** Each sheet of paper should be folded widthwise. ◊ **Андрíй не знáє, де мóжна перейти́ рíчку в.** Andrii does not know where he can cross the river. ♦ **вздовж і в.** thoroughly, through and through, inside out, up and down

Ant. **вздовж 1**

2 *adv., fig.* the wrong way, contrary ◊ **Він усé зроби́в в.** He did everything the wrong way. ◊ **Він не казáв Оксáні нíчóго в.** He would not say a thing to contradict Oksana.

Also see **прóти 8**

3 *prep.* across sth + *G.* ◊ **Лю́ди полягáли в. дорóги, блоку́ючи вантажíвки.** People lay across the road, blocking the trucks.

Ant. **вздóвж 2**

впрáв|а, *f.*

exercise, drill

adj. **домáшня** home, **клáсна** classroom, **шкíльнá** secondary-school; **важкá** difficult, **складнá** complicated; **лéгка** easy, **прóстá** simple; **письмóва** written, **у́сна** oral; **граматична** grammar, **лекси́чна** vocabulary, **фонети́чна** pronunciation; **танцювáльна** dance, **фізи́чна** physical; **груповá** group, **індивідуáльна** individual; **інтеракти́вна** interactive, **комунікати́вна** communicative; **практи́чна** practical

n. + **в. набíр вправ** a set of exercises (**сéрія** series) ◊ **Кóжна пáра студéнтів готу́є сéрію із трьох комунікати́вних вправ.** Each pair of students prepares a series of three communicative exercises.

v. + **в. роби́ти ~у** do an exercise ◊ **Він шви́дко роби́в ~и й біг у душ.** He would quickly do his exercises and run to the shower. (**викóнувати** perform ◊ **Кóжен студéнт му́сив як мíнімум дві годи́ни викóнувати фонети́чні ~и.** Every student was obliged to perform pronunciation drills for at least two hours. **готувáти** prepare, **закíнчувати** complete, **писáти** write, **читáти** read; **задáвати** + *D.* assign sb ◊ **Вонá зáвжди́ загáдувала їм важкí ~и.** She always assigned them difficult execises. **задавáти** + *D.* give sb; **ство́рювати** create; **перевіря́ти** grade ◊ **Він ненáвидить перевіря́ти студéнтські ~и.** He hates grading students' exercises. **опрацьóвувати** develop) ◊ **Виклада́ч опрацювáв лекси́чні ~и.** The instructor developed vocabulary exercises.

prep. **в. з** + *G.* an exercise in sth ◊ **практи́чні ~и з перéкладу** practical exercises in translation

Also see **завдáння 2, задáча, заря́дка 1, при́клад 3.** *Cf.* **ру́ханка**

впрáвн|ий, *adj.*

able, apt, deft, quick; skillful, accomplished

adv. **винятковó** exceptionally, **дóсить** fairly **ду́же** very, **зразкóво** exemplarily ◊ **зразкóво в. ґáзда** an exemplarily able master of the house; **надзвичáйно** extraordinarily ◊ **надзвичáйно ~а рецензéнтка** an extraordinarily apt (female) reviewer; **на ди́во** amazingly, **на рíдкість** exceptionally; **незмíнно** invariably, **як зáвжди́** as always; **лéдве** scarcely; **нáдто** too ◊ **Він не був нáдто ~им робíтникóм.** He was not too quick a worker. **не зóвсім** not quite

v. + **в. бу́ти ~им** be able ◊ **Борисю́к був ~им фахівцéм.** Borysiuk was an able expert. (**виявля́тися** prove ◊ **Журналíстка ви́явилася на ди́во ~ою інтерв'ю́еркою.** The (female) journalist turned out to be an amazingly apt interviewer. **здавáтися** + *D.* seem to sb, **лишáтися** remain, **роби́ти** + *A.* make sb ◊ **Тренувáння зроби́ло ї́х ~ими воякáми.**

The training made them able soldiers. **става́ти** become)
prep. **в. в** + *L.* skilled at/in *(a skill, etc.)* ◊ **Вона́ ста́ла ~ою в організа́ції політи́чних за́ходів.** She became skilled at organizing political events. **в. з** + *I.* apt with sth ◊ **Лі́на була́ ~а зі слова́ми.** Lina is skillful with words.
Also see **спра́вний 2**

вража́|ти, *var.* **уража́ти, ~ють; вра́з|ити**, *var.* **ура́зити, вра́жу, ~ять,** *tran. and intr.*
1 to shock, startle, astonish, hurt; be astonishing
adv. **бо́ляче** painfully, **глибо́ко** deeply ◊ **Марка́ глибо́ко ~ло пиха́те ста́влення дире́ктора до підле́глих.** Marko was deeply shocked by the arrogance with which the director treated his subordinates. **до живо́го** to the quick ◊ **Оста́нні слова́ поете́си вра́зили його́ до живо́го.** The (female) poet's last words hurt him to the quick. **неприє́мно** unpleasantly, **про́сто** simply ◊ **Байду́жість сві́ту до геноци́ду в Рва́нді про́сто ~ла.** The world's indifference to the genocide in Rwanda was simply shocking. **ду́же** greatly, **страше́нно** terribly; **види́мо** visibly; **напра́вду** genuinely, **спра́вді** really; **ле́гко** easily ◊ **Петра́ ле́гко в.** Petro is easily shocked.
v. + **в. бу́ти ле́гко** be easy to; **могти́** can, **намага́тися** try to ◊ **Він намага́вся вра́зити дру́зів.** He tried to shock his friends.
Also see **вдаря́ти 2, жа́лити 1**
2 to impress, make an impression on
◊ **Спро́буйте вра́зити їх.** Try to impress them.
adv. **га́рно** nicely, **приє́мно** pleasantly ◊ **Юна́к приє́мно вра́зив їх свое́ю ара́бською.** The youth pleasantly impressed them by his Arabic. **напра́вду** truly, **спра́вді** really ◊ **Дебю́т молодо́го скрипаля́ спра́вді ~в.** The young violinist's debut was really impressive.
v. + **в. вдава́тися** + *D.* succeed in ◊ **Хри́сті вдало́ся вра́зити їх красномо́вством.** Khrystia managed to impress them with her eloquence. **сподіва́тися** hope to ◊ **Сашко́ сподіва́лися га́рно вра́зити батькі́в нарече́ної.** Sashko hoped to make a nice impression on his fiancée's parents. **хоті́ти** want to; **не змогти́** *pf.* fail to
3 to hit, strike, deliver a blow, affect ◊ **Ку́ля вра́зила його́ у плече́.** The bullet hit him in the shoulder.
adv. **глибо́ко** deep ◊ **Стріла́ вра́зила вояка́ глибо́ко у грудну́ клі́тку.** The arrow struck the warrior deep into the thorax. **про́сто** *or* **пря́мо** straight, **смерте́льно** fatally ◊ **Хворо́ба смерте́льно вра́зила ни́рки.** The disease fatally affected the kidneys.
v. + **в. намага́тися** try to ◊ **Сна́йпер намага́вся вра́зити же́ртву в се́рце.** The sniper tried to hit the victim in the heart.
Also see **вдаря́ти 3**
pa. pple **вра́жений** shocked, impressed, *etc.*
вража́й! враз́ь!

вра́жен|ня, *nt., var.* **вражі́ння**
impression, effect
adj. **ба́жане** desired ◊ **Студе́нтка спра́вила на комі́сію ба́жане в.** The (female) student gave the committee a desired impression. **вели́ке** big, **величе́зне** huge, **глибо́ке** profound, **до́бре** good, **неаби́яке** extraordinary, **позити́вне** positive, **поту́жне** powerful, **си́льне** strong, **сприя́тливе** favorable; **незабу́тнє** unforgettable, **незглади́ме** indelible; **вира́зне** distinct, **я́вне** clear; **пря́ме́** direct ◊ **Вона́ написа́ла конце́рт під прями́м ~ням від револю́ції.** She composed the concerto under a direct impression of the revolution. **відчу́тне** notable, **помі́тне** discernible; **мізе́рне** negligible, **мініма́льне** minimal, **невели́ке** little, **очі́куване** anticipated; **неочі́куване** unanticipated, **несподі́ване** unexpected ◊ **Відві́дини та́бору лиши́ли в них несподі́ване в. бе́зладу й хао́су.** The visit to the camp left them with an unexpected impression of disorder and chaos. **зага́льне** overall, **пані́вне** overriding, **по́вне** full; **ке́пське** poor ◊ **Іри́на має́ ке́пське в. від знайо́мства з ним.** Iryna has a poor impression of her acquaintance with him. **неґати́вне** negative, **несприя́тливе** unfavorable, **паску́дне** *colloq.* shoddy, **пога́не** bad, **приголо́мшливе** stunning; **неба́жане** undesirable; **непра́вильне** wrong, **ома́нливе** misleading, **помилко́ве** mistaken, **спотво́рене** distorted, **фальши́ве** false, **хи́бне** erroneous; **пе́рвісне** initial, **пе́рше** first, **остато́чне** final; **двозна́чне** ambivalent, **плу́тане** confused, **супере́чливе** mixed
v. + **в. роби́ти в.** make an impression (**справля́ти на** + *A.* give sb ◊ **Рим спра́вив на ньо́го незабу́тнє в.** Rome gave him an unforgettable impression. **залиша́ти в** + *G.* leave sb with ◊ **Кандида́т залиши́в у всіх загало́м позити́вне в.** The candidate left everybody with a generally positive impression. **ство́рювати** create, **погли́блювати** deepen, **поси́лювати** intensify; **згла́джувати** tone down) ◊ **Кили́ні бу́де не так про́сто згла́дити в. про се́бе се́ред коле́ґ.** it will not be so simple for Kylyna to tone down the impression of herself among her peers. ♦ **ма́ти в., що** to be under the impression that ◊ **Яре́ма мав вира́зне в., що вони́ були́ домо́вилися.** Yarema was under a distinct impression that they had struck a deal. **ділі́тися ~нями з** + *I.* share impressions with sb ◊ **Вона́ не поспіша́ла діли́тися з Богда́ном ~нями від конце́рту.** She was not in a hurry sharing her impressions of the concert with Bohdan.
в. + *v.* **залиша́тися** linger ◊ **В Ні́ниній па́м'яті ще лиша́лося незглади́ме в. від розмо́ви.** The indelible impression of the conversation still lingered in Nina's memory. **ма́ти зна́чення** count ◊ **У по́шуках робо́ти пе́рше в. за́вжди́ має́ зна́чення.** When looking for work, first impression always counts.
prep. **під ~ням (від)** + *G.* under the impression of sb/sth ◊ **Вони́ мовча́ли під ~ням від поба́ченого.** They were silent, impressed by what they had seen. **в. від** + *G.* an impression about/of sb/sth; **в. з** + *G.* the impression about/of sb/sth ◊ **Він написа́в опові́дання на осно́ві яскра́вих ~ь із Коломи́ї.** He wrote the story based on his vivid impressions of Kolomyia.
Also see **ефе́кт 1**

вразли́в|ий, *var.* **уразли́вий**, *adj.*
1 impressionable, sensitive, vulnerable, irritable ◊ **На портре́ті зобра́жено ~ого юнака́.** A sensitive youth is depicted in the portrait. ◊ **Його́ о́чі ста́ли ду́же ~ими на сві́тло.** His eyes became very sensitive to light. ◊ **Під впли́вом постійного стре́су Оле́сь роби́вся ~им.** Under the impact of constant stress, Oles grew irritable.
See **чутли́вий 1.** *Also see* **дошку́льний 2**
2 insulting, pain-inflicting ◊ **Вона́ не раз чу́ла від вла́сних діте́й ~і слова́.** More than once she heard insulting words from her own children.
See **обра́зливий 1**

вра́нці, *var.* **ура́нці**, *adv.*
in the morning
adv. **ра́но** early, *usu* ♦ **ра́но-в.** *or* **в.-ра́но** very early in the morning ◊ **Войте́нки ви́рушили в доро́гу ра́но-в.** The Voitenkos set out on the road very early in the morning. **сього́дні** this, **за́втра** tomorrow ◊ **Вони́ домо́вилися зустрі́тися за́втра в.** They agreed to meet tomorrow morning. **вчо́ра** yesterday; **я́кось** once ◊ **Я́кось в. він ба́чив на о́зері сі́рі ча́плі.** Once in the morning, he saw gray herons on the lake.
See **ра́нок.** *Also see* **зра́нку 1, світа́нок 3.** *Ant.* **вве́чері**

вро́д|а, *var.* **уро́да**, *f., only sg.*
1 appearance *(only human)*, looks
adj. **га́рна** beautiful, **ні́жна** tender ◊ **Він милува́вся Мела́нчиною ні́жною ~ою.** He admired Melanka's tender looks. **прива́блива** attractive, **разю́ча** striking; **посере́дня** mediocre; **ке́пська** poor, **неприва́блива** unattractive, **ордина́рна** plain
prep. **на ~у** in appearance ◊ **Він потво́рний на ~у.** He is ugly in appearance.
See **зо́внішність.** *Cf.* **ви́гляд, вид 2**
2 beauty *(only human)*, good looks
adj. **бездога́нна** impeccable ◊ **Маля́р шука́є нату́рницю бездога́нної ~и.** The artist is looking for a (female) sitter of impeccable beauty. **боже́ственна** divine, **вели́ка** great, **доскона́ла** perfect, **класи́чна** classical, **разю́ча** striking; **леґенда́рна** legendary, **неба́чена** unprecedented, **рі́дкісна** rare; **діво́ча** girl's, **жіно́ча** feminine; **чолові́ча** masculine, **юна́цька** *or* **юна́ча** youth's; **молода́** young, **ю́на** youthful
Also see **краса́**

вродли́в|ий, *var.* **уродли́вий**, *adj.*
handsome *(only of humans)*, beautiful, good-looking, pretty
adv. **виня́тково** exceptionally ◊ **Він має́ виня́тково ~е обли́ччя.** He has an exceptionally beautiful face. **до́сить** fairly, **доста́тньо** sufficiently, **ду́же** very, **надзвича́йно** extraordinarily, **неймові́рно** incredibly, **про́сто** simply, **страше́нно** tremendously; **не зо́всім** not entirely, **ле́две** hardly
в. + *n.* **в. хло́пець** a handsome boy (**пан** gentleman, **чолові́к** man, **юна́к** youth); **~а акто́рка** a beautiful actress (**ді́вчи́на** girl, **жі́нка** woman, **па́ні** lady) ◊ **Вона́ ба́чила надзвича́йно ~у па́ні.** She saw an extraordinarily beautiful woman. **~е обли́ччя** a beautiful face
v. + **в. бу́ти ~им** be handsome (**вважа́ти** + *A.* consider sb ◊ **У добу́ Відро́дження таки́й тип обли́ччя вважа́ли ~им.** In the Renaissance epoch, this type of face was considered beautiful. **вигляда́ти** look ◊ **У костю́мі Миха́йло вигляда́є особли́во ~им.** In a suit, Mykhailo looks particularly handsome. **виявля́тися** turn out, **здава́тися** + *D.* seem to sb, **знахо́дити** + *A.* find sb ◊ **Він знахо́дить нова́чку до́сить ~ою.** He finds the (female) novice to be fairly pretty. **лиша́тися** remain, **роби́ти** + *A.* make sb, **става́ти** become) ◊ **Коли́шнє бридке́ каченя́ ста́ло ~ою жі́нкою.** An erstwhile ugly duckling became a beautiful woman.
Also see **га́рний 1.** *Ant.* **бридки́й, потво́рний 1**

врожа́|й, *var.* **урожа́й**, *m.*, **~ю**
harvest, crop, yield; *also fig.*
adj. **бага́тий** rich, **вели́кий** big, **до́брий** bumper ◊ **Фе́рмери ма́ють підста́ви очі́кувати до́брий в. пшени́ці.** Farmers have every reason to anticipate a bumper wheat harvest. **казко́вий** fabulous, **небува́лий** unprecedented, **ще́дрий** bountiful; **жалюгі́дний** pitiful, **мали́й** small, **невели́кий** little, **пога́ний** poor, **скро́мний** modest
в. + *n.* **в. гре́чки** a buckwheat harvest ◊ **Вони́ ще не ма́ли тако́го пога́ного ~ю гре́чки.** They have not yet had such a poor buckwheat harvest. (**жи́та** rye, **кукуру́дзи** corn, **пшени́ці** wheat, **ячме́ню** oats; **ви́шень** sour cherry, **груш** pear, **слив** plum, **я́блук** apple, *etc.*)
v. + **в. дава́ти в.** bring in a harvest ◊ **Нови́й сорт жи́та три ро́ки дає небува́лі ~ї.** The new sort of rye has brought in unprecedented crops for three years. (**збира́ти** gather, **отри́мувати** get; **заповіда́ти** predict ◊ **Цього́рі́ч у шко́лі заповіда́ють вели́кий в. обдаро́ваних випускникі́в.** *fig.* This year, a large harvest of gifted graduates is predicted at the school. **передбача́ти** foresee, **очі́кувати** anticipate); **чека́ти ~ю** expect a harvest
Also see **збір 4**

врочи́ст|ий, *var.* **урочи́стий**, *adj.*
1 solemn, dignified, ceremonial ◊ **З тако́ї ~ої**

нагоди Антін одягнув темний костюм. On such a solemn occasion, Antin put a dark suit on. ◊ **Він дав жінці ~у обіцянку повернутися живим.** He gave his wife a solemn promise to come back alive.

adv. **дуже** very ◊ **Військова присяга завжди була дуже ~ою подією.** The taking of military oath always was a very solemn occasion. **надзвичайно** extraordinarily, **особливо** particularly; **належно** properly

v. + **в. бути ~им** be solemn (**виглядати** look ◊ **У костюмі Михайло виглядає особливо ~им.** In a suit, Mykhailo looks particularly solemn. **здаватися** + *D.* seem to sb ◊ **Вся церемонія здавалася йому належно ~ою.** The whole ceremony seemed to him to be properly solemn. **ставати** become) ◊ **Голос учителя став гучним і ~им.** The teacher's voice became loud and solemn. ◊ **в. обряд** a solemn ritual

2 grand, splendid, magnificent ◊ **Інтронізація патріярха була особливо ~ою.** The partriarch's enthronement was particularly splendid. ◊ **Її вражала ~а велич Карпат.** The splendid magnificence of the Carpathian impressed her.

вруча|ти ~ють; вруч|ити, ~у, ~ать, *tran.*

to hand in, deliver, present, give + *D.* ◊ **З урочистим виразом на обличчі Хома вручив Катерині букет бузку.** Khoma gave Kateryna a lilac bouquet, a solemn expression on his face.

adv. **прямо** directly ◊ **Виклик до суду вручать прямо свідкові.** The court summons will be handed in directly to the witness. **з задоволенням** with pleasure, **радо** gladly **Вона радо вручить нагороди переможцям конкурсу.** She will gladly give the awards to the competition winners. **особисто** in person, **урочисто** solemnly ◊ **Магістерські дипломи врочисто ~ли в міській опері.** The MA diplomas were solemnly presented at the city opera house. **церемонійно** ceremoniously; **негайно** immediately, **терміново** urgently; **за призначенням** as intended, **не за призначенням** to the wrong recipient ◊ **Конверт вручили не за призначенням.** The envelope was delivered to the wrong recipient.

в. + *n.* **в.** + *D.* **диплом** present sb with a diploma (**запрошення** invitation, **звіт** report, **лист** letter, **паспорт** passport, **посвідчення** identification; **нагороду** award, **приз** prize, *etc.*)

v. + **в. бути треба** + *D.* need to ◊ **Пакунок треба вручити за годину.** The package needs to be delivered in an hour. **просити** + *A.* ask sb to

pa. pple. **вручений** handed in, delivered, presented

вручай! вручи!

See **давати 1**

вручи|ти, *pf., see* вручати

to hand in, present, deliver, give ◊ **Нагороди ~ть ректор університету.** The university president will present the awards.

врятува|ти, *pf., see* рятувати

to save, rescue ◊ **Родину від неуникної смерти ~в незнайомець.** A stranger saved the family from inevitable death.

все[1], *var.* усе, *adv., colloq.*

1 constantly, always, all the time; for a long time ◊ **Він у. нарікає.** He complains all the time. ◊ **Христина в. думає про те, щоб купити комп'ютер.** Khrystyna keeps thinking about the purchase of a computer. ◊ **Василина в. працювала.** Vasylyna kept working.

Also see **завжди**

2 everywhere, all around, all over ◊ **Де знайти воду, коли в. пустеля.** Where can one find water, when it's the desert all around.

Also see **кругом 2, скрізь**

3 until now, still, yet ◊ **Він у. не дзвонив.** He did not call yet. ◊ **Вона рік вивчає грецьку, а в. не вміє розмовляти нею.** For one year, she has learned Greek and still cannot speak it.

Also see **досі 1**

4 *as part.* ever *(with comp. of adj. and adv.)*, still, increasingly ◊ **Тінь наближалася й ставала в. більшою.** The shadow was approaching and becoming ever larger. ◊ **Його страви ставали в. кращими.** His dishes were becoming ever better. ◊ **Кроки чулися в. ближче.** The steps were heard ever closer. ◊ **Рівне подобалося їм в. більше.** They liked Rivne more and more.

Also see **ще 4**

вс|е[2], *var.* усе, *pron., nt.*

all, everything, the whole lot ◊ **Це в.?** Is that all? ◊ **В., що він сказав, – дурниці.** Everything he said is nonsense. ♦ **На в. добре!** Take care! All the best! ♦ **в. одно** all the same, still ◊ **Я в. одно дізнаюся, чому він кинув навчання**. I'll find out all the same why he quit his studies.

See **весь 4**

всередині, *var.* усередині, *adv., prep., posn.*

1 *adv.* inside, within ◊ **Старий дуб порожній у.** The old oak is hollow inside.

Ant. **зовні 2, назовні 2**

2 *prep.* inside, in + *G.* ◊ **В. кімнати затишно і тепло.** It is comfortable and warm inside the room.

Ant. **назовні 3**

всередину, *var.* усередину, *adv., prep., dir.*

1 *adv.* into, inside, inwards, indoors ◊ **Мащенко підійшов до вікна, щоб заглянути в.** Mashchenko came up to the window to look inside.

Ant. **назовні 1**

2 *prep.* inside, into, in + *G.* ◊ **Вони заїхали в. табору.** They rode inside the camp. ◊ **Досі нікому не вдавалося проникнути в. цитаделі.** Until now, nobody managed to get inside the citadel.

всинови|ти, *var.* усиновити, *pf., see* всиновляти

to adopt *(only a boy)*, take as one's son ◊ **Хлопчика ~ла пара з Вінниці.** A couple from Vinnytsia adopted the little boy.

всиновля|ти, *var.* усиновляти, ~ють; всинов|ити, ~лю, ~иш, ~лять, *tran.*

to adopt *(only a boy)*, take as one's son

adv. **законно** legally **вже** already, **врешті-решт** eventually, **нарешті** finally ◊ **Вони нарешті всиновлять Василька.** They will finally adopt Vasylko.

v. + **в. вирішувати** decide to, **могти** can; **мріяти** dream of, **хотіти** want to ◊ **Хлопчика хотіла всиновити пара з Канади.** A couple from Canada wanted to adopt the little boy. **бути змушеним** be forced to; **дозволяти** + *D.* allow sb to; **забороняти** + *D.* forbid sb to, **не давати** + *D.* not let sb, **не дозволяти** + *D.* not allow sb to

pa. pple. **всиновлений** adopted *(as son)*

всиновляй! всинови!

Cf. **вдочеряти**

вста|вати, *var.* уставати, ~ють; ~ти, *var.* устати, встан|уть, *intr.*

1 to stand up, get up, rise ◊ **Вона ~ла та підійшла до вікна.** She stood up and approached the window.

adv. **несподівано** suddenly, **раптом** abruptly; **швидко** quickly; **обережно** carefully, **повільно** slowly, **тихо** quietly; **разом** together ◊ **Хлопці ~ли з лавки разом, неначе по команді.** The boys rose from the bench together as if by command. **ледве** barely

v. + **в. змушувати** + *A.* make sb ◊ **Він змусив учнів ~ти.** He made the pupils stand up. **наказувати** + *A.* order sb to; **змогти** manage to; **бути не в змозі** be unable to ◊ **Хвора була не в змозі ~ти.** The (female) patient was unable to stand up.

prep. **в. з** + *G.* stand up from *(a chair, etc.)* ◊ **Олена тихо ~ла з канапи.** Olena quietly stood up from the couch. ♦ **в. з колін** to rise up from one's knees; **в. з-за** + *G.* stand up from behind sth ◊ **Школярка ~ла з-за парти.** The schoolgirl stood up from behind the desk. ♦ **в. на коліна** to kneel ◊ **Ігор ~в на коліна, намагаючися знайти голку на підлозі.** Ihor got down on his knees, trying to find the needle on the floor.

Also see **підніматися 2, ставати 1**

2 to get up *(from sleep)*, rise

adv. **пізно** late; **вдосвіта** before dawn, **до схід сонця** before sunrise, **рано** early ◊ **Ми рано ~ємо.** We rise early. ◊ **Діти ще не ~али.** The children are not yet up.

v. + **в. бути змушеним** be compelled to ◊ **Сьогодні Олекса змушений в. раніше за всіх.** Today, Oleksa is compelled to get up earlier than everybody else. **бути треба** + *D.* need to ◊ **Завтра Ользі треба ~ти до схід сонця.** Tomorrow, Olha needs to get up before the sunrise. **мати** have to, be supposed to, **мусити** must; **збиратися** be going to, **планувати** plan to

prep. **в. о** + *L.* get up at *(an hour)* ◊ **Він має ~ти о шостій.** He has to get up at six. ♦ **в. не на ту ногу** to get up on the wrong side of the bed ◊ **Мирося мала такий вигляд, неначе ~ла не на ту ногу.** Myrosia looked as if she had gotten up on the wrong side of the bed.

See **прокидатися**

3 *fig.* to rise up, rebel, revolt

prep. **в. проти** + *G.* rise up against sb ◊ **Весь народ ~в проти окупантів.** The entire people rose up against the occupiers.

See **повставати**

4 to rise, go up, come up, ascend ◊ **Навколо корабля ~вали високі хвилі.** High waves were rising around the ship. ◊ **Він дивився, як над морем ~є зимове сонце.** He watched the winter sun rise above the sea.

See **підніматися 1**

5 *fig.* to appear, show up, come out, become visible; arise ◊ **Перед її очима ~ло все місто.** The whole city appeared before her eyes. ◊ **У його голові ~вало одне й те ж питання.** One and the same question arose in his head.

See **з'являтися 2**

вставай! встань!

встави|ти, *var.* уставити, *pf., see* вставляти

to insert ◊ **Світлана ~ла касету у програвач.** Svitlana inserted the cassette into her player.

вставля|ти, *var.* уставляти, ~ють; встав|ити, *var.* уставити, ~лю, ~иш, ~лять, *tran.*

to insert, put in, set in, place ◊ **Автор уставив при кінці ще три речення.** The author inserted three more sentences at the end. ◊ **Слухаючи друга, Данило час від часу ~в слово чи два.** Listening to his friend, Danylo put in a word or two every now and then.

prep. **в. в** + *A.* insert in/to sth ◊ **Він навчився в. шиби у вікна.** He learned how to put panes in windows.

pa. pple. **вставлений** inserted

вставляй! встав!

вста|ти, *var.* устати, *pf., see* вставати

to stand up, rise ◊ **Ірина ґвалтовно ~ла.** Iryna stood up abruptly.

встанови|ти, *var.* установити, *pf., see* встановлювати

to establish, introduce; determine; install, pitch, put up ◊ **Чоловіки швидко ~ли намет.** The men quickly pitched their tent.

встано́влю|вати, *var.* **установлювати, ~ють; встанов|и́ти**, *var.* **установи́ти, ~лю, ~ять**, *tran.*
1 to put, install, place, deploy ◊ **На парка́ні встанови́ли ка́мери спостере́ження.** They installed CCTV cameras on the fence.
adv. **вже** already, **наре́шті** finally ◊ **В о́фісі наре́шті встанови́ли три вітряки́.** Three fans were finally installed in the office. **що́йно** just now ◊ **Біля наме́ту що́йно встанови́ли електроґенера́тор.** A power generator was placed near the tent just now. **ле́гко** easily; **за́раз же** right away, **шви́дко** quickly; **професі́йно** professionally, **успі́шно** successfully; **наді́йно** reliably, **нале́жно** properly **пра́вильно** correctly; **непра́вильно** incorrectly ◊ **Анте́ну встанови́ли непра́вильно.** The antenna was installed incorrectly. **та́ємно** secretly ◊ **В її готе́льному но́мері та́ємно встанови́ли жучки́.** Bugs were secretly installed in her hotel room.
v. + **в. бу́ти ле́гко** be easy to ◊ **Кондиціоне́р ле́гко встанови́ти.** The air conditioner is easy to install. **бу́ти про́сто** be simple to; **бу́ти тре́ба** + *D.* need to ◊ **Після пограбува́ння Марії тре́ба було́ встанови́ти ґра́ти на ві́кнах.** After the robbery, Maria needed to put grates up on the windows. **зна́ти як** know how to, **вмі́ти** be able to; **обіця́ти** + *D.* promise sb to; **проси́ти** + *A.* ask sb to
prep. **в. в** + *A.* put in/to sth; **в. на** + *A.* put on sth
Also see **розбива́ти 7**
2 to establish, introduce, set up
adv. **наса́мперед** first of all ◊ **Наса́мперед слід встанови́ти зв'язо́к із материко́м.** First of all, communication with the mainland should be established. **нега́йно** immediately, **за́раз же** right away, **шви́дко** quickly ◊ **Він єди́ний міг шви́дко встанови́ти поря́док.** Only he could quickly establish order.
See **ство́рювати**
3 to determine *(a fact, etc.)*, establish, prove ◊ **Копе́рник пе́ршим установи́в, що Земля́ оберта́ється навко́ло Со́нця.** Copernicus was the first one to establish that the Earth revolved around the Sun.
adv. **вірогі́дно** credibly, **за вся́ку ціну́** whatever the cost ◊ **Він му́сив установи́ти і́стину за вся́ку ціну́.** He had to establish the truth, whatever the cost. **ймові́рно** plausibly; **ле́гко** easily; **то́чно** accurately; **прибли́зно** approximately; **науко́во** scientifically; **практи́чно** practically
v. + **в. вдава́тися** + *D.* succeed in ◊ **Йому́ вдало́ся втанови́ти хемі́чний склад речовини́.** He succeeded in establishing the chemical composition of the substance. **змогти́** *pf.* manage to, **могти́** can; **бу́ти ле́гко** be easy to, **бу́ти про́сто** be simple to; **бу́ти тре́ба** + *D.* need to ◊ **Лі́кареві тре́ба встанови́ти причи́ну алергії.** The doctor needs to determine the cause of the allergy.
See **визнача́ти 1.** *Also see* **з'ясо́вувати 2**
pa pple. **встано́влений** established
встано́влюй! встанови́!

встига́|ти, *var.* **устига́ти, ~ють; вcти́гн|ути**, *var.* **усти́гнути, ~уть;** *pa. pf., m.* **встиг**, *pl.* **встигли**, *intr.*
1 to manage, have enough time, be on time, make sth *(on time)* + *inf.* ◊ **Зі́на не ~є на ранко́вий по́тяг.** Zina is not making the morning train.
adv. **все ж** still; **ди́вом** miraculously; **ле́гко** easily; **ле́две** hardly ◊ **Оре́ст ле́две встиг на пра́цю.** Orest has hardly made it to work. **всу́переч спodíва́нням** contrary to expectations, **по́при все** despite everything; **за день** in a day, **за коро́ткий час** over a short period of time
v. + **в. бу́ти ва́жко** be difficult to; **бу́ти тре́ба** + *D.* need to ◊ **Йому́ тре́ба завезти́ дити́ну до шко́ли і встигнути до ба́нку.** He needs to take the child to school and make it to the bank. **могти́** can ◊ **Ви мо́жете всти́гнути дописа́ти текст.** You can manage to finish writing the text. **нама́гатися** try to ◊ **Се́верин нама́гався всти́гнути зроби́ти заку́пи.** Severyn tried to manage to do the shopping.
prep. **в. на** + *A.* make it to sth ◊ **Вони́ встигли на рейс.** They made the flight.
2 to keep up with sb
adv. **ле́две** barely; **зо́всім не** not at all, **нія́к не** in no way ◊ **Лі́тня па́ра ніяк не ~ла за ре́штою туристи́чної гру́пи.** The aged couple in no way kept up with the rest of the tourist group.
prep. **в. за** + *I.* keep up with sb/sth ◊ **Повільні́ше, я за тобо́ю не встига́ю.** Slow down, I cannot keep up with you.
Also see **потрапля́ти 4**
3 *only pf., to express swift succession of events* in ♦ **не встигнути** + *pf. inf.,* **як** *or* **аж** + *clause* hardly ... when ... ◊ **Не встигла Марі́я сказа́ти це, як хтось посту́кав.** Hardly had Maria said that when somebody knocked. ◊ **Не встиг хло́пець перевести́ ди́хання, аж тре́ба було́ зно́ву куди́сь бі́гти.** Hardly had the boy caught his breath when he needed to run somewhere again.
Also see **ле́две 4**
4 *only impf.* to be a successful student, study well ◊ **До і́спиту допуска́ють лише́ у́чнів, що ~ють.** Only the students who study well are allowed to take the exam.
See **вчи́тися 1, навча́тися 1**
встига́й! встигни!

вcти́г|нути, *var.* **усти́гнути**, *pf., see* **встига́ти**
to manage, have enough time, catch ◊ **Ні́на ~ла закі́нчити контро́льну.** Nina managed to finish her test.

вступ, *m.*, **~у**
1 preface, foreword, introduction, preamble
adv. **коро́ткий** short, **сти́слий** brief, **розло́гий** lengthy ◊ **В. до кни́жки був хоч розло́гий, але́ ціка́вий.** The introduction to the book, though lengthy, was interesting.
v. + **в. писа́ти в.** write an introduction ◊ **Реда́ктор попроси́в її написа́ти в.** The editor asked her to write an introduction. (**закі́нчувати** finish, **редаґува́ти** edit, **роби́ти** make, **скоро́чувати** shorten ◊ **В. слід скороти́ти.** The introduction needs to be shortened. **включа́ти** include; **пропуска́ти** skip) ◊ **Він пропусти́в в. до кни́жки.** He skipped the introduction to a book.
prep. **без ~у** without an introduction ◊ **Він одра́зу перейшо́в до спра́ви без жо́дного ~у.** He immediately got to the point without any preamble. **в. до** + *G.* an introduction to sth; **у ~і** in the introduction ◊ **У ~і опи́сана методоло́гія дослі́дження.** The research methodology is described in the introduction.
2 joining, enlisting ◊ **На́пад на Перл-Га́рбор спричини́вся до ~у США у Дру́гу світову́ війну́.** The attack at Pearl Harbor caused the USA to join World War 2.
adj. **несподі́ваний** sudden, **рапто́вий** abrupt; **імпульси́вний** impulsive; **плано́ваний** planned
prep. **в. до** + *G.* joining sb/sth ◊ **Її в. до па́ртії заско́чив багатьо́х.** Her joining the party took many people by surprise.

вступа́|ти, *var.* **уступа́ти, ~ють; вступ|и́ти**, *var.* **уступи́ти, ~лю, ~иш, ~лять**, *intr.*
1 to step in/to, walk into, enter; *also fig.* ◊ **Наза́р ненаро́ком уступи́в у калю́жу.** Nazar walked into a puddle inadvertently.
prep. **в. в** + *A.* step in/to sth; **в. до** + *G.* enter sth ◊ **Партиза́ни вступи́ли до се́ла з пі́вночі.** The guerrillas entered the village from the north.
2 to swing by, drop in on ◊ **Доро́гою додо́му Яре́ма вступи́в до Оле́нки.** On his way home, Yarema dropped in on Olenka.
See **захо́дити 2**
3 to enroll in *(university)*, join *(party, etc.)* ◊ **Він до́вго вирі́шував, до яко́го університе́ту в.** He took a long time to decide what university to enroll in.
prep. **в. в** + *A.* enter into sth ◊ **Для ньо́го не могло́ бу́ти й мо́ви про те, щоб вступи́ти в па́ртію.** For him, joining the party was out of the question. **в. до** + *G.* enroll in sth
Also see **вхо́дити 4, запи́суватися 2**
4 to begin, engage *(in war, fight, etc.)*, take part in ◊ **в. у боротьбу́** start a struggle; ◊ **Краї́на ~ла в пері́од неоголо́шеної війни́.** The country was entering the period of an undeclared war.
See **почина́ти**
вступа́й! вступи́!

вступ|и́ти, *var.* **уступи́ти**, *pf., see* **вступа́ти**
to enter, step in, walk in; join, enroll, *etc.* ◊ **Пі́сля шко́ли він ~ить до консервато́рії.** After school, he will enroll in a conservatory.

всу́переч, *var.* **усу́переч**, *prep.* + *D.*
contrary to, regardless, despite, in spite of ◊ **Він ді́яв у. пра́вилам.** He acted contrary to the regulations. ◊ **В. ї́хнім спodíва́нням Марі́я зроби́ла все, що обіця́ла.** Contrary to their expectations, Maria did everything she had promised.
Alse see **навпаки́ 4, напере́кір 2**

вся́к|ий, *var.* **уся́кий**, *pron.*
1 every, any, each, all kinds ◊ **Вони́ передаю́ть ~у му́зику.** They broadcast all kinds of music. ◊ **Марко́ допомага́в їм без ~ого розраху́нку на винагоро́ду.** Marko was helping them without any expectation of remuneration. ♦ **у ~ому ра́зі** in any case, anyhow, anyway, at any rate
Also see **будь-яки́й, яки́й-не́будь**
2 various, different, diverse ◊ **У мі́сті вона́ познайо́милася зі ~ими ціка́вими маляра́ми.** In the city, she met various interesting artists. ◊ **Склад було́ запако́вано ~ими ме́блями.** The warehouse was packed with all kinds of furniture.
See **рі́зний 3, різномані́тний 2**
3 *as n.* everybody ◊ **У ~ого вла́сні смаки́.** Everybody has their own tastes. ◊ **В. чув про це.** Everybody heard about it.
Also see **ко́жний 2**

втек|ти́, *var.* **утекти́**, *pf., see* **вті́кати**
to escape, flee ◊ **Під час вели́кої поже́жі з в'язни́ці ~ло́ п'ять злочи́нців.** During the big fire, five criminals escaped from the jail.

вте́ч|а, *var.* **уте́ча**, *f.*, **~і**
escape, flight
adj. **зуха́ла** audacious, **наха́бна** brazen; **несподі́вана** unexpected, **рапто́ва** sudden; **таємна** secret, **таємни́ча** mysterious; **організо́вана** organized, **сплано́вана** planned; **вда́ла** *and* **успі́шна** successful; **пані́чна** panicky ◊ **Організо́ваний відхі́д перетвори́вся на пані́чну ~у.** The organized retreat turned into a panicky flight. **посп́шна** hasty, **шви́дка** quick; **невда́ла** failed; **ганéбна** shameful
n. + **в. план ~і** an escape plan (**спро́ба** attempt); **за́сіб ~і** a means of escape (**шлях** route) ◊ **Шлях ~і пролягав уздо́вж гі́рського струмка́.** The escape route ran along a mountain creek.
v. + **в. організо́вувати ~у** organize an escape ◊ **Гру́па в'я́знів зорганізувала зуха́лу ~у з концентраці́йного та́бору.** A group of prisoners organized an audacious escape from the concentration camp. (**планува́ти** plan; **унеможли́влювати** make impossible) ◊ **Охоро́на унеможли́вила вся́ку ~у.** The guards made any escape impossible. **вдава́тися до ~і** make an escape ◊ **Щоб урятува́тися від ві́рної сме́рти, вони́ вдали́ся до поспі́шної ~і.** In order to save themselves from certain death, they made a

hasty escape. **запобіга́ти ~і** prevent an escape ◊ **Форте́чний рів не запобіга́в ~і в'язнів.** The fortress moat did not prevent the prisoners' escape.
prep. **для ~і** for escape ◊ **драби́на для ~і** an escape ladder (**туне́ль** tunnel), **можли́вість для ~і** a possibility of escape ◊ **Ава́рія ство́рювала уніка́льну можли́вість для ~і.** The accident created a unique possibility of escape. **в. в** + *A.* an escape in/to *(a place)* ◊ **в. у степ** an escape into the steppe; **в. від** + *G.* an escape from *(a person, etc.)* ◊ **неймові́рно вда́ла в. від переслі́дування** an incredibly successful escape from pursuit; **в. з** + *G.* an escape from *(a place)*; **в. до** + *G.* an escape in/to *(a place)* ◊ **в. до лі́су** an escape into the forest

втер|ти, *var.* **уте́рти**, *pf.*, *see* **те́рти**
to wipe off; rub in, rub into ◊ **Стефа́нія ~ла чоло́ від дощу́.** Stefania wiped her forehead from the rain. ◊ **Він стара́нно втер крем у ли́тку.** He carefully rubbed the cream into his calf.

втіка́|ти[1], *var.* **утіка́ти, ~ють; втекти́,** *var.* **утекти́, втеч|у́ть;** *pa. pf., m.* **втік,** *pl.* **втекли́**, *intr.*
1 to run away, flee, escape
adv. **вже** already, **вре́шті-ре́шт** eventually ◊ **Зару́чниця вре́шті-ре́шт утекла́ від викрадачі́в.** The (female) hostage eventually ran away from her kidnappers. **наре́шті** finally; **ле́гко** easily, **успі́шно** successfully; **ле́две** barely; **я́кось** somehow; **пані́чно** in panic; **шви́дко** quickly; **живи́м** alive ◊ **Вони́ змогли́ втекти́ живи́ми з пе́кла.** *fig.* They managed to escape alive from that inferno. **неушко́дженим** unhurt ◊ **Він спромі́гся втекти́ неушко́дженим.** He contrived to escape unhurt. **ці́лим** unscathed ◊ **Їм пощасти́ло втекти́ ці́лими.** They were lucky enough to have escaped unscathed.
v. + **в. бу́ти ле́гко** be easy to; **бу́ти немо́жливо** be impossible to; **вдава́тися** + *D.* succeed in ◊ **Ніхто́ не знав, як їм вдало́ся втекти́ з поло́ну.** Nobody knew how they had succeeded in escaping from captivity. **змогти́** *pf.* manage to, **спромогти́ся** *pf.* contrive to, **щасти́ти** be lucky enough to; **не могти́** cannot; **намага́тися** try to, **про́бувати** attempt to ◊ **Вони́ спро́бували втекти́.** They attempted to run away. **допомага́ти** + *D.* help sb to; **хоті́ти** want to
prep. **в. від** + *G.* escape from sb/sth ◊ **Вони́ ~ли́ від поже́жі.** They were running from a fire. **в. з** + *G.* escape from *(a place)*
Also see **бі́гти 2**
2 to retreat, beat a retreat, flee
adv. **пані́чно** in panic, **хаоти́чно** chaotically ◊ **Ві́йсько хаоти́чно ~ло.** The troops were in a chaotic flight. **шви́дко** quickly
See **відступа́ти 2.** *Also see* **відхо́дити 3**
втіка́й! втечи́!

втіка́|ти[2], *var.* **утіка́ти, ~ють; втекти́,** *var.* **утекти́, втеч|у́ть;** *pa. pf., m.* **втік,** *pl.* **втекли́**, *intr.*
to flow in/to, run in/to *(of water, fluid)*
adv. **пла́вно** gently ◊ **В о́зеро пла́вно ~є рі́чка.** A river flows gently into the lake. **пові́льно** slowly, **ти́хо** quietly
втіка́й! втечи́!
Also see **бі́гти 4**

втіка́ч, *var.* **утіка́ч**, *m.*, **~а́; втіка́чка,** *var.* **утіка́чка**, *f.*
runaway, fugitive, escapee
adj. **коли́шній** former; **нещода́вній** recent; **ще оди́н** another; **небезпе́чний** dangerous ◊ **Усю́ місце́ву полі́цію мобілізува́ли, щоб затри́мати небезпе́чного ~а́.** All the local police were mobilized to apprehend a dangerous fugitive.
v. + **в. виcлі́джувати ~а́** track down a fugitive (**заарешто́вувати** arrest ◊ **Нача́льник полі́ції обіця́в знайти́ й заарештува́ти ~а́.** The chief of police promised to track down and arrest the fugitive. **лови́ти** catch; **перехо́вувати** harbor); **бу́ти ~е́м** be a fugitive (**виявля́тися** turn out ◊ **Він ви́явився ~е́м з а́рмії.** He turned out to be a fugitive from the army. **лиша́тися** remain ◊ **Романчу́к не хоті́в лиша́тися ~е́м ре́шту життя́.** Romanchuk did not want to remain a fugitive for the rest of his life. **става́ти** become) ◊ **Він став ~е́м від правосу́ддя.** He became a fugitive from justice.
prep. **в. від** + *G.* fugitive from sb/sth; **в. з** + *G.* a fugitive from *(a place)* ◊ **Вона́ мі́сяцями хова́ла в се́бе ~а́ із в'язни́ці.** For months she harbored a fugitive from prison at her place.

вті́ли|ти, *var.* **уті́лити**, *pf.*, *see* **вті́лювати**
to implement, carry out, *etc.* ◊ **Полотно́м маля́р ~в своє́ ба́чення війни́.** The artist embodied his vision of the war by the canvas.

вті́лю|вати, *var.* **уті́лювати, ~ють; вті́л|ити,** *var.* **уті́лити, ~ять**, *tran.*
to portray, incarnate, realize, translate
adv. **успі́шно** successfully ◊ **Щоб успі́шно вті́лити намі́р, Миколі потрі́бні гро́ші й час.** In order to successfully realize his intention, Mykola needs money and time. **худо́жньо** artistically **Скульпту́ра худо́жньо ~є ві́чне коха́ння.** The sculpture is an artistic portrayal of eternal love.
prep. **в. в** + *A.* translate in/to sth ◊ **Вона́ обов'язко́во вті́лить свій за́дум у ді́йсність.** She will definitely translate her idea into reality.
pa. pple. **вті́лений** embodied, realized
вті́люй! вті́ль!

вті|ха, *var.* **у́тіха**, *f.*
1 joy, contentment ◊ **В О́льжиних оча́х світи́лася в.** Olha's eyes glowed with joy. ◊ **Він пла́кав від ти́хої ~хи.** He was crying with quiet joy. ♦ **на ~ху** + *D.* to sb's joy ◊ **Вона́ ви́росла розу́мною ді́вчиною на ~ху батька́м.** She grew up to be an intelligent girl, to her parents' joy. ◊ **Книжки́ – його́ вели́ка в.** Books are his great joy.
See **ра́дість**
2 consolation, comfort, solace
adj. **вели́ка** great; **невели́ка** small; **єди́на** one, only ◊ **Єди́на його́ в. – це перспекти́ва скоро поба́читися з роди́ною.** His only consolation is the prospect of seeing his family soon. **жада́на** desired
v. + **в. дава́ти** + *D.* **~ху** give sb solace ◊ **Кі́шка дава́ла Аллі ~ху у складні́ часи́.** Her she-cat gave Alla solace in tough times. (**знахо́дити** find, **ма́ти** have, **отри́мувати** take, **шука́ти** seek ◊ **Лю́да шука́ла і зазвича́й знахо́дила ~ху від життє́вих триво́г у Бі́блії.** Liuda sought and usually found solace for life's anxieties in the Bible. **прино́сити** + *D.* bring sb) ◊ **По́ради ді́да прино́сили йому́ ~ху.** His granddad's advice brought him solace.
prep. **в. від** + *G.* consolation in sth ◊ **Ді́вчина дава́ла їй ~ху від го́ря.** The girl gave her consolation in grief; **в. для** + *G.* consolation for/to sb ◊ **Бра́та був для ньо́го невели́кою ~хою.** His brother was small consolation to him.
Also see **розва́га 2**
3 amusement, entertainment, fun; pleasure, *often pl.* ◊ **час поро́жніх у́тіх** the time of empty fun; ◊ **Всю ніч зако́хані віддава́лися ~хам.** All night long, the lovers indulged in pleasures.
Also see **задово́лення, насоло́да, розва́га 1**

втіша́|ти, *var.* **утіша́ти, ~ють; вті́ш|ити,** *var.* **уті́шити, ~ать**, *tran.*
1 to console, hearten, cheer up, give solace
adv. **ду́же** greatly ◊ **Її слова́ ду́же вті́шили Margin Мари́чку.** Her words gave Marichka great solace. **неаби́як** very much; **ма́ло** little; **до́вго** for a long time; **ма́рно** in vain; **завжди́** always
v. + **в. бу́ти нелегко** be hard, **бу́ти немо́жливо** be impossible ◊ **Оле́ксу було́ немо́жливо вті́шити.** It was impossible to console Oleksa. **намага́тися** try to, **про́бувати** attempt to ◊ **Ва́ля кі́лька разі́в про́бувала вті́шити по́другу.** Valia made several attempts to console her (female) friend. **хоті́ти** want to; **ста́ти** *pf.* start ◊ **Вона́ ста́ла щоси́ли в. бідола́шного юнака́.** She started consoling the hapless youth as best she could.
prep. **в. від** + *G.* give solace for sth ◊ **Його́ листи́ неаби́як ~ли Христи́ну від ту́ги за до́мом.** His letters gave Khrystyna great solace for her homesickness.
Also see **розважа́ти 2, ті́шити 2**
2 to entertain, amuse ◊ **Його́ комеді́ї ~ють мільйо́ни.** His comedies entertain millions. ♦ **в. о́ко** to please the eye ◊ **Ніщо́ навко́ло не ~є ока́ так, як цей вели́чний дуб.** Nothing around pleases the eye quite the way this magnificent oak does.
See **розважа́ти 1.** *Also see* **ті́шити 3**
pa. pple. **вті́шений** heartened
втіша́й! вті́ш!

вті́ши|ти, *var.* **уті́шити**, *pf.*, *see* **втіша́ти**
to console, hearten, cheer up, give solace ◊ **Нови́ни від ба́тька ду́же ~ли їх.** The news from their father greatly heartened them.

вто́м|а, *var.* **уто́ма**, *f.*
tiredness, fatigue
adj. **вели́ка** great ◊ **Його́ обли́ччя посірі́ло від вели́кої ~и.** His face went gray with great fatigue. **все бі́льша** growing, **надзвича́йна** extraordinary, **си́льна** severe, **кра́йня** extreme, **смерте́льна** *fig.* mortal; **жахли́ва** horrible, **страшна́** terrible; **прие́мна** pleasant, **соло́дка** sweet ◊ **Соло́дка в. не дава́ла Стефа́нії на́віть па́льцем поворухну́ти.** Sweet tiredness did not allow Stefania to even move her finger. **неймові́рна** incredible; **зага́льна** general; **пості́йна** constant, **хроні́чна** chronic; **емоці́йна** emotional, **психологі́чна** psychological, **розумо́ва** mental, **фізи́чна** physical ◊ **Фізи́чна в. ско́вувала її ру́хи.** Physical fatigue constrained her moves.
n. + **в. відчуття́ ~и** a feeling of fatigue (**озна́ки** signs) ◊ **Він мав озна́ки хроні́чної ~и.** He had signs of a chronic fatigue.
v. + **в. відчува́ти ~у** feel fatigue ◊ **Вона́ відчува́ла неймові́рну ~у в усьо́му ті́лі.** She felt incredible fatigue in her entire body. (**збі́льшувати** increase, **поси́лювати** aggravate; **зменшува́ти** reduce, **послаблювати** alleviate); **уника́ти ~и** avoid fatigue ◊ **Щоб уни́кнути ~и, Катери́на чергува́ла ру́ханку з розумо́вою пра́цею.** To avoid fatigue, Kateryna alternated exercise with mental work. (**призво́дити до** cause ◊ **Брак сну призво́дить до зага́льної ~и.** The lack of sleep causes general fatigue. **стражда́ти від** suffer from) ◊ **Га́нна тре́тій день стражда́ла від страшно́ї ~и.** For the third day, Hanna suffered from terrible fatigue. ♦ **не зна́ючи ~и** indefatigably ◊ **Він працю́є не зна́ючи ~и.** He is working indefatigably. **запобіга́ти ~і** prevent fatigue ◊ **Цей ме́тод запобіга́є розумо́вій ~і.** This method prevents mental fatigue. **боро́тися з** fight fatigue ◊ **Він працюва́в, бо́рючися з усе бі́льшою ~ою.** He worked, fighting his growing fatigue.
в. + *v.* **наступа́ти** set in ◊ **Щора́зу, як наступа́ла в., водій зупиня́вся і спав яки́х пів годи́ни.** Every time fatigue set in, the driver would stop and sleep for some half hour. **опано́вувати** + *A.* overcome sb, **охо́плювати** + *A.* take over sb ◊ **Чолові́ка охопи́ла си́льна в.** Severe fatigue took over the man. **паралізува́ти** + *A.* paralyze sb
prep. **від ~и** from/with fatigue ◊ **Він затина́вся від ~и.** He stammered with fatigue.

втопи́|ти, *var.* **утопи́ти**, *pf.*, *see* **топи́ти**[3]
to sink, drown, *etc.* ◊ **Оле́на жа́дібно ~ла по́гляд у хло́пця.** *fig.* Olena greedily sank her gaze into the boy.

втра́т|а, *var.* **утра́та**, *f.*
1 loss *often pl.*
adj. **неуни́кна** inevitable, **непопра́вна** irreparable, **неприпусти́ма** impermissible; **вели́ка** great ◊ **Від'їзд інжене́ра став вели́кою ~ою для компа́нії.** The engineer's departure became a great loss for the company. ♦ **невели́ка в.** no great loss ◊ **Її відмо́ва від у́части в за́ході – невели́ка в. для організа́торів.** Her refusal to take part in the event is no great loss to the organizers. **величе́зна** enormous, **страшна́** terrible, **сумна́** sad, **трагі́чна** tragic; **значна́** considerable, **помі́тна** noticeable, **серйо́зна** serious; **невели́ка** small; **тимчасо́ва** temporary ◊ **Реконстру́кція заво́ду означа́ла неуни́кну, хоч і тимчасо́ву ~у дохо́ду.** The plant reconstruction meant an inevitable, though temporary, loss of revenue. **поступо́ва** gradual ◊ **поступо́ва в мо́вної компете́нції** a gradual loss of language competency; **катастрофі́чна** catastrophic; **зага́льна** overall, **сума́рна** total; **довготермі́но́ва** long-term, **короткотермі́но́ва** short-term; **кварта́льна** quarterly, **мі́сячна** monthly, **рі́чна́** annual; **людська́** human; **економі́чна** economic, **податко́ва** tax, **торго́ва** trading, **фіна́нсова** financial
в. + *n.* **в. ваги́** weight loss (**воло́сся** hair, **жи́ру** fat, **зо́ру** vision, **кро́ви** blood ◊ **Він міг поме́рти від ~и кро́ви.** He could die of the blood loss. **па́м'яті** memory, **слу́ху** hearing; **тепла́** heat, **води́** water); **в. ча́су** a waste of time
n. + **в. відчуття́ ~и** a sense of loss ◊ **Його́ переслі́дувало відчуття́ несте́рпної ~и.** The sense of intolerable loss haunted him.
v. + **в. оці́нювати ~и** assess losses ◊ **Перш як ру́хатися впере́д, їм потрі́бно оціни́ти фіна́нсові ~и.** Before moving ahead, they need to assess their financial losses. (**компенсува́ти** compensate ◊ **Уряд компенсува́в фе́рмерам ~и від посу́хи лише́ поча́сти.** The government only in part compensated the farmers the losses caused by the drought. **мінімізува́ти** minimize, **скоро́чувати** reduce; **пережива́ти** survive; grieve) ◊ **Вона́ ле́две пережила́ ~у дити́ни.** She barely survived the loss of her child. ◊ **Юна́к глибо́ко пережива́в ~у дру́га.** The youth deeply grieved the loss of a friend. **зазнава́ти ~и** suffer a loss (**завдава́ти** + *D.* incur sb, inflict on sb ◊ **Поже́жа завдала́ мі́стові вели́ких втрат.** The fire inflicted great losses on the city. **призво́дити до** cause, **сподіва́тися** anticipate; **уника́ти** avoid) ◊ **Вони́ ди́вом уни́кнули людськи́х втрат.** They miraculously avoided human losses. **запобіга́ти ~і** prevent a loss ◊ **Механі́зм запобіга́в надмі́рним ~ам ресу́рсів.** The mechanism prevented excessive loss of resources.
prep. **в. для** + *G.* a loss to sb
Also see **збиток 1, шко́да**[1]
2 *mil., only pl.* casualty, fatality, losses
adj. **вели́кі** high, **максима́льні** maximal, **серйо́зні** serious, **тяжкі́** heavy; **легкі́** light, **мале́нькі** *dim.* low, **мініма́льні** minimal, **невели́кі** low; **військо́ві** military, **людські́** human, **циві́льні** civilian
n. + **в. спи́сок утра́т** a casualty list ◊ **Уряд не публі́кував щоде́нних спи́сків втрат.** The government did not publish daily casualty lists. (**ци́фра** figure ◊ **Він поста́вив під су́мнів офіці́йну ци́фру втрат.** He questioned the official casualty figure. **число́** count)
v. + **в. мінімізува́ти ~и** minimize casualties (**скоро́чувати** reduce; **нести́** take) ◊ **Во́рог ніс тяжкі́ ~и.** The enemy was taking heavy casualties. **завдава́ти** + *D.* **втрат** inflict casualties on sb ◊ **Вони́ ма́ли завда́ння завда́ти во́рогові максима́льних втрат.** They had the mission of inflicting maximum losses on the enemy. (**зазнава́ти** sustain ◊ **В оста́нньому бою́ полк зазна́в мініма́льних втрат.** In the last battle, the regiment sustained minimal casualties. **призво́дити** *or* **спричиня́тися до** cause, **уника́ти** avoid) ◊ **Він намага́ється уни́кнути непотрі́бних втрат.** He is trying to avoid needless casualties. **запобіга́ти ~ам** prevent casualties ◊ **Такти́чний ві́дступ запобі́г ~ам се́ред особо́вого скла́ду.** The tactical retreat prevented losses among the personnel.
prep. **в. се́ред** + *G.* casualties among sb/sth

втра́ти|ти, *var.* **утра́тити**, *pf., see* **втрача́ти**
to lose, waste ◊ **Вона́ ~ла ти́ждень ча́су, вико́нуючи непотрі́бну робо́ту.** She wasted a week of time performing needless work.

втрача́|ти, *var.* **утрача́ти, ~ють; втра́т|ити**, *var.* **утра́тити, втра́чу, ~ять**, *tran.*
to lose, waste ◊ **Вона́ втра́тила наго́ду діста́ти ціка́ву пра́цю.** She lost an opportunity to land an interesting job.
adv. **безповоро́тно** irreparably, **наза́вжди** forever; **неуни́кно** inevitably; **з ко́жним днем** with each passing day, **з ча́сом** with time ◊ **З ча́сом Наза́р утра́тив інтере́с до куха́рства.** With time, Nazar lost interest in cooking. **крок за кро́ком** step by step, **пові́льно** slowly, **поступо́во** gradually; **шви́дко** quickly; **вре́шті-ре́шт** ultimately, **наре́шті** finally; **ще не** not yet ◊ **Вони́ ще не втра́тили ентузія́зму.** They have not yet lost enthusiasm.
в. + *n.* **в. бажа́ння** lose desire (**ві́ру** faith, **наді́ю** hope, **рішу́чість** resolve, **страх** fear; **па́м'ять** memory; **вагу́** weight; **кров** blood) ◊ **Він утрача́в кров.** He was losing blood.
v. + **в.** ♦ **бу́ти ні́чого в.** to have nothing to ◊ **Пі́сля банкру́тства їм було́ ні́чого в.** After the bankruptcy, they had nothing to lose. **могти́** can ◊ **Він міг втра́тити поме́шкання.** He could lose the apartment. **не хоті́ти** not want to ◊ **Він не хоті́в в. наго́ду розбагатіти.** He did not want to lose the chance of getting rich. **спромогти́ся** *pf.* contrive to ◊ **За коро́ткий час вона́ спромогла́ся втра́тити прихи́льне ста́влення коле́ґ.** In a short time, she contrived to lose the favorable attitude of her colleagues. **почина́ти** begin ◊ **Англі́йська дружи́на почала́ в. ініціяти́ву.** The English team began to lose the initiative. **ста́ти** *pf.* start
pa. pple. **втра́чений** lost, wasted
втрача́й! втрать!
Also see **позбува́тися 1, тра́тити 3.** *Cf.* **губи́ти 1**

втри́ма|ти, *var.* **утри́мати**[1], *pf., see* **втри́мувати**
to hold, get a grip, *etc.* ◊ **Він ~в заста́ву за поме́шкання.** He withheld the security deposit.

втри́ма|тися, *var.* **утри́матися**[1], *pf., see* **втри́муватися**
to remain on one's feet, *etc.* ◊ **Він ~вся на нога́х і не впав на чарда́к.** He remained on his feet and did not fall on the deck.

втри́му|вати, *var.* **утри́мувати**[1], **~ють; втри́ма|ти**, *var.* **утри́мати**[1], **~ють**, *tran.*
1 to hold, get a grip; clasp; keep
adv. **впе́рто** staunchly ◊ **Вони́ впе́рто ~вали двіре́ць, відбива́ючи ата́ки во́рога.** They staunchly held the station, repelling the enemy attacks. **до́вго** for a long time; **мі́цно** steadfastly, **тве́рдо** firmly, **непору́шно** unshakably, **чі́пко** tenaciously; **ле́две** hardly ◊ **Він таки́й знеси́лений, що ле́две ~є рушни́цю в рука́х.** He is so exhausted he hardly holds the rifle in his hands.
♦ **в. рівнова́гу** to maintain balance
See **трима́ти 1**
2 to hold back, restrain, prevent ◊ **Жі́нка розста́вила ру́ки, намага́ючись втри́мати ві́вці.** The woman spread her arms, trying to hold back the sheep. ◊ **Роби́, що хо́чеш. Тебе́ ніхто́ не ~є.** Do what you will. Nobody is holding you back.
prep. **в. від** + *G.* hold from sth ◊ **Обере́жність ~вала її від необа́чних кро́ків.** Caution held her back from rash steps.
3 to uphold, preserve, keep, retain, sustain ◊ **Протягом кілько́х поколі́нь їхній рід ~є ці зе́млі у свої́й вла́сності.** For several generations, their family has kept these lands in their possession.
adv. **до́бре** well ◊ **Чорнозе́м до́бре ~є воло́гу.** Chernozem retains moisture well. **до́вго** for a long time; **ке́псько** poorly, **пога́но** badly
v. + **в. бу́ти ва́жко** be difficult to, **бу́ти нele̗гко** be not easy to ◊ **З його́ рейтингом йому́ бу́де нелегко в. вла́ду.** With his rating, it will not be easy for him to hold on to power. **вмі́ти** know how to ◊ **Спра́вжній ора́тор умі́є в. ува́гу слухачі́в.** A true orator knows how to sustain listeners' attention. **могти́** can, **намага́тися** try to
4 to suppress, fight back, hold back
adv. **ле́две** barely ◊ **Він ле́две ~вав смі́х.** He barely held back his laughter.
5 to withhold, hold on to
adv. **за зако́ном** by law, **за спі́льною домо́вленістю** *or* **зго́дою** by mutual agreement ◊ **Банк ~ватиме цю су́му за спі́льною домо́вленістю з клі́єнтом.** The bank will withhold this sum by the mutual agreement with the client. **зако́нно** lawfully; **незако́нно** unlawfully; **щомі́сяця** every month, **щоро́ку** every year; **обов'язко́во** definitely
prep. **в. з** + *G.* withhold from sth ◊ **Працеда́вець ~є гро́ші з їхньої пла́тні незако́нно.** The employer is withholding money from their wages unlawfully.
pa. pple. **втри́маний** withheld, retained, kept
втри́муй! втри́май!

втри́му|ватися, *var.* **утри́муватися**[1]**; втри́матися**, *var.* **утри́матися**[1], *tran.*
1 to remain on one's feet, stay, hold out, persevere ◊ **Змагу́н мав утри́матися на бику́ хоч п'ятна́дцять секу́нд.** A competitor had to stay on the bull for at least fifteen seconds.
adv. **ди́вом** miraculously, **я́кось** somehow; **до́вго** for a long time; **по́при все** despite everything
v. + **в. бу́ти неможли́во** be impossible to ◊ **При тако́му ві́трі втри́матися на нога́х було́ неможли́во.** With such wind, it was impossible to remain on one's feet. **бу́ти тре́ба** + *D.* need to; **змогти́** *pf.* manage to ◊ **Вона́ змогла́ втри́матися в сідлі́.** She managed to stay in the saddle. **намага́тися** try to; **не могти́** not be able to
2 to refrain, abstain, restrain oneself, contain oneself, check oneself, hold back, help oneself ◊ **Вона́ не втри́малася і сказа́ла все, що ду́має.** She could not help herself and said everything she thought.
adv. **ле́две** barely; **я́кось** somehow ◊ **Він хоті́в усе́ ки́нути й утіка́ти, але́ я́кось утри́мався.** He wanted to drop everything and run but restrained himself somehow.
v. + **в. бу́ти ва́жко** be difficult to ◊ **Оре́стові було́ ва́жко в. від тютюну́.** It was difficult for Orest to refrain from smoking. **бу́ти неможли́во** be impossible to; **намага́тися** try to ◊ **Вона́ намага́лася в. від крити́чних комента́рів.** She was trying to refrain from critical comments. **не могти́** cannot ◊ **Він не зміг утри́матися і закрича́в від бо́лю.** He could not help himself and cried out with pain.
prep. **в. від** + *G.* refrain from sth; ♦ **не в., щоб** + *inf.* cannot help ◊ **Павло не втри́мався, щоб не заї́хати до дру́га.** Petro could not help dropping in on his friend. ♦ **в. від споку́си** to resist a temptation
3 *mil.* to hold out, remain, persist, persevere
adv. **впе́рто** persistently, **геро́їчно** heroically ◊ **Вояки́ геро́їчно ~валися на пози́ції бі́ля лето́вища.** The soldiers heroically held out in their position near the airport. **тве́рдо** firmly; **до́вго** for a long time, **за вся́ку ці́ну** at any

cost, **якнайдо́вше** as long as possible
v. + **в. змогти́** *pf.* manage to; **не могти́** cannot; **намага́тися** try to ◊ **Підро́зділ намага́вся втри́матися бі́ля мо́сту якнайдо́вше.** The detachment tried to persist at the bridge as long as possible. **стара́тися** do one's best to; **нака́зувати** + *D.* order sb to ◊ **Штаб наказа́в їм у. до ра́нку.** The headquarters ordered them to hold out till morning.
4 to persist, continue, last, hold, stay ◊ **Їм пощасти́ло, що со́нячна пого́да ~валася ці́лий ти́ждень.** They were lucky the sunny weather held for an entire week.
adv. **до́вго** for a long time, **тро́хи** a little, **яки́йсь час** for some time ◊ **Прогнозува́ли, що моро́зи ~ватимуться яки́йсь час.** The cold was forecast to persist for some time.
prep. **в. на** + *L.* last at/in *(a position, etc.)* ◊ **Ніхто́ до не́ї не змі́г до́вго втри́матися на ці́й робо́ті.** Nobody before her managed to last long in this job.
See **продо́вжуватися.** *Also see* **залиша́тися 1, лиша́тися**
5 to abstain, not vote ◊ **Четверти́на депута́тів втри́малася від голосува́ння.** A quarter of the members *(of legislature)* abstained from voting.

втрути́|тися, *pf., see* **втруча́тися**
to interfere, intrude, intervene ◊ **У ві́йну ~лися на́йманці.** Mercenaries interfered in the war.

втруча́|тися, *var.* **утруча́тися**, **~ються; втру́т|итися**, *var.* **утру́титися**, **втручу́ся**, **~ишся**, **~яться**, *intr.*
to interfere, intervene, meddle; get involved, step in
adv. **акти́вно** actively ◊ **Ме́неджер акти́вно ~вся в ко́жну ца́рину дія́льности компа́нії.** The manager actively meddled in every sphere of the company's business. **пря́мо** directly; **непря́мо** indirectly; **відкри́то** openly; **неохо́че** reluctantly; **безпереста́нку** nonstop, **весь час** all the time, **за́вжди́** always, **пості́йно** constantly; **незако́нно** unlawfully, **нелега́льно** illegally ◊ **Мі́ністр нелега́льно ~ється в пере́біг держа́вного те́ндеру.** The minister is illegally interfering in the process of the government tender. **сваві́льно** arbitrarily; **серйо́зно** seriously; **невідкла́дно** without delay, **нега́йно** at once, **одра́зу** immediately; **рі́дко** rarely, **рі́дко коли́** rarely ever ◊ **Іва́н рі́дко коли́ ~вся в навча́ння си́на.** Ivan rarely ever interfered in his son's studies. **ніко́ли не** never
v. + **в. бу́ти дозво́лено** + *D.* be allowed to ◊ **Йому́ одному́ дозво́лено в. в організа́цію про́дажу.** He alone is allowed to interfere in the organization of the sale. **бу́ти тре́ба** + *D.* need to; **ма́ти пра́во** have the right to; **намага́тися** try to; **проси́ти** + *A.* ask sb to; **обіця́ти** + *D.* promise sb to ◊ **Прокуро́р пообіця́в втрути́тися.** The prosecutor promised to get involved. **відмовля́тися** refuse to, **не хоті́ти** be reluctant to ◊ **Вона́ не хоті́ла в. в цю істо́рію.** She was reluctant to get involved in this story.
prep. **в. в** + *A.* interfere in/with sth ◊ **Він рі́дко коли́ ~вся в чужі́ спра́ви.** He rarely ever interfered in other people's business; **в. до** + *G.* interfere in/with sth ◊ **Він не мав жо́дного пра́ва в. до ї́хньої робо́ти.** He had no right to interfere with their work.
втруча́йся! втру́ться! ♦ **Не втруча́йтеся!** Mind your own business!

вугі́лл|я, *nt., only sg.*
coal
adj. **активо́ване** activated ◊ **Активо́ване в. вбира́є токси́чні речови́ни.** Activated coal absorbs toxic substances. ♦ **антраци́тне в.** *usu* **антраци́т** anthracite ◊ **Антраци́тне в. ма́є найви́щий умі́ст вуглецю́.** Anthracite has the highest carbon content. **безполумене́ве** blind, **бу́ре** brown ◊ **У цьо́му проце́сі мо́жна використо́вувати бу́ре в.** Brown coal can be used in this process. ♦ **деревне́ в.** charcoal ◊ **Вона́ засма́жила м'я́со на деревно́му ~і.** She roasted the meat on charcoal. **довгополумене́ве** candle, **кам'яне́** bituminous, **коксівне́** coking; **безди́мне** smokeless; **що пала́є** live ◊ **Він лив во́ду про́сто на в., що пала́ло.** He was pouring water straight on the live coals. **чи́сте** clean; ♦ **чо́рний, як в.** coal-black
n. + **в. відро́ в.** a bucket of coals ◊ **Відра́ в. ма́ло, щоб обігрі́ти ха́ту.** A bucket of coals is not enough to heat the house. (**шмато́к** piece; **то́нна** ton) ◊ **Йому́ тре́ба купи́ти три то́нни в.** He needs to buy three tons of coal. **ви́добуток в.** coal mining ◊ **Бі́льша части́на місце́вого насе́лення за́йнята ви́добутком в.** The bigger part of the local population is involved in coal mining. (**виробни́цтво** production, **запа́си** reserves, **постача́ння** supplies; **шар** seam, **по́клади** deposits) ◊ **За пів столі́ття ви́черпано по́клади в. в регіо́ні.** In half a century, the coal deposits in the region have been exhausted.
v. + **в. видобува́ти в.** mine coal ◊ **В. на Донба́сі видобува́ють рока́ми.** They have mined coal in Donbas for years. (**виробля́ти** produce; **використо́вувати** use ◊ **Для опа́лення використо́вують в., а не газ.** For heating they use coal rather than gas. **пали́ти** burn; **ванта́жити** load, **розванта́жувати** unload ◊ **Хло́пці шви́дко розванта́жили дві то́нни в.** The boys quickly unloaded two tons of coal. **перево́зити** transport)
в. + *v.* **горі́ти** burn ◊ **В. горі́ло ма́йже без ди́му.** The coal burned almost without smoke.

ву́гільн|ий, *adj.*
1 coal, of or pertaining to coal
в. + *n.* **в. басе́йн** a coal basin ◊ **Доне́цький в. басе́йн** the Donets Coal Basin (**газ** gas, **пил** dust, **шар** seam), ◊ **в. комба́йн** *techn.* a coal-cutting machine; **~а поже́жа** a coal fire (**промисло́вість** industry, **ша́хта** mine); **~е виробни́цтво** coal production; **~і запа́си** coal reserves (**по́клади** deposits)
2 *chem.* carbon, carbonic ◊ **в. електро́д** a carbon electrode, ◊ **~а кислота** carbon dioxide

вугле́ц|ь, *m.*, **~ю**, *only sg.*
chem. carbon
adv. **органі́чний** organic, **радіоакти́вний** radioactive ◊ **Цей при́лад допомага́є виявля́ти радіоакти́вний в.** This device helps detect radioactive carbon. **чи́стий** pure ◊ **Фо́рмою чи́стого ~ю є алма́з.** Diamond is a form of pure carbon.
n. + **в. а́том ~ю** a carbon atom (**ви́киди** emissions, **вміст** content; **ізото́п** isotope, **сполу́ка** compound) ◊ **Сполу́ки ~ю є осно́вою всіх живи́х організ́мів.** Carbon compounds are the basis of all living organisms.

ву́з|ол, *m.*, **~ла́**
1 knot, hitch; *also fig.* ◊ **Вона́ но́сить воло́сся, зв'я́зане у в.** She wears her hair tied in a knot.
adj. **сла́бки́й** loose ◊ **В. ви́явився слабки́м і розв'яза́вся.** The knot proved to be loose, and got untied. **тугі́й** tight; **заплу́таний** tangled, **складни́й** complicated; **звича́йний** regular, **про́сти́й** simple; **подві́йний** double; **вели́кий** big; **непомі́тний** unnoticeable; **акура́тний** neat, **доскона́лий** perfect; ♦ **ме́ртвий в.** a clove hitch, ♦ **прями́й в.** a reef knot; ♦ **Горді́їв в.** *fig.* the Gordian knot ◊ **Він розруба́в цей Горді́їв в.** *fig.* He cut this Gordian knot.
v. + **в. зав'я́зувати в.** tie a knot ◊ **Пили́п зав'яза́в акура́тний в. на крава́тці.** Pylyp tied a neat knot in his tie. (**роби́ти** do ◊ **Хтось зроби́в в. посере́дині моту́зки.** Somebody made a knot in the middle of the rope. **розв'я́зувати** untie ◊ **Марі́я гаря́чково намага́лася розв'яза́ти в.** Maria was frenetically trying to untie the knot. **розплу́тувати** untangle, **розру́бувати** cut; **затяга́ти** *or* **затя́гувати** tighten ◊ **Бори́с сми́кнув за оби́два кінці́ рушника́, щоб ще бі́льше затягну́ти на ньо́му в.** Borys pulled both ends of the towel so as to tighten the knot in it even more. **посла́блювати** loosen);
♦ **сплі́та́тися в оди́н в.** *fig.* to get tied up in one knot ◊ **Всі його́ пробле́ми спле́ли́ся в оди́н заплу́таний в.** All his problems got tied up in one tangled knot.
prep. **на в.** *dir.* in/to a knot ◊ **Він зав'яза́в моту́зку на в.** He tied the rope into a knot. **в. на** + *L.* a knot in sth ◊ **На ни́тці було́ бага́то ~лі́в.** There were many knots in the thread.
2 bundle ◊ **Вона́ зв'яза́ла о́дяг у в.** She tied the clothes in a bundle. ◊ **У руці́ він трима́в в. стрі́л.** He held a bundle of arrows in his hand.
3 *techn.* group, assembly, unit, joint
adj. ♦ **саніта́рний в.** a washroom, ♦ **силови́й в.** a power pack, ♦ **шарні́рний в.** a hinged joint
4 junction ◊ **Мі́сто розташо́вувалося на ~лі́ торго́вих шляхі́в.** The city was located at a junction of trade roads. ◊ **Ко́вель – вели́кий залізни́чний в.** Kovel is a big railroad junction. ◊ **в. шляхі́в** a road junction; ◊ **пові́тря́ний в.** an airline hub
5 *mil.* center ♦ **в. зв'язку́** a communications center, ♦ **в. оборо́ни** a key point of defense, ◊ **в. о́пору** a center of resistance ◊ **Опера́ція ліквідува́ла два воро́жі ~лі́ о́пору.** The operation has eliminated two enemy centers of resistance. ♦ **укрі́плений в.** a fortified center
6 *med.* node, ganglion; lump, bulge ◊ **На її па́льцях було́ ви́дно ревмати́чні ~лі́.** Rheumatic lumps were visible on her fingers.
adj. **лімфати́чний** lymph, **м'я́зовий** muscle, **нерво́вий** nerve; **ве́рхній** *or* **горі́шній** upper, **долі́шній** *or* **ни́жній** lower

вузьк|и́й, *adj.*
1 narrow, small, confined, tight ◊ **До це́ркви веде́ ~а́ сте́жка.** A narrow path leads to the church.
adv. **вкрай** extremely ◊ **Крі́сла́ в літака́х укра́й ~і́.** Seats in airplanes are extremely narrow. **ду́же** very, **надзвича́йно** extraordinarily; **відно́сно** relatively, **порі́вняно** comparatively; **неймові́рно** incredibly, **несподі́вано** unexpectedly; **зана́дто** *or* **на́дто** too, **надмі́рно** excessively; **до́сить** fairly, **тро́хи** a little; **не зо́всім** not quite; **незви́ча́йно** unusually ◊ **Він зверну́в ува́гу на незвича́йно ~і́ па́рти.** He noticed the unusually narrow desks.
v. + **в. бу́ти ~и́м** be narrow (**видава́тися** + *D.* appear to sb; **виявля́тися** turn out ◊ **Штани́ ви́явилися на́дто ~и́ми на ньо́го.** The pants turned out to be too tight for him. **зда́ватися** + *D.* seem to sb ◊ **Ту́флі здали́ся йому́ тро́хи ~и́ми.** The shoes seemed to him to be a little tight. **роби́тися** turn, **става́ти** become) ◊ **За насту́пним поворо́том широ́ка ву́лиця ра́птом ста́ла ~о́ю.** Behind the next turn, the wide street suddenly became narrow.
Also see **тісни́й 2.** *Ant.* **широ́кий 1**
2 narrow, slender, slim ◊ **Молодо́ю Марі́я ма́ла ~у́ та́лію.** When young, Maria had a slender waist. ◊ **Його́ пле́чі здава́лися на́дто ~и́ми, як на чолові́ка.** His shoulders seemed too narrow for a man.
Also see **то́нкий 1.** *Ant.* **гру́бий**
3 narrow, strict, literal ◊ **Він – ліберал у ~о́му зна́ченні сло́ва.** He is a liberal in the narrow sense of the word.
See **дослі́вний.** *Ant.* **широ́кий 3**
4 *fig.* narrow, limited, restricted ◊ **Він дале́бі писа́в для ~о́го ко́ла чита́чі́в.** He was really writing for a narrow circle of readers. ◊ **Суперма́ркет пропонува́в несподі́вано в. ви́бір си́рі́в.** The supermarket offered an unexpectedly limited selection of cheeses.
See **обме́жений 1.** *Ant.* **бага́тий 1, широ́кий 4**
5 *fig.* narrow, narrow-minded ◊ **Па́ні К. була́ люди́ною ~и́х по́глядів.** Mrs. K. was a person of

a narrow worldview; ◊ **в. підхíд** a narrow approach
See **обмéжений 2.** *Also see* **дріб'язкóвий 1, мілкúй 2, недалéкий 2**
comp. **вýжчий**

вýлиц|я, *f.*

street

adj. **дóвга** long ◊ **Вонú прямувáли дóвгою ~ею.** They were heading down a long street. **корóтка** short; **звивúста** winding, **прямá** straight; **вузькá** narrow, **ширóка** wide; **бічнá** side; **стрімкá** steep; **закрúта** close, ♦ **сліпá в.** a dead-end ◊ **Вонú опинúлися у сліпíй ~і.** They ended up in a dead-end street. **пішохíдна** pedestrian; **головнá** main ◊ **Головнý вýлицю Рíвного перейменувáли на Собóрну.** The main street of Rivne was renamed Soborna. **центрáльна** central; **людна** crowded, **шýмна** noisy; **безлю́дна** deserted, **порóжня** empty; **тúха** quiet; **дóбре освíтлена** well-lit, **кéпсько освíтлена** poorly-lit, **неосвíтлена** unlit, **тéмна** dark; **понýра** gloomy ◊ **У дощовý погóду йогó в. ставáла нестéрпно понýрою.** In rainy weather, his street would become unbearably gloomy. **бруднá** dirty, **курнá** dusty; **небезпéчна** dangerous; **затúшна** homey, **приємна** pleasant; **зеленá** leafy; **чúста** clean; **мóщена** paved; **немóщена** unpaved; **одностóроння** one-way, **двостóроння** two-way; **прилéгла** adjacent, **сусíдня** neighboring; **міськá** city, **сільськá** village; **торгóва** shopping; **прáвильна** right; **не та** wrong ◊ **Вонú пішлú не тією ~ею.** They took the wrong street.

n. + **в. бік ~і** a side of a street ◊ **Вонá стоя́ла на протилéжному бóці ~і.** She stood on the opposite side of the street. (**довжинá** length, **ширинá** width; **кінéць** end); **освíтлення ~і** street lighting (**рíвень** level ◊ **Вíкна її помéшкання булú на рíвні ~і.** Her apartment windows were at the street level. **ріг** corner) ◊ **Вонú зустрíлися на рóзі ~і.** They met at the street corner.

v. + **в. блокувáти ~ю** block a street ◊ **Полíція заблокувáла ~ю для трáнспорту й пішохóдів.** The police blocked the street for cars and pedestrians. (**переходúти** cross ◊ **Вонá шукáла мíсце, де перейтú ~ю.** She was looking for a spot to cross the street. **запóвнювати** fill ◊ **Страйкарí запóвнили прилéглі до фáбрики ~і.** The strikers filled the streets adjacent to the factory. **затóплювати** flood; **називáти** name ◊ **~ю назвáли Десятúнною.** They named the street Desiatynna. **перейменóвувати** rename; **розширювати** *or* **розширя́ти** widen; **очищáти** clear ◊ **На час чемпіонáту ~і мíста очúстили від проститýток і наркомáнів.** For the duration of the championship, the city streets were cleared of prostitutes and drug addicts. **знахóдити** find ◊ **Вонá дóвго не моглá знайтú ~ю Шухéвича.** It took her a long time to find Shukhevych Street. **шукáти** look for ◊ **Вонú шукáли ~ю Сúмона Петлю́ри.** They were looking for Symon Petliura Street. **повертáти в** turn into) ◊ **Вам слід повернýти в настýпну ~ю.** You should turn into the next street. ♦ **давáти** + *D.* **зелéну ~ю** to give sb the green light; **ітú ~ею** go up/down a street (**гуля́ти** saunter ◊ **Люблю́ гуля́ти цією ~ею.** I like to saunter down this street. **ї́хати** drive up/down, **прямувáти** head down/up) ◊ **Вонú встáли й попрямувáли ~ею до двірця́.** They stood up and headed down the street to the station.

в. + *v.* **вестú до** + *G.* lead to sth ◊ **В. Хрещáтик ведé до Європéйської плóщі.** Khreshchatyk Street leads to Evropeyska Square. **завертáти** curve ◊ **У цьóму мíсці в. завертáє прáворуч.** At this spot, the street curves to the right. **повертáти** turn; **ітú** go ◊ **В. Шевчéнка йде на пíвдень.** Shevchenko Street goes southwards. **бýти запóвненою** + *I.* be crowded with sb/sth ◊ **В. булá геть запóвнена турúстами.** The street was completely crowded with tourists. **називáтися** + *I.* be called sth ◊ **Колúсь в. Івáна Франкá називáлася Привокзáльною.** Once Ivan Franko Street was called Pryvokzalna.

prep. **з ~і** from a street; from outside, from outdoors ◊ **Він чув якíсь крúки з ~і.** He heard some shouting from the street. ◊ **З ~і вíяло прохолóдою.** Cool air was blowing from the outside. **на ~ю** 1) *dir.* on/to a street ◊ **Вонá дивúлася з вікнá на ~ю.** She was looking out of the window at the street. 2) *dir.* outdoors, outside ◊ **Вонú цíлий день не вихóдили на ~ю.** They did not go outside all day long. **на ~і** 1) *posn.* on a street ◊ **На ~і нікóго не булó.** There was no one on the street. 2) *posn.* outside, outdoors ◊ **Температýра у квартúрі булá такá самá, як на ~і.** The temperature in the apartment was the same as outside. ♦ **бýде й на нáшій ~і свя́то** our day will come; **по ~і** down/up a street ◊ **По ~і гуля́ло багáто людéй.** Many people walked up and down the street. **по ~ях** through the streets ◊ **Вонú ходúли по ~ях Парúжу.** They walked the streets of Paris. **у ~ю** *dir.* into a street; **уздóвж ~і** along a street ◊ **Уздóвж ~і рослú лúпи.** There grew lindens along the street. **чéрез ~ю** across a street ◊ **Ґірля́нди повíсили чéрез ~ю.** The garlands were hung across the street.
Also see **провýлок, проспéкт 1**

вýличн|ий, *adj.*

street, of or pertaining to street

в. + *n.* **в. базáр** a street bazaar (**рúнок** market, **теáтр** theater, **фестивáль** festival, **я́рмарок** fair; **бій** battle ◊ **Навкóло точúвся в. бій.** A street battle was being fought there. **ліхтáр** lamp; **музикáнт** musician, **торгóвець** seller; **жаргóн** jargon, **сленґ** slang); **~а бáнда** a street gang (**злочúнність** crime; **демонстрáція** demonstration, **процéсія** procession ◊ **~а процéсія паралізувáла рух на дві годúни.** The street procession paralyzed the traffic for two hours. **бíйка** fight, **сýтичка** skirmish; **говíрка** vernacular, **культýра** culture, **мóда** fashion; **дитúна** child, **повíя** prostitute); **~е життя́** street life (**мистéцтво** art ◊ **Остáннім чáсом ~е мистéцтво набулó популя́рности в мíсті.** Lately, street art gained popularity in the city. **освíтлення** lighting, **свíтло** light); **~і розвáги** street entertainment

вус, *m.*, **~а**, *usu pl.*

moustache

adj. **дóвгі** long ◊ **На світлúні старúй чоловíк із дóвгими ~ами.** There is an old man with a long moustache in the picture. **корóткі** short, **малéнькі** *dim.* small, **невелúкі** small; **густí** thick; **рідéнькі** *dim.* thin, **рíдкі** thin; **акурáтні** neat; **закрýчені** curly, **обвúслі** droopy; **рýді** red, **сúві** gray, **чóрні** black; **фальшúві** false

v. + **в. відрóщувати ~а** *or* **~и** grow a moustache ◊ **Вíктор відростúв дóвгі ~а.** Viktor grew a long moustache. (**голúти** shave off ◊ **Зголúвши ~а, Петрó став невпізнáнним.** Having shaved off his moustache, Petro became unrecognizable. **глáдити** stroke, **закрýчувати** *and* **підкрýчувати** twirl; **мáти** have, **носúти** wear; **підстригáти** trim ◊ **Він пíдстриг ~а в голя́рні.** He had his moustache trimmed at a barber's shop. **фарбувáти** dye) ♦ **мотáти (собí) на в.** to take note of sth ◊ **Намотáй (собí) на в., що без дóзволу ти не мóжеш захóдити сюдú.** Take note that you may not enter here without permission.
N. pl. **~и** *or* **~а**

вý|хо, *var.* **ýхо**, *nt.*, **~ха**

ear; *fig.* ear, hearing

adj. **лíве** left, **прáве** right; **внýтрішнє** *anat.* inner, **зóвнішнє** *anat.* outer, **серéднє** *anat.* middle ◊ **запáлення серéднього ~ха** a middle ear inflammation; **велúке** large, **величéзне** enormous; **дóвге** long, **гóстре** pointed; **чутлúве** sensitive; **здорóве** healthy; **запáлене** inflamed, **хвóре** sick; ♦ **тонкé в.** *fig.* sharp hearing ◊ **Йогó тонкé в. вловлювало найменший звук.** His sharp hearing captured the slightest sound. ♦ **тугé в.** *fig.* poor hearing ◊ **Співáти в хóрі з тугúм ~хом – спрáва не з легкúх.** To sing in a choir with poor hearing is not an easy thing to do.

n. + **в. канáл ~ха** an ear canal (**мóчка** lobe ◊ **Мóчки ~х дíвчини пробúті.** The girl's ear lobes are pierced. **перéтинка** drum; **запáлення** inflammation, **інфéкція** infection, **хворóба** disease)

v. + **в. закривáти в.** cover an ear ◊ **Івáн мýсив закрúти ~ха.** Ivan had to cover his ears. (**затикáти** plug ◊ **Вонá заткнýла лíве в., щоб крáще чýти гóлос у слýхавці.** She plugged her left ear to better hear the voice in the receiver. **напрýжувати** strain ◊ **Ярéма напрýжив ~ха, щоб розібрáти, про що розмóва.** Yarema strained his ears to make out what the chat was about. ♦ **насторóжувати** *or* **нашорóшувати, нащýлювати ~ха** to prick up one's ears ◊ **Вівчáрка насторóжила ~ха.** The sheepdog pricked up his ears. **притуля́ти до** + *G.* press to sth ◊ **Чоловíк притулúв в. до шúбки.** The man pressed his ear to the window pane. **пробивáти** pierce, **прочищáти** clean out, **чúстити** clean ◊ **Раз на рік вонá чúстила ~ха в лíкаря.** Once a year, she had her ears cleaned by the doctor. **рíзати** *fig.* grate on ◊ **Джéймзова вимóва рíзала всім ~ха.** James' pronunciation grated on everybody's ears. **тягнýти за** pull sb by; **кричáти** + *A.* **в** shout sth in, **сичáти** + *A.* **в** hiss sth in, **шептáти** + *A.* **в** whisper sth in) ◊ **Нáстя прошептáла щось хлóпцеві у в.** Nastia whispered something in the boy's ear. ♦ **пéстити в.** *fig.* to be music to sb's ear ◊ **Пéтрів гóлос пéстив їй в.** Petro's voice was music to her ear. ♦ **пропускáти** + *A.* **повз ~ха** to turn a deaf ear to sth ◊ **Тетя́на пропустúла зумúсну обрáзу повз ~ха.** Tetiana turned a deaf ear to the deliberate insult. **долітáти до ~ха** reach sb's ear, **відлýнювати у ~сі** echo in one's ear ◊ **Її сміх ще якúйсь час відлýнював в Андрíєвих ~хах.** Her laughter echoed in Andrii's ears for some time still.

в. + *v.* **болíти** + *A. and D.* ache ◊ **Мáрту** *and* **Мáрті болíли ~ха.** Marta's ears were aching. **пульсувáти** pulsate ◊ **Ївжине в. пульсувáло від бóлю.** Yivha's ear pulsated with pain. **червонíти** redden; **вловлювати** + *A.* catch sth ◊ **Її ~ха вловúли схлúпування.** Her ears caught somebody's sobbing. **розчувáти** + *A.* detect sth, **чýти** + *A.* hear sth; **слýхати** + *A.* listen to sth; ♦ **насторóжуватися** *and* **нашорóшуватися, нащýлюватися** prick up ◊ **~ха кобúли нащýлилися.** The mare's ears pricked up. **стирчáти** stick out

prep. **у в.** *dir.* in/to an ear ◊ **Водá потрáпила їй у в.** Water got in her ear. ♦ **в однé в. ввійшлó, у другé вúйшло** go in one ear and out the other; **у ~сі** *posn.* in an ear ◊ **Він мав пісóк у ~хах.** He had sand in his ears. **від ~ха до ~ха** from ear to ear ◊ **Стефáн усміхáвся від ~ха до ~ха.** Stefan was smiling from ear to ear.

вх|íд, *m.*, **~óду**

entrance, way in; ♦ **~óду немáє** no entrance

adj. **головнúй** main, **зáдній** back, **тúльний** rear ◊ **Він пронúк до клýбу чéрез тúльний в.** He got inside the club through the rear entrance. **вузькúй** narrow; **ширóкий** wide; **окрéмий** separate; **півнíчний** north, **зáхідний** west, *etc.*; **секрéтний** *and* **таємнúй** secret; **службóвий** service

v. + **в. мáти в.** have an entrance ◊ **Лікáрня мáє два ~óди.** The hospital has two entrances. (**блокувáти** block ◊ **Вонú заблокувáли в. до кóрпусу мéблями.** They blocked the building entrance with furniture. **охороня́ти** guard ◊ **В. охороня́ло три людúни.** Three persons guarded the entrance. **познačáти** mark, **маскувáти** camouflage; **відмикáти** unlock; **замикáти** lock), ♦ **знáти всі ~óди й вúходи** to know all the ins and outs ◊ **За корóткий час робóти у фíрмі Ірúна знáла в ній усí**

~оди й ви́ходи. After a short time of work for the firm, Iryna knew all the ins and outs in it. **користува́тися ~о́дом** use an entrance ◊ **Ніхто́ не користу́ється бічни́м ~о́дом.** Nobody uses the side entrance.

prep. **бі́ля ~о́ду** at/near an entrance ◊ **Авті́вка зупини́лася бі́ля ~о́ду.** The car stopped at the entrance. **до ~о́ду** to an entrance ◊ **До ~о́ду підбі́гло двоє.** Two people ran up to the entrance. **з ~о́ду** from an entrance ◊ **З ~о́ду чу́ти кри́ки.** Shouting is heard from the entrance. **пе́ред ~о́дом** in front of an entrance, **при ~о́ді** near/at an entrance; **че́рез в.** through an entrance; **в. в** + *A.* an entrance to sth ◊ **вузьки́й в. у наме́т** a narrow entrance to the tent; **в. до** + *G.* an entrance to sth ◊ **в. до буди́нку** a building entrance (**кінотеа́тру** movie theater, **крамни́ці** store, **метрополіте́ну** subway, **метра́** *colloq.* subway, **поме́шкання** apartment, **це́ркви** church, **шко́ли** school, *etc.*); **в. з** + *G.* an entrance from *(a space)* ◊ **в. до буди́нку з па́рку** an entrance to the building from the park; **в. на** + *A.* an entrance to sth ◊ **В. на аре́ну прикраша́ла ілюміна́ція.** An illumination decorated the entrance to the arena. (**летови́ще** airfield, **кладови́ще** graveyard, **майда́н** square, **сце́ну** stage, **футбо́льне по́ле** soccer field, *etc.*)

Ant. **ви́хід**

вхо́д|ити, *var.* ухо́дити, ~жу, ~ять; ввій|ти́, *var.* увійти́, ввійд|у́ть; *pa pf., m.* ввійшо́в, *pl.* ввійшли́, *intr.*

1 to enter, come inside, go in, get inside; sail in ◊ **Две́рі за́мкнені, щоб ніхто́ не міг увійти́.** The doors are locked so that nobody could get inside.

adv. **безшу́мно** silently, **непомі́тно** unnoticed ◊ **Вона́ намага́лася ввійти́ непомі́тно.** She tried to go in unnoticed. **ти́хо** quietly, **я́кось** somehow; **обере́жно** cautiously, **пові́льно** slowly ◊ **Ла́йнер пові́льно ~ив до га́вані.** A liner was slowly entering the harbor. **шви́дко** quickly; **нелега́льно** illegally ◊ **В. до архі́ву без до́зволу нелега́льно.** Entering the archive without permission is illegal. **несподі́вано** unexpectedly, **ра́птом** suddenly ◊ **До ка́мери ввійшо́в тюре́мний охоро́нець.** A prison guard entered her cell.

v. + **в. дозволя́ти** + *D.* allow sb to ◊ **Лист дозволя́є їй в. до лаборато́рії будь-коли́.** The letter allows her to enter the lab any time. **забороня́ти** + *D.* forbid sb to; **дава́ти** + *D.* **знак** signal sb to ◊ **Вона́ дала́ їм знак увійти́.** She signaled them to go in. **проси́ти** + *A.* ask sb to; **намага́тися** try to, **про́бувати** attempt to

prep. **в. в** + *A.* enter sth ◊ **Коло́на вантажі́вок увійшла́ в мі́сто о тре́тій годи́ні.** The column of trucks entered the city at three o'clock. **в. до** + *G.* enter sth ◊ **Богда́н увійшо́в до кімна́ти.** Bohdan walked into the room. **в. по** + *L.* enter by sth ◊ **Вони́ ввійшли́ до са́ду по вузе́нькій сте́жці.** They went into the garden by a narrow path. **в. че́рез** + *A.* enter through sth

Cf. **вбіга́ти, влі́тати, захо́дити.** *Ant.* **вихо́дити**

2 to flow in *(of river, etc.)* ◊ **Рі́чка Стир ~ить у При́п'ять.** The Styr River flows into the Prypiat.

See **впада́ти 1**

3 to enter, penetrate, pierce, go; *also fig.* ◊ **Ніж уби́вці ввійшо́в йому́ в се́рце.** The assassin's knife went into his heart.

prep. **в. в** + *A.* penetrate sth; ♦ **в. в кров** to become sb's part ◊ **Солда́тські звича́ї поступо́во ~или йому́ в кров.** Soldier's customs gradually became a part of him.

4 to become part, be part, join, form ◊ **До зб́ірки ~ять есе́ї письме́нника.** The writer's essays are part of the collection. ◊ **Він увійшо́в до па́ртії.** He joined the party. ◊ **Які́ скла́дники ~ять до стра́ви?** What ingredients are part of the dish?

See **вступа́ти 3**

5 *only pf.* to get into, understand, appreciate, grasp ◊ **Він намага́вся ввійти́ в подро́биці істо́рії.** He sought to get into the details of the story. ♦ **в. у стано́вище** to put oneself in sb's shoes ◊ **Ввійді́ть у його́ стано́вище!** Put yourself in his shoes!

See **розумі́ти 1.** *Also see* **проника́ти 3**

6 to become, begin, enter *(only with* **в***)* ◊ **Артиле́рія ввійшла́ в ді́ю пе́ред на́ступом піхо́ти.** The artillery entered into action before the infantry attack. ◊ **Щора́нку ву́лиця ~ила у бу́денний рух.** Every morning, the street would start its everyday motion.

prep. **в. в** + *A.* become sth ♦ **в. в дові́ру** to gain sb's confidence ◊ **Васи́ль ввійшо́в у її дові́ру.** Vasyl gained her confidence. ♦ **в. в життя́** to become part of sb's life; ♦ **в. в істо́рію** to go down in history ◊ **Слова́ Винниче́нка ввійшли́ в істо́рію.** Vynnychenko's words went down in history. ♦ **в. в мо́ду** come into fashion; ♦ **в. в обо́в'язок** to be sb's duty ◊ **У його́ обо́в'язок ~ить готува́ти пресконфере́нції.** It is his duty to prepare press conferences. ♦ **в. в по́бут** to become part of everyday life; ♦ **в. в си́лу** to come into force ◊ **Зако́н ~ить у си́лу пі́сля то́го, як його́ підпи́сує президе́нт.** The law comes into force after the president signs it.

See **става́ти 2.** *Also see* **роби́тися 1**

вхо́дь! ввійди́!

вче́н|ий¹, *var.* уче́ний, *adj.*

1 learned, well-educated ◊ **~а люди́на** a well-educated person, a learned man; ◊ **~а ра́да для за́хисту дисерта́цій** a learned council for the defense of dissertations; ♦ **в. сту́пінь до́ктора філосо́фії** the Doctor of Philosophy scientific degree; **~е зва́ння** a scientific title

Cf. **науко́вий**

2 *colloq.* educated, trained ◊ **Лари́са ~а в кілько́х мо́вах.** Larysa is educated in several languages.

See **осві́чений¹.** *Also see* **ви́вчений 2, на́вчений, начи́таний, письме́нний**

3 *colloq.* sophisticated, intricate ◊ **Ори́ся говори́ла із ~им ви́разом на обли́ччі.** Orysia was speaking with a sophisticated expression on her face.

See **розу́мний 1.** *Also see* **му́дрий, хи́трий 3**

вче́н|ий², *var.* уче́ний, *m.*, ~ого; вче́на, *var.* уче́на, *f.*, ~ої

scholar, scientist ◊ **Її зна́ли як абсолю́тно блиску́чу ~у.** She was known as an absolutely brilliant scientist.

в. + *n.* **в.-архео́лог** an archeology scholar (**астро́ном** astronomy, **біо́лог** biology, **істо́рик** history, **матема́тик** mathematics, **соціо́лог** sociology, **фі́зик** physics, **хе́мік** chemistry, *etc.*)

See **науко́вець**

вчи́н|ок, *var.* учи́нок, *m.*, ~ку

deed *(usu by an individual)*, action, act

adj. **відва́жний** valiant ◊ **Вона́ здатна на відва́жні ~ки.** She is capable of valiant deeds. **зухва́лий** daring, **му́жній** courageous, **сміли́вий** brave; **вели́кий** great, **геро́їчний** heroic, **до́брий** good, **гума́нний** humane; **благоро́дний** *or* **шляхе́тний** noble; **самові́дданий** selfless; **ди́вний** strange, **дивакува́тий** weird, **ексцентри́чний** eccentric, **незрозумі́лий** incomprehensible; **брудни́й** dirty, **гане́бний** shameful, **глу́пий** silly, **жахли́вий** horrible, **жорсто́кий** cruel, **мерзе́нний** dastardly, **оги́дний** revolting ◊ **Оги́дний у. учи́теля обу́рив шко́лу.** The teacher's revolting deed outraged the school. **пі́длий** base, **підсту́пний** treacherous, **страшни́й** terrible; **імпульси́вний** impulsive, **нерозва́жливий** rash; **на́глий** sudden, **несподі́ваний** unexpected

v. + **в. вчиня́ти** *or* **кої́ти, чини́ти в.** commit a deed ◊ **Він скої́в** *or* **вчини́в страшни́й в.** He has committed a terrible deed. (**роби́ти** do; **засу́джувати** condemn ◊ **Пре́са засу́джувала в. екс-прем'є́ра.** The press condemned the ex-premier's deed. **провокува́ти** provoke; **бу́ти зда́тним на** be capable of); **бу́ти зда́тним до ~ку** be capable of a deed; **запобіга́ти ~ку** prevent a deed; **захо́плюватися ~ком** ◊ **Краї́на захо́плювалася її геро́їчним ~ком.** The country admired her heroic deed. ♦ **впійма́ти** + *A.* **на гаря́чому ~ку** to catch sb red-handed

в. + *v.* **виклика́ти захо́плення в** + *G.* provoke sb's admiration ◊ **В. спортсме́на ви́кликав зага́льне захо́плення.** The athlete's deed provoked general admiration. **заско́чувати** + *A.* take sb by surprise ◊ **Його́ в. заскочи́в грома́ду.** His action took the community by surprise. **обу́рювати** + *A.* outrage sb

Also see **ді́я 1.** *Cf.* **акт 1**

вчи́тел|ь, *var.* учи́тель, *m.*; вчи́телька, *var.* учи́телька, *f.*

1 teacher, instructor *(secondary school, usu in distinction to* **виклада́ч***)*

adj. **блиску́чий** brilliant, **вели́кий** great, **видатни́й** outstanding, **до́брий** good; **відо́мий** well-known; **авторите́тний** respected, **популя́рний** popular, **улю́блений** favorite; **вро́джений** natural ◊ **Хома́ мав дарува́ння вро́дженого ~я.** Khoma had the gift of a natural teacher. **натхне́нний** inspired; **високопрофесі́йний** highly professional, **досві́дчений** experienced, **кваліфіко́ваний** qualified; **диплодо́ваний** certified; **симпати́чний** pleasant, **ува́жний** attentive; **жахли́вий** awful, **ке́пський** poor, **ліни́вий** lazy, **некомпете́нтний** incompetent, **непрофесі́йний** unprofessional, **пога́ний** bad; **нови́й** new, **стари́й** old; **вимо́гливий** demanding, **суво́рий** strict; **консервати́вний** conservative, **старомо́дний** old-fashioned; **байду́жий** indifferent; **ліберал́ьний** liberal; **коли́шній** former; **шкільни́й** school

в. + *n.* **в. а́лгебри** an algebra teacher (**біоло́гії** biology, **бота́ніки** botany, **геогра́фії** geography, **геоме́трії** geometry, **істо́рії** history, **літерату́ри** literature, **матема́тики** math, **мо́ви** language, **фі́зики** physics, **хе́мії** chemistry, *etc.*; **пе́ршого кла́су** first-grade, **дру́гого кла́су** second-grade, *etc.*; **моло́дших кла́сів** junior secondary-school, **сере́дніх кла́сів** middle secondary-school, **ста́рших кла́сів** senior secondary-school)

в. + *v.* **виклада́ти** + *A.* teach sth ◊ **Ко́жен в. виклада́є чоти́ри предме́ти.** Each teacher teaches four subjects. **зага́дувати** + *A.* + *D.* to assign sb sth ◊ **В. літерату́ри загада́в у́чням твір.** The literature teacher assigned the students an essay. **поя́снювати** + *A.* + *D.* explain sth to sb ◊ **В. терпля́че поя́снював у́чням теоре́му Пітаго́ра.** The teacher was patiently explaining the Pythagorian theorem to the schoolchildren.

See **професіона́л, спеціалі́ст, фахіве́ць.** *Cf.* **виклада́ч**

2 *fig.* teacher, mentor ◊ **Життя́ було́ її найбі́льшим ~ем.** Life was her greatest teacher.

N. pl. **~і**

вч|и́ти, *var.* учи́ти, ~а́ть; ви́~, *tran.*

1 to teach, instruct; *pf.* **на~** + *G. and D.* ◊ **Репети́тор ~ить Ма́рту мо́ви та літерату́ри.** The tutor teaches Marta language and literature. ◊ **Вона́ навчи́ла Пили́па грі на саксофо́ні.** She taught Pylyp to play saxophone. ◊ **Він ~ить Оле́ну співа́ти.** He teaches Olena to sing.

adv. **до́бре** well, **ефекти́вно** efficiently, **професі́йно** professionally

v. + **в. (до)помага́ти** + *D.* help sb to, **ма́ти** be supposed to ◊ **Вона́ ма́є в. чоти́ри ку́рси на семе́стр.** She is supposed to teach four courses a semester. **намага́тися** try to, **хоті́ти** want to

See **виклада́ти 4.** *Also see* **вести́ 6, вивча́ти 4, навча́ти, пока́зувати 4, чита́ти 3**

2 *colloq.* to lecture, pontificate, give advice, teach ◊ **Не тре́ба мене́ в.!** Don't you lecture me!

3 to study, learn, memorize; **ви́~** *pf.* to have learned ◊ **Ната́ля ви́вчила вірш напа́м'ять.** Natalia learned the poem by heart. ◊ **Миросла́ва**

~и́ть істо́рію. Myroslava studies history.
adv. **бага́то** a lot, much, **дета́льно** in detail, **докла́дно** closely ◊ **Він докла́дно ви́вчив спра́ву.** He closely studied the case. **напа́м'ять** by heart ◊ **Актóрка ви́вчила роль напа́м'ять.** The actress learned the part by heart. **глибо́ко** in depth, **завзя́то** *or* **заповзя́то** zealously, **інтенси́вно** intensively, **наполе́гливо** hard, **нату́жно** painstakingly, **напру́жено** intensely, **поси́лено** with added effort, **рете́льно** thoroughly, **скрупульо́зно** scrupulously ◊ **Інна скрупульо́зно ви́вчила юриди́чні те́рміни.** Inna scrupulously learned the legal terms. **стара́нно** assiduously, **сумлі́нно** diligently; **крок за кро́ком** step by step, **методи́чно** methodically, **поступо́во** gradually, **системати́чно** systematically; **вичéрпно** exhaustively, **по́вністю** fully, **цілко́м** completely; **поверхо́во** superficially; **момента́льно** instantaneously, **шви́дко** quickly; **ле́две** scarcely, **наси́лу** barely, **недоста́тньо** insufficiently, **ке́псько** poorly, **пога́но** badly, **як-не́будь** so-so
v. + **в. бу́ти слід** + *D.* should ◊ **Дмитро́ві слід кра́ще ви~ пра́вила.** Dmytro should learn the rules better. **бу́ти тре́ба** + *D.* need to ◊ **Кили́ні тре́ба ви~ всі ви́нятки.** Kylyna needs to learn all the exceptions. **ма́ти** have to, be supposed to; **зага́дувати** *or* **задава́ти** + *D.* give sb the assignment to ◊ **Вчи́тель загада́в їм в. непра́вильні дієслова́.** The teacher assigned them to learn the irregular verbs. **змогти́** *pf.* manage to, **могти́** can, **намага́тися** try to
prep. **в. на** + *A.* study sth by/for *(a date)* ◊ **Він мав ви~ це на четве́р.** He was supposed to learn it by Thursday.
Also see **прохо́дити 5.** *Cf.* **вивча́ти 4**
pa. pple. **ви́вчений** learned
(ви́)вчи!

вч|и́тися, *var.* **учи́тися; ви́вчитися**, *intr.*
to study *(somewhere or in a certain way, well, poorly)* ◊ **Де ~и́ться ваш син?** Where does your son study?
adv. **відмі́нно** excellently, **до́бре** well ◊ **Лев до́бре ~и́ться.** Lev is a good student. **успі́шно** successfully; **бага́то** much, **до́вго** for a long time; **стара́нно** assiduously, **сумлі́нно** diligently
prep. **в. на** + *A.* study to become sth ◊ **Він ~ться на лі́каря.** He studies to become a physician.
See **навча́тися 1.** *Also see* **встига́ти 4**

вчо́ра, *var.* **учо́ра**, *adv.*
yesterday
adv. **вве́чері** evening ◊ **Оста́нній раз Лари́са диви́лася нови́ни в. вве́чері.** Larysa watched the news yesterday evening for the last time. **вдень** afternoon, **вра́нці** morning
Ant. **за́втра**

в'яза́ти, **~у́**, **в'я́ж|уть; з~**, *tran.*
1 to bind, tie (up), tether, bundle up
adv. **до́бре** well, **мі́цно** firmly, **наді́йно** securely ◊ **Він наді́йно зв'яза́в стос папе́рів.** He securely bound the stack of documents. **ті́сно** tightly; **ві́льно** loosely; **ке́псько** poorly, **недба́ло** carelessly, **пога́но** badly; **акура́тно** neatly, **обере́жно** carefully, **рете́льно** thoroughly; **доку́пи** together ◊ **Зв'яза́вши ли́жі доку́пи, Миро́ся поста́вила їх у комі́рку.** Having bound the skis together, Myrosia put them in the pantry.; ♦ **в. ру́ки й но́ги** to tie sb up and down ◊ **Йому́ зв'яза́ли ру́ки й но́ги.** They tied him up and down.
v. + **в. бра́тися** set about, **почина́ти** begin to, **ста́ти** *pf.* start to; **закі́нчувати** finish; **бу́ти тре́ба** + *D.* need to ◊ **Миколі тре́ба було́ з~ стару́ валі́зу моту́зкою.** Mykola needed to bind the old suitcase with a rope. ♦ **не вмі́ти з~ двох слів доку́пи** *only pf.* to be unable to put two words together ◊ **Як мо́жна поклада́тися на люди́ну, що не вмі́є двох слів зв'яза́ти доку́пи!** How can a person unable to put two words together be relied on! ♦ **з. ру́ки** + *D.* to tie sb down, constrain sb ◊ **Така́ вимо́га зв'яза́ла б їм ру́ки.** Such a demand would tie them down.
prep. **в. в** + *A.* tie into sth ◊ **в. в буке́т** tie in a bouquet ◊ **Вона́ зв'яза́ла кві́ти в буке́т.** She bound the flowers in a bouquet. (**ву́зол** bundle ◊ **Ві́ктор зв'яза́в уве́сь о́дяг у ву́зол.** Viktor bound all the clothes in a bundle. **паку́нок** package)
Also see **зав'я́зувати 1, зв'я́зувати 1, пов'я́зувати 1.** *Ant.* **розв'я́зувати 1**
2 to connect, tie, link ◊ **Марі́ю ~е з коле́гами спі́льна істо́рія.** Shared history ties Maria with her colleagues.
prep. **в. з** + *I.* tie to/with sb/sth ◊ **Іва́нове коха́ння мі́цно зв'яза́ло його́ з Жито́миром.** Ivan's love firmly tied him to Zhytomyr.
Also see **пов'я́зувати 2**
3 *colloq.* to constrain, restrict, curb ◊ **Анті́н віддава́в перева́гу ві́льному о́дягу, що не ~е ру́хів.** Antin gave preference to loose clothes that did not constrain his movements.
See **обме́жувати**
4 to knit; **по~** *pf.* to knit for limited time ◊ **Вона́ пов'яза́ла тро́хи, щоб заспоко́їтися.** She knitted for a while to calm down.
adv. **га́рно** beautifully ◊ **Ната́лка га́рно ~е.** Natalka knits beautifully. **до́бре** well, **майсте́рно** skillfully, **непога́но** quite well, **шви́дко** quickly; **методи́чно** methodically, **пові́льно** slowly
v. + **в. вмі́ти** be able to ◊ **Бори́с умі́в непога́но в.** Borys was able to knit quite well. **вчи́ти** + *A.* teach sb to; **навчи́тися** *pf.* learn to ◊ **Ві́ктор шви́дко навчи́тися в.** Viktor quickly learned to knit.
pa. pple. **зв'я́заний** bound
(з)в'яжи́!

в'яз|ень, *m.*, **~ня**
prisoner, convict, inmate ◊ **в. сумлі́ння** a prisoner of conscience
adj. **політи́чний** political ◊ **Вони́ почали́ голодува́ти, щоб домогти́ся ста́тусу політи́чних ~нів.** They went on a hunger strike in order to win the status of political prisoners. **віртуа́льний** *and* **факти́чний** virtual; **дові́чний** life; **засу́джений** convicted; **зві́льнений** released, **зразко́вий** model ◊ **Окре́мі зразко́ві ~ні підляга́ли достроко́вому зві́льненню.** Separate model prisoners were eligible for early release.
в. + *n.* **в. сумлі́ння** a prisoner of conscience ◊ **У сове́тських тю́рмах лиша́лися ти́сячі ~нів сумлі́ння.** Thousands of prisoners of conscience were remaining in Soviet prisons.
v. + **в. випуска́ти ~ня** release a prisoner (**звільня́ти** set free, **реабілітува́ти** rehabilitate; **трима́ти** hold, **утри́мувати** detain; **ув'я́знювати** incarcerate **стра́чувати** execute) ◊ **Пе́ред ві́дступом із мі́ста вони́ стра́тили всіх ~нів.** Before retreating from the city, they executed all the prisoners.
Also see **полоне́ний 3, ув'я́знений 1**

в'язни́ц|я, *f.*
prison, jail ◊ **Лук'я́нівська в. в Ки́єві** the Lukianivka Prison in Kyiv
adj. **мі́ська** city, **місце́ва** local; **перепо́внена** overcrowded ◊ **~і перепо́внені протестува́льниками.** Jails are overcrowded with protesters. **військо́ва** military, **держа́вна** state, **прива́тна** private; **боргова́** debtor's; **поню́ра** grim, **страшна́** horrible, **сумнозві́сна** notorious; **жіно́ча** women's, **чолові́ча** men's; **колишня** former
в. + *n.* **в. суво́рого режи́му** a high-security prison ◊ **Він відбу́в де́сять ро́ків у ~ці суво́рого режи́му.** He did ten years in a high-security prison.
v. + **в. будува́ти ~ю** build a prison ◊ **~ю збудува́ли два столі́ття тому́.** The prison was built two centuries ago. (**проєктува́ти** design; **закрива́ти** close down ◊ **Правозахи́сні організа́ції вимага́ють закри́ти сумнозві́сну ~ю.** Human rights organizations demand that the notorious prison be closed down. **іти́ у** go to ◊ **Вона́ йде на рік у ~ю.** She is going to jail for half a year. **кида́ти** + *A.* **у** throw sb into ◊ **Затри́маних ки́нули у ~ю.** The detainees were thrown into prison. **сади́ти** + *A.* **у** put sb in ◊ **Його́ посади́ли у ~ю.** He was put in prison. **сі́дати у** go to) ◊ **Вона́ сі́ла в ~ю за неправди́ві сві́дчення.** She went to prison for perjury. **уника́ти ~і** avoid prison ◊ **Їм не уни́кнути ~і.** There is no avoiding prison for them. (**випуска́ти** + *A.* **з** release sb from ◊ **Їх ви́пустили з ~і.** They were released from prison. **вихо́дити з** come out of ◊ **Уби́вця ви́йшов з ~і че́рез два́дцять ро́ків.** The murderer came out of prison in twenty years. **втіка́ти з** escape from ◊ **Ніхто́ ніко́ли не втіка́в із ціє́ї страшно́ї ~і.** Nobody ever escaped from this horrible prison. **потрапля́ти до** end up in) ◊ **Він потра́пив до ~і у два́дцять ро́ків.** He ended up in prison at the age of twenty. **погро́жувати** + *D.* **~ею** threaten sb with prison ◊ **Суддя́ погро́жував їм ~ею.** The judge threatened them with prison. (**управля́ти** run); **трима́ти** + *A.* **у ~і** keep sb in jail ◊ **П'ять мі́сяців її протримали в ~і.** For five months, they kept her in jail. (**гни́ти у** rot in) ◊ **Два ро́ки вона́ гнила́ у ~і.** For two years, she had rotted in jail.
prep. **до ~і** in/to a prison; **із ~і** from a prison; **у ~ю** *dir.* to a prison; **у ~і** *posn.* at/in a prison; **в. для** + *G.* a prison for sb ◊ **в. для неповнолі́тніх злочи́нців** a prison for juvenile delinquents
Also see **зо́на 2, ув'я́знення, та́бір 2.** *Cf.* **поло́н**

Г

га́вка|ти, **~ють; га́вкн|ути**, **~уть**, *intr.*
1 to bark, woof; *pf.* to give a bark ◊ **Щеня́ га́вкнуло й замо́вкло.** The puppy gave a bark and was silent. *pf.* **за~** to start barking
adv. **го́лосно** loudly ◊ **У десь го́лосно зага́вкав пес.** A dog started barking loudly someplace. **ди́ко** wildly, **ду́же** much, **збу́джено** excitedly, **лю́то** furiously, **серди́то** angrily, **си́льно** a lot, **стра́шно** terribly, **шале́но** madly; **безпереста́нку** nonstop; **весь час** all the time, **пості́йно** constantly; **жа́лібно** plaintively, **ра́дісно** happily
prep. **г. на** + *A.* bark at sb/sth ◊ **Соба́ка ~в на госпо́даря від ра́дості.** The dog was barking at his master out of joy.
Also see **ґвалтува́ти 4.** *Cf.* **м'я́вкати**
2 *fig., pejor.* to talk, snap, shout, holler, bark ◊ **Сержа́нт ~в кома́нди.** The sergeant was barking orders. **розга́вкатися** *pf.* to start shouting ◊ **Продавчи́ня розга́вкалася на кліє́нта.** The saleswoman started shouting at the client.
(за)га́вкай! ♦ **не Га́вкай!** *pejor.* Shut up!

га́вкну|ти, *pf., see* **га́вкати**
to give a bark, bark *(once)*; *fig.* snap once ◊ **Він ~в щось у слу́хавку під кіне́ць розмо́ви.** *fig.* He barked something into the receiver at the end of the conversation.

гада́|ти[1], **~ють;** *no pf., intr. and tran.*
1 *tran.* to think, guess, reckon ◊ **Що Тама́ра ~є, коли́ ди́виться на мо́ре?** What does Tamara think when she looks at the sea? ♦ **ду́му** *or* **ду́мку г.** to think, entertain a thought ◊ **Дивлю́сь я на не́бо та й ду́мку ~ю.** I am looking at the sky and thinking.
See **ду́мати 1**
2 *intr.* to be of an opinion, think, believe, guess *(usu with)* **що** + *clause*; ◊ **Я ~ю, профе́сор помиля́ється.** I think the Professor is mistaken.

See **вважа́ти 2.** *Also see* **ду́мати 2, знахо́дити 2, рахува́ти 4**
3 *intr.* to expect, anticipate, hope ◊ **Вони́ ~ли, що закінча́ть усе́ до ве́чора.** They expected to finish everything by evening. ◊ **Вона́ ~є розрахува́тися з борга́ми.** She hopes to pay off her debts.
See **сподіва́тися.** *Also see* **надія́тися 1, розрахо́вувати 4**
4 *intr.* to intend, be going to ◊ **Він ~є опублікува́ти текст у насту́пному числі́ тижне́вика.** He intends to publish the text in the coming issue of the weekly.
(по)гада́й!
See **збира́тися 3.** *Also see* **ду́мати 3, ма́ти 6, розрахо́вувати 6**

гада́|ти[2], **~ють; на~** *and* **по~**, *intr.*
to tell sb's fortune, prophesy; ◊ **Марко́ ходи́в до воро́жки по~.** Marko visited a fortune teller to get his fortune told. ◊ **Цига́нка нагада́ла їй вели́кого коха́ння.** The Gypsy woman foretold her great love.
prep. **г. на** + *L.* read sth, ♦ **г. на ка́ртах** to read cards ◊ **Га́ля вмі́ла г. на ка́ртах.** Halia could read cards. ♦ **г. на каво́вій гу́щі** to read tea leaves
See **передбача́ти 1**

га́д|ка, *f.*
idea, thought, ♦ **~ки не да́ти** not to understand, not figure out ◊ **Наза́р не міг да́ти ~ки, як користува́тися при́строєм.** Nazar could not figure out how to use the device. ♦ **нема́є й ~ки про те, щоб** + *clause* there's no question of doing sth ◊ **Не було́ й ~ки про те, щоб пуска́тися в доро́гу вночі́.** There was no question of setting out on the road at night. ♦ **не ма́ти й ~ки** + *inf.* to be far from thinking sth ◊ **Яре́ма й ~ки не мав здава́тися.** The thought of giving up never crossed Yarema's mind.
L. **в ~ці**, *N. pl.* **~ки́**, *G. pl.* **~о́к**
See **ду́мка 1.** *Also see* **іде́я**

гадю́|ка, *f.*
1 adder, viper, snake ◊ **Над ни́ми пролеті́в леле́ка з ~кою в дзьо́бі.** A stork flew above them with a snake in his beak.
See **змія́ 1**
2 *fig., pejor.* viper, evil person
adj. **лю́та** vicious ◊ **Люди́на, що Андрі́й їй довірився, ви́явилася лю́тою ~кою.** The person Andrii had confided in turned out to be a vicious viper. **отру́йна** venomous; **підсту́пна** treacherous, **правди́ва** genuine, **спра́вжня** true
Also see **змія́ 2**
L. **на ~ці**

газ, *m.*, **~у**
1 gas
adj. **безба́рвний** colorless; **вихлопни́й** exhaust; **іне́ртний** inert; **отру́йний** poisonous ◊ **безба́рвний, але́ ду́же отру́йний г.** colorless, but very poisonous gas. **смерте́льний** deadly, **токси́чний** toxic, **шкідли́вий** noxious; **горю́чий** flammable, **радіоакти́вний** radioactive; **приро́дний** natural, **сла́нцевий** shale; **парнико́вий** greenhouse ◊ **Кіо́тський протоко́л визнача́є шість парнико́вих ~ів.** The Kyoto protocol identifies six greenhouse gases. ♦ **ша́хтний г.** firedamp; **гаря́чий** hot, **скомпресо́ваний** compressed; **зрі́джений** *and* **скра́плений** liquified ◊ **Та́нкер везе́ скра́плений приро́дний г.** The tanker is carrying liquified natural gas. **гірчи́чний** mustard, **нерво́во-паралі́ти́чний** nerve, **сльозогі́нний** tear ◊ **Полі́ція застосува́ла про́ти страйкарі́в сльозогі́нний г.** The police used tear gas against the strikers.
n. + **г. ви́ділення ~у** gas emissions (**доста́вка** delivery, **постача́ння** supply, **по́шуки** exploration, prospecting for) ◊ **Компа́нія «Нафтога́з» прово́дить по́шуки приро́дного ~у.** The Naftohaz Company is prospecting for natural gas.
v. + **г. виділя́ти г.** emit gas ◊ **Речовина́ виділя́є радіоакти́вний г.** The substance is emitting radioactive gas. (**випуска́ти** release ◊ **Пласт вугі́лля випуска́є мета́новий г.** The coal seam releases methane gas. **виробля́ти** *and* **продукува́ти** produce; **використо́вувати** use ◊ **Нерво́во-паралі́ти́чні ~и використо́вували в Пе́ршій світові́й ві́йні.** Nerve gases were used in World War One. **поглина́ти** absorb); **опа́лювати** + *A.* **~ом** heat sth with gas ◊ **Буди́нок опа́люють ~ом.** The building is heated with gas. **готува́ти** + *A.* **на ~і** cook sth with gas ◊ **Він зви́к готува́ти на ~і.** He is accustomed to cooking with gas.
г. + *v.* **вибуха́ти** explode, **накопи́чуватися** build up ◊ **Спочатку ша́хтний г. накопи́чується, а тоді мо́же ви́бухнути від і́скри.** First firedamp builds up and then it can explode from a spark.
2 *colloq.* gas, accelerator ◊ **Він сплу́тав гальмо́ з ~ом.** He confused the brake with the accelerator.
n. + **г. педа́ль ~у** an accelerator pedal ◊ **Педа́ль ~у запада́є.** The accelerator pedal gets stuck.
v. + **г. ста́вити но́гу на г.** put one's foot on the accelerator ◊ **Вона́ поста́вила но́гу на г.** She put her foot on the gas. (**ти́снути на** press) ◊ **Водій натисну́в на г.** The driver pressed the gas. **зніма́ти но́гу з ~у** take one's foot off the gas; ♦ **да́ти ~у** *pf.* to accelerate, rev up; ♦ **ї́хати на по́вному ~і** to drive at top speed
3 *med., only pl.* flatulence, gas, wind ◊ **Марко́ві приписа́ли ді́євий за́сіб від ~ів.** Marko was prescribed an effective remedy for gas.

газе́т|а, *f.*
newspaper, paper
adj. **ранко́ва** morning, **вечі́рня** evening, **неді́льна** Sunday, **тижне́ва** weekly, **щоде́нна** daily; **вчора́шня** yesterday's, **за́втрашня** tomorrow's ◊ **Репорта́ж мав з'яви́тися у за́втрашній ~і.** The coverage was supposed to appear in tomorrow's paper. **сього́днішня** today's; **друко́вана** printed, **мере́жева** online; **бізнесо́ва** business, **спорти́вна** sports, **фіна́нсова** financial, **університе́тська** college, **шкільна́** school; **лі́ва** left-wing ◊ **Він коли́сь працюва́в у лі́вій ~і.** He once worked for a left-wing newspaper. **пра́ва** right-wing, **консервати́вна** conservative, **ліберальна** liberal, **незале́жна** independent, **опозиці́йна** opposition; **урядо́ва** government, **місце́ва** local ◊ **Повідо́млення з'яви́лося в місце́вій ~і.** The announcement appeared in the local paper. **мі́ська** city, **націона́льна** national, **обласна́** *(for Ukraine)* provincial, **провінці́йна** provincial, **реґіона́льна** regional; **авторите́тна** authoritative, of record, **важли́ва** important, **вплива́ова** influential, **прести́жна** prestigious, **респекта́бельна** respectable, **солі́дна** serious, **шано́вана** respected; **бульва́рна** tabloid, **популя́рна** popular; **провідна́** leading, **поінформо́вана** well-informed; **українськомо́вна** Ukrainian-language, **росі́йськомо́вна** Russian-language, **англомо́вна** English-language
n. + **г. вида́ння ~и** a newspaper edition (**на́клад** circulation ◊ **Ця реґіона́льна г. ма́є ма́совий на́клад.** This regional newspaper has a wide circulation. **примі́рник** copy, **сторі́нка** page; **дописува́ч** contributor, **журналі́ст** journalist, **комента́тор** commentator, **кореспонде́нт** correspondent, **репорте́р** reporter; **шеф-реда́ктор** editor-in-chief; **но́мер** *or* **число́** issue) ◊ **Стаття́ в числі́ ~и за шо́сте че́рвня.** The article is in the June 6 issue of the newsaper.
v. + **г. купува́ти ~у** buy a newspaper ◊ **Тут не так ле́гко купи́ти ~у.** It is not so easy to buy a newspaper here. (**передпла́чувати** subscribe to ◊ **Вони́ передпла́чують спорти́вну ~у.** They subscribe to a sports newspaper. **доставля́ти** deliver, **носи́ти** carry, **прино́сити** + *D.* bring sb, **продава́ти** + *D.* sell sb; **видава́ти** issue, **друкува́ти** print, **засно́вувати** found, **публікува́ти** publish; **дістава́ти** get, **отри́мувати** receive; **поши́рювати** spread, **редаґува́ти** edit ◊ **~у редаґу́ють досві́дчені журналі́сти.** The newspaper is edited by experienced journalists. **відкрива́ти** open, **розгорта́ти** unfold, **розстеля́ти** spread ◊ **Розстели́вши ~у на траві́, він став вiкла́дати на не́ї заку́ски.** Having spread the newspaper on the grass, he began to put out snacks on it. **горта́ти** flip through, **листа́ти** leaf, **перегляда́ти** scan, **чита́ти** read; **забороня́ти** ban ◊ **Уряд заборони́в опозиці́йні ~и.** The government banned opposition papers. **контролюва́ти** control, **конфіскува́ти** confiscate; **пали́ти** burn, **рва́ти** tear up; **подава́ти до су́ду на** sue ◊ **Він пода́в на ~у до су́ду за накле́п.** He sued the paper for libel.
г. + *v.* **вихо́дити** come out, **друкува́ти** + *A.* print sth, **оприлю́днювати** + *A.* make sth public, **публікува́ти** + *A.* publish sth, **повідомля́ти** + *A.* report sth, **виявля́ти** + *A.* reveal sth, **вихваля́ти** + *A.* extol sb/sth ◊ **Г. вихваля́є економі́чні досяѓнення у́ряду.** The paper extols the economic achievements of the government. **оголо́шувати** + *A.* announce sth, **стве́рджувати** + *A.* claim sth, **атакува́ти** + *A.* attack sb/sth, **ста́вити** + *A.* **під су́мнів** question sth
Also see **но́мер 3, о́рган 3, часо́пис 2, щоде́нник 2.** *Cf.* **журна́л**

газе́тн|ий, *adj.*
newspaper, of or pertaining to a newspaper
г. + *n.* **г. заголо́вок** a newspaper headline (**дода́ток** supplement, **матері́ял** story, **некроло́г** obituary; **маґна́т** magnate; **фото́граф** photographer; **бі́знес** business; **кіо́ск** kiosk); **~а стаття́** a newspaper article (**ви́різка** clipping ◊ **Вона́ збира́ла ~і ви́різки про «Бі́тлів».** She collected newspaper clippings about the Beatles. **карикату́ра** cartoon, **коло́нка** column ◊ **Він діста́в вла́сну газе́тну коло́нку.** He got his own newspaper column. **публіка́ція** publication, **редакці́йна** editorial, **рекла́ма** advertisement ◊ **Він іґнору́є ~у рекла́му.** He ignores newspaper advertisements. **сто́рінка** page) ◊ **Матері́ял займа́в ~у сторі́нку.** The story took up a newspaper page.

га́зов|ий, *adj.*
gas, of or pertaining to gas
г. + *n.* **г. бо́йлер** a gas boiler (**обігріва́ч** heater, **цилі́ндр** cylinder) ♦ **газопро́від** a gas pipe; **~а духо́вка** a gas oven ◊ **Марі́я недо́вго вчи́лася пекти́ в ~ій духо́вці.** Maria did not take long to learn to bake in a gas oven. (**ла́мпа** lamp, **плита́** cooker; **ка́мера** chamber; **промисло́вість** industry; **труба́** pipe; **хма́ра** cloud) ◊ **Ві́тер ніс на ї́хні ша́нці ~у хма́ру.** The wind was quickly carrying a gas cloud toward their trenches. **~е родо́вище** a gas field; **~і резе́рви** gas reserves ◊ **Краї́на посіда́є значні́ ~і резе́рви.** The country possesses considerable gas reserves.

газоподі́бн|ий, *adj.*
gaseous ◊ **У приро́ді цей хемі́чний елеме́нт трапля́ється в ~ій фо́рмі.** In nature, this chemical element occurs in a gaseous form.
Cf. **рі́дкий 1, тверди́й**

газу|ва́ти, **~ють; газон|у́ти**, **~уть**, *intr.*
to rev up, rev, accelerate
adv. **безпереста́нку** nonstop, **го́лосно** loudly, **ду́же** a lot, **зана́дто** too much, **надмі́рно** excessively; **рі́зко** abruptly ◊ **Рі́зко газону́вши, він зник за поворо́том.** Having abruptly accelerated up, he vanished behind the turn. **оббере́жно** cautiously, **поступо́во** gradually
v. + **г. почина́ти** begin to, **ста́ти** *pf.* start ◊ **Щоб приверну́ти ува́гу, мотоцикліст став**

гóлосно г. In order to attract attention the biker started revving loudly. **продóвжувати** go on, **переставáти** stop.

га|й, *m.*, **~ю**
grove, thicket, copse
adj. **малéнький** *dim.* small, **невели́кий** small; **густи́й** thick, **тéмний** dark; **берéзовий** birch ◊ **Там, де коли́сь був хýтір, ростýть берéзові ~ї.** Birch groves grow where the homestead once was. **вільхóвий** alder, **дубóвий** oak ◊ **У дубóвому ~ю мóжна ховáтися від сóнця.** One can hide from the sun in the oak grove. **кленóвий** maple, **ли́повий** linden
prep. **бíля ~ю** near a grove ◊ **Корóви пáслися бíля ~ю.** Cows grazed near the grove. **в г.** *dir.* in/to a grove ◊ **Лíна зайшлá в г.** Lina walked into the grove. **в ~ї** *or* **~ю** *posn.* in a grove ◊ **В ~ї співáв соловéй.** A nightingale was singing in the grove. **до ~ю** to a grove ◊ **Вонá лю́бить ходи́ти до старóго ~ю.** She likes going to the old grove. **по ~ю** around/in a grove ◊ **По ~ю бíгали дíти.** Children were running around the grove. **чéрез г.** across a grove ◊ **Він перебíг чéрез г.** He ran through the grove.
See **ліс 1**

гáлас, *m.*, **~у**, *only sg.*
1 clamor, shouts, din, fuss; noise ♦ **багáто ~у дарéмно** much ado about nothing; ◊ **Гóлодні бíженці з ~ом наки́нулися на ї́жу.** Hungry refugees attacked the food in a clamor.
adj. **вели́кий** great, **все бíльший** growing, **гучни́й** loud, **нестéрпний** unbearable, **оглýшливий** deafening, **рáдісний** joyful; **віддáлений** removed, **далéкий** distant ◊ **Óльга чýла далéкий г. я́рмарку.** Olha heard the distant clamor of the fair. **глухи́й** muffled; **панíчний** panicked, **розпáчливий** despairing; **страшни́й** horrible; **лю́дський** human
v. + **г. здíймáти** *or* **підіймáти г.** raise a clamor (**зчиня́ти** make; **чýти** hear, **приглýшувати** muffle) ◊ **Стíни приглýшували лю́дський г. у павільйóні.** The walls muffled the human clamor in the pavillion.
г. + *v.* **здіймáтися** arise ◊ **Навкóло них здійня́вся г.** Clamor arose around them. **зчиня́тися** erupt; **охóплювати** + *A.* engulf sth ◊ **Не встиг учи́тель ви́йти, як клас охопи́в г.** Hardly had the teacher gone out, than clamor engulfed the classroom. **розлягáтися** + *I.* spread across sth ◊ **Двéрі відчини́лися навстíж, і коридóром розлíгся г. школярíв.** The door flung open and the schoolchildren's shouting spread out across the corridor.
prep. **з ~ом** with clamor, shouting
See **крик 1.** *Also see* **ґвалт 1**
2 *fig.* sensation, uproar, scandal ◊ **Йогó зая́ва зчини́ла нечýваний г. у прéсі.** His statement caused an unprecedented uproar in the press.
See **сенсáція**

гáлуз|ь, *f.*
branch, field, sphere
adj. **важли́ва** important, **вели́ка** big, **головнá** main, **провіднá** leading, **стратегíчна** strategic ◊ **Укáз мав на мéті ви́тіснити украї́нську мóву зі стратегíчних ~ей дія́льности.** The edict pursued the goal of ousting the Ukrainian language from strategic spheres of activity. **новá** new
г. + *n.* **г. еконóміки** a branch of economy ◊ **Ýряд інвестýє в перспекти́вні ~і еконóміки.** The government is investing in promising branches of economy. (**знань** knowledge, **наýки** science, **промислóвости** industry, **тéхніки** technology; **біолóгії** biology, **медици́ни** medicine, **фíзики** physics, *etc.*)
v. + **г. розвивáти г.** develop a branch (**піднімáти** improve, **поси́лювати** strengthen, **прискóрювáти** accelerate, **просувáти** advance) ◊ **Йогó відкриття́ просувáли важли́ву г.** **наýки.** His discoveries advanced an important branch of science.
I. **~зю**
See **цáрина.** *Also see* **ділянка 3, індýстрія, кóло[1] 4, наýка 2, сéктор 2**

гальм|ó, *nt.*
1 brake, *often pl.*
adj. **несправні** faulty; **зáдні** rear, **перéдні** front ◊ **Перéдні ~а у велосипéді ви́явилися несправни́ми.** The bicycle's front brakes turned out to be faulty. **аварíйні** emergency; **ножнí** foot, **ручнí** hand; **паркувáльні** parking; **антиблокувáльні** antilock ◊ **Йогó автíвка мáла антиблокувáльні ~а.** His car had antilock brakes. **барабáнні** drum, **гідравлíчні** hydraulic, **ди́скові** disk, electromagnetic, **механíчні** mechanical, **пневмати́чні** air
v. + **г. заміня́ти ~а** replace brakes ◊ **Івáнні трéба заміни́ти ~а.** Ivanna needs to replace her brakes. (**направля́ти** fix, **ремонтувáти** repair ◊ **Механíк відремонтувáв ~а в мотоци́клі.** The mechanic repaired the motorcycle brakes. **відпускáти** release) ◊ **Павлó повíльно відпусти́в ~а, й автíвка покоти́лася додóлу.** Pavlo slowly released the brakes, and the car began rolling downhill. **знімáти нóгу з гальм** take one's foot off the brake; **вдаря́ти по ~ах** slam on the brakes ◊ **Вонá щоси́ли вдáрила по ~ах.** She slammed the brakes with all her might. **тримáти нóгу на ~ах** keep one's foot on the brake
2 *fig.* hindrance, obstacle
v. + **п. бýти ~óм** be a hindrance ◊ **Старí нóрми – основнé г. у модернізáції виробни́цтва.** The old norms are the main obstacle to modernizing production. (**вважáти** + *A.* consider sb/sth, **виявля́тися** turn out, **лишáтися** remain, **ставáти** become) ◊ **Він став ~óм у робóті лаборатóрії.** He became a hindrance to the work of the lab.
See **перешкóда**

гальму|вáти, ~ють; за~, *tran. and intr.*
1 *intr.* to brake, hit the brakes; slow down ◊ **Не трéба так ґвалтóвно г.** You should not brake so abruptly.
adv. **в остáнню мить** at the last moment, **вчáсно** on time, **ґвалтóвно** abruptly, **несподíвано** unexpectedly, **раптóво** suddenly, **рíзко** sharply, **швидко** quickly; **блискави́чно** instantaneously ◊ **Вонá блискави́чно загальмувáла.** She braked instantaneously. **негáйно** immediately, **зáраз же** right away; **плáвно** gently, **повíльно** slowly, **поступóво** gradually; **трóхи** a little ◊ **На поворóтах пóтяг трóхи ~вáв.** At curves, the train would slow down a little. **гóлосно** loudly
v. + **г. бýти трéба** need to ◊ **Христи́ні трéба булó за~.** Khrystyna needed to brake. **намагáтися** attempt to, **прóбувати** try to; **починáти** begin ◊ **Водíй почáв г.** The driver began braking. **стáти** *pf.* start; **змогти́** *pf.* manage to ◊ **Він змíг за~ в остáнню мить.** He managed to brake at the last moment. **не встигнути** *pf.* not to have time ◊ **Водíй не встиг за~.** The driver did not have time to slow down.
prep. **г. на** + *L.* brake at
Also see **сповíльнюватися.** *Ant.* **прискóрюватися**
2 *tran.* to slow down, delay, constrict ◊ **Він плáвно загальмувáв і тодí ви́мкнув друкáрський верстáт.** He gently slowed and then turned off the printing press. ◊ **Кайдáнки дýже ~вали йогó рýхи.** The handcuffs greatly constricted his movements.
See **сповíльнювати.** *Also see* **обмéжувати.** *Ant.* **прискóрювати**
3 *fig., tran.* to slow down, obstruct, inhibit, hinder; hold back, restrain ◊ **Надмíрні подáтки серйóзно ~ють рóзвиток мáлого бíзнесу.** Excessive taxes seriously obstruct small business development. ◊ **Дирéкторка не намагáлася г. гнів.** The (female) director did not try to hold back her anger.
See **стри́мувати 1, 2.** *Also see* **заважáти, перешкоджáти**
pa. pple. **загальмóваний** delayed, hindered
(за)гальмýй!

гаман|éць, *m.*, **~ця́**
wallet, purse
adj. **наби́тий** stuffed ◊ **Він ви́йняв із кишéні г., наби́тий грошима.** He took a wallet stuffed with money out of his pocket. **товсти́й** fat; **дiря́вий** hole-ridden, **порóжній** *or* **пусти́й** empty; **шкіряни́й** leather
v. + **г. видобувáти г.** *or* **~ця́ з** + *G.* get a wallet out of sth (**вийма́ти** *and* **діставáти з** + *G.* take out of sth, **витя́гувати з** + *G.* pull out of sth ◊ **Вонá витягáла з торби́нки г.** *or* **~ця́, нáче намíря́ючися плати́ти за вечéрю.** She was pulling her wallet out of her purse as if intending to pay for dinner. **випорожня́ти від** + *G.* empty of sth ◊ **Ви́порожнивши вкрáдений г. від умíсту, злóдій ви́кинув йогó.** Having emptied the stolen wallet of its contents, the thief threw it out. **напихáти** + *I.* stuff with sth; **губи́ти** lose ◊ **Зéня десь загуби́ла г.** Zenia lost her wallet someplace. **крáсти** steal
г. + *v.* **місти́ти** + *A.* contain sth
prep. **в г.** *dir.* in/to a wallet ◊ **Степáн поклáв дрíб'язок у г.** Stepan put the change in his wallet. **в ~цí** *posn.* in a wallet ◊ **У ~цí лишáлося сто гри́вень.** There was ₴100 left in the wallet. **до ~ця́** in/to a wallet ◊ **Вонá сховáла кáртку до ~ця́.** She put the card into her wallet.

ганéбн|ий, *adj.*
shameful, disgraceful ◊ **~а порáзка чекáла кóжного, хто зазіхáв на свобóду гóрдого нарóду.** A shameful defeat awaited everyone who encroached on the proud nation's freedom.
♦ **г. стовп** *hist.* a pillory
adv. **абсолю́тно** absolutely ◊ **абсолю́тно г. ви́падок** an absolutely shameful incident; **дóсить** rather ◊ **Її дóсить ~а поведíнка не мáє ви́правдання.** Her rather disgraceful behavior has no justification. **цілкóм** utterly
v. + **г. бýти ~им** be shameful ◊ **Стаття́ булá ~ою.** The article was shameful. (**вважáти** + *A.* consider sth; **назувáти** + *A.* call sth)

ганьб|á, *f., only sg.*
shame, disgrace, dishonor, infamy
adj. **вели́ка** great, **жахли́ва** horrible, **нестéрпна** unbearable, **нечýвана** unheard-of ◊ **Її репортажí – це нечýвана г.** Her coverage is an unheard-of disgrace. **спрáвжня** true, **страшнá** terrible
v. + **г. вкривáти** *or* **покривáти себé ~óю** bring disgrace upon oneself ◊ **Відступи́вши з пóля бóю, вони́ покри́ли б себé страшнóю ~óю.** Had they retreated from the battlefield they would have brought a terrible disgrace upon themselves.
♦ **Г.!** *interj.* Shame (on you)!
Also see **сóром 2**

ганьб|и́ти, ~лю́, ~и́ш, ~ля́ть; з~, *tran.*
1 to disgrace, to bring shame on sb. + *I.* ◊ **Вонá відмóвилася г. себé брехнéю.** She refused to disgrace herself with a lie.
adv. **дýже** badly, **назáвжди́** forever ◊ **Він назáвжди́ зганьби́в себé.** He forever disgraced himself. **неуни́кно** inevitably, **стрáшно** terribly
2 to condemn, shame
adv. **відкри́то** openly, **гóстро** vehemently ◊ **Він гóстро ~и́ть ýряд за відсýтність політи́чної вóлі борóтися з сепарати́змом.** He vehemently condemns the government for its lack of political will to fight separatism. **з усімá на те підстáвами** with all the good reasons, **заслýжено** deservedly, **справедли́во**

justly; **публічно** publicly; **безпідставно** for no good reason, **незаслужено** undeservedly, **несправедливо** unfairly
See **засуджувати, критикувати**
pa. pple. **зганьблений** disgraced, defamed
(з)ганьби!

гаразд[1], *adv., part., pred.*
1 *part.* alright, fine, OK ◊ **Я подзвоню завтра, г.?** I'll call you tomorrow, OK?
See **добре 5**
2 *adv.* well, properly, correctly ◊ **Зроби це г., а не як-небудь.** Do it properly not just any which way. ◊ **Назар не міг г. розібрати, що вона каже.** Nazar could not understand well what she was saying.
See **добре 1**
3 *pred.* fine, well, OK ◊ **Він думав, що в них усе г.** He thought that everything was fine with them.
Also see **гарно, добре 1**

гаразд[2], *m.*, **~у**, *often pl.*
happiness, good luck ◊ **Зичу вам усіх на світі ~ів.** I wish you all the happiness in the world. ◊ **Надіємося, що у вашому подружньому житті будуть самі лише ~и.** We hope that there will only be happiness in your marital life.
See **добро 1**

гардероб, *m.*, **~у**
1 closet *(for clothes)*, wardrobe ◊ **Вона тримала шубу у старому ~і.** She kept her fur coat in the old closet.
adj. **вбудований** built-in; **великий** large, **просторий** roomy ◊ **Спальня має просторий г.** The bedroom has a roomy closet. **тісний** cramped; **новий** new, **старий** old ◊ **Вона успадкувала від бабусі старий австрійський г.** She inherited an old Austrian wardrobe from her grandma. **повний** full; **порожній** empty
n. + **г. двері ~у** a closet door (**замок** lock)
v. + **г. відкривати** *or* **відчиняти г.** open a closet (**закривати** *or* **зачиняти** close); **тримати** + *A.* **в ~і** keep sth in a closet ◊ **У ~і на веранді він тримав одяг, якого не носив.** In the wardrobe on the porch, he kept the clothes he did not wear.
prep. **в г.** *dir.* in/to a closet ◊ **Ігор повісив шкірянку в г.** Ihor hung his leather jacket in the closet. **в ~і** *posn.* in a closet; **до ~у** to a closet, **з ~у** from a closet ◊ **Вона вийняла пальто з ~у.** She took her coat out of the closet.
See **шафа 1**
2 *fig.* wardrobe, clothes
adj. **весняний** spring ◊ **Ліда поновила свій весняний г.** Lida updated her spring wardrobe. **літній** summer, *etc.*, **великий** extensive; **новий** new; **модний** fashionable, **ошатний** elegant; **старомодний** old-fashioned; **скромний** modest; **діловий** business, **робочий** working; **весь** whole ◊ **Три сорочки, костюм і пара туфель становили весь його діловий г.** Three shirts, a suit, and a pair of shoes constituted his whole business wardrobe.
v. + **г. купувати** *or* **справляти г.** buy a wardrobe ◊ **Христя справила собі новий літній г.** Khrystia bought herself a new summer wardrobe. (**мати** have, **міняти** change, **освіжати** refresh ◊ **Дві нові сукні й костюм мали освіжити Галин г.** Two new dresses and a suit were supposed to refresh Halia's wardrobe. **поновлювати** update, **поповнювати** + *I.* replenish with) ◊ **Юрій поповнив г. модним плащем.** Yurii replenished his wardrobe with a fashionable raincoat.
See **одяг.** *Also see* **вбрання, стрій**[2]
3 checkroom, coatroom ◊ **Вони побігли до ~у, не чекаючи, коли закінчиться п'єса.** They ran to the checkroom, without waiting for the play to be over. ◊ **Біля ~ів театру юрмилася публіка.** The public swarmed at the theater coatrooms.
See **кімната**

гармоні|я, *f.*, **~ї**
harmony
adj. **бездоганна** flawless, **виняткова** exceptional, **рідкісна** rare; **досконала** perfect ◊ **Між членами товариства існувала досконала г. інтересів.** There existed a perfect harmony of interests among the members of the association. **чудова** wonderful; **абсолютна** absolute, **непорушна** inviolable, **повна** total, **цілковита** complete; **архітектурна** architectural, **експресивна** expressive, **емоційна** emotional, **естетична** esthetic, **музична** musical, **поетична** poetic, **художня** artistic, *etc.* **сімейна** family, **статева** sexual, **політична** political, **расова** racial, **суспільна** social, *etc.*
v. + **г. забезпечувати ~ю** maintain harmony (**гарантувати** guarantee, **створювати** create, **плекати** foster; **підривати** undermine ◊ **Така поведінка підірвала ~ю почуттів у подружжі.** Such behavior undermined the harmony of feelings in the marriage. **посилювати** enhance; **порушувати** disrupt, **послаблювати** diminish, **руйнувати** ruin, **відновлювати** restore); **досягати ~ї** achieve harmony ◊ **спосіб досягнути статевої ~ї в подружжі** a way to achieve sexual harmony in marriage; **сприяти ~ї** promote harmony ◊ **Умеблювання лікарні має сприяти емоційній ~ї у відвідувачів.** The hospital's furnishings are supposed to promote visitors' emotional harmony. **жити в ~ї** live in harmony ◊ **Він намагається жити в ~ї зі світом.** He strives to live in harmony with the world.
г. + *v.* **виникати** emerge ◊ **У колективі згодом виникла певна г. зацікавлень.** A certain harmony of interests later emerged within the group. **з'являтися** come about, **існувати** exist, **зникати** disappear
Also see **ансамбль 3, лад 2, симфонія 2**

гарн|ий, *adj.*
1 nice, beautiful, pretty, fine, handsome ◊ **Колись Марко був молодим і ~им.** Marko was once young and handsome.
adv. **винятково** exceptionally ◊ **Із вершка пагорба відкривався винятково г. краєвид.** An exceptionally beautiful landscape opened from the top of the hill. **дивовижно** amazingly, **дуже** very, **запаморочливо** dizzily, **неймовірно** incredibly ◊ **неймовірно ~а мелодія** an incredibly beautiful melody; **неправдоподібно** implausibly, **на рідкість** exceptionally ◊ **на рідкість г. юнак** an exceptionally handsome youth; **дивно** strangely; **досить** fairly; **особливо** particularly; **по-своєму** in its own way, **унікально** uniquely; **направду** really, **справді** truly; **не зовсім** not quite, **сливе** nearly
v. + **в. бути ~им** be handsome ◊ **Був направду г. день.** It was a really fine day. (**вважати** + *A.* consider sb/sth ◊ **Критик вважав кожну поезію по-своєму ~ою.** The critic considered each poem to be beautiful in its own way. **виглядати** look ◊ **У сорочці Ліда виглядала дуже ~ою.** In the shirt, Lida looked very beautiful. **виявлятися** turn out, **здаватися** + *D.* seem to sb, **знаходити** + *A.* find sb, **лишатися** remain ◊ **Пані М. і тепер лишається ~ою.** Mrs. M. even now remains beautiful. **робити** + *A.* make sb/sth, **робитися** *and* **ставати** become) ◊ **Наступного дня погода знову стала ~ою.** The next day, the weather became fine again.
comp. **~іший**
Also see **делікатний 3, елегантний, естетичний 2, ладний**[1] **1, ловкий 1, мальовничий 1, ошатний, хороший 2.** *Cf.* **вродливий, прекрасний 1, симпатичний 1, 2.** *Ant.* **бридкий, негарний, потворний**
2 good, of positive nature; excellent; virtuous; capable, adept ◊ **Ліна у винятково ~ому настрої.** Lina is in an exceptionally good mood.
г. + *n.* **г. вплив** a good influence ◊ **Нове оточення справляло на Віктора г. вплив.** The new environment exerted a good influence on Viktor. (**викладач** instructor, **лікар** doctor, **спеціяліст** specialist ◊ **Він шукав справді ~ого спеціяліста.** He was looking for a truly good specialist. **університет** university); **~а історія** a good story ◊ **Тут письменник почув не одну ~у історію.** Here the writer heard more than one good story. (**новина** news ◊ **довгоождана ~а новина** the long-awaited good news; **людина** person ◊ **просто ~а і сердечна людина** simply a good and cordial person; **постановка** production, **робота** work ◊ **Вона похвалила хлопців за ~у роботу.** She praised the boys for their excellent work.
comp. **кращий** *or* **ліпший**
See **добрий 1, 2**
3 *colloq.* hard, powerful, heavy ◊ **Навіть г. дощ вже не міг врятувати її поле.** Even a heavy rain could save her field no longer. ◊ **справді г. удар** a truly powerful blow
See **сильний**

гарно, *adv., pred., part.*
1 *adv.* nice, nicely, pleasantly, great ◊ **Карпо знає, як г. зустріти гостей.** Karpo knows how to give his guests a nice reception. ◊ **Вона надзвичайно г. малює.** She draws extremely well.
See **гарний.** *Also see* **добре 1**
2 *pred.* well, nice; good thing ◊ **Андрієві дуже г. з нею.** Andrii feels very nice with her. ◊ **Це г., що він консультується з фахівцем.** It's good he is consulting a specialist. ◊ **Г., що Лариса не забула привітати його з народинами.** It's nice that Larysa remembered to wish him a happy birthday.
Also see **добре 3, 4**
3 *colloq.* fine, OK, alright, yes *(expression of agreement or approval)* ◊ **Г., я зроблю, як ви просите.** OK, I'll do as you ask. ◊ **Як ваші справи? – Г., дякую.** How are things? - Good, thanks.
Also see **гаразд, добре 5**

гарту|вати, ~ють; за~, ~ють, *tran.*
1 to temper, harden ◊ **Коваль ~вав ножа.** The blacksmith was tempering the knife. ◊ **Сталь тут ~вали особливим чином.** The steel was tempered here in a special manner.
г. + *n.* **з. інструмент** temper an instrument (**лезо** blade, **ніж** knife, **сталь** steel)
2 *fig.* to harden, fortify, toughen, strengthen ◊ **Випробування ~вали Килину, робили її сильнішою.** Trials hardened Kylyna and made her stronger.
г. + *n.* **г. військо** harden troops ◊ **Гетьман ~вав військо в боях і походах.** The hetman hardened his troops in battles and campaigns. (**волю** will, **душу** soul, **здоров'я** health, **людину** person, **себе** oneself, **серце** heart, **тіло** body) ◊ **Спартанський режим табору мав г. душу й тіло.** The camp's Spartan regimen was supposed to strengthen the soul and body.
See **зміцнювати, посилювати.** *Ant.* **послаблювати**
pa. pple. **загартований** tempered
загартовуй! загартуй!

гаряче, *adv., pred.*
1 *adv.* warmly, passionately, hotly ◊ **Гостей г. зустріли у Львові.** The guests were warmly received in Lviv. ◊ **Вони г. посперечалися.** They had a heated argument. ◊ **Борис г. не погоджувався із промовцем.** Borys vehemently disagreed with the speaker.
See **гарячий 1-4**
2 *pred.* hot ◊ **Наступний тиждень буде г.** It will be hot next week.
v. + **г. бути г.** be hot (**робитися** become, grow ◊ **У лекційній залі зробилося пекельно г.** It became infernally hot in the lecture hall. **ставати** become, feel) ◊ **Оксані стало г. на сонці.** Oksana felt hot in the sun.

гаря́ч|ий, *adj.*
1 hot
adv. **винятко́во** exceptionally, **ду́же** very ◊ **Фа́ня ї́ла суп ду́же ~им.** Fania had her soup very hot. **на́дто** too, **небезпе́чно** dangerously, **нестерпно** unbearably ◊ **До по́лудня пісо́к під нога́ми став нестерпно ~им.** By noon, the sand under foot became unbearably hot. **пеке́льно** infernally, **страше́нно** terribly, **украй** extremely; **до́сить** fairly; **ле́две** scarcely; **ма́йже** almost ◊ **Вода́ в мо́рі здава́лася ма́йже ~ою.** The water in the sea seemed to be almost hot. **тро́хи** a little; **відно́сно** relatively, **порі́вняно** comparatively; **непотрі́бно** needlessly; **несподі́вано** unexpectedly
г. + *n.* **г. день** a hot day ◊ **Був г. день.** It was a hot day. (**асфа́льт** asphalt, **дах** roof; **підсо́ння** climate ◊ **Лі́кар ра́див йому́ зміни́ти підсо́ння на ~е та сухе́.** The doctor advised him to change to a hot and dry climate. **обі́д** lunch); **~а ї́жа** hot food (**стра́ва** dish); **~е лі́то** hot summer (**со́нце** sun) ◊ **~е лі́тнє со́нце** the hot summer sun
Cf. **те́плий.** *Ant.* **холо́дний 1**
2 bright *(of colors)* ◊ **~і жо́вті ба́рви буди́нків гармоні́ювали з блаки́ттю не́ба.** The bright yellow colors of the buildings harmonized with the azure of the skies.
See **яскра́вий 2**
3 *fig.* warm, ardent, passionate, heated ◊ **г. поцілу́нок** a passionate kiss; ◊ **Ми ма́ли ~у розмо́ву.** We had a heated conversation. ◊ **Їх чека́в несподі́вано г. прийо́м.** An unexpectedly warm reception awaited them. ♦ **лови́ти +** *A.* **на ~ому** to catch sb red-handed; ♦ **по ~их слідáх** hot on sb's heels ◊ **Вона́ розсте́жувала пограбува́ння по ~их слідáх грабі́жників.** She was investigating the robbery hot on the robbers' heels. ♦ **під ~у ру́ку** in the heat of the moment ◊ **Вона́ наказа́ла їм ку́пу дурни́ць під ~у ру́ку.** In the heat of the moment, she told them a bunch of rubbish.
Also see **жа́дібний 2, при́страсний, серде́чний 1, щи́рий 2**
4 *fig.* busy, full of action ◊ **~а пора́** a busy time, ◊ **На мо́сті кипі́ла ~а робо́та.** Intense work was underway around the bridge. ◊ **Мі́сто безпора́дно спостеріга́ло за ~им повітря́ним бо́єм угорі́.** The city helplessly watched the pitched air battle above.

гаря́ч|ка, *f.*
1 fever
adj. **вели́ка** *and* **висо́ка** high, **си́льна** bad, **страшна́** terrible; **невели́ка** mild, **слабка́** slight; **впе́рта** persistent; **постопераці́йна** postoperative, **полого́ва** puerperal ◊ **Її тро́хи не вби́ла полого́ва г.** A puerperal fever all but killed her. **ревмати́чна** rheumatic, **скарлати́нова** scarlet; ♦ **бі́ла г.** *med.* delirium tremens
n. **+ г. на́пад ~ки** a bout of fever ◊ **На́пад ~ки трива́в два дні.** The bout of fever lasted two days.
v. **+ г. діста́ти ~ку** get a fever (**отри́мати** contract, **підхопи́ти** *colloq.* catch ◊ **Анті́н се́ред лі́та підхопи́в ~ку.** Antin caught a fever in the middle of summer. **виклика́ти** cause ◊ **Лі́кар не знав, що могло́ ви́кликати в Да́ни висо́ку ~ку.** The doctor did not know what could cause Dana's high fever. **ма́ти** have; **збива́ти** bring down, **зме́ншувати** *and* **зни́жувати** reduce); **позбува́тися ~ки** get rid of a fever (**вмира́ти від** die of; **потерпа́ти від** suffer from) ◊ **Марко́ потерпа́є від упе́ртої ~ки.** Marko is suffering from a persistent fever. **супрово́джуватися ~кою** be accompanied by a fever ◊ **Її ка́шель супрово́джується ~кою.** Her cough is accompanied by a fever. (**хворі́ти** be sick with; **зляга́ти з** come down with) ◊ **Пили́п злі́г із ~кою.** Pylyp came down with a fever.
г. + *v.* **почина́тися** begin; **трива́ти +** *A.* last *(for a period)* ◊ **Г. трива́ла два дні.** The fever lasted for two days. **погі́ршуватися** worsen; **зме́ншуватися** diminish, **сла́бнути** abate ◊ **Г. ста́ла сла́бнути.** The fever started abating.
prep. **від ~ки** 1) for a fever *(of a remedy)* ◊ **пігу́лки від ~ки** pills for a fever; 2) from a fever ◊ **У не́ї на ті́лі з'яви́лися черво́ні пля́ми від ~ки.** Red spots appeared on her body from the fever. **з ~кою** with a fever ◊ **О́ля хо́дить на робо́ту з ~кою.** Olia goes to work with a fever.
Also see **жар 3, лихома́нка 1, температу́ра 2; ма́рити 3**
2 *fig.* frenzy, rush, busy time ◊ **В ~ці поді́й він утра́тив лік дням.** In the rush of the events he lost track of days. ◊ **інвестиці́йна г.** an investment frenzy; ♦ **поро́ти ~ку** *colloq.* to say sth rash
See **лихома́нка 2**
G. pl. **~ок**

гас|и́ти, гашу́, ~ять; з~, за~, по~, *tran.*
1 to put out *(a fire)*, extinguish
adv. **до́вго** for a long time ◊ **Вони́ до́вго ~или торф'яну́ поже́жу.** They took a long time to put out the peat fire. **наре́шті** finally; **ле́гко** easily ◊ **Поже́жу ле́гко погаси́ли.** The fire was easily put out. **нега́йно** immediately, **одра́зу** at once, **за́раз же** right away, **шви́дко** quickly; **я́кось** somehow ◊ **Він му́сив я́кось г. вого́нь.** He had to somehow extinguish the fire.
v. **+ г. бу́ти ва́жко +** *D.* be difficult to ◊ **За тако́го ві́тру поже́жникам ва́жко г. вого́нь.** In such wind, it is difficult for the firefighters to put out the fire. **бу́ти немо́жли́во** be impossible to ◊ **Немо́жли́во шви́дко по~ маси́вну поже́жу.** It is impossible to quickly extinguish a massive fire. **вдава́тися +** *D.* succeed in ◊ **Як їй вдало́ся по~ поже́жу?** How did she succeed in putting out the fire? **змогти́** *pf.* manage to; **намага́тися** attempt to ◊ **Він намага́вся за~ поже́жу.** He attempted to put out the fire. **стара́тися** try to; **не зна́ти як** not to know how to; **ки́датися** rush to ◊ **Усі́ ки́нулися г. вого́нь у хліві́.** Everybody rushed to extinguish the fire in the barn. **почина́ти** begin to, **ста́ти** *pf.* start; **не змогти́** fail to
Ant. **запа́лювати**
2 to switch off *(lights)*, turn off ◊ **Лі́да забу́ла з~ сві́тло в комо́рі.** Lida forgot to switch off the light in the pantry.
See **вимика́ти.** *Ant.* **запа́лювати**
3 to cancel *(stamps)*, stamp; *pf.* **по~** ◊ **Ма́рки на конве́ртах ~ять автомати́чно.** The stamps on envelopes are canceled automatically.
4 to slake *(lime)* ◊ **Вапно́ ~или в я́мах.** They slaked the lime in pits.
pa. pple. **зга́шений** extinguished
(з)гаси́!

га́сн|ути, ~уть; з~; *pa, m.* **гас** *or* **га́снув,** *pl.* **га́сли** *or* **га́снули,** *intr.*
1 to go out, be extinguished, stop burning ◊ **Вогні́ у ві́кнах зга́сли оди́н за о́дним.** The lights in the windows went out one after the other.
adv. **вже** already ◊ **На ра́нок бага́ття вже зга́сло.** By morning, the campfire had already gone out. **вре́шті-ре́шт** eventually, **наре́шті** finally; **зно́ву** again; **постійно** constantly ◊ **Сві́чка постійно га́сла на ві́трі.** The candle constantly went out in the wind. **несподі́вано** unexpectedly, **ра́птом** suddenly; **ми́ттю** in an instant, **шви́дко** quickly; **пові́льно** slowly, **поступо́во** gradually
v. **+ г. могти́** can ◊ **Си́рі дро́ва мо́жуть ле́гко з~.** Wet firewood can easily go out. **почина́ти** begin to ◊ **Вого́нь у камі́ні поча́в г.** The fire in the fireplace began to go out.
2 *fig.* to lessen, wane, diminish, die, fade; *pf.* disappear, vanish ◊ **З ча́сом його́ зацікá́влення цим чолові́ком почало́ г.** In time, his interest in this man began to diminish. ◊ **Ма́ртине почуття́ не ~уло** *or* **га́сло.** Marta's feeling did not wane. ◊ **Дале́кі зву́ки мело́дії наре́шті зга́сли.** The distant sounds of melody finally died.
See **зме́ншуватися**

гастро́л|ь, *f., usu pl.*
tour *(by performers)*
adj. **америка́нські** US, **європе́йські** European, **украї́нські** Ukrainian; **двотижне́ві** two-week, **тижне́ві** one-week, **мі́сячні** monthlong; **лі́тні** summer; **періоди́чні** periodical, **пості́йні** constant, **ча́сті** frequent; **трива́лі** lengthy; **конце́ртні** concert, **театра́льні** theatrical ◊ **Акто́рка впе́рше взяла́ до́чку на театра́льні ~і до Оде́си.** For the first time, the actress took her daughter along on her theatrical tour to Odesa. **циркові́** circus; **сенсаці́йні** sensational, **успі́шні** successful; **невда́лі** unsuccessful, **прова́льні** disastrous
v. **+ г. організо́вувати ~і** organize a tour ◊ **Фі́рма організува́ла америка́нські ~і гру́пи.** The firm organized the group's US tour. (**прово́дити** hold; **відклада́ти** postpone, **затри́мувати** hold back; **скасо́вувати** cancel ◊ **Співа́к ра́птом скасува́в ~і.** The singer suddenly canceled his tour. **ї́хати на** go on) ◊ **Лише́ полови́на тру́пи пої́хала на ~і до Льво́ва.** Only half the company went to Lviv on a tour. **поверта́тися з ~ей** return from a tour ◊ **Теа́тр що́йно поверну́вся з ~ей.** The theater has just returned from a tour.
prep. **на ~і** *dir.* on a tour; **на ~ях** *posn.* on a tour ◊ **Він прові́в три мі́сяці на ~ях.** He spent three months on a tour.
See **по́дорож, турне́**

га́|яти, ~ють; з~, *tran.*
1 to waste *(time, effort, etc.)*, squander
adv. **безповоро́тно** irreparably ◊ **Чека́ючи допомо́ги, вони́ безповоро́тно зга́яли день.** Waiting for help, they irreparably wasted a day. **га́небно** shamefully, **дарма́** pointlessly, **ма́рно** uselessly; **по́вністю** totally, **цілко́м** completely; **про́сто** simply; **за́вжди́** always; **навми́сне** deliberately
v. **+ г. бу́ти зму́шеним** be compelled to ◊ **Він зму́шений г. зуси́лля на те, що зуси́ль не потребу́є.** He is compelled to waste the efforts on something that requires no efforts. **не бу́ти мо́жна** cannot ◊ **Не мо́жна г. ні хвили́ни.** Not a minute can be wasted. **не бу́ти слід +** *D.* should not ◊ **Вам не слід було́ г. час.** You should not have wasted time. **не бу́ти тре́ба +** *D.* need not to; **не хоті́ти** not want to ◊ **Він не хоті́в г. ці́лий день.** He did not want to waste the whole day.
prep. **г. на +** *A.* waste on sb/sth ◊ **Не ~йте ча́су на пе́реклад.** Don't waste time on translation.
Also see **тра́тити 2.** *Cf.* **марнува́ти**
2 to delay, detain, hold up, keep ◊ **Не хо́чу вас до́вше г.** I don't want to keep you any longer.
See **затри́мувати 1**
pa. pple. **зга́яний** wasted
(з)га́й!

генера́л, *m.*; **~ка**, *f.*
general ◊ **Краї́на ма́ла світови́й реко́рд за кі́лькістю ~ів на ду́шу насе́лення.** The country held the world record for the number of generals per capita.
г. + *n.* **г. а́рмії** an army general; **г. вну́трішніх ві́йськ** a general of internal troops (**полі́ції** police); **г.-лейтена́нт** a lieutenant general ◊ **Він пішо́в у відста́вку, ма́ючи зва́ння генера́ла-лейтена́нта.** He retired in the rank of lieutenant general. (**-майо́р** major ◊ **Г.-майо́р – це найни́жче генера́льське зва́ння.** Major general is the lowest rank of general. **-полко́вник** colonel)
г. + *v.* **кома́ндувати +** *I.* command sth ◊ **Диві́зією кома́ндує г.** A general commands the division. **нака́зувати +** *D.* order sb ◊ **Г. наказа́в їм наступа́ти.** The general ordered them to attack.

ге́ні|й, *m.*, **~я; ~йка**, *f.*
1 genius *(ability)*
adj. **вели́кий** great ◊ **Він посіда́в вели́кий г. ску́льптора.** He possessed the great genius of

sculptor. **ви́знаний** recognized, **правди́вий** true, **спра́вжній** real, **чи́стий** sheer; **приро́джений** natural; **неви́знаний** unrecognized; **літерату́рний** literary, **поети́чний** poetic ◊ **Вона́ відчу́ла в собі́ поети́чний г. у ра́нньому віці.** She felt a poetic genius in herself at an early age. **політи́чний** political, **фіна́нсовий** financial, *etc.*

г. + *n.* **г. вче́ного** the genius of a scientist (**дослі́дника** researcher ◊ **Він обдаро́ваний ~єм дослі́дника.** He is endowed with the genius of a researcher. **кінорежисе́ра** film director, **педаго́га** educator, **поéта** poet, **пропові́дника** preacher, *etc.*)

n + **г. ви́яв ~я** a manifestation of genius ◊ **Проє́кт – ви́яв архітекту́рного ~я його́ а́втора.** The project is the manifestation of its author's architectural genius. (**знак** mark, **і́скра** spark)

v. + **г. виявля́ти г.** show a genius ◊ **Президе́нт ви́явив г. полі́тика.** The president showed the genius of a politician. (**демонструва́ти** display, **ма́ти** have ◊ **Оста́п мав г. вели́кого комбіна́тора.** Ostap had the genius of a smooth operator. **посіда́ти** possess; **визнава́ти** recognize; **запере́чувати** deny)

See **ри́са 1, тала́нт.** *Also see* **характери́стика 1, я́кість 2**

2 genius *(a person)*

adj. **вели́кий** great ◊ **Такі́ поло́тна міг створи́ти лише́ вели́кий г.** Only a great genius could create such canvases. **ви́знаний** recognized, **правди́вий** true, **спра́вжній** real; **неви́знаний** unrecognized ◊ **Усе́ життя́ вона́ лиша́лася неви́знаним ~єм.** All her life, she remained an unrecognized genius. **націона́льний** national; **да́нський** Danish, **украї́нський** Ukrainian, **че́ський** Czech, *etc.*; **приро́джений** natural; **тво́рчий** creative; **військо́вий** military, **вое́нний** war, **комп'ю́терний** computer, **музи́чний** musical, **науко́вий** scientific, **політи́чний** political, **фіна́нсовий** financial, **худо́жній** artistic, *etc.*; **злий** evil

v. + **г. бу́ти ~єм** be a genius ◊ **Тара́с Шевче́нко є націона́льним ~єм Украї́ни.** Taras Shevchenko is the national genius of Ukraine. (**вважа́ти** + *A.* consider sb, **визнава́ти** + *A.* recognize sb as, **здава́тися** + *D.* seem to sb; **оголо́шувати** + *A.* declare sb ◊ **Пре́са оголоси́ла його́ «~єм деше́вих мелодра́м».** The press declared him to be the "genius of cheap melodramas." **става́ти** become)

prep. **г. в** + *L.* a genius at sth ◊ **Лев став ~єм у спекуля́ціях на фондовому ри́нку.** Lev became a genius at stock market speculation.

Also see **тала́нт**

геніа́льн|ий, *adj.*

of or pertaining to genius, brilliant, talented

adv. **абсолю́тно** absolutely ◊ **Її вважа́ли абсолю́тно ~ою поéткою.** She was considered to be an absolutely brilliant poet. **спра́вді** truly

v. + **г. бу́ти ~им** be a genius ◊ **Ле́ся – ~а поéтка.** Lesia is a genius of a poet. (**вважа́ти** + *A.* consider sb, **визнава́ти** + *A.* recognize sb as, **здава́тися** + *D.* seem to sb; **оголо́шувати** + *A.* declare sb) ◊ **Кри́тики поква́пилися оголоси́ти режисе́ра ~им.** Critics hurried to declare the director a genius.

See **блиску́чий 2, талано́витий 1**

геніта́лі|ї, *only pl.*, ~й

genitals, genitalia

adj. **дитя́чі** child's, **жіно́чі** female, **лю́дські** human, **чолові́чі** male; **до́бре розви́нуті** well-developed ◊ **Юна́к мав до́бре розви́нуті ~ї.** The youth had well-developed genitalia. **норма́льні** normal; **абнорма́льні** abnormal, **недорозви́нуті** underdeveloped

v. + **г. закрива́ти** *or* **прикрива́ти г.** cover one's genitals ◊ **Го́лі хло́пці бі́гли до о́зера, прикрива́ючи г.** Naked boys were running to the lake, covering their genitals. (**зобража́ти** depict; **огляда́ти** examine ◊ **Лі́кар огля́нув її г.** The doctor examined her genitalia. **пока́зувати** show)

See **о́рган 1.** *Also see* **член 3; пизда́ 1, хуй 1**

геогра́фі|я, *f.*, ~ї, *only sg.*

geography

adj. **економі́чна** economic, **лінґвісти́чна** linguistic ◊ **Доповіда́ч ви́явив ціка́ві поді́бності в лінґвісти́чній ~ї цих двох краї́н.** The presenter revealed curious similarities in the linguistic geography of the two countries. **політи́чна** political, **фізи́чна** physical

See **дисципліна 2, нау́ка 2, предме́т 2**

герб, *m.*, ~á

coat of arms, emblem, crest

adj. **держа́вний г.** a national (state) emblem ◊ **Тризу́б – це держа́вний г. Украї́ни.** The trident is the national emblem of Ukraine. **родови́й г.** a family crest; **вели́кий** great ◊ **На вели́кому держа́вному ~і зобра́жено козака́ з рушни́цею.** The great state crest depicts a Cossack with a rifle. **ма́лий** small

Also see **тризу́б 2**

геро́|й, *m.*; ~ї́ня, *f.*

1 character, protagonist

adj. **головни́й** main ◊ **Головни́м ~єм кінофі́льму є міськи́й інтелектуа́л.** The main character of the movie is an urban intellectual. **літерату́рний** literary ◊ **Читаче́ві ле́гко ототожнюватися з літерату́рними ~ями Підмоги́льного.** It is easy for the reader to identify with Pidmohylny's literary characters. **неґати́вний** negative, **позити́вний** positive; **типо́вий** typical; **двовимі́рний** two-dimensional, **поверхо́вий** superficial, **схемати́чний** schematic

г. + *n.* **г. опові́дання** the character of a story (**дра́ми** drama, **коме́дії** comedy, **траге́дії** tragedy; **п'є́си** play; **кінофі́льму** movie, **рома́ну** novel) ◊ **Головно́го ~я рома́ну зва́ли Наза́р.** The protagonist of the novel was called Nazar.

v. + **г. зобража́ти ~я** depict a character (**опи́сувати** describe; **ство́рювати** create; **вбива́ти** kill) ◊ **У четве́ртій се́рії а́втор сцена́рію вбиває головно́го ~я.** In the fourth episode, the author of the script kills the protagonist.

Also see **по́стать 4, персона́ж, фігу́ра 4**

2 hero

adj. **вели́кий** great; **безстра́шний** intrepid ◊ **Кни́жка змальо́вує ґалере́ю безстра́шних ~їв, що захища́ли аеропо́рт.** The book depicts a lineup of intrepid heroes who defended the airport. **відва́жний** brave, **смі́ливий** courageous; **самові́дданий** selfless; **наро́дний** folk, **націона́льний** national; **популя́рний** popular, **просла́влений** *or* **усла́влений** celebrated; **правди́вий** true, **спра́вжній** genuine; **забу́тий** forgotten, **неоспі́ваний** unsung ◊ **Ти́сячі неоспі́ваних ~їв полягли́, захища́ючи краї́ну від понево́лення.** Thousands of unsung heroes fell, defending their homeland from subjugation. **невідо́мий** unknown; **псевдогеро́й** a pseudo-hero ◊ **Її фі́льми населя́ли псевдогеро́ї із чужи́ми для глядача́ ці́нностями.** Her films were populated by pseudo-heroes with values alien to the viewer. **фальши́вий** false; **романти́чний** romantic, **трагі́чний** tragic; **заги́блий** fallen; **леґенда́рний** legendary; **ви́гаданий** fictional, **мiти́чний** mythical; **реа́льний** real-life ◊ **Він сприйма́в ви́гаданого ~я за реа́льного.** He took a fictional hero for a real-life one. **військо́вий** military, **вое́нний** war, **олімпі́йський** Olympic, **спорти́вний** sports, **футбо́льний** soccer ◊ **Мі́сто віта́ло футбо́льних ~їв.** The city was greeting the soccer heroes.

г. + *n.* **г. війни́** a war hero ◊ **біогра́фія типо́вого ~я украї́нсько-росі́йської війни́** the life story of a typical hero of the Ukrainian-Russian war (**визво́льних змага́нь** liberation struggle, **підпі́лля** underground, **ру́ху о́пору** resistance movement, **УПА́** Ukrainian Insurgent Army); ♦ **Г. Украї́ни** a Hero of Ukraine ◊ **Золота́ зі́рка ~я Украї́ни** the golden star of a Hero of Ukraine; ♦ **Г. Сове́тського Сою́зу** *hist.* a Hero of the Soviet Union, ♦ **Г. Соціалісти́чної Пра́ці** *hist.* a Hero of Socialist Labor

v. + **г. віта́ти ~я** greet a hero (**вшано́вувати** honor ◊ **Вони́ зібра́лися, щоби вшанува́ти ~їв підпі́лля.** They gathered to honor the heroes of the underground. **оспі́вувати** extol ◊ **Поéма оспі́вує ~їв визво́льної боротьби́.** The poem extols the heroes of the liberation struggle. **святкува́ти** celebrate, **сла́вити** glorify, **увікові́чнювати** immortalize; **гра́ти** play ◊ **Григо́рій Гладі́й гра́є самові́дданого ~я УПА́.** Hryhorii Hladii plays a selfless UPA hero. **змальо́вувати** depict, **зобража́ти** portray, **наслі́дувати** emulate ◊ **Хло́пчик намага́вся наслі́дувати свого́ ~я у всьо́му.** The little boy strove to emulate his hero in everything. **віта́ти** + *A.* **як** hail sb as; **перетво́рюватися на** turn into) ◊ **Він перетвори́вся на наро́дного ~я.** He turned into a folk hero. **бу́ти ~єм** be a hero ◊ **Для них він був вели́ким ~єм.** To them, he was a great hero. (**вважа́ти** + *A.* consider sb; **виявля́тися** turn out ◊ **Непоказни́й чолові́к ви́явився правди́вим ~єм.** The unprepossessing man turned out to be a genuine hero. **става́ти** become) ◊ **Так г. став негі́дником.** Thus a hero became a villain.

г. + *v.* **боро́тися** fight, **захища́ти** + *A.* protect sb/sth, **обороня́ти** + *A.* defend sb/sth; **надиха́ти** + *A.* inspire sb ◊ **Хло́пців надиха́ли ~ї Би́тви під Кру́тами.** The boys were inspired by the heroes of the Battle of Kruty. **перемага́ти** win, **рятува́ти** + *A.* save sb/sth; **віддава́ти життя́ за** + *A.* give one's life for sth, **вмира́ти** die ◊ **«~ї не вмира́ють!»** "Heroes never die!"; ♦ **вмира́ти сме́ртю ~я** to die a hero's death; **ги́нути** perish; **жи́ти** live ◊ **Сла́вні ~ї повста́ння живу́ть у наро́дній па́м'яті.** The glorious heroes of the uprising live in the people's memory.

Ant. **негі́дник**

prep. **г. для** + *G.* a hero to sb ◊ **Си́мон Петлю́ра є для них ~єм.** Symon Petliura is a hero to them.

геть, *adv., interj.*

1 *adv.* totally, completely, fully, entirely, utterly, very *(with neg. statements)*, at all ◊ **Він г. стоми́вся.** He got totally tired. ◊ **Він вас г. не зрозумі́в.** He did not understand you at all. ◊ **На́товп г. збожево́лів від стра́ху.** The mob went totally crazy with fear. ◊ **Г. ви́соко в небі́ ширя́в оре́л.** An eagle soared way up in the sky.

Also see **живце́м 2, зо́всім 1, по́вністю, пря́мо 3, рі́шуче 2, спо́вна́, ціл́ко́м 2, чи́сто 2**

2 *adv.* out, away ◊ **Ході́мо г. зві́дси.** Let's get out of here. ◊ **Лука́ш уста́в і пішо́в г. із кімна́ти.** Lukash got up and went out of the room. ◊ **Поба́чивши кота́, горобе́ць полеті́в г.** On seeing the cat, the sparrow flew away.

3 *adv.* far away, far ◊ **Господа́р відві́в коня́ г. у луг па́стися.** The master took the horse far into the meadow to graze. ◊ **Вона́ так розсе́рдилася, що була́ ла́дна йти г. на дру́гий кіне́ць мі́ста.** She got so angry, he was ready to walk all the way to the other end of town.

See **дале́ко**

4 *adv.* everywhere ◊ **Г. навко́ло ста́ву росли́ ве́рби.** Willows grew all around the pond.

See **скрізь.** *Also see* **круго́м 2**

5 *part.* much, by far ◊ **Із дя́дьком Ю́рко́м їм г. ціка́віше, як із батька́ми.** It is much more interesting for them to be with Uncle Yurko than with their parents.

See **зна́чно, куди́ 6, набага́то 1**

6 *interj.* out! away! leave me alone! ◊ **Г. зві́дси!** Out of here! ◊ **г. з мої́х оче́й!** out of my sight!

7 *interj.* down with ◊ **Г. політи́чну коре́ктність!** Down with political correctness! ◊ **Г. кумі́вство!** Down with nepotism!

гидк|и́й, *adj.*
1 ugly, hideous, awful, ghastly, disgusting ◊ **Тере́щенко зда́вся їй цілко́м ~и́м.** Tereshchenko seemed totally ugly to her. ◊ **У табо́рі їх зму́шували ї́сти яку́сь ~у́ ю́шку.** In the camp, they were made to eat some kind of disgusting soup. ♦ **~е́ каченя́** an ugly duckling
See **оги́дний, потво́рний 1.** *Also see* **паску́дний 4**
2 obscene, indecent, dirty ◊ **Він полюбля́в пересипа́ти мо́ву ~и́ми слова́ми.** He was fond of peppering his language with obscene words. ◊ **Лесь майсте́рно оповіда́в ~і істо́рії.** Les was a masterful narrator of dirty stories.
Also see **паску́дний 2**

ги́дко, *adv., pred.*
1 hideously, disgustingly, repulsively; terribly ◊ **Із ни́ми повели́ся до́сить г.** They were treated rather hideously. ◊ **Лари́са г. хихи́кала.** Larysa was giggling repulsively. ◊ **Пі́сля сва́рки вона́ ці́лий день г. почува́лася.** After the fight, she felt terrible all day.
2 *pred.* revolting, disgusting ◊ **Си́монові г. ду́мати про це.** It is revolting to Symon to think about it. ◊ **О́лі було́ г. ма́ти спра́ву з ци́ми людьми́.** Olia was disgusted to deal with those people.

ги́кавка, *var., see* **и́кавка**

гика́ти, *var., see* **ика́ти**

ги́кнути, *var., see* **и́кнути**

гівн|о́, *nt., only sg., var.* **гімно́**, *vulg.*
1 shit, feces
adj. **коня́че** horse, **коро́в'яче** cow, **котя́че** cat, **ку́ряче** chicken, **лю́дське́** human, **свиня́че** pig, **соба́че** dog, *etc.*; **засо́хле** dried; **сві́же** fresh; **смердя́че** stinking
n. + **г. відро́ ~а́** a bucketful of shit (**кава́лок** *or* **кусо́к** *or* **шмато́к** piece, **ку́па** pile ◊ **Посе́ред доро́ги лежа́ла ку́па коро́в'ячого ~а́.** A pile of cow shit lay in the middle of the road. **за́пах** smell) ◊ **За́пах ~а́ шви́дко розійшо́вся по подві́р'ю.** The smell of shit quickly spread around the yard.
v. + **г. кида́ти г.** throw shit (**розкида́ти** scatter ◊ **Він розки́дав свиня́че г. по діля́нці.** He scattered pig shit around the plot. **розма́зувати** spread; **ню́хати** smell, **чіпа́ти** touch; **вступа́ти в** step into ◊ **Він уступи́в у соба́че г.** He stepped into dog shit. **вима́зувати** + *A.* **в** soil sth with) ◊ **Дити́на ви́мазала труси́ в г.** The child soiled its underwear. ♦ **па́дати обли́ччям в г.** to make a laughing stock of oneself; **покрива́ти** + *A.* **~о́м** cover sth in shit
г. + *v.* **засиха́ти** dry ◊ **На сте́гнах коро́ви засо́хло г.** Shit dried on the cow's flanks. **покрива́ти** + *A.* cover sth; **смерді́ти** stink ◊ **Так оги́дно смерди́ть ті́льки котя́че г.** Only cat shit stinks so disgustingly.
prep. **в г.** *dir.* in/to shit ◊ **Він знову впав обли́ччям у г.** *fig.* He made a laughing stock of himself again. **в ~і́** *posn.* in shit ◊ **Її чо́боти були́ в ~і́.** Her tall boots were covered with shit.
Also see **лайно́ 1**
2 *fig.* shit, scum, piece of shit, sb worthless
adj. **вели́ке** big, **винятко́ве** exceptional, **гане́бне** shameful, **мерзе́нне** lousy, **рі́дкісне** rare, **смердя́че** stinking ◊ **У на́паді зло́сти Катери́на назва́ла хло́пця смердя́чим ~о́м.** In a fit of anger, Kateryna called the boy a stinking piece of shit. **по́вне** utter, **спра́вжнє** true
v. + **г. бу́ти ~о́м** be a piece of shit (**вважа́ти** + *A.* consider sb ◊ **Він вважа́в її звича́йним ~о́м.** He considered her to be a regular piece of shit. **здава́тися** + *D.* seem to sb, **назива́ти** + *D.* call sb, **лиша́тися** remain) ◊ **Він був і лиша́ється рі́дкісним ~о́м.** He was and remains a rare piece of shit.
Also see **лайно́ 2**
3 *fig.* crap, shit, garbage, sth worthless ◊ **Його́ оста́нній фі́льм ви́явився ~о́м.** His last film turned out to be crap. ◊ **Вона́ ще не ба́чила тако́го ~а́ на сце́ні.** She had never seen such crap on stage. ◊ **Як мо́жна продава́ти таке́ винятко́ве г.** How one can sell such exceptional crap. ♦ **ку́па ~а́** a pile of crap ◊ **Вона́ надарува́ла Хомі́ ку́пу вся́кого ~а́.** She gave Khoma a pile of all kinds of garbage.
v. + **г. бу́ти ~а́ ва́ртим** be worth shit, be worthless ◊ **Її авті́вка ~а́ ва́рта.** Her car isn't worth shit. ♦ **бу́ти як з ~а́ ку́ля** to be terrible at sth ◊ **Із ньо́го таки́й репорте́р, як з ~а́ ку́ля.** He is a shitty reporter. ♦ **змі́шувати з ~о́м** 1) to make mince meat of sb ◊ **Як не ска́жеш, хто це зроби́в, я тебе́ з ~о́м змішаю!** If you don't tell me who did it, I will make mince meat of you! 2) to destroy sb's reputation, drag sb through mud ◊ **Він погро́жував зміша́ти полі́тика з ~о́м.** He threatened to drag the politician through mud. ♦ **облива́ти** + *A.* **~о́м** to fling mud at sb
Also see **лайно́ 3**
4 *fig.* trouble, problem, shit
adj. **глибо́ке** deep, **серйо́зне** serious, **страшне́** terrible ◊ **Оста́п не знав, як опини́вся в тако́му страшно́му ~і.** Ostap did not know how he had ended up in such terrible shit.
v. + **г.** ♦ **витяга́ти** + *A.* **з ~а́** to get sb out of shit (trouble) ◊ **Пе́трів друг не раз витяга́в його́ з глибо́кого ~а́.** Petro's friend got him out of deep shit more than once. ♦ **вла́зити** *or* **вля́пуватися в г.** to get into shit (trouble) ◊ **Га́нна влі́зла в серйо́зне г.** Hanna got into some serious shit. (**потрапля́ти в** get into)
See **пробле́ма, хале́па**

гіга́нт, *m.*, **~а; ~ка**, *f.*
1 giant, colossus
adj. **казко́вий** fairy-tale; **кам'яни́й** stone; **спра́вжній** true ◊ **Пе́ред ни́ми була́ не ста́туя, а спра́вжній г.** In front of them was not a statue but a true giant.
v. + **г. здава́тися** + *D.* **~ом** seem a giant to sb ◊ **Під пе́вним куто́м звича́йна люди́на мо́же здава́тися глядаче́ві ~ом.** At a certain angle, a regular person can seem a giant to a viewer.
2 *fig.* giant ◊ **Іва́н Франко́ був ~ом ду́мки.** Ivan Franko was an intellectual giant.
adj. **індустрія́льний** *or* **промисло́вий** industrial ◊ **Фа́брика має ста́ти промисло́вим ~ом Євро́пи.** The factory is supposed to become an industrial giant of Europe. **корпорати́вний** corporate, **меді́йний** media, **на́фтовий** oil, **фармацевти́чний** pharmaceutical, **фіна́нсовий** financial, **хемі́чний** chemical, *etc.*

гігіє́н|а, *f., only sg.*
hygiene
adj. **бездога́нна** flawless ◊ **Дире́ктор клі́ніки вимага́є від працівникі́в бездога́нної ~и.** The director of the clinic demands flawless hygiene from his employees. **до́бра** good ◊ **До́бра г. – запору́ка здоро́в'я.** Good hygiene is a precondition of health. **доскона́ла** perfect, **нале́жна** proper; **мініма́льна** minimal; **жахли́ва** appalling, **ке́пська** poor, **пога́на** bad; **зага́льна** general, **особи́ста** personal, **публі́чна** public, **стате́ва** sexual; **харчова́** food
г. + *n.* **г. пра́ці** work hygiene (**рук** hand, **ті́ла** body)
n. + **г. вимо́ги ~и** hygiene requirements (**но́рми** norms, **пра́вила** regulations, **станда́рти** standards; **предме́т** item)
v. + **г. забезпе́чувати ~у** maintain hygiene ◊ **Забезпе́чувати ~у ті́ла у похо́ді – річ проблемати́чна.** Maintaining bodily hygiene is problematic on an expedition. (**покра́щувати** improve); **дотри́муватися ~и** keep hygiene ◊ **Вони́ намага́ються дотри́муватися ~и.** They are trying to keep hygiene.
See **чистота́**

гі́дн|ий, *adj.*
1 worthy of, deserving sth + *G.*
adv. **ду́же** very, **особли́во** particularly, **цілко́м** entirely ◊ **На ду́мку комітє́ту, кандида́т цілко́м г. обійма́ти поса́ду реда́ктора програ́ми.** In the opinion of the committee, the candidate entirely deserves to occupy the post of the program editor. **мора́льно** morally; **одна́ково** equally; **ле́две** hardly, **не зо́всім** not quite
v. + **г. бу́ти ~им** + *G.* merit sth, deserve sth ◊ **Її пра́ця ~а пова́ги.** Her work is worthy of respect. (**вважа́ти** + *A.* consider sb/sth ◊ **Вона́ вважа́ла текст ~им особли́вої ува́ги.** She considered the text to be worthy of special attention. **виявля́тися** prove; **става́ти** become) ◊ **Лише́ тоді́ він ста́не ~им ва́шої дові́ри.** Only then he will become worthy of your trust.
See **ва́ртий 1**
2 honorable, worthy, deserving, upstanding ◊ **Вони́ ма́ли спра́ву з ~им громадя́нином, а не шахрае́м.** They were dealing with an upstanding citizen, not a swindler. ◊ **Па́ні Кури́ло ви́явилася ~ою представни́цею свої́х ви́борців.** Mrs. Kurylo proved to be a worthy representative of her constituents. ◊ **г. спадкоє́мець** a deserving heir
3 apt, required, necessary, proper ◊ **~а ві́дповідь кри́тикам** an apt response to detractors; ♦ **~им чи́ном** properly, in a proper way ◊ **Її оціни́ли ~им чи́ном.** She was given proper recognition.

гі́дн|ість, *f.*, **~ости**
1 *only sg.* dignity
adj. **вели́ка** great ◊ **На до́питах вона́ пово́дилася з вели́кою ~істю.** She behaved with great dignity at the interrogations. **величе́зна** enormous; **нале́жна** proper; **спокі́йна** calm; **лю́дська́** human ◊ **Жо́дне прини́ження не могло́ позба́вити його́ лю́дської ~ости.** No humiliation could take away his human dignity. **особи́ста** personal; **відна́йдена** regained, **втра́чена** lost
n. + **г. брак ~ости** a lack of dignity ◊ **Ада́ма тя́жко запідо́зрити в бра́ку ~ости.** It is difficult to suspect Adam of a lack of dignity. (**відчуття́** sense; **втра́та** loss); ♦ **Револю́ція ~ости** *hist.* the Revolution of Dignity
v. + **г. надава́ти** + *D.* **г.** give sb dignity ◊ **Атмосфе́ра надава́ла церемо́нії г. істори́чної поді́ї.** The atmosphere gave the ceremony the dignity of a historic event. (**захища́ти** protect, **зберіга́ти** preserve, **утри́мувати** retain; **ма́ти** have; **втрача́ти** lose; **віднахо́дити** regain, **відно́влювати** restore ◊ **Пі́сля ро́ків прини́ження їй буде́ нелегко віднайти́ г.** After years of humiliation, it will not be easy for her to regain her dignity. **знищувати** destroy; **шанува́ти** respect); **додава́ти** + *D.* **~ости** add to sb's dignity ◊ **Розмі́реність ру́хів додава́ла йому́ ~ости.** His measured movements added to his dignity. (**надава́ти** + *D.* bring to ◊ **Особли́ва мане́ра свяще́нника надава́ла його́ про́повіді ~ости.** The priest's particular manner brought dignity to his sermon. **позбавля́ти** + *A.* strip sb of)
prep. **з ~істю** with dignity; **ни́жче ~ости** below dignity ◊ **Її вчи́нок ни́жче ~ости.** What she has done is below dignity.
Also see **честь 1**
2 virtue ◊ **Він – люди́на висо́ких ~осте́й.** He is a person of high virtues.
See **чесно́та**

гі́дно, *adv.*
1 properly, suitably, respectably, decently, appropriately, duly ◊ **Сім'я́ г. відзна́чила**

уродини матері. The family celebrated mother's birthday in a proper way.

adv. **досить** quite, **дуже** very, **цілком** entirely; **порівняно** relatively ◊ **Семестр він закінчив порівняно г.** He finished the semester in a relatively decent manner. **не зовсім** not quite ◊ **Кандидат не зовсім г. зреагував на питання.** The candidate's reaction to the question was not quite proper.

2 in a dignified manner, with dignity ◊ **У розмові дівчина трималася дуже г.** In the conversation, the girl conducted herself with great dignity. ◊ **Ведучий г. представив гостя присутнім.** The MC introduced the guest to those present in a dignified manner.

гімн, *m.*, ~у

1 anthem

adj. **державний** national ◊ **Збори відкрили співом державного ~у.** The meeting was opened by singing the national anthem. **другий** second ◊ **Пісню «Боже великий єдиний» називають другим ~ом України.** The song "God Great and One" is called the second anthem of Ukraine. **величний** majestic, **надихаючий** inspiring

n. + **г. автор ~у** the author of the anthem (**виконання** performance; **мелодія** tune, **слова** lyrics)

v. + **г. виконувати г.** perform an anthem (**грати** play, **співати** sing; **знати** know, **любити** love; **компонувати** *or* **складати** compose, **писати** write ◊ **Текст державного ~у України написав Павло Чубинський.** The text of the national anthem of Ukraine was written by Pavlo Chubynsky. **створювати** create, **запам'ятовувати** memorize; **забороняти** ban; **змінювати** change); **бути ~ом** be an anthem (**вважати** + *A.* consider sth ◊ **Пісню «Не пора» вважали ~ом українських націоналістів.** The song "It's Not the Time" was considered to be the anthem of Ukrainian nationalists. **стати** become)

г. + *v.* **звучати** *and* **лунати** sound; **надихати** + *A.* **на** + *A.* inspire sb to sth ◊ **Г. надихав їх на боротьбу.** The anthem inspired them to fight.

2 hymn ◊ **На службі лунало багато євангельських ~ів.** Many gospel hymns sounded during the service.

adj. **євангельський** gospel, **релігійний** religious, **церковний** church; **старий** old, **традиційний** traditional; **сучасний** modern

v. + **г. грати г.** play a hymn (**співати** sing)

See **пісня**

3 *fig.* accolade, praise, panegyric ♦ **співати ~и** + *D.* to sing sb praises ◊ **Її критик раптом став співати їй ~и.** Her detractor suddenly started singing her praises.

Also see **комплімент**

гімнасти|ка, *f.*, *only sg.*

gymnastics

adj. **ритмічна** rhythmic, **спортивна** competitive, **художня** artistic

n. + **г. тренер з ~ки** a gymnastics coach ◊ **Вона працює із тренером з ~ки.** She works with a gymnastics coach. (**дружина** *or* **команда** team, **змагання** competition, **чемпіонат** championship) ◊ **Місто приймає національний чемпіонат із художньої ~ки.** The city is hosting the national artistic gynmastics championship.

v. + **г. займатися ~кою** do gymnastics ◊ **Іван займається ~кою десять років.** Ivan has done gymnastics for ten years.

L. **в ~ці**

See **спорт**

гірк|ий, *adj.*

1 bitter *(of taste)* ◊ **г. смак** bitter taste ◊ **Яблуко ~е на смак.** The apple tastes bitter. ◊ **Вода в джерелі виявилася ~ою.** The water in the spring turned out to be bitter.

adv. **вкрай** extremely, **дуже** very, **надто** too, **нестерпно** unbearably, **страшенно** terribly; **дещо** somewhat, **досить** fairly, **трохи** a little ◊ **Страва мала трохи г. присмак.** The dish had a somewhat bitter aftertaste. **виразно** distinctly; **несподівано** unexpectedly; **типово** typically

v. + **г. бути ~им** be bitter (**здаватися** + *D.* seem to sb ◊ **Чай здався Олені дещо ~им.** The tea seemed to Olena somewhat bitter. **робити** + *A.* make sth ◊ **Брак сонця робив плоди рослини ~ими.** The lack of sun made the fruits of the plant bitter. **ставати** become) ◊ **Напій став ~им, як чорнобиль.** The drink became bitter like wormwood.

Cf. **кислий 1, терпкий 1.** *Ant.* **солодкий 1**

2 *fig.* painful, cruel, awful ◊ **Зоя знала всю ~у правду.** Zoia knew the whole bitter truth. ◊ **Її чекає ~е розчарування.** Bitter disappointment awaits her. ◊ **Нема причини лити ~і сльози за минулим.** There is no reason to shed bitter tears over the past. ♦ **г. п'яниця** a raging alcoholic, hard drinker ◊ **Три роки тому він був ~им п'яницею.** Three years ago he was a raging alcoholic. ♦ **г. досвід** a bitter ordeal; **~а чаша** *fig.* the bitter cup; ordeal, trial ◊ **Життя у зрусифікованому Києві було для неї ~ою чашею.** Life in Russified Kyiv was an ordeal for her. ♦ **куштувати** *and* **пити ~у чашу** to drink from the bitter cup, suffer ◊ **Він був сповнений рішучости випити цю ~у чашу до дна.** He was full of the resolve to drink from this bitter cup to the end.

Ant. **солодкий 3**

3 *as n., only f.* vodka ◊ **Він про всяк випадок мав у хаті пляшку ~ої.** Just in case, he had a bottle of vodka in his house.

гірко, *adv., pred.*

1 *adv.* bitterly; *also fig.* ◊ **У кімнаті г. пахло нехворощем.** The room had the bitter smell of wormwood.

2 *adv. colloq.* awfully, terribly, bitterly, badly ◊ **Пилип г. помилився.** Pylyp was terribly wrong.

See **дуже**

3 *pred.* bitter; painful, upset *with D.* ◊ **Йому г. жилося з мачухою.** His life with his stepmother was miserable.

v. + **г. бути г.** be *or* feel bitter ◊ **Марті було г. в роті після пива.** Marta's mouth felt bitter after the beer. ◊ **Їй дуже г. казати це.** It pains her a lot to be saying this. (**звучати** *or* **лунати** sound ◊ **Речення пролунало г.** The sentence sounded bitter. **робитися** grow, **ставати** become *and* start feeling) ◊ **Богдані стало г. від цих слів.** Bohdana felt upset by those words.

гірськ|ий, *adj.*

mountain, mountainous

г. + *n.* **г. краєвид** a mountain landscape (**кришталь** crystal ◊ **Прикраса зроблена з ~ого кришталю.** The ornament is made of mountain crystal. **потік** stream; **велосипед** bicycle; **туризм** tourism); ◊ **~а долина** a mountain valley (**дорога** road, **стежка** path; **річка** river; **ущелина** gorge); **~е озеро** a mountain lake (**повітря** air; **пасмо** range; **село** village); **~і лижі** alpine skis

гірчиц|я, *f.*, *only sg.*

mustard ◊ **Традиційно така печеня подається з ~ею.** Traditionally such a roast is served with mustard.

adj. **гостра** hot; **медова** honey, **солодка** sweet; **англійська** English, **дижонська** Dijon; **українська** Ukrainian, **французька** French; **брунатна** brown, **жовта** yellow; **суха** dry

v. + **г. використовувати ~ю** use mustard ◊ **Вона використовує солодку ~ю, готуючи підливу.** She started using sweet mustard to prepare the sauce. (**додавати до** + *G.* add to ◊ **До яйця, солі й оцту слід додати ~ю** *or* **~і.** Mustard should be added to the egg, salt and vinegar. **намазувати** *or* **намащувати на** + *A.* spread on sth ◊ **Вона тоненько намастила ~ю на хліб.** She thinly spread the mustard on the bread. **змішувати** + *A.* **з ~ею** mix sth with mustard ◊ **Він змішав оцет із ~ею.** He mixed vinegar with mustard. (**їсти** + *A.* **з** eat sth with; **намазувати** + *A.* smear sth with ◊ **Ігор намазав м'ясо ~ею.** Ihor smeared the meat with mustard. **приправляти** + *I.* flavor sth with ◊ **Він приправив скумбрію звичайною ~ею.** He flavored the macherel with regular mustard. **подавати** + *A.* **з** serve sth with)

See **приправа**

гірше, *adv., pred., var.* гірш

1 *adv.* worse ◊ **Валя вбиралася не г. від інших.** Valia dressed no worse than others.

prep. **г. від** + *G.* *or* **за** + *A.* *or* **як** *or* **ніж** + *N.* worse than sb/sth ◊ **Гліб пише геть не г. за Ольгу.** In no way does Hlib write worse than Olha.

See **гірший; погано.** *Ant.* **краще**

2 *adv.* more ◊ **Поліціянт ще г. розлютився.** The policeman got even more furious.

See **більше 1**

3 *pred.* worse *with D.* ♦ **Романові від цього не г.** Roman is none the worse for it.

v. + **г. бути г.** be worse ◊ **Із кожним днем їм тут буде г.** It will be worse for them here with every day. (**почуватися** *and* **ставати** feel, start feeling) ◊ **Борисові стало г.** Borys started feeling worse. ♦ **тим г. для** + *G.* so much the worse for sb/sth ◊ **Якщо Оля не погодиться, тим г. для неї.** If Olia does not agree, so much the worse for her.

гірш|ий, *adj., comp. of* поганий

worse

adv. **абсолютно** absolutely, **безмірно** immeasurably, **все** still, **докорінно** radically, **значно** considerably, **куди** *colloq.* way, **набагато** much, **незрівнянно** incomparably, **помітно** noticeably, **порівняно** comparatively ◊ **Він вибрав порівняно г. страховий план.** He chose a comparatively worse insurance plan. **просто** simply, **суттєво** essentially; **виразно** distinctly, **незаперечно** undeniably, **очевидно** obviously, **явно** clearly; **ледве** hardly; **дещо** somewhat, **трохи** a little, **ще** even; **нітрохи** no, **ніскільки не** not in the least ◊ **Місцева городина була ніскільки не ~ою за імпортовану.** Local vegetables were not in the least worse than the imported ones. **ніяк не** not at all

v. + **г. бути ~им** be worse ◊ **Ця автівка є явно ~ою за ту.** This car is clearly worse than that one. (**вважати** + *A.* consider sb/sth; **виявлятися** prove ◊ **Новий підручник виявився набагато ~им.** The new textbook proved to be much worse. **здаватися** + *D.* seem to sb; **лишатися** remain; **робити** + *A.* make sth, **робитися** grow, **ставати** become) ◊ **Його англійська стала помітно ~ою від Мартиної.** His English became noticeably worse than Marta.

prep. **г. від** + *G.* *or* **за** + *A.* *or* **як** *or* **ніж** + *N.* worse than ◊ **Цей велосипед г., як той.** This bicycle is worse than that one.

Ant. **кращий**

г|ість, *m.*, ~остя

1 guest, visitor ◊ **Пилипенки чекають ~остей із Вінниці.** The Pylypenkos are expecting guests from Vinnytsia.

adj. **бажаний** welcome, **жаданий** desired ◊ **Марко став жаданим ~остем у них.** Marko became a desired guest at their place. **довгожданий** long-awaited, **дорогий** dear, **поважаний** *or* **шанований** honored ◊ **Ми раді вітати шанованих ~остей у нашому університеті.** We are glad to welcome the honored guests to our university. **особливий** special, **таємний** secret, **таємничий** mystery ◊ **Він хотів довідатися, хто був тим таємничим ~остем.** He wanted to find out who that mystery guest was. **несподíваний** unexpected; **небáжаний** unwanted, **неочíкуваний** unexpected, **непрóханий** uninvited; ♦ **почéсний г.** a guest of honor

v. + **г. мáти ~óстя** have a guest ◊ **У сéреду він мав особлúвих ~остéй.** On Wednesday, he had some special guests. (**вітáти** greet ◊ **Усá родúна вúйшла привітáти ~óстя.** The whole family came out to greet the guest. **запрóшувати** invite, **приймáти** receive, **розважáти** entertain) ◊ **Він мав розважáти ~остéй.** He was supposed to entertain the guests. **бýти ~óстем** be sb's guest (**ставáти** become) ◊ **Вонú стáли ~íстьмú у влáсній країні.** They became guests in their own country.

prep. ♦ **бýти в ~óстях** *posn.* to be on a visit to sb's place, visit sb ◊ **Палії цілий вéчір пробулú в ~óстях у друзів.** The Paliis spent the whole evening at their friends' place. ♦ **ходúти в ~óсті до** + *G. dir.* to go visiting sb ◊ **Вонú люблять ходúти в ~óсті.** They like to go visiting people.

2 *colloq.* fellow, type, creature ◊ **Лев здавáвся дóсить дúвним ~óстем.** Lev seemed a rather odd fellow.

See **тип 3.** *Also see* **птах 2, суб'єкт 3, фрукт 2**
N. pl. **~óсті**, *D. pl.* **~óстям**

гітáр|а, *f.*
guitar

adj. **акустúчна** acoustic, **електрúчна** electric ◊ **Співáк віддає перевáгу акустúчній ~і пéред електрúчною.** The singer prefers an acoustic guitar to an electric one. **блюзова** blues, **джáзова** jazz, **класúчна** classical; ♦ **бас-г.** a bass guitar, ♦ **рок-г.** a rock guitar; **пéрша** lead; **шестиструнна** six-string, **дванадцятиструнна** twelve-string

n. + **г. медіáтор ~и** a guitar plectrum (**підсúлювач** amplifier; **струнá** string; **футляр** case; **рéмінь** strap)

v. + **г. налаштóвувати** *or* **настрóювати ~у** tune a guitar; **грáти на ~і** *or* **на ~у** play a guitar ◊ **Вонá дóбре грáє на ~і.** She plays the guitar well. (**брéнькати** strum) ◊ **Музикáнт сів і став тúхо брéнькати на ~і.** The musician sat down and started to strum the guitar quietly.

See **інструмéнт 2**

глáдк|ий, *adj.*
smooth, sleek; *(of hair)* straight ◊ **Він не міг відвестú пóгляду від її дóвгого ~ого волóсся.** He could not take his eyes away from her long, straight hair.

adv. **абсолю́тно** absolutely ◊ **Стіл здавáвся абсолю́тно ~им.** The table seemed absolutely smooth. **бездогáнно** impeccably, **дóсить** fairly, **досконáло** perfectly, **дýже** very, **ідеáльно** ideally, **надзвичáйно** extremely, **цілкóм** completely; **більш-мéнш** more or less, **віднóсно** relatively, **мáйже** almost; **не зóвсім** not quite

v. + **г. бýти ~им** be smooth ◊ **Півдéнний схил горбá був мáйже ~им.** The southern slope of the hill was almost smooth. (**здавáтися** + *D.* seem to sb; **лишáтися** remain, **робúти** + *A.* make sth, **ставáти** become) ◊ **Дáлі дорóга стáла ~ою.** Later the road became smooth.

Ant. **грýбий 3, жорсткúй 1**

гладк|úй, *adj.*
fat, plump, corpulent ◊ **Колú Степáн сміявся, йогó г. живіт кумéдно потрýшувався.** When Stepan laughed his fat stomach wobbled in a funny way. ◊ **Він вúбрав двох велúких, ~úх кóропів.** He chose two large and fat carp.

See **жúрний, тóвстий 2.** *Opp* **худúй 1**

глáдко, *adv.*
1 smoothly ◊ **На свою пéршу співбéсіду Микóла г. поголúвся.** For his first interview Mykola gave himself a clean shave.

2 articulately *(of speaking, writing)*, coherently, well, aptly ◊ **В університéті вонá навчáлася дýже г. говорúти.** In college she learned to speak very well. ◊ **Йомý потрíбен помічнúк, що вміє г. писáти.** He needs an assistant who can write well.

See **дóбре 1**

3 *fig.* smoothly, without a hitch ◊ **Все пройшлó г.** Everything went off without a hitch.

глибин|á, *f.*
1 depth, deepness ◊ **Кóжна печéра мáла íншу ~ý.** Each cave had a different depth.

adj. **велúка** great, **значнá** considerable, **максимáльна** maximum ◊ **Батискáф працює на максимáльній ~í.** The bathysphere operates at the maximum depth. **малá** small; **допустúма** permissible; **небезпéчна** dangerous

г. + *n.* **г. запáдини** the depth of a trench ◊ **Г. Марiя́нської запáдини станóвить 10.994 мéтри.** The depth of the Mariana Trench is 10,994 m. (**каньйóну** canyon, **провáлля** abyss, **ущéлини** gorge; **лíсу** forest; **мóря** sea, **óзера** lake, **океáну** ocean, **рíчки** river) ◊ **Тут г. рíчки рíзко зростáє.** Here the depth of the river abruptly increases.

v. + **г. вимíрювати ~ý** plumb the depth ◊ **Вонú вúміряли ~ý мóря.** They plumbed the depth of the sea. (**опускáтися на** go to; **пірнáти на** plunge to); **досягáти ~ú** reach a depth ◊ **Аквалангíст досягнýв сорокаметрóвої ~ú.** The scuba diver reached a depth of 40 m.

г. + *v.* **збíльшуватися** increase, **зростáти** grow; **змéншуватися** decrease; **варіювáтися** vary ◊ **Г. затóки варіювáлася.** The depth of the bay varied. **змíнюватися** change

prep. **в ~ý** *dir.* in/to the depth ◊ **Телескóп дозволя́в людськóму óкові проникнути дáлі в ~у нічнóго нéба.** The telescope allowed the human eye to penetrate farther into the depth of the night sky. **в ~í** *posn.* in the depth ◊ **Комéта знúкла в ~í кóсмосу.** The comet vanished in the depths of space. **на ~ý** + *G. dir.* to a depth of *(measure)* ◊ **Субмарúна опустúлася на ~у двох кіломéтрів.** The submarine went down to a depth of 2 km. **на ~í** + *G. posn.* at a depth of *(measure)*; **до ~ú** + *G.* to a depth of *(measure)*; **з ~ú** + *G.* from a depth of; **г. в** + *A.* a depth of *(measure)* ◊ **Прилáди зафіксувáли ~ý в сім із полóвиною кіломéтрів.** The instruments recorded a depth of 7.5 km.

Also see **нáдра 1**

2 *fig.* depth, extent, range, scope; wisdom, power ◊ **Г. її поéзії не мóже не вражáти.** The depth of her poetry cannot but impress.

adj. **велúка** great, **величéзна** enormous, **дивовúжна** amazing ◊ **Вонá відрізнялася від íнших дивовúжною ~óю знань.** She stood out against the others by her amazing depth of knowledge. **значнá** considerable, **неабúяка** remarkable, **разю́ча** striking, **рíдкісна** rare; **достáтня** sufficient ◊ **Він демонструє достáтню ~ý розумíння problem.**
He demonstrates a sufficient depth of the understanding of the problem. **прихóвана** hidden; **аналітúчна** analytical, **концептуáльна** conceptual, **методологíчна** methodological; **емоцíйна** emotional, **морáльна** moral, **філосóфська** philosophical; **правдúва** true, **спрáвжня** genuine

г. + *n.* **г. вíри** the depth of faith (**посвя́ти** dedication; **дóсвіду** experience; **дýмки** thought, **знань** knowledge, **мýдрости** wisdom, **розумíння** understanding, **тлумáчення** interpretation **філосóфії** philosophy; **емóцій** emotions, **почуттí** feeling)

v. + **г. виявля́ти ~ý** reveal the depth ◊ **Тут він виявля́є правдúву ~ý світóгляду.** Here he reveals the true depth of his worldview. (**демонструвáти** demonstrate, **мáти** have, **покáзувати** show; **вимíрювати** plumb, **оцíнювати** evaluate, **цінувáти** value); **бракувáти** + *D.* **~ú** lack depth ◊ **Її аналізу бракує ~ú.** Her analysis lacks depth. (**додавáти** + *D.* add to sb/sth, **надавáти** + *D.* give sth; **досягáти** reach) ◊ **У цьóму тéксті її дýмання досягáє спрáвді філосóфської ~ú.** In this text, her thinking reaches a truly philosophical depth.

3 *fig.* depth, thick, midst, core ◊ **Штаб вóрога був у ~í оборóни.** The enemy headquarters was in the depth of his defense. ◊ **Вонú сховáлися в ~í óстрова.** They took refuge in the depth of the island. ◊ **Традúція вихóдять із ~ú нарóдної культýри.** The tradition originates from the core of folk culture. ♦ **у ~í душí** *or* **сéрця** in one's heart of hearts ◊ **У ~í сéрця Óльга все ще сподівáлася побáчитися з нéю.** In her heart of hearts, Olha still hoped to see her.

Also see **нáдра 2**

4 *fig.* depth, profundity, deepness, intensity ◊ **Ця г. кóльору такá типóва для Каравáджа.** This color depth is so typical of Caravaggio.

глибóк|ий, *adj.*
1 deep ◊ **Скарб лежáв на днí ~ого óзера.** The treasure lay at the bottom of a deep lake.

adv. **вкрай** extremely, **дóсить** fairly, **дýже** very, **небезпéчно** dangerously; **несподíвано** unexpectedly ◊ **Яр вияви́вся несподíвано ~им.** The ravine turned out to be unexpectedly deep. **страшéнно** terribly; **особлúво** particularly, **порíвняно** relatively

v. + **г. бýти ~им** be deep ◊ **Рíчка булá ~ою і небезпéчною.** The river was deep and dangerous. (**виглядáти** look ◊ **Такúм ~им нéбо виглядáло лишé у Коктебéлі.** The sky looked so deep only in Koktebel. **виявля́тися** turn out, **здавáтися** + *D.* seem to sb)

Ant. **мілкúй 1**

2 far, far off, distant, remote; advanced *(in place or time)* ♦ **~а провíнція** backcountry, boondocks ◊ **Юркó вúріс у ~ій провíнції.** Yurko grew up in the backcountry. ♦ **~а стáрість** advanced old age; ♦ **до ~ої нóчі** into the night; ◊ **Надворí стоя́ла ~а óсінь.** It was late fall outside.

See **далéкий 1.** *Also see* **глухúй 5**

3 *fig.* deep, profound, philosophical, weighty, serious ◊ **Лев здобýв ~і знáння української літератýри.** Lev acquired profound knowledge of Ukrainian literature. ◊ **Журналíст не виявля́є ~ого розумíння країни, про яку́ пúше.** The journalist does not reveal a deep appreciation of the country he writes about. ◊ **Соломíя, хоч і молодá, алé талановúта і ~а.** Solomiia, though young, is talented and deep.

See **ґрунтóвний 1**

4 profound, essential, radical, far-reaching ◊ **Систéма освíти потребýє спрáвді ~их рефóрм.** The education system is in need of truly profound reforms. ◊ **Війнá причинúлася до ~их змін у суспíльстві.** The war brought about profound changes in society.

See **ґрунтóвний 1.** *Ant.* **поверхóвий 1**

5 profound, deep, utter, absolute ◊ **Навкóло них запáла ~а тúша.** Profound silence fell around them. ◊ **Він мýсив шукáти шлях у ~ій тéмряві.** He had to look for the way out in deep darkness.

6 deep, intense, heartfelt ◊ **Івáнну опанувáв г. сум.** Ivanna was overtaken by deep sadness. ◊ **Вонá відчувáла до Андрíя ~у зневáгу.** She felt deep contempt for Andrii.

7 deep, low-pitched ◊ **Г. гóлос Сашкá дíяв на ньóго гіпнотúчно.** Sashko's deep voice had a hypnotic effect on him.

comp. **глúбший**

глúбоко, *adv., pred.*
1 *adv.* deep, deeply, profoundly ◊ **Г. в ущéлині течé рíчка Смóтрич.** Deep in the gorge, flows the Smotrych River. ◊ **Десь г. в йогó пáм'яті живýть врáження від пéршої пóдорожі до Рúму.** Somewhere deep in his memory there live the impressions from his first trip to Rome.

2 *adv., fig.* completely, thoroughly, utterly ◊ **Іва́нова ува́га лиша́ла її г. байду́жою.** Ivan's attention left her utterly indifferent.
3 *pred.* deep ◊ **Обере́жно, тут до́сить г.** Watch out, it's rather deep here.

гли́н|а, *f.*
clay ◊ **Із ціє́ї ~и ро́блять славе́тну опішня́нську кера́міку.** The famous Opishnia pottery is made of this clay.
adj. **м'яка́** soft; **воло́га** damp, **липу́ча** sticky, **мо́кра** wet; **гонча́рна** potter's, **скульпту́рна** modeling; **порцеля́нова** porcelain, **черво́на** red, **чо́рна** black; **вогнетривка́** refractory; ♦ **бі́ла г.** kaolin, ♦ **вапни́ста г.** marl, ♦ **жи́рна г.** loam, ♦ **кольоро́ва г.** colored earth
n. + **г. шар ~и** a layer of clay (**гру́дка** lump, **шмато́к** piece)
v. + **г. обпа́лювати ~у** fire clay ◊ **~у обпа́люють у печі́.** The clay is fired in a kiln. (**розка́чувати** roll out ◊ **Він розкача́в ~у.** He rolled out the clay. **видобува́ти** mine) ◊ **Тут видобува́ють бі́лу ~у.** They mine kaolin here. **бу́ти зро́бленим із ~и** be made of clay ◊ **Фігу́рка зро́блена з ~и.** The figurine is made of clay. **виготовля́ти** + *A.* **з** manufacture sth of, **роби́ти** + *A.* **з** make sth of ◊ **Із гонча́рної ~и виготовля́ють рі́зну кера́міку.** Various ceramics are made of potter's clay. **лі́пити** + *A.* **з** mold sth of ◊ **Ді́ти лі́пили із ~и звірі́в.** The children molded animals of clay.

глузд, *m.*, **~у**, *only sg.*
1 sense, judgment, wisdom ◊ **Їй ви́стачило ~у ви́кликати поже́жників.** She had the wisdom to call the firefighters.
adj. **абсолю́тний** absolute, **до́брий** good ◊ **План місти́в вели́ку до́лю до́брого ~у.** The plan contained a big dose of good sense. **доскона́лий** perfect, **незапере́чний** undeniable, **цілкови́тий** complete; **ділови́й** business, **економі́чний** economic, **політи́чний** political, **практи́чний** practical ◊ **Рі́шення ра́ди ма́ли практи́чний г.** The council's decisions made practical sense. **фіна́нсовий** financial ◊ **Він не вбача́є у тако́му за́ході фіна́нсового ~у.** He sees no financial sense in such a measure. ♦ **здоро́вий г.** common sense
v. + **г. ба́чити г.** see the sense ◊ **У цій страте́гії експе́рт ба́чив незапере́чний г.** The expert saw an undeniable sense in such a strategy. (**втрача́ти** lose ◊ **За таки́х умо́в пропози́ція втрача́ла вся́кий г.** Under such conditions, the offer lost all sense. **демонструва́ти** demonstrate, **ма́ти** make, **пока́зувати** show) ◊ **Лю́да показа́ла залі́зні не́рви і здоро́вий г.** Liuda showed nerves of steel and common sense. **бракува́ти** + *D.* **~у́** lack sense ◊ **Його́ пита́нням не бракува́ло ділово́го ~у.** His questions did not lack business sense. (**додава́ти** + *D.* add to sb/sth, **надава́ти** + *D.* give sth)
Also see **ра́ція[1], сенс 2, смисл, толк 1**
2 mind, sanity ◊ **Ті́льки гені́альний г. мо́же розв'яза́ти цю зада́чу.** Only a brilliant mind can solve the problem.
v. + **г. ріша́тися ~у** lose one's mind ◊ **Там недо́вго було́ і ~у рішитися.** It did not take long to lose one's mind there. (**з'їжджа́ти** *or* **скру́чуватися, ссо́вуватися** go out of) ◊ **Вона́ му́сила геть з'ї́хати** *or* **скрути́тися, ссу́нутися з ~у, щоб таке́ чини́ти.** She ought to have completely lost her mind to be doing such things.
See **ро́зум.** *Also see* **тя́ма 1**

глузли́в|ий, *adj.*
derisive, mocking, scoffing
adv. **відкри́то** openly, **вира́зно** distinctly, **я́вно** clearly; **ду́же** very; **до́сить** rather ◊ **Вона́ поти́снула хло́пцеві ру́ку з до́сить ~им ви́разом обли́ччя.** She shook the boy's hand with a rather derisive expression on her face.
v. + **г. бу́ти ~им** be derisive (**здава́тися** + *D.* seem to sb ◊ **Малю́нок здава́вся На́сті відкри́то ~им.** The drawing seemed openly mocking to Nastia. **лиша́тися** remain; **роби́ти** + *A.* make sth, **роби́тися** grow ◊ **Його́ го́лос зроби́вся ~им.** His voice grew scoffing. **става́ти** become)
prep. **г. до** + *G.* derisive of sb/sth ◊ **Він був я́вно ~им до всьо́го оде́ського.** He was clearly derisive of everything pertaining to Odesa.

глузу|ва́ти, **~ють; по~**, *intr.*
1 to mock, laugh at, ridicule
adv. **безжа́льно** mercilessly ◊ **Зо́я безжа́льно ~лася з ко́жної його́ ва́ди.** Zoya ruthlessly laughed at his every flaw. **в'ї́дливо** stingingly, **жорсто́ко** cruelly, **зло** wickedly, **із прези́рством** with scorn, **немилосе́рдно** mercilessly; **відкри́то** openly, **публі́чно** publicly, **у ві́чі** to one's face, **я́вно** clearly; **грайли́во** playfully, **ла́гідно** gently, **ле́гко** slightly, **то́нко** subtly ◊ **Пили́п розумі́в, що з його́ і́мени не зо́всім то́нко ~ють.** Pylyp understood that his name was being ridiculed not so subtly.
v. + **г. бу́ти схи́льним** be inclined to; **люби́ти** like to ◊ **Анато́лій люби́в г. над сла́бшими за се́бе.** Anatolii liked to mock those weaker than him. **могти́** can, **смі́ти** dare ◊ **Як він сміє г. з чужо́ї пра́ці!** How dare he mock other people's work! **почина́ти** begin to ◊ **Вчи́тель поча́в г. з ко́жного ре́чення, яке́ написа́в у́чень.** The teacher began ridiculing each sentence the student had written. **ста́ти** *pf.* start to
prep. **г. з** + *G. or* **над** + *I.* mock sb/sth ◊ **Не тре́ба з ме́не** *or* **на́ді мно́ю г.** Don't go mocking me.
Also see **жартува́ти 2, знуща́тися 2, смія́тися 2**
2 to joke, fool around ◊ **Зено́вій я́вно ~ва́в.** Zenovii was clearly joking. ◊ **Ти це серйо́зно чи ~єш?** Are you serious or fooling around.
See **жартува́ти 1.** *Also see* **гра́тися 3, смія́тися 3**
(по)глузу́й!

глух|и́й, *adj.*
1 *also as n.* deaf, hearing-impaired
adv. **абсолю́тно** absolutely, **геть** totally, **незворо́тно** irreparably, **факти́чно** virtually, in fact, **цілко́м** completely; **від наро́дження** since birth; **тимчасо́во** temporarily, **частко́во** partially ◊ **Юрко́ був частко́во ~им.** Yurko was partially deaf. **ма́йже** almost
v. + **г. бу́ти ~и́м** be deaf (**виявля́тися** turn out; **здава́тися** + *D.* seem to sb; **народи́тися** *pf.* be born ◊ **Вона́ народи́лася ~о́ю.** She was born partially deaf. **прикида́тися** pretend to) ◊ **Щоб не відповіда́ти на віта́ння ціє́ї непри́ємної люди́ни, Богда́на прики́нулася ~о́ю.** In order not to respond to the greeting of this unpleasant person, Bohdana pretended to be deaf.
prep. **г. на одне́ ву́хо** deaf in one ear; ♦ **г., як тете́ря** stone deaf
Cf. **сліпи́й**
2 dull, hollow, muffled ◊ **Вона́ почу́ла г. стук у сті́ну.** She heard a muffled thumping on the wall.
3 blank, blind, dumb, dense
г. + *n.* ♦ **г. кут** a dead end ◊ **Утіка́чі опини́лися у ~о́му куті́.** The fugitives found themselves at a dead end. ◊ **Сте́жка губи́лася да́лі в ~о́му лі́сі.** The path disappeared farther in the thick forest. ◊ **Їх розділя́ла непрони́кна ~а́ стіна́.** An impenetrable blind wall separated them. ♦ **~а́ ніч** the dead of night ◊ **Вони́ ви́їхали з мі́ста в ~у́ ніч.** They left the city in the dead of night.
4 *fig.* indifferent, unmoved, deaf
v. + **г. бу́ти ~и́м** be deaf ◊ **Катери́на була́ ~ою до мелодра́ми, що розгорта́лася пе́ред не́ю.** Kateryna was deaf to the melodrama unfolding in front of her. (**виявля́тися** prove, **здава́тися** + *D.* seem to sb; **лиша́тися** remain ◊ **Офіце́р лиша́вся ~им до її блага́нь.** The officer remained deaf to her entreaties. **роби́ти** + *A.* make sb ◊ **Гірки́й до́свід зроби́в його́ ~и́м до людсько́го го́ря.** Bitter experience made him deaf to human grief. **роби́тися** grow, **става́ти** become)
prep. **г. до** + *G.* deaf to sb/sth ◊ **Світ здава́вся ~им до за́кликів про допомо́гу.** The world seemed deaf to the pleas for help.
5 far, far off, distant, remote ◊ **Вони́ записа́ли ціка́ві пісні́ в цих ~и́х се́лах.** They recorded interesting songs in those remote villages. ◊ **Вони́ зійшли́ на ~і́й ста́нції.** They got off at a far-off station.
See **дале́кий 1.** *Also see* **глибо́кий 2**
6 *ling.* voiceless ◊ **г. при́голосний** a voiceless consonant; ◊ **Порі́вняно із дзвінки́ми ~і́ при́голосні напру́женіші.** Compared to voiced consonants, voiceless ones are tenser.
Ant. **дзвінки́й 2**

глухот|а́, *f., only sg.*
1 deafness, hearing impairment
adj. **по́вна** utter ◊ **О́льгу опанува́ла по́вна г.** Utter deafness took hold of Olha. **набу́та** acquired; **вро́джена** congenital ◊ **Його́ г. була́ не вро́дженою, а набу́тою, на́слідком дитя́чої неду́ги.** His deafness was not congenital but acquired as a consequence of a childhood sickness. **цілкови́та** complete; **несподі́вана** unexpected, **рапто́ва** sudden; **тимчасо́ва** temporary, **частко́ва** partial
Cf. **сліпота́**
2 *fig.* deafness, indifference
adj. **вели́ка** great, **дивови́жна** amazing, **незрозумі́ла** incomprehensible, **непрони́кна** impenetrable; **несподі́вана** unexpected ◊ **Її проха́ння зіткну́лося з несподі́ваною ~о́ю люде́й, яки́х вона́ вважа́ла дру́зями.** Her request ran into the unexpected deafness of people she considered her friends. **ети́чна** ethical, **мора́льна** moral; **страхітли́ва** horrifying, **страшна́** terrible, **цілкови́та** complete
v. + **г. виявля́ти ~у́** reveal deafness ◊ **Систе́ма зно́ву ви́явила ~у́ до жертв дискриміна́ції.** The system again revealed its deafness to the victims of discrimination. (**демонструва́ти** demonstrate, **пока́зувати** show; **засу́джувати** condemn)
See **байду́жість, хо́лод 3**

глядá́ч, *m.*, **~а́; ~ка**, *f.*
1 viewer, spectator
adj. **до́брий** good, **заціка́влений** interested, **ідеа́льний** ideal, **осві́чений** educated, **прекра́сний** great, **співчу́тливий** sympathetic, **ува́жний** attentive, **чудо́вий** wonderful; **вимо́гливий** demanding; **ви́тончений** refined, **інтеліге́нтний** intelligent, **розбі́рливий** discriminating; **неосві́чений** uneducated, **нерозбі́рливий** undiscriminating; **упере́джений** biased; **пересі́чний** average; **ке́пський** poor, **неува́жний** inattentive, **пога́ний** bad
v. + **г. апелюва́ти до ~а́** appeal to a viewer (**зверта́тися до** address ◊ **Акто́р зверта́ється про́сто до ~а́.** The actor addresses the viewer directly. **бу́ти розрахо́ваним на** be meant for)
Also see **слуха́ч 1, чита́ч**
2 *only sg., coll.* viewership
adj. **доро́слий** adult, **зрі́лий** mature, **молоди́й** young; **ма́совий** mass ◊ **Ма́совий г. і ка́совий у́спіх не ціка́вили а́втора фі́льму.** The mass viewership and box-office success were of no interest to the author of the movie. **пospoли́тий** regular, **середньостатисти́чний** statistical; **америка́нський** American, **европе́йський** European, **по́льський** Polish, **світови́й** world, **украї́нський** Ukrainian, *etc.*
Also see **слуха́ч 2**

гляд|і́ти, **~жу́**, **~я́ть; гля́н|ути**, *var.* **по~**, **~уть**, *intr. and tran.*
1 *intr., usu impf.* to watch; *pf.* to look, take a look

adv. **до́вго** for a long time ◊ **Він до́вго ~ів у вікно.** He looked in the window for a long time. **за́здрісно** enviously, **запи́тливо** questioningly, **зацікав́лено** curiously, **з підо́зрою** suspiciously, **з ціка́вістю** with interest, **вичі́куюче** expectantly ◊ **Катери́на мовча́ла, вичі́куюче ~ячи на по́другу.** Kateryna was silent, looking at her (female) friend expectantly. **зосере́джено** intently, **пи́льно** attentively, **ува́жно** carefully; **докі́рливо** reproachfully, **несхва́льно** disapprovingly; **лю́то** furiously ◊ **Рома́н лю́то ~ів про́сто в о́чі опоне́нтові.** Roman was furiously looking straight in his opponent's eyes. **серди́то** angrily; **іроні́чно** ironically, **скепти́чно** skeptically; **занепоко́єно** worriedly, **з о́страхом** fearfully ◊ **Ка́жучи Мико́лі все це, вона́ (по)гля́нула з о́страхом на две́рі.** Telling Mykola all that, she looked at the door fearfully. **з пересторо́гою** apprehensively, **нерво́во** nervously, **триво́жно** anxiously; **мо́вчки** silently, **ти́хо** quietly; **блага́льно** imploringly; **спокі́йно** calmly; **су́мно** sadly, **ту́жно** longingly; **безпора́дно** helplessly ◊ **Воні́ безпора́дно ~іли, як на́йманці граб́ують ї́хню ха́ту.** They helplessly watched the mercenaries plunder their house. **паси́вно** impassively; **вверх** *or* **вго́ру** up, **вниз** *or* **додо́лу** down; **ліво́руч** to the left, **право́руч** to the right; **довко́ла** *or* **навко́ло** around; **ра́птом** suddenly ◊ **Він зупини́вся і ра́птом гля́нув уго́ру.** He stopped and suddenly looked up. **шви́дко** quickly ◊ **Ір́ина шви́дко погля́нула на них.** Iryna took a quick look at them.

v. + **г. не дава́ти** + *D.* not let sb; **зупиня́тися, щоб** stop to + *pf. inf.* ◊ **Лі́на зупини́лася, що́би гля́нути ува́жніше на ї́хні вказі́вки.** Lina stopped to take a more careful look at their instructions. **мовча́ти і** be silent and, **сиді́ти і** sit and, **стоя́ти і** stand and ◊ **Лю́ди стоя́ли і мо́вчки ~іли на сце́ну, що розі́грава́лася.** The people stood and silently watched the scene that was playing out.

prep. **г. в** + *A.* look in/to sth ◊ **Яку́сь хви́лю він ~ів у газе́ту.** For a while, he looked into the newspaper. ♦ **г. пра́вді в о́чі** to look truth in the eye; **г. на** + *A.* look at sb/sth; ♦ **вго́ру ні́коли гля́нути** to be very busy ◊ **У не́ї сті́льки чита́ння, що вго́ру ні́коли г.** She has so much to read, there's no time for anything else.

See **диви́тися 1**

2 *tran., only impf.* to take care of, look after ◊ **Полі́на зароблі́яла тим, що ~іла чужи́х діте́й.** Polina earned money by looking after other people's children.

See **догляда́ти 2**

3 *intr., only impf.* to be careful, watch out ♦ **~и́** *or* **~іть до́бре!** Watch out! ◊ **~іть, бо мо́же ста́ти ще гі́рше!** Watch out, for it can get even worse!

гляди́! (по)глянь!

гля́н|ути, *pf., var.* **по~**, *see* **гляді́ти**
to look, take a look, cast a look ◊ **Вона́ серди́то ~ула на Се́ргія.** She cast an angry look at Serhii.

гна́ти, жен|у́ть; ви́~, за~, по~, *tran. and intr.*
1 *tran.* to drive *(cattle, etc.)*, drive away, throw out; herd; *pf.* **за~** ◊ **Вартові́ гна́ли полоне́них до та́бору.** The guards drove the POWs to the camp.

adv. **не поспіша́ючи** unhurriedly, **пові́льно** slowly, **шви́дко** quickly; **про́сто** straight ◊ **Пасту́х ~е́ корі́в про́сто до водопо́ю.** The shepherd herds the cows straight to the watering hole. **пря́мо** directly; **безцеремо́нно** unceremoniously, **гру́бо** rudely, **силомі́ць** forcibly; **нега́йно** immediately, **одра́зу** at once, **за́раз же** right away

v. + **г. бу́ти тре́ба** need to; **взя́тися** get to; **(до) помага́ти** + *D.* help sb (to) ◊ **Пси допомага́ли йому́ г. ота́ру на пасови́сько.** The dogs helped him herd the flock to the pasture. **почина́ти** begin to, **ста́ти** *pf.* start to; **намага́тися** try to; **проси́ти** + *A.* ask sb to; **хоті́ти** want to

prep. **г. в** + *G.* drive in/to *(a place)* ◊ **Він загна́в ове́ць у загоро́жу.** He herded the sheep into the pen. **г. до** + *G.* drive to *(a place)*; **г. з** + *G.* drive out of *(a place)* ◊ **Їх гна́ли з мі́ста на перевихова́ння до села́.** They were thrown out of the city for reeducation in the countryside. **г. по** + *L.* drive along sth ◊ **Він ~е́ качо́к по сте́жці.** He is herding the ducks along the path.

Also see **вигања́ти 1-5**

2 *colloq., tran.* to drive fast *(car, horse, etc.)* ◊ **Він немилосе́рдно гнав коне́й, щоб бу́ти вдо́ма до за́ходу со́нця.** He drove the horses mercilessly, to get home before the sunset. ◊ **Ти не мо́жеш так г. ста́ре а́вто, бо ще розі́б'єшся.** You canntnot drive the old car so fast or else you will kill yourself.

3 *colloq., intr.* to speed, drive too fast, rush ◊ **Марко́ за́вжди ~е́.** Marko always drives fast. ◊ **Не ~и́, як божеві́льний!** Don't drive like a crazy person!

See **ї́здити 1**

4 *fig., tran.* to brush aside *(idea, etc.)*, push away, push out, chase away ◊ **Ві́ктор гнав геть нері́шучість і вага́ння.** Viktor chased away irresolution and hesitation.

adv. **впе́рто** stubbornly ◊ **Наза́р упе́рто гнав бажа́ння подзвони́ти ї́й.** Nazar stubbornly drove away the desire to call her. **рі́шуче** resolutely, **тве́рдо** firmly; **ге́ть** away; **за́раз же** right away ◊ **Вона́ за́раз же гна́ла з голови́ ду́мку про самогу́бство.** She right away pushed the thought of suicide out of her mind.

v. + **г. намага́тися** try to ◊ **Він намага́вся г. геть ту́гу за роди́ною.** He tried to push away his longing for his family.

5 *tran.* to chase *(a game, etc.)*, give chase to, pursue ◊ **Соба́ки гна́ли ве́пра про́сто на мисли́вців.** The dogs were chasing the boar right towards the hunters.

See **переслі́дувати 1**

pa. pple. **ви́гнаний** driven away

(від)жени́!

гнил|и́й, *adj.*
1 rotten, putrid, decaying; carious *(of teeth)*

adv. **геть** totally, **цілко́м** completely; **наполови́ну** half, **частко́во** partially; **тро́хи** a little ◊ **Соло́ма була́ тро́хи ~о́ю.** The straw was a bit rotten. **я́вно** clearly

v. + **г. бу́ти ~и́м** be rotten ◊ **Підло́га в кімна́ті була́ наполови́ну ~о́ю.** The floor in the room was half rotten.(**виявля́тися** turn out ◊ **Ко́жне дру́ге я́блуко в мішку́ ви́явилося ~и́м.** Every other apple in the bag turned out to be rotten. **здава́тися** + *D.* seem to sb)

2 rotten, stagnant, foul, putrid *(of water, etc.)* ◊ **Ставо́к став ~о́ю калю́жею.** The pond became a stagnant puddle. ◊ **~а́ рі́чка відхо́дів** a rotten river of waste

3 *fig. (of weather, etc.)* wet, rainy, unpleasant ◊ **Стоя́ла ~а́ пого́да.** The weather was rotten. ◊ **~е́ підсо́ння руйнува́ло його́ психологі́чно.** The rotten climate was ruining him psychologically.

4 *fig.* rotten, corrupt ◊ **люди́на з на́скрізь ~и́ми ці́нностями** a person with values rotten to the core

гни́|ти, ~ю́ть; з~, *var.* **зі~, зо~**, *intr.*
1 to rot, decay, decompose ◊ **Все сі́но згнило́.** All the hay rotted.

adv. **пові́льно** slowly ◊ **Корі́ння мертви́х дере́в пові́льно ~є́ від воло́ги.** The roots of dead trees are slowly rotting from moisture. **поступо́во** gradually; **шви́дко** quickly; **вже** already, **вре́шті-ре́шт** eventually, **наполови́ну** by half ◊ **Її зуб наполови́ну зігни́в.** Her tooth was half decayed. **геть** totally, **цілко́м** completely; **ма́йже** almost

v. + **г. могти́** can ◊ **За рік труп же́ртви міг з~.** In a year, the victim's corpse could decompose. **почина́ти** begin to, **ста́ти** *pf.* start to

2 *fig.* to rot, fall apart, suffer hardship ◊ **Ро́ками він ~в у в'язни́ці.** For years, he rotted in prison.

3 *fig.* to rot, decay ◊ **А́втор стве́рджував, що за́хідна цивіліза́ція ~є.** The author argued that Western civilization was in a decay.

See **занепада́ти**

(з)гний!

гнів, *m.*, **~у**, *only sg.*
anger, wrath, ire ◊ **Її го́лос бринів ~ом.** Her voice reverberated with anger.

adj. **вели́кий** great, **все бі́льший** growing, **шале́ний** fierce, **засл́іпливий** blinding, **страшни́й** terrible; **правди́вий** real, **спра́вжній** genuine; **потамо́ваний** suppressed ◊ **Потамо́ваний г. не дава́в йому́ твере́зо ми́слити.** His suppressed anger prevented him from thinking soberly. **удава́ний** feigned ◊ **Її г. удава́ний.** Her anger is feigned. **несподі́ваний** unexpected, **рапто́вий** sudden; **безпідста́вний** baseless, **ви́правданий** justified, **зрозумі́лий** understandable, **пра́ведний** righteous, **справедли́вий** just; **грома́дський** public, **наро́дний** popular

n. + **г. ви́бух ~у** an outburst of anger (**відчуття́** feeling; **на́пад** fit ◊ **У на́паді ~у вона́ сказа́ла ре́чі, які́ не слід було́ каза́ти.** In a fit of anger she said things, that ought not to be said.

v. + **г. виклика́ти г.** cause anger ◊ **О́лине зауваже́ння ви́кликало несподі́ваний г. головно́го реда́ктора.** Olia's remark caused unexpected anger from the editor-in-chief. (**провокува́ти** provoke, **розпа́лювати** fuel ◊ **Його́ лицемі́рні ви́бачення лише́ розпали́ли грома́дський г.** His hypocritical apologies only fueled public anger. **спричиня́ти** cause; **виража́ти** express, **висло́влювати** voice; **відчува́ти** feel, **контролюва́ти** control, **вгамо́вувати** subdue, **потамо́вувати** suppress, **прихо́вувати** hide ◊ **Її по́смішка прихо́вувала г.** Her smile was hiding anger. **скеро́вувати** channel, **спрямо́вувати** direct; **міня́тися на** change to, **перетво́рюватися на** turn to) ◊ **Ра́дість перетвори́лася на г.** Joy turned to anger. **бу́ти спо́вненим ~у** be filled with anger (**ті́пати** + *A.* **від** *impers.* shake with ◊ **Тама́ру зати́пало від ~у.** Tamara began to shake with anger. **труси́тися від** tremble with)

г. + *v.* **закипа́ти** boil up ◊ **У її гру́дях закипа́в г.** Anger was boiling up in her chest. **зроста́ти** grow, **наро́ста́ти** mount, **спала́хувати** flare up; **випаро́вуватися** evaporate, **зме́ншуватися** subside, **зника́ти** fade ◊ **За мить Ори́син г. зник без слі́ду.** In an instant, Orysia's anger faded without a trace. **міня́тися на** + *A.* change to sth ◊ **Ба́тьків г. уре́шті зміни́вся на ми́лість.** His father's wrath eventually changed to kindness. **перетво́рюватися на** + *A.* turn to sth

prep. **без ~у** without anger ◊ **Він говори́в без ~у.** He was speaking without anger. **у ~і** in anger ◊ **Катери́на погля́нула на них у ~і.** Kateryna looked at them in anger. **з ~ом** with anger ◊ **Вона́ ви́йшла з ~ом на вродли́вому обли́ччі.** She went out with anger on her beautiful face. **г. на** + *A.* anger toward sb ◊ **його́ безпідста́вний г. на батькі́в** his baseless anger towards his parents

Cf. **злі́сть**

гніва|тися, ~ються; роз~, *refl.*
to be angry, *in pf.* to get angry

adv. **до́вго** for a long time; **ду́же** very, **страше́нно** terribly; **я́вно** obviously; **безпі́дставно** for no reason ◊ **Хома́ ~вся безпі́дставно.** Khoma was angry for no reason. **несправедли́во** unjustly, **ні за що́** for nothing; **справедли́во** justifiably

v. + **г. могти́** can ◊ **То́ня могла́ до́вго г. ні за що́.** Tonia could be angry for a long time for no good reason. **проси́ти** + *A.* **не** ask sb not to ◊ **Репорте́рка попроси́ла па́на С. не г. на не́ї за її пита́ння.** The (female) reporter asked Mr. S. not to be angry with her for her question. **почина́ти** begin to, **ста́ти** *pf.* start, **намага́тися не** try not to ◊ **Вона́ слу́хала зауваже́ння,**

намага́ючись не г. She listened to the comments trying not to get angry.
prep. **г. за** + *A.* be angry for sth ◊ **Хло́пець ~ється за неви́нний жарт.** The boy is angry for an innocent joke. **г. на** + *A.* be angry with sb ◊ **Не ~йся на ме́не.** Don't be angry with me. **г., що** + *A.* be angry for/over sth ◊ **Вона́ ~лася, що сестра́ її не дзво́нить.** She was angry over the fact that her sister would not call her.
(роз)гні́ватися!
Also see **ду́тися 3, лютува́ти 1, се́рдитися 1**

гнів|и́ти, ~лю́, ~и́ш, ~ля́ть; роз~, *tran.*
to anger, make angry
adv. **ду́же** greatly ◊ **Миросла́в ду́же розгніви́в ба́тька тим, що не пора́дився з ним.** Myroslav greatly angered his father by not asking him for advice. **найбі́льше** more than anything ◊ **Її почуття́ гу́мору ~и́ло Ли́сенка найбі́льше.** Her sense of humor angered Lysenko more than anything. **страше́нно** terribly, **шале́но** insanely; **ва́жко** hard, **ле́гко** easily ◊ **Її ле́гко роз~ прости́м заува́женням.** She is easily angered by a simple remark.
pa. pple. **розгні́ваний** angered
(роз)гніви́!
See **се́рдити.** *Also see* **дратува́ти, розсе́рджувати**

гнізд|о́, *nt.*
1 nest
adj. **бу́сляче** *or* **леле́че** stork's ◊ **На даху́ були́ леле́чі ~а.** There were stork's nests on the roof. **ла́стівчине** swallow's, **орли́не** eagle's, **пташи́не** bird's; ♦ **гу́сеничне г.** a webworm nest; **змії́не** snake's, **оси́не** wasp's; **поки́нуте** abandoned; **те́пле** warm
v. + **г. ви́ти г.** build a nest ◊ **Під стрі́хою ластівки́ зви́ли г.** Under the thatched roof, swallows built a nest. (**роби́ти** make; **займа́ти** occupy; **лиша́ти** leave, **полиша́ти** abandon, **руйнува́ти** destroy; **борони́ти** defend, **захища́ти** protect, **охороня́ти** guard ◊ **По́ки сами́ця шука́ла ї́жу, саме́ць охороня́в г.** While the female was looking for food, the male guarded the nest.
prep. **в г.** *dir.* in/to a nest ◊ **Зозу́ля відклада́є я́йця не в своє г.** The cuckoo lays its eggs in other bird's nests. **в ~і** *posn.* in a nest ◊ **Сами́ця прово́дить весь час у ~і.** The female spends all her time in the nest. **дале́ко від ~а́** far from a nest
2 *fig.* nest, home, retreat
adj. **за́тишне** cozy ◊ **Він мав за́тишне г. в Оде́сі.** He had a cozy retreat in Odesa. **нове́** new; **старе́** old ◊ **Мала́нці тя́жко попроща́тися зі стари́м ~о́м.** It is hard for Malanka to say goodbye to her old nest. **те́пле** warm; **ба́тьківське** parents', **роди́нне** family; **тимчасо́ве** temporary
v. + **г. будува́ти г.** build a nest ◊ **У Рі́вному вони́ збудува́ли роди́нне г.** In Rivne, they built their family nest. (**звива́ти** make; **бу́ти** + *D.* **за** be for sb, **служи́ти** + *D.* **за** serve sb as) ◊ **Ха́та служи́ла їй за тимчасо́ве г.** The house served her as a temporary home. **бу́ти ~о́м** be a nest (**роби́ти собі́** make oneself; **служи́ти** + *D.* serve sb as)
3 *fig.* nest, den, hotbed
adj. **злоді́йське** thief's ◊ **Полі́ція накри́ла злоді́йське г.** The police raided a thief's den. **криміна́льне** criminal's, **проросі́йське** pro-Russian, **сепарати́стське** separatist, **терористи́чне** terrorist, **шпигу́нське** spy's; **правди́ве** true, **спра́вжнє** genuine
г. + *n.* **г. о́пору** a hotbed of resistance ◊ **Газе́та ста́ла ~о́м о́пору диктату́рі.** The newspaper became a hotbed of resistance to the dictatorship. (**сепарати́зму** separatism, **теро́ри́зму** terrorism, **фундаме́нталі́зму** fundamentalism)
See **центр 1**
4 *ling.* family, group ◊ **Лекси́чне г. включа́є слова́ поді́бним зна́ченням.** A lexical group comprises words of similar meaning.
5 *techn.* socket, outlet ◊ **На всю кі́мна́ту ті́льки одне́ г.** There is only one socket for the entire room. ◊ **Вона́ шука́ла г. для слу́хавки.** She was looking for the receiver socket.
N. pl. **~а**

гніто́юч|ий, *adj.*
depressing, oppressive
adv. **вкра́й** extremely, **глибо́ко** deeply, **до́сить** rather ◊ **Прогно́з був до́сить ~им.** The prognosis was rather depressing. **ду́же** very, **нестерпно** unbearably, **про́сто** simply; **де́що** somewhat ◊ **де́що ~а істо́рія** a somewhat depressing story; **тро́хи** little
г. + *n.* **г. на́стрій** a depressing mood; **~а атмосфе́ра** a heavy atmosphere
v. + **г. бу́ти ~им** be depressing (**здава́тися** + *D.* seem to sb; **знахо́дити** + *A.* find sth ◊ **Вона́ знахо́дить перспекти́ву пра́ці на заво́ді ~ою.** She finds the prospect of working at the plant depressing. **става́ти** become) ◊ **З ко́жною хвили́ною атмосфе́ра ве́чора става́ла ~ою.** With each passing minute, the evening's atmosphere was becoming depressing.
Also see **заду́шливий 3, поню́рий 1, 2, похму́рий 1**

гнучк|и́й, *adj.*
1 flexible, pliable, supple
adv. **винятко́во** exceptionally, **вкра́й** extremely, **все бі́льше** increasingly more, **ду́же** very, **цілко́м** completely; **навдиво́вижу** amazingly, **на рі́дкість** exceptionally, **неймові́рно** incredibly; **до́сить** fairly, **доста́тньо** sufficiently ◊ **До́шка пови́нна бу́ти доста́тньо ~о́ю.** The board needs to be sufficiently flexible.
v. + **г. бу́ти ~и́м** be flexible ◊ **Гімна́стка була́ неймові́рно ~о́ю.** The (female) gymnast was incredibly flexible. (**виявля́тися** turn out; **здава́тися** + *D.* seem to sb; **лиша́тися** remain ◊ **Його́ спи́на лиша́лася ~о́ю на́віть у шістдеся́т ро́ків.** His back remained flexible even at the age of sixty. **роби́ти** + *A.* make sth ◊ **Репети́ції роби́ли па́льці піяні́ста все бі́льше ~и́ми.** The rehearsals made the painist's fingers increasingly more flexible. **става́ти** become)
2 *fig.* flexible, adaptable, adjustable ◊ **Ме́неджера задовольня́в її г. підхі́д до спра́ви.** Her flexible approach to the matter suited the manager. ◊ **Вона́ ма́ла доста́тньо г. гра́фік робо́ти.** She had a sufficiently flexible work schedule.

гну́чк|ість, *f.*, ~ости, *only sg.*
flexibility, pliability; adaptability
adj. **бі́льша** greater, **вели́ка** great ◊ **вели́ка г. матерія́лу** great flexibility of the material; **винятко́ва** exceptional, **додатко́ва** additional, **доста́тня** sufficient, **збі́льшена** increased, **значна́** considerable, **максима́льна** maximal, **неаби́яка** remarkable ◊ **неаби́яка г. полі́тики у́ряду** the remarkable flexibility of the government's policy; **ба́жана** desirable, **необхі́дна** requisite, **особли́ва** particular; **аналіти́чна** analytical, **методологі́чна** methodological, **операти́вна** operational, **політи́чна** political ◊ **Очі́льник па́ртії не знав ме́жі між політи́чною ~істю і безпринци́пністю.** The party leader did not know the line between political flexibility and lack of principles. **стратегі́чна** strategic, **такти́чна** tactical, **фіна́нсова** financial, *etc.*
г. + *n.* **г. алюмі́нію** the flexibility of aluminum (**залі́за** iron, **ста́лі** steel; **матерія́лу** material, *etc.*); **г. ана́лізу** the flexibility of analysis (**мето́дики** methodology, **підхо́ду** approach, **планува́ння** planning, **страте́гії** strategy; **дослі́дника** researcher, **люди́ни** person, **працівника́** employee, *etc.*)
n. + **г. межа́ ~ости** the limit of flexibility (**мі́ра** measure, **сту́пінь** degree); **потре́ба ~ости** the need for flexibility
v. + **г. виявля́ти г.** display flexibility ◊ **Коли́ потрі́бно, вона́ виявля́є г.** When need be, she displays flexibility. (**демонструва́ти** demonstrate, **ма́ти** have, **пока́зувати** show; **дозволя́ти** allow, **забезпе́чувати** ensure, **зберіга́ти** retain; **збі́льшувати** increase, **покра́щувати** improve; **обме́жувати** limit ◊ **Величина́ пошуко́вої гру́пи обме́жуватиме її операти́вну г.** The size of the search team will limit its operational flexibility. **скоро́чувати** reduce); **бракува́ти** + *D.* **~ости** lack flexibility ◊ **Пропоно́ваній методоло́гії браку́є аналіти́чної ~ости.** The proposed methodology lacks analytical flexibility (**вимага́ти від** + *G.* require from sb/sth, **потребува́ти** need; **додава́ти** + *D.* add to sb/sth ◊ **Кра́ща поінформо́ваність про поді́ї додава́тиме слу́жбі стратегі́чної ~ости.** Better information on the developments will add strategic flexibility to the service. **надава́ти** + *D.* give sth; **досяга́ти** reach)
prep. **г. в** + *L.* flexibility in sth ◊ **Програ́ма дозволя́є студе́нтам г. у ви́борі ку́рсів для навча́ння.** The curriculum allows the students flexibility in their selection of courses to take.

гові́р|ка, *f.*
1 *ling.* dialect, vernacular ◊ **г. півні́чного реґіо́ну** the vernacular of the northern region; ♦ **місце́ва г.** a patois ◊ **Удо́ма він перехо́див на місце́ву ~ку.** At home, he switched to the patois.
See **діале́кт.** *Cf.* **мо́ва 1**
2 *only sg., colloq.* speaking, accent, manner of speaking, pronunciation, speech
adj. **вира́зна** articulate, **ви́шукана** refined, **осві́чена** educated; **пові́льна** slow; **недба́ла** careless, **незрозумі́ла** incomprehensible, **швидка́** fast-paced ◊ **Він мав швидку́ і недба́лу ~ку.** His speaking was fast-paced and careless. **куме́дна** funny; **особли́ва** peculiar, **типо́ва** typical, **характе́рна** characteristic; ◊ **дитя́ча г.** children's talk
See **акце́нт.** *Cf.* **мо́ва 2, мо́влення**
L. **у ~ці**, *N. pl.* **~ки́**, *G. pl.* **~о́к**

говор|и́ти, ~ю́, ~ять; за~, *tran. and intr.*
1 *tran.* to tell, say; *pf.* to start speaking ◊ **Він ~ить ди́вні ре́чі.** He is saying strange things.
adv. **вго́лос** aloud; **про се́бе** to oneself; **го́лосно** *or* **гу́чно** loudly; **ґрунто́вно** in-depth ◊ **Нам слід ґрунто́вно по~.** We need to have an in-depth conversation. **докла́дно** in detail, **розло́го** at length; **м'я́ко** gently ◊ **Вона́ ~и́ла це м'я́ко, на́че вибача́ючись.** She was saying it gently as if apologizing. **оберéжно** cautiously, **по́шепки** in a whisper ◊ **Ві́ктор по́шепки ~и́в хло́пцеві свої́ настано́ви.** Viktor was saying his instructions to the boy in a whisper. **розва́жливо** judiciously, **терпля́че** patiently, **спокі́йно** calmly, **ти́хо** quietly; **ко́ротко** briefly; **суво́ро** sternly, **су́хо** dryly, **хо́лодно** coldly; **з по́смішкою** with a smile, **зі смі́хом** with a laugh; **ве́село** happily, **ла́гідно** kindly, **прихи́льно** amicably, **ра́дісно** cheerfully, **со́лодко** sweetly ◊ **Він со́лодко ~и́в клі́єнтці те, що за́вжди́ ~и́в у поді́бних ви́падках.** He was sweetly telling the (female) client what he always said on similar occasions. **жартома́** jokingly; **ґре́чно** courteously, **че́мно** politely; **церемо́нно** ceremoniously; **поква́пно** hastily, **по́спіхом** hurriedly, **шви́дко** quickly; **докі́рливо** reproachfully, **знуща́льно** mockingly, **несхва́льно** disapprovingly; **іро́нічно** ironically, **скепти́чно** sceptically; **го́рдо** proudly; **пиха́то** arrogantly, **побла́жливо** condescendingly; **гні́вно** angrily, **лю́то** furiously, **обу́рено** indignantly, **серди́то** crossly; **занепоко́єно** worriedly, **з о́страхом** fearfully, **з пересторо́гою** apprehensively, **нерво́во** nervously, **триво́жно** anxiously; **блага́льно** imploringly; **нетерпля́че** impatiently; **помпе́зно** pompously, **поню́ро** grimly, **похму́ро** gloomily, **серйо́зно** seriously, **урочи́сто** solemnly, **су́мно** sadly, **ту́жно**

longingly; **прива́тно** privately; **відкри́то** openly, **публі́чно** publicly; **про́сто** simply; **вага́ючись** hesitantly; **відве́рто** sincerely, **правди́во** truthfully, **че́сно** honestly

г. + *n.* **г. брехню́** tell lies (**ви́гадки** fiction; **пра́вду** truth) ◊ **Вона́ ~ить пра́вду.** She is telling the truth; ♦ **г. пра́вду в о́чі** to tell the truth to sb's face ◊ **Хома́ ~ить пра́вду про́сто в о́чі дире́кторові.** Khoma is telling the truth straight to the director's face.

v. + **г. вдава́тися** + *D.* manage to ◊ **До́сі журналі́стові вдава́лося г. до́сить ризико́ві ре́чі.** So far, the journalist has managed to say some rather risky things. **відмовля́тися** refuse to; **почина́ти** begin to, **ста́ти** *pf.* start; **продо́вжувати** continue; **закі́нчувати** finish; **намага́тися** try to, **хоті́ти** want to

Also see **каза́ти 1, зазнача́ти 3, зауважувати 1, розво́дити 7, шумі́ти 3.** *Cf.* **розмовля́ти 1**

2 *intr.* to speak *(a language)*, talk, say + *I.* ◊ **Емі́лія навчи́лася г. украї́нською.** Emilia learned to speak Ukrainian. ♦ **г. за́гадками** to speak in riddles ◊ **Тимі́ш ~ить за́гадками.** Tymish speaks in riddles. ◊ **~ять, що він запові́сть свою́ бібліоте́ку університе́тові.** They say he will bequeath his library to the university.

adv. **ві́льно** fluently ◊ **Він ві́льно ~ить.** He speaks fluently. **до́бре** well, **доскона́ло** perfectly, **присто́йно** *colloq.* decently, **чудо́во** wonderfully ◊ **О́ля навчи́лася чудо́во г. че́ською.** Olia learned to speak wonderful Czech. **з акце́нтом** with an accent ◊ **Він ~ить і акце́нтом.** He speaks with an accent. **з поми́лками** with mistakes, **ке́псько** poorly, **пога́но** badly; **безпереста́нку** nonstop ◊ **Він ~ить по телефо́ну безпереста́нку.** He speaks on the phone nonstop. **ле́две** scarcely, **наси́лу** barely ◊ **Вона́ наси́лу ~и́ла від уто́ми.** She could barely speak she was so tired. **тро́хи** a little; **зо́всім не** not at all, **ще не** not yet ◊ **Дити́на ще не ~и́ла.** The baby did not yet speak. **дослі́вно** verbatim, **метафори́чно** metaphorically, **о́бразно** imaginatively, **пишномо́вно** bombastically, **поети́чно** poetically, **прозаї́чно** prosaically, **про́сто** simply, **пря́мо** straightforwardly

v. + **г. вмі́ти** be able to ◊ **Володи́мир умі́є до́сить присто́йно г. чотирма́ мо́вами.** Volodymyr is able to speak four languages fairly decently. **могти́** can; **вчи́ти** + *A.* teach sb to; **вчи́тися** learn to; **почина́ти** begin ◊ **Хло́пчик поча́в г. в два ро́ки.** The little boy began to speak at two years.

prep. **г. до** + *G.* speak to sb ◊ **Із таки́м са́мим у́спіхом Степа́н міг г. до стіни́.** *iron.* Stepan could talk to a wall with the same effect. **г. з** + *I.* speak with sb ◊ **Дочка́ ~и́ла з батька́ми раз на ти́ждень.** The daughter spoke with her parents once a week. **г. за** + *A. colloq.* speak about sb/sth ◊ **Ми вже говори́ли за цю кни́жку.** We already talked about the book. ♦ **г. не на ко́ристь** + *G.* not to speak well for sb ◊ **Цей ви́падок ~и́в не на ко́ристь Марти́ненка.** This incident did not speak well for Martynenko. **г. пе́ред** + *I.* speak in front of sb/sth ◊ **Готу́ючи до́повідь, Га́нна ~и́ла пе́ред дзе́ркалом.** Preparing her presentation, Hanna spoke in front of a mirror. ♦ **г. пе́ред авдито́рією** to speak to an audience ◊ **Оста́п лю́бить г. пе́ред живо́ю авдито́рією.** Ostap liked speaking to live audiences. **г. про** + *A.* speak about sb/sth, ♦ **г. про спра́ви** to talk/discuss business ◊ **Їм тре́ба по~ про спра́ви.** They need to discuss business.

Also see **зга́дувати 2, промовля́ти 2, розмовля́ти 1, 3**

3 *tran. and intr.* to mean, reveal, suggest ◊ **Листува́ння ~ить, що письме́нник ціка́вився полі́тикою.** The correspondence suggests that the writer took interest in politics. ♦ **ні́чого** *or* **ні про що не г.** + *D.* not to ring a bell to sb ◊ **Його́ прі́звище ні́чого** *or* **ні про що Яри́ні не ~и́ло.** His family name did not ring a bell to Yaryna.

See **сві́дчити 2**

pa. pple. **сказаний** said, pronounced

говори́! скажи́!

годи́н|а, *f.*

1 hour ◊ **День мину́в, як одна́ г.** The day passed like one hour.

adj. **до́бра** *colloq.* solid ◊ **Він прочека́в до́бру ~у.** He waited a solid hour. **ці́ла** full ◊ **Фільм трива́в ці́лі дві ~и.** The movie lasted a full two hours. **до́вга** long ◊ **Нара́да закі́нчилася че́рез до́вгі три ~и.** The meeting ended after three long hours. **безці́нна** priceless, **дорогоці́нна** precious; ◊ **півтори́ ~и** an hour and a half

v. + **г. вигравáти ~у** gain an hour ◊ **Пої́хавши ново́ю тра́сою, вони́ ви́граютъ ~у.** By taking the new expressway, they will gain one hour. (**втрача́ти** lose ◊ **Він утра́тив бага́то годи́н, намага́ючись перекона́ти коле́г.** He lost many hours, trying to convince his colleagues. **марнува́ти** waste ◊ **Мо́тря змарнува́ла ~у, шука́ючи ключ.** Motria wasted an hour, looking for the key. **тра́тити** spend; **займа́ти** take ◊ **Дома́шнє завда́ння зайняло́ три ~и.** The homework took three hours. **трива́ти** last ◊ **Обсте́ження трива́ло ~у.** The examination lasted an hour. **чека́ти** wait for)

г. + *v.* **мина́ти** pass, **проліта́ти** fly by, **прохо́дити** go by ◊ **Так непомі́тно пройшло́ дві ~и.** Thus two hours went by unnoticed. **сплива́ти** pass by ◊ **Сплива́ла г. за ~ою.** One hour after another passed by. ♦ **в** + *G.* **йде на** + *A. or* **щоб** + *inf.* it takes sb *(so many hours)* to do sth ◊ **В Анто́на йде дві ~и на по́дорож із Ки́єва до Ко́ростеня.** It takes Antin two hours to get from Kyiv to Korosten.

prep. **бі́ля ~и** about an hour ◊ **Ми розмовля́ли бі́ля ~и.** We spoke for about an hour. **бі́льше ~и** more than an hour ◊ **Вони́ пробули́ в Миха́йла не бі́льше ~и.** They stayed at Mykhailo's place not more than an hour. **з ко́жною ~ою** with every passing hour ◊ **Із ко́жною ~ою І́нні става́ло кра́ще.** Inna felt better with every passing hour. **за ~у** 1) in an hour ◊ **Вече́ря бу́де гото́вою за ~у.** Dinner will be ready in an hour. 2) per hour ◊ **Їм пла́тять три́ста гри́вень за ~у.** They are paid ₴300 per hour. **ме́нше ~и** less than an hour, under an hour ◊ **Зе́ні тре́ба ме́нше ~и.** Zenia needs less than an hour. **на ~у** per hour ◊ **Маши́на мча́лася на шви́дкості 140 км на ~у.** The car careened at a speed of 140 km an hour. **про́тягом** *or* **упродо́вж ~и** for (the duration of) an hour ◊ **О́пера трива́ла про́тягом трьох годи́н.** The opera lasted for three hours. **по́над ~у** over an hour ◊ **Зли́ва йшла по́над ~у.** It poured down for over an hour. ♦ **г. за ~ою** hour after hour

Also see **секу́нда, хвили́на**

2 o'clock *(in time by the clock indications)* ◊ **За́раз сьо́ма г. ра́нку.** It's seven o'clock in the morning now. ♦ **О котрі́й ~і прихо́дить оде́ський по́тяг?** At what time does the train from Odesa arrive?

adj. **пе́рша** one o'clock ◊ **Наді́йшла́ пе́рша г.** One o'clock has arrived. (**дру́га** two, **тре́тя** three ◊ **Була́ тре́тя г. но́чі** It was 3 o'clock in the morning. **деся́та** ten, **дев'ятна́дцята** seven PM)

prep. **бі́ля ~и** close to ... o'clock ◊ **Вони́ розійшли́ся бі́ля деся́тої ~и.** They parted close to 10:00 o'clock. **до ~и** to/till ... o'clock ◊ **Він чита́в до сьо́мої ~и.** He read till 7 o'clock. **о ~і** at ... o'clock ◊ **Вони́ ляглі́ об одина́дцятій ~і.** They went to bed at 11 o'clock. **пе́ред ~ою** before/prior to ... o'clock; **пі́сля ~и** after ... o'clock

Cf. **час 4**

3 *only sg.* time, period, circumstance, moment

adj. **до́бра** good, **ра́дісна** joyful, **щасли́ва** happy; ♦ **сме́ртна г.** the final hour, death ◊ **Надхо́дила її́ сме́ртна г.** Her final hour was coming. ♦ **лиха́, недо́бра, чо́рна г.** misfortune, calamity ◊ **Коли́ наді́йшла́ лиха́ г., всі відверну́лися від Іва́на.** When misfortune came, everybody turned their back on Ivan. ♦ **коменда́нтська г.** *mil.* a curfew

г. + *n.* **г. перемо́ги** the time of victory (**ра́дости** joy, **ща́стя** happiness; **випробува́нь** trial ◊ **Вони́ були́ си́льними в ~у випробува́нь.** They were strong in the time of trial. **ві́дчаю** despair, **жало́би** mourning, **недо́лі** misfortune, **скорбо́ти** grief, **су́му** sadness; **сме́рти** death), ♦ **~и пік** rush hour ◊ **Він ви́їхав рані́ше, щоб уни́кнути годи́н пік.** He departed earlier to avoid rush hour.

prep. **в ~у** at the time of, at the moment of ◊ **Вони́ зустрі́лися в ра́дісну ~у.** They met at a joyful moment. ♦ **з ~и на ~у** at any moment, any time now, very soon ◊ **Ві́дповідь ма́ла прийти́ з ~и на ~у.** The response was to arrive any time now.

Also see **моме́нт 1, обста́вина 1, пері́од 1, час 3, 5**

годи́нн|ий, *adj.*

hour-long, hourly ◊ **Га́нна скла́ла г. гра́фік робо́ти на три дні.** Hanna put together an hourly work schedule for three days.

г. + *n.* **г. ви́робіток** an hourly output (**гра́фік** schedule, **інтерва́л** interval, **страйк** strike); **~а зу́стріч** an hour-long meeting (**пере́рва** break ◊ **Вони́ зроби́ли додатко́ву ~у пере́рву.** They took an additional hour-long break. **прогу́лянка** walk, **розмо́ва** conversation, **ста́вка** rate) ◊ **Ме́неджер збі́льшив ~у ста́вку до ста́ гри́вень.** The manager increased the hourly rate to ₴100.

годи́нник, *m.*, ~а

1 watch, wristwatch ◊ **Іва́нна зи́ркнула на г.** Ivanna glanced at her watch *or* the clock.

adj. **то́чний** accurate ◊ **Г. ви́явився то́чним.** The wristwatch turned out to be accurate. **вели́кий** big, **маси́вний** massive; **невели́кий** small; **дитя́чий** children's, **жіно́чий** women's, **чолові́чий** men's; **спорти́вний** sports; **ана́логовий** analog, **електро́нний** digital, **ква́рцовий** quartz, **механі́чний** mechanical, **цифрови́й** digital; **кишенько́вий** pocket, **нару́чний** wrist; **антиква́рний** antique, **стари́й** old, **старови́нний** ancient; **дія́мантовий** diamond, **золоти́й** gold, **пла́тиновий** platinum, **сρі́бний** silver

n. + **г. батаре́йка ~а** a watch battery ◊ **Ю́рій поміня́в батаре́йку ~а.** Yurii replaced his watch's battery. (**па́сочок** *or* **ремі́не́ць** *both dim.* strap; **стрі́лка** hand ◊ **Г. має годи́нну та хвили́нну стрі́лки.** The watch has hour and minute hands. **цифербла́т** face) ◊ **Цифербла́т ~а сві́титься вночі́.** The face of the watch glows at night.

v. + **г. заво́дити г.** wind a watch *or* clock ◊ **Цей механі́чний г. не тре́ба заво́дити.** This mechanical watch needs no winding. (**звіря́ти** synchronize ◊ **Хло́пці звірили ~и.** The boys synchronized their watches. **переві́ряти** check; **диви́тися на** + *A.* look at, **зи́ркати на** glance at; **наставля́ти на** + *A.* set to ◊ **Ірина наста́вила г. на ки́ївський час.** Iryna set her watch to Kyiv time. **перево́дити на** + *A.* reset to ◊ **Не забу́дьте перевести́ г. на місце́вий час.** Do not forget to reset your watch to the local time. **перево́дити впере́д на** + *A.* set forward *(a measure)* ◊ **Вона́ переве́ла́ г. на годи́ну впере́д.** She set the watch an hour forward. **перево́дити наза́д на** + *A.* set back *(a measure)*; **вдяга́ти** put on, **зніма́ти** *or* **скида́ти** take off; **ма́ти** have on ◊ **Того́ ве́чора вона́ якра́з ма́ла г.** That evening she happened to have a watch on. **носи́ти** wear; **направля́ти** fix, **ремонтува́ти** repair) ◊ **Він ремонту́є ~и.** He repairs watches *or* clocks.

г. + *v.* **відстава́ти на** + *A.* be slow *(measure)* ◊ **Його́ г. відстає́ на дві хвили́ни.** His watch is two minutes slow. **поспіша́ти** *or* **спіши́ти** be fast ◊ **Іре́нин г. поспіша́в на де́сять хвили́н.** Irena's watch was ten minutes fast. **губи́тися** get lost; **псува́тися** break down; **лежа́ти** lie ◊ **На підві́конні лежа́в електро́нний г.** A digital watch lay on the window sill. **зупиня́тися** stop; **йти** go ◊ **Андрі́їв г. іде́, як нови́й.** Andrii's watch

is going like new. працюва́ти work; псува́тися break down; пока́зувати + A. show *(an hour)* ◊ **Його́ г. пока́зував пі́вніч.** His watch showed midnight.
2 clock ◊ **На стіні́ віта́льні ви́сів кру́глий г.** There was a round clock hanging on the living room wall. ♦ **г. з зозу́лею** a cuckoo clock
adj. **а́томний** atomic, **електри́чний** electric, **ква́рцовий** quartz, **механі́чний** mechanical, **цифрови́й** digital; **то́чний** accurate ◊ **Г. ви́явився, на ди́во, то́чним.** The clock turned out to be astonishingly accurate. **вели́кий** big, **величе́зний** enormous, **маси́вний** massive; **невели́кий** small; **насті́нний** wall; **кухо́нний** kitchen; **біологі́чний** biological, **вну́трішній** internal ◊ **Його́ вну́трішній г. ти́ждень перехо́див на нови́й час.** His internal clock took a week to switch to the new time. **антиква́рний** antique, **стари́й** old, **старови́нний** ancient; ♦ **со́нячний г.** a sundial ◊ **Популя́рним мі́сцем зу́стрічей був со́нячний г.** The sundial was a popular meeting place. ♦ **пісо́чний г.** an hourglass
г. + v. **би́ти** + *A.* strike sth ◊ **Монасти́рський г. проби́в п'я́ту годи́ну.** The monastery clock struck five o'clock. **дзвені́ти** ring, **дзижча́ти** buzz ◊ **Кухо́нний г. задзижча́в рі́вно че́рез сім хвили́н.** The kitchen clock buzzed exactly after seven minutes. **пища́ти** beep, **ти́кати** *and* **цо́кати** tick ◊ **У кімна́ті заспокі́йливо ти́кав** *and* **цо́кав г.** The clock in the room was ticking soothingly. **ви́сіти** hang, **стоя́ти** stand ◊ **На камі́ні стоя́в антиква́рний г.** There was an antique clock standing on the mantlepiece. **зупиня́тися** stop
prep. **за ~ом** by the clock; ♦ **як г.** like clockwork, without fail ◊ **Механі́зм працю́є, як г.** The mechanism operates like clockwork.

год|и́тися, **~жу́ся**, **~я́ться; з~**, *intr.*
1 to suit, fit, be fit for, do, be good for ◊ **Ві́ра ~и́ться для найважчи́х завда́нь.** Vira is fit for the most difficult assignments.
prep. **г. для** + *G. or* **на** + *A.* be suitable for sth ◊ **Її́ авті́вка згоди́ться на до́вгу по́дорож.** Her car will do for a long journey.
2 to be fit to be sb *(only with prep.)*
prep. **г. в** + *N. pl.* ◊ **Він не ~и́ться в лікарі́.** He is not fit to be a physician.
3 *impers.* should + *D.* + *inf.* to be worth doing sth, be called for, ought to ◊ **Тама́рі ~и́ться пора́дитися з на́ми.** Tamara should consult us. ◊ **~и́лося б запроси́ти їх.** It would be worth inviting them. ◊ **~и́ться почека́ти мі́сяць.** One ought to wait for a month.
Also see **нале́жати 3**
4 to be customary, be done ◊ **У го́сті ~и́ться ходи́ти з гости́нцем.** Bringing a gift along when visiting people is customary. ♦ **для ~и́ться** for appearances' sake ◊ **Марко́ подзвони́м їм для ~и́ться.** Marko called them for appearances' sake. ♦ **як ~и́ться** properly, in a proper manner, as is done ◊ **Ви́ставку організува́ли, як ~и́ться.** The exhibition was organized in a proper way.
Also see **нале́жати 3**
(з)годи́ся!

го́ді, *pred., colloq.*
1 enough, stop *(also + D.)* ◊ **Г. бреха́ти!** Enough with the lying! ◊ **Г. вам прикида́тися неви́нними!** Stop pretending to be innocent!
2 *impers.* one cannot, to be impossible, there is no + *inf.* ◊ **Без допомо́ги г. почина́ти цю спра́ву.** Without help, there's no way to start this business. ♦ **Ле́гко сказа́ти, г. зроби́ти.** Easier said than done. ◊ **Не ма́ючи гро́шей, г. й ду́мати про нову́ ха́ту.** Without the money, there is no thinking about a new home.

году|ва́ти, **~ють; на~**, *tran.*
1 to feed, nourish, provide food for
adj. **до́бре** well, **нале́жно** properly, **сма́чно** deliciously ◊ **Щора́зу, як Юрко́ провіду́вав її́, па́ні Клементи́на сма́чно ~ва́ла його́.** Every time Yurko visited her, Mrs. Klementyna gave him delicious food. **ке́псько** poorly, **пога́но** badly ◊ **У шкі́льній ї́дальні пога́но ~ють.** The food is bad at the school canteen. **ле́две** barely; **вча́сно** on time, **реґуля́рно** regularly, **три́чі на день** three times a day, *etc.*
г. + n. **г. борще́м** feed sb borshch (**варе́никами** dumplings; **вече́рею** dinner ◊ **Стефа́н пообіця́в на~ їх украї́нською вече́рею.** Stefan promised to feed them a Ukrainian dinner. **обі́дом** lunch; **жо́лудями** acorns ◊ **Цих свине́й ~ють жо́лудями.** These pigs are fed acorns. ♦ **г. обіця́нками** *fig.* to feed sb with promises
v. + **г. бу́ти тре́ба** + *D.* need to ◊ **Робітника́м тре́ба до́бре г.** The workers need to be well fed. **могти́** can ◊ **За день ресторан міг на~ три со́тні клієнтів.** In one day, the restaurant could feed three hundred patrons. **пропонува́ти** offer to; **проси́ти** + *A.* ask sb to
Also see **живи́ти 1, харчува́ти**
2 to support, provide for ♦ **г. сім'ю́** to support a family ◊ **Він ле́две мо́же г. сім'ю́.** He can barely support his family.
See **забезпе́чувати 4.** *Also see* **живи́ти 1, харчува́ти**
pa. pple. **нагодо́ваний** fed, nourished
(на)году́й!

гоке́|й, *m.*, **~ю**, *only sg.*
hockey
adj. **дитя́чий** children's ◊ **ро́звиток дитя́чого ~ю** the development of children's hockey; **юна́цький** youth; **жіно́чий** women's ◊ **Жіно́чий г. прива́блює вболіва́льників.** Women's hockey attracts fans. **чолові́чий** men's; **олімпі́йський** Olympic; **ама́торський** *and* **люби́тельський** amateur, **професі́йний** professional; **ву́личний** street
v. + **г. диви́тися г.** watch hockey ◊ **Упе́рше Со́ня диви́лася г. в Оде́сі.** For the first time Sonia watched hockey in Odesa. (**гра́ти в** play) ◊ **У дити́нстві він грав у г.** In his childhood, he played hockey.
See **гра, спорт**

гоке́йн|ий, *adj.*
hockey, of or pertaining to hockey
г. + n. **г. уболіва́льник** a hockey fan (**ворота́р** goalie, **граве́ць** player, **тре́нер** coach; **клуб** club; **матч** match; **сезо́н** season; **стадіо́н** stadium; **турні́р** tournament, **чемпіона́т** championship); **~а аре́на** a hockey arena (**гра** play, **дружи́на** *and* **кома́нда** team; **кар'є́ра** career; **клю́шка** stick, **ма́ска** mask, **ша́йба** puck; **лі́ґа** league); **~е по́ле** a hockey rink (**споря́дження** equipment); **~і змага́ння** a hockey competition (**ковзани́** skates; **трофе́ї** trophies) ◊ **Він показа́в гостя́м свої́ ~і трофе́ї.** He showed his guests his hockey trophies.

го́л|ий, *adj.*
1 naked, bare; nude ◊ **Маля́р зобрази́в свято́го Єроні́ма напо́ловину ~им.** The artist depicted Saint Jerome half naked.
adv. **абсолю́тно** absolutely ◊ **Вона́ абсолю́тно ~а.** She is absolutely naked. **геть** totally, **зо́всім** entirely, **ціл́ком** completely; **майже** almost ◊ **ма́йже г. чолові́к** an almost naked man; **наполови́ну** *usu* **напівгол́ий** half, **практи́чно** practically ◊ **У такі́й су́кні вона́ вигляда́ла практи́чно ~ою.** In such a dress, she looked practically naked. **сливе́** nearly, **факти́чно** virtually, in fact
v. + **г. бу́ти ~им** be naked (**вигляда́ти** look, **виявля́тися** turn out, **відчува́ти себе́** *or* **почува́тися** feel ◊ **Сергі́й почува́вся сливе́ ~им під його́ по́глядом.** Serhii felt nearly naked under his gaze. **здава́тися** + *D.* seem to sb; **лиша́тися** stay; **бі́гати** run around, **змага́тися** compete ◊ **Гре́цькі атле́ти змага́лися ~ими.** Greek athletes competed naked. **сиді́ти** sit, **стоя́ти** stand, **ходи́ти** walk around) ◊ **Вона́ ходи́ла по ха́ті ~ою.** She walked naked around the house. ♦ **бра́ти** + *A.* **~ими рука́ми** to take sth with bare hands ◊ **Мі́сто взяли́ ~ими рука́ми.** They took the city with bare hands.
2 *fig.* poor ◊ **Як він мо́же допомогти́ вам, коли́ він г.!** How can he help you if he is poor! ♦ **г. як бу́бон** *or* **як туре́цький святи́й** poor as a church mouse ◊ **Лари́са ~а, як бу́бон.** Larysa is as poor as a church mouse.
See **бі́дний**
3 uncovered, bare, ◊ **Вони́ спа́ли на ~их до́шках.** They slept on bare boards. ♦ **з ~ою голово́ю** bare-headed ◊ **Чолові́ки поздійма́ли ша́пки́ й стоя́ли з ~ими го́ловами до кінця́ літургі́ї.** The men took off their hats and stood bare-headed to the end of the liturgy. ◊ **Ва́ля жила́ в кімна́ті з ~ими сті́нами.** Valia lived in a room with bare walls.
4 bare, barren, exposed, empty, *etc.* ◊ **Навко́ло був г. краєви́д, без де́рев чи росли́н.** All around was a barren landscape with no trees or plants. ◊ **Ліс стоя́в зо́всім ~им.** The forest stood totally bare.
5 *fig.* bare, plain, stark ◊ **Дослі́дника ціка́влять ~і фа́кти.** The researcher is interested in bare facts.
Also see **сухи́й 5**
6 sole, mere, bare, only ◊ **Він покла́вся на її́ ~у обіця́нку.** He relied only on her promise. ◊ **~і припу́щення не переко́нують його́.** He is not convinced by mere assumptions.
See **єди́ний**

гол|и́ти, **~ю́**, **~ять; по~**, *tran.*
to shave; have sth shaved
adv. **бездога́нно** flawlessly ◊ **У перука́рні його́ бездога́нно поголи́ли.** He was given a flawless shave at the barber's. **гла́дко** smoothly, **рете́льно** thoroughly, **чи́сто** cleanly; **ціл́ком** completely ◊ **Вона́ ціл́ком поголи́ла че́реп.** She had her skull completely shaved. **за́вжди́** always, **реґуля́рно** regularly
г. + n. **г. бо́роду** shave a beard (**ву́са** moustache; **го́лову** head, **че́реп** skull; **па́хви** armpits, **но́ги** legs) ◊ **Со́ля ніко́ли не ~ила но́ги чи па́хви.** Solia never shaved her legs or armpits.
v. + **г. бу́ти зму́шеним** be compelled to, **бу́ти тре́ба** + *D.* need to ◊ **Ле́вові тре́ба було́ чи́сто по~ підборі́ддя.** Lev needed to give his chin a clean shave. **зви́кнути** be accustomed to ◊ **Павло́ звик г. собі́ поти́лицю.** Pavlo is accustomed to having his nape shaved. **ма́ти зви́чку** have the habit of; **забува́ти** forget to; **хоті́ти** want to
pa. pple. **пого́лений** shaven, shaved
(по)голи́!

гол|и́тися; по~, *intr.*
to shave, shave oneself ◊ **Він поголи́вся.** He shaved.
adv. **доскона́ло** perfectly, **гла́дко** smoothly, **рете́льно** meticulously ◊ **Щора́нку Наза́р рете́льно ~иться.** Every morning, Nazar meticulously shaves. **чи́сто** cleanly ◊ **Андрі́й чи́сто поголи́вся.** Andrii gave himself a clean shave. **за́вжди́** always, **реґуля́рно** regularly
v. + **г. бу́ти тре́ба** + *D.* need to, **му́сити** be obliged to; **ма́ти зви́чку** have the habit of; **забува́ти** forget to ◊ **Пили́п забу́в по~.** Pylyp forgot to shave. **хоті́ти** want to; **люби́ти** like to; **нена́видіти** hate to ◊ **Славко́ нена́видить г.** Slavko hates shaving.
prep. **г. на** + *L.* shave sth *(part of body)*, **г. під** + *I.* shave under *(armpits, etc.)* ◊ **Балери́ни му́сили г. на нога́х і під рука́ми.** The ballerinas were obliged to shave their legs and armpits.

го́л|ка, *f.*
1 needle
adj. **шва́цька** sewing; **го́стра** sharp ◊ **Вона́**

проколо́ла па́лець го́строю ~кою. She pierced her finger with a sharp needle. тупа́ blunt; до́вга long, зі́гнута bent, крива́ crooked; вели́ка *and* цига́нська heavy duty; мале́нька small; гру́ба thick, тонка́ fine
n. + г. ♦ ву́шко ~ки the eye of a needle
v. + г. бра́ти ~ку take a needle (вибира́ти choose), ♦ всі́лювати *or* всиля́ти + *A.* в ~ку to thread a needle ◊ Він усе ще мо́же всили́ти ни́тку в ~ку без окуля́рів. He still can thread a needle without glasses. ♦ сиді́ти, як на ~ка́х to be on pins and needles ◊ Очі́куючи результа́тів, вони́ сиді́ли, як на ~ка́х. Waiting for the results, they were on pins and needles. ♦ ~ці ні́де впа́сти crowded; ♦ шука́ти ~ку в сі́ні to look for a needle in a haystack
Also see шпи́лька 1
2 *med.* needle, hypodermic needle
adj. ін'єкці́йна injection; меди́чна medical; одноразо́ва disposable, стерилізо́вана sterilized, стери́льна sterile ◊ Їм бракува́ло стери́льних ~о́к. They were short on sterile needles. чи́ста clean; брудна́ dirty ◊ Вона́ зарази́лася че́рез брудну́ ~ку. She got infected from a dirty needle. зара́жена contaminated, інфіко́вана infected; ви́користана used; го́стра sharp, тупа́ blunt; до́вга long; вели́ка big; мале́нька small; гру́ба thick, тонка́ thin
n. + г. ві́стря ~ки the tip of a needle (уко́л prick) ◊ Вона́ відчу́ла уко́л ~ки. She felt the prick of the needle.
v. + г. вво́дити ~ку в + *A.* insert a needle in *(vein, etc.)* ◊ Він увів ~ку хво́рому в жи́лу. He inserted the needle into the patient's vein. (вганя́ти в + *A.* plunge in sth ◊ Сестра́ ввігна́ла ~ку їй у сідни́цю. The nurse plunged the needle into her buttock. всо́вувати *and* пха́ти в + *A.* push in sth; вийма́ти з + *G.* withdraw from *(a vein, etc.)* ◊ Він ви́йняв ~ку з жи́ли. He withdrew the needle from the vein. використо́вувати use, застосо́вувати apply); діли́тися ~кою share a needle ◊ Наркома́ни ча́сто ді́ляться ~ка́ми. Drug addicts often share needles. (користува́тися use) ◊ Він користу́ється ті́льки стери́льними ~ка́ми. He uses only sterile needles.
г. + *v.* вхо́дити в + *A.* go in sth ◊ Г. шприца́ ле́гко ввійшла́ в ткани́ну. The syringe needle easily went in the tissue. проко́лювати + *A.* puncture sth ◊ Г. проколо́ла мембра́ну ву́ха. The needle punctured the ear membrane. прони́зувати + *A.* pierce sth
3 spine *(of hedgehog)*, quill; needle *(of pine)* ◊ На землі́ лежа́ли сві́жі сосно́ві ~ки́. There were fresh pine needles lying on the ground.
г. + *n.* г. їжака́ a hedgehog spine; г. програвача́ a record-player needle; г. сосни́ a pine needle
Also see шпи́лька 3

гол|ова́, *f.*

1 head *(part of body)*
adj. вели́ка big ◊ створі́ння з непропорці́йно вели́кими ~ами creatures with disproportionately big heads; величе́зна enormous, мале́нька *dim.* small, мала́ small, невели́ка little; ви́довжена elongated, кру́гла round, ова́льна oval; го́ла bare, ли́са bold, пого́лена shaved ◊ На скро́нях його́ чи́сто пого́леної ~ови́ було́ ви́дно си́ні жи́ли. There were blue veins visible on the temples of his cleanly shaven head. біля́ва blonde, руда́ red-haired, ру́са brown-haired, си́ва gray, сиві́юча graying, те́мна dark; похи́лена *or* схи́лена bowed, нагну́та bent; відтя́та *and* відру́бана severed, закрива́влена bloodied, поби́та beaten, пора́нена wounded
v. + г. витя́гувати ~ову crane one's head (відкида́ти throw back ◊ Іва́н го́лосно засмія́вся, відки́нувши ~ову. Ivan threw his head back and started laughing loudly. висува́ти *or* висо́вувати pop ◊ Хлопчаки́ ви́сунули ~ови з-за парка́ну. The boys popped their heads out from behind the fence. виставля́ти *and* вихиля́ти з + *G.* put out of sth, встромля́ти в + *A.* stick in sth ◊ Устроми́вши ~ову в о́твір, вона́ прислу́халася. Having stuck her head into the opening, she strained her ears. пха́ти в + *A.* poke in sth; кла́сти на + *A.* put on sth ◊ Він покла́в ~ову Мари́ні на плече́. He put his head on Maryna's shoulder. нагина́ти bend, нахиля́ти вбік tilt ◊ Марі́я нахили́ла вбік ~ову. Maria tilted her head. задира́ти *and* зало́млювати tilt back ◊ Заде́рши *and* заломи́вши ~ову, Хома́ спрямува́в по́гляд на деся́тий по́верх буди́нку. Having tilted his head back, Khoma directed his gaze at the tenth story of the building. підніма́ти *or* підійма́ти raise, поверта́ти turn, покрива́ти cover, згина́ти *or* пригина́ти duck ◊ Він пригну́в ~ову, щоб уни́кнути уда́ру. He ducked his head to avoid getting hit. стиска́ти clutch, схиля́ти bow, те́рти rub, хова́ти bury, чу́хати scratch; голи́ти shave) ◊ Ко́жному новобра́нцеві голи́ли ~ову. Each recruit's head was shaved. ♦ ві́шати ~ову *fig.* to get disheartened; ♦ ми́ти ~ову to wash one's hair; ♦ моро́чити ~ову 1) to rack one's brains, get involved in ◊ Він не хо́че моро́чити собі́ ~ову чужи́ми спра́вами. He does not want to get involved in other people's business. 2) to bother, pester, give a hard time ◊ Вона́ моро́чить Бори́сові ~ову пита́ннями. She pesters Borys with questions. ♦ підво́дити ~ову to rear one's head ◊ У мі́сті підвела́ ~ову росі́йська п'я́та коло́на. The Russian fifth column reared its head in the city. би́ти ~ово́ю в + *A.* bang one's head against sth ◊ Від ро́зпачу Павло́ був ла́ден би́ти ~ово́ю в мур. Pavlo was ready to bang his head against the wall with despair. (кива́ти nod ◊ Чолові́к ле́гко кивну́в ~ово́ю. The man nodded his head slightly. сми́кати jerk, хита́ти shake) ◊ У ві́дповідь на пита́ння Катери́на лише́ су́мно похита́ла ~ово́ю. In response to the question, Kateryna only shook her head sadly. би́ти + *A.* по ~ові́ hit sb in the head ◊ Напа́дники би́ли його́ по ~ові́. The assailants hit him in the head. (гла́дити + *A.* по caress sb ◊ Зо́ра погла́дила хло́пця по ~ові́. Zora caressed the boy's head. пле́скати + *A.* по pat sb)
г. + *v.* болі́ти + *A.* and + *D.* ache ♦ Її́ *and* їй боли́ть г. She has a headache. пульсува́ти throb; ви́сіти hang down ◊ Її́ г. безпора́дно ви́сіла. Her head hung down helplessly. сми́катися jerk, хита́тися bob; нахиля́тися tilt, обвиса́ти droop ◊ Г. хло́пця обви́сла від знеси́лення. The boy's head drooped from exhaustion. па́дати fall ◊ Її́ г. впа́ла на гру́ди. Her head fell onto her chest. поверта́тися turn
prep. в ~ову *dir.* in/into a head ◊ Ку́ля влучи́ла їй у ~ову. The bullet hit her in the head. ♦ уда́рити в ~ову to go to one's head *(of alcohol)* ◊ Вино́ вда́рило Ада́мові в ~ову. The wine went to Adam's head. в ~ові́ *posn.* in a head ◊ У Гали́ни в ~ові́ щось не те. *fig.* Something is not right in Halyna's head. ♦ з ~ови́ до ні́г from head to toe ◊ Охоро́нець огля́нув її́ з ~ови́ до ні́г. The guard inspected her from head to toe. ♦ видава́ти себе́ з ~ово́ю to give oneself away ◊ Іва́н ви́дав себе́ з ~ово́ю одни́м заува́женням. Ivan gave himself away with one remark. з ~ово́ю with a head ◊ з (не)покри́тою ~ово́ю with one's head (un)covered; ♦ зану́рюватися з ~ово́ю в + *A.* to get engrossed in sth, to be neck deep in sth ◊ Він з ~ово́ю зану́рився в цю істо́рію. He became engrossed in this story. за ~ову *dir.* behind a head ◊ Він покла́в собі́ за ~ову поду́шечку. He put a small pillow behind his head. за ~ово́ю *posn.* behind a head ◊ У не́ї за ~ово́ю мурко́тів кіт. A cat was purring behind her head. на ~ову *dir.* on/to a head ◊ Він покла́в на ~ову журна́л. He put a magazine on his head. ♦ як сні́г на ~ову unexpectedly, out of the blue ◊ Го́сті з'яви́лися, як сні́г на ~ову. The guests appeared out of the blue. ♦ на свою́ ~ову only to regret it ◊ Михайли́на поділи́лася з ма́тір'ю ду́мка́ми на свою́ ~ову. Mykhailyna shared her thoughts with her mother only to regret it. на ~ові́ *posn.* on a head ◊ У ньо́го на ~ові́ нічо́го не було́. He had nothing on his head.
Also see баня́к 2
2 mind, intellect; *fig.* person of certain mental capacities
adj. му́дра clever ◊ Із тако́ю му́дрою ~ою він ле́гко дасть собі́ ра́ду. With such a clever mind, he will easily sort things out. розу́мна wise ◊ Хома́ се́ред них був єди́ною розу́мною ~ово́ю. Khoma was the only wise mind among them. сві́тла lucid, чи́ста clear; ♦ дурна́ г. an empty pate
v. + г. бра́ти + *A.* в ~ову *or* до ~ови́ get sth into one's head ◊ Лев узя́в у ~ову *or* до ~ови́, що його́ не лю́блять. Lev got it into his head that he is not liked. ♦ втрача́ти *or* губи́ти ~ову to lose one's mind ◊ Він від лю́ті утра́тив *or* згуби́в ~ову. He lost his mind from fury. ♦ лама́ти *or* суши́ти собі́ ~ову to rack one's brains ◊ Богда́на тре́тій день лама́ла *or* суши́ла собі́ ~ову, шука́ючи ви́хід зі стано́вища. For the third day, Bohdana was racking her brains, looking for a way out of the situation. ♦ ма́ти ~ову на плеча́х *or* в'я́зах to have a good head on one's shoulders ◊ Іва́нна ма́є ~ову на плеча́х. Ivanna is smart. викида́ти з ~ови́ get sth out of one's head ◊ Наза́р ви́кинув із ~ови́ вся́ку ду́мку про не́ї. Nazar got all thoughts of her out of his head.
prep. ♦ з ~ово́ю smart ◊ У шко́лі зна́ли Мала́нку як ді́вчи́ну з ~ово́ю. At school, Malanka was known as a smart girl.
See ро́зум. *Also see* глузд 2, інтеле́кт, кмітли́вість, тя́ма 1
3 *m. and f.* chairperson, chairman, chairwoman, chair, head
adj. викона́вчий executive, чи́нний *and* ни́нішній, тепе́рішній current; поче́сний honorary; коли́шній former, тимчасо́вий interim; нови́й new, новоо́браний newly elected
г. + *n.* г. кампа́нії the campaign chairman (комі́сії commission, комі́тету committee, па́ртії party); г. держа́ви head of state ◊ Де́сять ~ів держа́в узя́ли у́часть у фо́румі. Ten heads of state took part in the forum. (у́ряду government) ◊ Зу́стріч відбула́ся на рі́вні ~ів у́рядів. The meeting took place at the level of the heads of government.
n. + г. засту́пник ~ови́ a deputy chair
v. + г. вибира́ти *or* обира́ти ~ову elect a chairperson ◊ Спочатку ви́брали ~ову збо́рів. First the chair of the meeting was elected. (признача́ти appoint); займа́ти *or* обійма́ти поса́ду ~ови́ occupy the post of the chairperson; вибира́ти + *A.* ~ово́ю elect sb head ◊ Ната́лю ви́брали ~ово́ю нагля́дової ра́ди. Natalia was elected the head of the supervisory board.
г. + *v.* вести́ *or* прова́дити засі́дання conduct a meeting; надава́ти сло́во + *D.* give the floor to sb; ♦ подава́ти у відста́вку to resign
Also see дире́ктор, заві́дувач, очі́льник, президе́нт 2, провідни́к 3
4 head, front, beginning ◊ Він ру́хався в ~ові́ коло́ни. He was moving at the head of the column. ◊ г. че́рги the head of the line; ♦ в ~овах at the head of the bed ◊ У ~овах були́ пухо́ві поду́шки́. There were down pillows at the head of the bed.
5 head *(of cabbage, etc.)*
г. + *n.* г. капу́сти a head of cabbage ◊ На бі́гус потрі́бно дві ~ови́ капу́сти. Two heads of cabbage are needed for the cabbage stew. (со́няшника sunflower; худо́би cattle) ◊ Щоб запобі́гти поши́ренню епіде́мії, у́ряд знищив 3.000 ~ів худо́би. To prevent the spread of the epidemic, the government destroyed 3,000 head of cattle.
N. pl. ~ови, *G. pl.* ~і́в

головн|и́й, *adj.*
1 main, principal ◊ **Книжки́ були́ ~о́ю при́страстю Сашко́вого дити́нства.** Books were the main passion of Sashko's childhood.
г. + *n.* ◊ **г. вимика́ч** a master switch, ♦ **г. ко́зир** *fig.* a trump card; ◊ **~у́ ву́лицю мі́ста перейменува́ли на Собо́рну.** The city's main street was renamed Soborna. ◊ **Він так і не зрозумі́в ~о́ї те́зи статті́.** He never understood the main argument of the article. ♦ **~е́, що** + *clause* the main thing is that ◊ **~е́, що він не дотри́мався сло́ва.** The main thing is that he did not keep his word.
Also see **ба́зовий 2, основни́й 1, центра́льний 2**
2 chief, leading ◊ **ви́сновок ~о́го економі́ста фі́рми** the conclusion of the firm's chief economist; ◊ **Роксоля́ну запроси́ли гра́ти ~у́ роль.** Roksolana was invited to play the lead part. ◊ **Ні́ну призна́чили ~о́ю лі́каркою клі́ніки.** Nina was appointed chief physician of the clinic.
See **провідни́й 1**
3 head, of or pertaining to head ♦ **г. убі́р** headgear ◊ **Чоловіки́ позніма́ли ~і́ убо́ри.** The men took off their headwear. ◊ **Її́ г. біль поси́лювався.** Her headache was worsening.
4 front, first, leading, vanguard ◊ **Підби́тий г. танк заблокува́в ре́шту коло́ни.** The destroyed tank at the front blocked the rest of the column. ◊ **Він був ~о́му заго́ні.** He was in the head detachment.

го́лод, *m.*, **~у**, *only sg.*
1 hunger, famine, starvation
adj. **вели́кий** great ◊ **Краї́ну охопи́в вели́кий г.** A great famine engulfed the country. **лю́тий** raging, **ма́совий** mass, **несте́рпний** unbearable, **си́льний** intense, **страшни́й** terrible; **шту́чний** manmade; **постійни́й** constant; **всесві́тній** world
v. + **г. відчува́ти г.** feel hunger ◊ **Андрі́й відчува́в несте́рпний г.** Andrii felt an unbearable hunger. (**вдовольня́ти** satisfy, **поле́гшувати** relieve; **організо́вувати** orchestrate, **розпа́лювати** work up; **спричиня́ти** cause) ◊ **Примусо́ві конфіска́ції збі́жжя спричини́ли ма́совий г.** The forced grain requisitions caused mass famine. **уника́ти ~у** avoid starvation ◊ **Щоб уни́кнути ~у, вона́ продала́ роди́нні кошто́вності.** To avoid starvation, she sold her family jewelry. (**божево́літи від** *or* **з** go crazy with, **вмира́ти** *or* **помира́ти від** *or* **з** die of ◊ **До́сі го́ді встанови́ти, скі́льки люде́й поме́рло від** *or* **з ~у.** Until now, it is still impossible to establish how many people died of hunger. **непритóмніти від** faint from, **па́дати від** collapse from, **сла́бнути від** go weak with, **потерпа́ти** *or* **терпі́ти від** suffer from) ◊ **Сім'я́ потерпа́ла від ~у.** The family was suffering from hunger. **мори́ти** + *A.* **~ом** starve sb, famish sb ◊ **Уряд мори́в наро́д ~ом.** The government was starving its people.
г. + *v.* **дойма́ти** + *A.* plague sb, **докуча́ти** + *D.* pester sb ◊ **Ори́сі докуча́в г.** Hunger pestered Orysia. **му́чити** + *A.* torment sb; **вбива́ти** + *A.* kill sb, **спусто́шувати** + *A.* devastate sth ◊ **Г. спусто́шив ці́лу краї́ну.** The famine devastated the entire country.
prep. **від** *or* **з ~у** from hunger ◊ **Пе́ршою опу́хла з ~у ї́хня ті́тка.** Their aunt was the first to swell from hunger.
Cf. **жага́ 1, спра́га 1**
2 *fig.* shortage, deficiency, dearth ◊ **кисне́вий г.** an oxygen deficiency.
prep. **г. на** + *A.* dearth of sth ◊ **Шко́ли потерпа́ють від ~у на підру́чники.** Schools are suffering from a dearth of textbooks.
See **брак**[1]. *Also see* **дефіци́т 2, неста́ча**

голо́дн|ий, *adj.*
hungry, famished
adv. **вкрай** extremely ◊ **укра́й ~а люди́на** an extremely hungry person; **доста́тньо** enough, **до́сить** rather, **ду́же** very, **геть** totally, **несте́рпно** unbearably, **цілко́м** completely; **не зо́всім** not quite
v. + **г. бу́ти ~им** be hungry ◊ **Лука́ш був ~им, як вовк.** Lukash was as hungry as a wolf. (**вигляда́ти** look; **лиша́тися** remain; **почува́тися** feel, **става́ти** become) ♦ **г., як пес** hungry as a bear; **~а смерть** death by starvation
Cf. **спра́глий.** *Ant.* **си́тий 1**

голодува́н|ня, *nt.*
1 hunger, starving, fasting ◊ **Лікува́льне г. зме́ншує депре́сії.** Prescribed fasting reduces depression. ◊ **Щоро́ку Іва́н удава́вся до профілакти́чного г.** Every year, Ivan resorted to prophylactic fasting.
2 hunger strike ◊ **Вони́ провели́ г. солі́дарности із ви́крадениими украї́нцями.** They held a hunger strike in solidarity with the kidnapped Ukrainians.
adj. **безстроко́ве** indefinite ◊ **Студе́нти ту́т же оголоси́ли безстроко́ве г.** The students right away announced an indefinite hunger strike. **до́вге** long, **трива́ле** lengthy; **політи́чне** political; **сухе́** dry
See **страйк**

голоду|ва́ти, **~ють;** *no pf., intr.*
to starve, go hungry, be short of food, fast
◊ **Сього́дні у сві́ті ~ють мільйо́ни люде́й.** Millions of people go hungry these days around the world.
adv. **до́вго** for a long time ◊ **Севери́н змýшений до́вго г.** Severyn has to go hungry for a long time. **ду́же** badly, **пості́йно** constantly, **хроні́чно** chronically; **дослі́вно** literally
голоду́й!

го́лос, *m.*, **~у**
1 voice
adj. **винятко́вий** exceptional ◊ **У театра́льній тру́пі було́ кі́лька акто́рів із винятко́вими ~ами.** There were a few actors in the theater company with exceptional voices. **га́рний** beautiful, **до́брий** good, **приє́мний** pleasant, **соло́дкий** sweet ◊ **Його́ г. став соло́дким.** His voice became sweet. **хоро́ший** fine, **чудо́вий** wonderful; **гучни́й** loud, **поту́жний** powerful ◊ **Пе́трів поту́жний г. мо́жна було́ чу́ти надво́рі.** Petro's powerful voice could be heard outdoors. **си́льний** strong; **вира́зний** distinct, **чи́стий** clear; **мале́нький** *dim.* small ◊ **Тепе́р мо́жна зроби́ти співо́чу кар'є́ру наві́ть із мале́ньким ~ом.** These days, one can make a career as a singer even with a small voice. **слабки́й** weak, **тоне́нький** *dim.* high-pitched, **тонки́й** high; **глибо́кий** deep; **дру́жній** friendly, **ла́гідний** kind, **м'яки́й** soft, **ні́жний** tender, **те́плий** warm; **моното́нний** monotonous, **рі́вний** steady; **впе́внений** confident; **збу́джений** excited; **напру́жений** tense, **натя́гнутий** strained; **рішу́чий** resolute, **тверди́й** firm; **серйо́зний** serious, **суво́рий** stern; **нечу́тний** inaudible, **низьки́й** low, **приглу́шений** muffled, **прити́шений** muted, **ти́хий** quiet; **хрипки́й** *or* **хри́плий** hoarse; **висо́кий** high, **крикли́вий** shrill, **пискля́вий** squeaky, **підви́щений** raised; **прони́зливий** piercing, **різки́й** sharp; **бадьо́рий** lively, **ра́дісний** cheerful, **оптимісти́чний** optimistic; **беземоці́йний** emotionless, **ділови́й** matter-of-fact; **крижани́й** icy, **прохоло́дний** cool, **стри́маний** restrained, **холо́дний** cold; **тремтя́чий** shaky; **неприє́мний** unpleasant, **авторите́тний** authoritative, **наказо́вий** commanding; **ди́вний** strange, **невпізна́нний** unrecognizable; **мо́торошний** creepy ◊ **Вона́ промовля́ла мо́торошним ~ом упиря́.** She spoke in the creepy voice of a vampire. **пону́рий** gloomy, **роздрато́ваний** annoyed, **серди́тий** angry; **жало́бний** mournful, **меланхолі́йний** melancholy, **сумни́й** sad; **занепоко́єний** concerned, **триво́жний** anxious ◊ **У її́ триво́жному ~і чу́вся страх.** One could hear fear in her anxious voice. **переля́каний** frightened; **куме́дний** *and* **смішни́й** funny; **дале́кий** distant; **вну́трішній** inner; **іроні́чний** ironic, **знуща́льний** mocking, **саркасти́чний** sarcastic; **дитя́чий** child's, **жіно́чий** female, **чолові́чий** male, **юна́цький** youthful; **жіно́чний** feminine; **му́жній** masculine, virile
v. + **г. впізнава́ти г.** recognize a voice ◊ **Він не впізна́в вла́сного ~у.** He did not recognize his own voice. (**втрача́ти** lose ◊ **Зо́я майже втра́тила г.** Zoia all but lost her voice. **зна́ти** know ◊ **Краї́на до́бре зна́є г. співака́.** The nation knows the singer's voice well. **імітува́ти** imitate, **контролюва́ти** control, **напру́жувати** strain; **заглу́шувати** silence ◊ **Реві́ння мо́ря заглу́шувало ї́хні ~и́.** The roar of the sea silenced their voices. **маскува́ти** disguise; **підви́щувати** raise; **пони́жувати** lower ◊ **Він пони́зив г., перейшо́вши на ше́піт.** He lowered his voice, switching to a whisper. **поси́лювати** amplify. **чу́ти** hear ◊ **Вона́ ста́ла чу́ти ди́вні ~и́.** She started hearing strange voices.
г. + *v.* **гучні́шати** grow louder ◊ **Го́лос учи́теля гучні́шав.** The teacher's voice grew louder. **нароста́ти** go up, **підви́щуватися** rise; **сла́бнути** weaken ◊ **До кінця́ ви́ступу її́ г. осла́б** *or* **осла́бнув.** Towards the end of the address, her voice weakened. **відліта́ти** drift away; **стиха́ти** die away, **ти́хшати** fade; **напо́внюватися** + *I.* be filled with sth ◊ **Його́ г. напо́внився жа́хом.** His voice was filled with terror. **луна́ти** *or* **звуча́ти** sound ◊ **Матві́їв г. луна́в ра́дісно.** Matvii's voice sounded happy. **м'я́кшати** soften; **тремті́ти** quiver; **відлу́нювати** echo ◊ **Її́ г. усе́ ще відлу́нював у лабіри́нтах Мусі́євої па́м'яті.** Her voice still echoed in the labyrinth of Musii's memory. **гука́ти** *and* **кли́кати** call, **крича́ти** cry; **муркоті́ти** purr, **сича́ти** hiss, **шепта́ти** whisper; **бриніти** reverberate, **дзвені́ти** ring, **резонува́ти** resonate ◊ **Г. учи́теля резонува́в у поро́жній кімна́ті.** The teacher's voice resonated in the empty room. **застрява́ти** catch, **застрява́ти в го́рлі** catch in one's throat ◊ **Від хвилюва́ння г. став застрява́ти Дани́лові в го́рлі.** From excitement, Danylo's voice started catching in his throat. **зника́ти** disappear, **зрива́тися** break ◊ **Га́ля так верещáла, що в не́ї зірва́вся г.** Halia screamed so loud her voice broke. **лама́тися** break (become a man's voice) ◊ **У Павла́ став лама́тися г.** Pavlo's voice started breaking. **тону́ти в** + *L.* be drowned in sth ◊ **Її́ г. потону́в в о́плесках.** Her voice was drowned in applause.
prep. **в ~і** in a voice; **на весь г.** at the top of one's voice. ♦ **у свиня́чий г.** late, very late ◊ **Вона́ прийшла́ на заня́ття у свиня́чий г.** She came late to class.
2 *fig.* sound, tone, voice, expression ◊ **Вони́ чу́ли дале́кі ~и́ мі́ста.** They heard the distant sounds of the city.
adj. **вду́мливий** thoughtful ◊ **Реда́ктор хоті́в нада́ти газе́ті вду́мливого ~у.** The editor wanted to give the paper a thoughtful tone. **ви́важений** judicious, **крити́чний** critical, **твере́зий** sober; **гучни́й** loud, **поту́жний** powerful; **культу́рний** cultural ◊ **Програ́ма ста́ла культу́рним ~ом ново́го поколі́ння.** The show became the cultural voice of the new generation. **політи́чний** political
г. + *n.* **г. за́здрости** the voice of envy ◊ **Це промовля́в г. за́здрости.** This was the voice of envy speaking. (**нена́висти** hatred, **ре́внощів** jealousy; **наро́ду** people; **здоро́вого глу́зду** common sense, **пра́вди** truth, **правосу́ддя** justice, **ро́зуму** reason, **сумлі́ння** conscience, *etc.*) ◊ **Тим ча́сом г. Оле́ниного сумлі́ння мовча́в.** Meanwhile, the voice of Olena's conscience was silent.
v. + **г. дава́ти** + *D.* **г.** give sb a voice ◊ **Фільм дав г. наро́дові, яки́й рані́ше був неви́димим.**

The film gave a voice to a people that had earlier been invisible. (**додава́ти до** + *G.* add to sth ◊ **Бага́то фільмарі́в додали́ ~й до кампа́нії проте́сту.** Many filmmakers added their voices to the protest campaign. **заглу́шувати** silence ◊ **Імпе́рська літерату́ра заглу́шує г. колонізо́ваного.** The imperial literature silences the voice of the colonized. **чу́ти** heed) ♦ **підно́сити г.** 1) to begin to speak ◊ **Ра́птом г. піднесла́ Марі́йка.** Suddenly Mariika started speaking. 2) to raise one's voice ◊ **Що бі́льше вона́ се́рдилася, то бі́льше підно́сила г.** The angrier she got, the more she raised her voice. 3) *fig.* to stand up for/against, support ◊ **Він за́вжди́ підно́сить г. на за́хист украї́нської мо́ви.** He always stands up in defense of the Ukrainian language. **додава́ти** + *D.* **~у** amplify sb's voice ◊ **Профспі́лка додає робі́тникам політи́чного ~у.** The union amplifies the workers' political voice. (**позбавля́ти** + *A.* deprive sb of)
prep. ♦ **в оди́н г.** 1) in one voice, unanimously ◊ **Вони́ в оди́н г. зажада́ли ви́бачення.** They unanimously demanded an apology. 2) with one voice ◊ **Опози́ція говори́ла в оди́н. г.** The opposition was speaking with one voice.
3 *politics* vote ◊ **Для не́ї ко́жен г. потрі́бен, щоб ви́грати ви́бори.** She needs every vote to win the election. ◊ **Він мав порахува́ти всі ~и́ «за» і «про́ти».** He was to tally all the yeas and nays.
adj. **виріша́льний** deciding; **потрі́бний** requisite
n. + **г.** ♦ **бі́льшістю ~і́в** by a majority of votes ◊ **Зако́н прийняли́ бі́льшістю ~і́в.** The law was adopted by a majority of votes. ♦ **пра́во ~у** *leg.* the vote, suffrage ◊ **Жі́нки позба́влені пра́ва ~у.** Women have no suffrage. **дава́ти** + *D.* **пра́во ~у** give sb the vote (**ма́ти** have; **отри́мувати** get) ◊ **Коли́шні злочи́нці не за́вжди́ отри́мують пра́во ~у.** Former criminals do not always get the right to vote.
4 *mus.* part ◊ **Вони́ ви́конали пі́сню на три ~и.** They performed a three-part song.

голосн|и́й, *adj.*
1 loud ◊ **Світла́на втоми́лася від ~о́ї му́зики.** Svitlana got tired of loud music. ◊ **Її ~é поя́снення чу́ти в оста́нньому ря́ді.** Her loud explanation can be heard in the last row. ◊ **Звук у сце́ні ви́явився нестерпно ~и́м.** The sound in the scene proved unbearably loud.
See **гучни́й 1**
2 *ling.* vowel ◊ **У ці́й мо́ві є ві́сім ~и́х звукі́в.** There are eight vowel sounds in this language.
3 *as n., ling.* vowel ◊ **Усі́ ~і ді́лять на монофто́нги й дифто́нги.** All the vowels are divided into monophthongs and diphthongs.
adj. **до́вгий** long, **коро́ткий** short; **наголо́шений** stressed, **ненаголо́шений** unstressed; **неогу́блений** unrounded, **огу́блений** rounded
г. + *n.* **г. висо́кого підйо́му** a close vowel (**сере́днього** mid, **низько́го** open); ♦ **г. пере́днього ря́ду** a front vowel ◊ **Украї́нський звук [і] – г. пере́днього ря́ду, висо́кого підйо́му.** The Ukrainian sound [i] is a front close vowel. (**сере́днього** central, **за́днього** back vowel)
Cf. **при́голосний**

голосува́н|ня, *nt.*
vote *(process)*, voting, ballot
adj. **відкри́те** open, **ві́льне** free; **демократи́чне** democratic; **руко́ю** by a show of hands ◊ **Г. прово́дили руко́ю.** Voting was held by a show of hands. **пойме́нне** roll-call, **пряме́** direct, **непряме́** indirect, **таємне** secret; **важли́ве** important, **виріша́льне** decisive, **ключове́** key, **остато́чне** final; **всенаро́дне** popular, **загальнонаціона́льне** national; **зако́нне** lawful, **леґіти́мне** legitimate, **че́сне** fair; **незако́нне** unlawful ◊ **Без обгово́рення г. по прое́кту бу́де незако́нним.** Without discussion, a vote on the bill will be unlawful. **нелеґіти́мне** illegitimate, **нече́сне** unfair, **сфальсифіко́ване** rigged
v. + **г. прово́дити г.** hold a vote (**заплано́вувати** schedule ◊ **Г. запланува́ли на понеді́лок.** The vote has been scheduled for Monday. **обіця́ти** + *D.* promise sb; **відклада́ти** postpone, **зупиня́ти** stop; **приско́рювати** expedite; **вигра́вати** win; **програва́ти** lose ◊ **Па́ртія програ́ла три важли́ві г.** The party lost three important votes. **скасо́вувати** cancel, **унева́жнювати** invalidate; **вплива́ти на** influence; **ста́вити на** put sth to) ◊ **Вона́ поста́вила пропози́цію на г.** She she put the proposal up to a vote. **вимага́ти г.** demand a vote (**домага́тися** press for, **не допуска́ти (до)** avert) ◊ **Спі́кер не допусти́в (до) г.** The speaker averted the vote. **запобіга́ти ~ню** prevent a vote (**перешкоджа́ти** hinder) ◊ **Цю та́ктику застосо́вують, щоб перешко́дити ~ню.** This tactic is used to hinder a vote.
prep. **г. з** + *G.* a vote on sth ◊ **Комі́сія унева́жнила г. з законопрое́кту.** The committee invalidated the vote on the bill. **г. за** + *A.* a vote for sth ◊ **Па́ртія ви́грала г. за попра́вку невели́кою бі́льші́стю.** The party won the vote for the amendment by a small majority. **г. на підтри́мку** a vote in support of sth; **г. про́ти** + *G.* a vote against sth ◊ **її пе́рше г. про́ти вла́сної па́ртії** her first vote against her own party
г. + *v.* **відбува́тися** *or* **прохо́дити** happen ◊ **Г. пройшло́ за пла́ном.** The vote happened according to the plan.
G. pl. **~ь**

голосу|ва́ти, ~ють; про~, *intr. and tran.*
1 *intr.* to vote, cast a ballot
adv. **ві́льно** freely ◊ **Вони́ ~ва́ли відкри́то і ві́льно.** They voted openly and freely. **демократи́чно** democratically, **зако́нно** lawfully, **леґіти́мно** legitimately, **одностáйно** unanimously ◊ **Парла́мент проголосува́в за відо́зву односта́йно.** The parliament voted in favor of the appeal unanimously. **індивідуа́льно** individually, **колекти́вно** collectively; **бюлете́нем** by a ballot, **електро́нно** electronically, **ка́рткою** by a card ◊ **Г. чужо́ю ка́рткою є незако́нним.** Voting with somebody else's card is illegal. **відкри́то** openly, **поіме́нно** by a roll-call, **руко́ю** by a show of hands ◊ **Пала́та ~ва́ла рука́ми.** The chamber voted by a show of hands. **таємно** by secret ballot; **безкіне́чно** endlessly, **до́вго** for a long time, **неоднора́зово** repeatedly, **повто́рно** again; **наре́шті** finally
prep. **г. за** + *A.* vote for sb/sth, in favor of ◊ **Він голосува́в за кандида́та від у́ряду.** He voted for the government's candidate. **г. про́ти** + *G.* vote against sb/sth; **г. (ра́зом) з** + *I.* vote (together) with ◊ **Вони́ ~ва́ли ра́зом з опоне́нтами.** They voted together with their opponents.
Also see **обира́ти 1**
2 *tran.* to vote *(sth into law)*, adopt, vote for ◊ **г. зако́н** vote for a law ◊ **Парла́мент що́йно проголосува́в зако́н.** The parliament has just voted for the law. (**законопрое́кт** bill, **но́рму** norm, **попра́вку** amendment, **пра́вила** regulations)
pa. pple. **проголосо́ваний** voted for, passed
(про)голосу́й!

го́луб, *m.*; ~ка, *f.*
1 pigeon ◊ **г. ми́ру** the dove of peace
adj. ♦ **вола́стий г.** a pouter, ♦ **ди́кий г.** a culver, ♦ **лісови́й г.** a wood pigeon, ♦ **пошто́вий г.** a homing pigeon, ♦ **си́зий г.** a rock dove, ♦ **чуба́тий г.** a jacobin; ♦ **г.-верту́н** a tumbler
n. + **г. зграя ~ів** a flock of pigeons
г. + *v.* **воркува́ти** coo ◊ **За вікно́м воркува́ла па́ра ~ів.** A pair of pigeons cooed ouside the window. **гнізди́тися** nest; **літа́ти** fly
See **птах 1**
2 *colloq.* darling, dearest, honey, baby, hon ◊ **Що ти сього́дні роби́в, мій ~е?** What did you do today, my darling?
Also see **лю́бий 3**

голуб|е́ць, *m.*, ~ця́
1 *often pl.* cabbage roll, stuffed cabbage *(Ukrainian dish made of rice, minced meat and other ingredients rolled in a cabbage leaf and stewed)*
adj. **греча́ні** buckwheat, **картопля́ні** potato, **ри́сові** rice; **свиня́чі** pork, **ку́рячі** chicken, *etc.*; **веґетарія́нські** vegetarian; **бабу́сині** grandma's, **дома́шні** homemade
v. + **г. вари́ти ~ці́** boil cabbage rolls (**пекти́** bake ◊ **Ма́ти пекла́ ~ці́ в печі́.** Mother baked the cabbage rolls in the oven. **роби́ти** make, **тушкува́ти** stew; **подава́ти** serve) ◊ **На вече́рю пода́ли її фірмо́ві ~ці́.** Her signature cabbage rolls were served for dinner.
prep. **г. з** + *I.* a cabbage roll with *(stuffing, etc.)* ◊ **~ці́ з гре́чкою** cabbage rolls with buckwheat (**гриба́ми** mushrooms, **мо́рквою** carrots, **м'я́сом** meat, **ри́сом** rice, *etc.*; **підли́вою** gravy, **смета́ною** sour cream)
2 *colloq. pejor.* queer, homosexual ◊ **По́за спи́ною Іва́на назива́ли ~це́м.** Ivan was called a queer behind his back.
See **гомосексуа́л.** *Also see* **голуби́й 2**

голуб|и́й, *adj.*
1 blue, azure ◊ **~а́ кров** *fig.* blue blood
adv. **геть** totally, **ціпко́м** completely ◊ **Пі́сля зли́ви не́бо ста́ло цілко́м ~и́м.** After the downpour, the sky became completely azure. **ду́же** very; **дивови́жно** amazingly ◊ **Оле́на ма́ла які́сь дивови́жно ~і о́чі.** Olena had some kind of amazingly blue eyes. **неймові́рно** incredibly; **ма́йже** almost
Also see **блаки́тний**
2 *colloq., pejor.* queer, gay ◊ **Роман не хоті́в, щоб про ньо́го ду́мали як про ~о́го.** Roman did not want to be thought of as queer.
Also see **голубе́ць 2**

гомосексуа́л, *m.*; ~ка, *f.*
homosexual
adj. **відкри́тий** out ◊ **Ві́ктор – відкри́тий г.** Viktor is an out homosexual. **зата́єний** repressed, **прихо́ваний** closeted; **го́рдий** proud
v. + **г. викрива́ти** + *A.* **як ~а** out sb ◊ **Він погро́жував ви́крити Андрі́я, як ~а.** He threatened to out Andrii. **бу́ти ~ом** be a homosexual ◊ **Андрі́їв нача́льник – г.** Andrii's boss is a homosexual. (**виявля́тися** turn out ◊ **Ба́тько двох діте́й ви́явився ~ом.** The father of two children turned out to be a homosexual. **вважа́ти** + *A.* consider sb ◊ **На робо́ті його́ вважа́ли прихо́ваним ~ом.** At work, he was considered a closeted homosexual. **здава́тися** + *D.* seem to sb ◊ **Рома́н не здава́вся дру́зям ~ом.** Roman did not seem to be a homosexual to his friends. **наро́джуватися** be born) ◊ **Ната́лка чита́ла, що ~ом не стають, а наро́джуються.** Natalka read that one does not become, but is born a homosexual.
г. + *v.* **вихо́дити** *or* **відкрива́тися** *or* **уя́внюватися як г.** come out ◊ **Він ви́йшов публі́чно як г.** Viktor came out publicly.
Also see **ґей 1.** *Cf.* **голубе́ць 2, голуби́й 2**

гонора́р, *m.*, ~у
fee, honorarium, royalty
adj. **а́вторський** author's; **вели́кий** large, **значни́й** significant, **присто́йний** decent, **серйо́зний** serious, **ще́дрий** generous; **жалюгі́дний** pitiful, **мале́нький** *dim.* small, **невели́кий** small, **смішни́й** laughable
v. + **г. дістава́ти г.** get a royalty ◊ **Вона́ діста́ла присто́йний г. за публіка́цію.** She got a decent honorarium for the publication. (**заробля́ти** earn,

отри́мувати collect ◊ **Він отри́мує серйо́зні ~и.** He collects serious royalties; **обіця́ти** + *D.* promise sb ◊ **Видаве́ць пообіця́в їй невели́кий г.** The publisher promised her a small royalty. **плати́ти** + *D.* pay sb) ◊ **Журна́л заплати́в йому́ а́вторський г.** The magazine paid him his author's royalty.

prep. **г. від** + *G.* a royalty from sb ◊ **г. від газе́ти** a royalty from a newspaper; **г. за** + *A.* a royalty for sth; ♦ **завда́ток за раху́нок ~у** an advance against/on royalties

г|ора́, *f.*

1 mountain, mount ◊ **г. Еверéст** Mount Everest

adj. **вели́ка** big, **висо́ка** high ◊ **Доли́ну ото́чували висо́кі ~о́ри.** High mountains surrounded the valley. **височе́зна** very high; **кілометро́ва** 1,000-meter, **двокілометро́ва** 2,000-meter, **трикілометро́ва** 3,000-meter, *etc.* **мале́нька** *dim.* small, **невели́ка** small, **низька́** low; **небезпе́чна** dangerous, **підсту́пна** treacherous; **стрімка́** steep; **вели́чна** majestic, **га́рна** beautiful, **могу́тня** mighty; **навко́лишні** *only pl.* surrounding ◊ **У навко́лишніх ~о́рах во́дяться ведме́ді.** Bears are found in the surrounding mountains. **дале́ка** distant; **вулкані́чна** volcanic; **засні́жена** snow-covered; **скеля́ста** rocky; **зеле́на** green; **молоді́** *only pl.* young ◊ **А́льпи – молоді́ ~о́ри.** The Alps are young mountains. **си́ва** *poet.* gray-haired, **стара́** old, **старови́нна** ancient; **свяще́нна** holy, sacred

n. + **г. верши́на ~ори́** a mountain top (**пік** peak; **бік** side, **схил** slope); **гряда́ ~ір** a chain of mountains (**кряж** *or* **ланцю́г, па́смо, хребе́т** range) ◊ **За цим па́смом ~ір лежа́ла Ве́рхня Сіле́зія.** Upper Silesia lay behind this mountain range. **бік ~ори́** a side of the mountain (**підні́жжя** foot, **схил** slope)

v. + **г. бра́ти ~о́ру** 1) go up a mountain ◊ **Авті́вка ле́гко взяла́ невели́ку ~о́ру.** The car easily went up a small mountain. 2) *fig.* overcome, prevail over, come out on top ◊ **Яросла́в ле́две взяв ~о́ру над свої́ми емо́ціями.** Yaroslav barely prevailed over his emotions. (**здобува́ти** conquer; **займа́ти** occupy; **обхо́дити** bypass ◊ **Цю підсту́пну ~о́ру ле́гше обі́йти, як подола́ти.** This treacherous mountain is easier to bypass than conquer. **перехо́дити** cross ◊ **Перейти́ ~о́ри мо́жна у двох місця́х.** It is possible to cross the mountains in two places. **вила́зити на** climb, **вихо́дити на** 1) come up ◊ **Гру́па вихо́дила на ~о́ру.** The group was coming up the mountain. 2) face ◊ **Вікно́ кімна́ти вихо́дить на ~о́ри.** The window in the room faces the mountains. **здира́тися на** scale, **підійма́тися** *or* **підніма́тися на** ascend) ◊ **Він мрі́яв підня́тися на цю небезпе́чну ~о́ру.** He dreamt of ascending this dangerous mountain. ♦ **зру́шувати** *or* **переверта́ти ~о́ри** to move mountains ◊ **Для не́ї Оле́кса гото́вий ~о́ри зру́шити** *or* **переверну́ти.** For her, Oleksa is ready to move mountains. ♦ **обіця́ти** + *D.* **золоті́ ~о́ри** to promise sb the earth ◊ **Він обіця́в ви́борцям золоті́ ~о́ри.** He promised the voters the earth. **зла́зити з ~ори́** go down a mountain (**спуска́тися з** come down, **схо́дити з** walk down) ◊ **Зійти́ з ~ори́ ви́явилося ва́жче, як зде́ртися на не́ї.** Walking down the mountain turned out to be harder than scaling it. ♦ **~оро́ю стоя́ти за** + *A.* to defend sb with might and main ◊ **Вони́ ~оро́ю стоя́ть за Тимоша́.** They are defending Tymish with might and main. **гуля́ти в ~о́рах** walk in the mountains ◊ **У ~о́рах приє́мно гуля́ти.** It is a pleasure to walk in the mountains.

г. + *v.* **вироста́ти** come up ◊ **Пе́ред мандрі́вниками ви́росла г.** A mountain came up in front of the travelers. **височі́ти** tower ◊ **Над село́м височі́ть г.** A mountain towers over the village. **лежа́ти** lie ◊ **За пусте́лею лежа́ть ~о́ри.** Mountains lie beyond the desert. **підійма́тися** *or* **підніма́тися** rise, **розташо́вуватися на** + *L.* be situated in *(a place)*, **розтяга́тися** *and* **тягну́тися на** + *A.* stretch for *(a distance)* ◊ **~о́ри тя́гнуться на пі́вніч.** The mountains stretch into the north. **сині́ти** *and* **сиві́ти** show blue *and* gray ◊ **На о́брії сині́ли Карпа́тські ~о́ри.** The Carpathian Mountains showed blue on the horizon. **розділя́тися на** + *A.* split into *(parts)* ◊ **Тут ~о́ри розділя́ються на два хребти́.** Here the mountains split into two ranges.

prep. **в ~о́ри** *dir.* to the mountains ◊ **Вони́ збира́лися ї́хати в Кри́мські ~о́ри.** They were preparing to go to the Crimean Mountains. **в ~о́рах** *posn.* in the mountains ◊ **Марі́я збира́ла гриби́ в ~о́рах.** Maria picked mushrooms in the mountains. **до ~ір** to the mountains ◊ **Він добра́вся до ~ір за дві годи́ни.** He made it to the mountains in two hours. **за ~о́ри** *dir.* over the mountains ◊ **Пта́хи леті́ли за ~о́ри, куди́сь, де сіда́є со́нце.** The birds flew over the mountains, to the place where the sun set. **за ~о́рами** *posn.* behind the mountains ◊ **За ~о́рами особли́ве мікрідсо́ння.** There is a special microclimate behind the mountains. ♦ **не за ~о́рами** imminent, close at hand ◊ **Перемо́га була́ не за ~о́рами.** Victory was imminent. **на ~о́ру** *dir.* on/to a mountain; **на ~орі́** *posn.* on a mountain ◊ **На ~орі́ ще є за́лишки старови́нної ве́жі.** Remnants of an ancient tower are still on the mountain. **навко́ло ~ір** around mountains; **по ~о́рах** around/in/through the mountains ◊ **Вони́ весь день ходи́ли по ~о́рах.** They hiked in the mountains all day long.

Also see **ске́ля; моги́ла 3**

2 *fig.* mountain, lots, mounds, heaps, a great deal + *G.* ◊ **У ме́не г. робо́ти.** I have a pile of work. ◊ **У саду́ була́ г. я́блук.** There was a mountain of apples in the orchard.

adj. **вели́ка** great ◊ **На Ка́трю чека́є вели́ка г. по́шти.** A great heap of mail awaits Katria. **величе́зна** enormous, **маси́вна** massive; **паперо́ва** paper ◊ **Його́ ле́две ви́дно за паперо́вою ~оро́ю на бю́рку.** He is barely visible behind the paper heap on the desk.

г. + *n.* **г. газе́тних ви́різок** a mountain of newspaper clippings (**докуме́нтів** documents, **квита́нцій** receipts, **папе́рів** papers, **світли́н** photographs) ◊ **Па́ні С. лиши́ла по собі́ ~о́ру світли́н.** Mrs. S. left behind a mountain of photographs.

See **бага́то.** *Also see* **гай 2, ку́па 3, ма́са 3, мо́ре 2, хма́ра 3.** *Ant.* **жме́ня**

3 attic, loft ◊ **Вони́ зроби́ли спа́льню на ~орі́.** They made a bedroom in the attic. ◊ **Бі́лизну суши́ли на ~орі́.** The laundry was dried in the attic.

See **гори́ще**

го́рд|ий, *adj.*

1 proud ◊ **Вона́ ви́ріжнялася з на́товпу ~им по́глядом.** She stood out of the crowd by her proud look.

adv. **ду́же** very, **надзвича́йно** extraordinarily; **неймові́рно** unbelievably, **напра́вду** *or* **спра́вді** genuinely, **страше́нно** tremendously; **до́сить** fairly; **особли́во** particularly; **ви́правдано** justifiably

v. + **г. бу́ти ~им** be proud ◊ **Він г. тим, що зроби́в усе́ сам.** He is proud that he did it all by himself. (**вважа́ти** + *A.* consider sb ◊ **Вони́ вважа́ють себе́ людьми́ напра́вду ~ими.** They consider themselves to be truly proud people. **вигляда́ти** look ◊ **Того́ дня Макси́м вигляда́в особли́во ~им.** That day Maksym looked particularly proud. **здава́тися** + *D.* seem to sb, **роби́ти** + *A.* make sb ◊ **Свідо́мість вла́сних дося́гнень роби́ла їх ~ими.** The awareness of their own achievements made them proud. **става́ти** become)

prep. **г. за** + *A.* proud of sb/sth ◊ **Григо́рій г. за дру́га.** Hryhorii is proud of his friend.

Cf. **пиша́тися 1**

2 *fig.* lofty, exalted, noble, elevated ◊ **Вони́ прибули́ сюди́ з ~ою мі́сією вчителюва́ти.** They came here with the lofty mission of teaching.

See **шляхе́тний 2.** *Also see* **висо́кий 4**

3 arrogant, proud, haughty, snobbish ◊ **За рік навча́ння Васи́ль став надмі́ру ~им.** After a year of studies, Vasyl became inordinately proud. ◊ **Вона́ на́дто ~а, щоби вступа́ти в розмо́ву з селяни́ном.** She is too haughty to engage in a conversation with a peasant.

See **пиха́тий.** *Also see* **зарозумі́лий**

го́рд|ість, *f.*, **~ости**, *only sg.*

1 pride

adj. **вели́ка** great, **величе́зна** immense, **шале́на** fierce; **ба́тьківська** fatherly ◊ **Іва́нові о́чі промені́ли ба́тьківською ~істю.** Ivan's eyes radiated fatherly pride. **матери́нська** motherly

n. + **г. джерело́ ~ости** a source of pride (**причи́на** cause) ◊ **Висо́ка я́кість виклада́ння – причи́на ~ости шко́ли.** The high quality of teaching is a cause of pride for the school.

v. + **г. відчува́ти г.** feel pride ◊ **Вони́ відчува́ли шале́ну г. за випускникі́в шко́ли.** They felt a fierce pride in the school's alumni. (**чу́ти** take ◊ **Марі́я чу́ла величе́зну г. за дочку́.** Maria took immense pride in her daughter. **виража́ти** *and* **висло́влювати** express ◊ **Президе́нт ви́словив г. усіє́ї краї́ни за її́ олімпі́йців.** The President expressed the pride of the entire nation in its Olympic athletes. **ма́ти** have); **перепо́внюватися ~істю** swell with pride ◊ **Вони́ перепо́внювалися ~істю.** They swelled with pride.

prep. **з ~істю** with pride ◊ **Він ви́конає свою́ мі́сію з ~істю.** He will fulfill his mission with pride. **г. за** + *A.* pride in sb/sth ◊ **г. за діте́й** pride in one's children (**дося́гнення** accomplishments, **перемо́гу** victory)

2 pride, best, finest, cream ◊ **Нови́й автомобі́ль – г. фі́рми.** The new car is the pride of the firm.

3 pride, self-respect, pride and joy

adj. **вели́ка** great, **особи́ста** personal ◊ **Він відчува́в особи́сту г., здійсни́вши все заплано́ване.** He felt personal pride, having accomplished everything he had planned. **професі́йна** professional, **роди́нна** *or* **сіме́йна** family; **жіно́ча** womanly, **чолові́ча** manly; **націона́льна** national; **глу́па** silly; **уще́млена** injured, **надще́рблена** chipped, **обра́жена** hurt, **пора́нена** wounded ◊ **Миросла́вою ру́хала пора́нена г.** Myroslava was driven by her wounded pride.

v. + **г. уще́млювати г.** injure sb's pride ◊ **Свої́м жа́ртом Хома́ уще́мив її́ г.** Khoma injured her pride with his joke. (**ра́нити** wound; **ма́ти** have; **ковта́ти** swallow) ◊ **Ковтну́вши г., вони́ пого́дилися на запроспоно́вані умо́ви.** Having swallowed their pride, they accepted the proposed terms. **же́ртвувати ~істю** sacrifice one's pride ◊ **Сергі́й поже́ртвував ~істю і попроси́в у дру́зів по́зику.** Serhii sacrificed his pride and asked his friends for a loan.

prep. **з ~ости** out of pride ◊ **Богда́на відмо́вилася від її́ консульта́ції з ~ости.** Bohdana refused her consultation out of pride.

4 pride, arrogance, vanity, self-importance ◊ **Надмі́рна г. не дава́ла йому́ диви́тися об'єкти́вно на тих, хто похо́див з і́ншого середо́вища.** Excessive pride prevented him from looking objectively at those who came from a different environment.

See **пиха́**

го́р|е, *nt.*, **~я**, *only sg.*

1 grief, sorrow, distress, misfortune, woe

adj. **вели́ке** great, **величе́зне** tremendous, **глибо́ке** deep, **го́стре** intense, **невті́шне** inconsolable ◊ **Він лиши́вся сам на сам зі свої́м невті́шним ~ем.** He was left face to face with his inconsolable grief. **нестéрпне** unbearable, **страшне́** terrible; **безмо́вне** *fig.*

speechless ◊ **Почу́вши страшну́ нови́ну, ма́ти завме́рла в безмо́вному ~і.** On hearing the horrible news, mother froze in her speechless grief. **невимо́вне** unutterable, **несказа́нне** unspeakable, **неописа́нне** indescribable, **нечу́ване** unheard-of; **осо́бисте** personal; **спра́вжнє** real; ♦ **уби́тий ~м** grief-stricken ◊ **Він намага́вся вті́шити вби́ту ~ем Рома́ну.** He was trying to console grief-stricken Romana.

n. + **г. відчуття́ ~я** a feeling of sorrow (**годи́на** time; **сльо́зи** tears) ◊ **Він не був упе́вненим, то сльо́зи ра́дости чи ~я.** He was not sure whether those were the tears of joy or sorrow.

v. + **г. відчува́ти г.** feel grief ◊ **Севери́н відчува́в її г.** Severyn felt her grief. (**долати** overcome, **зна́ти** know ◊ **Незважа́ючи на молоди́й вік, Тимі́ш уже́ знав спра́вжнє г.** Despite his young age, Tymish had already known real grief. **прино́сити** + *D.* bring sb ◊ **Це не принесе́ Оле́сі ні́чого, крім ~я.** This will bring Olesia nothing but sorrow. **розумі́ти** understand; **топи́ти** drown ◊ **Він не збира́вся топи́ти г. в горі́лці.** He was not about to drown his sorrow in vodka. **хова́ти** hide); **ви́пити** *or* **ковтну́ти ~я** *pf.* suffer grief ◊ **За своє́ життя́ Марі́я ви́пила** *or* **ковтну́ла доста́тньо ~я.** In her lifetime, Maria had suffered enough grief. (**завдава́ти** + *D.* cause sb ◊ **Мала́ необере́жність могла́ завда́ти їй вели́кого ~я.** A small indiscretion could cause her great grief. **зазнава́ти** experience ◊ **Ра́зом вони́ зазна́ли і ра́дости, і ~я.** Together they experienced both joy and grief. **вмира́ти** *or* **помира́ти від** die of) ◊ **Каза́ли, що Іва́нко вмер від ~я.** Ivanko was said to have died of grief. **діли́тися ~ем з** + *I.* share one's grief with sb ◊ **Яки́м не нава́жувався поділи́тися ~ем на́віть із дру́зями.** Yakym did not dare share his grief even with his friends. (**бу́ти охо́пленим** be consumed with, **бу́ти приби́тим** be stricken with ◊ **Павло́ був приби́тий ~ем.** Pavlo was stricken with grief. **дава́ти собі ра́ду з** cope with); ♦ **г. тому́, хто** + *clause* woe betide one who ◊ **Г. тому́, хто підда́сть су́мніву правди́вість ска́заного.** Woe betide him who questions the veracity of what was said.

prep. **від** *or* **з ~я** of/with grief ◊ **Ні́на постарі́ла від** *or* **з ~я.** Nina has aged with grief. ♦ **із ~ем попола́м** barely, by the skin of one's teeth ◊ **Він із ~ем попола́м закінчи́в шко́лу.** He finished school by the skin of his teeth. **на г.** to sb's grief ◊ **На ї́хнє г., банк зачи́нений по понеді́лках.** To their grief, the bank is closed on Mondays.

Also see **ту́га 2.** *Ant.* **ра́дість, ща́стя**

2 *iron., as pref. in compounds* travesty, parody, sorry excuse for ◊ **г.-юри́ст** a sorry excuse for a lawyer, ◊ **г.-лі́кар** a parody of a doctor, **г.-полі́тик** a parody of a politician

гори́щ|е, *nt.*, **~а**
attic, loft

adj. **захара́щене** cluttered ◊ **Г. було́ ці́лко́м захара́щеним.** The attic was completely cluttered. **заду́шливе** stuffy, **курне́** dusty, **те́мне** dark; **вели́ке** large, **просто́ре** spacious; **кри́хітне** tiny, **мале́ньке** *dim.* small, **невели́ке** small; **переро́блене** converted ◊ **Дру́гий по́верх – це перероблене г.** The second floor is a converted attic.

prep. **на г.** *dir.* in/to an attic ◊ **Ви́йти на г. мо́жна знадво́ру.** One can go up to the attic from the outside. **на ~і** *posn.* in an attic ◊ **Він трима́в архі́ви на ~і.** He kept his archives in the attic.

Also see **гора́ 3**

гор|і́ти, **~я́ть; з~**, *intr.*
1 to burn, to be on fire; *pf.* burn down ◊ **У поже́жі згорі́ло два буди́нки.** Two buildings burned down in the fire. ◊ **~іло лі́ве крило́ лікарні.** The left wing of the hospital was on fire.

adv. **до́вго** for a long time, **ле́гко** easily ◊ **Цей сорт вугі́лля ле́гко ~и́ть.** This sort of coal burns easily. **ке́псько** poorly ◊ **Торф ке́псько ~ів.** The peat burned poorly. **пога́но** badly; **пові́льно** slowly, **шви́дко** quickly; **неконтрольо́вано** out of control, **нестри́мно** uncontrollably; **інтенси́вно** *and* **си́льно** intensely, **шале́но** fiercely; **сліпу́че** blindingly, **яскра́во** brightly ◊ **На о́брії яскра́во ~ів ліс.** The forest was burning brightly on the horizon.

v. + **г. почина́ти** begin to, **ста́ти** *pf.* start ◊ **Ра́птом ста́ла г. маши́на на стоя́нці.** Suddenly a car started burning in the parking lot. **продо́вжувати** continue to ◊ **Степ продо́вжував г. дру́гий день.** The steppe continued to burn for the second day. ♦ **не ~и́ть** there is no hurry, it can wait ◊ **Він мо́же закі́нчити робо́ту за́втра, – не ~и́ть.** He can finish the work tomorrow–there is no hurry.

Also see **займа́тися[2] 1, пала́ти 1.** *Cf.* **тлі́ти 1**

2 to burn *(of lights)*, be on; *also fig.* to be ablaze

adv. **сліпу́че** blindingly, **яскра́во** brightly ◊ **У кварти́рі яскра́во ~іло сві́тло.** The light was burning brightly in the apartment. **ле́две** barely ◊ **У те́мній кімна́ті ле́две ~іла сві́чка.** A candle was barely burning in the dark room. **тьмя́но** dimly; ◊ **У Марі́ї від гаря́чки ~іло чоло́.** *fig.* Maria's forehead was burning up with fever.

3 *fig. only impf.* to burn with *(desire, etc.)*, be consumed with + *I.* ◊ **Ма́рта ~іла ціка́вістю.** Marta was burning with curiosity.

adv. **дослі́вно** literally, **про́сто** simply, **прості́сінько** *dim.* quite simply ◊ **Він прості́сінько ~ів від нена́висти.** He was quite simply consumed with hatred. **про́сто** simply ◊ **Студе́нт про́сто ~ів натхне́нням.** The student was simply burning with inspiration.

prep. **г. від** + *G.* burn with *(desire, etc.)*

Also see **пала́ти 4**

4 *only impf.* to radiate, show, exhibit ◊ **Обли́ччя юнака́ ~іло здоро́в'ям.** The youth's face radiated good health.

5 *fig. only impf.* to blush *(of face, etc.)*, blush, burn ◊ **Марко́ відчува́в, як у ньо́го ~я́ть ву́ха.** Marko felt his ears blush.

prep. **г. від** + *G.* blush with *(shame, etc.)* ◊ **Га́лині що́ки ~іли від со́рому.** Halia's cheeks burned with shame.

See **червоні́ти 2.** *Also see* **спала́хувати 4**

pa. pple. **згорі́лий** burned down

(з)гори́!

горі́|х, *m.*, **~а**
1 nut

adj. ♦ **брази́льський г.** Brazil nut, **кедро́вий** pine, **мигда́льний** almond, **фіста́шковий** pistachio; ♦ **воло́ський** walnut, ♦ **земляни́й г.** a peanut, ♦ **коко́совий г.** a coconut, ♦ **ліщи́новий** a hazelnut; **подрі́бнений** chopped, **поме́лений** ground ◊ **Для то́рта потрі́бно 300 гр. поме́лених ліщи́нових ~хів.** 300 g. of ground hazelnuts are needed for the cake. **підсма́жений** roasted; **соло́ний** salted

v. + **г. лу́щити ~хи** shell nuts ◊ **Мигда́льні ~хи не ду́же ле́гко лу́щити.** Almonds are not very easy to shell. (**моло́ти** grind, **підсма́жувати** roast) ◊ **Тре́ба підсма́жити жме́ню кедро́вих ~хів.** You need to roast a handful of pine nuts.

2 walnut tree, walnut timber ◊ **Непода́лік від ха́ти ріс г.** There was a walnut tree growing not far from the house. ◊ **Усі ме́блі зро́блено з поліро́ваного ~ха.** All the furniture is made of varnished walnut.

See **де́рево**

L. **на ~сі** *or* **~хові, ~ху**

горі́шн|ій, *adj.*
upper, high ◊ **У по́тязі він люби́в спа́ти на ~ій ла́ві.** On the train, he liked to sleep in the upper berth. ◊ **Усі ві́кна на ~ьому по́версі відчи́нені на́встіж.** All the windows on the upper floor are wide open. **~є мі́сто** uptown

Also see **ве́рхній.** *Ant.* **ни́жній**

го́рл|о, *nt.*
1 throat ◊ **Г. Ори́сі прикрива́в во́вняний ша́лик.** A wool scarf covered Orysia's throat.

adj. **пересо́хле** parched ◊ **Слова́ застрява́ли в її пересо́хлому ~і.** The words got stuck in her parched throat. **сухе́** dry; **запа́лене** inflamed, **хво́ре** sore ◊ **Че́рез хво́ре г. вона́ не могла́ до́вго говори́ти.** Because of her sore throat she could not speak for long. ♦ **ди́хальне г.** a windpipe

n. + **г. запа́лення ~а** throat inflammation ◊ **Хво́ра ма́ла го́стре запа́лення ~а.** The (female) patient had acute throat inflammation. (**інфе́кція** infection, **подра́знення** irritation; **рак** cancer) ◊ **Анато́лій пережи́в рак ~а.** Anatolii survived throat cancer.

v. + **г. лікува́ти г.** treat one's throat ◊ **Він му́сив сиді́ти вдо́ма і лікува́ти хво́ре г.** He had to sit at home and treat his sore throat. ♦ **полоска́ти г.** to gargle ◊ **Лі́кар приписа́в йому́ полоска́ти г. дві́чі на день ро́зчином со́ли.** The doctor prescribed that he gargle with a salt solution twice a day. **обпіка́ти** burn; ♦ **перегриза́ти** *fig.* rip out ◊ **Вона́ була́ ла́дна перегри́зти йому́ г.** She was ready to rip his throat out. **перері́зати** + *A.* slit ◊ **Викрада́чі перері́зали йому́ г.** The kidnappers slit his throat. ♦ **промочи́ти г.** *pf.* to wet one's whistle ◊ **Ді́вчата зайшли́ до ба́ру, щоб промочи́ти г.** The girls dropped by the bar to wet their whistles. **души́ти** + *A.* **за** strangle sb by, **хапа́ти** + *A.* **за** grab sb by ◊ **Напа́дник вхопи́в її за г.** The assailant grabbed her by the throat. **вирива́тися з ~а** escape sb's throat ◊ **Із Га́ннииного ~а ви́рвалося схли́пування.** A sob escaped Hanna's throat.

г. + *v.* **болі́ти** + *A* ache ♦ **Мене́ боли́ть г.** My throat aches. **пекти́** + *A.* burn ◊ **Андрі́я несте́рпно пекло́ г.** Andrii's throat burned unbearably. **пересиха́ти** + *D.* go dry ◊ **Дем'я́нові пересо́хло г.** Demian's throat went dry. **стиска́тися** constrict ◊ **Від стра́ху в не́ї сти́снулося г.** Her throat constricted with fear.

prep. **в г.** *dir.* in/to a throat ◊ **Щось потра́пило їй у г.** Something got into her throat. **в ~і** *posn.* in a throat ◊ **Лі́кар ви́явив у ньо́го в ~і стрептоко́к.** The doctor discovered streptococcus in his throat. **до ~а** to a throat ◊ **Грабі́жник приста́вив чолові́кові ніж до ~а.** The robber put a knife to the man's throat. ♦ **крича́ти на все г.** to shout at the top of one's lungs; ♦ **по (саме́) г.** up to one's neck ◊ **Вона́ по г. в борга́х.** She is up to her neck in debt.

2 neck *(of bottle, etc.)*, mouth ◊ **Ко́рок застря́в у ~і пля́шки.** The cork got stuck in the neck of the bottle.

горня́, *nt.*, **~ти**
cup, mug; bowl + *G.* ◊ **На сні́данок вона́ з'ї́ла г. ри́су з молоко́м.** She had a bowl of rice with milk for breakfast.

adj. **вели́ке** big; **мале́ньке** *dim.* small, **невели́ке** small; **кера́мічне** ceramic, **порцеля́нове** porcelain; **улю́блене** favorite; **надще́рблене** chipped; ◊ **одне́ г.** one cup, **два ~ти** two cups (**три** three, **чоти́ри** four), **п'ять ~т** five cups

г. + *n.* **г. ка́ви** a cup of coffee (**молока́** milk, **со́ку** juice, **узва́ру** uzvar, **ча́ю** tea)

N. pl. **~та**

Also see **ква́рта, філіжа́нка, ку́холь**

горо́д, *m.*, **~у**
vegetable garden, kitchen garden, garden

adj. **вели́кий** large; **мале́нький** *dim.* small, **невели́кий** small; **заса́джений** planted; **родю́чий** fertile; **прива́тний** private

v. + **г. заса́джувати** + *I.* **г.** plant a garden with sth ◊ **Цього́ ро́ку Миросла́ва засади́ла г. кукуру́дзою і буряко́м.** This year, Myroslava planted her garden with corn and beets.

(засі́ювати + *I.* sow with sth ◊ **Г. засі́яли конюши́ною.** The garden was sowed with clover. **скоро́дити** rake, **ско́пувати** till; **вдо́брювати** fertilize, **ділити на** + *A.* divide into *(parts)*
prep. **на г.** *dir.* in/to a garden ◊ **Лариса пішла́ на г.** Larysa went to the garden. **на ~і** *posn.* in a garden ◊ **На ~і росли́ огірки́ і помідо́ри.** There were cucumbers and tomatoes growing in the garden.

горо́дин|а, *f., coll., only sg.*
1 vegetables
v. + **г. виро́щувати ~у** grow vegetables ◊ **Вони́ виро́щує різну ~у.** They grow various vegetables. (**збира́ти** pick, **полива́ти** water ◊ **Щове́чора Ната́лка полива́ла ~у.** Every evening, Natalka watered vegetables. **пропо́лювати** weed, **ї́сти** eat, **ма́ти** have; **ми́ти** wash; **сади́ти** plant; **вари́ти** cook *or* boil, **ґрилюва́ти** grill ◊ **За́мість то́го щоб вари́ти, Хома́ ґрилю́є ~у.** Instead of boiling the vegetables, Khoma grills them. **додава́ти до** + *G.* add to sth, **па́рити** steam, **пекти́** roast, **пря́жити** *or* **сма́жити** fry ◊ **До печені Окса́на посма́жила ~у.** Oksana fried some vegetables to go with a roast, **тушкува́ти** stew, **шпа́рити** scald, **кра́яти** *or* **рі́зати** cut ◊ **Він покра́яв ~у на бо́рщ.** He cut the vegetables for borshch. **те́рти** grate, **чи́стити** peel; **консервува́ти** can ◊ **У цей час він зазвича́й консерву́є ~у на зи́му.** At this time, he is usually canning vegetables for winter. **маринува́ти** pickle, **соли́ти** salt); **додава́ти ~и до** + *G.* add vegetables to sth
г. + *v.* **рости́** grow ◊ **За са́дом росла́ г.** Vegetables grew behind the garden. **бу́ти бага́тою на** + *A.* be rich in sth ◊ **Де́яка г. бага́та на антиоксида́нти.** Some vegetables are rich in antioxidants. **місти́ти** + *A.* contain sth; **деше́вшати** become cheaper, **доро́жчати** get more expensive ◊ **Узи́мку г. доро́жчає.** In winter, vegetables get more expensive.
prep. **з ~ою** with vegetables ◊ **м'я́со з дома́шньою ~ою** meat with homegrown vegetables
Also see **буря́к, капу́ста, карто́пля, мо́рква, о́воч 1, цибу́ля, часни́к**
2 *coll.* vegetable dishes, vegetable food ◊ **На вече́рю подава́ли смачну́ ~у.** Delicious vegetable dishes were served for dinner. ◊ **У меню́ вели́кий ви́бір ~и.** There is a large selection of vegetable dishes on the menu.
Cf. **о́воч 1.** *Ant.* **м'ясни́й 2**

горо́|х, *m.*, **~ху**, *coll., only sg.*
peas
adj. **дома́шній** homegrown ◊ **Він купу́є дома́шній г. на ри́нку.** He buys homegrown peas at the market. **зеле́ний** green, **сві́жий** fresh, **соло́дкий** sweet, **сухи́й** dry ◊ **На ку́хні лиша́лося тро́хи сухо́го ~ху.** There were some dry peas left in the kitchen. ♦ **за царя́ Горо́ха** *colloq.* way back when, a very long time ago
n. + **г. стручо́к ~ху** a pea pod
v. + **г. вари́ти г.** cook peas (**лу́щити** shell ◊ **Вони́ лу́щили г. і співа́ли.** They shelled the peas and sang. **мочи́ти** soak ◊ **Г. слід замочи́ти на ніч.** The peas should be soaked overnight. **тушкува́ти** stew)
prep. **з ~хом** with peas ◊ **Капу́ста з ~хом – її́ улю́блена страва.** Cabbage with peas is her favorite dish.
L. **в ~сі**

горщо́к, *m.*, **горшк|а́**
pot, bowl
adj. **гли́няний** clay ◊ **На поли́ці стоя́ли гли́няні ~и́.** Clay pots stood on the shelf. **кера́мічний** ceramic, **чаву́нний** cast-iron; **вели́кий** big; **мале́нький** *dim.* small, **невели́кий** small; **глибо́кий** deep; **мілки́й** shallow; **гру́бий** thick; **тоне́нький** *dim.* thin, **тонки́й** thin; **міцни́й** strong; **делі́катний** delicate, **крихки́й** fragile; **надще́рблений** chipped, **трі́снутий** cracked; **напо́внений** + *I.* filled with sth ◊ **Вона́ поста́вила на стіл г., напо́внений смета́ною.** She put a pot filled with sour cream on the table. **декорати́вний** decorative; ♦ **нічни́й г.** a chamber pot
v. + **г. наклада́ти** *or* **насипа́ти г.** fill a pot with sth ◊ **Він накла́в г. горо́дини.** He filled a pot with vegetables. **сади́ти** + *A.* **в** plant sth in) ◊ **Вона́ посади́ла па́росток у г. із земле́ю.** She planted the offshoot in a pot of soil. **виро́щувати** + *A.* **в ~у́** grow sth in a pot
г. + *v.* **бу́ти напо́вненим** + *I.* be filled with sth ◊ **Г. напо́внений цуке́рками.** The pot is filled with candies. **місти́ти** + *A.* contain sth
prep. **в г.** *dir.* in/to a pot; **в ~у́** *posn.* in a pot; **до ~а́** in/to a pot ◊ **Він нали́в до ~а́ молока́.** He poured some milk into the pot. **з ~а́** from a pot ◊ **Васи́ль вило́влював шматки́ ку́рки з ~а́.** Vasyl was fishing pieces of chicken from the pot.

госпо́дар, *m.*, **~я; господи́ня**, *f.*
1 *nonequiv.* host, landlord, master of the house, man of the house
adj. ♦ **до́брий г.** a good master of the house, *also fig.* ◊ **У до́брого ~я все на мі́сці.** *fig.* With a good master everything is in the right place. **дбайли́вий** thoughtful; **працьови́тий** hard-working, **хоро́ший** fine; **безнаді́йний** hopeless ◊ **Із ньо́го безнаді́йний г.** He makes for a hopeless man of the house. **ке́пський** poor, **ліни́вий** lazy, **пога́ний** bad
v. + **г. бу́ти ~ем** be a master of the house ◊ **Він пово́дився на́че г.** He behaved as if he were the man of the house. (**виявля́тися** turn out ◊ **Оста́п ви́явився ке́пським ~ем.** Ostap turned out to be a poor man of the house. **почува́тися** feel, **става́ти** become)
Also see **хазя́їн 2**
2 owner, proprietor ◊ **Посі́лість продає сам г.** The property is being sold by the owner.
See **вла́сник.** *Also see* **хазя́їн 1**
3 *fig.* master
adj. **незапере́чний** undisputed, **правди́вий** true, **спра́вжній** genuine
г. + *n.* **г. до́лі** the master of one's fate ◊ **Він почува́вся ~ем до́лі.** He felt he was the master of his fate. (**стано́вища** situation)
v. + **г. догоджа́ти ~еві** please a master ◊ **Усі́ хоті́ли догоди́ти ~еві.** Everybody wanted to please the master. (**кори́тися** *or* **підкоря́тися** obey, **служи́ти** serve) ◊ **О́льга служи́ла двом ~ям.** Olha was serving two masters. **бу́ти ~ем** be a master ◊ **На фі́рмі Козачу́к був ~ем.** Kozachuk was the master at the firm. (**виявля́тися** turn out, **лиша́тися** remain ◊ **Хома́ лиша́ється ~ем стано́вища.** Khoma remains the master of the situation. **почува́тися** feel; **става́ти** become)
See **керівни́к.** *Also see* **хазя́їн 5, шеф**

господа́рств|о, *nt.*
1 household, farm, estate, homestead, farmstead
adj. **вели́ке** large, **мале́ньке** *dim.* small, **мале́** *and* **невели́ке** small, **сере́днє** medium-size; ♦ **мі́ське г.** public utilities; **провінці́йне** rural; **бага́те** wealthy; **бі́дне** poor; **колекти́вне** collective (*hist. abb.* **колго́сп** kolkhoz), **держа́вне** state, **одноосі́бне** single-person, **прива́тне** private, **роди́нне** *or* **сі́мейне** family;
♦ **присади́бне г.** a subsistence farm ◊ **Петре́нки ма́ли невели́ке присади́бне г.** The Petrenkos had a small subsistence farm. **селя́нське** peasant, **фе́рмерське** farmer's; ♦ **ха́тнє г.** domestic economy, household; **незале́жне** independent, **самодоста́тнє** self-sufficient; **моло́чне** dairy, **ри́бне** fish, **твари́нне** animal
v. + **г. вести́** *or* **прова́дити г.** run a household ◊ **Вона́ ско́ро навчи́лася вести́ г.** She quickly learned to run the household. (**налаго́джувати** set up ◊ **Рік пі́сля переї́зду сім'я́ налаго́джувала г.** It took the family a year after the move to set up its household. **утри́мувати** maintain)
prep. **в ~і** in a household, at a farm ◊ **У ~і не було́ ніяко́ї те́хніки.** There was no machinery on the farm. **на ~і** on a farm, *fig.* at home ◊ **Ма́ти з ді́тьми поїхала на ри́нок, а ба́тько лиши́вся на ~і.** Mother and the children went to the market, while father stayed home.
2 economy
adj. **наро́дне** national; ♦ **сі́льське́ г.** agriculture
See **еконо́міка 1**
3 *colloq., fig.* possessions, effects, things ◊ **Усе́ г. Іва́на у валі́зі.** All Ivan's effects are in a suitcase.
See **річ 2, 3**

господи́н|я, *f.*
1 *nonequiv.* lady of the house, housewife, hostess ◊ **Ва́ля була́ спри́тною ~ею.** Valia was a shrewd lady of the house. ♦ **дома́шня г.** a homemaker, housewife ◊ **До розлу́чення Ївга залиша́лася дома́шньою ~ею.** Until her divorce, Yivha remained a housewife.
See **госпо́дар 1**
2 owner, proprietress ◊ **Приватизува́вши поме́шкання, Га́ля відчу́ла себе́ правди́вою ~ею.** Having privatized the apartment, Halia felt like a real proprietress.
See **вла́сник.** *Also see* **хазя́йка**

гости́нн|ий, *adj.*
hospitable, welcoming
adv. **винятко́во** exceptionally, **до́сить** fairly, **ду́же** very, **надзвича́йно** extremely, **особли́во** particularly ◊ **Вона́ зна́ла грузи́нів як особли́во г. наро́д.** She knew Georgians to be a particularly hospitable nation. **несподі́вано** unexpectedly, **цілко́м** entire, **чарі́вно** charmingly, **не зо́всім** not quite ◊ **Адміністра́тор готе́лю зда́вся їй не зо́всім ~им.** The hotel administrator seemed to her to be not quite hospitable.
v. + **г. бу́ти ~им** be hospitable ◊ **Катери́на була́ ~ою господи́нею.** Kateryna was a hospitable hostess. (**виявля́тися** turn out, **здава́тися** + *D.* seem to sb, **става́ти** become) ◊ **Пі́сля ска́рги офіція́нти ста́ли надзвича́йно ~ими до ньо́го.** After the complaint, the waiters started being extremely hospitable to him.
prep. **г. до** + *G.* hospitable to/towards sb
Also see **ува́жний 2**

гости́нн|ість, *f.*, **~ости**, *only sg.*
hospitality
adj. **вели́ка** great, **зна́на** well-known, **неаби́яка** remarkable, **нечу́вана** unheard-of, **славе́тна** famous, **те́пла** warm, **традиці́йна** traditional, **ще́дра** generous, **щи́ра** genuine; **украї́нська** Ukrainian ◊ **Джон до́вго пам'ята́тиме украї́нську г.** John will remember Ukrainian hospitality for a long time.
v. + **г. виявля́ти г. до** + *G.* show hospitality to sb (**відпла́чувати** + *D.* **за** repay sb for ◊ **наго́да відплати́ти Лі́дії за її ще́дру г.** an opportunity to repay Lidiia for her generous hospitality; **дя́кувати** + *D.* **за** thank sb for) ◊ **Цим подару́нком вони́ хоті́ли подя́кувати Андрі́єві за г.** With the gift they wanted to thank Andrii for his hospitality. **забезпе́чувати** + *A.* **~істю** provide sb with hospitality ◊ **Тут вас забезпе́чать щи́рою ~істю.** Here you will be provided with genuine hospitality. (**зловжива́ти** abuse ◊ **Вони́ зловжива́ли Марко́вою ~істю.** They were abusing Marko's hospitality. **насоло́джуватися** enjoy; **бу́ти зна́ним** be well-known for, **сла́витися** be famous for) ◊ **Місце́ве насе́лення сла́виться ~істю.** The local population is famous for its hospitality.
prep. **г. до** + *G.* hospitality to/towards sb ◊ **Мешка́нці села́ ви́явили г. до бі́женців.** The village inhabitants showed hospitality to the refugees.

гóстр|ий, *adj.*
1 sharp *(of knife)*
adv. **винятко́во** exceptionally, **вкрай** extremely, **до́сить** fairly, **доста́тньо** sufficiently, **ду́же** very ◊ **ду́же г. ніж** a very sharp knife; **на́дто** too, **небезпе́чно** dangerously, **страше́нно** terribly; **ма́йже** almost; **не зо́всім** not entirely, **ні́тро́хи не** not in the least
v. + **г. бу́ти ~им** be sharp (**виявля́тися** turn out ◊ **Камі́ння на бе́резі ви́явилося небезпе́чно ~им.** The rocks on the shore turned out to be dangerously sharp. **здава́тися** + *D.* seem to sb, **лиша́тися** remain; **роби́ти** + *A.* make sth, **роби́тися** turn, **става́ти** become)
Ant. **тупи́й 1**
2 *fig.* harsh, acute, intense ◊ **Це був г. ви́яв парано́ї.** This was an acute manifestation of paranoia.
adv. **винятко́во** exceptionally, **вкрай** extremely, **до́сить** fairly, **ду́же** very, **нестéрпно** unbearably; **на́дто** too, **небезпе́чно** dangerously, **страше́нно** terribly
г. + *n.* **г. біль** an acute pain ◊ **Г. біль прони́зав йому́ ру́ку.** An acute pain pierced his hand. (**інтере́с** interest; **на́пад** attack ◊ **г. на́пад а́стми** an acute asthma attack, **симпто́м** symptom)
Also see **прони́зливий, різки́й 1**
3 spicy, hot ◊ **Оле́гові ста́ли подо́батися ~і стра́ви.** Oleh came to like spicy dishes.
Also see **різки́й 2**
4 sharp, scathing, harsh ◊ **~а кри́тика** sharp criticism; ♦ **бу́ти ~им на язи́к** to have a sharp tongue ◊ **Особли́во ~им на язи́к був се́ред хло́пців Лев.** Among the boys, Lev had a particularly sharp tongue.
Also see **доте́пний 1, різки́й 5**
5 acute *(of vision, etc.)*, sharp, crisp ◊ **Г. зір допомі́г Мари́ні роздиви́тися напа́дника.** Her sharp vision helped Maryna to see the attacker.
adv. **винятко́во** exceptionally, **вкрай** extremely, **ду́же** very, **на ди́во** amazingly, **страше́нно** terribly; **до́сить** fairly, **доста́тньо** sufficiently; **зо́всім не** not at all, **ні́тро́хи не** not in the least; **недоста́тньо** insufficiently ◊ **Зобра́ження в телеві́зорі було́ недоста́тньо ~им.** The image on the TV set was insufficiently sharp.
Also see **пи́льний 2, різки́й 3, тонки́й 7**
6 *geom.* acute ♦ **г. кут** an acute angle ◊ **Сте́жка захо́дить у парк під ~им куто́м.** The path enters the park at an acute angle.

гостр|и́ти, ~ю́, ~ять; на~, *tran.*
1 to sharpen, edge, hone ◊ **Оле́г нагостри́в олів́е́ць.** Oleh sharpened a pencil.
adv. **бездога́нно** impeccably, **до́бре** well, **доскона́ло** perfectly ◊ **Він доскона́ло ~ить ножі́.** He sharpens knives perfectly. **методи́чно** methodically, **рете́льно** painstakingly, **скрупульо́зно** scrupulously, **шви́дко** quickly; **ке́псько** poorly, **недба́ло** negligently, **пога́но** badly, **по́спіхом** hastily; **періоди́чно** periodically, **ре́гуля́рно** regularly, **час від ча́су** from time to time, **ча́сто** often; **ніко́ли не** never
v. + **г. бу́ти тре́ба** + *D.* need to ◊ **Оле́ні тре́ба на~ ножі́.** Olena needs to sharpen the knives. **вмі́ти** be able to, **могти́** can; **проси́ти** + *A.* ask sb to; **бра́тися** set about, get down to ◊ **Васи́ль узя́вся г. косу́.** Vasyl got down to sharpening the scythe. **захо́дитися** *only pf.* get down to, **почина́ти** begin to, **ста́ти** *pf.* start
2 *fig.* to sharpen, improve, hone, perfect ◊ **Нове́ ото́чення ~и́ло її́ ро́зум.** The new environment sharpened her mind.
See **покра́щувати.** *Also see* **підви́щувати 4, полі́пшувати, поправля́ти 4**
pa. pple. **наго́стрений** sharpened
(на)гостри́!

готе́л|ь, *m.*, **~ю**
hotel
adj. **вели́кий** big; **мале́нький** *dim.* small, **мали́й** *and* **невели́кий** small; **деше́вий** cheap ◊ **Деше́вих ~ів не лиши́лося в мі́сті на час чемпіона́ту.** There were no cheap hotels remaining in town for the championship. **недороги́й** inexpensive; **га́рний** beautiful, **до́брий** good, **зати́шний** cozy, **зру́чний** convenient, **комфорта́бельний** comfortable, **лю́ксовий** deluxe, **першокла́сний** first-class, **прие́мний** pleasant, **розкі́шний** luxurious; **двозірко́вий** two-star, **тризірко́вий** three-star, **п'ятизірко́вий** five-star; **моде́рний** modern, **нови́й** new, **суча́сний** contemporary; **старомо́дний** old-fashioned, **традиці́йний** traditional; **роди́нний** *or* **сіме́йний** family; **міжнаро́дний** international; **мере́жевий** chain ◊ **У мі́сті з'яви́вся пе́рший мере́жевий г.** The first chain hotel appeared in the city. **незале́жний** independent; **прива́тний** private, **місце́вий** local
n. + **г. адміністра́тор ~ю** a hotel administrator ◊ **Вона́ написа́ла ска́ргу адміністра́торові ~ю.** She wrote a complaint to the hotel administrator. (**вла́сник** owner, **портьє́** concierge, **ме́неджер** manager, **ме́неджмент** management, **носи́льник** porter, **персона́л** staff, **покої́вка** chambermaid, **праці́вни́к** worker; **гість** guest, **постоя́лець** patron ◊ **Не ті́льки постоя́льці ~ю мо́жуть користува́тися рестора́ном.** Not only hotel patrons can use the restaurant. **бар** bar, **кімна́та** *or* **но́мер** room, **реєстра́ція** reception ◊ **Вони́ зустрі́лися біля реєстра́ції ~ю.** They met at the hotel reception. **рестора́н** restaurant, **фоє́** lobby); **гру́па ~ів** a hotel group (**мере́жа** chain, **ма́рка** brand)
v. + **г. будува́ти г.** build a hotel ◊ **Чужозе́мні інве́стори бу́дують у столи́ці краї́ни оди́н г. за і́ншим.** Foreign investors are building one hotel after another in the nation's capital. (**замовля́ти** book ◊ **Замовля́ти г. слід у мере́жі.** One should book a hotel online. **знахо́дити** find, **шука́ти** look for; **провади́ти** run; **рекомендува́ти** + *D.* recommend sb) **виселя́тися з ~ю** check out of a hotel ◊ **Гість ви́селився з ~ю до двана́дцятої годи́ни.** The guest checked out of the hotel before twelve o'clock. (**поселя́тися до** check into) ◊ **У них пішло́ п'ять хвили́н на те, щоб посели́тися до ~ю.** It took them five minutes to check into their hotel. **жи́ти в ~і** live at a hotel (**зупиня́тися в** *only impf.* stay at ◊ **Вона́ зви́кла зупиня́тися в розкі́шних ~ях.** She is used to staying at luxurious hotels. **зупини́тися в** *only pf.* stop over at) ◊ **Вони́ зупини́лися в ~і «Коза́цький».** They stopped over at the Kozatsky Hotel. **володі́ти ~ем** own a hotel
г. + *v.* **розташо́вуватися в** + *L.* *or* **бу́ти розташо́ваним в** + *L.* be located at/in *(a place)* ◊ **Г. розташо́вується по́ряд із торгове́льним це́нтром.** The hotel is located next to the commercial center. **забезпе́чувати** + *A.* + *I.* provide sb with sth ◊ **Г. забезпе́чує госте́й усіма́ виго́дами.** The hotel provides its guests with all the amenities. **ма́ти** + *A.* have sth ◊ **Г. «Украї́на» ма́є спортза́лу та басе́йн.** The Ukraina Hotel has a gymnasium and a swimming pool. **пропонува́ти** + *D.* + *A.* offer sb sth ◊ **Г. пропону́є клі́єнтам зни́жки на всі кімна́ти.** The hotel offers its customers discounts on all rooms.
prep. **в г.** *dir.* in/to a hotel ◊ **Тури́сти з Варша́ви поверну́лися в г. опі́вночі.** The tourists from Warsaw returned to the hotel at midnight. **в ~і** *posn.* at/in a hotel; **до ~ю** in/to a hotel ◊ **Хло́пців підвезли́ до ~ю.** The boys were given a lift right to the hotel.
Also see **заї́зд 2**

готі́в|ка, *f.*, *only sg.*
cash
adj. **за́йва** spare, **на́явна** available ◊ **Яре́ма мав три́дцять ти́сяч гри́вень на́явної ~ки.** Yarema had ₴30,000 of available cash. **серйо́зна** serious, **щи́ра** hard; **віртуа́льна** virtual, **електро́нна** electronic ◊ **Електро́нна г. все бі́льше поши́рюється.** Electronic cash is becoming more widespread.
n. + **г. влива́ння ~ки** a cash injection (**запа́си** *and* **резе́рви** reserves, **ресу́рси** resources; **кри́за** crisis ◊ **Еконо́міку охопи́ла кри́за ~ки.** The economy has been gripped by a cash crisis. **ри́нок** market); **винагоро́да ~кою** a cash reward (**вклад** deposit, **пла́та** payment, **пре́мія** bonus) ◊ **Ко́жен отри́мав пре́мію ~кою.** Each person received a cash bonus.
v. + **г. вийма́ти** *or* **зніма́ти ~ку** withdraw cash ◊ **Він ви́йняв** *or* **зняв ~ку з раху́нку.** He could withdraw cash from his account. (**вхехе́лювати** *slang* shell out ◊ **За карти́ну Дани́ло вхехе́лив щи́ру ~ку.** Danylo shelled out hard cash for the painting. **дава́ти** + *D.* 1) give sb; 2) generate ◊ **Пра́ця вно́чі дава́ла серйо́зну ~ку.** Working at night generated serious cash. **заробля́ти** earn; **отри́мувати** receive; **прийма́ти** accept; **оща́джувати** save; **тра́тити** spend; **перево́дити** + *A.* **в** convert sth into) ◊ **Вона́ запита́ла, чи мо́же перевести́ чек у ~ку.** She asked whether or not she could convert the check into cash. **бра́кувати** + *D.* **~ки** be short of cash ◊ **О́лі бра́кує ~ки.** Olia is short of cash. **плати́ти ~кою** pay in cash ◊ **Зі́на могла́ заплати́ти за квитки́ ті́льки ~кою.** Zina could pay for the tickets only in cash.
prep. **без ~ки** without cash ◊ **Вона́ лиши́лася без ~ки.** She was left without cash. **за ~ку** for cash ♦ **ті́льки за ~ку** cash only; ♦ **~кою** in cash ◊ **Він про́сить сто ти́сяч ~кою.** He is asking for 100,000 in cash.
L. **в ~ці**
See **гро́ші**

гото́в|ий, *adj.*
1 ready, prepared
adv. **абсолю́тно** absolutely, **вже** already, **ви́ра́зно** evidently, **геть** totally, **ді́йсно** really, **завжди́** always; **спра́вді** truly, **цілко́м** completely ◊ **Я цілко́м г. у доро́гу.** I am completely ready for the road. **ле́две** scarcely, **наси́лу** barely; **мініма́льно** minimally; **ма́йже** almost; **наре́шті** finally; **не зо́всім** not quite, **ще не** not yet; **емоці́йно** emotionally, **мора́льно** morally, **психологі́чно** psychologically, **розумо́во** mentally, **фізи́чно** physically
v. + **г. бу́ти ~им** be ready ◊ **Він ле́две г. до су́ду.** He is scarcely ready for the trial. (**вважа́ти** + *A.* consider sb; **вигляда́ти** look ◊ **Вони́ вигляда́ють ~ими до чемпіона́ту.** They look ready for the championship. **видава́тися** + *D.* appear to sb, **здава́тися** + *D.* seem to sb, **виявля́тися** turn out; **оголо́шувати** + *A.* declare sb ◊ **Лі́кар оголоси́в його́ цілко́м ~им служи́ти у ві́йську.** The doctor declared him completely ready to serve in the army. **става́ти** become)
prep. **г. до** + *G.* ready for sth; **г. з** + *I.* ready with sth ◊ **Анті́н був ~им із ві́дповіддю на пита́ння.** Antin was ready with an answer to the question.
2 willing + *inf.* ◊ **Ми ~і обговори́ти це.** We are willing to discuss it. ◊ **Павло́ г. прийня́ти всі умо́ви.** Pavlo is willing to accept all the terms.
Also see **ла́дний**[2], **охо́чий**
3 *colloq.* wasted, smashed, drunk ◊ **Пі́сля скля́нки горі́лки він був г.** After a glass of vodka he was smashed. ◊ **Оре́ст таки́й г., що ле́две мо́же щось сказа́ти.** Orest is so wasted he can hardly say anything.
4 ready-made *(of goods, clothes)*, finished ◊ **крамни́ця ~ого о́дягу** a ready-made clothes store; ♦ **г. о́дяг** ready-to-wear clothes; ♦ **бу́ти** *or* **жи́ти на всьо́му ~ому** to be fully provided for ◊ **Пили́п жив на всьо́му ~ому, до́ки були́ живі́ батьки́.** Pylyp was fully provided for while his parents were alive.

гото́вн|ість, *f.*, **~ости**, *only sg.*
1 readiness, preparedness
adj. **бойова́** combat, **військо́ва** military, **вое́нна** war, **операти́вна** operational,

стратегі́чна strategic; **емоці́йна** emotional, **мора́льна** moral, **психологі́чна** psychological, **розумо́ва** mental, **фізи́чна** physical; **бі́льша** greater; **по́вна** full, **цілкови́та** complete; **незмі́нна** invariable, **пості́йна** constant; **ли́пова** *colloq.* phony; **спра́вжня** true

v. + **г. висло́влювати г.** express readiness ◊ **Вони́ не раз висло́влювали г. пози́чити їй гро́ші.** More than once they expressed their readiness to lend her money. (**демонструва́ти** demonstrate, **пока́зувати** show, **сиґналізува́ти** signal; **оголо́шувати** declare; **означа́ти** indicate) ◊ **Ва́за у вікні́ означа́є г. до поча́тку опера́ції.** A vase in the window indicates readiness to begin the operation.

prep. **в ~ості** in readiness; **з ~істю** willingly ◊ **Вони́ з ~істю допомо́жуть.** They will willingly help. **г. до** + *G.* readiness for sth ♦ **у по́вній ~ості** fully ready ◊ **Полк у по́вній ~ості до бо́ю.** The regiment is fully ready for battle.

2 will, willingness, desire ◊ **спо́внений ~ости** + *inf.* full of desire to

See **бажа́ння 1**

готу|ва́ти, ~ють; під~, при~, *tran.*

1 to prepare, make ready; train, coach

adv. **вмі́ло** ably, **га́рно** nicely, **до́бре** well, **нале́жно** properly ◊ **Їм тре́ба нале́жно при~ я́хту.** They need to properly prepare the yacht. **рете́льно** thoroughly, **скрупульо́зно** scrupulously, **сумлі́нно** conscientiously, **ста́ранно** industriously, **солі́дно** solidly, **фа́хово** professionally, **я́кісно** expertly; **похва́пно** hastily, **по́спіхом** hurriedly, **шви́дко** quickly; **крадькома́** stealthily, **мо́вчки** silently, **ни́шком** furtively, **тає́мно** secretly ◊ **Вона́ тає́мно ~ва́ла сім'ю́ до еміґра́ції.** She was secretly preparing her family for emigration. **ке́псько** poorly, **неохо́че** reluctantly ◊ **Він неохо́че ~ва́в обла́днання.** He was reluctantly preparing the equipment. **пога́но** badly, **сяк-та́к** sloppily, **так собі́** so-so; **мора́льно** morally, **психологі́чно** psychologically, **фізи́чно** physically ◊ **Боксе́ра ~али і фізи́чно, і психологі́чно.** They were training the boxer both physically and psychologically. ♦ **г. ґрунт для** + *G.* prepare the ground for sth

v. + **г. бу́ти тре́ба** + *D.* need to ◊ **Дире́ктору тре́ба під~ фі́рму до скоро́чення персона́лу.** The director needs to prepare the firm for personnel cuts. **нака́зувати** + *D.* order sb to, **пропонува́ти** + *D.* offer sb to, **хоті́ти** want to; **почина́ти** begin to, **ста́ти** *pf.* start; **продо́вжувати** continue; **закі́нчувати** finish, **припиня́ти** stop ◊ **Тре́нер припини́в г. дружи́ну до змага́нь.** The coach stopped preparing his team for the competitions.

prep. **г. до** + *G.* prepare for sth

2 to make, elaborate, work out (on)

adv. **до́бре** well, **нале́жно** properly, **професі́йно** *or* **фа́хово** professionally, **рете́льно** thoroughly, **сумлі́нно** conscientiously, **ста́ранно** industriously; **операти́вно** promptly, **шви́дко** quickly

г. + *n.* **г. до́повідь на конфере́нцію** work on a conference paper (**звіт** report, **о́гляд** overview, **оці́нку** estimate, **план** plan ◊ **Архіте́ктор ~є пла́ни реконстру́кції пала́цу.** The architect is working on the plans of the palace reconstruction. **прогно́з** forecast, **рекоменда́ції** recommendations)

Also see **виробля́ти 2**

3 *tran. and intr.* to cook, make *(food)* ◊ **На Святи́й ве́чір традиці́йно ~ють двана́дцять пісни́х страв.** Twelve meatless dishes are traditionally cooked for Christmas Eve.

v. + **г. вмі́ти** be able to, can ◊ **Іва́н умі́є до́бре г.** Ivan can cook well. **навчи́тися** *pf.* learn to ◊ **Робе́рт навчи́вся присто́йно г. голубці́.** Robert learned to make decent cabbage rolls. **пропонува́ти** + *D.* offer sb to ◊ **Бори́с запропонува́в при~ їм ве́черю.** Borys offered to cook them dinner. **проси́ти** + *A.* ask sb to ◊ **Лія́на попроси́ла його́ при~ їй ка́ви.** Liana asked him to make her some coffee.

prep. **г. на** + *A.* cook for *(lunch, etc.)* ◊ **Що він ~є на ве́черю?** What is he cooking for dinner?

See **вари́ти 2.** *Also see* **запа́рювати 2, лаго́дити 2, ладна́ти 3, пекти́ 1, пря́жити 1, сма́жити 1**

pa. pple. **пригото́ваний** prepared

(при)готу́й!

готу|ва́тися; при~, *refl.*

1 to prepare oneself, to get ready

v. + **г. бу́ти тре́ба** + *D.* need to ◊ **Ю́рієві тре́ба г.** Yurii needs to prepare himself. **допомага́ти** + *D.* help sb (to) ◊ **Репетитор допомага́в йому́ г. до і́спиту з хе́мії.** The tutor helped him prepare for his chemistry exam. **нака́зувати** + *D.* order sb to ◊ **Їм наказа́ли г. до найгі́ршого.** They were ordered to prepare for the worst. **хоті́ти** want to; **почина́ти** begin, **ста́ти** *pf.* start; **продо́вжувати** continue; **закі́нчувати** finish, **припиня́ти** stop

prep. **г. до** + *G.* prepare oneself for sth

Also see **збира́тися 4**

2 *pass.* to be prepared, be elaborated, be put together, be worked out ◊ **Тут ~ю́ться політи́чні про́гнози та рекоменда́ції для у́ряду.** Political prognostications and recommendations for the government are prepared here. ◊ **Катало́г ви́ставки ~є́ться в інститу́ті істо́рії.** The exhibit catalogue is being prepared at the institute of history.

3 *impers.* to be prepared, be cooked ◊ **Тут щось ~є́ться.** Something is being cooked here.

гр|а, *f.,* **~и**

1 game

adj. **дитя́ча** children's ◊ **найпопуля́рніша дитя́ча г. в краї́ні** the most popular children's game in the country; ♦ **відеогра́** a video game; **воє́нна** war, **приго́дницька** adventure, ♦ **рольова́ г.** a role play; **аза́ртна** gambling, **картя́рська** card, **насті́льна** tabletop ◊ **З усі́х насті́льних і́гор Світла́ні найбі́льше подо́балися ша́хи.** Of all tabletop games, Svitlana liked chess most of all. **комп'ю́терна** computer, **мере́жева** online; **кома́ндна** team, **спорти́вна** sports; **до́бра** good, **доскона́ла** perfect, **чудо́ва** great; **змага́льна** competitive, **розважа́льна** entertaining

v. + **г. винахо́дити ~у** invent a game ◊ **Оди́н вундерки́нд ви́найшов цю ~у.** A wunderkind invented this game. (**дарува́ти** + *D.* give sb ◊ **Батьки́ подарува́ли йому́ ~у під на́звою «Монопо́лія».** His parents gave him the game called Monopoly. **купува́ти** buy, **продава́ти** sell; **розробля́ти** develop, **ство́рювати** create; **вступа́ти в** enter ◊ **Вона́ вступа́є у ~у тре́тьою.** She is the third to enter the game. **гра́ти в** play) ◊ **Вона́ шви́дко навчи́лася гра́ти в цю у ~у.** She quickly learned to play this game. **вихо́дити з ~и** get out of a game; **навча́ти** + *A* **~і** teach sb a game (**навча́тися** learn; **перешкоджа́ти** be in the way of) ◊ **Вони́ ті́льки перешкоджа́ли ~і.** They only got in the way of the game. **захо́плюватися ~о́ю** be fascinated by a game (**слідкува́ти за** follow) ◊ **Всі ре́вно слідкува́ли за ~о́ю.** Everybody zealously followed the game.

prep. **г. в ка́рти** a card game; **г. в пі́жмурки** a hide-and-seek

Also see **баскетбо́л, волейбо́л, гоке́й, футбо́л**

2 game, match, contest

adj. **важли́ва** important, **вели́ка** big; **оста́ння** last, **фіна́льна** final ◊ **Фіна́льна г. визнача́ла перемо́жця.** The final game determined the winner. **ку́бкова** cup; **пе́рша** first; **баскетбо́льна** basketball, **волейбо́льна** volleyball ◊ **Аре́на пасу́є як баскетбо́льним, так і волейбо́льним і́грам.** The arena is suitable for both basketball and volleyball games. **футбо́льна** soccer; ♦ **Олімпі́йські і́гри** the Olympic Games ◊ **Олімпі́йські і́гри відбува́лися у Ло́ндоні.** The Olympic Games were taking place in London.

г. + *n.* **г. ку́бка** a cup game ◊ **Він уперше суди́тиме ~у Ку́бка Украї́ни.** He will be refereeing a Cup of Ukraine game for the first time. (**чемпіона́ту** championship; **вдо́ма** home, **на ви́їзді** away)

v. + **г. прийма́ти ~у** host a game ◊ **Мі́сто прийма́ло націона́льні і́гри з гоке́ю.** The city hosted the national hockey games. (**організо́вувати** organize, **прово́дити** hold; **суди́ти** referee)

See **матч.** *Also see* **зу́стріч 2**

3 game *(playing a game)*, playing

adj. **блиску́ча** brilliant ◊ **Дружи́на показа́ла блиску́чу ~у.** The team played a brilliant game. **винятко́ва** exceptional, **до́бра** good, **доскона́ла** perfect, **першокла́сна** first-rate, **хоро́ша** fine; ♦ **че́сна г.** fair play ◊ **Вони́ відкида́ли саму́ заса́ду че́сної ~и.** They rejected the very principle of fair play. **нече́сна** foul

v. + **г. демонструва́ти ~у** demonstrate a play (**пока́зувати** show, **вдоскона́лювати** perfect ◊ **Йому́ тре́ба вдоскона́лити ~у.** He needs to perfect his game. **покра́щувати** improve, **шліфува́ти** hone) ◊ **Тені́сист шліфу́є ~у.** The tennis player is honing his game.

prep. **г. в баскетбо́л** playing basketball (**бейсбо́л** baseball, *etc.*); ♦ **г. з вогне́м** playing with fire, ♦ **г. слі́в** a pun, wordplay

4 acting, playing, performance, rendition *(of a piece, play, etc.)*

adj. **бездога́нна** impeccable ◊ **Її́ г. бездога́нна.** Her acting is impeccable. **блиску́ча** brilliant, **до́бра** good, **доскона́ла** perfect, **незабу́тня** unforgettable; **гли́боко психологі́чна** profoundly psychological, **тонка́** subtle; **жахли́ва** awful, **непрофесі́йна** unprofessional, **приміти́вна** primitive; **перебі́льшена** exaggerated ◊ **Перебі́льшена г. – це умо́вність теа́тру кабу́кі.** Exaggerated acting is a convention of the kabuki theater.

v. + **г. демонструва́ти ~у** demonstrate acting ◊ **Тру́па демонстру́є високопрофесі́йну ~у.** The company has demonstrated a highly professional acting. (**пока́зувати** show, **вдоскона́лювати** perfect **покра́щувати** improve, **шліфува́ти** hone); **аплодува́ти ~і** applaud sb's acting ◊ **Кри́тики аплоду́ють блиску́чій ~і піані́ста.** Critics applaud the pianist's brilliant performance.

г. + *v.* **вража́ти** + *A.* impress sb ◊ **Його́ г. про́сто не мо́же не вража́ти.** His performance simply cannot but impress. **подо́батися** + *D.* like ◊ **Г. но́вого акто́ра подо́бається пу́бліці.** The public likes the new actor's performance. **погі́ршуватися** become worse, **покра́щуватися** improve; **виклика́ти сенса́цію** cause a sensation

prep. **г. на банду́рі** playing a bandura (**гіта́рі** guitar, **саксофо́ні** saxophone, **фортеп'я́ні** piano, *etc.*) ◊ **його́ г. на фортеп'я́ні того́ ве́чора** his piano playing that evening

N. pl. **і́гри**, *G. pl.* **і́гор**

грабі́жник, *m.;* **грабі́жниця,** *f.*

robber, plunderer, thief

adj. **бува́лий** seasoned, **досві́дчений** experienced, **закорені́лий** hardened; **озбро́єний** armed ◊ **На нього напа́ли дво́є озбро́єних ~ів.** Two armed robbers assaulted him. **сумнозві́сний** notorious

г. + *n.* **г. ба́нків** a bank robber (**моги́л** grave) ◊ **Кримина́льну кар'є́ру він поча́в як г. моги́л.** He began his criminal career as a grave robber.

n. + **г. ба́нда ~ів** a gang of robbers ◊ **Кі́лька ро́ків ба́нди ~ів заправля́ли мі́стом.** Gangs of robbers ran the city for several years. (**зграя́** pack; **кубло́** den)

v. + **г. лови́ти ~а** catch a robber ◊ **Анона́мна**

інформа́ція допомогла́ злови́ти сумнозві́сного ~а ба́нків. An anonymous tip helped catch the notorious bank robber. (**переслі́дувати** chase, **шука́ти** search for, **полюва́ти на** hunt) ◊ **Полі́ція полю́є на ~а по всій краї́ні.** The police are hunting the robber all over the country. **гна́тися за ~ом** pursue a robber
г. + v. **бра́ти** + *A.* take sth ◊ **Г. узя́в ї́хні роди́нні кошто́вності.** The robber took their family jewelry. **грабува́ти** + *A.* rob sb/sth, hold sb/sth up ◊ **Згра́я ~ів вже пограбува́ла три ба́нки.** A gang of robbers has already held up three banks. **зника́ти з** + *I.* make off with ◊ **Г. зник з усіма́ ї́ї докуме́нтами.** The robber made off with all her documents. **кра́сти** + *A.* steal sth, **втіка́ти з** + *I.* escape with sth ◊ **~и втекли́ з п'ятьма́ мільйо́нами гри́вень.** The robbers escaped with ₴5,000,000.
Also see **злочи́нець.** *Cf.* **зло́дій**

грабу|ва́ти, ~ють; по~, *tran.*
1 to rob, ransack, steal, plunder, pillage
adv. **вно́чі** at night, **се́ред бі́лого дня** in broad daylight; **під но́сом у полі́ції** under the police's nose ◊ **Банкі́ра пограбува́ли се́ред під но́сом у полі́ції.** The banker was robbed under the police's nose. **зно́ву** again, **неоднора́зово** more than once ◊ **Музе́й неоднора́зово ~ва́ли.** The museum was robbed more than once. **повто́рно** repeatedly
v. + **г. змогти́** *pf.* manage to; **нама́гатися** try to, **зроби́ти спро́бу** make an attempt to ◊ **Вони́ ви́рішили зроби́ти оста́нню спро́бу по~ коле́кцію.** They decided to make the final attempt to rob the collection.
Also see **очища́ти 4.** *Cf.* **кра́сти 1**
2 *fig.* to rob, rip off, overcharge, exploit
adv. **безка́рно** with impunity, **відкри́то** openly ◊ **Монопо́лії відкри́то ~ють націона́льного спожи́вача́.** Monopolies are openly ripping the national consumer off. **наха́бно** brazenly
v. + **г. дозволя́ти** + *D.* allow sb to ◊ **Уряд рока́ми дозволя́є телефо́нним компа́ніям безка́рно г. абоне́нтів.** The government has for years allowed the phone companies to rob their subscribers with impunity. **помага́ти** + *D.* help sb to; **не дава́ти** + *D.* not to allow sb to
prep. **г. на** + *A.* rob sb of *(amount)* ◊ **Вла́сник пограбува́в робітника́ на де́сять ти́сяч гри́вень.** The owner robbed the worker of ₴10,000.
See **дури́ти.** *Also see* **нагріва́ти 2, надува́ти 2, об'ї́жджати 3**
pa. pple. **пограбо́ваний** robbed
(по)грабу́й!

грабу́н|ок, *m.,* **~ку**
robbery, plunder, pillage; *also fig.*
adj. **збро́йний** armed; **зуха́лий** brazen ◊ **Полі́ція заско́чена зуха́лим ~ком се́ред бі́лого дня.** The police are taken aback by the brazen robbery in broad daylight. **нева́далий** botched; **рете́льно зорганізо́ваний** carefully orchestrated; **повто́рний** repeated; **безпрецеде́нтний** unprecedented, **сенсаці́йний** sensational; **електро́нний** electronic, **мере́жевий** online
г. + n. **г. ба́нку** a bank robbery (**крамни́ці** store, **музе́ю** museum)
n. + **г. же́ртва ~ку** a robbery victim ◊ **Же́ртвою електро́нного ~ку ста́ла ві́до́ма мере́жа крамни́ць.** A well-known store chain became an electronic robbery victim. (**спро́ба** attempt)
v. + **г. організо́вувати г.** orchestrate a robbery ◊ **Вони́ зорганізува́ли успі́шний г. ба́нку.** They orchestrated a successful bank robbery. (**зрива́ти** foil) ◊ **Про́ста́ випадко́вість зірва́ла рете́льно зорганізо́ваний г.** A simple fluke foiled the carefully orchestrated robbery. **уника́ти ~ку** avoid a robbery ◊ **До́сі музе́єві вдава́лося уника́ти ~ків.** Until now, the museum managed to avoid robberies. **перешкоджа́ти ~ку** thwart a robbery ◊ **Він не нама́гався перешко́дити ~ку.** He did not try to thwart the robbery. (**запобіга́ти** prevent) ◊ **Систе́ма сиґналіза́ції запобіга́є ~кам.** The alarm system prevents robberies.
See **зло́чин.** *Cf.* **краді́жка**

град, *m.,* **~у**
1 hail, hailstorm
adj. **безпрецеде́нтний** unprecedented, **неба́чений** *and* **нечу́ваний** unheard-of, **нищівни́й** *and* **спусто́шливий** devastating ◊ **Сино́птики заповіда́ють спусто́шливий г., ро́зміром із яйце́.** Meteorologists are forecasting devastating egg-sized hail. **руйнівни́й** destructive, **страшни́й** terrible, **си́льний** heavy; **несподі́ваний** unexpected, **рапто́вий** sudden
n. + **г. ку́лька ~у** a hail pellet
v. + **г. заповіда́ти г.** forecast hail (**очі́кувати** anticipate; **потрапля́ти під** get caught in) ◊ **Вони́ потра́пили під г.** They got caught in a hailstorm. **захища́ти** + *A.* **від ~у** protect sth from hail ◊ **Він шука́в спо́сіб захисти́ти виногра́д від ~у.** He was looking for a way to protect the grapes from the hail. (**хова́тися від** hide from) ◊ **Вони́ схова́лися від ~у під де́ревом.** They hid from the hail under a tree.
г. + v. **зни́щувати** + *A.* destroy sth, **пошко́джувати** + *A.* damage sth, **трощи́ти** + *A.* smash sth ◊ **Г. потрощи́в ві́кна в маши́ні.** Hail smashed car windows. **па́дати** fall ♦ **Па́дає г.** It's hailing. **очі́куватися** be expected ◊ **За́втра очі́кується г.** Hail is expected tomorrow.
2 *fig.* hail, barrage, volley, torrent ◊ **Вояки́ вихо́дили з ото́чення під ~ом куль.** The soldiers were making their way out of the encirclement under a hail of bullets.
г. + n. **г. звинува́чень** a hail of accusations (**обра́з** insults, **(за)пита́нь** questions ◊ **Ре́чницю прем'є́ра чека́в г. запита́нь.** A barrage of questions awaited the premier's spokeswoman. **карте́чі** canister, **куль** bullets, **оско́лків** shrapnel)
v. + **г. потрапля́ти під г.** get caught in a barrage, **опиня́тися під ~ом** find oneself under a barrage
Also see **зли́ва 2**

гра́дус, *m.,* **~а**
1 degree *(of temperature)*
г. + n. **г. моро́зу** a degree below zero ◊ **Було́ два ~и моро́зу.** It was two degrees below zero. (**тепла́** above zero) ◊ **два́дцять ~ів тепла́** twenty degrees above zero; ◊ **Сього́дні нуль ~ів.** It is zero degrees today. **г. Ке́львіна** degree Kelvin (**Фаренга́йта** Fahrenheit, **Це́льсія** Celsius) ◊ **Плюс оди́н г. Це́льсія дорі́внює тридцяти́ чотирьо́м ~ам Фаренга́йта.** Plus one degree Celsius equals 34 degrees Fahrenheit.
2 degree *(in angles)*
г. + n. **г. довготи́** one degree of longitude (**широти́** latitude)
v. + **г. поверта́ти(ся) на г.** turn sth *(number of)* degrees ◊ **Вона́ поверну́ла го́лову на дев'ятдеся́т ~ів.** She turned her head 90 degrees. ◊ **Він поверну́вся на схід на со́рок п'ять ~ів.** He turned 45 degrees east.
prep. **у г.** *or* **~и, ~ів** *(number of)* degrees ◊ **го́стрий кут у со́рок оди́н г.** an acute 41-degree angle; ◊ **кут у сто ~ів** an angle of a hundred degrees; ♦ **бу́ти під ~ом** *colloq.* to be tipsy ◊ **Вале́рія була́ під ~ом.** Valeriia was tipsy.
3 percent, proof *(in alcoholic drinks)* ◊ **Самого́нка в до́брих шістдеся́т ~ів.** The moonshine is a good 120 proof.

грам, *m.,* **~а**
gram *(one thousandth of a kilogram)* ◊ **Золоти́й ланцюжо́к ва́жив сто ~ів.** The gold chain weighed 100 grams. ◊ **У па́чці було́ дві́сті п'ятдеся́т ~ів ма́сла.** There were 250 grams of butter in the package.

грама́ти|ка, *f.*
1 grammar
adj. **до́бра** good, **пра́вильна** correct, **ке́пська** poor, **непра́вильна** incorrect, **пога́на** bad; **англі́йська** English, **гре́цька** Greek, **лати́нська** Latin, **украї́нська** Ukrainian, *etc.* **нова́** new; **легка́** easy, **про́ста́** simple; **важка́** difficult, **складна́** complicated
n. + **г. вимо́га ~ки** a requirement of grammar (**но́рма** norm, **пра́вило** rule, **станда́рти** standards)
v. + **г. виклада́ти ~ку** teach grammar (**виправля́ти** correct ◊ **Він попроси́в Оста́па виправля́ти його́ украї́нську ~ку.** He asked Ostap to correct his Ukrainian grammar. **вчи́ти** learn) ◊ **Їм тре́ба ви́вчити нову́ ~ку.** They need to learn the new grammar. **поя́снювати** + *D.* explain to sb ◊ **Ча́сом Юрко́ поя́снював йому́ англі́йську ~ку.** Sometimes Yurko explained English grammar to him.
prep. **з ~ки** in grammar ◊ **впра́ва з ~ки** a grammar exercise (**завда́ння** assignment, **і́спит** exam, **контро́льна** *colloq.* test, **курс** course, **ле́кція** lecture, **семіна́р** seminar) ◊ **Вони́ записа́лися на семіна́р із ~ки.** They enrolled in the grammar seminar.
2 grammar textbook ◊ **найнові́ша украї́нська г.** the latest Ukrainian grammar *(book)*; ◊ **За оста́нній рік ви́йшли три нові́ францу́зькі ~ки.** In the last year, three new French grammars came out.
See **кни́жка 1, підру́чник**
L. **у ~ці**

гра́мот|а, *f.*
1 *only sg.* literacy, reading and writing, education
♦ **Для ме́не це кита́йська г.** It's all Greek to me.
v. + **г. вчи́тися ~и** *or* **~і** learn to read and write
See **письме́нність**
2 charter, petition, deed ◊ **поче́сна г.** an honorary diploma; ♦ **ві́рчі ~и** *polit.* diplomatic credentials ◊ **Амбасадо́р вручи́в ві́рчі ~и прем'є́р-міні́строві.** The ambassador presented his diplomatic credentials to the prime minister.

гра́|ти, ~ють; про~, *intr. and tran.*
1 *tran. and intr.* to play *(music)*; *pf.* **за~, зі~, про~**
adv. **бездога́нно** flawlessly ◊ **Скрипа́ль зігра́в п'є́су бездога́нно.** The violinist played the piece impeccably. **блиску́че** brilliantly, **віртуо́зно** like a virtuoso, **до́бре** well, **доскона́ло** perfectly, **незвича́йно** unusually, **неперевéршено** matchlessly, **ориґіна́льно** in an original manner, **чудо́во** superbly; **ке́псько** poorly, **пога́но** badly
г. + n. **г. конце́рт** play a concerto (**п'є́су** piece, **пі́сню** song); ♦ **г. пе́ршу (дру́гу) скри́пку** to play first (second) chair ◊ **Па́нченко мав г. дру́гу скри́пку.** Panchenko was to play second chair.
v. + **в. бу́ти ва́жко** be difficult to ◊ **Цей конце́рт до́сить ва́жко г.** This concerto is rather difficult to play. **бу́ти ле́гко** be easy to; **вчи́ти** + *A.* teach sb to ◊ **Се́стра навчи́ла Васи́ля г. «Соба́чий вальс».** Sister taught Vasyl to play the "Flea Waltz." **вчи́тися** learn to ◊ **У сусі́дній кімна́ті хтось учи́вся г. поло́не́з.** Somebody was learning to play a polonaise in the neighboring room. **ма́ти** be supposed to ◊ **І́гор теж ма́є г. на конце́рті.** Ihor is also supposed to play at the concert. **пого́джуватися** agree to; **проси́ти** + *A.* ask sb to; **почина́ти** begin to ◊ **Що́йно вона́ почала́ г., запа́ла ти́ша.** Silence fell as soon as she began to play. **відмовля́тися** refuse to; **вмовля́ти** + *A.* persuade sb to; **слу́хати як** listen to sb ◊ **Усі́ слу́хали, як він ~є Мо́царта.** Everybody was listening to him play Mozart. **чу́ти як** hear sb ◊ **Хома́ чув, як хтось ~є на трубі́.** Khoma heard somebody play a trumpet.
prep. **г. на** + *L.* play *(an instrument)* ◊ **Він до́бре ~є на гіта́рі.** He plays the guitar well. ♦ **г.** + *D.* **на не́рвах** *fig.* to get on sb's nerves ◊ **Хло́пець ~в ї́й на не́рвах.** The boy was getting on her nerves.

Also see **вико́нувати 3, програва́ти 3**
2 *intr.* play *(sports, games, etc.)*
adv. **блиску́че** brilliantly, **винятко́во** exceptionally, **до́бре** well; **професі́йно** professionally; **чудо́во** wonderfully ◊ **Він чудо́во зігра́в роль.** He played his part wonderfully. **че́сно** fair ◊ **Російські спортсме́ни не за́вжди ~ли че́сно.** Russian athletes did not always play fair. **ке́псько** poorly ◊ **Дружи́на ~ла ке́псько.** The team played poorly. **пога́но** badly; ♦ **г. нече́сно** to play dirty
v. + **г. бу́ти ва́жко** be difficult to, **бу́ти ле́гко** be easy to; **вчи́ти** + *A.* teach sb to ◊ **Їх учи́ть г. професі́йний тре́нер.** A professional coach teaches them to play. **вчи́тися** learn to; **ма́ти** be supposed to ◊ **Вони́ ма́ли г. насту́пної п'я́тниці.** They were supposed to play next Friday. **відмовля́тися** refuse to; **диви́тися, як** watch sb ◊ **Вона́ ди́виться, як сини́ ~ють у баскетбо́л.** She watches her sons play basketball.
prep. **г. в** + *A.* play sth ◊ **г. в баскетбо́л** play basketball (**волейбо́л** volleyball, **гоке́й** hockey, **те́ніс** tennis, **футбо́л** soccer ◊ **Хло́пці ~ють у футбо́л на ву́лиці.** The boys play soccer on the street. **бридж** bridge, **ка́рти** cards, **по́кер** poker; **доміно́** domino, **ша́хи** chess, *etc.*) ◊ **Вона́ до́бре ~є в ша́хи.** She is a good chess player. ♦ **г. без гро́шей** to play for love; ♦ **г. на гро́ші** to play for money ◊ **Вони́ ніко́ли не ~ли на гро́ші.** They never played for money. ♦ **г.** + *D.* **на ру́ку** *fig.* to play into sb's hands ◊ **Сві́док ~є на ру́ку прокуро́рові.** The witness plays into the prosecutor's hands. ♦ **г. на бі́ржі** to play the stock market ◊ **Ста́тки він зароби́в, ~ючи на бі́ржі.** He earned his fortune, playing the stock market.
3 *tran. and intr.* to play *(a part)*, act, perform, *pf.* **зі~**
adv. **блиску́че** brilliantly, **винятко́во** exceptionally, **до́бре** well; **глибо́ко** profoundly, **то́нко** subtly; **професі́йно** professionally; **чудо́во** wonderfully ◊ **Він чудо́во зігра́в роль.** He played the part wonderfully. **ке́псько** poorly ◊ **Вона́ ке́псько ~є.** She is a poor actor. **пога́но** badly ♦ **г. ду́рня** to play a fool ◊ **Колишній мі́ністр ~є ду́рня.** The former minister is playing a fool. ♦ **г. роль посере́дника** to act as an intermediary
v. + **г. бу́ти ва́жко** be difficult to ◊ **Ва́жко г. роль Га́млета.** It is difficut to play the part of Hamlet. **бу́ти ле́гко** be easy to; **вчи́ти** + *A.* teach sb to ◊ **Оди́н із найславе́тніших акто́рів теа́тру вчив їх г. на сцені.** One of the most famous theater actors taught them to perform on stage. **вчи́тися** learn to; **ма́ти** be supposed to; **відмовля́тися** refuse to; **диви́тися як** watch sb
4 to play *(amuse oneself)* ◊ **У саду́ ~ли дітлахи́.** Children were playing in the garden. ◊ **Оби́два не́божі люби́ли г. з дя́дьком Хомо́ю.** Both nephews were fond of playing with Uncle Khoma. ♦ **г. у ві́йну́** to play at war ◊ **Іва́н полю́бляє г. у ві́йну́.** Ivan is fond of playing at war. ♦ **г. у жму́рки** *or* **пі́жмурки** to play hide-and-seek ◊ **У ї́хній ха́ті було́ доста́тньо мі́сця, щоб г. в пі́жмурки.** There was enough room in their house to play hide-and-seek. ♦ **г. з вогне́м** to play with fire; ♦ **г. м'я́зами** to flex one's muscles
See **ба́витися 1, 2**
5 *intr., fig., only impf.* to play *(of light, etc.)*, dance, sparkle, glint ◊ **У ста́вку ~ла ри́ба.** The fish played around in the pond. ◊ **На засні́женому схи́лі гори́ ~ло промі́ння со́нця.** Rays of sunlight glinted on the snow-covered mountain slope.
6 *intr., fig.* to sparkle, glitter ◊ **У кришта́левих ке́лихах ~ло игри́сте вино́.** The sparkling wine glittered in the crystal glasses.
See **блища́ти 1**
pa. pple. **зі́граний** played, performed
(по)грай!

гра́|тися, ~ються; *no pf., intr.*
1 to play with, fidget, fiddle; **по~**, *pf.* to play *(for some time)* ◊ **Дити́на погра́лася і засну́ла.** The child played for a while and fell asleep.
adv. **галасли́во** noisily; **ра́зом** together ◊ **Мико́ла і Ти́міш ча́сто ~ються ра́зом.** Mykola and Tymish often play together.
prep. **г. з** + *I.* play with sth ◊ **Катери́на ста́ла г. з кото́м.** Kateryna started playing with her cat. ♦ **г. з вогне́м** *fig.* to play with fire ◊ **Виправдо́вуючи скорумпо́ваного чино́вника, суддя́ ~вся з вогне́м.** Acquitting the corrupt official, the judge was playing with fire.
See **ба́витися 1**
2 to play *(a game, etc.)*
prep. **г. в** play sth or at sth ♦ **г. у ві́йну́** to play at war ◊ **Перш ніж г. у ві́йну́ уча́сники поділи́лися на два та́бори.** Before playing at war, the participants divided into two camps. ♦ **г. у жму́рки** *or* **пі́жмурки** to play hide-and-seek ◊ **Ді́ти ~ються у пі́жмурки.** The children are playing hide-and-seek.
See **ба́витися 1**
3 *colloq.* to joke around, fool around ◊ **Із ви́разу його́ обли́ччя було́ ви́дно, що він не ~ється.** It was clear from his facial expression that he was not kidding.
See **жартува́ти 1.** *Also see* **глузува́ти 2, смія́тися 3**

гра́фік[1], *m.*, **~a**
1 graph, diagram, chart, plot ◊ **Рецензе́нт перео́чив г. температу́р у статті́.** The reviewer overlooked a temperature graph in the article.
v. + **г. кре́слити г.** draw a graph (**роби́ти** produce, **склада́ти** put together ◊ **Він склав г. прові́дности алюмі́нію.** He put together the aluminum's conductivity graph. **ство́рювати** create); **визнача́ти** + *A.* **на ~ку** plot sth on a graph
г. + *v.* **вка́зувати** + *A.* indicate sth, **пока́зувати** + *A.* show sth, **представля́ти** + *A.* represent sth ◊ **Г. представля́є зале́жність між рі́внем двоо́кису вуглецю́ і температу́рою пові́тря.** The graph represents the correlation between the carbon dioxide level and air temperature.
prep. **у ~у** in a graph ◊ **Дослі́дниця знайшла́ нето́чності у ~у.** The (female) researcher found inaccuracies in the graph. **у фо́рмі ~а** in the form of a graph ◊ **Результа́ти о́питів грома́дської ду́мки було́ по́дано у фо́рмі ~а.** The results of the public opinion polls were presented in the form of a graph. **на ~у** on a graph ◊ **На ~у дина́міка захво́рювань за оста́нні ро́ки.** The morbidity dynamic over the last years is on the graph.
2 schedule, timetable ◊ **Рі́чни́й звіт писа́ли суво́ро за ~ом.** The yearly report was written strictly according to schedule.
See **ро́зклад 1.** *Also see* **режи́м 4**

гра́фік[2], *m.*, **~a; гра́фічка**, *f.*
graphic artist ◊ **Фахівці́ зна́ють Бронзі́на як чудо́вого ~a.** Experts know Bronzino as a wonderful graphic artist.
See **маля́р, худо́жник**

гра́фі|ка, *f., only sg.*
graphics, drawings
adj. **комп'ю́терна** computer; **засадни́ча** basic, **про́ста́** simple; **найнові́ша** state-of-the-art; **кольоро́ва** color; **безці́нна** priceless, **рі́дкісна** rare; **неповто́рна** inimitable, **ориґіна́льна** original; **високорозді́льна** high-resolution; **двови́мірна** two-dimensional, **триви́мірна** three-dimensional
n. + **г. ви́ставка ~ки** an exhibition of drawings (**коле́кція** collection)
v. + **г. виставля́ти ~ку** exhibit drawings ◊ **Ско́ро ґалере́я виставля́тиме ~ку італі́йських манери́стів.** Soon the gallery will be exhibiting the drawings by Italian Mannerists. (**демонструва́ти** display, **пока́зувати** + *D.* show sb; **збира́ти** *and* **колекціонува́ти** collect)
L. **у ~ці**
See **мисте́цтво.** *Cf.* **маля́рство**

гре́б|ля, *f.*
dam
adj. **вели́ка** big ◊ **Нова́ г. до́сить вели́ка, щоб по ній могли́ ї́здити а́вта.** The new dam is big enough for cars to drive along it. **висо́ка** high, **до́вга** long; **широ́ка** wide; **вузька́** narrow, **невели́ка** small; **зни́щена** destroyed, **зруйно́вана** ruined; **відбудо́вана** rebuilt, **поремонто́вана** repaired
v. + **г. будува́ти ~лю** build a dam (**гати́ти** make, **зво́дити** erect, **спору́джувати** construct; **прорива́ти** breach) ◊ **Па́водок прорва́в ~лю.** The high water breached the dam. ♦ **хоч ~лю гати́** galore, more than you can shake a stick at ◊ **Кандида́тів на поса́ду хоч ~лю гати́.** There are more candidates for the post than you could shake a stick at.
г. + *v.* **піддава́тися** give in ◊ **Здава́лося, що г. от-о́т підда́сться.** The dam seemed to be at the point of giving in. **прорива́тися** break; **стри́мувати** + *A.* hold sth back ◊ **Нова́ г. мо́же стри́мати на́віть вели́ку по́вінь.** The new dam can hold back even a great flood.
prep. **на ~лю** *dir.* on/to a dam ◊ **Він ви́їхав на ~ю.** He drove onto the dam. **на ~лі** *posn.* on a dam ◊ **На ~лі було́ бага́то риба́лок.** At There were many fishermen on the dam. **по ~лі** along a dam; **че́рез ~лю** across/over a dam ◊ **Вони́ пере́їхали на протиле́жний бе́рег че́рез ~лю.** They drove to the opposite bank over the dam.

гре́ч|ка, *f.*
1 buckwheat *(grain)* ◊ **Моро́з зни́щив ці́лі поля́ ~ки.** Frost destroyed entire fields of buckwheat. ♦ **неха́й бу́де г.** *colloq.* have it your way; be my guest ◊ **Хо́чеш роби́ти все сам? До́бре, неха́й бу́де г.** You want to do everything yourself. OK, have it your way. ♦ **скака́ти** *or* **стриба́ти у ~ку з** + *I. colloq.* to have an affair with sb ◊ **Ка́жуть, що Марі́я ска́че** *or* **стриба́є у ~ку з дире́ктором.** They say Maria is having an affair with the director. ◊ **У селі́ збира́ли ~ки́.** They were harvesting buckwheat in the village.
See **пшени́ця**
2 *only sg.* buckwheat *(as side dish)* ◊ **Кроля́ вона́ подала́ з ва́реною ~кою.** She served the rabbit with boiled buckwheat.
See **стра́ва**
L. **у ~ці**, *G. pl.* **~о́к**

гриб, *m.*, **~á**
1 mushroom
adj. **бі́лий** porcini; **ї́стівни́й** edible; **отру́йний** poisonous; **сві́жий** fresh; **молоди́й** young; **гнили́й** rotten, **змо́рщений** wrinkled, **стари́й** old, **черви́вий** wormy; **ди́кий** wild, **польови́й** field, **культиво́ваний** cultivated, **тепли́чний** greenhouse ◊ **Тепли́чні ~и́ зна́чно деше́вші, як ди́кі.** Greenhouse mushrooms are considerably cheaper than the wild ones. **су́шений** dried, **начи́нений** stuffed; **психоделі́чний** psychedelic, **галюциноге́нний** hallucinogenic
v. + **г. збира́ти ~и́** gather mushrooms (**виро́щувати** grow, **культивува́ти** cultivate; **кра́яти** *and* **рі́зати** cut, **шаткува́ти** slice; **ми́ти** wash, **мочи́ти** soak, **чи́стити** clean; **маринува́ти** pickle, **соли́ти** salt, **суши́ти** dry ◊ **Щоро́ку вони́ збира́ють і су́шать бі́лі ~и́.** Every year they gather and dry porcini mushrooms. **вари́ти** cook, boil, **підсма́жувати** sauté, **пря́жити** *or* **сма́жити** fry, **тушкува́ти** stew) ◊ **~и́ він тушку́є у вершка́х.** He stews the mushrooms in cream.

гриб|о́к, *m.*, **~ка́**
fungus, mold, mildew
adj. **бі́лий** white, **бруна́тний** brown, **зелена́вий** greenish, **зеле́ний** green, **чо́рний** black ◊ **чо́рний г. у щі́ли́нах між ка́хлями** black mold in the cracks between tiles; **кори́сний** useful; **отру́йний** poisonous, **токси́чний** toxic,

шкідли́вий harmful; **невиліко́вний** incurable
v. + **г. вбива́ти** *and* **знищувати г.** kill fungus ◊ **ми́йний за́сіб, що зни́щує г.** a fungus-killing cleaner (**лікува́ти** treat); **позбува́тися ~ка́** get rid of fungus; **запобіга́ти ~ко́ві** prevent fungus; **бра́тися** *or* **покрива́тися ~ко́м** be covered with mold ◊ **Стіна́ взяла́ся зелена́вим ~ко́м.** The wall was covered with greenish mold.
г. + *v.* **вража́ти** + *A.* affect sb/sth ◊ **Г. ура́зив їй ні́готь на нозі.** Fungus has affected her toenail. **з'явля́тися** appear, **покрива́ти** + *A.* cover sth, **поши́рюватися на** + *A.* spread to sth; **вбива́ти** + *A.* kill sb ◊ **Цей г. мо́же вби́ти люди́ну.** This fungus can kill a person.
Also see **зе́лень 3**

гри́в|ня, *f.*
hryvnia *(Ukrainian national currency unit)* ◊ **У безми́тній крамни́ці мо́жна плати́ти ~нями.** One can pay in hryvnias at the duty-free store.
adj. **си́льна** strong, **стабі́льна** stable; **слабка́** weak; **хистка́** shaky; **украї́нська** Ukrainian ◊ **₴ – це графі́чний знак украї́нської ~ні.** ₴ is the graphic sign of the Ukrainian hryvnia.
card. + **г. дві ~ні** two hryvnias (**три** three, **чоти́ри** four) ◊ **Тоді́ про́їзд у метрі́ ще ко́штував чоти́ри ~ні.** Back then a subway ride still cost four hryvnias. **п'ять ~ень** five hryvnias
v. + **г. ко́штува́ти ~ню** cost one hryvnia ◊ **Ця по́слуга ко́штує одну́ ~ню.** This service costs ₴1. (**конверту́вати** + *A.* **в** convert into *(a currency)* ◊ **Йому́ тре́ба конверту́вати ти́сячу ~ень у до́лари.** He needs to convert ₴1,000 into dollars. **міня́ти на** + *A.* exchange into *(a currency)* ◊ **Тут міня́ють ~і на ко́жну валю́ту сві́ту.** Here they exchange hryvnias into every world currency.
prep. **за ~ню** for a hryvnia ◊ **У 1996 ро́ці за одну́ ~ню мо́жна було́ діста́ти оди́н до́лар.** In 1996, one could get $1 for ₴1.
See **валю́та.** *Cf.* **копі́йка 1**

грип, *m.*, **~у**, *only sg.*
influenza, flu ◊ **У не́ї г.** She has the flu.
adj. **лю́дський** human, **пташи́ний** avian, **свиня́чий** swine; **еспа́нський** Spanish; **віруле́нтний** *med.* virulent, **впе́ртий** persistent, **го́стрий** acute; **паску́дний** *colloq.* nasty; **смерте́льний** deadly, **фата́льний** fatal
n. + **г. ві́рус ~у** an influenza virus (**епіде́мія** epidemic, **пандемі́я** pandemic, **сезо́н** season; **симпто́м** symptom), **штам ~у** *med.* a strain of influenza) ◊ **Штам ~у відо́мий під на́звою H3N2.** The strain of influenza is known as H3N2. **на́пад ~у** an attack of the flu
v. + **г. ма́ти г.** have the flu (**захворі́ти на** catch) ◊ **Катери́на захворі́ла на г.** Kateryna caught the flu. **уника́ти ~у** avoid the flu ◊ **Намага́ючись уни́кнути ~у, вона́ переста́ла вихо́дити на ву́лицю.** Trying to avoid the flu, she stopped going outside.(**потерпа́ти від** suffer from ◊ **Він потерпа́є від особли́во впе́ртого ~у.** He has suffered from some particularly persistent flu. **запобіга́ти ~ові** prevent the flu ◊ **Вакци́на запобіга́є ~ові.** The vaccine prevents the flu.
prep. **від ~у** for influenza ◊ **вакци́на від ~у** a flu vaccine (**вакцина́ція** vaccination, **імуніза́ція** immunization, **ще́плення** inoculation)
See **хворо́ба.** *Also see* **ві́рус**

гріх, *m.*, **~а́**
1 sin
adj. **вели́кий** great, **сме́ртний** deadly ◊ **сім сме́ртних ~ів** seven deadly sins; **страшни́й** terrible ◊ **Їй на сумлі́нні ви́сів страшни́й г.** A terrible sin weighed on her conscience. **невимо́вний** unspeakable, **непроба́чний** inexcusable, **непрости́мий** unforgivable, **непроще́нний** unpardonable; **дрібни́й** small, **прости́мий** venial; **мину́лий** past; **першоро́дний** original ◊ **Він не розумі́є поня́ття першоро́дного ~а́.** He does not understand the concept of original sin.
г. + *n.* **~и́ батькі́в** the sins of the fathers (**ті́ла** flesh) ◊ **Він ка́же, що ~и́ ті́ла ни́щать і ду́шу.** He says that sins of the flesh destroy the soul as well. ♦ **~и́ мо́лодости** *fig.* youthful indiscretions ◊ **І́гор згада́в ~и́ мо́лодости.** Ihor recalled his youthful indiscretions.
n. + **г. про́щення ~і́в** forgiveness of sins ◊ **Він на колі́нах проси́в про́щення ~і́в.** He was asking for forgiveness of sins on his knees.
v. + **г. відпуска́ти** + *D.* **г.** absolve sb's sin ◊ **Свяще́нник відпусти́в їй ~и́.** The priest absolved her sins. (**проща́ти** + *D.* forgive sb; **ско́ювати** commit; **змива́ти** wash away ◊ **Самові́ддане службі́ння наро́дові зми́ло його́ ~и́.** Selfless service to the people washed away his sins. **споку́тувати** atone for; **кара́ти** + *A.* **за** punish sb for) ◊ **Матві́й уважа́в, що це Госпо́дь кара́є його́ за ~и́.** Matvii thought the Lord was punishing him for his sins. **уника́ти ~а́** avoid a sin (**признава́тися до** confess) ◊ **Вона́ призна́лася до свого́ ~а́ пе́ред свяще́ником.** She confessed her sin to the priest. ♦ **ні́де ~а́ ді́ти** *or* **ні́чого ~а́ кри́ти** *or* **таї́ти** truth be told ◊ **Па́ні С., ні́де ~а́ ді́ти, дозволя́ла собі́ ви́пити за́йвого.** Mrs. S., truth be told, would allow herself to drink more than was good for her. **запобіга́ти ~о́ві** *or* **~у** prevent a sin; **вважа́ти** + *A.* **~о́м** consider sth a sin ◊ **У христия́нській релі́гії вби́вство вважа́ють сме́ртним ~о́м.** In Christian religion, murder is considered to be a mortal sin. **жи́ти в ~о́ві** *or* **~у́** live in sin (**ка́ятися в** repent) ◊ **Лев ка́ється у своє́му ~о́ві.** Lev repents his sin.
prep. ♦ **як на г.** as luck would have it ◊ **Не встигли вони́ сі́сти, а тут, як на г., захо́дить Андрі́й.** Hardly had they sat down, when, as luck would have it, Andrii came in. **г. про́ти** + *G.* a sin against sb/sth ◊ **Вона́ ско́їла г. про́ти професі́йної е́тики.** She committed a sin against professional ethics.
2 *pred.* be a sin, be not done + *inf.* ◊ **Був би г. не сказа́ти пра́вди.** It would be a sin not to tell the truth. ◊ **Г. так пово́дитися.** It's sinful to behave like that.

гріш|и́ти, **~а́ть; з~**, *intr.*
to sin, commit a sin ◊ **Я згрішу́ про́ти сумлі́ння, якщо́ скажу́, що вона́ дурна́.** I will sin against my own conscience if I say she's stupid.
adv. **ду́же** badly, **серйо́зно** gravely, **смерте́льно** mortally, **непрости́мо** unforgivably ◊ **Даю́чи обі́цянки, Ні́на непрости́мо ~и́ла.** In giving promises, Nina was committing an unforgivable sin.
prep. **г. про́ти** + *G.* sin against sb/sth ◊ **Наполяга́ючи, що жі́нка незнайо́ма йому́, сві́док ~и́в про́ти пра́вди.** Insisting that the woman was unfamiliar to him, the witness was sinning against the truth.
(з)гріши́!

гроз|а́, *f.*
1 thunderstorm, storm
adj. **вели́ка** big ◊ **Свинце́ві хма́ри віщува́ли вели́ку ~у́.** The leaden clouds portended a big thunderstorm. **неаби́яка** major, **неба́чена** unprecedented, **нищі́вна́** devastating, **си́льна** bad, **скаже́на** ferocious, **страхітли́ва** monster, **страшна́** terrible, **шале́на** fierce; **весня́на́** spring, **зимо́ва** winter ◊ **Він став сві́дком рі́дкісної зимо́вої ~и́.** He witnessed a rare winter thunderstorm. **лі́тня** summer; **тропі́чна** tropical
v. + **г. заповіда́ти ~у́** predict a thunderstorm ◊ **Заповіда́ли ~у́.** Thunderstorm was in the forecast. (**прогнозува́ти** forecast; **перечі́кувати** wait out; **потрапля́ти в** get caught up in) ◊ **Вони́ потра́пили в неба́чену ~у́.** They got caught up in an unprecedented thunderstorm. **хова́тися** + *A.* **від ~и́** take shelter from a thunderstorm
г. + *v.* **залива́ти** + *A.* inundate sth ◊ **Г. залила́ ву́лиці.** The thunderstorm inundated the streets. **зато́плювати** + *A.* flood sth; **лютува́ти** rage; **йти** be coming, **наближа́тися** *and* **насува́тися на** + *A.* be approaching sth, **збира́тися** be brewing, **налітати на** + *A.* hit sth, **прихо́дити** move in, **затиха́ти** *or* **стиха́ти** abate, **мина́ти** *or* **прохо́дити** pass; **трива́ти** + *A.* last *(a period)* ◊ **Г. трива́ла дві годи́ни.** The thunderstorm lasted for two hours.
prep. **пе́ред ~о́ю** before a thunderstorm; **під час ~и́** during a thunderstorm; **у ~у́** *dir.* in/to a thunderstorm; ♦ **у ро́зпал ~и́** at the height of a thunderstorm
See **бу́ря 1, шторм 1.** *Also see* **бурені́й**
2 *fig.* storm, turmoil, tumult ◊ **На краї́ну налеті́ла політи́чна г.** Political turmoil hit the nation.
See **бу́ря 2**

грома́д|а, *f.*
community, the public
adj. **вели́ка** large, **чима́ла** sizable; **мале́нька** *dim.* small, **невели́ка** small; **згурто́вана** close-knit, **ті́сно пов'я́зана** tight-knit; **різномані́тна** diverse; **акти́вна** spirited, **динамі́чна** dynamic, **ді́яльна** vibrant, **енергі́йна** energetic, **жва́ва** lively, **ініціати́вна** enterprising, **тво́рча** creative; **широ́ка** wide, **ши́рша** wider; **місце́ва** local; **бі́дна** poor, **незамо́жна** low-income; **етні́чна** ethnic, **іммігра́нтська** immigrant ◊ **деда́лі бі́льша іммігра́нтська г. мі́ста** the ever growing immigrant community of the city; **корінна́** indigenous; **релігі́йна** religious; **мусульма́нська** Muslim, **протеста́нтська** Protestant, **христия́нська** Christian, *etc.* **шахта́рська** mining; **селя́нська** peasant, **фе́рмерська** farming; **місько́** urban, **сільська́** rural; **академі́чна** academic, **меди́чна** medical, **науко́ва** scientific, **студе́нтська** student ◊ **Студе́нтська г. поста́вилася до нової́ па́ртії підозрі́ло.** The student community treated the new party with suspicion. **бло́ґерська** blogging, **віртуа́льна** virtual, **мере́жева** online
n. + **г. дух ~и** the community spirit ◊ **Поді́ї зміцни́ли дух ~и в мі́сті.** The events strengthened the community spirit in the city. (**інтере́с** interest, **приче́тність** involvement, **ро́звиток** development, **у́часть** participation); ♦ **відчуття́ ~и** a sense of community, **опо́ра ~и** a pillar of the community (**части́на** part, **член** member) ◊ **До́ктор Д. був шано́ваним чле́ном меди́чної ~и.** Dr. D. was a respected member of the medical community.
v. + **г. залуча́ти ~у до** + *G.* get the community involved in sth ◊ **Важли́во залучи́ти до ініціати́ви журналі́стську ~у.** It is important to get the journalist community involved in the initiative. (**мобілізува́ти** mobilize; **поси́лювати** strengthen, **розвива́ти** develop; **поклада́тися на** rely on) ◊ **Він міг покла́стися на університе́тську ~у.** He could rely on the university community.
prep. **в ~і** in a community ◊ **Осві́тню робо́ту прово́дили в незамо́жній ~і.** The educational work was conducted in the low-income community.
Also see **зага́л, мир[2], спі́льність 2, спі́льнота 1.** *Cf.* **грома́дськість**

грома́дськ|ий, *adj.*
public, communal, community, of or pertaining to community or the public
г. + *n.* **г. проте́ст** a public protest (**тра́нспорт** transportation) ◊ **Він користу́ється ті́льки ~им тра́нспор-том.** He uses only the public transportation. **~а акти́вність** public activity (**бібліоте́ка** library, **ду́мка** opinion) ◊ **Медія-маґна́т у ста́ні формува́ти ~у ду́мку краї́ни.** The media mogul is in a position to shape the nation's public opinion. **~е слу́хання** a public hearing ◊ **Депута́т прове́де ~і слу́хання з цього́ пита́ння.** The members of parliament will hold public hearings on the issue. **~і заворушення** public disturbances; **г. активі́ст**

a community activist (**організа́тор** organizer, **провідни́к** leader; **ро́звиток** development, **центр** center); ~**а ді́я** a community action (**пра́ця** work, **слу́жба** service) ◊ **Він відповіда́є за нале́жну робо́ту ~их служб мі́ста.** He is responsible for the adequate work of the city public services.
Cf. **громадя́нський**

грома́дськ|ість, *f., ~**ости**, only sg.*
public, people, citizens, community
adj. **зага́льна** general; **европе́йська** European, **світова́** world ◊ **Світова́ г. не усві́домлювала того́, що ді́ється в Ефіо́пії.** The world community was unaware of what was occurring in Ethiopia. **украї́нська** Ukrainian; **воли́нська** Volyn, **га́лицька** Galician, **ки́ївська** Kyivan, **полта́вська** Poltava, *etc.*; **ліберáльна** liberal, **проґреси́вна** progressive; **широ́ка** wide, **ши́рша** wider
v. + **г. інформува́ти г.** inform the public ◊ **Кана́л інфо́рмує европе́йську г. про поді́ї в Украї́ні.** The channel informs the European public about events in Ukraine. (**осві́чувати** educate, **просві́тлювати** enlighten; **заклика́ти** call on ◊ **Він закли́кав г. ста́ти на за́хист конститу́ції.** He called on the public to rise to the defense of the constitution. **мобілізува́ти** mobilize; **вво́дити в ома́ну** mislead; **обма́нювати** lie to); **апелюва́ти до ~ости** appeal to the public (**зверта́тися до** address); **бреха́ти ~ості** lie to the public ◊ **Міні́стр бреха́в ~ості.** The minister was lying to the public.
Also see **зага́л**. *Cf.* **грома́да**

громадя́н|и́н, *m.*, ~**и́на; ~ка**, *f.*
citizen
adj. **до́брий** good ◊ **Він вважа́є себе́ до́брим ~и́ном.** He considers himself to be a good citizen. **законослухня́ний** law-abiding, **зразко́вий** model, **поря́дний** decent, **че́сний** upstanding; **натуралізо́ваний** naturalized; **америка́нський** American, **брита́нський** British, **кана́дський** Canadian, **украї́нський** Ukrainian, *etc.*; **ста́рший** senior ◊ **Цей за́клад обслуго́вує ста́рших громадя́н.** This establishment caters to senior citizens. **видатни́й** outstanding, **почéсний** honorary, **чі́льний** prominent ◊ **Він – чі́льний г. мі́ста.** He is a prominent citizen of the town. **шано́ваний** respected; **пересі́чний** ordinary, **пересі́чний** ordinary, **пересі́чний** ordinary, **посполи́тий** regular, **прости́й** common, **сере́дньостатисти́чний** average
г. + *n.* **г. Все́світу** a citizen of the world (**краї́ни** country; **Украї́ни** Ukraine) ◊ **па́спорт ~и́на Украї́ни** the passport of a citizen of Ukraine
v. + **г. бу́ти ~и́ном** be a citizen (**вважа́ти себе́** consider oneself ◊ **Він вважа́є себе́ ~и́ном сві́ту.** He considers himself a citizen of the world. **лиша́тися** remain ◊ **Оле́кса лиша́ється ~и́ном Украї́ни.** Oleksa remains a citizen of Ukraine. **става́ти** become) ◊ **Він став кана́дським ~и́ном.** He became a Canadian citizen.
G. pl. **громадя́н**

громадя́нств|о, *nt.*
1 citizenship, nationality
adj. **по́вне** full; **подві́йне** dual, **потрі́йне** triple ◊ **Вона́ ма́є потрі́йне г. Кана́ди, США та Ізра́їлю.** She has a triple Canadian-US-Israeli citizenship. **нове́** new; **тепе́рішнє** current; **попере́днє** former; **жада́не** desired
v. + **г. дістава́ти г.** get citizenship (**отри́мувати** obtain; **ма́ти** have ◊ **Він ма́є два ~а.** He has two citizenships; **надава́ти** + *D.* grant sb ◊ **Бі́женцям згодо́м надали́ г.** The refugees were eventually granted citizenship. **втрача́ти** lose ◊ **Ту́ркові було́ ма́йже неможли́во втра́тити г.** It was almost impossible for a Turk to lose his citizenship. **подава́тися на** apply for) ◊ **Вона́ пода́сться на г., прожи́вши в краї́ні три ро́ки.** She will apply for citizenship, after having resided in the country for three years. **набува́ти ~а** acquire citizenship (**позбавля́ти** + *A.* strip sb of ◊ **Сепарати́стів позбавля́ли ~а.** Separatists were stripped of their citizenship. **вирі́катися** *or* **зрі́катися** renounce ◊ **Щоб дістáти америка́нське г., вона́ му́сила ви́ректися старо́го.** In order to get her US citizenship, she had to renounce her old one. **відмовля́тися від** give up); **відмовля́ти** + *D.* **у ~і** deny sb citizenship ◊ **Кіпр відмо́вив їй у ~і.** Cyprus denied her citizenship.
prep. **без ~а** without citizenship ◊ **осо́ба без ~а** a person without citizenship
Cf. **націона́льність**
2 *only sg.* community, citizenry ◊ **Зара́ди ~а, він гото́вий працюва́ти вдві́чі бі́льше.** For the sake of community he is ready to work twice as much.
See **грома́да**

громадя́нськ|ий, *adj.*
civil, civic ◊ **г. обо́в'язок** a civic duty. ◊ **г. шлюб** a civil marriage; ◊ ~**а війна́** a civil war; ◊ ~**е партне́рство** a civil partnership
Cf. **грома́дський**

гр|о́ші, *only pl.*, ~**о́шей**
money, amount of money
adj. **вели́кі** big ◊ **Йому́ пла́тять вели́кі г. за важку́ робо́ту.** They pay him big money for hard work. **величе́зні** huge, **колоса́льні** colossal, **непомі́рні** inordinate, **неаби́які** substantial, **нечу́вані** unheard-of, **серйо́зні** serious ◊ **За такі́ серйо́зні г. мо́жна купи́ти не одне́, а два́ а́вта.** One can buy not one but two cars for such serious money. **шале́ні** insane; **значні́** significant; **малі́** small, **мізе́рні** negligible, **невели́кі** little, **жалюгі́дні** pitiful, **смішні́** laughable; **легкі́** easy; **додатко́ві** additional, **преміа́льні** bonus; **за́йві** spare ◊ **У Лі́ди з'яви́лося тро́хи за́йвих ~о́шей.** Lida came into a bit of spare money. **грома́дські** public, **держа́вні** state, **корпорати́вні** corporate, **прива́тні** private, **чужі́** other people's ◊ **Вона́ ма́є пога́ну зви́чку рахува́ти чужі́ г.** She is in the bad habit of counting other people's money. ♦ **дрі́бні г.** small change, **кишенько́ві** pocket; **паперо́ві** paper; **необхі́дні** necessary, **потрі́бні** requisite; **ґра́нтові** grant, **до́норські** donor ◊ **Ви́ставку організо́вували за до́норські г.** The exhibit was organized with donor money. **спо́нсорські** sponsorship, **стипенді́йні** scholarship; **пози́чені** borrowed, loaned; **бру́дні** dirty, **вкра́дені** stolen ◊ **Фі́рму фінансу́ють вкра́деними ~і́шми** *or* ~**оши́ма.** The firm is financed with stolen money. **награбо́вані** plundered, **незаро́блені** unearned; **підро́блені** counterfeit, **фальши́ві** fake
n. + **г. кі́лькість ~о́шей** the amount of money (**ку́па** *colloq.* a pile of, **су́ма** sum of) ◊ **Із про́дажу він ви́ручив присто́йну су́му ~о́шей.** He raked in a decent sum of money from the sale. **відмива́ння ~о́шей** money laundering (**відмива́ч** launderer ◊ **Банк ви́явився головни́м відмиваче́м ~о́шей ма́фії.** The bank turned out to be the principal mafia money launderer. **ме́неджер** manager; **ри́нок** market) ◊ **Ри́нок ~о́шей скороти́вся.** The money market has contracted.
v. + **г. дістава́ти г.** obtain money ◊ **Вона́ діста́ла потрі́бні г.** She obtained the requisite money. (**отри́мувати** receive; **заробля́ти** earn ◊ **За день Пасту́х зароби́в такі́ г., які́ зазвича́й заробля́в за ти́ждень.** In one day, Pastukh earned the kind of money he usually earned in a week. **збира́ти** raise ◊ **Доброво́льці збира́ли г. на допомо́гу а́рмії.** Volunteers were raising money to help the troops. **дава́ти** + *D.* give sb, **дарува́ти** + *D.* gift sb ◊ **Па́ні М. вважа́ла вульґа́рним дарува́ти г. за́мість подару́нка.** Mrs. M. consider it vulgar to gift money in lieu of a present. **же́ртвувати на** + *A.* donate for sth ◊ **Вони́ не раз же́ртвували г. на доброчи́нність.** More than once they donated money to charity. **ма́ти** have; **плати́ти за** + *A.* pay for sth ◊ **Фі́рма заплати́ла за а́вторські права́ нечу́вані г.** The firm paid unheard-of amount of money for the copyright. **віддава́ти** + *D.* give back to sb ◊ **Да́на відда́сть бра́тові г. у поне́ділок.** Dana will give the money back to her brother on Monday. **поверта́ти** + *D.* repay sb; **друкува́ти** print, **карбува́ти** coin ◊ **Князь карбува́в вла́сні г.** The prince coined his own money. **рахува́ти** count ◊ **Мар'я́на порахува́ла г.** Mar'yana counted the money. **бу́ти ви́нним** + *D.* owe sb ◊ **Світла́на ви́нна Миха́йлові г.** Svitlana owed Mykhailo money. **позича́ти в** + *G.* borrow from sb ◊ **Лю́бко пості́йно позича́є у люде́й г.** Liubko constantly borrows money from people. **позича́ти** + *D.* lend sb ◊ **Вона́ пози́чила Си́монові г.** She lent Symon the money. **депонува́ти на** + *A.* deposit to sth ◊ **Він депонува́в на раху́нок зарóблені г.** He has deposited the money earned into his account. **кла́сти до ба́нку** put in the bank; **вийма́ти з** + *G.* draw out of *(an account)*, **зніма́ти з** + *G.* withdraw from *(an account)* ◊ **Вона́ зняла́ г. на по́дорож.** She withdrew the money for the trip. **відклада́ти** set aside, **заоща́джувати** save; **перека́зувати** + *D.* transfer sb ◊ **Г. ле́гко переказа́ти електро́нно.** It is easy to transfer money electronically. **конвертува́ти** convert, **міня́ти** change, **обмі́нювати** exchange; **інвестува́ти в** + *A.* invest into sth; **прийма́ти від** + *G.* accept from sb ◊ **Міні́стра прийня́в г. від прива́тної компа́нії.** The minister accepted money from a private company. **виділя́ти на** + *A.* allocate to sth, **признача́ти на** + *A.* earmark for sth ◊ **На модерніза́цію бібліоте́ки признáчили значні́ г.** Considerably money was earmarked for the modernization of the library. **тра́тити** spend; **викида́ти** throw away, **втрача́ти** lose ◊ **Його́ бі́знес втрача́є г.** His business is losing money. **губи́ти** lose ◊ **О́льга згуби́ла г. і ключі́.** Olha lost her money and keys. **марнува́ти** waste, **розто́чувати** fritter away, **три́нькати** *colloq.* blow ◊ **У рестора́ні Кири́ло розтри́нькав пози́чені г.** At the restaurant, Kyrylo blew all the money he had borrowed. **скеро́вувати** *or* **спрямо́вувати на** + *A.* direct to sth ◊ **Він скеро́вував усі́ г. на будівни́цтво дорі́г.** He directed all the money to the construction of roads. **відмива́ти** launder ◊ **Фонд використо́вують, щоб відмива́ти бру́дні г.** The endowment is used to launder dirty money. **кра́сти** steal); **бракува́ти** + *D.* ~**о́шей** be short of money ◊ **Йо́сипові бракува́ло ~о́шей.** Yosyp was being short of money. (**бу́ти ва́ртим** be worth ◊ **Полотно́ ва́рте величе́зних ~о́шей.** The canvas is worth a huge sum of money. **ко́штувати** cost ◊ **Ліка́рня ко́штува́ла вели́ких ~о́шей.** The hospital cost some big money. **не ма́ти** not to have ◊ **Я не ма́ю з собо́ю ~о́шей.** I don't have money on me. **забезпе́чувати** + *A.* ~**і́шми** *or* ~**оши́ма** provide sb/sth with money ◊ **Він забезпе́чує батькі́в ~оши́ма.** He provides his parents with money.
г. + *v.* **закі́нчуватися** run out ◊ **Його́ г. шви́дко закі́нчилися.** He soon ran out of money. **йти на** + *A.* go to sth ◊ **Г. йшли на лікува́ння дочки́.** The money went to their daughter's treatment. **пливти́** flow in ◊ **Г. ра́птом попливли́ до фунда́ції ріко́ю.** Suddenly the money started flowing in to the foundation like a river. **надхо́дити** come in
prep. **без ~о́шей** without money ◊ **Без ~о́шей він голодува́в.** He went hungry without money. **із ~і́шми** *or* ~**оши́ма** with money ◊ **Із ~і́шми в ру́ці Васи́ль ле́гко знайшо́в із ни́ми спі́льну мо́ву.** With the money in hand, Vasyl quickly found common ground with them. **за г.** for money, ♦ **ні за які́ г.** not for love or money ◊ **Дени́с ні за які́ г. не хоті́в ї́хати до Луга́нська.** Denys did not want to go to Luhansk for love or money. **г. на** + *A.* money for sth ◊ **г. на авто́бус** bus money ◊ **Хло́пець узя́в г. на авто́бус і потра́тив їх на моро́зиво.** The boy took his bus money and spent it on ice

cream. (**доїзд** commute, **по́тяг** train; **бензи́н** gas; **книжки́** books, **обі́д** lunch; **ви́куп** ransom, **заста́ву** bail, **хаба́р** bribe, *etc.*)
Also see **валю́та, готі́вка, за́сіб 3, зеле́ний 6, копі́йка 2, кошт, мільйо́н 3, ресу́рс 1, фіна́нси 2**

грошов|и́й, *adj.*
pecuniary, money, monetary, cash, of or relating to money
г. + *n.* **г. еквівале́нт** a monetary equivalent; **г. знак** a currency note, **г. пере́каз** a money order; **~а́ винаго́рода** a cash award (**скри́нька** box), **~а́ одини́ця** a monetary unit (**рефо́рма** reform), **~а́ допомо́га** financial aid (**компенса́ція** compensation); **~е́ забезпе́чення** money supply, money provision; **~і́ зобов'я́зання** financial obligations ◊ **Вона́ ма́є ~і́ зобов'я́зання пе́ред компа́нією.** She has financial obligations to the company. (**спра́ви** matters)
Also see **матерія́льний 2, фіна́нсовий**

гру́б|ий, *adj.*
1 thick, hefty, big, massive ◊ **Вона́ трима́ла в руці́ ~у кни́жку.** She was holding a thick book in her hand.
adv. **до́сить** fairly ◊ **до́сить г. шар землі́** a fairly thick layer of earth; **доста́тньо** sufficiently, **ду́же** very, **надзвича́йно** extremely ◊ **надзвича́йно ~і па́льці** extremely thick fingers; **на́дто** too
г. + *n.* **г. журна́л** a thick magazine (**карто́н** cardboard, **словни́к** dictionary, **том** volume; **ки́лим** carpet; **киьо́к** stick, **сто́вбур** trunk); **~а до́шка** a thick board (**кни́жка** book; **перегоро́дка** partition, **плита́** slab, **стіна́** wall; **ткани́на** cloth); **~е полотно́** thick canvas (**покриття́** cover)
v. + **г. бу́ти ~им** be thick (**вигляда́ти** look, **виявля́тися** prove, **здава́тися** + *D.* seem to sb, **става́ти** grow) ◊ **Його́ поліці́йне досьє ста́ло спра́вді ~им.** His police folder became really thick.
Ant. **тонки́й 1**
2 fat, corpulent ◊ **Ни́ні таку́ жі́нку вважа́ли би про́сто ~ою.** Today such a woman would be considered simply fat.
adv. **до́сить** fairly, **ду́же** very, **надзвича́йно** extremely, **на́дто** too, **спра́вді** really ◊ **На роль режисе́р шука́в спра́вді ~ого акто́ра.** The director was looking for a really fat actor for the part. **страше́нно** terribly
v. + **г. бу́ти ~им** be thick (**вважа́ти** + *A.* consider sb/sth, **вигляда́ти** look ◊ **У білі́й су́кні Тама́ра вигляда́ла ~ою.** In the white dress, Tamara looked fat. **виявля́тися** turn out, **здава́тися** + *D.* seem to; **роби́ти** + *A.* make sb)
See **товсти́й 2.** *Also see* **гладки́й, жи́рний.** *Ant.* **худи́й 1**
3 rough, coarse ◊ **Штани́ були́ поши́ті з ~ого полотна́.** The pants were made of a coarse canvas.
adv. **до́сить** fairly ◊ **Її ру́ки до́сить ~і на до́тик.** Her hands are rather rough to the touch. **ду́же** very, **надзвича́йно** extremely, **на́дто** too, **спра́вді** really, **страше́нно** terribly ◊ **страше́нно ~а їжа** terribly coarse food
See **жорстки́й 1.** *Ant.* **гла́дкий**
4 crude, simple ◊ **Пе́рший комп'ю́тер здає́ться ~им і примітивним при́ладом.** The first computer seems a crude and primitive device. ◊ **На́дя не лю́бить ~их жа́ртів.** Nadia is not fond of crude jokes.
See **прости́й 1**
5 rude, impolite, ill-mannered ◊ **Він мав репута́цію ~ої люди́ни.** He had the reputation of a rude person. ◊ **Її заува́ження здало́ся ~им.** Her remark seemed rude. ◊ **~і мане́ри жі́нки шокува́ли Ма́рту.** The woman's rude manners shocked Marta.
6 gross, flagrant, blatant ◊ **Вона́ припусти́лася ~ої по́милки.** She made a gross mistake. ◊ **~а дезінформа́ція** blatant misinformation; ◊ **~а пропаґа́нда** blatant propaganda
7 rough, approximate ◊ **За ~ими підраху́нками, на майда́ні сім ти́сяч.** By rough estimates, there are seven thousand on the square.
See **приблизний.** *Also see* **орієнто́вний.** *Ant.* **то́чний**

гру́б|ість, *f.*, **~ости**
1 *only sg.* rudeness, coarseness, crudeness
adj. **вели́ка** great, **винятко́ва** exceptional ◊ **Продавчи́ня ста́вилася до поку́пців з винятко́вою ~істю.** The saleswoman treated customers with exceptional rudeness. **дивови́жна** amazing, **неймові́рна** incredible; **несподі́вана** unexpected ◊ **Несподі́вана г. офіція́нта вра́зила Яре́му.** The waiter's unexpected rudeness shocked Yarema. **незвича́йна** unusual; **рі́дкісна** rare; **нехаракте́рна** uncharacteristic; **звича́йна** common; **знайо́ма** familiar, **пості́йна** constant, **типо́ва** typical
v. + **г. виявля́ти г.** show rudeness (**демонструва́ти** + *D.* demonstrate to sb; **терпі́ти** suffer ◊ **Лари́са не збира́лася терпі́ти г. ні від ко́го.** Larysa was not about to suffer rudeness from anybody. **натрапля́ти на** encounter, **наража́тися** *or* **наштó́вхуватися на** run into ◊ **Тут він ще наштó́вхується на таку́ знайо́му із сове́тських часі́в г. і неува́гу.** Here he still runs into the rudeness and lack of attention so familiar from the Soviet times. **ска́ржитися на** complain about)
prep. **г. до** + *G.* rudeness to/toward sb ◊ **г. до відві́дувачів** rudeness toward customers
Ant. **че́мність**
2 *only sg.* coarseness, roughness ◊ **Г. її рук заско́чила Андрі́я.** The coarseness of her hands took Andrii by surprise.
See **гру́бий 3**
3 *only sg.* crudeness, primitiveness; approximation, vagueness ◊ **Брак да́них поя́снював г. підраху́нків.** A lack of data accounted for the crudeness of the calculations.
See **гру́бий 4, 7**
4 rude word, insult ◊ **І́гор уперше чув г. від коле́ґи.** Ihor heard a rude word from his colleague for the first time.
N. pl. **гру́бощі**
See **ла́йка.** *Also see* **матю́к**

гру́д|ень, *m.*, **~ня**
December ◊ **у ~ні** in December; ◊ **Степа́н народи́вся тре́тього ~ня.** Stepan was born on December 3.
See **мі́сяць 1, сі́чень**

гру́д|и, *only pl.*, **~е́й**
1 chest, bosom ◊ **Вода́ сяга́ла йому́ аж до ~е́й.** The water reached all the way to his chest.
adj. **мі́цні** strong, **моѓу́тні** powerful, **му́жні** manly, **м'язи́сті** muscular ◊ **Кири́лова голова́ безпора́дно впа́ла на м'язи́сті г.** Kyrylo's head helplessly dropped onto his muscular chest. **широ́кі** broad; **вузькі́** narrow, **пло́скі** flat; **волоха́ті** hairy; **го́лі** bare; **безволо́сі** hairless ◊ **На його́ безволо́сих ~ях був медальйо́н.** There was a medallion on his hairless chest. **гла́дкі** smooth
v. + **г.** ♦ **би́ти себе́ в г.** to pound on the chest ◊ **Макси́м бив себе́ в г., запевня́ючи поліція́нта, що він твере́зий.** Maksym was pounding on his chest, assuring the policeman he was sober. (**гати́ти** + *A.* **в** *colloq.* beat ◊ **Підбі́гши до Степа́на, жі́нка ста́ла гати́ти його́ в маси́вні г.** Having run up to Stepan, the woman started beating his chest. **ге́пати** + *A.* **в** *colloq.* thump; **стиска́ти за** clutch ◊ **Вона́ сти́снула себе́ за г. від рі́зкого бо́лю.** She clutched her chest from a sharp pain. **вигина́ти** arch ◊ **Він стоя́в стру́нко, тро́хи ви́гнувши г.** He was standing up straight having arched his chest a little. **голи́ти** shave, **епілюва́ти** wax)
г. + *v.* **вигина́тися** arch, **стиска́тися** tighten ◊ **Його́ г. сти́снулися.** His chest tightened.
prep. **до ~е́й** to one's chest ◊ **Він притули́в хло́пчика до ~е́й.** He clutched the little boy to his chest. **на г.** *dir.* on/to one's chest ◊ **Га́нна покла́ла го́лову йому́ на г.** Hanna put her head on his chest. **на ~ях** *posn.* on one's chest ◊ **Вона́ ма́ла ро́димку на г.** She had a mole on her chest. **у ~ях** in one's chest ◊ **Біль, що Сашко́ відчува́в у ~ях, мину́в.** The pain Sashko felt in his chest passed.
2 breast(s) ◊ **Вене́ра була́ з ого́леними ~ьми́.** Venus had bared breasts.
adj. **важкі́** heavy ◊ **Він припа́в до її важки́х ~е́й.** He pressed against her heavy breasts. **вели́кі** big, **га́рні** beautiful; **окру́глі** round, **по́вні** full; **мале́нькі** *dim.* small, **невели́кі** little; **відкри́ті** exposed, **го́лі** bare, **на́гі** *poet.* naked, **ого́лені** bared; **пру́жні** firm ◊ **Її ~и були́ пру́жні, як у молодо́ї жі́нки.** Her breasts were firm like those of a young woman. **обви́слі** sagging; **ні́жні** tender; **спра́вжні** real; **збі́льшені** enlarged, **фальши́ві** false
n. + **г. збі́льшення ~е́й** breast enlargement (**зме́ншення** reduction; **обсте́ження** examination ◊ **Ні́на прохо́дила обсте́ження ~е́й.** Nina was undergoing a breast examination. **ткани́на** tissue; **рак** cancer ◊ **Пі́дозра на рак ~е́й не підтве́рдилася.** The suspicion of breast cancer was not confirmed. **ро́змір** size) ◊ **ро́змір ~е́й** a breast size
v. + **г. годува́ти** + *A.* **~ьми́** to breastfeed sb ◊ **Ната́лка до́вго годува́ла си́на ~ьми́.** Natalka breastfed her son for a long time.

гру́п|а, *f.*
1 group, team, cluster
adj. **вели́ка** large ◊ **На льо́товище прибула́ вели́ка г. тури́стів.** A big group of tourists came to the airport. **значна́** considerable; **ви́брана** select ◊ **ви́брана г. жертводавців** a select group of donors; **кри́хітна** tiny, **мала́** *and* **невели́ка** small; **аґреси́вна** aggressive, **акти́вна** active; **галасли́ва** noisy, **крикли́ва** shrill; **впливо́ва** influential, **моѓу́тня** powerful, **пані́вна́** dominant; **згурто́вана** coherent, **одномані́тна** homogeneous, **ті́сна́** tight, **ті́сно пов'я́зана** tight-knit; **різномані́тна** diverse, **розма́їта** *colloq.* diverse; **зорганізо́вана** organized; **воро́жа** hostile, **опозиці́йна** opposition; **меншинна** *and* **міноритарна** minority ◊ **Ця менши́нна г. зберіга́ла вели́кий вплив на суспі́льство.** This minority group retained a large influence on society. **демографі́чна** demographic, **етні́чна** ethnic, **культу́рна** cultural ◊ **Вона́ нале́жала до і́ншої культу́рної ~и.** She belonged to a different cultural group. **мо́вна** language, **ра́сова** racial, **суспі́льна** social; **вíко́ва** age, **стате́ва** gender; **доро́сла** adult, **молоде́ча** *or* **молоді́жна** youth, **студе́нтська** student; **бізнесо́ва** business; **дослі́дницька** research; **партиза́нська** guerrilla, **повста́нська** rebel; **розко́льницька** splinter; **екстремі́стська** extremist, **терористи́чна** terrorist; **робо́ча** working; **релігі́йна** religious, **церко́вна** church; **популя́рна** popular; **контро́льна** control;
♦ **поп-гру́па** pop band
г. + *n.* **г. акто́рів** a group of actors (**дівча́т** girls, **жіно́к** women, **люде́й** people; **вче́них** scientists, **дослі́дників** researchers, **користувачі́в** users, **споживачі́в** consumers; **ра́дників** advisers, **фахівці́в** experts; **напа́дників** assailants); **г. інтере́сів** an interest group (**спеція́льних інтере́сів** special-interest, **підтри́мки** support, **ти́ску** pressure)
n. + **г. керівни́к ~и** the group director ◊ **Самі́йла призна́чили керівнико́м пошуко́вої ~и.** Samiilo was appointed director of the search group. (**провідни́к** leader; **чле́н** member; **склад** composition); **впли́в ~и** the influence of the group ◊ **Впли́в ціє́ї розко́льницької ~и зроста́є.** The influence of this splinter group is growing. (**дія́льність** activity, **мета́** purpose, **робо́та** work)

v. + **г. засно́вувати ~у** found a group ◊ **Свяще́нник заснува́в ~у фундаменталі́стів.** The priest founded a group of fundamentalists. (**організо́вувати** organize; **ство́рювати** create, **формува́ти** form; **станови́ти** constitute ◊ **Нову́ ~у ти́ску стано́влять вплив́ові підприє́мці.** Influential businessmen constitute the new pressure group. **очо́лювати** head, **представля́ти** represent; **спира́тися на** rely on ◊ **Кампа́нія спира́лася на ~и підтри́мки по всій краї́ні.** The campaign relied on support groups all over the country. **діли́ти** + *A.* **на ~и** divide sb/sth into groups) ◊ **Команди́р поділи́в їх на ~и.** The commander divided them into groups. **вихо́дити з ~и** leave a group ◊ **Вона́ ви́йшла з ~и.** She left the group. (**нале́жати до** belong to, **приє́днуватися до** join; **бу́ти чле́ном** be a member of, **става́ти чле́ном** become a member of); **керува́ти ~ою** lead a group ◊ **~ою ра́дників керу́є па́ні Ку́ліш.** Mrs. Kulish leads the group of advisers.

г. + *v.* **виника́ти** emerge ◊ **Пі́сля фестива́лю почали́ стихі́йно виника́ти рі́зні рок- і поп-гру́пи.** After the festival, various rock and pop bands began emerging spontaneously. **сформо́вуватися** form, **утво́рюватися** come about; **включа́ти** + *A.* include sb ◊ **Г. включа́є шанува́льників пое́та.** The group includes the poet's admirers. **об'є́днувати** + *A.* unite sb ◊ **Г. об'є́днує студе́нтських активі́стів.** The group unites student activists. **розпада́тися на** + *A.* break into *(parts, etc.)* ◊ **Г. розпа́лася на три.** The group broke into three. **склада́тися з** + *G.* consist of *(members, etc.)* ◊ **Г. склада́ється з дослі́дників.** The group consists of researchers.

prep. **у ~і** in a group ◊ ◊ **Час від ча́су у ~і виника́ли тертя́.** From time to time, there arose frictions in the group. **як г.** as a group ◊ **Вони́ голосу́ють як г.** They vote as a group.

Also see **колекти́в, ко́ло**[1] **3, това́риство 2, фра́кція.** *Cf.* **угрупо́вання 1**

2 type, variety, group ♦ **г. кро́ви** *med.* blood type ◊ **Вона́ ма́є поши́рену ~у кро́ви.** Hers is a common blood type.

гряз|ь, *f.*

1 *only sg.* mud, slush ◊ **На дні калю́жі була́ бруна́тна г.** There was brown mud at the bottom of the puddle.

adj. **бруна́тна** *or* **кори́чнева** brown, **зелена́ва** greenish, **те́мна** dark, **чо́рна** black; **густа́** thick; **рідка́** thin; **свíжа** fresh ◊ **Череви́ки покрива́ла свíжа г.** Fresh dirt was covering the boots. **втрамбо́вана** hard-packed, **засо́хла** dried, **затверді́ла** hardened

г. + *n.* **при́горшня ~і** a handful of mud (**шар** layer) ◊ **Узбі́ччя доро́ги покрива́в товсти́й шар ~і.** A thick layer of mud covered the shoulder of the road.

v. + **г. змива́ти г. з** + *G.* wash mud off sth ◊ **Вона́ зми́ла г. із по́ручнів.** She washed the mud off the handrails. (**ки́дати** throw; **розгріба́ти** shovel) ◊ **Він поча́в розгріба́ти лопа́тою г. зі схо́дів.** He began to shovel the mud from the steps with a spade. **ки́датися ~зю** throw mud ◊ **Ді́ти ки́далися ~зю одне́ на о́дного.** The children were throwing mud at one another. (**покрива́ти** + *A.* cover sth with)

г. + *v.* **засиха́ти** dry ◊ **Зеле́на г. засо́хла на його́ рукава́х.** Green mud dried on his sleeves. **покрива́ти** + *A.* cover sth; **тве́рднути** *or* **тверді́ти** harden ◊ **На коле́сах мотоци́кла затве́рдла** *or* **затверді́ла сі́ра г.** Gray mud hardened on the motorcycle wheels.

prep. **із ~зю** with mud ◊ **Вона́ зайшла́ до поме́шкання із ~зю на нога́х.** She entered the apartment with mud on her feet. ♦ **змі́шувати** + *A.* **із ~зю** to make mincemeat out of sb ◊ **Він погро́жував змі́шати їх із ~зю.** He threatened to make mincemeat out of them. **у г.** *dir.* in/to mud ◊ **Він упа́в про́сто у г.** He fell right into the mud. ♦ **зато́птувати** + *A.* **у г.** *or* **багно́** to drag sb through the mud; **у ~і** *posn.* in the mud ◊ **Вона́ копи́рсалася па́тиком у ~і.** She was poking around in the mud with a stick.

Also see **боло́то 2**

2 *only sg.* dirt ◊ **На ме́блях назбира́лося бага́то ~і.** A lot of dirt has accumulated on the furniture.

See. **бруд 1**

3 *only pl.* medicinal mud ◊ **Він покри́в обли́ччя лікува́льними ~ями.** He covered the face with medicinal mud.

adj. **лікува́льні** medicinal, **цілю́щі** healing ◊ **Лі́кар призна́чив їй курс цілю́щих ~ей.**The doctor prescribed her a course of healing mud.

v. + **г. застосо́вувати ~і** apply mud; **лікува́тися ~ями** treat oneself with mud

губ|а́, *f.*

lip

adj. **ве́рхня** upper, **ни́жня** lower; **вели́ка** big; **мале́нька** *dim.* small, **мала́** small; **поше́рхла** *and* **потрі́скана** chapped, **суха́** dry, **трі́снута** cracked ◊ **Трі́снута г. чолові́ка крови́ла.** The man's cracked lip was bleeding. **воло́га** moist; **га́рна** beautiful ◊ **Вона́ ма́ла га́рні ~и.** She had beautiful lips. **розкі́шна** luscious; **чутт́єва** sensual; **по́вна** full, **товста́** thick; **то́нка** thin; **блиску́ча** glistening; **нафарбо́вана** *or* **помальо́вана** painted ◊ **яскра́во помальо́вані ~и** brightly painted lips; ♦ **за́яча г.** *med.* cleft lip

v. + **г. заку́шувати ~у́** bite a lip ◊ **Із доса́ди він закуси́в ~у́.** He bit his lip in exasperation. (**виставля́ти** protrude, **окру́глювати** round ◊ **Вимовля́ючи голосни́й [у], мо́вець округлю́є ~и.** Pronouncing the vowel [u], a speaker rounds his lips. **відкопи́лювати** *or* **закопи́лювати, надува́ти** 1) stick out ◊ **Хло́пець закопи́лив ~у́.** The boy stuck out his lip. 2) *fig.* to sulk, pout ◊ **Зе́ня зно́ву відкопи́лила ~и.** Zenia sulked again. **криви́ти** curl ◊ **Соломі́я з оги́дою скриви́ла ~и.** Solomiia curled her lips in disgust. **стиска́ти** press together; **витира́ти** wipe ◊ **Він ви́тер ~и серве́ткою.** He wiped his lips with a napkin. **зволо́жувати** moisten, **облі́зувати** lick; **цілува́ти** + *A.* **в** kiss sb on ◊ **Вона́ поцілува́ла Тара́са в ~и.** She kissed Taras on the lips. **куса́ти** bite)

г. + *v.* **відкопи́люватися** *or* **закопи́люватися, надува́тися** pout, **криви́тися** curl ◊ **Га́ннині ~и скриви́лися від презирства.** Hanna's lips curled in contempt. **розхо́дитися** part, **ру́хатися** move ◊ **Її ~и беззву́чно ру́халися.** Her lips moved silently. **сі́патися** twitch, **стиска́тися** tighten ◊ **Його́ ~и сти́снулися.** His lips tightened. **тремті́ти** tremble, **труси́тися** quiver ◊ **Вчи́телеві ~и труси́лися з обу́рення.** The teacher's lips quivered in indignation. **висиха́ти** parch ◊ **У ньо́го ви́сохли ~и.** His lips were parched. **трі́скати(ся)** crack, **ше́рхнути** chap

prep. **на ~а́х** on sb's lips ◊ **На його́ ~а́х з'яви́лася по́смішка.** A smile appeared on his lips. **по ~а́х** by sb's lips ◊ **Він умі́є чита́ти люде́й по ~а́х.** He can read people's lips.

G. pl. **губ** *or* **~ів**

губ|и́ти, ~лю́, ~иш, ~лять; за~, з~, *tran.*

1 to lose; *also fig.* ◊ **Яри́на загуби́ла записни́к.** Yaryna lost her notebook.

adv. **за́вжди́** always, **постíйно** constantly; **поступо́во** gradually; **шви́дко** quickly ◊ **Загі́н шви́дко ~и́в мора́льний дух.** The unit was quickly losing morale. **наза́вжди́** forever, **я́кось** somehow ◊ **Григо́рій я́кось загуби́в телефо́н.** Hryhorii somehow lost his phone.

v. + **г. могти́** can ◊ **Де вона́ могла́ за~ ключі́?** Where could she lose her keys? **спромогти́ся** *pf.* manage to ◊ **Він спромі́гся за~ валі́зу на лето́вищі.** He managed to lose his suitcase at the airport. **почина́ти** begin to, **ста́ти** *pf.* start ◊ **Він став г. па́м'ять.** He started losing his memory. ♦ **г. го́лову** to lose one's head

Cf. **втрача́ти**

2 to waste *(time)* ◊ **Андрі́й брав у доро́гу робо́ту, щоб не г. ча́су.** Andrii would take work to do while traveling so as not to waste time. ◊ **Вони́ зачини́ли ві́кна й две́рі, щоб не г. тепло́.** They closed the windows and doors so as not to waste heat.

See **марнува́ти.** *Also see* **тра́тити 2**

3 to lose, destroy, ruin ◊ **Генера́л згуби́в усю́ опера́цію.** The general ruined the entire operation. ◊ **Він згуби́в не оди́н молоди́й тала́нт.** He ruined more than one young talent.

See **зни́щувати**

pa. pple. **загу́блений** lost ◊ **~а наго́да** a lost opportunity

(за)губи́!

губ|и́тися; з~, за~ *intr.*

1 to get lost, vanish, disappear

adv. **поступо́во** gradually; **пові́льно** *or* **пома́лу** slowly ◊ **О́бриси форте́ці пома́лу загуби́лися в су́тінках.** The outlines of the fortress slowly disappeared in the dusk. **шви́дко** quickly ◊ **Її го́лос шви́дко згуби́вся в га́ласі.** Her voice got quickly lost in the clamor.

v. + **г. могти́** can; **почина́ти** begin to, **ста́ти** *pf.* start ◊ **Пото́м радіосиѓнал став г.** Later the radio signal started disappearing.

2 to lose one's way, go astray ◊ **Провідни́к загляда́в у ма́пу, щоб не за~.** The guide kept looking at the map so as not to lose the way.

adv. **безнаді́йно** hopelessly, **несподі́вано** unexpectedly, **неуни́кно** inevitably, **обов'язко́во** surely, ◊ **Без провідника́ вони́ обов'язко́во загу́бляться.** Without a guide they will surely get lost. **шви́дко** quickly

v. + **г. боя́тися** be afraid of ◊ **Він боя́вся за~ в гора́х.** He was afraid of losing his way in the mountains. **бу́ти ле́гко** be easy to ◊ **У лабіри́нті ле́гко за~.** It is easy to lose one's way in the maze. **бу́ти мо́жна** be possible to; **вмудри́тися** *pf.* contrive to ◊ **Уля́на умудри́лася за~ у трьох кімна́тах.** Uliana contrived to get lost in the three rooms. **могти́** can; **не дава́ти** + *D.* not allow sb/sth to, prevent sb from; ♦ **г. в га́дках** *or* **здо́гадах, здога́дках** to be lost in conjecture

Also see **заблуди́ти(ся), заплу́туватися 4**

гуля́|ти, ~ють; *no pf., intr. and tran.*

1 *intr.* to walk, take a walk, go for a walk, stroll; **по~** *pf.* to walk *(for a while)* ◊ **Вони́ ви́йшли по~ годи́ну.** They went out to stroll for an hour.

adv. **некваплво** unhurriedly, **пові́льно** slowly; **спокі́йно** calmly **мо́вчки** silently ◊ **Вони́ мо́вчки ~ли па́рком.** They silently walked around the park. **ти́хо** quietly; **про́сто** simply; **годи́ну** for an hour ◊ **Щодня́ Васи́ль ~є над рі́чкою годи́ну.** Every day Vasyl walks by the river for an hour. **пів годи́ни** for half an hour, **тро́хи** a little; **завжди́** always; **вве́чері** in the evening, **вра́нці** in the morning; **щове́чора** every evening ◊ **Щове́чора Тама́ра ~є зі свої́м псом.** Every evening, Tamara goes for a walk with her dog. **щора́нку** every morning; **і́ноді** sometimes, **ча́сто** often

v. + **г. бу́ти при́ємно** + *D.* be pleasant for sb ◊ **Ори́сі при́ємно г. мі́стом ура́нці.** It is pleasant for Orysia to walk around town in the morning. **бу́ти тре́ба** + *D.* need to ◊ **За по́радою лі́каря, йому́ тре́ба щодня́ г.** On his doctor's advice, he needs to take a walk every day. **збира́тися** be going to; **люби́ти** like to ◊ **Він лю́бить г. лі́сом.** He likes to walk in the woods. **запро́шувати** + *A.* invite sb to

prep. **г. в** + *L.* walk in *(a place)* ◊ **Вони́ ~ють у сте́пу.** They are walking in the steppe. **г. по** + *L.* walk through/around ◊ **г. по ву́лиці** walk along a street

Cf. **ходи́ти 1**

2 *intr.* to have fun, to make merry, go out, enjoy oneself, carouse; *pf.* **по~** ◊ **Ми ве́село погуля́ли на весі́ллі.** We had a lot of fun at the wedding. ◊ **Вони́ ~ли два дні і дві но́чі.** They caroused for two days and two nights. ◊ **Щосубо́ти дру́зі йшли г. до студе́нтського клу́бу.** Every Saturday, the friends would go out to the student club.

v. + **г. запро́шувати** + *A.* invite sb to ◊ **Марко́ запроси́в їх по~ в ньо́го.** Marko invited them to have fun at his place. **збира́тися** be going to; **йти** go to ◊ **Вони́ йдуть у мі́сто г.** They are going to town to play.

Also see **ба́витися 1, гра́ти 4, гра́тися 1**

3 *intr.* to be idle, be off, not to work ◊ **Усі́ працюва́ли, ніхто́ не ~я́в.** Everybody worked; nobody was idle. ◊ **Тим ча́сом вони́ ~ють без робо́ти.** Meanwhile, they are idling without work.

4 *tran., colloq.* to celebrate, *pf.* **від~**

г. + *n.* **г. весі́лля** celebrate a wedding ◊ **Вони́ відгуля́ли весі́лля си́на.** They have celebrated their son's wedding. (**зару́чини** engagement, **народи́ни** *or* **уроди́ни** birthday party, **ювіле́й** anniversary)

See **святкува́ти**. *Also see* **відзнача́ти 3, справля́ти 2**

5 *intr.* to be in heat *(of animals)* ◊ **Свиня́ переста́ла ї́сти не тому́, що хво́ра, а тому́, що ~є.** The sow stopped eating not because she is sick, but because she is in heat.

(по)гуля́й!

гуманіта́рн|ий, *adj.*

humanitarian ◊ **Війна́ перетвори́лася на ~у катастро́фу.** The war turned into a humanitarian catastrophe. ◊ **~а допомо́га** humanitarian aid; ♦ **~і нау́ки** the humanities

Cf. **гума́нний**

гума́нн|ий, *adj.*

humane ◊ **Зако́н забезпе́чив ~е ста́влення до твари́н.** The law has ensured the humane treatment of animals.

adv. **абсолю́тно** absolutely, **ду́же** very, **цілко́м** completely ◊ **цілко́м г. ме́тод уби́вства** a completely humane method of killing; **до́сить** fairly, **доста́тньо** sufficiently; **ле́две** scarcely, **не зо́всім** not entirely

v. + **г. бу́ти ~им** be humane (**вважа́ти** + *A.* consider sb/sth ◊ **Він вважа́є зако́н не зо́всім ~им.** He considers the law to be not entirely humane. **здава́тися** + *D.* seem to sb; **става́ти** become)

Also see **лю́дський 3.** *Cf.* **гуманіта́рний**

гу́мор, *m.*, **~у**, *only sg.*

1 humor

adj. **ви́тончений** refined, **легки́й** gentle ◊ **Опові́дання прони́зане легки́м ~ом.** The story is imbued with gentle humor. **недомо́влений** understated ◊ **Він лю́бить недомо́влений г.** He is fond of understated humor. **тонки́й** subtle; **добрози́чливий** amicable, **дру́жній** friendly, **те́плий** warm ◊ **Промо́ва дека́на була́ припра́влена те́плим ~ом.** The dean's address was spiced with warm humor. **в'ї́дливий** caustic, **глузли́вий** mocking, **хи́трий** sly; **пону́рий** grim, **похму́рий** gloomy, **чо́рний** black; **гру́бий** crude; **студе́нтський** student

n. + **г. почуття́ ~у** a sense of humor ◊ **Він має виняткове почуття́ ~у.** He has an exceptional sense of humor. (**різно́вид** brand) ◊ **різно́вид ~у, власти́вий для Оде́си** a brand of humor characteristic of Odesa

v. + **г. відчува́ти г.** sense humor ◊ **Петру́к відчу́в її пону́рий г., зве́рнений осо́бисто до ньо́го.** Petruk sensed her grim humor was directed at him personally. (**ба́чити** see; **застосо́вувати** use ◊ **Він застосо́вує наро́дний г.** He uses folk humor. **люби́ти** be fond of; **розумі́ти** appreciate); **бу́ти спо́вненим ~у** be full of humor (**вдава́тися до** resort to)

prep. **з ~ом** 1) with humor, in jest ◊ **Він сказа́в це а з ~ом.** He said it in jest. 2) with a sense of humor ◊ **Вона́ – люди́на з ~ом.** She is a person with a sense of humor.

Cf. **іро́нія, сарка́зм**

2 mood, spirit, disposition

adj. **весе́лий** cheerful ◊ **Іре́на була́ у весе́лому ~і.** Irena was in a cheerful mood. **га́рний** good, **до́брий** fine, **норма́льний** regular, **чудо́вий** great; **ке́пський** poor, **паску́дний** *colloq.* lousy ◊ **Марко́ве обли́ччя вка́зувало на його́ паску́дний г.** Marko's face signaled his lousy mood. **пога́ний** bad

v. + **г.** ♦ **ма́ти г.** to be in a mood, **покра́щувати г.** improve one's mood (**псува́ти** spoil); **бу́ти в ~і** 1) be in a mood ◊ **Він у пога́ному ~і.** He is in a bad mood. 2) be in a good mood ◊ **Зра́нку він за́вжди у ~і.** In the morning, he is always in a good mood. ♦ **бу́ти не в ~і** to be in a bad mood ◊ **Я ба́чу, ви не в ~і.** I see you're in a bad mood.

See **на́стрій**

гумористи́чн|ий, *adj.*

humorous, of or pertaining to humor, humor ◊ **г. журна́л «Пе́рець»** the humor magazine *Perets*

adv. **до́сить** fairly, **ду́же** very, **надзвича́йно** extremely, **на́дто** too, **спра́вді** really; **де́що** somewhat ◊ **Тон опові́дача́ набра́в де́що ~ого відті́нку.** The narrator's tone assumed a somewhat humorous tint. **ле́гко** gently, **тро́хи** slightly, **ненамі́рено** unintentionally

v. + **г. бу́ти ~им** be humorous ◊ **Змі́ст оста́нньої сторі́нки г.** The content of the last page is humorous. (**вважа́ти** + *A.* consider sb/sth, **става́ти** grow)

See **жартівли́вий 2**

гурто́жит|ок, *m.*, **~ку**

dormitory; hostel

adj. **вели́кий** big, **невели́кий** small; **нови́й** new, **стари́й** old; **молodі́жний** youth, **сіме́йний** family; **аспіра́нтський** doctoral students', **студе́нтський** student; **жіно́чий** female; **чолові́чий** male ◊ **Бори́са посели́ли до чолові́чого ~ку.** Borys was assigned to live in a male dormitory. **змі́шаний** mixed

v. + **г. будува́ти г.** build a dormitory ◊ **Університе́т збудува́в аспіра́нстський г.** The university built a doctoral students' dormitory. (**ремонтува́ти** repair; **знахо́дити** find, **шука́ти** look for); **жи́ти в ~ку** live in a dormitory ◊ **Жи́ти в ~ку деше́вше, як на кварти́рі.** Living in a dormitory is cheaper than in an apartment. (**зупиня́тися в** stay in) ◊ **Він зупиня́ється в ~у.** He is staying in a hostel.

prep. **в г.** *dir.* in/to a dormitory ◊ **Він непомі́тно прони́кнув у г.** He got into the dormitory unnoticed. **в ~ку** *posn.* at/in a dormitory; **до ~ку** to a dormitory ◊ **Таксі́вка підвезла́ їх до ~ку.** The taxi took them to the dormitory.

Cf. **готе́ль**

гурт|о́к, *m.*, **~ка́**

study group *(usu at school)*, society, association, circle, club

adj. **дискусі́йний** debate, **драмати́чний** drama, **театра́льний** theatrical; **географі́чний** geographical, **істори́чний** historical, **музи́чний** music, **танцюва́льний** dance, **філосо́фський** philosophical, *etc.* ♦ **літерату́рний гурто́к** book club; **студе́нтський** student, **університе́тський** university, **шкі́льний** school ◊ **Юрко́ брав у́часть у двох шкі́льни́х ~а́х.** Yurko took part in two school clubs. **революці́йний** revolutionary

v. + **г. вести́ г.** lead a club ◊ **Па́ні Катери́ну веде́ драмати́чний г.** Mrs. Kateryna leads the drama society. (**засно́вувати** found ◊ **Учні заснува́ли географі́чний г.** Students founded the geography club. **почина́ти** start, **ство́рювати** create, **формува́ти** form; **розпуска́ти** disband); **бу́ти чле́ном ~ка́** be a member of a society (**вступа́ти до** join, **нале́жати до** belong to) ◊ **Вона́ нале́жить до трьох ~і́в.** She belongs to three study groups.

prep. **в г.** *dir.* in/to a study group ◊ **Він прийшо́в у г. за пора́дою бра́та.** He came to the study group on his brother's advice. **в ~ку́** *posn.* at/in a study group; **до ~ка́** to a study group

See **гру́па 1.** *Cf.* **товари́ство 3**

густ|и́й, *adj.*

1 thick, dense ◊ **Цього́річ пшени́ця ви́росла ~о́ю.** This year, the wheat grew dense.

adv. **вкра́й** extremely, **до́сить** fairly, **доста́тньо** sufficiently ◊ **Її́ воло́сся доста́тньо ~е́.** Her hair is sufficently thick. **ду́же** very ◊ **Це́ркву ото́чували ~і за́рослі.** Thick vegetation surrounded the church. **надзвича́йно** extremely, **на́дто** too; **страше́нно** terribly; **особли́во** particularly; **порі́вняно** relatively

v. + **н. бу́ти ~им** be thick (**вигляда́ти** look; **вироста́ти** grow; **виявля́тися** turn out ◊ **Бур'я́н вияви́вся до́сить ~и́м.** The weeds turned out to be fairly dense. **здава́тися** + *D.* seem to sb, **роби́ти** + *A* make sth, **става́ти** become)

Also see **тяжки́й 6.** *Ant.* **рідки́й 2**

2 thick, viscous, gooey ◊ **Ті́сто на пирі́г ма́ло бу́ти до́сить ~им.** The pie dough was supposed to be fairly thick. ◊ **Вона́ опини́лася по колі́на в ~о́му багні́.** She found herself up to her knees in thick mud.

Ant. **рідки́й 2**

3 thick, dense, heavy, intense ◊ **Тума́н став непрогля́дно ~и́м.** The fog became impenetrably dense. ◊ **Пішо́в г. дощ.** A heavy rain started falling. ◊ **Вони́ не могли́ йти да́лі че́рез г. сніг.** They could not go further because of the dense snow. ◊ **Від ~о́го за́паху на́фти її́ болі́ла голова́.** Her head was aching from the intense smell of oil.

Ant. **легки́й**

4 deep *(of color, voice)*, rich ◊ **г. го́лос** a deep voice; ◊ **~і черво́ні ба́рви** deep red colors

See **низьки́й 4.** *Also see* **товсти́й 3.** *Ant.* **висо́кий 3**

густин|а́, *f.*, *only sg.*

phys. density ◊ **Кі́лька чи́нників визнача́є ~у́ заря́ду.** Several factors determine the charge density.

adj. **висо́ка** high, **доста́тня** sufficient, **мала́** small, **недоста́тня** insufficient; **відно́сна** relative ◊ **При́лад реє́струє відно́сну ~у́ га́зу.** The device records the relative density of gas. **ді́йсна** real; **змі́нна** variable, **ста́ла** constant; **сере́дня** average, **станда́ртна** standard

v. + **г. визнача́ти ~у́** determine the density (**вимі́рювати** measure, **обчи́слювати** calculate, **реєструва́ти** record; **збі́льшувати** increase; **зме́ншувати** reduce)

г. + *v.* **варіюва́тися** vary, **змі́нюватися** change ◊ **Ді́йсна г. речовини́ змі́нюється зале́жно від температу́ри.** The real density of the substance changes depending on the temperature. **збі́льшуватися** increase, **зроста́ти** rise; **зме́ншуватися** decrease, **па́дати** fall

Cf. **густота́**

густот|а́, *f.*, *only sg.*

thickness, density

adj. **вели́ка** great, **висо́ка** high, **грани́чна** utmost, **максима́льна** maximal; **мала́** small, **мале́нька** *dim.* small, **мініма́льна** minimal, **невели́ка** small, **низька́** low; **сере́дня** average; **рі́зна** various, different ◊ **рі́зна г. росли́нности** a different vegetation density

v. + **г. визнача́ти ~у́** determine the density (**вимі́рювати** measure, **обчи́слювати** calculate; **збі́льшувати** increase ◊ **Щоб збі́льшити ~у підли́ви, слід дода́ти ще тро́хи бо́рошна.** In order to increase the thickness of the gravy, one should add some more flour. **зме́ншувати** reduce) ◊ **За́ходи поклика́ні зме́ншити ~у насе́лення в регіо́ні.** The measures are meant to reduce the region's population density.

г. + *v.* **варіюва́тися** vary ◊ **Г. мере́жі широ́ко**

варію́ється. The network density varies widely. **змі́нюватися** change, **збі́льшуватися** increase, **зроста́ти** rise; **зме́ншуватися** decrease, **па́дати** fall
Cf. **густина́**

гучн|и́й, *adj.*
1 loud, noisy, resonant ◊ **Вона́ ма́є г. го́лос.** She has a loud voice. ◊ **Ори́ся не спа́ла че́рез г. телеві́зор у сусі́дів.** Orysia was not sleeping because of her neighbors' loud TV set.
adv. **вкрай** extremely, **ду́же** very; **неймові́рно** incredibly, **нестерпно** unbearably, **оглу́шливо** deafeningly ◊ **Її́ слова́ потону́ли в оглу́шливо ~и́х о́плесках.** Her words drowned in deafeningly loud applause. **до́сить** fairly, **доста́тньо** sufficiently; **(за)на́дто** too; **недоста́тньо** insufficiently; **непотрі́бно** needlessly
v. + **г. бу́ти ~и́м** be loud ◊ **Му́зика була́ зана́дто ~о́ю.** The music was too loud. (**виявля́тися** prove, **здава́тися** + *D.* seem to sb; **ставати** become) ◊ **Заба́ва става́ла все гучні́шо́ю.** The party was getting ever noisier.
Also see **голосни́й 1, дзвінки́й 1**
2 notorious, scandalous, well-known ◊ **до́сить ~а́ істо́рія** a rather scandalous story; ◊ **Кни́жка ті́шиться ~и́м у́спіхом.** The book enjoys ringing success. ◊ **~а́ спра́ва** a scandalous affair
3 *fig.* pompous, grand, lavish; empty ◊ **Він – ма́йстер ~и́х промо́в.** He is a master of pompous speeches. ◊ **Батьки́ влаштува́ли ча́дам ~е́ весі́лля.** The parents threw a grand wedding for their offspring. **~і́ обіця́нки** empty promises

гу́чн|ість, *f.*, **~ости**, *only sg.*
1 loudness ◊ **Його́ го́лос не мав рі́вних за ~істю.** His voice was unrivaled in its power.
2 *phys.* volume, sound volume, sound, amplification
adj. **висо́ка** high, **доста́тня** sufficient, **максима́льна** maximal, **надмі́рна** excessive, **по́вна** full ◊ **Зо́я ввімкну́ла телеві́зор на по́вну г.** Zoia turned the TV on to full volume. **низька́** low
n. + **г. реґуля́тор ~ости** volume control (**ру́чка** knob) ◊ **Вона́ пові́льно крути́ла ру́чку ~ости.** She slowly turned the volume knob.
v. + **г. збі́льшувати г.** increase the volume ◊ **Він збі́льшив г.** He increased the volume. (**підкру́чувати** turn up ◊ **Він підкрути́в г. прийма́ча́.** He turned the radio volume up. **зме́ншувати** reduce, **сти́шувати** turn down)

гучномо́в|ець, *m.*, **~ця**
loudspeaker
adj. **до́брий** good, **поту́жний** powerful, **слабки́й** weak; **бездрото́вий** wireless, **компа́ктний** compact
v. + **г. підключа́ти** *or* **получа́ти до** + *G.* connect to sth ◊ **Він получи́в ~ці до телефо́ну.** He connected the loudspeakers to the telephone.
prep. **з ~ця** from a loudspeaker ◊ **Із ~ця чути́ оголо́шення.** An announcement is heard from the loudspeaker. **че́рез г.** through a loudspeaker ◊ **Він зверну́вся до збо́рів че́рез г.** He addressed the meeting through a loudspeaker.

гу́щ|а, *f.*
1 dregs, grounds, sediment ◊ **ка́вова г.** coffee dregs; ♦ **гада́ти на ка́вовій ~і** to read the tea leaves ◊ **Він гада́є на ка́вовій ~і.** He reads the tea leaves. ◊ **Ви лю́бите рідке́ чи ~у?** Do you like it thick or thin?
2 *fig.* thick, center, midst ◊ **Дівча́та опини́лися в ~і поді́й.** The girls found themselves in the thick of the events.
3 thick, thicket ◊ **Капли́ця в ~і лі́су.** The chapel is in the thick of the forest.

Ґ

ґалантере́|я, *f.*, **~ї**, *only sg., coll.*
1 accessories, beauty products, haberdashery
adj. **дитя́ча** children's, **жіно́ча** women's, **чолові́ча** men's ◊ **Васи́ль диви́вся на ві́три́ну з чолові́чою ~єю.** Vasyl was examining a window display with men's haberdashery.
n. + **ґ. відді́л ~ї** an accessories department
2 accessories department, haberdashery ◊ **Вона́ працю́є в ~ї.** She works in the accessories department.

ґалере́|я, *f.*, **~ї**
1 gallery *(for art)*
adj. **вели́ка** large; **невели́ка** small; **виставко́ва** exhibition, **карти́нна** picture, **мисте́цька** *or* **худо́жня** art, **музе́йна** museum, **скульпту́рна** sculpture; **нова́** new; **відо́ма** well-known, **прести́жна** prestigious ◊ **Вона́ впе́рше виставля́лася у прести́жній ~ї.** She exhibited at a prestigious gallery for the first time. **популя́рна** popular; **місце́ва** local, **націона́льна** national ◊ **Льві́вська націона́льна худо́жня ґ. вра́зила їх по́льською збі́ркою.** The Lviv National Art Gallery impressed them with its Polish collection. **прива́тна** private ◊ **Всі виставко́ві ~ї у мі́сті прива́тні.** All the exhibition galleries in the city are private. **публі́чна** public
n. + **ґ. відкриття́ ~ї** a gallery opening ◊ **Відкриття́ ~ї запланува́ли на субо́ту.** The gallery opening was planned for Saturday. (**закриття́** closing; **відві́дувач** visitor, **вла́сник** owner, **дире́ктор** director, **кура́тор** curator, **ме́неджер** manager, **персона́л** staff); **провідни́к ~єю** a gallery guide (**путівни́к** guidebook) ◊ **Вона́ ма́ла докла́дний путівни́к ~єю.** She had a detailed gallery guidebook.
v. + **ґ. відві́дувати ~ю** visit a gallery ◊ **Рома́н відві́дував нову́ ~ю впе́рше.** Roman was visiting the new gallery for the first time. **ходи́ти до ~ї** go to a gallery
ґ. + *v.* **виставля́ти** + *A.* exhibit sth, **демонструва́ти** + *A.* display sth ◊ **Два мі́сяці ґ. демонструва́тиме театра́льні плака́ти.** For two months, the gallery will be displaying playbills. **пока́зувати** show sth, **спеціялізува́тися з** + *G.* specialize in sth ◊ **Ця відо́ма ґ. спеціялізу́ється з аванґа́рдового маля́рства.** This well-known gallery specializes in avantgarde painting. **відкрива́тися** open, **закрива́тися** close
prep. **в ~ю** *dir.* in/to a gallery ◊ **У ~ю привезли́ нові́ експона́ти.** New exhibits were brought to the gallery. **в ~ї** *posn.* at a gallery; **до ~ї** to a gallery ◊ **Він ча́сто ходи́в до ~ї.** He often went to the gallery.
Cf. **музе́й 1**
2 gallery, passage; *also mil.* ◊ **Він стоя́в посе́ре́д ~ї для пре́си.** He was standing in the middle of a press gallery.
adj. **до́вга** long, **просто́ра** spacious, **широ́ка** wide; **сві́тла** bright, **со́нячна** sunny; **те́мна** dark; **запо́внена** crowded, **огляд́ова** viewing ◊ **Оста́нній по́верх пра́вив за огля́до́ву ~ю.** The last floor served as a viewing gallery. **підзе́мна** underground
prep. **в ~ї** in a gallery ◊ **Вони́ в до́вгій ~ї.** They are in a long gallery.
See **кімна́та.** *Also see* **за́ла 1**
3 gallery *(theatre)* ◊ **Він купи́в мі́сця в ~ї.** He bought gallery seats.
4 *fig.* string, number of, line, succession ◊ **В уя́ві юнака́ поста́ла ґ. відо́мих філо́софів.** A succession of well-known philosophers arose in the youth's imagination. ◊ **Письме́нниця створи́ла ~ю си́льних жіно́чих геро́їнь.** The (female) writer created a string of strong female characters.
See **ни́зка 2.** *Also see* **де́кілька, кі́лька, ланцю́г 3, ряд 2, цикл 2**

ґа́н|ок, *m.*, **~ку**
porch
adj. **вели́кий** big, **висо́кий** high; **мале́нький** *dim.* small, **невели́кий** small; **вну́трішній** inner; **кри́тий** covered ◊ **Дід сиді́в на кри́тому ~ку.** The old man was sitting on the covered porch. **вузьки́й** narrow, **до́вгий** long, **широ́кий** wide; **за́дній** *or* **ти́льний** back ◊ **буди́нок із за́днім ~ком** a house with a back porch. **пере́дній** front
v. + **ґ. будува́ти ґ.** build a porch (**вихо́дити на** come out on) ◊ **Вона́ ви́йшла на ґ. подиви́тися на пого́ду.** She came out on the porch to check the weather. **сиді́ти на ~ку** sit on a porch
prep. **на ґ.** *dir.* on/to a porch; **на ~ку** *posn.* on a porch.

ґара́ж, *m.*, **~а́**
garage ◊ **Две́рі ~а́ відчиня́ються автомати́чно.** The garage door opens automatically.
adj. **підзе́мний** underground; **окре́мий** separate; **вели́кий** large, **просто́рий** roomy; **невели́кий** small, **тісни́й** cramped; **багатоповерхо́вий** multistory ◊ **Тут збуду́ють багатоповерхо́вий ґ.** A multistory garage will be built here. **одноповерхо́вий** one-story; **прива́тний** private, **службо́вий** service
n. + **ґ. две́рі ~а́** a garage door (**висота́** height, **довжина́** length, **ро́зміри** dimensions, **ширина́** width)
v. + **ґ. будува́ти ґ.** construct a garage (**винайма́ти** *and* **орендува́ти** rent ◊ **Вони́ винайма́ють ґ.** They are renting a garage. **замика́ти** lock ◊ **Не забу́дь замкну́ти ґ.** Don't forget to lock the garage. **купува́ти** buy) ◊ **Купи́ти ґ. у середмі́сті непро́сто.** It is not easy to buy a garage in the city center. **ста́вити** + *A.* **до ~а́** put sth in a garage ◊ **Він поста́вив маши́ну до ~а́.** He put the car in the garage.
prep. **в ґ.** *dir.* in/to a garage ◊ **Він зані́с проду́кти в ґ.** He took the groceries to the garage. **в ~і́** *posn.* in a garage ◊ **У ~і́ до́сить мі́сця.** There is enough space in the garage. **до ~а́** in/to a garage; **з ~е́м** with a garage ◊ **Ко́жен буди́нок бу́де з ~е́м.** Each building will have a garage. **ґ. на** + *A.* a garage for *(a car, etc.)* ◊ **ґ. на одну́ маши́ну** a one-car garage (**дві** two, **три** three, *etc.*)

ґара́нті|я, *f.*, **~ї**
guarantee, warranty + *G.* ◊ **Прису́тність спостеріга́чів ще не є ~єю че́сних ви́борів.** The presence of observers is not yet guarantee of a fair election.
adj. **абсолю́тна** absolute, **залі́зна** ironclad, **по́вна** full, **солі́дна** solid, **стові́дсотко́ва** 100%, **тверда́** firm; **колекти́вна** collective, **обме́жена** limited; **довготермі́но́ва** long-term, **довічна** lifetime ◊ **імпла́нт із дові́чною ~єю** an implant with a lifetime warranty; **трива́ла** lengthy; **рі́чна́** one-year, **дворі́чна** two-year, **трирі́чна** three-year, **п'ятирі́чна** five-year, *etc.*; **доста́тня** sufficient; **сумні́вна** questionable; **комерці́йна** commercial; **особи́ста** personal; **конституці́йна** constitutional, **юриди́чна** legal; **уря́дова** government
v. + **ґ. дава́ти** + *D.* **~ю** give sb a guarantee ◊ **Оле́на дала́ їм ~ю, що підтри́має їх.** Olena gave them a guarantee she would support them. (**забезпе́чувати** + *D.* provide sb, **отри́мувати від** + *G.* get from sb; **ма́ти** come with ◊ **Комп'ю́тер ма́є дворі́чну ~ю.** The computer comes with a two-year warranty. **пору́шувати** violate, **пропонува́ти** + *D.* offer sb) ◊ **Рома́н пропону́є ~ю своє́ї у́части в прое́кті.** Roman is offering a guarantee of his participation in the project. **вимага́ти ~ї** demand a guarantee ◊ **Банк вимага́є ~ї по́зики.** The bank demands a loan guarantee.
prep. **з ~єю** with a warranty; **на ~ї** under warranty ◊ **Телеві́зор на комерці́йній ~ї.** The TV

set is under commercial warranty. **ґ. на** + *A.* warranty for sth ◊ **ґ. на годи́нник** a watch warranty; ◊ **ґ. на рік** a one-year warranty

ґаранту|ва́ти, ~ють; *same, tran.*
to guarantee, give assurances, vouch, assure
adv. **абсолю́тно** absolutely, **без застере́жень** without reservations, **безумо́вно** unconditionally, **з гото́вністю** readily, **охо́че** willingly, **ра́до** gladly; **колекти́вно** collectively; **осо́бисто** personally, **офіці́йно** officially, **письмо́во** in writing; **по́вністю** fully, **цілко́м** completely; **вага́ючися** hesitantly, **неохо́че** reluctantly
v. + **ґ. бу́ти гото́вим** be ready ◊ **Компа́нія гото́ва ґ. робітника́м пра́цю про́тягом трьох ро́ків.** The company is ready to guarantee its workers jobs for three years. **могти́** can; **пого́джуватися** agree to; **відмовля́тися** refuse to; **не могти́** cannot ◊ **Ніхто́ не міг ґ. їм по́вної безпе́ки.** Nobody could assure their full safety.
Also see **забезпе́чувати 3, руча́тися**
See **захища́ти**
pa. pple. **ґаранто́ваний** garanteed
ґаранту́й!

ґарні́р, *m.,* **~у**
side dish, side ◊ **Ка́тря взяла́ ті́льки ґ.** Katria got just a side dish.
adj. **картопля́ний** potato, **овоче́вий** vegetable; **легки́й** light ◊ **М'я́со супрово́джував легки́й ґ.** A light side accompanied the meat. **вели́кий** large, **си́тний** filling; **невели́кий** small
prep. **на ґ.** as a side dish ◊ **На ґ. вони́ пропонува́ли гре́чку, горо́дину, рис чи товкани́цю.** As a side dish they offered buckwheat, vegetables, rice, or mashed potatoes. **ґ. до** + *G.* a side dish (to go) with sth ◊ **Сього́дні ~ом до ку́рки бу́де молода́ карто́пля.** New potatoes will be the side with the chicken today.
See **стра́ва**

ґату́н|ок, *m.,* **~ку**
1 quality, class, grade ◊ **Па́ні Куц зви́кла пи́ти вина́ найви́щого ~ку.** Mrs. Kuts is accustomed to drinking wines of the highest quality.
adj. **винятко́вий** exceptional, **висо́кий** high ◊ **ка́ва висо́кого ~ку** high-grade coffee; **відмі́нний** excellent, **найви́щий** highest, **особли́вий** special; **деше́вий** cheap, **низьки́й** low, **сере́дній** medium
Also see **клас 5**
2 sort, kind, variety ◊ **брехня́ всіх ~ків** all sorts of lies; ◊ **Газе́ту друкува́ли на папе́рі деше́вого ~ку.** The newspaper was printed on a cheap variety of paper.
Also see **клас 5**

ґвалт, *m.,* **~у,** *colloq.*
1 hubbub, row, uproar
adj. **вели́кий** great, **гучни́й** loud, **нечу́ваний** unparalleled, **страшни́й** terrible
v. + **ґ. зчиня́ти ґ.** raise an uproar ◊ **Наві́що зчиня́ти таки́й ґ.?** Why raise such an uproar?
See **га́лас 1, крик 1**
2 *as interj.* Help! ♦ **би́ти на ґ.** to sound the alarm ◊ **Ви́явивши, що склад відімкнено, охоро́на заби́ла на ґ.** Having discovered that the warehouse had been unlocked, the guard sounded the alarm. ♦ **на ґ.** quickly, right away, in a flash ◊ **Він готува́в заняття́ на ґ.** He prepared his classes in a flash.
Also see **рятува́ти**

ґвалто́вн|ий, *adj., colloq.*
abrupt, unexpected, sudden; dramatic, precipitous ◊ **~е рі́шення** an abrupt decision
adv. **де́що** somewhat ◊ **де́що ~а змі́на обста́вин** a somewhat sudden change of circumstances; **до́сить** quite, **доста́тньо** sufficiently, **ду́же** very ◊ **Ду́же ~е паді́ння цін на на́фту спричини́лося до па́ніки.** The very abrupt drop in oil prices provoked panic. **цілко́м** completely
See **драмати́чний 2, рапто́вий.** *Ant.* **поступо́вий 1**

ґвалто́вно, *adv., colloq.*
1 abruptly, suddenly, unexpectedly; quickly, precipitously ◊ **Коли́сь квіту́че мі́сто ґ. занепа́дало.** The once flourishing city was declining precipitously. ◊ **Ві́ктор ґ. замо́вк.** Victor suddenly fell silent.
Also see **ра́птом**
2 violently, by force ◊ **Полі́ція ґ. зму́сила протеста́нтів зали́шити ба́нк.** The police made the protesters leave the bank by force.

ґвалту|ва́ти, ~ють; з~, за~, *tran. and intr.*
1 *tran.* to rape, violate; *pf.* **з~**
adv. **брута́льно** brutally, **жорсто́ко** viciously; **без розбо́ру** indiscriminately, **ма́сово** en masse; **неоднора́зово** more than once, **повто́рно** repeatedly, **по-звіря́чому** savagely ◊ **Ді́вчину по-звіря́чому зґвалтува́ли.** The girl was savagely raped.
pa. pple. **зґвалто́ваний** raped, violated
2 *intr., fig.* to make noise, yell, shout; *pf.* **за~** to start shouting ◊ **Із переля́ку Андрі́й заґвалтува́в як божеві́льний.** Frightened, Andrii started screaming like crazy. ◊ **Наві́що так ґ.? Нічо́го не ста́лося.** Why making so much noise? Nothing happened.
See **крича́ти 1**
3 *tran., fig.* disturb, agitate, rattle, upset ◊ **Ти́шу но́чі ча́сом ~ва́ли прони́зливі га́льма само́тнього автомобі́ля.** At times, piercing brakes of a lone car disrupted the quiet of the night.
4 *intr.* to bark furiously *(of dog)* ◊ **На ху́торі лю́то ~а́ли соба́ки.** Dogs were furiously barking at the homestead.
See **га́вкати 1**
(з)ґвалту́й!

ґе|й, *m.,* **~я,** *n., adj.*
1 *n.* gay man ◊ **В університе́ті ді́є товари́ство ~їв і лезбі́йок.** The university has a society of gays and lesbians.
See **гомосексуа́л.** *Cf.* **голубе́ць 2**
2 *adj. (in hyphenated compounds)* gay, homosexual, **ґ.-клу́б** a gay club, ♦ **ґ.-пара́д** a gay pride parade, **ґ.-фестива́ль** a gay festival
See **гомосексуа́льний, одностате́вий.** *Cf.* **лезбі́йський**

ґлобаліза́ці|я, *f.,* **~ї,** *only sg.*
globalization ◊ **Проце́си всесві́тньої інтеґра́ції в еконо́міці, культу́рі чи полі́тиці назива́ють ~єю.** The processes of world integration in the economy, culture or politics are called globalization.
adj. **економі́чна** economic, **культу́рна** cultural, **політи́чна** political, **фіна́нсова** financial, *etc.*; **зага́льна** general, **всеохо́пна** all-encompassing
n. + **ґ. впли́в ~ї** the influence of globalization ◊ **Ко́жна краї́на зазнає впли́ву ~ї.** Every country experiences the influence of globalization. (**на́слідок** consequence, **приско́рення** acceleration, **проце́с** process, **спові́льнення** slowing down; **недо́ліки** drawbacks; **переваги** merits)
v. + **ґ. вивча́ти ~ю** study globalization ◊ **Центр вивча́є ~ю в усі́х фо́рмах.** The center studies globalization in all forms. (**гальмува́ти** hamper, **спові́льнювати** slow down; **підтри́мувати** support, **приско́рювати** *or* **пришви́дшувати** speed up ◊ **Ві́льна мігра́ція робо́чої си́ли приско́рює культу́рну ~ю.** Free labor force migration speeds up cultural globalization. **виступа́ти за** champion); **зазнава́ти ~ї** experience globalization ◊ **Закри́ті су́спільства зазна́ють ~ї найме́ншою мі́рою.** Closed societies experience globalization to the least extent. (**уника́ти** avoid) ◊ **До́сі краї́на уника́ла ~ї.** So far the country has avoided globalization. **опира́тися ~ї** resist globalization (**чини́ти о́пір** put up resistance to; **піддава́тися** be subject to; **сприя́ти** promote) ◊ **Інформаці́йна револю́ція сприя́є ~ї сві́ту.** The information revolution promotes the globalization of the world.
ґ. + *v.* **вплива́ти на** + *A.* influence sth, **ма́ти вплив на** + *A.* have influence on sb/sth ◊ **Ґ. ма́є вплив на життя́.** Globalization has influence on life. **справля́ти вплив на** + *A.* exert influence on sb/sth; **зни́щувати** destroy, **руйнува́ти** ruin, **шко́дити** damage ◊ **Ґ. шко́дить культу́рній різномані́тності.** Globalization damages cultural diversity.
See **вплив, тенде́нція, я́вище**

ґлоба́льн|ий, *adj.*
1 global, universal, worldwide ◊ **Смерть кора́лових ри́фів поя́снюють ~им потеплі́нням.** The death of coral reefs is attributed to global warming. ◊ **Епіде́мія коронаві́русу набра́ла ~их масшта́бів.** The coronavirus epidemic assumed a global scale.
ґ. + *n.* **ґ. аспе́кт** a global aspect (**взаємозв'язо́к** interconnection, **впли́в** influence, **зсув** shift; **на́слідок** repercussion; **показни́к** index); **~а взаємоді́я** global interaction (**еконо́міка** economy, **змі́на** change, **інтеґра́ція** integration; **конкуре́нція** competition; **катастро́фа** catastrophe, **кри́за** crisis; **мере́жа** network; **пробле́ма** problem, **тенде́нція** trend); **~е застосува́ння** a global application (**потеплі́ння** warming; **село́** village)
See **світови́й**
2 *fig.* global, broad, comprehensive, overall ◊ **Тут потрі́бен ґ. підхі́д.** A comprehensive approach is needed here. ◊ **Ви́нахід ма́є ~е затосува́ння.** The invention has a global application.

ґрунт, *m.,* **~у**
1 soil, earth, ground
adj. **бага́тий** rich, **до́брий** *and* **хоро́ший** good ◊ **Бі́ля рі́чки лежа́ть хоро́ші ~и́.** There is good soil near the river. **родю́чий** fertile; **бі́дний** poor, **ви́снажений** exhausted, **ке́пський** poor, bad, **неродю́чий** infertile ◊ **Фе́рмери покра́щують неродю́чий ґ. органі́чними до́бривами.** Farmers improve infertile soil with organic fertilizers. **пога́ний** bad; **глибо́кий** deep; **мілки́й** shallow, **неглибо́кий** thin; **важки́й** heavy, **втрамбо́ваний** compacted; **пухки́й** light, **сипки́й** loose; **болоти́стий** boggy, **розки́слий від води́** sodden; **воло́гий** damp, **мо́крий** wet; **зара́жений** contaminated; **ки́слий** acidic, **лу́жний** alkaline; **гли́нистий** clayey, **кам'яни́стий** rocky, **кре́йдяний** chalky, **наносни́й** alluvial, **піща́ний** sandy ◊ **Жи́то ро́дить ме́нше на піща́ному ~і.** Rye yields less in sandy soil. **вулкані́чний** volcanic, **лісови́й** forest, **степови́й** steppe, **торф'яни́й** peat
n. + **ґ. еро́зія ~у** soil erosion ◊ **Еро́зія ~у ста́ла серйо́зною пробле́мою.** Soil erosion has become a serious problem. (**збага́чення** enrichment, **збере́ження** conservation, **знезара́ження** disinfection, **покра́щення** improvement; **зразо́к** sample; **воло́гість** moisture, **пове́рхня** surface, **склад** composition, **температу́ра** temperature, **тип** type, **умо́ви** conditions; **родю́чість** fertility, **я́кість** quality)
v. + **ґ. вдо́брювати ґ.** fertilize soil (**збага́чувати** enrich, **угно́ювати** manure ◊ **Ґ. слід нале́жно угно́їти.** The ground should be properly manured. **культиву́вати** cultivate, **обробля́ти** work ◊ **Ґ. обробля́ють усі́єю роди́ною.** Their whole family works the soil. **покра́щувати** improve; **копа́ти** *and* **ско́пувати** dig ◊ **Ната́ля скопа́ла ґ. за годи́ну.** Natalia dug the ground in one hour. **ора́ти** till ◊ **Він о́ре ґ. невели́ким тра́ктором.** He uses a small tractor to till his

soil. **розпýшувати** loosen ◊ **Вонú розпýшили ґ. граблями.** They loosened the soil with rakes. **перeóрювати** turn; **зрóшувати** irrigate, **осýшувати** drain)

prep. **у ґ.** *dir.* in/to the ground ◊ **Пáростки садúли прóсто у ґ.** The offshoots were planted directly into the ground. **у ~і** *posn.* in the ground ◊ **Анáліз виявив у ~і кислотý.** The analysis revealed acid in the ground.

Also see **земля 2**

2 *fig.* foundation, ground, basis

v. **+ ґ. готувáти ґ.** prepare the ground ◊ **Міністр підготувáв ґ. для реформи.** The minister prepared the ground for the reform. ♦ **втрачáти ґ. під ногáми** to be out of one's depth; ♦ **не втрачáти ~у під ногáми** not to lose touch with reality ◊ **Вонá ніколи не втрачáла ~у під ногáми.** She never lost touch with reality.

prep. **на ~і + G.** on the basis of sth ◊ **Ритуáл формувáвся на ~і місцéвих традúцій.** The ritual formed on the basis of local traditions. **ґ. для + G.** a basis for sth

See **бáза 1, оснóва 2, підстáва.** *Also see* **хребéт 2**

3 primer *(in painting)*; first coat, ground coat ◊ **Вонá нанеслá фáрбу на свіжий ґ.** She applied the paint onto the fresh primer.

4 bottom, floor, bed ◊ **Субмарúна плáвно опустúлася на ґ. мóря.** The submarine descended smoothly to the sea floor.

See **дно**

5 *colloq.* plot of land ◊ **Молодá родúна мáла хáту і невелúкий ґ.** The young family had a house and small plot of land.

See **ділянка 1**

ґрунтов|ий, *adj.*

ground, of or pertaining to ground

ґ. + n. ґ. прóфіль a ground profile (**ресýрс** resource, **шар** layer) ◊ **У дéяких ділянках пóля ґ. шар сягáє пів мéтра.** In some segments of the field, the ground layer is half a meter deep. ♦ **ґ. аеродрóм** an unpaved airfield ◊ **Літáк сідáє і піднімáється з ~óго аеродрóму.** The airplane lands on and takes off from an unpaved airfield. **~á дорóга** a dirt road; ♦ **~і вóди** ground water

Cf. **ґрунтóвний 1, 2**

ґрунтóвн|ий, *adj.*

1 solid, well-grounded, thorough, sound, in-depth

adv. **абсолютно** absolutely ◊ **Запропонóваний підхід здавáвся абсолютно ~им.** The proposed approach seemed absolutely solid. **винятковo** exceptionally, **дýже** very, **надзвичáйно** extraordinarily, **цілкóм** completely; **дóсить** fairly, **достáтньо** sufficiently; **дíйсно** really, **напрáвду** *and* **спрáвді** truly; **не зóвсім** not quite, **недостáтньо** insufficiently

ґ. + n. ґ. анáліз an in-depth analysis (**вúклад** account, **підхід** approach); **~а вíдповідь** a well-grounded answer (**метóдика** methodology, **рецéнзія** review); **~е дослíдження** a thorough study (**опитувáння** polling)

v. **+ ґ. бýти ~им** be thorough ◊ **Дослíдження булó недостáтньо ~им.** The study was insufficiently thorough. (**вважáти + A.** consider sb/sth ◊ **Її роботи вважáють ~ими.** Her oeuvre is considered sound. **виявлятися** turn out, **лишáтися** remain; **ставáти** become) ◊ **Ларисине знайóмство із предмéтом стáло ~им.** Larysa's familiarity with the subject became solid.

Also see **глибóкий 3, 4, солідний 3.** *Cf.* **ґрунтовий**

2 fundamental, cardinal, radical ◊ **~е поліпшення** a fundamental improvement, **~і змíни** cardinal changes

See **фундаментáльний 2**

ґрунту|вáти, ~ють; об~, по~, *tran.*

1 to ground, base, substantiate, justify + *I.* ◊ **Висновок він ~є спостерéженням.** He grounds his conclusion in his observation.

adv. **дóбре** well ◊ **Автор дóбре ~є головнý тéзу.** The author substantiates his principal argument well. **перекóнливо** convincingly, **ретéльно** thoroughly, **солíдно** solidly, **твéрдо** firmly; **етúчно** ethically, **істóрично** historically, **морáльно** morally, **наукóво** scientifically, **психологíчно** psychologically, **політúчно** politically, **філосóфськи** philosophically, *etc.*

v **+ ґ. бýти лéгко** be easy to ◊ **Потрéбу обмéжити кількість парникóвих гáзів лéгко об~.** It is easy to justify the need to limit the amount of greenhouse gases. **бýти необхíдно + D.** be necessary to, **бýти трéба + D.** need to; **могтú** can; **намагáтися** try to; **не змогтú** *pf.* fail to

prep. **ґ. на + L.** substantiate in sth

2 to prime *(a canvas)*; *pf.* **по~** ◊ **Маляр ретéльно поґрунтувáв полотнó.** The painter painstakingly primed the canvas.

pa. pple. **обґрунтóваний** substantiated; **поґрунтóваний** primed

(об)ґрунтýй!

ґрунту|вáтися, *no pf., intr.*

to be based on, be substantiated by

adv. **дóбре** well, **солíдно** solidly, **твéрдо** firmly ◊ **Передбáчення твéрдо ~вáлися на óпитах громáдської дýмки.** The prognoses were firmly based on the public opinion polls. **етúчно** ethically, **істóрично** historically, **морáльно** morally, **наукóво** scientifically, **психологíчно** psychologically, **політúчно** politically, **філосóфськи** philosophically, *etc.*

prep. **ґ. на + A.** be based on sth

ґýдзик, *m.*, ~а

1 button *(on clothes)*

adj. **велúкий** big, **малéнький** *dim.* small, **невелúкий** small; **квадрáтний** square, **крýглий** round, **овáльний** oval, **продовгувáтий** oblong; **бíлий** white, **брунáтний** brown, **чóрний** black; **вéрхній** top, **нúжній** bottom ◊ **Нáдя не завáжила, як розстібнýлися два ~и.** Nadia did not notice that two buttons had come undone.

ґ. + n. ґ. кýртки a coat (jacket) button (**пальтá** overcoat, **піджакá** jacket, **сорóчки** shirt, **штанíв** pants)

v. **+ ґ. міняти ґ.** change a button ◊ **Кравчúня поміняла ~и в пальті.** The seamstress changed the buttons on the coat. (**підбирáти** choose ◊ **Він сам підібрáв ~и до костюма.** He chose the buttons for the suit himself. **пришивáти** sew on; **губúти** lose)

ґ. + v. бракувáти be missing ◊ **У сорóчці бракýє двох вéрхніх ~ів.** The shirt is missing two top buttons. **відривáтися** come off ◊ **У Мóтрі на рукáві відíрвався ґ.** A button came off Motria's sleeve.

2 button *(in equipment)*, switch ◊ **Ївга натúсла на червóний ґ.** Yivha pressed the red button.

adj. **малéнький** *dim.* small, **невелúкий** small; **квадрáтний** square, **крýглий** round; **аварíйний** emergency, alarm, **сигнáльний** signal, **стáртовий** start

ґ. + n. ґ. дзвінкá a bell button (**комп'ютера** computer, **телефóна** phone, **тривóги** alarm)

v. **+ ґ. відпускáти ґ.** release a button (**тúснути** press)

prep. **на ґ.** *dir.* on/to a button ◊ **Світлáна поклáла пáлець на стáртовий ґ.** Svitlana put her finger on the start button. **на ~у** *or* **~ові** *posn.* on a button ◊ **Івáн тримáв пáлець на аварíйному ~ові.** Ivan kept his finger on the alarm button.

Also see **кнóпка 1**

Д

да|вáти, ~ють; ~ти, ~м, ~сú, ~сть, ~мó, ~стé, ~дýть, *tran.*

1 to give to, provide with + *D.* ◊ **Óля ~лá щеня сусíдам.** Olia gave the puppy to her neighbors.

adv. **весь час** all the time, **все** *colloq.* all the time, **постíйно** constantly; **вже** already, **нарéшті** finally; **залюбкú** with pleasure, **рáдо** gladly; **неохóче** reluctantly; **зумúсно** on purpose, **свідóмо** consciously, **спеціáльно** deliberately ◊ **Вчитель спеціáльно ~в ýчням вáжче завдáння.** The teacher deliberately gave the students a more difficult assignment. **машинáльно** mechanically, **не дýмаючи** without thinking, **підсвідóмо** subconsciously; **не вагáючися** without hesitation ◊ **Він не вагáючися ~в мáпу Олéгові.** He gave the map to Oleh without hesitation. ♦ **д. + D. дýлю** to give sb the finger

v. **+ д. бýти слід + D.** should ◊ **Вам слід д. їй не готíвку, а продýкти.** You should give her not cash but groceries. **бýти трéба + D.** need to; **дýмати** *and* **збирáтися** be going to, **планувáти** plan to; **мáти** be supposed to ◊ **Він мав ~ти Богдáні велосипéд на вихіднí.** He was supposed to give Bohdana his bicycle for the weekend. **могтú** can; **зобов'язувати + A.** oblige sb to, **зобов'язуватися + A.** take it upon oneself to ◊ **Вонú зобов'язáлися д. батькáм допомóгу.** They took it upon themselves to give their parents assistance. **обіцяти + D.** promise sb to; **погóджуватися** agree to; **просúти + A.** ask sb to ◊ **Вонá прóсить ~ти їй бíльше мíсця.** She is asking to be given more room. **відмовлятися** refuse to; **вмовляти + A.** persuade sb to ◊ **Надія вмóвила керівникá ~ти їй ще однý нагóду.** Nadiia persuaded the director to give her one more opportunity. **хотíти** want to

Also see **вдихáти 2, видавáти 2, віддавáти 3, вручáти, доручáти 2, здавáти 1, подавáти 5, присвóювати 2, роздавáти 1**

2 to pay, reimburse, allot; give ◊ **Вонá обіцяла д. їм по двíсті грúвень.** She promised to pay them ₴200. ◊ **Місцéва влáда зобов'язана д. кóжному ветерáнові війнú земéльну ділянку.** Local authorities are obliged to give a plot of land to every war veteran.

3 to give, present with, grant, bestow ◊ **Лишé президéнт мáє привілéй д. цю нагорóду.** Only the president has the privilege of giving this award. ◊ **Оксáні ~лú звáння майóра.** Oksana was given the rank of major. ♦ **д. + A. в подарýнок** give sth as a present ◊ **Дядько Лев ~в йомý в подарýнок старý автíвку.** Uncle Lev gave him the old car as a present. ◊ **Конститýція ~є кóжному невід'ємні правá.** The Constitution grants everyone inalienable rights.

Also see **присвóювати 2**

4 to let, allow, permit + *inf.* ◊ **Він ~є мені працювáти.** He lets me work. ◊ **~й мені сказáти.** Let me speak. ♦ **д. + D. знáти** to let sb know ◊ **Олéна ~ла їм знáти про свої нáміри.** Olena let them know about her intentions. ♦ **д. + D. зрозумíти** to be given to understand ◊ **Вáлі ~лú зрозумíти, що розмóва закінчúлася.** Valia was given to understand that the conversation was over. ♦ **д. (собі) рáду з + I.** to manage sth, cope with sth ◊ **Москалéнко дóбре ~є рáду з новим шéфом.** Moskalenko is coping with his new boss well. ♦ **~й** *and* **~те мені спóкій!** Leave me alone! ♦ **не ~й Бóже** God forbid ◊ **«Не ~й Бóже мáти спрáву з цим тúпом!», –подýмала Хрúстя.** "God forbid I'd have to deal with this character!" Khrystia thought.

5 *intr., colloq.* to hit, strike, beat, slap + *D.* ◊ **Ярéма злóвив злóдія і дóбре йомý ~в.** Yarema caught the thief and really gave it to him.

prep. **д. в + A.** hit in sth ◊ **Михáсь ~в йомý у**

вýхо. Mykhas hit him in the ear. **д. по** + *L.* hit on sth ◊ **Вонá ~лá йомý по руці.** She slapped him on the hand. ♦ **д.** + *D.* **пéрцю** to let sb have it, give sb a beating; ♦ *colloq.* **я тобí ~м!** I'll teach you!
See **бúти, вдарúти**
6 *tran., colloq.* to tell sb's age ◊ **Орéсті мóжна ~ти мáксимум трúдцять рóків.** Oresta does not look a day over thirty. ◊ **Марíя не ~лá б йомý бíльше сорокá.** Maria would not take him for over forty.
7 *tran.* to give, arrange, organize, throw ◊ **Вонú ~вáли велúку вечéрю.** They were giving a big dinner. ◊ **Óперний теáтр ~є вистáви в міськóму пáрку.** The opera theater gives concerts in the city park.
See **влаштóвувати, організóвувати**
8 to yield, produce, give, bear, bring in ◊ **Щорóку пóле ~вáло по 30 центнéрів збíжжя з гектáра.** Each year the field would yield three tons of grain per hectar. ◊ **Ініціятúва несподíвано ~лá чудóві результáти.** The initiative unexpectedly produced great results.
9 *fig.* to give *(in set expressions with nouns)*
д. + *n.* **д. вкáзівку** give an instruction ◊ **Шеф гóлосно ~вáв вказівкú підлéглим.** The boss was loudly giving instructions to his subordinates. (**дóзвіл** permission, **дорóгу** way; **допомóгу** hand ◊ **Він відмóвився д. їм допомóгу.** He refused to give them a hand. **згóду** consent; **накáз** order; **знак** sign, **сиґнáл** signal) ◊ **У вúзначений час спостерігáч мав ~ти їм таємний сиґнáл.** At a specified moment, the observer was to give them a secret signal. ♦ **д.** + *D.* **вíру** to give credence to sb; ♦ **д.** + *D.* **дрáла** to beat it, flee ◊ **Зрозумíвши, щó їм загрóжує, хлóпці ~лú дрáла.** Having understood what they were faced with, the boys fled. ♦ **д. дýба** *colloq.* to die, kick the bucket; ♦ **д.** + *D.* **дýху** to let sb have it, beat sb up; ♦ **д.** + *D.* **здáчі** to strike back, hit back; ♦ **д.** + *D.* **лад** *or* **порядок** to put sth in order ◊ **Щоб ~ти порядок документам, Світлáні трéба дóбрих кíлька днів.** To put the documents in order Svitlana needs a good several days. ♦ **д.** + *D.* **слóво** 1) to give sb the floor ◊ **Головá не ~вáв їй слóва.** The chair would not give her the floor. 2) to promise; ♦ **як пúти ~ти** for sure, surely ◊ **Натáлка поб'є йогó в шáхи, як пúти ~ти.** Natalka will surely beat him at chess.
10 *intr., impf., imper.* let us *(exhortation to do sth)* + *inf. or 1st pers. pl. fut.* ◊ **~вáй робúти** *and* **зрóбимо це рáзом.** Let's do it together. ◊ **Ужé пíзно, ~вáйте вертáтися додóму.** It's already late; let's go back home. ◊ **~вáйте робúти все так, як спланувáли.** Let's do everything like we planned. ◊ **~вáй працювáти рáзом.** Let's work together. ◊ **~вáйте напúшемо Ромáнові листá.** Let's write a letter to Roman.
11 *colloq., intr., impf., imper.* to start, get down to, set about + *impf. inf.* ◊ **Вонá відкрúла валíзу і ~вáй викидáти з неї все.** She opened the suitcase and started throwing everything out of it. ◊ **Повернýвшись, Олéг ~вáй прибирáти в хáті.** On his return, Oleh suddenly began to clean his place.
See **починáти**
pa. pple. **дáний** given
давáй! дай!

да|вáтися; ~тися, *intr.*

1 *only impf., pass.* to be given + *D.* ◊ **На підготóвку студéнтам ~ється оди́н день.** The students are given one day for preparation. ◊ **За прáвилами воєнного часу, кóжному мéшканцеві ~вáлося 250 грáмів хлíба на дóбу.** Under war-time regulations, each inhabitant was given 250 g. of bread a day.
2 to come *(easy, hard)*, master + *D.* ◊ **Лéсі лéгко ~ються мóви.** Languages come easy to Lesia. ◊ **Спочáтку статúстика ~вáлася Юркóві тяжко.** Initially statistics was tough for Yurko to master.
3 to give in, submit, yield, surrender ◊ **Вонú не ~лúся вóрогові живúми.** They did not surrender to the enemy alive. ◊ **Павлю́к ~вся на її умовляння.** Pavliuk gave in to her coaxing.
♦ **д.** + *D.* **взнакú** to have a negative impact on sb. ◊ **Тяжкá прáця ~лася їм узнакú.** Hard work left its mark on them. ♦ **д. знáти** to be felt, be visible, register ◊ **Рáдість ~вáлася знáти в її поведíнці.** Joy registered in her conduct.

давнин|á, *f., only sg.*

1 old times, antiquity, distant past, times long passed ◊ **У ~ý тут стояв зáмок.** In the distant past there was a castle here.
adj. **грéцька** Greek, **рúмська** Roman, **рýська** Ukrainian; **глибóка** deep, **далéка** distant ◊ **У далéку ~ý тут булú пéрші людські поселéння.** Once in distant antiquity, the first human settlements were here. **пíзня** late, **сúва** *poet.* gray-haired
v. + **д. налéжати до ~ú** date back to antiquity ◊ **Храм Посейдóна налéжить до грéцької ~ú.** The Temple of Poseidon dates back to Greek antiquity. (**дохóдити** *and* **зберігáтися з** survive from) ◊ **Рукóпис зберíгся з глибóкої ~ú.** The manuscript has survived from deep antiquity. **губúтися в ~í** be lost in antiquity ◊ **Хрóніки вíйни згубúлися в ~í.** The war chronicles were lost in antiquity.
prep. **в ~ý** in antiquity ◊ **У ~ý горá булá вулкáном.** In old times, the mountain was a volcano. **від ~ú** from antiquity ◊ **На пíвдні країни люди живýть від рúмської ~ú дотепéр.** In the south of the country people have lived from Roman antiquity to the present.
2 old age, long usage ◊ **будúнок, чóрний від ~ú** a house black from old age

дáвн|ій, *adj.*

1 old ◊ **Він мій д. друг.** He is an old friend of mine. ◊ **у ~і часú** in old times
Also see **колúшній 1**
2 age-old, ancient ◊ **~я традúція** an age-old tradition; ◊ **у ~ій Грéції** in Ancient Greece.
♦ **з дáвніх-давéн** since time immemorial
Also see **стародáвній**

давнó, *adv.*

1 a long time ago ◊ **Я д. йогó бáчив.** I saw him a long time ago. ♦ **колúсь давнúм-д.** once upon a time; ♦ **д. порá** *pred.* high time ◊ **Вам д. порá познайóмитися.** It's high time you met each other.
2 for a long time ◊ **Ми д. не бáчилися.** We haven't seen each other for a long time.
♦ **давноминýлий час** *ling.* past perfect tense

далéк|ий, *adj.*

1 far, far-off, distant, remote
adv. **вкрай** extremely, **геть** totally, **дýже** very; **віднóсно** relatively, **особлúво** particularly, **порíвняно** comparatively; ♦ **Д. Схід** Far East; ◊ **пóтяг ~ого признáчення** a long-distance train
Also see **глибóкий 2, глухúй 5.** *Ant.* **близькúй 1**
2 distant, removed ◊ **Стéфа булá їй ~ою рóдичкою.** Stefa was a distant relative of hers.
adv. **безкінéчно** infinitely, **вкрай** extremely, **геть** totally, **дýже** very, **надзвичáйно** extraordinarily, **нáдто** too, **страхітлúво** horrifyingly, **страшéнно** terribly; **достáтньо** sufficiently, **дóсить** fairly; **дíйсно** really, **напрáвду** *or* **спрáвді** truly; **неможлúво** impossibly; **віднóсно** relatively, **особлúво** particularly, **порíвняно** comparatively; **неймовíрно** incredibly, **несподíвано** unexpectedly
v. + **д. бýти ~им** be distant (**вигля́дати** look ◊ **У ту мить Слáвка вигля́дала безкінéчно ~ою й чужóю.** At that moment, Slavka looked infinitely distant and alien. **виявля́тися** turn out, **здавáтися** + *D.* seem to sb; **робúти** + *A.* make sth; **робúтися** get, **ставáти** become)
3 distant, long ago, bygone ◊ **Івáн лишúвся в її ~ому минýлому.** Ivan remained in her distant past.
comp. **дáльший**

далéко, *adv., pred.*

1 *adv.* far, a long distance, far away ◊ **Десь д. лунáв ковáльський мóлот.** A blacksmith's hammer sounded somewhere far away. ◊ **Як д. звíдси він живé?** How far from here does he live? ◊ **Він мýсить дóсить д. доїжджáти на прáцю.** He has to commute quite a long distance to work. ♦ **д. захóдити** *fig.* to get far, accomplish a lot ◊ **Карпó д. зайдé.** Karpo will accomplish much. ◊ **У своїй крúтиці Прокопéнко зайшóв нáдто д.** In his criticism, Prokopenko went too far.
2 *adv.* far, by far, well past ◊ **Гóсті повернýлися д. за пíвніч.** The guests were back well past midnight. ♦ **д. не** not at all ◊ **Це д. не найгíрший варіáнт.** This is not at all the worst option.
3 *adv., only with comp.* way, much, far, by far ◊ **Він пúше д. крáще, як рік томý.** He writes far better than a year ago. ◊ **Оксáна почувáлася д. мéнше змýченою, ніж учóра.** Oksana felt far less tired than yesterday.
Also see **геть 5, знáчно 2, кудú 6, набагáто 1**
4 *pred.* far, far away ◊ **Старúй цвúнтар був дóсить д. від стáнції.** The old cemetery was rather far from the station. ◊ **Óзеро виявúлося несподíвано д.** The lake proved to be unexpectedly far away.
5 *pred.* long time away, some time away ◊ **До Рíздвá булó ще д.** It was still quite some time before Christmas.
6 *pred.* to not compare with + *D.* ◊ **За винахíдливістю Пилúпові д. до Богдáни.** As far as inventiveness goes, Pylyp does not compare to Bohdana.
comp. **дáльше**
Also see **геть 3**

дáлі, *adv.*

1 farther, further, on ◊ **Він поїхав д.** He drove on. ◊ **Її вýлиця булá трóхи д.** Her street was a bit farther. ◊ **Він відмóвився працювáти з нúми д.** He refused to work further with them.
2 later on, then ◊ **Що булó д.?** What happened later? ♦ **Хто (Що) д.?** Who (What) is next?
3 more, else, in addition ◊ **Д. не робú нíчого.** Don't do anything else. ♦ **д. бýде** to be continued; ♦ **і так д.** and so on

дáм|а, *f.*

1 *colloq.* woman, married woman; lady ◊ **Кóжен офіцéр прийшóв зі своєю ~ою.** Every officer came with his lady. ♦ **д. сéрця** a lady of one's heart
2 female partner *(in dance)* ◊ **В остáнньому тáнці чоловікú мінáли дам п'ять разів.** In the last dance the men changed partners five times.
3 queen *(in cards)* ◊ **У Павлúни залишáлася жирóва** *or* **трéфова д.** Pavlyna had the queen of diamonds left.
See **кáрта 2**

дáн|і, *only pl.*

1 data, facts, information, records
adj. **детáльні** *or* **доклáдні** detailed; **надíйні** reliable ◊ **Д. виявúлися надíйними.** The data turned out to be reliable. **тóчні** accurate; **всеосяжні** comprehensive; **обмéжені** limited; **попередні** preliminary, **сирí** raw; **остатóчні** final; **солíдні** solid; **нóві** new, **остáнні** latest; **застарíлі** obsolete, **старí** old; **фактологíчні** factual; **наявні** available, **опублікóвані** published; **неопублікóвані** unpublished; **особúсті** personal ◊ **Гáкери вúкрали особúсті д. тúсяч бáнку.** The hackers stole the personal data of thousands of customers. **експериментальні** experimental, **емпірúчні** empirical; **цифрові** digital; **генетúчні** genetic, **географíчні** geographical, **демографíчні** demographic ◊ **Демографíчні д. з тогó перíоду булó знúщено.** The demographic data from that period was destroyed. **екологíчні** environmental, **істори́чні** historical, **наукóві** scientific, **поліцíйні**

police, **статистúчні** statistical, **технíчні** technical, **фінáнсові** financial; ♦ **анкéтні д.** personal information ◊ **Формуля́р містúв анкéтні д. головнóго економíста.** The form contained the personal information of the company's economist. **засекрéчені** classified ◊ **Усí д. засекрéчені.** All the data is classified. **розвíдувáльні** intelligence, **секрéтні** secret; **рíдкісні** rare, **сенсацíйні** sensational, **унікáльні** unique, **цíнні** valuable

д. + n. **д. дослíдження** research data (**опитування** polling; **спостерéження** observation)

n. + **д. анáліз ~их** a data analysis ◊ **Він відповідáє за анáліз ~их.** He is responsible for data analysis. (**ввéдення** input, **використáння** use, **застосувáння** application; **безпéка** security, **зáхист** protection, **зберéження** storage, **збирáння** collection, **інтерпретáція** *or* **тлумáчення** interpretation, **обрóбка** processing, **отрúмання** acquisition; **перевéдення** transfer, **передáча** transmission; **архíв** archive, **банк** bank ◊ **Вонú зíбрали вели́кий банк ~их.** They collected a large data bank. ♦ **бáза ~их** a database; **втрáта** loss, **джерелó** source; **merежа** network, **потíк** *or* **стрýмінь** stream, **систéма** system, **структýра** structure, **центр** center; **архівувáння** archiving ◊ **Структýра ~их ускладнювала їх архівувáння.** The data structure complicated its archiving. **підрóбка** forging, **фабрикáція** fabrication, **фальсифікáція** falsification); **маніпуля́ція ~ими** data manipulation (**óбмін** exchange)

v. + **д. обробля́ти д.** process data ◊ **Комп'ю́тер обробля́є і підсумóвує статистúчні д.** The computer processes and summarizes the statistical data. (**діставáти** obtain ◊ **Вонú дістáли цíнні д.** They obtained valuable data. **отрúмувати** acquire; **збирáти** collect, **накопи́чувати** amass ◊ **Вонú накопи́чили достáтні д., щоб мáти статистúчно обґрунтóвані вúсновки.** They amassed sufficient data to have statistically valid conclusions. **зберігáти** keep, **мáти** have; **ввóдити** enter, **видобувáти** retrieve ◊ **Дослíдник вúдобув з архíву унікáльні д.** The researcher retrieved unique data from the archive. **аналізувáти** analyze, **вивчáти** study, **використóвувати** use, **інтерпретувáти** *or* **тлумáчити** interpret; **обговóрювати** discuss; **порíвнювати** *or* **співставля́ти** compare; **надавáти** + *D.* furnish sb with, **посилáти** + *D.* send sb; **доповідáти** + *D.* report to sb ◊ **Вонá доповілá нóві д. керівникóві грýпи.** She reported the new data to the group's leader. **представля́ти** *or* **презентувáти** present ◊ **Отрúмані д. представля́тимуть на наукóвій конферéнції.** The data acquired will be presented at a scientific conference. **приховувати** conceal, **сортувáти** sort ◊ **Тридцять рóків тому лексикографíчні д. довóдилося сортувáти вручнý.** Thirty years ago, lexicographic data had to be sorted manually. **оберігáти від** + *G.* protect from sb; **викрадáти в** + *G.* steal from sb; **підробля́ти** falsify, **фабрикувáти** fabricate) ◊ **Інститýт фабрикýє д. óпитів на догóду замóвникові.** The institute fabricates its polling data to accommodate the client. **ділúтися ~ими з** + *I.* share data with sb ◊ **Обúдві лабораторíї ділятьcя емпіри́чними ~ими.** Both labs share empirical data. (**забезпéчувати** + *A.* provide sb with, **маніпулювáти** manipulate; **обмíнюватися з** + *I.* exchange with sb) ◊ **Поліція обмíнювалася ~ими зі слýжбою безпéки.** The police exchanged data with the security service.

д. + v. **відображáти** + *A.* reflect sth, **вказувати на** + *A.* indicate sth, **свíдчити про** + *A.* or **що** evidence that ◊ **Нóві д. свíдчать, що існýє кореля́ція між мóвою і політи́чною поведíнкою.** The new data evidence that there is a correlation between language and political behavior. **підтвéрджувати** + *A.* bear sth out ◊ **Економíчні д. підтвéрджують гіпóтезу.** The economic data bears out the hypothesis. **схиля́ти** + *A.* **до дýмки, що** + *clause* suggest to sb that

prep. **в ~их** in the data ◊ **У ~их багáто прогáлин.** There are many gaps in the data. **д. про** + *A.* data about sb/sth ◊ **д. про метеорологíчні умóви реґіóну** data about weather conditions in the region

Also see **інформáція, свíдчення 2**

2 grounds, reasons ◊ **Він не мáє ~их підóзрювати Івáна.** He has no reasons to be suspicious of Ivan.

See **причúна**

3 talents, makings, qualities ◊ **Оля́ мáє всі д. піяні́стки.** Olia has all the makings of a pianist. ◊ **Хлóпчик мав винятко́ві д.** The little boy had exceptional talents.

See **талáнт**

дантúст, *m.*; **~ка**, *f.*

dentist

adj. **дóбрий** *and* **хорóший** good, **кваліфікóваний** qualified; **достýпний** affordable ◊ **Сьогóдні не так прóсто знайтú в мíсті хорóшого і достýпного ~а.** It is not so easy to find a good and affordable dentist in town nowadays. **привáтний** private

n. + **д. кабінéт ~а** a dentist's office ◊ **Поля рік не відвідувала кабінéту ~а.** For a year, Polia had not visited a dentist's office.

v. + **д. відвíдувати ~а** visit a dentist (**знахóдити** find; **рекомендувáти** + *D.* recommend to sb ◊ **Гриць рекомендýє цьогó ~а.** Hryts recommends this dentist. **шукáти** look for); **звертáтися до ~а** consult a dentist (**ходúти до** visit)

Also see **лíкар, спеціалíст**

дарéмн|ий, *adj.*

1 vain, useless, futile

adv. **абсолю́тно** absolutely, **геть** utterly; **дóсить** fairly; **все бíльш** increasingly; **врéшті-рéшт** ultimately; **загалóм** largely; **очевúдно** obviously, **я́вно** clearly

v. + **д. бýти ~им** be futile (**вважáти** + *A.* consider sth, **виглядáти** look, **виявля́тися** turn out ◊ **Лíдина спрóба переконáти пóдругу вúявилася ~ою.** Lida's attempt to convince her (female) friend turned out to be utterly futile. **здавáтися** + *D.* seem to sb ◊ **Усякі надíї на щаслúвий кíнець здавáлися Матвíєві ~ими.** Any hopes of a happy ending seemed futile to Matvii. **робúти** + *A.* make sth ◊ **Óпір старúх кáдрів робúв її зусúлля ~ими.** The resistance of the old personnel made her efforts futile. **ставáти** become) ◊ **Йогó зусúлля ставáли ~ими.** His efforts were becoming futile.

Also see **мáрний 1**

2 baseless, uncalled for, unnecessary ◊ **Не гай чáсу на ~і прогнóзи.** Don't waste time on baseless forecasts. ◊ **~і звинувáчення** baseless accusations

3 *colloq.* free of charge ◊ **Раз на мíсяць газéта подавáла спúсок ~их концéртів по всьóму мíсту.** Once a month the newspaper carried a list of free concerts all around town.

See **безкоштóвний**

дарéмно, *var.* дармá, *adv., pred.*

1 *adv.* in vain, uselessly, to no purpose ◊ **Моряки́ д. сподівáлися, що погóда покрáщає.** The sailors hoped in vain for the weather to improve.

adv. **абсолю́тно** absolutely, **геть** totally, **цілкóм** completely ◊ **Сергíй відчувáв, що старáється цілкóм д.** Serhii felt he was exerting himself completely in vain.

Also see **пýсто 1**

2 *adv.* undeservedly, for no reason ◊ **Йогó заарештувáли цілкóм д.** His arrest was completely unwarranted.

Also see **дармá 4, нíзащо 2, пýсто 1**

3 *pred.* no use, to no avail, futile ◊ **Д. булó казáти їй це.** It was no use telling her this. ◊ **Д. поя́снювати їм, що стáлося.** It's futile explaining what happened to them.

4 *adv.* free of charge, for nothing ◊ **Тут мóжна д. поїсти.** One can eat for free here.

See **безкоштóвно**

дармá, *adv., pred.*

1 *var., see* **дарéмно 1-4**

2 *colloq., pred.* never mind, all the same, not important ◊ **Д., йомý це зóвсім не цікáво.** Never mind, he is not at all interested.

3 ♦ **д. що** even though, even if ◊ **Вонá гáрна, д. що без макія́жу.** She is pretty even if she has no make-up.

4 *adv.* wrongly, for no good reason ◊ **Д. ти не сказáв мені про це.** You were wrong not to tell me about it. ◊ **Її підóзрювали д.** She was suspected for no good reason.

Also see **дарéмно 2, нíзащо 2**

дару|вáти, ~ють; по~, *tran.*

1 to give as a present, present + *D.* ◊ **Він подарувáв сестрí щеня́.** He gave his sister a puppy.

adv. **весь час** all the time, **зáвжди** always ◊ **Лю́да зáвжди ~вала йомý щось.** Liuda would always give him something. **и́ноді** sometimes, **незмíнно** invariably, **традицíйно** traditionally; **час від чáсу** from time to time

v. + **д. випадáти** + *D.* behoove sb ◊ **Мáрті випадáло по~ похрéсниці щось на Вели́кдень.** It behooved Marta to give her goddaughter something for Easter. **вирíшувати** decide to, **збирáтися** be going to, **мáти нáмір** have the intention to, **хотíти** want to

prep. **д. з нагóди** + *G.* give on the occasion of sth ◊ **Він подарувáв Дáні планшéт з нагóди її народи́н.** He gave Dana a tablet on the occasion of her birthday. **д. на** + *A.* give for *(occasion)*

Also see **вдихáти 2, жéртвувати 1, піднóсити 4, присвóювати 2**

2 *tran. and intr., colloq.* to forgive, excuse ♦ **д.** + *D.* **обрáзу** to forgive sb an insult ◊ **Такý крúтику тя́жко по~.** Such criticism is hard to forgive. ♦ **~й(те)!** Excuse me! *(said to draw attention)* ◊ **~йте, добрóдію, де тут автóбусна зупи́нка?** Excuse me, sir, where is the bus stop here? ♦ **~й(те) на слóві** excuse my saying so

See **пробачáти.** *Also see* **спускáти 8**

pa. pple. **(по)дарóваний** given as gift

(по)дарýй!

дáт|а, *f.*

1 date, day of month and year ◊ **Якá сьогóдні д.?** What is today's date?

adj. **відповíдна** respective ◊ **На кóжному дóписі стоя́ла відповíдна д.** The respective date was on every post. **зáйнята** taken up ◊ **Усí ~и, вже зáйняті якúмись зáходами, булú позначені у календарí червóним.** All the days already taken up by some event were marked red in the calendar. **наявна** available; **зрýчна** convenient; **незрýчна** inconvenient; **прáвильна** correct; **непрáвильна** wrong, **помилкóва** mistaken, **фiктúвна** fictitious; **вчорáшня** yesterday's, **зáвтрашня** tomorrow's, **сьогóднішня** today's

д. + n. **д. зáходу** the date of an event (**зýстрічі** meeting, **конферéнції** conference, **лéкції** lecture, **подíї** occurrence, **прем'єри** premiere)

v. + **д. стáвити ~у на** + *L.* date sth ◊ **Він розписáвся і постáвив на світлúні ~у.** He signed and dated the photograph. (**виправля́ти** correct, **стирáти** delete; **забувáти** forget; **згáдувати** recall) ◊ **Він намагáвся згадáти ~у їхнього знайóмства.** He tried to recall the date of the acquaintance. **пам'ятáти** remember

prep. ♦ **без ~и** undated ◊ **Лист без ~и.** The letter is undated.

Also see **числó 3**

2 *fig.* anniversary, day, date

adj. **важли́ва** important, **вели́ка** great ◊ **Два́дцять четве́рте се́рпня ста́ло вели́кою ~ою в істо́рії Украї́ни.** August 24 became a great date in Ukraine's history. **долено́сна** fateful, **істори́чна** historic, **незабу́тня** unforgettable, **па́м'ятна** memorable, **чудо́ва** wonderful; **страшна́** horrible, **сумна́** sad, **сумнозві́сна** notorious, **трагі́чна** tragic
v. + **д. відзнача́ти ~у** mark a date ◊ **Таку́ важли́ву ~у слід коне́чно відзна́чити.** Such an important date should definitely be marked. (**святкува́ти** celebrate; **ігнорува́ти** ignore); **става́ти ~ою** become a date

да́|ти, *pf., see* **дава́ти**
to give; let, *etc.* ◊ **Він ~в студе́нтам наго́ду розгля́нути фре́ску.** He gave the students a chance to examine the fresco.

дату|ва́ти, **~ють;** *same, tran.*
1 to put a date on, date ◊ **Вона́ ~є листи́ при кінці́, а не спочатку.** She dates letters at the end, not the beginning.
adv. **акура́тно** neatly ◊ **Секрета́рка акура́тно ~ва́ла ко́жен за́пис до журна́лу.** The (female) secretary neatly dated each journal entry. **розбі́рливо** legibly, **чі́тко** clearly; **недба́ло** carelessly, **нерозбі́рливо** illegibly; **докла́дно** accurately, **то́чно** precisely; **весь час** all the time, **незмі́нно** invariably, **обов'язко́во** definitely, **регуля́рно** regularly
v. + **д. бу́ти тре́ба** + *D.* need to; **забу́вати** forget to; **ма́ти зви́чку** have the habit of ◊ **Його́ дід мав зви́чку д. ко́жну світли́ну.** His grandfather had the habit of dating every photograph. **стара́тися** try to
2 to date, assign a date to
adv. **докла́дно** accurately ◊ **На́пис змогли́ докла́дно д. неда́вно.** They managed to accurately date the inscription recently. **то́чно** precisely; **пра́вильно** correctly; **непра́вильно** incorrectly, **помилко́во** mistakenly, **хи́бно** wrongly; **традиці́йно** traditionally
v. + **д. бу́ти не в ста́ні** be in no position to ◊ **Наві́ть експе́рт не за́вжди́ у ста́ні д. ко́жен археологі́чний артефа́кт.** Even an expert is not always in a position to date every archeological artifact. **бу́ти ле́гко** be easy to; **бу́ти скла́дно** be complicated to; **бу́ти схи́льним** be inclined to ◊ **Вона́ схи́льна д. цю а́мфору пе́ршим столі́ттям пі́сля наро́дження Христа́.** She is inclined to date this amphora to the first century A.D. **змогти́** *pf.* manage to, **ма́ти підста́ви** have the grounds to
pa. pple. **дато́ваний** dated
дату́й!
Also see **відно́сити 2**

дах, *m.*, **~у**
1 roof
adj. **висо́кий** tall, **го́стрий** pointed, **коні́чний** conical, **манса́рдний** mansard ◊ **Оста́ннім ча́сом манса́рдні ~и́ набува́ють популя́рности.** Lately mansard roofs have gained popularity. **пло́ский** flat ◊ **Пло́ский д. суперма́ркету провали́вся під ваго́ю сні́гу.** The flat supermarket roof collapsed under the weight of the snow. **стрімки́й** steep, **поло́гий** sloping, **похи́лий** pitched; **бляша́ний** tin, **метале́вий** metal, **мі́дний** copper, **очере́тяний** thatched, **скляни́й** glass, **соло́м'яний** straw, **стале́вий** steel, **черепи́чний** *or* **череп'я́ний** tile, **ши́ферний** slate; **дiря́вий** leaky ◊ **Д. ви́явився діря́вим.** The roof turned out to be leaky. **розсувни́й** retractable ◊ **Стадіо́н ма́є розсувни́й д.** The stadium has a retractable roof.
д. + *n.* **д. автомобі́ля** a car roof (**буди́нку** building, **теа́тру** theater, **це́ркви** church) ◊ **Па́тина покрива́ла мі́дний д. це́ркви.** Patina covered the church's copper roof.
n. + **д. вершо́к ~у** a roof top (**бік** *or* **сторона́** side, **будо́ва** structure, **ізоля́ція** insulation, **покрі́вля** covering ◊ **очере́тяна покрі́вля ~у** the thatch roof covering)
v. + **д. зво́дити д.** raise a roof ◊ **Робітника́м потрі́бно два дні, щоб звести́ д.** The workers need two days to raise the roof. (**лата́ти** patch, **направля́ти** fix, **ремонтува́ти** repair ◊ **Вони́ найняли́ двох робітникі́в поремонтува́ти діря́вий д.** They hired two workers to repair the leaky roof. **підтри́мувати** support ◊ **Д. підтри́мують чоти́ри стовпи́.** Four pillars support the roof. **покрива́ти** cover) ◊ **Д. покри́ли черепи́цею.** They covered the roof with tiles.
д. + *v.* **вгина́тися** cave in ◊ **Під ваго́ю сні́гу д. угну́вся.** Under the weight of the snow, the roof caved in. **обва́люватися** collapse ◊ **Д. обвали́вся.** The roof collapsed. **прова́люватися** fall in; **протіка́ти** leak
prep. **в ~у** in a roof ◊ **Зло́дій прони́к че́рез вікно́ в ~у.** The thief got inside through the window in the roof. **на ~у** on a roof ◊ **Вони́ встанови́ли анте́ну на ~у.** They had an antenna installed on the roof. **під ~ом** under a roof ◊ **Адрія́на три ро́ки жила́ з ним під одни́м ~ом.** Adriiana lived under the same roof with him for three years.
Cf. **сте́ля**
2 *fig.* shelter, home, refuge, roof ◊ **Вони́ знайшли́ д.** They got a roof over their heads.
See **дім 2, приту́лок**
3 *fig.* cover, protection, façade ◊ **Мі́ністр вну́трішніх спра́в забезпе́чував злочи́нцям д.** The minister of the interior provided the criminals with protection. ◊ **Політи́чна поса́да служи́ла ї́й ~ом.** Her political post served as a cover for her.
N. pl. **~и́**, *L. pl.* **на ~а́х**

дбайли́в|ий, *adj.*
1 caring, attentive, solicitous, considerate
adv. **винятко́во** exceptionally, **ду́же** very ◊ **Ми́ля ма́є репута́цію ду́же ~ої господи́ні.** Mylia has a reputation as a very caring hostess. **надзвича́йно** extraordinarily, **незмі́нно** invariably ◊ **Приві́тати госте́й ви́йшов незмі́нно д. ме́неджер готе́лю.** The invariably solicitous hotel manager came out to greet the guests. **як за́вжди́** as always; **особли́во** particularly
v. + **д. бу́ти ~им** be caring ◊ **Оле́кса був ~им ба́тьком.** Oleksa was a caring father. (**виявля́тися** turn out; **лиша́тися** remain, **става́ти** become)
prep. **д. до** + *G.* caring for sb/sth ◊ **Лі́кар ви́явився ~им до хво́рих.** The doctor turned out to be considerate of his patients.
Also see **ува́жний 2**
2 heedful, watchful, diligent ◊ **Екзоти́чні росли́ни потребу́ють ~ого о́ка.** The exotic plants need a watchful eye. ◊ **Вона́ завдя́чує ви́дужанням ~ому до́гляду.** She owes her recovery to diligent care.

дв|а, *card., m.*, **~ох**
1 two *(for two m. nouns)* + *N. pl.* ◊ **З ним прийшло́ ще д. хло́пці.** Two more boys came with him. ◊ **Реві́зія трива́ла д. дні.** The audit lasted for two days. ♦ **не раз (і), не д.** time and again, many times ◊ **Його́ не раз і не д. попереджа́ли трима́ти язи́к за зуба́ми.** He was warned time and again to keep his mouth shut. ♦ **чо́рта з д.** not a chance ◊ **Чо́рта з д. вони́ спромо́жуться закі́нчити будівни́цтво.** Not a chance that they will manage to finish the construction.
Also see **дві**
2 *as n., nt.* F *(grade)*, failing grade ◊ **її́ пе́рше д. за час навча́ння у шко́лі** her first F since she started school; ◊ **Вчи́тель поста́вив Марти́нові вели́ке д.** The teacher gave Martyn a big F.
See **дві́йка 3**

две́р|і, *only pl.*, **~е́й**
door ◊ **Валенти́н навшпи́ньках підійшо́в до ~е́й.** Valentyn came up to the door on his tiptoes.
adj. **вели́кі** big, **величе́зні** huge, **висо́кі** high, **широ́кі** wide; **важкі́** heavy, **гру́бі** *or* **товсті́** thick, **маси́вні** massive, **подві́йні** double; **вузькі́** narrow, **малі́** small, **низькі́** low; **відкри́ті** *and* **відчи́нені** opened, **віді́мкнені** unlocked; **напіввідкри́ті** *or* **напіввідчи́нені** half-open, **закри́ті** closed, **за́мкнені** locked, **зачи́нені** shut; **бічні́** *or* **бокові́** side, **за́дні** *or* **ти́льні** rear, **пере́дні** front; **вну́трішні** internal, **зо́внішні** outer; **дерев'я́ні** wooden, **дубо́ві** oak; **броньо́вані** armored, **залі́зні** iron, **метале́ві** metal, **стале́ві** steel, *etc.*; **автомати́чні** automatic, **розсувні́** sliding ◊ **Че́рез брак мі́сця він установи́в у комі́рці розсувні́ д.** Because of a lack of space, he installed a sliding door in the pantry. **складні́** folding, ♦ **спускні́ д.** trapdoor; **ку́хонні** kitchen; **аварі́йні** emergency, **поже́жні** fire ◊ **Поже́жні д. заблоко́вані.** The fire door is blocked. **магі́чні** magic, **пота́є́мні** secret, **таємни́чі** mysterious
д. + *n.* **д. ва́нни** a bathroom door ◊ **Д. ва́нни не замика́ються зсере́дини.** The bathroom door does not lock from the inside. (**гори́** *or* **гори́ща** attic, **ду́шу** shower, **кварти́ри** *or* **поме́шкання** apartment, **каби́нки** cubicle, **ку́хні** kitchen, **пе́ршого по́верху** first-floor, **спа́льні** bedroom *etc.*; **гаража́** garage; **лі́фта** elevator; **ваго́на** carriage, **по́їзда** train; **кре́денсу** credenza ◊ **Лев напра́вив д. кре́денса.** Lev has fixed the credenza door. **холоди́льника** refrigerator; **автомобі́ля** *or* **маши́ни** car; **водія́** driver, **пасажи́ра** passenger) ◊ **Д. пасажи́ра заклини́ло.** The passenger door got caught.
n. + **д. ко́лір ~е́й** the door color (**пове́рхня** surface, **ра́ма** frame, **ру́чка** handle; **ро́змір** size) ◊ **Ро́змір ~е́й нестанда́ртний.** The door size is non-standard.
v. + **д. відчиня́ти д.** open a door ◊ **Він відчини́в д.** He opened the door. (**відмика́ти** unlock, **розча́хувати** fling open; **лиша́ти відчи́неними** leave open, **лиша́ти на кля́мці** leave on the latch, **лиша́ти прочи́неними** leave ajar ◊ **Гриць лиши́в д. прочи́неними.** Hryts left the door ajar. **трима́ти відчи́неними** keep open, **трима́ти прочи́неними** keep ajar; **зачиня́ти** close ♦ **зачиня́ти д. в** + *G.* **пе́ред сами́м но́сом** to shut the door in sb's face ◊ **Він зачини́в д. в Андрі́я пе́ред но́сом.** He shut the door in Andrii's face. ♦ **зачиня́ти за собо́ю д.** to close the door behind oneself ◊ **Іва́н із ля́ском зачини́в за собо́ю д.** Ivan slammed the door behind himself. **замика́ти** lock ◊ **Він забу́в замкну́ти д. гори́ща.** He forgot to lock the attic door. **лиша́ти закри́тими** leave closed, **лиша́ти за́мкнутими** leave locked, **трима́ти закри́тими** keep closed, **трима́ти за́мкнутими** keep locked; **вибива́ти** break, **лама́ти** shatter ◊ **Вона́ злама́ла фане́рні д.** She shattered the plywood door. **трощи́ти** smash; **би́ти в** bang on ◊ **Хтось бив кулако́м у д. кварти́ри.** Somebody was banging on the apartment door with their fist. **гамсе́лити в** pound on, **вла́муватися в** break through; ♦ **ломи́тися у відчи́нені д.** to preach to the choir ◊ **Переко́нувати її́, що лібера́льний націоналі́зм існу́є, це ломи́тися у відчи́нені д.** Convincing her that liberal nationalism exists is preaching to the choir. **ко́пати в** kick ◊ **Він ко́пнув ного́ю в д.** He kicked the door with his foot. **сту́кати в** knock on ◊ **Хтось ти́хо посту́кав у д.** Somebody quietly knocked on the door. **захо́дити в** go in ◊ **Катру́ся зайшла́ не в ті д.** Katrusia went in the wrong door. **вислиза́ти в** slip out of ◊ **Вони́ ви́слизнули у за́дні д. і схова́лися у па́рку.** They slipped out of the back door and hid in the park. **пока́зувати** + *D.* **на** *fig.* show someone the door); **вигляда́ти з-за ~е́й** peep from behind a door (**виставля́ти го́лову з** stick one's head out of; **підхо́дити до** approach ◊ **Хло́пчик навшпи́ньках підійшо́в до ~е́й.** The boy approached the door on tiptoe. **прово́дити** + *A.* **до** see sb to) ◊ **Господи́ня провела́ їх до ~е́й.** The lady of the house saw them to the door.

д. + *v.* **відчинятися** open ◊ **Рáптом д. відчинилися.** Suddenly the door opened. **відмикáтися** unlock ◊ **Двéрі балкóна стáли вáжко відмикáтися.** The balcony door became difficult to unlock. **лишáтися прочи́неними** remain ajar, **прочиня́тися** be ajar, **розчáхуватися** fling open ◊ **Вонá щось пробурмотíла, і магíчні д. розчахну́лися.** She muttered something and the magic door flung open. **зачиня́тися** close ◊ **Д. вагóна почали́ зачиня́тися.** The train car door began to close. **вести́ до** + *G.* lead to sth ◊ **Д. вели́ до льóху.** The door led to the cellar. **скрипíти** creak ◊ **Д. скрипíли.** The door creaked.

prep. **бíля ~éй** at/by/near a door ◊ **Він став бíля ~éй.** He stood at the door. **з ~éй** out (of) the door ◊ **Із ~éй ішлá пáра.** Steam was coming out of the door. **за ~и́ма** *or* **~ми́** behind a door ◊ **Вонá сховáлася за ~ми́.** She hid behind the door. **під д.** *dir.* under a door ◊ **Поштáр ки́нув листи́ під д. помéшкання.** The mailman tossed the letters under the apartment door. **під ~и́ма** *or* **~ми́** *posn.* by/under a door ◊ **Він знайшóв під ~и́ма запи́ску.** He found a message under his door. **у д.** *dir.* into/through a door ◊ **У відчи́нені д. захóдили лю́ди.** People went into the open door. **у ~ях** *posn.* in a door ◊ **У ~ях стоя́в охорóнець.** A guard stood in the door.

Also see **хід 4.** *Cf.* **брáма, ворóта 1**

двигу́н, *m.*, **~á**

1 engine

adj. **вели́кий** big, **потýжний** powerful, **мали́й** small; **авіацíйний** aircraft, **автомобíльний** car, **бензи́новий** gasoline, **гібри́дний** hybrid, **ди́зельний** diesel, **електри́чний** electric; **навісни́й** outboard, **ракéтний** rocket, **реакти́вний** reaction *(jet)*, **парови́й** steam, **теплови́й** heat, **турбовентиля́торний** turboprop; **ефекти́вний** effective, **економíчний** economical ◊ **Автíвка мáє економíчний д.** The car has an economical engine. ◊ **д. внýтрішнього згоря́ння** an internal combustion engine; **дволíтрóвий** two-liter, **двоцилíндровий** two-cylinder, **чотирицилíндровий** four-cylinder; ♦ **вíчний д.** a perpetual motion machine

v. + **д. завóдити д.** crank an engine (**запускáти** start ◊ **Ткачéнко запусти́в д.** Tkachenko started the engine. **вмикáти** turn on, **вимикáти** turn off, **глуши́ти** shut down, **зупиня́ти** stop; **збирáти** put together, **змáщувати** lubricate, **монтувáти** assemble, **розбирáти** disassemble ◊ **Він розібрáв д., змасти́в і знóву зібрáв йогó.** He disassembled the engine, lubricated it and put it together again. **ремонтувáти** repair, **направля́ти** fix, **встанóвлювати** install)

д. + *v.* **завóдитися** start ◊ **Д. не завóдився.** The engine would not start. **працювáти** run, **працювáти вхолостý** idle ◊ **Він зали́шив д. працювáти вхолостý.** He left the engine to idle. **перегрівáтися** overheat, **захлинáтися** choke, **глýхнути** stall ◊ **Д. чáсто глýхне.** The engine often stalls. **ламáтися** *or* **псувáтися** break down, **зупиня́тися** stop, **ставáти** quit, **ревти́** roar, **верещáти** scream, **гудíти** hum

2 *fig.* engine, cause, generator, mainspring ◊ **Нови́й підрóзділ став головни́м ~óм модернізáції компáнії.** The new subdivision became the principal engine of the company's modernization.

See **пружи́на 2**

дві́й|ка, *f.*

1 two, pair + *G. pl.* ◊ **Сýчка народи́ла ~ку щеня́т.** The bitch gave birth to two puppies. ◊ **Грýпу розділи́ли на ~ки.** The group was divided into twos.

2 *colloq.* bus *(streetcar, etc.)* number two ◊ **Вам слід сíсти на ~ку.** You should take (bus, streetcar, *etc.*) number two.

3 F *(grade)* ◊ **Її д. з біолóгії булá цілкóм заслýженою.** Her F in biology was completely deserved.

Also see **два.** *Cf.* **три**

4 deuce *(in cards)*, two ◊ **У нéї лишáлися винóва дáма та трéфова д.** She had the queen of spades and the deuce of clubs left.

L. **на ~ці**, *G. pl.* **~ок**

дв|ір, *m.*, **~óру** *and* **~орá**

1 ~óру *or* **~орá** yard, courtyard

adj. **вели́кий** big; **ширóкий** wide; **вузьки́й** narrow; **дóвгий** long; **квадрáтний** square, **прямокýтний** rectangular; **малéнький** *dim.* small, **невели́кий** small; **зáдній** back, **ти́льний** rear; **перéдній** front; **заводськи́й** plant, **фабри́чний** factory; **університéтський** university, **шкíльни́й** school; **монасти́рський** monastery, **цéркóвний** church; **тюрéмний** prison ◊ **Їх зібрáли в тюрéмному ~орí.** They were gathered in the prison yard. ♦ **заї́жджий д.** an inn, ♦ **монéтний д.** a mint; ♦ **прохідни́й д.** a passageway, alley, pathway; ♦ **селя́нський д.** a homestead, household

v. + **д. захóдити у д.** enter a yard *(on foot)* ◊ **Робітники́ зайшли́ у д. чéрез кýхню.** The workers entered the yard through the kitchen. (**заї́жджáти у** drive into ◊ **Щоб заї́хати у д., трéба відімкнýти брáму.** To drive into the yard, one needs to unlock the gate. **отóчувати** surround) ◊ **Шкільни́й д. отóчували ли́пи.** Lindens surrounded the school yard. **вихóдити з ~óру** walk out of a yard (**виї́жджáти з** drive out of; **захóдити до** enter *(on foot)*, **заї́жджáти до** drive into)

д. + *v.* **розташóвуватися** *or* **бýти розташóваним** be located ◊ **Д. розташóвується зі схíдного бóку трáпезної.** The yard is located at the eastern end of the refectory. **тягнýтися до** + *G.* stretch to *(a place)*

prep. **до ~óру** in/to a yard ◊ **До ~óру заї́хала вантажíвка.** A truck entered the yard. **у д.** *dir.* in/to a yard ◊ **Я́щики привезли́ у д.** The boxes were brought into the yard. **у ~орí** *posn.* in a yard

2 ~óру court *(royal)*

adj. **імперáторський** imperial ◊ **япóнський імперáторський д.** the Japanese imperial court; **кня́жий** princely, **королíвський** royal, **пáпський** papal ◊ **Кардинáл нал́ежав до пáпського ~óру.** The cardinal belonged to the papal court.

prep. **при ~орí** at the court ◊ **Вонá булá мáйстром інтри́ґ при королíвському ~орí.** She was a master of intrigue at the royal court.

N. pl. **~ори́**

двó|є, *card., coll.*, **~х**

1 two + *G. pl.* ◊ **Вони́ ви́ховали д.** *or* **~х дітéй.** They raised two children. ◊ **Будинок мáє д. дверéй.** There are two doors in the building.

2 *as n.* two persons ◊ **У кімнáті булó д.** There were two in the room. ◊ **У чóвні булó трóє чоловíкі́в, д. веслувáли, а оди́н стернувáв.** There were three men in the boat; two rowed and one steered.

двознáчн|ий, *adj.*

1 ambiguous, equivocal, unclear

adv. **безнадíйно** hopelessly, **ви́разно** distinctly, **я́вно** clearly; **дýже** very ◊ **дýже ~е питáння** a very ambiguous issue; **зáвжди́** always, **незмíнно** invariably; **инóді** sometimes, **рíдко коли́** rarely ever; **зуми́сне** *or* **навми́сне** deliberately, **намíрено** intentionally, **свідóмо** consciously; **дéщо** somewhat, **трóхи** a little

v. + **д. бýти ~им** be ambiguous (**здавáтися** + *D.* seem to sb ◊ **Ви́раз здáвся дослíдникові зуми́сно ~им.** ◊ The expression seemed to be deliberately ambiguous to the researcher. **лишáтися** remain, **роби́ти** + *A.* make sth; **ставáти** become)

Also see **заплýтаний 2.** *Ant.* **недвознáчний, прями́й 2, я́сний 7**

2 *math.* two-digit, double-digit ◊ **~е** a two-digit number

двомóвн|ий, *adj.*

ling. bilingual ◊ **д. словни́к** a bilingual dictionary; **~а освíта** a bilingual education

adv. **загалóм** largely, **мáйже** almost; **доскона́ло** perfectly, **послідóвно** consistently, **цілкóм** completely; **лéдве** scarcely; **вибíркóво** selectively

v. + **д. бýти ~им** be bilingual (**вважáти** + *A.* consider sb, **вважáти себé** consider oneself; **вихóвувати** + *A.* raise sb ◊ **Батьки́ ви́ховали їх доскона́ло ~ими.** Their parents raised them to be perfectly bilingual. **лишáтися** remain; **ставáти** become) ◊ **За п'ять рóків він став мáйже ~им.** In five years, he became almost bilingual.

двомóвн|ість, *f.*, **~ости**, *only sg.*

ling. bilingualism

adj. **ви́мушена** forced, **прирóдна** natural; **руйнівнá** ruinous; **несиметри́чна** asymmetrical, **симетри́чна** symmetrical; **додáтня** additive, **від'ємна** subtractive ◊ **Д., що ни́щить слáбшу мóву, називáють від'ємною.** Bilingualism that destroys the weaker language is called subtractive. **áнгло-еспáнська** English-Spanish, **украї́нсько-росíйська** Ukrainian-Russian, *etc.*

v. + **д. нав'я́зувати д.** impose bilingualism ◊ **Телебáчення послідóвно нав'я́зує глядачáм украї́нсько-росíйську д.** TV consistently imposes Ukrainian-Russian bilingualism on its viewers. **заохóчувати** encourage, **підтри́мувати** support, **поши́рювати** spread; **викривáти** denounce) ◊ **Вонá викривáла асиметри́чну д. як нову́ фóрму колоніялíзму.** She denounced the asymmetric bilingualism as a new form of colonialism. **сприя́ти ~ості** promote bilingualism; **борóтися з ~істю** fight bilingualism

двоюрíдн|ий, *adj.*

related through grandparents; ◊ **д. брат** a first (male) cousin, **~а сестрá** a first (female) cousin

де *adv., conj.*

1 *adv.* where ◊ **Д. він живé?** Where does he live? ♦ **Та д.?** *colloq.* Really? You don't say!

2 *adv., colloq.* somewhere, someplace, *var.* **десь** ◊ **Мóже, ви д. тут мáєте вíльний кутóк.** Maybe you have a vacant corner somewhere here.

3 *conj.* where ◊ **Вони́ живýть у тíй части́ні краї́ни, д. немáє зими́.** They live in the part of the country where there is no winter.

деґрадáці|я, *f.*, **~ї**, *only sg.*

degradation, degeneration, deterioration

adj. **глибóка** deep, **загáльна** general, **катастрофíчна** catastrophic, **незворóтна** irreversible, **неймовíрна** incredible, **страшнá** horrible; **повíльна** slow, **поступóва** gradual; **ґвалтóвна** abrupt, **швидкá** quick; **абсолю́тна** absolute, **пóвна** utter, **цілкови́та** complete; **духóвна** spiritual, **культýрна** cultural, **мóвна** linguistic, **морáльна** moral, **розумóва** mental, **фізи́чна** physical; **екологíчна** environmental, **економíчна** economic, **політи́чна** political, **професíйна** professional, **суспíльна** social, *etc.*

v. + **д. переживáти ~ю** undergo degradation (**спричиня́ти** cause ◊ **Співпрáця з тоталітáрним режи́мом спричини́ла морáльну ~ю цéркви.** Collaboration with the totalitarian regime caused the moral degradation of the church. **зупиня́ти** stop, **спові́льнювати** slow down); **зазнавáти ~ї** suffer degradation ◊ **Протягóм остáннього десятилíття пíвострів зазнавáв загáльної ~ї.** Over the last decade, the peninsula suffered general degradation. (**уникáти** avoid); **запобігáти ~ї** prevent a degradation ◊ **Спеціяльна терапíя запобігáє фізи́чній ~ї м'я́зів руки́.** The special therapy prevents the physical degeneration of the hand muscles.

д. + *v.* **відбувáтися** be underway,

погли́блюватися get worse ◊ **Розумо́ва д. хво́рого погли́билася.** The patient's mental degradation got worse. **проґресува́ти** progress; **зупиня́тися** stop; **спові́льнюватися** slow down
Also see **зане́пад, ро́зклад 3, ро́зпад 1**

деґраду|ва́ти, **~ють; (з)~**, *intr.*
to degenerate, degrade, deteriorate, worsen, decay
adv. **гли́боко** deeply, **катастрофі́чно** catastrophically, **незворо́тно** irreversibly; **неймові́рно** incredibly, **стра́шно** horribly; **крок за кро́ком** step by step, **пові́льно** slowly, **поступо́во** gradually; **ґвалто́вно** abruptly, **шви́дко** quickly; **абсолю́тно** absolutely, **по́вністю** utterly, **цілкови́то** completely; **помі́тно** noticeably; **духо́вно** spiritually, **мора́льно** morally, **розумо́во** mentally, **фізи́чно** physically ◊ **Вам тре́ба реґуля́рно бі́гати, щоб не з~ фізи́чно.** You should jog regularly so as not to degenerate physically. **мо́вно** linguistically; **економі́чно** economically, **політи́чно** politically, **професі́йно** professionally
v. + **д. бу́ти ле́гко** be easy to ◊ **За таки́х умо́в життя́ було́ ле́гко з~.** Under such conditions of life, it was easy to degenerate. **бу́ти мо́жна** be possible to, **могти́** can; **почина́ти** begin to, **ста́ти** *pf.* start; **намага́тися не** try not to
conj. **д. як** + *N.* degenerate as sb ◊ **Він ~є як фахіве́ць.** He is degenerating as a specialist.
(з)деґраду́й!

дезерти́рств|о, *nt., only sg.*
desertion
adj. **зага́льне** general, **ма́сове** mass ◊ **Па́ртію вла́ди охопи́ло ма́сове д.** Mass desertion overtook the party of power. **широкомасшта́бне** large-scale; **несподі́ване** unexpected, **рапто́ве** sudden; **ганебне** shameful
v. + **д. виклика́ти д.** cause desertion (**поро́джувати** give rise to, **провокува́ти** provoke) ◊ **Го́лод спровокува́в д. се́ред солда́тів.** Hunger provoked desertion among the soldiers. **запобіга́ти ~у** prevent desertion; **боро́тися з ~ом** fight desertion
д. + *v.* **охо́плювати** + *A.* overtake sb/sth, **почина́тися** begin, **продо́вжуватися** go on, **припиня́тися** stop

дезерти́р|увати, **~ують;** *same, intr.*
to desert
adv. **ганебно** shamefully ◊ **Вони́ ганебно ~ували.** They shamefully deserted. **ма́сово** en masse; **несподі́вано** suddenly, **ра́птом** all of a sudden; **пані́чно** in panic
prep. **д. з** + *G.* desert sth ◊ **Новобра́нці ~ували з воро́жої а́рмії.** Recruits deserted the enemy army.
v. + **д. бу́ти зму́шеним** be forced to ◊ **Він був зму́шеним д.** He was forced to desert. **збира́тися** be going to, **ма́ти на́мір** have the intention to; **могти́** can; **почина́ти** begin to ◊ **Солда́ти почали́ все часті́ше д.** The soldiers began to desert ever more frequently.

дезінформа́ці|я, *f.*, **~ї**
misinformation, disinformation
adj. **відве́рта** patent, **відкри́та** open, **наха́бна** brazen, **примітивна** primitive, **я́вна** obvious; **всеохо́пна** all-encompassing, **ма́сова** mass, **тота́льна** total; **до́бре організо́вана** well-organized, **намі́рена** intended, **послідо́вна** consistent, **свідо́ма** conscious, **сплано́вана** preplanned; **завуальо́вана** veiled, **прикри́та** *and* **прихо́вана** covert
n. + **д. кампа́нія ~ї** a misinformation campaign; **мере́жа ~ї** a web of misinformation (**на́слідок** consequence) ◊ **Рі́шення було́ на́слідком ~ї.** The decision was a consequence of disinformation.
v. + **д. викрива́ти ~ю** denounce disinformation ◊ **Вона́ ви́крила ~ю газе́ти.** She denounced the newspaper's misinformation. (**викрива́ти** + *A.* **як** denounce sth as; **пошир́ювати** *or* **ши́рити** spread) ◊ **Пре́са ши́рила ~ю про поді́ї.** The press was spreading disinfomation about the events. **піддава́ти** + *A.* **~ї** subject sb to misinformation ◊ **Росі́йські ЗМІ піддава́ли чита́ча завуальо́ваній ~ї.** The Russian media subjected the reader to veiled misinformation. (**протиді́яти** counteract) ◊ **Уря́д не поспіша́в протиді́яти ~ї аґре́сора.** The government was not in a hurry to counteract the aggressor's misinformation.

де́инде, *adv.*
1 *posn.* elsewhere, somewhere else ◊ **Вам слід пошука́ти підтри́мки д.** You should look for support elsewhere.
2 *dir.* to somewhere else, to some other place ◊ **Він був у Ри́мі і тепе́р хоче́ пої́хати д.** He has already been to Rome and now he wants to go some other place.
3 here and there ◊ **Бру́дний сніг ще лежа́в д. в лі́сі.** Dirty snow was still lying here and there in the forest.
See **де-не-де́**

дека́д|а, *f.*
1 ten-day period
adj. **пе́рша** first ◊ **у пе́ршій ~і сі́чня** in the first ten days of January; **дру́га** second; **тре́тя** third; **оста́ння** last.
2 *fig.* festival *(lasting ten days)*, fest, celebration ◊ **У шко́лі відбува́лася д. білору́ської мо́ви.** A Belarusian language festival was taking place at the school.
v. + **д. відкрива́ти ~у** open a festival (**закрива́ти** close, **організо́вувати** organize, **прово́дити** hold) ◊ **Вони́ провели́ у мі́сті ~у ізра́їльського кіна́.** They held an Israeli film festival in the city.
See **фестива́ль**

декламу|ва́ти, **~у́ють; за~, про~**, *tran. and intr.*
to recite *(poetry)*
adv. **до́бре** well, **звору́шливо** touchingly, **помпе́зно** pompously, **урочи́сто** solemnly; **напа́м'ять** by heart, from memory ◊ **Вони́ ма́ли навчи́тися д. напа́м'ять проло́г до поє́ми.** They were to learn to recite the prologue to the poem by heart.
v. + **д. вмі́ти** know how to ◊ **Він умі́є звору́шливо д. пое́зію.** He knows how to recite poetry in a touching manner. **вчи́ти** + *A.* teach sb to, **навча́тися** learn to ◊ **Вона́ навчи́лася так до́бре д. у шкі́льному театра́льному гуртку.** She learned to recite that well at her school's theater club. **могти́** can ◊ **Іва́нка могла́ про~ моноло́г із па́м'яті.** Ivanka could recite the soliloquy from memory. **проси́ти** + *A.* ask sb to
pa. pple. **деклamо́ваний** recited
(про)деклamу́й!

деклара́ці|я, *f.*, **~ї**
1 declaration, proclamation, announcement
adj. **президе́нтська** president's, **урядо́ва** government; **несподі́вана** unexpected; **оголо́шена** announced; **очі́кувана** anticipated; **істори́чна** historic; **офіці́йна** official, **форма́льна** formal; **публі́чна** public; **зухва́ла** defiant, **смілива** bold; **ідеологі́чна** ideological, **літерату́рна** literary ◊ **Рома́н є літерату́рною ~єю а́втора, ви́кладом його́ есте́тики.** The novel is its author's literary declaration, an exposition of his esthetic. **політи́чна** political; **уро́чиста** solemn; **односторо́ння** unilateral, **спі́льна** joint
д. + *n.* **д. на́мірів** a declaration of intentions (**підтри́мки** support, **соліда́рності** solidarity)
v. + **д. оприлю́днювати ~ю** make public a declaration (**опублі́ковувати** publish; **підпи́сувати** sign ◊ **Політи́чну ~ю підписа́ли провідники́ головни́х па́ртій.** The leaders of the major parties signed the political declaration. **прийма́ти** adopt; **роби́ти** make) ◊ **Він відмо́вився роби́ти будь-яку́ ~ю при кінці́ перемо́вин.** He refused to make any kind of declaration at the end of the talks.
prep. **в ~ї** in a declaration ◊ **У ~ї не було́ жо́дного сло́ва про справедли́вість.** There was not a single word about justice in the declaration. **д. на підтри́мку** + *G.* a declaration in support of sth ◊ **Вони́ прийняли́ спі́льну ~ю на підтри́мку же́ртв аґре́сії.** They adopted a joint declaration in support of the victims of aggression. **д. про** + *A.* a declaration about/on sth ◊ **Д. про держа́вну незале́жність Украї́ни** the Declaration of state independence of Ukraine
2 declaration *(a form)*
adj. **ба́нкова** bank, **валю́тна** currency ◊ **Се́ред докуме́нтів бракує валю́тної ~ї.** The documents are missing a currency declaration. **ми́тна** customs; ♦ **податко́ва д.** a tax return ◊ **Кандида́т відмо́вився оприлю́днити податко́ву ~ю.** The candidate refused to make his tax return public.
v. + **д. запо́внювати ~ю** fill out a declaration ◊ **Ко́жен із них му́сив запо́внити ба́нкову ~ю.** Each of them was obliged to fill out a bank declaration. (**подава́ти** file) ◊ **Ми́тну ~ю мо́жна подава́ти електро́нно.** A customs declaration can be filed electronically.

де́коли, *adv.*
sometimes, at times, occasionally ◊ **Старі́ дру́зі д. схо́дяться на ка́ву.** The old friends sometimes get together for coffee. ◊ **Вікто́рія д. користу́ється цим пошуко́вим двигуно́м.** Viktoriia occasionally uses this search engine.
Also see **і́нколи, і́ноді**

декора́ці|я, *f.*, **~ї**
1 scenery, set, stage set, scenic design
adj. **га́рна** nice, **краси́ва** beautiful; **драмати́чна** dramatic, **разю́ча** striking, **розкі́шна** gorgeous ◊ **О́перу вико́нували на тлі розкі́шної ~ї.** The opera was being performed against a backdrop of gorgeous scenery. **чудо́ва** magnificent; **кінематографі́чна** movie, **сцені́чна** stage, **театра́льна** theater; **експреси́вна** expressive, **мініма́лісти́чна** minimalist; **нова́торська** innovative, **ориґіна́льна** creative ◊ **Маля́р зроби́в ориґіна́льні ~ї для кілько́х театра́льних поста́в.** The artist designed creative stage sets for several theater productions.
v. + **д. встано́влювати ~ю** set up scenery ◊ **Праці́вники́ сце́ни встанови́ли ~ю.** Stagehands set up the scenery. (**змі́нювати** *or* **мі́няти** change ◊ **У ко́жній ді́ї мі́няли ~ї.** They changed the scenery in each act. **проєктува́ти** design, **роби́ти** design, **ство́рювати** create) ◊ **Він створи́в мініма́лісти́чну ~ю.** He created a minimalistic set.
Also see **обстано́вка 4**
2 decoration, ornamentation ◊ **Ткани́на ви́сіла як імпровізо́вана д.** The cloth hung like an impromptu decoration.
prep. **для ~ї** 1) for decoration ◊ **Ва́за стоя́ла для ~ї.** The vase was for decoration. 2) *fig.* for appearances ◊ **Зая́ву було́ зро́блено лише́ для ~ї.** The statement was made only for appearances.
See **прикра́са**
3 *fig.* view, scene ◊ **У вікні́ по́тяга одна́ за о́дною міня́лися ~ї.** The views in the train window changed one after the other.
See **вид**

декре́т, *m.*, **~у**
1 decree, edict
adj. **незако́нний** unlawful; **терміно́вий** emergency; **черго́вий** another; **президе́нтський**

presidential ◊ **Президе́нтський д. забороня́в усі́ опозиці́йні газе́ти.** The presidential decree banned all opposition newspapers. **судови́й** court, **урядо́вий** government; **дикта́торський** dictatorial
д. + n. **д. вла́ди** a decree of the authorities (**президе́нта** president, **прем'є́р-міні́стра** prime minister, **су́ду** court, **у́ряду** government)
v. + **д. видава́ти д.** issue a decree ◊ **Президе́нт ви́дав д., що спро́щував депорта́цію.** The president issued a decree that simplified deportation. (**оприлю́днювати д.** make public, **опублікóвувати** publish; **підпи́сувати** sign, **ухва́лювати** pass; **анульо́вувати** annul, **відклика́ти** revoke ◊ **Уряд відкли́кав вла́сний д.** The government revoked its own decree. **відміня́ти** invalidate, **скасо́вувати** cancel)
prep. **в ~і** in a decree ◊ **У коро́ткому ~і чоти́ри пу́нкти.** There are four points in the short decree. **д. про** + *A.* a decree on sth ◊ **д. про націоналіза́цію залізни́ці** a decree on the nationalization of railroads
See **зако́н 1**
2 *colloq.* maternity leave, paternity leave
v. + **д. йти в д.** take a maternity *or* parternity leave ◊ **За зако́ном, ба́тько тако́ж мо́гти́ме йти в д.** According to the law, a father will also be able to take a paternity leave. **бу́ти в ~і** be on maternity leave ◊ **Вона́ в ~і.** She is on maternity leave.
See **відпу́стка.** *Also see* **відпочи́нок 2**

делі́катн|ий, *adj.*

1 considerate, tactful ◊ **Він люди́на ~а.** He is a tactful person.
adv. **винятко́во** exceptionally, **вкрай** extremely, **ду́же** very, **надзвича́йно** extraordinarily, **незмі́нно** invariably; **за́вжди́** always, **як за́вжди́** as always; **особли́во** particularly; **не зо́всім** not entirely ◊ **Вона́ ви́явилася не зо́всім ~ою співрозмо́вницею.** She turned out to be a not entirely considerate interlocutor.
v. + **д. бу́ти ~им** be tactful (**вважа́ти** + *A.* consider sb ◊ **Її вважа́ють ~ою перемо́вницею.** She is considered a tactful negotiator. **виявля́тися** turn out; **лиша́тися** remain, **става́ти** become)
prep. **д. у** + *L.* considerate in sth ◊ **Лі́кар лиша́вся ~им у ста́вленні до моло́дшого персона́лу.** The doctor remained considerate in his treatment of the junior personnel.
See **че́мний**
2 *colloq.* delicate, sensitive, tricky, difficult ◊ **З усі́х справ ця найбі́льш ~а.** Of all the matters, this one is the most sensitive.
adv. **винятко́во** exceptionally ◊ **Ївзі доручи́ли одну́ винятко́во ~у спра́ву.** Yivha was charged with one exceptionally sensitive matter. **вкрай** extremely, **до́сить** fairly, **доста́тньо** sufficiently, **ду́же** very, **надзвича́йно** extraordinarily, **особли́во** particularly
v. + **д. бу́ти ~им** be sensitive (**вважа́ти** + *A.* consider sb; **виявля́тися** turn out; **лиша́тися** remain, **роби́ти** + *A.* make sth ◊ **Обста́вини роби́ли перемо́вини ~ими.** Circumstances made the talks tricky. **става́ти** become)
Also see **крихки́й 2**
3 *colloq.* pretty, refined, fine ◊ **Тара́сом ма́є ~і ри́си обли́ччя.** Taras has fine facial features. ◊ **Яри́на вирізня́лася ~ою вро́дою.** Yaryna stood out for her refined beauty.
See **га́рний 1**
4 fragile, frail, delicate ◊ **~е здоро́в'я хло́пчика вимага́ло пості́йної ува́ги батькі́в.** The little boy's fragile health required his parents' constant attention.
adv. **бо́лісно** painfully, **нестéрпно** unbearably; **винятко́во** exceptionally, **вкрай** extremely, **до́сить** fairly, **доста́тньо** sufficiently, **ду́же** very, **неймові́рно** incredibly ◊ **Про неймові́рно ~і не́рви профе́сора зна́ли всі студе́нти.** All the students knew about the professor's incredibly fragile nerves. **на́дто** too; **ле́две** scarcely; **ома́нливо** deceptively
v. + **д. бу́ти ~им** be fragile ◊ **Він ома́нливо д.** He is deceptively fragile. (**вигляда́ти** look; **виявля́тися** turn out ◊ **Марко́ ви́явився зана́дто ~им для тако́ї пра́ці.** Marko turned out to be too delicate for such work. **здава́тися** + *D.* seem to sb; **роби́ти** + *A.* make sth, **става́ти** become)
See **тенді́тний.** *Also see* **крихки́й 1, ні́жний 3**

демаго́г, *m.*

demagogue ◊ **Пересі́чного ви́борця прива́блюють відве́рті ~и.** The average voter is attracted by blatant demagogues.
adj. **безнаді́йний** hopeless ◊ **Що до́вше він промовля́в, то бі́льше здава́вся безнаді́йним ~ом.** The longer he spoke, the more he seemed to be a hopeless demagogue. **вели́кий** great, **відве́ртий** blatant, **звича́йний** regular, **приміти́вний** primitive, **типо́вий** typical, **чи́стий** utter, **я́вний** obvious; **спри́тний** shrewd; **несте́рпний** unbearable; **сумнозві́сний** notorious
v. + **д. викрива́ти** + *A.* **як ~а** denounce sb as a demagogue ◊ **Він ви́крив полі́тика як типо́вого ~а.** He denounced the politician as a typical demagogue. **бу́ти ~ом** be a demagogue (**вважа́ти** + *A.* consider sb, **виявля́тися** turn out; **здава́тися** + *D.* seem to sb; **лиша́тися** remain; **назива́ти** + *A.* call sb ◊ **Промо́вця назва́ли ~ом.** The speaker was called a demagogue. **таврува́ти** + *A.* brand sb ◊ **Стаття́ таврýє кандида́та приміти́вним ~ом.** ◊ The article brands the presidential candidate a primitive demagogue. **става́ти** become)
See **полі́тик**

демократи́чн|ий, *adj.*

democratic
adv. **ді́йсно** really ◊ **ді́йсно ~а процеду́ра** a really democratic procedure; **напра́вду** *or* **спра́вді** truly; **до́сить** fairly, **доста́тньо** sufficiently, **ду́же** very; **цілко́м** completely; **не зо́всім** not entirely
v. + **д. бу́ти ~им** be democratic (**вважа́ти** + *A.* consider sb/sth, **вважа́тися** be considered; **виявля́тися** turn out ◊ **Виклада́ч ви́явився до́сить ~им у по́глядах.** The instructor turned out to be fairly democratic in his views. **здава́тися** + *D.* seem to sb; **лиша́тися** remain; **роби́ти** + *A.* make sb/sth ◊ **Прису́тність у парла́менті кілько́х опозиці́йних депута́тів не роби́ли його́ ~им.** The presence of a few opposition deputies in parliament did not make it democratic. **става́ти** become) ◊ **Проце́с ухва́ли рі́шень став ~им.** The decision-making process has become democratic.

демокра́ті|я, *f.*, ~ї

democracy
adj. **кві́ту́ча** flourishing, **розви́нута** well-developed; **правди́ва** true, **спра́вжня** genuine; **конституці́йна** constitutional; **парла́ментська** parliamentary; **політи́чна** political; **представни́цька** representative; **пряма́** direct; **багатопарті́йна** multiparty; **ліберáльна** liberal; **стабі́льна** stable; **суча́сна** modern; **америка́нська** American, **брита́нська** British, **за́хідна** Western, *etc.*; **декорати́вна** decorative, **символі́чна** token; **керо́вана** guided *or* managed ◊ **Росію назива́ли «керо́ваною ~єю».** Russia was called a "guided democracy."
n. + **д. змі́цнення ~ї** consolidation of democracy (**кри́за** crisis ◊ **Те́ма кри́зи ~ї так ж стара́, як і сама́ д.** The theme of the crisis of democracy is as old as democracy itself. **поши́рення** spread); **доро́га до ~ї** the road to democracy
v. + **д. відно́влювати ~ю** restore democracy (**встано́влювати** establish; **захища́ти** protect, **змі́цнювати** strengthen, **консолідува́ти** consolidate, **інституціоналізува́ти** institutionalize, **розвива́ти** develop ◊ **Па́ртія да́лі розвива́ла ~ю в краї́ні.** The party was further developing democracy in the country. **зни́щувати** destroy, **компромету́вати** compromise, **ліквідо́вувати** eliminate, **підрива́ти** undermine, **посла́блювати** weaken; **боро́тися за** fight for, **ві́рити в** believe in) ◊ **Він продо́вжує ві́рити в ~ю.** He continues to believe in democracy. **спри́яти ~ї** promote democracy; **бу́ти несумі́сним із ~єю** be incompatible with democracy ◊ **Її розумі́ння свобо́ди сло́ва несумі́сне з ~єю.** Her understanding of the freedom of expression is incompatible with democracy.

демонстра́ці|я, *f.*, ~ї

1 demonstration
adj. **вели́ка** big, **величе́зна** huge, **ма́сова** mass, **неаби́яка** major, **широкомасшта́бна** large-scale; **антиво́єнна** anti-war, **ми́рна** peaceful, **пацифі́стська** pacifist, **політи́чна** political ◊ **пе́рша ма́сова політи́чна д.** the first mass political demonstration; **наро́дна** popular, **робітни́ча** workers', **студе́нтська** student; **ву́лична** street, **стихі́йна** spontaneous ◊ **Підви́щення пенсі́йного ві́ку ви́кликало стихі́йні ~ї.** The increase in the retirement age provoked spontaneous demonstrations.
д. + n. **д. проте́сту** a protest demonstration ◊ **Мі́стом коти́лися ~ї проте́сту.** Protest demonstrations rolled through the city.
v. + **д. організо́вувати ~ю** organize a demonstration (**очо́лювати** lead, **планува́ти** plan, **прово́дити** hold ◊ **Профспі́лка провела́ ~ю.** The trade union held a demonstration. **підтри́мувати** support; **виклика́ти** provoke; **відміня́ти** cancel; **забороня́ти** ban, **розганя́ти** disperse ◊ **Полі́ція розігна́ла студе́нтську ~ю.** The police dispersed the student demonstration. **вихо́дити на** go on, **збира́тися на** gather for, **прихо́дити на** come for) ◊ **Усі виклада́чі прийшли́ на ~ю.** All the instructors came to the demonstration. **приє́днуватися до ~ї** join a demonstration; **бра́ти у́часть у ~ї** take part in a demonstration
д. + v. **відбува́тися** take place ◊ **Д. на підтри́мку а́рмії відбула́ся на центра́льній пло́щі столи́ці.** A huge demonstration in support of the army took place on the central square of the capital. **зустріча́ти** + *A.* greet sb ◊ **Го́лову сусі́дньої краї́ни зустрі́ла д. проте́сту.** The head of the neighboring country was greeted with a protest demonstration.
prep. **на ~ю** *dir.* to a demonstration; **на ~ї** *posn.* at a demonstration ◊ **На ~ї було́ бага́то кри́ку.** There was a great deal of shouting at the demonstration. **під час ~ї** during a demonstration ◊ **Під час ~ї ста́лася су́тичка.** A skirmish occurred during the demonstration. **пі́сля ~ї** after a demonstration ◊ **Пі́сля ~ї почали́ся аре́шти.** After the demonstration, the arrests started. **д. на підтри́мку** + *G.* a demonstration in support of sb/sth; **д. про́ти** + *G.* a demonstration against sb/sth ◊ **д. про́ти візи́ту росі́йського президе́нта** a demonstration against the visit of the Russian President
Also see **проте́ст 2**
2 screening *(of film)*, showing, show ◊ **~ю фі́льму провели́ у невели́кій за́лі.** The film screening was held in a small auditorium.
д. + n. **д. фі́льму** a film screening; ◊ **д. мо́ди** a fashion show ◊ **Д. мо́ди відбу́деться у музе́ї.** The fashion show will take place in the museum.
3 display, manifestation
adj. **звору́шлива** moving ◊ **звору́шлива д. наро́дної солідáрності з опозиці́єю** a moving demonstration of popular solidarity with the opposition; **яскра́ва** vivid ◊ **А́рка була́ заду́мана як яскра́ва д. дру́жби двох наро́дів.** The arch was conceived of as a vivid manifestation of the two nations' friendship. **види́ма** visible, **відкри́та** overt, **зо́внішня** outward; **конкре́тна** concrete, **я́вна** obvious; **скра́йня** extreme ◊ **Він уника́в**

будь-яки́х скра́йніх ~ій вла́сних почутті́в. He avoided extreme displays of his own emotions.

демонстру|ва́ти, **~ють; про~**, *tran.*
1 to show, display, screen; reveal ◊ **В кінотеа́трах краї́ни ~ва́ли «Атланти́ду».** *Atlantis* was shown in the nation's movie theaters.
adv. **за́вжди́** always, **періоди́чно** periodically, **ча́сто** often; **рі́дко** rarely; **повто́рно** repeatedly; **впе́рше** for the first time; **оста́ннє** for the last time
v. + **д. проси́ти** + *A.* ask sb to; **почина́ти** begin; **продо́вжувати** continue to; **закі́нчувати** finish ◊ **Фі́льми закі́нчили д. о пі́вночі.** They finished screening the films at midnight. **хоті́ти** want to
Also see **пока́зувати 3**
2 to prove, confirm, demonstrate ◊ **Да́ні ~ють відмі́нності в політи́чній поведі́нці чолові́ків і жіно́к.** The data demonstrates differences in the political behavior of men and women.
adv. **переко́нливо** convincingly, **поза вся́ким су́мнівом** beyond any doubt, **пря́мо** directly, **чі́тко** distinctly, **яскра́во** vividly, **я́сно** clearly; **не раз** more than once ◊ **Нача́льник не раз ~ва́в підле́глим свою́ обме́женість.** More than once had the boss demonstrated his narrow-mindedness to his subordinates. **експеримента́льно** experimentally, **емпіри́чно** empirically; **теорети́чно** theoretically
v. + **д. бу́ти тре́ба** + *D.* need to; **вдава́тися** + *D.* succeed in ◊ **Вче́ному вдало́ся про~ пра́вильність вла́сних розраху́нків експеримента́льно.** The scientist succeeded in demonstrating experimentally that his calculations were correct. **змогти́** *pf.* manage to; **пра́гнути** wish to ◊ **Він пра́гнув про~ йому́ відда́ність.** He wanted to demonstrate his devotion to him. **хоті́ти** want to
Also see **пока́зувати 2, розпи́суватися 2**
pa. pple. **продемонстро́ваний** shown
(про)демонстру́й!

де-не́будь, *adv., posn.*
somewhere, someplace; anywhere, anyplace ◊ **Маркові́ тре́ба було́ д. схова́ти особи́сті папе́ри.** Marko needed to hide his personal papers somewhere. ◊ **У мі́сті знайти́ собі́ приту́лок мо́жна д.** In the city, one can find shelter anywhere.

де-не-де́, *adv., posn.*
here and there ◊ **У лі́сі д. ви́дно дере́ва, пова́лені бурeві́єм.** Here and there in the woods one can see trees felled by the hurricane.
Also see **де́йнде 3**

де́нн|ий, *adj.*
day, daytime, afternoon ◊ **Д. по́тяг не пасува́в Кили́ні.** An afternoon train did not suit Kylyna. ◊ **Цього́ ти́жня Ната́лка працю́є в ~у змі́ну.** This week, Natalka is working the day shift. ◊ **~а температу́ра сягну́ла тридцяти́ гра́дусів.** The daytime temperature reached 30°. ♦ **~а виста́ва** a matinée; ◊ **Режисе́р хоті́в скориста́тися ~им сві́тлом.** The director wanted to take advantage of the daylight. ♦ **поря́док д.** an agenda ◊ **На поря́дку ~ому три пита́ння.** There are three points on the agenda.

д|ень, *m.*, **~ня**
day
adj. ♦ **бу́дній д.** a weekday ◊ **Субо́та була́ на́че звича́йний бу́дній д.** Saturday was like a regular weekday. ♦ **вихідни́й д.** a day off ◊ **На поча́тку тра́вня вони́ ма́ли три вихідні́ ~ні по́спіль.** At the beginning of May, they had three days off in a row. **робо́чий** work, ♦ **святко́вий д.** a holiday; **ці́лий** whole; **га́рний** beautiful, **доскона́лий** perfect, **пого́жий** fine, **чудо́вий** wonderful ◊ **Стоя́в чудо́вий осі́нній д.** It was a wonderful autumn day. **со́нячний** sunny, **я́сни́й** bright; **вели́кий** big, **істори́чний** historic, **особли́вий** special; **са́ме той** the very ◊ **Вони́ познайо́милися са́ме в той д., коли́ впа́ла Берлі́нська стіна́.** They met the very day the Berlin Wall fell. **незабу́тній** unforgettable, **па́м'ятний** memorable; **ра́дісний** joyful, **щасли́вий** happy; **гніту́чий** depressing, **сумни́й** sad, **трагі́чний** tragic, **фата́льний** fatal; **звича́йний** regular, **норма́льний** normal, **типо́вий** typical; **навча́льний** study, **тренува́льний** training, **шкі́льни́й** school ◊ **Шкі́льни́й д. почина́ється о 8:30.** The school day begins at 8:30. ♦ *interj.* **до́брий д.!** Good afternoon! ♦ **на** *or* **про чо́рний д.** for a rainy day ◊ **Він трима́в готі́вку про чо́рний д.** He kept the cash for a rainy day. ♦ **~ня́ми** coming soon *(of film)*; ♦ **ци́ми ~ня́ми** recently; in the coming days
д. + *n.* **д. ви́борів** election day (**голосува́ння** voting; **гри** game, **ма́тчу** match; **відпочи́нку** rest; **заробі́тної пла́тні** pay; **відкриття́** opening, **закриття́** closing); ♦ **д. відкри́тих двере́й** an open house ◊ **Оста́нній четве́р се́рпня – д. відкри́тих двере́й на факульте́ті філосо́фії.** The last Thursday in August is the open house in the department of philosophy. ♦ **Д. ма́тері** Mother's Day; ♦ **д. наро́дження** a birthday; **д.-два** *or* **д.-дру́гий** a few days ◊ **Ви мо́жете пожи́ти в ме́не д.-два** *or* **д.-дру́гий.** You can live at my place a few days.
v. + **д. прово́дити д.** spend a day ◊ **Окса́на провела́ д. за чита́нням.** Oksana spent the day reading. (**втрача́ти** lose ◊ **Вони́ втра́тили ці́лий д. на підгото́вку до по́дорожі.** They lost a whole day preparing for their trip. **марнува́ти** waste)
д. + *v.* **настава́ти** come ◊ **Наста́в щасли́вий д. пове́рнення додо́му.** There came the happy day of return home. **мина́ти** pass ◊ **Він ле́две помі́тив, як мину́ло чоти́ри ~ні.** He barely noticed four days pass. **прохо́дити** go by; **трива́ти** last ◊ **Д. меди́чного обсте́ження трива́в особли́во до́вго.** The day of medical examination lasted for a particularly long time. **почина́тися** begin ◊ **Її робо́чий д. почина́ється з ру́ханки.** Her work day starts with a workout. **закі́нчуватися** end
prep. **за/че́рез д.** in a day ◊ **Вони́ закі́нчать копа́ти за три ~ні.** They will finish digging in three days. ♦ **з ~ня на ~ень** 1) from day to day, day by day ◊ **Він міцні́шав з ~ня на д.** He was becoming stronger day by day. 2) soon, any day ◊ **Вони́ чека́ли ревізо́ра з ~ня на д.** They expected an auditor any day. **про́тягом ~ня** for (the duration of) a day ◊ **Ві́ктор бу́де в Оде́сі про́тягом семи́ ~нів.** Victor will be in Odesa for seven days. ♦ **на ~ня́х** *or* **~ня́ми** 1) recently ◊ **Він отри́мав інформа́цію ~ня́ми** *or* **на ~ня́х.** He received the information recently. 2) soon, in the coming days ◊ **На ~ня́х Тама́ра зустрі́неться з юри́стом.** In the coming days, Tamara will meet with a lawyer. **у д.** + *G.* on a day of sth ◊ **У д. ви́пуску вони́ іду́ть до о́пери.** On the day of graduation, they are going to the opera. ♦ **че́рез д.** every other day ◊ **Вона́ працю́є вдо́ма че́рез д.** She works at home every other day.
G. pl. **~нів** *or* **д.** ◊ **сім ~нів** *or* **д.** seven days
Cf. **доба́ 1.** *Ant.* **ніч**

депре́сі|я, *f.*, **~ї**
1 depression
adj. **глибо́ка** deep, **го́стра** acute, **клі́ні́чна** clinical ◊ **озна́ки клі́ні́чної ~ї** signs of clinical depression; **маньяка́льна** manic, **серйо́зна** serious, **чо́рна** black; **трива́ла** extended; **хроні́чна** chronic; **післяполо́гова** postpartum; **легка́** mild, **невели́ка** minor
n. + **д. на́пад ~ї** a bout of depression ◊ **Письме́нник потерпа́в від ча́стих на́падів го́строї ~ї.** The writer was suffering frequent bouts of acute depression. (**пері́од** period ◊ **Він поча́в ого́втуватися пі́сля пері́оду ~ї.** He started to recover after a period of depression. **поча́ток** onset ◊ **поча́ток чергово́ї ~ї** the onset of another depression; **почуття́** feeling ◊ **Її охопи́ло почуття́ глибо́кої ~ї.** A feeling of deep depression overtook her. **рециди́в** relapse ◊ **У чолові́ка рециди́в ~ї.** The man has a relapse of depression. **симпто́ми** symptoms, **стан** state) ◊ **Вона́ перебува́ла в ста́ні ~ї.** She was in a state of depression. **лікува́ння д.** treatment for depression
v. + **д. виклика́ти ~ю** cause depression (**провокува́ти** provoke; **діягностува́ти** diagnose ◊ **Клі́ні́чну ~ю ва́жко діягностува́ти.** Clinical depression is hard to diagnose. **лікува́ти** treat; **ма́ти** have ◊ **Вона́ ма́ла післяполо́гову ~ю.** She had postpartum depression. **дола́ти** overcome; **зме́ншувати** reduce, **поле́гшувати** alleviate; **погли́блювати** aggravate; **вхо́дити в** go into, **впада́ти** fall into) ◊ **Анті́н упа́в у ~ю.** Antin fell into depression. **уника́ти ~ї** avoid a depression (**ви́лікувати** + *A.* **від** *pf.* cure sb of ◊ **Він ви́лікував акто́рку від ~ї.** He cured the actress of depression. **вихо́дити з** come out of; **лікува́ти** + *A.* **від** treat sb for, **лікува́тися від** be treated for; **оду́жувати від** recover from; **потерпа́ти** *or* **стражда́ти від** suffer from; **спричиня́тися до** cause); **запобіга́ти ~ї** prevent depression ◊ **Терапі́я не запобі́гла ~ї.** The therapy did not prevent depression. (**піддава́тися** succumb to) ◊ **Він ле́гко піддава́вся ~ї.** He easily succumbed to depression. **боро́тися з ~єю** battle depression
д. + *v.* **му́чити** + *A.* torment sb, **пересліду́вати** + *A.* bedevil sb ◊ **Ада́ма пересліду́є д.** Depression bedevils Adam. **погли́блюватися** deepen; **настава́ти** *or* **прихо́дити** occur ◊ **Пізні́ше прийшла́ го́стра д.** Acute depression later occurred. **мина́ти** *or* **прохо́дити** pass ◊ **Її невели́ка д. мину́ла.** Her minor depression passed. **вплива́ти на** + *A.* affect sb/sth
prep. **в ~ї** in a state of depression ◊ **Він був у трива́лій ~ї.** He was in a state of long depression.
2 *econ.* depression
adj. **економі́чна** economic ◊ **Він писа́в про економі́чну ~ю, що наближа́лася.** He was writing about the coming economic depression. **вели́ка** great, **неаби́яка** major, **серйо́зна** serious, **хроні́чна** chronic; **всесві́тня** worldwide
n. + **д. пері́од ~ї** a period of depression (**цикл** cycle)
v. + **д. передбача́ти ~ю** predict a depression (**прогнозува́ти** forecast; **вхо́дити в** go into) ◊ **Краї́на ввійшла́ в ~ю.** The country went into a depression. **зазнава́ти ~ї** suffer a depression (**уника́ти** avoid; **бу́ти в обі́ймах** be in the grip of, **опиня́тися в обі́ймах** find oneself in the grip of ◊ **Світ опини́вся в обі́ймах ~ї.** The world found itself in the grip of a depression. **потерпа́ти від** suffer from)
д. + *v.* **погли́блюватися** deepen ◊ **Д. погли́блювалася.** The depression was deepening.
prep. **в ~ю** in a depression ◊ **У Вели́ку ~ю мільйо́ни втра́тили пра́цю.** Millions lost their jobs in the Great Depression. **в ~ї** *posn.* in a depression; **під час ~ї** during a depression
3 *meteorology* low, depression ◊ **Дощі́ – на́слідок ~ї над Євро́пою.** The rains are the consequence of the depression over Europe.

депута́т, *m.*; **~ка**, *f.*
member of legislature, delegate, deputy
adj. **лі́вий** left-wing, **пра́вий** right-wing; **опозиці́йний** opposition; **консервати́вний** conservative, **лібера́льний** liberal, **націоналісти́чний** nationalist, **незале́жний** independent; **наро́дний** *Ukr.* people's *(official title of a Ukrainian member of Parliament)* ◊ **На слу́ханні прису́тні кі́лька наро́дних ~ів.** Several People's Deputies are in attendance at the hearing. **проросі́йський** pro-Russian; **вплив́овий** influential, **популя́рний** popular,

харизмати́чний charismatic; **одіо́зний** odious, **сканда́льний** scandalous
д. + *n.* **д. парла́менту** a member of parliament (**міськóї ра́ди** city council, **обласно́ї ра́ди** provincial council, **се́лищної ра́ди** township council, **сільсько́ї ра́ди** village council); **д.-комуні́ст** a communist member of parliament (**-націоналі́ст** nationalist, **-радика́л** radical, **-соціялі́ст** socialist, *etc.*)
v. + **д. обира́ти ~а** elect a member ◊ **Насту́пної неді́лі краї́на обира́тиме ~ів Верхо́вної Ра́ди.** Next Sunday, the nation will be electing members of the Supreme Rada *(Parliament of Ukraine)*. **обира́ти** + *A.* **~ом** elect sb a deputy ◊ **Упе́рше його́ обра́ли ~ом місько́ї ра́ди п'ять ро́ків тому́.** He was first elected a member of the City Council five years ago.
See **полі́тик**

де́рев|о, *nt.*
1 tree
adj. **висо́ке** tall, **вели́ке** big, **величе́зне** enormous, **гіга́нтське** giant, **могу́тнє** mighty, **маси́вне** massive; **криcла́те** branching; **ті́нисте** shady ◊ **По оби́два бо́ки ву́лиці стоя́ли ті́нисті ~а.** Shady trees lined both sides of the street. **прекра́сне** beautiful, **пи́шне** splendid; **гру́бе** *and* **товсте́** thick; **мале́** small, **низьке́** low, **тонке́** thin; **старе́** old ◊ **Колись тут росло́ старе́ крисла́те де́рево.** An old branching tree used to grow here. **молоде́** young; **безли́сте** leafless, **го́ле** bare; **фрукто́ве** fruit; **ли́стяне** leafy, **листопа́дне** deciduous, **хво́йне** conifer; **вічнозеле́не** evergreen; **абориге́нне** *or* **місце́ве** native; **екзоти́чне** exotic, **рі́дкісне** rare; **д. життя́** *fig.* the tree of life; ♦ **родові́дне д.** *fig.* a family tree
n. + **д. верхі́вка** *or* **вершо́к ~а** a treetop ◊ **Промі́ння со́нця освіти́ло верхі́вки дере́в.** Sun rays illuminated the treetops. (**гі́лка** branch, **гілля́ка** limb, **коло́да** log, **кора́** bark, **ко́рінь** root, **корі́ння** *coll.* roots, **коро́на** *or* **кро́на** crown, **листо́к** leaf, **ли́стя** *coll.* leaves, **пень** stump, **пеньо́к** *dim.* stump; **сорт** species)
v. + **д. виро́щувати д.** grow a tree (**сади́ти** plant ◊ **Рі́дкісне д. вони́ посади́ли три ро́ки тому́.** They planted the rare tree three years ago. **ще́плювати** graft ◊ **Щоб де́рево роди́ло, його́ слід щепи́ти.** In order for the tree to bear fruit, it needs to be grafted. **вали́ти** fell, **викорчо́вувати** uproot, **зру́бувати** cut down, **лама́ти** break ◊ **Ві́тер злама́в два ~а.** The wind broke two trees. **підріза́ти** prune ◊ **Щове́сни він підріза́в фрукто́ві ~а.** Every spring, he pruned fruit trees. **вила́зити на** climb ◊ **Кіт ви́ліз на д.** The cat climbed the tree. **вдаря́ти в** strike) ◊ **Бли́скавка вдаря́ла не раз у це д.** Lightning struck this tree more than once.
д. + *v.* **вали́тися** collapse, **па́дати** fall; **рости́** grow, **стоя́ти** stand; **дава́ти ті́нь** give shade ◊ **Д. дава́ло густу́ тінь.** The tree gave thick shade. **закрива́ти** + *A.* block sth ◊ **Вид на це́ркву закрива́ли ~а.** Trees blocked the view of the church. **захища́ти** + *A.* protect sth, **ото́чувати** + *A.* surround sth ◊ **Буди́нок ото́чували ~а.** Trees surrounded the house. **хова́ти** + *A.* hide sth; **роди́ти** bear, **плодоно́сити** bear fruit; **хита́тися** sway, **скрипі́ти** creak ◊ **Д. ти́хо скрипі́ло під ві́тром.** The tree quietly creaked in the wind.
prep. **за ~ом** behind a tree ♦ **не ба́чити (й) лі́су за дере́вами** not to see the forest for the trees ◊ **Анали́тик не ба́чив за ~ами лі́су.** The analyst did not see the forest for the trees. **на д.** *dir.* at/on/to a tree ◊ **Вона́ погля́нула на д.** She looked at the tree. ◊ **На д. сі́ла згра́я воро́н.** A flock of ravens alighted on the tree. **на ~і** *posn.* in/on a tree ◊ **пта́шка на ~і** a bird in a tree, ◊ **я́блуко на ~і** an apple on a tree; **під д.** *dir.* under a tree ◊ **Вони́ сі́ли під д.** They sat down under the tree. **під ~ом** *posn.* under a tree ◊ **Він засну́в під ~ом.** He fell asleep under the tree. **по ~у** up/down a tree ◊ **Він ліз угóру по ~у.** He was climbing up the tree.

2 *only sg.* wood, timber
adj. **м'яке́** soft, **тверде́** hard, **нестру́гане** rough, **гладке́** smooth, **приро́дне** natural, **ви́сушене** seasoned, **мо́кре** wet, **сухе́** dry, **гниле́** rotten; **фарбо́ване** painted, **полíро́ване** polished, **лако́ване** varnished, **мо́рене** stained, **ламіно́ване** laminated; **чо́рне** ebony, **дубо́ве** oak, **клено́ве** maple, **ли́пове** linden, **сосно́ве** pine, **вишне́ве** cherry; ♦ **черво́не д.** mahogany ◊ **ме́блі з черво́ного ~а** mahogany furniture; ♦ **чо́рне д.** ebony ◊ **шкату́лка з чо́рного ~а** an ebony box
v. + **д. різьби́ти д.** carve wood (**руба́ти** chop, **пиля́ти** saw, **фарбува́ти** paint, **мори́ти** stain), **роби́ти** + *A.* **з ~а** make sth from/of wood (**різьби́ти** carve) ◊ **Ні́жки стола́ ви́різьблено з ~а.** The table legs are carved of wood.
Also see **ліс 2**
N. pl. **дере́ва**

дерев'я́н|ий, *adj.*
1 wood, wooden, made of wood; of or pertaining to wood
д. + *n.* **д. буди́нок** a wooden house (**стіл** table; **ґу́дзик** button, **стовб** pole); **~а архітекту́ра** wooden architecture ◊ **Це́рква в Га́нтері – зразо́к карпа́тської ~ої архітекту́ри.** The church in Hunter is an example of Carpathian wooden architecture. (**до́шка** board, **коло́на** column; **ло́жка** spoon; **підло́га** floor, **ра́ма** frame, **ша́фа** wardrobe), **~а різьба́** a wood carving; **~е лі́жко** a wooden bed ◊ **Вони́ спа́ли на ~ому лі́жку.** They slept on a wooden bed. **~і две́рі** a wooden door
2 *fig.* wooden, stiff, stilted, unnatural ◊ **Її ру́хи ста́ли неприро́дними і ~ими.** Her movements became unnatural and wooden. ◊ **Го́лос у не́ї яки́йсь д.** She has a voice that is somehow wooden.

держа́в|а, *f.*
nation, state, power
adj. **незале́жна** *or* **самості́йна** independent, **сувере́нна** sovereign ◊ **Ко́жна сувере́нна д. пра́гне контролюва́ти вла́сні кордо́ни.** Every sovereign state strives to control its own borders. **світова́** world; **поту́жна** powerful, **си́льна** strong, **стабі́льна** stable, **успі́шна** successful; **неспромо́жна** incapable, **прова́льна** failed; **слабка́** weak; **молода́** young, **нова́** new; **авторита́рна** authoritarian, **комуністи́чна** Communist, **наци́стська** Nazi, **поліці́йна** police ◊ **Він перетвори́в демокра́тію на поліці́йну ~у.** He turned a democracy into a police state. **тоталіта́рна** totalitarian, **фаши́стська** fascist; **демократи́чна** democratic, **соціялісти́чна** socialist; **соція́льна** welfare; **уніта́рна** unitary, **конфедерати́вна** confederate, **федерати́вна** federated; **сусі́дня** neighboring; ♦ **націона́льна д.** a nation-state
n. + **д. вла́сність ~и** property of the state ◊ **Земля́ лиша́ється вла́сністю ~и.** Land remains the property of the state. (**во́рог** enemy; **голова́** head ◊ **У конституці́йній мона́рхії голово́ю ~и є коро́ль чи короле́ва.** In a constitutional monarchy, the head of state is a king or queen. **роль** role, **фу́нкція** function); **мі́сто-д.** a city state ◊ **Гре́цькі міста́-держа́ви утвори́ли військо́ву спі́лку.** Greek city-states formed a military alliance.
д. + *n.* **д.-кліє́нт** a client state; **д.-па́рія** a rogue state ◊ **Класи́чним при́кладом держа́ви-па́рії була́ Лі́вія за дикта́тора Када́фі.** A classic example of a rogue state was Libya under the dictator Qaddafi.
v. + **д. встано́влювати ~у** establish a state (**засно́вувати** found; **змі́цнювати** strengthen, **консоліду́вати** consolidate, **розбудо́вувати** build up, **федералізува́ти** federalize, **централізува́ти** centralize; **децентралізува́ти** decentralize, **посла́блювати** weaken; **зни́щувати** destroy ◊ **У тих умо́вах федералізува́ти молоду́ ~у зна́чило посла́бити і вре́шті-ре́шт зни́щити її.** Under those conditions, federalizing the young state meant weakening and ultimately destroying it. **підрива́ти** undermine, **руйнува́ти** ruin); **проголо́шувати** + *A.* **~ою** proclaim sth a state ◊ **Два́дцять четве́ртого се́рпня 1991 ро́ку Украї́ну проголо́шено незале́жною ~ою.** On August 24, 1991, Ukraine was proclaimed an independent state. (**става́ти** become) ◊ **Білару́сь ста́ла держа́вою-кліє́нтом Москви́.** Belarus became a client state of Moscow.
д. + *v.* **виника́ти** come about, **постава́ти** arise ◊ **У 1960-і ро́ки в А́фриці поста́ла ни́зка незале́жних держа́в.** A number of independent states arose in Africa in the 1960s. **існува́ти** exist; **зазнава́ти** + *G.* suffer sth, **пережива́ти** + *A.* go through sth; **піддава́тися** + *D.* be subjected to sth ◊ **У 2008 ро́ці грузи́нська д. піддала́ся росі́йській аґре́сії.** In 2008, the Georgian state was subjected to Russian aggression. **занепада́ти** decline, **зника́ти** disappear
Also see **краї́на, мона́рхія, респу́бліка**

держа́вн|ий, *adj.*
state, of or pertaining to state; national, public
д. + *n.* **д. архі́в** a state archive (**контро́ль** control; **о́рган** body; **урядо́вець** official; **суверені́тет** sovereignty) ◊ **зазіха́ння на д. суверені́тет** an encroachment on state sovereignty; ♦ **д. службо́вець** a civil servant ◊ **Пан К. працю́є ~им службо́вцем.** Mr. K. works as a civil servant. **~а аге́нція** a state agency (**вла́да** power; **допомо́га** aid, **осві́та** education; **пе́нсія** pension; **систе́ма** system; **скарбни́ця** treasury ◊ **~а скарбни́ця ви́явилися поро́жньою.** The state treasury turned out to be empty. **шко́ла** school); **~е замо́влення** a state commission ◊ **Обла́днання було́ ви́готовлене на ~е замо́влення.** The equipment was made on a state commission. **підприє́мство** enterprise, **управлі́ння** management, **фінансува́ння** financing); **~і гро́ші** state money (**закупі́влі** procurements; **но́рми** norms, **станда́рти** standards)

десе́рт, *m.*, **~у**
dessert
adj. **до́брий** *and* **смачни́й** tasty ◊ **Д. ви́явився ду́же смачни́м.** The dessert turned out to be very tasty. **пи́шний** delectable, **розкі́шний** rich, **смачню́чий** *colloq.* delicious; **соло́дкий** sweet; **фрукто́вий** fruit; **дієти́чний** diet ◊ **реце́пт розкі́шного дієти́чного ~у** a recipe for a rich diet dessert; **малокалорі́йний** low-calorie ◊ **Малокалорі́йному ~ові чого́сь я́вно бракува́ло.** The low-calorie dessert was obviously lacking something. **традиці́йний** traditional ◊ **традиці́йний місце́вий д.** a traditional local dessert
v. + **д. замовля́ти д.** order a dessert ◊ **Вони́ замо́вили оди́н д. на двох.** They ordered one dessert for the both of them. (**ї́сти** eat; **подава́ти** + *D.* serve to sb; **роби́ти** make; **пропуска́ти** skip); **насоло́джуватися ~ом** relish a dessert ◊ **Він насоло́джувався фрукто́вим ~ом.** He was relishing the fruit dessert.
prep. **з ~ом** with a dessert ◊ **Що ви пи́тимете з ~ом – ка́ву чи чай?** What will you be drinking with your dessert, coffee or tea? **на д.** for dessert ◊ **фрукто́вий сала́т на д.** a fruit salad for dessert; **д. з** + *G.* a dessert of sth ◊ **д. із моро́зива** dessert of ice cream
See **стра́ва 1, 2.** *Also see* **соло́дкий 2, ті́стечко, торт**

десь, *adv.*
1 *posn.* somewhere, someplace ◊ **Він живе́ д. бі́ля Херсо́ну.** He lives someplace near Kherson.
2 *dir.* to someplace, in some direction ◊ **Він д.**

поїхав. He drove away someplace. ◊ **Наказа́вши їм чека́ти, Лі́на д. зни́кла.** Having ordered them to wait, Lina disappeared somewhere.
Also see **куди́сь**
3 *colloq., mod.* maybe, perhaps, it seems ◊ **Микола́ д. гні́вається на нас.** Mykola is cross with us it seems. ◊ **Д. цьо́му дощу́ не бу́де кінця́.** It seems there will be no end to this rain.

детекти́в, *m.*, **~а** *and* **~у**
1 ~а detective *(person)*, investigator ◊ **Три ~и працю́ють, намага́ючися розкри́ти зло́чин.** Three detectives are at work trying to solve the crime.
adj. **прива́тний** private; **поліце́йський** police; **провідни́й** lead; **блиску́чий** brilliant, **хоро́ший** good; **бува́лий** seasoned, **досві́дчений** experienced; **круті́й** hard-boiled ◊ **У полі́ції Пе́трова зна́ли як круто́го ~а.** Petriv was known in the police as a hard-boiled detective.
v. + **д. найма́ти ~а** hire a detective ◊ **Та́ня найняла́ прива́тного ~а.** Tania hired a private detective. **зверта́тися до ~а** turn to a detective ◊ **Їм нічо́го не лиша́лося, як зверну́тися до ~а.** They were left with nothing else to do than turn to a detective.
See **слі́дчий 2, спеціялі́ст**
2 ~у detective story, novel, film; thriller ◊ **Га́ля зачини́лася в кімна́ті і дня́ми чита́ла ~и.** Halia shut herself in her room and read detective novels for days.
See **рома́н, фільм**

детекти́вн|ий, *adj.*
detective, of or pertaining to the detective genre
д. + *n.* **д. жанр** the detective genre (**сері́ял** series ◊ **Кана́л пока́зує д. серія́л.** The channel is showing a detective series. **сюже́т** plotline, **фі́льм** film); **~а аге́нція** a detective agency ◊ **Лю́да знайшла́ робо́ту в ~ій аге́нції.** Liuda found a job at a detective agency. (**гра** game; **істо́рія** story, **літерату́ра** fiction; **робо́та** work)

дефіци́т, *m.*, **~у**
1 deficit
adj. **вели́кий** large, **величе́зний** enormous, **маси́вний** massive, **серйо́зний** serious, **су́ттєвий** substantial; **невели́кий** small; **зага́льний** overall; **очі́куваний** anticipated, **передба́чуваний** projected; **бюдже́тний** budget, **платі́жний** balance-of-payments, **торго́вий** trade, **фіна́нсовий** financial, **фіска́льний** fiscal; **націона́льний** national
v. + **д. ма́ти д.** have a deficit ◊ **Краї́на ма́є д. у три́ста мілья́рдів до́ларів.** The country has a deficit of $500 billion. (**ство́рювати** run up ◊ **За коро́ткий час університе́т створи́в д. у де́сять мільйо́нів гри́вень.** In a short time, the University ran up a deficit of ₴10 million. **потрапля́ти в** go into ◊ **Краї́на потра́пила у платі́жний д.** The country went into a balance-of-payments deficit. **збі́льшувати** increase, **подво́ювати** double, **потро́ювати** triple; **дола́ти** overcome, **зме́ншувати** cut ◊ **Кандида́т обіця́є зме́ншити націона́льний д.** The candidate promises to cut the national deficit. **ліквідо́вувати** eliminate; **скоро́чувати** reduce; **фінансува́ти** finance) ◊ **Він приватизува́в морські́ порти́, щоб фінансува́ти бюдже́тний д.** He privatized the sea ports in order to finance the budget deficit. **позбува́тися ~у** get rid of a deficit ◊ **Економі́ст вважа́є можли́вим позбу́тися торго́вого ~у в найбли́жчі шість ро́ків.** The economist thinks it possible to get rid of the national deficit within the next six years. (**уника́ти** avoid; **додава́ти** + *A.* **до** add sth to)
д. + *v.* **дорі́внювати** + *D.* run at *(value)* ◊ **Д. бюдже́ту дорі́внює десяти́ відсо́ткам ва́лового націона́льного проду́кту.** The budget deficit runs at 10% of GDP. **збі́льшуватися на** + *A.* grow by *(value)*, **зроста́ти на** + *A.* increase by *(value)*, **розбуха́ти** balloon; **зме́ншуватися на** + *A.* decrease by *(value)* ◊ **Фіска́льний д. зме́ншився на чве́рть.** The fiscal deficit has decreased by a quarter. **спада́ти на** + *A.* fall by *(value)*
prep. **в ~і** in deficit ◊ **Еспа́нія залиша́ється в ~і з Япо́нією.** Spain remains in deficit with Japan. **д. в** + *A.* a deficit of *(value)*; **д. з** + *I.* a deficit with *(country)* ◊ **торго́вий д. Украї́ни з Кита́єм у три́дцять мілья́рдів гри́вень** Ukraine's ₴30 billion trade deficit with China
2 shortage, deficiency, dearth
д. + *n.* **д. житла́** a housing shortage (**води́** water, **пально́го** fuel, **проду́ктів** produce, **вітамі́нів** vitamins, **залі́за** iron)
See **брак**[1]. *Also see* **го́лод 2, неста́ча.** *Ant.* **на́дмір**

деше́в|ий, *adj.*
1 cheap, inexpensive
adv. **вкрай** extremely ◊ **Бензи́н став укра́й ~им.** Gas became extremely cheap. **до́сить** fairly, **доста́тньо** sufficiently, **ду́же** very, **на́дто** too, **на рі́дкість** exceptionally, **неймові́рно** incredibly, **непристо́йно** *colloq.* obscenely, **підозрі́ло** suspiciously ◊ **Авті́вка здава́лася їй підозрі́ло ~ою.** The car seemed suspiciously cheap to her. **сміхови́нно** ridiculously; **відно́сно** relatively, **порі́вняно** comparatively; **не зо́всім** not quite ◊ **за ~у ці́ну** at a low price
v. + **д. бу́ти ~им** be cheap (**вважа́ти** + *A.* consider sth ◊ **Клуб вважа́ють ~им.** The club is considered cheap. **вигляда́ти** look, **виявля́тися** turn out, **здава́тися** + *D.* seem to sb, **лиша́тися** remain) ◊ **Шино́к лиша́ється ~им, як і де́сять ро́ків тому́.** The tavern remains as cheap as it was ten years ago.
Also see **бюдже́тний 2, соція́льний 2.** *Cf.* **досту́пний 1.** *Ant.* **дороги́й 1**
2 cheap, poor quality, second-rate ◊ **Мару́ся не така́ бага́та, щоб купува́ти ~і ре́чі.** Marusia is not rich enough to buy cheap things. ◊ **Вони́ могли́ дозво́лити собі́ ті́льки ~і ме́блі.** They could afford only cheap furniture.
3 *fig.* cheap, worthless ◊ **Ві́ктор не шука́є ~ої популя́рности.** Viktor is not looking for cheap popularity. ◊ **Її ~а сла́ва виклика́ла в багатьо́х за́здрість.** Her cheap notoriety caused many people to feel envy.
comp. **деше́вший**

де́шево, *adv.*
cheaply, on the cheap, inexpensively ◊ **Тут мо́жна д. пої́сти.** One can get a cheap meal here.
v. + **д. ко́штувати д.** be cheap, cost little ◊ **Прої́зд ко́штує д.** The fair is cheap. (**купува́ти** + *A.* buy sth, **обхо́дитися** + *D.* cost sb ◊ **Су́кня обійшла́ся їй д.** The dress cost her little. **продава́тися** sell)
See **деше́вий.** *Ant.* **до́рого**

деше́вша|ти, **~ють; по~**, *intr.*
to fall in price, depreciate, lose value ◊ **Він чека́є, щоб зо́лото подеше́вшало.** He is waiting for gold to fall in price.
adv. **до́сить** fairly, **доста́тньо** sufficiently; **ду́же** very, **зна́чно** considerably, **помі́тно** noticeably, **поступо́во** gradually; **ґвалто́вно** abruptly, **несподі́вано** unexpectedly, **ра́птом** suddenly, **шви́дко** quickly; **катастрофі́чно** catastrophically ◊ **За пів дня́ її а́кції катастрофі́чно подеше́вшали.** In half a day, her shares catastrophically depreciated.
prep. **д. на** + *A.* depreciate by *(value)* ◊ **На́фта подеше́вшала на 10%.** Oil fell in price by 10%.
(по)деше́вшай!
Ant. **доро́жчати**

де́як|ий, *pron., usu in pl.*
1 some, certain + *G. pl.* **~им лю́дям подо́бається зима́.** Some people like winter. ♦ **~ою мі́рою** to a certain extent ◊ **Оста́п нага́дує ді́да, але́ лише́ ~ою мі́рою.** Ostap resembles his grandfather but only to a certain extent.
Also see **пе́вний 5**
2 select, particular ◊ **ціни ~их проду́ктів** prices of select products
Also see **окре́мий 2**

джаз, *m.*, **~у**
jazz, jazz music
adj. **ві́льний** free, **кисло́тний** acid ◊ **Кисло́тний д. ви́ник у ло́ндонських клу́бах в 1980-х рока́х.** Acid jazz originated in London clubs in the 1980s. **класи́чний** classical ◊ **Він захо́плюється класи́чним ~ом.** He is fond of classical jazz. **суча́сний** modern, **традиці́йний** traditional, **америка́нський** American, **брази́льський** Brazilian, **по́льський** Polish, **украї́нський** Ukrainian, *etc.*
See **му́зика**

джа́зов|ий, *adj.*
jazz, of or pertaining to jazz
д. + *n.* **д. альбо́м** a jazz album (**вока́л** vocals; **гітари́ст** guitarist, **кларнети́ст** clarinetist, **піані́ст** pianist, **саксофоні́ст** saxophonist, **співа́к** singer, *etc.*; **гурт** *or usu* **джаз-гурт** band ◊ **популя́рний украї́нський д. гурт «Крок»** the popular Ukrainian jazz band Krok, **кварте́т** quartet; **роя́ль** grand paino; **клуб** club; **конце́рт** concert; **ри́тм** rhythm, **станда́рт** standard; **фестива́ль** festival); **~а гру́па** a jazz group ◊ **популя́рна по́льська ~а гру́па «Лаборато́ріюм»** the popular Polish jazz group Laboratorium (**імпровіза́ція** improvisation, **му́зика** music; **орке́стра** orchestra; **гітари́стка** guitarist, **кларнети́стка** clarinetist, **піані́стка** pianist, **саксофоні́стка** saxophonist, **співа́чка** singer, *etc.*)
Also see **музи́чний 1**

джерел|о́, *nt.*
1 spring *(of water, etc.)*, fount, source
adj. **гаря́че** hot, **холо́дне** cold, **терма́льне** thermal; **підзе́мне** underground ◊ **Ставо́к живля́ть підзе́мні джере́ла.** Underground springs feed the pond. **підво́дне** underwater, **приро́дне** natural; **гірське́** mountain; **мінера́льне** mineral ◊ **У лі́сі є мінера́льні ~а.** There are mineral springs in the forest. **свяще́нне** sacred, **цілю́ще** healing
v. + **д. знахо́дити д.** find a spring; **пи́ти з ~а́** drink from a spring ◊ **Він став на колі́на напи́тися з ~а́.** He knelt to drink from the spring.
д. + *v.* **бу́лькати** bubble ◊ **Між ске́лями бу́лькало гірське́ д.** A mountain spring bubbled among the rocks.
2 *fig.* source, provenance
adj. **бага́те** rich ◊ **Горо́дина – бага́те д. вітамі́нів.** Vegetables are a rich source of vitamins. **важли́ве** important, **вели́ке** big, **відмі́нне** excellent, **головне́** main, **до́бре** good; **деше́ве** cheap; **єди́не** only; **незале́жне** independent; **альтернати́вне** alternative, **додатко́ве** additional; **і́нше** other, **нове́** new; **старе́** old, **те ж са́ме** same, **традиці́йне** traditional; **ймові́рне** likely, **можли́ве** possible, **потенці́йне** potential; **несподі́ване** unexpected; **відно́влюване** renewable, **невиче́рпне** inexhaustible, **пості́йне** constant
д. + *n.* **д. ене́ргії** a source of energy (**пально́го** fuel, **сві́тла** light, **тепла́** heat; **зна́ння** knowledge, **інформа́ції** information, **оптимі́зму** optimism; **ві́ри** faith, **си́ли** strength; **бі́лка** protein, **води́** water ◊ **Водосхо́вище слу́жить стратегі́чним ~о́м питно́ї води́.** The reservoir serves as a strategic source of potable water. **ї́жі** food; **дохо́дів** revenue, **прибу́тку** income, **фінансува́ння** financing)
v. + **д. виявля́ти д.** reveal a source ◊ **Репорте́р намага́вся ви́явити ~а бага́тства ціє́ї люди́ни.** The reporter tried to reveal the

sources of this individual's wealth. (**знахо́дити** find, **ідентифікува́ти** identify, **забезпе́чувати** provide, **станови́ти** constitute) ◊ **Архів стано́вить додатко́ве д. істори́чних да́них.** The archive constitutes an additional source of historical data. **бу́ти ~о́м** be a source ◊ **Мере́жа є вели́ким ~о́м інформа́ції.** The Web is a big source of information. (**виявля́тися** prove, **задава́тися** + *D.* seem to sb; **лиша́тися** remain; **служи́ти** serve as; **става́ти** become) ◊ **То́фу стає́ альтернати́вним ~о́м білка́ для все бі́льшого числа́ люде́й.** Tofu is becoming an alternative source of protein for an increasing number of people.

See **похо́дження.** *Also see* **етимоло́гія 1**

3 source, reference

adj. **авторите́тне** authoritative, **наді́йне** reliable ◊ **Інформа́цію підтве́рджують наді́йні ~а.** The information is corroborated by reliable sources. **поінфо́рмоване** informed; **безці́нне** invaluable, **неоціне́нне** priceless, **ко́рисне** useful, **ці́нне** valuable; **ненаді́йне** unreliable, **сумні́вне** questionable; **незале́жне** independent; **анон́імне** anonymous, **конфіденці́йне** confidential, **нена́зване** unnamed ◊ **Вона́ поклика́лася на нена́зване д.** She referred to an unnamed source. **втори́нне** secondary, **пе́рвісне** primary; **вла́сне** one's own; **кі́лька** several ◊ **Ці да́ні похо́дять одра́зу з кілько́х джере́л.** These data originate at once from several sources. **рі́зні** *only pl.* various, **різномані́тні** *only pl.* different, **чи́сле́нні** *only pl.* numerous ◊ **чи́сле́нні ~а економі́чних нови́н** numerous sources of economic news; **відкри́те** open; **друко́ване** printed, **опублі́коване** published; **біографі́чне** biographical ◊ **Дослі́дження спира́лося на біографі́чні ~а.** The research relied on biographical sources. **документа́льне** documentary, **істори́чне** historical, **літерату́рне** literary, **письмо́ве** written, **меді́йне** media, **новина́рське** news; **військо́ве** military, **диплома́ти́чне** diplomatic, **офіці́йне** official, **поліці́йне** police, **розві́дувальне** intelligence, **урядо́ве** government ◊ **Він спира́ється на урядо́ві ~а інформа́ції.** He relies on the government sources of information. **старе́** old, **старода́внє** ancient

v. + **д. виявля́ти д.** reveal a source ◊ **Він мав ти́ждень, щоб ви́явити д. ви́току секре́тної інформа́ції.** He had a week to reveal the source of the classified information leak. (**відкрива́ти** disclose ◊ **Газе́та не збира́лася відкрива́ти таке́ кори́сне д.** The newspaper was not about to disclose such a useful source. **ідентифікува́ти** identify; **ма́ти** have; **назива́ти** name ◊ **Відмо́вившись назва́ти своє́ д., репорте́р був пока́раний за неповагу до су́ду.** Having refused to name his source, the reporter was held in contempt of the court. **цитува́ти** quote, **покли́ка́тися** *or* **посила́тися на** cite) ◊ **Він покликався на поінформо́вані ~а.** He cited informed sources. **користува́тися ~о́м** use a source ◊ **Реда́ктор користува́вся сумні́вними ~ами.** The editor used questionable sources.

д. + *v.* **відкрива́ти** + *A.* disclose sth ◊ **Анон́імне д. відкри́ло їй причи́ни поведі́нки генера́ла.** The anonymous source disclosed the reasons for the general's conduct to her. **вка́зувати на** + *A.* point to sth, **каза́ти** + *D.* + *A.* tell sb sth ◊ **Це сказа́ло їй одне́ авторите́тне д.** This is what one authoritative source told her. **повідомля́ти** + *A.* report sth, **стве́рджувати** + *A.* maintain sth; **запере́чувати** + *A.* deny sth, **спросто́вувати** + *A.* refute sth

prep. **згі́дно з ~ами** according to sources ◊ **Згі́дно з його́ ~ами, в па́ртії гото́ється переворо́т.** According to his sources, a coup is being prepared in the party. ♦ **~а, близькі́ до** + *G.* sources close to sb ◊ **Наді́йні ~а, близькі́ до мі́ністра осві́ти стве́рджують, що він має на́мір пода́ти у відста́вку.** Reliable sources close to the education minister maintain that he intends to resign.

дзвен|і́ти, ~я́ть; за~, *intr.*

1 to ring, jingle, clink, jangle, ding; *pf.* to start ringing ◊ **Із поча́тком робо́чого дня у крамни́ці задзвені́ла стара́ ка́са.** With the start of the working day, the old cash register started dinging in the store. ◊ **О́льга чу́ла, як хтось у коридо́рі ~ів ключа́ми.** Olha heard somebody jangle their keys in the hallway.

adv. **го́лосно** loudly ◊ **Го́лосно задзвені́в телефо́н.** The phone started ringing loudly. **оглу́шливо** deafeningly; **ти́хо** quietly; **несподі́вано** unexpectedly, **ра́птом** suddenly

v. + **д. почина́ти** begin to, **ста́ти** *pf.* start ◊ **Ра́птом ста́ла д. сигналіза́ція.** Suddenly the alarm started ringing. **~я́ть бока́ли.** Glasses are clinking. **переста́ти** *pf.* stop

2 *fig.* to ring out, resonate, resound ◊ **Її оста́нні слова́ ще ~і́ли в Іва́нових ву́хах.** Her last words still rang in Ivan's ears. ◊ **Його́ сміх ~ів на всю за́лу.** His laughter resonated throughout the entire hall.

See **звуча́ти.** *Also see* **тягти́ся 9**

(за)дзвени́!

дзв|ін, *m.,* **~о́на** *and* **~о́ну**

1 ~о́на bell ◊ **це́рква без ~а** a church without a bell

adj. **вели́кий** big, **величе́зний** huge; **невели́кий** small; **мі́дний** copper, **срі́бний** silver; **весі́льний** wedding ◊ **Весі́льні дзво́ни луна́ли на пів мі́ста.** The wedding bells resounded across half the city. **дале́кий** distant; **парафія́льний** parish, **хра́мовий** temple, **церко́вний** church ◊ **Церко́вні ~о́ни перелили́ на гарма́ти.** Church bells were recast into cannons.

n. + **д. би́ло** *or* **се́рце ~о́на** the clapper of a bell (**ву́хо** ear, **голова́** crown, **пoясо́к** shoulder, **та́лія** waist, **у́стя** mouth, **хому́т** yoke *or* headstock)

v. + **д. чу́ти д.** hear a bell ◊ **Вона́ чу́ла дале́кий само́тній д.** She heard a distant lonely bell. (**би́ти** *and* **дзвони́ти в** ring) ◊ **Вони́ ма́ють нака́з дзвони́ти в усі́ ~о́ни, коли́ поба́чать во́рога.** They have an order to ring all the bells when they see the enemy.

д. + *v.* **дзвені́ти** ring, **дзвони́ти** chime, peal ◊ **Хра́мовий д. поча́в дзвони́ти.** The temple bell began to peal. **звуча́ти** sound, **луна́ти** resonate ◊ **Невели́кий д. луна́в несподі́вано го́лосно.** The small bell resonated unexpectedly loudly. **сумува́ти за** + *I. fig.* toll for sb ♦ **Не пита́й, за ким суму́є д., він суму́є за тобо́ю.** Send not to know for whom the bell tolls, it tolls for thee.

2 ~о́ну peal, ding, ringing, jingle, clink ◊ **Він не почу́в ~у.** He did not hear the ringing of the bell.

adj. **гучни́й** loud, **оглу́шливий** deafening, **прони́зливий** piercing; **ра́дісний** joyful; **жа́лібний** mournful, **похоро́нний** funereal, **сумни́й** sad; **урочи́стий** solemn; **розпа́чливий** *fig.* anguished, **триво́жний** anxious ♦ **Чув д., та не зна́є, зві́дки він.** He does not know what he's talking about.

д. + *n.* **д. дзво́нів** a peal of bells ◊ **Д. церко́вних дзво́нів чу́ти за мі́стом.** The peal of the church bells is heard outside the city. **д. дзвінка́** ringing of a bell; **д. моне́т** jangle of coins (**ключі́в** keys), **д. скля́нок** clink of glasses (**тарі́ло́к** plates), **д. сміху** a peal of laughter

v. + **д. видава́ти д.** let out a ding ◊ **Механі́зм ви́дав таки́й д., на́че мав от-о́т розси́патися.** The machine let out such a ding as if it were about to fall apart any moment. (**слу́хати** listen to, **чу́ти** hear)

See **звук 1**

дзвінк|и́й, *adj.*

1 resounding, sonorous, reverberant, resonant ◊ **Йому́ бракува́ло ~их дитя́чих го́лосів у дворі́.** He longed for the resounding children's voices in the courtyard. ♦ **~а́ моне́та** *or* **~і́ гро́ші** *or* **моне́ти** 1) coins, 2) *fig.* hard cash ◊ **Цей това́р мо́жна купи́ти не в креди́т, а за ~у́ моне́ту.** The goods cannot be bought on credit but with hard cash.

adv. **до́сить** fairly, **доста́тньо** sufficiently ◊ **ди́ктор з доста́тньо ~и́м голосо́м** a speaker with a sufficiently sonorous voice; **ду́же** very; **несте́рпно** unbearably, **прони́зливо** piercingly; **недоста́тньо** insufficiently; **(за)на́дто** too

v. + **д. бу́ти ~и́м** be resounding (**виявля́тися** prove, **здава́тися** + *D.* seem to sb; **става́ти** become) ◊ **Сміх става́в прони́зливо ~и́м.** The laughter was becoming piercingly reverberant.

See **голосни́й 1, гучни́й 1**

2 *ling.* voiced ◊ **У кінце́вій пози́ції д. [в] вокалізу́ється в коро́ткий голосни́й [у].** In the final position, the voiced [v] gets vocalized into a short vowel [u].

Ant. **глухи́й 6**

дзвін|о́к, *m.,* **~ка́**

1 bell *(object)*

adj. **велосипе́дний** bicycle, **две́рни́й** door ◊ **У них не працюва́в две́рни́й д.** Their doorbell did not work. **обі́дній** lunch; **шкі́льни́й** school; **електри́чний** electric; **зіпсо́ваний** broken

д. + *n.* **д. попере́дження** a warning bell (**триво́ги** alarm)

v. + **д. натиска́ти д.** press a bell ◊ **Сергі́й нати́снув д. попере́дження.** Serhii pressed the warning bell. (**дзвони́ти в** ring a bell) ◊ **Він подзвони́в у две́рни́й д.** He rang the doorbell.

2 ring *(sound)*, bell

adj. **оста́нній** last, **фіна́льний** final ◊ **Вони́ не могли́ дочека́тися фіна́льного ~ка гри.** They could not wait for the final bell of the game. **пе́рший** first, **дру́гий** second, **тре́тій** third ◊ **Пролуна́в тре́тій і оста́нній д. пе́ред поча́тком виста́ви.** The third and last bell sounded before the start of the show. **гучни́й** loud, **прони́зливий** shrill

v. + **д. ігнорува́ти д.** ignore a bell (**чу́ти** hear; **відповіда́ти на** answer) ◊ **Га́нна була́ за́йнята і не змогла́ відпові́сти на д.** Hanna was busy and could not answer the bell.

д. + *v.* **дзвені́ти** ring, **звуча́ти** sound, **луна́ти** go off ◊ **Обі́дній д. луна́є о пе́ршій.** The lunch bell goes off at one. **перебива́ти** + *A.* interrupt sb/sth ◊ **Поя́снення перерва́в прони́зливий д.** A shrill bell interrupted the explanation. **сигналізува́ти** + *A.* signal sth, **чу́тися** be heard, ring out ◊ **Почу́вся дру́гий д.** The second bell rang out.

prep. **до ~ка́** before a bell; **пі́сля ~ка́** after a bell ◊ **До за́ли не впуска́ли пі́сля тре́тього ~ка́.** They did not allow people to enter the auditorium after the third bell.

3 call *(on telephone)* ◊ **До вас було́ три важли́вих ~ки́.** You have had three important phone calls.

adj. **телефо́нний** telephone; **до́вгий** long, **коро́ткий** short; **міжмі́ськи́й** long-distance, **міжнаро́дний** international, **місце́вий** local; **вихідни́й** outgoing, **вхідни́й** incoming; **ділови́й** business ◊ **Компа́нія пла́тить лише́ за ділові́ ~ки́.** The company pays only for business calls. **конференці́йний** conference ◊ **Програ́ма дозволя́є роби́ти конференці́йні ~ки́ з трьома́ і бі́льше уча́сниками.** The software allows you to make conference calls with three or more participants. **особи́стий** personal, **конфіденці́йний** confidential, **прива́тний** private; **терміно́вий** urgent; **важли́вий** important, **довгоочі́куваний** long-awaited; **несподі́ваний** unexpected; **анон́імний** anonymous, **підозрі́лий** suspicious; **непро́шений** unsolicited; **обі́цяний** promised; **пропу́щений** missed

v. + **д. ма́ти д.** have a call ◊ **За день він мав де́сять анон́імних ~кі́в.** Over the day, he had ten anonymous calls. (**висл́іджувати** *or* **відсте́жувати** trace ◊ **Го́ді ви́слідити таки́й коро́ткий д.** It is impossible to trace such a short call. **запи́сувати** record ◊ **Маши́на запи́сувала**

вхідні й вихідні ~кú. The machine recorded incoming and outgoing calls. **перехо́плювати** intercept ◊ **Слу́жба безпе́ки перехопи́ла д. між на́йманцями і їхніми працеда́вцями.** The security service intercepted a call between the mercenaries and their employers. **підслухо́вувати** eavesdrop on ◊ **Її ~кú підслухо́вують.** Her calls are eavesdropped on. **прийма́ти** receive; **пропуска́ти** miss ◊ **Мела́нія пропусти́ла важли́вий д.** Melaniia missed an important call. **чека́ти** expect ◊ **Він чека́є ще оди́н д.** He is expecting another call. **відповіда́ти на** answer) ◊ **Миха́йло переста́в відповіда́ти на його́ ~кú.** Mykhailo stopped answering his calls. **чека́ти ~ка́** expect a call ◊ **Вона́ чека́є ~ка́ зі сту́дії.** She is waiting for a call from the studio.

prep. **д. від** + *G.* a call from sb ◊ **тре́тій за день д. від її батькі́в** the third call from her parents in one day; **д. до** + *G.* a call for/to sb ◊ **До вас д.** There's a call for you. **д. з** + *G.* a call from *(place)* ◊ **д. із Ха́ркова** a call from Kharkiv

дзвон|и́ти, ~ять; за~, по~, *intr.*

1 to toll *(of bells)*, ring, peal; *pf.* **за~** begin to ring ◊ **У мі́сті задзвони́ли дзво́ни.** Bells began tolling in town.

adv. **го́лосно** loudly, **оглу́шливо** deafeningly, **поту́жно** mightily; **жало́бно** mournfully, **су́мно** sadly, **ти́хо** quietly; **перемо́жно** triumphantly, **ра́дісно** joyfully

v. + **д. почина́ти** begin to ◊ **Почали д. телефо́ни.** Phones began to ring. **ста́ти** *pf.* start; **продо́вжувати** continue to; **перестава́ти** stop

prep. **д. в** + *A.* ring sth *(a bell)* ◊ **Він задзвони́в у дзвіно́к.** He rang the bell. **д. з наго́ди** + *G.* ring on the occasion of sth ◊ **Із наго́ди свя́та єпи́скоп наказа́в д. в усі́ дзво́ни.** On the occasion of the holiday, the bishop ordered all the bells rung.

2 to call, to ring up, make a call + *D.* ◊ **Ми́ла ~и́ла при́ятелеві в серйо́зній спра́ві.** Myla was calling her friend with a serious matter.

adv. **вже** already, **наре́шті** finally, **нега́йно** immediately, **несподі́вано** unexpectedly ◊ **Несподі́вано подзвони́ла О́ля.** Olia called unexpectedly. **ра́птом** suddenly, **за́раз же** right away; **незаба́ром** soon, **шви́дко** quickly; **вряди́-годи́** *colloq.* every now and then, **і́ноді** sometimes, **пості́йно** constantly, **ре́гуля́рно** regularly, **час від ча́су** from time to time, **ча́сто** often, **щодня́** everyday, **заздалегі́дь** *or* **напере́д** ahead; ♦ **д. за раху́нок** + *G.* to call collect ◊ **Лев ~и́в до сестри́ за її раху́нок.** Lev called his sister collect.

v. + **д. бу́ти слід** + *D.* should ◊ **Вам слід нега́йно по~ до полі́ції.** You should immediately call the police. **бу́ти тре́ба** + *D.* need to ◊ **Оле́гові тре́ба по~.** Oleh needs to make a call. **виріш́увати** decide to; **могти́** can ◊ **Я мо́жу по~ вам пі́сля дев'я́тої.** I can call you after nine. **обіця́ти** + *D.* promise sb to, **проси́ти** + *A.* ask sb to

prep. **д. в** + *A.* to call *(a place)* ◊ **Вас проси́ли по~ в лі́карню.** You were asked to call the hospital. **д. до** + *G. or* **д.** + *D.* to call sb ◊ **Окса́на ма́є по~ батька́м.** Oksana is to call his parents. **д. від** + *G.* to call from *(a person)* ◊ **Ма́рті ~или від ре́ктора.** Marta got a call from the president's office. **д. з** + *G.* to call from *(a place)* ◊ **Ле́вові ~нять з компа́нії.** Lev gets calls from his company.

Cf. **кли́кати 1**

(по)дзвони́!

дзе́ркал|о, *nt.*

1 mirror, looking-glass

adj. **вели́ке** big, **величе́зне** huge; **невели́ке** small; **звича́йне** plain; **кру́гле** round, **ова́льне** oval; **гримува́льне** make-up, **голя́рське** shaving; **висо́ке** tall; **обра́млене** framed ◊ **Акто́р розгляда́в себе́ в обра́мленому ~і.** The actor examined himself in a framed mirror. **антиква́рне** antique ◊ **У передпоко́ї ви́сіло антиква́рне д.** There was an antique mirror hanging in the lobby. **двобі́чне** *and* **двосторо́ннє** two-way ◊ **Вла́сник заї́зду обладна́в кімна́ту двобі́чним ~ом.** The innkeeper outfitted the room with a two-way mirror. **ви́гнуте** convex, **криве́** crooked ♦ **королі́вство криви́х дзерка́л** the Kingdom of Crooked Mirrors; **угну́те** concave; **розби́те** broken, **трі́снуте** cracked

v. + **д. ві́шати д.** hang a mirror ◊ **Між ві́кнами вона́ пові́сила вели́ке д.** She hung a big mirror between the windows. (**зніма́ти** take down, **розбива́ти** break, **трощи́ти** smash ◊ **У лю́ті він розтрощи́в д.** In fury, he smashed the mirror. **диви́тися в** look in) ◊ **Він подиви́вся на се́бе у дзе́ркало.** He looked at himself in the mirror. **сіда́ти до ~а** sit at a mirror ◊ **Вона́ сі́ла до ~а і почала́ гримува́тися.** She sat at the mirror and began to do her make-up. **кори́стува́тися ~ом** use a mirror (**става́ти пе́ред** stand in front of, **стоя́ти пе́ред** be standing in front of); **ба́чити** + *A.* **в ~і** see sb/sth in a mirror (**милува́тися собо́ю в** admire oneself in; **огляда́ти себе́ в** examine oneself in; **поміча́ти** + *A.* **в** catch sight of sb/sth in)

д. + *v.* **виявля́ти** + *A.* reveal sth ◊ **Д. виявля́ло ко́жну недоскона́лість її шкі́ри.** The mirror revealed every imperfection of her skin. **віддзерка́лювати** + *A.* mirror sth, **відобража́ти** + *A.* reflect sth; **ви́сіти** hang; **дава́ти трі́щину** crack, **розбива́тися** break; **спотво́рювати** + *A.* distort sth

prep. **у д.** *dir.* in/to a mirror ◊ **Вона́ погля́нула на се́бе у д.** She looked at herself in the mirror. **у ~і** *posn.* in a mirror ◊ **Яри́ні подо́балося те, що вона́ ба́чила у ~і.** Yaryna liked what she saw in the mirror.

2 *fig.* surface ◊ **Чо́вен ти́хо плив сріблястим ~ом о́зера.** The boat sailed quietly across the silvery surface of the lake. ◊ **Д. зато́ки було́ цілко́м спокі́йним.** The surface of the bay was completely still.

See **пове́рхня**

3 *fig.* mirror, reflection ◊ **Оре́стині о́чі були́ ~ом її на́строю.** Oresta's eyes were the mirror of her mood. ◊ **Вче́ний люби́в повто́рювати, що фолькло́р – це д. істо́рії наро́ду.** The scholar liked to reiterate that folklore was a mirror of the nation's history.

See **відобра́ження 1**

N. pl. **дзерка́ла**

дзьоб, *m.,* **~а**

beak, bill

adj. **вели́кий** big, **вузьки́й** narrow, **гачкува́тий** hooked, **го́стрий** sharp, **до́вгий** long ◊ **Леле́ка лови́в жаб до́вгим ~ом.** A stork was catching frogs with its long beak. **коро́ткий** short, **загну́тий** crooked

v. + **д. відкрива́ти д.** *or* **~о́ба** open a beak ◊ **Пеліка́н широ́ко відкри́в ~а.** The pelican opened its beak wide. (**закрива́ти** close); **клюва́ти** + *A.* **~ом** peck sth with a beak ◊ **Соро́ка клюва́ла ~ом кору́ де́рева.** The magpie pecked the tree bark with its beak. (**лови́ти** + *A.* catch sth with, **рва́ти** + *A.* tear sth with)

Also see **ніс 2**

дива́к, *m.;* **дива́чка,** *f.*

eccentric, odd fellow, weirdo

adj. **вели́кий** great ◊ **Хому́ зна́ють як вели́кого ~а́.** Khoma is known as a great eccentric. **винятко́вий** exceptional, **небезпе́чний** dangerous, **неперевéршений** unsurpassed, **рі́дкісний** rare, **спра́вжній** true, **страшни́й** terrible, **я́вний** obvious, **яки́йсь** some kind of; **тро́хи** a bit; **заба́вний** amusing, **приє́мний** agreeable, **симпати́чний** likable, **ціка́вий** interesting, **чарі́вний** charming

v. + **д. бу́ти ~о́м** be an eccentric (**вважа́ти** + *A.* consider sb, **виявля́тися** prove ◊ **Він ви́явився рі́дкісним ~о́м.** He turned out to be a rare eccentric. **здава́тися** + *D.* seem to sb, **лиша́тися** remain ◊ **Він лиша́ється ~о́м.** He remains an eccentric. **поме́рти** die; **става́ти** become)

prep. **д. у** + *L.* an eccentric as to ◊ **Лука́ш – д. у ви́борі дру́зів.** Lukash is an eccentric in his choice of friends.

N. pl. **~и́**

See **оригіна́л 2**

дива́н, *m.,* **~а**

sofa

adj. **ви́гідний** *or* **зру́чний** comfortable, **м'яки́й** soft; **шкіряни́й** leather; **спа́льний** sleeper; **нови́й** new; **поша́рпаний** battered, **стари́й** old ◊ **Стари́й д. був для Андрі́я найви́гіднішим у сві́ті.** The old sofa was the most comfortable in the world for Andrii. **улю́блений** favorite; ♦ **д.-лі́жко** a sofa bed

n. + **д. бі́льце ~а** the arm of a sofa (**ні́жка** leg, **поду́шка** cushion, **спи́нка** back; **бік** *and* **сторона́** side, **край** edge; **оббі́вка** upholstering)

v. + **д. ва́люватися на д.** collapse onto a sofa ◊ **Він ували́вся на д.** He collapsed onto the sofa. (**відкида́тися на** recline on ◊ **Зру́чно відки́нувшись на д., бабу́ся за́раз же закуня́ла.** Having reclined comfortably on the sofa, Grandma dozed off right away. **втако́влюватися на** *colloq.* settle on ◊ **Втакови́вшися на д., ді́ти чека́ли поча́тку фі́льму.** Having settled on the sofa, the children were waiting for the beginning of the movie. **ге́патися на** *colloq.* flop down on/to, **опуска́тися на** sink on/to, **сіда́ти на** sit on) ◊ **Окса́на сі́ла на д.** Oksana sat on the sofa. **встава́ти з ~а** get up from a sofa ◊ **Йо́сипові ко́штува́ло неаби́яких зуси́ль, щоб уста́ти з ~а.** It cost Yosyp quite some effort to get up from the sofa. (**підійма́тися** *or* **підніма́тися з** rise from); **хова́тися за ~ом** hide behind a sofa ◊ **Іра схова́лася за ~ом у віта́льні.** Ira hid behind the living-room sofa. **відпочива́ти на ~і** lounge on a sofa ◊ **Мико́ла відпочива́в на улю́бленому ~і.** Mykola was lounging on his favorite sofa. (**вмо́щуватися на** settle on, **лежа́ти на** lie on, **розтя́гуватися на** stretch out on) ◊ **Лев розтягну́вся на ~і.** Lev stretched out on the sofa.

prep. **за д.** *dir.* behind a sofa ◊ **Він поста́вив карто́н за д.** He put the cardboard behind the sofa. **за ~ом** *posn.* behind a sofa ◊ **Перо́ ви́явилося за ~ом.** The pen turned out to be behind the sofa. **на д.** *dir.* on/to a sofa; **на ~і** *posn.* on a sofa

See **ме́блі.** *Also see* **кана́па, лі́жко**

дива́цьк|ий, *adj.*

eccentric, weird, bizarre, outlandish ◊ **~і ви́тівки** eccentric pranks

adv. **вкрай** extremely, **до́сить** fairly, **доста́тньо** sufficiently, **ду́же** very, **зо́всім** totally, **цілко́м** completely; **надмі́ру** excessively ◊ **Його́ надмі́ру ~а маши́на за́раз же зверта́ла на се́бе ува́гу.** His excessively weird car drew immediate attention. **на́дто** too, **шале́но** wildly ◊ **шале́но д. о́дяг** wildly eccentric clothes; **де́що** somewhat, **ма́йже** almost, **тро́хи** a little

v. + **д. бу́ти ~им** be eccentric ◊ **Його́ стиль письма́ був цілко́м ~им.** His writing style was completely eccentric. (**вважа́ти** + *A.* consider sb/sth; **вигляда́ти** appear ◊ **Андрі́єва поведі́нка вигляда́ла тро́хи ~ою.** Andrii's conduct looked a bit weird. **здава́тися** + *D.* seem to sb, **лиша́тися** remain; **става́ти** become) ◊ **Її мане́ра одяга́тися ста́ла зо́всім ~ою.** Her manner of dressing became totally weird.

Also see **ексцентри́чний, химе́рний 4.** *Cf.* **ди́вний 1**

дива́цтв|о, *nt.*

eccentricity, oddity; quirk, fluke, vagary ◊ **Її захо́плення теа́тром кабу́кі було́ серйо́зною спра́вою, а не ~ом.** Her fascination with kabuki theater was a serious business and not a quirk.

adj. **вели́ке** great, **надмі́рне** excessive, **неба́чене** unprecedented, **нечу́ване** unheard-of; рі́дкісне rare, я́вне obvious; безневи́нне innocuous, неви́нне innocent ◊ **Адвока́т ви́дав її вчи́нок за неви́нне д.** The attorney presented her action as an innocent quirk. **про́сто** simply ◊ **Це було́ про́сто д.** It was simply a quirk. **небезпе́чне** dangerous; **пе́вне** certain; **нове́** new, **ще одне́** another

v. + **д. бу́ти ~ом** be an oddity (**вважа́ти** + *A.* consider sb/sth ◊ **Вчи́тель вважа́в її упе́ртість ~ом.** The teacher considered her stubbornness a quirk. **вигляда́ти** appear; **здава́тися** + *D.* seem to sb)

Also see **ексцентри́чність**

див|и́тися, ~лю́ся, ~ишся, ~ляться; по~, *tran. and intr.*

1 *tran.* to watch *(a film, program)*, see, look through *(a book, paper, magazine)*, view ◊ **Я подивлю́ся альбо́м по́тім.** I'll look through the album later.

adv. **бага́то** a lot, **жа́дібно** *and* **жа́дно** avidly, **зацікáвлено** *and* **з ціка́вістю** with interest; **залюбки́** *and* **ра́до** gladly, **із задово́ленням** with pleasure ◊ **Він із задово́ленням ~и́вся фі́льми.** He watched the movies with pleasure. **напру́жено** hard, **пи́льно** closely, **ува́жно** carefully; **вже** already, **наре́шті** finally; **ра́птом** suddenly; **за́раз же** right away; **незаба́ром** soon, **шви́дко** quickly; **вряди́-годи́** *colloq.* every now and then ◊ **Телевізі́йні нови́ни вона́ ~лася вряди́-годи́.** She watched TV news every now and then. **безпереста́нку** nonstop, **весь час** all the time, **за́вжди́** always, **пості́йно** constantly, **реґуля́рно** regularly; **і́ноді** sometimes, **рі́дко** seldom, **час від ча́су** from time to time, **ча́сто** often, **щодня́** everyday; **ні́коли не** never; **нехо́че** reluctantly, **нерво́во** nervously, **нетерпля́че** impatiently; **пону́ро** glumly, **похму́ро** gloomily, **серди́то** angrily; **з о́страхом** in awe, **зі стра́хом** with fear, **триво́жно** anxiously; **вві́чливо** respectfully, **ґре́чно** courteously, **че́мно** politely; **співчу́тливо** sympathetically; **мо́вчки** silently, **ти́хо** quietly; **крадькома́** furtively; **із широ́ко розкри́тими очи́ма** with eyes wide open

д. + *n.* **д. ви́ставку** see an exhibition (**виста́ву** performance, **досьє́** dossier, **кни́жку** book, **коле́кцію** collection, **фотоальбо́м** picture album; **п'є́су** play, **поста́ву** production, **серія́л** series, **фі́льм** movie)

v. + **д. бу́ти гото́вим** be ready to, **збира́тися** be going to, **ма́ти намі́р** have the intention to ◊ **Вони́ ма́ли намі́р по~ нову́ поста́ву о́пери.** They had the intention to watch the new production of the opera. **бу́ти ва́рто** be worth ◊ **Спекта́кль ва́рто по~.** The play is worth seeing. **бу́ти слід** + *D.* should ◊ **Вам слід по~ її збі́рку.** You should see her collection. **ра́дити** + *D.* advise sb to, **рекомендува́ти** + *D.* recommend sb to; **хоті́ти** want to; **почина́ти** begin to, **продо́вжувати** continue to

prep. **д. на** + *A.* to watch sth ◊ **Він рі́дко ~и́вся на телеба́чення.** He rarely watched TV.

no pa. pple., **по́бачений** watched *is used instead*

Also see **гля́діти 1, перегляда́ти 2, передивля́тися 2, спостеріга́ти 1, сте́жити 1.** *Cf.* **ба́чити 1**

2 *intr.* to look, observe ◊ **Яри́на ~и́лася і нічо́го не каза́ла.** Yaryna was looking and not saying anything.

adv. **впере́д** ahead; **наза́д** back; **вго́ру** up; **додо́лу** *or* **вниз** down ◊ **Миро́ся подиви́лася додо́лу.** Myrosia looked down.

3 to look at, take a look at

adv. **зако́хано** lovingly ◊ **Вона́ зако́хано ~и́лася на мотоци́кл.** She looked lovingly at the motorcycle. **ла́гідно** kindly, **ні́жно** tenderly, **воро́же** with hostility, **обу́рено** indignantly, **суво́ро** sternly, **су́мно** sadly

prep. **д. на** + *A.* look at sb/sth; ♦ **д. згори́ додо́лу на** + *A.* to look down on sb ◊ **Ста́рші студе́нти ~и́лися на моло́дших згори́ додо́лу.** Older students looked down at younger ones.

Also see **загляда́ти 1**

4 to pay attention, heed ◊ **Не тре́ба д. на те, що лю́ди ка́жуть.** Do not pay attention to what people say.

5 *only with prep.* to take care, look after sb/sth ◊ **Вона́ ~и́лася за горо́дом.** She took of the vegetable garden.

prep. **д. за** + *I.* look after sb, take care of sb ◊ **За хво́рим ніхто́ не ~и́вся.** Nobody was looking after the patient.

See **догляда́ти 2.** *Also see* **дба́ти 1, гляді́ти 2, опіка́ти 1, турбува́тися 2, ходи́ти 6**

6 *fig., only impf. and with prep.* to face *(of a window)*, to look out on

prep. **д. на** + *A.* look out on sth ◊ **Ма́ртині ві́кна ~ляться на парк.** Marta's windows look out on a park.

See **вихо́дити 4**

7 *im. as intensifier* watch out, be careful, beware, ◊ **~и́ся, не підведи́!** Don't you let me down! ◊ **~и́ся, не обмани́!** Don't lie to me! **(по)диви́ся!** take a look!

диві́де́нд, *m.*, **~у**, *usu pl.*

1 dividend

adj. **вели́кі** big, **висо́кі** high, **значні́** significant, **солі́дні** solid ◊ **На́ші інвести́ції дава́ли солі́дні ~и.** Our investments paid solid dividends. **п'ятивідсо́ткові** 5% ◊ **Йому́ ґаранту́ють п'ятивідсо́ткові ~и.** They guarantee him a 5% dividend. **семивідсо́ткові** 7%, *etc.* **зага́льні** total; **кварта́льні** quarterly, **рі́чні** annual; **готівко́ві** cash; **остато́чні** final; **промі́жко́ві** interim

д. + *n.* **д. компа́нії** a company dividend (**корпора́ції** corporate) ◊ **Промі́жко́ві ~и корпора́ції ви́явилися ме́ншими від сподіва́ння.** The interim corporate dividend turned out to be smaller than expected.

n. + **д. ви́плата ~ів** a dividend payment (**зроста́ння** growth; **скоро́чення** reduction; **рі́вень** rate; **су́ма** total; **розпо́діл** distribution); **збі́льшення ~ів** an increase in a dividend

v. + **д. випла́чувати ~и** pay dividends ◊ **Їм ви́платили пе́рші ~и.** They were paid the first dividend. (**діста́вати** get, **отри́мувати** receive, **розподіля́ти** distribute; **збі́льшувати** raise; **зме́ншувати** reduce, **скоро́чувати** cut; **оподатко́вувати** tax; **оголо́шувати** announce ◊ **Фі́рма ско́ро оголо́сить рі́чні ~и.** The firm will announce its annual dividend soon.

д. + *v.* **вироста́ти** be up ◊ **Її ~и ви́росли на 12%.** Her dividend is up 12%. **зроста́ти** grow, **підійма́тися** *or* **підніма́тися** rise; **лиша́тися** stay ◊ **Готівко́ві ~и лиша́ються одна́ковими.** The cash dividend stays the same. **випла́чуватися** be payable ◊ **Остато́чні ~и випла́чуватимуться на поча́тку жо́втня.** The final dividend will be payable in early October.

prep. **д. від** + *G.* dividends on sth ◊ **зага́льні ~и від інвести́ції** the total dividends on investment

2 *fig.* dividend, benefit, advantage

adj. **бага́ті** rich, **вели́кі** great, **значні́** handsome, **неаби́які** major, **помі́тні** noticeable, **присто́йні** *colloq.* tidy, **серйо́зні** serious; **економі́чні** economic, **культу́рні** cultural, **осві́тні** educational, **політи́чні** political, **суспі́льні** social

v. + **д. ґарантува́ти** + *D.* **~и** guarantee sb a dividend ◊ **Уго́да ґарантува́ла її уча́сникам значні́ економі́чні ~и.** The agreement guranteed its participants a handsome economic dividend. (**дава́ти** + *D.* produce for sb ◊ **Кампа́нія дає́ грома́ді суспі́льні ~и.** The campaign produces social dividends for the community. **обіця́ти** + *D.* promise sb; **прино́сити** + *D.* bring sb ◊ **Її допомо́га не принесла́ помі́тних ~ів.** Her help did not bring noticeable dividends. **пожина́ти** reap) ◊ **Шко́ла пожина́є серйо́зні осві́тні ~и від прое́кту.** The school is reaping serious educational dividends from the project.

See **перева́га 1.** *Also see* **плюс 3, позити́в 2**

ди́вн|ий, *adj.*

1 strange, unusual, odd

adv. **вкрай** extremely, **геть** totally, **до́сить** rather ◊ **до́сить ~а іде́я** a rather strange idea; **ду́же** very, **зо́всім** entirely, **ціл́ком** completely; **надзвича́йно** extraordinarily, **неймові́рно** incredibly; **я́вно** obviously; **де́що** somewhat, **тро́хи** a little

v. + **д. бу́ти ~им** be strange (**вважа́ти** + *A.* consider sb/sth ◊ **І́гор вважа́в ї́хню спі́лку ~ою.** Ihor considered their alliance strange. **знахо́дити** + *A.* find sth; **видава́тися** + *D.* appear to sb ◊ **Така́ мане́ра вдяга́тися видава́лася Софі́ї де́що ~ою.** Such a manner of dressing appeared somewhat strange to Sofiia. **виявля́тися** turn out, **здава́тися** + *D.* seem to sb); ♦ **бу́ти ~им на смак** to taste strange ◊ **Картопля́ники були́ тро́хи ~ими на смак.** The potato pancakes tasted a little strange. ♦ **що тут ~ого, що** + *clause* small wonder that ◊ **Що тут ~ого, що пі́сля трьох ро́ків у Ки́єві Джейн до́бре воло́діє украї́нською?** Small wonder that after three years in Kyiv Jane has a good command of Ukrainian. **нічо́го ~ого, що** + *clause* no wonder that ◊ **Нічо́го ~ого, що їм подо́бається борщ.** No wonder they like borshch.

Also see **ексцентри́чний, химе́рний 4.** *Cf.* **дива́цький**

2 wonderful, beautiful, marvelous ◊ **Стоя́ла ~а травне́ва ніч.** It was a marvelous May night.

See **чудо́вий**

ди́вно, *adv., pred.*

1 *adv.* strange, strangely, in a strange manner

v. + **д. вдяга́тися д.** dress strangely ◊ **Він д. вдяга́вся.** He had a strange way of dressing. (**диви́тися** look, **пово́дитися** behave, **розмовля́ти** speak) ◊ **Гість став д. розмовля́ти.** The guest started speaking strangely.

2 *pred.* strange ◊ **Дени́сові було́ д. чу́ти все це.** It was strange for Denys to hear all of that.

v. + **д. бу́ти д.** + *D.* be/feel strange ◊ **Їм було́ д. спостеріга́ти цю сце́ну.** They felt strange observing this scene. (**вигляда́ти** look ◊ **Усти́на вигляда́ла до́сить д. в зеле́ній су́кні.** Ustyna looked rather strange in a green dress. **звуча́ти** sound ◊ **Запро́шення звуча́ло д. з Га́линих вуст.** The invitation sounded strange coming from Halia's lips. **става́ти** feel ◊ **Дем'я́нові ста́ло д. від компліме́нту.** Demian felt strange at the compliment. **почува́тися** feel ◊ **Марко́ почува́вся д. в По́льщі.** Marko felt strange in Poland. ♦ **не д., що** it's little wonder that ◊ **Не д., що їм тут подо́бається.** It's little wonder they like it here.

ди́в|о, *nt.*

1 miracle, wonder; *also fig.*

adj. **вели́ке** great, **найбі́льше** greatest; **правди́ве** true, **спра́вжнє** real; **мале́ньке** small; **економі́чне** economic, **меди́чне** medical, **суча́сне** modern, **техні́чне** technological, *etc.*

д. + *n.* **д. винахі́дливости** a miracle of inventiveness (**витрива́лости** perserverance; **лю́дського ге́нія** human genius; **медици́ни** medicine, **нау́ки** science, **приро́ди** nature, **те́хніки** technology)

v. + **д. ба́чити д.** see a miracle (**роби́ти** do ◊ **На ва́шому мі́сці, я не сподіва́вся б, що ці лі́ки збро́блять д.** If I were you, I would not expect this drug to do a miracle. **твори́ти** work ◊ **Ді́ти перекона́ні, що святи́й Микола́й зда́тен твори́ти ~а́.** The children are convinced that St. Nicholas was capable of working miracles. **ві́рити в** believe in ◊ **Тара́с ві́рив у ~а́.** Taras believed in miracles. **моли́тися про** pray for, **наді́ятися на** hope for); **бу́ти сві́дком ~а** witness a miracle ◊ **Вона́ була́ сві́дком меди́чного ~а.** She witnessed a medical miracle. (**потребува́ти** need ◊ **Щоб усти́гнути на літа́к, воні́ потребува́ли спра́вжнього ~а.** To make their plane on time, they needed a true miracle. **проси́ти** + *A.* ask sb for, **сподіва́тися** expect, **става́ти сві́дком** become witness to); ♦ **сім див сві́ту** the seven wonders of the world ◊ **Із семи́ див Староdáвнього сві́ту лише́ піра́міди дожили́ до на́шого ча́су.** Of the seven wonders of the Ancient World, only the pyramids have survived to our times.

д. + *v.* **відбува́тися** take place ◊ **Тут відбуло́ся вели́ке д.** A great miracle took place here. **става́тися** occur, **трапля́тися** happen ◊ **Бага́то див трапля́ється в Різдвя́ну ніч.** A great number of miracles happen on Christmas night. **трапля́тися** happen

prep. ♦ **з до́брого ~а** all of a sudden, for no reason ◊ **Чого́ він приї́хав із до́брого ~а?** Why has he come all of a sudden? ♦ **на д.** very, extremely, amazingly, surprisingly ◊ **Вона́ на д. поря́дна люди́на.** She is an amazingly decent person. ♦ **~ом** by a miracle, miraculously ◊ **Він ~ом ви́жив.** He miraculously survived.

Also see **чу́до 1**

2 marvel, miracle ◊ **Це не істо́рія, а д. яке́сь!** It's a true marvel of a story!

3 wonder, amazement, surprise ♦ **Я не мо́жу з ~а ви́йти.** I am completely amazed. ♦ **д.** 1) surprise ◊ **Д. було́ в тім, що воні́ ще не посвари́лися.** It was surprising they had not yet quarrelled. 2) *colloq.* little wonder ◊ **Д., що її нача́льник ра́птом став таки́м соло́дким.** Little wonder her boss had suddenly become so sweet.

See **здивува́ння**

prep. **з ~а** with amazement ◊ **Поба́чивши торт, Ода́рка заніма́ла з ~а.** Having seen the cake, Odarka went dumb with surprise.

N. pl. **~á**

диву|ва́ти, ~ють; з~, *tran. and intr.*

1 *tran.* to surprise, be a surprise, astonish, amaze ◊ **Її си́ла переко́на́ння ~є.** Her power of conviction is amazing.

adv. **вкрай** extremely ◊ **Ода́рчине неві́гластво вкрай здивува́ло їх.** Odarka's ignorance was extremely surprising to them. **глибо́ко** deeply, **ду́же** greatly, **страше́нно** awfully; **ді́йсно** really, **напра́вду** truly, **спра́вді** genuinely; **неприє́мно** unpleasantly ◊ **Відсу́тність трети́ни кла́су неприє́мно здивува́ла виклада́ча́.** The absence of one third of the class was an unpleasant surprise to the instructor. **про́сто** simply; **ле́гко** easily ◊ **Йо́сипа ле́гко з~.** Yosyp is easy to surprise. **зо́всім не** not at all; **де́що** somewhat, **до пе́вної мі́ри** to a certain extent, **ле́две** barely ◊ **Мене́ ле́две ~є ва́ше рі́шення.** Your decision barely surprises me. **тро́хи** a little

v. + **д. бу́ти ва́жко** *or* **тя́жко** be hard to; **бу́ти неможли́во** be impossible to ◊ **Тако́го ци́ніка неможли́во з~.** Such a cynic is impossible to surprise. **бу́ти ле́гко** be easy to; **могти́** can, **нама́гатися** try to

2 *intr., only impf.* to be surprised, be astonished + *D.* ◊ **Усі́ ~ва́ли тала́нтам ді́вчи́ни.** Everybody was astonished by the girl's talents. ◊ **Яри́на ~ва́ла ене́ргії свого́ напа́рника.** Yaryna was astonished by her partner's energy. ◊ **Не ~йте, Оле́кса зроби́в це не самоту́жки.** Don't be surprised, Oleksa did not do it by himself.

See **дивува́тися**

pa. pple. **здиво́ваний** surprised

(з)диву́й!

дивува́|тися; з~, *intr.*

to be astonished, be surprised, wonder ◊ **Він слу́хав і ~вся, як таке́ ста́лося.** He listened and wondered how a thing like that happened.

adv. **вкрай** extremely ◊ **Тама́ра вкрай здивува́лася появі по́други.** Tamara was extremely surprised when her (female) friend appeared. **глибо́ко** deeply ◊ **Гриць глибо́ко здивува́вся почу́тому.** Hryts was deeply surprised at what he had heard. **ду́же** greatly, **страше́нно** awfully; **ді́йсно** really, **напра́вду** truly, **спра́вді** genuinely; **зо́всім не** not at all ◊ **Заявник зо́всім не здивува́вся, що йому́ відмо́вили.** The petitioner was not at all surprised that he had been turned down. **ле́две** barely, **тро́хи** a little

v. + **д. не перестава́ти** not stop ◊ **Вона́ не перестає д., як ле́гко Матві́єві даю́ться мо́ви.** She never stops to be astonished at how easily languages come to Matvii.

Also see **дивува́ти 2**

диза́йн, *m.,* **~у**

design

adj. **графі́чний** graphic ◊ **ку́рс графі́чного ~у** a graphic design course; **комп'ю́терний** computer; **архітекту́рний** architectural ◊ **тради́ція архітекту́рного ~у** a tradition of architectural design; **вну́трішній** interior, **мере́жевий** Web, **промисло́вий** industrial; **видатни́й** outstanding ◊ **при́клад видатно́го ~у** an example of outstanding design; **винятко́вий** exceptional, **га́рний** beautiful, **до́брий** good, **доскона́лий** perfect, **прекра́сний** great, **прива́бливий** attractive, **сти́льний** stylish, **чудо́вий** wonderful; **ергономі́чний** ergonomic ◊ **комп'ю́терна клавіату́ра з ергономі́чним ~ом** a computer keyboard with an ergonomic design; **ба́зовий** basic, **мініма́лістський** minimalist, **про́сти́й** simple ◊ **Обкла́динка має вкрай про́сти́й д.** The cover has an extremely simple design. **складни́й** complicated; **класи́чний** classical, **конвенці́йний** conventional, **традиці́йний** traditional; **ке́пський** poor, **пога́ний** bad; **пе́рвісний** *and* **початко́вий** initial, **пе́рший** first; **остато́чний** final; **експеримента́льний** experimental, **моде́рний** modern ◊ **Йому́ імпону́є моде́рний д. бібліоте́ки.** The modern design of the library appeals to him. **найсуча́сніший** cutting-edge, **нова́торський** innovative, **нови́й** new, **оригіна́льний** original, **революці́йний** revolutionary, **смі́ливий** bold

д. + *n.* **д. буди́нку** a building design ◊ **Комі́сія відки́нула пе́рвісний д. буди́нку.** The committee rejected the initial design of the building. (**вокза́лу** station, **ґале́реї** gallery, **музе́ю** museum; **веб-са́йту** web site, **вебсто́рінки** web page; **автомобі́ля** car ◊ **Над ~ом автомобі́ля працюва́ли рік.** They worked on the car design for a year. **літака́** airplane, **корабля́** ship)

n. + **д. відді́л ~у** a design department ◊ **Компа́нія має відді́л промисло́вого ~у.** The company has an industrial design department. (**компа́нія** company ◊ **Вона́ працю́є у компа́нії ~у.** She works for a design company. **сту́дія** studio, **це́нтр** center, **фі́рма** firm; **майсте́рність** mastery, **мисте́цтво** art, **на́вички** skills; **ета́п** stage, **проце́с** process, **фа́за** phase ◊ **Воні́ застря́гли на фа́зі ~у вебсто́рінки.** They got bogged down at the design phase of the web page. **вимо́ги** requirements, **специфіка́ції** specifications; **недо́лік** flaw; **дета́ль** detail, **елеме́нт** element, **особли́вість** peculiarity, **ри́са** feature; **за́дум** idea ◊ **за́дум нова́торського ~у** an innovative design idea; **конце́пція** concept, **крите́рій** criterion, **при́нцип** principle, **страте́гія** strategy, **філосо́фія** philosophy)

v. + **д. вико́нувати д.** do a design ◊ **Д. вебсто́рінки викона́в початкі́вець.** A beginner did the website design. (**використо́вувати** use ◊ **Для ново́го ко́рпусу фа́брики використали типо́вий д.** They used a typical design for the new factory building. **опрацьо́вувати** develop, **роби́ти** produce, **ство́рювати** create; **змі́нювати** change, **модифікува́ти** modify; **вдоскона́лювати** perfect ◊ **Воні́ ма́ли удоскона́лити д. ново́ї ґале́реї.** They had to perfect the design of the new gallery. **покра́щувати** improve, **спро́щувати** simplify, **вплива́ти на** influence); **працюва́ти над ~ом** work on a design

д. + *v.* **включа́ти** + *A.* include sth ◊ **Д. теа́тру включа́є елеме́нти класи́чного сти́лю.** The theater design includes elements of classical style. **поє́днувати** + *A.* combine sth, **дава́ти** + *D.* **можли́вість** enables sb to ◊ **Д. дає покупця́м можли́вість достосо́вувати ме́блі до свої́х потре́б.** The design enables buyers to adjust the furniture to their needs. **дозволя́ти** + *D.* allow sb to; **забезпе́чувати** + *A.* provide sth, **пропону́вати** + *A.* offer sth

prep. **за ~ом** in design ◊ **Механі́зм до́сить про́сти́й за ~ом.** The mechanism is fairly simple in its design.

диза́йнерськ|ий, *adj.*

design, designer, of or pertaining to design, fashion

д. + *n.* **д. відді́л** a design department (**підхі́д** approach; **прое́кт** project; **фо́рум** forum), **д. о́дяг** designer clothes (**по́гляд** view; **тала́нт** talent), **д. дім** a fashion house ◊ **Її запроси́ли працюва́ти у ~ому до́мі «Коко́ Шане́ль».** She was invited to work for the Coco Chanel fashion house. **~а гру́па** a design group (**компа́нія** company, **сту́дія** studio, **фі́рма** firm; **конце́пція** concept, **страте́гія** strategy, **філосо́фія** philosophy; **се́рія** series); **~е а́вто** a designer car (**взуття́** shoes, **пальто́** coat, **пла́ття** dress); **~е бюро́** a design bureau (**натхне́ння** inspiration; **поня́ття** conception; **рі́шення** solution)

ди́к|ий, *adj.*

1 wild *(of animals, plants, etc.)*, uncultivated, untamed

adv. **напра́вду** truly, **спра́вді** really ◊ **за́куток спра́вді ~ої приро́ди** a corner of truly wild nature

д. + *n.* **д. виногра́д** wild grapes (**мед** honey, **помідо́р** tomato; **звір** beast, **инди́к** turkey, **каба́н** boar, **кінь** horse); **~а приро́да** wild nature (**орхіде́я** orchid, **росли́на** plant, **троя́нда** rose; **ви́шня** cherry, **гру́ша** pear, **я́блуня** apple; **твари́на** animal); **~і гу́си** wild geese (**качки́** ducks; **кві́ти** flowers; **я́годи** berries) ◊ **Оле́г запа́рив ча́й із ~их я́гід.** Oleh brewed wild berry tea.

Ant. **культу́рний 3, сві́йський 1**

2 wild *(of land, etc.)*, rugged, rough ◊ **Пе́ред ни́ми простяга́вся д. степ.** The wild steppe stretched in front of them. ◊ **Тури́сти зупини́лися помилува́тися ~им краєви́дом.** The tourists stopped to admire the wild landscape. ◊ **Три мі́сяці втіка́чі перехо́вувалися се́ред ~их гір.** For three months, the fugitives hid among the rugged mountains. ♦ **Д. За́хід** the Wild West

3 savage, primitive ◊ **Тут жили́ ~і й те́мні лю́ди.** Savage and ignorant people lived here.

4 *fig.* shy, unsociable, withdrawn, reclusive ◊ **Піді́йди бли́жче, не будь таки́м ~им.** Come closer. Don't be so shy.

See **сором'язли́вий**

5 *colloq.* wild, outrageous, absurd, weird ◊ **У її ~ій уя́ві одна́ бата́льна сце́на змі́нювалася на і́ншу.** In her wild imagination, one battle scene followed another.

adv. **абсолю́тно** absolutely, **геть** totally ◊ **Підо́зра здава́лася геть ~ою.** The suspicion seemed totally outrageous. **ціл**ко́м completely

6 *colloq.* wild, uncontrollable, overwhelming ◊ **Людми́лу охопи́ла ~а жадо́ба по́мсти.** The wild desire for revenge overtook Liudmyla.

диктату́р|а, *f.*

dictatorship

adj. **військо́ва** military; **комуністи́чна** communist, **наци́стська** Nazi, **тоталіта́рна** totalitarian, **фаши́стська** fascist; **лі́ва** left-wing, **пра́ва** right-wing; **пролета́рська** proletarian; **брута́льна** brutal, **жорсто́ка** cruel; **репреси́вна** repressive; **благоді́йна**

benevolent; **звича́йна** regular, **спра́вжня** real
v. + **д. встано́влювати ~у** establish a dictatorship ◊ **Більшовики́ встанови́ли пролета́рську ~у.** The Bolsheviks established the proletarian dictatorship. (**підтри́мувати** support; **скида́ти** overthrow; **виступа́ти за** advocate ◊ **Він виступа́є за військо́ву ~у.** He is advocating a military dictatorship. **переро́джуватися на** morph into) ◊ **Режи́м перероджувався на ~у.** The regime was morphing into a dictatorship. **боро́тися про́ти ~и** fight a dictatorship (**протестува́ти про́ти** protest)
prep. **під ~ою** under a dictatorship ◊ **Вони́ жили́ під пра́вою ~ою.** They lived under the right-wing dictatorship.

ди́ктор, *m.*; **~ка**, *f.*
1 presenter *(on radio, TV)*, host, newscaster, anchorman, anchor
adj. **відо́мий** well-known, **популя́рний** popular, **улю́блений** favorite; **нови́й** new ◊ **Нови́й д. здобу́в популя́рність се́ред глядачі́в.** The new presenter gained popularity among the viewers.
д. + *n.* **д. ра́діо** a radio presenter ◊ **Він працюва́в ~ом ра́діо.** He worked as a radio presenter. (**телеба́чення** television; **нови́н** news, **програ́ми** show)
2 speaker, announcer ◊ **Виклада́ч шука́в трьох ~ів, щоб записа́ти впра́ви для студе́нтів.** The instructor was looking for three speakers to record drills for his students.

дикту|ва́ти, **~ють; про~**, *tran.*
1 to dictate + *D.* to sb ◊ **Виклада́ч продиктува́в у́чням коро́ткий текст.** The teacher dictated a short text to his students.
adv. **го́лосно** loudly; **ти́хо** quietly ◊ **Вона́ ти́хо ~ва́ла Андрі́єві добу́ті да́ні.** She was quietly dictating the procured data to Andrii. **пові́льно** *or* **пово́лі** slowly; **шви́дко** quickly; **вира́зно** articulately; **знó ву** again, **ще раз** once more
д. + *n.* **д. ре́чення** dictate a sentence (**запи́ску** note, **заува́ження** remark, **комента́р** comment, **лист** letter, **нака́з** order ◊ **Нача́льник го́лосно ~ва́в секрета́рці нака́з.** The boss was loudly dictating an order to his secretary. **повідо́млення** message, **розпоря́дження** directive, **текст** text)
v. + **д. бу́ти тре́ба** + *D.* need to; **проси́ти** + *A.* ask sb to ◊ **Він попроси́в Ні́ну про~ ре́чення ще раз.** He asked Nina to dictate the sentence once more. **почина́ти** begin to, **ста́ти** *pf.* start; **закі́нчувати** finish, **перестава́ти** stop
prep. **д. в** + *A.* dictate in/to sth ◊ **Він ~є в мікрофо́н.** He is dictating into the microphone. **д. на** + *A.* dictate in/on/to ◊ **Він ~є ви́правлення їй на ву́хо.** He is dictating corrections into her ear.
2 *fig.* to command, order, dictate
д. + *n.* **д.** + *D.* **во́лю** dictate sb one's will ◊ **Він ду́мав, що ~тиме всім свою́ во́лю.** He thought he would be able to dictate his will to everybody. **умо́ви** conditions, **що роби́ти** what to do ◊ **Ти не мо́жеш д. всім, що роби́ти.** You cannot tell everybody what to do.
See **нака́зувати 1.** *Also see* **кома́ндувати 1, розпоряджа́тися 1**
3 *fig.* to require, demand ◊ **Ситуа́ція ~є мені́ до́бре все зва́жити.** The situation demands that I weigh everything carefully.
pa. pple. **продикто́ваний** dictated
(про)дикту́й!

диле́м|а, *f.*
dilemma, choice
adj. **важка́** difficult, **вели́ка** great, **го́стра** acute, **непро́ста́** tough, **правди́ва** true, **реа́льна** real, **серйо́зна** serious, **спра́вжня** genuine; **драмати́чна** dramatic, **жахли́ва** appalling, **страшна́** terrible; **центра́льна** central, **фундамента́льна** fundamental; **лю́дська** human, **особи́ста** personal; **ціка́ва** interesting; **ети́чна** ethical, **мора́льна** moral; **політи́чна** political, **суспі́льна** social
n. + **д. ви́хід із ~и** a way out of a dilemma
v. + **д. ма́ти ~у** have a dilemma (**представля́ти** present ◊ **Її у́часть у фестива́лі представля́є мора́льну ~у.** Her participation in the festival presents a moral dilemma. **ста́вити** pose, **ство́рювати** create; **розв'я́зувати** solve) ◊ **Ві́та шука́ла спо́сіб розв'яза́ти пеку́чу ~у.** Vita was looking for a way to solve the burning dilemma. **зішто́вхуватися з ~ою** be confronted with a dilemma ◊ **Лі́кар зішто́вхується з ети́чними ~ами.** The doctor is confronted with ethical dilemmas. (**опиня́тися пе́ред** find oneself in ◊ **Свяще́нник опини́вся пе́ред ~ою.** The priest found himself in a dilemma. (**постава́ти пе́ред** be faced with, **стоя́ти пе́ред** face) ◊ **Він сто́їть пе́ред спра́вжньою ~ою.** He faces a genuine dilemma.
д. + *v.* **вирина́ти** emerge ◊ **Вла́сне тут вирина́є го́стра д.** Right at this moment an acute dilemma is emerging. (**з'явля́тися** occur, **постава́ти** arise; **лежа́ти** lie ◊ **Д. лежа́ла в то́му, чи продо́вжувати лікува́ння безнаді́йно хво́рого.** The dilemma lay in whether or not to continue treating the hopelessly sick patient. **стоя́ти пе́ред** + *I.* face sb ◊ **Уже́ рік пе́ред па́ртією сто́їть складна́ д.** The complicated dilemma has faced the party for one year already.
prep. **пе́ред ~ою** in a dilemma; **д. між** + *I.* a dilemma between sth ◊ **д. між почуття́м обо́в'язку і ві́дданістю дру́гові** the dilemma between one's sense of duty and loyalty to a friend
See **пробле́ма.** *Also see* **ви́клик 3, гімно́ 4, кло́піт 1, пита́ння 2, при́крість 2, тертя́ 2, тру́днощі, хале́па**

дим, *m.*, **~у**
smoke
adj. **важки́й** heavy, **густи́й** thick; **бі́лий** white, **зеле́ний** green, **си́зий** blue-gray, **сі́рий** gray, **черво́ний** red ◊ **густи́й черво́ний д. сиґна́льної раке́ти** the thick red smoke of a flare; **чо́рний** black, *etc.* **легки́й** light; **непрогля́дний** impenetrable; **заду́шливий** choking, **їдки́й** acrid ◊ **Її о́чі пекли́ від їдко́го ~у.** Her eyes burned from acrid smoke. **сигаре́тний** cigarette, **тютюно́вий** tobacco ◊ **Тютюно́вий д. запо́внив кімна́ту.** Tobacco smoke filled the room.
n. + **д. кільце́ ~у** a ring of smoke (**клуб** billow ◊ **Він зник у клуба́х ~у.** He disappeared in billows of smoke. **пелена́** haze, **стіна́** *fig.* wall ◊ **Буди́нок огорну́ла стіна́ ~у.** A wall of smoke enveloped the building. **стовп** column, **стру́мінь** wisp ◊ **Із две́рцят гру́би ви́рвався стру́мінь ~у.** A wisp of smoke escaped from the stove door. **хма́ра** cloud)
v. + **д. викида́ти д.** belch smoke ◊ **Ко́мини заво́ду викида́ли в не́бо густи́й д.** The plant's chimneys belched thick smoke into the sky. (**випуска́ти** emit; **вдиха́ти** inhale ◊ **Лю́да з насоло́дою вдиха́ла сигаре́тний д.** Liuda inhaled the cigarette smoke with pleasure. **видиха́ти** exhale; **розві́ювати** scatter; **ба́чити крізь** see through), ♦ **пуска́ти д. в о́чі** + *D.* to pull the wool over sb's eyes ◊ **Економі́ст пуска́в д. йому́ в о́чі.** The economist was pulling the wool over his eyes. **вирина́ти з ~у** emerge from smoke; **бу́ти ого́рнутим ~ом** be enveloped in smoke (**души́тися** be choking with) ♦ **йти з ~ом** to go up in smoke ◊ **Її пла́ни пішли́ з ~ом.** Her plans went up in smoke. ♦ **пуска́ти** + *A.* **з ~ом** to burn sth down ◊ **Повста́нці пусти́ли з ~ом ма́єток кредито́ра.** The rebels burned down the creditor's estate.
д. + *v.* **вали́ти з** + *G.* belch from sth ◊ **З вікна́ вали́в д.** Smoke was belching from the window. **випива́тися з** + *G.* escape from sth, **йти з** + *G.* come out from sth ◊ **У бла́зня з вух пішо́в д.** Smoke came out of the clown's ears. ♦ **аж д. іде́** intensely, fiercely ◊ **Хло́пці працю́ють, аж д. іде́.** The guys are fiercely working. **клуби́тися** curl, **су́нути** billow; **піді́йматися** *or* **підніма́тися** rise, **стели́тися** roll ◊ **Д. стели́вся над ста́вом.** Smoke was rolling over the pond. **розві́юватися** disperse; **закрива́ти** + *A.* obscure sth, **огорта́ти** + *A.* envelop sth, **оповива́ти** + *A.* shroud sth; **покрива́ти** + *A.* cover sth, **опуска́тися на** + *A.* descend on sth
prep. **в ~у́** in smoke ◊ **Усе́ навко́ло було́ в ~у́.** Everything around was in smoke. ♦ **в д. п'я́ний** *colloq.* very drunk, smashed, plastered ◊ **Світла́на поверну́лася домі́в у д. п'я́ною.** Svitlana returned home plastered. **крізь д.** through smoke ◊ **Водій ле́две ба́чив доро́гу крізь д. від поже́жі.** The driver could barely see the road through the smoke from the fire. ♦ **~у без вогню́ не бува́є.** There's no smoke without fire.
N. pl. **~и́**

димов|и́й, *adj.*
smoke, of or pertaining to smoke
д. + *n.* **д. дете́ктор** a smoke detector (**сиґна́л** signal, **стовп** column, **стру́мінь** wisp); **~а́ бо́мба** a smoke bomb (**грана́та** *or* **ша́шка** grenade; **сиґналіза́ція** alarm ◊ **несправна ~а́ сиґналіза́ція** a broken smoke alarm; **заві́са** screen, **хма́ра** cloud) ◊ **Версо́к горба́ схова́вся в ~і́й хма́рі.** The top of the hill was hidden in a cloud of smoke; **~е́ кільце́** a smoke ring ◊ **Він пуска́в із ро́та ~і́ кільця.** He emitted smoke rings from his mouth.

дина́сті|я, *f.*, **~ї**
dynasty; *fig.* family
adj. **вели́ка** great; **да́вня** ancient, **стара́** old; **аристократи́чна** aristocratic ◊ **Револю́ція покла́ла крива́вий край не одні́й аристократи́чній ~ї.** The revolution put a bloody end to more than one aristocratic dynasty. **шляхе́тська** noble; **пра́вляча** ruling; **королі́вська** royal ◊ **У краї́ні зміни́лося кі́лька королі́вських ~і́й.** Several royal dynasties changed in the country. **політи́чна** political
v. + **д. встано́влювати ~ю** establish a dynasty (**започатко́вувати** begin ◊ **Нови́й імпера́тор започаткува́в ~ю.** The new emperor started a dynasty. **засно́вувати** found; **скида́ти** overthrow)
д. + *v.* **почина́тися** start; **дохо́дити кінця́** come to an end ◊ **Ще одна́ д. клептокра́тів дійшла́ безсла́вного кінця́.** *fig.* Another dynasty of kleptocrats came to its ignominious end. **закі́нчуватися** end; **панува́ти** reign ◊ **Д. панува́ла три поколі́ння.** The dynasty reigned for three generations. **пра́вити** + *I.* rule sth
prep. **від ~ї** + *G.* from a dynasty ◊ **руї́ни хра́му від сьо́мої ~ї** temple ruins from the seventh dynasty

дипло́м, *m.*, **~а**
1 diploma, certificate; *also fig.* degree ♦ **д. про ви́щу осві́ту** a graduate degree certificate ◊ **Кандида́т му́сить ма́ти д. про ви́щу осві́ту.** A candidate is required to have a graduate diploma.
adj. **бакала́врський** bachelor's, **кандида́тський** *and* **до́кторський** PhD ◊ **О́льга взяла́ до́кторський д. у ра́мку й пові́сила в кабіне́ті.** Olha had her PhD diploma framed and hung it in her office. **маґі́стерський** master's; **інжене́рський** engineering, **лі́карський** physician's, **меди́чний** medical, **перекладаць́кий** translator's, **правни́чий** law
д. + *n.* **д. бакала́вра** a college diploma (**до́ктора** *and* **кандида́та нау́к** PhD, **маґі́стра** MA; **інжене́ра** engineering, **лі́каря** physician's, **спеціялі́ста** specialist's) ◊ **Закі́нчення програ́ми ґарантува́ло йому́ д. спеціялі́ста.** The completion of the program guaranteed him a specialist's diploma.
v. + **д. вруча́ти** + *D.* **д.** hand sb a diploma ◊ **Профе́сора Жлуктенка запроси́ли вручи́ти ново́му до́кторові д.** Professor Zhluktenko

was invited to hand the new doctor his diploma. (**роздавáти** + *D.* hand out; **діставáти** get, **здобувáти** earn ◊ **Вонá здобулá свій лікарський д. після семи́ рóків навчáння.** She earned her physician's diploma after seven years of studies. **мáти** have, **посідáти** possess, **отри́мувати** receive) ◊ **Тиміш нарéшті отри́мав омрі́яний правни́чий д.** *fig.* Tymish finally received the law degree he had dreamed of.

prep. **д. від** + *G.* or **д.** + *G.* a diploma from *(a school, etc.)* ◊ **Міністр мав д. від університéту, що не існýє.** The minister had a diploma from a non-existent university. **д з.** + *G.* a diploma in *(a discipline)* ◊ **кандидáтський д. із філолóгії** a PhD diploma in philology

2 *colloq.* graduation thesis, graduation project ◊ **Зáхист ~ів запланóвано на деся́те чéрвня.** The graduation thesis defense is scheduled for June 10.

adj. **бакалáврський** BA, **маґíстерський** MA ◊ **Вонá працює над маґíстерським ~ом.** She is working on her MA thesis.

n. + **д. зáхист ~а** a graduation thesis defense (**керівни́к** advisor; **тéма** subject)

Cf. **дисертáція**

диплома́т, *m.*; ~ка, *f.*

1 diplomat; *also fig.*

adj. **блискýчий** brilliant ◊ **Делеґáцію очóлював блискýчий д.** A brilliant diplomat headed the delegation. **видатни́й** outstanding, **головни́й** chief, **дóбрий** good, **довéршений** accomplished, **неперевéршений** unsurpassed, **пéрший** *fig.* top, **прекрáсний** excellent, **природжений** born, **тонки́й** astute; **молóдший** junior, **стáрший** senior; **брази́льський** Brazilian, **голáндський** Dutch, **дáнський** Danish, **украї́нський** Ukrainian, *etc.*; **досвíдчений** experienced, **професíйний** or **фаховий** professional; **закордóнний** foreign ◊ **Балкóн зарезервóваний для закордóнних ~ів.** The balcony is reserved for foreign diplomats.

v. + **д. бýти ~ом** be a diplomat ◊ **У стосýнках із колéґами Остáпенко був прирóдженим ~ом.** *fig.* In his relationships with his peers, Ostapenko was a born diplomat. (**працювáти** work as ◊ **Йомý запропонувáли працювáти ~ом серéднього рáнґу.** He was offered to work as a middle-rank diplomat. **служи́ти** serve as ◊ **Він три рóки прослужи́в молóдшим ~ом у Грéції.** He served as junior diplomat in Greece for three years. **роби́ти** + *A.* make sb ◊ **Президéнт зроби́в свогó коли́шнього бізнес-партнéра стáршим ~ом.** The president made his former business partner a senior diplomat. **ставáти** become) ◊ **Він став тонки́м ~ом.** He became an astute diplomat.

Also see **амбасадóр**

2 *colloq.* briefcase, attaché case ◊ **Він зберігáє світли́ни у пластмáсовому ~і.** He keeps the pictures in a plastic briefcase.

See **портфéль 1, сýмка**

дипломáті|я, *f.*, ~ї, *only sg.*

1 diplomacy

adj. **ефекти́вна** effective, **майстéрна** skillful, **обережна** cautious, **розýмна** clever, **спри́тна** shrewd, **ти́ха** quiet, **тонкá** subtle; **аґреси́вна** aggressive ◊ **Прем'єрка вдалáся до аґреси́вної ~ї.** The (female) prime minister resorted to aggressive diplomacy. **акти́вна** active, **інтенси́вна** intensive, **невтóмна** indefatigable; **си́льна** strong, **уперéджувальна** preventive ◊ **Посóл – прихи́льник уперéджувальної ~ї.** The ambassador is a proponent of preventive diplomacy. **ми́рна** peaceful; **відкри́та** open, **нарóдна** people's, **публíчна** public; **багатосторóння** multilateral, **двосторóння** bilateral, **односторóння** unilateral; **ґлобáльна** global, **міжнарóдна** international; **культýрна** cultural; **човникóва** shuttle; **особи́ста** personal; **секрéтна** or **таємна** secret; **традиці́йна** traditional ◊ **Публíчна д. ви́явилася ефекти́внішою, як традиці́йна.** Public diplomacy proved more effective than the traditional diplomacy. **невдáла** failed; **америкáнська** US, **європéйська** European, **украї́нська** Ukrainian, **фрáнко-німéцька** Franco-German, *etc.*

v. + **д. застосóвувати ~ю** use diplomacy ◊ **Нови́й міністр закордóнних справ застосóвує культýрну ~ю.** The new minister of foreign affairs uses cultural diplomacy. (**здíйснювати** pursue, **провóдити** conduct) ◊ **Брюсéль провóдить акти́вну ~ю, щоб припини́ти потíк біженців.** Lately Brussels has been conducting active diplomacy to stop the flow of refugees. ♦ **~ю розвóдити** to tread carefully ◊ **Він не мав бажáння розвóдити ~ю і сказáв начáльникові свою дýмку прóсто в óчі.** He had no desire to tread carefully and gave the boss his opinion straight to his face. **вдавáтися до ~ї** resort to diplomacy

д. + *v.* **бýти прирéченою на невдáчу** be doomed to fail ◊ **Д. булá прирéчена на невдáчу.** Diplomacy was doomed to fail. **зазнавáти невдáчі** be a failure, **провáлюватися** fail; **вдавáтися** succeed ◊ **Зазвичáй вдається д., підкрíплена військóвою потýгою.** Usually it is the diplomacy supported by military might that succeeds. **мáти ýспіх** be a success, **працювáти** work ◊ **У залагóдженні суперéчок між пáртіями найкрáще працювáла човникóва д.** Shuttle diplomacy worked best in resolving disagreements between the parties.

2 *fig.* diplomacy, tactfulness, tact, sensitivity, prudence

adj. **вели́ка** great, **ти́ха** quiet ◊ **Спрáва вимагáла ти́хої ~ї.** The matter required some quiet diplomacy. **тонкá** subtle

See **такт**[2]. *Also see* **дипломати́чність, чутли́вість**

дипломати́чн|ий, *adj.*

1 diplomatic, of or pertaining to diplomacy

д. + *n.* **д. візи́т** a diplomatic visit (**дóсвід** experience; **етикéт** etiquette, **кóрпус** corps, **пáспорт** passport, **протокóл** protocol; **ранґ** rank, **стáтус** status ◊ **Убивця ховáвся за ~им стáтусом** The murderer was hiding behind his diplomatic status. **скандáл** scandal) ◊ **Вонá булá у цéнтрі кількóх ~их скандáлів.** She was at the center of several diplomatic scandals. **~а акадéмія** a diplomatic academy (**вíйнá** war; **ізоля́ція** isolation ◊ **Анéксія причини́лася до ~ої ізоля́ції Росíї.** The annexation brought about the diplomatic isolation of Russia. **мíсія** mission, **недотóрканість** immunity; **підготóвка** training; **посáда** post; **пóшта** pouch ◊ **Він пересилáв на Зáхід самвидáв ~ою пóштою.** He sent samizdat to the West via the diplomatic pouch. **процедýра** procedure; **рóзвідка** intelligence; **слýжба** service); **~е красномóвство** diplomatic eloquence (**листувáння** correspondence; **прáво** law; **представни́цтво** representation; **прийняття́** reception; **чуття́** intuition) ◊ **Орéста набулá ~ого чуття́.** Oresta acquired diplomatic intuition. **~і віднóсини** diplomatic relations (**детáлі** niceties, **прáвила** rules, **умóвності** conventionalities, **формáльності** formalities, **чéмності** pleasantries; **перемóвини** talks)

2 *fig.* tactful, delicate, careful ◊ **Спрáва потребувáла ~ого підхóду.** The matter needed a diplomatic approach.

See **тактóвний**

дипломати́чн|ість, *f.*, ~ости, *only sg.*

diplomacy, tactfulness, tact, sensitivity, prudence

adj. **вели́ка** great, **винятковá** exceptional, **прирóджена** inborn ◊ **Прирóджена д. стáла Яри́ні у при́годі.** Her inborn diplomacy proved handy to Yaryna. **пéвна** certain; **рíдкісна** rare, **тонкá** subtle

v. + **д. вимагáти ~ости** require diplomacy ◊ **Прáця поліція́нта вимагáла не ли́ше си́ли, алé й пéвної ~ости.** The policeman's work required not only force, but also a certain degree of diplomacy. (**бýти здáтним до** be capable of, **вдавáтися до** resort to) ◊ **Коли́ не допомагáли погрóзи, Натáлка вдавáлася до ~ости.** Where threats did not help, Natalka resorted to diplomacy.

See **такт**[2]. *Also see* **дипломáтія 2, чутли́вість**

дирéктор, *m.*, ~а; ~ка, *f.*

director, manager, administrator

adj. **виконáвчий** executive, **комерці́йний** commercial, **маркéтинговий** marketing, **прогрáмний** program, **редакці́йний** editorial, **стáрший** senior, **техні́чний** technical, **фінáнсовий** finance, **тимчасóвий** interim ◊ **Він три рóки працює тимчасóвим ~ом музéю.** He has been working as the interim director of the museum for three years. **чи́нний** incumbent; **національний** national, **реґіонáльний** regional ◊ **Солов'я́ признáчили реґіонáльним ~ом компáнії.** Solovei was appointed the regional director of the company.

д. + *n.* **д. бáнку** the bank director (**вíддfestival** —

(**вíддiлу кáдрів** personnel ◊ **~ом вíддiлу кáдрів був відставни́й полкóвник.** The personnel director was a retired colonel. **завóду** plant, **фáбрики** factory; **ґалерéї** gallery, **музéю** museum; **прогрáми** program; ♦ **д. теáтру** a theater administrator; ♦ **д. шкóли** a school principal, headmaster. **д.-заснóвник** a founding director ◊ **Він д.-заснóвник Украї́нського кінокпýбу.** He is the founding director of the Ukrainian Film Club.

n. + **д. застýпник ~а** a deputy director ◊ **Він звернýвся до застýпника ~а.** He turned to the deputy director. (**помічни́к** assistant); **посáда ~а** the post of director; **рáда ~ів** a board of directors

Also see **адміністрáтор 1, головá 3, завíдувач, очíльник, президéнт 2**

дириґéнт, *m.*; ~ка, *f.*

conductor, bandmaster

adj. **вели́кий** great, **неперевéршений** unrivaled, **слáвéтний** famous; **головни́й** principal; **запрóшений** guest

д. + *n.* **д. óпери** an opera conductor ◊ **Йогó запроси́ли на посáду головнóго ~а óпери.** He was invited to the post of the principal opera conductor. (**оркéстри** orchestra; **філармóнії** philharmonic society, **хóру** choir)

n. + **д. пáличка ~а** a conductor's baton

See **спеціялíст**

дисертáці|я, *f.*, ~ї

dissertation, thesis

adj. **дóкторська** PhD, **кандидáтська** doctoral ◊ **У США украї́нську кандидáтську ~ю прирíвнюють до америкáнської дóкторської.** In the US, a Ukrainian doctoral dissertation is equivalent to that of an American PhD **глибóка** profound, **солíдна** solid; **поверхóва** superficial ◊ **Опонéнт характеризýє її ~ю як поверхóву.** Her opponent characterizes her dissertation as superficial. **неопублікóвана** unpublished ◊ **дáні з неопублікóваної ~ї** the data from an unpublished doctoral dissertation; **опублікóвана** published

n. + **д. зáхист ~ї** dissertation defense ◊ **Ю́рій був зосерéдженим на зáхисті ~ї.** Yurii was focused at the dissertation defense. (**керівни́к** advisor ◊ **Білéцький погóдився бýти керівникóм йогó ~ї.** Biletsky agreed to be his dissertation advisor. **тéма** subject)

v. + **д. готувáти ~ю** prepare a dissertation ◊ **Вонá готувáла ~ю до зáхисту.** She was preparing the dissertation for the defense. (**депонувáти** deposit ◊ **За прáвилами, ~ю трéба депонувáти до бібліотéки за мíсяць до зáхисту.** According to the rules, the dissertation is to be deposited to the library a month before its defense. **захищáти** defend; **закíнчувати** complete ◊ **Щоб закінчити ~ю, Марчукóві трéба ще мíсяць.** Marchuk needs one more month to complete his dissertation. **писáти** write; **подавáти** submit ◊ **Áвтор подáв ~ю опонéнтам на рецéнзію.** The author submitted the dissertation to his opponents for review. **представляти** *and* **презентувáти** present; **публікувáти** publish) ◊ **Він вже опублікувáв ~ю.** He has already published his dissertation. **працювáти над ~єю** work on a dissertation ◊ **Він працювáв над дóкторською ~єю сім рóків.** He worked on his PhD dissertation for seven years.

prep. **в ~ї** in a dissertation ◊ **Він знайшóв нетóчності в її ~ї.** He found inaccuracies in her dissertation. **д. з** + *G.* a dissertation on *(a subject)* ◊ **Кандидáтська д. булá з англíйської лексиколóгії.** The doctoral dissertation was on English lexicology.

Cf. **диплóм 2**

дисидéнт, *m.*; **~ка**, *f.*
dissident

adj. **вúдний** prominent, **відóмий** well-known; **авторитéтний** respected, **впливóвий** influential; **провіднúй** leading; **колúшній** former, **політúчний** political, **релігíйний** religious; **вúсланий** exiled; **депортóваний** deported; **ув'я́знений** imprisoned; **совéтський** Soviet, **украї́нський** Ukrainian, **росíйський** Russian

v. + **д. залякувати ~а** intimidate a dissident ◊ **КҐБ намагáвся залякувати ~ів.** The KGB tried to intimidate dissidents. (**кúдати до в'язнúці** throw into prison ◊ **Режúм кúнув до в'язнúці сóтні ~ів.** The regime threw hundreds of dissidents into prison. **переслíдувати** persecute, **ув'я́знювати** imprison); **стéжити за ~ом** follow a dissident

диск, *f.*, **~а**
disk

adj. **гнучкúй** floppy, **тверднúй** hard, **компáктний** *usu* **компакт-дúск** compact; **комп'ютерний** computer; **лáзерний** laser, **маґнíтний** magnetic, **оптúчний** optical; **порóжній** blank

n. + **д. зберігáння ~ів** disk storage (**поємність** capacity) ◊ **Поємність ~а 4 гігабáйти.** The disk capacity is 4 GB.

v. + **д. вставля́ти д.** insert a disk (**виймáти** take out, **форматувáти** format; **читáти** read ◊ **«макінтóш» мóже читáти ~и з персонáльного комп'ютера.** A Macintosh can read disks from a PC. **запúсувати** burn ◊ **Щоб записáти відео-д., трéба мáти спеціáльний застосýнок.** In order to burn a video disk a special application is needed. **дублювáти** duplicate ◊ **Він продублювáв д. із фíльмом.** He duplicated the disk with the movie. **копіювáти** copy ◊ **Копіювáти д. без дóзволу знáчило б порýшувати áвторські правá.** To copy the disk without permission would mean violating the copyright. **зберігáти** + *A.* **на** save sth on/to ◊ **Гáнна зберéглá стаття́ на гнучкúй д.** Hanna saved the article to a floppy disk. **стирáти** erase) ◊ **Він стéр весь д.** He erased the entire disk. **тримáти** + *A.* **на ~ ові** *or* **~у** keep sth on a disk ◊ **Назáр тримáв докумéнт на окрéмому ~ові.** Nazar kept the document on a separate disk.

д. + *v.* **містúти** + *A.* contain sth ◊ **Д. містúть особúсті дáні.** The disk contains personal data. **тримáти** + *A.* hold sth ◊ **Лáзерний д. тримáє 8,5 гігабáйтів.** A laser disk holds 8.5 GB.

prep. **з ~у** from a disk ◊ **Фóта завантáжили з ~у.** The photos were downloaded from the disk. **на д.** *dir.* on/onto a disk; **на ~ові** *or* **~у** *posn.* **Вонá знайшлá пáпку на ~ові.** She found the folder on the disk.

дискомфóрт, *m.*, **~у**, *only sg.*
discomfort, inconvenience ◊ **Що вúще підіймáвся літáк, то бíльший д. відчувáла Галúна.** The higher the plane climbed, the greater the discomfort Halyna felt.

adj. **велúкий** great, **все бíльший** growing, **гóстрий** acute, **значнúй** considerable, **нестéрпний** unbearable, **сúльний** severe, **скрáйній** extreme; **легкúй** slight, **малéнький** *dim.* little, **мінімáльний** minimal, **невелúкий** little, **пéвний** certain; **постíйний** constant; **я́вний** obvious; **психíчний** psychological, **фізúчний** physical

n. + **д. мíра** a measure of discomfort (**причúна** cause, **рíвень** level)

v. + **д. відчувáти д.** feel discomfort ◊ **Óля відчувáла д. від ї́хньої розмóви.** Olia felt discomfort from their conversation. (**діставáти** get, **мáти** have, **переживáти** experience; **ствóрювати** cause ◊ **Її присýтність на засíданні ствóрювала значнúй д. для колектúву.** Her presence at the meeting caused considerable discomfort for the team. **змéншувати** reduce, **мінімалізувáти** minimize, **полéгшувати** ease, **послáблювати** relieve ◊ **Щоб послáбити д. у живóті, вонá перестáла пíзно ї́сти.** To relieve the discomfort in her stomach, she stopped eating late. **збíльшувати** increase, **посúлювати** worsen; **скáржитися на** complain of) ◊ **Відвíдувачі скáржаться на д. від нóвих крíсел.** Visitors complain of discomfort from the new chairs. **зазнавáти ~у** suffer discomfort

prep. **без ~у** without discomfort ◊ **Вонá мóже дóвго друкувáти без ~у в рукáх.** She can type for a long time without discomfort in her hands. **д. від** + *G.* discomfort from sth; **д. пíсля** + *G.* discomfort after sth ◊ **д. пíсля оперáції** discomfort after a surgery; **д., пов'я́заний із** + *I.* discomfort associated with sth ◊ **Актóрка діставáла д., пов'я́заний із її корсéтом.** The actress felt discomfort associated with her corset.

дискримінáці|я, *f.*, **~ї**, *only sg.*
discrimination

adj. **вікóва** age ◊ **Вонá стáла жéртвою вікóвої ~ї.** She became a victim of age discrimination. **клáсова** class, **мóвна** language, **рáсова** racial, **релігíйна** religious, **сексуáльна** sexual, **соціáльна** social, **статéва** gender; **аґресúвна** aggressive; **відвéрта** blatant ◊ **Він бáчив відвéрту мóвну ~ю.** He saw blatant language discrimination. **відкрúта** overt, **нахáбна** brazen, **неприхóвана** undisguised, **прямá** direct; **намíрена** intentional, **свідóма** conscious, **я́вна** obvious; **зворóтна** reverse ◊ **Представнúки імпéрської меншúни побóювалися, що зазнавáтимуть зворóтної ~ї від тих, когó вонú ще вчóра принúжували.** Representatives of the imperial minority feared they would suffer reverse discrimination from those whom they humiliated only yesterday. **непрямá** *or* **опосередкóвана** indirect, **прихóвана** hidden; **незакóнна** unlawful, **нелеґáльна** illegal; **інституцíйна** institutional, **інституціоналізóвана** institutionalized, **урядóва** government

д. + *n.* **д. ґéїв і лезбíйок** discrimination of gays and lesbians (**етнíчних меншúн** ethnic minorities, **інвалíдів** the disabled, **статéвих меншúн** sexual minorities); ♦ **д. жінóк** sexism, ♦ **д. за вíком** agism

n. + **д. акт ~ї** an act of discrimination ◊ **Грýпа фіксýє кóжен акт ~ї прóти меншúн.** The group records each act of discrimination against minorities. (**жéртва** victim, **рíвень** level; **дóказ** proof, **свíдчення** evidence; **фóрма** form)

v. + **д. забороня́ти ~ю** prohibit discrimination ◊ **Закóн забороня́є статéву ~ю.** The law prohibits gender discrimination. (**ліквідóвувати** eliminate, **припиня́ти** stop, **стáвити пóза закóном** outlaw; **практикувáти** practice; **наштóвхуватися на** encounter); **зазнавáти ~ї** suffer discrimination (**бýти прóти** be opposed to ◊ **Він прóти ~ї.** He is opposed to discrimination. **бýти тотóжним** be tantamount to ◊ **Такí заувáження тотóжні ~ї.** Remarks like that are tantamount to discrimination. **вдавáтися до** resort to; **потерпáти від** *or* **страждáти від** suffer from) ◊ **Нелеґáли страждáли від ~ї з бóку влáсника підприє́мства.** The illegals suffered discrimination at the hand of the business owner. **запобігáти ~ї** prevent discrimination (**піддавáти** + *A.* subject sb to; **клáсти край** put an end to) ◊ **Профспíлка поклáла край релігíйній ~ї на фáбриці.** The union put an end to religious discrimination at the factory. **борóтися з ~єю** fight (**зіштóвхуватися з** encounter)

д. + *v.* **існувáти** exist ◊ **У кіновирóбнúцтві існýє д. інвалíдів.** There exists discrimination of the disabled in film production.

prep. **д., заснóвана на** + *L.* discrimination based on sth ◊ **д., заснóвана на релíгії** discrimination based on religion; **д. на підстáві** + *G.* discrimination on the grounds of sth ◊ **д. на підстáві статéвої орієнтáції** discrimination on the grounds of sexual orientation

Also see **расúзм**

дискримíну|вáти, ~ють; *also pf., tran.*
to discriminate against ◊ **У цій компáнії ~ють жінóк при наймáнні на прáцю.** Women are discriminated against in hiring at this company.

adv. **актúвно** actively, **інституцíйно** institutionally, **систематúчно** systematically; **шúроко** widely; **нелеґáльно** illegally, **протизакóнно** unlawfully, **відкрúто** overtly ◊ **В áрмії жінóк ~ють відкрúто.** In the army, women are openly discriminated against.

v. + **д. продóвжувати** continue to ◊ **Лíтніх осíб продóвжували д., незважáючи на рíшення сýду.** The elderly continued to be discriminated against despite the court's decision.

prep. **д. на кóристь** + *G.* discriminate in favor of sb/sth ◊ **Компáнія ~є на кóристь спеціалíстів із зáхідною освíтою.** The company discriminates in favor of specialists with Western training. **д. на підстáві** + *G.* discriminate on the grounds of sth ◊ **д. на підстáві релíгії** discriminate on the grounds of religion

pa. pple. **дискримінóваний** discriminated against **дискримінýй!**

дискусíйн|ий, *adj.*
1 discussion, of or pertaining to discussion ◊ **Óльга бéре ýчасть в ~ому клýбі.** Olha takes part in a debate club. ♦ **в ~ому порядку** by way of discussion ◊ **Вонá погóдилася розглянути прóєкт у ~ому порядку.** She agreed to consider the project by way of discussion.
2 disputable, debatable ◊ **Ці вúсновки здавáлися йомý вкрай ~ими.** These conclusions seemed extremely disputable to him.

adv. **вкрай** extremely, **все бíльше** increasingly, **все ще** still, **незмíнно** invariably; **гóстро** sharply ◊ **Вонú вíдклали гóстро ~і питáння на кінéць засíдання.** They put off the sharply debatable issues until the end of the meeting. **дýже** very; **дéщо** somewhat, **дóсить** fairly; **лéдве** scarcely; **зóвсім не** not at all, **нíяк не** in no way

v. + **д. бýти ~им** be debatable (**вважáти** + *A.* consider sth ◊ **Вонá вважáла прогнóз ~им.** She considered the forecast debatable. **здавáтися** + *D.* seem to sb ◊ **Вáше твéрдження здáється менí ~им.** Your assertion seems questionable to me. **лишáтися** remain; **робúти** + *A.* make sth; **ставáти** become)

Also see **сумнíвний**. *Cf.* **критúчний, полемíчний**

дискýсі|я, *f.*, **~ї**
discussion, debate

adj. **академíчна** academic, **ідеологíчна** ideological, **літератýрна** literary ◊ **Жóден письмéнник не лишáвся óсторонь велúкої літератýрної ~ї 1920-х рóків.** No writer remained outside the great literary discussion of the 1920s. **наукóва** scholarly, **партíйна** party ◊ **Булó оголóшено партíйну ~ю** стосо́вно ви́борчої платфо́рми. A party discussion concerning the electoral platform was announced. політи́чна political, релігі́йна religious ◊ релігі́йна д. між правосла́вними і като́ликами в Украї́ні the religious discussion between the Orthodox and Catholics in Ukraine; філосо́фська philosophical; глибо́ка in-depth, дета́льна *and* докла́дна detailed, до́вга long, розло́га extensive, по́вна full, трива́ла lengthy; коро́тка brief; всеохо́пна comprehensive, зага́льна general, широ́ка wide-ranging; бурхли́ва tempestuous, гаря́ча heated, го́стра vehement, драмати́чна dramatic, жива́ lively, збу́джена animated; відве́рта frank, че́сна honest, щи́ра sincere; змісто́вна meaningful, конструкти́вна constructive, ко́рисна useful; проникли́ва insightful, серйо́зна serious; неупере́джена impartial, об'єкти́вна objective, послідо́вна consistent; захо́плива fascinating, ціка́ва interesting; упере́джена biased ◊ Д. става́ла все бі́льш упере́дженою. The discussion was becoming increasingly biased. несподі́вана unexpected; спра́вжня geniune; ці́ла entire; відкри́та open ◊ Активі́сти вимага́ли відкри́тої ~ї на телеба́ченні. The activists demanded an open discussion on TV. публі́чна public; закри́та closed-door, конфіденці́йна confidential, неформа́льна informal; офіці́йна official, форма́льна formal; пе́рвісна initial; попере́дня preliminary; багатосторо́ння multilateral, двосторо́ння bilateral; пане́льна panel ◊ Вона́ ви́ступила на двох пане́льний ~ях. She spoke at two panel discussions. мере́жева Internet

n. + д. предме́т ~ї the subject of discussion (результа́ти outcome; те́ма subject) ◊ Сто́рони до́вго не могли́ домо́витися про те́ми ~ї. The sides took a long time to agree on the subjects of the discussion. фо́рум для д. a forum for discussion; ♦ осно́ва для ~ї a basis for discussion ◊ Пе́рша те́за ста́ла осно́вою для ~ї. The first point became the basis for discussion.

v. + д. вести́ ~ю lead a discussion ◊ ~ю вела́ Ма́рта. Marta led the discussion. (відкрива́ти open up, ініціюва́ти initiate, почина́ти begin ◊ Її ви́ступ поча́в ~ю. Her remarks began the discussion. перерива́ти interrupt, продо́вжувати continue; організо́вувати organize ◊ ~ю організува́в Оде́ський ме́діяцентр. The discussion was organized by the Odesa Media Center. прово́дити hold ◊ ~ю ма́ли провести́ в три ета́пи. The discussion was to be held in three stages. відклада́ти put off, закі́нчувати finish, заслуго́вувати на merit; збира́тися на gather for ◊ На ~ю зібра́лася гру́па люде́й. A group of people gathered for the discussion. провокува́ти provoke ◊ Його́ інтерв'ю́ спровокува́ло ~ю в блоґосфе́рі. His interview has provoked a discussion in the blogosphere. вступа́ти в enter into); не допуска́ти ~ї prevent a discussion (уника́ти avoid) ◊ Опоне́нт намага́вся уни́кнути ~ї. The opponent tried to avoid a discussion. запобіга́ти ~ї avert a discussion ◊ Керівни́цтво запобіга́ло ~ям. The leadership was averting discussions. (перешкоджа́ти hamper; сприя́ти promote); бра́ти у́часть в ~ї take part in a discussion ◊ Профе́сор М. єди́ним не бра́в у́часть у ~ї. Professor M. was the only one who did not take part in the discussion. (виступа́ти в speak in) ◊ Вона теж ви́ступила в ~ї. She spoke in the discussion as well.

д. + *v.* відбува́тися occur ◊ Відкри́та д. відбула́ся всу́переч запере́ченням дека́на. The open discussion occurred contrary to the dean's objections. йти be underway ◊ У за́лі йшла серйо́зна д. A serious discussion was underway in the auditorium. прохо́дити take place ◊ У соція́льних мере́жах прохо́дить гаря́ча д. його́ до́пису. A heated discussion of his post is taking place on social networks.

почина́тися start, продо́вжуватися continue, закі́нчуватися end; перетво́рюватися на + *A.* turn into sth ◊ Д. перетвори́лася на поті́к взає́мних обра́з. The discussion turned into a torrent of mutual insults. зосере́джуватися на + *L.* center on sth ◊ Д. зосере́джувалася на розпо́ділі субси́дій. The discussion centered on the distribution of subsidies. стосува́тися + *G.* concern sb/sth ◊ Д. стосува́лася бібліоте́ки. The discussion the library.

prep. у ~ї in/to a discussion ◊ У ~ї було́ три сторони́. There were three sides to the discussion. пе́ред ~єю before a discussion ◊ Вона́ до́бре ви́спалася пе́ред ~єю. She had a good night's sleep before the discussion. під час ~ї during a discussion; д. між + *I.* a discussion between/among sb

Cf. обгово́рення

дисциплі́н|а, *f.*

1 *only sg.* discipline *(order)*

adj. бездога́нна impeccable, до́бра good, ефекти́вна effective, жорсто́ка harsh, жорстка́ rigid, залі́зна iron, си́льна strong, суво́ра strict; зразко́ва model; спра́вжня real; ке́пська poor, слабка́ slack; кома́ндна team, студе́нтська student; військо́ва military, парті́йна party, церко́вна church, шкільна́ school; викона́вча executive, платі́жна payment ◊ Платі́жна д. підприє́мства лиша́ла бажа́ти кра́щого. The enterprise's payment discipline left much to be desired. трудова́ labor

n. + д. брак ~и a lack of discipline (пору́шення breach; посла́блення weakening) ◊ зага́льне посла́блення шкільно́ї ~и a general weakening of school discipline; пробле́ма ~и a discipline problem; ◊ д. і поря́док discipline and order

v. + д. відно́влювати ~у restore discipline ◊ Покара́вши пору́шників, команди́р віднови́в ~у в полку́. By punishing the violators, the commander restored discipline in the regiment. (встано́влювати instill ◊ Вона́ встанови́ла в компа́нії викона́вчу ~у. She instilled executive discipline in the company. оберіга́ти guard ◊ Єпи́скоп ре́вно оберіга́в церко́вну ~у. The bishop jealously guarded church discipline. підтри́мувати maintain, покра́щувати improve; підрива́ти undermine, пору́шувати violate) ◊ Вона́ кі́лька разі́в пору́шила трудову́ ~у. She violated the labor discipline several times. бракува́ти ~и + *D.* lack discipline ◊ Дружи́ні бракує́ тренува́льної ~и. The team lacks training discipline. (вчи́ти + *A.* teach sb ◊ Рома́н вчить бра́та ~и. Roman teaches his brother discipline. вчи́тися learn; дотри́муватися follow ◊ Павле́нко дотри́мувався ~и. Pavlenko followed the discipline. потребува́ти need) ◊ Їхні розбе́щені ді́ти го́стро потребу́ють ~и. Their spoiled children badly need discipline. вчи́ти + *A.* ~і teach sb discipline ◊ У військо́вому ліце́ї Яре́му навчи́ли ~і. Yarema was taught discipline at the military academy. (вчи́тися learn ◊ Пра́ця змуси́ла Олекса́ндру вчи́тися мініма́льній ~і. Work forced Oleksandra to learn some minimal discipline. підпорядко́вуватися submit to)

2 discipline, subject of studies ◊ Тут виклада́ють рі́зні ~и. They teach various disciplines here. ◊ Студе́нти вивча́ють як зага́льні, так і спеціа́льні ~и. Students study both general and specialized disciplines.

See предме́т 2

дисципліно́ван|ий, *adj.*

disciplined

adv. до́бре well, ду́же very, суво́ро severely, стро́го strictly ◊ Курса́нти були́ стро́го ~ими юнака́ми. The cadets were strictly disciplined youths. пога́но poorly; до́сить enough, доста́тньо sufficiently; ле́две scarcely, недоста́тньо insufficiently

v. + д. бу́ти ~им be disciplined ◊ Марко́ був ду́же ~им. Marko was very disciplined. (вважа́ти + *A.* consider sb; виявля́тися turn out, здава́тися + *D.* seem to sb ◊ Нови́й працівни́к здава́вся О́льзі доста́тньо ~им. The new associate seemed disciplined enough to Olha. роби́ти + *A.* make sb, става́ти become) ◊ За мі́сяць життя́ в табо́рі Хома́ став до невпізна́ння ~им. After a month of living in the camp, Khoma became disciplined beyond recognition.

дити́н|а, *f.*

child, baby

adj. мала́ small, мале́нька little, новонаро́джена newborn, малолі́тня teenage; ♦ грудна́ д. a nursling ◊ Че́рез грудну́ дити́ну Ні́на му́сила сиді́ти вдо́ма. Because of her nursling, Nina had to stay at home. дошкі́льна preschool, доро́сла adult, зрі́ла mature; хоро́ша good, слухня́на obedient; вві́члива respectful, ви́хована well-behaved, че́мна polite; зді́бна *or* таланови́та talented, кмітли́ва sharp, обдаро́вана gifted, розу́мна intelligent ◊ Сашко́ зроста́в розу́мною й обдаро́ваною ~ою. Sashko grew up to be an intelligent and gifted child. аґреси́вна aggressive, бунті́вли́ва rebellious ◊ За рік ба́тькової відсу́тности Дмитро́ й Ле́ся ста́ли цілко́м зіпсо́ваними й бунтівли́вими ді́тьми. After a year of their father's absence, Dmytro and Lesia became completely spoiled and rebellious children. важка́ difficult, вередли́ва *or* капри́зна capricious, впе́рта obstinate, зіпсо́вана *and* розбе́щена spoiled, неслухня́на disobedient, норовли́ва unruly; зане́дбана neglected, поки́нута abandoned, травмо́вана traumatized; єди́на only ◊ Їхня єди́на д. заги́нула наві́йні. Their only child died in the war. пе́рша first-born; наймоло́дша youngest, найста́рша eldest; астмати́чна asthmatic, кво́ла feeble, недорозви́нута underdeveloped, неповноспра́вна disabled, хво́ра sick, хворобли́ва sickly; гіпеакти́вна hyperactive; осироті́ла orphaned ◊ Вони́ дали́ при́хисток трьом осироті́лим ді́тям. They gave shelter to three orphaned children. незако́нна illegitimate ◊ Він свідо́мо не вжива́є те́рміна «незако́нна д.» як застарі́лого. He consciously did not use the term "illegitimate child" as obsolete. мертвонаро́джена stillborn; ненаро́джена unborn; на́звана adopted ◊ Батьки́ сказа́ли Анто́нові, що він ї́хня на́звана д. Parents told Antin that he was their adopted child. усино́влена *(of males) or* удочере́на *(of females)* adopted, рі́дна biological ◊ Оре́ст був для них не рі́дною, а усино́вленою ~ою. Orest was not their biological, but adopted child.

v. + д. ма́ти ~у have a child ◊ Вони́ ма́ють чоти́ри ~и. They have four kids. (очі́кувати expect ◊ Христи́на очі́кувала ~у. Khrystyna was expecting a child. народи́ти give birth to ◊ Вона́ народи́ла свою́ пе́ршу ~у в дев'ятна́дцять ро́ків. She gave birth to her first child at the age of nineteen. годува́ти feed, годува́ти грудьми́ breastfeed ◊ Ната́лка годува́ла грудьми́ ~у до двох ро́ків. Natalka breastfed the child till the age of two. вихо́вувати raise, виро́щувати rear ◊ Вони́ ви́ростили три ~и. They reared three children. навча́ти teach, бра́ти собі́ за to adopt ◊ Ні́ну взя́ли собі́ за ~у дале́кі ро́дичі. Nina was adopted by her distant relatives. втрача́ти lose, пе́стити pamper; кара́ти punish, свари́ти scold ◊ Лю́ба не ма́ла се́рця насвари́ти ~у за непо́слух. Liuba did not have the heart to scold her child for disobedience. ки́дати abandon, зане́дбувати neglect, розтліва́ти corrupt)

д. + *v.* наро́джуватися be born ◊ Пе́рша д. народи́лася, коли́ вони́ вчи́лися. Their first child was born when they were in school. рости́ grow, розвива́тися develop, доро́слішати grow up; бешкетува́ти misbehave; крича́ти scream,

плакати cry, **скиглити** whine ◊ **Д. скиглить за найменшого приводу.** The child whines at the smallest pretext.
N. pl. **діти**, *G. pl.* **дітей**, *I. pl.* **дітьми**
Also see **дитя, малий 7, маля, немовля**

дитинств|о, *nt., only sg.*
childhood
adj. **безтурботне** carefree, **добре** good, **щасливе** happy ◊ **Юрко мав щасливе д.** Yurko had a happy childhood. **нормальне** normal; **важке** difficult, **самотнє** lonely, **травматичне** traumatic ◊ **Марія пережила травматичне д.** Maria survived a traumatic childhood. **нещасливе** unhappy, **сирітське** orphan's; **пізнє** late; **раннє** early ◊ **Її раннє д. минуло в невеликому містечку.** Her early childhood passed in a small township.
n. + **д. дні ~а** childhood days (**досвід** experience; **друг** friend ◊ **Сашко був найближчим другом його ~а.** Sashko was his closest childhood friend. **мрія** dream, **фантазії** fantasies; **події** events, **роки** years; **травма** trauma, **хвороба** disease); **сцени з ~а** scenes from sb's childhood ◊ **У його пам'яті часто виринали сцени з ~а.** Scenes from his childhood often emerged in his memory.
v. + **д. згадувати д.** recollect one's childhood ◊ **Вона часто згадує д.** She often recollects her childhood. (**пам'ятати** remember; **мати** have; **переживати** survive; **проводити** spend) ◊ **Ігор провів д. на Полтавщині.** Ihor spent his childhood in the Poltava area. **позбавляти** + *A.* **~а** deprive sb of childhood ◊ **Пияцтво батьків позбавили Гриця ~а.** His parent's alcohol abuse deprived Hryts of childhood.
prep. **в ~і** in childhood, when a child ◊ **Микола рідко хворів у ~і.** Mykola was rarely sick in childhood. **з ~а** from/since childhood ◊ **Лукаш із ~а захоплюється мовами.** Lukash has been fascinated with languages since his childhood.

дитсад|ок, *m.*, **~ка**
daycare, nursery school, kindergarten
adj. **добрий** good; **фабричний** factory, **цілодобовий** 24-hour; **безкоштовний** free; **дорогий** expensive; **елітний** elite; **дешевий** cheap, **недорогий** inexpensive
v. + **д. відвідувати д.** attend a daycare ◊ **Сашко і Марічка відвідують один д.** Sashko and Marichka attend the same daycare. (**відкривати** open; **починати** start ◊ **Катруся почала д. у чотири роки.** Katrusia started kindergarten at the age of four. **знаходити** find ◊ **Їм пощастило знайти недорогий д. неподалік дому.** They were lucky to find an inexpensive daycare not far from home. **рекомендувати** + *D.* recommend to sb ◊ **Кілька їхніх знайомих рекомендували їм д. як дуже добрий.** Several of their acquaintances recommended the kindergarten to them as very good. **шукати** look for); **ходити до ~ка** go to a kindergarten ◊ **Він не ходив до ~ка.** He did not go to the kindergarten. **бути в ~у** be in kindergarten
prep. **в д.** *dir.* to a kindergarten; **в ~ку** *posn.* at/in a kindergarten; **з ~ка** since kindergarten ◊ **Вони дружать із ~ка.** They have been friends since preschool.

дитяч|ий, *adj.*
1 children's, child, childhood, of or pertaining to children
д. + *n.* **д. відділ** a children's department (**журнал** magazine; **лікар** doctor; **костюм** suit, **одяг** clothes; **крик** shouting, **плач** crying, **сміх** laughter; **табір** camp, **центр** center) ◊ **Він працював футбольним тренером у ~ому центрі.** He worked as a soccer coach at the children's center. **д. психолог** child psychiatrist (**розвиток** development); ♦ **д. будинок** an orphanage ◊ **Він виховувався в ~ому будинку.** He was raised in an orphanage. ♦ **д. майданчик** a playground, ♦ **д. садок** a daycare; **~а гра** a children's game ◊ **Він створив популярну ~у гру.** He created a popular children's game (**консультація** consultation, **крамниця** store, **лікарня** hospital; **література** literature; **психологія** psychology; **сукня** dress), **~а мрія** a childhood dream (**хвороба** disease); **~а праця** child labor (**порнографія** pornography, **проституція** prostitution) ◊ **Боротьба з ~ою проституцією – пріоритет для поліції.** Fighting child prostitution is a priority for the police. ♦ **~а кімната** a nursery ◊ **У помешканні є ~а кімната.** There is a nursery in the apartment. **~е взуття** children's shoes (**ліжко** bed; **меню** menu, **харчування** nutrition; **мило** soap)
2 childish, infantile, immature ◊ **Ним оволодівали ~і імпульси.** Childish impulses got the better of him. ◊ **Катерина говорила з ~ою щирістю.** Kateryna was speaking with childish sincerity.

диференціяці|я, *f.*, **~ї**, *only sg.*
differentiation, delimitation, separation; difference
adj. **виразна** distinct ◊ **Вона не бачила достатньо виразної ~ї між цими двома випадками.** She did not see a sufficiently distinct differentiation between those two cases. **достатня** sufficient; **однозначна** unequivocal, **чітка** clear; **акустична** acoustic, **візуальна** visual, **звукова** sound, **фонетична** phonetic; **формальна** formal; **семантична** semantic, **смислова** meaning, **стилістична** stylistic ◊ **Синоніми мають стилістичну ~ю.** The synonyms have a stylistic differentiation. **функціональна** functional; **класова** class, **суспільна** social, *etc.*
v. + **д. мати ~ю** have a differentiation (**унеможливлювати для** + *G.* make it impossible for sb, **ускладнювати** complicate); **бракувати** + *D.* **~ї** lack differentiation ◊ **Цим парам голосних бракує достатньої фонетичної ~ї.** These vowel pairs lack sufficient phonetic differentiation. (**потребувати** need)
prep. **д. за** + *I.* differentiation by sth ◊ **д. за походженням** a differentiation by origin; **д. між** + *I.* a differentiation between sth ◊ **д. між категоріями інвестицій** differentiation between investment categories
Cf. **відмінність, різниця 1**

дихан|ня, *nt., only sg.*
breathing, respiration
adj. **глибоке** deep, **неглибоке** shallow; **пришвидшене** accelerated, **часте** frequent, **швидке** quick; **повільне** slow, **розмірене** measured, **спокійне** calm; **реґулярне** regular, **ритмічне** rhythmic, **рівне** even, **стале** steady; **важке** heavy, **натужне** labored, **нереґулярне** irregular, **нерівне** uneven, **уривчасте** ragged ♦ **друге д.** a second wind ◊ **У Тараса відкрилося друге д.** Taras got his second wind. ♦ **штучне д.** mouth-to-mouth resuscitation ◊ **Вона вміла робити штучне д.** She knew how to do a mouth-to-mouth resuscitation
v. + **д. контролювати д.** control breathing (**підтримувати** sustain ◊ **Машина підтримувала їй д. після операції.** The machine sustained her breathing after the surgery. **реґулювати** regulate; **прискорювати** + *D.* accelerate ◊ **Сходження пагорбом прискорювало їй д.** Going up the hill accelerated her breathing. **стимулювати** stimulate)
д. + *n.* **вирівнюватися** even out ◊ **Д. хворої поступово вирівнялося.** The (female) patient's breathing gradually evened out. **сповільнюватися** slow down; **прискорюватися** quicken
prep. ♦ **на останньому ~і** breathless ◊ **Він прибіг до фінішу на останньому ~і.** He came to the finish line breathless.
Also see **дух 8**

диха|ти, ~ють; дихн|ути, ~уть, *intr.*
1 to breathe; *pf.* to blow, breathe in/out, puff out *(once)* ◊ **Данило з величезною насолодою ~в холодним повітрям.** Danylo breathed the cold air with immense pleasure.
adv. **глибоко** deeply, ♦ **д. на повні груди** to breathe deeply; **скоро** fast, **швидко** quickly, **повільно** slowly; **важко** *or* **тяжко** heavily ◊ **Вона чула, як за дверима хтось важко ~є.** She heard somebody breathe heavily behind the door. **посилено** hard; **легко** lightly, **м'яко** gently, **рівно** steadily ◊ **Марія ~ла рівно.** Maria was breathing steadily. **нормально** normally; **ледве** hardly, **насилу** barely
v. + **д. бути важко** *or* **тяжко** be difficult to ◊ **Повітря в залі таке затхле, що важко д.** The air in the hall is so stuffy, it is difficult to breathe. **намагатися** try to ◊ **Павло намагався д. повільно, щоб заспокоїтися.** Pavlo tried to breathe slowly in order to calm down. **не наважуватися** not dare ◊ **Він не наважувався д., побоюючися, що його виявлять.** He did not dare breathe, fearing he would be discovered. **починати** begin to, **стати** *pf.* start ◊ **Вона стала швидко д.** She started breathing quickly. ♦ **ледве д.** 1) to be at one's last gasp ◊ **Вони ледве ~ли.** They were at their last gasp. 2) *fig.* to be on one's last legs; ♦ **Немає (не було) чим д.** It is (was) stuffy.
prep. **д. на** + *A.* breathe at sb/sth ◊ **Він дихнув на шибку, а тоді протер її долонею.** He breathed at the window pane and then wiped it with his palm. **д. через** + *A.* breathe through sth ◊ **Вона ~ла через ніс.** She was breathing through her nose.
2 *fig.* to breathe, exude, radiate ◊ **Обличчя юнака ~ло гнівом.** The youth's face exuded anger. ♦ **д. вогнем** *or* **полум'ям** *fig.* to breathe fire ◊ **Він ~в полум'ям.** He was breathing fire. (**ненавистю** hatred, **презирством** contempt); ♦ **д. на ладан** 1) to be gravely sick ◊ **Він ~є на ладан.** He is gravely sick. 2) to be falling apart ◊ **Ярина потребує нового комп'ютера, бо старий ~є на ладан.** Yaryna needs a new computer, because her old one is falling apart. ♦ **хто чим ~є** what makes sb tick ◊ **Лесь знав, чим він ~є.** Les knew what made him tick.
See **віяти 2**
3 to blow *(of wind)* ◊ **Із моря ~є свіжий легіт.** A fresh breeze is blowing from the sea.
See **віяти 1**
дихай! дихни!

дівчин|а, *f.*
1 girl ◊ **Дівчата любили їздити в Карпати на лижі.** The girls like to go to the Carpathians to ski.
adj. **вродлива** pretty ◊ **багато вродливих дівчат** many pretty girls; **гарна** beautiful, **пишна** gorgeous, **приваблива** attractive, **розкішна** splendid, **розумна** intelligent, **чудова** wonderful ◊ **У потязі вони познайомилися з чудовими дівчатами з Вінниці.** On the train, they met wonderful girls from Vinnytsia. **весела** cheerful, **радісна** happy, **приємна** pleasant, **симпатична** nice; **незаміжня** unmarried, **самотня** single; **чемна** polite, **вихована** well-mannered, **освічена** educated; **вразлива** impressionable, **жовторота** *fig.* unfledged, **наївна** naive, **недосвідчена** inexperienced, **незріла** callow; **ніжна** tender, **солодка** sweet; **сором'язлива** shy, **тиха** quiet
Also see **панна 2, юначка.** *Cf.* **жінка 1**
2 girlfriend ◊ **Чи він має ~у?** Does he have a girlfriend?
adj. **нинішня** *and* **теперішня** current; **нова** new; **остання** last; **перша** first; **колишня** former; **постійна** steady; **ревнива** jealous; **вагітна** pregnant
n. + **д. низка дівчат** a string of girlfriends
v. + **д. знаходити ~у** find a girlfriend ◊ **Тарас довго не міг знайти ~у.** It took Taras a long time to find a girlfriend. (**мати** have; **цілувати** kiss; **шукати** look for) ◊ **Він перестав шукати собі ~у.** He stopped looking for a girlfriend. **жити з ~ою** live with a girlfriend (**знайомитися з** meet ◊ **Вона познайомилася зі своєю ~ою**

на ву́лиці. She met her girlfriend on the street. **одру́жуватися з** marry) ◊ **Він намі́ряєть одружи́тися зі свое́ю ~ою.** He intends to marry his girlfriend. **осві́дчуватися** + *D.* **~і** 1) confess one's love to a girlfriend; 2) propose to a girlfriend ◊ **Богда́н осві́дчився ~і че́рез рік пі́сля знайо́мства.** Bohdan proposed to his girlfriend a year after meeting her.

дід, *m.*, **~а**
1 grandfather, grandad, grandpa ◊ **Молодя́та яки́йсь час жили́ в ~а Іва́на.** The newlyweds lived at Grandfather Ivan's for some time.
adj. **дороги́й** dear ◊ **Лист почина́вся слова́ми «Дороги́й ~у».** The letter began with the words "Dear Grandad." **лю́блячий** loving, **улю́блений** favorite ◊ **Ону́ки не могли́ дочека́тися, коли́ до них при́їде і́хній улю́блений д. Хома́.** The grandchildren could hardly wait for their favorite Grandpa Khoma to come visit them. **щасли́вий** happy; **молоди́й** young; **си́вий** gray-haired; ♦ **~и** *fig.* ancestors, forefathers ◊ **У селі́ жили́ поколі́ння і́хніх ~ів.** Generations of their ancestors lived in the village.
v. + **д. бу́ти ~ом** be a grandfather (**назива́ти** + *A.* call sb ◊ **Тепе́р Ле́ва на́віть ді́ти назива́ли ~ом.** Now even children called Lev grandad. **роби́ти** + *A.* make sb, **става́ти** become)
prep. **д. по ба́тьківській лі́нії** a paternal grandfather ◊ **Його́ назва́ли Сергі́єм на честь ~а по ба́тьківській лі́нії.** He was named Serhii, in honor of his paternal grandfather. (**матери́нській лі́нії** maternal)
Cf. **ба́ба 1**
2 *colloq.* old man ◊ **У п'ятдеся́т сім ро́ків Павло́ вигляда́в як д.** At his fifty-seven, Pavlo looked like an old man.
adj. **не́мічний** frail, **слаби́й** *or* **хво́рий** sick; **си́вий** gray-haired; **енергі́йний** vigorous, **жва́вий** lively, **кремє́зний** sturdy, **м'язи́стий** brawny ◊ **Д. ви́явився на ди́во м'язи́стим.** The old man turned out to be surprisingly brawny.
Cf. **ба́ба 2**

дієсл|о́во, *nt., ling.*
verb
adj. **акти́вне** active, **паси́вне** passive; **головне́** main ◊ **Він мав ви́значити головне́ д. в ре́ченні.** He had to determine the main verb in the sentence. **допомі́жне** auxiliary; **мода́льне** modal; **неперехі́дне** intransitive, **перехі́дне** transitive ◊ **Д. керу́є знахі́дним відмі́нком.** A transitive verb governs the accusative case. **доко́нане** perfective, **недоко́нане** imperfective; **непо́вне** defective, **непра́вильне** irregular ◊ **табли́ця непра́вильних ~ів** a table of irregular verbs; **пра́вильне** regular
n. + **д. вид ~о́ва** verbal aspect (**стан** voice), **відмі́на ~о́ва** verb conjugation (**закі́нчення** ending, **ко́рінь** root, **осно́ва** stem, **фо́рма** form, **час** tense)
v. + **д. аналізува́ти д.** analyze a verb (**відміня́ти** conjugate ◊ **Він відміня́в ~ова́ в тепе́рішньому ча́сі.** He was conjugating verbs in the present tense. **вжива́ти** use, **використо́вувати** make use of ◊ **А́втор використо́вує д.** The author makes use of the verb. **підбира́ти** select); **поє́днуватися з ~о́вом** take a verb ◊ **Прислі́вники поє́днуються з ~ова́ми.** Adverbs take verbs.
д. + *v.* **закі́нчуватися на** + *A* end in *(sound)* ◊ **У початко́вій фо́рмі ко́жне д. закі́нчується на ~ти.** In the infinitive, each verb ends in ~ти. **змі́нюватися** inflect ◊ **У мину́лому ча́сі д. змі́нюється зале́жно від ро́ду і числа́ підмета.** In the past tense, the verb inflects depending on the subject's gender and number. **керува́ти** + *I.* govern sth ◊ **Д. «боя́тися» керу́є родо́вим відмі́нком.** The verb "боятися" governs the genitive case. **поє́днуватися з** + *I.* combine with *(a word)*, **узго́джуватися з** + *I.* agree with *(the subject, etc.)* ◊ **Д. узго́джується з підметом за осо́бою і число́м.** The verb agrees with the subject in person and number.
See **іме́нник, сло́во**

діє́т|а, *f.*
diet
adj. **до́бра** good, **здоро́ва** healthy, **пожи́вна** nutritious, **розу́мна** sensible ◊ **Вона́ дотри́мувалася розу́мної ~и.** She adhered to a sensibe diet. **врівнова́жена** balanced, **різномані́тна** varied; **нале́жна** adequate; **ке́пська** poor, **нездоро́ва** unhealthy, **пога́на** bad; **веґетарія́нська** vegetarian, **голо́дна** starvation, **овоче́ва** vegetable, **ри́сова** rice; **суво́ра** strict; **легка́** light; **по́вна** total; **ді́єва** effective; **нова́** new; **революці́йна** revolutionary
v. + **д. почина́ти ~у** start a diet ◊ **Воло́дя поча́в суво́ру ~у.** Volodia started a strict diet. (**признача́ти** + *D.* prescribe sb, **рекомендува́ти** + *D.* recommend to sb ◊ **Зо́я порекомендува́ла по́друзі ді́єву ~у.** Zoia recommended an effective diet to her female friend. **закі́нчувати** finish, **припиня́ти** stop; **перерива́ти** interrupt; **пору́шувати** break; **сади́ти** + *A.* **на** *colloq.* put sb on ◊ **Лі́кар посади́в Оле́ну на по́вну ~у.** The doctor put Olena on a full diet. **сіда́ти на** *colloq.* go on a diet); **дотри́муватися ~и** follow a diet ◊ **Вона́ ре́вно дотри́мується ~и.** She jealously follows her diet. (**обхо́дитися без** do without) ◊ **Марі́я обходи́лася без ~и.** Maria did without a diet.
д. + *v.* **включа́ти** + *A.* include sth, **місти́ти** + *A.* contain sth ◊ **Д. мі́стить ри́бу.** The diet contains fish. **дозволя́ти** + *A.* allow sth; **склада́тися з** + *G.* consist of sth
prep. **на ~і** on a diet ◊ **Він на ~і.** He is on a diet.
Also see **ї́жа, стіл 2**

дієти́чн|ий, *adj.*
dietary, of or pertaining to diet, low-fat
д. + *n.* **д. борщ** diet borshch ◊ **реце́пт ~ого борщу́** a recipe for diet borshch. (**сала́т** salad; **напі́й** drink; **план** plan ◊ **Лі́кар підготува́в для ньо́го д. план.** The doctor put together a diet plan for him. **реце́пт** recipe; **обі́д** lunch, **сніда́нок** breakfast); **~а ї́жа** diet food (**стра́ва** dish)

дізна|ва́тися, **~ю́ться; ~тися**, **~ю́ться**, *intr.*
1 to find out, learn ◊ **На́стя не хоті́ла, щоб ма́ти ~лася, що ста́лося того́ дня.** Nastia did not want her mother to find out what had happened that day.
adv. **вже** already, **за вся́ку ціну́** at any price, **наре́шті** finally, **нега́йно** immediately ◊ **Андрі́єві тре́ба нега́йно ~тися, чи вони́ ви́слали матерія́ли.** Andrii needs to find out immediately whether or not they sent the materials. **за́раз же** right away; **незаба́ром** soon, **шви́дко** quickly, **якнайшви́дше** as soon as possible; **ле́гко** easily ◊ **Вони́ ле́гко ~лися про її за́хід.** They easily found out about her event.
v. + **д. бу́ти тре́ба** + *D.* need to; **намага́тися** try to ◊ **Вона́ намага́лася ~тися про обста́вини вби́вства.** She was trying to learn about the circumstances of the murder. **хоті́ти** want to
prep. **д. в** + *G.* find out in *(a source)* ◊ **Вона́ ~лася про цю поді́ю в газе́ті.** She found out about the event in the newspaper. **д. від** + *G.* find out from sb ◊ **Тама́ра могла́ ~тися про Оста́па ті́льки в** *or* **від його́ сестри́.** Tamara could learn about Ostap only from his sister. **д. з** + *G.* find out from *(a source)* ◊ **Про це мо́жна ~тися з телевізі́йних нови́н.** One can learn about it from TV news. **д. про** + *A.* find out about sb/sth
Also see **дові́дуватися 1, прові́дувати 2, розві́дувати 1, розко́пувати 2, справля́тися 4, чу́ти 2**
2 to ask, inquire ◊ **Він прихо́див ~тися, коли́ по́тяг до Лу́цька.** He came to find out when the train for Lutsk was.
See **пита́ти**
дізнава́йся! дізна́йся!

дізна́|тися, *pf., see* **дізнава́тися**
to find out, learn ◊ **Іва́н ~вся реце́пт ґарні́ру в ку́харя рестора́ну.** Ivan learned the recipe for the side dish from the restaurant's chef.

ді́йсн|ий, *adj.*
1 real, actual ◊ **Вони́ ма́ють спра́ву з ~ими фа́ктами.** They deal with actual facts. ♦ **д. член** a full member; ♦ **~а військо́ва слу́жба** active military service ◊ **Оре́ста почала́ ~у військо́ву слу́жбу в жито́мирській зало́зі.** Oresta started her active military service in the Zhytomyr garrison.
See **реа́льний, спра́вжній**
2 valid *(of document)* ◊ **Для по́дорожі тре́ба ма́ти д. па́спорт.** To travel one needs a valid passport.
adv. **виразно** distinctly, **за́вжди́** always, **по́вністю** fully, **форма́льно** formally, **цілко́м** completely, **ще** still; **юриди́чно** legally, **я́вно** clearly
v. + **д. бу́ти ~им** be valid ◊ **Ко́пія свідо́цтва ~а.** The copy of the certificate is valid. (**вважа́ти** + *A.* hold sth, **визнава́ти** + *A.* recognize sth as, **виявля́тися** turn out, **лиша́тися** remain ◊ **Посві́дчення лиша́лося ~им ще три мі́сяці.** The ID remained valid for another three months. **оголо́шувати** + *A.* declare sth) ♦ **роби́ти** + *A.* **~им** to validate sth ◊ **Підпис дире́ктора роби́в докуме́нт ~им.** The director's signature validated the document.
Also see **чи́нний 1.** *Ant.* **неді́йсний**
3 *ling.* indicative ♦ **д. спо́сіб** the indicative mood ◊ **Він зна́є д., умо́вний і наказо́вий спо́соби дієсло́ва.** He knows indicative, conditional, and imperative moods of the verb.

ді́йсн|ість, *f.*, **~ости**, *only sg.*
reality
adj. **прекра́сна** wonderful, **щасли́ва** happy; **болю́ча** painful, **брута́льна** brutal, **важка́** hard, **гірка́** bitter, **гніту́ча** depressing, **жахли́ва** horrible, **жорсто́ка** cruel, **неприє́мна** unpleasant, **нефорту́нна** unfortunate, **пону́ра** dismal ◊ **Пону́ра д. безробі́ття гніти́ла її.** The dismal reality of unemployment depressed her. **потво́рна** ugly, **похму́ра** grim, **страшна́** terrible, **сумна́** sad; **об'єкти́вна** objective; **бу́денна** mundane, **прозаї́чна** prosaic, **щоде́нна** day-to-day ◊ **Його́ щоде́нна д. була́ моното́нною.** His day-to-day reality was monotonous. **зо́внішня** external; **альтернати́вна** alternative ◊ **У слухача́ склада́лося вра́ження, що промо́вець живе́ в альтернати́вній ~ості.** The listener formed the impression that the speaker lived in an alternative reality. **віртуа́льна** virtual; **парале́льна** parallel; **духо́вна** spiritual; **матерія́льна** material, **фізи́чна** physical; **економі́чна** economic, **політи́чна** political, **психологі́чна** psychological, **суспі́льна** social
д. + *n.* **д. життя́** the reality of life ◊ **Якби́ вона́ ті́льки могла́ зміни́ти д. життя́!** If only she could alter the reality of her life! (**існува́ння** existence; **стано́вища** situation, **ста́ну** condition)
n. + **д. відчуття́ ~ости** a sense of reality (**розумі́ння** understanding; **сприйняття́** perception)
v. + **д. визнава́ти д.** acknowledge reality (**прийма́ти** accept ◊ **І́гор прийма́є д. тако́ю, як вона́ є.** Ihor accepts reality as it is. **розумі́ти** understand ◊ **Письме́нниця глибо́ко розумі́є сове́тську д. тіє́ї доби́.** The (female) writer has a deep understanding of the Soviet reality of that period. **сприйма́ти** perceive ◊ **Софі́я сприйма́ла америка́нську д. крізь при́зму вла́сних упере́джень.** Sofiia perceived the American reality through the prism of her own prejudices. **відобража́ти** reflect, **зобража́ти** depict, **опи́сувати** describe; **представля́ти** *or*

репрезентува́ти represent; **конструюва́ти** construct, **ство́рювати** create; **уявля́ти (собі)** imagine ◊ **Він уявля́в пореволюці́йну д. краї́ни іна́кшою.** He imagined the post-revolution reality of the country to be different. **змі́нювати** alter; **прихо́вувати** obscure; **спотво́рювати** distort ◊ **Його́ репорта́жі спотво́рюють д. війни́.** His coverage distorts the reality of the war. **вті́лювати** + *A.* **в** make sth) ◊ **Наста́в день, коли́ Соломі́я вті́лила план у д.** The day had come, when Solomiia made her plan a reality. **бу́ти (виявля́тися, здава́тися) віді́рваним від ~ости** be (turn out, seem, *etc.*) divorced from reality ◊ **Прое́кт віді́рваний від ~ости.** The project is divorced from reality. (**втіка́ти від** escape from ◊ **спро́ба втекти́ від гніту́чої ~ости** an attempt to escape from the depressing reality; **поверта́ти** + *A.* **до** bring sb back to ◊ **Крик ма́тері поверну́в Гали́ну до ~ости.** Her mother's shout brought Halyna back to reality. **поверта́тися до** come back to) ◊ **Ада́м із не́хіттю поверта́вся до прозаї́чної ~ости.** Adam came back to prosaic reality with reluctance. **бу́ти ~істю** be a reality ◊ **Переслі́дування були́ тепе́р її щоде́нною ~істю.** Persecution was now her daily reality. (**вважа́ти** + *A.* consider sth ◊ **Вона́ ста́ла вважа́ти фанта́зії ~істю.** She started considering her fantasies a reality. **здава́тися** + *D.* seem to sb; **става́ти** become) ◊ **Ю́ркова мрі́я ста́ла ~істю шви́дше, як він сподіва́вся.** Yurko's dream became a reality sooner than he expected. ♦ **ма́ти спі́льне з ~істю** to have to do with reality ◊ **Його́ ба́чення не ма́ло нічо́го спі́льного з ~істю.** His view had nothing to do with reality.
prep. **в ~ості** in reality
Also see **реа́льність 1, сього́дні 2**

дій|ти́, *pf., see* **дохо́дити**

to reach, arrive, come, get to ◊ **Вони́ шви́дко ~шли́ до о́зера.** They quickly reached the lake.

ділі|ити, ~ю, ~ять; по~, *tran.*

1 to divide, partition; *fig.* disunite
adv. **акура́тно** neatly; **на́впіл** *or* **надво́є, попола́м** in two ◊ **Поділи́вши буха́нку на́впіл, Лі́на покла́ла полови́ну до ми́сника.** Having divided the loaf in two, Lina put a half in the cupboard. **по́рівну** equally, **то́чно** exactly, **чі́тко** clearly; **дові́льно** arbitrarily; **ле́две** scarcely, **наси́лу** barely, **неохо́че** reluctantly; **справедли́во** fairly, **че́сно** honestly; ♦ **д. на́впіл** to halve ◊ **Вона́ ноже́м поділи́ла ковбасу́ на́впіл.** She halved the sausage with a knife.
prep. **д. на** + *A.* divide into *(parts)* ◊ **Він поділи́в торт на де́сять части́н.** He divided the cake into ten parts.
Also see **розбива́ти 6, розділя́ти 1, розко́лювати 2, розподіля́ти**
2 *math.* to divide
adv. **у мить** in a flash ◊ **Калькуля́тор уми́ть ~ить будь-яку́ су́му на будь-яке́ число́.** The calculator divides any sum by any figure in a flash. **митте́во** instantaneously, **операти́вно** promptly, **за́раз же** right away, **шви́дко** quickly; **помилко́во** mistakenly, **непра́вильно** incorrectly; **пра́вильно** correctly
v. + **д. бу́ти тре́ба** + *D.* need to ◊ **Сто тре́ба по~ на сім із полови́ною.** One hundred needs to be divided by seven and a half. **вмі́ти** know how to ◊ **Він уже́ вмі́є д. і мно́жити.** He already knows how to divide and multiply. **ма́ти** be supposed to; **навча́ти** + *A.* teach sb to, **навчи́тися** learn to ◊ **Він навчи́вся д.** He learned to divide.
prep. **д. на** + *A.* divide by *(a value)*
Ant. **мно́жити 2**
3 *fig.* to share with sb ◊ **Він ~ив із ни́ми всі ра́дості життя́.** He shared all the joys of life with them.
adv. **за́вжди́** always; **іно́ді** at times, **ча́сом** sometimes; **ніко́ли не** never; **рі́дко коли́** rarely ever; **охо́че** willingly, **ра́до** gladly ◊ **Ори́ся ра́до ~ила з не́ю свої́ despite зарі́бки.** Orysia gladly shared her earnings with her. **неохо́че** reluctantly
v. + **д. бу́ти гото́вим** be ready to ◊ **Вона́ гото́ва по~ ви́граш з дру́зями.** She is ready to share the money she won with her friends. **бу́ти зму́шеним** be forced to, **му́сити** have to; **відмовля́тися** refuse to ◊ **Він категори́чно відмо́вився д. з ни́ми інформа́цію.** He flatly refused to share information with them. **пропонува́ти** + *D.* offer sb to; **хоті́ти** want to ◊ **Сергі́й поділи́в уло́в ри́би з бра́том.** Serhii shared his catch of fish with his brother.
prep. **д. з** + *I.* share with sb
Also see **діли́тися 1, розділя́ти 1**
pa. pple. **поді́лений** divided, shared
(по)діли́!

діли́|тися; по~, *intr.*

1 to share with; exchange + *I.* ◊ **Він ~вся з Тара́сом хлі́бом і водо́ю.** He shared bread and water with Taras.
adv. **ві́льно** freely ◊ **Тут сприя́тливі умо́ви, щоб ві́льно д. да́ними.** There are favorable conditions to freely share data here. **по-бра́тськи** like brothers, **по́вністю** fully, **по́рівну** equally, **че́сно** equitably; **за́вжди́** always ◊ **Злочи́нці за́вжди́ ~лися награбо́ваним.** The criminals always shared their booty. **іно́ді** at times, **ча́сом** sometimes; **ніко́ли не** never; **рі́дко коли́** rarely ever ◊ **Ми́ша рі́дко коли́ ~ться з ним вра́женнями від фі́льмів.** Mysha rarely ever shares his impressions of movies with him. **з гото́вністю** readily ◊ **Вона́ з гото́вністю поді́литься до́свідом із моло́дшим коле́гою.** She will readily share her experience with her younger colleague. **охо́че** willingly, **ра́до** gladly; **неохо́че** reluctantly
v. + **д. бу́ти гото́вим** be ready to ◊ **Він гото́вий по~ гроши́ма.** He is ready to share the money. **бу́ти зму́шеним** be forced to ◊ **Кра́мар зму́шений д. прибу́тком із рекети́рами.** The storekeeper is forced to share his profits with racketeers. **му́сити** have to; **відмовля́тися** refuse to; **пропонува́ти** + *D.* offer sb to; **хоті́ти** want to ◊ **Ві́ктор хоті́в по~ з ни́ми нови́ною.** Viktor wanted to share the news with them
Also see **діли́ти 3, склада́тися 2**
2 to be divided, consist of, divide into ◊ **Мі́сто ~ться на райо́ни.** The city is divided into districts.
prep. **д. на** + *A.* divide into sth ◊ **Кварти́ра ~ться на три части́ни.** The apartment is divided into three parts.
See **склада́тися**
3 *pass., math.* to be divided by *(value)* ◊ **Сім не ~ться на три.** Seven cannot be divided by three.

ді́л|о, *nt.*

1 business, matter, concern ◊ **У ме́не до вас є нага́льне д.** I have an urgent matter for you. ♦ **вели́ке д.** *iron.* big deal ◊ **«Вели́ке д., дире́ктор! Я не бою́ся його́!» ви́гукнув Іва́н.** "Big deal, the director! I am not afraid of him!" Ivan shouted. ♦ **займа́тися ~ом** to get down to business ◊ **Нам пора́ зайня́тися ~ом.** It's high time we got down to business. ♦ **ма́ти д. з** + *I.* to deal with sb/sth, have to do with sb/sth ◊ **Вона́ ма́ла ді́ло з полі́цією.** She was dealing with the police. ♦ **на ~і** actually, in practice ◊ **Вони́ на ~і дове́ли, на чиї́м боці́ вони́ бо́ці.** They actually proved whose side they were on. ♦ **не бу́де ~а** that cock won't fight; it won't work ◊ **Поба́чивши, що з перемо́вин не бу́де ~а, вони́ пішли́ геть.** Having seen that the talks would come to nothing, they left.
See **спра́ва 1.** *Also see* **клопі́т 2, пита́ння 2**
2 care, concern ♦ **не тво́є** *or* **ва́ше д.** none of your business ◊ **Скі́льки Марко́ві пла́тять за робо́ту – це не ва́ше д.** It is none of your business how much Marko is getting paid for the job. ♦ **яке́ мені́ (тобі́, вам, їм) д. до** + *G.* what do I (you, they) care about sb/sth ◊ **Яке́ мені́ д. до ва́ших пробле́м?** What do I care about your problems?
See **турбо́та 1**
3 work, job, cause, deed ◊ **Ма́ти не люби́ла ходи́ти без ~а.** Mother did not like having no work to do. ♦ **на слова́х і** *or* **чи на ~і** in word and/or deed ◊ **Що б він не роби́в на слова́х чи на ~і, він роби́в це для діте́й.** Whatever he did in word or deed, he did it for his children. ◊ **У не́ї сло́во не розхо́диться з ~ом.** Her word is not at odds with her deeds.
v. + **д.** ♦ **роби́ти д.** to do the work, be useful ◊ **Пора́ вже д. роби́ти, а не язика́ми моло́ти!** It's time to make yourselves useful instead of wagging your tongues. ♦ **лиша́тися без ~а** to find oneself at loose ends
See **робо́та 1**

ділов|и́й, *adj.*

1 business, of or pertaining to business
д. + *n.* **д. костю́м** a business suit ◊ **Ко́жен був у ~о́му костю́мі.** Everyone had a business suit on. (**о́дяг** attire; **обі́д** lunch; **партне́р** partner; **план** plan; **світ** world) ; **~а́ дільни́ця** a business district ◊ **~а́ дільни́ця мі́ста** the city's business district (**зу́стріч** meeting ◊ **Вона́ ма́ла ~і зу́стрічі пополу́дні.** She had business meetings in the afternoon. **наго́да** opportunity; **опера́ція** transaction; **пра́ктика** practice, **страте́гія** strategy; **уго́да** agreement), ♦ **~а́ люди́на** a business person; **~е́ відря́дження** a business trip (**листува́ння** correspondence ◊ **Дире́ктор зберіга́в ~е́ листува́ння.** The director kept his business correspondence. **порозумі́ння** understanding); **~і́ взає́мини** business relationship (**вида́тки** expense; **інтере́си** interests, **ко́ла** circles; **конта́кти** contacts; **перемо́вини** negotiations) ◊ **Вони́ почали́ ~і перемо́вини.** They start business negotiations.
2 practical, businesslike, conducive to work, serious
д. + *n.* **д. підхі́д** a serious approach ◊ **Від Світла́ни сподіва́лися ~о́го підхо́ду.** They expected a businesslike approach from Svitlana. **~а́ атмосфе́ра** a businesslike atmosphere (**пропози́ція** proposal, **розмо́ва** conversation) ◊ **Розмо́ва була́ ~о́ю .** The conversation was businesslike.
See **серйо́зний 2**

дільни́ц|я, *f.*

1 area, region, neighborhood, part
adj. **га́рна** nice ◊ **Півні́чна д. мі́ста особли́во га́рна.** The northern district of the city is especially nice. **за́ти́шна** cozy, **прие́мна** pleasant; **жва́ва** lively; **со́нна** sleepy; **вели́ка** large, **значна́** considerable; **невели́ка** small; **відда́лена** remote ◊ **Її банк у відда́леній ~і.** Her bank is in a remote area. **дале́ка** distant; **окре́слена** outlined; **приле́гла** adjacent, **сусі́дня** neighboring; **центра́льна** central; **півні́чна** northern, **схі́дна** eastern, *etc.* **ексклюзи́вна** exclusive; **бага́та** rich, **замо́жна** affluent; **бі́дна** poor; **житлова́** residential; **робітни́ча** working-class; **істори́чна** historical, **стара́** old, **старови́нна** ancient, **мі́ська** urban, **примі́ська** suburban, **сі́льська** rural; **прибере́жна** coastal; **ділова́** business, **індустрія́льна** *or* **промислова́** industrial, **портова́** port, **складська́** warehouse, **торго́ва** commercial, **фіна́нсова** financial; **богемна** bohemian, **мисте́цька** arts, **розважа́льна** entertainment, **театра́льна** theater; **студе́нтська** student, **університе́тська** university; **деше́ва** cheap, **недорога́** inexpensive, **досту́пна** *or* **присту́пна** affordable; **дорога́** expensive; **фешене́бельна** trendy
v. + **д. населя́ти ~ю** populate an area; **поселя́тися в ~і** settle in an area ◊ **Зе́ня посели́лася у за́ти́шній ~і.** Zenia settled

in a cozy neighborhood. (**жити в** live in; **розташóвуватися в** be situated in)
д. + *v.* **включáти** + *A.* include sth; **лежáти** lie ◊ **Ділова́ д. міста лежить на південь від двірця́.** The business part of town lies to the south of the station. **простягáтися** stretch
prep. **в ~ю** *dir.* to an district ◊ **Вони́ прямували у комерці́йну ~ю.** They were heading to the commercial district. **в ~і** *posn.* in an district ◊ **Вона́ день пропадáла в богéмній ~і.** For one day, she hung out in the bohemian neighborhood. **пóряд із ~ею** next to an area
See **окóлиця 1.** *Also see* **райóн 2.** *Cf.* **райóн 1**
2 district
adj. **адміністрати́вна** administrative; **ви́борча** electoral ◊ **Мари́на працювáла спостерігáчкою на ви́борчій ~і.** Maryna worked as observer in an electoral district. ♦ **поліці́йна д.** a police precinct

ділян|ка, *f.*
1 plot *(of land)*, lot, parcel ◊ **Ветерáн війни́ мав прáво отри́мати ~ку землі́.** A war veteran had the right to receive a plot of land.
adj. **вели́ка** large, **значнá** considerable; **кри́хітна** tiny, **малá** small ◊ **Д. нáдто малá, щоб умісти́ти на ній ґарáж.** The plot is too small to fit a garage on it. **малéнька** *dim.* small, **невели́ка** small; **будівéльна** construction, **земéльна** land, **лісовá** forest, **садóва** garden; **окрéма** separate
д. + *n.* **д. землі́** a plot of land (**лі́су** forest, **пóля** field, **сáду** garden, **стéпу** steppe, *etc.*)
v. + **д. брáти в орéнду ~ку** get a lease on a plot ◊ **Вони́ взяли́ в орéнду лісову́ ~ку.** They got a lease on a plot of forest. (**купувáти** buy, **орендувáти** lease, **придбáти** *pf.* acquire; **продавáти** sell ◊ **Закóн дозволя́є продавáти земéльні ~ки.** The law allows selling plots of land. **культивувáти** cultivate, **обробля́ти** work, **орáти** plow, **засівáти** sow, **сади́ти** plant) ◊ **Вони́ засади́ли ~ку горóдиною.** They planted the plot with vegetables.
д. + *v.* **бу́ти рóзміром (в)** + *A.* measure *(amount)* ◊ **Д. є рóзміром 20 м на 15 м.** The plot measures 20 m by 15 m.
prep. **на ~ку** *dir.* on/to a plot ◊ **Він вивóзив гній на ~ку.** He took the manure out to the plot. **на ~ці** *posn.* on a plot ◊ **На ~ці нічóго не хотíло рости́.** Nothing would grow on the plot.
Also see **ґрунт 5**
2 area, part, section, stretch
adj. **вели́ка** large, **величéзна** huge, **значнá** sizable; **широ́ка** wide; **малá** *and* **невели́ка** small, **обмéжена** limited ◊ **Врáжена обмéжена д. шкі́ри.** A limited section of skin has been affected. **вузькá** narrow
д. + *n.* **д. дорóги** a section of the road (**лі́су** forest, **пóля** field, **стéпу** steppe ◊ **Вони́ спали́ли ~ку стéпу.** They burned a section of the steppe. **ву́лиці** street, **мі́ста** city; **бéрега** coast, **пля́жу** beach, *etc.*)
3 field, sphere, domain ◊ **Він фахівéць якрáз у ціи́ ~ці.** He is an expert in this very field.
See **гáлузь, цари́на.** *Also see* **кóло[1] 4**
G. pl. **~ок**

д|ім, *m.*, **~óму**
1 house ◊ **Бі́ля нáшого ~óму був парк.** There was a park near our house. ◊ **П'ятдесятни́цька громáда збудувáла д. моли́тви.** The Pentecostal community built a house of prayer. ♦ **Бі́лий д.** the White House; ♦ **Бóжий д.** a church, house of God; ♦ **публі́чний д.** *and* **д. розпу́сти** *euph.* a brothel ◊ **Пóльщі тут був д. розпу́сти.** Under Poland, there was a brothel here.
prep. **у д.** *dir.* in/to a house ◊ **Вонá забі́гла в д.** She ran into the house. **у ~óмі** *posn.* in a house ◊ **Він народи́вся у ~óмі, що на рóзі.** He was born in the house on the corner. **до ~óму** to a house ◊ **До ї́хнього ~óму під'ї́хала таксі́вка.** A taxi drove up to their house.
See **буди́нок 1.** *Also see* **буди́нок 2**
2 home, dwelling, residence ◊ **Мій д. відкри́тий для дру́зів.** My home is open for friends.
adj. **батькі́вський** parental ◊ **Він пішóв із батькі́вського ~óму, як закінчи́в шкóлу.** He left his parental home after he had completed school. **влáсний** one's own, **роди́нний** *or* **сімéйний** family; **при́браний** adopted ◊ **Помéшкання стáло ї́хнім при́браним ~óмом.** *fig.* The apartment became their adopted home. **налéжний** proper, **правди́вий** true, **спрáвжній** real; **пості́йний** permanent, **тимчасóвий** temporary; **коли́шній** former, **ни́нішній** current, **тепéрішній** present; **нови́й** new, **стари́й** old; **дóбрий** good, **щасли́вий** happy; **гости́нний** hospitable, **зати́шний** cozy; **нещасли́вий** unhappy, **розби́тий** broken ◊ **Вони́ ви́росли в розби́тому ~óмі з батькóм-пиякóм.** They grew up in a broken home with a drunkard father.
v. + **д. втрачáти д.** lose a home ◊ **Деся́тки ти́сяч украї́нців втрáтили д. унаслі́док росі́йської аґрéсії.** Dozens of thousands of Ukrainians lost their homes as a consequence of the Russian aggression. (**давáти** + *D.* give sb ◊ **Вони́ дали́ сиротí правди́вий д.** They gave the orphan a true home. **забезпéчувати** + *D.* provide for sb ◊ **Він забезпéчив сім'ї́ зати́шний д.** He provided a cozy home for his family. **знахóдити** find; **ки́дати** abandon ◊ **Дівчи́на булá зму́шена ки́нути д., у якóму народи́лася.** The girl was forced to abandon the home she had been born in. **лишáти** leave; **ствóрювати** create ◊ **Він створи́в у чужóму мі́сті влáсний д.** He created his own home in a strange city. **шукáти** look for; **перетвóрювати** + *A.* **на** convert sth into) ◊ **Він перетвори́в гори́ще на свій д.** He converted the attic into his home. **вихóдити з ~óму** leave home ◊ **Він вихóдить із ~óму рáно, щоб усти́гнути на електри́чку.** He leaves home early to catch the commuter train. (**вті́кáти з** run away from ◊ **Дити́на втеклá з ~óму.** The child has run away from home. **йти з** get away from); **бу́ти пóза ~óмом** be away from home
prep. **в ~óмі** *posn.* in a home ♦ **У влáсному ~óмі влáсні звичаї́.** My house, my rules. **з ~óму** 1) from home, out of one's home; 2) from one's homeland, from one's country ◊ **Вонá ви́їхала з ~óму в 1998 рóці.** She left her country in 1998.
Also see **дах 2, закутóк 2, помéшкання 1, хáта 2.** *Cf.* **кутóк 2, стрі́ха 2**
3 household, home, family ◊ **У ї́хньому ~óмі панувáла тривóга.** Anxiety reigned in their home. ◊ **Весь д. знав про те, що стáлось.** The entire household knew what had happened.
See **роди́на, сім'я́ 1**
N. pl. **~óми**

дір|á, *f.*
1 hole
adj. **вели́ка** big ◊ **У човні́ вели́ка д.** There is a big hole in the boat. **величéзна** enormous, **гігáнтська** gigantic, **глибóка** deep, **колосáльна** colossal, **маси́вна** massive, **зя́юча** gaping; **кри́хітна** tiny, **малá** small, **малéнька** *dim.* small, **невели́ка** small; **квадрáтна** square, **кру́гла** round, **окру́гла** circular; **нері́вна** ragged, **рвáна** jagged; **озóнова** ozone ◊ **Над Антаркти́дою утвори́лася озóнова д.** An ozone hole formed above Antarctica. **чóрна** *astr.* black ◊ **Учéні знайшли́ ще одну́ чóрну ~у́.** Scientists found yet another black hole.
v. + **д. виколу́пувати ~у́** pick a hole ◊ **Він вúколупав ~у́ в сті́ні.** He picked a hole in the wall. (**викóпувати** dig, **випáлювати** burn, **довбáти** gouge ◊ **Тéсля ви́довбав у дóшці чоти́ри ~и́.** The carpenter gouged out four holes in the board. **пробивáти** punch, **прориваáти** tear, **протирáти** wear ◊ **Мико́ла попротирáв ~и на колі́нах.** Mykola wore holes in his knees. **роби́ти** make, **просвéрдлювати** drill, **свердли́ти** bore ◊ **Вонá ви́свердлилá ~у́ в стéлі.** She bore a hole in the ceiling. **шму́(г)ляти** *colloq.* wear ◊ **Орéста ви́шмуляла на лі́кті ~у́.** Oresta wore a hole in the elbow. **забивáти** plug ◊ **Вонá заби́ла ~у́ в кутку́ шмáткою.** She plugged the hole in the corner with a rag. **закривáти** close up, **запóвнювати** fill ◊ **~и в підлóзі запóвнили бетóном.** The holes in the floor were filled with concrete. **затикáти** block up, **латáти** patch) ◊ **Юліян полатáв ~у́ в кишéні.** Yulian patched a hole in his pocket.
prep. **чéрез ~у́** through a hole ◊ **Вони́ пролі́зли до склáду чéрез ~у́ в сті́ні.** They got into the storehouse through a hole in the wall. **д. в** + *L.* a hole in/on sth
Also see **провáл 2**
2 *fig.* boondocks, backwater ◊ **Мі́сто Берди́чів булó правди́вою ~óю.** The City of Berdychiv was truly the sticks.
adj. **вели́ка** great, **глибóка** deep, **правди́ва** true, **спрáвжня** real, **страшнá** terrible ◊ **Вонá опини́лася у страшні́й ~і.** She ended up in terrible boondocks. **культу́рна** cultural ◊ **Совє́ти перетвори́ли столи́цю Украї́ни на культу́рну ~у́.** The Soviets turned the capital of Ukraine into a cultural backwater. **літерату́рна** literary, **спорти́вна** sports, *etc.* **заду́шлива** suffocating, **провінці́йна** provincial
v. + **д. видобувáтися з ~и́** extract oneself from the boondocks ◊ **Рік він не міг ви́добутися з провінці́йної ~и́.** For a year, he could not extract himself from the provincial backwater.
Also see **окраї́на 2, прові́нція 2, селó 2**
N. pl. **~и**

дістá|вáти, **~ю́ть; ~ти**, **~нуть**, *tran.*
1 to get, take ◊ **Він став на табурéтку, щоб ~ти кни́жку з поли́ці.** He stood on the stool to get a book from the shelf.
adv. **несподі́вано** unexpectedly, **рáптом** suddenly ◊ **Він рáптом ~в ключ із кишéні.** He suddenly took the key out of his pocket. **тут же** right away, **шви́дко** quickly; **крадькомá** stealthily, **ти́хо** quietly
v. + **д. бу́ти трéба** + *D.* need to ◊ **Наді́ї трéба ~ти картóплі з льóху.** Nadiia needs to get the potatoes from the cellar. **могти́** can; **намагáтися** try to ◊ **Він намагáвся ~ти води́ з колóдязя.** He tried to get water from the well. **хоті́ти** want to; **казáти** + *D.* tell sb to, **накáзувати** + *D.* order sb to, **проси́ти** + *A* ask sb to
2 to get, obtain, procure, find, come by
adv. **бу́дь-що** at any cost, **лéдве** hardly, **наси́лу** barely, **нарéшті** finally, **негáйно** immediately, **я́кось** somehow ◊ **Яри́на мáла я́кось ~ти ві́зу.** Yaryna had to get a visa somehow.
v. + **д. бу́ти вáжко** + *D.* be difficult to, **бу́ти неможли́во** be impossible to ◊ **У той час булó мáйже неможли́во ~ти бензи́ну.** At that time, it was almost impossible to procure gas. **бу́ти лéгко** be easy to ◊ **Квитки́ на пóтяг лéгко ~ти у мерéжі.** Train tickets are easy to get on the Internet. **бу́ти трéба** need to ◊ **Ї́й трéба ~ти ще одну́ авті́вку.** She needs to find another car. **могти́** can; **намагáтися** try to, **проси́ти** + *A.* ask sb to, **хоті́ти** want to; **обіця́ти** + *D.* promise sb to
Also see **організóвувати 3**
3 to reach ◊ **Він став навшпи́ньки, намагáючися ~ти лáмпу.** He stood on tiptoe, trying to reach the lamp.
prep. **д. до** + *G.* reach sth ◊ **Лев ~вáв головóю до лю́стри.** Lev's head reached the chandelier. **Здавáлося, вонá моглá ~ти до зі́рóк.** *fig.* It seemed she could reach the stars.
4 to receive, get ◊ **Ти ~неш пакéт за ти́ждень.** You'll get the package in a week. ◊ **Марі́я ~ла трі́йку з матемáтики.** Maria got a C in math. ◊ **Зáраз непрóсто ~ти дóбру óсвіту.** Nowadays it is not simple to get a good education. ♦ **д. в мóрду** *or* **по мóрді** *colloq.* to take a beating ◊ **Він знóву ~в по мóрді.** He got a beating again.
See **одéржувати, отри́мувати.** *Also see* **попадáти 5**

5 *fig., colloq.* to annoy, get under sb's skin, drive sb up the wall ◊ **На́дя ~ла його́ жа́ртами.** He has had enough of Nadia and her jokes. ◊ **«Не ~ва́й дя́дька свої́ми проха́ннями!» – кри́кнув він.** "Stop pestering your uncle with your requests!" he cried.
no pa. pple.
дістава́й! діста́нь!

діста|ва́тися; ~тися, *intr.*
1 to get, receive, acquire + *D.* ◊ **Йому́ ча́сто ~ва́лася до́бра робо́та.** He often got good jobs. ◊ **Наза́рові ~ла́ся кімна́та в гурто́житку.** Nazar received a room in the dormitory. ◊ **Визна́ння ~ло́ся керівнико́ві.** Recognition went to the director.
See **оде́ржувати, отри́мувати.** *Also see* **дістава́ти 4**
2 to get, arrive, make one's way to; to find oneself, end up
adv. **вже** already, **вре́шті-ре́шт** eventually, **наре́шті** finally; **вча́сно** on time ◊ **Щоб ~тися до Глу́хова, він сів на такси́вку.** In order to get to Hlukhiv, he took a taxi. **пі́зно** late, **ра́но** early; **операти́вно** promptly; **безпе́чно** safely, **живи́м і здоро́вим** safe and sound; **ско́ро** soon, **шви́дко** quickly
v. + **д. бу́ти ва́жко** be hard to, **бу́ти неможли́во** be impossible to ◊ **Було́ неможли́во ~тися туди́ за коро́ткий час.** It was impossible to get there in a short time. **бу́ти ле́гко** be easy to; **бу́ти тре́ба** + *D.* need to ◊ **Їм тре́ба ~тися до Че́рнігова за годи́ну.** They need to get to Chernihiv in an hour. **змогти́** *pf.* manage to ◊ **Як він зміг ~тися до та́бору?** How did he manage to get to the camp? **намага́тися** strive to, **поспіша́ти** be in a hurry to ◊ **Вони́ поспіша́ли ~тися на весі́лля.** They were in a hurry to get to the wedding. **стара́тися** try to; **хоті́ти** want to; **щасти́ти** + *D.* be lucky enough to ◊ **Дівча́там пощасти́ло ~тися на конце́рт.** The girls were lucky to get into the concert.
prep. **д. від** + *G.* ... **до** + *G.* get from *(a place)* to *(a place)* ◊ **Як ~тися від лето́вища до мі́ста?** How do you get from the airport to the city? **д. на** + *A.* get to *(an event)* ◊ **д. на ви́ставку** get to an exhibition (**відкриття́** opening, **зу́стріч** meeting, **ле́кцію** talk, **презента́цію** presentation, **прем'є́ру** premiere, *etc.*)
See **прибува́ти 2, прихо́дити 1.** *Also see* **приїжджа́ти**
3 *impers.* to be punished, to suffer + *D.* ◊ **Найбі́льше ~ва́лося ста́ршому бра́тові.** It was the eldest brother who suffered the most.
prep. **д. від** + *G.* be punished, suffer from sb ◊ **Їй ~ло́ся від ба́тька.** Father let her have it. **д. за** + *A.* suffer for sth ◊ **Бо́рисові ~ло́ся за його́ бала́чку.** Borys suffered for his blabber.
See **стражда́ти.** *Also see* **потерпа́ти 1, стогна́ти 2, терпі́ти 4**

діста́|ти, *pf., see,* **дістава́ти**
to get, obtain; take, *etc.* ◊ **Лаборато́рія ~ла фіна́нсову допомо́гу відо ба́нку.** The lab got financial aid from a bank.

діста́|тися, *pf., see,* **дістава́тися**
to get to, reach; be punished, suffer, *etc.* ◊ **Зві́дти було́ ле́гко д. до узбере́жжя.** From there it was easy to get to the shore.

ді|я, *f.*, ~ї
1 action, energy, drive ◊ **Вона́ не люби́ла слів, вона́ була́ люди́ною ~ї.** She did not like words; she was a person of action. ◊ **Матві́єві набри́дло чека́ти, він пра́гнув ~ї.** Matvii got tired of waiting; he longed for action.
See **вчи́нок**
2 *only pl.* actions, activities, deeds, measures
adj. **акти́вні** vigorous, **енергі́йні** energetic, **ефекти́вні** effective, **жорсткі́** harsh, **рішу́чі** decisive, **си́льні** strong, **тверді́** firm ◊ **Га́нна схиля́лася на ко́ристь тверди́х ~й.** Hanna was in favor of firm action. **агреси́вні** aggressive, **наси́льницькі** violent ◊ **Наси́льницькі ~ї лише́ загостри́ли протисто́яння.** Violent actions only exacerbated the conflict. **нале́жні** proper, **невідкла́дні** expeditious, **нега́йні** immediate, **операти́вні** prompt, **терміно́ві** urgent, **швидкі́** swift; **групові́** group, **колекти́вні** collective, **об'є́днані** united, **спі́льні** joint, **узго́джені** concerted; **багатосторо́нні** multilateral, **двосторо́нні** bilateral, **однобі́чні** *or* **односторо́нні** unilateral; **коре́ґува́льні** corrective; **небезпе́чні** dangerous, **провокати́вні** provocative, **шкідли́ві** harmful; **безглу́зді** senseless, **імпульси́вні** impulsive, **необду́мані** rash, **стихі́йні** spontaneous; **прямі́** direct; **ухи́льні** evasive; **випере́джувальні** preemptive, **запобі́жні** *and* **превенти́вні** preventive; **військо́ві** military, **воє́нні** war; **дисципліна́рні** disciplinary; **правові́** legal, **юриди́чні** juridical; **викона́вчі** executive, **законода́вчі** legislative; **воро́жі** hostile
v. + **д. вико́нувати ~ї** perform actions ◊ **Компа́нія вико́нує всі юриди́чні ~ї, передба́чені зако́ном.** The company performs all the juridical actions stipulated by the law. (**здійснювати** carry out; **виклика́ти** touch off ◊ **Са́нкції ви́кличуть ~ї у відпові́дь.** The sanctions will touch off an action in response. **провокува́ти** provoke ◊ **Зая́ва спровокува́ла випере́джувальні ~ї з бо́ку Ки́єва.** The statement provoked preemptive action on the part of Kyiv. **штовха́ти** + *A.* **на** spur sb into); **вимага́ти ~й** call for action ◊ **Аґре́сія вимага́ла нега́йних ~й міжнаро́дної спільно́ти.** The aggression called for immediate action by the international community. (**вдава́тися до** resort to ◊ **Інциде́нт зму́сив нача́льника вда́тися до дисциплі́на́рних ~й.** The incident forced the boss to resort to a disciplinary action. **втри́мувати** + *A.* **від** hold sb back ◊ **Міжнаро́дні ґара́нтії не втри́мали дикта́тора від аґреси́вних ~й.** The international guarantees failed to hold the dictator back from aggression actions. **втри́муватися від** refrain from; **залуча́ти** + *A.* **до** rouse sb to ◊ **Він залучи́в грома́ду до ~й на підтри́мку кампа́нії.** He roused the community to action in support of the campaign. **заохо́чувати** + *A.* **до** prod sb into); **запобіга́ти ~ям** prevent action ◊ **Спостерігачі́ не запобіга́ли необду́маним ~ям сторі́н конфлі́кту.** The observers did not prevent rash action of the sides of the conflict.
prep. **д. на підтри́мку** + *G.* an action in support of sb/sth; **~ї про́ти** + *G.* actions against sb/sth ◊ **~ї про́ти ма́фії** actions against the mafia
See **захі́д**[1] **2**
3 operation, functioning
adj. **ефекти́вна** efficient, **нале́жна** proper, **норма́льна** normal, **пла́вна** smooth, **ритмі́чна** rhythmic; **ста́ла** steady, **трива́ла** durable; ◊ **д. ново́го обла́днання** functioning of new equipment.
prep. **в ~ю** *dir.* in/to operation ◊ **Фа́брику запусти́ли в ~ю че́рез мі́сяць.** The factory was launched into operation in a month. **в ~ї** *posn.* in operation ◊ **Заво́д був у ~ї рік.** The plant was in operation for a year.
See **робо́та 4**
4 influence, effect ◊ **Лев ма́є згу́бну ~ю на си́на.** Lev is having a detrimental effect on his son.
prep. ♦ **під ~єю** + *G.* under the influence of sth ◊ **Під ~єю тя́жіння предме́ти па́дають.** Under the influence of gravity objects fall.
See **вплив 1**
5 action, developments, events
adj. **головна́** main; **одноча́сна** simultaneous, **парале́льна** parallel; **попере́дня** preceding; **насту́пна** subsequent
n. + **д. мі́сце ~ї** a scene of action, location, setting ◊ **Режисе́р обра́в за мі́сце ~ї ві́рменську око́лицю.** The director chose the Armenian quarter as the location. (**обста́вини** circumstance, **умо́ви** conditions, **час** time) ◊ **Ча́сом ~ї була́ середи́на XVII столі́ття.** The middle of the 17th century was the setting of the events.
д. + *v.* **відбува́тися** occur ◊ **Д. відбува́ється під час війни́.** The events occur during the war. **розвива́тися** develop ◊ **Д. п'є́си розвива́лася в ди́вному на́прямку.** The events of the play developed in a strange direction. **розгорта́тися** unfold, **точи́тися** happen; **зупиня́тися** come to a halt; **приско́рюватися** *and* **пришви́дшуватися** speed up; **сповільнюватися** slow down
See **поді́я**
6 *theat.* act ◊ **Драмату́рг написа́в п'є́су на чоти́ри ~ї.** The playwright wrote a four-act play.
adj. **пе́рша** first, **дру́га** second, **тре́тя** third; **заклю́чна** concluding, **фіна́льна** final
prep. **у ~ї** in an act ◊ **Геро́й з'явля́ється на сце́ні у дру́гій ~ї.** The character appears on stage in the second act.
See **п'є́са.** *Also see* **акт 2, части́на 1**

дія́гноз, *m.*, **~у**
diagnosis ◊ **Остато́чний д. ви́явився не таки́м серйо́зним, як вона́ побо́ювалася.** The final diagnosis turned out to be not as serious as she had feared.
adj. **пра́вильний** correct, **то́чний** accurate; **конкре́тний** specific; **початко́вий** initial, **попере́дній** provisional; **остато́чний** final, **тверди́й** firm; **непра́вильний** wrong, **поми́лковий** mistaken, **хи́бний** erroneous; **невті́шний** disappointing, **пога́ний** bad, **страшни́й** horrible, **сумни́й** sad; **клі́ні́чний** clinical, **меди́чний** medical, **психіятри́чний** psychiatric
v. + **д. визнача́ти д.** determine a diagnosis ◊ **До́вгий час лі́карі не могли́ ви́значити йому́ пра́вильний д.** For a long time, the doctors could not determine a correct diagnosis for him. (**встано́влювати** establish, **ста́вити** + *D.* give sb; **підтве́рджувати** confirm, **роби́ти** make ◊ **Вона́ не могла́ зроби́ти д. без о́гляду.** She could not make a diagnosis without an examination. **підтри́мувати** support; **дістава́ти** get, **отри́мувати** receive; **уточня́ти** specify; **відкида́ти** reject, **запере́чувати** repudiate ◊ **Результа́ти ана́лізів дава́ли йому́ підста́ви запере́чити пе́рвісний д.** The test results gave him grounds to repudiate the initial diagnosis. **ста́вити під су́мнів** question); ♦ **ста́вити** + *D.* **д.** to diagnose sb

діягносту|ва́ти, ~ють; *same, tran.*
to diagnose ◊ **Йому́ ~ва́ли СНІД.** He was diagnosed with AIDS.
adv. **пра́вильно** correctly, **то́чно** accurately; **конкре́тно** specifically; **пе́рвісно** initially, **попере́дньо** provisionally; **остато́чно** finally, **тве́рдо** firmly; **непра́вильно** wrongly, **поми́лково** mistakenly ◊ **Йому́ поми́лково ~ва́ли главко́му.** He was mistakenly diagnosed with glaucoma. **хи́бно** erroneously; **вча́сно** on time, **ра́но** early, **запі́зно** too late
v. + **д. бу́ти ва́жко** be difficult to ◊ **Кровови́ливи ва́жко д.** It is difficult to diagnose hemorrhages. **бу́ти неможли́во** be impossible to; **бу́ти ле́гко** be easy to; **вмі́ти** be capable of ◊ **Не ко́жен лі́кар умі́є пра́вильно д. цю генети́чну анома́лію.** Not every doctor is capable of diagnosing this genetic anomaly correctly. **змогти́** *pf.* manage to ◊ **Лі́кар зміг д. її́ хворо́бу.** The doctor managed to diagnose her disease. **могти́** can; **намага́тися** strive to, **стара́тися** try to; **не змогти́** fail to
pa. pple. **діягносто́ваний** diagnosed
діягносту́й!

діяле́кт, *m.*, **~у**
dialect
adj. **міськи́й** urban ◊ **Він працю́є над а́тласом**

міськи́х ~ів. He is working on an atlas of urban dialects. **місце́вий** local, **реґіона́льний** regional, **соція́льний** social; **півде́нно-за́хідний** southwestern, **півні́чний** northern, **центра́льний** central; **англі́йський** English, **кана́дський** Canadian, **італі́йський** Italian, **украї́нський** Ukrainian; **гуцу́льський** Hutsul, **карпа́тський** Carpathian, **ле́мківський** Lemko, **полі́ський** Polissian, **руси́нський** Rusyn; **забу́тий** forgotten, **напівзабу́тий** half-forgotten, **стари́й** old

n. + **д. носі́й ~у** a dialect speaker ◊ **Він записа́в кілько́х носі́їв напівзабу́того ~у.** He recorded several speakers of a half-forgotten dialect. (**озна́ка** attribute, **особли́вість** peculiarity, **характери́стика** characteristic)

v. + **д. володі́ти ~ом** have a command of a dialect ◊ **Він володі́є за́хіднополі́ським ~ом.** He has a command of the Western Polissian dialect. (**розмовля́ти** speak; **вивча́ти** study, **опи́сувати** describe; **імітува́ти** imitate; **використо́вувати** use ◊ **Кінорежисе́р використо́вує місце́вий д.** The film director uses the local dialect. **опано́вувати** master)

Also see **гові́рка 1.** *Cf.* **мо́ва 1**

діяло́|г, *m.*, **~гу**
dialogue; *also fig.*

adj. **відкри́тий** open, **відве́ртий** frank, **че́сний** honest ◊ **че́сний і відве́ртий д. про стано́вище жі́нки в роди́ні** an honest and frank dialogue about the status of women in the family; **щи́рий** sincere; **здоро́вий** healthy; **прями́й** direct ◊ **Цей кро́к унеможли́влював прями́й д. між сторона́ми.** This step made direct dialogue between the parties impossible. **публі́чний** public; **конструкти́вний** constructive, **ко́рисний** useful; **тісни́й** close, **змісто́вний** meaningful, **ціка́вий** interesting; **правди́вий** true, **спра́вжній** real; **важки́й** difficult, **непро́стий** tough, **складни́й** complicated; **серйо́зний** serious; **го́стро потрі́бний** acutely needed, **ду́же потрі́бний** badly needed; **гаря́чий** heated, **драмати́чний** dramatic, **напру́жений** tense; **коро́ткий** brief; **пода́льший** further; **трива́лий** lengthy; **ни́нішній** current; **культу́рний** cultural ◊ **Ві́йна покла́ла край культу́рному ~ові між сусі́дніми краї́нами.** The war put an end to the cultural dialogue between the neighboring countries. **літерату́рний** literary, **мисте́цький** artistic, **науко́вий** scientific; **диплома́ти́чний** diplomatic, **політи́чний** political, *etc.*

v. + **д. вести́ д.** hold ◊ **Оби́два у́ряди веду́ть д., незважа́ючи на відсу́тність диплома́ти́чних відно́син.** The two governments are holding a dialogue despite the absence of diplomatic relations. (**відкрива́ти** open ◊ **Ви́ставка маля́рства відкри́ла мисте́цький д. між украї́нцями і ту́рками.** The painting exhibition opened an artistic dialogue between the Ukrainians and the Turks. **ініціюва́ти** initiate, **почина́ти** start; **встано́влювати** establish; **заохо́чувати** encourage; **ма́ти** have ◊ **Воні́ ма́ли змісто́вний д.** They had a meaningful dialogue. **прова́дити** conduct; **відно́влювати** restore, **продо́вжити** *pf.* resume ◊ **Мета́ мі́сії – продо́вжити д.** The mission's goal is to resume the dialogue. **продо́вжувати** continue; **перерива́ти** interrupt; **зупиня́ти** stop, **припиня́ти** cease; **пропонува́ти** + *D.* offer to sb; **виключа́ти** rule out, **унеможли́влювати** make impossible, **ускла́днювати** complicate ◊ **Висло́влювання президе́нта ускла́днювали д. між двома́ краї́нами.** The president's pronouncements complicated the dialogue between the two nations. **вступа́ти в** enter) ◊ **Вона́ вступи́ла в д. з кри́тиками.** She entered the dialogue with her detractors. **уника́ти ~гу** avoid a dialogue (**ухиля́тися від** evade; **заохо́чувати** + *A.* **до** prod sb to); **запобіга́ти ~гові** *or* **~гу** prevent a dialogue (**спри́яти** promote)

д. + *v.* **відбува́тися** take place ◊ **У переда́чі відбу́вся ціка́вий д.** An interesting dialogue took place on the show. **почина́тися** begin, **продо́вжуватися** go on, continue ◊ **Поча́тий д. продо́вжується.** The initiated dialogue continues. **трива́ти** go on, be underway

prep. **в ~зі** in a dialogue ◊ **Про кри́зу не зга́дується в ~зі.** The crisis is not mentioned in the dialogue. **д. з** + *I.* a dialogue with sb; **д. між** + *I.* a dialogue between/among sb; **д. на те́му** + *G.* a dialogue on the subject of sth ◊ **д. на те́му декомуніза́ції краї́ни** a dialogue on the subject of the country's de-communization; **д. про** + *A.* a dialogue about sb/sth ◊ **~ги про архітекту́ру** dialogues about architecture

Also see **розмо́ва**

дія́льн|ість, *f.*, **~ости**, *only sg.*
activity, work, actions

adj. **акти́вна** vigorous, **енергі́йна** energetic; **гарячко́ва** frenetic ◊ **Буди́нок був осере́дком гарячко́вої ~ости змо́вників.** The house was the center of a frenetic activity of the conspirators. **напру́жена** intense, **поси́лена** heightened, **шале́на** frantic, **нерво́ва** nervous, **поспі́шна** hasty; **злочи́нна** *and* **кримі́на́льна** criminal ◊ **Скорумпо́вана полі́ція сама́ брала́ у́часть у злочи́нній ~ості.** The corrupt police themselves took part in criminal activities. **незако́нна** unlawful, **нелеґа́льна** illegal, **підривна́** subversive, **терористи́чна** terrorist ◊ **Їх звинува́чують у терористи́чній ~ості.** They are being accused of terrorist actions. **підозрі́ла** suspicious; **таємна** secret; **лю́дська** human ◊ **Лю́дська д. є причи́ною ґлоба́льного потепл́іння.** Human actions are the cause of global warming. **економі́чна** economic, **культу́рна** cultural, **науко́ва** scientific, **осві́тня** educational, **політи́чна** political ◊ **Окса́нина політи́чна д. почала́ дава́ти плоди́.** Oksana's political activity began to yield fruit. **профе́сі́йна** professional, **релігі́йна** religious, **суспі́льна** social

n. + **д. ви́бух ~ости** a burst of activity (**озна́ки** signs ◊ **Клу́б не виявля́в озна́к ~ости.** The club did not exhibit signs of activity. **по́ле** field, **рі́вень** level)

v. + **д. координува́ти д.** coordinate activity ◊ **О́рган координу́є д. кілько́х міністе́рств.** The body is coordinating the activities of several ministries. (**організо́вувати** organize ◊ **Вона́ організува́ла д. двадцяти́ груп підтри́мки.** She organized the activity of twenty support groups. **прово́дити** carry out, **очо́лювати** head, **спрямо́вувати** direct; **заохо́чувати** encourage, **підтри́мувати** support, **стимулюва́ти** stimulate; **почина́ти** begin; **продо́вжувати** continue; **припиня́ти** stop ◊ **Фунда́ція припини́ла д.** The foundation stopped its activities. **гальмува́ти** hamper, **заборони́ти** ban ◊ **Зако́н заборони́в д. раси́стських па́ртій.** The law banned activities of racist parties. **обме́жувати** restrict) ◊ **Слу́жба безпе́ки намага́лася обме́жити професі́йну д. журналі́стів.** The security service tried to restrict journalists' professional activity. **спри́яти** promote; **кла́сти край ~ості** to put an end to activity; **кипі́ти ~істю** bustle with activity ◊ **Осере́док Пла́сту кипі́в ~істю.** The Plast branch bustled with activity. (**керува́ти** direct; **нагляда́ти за** monitor); **бра́ти у́часть в** take part in ◊ **Він брав у́часть у ~ості масо́нів.** He took part in the Freemasons' activities.

д. + *v.* **розгорта́тися** unfold ◊ **У мі́сті розгорта́лася д. комуні́стів.** Activities of the communists were unfolding in the city.

prep. **д. на бла́го суспі́льства** activity for the good of society

Cf. **акти́вність, життя́ 2, робо́та**

дія́мант, *m.*, **~а**
diamond

adj. **бездога́нний** flawless, **доскона́лий** perfect; **вели́кий** big, **величе́зний** enormous; **мале́нький** *dim.* small, **мали́й** *and* **невели́кий** small; **блиску́чий** shining, **сліпу́чий** dazzling ◊ **Її́ кошто́вні сере́жки зі сліпу́чих ~ів одра́зу впада́ли в о́ко.** Her expensive earrings of dazzling diamonds immediately caught the eye. **спра́вжній** real, **щи́рий** genuine; **фальши́вий** fake ◊ **~и були́ фальши́вими.** The diamonds were fake. **синтети́чний** synthetic; **неогра́нений** uncut; **відшлі́фований** polished, **огра́нений** cut; **промисло́вий** industrial

n. + **д. торгі́вля ~ами** diamond trade ◊ **Нью-Йо́рк – осере́док торгі́влі ~ами.** New York is a center of the diamond trade. (**торго́вець** dealer) ◊ **Він – торго́вець ~ами.** He is a diamond dealer.

v. + **д. носи́ти д.** wear a diamond ◊ **Вона́ но́сить ~и.** She wears diamonds. (**огра́нювати** cut, **шліфува́ти** polish); **бу́ти інкрусто́ваним ~ами** be encrusted with diamonds ◊ **Руко́ятка меча́ інкрусто́вана ~ами.** The sword hilt is encrusted with diamonds. (**інкрустува́ти** + *A.* encrust sth with; **вибли́скувати** *fig.* shine like) ◊ **Її́ о́чі вибли́скували двома́ ~ами.** Her eyes shone like two diamonds.

д. + *v.* **ко́штува́ти** + *A.* cost sth; **прикраша́ти** + *A.* grace sth; **блища́ти** *or* **вибли́скувати** shine, **сліпи́ти** + *A.* dazzle sb ◊ **Він не з тих, кого́ слі́плять зо́лото й ~и.** He is not one of those who is dazzled by gold and diamonds. **ся́яти** sparkle

prep. **з ~ів** made of diamonds ◊ **Її́ декольте́ прикраша́ло кольє́ з ~ів.** A diamond necklace graced her cleavage.

дія́мантов|ий, *adj.*
diamond, of or pertaining to diamond; decorated with diamonds

д. + *n.* **д. брасле́т** a diamond bracelet (**медальйо́н** pendant, **пе́рстень** ring); **~а бро́шка** a diamond brooch (**за́понка** cufflink, **каблу́чка** ring, **сере́жка** earring; **промисло́вість** industry, **торгі́вля** trade; **копа́льня** *or* **ша́хта** mine) ◊ **~і копа́льні** *or* **ша́хти Ботсва́ни** Botswana diamond mines; ♦ **~е весі́лля** a diamond wedding anniversary ◊ **Подру́жжя Якове́нків святку́є ~е весі́лля.** The Yakovenkos are celebrating their diamond wedding anniversary.

дія́метр, *m.*, **~а**
diameter

adj. **вну́трішній** internal, **зо́внішній** external; **вели́кий** large, **мали́й** small

v. + **д. визнача́ти д.** determine the diameter ◊ **За допомо́гою про́стого при́ладу ле́гко ви́значити д. труби́.** It is easy to determine the diameter of the pipe with a simple instrument. (**ви́мірювати** measure, **знахо́дити** find, **обчи́слювати** calculate; **збі́льшувати** increase ◊ **Д. цилі́ндра тре́ба збі́льшити на міліме́тр.** The cylinder diameter needs to be increased by a millimeter. **зме́ншувати** reduce; **ма́ти** have) ◊ **Обру́ч ма́є д. у сім сантиме́трів.** The band has a diameter of 40 cm. **бу́ти** + *A.* **~ом** be sth in diameter ◊ **Люсте́рко було́ 50 мм ~ом.** The looking glass was 50 mm in diameter.

prep. **в ~і** in diameter ◊ **стовп 60 см у ~і** a pillar 60 cm in diameter; **д. у** + *A.* a diameter of *(value)*

діяпазо́н, *m.*, **~у**
1 range, scope

adj. **вока́льний** vocal; **мали́й** small; **вели́кий** great ◊ **Яросла́ва ма́ла вели́кий вока́льний д.** Yaroslava had a great vocal range. **по́вний** complete, **широ́кий** wide; **ве́рхній** *or* **горі́шній** upper, **долі́шній** *or* **ни́жній** lower; **доста́тній** sufficient, **задові́льний** satisfactory; **вузьки́й** narrow, **обме́жений** limited

д. + *n.* **д. го́лосу** a vocal range ◊ **Співако́ві браку́є ~у го́лосу.** The singer lacks the vocal range.

n. + **д. ме́жі ~у** range limits

v. + **д. визначáти д.** determine a range (**збі́льшувати** increase, **поши́рювати** widen, **розширя́ти** broaden; **зву́жувати** narrow, **змéншувати** reduce, **обмéжувати** limit; **мáти** have)
prep. **в мéжах ~у** within a range; **пóза ~ом** beyond a range ◊ **Пі́сня є пóза йогó ~ом.** The song is beyond his range.
2 *fig.* scope, range
adj. **вели́кий** great ◊ **Газéта надає́ шпáльти для вели́кого ~у думóк.** The newspaper offers its pages to a great range of opinions. **величéзний** huge, **широ́кий** wide; **всеохóпний** comprehensive, **обши́рний** extensive; **безконéчний** infinite, **необмéжений** unlimited; **відмі́нний** excellent, **дóбрий** good; **ви́значений** determined, **вузьки́й** narrow, **невели́кий** small, **обмéжений** limited; **пóвний** complete, **ці́лий** whole; **жáнровий** genre, **стильови́й** style, **темати́чний** thematic, *etc.*
д. + *n.* **д. ді́ї** a range of action (**застосувáння** application ◊ **Лі́ки мáють обмéжений д. застосувáння.** The medicine has a limited range of applications. **емóцій** emotions; **почутті́в** sensations; **думóк** opinions, **переконáнь** convictions, **пóглядів** views ◊ **Передáча озву́чує широ́кий д. пóглядів.** The show vocalizes a wide range of views. **підхóдів** approaches, **смакі́в** tastes; **сти́лів** styles, *etc.*)
v. + **д. включáти д.** include a range (**охóплювати** span ◊ **Її музи́чні вподóбання охóплюють д. жáнрів.** Her musical tastes span a range of genres. **покривáти** cover; **представля́ти** represent ◊ **Пóказ мóди предстáвив обмéжений д. смакі́в.** The fashion show represented a limited range of tastes. **збі́льшувати** increase, **поши́рювати** widen, **розширя́ти** broaden; **зву́жувати** narrow, **змéншувати** reduce, **обмéжувати** limit) ◊ **Організáтори обмéжили д. літерату́ри на я́рмарку.** The organizers limited the range of literature at the fair.
prep. **в ~і** in/within a range ◊ **У ~і її зацікáвлень тáнець, теáтр і кінó.** Dance, theater, and film are within the range of her interests.
Also see **спектр**
3 *techn.* band, range
adj. **рáдіо** radio, **радіомаґні́тний** radiomagnetic, **хвильови́й** wave, **частóтний** frequency; **дóвгий** longwave, **корóткий** shortwave ◊ **У ті роки́ Рáдіо «Свобóда» передавáла в корóткому ~і.** In those years, Radio Liberty broadcast on a shortwave band. **серéдній** medium-wave; **ви́щий** upper, **ни́жчий** lower; **люби́тельський** amateur-radio, **морськи́й** marine; **меди́чний** medical, **науко́вий** scientific, **промислóвий** industrial ◊ **Промислóвий рáдіо-д. використóвують для бездротóвих мерéж.** The industrial radio frequency band is used for wireless networks. **поліці́йний** police, **сті́льникóвий** cellular, *etc.*
д. + *n.* **д. частоти́** a frequency range (**хвиль** wave) ◊ **три ~и радіомаґні́тних частóт: дóвгий, серéдній і корóткий** three radiomagnetic frequency ranges: longwave, mediumwave, and shortwave
v. + **д. визначáти д.** define a band (**давáти** + *D.* allocate ◊ **Ліцéнзія дає стáції д. мóвлення.** The license allocates a broadcast band to the station. **збі́льшувати** increase, **поши́рювати** widen, **розширя́ти** broaden; **зву́жувати** narrow, **змéншувати** reduce, **обмéжувати** limit; **мáти** have); **передавáти в ~і** broadcast on a band ◊ **Рáдіо «Люксембу́рґ» передавáло в серéдньому хвильовóму ~і.** Radio Luxemburg broadcast on the medium-wave band.

діáспор|а, *f.*

diaspora
adj. **бли́зька** close, **далéка** distant; **новá** new, **старá** old; **зорганізóвана** organized, **неорганізóвана** unorganized; **вели́ка** large, **значнá** significant, **неаби́яка** major; **малá** small, **кри́хітна** tiny, **малéнька** *dim.* small, **невели́ка** small; **впливóва** influential, **потýжна** powerful, **си́льна** strong; **слабкá** weak; **зáхідна** western, **схі́дна** eastern; **африкáнська** African, **ірлáндська** Irish ◊ **Бóстон є осерéдком ірлáндської ~и.** Boston is a center of the Irish diaspora. **італі́йська** Italian, **пóльська** Polish, **украї́нська** Ukrainian ◊ **Усю́ украї́нську ~у поділя́ють на зáхідну і схі́дну.** The whole Ukrainian diaspora is divided into western and eastern parts.
n. + **д. звичаї ~и** diaspora customs (**тради́ції** traditions, **мóва** language; **організáція** organization; **вплив** influence, **роль** role) ◊ **Роль ~и у зберéженні украї́нської наýки величéзна.** The role of the diaspora in the preservation of Ukrainian scholarship is enormous.
v. + **д. станови́ти ~у** constitute a diaspora (**критикувáти** criticize); **налéжати до ~и** belong to a diaspora ◊ **Воні́ налéжать до украї́нської ~и Італі́ї.** They belong to the Ukrainian diaspora of Italy. **жи́ти в ~і** live in diaspora ◊ **Лéся живé в ~і від 2004 рóку.** Lesia has lived in the diaspora since 2004.
д. + *v.* **допомагáти** + *D.* help sb/sth ◊ **Украї́нська д. у США багáто допомагáє старóму крáєві.** The Ukrainian diaspora in the USA has helped the old country a great deal. **лобіювáти** + *A.* lobby sb ◊ **Д. лобіює канáдський у́ряд на кóристь Украї́ни.** The diaspora lobbies the Canadian government in Ukraine's favor. **мáти вплив на** + *A.* have influence sb/sth; **організóвувати** + *A.* organize sb/sth, **підтри́мувати** + *A.* support sb/sth, **спонсорувáти** + *A.* sponsor sb/sth ◊ **Д. спонсорувáла допомóгу Збрóйним Си́лам Украї́ни.** The diaspora sponsored aid to the Armed Forces of Ukraine.
prep. **у ~і** 1) in diaspora; 2) *fig.* abroad ◊ **Воні́ живу́ть у ~і.** They live abroad. **з ~и** from diaspora ◊ **У Хáркові відкри́лася ви́ставка мáлярів з ~и.** An exhibit of artists from the diaspora opened in Kharkiv.

діáспорн|ий, *adj.*

diaspora, of or pertaining to diaspora
д. + *n.* **д. осерéдок** a diaspora center (**полі́тик** politician); **~а газéта** a diaspora newspaper ◊ **~а газéта «Свобóда» – найстарі́ше украї́нське періоди́чне ви́дання у сві́ті.** The Svoboda diaspora newspaper is the oldest Ukrainian periodical in the world. (**мóва** language; **організáція** organization; **прéса** press ◊ **Її публіку́ють як у материкóвій, так і ~ій прéсі.** She is published both in the mainland and diaspora press. **публікáція** publication); **~е видавни́цтво** a diaspora publishing house (**ви́дання** edition; **отóчення** setting, **серéдовище** environment) ◊ **Вонá вирослá зану́реною в ~е серéдовище Нью-Йóрку.** She grew up immersed in the environment of the New York diaspora. **~і впли́ви** diaspora influences

ді|яти, ~ють; *no pf., intr.*

1 to act, do ◊ **Трéба д.** We need to act.
adv. **блискави́чно** instantaneously, **негáйно** immediately, **одрáзу** at once, **операти́вно** promptly, **скóро** swiftly, **зáраз же** right away, **шви́дко** quickly; **рі́шуче** resolutely, **тве́рдо** firmly; **закóнно** legally, **налéжно** properly, **прáвильно** correctly; **незакóнно** illegally, **неконституці́йно** unconstitutionally ◊ **Приймáючи закóн, парлáмент ~яв неконституці́йно.** Passing the law, the parliament was acting unconstitutionally. **неналéжно** improperly, **непрáвильно** incorrectly, **нечéсно** dishonestly; **відповідáльно** responsibly, **му́дро** wisely, **обáчно** discreetly, **оберéжно** cautiously ◊ **Óльга ~є оберéжно.** Olha acts with caution. **раціонáльно** rationally, **резóнно** reasonably, **розу́мно** intelligently; **крадькомá** stealthily, **ти́хо** quietly, ♦ **ти́хою сапóю** *colloq.* in stealth ◊ **Він воліів д. ти́хою сапóю, щоб не ви́кликати підóзр.** He preferred to act in stealth, so as not to raise suspicions. **безвідповідáльно** irresponsibly, **нему́дро** unwisely, **необáчно** indiscreetly, **необерéжно** incautiously, **нераціонáльно** irrationally, **нерезóнно** unreasonably, **нерозу́мно** foolishly; **відпові́дно** accordingly ◊ **Софі́я ~яла відпові́дно.** Sofiia acted accordingly. **ефекти́вно** effectively; **передбáчувано** predictably; **непередбáчувано** unpredictably; **ди́вно** strangely, **підозрі́ло** suspiciously; **імпульси́вно** impulsively ◊ **Хомá ~яв імпульси́вно.** Khoma acted impulsively. **необду́мано** rashly, **пóхапцем** hastily, **спі́шно** hurriedly; **підсту́пно** treacherously ◊ **Коли́ вимагáють обстáвини, вонá ~є хи́тро й підсту́пно.** When circumstances require, she acts with cunning and treachery. **спри́тно** smartly, **хи́тро** cunningly; **відвáжно** valiantly, **герóїчно** heroically, **зухвáло** defiantly, **смілúво** bravely; **аґреси́вно** aggressively, **незалéжно** independently, **самості́йно** single-handedly, on one's own ◊ **Остáп ~яв самості́йно.** Ostap acted on his own. **односторóнньо** unilaterally; **рáзом** together, **спі́льно** jointly, **узгóджено** in concert; ♦ **на влáсний страх і ри́зик** at one's own peril ◊ **Воні́ ~яли на влáсний страх і ри́зик.** They acted at their own peril.
v. + **д. бу́ти зму́шеним** be forced to, have to; **бу́ти слід** + *D.* should ◊ **Їм слід негáйно д.** They should act immediately. **бу́ти трéба** + *D.* need to ◊ **Їм трéба бу́де д. узгóджено.** They will need to act in concert. **могти́** can; **намагáтися** *and* **старáтися** try to; **відмовля́тися** refuse to; **не давáти** + *D.* not allow sb to, **перешкоджáти** + *D.* prevent sb from ◊ **Чи́нні прáвила перешкоджáють йомý ефекти́вно д.** The current rules prevent him from acting effectively.
prep. **д. в** + *L.* act in *(space, etc.)* ◊ **Він ~яв у вáкуумі.** He was acting in vaccuum. ♦ **д. в інтерéсах** + *G.* to act in sb's interest ◊ **Батьки́ переконáні, що ~ють в інтерéсах дітéй.** The parents are convinced they are acting in their children's interests. **д. від і́мени** + *G.* act in sb's behalf ◊ **Адвокáт уповновáжений д. від її і́мени.** The attorney is authorized to act in her behalf. **д. (не)нáче** act if ◊ **Івáн ~яв так, нáче нíчого не знав.** Ivan acted as if he knew nothing. **д. з** + *G.* act out of *(motivation)* ◊ **Славкó ~яв з відчаю.** Slavko was acting out of desperation. **д. прóти** + *G.* act against sb/sth ◊ **Він відмóвився д. прóти сумлі́ння.** He refused to act against his conscience.
Also see **роби́ти 3, чини́ти 1**
2 to function, operate, work ◊ **Двигу́н ~яв бездогáнно.** The engine functioned impeccably. ◊ **У Дру́гу світову́ війну́ в лісáх ~яли партизáни.** In World War 2, guerillas operated in the forests.
See **працювáти, функціонувáти**
3 to do, undertake ◊ **Я не знáю, що д.** I don't know what to do. ◊ **«Як мóжна такé д.?» – питáла Мóтря.** "How can one do such things?" Motria was asking.
Also see **роби́ти 3**
4 to be in place, be in effect, apply ◊ **В Украї́ні ~ють украї́нські закóни.** In Ukraine, Ukrainian laws apply.
5 to affect, influence, to have an effect on; *pf.* **по~**
prep. **д. на** + *A.* affect sb/sth ◊ **Ця істóрія глибóко поді́яла на хлóпців.** This story deeply affected the boys. ◊ **Жóдні лі́ки не ~ють на Івáна.** No medicine has an effect on Ivan.
See **вплива́ти**[1]
(по)ді́й!

ді|ятися; *no pf., intr.*

to happen, to occur, be afoot ◊ **Що тут ~ється?**

What's going on here? ◊ **Марія підозрює, що в фірмі ~ється щось не те.** Maria suspects that something wrong is afoot at the firm.
adv. **завжди** always, **знову** again, **часто** often; **іноді** sometimes, **рідко** rarely; **ніколи не** never ◊ **У цьому університеті ніколи нічого не ~ється.** Nothing ever happens at this university.
prep. **д. з** + *I.* happen to/with sb/sth ◊ **З чоловіком ~ялося щось дивне.** Something strange was happening to the man.
See **відбуватися 1, траплятися 1.** *Also see* **бути 4, бувати 1, виникати 2, проходити 7, робитися 3, ставатися**

діяч, *m.*, **~á; ~ка**, *f.*

figure, public individual, personality, actor
adj. **важливий** important, **великий** great, **видатний** prominent ◊ **Іван Дзюба відомий як видатний д. літературного покоління шістдесятників.** Ivan Dziuba is known as a prominent figure of the Sixtiers literary generation. **впливовий** influential, **головний** principal, **ключовий** key, **потужний** powerful ◊ **Він був одним із потужних ~ів кооперативного руху.** He was one of the powerful figures of the cooperative movement. **провідний** leading, **центральний** central; **відомий** well-known, **знаменитий** famous, **славетний** renowned, **популярний** popular; **авторитетний** authority, **шанований** respected; **національний** national; **героїчний** heroic, **іконічний** iconic, **культовий** cult, **леґендарний** legendary, **мітичний** mythical, **мітологічний** mythological; **історичний** historical; **громадський** public, ♦ **державний д.** a statesman, **культурний** cultural, **літературний** literary, **політичний** political, **релігійний** religious, **театральний** theater, **церковний** church; **опозиційний** opposition, **партійний** party, **урядовий** government
д. + *n.* **д. кіна** a noted filmmaker, **д. літератури** a literary figure, **д. мистецтва** a noted artist, **д. науки** a noted scientist
v. + **д. бути ~ем** be a figure (**вважати** + *A.* consider sb ◊ **Куліша вважають ключовим ~ем українського театру.** Kulish is considered to be a key figure in Ukrainian theater. **лишатися** remain, **ставати** become) ◊ **Шептицький став провідним церковним ~ем.** Sheptytsky became a leading church figure.
д. + *v.* **визначати** + *A.* determine sth, **впливати на** + *A.* influence sth ◊ **Цей великий літературний д. вплинув на европейський роман XX століття.** This great literary figure influenced the European novel of the 20th century. **очолювати** + *A.* head sth
Also see **постать 2.** *Cf.* **геній**

для, *prep.* + *G.*

1 *(recipient of action)* for ◊ **Я д. вас співаю.** I am singing for you.
Also see **про 3**
2 *(function)* for ◊ **Катря кинула брудні речі в кошик д. білизни.** Katria threw the dirty clothes in a laundry basket. ♦ **стіл д. роботи** a worktable, ◊ **скринька д. листів** a letterbox
Also see **про 2**
3 *(purpose)* to, in order to; ♦ **д. того щоб** + *inf.* so as to, in order to ◊ **Симон подзвонив д. того, щоб попередити вас.** Symon called in order to warn you.
Also see **щоб 1**
4 *(relationship)* to ◊ **дорога д. мене світлина** a picture dear to me. ◊ **Ким був цей пан д. її чоловіка?** Who was this gentleman to her husband? ◊ **Що з цього д. мене?** What's it to me?

д|но, *nt.*

1 *only sg.* bottom *(of lake, etc.)* ◊ **Д. моря ховало багато таємниць.** The bottom of the sea concealed a lot of secrets.
adj. **кам'янисте** rocky, **крейдяне** chalky, **піщане** sandy ◊ **Д. моря ставало піщаним.** The bottom of the sea was becoming sandy. **мулисте** sludgy ◊ **Д. у ставку мулисте.** The bottom of the pool is sludgy. **торф'яне** peaty; **плоске** flat, **пологе** sloping, **рівне** level
д. + *n.* **д. басейну** the bottom of a pool (**затоки** bay, **кратера** crater, **моря** sea, **озера** lake, **океану** ocean, **річки** river, **ставу** *or* **ставка** pond)
v. + **д. встеляти д.** line a bottom ◊ **Шар гнилого листя встеляв д. озера.** A layer of rotten leaves lined the bottom of the lake. (**покривати** cover ◊ **Д. затоки покривали мушлі.** Mussels covered the bottom of the bay. **іти на** go to ◊ **Не один корабель пішов на д. протоки.** More than one ship had gone to the bottom of the strait. **опускатися** *and* **спускатися на** sink to, **падати на** fall to); **сягати ~на** reach the bottom (**торкатися** touch) ◊ **Її пальці торкалися ~на.** Her toes were touching the bottom.
prep. **із ~на** from the bottom ◊ **Із ~на кратера вирвався струмінь газу.** A jet of gas burst from the bottom of the crater. **на д.** *dir.* to the bottom; **на ~ні** *posn.* at the bottom ◊ **Руїни міста тепер на ~ні моря.** The ruins of the city are now at the bottom of the sea.
Also see **ґрунт 4**
2 bottom *(of a box, etc.)*
adj. **грубе** *or* **товсте** thick, **тонке** thin; **дерев'яне** wooden, **залізне** iron, **пластмасове** plastic, **скляне** glass; **прозоре** transparent; ♦ **золоте д.** a gold mine ♦ **подвійне д.** 1) double bottom ◊ **Корабель мав подвійне д.** The ship had a double bottom. 2) *fig.* false bottom ◊ **Він – людина з подвійним ~ном.** *fig.* He's a person that's not what he seems. ♦ **догори ~ном** upside down ◊ **Човен плив догори ~ном.** The boat floated upside down.
д. + *n.* **д. баняка** the bottom of a pot (**барила** *or* **діжки** barrel, **відра** bucket, **миски** bowl, **слоїка** jar, **склянки** glass; **коробки** box, **шухляди** drawer, **ящика** case)
v. + **д. встеляти д.** line a bottom ◊ **Він устелив д. ватою.** He lined the bottom with cotton. (**заміняти** replace, **латати** patch, **покривати** cover; **пробивати** pierce)
prep. **з ~на** from the bottom; **на д.** *dir.* to the bottom; **на ~ні** *posn.* at the bottom ♦ **випивати до ~на** to drink up ◊ **Іван пив до ~на.** Ivan drank up.
N. pl. **~èна**, *G. pl.* **~ен.**, *D. pl.* **~енам**, *I. pl.* **~енами**, *L. pl.* **на ~енах**

до, *prep.* + *G.*

relations of place
1 *(direction of action or relation)* to ◊ **ходити д. крамниці** to go to the store ◊ **Вони щодня їздили д. Києва на роботу.** Every day, they went to Kyiv for work. ◊ **Напиши д. Петра.** Write to Petro.
Also see **понад 3**
2 *(destination)* to ◊ **дорога д. Криму** the road to the Crimea
3 *(limit of action, measure of length)* to ◊ **д. моря** to the sea ◊ **Інна має косу д. пояса.** Inna has a braid down to her waist.
4 *(motion into space)* into, in ◊ *pf.* **зайти д. будинку** to go into a house (**крамниці** store, **складу** storehouse) ◊ **Вони зайшли д. складу.** They went into the storehouse.
relations of time
5 *(limit of action)* till, until ◊ **д. кінця** till the end ◊ **Віра лишалася д. кінця вистави.** Vira stayed till the end of the show. ◊ **працювати д. ночі** to work till the night (**першої години** one o'clock) ◊ **Вони сиділи д. першої години.** They sat till one o'clock. ♦ **від ... д.** from ... to/till ... ◊ **Леонід був на фабриці від ранку д. вечора.** Leonid was at the factory from morning till night.
6 *(antecedence)* before, prior to ◊ **Храм спорудили в V столітті д. нашої ери.** The temple was constructed in the 5th century B.C.E. ◊ **Д. початку фільму п'ять хвилин.** Five minutes are left before the start of the movie. ♦ **д. схід** *or* **сходу сонця** before the sunrise; **ні д., ні після** neither before, nor after
relations of quantity
7 *(limit, with numbers)* to ◊ **нагріти д. ста градусів** *pf.* to heat sth to a hundred degrees
8 *(approximation)* about, close to, up to ◊ **У моїй колекції д. ста фільмів.** There are about 100 films in my collection.
Cf. **понад 4**
9 *(completeness)* to, till ◊ **Гість з'їв вечерю д. останнього шматка.** The guest ate the dinner to the last bit. ◊ **Оля випила все молоко д. краплі.** Olia drank all the milk down to the last drop.
objective relations
10 *(purpose)* for ◊ **Вони пів дня готувалися д. подорожі.** They spent half a day getting ready for the journey. ◊ **підлива д. кроля** a sauce for the rabbit
11 *(measure of state or quality)* to ◊ **доводити** + *A.* **д. сліз** to reduce/drive sb to tears (**істерики** a fit) ◊ **Її вагання могли довести будь-кого до істерики.** Her hesitation could drive anyone into hysterics.
12 *(feeling for sb/sth)* for, to ◊ **любов д. рідного краю** love for one's homeland, ◊ **байдужий д. краси** indifferent to beauty. ♦ **д. того ж** besides. ♦ **брати д. відома** to take into consideration

д|оба, *f.*

1 *nonequiv.* day and night, twenty-four hours ◊ **Він провів ~обу в літаку.** He spent twenty-four hours on the airplane.
adj. **повна** full, **ціла** entire ◊ **Вони застрягли в цьому містечку на цілу ~обу.** They got stuck in this township for an entire day.
Cf. **день**
2 day ◊ **Скільки ~іб ви їхали?** How many days have you traveled?
See **день**
3 *fig.* age, epoch, period
adj. **бронзова** Bronze, **золота** Golden, **кам'яна** Stone, **льодова** Ice ◊ **початок нової льодової ~оби** the beginning of a new Ice Age; **космічна** space
д. + *n.* **д. Відродження** the Age of Renaissance (**Просвітництва** Enlightenment, **Руїни** Ruin) ◊ **початок ~оби Руїни** the beginning of the Age of Ruin
See **період 1, рік 3, смуга 4.** *Also see* **вік 2, епоха, ера 2, 3**
N. pl. **~оби**, *G. pl.* **~іб**

добов|ий, *adj., n.*

1 *adj.* daily ◊ **~і зміни температури** daily temperature fluctuations; ◊ **Її д. заробок становив 500 гривень.** Her daily earnings were ₴500.
2 *n., only pl.* **~і** per diem, daily allowance ◊ **Їй платили чотириста гривень ~их.** She was paid ₴400 per diem.

добре, *adv., pred., part.*

1 *adv.* well
adv. **дуже** very ◊ **Вона дуже д. знала, що відповідати на питання прикордонника.** She knew very well how to answer the border guard's questions. **надзвичайно** extremely, **достатньо** quite ◊ **Він достатньо д. володіє чеською.** He has quite a good command of Czech. **досить** enough ◊ **Я його досить д. знаю.** I know him well enough. **такй** indeed, **уже** already; **винятково** exceptionally, **неймовірно** incredibly; ♦ **д. вчитися** to be a good student ◊ **Сергій д. вчився у школі.** Serhii was a good student at school.
Also see **гаразд[1] 2, 3, гарно 1, гладко 2**
2 *adv., colloq.* very, quite, much, badly ◊ **Ігор д. злякався.** Ihor was quite scared. ◊ **Його д. побили.** He was badly beaten.
Also see **дуже**

3 *pred.* nice, good thing
prep. **д. що** + *clause* it is good (that) ◊ **Д., що він знає про це.** It is a good thing he knows about it. ◊ **Д., що ви не забу́ли.** It is nice you have not forgotten.
Also see **га́рно 2**
4 *pred.* nice, cozy, comfortable, happy + *D.* ◊ **Їм д. відпочива́ти на мо́рі.** It is nice for them to vacation by the sea. ◊ **Олекса́ндрові д. з ци́ми людьми́.** Oleksander feels good with these people.
Also see **га́рно 2**
5 *part.* all right, OK, yes ◊ **Ну д., я все розпові́м вам.** All right, I will tell you everything. ◊ **Д., роби́, як зна́єш.** All right, do as you please.
Also see **гара́зд**[1] **1, га́рно 3**

до́бр|ий, *adj.*

1 kind, kindly, warm ◊ **лю́ди ~ої во́лі** people of good will. ◊ **Вона́ ві́рила цьому́ ~ому обли́ччю.** She trusted this kindly face.
adv. **винятко́во** exceptionally ◊ **Він має винятко́во ~е се́рце.** He has an exceptionally kind heart. **до́сить** fairly, **ду́же** very, **неймові́рно** incredibly, **неправдоподі́бно** implausibly, **на рі́дкість** exceptionally, **особли́во** particularly; **по-сво́єму** in his/her/their own way, **уніка́льно** uniquely; **напра́вду** really, **спра́вді** truly; **не зо́всім** not quite
v. + **д. бу́ти ~им** be good ◊ **Бабу́ся була́ ~ою до Лю́ди.** Grandma was kind to Liuda. (**вважа́ти** + *A.* consider sb/sth; **вигляда́ти** look; **виявля́тися** turn out, **здава́тися** + *D.* seem to sb, **знахо́дити** + *A.* find sb, **лиша́тися** remain; **роби́ти** + *A.* make sb, **роби́тися** *and* **става́ти** become) ◊ **Секрета́рка зроби́лася** *and* **ста́ла ~ою й ува́жною.** The secretary became kind and attentive.
prep. **д. до** + *G.* kind to sb ◊ **Сестра́ ви́явилася ~ою до паціє́нтів.** The nurse turned out to be kind to patients.
comp. **добрі́ший**
Also see **га́рний 2, ла́гідний 1.** *Ant.* **злий 1, лихи́й 1**
2 good, positive, pleasant; useful, beneficial ◊ **У шко́лі ство́рено ~і умо́ви для навча́ння.** Good conditions for studies were created at the school. ♦ **д. гу́мор** good mood, high spirits ◊ **Дире́ктор прийшо́в у ~ому гу́морі.** The director came in high spirits. ♦ **на все ~е** all the best
д. + *n.* **д. знак** a good omen; **~а наго́да** a good opportunity (**новина́** news, **пора́да** advice) ◊ **Вона́ дава́ла Марко́ві спра́вді ~і пора́ди.** She gave Marko really good pieces of advice.
comp. **кра́щий, лі́пший**
See **хоро́ший 1.** *Also see* **благоді́йний 2, га́рний 2.** *Ant.* **ке́пський, пога́ний 1**
3 good, fine, excellent, quality ◊ **Горо́дина у крамни́ці ~ої я́кости.** The vegetables in the store are of a good quality. ◊ **На Оре́стові був д. пікжа́к.** Orest had a fine jacket on.
v. + **д. бу́ти ~им** be good (**вважа́ти** + *A.* consider sth ◊ **Шко́лу вважа́ють не про́сто ~ою, а провідно́ю у краї́ні.** The school is considered not simply good, but the leading one in the country. **видава́тися** + *D.* appear to sb, **здава́тися** + *D.* seem to sb, **лиша́тися** remain, **роби́ти** + *A.* make sth; **става́ти** become)
comp. **кра́щий, лі́пший** ◊ **Нови́й теа́тр збудува́ли з найкра́щих матеріа́лів.** The new theater was built with the best materials.
Also see **відмі́нний 2, задові́льний, кваліфіко́ваний 2, сла́вний 3, я́кісний 2**
4 tasty, delicious ◊ **Її борщ за́вжди д.** His borshch is always tasty. ◊ **З усі́х страв на столі́ картопля́ники були́ особли́во ~ими.** Of all the dishes on the table, the potato pancakes were particularly tasty.
comp. **добрі́ший**
See **смачни́й 1.** *Also see* **ла́сий 3**
5 good, close, dear ◊ **Хло́пці ста́ли ~ими дру́зями.** The boys became good friends. ◊ **Оленчуки́ ма́ли ~их сусі́дів.** The Olenchuks had good neighbors.
comp. **кра́щий, лі́пший**
6 good, capable, able, adept ◊ **Він – д. учи́тель.** He is a good teacher. ◊ **Вони́ хоті́ли впе́внитися, що залиша́ють діте́й у ~их рука́х.** They wanted to make sure they were leaving their children in good hands.
comp. **кра́щий, лі́пший**
7 *colloq.* good, entire, full, considerable ◊ **О́льзі запропонува́ли ~у опла́ту.** They offered Olha a good pay. ◊ **~у части́ну коле́кції прода́ли.** A good part of the collection was sold. ◊ **Вони́ сперечáлися ~у годи́ну.** They argued for a good hour. ♦ **чого́ ~ого** + *clause* God forbid ◊ **Чого́ ~ого, Лев переду́має.** God forbid Lev changes his mind.
See **вели́кий 1.** *Also see* **значни́й 1, си́льний 9.** *Ant.* **мали́й 1**

добр|о́, *nt., only sg.*

1 good, goodness; benefit, advantage
adj. **зага́льне** general, **спі́льне** common; **наро́дне** people's
v. + **д. роби́ти д.** do good ◊ **Батьки́ вчи́ли діте́й роби́ти д.** The parents taught their children to do good. (**дба́ти про** care for) ◊ **Уряд ма́ло дба́є про д. краї́ни.** The government cared little for the good of the country. **бажа́ти** + *D.* **~á** wish sb well ◊ **Він бажа́є Марі́ї ті́льки ~á.** He wishes Maria nothing but good. (**не дово́дити до** lead to no) ◊ **Її і́гри до ~á не доведу́ть.** Her games will lead to no good. ♦ **не бу́де ~á з** + *G.* there will come nothing good of sb/sth ◊ **З їхніх га́рних на́мірів не бу́де ~á.** Nothing good will come of their nice intentions. ♦ **Щоб йому́ ~á не було́!** Damn him! Damn it!
prep. **для ~á** for sb's good ◊ **Вона́ ризикува́ла всім для їхнього ~á.** She was risking everything for their good.
Also see **бла́го 1, гара́зд**[2]. *Ant.* **зло 1**
2 property, possessions, stuff, goods, merchandise ◊ **Із Ново́го сві́ту пливли́ кораблі́, наванта́жені грабо́ваним ~о́м.** Ships loaded with plundered goods sailed from the New World. ◊ **Вони́ виї́жджали з усі́м ~о́м.** They were leaving with all their possessions.
See **вла́сність**
3 *colloq., as adv.* **~о́м** of one's own free will, voluntarily, without compulsion ◊ **Кра́ще йому́ поверну́ти борг ~о́м.** It is better for him to return the debt voluntarily. ◊ **Вона́ пої́хала з мі́ста ~о́м.** She left town of her own free will.
Ant. **силомі́ць**

добро́бут, *m.*, **~у**, *only sg.*

well-being, prosperity, welfare
adj. **зага́льний** general, **спі́льний** common; **духо́вний** spiritual, **емоці́йний** emotional, **мора́льний** moral, **психі́чний** psychological, **розумо́вий** mental; **грома́дський** public, **суспі́льний** social; **лю́дський** human, **вла́сний** one's own ◊ **Він перейма́вся вла́сним ~ом.** He cared for his own well-being. **особи́стий** personal; **фізи́чний** physical; **економі́чний** economic, **матеріа́льний** material, **фіна́нсовий** financial
v. + **д. ґарантува́ти д.** guarantee well-being ◊ **Пра́вила ґаранту́ють емоці́йний д. ко́жній дити́ні.** The rules guarantee the emotional well-being of every child. (**забезпе́чувати** ensure; **підійма́ти** *or* **підніма́ти** enhance ◊ **За п'ять ро́ків у́ряд підня́в д. найбі́дніших верств.** In five years, the government enhanced the well-being of the poorest strata. **покра́щувати** improve); **загро́жувати ~у** threaten well-being ◊ **Неоліберáльна програ́ма загро́жувала ~у краї́ни.** The neo-liberal program threatened the well-being of the nation. **пройма́тися ~ом** care for sb's well-being; **відбива́тися на ~і** affect the well-being (**познача́тися на** have an effect on ◊ **Кри́за згу́бно позначи́лася на зага́льному ~і суспі́льства.** The crisis has had a detrimental effect on the general well-being of society.

добровíльн|ий, *adj.*

voluntary, volunteer, free
adv. **абсолю́тно** absolutely, **винятко́во** exceptionally, **цілко́м** completely; **ма́йже** almost, **не зо́всім** not entirely ◊ **Його́ у́часть у кампа́нії була́ не зо́всім ~ою.** His participation in the campaign was not entirely voluntary.
д. + *n.* **д. вне́сок** a voluntary contribution (**перехі́д** transition, **по́діл** division ◊ **д. по́діл майна́ між спадкоє́мцями** a voluntary division of property among the heirs; **помічни́к** assistant, **працівни́к** worker; **сою́з** alliance; **фонд** fund); **~а допомо́га** voluntary assistance (**поже́ртва** donation; **пра́ця** work, **у́часть** participation); **~е об'є́днання** a free association ◊ **Об'є́днання цілко́м ~е.** The association was completely voluntary.
v. + **д. бу́ти ~им** be voluntary ◊ **Його́ пра́ця у шпита́лі була́ ~ою.** His work at the hospital was voluntary. (**вважа́ти** + *A.* consider sth; **оголо́шувати** + *A.* declare sth; **става́ти** become) ◊ **Згодом вне́ски ста́ли ~ими.** Later the contributions became voluntary.
Ant. **примусо́вий**

доброво́л|ець, *m.*, **~ьця**

volunteer
adj. **відда́ний** dedicated, **затя́тий** staunch ◊ **Із ви́бухом війни́ Матві́й став затя́тим ~ьцем.** With the outbreak of the war, Matvii became a staunch volunteer. **посвя́чений** committed; **кваліфіко́ваний** skilled; **на́вчений** trained; **неопла́чуваний** unpaid; **потенці́йний** potential; **місце́вий** local
n. + **д. а́рмія ~ьців** a volunteer army (**гру́па** group, **дружи́на** team, **мере́жа** network ◊ **У Рі́вненській о́бласті ді́яла мере́жа ~ьців.** A volunteer network functioned in the Rivne Province. **організа́ція** organization, **рух** movement) ◊ **Він узя́в акти́вну у́часть у ру́хові ~ьців.** He took an active part in the volunteer movement.
v. + **д. вербува́ти ~ьця** recruit a volunteer (**готува́ти** train ◊ **У табо́рі готува́ли ~ьців.** They trained volunteers at the camp. **забезпе́чувати** + *D.* provide sb with ◊ **Штаб забезпе́чив їм ~ьців.** The headquarters provided them with volunteers. **знахо́дити** find, **мобілізува́ти** mobilize ◊ **Вони́ змобілізува́ли деся́ток ~ьців.** They mobilized a dozen volunteers. **шука́ти** look for) ◊ **Вони́ шука́ли ~ьців.** They were looking for volunteers. **бу́ти ~ьцем** be a volunteer (**запи́суватися** enlist as ◊ **Яре́ма записа́вся ~ьцем.** Yarema enlisted as a volunteer. **працюва́ти** work as; **става́ти** become) ◊ **Ти́сячі ста́ли ~ьцями.** Thousands became volunteers.
д. + *v.* **вико́нувати** + *A.* carry sth out ◊ **~ьці ма́ли вико́нували важли́ву мі́сію.** The volunteers were to carry out an important mission. **вкомпле́ктовувати** + *A.* man sth ◊ **~ьці вкомплекто́вували ці́лі со́тні.** Volunteers manned entire companies. **забезпе́чувати** + *A.* provide sth; **мобілізува́тися** mobilize ◊ **Со́тні ~ьців мобілізува́лися, щоб допомогти́ же́ртвам по́вені.** Hundreds of volunteers mobilized to help the flood victims. **підтри́мувати** + *A.* support sth

доброво́льч|ий, *adj.*

volunteer, of or pertaining to volunteering
д. + *n.* **д. батальйо́н** a volunteer battalion (**персона́л** staff; **рух** movement) ◊ **В Украї́ні поста́в д. рух на допомо́гу фро́нту.** A volunteer movement to help the war effort emerged in Ukraine. **~а а́рмія** a volunteer army ◊ **На бо́ці наци́стів воюва́ла Російська**

~а áрмія генерáла Влáсова. The Russian Volunteer Army of General Vlasov fought on the Nazi side. (**діяльність** activity, **організáція** organization, **прогрáма** program, **робóта** work, **слýжба** service; **частúна** detachment); **~е об'єднання** a volunteer association (**формувáння** unit)

добродíйн|ий, *adj.*

1 charitable, philanthropic

д. + *n.* **д. авкціóн** a charitable auction ◊ **Вонú провелú д. авкціóн.** They held a charitable auction. (**вéчір** evening, **зáхід** event, **концéрт** concert, **ярмарок** fair; **дáток** donation; **фонд** foundation); **~а áкція** a charitable action (**діяльність** activity; **організáція** organization, **фундáція** foundation; **допомóга** aid, **пожéртва** donation) ◊ **Фонд отрúмав мáсу ~их пожéртв.** The fund received a mass of charitable donations. **~е товарúство** a philanthropic society

доброт|á, *f., only sg.*

kindness, goodness

adj. **велúка** great, **душéвна** spiritual, **лю́дська** human, **сердéчна** of the heart, **спрáвжня** real, **щúра** genuine; **звичáйна** common, **прóста** simple

v. + **д. виявля́ти ~ý** show kindness ◊ **Вонá вúявила ~ý там, де íнші звíріли.** She showed kindness where others turned into beasts. (**нестú** bring, **передавáти** convey); **бракувáти ~ú** + *D.* lack kindness ◊ **Чáсом учúтелеві бракувáло ~ú.** Sometimes the teacher lacked kindness. (**бýти позбáвленим** be devoid of, **не знáти** not to know) ◊ **У цій устанóві не знáли елементáрної ~ú.** Elementary kindness was unknown at this institution. **променúтися ~óю** radiate kindness

Also see **тепло́ 2, теплотá 3**

дóвг|ий, *adj.*

1 long, extended, lengthy, protracted ◊ **Пéред нúми лежáла~а дорóга.** A long road lay ahead of them. ◊ **Вонá намагáлася унúкнути ~ої розмóви.** She tried to avoid a long conversation.

adv. **винятко́во** exceptionally, **вкрай** extremely, **дóсить** fairly, **достáтньо** sufficiently, **дýже** very, **надзвичáйно** extraordinarily ◊ **дівчúна з надзвичáйно ~ю шúєю** a girl with an extraordinarily long neck; **особлúво** particularly; **віднóсно** relatively, **порівняно** comparatively; **дивовúжно** amazingly, **неймовíрно** incredibly, **несподíвано** unexpectedly; **приємно** pleasantly, **розкíшно** luxuriously; **(за)нáдто** too ◊ **Вúклад вúйшов нáдто ~им.** The account turned out too long. **надмíрно** excessively; **трóхи** a little ◊ **Пояснення булó трóхи ~им і заплýтаним.** The explanation was a little long and tangled. **незвичáйно** unusually, **непотрíбно** needlessly

v. + **д. бýти ~им** be long (**видавáтися** + *D.* appear to sb ◊ **Згорú фíгури святúх видавáлися їй дýже ~ими.** From above, the figures of the saints appeared very long to her. **виявля́тися** turn out, **здáватися** + *D.* seem to sb; **робúтися** turn ◊ **Із наблúженням вéчора тíні робúлися ~ими.** With the approach of the evening, shadows turned long. **ставáти** become)

Also see **тривáлий**. *Opp.* **корóткий 1, близькúй 1**

2 *colloq.* tall *(of person)* ◊ **На двірці їх чекáв худúй і д. чоловíк на прíзвисько Ґóнта.** At the station, a lean and tall man by the nickname of Gonta was waiting for them.

See **висóкий**

comp. **дóвший**

довгот|á, *f., geogr.*

longitude

adj. **географíчна** geographic, **доклáдна** exact; **приблúзна** approximate; **зáхідна** western ◊ **Мíсто лежúть на сьóмому грáдусі зáхідної ~ú.** The city lies at a longitude of 7° W. **схíдна** eastern

v. + **д. визначáти ~ý** determine the longitude (**вкáзувати** indicate ◊ **У статті вкáзано географíчну ~ý і широтý посéлення.** The article indicates the geographic longitude and latitude of the settlement. **обчúслювати** calculate; **утóчнювати** specify)

prep. **на ~í** + *G.* at a longitude of ◊ **Забрýднена зóна починáється на ~í мíста Óвруча.** The contaminated zone begins at the longitude of the city of Ovruch.

N. pl. **довгóти**, *G. pl.* **довгóт**

Ant. **широтá 2**

довéршен|ий, *adj.*

1 completed, finished ◊ **Нарéшті вонú моглú почитáти д. перéклад п'єси.** Finally they could read the finished translation of the play.

Also see **закíнчений 1**

2 perfect, impeccable, superb ◊ **Тамáра нікóли не втóмлювалася милувáтися ~ими лíніями цієї скульптýри.** Tamara never got tired of admiring the perfect lines of this sculpture.

See **досконáлий 1.** *Also see* **талановúтий 2**

3 total, complete, absolute, utter ◊ **д. лицемíр** an utter hypocrite; ◊ **Трéба булó бýти ~им ідіóтом, щоб такповóдитися.** One had to be an utter idiot to behave that way.

Also see **закíнчений 2**

дов|естú, *pf., see* **довóдити**

to lead to, *etc.* ◊ **Адáм ~íв спрáву до успíшного кінця́.** Adam brought the matter to a successful conclusion.

довжин|á, *f.*

1 length ◊ **óзеро ~óю в сім кіломéтрів** a lake 7 km in length

adj. **велúка** great, **величéзна** enormous ◊ **Чóвен мав величéзну ~ý.** The boat was of enormous length. **вся** whole, **загáльна** overall, **пóвна** full; **максимáльна** maximal; **мінімáльна** minimal, **невелúка** small; **змíнна** variable; **серéдня** average, **стандáртна** standard; **доклáдна** exact, **приблúзна** approximate ◊ **Він знáє приблúзну ~ý лíжка.** He knows the approximate length of the bed.

v. + **д. вимíрювати** *or* **мíряти ~ý** measure the length ◊ **Вонá вúміряла ~ý й ширинý шинквáсу.** She measured the length and width of the counter. (**обчúслювати** calculate, **прикидáти** estimate ◊ **Археóлоги прикúнули можлúву ~ý хрáму.** Archeologists estimated the possible length of the temple. **збíльшувати до** + *G.* increase to *(value)*, **збíльшувати на** + *A.* increase by *(value)* ◊ **Кравчиня збíльшила ~ý рукавíв на сантимéтр.** The seamstress increased the length of the sleeves by 1 cm. **змéншувати до** + *G.* reduce to *(value)*, **змéншувати на** + *A.* reduce by *(value)*, **обмéжувати** + *I.* limit to *(value)*, **подвóювати** double, **потрóювати** triple ◊ **Вонú потрóїли ~ý шáнця.** They tripled the length of the trench. **скорóчувати до** + *G.* reduce to *(value)* ◊ **~ý незахúщеної ділянки узбережжя скоротúли до мíнімуму.** The length of the unprotected segment of the shore was reduced to the minimum. **скорóчувати на** + *A.* reduce by *(value)*; **мáти** have; **охóплювати** span) ◊ **Шатрó охóплювало всю ~ý імпровізóваної сцéни.** The tent spanned the entire length of the makeshift stage. **(до)сягáти ~ú** reach the length ◊ **У кількóх місця́х хвилерíзи сягáли п'ятнадцятиметрóвої ~ú.** In several spots, the wave breakers reached a length of 15 m.

д. + *v.* **збíльшуватися** increase, **зростáти** grow; **змéншуватися** decrease; **змíнюватися** vary

prep. **~óю в** + *A. (value)* long ◊ **мотýзка ~óю в сóтню мéтрів** a rope 100 m long; **по ~í** along the length ◊ **Він постáвив пóзначки по всій ~í паркáну** *or* **парканá.** He put marks along the entire length of the fence.

Ant. **ширинá 1**

2 duration, length ◊ **Вегетацíйний перíод рослúни перевúщує ~ý лíта.** The vegetation period of the plant exceeds the length of the summer. ◊ **д. відпýстки** the length of holidays

N. pl. **довжúни**, *G. pl.* **довжúн**

See **тривáлість**

довíда|тися, *pf., see* **довíдуватися**

to learn, find out ◊ **Вони запізно ~лися про змíну плáну.** They found out about the change of the plan too late.

довíду|ватися, **~ються; довíда|тися ~ються**, *intr.*

1 to learn about/of, find out

adv. **вже** already, **нарéшті** finally; **згóдом** in time, **незабáром** shortly, **скóро** soon; **лéгко** easily ◊ **За допомóгою застосýнку лéгко довíдатися про влáсне розташувáння.** With the help of the application it is easy to find out one's own location. **швúдко** quickly

v. + **д. бýти вáжко** be difficult to ◊ **У хаóсі подíй булó вáжко довíдатися, що дíється.** In the chaos of the events, it was difficult to find out what was happening. **бýти неможлúво** be impossible to, **бýти непрóсто** be tough to ◊ **У Йосипéнка булó непрóсто що-нéбудь довíдатися.** It was tough to find anything out from Yosypenko. **бýти лéгко** be easy to; **бýти потрíбно** + *D.* need to ◊ **Йомý потрíбно довíдатися, що загадáли.** He needs to find out what has been assigned. **вдавáтися** succeed in, **змогтú** *pf.* manage to; **могтú** can; **намагáтися** try to; **обіця́ти** + *D.* promise sb to ◊ **Фросúна обіця́ла їй довíдатися про фестивáль.** Frosyna promised her to find out about the festival. **хотíти** want to

prep. **д. в** *or* **від** + *G.* learn from sb; **д. з** + *G.* learn from sth; **д. про** + *A.* learn about sth

See **дізнавáтися 1.** *Also see* **провíдувати 2, розвíдувати 1, розкóпувати 2, справля́тися 4, чýти 2**

2 to ask, inquire ◊ **Нíна пішлá до сусíдів довíдатися, чи вонú прийдýть на вечéрю.** Nina went to the neighbors' to inquire whether they were coming for dinner.

See **питáти.** *Also see* **дізнавáтися 2**

3 to experience ◊ **Рáзом вонú довíдалися і щáстя, і лúха.** Together they had experienced both joy and grief.

See **зазнавáти 2.** *Also see* **переживáти 3, перенóсити 6, пізнавáти 2**

довíдуйся! довíдайся!

довíльн|ий, *adj.*

1 unlimited, unrestricted, free, spontaneous ◊ **прáво ~ого пересувáння** the right to unrestricted travel; ◊ **~е числó вúпадків** an unlimited number of cases; ◊ **Вонá відновúла здáтність робúти ~і рýхи рукóю.** She regained the capacity of making unrestricted movements with her hand. ♦ **~а прогрáма** *sport* a freestyle program ◊ **Фігурúстка змагáлася в ~ій прогрáмі.** The (female) figure skater competed in the freestyle program.

See **вíльний 1.** *Also see* **самостíйний 1**

2 random, haphazard, any, unsystematic, casual

adv. **абсолю́тно** absolutely ◊ **Для анáлізу взялú абсолю́тно ~і газéтні тéксти.** Absolutely random newspaper texts were taken for the analysis. **цілкóм** completely, **чúсто** purely; **дéщо** somewhat, **дóсить** fairly, **достáтньо** sufficiently; **напрáвду** truly, **спрáвді** really; **позíрно** seemingly ◊ **Дéсять чúсел лúше позíрно ~і.** The ten numbers are only seemingly random.

д. + *n.* **д. вúбір** a random choice (**відрíзок** stretch; **елемéнт** element; **момéнт** moment ◊ **у д. момéнт чáсу** at a random moment of time; **нáпрям** direction; **текст** text, **трикýтник** triangle, **формáт** format) ◊ **Новá телепередáча мáла д. формáт.** The new TV show had a casual format. **~а вагá** a random weight ◊ **Кóжна речовинá**

мáла ~у вагý. Each substance had a random weight. (**величинá** *math.* value, **вíдстань** distance, **кíлькість** quantity; **підбíрка** selection, **температýра** temperature; **фóрма** form); **~е числó** a random number
v. + **д. бýти ~им** be random ◊ **Вúбір учáсників був ~им.** The choice of participants was random. (**вважáти** + *A.* consider sth; **виглядáти** look; **здавáтися** + *D.* seem to sb)
See **випадкóвий.** *Ant.* **закономíрний**
3 arbitrary, capricious, unmotivated ◊ **Вúсновки звíту відкúнуто як ~і й суб'єктúвні.** The conclusions of the report were rejected as arbitrary and subjective. ◊ **Йогó філосóфська систéма здавáлася ~ою і відíрваною від життя́.** His philosophical system seemed to be arbitrary and divorced from life.

довíрен|ість, *f.*, ~ости
authorization *(as a document)*, power of attorney, written permission
adj. **належна** proper, **офіцíйна** official ◊ **Без офіцíйної ~ости її адвокáт не мíг нíчóго робúти.** Without an official power of attorney her lawyer could not do anything. **письмóва** written, **формáльна** formal; **попередня** prior; **потрíбна** requisite
v. + **д. давáти** + *D.* **д.** give sb an authorization ◊ **Пáні Кóсів дáла йомý д. на прóдаж своєї збíрки маля́рства.** Mrs. Kosiv gave him the authorization to sell her painting collection. (**надавáти** + *D.* grant sb ◊ **Він надáв сúнові потрíбну д.** He granted his son the requisite power of attorney. **дістáвáти від** + *G.* get from sb, **отрúмувати від** + *G.* receive from sb; **просúти в** + *G.* ask sb for ◊ **Він попросúв у дя́дька д.** He asked his uncle for an authorization. **відкликáти** revoke, **уневáжнювати** cancel); **домагáтися ~ости** seek an authorization (**потребувáти** need) ◊ **Щоб оголосúти прóдаж будúнку, вонá потребувáла попередньої ~ости.** To sell the house, she needed prior authorization. **відмовля́ти** + *D.* **в ~ості** refuse sb an authorization ◊ **Він відмóвив сúнові в ~ості.** He refused his son an authorization.
prep. **без ~ости** without an authorization; **з ~істю** with an authorization ◊ **Вонá булá з ~істю.** She was with an authorization.
Also see **дóзвіл 1, 2.** *Cf.* **повновáження**

довíри|ти, *pf., see* довіря́ти
to entrust, charge ◊ **Вонú ~ли вихувáння сúна єзуїтам.** They entrusted the education of their son to Jesuits.

довíри|тися, *pf., see* довіря́тися
to confide, reveal, divulge ◊ **Сергíй ~вся дíдові зі своєю таємнúцею.** Serhii confided his secret in his grandad.

довíр'|я, *nt., only sg.*
trust, confidence, faith
adj. **абсолю́тне** absolute, **безмéжне** boundless ◊ **Її д. до пóдруги булó безмéжним.** Her trust in her (female) friend was boundless. **безумóвне** unconditional, **велúке** great, **величéзне** enormous; **пéвне** certain ◊ **Вонá відчувáла пéвне д. до тóго, що чýла.** She felt a certain trust for what she was hearing. **пóвне** full, **сліпé** blind, **цілковúте** complete; **взаємне** mutual, **громáдське** public, **загáльне** general, **особúсте** personal; **крихкé** fragile; **невелúке** little ◊ **Місцéві лю́ди мáли невелúке д. до переселéнців.** Local people had little trust for immigrants. **невиправдане** unjustified, **обмáнуте** betrayed; ♦ **гíдний д.** trustworthy ◊ **Згáдані джерéла гíдні д.** The sources mentioned are trustworthy. ♦ **негíдний д.** untrustworthy
v. + **д. відчувáти д.** feel confidence (**вислóвлювати** voice, **виявля́ти** show, **виражáти** express ◊ **Збóри вúразили д. до ýряду.** The meeting expressed its trust in the government. **встанóвлювати** establish, **змíцнювати** strengthen, **поглúблювати** deepen; **мáти** have ◊ **Вонá мáла до сúна пóвне д.** She had had full trust in her son. **викликáти в** + *A.* inspire sb's (feeling, etc.) ◊ **Лист викликáв у Юрія д.** The letter inspired Yurii's confidence. **заслугóвувати** earn, **здобувáти** win, **порóджувати** create; **вхóдити в до** + *G.* gain ◊ **Він увійшóв до Оксáни в д.** He gained Oksana's trust. **плекáти** foster, **заслугóвувати на** deserve ◊ **Чуткú не заслугóвують на найменше д.** The rumors do not deserve the least bit of trust. **виправдóвувати** justify, **зберігáти** keep; **втрачáти** lose, **обмáнювати** betray, **підривáти** undermine, **порýшувати** violate; **віднóвлювати** restore); **зловживáти ~ям** abuse sb's trust ◊ **Хомá зловживáє ~ям професора.** Khoma is abusing his professor's trust. **заснóвуватися на ~ї** be based on trust ◊ **Домóвленість заснóвувалася на ~ї.** The agreement was based on trust.
д. + *v.* **виникáти** emerge ◊ **Між стóронами вúникло пéвне д.** A certain trust emerged between the parties. **існувáти** exist; **зростáти** grow, **змéншуватися** diminish, **зникáти** vanish
prep. **д. до** + *G.* trust in sb/sth; **д. між** + *I.* between/among sb
Ant. **недовіра**

довіря́|ти, ~ють; довíр|ити, ~ять, *intr. and tran.*
1 *intr.* to trust, have faith in, give credence to + *D.* ◊ **Він ~є брáтові.** He trusts his brother.
adv. **абсолю́тно** absolutely, **безумóвно** unconditionally ◊ **Павлó безумóвно ~є їй.** Pavlo trusts her unconditionally. **пóвністю** fully, **слíпо** blindly, **цілкóм** completely; **лéдве** barely, **мáло** little ◊ **Олéна мáло ~ла бездоказóвим заявам.** Olena gave little credence to unfounded declarations. **не зóвсім** not quite
v. + **д. боя́тися** be afraid to ◊ **Óля боя́лася д. будь-комý.** Olia's was afraid to trust anybody. **бýти готóвим** be ready to ◊ **Він готóвий д. командúрові.** He is ready to trust the commander. **бýти мóжна** be possible to, **могтú** can ◊ **Нíна мóже цілкóм д. пóдрузі.** Nina can completely trust her (female) friend. **бýти не слід** + *D.* should not ◊ **Надії не слід д. цій людúні.** Nadiia should not trust this person. **не могтú** cannot; **починáти** begin to, **стáти** *pf.* start; **продóвжувати** continue to ◊ **Дирéктор продóвжував д. застýпникові.** The director continued to trust his deputy. **переставáти** stop ◊ **Олéксі перестáли д.** They stopped trusting Oleksa realized.
2 *tran.* to entrust, give custody of + *D.* ◊ **Вонá не моглá довíрити компáнію новакóві.** She could not entrust the company to a novice.
3 *tran.* to confide *(secret, etc.)* in ◊ **Вонá ~ла мені свої думкú.** She confided her thoughts in me.
See **довіря́тися**
pa. pple. **довíрений** entrusted
довіря́й! довíр!

довіря́|тися; довíритися, *intr.*
to confide in, confess to + *D.* + *I.* ◊ **Зóя ~ється другóві своїми таємнúцями.** Zoia confides her secrets in her friend.
adv. **лéгко** easily ◊ **Юнáк лéгко ~вся тим, хто йогó пóтім зрáджував.** The youth easily confided in those who would later betray him. **зáвждú** always, **чáсто** often; **на свою гóлову** *colloq.* to regret it ◊ **Трéба булó Катерúні д. цьóму лицемíрові на свою гóлову?** Did Kateryna need to confide in that hypocrite only to regret it?
v. + **д. бýти готóвим** be ready to, **бýти схúльним** be inclined to, **хотíти** want to; **не слід** + *D.* should not ◊ **Вам не слід д. незнайóмим лю́дям.** You should not confide in strangers.

довíчн|ий, *adj.*
1 life, lifelong, infinite, permanent ◊ **Мáєток у ~ому корúстуванні громáди.** The estate is in the permanent use of the community.
д. + *n.* **д. тéрмін** a life sentence ◊ **Йомý далú д. тéрмін** He was given a life sentence. **д. сенáтор** a senator for life (**член** member); **~а ґарáнтія** a lifetime warranty ◊ **Наплéчник мáє ~у ґарáнтію.** The backpack has a lifetime warranty. (**пéнсія** pension), **~а заборóна** a lifelong prohibition; ♦ **~а рéнта** an annuity ◊ **Чоловíк признáчив їй ~у рéнту.** Her husband allotted her an annuity. **~е вигнáння** a lifelong exile (**признáчення** appointment; **рáбство** slavery, **ув'я́знення** imprisonment; **члéнство** membership)
Also see **постíйний 1**
2 eternal, endless, immortal ◊ **Над нúми сяя́ли ~і зóрі, байдýжі до людськúх пристрастéй.** Eternal stars, indifferent to human passions, were shining above them. ◊ **~а боротьбá дóбрá і зла набирáла драматúчних форм.** The eternal struggle of good and evil took on dramatic forms. ◊ **~а íстина** an eternal truth
See **вíчний 1**

довкíлл|я, *nt., only sg.*
environment, surroundings, milieu
adj. **блúзькé** close, **найблúжче** immediate; **безпéчне** safe, **вразлúве** vulnerable ◊ **Вразлúве д. Карпáт потребýє зáхисту.** The vulnerable environment of the Carpathians is in need of protection. **захúщене** protected, **збережéне** preserved, **здорóве** healthy, **чúсте** clean; **забрýднене** polluted, **знúщене** destroyed, **отрýєне** poisoned, **спустóшене** devastated, **токсúчне** toxic; **прирóдне** natural; **гáрне** pretty, **мальовнúче** picturesque, **приємне** pleasant, **чудóве** wonderful
n. + **д. вúвчення д.** environmental studies ◊ **прогрáма вúвчення д.** an environmental studies program (**дослíдження** research; **охорóна** protection; **забрýднення** pollution, **занéпад** degradation)
v. + **д. забрýднювати д.** pollute the environment ◊ **Фáбрика дýже забрýднює д.** The factory is greatly polluting the environment. (**охороня́ти** protect ◊ **Кóжен повúнен охороня́ти д.** Everybody must protect the environment. **очúщувати** clean); **милувáтися ~ям** admire the environment
See **серéдовище 1.** *Also see* **еколóгія 2, навкóлишній, отóчення 1**

довóд|ити, ~жу, ~ять; довестú, довед|ýть; *pa. pf., m.* довíв, *pl.* довелú, *intr. and tran.*
1 *tran.* to lead to, bring to, guide to, *only with prep.* ◊ **Вонá довелá Івáна до перехрéстя.** She led Ivan to the intersection.
adv. **вже** already, **згóдом** ultimately, **нарéшті** finally; **швúдко** quickly; **мáйже** almost ◊ **Колú Павлó мáйже довíв був гостéй до зáмку, почалáся злúва.** When Pavlo had almost brought the guests to the castle, a downpour began.
v. + **д. бýти трéба** + *D.* need to; **погóджуватися** agree to; **просúти** + *A.* ask sb to; **пропонувáти** + *D.* offer sb to ◊ **Óля пропонýє довестú її до двірця́.** Olia offers to guide her to the station.
prep. **д. до** + *G.* lead to sth
2 *tran. and intr.* to prove, demonstrate, show + *D.* ◊ **Вонá доведé прися́жним свою невúнність.** She will prove her innocence to the jury.
adv. **багáто** a lot ◊ **Що бíльше він ~ив, то мéнше перекóнливо звучáв.**The more he argued, the less convincing he sounded. **гáряче** fiercely, **затя́то** relentlessly ◊ **Катерúна затя́то ~ить, що Бóга немá.** Kateryna relentlessly argues that there is no God. **лéгко** easily, **пóза всякими сýмнівами** beyond any doubt; **однознáчно** unequivocally, **остатóчно** conclusively; **фактúчно** effectively;

експериментáльно experimentally, **емпіри́чно** empirically, **логі́чно** logically, **науко́во** scientifically, **практи́чно** practically ◊ **Він дові́в теóрію практи́чно.** He practically proved the theory. **вже** already, **нарéшті** finally

v. + **д. бу́ти вáжко** be hard to, **бу́ти неможли́во** be impossible to ◊ **Твéрдження неможли́во довести́.** The assertion is impossible to prove. **бу́ти лéгко** be easy to; **бу́ти трéба** need to ◊ **Йо́сипові трéба довести́ теорéму Пітагóра.** Yosyp needs to prove the Pythagorean theorem. **збирáтися** be going to, **намагáтися** attempt to, **старáтися** try to, **хоті́ти** want to

conj. **д., що** + *clause* prove that ◊ **Óльга довелá, що вонá не жартувáла.** Olha proved that she was not joking.

Also see **докáзувати 2, 3**

3 *intr.* to reduce to, drive to, *only with prep.* ◊ **Уря́д дові́в ти́сячі підприє́мців до банкру́тства.** The government reduced thousands of entrepreneurs to bankruptcy.

prep. **д. до** + *G* reduce to *(a state)* ♦ **д. до божеві́лля** to drive sb crazy ◊ **Студéнти ~или виклáдачку до божеві́лля.** The students drove the (female) instructor crazy. ♦ **д.** + *D.* **до ві́дома** to inform sb ◊ **~жу вам до ві́дома, що завдáння ви́конано.** I am informing you that the task has been fulfilled. ♦ **д.** + *A.* **до депрéсії** to drive sb to a depression; ♦ **д.** + *A.* **до кінця́** to bring sth to a conclusion ◊ **Вонá довелá спрáву до кінця́.** She brought the matter to a conclusion. ♦ **д.** + *A.* **до сліз** to reduce sb to tears

pa. pple. **довéдений** proven, reduced to ◊ **довéдений до ві́дчаю** driven to despair

довóдь! доведи́!

довóд|итися; довести́ся, *intr.*

1 *impers.* to be compelled, have to + *D.* ◊ **Чáсом Дáні ~илося спáти на ву́лиці.** Sometimes Dana had to sleep on the street.

2 to have an opportunity, have a chance ◊ **Олéні довелóся бáчити Еверéст.** Olena has had the chance to see Mount Everest.

3 to relate to as *(family)*, be + *D.* + *I.* ◊ **Íгор ~иться Лі́ні кузи́ном.** Ihor is Lina's cousin. ◊ **Ким вам ~иться ця пáні – хрещéною, ті́ткою, ким?** How is this lady related to you–your godmother, aunt, who?

See **бу́ти 1**

догадá|тися, *pf., see* догáдуватися

to figure out, guess ◊ **Кóжен лéгко ~ється, що́ означáє цей знак.** Everybody will easily guess what this sign means.

дóгад|ка, *f.*

guess, conjecture ◊ **Назáр лишé вислóвлював ~ку.** Nazar was but expressing a conjecture.

adj. **поінформóвана** informed; **перві́сна** initial, **пéрша** first; **прáвильна** correct, **вдáла** lucky

v. + **д. вислóвлювати ~ку** express a conjecture (**мáти** have, **пропонувáти** + *D.* offer sb ◊ **Мóжу запропонувáти вам поінформóвану ~ку.** I can offer you an informed guess. **роби́ти** make) ◊ **Мáрта зроби́ла ~ку.** Marta made a guess.

д. + *v.* **бу́ти** *or* **виявля́тися прáвильною** be *or* prove correct ◊ **Д. булá прáвильною.** The guess was correct. **підтвéрджуватися** prove correct ◊ **Йогó д. підтвéрдилася.** His guess proved correct. **заснóвуватися на** + *L.* be based on sth ◊ **Йогó д. заснóвувалася на дóсвіді.** His guess was based on experience.

prep. **д. про** + *A.* a guess about sb/sth ◊ **прáвильна д. про ці́ну áвта** a correct guess about the price of the car

L. **в ~ці**, *G. pl.* **~ок**

догáду|ватися, ~ються; догадá|тися, ~ються, *intr.*

1 to guess, surmise, figure out ◊ **Ярéма догадáвся, хто áвтор скандáльного листá.** Yarema guessed who the author of the scandalous letter was.

adv. **з пéршого рáзу** at the first go ◊ **Надíя з пéршого рáзу догадáлася, чий це гóлос.** Nadiia guessed whose voice it was at the first go. **з дру́гого рáзу** on the second try, *etc.* **лéгко** easily, **шви́дко** quickly; **прáвильно** correctly; **непрáвильно** incorrectly; **лéдве** barely; **нарéшті** finally; **я́кось** somehow

v. + **д. бу́ти лéгко** be easy to ◊ **Лéгко догадáтися, кого́ вонá мáє на увáзі.** It is easy to guess who she has in mind. **бу́ти невáжко** not be difficult to; **змогти́** *pf.* manage to ◊ **Він зміг догадáтися про Оксáнині нáміри.** He managed to figure out Oksana's intentions. **могти́** can; **намагáтися** try to

prep. **д. з** + *G. or* **за** + *I.* guess by/from sth ◊ **Із вимóви** *or* **за вимóвою ціє́ї пáні невáжко догадáтися, що вонá з Полтáви.** By this woman's accent it is not hard to guess that she is from Poltava.

2 to occur to, think of doing sth *usu with inf.* ◊ **Як це він догадáвся подзвони́ти?** How did it occur to him to call? ◊ **Він догадáвся принести́ тóрта.** It occurred to him to bring a cake along.

догáдуйся! догадáйся!

догáн|а, *f.*

reprimand, censure, rebuke

adj. **м'якá** gentle, **сувóра** severe; **письмóва** written, **у́сна** verbal; **офіці́йна** official, **формáльна** formal; **пéрша** first ◊ **Якимчу́к отри́мав пéршу ~у в у́сній фóрмі.** Yakymchuk received his first reprimand verbally. **остáння** last

v. + **д. винóсити** + *D.* **~у** issue sb a reprimand ◊ **Дирéктор ви́ніс кóжному з них офіці́йну ~у.** The director issued each of them an official reprimand. (**давáти** + *D.* give sb ◊ **Начáльник дав Орéсті ~у за запі́знення.** The boss gave Oresta a reprimand for her tardiness. **діставáти** get ◊ **Він дістáв дру́гу ~у.** He got his second reprimand. **заробля́ти (собі́)** earn ◊ **Він заробив ~у за пору́шення прáвил.** He earned a reprimand for a breach of rules. **отри́мувати** receive; **знімáти з** + *G.* lift from sb ◊ **Зня́ти ~у з Віктюкá мóжуть чéрез рік.** They can lift the reprimand from Viktiuk after a year. **іґнорувáти** ignore)

prep. **д. від** + *G.* a reprimand from sb ◊ **до. від мéнеджера** a reprimand from the manager; **д. за** + *A.* a reprimand for sth

Also see **завáження 2**

доганя́|ти, ~ють; догнáти, дожен|у́ть, *tran.*

1 to catch up with ◊ **Христи́на відчувáла достáтньо енéргії, щоб догнáти й перегнáти супéрниць.** Khrystyna felt she had enough energy to catch up with and pass her rivals.

adv. **крок за крóком** step by step; **пові́льно** slowly, **поступóво** gradually; **лéгко** easily, **шви́дко** quickly ◊ **Вояки́ шви́дко догнáли колóну.** The soldiers quickly caught up with the column. **нарéшті** finally

v. + **д. бу́ти вáжко** be difficult to, **бу́ти неможли́во** be impossible to ◊ **Тепéр догнáти конвóй практи́чно неможли́во.** Now it is practically impossible to catch up with the convoy. **бу́ти лéгко** be easy to, **бу́ти невáжко** not be difficult to; **змогти́** *pf.* manage to, **могти́** can; **намагáтися** try to, **хоті́ти** want to; **починáти** begin to, **стáти** *pf.* start ◊ **Вонá стáла д. загі́н.** She started catching up with the group.

2 *colloq., fig.* to grasp, figure out, dig ◊ **Я тебé не ~ю.** I don't get you.

See **розумі́ти**

pa. pple. **дóгнаний** caught up with

доганя́й! дожени́!

дóгляд, *m.*, **~у**, *only sg.*

1 care, tending

adj. **бездогáнний** impeccable ◊ **Бібліотéка забезпéчила бездогáнний д. своі́й збі́рці.** The library provided impeccable care for its collection. **відмі́нний** excellent, **дóбрий** good, **доскона́лий** perfect, **ідеáльний** ideal, **методи́чний** methodical, **належ́ний** proper; **лáгідний** tender, **увáжний** attentive, **чудóвий** great, **чу́йний** loving; **інтенси́вний** intensive, **пи́льний** close, **ретéльний** thorough; **безперéрвний** uninterrupted, **довготермінóвий** long-term, **постíйний** constant, **тривáлий** extended; **короткотермінóвий** short-term, **тимчасóвий** temporary; **щодéнний** daily; **бáтьківський** parental, **вчи́тельський** teacher's, **лі́карський** doctor's, **меди́чний** medical ◊ **Йомý потрі́бна ді́єта і меди́чний д.** He needs a diet and medical care. **професі́йний** professional, **фахови́й** competent; **амбулатóрний** outpatient, **стаціонáрний** inpatient, **лікарня́ний** *or* **шпитáльний** hospital; **домáшній** home; **інституці́йний** institutional; **запобі́жний** preventive; **паліати́вний** palliative; **психіатри́чний** psychiatric; **привáтний** private; **неформáльний** informal, **формáльний** formal; **духóвний** spiritual, **пáсторський** pastoral; **публі́чний** public

n. + **д. план ~у** a care plan (**пóслуги** services ◊ **Він кори́стується пóслугами психіатри́чного ~у.** He is using psychiatric care services. **прогрáма** program)

v. + **д. забезпéчувати** + *D.* **д.** provide care to ◊ **Заклáд забезпéчує д. невилíковно хвóрим.** The establishment provides care to the incurably sick. (**ґарантувáти** + *D.* guarantee sb ◊ **Аґéнція ґарантýє відмі́нний д. кóжному.** The agency guarantees excellent care to everyone. **надавáти** deliver, **пропонувáти** + *D.* offer sb ◊ **Готéль пропонýє увáжний д. за своíми гістьми́.** The hotel offers its guests attentive care. **мáти** have ◊ **Хвóра мáтиме цілодобóвий д.** The (female) patient will have round-the-clock care. **отри́мувати** receive); **вимагáти ~у** require care ◊ **Орхідéї вимагáють пи́льного ~у.** Orchids require painstaking tending. (**потребувáти** need)

prep. **без ~у** without supervision, neglected ◊ **Буди́нок лишáється без ~у.** The house has been neglected. **під ~ом** under sb's care ◊ **Дити́на булá під чу́йним ~ом бабу́сі.** The child was under its grandma's loving care. **д. за** + *I.* care for sb/sth ◊ **д. за дити́ною** child care (**вóлоссям** hair, **шкі́рою** skin, *etc.*) ◊ **першоклáсний д. за шкі́рою** a first-rate skin care; **д. за áвтом** car maintenance; ♦ **д. за хвóрим** nursing care

Cf. **óпіка 1**

2 *colloq.* supervision, surveillance ◊ **Вонá перебувáла під ~ом слу́жби безпéки.** She was under security services supervision.

See **нáгляд**

догляда́|ти, ~ють; догля́н|ути, ~уть, *tran. and intr.*

1 *tran. and intr.* to tend to, keep an eye on ◊ **Маркó ~в молокó, що от-óт мáло закипі́ти.** Marko kept an eye on the milk that was about to come to a boil.

adv. **весь час** all the time, **дóбре** well, **достáтньо** sufficiently, **належ́но** properly, **пи́льно** watchfully, **ретéльно** thoroughly, **сумлі́нно** conscientiously, **увáжно** carefully; **лéдве** scarcely, **наси́лу** barely, **неохóче** reluctantly

v. + **д. бу́ти слід** + *D.* should, **бу́ти трéба** + *D.* need to ◊ **Индичáт трéба д.** Turkey poults need to be tended to. **мáти** be supposed to; **могти́** can; **проси́ти** + *A.* ask sb to, **погóджуватися** agree to ◊ **Гáнна погóдилася д. за йогó котóм.** Hanna agreed to look after his cat. **запропонувáти** + *D.* offer sb to

prep. **д. за** + *I.* tend to sb/sth

Alse see **клопотáтися 1**

2 *tran. and intr.* to look after, take care of

adv. **ні́жно** tenderly, **тéпло** warmly; **охóче**

willingly ◊ **Вони́ охо́че ~ють батькі́в.** They willingly look after their parents. **ра́до** gladly; **до́бре** well, **нале́жно** properly, **пи́льно** watchfully, **сумлі́нно** conscientiously; **ке́псько** poorly, **неохо́че** reluctantly, **пога́но** badly, **сяк-та́к** so-so; **особи́сто** personally

v. + **д. бра́тися** take it upon oneself to ◊ **Лі́кар узя́вся особи́сто д. за цим хво́рим.** The doctor took it upon himself to look after the patient personally. **бу́ти зобов'я́заним** be obliged to ◊ **Він почува́вся зобов'я́заним д. за хво́рим дя́дьком.** He felt obliged to look after his sick uncle. **бу́ти тре́ба** need to; **обіця́ти** + *D.* promise sb to, **проси́ти** + *A.* ask sb to; **хоті́ти** want to; **відмовля́тися** refuse to

prep. **д. за** + *I.* look after sb

Also see **диви́тися 5, гляді́ти 2, займа́тися[1] 4, клопота́тися 2, опіка́ти 1, турбува́тися 2, ходи́ти 6**

3 *tran., only pf.* to see, notice ◊ **У те́мряві ва́рта не догля́нула непро́ханих відві́дувачів.** In the darkness, the sentinels failed to notice the uninvited visitors.

See **зauва́жувати 2.** *Also see* **спостеріга́ти 2**

pa. pple. **догля́нутий** tended to, taken care of

догляда́й! догля́нь!

догля́н|ути, *pf., see* **догляда́ти**

to take care, look after, *etc.* ◊ **Вона́ ~ула, щоб усе́ зроби́ли до́бре.** She took care that everything be well done.

до́гм|а, *f.*

dogma, tenet ◊ **Для ньо́го зако́н і поря́док – несхи́тна д.** For him law and order are an unshakable dogma.

adj. **архаї́чна** archaic, **застарі́ла** obsolete; **стара́** old, **традиці́йна** traditional; **парті́йна** party, **політи́чна** political ◊ **Молода́ активі́стка на ди́во ві́льна від будь-яки́х політи́чних догм.** The young (female) activist is amazingly free of any political dogmas. **мора́льна** moral, **релігі́йна** religious; **ни́нішня** current; **паніві́на** prevailing; **непору́шна** unshakable, **тверда́** rigid; **головна́** central ◊ **головна́ д. маркси́стської філосо́фії** the central dogma of Marxist philosophy; **католи́цька** Catholic, **правосла́вна** Orthodox, **християнська** Christian; **маркси́стська** Marxist, **неоліберальна** neoliberal

v. + **д. відкида́ти ~у** reject a dogma (**відкида́ти** + *A.* **як** reject sth as ◊ **Вона́ відкида́є непоро́чність па́пи як архаї́чну ~у.** She rejects papal infallibility as an archaic dogma. **прийма́ти** accept; **ста́вити під су́мнів** question) ◊ **Студе́нтів не боя́ться ста́вити під су́мнів будь-яку́ ~у.** The students are not afraid to question any dogma. **кида́ти ви́клик ~і** challenge a dogma

до́говір, *m.*, **~ору**

treaty, pact, agreement ◊ **Мемора́ндум – це не д. і ні до чо́го підписа́нтів не зобов'я́зує.** A memorandum is not a treaty and puts no obligations on its signatories.

adj. **багатосторо́нній** multilateral, **двосторо́нній** bilateral, **тристоро́нній** trilateral, **міжнаро́дний** international; **ми́рний** peace ◊ **До́ки трива́є окупа́ція, не мо́же бу́ти мо́ви про ми́рний д. з аґре́сором.** As long as the occupation continues, a peace treaty with the aggressor is out of the question.

v. + **д. готува́ти д.** prepare a treaty ◊ **Д. готу́є робо́ча гру́па.** A working group is preparing the treaty. (**підпи́сувати** sign, **укла́дати** conclude; **ратифікува́ти** ratify) ◊ **Д. ратифікува́ли.** The treaty has been ratified.

prep. **згі́дно з ~ором** under a treaty; ◊ **д. про нена́пад** a non-aggression pact, ◊ **д. про оре́нду** a lease agreement, ◊ **тристоро́нній д. про співпра́цю** a trilateral cooperation agreement

See **уго́да 1.** *Also see* **умо́ва 3**

дода|ва́ти, **~ю́ть; ~ти**, **~а́м**, **~си́**, **~сть**, **~ду́ть**, *tran.*

1 to add ◊ **Він ~в до ті́ста вершкі́в.** He added cream to the dough.

adv. **вже** already, **зра́зу** *or* **одра́зу** at once, **нега́йно** immediately ◊ **До о́цту слід нега́йно ~ти со́ди.** Soda should be immediately added to the vinegar. **за́раз же** right away; **крадькома́** stealthily ◊ **Він крадькома́ ~в до напо́ю сноді́йного.** He stealthily slipped a sleeping pill to the drink. **пові́льно** slowly, **поступо́во** gradually

v. + **д. бу́ти тре́ба** + *D.* need to ◊ **Вам тре́ба ~ти крохма́лю.** You need to add some starch. **забува́ти** forget to ◊ **Він забу́в ~ти пе́рцю до товкани́ці.** He forgot to add pepper to the mashed potatoes. **ра́дити** + *D.* advise sb to; **збира́тися** be going to, **хоті́ти** want to

prep. **д. до** + *G.* add sth to sth

Also see **піддава́ти 2**

2 to increase, intensify, add to ◊ **У́спіх ~ва́в їй натхне́ння.** The success added to her inspiration.

adv. **ви́разно** distinctly, **помі́тно** noticeably, **я́вно** clearly ◊ **Слова́ підтри́мки я́вно ~ли Макси́мові впе́внености.** The words of support clearly added to Maksym's confidence.

3 *math.* to add, plus ◊ **Сім д. оди́н дорі́внює ві́сім.** Seven plus one makes eight.

adv. **вмить** in a flash, **миттє́во** instantaneously, **операти́вно** promptly, **за́раз же** right away, **шви́дко** quickly; **помилко́во** mistakenly, **непра́вильно** incorrectly; **доскона́ло** perfectly, **пра́вильно** correctly; **про се́бе** in one's head ◊ **Він про се́бе ~в ци́фри й написа́в оста́точну су́му.** He added up the numbers in his head and wrote down the final sum.

v. + **д. вмі́ти** know how to, **ма́ти** be supposed to; **навча́ти** + *A.* teach sb to, **навча́тися** learn to ◊ **Іре́на навчи́лася відніма́ти й д.** Irena learned to subtract and add. **забува́ти** forget to

prep. **д. до** + *G.* add to sth ◊ **Він ~в три до семи́.** He added three to seven.

Also see **плюс 2.** *Ant.* **відніма́ти 2**

4 to add *(while speaking)*, go on to say, continue ◊ **Дани́ло ~в, що робо́та йому́ сподо́балася.** Danylo added that he liked the work.

pa. pple. **до́даний** added

додава́й! дода́й!

дода́|ти, *pf., see* **додава́ти**

to add; increase, intensify, go on saying, *etc.* **«І не забу́дь принести́ фільм,» – ~в Іва́н.** "And don't forget to bring the movie," Ivan added.

дода́т|ок, *m.*, **~ка**

1 addition, supplement, addendum, appendix

adj. **вели́кий** big, **значни́й** significant; **невели́кий** small ◊ **Невели́кий д. рі́дкого скла змі́цнить бето́н.** A small addition of liquid glass will make the concrete stronger. **ва́ртісний** worthy, **ко́рисний** useful, **ці́нний** valuable; **важли́вий** important; **неда́вній** recent, **нови́й** new, **оста́нній** latest; ♦ **граматичні ~ки** grammar appendices; ◊ **Газе́та ма́є неді́льний д. у ви́гляді глянцевого журна́лу.** The paper has a Sunday supplement in the form of a glossy magazine.

v. + **д. роби́ти д.** make an addition ◊ **А́втор зроби́в важли́вий д. до те́ксту.** The author made an important addition to the text. (**склада́ти** put together) ◊ **Вона́ взяла́ся склада́ти словнико́вий д.** She set about putting together a vocabulary addendum.

prep. ♦ **в** *or* **на д. до** + *G.* in addition to sth ◊ **У д. до ле́кції бу́де пока́зано коро́тке ві́део.** In addition to the lecture, a short video will be shown. **в ~ку** *posn.* in an addition; **д. до** + *G.* an addition to sth ◊ **В оста́нньому ~ку до підру́чника є бага́то нови́х табли́ць.** There are many new tables in the latest addition to the textbook.

Cf. **приlо́га**

2 *ling.* object

adj. **непрями́й** indirect, **прями́й** direct ◊ **Перехідне́ дієсло́во керу́є прями́м ~ком.** A transitive verb governs a direct object.

3 *techn.* add-on, plug-in, extension ◊ **Нови́й засто́сунок не ма́є кілько́х необхі́дних ~ків.** The new application does not have several requisite plug-ins.

додо́му, *adv., dir.*

1 home, to one's home ◊ **Васили́на поверта́лась д. пі́зно вве́чері.** Vasylyna was returning home late at night.

2 *fig.* to one's homeland, to one's country, home ◊ **Пили́пові було́ так ціка́во в Япо́нії, що він не ду́же поспіша́в д.** Japan was so interesting to Pylyp that he was not in a hurry going back home.

до́з|а, *f.*

dose, dosage; *also fig.*

adj. **вели́ка** large ◊ **Вели́ка д. мо́же причини́тися до незворо́тної шко́ди.** A large dose can cause irreversible damage. **висо́ка** high, **максима́льна** maximal, **маси́вна** massive ◊ **Вона́ прийняла́ маси́вну ~у алкого́лю.** She took a massive dose of alcohol. **міцна́** strong; **подві́йна** double; **кри́хітна** tiny, **мала́** *and* **невели́ка** little ♦ **мали́ми ~ами** in small doses; **низька́** low; **оптима́льна** optimal; **сере́дня** medium; **здоро́ва** healthy ◊ **Есе́й напи́сано зі здоро́вою ~ою гу́мору.** The essay is written with a healthy dose of humor. **звича́йна** usual, **одноразо́ва** single, **по́вна** full, **пра́вильна** correct, **рекомендо́вана** recommended, **станда́ртна** standard ◊ **Станда́ртна д. мо́рфію не поле́гшувала бо́лю.** A standard dose of morphine did not relieve the pain. **щоде́нна** daily; **безпе́чна** safe; **смерте́льна** lethal, **фата́льна** fatal; **надмі́рна** excessive ◊ **надмі́рна д. радіа́ції** an excessive dose of radiation

д. + *n.* **д. лі́ків** a dose of medicine (**препара́ту** medication; **отру́ти** poison, **токси́нів** toxins; **гу́мору** *fig.* humor, **іро́нії** *fig.* irony, **сарка́зму** *fig.* sarcasm, **смі́ху** *fig.* laughter); **д. радіа́ції** a dose of radiation

v. + **д. дістава́ти ~у** get a dose ◊ **Він діста́в смерте́льну ~у токси́нів.** He got a lethal dose of toxins. (**отри́мувати** receive, **прийма́ти** take; *fig.* to have a drink ◊ **Вони́ прийняли́ по ~і.** They had a drink each. **дава́ти** + *D.* administer sb ◊ **Лі́кар дав хво́рому по́вну ~у.** The doctor administered the patient a full dose. **достосо́вувати до** + *G.* adjust to sth ◊ **~у радіа́ції слід достосува́ти до оптима́льного рі́вня.** The radiation dose should be adjusted to the optimal level. **збі́льшувати** increase, **зме́ншувати** reduce ◊ **Вона́ зме́ншила ~у препара́ту.** She reduced the dose of medication. **змі́нювати** change; **признача́ти** + *D.* prescribe sb ◊ **Лі́кар призна́чив йому́ звича́йну ~у.** The doctor prescribed him the usual dose.

до́звіл, *m.*, **~олу**

1 permission

adj. **експліци́тний** explicit **недвозна́чний** unequivocal, **по́вний** full, **спеція́льний** special; **мовчазни́й** tacit ◊ **Усе́ це неподо́бство чи́ниться з мовчазно́го ~олу вла́ди.** All this outrage is being committed with a tacit permission of the authorities. **ба́тьківський** parental; **зако́нний** legal, **офіці́йний** official, **форма́льний** formal, **урядо́вий** government; **письмо́вий** written, **у́сний** verbal; **нале́жний** proper, **необхі́дний** necessary, **потрі́бний** requisite; **конкре́тний** specific; **попере́дній** prior

v. + **д. дава́ти** + *D.* **д.** give sb permission ◊ **Їй дали́ потрі́бний д.** They gave her the requisite permission. (**надава́ти** + *D.* grant sb; **дістава́ти** *colloq.* get ◊ **Доста́тньо діста́ти у́сний д.** It is enough to get a verbal permission. **забезпе́чувати собі́** secure; **ма́ти** have, **отри́мувати** receive; **відклика́ти** revoke ◊ **Він мо́же відкли́кати д.** He could revoke the permission. **скасо́вувати** cancel; **клопота́тися про** *and* **роби́ти пода́ння** file for) ◊ **Клопота́тися про д. слід за ти́ждень напере́д.** One should file for permission a week in advance. **вимага́ти ~олу** require permission ◊ **Ву́личні виста́ви вимага́ють ~у полі́ції.** Street performances require police permission. (**потребува́ти** need; **проси́ти** ask for); **відмовля́ти** + *D.* **в ~олі** refuse sb permission ◊ **Їм відмо́вили в ~олі виступа́ти на сце́ні.** They were refused permission to perform on stage.

prep. **без ~олу** without permission; **з ~олу** with sb's permission, ♦ **з ~олу сказа́ти** if I may say so; **д. на** + *A.* a permission to sth ◊ **д. на ви́їзд із краї́ни** a permission to leave the country

Also see **дору́чення 2, ліце́нзія 2, о́рдер 1**

2 permit, authorization ◊ **Він не мо́же леґа́льно заробля́ти гро́ші без ~олу на пра́цю.** He cannot legally earn money without a work permit. ◊ **У Сове́тському Сою́зі ко́жен му́сив ма́ти так зва́ну пропи́ску, то́бто д. на прожива́ння.** In the Soviet Union, everybody was to have the so-called *propiska*, i.e. a residence permit.

See **дові́реність**

дозві́лл|я, *nt., only sg.*
leisure, free time

adj. **ду́же потрі́бне** much-needed ◊ **Наре́шті прийшло́ таке́ ду́же потрі́бне д.** Finally such much-needed leisure has come. **дитя́че** children's, **солда́тське** soldiers', **студе́нтське** students'; **заслу́жене** well-deserved; **здоро́ве** healthy; **коро́тке** brief; **трива́ле** long

n. + **д. годи́ни д.** leisure hours (**пері́од** period, **час** time; **інду́стрія** industry; **осере́док** *or* **центр** center) ◊ **У буди́нку розташо́вується осере́док д.** A leisure center is located in the building.

v. + **д. ма́ти д.** have leisure (**організо́вувати** organized ◊ **Да́рка вмі́ла організува́ти ціка́ве д.** Darka knew how to organize some interesting leisure. **псува́ти** spoil ◊ **Полі́на не дозво́лить дурни́цям псува́ти її́ д.** Polina will not allow nonsense to spoil her leisure. **прово́дити** spend); **насоло́джуватися ~ям** enjoy one's free time ◊ **Пі́сля двох мі́сяців пра́ці Кили́на могла́ насоло́джуватися заслу́женим ~ям.** After two weeks of work, Kylyna could enjoy her well-deserved leisure.

prep. **на д.** *dir.* for leisure ◊ **Що ви плану́єте на д.?** What are you planning for your free time. **на ~і** *posn.* at leisure ◊ **Що ви лю́бите роби́ти на ~і?** What do you like to do at leisure?

Also see **відпочи́нок 2, відпу́стка, заня́ття.** *Cf.* **вака́ції, кані́кули 1**

дозво́ли|ти, *pf., see* **дозволя́ти**
to allow, permit ◊ **Це він ~в, щоб ситуа́ція ви́йшла з-під контро́лю.** It was him who allowed the situation to get out of control.

дозволя́|ти, ~ють; дозво́л|ити, ~ять, *tran.*
1 to allow, permit, let + *D.* ◊ **Войте́нко ~в лі́кареві роби́ти все, що тре́ба, аби́ звести́ його́ на но́ги.** Voitenko allowed the doctor to do what was needed to get him back on his feet.

adv. **вже** already, **наре́шті** finally; **неохо́че** reluctantly; **нега́йно** immediately, **за́раз же** right away; **шви́дко** quickly; ♦ **забага́то д. собі́** to presume too much, to take liberties; **пря́мо** directly ◊ **Зако́н пря́мо ~є лікува́льне вжива́ння марихуа́ни.** The law directly allows the medicinal use of marijuana. **відкри́то** expressly; **загало́м** generally, **зако́нно** legally; **звича́йно** usually; **конкре́тно** specifically; **свідо́мо** knowingly

v. + **д. бу́ти гото́вим** be ready to ◊ **Вони́ були́ гото́вими дозво́лити дочці́ лиши́тися вдо́ма.** They were ready to permit their daughter to stay at home. **бу́ти ра́дим** be glad to; **відмовля́тися** refuse to; **перешко́нувати** + *A.* convince sb to, **проси́ти** + *A.* ask sb to; **пого́джуватися** agree to, **хоті́ти** want to; ♦ **д. собі́ ві́льно пово́дитися з** + *I.* to take liberties with sb ◊ **Ви не мо́жете д. собі́ так ві́льно пово́дитися з люди́ною, яку́ ле́две зна́єте!** You can't take such liberties with a person you hardly know! ♦ **д. собі́ на́дто бага́то** to presume, take liberties; ♦ **Що ви собі́ ~єте!** How dare you! ♦ **як(що́) дозво́лить пого́да** weather permitting (**ро́зклад** schedule, **обста́вини** circumstances ◊ **Він при́йде, як дозво́лять обста́вини.** He will come, circumstances permitting. **ситуа́ція** situation)

pa. pple. **дозво́лений** allowed

дозволя́й! дозво́ль! ◊ **Дозво́льте предста́вити вам мого́ дру́га.** Allow me to introduce my friend to you.

Also see **допуска́ти 2, припуска́ти 2, пропуска́ти 1, уможли́влювати**

2 *only with* **собі́** to afford, pay; spare ◊ **На це тре́ба бі́льше ча́су, ніж Ната́ля мо́же дозво́лити собі́.** This requires more time than Natalia can afford.

adv. **за́вжди́** always, **наре́шті** finally; **ле́гко** easily; **ле́две** scarcely, **наси́лу** barely; **не зо́всім** not really

v. + **д. бу́ти у змо́зі** be able to ◊ **Цього́рі́ч Ма́рченки були́ у змо́зі дозво́лити собі́ двоти́жневу ві́дпу́стку над мо́рем.** This year, the Marchenkos were able to afford a two-week vacation by the sea. **могти́** can; **бу́ти не в змо́зі** be unable to, **не могти́** cannot ◊ **Соломі́я не мо́же д. собі́ купува́ти все, що їй подо́бається.** Solomiia cannot afford to buy everything she likes.

дозволя́|тися, *intr., impers.*
impers. and pass. to be allowed, be permitted + *I.* ◊ **Він публіку́є те, що ~ється цензу́рою.** He publishes what is allowed by the censors. ◊ **Тут не ~лося пали́ти.** Smoking was not allowed here.

доїжджа́|ти, ~ють; дої́хати, дої́д|уть, *intr.*
1 to get to *(only by vehicle)*, reach, arrive at

adv. **без пробле́м** without a problem ◊ **Він без пробле́м дої́хав додо́му.** He reached his place without a problem. **вре́шті** finally, **із тру́днощами** with difficulties, **ле́гко** easily, **шви́дко** quickly; **я́кось** somehow

v. + **д. бу́ти ва́жко** be difficult to, **бу́ти неможли́во** be impossible to ◊ **За таки́й коро́ткий час дої́хати туди́ було́ неможли́во.** It was impossible to get there in such a short time. **бу́ти ле́гко** be easy to; **бу́ти тре́ба** + *D.* need to ◊ **Оста́пові тре́ба було́ я́кось дої́хати до ста́нції.** Ostap needed to somehow reach the station. ♦ **дої́хати** + *A. colloq., pf.* to do in, wear out ◊ **Ві́ктор дої́хав усі́х бре́хнями.** Everybody had had enough of Viktor's lies.

prep. **д. до** + *G.* get to *(a place)*

Cf. **дохо́дити 1**

2 *only impf.* to commute ◊ **Тама́ра зму́шена д. в Ки́їв на пра́цю.** Tamara is forced to commute to Kyiv for work.

adv. **весь час** all the time, **пості́йно** constantly, **про́тягом оста́нніх двох ро́кі́в** over the last two years, **реґуля́рно** regularly, **щодня́** everyday ◊ **Оле́г щодня́ ~є на робо́ту авто́бусом.** Oleh commutes to work by bus every day.

v. + **д. бу́ти гото́вим** be prepared to; **бу́ти зму́шеним** be forced; **бу́ти тре́ба** + *D.* need to; **волі́ти** prefer ◊ **Вінволі́є д. на пра́цю з Ірпіня́, як жи́ти в Ки́єві.** He prefers to commute to work from Irpin rather than live in Kyiv.

prep. **д. на** + *A.* commute to *(work, etc.)*

Cf. **подорожува́ти**

доїжджа́й! дої́дь!

дої́ха|ти, *pf., see* **доїжджа́ти**
to get to *(only by vehicle)*, reach, arrive ◊ **Вони́ дої́дуть за день.** They will arrive in a day.

до́каз, *m.*, **~у**
proof, evidence + *G.* of

adj. **виріша́льний** conclusive ◊ **Нові́ да́ні ста́ли виріша́льним ~ом на ко́ристь її́ тео́рії.** The new data became conclusive proof of her theory. **доста́тній** ample, **значни́й** significant, **істо́тний** substantial, **найкра́щий** best, **незапере́чний** irrefutable ◊ **Слі́дство посіда́ло незапере́чні ~и прича́тности полі́тика до корупці́йних схем.** The investigation was in possession of irrefutable evidence of the politician's involvement in the corruption schemes. **неспросто́вний** incontrovertible, **переко́нливий** convincing; **вира́зний** clear, **конкре́тний** specific, **недвозна́чний** unambiguous, **поту́жний** powerful, **прями́й** direct, **разю́чий** striking, **солі́дний** solid, **тверди́й** hard; **відпові́дний** adequate; **об'єкти́вний** objective; **матеріа́льний** *and* **речови́й** material ◊ **Зни́кнення речови́х ~ів спровокува́ло сканда́л.** The disappearance of the material evidence provoked a scandal. **фізи́чний** physical; **двозна́чний** ambiguous, **недоста́тній** insufficient, **непе́вний** uncertain, **нея́сни́й** unclear, **слабки́й** weak, **сумні́вний** dubious, **хистки́й** flimsy; **ви́гаданий** *or* **сфабрико́ваний** fabricated, **фальши́вий** false; **вірогі́дний** credible, **імо́вірний** plausible, **правдоподі́бний** believable; **допусти́мий** admissible; **неприйня́тний** inadmissible ◊ **Усі́ ~и става́ли тепе́р неприйня́тними для су́ду.** All the evidence was now becoming inadmissiable in court. **випадко́вий** casual; **наявни́й** available; **непрями́й** indirect, **побі́чний** circumstantial, **похі́дни́й** secondary; **додатко́вий** additional, **нови́й** new, **пода́льший** further, **сві́жий** fresh; **важли́вий** important, **виріша́льний** crucial, **головни́й** principal, **ці́нний** valuable; **підтве́рджувальний** corroborating ◊ **Прокуро́р предста́вив судо́ві підтве́рджувальні ~и.** The prosecutor presented corroborating evidence to the court. **археологі́чний** archeological, **експеримента́льний** experimental, **емпіри́чний** empirical, **істори́чний** historical, **фактологі́чний** factual; **ви́димий** visible, **візуа́льний** visual, ♦ **ві́део-д.** video proof, **документа́льний** documentary, **статисти́чний** statistical, **тексту́альний** textual, **фотографі́чний** photographic; **клі́нічний** clinical, **меди́чний** medical, **науко́вий** scientific, **судо́во-меди́чний** forensic ◊ **Адвока́т вже знайо́мий зі судо́во-меди́чними ~ами.** The attorney is already familiar with the forensic evidence.

n. + **д. брак ~ів** a lack of evidence ◊ **Суд ви́правдав його́ че́рез брак ~ів.** The court exonerated him because of a lack of evidence. (**ви́ди** types; **збі́р** collection); **допусти́мість ~ів** admissibility of evidence ◊ **Він сумніва́вся в допусти́мості ~ів.** He doubted the admissibility of the evidence. (**ма́са** mass, **суку́пність** body, **су́ма** totality)

v. + **д. аналізува́ти д.** analyze evidence ◊ **Археологі́чні ~и нале́жало проаналізува́ти.** The archeological evidence needed to be analyzed. (**вивча́ти** study, **зва́жувати** weigh, **оці́нювати** assess ◊ **~и оціни́в незале́жний експе́рт.** The evidence was assessed by an independent expert. **перегляда́ти** review ◊ **Він крити́чно переглянути фотографі́чні ~и.** He has critically reviewed the photographic evidence. **розгляда́ти** examine; **слу́хати** hear ◊ **На насту́пному semіна́рі слу́хатимуть ~и протиле́жної сторони́.** They will hear the evidence from the opposing side at the next seminar. **бра́ти до ува́ги** take into account; **використо́вувати** use, **використо́вувати** + *A.* **як** use sth as ◊ **Звинува́чення збира́лося використа́ти приму́сове ви́знання затри́маної, як д. її́ вини́.** The prosecution was going to use the forced confession of the detained woman as proof of her guilt. **відко́пувати** *fig.* unearth ◊ **Він відкопа́в в архі́ві важли́вий д.**

He unearthed an important piece of evidence in the archive. **виявля́ти** discover, **збира́ти** collect ◊ **Вона́ писа́тиме матеріял, лише́ зібра́вши ~у.** She will write the story, only having collected the evidence. **знахо́дити** find; **накопи́чувати** accumulate; **ма́ти** have; **дава́ти** + *D.* give sb, **забезпе́чувати** + *D.* provide sb with, **наво́дити** produce, **подава́ти** + *D.* submit to sb, **представля́ти** + *D.* present to sb, **посила́тися на** cite; **підкида́ти** plant ◊ **Поліціянт підки́нув хло́пцеві інкриміну́ючі ~и.** The police planted incriminating evidence on the boy. **шука́ти** search for; **натрапля́ти на** come across, **нашто́вхуватися на** stumble upon; **прийма́ти** admit; **виключа́ти** exclude ◊ **Суддя́ ви́ключив три ~и як безвідно́сні.** The judge excluded three pieces of evidence as irrelevant. **відкида́ти** reject, **спросто́вувати** refute; **зни́щувати** destroy, **фабрикува́ти** fabricate, **фальсифікува́ти** falsify) ◊ **~и приче́тности жінки до краді́жки сфальсифіко́вано.** The proof of the woman's involvement in the theft was falsified. **бу́ти ~ом** be evidence (**вважа́ти** + *A.* consider sth; **служи́ти** serve as ◊ **Докуме́нт служи́в ~ом його́ вини́.** The document served as the evidence of his culpability. **лиша́тися** remain; **става́ти** become)

д. + *v.* **встано́влювати** + *A.* establish sth, **демонструва́ти** + *A.* demonstrate sth, **підтве́рджувати** + *A.* confirm sth, **сві́дчити про** + *A.* testify to sth ◊ **~и сві́дчили про те, що було́ два вбивці.** The evidence testified to there having been two assassins. **засно́вуватися на** + *A.* be based on sth ◊ **~и засно́вуються на автенти́чних докуме́нтах.** The evidence is based on authentic documents. **спира́тися на** + *A.* rely on sth; **з'являтися** emerge, **існува́ти** exist; **зроста́ти** grow, **накопи́чуватися** accumulate; **вказувати на** + *A.* point to sth, **виплива́ти з** + *G.* come from sth, **похо́дити з** + *G.* originate from sth ◊ **~и похо́дять із середньові́чного літо́пису.** The evidence originates from a medieval chronicle. **пов'я́зувати** + *A.* **з** + *G.* link sb/sth to sb/sth ◊ **~и пов'я́зують мініcтра з організо́ваною злочи́нністю.** The evidence links the minister to organized crime.

prep. **на д.** + *G.* as proof of sth ◊ **На д. дові́ри до нього Макси́м дав йому́ ключ від се́йфу.** As proof of his trust in him, Maksym gave him the key to the safe. **як д.** as evidence; **д. від** + *G.* evidence from *(a person)* ◊ **д. від психія́тра** evidence from a psychiatrist; **д. з** + *G.* evidence from *(a place)* ◊ **Він мав відео-д. із мі́сця су́тички.** He had a piece of video evidence from the venue of the confrontation. **д. про́ти** + *G.* evidence against sb ◊ **~у про́ти вла́сника буди́нку** evidence against the building owner; **д. того́, що** + *clause* evidence that ◊ **д. того́, що він крав держа́вні ко́шти** evidence that he stole state funds; **д. стосо́вно** + *G.* evidence regarding sb/sth ◊ **~и стосо́вно застосува́ння торту́р** evidence regarding the use of torture; ♦ **у сві́тлі ~ів** in light of evidence ◊ **Спра́ву обгово́рювали у сві́тлі сві́жих ~ів.** The matter was discussed in light of the fresh evidence. ♦ **пе́ред лице́м ~ів** in the face of the evidence ◊ **Президе́нт бреха́в пе́ред лице́м неспросто́вних ~ів.** The president lied in the face of incontrovertible evidence. ♦ **ані** *or* **ні кри́хти ~ів** not a scrap of evidence ◊ **Полі́ція не ма́є ані кри́хти ~ів про́ти оска́ржуваної активі́стки.** The police have not a scrap of evidence against the accused (female) activist.

Also see **ілюстра́ція 2, пока́зник 3, сві́дчення 1, сиґна́л 1**

дока́зу|вати, ~ють; доказа́ти, ~у́, дока́ж|уть, *tran. and intr.*

1 to finish telling, finish speaking + *D.* ◊ **Бабу́ся обіця́ла доказа́ти ка́зку по́тім.** Grandma promised to finish telling the fairy tale later.

adv. **вже** already, **наре́шті** finally; **зго́дом** in a while, **пізні́ше** *and* **по́тім** later; **ле́две** barely ◊ **Ле́две Мо́тря доказа́ла, як усі́ запле́скали.** Barely had Motria finished speaking when everybody applauded.

v. + **д. бу́ти тре́ба** + *D.* need to; **дава́ти** + *D.* let sb ◊ **Дай йому́ доказа́ти.** Let him finish. **дозволя́ти** + *D.* allow sb to; **не змогти́** *pf.* not to manage, **не ма́ти можли́вости** not to have the opportunity to, **не ма́ти ча́су** not to have time to ◊ **Вона́ не ма́ла ча́су д.** She did not have the time to finish *(speaking)*. **проси́ти** + *A.* ask sb to; **намага́тися** try to, **хоті́ти** want to

prep. **д. до** + *G.* talk to *(a point in time)* ◊ **Він доказа́в опові́дання до сере́дини.** He told the story to the middle.

2 to prove, provide proof to sb + *D.* ◊ **Я мо́жу ле́гко доказа́ти, що це пра́вда.** I can easily prove it is true. ◊ **Її́ відповідь про́сто ~є, що Марко́ ма́є ра́цію.** Her answer simply proves that Marko is right.

See **дово́дити 2**

3 to try to convince, + *D.* *(often with* **що***)* ◊ **Він ~вав нам, що прода́в кварти́ру.** He was trying to convince us that he had sold the apartment.

See **дово́дити 2**

pa. pple. **дока́заний** told to the end; proven

дока́зуй! докажи́!

до́к|ір, *m.*, **~ору** *and* **~о́ру**

reproach, rebuke, blame, reproof

adj. **нескінче́нний** endless, **пості́йний** constant, **ча́стий** frequent; **гірки́й** bitter; **заслу́жений** well-deserved; **мовчазни́й** silent ◊ **У його́ оча́х був мовчазни́й д.** There was silent reproach in his eyes. **неви́словлений** unspoken, **незаслу́жений** undeserved, **несправедли́вий** unjust, **прихо́ваний** hidden, **серйо́зний** serious, **справедли́вий** justified; **жартівли́вий** jocular, **легки́й** mild

д. + *n.* **д. сумлі́ння** *or* **со́вісти** a pang of conscience; ♦ **відчува́ти ~о́ри сумлі́ння** to feel pangs of conscience (**ма́ти** have); ♦ **му́читися від ~о́рів сумлі́ння** to suffer from pangs of conscience ◊ **Він му́чився від ~о́рів сумлі́ння.** He was suffering from pangs of conscience.

v. + **д. висло́влювати д.** express a reproach (**іґнорува́ти** ignore; **слу́хати** listen to, **чу́ти** hear); **віджарто́вуватися від ~о́ру** laugh off a reproach ◊ **Від тако́го серйо́зного ~о́ру ле́две віджарту́єшся.** Such a serious reproach can hardly be laughed off. **засипа́ти** + *A.* **~о́рами** heap reproaches on sb ◊ **Жінка заси́пала Петра́ гірки́ми ~о́рами.** Petro's wife heaped bitter reproaches on him.

N. pl. **до́ко́ри**, *G. pl.* **до́ко́рів**

Also see **заки́д**

докла́дн|ий, *adj.*

detailed

adv. **до́сить** fairly ◊ **Вони́ ма́ли до́сить ~у розмо́ву.** They had a fairly detailed talk. **доста́тньо** sufficiently, **ду́же** very, **надзвича́йно** extremely, **незвича́йно** unusually, **неймові́рно** incredibly, **цілко́м** completely; **відно́сно** relatively, **особли́во** particularly, **порі́вняно** comparatively; **(за)на́дто** too; **недоста́тньо** insufficiently

д. + *n.* **д. ана́ліз** a detailed analysis (**ви́клад** account, **звіт** report, **о́пис** description, **план** plan) ◊ **План здава́вся Марі́ї доста́тньо ~им.** The plan seemed to be sufficiently detailed to Maria. **~а інстру́кція** a detailed instruction (**інформа́ція** information) ◊ **Така́ ~а інформа́ція ста́ла у вели́кій приго́ді дослі́дникам.** Such detailed information proved of great help to the researchers.

v. + **д. бу́ти ~им** be detailed ◊ **Інстру́кції були́ надзвича́йно ~ими.** The instructions were extraordinarily detailed. (**виявля́тися** turn out; **здава́тися** + *D.* seem to sb)

Also see **то́чний 2.** *Ant.* **приблизний**

докла́дн|ість, *f.*, **~ости**, *only sg.*

1 specificity, exactness, details; accuracy

adj. **абсолю́тна** absolute, **бездога́нна** impeccable, **безпомилко́ва** unerring, **бі́льша** greater, **вели́ка** great, **винятко́ва** exceptional ◊ **Вона́ характеризува́ла геро́їв із винятко́вою ~і́стю.** She characterized the characters with exceptional specificity. **висо́ка** high, **значна́** significant, **по́вна** total, **цілкови́та** complete; **дивови́жна** amazing, **неймові́рна** incredible, **неправдоподі́бна** unbelievable, **рі́дкісна** rare; **низька́** low; **відно́сна** relative, **доста́тня** sufficient; **покра́щена** improved; **науко́ва** scientific, **статисти́чна** statistical ◊ **Дослі́дженню бракує статисти́чної ~ости.** The research lacks statistical accuracy. **техні́чна** technical, **фактологі́чна** factual; **необхі́дна** necessary, **потрі́бна** requisite

n. + **д. рі́вень ~ости** the level of accuracy ◊ **Висо́кий рі́вень ~ости ви́кладу вража́є.** The high level of the narrative's specificity is striking. (**сту́пінь** degree)

v. + **д. забезпе́чувати д.** ensure accuracy ◊ **Інструме́нт забезпе́чував бі́льшу д. артилері́йського вогню́.** The instrument ensured greater accuracy of the artillery fire. (**збі́льшувати** *and* **підви́щувати** increase, **покра́щувати** improve; **перевіря́ти** verify, **підтве́рджувати** confirm, **спра́вджувати** check; **ста́вити під су́мнів** question) ◊ **Вона́ поста́вила під су́мні́в д. обрахýнків.** She questioned the accuracy of the calculations. **бракува́ти ~ости** + *D.* lack accuracy (**вимага́ти** require; **досяга́ти** achieve)

prep. **з ~і́стю** with accuracy ◊ **Він відтвори́в план цитаде́лі з вели́кою ~і́стю.** He reproduced the citadel plan with great accuracy.

2 resolution

adj. **висо́ка** high ◊ **світли́на висо́кої ~ости** a high-resolution photo; **до́бра** good ◊ **Моніто́р мав до́бру д.** The monitor had a good resolution. **доста́тня** sufficient, **задові́льна** satisfactory, **максима́льна** maximal; **ке́пська** poor, **пога́на** bad

д. + *n.* **д. екра́ну** screen resolution (**моні́то́ра** monitor, **зобра́ження** image, **плі́вки** film stock, **фотогра́фії** photography)

v. + **д. забезпе́чувати д.** ensure resolution ◊ **Нова́ ка́мера забезпе́чує кра́щу д. фотогра́фії.** The new camera ensures a better resolution of photography. (**ма́ти** have, **збі́льшувати** *and* **підви́щувати** increase, **покра́щувати** improve) ◊ **Він шука́в спо́собів покра́щити д. зобра́ження.** He was looking for ways to improve the image resolution.

prep. **д. в** a resolution of *(24 bits, ect.)* ◊ **Екра́н ма́є д. у 1500 на 750 пі́кселів.** The screen has a resolution of 1500 x 750 pixels.

доко́нан|ий, *adj.*

1 completed, finished ♦ **д. факт** a fait accompli ◊ **Її́ призна́чення було́ ~им фа́ктом.** Her appointment was a fait accompli.

Ant. **недоко́наний 1**

2 perfect

adv. **абсолю́тно** absolutely ◊ **Скульпту́ра ма́є абсолю́тно ~і лі́нії.** The sculpture has absolutely perfect lines. **ви́разно** distinctly; **цілко́м** completely; **ма́йже** almost; **ді́йсно** really, **спра́вді** truly

See **доскона́лий 1**

3 *ling.* perfective ◊ **Дієсло́во «люби́ти» не ма́є фо́рми ~ого ви́ду.** The verb "люби́ти" does not have a perfective aspect form.

Ant. **недоко́наний 2**

докоря́|ти, ~ють; докор|и́ти, ~ять, *tran.*

to rebuke, reproach + *D.* sb *or colloq. A.* ◊ **Вона́ не докоря́ла Бори́сові** *or colloq.* **Бори́са.** She did not rebuke Borys.

adv. **гі́рко** bitterly **Як же гі́рко ~ла її́ ма́ти!** How

bitterly her mother rebuked her! **го́стро** sharply; **ле́гко** gently; **публі́чно** publicly
v. + **д. бра́тися** set about ◊ **Оре́ста взяла́ся д. ї́м за недба́лість.** Oresta set about rebuking them for their negligence. **поча́ти** begin to, **ста́ти** *pf.* start to, **переста́ти** stop ◊ **Коли́ ти вже переста́неш д. си́нові за ко́жну дрібни́цю!** When will you stop rebuking your son for every trifle! **сміти** dare
prep. **д. за** + *A.* rebuke for sth
докоря́й! докори́!
Also see **закида́ти**² **5**

до́ктор, *m.*, **~а; ~ка**, *f.*

1 *colloq.* physician, doctor ◊ **Коли́ температу́ра у хло́пчика сягну́ла 39°, ма́ти побі́гла по ~а.** When the little boy's temperature reached 39° (centigrade) his mother ran to the doctor.
See **лі́кар**
2 doctor *(scholarly degree)* ◊ **Вона́ ма́є сту́пінь ~а філосо́фії.** She has a Doctor of Philosophy degree.
Cf. **ма́ґістр 2**
3 doctor *(form of address), ab.* **д-р.**, ◊ **д-р Вели́чко** Dr. Velychko
V. **~е**

докторанту́р|а, *f., only sg.*

1 doctoral studies, postgraduate studies
v. + **д. почина́ти ~у** start doctoral studies (**закі́нчувати** complete; **прийма́ти** + *A.* **на** accept sb into; **вступа́ти в** get enrolled in); **навча́тися в ~і** *only impf.* do one's doctoral studies
2 doctoral (postgraduate) program
v. + **д. засно́вувати ~у** establish a doctoral program

до́кторськ|ий, *adj.*

doctoral, Ph. D., of or pertaining to a doctor
д. + *n.* **д. дипло́м** a doctoral diploma (**і́спит** exam, **рі́вень** level, **семіна́р** seminar; **сту́пінь** degree); **~а дисерта́ція** a PhD dissertation

докуме́нт, *m.*, **~а**

1 document
adj. **автенти́чний** authentic ◊ **Д. абсолю́тно автенти́чний.** The document is absolutely authentic. **ориґіна́льний** original, **спра́вжній** genuine; **ли́повий** *colloq.* phony, **підро́блений** *or* **підро́бний** counterfeit, **сфабрико́ваний** forged, **фальши́вий** fake ◊ **~и у па́пці ви́явилися фальши́вими.** The documents in the file turned out to be fake. **фікти́вний** fictitious; **важли́вий** important; **до́вгий** long, **коро́ткий** brief; **по́вний** complete, **ці́лий** entire; **дета́льний** *or* **докла́дний** detailed; **друко́ваний** printed, **пи́саний** written; **неопублі́кований** unpublished, **опублі́кований** published; **залу́чений** attached ◊ **Усі́ да́ні є в ~і, залу́ченому до листа́.** All the data are in the document attached to the letter. **істори́чний** historical ◊ **Поже́жа зни́щила ти́сячі істори́чних ~ів.** The fire destroyed thousands of historical documents. **офіці́йний** official, **судови́й** court, **урядо́вий** government, **фіна́нсовий** financial, **юриди́чний** legal; **інкриміну́ючий** incriminating ◊ **Вона́ опублікува́ла ни́зку інкриміну́ючих ~ів.** She published a number of incriminating documents. **секре́тний** secret; **публі́чний** public; **розсекре́чений** declassified ◊ **Розсекре́чені ~и не місти́ли ні́чого сенсаці́йного.** The declassified documents did not contain anything sensational. **вну́трішній** internal; **наявний** available; **непідпи́саний** unsigned; **підпи́саний** signed ◊ **На підпи́саному ~і стоя́ла печа́тка.** There was a stamp on the signed document.
n. + **д. автенти́чність ~а** authenticity of the document ◊ **Хоме́нко не мо́же ґаранту́вати автенти́чности ~а.** Khomenko cannot vouchsafe the authenticity of the document. (**ве́рсія** version, **ко́пія** copy; **прое́кт** draft)
v. + **д. готува́ти д.** prepare a document ◊ **Гру́па експе́ртів готу́є ~и на приватиза́цію фа́брики.** A group of experts is preparing documents for the factory privatization. (**накида́ти** *colloq.* draft ◊ **Вона́ накида́ла потрі́бний д.** She drafted the required document. **опрацьо́вувати** work out; **друкува́ти** print *and* type, **писа́ти** write; **завіря́ти** certify, **підпи́сувати** sign ◊ **Д дире́ктор сидів і підпи́сував ~и.** The director sat and signed documents. **аналізува́ти** analyze, **вивча́ти** study; **перегляда́ти** review, **прогляда́ти** look through, **перечи́тувати** read through, **чита́ти** read; **бра́ти до ува́ги** take into consideration, **розгляда́ти** consider; **включа́ти** include; **копіюва́ти** copy, **сканува́ти** scan ◊ **Копія́рка мо́же та́кож сканува́ти ~и.** The copier can also scan documents. **вруча́ти** + *D.* hand to sb, **передава́ти** + *D.* hand over to sb, **подава́ти** file, submit, **пока́зувати** + *D.* show sb, **пощи́рювати** circulate, **презентува́ти** present, **публікува́ти** publish; **посила́ти** send, **прийма́ти** adopt, **схва́лювати** approve; **додава́ти** attach; **губи́ти** lose, **зни́щувати** destroy, **пали́ти** burn, **рва́ти** tear up, **шаткува́ти** shred ◊ **Вони́ пошаткува́ти секре́тні ~и.** They shredded the secret documents. **підробля́ти** forge, **фальсифікува́ти** falsify; **покли́катися на** refer to); **кори́стуватися ~ом** use a document; **виклада́тися в ~і** lay sth out ◊ **У ~і виклада́ється програ́ма рефо́рми осві́ти пункт за пу́нктом.** The document lays out the education reform program, point by point. (**висно́вуватися** conclude sth ◊ **У ~і висно́вується, що причи́ною пого́дних анома́лій є змі́на підсо́ння.** The document concludes that the reason for the weather anomalies is climate change. **вка́зуватися** indicate sth ◊ **Уча́сники семіна́ру вка́зуються в ~і пої́менно.** The seminar participants are indicated in the document by name. **деталізува́тися** detail sth, **зга́дуватися** mention sth, **каза́тися** say sth, **окре́слюватися** outline sth, **опи́суватися в** describe sth ◊ **У ~і опи́сується процеду́ра пода́ння на ві́зу.** The document describes the visa application procedure. **перерахо́вуватися** list sth, **поя́снюватися** explain sth, **стве́рджуватися** state sth) ◊ **У ~і стве́рджується, що мі́ністр приче́тний до аре́шту провідника́ опози́ції.** The document states that the minister is involved in the arrest of the opposition leader.
д. + *v.* **бу́ти дато́ваним** *and* **датува́тися** + *I.* be dated ◊ **Д. дато́ваний** *or* **дату́ється пе́ршим сі́чня.** The document is dated January 1. **бу́ти напи́саним в** *or* **при** + *L.* be written *(period, etc.)* ◊ **Д. був напи́саний наприкі́нці XIV столі́ття.** The document was written in the end of the 14th century. **зосере́джуватися на** + *L.* focus on sth, **ма́ти стосу́нок до** + *G.* deal with sth, **стосува́тися** + *G.* concern sth, **торка́тися** + *G.* touch on sth; **включа́ти** + *A.* include sth ◊ **Д. включа́є поси́лання на юриди́чні прецеде́нти.** The document includes references to legal precedents. **місти́ти** + *A.* contain sth, **назива́тися** be called sth ◊ **Д. назива́ється «Заса́ди судово́ї е́тики».** The document is called "Foundations of Court Ethics."
prep. **в д.** *dir.* in/to a document ◊ **Він уні́с змі́ни в д.** He introduced changes into the document. **в ~і** *posn.* in a document; **до ~у** in/to a document ◊ **Всі ци́фри були́ впи́сані до ~у пізні́ше.** All figures were written into the document later. **згі́дно з ~ом** according to a document ◊ **Згі́дно з ~ом скоро́чення персона́лу почне́ться у сі́чні.** According to the document, the personnel cuts will start in January.
Also see **папі́р 2. лі́топис**
2 certificate, ID ◊ **Покажі́ть ва́ші ~и.** Produce your ID.
adj. **особи́стий** personal; **ді́йсний** valid; **неді́йсний** invalid; **чужи́й** somebody else's; **ли́повий** *colloq.* phony, **підро́блений** *or* **підро́бний** counterfeit, **фальши́вий** fake ◊ **Її затри́мали че́рез фальши́вий д.** She was detained because of her fake ID.
v. + **д. ма́ти д.** have an ID (**носи́ти** carry ◊ **Вона́ за́вжди но́сить особо́вий д.** She always carries a personal ID. **пока́зувати** show; **вимага́ти** demand, **переві́ряти** check); **потребува́ти ~а** need an ID ◊ **Він потребу́є студе́нтського ~а.** He needs a student ID.
See **посві́дчення 1, свідо́цтво.** *Also see* **по́свідка, папі́р 2**
3 document *(computer file)*
adj. **електро́нний** electronic, **гіперте́кстовий** hypertext, **те́кстовий** text; **акти́вний** active; **збере́жений** saved; **втра́чений** lost, **пошко́джений** damaged, **сте́ртий** deleted ◊ **віднови́ти сте́ртий д.** to restore a deleted document; **нови́й** new; **тепе́рішній** current
v. + **д. відкрива́ти д.** open a document ◊ **Те́кстовий д. мо́жна відкри́ти в рі́зних програ́мах.** A text document can be opened in different applications. (**закрива́ти** close; **зберіга́ти** save ◊ **Застосу́нок автомати́чно зберіга́є те́кстові ~и.** The application saves text documents automatically. **стира́ти** delete ◊ **Він ви́падково стер важли́вий д.** He inadvertently deleted an important document. **отри́мувати** receive, **посила́ти** send; **диви́тися** view, **перегляда́ти** look through, **розгорта́ти** scroll ◊ **Щоб поба́чити всю гра́фіку, слід розгорну́ти д. униз.** In order to see all graphic, the document should be scrolled down. **пока́зувати** display; **видруко́вувати** print out, **друкува́ти** print; **залуча́ти до** + *G.* attach to ◊ **Він залучи́в д. до повідо́млення.** He attached the document to the message. **пра́вити** spellcheck ◊ **Комп'ю́тер автомати́чно пра́вив те́кстові ~и.** The computer automatically spellchecked text documents. **редаґува́ти** edit, **ство́рювати** create, **форматува́ти** format)
prep. **у д.** *dir.* in/to a document ◊ **Іва́нна вста́вила табли́цю в д.** Ivanna inserted the table into the document. **у ~і** *posn.* in a document

докуме́нтальн|ий, *adj.*

documentary
д. + *n.* **д. до́каз** documentary evidence (**серія́л** series, **фільм** film) ◊ **Те́мі присвя́чено д. фільм.** A documentary film is dedicated to the subject. **~а інформа́ція** documentary information (**переко́нливість** persuasiveness, **правди́вість** verisimilitude; **програ́ма** program; ♦ **~а про́за** nonfiction ◊ **Тру́мена Капо́те ча́сто назива́ють засно́вником жа́нру ~ої про́зи.** Truman Capote is often called the founder of the nonfiction genre. **~е підтве́рдження** a documentary confirmation; **~і да́ні** documentary data

документу|ва́ти ~ють; за~, *tran.*

to document, record
adv. **докла́дно** in detail ◊ **Архі́в докла́дно ~є пізні́ший періо́д його́ життя́.** The archive documents the later period of his life in detail. **методи́чно** methodically, **нале́жно** properly, **послідо́вно** consistently, **рете́льно** painstakingly ◊ **Він рете́льно ~ва́в ко́жен ви́падок інфіка́ції коронаві́русом.** He painstakingly documented every case of coronavirus infection. **ста́ранно** assiduously; **коне́чно** *and* **обов'язко́во** definitely; **за́вжди́** always, **незмі́нно** invariably; **то́чно** accurately; **яскра́во** vividly
v. + **д. бу́ти тре́ба** need to ◊ **Істори́чну поді́ю тре́ба за~.** The historic event needs to be documented. **вдава́тися** + *D.* succeed in ◊ **Опера́торові вдало́ся за~ важли́вий моме́нт істо́рії мі́ста.** The cameraman succeeded in documenting an important moment in the city's history. **змогти́** *pf.* manage to; **намага́тися** strive to, **стара́тися** try to
prep. **д. на** + *A. or L.* document on/to sth ◊ **Він ~ва́в розмо́ви з па́ні Ла́дою на ві́део.** He

documented his conversations with Mrs. Lada on video. **Вона́ ~ва́ла все на папе́рі.** She documented everything on paper.
pa. pple. **задокументо́ваний** documented
(за)документу́й!
See **писа́ти 1.** *Also see* **зазнача́ти 2, запи́сувати 1, 2**

дола́|ти, ~ють; по~, *tran.*
1 to win over, overcome, defeat ◊ **Хто кого́ подола́є?** Who will defeat whom? ◊ **Шевельо́в писа́в, що украї́нці мо́жуть по~ росія́н на культу́рному по́лі.** Shevelov wrote that the Ukrainians could defeat the Russians on the cultural field.
See **перемага́ти 1.** *Also see* **би́ти 3, вигрива́ти 1, завойо́вувати 1, розбива́ти 2, справля́тися 3**
2 to overcome, conquer, overpower
adv. **вже** already, **вре́шті-ре́шт** eventually ◊ **Він ві́рив, що вре́шті-ре́шт подола́є висоту́.** He believed that eventually he would conquer the height. **наре́шті** finally; **крок за кро́ком** step by step, **пома́лу** slowly ◊ **Вони́ пома́лу ~ли оди́н кіломе́тр за і́ншим.** They slowly conquered one kilometer after another. **поступо́во** gradually; **ле́две** scarcely, **ма́йже** almost, **наси́лу** barely; **ле́гко** easily, **шви́дко** quickly, **успі́шно** successfully; **частко́во** partially; **ціл́ко́м** completely
д. + *n.* **д. о́пір** overcome resistance ◊ **Уря́д намага́вся д. о́пір оліга́рхату.** The government was doing its best to overcome the oligarchy's resistance. (**висоту́** height, **ві́дстань** distance; **перешко́ду** obstacle, **тру́днощі** difficulties, **хворо́бу** disease)
n. + **д. бажа́ння по~** a desire to overcome ◊ **Не́ю керува́ло бажа́ння по~ емоці́йну зале́жність від сестри́.** She was driven by the desire to overcome her emotional dependence on her sister. (**потре́ба** necessity to, **спро́ба** attempt to; **незда́тність** incapability to, **неспромо́жність** inability to)
v. + **д. бу́ти ва́жко** be difficult to, **бу́ти неможли́во** be impossible ◊ **Таку́ при́страсть неможли́во по~.** Such passion is impossible to overcome. **бу́ти ле́гко** be easy to; **бу́ти у змо́зі** be capable of; **допомага́ти** + *D.* help sb (to) ◊ **Медита́ція допомага́є йому́ д. страх.** Meditation helps him overcome fear. **змогти́** *pf.* manage to, **намага́тися** do one's best to, **стара́тися** try to
Also see **завойо́вувати 1, перемага́ти 2**
3 to overpower, overwhelm ◊ **Їх пові́льно ~ла вто́ма.** Fatigue was slowly overpowering them.
pa. pple. **подо́ланий** overcome, vanquished
(по)дола́й!

доли́н|а, *f.*
valley, dell, dale
adj. **вели́ка** large, **висо́ка** high, **глибо́ка** deep ◊ **Узи́мку в глибо́кій ~і нема́є со́нця.** In winter, there is no sun in the deep valley. **до́вга** long; **крута́** steep, **стрімка́** precipitous, **широ́ка** wide ◊ **Мі́сто тягну́лося широ́кою ~ою зі схо́ду на за́хід.** The city stretched along a wide valley from east to west. **вузька́** narrow, **мале́нька** small; **ве́рхня** *or* **горі́шня** upper; **гірська́** mountain; **дале́ка** remote; **долі́шня** *or* **ни́жня** lower; **го́ла** bare; **зеле́на** green, **лі́систа** forested; **родю́ча** fertile, **розкі́шна** lush
д. + *n.* **д. Амазо́нки** the Amazon Valley (**Десни́** Desna ◊ **Д. Десни́ відо́ма свої́ми кра́євидами.** The Desna Valley is known for its landscapes. **Дніпра́** Dnipro, **При́п'яті** Prypiat; **рі́чки** river)
n. + **д. дно ~и** the valley bottom (**підні́жжя** floor; **схил** slope) ◊ **Ве́ршники спуска́лися схи́лом ~и.** The horsemen were descending down the slope of the valley.
v. + **д. ото́чувати ~у** surround a valley ◊ **~у ото́чують лі́си.** Forests surround the valley. (**утво́рювати** form; **вихо́дити на** overlook ◊ **Балко́н вихо́дить на лі́систу ~у.** The balcony overlooks a forested valley. **вхо́дити в** enter) ◊ **Вони́ ввійшли́ у стрімку́ ~у Смо́трича.** They entered the precipitous Smotrych Valley. **досяга́ти ~и** reach a valley (**вихо́дити з** leave); **панува́ти над ~ою** dominate a valley ◊ **Над ~ою пану́є висо́ка ске́ля.** A tall rock dominates the valley.
prep. **в ~у** *dir.* in/to a valley ◊ **Доро́га веде́ у ~у.** The road leads into a valley. **в ~і** *posn.* in a valley

доло́н|я, *f.*
palm, flat of the hand ◊ **Па́ні Т. затули́ла обли́ччя ~ями.** Mrs. T. covered her face with her palms.
adj. **відкри́та** open ◊ **Гада́лка вивча́ла його́ відкри́ту ~ю.** The fortune teller studied his open palm. **м'яка́** soft, **ні́жна** tender; **мо́кра** wet, **пі́тна** sweaty, **слизька́** slippery; **те́пла** warm; **холо́дна** cold; **гру́ба** rough, **мозо́листа** calloused ◊ **Робітни́к мав мозо́листі ~і.** The worker had calloused palms. **поше́рхла** chapped; **лі́ва** left, **пра́ва** right; **розчепі́рена** *colloq.* spread
v. + **д. витира́ти ~ю** wipe a palm ◊ **Він ви́тер ~і серве́ткою.** He wiped his palms with a napkin. (**кла́сти** lay, put ◊ **Вона́ покла́ла ~ю собі́ на колі́но.** She laid her palm on her knee. **підійма́ти** *or* **підніма́ти** raise, **притиска́ти до** + *G.* press to sth ◊ **Ві́ктор прити́снув ~і до її́ щік.** Viktor pressed his palms to her cheeks. **простяга́ти** extend; **розчепі́рювати** *colloq.* spread, **розтуля́ти** open; **стуля́ти** close; **те́рти** rub) ◊ **Хло́пець тер холо́дні доло́ні, щоб зігрі́ти їх.** The boy was rubbing his cold palms in order to warm them up. ♦ **пле́скати в ~і** to clap one's hands ◊ **Ді́ти пле́скали в ~і.** The children clapped their hands. ♦ **ля́скати ~ею по** + *L.* to slap on sth ◊ **Інна ля́снула його́ ~ею по плечу́.** Inna slapped on his shoulder.
д. + *v.* **лежа́ти** rest ◊ **Його́ д. лежа́ла на би́льці крі́сла.** His palm rested on the arm of the chair. **прі́ти** sweat ◊ **Коли́ Зо́я хвилюва́лася, в не́ї прі́ли ~і.** When Zoia was nervous, her palms would sweat.
prep. **в ~і** in a palm ◊ **У її́ відкри́тій ~і був срі́бний ланцюжо́к.** There was a silver chain in her open palm. **на ~і** on a palm ◊ **Миха́йло мав рубе́ць на ~і.** Mykhailo had a scar on his palm. ♦ **ви́дно, як на ~і** to be very clearly seen ◊ **З гори́ доли́ну ви́дно, як на ~і.** From the mountain, the valley could be seen very clearly.
Also see **жме́ня 1**

до́л|я[1], *f.*
1 fate, destiny, lot *(future)*
adj. **безра́дісна** joyless, **жахли́ва** awful, **жорсто́ка** cruel, **зла** nasty, **нещасли́ва** unhappy, **нещасна** unfortunate, **пону́ра** grim, **похму́ра** gloomy, **страшна́** terrible, **сумна́** sad, **трагі́чна** tragic; **ра́дісна** joyful, **щасли́ва** happy; **кра́ща** better ◊ **Його́ збі́рка заслуго́вувала кра́щої ~і.** His collection deserved a better fate. **вла́сна** one's own, **людська́** human; **майбу́тня** future, **остато́чна** ultimate, **пода́льша** subsequent; **економі́чна** economic, **політи́чна** political, **звича́йна** usual; **невідо́ма** unknown, **непе́вна** uncertain; **неуни́кна** inevitable; **спі́льна** common; **відмі́нна** *or* **і́нша** different; **одна́кова** same, **подíбна** similar
n. + **д. відчуття́ ~і** a sense of destiny ◊ **Софі́єю керува́ло відчуття́ ~і.** Sofiia was driven by her sense of destiny.
v. + **д. визнача́ти ~ю** determine fate ◊ **Випадко́ва зу́стріч ви́значила її́ пода́льшу ~ю.** A chance encounter determined her subsequent fate. (**виріш́увати** decide, **формува́ти** shape; **знахо́дити** find ◊ **У Лу́цьку ді́вчина знайшла́ свою́ ~ю.** The girl found her destiny in Lutsk. **зустріча́ти** meet; **змі́нювати** change, **контролюва́ти** be in control of; **ма́ти** have, **розділя́ти** share ◊ **Він ризикува́в розділи́ти ~ю попере́дників.** He ran the risk of sharing the fate of his predecessors. **прийма́ти** accept; **опла́кувати** lament, **проклина́ти** curse, **наріка́ти на** complain about ◊ **Марі́я не нарі́кала на ~ю.** Maria did not complain about her fate. **заслуго́вувати на** deserve; **передбача́ти** predict; **спогляда́ти** contemplate; **дізнава́тися про** learn of, **зна́ти про** know of, **чу́ти про** hear of; **вплива́ти на** influence) ◊ **Осві́та докорі́нно вплинула на її́ ~ю.** Education radically influenced her fate. ♦ **випада́ти на ~ю** to be sb's fate ◊ **На його́ ~ю ви́пало бу́ти в мі́сті, як почали́ся бойові́ ді́ї.** It was his fate to be in the city when the hostilities began. ♦ **пов'я́зувати ~ю з** + *I.* to throw in one's lot with sb ◊ **Він пов'яза́в ~ю із безче́сною люди́ною.** He threw his lot in with a dishonest individual. **бу́ти господа́рем своє́ї ~і** be the master of one's fate (**втіка́ти від** escape ◊ **Від ~і не втече́ш.** There is no escaping one's fate. **уника́ти** avoid ◊ **Вони́ уни́кнули ~і, що спітка́ла і́нших.** They avoided the fate that had befallen others. **заслуго́вувати** deserve ◊ **Бі́женці заслуго́вують кра́щої ~і.** The refugees deserve a better fate. **рятува́ти** + *A.* **від** rescue sb from) ◊ **Від трагі́чної ~і юнака́ врятува́ла випадко́вість.** An accident saved the youth from a tragic fate. **здава́тися ~і** resign to one's fate ◊ **Да́на хоті́ла не здава́тися ~і.** Dana would not resign to her fate. (**лиша́ти** + *A.* leave sb to) ◊ **Лі́на вми́ла ру́ки й лиши́ла хло́пця пону́рій ~і.** Lina washed her hands and left the boy to his grim fate. **зми́ря́тися** *or* **примиря́тися з ~ею** reconcile with one's fate; ♦ **Моя́ ж ~е нещасли́ва!** Woe is me! *(humorous expression of surprise)*
д. + *v.* **бу́ти пов'я́заною з** + *I.* be tied to sb/sth ◊ **Д. лаборато́рії пов'я́зана з нови́м прое́ктом.** The laboratory's fate is tied to the new project. **визнача́тися** be determined, **виріш́уватися** be decided ◊ **Сього́дні виріш́уватиметься її́ д.** Today her fate will be decided. **зале́жати від** + *G.* depend on sth; **жда́ти** + *G. or* **на** + *A.* await sb, **очі́кувати** + *G. or* **на** + *A.* be in store for sb, **спітка́ти** + *A.* befall sb/sth ◊ **У міністе́рстві іде́ю спітка́ла така́ сама́ д., що й і́нші нова́торські іде́ї.** At the ministry, the same fate befell the idea, that had befallen other innovative ideas. **стоя́ти на ка́рті** hang in the balance ◊ **На ка́рті стої́ть д. сі́рих ча́пель.** The fate of gray herons hangs in the balance. **чека́ти** + *G. or* **на** + *A.* await sb, **чатува́ти на** + *A. colloq.* lie in store for sb ◊ **На Ва́лика чатува́ла незави́дна д.** An unenviable fate lay in store for Valyk.
Also see **ща́стя 3**
2 fate, providence
adj. **жорсто́ка** cruel, **зрадли́ва** deceitful, **невблага́нна** implacable; **лагі́дна** gentle, **laска́ва** kind ◊ **Досі д. була́ лагі́дною до Оле́сі.** Until now, fate has been kind to Olesia. **милосе́рдна** merciful, **прихи́льна** favorable ◊ **Андрі́й блага́в ~ю лиша́тися прихи́льною до ньо́го.** Andrii beseeched fate to continue favoring him.
v. + **д. випро́бо́вувати ~ю** tempt fate ◊ **Не ва́рто випробо́вувати ~ю.** It is not worth tempting fate. (**ві́рити в** believe in) ◊ **Вона́ ві́рила в ~ю.** She believed in her fate. **довіря́тися ~і** entrust oneself to fate ◊ **Чолові́ки довіри́лися ~і.** The men entrusted themselves to their fate.
д. + *v.* **виріш́увати** + *A.* decide sth; **втруча́тися в** + *A.* intervene in ◊ **В оста́нній хвили́ втру́тилася милосе́рдна д.** At the last moment, merciful fate intervened. **обіця́ти** + *D.* have in store for sb ◊ **Д. не обіця́ла їм ні́чого до́брого.** Fate had nothing good in store for them. **усміха́тися** + *D.* smile on sb ◊ **Д. усміхну́лася О́льзі.** Fate has smiled on Olha.

до́л|я[2], *f.*
share, part
adj. **бі́льша** greater, **вели́ка** large, **значна́** significant, **істо́тна** substantial, **ле́вова** lion's; **невели́ка** small; **відпові́дна** respective,

нале́жна due; **по́вна** full; **скро́мна** modest; **справедли́ва** fair; **все бі́льша** growing; **п'ятивідсо́ткова** 5%, **двадцятивідсо́ткова** 20%, *etc.*, **непропорці́йна** disproportionate; **пропорці́йна** proportionate, **рі́вна** equal; **ри́нкова** market

v. + **д. бра́ти ~ю** take a share ◊ **Він бере́ бі́льшу ~ю прибу́тку з торгі́влі.** He takes a greater share of the sales revenue. (**вико́нувати** do ◊ **Вони́ ви́конали свою́ ~ю пра́ці.** They did their share of work. **вно́сити** contribute, **діставáти** get, **ма́ти** have, **отри́мувати** receive; **збі́льшувати** increase, **зме́ншувати** reduce, **втрача́ти** lose ◊ **Вона́ ризикува́ла втра́тити бі́льшу ~ю доброчи́нних поже́ртв.** She ran the risk of losing a greater share of charitable donations. **ма́ти пра́во на** be entitled to); **вимага́ти ~і** claim a share ◊ **Робітни́к вимага́є своє́ї справедли́вої ~і.** The worker is claiming his fair share. (**відмовля́тися від** give up)

д. + *v.* **випла́чуватися** + *D.* be paid to sb ◊ **Йому́ випла́чувалася тривідсо́ткова д. дохо́дів від на́йму кварти́ри.** A 3%-share of the apartment's rent was paid to him. **лиша́тися** + *D.* be left to sb/sth; **перехо́дити до** + *G.* go over to sb/sth

See **части́на 1.** *Also see* **полови́на 3, фраґме́нт, шмато́к 1**

до́ма, *var.* **вдо́ма, удо́ма**, *adv.*
1 *posn.* at home, home, sb's place ◊ **Її нема́є д.** She is not home. ◊ **Ми домо́вилися зустрі́тися в Ната́лки д.** We agreed to meet at Natalka's place. ◊ **Дава́йте пообі́даємо в ме́не д.** Let's have lunch at my place. ♦ **почува́тися, як д.** to feel at home ◊ **Че́рез пів годи́ни всі го́сті почува́лися як д.** In half an hour, all the guests felt at home. ♦ **У ньо́го (не́ї, них) вочеви́дь не всі д.** *fig.* He (she, they, *etc.*) is obviously funny upstairs.
2 *fig.* in one's homeland, back home ◊ **У Єги́пті все було́ зо́всім не так, як д.** In Egypt, everything was not at all like it was back home.

домага́н|ня, *nt.*
1 demand, claim ◊ **Усі́ її д. ви́явилися ма́рними.** All her demands proved futile.
See **вимо́га 1**
2 harassment ♦ **стате́ві д.** *only pl.* sexual harassment ◊ **Він пода́в до су́ду на нача́льника за стате́ві д.** He sued his boss for sexual harassment.
Also see **прете́нзія**

домага́|тися, **~ються; домогти́ся, домо́ж|уться;** *pa. pf., m.* **домі́гся**, *pl.* **домогли́ся**, *intr.*
to demand, push, pressure, lay claim to, seek; *pf.* secure, win, obtain + *G.* sth ◊ **Че́рез суд Святосла́в домі́гся пова́ги у́ряду до свої́х мо́вних прав.** Through the courts Sviatoslav won the respect from the government for his language rights.

adv. **впе́рто** stubbornly ◊ **Мо́тря впе́рто ~лася від ньо́го зго́ди на зу́стріч.** Motria stubbornly pushed him to agree to meet with her. **насті́йливо** persistently, **наха́бно** brazenly, **пості́йно** constantly; **наре́шті** finally, **успі́шно** successfully

д. + *n.* **д. зго́ди** seek sb's consent (**обіця́нки** promise, **підтри́мки** support, **прихи́льности** benevolence, **схва́лення** endorsement; **бли́зькости** intimacy, **се́ксу** sex) ◊ **У цей спо́сіб нача́льник ~вся від підле́глої се́ксу.** In that way, the boss harassed his (female) subordinate for sex.

домага́йся! домо́жи́ся!
See **вимага́ти 1.** *Also see* **жада́ти 2, претендува́ти**

дома́шн|ій, *adj.*
1 home, domestic, of or pertaining to home
♦ **~я адре́са** a home *or* residential address ◊ **Ви́шліть це на мою́ ~ю адре́су.** Send it to my home address. ◊ **Учи́тель забу́вся загада́ти їм ~є завда́ння.** The teacher forgot to give them homework. ♦ **~я господи́ня** homemaker, housewife
2 homemade ◊ **~я ковбаса́ ма́ла особли́вий смак.** The homemade sausage had a special taste. ◊ **Головно́ю прина́дою рестора́ну є ~я ку́хня.** The restaurant's main attraction is its home cooking.
3 domestic *(of animals, etc.)*, domesticated, pet ◊ **Леле́ка став ма́йже ~ім.** The stork became almost domestic. ◊ **Ва́ля не схва́лює мо́ди на ~іх щурі́в.** Valia does not approve of the fashion for pet rats.
4 *as n., only pl.* **~і** family, family members ◊ **Петро́ влаштува́в ~ім несподі́ванку.** Petro arranged a surprise for his family.
See **роди́на 1, сім'я́ 1**

домови́н|а, *f.*
1 coffin, casket ◊ **Ритуа́льний за́клад пропонува́в широ́кий ви́бір домови́н.** The funeral home offered a wide choice of coffins.
See **труна́ 1**
2 *fig.* grave, death ◊ **Обо́х похова́ли у глибо́кій ~і.** Both were buried in a deep grave. ♦ **те́мно, як у ~і** pitch-dark ◊ **У ха́ті було́ те́мно, як у ~і.** It was pitch-dark in the house. ♦ **до ~и** to death ◊ **Вони́ були́ ві́рними одне́ о́дному до само́ї ~и.** They were faithful to one another till the very grave. ♦ **заганя́ти** + *A.* **в ~у** to drive sb to death ◊ **Знуща́ння загна́ли його́ в ~у.** Abuse drove him to his death.
See **смерть 1.** *Also see* **кіне́ць 3, моги́ла 1, труна́ 2**

домо́ви|тися, *pf., see* **домовля́тися**
to arrange, agree, settle, *etc.* ◊ **Вони́ ~лися обговори́ти спра́ву че́рез два дні.** They agreed to discuss the matter in two days.

домо́влен|ість, *f.*, **~ости**
agreement, arrangement, understanding ◊ **Між ни́ми існува́ла чітка́ д.** A clear understanding existed between them.

adj. **зага́льна** general, **по́вна** complete, **широ́ка** broad; **частко́ва** partial; **недвозна́чна** unambiguous, **чі́тка** clear; **слове́сна** verbal

prep. **д. про** + *A.* an arrangement on/for sth ◊ **д. про зу́стріч** an arrangement for a meeting, **д. про спі́льні консульта́ції** an understanding on mutual consultations

Also see **уго́да 2, умо́ва 3**

домовля́|тися, **~ються; домо́в|итися, ~люся, ~ишся, ~иться, ~ляться**, *intr.*
1 to discuss, talk, negotiate ◊ **Вони́ ~ються, що роби́ти.** They are discussing what to do.
See **обгово́рювати**
2 to arrange for *(a meeting, etc.)*, make arrangements, agree on, settle on, strike a bargain, come to an agreement

adv. **вже** already, **наре́шті** finally; **ле́гко** easily ◊ **Із не́ю ле́гко д.** It is easy to come to an agreement with her. **операти́вно** promptly; **шви́дко** quickly, **якнайшви́дше** as soon as possible; **я́кось** somehow; **так і не** never ◊ **Пі́сля трьох годи́н перемо́вин вони́ так ні про що й не домо́вилися.** After three hours of talks, they never settled on anything. **ще не** not yet

v. + **д. бу́ти ва́жко** be difficult to ◊ **Ва́жко домо́витися за таки́й коро́ткий час.** It is difficult to strike a bargain in such short time. **бу́ти неможли́во** be impossible to; **бу́ти ле́гко** be easy to; **бу́ти необхі́дно** be necessary to ◊ **Необхі́дно домо́витися за́раз.** It is necessary to make arrangements now. **бу́ти тре́ба** + *D.* need to, **змогти́** *pf.* manage to; **ма́ти на́мір** have the intention to; **нама́гатися** try to; **хоті́ти** want to; **дзвони́ти** + *D.*, **щоб** call sb in order to ◊ **Вона́ подзвони́ла, щоб домо́витися про зу́стріч.** She called to arrange for a meeting. **зустріча́тися, щоб** meet in order to

prep. **д. про** + *A.* arrange for/on sth;
♦ **Домо́вилися!** It's a deal!
See **вмовля́тися**
домовля́йся! домо́вся!

домог|ти́ся, *pf., see* **домага́тися**
to get, secure, gain ◊ **Амбасадо́р домі́гся від америка́нців допомо́ги.** The ambassador secured help from the Americans.

до́нор, *m.*, **~а; ~ка**, *f.*
1 donor ◊ **Він і́ноді заробля́є гро́ші як д. кро́ви.** He sometimes makes money as a blood donor.

adj. **можли́вий** prospective ◊ **спи́сок можли́вих ~ів** a list of prospective donors. **потенці́йний** potential; **прида́тний** suitable ◊ **Вони́ шука́ють прида́тного ~а.** They are looking for a suitable donor. **сумі́сний** compatible

д. + *n.* **д. кро́ви** a blood donor (**ни́рки** kidney, **печі́нки** liver, **се́рця** heart, **спе́рми** sperm ◊ **Д. спе́рми лиша́ється невідо́мим.** The sperm donor remains unknown. **шкі́ри** skin, **яйцекліти́ни** egg)

v. + **д. знахо́дити ~а** find a donor (**чека́ти** wait for; **шука́ти** look for); **бу́ти ~ом** be a donor ◊ **Він був до́нором-ветера́ном.** He was a veteran donor. (**става́ти** become) ◊ **Він став ~ом ни́рки.** He became a kidney donor.

д. + *v.* **дава́ти** + *A.* give sth ◊ **Типо́вий д. дає́ кров дві́чі на рік.** A typical donor gives blood twice a year. **знахо́дитися** be found ◊ **Наре́шті знайшо́вся прида́тний д.** Finally a suitable donor was found.
2 donor, contributor, benefactor ◊ **У спи́ску ~ів допомо́ги є по́над де́сять краї́н.** There are more than ten countries on the list of benefactors.
See **жертвода́вець**

допи́тлив|ий, *adj.*
inquisitive, curious

adv. **винятко́во** exceptionally, **вкрай** extremely ◊ **Вкрай ~а ді́вчинка надокуча́ла го́стям пита́ннями.** The extremely inquisitive little girl pestered the guests with her questions. **глибо́ко** deeply, **ду́же** very, **надзвича́йно** extraordinarily, **на ди́во** amazingly, **страше́нно** terribly; **напра́вду** truly ◊ **люди́на з напра́вду ~им ро́зумом** a person with a truly curious mind; **спра́вді** really; **до́сить** fairly; **особли́во** particularly; **за́вжди** always ◊ **її за́вжди ~а дочка́** her always inquisitive daughter; **незмі́нно** invariably; **(за)на́дто** too, **не в мі́ру** inordinately, **надмі́рно** excessively; **ле́две** barely, **не ду́же** not very; **інтелектуа́льно** intellectually; **неви́нно** innocently, **підозрі́ло** suspiciously; **несподі́вано** unexpectedly, **приє́мно** pleasantly

д. + *n.* **д. ви́раз** an inquisitive expression (**по́гляд** look; **ро́зум** mind; **дослі́дник** researcher, **син** son, **у́чень** pupil, **хло́пчик** little boy, **чолові́к** man); **~а дити́на** an inquisitive child; **~і ву́ха** *fig.* curious ears ◊ **Вони́ ви́йшли на ву́лицю, да́лі від ~их вух коле́г.** They went outside, farther from their colleagues' inquisitive ears. (**о́чі** eyes)

v. + **д. бу́ти ~им** be curious (**виявля́тися** turn out ◊ **Студе́нти ви́явилися ~ими.** The students turned out to be inquisitive. **здава́тися** + *D.* seem to sb; **лиша́тися** remain; **роби́тися** grow ◊ **Що глибше він порина́в у те́му, то ~ішим роби́вся.** The deeper he submerged into the subject, the more curious he grew. **става́ти** become)
Also see **ціка́вий 2**

допи́тлив|ість, *f.*, **~ости**, *only sg.*
inquisitiveness, curiosity

adv. **вели́ка** great ◊ **винятко́ва** exceptional, **надзвича́йна** extraordinary, **неймові́рна** improbable, **невтамóвна** insatiable; **страшéнна** terrible; **правди́ва** *and* **спрáвжня** genuine; **вíчна** perennial, **незмíнна** invariable; **непомíрна** inordinate, **надмíрна** excessive; **інтелектуáльна** intellectual; **неви́нна** innocent; **щи́ра** sincere ◊ **Вонá говори́ла зі щи́рою ~істю в гóлосі.** She was speaking with sincere curiosity in her voice. **ди́вна** strange, **підозрíла** suspicious; **несподíвана** unexpected, **приємна** pleasant; **прирóдна** natural, **чи́ста** sheer

v. + **д. виявля́ти д.** show curiosity ◊ **Вонá виявля́ла д. на кóжному занятті.** She showed curiosity in every class. (**задовольня́ти** satisfy, **потамóвувати** quench) ◊ **Ніщó не моглó потамувáти д. ýчнів.** Nothing could quench the students' curiosity.

prep. **з ~ости** out of curiosity ◊ **Вони́ пішли́ на зýстріч із чи́стої ~ости.** They went to the meeting out of sheer curiosity. **з ~істю** with curiosity ◊ **Він диви́вся на хлóпця з ~істю.** He was looking at the boy with curiosity.

Cf. **інтерéс 1, цікáвість 1**

доповідáч, *m.*, **~а** *and* **~á; ~ка**, *f.*
presenter, speaker, reporter, lecturer

adj. **блискýчий** brilliant ◊ **Він був блискýчим ~éм.** He was a brilliant presenter. **дóбре приготóваний** well-prepared, **дóбрий** good, **цікáвий** interesting; **кéпський** poor, **нудни́й** boring, **погáний** bad; **головни́й** main, **провідни́й** keynote; **запрóшений** invited ◊ **В остáнню хвили́ну запрóшений д. не приїхав.** At the last moment, the invited speaker did not arrive. **настýпний** next, **попередній** previous

v. + **д. запрóшувати ~á** invite a speaker ◊ **Томчýк запроси́в цікáвого ~á.** Tomchuk invited an interesting speaker. **давáти слóво ~éві** give the floor to a speaker ◊ **Головá дав слóво настýпному ~éві.** The chair gave the floor to the next speaker.

prep. **д. на** + *L.* a presenter at sth ◊ **Він був ~éм на десятках конферéнцій.** He was a paper presenter at dozens of conferences.

Also see **промóвець**

дóповід|ь, *f.*
report, talk, paper, presentation

adj. **науковá** scientific; **важли́ва** important, **головнá** main ◊ **Її запроси́ли зроби́ти головнý д.** She was invited to give the main report. **вели́ка** big, **дóвга** long, **тривáла** lengthy; **корóтка** short, **сти́сла** brief; **всеохóпна** comprehensive, **глибóка** in-depth, **доклáдна** detailed, **загáльна** general, **підсумкóва** summary; **пóвна** complete; **скорóчена** curtailed; **п'ятихвили́нна** five-minute, **десятихвили́нна** ten-minute ◊ **Десятихвили́нна д. головú комíсії багатьóх розчарувáла.** The committee chair's ten-minute paper disappointed many. **позити́вна** positive, **прихи́льна** favorable; **дошкýльна** scathing, **крити́чна** critical, **негати́вна** negative; **неглибóка** shallow, **поверхóва** superficial, **посерéдня** mediocre; **сенсаці́йна** sensational, **скандáльна** scandalous; **нуднá** boring, **цікáва** interesting; **недáвня** *or* **нещодáвня** recent, **новá** new, **остáння** latest, **попередня** previous; **пéрвісна** original ◊ **Пéрвісна д. зазнáла змін.** The original report underwent changes. **пéрша** first, **початкóва** initial; **вступнá** introductory; **понóвлена** updated; **опублікóвана** published; **неопублікóвана** unpublished ◊ **Д. лишáється неопублікóваною.** The paper remains unpublished. **офіці́йна** official; **секрéтна** secret; **спíльна** joint ◊ **спíльна д. трьох дослíдників** a joint paper by three researchers

n. + **д. áвтор ~і** the author of the paper ◊ **Áвтор ~і залиши́вся невідóмим.** The paper's author remained unknown. (**вéрсія** version, **кóпія** copy, **план** plan, **текст** text ◊ **Текст секрéтної ~і просочи́вся в прéсу.** The text of the secret report leaked to the press. **чернéтка** rough copy) ◊ **Чернéтка ~і відрізня́лася від її остатóчної вéрсії.** The rough copy of the paper differed from its final version.

v. + **д. виголóшувати д.** present a paper ◊ **Тетя́на ви́голосила д. на крýглому столí з перéкладу.** Tetiana presented the paper at the roundtable on translation. (**роби́ти** give, deliver, **читáти** read; **готувáти** prepare ◊ **Він мав ти́ждень, щоб приготувáти д.** He had a week to prepare his presentation. **друкувáти** type, print, **писáти** write ◊ **Перш ніж писáти д., Ігор складáв її план.** Prior to writing a talk, Ihor would put together its outline. **подавáти** submit, **посилáти** send, **роздавáти** distribute; **обговóрювати** discuss; **слýхати** listen to; **діставáти** obtain, **отри́мувати** receive; **посилáтися на** cite, **цитувáти** quote; **оприлю́днювати** make public, **публікувáти** publish) **викладáтися в ~і** *impers.* lay sth out ◊ **У ~і викладáються засáди мóвної політики.** The paper lays out the principles of the language policy. (**висвітлюватися в** *impers.* cover sth ◊ **У її ~і висвітлюються ви́токи філосóфії постмодернíзму.** *impers.* Her talk covers the origins of postmodernist philosophy. **вислóвлюватися в** *impers.* express sth; **виснóвуватися в** *or* **що** + *clause impers.* conclude sth, **вкáзуватися в** *impers.* indicate sth, **демонструється в** *impers.* demonstrate sth, **деталізувáтися в** *impers.* detail sth, **згáдуватися в** *impers.* mention sth ◊ **У ~і двíчі згáдується Бодріяр.** *impers.* The presentation mentions Baudrillard twice. **окрéслюватися в** *impers.* outline sth, **опи́суватися в** *impers.* describe sth; **перерахóвуватися в** *impers.* list sth; **поя́снюватися в** *impers.* explain sth, **ствéрджуватися в** *impers.* state sth)

д. + *v.* **заснóвуватися на** + *L.* be based on ◊ **Д. заснóвується на сумнíвних дáних.** The paper is based on questionable data. **звертáтися до** + *G.* address sth ◊ **Д. побíжно звертáється до цíєї диле́ми.** The paper addresses this dilemma in passing. **зосерéджуватися на** + *L.* focus on sth; **мáти стосýнок до** + *G.* deal with sth ◊ **Д. не мáє стосýнку до психіятрії.** The paper does not deal with psychiatry. **стосувáтися** + *G.* concern sth ◊ **Д. стосýється бíдности.** The talk concerns poverty. **торкáтися** + *G.* touch on sth; **включáти** + *A.* include sth, **містúти** + *A.* contain sth; **називáтися** be entitled ◊ **Д. називáється «Ви́бір без ви́бору».** The talk is entitled "A Choice without Choice."

prep. **в д.** *dir.* in/to a talk ◊ **Тарáс уніс мінімáльні поправки в д.** Taras made minimal corrections to the talk. **в ~і** *posn.* in a talk; **до ~і** in/to a paper ◊ **Він додáв до ~і ви́сновки.** He added a conclusion to her paper.

I. **~дю**

Cf. **звіт**

допóвни|ти, *pf., see* **допóвнювати**
to complement, add ◊ **Вонá ~ла óповідь брáта подрóбицями.** She complemented her brother's story with details.

допóвню|вати, ~ють; допóвн|ити, ~ять, *tran.*
to add, complement, supplement ◊ **Хто хóче допóвнити?** Who would like to add something? ◊ **д. оди́н óдного** (*f.* **однá óдну**, *m. and f.* **однé óдного**) complement one another

adv. **знáчно** significantly ◊ **Він знáчно допóвнив óповідь подрóбицями.** He significantly supplemented the story with details. **сyттєво** essentially, **цікáво** in an interesting manner; **вдáло** felicitously ◊ **Гриць і Катери́на вдáло ~вали однé одногó як музи́канти.** Hryts and Kateryna felicitously complemented one another as musicians. **гармонíйно** harmoniously ◊ **На сцéні дíвчáта гармонíйно ~ють однá óдну.** On stage, the girls complement one another harmoniously.

v. + **д. бýти трéба** need to, **вирíшувати** decide to, **хотíти** want to

pa. pple. **допóвнений** complemented ◊ **допóвнене ви́дання** an expanded edition

допóвнюй! допóвни!

допомагá|ти, ~ють; допомогти́, ~ý, допомóж|уть, *intr.*
1 to help sb, assist sb + *D.*

adv. **акти́вно** actively, **багáто** much, **впрáвно** ably, **достáтньо** sufficiently, **дýже** a great deal ◊ **Ви дýже допомогли́ нам.** You helped us a great deal. **енергíйно** vigorously; **економíчно** economically, **матеріяльно** materially, **фінáнсово** financially; **морáльно** morally; **політи́чно** politically; **мінімáльно** minimally, **символíчно** symbolically; **відкри́то** openly, **крадькомá** stealthily, **таємно** secretly ◊ **Банк таємно ~в злочи́нцям відмивáти грóші.** The bank secretly helped the criminals launder money.

д. + *n.* **д. грíшми** *or* **грошимá** help out with money (**порáдами** advice, **ресýрсами** resources, **фахівця́ми** specialists; **лíками** medicines, **нáфтою** oil, **продýктами** produce, *etc.* ◊ **Óксфам ~в жéртвам пóсухи продýктами.** Oxfam helped the drought victims out with produce. **хлíбом** bread)

v. + **д. бýти готóвим** be ready to ◊ **Вонá готóва допомогти́ без питáнь.** She is ready to help, no questions asked. **бýти зобов'я́заним** be obliged to, **бýти слід** + *D.* should, **бýти трéба** + *D.* need to; **йти** go to ◊ **Гáнна пішлá д. пóдрузі.** Hanna went to help her (female) friend. **могти́** can ◊ **Він міг серйóзно допомогти́ Петрóві.** He could be of serious help to Petro. **обіця́ти** + *D.* promise sb to, **пропонувáти** + *D.* offer sb to, **хотíти** want to; **благáти** + *A.* beg sb to ◊ **Мáрно благáти йогó допомогти́.** It is futile to beg him to help. **проси́ти** + *A.* ask sb to; **відмовля́тися** refuse to, **не хотíти** be reluctant to

prep. **д. в** in sth; **д. з** + *I.* help with sth ◊ **Він ~є дити́ні з домáшнім завдáнням.** He helps the child with its homework. ◊ **Словни́к допоміг усíм із перéкладом.** The dictionary was of help to everybody in translation. ♦ **Вам допомогти́?** Do you need help?

2 to be good for *(an ailment)*, help, heal, relieve

prep. **д. від** + *G.* be good for *(sickness)* ◊ **Ці пíгýлки ~ють від перестýди.** These pills are good for a cold. **д. прóти** + *G.* be good against *(ailment)* ◊ **Прогýлянки на свíжому повíтрі ~ли йомý прóти безсóння.** Walks in the fresh air helped him fight sleeplessness.

допомагáй! допоможи́!

допомíжн|ий, *adj.*
auxiliary, ancillary, assistant

д. + *n.* **д. апарáт** an auxiliary apparatus (**клáпан** valve; **зáсіб** means, **мéтод** method; **персонáл** personnel, **підрóзділ** division); **~á пóмпа** an ancillary pump (**слýжба** service); **~é облáднання** auxiliary equipment (**дієслóво** *ling.* verb)

допомó|га, *f., only sg.*
1 help, assistance

adj. **вели́ка** great ◊ **Публíчна солідáрність булá для них вели́кою ~гою.** The public solidarity was a great help for them. **відчýтна** palpable, **дієва** *and* **ефекти́вна** efficient, effective, **значнá** considerable, **істóтна** significant, **маси́вна** massive, **маштáбна** large-scale, **реáльна** real, **суттєва** substantial; **символíчна** token; **взаємна** mutual; **внýтрішня** internal, **урядóва** government; **зóвнішня** external, **міжнарóдна** international, **чужоземна** foreign; **обмéжена** limited; **неоцінéнна** invaluable, **цíнна** valuable; **крити́чна** critical, **стратегíчна** strategic; **військóва** military, **гуманітáрна** humanitarian, **економíчна** economic, **матеріяльна** material, **фінáнсова** financial, **юриди́чна** legal; **необхíдна** indispensable, **потрі́бна** required; **практи́чна** practical, **спеція́льна** special; **пряма́** direct; **нега́йна** immediate, **термінóва** urgent; **експéртна** expert, **професі́йна** *and* **фахова́** professional; **меди́чна** medical, **техні́чна** technical; ♦ **швидка́ д.** 1) emergency assistance ◊ **Їм потрі́бна швидка́ д.** They need emergency assistance. 2) ambulance ◊ **Чу́ти сирéну швидко́ї ~ги.** An ambulance siren is heard.

v. **+ д. дава́ти** + *D.* **~гу** give sb assistance ◊ **Украї́на дала́ ~гу же́ртвам цуна́мі.** Ukraine gave aid to the tsunami victims. (**забезпе́чувати** provide, **надава́ти** + *D.* render sb; **визнава́ти** acknowledge, **віта́ти** welcome ◊ **Він віта́є будь-яку́ матерія́льну ~гу.** He welcomes any material assistance. **дістава́ти** get, **отри́мувати** receive; **організóвувати** organize; **обіця́ти** + *D.* promise sb ◊ **Банк обіця́є допомóгу фестива́леві.** The bank promises assistance to the festival. **дя́кувати** + *D.* **за** thank sb for ◊ **Вона́ подя́кувала підприє́мцеві за ~гу.** She thanked the businessman for assistance. **зверта́тися до** + *G.* **по** turn to sb for; **прихóдити на** come to ◊ **Лю́ди прийшли́ на ~гу добровóльцям.** People came to the aid of the volunteers. **пропонува́ти** + *D.* offer sb; **проси́ти** + *A.* **про** ask sb for; **розрахóвувати на** count on ◊ **Вони́ розрахóвують на зóвнішню ~гу.** They count on external help. **спира́тися на** rely on ◊ **Вони́ спира́лися на міжнарóдну ~гу.** They were relying on international assistance. **сподіва́тися на** expect); **вимага́ти ~ги** require assistance (**потребува́ти** be in need of; **проси́ти** + *A.* ask sb for, **шука́ти** look for, seek) ◊ **Вона́ шука́є ~ги не там, де трéба.** She is looking for help in the wrong place.

prep. **без ~ги** without help ◊ **без уся́кої ~ги** totally unassisted; ♦ **за ~гою** + *G.* by means of, with the help of ◊ **Відхóди перероблю́ють за ~гою спеція́льного грибка́.** Waste is recycled by means of a special fungus; **д. в** + *L.* assistance in sth ◊ **д. в очи́щенні землі́ від я́дерних відхóдів** assistance in cleaning the land from nuclear waste; **д. для** + *G. or* **д.** + *D.* assistance for sb ◊ **д. для громадя́н із ва́дами зóру** *or* **д. громадя́нам із ва́дами зóру** assistance for visually impaired citizens; **д. з** + *I.* assistance with sth ◊ **д. з пóшуком пра́ці** assistance with a job search

2 rescue, succor

v. **+ д. кли́кати на ~гу** cry for help; **прихóдити на ~гу** come to the rescue ◊ **Вони́ не втрача́ли наді́ї, що хтось при́йде на ~гу.** They did not lose hope that somebody would come to their rescue.

prep. **на ~гу** to the rescue

L. **в ~зі**

допом|огти́, *pf., see* **допомага́ти**
to help ◊ **І́гор ~і́г їм із пóзикою.** Ihor helped them with a loan. ◊ **Неві́стка ~оглá Ната́лі на ку́хні.** Her daughter-in-law helped Natalia around the kitchen.

допуска́|ти, ~ють; допуст|и́ти, допущу́, ~ять, *tran.*
1 to admit, allow access

adv. **без проблéм** without problems ◊ **Дослі́дницю без проблéм допусти́ли до архі́ву.** They allowed the (female) researcher access to the archive without problems. **лéгко** easily, **одра́зу** immediately, **за́раз же** right away; **вже** already, **врéшті-рéшт** eventually, **нарéшті** finally; **неохóче** reluctantly

v. **+ д. бу́ти готóвим** be ready to, **бу́ти ра́дим** be glad to ◊ **Вона́ ра́да допусти́ти коли́шнього чолові́ка до діте́й.** She was glad to allow her former husband access to the children. **відмовля́тися** refuse to ◊ **Дирéктор відмовля́вся д. інспéкторів на фа́брику.** The director refused to allow the inspectors into the factory. **перекóнувати** + *A.* convince sb to, **проси́ти** + *A.* ask sb to; **погóджуватися** agree to, **хоті́ти** want to

prep. **д. до** + *G.* allow access to sth; **д. на** + *A.* allow access to sth

Also see **дозволя́ти 1**

2 to let, allow, permit, tolerate ◊ **Як він мóже д. такé прини́ження!** How can he stand for such humiliation!

adv. **ні за які́ грóші не** *colloq.* not for love or money ◊ **Тимі́ш ні за які́ грóші не допу́стить, щоб вони́ тут жили́.** Not for love or money will Tymish allow them to live here. **ні за я́ких обста́вин не** under no circumstances ◊ **Він не допу́стить об'є́днання двох компа́ній ні за я́ких обста́вин.** He will not allow the merger of the two companies under any circumstances. **ні́коли не** never ◊ **Вона́ ні́коли не ~ла такóго повóдження.** She never stood for such a treatment.

conj. **д. щоб** + *clause* not allow ◊ **Я не допущу́, щоб цей проє́кт наза́вжди́ лиши́вся на папéрі.** I will not allow this project to remain on paper forever.

See **дозволя́ти 1.** *Also see* **винóсити 6, витри́мувати 2, мири́тися 3, перенóсити 4, припуска́ти 2, терпі́ти 1**

3 to make *(mistake)*, commit ◊ **Вона́ ~ла одну́ пóмилку за і́ншою.** She was making one mistake after another. ◊ **А́втор звіту допусти́в нето́чності.** The author of the report committed inaccuracies.

See **роби́ти 1, чини́ти 3**

4 to admit, acknowledge, concede, allow, grant ◊ **Ві́ктор ~є, що мóже помиля́тися.** Viktor admits that he can be wrong.

adv. **вгóлос** out loud, **відкри́то** openly, **з готóвністю** readily, **лéгко** easily; **публі́чно** publicly, **щи́ро** sincerely; **пóвністю** fully, **цілкóм** completely ◊ **Істóрик цілкóм ~є, що це зрóблено зуми́сно.** The historian completely admits that it was done intentionally. **лéдве** hardly, **наси́лу** barely, **неохóче** reluctantly; **врéшті-рéшт** eventually, **нарéшті** finally; **імпліци́тно** implicitly, **факти́чно** effectively, in fact

v. **+ д. бу́ти готóвим** be ready to ◊ **Вона́ готóва допусти́ти життя́ на Ма́рсі.** She is ready to allow for life on Mars. **бу́ти тя́жко** + *D.* be hard to ◊ **Антóнові тя́жко допусти́ти ду́мку, що трéба міня́ти профéсію.** It is hard for Antin to allow the thought that he needs to change occupation. **відмовля́тися** refuse to; **могти́** can

Also see **припуска́ти 1,** *Cf.* **визнава́ти 2**

pa. pple. **допу́щений** admitted

допуска́й! допусти́!

допуска́|тися; допусти́тися, *intr.*
1 *pass.* to be admitted, to be allowed access ◊ **У клуб ~лися виняткóво óсоби шляхéтного похóдження.** Individuals of noble origin had an exclusive access to the club.

prep. **д. до** + *G.* be admitted to sb/sth ◊ **Ді́ти ~ються на дéнні пóкази.** Children are admitted to matinee screenings.

2 *pass.* to be allowed ◊ **В ісла́мі ~ється поліга́мія.** Polygamy is allowed in Islam.

3 to allow oneself to do sth, make *(a mistake, etc.)* + *G.* ♦ **д. поми́лки** to make a mistake ◊ **Він допусти́вся пóмилки.** He made a mistake. ♦ **д. нечéмности до** + *G.* to be impolite to sb ◊ **Наза́р допусти́вся нечéмности до ста́ршого па́на.** Nazar was impolite towards an older gentlemen.

See **роби́ти 1, чини́ти 3**

допусти́м|ий, *adj.*
admissible, permissible ◊ **Ма́рта вважа́ла таки́й ви́хід цілкóм ~им.** Marta considered such a way out entirely permissible. ◊ **Католи́цтво оголóшено є́дино ~ою релі́гією в королі́встві.** Catholicism was declared to be the only permissible religion in the kingdom. ◊ **Кі́лькість токси́ну переви́щувала ~і мéжі.** The amount of the toxin exceeded the permissible limits.

допусти́|ти, *pf., see* **допуска́ти**
to admit, allow ◊ **Дослі́дників ~ли до колéкції музéю.** The researchers were allowed access to the museum's collection.

дор|екти́, *pf., see* **доріка́ти**
to reproach, chastise, berate ◊ **Він жóдного ра́зу не ~ік Га́нні.** He did not once reproach Hanna.

дорéчн|ий, *adj.*
appropriate, to the point, relevant, pertinent, apropos

adv. **абсолю́тно** absolutely, **бі́льш як** more than, **вкрай** extremely, **ду́же** very, **однозна́чно** singularly, **цілкóм** entirely ◊ **Промóвець не мав від́повіді на цілкóм ~е запита́ння.** The speaker had no answer to an entirely appropriate question. **су́мно** sadly, **трагі́чно** tragically

v. **+ д. бу́ти ~им** be appropriate (**вважа́ти** + *A.* consider sth; **виявля́тися** prove; **здава́тися** + *D.* seem to sb ◊ **Зауважéння здава́лося ї́й бі́льш як ~им.** The remark seemed to her to be more than appropriate. **лиша́тися** remain; **става́ти** become) ◊ **Тепéр йогó формулюва́ння пита́ння става́ло трагі́чно ~им.** Now his formulation of the issue was becoming tragically appropriate.

See **слу́шний 1, 2.** *Also see* **власти́вий 2**

дорéчно, *adv., pred.*
1 *adv.* appropriately, aptly, to the point, apropos ◊ **Доповіда́ч д. заува́жив, що план потребу́є змін.** The speaker rightly noted that the plan required changes.

2 *pred.* appropriate, proper, fitting ◊ **Булó б д. нагада́ти студéнтам про реченéць.** It would be appropriate to remind the students of the deadline. ◊ **Д. нагада́ти всім, що всі докумéнти невідóмого похóдження.** It is appropriate to remind everybody that all the documents are of unknown provenance.

дорі́ж|ка, *f., dim.*
1 path, track, trail ◊ **Вузька́ д. крути́лася між сільськи́х хат.** A narrow pathway wound among the village houses.

See **сте́жка 1.** *Cf.* **дорóга 1**

2 walkway, track, lane

adj. **бігова́** running ◊ **Стадіóн мав дéсять бігови́х ~ок.** The stadium had ten running tracks. **велосипéдна** bicycle ◊ **У па́рках проклáдено деся́тки кіломéтрів велосипéдних ~ок.** Dozens of kilometers of bicycle trails have been paved in the parks. ♦ **звукова́ д.** a soundtrack; **пішохі́дна д.** a footpath ◊ **По оби́два бóки пішохі́дної ~ки росли́ рододéндрони.** Rhododendrons grew on both sides of the footpath.

Also see **сте́жка**

3 carpet, strip *(of carpet)*, runner ◊ **Червóною ~кою фестива́лю дефілюва́ли зі́рки.** Stars paraded down the red carpet of the festival.

prep. **на ~ку** *dir.* on/to a strip ◊ **Він став на ~ку.** He stepped on the runner. **на ~ці** *posn.* on a strip ◊ **Вона́ стоя́ла на ~ці в усі́й свої́й вéличі.** She stood on the strip in all her splendor.

See **кили́м**

доріка́|ти, ~ють; доректи́, дореч|у́ть, *var.* **дорікн|у́ти, ~у́ть;** *pa. m.* **дорі́к,** *var.* **дорікну́в,** *pl.* **дорекли́,** *var.* **дорікну́ли,** *intr.*
1 to reproach, chastise, berate + *D. sb* ◊ **Ма́рта ~ла чолові́кові за нетактóвність.** Marta was berating the man for tactlessness.

adv. **весь час** all the time, **пості́йно** constantly ◊ **Вона́ пості́йно ~є Ори́сі за брак ува́ги до подрóбиць.** She constantly reproaches Orysia for her lack of attention to detail. **і́ноді** sometimes, **ча́сом** at times; **гі́рко** bitterly, **серди́то** angrily, **серйо́зно** seriously; **го́лосно** loudly, **ти́хо** quietly, **су́мно** sadly; **ле́гко** lightly; **слу́шно** justifiably ◊ **Микитéнко слу́шно доріκну́в йому́ за ке́пську робо́ту.** Mykytenko justifiably reproached him for poor work. **справедли́во** justly; **без причи́ни** for no reason, **несправедли́во** unfairly

v. + **д. бра́тися** set about ◊ **Вона́ взяла́ся д. си́нові за те, що він ма́ло працю́є.** She set about chastising her son for not working enough. **бу́ти мо́жна** be possible ◊ **Юркові мо́жна було́ доріκну́ти за бага́то чого́, але́ не за лі́нощі.** It was possible to reproach Yurko for many things, but not for being lazy. **ма́ти підста́ви** have the grounds to ◊ **Вона́ ма́ла підста́ви доріκну́ти по́друзі.** She had the grounds to berate her (female) friend. **почина́ти** begin to, **ста́ти** *pf.* start; **люби́ти** like to; **хоті́ти** want to; **не могти́ не** cannot help

prep. **д. за** + *A.* reproach for sth

Also see **заува́жувати 3, ї́сти 6, точи́ти[1] 5**

2 *only impf.* to hold against, blame for + *I.* ◊ **Дружи́на ~є пора́зкою тре́нерові.** The team holds their defeat against the coach. ◊ **Не слід д. їм бі́дністю.** One should not blame them for their poverty.

Also see **вини́ти, звинува́чувати 2**

доріка́й! доречі́! *or* доріκні́!

доріκну́|ти, *pf., see* доріка́ти

to reproach, chastise, berate ◊ **Оле́кса ле́гко ~в Андрі́єві.** Oleksa reproached Andrii lightly.

дор|о́га, *f.*

way, road

adj. **відмі́нна** different ◊ **Їм довело́ся шука́ти і́ншу ~о́гу.** They had to look for a different road. **га́рна** nice, **до́бра** good, **зру́чна** convenient, **хоро́ша** fine; **жахли́ва** dreadful, **зане́дбана** neglected, **ке́пська** poor, **небезпе́чна** dangerous, **незру́чна** inconvenient, **пога́на** bad; **до́вга** long; **коро́тка** short; **вузька́** narrow, **широ́ка** wide; **непрохідна́** impassible ◊ **Пі́сля зли́ви д. зроби́лася непрохідно́ю.** After the downpour, the road became impassible. **курна́** dusty; **засні́жена** snowy, **мо́кра** wet, **покри́та льо́дом** icy, **слизька́** slippery; **пря́ма** straight; **зви́листа** winding, **змії́ста** serpentine, **петля́ста** meandering; **гірська́** mountain, **ґрунтова́** dirt, **кам'яни́ста** rocky, **лісова́** forest, **польова́** field, **прибере́жна** coastal, **пусте́льна** desert, **степова́** steppe; **асфа́льтова** blacktop, **бруко́вана** cobblestone ◊ **До села́ вела́ стара́ бруко́вана д.** An old cobblestone road led to the village. **заасфальто́вана** asphalt, **мо́щена** paved; **немо́щена** unpaved; **пра́вильна** right ◊ **Вони́ на пра́вильній ~о́зі.** They are on the right road. **непра́вильна** wrong; **кільце́ва** ring, **об'ї́здна́** bypass, **під'ї́зна́** access ◊ **Полі́ція заблокува́ла під'ї́зні ~о́ги до ма́єтку.** The police have blocked the access roads to the estate. **місько́** city, **сільська́** rural; **закри́та** closed, **прива́тна** private ◊ **Прива́тна д. пості́йно закри́та для пу́бліки.** The private road is permanently closed to the public. **пла́тна** toll; **головна́** main; **бі́чна** side, **побі́чна** secondary; **відо́ма** well-known, **знайо́ма** familiar; **невідо́ма** unknown, **незнайо́ма** unfamiliar; ♦ **Щасли́вої ~о́ги!** Have a nice trip!

n. + **д. будівни́цтво ~і́г** road construction ◊ **Трети́на бюдже́ту призна́чена на будівни́цтво ~і́г.** A third of the budget is earmarked for road construction. (**мере́жа** network, **систе́ма** system; **перехре́стя** intersection; **план** plan; **безпе́ка** safety ◊ **Безпе́ка ~і́г у мі́сті лиша́є бажа́ти кра́щого.** The road safety in the city leaves much to be desired. **покра́щення** improvement, **покриття́** surface, **ремо́нт** repair, **ро́звиток** development, **утри́мання** maintenance; **стан** conditions)

v. + **д. будува́ти ~о́гу** build a road ◊ **До чемпіона́ту ма́ли збудува́ти нову́ ~о́гу від столи́ці до за́хідного кордо́ну.** By the championship, a new road from the capital to the western border was to be built. (**асфальтува́ти** asphalt, **брукува́ти** pave with cobblestones ◊ **Брукува́ти ~о́гу доро́жче, як асфальтува́ти.** Paving the road with cobblestones is more expensive than asphalt. **кри́ти** surface, **мости́ти** pave, **ремонтува́ти** repair ◊ **Дві брига́ди робітникі́в ремонтува́ли місько́ ~о́гу.** Two teams of workers were repairing the city road. **розширя́ти** widen, **утри́мувати** maintain; **знахо́дити** find; **шука́ти** look for; **пере́бігати** run across, cross ◊ **Чо́рний кіт пере́біг їм ~о́гу.** A black cat crossed their path. **перетина́ти** cross, **перехо́дити** walk across; **блокува́ти** block, **закрива́ти** close, **перекрива́ти** blockade; **очища́ти** clear ◊ **~о́гу тре́ба очи́стити від сні́гу.** The road needs to be cleared of snow. **розширя́ти** widen; **виїжджа́ти на** pull out onto ◊ **Вантажі́вка ви́їхала на ~о́гу.** A truck pulled out onto the road. **поверта́ти на** turn onto) ◊ **Маши́на поверну́ла на бі́чну ~о́гу.** The car turned onto a side road. ♦ **дава́ти** + *D.* **~о́гу** to make way for sb ◊ **Вона́ відступи́ла набі́к, щоб да́ти ~о́гу жі́нці.** She stepped aside to make way for the woman. ♦ **проводжа́ти** + *A.* **в оста́нню ~о́гу** to pay one's last respects to sb ◊ **Ці́ле мі́сто прийшло́ провести́ геро́я в оста́нню ~о́гу.** The whole city came to pay their last respects to the hero. **з'їжджа́ти з ~о́ги** pull off a road; **йти ~о́гою** walk a road ◊ **Гру́па йшла́ ~о́гою до о́зера.** The group was walking the road to the lake. (**ї́хати** drive; **мандрува́ти** *or* **подорожува́ти** travel), ♦ **обмина́ти** + *A.* **деся́тою ~о́гою** *usu impf.* to avoid sb like a plague ◊ **Таки́х «дру́зів» він обмина́в деся́тою ~о́гою.** He avoided such "friends" like the plague. **ї́хати по ~о́зі** follow a road ◊ **Пої́хавши по ці́й ~о́зі, ви діста́нетеся до Берди́чева.** Having followed this road, you will get to Berdychiv.

д. + *v.* **бі́гти** run ◊ **Спочатку д. бі́гла поля́ми, а тоді́ захо́дила в ліс.** First the road ran through the fields and then entered the forest. **вести́** lead ◊ **До стадіо́ну вело́ три ~о́ги.** Three roads led to the stadium. **йти** go ◊ **Два кіломе́три д. йшла́ по́над бе́регом рі́чки.** For two kilometers, the road went along the river bank. ◊ **Вона́ не зна́ла, куди́ йде ця д.** She did not know where this road went. **тягну́тися** stretch; **ви́тися** twist, **закру́чуватися** bend, **звива́тися** wind, **петля́ти** meander ◊ **Вузька́ д. до́вго петля́є в го́рах і вихо́дить у доли́ну.** The narrow road meanders in the mountains for a long time and enters a valley. **поверта́ти** turn ◊ **За лі́сом д. ґвалто́вно поверта́є ліво́руч.** Beyond the forest, the road abruptly turns left. **повзти́ вго́ру** climb; **перетина́ти** + *A.* cross sth ◊ **Д. перетина́є сім річо́к.** The road crosses seven rivers. **відгалу́жуватися від** + *G.* branch out from ◊ **Від основно́ї ~о́ги відгалу́жуються дві другоря́дні.** Two secondary roads branch out from the main one. **получа́ти** *or* **сполуча́ти** + *A.* connect sth ◊ **Д., що получа́є Оде́су з Ізма́їлом, потребу́є ремо́нту.** The road that connects Odesa and Izmaiil has long been in need of repair. **зву́жуватися** narrow, **розширя́тися** widen

prep. **вздовж ~о́ги** along a road ◊ **Уздо́вж ~о́ги росли́ ли́пи.** Lindens grew along the road. **на ~о́гу** *dir.* on/to a road ◊ **Піло́т посади́в лі́так на ~о́гу.** The pilot landed the airplane on the road. **на ~о́зі** *posn.* in/on a road ◊ **На ~о́зі до Рі́вного не було́ ру́ху.** There was no traffic on the road to Rivne. ♦ **бу́ти на Бо́жій ~о́зі** to be gravely ill ◊ **Павло́ був на Бо́жій ~о́зі, а тоді́ став виду́жувати.** Pavlo was gravely ill and then he started recovering. ♦ **стоя́ти на ~о́зі** to be in sb's way ◊ **Я не збира́юся стоя́ти ніко́му на ~о́зі.** I am not going to be in anybody's way. **по ~о́зі** *or* **~о́гою до** + *G.* on the way to ◊ **Ми зустрі́ли Ма́рту ~о́гою** *or* **по ~о́зі до теа́тру.** We met Marta on our way to the theater. **по ~о́зі** 1) in the same direction, the same way + *D.* ◊ **Мені́ з ни́ми якра́з по ~о́зі.** I am going the same way with them. 2) incidentally, at the same time ◊ **Га́нна чита́ла і по ~о́зі роби́ла нота́тки.** Hanna was reading and taking notes at the same time. **попере́к ~о́ги** across a road ◊ **Попере́к ~о́ги лежа́ло де́рево.** A tree lay across the road. ♦ **стоя́ти попере́к ~о́ги** to be in sb's way; ♦ **туди́ йому́ й д.** serves him right ◊ **«Хо́чеш повіси́тися? Ві́шайся! Туди́ тобі́ й д.!» – крича́ла вона́.** "You want to hang yourself? Go ahead do it! Serves you right!" she shouted.

Also see **автостра́да, заї́зд 1, залізни́ця, тра́са 2, шлях 1.** *Cf.* **сте́жка 1**

дорог|и́й, *adj.*

1 expensive, costly, high-priced

adv. **астрономі́чно** astronomically, **безпрецеде́нтно** without precedent, **божеві́льно** insanely, **вкрай** extremely, **до́сить** fairly, **ду́же** very, **жахли́во** horribly ◊ **Квитки́ на конце́рт цьо́го рок-гу́рту були́ жахли́во ~и́ми.** The tickets to this rock group's concert were horribly expensive. **страхітли́во** horrendously **на́дто** too, **недося́жно** forbiddingly, **незбагне́нно** inconceivably ◊ **незбагне́нно д. подару́нок** an inconceivably expensive gift; **неймові́рно** incredibly, **скandáльно** scandalously; **відно́сно** relatively, **помі́рно** moderately, **порівня́но** comparatively; **тро́хи** a little; **я́вно** obviously

v. + **д. бу́ти ~и́м** be expensive (**вигляда́ти** look ◊ **Костю́м лише́ вигляда́є ~и́м.** The suit only looks expensive. **виявля́тися** turn out, **здава́тися** + *D.* seem to sb, **лиша́тися** remain ◊ **Кварти́ри в Ки́єві лиша́ються ~и́ми.** Apartments in Kyiv remain expensive. **роби́ти** + *A.* make sth, **става́ти** become) ◊ **Відпочи́нок на мо́рі став на́дто ~и́м.** Vacation by the sea became too expensive.

Also see **дорогоці́нний 1, кошто́вний.** *Ant.* **деше́вий 1**

2 dear, darling, beloved

adv. **ду́же** very, **напра́вду** truly, **особли́во** especially, **спра́вді** really; **як ніко́ли** like never before ◊ **д. дру́же!** dear friend! ♦ **з ~о́ю душе́ю** willingly, gladly, with pleasure ◊ **Бори́с із ~о́ю душе́ю пого́диться на ї́хні умо́ви.** Borys will gladly agree to their terms.

Also see **дорогоці́нний 2, лю́бий 1.** *Ant.* **нена́висний**

3 dear, precious, valuable ◊ **Ко́жна світли́на виклика́ла спо́мини її́ ~о́ї ю́ности.** Each photograph brought back memories of her precious youth.

prep. **д. для** + *G.* dear to sb ◊ **Цей лист рока́ми лиша́вся ~и́м для Марка́.** For years, the letter had remained dear to Marko.

Also see **дорогоці́нний 2**

comp. **доро́жчий**

до́рого, *adv.*

dearly, expensively, richly ◊ **Поме́шкання обста́влене д. і без смаку́.** The apartment is furnished expensively and tastelessly.

v. + **д. ко́штувати** be/cost, **обхо́дитися** + *D.* cost sb ◊ **Його́ бре́хня д. обійшла́ся фі́рмі.** His lies cost the firm dearly. **плати́ти** pay, **продава́ти** sell ◊ **Посере́дник де́шево купува́в і д. продава́в.** The middleman bought cheaply and sold at a high price.

comp. **доро́жче** ◊ **Пере́їзд ко́штував доро́жче, як Лев ду́мав.** The move cost more than Lev had thought.

Also see **бага́то 2.** *Ant.* **де́шево**

дорогоці́нн|ий, *adj.*

1 precious, expensive, costly ◊ **Шкату́лка була́ інкрусто́вана ~им камі́нням.** The box was inlaid with precious stones.

adv. **безкіне́чно** infinitely, **вкрай** extremely, **ду́же**

very, **напрáвду** truly, **неймовíрно** incredibly, **особлúво** particularly, **як нíколи** as never before
v. + **д. бýти ~им** be precious (**здавáтися** + *D.* seem to sb, **ставáти** become) ◊ **Картúни невідóмого колúсь мáлярá стáли ~ими.** The paintings of the once unknown artist have become precious.
See **дорогúй 1.** *Also see* **коштóвний**
2 *fig.* precious, valued, cherished ◊ **Гáнна не хотíла гáяти д. час на дурнúці.** Hanna did not want to waste precious time on trivialities.
prep. **д. для** + *G.* precious to sb ◊ **Рукóписи прóсто ~і для істóрії.** The manuscripts are simply precious to history.
See **дорогúй 2, 3**

дорóжн|ій, *adj.*

1 road, of or pertaining to roads
д. + *n.* **д. áтлас** a road atlas (**знак** sign; **план** plan; **рух** traffic); **~я авáрія** a road accident ◊ **Дóсі водíй не мав жóдної ~ьої авáрії.** So far the driver has not had a single road accident. (**безпéка** safety; **мáпа** map; **meréжа** network), **~є будíвництво** road construction (**покриттЯ** surface)
2 travel, of or pertaining to traveling ◊ **У валíзі пóвний комплéкт ~ього óдягу.** There is a full set of travel clothes in the suitcase. ◊ **Зрýчне ~є взуттЯ – річ абсолютно стратегíчна.** Comfortable traveling shoes are an absolutely strategic thing.

дорóжча|ти, ~ють; по~, *intr.*

to go up in price, become more expensive
adv. **дóсить** fairly, **дýже** a lot, greatly ◊ **За рік пóслуги на курóрті дýже подорóжчали.** In a year services at the resort went up in price a lot. **жахлúво** terribly, **знáчно** considerably, **помíтно** noticeably; **ґвалтóвно** abruptly, **несподíвано** unexpectedly, **рáптом** suddenly, **швúдко** quickly, **катастрофíчно** catastrophically; **поступóво** gradually ◊ **Нáфта поступóво ~ла.** Oil was gradually becoming more expensive.
v. + **д. могтú** can ◊ **Прóїзд метрóм мáє по~.** The subway fare is supposed to go up. **починáти** begin to, **стáти** *pf.* start, **продóвжувати** continue to; **переставáти** stop
prep. **д. на** + *A.* go up by *(measure)* ◊ **Харчí подорóжчали на третúну.** Foodstuffs went up in price by a third.
(по)дорóжчай!
Ant. **дешéвшати**

дорóсл|ий, *adj.*

1 adult, grown-up, mature ◊ **Він розмовлЯв із хлóпцем як з ~ою людúною.** He was speaking with the boy as with an adult person.
adv. **вже** already, **нарéшті** finally; **цілкóм** completely ◊ **Якúменки мáли двох цілкóм ~их дітéй.** The Yakymenkos had two completely grown-up children. **дóсить** fairly, **достáтньо** sufficiently, **мáйже** almost; **офіцíйно** legally
v. + **д. бýти ~им** be adult ◊ **Усí їхні дíти вже ~і.** All their children are already grown-up. (**вважáти** + *A.* consider sb ◊ **У кýрдів хлóпчиків, що досягнýли шістнáдцяти рóків, вважáють ~ими.** In the Kurdish culture, boys who have reached sixteen are considered adults. **виглядáти** look ◊ **Він виглядáв ~им у сімнáдцять рóків.** He looked adult at his seventeen years of age. **виявлЯтися** turn out, **здавáтися** + *D.* seem to sb, **ставáти** become) ◊ **Вонá стáла офіцíйно ~ою і моглá голосувáти.** She had legally become adult and could vote.
Also see **велúкий 2, зрíлий 2.** *Ant.* **малéнький 4, мáлий 4**
2 *as n.* adult, grown-up, *usu in pl.* ◊ **Дíти лишúлися з ~ими.** The children stayed with the adults. ◊ **Фільм був для ~их.** The film was for mature viewers.
Cf. **підлíток**

доручá|ти, ~ють; доруч|úти, ~ать, *tran.*

1 to charge with, entrust, assign *(a task)* + *D.* + *inf.* ◊ **Маркóві доручúли готувáти рис.** Marko was charged with cooking the rice.
adv. **без вагáння** without hesitation; **на словáх** verbally, **письмóво** in writing; **офіцíйно** officially; **зáраз же** right away
v. + **д. бýти слід** should ◊ **Вáжлúве завдáння слíд доручúти комýсь надíйному.** Somebody reliable should be charged with the important task. **бýти трéба** + *D.* need to; **бýти мóжна** be possible ◊ **Презентáцію мóжна доручúти двом студéнтам.** It is possible to assign the presentation to two students. **могтú** can; **хотíти** want to
2 entrust, hand over, consign ◊ **Ярéма доручúв рубíн дрýгові на зберігáння.** Yarema entrusted the ruby to his friend for safekeeping.
See **давáти 1**
pa. pple. **дорýчений** assigned, entrusted
доручáй! доручú!

дорýчен|ня, *nt.*

1 assignment, task, mission, order + *inf.* ◊ **Івáн мáє д. написáти план.** Ivan has an assignment to write a plan.
adj. **громáдське** public, **дипломатúчне** diplomatic, **ділóве** business, **журналíстське** reporting, **партíйне** party, **політúчне** political, **привáтне** private; **важлúве** important, **невідклáдне** pressing ◊ **Він мав невідклáдне д. перевíрити фáкти, що навóдяться в промóві.** He had the pressing task to check the facts cited in the speech. **pováжне** *and* **серйóзне** serious, **спеціáльне** special, **терміновé** urgent; **важкé** difficult, **небезпéчне** dangerous, **непрóсте** tough ◊ **Ларúса вúконала нúзку непрóстих ~ь.** Larysa fulfilled a series of tough tasks.
v. + **д. давáти** + *D.* **д.** give sb an assignment ◊ **ДЯдько дав їй д. знайтú лíкаря.** Her uncle gave her the assignment of finding a doctor. (**діставáти** get, **отрúмувати** receive ◊ **Валентúна впéрше отрúмувала важлúве д.** This was the first time Valentyna received an important assignment. **викóнувати** fulfill, **мáти** have, **приймáти** accept; **розподіляти** distribute) ◊ **Щорáнку шеф розподілЯв д.** Every morning, the boss distributed assignments.
prep. **з д.** *or* **за ~ням** + *G.* on sb's order ◊ **Він під нáглядом із д. головнóго інспéктора.** He is under surveillance on the order of the chief inspector. **на д.** + *G.* on sb's order ◊ **Він робúв пóшук на д. дирéктора.** He was doing the search on the director's order.
See **завдáння 1, мíсія 1.** *Also see* **завдáння 3**
2 authorization, power of attorney ◊ **Пáні К. просúла банк заплатúти йомý за письмóвим ~ням.** Mrs. K. asked the bank to pay him on written authorization.
adj. **офіцíйне** official, **письмóве** written, **формáльне** formal ◊ **Нíні трéба формáльне д.** Nina needs a formal authorization. **попере́днє** prior
prep. **за ~ням** + *G.* on sb's authorization; **д. на ім'Я** + *G.* a power of attorney in the name of sb ◊ **Віктю́к подáв д. на влáсне ім'Я.** Viktiuk submitted a power of attorney in his own name.
Also see **дóзвіл 1**

дорýчú|ти, *pf., see* доручáти

to charge, assign; entrust, hand over, *etc.* ◊ **Лéсі ~ли найскладнíше завдáння.** Lesia was charged with the most complicated task.

дóсвід, *m.*, ~у, *only sg.*

experience, knowledge
adj. **багáтий** rich, **багатогрáнний** multifaceted, **велúкий** great, **дóвгий** long, **значнúй** considerable, **неабúякий** extraordinary, **широ́кий** wide; **невелúкий** little, **недостáтній** insufficient, **обмéжений** limited; **прямúй** direct; **безцíнний** invaluable ◊ **Він шукáв людúну, щоб передáти свій безцíнний д.** He was looking for an individual to pass his invaluable experience on to. **дóбрий** *and* **хорóший** good, **кóрúсний** useful; **відповíдний** respective; **пéвний** certain; **попере́дній** previous; **потрíбний** necessary; **життєвúй** life; **практúчний** practical, **рíдкісний** rare, **унікáльний** unique, **цíнний** valuable; **бойовúй** combat, **викладáцький** instructor's, **вчúтельський** teaching, **клінíчний** clinical, **професíйний** *of* **фаховúй** professional, **робóчий** work
v. + **д. вивчáти д.** study the experience ◊ **Істóрик вивчáв д. робóти соціялíстів-революціонéрів.** The historian studied the experience of socialist revolutionaries' work. (**використóвувати** use; **збагáчувати** enrich, **мáти** have ◊ **Вонú мáють д. підривнóї дiЯльності.** They have experience of subversive activities. **накопúчувати** accumulate; **поглúблювати** deepen, **розшúрювати** *or* **розширЯти** broaden); **бракувáти** + *D.* **~у** lack experience ◊ **Йомý бракувáло ~у організáтора.** He lacked the experience of an organizer. (**набувáти** gain ◊ **У лабораторíї Натáля набулá цíнного ~у.** In the laboratory, Natalia gained valuable experience. **потребувáти** need) ◊ **Щоб керувáти завóдом, людúна потребýє відповíдного ~у.** In order to run a plant a person needs respective experience. ♦ **мáти достáтньо ~у, щоб** + *inf.* to have enough experience to do sth; **ділúтися ~ом** share one's experience ◊ **Він ділúвся з Мар'Яною ~ом.** He shared his experience with Mariana. (**знайóмитися з** familiarize oneself with, **пишáтися** take pride in)
prep **без ~у** without experience ◊ **економíстка без ~у** a (female) economist without experience; **з ~у** from experience ◊ **Він знав такúх тúпів із ~у.** He knew such types from his experience. **з ~ом** with experience ◊ **Михáйло вúявився фахівцéм із ~ом.** Mykhailo turned out to be an expert with experience.
Also see **наýка 4, шкóла 2**

досвíдчен|ий, *adj.*

experienced, expert
adv. ♦ **високодосвíдчений** highly experienced; **винЯтково** exceptionally, **вкрай** extremely, **дíйсно** really, **дýже** very, **спрáвді** truly, **ширóко** broadly ◊ **ширóко д. підприємець** a broadly experienced businessman; **достáтньо** sufficiently, **дóсить** fairly; **лéдве** scarcely; **зóвсім не** not at all; **емоцíйно** emotionally, **психологíчно** psychologically, **професíйно** *or* **фáхово** professionally; **статéво** sexually
v. + **д. бýти ~им** be experienced (**вважáти** + *A.* consider sb; **виявлЯтися** prove ◊ **Він вúявився ~им організáтором.** He proved to be an experienced organizer. **здавáтися** + *D.* seem to sb; **ставáти** become) ◊ **Олéна стáла ~ою фотóграфкою.** Olena became an experienced photographer.
prep. **д. у** + *L.* experienced in sth ◊ **Лíда не дýже ~а в сердéчних спрáвах.** Lida is not very experienced in matters of the heart.
Also see **зрíлий 3.** *Ant.* **недосвíдчений, невúнний 3**

дóсить, *adv., pred.*

1 *adv.* fairly, rather, quite ◊ **Готéль «Синевíр» д. дорогúй.** The Synevir Hotel is rather expensive. ◊ **д. серйóзні звинувáчення** rather serious accusations
2 enough, sufficiently ◊ **Ми мáємо д. грóшей.** We have enough money. ◊ **За остáнній рік вонú д. побáчили і пережилú.** Over the last year, they have gone through and seen enough.
Also see **достáтньо**
3 *pred.* enough, stop + *D.* ◊ **Д. тобí скáржитися.** Stop complaining. ◊ **Д. брехáти!** Enough of your lies! ♦ **д. сказáти, що** + *clause* suffice it to say that ◊ **Д. сказáти, що закíнчена будíвля глибóко врáзила їх.** Suffice it to say that the

completed building deeply impressed them. ♦ **Цього́ д.?** Will that do?

до́сі, *adv.*
1 till now, still, up to this time, hitherto ◊ **Вони́ д. нічо́го не зроби́ли.** They have not done anything till now. ◊ **Він д. не зна́є, що тра́пилося.** He still does not know what happened.
Also see **все**[1] **3**
2 at this time, by now, today ◊ **Якби́ він ме́нше пив, то д. вже був б бага́тим.** Had he drunk less, he would have been rich by now.
Also see **тепе́р**
3 *colloq.* this far, to this place ◊ **Трава́ росла́ лише́ д., да́лі був пісо́к.** The grass grew only this far; farther on it was sand.

доскона́л|ий, *adj.*
1 perfect, impeccable, flawless, consummate
adv. **абсолю́тно** absolutely, **винятко́во** exceptionally, **геть** totally, **ді́йсно** really, **надзвича́йно** extremely, **про́сто** simply ◊ **Він ма́є про́сто ~у вимо́ву.** He has simply perfect pronunciation. **практи́чно** practically; **спра́вді** truly ◊ **Малю́нок був спра́вді ~им відтво́ренням ді́йсности.** The drawing was a truly perfect reproduction of reality. **цілко́м** completely; **(за) на́дто** too, **майже** almost; **аж ніяк не** not at all, **дале́ко не** far from, **менш ніж** less than
д. + *n.* **д. знаве́ць** a consummate connoisseur ◊ **Він – д. знаве́ць архітекту́ри.** He is a consummate connoisseur of architecture. (**смак** taste; **стиль** style); **~а вимо́ва** flawless pronunciation (**інту́їція** intuition; **мо́ва** language); **~е викона́ння** perfect execution (**відчуття́ та́кту** sense of tact, **володі́ння мо́вою** command of language); **~і мане́ри** perfect manners
v. + **д. бу́ти ~им** be perfect (**вигляда́ти** look, **виявля́тися** turn out, **здава́тися** + *D.* seem to sb ◊ **Її вро́да здава́лася абсолю́тно ~ою.** Her beauty seemed absolutely flawless. **лиша́тися** remain, **роби́ти** + *A.* make sb, **роби́тися** grow, **става́ти** become)
Also see **бездога́нний, дове́ршений 2, доко́наний 1, класи́чний 2, таланови́тий 2, чи́стий 8**
2 complete, absolute ◊ **Погру́ддя – д. зразо́к для насліду́вання.** The bust is an ideal model for imitation. ◊ **~е володі́ння мо́вою** an absolute command of language
Also see **ідеа́льний 3, майсте́рний 2**

доскона́л|ість, *f.*, **~ости**
perfection, brilliance ◊ **верши́на ~ости** the peak of perfection
adj. **абсолю́тна** absolute, **вели́ка** great, **винятко́ва** exceptional; **особли́ва** particular; **по́вна** complete, **цілкови́та** utter, **спра́вжня** real, **неперевє́ршена** unsurpassed; **дивови́жна** amazing, **неймові́рна** incredible ◊ **Її тво́ри вирізня́ються неймові́рною ~істю.** Her works stand out by their incredible perfection. **неправдоподі́бна** implausible; **архітекту́рна** architectural, **техні́чна** technical, **форма́льна** formal, **худо́жня** artistic; **акто́рська** actor's, **викона́вська** performer's, **музи́чна** musical, **професі́йна** professional, **режисе́рська** director's; **поети́чна** poetic
v. + **д. пока́зувати д.** display perfection ◊ **Вона́ показа́ла д. ру́хів.** She displayed perfection of movements. (**демонструва́ти** demonstrate ◊ **Її робо́ти демонстру́ють д. щи́рого ге́нія.** Her works demonstrate the perfection of a true genius. **виявля́ти** reveal; **здобува́ти** attain); **досяга́ти ~ости** achieve perfection (**набува́ти** acquire)
Also see **іде́ал 1, майсте́рність 2**

дослі́вн|ий, *adj.*
literal, word for word, verbatim ◊ **д. пере́клад** a literal translation; ♦ **в ~ому зна́ченні** *or* **розумі́нні сло́ва** literally ◊ **Чолові́к пополотні́в у ~ому зна́ченні сло́ва.** The man became literally white as a canvas.
adv. **абсолю́тно** absolutely, **суво́ро** strictly, **цілко́м** completely; **непотрі́бно** needlessly ◊ **Францу́зьке відтво́рення оригіна́лу було́ непотрі́бно ~им.** The French rendition of the original was needlessly literal. **намі́рено** intentionally
Also see **буква́льний, вла́сний 2**

до́слід, *m.*, **~у**
experiment, test
adj. **лаборато́рний** laboratory, **меди́чний** medical, **навча́льний** educational, **науко́вий** scientific, **польови́й** field, **психологі́чний** psychological; **коро́ткий** brief; **пода́льший** further; **практи́чний** practical; **про́сти́й** simple; **контро́льний** control; **незале́жний** independent; **вда́лий** successful; **невда́лий** unsuccessful, **прова́льний** failed, **небезпе́чний** dangerous, **ризико́вий** risky, **смілй́вий** bold; **класи́чний** classical; **славе́тний** famous; **уніка́льний** unique; **ціка́вий** interesting; **попере́дній** preliminary
v. + **д. прово́дити д.** conduct an experiment (**роби́ти** do; **повто́рювати** repeat; **відтво́рювати** reproduce) ◊ **Вони́ відтвори́ли д.** They reproduced the experiment.
See **експериме́нт.** *Cf.* **дослі́дження**

дослі́джен|ня, *nt.*
research, investigation, study, exploration
adj. **ваго́ме** weighty, **вичє́рпне** exhaustive, **глибо́ке** in-depth, **дета́льне** *and* **докла́дне** detailed, **незале́жне** independent, **рете́льне** thorough, **стара́нне** painstaking, **широкомасшта́бне** large-scale; **значне́** considerable ◊ **Він – а́втор значно́го д. сороміцьких пі́сень.** He is the author of a considerable research of obscene songs. **поверхо́ве** superficial; **сумні́вне** questionable; **найнові́ше** latest, **нещода́внє** recent, **нове́** new, **оста́ннє** last; **оригіна́льне** original, **прикладне́** applied; **ни́нішнє** current, **тепе́рішнє** present; **мину́ле** past, **попере́днє** previous, **рані́ше** earlier; **майбу́тнє** future, **пода́льше** further ◊ **Пода́льше д. під зна́ком пита́ння.** Further research is in doubt. **додатко́ве** additional; **нова́торське** innovative; **контроверсі́йне** controversial; **сенсаці́йне** sensational; **ціка́ве** interesting; **експеримента́льне** experimental, **емпіри́чне** empirical, **лаборато́рне** laboratory; **академі́чне** academic, **науко́ве** scientific; **клі́нічне** clinical, **меди́чне** medical; **навча́льне** educational; **архі́вне** archival, **бібліографі́чне** bibliographic, **біографі́чне** biographic, **дисертаці́йне** dissertation, **до́кторське** doctoral, **істори́чне** historical, **мере́жеве** online, **польове́** field, **ри́нкове** market, **словнико́ве** vocabulary, **соціологі́чне** sociological, **україно́знавче** Ukrainian-studies
д. + *n.* **д. клі́тини** cell research (**ко́смосу** space, **Мі́сяця** lunar, **Со́нця** solar) ◊ **д. Со́нця** solar research
n. + **д. да́ні д.** research data (**знаря́ддя** instruments; **кут** angle, **ме́тоди** methods, **методоло́гія** methodology, **предме́т** subject, **програ́ма** program, **прое́кт** project, **результа́ти** results, **те́ма** topic ◊ **Вони́ зі́бралися, щоб обговори́ти те́му д.** They had gathered to discuss the topic of research. **ца́рина** area, **ціль** purpose)
v. + **д. прово́дити д.** conduct a reseach ◊ **Інститу́т прово́дить д. ві́русу пташи́ного гри́пу.** The institute conducts the research of the avian flu virus. (**вико́нувати** perform, **роби́ти** do; **обгово́рювати** discuss; **очо́лювати** head ◊ **Д. очо́лює відо́мий вче́ний.** A well-known scientist heads the research. **представля́ти** present, **публікува́ти** publish; **підтри́мувати** support, **спонсорува́ти** sponsor, **фінансува́ти** fund; **заохо́чувати** encourage, **стимулюва́ти** stimulate; **продо́вжувати** continue; **поклика́тися на** cite) ◊ **А́втор поклика́ється на невідо́ме д.** The author cites an unknown study. **сприя́ти ~ню** promote a research ◊ **У́ряд сприя́є науко́вим ~ням.** The government promotes scientific research. **засно́вуватися на** + *A.* be based on sth ◊ **Д. засно́вується на емпіри́чних да́них.** The research is based on empirical data.
д. + *v.* **бу́ти части́ною** + *G.* be part of sth; **виявля́ти** + *A.* reveal sth ◊ **Д. ви́явило похо́дження хворо́би.** The research revealed the origin of the disease. **встано́влювати** + *A.* find sth, **демонструва́ти** + *A.* demonstrate sth, **підтве́рджувати** + *A.* confirm sth, **пока́зувати** show sth; **спросто́вувати** + *A.* refute sth ◊ **Д. спростува́ло мо́дну тео́рію.** The investigation has refuted the fashionable theory. **виявля́ти, що** reveal that, **встано́влювати, що** establish that; **демонструва́ти, що** demonstrate that, **підтве́рджувати, що** confirm that ◊ **Д. підтве́рдило, що температу́ра пові́тря зросла́ на оди́н гра́дус.** The investigation confirmed that the air temperature had risen by one degree. **пока́зувати, що** show that; **передбача́ти** + *A.* involve sth ◊ **Клі́ні́чне д. передбача́є у́часть со́тень паціє́нтів.** The clinical study involves the participation of hundreds of patients. **зосере́джуватися на** + *L.* focus on sth; **пов'я́зувати** + *A.* **з** + *I.* link sth with sth ◊ **Д. пов'я́зує черво́не м'я́со з підви́щеним рі́внем холестери́ни.** The research links red meat with heightened cholesterol levels. **розгляда́ти** + *A.* examine sth
prep. **д. з** + *G.* a research in *(a field)* ◊ **ряд ~ь із фі́зики низьки́х температу́р** a number of studies in low-temperature physics
Also see **ро́звідка 1.** *Cf.* **до́слід, розсте́ження**

дослі́джу|вати, **~ють; дослід|и́ти**, **~жу́**, **~ять**, *tran.*
to research, investigate, study, explore ◊ **Вони́ ~ють приро́ду снів.** They explore the nature of dreams.
adv. **вичє́рпно** exhaustively, **всебі́чно** comprehensively, **глибо́ко** deeply, **до́бре** well, **докла́дно** in detail, **нале́жно** properly, **рете́льно** thoroughly, **серйо́зно** seriously; **ке́псько** poorly, **поверхо́во** superficially; **науко́во** scientifically; **впе́рше** for the first time.
v. + **д. бу́ти необхі́дно** be necessary, **бу́ти тре́ба** + *D.* need to; **збира́тися** be going to ◊ **Він збира́вся дослі́дити обста́вини вби́вства.** He was going to investigate the circumstances of the murder. **змогти́** *pf.* manage to; **нама́гатися** try to, **хоті́ти** want to; **обі́цяти** + *D.* promise sb to
pa. pple. **дослі́джений** researched
дослі́джуй! досліди́!
Also see **розві́дувати 2.** *Cf.* **розсте́жувати**

дослі́ди́|ти, *pf.*, *see* **дослі́джувати**
to investigate, research, study ◊ **За мі́сяць вони́ ~ли знайдені докуме́нти.** In a month, they investigated the discovered documents.

дослі́дник, *m.*; **дослі́дниця**, *f.*
researcher, investigator, explorer
adj. **авторите́тний** respected, **видатни́й** prominent ◊ **У прое́кті бра́ли у́часть два видатни́х ~и.** Two prominent researchers were taking part in the experiment. **відо́мий** well-known, **славе́тний** famous; **досві́дчений** experienced; **головни́й** chief, **провідни́й** leading, **ста́рший** senior; **молоди́й** young; **попере́дній** previous; **незале́жний** independent; **працьови́тий** hard-working, **стара́нний** diligent, **сумлі́нний** conscientious; **науко́вий** scientific
д. + *n.* **д. ра́ку** a cancer researcher ◊ **А́втором статті́ є відо́мий д. ра́ку.** An experienced cancer researcher is the author of the article.

(СНІ́Ду AIDS, стафілоко́ку staphylococcus, туберкульо́зу tuberculosis; єрогліфіки hieroglyphics, руко́писів manuscripts)
n. + **д. гру́па ~ів** a group of researchers (**дружи́на** *or* **кома́нда** team) ◊ **Дире́ктор сформува́в дружи́ну ~ів.** The director formed a team of researchers.
д. + *v.* **аналізува́ти** + *A.* analyze sth ◊ **Текст аналізува́в не оди́н д.** More than one researcher analyzed the text. **вивча́ти** + *A.* study sth, **дослі́джувати** + *A.* investigate sth, **обсте́жувати** + *A.* examine sth, **порі́внювати** + *A.* **з** + *I.* compare sth with sth ◊ **Д. порівня́в вла́сні да́ні з ра́ніше отри́маними.** The investigator compared his own data with that obtained earlier. **працюва́ти над** + *I.* work on sth, **розгляда́ти** + *A.* examine sth, **виявля́ти** + *A.* reveal sth, **встано́влювати** + *A.* establish sth, **доповіда́ти** + *A.* report sth; **зауважувати** + *A.* notice sth; **ста́вити** + *A.* **під су́мнів** question sth; **шука́ти** + *A.* look for sth
prep. **д. в** + *L.* a researcher in *(a field)* ◊ **Він дослі́дник у га́лузі вірусоло́гії.** He is a researcher in the field of virology.

дослі́дницьк|ий, *adj.*
research, of or pertaining to research
д. + *n.* **д. бюдже́т** a research budget ◊ **Вони́ отри́мали д. бюдже́т.** They received a research budget. (**ґрант** grant; **звіт** report; **інститу́т** institute; **осере́док** *and* **центр** center ◊ **В інститу́ті відкри́ють ще оди́н д. осере́док.** Another research center will be opened at the institute. **прое́кт** project); **~а гру́па** a research group (**кома́нда** team; **методоло́гія** methodology ◊ **Його́ ~а методоло́гія зазна́ла дошку́льної кри́тики.** His research methodology suffered scathing criticism. **лаборато́рія** laboratory, **організа́ція** organization, **робо́та** work, **устано́ва** institution); **~е завда́ння** a research assignment; **~і да́ні** research data (**зуси́лля** efforts; **ме́тоди** methods; **результа́ти** results) ◊ **~і результа́ти ґрунту́ються на ро́ках спостере́жень.** The research results are based on years of observations.
Cf. **науко́вий**

доста́в|ити, *pf., see* **доставля́ти**
to deliver, bring ◊ **Вони́ сподіва́лися, що листи́ ~лять уча́сно.** They hoped that the letters would be delivered on time.

доста́в|ка, *f.*
delivery
adj. **вели́ка** large ◊ **Ліка́рня очі́кує вели́кої ~ки медикаме́нтів.** The hospital is expecting a large delivery of drugs. **вча́сна** on-time; **невели́ка** small; **нега́йна** immediate, **операти́вна** prompt, **терміно́ва** express, **швидка́** fast; **безкошто́вна** free; **безпе́чна** safe, **ґаранто́вана** guaranteed; **заплано́вана** scheduled; **пі́зня** late; **безконта́ктна** contactless, **спеціа́льна** special
д. + *n.* **д. газе́т** newspaper delivery (**кореспонде́нції** correspondence, **по́шти** mail; **пі́цци** pizza ◊ **Ресторан ро́бить безконта́ктну ~ку пі́цци.** The restaurant makes contactless pizza delivery. **проду́ктів** grocery) ◊ **Вона́ заплати́ла за ~ку проду́ктів додо́му.** She paid for the grocery delivery to her home.
n. + **д. гра́фік ~ок** a deliveries schedule ◊ **Вони́ зміни́ли гра́фік ~ок по́шти.** They changed the mail deliveries schedule. (**да́та** date, **час** time; **маршру́т** route; **мето́д** method, **механі́зм** mechanism, **систе́ма** system, **слу́жба** service)
v. + **д. замовля́ти ~ку** order a delivery (**отри́мувати** receive ◊ **Бібліоте́ка отри́мує ~ки нови́х книжо́к щодня́.** The library receives deliveries of new books every day. **очі́кувати** *and* **чека́ти** await; **прийма́ти** accept; **зді́йснювати** do, **роби́ти** make; **затри́мувати** delay ◊ **Него́да затри́мала ~ку буді́вельних матеріа́лів.** Bad weather delayed the delivery of construction materials. **спові́льнювати** slow down; **покра́щувати** improve, **пришви́дшувати** speed up
L. **на ~ці**

доставля́|ти, ~ють; доста́в|ити, ~лю, ~иш, ~лять, *tran.*
to deliver, bring, take, dispatch ◊ **Захо́плених терори́стів доста́вили у в'язни́цю.** The captured terrorists were taken to jail.
adv. **вже** already, **наре́шті** finally; **безкошто́вно** free of charge; **про́сто** *or* **пря́мо** directly; **особи́сто** personally ◊ **Вона́ взяла́ся доста́вити йому́ текст контра́кту особи́сто.** She took it upon herself to deliver the text of the contract to him personally.
v. + **д. бу́ти тре́ба** + *D.* need to ◊ **Тепе́р това́р тре́ба доста́вити покупце́ві.** Now the goods need to be delivered to the buyer. **обіця́ти** + *D.* promise sb to ◊ **Він обіця́в доста́вити докуме́нти за адре́сою.** He promised to deliver the documents to the address. **проси́ти** + *A.* ask sb to
prep. **д. в** + *A.* deliver to *(a place)* ◊ **Набі́л ~ють у крамни́цю на сві́танку.** Dairy products are delivered to the store at dawn.
pa. pple. **доста́влений** delivered
доставля́й! доста́в!

доста́тн|ій, *adj.*
sufficient, adequate, satisfactory, ample ◊ **Ада́м не зміг нада́ти їм ~іх до́казів.** Adam could not give them sufficient evidence.
adv. **цілко́м** quite; **ле́две** barely; **якра́з** just ◊ **якра́з ~є поя́снення** a just sufficient explanation
v. + **д. розгляда́ти** + *A.* **як д.** regard sth as sufficient ◊ **Він розгляда́є ви́правдання як цілко́м ~є.** He regards the justification as quite sufficient. **бу́ти ~ім** be sufficient (**вважа́ти** + *A.* consider sth ◊ **Він вважа́в запропоно́ваний за́хист ~ім.** He considered the proposed protection to be sufficient. **виявля́тися** prove ◊ **Вка́зана су́ма гро́шей ви́явилася ле́две ~ьою.** The specified sum of money proved barely sufficient. **здава́тися** + *D.* seem to sb)
prep. **д. для** + *G.* sufficient for sb/sth ◊ **Уря́дові ґара́нтії були́ ~іми для них.** The government guarantees were sufficient for them.

доста́тньо, *adv., pred.*
1 *adv.* enough, sufficiently ◊ **Яків д. до́бре зна́є мі́сто.** Yakiv knows the city well enough.
2 *pred.* enough, sufficient
adv. **абсолю́тно** absolutely, **бі́льше як** more than, **цілко́м** quite ◊ **Да́ні цілко́м д. її пора́ди.** Her advice is quite enough for Dana. **ле́две** barely; **якра́з** just
v. + **д. бу́ти д.** + *D.* be enough for sb (**виявля́тися** prove) ◊ **Годи́ни сну ви́явилося д., щоб Іва́нна почу́лася кра́ще.** An hour of sleep proved enough to make Ivanna feel better.
Also see **до́сить 1, 2**

до́ступ, *m.*, **~у**, *only sg.*
access, admission
adj. **безперешко́дний** unfettered ◊ **безперешко́дний д. до архі́вів КҐБ** unfettered access to the KGB archives; **ві́льний** free, **відкри́тий** open, **гото́вий** ready, **легки́й** easy, **митте́вий** instant, **нега́йний** immediate ◊ **Адвока́т вимага́в нега́йного ~у до всіх докуме́нтів.** The attorney demanded immediate access to all the documents. **необме́жений** unlimited, **по́вний** full, **покра́щений** improved, **прями́й** direct; **бі́льший** greater, **швидки́й** fast, **широ́кий** wide; **ґаранто́ваний** guaranteed; **закри́тий** closed, **неадеква́тний** inadequate, **недоста́тній** insufficient, **обме́жений** limited; **винятко́вий** exclusive, **спеціа́льний** special; **грома́дський** public, **зага́льний** universal; **одна́ковий** equal ◊ **Мо́вні менши́ни ма́ють одна́ковий д. до переклада́цьких по́слуг.** Language minorities have qual access to interpretation services.
v. + **д. (на)дава́ти** + *D.* **д.** give sb access ◊ **Інтерне́т дає ко́жному митте́вий д. до вся́кого ро́ду да́них.** The Internet gives everyone instant access to all manner of data. (**дозволя́ти** + *D.* allow sb, **забезпе́чувати** + *D.* provide sb with; **блокува́ти** block, **заборони́ти** prohibit, **контролюва́ти** control ◊ **спро́ба у́ряду контролюва́ти грома́дський д. до інформа́ції** a government attempt to control public access to information; **обме́жувати** limit, **припиня́ти** stop, **реґулюва́ти** regulate; **відкрива́ти** open, **покра́щувати** improve, **спро́щувати** simplify); **вимага́ти ~у** demand access (**домага́тися** seek, **домогти́ся** *pf.* gain ◊ **Журналі́сти домогли́ся ~у до президе́нта.** The journalists gained access to the president. **потребува́ти** need, **хоті́ти** want); **запобіга́ти ~у** *or* **~ові** prevent access ◊ **Програ́ма запобіга́є недозво́леному ~ові до ба́зи да́них.** The software prevents unauthorized access to the database. **відмовля́ти** + *D.* **в ~і** deny access to sb ◊ **Йому́ відмо́вили в ~і до пресбри́фінґів мі́ністра.** He was denied access to the minister's press briefings.
prep. **д. для** + *G.* access for sb; **д. до** + *G.* access to sb/sth ◊ **ві́льний д. до фо́нду для істо́риків** free access to the fund for historians
Also see **при́ступ 4**

досту́пн|ий, *adj.*
1 accessible, affordable
adv. **ду́же** very, **до́сить** enough, **зо́всім** completely, **ле́гко** easily, **надзвича́йно** extremely, **цілко́м** completely; **відно́сно** relatively, **порі́вняно** comparatively; **неймові́рно** incredibly ◊ **неймові́рно ~а ціна́** an incredibly affordable price; **одна́ково** equally; **дивови́жно** *or* **навдивови́жу** amazingly, **на ди́во** surprisingly, **неправдоподі́бно** implausibly, **несподі́вано** unexpectedly ◊ **Він скориста́вся несподі́вано ~ими по́слугами ліка́рні.** He took advantage of the unexpectedly affordable services of the hospital. **ома́нливо** misleadingly; **підозрі́ло** suspiciously, **позі́рно** seemingly
v. + **д. бу́ти ~им** be accessible (**вважа́ти** + *A.* consider sth; **виявля́тися** turn out, **здава́тися** + *D.* seem to sb; **роби́ти** + *A.* make sth ◊ **Вона́ зро́бить ви́щу осві́ту ~ою для всіх.** She will make higher education accessible to all. **роби́тися** get, **става́ти** become)
prep. **д. для** + *G.* accessible to sb
Cf. **деше́вий 1**
2 accessible, reachable, approachable, attainable ◊ **Пляж д. ті́льки з мо́ря.** The beach is accessible only from the sea.
prep. **д. для** + *G.* accessible to sb ◊ **Архі́в зроби́ли ~им для дослі́дників.** The archive was made accessible to researchers.
3 accessible, comprehensible, intelligible ◊ **Ана́ліз напи́сано ~ою мо́вою.** The analysis is written in an accessible language. ◊ **Текст цілко́м д. для них.** The text is quite accessible to them.
Also see **легки́й 2, про́стий 1.** *Ant.* **недосту́пний, складни́й**
4 accessible, approachable, friendly ◊ **Профе́сор не є ~ою люди́ною.** The professor is not an approachable person.
Ant. **недосту́пний**

досту́пн|ість, *f.*, **~ости**, *only sg.*
accessibility, approachability, affordability ◊ **Його́ стиль відрізня́вся ~істю.** His style stood out by it accessibility.
adj. **бі́льша** greater ◊ **Для бі́льшої ~ости ви́кладу промо́вець уника́в науко́вого жарго́ну.** For greater accessibility of narration, the speaker avoided scientific jargon. **вели́ка** great, **максима́льна** maximal; **доста́тня** sufficient; **мініма́льна** minimal

prep. **д. для** + *G.* accessibility to sb ◊ **д. фі́льму для широ́кого глядача́** the accessibility of the film to a wide viewership

досьє́, *nt., indecl.*
file, dossier, case history
adj. **вели́ке** big, **гру́бе** thick ◊ **Він мав гру́бе д. компрома́ту на ко́жного мі́ністра.** He had a thick file of compromising materials on every minister. **докла́дне** detailed; **мале́ньке** *dim.* small, **тоне́ньке** *dim.* thin; **імпоза́нтне** impressive; **солі́дне** sizable; **конфіденці́йне** confidential, **секре́тне** secret; **особи́сте** *and* **персона́льне** personal; **акто́рське** actor's, **диза́йнерське** designer's, **режисе́рське** director's
v. + **д. вести́ д.** keep a file ◊ **Вона́ вела́ докла́дне д. спра́ви.** She kept a detailed dossier on the case. (**заво́дити** open; **ма́ти** have, **склада́ти** compile, **трима́ти** maintain; **закрива́ти** close; **обновля́ти** *or* **оно́влювати** update ◊ **Д. ко́жного суб'є́кта періоди́чно оно́влювалося.** The dossier of every subject was periodically updated. **перегляда́ти** review; **вийма́ти** pull, **витя́гувати** pull out; **перегляда́ти** examine ◊ **Вона́ перегля́нула ві́сім д.** She examined eight files. **перевіря́ти** check, **чита́тати** read; **зни́щувати** destroy, **пали́ти** burn)
д. + *v.* **зника́ти** disappear ◊ **Із ша́фи зни́кло кі́лька важли́вих д.** Several important files disappeared from the cabinet. **мі́стити** + *A.* contain sth ◊ **Її акто́рське д. місти́ло бага́то світли́н.** Her actor's dossier contained many photographs.
prep. **в д.** in/to/on a file ◊ **У д. не було́ ні́чого ціка́вого.** There was nothing interesting in the file. **д. на** + *A.* a file on sb
Cf. **спра́ва 4**

досяга́|ти, **~ють; досягну́|ти**, *var.* **дося́гти**, **~у́ть**; *pa. m.* **дося́г** *and* **досягну́в**, *pl.* **дося́гли** *and* **досягну́ли**, *tran. and intr.*
1 to reach, arrive at, get to + *G.* ◊ **Вони́ досягну́ли мі́ста опі́вночі.** They reached the city at midnight.
adv. **вже** already, **вре́шті-ре́шт** eventually, **наре́шті** finally, **без пробле́м** without problem, **ле́гко** easily, **шви́дко** quickly ◊ **Якщо́ не бу́де перешко́д, вона́ шви́дко дося́гне Чорторийська.** If obstacles do not arise, she will quickly arrive in Chortoryisk. **ма́йже** almost, **практи́чно** practically, **сливе́** *colloq.* almost ◊ **Загі́н сливе́ досягну́в пу́нкту призна́чення, як поча́вся дощ.** The detachment had almost reached its destination point when it started raining.
v. + **д. бу́ти тре́ба** + *D.* need to; **вдава́тися** + *D.* succeed in ◊ **Вояка́м удало́ся досягну́ти ста́нції без втрат.** The soldiers succeeded in reaching the station without casualties. **змогти́** *pf.* manage to; **планува́ти** plan to ◊ **Вони́ планува́ли досягну́ти за́мку до за́ходу со́нця.** They planned to arrive at the castle before sunset. **намага́тися** try to, **про́бувати** attempt to; **хоті́ти** want to
prep. **д. до** + *G.* reach sth ◊ **Ліфт ~є до оста́ннього по́верха за лі́чені секу́нди.** The elevator reaches the last floor in mere seconds.
Also see **дохо́дити 1**
2 to touch, reach ◊ **Він ле́гко ~є руко́ю до сте́лі.** He easily touches the ceiling with his hand. ◊ **Її но́ги ма́йже ~ли стіни́.** Her feet almost touched the wall.
See **торка́ти 1, торка́тися 1.** *Also see* **дохо́дити 4**
3 to attain, achieve + *G.* ◊ **Кінокарти́на досягну́ла вели́кого ро́зголосу.** The movie has attained great publicity.
adv. **вже** already, **вре́шті-ре́шт** eventually ◊ **Катери́на вре́шті-ре́шт досягну́ла чого́ пра́гнула.** Kateryna eventually achieved what she had desired. **наре́шті** finally; **ле́гко** easily, **шви́дко** quickly; **несподі́вано** unexpectedly, **ра́птом** suddenly
v. + **д. бу́ти зда́тним** be capable of; **бу́ти ва́жко** be difficult to; **бу́ти ле́гко** be easy to; **бу́ти нелегко** + *D.* not be easy to ◊ **Їм було́ нелегко досягну́ти таки́х результа́тів.** It was not easy for them to achieve such results. **бу́ти неможли́во** be impossible to; **змогти́** *pf.* manage to, **могти́** can; **намага́тися** try to ◊ **Він упе́рто намага́вся досягну́ти ці́лі.** He persistently tried to achieve the goal.
Also see **вико́нувати 1, зді́йснювати**
4 to reach, rise to, get to, climb to; drop to, fall to ◊ **Моро́з ~в десяти́ гра́дусів Це́льсія.** The cold reached -10° C.
See **підніма́тися 1.** *Also see* **підно́ситися 1**
pa. pple. **дося́гнутий** attained
досяга́й! досягни́!

дося́гнен|ня, *nt.*
achievement, feat
adj. **блиску́че** brilliant; **важли́ве** important, **вели́ке** great, **величе́зне** huge, **видатне́** outstanding, **винятко́ве** exceptional, **висо́ке** high, **знамени́те** *colloq.* superb, **значне́** significant, **надзвича́йне** extraordinary, **неаби́яке** no mean ◊ **Сху́днути на три кілогра́ми за мі́сяць – це неаби́яке д. для ко́жного.** Losing three kilos in a month is no mean feat for anybody. **помі́тне** notable; **разю́че** striking; **невели́ке** small, **скро́мне** modest; **головне́** main; **відо́ме** well-known, **знамени́те** famous, **леґенда́рне** legendary; **безпрецеде́нтне** unprecedented, **дивови́жне** amazing, **нечу́ване** unheard-of; **неймові́рне** incredible, **неправдоподі́бне** implausible; **неможли́ве** impossible; **рі́дкісне** rare, **уніка́льне** unique; **економі́чне** economic, **інжене́рне** engineering, **культу́рне** cultural, **літерату́рне** literary, **меди́чне** medical, **науко́ве** scientific, **освітнє** educational, **спорти́вне** *or* **спорто́ве** athletic ◊ **за́ла спорто́вих ~ь шко́ли** the school's Hall of Athletic Achievements; **техні́чне** technological; **особи́сте** personal
v. + **д. визнава́ти д.** recognize an achievement (**віта́ти** welcome, **святкува́ти** celebrate; **ма́ти** have ◊ **Оле́нка має д. в літерату́рі.** Olenka has some literary achievements. **представля́ти** *and* **репрезентува́ти** represent, **станови́ти** constitute) ◊ **Тео́рія хао́су стано́вить вели́ке науко́ве д.** The chaos theory constitutes a big scientific achievement. **віддава́ти ша́ну ~ню** honor an achievement, **пиша́тися ~нням** take pride in an achievement ◊ **Ви ма́єте підста́ви пиша́тися таки́м дивови́жним ~нням.** You have reasons to take pride in such an amazing achievement.
prep. **д. в** + *L.* achievement in *(a field)* ◊ **д. в кінематогра́фії** achievements in filmmaking
See **у́спіх 1, 2.** *Also see* **заслу́га, прорив 2**

досягну́|ти, *pf., see* **досяга́ти**
to reach, touch; achieve, attain, *etc.* ◊ **Вона́ ~ла таки́х результа́тів завдяки́ си́лі во́лі.** She achieved such results thanks to her willpower.

доте́пн|ий, *adj.*
1 witty, amusing ◊ **Богда́на була́ ~ою жі́нкою.** Bohdana was a witty woman.
adv. **до́сить** fairly, **ду́же** very, **надзвича́йно** extremely, **напра́вду** truly, **спра́вді** really, **несамови́то** riotously, **страше́нно** terribly, **шале́но** wildly; **особли́во** particularly
v. + **д. бу́ти ~им** be witty (**вважа́ти** + *A.* consider sth, **виявля́тися** turn out, **вихо́дити** come out ◊ **Розмо́ва ви́йшла несамови́то ~ою.** The conversation came out riotously witty. **звуча́ти** sound; **здава́тися** + *D.* seem to sb; **знахо́дити** + *A* find sth) ◊ **Андрі́й не знахо́дить ко́міка особли́во ~им.** Andrii does not find the comedian to be particularly witty.
See **го́стрий 4**
2 ingenious, smart ◊ **Гру́па дослі́дників опрацюва́ла д. ме́тод фільтрува́ти інформа́цію.** A group of researchers developed an ingenious method to filter information.
3 *colloq.* capable of, adept at ◊ **Він д. на вся́кі ви́тівки.** He is adept at all manner of pranks.
prep. **д. до** + *G.* adept at sth ◊ **Ната́ля ви́явилася особли́во ~ою до грома́дської пра́ці.** Natalia proved particularly adept at social work. **д. на** + *A.* capable of sth ◊ **На такі́ ре́чі він д.** He is capable of doing such things.
See **зда́тний 1, зді́бний**

доте́пн|ість, *f.*, **~ости**, *only sg.*
wittiness, wit, esprit ◊ **Його́ д. не зна́ла меж.** His wit knew no limits.
adj. **вели́ка** great ◊ **Залізня́к не ви́різнявся вели́кою ~істю.** Zalizniak did not stand out for great wit. **значна́** considerable, **неаби́яка** no mean; **безжа́льна** ruthless, **в'ї́длива** caustic, **го́стра** sharp, **дошку́льна** scathing, **жалка́** *or* **жалю́ча** stinging ◊ **Не оди́н Катери́нин співрозмо́вник став же́ртвою її жалко́ї ~ости.** More than one of Kateryna's interlocutors became the victim of her stinging wit. **жорсто́ка** cruel, **ї́дка** biting, **колю́ча** barbed, **прони́злива** rapier, **терпка́** acerbic; **невиче́рпна** inexhaustible; **іроні́чна** ironic, **саркасти́чна** sarcastic; **іскри́ста** sparkling; **недоре́чна** inappropriate, **обра́злива** insulting ◊ **Її д. могла́ здава́тися обра́зливою.** Her wittiness could seem insulting. **шоку́юча** shocking; **дру́жня** friendly ◊ **Хому́ люби́ли дру́жню д.** Khoma was liked for his friendly wit. **легка́** mild, **м'яка́** gentle; **неповто́рна** inimitable, **особли́ва** particular
v. + **д. виявля́ти д.** display wit ◊ **Марі́я виявля́є д. за рі́зних обста́вин.** Maria displays wit in various circumstances. (**ма́ти** have) ◊ **Він мав д. еруди́та.** He had the wit of an erudite. **не втрача́ти ~ости** not to lose wittiness ◊ **Христи́на не втрача́ла ~ости там, де всім і́ншим хоті́лося пла́кати.** Khrystyna did not lose her wit when all the rest of them wanted to cry.
n. + **д. відті́нок ~ости** a shade of wittiness ◊ **У його́ слова́х не було́ й відті́нку ~ости.** There was not a shade of wittiness in his words. **на́тяк на д.** a hint of wittiness
prep. **з ~істю** with wittiness ◊ **Він розка́зував істо́рію з ~істю.** He was telling the story with wittiness.

до́ти, *adv.*
1 till that time *(moment), usu in* **д., до́ки** till, until ◊ **Ми працюва́ли до́ти, д. ма́ли си́ли.** We worked for as long as we had the energy. ◊ **Він боро́вся д., до́ки не переміг.** He fought till he won.
2 before, previously, hitherto, earlier ◊ **Вони́ ма́ли спра́ву з д. не відо́мим я́вищем.** They dealt with a previously unknown phenomenon.
3 up to that place ◊ **Доїха́вши д., де доро́га поверта́є, вони́ ста́ли відпочи́ти.** Having arrived at the point where the road turned, they stopped to have some rest. ◊ **д., але́ не да́лі** to that point but no farther

дотри́ма|ти, *pf., see* **дотри́мувати**
to follow, adhere to; keep *(a promise, etc.)* ◊ **Ні́на ~ла сло́ва і прийшла́.** Nina kept her word and came.

дотри́ма|тися, *pf., see* **дотри́муватися**
to follow, adhere to, stick to; keep *(a promise, etc.)* ◊ **Він ~вся всіх умо́в те́ндеру.** He stuck to all the terms of the tender.

дотри́му|вати, **~ють; дотри́ма|ти**, **~ють**, *tran.*
1 *fig.* to follow, abide by, keep + *A. or G.*
adv. **за́вжди́** always; **ні́коли не** never ◊ **Він ні́коли не ~є пра́вил.** He never follows rules. **за**

вся́ку ціну́ at any cost, **непору́шно** unswervingly, **послідо́вно** consistently, **скрупульо́зно** scrupulously, **суво́ро** strictly ◊ **Конончу́к суво́ро ~вав обіця́нку і не пив.** Kononchuk strictly kept his promise and did not drink. **сумлі́нно** diligently, **то́чно** exactly; **загало́м** generally; **ле́две** scarcely; **неохо́че** reluctantly; **ніко́ли не** never, **рі́дко коли́** rarely ever

д. + *n.* **д. обіця́нку** *or* **обіця́нки** keep a promise (**сло́во** *or* **сло́ва** word); **д. вимо́гу** *or* **вимо́ги** follow a requirement (**вказі́вку** *or* **вказі́вки** instruction, **нака́з** *or* **нака́зу** order, **настано́ву** *or* **настано́ви** directive, **пора́ду** *or* **пора́ди** advice ◊ **Тара́с ра́дий, що дотрима́в пора́ди.** Taras is glad he followed the advice. **пра́вило** *or* **пра́вила** rule, **умо́ву** *or* **умо́ви** condition) ◊ **Вони́ ~вали умо́в до́говору.** They abided by the conditions of the agreement.

v. + **д. бу́ти тре́ба** need to ◊ **Тре́ба було́ д. ти́ші.** One needed to keep quiet. **вмі́ти** know how to ◊ **Хто-хто́, а Сте́фа вмі́ла д. сло́ва.** Of all people, Stefa knew how to keep her word. **змогти́** *pf.* manage to, **могти́** can; **ма́ти намі́р** have the intention to; **обіця́ти** + *D.* promise sb to; **відмовля́тися** refuse to, **не збира́тися** not be going to, **на́віть і не ду́мати** not even think of ◊ **Гали́на на́віть і не ду́мала д. обіця́нки.** Halyna did not even think of keeping the promise.

Also see **дотри́муватися 2, трима́ти 3**

2 to guard, keep ◊ **Ма́рта за́вжди́ ~є таємни́цю** *or* **таємни́ці.** Marta always keeps secrets.

дотри́муйся! дотри́майся!

дотри́му|ватися; дотри́матися, *intr.*

1 *only impf.* to keep to + *G.* ◊ **Водій намага́вся д. пра́вого бо́ку.** The driver tried to keep to the right.

2 to follow, abide by + *G.* ◊ **Вона́ ~валася неортодокса́льних пра́вил поведі́нки.** She followed unorthodox rules of conduct. ♦ **д. ду́мки, що** to be of the opinion that ◊ **Він ~ється ду́мки, у́ряд слід змі́ни́ти.** He is of the opinion that the government should be changed.

v. + **д. бу́ти схи́льним** be inclined to ◊ **До́сі вона́ була́ схи́льною д. при́писів лі́каря.** So far, she was inclined to follow the doctor's instructions. **намага́тися** try to; **відмовля́тися** refuse to, **не бажа́ти** not want to

See **дотри́мувати 1, трима́тися 7**

дох|і́д, *m.*, ~о́ду

income, earnings

adj. **вели́кий** large, **висо́кий** high, **все бі́льший** rising, **га́рний** good, **значни́й** significant, **колоса́льний** colossal, **кру́глий** hefty, **максима́льний** maximal, **маси́вний** massive, **неаби́який** sizable, **пора́дний** decent, **реко́рдний** record; **п'ятизна́чний** five-figure, **шестизна́чний** six-figure ◊ **шестизна́чний д. від підприємства́** a six-figure income from an enterprise; **мали́й** small, **мізе́рний** negligible, **мініма́льний** minimal, **невели́кий** little, **низьки́й** low, **помі́рний** moderate, **символі́чний** symbolic, **скро́мний** modest, **сміхови́нний** ridiculous, **убо́гий** meager; **доста́тній** sufficient ◊ **Поса́да ма́ла забезпе́чувати її доста́тнім ~о́дом.** The post was supposed to provide her with sufficient income. **ва́ловий** gross, **зага́льний** total, **по́вний** overall, **спі́льний** joint, **суку́пний** aggregate; **се́редній** average; **очі́куваний** anticipated, **спо́діваний** expected; **додатко́вий** additional; **ґаранто́ваний** guaranteed; **готівко́вий** cash, **грошови́й** money; **реґуля́рний** regular, **ста́лий** steady; **майбу́тній** future, **потенці́йний** potential; **реа́льний** real, **факти́чний** effective; **оподатко́вуваний** taxable, **передподатко́вий** pre-tax, **післяподатко́вий** after-tax; **кварта́льний** quarterly, **мі́сячний** monthly, **рі́чни́й** annual, **щорі́чний** yearly; **довготермі́но́вий** long-term, **короткотермі́но́вий** short-term; **групови́й** group, **корпорати́вний** corporate, **особи́стий** personal; **роди́нний** *or* **сіме́йний** family; **пенсі́йний** retirement; **втра́чений** lost ◊ **Пандемія ко́штує кінопрока́тові мільйо́ни у втра́чених ~о́дах.** The pandemic costs the film distributors millions in lost income. **націона́льний** national; ♦ **держа́вний д.** state revenue

д. + *n.* **д. із дивіде́ндів** dividend income (**інвести́цій** investment, **капіта́лу** capital, **нерухо́мости** real estate) ◊ **Д. із нерухо́мости лиша́вся незмі́нним.** Real estate income remained unchanged. ♦ **~о́ди й вида́тки** incomes and expenditures; ♦ **д. на ду́шу насе́лення** per capita income

n. + **д. гру́па ~о́дів** income group ◊ **Вони́ нале́жать до низько́ї гру́пи ~о́дів.** They belong to a low income group. (**рі́вень** level; **перерозпо́діл** redistribution, **розпо́діл** distribution); **но́рма ~о́ду** rate of income; **збі́льшення ~о́дів** rise in income (**зме́ншення** decline in); **джерело́ ~о́дів** a source of income ◊ **Він прихо́вує джере́ла сво́їх величе́зних ~о́дів.** He hides the sources of his enormous income. **невідповідність у ~о́дах** income disparity (**нері́вність** *y* inequality, **розри́в у** gap) ◊ **розри́в у ~о́дах між четверти́ною найбага́тших і ре́штою суспі́льства** the income gap between the richest quarter and the rest of society

v. + **д. ма́ти д.** have an income ◊ **Його́ сім'я́ ма́ла ґаранто́ваний д.** His family had a guaranteed income. (**ґарантува́ти** + *D.* guarantee sb, **дава́ти** generate ◊ **Про́даж по́слуг дава́в їм неаби́який д.** The sales of services generated a sizable income for them. **забезпе́чувати** + *A. or D.* provide sb with ◊ **Пека́рня забезпе́чує сім'ю́** *or* **сім'ї́ помі́рний д.** The bakery provides the family with a moderate income. **заробля́ти** earn, **отри́мувати** receive; **перерозподіля́ти** redistribute; **допо́внювати** supplement ◊ **Він допо́внює сіме́йний д., працю́ючи у вихідні́.** He supplements the family income by working on weekends. **збі́льшувати** boost, **підно́сити** increase, **подво́ювати** double, **потро́ювати** triple; **зме́ншувати** decrease, **скоро́чувати** reduce; **переви́щувати** exceed ◊ **Цьогорі́ч витра́ти переви́щать ~о́ди на сто ти́сяч.** This year, expenditures will exceed income by a hundred thousand. **деклару́вати** declare; **визнача́ти** determine)

д. + *v.* **зроста́ти** grow ◊ **~о́ди сере́днього кла́су вже не зроста́ли.** Middle-class incomes did not grow any longer. **йти вго́ру** climb, **мно́житися** multiply, **подво́юватися** double ◊ **Торі́к його́ д. від інвести́цій подво́ївся.** His investment income doubled last year. **потро́юватися** triple; **зме́ншуватися** diminish, **па́дати** fall, **скоро́чуватися** decrease

prep. **з ~о́дом** with an income ◊ **громадя́ни з низьки́ми ~о́дами** citizens with low income; **д. від** + *G.* an income from *(source)*

Cf. **прибу́ток**

дохо́д|ити, ~жу, ~ять; дійти́, дійд|у́ть; *pa. pf., m.* **дійшо́в**, *pl.* **дійшли́**, *intr.*

1 to go to *(on foot)*, come to, reach, arrive at, get to

adv. **вже** already, **вре́шті-ре́шт** eventually, **наре́шті** finally; **із тру́днощами** with difficulties, **ра́но чи пі́зно** sooner or later; **благополу́чно** safely ◊ **Хло́пці благополу́чно дійшли́ додо́му.** The boys made it home safely. **ле́гко** easily, **шви́дко** quickly ◊ **Ціє́ю доро́гою він шви́дко дійде́ до па́рку.** Taking this road, he will quickly get to the park. **я́кось** somehow; **дола́ючи тру́днощі** overcoming difficulties, **незважа́ючи ні на що** in spite of everything

v. + **д. бу́ти ва́жко** be difficult to ◊ **Ва́жко дійти́ до о́зера, не зна́ючи шля́ху.** It is difficult to reach the lake, not knowing the way. **бу́ти неможли́во** be impossible to; **бу́ти ле́гко** be easy to; **бу́ти тре́ба** + *D.* need to ◊ **Оре́сті тре́ба дійти́ додо́му за пів годи́ни.** Oresta needs to get home in a half hour. **сподіва́тися** hope to; **намага́тися** try to, **стара́тися** do one's best to, **хоті́ти** want to

prep. **д. до** + *G.* reach sth

Also see **досяга́ти 1, захо́дити 3.** *Cf.* **доїжджа́ти 1**

2 to spread, reach, penetrate, enter ◊ **Узи́мку со́нце ле́две ~ить у поме́шкання.** In winter, the sun scarcely reaches the apartment. ◊ **До Наді́їних вух дійшла́ чу́тка про його́ від'ї́зд.** The rumor of his departure reached Nadiia's ears.

prep. **д. в** + *A.* penetrate sth; **д. крізь** + *A.* penetrate through sth ◊ **Крізь вікно́ в кімна́ту ~ила прохоло́да но́чі.** The coolness of the night entered the room through the window. ♦ **д.** + *D.* **до се́рця** to touch sb's heart ◊ **Її сло́ва дійшли́ Хомі́ до се́рця.** Her words touched Khoma's heart.

See **проника́ти 2**

3 *fig., only with prep.* to survive ◊ **Старі́ на́писи ди́вом дійшли́ до сього́днішнього ча́су.** The old inscriptions miraculously survived till the present. ◊ **Пра́ці гре́цького філо́софа не дійшли́ до нас.** The Greek philosopher's works have not survived.

See **вижива́ти 1**

4 *fig.* to reach, get as far as ◊ **Ле́две дійшо́вши зрі́лого ві́ку, ді́вчи́на одружи́лася.** Having barely reached maturity, the girl got married. ◊ **Жи́то ~ило їй до па́ска.** The rye reached her waist.

Also see **досяга́ти 1, 2**

5 *fig.* to find, get to, reach, arrive at ◊ **Доповіда́ч дійшо́в (до) несподі́ваного ви́сновку.** The presenter reached an unexpected conclusion. ◊ **Вони́ намага́лися дійти́ пра́вди.** They tried to find the truth. ◊ **Сто́рони так і не дійшли́ порозумі́ння.** The parties never arrived at an agreement. ♦ **ру́ки́ не дохо́дять, в** + *G.* to have no time to do sth ◊ **В Окса́ни ти́ждень ру́ки не дохо́дять подзвони́ти бра́тові.** For a week, Oksana has not had the time to call her brother.

Also see **прихо́дити 1**

6 *colloq.* to understand, figure out ◊ **Вона́ ~ила всього́ самоту́жки.** She figured everything out on her own. ◊ **Вони наре́шті дійшли́ причи́ни хворо́би.** They finally understood the cause of the disease.

See **розумі́ти 1.** *Also see* **проника́ти 3**

7 *colloq.* to die ◊ **Смерте́льно пора́нений воя́к ти́хо дійшо́в.** The fatally wounded soldier quietly died.

See **вмира́ти 1.** *Also see* **пропада́ти 3, става́ти 9**

дохо́дь! дійди́!

доч|ка́, *f.*, ~и́

daughter

adj. **доро́сла** adult ◊ **Іри́на та Ні́на їхні доро́слі ~ки.** Iryna and Nina are their adult daughters. **мале́нька** little, **наймéнша** smallest, **моло́дша** younger, **наймоло́дша** youngest; **сере́дня** middle, **ста́рша** elder; **найста́рша** eldest; **новонаро́джена** newborn; **п'ятимі́сячна** five-month-old, **півторарі́чна** a year-and-a-half-old, **чотирирі́чна** four-year-old; **єди́на** only; **вла́сна** own ◊ **Оле́г ста́вився до Усти́ни як до вла́сної ~ки́.** Oleh treated Ustyna like his own daughter. **рі́дна** biological, full *(as opposed to a stepdaughter)* ◊ **Га́нна – не рі́дна д. сво́їх батькі́в.** Hanna is not her parents' (biological) daughter. **зако́нна** legitimate; **незако́нна** illegitimate; **ненаро́джена** unborn; **на́звана** *or* **наре́чена** foster ◊ **Вони́ ви́ростили одну́ рі́дну і дві на́званих ~ки́.** They raised one biological and two foster daughters. ♦ **хреще́на д.** a goddaughter; **улю́блена** favorite; **ві́ддана** devoted, **до́бра** good, **слухня́на** obedient, **ува́жна** attentive, **чу́йна** caring; **ввічлива** respectful, **вихо́вана** well-bred, **че́мна** courteous, **шанобли́ва** dutiful; **доку́члива** annoying; **невдя́чна** ungrateful, **пога́на** bad; **зіпсо́вана**

spoiled, **розбе́щена** bratty; **втра́чена** lost; **поме́рла** dead; **неодру́жена** unmarried
v. + **д. ма́ти ~ку́** have a daughter (**наро́джувати** give birth to, bear ◊ **Вона́ народи́ла дві ~ки.** She gave birth to two daughters. **хоті́ти** want ◊ **Вони́ хо́чуть споча́тку ~ку́, а по́тім си́на.** They want a daughter first, and then a son. **виро́щувати** raise, **вихо́вувати** bring up ◊ **Сергі́єву ~ку́ вихо́вували його́ батьки́.** Serhii's parents brought up his daughter. **ма́ти** + *A.* **за ~ку́** take sb as daughter ◊ **Па́ні К. ма́ла Марі́ю за вла́сну ~ку́.** Mrs. K. took Maria as her own daughter. **дово́дитися** + *D.* **~ко́ю** be sb's daughter ◊ **Горпи́на дово́дилася їм наре́ченою ~ко́ю.** Horpyna was their foster daughter.
д. + *v.* **виро́ста́ти** grow up, **доро́слішати** mature ◊ **Марі́їна д. шви́дко доро́слішала.** Maria's daughter was quickly maturing.
L. **на ~ці**, *N. pl.* **~ки**, *G. pl.* **~ок**

до́ш|ка, *f.*
1 board, plank
adj. **вузька́** narrow ◊ **Коло́ди рі́зали на вузькі́ ~ки.** The logs were sawed into narrow boards. **широ́ка** wide; **гру́ба** *or* **товста́** thick; **тонка́** thin; **до́вга** long, **коро́тка** short; **гладе́нька** *dim.* smooth, **гладка́** smooth; **крива́** crooked, **нері́вна** uneven; **рі́вна** even; **шорстка́** rough; **дерев'я́на** wooden; **вільхо́ва** alder, **гра́бова** hornbean, **дубо́ва** oak, **ли́пова** linden, **оси́кова** aspen ◊ **Підло́га зро́блена з оси́кових до́щок.** The floor is made of aspen planks. **сосно́ва** pine, *etc.*; **кресля́рська** drawing; ♦ **кла́сна д.** a blackboard; ♦ **меморія́льна д.** a plaque ◊ **Ванда́ли розтрощи́ли меморія́льну ~ку письме́нника.** Vandals smashed the writer's plaque. ♦ **ша́хова д.** a chessboard; ♦ **д. оголо́шень** a bulletin board ◊ **Лі́воруч від вхо́ду д. оголо́шень.** There is a bulletin board to the left of the entrance. ♦ **ста́вити** + *A.* **на одну́ ~ку з** + *I.* to put sb on the same level as sb ◊ **Нача́льник ста́вив Мари́ну на одну́ ~ку з ре́штою колекти́ву.** The boss put Maryna on the same level as the rest of the team.
prep. ♦ **від ~ки до ~ки** thoroughly, from cover to cover ◊ **Він прочита́в кни́жку від ~ки до ~ки.** He read the book from cover to cover. **на ~ку** *dir.* on/to a board; **на ~ці** *posn.* on a board ◊ **на́пис на ~ці** an inscription on the board; **під ~ку** *dir.* under a board ◊ **Він захова́в докуме́нти під ~ку в підло́зі.** He hid the documents under the plank in the floor. **під ~кою** *posn.* under a board ◊ **Він трима́в докуме́нти під ~кою в підло́зі.** He kept the documents under a plank in the floor.
2 blackboard, whiteboard, chalkboard ◊ **Вчи́тель все кори́стува́вся ~кою.** The teacher used the blackboard all the time.
adj. **вели́ка** large; **висо́ка** tall; **до́вга** long; **звича́йна** regular, **класи́чна** classical, **шкільна́** schoolhouse; **інтеракти́вна** interactive, **ма́гні́тна** magnetic, **цифрова́** digital; ♦ **се́нсорна д.** a smart board
v. + **д. витира́ти ~ку** wipe a blackboard ◊ **Ви́терши чи́сто ~ку, школя́рка ви́йшла з кла́су.** Having wiped the blackboard clean, the schoolgirl left the classroom. **витира́ти** + *A.* **з ~ки** wipe sth off the blackboard ◊ **Він ви́тер з ~ки рівня́ння.** He wiped the equations off the blackboard. **кори́стува́тися ~кою** use a blackboard; **писа́ти** + *A.* **на ~ці** write sth on a blackboard ◊ **Тама́ра пи́ше на ~ці кре́йдою.** Tamara writes on the blackboard with chalk.
G. pl. **до́щок**

дошку́ли|ти, *pf., see* **дошкуля́ти**
to annoy, get to, irritate ◊ **Марко́ му́сив її́ спра́вді д.** Marko must have really gotten to her.

дошку́льн|ий, *adj.*
1 painful ◊ **Уда́р був напра́вду д.** The blow was truly painful. ◊ **фізи́чно ~е випро́бування** a physically painful trial to undergo.
See **болю́чий 1.** *Also see* **бо́лісний 1**
2 scathing, blistering, searing, devastating
adv. **безжа́лісно** ruthlessly, **вкрай** extremely, **до́сить** fairly, **ду́же** very; **на́дто** too, **неймові́рно** incredibly, **нестерпно** unbearably, **особли́во** particularly ◊ **Його́ сміх був особли́во ~им для Наза́ра.** His laughter was particularly devastating to Nazar.
д. + *n.* **д. до́теп** *or* **жарт** a scathing joke (**комента́р** commentary, **сміх** laughter); **~а кри́тика** a scathing criticism ◊ **Журна́л підда́в п'є́су безжа́лісно ~ій кри́тиці.** The magazine subjected the play to ruthlessly scathing criticism. (**пора́зка** defeat; **тира́да** diatribe, tirade; **характери́стика** characterization) ◊ **Автор роздава́в знайо́мим ~і характери́стики.** The author dispensed scathing characterizations of his acquaintances. **~е заува́ження** a scathing remark (**сло́во** word)
v. + **д. бу́ти ~им** be scathing (**здава́тися** + *D.* seem to sb; **става́ти** become) ◊ **Комента́рі кри́тиків става́ли все ~ішими.** The critics' comments became ever more searing.
prep. **д. для** + *G.* scathing to sb
Also see **разю́чий 2, тяжки́й 3**
3 vulnerable, weak ◊ **Футбо́л був Га́линим ~им мі́сцем.** Soccer was Halia's weak point.
See **чутли́вий 1.** *Also see* **вразли́вий 1**
4 strong, bitter, piercing ◊ **Хо́лод става́в ~им.** The cold was becoming bitter. ◊ **Дув д. ві́тер.** A piercing wind was blowing.
Also see **си́льний 4**

дошкуля́|ти, *var.* **дошку́лю|вати**, **~ють; дошку́л|ити**, **~ять**, *intr. more rarely tran.*
to annoy, irritate, get to, pester, bother + *D.* + *I.* sb with sth ◊ **Товариші́ вира́зно ~ли Андрі́єві** (*more rarely* **Андрі́я**) **жа́ртами.** His friends were clearly annoying Andrii with their jokes.
adv. **вкрай** extremely, **го́стро** acutely ◊ **Її́ ува́га го́стро ~яла Ні́ні.** Her attention acutely irritated Nina. **ду́же** very, **нестерпно** unbearably, **страше́нно** terribly; **ді́йсно** really, **напра́вду** truly, **я́вно** obviously; **де́що** somewhat, **тро́хи** a little; **безпереста́нку** nonstop, **весь час** all the time, **пості́йно** constantly
дошкуля́й! дошку́ль!
See **дратува́ти, роздрато́вувати, набрида́ти 2, надоку́ча́ти 2, сі́пати 3**

дощ, *m.*, **~у́**
rain ◊ **Иде д.** The rain is falling. *or* It's raining.
adj. **зли́вний** *or* **зли́вовий** torrential ◊ **Вони́ на́скрізь промо́кли під зли́вним ~е́м.** They got wet through to the bone under a torrential rain. **проливни́й** pouring, **рясни́й** copious, **си́льний** heavy; **моното́нний** monotonous; **дрі́бни́й** *and* **мря́чний** drizzling; **безпере́рвний** incessant, **впе́ртий** persistent, **пості́йний** constant, **ста́лий** steady; **короткоча́сний** short; **легки́й** light, **невели́кий** small; **те́плий** warm; **крижа́ни́й** icy, **ме́рзлий** freezing, **холо́дний** cold; **весня́ни́й** spring, **лі́тній** summer, **осі́нній** autumn ◊ **Осі́нні ~і викли́кали в ньо́го сум.** Autumn rains provoked his sadness. **кисло́тний** acid ◊ **Огірки́ тре́ба захисти́ти від кисло́тного ~у́.** The cucumbers need to be protected from acid rain. **тропі́чний** tropical
n. + **д. кра́пля ~у́** a drop of rain, raindrop ◊ **Па́дали пе́рші кра́плі ~у́.** The first raindrops were falling. (**мілі́ме́тр** millimeter) ◊ **За ніч у них ви́пало два́дцять мілі́ме́трів ~у́.** Overnight they had 20 mm of rain. **сезо́н ~і́в** a rainy season
v. + **д. заповіда́ти д.** forecast rain ◊ **На субо́ту заповіда́ють д.** Rain is forecast for Saturday. (**передбача́ти** predict; **пересі́кувати** wait out; **потра́пити під** *or* **в д.** get caught in the rain); **погро́жувати ~е́м** threaten rain ◊ **Важкі́ хма́ри погро́жували ~е́м.** Heavy clouds threatened rain. **зано́ситися на д.** look like rain ◊ **«Зано́ситься на д.,» – сказа́в чолові́к.** "It looks like rain," the man said.
д. + *v.* **йти** come down, rain ♦ **Ішов си́льний д.** It was raining heavily. **ли́ти** pour down ◊ **Д. лив до́бру годи́ну.** The rain poured down for a good hour. ♦ **(Д.) ллє, як із це́бра.** It is raining cats and dogs. **па́дати** fall ◊ **У Рі́вному па́дав д.** Rain was falling in Rivne. **мжи́чити** *and* **мря́чити** drizzle, **сі́яти** *colloq.* sprinkle ◊ **Ці́лий ра́нок сі́яв холо́дний д.** A cold rain was sprinkling all morning. **бараба́нити** drum ◊ **Д. го́лосно бараба́нив по ши́бках.** Rain drummed loudly on the window panes. **би́ти** beat, **гати́ти** *colloq.* pound, **пері́щити** *colloq.* pelt, **тараба́нити** *colloq.* patter; **кра́пати** drip; **бра́тися** set in ◊ **Холо́дний д. узя́вся всу́переч прогно́зам.** A cold rain set in contrary to the forecasts. ◊ **Д. бра́вся принаймні на ці́лий день.** The rain was setting in for at least an entire day. **почина́тися** begin; **посла́блюватися** let up ◊ **Д. посла́блювався.** The rain was letting up. **вщуха́ти** die down ◊ **За годи́ну д. ущу́х.** In an hour, the rain died down. **перестава́ти** cease, **припиня́тися** stop ◊ **Д. наре́шті припини́вся.** The rain finally stopped. **продо́вжуватися** continue ◊ **Д. продо́вжувався до ра́нку.** The rain continued till the morning.
prep. **без ~у́** without rain ◊ **Пі́вніч краї́ни пів ро́ку без ~у́.** The north of the country has been without rain for half a year. **в д.** in the rain ◊ **Він ви́йшов із ха́ти в д.** He left the house in the rain. **під ~е́м** in the rain ◊ **Ната́лка промо́кла під ~е́м.** Natalka got soaked in the rain.
Cf. **зли́ва 1, мжи́чка**

дощов|и́й, *adj.*
rain, rainy, of or pertaining to rain
д. + *n.* **д. день** a rainy day (**тума́н** fog) ◊ **Мі́сто огорну́в д. тума́н.** A rainy fog enveloped the city. **д. поті́к** a rain stream ◊ **Схи́лами горба́ ли́лися брудні́ ~і пото́ки.** Muddy rain streams ran down the slopes of the hill. **~а́ вода́** rain water ◊ **Вона́ трима́ла ~у́ во́ду в бо́чці.** She kept rain water in a barrel. (**калю́жа** puddle, **хма́ра** cloud) ◊ **Над доли́ною збира́лися ~і́ хма́ри.** Rain clouds were gathering over the valley. **~а́ кра́пля** a raindrop, **~а́ пого́да** rainy weather

драби́н|а, *f.*
1 ladder
adj. **важка́** heavy, **легка́** light; **висувна́** extension, **переносна́** portable, **садо́ва** orchard, **складна́** folding, **телескопі́чна** telescopic, ♦ **розсувна́ д.** *or* **стрем'я́нка** a stepladder; **висо́ка** tall, **вузька́** narrow, **до́вга** long, **широ́ка** wide; **коро́тка** short; **хистка́** rickety; **алюмі́нієва** aluminum, **дерев'я́на** wooden, **залі́зна** iron, **метале́ва** metal, **мотузя́на** rope ◊ **Утіка́чі кори́стува́лися мотузя́ною ~ою.** The escapees used a rope ladder. **поже́жна** fire escape
n. + **д. верх́о́к ~и** the top of a ladder (**підні́жжя** foot; **ща́бель** rung) ◊ **~і бракува́ло ве́рхнього щабля́.** The ladder was missing the upper rung.
v. + **д. бра́ти ~у** take a ladder (**знахо́дити** find; **ста́вити** put up ◊ **Вони́ ра́зом поста́вили тяжку́ ~у до стіни́.** Together they put the heavy ladder up against the wall. **вила́зити на** climb ◊ **Ви́лізши на розсувну́ ~у, Тама́ра помі́няла ла́мпу.** Having climbed the stepladder, Tamara replaced the bulb. **виска́кувати на** jump on) ◊ **Ви́скочивши на ~у, Карпо́ загля́нув на гори́ще.** Having jumped on the ladder, Karpo peeked into the attic. **па́дати з ~и** fall off a ladder ◊ **Рома́н ма́ло не впав із ~и.** Roman almost fell off the ladder. **лі́зти ~ою** climb a ladder ◊ **Павло́ обере́жно ліз хистко́ю ~ою на гори́ще.** Pavlo was carefully climbing the rickety ladder to the attic. (**підійма́тися** *or* **підніма́тися** go up, **ру́хатися вго́ру** move up; **опуска́тися** go down, **ру́хатися надоли́ну** move down) ◊ **Ні́на ру́халася вузько́ю ~ою надоли́ну, доки не діста́ла нога́ми землі́.** Nina moved down the

narrow ladder until her feet touched the ground. **вила́зити по ~і** climb a ladder ◊ **Хло́пець ви́ліз по ~і на гру́шу.** The boy climbed the ladder to the pear tree. (**видира́тися по** clamber ◊ **Він наси́лу ви́дерся по ~і на дах.** He barely clambered up the ladder to the roof. **спуска́тися по** go down, **схо́дити по** descend) ◊ **Бори́с зійшо́в по ~і на ни́жній чарда́к корабля́.** Borys descended the ladder to the ship's lower deck.
prep. **на ~у** *dir.* on/to a ladder; **на ~і** *posn.* on a ladder ◊ **Марі́я проси́діла на ~і пів дня́, рвучи́ ви́шні.** Maria sat on the ladder half a day, picking cherries. **по ~і** up/down a ladder; **д. на** a ladder to *(a place)* ◊ **дерев'я́на д. на гору́** a wooden ladder to the attic; **д. в** + *A.* a ladder to *(a place)* ◊ **д. в підва́л** a ladder to the basement
Cf. **схо́ди**
2 *fig.* scale, ladder
adj. **еволюці́йна** evolutionary ◊ **Цей ссаве́ць до́сить бли́зько до люди́ни на еволюці́йній ~і.** This mammal is fairly close to humans on the evolutionary ladder. **економі́чна** economic; **бюрократи́чна** bureaucratic, **ієрархі́чна** hierarchical, **кар'є́рна** career, **корпорати́вна** corporate, **професі́йна** professional, **соціа́льна** social
v. + **д. підійма́тися** *or* **підніма́тися ~ою** climb a ladder ◊ **Він став шви́дко підійма́тися кар'є́рною ~ою.** He began to quickly ascend the career ladder. **вила́зити по ~і** climb a ladder (**підійма́тися по** ascend)
prep. **ви́ще на ~і** higher up the ladder ◊ **Він во́диться з ти́ми, що ви́ще на бюрократи́чній ~і.** He mixes with those who are higher up on the bureaucratic ladder. **ни́жче на ~і** lower down the ladder

дра́м|а, *f.*

1 drama *(a play)*
adj. **геніа́льна** brilliant, **поту́жна** powerful ◊ **Він написа́в поту́жну ~у.** He wrote a powerful drama. **разю́ча** striking; **правди́ва** true-to-life, **реалісти́чна** realistic ◊ **реалісти́чна д. з життя́ суча́сного мі́ста** a realistic drama of contemporary city life; **класи́чна** classical; **суча́сна** contemporary; ♦ **радіодра́ма** a radio drama ◊ **Па́ні Іва́нків не пропуска́ла улю́бленої радіодра́ми.** Mrs. Ivankiv did miss her favorite radio drama. ♦ **теледра́ма** a TV drama, **телевізі́йна** television; **епі́чна** epic, **трагі́чна** tragic; **істори́чна** historical, **костюмо́вана** costume; **гре́цька** Greek, **шекспі́рівська** Shakespearian; **дома́шня** domestic, **криміна́льна** criminal, **меди́чна** medical, **поліці́йна** police, **психологі́чна** psychological, **сіме́йна** family, **судова́** courtroom, **шпита́льна** hospital ◊ **Шпита́льна д. збира́ла мільйо́ни глядачі́в щоти́жня.** The hospital drama gathered millions of viewers every week. **любо́вна** romantic ◊ **На́стя пристрасти́лася до жа́нру любо́вної теледра́ми.** Nastia got addicted to the genre of romantic TV drama. **підлітко́ва** teen ◊ **Цього́ сценари́ста назива́ли короле́м підлітко́вої ~и.** This scriptwriter was called the teen drama king.
v. + **д. писа́ти ~у** write a drama ◊ **За оди́н рік вона́ написа́ла дві геніа́льні ~и.** In one year, she wrote two brilliant dramas. (**виставля́ти** show ◊ **На ці́й сце́ні виставля́ють як коме́дії, так і ~и.** They show both comedies and dramas on this stage. **інсценізува́ти** stage ◊ **Молоді́жний теа́тр пе́ршим інсценізува́в нову́ ~у.** The Molodizhnyi Theater was the first to stage the new drama. **ста́вити** produce, **створю́вати** create; **диви́тися** watch)
prep. **в ~і** in a drama ◊ **Актo̕рка волі́ла гра́ти у ~і, ніж у коме́дії.** The actress preferred to act in dramas rather than comedies. **д. про** + *A.* a drama about sb/sth ◊ **д. про зло́чин і ка́ру** a drama about crime and punishment
See **п'є́са.** *Also see* **трагéдія 2**

2 *fig.* drama, calamity
adj. **вели́ка** great ◊ **Вели́ка д. і́хнього коха́ння надиха́ла не одне́ поколі́ння пое́тів.** The great drama of their love had inspired more than one generation of poets. **правди́ва** true, **спра́вжня** genuine; **людська́** human, **особи́ста** personal
v. + **д. бу́ти спо́вненим ~и** be full of drama ◊ **Розмо́ва була́ спо́вненою ~и, що ча́сом перехо́дила у фарс.** The conversation was full of drama that at times turned into farce. (**додава́ти** + *D.* add to sth ◊ **Прису́тність роди́ни же́ртви додава́ла проце́сові ~и.** The presence of the victim's family added drama to the trial. **загострю́вати** heighten) ◊ **Її́ поя́ва ще бі́льше загостри́ла ~у ситуа́ції.** Her appearance even further heightened the drama of the situation.
д. + *v.* **розгорта́тися** unfold ◊ **На її́ оча́х розгорта́лася правди́ва д.** A true drama was unfolding before her eyes. **розігрува́тися** play out
Cf. **траге́дія 1**

драмати́чн|ий, *adj.*

1 *theater* dramatic ◊ **У мі́сті був оди́н д. теа́тр.** There was one drama theater in town.
2 *fig.* dramatic, exaggerated, theatrical ◊ **Маля́р зобрази́в д. всту́п Хмельни́цького до Ки́єва.** The artist depicted Khmelnytsky's dramatic arrival in Kyiv.
adv. **вкрай** extremely ◊ **Цим укра́й ~им же́стом вона́ намага́лася зверну́ти ува́гу на безприту́льних.** With this extremely dramatic gesture she tried to draw to the homeless. **до́сить** fairly, **ду́же** very, **геть** totally, **жахли́во** dreadfully, **страше́нно** terribly; **де́шево** *fig.* cheaply; **на́дто** too ◊ **Деклама́ція здала́ся на́дто ~ою.** The recitation seemed too dramatic. **надмі́ру** excessively, **перебі́льшено** exaggeratedly; **де́що** somewhat, **ма́йже** almost, **тро́хи** a little
v. + **д. бу́ти ~им** be dramatic ◊ **Ві́ктор люби́в бу́ти надмі́ру ~им.** Viktor liked to be excessively dramatic. (**вважа́ти** + *A.* consider sth; **виявля́тися** turn out ◊ **Зу́стріч ви́явилася тро́хи ~ою.** The encounter turned out to be a little dramatic. **здава́тися** + *D.* seem to sb, **роби́ти** + *A.* make sb/sth, **става́ти** become) ◊ **Промо́вець става́в усе́ бі́льш ~им.** The speaker was becoming ever more dramatic.
Also see **ґвалто́вний, разю́чий 1**

дратівли́в|ий, *adj.*

irritable, short-tempered ◊ **Оста́ннім ча́сом вона́ ста́ла ~ою і неува́жною.** Lately she has become irritable and inattentive.
adv. **все бі́льше** ever more, **ду́же** very, **страше́нно** terribly; **помі́тно** markedly; **незвича́йно** unusually; **очеви́дно** obviously, **я́вно** clearly; **де́що** somewhat, **до́сить** fairly, **тро́хи** a little; **на́дто** too, **надмі́ру** excessively, **не в мі́ру** inordinately
v. + **д. бу́ти ~им** be irritable ◊ **Па́ні М. ~а.** Mrs. M. is short-tempered. (**вважа́ти** + *A.* consider sb ◊ **Її́ вважа́ли ~ою.** She was considered to be irritable. **виявля́тися** turn out, **здава́тися** + *D.* seem to sb, **лиша́тися** remain; **роби́ти** + *A.* make sb ◊ **Пості́йні телефо́нні дзвінки́ роби́ли її́ ~ою.** The constant phone calls made her irritable. **става́ти** become)
Cf. **нервóвий 1**

драту|ва́ти, ~ють; роз~, *tran.*

1 to irritate, annoy, vex
adv. **ви́димо** visibly ◊ **Ді́ти ви́димо ~ва́ли Петра́.** Children visibly irritated Petro. **вира́зно** distinctly, **очеви́дно** obviously, **помі́тно** noticeably, **я́вно** clearly; **до́сить** fairly, **ду́же** very, **геть** totally, **жахли́во** dreadfully ◊ **Його́ жахли́во ~є непунктуа́льність.** Lack of punctuality dreadfully vexes him. **на́дто** too, **страше́нно** terribly; **спра́вді** really; **де́що** somewhat, **зо́всім не** not at all, **тро́хи** a little; **за́вжди́** always, **незмі́нно** invariably, **пості́йно** constantly
v. + **д. могти́** can; **намага́тися не** try not to; **почина́ти** begin to ◊ **Надмі́рна ува́га почина́ла д. Марка́.** Excessive attention began to annoy Marko. **ста́ти** *pf.* start to; **переста́ти** stop ◊ **Відві́дувачі переста́ли д. Софі́ю.** Visitors stopped irritating Sofiia. **намага́тися не** try not to, **стара́тися не** do one's best not to ◊ **Тара́с стара́вся не д. нача́льника проха́ннями.** Taras did his best not to annoy his boss with requests. **не хоті́ти** not want to
pa. pple. **роздрато́ваний** irritated
(роз)драту́й!
Also see **нервува́ти 2, роздрато́вувати, дошкуля́ти, се́рдити**
2 to arouse, excite ◊ **За́пах ку́хні ~ва́в йому́ апети́т.** The smell from the kitchen aroused his appetite.
See **виклика́ти 3, збу́джувати 1**

драту|ва́тися; роз~, *intr.*

to get irritated, lose one's temper ◊ **Він ле́гко ~ється.** He loses his temper easily. ◊ **Оле́ся ви́димо ~ва́лася.** Olesia got visibly irritated.

др|і́б, *m.*, **~о́бу**

1 *coll.* shots, lead shot ◊ **Лука́ш наби́в кише́ні по́рохом і ~о́бом.** Lukash stuffed his pockets with powder and lead shot. ◊ **У захисникі́в мі́ста закінчи́вся д.** Those defending the city ran out of lead shot.
Cf. **ку́ля 3**
2 *math.* fraction ◊ **Вона́ зроби́ла по́милку, коли́ діли́ла д.** She made a mistake while dividing the fraction.
adj. **десятко́вий** decimal, **непра́вильний** improper, **періоди́чний** circulating, **пра́вильний** proper ◊ **Він по́яснював у́чням рі́жни́цю між пра́вильним і непра́вильним ~о́бами.** He was explaining the difference between proper and improper fractions to the students. **прости́й** common
v. + **д. виража́ти** + *A.* **~о́бом** express sth as a fraction ◊ **Де́сять, два́дцять чи два́дцять п'ять відсо́тків мо́жна ви́разити ~о́бами.** One can express 10%, 20%, or 25% as fractions.
3 *fig., coll.* tapping, drumming, shooting, *etc.* ◊ **По́ряд почу́вся гу́чний д. автома́тів.** Loud machine gun fire was heard close by.
See **стук**
4 *coll.* poultry, fowl ◊ **М'яса́рня продава́ла дома́шній д.** The butcher store sold domestic poultry.
See **пти́ця 2**

дрібн|и́й, *adj.*

1 small, little ◊ **Він розби́в цу́кор на ~і́ шматки́.** He broke the sugar into small lumps. ◊ **Ба́тько дав Павли́ні гро́ші на ~і́ витра́ти.** Father gave Pavlyna some money for small expenses. ♦ **~а́ ри́бка** small fry ◊ **Затри́мані злочи́нці ви́явилися ~о́ю ри́бкою.** The apprehended criminals turned out to be small fry.
See **мали́й 1, 4**
2 fine, fine-grained, powdery, fine-ground
adv. **вкрай** extremely ◊ **Укра́й д. пісо́к із пусте́лі проника́в у всі шпари́ни поме́шкання.** The extremely fine desert sand penetrated all the cracks of the apartment. **до́сить** fairly, **доста́тньо** sufficiently, **ду́же** very, **надзвича́йно** extraordinarily, **неймові́рно** incredibly, **неможли́во** impossibly; **на́дто** too
д. + *n.* **д. дощ** fine rain, drizzle ◊ **Д. дощ перейшо́в у зли́ву.** The fine rain turned into a downpour. (**пісо́к** sand; **поме́л** grind; **по́рох** dust) ◊ **Шар ~о́го по́роху покри́в ме́блі.** A layer of fine dust covered the furniture. **~а́ сіль** fine-grained salt; **~е́ боро́шно** fine flour ◊ **Торт печу́ть із ~о́го боро́шна.** The cake is baked with fine-ground flour.
v. + **д. бу́ти ~и́м** be fine ◊ **Ка́ва ~о́го помо́лу.** The coffee is finely ground. (**виявля́тися** turn

out; **здава́тися** + *D.* seem to sb, **лиша́тися** stay, **става́ти** become)
Also see **тонки́й 2.** *Ant.* **гру́бий 1**
3 petty, trifling, paltry, insignificant ◊ **Па́ртія представля́ла ~é селя́нство.** The party represented the petty peasantry. ◊ **У них було́ тро́хи ~и́х гро́шей.** They had some small money.
4 shallow, superficial ◊ **Він не веде́ ~и́х розмо́в.** He does not engage in shallow conversations.

дрібни́ц|я, *f.*

1 trifle, trivial point ♦ **(Це) ~і.** Don't think much of it. ◊ **– Ви́бачте, що я вас відволіка́ю. – Нічо́го страшно́го. Це ~і.** – Forgive me for distracting you. – It's all right. Don't think much of it.
adj. **мала́** small ◊ **Вона́ не могла́ попроси́ти Катери́ну на́віть таку́ малу́ ~ю, як де́сять гри́вень.** She couldn't ask Kateryna for even such a small trifle as ₴10. **незначна́** insignificant, **про́ста́** simple; **очеви́дна** obvious; ♦ **розмі́нюватися на ~і** to waste time on trifles ◊ **Не розмі́нюючися до́вго на ~і, Ада́м заговори́в про голо́вне.** Not wasting much time on trifles, Adam got to the point.
prep. **че́рез ~ю** over a trifle ◊ **Вона́ не порва́ла із Зі́нченком че́рез ~ю.** She did not break up with Zinchenko over a trifle.
Also see **дурни́ця 1**
2 *usu pl.* detail ◊ **Сві́док описа́в до наймéнших ~ь, що ста́лося.** The witness described all that had happened down to the last detail. ◊ **Він знав цю части́ну мі́ста до ~ь.** He knew this part of town in detail.
See **подро́биця**

дріб'язко́в|ий, *adj.*

1 petty, shallow, mean, small-minded ◊ **Його́ вчи́нками ру́хала ~а мсти́вість.** His actions were motivated by petty vengefulness.
adv: **вкрай** extremely, **до́сить** rather ◊ **Це та і́нші її ви́словлювання свідчили про до́сить д. по́гляд на світ.** This and her other pronouncements were evidence of her rather shallow view of the world. **ду́же** very, **надзвича́йно** extraordinarily, **страще́нно** terribly, **тро́хи** a little; **зо́всім не** not at all ◊ **Його́ моти́ви зо́всім не ~і.** His motives are not at all petty.
v. + **д. бу́ти ~им** be petty (**виявля́тися** turn out ◊ **Петро́ ви́явився ~ою люди́ною.** Petro turned out to be a small-minded person. **звуча́ти** sound, **здава́тися** + *D.* seem to sb; **лиша́тися** remain, **става́ти** become) ◊ **Вона́ ста́ла підозрі́лою і ~ою.** She became suspicious and small-minded.
Also **мі́лкий 2, обме́жений 2**
2 minor, insignificant ◊ **Рома́н діста́в кі́лька ~их подря́пин на нога́х.** Roman got a few minor scratches on his legs.
See **мали́й, невели́кий**

дрі́б'яз|ок, *m.*, **~ку**

1 *only sg., coll.* trifle, trinket, whatnot ◊ **На комо́ді розста́влено чима́ло деше́вого ~ку.** There was a good deal of cheap trinkets arranged on the chest of drawers.
2 *only sg.* small change ◊ **У ньо́го в кише́ні лиша́лося ще тро́хи ~ку.** He still had some small change remaining in his pocket.
3 trivia, minutiae, ephemera, trifles ◊ **Вона́ втра́тила здатність відрізня́ти важли́ві ре́чі від ~ку.** She lost the capacity to tell important things from trifles.
adj. **безглу́здий** senseless ◊ **Його́ щоде́нне життя́ запо́внює безглу́здий д.** Senseless trivia fills his everyday life. **зви́клий** *and* **звича́йний** usual ◊ **О́ля на́дто пройма́лася зви́клими дома́шніми ~ками.** Olia was too preoccupied with her usual domestic trifles. **рі́зний** all manner of
Also see **дурни́ця 1**

др|іт, *m.*, **~о́ту**

wire, cable ◊ **Телефо́нні ~оти́ гойда́лися на ві́трі.** The telephone wires swung in the wind.
adj. **колю́чий** barbed ◊ **Пери́метр та́бору обне́сений колю́чим дро́том.** The camp perimeter is surrounded by barbed wire. **ненатя́гнутий** loose, **тугий** taut; **гру́бий** *or* **товсти́й** thick; **тонки́й** thin; **гнучки́й** flexible; **ржа́вий** rusty; **алюмі́нієвий** aluminum, **мі́дний** copper, **металéвий** metal, **сталéвий** steel; **високово́льтний** high-voltage, **електри́чний** electric, **телефо́нний** telephone
n. + **д. вито́к** *and* **закру́ток ~о́ту** a roll of wire (**кільце́** coil ◊ **Нагорі́ огоро́жі були́ кі́льця колю́чого ~о́ту.** There were coils of barbed wire on top of the fence. **відрі́зок** length ◊ **Він узя́в коро́ткий відрі́зок ~о́ту.** He took a short length of wire. **кава́лок** *colloq. or* **шмато́к** piece; **ни́тка** strand); **гну́чкість ~о́ту** the flexibility of the wire (**довжина́** length, **товщина́** thickness; **прові́дність** conductivity)
v. + **д. вигина́ти д.** bend a wire (**натя́гувати** string ◊ **Він натягну́в д. навко́ло діля́нки.** He strung the wire around the plot. **рі́зати** cut) ◊ **Він порі́зав д. на відрі́зки.** He cut the wire into lengths. **бу́ти обмо́таним ~о́том** be wrapped in wire (**бу́ти ото́ченим** be surrounded by, **бу́ти полу́ченим** *or* **сполу́ченим** be connected with)
prep. **на д.** *dir.* on/to a wire ◊ **Ва́ля ста́ла на д.** Valia stepped on the wire. **на ~о́ті** *posn.* on a wire ◊ **На ~о́ті ви́сіла мо́кра біли́зна.** There was wet laundry hanging on the wire. ♦ **цирк на ~о́ті** *colloq.* pandemonium, hullabaloo ◊ **Це була́ не диску́сія, а цирк на ~і.** It was pandemonium, not a discussion. **по ~о́ту** *or* **~о́тові** on/through a wire ◊ **Акроба́т ступа́в по натя́гнутому ~о́тові.** The acrobat stepped on the strung wire. ◊ **Струм йде по ~оту.** The current runs through the wire.
Also see **ка́бель**

дротян|и́й, *adj.*

1 wire, made of wire, of or pertaining to wire
д. + *n.* **д. зв'язок** a wire connection (**парка́н** fence) ◊ **Навко́ло по́ля поста́вили д. парка́н.** A wire fence was put up around the field. **~а́ загоро́жа** a wire enclosure (**клі́тка** cage, **корзи́на** basket; **сі́тка** mesh; **щі́тка** brush)
2 *fig.* wiry, stiff ◊ **Його́ ~é воло́сся стирча́ло на всі бо́ки.** His wiry hair jutted out in all directions.

дро́в|а, *only pl.*

firewood
adj. **вільхо́ві** alder, **дубо́ві** oak, **сосно́ві** pine ◊ **Дві вантажі́вки сосно́вих дров вистача́ли їм на зи́му.** Two truckloads of pine firewood lasted them the winter. **мо́крі** wet, **си́рі** unseasoned *or* green; **сухі́** dry
n. + **д. маши́на дров** a truckload of firewood (**обере́мок** armload) ◊ **Щоб натопи́ти кімна́ту, тре́ба обере́мок дров.** An armful of firewood is needed to heat the room.
v. + **д. купува́ти д.** buy firewood (**носи́ти** carry ◊ **Хло́пці носи́ли сухі́ д. до хліва́.** The boys were carrying dry firewood to the shed. **рі́зати** saw, **руба́ти** chop ◊ **Ба́тько навчи́в Сашка́ руба́ти д.** Father taught Sashko to chop firewood. **склада́ти** stack ◊ **Вони́ акура́тно скла́ли д.** They neatly stacked the firewood. **суши́ти** season) ◊ **Си́рі д. зазвича́й суши́ли п'ять-шість мі́сяців.** Green firewood was usually seasoned for five-six months. ♦ **наламáти** *or* **наруба́ти дров** *pf.* to make a mess, mess up ◊ **Без фахово́ї пора́ди вони́ обов'язко́во наламáють дров.** Without an expert advice they are bound to make a mess of it. ♦ **ні в д., ні в трі́ски** neither here nor there ◊ **Він таке́ ка́же, що ні в д., ні в трі́ски.** What he is saying is neither here nor there.
д. + *v.* **вистача́ти** + *G.* **на** + *A.* be enough for *(a period)* ◊ **Дров на фе́рмі ле́две ви́стачить на три мі́сяці.** The firewood on the farm will hardly be enough to last three months. **закі́нчуватися** run out ◊ **У пека́рні вже закі́нчуються д.** The bakery is already running out of firewood.
Cf. **де́рево 2**

дру|г, *m.*, **~а**

friend
adj. **бли́зький** close ◊ **Окса́на лиши́лася без бли́зьких ~зів.** Oksana was left without close friends. **інти́мний** intimate; **вели́кий** great, **до́брий** good, **дороги́й** dear, **найкра́щий** best, **нерозлу́чний** inseparable; **да́вній** long-time, **стари́й** old; **коли́шній** former; **нови́й** new; **ви́пробуваний** tested, **ві́дданий** devoted, **ві́рний** faithful, **наді́йний** trusted ◊ **Усти́м уважа́в його́ наді́йним ~гом.** Ustym considered him his trusted friend. **несхи́тний** unwavering, **правди́вий** true, **спра́вжній** real; **так зва́ний** so-called ◊ **Твій так зва́ний д. гово́рить про те́бе нега́рні ре́чі.** Your so-called friend is saying bad things about you. **уя́вний** imaginary, **фальши́вий** false; **осо́бистий** personal; **спі́льний** mutual; **університе́тський** university, **шкі́льний** school ◊ **Марі́я втра́тила зв'язкі́ зі шкі́льними ~зями.** Maria lost touch with her school friends.
д. + *n.* **д. дити́нства** a childhood friend
n. + **д. гро́но ~зів** a gathering of friends ◊ **вечори́, прове́дені в серде́чному гро́ні ~зів** the evenings spent in a cordial gathering of friends (**гру́па** group, **ко́ло** circle, **товари́ство** company)
v. + **д. віднахо́дити ~га** regain a friend ◊ **Оле́кса віднайшо́в утра́ченого ~га.** Oleksa regained his lost friend. (**втрача́ти** lose, **здобува́ти** win, **знахо́дити** find ◊ **У Матвієві вона́ знайшла́ правди́вого ~га.** She found a true friend in Matvii. **ма́ти** have; **поклада́тися на** rely on) ◊ **У такі́й спра́ві тре́ба поклада́тися лише́ на ви́пробуваного ~га.** In such a matter, one needs to rely only on a tested friend. **бу́ти ~гом** be a friend (**вважа́ти** + *A.* consider sb, **виявля́тися** prove ◊ **Рома́н ви́явився спра́вжнім ~гом.** Roman proved to be a real friend. **лиша́тися** stay ◊ **Вони́ лиша́ються ~зями сім ро́ків.** They have stayed friends for seven years. **става́ти** become)
prep. **д. з** + *G.* a friend from *(a place)* ◊ **Вони́ ~зі з консервато́рії.** They are friends from the conservatory.
V. **~же!** *N. pl.* **~зі**
Also see **при́ятель 2, това́риш 2.** *Ant.* **во́рог**

дру́г|ий, *ord., adj.*

1 *ord.* second ◊ **~е мі́сце** second place ◊ **Це на́ша ~а по́дорож до Ума́ні.** This is our second trip to Uman.
2 *adj.* different, other, another ◊ **Він шви́дко поміча́в недо́ліки в ~их лю́дях.** He quickly noticed faults in other people.
See **і́нший**
3 *adj.* secondary ♦ **актор ~ого пла́ну** a supporting actor ◊ **Він працю́є акто́ром ~ого пла́ну.** He is working as a supporting actor.
4 *fig.* another, new, second ◊ **Ситуа́ція перетво́рювалася на д. Майда́н.** The situation was turning into another Maidan. ◊ **Кана́да ста́ла для не́ї ~ою батьківщи́ною.** Canada became a second homeland for her.
5 *as n., only nt.* second course ◊ **Що замо́вимо на ~е?** What will we order for the second course?
See **стра́ва 2**
6 *as n., only f.* two o'clock ◊ **Зустрі́немося о ~ій.** We'll meet at two. ◊ **Конце́рт трива́в до ~ої со́рок.** The concert lasted till two forty.
See **годи́на 2**

дру́жб|а, *f., only sg.*

friendship
adj. **близька́** close ◊ **Їх єдна́є близька́ д.** A close friendship unites them. **вели́ка** great, **мі́цна́** strong; **те́пла** warm; **прекра́сна** beautiful, **чудо́ва** wonderful; **безкори́слива** innocent, **платоні́чна** platonic; **правди́ва** true,

спра́вжня real ◊ **Це поча́ток спра́вжньої ~и.** This is the beginning of a real friendship. **ві́чна** eternal, **до́вга** long, **трива́ла** lasting; **нова́** new; **да́вня** age-old, **стара́** old; **особи́ста** personal; **особли́ва** special

n. + **д. ву́зи ~и** *form.* bonds of friendship (**дух** spirit ◊ **Зу́стріч пройшла́ в ду́сі ~и.** The meeting took place in the spirit of friendship. **жест** gesture, **почуття́** feeling; **рука́** hand ◊ **Вони́ гото́ві пода́ти ру́ку ~и супе́рникові.** They are ready to extend the hand of friendship to their rival. **сві́дчення** token ◊ **Запро́шення було́ сві́дченням їхньої ~и.** The invitation was a token of their friendship.

v. + **д. встано́влювати** *or* **налаго́джувати ~у** establish friendship ◊ **Він налаго́див зі своїм коле́ґою д.** He established friendship with her colleague. (**зав'я́зувати** strike up ◊ **Марко́ і Зо́я зав'яза́ли ~у.** Marko and Zoia struck up a friendship. **змі́цнювати** strengthen; **культивува́ти** cultivate, **підтри́мувати** maintain, **плека́ти** cherish; **поно́влювати** renew ◊ **наго́да понови́ти стару́ ~у** an opportunity to renew an old friendship; **почина́ти** start; **розвива́ти** develop; **ціну́вати** value ◊ **Він ви́соко цінува́в ~у з режисе́ром.** He highly valued his friendship with the director. **зни́щувати** destroy, **підрива́ти** undermine, **припиня́ти** stop ◊ **Вона́ припини́ла з ним ~у під ти́ском батькі́в.** She stopped her friendship with him under the pressure of her parents. **псува́ти** spoil ◊ **Їхню ~у зіпсува́ла дрібни́ця.** Their friendship was spoiled by a trifle. **руйнува́ти** ruin); **зра́джувати ~і** betray friendship ◊ **Вона́ зра́дила чудо́вій ~і.** She has betrayed a wonderful friendship. (**кла́сти край** put an end to); **ризикува́ти ~ою** risk a friendship

д. + *v.* **виника́ти** emerge ◊ **Між хло́пцями ви́никла те́пла д.** A warm friendship emerged between the boys. **зав'я́зуватися** develop; **змі́цнюватися** grow stronger, **зроста́ти** grow; **почина́тися** begin; **припиня́тися** stop ◊ **Платоні́чна д. припини́лася так са́мо рапто́во, як і почала́ся.** The platonic friendship stopped as suddenly as it had begun.

prep. **д. між** + *I.* friendship between/among sb; **д. з** + *I.* friendship with sb ◊ **Він змі́цнював ~у із цим важли́вим сою́зником.** He strengthened the friendship with this important ally.

дружи́н|а, *f.*

1 *form.* wife, spouse ◊ **Іва́н му́сить пора́дитися з ~ою.** Ivan must consult his spouse.

adj. **колишня** former ◊ **лист від коли́шньої ~и** a letter from a former wife. **коха́на** *and* **лю́ба** beloved, **неві́рна** unfaithful, **ревни́ва** jealous; **пе́рша** first ◊ **дити́на від пе́ршої ~и** a child with the first wife; **дру́га** second, **оста́ння** last

See **жі́нка 2, полови́на 4.** *Cf.* **чолові́к 2**

2 team, squad, group

adj. **баскетбо́льна** basketball, **волейбо́льна** volleyball, **футбо́льна** soccer; **міжнаро́дна** international, **націона́льна** national, **олімпі́йська** Olympic; **місце́ва** local, **своя́** home ◊ **Він убо́лівав про́ти своє́ї ~и.** He rooted against his home team. **протиле́жна** opposing; **грі́зна** formidable, **неперемо́жна** invincible, **си́льна** strong; **успі́шна** successful; **слабка́** weak; **омрі́яна** dream; **молодíжна** *and* **юна́цька** youth, **юні́орська** junior; **університе́тська** university, **шкільна́** school; **америка́нська** US, **англі́йська** English, **німе́цька** German, **украї́нська** Ukrainian, *etc.* ◊ **Вона́ – чле́нка украї́нської ~и.** She is a member of the Ukrainian team. **жіно́ча** women's ◊ **жіно́ча футбо́льна д.** a women's soccer team; **змі́шана** mixed, **чолові́ча** men's

v. + **д. відряджа́ти ~у** field a team ◊ **Шко́ла відряди́ла на чемпіона́т свою́ баскетбо́льну ~у.** The school fielded its basketball team for the championship. (**вибира́ти** choose, **збира́ти** get together ◊ **Вони́ ма́ли два мі́сяці, щоб зібра́ти юна́цьку ~у.** They had two months to get together a youth team. **організо́вувати** organize, **підбира́ти** pick; **ма́ти** have; **очо́лювати** lead; **підтри́мувати** support; **тренува́ти** coach ◊ **~у з баскетбо́лу трену́є америка́нець.** An American coaches the basketball team. **вболіва́ти за** root for; **гра́ти за** play on ◊ **Її запроси́ли гра́ти за університе́тську ~у.** She was invited to play on the university team. **вступа́ти у** join, **запи́суватися у** sign up for ◊ **Вона́ пе́ршою записа́лася у ~у.** She was the first to sign up for the team. **потра́пити у** make) ◊ **Марі́я потра́пила в олімпі́йську ~у.** Maria made the Olympic team. **бу́ти ви́браним для ~и** be selected for a team (**виво́дити з** be dropped from ◊ **Його́ ви́вели з ~и.** He was dropped from the team. **вступа́ти до** join; **гра́ти про́ти** play against) ◊ **Вони́ гра́ли про́ти грі́зної ~и.** They played against a formidable team. **бу́ти у ~і** be on a team ◊ **Він був у свої́й омрі́яній ~і.** He was on his dream team. (**гра́ти у** play on) ◊ **Вони́ гра́ли в юні́орській ~і.** They played in a junior team.

д. + *v.* **бра́ти у́часть у** + *L.* take part in *(competition)* ◊ **Д. взяла́ у́часть у трьо́х змага́ннях.** The team took part in three competitions. **гра́ти з** + *I.* play sb ◊ **Д. гра́тиме із традиці́йним супе́рником.** The team will be playing its traditional rival. **гра́ти про́ти** + *G.* play against sb ◊ **За́втра д. гра́тиме про́ти «Тексти́льника».** Tomorrow the team will be playing against the Tekstylnyk. **змага́тися в.** + *L.* compete in *(a tournament)* ◊ **Шкі́льна д. бага́то ро́ків змага́ється в чемпіона́ті о́бласти.** The school team has for many years competed in the provincial championship. **вигpава́ти** + *A.* win sth ◊ **Д. ви́грала пе́рше мі́сце.** The team won first place. **перемага́ти** + *A.* beat sb ◊ **Че́ська д. ле́гко перемогла́ їх.** The Czech team easily beat them. **програва́ти** + *D.* lose to sb ◊ **Д. програ́ла сла́бшому супе́рникові.** The team lost to a weaker rival.

prep. **в ~і** on a team ◊ **Він в і́нший ~і.** He is on a different team.

Also see **кома́нда**

3 *hist.* army, troops, force, squad, host

adj. **вели́ка** large; **невели́ка** small; **військо́ва** military, **доброві́льна** voluntary; **кня́жа** princely, **королі́вська** royal; **грі́зна** formidable, **непереможна** invincible; **озбро́єна** armed ◊ **Ко́жен васа́л споря́джував озбро́єну ~у на допомо́гу короле́ві.** Every vassal put together an armed force to help the king.

See **а́рмія 1.** *Also see* **си́ла 5**

друж|и́ти; *no pf.*, **~ать**, *intr.*

to be friends, be close friends, be on friendly terms with ◊ **Марти́н і Тими́ш ~ать.** Martyn and Tymish are friends.

adv. **ві́рно** faithfully ◊ **Вони́ рока́ми ві́рно ~ать.** They have been faithful friends for years. **нерозлу́чно** inseparably ◊ **Ю́рко і Ми́ша нерозлу́чно ~или до кінця́ шко́ли.** Yurko and Mysha were inseparable friends till the end of school. **давно́** for a long time ◊ **Як давно́ вони́ ~ать?** For how long have they been friends? **з дити́нства** since childhood, **нeда́вно** recently

v. + **д. бу́ти гото́вим** be ready to ◊ **Зара́ди ви́годи вона́ гото́ва д. на́віть із ді́дьком.** She is ready to be friends even with the devil if it gave her an advantage. **почина́ти** begin to ◊ **Хло́пці почали́ д.** The boys began to be friends. **перестава́ти** stop

prep. **д. з** + *I.* be friends with sb

дружи́!

See **товаришува́ти 1.** *Also see* **води́тися 1.** *Ant.* **ворогува́ти**

дру́жн|ій, *adj.*

friendly, amicable ◊ **Тама́ра утри́мує ~і зв'язки́ з усіма́ коле́ґами.** Tamara maintains friendly relations with all her colleagues.

adv: **винятко́во** exceptionally, **до́сить** fairly, **доста́тньо** sufficiently, **ду́же** very, **надзвича́йно** extremely; **напра́вду** genuinely, **спра́вді** truly; **на ди́во** surprisingly; **несподі́вано** unexpectedly, **ра́птом** suddenly; **перебі́льшено** exaggeratedly ◊ **Її тон став перебі́льшено ~ім.** Her tone became exaggeratedly friendly. **(за)на́дто** too, **надмі́ру** excessively, **при́тьмо́м** *colloq.* too; **ма́йже** almost; **не зо́всім не** not quite, **не зо́всім** not exactly, **не особли́во** not particularly

д. + *n.* **д. візи́т** a friendly visit (**жест** gesture, **по́гляд** look, **по́тиск** handshake) ◊ **Під кіне́ць вони́ обміня́лися ~іми по́тисками.** At the end, they exchanged friendly handshakes. **~я атмосфе́ра** a friendly atmosphere (**допомо́га** help, **підтри́мка** support; **краї́на** nation; **пора́да** advice); **~є ста́влення** friendly attitude; **~і взає́мини** friendly relations (**зв'язки** ties)

v. + **д. бу́ти ~ім** be friendly (**видава́тися** + *D.* appear to sb ◊ **Квартира́нт ви́дався ~ім.** The tenant appeared to be friendly. **виявля́тися** turn out ◊ **Оле́на ви́явилася ду́же ~ьою.** Olena turned out to be very friendly. **здава́тися** + *D.* seem to sb, **лиша́тися** remain ◊ **Розмо́ва лиша́лася ~ьою до само́го кінця́.** The conversation remained friendly till the very end. **става́ти** become) ◊ **Їхні стосу́нки шви́дко ста́ли ~іми.** Their relationship quickly became friendly.

Also see **товари́ський 1**

друк, *m.*, **~у**

1 *only sg.* printing ◊ **Я хоті́в би перегля́нути руко́пис пе́ред ~ом.** I'd like to look through the manuscript before printing. ◊ **Реда́ктор підготува́в кни́жку до ~у.** The editor prepared the book for printing.

2 *only sg.* print, type, printing

adj. **вели́кий** large; **дрібни́й** fine, **мали́й** small ◊ **Без окуля́рів Оре́сті тя́жко чита́ти таки́й д.** Without her glasses it is difficult for Oresta to read small print. ♦ **висо́кий д.** relief printing ◊ **Видавни́цтво використо́вує висо́кий д.** The printing house has used relief printing. **жи́рний** bold; **га́рний** nice, **ясни́й** clear ◊ **Вида́ння ви́різнялося ясни́м ~ом.** The publication stood out for its clear print.

n. + **д.** ♦ **свобо́да ~у** freedom of the press

v. + **д. ви́ходити ~ом** appear in print ◊ **Збі́рка ви́йшла ~ом у 1937 ро́ці.** The collection appeared in print in 1937. (**випуска́ти** publish ◊ **Текст тре́ба ви́пустити ~ом.** The text needs to be published. **з'явля́тися** come out) ◊ **Моногра́фія з'яви́лася ~ом мину́лого ти́жня.** The monograph came out in print last week. **вихо́дити з ~у** come out in print ◊ **Стаття́ ще не ви́йшла з ~у.** The article has not yet come out in print. (**надсила́ти** + *A.* **до** send sth for publication) ◊ **Вона́ ма́ла надісла́ти руко́пис до ~у в понеді́лок.** She had to send the manuscript for publication on Monday.

prep. **в ~у** *or* **дру́ці** in print ◊ **Його́ пе́ршу кни́жку все ще мо́жна знайти́ в ~у** *or* **дру́ці.** His first book can still be found in print.

Also see **шрифт**

3 *only sg.* printed text ◊ **Д. був легки́м для чита́ння.** The printed text was easy to read. ♦ **а́ркуш ~у** *or* **друко́ваний а́ркуш** *(in typography)* a quire ◊ **Ро́зміром стаття́ тро́хи бі́льша, як а́ркуш ~у.** The article is slightly larger than a quire of printed text in size.

See **текст 2**

4 *only pl.* printed texts *(usu old)* ◊ **Автор широ́ко циту́є старі́ гре́цькі ~и.** The author extensively quotes old Greek texts.

See **текст 2**

L. **у ~у** *and* **дру́ці**

друка́р|ка, *f.*

1 printer

adj. **кольоро́ва** color, **монохромати́чна** monochromatic, **чо́рно-бі́ла** black-and-white; **канцеля́рська** office, **комп'ю́терна** computer; **ла́зерна** laser, **ма́трицева** dot matrix,

струмене́ва inkjet; **насті́льна** desktop; **широкоформа́тна** wide-format
v. + **д. встано́влювати ~ку** install a printer ◊ **Він установи́в нову́ ~ку.** He installed the new printer. (**додава́ти до** + *G.* attach to sth, **конфіґурува́ти** configure; **під'є́днувати** *or* **получа́ти до** + *G.* connect to sth ◊ **~ку під'єдна́ли до мере́жі бездрото́вим зв'язко́м.** They connected the printer to the network via Wi-Fi.
д. + *v.* **друкува́ти** print ◊ **Ла́зерна д. шви́дше друку́є за струмене́ву.** A laser printer prints faster than an inkjet one. **працюва́ти** work ◊ **Стара́ д. переста́ла працюва́ти.** The old printer stopped working.
prep. **в ~ку** *dir.* in/to a printer ◊ **Вона́ заряди́ла у ~ку папі́р.** She loaded paper into the printer. **в ~ці** *posn.* in a printer ◊ **У ~ці був яки́йсь дефе́кт.** There was a defect in the printer. **для ~ки** for a printer ◊ **папі́р для ~ки** printer paper (**то́нер** toner ◊ **Тре́ба замо́вити то́нер для ~ки.** Printer toner needs to be ordered. **чорни́ло** ink)
2 female typist ◊ **Профе́сія ~ки стає́ архаї́змом.** The profession of typist is becoming an archaism. ◊ **Вона́ працю́є ~кою в адвока́тській конто́рі.** She works as a typist in a lawyer's office.
L. **на ~ці**

друка́р|ня, *f.*

printing company, printing house
adj. **газе́тна** newspaper ◊ **Його́ ме́дія-імпе́рія включа́ла п'ять газе́тних ~ень.** His media empire included five newspaper printing houses. **книжко́ва** book, **комерці́йна** commercial; **вла́сна** own ◊ **Акаде́мія ма́ла вла́сну ~ню.** The academy had its own printing house. **держа́вна** state, **урядо́ва** government; **прива́тна** private
See **видавни́цтво**

друку|ва́ти, ~ють; на~, *tran.*

1 to print ◊ **Кни́жку надрукува́ли на деше́вому папе́рі.** The book was printed on cheap paper.
adv. **акура́тно** neatly, **вира́зно** legibly; **жи́рним шри́фтом** in bold, **курси́вом** in italics; **пра́вильно** correctly, **чі́тко** clearly, **шви́дко** quickly; **ке́псько** poorly, **пога́но** badly, **де́шево** cheaply; **професі́йно** professionally ◊ **Товари́ство ~є часо́пис цілко́м професі́йно.** The association prints the magazine quite professionally.
prep. **д. з** + *G.* print from sth ◊ **Програ́му ~вали з комп'ю́тера.** The program was printed from a computer. **д. на** + *L.* print on sth ◊ **Він мав д. на цигарко́вому папе́рі.** He had to print on cigarette paper.
2 to publish, print, issue ◊ **Матерія́л ~ва́тимуть трьома́ вели́кими части́нами.** The story wil be published in three large installments.
adv. **весь час** all the time, **і́ноді** sometimes, **ні́коли не** never, **періоди́чно** periodically, **реґуля́рно** regularly, **тут же** right away ◊ **Його́ тут же ста́ли д. в усі́х газе́тах.** They right away started publishing him in all newspapers.
See **публікува́ти**
3 to type ◊ **Вона́ ~є в сере́дньому сто два́дцять слів за хвили́ну.** She types on average 120 words per minute.
adv. **акура́тно** neatly, **бездога́нно** flawlessly, **без по́милок** without mistakes, **до́бре** well; **з поми́лками** with mistakes, **ке́псько** poorly, **пога́но** badly; **пові́льно** slowly; **скаже́но** furiously ◊ **Секрета́рка скаже́но ~ва́ла.** The (female) secretary was furiously typing. **шви́дко** fast ◊ **Адрія́н до́сить шви́дко ~є.** Andrian types fairly fast.
v. + **д. бу́ти тре́ба** + *D.* need to ◊ **Катери́ні тре́ба на~ все за годи́ну.** Kateryna needs to type everything in one hour. **вмі́ти** be able to, **могти́ can** ◊ **Він міг на~ все сам.** He could type everything himself. **встига́ти** have the time to ◊ **Світла́на ле́две встигла на~ докуме́нти.** Sviltlana barely had the time to type the documents. **спромогти́ся** *pf.* manage; **вчи́тися** learn to; **нака́зувати** + *D.* order sb to ◊ **Нача́льник наказа́в їй на~ рі́чний звіт.** The boss ordered her to type up the annual report. **проси́ти** + *A.* ask sb to
Cf. **писа́ти**
pa. pple. **надруко́ваний** printed, published; typed
(на)друку́й!

друку|ва́тися; на~, *intr.*

1 *pass., only impf.* to be printed, be typed ◊ **Газе́та ~ється в Ки́єві.** The newspaper is printed in Kyiv.
2 *pass.* to be published, get published ◊ **Торі́к вона́ ста́ла д.** Last year, she started getting published.
adv. **весь час** all the time, **періоди́чно** periodically, **пості́йно** constantly ◊ **Івані́нко ~ється пості́йно.** Ivanenko is being published constantly. **реґуля́рно** regularly, **ча́сто** often, **щодня́** every day, **щоти́жня** every week, *etc.*; **і́ноді** sometimes, **рі́дко** rarely, **час від ча́су** from time to time

дря́па|ти, ~ють; по~, *tran.*

to scratch, graze, scrape ◊ **Він ненаро́ком подря́пав собі́ ніс** *or* **но́са.** He inadvertently scratched his nose.
adv. **випадко́во** accidentally, **ненаро́ком** inadvertently; **ду́же** badly, **си́льно** severely ◊ **Вона́ си́льно подря́пала ру́ки.** She severely scratched her hands. **ле́гко** slightly, **тро́хи** a little; **навми́сне** deliberately ◊ **Хтось навми́сне подря́пав йому́ а́вто цвя́хом.** Somebody deliberately scratched his car with a nail.
v. + **д. боя́тися** be afraid of ◊ **Вона́ боя́лася знову по~ шкі́ру.** She was afraid of grazing her skin yet again. **змогти́ не** *pf.* manage not to ◊ **Як він зміг не по~ колі́на!** How did he manage not to graze his knees! **могти́** can; **намага́тися не** try not to, **стара́тися не** do one's best not to ◊ **Він повз до ви́ходу, стара́ючися не по~ собі́ лі́кті.** He was crawling towards the exit, doing his best not to graze his elbows.
prep. **д. об** + *A.* scrape against sth ◊ **Він подря́пав колі́на об кору́ дере́в.** He scraped his knees on the tree bark.
pa. pple. **подря́паний** scratched
(по)дря́пай!

дублю|ва́ти, ~ють; про~, *tran.*

1 to duplicate, double ◊ **Го́ді д. мене́ без потре́би.** Stop duplicating me needlessly.
2 to understudy *(in theatre)*, be sb's understudy ◊ **Роль Карася́ ~ва́в молоди́й акто́р.** A young actor understudied the part of Karas.
3 to dub *(film, etc.)* + *I.* into *(a language)* ◊ **Чужі́ фі́льми тепе́р ~ють украї́нською.** Foreign films are now dubbed into Ukrainian.
adv. **бездога́нно** impeccably, **блиску́че** brilliantly, **до́бре** well, **доскона́ло** perfectly, **професі́йно** professionally; **вже** already, **наре́шті** finally; **за́вжди́** always, **незмі́нно** invariably; **негайно** immediately, **операти́вно** promptly, **за́раз же** right away, **шви́дко** quickly; **жахли́во** dreadfully ◊ **Компа́нія жахли́во ~є фі́льми.** The company dubs films dreadfully. **ке́псько** poorly, **по-ама́торськи** ineptly, **пога́но** badly; **зно́ву** again, **на́ново** anew, **неодноразо́во** more than once, **повто́рно** repeatedly
Cf. **перекла́дати 3**
pa. pple. **(про)дублюо́ваний** dubbed
(про)дублю́й!

ду́же, *adv.*

very, very much, a lot, greatly ◊ **Ва́ля д. га́рна.** Valia is very pretty. ◊ **Він живе́ д. дале́ко.** He lives very far away. ◊ **Яре́ма д. лю́бить теа́тр.** Yarema likes theater very much. ◊ **Тама́ра ста́ла д. ля́ятися.** Tamara started swearing a lot. ◊ **Іва́н д. постарі́в.** Ivan aged greatly.
Also see **вкрай, до́бре 2, гі́рко 2, жах 3, смерте́льно 2, страх 3, страше́нно, три́чі 2, що[1] 7**

ду́ж|ка, *f.*

1 handle, ear, grip
adj. **вели́ка** big; **мала́** small, **мале́нка** *dim.* small; **дерев'я́на** wooden, **метале́ва** metal, **пластма́сова** plastic; **зру́чна** convenient ◊ **Відро́ ма́ло зручну́ ~ку.** The bucket had a convenient handle.
2 parenthesis, bracket
adj. ♦ **квадра́тна д.** a bracket, square bracket ◊ **У квадра́тних ~ка́х подава́лися варія́нти сло́ва.** Variants of the word were furnished in brackets. ♦ **кру́гла д.** parenthesis, round bracket; ♦ **фігу́рна д.** brace, curly bracket
v. + **д. відкри́ти ~ки́** open parentheses (**закри́ти** close); **бра́ти** + *A.* **в ~ки́** enclose sth in parentheses ◊ **Він узя́в ці́лий усту́п у ~ки́.** He enclosed the entire paragraph in parentheses. (**ста́вити** + *A.* **в** put sth in); **подава́ти** + *A.* **в ~ка́х** give sth in parentheses ◊ **Фра́зу слід пода́ти в ~ка́х.** The phrase should be given in parentheses.
prep. **в ~ки́** *dir.* in/to parentheses; **в ~ка́х** *posn.* in/within parentheses ◊ **Вона́ пропуска́ла всі ци́фри в ~ка́х.** She skipped all the figures in parentheses. **по́за ~ка́ми** outside parentheses ◊ **Набли́жені величи́ни лиша́лися по́за ~ка́ми.** The approximate values remained outside the parentheses.
L. **на ~ці**, *G. pl.* **~о́к**

ду́жча|ти, ~ють; по~, *intr.*

to strengthen, become stronger, intensify, grow ◊ **Із дня на день Марко ~є.** With each passing day, Marko is getting stronger.
adv. **да́лі** further, **ду́же** greatly, **зна́чно** considerably ◊ **Надве́чір моро́з зна́чно поду́жчав.** The frost became considerably stronger by evening. **і́сто́тно** substantially, **помі́тно** noticeably ◊ **Її́ го́лос помі́тно поду́жчав.** Her voice became noticeably louder. **страше́нно** *and* **стра́шно** enormously; **пові́льно** slowly, **поступо́во** gradually; **ґвалто́вно** abruptly, **несподі́вано** unexpectedly, **ра́птом** suddenly
v. + **д. почина́ти** begin to, **ста́ти** *pf.* start ◊ **Ві́тер став д.** The wind started strengthening.
(по)ду́жчай!
See **рости́ 2.** *Also see* **збі́льшуватися, погли́блюватися, поси́люватися.** *Ant.* **посла́блюватися**

ду́м|а, *f.*

1 ballad, saga ◊ **Сюже́т фі́льму наві́яний відо́мою ~ою.** The film plot was inspired by a well-known ballad.
adj. **да́вня** ancient, **стара́** old; **герої́чна** heroic, **епі́чна** epic; **коза́цька** Cossack ◊ **Він рока́ми вивча́є коза́цькі ~и.** For years, he has studied Cossack ballads. **украї́нська** Ukrainian; **популя́рна** popular, **традиці́йна** traditional; **наро́дна** folk ◊ **Йо́сип співа́є під банду́ру наро́дні ~и.** Yosyp sings folk ballads to the bandura.
д. + *v.* **відно́ситися до** + *G. or* **датува́тися** + *I.* date back to ◊ **Д. відно́ситься до друго́ї полови́ни XVI столі́ття** *or* **дату́ється друго́ю полови́ною XVI столі́ття.** The ballad dates back to the second half of the 16th century. **похо́дити з** + *G.* originate in *(a place)* ◊ **Бага́то дум похо́дять із Галичи́ни й Поді́лля.** Many ballads originate in Galicia and Podillia.
See **вірш, поє́ма 1, пі́сня, пое́зія 3**
2 *poet.* thought, meditation ◊ **Костянти́н дові́рився дружи́ні ~ами.** Kostiantyn confided his thoughts in his wife. ♦ **ду́мати ~у** to muse, ruminate, contemplate ◊ **На полотні́ вели́кий пое́т зобра́жений у по́зі люди́ни, що ду́має ~у.** On the canvas, the great poet is depicted in the pose of a man contemplating something.
See **ду́мка 1**

ду́ма|ти, ~ють; по~, *tran. and intr.*
1 *tran.* to think
adv. **бага́то** much, **безпереста́нку** nonstop, **весь час** all the time, **впе́рто** stubbornly, **все ще** still ◊ **Миха́йло все ще ~є над їхньою пропози́цією.** Mykhailo is still thinking over their offer. **за́вжди́** always, **незмі́нно** invariably, **пості́йно** constantly; **до́бре** hard ◊ **Пе́рш як відповісти́ вам, я му́шу до́бре по~.** Before giving you an answer I need to think hard. **до́вго** for a long time; **іно́ді** sometimes, **час від ча́су** from time to time; **інтенси́вно** intensely, **напру́жено** hard, **серйо́зно** seriously; **з триво́гою** anxiously ◊ **Наді́я із триво́гою ~ла про за́втрашню зу́стріч.** Nadiia was thinking anxiously about tomorrow's meeting. **ніко́ли не** never ◊ **Юрі́й ніко́ли не ~в, що працюва́тиме тут.** Yurii never thought he would be working here. **пані́чно** frantically; **ра́птом** suddenly ◊ **«Я зо́всім не зна́ю її,» – ра́птом ~в Сергі́й.** "I don't know her at all," Serhii suddenly thought. **серйо́зно** seriously, **спра́вді** really, **тро́хи** a little ◊ **Поду́мавши тро́хи, Лю́да кивну́ла на знак зго́ди.** Having thought a little, Liuda nodded in a sign of consent. **логі́чно** logically, **раціона́льно** rationally; **швидко́** quickly, **момента́льно** instantaneously, **я́сно** clearly, **плу́тано** confusedly, **тро́хи** a little ♦ **д. масшта́бно** to think big
v. + **д. боя́тися** dread ◊ **Хло́пці боя́лися д. про те, що їх чека́є вдо́ма.** The boys dreaded thinking about what awaited them at home. **бу́ти здатним** be capable of ◊ **Вона́ – люди́на, зда́тна д. масшта́бно.** She is a person capable of thinking big. **зму́шувати** + *A.* make sb, **почина́ти** start
prep. **д. за** + *A.* 1) think about sb/sth ◊ **За що він так напру́жено ~є?** What is it that he is thinking about so intensely? 2) for, instead of sb ◊ **Ви робі́ть, а я ~тиму за вас про на́слідки.** You do, and I will think about consequences for you. **д. про** + *A.* think about sb/sth
Also see **би́тися 7, гада́ти 1, жува́ти 3, ми́слити 1, обду́мувати 1, підо́зрювати 2, розважа́ти 5, розмірко́вувати 1, 2**
2 *intr.* to think, be of an opinion, have an opinion ◊ **Як ти ~єш?** What do you think?
adv. **до́бре** well; **пога́но** ill ◊ **Вам не слід пога́но д. про цю люди́ну.** You should not think ill of this person. **напра́вду** genuinely, **спра́вді** really ◊ **Невже́ Зе́ня спра́вді ~є, що вона́ незамі́нна?** Does Zenia really think that she is irreplaceable? **за́вжди́** always, **ніко́ли не** never; **ина́кше** differently ◊ **Я ~ю де́що ина́кше.** I am of a somewhat different opinion. **так са́мо** the same way ◊ **Петро́ ~в так са́мо.** Petro was of the same opinion. **серйо́зно** seriously; **до́вго** long; **пра́вильно** correctly; **наї́вно** naively, **непра́вильно** incorrectly, **помилко́во** mistakenly, **хи́бно** falsely ◊ **Андрі́й хи́бно ~в, що знайде́ підтри́мку.** Andrii falsely thought he would find support. **особи́сто** personally
v. + **д. бу́ти схи́льним** be inclined to ◊ **Він схи́льний д. про Га́ню пога́но.** He is inclined to think ill of Hania. **бу́ти гото́вим** be ready to; **зви́кнути** *pf.* get accustomed to ◊ **Марі́чка зви́кла д., що від не́ї ма́ло що зале́жить.** Marichka got accustomed to thinking that little depended on her. **хоті́ти** want to, **хоті́тися** + *D.* like to ◊ **Матві́єві хоті́лося д., що вони́ на його́ бо́ці.** Matvii liked to think that they were on his side.
prep. **д. про** + *A.* have an opinion about sb/sth
Also see **вважа́ти, ві́рити 3, гада́ти 2, знахо́дити 2, рахува́ти 4, припуска́ти 1, суди́ти 1**
3 *intr.* to intend, plan, be going *only with inf.* ◊ **Хома́ ~в побува́ти в Аргенти́ні.** Khoma was going to visit Argentina. ◊ **Вони́ давно́ ~ють зустрі́тися й поговори́ти.** They have long had the intention to meet up and talk.
Also see **збира́тися 3, заду́мувати 2, ма́ти 6, мрі́яти 2, розрахо́вувати 6**
pa. pple. **проду́маний** well thought through
(по)ду́май!

ду́м|ка, *f.,* **~ки**
1 thought, idea
adj. **ве́села** merry ◊ **Весь день її не ки́дала ве́села ~ка про близьке́ Різдво́ і вака́ції.** All day long the merry thought of approaching Christmas and vacation would not leave her. **вті́шна** comforting, **прие́мна** pleasant, **ра́дісна** joyous, **щасли́ва** happy; **твере́за** sober; **інтригу́юча** intriguing, **оригіна́льна** original, **ціка́ва** interesting; **потає́мна** secret ◊ **Га́ня плека́ла потає́мну ~ку про їхню майбу́тню зу́стріч.** Hania cherished the secret thought of their future encounter. **ясна́** clear; **сумна́** sad, **бенте́жна** disturbing, **гніту́ча** depressing; **божеві́льна** insane ◊ **Д. про по́шук нової пра́ці здава́лася Оле́ні божеві́льною.** The idea of looking for a new job seemed insane to Olena. **ди́вна** strange, **дивови́жна** bizarre; **гріхо́вна** sinful; **важка́** heavy, **гніту́ча** depressing; **жахли́ва** horrible, **страшна́** terrible, **зла** evil, **лиха́** wicked, **пога́на** bad; **макабри́чна** macabre, **мо́торошна** gruesome, **поху́ра** grim, **похму́ра** gloomy; **те́мна** dark, **чо́рна** black; **невті́шна** discomforting, **триво́жна** anxious ◊ **Триво́жні ~ки́ напосіда́ли на Оре́сту.** Anxious thoughts haunted Oresta. **невисло́влена** unspoken, **потьма́рена** befuddled; ♦ **за́дня д.** *collog.* an ulterior motive ◊ **Я пропоную це без вся́кої за́дньої ~ки.** I am offering this without any ulterior motive. **нега́йна** immediate, **початко́ва** initial, **пе́рша** first ; **випадко́ва** occasional, **пе́рша-лі́пша** *colloq.* random, **принагі́дна** occasional ◊ **Хоті́в би поділи́тися з ва́ми кілько́ма́ принагі́дними ~ками з цього́ при́воду.** I'd like to share a few occasional thoughts with you on this matter. **несподі́вана** sudden; **нав'я́злива** intrusive; **сама́** very
v. + **д. висло́влювати ~ку** express a thought ◊ **Вона́ хоті́ла ви́словити ~ку якнайпрості́ше.** She wanted to express her thought as simply as possible. (**формулюва́ти** articulate ◊ **Тут його́ навчи́ли формулюва́ти ~ки́.** Here they taught him to articulate his thoughts. **відкида́ти** reject ◊ **Вона́ відкида́ла ~ку про пове́рнення до Ки́єва.** She rejected the thought of returning to Kyiv. **гна́ти з голови́** push out of one's mind, **гна́ти від се́бе** brush away ◊ **Вона́ гна́ла від се́бе ~ку про кіне́ць відпу́стки.** She brushed away the thought about the end of the vacation. **ду́мати** think ◊ **Він ду́мав яку́сь сумну́ ~ку.** He was thinking something sad. **запи́сувати** write down; **запози́чувати** borrow; **зна́ти** know; **ма́ти** have; **перебива́ти** interrupt; **формува́ти** form; **чита́ти** read ◊ **Він мо́же чита́ти чужі́ ~ки́.** He is able to read other people's thoughts. **чу́ти** hear); **боя́тися ~ки** dread a thought ◊ **Вона́ боя́лася ~ки про і́спит.** She dreaded the thought of the exam. (**не вино́сити** not bear, **не могти́ стерпі́ти** not be able to bear); ♦ **збира́тися з ~ка́ми** to collect one's thoughts ◊ **Га́лас заважа́в йому́ зібра́тися з ~ка́ми.** The noise prevented him from collecting his thoughts. ♦ **ма́ти на ~ці** to mean sth, have sth in mind ◊ **Що вона́ ма́є на ~ці?** What does she mean?
д. + *v.* **виника́ти в** + *G.* occur to sb ◊ **Ди́вна д. виника́ла в Андрія не впе́рше.** The strange thought occurred to Andrii more than once. **прихо́дити до** + *G.* come to sb, **промайну́ти в** + *G.* *only pf.* cross sb's mind ◊ **У Лі́ни промайну́ла д., що він усе́ це приду́мав.** The thought that he had invented all of that crossed Lina's mind.
prep. **д. про** + *A.* the thought about/of sth
Also see **га́дка, ідея.** *Cf.* **ду́ма 2**
2 opinion, view ◊ **Яко́ї ти ~ки про ді́вчину?** What is your opinion of the girl?
adj. **висо́ка** high, **до́бра** good ◊ **Соломі́я була́ до́брої ~ки про текст.** Solomiia had a good opinion of the text. **прихи́льна** favorable; **ке́пська** poor, **неприхи́льна** unfavorable, **низька́** low, **пога́на** bad; **відве́рта** honest; **супере́члива** conflicting; **і́нша** different; **категори́чна** strong; **експе́ртна** expert, **поінформо́вана** informed, **професі́йна** *or* **фахова́** professional; **об'єкти́вна** objective; **суб'єкти́вна** subjective, **упере́джена** biased; **грома́дська** public, **колекти́вна** collective; **особи́ста** personal, **прива́тна** private
♦ **на мою́ ~у** in my opinion
v. + **д. висло́влювати ~ку** voice an opinion ◊ **Вона́ всього́-на́-всього́ ви́словила ~ку.** She merely voiced an opinion. (**відкида́ти** reject ◊ **Він відки́нув ~ку економі́ста як необґрунто́вану.** He rejected the economist's opinion as groundless. **зна́ти** know ◊ **Йому́ мо́жна ві́рити, якщо́ хо́чете зна́ти мою́ ~ку.** He can be trusted, if you want to know my opinion. **збира́ти** collect; **ма́ти** have ◊ **Він ма́є і́ншу ~ку.** He has a different opinion. **підтри́мувати** support, **поділя́ти** share ◊ **Він поділя́є їхню ~ку.** He shares their opinion. **міня́ти** change ◊ **Марі́я зміни́ла ~ку про ді́вчину.** Maria changed her opinion of the girl. **склада́ти (собі́)** form ◊ **Чле́ни комі́сії скла́ли прихи́льну ~ку про ліка́рню.** The committee members formed a favorable opinion of the hospital. **вважа́ти** + *I.* consider to be ◊ **Павлю́к вважа́є її ~ку упере́дженою.** Pavliuk considers her opinion to be biased. **врахо́вувати** take into account ◊ **Вони́ врахува́ли експе́ртні ~ки́.** They took into account expert opinions. **ігнорува́ти** ignore; **вплива́ти на** influence ◊ **Мі́ністр уплину́в на ~ку журналі́ста.** The minister influenced the journalist's opinion. **піддава́ти су́мніву** question ◊ **Він піддає́ су́мніву ~ку про ві́русну приро́ду хворо́би.** He questions the idea of the viral nature of the disease. **посила́тися на** cite) ◊ **Вона́ кі́лька разі́в посла́лася на ~ку су́ду.** Several times she cited the court's opinion. **пита́ти** + *A.* **~ки** ask sb's opinion ◊ **Вам слід запита́ти ~ки юри́ста.** You should ask a lawyer's opinion. (**трима́тися** hold) ◊ **Вона́ трима́лася поді́бної ~ки.** She held a similar opinion.
д. + *v.* **відрізня́тися** *or* **відрізня́тися** differ ◊ **Їхні ~ки́ що́до ново́го відкриття́ відрізня́лися.** Their opinions as to the new discovery differed. **змі́нюватися** *or* **мі́нятися** change, **лиша́тися незмі́нною** remain unchanged
prep. **на ~ку** in sb's opinion ◊ **На його́ ~ку, борг слід скасува́ти.** In his opinion, the debt should be canceled. ♦ **на мою́ скро́мну ~ку** in my humble opinion; **д. про** + *A.* an opinion about/of sb/sth; **д. стосо́вно** + *G.* an opinion as to sb/sth
Also see **міркува́ння 2, по́гляд 2, суд 4**
3 intention ◊ **Він ма́є ~ку вступа́ти до університе́ту.** He has the intention of enrolling at a university.
See **на́мір, план 1.** *Also see* **іде́я, за́дум, прое́кт 3, програ́ма 1**
4 thinking, thought, mind, intellect
adj. **абстра́ктна** abstract; **аналіти́чна** analytical, **інтелектуа́льна** intellectual, **крити́чна** critical, **логі́чна** logical, **раціона́льна** rational; **генія́льна** brilliant, **глибо́ка** deep, **нова́торська** innovative, **оригіна́льна** original, **тво́рча** creative ◊ **Усе́ у школі для то́го, щоб заохо́чувати тво́рчу ~ку.** Everything at the school is designed to encourage creative thinking. **ві́льна** free ◊ **істо́рія ві́льної ~ки** a history of free thinking; **незале́жна** independent
v. + **д. покида́ти ~ку** abandon the thought ◊ **Він відмовля́вся поки́нути ~ку про вте́чу.** He refused to abandon the thought of escaping. ♦ **спада́ти** + *D.* **на ~ку** to occur to sb ◊ **І́горе́ві спа́ло на ~ку запита́ти про це у не́ї.** It occurred to Ihor to ask her about it. **виќида́ти** + *A.* **з ~ки** stop thinking about sb/sth ◊ **Вона́ давно́ ви́кинула хло́пця з ~ки.** She stopped thinking about the boy long ago. ♦ **не вихо́дити** *or* **йти,**

сходити + *D.* **з ~ки** to keep thinking, cannot help thinking ◊ **Її слова́ не схо́дили Дани́лові з ~ки.** Danylo kept thinking about her words. **бу́ти** *or* **ма́ти на ~ці** have sth in mind, think about sth ◊ **Лесь знав, що брат ма́є на ~ці** *or* **що у бра́та було́ на ~ці.** Les knew what his brother was thinking about.
See **ми́слення, ро́зум.** *Also see* **міркува́ння 1**
5 thought, thinking, ideas, school of thought
adj. **моде́рна** modern, **суча́сна** contemporary; **европе́йська** European, **за́хідна** Western, **схі́дна** Eastern; **богосло́вська** theological, **інтелектуа́льна** intellectual, **мовозна́вча** linguistic, **науко́ва** scientific ◊ **видавни́цтво «Науко́ва д.»** the Academic Thought Publishers; **релігі́йна** religious, **філосо́фська** philosophical; **економі́чна** economic, **політи́чна** political; **консервати́вна** conservative ◊ **представни́к консервати́вної ~ки** a representative of the conservative thought; **ліберА́льна** liberal, **феміністи́чна** feminist, **християнська** Christian
n. + **д. на́прям ~ки** a strain of thought (**тради́ція** tradition ◊ **тради́ція політи́чної ~ки** a tradition of political thought; **го́лос** voice, **представни́к** representative, **ру́пор** mouthpiece; **шко́ла** school)

ду́р|ень, *m.*, **~ня; ~е́па**, *f.*

fool, dolt, ass, blockhead, idiot
adj. **абсолю́тний** absolute, **вели́кий** big, **по́вний** utter, **цілкови́тий** complete ◊ **Тре́ба бу́ти цілкови́тим ~нем, щоб так голосува́ти.** One has to be a complete idiot to vote this way. **безмі́зкий** brainless, **безнаді́йний** hopeless, **невипра́вний** incorrigible; **неймові́рний** incredible; **п'я́ний** drunken; **рі́дкісний** rare; **спра́вжній** real; **сільськи́й** village
v. + **д. бу́ти ~нем** be a fool (**вважа́ти** + *A.* consider sb; **виявля́тися** prove to be ◊ **Він ви́явився по́вним ~нем.** He proved to be an utter fool. **здава́тися** + *D.* seem to sb, **назива́ти** + *A.* call sb; **почува́тися** feel like ◊ **Ві́ктор деда́лі бі́льше почува́вся ~нем.** Viktor increasingly felt like a fool. **прикида́тися** pretend) ◊ **Хома́ прикида́ється ~нем.** Khoma pretends to be a fool. **роби́ти з** + *G.* **~ня** make a fool of sb ◊ **Не робі́ть із ньо́го ~ня.** Don't make a fool of him. ♦ **д. ~нем** an utter fool ◊ **Що з ним розмовля́ти – д. ~нем.** What's the use of talking with him? He is an utter fool. ♦ **валя́ти** *or* **вдава́ти ~ня** to pretend, to fool around, ♦ **гра́ти** *and* **вдава́ти ду́рня** to play the fool
Also see **баня́к 3, жлоб 1, неща́стя 2, стовп 3, тума́н 3**

дур|и́ти, **~ять; об~, на~** *tran.*

to cheat, swindle, take for a ride, trick, deceive
adv. **абсолю́тно** absolutely, **геть** totally, **ле́гко** easily ◊ **Її не так ле́гко на~.** She is not so easily duped. **майсте́рно** masterfully, **підсту́пно** treacherously, **цілко́м** completely, **я́вно** clearly, **як молодо́го** like a child ◊ **Вона́ наду́рила Петра́, як молодо́го.** She swindled Petro like a child. ♦ **д.** + *D.* **го́лову** to cheat sb ◊ **Не ~і́ть ме́ні голови́!** Don't think you can cheat me! **об~ на** + *A.* to cheat out of sth ◊ **Він їх обдури́в на ти́сячу гри́вень.** He cheated them out of ₴1,000. **безка́рно** with impunity, **відкри́то** openly, **наха́бно** brazenly; **весь час** all the time, **неоднора́зово** more than once, **пості́йно** constantly
v. + **д. бу́ти ле́гко** + *D.* be easy to, **бу́ти про́сто** + *D.* be simple to ◊ **Таку́ наї́вну люди́ну про́сто об~ ко́жному пройдисві́тові.** Duping such a naive person is simple for any fraudster. **бу́ти ва́жко** be difficult to; **бу́ти неможли́во** be impossible to ◊ **Її неможли́во об~.** She is impossible to cheat. **вдава́тися** + *D.* succeed in ◊ **Полі́ні вдало́ся обдури́ти його́.** Polina succeeded in taking him for a ride. **змогти́** *pf.* manage to, **могти́** can; **дозволя́ти** + *D.* allow sb to; **не дава́ти** + *D.* not to allow sb to; **намага́тися** try to ◊ **Їх намага́лися об~.** They were trying to trick them. **хоті́ти** want to
pa. pple. **обду́рений** deceived
(об)дури́!
Also see **грабува́ти 2, нагріва́ти 2, надува́ти 2, об'їжджа́ти 3, прово́дити 10**

ду́р|ість, *f.*, **~ости**, *only sg.*

1 *only sg.* stupidity, foolishness
adj. **вели́ка** great, **величе́зна** enormous, **незбагне́нна** unfathomable, **непрости́ма** unforgivable, **нечу́вана** unheard-of, **чи́ста** sheer; **очеви́дна** obvious
n. + **д. верши́на ~ости** the height of stupidity
v. + **д. виявля́ти д.** display stupidity ◊ **Він ви́явив д., пішо́вши на ї́хні умо́ви.** He displayed stupidity, having accepted their terms. (**натика́тися** *or* **натрапля́ти на** encounter) ◊ **Се́ред бюрокра́тів він части́ше натика́вся на д. і пиху́, як на ро́зум і ува́гу.** Among bureaucrats, he would more often encounter stupidity and arrogance than wisdom and attention. **бу́ти ~і́стю** be stupid ◊ **Було́ б ~і́стю зали́шити діте́й без на́гляду.** It would be stupid to leave the children unattended. (**вважа́ти** + *A.* consider sth, **здава́тися** + *D.* seem to sb) ◊ **Його́ відмо́ва здава́лася Зо́ї непрости́мою ~і́стю.** His refusal seemed to be unforgivably stupid to Zoia.
Also see **жло́бство 1**
2 stupid act, idiocy, stupidity, folly ◊ **Марко́ усвідо́мив, що сказа́в д.** Marko realized that he had said something idiotic.
v. + **д. роби́ти д.** do sth dumb ◊ **За кі́лька годи́н п'я́ної заба́ви студе́нти нароби́ли ку́пу ~ощів.** In several hours of drunk fun, the students did many dumb things. (**чини́ти** commit)
N. pl. **~ощі**
Also see **дурни́ця 3**

дурі́|ти, **~ють; з~, о~**, *intr.*

1 *usu pf.* to go crazy, go mad, lose one's mind; become stupified, be dazed; ◊ **Ти що, здурі́в** *or* **одурі́в?!** Have you gone crazy?!
adv. **геть** totally, **остато́чно** irrevocably, **цілко́м** completely ◊ **Вони́ цілко́м одурі́ли.** They went completely crazy. **пові́льно** slowly ◊ **Їй здава́лося, що Ва́ля пові́льно ~є.** It seemed to her that Valia was slowly losing her mind. **поступо́во** gradually; **ма́ло не** all but
prep. **д. від** + *G.* go crazy from/with sth ◊ **Іва́н ма́ло не одурі́в від здивува́ння.** Ivan all but went crazy with surprise.
See **божево́літи 1.** *Also see* **тупі́ти 2**
2 *only impf.* to fool around, play around, mess around; *pf.* **по~** ◊ **Він ка́же це серйо́зно чи ~є?** Is he saying it in earnest or messing around? ◊ **Переста́нь д.!** Stop fooling around!
3 *fig., colloq., only impf. and with prep.* to be crazy about, be dying for ◊ **Він про́сто ~є від джа́зу.** He is simply crazy about jazz.
prep. **д. за** + *I.* or **від** + *G.* be crazy about sb/sth ◊ **Хло́пці ~ли за Христе́ю.** The guys were crazy about Khrystia.
See **божево́літи 2**
(з)дурі́й!

дурн|и́й, *adj.*

1 stupid, silly, dumb ◊ **Було́ в них три си́ни: два му́дрі, а оди́н д.** They had three sons: two intelligent and one stupid.
adv. **відчайду́шно** desperately, **геть** totally, **ду́же** very, **цілко́м** completely; **ді́йсно** really, **напра́вду** indeed, **спра́вді** really; **на рі́дкість** exceptionally; **безнаді́йно** hopelessly, **винятко́во** exceptionally ◊ **винятко́во ~а́ люди́на** an exceptionally stupid person, **невилі́ковно** incurably; **доказо́во** provably; **неймові́рно** incredibly, **несте́рпно** unbearably; **про́сто** simply; **до́сить** rather, **доста́тньо** sufficiently; **тро́хи** a little; **на́дто** too ◊ **Він на́дто д., щоб розумі́ти на́слідки свої́х дій.** He is too stupid to comprehend the ramifications of his actions. **не зо́всім** not entirely
д. + *n.* **д. ро́зум** dumb mind (**крок** step; **ме́тод** method, **спо́сіб** manner; **чолові́к** man), ♦ **д., як пень** stupid as a nail; **~а́ ві́дповідь** a stupid answer (**голова́** head; **іде́я** idea; **промо́ва** speech; **жі́нка** woman; **пора́да** advice); **~е́ завда́ння** a stupid assignment (**пита́ння** question) ◊ **Він ка́же, що нема́ ~и́х пита́нь, є ~і ві́дповіді.** He says there were no stupid questions, there were stupid answers.
v. + **д. бу́ти ~и́м** be stupid ◊ **Це була́ ~а́ іде́я.** This was a stupid idea. (**вважа́ти** + *A.* consider sb, **видава́тися** + *D.* appear to sb ◊ **План ви́дався О́льзі безнаді́йно ~и́м.** The plan appeared hopelessly stupid to Olha. **вигляда́ти** look ◊ **Зе́нко вигляда́в тро́хи ~и́м.** Zenko looked a little stupid. **виявля́тися** turn out; **здава́тися** + *D.* seem to sb; **назива́ти** + *A.* call sb/sth); ♦ **нема́ ~и́х** I am nobody's fool ◊ **Ніяки́х гро́шей він не отри́має. Нема́ ~и́х.** He will get no money. I'm nobody's fool.
Also see **жло́бський, туги́й 4, тупи́й 3**
2 *fig.* stupid, dumb, empty, meaningless ◊ **Він ішо́в, насви́стуючи яку́сь ~у́ мело́дію.** He was walking and whistling some dumb tune. ◊ **Я не ма́ю ча́су на ~і́ бала́чки.** I have no time for empty chats.
Also see **поро́жній 2, пусти́й 2**
3 *colloq.* ill, bad, harmful ◊ **Він мав ~у́ сла́ву в мі́сті.** He had ill fame in the city.
See **пога́ний.** *Also see* **ке́пський, нія́кий 2, парши́вий 1, паску́дний 1, упере́джений 2, шкідли́вий**

дурни́ц|я, *f.*

1 trifle, triviality ◊ **Із клу́бу мо́жуть ви́ключити за ~ю.** One can be expelled from the club for a trifle.
See **дрібни́ця 1.** *Also see* **дрі́б'язок 3**
2 nonsense, rubbish ◊ **Усе́ це ~і.** This is all nonsense.
v. + **д. каза́ти ~і** say rubbish ◊ **Тре́ба ма́ти хист, щоб наказа́ти сті́льки ~ь.** It takes talent to say so much nonsense. (**слу́хати** listen to); ♦ **на ~ю** at sb else's expense, for free ◊ **В університе́ті мо́жна пої́сти на ~ю, як не на одно́му, то на і́ншому за́ході.** One can have a free meal at the university, if not at one event, then at another.
See **нісені́тниця**
3 stupid act, idiocy, stupidity, folly ♦ **роби́ти ~ю** to be a fool, do sth stupid ◊ **Я не роби́в би ~ь і пого́дився б на пропози́цію.** I would not be foolish and accept the offer. ◊ **Ві́ра зроби́ла ~ю, що взяла́ бра́та.** Vira was a fool to have taken her brother along.
See **ду́рість 2**

ду́|тися, **~ються**, *var.* **дм|у́ться; на~**, *intr.*

1 to inflate, fill with air, be filled with air ◊ **Вітри́ла наду́лися.** The sails filled with air.
2 to pout ◊ **Гу́би промо́вця ~лися, наче́ для бі́льшого на́голосу.** The speaker's lips would pout as if for a greater emphasis.
3 *fig.* to sulk, pout, pull a face; *pf.* to turn sulky ◊ **Гриць наду́вся.** Hryts turned sulky.
adv. **все ще** still ◊ **Вона́ все ще ~лася.** She was still sulking. **да́лі** all the same; **ча́сто** often; **ні́коли не** never; **вже не** not any more
prep. **д. за** + *A.* sulk for sth; **д. на** + *A.* sulk at sb ◊ **Вона́ ~ється на них за вчора́шнє.** She is sulking at them for what happened yesterday.
See **гні́ватися, се́рдитися 2.** *Also see* **надува́тися 2**
(на)ду́йся!

ду|х, *m.*, **~ху** *and* **~ха**

1 ~ **ху** spirit, soul, psyche ◊ **Він зво́дить істо́рію філосо́фії до протиста́влення матерії і ~ху.** He reduces the history of philosophy to the opposition of matter and spirit.

adj. **абсолю́тний** *philos.* absolute ◊ **Поня́ття абсолю́тного ~ху є центра́льним у феноменоло́гії Ге́ґеля.** The concept of absolute spirit is central to Hegel's phenomenology. **лю́дський** human ◊ **вели́ке дося́гнення лю́дсько́го ~ху** a great achievement of human spirit; **ві́чний** eternal, **невмиру́щий** undying, **незнище́нний** indestructible, **неперемо́жний** invincible
v. + **д. бу́ти ~хом з** + *I.* be with sb in spirit ◊ **Оле́на була́ з ни́ми ~хом.** Olena was with them in spirit.
Ant. **мате́рія 2**
2 ~ху, *only sg.* spirits, morale ♦ **мора́льний д.** morale ◊ **Мора́льний д. вояќів зашка́лював.** The soldiers' morale was bubbling over.
adj. **бадьо́рий** vigorous, **бойови́й** fighting, **незла́мний** unconquerable, **неперемо́жний** invincible, **непохи́тний** unshakable, **си́льний** strong ◊ **Лише́ люди́на си́льного ~ху могла́ пройти́ такі́ випробува́ння.** Only a person strong in spirit could undergo such trials. **коза́цький** Cossack; **сла́бкий** weak
v. + **д. відро́джувати д.** revive the spirit ◊ **Фестива́ль відроди́в д. мі́ста.** The festival has revived the spirit of the city. (**підійма́ти** *or* **підніма́ти** + *D.* lift ◊ **Щоб підня́ти д., вони́ заспіва́ли.** To lift their spirits, they started singing. **підно́сити** + *D.* raise **підтри́мувати** keep up); ♦ **занепада́ти** *or* **па́дати ~хом** to lose heart ◊ **Зазна́вши пора́зки, він не впав ~хом.** Having suffered the defeat, he did not lose heart.
prep. **у ~сі** + *G.* in the spirit of sth ◊ **Його́ вихо́вують у спарта́нському ~сі.** He is being raised in the Spartan spirit.
3 ~ху, *only sg.* spirit, ethos, atmosphere, zeitgeist ◊ **тво́рчий д. доби́ Відро́дження** the creative ethos of the Renaissance epoch
adj. **бунта́рський** rebellious ◊ **бунта́рський д. ча́су** the rebellious spirit of the time; **ві́льний** free, **ліберальний** liberal, **революці́йний** revolutionary; **консервати́вний** conservative; **гуманісти́чний** humanist; **патріоти́чний** patriotic; **і́нший** different; **конформі́стський** conformist, **реакці́йний** reactionary; **тво́рчий** creative
4 ~ху, *only sg.* spirit, meaning, essence ◊ **Усі́ дотри́мувалися ~ху зако́ну.** Everybody abided by the spirit of the law. ◊ **Пере́клад до́бре передає д. першотво́ру.** The translation renders well the spirit of the original. ♦ **в цьо́му ж ~сі** along those lines, the same ◊ **Вона́ да́лі виступа́ла в цьо́му ж ~сі.** She went on speaking along those lines. ♦ **не зна́ти** *or* **ві́дати ні сном ні ~хом** to have no clue about ◊ **Ка́тря ні сно́м, ні ~хом не ві́дала про ї́хні пла́ни.** Katria had no clue about their plans.
See **зна́чення 2, суть.** *Also see* **зміст 1, розумі́ння 2, симво́ліка 2, сенс 1, смисл, толк 3**
5 ~ху courage, nerve, audacity
v. + **д. вистача́ти** + *D.* **~ху** + *inf.* have enough courage to do sth ◊ **Йому́ ви́стачило ~ху сказа́ти пра́вду.** He had enough courage to tell the truth. ♦ **набира́тися ~ху** to muster one's courage ◊ **Мар'я́н наре́шті набра́вся ~ху подзвони́ти батька́м.** Finally Marian mustered the courage to give his parents a call.
See **хоро́брість.** *Also see* **му́жність 1.** *Ant.* **боягу́зтво**
6 ~ха spirit, ghost ◊ **Ліс насе́лений до́брими і злі́ми ~хами.** The forest is populated by good and evil spirits.
adj. **до́брий** good; ♦ **злий** *or* **лихи́й, нечи́стий** evil spirit, *euph.* Satan; ♦ **Святи́й д.** the Holy Ghost ◊ **В ім'я́ Отця́, і Си́на, і Свято́го ~ха, амі́нь.** In the name of the Father, the Son, and the Holy Spirit, amen.
д. + *n.* **д. пітьми́** *or* **те́мряви** the spirit of darkness (**небі́жчика** deceased, **поме́рлого** dead) ◊ **Га́млет розмовля́в з ~хом поме́рлого ба́тька.** Hamlet spoke with the ghost of his dead father.
v. + **д. ба́чити д.** *or* **~ха** see a ghost ◊ **Він пополотні́в, нена́че поба́чив ~ха.** He went pale as if he had seen a ghost. (**вигания́ти** exorcise ◊ **Свяще́нник вмів виганя́ти злих ~хів.** The priest knew how to exorcize evil spirits. **виклика́ти** summon)
7 ~ха soul, spirit ◊ **Оле́ся відчува́ла по́ряд чолові́ків д.** Olesia felt her husband's spirit next to her. ♦ **випуска́ти** + *D.* **д.** 1) to kill sb ◊ **Одни́м по́стрілом у го́лову він ви́пустив напа́дникові д.** *or* **~ха.** He killed the attacker with one shot to the head. 2) to give up the ghost, die ◊ **Че́рез день бідола́ха ви́пустив д.** *or* **~ха.** In one day, the hapless man gave up the ghost. ♦ **віддава́ти Бо́гові д.** *or* **~ха** to give up the ghost, die ◊ **Якби́ вони́ не прийшли́ на допомо́гу, то Яре́ма відда́в би Бо́гові ~ха.** Had they not come to the rescue, Yarema would have died. ♦ **ні ~ха** not a soul ◊ **У ха́ті не було́ ні ~ха.** There was not a soul in the house.
See **душа́ 1**
8 ~ху *only sg.* breath, breathing ◊ **Він зупини́вся, щоб перевести́ д.** He stopped to catch his breath. ♦ **скі́льки ~ху** at full speed, with all one's strength ◊ **Рома́н скі́льки ~ху побі́г геть.** Roman ran away at full speed.
See **ди́хання**
9 ~ху *only sg.* air ◊ **Від пе́чі по ха́ті ши́рився те́плий д.** Warm air spread from the oven throughout the house. ◊ **Він ви́ринув на пове́рхню, щоб вхопи́ти ~ху.** He emerged on the surface to get a breath of air. ♦ **одни́м ~хом ди́хати** to be of the same ilk ◊ **Ці лю́ди одни́м ~хом ди́хали.** Those people were of the same ilk.
See **пові́тря**
10 ~ху smell, odor ◊ **О́ля пригада́ла д. лава́нди.** Olia remembered the smell of lavender. ♦ **боя́тися ~ху** + *G.* to be scared stiff of sb ◊ **Хоч учи́тель ніко́ли не крича́в, ді́ти ~ху його́ боя́лися.** Even though the teacher never yelled, the children were scared stiff of him.
See **арома́т, за́пах**

духове́нств|о, *nt., coll., only sg.*
clergy, priesthood
adj. **гре́ко-католи́цьке** Greek-Catholic ◊ **Росія́ни піддава́ли переслі́дуванням гре́ко-католи́цьке д.** The Russians subjected the Greek-Catholic clergy to persecution. **мусульма́нське** Muslim, **правосла́вне** Orthodox; **націона́льне** national, **націона́льно свідо́ме** nationally aware, **украї́нське** Ukrainian; **реакці́йне** reactionary; **промоско́вське** pro-Moscow; **консервати́вне** conservative, **ліберальне** liberal, **проґреси́вне** progressive

духо́в|ка, *f.*
oven (*usu opposed to* **піч 1** *a clay or brick oven)*
adj. **га́зова** gas ◊ **Він волі́в пекти́ в га́зовій ~ці.** He preferred to bake in a gas oven. **електри́чна** electric, **мікрохвильова́** microwave; **конвекці́йна** convection; **гаря́ча** hot, **те́пла** warm, **холо́дна** cold; **заздалегі́дь нагрі́та** *or* **заздалегі́дь розігрі́та** preheated
n. + **д. две́рці** *and* **две́рі ~ки** an oven door (**підсві́тка** light; **ре́шітка** rack; **температу́ра** temperature, **часомі́р** timer) ◊ **Задзвені́в часомі́р ~ки.** The oven timer started ringing.
v. + **д. вмика́ти ~ку** turn on an oven ◊ **Він увімкну́в ~ку.** He turned on the oven. (**нагріва́ти** *or* **розігріва́ти** heat ◊ **Слід розігрі́ти ~ку до 220° C.** The oven should be heated to 220° C. **ми́ти** clean; **ста́вити** + *A.* **в** put sth in) ◊ **Вона́ поста́вила пе́кач у ~ку.** She put the stew-pot in the oven. **ста́вити** + *A.* **до ~ки** put sth in an oven ◊ **Він поста́вив пате́льню до ~ки.** He put the skillet in the oven. (**вийма́ти** + *A.* **з** take sth out of) ◊ **Ві́ктор ви́йняв пече́ню з ~ки.** Viktor has taken the roast out of the oven. **користува́тися ~кою** use an oven ◊ **Юрі́й не кори́сту́ється мікрохвильово́ю ~кою.** Yurii does not use a microwave oven. **пекти́** + *A.* **в ~ці** to bake sth in an oven ◊ **Ната́лка пече́ хліб у ~ці.** Natalka bakes bread in an oven.
д. + *v.* **грі́тися** heat, **нагріва́тися** heat up ◊ **Д. шви́дко нагрі́лася до 250° C.** The oven quickly heated up to 250° C. **охоло́джуватися** cool down ◊ **Ва́ля лиши́ла две́рці ~ки відкри́тими, щоб вона́ охоло́ла.** Valia left the oven door open for it to cool down.
prep. **в ~ку** *dir.* in/to an oven; **в ~ці** *posn.* in an oven; **до ~ки** in/to an oven; **з ~ки** out of an oven
Cf. **піч 1, 2**

духо́вн|ий, *adj.*
1 spiritual, inner, non-material ◊ **Вона́ потребува́ла ~ої рівнова́ги.** She needed spiritual equilibrium. ◊ **Виклада́ння – його́ ~е покли́кання.** Teaching is his spiritual calling.
Cf. **душе́вний 1**
2 *fig.* spiritual, moral, good ◊ **Ки́їв – головни́й д. центр Украї́ни.** Kyiv is the main spiritual center of Ukraine.
adv. **глибо́ко** deeply ◊ **Він був люди́ною глибо́ко ~ою.** He was a deeply spiritual person. **спра́вді** truly; **винятко́во** exceptionally
3 religious, church, ecclesiastic
д. + *n.* ♦ **д. сан** *rel.* holy orders ♦ **позбавля́ти ~ого са́ну** to defrock ◊ **Свяще́нника позба́вили ~ого са́ну.** The priest was defrocked. ♦ **посвя́чувати** + *A.* **в д. сан** to ordain sb; **~а літерату́ра** religious literature (**му́зика** music) ◊ **конце́рт ~ої му́зики** a concert of church music. ♦ **~а осо́ба** a cleric, ♦ **~а семіна́рія** a theological seminary ◊ **Він закінчи́в ~у семіна́рію.** He graduated from a theological seminary.
See **релігі́йний 1, церко́вний 2**

душ, *m.*, **~у**
1 shower *(room)* ◊ **Спа́льня ма́ла окре́мий д.** The bedroom had a separate shower.
adj. **окре́мий** separate; **спі́льний** shared
v. + **д. йти в д.** get in/to a shower ◊ **Вона́ пішла́ в д.** She got in the shower. **вихо́дити з ~у** come out of a shower ◊ **Хло́пець ви́йшов із ~у.** The boy came out of the shower. **користува́тися ~ем** use a shower ◊ **Він користува́вся ~ем пі́сля ру́ханки.** He used the shower after his workout.
д. + *v.* **розташо́вуватися** *or* **бу́ти розташо́ваним** be located ◊ **Д. розташо́вується у підва́лі.** The shower is located in the basement. **зачиня́тися** close, **замика́тися** lock ◊ **Д. не замика́вся.** The shower did not lock.
See **кімна́та**
2 shower *(bath)* ◊ **У них не було́ доста́тньо води́ на д.** They did not have enough water for a shower.
adj. **гаря́чий** hot ◊ **Вона́ мрі́яла про гаря́чий д.** She dreamed of a hot shower. **лі́тній** lukewarm, **прохоло́дний** cool, **холо́дний** cold ◊ **Її́ слова́ були́ для Іва́на холо́дним ~ем.** Her words were a cold shower to Ivan. **освіжа́ючий** refreshing; **шви́дки́й** quick; **ранко́вий** morning; **обов'язко́вий** obligatory, **періоди́чний** periodic, **реґуля́рний** regular, **ча́стий** frequent, **щоде́нний** daily
v. + **д. прийма́ти** take a shower ◊ **Він прийма́є д. ура́нці.** He takes his shower in the morning.

душ|а́, *f.*, **~і́**
1 soul, spirit ◊ **Вона́ ві́рила, що по сме́рти д. йде на не́бо.** She believed that after death the soul went to heaven.
adj. **безсме́ртна** immortal, **ві́чна** eternal, **жива́** living; **ме́ртва** dead ◊ **Го́голь назва́в рома́н «Ме́ртвими ~ами».** Hohol called his novel *Dead Souls.* **лю́дська** human; **про́клята** damned; **рі́дна** kindred; **бі́дна** poor, **неща́сна** hapless ◊ **Упокі́й, Бо́же, його́ неща́сну ~у!** God rest his hapless soul!
д. + *n.* **~і поме́рлих** the souls of the dead
n. + **д. безсме́ртя ~і** the immortality of the soul; **би́тва за ~у** a battle for sb's soul

v. + **д. губи́ти ~у** ruin sb's soul ◊ **При́страсть погуби́ла її́ ~у.** Passion ruined her soul. (**занапаща́ти** destroy ◊ **Він занапасти́в ~у зра́дою.** He destroyed his soul through betrayal. **продава́ти** + *D.* sell to sb ◊ **Вона́ продала́ ~у́ дия́волові.** She sold her soul to the devil. **рятува́ти** save) ◊ **Йому́ ще не пі́зно врятува́ти ~у.** It is not yet too late for him to save his soul. ♦ **вимо́тувати ~у** *or* **кишки́, не́рви** to drive sb to distraction, hassle ◊ **За день ді́ти ви́мотали вчи́телеві ~у.** In one day, the children drove the teacher to distraction. ♦ **бу́ти д. в ~у з** + *I.* to be at one with sb ◊ **Павло́ був д. в ~у з Іва́ном у всьо́му.** Pavlo was at one with Ivan in everything. ♦ **бу́ти до ~і** + *D.* to be to sb's liking ◊ **Така́ му́зика була́ Оле́нці до ~і.** Such music was to Olenka's liking. ♦ **бу́ти ~е́ю товари́ства** *fig.* to be the soul of the party ◊ **Її́ ба́тько бу́в ~е́ю товари́ства.** Her father was the soul the party. ♦ **в ~і** in one's heart of hearts ◊ **Оле́на в ~і пого́джувалася з ним.** Olena agreed with him in her heart of hearts. ♦ **віддава́ти ~у Бо́гові** *fig.* to die, pass away ◊ **Він ма́ло не відда́в Бо́гові ~у.** He almost died. ♦ **всіє́ю ~е́ю** heart and soul ◊ **Іри́на покоха́ла його́ всіє́ю ~е́ю.** Iryna fell in love with him, heart and soul. ♦ **гуля́ти** *or* **ї́сти, пи́ти, спа́ти, скі́льки ~і завго́дно** to have fun *or* eat, drink, sleep, *etc.* to one's heart's content ◊ **На весі́ллі вони́ ї́ли, пили́ й ба́вилися, скі́льки ~і завго́дно.** At the wedding, they ate, drank, and had fun to their hearts' content. ♦ **до глибини́ ~і** to the depth of one's soul ◊ **Я співчува́ю вам до глибини́ ~і.** I sympathize with you to the depth of my soul. ♦ **~е́ю й ті́лом** body and soul ◊ **люди́на, ~е́ю й ті́лом ві́ддана спра́ві** a person devoted to the cause, body and soul; ♦ **не ма́ти нічо́го за ~е́ю** not to have a penny to one's name; ♦ **ні за ца́пову** *or* **опу́хлого ~у** for nothing ◊ **Він ма́ло не заги́нув ні за ца́пову ~у.** He had all but perished for nothing. ♦ **стоя́ти над ~е́ю** + *D.* to breathe down sb's neck ◊ **Не стій мені́ над ~е́ю!** Don't stand breathing down my neck!

Ant. **ті́ло 1.** *Also* **дух 7**

2 character, nature

adj. **дитя́ча** child's, **ді́воча** girl's, **хлопча́ча** boy's, **юна́цька** youthful; **вразли́ва** impressionable; **до́бра** kind ◊ **Я́рка – люди́на до́брої ~і.** Yarka is a person of a kind nature. ♦ **за́яча д.** a coward, chicken ◊ **За́яча д. шепта́ла Іва́нові сиді́ти в ха́ті.** The coward in him whispered to Ivan to stay home.

v. + **д.** ♦ **вклада́ти ~у в** + *A.* to put one's heart into sth ◊ **Акто́р укла́в у роль всю свою́ ~у.** The actor put all his heart into the part. ♦ **звору́шувати ~у** to touch sb's heart ◊ **О́льжині слова́ зворуши́ли йому́ ~у.** Olha's words touched his heart.

See **вда́ча, приро́да 2, хара́ктер 1.** *Also see* **нату́ра 1, організа́ція 3, склад**[2] **2**

3 *colloq.* a person *(usu in quantities)*, head, capita ◊ **Рис дава́ли по кілогра́мові на ~у.** They gave a kilo of rice per person. ◊ **На ле́кцію прийшло́ яки́х де́сять-дване́дцять душ.** Some 10-12 people came to the lecture. ♦ **на ~у насе́лення** per capita. ♦ **ні ~і** not a soul ◊ **На майда́ні не лиши́лося ні ~і.** There was not a soul remaining on the square.

See **люди́на 1, осо́ба 1**

4 *fig.* heart, soul, essence ◊ **~е́ю фі́льму є наро́д, що бо́реться за гі́дність.** The soul of the movie are the people fighting for their dignity. ◊ **О́ля – д. но́вого начина́ння.** Olia is the soul of the new initiative.

See **суть**

душе́вн|ий, *adj.*

1 spiritual, psychological, mental ◊ **Відсу́тність нови́н від си́на пору́шували і́хню ~у рівнова́гу.** The absence of news from their son disrupted their mental balance. ♦ **~а хворо́ба** a mental disease ◊ **Яка́сь ~а хворо́ба ї́ла його́ зсере́дини.** Some mental disease was eating at him from the inside. ♦ **душевнохво́рий** mentally ill

Cf. **духо́вний 1**

2 warm, cordial, heartfelt, heart-warming ◊ **Вона́ лю́бить ~і пісні́.** She is fond of heart-warming songs.

adv. **винятко́во** exceptionally ◊ **Він – винятко́во ~а люди́на.** He is an exceptionally kind person. **ду́же** very, **спра́вді** really; **майже** almost; **перебі́льшено** exaggeratedly, **підозрі́ло** suspiciously

v. + **д. бу́ти ~им** be kind (**здава́тися** + *D.* seem to sb; **роби́ти** + *A.* make sth ◊ **Його́ викона́ння роби́ло пі́сню ~ою.** His performance made the song heart-warming. **става́ти** become) ◊ **Його́ го́лос став ~им, ма́йже ні́жним.** His voice became warm, almost tender.

Also see **лагі́дний**

душ|и́ти, ~ать; з~ *or* за~ *tran.*

1 to strangle, throttle; *pf.* **за~** to strangle to death + *I.* with sth ◊ **Її́ задуши́ли ка́белем.** She was strangled with a cable.

adv. **си́льно** hard, **щоси́ли** with all one's strength; **пові́льно** slowly; **ма́йже** almost, **наполови́ну** half, **практи́чно** practically, **тро́хи не** nearly ◊ **Він тро́хи не задуши́в хло́пця в обі́ймах.** He nearly suffocated the boy in his embrace.

v. + **д. ки́датися** get down to, **намага́тися** try to ◊ **Він намага́вся за~ же́ртву.** He tried to throttle his victim. **могти́** can ◊ **Її́ могли́ за~.** She could be strangled. **почина́ти** begin to, **ста́ти** *pf.* start to

2 to squeeze, press; *pf.* **з~** ◊ **Петро́ здуши́в хло́пця за ру́ку.** Petro squeezed the boy's hand.

adv. **ле́гко** gently, **ле́две** barely, **тро́хи** a little; **бо́ляче** painfully ◊ **Вона́ бо́ляче здуши́ла йому́ колі́но.** She painfully squeezed his knee. **си́льно** hard, **щоси́ли** with all one's strength

prep. **д. за** + *A.* squeeze by sth

3 to choke, suffocate; *pf.* **за~** ◊ **Густи́й пил ~и́в його́.** Thick dust was choking him. ◊ **Її́ поча́в д. ка́шель.** The cough began to choke her.

4 to oppress, repress, suppress ◊ **Уряд ~и́в вла́сний наро́д.** The government oppressed its own people. ◊ **спро́ба за~ свобо́ду сло́ва** an attempt to suppress freedom of expression; ◊ **У шко́лі панува́ла атмосфе́ра, що ~и́ла тво́рчість.** An atmosphere that suppressed creativity ruled supreme at the school.

pa. pple. **заду́шений** strangled; **зду́шений** squeezed

(за)души́!

дя́дьк|о, *m.*, ~а

1 uncle, father's or mother's brother

adj. **лі́тній** elderly ◊ **Її́ лі́тній д. ще був ці́лком самодоста́тнім.** Her elderly uncle was still entirely self-reliant. **дороги́й** dear, **улю́блений** favorite; **дивакува́тий** quirky, **доку́чливий** annoying; **поме́рлий** dead; **неодру́жений** unmarried; **овдові́лий** widowed ◊ **Тепе́р її́ овдові́лий д. здава́вся молодши́м на до́брих де́сять ро́ків.** Now her widowed uncle seemed a good ten years younger.

v. + **д. ма́ти ~а** have an uncle; **бу́ти** *or* **дово́дитися** + *D.* **~ом** be sb's uncle ◊ **Тара́с дово́диться Мо́трі ~ом по ба́трькові.** Taras is Motria's uncle on her father's side.

Cf. **ті́тка 1**

2 *colloq.* man, guy, fellow (*also as form of address to an older man*) ◊ **Ді́ти впе́рше ба́чили цьо́го дивакува́того ~а.** The children saw this weird man for the first time.

See **чолові́к 1.** *Also see* **хло́пець 3**

N. pl. **~и́**

дя́ку|вати, ~ють; по~, *intr.*

to thank sb for sth, give thanks + *D.* ◊ **Дозво́льте по~ уча́сникам за посвя́ту.** Allow me to thank the participants for their dedication.

adv. **ду́же** very much, **кра́сно** a lot, **ра́до** gladly, **серде́чно** cordially, **те́пло** warmly, **уклі́нно** humbly, **ґре́чно** *or* **че́мно** politely, **ще́дро** generously, **щи́ро** sincerely; **особи́сто** personally, in person ◊ **Марі́я мо́же по~ їм особи́сто.** Maria can thank them in person. **офіці́йно** officially, **форма́льно** formally; **публі́чно** publicly; **за́вжди́** always, **незмі́нно** invariably, **ча́сто** often, **обов'язко́во** definitely

v. + **д. бу́ти пови́нним** be obliged to, **бу́ти слід** + *D.* should ◊ **Вам слід по~ па́нові Костюку́.** You should thank Mr. Kostiuk. **бу́ти тре́ба** + *D.* need to, **випада́ти** + *D.* behoove to ◊ **Йо́сипові випада́ло б по~ їй за все.** It would behoove Yosyp to thank her for everything. **забу́ти** forget to ◊ **Не забу́дьте по~ їм за гости́нність.** Don't forget to thank them for their hospitality. **збира́тися** be going to, **намага́тися** try to, **хоті́ти** want to; **відмовля́тися** refuse to, **не збира́тися** not be about to ◊ **Лари́са не збира́лася ніко́му дя́кувати за те, що нале́жало їй по пра́ву.** Larysa was not about to thank anybody for what was rightly hers.

prep. ♦ **за ~ю** for free ◊ **Він відда́в Наді́йці свою́ автівку за ~ю.** He gave Nadiika his car for free. **д. за** + *A.* thank sb for sth; ♦ **дя́ку** *or* **~вати Бо́гові** thank God ◊ **Дя́ку Бо́гові, ми благополу́чно діста́-лися додо́му.** Thank God we have safely made it home.

(по)дя́куй!

E

е, *interj.*

1 *(disagreement)* oh ◊ **Е ні, не тре́ба мені́ тако́ї допомо́ги.** Oh no, I don't need such help.

2 *(displeasure, disappointment, hesitation, or distrust)* oh ◊ **Гра́ти з ним? Е, він шахру́є.** To play with him? Oh, he cheats.

3 *(doubts, negation, resolution)* well ◊ **Е, я́кось воно́ бу́де. Мо́же, робо́ту яку́ зна́йдеш.** Well it'll work out somehow. Maybe you will land a job.

еваку́аці|я, *f.*, ~ї

evacuation

adj. **ма́сова** mass, **масшта́бна** large-scale, **меди́чна** medical; **ви́мушена** forced, **обов'язко́ва** mandatory; **доброві́льна** voluntary; **по́вна** complete, **частко́ва** partial; **нега́йна** immediate, **терміно́ва** urgent

v. + **е. прово́дити ~ю** conduct an evacuation (**оголо́шувати** announce ◊ **Адміністра́ція оголоси́ла ~ю.** The administration has announced an evacuation. **почина́ти** begin, **продо́вжувати** continue, **закі́нчувати** complete, **відклада́ти** postpone, **відміня́ти** *and* **скасо́вувати** cancel) ◊ **Обов'язко́ву ~ю відміни́ли.** The mandatory evacuation was canceled.

prep. **е. з** + *G.* evacuation from *(a place)* ◊ **е. персона́лу з електроста́нції** an evacuation of the staff from the nuclear plant

евакуйо́ву|вати, ~ють; евакую|ва́ти, ~ють, *tran.*

to evacuate

adv. **вже** already, **наре́шті** finally, **організо́вано** in an orderly manner ◊ **Насе́лення організо́вано ~ють із прибере́жної зо́ни.** They are evacuating the population from the coastal zone in an orderly manner. **нега́йно** immediately, **терміно́во** urgently, **успі́шно** successfully; **відра́зу** immediately, **операти́вно** promptly, **шви́дко** quickly; **поступо́во** gradually; **ле́две** scarcely, **наси́лу** barely, **ма́йже** almost

v. + **е. бу́ти тре́ба** + *D.* need to, **допомага́ти** + *D.* help sb to ◊ **Військо́ві допомага́ли їм е. худо́бу.** The military helped them evacuate the cattle.

накáзувати + *D.* order sb to ◊ **Дирéкторові наказáли евакуювáти облáднання.** The director was ordered to evacuate the equipment.
prep. **е. з** + *G.* evacuate from *(a place)*; **е. до** + *G.* evacuate to *(a place)* ◊ **Їх евакуювáли до Одéси.** They were evacuated to Odesa.
pa. pple. **евакуйóваний** evacuated
евакуйóвуй! евакуюй!

евакуювá|ти, *pf., see* **евакуйóвувати**
to evacuate ◊ **Із зóни вíйни ~ли жінóк і дітéй.** Children and women were evacuated from the war zone.

еволюцíйн|ий, *adj.*
evolutionary, of or pertaining to evolution ◊ **прихи́льник ~ого на відмíну від революцíйного шля́ху** a supporter of an evolutionary, as opposed to revolutionary, way; ◊ **У кни́жці окрéслено етáпи ~ого рóзвитку мóви.** The book outlines the stages of the language evolutionary development. ◊ **~а теóрія Дáрвіна** Darwin's theory of evolution
Ant. **революцíйний**

еволю́ці|я, *f.*, **~ї**, *only sg.*
evolution
adj. **повíльна** slow, **поступóва** gradual; **швидкá** rapid; **безперéрвна** uninterrupted, **довготермінóва** long-term, **тривáла** continuous; **рáння** early; **органíчна** organic, **прирóдна** natural; **ми́рна** peaceful ◊ **Не кóжна тоталітáрна краї́на змоглá пройти́ ми́рну ~ю до демокрáтії.** Not every totalitarian country was able to undergo a peaceful evolution towards democracy. **біологíчна** biological, **духóвна** spiritual, **істори́чна** historical, **культýрна** cultural; **політи́чна** political ◊ **Багáто чи́нників упливáло на політи́чну ~ю прем'єра.** Many factors influenced the premier's political evolution. **суспíльна** social, **технíчна** technological; **одночáсна** simultaneous, **паралéльна** parallel ◊ **паралéльна е. держáви і громадя́нського суспíльства** a parallel evolution of the state and civil society
е. + *n.* **е. людúни** a human evolution (**птáхів** avian, **рептíлій** reptilian, **ссавцíв** mammalian, **твари́н** animal, *etc.*)
n. + **е. анáліз ~ї** an analysis of evolution (**ви́вчення** study, **дóкази** evidence; **питáння** issues, **проблéми** problems; **теóрія** theory; **шляхи́** ways) ◊ **Він пи́ше про шляхи́ ~ї твари́н.** He writes about ways of animal evolution.
v. + **е. визначáти ~ю** determine evolution (**зумóвлювати** condition; **прослíдкóвувати** trace ◊ **Áвтор прослíдкóвує економíчну ~ю реґіóну.** The author traces the region's economic evolution. **прохóдити** undergo ◊ **Він пройшóв дивови́жну духóвну ~ю.** He underwent an amazing spiritual evolution. **рýхати** drive ◊ **Технíчну ~ю країни рýхає комп'ютеризáція.** The country's technological evolution is driven by computerization. **впливáти на** influence)
е. + *v.* **відбувáтися** take place, **просувáтися** proceed ◊ **Суспíльна е. просувáється у несподíваному нáпрямку.** Social evolution proceeds in an unexpected direction. **прохóдити** unfold; **дíяти** work ◊ **Вонá не розуміє, як діє е.** She does not appreciate how the evolution works.
prep. **е. від** + *G.* **до** + *G.* evolution from *(a state)* to *(a state)* ◊ **її е. від амáторки до спеціялíстки** her evolution from an amateur to a specialist; **е. до** + *G.* an evolution toward sth
Cf. **проґрéс 1, рóзвиток.** *Ant.* **революція 1, 2**

Éвроп|а, *f.*
Europe ◊ **У географíчному смúслі Грýзія не є в ~і.** In a geographic sense, Georgia is not in Europe.
adj. **Зáхідна** Western (**Схíдна** Eastern, **Центрáльна** Central ◊ **Організáція об'є́днувала країни Центрáльної ~и.** The organization united the countries of Central Europe. **Півдéнна** Southern, **Півнíчна** Northern; **середньовíчна** medieval, **сучáсна** contemporary; **міжвоєнна** interwar, **довоєнна** *or* **передвоєнна** prewar, **повоєнна** postwar) ◊ **Вели́ка части́на повоєнної ~и лежáла в руїнах.** A great part of postwar Europe lay in ruins. ♦ **Рáда ~и** the Council of Europe
See **матери́к**

евфемíзм, *m.*, **~у**, *ling.*
euphemism ◊ **З óгляду на дітéй вонá вжилá е. зáмість брудного слóва.** Because of the children, she used a euphemism instead of an obscene word.
adj. **звичáйний** common, **чáсто вжи́ваний** frequently used, **популя́рний** popular; **очеви́дний** *or* **я́вний** obvious
See **слóво**

евфóрі|я, *f.*, **~ї**, *only sg.*
euphoria ◊ **Він був у стáні ~ї.** He was in a state of euphoria.
adj. **пéрвісна** *and* **початкóва** initial ◊ **Початкóва е. змінилася на рóзпач.** The initial euphoria changed to despair. **загáльна** general ◊ **Нáтовпом рýхала загáльна е.** General euphoria was driving the crowd. **несамови́та** raving, **си́льна** strong; **чи́ста** pure ◊ **Йогó хорóбрість насправді булá чи́стою ~єю.** His courage was in fact pure euphoria. **пóвна** complete, **цілкови́та** utter; **легкá** mild; **мáсова** mass, **патріоти́чна** patriotic
n. + **е. відчуття́ ~ї** a feeling of euphoria (**стан** state; **хви́ля** wave) ◊ **Здорóвий глузд потонýв у хви́лі патріоти́чної ~ї.** Common sense drowned in the wave of patriotic euphoria.
v. + **е. виклика́ти ~ю в** + *G.* cause euphoria in sb ◊ **Новинá ви́кликала у присýтніх ~ю.** The news caused euphoria in those present. (**відчувáти** feel; **змéншувати** diminish; **зростáти** grow, **поси́лювати** heighten; **провокувáти в** + *G.* provoke in sb) ◊ **Газ провокýє ~ю.** The gas provokes euphoria.
е. + *v.* **випарóвуватися** evaporate, **зникáти** fade ◊ **Настýпного дня мáсова е. зни́кла без слíду.** The following day, the mass euphoria faded without a trace. **охóплювати** + *A.* overcome sb ◊ **На мить Івáнну охопи́ла е.** For a moment, euphoria overcame Ivanna.
prep. **е. із при́воду** + *G.* euphoria over sth ◊ **Е. із при́воду перемóги на ви́борах ви́парувалася.** The euphoria over the election victory has evaporated.
See **почуття́ 1**

егé, *part., colloq.*
1 yes ◊ **Тут мóжна відпочи́ти, е., сíсти, поїсти.** Here we can rest, yes, sit and eat.
2 *(emphasizes a question or exhortation)* right, isn't he (she, *etc.*), aren't you (they, *etc.*) ◊ **Мусíй мóже працювáти, е.?** Musii is able to work, right?
3 *(negation, suspicion, disbelieve)* yeah right ◊ **Е., я не такий наївний, щоб вíрити їм.** Yeah right, I am not so naive as to trust them.

éг|о, *nt.*, *var.* **éґо**, **~а**
ego
adj. **вели́ке** big ◊ **Вели́ке е. не дозволя́ло йомý, ви́знати когóсь крáщим за себé.** His big ego did not allow him to admit that somebody was better than he. **вразли́ве** fragile, **обрáжене** hurt, **порáнене** wounded, **чутли́ве** sensitive; **роздýте** inflated ◊ **люди́на з не в мíру роздýтим ~ом** a person with an inordinately inflated ego; **здорóве** healthy; **лю́дське** human; **жінóче** female, **чоловíче** male; ♦ **áльтер-е.** alter ego
v. + **е. мáти е.** have an ego ◊ **Президéнт мав вразли́ве е.** The president had a fragile ego. (**лоскотáти** + *D.* tickle sb's ◊ **Вонá знáла, як лоскотáти чутли́ве е. шéфа.** She knew how to tickle her boss's sensitive ego. **надщéрблювати** dent, **рáнити** + *D.* wound sb's) ◊ **Ця публíчна конфронтáція порáнила йомý е.** The public confrontation wounded his ego.
Also see **я 3**

егоí|зм, *var.* **еґоїзм**, *m.*, **~у**, *only sg.*
egotism, selfishness ◊ **Здавáлося, що йогó е. не знáє меж.** His selfishness seemed to know no limits.
adj. **безмéжний** limitless, **надмíрний** excessive, **скрáйній** extreme, **хворобли́вий** sick; **банáльний** banal ◊ **У її поведíнці проглядáв банáльний е.** Banal selfishness was discernible in her behavior. **звичáйний** common, **чи́стий** pure ◊ **Юнакóм рýхав чи́стий е.** Pure egotism was driving the youth. **здорóвий** healthy ◊ **Кóжна люди́на мáє трóхи здорóвого ~у.** Every person needs to have a measure of healthy selfishness. **неви́нний** innocent
v. + **е. виявля́ти е.** reveal egotism ◊ (**покáзувати** show, **прибóркувати** curb) ◊ **Áлла ви́явилася нездáтною прибóркати свій е.** Alla proved incapable of curbing her egotism.
prep. **з ~у** out of selfishness ◊ **Він зроби́в це з ~у.** He did it out of selfishness.
Also see **самолю́бство**

егоíст, *var.* **еґоїст**, *m.*; **~ка**, *f.*
egotist, egoist, self-seeker ◊ **Микóла говори́в як прáвди́вий е.** Mykola spoke like a true egotist.
adj. **вели́кий** great, **довéршений** accomplished, **ганéбний** shameful, **невипрáвний** incorrigible, **неперевéршений** unrivaled, **рідкíсний** rare, **скрáйній** extreme ◊ **Так діє лишé скрáйній е.** Only an extreme self-seeker acts that way. **звичáйний** regular ◊ **Тимíш – звичáйний е.** Tymish is a regular egotist. **типóвий** typical
v. + **е. бýти ~ом** be an egotist (**вважáти** + *A.* consider sb ◊ **Йогó вважáли рідкíсним ~ом.** They considered him to be a rare egotist. **виявля́тися** turn out ◊ **Ілля́ ви́явився довéршеним ~ом.** Illia turned out to be an accomplished egotist. **здавáтися** + *D.* seem to sb, **лишáтися** remain ◊ **Дани́ло лишáється ~ом.** Danylo remains an egotist. **називáти** + *A.* call sb ◊ **Не булó причи́н називáти Андрíя ~ом.** There were no reasons to call Andrii an egotist. **ставáти** become)

егоїсти́чн|ий, *var.* **еґоїсти́чний**, *adj.*
egotistic, selfish ◊ **Її бáтько – ~а люди́на.** Her father is a selfish person.
adv. **вкрай** extremely, **дóсить** rather ◊ **Гриць мав дóсить ~у вдáчу.** Hryts had a rather selfish character. **дýже** very, **жахли́во** terribly, **надзвичáйно** extraordinarily; **ви́разно** distinctly, **я́вно** clearly; **дéщо** somewhat, **трóхи** a little
v. + **е. бýти ~им** be egotistic (**виявля́тися** turn out, **здавáтися** + *D.* seem to sb ◊ **Її моти́ви здавáлися брáтові ~ими.** Her motives seemed selfish to her brother. **лишáтися** remain ◊ **Рóма лишáлася такóю ж ~ою, якóю її знáли.** Roma remained as selfish as she had been known. **ставáти** become)
Also see **самолю́бний**

еквáтор, *m.*, **~а**
equator ◊ **Індонéзія розташóвана по обúдва бóки ~а.** Indonesia is located on both sides of the equator.
adj. **маґнíтний** *phys.* magnetic; **небéсний** *astron.* celestial
v. + **е. пересікáти** *or* **перетинáти е.** cross the equator ◊ **Сéнченко впéрше в життí перетнýв е.** Senchenko has crossed the equator for the first time in his life. **досягáти ~а** reach the equator
prep. **бли́зько (від** *or* **до) ~а** close to the equator ◊ **Óстрів лежи́ть бли́зько ~а.** The

island lies close to the equator. **вздовж ~а** along the equator ◊ **Він леті́в уздо́вж ~а.** He flew along the equator. **від ~а** from the equator ◊ **Від ~а до ціє́ї то́чки ти́сяча миль.** There are a thousand miles from the equator to this point. **до ~а** toward/ to the equator ◊ **Він скерува́в корабе́ль до ~а.** He steered the ship toward the equator. **на ~і** on the equator ◊ **Вони́ зупини́лися то́чно на ~і.** They stopped exactly on the equator. **навко́ло ~а** around the equator ◊ **Тропі́чні лі́си трапля́ються навко́ло ~а.** Rainforests occur around the equator. ♦ **на пі́вдень від ~а** south of the equator ◊ **Мі́сто розташо́ване дві́сті кіломе́трів на пі́вдень від ~а.** The city is located 200 km south of the equator. ♦ **на пі́вніч від ~а** north of the equator; **неподалі́к від ~а** not far from the equator

екзаменаці́йн|ий, *adj.*
examination, of or pertaining to exam
e + *n.* **~а комі́сія** an examination board ◊ **Він очо́лив ~у комі́сію.** He headed the examination board. (**оці́нка** grade ◊ **Я́рка ма́ла висо́кі ~і оці́нки.** Yarka had high examination grades. **робо́та** paper, **се́сія** period) ◊ **Як пра́вило, ~а се́сія трива́є де́сять днів.** As a rule, the exam period lasts for ten days. **~е завда́ння** an examination assignment (**пита́ння** question)

екзамену|ва́ти, **~ють; про~**, *tran.*
to test, administer an exam to ◊ **Ко́жного претенде́нта на поса́ду ~ва́ли з мо́ви.** Each candidate for the post was tested in language.
adv. **докла́дно** in detail, **прискі́пливо** scrupulously, **рете́льно** thoroughly, **суво́ро** strictly; **по́вністю** completely, **частко́во** partially; **об'єкти́вно** objectively, **че́сно** honestly; **форма́льно** formally, pro forma
prep. **е. з** + *G.* to test in *(subject, etc.)*; **е. на** + *A.* to test for *(proficiency, etc.)* ◊ **Її рете́льно проекзаменува́ли на зна́ння зако́ну.** She was thoroughly tested for her knowledge of the law.
pa. pple. **проекзамено́ваний** tested
(про)екзамену́й!

екземпля́р, *m.*, **~а**
1 specimen
adj. **доскона́лий** perfect ◊ **Ва́за – доскона́лий е. гре́цької кера́міки.** The vase is a perfect specimen of the Greek ceramics. **ідеа́льний** ideal, **найкра́щий** best, **непереве́ршений** unsurpassed, **хоро́ший** good, **чудо́вий** superb; **рі́дкісний** rare, **уніка́льний** unique
2 copy ◊ **У Ю́рія лиша́лося ще з деся́ток а́вторських ~ів кни́жки.** Yurii still had about a dozen author's copies of the book remaining.
е. + *n.* **е. газе́ти** a copy of a newspaper (**журна́лу** magazine, **кни́жки** book) ◊ **Збі́рку пое́зій було́ ви́дано лише́ в одно́му ~і.** The poetry collection was published but in one copy.
See **примі́рник**

екзо́ти|ка, *f.*, *only sg.*
exoticism, the exotic ◊ **Сла́вку ва́била е. Полі́сся.** Slavka was attracted by the exoticism of Polissia.
adj. **вира́зна** distinct ◊ **Авока́до було́ в Украї́ні вира́зною ~кою.** Avocado was distinctly exotic in Ukraine. **я́вна** obvious; **невлови́ма** illusive, **пе́вна** certain, **прихо́вана** hidden; **кулі́на́рна** culinary, **культу́рна** cultural

екзоти́чн|ий, *adj.*
exotic, rare ◊ **У по́льській літерату́рі украї́нців зобража́ли як щось ~е.** In the Polish literature, Ukrainians were portrayed as something exotic.
adv. **винятко́во** exceptionally, **вира́зно** distinctly, **вкрай** extremely, **до́сить** fairly, **ду́же** very, **надзвича́йно** extraordinarily, **особли́во** particularly, **страше́нно** terribly; **де́що** somewhat, **ма́йже** almost, **тро́хи** a little
е. + *n.* **~а мо́ва** an exotic language ◊ **Її чару́ють зву́ки ~их мов.** She is fascinated by the sounds of exotic languages. (**росли́на** plant, **стра́ва** dish, **твари́на** animal) ◊ **У зоопа́рку були́ на́віть ~і твари́ни.** There were even exotic animals in the zoo.
v. + **е. бу́ти ~им** be exotic ◊ **Усе́ тут було́ ~им для них.** Everything here was exotic to them. (**вважа́тися** be considered; **здава́тися** + *D.* seem to sb; **лиша́тися** remain)
prep. **е. для** + *G.* exotic to sb
Cf. **ди́вний**

екіпа́ж, *m.*, **~у**
crew, team ◊ **Е. літака́ склада́вся із трьо́х осі́б.** The aircraft crew consisted of three people.
adj. **бойови́й** combat; **вели́кий** big, **невели́кий** small ◊ **Е. корабля́ був невели́ким.** The ship crew was small. **непо́вний** incomplete; **по́вний** complete; **відва́жний** brave; **ви́пробуваний** tested, **досві́дчений** experienced, **наді́йний** reliable
е. + *n.* **е. бомбардува́льника** a bomber crew (**вертольо́та** *or* **гелíко́птера** helicopter, **корабля́** ship, **літака́** aircraft, **субмари́ни** submarine, **та́нка** tank) ◊ **Без ньо́го е. та́нка був би непо́вним.** Without him the tank crew would be incomplete.
v. + **е. очо́лювати е.** lead a crew; **кома́ндувати ~ем** command a crew ◊ **Кома́ндувати ~ем призна́чили капіта́на Мокре́нка.** Captain Mokrenko was appointed to command the crew.
prep. **в. ~і** in a crew ◊ **У ї́хньому ~і було́ дві жі́нки.** There were two women in their crew. **е. із** + *G.* a crew of *(persons)* ◊ **е. з десяти́ чолові́к** a crew of ten

екологі́чн|ий, *adj.*
ecological ◊ **Він був на важли́вому ~ому фо́румі.** He was at an important ecological forum.
е. + *n.* **~а безпе́ка** ecological security ◊ **Нафтогі́н загро́жує ~ій безпе́ці реґіо́ну.** The oil pipeline is a threat to the ecological security of the region. (**катастро́фа** catastrophe; **лаборато́рія** laboratory; **рівнова́га** equilibrium; **ситуа́ція** situation) ◊ **~а ситуа́ція стабілізува́лася.** The ecological situation stabilized.

еколо́гі|я, *f.*, **~ї**, *only sg.*
1 ecology, ecological science
adj. **ґлоба́льна** global, **місце́ва** local; **лю́дська** human, **росли́нна** plant, **твари́нна** animal; **еволюці́йна** evolutionary, **мо́вна** language, **популяці́йна** population, **соція́льна** social
v. + **е. вивча́ти ~ю** study ecology ◊ **Тут вивча́ють ~ю.** They study ecology here. (**виклада́ти** teach); **ціка́витися ~єю** take interest in ecology ◊ **Вона́ ціка́виться соція́льною ~ю.** She takes interest in social ecology.
See **дисципліна 2, предме́т 2**
2 ecology, environment
adj. **вразли́ва** fragile; **забру́днена** polluted, **отру́єна** poisoned, **токси́чна** toxic; **чи́ста** clean; **приро́дна** natural ◊ **Хижаки́ загро́жували змі́нити приро́дну ~ю сте́пу.** The predators threatened to change the steppe's natural ecology. **суча́сна** contemporary
v. + **е. завдава́ти шко́ди ~ї** damage the environment ◊ **Ава́рія завдала́ шко́ди ~ї.** The accident caused damage to the environment.
See **довкі́лля, середо́вище 1**

еконо́мі|ка, *f.*
1 economy ◊ **Світова́ е. спові́льнилася вна́слідок кри́зи.** The world economy slowed down as a consequence of the crisis.
adj. **динамі́чна** dynamic, **жва́ва** vibrant, **здоро́ва** healthy, **кві́туча** prosperous, **поту́жна** powerful, **си́льна** strong, **стабі́льна** stable; **вразли́ва** vulnerable, **засті́йна** stagnant, **посла́блена** weakened, **розду́та** bubble ◊ **Розду́та е. могла́ ло́пнути з дня на день.** The bubble economy could burst any day. **слабка́** weak, **хво́ра** ailing; **конкуре́нтна** *and* **конкурентноспромо́жна** competitive; **розви́нута** developed, **суча́сна** modern, **нова́** new ◊ **У краї́ні ви́никла нова́ е., засно́вана на інформаці́йних техноло́гіях.** A new information-based economy emerged in the country. **аґра́рна** agrarian, **рільни́ча** agricultural, **капіталісти́чна** capitalist, **ри́нкова** market; **нелеґа́льна** illegal, **неформа́льна** informal, **підпі́льна** underground, **тіньова́** shadow ◊ **У тіньові́й ~ці оберта́ються мілья́рди.** Billions circulate in the shadow economy. **чо́рна** *fig.* black ◊ **Чо́рна е. – це незако́нна ді́яльні́сть на зразо́к наркобі́знесу, торгі́влі людьми́ чи контраба́нди.** Black economy is an illegal activity, such as drug and human trafficking or contraband. **індустріялізо́вана** industrialized, **індустрія́льна** industrial; **ліберáльна** liberal; **змі́шана** mixed; **пла́нова** planned, **соціялісти́чна** socialist; **ґлоба́льна** global ◊ **мі́сце краї́ни у ґлоба́льній ~ці** the nation's place in the global economy; **ґлобалізо́вана** globalized; **вну́трішня** internal; **місце́ва** local, **мі́ська** city, **сі́льська** rural, **націона́льна** national ◊ **Будіве́льна промисло́вість склада́є во́сьму части́ну націона́льної ~ки.** The construction industry constitutes one eighth of the national economy. **реґіона́льна** regional, **світова́** world
е., що + *v.* **е., що занепада́є** a declining economy ◊ **Нова́ полі́тика стабілізува́ла ~ку, що занепада́ла.** The new policies stabilized the declining economy. (**посла́блюється** weakening, **спові́льнюється** slowing, **заро́джується** emerging ◊ **В'єтна́м є при́кладом ~ки, що заро́джується.** Vietnam is an example of an emerging economy. **пережива́є бум** booming ◊ **На її ду́мку, кита́йська е., що пережива́є бум, мо́же перегрі́тися.** In her, opinion, the booming Chinese economy can overheat. **покра́щується** improving, **розвива́ється** developing, **розширя́ється** expanding)
n. + **е. га́лузь ~ки** a branch of economy ◊ **особли́во динамі́чна га́лузь ~ки** a particularly dynamic branch of the economy (**діля́нка** area, **се́ктор** sector; **ро́змір** size; **стан** state; **хребе́т** backbone ◊ **Інформаці́йні техноло́гії склада́ють хребе́т еконо́міки краї́ни.** Information technologies constitute the backbone of the country's economy. **зроста́ння** growth; **занепа́д** decline, **засті́й** stagnation, **скоро́чення** shrinking, **спад** recession)
v. + **е. будува́ти ~ку** build an economy ◊ **У краї́ні будува́ли ри́нкову ~ку.** They were building a market economy in the country. (**змі́цнювати** strengthen, **оживля́ти** revitalize, **підтри́мувати** support, **стимулюва́ти** stimulate ◊ **Тури́зм стимулю́є місце́ву ~ку.** Tourism stimulates the local economy. **перебудо́вувати** rebuild, **реструктуризува́ти** restructure, **реформува́ти** reform; **урізномані́тнювати** *and* **диверсифікува́ти** diversify; **покра́щувати** improve, **розвива́ти** develop ◊ **Пріорите́том прем'є́ра є розвива́ти конкуре́нтну ~ку.** The premier's priority is to develop a competitive economy. **розширя́ти** expand; **лібералізува́ти** liberalize, **модернізува́ти** modernize; **реґулюва́ти** regulate, **стабілізува́ти** stabilize; **перетво́рювати** *and* **трансформува́ти на** + *A.* transform into sth; **рятува́ти** rescue; **дестабілізува́ти** destabilize, **зни́щувати** destroy, **підрива́ти** undermine, **посла́блювати** weaken, **руйнува́ти** ruin, **спусто́шувати** devastate ◊ **Фіна́нсова кри́за спусто́шує ~ку.** The financial crisis is devastating the economy. **ру́хати** drive, **спові́льнювати** slow down; **вплива́ти на** influence ◊ **Ці́ни на газ уплива́ли на украї́нську ~ку.** Gas prices influenced the Ukrainian economy. **справля́ти вплив на** exert

influence on); **завдава́ти шко́ди** *or* **шко́дити ~ці** damage an economy ◊ **Протекціоні́зм завдава́в шко́ди** *or* **шко́див ~ці.** Protectionism damaged the economy. (**загро́жувати** threaten) ◊ **Інфля́ція загро́жувала ~ці.** Inflation threatened the economy. **панува́ти над ~кою** dominate the economy (**управля́ти** manage)

e. + *v.* **вихо́дити з** + *G.* emerge from *(crisis, etc.)* ◊ **Е. ви́йшла із засто́ю.** The economy emerged from stagnation. **відро́джуватися** revive, **зроста́ти на** + *A.* grow by *(a measure)* ◊ **Е. зросла́ на два відсо́тки.** The economy grew by 2%. **пережива́ти бум** boom, **покра́щуватися** improve, **процвіта́ти** flourish, **розвива́тися** develop, **розширя́тися** expand; **захо́дити у спад** go into recession ◊ **Е. зайшла́ у спад.** The economy went into recession. **зазнава́ти спа́ду** suffer a downturn; **занепада́ти** decline, **перебува́ти в засто́ї** stagnate ◊ **Е. перебува́ла в засто́ї.** The economy stagnated. **скоро́чуватися на** + *A.* shrink by *(a measure)*, **сповільнюватися** slow down; **зазнава́ти** + *A.* experience sth ◊ **Япо́нська е. зазнава́ла засто́ю.** The Japanese economy suffered stagnation. **потерпа́ти від** + *G.* suffer sth ◊ **Е. потерпа́ла від дефіци́ту ліквідности.** The economy was suffering from liquidity deficit. **перегріва́тися** overheat; **діяти** operate, **функціонува́ти** function; **виробля́ти** *and* **продукува́ти** + *A.* produce sth ◊ **Е. виробля́ла това́ри, які́ конкурува́ли на міжнаро́дному ри́нку.** The economy was making the goods that competed in the international market. **ство́рювати** + *A.* create sth ◊ **Е. почала́ ство́рювати робо́чі місця́.** The economy began to create jobs.

prep. **в ~ці** in an economy ◊ **змі́ни в ~ці** changes in the economy

See **господа́рство 2**

2 economics *(discipline)*

adj. **звича́йна** conventional, **класи́чна** classical, **ортодокса́льна** orthodox, **кейнзія́нська** Keynesian, **ри́нкова** market; **ліберальна** liberal, **маркси́стська** Marxist ◊ **В університе́ті виклада́ли маркси́стську ~ку.** Marxist economics was taught at the university. **некласи́чна** neoclassical; **прикладна́** applied, **теорети́чна** theoretical; **моде́рна** modern, **суча́сна** contemporary; **ґлоба́льна** global, **міжнаро́дна** international; **елемента́рна** elementary, **засадни́ча** basic, **про́ста** simple; **бізнесо́ва** business, **поведі́нкова** behavioral, **сільськогоспо́дарська** agricultural, **промисло́ва** industrial, **трудова́** labor

n. + **е. зако́н ~ки** a law of economics (**като́дра** chair ◊ **Він створи́в като́дру поведі́нкової ~ки.** He created the chair of behavioral economics. **теорія** theory; **факульте́т** department, **шко́ла** school)

See **предме́т 2.** *Also see* **дисципліна 2.** *Cf.* **еконо́мія 1**

економі́ст, *m.*; ~ка, *f.*

economist

adj. **авторите́тний** respected, **вплово́вий** influential; **блиску́чий** brilliant, **видатни́й** distinguished, **геніа́льний** brilliant, **неперевершений** unmatched, **першокла́сний** first-class; **ке́пський** poor, **пога́ний** bad; **головни́й** chief, **провідни́й** leading, **ста́рший** senior; **професі́йний** *or* **фахови́й** professional; **урядо́вий** government; **ортодокса́льний** orthodox, **кейнзія́нський** Keynesian, **ри́нковий** market; **ліберальний** liberal, **маркси́стський** Marxist; **некласи́чний** neoclassical; **міжнаро́дний** international ◊ **Уряд консульту́ється з трьома́ міжнаро́дними ~ами.** The government is consulting three international economists. **реґіона́льний** regional; **консервати́вний** conservative, **проґреси́вний** progressive; **бізнесо́вий** business, **поведі́нковий** behavioral, **сільськогоспо́дарський** agricultural, **промисло́вий** industrial, **трудови́й** labor

See **спеціялі́ст, фахіве́ць**

економі́чн|ий, *adj.*

economic

e. + *n.* **е. бум** an economic boom ◊ **Е. бум був недовгові́чним.** The economic boom was short-lived. (**зане́пад** decline, **засті́й** stagnation, **спад** recession; **по́ступ** advance, **проґре́с** progress, **ро́звиток** development; **показни́к** indicator); **~а ба́за** an economic basis (**ефекти́вність** effectiveness; **кри́за** crisis; **змі́на** change, **рефо́рма** reform) ◊ **Парла́мент прийня́в план ~ої рефо́рми.** The parliament adopted the economic reform plan.

Cf. **еконо́мний**

еконо́мі|я, *f.*, ~ї

1 economy, thrift, thriftiness, savings ◊ **Вона́ навчи́лася ~ї від ма́тері.** She learned thriftiness from her mother.

adj. **безглу́зда** senseless ◊ **Купува́ти деше́ві ре́чі – для не́ї вершо́к безглу́здої ~ї.** Buying cheap things is the height of senseless economy for her. **за́йва** superfluous, **надзвича́йна** extreme ◊ **Обста́вини зму́шували їх уда́тися до надзвича́йної ~ї.** Circumstances compelled them to resort to extreme thriftiness. **надмі́рна** excessive, **непотрі́бна** needless; **вели́ка** great, **значна́** significant; **необхі́дна** indispensible; **розу́мна** sensible, **суво́ра** strict

e. + *n.* **е. зуси́ль** economy of efforts ◊ **Його́ поведі́нкою ру́хала е. мо́вних зуси́ль.** The economy of speech efforts drove his behavior. (**бензи́ну** gasoline, **води́** water, **еле́ктрики** *or* **електроене́ргії** electricity, **пально́го** fuel, **ресу́рсів** resources)

v. + **е. впрова́джувати ~ю** introduce economy ◊ **Він впрова́див ~ю електроене́ргії на заво́ді.** He introduced economy of electricity at the plant. **досяга́ти ~ї** achieve economy (**вимага́ти** demand, **потребува́ти** require; **вдава́тися до** resort to)

prep. **для ~ї** for economy ◊ **Вони́ роби́ли це для ~ї пи́тної води́.** They did it in order to save potable water.

2 *only in* ♦ **політи́чна е.**, *often* **політеконо́мія** political economy ◊ **Він – вели́кий авторите́т у політи́чній ~ї капіталі́зму.** He is a great authority in the political economy of capitalism.

Cf. **еконо́міка 2**

еконо́мн|ий, *adj.*

economical, thrifty ◊ **~е використа́ння еле́ктрики оща́джувало вели́кі гро́ші.** Economical use of electricity saved a lot of money.

adv. **вкрай** extremely, **до́сить** fairly ◊ **Він люди́на до́сить ~а.** He is a fairly thrifty man. **ду́же** very, **надзвича́йно** extraordinarily; **не зо́всім** not entirely

v. + **е. бу́ти ~им** be economical (**виявля́тися** turn out ◊ **Підхі́д но́вого голови́ мі́ста до грома́дських фо́ндів ви́явився не зо́всім ~им.** The new city mayor's approach toward public funds turned out to be not entirely economical. **здава́тися** + *D.* seem to sb; **става́ти** become) ◊ **Вона́ ста́ла вкрай ~ою.** She became extremely thrifty.

prep. **е. в** + *L.* thrifty in sth ◊ **е. у використа́нні пально́го** thrifty in the use of fuel; **е. з** + *I.* thrifty with sth ◊ **Ні́на була́ ~ою з витра́тами на о́дяг.** Nina was thrifty with her expenditures on clothes.

See **оща́дливий.** *Cf.* **економі́чний**

екра́н, *m.*, ~а

screen ◊ **У кінопала́ці – двана́дцять ~ів.** There are twelve screens at the cineplex.

adj. **вели́кий** big, **велете́нський** giant, **величе́зний** huge; **кри́хітний** tiny, **мале́нький** *dim.* small, **невели́кий** small; **поро́жній** blank; **ввесь** *and* **по́вний** full; **розді́лений** split; **захисни́й** protective, ♦ **кіноекра́н** a movie screen, **комп'ю́терний** computer, **ра́дарний** radar, **телевізі́йний** *or usu* **те́леекран** TV, ♦ **голуби́й е.** *fig.* a TV screen; **кольоро́вий** color, **чо́рно-бі́лий** black-and-white ◊ **Сього́дні чо́рно-бі́лий е. – це музе́йна рі́дкість.** Today a black-and-white screen is a museum rarity. **пла́змовий** *and* **газорозря́дний** plasma ◊ **Пла́змовий е. дава́в помі́тно кра́ще зобра́ження.** A plasma screen gave a noticeably better image. **пло́ский** flat; **рідкокристалі́чний** LCD, **се́нсорний** touch; **сімнадцятидюймо́вий** 17-inch, **двадцятитрьохдюймо́вий** 23-inch ◊ **Двадцятитрьохдюймо́вий комп'ю́терний е. уже́ не задовольня́в її.** The 23-inch computer screen did not satisfy her any longer. **імпровізо́ваний** makeshift ◊ **Стіна́ пра́вила їм за імпровізо́ваний е.** The wall served as a makeshift screen for them.

e. + *n.* **е. комп'ю́тера** a computer screen (**ноутбу́ка** notebook, **ра́дара** radar ◊ **На ~і ра́дара з'яви́лося дві ця́тки.** Two spots appeared on the radar screen. **телеві́зора** TV set; **кінотеа́тру** movie theater)

n. + **е. зі́рка ~а** a screen star ◊ **На стіні́ були́ світли́ни зіро́к світово́го ~а.** There were pictures of world screen stars on the wall. (**леге́нда** legend; **ро́змір** size)

v. + **е. ві́шати е.** hang a screen ◊ **Е. пові́сили на стіні́.** They hung the screen on the wall. (**встано́влювати** install; **запо́внювати** fill; **підніма́ти** raise, **опуска́ти** lower; **протира́ти** wipe ◊ **Він проте́р е. від пи́лу.** He wiped the screen from dust. **диви́тися на** look at) ◊ **Усі́ ува́жно диви́лися на е.** Everybody was carefully looking at the screen. **прикипа́ти до ~а** be glued to a screen ◊ **Він прикипі́в очи́ма до ~а.** His eyes were glued to the screen.

e. + *v.* **бли́мати** flicker ◊ **Вона́ ба́чила, як у вікні́ бли́має е. телеві́зора.** She saw a TV screen flicker in the window. **загоря́тися** light up; **га́снути** fade; **пока́зувати** + *A.* show sth; **спала́хувати** light up ◊ **Оди́н за о́дним спала́хували ~и комп'ю́терів.** Computer screens lit up one after the other.

prep. **на е.** *dir.* at/on/to a screen ◊ **Час від ча́су він позира́в на е.** From time to time, he cast a look at the screen. ♦ **вихо́дити на ~и** to come out *(of a movie)*, be released ◊ **Ф. ви́йде на ~и насту́пного ти́жня.** The movie will come out next week. **на ~і** *posn.* on a screen; ♦ **з'явля́тися на ~і** to be released *(of a movie)*, come out ◊ **Торі́к на украї́нських ~ах з'яви́лися деся́тки нови́х фі́льмів.** Dozens of new movies were released in Ukraine last year.

екраніза́ці|я, *f.*, ~ї

nonequiv. screen adaptation + *G.* of sth

adj. **блиску́ча** brilliant, **до́бра** good, **вда́ла** *and* **успі́шна** successful, **найкра́ща** best ◊ **Кри́тики поква́пилися оголоси́ти фі́льм найкра́щою ~єю рома́ну.** Critics hastened to declare the film to be the best screen adaptation of the novel. **ориґіна́льна** innovative, **ціка́ва** interesting; **ке́пська** poor, **невда́ла** unsuccessful, **пога́на** bad

v. + **е. роби́ти ~ю** + *G.* make a screen adaptation of sth ◊ **Він зроби́в ~ю рома́ну.** He made a film adaptation of the novel.

See **фі́льм.** *Also see* **карти́на 3, стрі́чка 4**

екранізу|ва́ти, ~ють; *same, tran.*

nonequiv. to make a screen adaptation, adapt *(a novel, etc.)* to the screen

adv. **впе́рше** for the first time ◊ **Рома́н ~ва́ли впе́рше.** The screen adaptation of the novel was made for the first time. **блиску́че** brilliantly, **до́бре** well, **вда́ло** *and* **успі́шно** successfully, **ориґіна́льно** innovatively; **жахли́во** terribly, **ке́псько** poorly, **пога́но** badly

v. + **е. вдава́тися** + *D.* succeed in ◊ **Йому́**

вдалося оригінально е. п'єсу. He succeeded in making an innovative screen adaptation of the play. **змогти** *pf.* manage to; **мати можливість** have the opportunity to, **могти** can, **мріяти** dream of ◊ **Вона мріє е. оповідання.** She dreams of adapting the story to the screen. **намагатися** try to, **робити спробу** make an effort to; **хотіти** want to
pa. pple. **екранізований** adapted to screen
екранізуй!

екскурсі|я, *f.*, **~ї**
excursion, sightseeing
adj. **коротка** short ◊ **Він запланував коротку е. університетом.** He planned a short excursion around the university. **маленька** *dim.* little, **невелика** little; **тривала** lengthy; **вечірня** evening, **денна** day, **нічна** night; **дводенна** two-day, **триденна** three-day; **незабутня** unforgettable, **пам'ятна** memorable, **приємна** pleasant, **цікава** interesting; **приватна** private, **чудова** wonderful
v. + **е. влаштувати ~ю** arrange an excursion ◊ **Він улаштував їм приватну ~ю.** He arranged a private excursion for them. (**організовувати** organize, **планувати** plan; **скасовувати** cancel ◊ **Через негоду скасували ~ю до Музею архітектури.** Because of bad weather, the excursion to the Architecture Museum was canceled. **відкладати** put off; **вести** + *A.* take sb on *(on foot)* ◊ **Учора Гриць водив їх на ~ю до ботанічного саду.** Yesterday Hryts took them on an excursion to the botanical garden. **проводити** conduct ◊ **Місцевий історик викликався провести ~ю фортецею.** A local historian volunteered to conduct an excursion of the fortress. **везти** + *A.* **на** take sb on *(be vehicle)*, **іти** *and* **їхати на** go on) ◊ **Вони поїхали на ~ю до монастиря.** They went on an excursion to the monastery.
prep. **під час ~ї** during an excursion; **е. до** + *G.* an excursion to *(a place)*; **е. по** + *L. or* **е.** + *I.* an excursion around/of *(a place)* ◊ **Вони пропонують ~ї по місту** *or* **~ї містом.** They offers excursions of the city.

експедиці|я, *f.*, **~ї**
expedition
adj. **археологічна** archeological ◊ **Вони готувалися до археологічної ~ї.** They were preparing for an archeological expedition. **дослідницька** research, **етнографічна** ethnographic, **наукова** scientific; **військова** military, **військово-морська** naval; **каральна** punitive; **спільна** joint, **успішна** successful; **велика** major; **маленька** *dim.* little, **невелика** small; **важка** difficult, **виснажлива** exhausting, **небезпечна** dangerous; **тривала** lengthy, **коротка** short; **злощасна** ill-fated, **невдала** failed, **успішна** successful; **міжнародна** international, **спільна** joint; **антарктична** Antarctic, **арктична** Arctic; **канадська** Canadian, **українська** Ukrainian; **чужоземна** foreign
n. + **е. маршрут ~ї** the route of an expedition (**мета** goal; **провідник** leader, **член** member; **графік** schedule, **план** plan)
v. + **е. організовувати ~ю** organize an expedition ◊ **Вони організували українсько-польську ~ю.** They organized a Ukrainian-Polish expedition. (**планувати** plan; **посилати** send, **проводити** carry out, **починати** begin ◊ **Група починала ~ю в Карпатах.** The group was beginning an expedition in the Carpathians. **закінчувати** complete; **оплачувати** pay for, **спонсорувати** sponsor, **фінансувати** finance; **вирушати в** embark on ◊ **Вони вирушили в ~ю на світанку.** They embarked on the expedition at dawn. **йти в** go on ◊ **Наступного року вони підуть в арктичну ~ю.** Next year, they will go on an Arctic expedition. **збиратися в** prepare for)
е. + *v.* **вирушати** set out ◊ **Військова е. вирушила вночі.** The military expedition set out at night. **виходити** leave; **починатися** start ◊ **Е. почалася із запізненням.** The expedition started with a delay. **повертатися** return ◊ **Українська антарктична е. повернулася.** The Ukrainian Antarctic expedition has returned. **досягати** + *G.* reach sth, **прибувати до** + *G.* arrive at/in ◊ **Е. прибула до Тимбукту.** The expedition arrived at Timbuktu.
prep. **в ~ю** *dir.* for/on an expedition; **в ~ї** *posn.* on an expedition ◊ **Вона була в черговій ~ї.** She was on another expedition.

експеримент, *m.*, **~у**
experiment ◊ **Успіх ~у обіцяв прорив у плазмовій фізиці.** The success of the experiment promised a breakthrough in plasma physics.
adj. **лабораторний** laboratory, **медичний** medical, **навчальний** educational, **науковий** scientific; **блискучий** brilliant ◊ **Блискучий е. ніхто не зміг повторити.** Nobody was able to repeat the brilliant experiment. **вдалий** *and* **успішний** successful; **катастрофічний** catastrophic, **невдалий** unsuccessful, **провальний** failed; **небезпечний** dangerous, **ризиковий** risky, **сміливий** bold; **польовий** field, **психологічний** psychological; **практичний** practical; **короткий** brief; **простий** simple; **контрольний** control; **незалежний** independent; **класичний** classical; **славетний** famous; **унікальний** unique; **цікавий** interesting; **майбутній** future, **наступний** next, **подальший** further; **попередній** preliminary, previous
v. + **е. проводити е.** conduct an experiment ◊ **Щоби провести е., потрібні належні умови.** Proper conditions are required to conduct the experiment. (**виконувати** perform ◊ **Вона виконала е. бездоганно.** She performed the experiment flawlessly. **влаштувати** set up, **організовувати** organize, **планувати** plan ◊ **Вона планує наступний е.** She is planning the next experiment. **продовжувати** continue ◊ **Вони продовжують медичні ~и.** They continue medical experiments. **відкладати** put off) ◊ **Е. відклали на невизначений час.** They put the experiment off indefinitely. **скасовувати** cancel
е. + *v.* **відбуватися** take place ◊ **Е. відбудеться у три етапи.** The experiment will take place in three stages. **проходити** be underway, **тривати** + *A.* last *(time)* ◊ **Е. тривав годину.** The experiment lasted an hour. **бути успішним** be a success, **провалюватися** fail ◊ **Е. провалився.** The experiment has failed. **передбачати** + *A.* involve sth ◊ **Е. передбачає співпрацю десяти установ.** The experiment involves the cooperation of ten institutions. **виявляти** + *A.* reveal sth, **вказувати на** + *A.* indicate sth ◊ **Е. вказав на слабкі місця проєкту.** The experiment indicated weak spots of the project. **демонструвати** + *A.* demonstrate sth, **доводити** + *A.* prove sth, **підтверджувати** + *A.* confirm sth, **показувати** + *A.* show sth
prep. **в ~і** in an experiment ◊ **В ~і використали берилій.** Beryllium was used in the experiment. **під час ~у** during an experiment; **шляхом ~у** by experiment ◊ **Вона довела теорію шляхом ~у.** She proved the theory by experiment. **е. з** + *I.* an experiment with sth ◊ **е. з полонієм** an experiment with polonium
Also see **дослід 1**

експерт, *m.*; **~ка**, *f.*
expert, specialist ◊ **Два ~и підтвердили діягноз.** Two experts confirmed the diagnosis.
adj. **авторитетний** respected, **визнаний** recognized, **провідний** leading; **правдивий** genuine, **справжній** real; **зовнішній** outside, **незалежний** independent; **блискучий** brilliant, **винятковий** exceptional, **добрий** *and* **хороший** good ◊ **Дарина звернулася до доброго ~а.** Daryna turned to a good expert. **кепський** poor, **недосвідчений** inexperienced, **поганий** bad
n. + **е. група ~ів** a group of experts (**комісія** committee ◊ **Було створено комісію ~ів.** A committee of experts was created. **низка** *and* **шерег** number) ◊ **Тієї ж думки дотримується шерег визнаних ~ів.** A number of recognized experts hold the same opinion.
v. + **е. бути ~ом** be an expert ◊ **Він – е. у садівництві.** He is an expert in gardening. (**вважати** + *A.* consider sb ◊ **Його заслужено вважають ~ом.** He is deservedly considered to be an expert. **ставати** become) ◊ **Він став провідним ~ом галузі.** He became a leading expert in the field.
prep. **е. в** + *L. or* **з** + *G.* an expert in/on *(a discipline)* ◊ **е. з історії мистецтва** an art history expert
Also see **знавець, фахівець**

експертиз|а, *f.*
examination, analysis, test, forensics; expert opinion
adj. **детальна** detailed, **прискіплива** assiduous, **ретельна** thorough, **скрупульозна** scrupulous, **сувора** strict; **всеохопна** comprehensive, **загальна** general, **повна** complete; **часткова** partial; **наукова** scientific, **судово-медична** forensic, **технічна** technical
n. + **е. висновок ~и** an examination conclusion (**результат** result; **протокол** protocol ◊ **протокол судово-медичної ~и** a forensics protocol; **процес** process)
v. + **е. проводити ~у** conduct an examination (**проходити** undergo) ◊ **Речові докази пройшли судово-медичну ~у.** The physical evidence underwent forensic tests. **піддавати** + *A.* **~і** subject sth to an examination ◊ **Рукопис піддали прискіпливій ~і.** The manuscript was subjected to an assiduous examination.
See **аналіз**

експертн|ий, *adj.*
expert, of or related to an expert
е. + *n.* **е. аналіз** an expert analysis (**висновок** conclusion, **огляд** examination, **погляд** view; **осередок** *or* **центр** center); **~а думка** an expert opinion (**оцінка** evaluation; **комісія** committee, **рада** board); **~е дослідження** an expert investigation (**обговорення** discussion; **обстеження** examination) ◊ **Вона замовила ~е обстеження об'єкта.** She commissioned an expert examination of the facility.

експлуатаці|я, *f.*, **~ї**, *only sg.*
1 exploitation ◊ **Об'єктами ~ї часто стають діти.** Children often become objects of exploitation.
adj. **безжальна** ruthless, **брутальна** brutal, **відверта** blatant, **відкрита** overt, **ганебна** shameful, **жахлива** horrible, **нахабна** brazen, **цинічна** cynical; **економічна** economic, **капіталістична** capitalist, **класова** class, **промислова** industrial, **статева** sexual ◊ **статева е. жінок** sexual exploitation of women
v. + **е. зазнавати ~ї** suffer exploitation ◊ **Селяни зазнають ~ї з боку посередників.** The peasants suffer exploitation on the part of middlemen. (**уникати** avoid); **запобігати ~ї** prevent exploitation (**протидіяти** counteract, **чинити опір** resist; **піддавати** + *A.* subject sb to) ◊ **Нелегальних мігрантів піддають цинічній ~ї.** Illegal migrants are subjected to cynical exploitation. **боротися з ~єю** struggle against exploitation; **засновуватися на ~ї** be based on exploitation
2 exploitation *(of machinery, etc.)*, use, operation
adj. **ефективна** efficient, **комерційна** commercial, **масштабна** large-scale, **успішна** successful ◊ **Вона відповідала за успішну ~ю обладнання.** She was responsible for successful

exploitation of the equipment.
v. + **е. вво́дити** + *A.* **в ~ю** put sth into operation ◊ **Заво́д увели́ в ~ю че́рез мі́сяць.** The plant was put into operation in one month.

експлуат|ува́ти, **~ють;** *no pf., tran.*
1 to exploit *(people, etc.)* ◊ **Працеда́вці віддаю́ть перева́гу заробітча́нам, яки́х ле́гше е.** The employers give preference to guest workers who are easier to exploit.
adv. **безжа́льно** ruthlessly, **безсоро́мно** shamelessly, **ди́ко** savagely, **наха́бно** brazenly, **цині́чно** cynically; **безпере́рвно** nonstop, **весь час** all the time; **відкри́то** openly; **незако́нно** illegally
v. + **е. бу́ти ле́гко** be easy ◊ **Чле́нів профспі́лки не так ле́гко е.** It is not so easy to exploit union members. **не дозволя́ти** + *D.* not allow sb to ◊ **Зако́н не дозволя́є працеда́вцям е. робітникі́в так ди́ко, як рані́ше.** The law does not allow employers to exploit workers as savagely as earlier. **намага́тися** try to; **продо́вжувати** continue to
2 to operate *(machinery, etc.)*, use, exploit ◊ **Копа́льню ~вали до́ти, до́ки не ви́черпали.** The pit had been exploited till it was exhausted.
adv. **акти́вно** actively, **ефекти́вно** efficiently, **успі́шно** successfully; **комерці́йно** commercially ◊ **Він шука́в спо́сіб е. ці мінера́льні джере́ла комерці́йно.** He was looking for a way to exploit the mineral springs commercially. **масшта́бно** on a large scale, **широ́ко** widely
v. + **е. бу́ти мо́жна** be possible to; **дозволя́ти** + *D.* allow sb to ◊ **Мето́дика дозволя́є компа́нії ефекти́вно е. родо́вища на́фти.** The methodology allows the company to exploit the oil fields effeciently. **допомага́ти** + *D.* help sb to; **почина́ти** begin to ◊ **Вони́ почали́ е. обла́днання мину́лого ти́жня.** They began to exploit the equipment last week. **ста́ти** *pf.* start to; **продо́вжувати** continue to
See **використо́вувати 1.** *Also see* **вжива́ти 1, застосо́вувати, оперува́ти 3, розпоряджа́тися 3, спожива́ти 2**
pa. pple. **експлуато́ваний** exploited, used
експлуату́й!

експона́т, *m.*, **~а**
exhibit, object, item ◊ **Се́ред ~ів музе́ю було́ кі́лька нови́х зна́хідок.** There were a few new finds among the museum exhibits.
adj. **безці́нний** priceless, **рі́дкісний** rare, **уніка́льний** unique ◊ **Музе́єві браку́є мі́сця, щоб пока́зувати свої́ уніка́льні ~и.** The museum lacks space in order to showcase its unique exhibits. **археологі́чний** archeological, **істори́чний** historical, **мисте́цький** *or* **худо́жній** artistic; **ціка́вий** interesting; **чи́сле́нний** *only pl.* numerous
е. + *n.* **е. ви́ставки** a display exhibit (**експози́ції** exposition, **збі́рки** *and* **коле́кції** collection, **музе́ю** museum)
v. + **е. виставля́ти е.** display an exhibit ◊ **~и виставля́ють упе́рше.** The exhibits are displayed for the first time. (**пока́зувати** showcase; **підбира́ти** select ◊ **Підібра́ти ~и запроси́ли авторите́тного мистецтвозна́вця.** A respected art historian was invited to select the exhibits. **ба́чити** see, **огляда́ти** view ◊ **Вона́ до́вго огляда́ла ко́жен е.** She viewed each exhibit for a long time. **диви́тися (на)** look at)

е́кспорт, *m.*, **~у**, *only sg.*
export, exports, exportation
adj. **важли́вий** important, **головни́й** chief, **основни́й** main, **найбі́льший** largest ◊ **Баво́вна – найбі́льший е. краї́ни.** Cotton is the country's largest export. **реко́рдний** record ◊ **Торі́чний е. автомобі́лів ви́явився реко́рдним.** Last year's car exports turned out to be record ones. **зага́льний** total; **чи́стий** net; **білору́ський** Belarusian, **лито́вський** Lithuanian, **украї́нський** Ukrainian, *etc.*; **світови́й** world; **зако́нний** lawful, **лега́льний** legal; **заборо́нений** banned, **незако́нний** unlawful, **нелега́льний** illegal; **ма́совий** massive, **масшта́бний** large-scale, **обме́жений** limited, **регульо́ваний** regulated; **живи́й** live ◊ **теля́та на живи́й е.** calves for live exports; **промисло́вий** industrial, **сільськогоспо́дарський** agricultural, **хемі́чний** chemical
е. + *n.* **е. ене́ргії** energy exports ◊ **Е. ене́ргії з краї́ни збі́льшився.** Energy exports from the country increased. (**збро́ї** arms; **автомобі́лів** car, **літакі́в** aircraft, **обла́днання** equipment; **збі́жжя** grain, **ка́ви** coffee, **кукуру́дзи** corn, **со́няшникової олії́** sunflower oil; **капіта́лу** capital; **вугі́лля** coal, **га́зу** gas, **еле́ктрики** *or* **електроене́ргії** electricity, **на́фти** oil, **по́слуг** services, **сировини́** raw materials, **това́рів** goods)
n. + **е. ва́ртість ~у** export value ◊ **ва́ртість рі́чно́го ~у** the annual exports value (**о́бсяг** volume, **рі́вень** level); **заборо́на ~у** a ban on exports ◊ **Са́нкції включа́ли заборо́ну ~у технологі́й до краї́ни.** The sanctions included a ban on technology exports to the country. **збі́льшення ~у** an increase in exports (**зроста́ння** rise in; **зане́пад** decline in, **паді́ння** fall in, **скоро́чення** reduction in) ◊ **Причи́ною безробі́ття в га́лузі є значне́ скоро́чення ~у.** The cause of joblessnes in the industry is a significant reduction in exports.
v. + **в. збі́льшувати е.** increase exports ◊ **Ліквіда́ція тари́фів допомо́же збі́льшити е. това́рів і по́слуг.** Elimination of tariffs will help to increase goods and services exports. (**подво́ювати** double ◊ **За рік фі́рма подво́їла е.** Over the year, the firm doubled its exports. **потро́ювати** triple; **зме́ншувати** diminish, **скоро́чувати** reduce; **забезпе́чувати** ensure, **організо́вувати** organize, **полегшувати** facilitate; **контролюва́ти** control, **обме́жувати** limit; **унеможли́влювати** make impossible) ◊ **Нові́ пра́вила унеможли́влювали е. на́фти.** The new rules made oil exports impossible. **перешкоджа́ти ~ові** hamper exports ◊ **Складна́ процеду́ра кредитува́ння перешкоджа́ла ~ові збі́жжя.** The complicated crediting procedure hampered grain exports.
е. + *v.* **збі́льшуватися** rise, **зроста́ти** grow; **зме́ншуватися** diminish, **скоро́чуватися** decrease, **па́дати** fall; **дорі́внювати** + *D.* total sth, **оці́нюватися в** + *A.* be valued at *(measure)* ◊ **Е. збі́жжя оці́нювався у сто мільйо́нів гри́вень.** The grain exports were valued at ₴100,000,000.
prep. **е. з** + *G.* exports from *(a country)*, **е. до** + *G.* exports to/into *(a country)* ◊ **е. збро́ї з Росі́ї до А́фрики** arms exports from Russia to Africa; **на е.** for export ◊ **Ці автомобі́лі продуку́ють на е.** These cars are manufactured for export. ♦ **виво́зити** + *A.* **на е.** to export sth ◊ **Украї́на виво́зить на е. деревину́.** Ukraine exports timber.
Also see **ви́віз 1.** *Ant.* **і́мпорт, ввіз**

е́кспортн|ий, *adj.*
export, of or pertaining to exports ◊ **Краї́на ма́є вели́кі ~і можли́вості.** The country has great export capacities.
е. + *n.* **е. до́говір** an export treaty (**контро́ль** control; **потік** flow; **потенція́л** potential, **про́філь** profile; **реко́рд** record; **ри́нок** market, **сертифіка́т** certificate); **~а деклара́ція** an export declaration (**ді́яльність** activity; **кво́та** quota, **ліце́нзія** license; **компа́нія** company; **полі́тика** policy; **субси́дія** subsidy); **~е кредитува́ння** export crediting (**ліцензува́ння** licensing; **ми́то** duty; **фінансува́ння** financing; **страте́гія** strategy); **~і можли́вості** export capacities (**обме́ження** limitations; **тенде́нції** tendencies); **~е взуття́** shoes for export (**вино́** wine for, **збі́жжя** grain for, **м'я́со** meat for, **пи́во** beer for) ◊ **У ба́рі продаю́ть чоти́ри ма́рки украї́нського ~ого пи́ва.** Four brands of Ukrainian beer for export are sold in the bar.
Ant. **і́мпортний**

експорту|ва́ти, **~ють;** *no pf., tran.*
to export
adv. **про́сто** *or* **пря́мо** directly ◊ **Компа́нія ~є проду́кцію про́сто до Іра́ну.** The company exports products directly to Iran. **лега́льно** legally; **нелега́льно** illegally; **винятко́во** exceptionally, **го́ловно** mostly ◊ **Краї́на ~ва́ла го́ловно сировину́.** The country exported mostly raw materials. **лише́** only, **перева́жно** primarily; **зокре́ма́** in particular, **традиці́йно** traditionally ◊ **Традиці́йно краї́на ~є баво́вну.** Traditionally the country exports cotton. **широ́ко** widely
v. + **е. бу́ти мо́жна** be possible to ◊ **Такі́ ви́на мо́жна е. по всьо́му сві́тові.** It is possible to export such wines all around the world. **могти́** can ◊ **Сього́дні вони́ мо́жуть е. бі́льше това́рів.** Today they can export a greater number of goods. **почина́ти** begin to; **продо́вжувати** continue to
prep. **е. в** + *A. or* **до** + *G.* export to *(a country)* ◊ **Кашмі́рову во́вну ~ють в Іта́лію** *or* **до Іта́лії.** Cashmere wool is exported to Italy.
pa. pple. **експорто́ваний** exported
експорту́й!
Also see **виво́зити 2.** *Ant.* **імпортува́ти**

експреси́вн|ий, *adj.*
expressive ◊ **Її́ ~а про́за вража́[.** Her expressive prose impresses.
adv. **вкрай** extremely ◊ **Текст ви́йшов украй ~им.** The text came out to be extremely expressive. **до́сить** fairly, **ду́же** very, **надзвича́йно** extraordinarily; **на́дто** excessively, **емоці́йно** emotionally; **недоста́тньо** insufficiently
v. + **е. бу́ти ~им** be expressive (**вважа́ти** + *A.* consider sb/sth ◊ **Рома́на не вважа́ли люди́ною ~ою.** Roman was not considered to be an expressive person. **вигляда́ти** look ◊ **Він вигляда́в ~м на світли́ні.** He looked expressive in the picture. **виявля́тися** turn out, **здава́тися** + *D.* seem to sb ◊ **Її́ гра здава́лася режисе́рові недоста́тньо ~ою.** Her acting seemed to be insufficiently expressive to the director. **роби́ти** + *A.* make sb/sth, **ставати** become) ◊ **Коли́ Мико́ла хвилюва́вся, його́ мі́міка става́ла особли́во ~ою.** When Mykola got excited, his face became particularly expressive.
Also see **барви́стий 2, мальовни́чий 2, о́бразний, сокови́тий 3, яскра́вий 3, 4**

експреси́вн|ість, *f.*, **~ости**, *only sg.*
expressiveness, expressivity, expressive force
adj. **вели́ка** great, **винятко́ва** exceptional, **відчу́тна** palpable, **дивови́жна** amazing, **надзвича́йна** extraordinary; **надмі́рна** excessive; **незабу́тня** unforgettable, **неповто́рна** inimitable, **разю́ча** striking; **ви́тончена** refined, **тонка́** subtle; **тво́рча** creative, **стилісти́чна** stylistic; **типо́ва** typical, **уніка́льна** unique
е. + *n.* **е. мо́ви** expressive force of language (**письма́** writing, **пое́зії** poetry, **про́зи** prose, **сти́лю** style, **фразеоло́гії** phraseology)
v. + **е. виявля́ти е.** display expressive intensity (**ма́ти** have); **вирізня́тися ~істю** stand out by one's expressive intensity. ◊ **Її́ тво́рча мане́ра вирізня́ється ~істю.** Her creative manner stands out by its expressiveness.
Also see **о́бразний 2**

експресіоні́зм, *m.*, **~у**, *only sg.*
expressionism
adj. **ра́нній** early, **пі́зній** late; **типо́вий** typical, **погрнаи́чний** borderline ◊ **Робо́та представля́є погрнаи́чний е. з елеме́нтами сюреалі́зму.** The work represents borderline expressionism

with elements of surrealism. **кінематографічний** film, **літературний** literary, **поетичний** poetic; **німецький** German, **український** Ukrainian, **французький** French, *etc.*
v. + **е. представляти е.** represent expressionism (**відкидати** reject ◊ **У пізнішій творчості режисер відкидає е.** In his later work, the director rejects expressionism. **заперечувати** negate); **відходити від ~у** depart from expressionism (**належати до** belong to) ◊ **Маляр належить до ~у.** The artist belongs to expressionism.

експресіоніст, *m.*; ~ка, *f.*
expressionist
adj. **видатний** prominent, **відомий** well-known, **славетний** famous; **впливовий** influential, **новаторський** innovative, **оригінальний** original; **типовий** typical; **німецький** German, **французький** French, *etc.*
v. + **е. бути ~ом** be an expressionist (**вважати** + *A.* consider sb, **вважатися** be considered, **здаватися** + *D.* seem to sb, **лишатися** remain ◊ **Едвард Мунк лишається впливовим ~ом.** Edvard Munch remains an influential expressionist. **називати** + *A.* call sb ◊ **Ель Ґрека називають першим ~ом.** El Greco is called the first expressionist. **оголошувати себе** declare oneself, **ставати** become)

експресіоністичн|ий, *adj.*
expressionist, expressionistic
adv. **винятково** exceptionally, **виразно** distinctly, **типово** typically; **вкрай** extremely, **дуже** very, **надзвичайно** extraordinarily; **досить** fairly, **дещо** somewhat, **майже** almost, **трохи** a little
v. + **е. бути ~им** be expressionist (**вважати** + *A.* consider sb, **вважатися** be considered ◊ **Таке використання світла й тіні вважається ~им.** Such use of light and shadow is considered expressionist. **виглядати** look, **здаватися** + *D.* seem to sb, **лишатися** remain; **робити** + *A.* make sth, **ставати** become)

екстаз, *m.*, ~у
ecstasy, trance ◊ **Е. святої Терези – славетна скульптура Берніні.** St. Theresa's Ecstasy is the famous sculpture by Bernini.
adj. **повний** complete ◊ **Він у повному ~і від радости.** He is completely ecstatic with joy. **чистий** sheer; **естетичний** esthetic, **релігійний** religious, **шовіністичний** chauvinistic; **кулінарний** *fig.* culinary
n. + **е. відчуття ~у** a sensation of ecstasy ◊ **Його охопило відчуття кулінарного ~у.** *fig.* The sensation of culinary ecstasy took over him. (**передчуття** anticipation, **стан** state) ◊ **стан шовіністичного ~у** a state of chauvinistic ecstasy
v. + **е. відчувати е.** feel ecstasy ◊ **Вона відчувала естетичний е., слухаючи симфонію.** She felt esthetic ecstasy listening to the symphony. (**переживати** experience; **входити в** go into) ◊ **Він увійшов у релігійний е.** He went into religious ecstasy. **бути в ~і** be in ecstasy
prep. **е. від** + *G.* ecstasy over sth

екстатичн|ий, *adj.*
ecstatic
adv. **абсолютно** absolutely, **геть** totally, **просто** simply, **цілком** completely; **майже** almost, **несподівано** unexpectedly
е. + *n.* **е. вигляд** an ecstatic appearance (**голос** voice, **погляд** look, **прийом** reception, **поцілунок** kiss, **спів** singing, **шепіт** whisper)
v. + **е. бути ~им** be ecstatic ◊ **е. досвід** an ecstatic experience (**виглядати** look ◊ **Обличчя виглядало ~им.** The face looked ecstatic. **здаватися** + *D.* seem to sb, **ставати** become)

екстраваґантн|ий, *adj.*
extravagant, fancy, eccentric ◊ **Він виконує всі Ольжині ~і забаганки.** He fulfills all of Olha's extravagant whims.
adv. **вкрай** extremely ◊ **Вкрай ~а поведінка гостя почала дратувати Марту.** The guest's extremely eccentric behavior started to irritate Marta. **дуже** very, **надзвичайно** extraordinarily, **надто** too, **цілком** completely; **дещо** somewhat, **досить** rather, **трохи** a little; **ледве** scarcely, **майже** almost
е. + *n.* **е. одяг** extravagant clothes (**смак** taste, **стиль** style); **~а людина** an extravagant person (**поведінка** behavior, **покупка** purchase, **сукня** dress; **заява** pronouncement, **промова** speech; **~е рішення** an extravagant decision (**судження** judgment)
v. + **е. бути ~им** be extravagant (**вважати** + *A.* consider sb/sth ◊ **Вона вважала автівку досить ~ою.** She considered the car to be rather extravagant. **вважатися** be considered; **здаватися** + *D.* seem to sb, **лишатися** remain, **ставати** become) ◊ **Оля стала ~ою у виборі друзів.** Olia became eccentric in her choice of friends.
prep. **е. в** + *L.* extravagant in/about sth
Cf. **ексцентричний**

екстраваґантн|ість, *f.*, ~ости, *only sg.*
extravagance ◊ **Про е. медійного маґната ходили леґенди.** Legends circulated about the media mogul's extravagance.
adj. **велика** great, **виразна** distinct, **явна** obvious; **безглузда** senseless, **дивна** strange; **неперевершена** unmatched; **несподівана** unexpected; **певна** certain, **підкреслена** emphatic, **помітна** noticeable
v. + **е. виявляти е.** display extravagance
prep. **е. в** + *L.* extravagance about/in/of sth ◊ **е. у судженнях** extravagance of judgment
Cf. **ексцентричність**

екстраверт, *m.*; ~ка, *f.*
extrovert
adj. **великий** great, **повний** full, **скрайній** extreme ◊ **На таку роботу міг підійти скрайній е.** An extreme extrovert would be fitting for such a job. **цілковитий** complete; **виразний** distinct, **явний** obvious; **звичайний** regular, **типовий** typical ◊ **ознаки типового ~а** signs of a typical extrovert
v. + **е. поводитися як е.** behave like an extrovert; **вдавати (з себе) ~а** pretend to be an extrovert; **бути ~ом** be an extrovert ◊ **Лукашук – звичайний е.** Lukashuk is a regular extrovert. (**вважати** + *A.* consider sb, **вважатися** be considered, **виявлятися** turn out, **здаватися** + *D.* seem to sb, **лишатися** remain, **ставати** become) ◊ **Він лишається типовим ~ом.** He remains a typical extrovert.

екстремальн|ий, *adj.*
extreme ◊ **Її ~і висловлювання викликали зливу критики.** Her extreme pronouncements provoked a hale of criticism.
adv. **більш** more, **досить** rather, **дуже** very ◊ **Економічна радниця займала дуже ~у позицію.** The economic (female) advisor occupied a very extreme position. **особливо** particularly; **направду** truly, **справді** really; **дещо** somewhat, **майже** almost, **трохи** a little; **зовсім не** not at all, **ніяк не** in no way
v. + **е. бути ~им** be extreme ◊ **З історичної перспективи ці заходи є ~ими.** From a historical perspective, these measures are extreme. (**вважати** + *A.* consider sb/sth ◊ **Він вважає оцінку трохи ~ою.** He considers the assessment a little extreme. **вважатися** be considered, **виявлятися** turn out, **здаватися** + *D.* seem to sb, **знаходити** + *A.* find sth; **лишатися** remain, **називати** + *A.* call sth ◊ **Із зрозумілих міркувань, він не хотів називати рівень небезпеки ~им.** For understandable reasons, he was reluctant to call the danger level extreme. **ставати** become) ◊ **Черевач стала ще більш ~ою в поглядах.** Cherevach became even more extreme in her views.
See **скрайній.** *Also see* **радикальний 1.** *Ant.* **поміркований 2, стриманий**

ексцентричн|ий, *adj.*
eccentric ◊ **Акторка була в ~ому вбранні.** The actress had eccentric clothes on.
adv. **вкрай** extremely, **дуже** very, **надзвичайно** extraordinarily, **надмірно** excessively, **надто** too, **цілком** completely; **виразно** distinctly, **особливо** particularly; **граминку** *colloq.* a tad, **дещо** somewhat, **досить** fairly, **ледве** scarcely, **майже** almost, **трохи** a little
е. + *n.* **~а людина** an eccentric person (**манера** manner, **поза** pose ◊ **Художник зобразив святого в ~ій позі.** The artist portrayed the saint in an eccentric pose. **поведінка** behavior)
v. + **е. бути ~им** be eccentric (**вважати** + *A.* consider sb/sth, **вважатися** be considered ◊ **У богемному середовищі її поведінка не вважалася ~ою.** In a bohemian milieu, her conduct was not considered eccentric. **виявлятися** turn out ◊ **Серед трьох сестер найстарша виявилася особливо ~ою.** Out of the three sisters, the eldest one turned out to be particularly eccentric. **здаватися** + *D.* seem to sb ◊ **Марко здався трохи ~им.** Marko seemed a little eccentric. **лишатися** remain, **ставати** become)
prep. **е. у** + *L.* eccentric in/about sth ◊ **Світлана не була особливо ~ою в одязі.** Svitlana was not particularly eccentric in her clothes.
See **дивний 1.** *Also see* **дивацький, химерний 4.** *Cf.* **екстраваґантний**

ексцентричн|ість, *f.*, ~ости, *only sg.*
eccentricity ◊ **Емілія вітала е.** Emiliia welcomed eccentricity.
adj. **велика** great, **надзвичайна** extraordinary; **дивна** strange, **незрозуміла** incomprehensible; **неймовірна** unbelievable, **неперевершена** unmatched, **несподівана** unexpected; **певна** certain, **помітна** noticeable
е. + *n.* **е. манер** eccentricity of manners (**мови** language, **підбору слів** word choice; **одягу** clothes, **поведінки** conduct, **смаку** taste)
v. + **е. виявляти е.** display eccentricity; **вирізнятися ~істю** stand out for one's eccentricity ◊ **Він не вирізнявся ~істю ні в чому.** He did not stand out for eccentricity in anything. (**бути знаним** be known for, **славитися** be famous for)
prep. **е. в** + *L.* eccentricity in/about sth
Also see **дивацтво.** *Cf.* **екстраваґантність**

елеґантн|ий, *adj.*
elegant ◊ **Все в його одязі, мові, манерах було ~им.** Everything in his clothes, language, manners was elegant.
adv. **винятково** exceptionally, **дуже** very; **надзвичайно** extremely, **на диво** surprisingly; **направду** truly, **справді** really; **досить** fairly, **достатньо** sufficiently; **майже** almost ◊ **Завжди незґрабна дівчина тепер здавалася Хомі майже ~ою.** The always clumsy girl now seemed almost elegant to Khoma.
v. + **е. бути ~им** be elegant ◊ **Володя вмів бути ~им.** Volodia was capable of being elegant. (**виглядати** look ◊ **На світлині баба виглядала надзвичайно ~ою панею.** In the picture, grandma looked an extremely elegant lady. **здаватися** + *D.* seem to sb, **лишатися** remain, **робити** + *A.* make sb, **ставати** become) ◊ **Ярина стала на диво ~ою жінкою.** Yaryna became a surprisingly elegant woman.
prep. **е. в** + *L.* elegant in/of sth ◊ **У свої сімдесят пан Р. лишався ~им у манерах.** In his seventies, Mr. R. remained elegant of manners.
Also see **ошатний 1, 2, хороший 4**

елеґа́нтн|ість, *f.*, **~ости**, *only sg.*
elegance
adj. **вели́ка** great, **класи́чна** classical, **особли́ва** special, **підкре́слена** emphatic, **про́ста** simple
v. + **е. виявля́ти е.** display elegance ◊ **Ві́ра виявля́ла е. у всьо́му, що роби́ла.** Vira displayed elegance in everything she did. **додава́ти** + *D.* **~ости** add sb/sth elegance ◊ **Крава́тка додава́ла костю́мові ~ости.** A tie added elegance to the suit. (**набува́ти** acquire); **вирізня́тися ~істю** stand out for one's elegance ◊ **Наза́р вирізня́вся се́ред і́нших особли́вою ~істю.** Nazar stood out among the others for a special kind of elegance.
Also see **оша́тність**

еле́ктрик, *m.*
electrician
adj. **впра́вний** adept ◊ **Вони́ шука́ли впра́вного ~а.** They were looking for an adept electrician. **до́брий** good, **кваліфіко́ваний** qualified; **ке́пський** poor, **парши́вий** *colloq.* lousy, **пога́ний** bad; **інжене́р-е.** an electrical engineer ◊ **За пів ро́ку Лев став інжене́ром-еле́ктриком.** In half a year, Lev became an electrical engineer.
v. + **е. виклика́ти ~а** call an electrician ◊ **Вони́ ви́кликали ~а.** They called an electrician. (**найма́ти** hire); **зверта́тися до ~а** turn to an electrician ◊ **Нема́є потре́би зверта́тися до ~а.** There is no need to turn to an electrician.
L. **на ~ові**
See **спеціялі́ст**

еле́ктри|ка, *f.*, *only sg.*
1 electricity, electric current, power
adj. **безпла́тна** free, **деше́ва** cheap; **високово́льтна** high-voltage, **низьково́льтна** low-voltage; **стати́чна** static; **відно́влювана** renewable ◊ **Нови́й буди́нок використо́вує відно́влювану ~ку.** The new building uses renewable electricity. **вітрова́** wind-generated, **со́нячна** solar ◊ **В Украї́ні здобува́є популя́рність со́нячна е.** Solar electricity has been gaining popularity in Ukraine. **зеле́на** *fig.* green, **чи́ста** *fig.* clean; **брудна́** *fig.* dirty
n. + **е. виробни́цтво ~ки** electricity production (**ґенерува́ння** generation; **використа́ння** usage, **постача́ння** supply ◊ **Постача́ння ~ки вкрай нереґуля́рне.** The electricity supply is extremely irregular. **пропози́ція** supply ◊ **Пропози́ція ~ки ни́жча, як по́пит на не́ї.** The electricity supply is lower than its demand. **ри́нок** market; **розря́д** charge; **спожива́ння** consumption)
v. + **е. виробля́ти ~ку** make electricity ◊ **~ку виробля́ли перева́жно гідроелектроста́нції.** It was mainly hydroelectric power stations that made electricity. (**ґенерува́ти** generate ◊ **нови́й спо́сіб ґенерува́ти безпла́тну і чи́сту ~ку** a new way to generate free and clean electricity; **продукува́ти** produce, **ство́рювати** create; **доставля́ти** deliver, **поставля́ти** supply; **ма́ти** have; **відно́влювати** renew; **купува́ти** buy; **продава́ти** sell; **спожива́ти** consume; **прово́дити** conduct ◊ **Мідь до́бре прово́дить ~ку.** Copper conducts electricity well. **втрача́ти** lose ◊ **Унаслі́док бураві́ю мі́сто втра́тило ~ку.** As a result of the hurricane, the city lost electricity. **зберіга́ти** store, **накопи́чувати** accumulate ◊ **Батаре́я ефекти́вно накопи́чує та зберіга́є ~ку.** The battery efficiently accumulates and stores electricity. **оща́джувати** save; **від'єднувати** *or* **відлуча́ти** disconnect, **відрі́зувати** cut off) ◊ **Міська́ вла́да відрі́зала буди́нку ~ку за несплату раху́нків.** The city authorities cut off the electricity to the building for failure to pay bills. **забезпе́чувати** + *A.* **~кою** provide electricity to sb/sth ◊ **Вітряки́ забезпе́чують фе́рму деше́вою ~кою.** The windmills provide the farm with cheap electricity. (**кори́стува́тися** use ◊ **Видавни́цтво кори́сту́ється чи́стою ~кою.** The publishing house uses clean electricity.
е. + *v.* **йти** run ◊ **Е. пішла́ мере́жею.** The electricity ran through the network. **текти́** flow
prep. ♦ **раху́нок за ~ку** an electricity bill; ♦ **на ~ці** electrically powered ◊ **По́мпа працюва́ла на ~ці.** The pump was electrically powered. ♦ **по́пит на ~ку** electricity demand ◊ **По́пит на ~ку зріс.** The electricity demand grew. (**ціна́ на** price) ◊ **Ціна́ на ~ку лиша́ється незмі́нною.** The electricity price remains unchanged.
Also see **струм**. *Cf.* **ене́ргія 1**
2 electric light
v. + **е. вмика́ти ~ку** turn on the light ◊ **Він намага́вся ввімкну́ти ~ку в те́мряві.** He was trying to turn on the light in darkness. (**вимика́ти** turn off, **відрі́зати** cut off)
See **сві́тло**. *Ant.* **те́мрява 1**

електри́чн|ий, *adj.*
electric
е. + *n.* **е. акумуля́тор** an electric accumulator (**дзвіно́к** bell, **дріт** wire, **ка́бель** cable, **лічи́льник** meter; **заря́д** charge, **струм** current; **шок** shock); **~а батаре́я** an electric battery (**ене́ргія** energy, **ла́мпа** bulb ◊ **Над лі́жком ві́сла го́ла ~а ла́мпа.** A bare electric bulb hung above the bed. **мере́жа** grid; **підста́нція** substation, **ста́нція** power plant) ◊ **На рі́чці збудува́ли гідроелектри́чну ста́нцію.** A hydroelectric power station was built on the river.

електро́ні|ка, *f.*, *only sg.*
1 electronics *(discipline)* ◊ **Е. – це підро́зділ фі́зики.** Electronics is a branch of physics.
v. + **е. вивча́ти ~ку** study electronics; **ціка́витися ~кою** be interested in electronics ◊ **Марі́я ціка́виться ~кою.** Maria is interested in electronics.
See **предме́т 2**. *Also see* **дисципли́на 2**
2 *colloq., coll.* electronic goods, electronic appliances ◊ **Де тут продаю́ть ~ку?** Where are electronic appliances sold here?
adj. **дома́шня** home, **спожи́вча** consumer; **деше́ва** cheap, **дорога́** expensive, **контраба́ндна** contraband, **кра́дена** stolen; **за́хідна** Western, **кита́йська** Chinese, **япо́нська** Japanese, *etc.* ◊ **Япо́нську ~ку мо́жна купи́ти на чо́рному ри́нку.** Japanese electronic appliances can be bought on the black market.
See **обла́днання 1**. *Also see* **апарату́ра, екіпува́ння, озбро́єння 2, те́хніка 2**
prep. **в ~ці** in electronics ◊ **Він до́бре розбира́ється в ~ці.** He is well versed in electronic appliances.

електро́нн|ий, *adj.*
electronic
е. + *n.* **е. калькуля́тор** an electronic calculator (**мікроско́п** microscope, **пі́дпис** signature) ◊ **Бухгалте́рія визна́є е. пі́дпис як цілко́м прийня́тний.** The accounting office recognizes an electronic signature as entirely acceptable. **~а му́зика** electronic music (**по́шта** mail, **пре́са** media, **промисло́вість** industry; **сигаре́та** cigarette; **систе́ма платежі́в** banking)

електроста́нці|я, *f.*, **~ї**
electric power station, power plant
adj. **а́томна** atomic ◊ **Рі́вненська а́томна е.** the Rivne Atomic Power Plant (**геотерма́льна** geothermal, **гі́дро~** hydroelectric, **со́нячна** solar)
v. + **е. будува́ти ~ю** build a power plant ◊ **Уря́д плану́є збудува́ти ~ю.** The government is planning to build a plant. (**експлуатува́ти** exploit ◊ **~ю експлуату́ють бага́то ро́ків без ремо́нту.** The power plant has been exploited for many years without a repair. **закрива́ти** decommission ◊ **Пі́сля сорока́ ро́ків експлуата́ції а́томну ~ю закри́ли.** After forty years of exploitation, the atomic power plant was decommissioned. **модернізува́ти** modernize; **проєктува́ти** design)
е. + *v.* **ґенерува́ти ене́ргію** generate power, **працюва́ти** function ◊ **Е. працю́є без ава́рій.** The power plant functions without accidents.
prep. **на ~ю** *dir.* to a power plant ◊ **На ~ю доста́влять нову́ турбі́ну.** A new turbine will be brought to the power plant. **на ~ї** *posn.* at/in a power plant ◊ **На ~ї ста́лася невели́ка ава́рія.** A small accident happened at the power plant.
See **ста́нція 2**. *Also see* **радіоста́нція**

елеме́нт, *m.*, **~а**
1 element, component, aspect, part
adj. **ба́зовий** basic, **ваго́мий** major, **важли́вий** important ◊ **Сім'я́ – важли́вий е. істо́рії геро́я.** Family is an important element of the character's story. **виріша́льний** decisive, **головни́й** main, **ключови́й** key, **необхі́дний** necessary, **принципо́вий** principal, **су́ттєвий** essential, **фундамента́льний** fundamental, **центра́льний** central; **вира́зний** distinct ◊ **У сві́дченнях є вира́зні ~и пра́вди.** There are distinct elements of truth in the testimony. **рі́зний** *only pl.* diverse; **складо́вий** constituent, **структу́рний** structural, **функці́йний** functional; **архіте́кту́рний** architectural, **візуа́льний** visual, **декорати́вний** decorative, **живопи́сний** painterly, **мо́вний** language, **музи́чний** musical, **худо́жній** artistic; **взя́тий в** + *G.* taken from *(person) or* **з** + *G.* *(thing)* ◊ **мо́вні ~и, взя́ті з Бі́блії** language elements taken from the Bible, **запози́чений в** + *G.* borrowed from *(person) or* **з** + *G.* from *(thing);* **перене́сений** transplanted
v. + **е. включа́ти е.** comprise an element ◊ **Її́ стиль включа́є наро́дні ~и.** Her style comprises folk elements. (**впрова́джувати** introduce, **додава́ти до** + *G.* add to sth ◊ **А́втор дода́в до гри е. ри́зику.** The author added an element of risk to the game. **ма́ти** have, **мі́стити** contain, **передбача́ти** involve ◊ **На́ступ передбача́в е. несподі́ванки.** The offensive involved an element of surprise. **склада́ти** constitute, **формува́ти** form); **бу́ти ~ом** be an element (**вважа́ти** + *A.* consider sth); **склада́тися з ~ів** consist of components ◊ **При́лад склада́ється із трьох ~ів.** The device consists of three components.
prep. **е. в** + *L.* an element in sth ◊ **головни́й е. у платфо́рмі па́ртії** the main element in the party platform
2 *chem.* element ◊ **хемі́чний е.** a chemical element; ◊ **Ко́жен е. у табли́ці відрізня́ється від і́нших а́томним число́м.** Each element in the table differs from others by its atomic number.
3 *often pl. or coll.* elements, group
adj. **лі́вий** left-wing, **злочи́нний** criminal ◊ **У мі́сті підійма́є го́лову злочи́нний е.** Criminal elements are rearing their heads in the city. **підривни́й** subversive, **підозрі́лий** suspicious, **пра́вий** right-wing ◊ **У стра́йку взяли́ у́часть пра́ві ~и.** Right-wing elements took part in the strike. **радика́льний** radical, **релігі́йний** religious
4 *colloq.* individual *(usu with neg. connotations)*, character, type
adj. **відста́лий** retrograde ◊ **Петре́нко ви́явився відста́лим ~ом.** Petrenko proved to be a retrograde type. **реакці́йний** reactionary, **те́мний** uneducated; **ненаді́йний** unreliable
See **тип 3**. *Also see* **гість 2, суб'є́кт 3, фрукт 2**
5 *techn.* cell (electric)
adj. **гальвані́чний** galvanic, **со́нячний** solar, **сухи́й** dry
v. + **е. заміня́ти е.** replace a cell ◊ **У при́ладі тре́ба заміни́ти гальвані́чний е.** The galvanic cell needs to be replaced in the device.
See **батаре́я 1**

елемента́рн|ий, *adj.*
elementary, basic, rudimentary; simple, easy ◊ **Їй брaку́є ~их знань з архітекту́ри.** She lacks elementary knowledge of architecture.

е. + *n.* **е. іспит** a simple test (**приклад** example), **е. курс** a basic course; **~а чемність** basic politeness ◊ **справа ~ої чемности** a matter of basic politeness (**грамота** literacy ◊ **Дяк учив дітей ~ої грамоти.** The deacon taught children some basic literacy. **порядність** decency); ♦ **~а частинка** *phys.* an elementary particle; **~е запитання** the simplest question ◊ **Вона не відповіла на ~і запитання.** She has not answered the simplest questions. **~і права** basic rights (**факти** facts) ◊ **~і факти історії** basic facts of history
Also see **загальний 3**

еліт|а, *f., coll.*
elite
adj. **владна** power ◊ **Владна е. країни складалася з олігархів і їхніх клієнтів.** The nation's power elite consisted of oligarchs and their clients. **панівна** dominant, **правляча** ruling; **могутня** powerful, **привілейована** privileged; **багата** rich, **грошовита** moneyed, **заможна** wealthy; **військова** military, **інтелектуальна** intellectual, **когнітивна** cognitive ◊ **Соціолог першим описав когнітивну ~у.** The sociologist was the first to describe the cognitive elite. **культурна** cultural, **літературна** literary, **медія-** media ◊ **Вона викривала медія-еліту і її згубний вплив на країну.** She denounced the media elite and its pernicious influence on the country. **політична** political; **професійна** professional, **суспільна** social; **бізнесова** business, **економічна** economic, **корпоративна** corporate; **освічена** educated; **міська** urban, **місцева** local; **національна** national; **американська** American, **англійська** English, **західна** Western, **українська** Ukrainian, *etc.*; **чужоземна** foreign; **консервативна** conservative, **ліберальна** liberal; **скорумпована** corrupt
n. + **е. представник ~и** a representative of the elite ◊ **Він – типовий представник ~и.** He is a typical representative of the elite. (**член** member) ◊ **Прийняття організували для членів фінансової ~и.** The reception was organized for members of the financial elite.
v. + **е. створювати ~у** create an elite (**виховувати** bring up, **плекати** foster, **формувати** form; **зберігати** preserve; **знищувати** destroy) ◊ **Совєти знищили українську культурну ~у.** The Soviets destroyed the Ukrainian cultural elite. **належати до ~и** belong to the elite ◊ **Вона належить до літературної ~и країни.** She belongs to the nation's literary elite.
Also see **верх 3**. *Cf.* **богема**

елітарн|ий, *adj.*
1 elitist, elite, of or pertaining to elite ◊ **Масовий туризм є альтернативою ~ому.** Mass tourism is an alternative to the elitist one.
adv. **вкрай** extremely; **виразно** distinctly, **демонстративно** demonstratively, **явно** clearly
е. + *n.* **е. вечір** an elite soirée ◊ **Вони дістали запрошення на е. вечір.** They received an invitation to an elitist soirée. (**інстинкт** instinct, **рефлекс** reflex ◊ **Її ~і рефлекси не давали їй подивитися на проблему безсторонньо.** Her elitist reflexes would not let her take a dispassionate look at the problem. **клуб** club); **~а культура** elitist culture (**установа** institution, **школа** school); **~е виховання** an elitist education ◊ **Ви плутаєте ~е виховання з елітним, тобто найкращим.** You confuse elitist education with elite, that is the best one. (**товариство** company, society); **~і погляди** elitist views (**правила** rules)
2 elitist, arrogant, snobby ◊ **Пана М. вважають ~им снобом.** Mr. M. is considered a typically elitist snob.
е. + *n.* **~а настанова** an arrogant attitude (**обмеженість** narrow-mindedness, **пиха** arrogance) ◊ **Тараса не любили за ~у пиху.** Taras was disliked for his elitist arrogance.
See **пихатий**. *Cf.* **елітний**. *Ant.* **масовий 2**
3 elite, prime, first-class, select ◊ **Генерал тримав свій е. полк у резерві.** The general kept his elite regiment in reserve.
See **елітний**

елітн|ий, *adj.*
elite, prime, first-class, select ◊ **Вони купили квартиру в ~ій околиці.** They bought an apartment in an elite neighborhood.
adv. **абсолютно** absolutely; **направду** truly, **справді** really ◊ **У меню було кілька справді ~их марок вина.** There were several really first-class brands of wine on the menu. **винятково** exclusively, **тільки** only; **майже** almost; **далеко не** far from ◊ **Виховання, яке отримав Остап, було добрим, хоч і далеко не ~им.** The upbringing Ostap had received was good, though far from elite. **не зовсім** not quite, **не цілком** not entirely
е. + *n.* **е. заклад** an elite institution (**університет** university; **бордель** brothel; **відпочинок** vacation, **готель** hotel; **загін** unit ◊ **Будинок охороняв е. загін військових.** An elite military unit guarded the building. **інтер'єр** interior; **котедж** cottage; **ремонт** renovation ◊ **Фірма пропонує е. ремонт квартир.** The firm offers a first-class apartment renovation. **сорт** sort ◊ **Хліб випікають з ~их сортів пшениці.** The bread is baked of elite sorts of wheat. **спортклуб** sport club); **~а картопля** prime potato (**марка** brand; **колекція** collection; **молодь** youth; **освіта** education, **школа** school); **~е авто** an elite car ◊ **Поліція конфіскувала в нього колекцію з десяти ~их авт.** The police confiscated a collection of ten elite cars from him. (**казино** casino; **насіння** seed; **обслуговування** service; **виховання** upbringing; **товариство** company, society)
v. + **е. продавати** + *A.* **як е.** sell sth as elite ◊ **Будинки продають як ~і.** The buildings are sold as elite ones. (**рекламувати** + *A.* **як** advertise sth as); **бути ~им** be elite (**вважати** + *A.* consider sth, **вважатися** be considered; **називати** + *A.* call sth) ◊ **Є підстави називати цю школу ~ою.** There are grounds to call this school elite.
Also see **вибраний 2, елітарний 3**. *Cf.* **елітарний 1, 2**

ембарг|о, *nt.*, **~а**
embargo
adj. **економічне** economic, **збройне** arms, **нафтове** oil ◊ **З Ірану зняли нафтове е.** The oil embargo was lifted from Iran. **торгове** *or* **торговельне** trade; **загальне** general, **повне** complete, **суворе** strict; **обов'язкове** mandatory; **часткове** partial; **міжнародне** international; **тривале** lengthy
v. + **е. накладати е.** impose an embargo ◊ **Европейський Союз наклав на Росію торгове е.** The European Union imposed a trade embargo on Russia. (**вводити** introduce; **знімати** lift, **припиняти** end; **порушувати** violate) ◊ **Греція порушувала міжнародне е. проти агресора.** Greece violated the international embargo against the aggressor. **потерпати від ~а** suffer from an embargo ◊ **Найбільше потерпали від ~а бідні верстви.** Poor walks of life suffered the most from the embargo. (**приєднуватися до** join ◊ **Франція відмовилася приєднатися до торгового ~а.** France refused to join the trade embargo. **уникати** avoid)
prep. **під ~ом** under embargo ◊ **Рецензії на фільм були під ~ом до його прем'єри.** The reviews of the film were under embargo till its premier. **е. на** + *A.* an embargo on sth ◊ **обов'язкове е. на комп'ютерну техніку** a mandatory embargo on computer equipment; **е. проти** + *G.* an embargo against sb ◊ **е. проти Куби** an embargo against Cuba
See **заборона**

еміґрант, *m.*; **~ка**, *f.*
emigrant
adj. **вимушений** forced ◊ **Вони були вимушеними ~ами, що рятували своє життя.** They were forced emigrants who were running for their lives. **неохочий** reluctant; **економічний** economic; **перший** first; **політичний** political; ♦ **трудовий е.** an emigrant worker
v. + **е. бути ~ом** be an emigrant (**вважати** + *A.* consider sb; **виявлятися** turn out, **лишатися** remain, **ставати** become) ◊ **Вони стали політичними ~ами.** They became political emigrants.
Cf. **іміґрант**

еміґраці|я, *f.*, **~ї**
emigration
adj. **вимушена** forced; **економічна** economic, **трудова** labor, **політична** political; **масова** mass, **широкомасштабна** large-scale; **еспанська** Spanish, **польська** Polish, **українська** Ukrainian, *etc.*
n. + **е. хвиля ~ї** a wave of emigration ◊ **Перша хвиля української ~ї до Канади була економічною.** The first wave of the Ukrainian emigration to Canada was economic.
v. + **е. викликати ~ю** precipitate emigration (**провокувати** provoke; **їхати в/на** go into) ◊ **Вони їхали на вимушену ~ю.** They were going into forced emigration.
prep. **е. до** + *G.* emigration to *(a country)*; **е. з** + *G.* emigration from *(a country)* ◊ **політичну ~ю з Еспанії до Совєтського Союзу** political emigration from Spain to the Soviet Union
Cf. **іміґрація**

еміґру|вати, **~ють;** *same, intr.*
to emigrate
adv. **вимушено** under pressure, **неохоче** reluctantly; **нарешті** finally; **негайно** immediately, **несподівано** unexpectedly ◊ **Він несподівано ~вав до Швеції.** Unexpectedly he emigrated to Sweden. **одразу** right away, **раптом** suddenly; **масово** en masse
v. + **е. бути змушеним** be forced to ◊ **Її батьки були змушеними е. з України до Арґентини.** Her parents were forced to emigrate from Ukraine to Argentina. **допомагати** + *D.* help sb to; **змушувати** + *A.* force sb to ◊ **Кремль змушував вибраних дисидентів е. на Захід.** The Kremlin forced select dissidents to emigrate to the West.
prep. **е. з** + *G.* emigrate from *(a country)*; **е. до** + *G.* emigrate to *(a country)*
еміґруй!

емоційн|ий, *adj.*
1 emotional, related to emotions ◊ **Вона зберігала ~у рівновагу.** She maintained her emotional equilibrium. ◊ **Чоловікові бракувало ~ої зрілости.** The man lacked emotional maturity. ◊ **Наталя у стані ~ого виснаження.** Natalia is in a state of emotional exhaustion.
2 emotional, passionate, sensitive
adv. **виразно** distinctly ◊ **Обличчя стало виразно ~им.** The face became distinctly emotional. **вкрай** extremely, **геть** totally, **дуже** very, **інтенсивно** intensely, **особливо** particularly, **перебільшено** exaggeratedly, **справді** truly; **зворушливо** touchingly; **дещо** somewhat; **надто** too; **непотрібно** needlessly
е. + *n.* **е. вираз** an emotional expression (**голос** voice); **~а інтонація** emotional intonation (**людина** individual; **натура** nature); **~е забарвлення** an emotional coloring (**значення** meaning)
v. + **е. бути ~им** be emotional ◊ **Її тон був ~им.** Her tone was emotional. (**вважати** + *A.* consider sb/sth, **вважатися** be considered, **виявлятися**

turn out, **здава́тися** + *D.* seem to sb, **става́ти** become)
Also see **сентимента́льний**
3 emotional, ardent, passionate, excitable ◊ **Дире́ктор зверну́вся до прису́тніх з ~ою промо́вою.** The director addressed those present with an emotional speech.
Also see **палки́й 4**

емоці́йн|ість, *f.*, **~ости**, *only sg.*
emotionality, emotional intensity, emotion; excitability ◊ **Е. заважа́ла Павло́ві твере́зо оціни́ти стано́вище.** His excitability prevented Pavlo from assessing the situation in a sober manner.
adj. **вели́ка** great ◊ **Вірш чита́ли з вели́кою ~істю.** The poem was being recited with great emotion. **винятко́ва** exceptional, **відчу́тна** palpable, **дивови́жна** amazing, **значна́** significant, **надмі́рна** excessive
е. + *n.* **е. ви́разу** the emotional level of expression (**диску́сії** discussion, **мо́ви** language)
v. + **е. виявля́ти е.** display emotions ◊ **Вона́ стара́лася говори́ти, не виявля́ючи ~ости.** She tried to speak without displaying emotions. **вирізня́тися ~істю** stand out by one's emotional intensity ◊ **Він вирізня́вся ~істю мо́ви.** He stood out by the emotional intensity of his language.
Also see **при́страсть 2**

емо́ці|я, *f.*, **~ї**
emotion, *usu pl.* ◊ **Андрі́єве обли́ччя було́ правди́вим відобра́женням його́ ~й.** Andrii's face was a truthful reflexion of his emotions.
adj. **глибо́кі** deep ◊ **Глибо́кі ~ї досл́івно розрива́ли жі́нку на части́ни.** Deep emotions were literally tearing the woman apart. **го́стрі** acute, **ґвалто́вні** abrupt, **інтенси́вні** intense, **неконтрольо́вані** uncontrollable, **поту́жні** powerful, **си́льні** strong, **скра́йні** extreme; **заплу́тані** tangled ◊ **Вона́ намага́лася розібра́тися в свої́х заплу́таних ~ях.** She was trying to make sense of her tangled emotions. **змі́шані** mixed, **складні́** complex, **супере́чливі** conflicting; **правди́ві** true, **спра́вжні** real; **ди́вні** strange; **позити́вні** positive, **прие́мні** pleasant; **те́мні** dark; **заго́стрені** heightened; **си́рі** raw, **чи́сті** pure; **бо́лісні** painful, **неґати́вні** negative ◊ **Пра́ця пов'я́зана з негати́вними ~ями.** The work involves negative emotions. **руйні́вні** destructive; **гамо́вані** suppressed ◊ **Її до́вго гамо́вані ~ї вирива́лися на пове́рхню.** Her long-suppressed emotions were erupting to the surface. **потає́мні** innermost, **таємні** secret; **лю́дські** human
n. + **е. бу́ря ~й** a storm of emotions ◊ **П'є́са ви́кликала бу́рю ~й.** The play aroused a storm of emotions. (**вир** whirlwind; **демонстра́ція** display; **клубо́к** tangle; **хви́ля** wave) ◊ **При появі співа́чки хвиля ~й прокоти́лася за́лою.** At the appearance of the (female) singer, a wave of emotion rolled through the auditorium.
v. + **е. виклика́ти ~ї** arouse emotions (**провокува́ти** provoke ◊ **Фільм провоку́є у глядача́ супере́чливі ~ї.** The film provokes conflicting emotions in the viewer. **виража́ти** express, **відобража́ти** reflect, **передава́ти** convey; **виявля́ти** reveal ◊ **Він не соро́мився виявля́ти ~ї.** He was not ashamed to reveal his emotions. **зра́джувати** betray ◊ **Її ру́ки зра́джували рете́льно прихо́вувані ~ї.** Her hands betrayed carefully hidden emotions. **відчува́ти** feel, **поділя́ти** share ◊ **Вони́ поділя́ли Юрко́ві ~ї.** They shared Yurko's emotions. **души́ти** stifle, **контролюва́ти** control ◊ **Оре́стові тре́ба навчи́тися контролюва́ти ~ї.** Orest needs to learn to control his emotions. **потамо́вувати** suppress, **прихо́вувати** hide, **стри́мувати** hold back, **хова́ти** conceal; **скеро́вувати** *and* **спрямо́вувати** channel ◊ **Худо́жник скеро́вував свої́ ~ї у робо́ту.** The artist channeled his emotion into his work. **чита́ти** read); **бу́ти позба́вленим ~й** be devoid of emotion ◊ **По́гляд був позба́вленим ~й.** The look was devoid of emotion. (**души́тися від** be choked with, **задиха́тися від** suffocate with ◊ **Ді́вчи́на задиха́лася від ~й.** The girl was suffocating with emotion. **тремті́ти від** tremble with, **труси́тися від** shake with) ◊ **У Бори́са труси́лися ру́ки від ~й.** Borys' hands were shaking with emotion. **дава́ти во́лю ~ям** give way to emotion ◊ **Іва́н дав во́лю ~ям.** Ivan gave way to emotion. (**піддава́тися** give in to) ◊ **Марі́я рі́дко коли́ піддає́ться ~ям.** Maria rarely ever gives in to emotion. **боро́тися з ~ями** fight emotion ◊ **Не у змо́зі боро́тися з ~ями, Васи́ль запла́кав.** Being incapable of fighting his emotion, Vasyl broke down crying. (**бу́ти опано́ваним** be overwhelmed with ◊ **Його́ ду́мки були́ опано́вані супере́чливими ~ями.** His thoughts were overwhelmed with conflicting emotions. **бу́ти перепо́вненим** *and* **спо́вненим** be filled with)
prep. **без ~й** without emotion ◊ **Він прочита́в весь діяло́г без ~й.** He read the entire dialogue without emotion.
Also see **звору́шення, пережива́ння 2, почуття́ 2, при́страсть 1**

енерге́ти|ка, *f.*, *only sg.*
energy generation, power engineering, energetics ◊ **Е. – вивча́є власти́вості ене́ргії.** Energetics studies the properties of energy.
adj. **альтернати́вна** alternative, **а́томна** atomic, **геотерма́льна** geothermal, **со́нячна** solar; **брудна́** dirty, **чи́ста** clean
v. + **е. підтри́мувати ~ку** support energy generation ◊ **Уряд підтри́мує альтернати́вну ~ку.** The government supports alternative energy generation. (**розвива́ти** develop, **виступа́ти за** champion); **сприя́ти ~ці** promote energy generation (**віддава́ти перева́гу** give preference to) ◊ **Па́ртія віддає́ перева́гу чи́стій ~ці.** The party gives preference to clean energy generation.
prep. **в ~ці** in energy generation ◊ **Її техноло́гію використо́вують в альтернати́вній ~ці.** Her technology is used in alternative energy generation.
See **промисло́вість.** *Also see* **га́лузь, ділянка 3, інду́стрія, нау́ка 2, се́ктор 2**

енергі́йн|ий, *adj.*
1 energetic, vigorous, active, dynamic, spirited
adv. **дивови́жно** amazingly, **напро́чуд** astonishingly ◊ **Виклада́ч ви́явився напро́чуд ~ою люди́ною.** The instructor turned out to be an astonishingly energetic person. **неймові́рно** incredibly; **вкрай** extremely, **ду́же** very, **страше́нно** terribly; **як ніко́ли** like never before; **до́сить** fairly, **доста́тньо** sufficiently; **не зо́всім** not entirely
v. + **е. бу́ти ~им** be vigorous ◊ **Її го́лос був не таки́м ~им, як за́вжди́.** Her voice was not as vigorous as always. (**вважа́ти** + *A.* consider sb, **вважа́тися** be considered, **виявля́тися** turn out, **здава́тися** + *D.* seem to sb, **лиша́тися** remain ◊ **Марі́я лиша́ється ~ою жі́нкою.** Maria remains a vigorous woman. **става́ти** become)
Also see **акти́вний 1, жва́вий 1, рухли́вий**
2 strong, intense ◊ **Ната́ля ма́ла ~е бажа́ння взя́ти у́часть у ї́хній робо́ті.** Natalia had an intense desire to take part in their work.
See **си́льний**

ене́ргі|я, *f.* **~ї**
1 energy
adj. **альтернати́вна** alternative, **а́томна** atomic, **вітрова́** wind, **во́дна** water, **відно́влювана** renewable ◊ **Морські́ хви́лі є джерело́м відно́влюваної ~ї.** Sea waves are a source of renewable energy. **електри́чна** (*usu* **електроене́ргія**) electric, **со́нячна** solar, **хемі́чна** chemical; **кінети́чна** kinetic, **механі́чна** mechanical, **теплова́** thermal; **безме́жна** limitless, **невиче́рпна** inexhaustible; **зеле́на** *fig.* green, **чи́ста** *fig.* clean; **брудна́** *fig.* dirty; **деше́ва** cheap
n. + **е. використа́ння ~ї** energy use (**виробни́цтво** production; **джерело́** source ◊ **Науко́вці шука́ють альтернати́вні джере́ла ~ї.** Scientists are searching for alternative energy sources. **запа́си** reserves; **збере́ження** conservation, **оща́дження** savings; **неста́ча** shortage, **пробле́ма** problem ◊ **Со́нячні батаре́ї ви́рішили для них пробле́му ~ї.** Solar batteries solved their energy problem. **постача́ння** *and* **пропози́ція** supply, **ресу́рси** resources; **ри́нок** market; **спожива́ння** consumption; **вид ~ї** a form of energy (**джерело́** source; **кі́лькість** amount)
v. + **е. ґенерува́ти ~ю** generate energy ◊ **А́томні ста́нції ґенеру́ють бі́льшу части́ну електроене́ргії у Фра́нції.** Nuclear power plants generate the most electric energy in France. (**виробля́ти** *and* **продукува́ти** produce; **відно́влювати** restore; **зберіга́ти** conserve; **нагрома́джувати** accumulate; **виче́рпувати** exhaust, **марнува́ти** waste ◊ **Стари́й при́лад марну́є бага́то ~ї.** The old device wastes much energy. **тра́тити** spend; **заоща́джувати** save, **поставля́ти** + *D.* supply to sb; **спожива́ти** consume) ◊ **Лю́ди спожива́ють бі́льше зеле́ної ~ї.** People consume more green energy. **потребува́ти ~ї** need energy ◊ **По́мпа потребу́є додатко́вої ~ї.** The pump needs additional energy. **забезпе́чувати** + *A.* **~єю** provide electricity to sb/sth ◊ **Ві́тер забезпе́чує фе́рмерів ~єю.** The wind provides energy to the farmers. (**користува́тися** use)
prep. ♦ **потре́ба в ~ї** energy need; ♦ **по́пит на ~ю** energy demand ◊ **По́пит на ~ю відстає́ від пропози́ції.** Energy demand lagged behind its supply. (**ці́ни** prices)
Cf. **еле́ктрика, струм**
2 energy, vigor, drive, vitality
adj. **безме́жна** limitless, **вели́ка** great, **величе́зна** enormous, **дивови́жна** amazing, **надмі́рна** excess, **невиче́рпна** inexhaustible ◊ **Вона́ знайшла́ застосува́ння для своє́ї невиче́рпної ~ї.** She found an application for her inexhaustible energy. **неймові́рна** incredible, **необме́жена** unlimited; **гру́ба** raw ◊ **гру́ба е. приро́дної стихі́ї** the raw energy of natural elements; **чи́ста** pure; **ди́ка** savage, **жахли́ва** terrifying, **страшна́** terrible; **за́йва** surplus, **надмі́рна** excess; **емоці́йна** emotional, **психі́чна** psychological, **розумо́ва** mental, **стате́ва** sexual, **тво́рча** creative, **фізи́чна** physical; **юна́цька** youthful ◊ **У ко́жному ру́сі його́ ті́ла була́ юна́цька е.** Youthful energy was in every move of his body. **маніяка́льна** manic ◊ **Вони́ взя́лися за робо́ту з маніяка́льною ~єю.** They got down to work with manic energy. **небезпе́чна** dangerous, **неґати́вна** negative, **руйні́вна́** destructive, **те́мна** dark; **позити́вна** positive
n. + **е. ви́кид ~ї** a burst of energy (**кі́лькість** amount, **ма́ксимум** maximum, **мі́німум** minimum; **запа́си** reserves, **рі́вень** level, **тра́та** waste) ◊ **тра́та дорогоці́нної ~ї** a waste of precious energy; **о́бмін ~єю** energy exchange ◊ **На заня́тті відбува́вся дивови́жний о́бмін ~єю між студе́нтами та викладаче́м.** An amazing energy exchange between the students and instructor occurred in class. **бага́то ~ї** a great deal of energy; ♦ **ви́хід для ~ї** an outlet for energy ◊ **Прое́кт пропонува́в ви́хід для Марі́їної тво́рчої ~ї.** The project offered an outlet for Maria's creative energy.
v. + **е. використо́вувати ~ю** use energy (**витрача́ти** spend ◊ **Вона́ оща́дно витрача́ла психі́чну ~ю.** She spent her psychological energy sparingly. **відчува́ти** feel; **вклада́ти в** + *A.* put into sth ◊ **Він уклада́в усю́ ~ю в написа́ння до́повіді.** He put all of his energy into the

paper writing. дава́ти + *D.* give sb; ма́ти have; відно́влювати restore ◊ **Чолові́кові тре́ба поспа́ти, щоб віднови́ти ~ю.** The man needs to sleep in order to renew his energy. **зберіга́ти** conserve, **накопи́чувати** accumulate, **оща́джувати** save; **збира́ти** muster; **зосере́джувати на** + *L.* concentrate on sb/sth; **скеро́вувати** direct, **спрямо́вувати** channel); **бракува́ти** + *D.* ~ї lack energy ◊ **Йому́ браку́є стате́вої ене́ргії.** He lacks sexual energy. (**додава́ти** + *D.* add to sb ◊ **Людська́ солі́дарність додава́ла воя́кам ~ї.** People's solidarity added energy to the soldiers. **бу́ти спо́вненим** be full of, **набира́тися** muster up, **розрива́тися від** be bursting with) ◊ **Ко́жен з них розрива́вся від емоці́йної ~ї.** Each of them was bursting with emotional energy. **промени́тися ~єю** radiate energy ◊ **Вона́ промени́лася ~ю ю́ності.** She radiated the energy of youth.

е. + *v.* **видиха́тися** fizzle out, **виче́рпуватися** drain away, **зника́ти** dissipate, **підупада́ти** ebb away ◊ **За годи́ну ході́ ї́хня е. підупа́ла.** After an hour of walking, their energy ebbed away. **сла́бнути** *or* **сла́бшати** slacken off

Also see **живу́чість, життя́ 6, запа́л, заря́дка 5, си́ла 1, снага́ 1, 2**

ентузія́зм, *m.*, **~у**, *only sg.*

enthusiasm

adj. **вели́кий** great, **величе́зний** enormous, **гаря́чий** vehement, **значни́й** considerable, **надзвича́йний** extraordinary, **неба́чений** unparalleled, **неймові́рний** incredible, **палки́й** ardent, **при́страсний** passionate ◊ **Тама́ра заско́чена при́страсним ~ом діте́й.** Tamara is surprised at the children's passionate enthusiasm. **страше́нний** terrible, **шале́ний** fierce; **все бі́льший** growing; **правди́вий** true, **спра́вжній** real, **щи́рий** genuine ◊ **В Оле́нчиному го́лосі брині́в щи́рий е.** Genuine enthusiasm resonated in Olenka's voice. **безме́жний** boundless, **надмі́рний** excessive ◊ **Він проси́в їх стри́мувати свій надмі́рний е.** He asked them to curb their excessive enthusiasm. **нестри́мний** unbridled, **стихі́йний** spontaneous; **несподі́ваний** unexpected, **раптови́й** sudden; **нови́й** new, **новозна́йдений** new-found, **сві́жий** fresh; **початко́вий** initial; **зага́льний** general, **широ́кий** widespread; **грома́дський** public ◊ **Оголо́шення ви́кликало грома́дський е.** The announcement provoked public enthusiasm. **наро́дний** popular; **особи́стий** personal; **вира́зний** distinct, **відкри́тий** overt, **неприхо́ваний** undisguised, **я́вний** obvious; **уда́ваний** feigned, **фальши́вий** false; **хлоп'я́чий** boyish, **юна́цький** youthful; **зара́зний** infectious

n. + **е. брак ~у** a lack of enthusiasm (**ви́бух** burst ◊ **Ви́бух ~у шви́дко перейшо́в у глибо́ку апа́тію.** The burst of enthusiasm quickly turned into deep apathy. **верши́на** *or* **пік** peak, **зроста́ння** rise, **напли́в** surge; **спа́д** decline; **хви́ля** wave) ◊ **Він підда́вся хви́лі наро́дного ~у.** He succumbed to the wave of popular enthusiasm.

v. + **е. виявля́ти е.** show enthusiasm ◊ **Наві́ть скепти́чний Тимі́ш ви́явив е.** Even skeptical Tymish showed enthusiasm. (**виклика́ти в** + *G.* provoke in sb, **поро́джувати** engender; **виража́ти** express, **передава́ти** convey; **вдава́ти** feign; **відчува́ти** feel; **поділя́ти** share ◊ **Ми поділя́ємо ї́хній е.** We share their enthusiasm. **втрача́ти** lose; **зберіга́ти** maintain; **охоло́джувати** dampen ◊ **Нічо́го не могло́ охолоди́ти ї́хнього ~у.** Nothing could dampen their enthusiasm. **прихо́вувати** conceal, **стри́мувати** curb, **хова́ти** hide); **бракува́ти** + *D.* **~у** lack enthusiasm ◊ **Її́ го́лосові бракува́ло ~у.** Her voice lacked enthusiasm. (**бу́ти спо́вненим** be full of) ◊ **Вони́ спо́внені нестри́много ~у.** They are full of unbridled enthusiasm. **брині́ти ~ом** resonate with enthusiasm (**промени́тися** radiate ◊ **Її́ обли́ччя промени́лося ~ом.** Her face radiated enthusiasm. **запа́лювати** + *A.* fire sb with) ◊ **Вона́ зна́ла, як запали́ти байду́жих ~ом.** She knew how to fire the indifferent ones with enthusiasm.

е. + *v.* **кипі́ти** bubble up ◊ **У них кипі́в юна́цький е.** Youthful enthusiasm was bubbling up in them. **зроста́ти** grow; **виві́трюватися** fizzle out, **випаро́вуватися** evaporate ◊ **До ве́чора ї́хній е. ви́парувався.** By the evening, their enthusiasm evaporated. **зника́ти** dissipate, **сла́бнути** wane

prep. **з ~ом** with enthusiasm ◊ **Вона́ з ~ом поя́снювала свій за́дум.** She was explaining her idea with enthusiasm. **без ~у** without enthusiasm ◊ **Наре́шті Лука́ш пого́дився, хоч без вели́кого ~у.** Finally Lukash agreed although without great enthusiasm. **е. до** + *G.* enthusiam about/for sb/sth ◊ **Його́ е. до по́дорожі шви́дко ви́вітрився.** His enthusiasm for the trip quickly fizzled out. **е. се́ред** + *G.* enthusiasm among sb ◊ **Дире́ктор заува́жив брак ~у се́ред підле́глих.** The director noticed a lack of enthusiasm among his subordinates.

Also see **при́страсть 2**

енциклопе́ді|я, *f.*, **~ї**

encyclopedia, *also fig.* ◊ **Профе́сор Ярове́нко був ходя́чою ~єю.** *fig.* Professor Yarovenko was a walking encyclopedia.

adj. **ілюстро́вана** illustrated; **мере́жева** online; **зага́льна** general; **архітекту́рна** architecture, **істори́чна** history, **мо́вна** language, **спорти́вна** sports, **футбо́льна** soccer, *etc.*

n. + **е. стаття́ в ~ї** an encyclopedia entry ◊ **Він –а́втор семи́ статте́й в ~ї.** He is the author of seven encyclopedia entries.

v. + **е. писа́ти ~ю** write an encyclopedia (**реда́гува́ти** edit, **склада́ти** compile ◊ **У Кана́ді скла́ли украї́нську мере́жеву ~ю.** A Ukrainian online encyclopedia was compiled in Canada. **публікува́ти** publish; **чита́ти** read; **диви́тися в** consult) ◊ **Вона́ лю́бить диви́тися в ~ю.** She likes to consult the encyclopedia. **користува́тися ~єю** use an encyclopedia; **диви́тися** + *A.* **в ~ї** look sth up in an encyclopedia ◊ **Ви мо́жете подиви́тися цю інформа́цію в ~ї.** You can look this information up in an encyclopedia. (**знахо́дити** + *A.* **в** find sth in) ◊ **Вона́ знайшла́ зга́дку про це в театра́льній ~ї.** She found a mention of this in the theater encyclopedia.

prep. **в ~ї** *posn.* in an encyclopedia; **з ~ї** from an encyclopedia ◊ **ціка́ві ма́пи з ~ї** interesting maps from an encyclopedia

See **кни́жка**

епідемі́чн|ий, *adj.*

epidemic, of or relating to epidemic

е. + *n.* **е. енцефалі́т** an epidemic encephalitis (**пароти́т** mumps; **осере́док** center; **порі́г** threshold; **проце́с** process; **сезо́н** season); **~а ситуа́ція** an epidemic situation ◊ **У мі́сті погі́ршилася ~а ситуа́ція.** The epidemic situation in the city deteriorated. (**хворо́ба** disease) ◊ **В інститу́ті вивча́ли ~і хворо́би.** It was epidemic diseases that were studied at the institute. **~і масшта́би** epidemic proportions ◊ **Поши́рення КОВІДу-19 досягну́ло ~их масшта́бів.** The spread of COVID-19 reached epidemic proportions.

епіде́мі|я, *f.*, **~ї**

epidemic

adj. **вели́ка** great; **всесві́тня** worldwide, **ґлоба́льна** global, **лока́льна** local, **націона́льна** national; **ти́ха** silent, **неба́чена** unparalleled; **небезпе́чна** dangerous, **смертоно́сна** deadly, **спусто́шлива** devastating, **страшна́** terrible

е. + *n.* **е. гри́пу** a flu epidemic ◊ **Існува́ла реа́льна загро́за ново́ї ~ї гри́пу.** There existed a real threat of a new flu epidemic. (**ебо́ли** ebola, **коронаві́русу** coronavirus, **СНІ́Ду** AIDS, **ти́фу** typhoid, **туберкульо́зу** tuberculosis, **холе́ри** cholera, **чуми́** plague ◊ **Е. чуми́ спусто́шила мі́сто.** The plague epidemic devastated the city. **я́щура** foot-and-mouth)

v. + **е. виклика́ти ~ю** provoke an epidemic; **спричиня́тися до ~ї** cause an epidemic ◊ **Кі́лька чи́нників спричини́лися до ~ї.** Several factors led to the epidemic. **запобіга́ти ~ї** prevent an epidemic ◊ **Ще́плення запобі́гло ~ї.** The immunization has prevented an epidemic. **става́ти ~єю** become an epidemic ◊ **Лока́льний спа́лах ебо́ли міг ста́ти ~єю.** The local ebola outbreak could become an epidemic. (**боро́тися з** fight) ◊ **Лікарі́ боро́лися зі смертоно́сною ~єю.** Doctors were fighting the deadly epidemic.

е.+ *v.* **ви́бухати** break out ◊ **Ма́сова е. вибуха́є утре́тє за пів столі́ття.** This is the third time in half a century that a mass epidemic breaks out. **охо́плювати** + *A.* engulf sth ◊ **Е. туберкульо́зу охопи́ла випра́вну систе́му.** The tuberculosis epidemic engulfed the correctional system. **досяга́ти** + *G.* reach sth ◊ **Е. досягла́ націона́льних масшта́бів.** The epidemic reached national proportions. **ши́ритися** + *I.* spread through *(territory, etc.)* ◊ **Краї́ною ши́рилася е. ти́фу.** A typhoid epidemic was spreading through the country.

prep. **від ~ї** from an epidemic ◊ **за́хист від ~ї** protection from an epidemic; **вна́слідок ~ї** as a consequence of an epidemic ◊ **Усі́ коро́ви заги́нули вна́слідок ~ї я́щура.** All the cows perished as a consequence of the foot-and-mouth epidemic. **під час ~ї** during an epidemic

Also see **хворо́ба**

епізо́д, *m.*, **~у**

1 episode

adj. **драмати́чний** dramatic, **захо́пливий** exciting, **незабу́тній** unforgettable, **ціка́вий** interesting ◊ **Вона́ розповіла́ два ціка́ві ~и з по́дорожі до Нью-Йо́рку.** She narrated two interesting episodes from her trip to New York. **ди́вний** strange; **дивови́жний** amazing; **куме́дний** comic, **смішни́й** funny; **ганебни́й** shameful, **мо́торошний** macabre, **непри́ємний** unpleasant, **нефорту́нний** unfortunate, **сумни́й** sad, **трагі́чний** tragic ◊ **Він хоті́в сте́рти цей трагі́чний е. із пам'я́ті.** He wanted to erase this tragic episode from his memory. **весь** whole, **ці́лий** entire

v. + **е. забува́ти е.** forget an episode ◊ **Вона́ забу́ла мо́торошний е. зу́стрічі з Павло́м.** She forgot the macabre episode of meeting Pavlo. (**зга́дувати** *or* **приґа́дувати** recall, **пам'ята́ти** remember; **пережива́ти** experience; **розка́зувати** tell, **розповіда́ти** narrate)

е. + *v.* **відбува́тися** happen, take place, **трапля́тися** occur ◊ **Е. тра́пився торі́к.** The episode occurred last year.

prep. **е. у** + *L.* an episode in *(life, etc.)* ◊ **ди́вний е. у біогра́фії вче́ного** a strange episode in the scientist's biography; **е. з** + *G.* an episode from *(life, etc.)* ◊ **смішни́й е. із життя́ поліція́нтів** a funny episode from the life of policemen

Cf. **ви́падок**

2 episode, scene *(in a plot line, film, etc.)* ◊ **Чита́ч ба́читься з геро́єм в ~і, коли́ той і́де на пра́цю.** The reader sees the character in the scene when he is traveling to work.

See **сце́на 3**

епізоди́чн|ий, *adj.*

episodic, sporadic

adv. **вкрай** extremely ◊ **Вона́ могла́ відтвори́ти лише́ вкрай е. портре́т напа́дника.** She could reproduce but an extremely sporadic picture of the assailant. **де́що** somewhat, **до́сить** fairly, **доста́тньо** sufficiently, **ду́же** very, **на́дто** too *v.* + **е. бу́ти ~им** be sporadic (**вважа́ти** + *A.* consider sth, **вважа́тися** be considered, **виявля́тися** turn out ◊ **Маркове знайо́мство із предме́том ви́явилося ~им.** Marko's familiarity with the subject matter turned out to be episodic. **здава́тися** + *D.* seem to sb, **лиша́тися** remain) ◊ **Її заціка́вленість місце́вими звича́ями лиша́лася ~ою.** Her interest in local customs remained sporadic.

епіло́|г, *m.*, **~гу**
epilogue, afterword; *also fig.* finale, finish
adj. **абсу́рдний** absurd ◊ **Істо́рія їхнього коха́ння ма́ла абсу́рдний е.** *fig.* Their love story had an absurd epilogue. **диви́й** strange, **несподі́ваний** unexpected; **закономі́рний** *or* **логі́чний** logical, **очі́куваний** anticipated; **бана́льний** banal; **коро́ткий** short ◊ **Рома́н закі́нчувався коро́тким ~гом.** The novel ended in a short epilogue.
е. + *n.* **е. рома́ну** the epilogue of a novel (**істо́рії** story ◊ **Е. її істо́рії зда́ться несподі́ваним.** The epilogue of her story will seem unexpected. **оповіда́ння** short story)
prep. **без ~гу** without an epilogue; **в ~зі** in an epilogue; **з ~гом** with an epilogue
Cf. **кіне́ць 2**

епіце́нтр, *m.*, **~у**
epicenter, ground zero
adj. **віртуа́льний** virtual, **сами́й** very, **спра́вжній** true, **факти́чний** effective
е. + *n.* **е. ви́буху** an epicenter of the explosion (**епіде́мії** epidemic, **землетру́су** earthquake, **конфлі́кту** conflict, **поже́жі** fire); ♦ **е. я́дерного ви́буху** a ground zero
v. + **е. бу́ти ~ом** be an epicenter (**служи́ти** serve as, **става́ти** become); **перебува́ти в ~і** be in an epicenter (**розташо́вуватися в** be located in, **опиня́тися в** end up in) ◊ **Мі́сто опини́лося у само́му ~і землетру́су.** The city ended up in the very epicenter of the earthquake. **перетво́рювати** + *A.* **на е.** turn sth into an epicenter (**перетво́рюватися на** turn into) ◊ **Поме́шкання перетвори́лося на е. кампа́нії.** The apartment turned into the epicenter of the campaign.
prep. **бі́ля ~у** near an epicenter, **в ~і** in an epicenter, **навко́ло ~у** around an epicenter
See **центр**

епі́чн|ий, *adj.*
epic
adv. **дивови́жно** amazingly, **ма́йже** almost, **спра́вді** truly ◊ **спору́да спра́вді ~их ро́змірів** an edifice of a truly epic size
е. + *n.* **е. геро́й** an epic character (**жанр** genre, **о́браз** image, **ро́змір** meter *(in poetry)*, **твір** work *(of literature)*; **~а пое́ма** an epic *(poem)* ◊ **пе́рша ~а пое́ма ру́ської літерату́ри** the first epic of the Old Ukrainian literature (**фо́рма** form, **тради́ція** tradition; **о́повідь** narrative)

епопе́|я, *f.*, **~ї**
1 epic; *also fig.* saga ◊ **Її насту́пний фільм бу́де ~єю вби́вства і зра́ди.** Her next movie will be a saga of murder and betrayal.
adj. **вели́ка** great, **вели́чна** magnificent, **геро́їчна** heroic; **незабу́тня** unforgettable, **спра́вжня** genuine
v. + **е. ство́рювати ~ю** create an epic ◊ **Вона́ хоті́ла створи́ти незабу́тню ~ю цих поді́й.** She wanted to create an unforgettable epic of those events. (**писа́ти** write, **чита́ти** read)
See **істо́рія 1.** *Also see* **оповіда́ння 1, ро́зповідь**
2 long film, epic film ◊ **Режисе́р до́вго вага́вся, перш як узя́тися зніма́ти свою́ пе́ршу істори́чну ~ю.** The director hesitated for a long time, before he set about shooting his first historical epic film.
See **фільм**

е́пос, *m.*, **~у**
epic, epic literature ◊ **А́втор запози́чує о́брази з гоме́рівського ~у.** The author borrows images from the Homeric epic.
adj. **геро́їчний** heroic, **гоме́рівський** Homeric; **а́нгло-саксо́нський** Anglo-Saxon, **гре́цький** Greek, **ру́ський** Old Ukrainian, **украї́нський** Ukrainian, **францу́зький** French; **істори́чний** historical, **наро́дний** folk ◊ **Вона́ зна́є наро́дний е. Украї́ни.** She knows the folk epic literature of Ukraine. **старода́вній** ancient, **суча́сний** modern
See **літерату́ра**

епо́|ха, *f.*
epoch, era
adj. **нова́** new ◊ **Ви́найдення а́рки позна́чило нову́ ~ху в архітекту́рі.** The invention of the arch marked a new epoch in architecture. **дале́ка** distant, **мину́ла** past, **ра́ння** early, **суча́сна** modern, **тепе́рішня** present; **геро́їчна** heroic, **істори́чна** historic, historical, **літерату́рна** literary; **до́вга** long, **трива́ла** extended, **ці́ла** entire
е. + *n.* **е. відкриттів** an epoch of discoveries (**Відро́дження** Renaissance, **класици́зму** Classicism, **Просві́тництва** Enlightenment, **романти́зму** Romanticism, **Середньові́ччя** Middle Ages)
n. + **е. вплив ~хи** the influence of an epoch (**кіне́ць** end ◊ **Мі́сто засно́ване наприкі́нці ~хи Олекса́ндра Македо́нського.** The city was founded at the end of Alexander the Great's epoch. **поча́ток** beginning ◊ **на поча́тку вікторія́нської ~хи** at the start of the Victorian epoch; **трива́лість** duration)
v. + **е. відкрива́ти ~ху** usher in an epoch ◊ **За́колот відкри́в ~ху комуністи́чного правлі́ння в Росі́йській імпе́рії.** The coup ushered in the epoch of the communist rule in the Russian Empire. (**позна́чати** mark; **розпочина́ти** begin); **нале́жати до ~хи** date back to, belong to an epoch ◊ **За́мок нале́жить до ~хи коза́цьких во́єн.** The castle dates back to the epoch of the Cossack wars.
prep. **в ~ху** *dir.* in an epoch ◊ **ро́звиток техноло́гій у тепе́рішню ~ху** the development of technologies in the present epoch; **в ~сі** *posn.* in an epoch ◊ **Що вас найбі́льше інтригу́є в цій ~сі?** What intrigues you most in this epoch? **про́тягом** *or* **упродо́вж ~хи** during an epoch ◊ **Міжусо́бні ві́йни точи́лися упродо́вж усіє́ї ~хи Середньові́ччя.** Internecine wars were waged during the entire Medieval epoch.
Also see **доба́ 3, ета́п 1, пері́од 1, час 5**

е́р|а, *f.*
1 era *(chronological system)* ♦ **на́шої ~и** AD ◊ **Імпера́тор Марк Авре́лій пра́вив у 161-180 рр. на́шої ~и.** The emperor Marcus Aurelius ruled in 161-180 AD. ♦ **до на́шої ~и** BC ◊ **П'я́те столі́ття до на́шої ~и зна́не як «золоти́й вік гре́цької цивіліза́ції».** The 5th century BC is known as the Golden Age of the Greek civilization.
2 *fig.* era, epoch, age
adj. **золота́** golden ◊ **Його́ фі́льми збі́глися із золото́ю ~ою німо́го кіна́.** His films coincided with the golden era of silent movies. **нова́** new; **і́нша** different; **суча́сна** modern, **тепе́рішня** present; **мину́ла** bygone, **попере́дня** previous; **довоє́нна** prewar, **повоє́нна** postwar; **колонія́льна** colonial ◊ **кубі́нська архітекту́ра колонія́льної ~и** the Cuban architecture of the colonial era; **постіндустрія́льна** postindustrial, **постколонія́льна** postcolonial, **постмоде́рна** postmodern; **комуністи́чна** communist, **нацистська** Nazi, **сове́тська** Soviet, **фаши́стська** Fascist, *etc.*; **бре́жнєвська** Brezhnev ◊ **Ла́на виростала в Украї́ні бре́жнєвської ~и.** Lana was growing up in the Brezhnev era in Ukraine. **ста́лінська** Stalin, *etc.*; **християнська** Christian; **а́томна** *or* **атомо́ва е.** the atomic age (**інформаці́йна** information, **космі́чна** space) ◊ **поча́ток космі́чної ~и** the beginning of the Space Age
е. + *n.* **е. колоніялі́зму** a colonial era (**прав люди́ни** human rights, **соція́льних мере́ж** social networks; **феміні́зму** feminist; **холо́дної ві́йни** Cold War, *etc.*)
n. + **е. кіне́ць ~и** the end of an era (**по́ріг** threshold ◊ **по́ріг постіндустрія́льної ~и** the threshold of the postindustrial era; **поча́ток** beginning, **світа́нок** *poet.* dawn ◊ **Він народи́вся на світа́нку ~и холо́дної ві́йни.** He was born at the dawn of the Cold War era. **трива́лість** duration)
v. + **е. визнача́ти ~у** define an era ◊ **Інформаці́йний ви́бух визнача́є тепе́рішню ~у.** The information explosion defines the present era. (**позна́чати** mark, **провіща́ти** herald ◊ **Бомбардува́ння Хіро́сіми провісти́ло атомо́ву ~у.** The bombing of Hiroshima heralded the atomic age. **характеризува́ти** characterize; **вступа́ти в** enter)
е. + *v.* **закі́нчуватися** end, **мина́ти** pass, **прохо́дити** go by; **почина́тися** begin ◊ **У Білору́сі постсове́тська е. закі́нчилася, ле́две розпоча́вшись.** In Belarus, the post-Soviet era ended, having scarcely begun.
prep. **в ~у** in an era ◊ **Ми живемо́ в ~у соція́льних мере́ж.** We live in the social networks era. **до ~и** before/into an era; **про́тягом** *or* **на про́тязі ~и** during an era; **е. в** + *L.* an era in sth ◊ **нова́ е. в ро́звитку нау́ки** a new era in the development of science
See **пері́од 1.** *Also see* **доба́ 3, епо́ха, ета́п 1**
3 *geol.* era
adj. **геологі́чна** geological ◊ **Істо́рія Землі́ поділя́ється на ни́зку геологі́чних ер.** The history of the Earth is divided into a number of geological eras. **кайнозо́йська** Cenozoic, **мезозо́йська** Mesozoic, **палеозо́йська** Paleozoic, **неопротерозо́йська** Neoproterozoic
Also see **доба́ 3**

ере́кці|я, *f.*, **~ї**
erection
adj. **величе́зна** enormous, **здоро́ва** healthy, **по́вна** full, **поту́жна** powerful, **трива́ла** lengthy; **юна́цька** youthful; **ранко́ва** morning; **нетрива́ла** short-lived, **сла́бка** weak, **частко́ва** partial; **несподі́вана** sudden ◊ **Він хоті́в прихова́ти несподі́вану юна́цьку ~ю.** He wanted to hide his sudden youthful erection. **неспровоко́вана** unprovoked, **споради́чна** sporadic, **ча́ста** frequent
v. + **е. виклика́ти ~ю в** + *G.* give sb an erection ◊ **Ду́мка про це виклика́ла в Яре́ми поту́жну ~ю.** The thought of it gave Yarema a powerful erection. (**втрача́ти** lose, **ма́ти** have, **продо́вжувати** + *D.* prolong for sb ◊ **Цей препара́т продо́вжує чолові́кові ~ю.** This medicine prolongs the man's erection. **утри́мувати** maintain) ◊ **Він міг до́вгий час утри́мувати ~ю.** He could maintain an erection for a long time. **досяга́ти ~ї** achieve an erection

еро́ти|ка, *f.*, *only sg.*
erotica, eroticism ◊ **су́міш наси́льства й ~ки** a mixture of violence and eroticism
adj. **літерату́рна** literary, **фолькло́рна** folkloric; **легка́** mild, **недомо́влена** understated, **тонка́** subtle; **дохристия́нська** pre-Christian, **гре́цька** Greek, **єги́петська** Egyptian, **Інді́йська** Indian, **ри́мська** Roman, **старода́вня** Ancient; **гетеросексуа́льна** heterosexual, **гомосексуа́льна** homosexual; **жіно́ча** female, **чолові́ча** male ◊ **Він публікува́в журна́л чолові́чої ~ки.** He published a magazine of male erotica.
n. + **е. елеме́нти ~ки** elements of eroticism ◊ **В епізо́ді використано елеме́нти ~ки.** Elements of erotica are used in the episode.
v. + **е. використо́вувати ~у** use erotica (**вивча́ти** study; **збира́ти** collect; **люби́ти** like);

напóвнювати + *A.* **~кою** fill sth with eroticism ◊ **У фíльмі пóвно ~ки.** The film abounds in erotic scenes.
prep. **без ~ки** without erotica; **в ~ці** in erotica ◊ **Вонá знахóдить насолóду в легкíй ~ці.** She finds pleasure in mild erotica. **е. для** + *G.* erotica for sb ◊ **е. для чоловікíв** erotica for men
Cf. **порногрáфія**

еротúчн|ий, *adj.*
erotic ◊ **У фíльмі немáє ~их сцен.** There are no erotic scenes in the movie.
adv. **відвéрто** overtly, **дýже** very, **зухвáло** brazenly, **неприхóвано** openly, **я́вно** obviously; **делікáтно** delicately, **елеґáнтно** elegantly, **субтéльно** subtly; **вульґáрно** vulgarly, **надмíру** excessively
е. + *n.* **е. змíст** erotic content (**елемéнт** element, **матеріáл** material, **ромáн** novel, **фільм** film); **~а картúна** an erotic painting (**літератýра** literature, **поéзія** poetry, **світлúна** photograph, **сцéна** scene)

есé|й, *m.*, **~ю**
essay, composition, paper
adj. **домáшній** home, **екзаменаціúний** examination, **клáсний** classroom, **курсовúй** course; **невелúкий** small, **корóткий** short
v. + **е. писáти е.** write an essay (**загáдувати** *or* **задавáти** + *D.* assign sb ◊ **Учúтель загадáв їм е. про навчáння в шкóлі.** The teacher assigned them an essay about their school studies. **редаґувáти** edit, **перепúсувати** rewrite) ◊ **Він мáє переписáти відредаґóваний е.** He has to rewrite the edited essay.
prep. **е. на** + *A.* an essay of *(number of pages)* ◊ **е. на сім стóрінок** a seven-page essay; **е. про** + *A.* an essay about sth; **е. на тéму** + *G.* an essay on the subject of sth ◊ **е. на тéму особúстої свобóди і відповідáльности** an essay on the subject of personal freedom and responsibility
See **нáрис 1.** *Also see* **твір 2**

есеїст, *m.*; **~ка**, *f.*
essayist
adj. **блискýчий** brilliant, **дóбрий** good ◊ **Газéта шукáла дóброго ~а.** The newspaper was looking for a good essayist. **неперевéршений** unmatched, **ориґінáльний** original, **цікáвий** interesting; **кéпський** poor, **погáний** bad, **посерéдній** mediocre, **такúй собí** so-so; **політúчний** political
v. + **е. бýти ~ом** be an essayist ◊ **Він був блискýчим ~ом.** He was a brilliant essayist. (**виявля́тися** turn out ◊ **Він вúявився посерéднім ~ом.** He turned out to be a mediocre essayist. **працювáти** work as ◊ **Козачéнко працювáв політúчним ~ом.** Kozachenko worked as a political essayist. **ставáти** become)
See **письмéнник.** *Also see* **літерáтор**

есеїсти|ка, *f.*, *coll., only sg.*
essays, collection of essays; essay writing ◊ **порáдник з ~їстики** a guide to essay writing; ◊ **Він подарувáв бібліотéці вúбрану ~ку Шéреха.** He gave the library selected essays by Sherekh.
n. + **е. вершúна ~ки** a peak of essay writing ◊ **Стаття́ лишáється вершúною ~ки.** The article remains a peak of essay writing. (**досягнéння** achievement; **зразóк** example; **мистéцтво** art)
prep. **в ~ку** *dir.* into essay writing ◊ **Він зробúв вáжлúвий внéсок у політúчну ~ку.** He made an important contribution to political essay writing. **в ~ці** in essay writing ◊ **В ~ці вонá неперевéршена.** In essay writing she is second to none.
See **літератýра, прóза 1**

ескалáтор, *m.*, **~а**
escalator, moving staircase
adj. **новúй** new, **старúй** old; **безшýмний** silent, **тúхий** quiet, **скрипýчий** creaky; **вýзький** narrow, **ширóкий** wide; **глибóкий** deep, **сучáсний** modern
v. + **е: встанóвлювати е.** install an escalator ◊ **В універмáзі встановúли сучáсні ~и.** They installed modern escalators in the department store. (**збирáти** put together, **монтувáти** mount; **направля́ти** fix, **ремонтувáти** repair; **ставáти на** step on) ◊ **Він став на е.** He stepped on the escalator. **схóдити з ~а** step off an escalator; **ї́хати** *and* **ї́здити ~ом** go by an escalator ◊ **Тепéр із пóверху на пóверх мóжна ї́здити ~ом.** Now one can go from floor to floor by an escalator. (**корúстуватися** use ◊ **Оксáна не корúстується ~ом.** Oksana does not use the escalator. **опускáтися** go down by, **підніматися** go up by)
е. + *v.* **везтú** + *A.* carry sb ◊ **Глибóкі ~и везлú сóтні пасажúрів.** The deep escalators carried hundreds of passengers. **ламáтися** *and* **псувáтися** break down ◊ **Старúй е. чáсто псýється.** The old escalator often breaks down. **зупиня́тися** stop; **рýхатися** move
prep. **на е.** *dir.* on/to an escalator; **на ~і** *posn.* on an escalator ◊ **На ~і нікóго не булó.** There was nobody on the escalator. ♦ **вгóру** *or* **вниз ~ом** up and down the escalator ◊ **Він спостерігáв за людьмú, що рýхалися вгóру ~ом.** He observed the people moving up the escalator. **е. на** + *A.* an escalator to *(a floor)* ◊ **е. на трéтій пóверх** an escalator to the third floor
Cf. **ліфт**

ескíз, *m.*, **~а**
sketch, quick drawing
adj. **гáрний** nice ◊ **Вонá зробúла кíлька гáрних ~ів зáмку.** She did several nice sketches of the castle. **чудóвий** superb; **блискавúчний** lightning, **швидкúй** quick; **грýбий** rough, **прóстий** simple; **ориґінáльний** original; **початкóвий** initial, **підготóвчий** preparatory, **поперéдній** preliminary; **детáльний** detailed ◊ **Е. був дивовúжно детáльним.** The sketch was amazingly detailed.
е. + *n.* **е. аквaрéллю** a watercolor sketch (**вугíлля́м** charcoal, **олівцéм** pencil, **олíєю** oil, **перóм і чорнúлом** pen-and-ink) ◊ **е. перóм і чорнúлом** a pen-and-ink sketch
v. + **е. малювáти е.** draw a sketch (**накидáти** outline ◊ **Худóжник швúдко накúдав грýбий е. її обли́ччя.** The artist quickly outlined a rough sketch of her face. **робúти** do) ◊ **Вонá зробúла кíлька ~ів старóї цéркви.** She did several sketches of the old church.
prep. **на ~зі** *posn.* in a sketch ◊ **Мистéцтвознáвці не впéвнені, хтó сáме зобрáжений на ~і.** Art historians are unsure exactly who is depicted in the sketch.
See **малю́нок 1**

естафéт|а, *f.*
1 *sport* relay, relay race ◊ **Найбíльше їй подóбалося дивúтися на ~у.** She liked to watch a relay race best of all.
adj. **змíшана** mixed, **кóмплексна** medley, **спрúнтерська** sprint; ♦ **е. вíльним стúлем** freestyle relay ◊ **Він узя́в ýчасть в ~і вíльним стúлем.** He took part in a freestyle relay.
v. + **е. вигравáти ~у** win a relay ◊ **Дружúна вперше вúграла ~у.** The team won the relay for the first time. (**програвáти** lose; **прóводити** hold); **бíгти в ~і** run (in) a relay ◊ **Вонá бíжúть у спрúнтерській ~і на 400 м.** She is running a 400 m sprint relay. (**брáти ýчасть в** take part in, **пливтú (в)** swim) ◊ **Вонá впéрше пливтúме в ~і.** She will swim a relay for the first time.
2 *fig.* tradition, cause, flame
adj. **герóїчна** heroic, **гóрда** proud ◊ **Він – спадкоємець гóрдої ~и вільнодýмців.** He is an inheritor of the proud tradition of free thinking. **слáвна** glorious
е. + *n.* **е. волелю́бства** a tradition of freedom loving (**визвóльних змагáнь** liberation struggle, **дóбрих спрáв** good deeds, **поколíнь** generations, **служíння** service, *etc.*)
v. + **е. переймáти ~у** take over a tradition (**передáти** + *D.* hand over to sb, **нестú** carry, **продóвжувати** carry on) ◊ **Молодé покóління готóве продóвжити ~у свобóди.** The young generation is ready to carry on the tradition of freedom.
See **спрáва 3, традúція.** *Also see* **спáдщина**

естéти|ка, *f.*
1 esthetics *(a discipline)* ◊ **Е. – це вчéння про істóту красú.** Esthetics is a teaching about the nature of beauty.
See **дисциплíна 2, предмéт 2.** *Cf.* **éтика 2**
2 esthetic *(a set of principles)* ◊ **Е. дадаї́зму докорíнно переглядáє самé поня́ття мистéцтва.** The Dadaist esthetic radically revises the very notion of art.
See **прáвило, прúнцип.** *Also see* **філосóфія 2.** *Cf.* **éтика 1**
3 beauty ◊ **У час війнú е. відхóдить на зáдній план.** In time of war, beauty recedes to the background.
See **красá**
L. **в ~ці**

естетúчн|ий, *adj.*
1 esthetic, of or pertaining to esthetic(s) ◊ **Арістóтель розвúнув цíлу ~у теóрію.** Aristotle developed an entire esthetic theory.
е. + *n.* **е. ідеáл** an esthetic ideal (**підхíд** approach; **пóгляд** view; **фенóмен** phenomenon); **~а категóрія** an esthetic category (**цíнність** value) ◊ **Óскар Вáйльд віддавáв перевáгу ~им цíнностям пéред етúчними.** Oscar Wilde preferred esthetic values to ethical ones.
Cf. **етúчний 3**
2 esthetic, tasteful, artistic
adv. **винятквóво** exceptionally ◊ **Йогó винятквóво е. стиль лéгко впізнáти.** It is easy to recognize his exceptionally esthetic style. **дóсить** fairly, **дýже** very; **не зóвсім** not quite
е. + *n.* **е. вúгляд** an esthetic appearance (**смак** taste; **шок** shock) ◊ **Полотнó спраля́є на глядачá е. шок.** The canvas causes an esthetic shock to the viewer. **~а довéршеність** esthetic perfection (**насолóда** pleasure, **орієнтáція** orientation, **схúльність** proclivity); **~е вихóвáння** esthetic education (**задовóлення** satisfaction, **сприйня́ття** perception)
See **гáрний 1.** *Also see* **худóжній 2**

еталóн, *m.*, **~а**
1 standard
adj. **встанóвлений** established; **новúй** new, **старúй** old; **міжнарóдний** international, **універсáльний** universal; **вторúнний** secondary, **пéрвісний** primary, **робóчий** working; **світловúй** photometric; **áтомний** atomic, **молекуля́рний** molecular; ♦ **е. мéтра** the standard meter
v. + **е. приймáти е.** accept the standard (**відкидáти** reject, **порýшувати** violate); **дотрúмуватися ~а** abide by the standard ◊ **Фíрма дотрúмується встанóвлених ~ів.** The firm abides by the established standards. **відповідáти ~ові** *or* **~у** comply with the standard
See **нóрма 1, стандáрт**
2 *fig.* ideal, model, paragon ◊ **Письмéнник був ~ом стúлю.** The writer was a paragon of style.
See **ідеáл 1**

етáп, *m.*, **~у**
1 stage, period, phase, round
adj. **пéрший** first, **початкóвий** initial, **дрýгий** second, **трéтій** third, *etc.*; **настýпний** next, following; **поперéдній** preliminary; **проміжкóвий** intermediate; **сучáсний** current, **тепéрішній** present, **завершáльний** concluding, **остáнній**

last, пíзній late, фінáльний final ◊ **Наближáвся фінáльний е. випробувáння препарáту.** The final stage of the drug trial was approaching. **поглиблений** advanced ◊ **Вони́ були́ на поглиблено́му ~і ви́вчення предмéту.** They were at the advanced stage of the study of the subject. **вирáзний** distinct ◊ **Сім рóків життя́ в Одéсі склáдали вирáзний е. у її біогрáфії.** Seven years of life in Odesa made up a distinct stage in her biography. **окрéмий** separate; **перехіднúй** transitional; **важли́вий** important, **визначáльний** determining, **головни́й** main, **ключови́й** key, **крити́чний** critical; **важки́й** difficult, **вразли́вий** vulnerable, **чутли́вий** delicate; **життєви́й** life; **зародкóвий** embryonic; **зрíлий** mature; **випробувáльний** testing, **дослíдницький** research, **експериментáльний** experimental, **пошукóвий** exploratory, **планувáльний** planning

е. + *n.* **е. відтвóрення** a reproductive stage ◊ **На ~і відтвóрення комáха зазнає пéвних змін.** At the reproductive stage, the insect undergoes certain changes. (**мнóження** multiplication, **рóсту** growth; **личи́нки** larva, **ля́льки** pupal; ♦ **е. переговóрів** a negotiation round ◊ **фінáльний е. переговóрів** the final negotiation round; **планувáння** planning, **рóзвитку** developmental, **формувáння** formative); **е. життя́** a stage of life (**рóзвитку** development)

n. + **е. кінéць ~у** the end of a stage (**початок** beginning, **тривáлість** duration)

v. + **е. перескáкувати е.** skip a stage ◊ **Краї́на перескóчила е. хижáцького капіталізму.** The country skipped the predatory capitalism stage. (**позначáти** mark ◊ **Компромíс позначи́в нови́й е. у взаєминах між пáртіями.** The compromise marked a new stage in the relations between the two parties. **починáти** start; **прохóдити** pass through ◊ **Дити́на прохóдила вразли́вий е. свогó формувáння.** The baby was passing through a vulnerable stage of its formation. **представля́ти** represent; **вступáти в** enter; **перехóдити на** move to) ◊ **Лабораторія перейшлá на е. планувáння експеримéнту.** The lab moved to the experiment planning stage. **досягáти ~у** reach a stage ◊ **Гýсениця досягнýла зрíлого ~у рóзвитку.** The caterpillar reached the mature stage of its development.

е. + *v.* **добігáти кінця́** come to an end ◊ **Пéрший е. реставрáції добіг кінця́.** The first stage of the restoration came to an end. **закíнчуватися** end; **починáтися** begin ◊ **Почáвся вирішáльний е. хемíчної реáкції.** The decisive stage of the chemical reaction began. **продóвжуватися** continue, **тривáти** last

prep. **на ~і** at/in a stage; **по ~ах** by/in stages ◊ **Нову гíлку метрополітéну будувáтимуть по ~ах.** The new subway line will be built in stages. **прóтягом** *or* **упродóвж ~у** during a stage ◊ **Він очóлюватиме компáнію прóтягом початкóвого ~у її модернізáції.** He will be directing the company during the initial stage of its modernization. **е. в** + *L.* a stage in sth ◊ **Дожи́льна терапíя булá визначáльним ~ом у ліќувáнні хворóби.** Intravenous therapy was the determining stage in the treatment of the disease. ♦ **відправля́ти** + *A.* **~ом** *or* **по ~у** to deport sb under guard ◊ **Засýджених політв'я́знів відпрáвили ~ом** *or* **по ~у до Сибíру.** The condemned political prisoners were deported under guard to Siberia.

Also see **тур 1, фáза.** *Cf.* **епóха, éра 2**

2 *sports* lap ◊ **Перегóни складáлися з трьох ~ів.** The race consisted of three laps.

adj. **пéрший** first; **остáнній** last, **фінáльний** final ◊ **На почáтку фінáльного ~у вонá поступи́лася пози́цією естóнській супéрниці.** At the beginning of the final lap, she yielded her position to her Estonian rival.

v. + **е. закíнчувати е.** complete a lap ◊ **Він закíнчив дрýгий е. естафéти остáннім.** He was the last to complete the second lap of the relay. (**починáти** begin; **пробігáти** run ◊ **Він пробíг пéрший е. із блискýчим чáсом.** He ran the first lap with excellent time. **пропливáти** swim)

prep. **на ~і** on a lap ◊ **Вонá перечепи́лася і впáла на трéтьому ~і.** She tripped and fell on the third lap.

Also see **кóло**[1] **2, тур 2**

етéр, *m.*, **~у**, *only sg.*

1 *fig.* air, air waves, the ether ◊ **Знайóма мелóдія ши́рилася ~ом.** A familiar tune was spreading through the ether.

adj. ♦ **прями́й е.** a live broadcast ◊ **Радіоінтерв'ю передавáли в прямóму ~і.** The radio interview was broadcast live. ♦ **В ~і рáдіо «Ки́їв»** This is Radio Kyiv.

v. + **е. вихóдити в е.** go on the air, be aired ◊ **Прогрáма вихóдить в е. двíчі на ти́ждень.** The show is aired twice a week.

prep. **в ~і** on the air ◊ **У цей час журналíст був в ~і.** At this time, the journalist was on the air.

2 *chem.* ether ◊ **Е. чáсто використóвують як розчи́нник.** Ether is often used as solvent. ◊ **Вонá не знóсить зáпаху ~у.** She cannot stand the smell of ether.

éти|ка, *f.*, *only sg.*

1 ethic *(a set of principles, morality)* ◊ **Вонá керувáлася професíйною ~кою.** She was driven by a professional ethic.

adj. **елементáрна** elementary, **засадни́ча** basic; **вчи́тельська** teacher's, **журналíстська** journalistic, **корпорати́вна** corporate, **лíкарська** *or* **меди́чна** medical, **педагогíчна** pedagogical, **професíйна** professional, **християнська** Christian, **юриди́чна** legal; ◊ **е. прáці** work ethic

n. + **е. вимóги ~ки** the requirements of ethic ◊ **Вимóги журналíстської ~ки для ньóго закóн.** The requirements of journalistic ethic are the law for him. (**засáди** principles, **нóрми** norms, **прáвила** rules, **при́писи** precepts; **питáння** questions; **спрáва** matter) ◊ **Це спрáва ~ки.** This is a matter of ethic.

v. + **е. відкидáти ~ку** reject ethic (**зневажáти** despise ◊ **Він зневажáв юриди́чну ~ку.** He despised legal ethic. **порýшувати** violate; **стáвити під сýмнів** question ◊ **Він стáвить під сýмнів ~ку експеримéнтів над твари́нами.** He questions the ethic of experimenting on animals. **прийма́ти** accept, **сповíдувати** profess) ◊ **Вонá сповíдує християнську ~ку сімéйного життя́.** She professes the Christian ethic of family life. **притри́муватися ~ки** follow ethic

prep. **всýпереч ~ці** contrary to ethic ◊ **Пан А. прини́жував ýчнів усýпереч елементáрній ~ці.** Mr. A. humiliated students contrary to elementary ethics. **згíдно з ~кою** according to ethic ◊ **Лíда чи́нить згíдно і ~кою.** Lida is acting according to ethics.

See **морáль 1.** *Cf.* **естéтика 2**

2 ethics *(discipline)*

adj. **арістóтелівська** *or* **Аристóтелева** Aristotelian, **кантія́нська** *or* **Кáнтова** Kantian, **утилітáрна** utilitarian ◊ **Утилітáрна е. вихóдить пóза особи́сті інтерéси і берé до увáги інтерéси і́нших.** Utilitarian ethics goes beyond one's own interests and takes into account the interests of others.

See **дисциплíна 2, предмéт 2.** *Cf.* **естéтика 1**

етикéт, *m.*, **~у**, *only sg.*

etiquette ◊ **Сéред в'я́знів íснувáв особли́вий е.** Among the inmates, there existed special etiquette.

adj. **дипломати́чний** diplomatic, **ділови́й** business, **кримінáльний** criminal ◊ **За порýшення кримінáльного ~у він міг втрáтити життя́.** For a breach of criminal etiquette he could lose his life. **мóвний** language ◊ **важли́ві елемéнти англíйського мóвного ~у** important elements of the English language etiquette; **професíйний** professional, **судови́й** court; **суспíльний** social; **відповíдний** proper, **прáвильний** correct; **кéпський** poor, **погáний** bad; **традицíйний** traditional, **устáлений** established

n. + **е. нóрми ~у** norms of etiquette ◊ **Пáні К. вчи́ла дочкý оснóвних норм суспíльного ~у.** Mrs. K. taught her daughter the principal norms of social etiquette. (**прáвила** rules, **спрáва** matter; **порýшення** breach) ◊ **Заява – це нечýване порýшення дипломати́чного ~у.** The statement is an unheard-of breach of diplomatic etiquette.

v. + **е. знáти е.** know the etiquette (**зневажáти** disdain, **порýшувати** breach ◊ **З'яви́тися на зýстріч без кравáтки знáчило порýшити е.** Appearing at the meeting without a tie meant breaching etiquette. **поважáти** respect); **дотри́муватися ~у** follow etiquette ◊ **Він дотри́мується професíйного ~у.** He follows professional etiquette. (**виявля́ти зневáгу до** show contempt for)

е. + *v.* **вимагáти** + *G. or* **щоб** + *clause* require sth ◊ **Е. вимагáє непáрної кíлькости троя́нд у букéті.** The etiquette requires an odd number of roses in the bouquet. ◊ **Устáлений релігíйний е. вимагáв, щоб жíнка булá з покри́тою головóю.** The established religious etiquette required a woman to be with her head covered. **диктувáти** + *A. or* **щоб** + *clause* dictate sth

prep. **відповíдно до ~у** in accordance with etiquette ◊ **Усé робилося відповíдно до ~у.** Everything was done in accordance with etiquette.

етикéт|ка, *f.*

1 label

adj. **дизáйнерська** designer, **товáрна** product; **адрéсна** address, **багáжна** luggage, **поштóва** mailing; **липкá** sticky, **наліпнá** adhesive ◊ **На кóжному кéлиху булá срíбляста наліпнá е.** There was a silvery adhesive label on every wine glass. **яскрáва** colorful; **штрих-кóдова** barcode ◊ **Вонá не моглá знайти́ штрих-кóдових ~ок.** She could not find the barcode labels.

е. + *n.* **е. óдягу** a clothing label (**сорóчки** shirt, **товáру** product, **штанíв** pants)

v. + **е. відривáти ~ку** tear off a label (**відрізáти** cut off ◊ **Вонá зрáзу відрізáла дизáйнерську ~ку.** She immediately cut off the designer label. **мáти** have; **перевіря́ти** check, **сканувáти** scan ◊ **Продавчи́ня сканувáла ~ки і складáла сорóчки в торби́ну.** The saleswoman scanned the labels and put the shirts in the bag. **читáти** read ◊ **Товáрну ~ку гóді булó прочитáти.** The product label was impossible to read. **диви́тися на** look at, **розглядáти** examine; **прикріпля́ти до** + *G.* attach to sth); **милувáтися ~кою** admire a label

prep. **на ~ці** on a label ◊ **На ~ці стоя́в товáрний знак виробникá.** There was the producer's trademark on the label.

2 *fig.* label, tag, designation ◊ **Журналíсти чáсто даю́ть полíтикам ~ки.** Journalists often assign labels to politicians.

adj. **готóва** ready ◊ **Тáня мáла готóву ~ку для кóжного.** *fig.* Tania had a ready label for everyone. **ідеологíчна** ideological, **партíйна** party; **обрáзлива** insulting, **прини́злива** humiliating; ◊ **е. ліберáла** the label of a liberal (**консервáтора** conservative, **націоналíста** nationalist)

v. + **е. вíшати ~ку на** + *A.* hang a label on sb ◊ **Студéнти повíсили на виклáдачá ~ку консервáтора.** Students hung the label of a conservative on the instructor. (**давáти** + *D.* assign sb, **застосóвувати до** + *G.* apply to sb; **чíпля́ти на** + *A.* stick on sb; **мáти напоготóві для** + *G.* have at the ready for sb; **відкидáти** reject); **користувáтися ~кою** use a label

етимоло́гі|я, *f.*, **~ї**
1 etymology *(origin)* ◊ **Е. сло́ва кри́є окре́мий епізо́д істо́рії.** The word's etymology conceals a separate episode of history.
adj. **наро́дна** folk, **науко́ва** scientific; **дове́дена** proven, **узаса́днена** substantiated; **гіпотети́чна** hypothetical, **спекуляти́вна** speculative; **недове́дена** unproven, **сумні́вна** doubtful, **неузаса́днена** unsubstantiated
е. + *n.* **е. ви́разу** the etymology of an expression (**сло́ва** word, **фо́рми** form) ◊ **Е. фо́рми не дове́дена.** The form's etymology is unproven.
v. + **е. встано́влювати ~ю** establish etymology ◊ **~ю цього́ сло́ва ще нале́жить встанови́ти.** This word's etymology is yet to be established. (**вивча́ти** study, **дослі́джувати** research; **зна́ти** know; **підтве́рджувати** corroborate; **ста́вити під су́мнів** question) ◊ **Її ана́ліз ста́вить під серйо́зний су́мнів прийня́ту ~ю цього́ сло́ва.** Her analysis seriously questions the accepted etymology of the word.
See **похо́дження.** *Also see* **джерело́ 2**
2 etymology *(discipline)* ◊ **Вона́ записа́лася на курс з ~ї.** She got enrolled in the etymology course.
See **дисципліна 2, предме́т 2**

ети́чн|ий, *adj.*
1 ethical, moral, good
adv. **абсолю́тно** absolutely, **бездога́нно** impeccably, **винятко́во** exceptionally, **чи́сто** purely, **ті́льки** only
е. + *n.* **~а поведі́нка** ethical conduct ◊ **Поведі́нка хло́пця була́ бездога́нно ~ою.** The boy's behavior was impeccably ethical.
See **мора́льний 2**
2 ethical, behavioral, social ◊ **е. ко́декс журналі́ста** a journalist's ethical code ◊ **Пе́ред Яре́менком стоя́ла серйо́зна ~а диле́ма.** Yaremenko was faced with a serious ethical dilemma. ♦ **з ~их міркува́нь** for ethical reasons; ◊ **Павле́нко утри́мався з ~их міркува́нь.** Pavlenko abstained for ethical reasons.
See **мора́льний 1.** *Also see* **професі́йний 4**
3 ethical, of or pertaining to ethics ◊ **Він – прихи́льник ~ої філосо́фії Ка́нта.** He is a supporter of Kant's ethical philosophy. ◊ **сла́бка части́на ~ого вче́ння** the weak part of the ethical teaching
Cf. **естети́чний 1**

етні́чн|ий, *adj.*
ethnic, of or pertaining to ethnicity
adv. **винятко́во** exceptionally, **ви́разно** distinctly ◊ **Архітекту́рний стиль зазнава́в ви́разно ~их впли́вів.** The architectural style was subjected to distinctly ethnic influences. **ті́льки** only, **я́вно** clearly
е. + *n.* **е. екстремі́зм** ethnic extremism (**конфлі́кт** conflict, **націоналі́зм** nationalism, **по́діл** division, **сепарати́зм** separatism; **склад** composition; **стереоти́п** stereotype, **чи́нник** factor); **~а бі́льшість** an ethnic majority (**грома́да** community; **менши́на** minority; **культу́ра** culture, **самосвідо́мість** self-consciousness, **тото́жність** identity; **геогра́фія** geography, **ма́па** map, **терито́рія** territory; **чи́стка** cleansing); **~е громадя́нство** an ethnic citizenship (**корі́ння** roots, **похо́дження** origin; **підґру́нтя** underpinning)
Cf. **націона́льний 1**

етнографі́чн|ий, *adj.*
ethnographic
е. + *n.* **е. заповідни́к** an ethnographic sanctuary (**збі́рка** collection, **збі́рник** publications collection; **ме́тод** method, **підхі́д** approach; **музе́й** museum; **прое́кт** project; **райо́н** district, **реґіо́н** region; **фестива́ль** festival); **~а гру́па** an ethnographic group (**дія́льність** activity, **експеди́ція** expedition; **ка́рта** *or* **ма́па** map; **коле́кція** collection; **комі́сія** commission; **літерату́ра** literature; **характери́стика** characteristic); **~е вивче́ння** ethnographic study (**дослі́дження** research, **картографува́ння** mapping); **~і джере́ла** ethnographic sources (**зе́млі** terrain, **ме́жі** boundaries; **особли́вості** peculiarities)

етнографі|я, *f.*, **~ї**, *only sg.*
ethnography
adj. **музи́чна** musical, **науко́ва** scientific; **традиці́йна** traditional, **чи́ста** pure; **скандина́вська** Scandinavian, **слова́цька** Slovak, **украї́нська** Ukrainian, *etc.*
v. + **е. вивча́ти ~ю** study ethnography (**виклада́ти** teach; **дослі́джувати** research); **ціка́витися ~єю** take interest in ethnography (**захо́плюватися** be fascinated with) ◊ **Вона́ ста́ла захо́плюватися ~єю.** She developed a fascination with ethnography.
See **дисципліна 2**

ефе́кт, *m.*, **~у**
1 effect, impression, impact ◊ **Вона́ не ду́мала про те, яки́й е. ма́тиме така́ мо́ва для чита́ча.** She did not think of the effect such a language would have upon the reader.
adj. **ба́жаний** desired ◊ **Щоб досягну́ти ба́жаного ~у, вона́ заверещала.** To attain a desired effect, she screamed. **до́брий** good, **позити́вний** positive; **глибо́кий** profound, **максима́льний** maximal, **помі́тний** discernable, **поту́жний** powerful, **си́льний** strong; **мізе́рний** negligible, **мініма́льний** minimal, **невели́кий** little, **очі́куваний** anticipated, **передба́чуваний** predictable; **ґвалто́вний** abrupt, **негайни́й** immediate, **неочі́куваний** unanticipated, **несподі́ваний** unexpected; **зага́льний** overall, **по́вний** full; **ке́пський** poor, **неба́жаний** undesirable, **неґати́вний** negative; ♦ **е. неви́правданого сподіва́ння** a defeated expectation effect
v. + **е. дава́ти е.** produce an impact ◊ **Втруча́ння дало́ мізе́рний е.** The intervention produced a negligible impact. (**ма́ти** have ◊ **Карти́на ма́ла поту́жний е.** The painting had a powerful impact. **ство́рювати** create ◊ **Її поведі́нка ство́рювала неочі́куваний е.** Her behavior created an unexpected effect.
е. + *v.* **виника́ти** occur, **існува́ти** exist, **лиша́тися** remain, **трива́ти** last ◊ **Е. від фі́льму мо́же трива́ти ду́же до́вго.** The effect from the film can last for a very long time.
prep. **е. від** + *G.* impact from sth; **е. на** + *A.* impact upon sb
See **вра́ження**
2 influence, effect, impact
adj. **важли́вий** important, **вирі́шальний** decisive, **відчу́тний** tangible, **далекося́жний** far-reaching, **значни́й** significant, **максима́льний** maximal, **по́вний** full, **помі́тний** discernable, **поту́жний** powerful, **си́льний** strong; **мізе́рний** negligible, **мініма́льний** minimal, **невели́кий** little, **скро́мний** modest; **ймові́рний** plausible, **мо́жливий** possible, **очі́куваний** anticipated, **передба́чуваний** predictable, **потенці́йний** potential; **ґвалто́вний** abrupt, **негайни́й** immediate, **неочі́куваний** unanticipated, **несподі́ваний** unexpected, **рапто́вий** sudden; **весь** all, **зага́льний** overall, **по́вний** full, **чи́стий** net; **непропорці́йний** disproportionate, **неспівмі́рний** incommensurate; **прями́й** direct, **опосередко́ваний** indirect; **зворо́тний** reverse, **протиле́жний** opposite; **дестабілізаці́йний** destabilizing, **гальмівни́й** inhibitory ◊ **Препара́т має гальмівни́й е. на апети́т.** The medicine has an inhibitory effect on appetite. **короткотрива́лий** short-term, **пості́йний** permanent, **трива́лий** lasting; **гіпноти́чний** hypnotic, **заспокі́йливий** sedative, **захисни́й** protective, **терапевти́чний** therapeutic; **благотво́рний** beneficial, **ко́рисний** useful, **позити́вний** positive, **сприя́тливий** favorable; **токси́чний** toxic; **неґати́вний** negative ◊ **Діє́та посла́блювала неґати́вний е. від бра́ку со́нячного сві́тла.** The diet alleviated the negative effect of the lack of sunlight. **парнико́вий** greenhouse; **економі́чний** economic, **фіна́нсовий** financial; **політи́чний** political, **соція́льний** social, *etc.*
v. + **е. відчува́ти е.** feel the effect ◊ **Ко́жен відчу́в е. його́ ідеоло́гії.** Everybody felt the effect of his ideology. (**пережива́ти** experience ◊ **Плане́та пережива́є парнико́вий е.** The planet is experiencing the greenhouse effect. **дава́ти** produce ◊ **Гербіци́д дав ко́рисний е.** The herbicide produced a useful effect. **ма́ти** have (**справля́ти** exert, **ство́рювати** bring about; **аналізува́ти** analyze, **вивча́ти** study, **вимі́рювати** measure, **дослі́джувати** investigate ◊ **Лаборато́рія дослі́джує е. життя́ в ко́смосі на органі́зм люди́ни.** The lab investigates the effect of living in outer space on the human body. **оці́нювати** assess, **порі́внювати** compare; **виявля́ти** reveal, **зауважувати** heed, **поміча́ти** detect; **демонструва́ти** demonstrate, **ілюструва́ти** illustrate; **іґнорува́ти** ignore; **опи́сувати** describe, **поясню́вати** explain, **передбача́ти** predict; **переоці́нювати** overestimate; **блокува́ти** block, **дола́ти** overcome ◊ **Ода́рка ви́пила ка́ви, щоб подола́ти е. алкого́лю.** Odarka had some coffee to overcome the effect of alcohol. **зво́дити до мі́німуму** minimize, **згла́джувати** mitigate ◊ **По́зика згла́дила е. кри́зи на його́ бі́знес.** The loan mitigated the effect of the crisis on his business. **зме́ншувати** diminish, **обме́жувати** limit, **пом'я́кшувати** cushion, **пригні́чувати** suppress, **притупля́ти** blunt; **зво́дити до нуля́** nullify, **ліквідо́вувати** eliminate, **нейтралізува́ти** neutralize; **збі́льшувати** increase, **наро́щувати** enhance, **погі́ршувати** exacerbate, **поси́лювати** amplify; **відтво́рювати** reproduce, **повто́рювати** replicate, **симулюва́ти** simulate ◊ **Зану́рювання під во́ду симулю́є е. нева́гомости.** Submersion under the water simulates the effect of zero-gravity. **боя́тися ~у** fear the effect (**зазнава́ти** be subjected to; **уника́ти** avoid; **оду́жувати від** recover from, **отя́млюватися від** regain one's bearings from; **потерпа́ти від** *or* **страждати від** suffer from); **запобіга́ти ~ові** prevent an effect (**протиді́яти** counteract); **боро́тися з ~ом** fight an effect
е. + *v.* **виника́ти** occur, **існува́ти** exist, **лиша́тися** remain, **поши́рюватися** spread, **трива́ти** last; **зника́ти** disappear, **мина́ти** wear off ◊ **Терапевти́чний е. пі́ґулок мину́в за день.** The therapeutic effect of the pills wore off in a day.
prep. **е. для** + *G.* an effect for sb/sth, **е. на** + *G.* an effect up/on sb/sth
Cf. **вплив 1, на́слідок**
3 *usu pl.* effects; means, devices
adj. **звукові́** sound, **музи́чні** musical, **спеція́льні** special, **сцені́чні** stage, **театра́льні** theatrical
v. + **використо́вувати ~и** use effects ◊ **Вона́ використо́вує спеція́льні ~и.** She uses special effects. (**застосо́вувати** apply, **підси́лювати** enhance, **посла́блювати** weaken); **вдава́тися до ~ів** resort to effects ◊ **Він вдає́ться до опти́чних ~ів.** He resorts to optical effects.
е. + *v.* **вража́ти** + *A.* impress sb, **ді́яти** work ◊ **Музи́чні ~и в поста́ві не ді́яли.** The musical effects in the production failed to work.

ефекти́вн|ий, *adj.*
effective, efficient
adv. ♦ **високоефекти́вний** highly effective, **винятко́во** exceptionally, **все бі́льше** increasingly more, **геть** totally; **ду́же** very, **надзвича́йно** extraordinarily, **неймові́рно** incredibly, **страше́нно** tremendously, **ціпко́м** completely; **дово́лі** fairly, **до́сить** enough, **доста́тньо** sufficiently; **по́части** in part ◊ **Нови́й підхі́д ви́явився по́части ~им.** The new approach

turned out to be effective in part. **частќово** partially; **особлúво** especially ◊ **Особлúво ~им спóсобом втрáтити вагý є полýчення дієти з рýханкою.** An especially effective way to lose weight is combining diet with workouts. **мáйже** almost, **помíрно** moderately, **на дúво** surprisingly, **несподíвано** unexpectedly; **віднóсно** relatively, **порíвняно** comparatively; **не зóвсім** not quite, **лéдве** hardly; **економíчно** economically, **політúчно** politically, **фінáнсово** financially, *etc.*
е. + *n.* **е. дóгляд** effecient care ◊ **Шпитáль відóмий ~им дóглядом за хвóрими.** The hospital is known for its efficient patient care. (**зáсіб** remedy, **зáхист** defense, **мéтод** method, **підхíд** approach; **трéнер** coach; **урóк** lesson); **~а дієта** an effective diet ◊ **Відсýтність сóли рóбить дієту особлúво ~ою.** The absence of salt makes the diet especially effective. (**дóза** dose; **економíка** economy, **організáція** organization, **терапíя** therapy, **технолóгія** technology)
v. + **е. бýти ~им** be effective (**вважáти** + *A.* consider sth, **вважáтися** be considered, **виявлятися** turn out, **здавáтися** + *D.* seem to sb, **лишáтися** remain, **робúти** + *A.* make sth, **ставáти** become) ◊ **Організáція ставáла все бíльш ~ою.** The organization was becoming increasingly more effective.
Also see **продуктúвний**

ефектúвн|ість, *f.*, **~ости**, *only sg.*
effectiveness, efficiency
adj. **велúка** great, **величéзна** enormous, **виняткóва** exceptional, **висóка** high ◊ **Прилад працювáв із висóкою ~істю.** The device worked with high efficiency. **допустúма** admissible, **максимáльна** maximal, **найвúща** utmost, highest; **малá** little, **мінімáльна** minimal; **кéпська** poor, **низькá** low, **погáна** bad; **віднóсна** relative, **загáльна** overall, **порíвняна** comparative; **вúща** higher, **підвúщена** increased, **покрáщена** improved; **адміністратúвна** administrative, **енергетúчна** energy, **організацíйна** organizational, **технíчна** technical
е. + *n.* **е. виробнúцтва** production efficiency (**інвестúцій** investment, **прáці** labor, **управлíння** management); **боротьбá за е.** an efficiency drive
v. + **е. збíльшувати е.** increase efficiency (**піднóсити** raise, **покрáщувати** improve, **посúлювати** boost; **забезпéчувати** provide, **ґарантувáти** guarantee; **змéншувати** reduce, **обмéжувати** limit ◊ **Старá систéма обмéжує е. дíяльности лабораторíї.** The old system limits the efficiency of the lab's work. **скорóчувати** reduce; **втрачáти** lose); **досягáти ~ости** achieve efficiency (**бракувáти** + *D.* lack) ◊ **Обігрівачéві бракýє ~ости.** The heater lacks efficiency.
Also see **продуктúвність, чíткість 2**

ефéктн|ий, *adj.*
impressive, striking, spectacular, eye-catching
adv. **бíльш ніж** more than, **вкрай** extremely, **глúбоко** deeply, **дýже** very, **надзвичáйно** extraordinarily, **неймовíрно** incredibly, **особлúво** especially, **страшéнно** tremendously; **незмíнно** invariably, **дóсить** fairly, **достáтньо** sufficiently; **не зóвсім** not quite, **лéдве** hardly
е. + *n.* **е. жест** an impressive gesture ◊ **Її подарýнок був надзвичáйно ~им жéстом щéдрости.** Her gift was an extraordinarily impressive gesture of generosity. (**óдяг** clothes, **чоловíк** man; **кінéць** ending, **манéвр** maneuvre, **фінáл** finale, **хід** move); **~а пáні** an impressive lady (**поведíнка** conduct, **промóва** speech) ◊ **Йогó промóва булá ~ою.** His speech was impressive.
v. + **е. бýти ~им** be impressive (**виглядáти** look ◊ **У вечíрній сýкні Орéста виглядáла надзвичáйно ~ою.** Oresta looked extraordinarily striking in the evening dress. **вихóдити** come out ◊ **Відкриттá вúставки вúйшло дýже ~им.** The exhibition opening came out to be very impressive. **виявлятися** turn out, **здавáтися** + *D.* seem to sb, **лишáтися** remain, **робúти** + *A.* make sb/sth, **ставáти** become)
See **разючий 1.** *Also.* **вбúвчий 3, драматúчний 2, приголóмшливий**

ефéктн|ість, *f.*, **~ости**, *only sg.*
spectacularity, forcefulness; grandeur, splendor
adj. **велúка** great, **величéзна** enormous, **виняткóва** exceptional ◊ **Фінáльну сцéну зігрáли з винятковóю ~істю.** The final scene was performed with exceptional forcefulness. **надзвичáйна** extraordinary, **разюча** striking; **невірогíдна** incredible, **несподíвана** unexpected, **рíдкісна** rare
е. + *n.* **е. вúступу** forcefulness of performance (**декорáцій** scenery; **діалóгу** dialogue, **манéри** manner, **мóви** language, **óдягу** clothes, **промóви** speech, **рýхів** movements; **сцéни** scene)
v. + **е. ґарантувáти е.** guarantee forcefulness (**забезпéчувати** provide, **збíльшувати** increase, **посúлювати** add to) ◊ **Пáвзи посúлювали е. промóви.** The pauses added to the forcefulness of the speech. **вражáти** + *A.* **~істю** impress sb with spectacularity ◊ **Костюми вражáли ~істю.** The costumes impressed with their spectacularity. **досягáти ~ости** attain forcefulness ◊ **Мýзика дозвóлила фíльмові досягнýти величéзної ~ности.** The music allowed the film to attain enormous forcefulness.
Also see **сúла 1**

ефемéрн|ий, *adj.*
1 ephemeral, fleeting, short-lived ◊ **Вонá не женéться за ~ою мóдою.** She does not chase ephemeral fashion.
adv. **дéщо** somewhat ◊ **Політúчна єдність рýху вúявилася дéщо ~ою.** The movement's political unity turned out to be somewhat ephemeral. **дóсить** fairly; **геть** totally, **дýже** very, **цілкóм** completely, **явно** clearly; **безнадíйно** hopelessly, **сýмно** sadly, **трагíчно** tragically
v. + **е. бýти ~им** be ephemeral (**вважáти** + *A.* consider sth, **виявлятися** turn out, **здавáтися** + *D.* seem to sb; **лишáтися** remain; **ставáти** become) ◊ **План став безнадíйно ~им.** The plan became hopelessly ephemeral.
2 imaginary, unreal ◊ **Він шукáв реáльного, а не ~ого кохáння.** He was looking for real, and not imaginary, love.
adv. **вирáзно** distinctly, **все бíльше** increasingly more; **дýже** very, **пóвністю** fully, **чúсто** purely, **явно** clearly; **трóхи** a little
v. + **е. бýти ~им** be unreal (**виглядáти** + *D.* look to sb, **виявлятися** turn out, **здавáтися** + *D.* seem to sb, **ставáти** become) ◊ **Йогó зв'язóк із Кúєвом ставáв усé бíльше ~им.** His connection to Kyiv was becoming increasingly more unreal.
See **уявний.** *Also see* **мітúчний 3**

ешелóн, *m.*, **~у**
1 train ◊ **На захíд ішлú ~и, вантáжені карпáтським лíсом.** Trains loaded with Carpathian timber went westwards.
adj. **військóвий** military, **трáнспортний** transport; **дóвгий** long
See **пóтяг**[2]
2 *mil.* echelon
adj. **передовúй** front ◊ **Підрóзділ зайняв позúцію в передовóму е.** The unit took its position in the front echelon. **серéдній** middle, **тиловúй** rear; **пéрший** first, **дрýгий** second
v. + **е. атакувáти е.** attack an echelon (**пересувáти** move; **прикривáти** cover ◊ **Вонú прикривáли тиловúй е. оборóни.** They covered the rear defense echelon. **розгортáти** deploy)
See **позúція 3**
3 *fig.* level, rank, tier ◊ **Рíшення приймáли у найвúщих ~ах влáди.** The decision was made at the highest levels of power.
See **рíвень 1, ступíнь 3**

Є

Євáнгелі|є, *nt.*, **~я**
Gospel ◊ **Свящéнник відкрúв Є. і став читáти.** The priest opened the Gospel and started reading.
adj. **апокрифíчне** apocryphal, **гностúчне** Gnostic ◊ **Гностúчні ~я – це збíрка пóнад п'ятдесяти тéкстів, написаних між II та IV столíттями нáшої éри.** The Gnostic Gospels is a collection of more than fifty texts written between the 2nd and 4th centuries AD. **канонíчне** canonical, **синоптúчне** Synoptic, **християнське** Christian; **живé** living, **святé** holy; **дитяче** children's
v. + **Є. вивчáти Є.** study the Gospel (**знáти** know, **поклúктися на** invoke ◊ **Вонá поклúкáється на Є. від Св. Івáна.** She invokes the Gospel of St. John. **проголóшувати** proclaim, **проповíдувати** preach, **цитувáти** quote, **читáти** read, **шúрити** spread) ◊ **Він шúрив Є. сéред невíруючих.** He had been spreading the Gospel among the nonbelievers. **присягáтися на ~ї** swear on the Gospel
prep. **Є. від** + *G.* the Gospel of *(apostle)* ◊ **~я від Матвíя, Мáрка та Лукú ще назúвають синоптúчними.** The Gospels of St. Matthew, St. Mark, and St. Luke are also called Synoptic.
See **кнúга 1, кнúжка 1.** *Also see* **заповíт 3**

єдúн|ий, *adj.*
1 only, alone, single ◊ **Є. вúхід із будúнку заблокóвано.** The only way out from the building is blocked.
є. + *n.* **є. Бог** only one god ◊ **Монотеїстúчна релíгія заснóвана на понятті ~ого Бóга.** A monotheistic religion is based on the concept of only one god. (**вчéний** scientist, **письмéнник** writer, **студéнт** student, *etc.*; **дóказ** proof, **докумéнт** document, **експонáт** exhibit, **об'єкт** object; **раз** time; **син** son) ◊ **Її є. син тепéр воювáв на схíдному фрóнті.** Her only son was now fighting on the eastern front. **~а дитúна** an only child ◊ **Вонá булá ~ою дитúною.** She was an only child. (**згáдка** mention; **країна** nation ◊ **Це ~а країна в Еврóпі, де імпéрська меншинá продóвжує панувáти.** This is the only nation in Europe, where an imperial minority continues to dominate. **людúна** person; **можлúвість** possibility, **нагóда** opportunity; **підтрúмка** support, **помúлка** mistake, **проблéма** problem ◊ **~а проблéма в тóму, що він не розмовляє українською.** The only problem is that he speaks no Ukrainian. **світлúна** photograph); **~е вікнó** the only window (**мíсто** city, **селó** village; **питáння** issue) ◊ **~е питáння, якé вонú не розв'язáли** the only issue they did not resolve
v. + **є. бýти ~им** be the only one ◊ **Олéкса – ~а людúна, якá мóже допомогтú їм.** Oleksa is the only person who can help them. (**виявлятися** turn out ◊ **Вікнó вúявилося ~им, що відчинялося.** The window turned out to be the only one that opened. **здавáтися** + *D.* seem to sb, **лишáтися** remain ◊ **Дочкá лишáлася для ньóго ~ою утíхою.** His daughter remained his only consolation. **ставáти** become)
Also see **одинóкий 3**
2 *as n. only nt.* the only thing ◊ **~е, чогó йомý бракýє, – це час.** The only thing he lacks is time.
3 single, common, uniform, shared ◊ **Обúдва ýряди опрацювáли є. підхíд до проблéми біжéнців.** Both governments developed a single approach to the problem of refugees. ◊ **е. економíчний прóстір** a single economic space; ◊ **~а валюта** a single currency

See спíльний. Also see об'єднаний 2, сумíсний 1
4 unanimous, united, of the same stance (opinion) ◊ Вони́ ~і у стáвленні до влáди. They are unanimous in their attitude toward the authorities.
Also see одностáйний 1

єднá|ти, ~ють; з'~, об'~, по~ *tran.*
1 to unite, bind together, tie, connect ◊ **Дóговір поєднáв три краї́ни в оборóнний союз.** The treaty united the three nations into a defensive alliance.
adv. **прямо** directly ◊ **Дорóга прямо ~є мíсто з мóрем.** The road directly connects the city to the sea. **давнó** for a long time ◊ **Дáрку з Івáном давнó ~ла любóв до теáтру.** Love for theater had tied Darka with Ivan for a long time. **бли́зько** closely, **глибóко** deeply, **інти́мно** intimately, **мíцно** strongly, **надíйно** reliably, **неподíльно** inseparably, **нерозри́вно** indissolubly, **органíчно** organically, **потýжно** powerfully, **си́льно** strongly, **тíсно** tightly ◊ **Боротьбá зі спíльним вóрогом тíсно ~ла обúдва нарóди.** The struggle with the common enemy tightly linked the two peoples. **погáно** poorly, **слáбко** weakly, **хи́стко** tenuously; **очеви́дно** obviously, **я́вно** clearly; **зáвжди́** always, **назáвжди́** forever; **економíчно** economically, **фінáнсово** financially; **духóвно** spiritually, **емоцíйно** emotionally, **ідеологíчно** ideologically, **ідéйно** philosophically, **istори́чно** historically ◊ **Гнóблення істори́чно ~є колонізóваного з колонізáтором.** Oppression historically ties the colonized to the colonizer. **культýрно** culturally, **морáльно** morally, **політи́чно** politically, **психологíчно** psychologically, **релігíйно** religiously, **фізи́чно** physically; **об'єкти́вно** objectively ◊ **Цих рíзних людéй об'єктивно ~є спíльна мóва.** These different people are objectively united by their shared language.
v. + **є. бýти трéба** need to ◊ **Грýпи трéба об'~ в однý політи́чну си́лу.** The groups need to be united into one political force. **змогти́** *pf.* manage to, **удавáтися** + *D.* succeed in ◊ **Пíсля перемóвин їм удалóся об'єднáти свої́ товари́ства.** After talks, they succeeded in merging their societies. **намагáтися** try to, **хотíти** want to
prep. **є. в** + *I.* link into sth ◊ **Боротьбá за гíдність об'єднáла їх у могýтнíй рух.** The struggle for dignity united them into a powerful movement. **є. з** + *I.* link with sth
Also see **зв'язувати 3, пов'язувати 2, поєднувати 2, сполучáти 3.** *Ant.* **роз'єднувати 2**
2 to link, tie, connect
adv. **прямо** directly ◊ **Коридóр прямо ~є спáльню з рéштою помéшкання.** The corridor directly links the bedroom with the rest of the apartment. **генети́чно** genetically ◊ **Спíльне похóдження генети́чно ~є ці росли́ни.** Shared origin genetically links these plants. **крóвно** by blood; **фізи́чно** physically; ♦ **з~ рýки** to link hands
See **сполучáти 1**
pa. pple. **з'єднаний** linked, **об'єднаний** united
(з)єднáй!

єднá|тися; з'~, об'~, по~, *intr.*
1 to unite, come together ◊ **Президéнт краї́ни закли́кав воякíв є. дýхом.** The country's President called on the soldiers to unite with each other in spirit.
prep. **є. в** + *I.* unite into sth; **є. з** + *I.* unite with sb ◊ **Áнглія об'єднáлася з Фрáнцією в союз пíд нáзвою Антáнта.** England united with France into the alliance called Entente Cordiale. **є. навкóло** + *G.* unite around sb/sth ◊ **Нарóд об'єднáвся навкóло нóвого провідникá.** The people united around the new leader. ♦ **Пролетарí всіх краї́н, ~íться!** Workers of all countries, unite! **є. прóти** + *G.* unite against sb ◊ **Вони́ об'єднáлися прóти вóрога.** They united against the enemy.
Also see **поєднуватися 1, сполучáтися 3**

2 to merge, converge ◊ **Далéко на óбрії мóре ~лося з нéбом.** Far on the horizon, the sea merged with the sky.
prep. **є. в** + *I.* merge into sth; **є. з** + *I.* merge with sb ◊ **Фíрма з'єднáлася з коли́шньою супéрницею в консóрціум.** The firm merged with its former rival into a consortium.

є́дн|ість, *f.*, **~ости,** *only sg.*
1 unity, accord, consensus
adj. **бíльша** greater ◊ **Робóта вимагáла бíльшої ~ости всіх учáсників.** The work required greater unity of all the participants. **вели́ка** great, **пóвна** full, **цілкови́та** complete ◊ **Йогó перевáгою булá цілкови́та є. слóва і дíла.** His merit was a complete unity of word and deed. **непорýшна** unbreakable, **нерозри́вна** indissoluble, **несхи́тна** unshakable ◊ **Несхи́тна є. між комунíстами і совéтським нарóдом ви́явилася фíкцією.** The unshakable unity between communists and the Soviet people turned out to be a fiction. **органíчна** organic; **економíчна** economic, **клáсова** class, **культýрна** cultural, **мóвна** language, **національна** national, **партíйна** party; **загáльна** overall, **засадни́ча** fundamental; **арáбська** Arab, **європéйська** European, **християнська** Christian; **украї́нська** Ukrainian
є + *n.* **є. дíї** a unity of action ◊ **Неокласи́чний теáтр заснóвувався на ~óсті мíсця, чáсу та дíї.** Neo-classical theater was based on the unity of place, time, and action. (**думóк** opinions, **пóглядів** views; **протилéжностей** *philos.* opposites; **цінностей** values, *etc.*)
v. + **є. віднóвлювати є.** restore unity ◊ **Належáло віднови́ти економíчну є. звíльненої територíї з рéштою краї́ни.** The economic unity of the liberated territory with the rest of the nation needed to be restored. (**встанóвлювати** establish, **забезпéчувати** ensure, **зберігáти** preserve, **плекáти** foster, **ствóрювати** create; **підривáти** undermine, **порýшувати** breach, **руйнувáти** destroy); **досягáти ~ости** achieve unity ◊ **Прем'єр хóче досягнýти політи́чної ~ости з партнéрами по коалíції.** The premier wants to achieve political unity with his coalition partners. (**вимагáти** demand, require ◊ **План вимагáє ~ости дій.** The plan requires unity of action. **домагáтися** strive for, **домогти́ся** *pf.* attain ◊ **Він нарéшті домíгся ~ости сéред своїх прибíчникíв.** He finally attained unity among his supporters. **заклика́ти до** call to, **шукáти** seek)
prep. **є. у** + *L.* unity in sth ◊ **є. у пóглядах на майбýтнє краї́ни** unity in the views of the nation's future; **є. з** + *I.* unity with sb/sth; **є. між** + *I.* unity between/among sb ◊ **є. між керівни́цтвом і робітникáми фáбрики** consensus between the factory administration and workers; **є. сéред** + *G.* unity among sb
Also see **солідáрність**
2 commonality ◊ **є. похóдження** a common origin
See **спíльність 1.** Also see **збіг 3, спільнóта 2, схóжість**

єпи́скоп, *m.*; **~ка,** *f.*
bishop
adj. **англікáнський** Anglican, **грéко-католи́цький** Greek Catholic, **католи́цький** Catholic, **правослáвний** Orthodox; **бунтівли́вий** rebellious
v. + **є. вибирáти** *or* **обирáти ~а** elect a bishop (**признача́ти** appoint ◊ **У цій цéркві ~а не признача́ють, а обирáють.** In this church, a bishop is not appointed but elected. **висвя́чувати на** ordain) ◊ **На англікáнського ~а ви́святили жíнку.** A woman was ordained an Anglican bishop. **бýти ~ом** be a bishop (**обирáти** + *A.* elect sb, **признача́ти** + *A.* appoint sb, **роби́ти** + *A.* make sb ◊ **Митрополи́т мав зрóбити отця́ Андрія ~ом.** The Metropolitan was supposed to make Father Andrii bishop. **служи́ти** serve as) ◊ **Він двáдцять рóків слýжить ~ом.** He has served as bishop for twenty years.

єпи́скопськ|ий, *adj.*
episcopal, of or pertaining to a bishop
є. + *n.* **є. дóзвіл** an episcopal permission (**палáц** palace ◊ **Університéт займáє коли́шній є. палáц.** The university occupies the former episcopal palace. **пíдпис** signature; **суд** court) ◊ **Йогó суди́тимуть на ~ому судí.** He will be tried by the episcopal court. **~а влáда** episcopal power (**конферéнція** conference; **резидéнція** residence); **~е благословíння** an episcopal blessing; **~і регáлії** episcopal regalia (**шáти** attire)

Ж

ж, *part., conj., var.* **же** *after consonants*
1 *part. used to emphasize the previous word* ◊ **зáраз же** right this moment, ◊ **тут же** right here, ◊ **сьогóдні ж** this very day, ◊ **тоді ж** right then; ◊ **Чомý ж він не дзвóнить?** Oh why doesn't he call? ◊ **Васили́на ж проси́ла її.** It was Vasylyna who asked her.
2 *part. used to solicit speaker's agreement as in English disjunctive questions* ◊ **Івáн же розказáв вам про це.** Ivan told you about it, didn't he? ◊ **Не роби́тиму ж я це сам?** I won't do it myself, will I?
Also see **чи не так?**
3 *conj. expresses opposition in meaning* but, however, yet, while ◊ **Маркó працьови́тий, Павлó ж ліни́вий.** Marko is hard-working, but Pavlo is lazy. ◊ **Кінó зáвжди́ цікáве для нéї, теáтр же – лишé и́ноді.** Cinema is always interesting to her, while theater only sometimes.

жáб|а, *f.*
1 frog, toad
adj. **вели́ка** big, **величéзна** enormous; **малá** small, **крихíтна** tiny, **невели́ка** small; **зелéна** green; **озéрна** *zool.* marsh ◊ **Озéрна ж. трапляється у Єврóпі.** The marsh frog lives in Europe.
n. + **ж. популяція жаб** a frog population
ж. + *v.* **квáкати** *or* **кýмкати** croak, **пірнáти** dive; **плáвати** swim; **пли́гати** hop, **стрибáти** jump; ♦ **ж. ци́цьки дáсть** + *D. colloq.* sb will perish, drown, die, *etc.* ◊ **Він ужé булó подýмав, що тут йомý ж. ци́цьки дáсть.** He already thought that it would be it for him there. ♦ **бýти ~і по колíна** to be very shallow ♦ **Навíть посерéдині ставóк ~і по колíна.** Even in the middle, the pond is very shallow.
2 *med.* angina ♦ **ж. дýшить** + *D.*, **що** + *clause colloq.* to be choking with envy that ◊ **Йогó ж. дýшила, що кóнкурс ви́грала Óльга.** He was choking with envy that Olha had won the competition.
See **хворóба**

жаг|á, *f., only sg.*
1 thirst ◊ **У Маркá від ~и́ пошéрхли гýби.** Marko's lips were chapped from thirst.
adj. **вели́ка** great ◊ **Вонá потерпáла від вели́кої ~и́.** She was suffering from great thirst. **невсити́ма** unquenchable, **страшнá** terrible
v. + **ж. втамóвувати ~ý** quench thirst; **вмирáти від ~и́** be dying of thirst ◊ **Виснáжені бігуни́ вмирáли від ~и́.** *fig.* The exhausted runners were dying of thirst.
See **спрáга 1.** *Cf.* **гóлод 1**
2 craving, desire, longing ◊ **Всі ці карти́ни розпáлювали в ній мистéцьку ~ý.** All those paintings fueled her craving for art.
prep. **ж. до** + *G.* a craving for sth ◊ **Учи́тель розбуди́в у ній ~ý до мýзики.** The teacher awoke a craving for music in her.

See **бажа́ння 1.** *Also see* **жада́ння 1, жадо́ба 1, снага́ 3, споку́са, спра́га 2**
3 love, passion, desire ◊ **Лев шалені́в від ~гі́ до ціє́ї жі́нки.** Lev was going crazy with desire for this woman.
See **коха́ння 1, при́страсть 4, пра́гнення, по́тяг**[1]
L. **в ~зі́**

жада́н|ня, *nt.*
1 wish + *inf.* ◊ **Оре́ст мав ж. лиши́тися в мі́сті тро́хи до́вше.** Orest had a wish to stay in the city for a little longer.
See **бажа́ння 1.** *Also see* **на́стрій 3**
2 desire, passion, lust, sexual attraction ◊ **бага́то нереалізо́ваних ~ь** many unfulfilled desires
adj. **взає́мне** mutual ◊ **Ж. було́ взає́мним.** The desire was mutual. **відчайду́шне** desperate, **глибо́ке** deep, **го́стре** acute, **жагу́че** burning, **нестри́мне** uncontrollable ◊ **Тара́с відчув нестри́мне ж. поцілува́ти ці гу́би.** Taras felt an uncontrollable desire to kiss those lips. **палке́** fervent, **при́страсне** passionate; **нереалізо́ване** unfulfilled, **потамо́ване** repressed, **прихо́ване** hidden, **та́ємне** secret; **спра́вжнє** genuine; **несподі́ване** unexpected, **раптове** sudden; ◊ **об'є́кт ж.** an object of desire
v. + **ж. виклика́ти ж.** arouse a desire (**провокува́ти** provoke, **розпа́лювати** fuel ◊ **Ле́сина грайли́вість розпа́лювала в ньо́му прихо́ване ж.** Lasia's playfulness fueled his hidden desire. **виявля́ти** reveal, **відчува́ти** feel; **потамо́вувати** repress, **прихо́вувати** conceal, **хова́ти** hide; **задовольня́ти** satisfy, **заспоко́ювати** gratify)
v. + **ж. охо́плювати** + *A.* grip sb ◊ **Її охопи́ло палке́ ж.** She was gripped by a fervent desire.
Also see **жага́ 3, споку́са.** *Cf.* **бажа́ння 1**

жада́|ти, **~ють; за~**, *tran.* + *G.*
1 to desire, wish ◊ **Він не ~в кра́щої пра́ці.** He did not wish for a better job.
See **хоті́ти.** *Also see* **шука́ти 2**
2 to demand, press for ◊ **Клі́єнт го́лосно ~в поверну́ти йому́ гро́ші.** The client loudly demanded his money back. ◊ **Вона́ зажада́ла ви́кликати ме́неджера.** She demanded to call the manager.
ж. + *n.* **ж. ви́бачення** demand an apology (**гро́шей** money, **інформа́ції** information, **подро́биць** details, **поя́снень** explanation)
See **вимага́ти 1, домага́тися**
3 to want, desire, lust after *(sexually)* ◊ **Коха́ю тебе́, ~ю тебе́, не мо́жу жи́ти без те́бе!** I love you, I want you, I can't live without you!
adv. **ду́же** very much, **гаря́че** ardently, **па́лко** fervently ◊ **Не́ля па́лко ~ла поцілува́ти його́.** Nelia fervantly desired to kiss him. **при́страсно** passionately, **шале́но** insanely
Cf. **хоті́ти**
pa. pple. **жа́даний** desirable
(за)жада́й!

жа́дібн|ий, *adj.*
1 eager, keen, hungry + *G. or prep.* ◊ **Їх ото́чувала п'я́на юрба́, за́вжди́ ~а вті́хи.** They were surrounded by a drunk crowd, always keen on entertainment.
adv. **ду́же** very, **надзвича́йно** extremely, **особли́во** particularly ◊ **Вона́ ви́брала сім у́чнів, особли́во ~их до нау́ки.** She selected seven school students, particularly hungry for knowledge. **на рі́дкість** exceptionally, **страше́нно** terribly; **не зо́всім** not entirely
v. + **ж. бу́ти ~им** be eager (**виявля́тися** turn out ◊ **Помічни́к ви́явився не зо́всім ~им до робо́ти.** The assistant turned out to be not entirely eager to work. **здава́тися** + *D.* seem to sb; **става́ти** become)
prep. **ж. до** + *G. or* **на** *A.* hungry for sth ◊ **Гриць за́вжди́ був ~им на халя́ву.** *colloq.* Hryts was always keen for a free ride.
Also see **ла́сий 1**
2 *fig.* hungry, ardent, passionate ◊ **Оре́стою опанува́ло ~е бажа́ння замкну́тися від сві́ту.** A passionate desire to shut away from the world took over Oresta. ◊ **Зако́хані сплели́ся в ~их обі́ймах.** The lovers intertwined in a passionate embrace.
See **при́страсний.** *Also see* **гаря́чий 3, спра́глий 3**
3 greedy, avaricious, covetous ◊ **Вата́га ~их до здо́бичі банди́тів грабува́ла на́віть це́ркви.** A gang of thugs, greedy for loot, robbed even churches.
prep. **ж. до** + *G or* **на** + *A.* greedy for sth ◊ **Він став ~им на гро́ші та вла́ду.** He became greedy for money and power.
Also see **ла́сий 1**

жа́дібн|ість, *f.*, **~ости**, *only sg.*
greed, avarice, ◊ **Вона́ осуди́ла керівни́цтво ба́нку за ж.** She condemned the bank's management for greed.
adj. **вели́ка** great, **величе́зна** enormous, **ненаси́тна** insatiable; **відкри́та** overt ◊ **Така́ відкри́та ж. виклика́ла в не́ї оги́ду.** Such overt greed arose repugnance in her. **неприхо́вана** unconcealed; **зви́кла** *or* **звича́йна** common, **спра́вжня** real, **чи́ста** sheer; **лю́дська** human, **особи́ста** personal; **корпорати́вна** corporate; **невиліко́вна** incurable, **патологі́чна** pathological
v. + **ж. задовольня́ти ж.** satisfy one's greed ◊ **Ма́рно намага́тися задовольни́ти її ж. на ува́гу.** It is futile to try and satisfy her hunger for attention. (**наси́чувати** satiate); **піддава́тися ~ості** give in to greed; **керува́тися ~істю** be driven by greed (**мотивува́тися** be motivated by) ◊ **У свої́х ді́ях вони́ мотивува́лися корпорати́вною ~ністю.** In their actions, they were motivated by corporate greed.
ж. + *v.* **не зна́ти меж** know no limits; **руйнува́ти** + *A.* ruin sb/sth ◊ **Її зруйнува́ла ж. до сла́ви.** She was ruined by her greed for fame. **ру́хати** + *I.* drive sb ◊ **Не́ю ру́хала ж.** She was driven by greed.
prep. **ж. до** + *G. or* **на** + *A.* greed for sth ◊ **Її ж. до заба́в не зна́ла ме́ж.** Her hunger for fun knew no limits.
Also see **жло́бство 2**

жадо́б|а, *f.*, *only sg.*
1 desire, craving, passion ◊ **Ж. по́мсти заслі́плювала його́.** The desire for vengeance blinded him.
adj. **вели́ка** great, **величе́зна** enormous, **гаря́ча** fervent, **невідпі́рна** irresistible, **нездола́нна** *or* **непербо́рна** insuperable, **при́страсна** passionate, **си́льна** strong, **шале́на** insane; **невідсту́пна** relentless; **раптова** sudden; **прихо́вана** hidden, **та́ємна** secret, **укри́та** concealed
v. + **ж. відчува́ти ~у** feel a desire (**виклика́ти в** + *L. or G.* provoke in sb, **збу́джувати в** + *L. or G.* arouse in sb, **підігріва́ти в** + *L. or G.* fan in sb, **розпа́лювати в** + *L. or G.* fuel in) ◊ **Її коке́тство розпа́лювало в чолові́ка** *or* **в чолові́кові ~у.** Her coquetry fueled desire in the man.
ж. + *v.* **з'явля́тися в** + *G.* arise in sb ◊ **У Ма́рти з'яви́лася ж. писа́ти.** Marta was taken by a desire to write. **прокида́тися в** + *G.* awaken in sb ◊ **В юнака́ прокинулася вели́ка жадо́ба до пізна́ння.** A great desire for learning had awakened in the youth. **не дава́ти спо́кою** + *D.* plague sb ◊ **Окса́ні не дава́ла спо́кою ж. подзвони́ти йому́.** The desire to call him plagued Oksana. **оволодіва́ти** + *I.* take over sb, **охо́плювати** + *A.* grip sb ◊ **Марка́ охопи́ла ж. пропа́сти.** Marko was gripped by a desire to vanish. **переслі́дувати** + *A.* haunt sb ◊ **Ада́ма переслі́дує ж. висповіда́тися.** Adam is haunted by a desire to go to confession.
prep. **ж. до** + *G.* desire for sth *or* + *inf.* ◊ **ж. бага́тства** *or* **до бага́тства** desire for wealth (**життя́** life, **по́мсти** revenge), **ж. коха́ти** desire to love (**руйнува́ти** destroy, **твори́ти** create)
Also see **бажа́ння 1.** *Also see* **во́ля 2, гото́вність 2, жага́ 2, жада́ння 2, зга́га 3, пра́гнення, снага́ 3, споку́са, спра́га 2**
2 thirst, hunger ◊ **Здава́лося, що відро́ води́ не наси́тить його́ звіря́чої ~и.** It seemed that a bucket of water would not satiate his beastly thirst.
prep. ♦ **з ~ою** thirstily, eagerly, greedily ◊ **Він із ~ою ви́пив скля́нку молока́.** He thirstily drank a glass of milk.
See **спра́га.** *Also see* **жага́ 1**
3 greed, avarice ◊ **Наї́вно ду́мати, що він задовольни́в ~у і тепе́р почне́ ді́литися з грома́дою.** It is naive to think he satisfied his greed and will now begin to share with the community.
prep. **ж. (до)** + *G.* greed for sth ◊ **всепоглина́юча ж. гро́шей** *or* **до гро́шей** an all-consuming greed for money
See **жа́дібність.** *Also see* **ску́пість**

жаке́т, *m.*, **~а**
jacket *(woman's)* ◊ **Окса́на не сі́дала, щоб не пом'я́ти ж.** Oksana did not sit down so as not to crease her jacket.
See **о́дяг, піджа́к**

жа́л|ити, **~ять; в~**, *tran.*
1 to sting *(of bees, nettle)*, to bite *(of snake)*
adv. **бо́ляче** painfully, **го́стро** sharply, **си́льно** badly, **смерте́льно** deadly ◊ **Ця змія́ ~ить смерте́льно.** This snake has a deadly bite. **фата́льно** fatally; **тро́хи** a little ◊ **Кропи́ва ~ила́ ті́льки тро́хи.** The nettle stung but a little.
v. + **ж. могти́** can ◊ **Бджола́ мо́же бо́ляче в~.** A bee can sting painfully. **не дава́ти** + *D.* not allow sb to ◊ **Густа́ сі́тка не дава́ла комара́м жа́лити.** The thick mesh did not allow the mosquitoes to sting. **намага́тися** try to ◊ **Ко́бра намага́лася в~ його́.** The cobra tried to bite him.
prep. **ж. в** + *A.* sting in sth ◊ **Оса́ вжа́лила її в ру́ку.** The wasp stung her in the hand.
Also see **куса́ти 2**
2 *fig.* to hurt, wound, sting ◊ **Несправедли́ві слова́ го́стро ~или його́.** The unfair words stung him sharply. ♦ **ж.** + *D.* **самолю́бство** *fig.* to hurt sb's self-esteem ◊ **Кри́тика бо́ляче вжа́лила самолю́бство драмату́рга.** The criticism painfully hurt the playwright's self-esteem.
Also see **вража́ти 1**
pa. pple. **вжа́лений** stung
(в)жаль!

жа́л|ість, *f.*, **~ости**, *only sg.*
pity, compassion ◊ **Він нена́видів ж., яку́ відчува́в до запе́клого во́рога.** He hated the pity he felt for his bitter enemy. ◊ **Її го́лос був спо́внений ~ости.** Her voice was filled with pity.
v. + **ж. виклика́ти ж.** arouse pity ◊ **Він ви́кликав ж. у свого́ викрада́ча.** He aroused pity in his kidnapper. (**виявля́ти** show ◊ **Тюре́мник ви́явив ж. до в'я́зня і прині́с води́.** The jailer showed pity for the prisoner and brought some water. **відчува́ти** feel)
prep. **без ~ости** without pity, mercilessly ◊ **Вла́сник буди́нку без ~ости ви́кинув сім'ю́ на ву́лицю.** The building owner mercilessly threw the family out on the street. **з ~ости** out of pity; **ж. до** + *G.* pity for sb ◊ **Він пішо́в на пропози́цію з чи́стої ~ости до цих люде́й.** He accepted the offer out of sheer pity for those people. ♦ **жа́лість до само́го се́бе** self-pity
See **співчуття́**

жалі́|ти, **~ють; по~**, *tran.*
1 to pity, have pity, feel sorry for ◊ **Пожалі́йте їх!** Have pity on them!
adv. **ду́же** greatly, **спра́вді** truly, **щи́ро** sincerely ◊ **Місце́ві щи́ро ~ли бі́женців.** The locals felt

sincerely sorry for the refugees.
v. + **ж. не збира́тися** not be about to ◊ **Він не збира́вся нікого ж.** He was not about to feel sorry for anybody. **блага́ти** + *A.* beseech sb to, **проси́ти** + *A.* plead with sb to ◊ **Вона́ проси́ла його́ по~ діте́й.** She pleaded with him to have pity for the children.
See **шкодува́ти 2, співчува́ти 1**
2 to be sorry, regret ◊ **Тара́с гі́рко ~є, що пові́рив цій люди́ні.** Taras is bitterly sorry he trusted this person.
adv. **гі́рко** bitterly, **глибо́ко** deeply, **ду́же** very ◊ **Я ду́же ~ю, що вам тут не сподо́балося.** I am very sorry you did not like it here. **напра́вду** truly, **спра́вді** really, **я́вно** clearly ◊ **Адрія́на я́вно ~ла, що обіця́ла їм допомогти́.** Andriiana clearly regretted she had promised them to help. **тро́хи** a little; **ніскі́льки не** not at all ◊ **Ната́лка ніскі́льки не ~ла, що розлучи́лася з чолові́ком.** Natalka was not at all sorry she had divorced her husband. **нітро́хи не** not in the least
prep. **ж. за** + *I.* be sorry for sth ◊ **Він не ~є за тим, що ста́лося.** He does not regret what happened. **ж. про** + *A.* be sorry about sth ◊ **Ви не пожалі́єте про це.** You won't regret it. **ж., що** + *clause* be sorry (that)
See **шкодува́ти 1**
3 to stint, skrimp, skimp + *D.*, **ж.** + *G.* **на** + *A.* stint sth on sth ◊ **Бори́с ви́рішив, що нічо́го бі́льше не ~тиме собі́.** Borys decided he would not stint himself anything any longer. ◊ **Ба́тько ~є Петро́ві гро́шей на нови́й комп'ю́тер.** Father stints Petro the money for a new computer.
See **шкодува́ти 3**
4 to spare ◊ **Ольга́ за́вжди́ ~є бра́та і дає йому́ ті́льки легку́ робо́ту.** Olha always spares her brother and gives him only easy work. ♦ **не ~ючи сил** sparing no effort
See **шкодува́ти 4**
(по)жалі́й!

жа́л|о, *nt.*

1 sting ◊ **Язи́к змії́ поми́лково прийма́ють за її ж.** A snake's tongue is mistakenly taken for its sting.
adj. **болю́че** painful, **го́стре** sharp; **небезпе́чне** dangerous, **смерте́льне** deadly ◊ **Скорпіо́н має смерте́льне ж.** A scorpion has a deadly sting. **бджоли́не** bee, **комари́не** mosquito, **оси́не** wasp; **змії́не** snake
ж. + *n.* **ж. бджоли́** a bee sting (**ґе́дзя** gadfly, **комара́** mosquito, **оси́** wasp; **змії́** snake, **ко́бри** cobra, **скорпіо́на** scorpion ◊ **У цього полі́тика язи́к мов ж.** *fig.* This politician has a tongue like a sting.
v. + **ж. вийма́ти ж.** remove a sting (**відчува́ти на собі́** feel ◊ **Па́січник не раз відчу́в на собі́ бджоли́не ж.** The beekeeper felt the bee sting more than once. **ма́ти** have)
2 *techn.* blade, edge, pin *(in an instrument)* **Ж. в руба́нку було́ тупи́м.** The blade in the jointer plane was blunt.
adj. **го́стре** sharp ◊ **го́стре ж. ножа́** a sharp knife blade; **тупе́** blunt; **вузьке́** narrow; **широ́ке** wide; **гру́бе** thick; **тонке́** thin; **стале́ве** steel
v. + **ж. гостри́ти ж.** sharpen a blade (**мі́няти** replace; **тупи́ти** blunt)
See **ніж**
3 *fig.* sting, sharpness, edge ◊ **дошку́льне ж. насмі́шки** a biting sting of mockery. ◊ **Мета́ опера́ції – ви́рвати ж. у сепарати́ського підпі́лля.** The purpose of the operation is to rip the sting of the separatist underground.

жало́б|а, *f., only sg.*

1 mourning ◊ **Уся́ краї́на була́ в ~і.** The entire country was in mourning.
adj. **глибо́ка** deep; **грома́дська** public, **націона́льна** national, **офіці́йна** official; **обов'язко́ва** obligatory, **традиці́йна** traditional; **одноде́нна** one-day, **дводе́нна** two-day, **триде́нна** three-day, *etc.*
n. + **ж. день ~и** a day of mourning (**ти́ждень** week, **мі́сяць** month, *etc.*; **стан** state; **кіне́ць** end, **поча́ток** beginning)
v. + **ж. оголо́шувати ~у** declare mourning ◊ **Уряд оголоси́в триде́нну ~у за же́ртвами землетру́су.** The government declared a three-day mourning for the earthquake victims. (**закі́нчувати** finish; **іґнорува́ти** ignore; **перерива́ти** interrupt); **дотри́муватися ~и** observe mourning ◊ **Дотри́муючися ~и, всі ра́діо- і телекана́ли переста́ли гра́ти му́зику.** Observing the mourning, all radio and TV channels stopped playing music. **бу́ти в ~і** be in mourning ◊ **Вона́ в ~і.** She is in mourning.
ж. + *v.* **закі́нчуватися** end; **почина́тися** begin; **продо́вжуватися** continue, **трива́ти** + *A.* last *(a period)* ◊ **Націона́льна ж. трива́тиме сім днів.** The national mourning will last seven days.
prep. **ж. за** + *I. or* **по** + *L.* mourning for sb ◊ **річна́ ж. за небі́жчиком** *or* **по небі́жчикові** a year-long mourning for the deceased man
2 mourning *(clothes)*, mourning attire (blanket, cover, *etc.*) ◊ **Ко́жен кінь у катафа́лку був вкри́тий ~ою.** Each horse in the hearse was covered with a mourning blanket.
v. + **ж. носи́ти ~у** wear mourning ◊ **Хри́стя пів ро́ку но́сить ~у за ба́тьком.** For half a year, Khrystia has been wearing mourning for her father. (**одяга́ти** put on ◊ **Він одягну́в на лі́ву ру́ку ~у.** He put a mourning band on his left arm. **вдяга́тися в** dress in) ◊ **Мі́сто вдягну́лося в ~у.** *fig.* The city has dressed in mourning.
See **о́дяг**

жало́бн|ий, *adj.*

mourning, of or pertaining to mourning, funereal, funeral ◊ **Орке́стра гра́ла ж. марш Шопе́на.** The orchestra was playing the Chopin funeral march. ◊ **Вони́ ї́хали в ~ому корте́жі.** They drove in the funeral cortege.
ж. + *n.* **ж. день** a mourning day (**обі́д** dinner ◊ **Пі́сля по́хорону був ж. обі́д.** There was a mourning dinner after the funeral. **на́стрій** mood; **о́дяг** attire; **ритуа́л** ritual); **~а відпра́ва** a funeral service ◊ **Свяще́нник відбу́в ~у відпра́ву.** The priest held a funeral service. (**му́зика** music; **проце́сія** procession, **церемо́нія** ceremony), **~а пов'я́зка** a mourning band (**су́кня** dress); **~е засі́дання** a mourning meeting
Also see **похоро́нний 1**

жал|ь[1], *m.*, ~ю

1 *only sg.* pity, regret, sadness ◊ **Зе́ня відчува́ла ди́вний ж. до ціє́ї люди́ни.** Zenia felt strange pity for this person.
adj. **вели́кий** great, **величе́зний** enormous, **гірки́й** bitter ◊ **Гірки́й ж. сти́снув йому́ се́рце.** Bitter pity clutched his heart. **глибо́кий** deep, **го́стрий** acute; **легки́й** mild ◊ **Мо́тря згаду́вала ті часи́ з легки́м ~ем.** Motria recalled those times with mild sadness. **невимо́вний** unspeakable, **нестéрпний** unbearable; **безме́жний** boundless; **всеохо́пний** all-consuming; **щи́рий** genuine
v. + **ж. виклика́ти ж.** arouse pity ◊ **Ві́стка про ї́хній від'ї́зд ви́кликала ж. се́ред студе́нтів.** The news of their departure aroused pity among the students. (**висло́влювати** express ◊ **Він ви́словив ж., що не мо́же бу́ти з ни́ми.** He expressed regret he could not be with them. **виявля́ти** show; **відчува́ти** feel, **ма́ти** have; **заслуго́вувати на** deserve) ◊ **Вона́ ле́две заслуго́вує на ваш ж.** She hardly deserves your pity. **бу́ти спо́вненим ~ю** be filled with pity (**додава́ти** + *D.* add to sb ◊ **Її прису́тність ті́льки дода́сть Оре́стові ~ю.** Her presence will only add to Orest's grief. **завдава́ти** + *D.* cause sb) ◊ **Відмо́ва завдала́ Лево́ві ~ю.** The refusal caused Lev grief.
ж. + *v.* **обійма́ти** *or* **огорта́ти** + *A.* take over sb ◊ **Її обійня́в** *or* **огорну́в ж.** She was taken over by pity. **охо́плювати** + *A.* grip sb ◊ **Глибо́кий ж. охопи́в йому́ се́рце.** Deep regret gripped his heart.
prep. **без ~ю** without pity ◊ **Вона́ проказа́ла це без ~ю в го́лосі.** She uttered this without pity in her voice. **з ~ю** out of pity ◊ **Яре́ма не хоті́в, щоб вона́ роби́ла це з ~ю до ньо́го.** Yarema did not want her to do it out of pity for him. **з ~ем** with sadness ◊ **Він диви́вся на цю сце́ну з неприхо́ваним ~ем.** He was watching the scene with unconcealed sadness. ♦ **на ж.** unfortunately, to sb's regret ◊ **На превели́кий ж., зу́стріч доведе́ться скасува́ти.** Much to my regret, the meeting will have to be canceled.
prep. **ж. до** + *G.* pity for sb
Cf. **співчуття**
2 compassion, sympathy ◊ **Лі́да ви́словила по́друзі щи́рий ж. з о́гляду на смерть ба́тька.** Lida expressed her genuine sympathy to her (female) friend over the death of her father.
See **співчуття́**
L. **в ~і** *or* **в ~ю**, *N. pl.* **~і**

жал|ь[2], *pred.*

1 *pred.* sorry, shame, pity + *D.* ◊ **Їм ду́же ж., що ста́лося таке́ непорозумі́ння.** They are very sorry that such a misunderstanding occurred. ◊ **Як ж.!** What a pity!
adv. **ду́же** very, **страше́нно** terribly; **напра́вду** truly, **спра́вді** really ◊ **О́льзі було́ спра́вді ж. його́ ма́рних зуси́ль.** Olha was really sorry for his futile efforts. **тро́хи** a little
v. + **ж. бу́ти ж.** + *G.* be sorry for sb/sth ◊ **Мені́ їх ду́же ж.** I am very sorry for them. (**става́ти** feel ◊ **Да́ні ста́ло ж. ціє́ї люди́ни.** Dana felt sorry for this person. **роби́тися** feel) ◊ **Петро́ві зроби́лося ж. зга́яного ча́су.** Petro felt sorry for the wasted time.
conj. **ж., що** + *clause* be a shame that ◊ **Було́ ж., що ніхто́ не знав про це рані́ше.** It was a shame that nobody knew about it before.
See **шко́да[2] 1**
2 *prep.* to begrudge, grudge + *D.* ◊ **Андрі́єві ж. позича́ти сусі́дові свою́ авті́вку.** Andrii grudges lending his car to his neighbor. ◊ **Марії ж. гро́шей, запла́чених за ке́пське обслуго́вування.** Maria begrudged the money paid for poor service.
See **шкода́[2]**

жалюгі́дн|ий, *adj.*

1 pitiful, pitiable, pathetic ◊ **Вона́ ма́ла ж. ви́гляд.** She had pitiful appearance. ◊ **Він почува́вся ~им і нічо́го не ва́ртим у́чнем.** He felt to be a pathetic and worthless student.
See **нещасний.** *Also see* **бі́дний 2**
2 wretched, poor, lamentable ◊ **Він поміня́в одну́ ~у кімна́ту на і́ншу.** He changed one wretched room for another.
ж. + *n.* **ж. о́дяг** wretched clothing ◊ **Під ~им о́дягом хова́вся літерату́рний ге́ній.** A literary genius was hiding under the wretched clothes. **~е існува́ння** lamentable existence, **~і пожи́тки** wretched belongings (**умо́ви** conditions)
See **бі́дний 1**
3 paltry, miserable, meager ◊ **На ле́кцію прийшла́ ~а жме́нька люде́й.** A meager bunch of people showed up for the lecture. ◊ **Із таки́м ~им заробі́тком не мо́жна утри́мувати вели́ку сім'ю.** One cannot support a big family with such paltry wages.
See **мали́й 2**
4 abhorrent, loathsome, despicable ◊ **Вона́ хоті́ла покла́сти край своїй ~ій любо́вній приго́ді.** She wanted to put an end to her despicable love adventure.
ж. + *n.* **ж. бреху́н** a despicable liar (**во́рог** enemy, **злоді́й** thief, **шахра́й** cheat) ◊ **Оре́ст ви́явився ~им шахрае́м.** Orest turned out to be a despicable cheat.
Also see **блі́дий 2**

жанр, *m.*, **~у**
1 genre ◊ **Поéма належить до ~у травестії.** The poem belongs to the genre of travesty.
adj. **детективний** detective, **історичний** historical, **комедійний** comedy, **науковий** science; **популярний** popular, **улюблений** favorite; **колоритний** colorful, **цікавий** interesting; **літературний** literary ◊ **з усіх літературних ~ів детектив був її улюбленим.** Of all the literary genres, detective was her favorite one. **музичний** musical
ж. + *n.* **ж. літератури** a genre of literature (**кінематографа** cinema, **мистецтва** art, **музики** music; **детективу** detective, **документальної прози** non-fiction ◊ **Письменник, що працює в ~і докуметальної прози, вперше отримує цю престижну премію.** A writer, who works in the non-fiction genre, for the first time gets this prestigious prize. **комедії** comedy, **наукової фантастики** science fiction, **пародії** parody, **фантазії** fantasy)
v. + **ж. визначати ж.** determine a genre (**створювати** create) ◊ **Серджо Леоне створив новий ж. «спаґеті-вестернів».** Sergio Leone created the new genre of spaghetti westerns. **віддавати перевагу ~ові** give preference to a genre ◊ **Він віддає перевагу комедійному ~ові.** He gives preference to the genre of comedy.
See **тип 1.** *Also see* **вид**[2] **1**
2 *fig.* style, manner, way ◊ **Футбол – це не зовсім його ж.** Soccer is not quite his cup of tea.
See **стиль.** *Also see* **манера 3, склад**[2] **3, спосіб 1, фасон 2**

жар, *m.*, **~у**, *only sg.*
1 *coll.* embers, coals
adj. **вугільний** coal, **дров'яний** firewood; **гарячий** hot ◊ **Вона поставила чайник на гарячий ж.** She put the kettle on the hot embers. **розпечений** red-hot
v. + **ж. вигрібати ж.** scoop the embers ◊ **Він вигріб ж. на лопату.** He scooped the embers onto a shovel. (**гасити** put out ◊ **Перш як іти, хлопці погасили ж. від багаття.** Before leaving, the boys put out the embers from the campfire. **роздмухувати** fan) ◊ **Сергій став роздмухувати ж.** Serhii started to fan the embers. ♦ **вигортати ж. чужими руками** to use others to pull one's chestnuts out of the fire ◊ **Він – майстер вигортати ж. чужими руками.** He is a master at using others to pull his chestnuts out of the fire. ♦ **горіти, як ж.** to glitter like gold ◊ **Її очі горіли, як ж.** Her eyes glittered like gold.
prep. **на ж.** *dir.* on/to embers; **на ~у** *posn.* ◊ **Баняк був на розпеченому ~у.** The pot was on the red-hot coals.
2 heat ◊ **нестерпний ж. літнього дня** the unbearable heat of the summer day; ♦ **пашіти ~ом** to radiate heat ◊ **Від асфальту пашіло ~ом.** The asphalt radiated heat.
See **спека**
3 *colloq.* fever ◊ **У нього вже другий день ж.** He's had a fever for the second day now.
♦ **кидати** + *A.* **в ж.** to throw sb into a fever ◊ **Її кидає в ж. від думки про іспит.** The thought of the exam throws her into a fever.
See **гарячка 1.** *Also see* **лихоманка 1, температура 2**
4 *fig.* ardor, passion, fervor, zeal ◊ **Лукаш пізнав ж. справжнього почуття.** Lukash has experienced the passion of a true feeling.
prep. **з ~ом** with fervor, ardently ◊ **Вони з ~ом сперечалися.** They were ardently arguing.
♦ **піддавати ~у** to crank up, step up, giddy-up ◊ **Що ти плентаєшся, піддай ~у!** Why are you dragging your feet, giddy-up!
See **пристрасть 4.** *Also see*, **жага 3, почуття 3**

жарґон, *m.*, **~у**
jargon, argot ◊ **Мандрівні музики розвинули булі власний ж.** The itinerant musicians developed their own jargon.
adj. **безглуздий** senseless, **науковоподібний** quasi-scientific ◊ **Його науковоподібний ж. не справив враження на авдиторію.** His quasi-scientific jargon will impress the audience. **незрозумілий** incomprehensible; **злодійський** thief's, **кримінальний** criminal; **власний** own, **особливий** peculiar; **молодіжний** youth, **студентський** student, **університетський** college, **шкільний** school, **школярський** schoolkids'; **науковий** scientific, **професійний** professional, **технічний** technical, **юридичний** legal, *etc.*
See **мова**

жарт, *m.*, **~у**
1 joke
adj. **добрий** good ◊ **Вона поціновує добрий ж.** She values a good joke. **забавний** amuzing, **кумедний** comic, **потішний** *and* **смішний** funny; **бородатий** *fig.* hackneyed, **зашмуляний** *colloq.* worn out; **відомий** well-known, **старий** old; **дурний** stupid, **глупий** silly, **тупий** dumb; **бридкий** *and* **гидкий** revolting, **огидний** disgusting; **брудний** dirty, **грубий** crude; **образливий** insulting; **жорстокий** cruel; **жалюгідний** pathetic, **несмішний** unfunny, **поганий** bad, **сумний** sad ◊ **Захід виглядав сумним ~ом.** The event looked like a sad joke. **гомофобський** homophobic, **расистський** racist, **сексистський** sexist; **дружній** friendly; **невинний** innocent; **лихий** nasty, **нетактовний** tactless; **витончений** refined, **недомовлений** understated, **тонкий** subtle
v. + **ж. розказувати ж.** crack a joke (**розповідати** tell; **забувати** forget, **запам'ятовувати** remember; **любити** like, **розуміти** understand, **доганяти** *colloq.* dig; **ображатися на** + *A.* **за** take offense at sb for) ◊ **Як можна ображатися на Данила за невинний ж.!** How can one take offense at Danylo for an innocent joke! **сміятися з ~у** laugh at a joke ◊ **Американець не сміявся з жодного її ~у, бо не доганяв їх.** *fig.* The American did not laugh at any of her jokes because he did not dig them. ♦ **бути не до ~ів** + *D.* to be in no laughing mood ◊ **Їй не до ~ів.** She is in no laughing mood. ♦ **Тут не до ~ів.** This is no laughing matter. **не розуміти ~ів** not to be able to take a joke; ♦ **Це не ~и.** This is not a laughing matter.
prep. ♦ **без ~ів** no kidding; **для ~у** for laughs ◊ **Петро вбрався в сукню для ~у.** Petro put on a dress for laughs. ♦ **в ж.** in jest, jokingly ◊ **Тамара сказала це в ж.** Tamara said it in jest. ♦ **не на ж.** seriously, in earnest; badly, very ◊ **Він не на ж. гнівається.** He is really angry.
Cf. **сміх**
2 funny story, amusing anecdote ◊ **Тиміш розказував різні ~и зі свого життя.** Tymish told various funny stories from his life.
See **анекдот 1, історія 1.** *Also see* **оповідання 1, оповідь**

жартівлив|ий, *adj.*
1 playful, jocular, lighthearted ◊ **Її старший син був серйозним, а молодший – ~им.** Her elder son was serious, and the younger one playful.
adv. **досить** fairly, **надто** too, **не в міру** inordinately ◊ **Її не в міру ж. настрій дратував Оксану.** Her inordinately jocular mood irked Oksana. **майже** almost; **не зовсім** not entirely; **несподівано** unexpectedly
v. + **ж. бути ~им** be playful ◊ **Зауваження було ~им.** The remark was in jest. (**здаватися** + *D.* seem to sb; **ставати** become) ◊ **Його голос став ~им.** His voice became playful.
Also see **легковажний 1.** *Ant.* **серйозний 1**
2 humorous, funny, witty ◊ **Зал весело реаґував на ~і слова промовця.** The auditorium happily reacted to the speaker's witty words. ◊ **ж. тон** a humorous tone; ◊ **~а пісня** a humorous song
adv. **виразно** distinctly, **явно** clearly; **досить** fairly, **дуже** very, **надзвичайно** extremely, **надто** too, **справді** really; **дещо** somewhat; **типово** typically; **легко** gently, **трохи** slightly; **майже** almost; **не зовсім** not entirely; **ненамірено** unintentionally, *etc.*
v. + **ж. бути ~им** be humorous ◊ **Тон рецензії був виразно ~им.** The tone of the review was distinctly humorous. (**вважати** + *A.* consider sb/sth, **здаватися** + *D.* seem to sb ◊ **Його манера здавалася не так ~ою, як знущальною.** His manner seemed not so much witty as mocking. **ставати** become)
Also see **легковажний 1.** *Ant.* **серйозний 1**

жартома, *adv.*
in jest, jokingly ◊ **Я кажу це ж.** I am saying it in jest. ◊ **Виходить, Зоя сказала все ж., і він даремно переживав.** It turns out, that Zoya had said everything jokingly and he worried in vain.
♦ **Це ви** *or* **ти серйозно чи ж.?** Are you being serious or joking?
Ant. **поважно, серйозно**

жарту|вати, ~ють; по~, *intr.*
1 to joke, fool around ◊ **Дем'янові було тяжко ж. з горем у серці.** It was difficult for Dem'yan to joke with grief in his heart.
adv. **грайливо** playfully, **легко** gently, **невинно** innocently; **добродушно** good-naturedly, **по-дружньому** amicably; **витончено** in a refined manner, **тонко** subtly; **доречно** aptly, **дотепно** cleverly; **грубо** rudely, **невдало** infelicitously ◊ **Марта пожартувала невдало.** Marta made an infelicitous joke. **незґрабно** clumsily; **безперестанку** nonstop, **завжди** always, **постійно** constantly ◊ **Тамара постійно ~є.** Tamara constantly jokes. **часто** often; **іноді** sometimes, **рідко** rarely, **час від часу** from time to time; **наполовину** half ◊ **Дівчина ~вала лише наполовину.** The girl was only half joking. **зовсім не** not at all ◊ **Він зовсім не ~вав.** He was not at all joking. **не зовсім** not quite; ♦ **ви напевно ~єте** you've got to be kidding
v. + **ж. вміти** be capable of ◊ **Таня вміла тонко ж.** Tania was capable of a subtle joke. **починати** begin to ◊ **Матвій заспокоївся і навіть почав ж.** Matvii calmed down and even began to joke. **стати** *pf.* start; **перестати** *pf.* stop ◊ **Вона перестала ж.** She stopped joking. **хотіти** want to
prep. **ж. з** + *I.* joke with sb/sth ◊ **Карпо завжди з усіма ~є.** Karpo always jokes with everybody.
Also see **глузувати 2, гратися 3, сміятися 3**
2 to make fun of, laugh at, mock ◊ **Доля жорстоко ~вала з нею.** Fate was making cruel fun of her.
prep. **ж. з** + *I.* make fun of sb
3 *fig.* to make light of sth, fool around with, play with sth ◊ **Не слід ж. із власним здоров'ям.** One should not make light of one's own health. ◊ **З податковою поліцією краще не ж.** One would be ill advised to fool around with the tax police. ♦ **ж. з вогнем** to play with fire ◊ **Ви ~єте з вогнем.** You are playing with fire.
See **глузувати 1, сміятися 2.** *Also see* **тішитися 3**
(по)жартуй!

жах, *m.*, **~у**
1 terror, horror ◊ **На Сергієвому обличчі з'явився чистий ж.** Sheer terror appeared on Serhii's face.
adj. **паралізуючий** paralyzing, **страшний** terrible, **тихий** quiet ◊ **Таїсія відчувала, як тихий ж. огортає її серце.** Taisiia felt quiet terror envelop her heart. **холодний** cold, **цілковитий** complete, **чистий** sheer; ♦ **фільм ~ів** a horror film ◊ **Вона не любить фільмів ~ів.** She does not like horror films.
v. + **ж. викликати ж. у** + *G.* arouse horror in sb ◊ **Згадка про війну викликала в неї**

паралізу́ючий ж. The mention of the war aroused paralyzing horror in her. (**відчува́ти** feel; **потамо́вувати** suppress; **ши́рити** spread); **бу́ти спо́вненим ~у** be filled with horror
ж. + *v.* **охо́плювати** + *A.* grip sb ◊ **Його́ охопи́в жах.** He was gripped by horror.
prep. **в ~у** in horror ◊ **Він замо́вк у ~у.** He fell silent in horror. **від ~у** from/with horror ◊ **Вона́ затина́лася від ~у.** She stammered from horror. ◊ **Хло́пчик тремті́в від ~у.** The little boy trembled with horror. **з ~ом** with horror ◊ **Вони́ з ~ом чека́ли, що бу́де.** They waited with horror what would happen. ♦ **на ж.** (much) to sb's horror ◊ **На Ларисин ж., ста́лося найгі́рше.** Much to Larysa's horror, the worst happened.
See **страх 1**
2 *fig., colloq.* horror, eyesore, monstrosity ◊ **Нови́й теа́тр є чи́стим ~ом.** The new theater is a sheer monstrosity. ◊ **Це не ле́кція, а ж.!** This is a horror of a lecture!
Also see **кошма́р 2**
3 *as adv., colloq.* very much, terribly ◊ **Він ж. утоми́вся.** He was dreadfully tired. ♦ **ж. як** very much, terribly ◊ **Він ж. як хо́че ї́сти!** He is terribly hungry.
See **ду́же.** *Also see* **смерте́льно 2, страх 3, страше́нно**
4 *as pred., colloq.* to pain to *in* ♦ **бу́ти ж.** + *D.* + *inf.* to pain sb to do sth, shudder doing sth ◊ **Богда́ні ж. було́ поду́мати, що могло́ ста́тися.** Bohdana shuddered at the thought of what could happen.
Also see **страх 4**

жаха́|ти, ~ють; на~, *tran.*
to horrify, terrify, frighten, give sb a fright ◊ **Свої́м грі́зним ви́глядом козаки́ ~ли во́рога.** The Cossacks horrified their enemy with their fearsome appearance. ◊ **Марі́чка не з тих, кого́ ле́гко на~.** Marichka is not the easily frightened kind.
adv. **абсолю́тно** absolutely, **до́бре** *colloq.* very ◊ **Його́ до́бре нажаха́ли.** He was very frightened. **на смерть** to death ◊ **Щурі́ ~ли Оре́ста на смерть.** Rats frightened Orest to death. **про́сто** simply, **простісі́нько** positively, **цілко́м** completely ◊ **Йо́сипа цілко́м ~ла перспекти́ва леті́ти до Доне́цька.** Yosyp was completely terrified by the prospect of flying to Donetsk.
pa. pple. **нажа́ханий** horrified
(на)жаха́й!
See **ляка́ти 1**

жаха́|тися; жахну́тися, *intr.*
1 to be horrified, terrified + *G.* ◊ **Ю́ля ~ється павукі́в.** Yulia is terrified of spiders.
prep. **ж. від** + *G.* be horrified by sth ◊ **Він жахну́вся від почу́того.** He was horrified by what he had heard.
See **ляка́тися 1**
2 to be afraid, fear
prep. **ж. за** + *A.* fear for sb/sth ◊ **Вона́ ~лася за си́на.** She feared for her son.
See **боя́тися.** *Also see* **потерпа́ти 2, тремті́ти 3**
3 to be startled ◊ **Пе́трик ~вся від ко́жного зву́ку.** Petryk was startled by every sound.
Also see **здрига́тися**

жахли́в|ий, *adj.*
1 horrible, terrible, horrific, terrifying ◊ **Мі́сто було́ тепе́р ~им видо́вищем.** The city was now a horrible sight.
adv. **винятко́во** exceptionally, **надзвича́йно** extremely ◊ **Вони́ були́ сві́дками надзвича́йно ~их рече́й.** They witnessed extremely horrible things. **особли́во** particularly; **напра́вду** truly, **спра́вді** really ◊ **спра́вді ~а істо́рія** a really terrifying story; **про́сто** simply
v. + **ж. бу́ти ~им** be horrible ◊ **ж. крик ві́дчаю** a horrible scream of despair (**вважа́ти** + *A.* consider sb/sth, **здава́тися** + *D.* seem to sb) ◊ **Ви́падок здає́ться ~им.** The accident seems horrible.
Also see **мо́торошний, страшни́й 1**
2 *fig.* horrible, extreme, enormous, great, appaling ◊ **По́їзди зіткну́лися на ~ій шви́дкості.** The trains collided at a horrible speed.
ж. + *n.* **ж. біль** a horrible pain ◊ **Він му́сив терпі́ти ж. біль.** He had to bear a horrible pain. (**го́лод** famine, **тяга́р** burden); **~а ві́дстань** a horrible distance (**ду́рість** stupidity ◊ **Він зда́тний на ~у ду́рість.** He is capable of horrible stupidity. **наї́вність** naivité, **по́ми́лка** mistake); **~і зли́дні** abject poverty ◊ **Її дити́нство мину́ло в ~их зли́днях безприту́льности.** Her childhood passed in the abject poverty of homelessness. **~і умо́ви** appalling conditions
See **вели́кий 1, 3, величе́зний.** *Also see* **страшни́й 2, страше́нний 2, тя́жкий 5**

жва́в|ий, *adj.*
1 lively, active, energetic, agile ◊ **Хло́пець ви́явився ~им, як ри́ба в рі́чці.** The boy turned out to be agile as fish in the river.
adv. **винятко́во** exceptionally, **вкрай** extremely, **до́сить** rather, **ду́же** very, **надзвича́йно** extraordinarily, **неймові́рно** incredibly ◊ **неймові́рно ~е обли́ччя** an incredibly lively face
v. + **ж. бу́ти ~им** be lively (**виявля́тися** turn out, **здава́тися** + *D.* seem to sb, **лиша́тися** remain ◊ **На́віть у ста́ршому ві́ці вона́ залиша́лася ~ою.** Even at her older age, she remained lively. **става́ти** become) ◊ **При зга́дці про фестива́ль її жестикуля́ція ста́ла ~ою.** At the mention of the festival, her gestures became lively.
Also see **енергі́йний 1, живи́й 3, рухли́вий**
2 lively, animated, spirited ◊ **Із сусі́дньої за́лі чу́лася ~а супере́чка.** An animated argument was heard from the adjacent hall. ◊ **Він шука́в ~у мело́дію.** He was looking for a lively tune.
See **швидки́й.** *Also see* **живи́й 3**
3 lively, intense, enthusiastic, ◊ **Її до́пис ви́кликав ~е заціка́влення.** Her post provoked a lively interest. ◊ **Вони́ отри́мали ж. ві́дгук на пропози́цію.** They received an enthusiastic response to the proposal.
Also see **живи́й 3**

жд|а́ти, ~уть; *no pf., tran. and intr.*
1 to wait, await, expect + *G.* ◊ **Вони́ з нетерпі́нням ~али нови́н.** They waited for the news with impatience.
ж. + *n.* **ж. дощу́** wait for the rain (**тепла́** warm weather; **си́ґнал(у)** a signal) ◊ **Він ~ав си́ґналу поча́тку опера́ції.** He waited for the signal of the beginning of the operation. ♦ **ж. з мо́ря пого́ди** to wait in vain ◊ **Хома́ не мав на́міру сиді́ти і ж. з мо́ря пого́ди.** Khoma had no intention to sit around and wait in vain. ♦ **Я ~у не дожду́ся, щоб він подзвони́в.** I can't wait for him to call. ♦ **ж. ві́чність** to wait for eternity
prep. **ж. на** + *A.* wait for sb/sth ◊ **Він сиді́в і ~ав на кіне́ць робо́чого дня.** He sat and waited for the work day to be over. ◊ **У дослі́вному пе́рекладі п'є́са Бе́кета назива́ється «~учі Ґода́».** In verbatim translation, Beckett's play is titled *Waiting for Godot.*
See **чека́ти 1.** *Also see* **вигляда́ти**[2] **3**
2 to be in store for, await ◊ **Катери́ну ~е вели́ка кар'є́ра.** A great career was in store for Kateryna. ◊ **У Ха́ркові їх ~а́ло розчарува́ння.** Disappointment awaited them in Kharkiv.
See **чека́ти 3.** *Also see* **усміха́тися 3**
(по)жди!

жебра́к, *m.*, ~а́; **жебра́чка**, *f.*
1 beggar, panhandler ◊ **У напівзруйно́ваній ха́ті жив стари́й ж.** An old beggar lived in the half-delapidated house.
adj. **бі́дний** poor, **неща́сний** hapless ◊ **Він не проси́тиме, як неща́сний ж.** He will not beg like a hapless beggar. **звича́йний** common, **спра́вжній** real; **аґреси́вний** aggressive
v. + **ж. перетво́рювати** + *A.* **на ~а́** turn sb into a beggar ◊ **Пия́цтво перетвори́ло його́ на ~а́.** Drinking turned him into a beggar. (**перетво́рюватися на** turn into); **бу́ти ~о́м** be a beggar ◊ **Він хоч і був ~о́м, але́ не без гі́дности.** Although he was a beggar, he was not without dignity. (**роби́ти** + *A.* make sb, **става́ти** become) ◊ **Щоб не вме́рти з го́лоду, він му́сив ста́ти ~о́м.** In order not to die of hunger, he had to become a beggar.
2 *fig.* beggar, poor person ◊ **Бі́льшість науко́вців у краї́ні жили́ як ~и́.** The majority of scientists in the country lived like beggars.

жени́х, *m.*, ~а́
1 bridegroom, fiancé ◊ **Ж. був стри́маним і скро́мним.** The bridegroom was reserved and modest.
See **молоди́й**[2], **нарече́ний 2**
2 suitor, wooer ◊ **До не́ї ча́сто захо́дили ~и́.** Suitors often visited her. ♦ **ходи́ти в ~а́х** to stay unmarried ◊ **Дани́ло ходи́в у ~а́х до тридцяти́ ро́ків.** Danylo stayed unmarried till the age of thirty.

же́ртв|а, *f.*
1 sacrifice
adj. **вели́ка** great, **величе́зна** tremendous; **значна́** considerable, **найбі́льша** greatest, **неаби́яка** no mean, **спра́вжня** real; **страшна́** terrible; **осо́биста** personal; **політи́чна** political, **фіна́нсова** financial; **остато́чна** ultimate ◊ **Вони́ зроби́ли остато́чну ~у, відда́вши життя́ за батьківщи́ну.** They made the ultimate sacrifice, giving their lives for the fatherland. **шляхе́тна** noble
v. + **ж. віддава́ти** + *D.* **~у** offer sacrifice to sb (**прино́сити** *or* **склада́ти** + *D.* make sb/sth ◊ **Він гото́вий скла́сти цю ~у.** He is ready to make this sacrifice. **прино́сити** + *A.* **в ~у** + *D.* sacrifice sth to sth/sb ◊ **Він прині́с вла́сне бага́тство в ~у спра́ві.** He sacrificed his own wealth for the cause. **означа́ти** mean, **передбача́ти** involve) ◊ **Уча́сть у змо́ві передбача́ла серйо́зні ~и для ко́жного з них.** Participation in the conspiracy involved serious sacrifices for each of them. **вимага́ти ~и** require a sacrifice ◊ **Її робо́та вимага́є неаби́яких жертв.** Her work requires no mean sacrifice. (**потребува́ти** need); **бу́ти ~ою** be a sacrifice
prep. **ж. зара́ди** + *G.* a sacrifice for the sake of sb/sth ◊ **ж. зара́ди вла́сного наро́ду** a sacrifice for the sake of one's own people
2 sacrifice, offering + *D.* to ◊ **На вівтарі́ прино́сили ~и бо́гові війни́.** Sacrifices to the god of war were offered on the altar.
adj. **релігі́йна** religious, **ритуа́льна** ritual, **свяще́нна** holy, **язи́чницька** pagan; **лю́дська́** human, **твари́нна** animal; **символі́чна** symbolic
v. + **ж. прино́сити ~у** offer a sacrifice (**роби́ти** perform ◊ **Жрець зроби́в ~у.** The priest performed the sacrifice. **прино́сити** + *A.* **в** offer sth as)
3 donation, contribution ◊ **Доброчи́нні ~и мо́жна зру́чно зроби́ти в мере́жі.** Charitable donations can conveniently be made online.
adj. **бага́та** big, **кня́жа** *fig.* princely ◊ **Музе́й завдя́чує свої́м існува́нням кня́жій ~і невідо́мого доброді́я.** The museum owes its existence to a princely donation of an unknown benefactor. **ще́дра** generous; **невели́ка** small, **скро́мна** modest, *etc.*
v. + **ж. дава́ти ~у** give a donation, **збира́ти ~и** collect donations
prep. **ж. на** + *A.* a donation for sth ◊ **скри́нька для жертв на відбудо́ву це́ркви** a box for donations for church reconstruction
See **поже́ртва**
4 victim, prey
adj. **безпора́дна** helpless, **легка́** easy ◊ **Ко́жен міг ста́ти легко́ю ~ою мере́жевих шахраї́в.** Anyone could become an easy victim of Internet fraudsters. **неви́нна** innocent, **несвідо́ма** unwitting, **паси́вна** passive; **бідола́шна** hapless, **неща́сна** miserable; **пе́рша** primary, **потенці́йна** potential; **лі́тня** elderly; **молода́** young,

неповнолі́тня underage, **підлітко́ва** teenage; **жіно́ча** female, **чолові́ча** male; **циві́льна** civilian
ж. + *n.* **ж. аґре́сії** an aggression victim (**бомбардува́нь** bombing, **війни́** war, **геноци́ду** genocide, **Голодомо́ру** Holodomor ◊ **Істо́рики й до́сі не змогли́ встанови́ти докла́дне число́ жертв Голодомо́ру.** Until now, historians did not manage to establish an accurate number of the Holodomor victims. **етні́чних чи́сток** ethnic cleansing, **переслі́дування** persecution; **ава́рії** accident, **бурев́ію** hurricane, **землетру́су** earthquake, **катастро́фи** disaster, **по́вені** flood, **поже́жі** fire, **цуна́мі** tsunami; **дома́шнього наси́льства** domestic violence ◊ **Організа́ція допомага́ла ~ам дома́шнього наси́льства.** The organization helped domestic violence victims. **знуща́нь** abuse, **наси́льства** violence, **побо́їв** beating, **стате́вого домага́ння** sexual harassment; **гомофо́бії** gay-bashing, **раси́зму** racism, **секси́зму** sexism; **вби́вства** murder, **зґвалтува́ння** rape, **на́паду** assault, **пограбува́ння** robbery, **теро́ру** terror, **торту́р** torture, *etc.*; **о́піку** burn, **пласти́чної опера́ції** plastic surgery ◊ **Із таки́ми губа́ми співа́чка вигляда́ла як ж. невда́лої пласти́чної опера́ції.** With such lips, the (female) singer looked like a botched plastic surgery victim. **ра́ку** cancer, **серце́вого на́паду** heart attack, **СНІДу** AIDS; **мо́ди** *fig.* fashion ♦ **ж. вла́сного у́спіху** a victim of one's own success
n. + **ж. менталіте́т ~и** victim mentality (**психоло́гія** psychology; **ста́тус** status); **кі́лькість жертв** number of victims
v. + **ж. вини́ти** *or* **винува́тити ~у** blame a victim ◊ **Ґвалтівни́к винува́тив свою́ ~у, що вона́ сама́ спровокува́ла на́пад.** The rapist blamed his victim that she had provoked the assault. (**забира́ти** claim ◊ **Бурев́ій забра́в ві́сім жертв.** The hurricane claimed eight victims. **змальо́вувати** + *A.* **як** depict sb as, **зобража́ти** + *A.* **як** portray sb as, **представля́ти** + *A.* **як** present sb as; **вибира́ти** choose, **зама́нювати** lure ◊ **Патологі́чний вби́вця зама́нював жертв до се́бе в ха́ту.** The serial killer lured victims to his place. **вдава́ти** pretend to be; **ідентифікува́ти** identify, **розпізнава́ти** recognize; **рятува́ти** rescue; **вшано́вувати** honor, **пам'ята́ти** remember; **хова́ти** bury) ◊ **Жертв етні́чних чи́сток хова́ли у бра́тській моги́лі.** The ethnic cleansing victims were buried in a common grave. **допомага́ти ~і** help a victim (**віддава́ти ша́ну** pay tribute to) ◊ **У цей день віддаю́ть ша́ну ~ам геноци́дів.** On this day, tribute to genocide victims is paid. **бу́ти ~ою** be a victim (**вважа́ти** + *A.* consider sb, **назива́ти** + *A.* call sb; **па́дати** fall, **става́ти** become; **прикида́тися** play) ◊ **Кат прикида́вся ~ою.** An executioner was playing victim.
ж. + *v.* **вмира́ти** die ◊ **Ча́сто ж. побо́їв вмира́ла.** Oftentimes a beating victim would die. **ги́нути** perish; **зазнава́ти** + *G.* suffer sth ◊ **Ко́жна ж. війни́ зазна́ла страшни́х випро́бувань.** Each war victim suffered horrible ordeals.

жертвода́в|ець, *m.*, **~ця; ~иця**, *f.*
donor *(of money or goods)*
adj. **бага́тий** rich ◊ **Кі́лька бага́тих ~ців обіця́ли допомогти́.** Several rich donors promised to help. **замо́жний** wealthy, **ще́дрий** generous; **вели́кий** big, **провідни́й** leading; **невели́кий** small; **анонімний** anonymous, **нена́званий** unidentified ◊ **Ж. побажа́в зали́шитися нена́званим.** The donor wished to remain unidentified. **корпорати́вний** corporate ◊ **Шко́ла шука́ла корпорати́вних ~ців.** The school was looking for corporate donors. **прива́тний** private; **ча́стий** frequent; ♦ **краї́на-ж.** a donor country
v. + **д. бу́ти відо́мим як ж.** be known as a donor ◊ **Він відо́мий як ча́стий і ще́дрий ж.** He is known as a frequent and generous donor. **знахо́дити ~ця** find a donor (**шука́ти** look for)
д. + *v.* **дава́ти** + *D.* give sb, **роби́ти вне́сок** make a contribution ◊ **Пе́ршими стоя́ли пр́ізвища ~ців, що зроби́ли найбі́льші вне́ски.** The first were the names of the donors who had made the biggest contributions. **роби́ти поже́ртву** make a donation; **обіця́ти** + *A.* pledge sb ◊ **~ці пообіця́ли зага́лом де́сять мільйо́нів до́ларів.** Donors pledged a total of $10,000,000.

же́ртву|вати, ~ють; по~, *tran.*
1 to donate, give ◊ **Оголо́шення запро́шувало відві́дувачів ж. на музе́й.** The announcement invited visitors to donate to the museum.
adv. **бага́то** a lot, **ще́дро** generously; **вже** already, **наре́шті** finally; **добровільно** voluntarily, **залюбки́** willingly, **ра́до** gladly; **неохо́че** reluctantly; **періоди́чно** periodically, **реґуля́рно** regularly, **час від ча́су** from time to time, **ча́сто** frequently ◊ **Він ча́сто ~є гро́ші на ї́хній журна́л.** He often gives money to their magazine. **ніко́ли не** never, **рі́дко** rarely
v. + **ж. виріша́вати** decide to; **збира́тися** be going to ◊ **Вони́ збира́лися по~ Черво́ному Хресто́ві.** They were going to give to the Red Cross. **ма́ти намі́р** have the intention to; **запро́шувати** + *A.* invite sb to, **проси́ти** + *A.* ask sb to; **відмовля́тися** refuse to ◊ **Він відмо́вився ж. цій сумні́вній устано́ві.** He refused to give to this dubious institution. **обіця́ти** + *D.* pledge to sb to
prep. **ж. на** + *A.* donate for/to sth ◊ **Банк поже́ртвував мільйо́н гри́вень на ліка́рню.** The bank donated ₴1,000,000 for the hospital.
Also see **дарува́ти 1**
2 to sacrifice, make a sacrifice + *I.* ◊ **Вона́ ~вала ча́сом, щоб допомогти́ хло́пцеві з матема́тикою.** She sacrificed time, in order to help the boy with math.
adv. **добровільно** voluntarily, **залюбки́** willingly, **ле́гко** easily; **не вага́ючись** without hesitation, **не заду́муючися** without thinking twice
ж. + *n.* **ж. бага́тством** sacrifice one's wealth (**душе́вним спо́коєм** peace of mind, **життя́м** life, **інтере́сами** interests, **здоро́в'ям** health, **ща́стям** happiness); ♦ **ж. собо́ю** to sacrifice oneself; ♦ **нічи́м не ж.** to risk nothing, have nothing at stake ◊ **Зго́джуючись, він нічи́м не ~вав.** Giving his consent, he risked nothing.
v. + **ж. бу́ти гото́вим** be ready to ◊ **Ко́жна волонте́рка гото́ва по~ життя́м.** Each (female) volunteer is ready to sacrifice her life. **бу́ти зму́шеним** be forced to, **бу́ти зобов'я́заним** be obliged to, **му́сити** have to; **вимага́ти від** + *G.* demand from sb to, require ◊ **Пра́ця вимага́ла від нього ж. вла́сним спо́коєм.** Work required that he sacrifice his own peace of mind. **відмовля́тися** refuse to
prep. **ж. зара́ди** + *G.* sacrifice for the sake of sb/sth ◊ **Він ~є я́кістю зара́ди кі́лькости.** He sacrifices quality for the sake of quantity.
Also see **віддава́ти 4**
pa. pple. **поже́ртвуваний** donated, sacrificed
(по)же́ртвуй!

же́р|ти, ~у́ть; з~; *pa., m.* **жер**, *pl.* **~ли**, *tran. and intr.*
1 *pejor.* to eat, guzzle, devour, gorge ◊ **«На, ~и́!» – сказа́ла вона́ з оги́дою.** "Here, eat!" she said with disgust.
adv. **бага́то** a lot, **безпереста́нку** nonstop ◊ **Він жере́ безпереста́нку.** He is eating nonstop. **весь час** all the time, **зно́ву** again ◊ **Що вона́ там зно́ву ~е́?** What is she gorging herself on there again? **жа́дібно** *or* **жа́дно** greedily, **ла́со** eagerly, **як свиня́** like a pig; **одра́зу** at once, **шви́дко** quickly; ♦ **ж. без пам'я́ті** to eat like crazy
v. + **ж. бра́тися** get down to ◊ **Ві́ктор взя́вся ж., ніко́го не чека́ючи.** Viktor got down to gorging himself, without waiting for anybody. **ста́ти** *pf.* start; **перестава́ти** stop, **продо́вжувати** continue ◊ **Він продо́вжував ж., до́ки на столі́ нічо́го не лиши́лося.** He continued eating until nothing was left on the table.
See **ї́сти 1, спожива́ти 1.** *Also see* **ковта́ти 2, поглина́ти 4, руба́ти 2, трощи́ти 3**
2 *fig.* to devour, engulf, consume ♦ **ж. очи́ма** to devour sb with one's eyes ◊ **Іва́н про́сто жер її́ очи́ма.** Ivan was simply devouring her with his eyes. ◊ **Поже́жа зже́рла пів ву́лиці.** The fire destroyed half a street. ◊ **Його́ ~ла триво́га.** Anxiety was eating away at him.
pa. pple. **зже́ртий** *pejor.* eaten
(з)жери́!

жест, *m.*, **~у**
1 gesture ◊ **Вона́ опи́сувала су́тичку, поє́днуючи мо́ву та ~и.** She was describing the brawl, combining language and gestures.
adj. **драмати́чний** dramatic ◊ **Він мав сла́бість до драмати́чних ~ів.** He had a weakness for dramatic gestures. **експреси́вний** expressive, **ефе́ктний** impressive, **мелодрамати́чний** melodramatic, **ритори́чний** rhetorical, **театра́льний** theatrical; **невира́зний** vague ◊ **Він зроби́в невира́зний ж. у бік о́зера.** He made a vague gesture in the direction of the lake. **рапто́вий** sudden, **різки́й** abrupt ◊ **Він перерва́в промо́вця різки́м ~ом.** He interrupted the speaker with an abrupt gesture. **широ́кий** expansive; **гру́бий** crude, **непристо́йний** obscene ◊ **Да́на йшла, іґнору́ючи непристо́йні ~и голо́дних на секс солда́тів.** Dana walked, ignoring obscene gestures of sex-hungry soldiers. **ви́кличний** defiant ◊ **Його́ ви́кличний ж. не спра́вив вра́ження на опоне́нта.** His defiant gesture failed to make an impression on the opponent. **нетерпля́чий** impatient, **погро́зливий** threatening, **роздрато́ваний** irritated, **серди́тий** angry ◊ **Вона́ вказа́ла на две́рі серди́тим ~ом.** She pointed to the door with an angry gesture. **безпора́дний** helpless, **трагі́чний** tragic; ♦ **ж. ві́дчаю** a gesture of despair
v. + **ж. роби́ти ж.** make a gesture ◊ **Час від ча́су акто́р роби́в експреси́вні ~и.** From time to time, the actor made expressive gestures. **перехо́дити на ~и** switch to gestures ◊ **Ні́на перейшла́ на ~и.** Nina switched to gestures. **розмовля́ти ~ами** speak by gestures (**спілкува́тися** communicate by) ◊ **Щоб не розбуди́ти діте́й, вони́ спілкува́лися ~ами.** Not to wake up the children, they communicated by gestures.
2 *fig.* gesture ◊ **Нові́ комп'ю́тери були́ не пе́ршим ~ом ще́дрости випускника́ до його́ шко́ли.** The new computers were not the first gesture of generosity of the alumnus toward his school.
adj. **важли́вий** important; **драмати́чний** dramatic, **екстраваґа́нтний** extravagant, **помпе́зний** pompous; **га́рний** nice ◊ **Буке́т кві́тів був би га́рним ~ом.** A bouquet of flowers would be a nice gesture. **дру́жній** friendly, **зворушли́вий** touching, **шляхе́тний** noble ◊ **Її́ шляхе́тний ж. став несподі́ванкою.** Her noble gesture became a surprise. **примирли́вий** conciliatory; **прости́й** simple; **романти́чний** romantic; **смі́ли́вий** bold; **запізні́лий** belated; **ма́рний** futile, **поро́жній** empty, **символі́чний** symbolic; **політи́чний** political; **прорахо́ваний** calculated, **спри́тний** shrewd; **промо́вистий** telling
ж. + *n.* **ж. визна́ння** a gesture of recognition ◊ **Меда́ль – ж. визна́ння заслу́г уче́ного пе́ред краї́ною.** The medal is a gesture of recognition for the scientist's services to the nation. (**до́брої во́лі** good will, **дру́жби** friendship, **підтри́мки** support, **пова́ги** respect, **прими́рення** reconciliation, **соліда́рности** solidarity, **співчуття́** sympathy; **ще́дрости** generosity)
prep. **як ж.** + *G.* as a gesture of sth ◊ **Части́ну бо́ргу скасо́вували як ж. до́брої во́лі.** A part of the debt was forgiven as a goodwill gesture. **ж. на адре́су** + *G.* a gesture toward sb/sth

◊ **Його поява на похороні була ~ом співчуття на адресу суперника.** His appearance at the funeral was a gesture of sympathy toward his rival.

жестикулю|вáти, **~ють**; *no pf., intr.*
to gesticulate
adv. **відчайдушно** desperately, **дивно** strangely, **енергíйно** vigorously, **жвáво** spiritedly, **комічно** *or* **кумéдно** comically
◊ **Сперечáючися, вони комічно ~вали.** They gesticulated in a comical way, while arguing. **надмірно** excessively ◊ **Йому здається, що італійці надмірно ~ють, коли говорять.** It seems to him that Italians gesticulate excessively when they speak. **панічно** in panic
v. + **ж. починáти** begin to, **стáти** *pf.* start ◊ **Він став ж.** He started gesticulating. **продовжувати** continue to; **переставáти** stop ◊ **Іван перестáв ж.** Ivan stopped gesticulating.
жестикулюй!
Also see **махáти 1**

жив|и́й, *adj.*
1 alive, live, living ◊ **Востáннє Матвійчукá бáчили ~и́м пéред Вели́коднем.** Matviichuk was last seen alive before Easter.
adv. **без сумніву** without a doubt ◊ **Її витягнули з-під завáлу, без сумніву, ~óю.** She was pulled from under the rubble undoubtedly alive. **явно** obviously; **дуже навіть** very much ◊ **Незважáючи на вік, пáні М. здається ще дуже навіть ~óю.** Despite her age, Mrs. M. seems still very much alive. **цілкóм** completely; **все ще** *or* **ще** still; **лéдве** barely, **напів** half ◊ **Вонá дійшлá додому напівживóю від стрáху.** *fig.* She arrived home half-alive with terror. ♦ **ж. і здорóвий** alive and well; ♦ **~í й мéртві** the quick and the dead; ♦ **~и́м чи мéртвим** dead or alive ◊ **Вонá мáла знайти чоловíка ~и́м чи мéртвим.** She had to find the man dead or alive. ♦ **ні ж. ні мéртвий** more dead than alive ◊ **Денис був ні ~и́м ні мéртвим.** Denys was more dead than alive.
ж. + *n.* **~á душá** a living soul ◊ **У цéркві не булó жóдної ~óї душі.** There was not a living soul in the church. (**істóта** being; **легéнда** legend; **прирóда** nature); **~é створíння** a living creature; ♦ **~í грóші** cash, ready money, ♦ **~í квíти** fresh flowers ◊ **Під час фестивáлю майдáн перетвóрювався на мóре ~и́х квітів.** During the festival, the square turned into a sea of fresh flowers.
v. + **ж. бýти ~и́м** be alive (**виявля́тися** turn out ◊ **Нáчебто мéртвий втікáч від правосýддя за яки́х дéсять рóків ви́явиться дуже навіть ~и́м.** *iron.* Some ten years later, the allegedly dead fugitive from justice would turn out to be very much alive. **діставáтися до** + *G.* get to *(a place)* ◊ **Хлóпці дістáлися до криївки ~и́ми й здорóвими.** The boys got to the hideout alive and well. **вибирáтися з** + *G.* get out from, **втікáти** escape, **повертáтися** return ◊ **Назáр повернýвся ~и́м.** Nazar returned alive. **брáти** + *A.* take sb ◊ **Вони́ взяли́ терористів ~и́ми.** They took the terrorists alive. **захóплювати** + *A.* capture sb, **знахóдити** + *A.* find sb, **тримáти** + *A.* keep sb ◊ **Викрадачі тримáли брáнців лéдве ~и́ми.** The kidnappers kept their prisoners barely alive. **здавáтися** + *D.* seem to sb ◊ **Із таким смертéльно сíрим облúччям вонá здавáлася напівживóю.** With such a deathly ashen face, she seemed half-alive. **лишáтися** stay; **закóпувати** *or* **ховáти** + *A.* bury sb; ♦ **чіпáти** + *A.* **за ~é** to cut sb to the quick ◊ **Її остáнній коментáр зачепи́в áвтора за ~é.** Her last comment cut the author to the quick.
prep. ♦ **пóки ж.** *or* **пóки жив бýду** as long as I live ◊ **Я дя́куватиму вам за це, поки ж. бýду.** I will be thankful to you for this for as long as I live.
Also see **цíлий 6.** *Cf.* **живцéм 1.** *Ant.* **мéртвий 1**
2 *fig.* human, living
ж. + *n.* **ж. гóлос** a human voice (**ланцюг** chain) ◊ **Ж. ланцюг з'єднáв рíжні містá, як си́мвол собóрности країни.** The human chain linked various cities as a symbol of the nation's unity. **~á мóва** human speech; **~é слóво** human word
3 lively, active, animated ◊ **Обговóрення її дóповіді булó несподíвано ~и́м, подекуди нáвіть гаря́чим.** The discussion of her paper was unexpectedly animated, at times even fervent.
See **жвáвий 1, 2, 3**
4 live, direct *(not recorded)*
ж. + *n.* **ж. етéр** live air ◊ **Журналíст волíв працювáти в ~óму етéрі.** The journalist preferred to work live. (**журнáл** journal, **звук** sound ◊ **Кóжен віддає перевáгу ~óму звуковí пéред зáписом.** Everyone prefers live sound to a recording. **репортáж** coverage); **~á мýзика** live music ◊ **Танцювáли під ~ý мýзику.** They danced to live music. (**передáча** show, **трансля́ція** broadcast) ◊ **Компáнія спонсорýє ~ý трансля́цію óпери.** The company sponsors a live broadcast of the opera.
5 *ling.* animate ◊ **Закíнчення власти́ве давáльному відмíнкові одни́ни ~и́х імéнників чоловíчого рóду.** The ending is characteristic of the dative singular case of animate masculine nouns.

жив|и́ти, **~лю́**, **~иш**, **~ля́ть; під~**, *tran.*
1 to feed, nourish ◊ **Багáтий мінерáлами ґрунт ~ить соковúту травý пасовúська.** The soil rich in minerals nourishes the juicy grass of the pasture. ◊ **Дерéва ~ля́ть атмосфéру кúснем.** Trees feed the atmosphere with oxygen.
adv. **дóбре** well, **лéдве** barely, **налéжно** properly, **якóсь** somehow ◊ **Селя́нин ще міг якóсь ж. сім'ю молокóм і хлíбом.** The peasant still could somehow feed his family with milk and bread. **поráно** poorly
Also see **годувáти 1, 2, забезпéчувати 4, харчувáти**
2 *fig.* to nourish, support, sustain ◊ **Вонá дéякий час ~и́ла Петрóві надíї порóжніми обіця́нками.** For some time, she nourished Petro's hopes with empty promises.
See **підтри́мувати.** *Also see* **заплíднювати 2**
3 *techn.* to feed, supply with + *I.* ◊ **Вітряки́ ~ля́ть стрýмом цíлу птахофéрму.** The windmills provide an entire chicken farm with electricity. ◊ **ж. комп'ютер інформáцією** to feed information to a computer
See **забезпéчувати 1.** *Also see* **озбрóювати 2**
pa pple. **підживлений** nourished
(під)живи́!

жив|и́тися; по~, *intr.*
1 to feed, live on, subsist on + *I.* ◊ **Він ~и́вся хлíбом і водóю.** He fed on bread and water. ◊ **Сóви ~ля́ться ми́шами.** Owls feed on mice.
v. + **ж. бýти трéба** + *D.* need to ◊ **Кóжному трéба чи́мось ж.** Everybody needs to feed on something. **хотíти** want to, **шукáти** look to ◊ **Пес бíгав містом, шукáючи по~ недоїдками.** The dog was running around the city looking to feed on food scraps.
Also see **їсти 2**
2 to eat, feed ◊ **Ці комáхи ~ля́ться вночí.** These insects feed at night. ◊ **Чоловíки посíдáли на травý і стáли ж.** The men sat on the grass and started to eat.
See **їсти 1, 2.** *Also see* **харчувáтися**
3 *pass., only impf.* to be nourished, be supplied, be sustained ◊ **Óзеро ~иться підвóдними джерéлами.** The lake is sustained by underwater springs.
See **живи́ти 1, 2, 3**
4 *fig., only impf.* to be nourished, be fed, be inspired + *I.* ◊ **Його твóрчість ~и́лася фольклóром.** His work was nourished by folklore.
Also see **заснóвуватися 1, 2**

жив|íт, *m.*, **~отá**
stomach ◊ **Катери́на люби́ла спáти на ~отí.** Kateryna liked to sleep on her stomach.
adj. **вели́кий** big, **величéзний** enormous, **гладки́й** *and* **товсти́й** fat; **гóлий** bare; **напýхлий** swollen, **роздýтий** bloated; **м'яки́й** soft; **напрýжений** tense, **тверди́й** firm; **окрýглий** round; **пласки́й** *or* **плóский** flat
v. + **ж. втягáти** *or* **втя́гувати ж.** suck in one's stomach (**лягáти на** lie on ◊ **Тамáра лягла́ на ж. і підняла́ нóги.** Tamara lay on her stomach and lifted her legs. **перевертáтися** roll onto ◊ **Він переверну́вся на ж.** He rolled onto his stomach. **тримáтися за** hold ◊ **Мирóн голоснó реготáв, тримáючися за ж.** Myron laughed loudly, holding his stomach. **хапáтися за** clutch ◊ **Спортсмéн упáв на зéмлю, вхопи́вшися за ж.** The athlete fell on the ground, clutching his stomach. **би́ти** + *A.* **в** punch sb in ◊ **Хтось бóляче вдáрив йогó в ж.** Somebody painfully punched him in the stomach. **колóти** + *A.* **в** stab sb in, **кóпати** + *A.* **в** kick sb in); **глáдити** + *A.* **по ~отý** *or* **~отóві** stroke sb's stomach ◊ **«Нарéшті я наї́вся,» – сказáв Гриць і поглáдив себé по ~отý.** «I have finally ate my fill,» Hryts said and stroked his stomach. (**плéскати** + *A.* **по** pat sb on); ♦ **Мáй(те) Бóга в ~отí!** Have you no shame! Have mercy! Have you no fear of God! ◊ **Не мóжна роби́ти таки́х речéй. Мáйте Бóга в ~отí!** You cannot do such things. Have you no shame!
ж. + *v.* **виступáти** protrude, **стирчáти** stick out ◊ **У ньóго помíтно стирчáв ж.** His stomach stuck out noticeably.
prep. **на ж.** *dir.* on/to a stomach ◊ **Він поклáв розкри́ту кни́жку на ж.** He put the open book on his stomach. **на ~отí** *or* **~отóві** *posn.* on a stomach ◊ **Лíля мáє татуювáння на ~отí.** Lilia has a tattoo on her stomach. **навкóло ~отá** around a stomach ◊ **Вонá обмотáла коц навкóло ~отá.** She wrapped a blanket around her stomach.
2 stomach *(digestive organ)* ◊ **Менé стрáшно боли́ть ж.** I have a terrible stomachache. ◊ **У Маркá забурчáло в ~отí.** Marko's stomach growled. ◊ **Тя́жко співáти на порóжній ж.** It is difficult to sing on an empty stomach.
See **шлýнок**
N. pl. **~оти́**

жи́вленн|я, *nt., only sg.*
1 nourishment, nutrition; *also fig.* support ◊ **Він дослíджує впли́в штýчного ж. на людськý псúхіку.** He studies the influence of artificial nutrition on human psychology.
adj. **дóбре** good, **кéпське** poor, **налéжне** proper, **погáне** bad; **відповíдне** adequate, **спеціáльне** special; **духóвне** *fig.* spiritual, **емоцíйне** *fig.* emotional, **інтелектуáльне** *fig.* intellectual, *fig.* **твóрче** creative
v. + **ж. брáти ж.** take *or* draw nourishment ◊ **Вóдорості берýть ж. з морськóї воді.** The algae draw their nourishment from sea water. (**давáти** + *D.* give sb; **діставáти від** + *G.* get from sth, **отри́мувати від** + *G.* receive from sth) ◊ **Вонá отри́мує твóрче ж. від розмóв із людьми.** *fig.* She receives creative nourishment from conversations with people. **позбавля́ти** + *A.* **ж.** deprive sb of nourishment (**потребувáти** need); **забезпéчувати** + *A.* provide sb with nourishment
2 *techn.* feed, supply, fuel, energy ◊ **Двигýн прáцює на рíзних ви́дах ж.: бензи́ні, гáзі чи елéктриці.** The engine operates on different types of fuel: gasoline, gas or electricity. ♦ **блок ж.** a power supply unit

живоплі|т, *m.*, **~óту**
hedge, hedgerow, quickset ◊ **Він сховáвся за ~óтом.** He hid behind the hedge.
adj. **висóкий** high, **густи́й** thick, **низьки́й** low, **рідки́й** thin; **гáрний** beautiful; **захисни́й** protective ◊ **Як захисни́й ж. сáдять жóвту акáцію.** Yellow acacia is planted as a protective hedge.

v. + **ж. догляда́ти ж.** tend to a hedge ◊ **~о́ту ніхто́ не догляда́є.** Nobody tends to the hedge. (**підстрига́ти** trim ◊ **Він пістригає ж. щоти́жня.** He trims the hedge every week. **сади́ти** plant) ◊ **Вони́ посади́ли ж.** They planted a hedge.
prep. **за ~о́том** behind a hedge; **ж. з** + *G.* a hedge of sth ◊ **Ха́ту ото́чує ж. із бирючи́ни.** A privet hedge surrounds the house.
See **огоро́жа**

живу́ч|ий, *adj.*
1 living, alive; *also as n.* ◊ **Се́ред ~их він зустріча́в люде́й байду́жих до життя́.** Among the living, he encountered people indifferent to life.
See **живи́й 1**
2 tenacious, persevering, steadfast, hardy
adv. **винятко́во** exceptionally, **ду́же** very, **надзвича́йно** extremely, **на ди́во** amazingly; **до́сить** fairly; **несподі́вано** unexpectedly, **особли́во** particularly, **спра́вді** really
v. + **ж. бу́ти ~им** be tenacious ◊ **Цей гібри́д на ди́во ж. у холо́дному підсо́нні.** The hybrid is amazingly tenacious in the cold climate. (**виявля́тися** prove; **роби́ти** + *A.* make sb/sth) ◊ **Зда́тність до мута́цій роби́ла ві́рус ~им.** The capacity for mutations made the virus tenacious.
3 *fig.* persistent, persevering ◊ **Міт про украї́нське похо́дження па́пи ви́явився до́сить ~им.** The myth of the Pope's Ukrainian origin proved fairly tenacious.
adv. **ду́же** very, **особли́во** particularly ◊ **Старі́ забобо́ни бува́ють особли́во ~ими.** Old superstitions can be particularly tenacious. **небезпе́чно** dangerously ◊ **небезпе́чно ~і раси́стські настано́ви** dangerously persistent racist prejudices; **до́сить** fairly

живу́ч|ість, *f.*, **~ости**, *only sg.*
vitality, tenacity; persistence; capacity to survive ◊ **Спе́ка ста́ла випро́буванням на ж. для фло́ри й фа́вни реґіо́ну.** The heat became a survival test for the region's flora and fauna.
adj. **вели́ка** great, **величе́зна** tremendous; **винятко́ва** exceptional, **дивови́жна** amazing, **рі́дкісна** rare; **культу́рна** cultural, **мо́вна** linguistic, **цивілізаці́йна** civilizational, *etc.*
v. + **ж. виявля́ти ж.** exhibit vitality ◊ **Украї́нці Кана́ди виявля́ють культу́рну ж.** The Ukrainians of Canada have exhibited cultural vitality. (**демонструва́ти** + *D.* demonstrate to sb; **відно́влювати** renew, **забезпе́чувати** maintain ◊ **Це́рква забезпе́чувала мо́вну ж. галича́н.** The church maintained the Galician Ukrainians' linguistic survival. **поси́лювати** boost); **бракува́ти** + *D.* **~ости** lack vitality
Also see **ене́ргія 2, за́пал, си́ла 1, снага́ 1, 2**

живце́м, *adv.*
1 alive
v. + **ж. ї́сти** + *A.* **ж.** eat sb alive (**же́рти** + *A.* devour sb, **ковта́ти** + *A.* swallow sb ◊ **У ка́зці ри́ба-кит ковтну́ла моряків ж.** In the fairy tale, the whale swallowed the sailors alive. **горі́ти** burn, **облу́плювати** + *A.* skin sb, **пали́ти** + *A.* burn sb ◊ **Єрети́ків пали́ли ж. на во́гнищі.** Heretics were burned alive at the stake. **хова́ти** + *A.* bury sb; **бра́ти** + *A.* take sb, **лови́ти** + *A.* catch sb) ◊ **Злови́ти терори́стів ж. було́ ва́жко.** To catch the terrorists alive was difficult.
Cf. **живи́й 1**
2 realistically, as is, in the original form; completely ◊ **Він змалюва́в мі́сто ж.** He painted the city as is. ◊ **Полі́на ж. ви́рвала з па́м'яті цей епізо́д.** Polina tore the episode out of her memory completely.
Also see **геть 1, зо́всім 1, по́вністю, рішу́че 2, спо́вна́, цілко́м 2, чи́сто 2**

жи́л|а, *f.*
1 *anat.* vein ◊ **обли́ччя із ни́тками жил під шкі́рою** a face with threads of veins under the skin
adj. **варико́зна** varicous ◊ **У не́ї на ли́тках ви́дно варико́зні ~и.** Varicous veins are visible on her calves. **вузька́** narrow, **тонка́** thin; **товста́** thick ◊ **Від напру́ження в ньо́го на рука́х повиступа́ли товсті́ ~и.** From exertion, thick veins stood out on his hands. **пульсу́юча** pulsing; **си́ня** blue; **леге́нева** *anat.* pulmonary, **ниркова́** *anat.* renal, **печі́нкова** *anat.* hepatic, **ши́йна** *anat.* jugular, *etc.*
v. + **ж. відкрива́ти ~у** open a vein (**перері́зати** sever; **знахо́дити** find, **шука́ти** look for; **вво́дити** + *A.* **в** inject sth into, **впо́рскувати** + *A.* **в** shoot sth into); **бі́гти ~ами** *or* **по ~ах** run through veins ◊ **Від ра́дости кров побі́гла шви́дше його́ ~ами** *or* **по його́ ~ах.** Blood started running faster through his veins from joy. (**пливти́** flow through; **гна́ти** *and* **помпува́ти** + *A.* pump sth through) ◊ **Се́рце гна́ло адреналі́н її́ ~ами** *or* **по її́ ~ах.** Her heart pumped adrenalin through her veins. **пливти́** *and* **текти́ в ~ах** flow in sb's veins ◊ **В її́ ~ах пливе́ блаки́тна кров.** Blue blood flows in her veins.
ж. + *v.* **випира́ти** *colloq.* pop out, **виступа́ти** stand out, **набряка́ти** bulge, **пульсува́ти** pulse; **ло́пати** *or* **трі́скати** burst ◊ **Нача́льник так вереща́в, що ~и йому́ на скро́нях, здава́лося, от-о́т ло́пнуть.** The boss was screaming so loud, that the veins on his temples seemed to be about to burst any moment.
prep. **в ~ах** in veins ◊ **У ме́не кров холо́не в ~ах від ду́мки про це.** Blood curdles in my veins at the thought of it. **по ~ах** through veins
Cf. **жи́лка 1**
2 sinew, tendon, ligament ◊ **Він розтягну́в собі́ ~у на ступні́.** He pulled his tendon on his foot.
adj. **по́рвана** torn, **пошко́джена** damaged
n. + **ж. пошко́дження** *or* **ушко́дження ~и** a tendon injury ◊ **Че́рез пошко́дження ~и на зап'я́сті вона́ не змо́же виступа́ти.** Because of a wrist tendon injury she will not be able to perform.
v. + **ж. рва́ти ~у** tear a tendon (**розтя́гувати** pull; **перері́зати** sever) ◊ **Лише́ перері́завши жи́ли, мо́жна було́ роз'єдна́ти сугло́б.** Only by severing the tendons could the joint be taken apart. ♦ **вимо́тувати** + *D.* **~и** 1) to drain, exhaust ◊ **Щодня́ моното́нна робо́та вимо́тує з не́ї ~и.** Every day, monotonous work drains her. 2) to drive sb nuts ◊ **За́мість допомага́ти, Наза́р лише́ ~и всім вимотува́в.** Instead of helping, Nazar only drove everybody nuts.
3 *geol.* vein, lode, seam
adj. **залі́зна** iron, **золота́** gold, **міне́ра́льна** mineral, **срі́бна** silver, *etc.*; **бага́та** rich ◊ **Тут пролягає бага́та залі́зна ж.** A rich iron vein is located here.
v. + **ж. знахо́дити ~у** find a vein (**розві́дувати** prospect, **шука́ти** search for; **напада́ти** discover) ♦ **напада́ти на золоту́ ~у** *fig.* to discover a gold vein; to hit it big
4 *techn.* core, lead, wire, strand ◊ **У ка́белі було́ три ~и.** There were three cores in the cable.
Also see **жи́лка 5**
5 *colloq., f. and m.* a cheapskate, skinflint, miser ◊ **Гриць – вели́ка ж.** Hryts is a great cheapskate.
Also see **жлоб 2**

жи́лав|ий, *adj.*
1 veiny, sinewy, stringy ◊ **Він мав худі́ й ~і ру́ки.** He had lean and veiny arms. ◊ **Ялови́чина така́ ~а, що її́ го́ді пожува́ти.** The beef is so sinewy, one can hardly chew it.
2 strong, muscular, brawny ◊ **Їй тре́ба було́ кі́лька ~их чолові́ків.** She needed a few muscular men. ♦ **ж. понеді́лок** Clean Monday
See **си́льний 1**

жи́л|ка, *f.*, *dim.*
1 veinlet, small vein; *also fig.* nerve, fiber ◊ **Під очи́ма в ньо́го дрібні́ ~ки.** He has fine vienlets under his eyes. ♦ **ко́жною ~кою** with every fiber ◊ **Він жада́в її́ ко́жною ~кою єства́.** He wanted her with every fiber of his being. ◊ **Від ра́дісного збу́дження в не́ї затремті́ла ко́жна ж.** Her every nerve fluttered with joyful excitement.
See **жи́ла 1**
2 *anat.* vein, nervure, veinlet, rib ◊ **Павло́ розгляда́в листо́к з усіма́ ~ками че́рез лу́пу.** Pavlo was examining the leaf with all its veins through a magnifying glass. ◊ **тонкі́ сіблі́сті ~ки на ба́бчиних кри́льцях** thin silvery nervures on the dragonfly's wings
3 *fig.* bent, streak, inclination, proclivity, instinct
adj. **приро́джена** innate, **приро́дна** natural, **успадко́вана** inherited; **авантю́рницька** adventurous, **аза́ртна** gambling ◊ **Аза́ртна ж. штовха́ла Ма́рту на необду́мані ді́ї.** Marta's bent for gambling drove her to act rashly. **артисти́чна** artistic, **інтелектуа́льна** intellectual, **літерату́рна** literary, **поети́чна** poetic, **романти́чна** romantic, **сентимента́льна** sentimental; **мізантро́пська** misanthropic, **лихва́рська** miser's
v. + **ж. виявля́ти ~ку** show a proclivity (**успадко́вувати** inherit ◊ **Він успадкува́в від ба́тька поети́чну ~ку.** He inherited a poetic proclivity from his father. **ма́ти** have)
ж. + *v.* **пробу́джуватися** awaken ◊ **У лі́сі в Яре́ми пробуди́лася мисли́вська ж.** In the forest, hunter's instinct awakened in Yarema.
prep. **ж. до** + *G.* a bent for sth ◊ **Приро́джена ж. до мов става́ла їй у приго́ді.** Her innate bent for languages was of help to her.
See **схи́льність 1.** *Also see* **на́хил 1, тенде́нція 2**
4 fishing line ◊ **Капро́нова ж. заплу́талася у водо́ростях.** The nylon fishing line got tangled in algae. ◊ **На ~ці теліпа́вся га́рний ко́роп.** A nice carp was bouncing on the fishing line.
5 *techn.* wire, lead, strand ◊ **Хтось перері́зав тонку́ ~ку ка́беля.** Somebody cut the thin lead of the cable.
See **жи́ла 4**
G. pl. **~о́к**

жир, *m.*, **~у**
1 fat ◊ **Ві́льний о́дяг хова́в ж., на́браний під час вагі́тности.** Loose clothes hid the fat put on during her pregnancy.
adj. **за́йвий** excess ◊ **Він не мав за́йвого ~у.** He had no excess fat. **накопи́чений** stored ◊ **Накопи́чений ж. підтри́мує ведме́дя про́тягом зимо́вої спля́чки.** The stored fat sustains the bear during his winter hibernation. ♦ **нирко́ви́й ж.** *anat.* suet
n. + **ж. скла́дка ~у** a roll of fat ◊ **Він мав скла́дки ~у навко́ло та́лії.** He had rolls of fat around his waist.
v. + **ж. втрача́ти ж.** lose fat (**накопи́чувати** accumulate; **скида́ти** shed); **набира́ти ~у** gain fat ◊ **За зи́му він набра́в ~у.** Over the winter, he had gained fat. (**нагу́лювати** *(usu of animals)* gain ◊ **Як тільки свиня́ нагуля́є доста́тньо ~у, її́ зарі́жуть.** As soon as the pig gains enough fat, it will be slaughtered. **позбува́тися** burn)
ж. + *v.* **накопи́чуватися** accumulate ◊ **У не́ї на животі́ став накопи́чуватися ж.** Fat started accumulating on her stomach.
prep. **без ~у** without fat; ♦ **розплива́тися від ~у** to become obese ◊ **Коли́ це він встиг так розпли́втися від ~у?** When did he manage to become so obese?
2 fat, grease *(in diet), often pl.*
adj. **росли́нний** vegetable, **твари́нний** animal ◊ **Він заміни́в твари́нні ~и́ росли́нними.** He replaced animal fats with vegetable ones. **здоро́вий** healthy, **ко́рисний** useful; **нездоро́вий** unhealthy; **наси́чений** saturated; **мононенаси́чений** monounsaturated, **ненаси́чений** unsaturated, **поліненаси́чений** polyunsaturated; **кухо́нний** cooking; **качи́ний** duck, **ове́чий** sheep, **свиня́чий** pig, **ялови́чий** beef; **гаря́чий** hot ◊ **Печі́нку слід сма́жити**

на гаря́чому ~у́. Liver should be fried in hot fat. то́плений rendered; за́йвий excess, надлишко́вий extra; ♦ ри́б'ячий ж. cod liver oil
v. + ж. ї́сти ж. eat fat (спожива́ти consume; ма́ти have ◊ Авока́до ма́є ~й, ко́рисні для органі́зму. Avocado has fats useful for the body. місти́ти contain, зме́ншувати cut down on ◊ Він поступо́во зме́ншив наси́чені ~и в діє́ті. He gradually cut down on saturated fats in his diet. скоро́чувати reduce, виключа́ти cut out, усува́ти eliminate ◊ Ці́лком усу́нути ~й з ї́жі шкідли́во. To eliminate fats from one's food completely is dangerous. вилива́ти pour out, злива́ти pour off; збира́ти skim off ◊ Він зібра́в з ю́шки ж. He skimmed the fat off the broth. додава́ти add; обрі́зати trim off ◊ Із м'я́са слід обрі́зати ж. The fat should be trimmed off the meat. рі́зати cut); додава́ти ~у add some fat ◊ Поба́чивши, що карто́пля пі́дгоря́є, він дода́в ~у. Having seen that the potatoes were burning, he added some fat. (уника́ти avoid) Він уника́є тва́ринних ~ів. He avoids animal fats.
ж. + v. місти́ти + A. contain sth ◊ Ж. мі́стить вітамі́н Д. The fat contains vitamin D.
prep. на ~у́ posn. in/on fat ◊ Він сма́жить м'я́со на росли́нному ~у́. He fries meat in vegetable fat.
Cf. олі́я

жирі́|ти ~ють; роз~, *intr.*
1 to fatten up, grow fat; put on weight ◊ Качки́ ~ють найшви́дше. Ducks fatten up quickest.
adv. все бі́льше increasingly, ду́же a lot, несподі́вано unexpectedly, неуни́кно inevitably ◊ На карто́плі він неуни́кно розжирі́є. Eating potatoes, he will inevitably get fat. помі́тно considerably, поступо́во gradually, шви́дко quickly; тро́хи a little
v. + ж. бу́ти ле́гко be easy to; бу́ти неможли́во be impossible to; почина́ти begin to, ста́ти pf. start
prep. ж. на + L. fatten from sth ◊ На діє́ті до́сить ва́жко роз~. It is rather hard to put on weight being on a diet.
See товсті́ти. Ant. ху́днути
2 fig. batten ◊ Оліга́рхи шви́дко ~ли, коли́ лю́ди убожі́ли. Oligarchs were battening, while people were becoming poorer.
prep. ж. на + L. batten on sth ◊ Міжнаро́дні монопо́лії ~ли на краї́нах тре́тього сві́ту. International monopolies battened on the Third World countries.
(роз)жирі́й!

жи́рн|ий, *adj.*
1 fatty, greasy, oily ◊ На котле́ти вона́ ви́брала ж. шмато́к свини́ни. She chose a fatty piece of pork for the patties.
adv. вкрай extremely ◊ І́ноді він міг дозво́лити собі́ з'ї́сти щось ~е. Sometimes, he could allow himself to eat something fatty. ду́же very, геть completely, надзвича́йно extraordinarily, на́дто too, страше́нно terribly; до́сить rather, тро́хи a little ◊ Стра́ва була́ ~ою. The dish was a little greasy. нездоро́во unhealthily ◊ на́слідки нездоро́во ~ої діє́ти the consequences of an unhealthily fatty diet; ніскі́льки не not a bit, нія́к не not at all
ж. + n. ж. борщ greasy borshch (рис rice, стейк steak); ~а бара́нина fatty mutton (ї́жа food, свини́на pork, стра́ва dish, ялови́чина beef; пля́ма stain) ◊ Він не помі́тив вели́кої ~ої пля́ми на крава́тці. He did not notice a big greasy stain on his tie.
v. + ж. бу́ти ~им be fatty ◊ Америка́нська ку́хня на́дто ~а. The American cuisine is too greasy. (вигляда́ти look ◊ Пече́ня не вигляда́ла ду́же ~ою. The roast did not look very greasy. виявля́тися turn out, здава́тися + D. seem to sb, става́ти become)
prep. ж. від + G. greasy from/with sth ◊ Комі́р піджака́ став ~им від бру́ду. The blazer collar became greasy with grime.
Also see масни́й 1. Ant. пі́сний 3
2 fat, plump, obese ◊ пан із коро́ткими ~ими рука́ми a gentleman with short and plump hands
ж. + n. ~а ка́чка a fat duck (люди́на person, пи́ка pejor. mug) ◊ Що за ~а пи́ка в цьо́го чолові́ка! pejor. What a fat mug this man has!
See товсти́й 2. Also see гладки́й
3 bold (of typeset) ◊ ж. шрифт a bold type ◊ Головні́ ду́мки в те́ксті було́ ви́ділено ~им шри́фтом. The principal ideas in the text were highlighted in bold type. ◊ Його́ ім'я́ підкре́слене ~ою черво́ною лі́нією. His name is underscored with a thick red line.

жиро́в|ий, *adj.*
of clubs (in cards) ◊ В Арсе́на лиша́вся джо́кер і ж. коро́ль. Arsen had a joker and a king of clubs remaining.
ж. + n. ж. вале́т a jack of clubs (коро́ль king, туз ace); ~а да́ма a queen of clubs (деся́тка ten, сі́мка seven, ші́стка six, etc.)
See ка́рта 2

жиров|и́й, *adj.*
fatty, of or pertaining to fat; adipose ◊ ~е́ масти́ло a fatty lubricant; ◊ Ку́ля застря́ла в ~і́й ткани́ні. The bullet lodged in the adipose tissue. ~і́ речови́ни adipose matter

жи́ти, жив|у́ть; *no pf., intr. and tran.*
1 intr. to live, be alive, exist ◊ Йому́ хоті́лося ж. He wanted to live.
adv. ві́чно forever ◊ Па́м'ять про не́ї жи́тиме ві́чно. The memory of her will live forever. до́вго long, до́вше longer; ма́ло little; гармоні́йно harmoniously, до́бре well, ми́рно peacefully, ти́хо quietly, щасли́во happily; де́шево cheaply, оща́дно frugally, скро́мно modestly; ще still ◊ Він ще ~е́. He is still alive. ♦ скі́льки ~у́ as long as I live ◊ Я тако́го не чув, скі́льки ~у́! I have not heard such a thing for as long as I live! ♦ жив собі́ (f. жила́ собі́, pl. жили́ собі́) once upon a time there was (were) ◊ Жили́ собі́ дід та ба́ба. Once upon a time, there was an old man and an old woman. ♦ ж. мрі́ями 1) to live in a dream world; 2) to live dreaming of sth ◊ Рома́н жив мрі́ями про цю зу́стріч. Roman lived, dreaming about this meeting. ♦ ж. не по кише́ні to live beyond one's means ◊ Вони́ ~у́ть не по кише́ні. They live beyond their means. ♦ ж. па́м'яттю про + A. to live sustained by memories of sb/sth ◊ На́стя ~е́ па́м'яттю про ї́хню зу́стріч. Nastia lives, sustained by memories of their encounter. ♦ ж. по пра́вді to live honestly ◊ Тя́жко ж. по пра́вді у скорумпо́ваному суспі́льстві. It is difficult to live honestly in a corrupt society. ♦ ж., як кі́шка з соба́кою to live a cat-and-dog life; ♦ ж., як у Бо́га за две́рима or па́зухою to be as snug as a bug in a rug; ♦ Не хлі́бом єди́ним ~е́ люди́на. Man shall not live by bread alone. ♦ Хай ~е́..! Long live..! ◊ Хай ~е́ ві́льна Украї́на! Long live free Ukraine! ♦ Як жив, так і поме́р. He died as he lived.
v. + ж. бажа́ти + D. wish sb to ◊ Усі́ бажа́ли йому́ до́вго ж. Everybody wished him to live long. бу́ти ва́жко be difficult to ◊ Ва́жко було́ ж. без дру́зів і сім'ї́. It was difficult to live without friends and family. бу́ти тре́ба + D. need to ◊ Зі́ні тре́ба було́ ж. оща́дно. Zina needed to live frugally. вчи́тися learn to, звика́ти be accustomed to, мрі́яти dream of ◊ Вона́ мрі́є ж. у мальовни́чому мі́сці на бе́резі мо́ря. She dreams of living in a picturesque place on the seashore. хоті́ти want to; намага́тися strive to, стара́тися try to
prep. ж. в + L. live in (condition, etc.) ◊ Вони́ ~у́ть у ро́зкошах. They live in luxury. ж. до + G. live to be (age) ◊ Вона́ жила́ до дев'ятдесяти́ ро́ків. She lived to be ninety. ♦ ж. з дня на день to live from hand to mouth; ♦ ж. за чийсь раху́нок to live off sb
Also see існува́ти. Ant. вмира́ти
2 intr. to live, reside; pf. по~ to reside for some time ◊ Він ~е́ в Сока́лі сім ро́ків. He has lived in Sokal for seven years.
adv. де́який час for some time, ко́ротко for a short time; до́вго long ◊ Як до́вго ви тут ~ете́? How long have you lived here? трива́лий час for a long time; за кордо́ном abroad ◊ Полови́на ї́ї роди́ни ~е́ за кордо́ном. Half of her family live abroad. незале́жно independently, окре́мо apart; постій́но permanently, тимчасо́во temporarily; ра́зом together, само́тньо alone
v. + ж. ї́хати go to, переї́жджа́ти move to ◊ Торі́к вони́ переї́хали ж. до Полта́ви. Last year, they moved to live in Poltava. запро́шувати + A. invite sb to ◊ Максимчуки́ запроси́ли Мо́трю по~ де́який час у се́бе. The Maksymchuks invited Motria to live at their place for some time. збира́тися be going to, планува́ти plan to
prep. ж. бі́ля + G. live near (a place) ◊ Вони́ ~у́ть бі́ля ри́нку. They live near the market. ж. в + L. live in (a place, etc.) ◊ Він жи́тиме в гурто́житку. He will live in a dormitory. ж. в + G. live at (sb's place) ◊ До сімна́дцяти ро́ків Ле́ся жила́ в батькі́в. Till the age of seventeen, Lesia lived at her parents' place. ж. з + I. live with sb ◊ Лі́на ~е́ з кото́м. Lina lives with a cat. ж. за + I. live at (address) ◊ Вона́ бі́льше не ~е́ за ціє́ю адре́сою. She does not live at this address any longer. ж. се́ред + G. live among sb ◊ Їй пощасти́ло ж. се́ред чудо́вих люде́й. She was lucky to live among wonderful people.
Also see ме́шкати 1, 2, прожива́ти 1
3 tran. to live a life ◊ Яри́на ~е́ усе́ життя́ тут. Yaryna has lived her whole life here.
Also see прожива́ти 2
pa. pple. прожи́тий lived (through)
(про)живи́!

жит|ло́, *nt.*
1 dwelling, accommodation, abode; shelter, home ◊ Пта́шка шука́ла собі́ ~ла́. The bird was looking for a home.
adj. вели́ке large; мале́ and невели́ке small; вла́сне or своє one's own ◊ Вона́ ма́тиме вла́сне ж. She will have her own dwelling. прива́тне private; окре́ме separate; спі́льне joint; чуже́ somebody else's; постій́не permanent; розкі́шне luxurious; скро́мне modest; імпровізо́ване makeshift, тимчасо́ве temporary; зати́шне cozy, зру́чне convenient, підхо́же suitable, те́пле warm; ти́хе quiet; холо́дне cold; лю́дське human, роди́нне or сіме́йне family; ♦ ж. і харч room and board ◊ Організа́тори забезпе́чували уча́сників симпо́зіюму ~ло́м і харче́м. The organizers provided symposium participants with room and board.
v. + ж. винайма́ти ж. rent an accommodation ◊ Він ви́найняв окре́ме ж. He rented a separate accommodation. (займа́ти occupy ◊ Вони́ зайняли́ сім нови́х ~ел. They occupied seven new accommodations. здава́ти + D. rent out to sb; знахо́дити find ◊ Вона́ до́вго не могла́ знайти́ підхо́жого ~ла́. It took her a long time to find a suitable dwelling. шука́ти look for; надава́ти + D. give sb ◊ Шко́ла надала́ їй безпла́тне ж. The school gave her a free accommodation. перетво́рювати + A. на convert sth into) ◊ По́верх перетво́рять на ~ла для студе́нтів. The floor will be converted into student dwellings. потребува́ти ~ла́ need an accommodation ◊ Він потребу́є і́ншого ~ла́. He needs a different dwelling.
prep. без ~ла́ without an accommodation ◊ Він був без ~ла́. He was without an accommodation.
Also see кварти́ра, помі́шкання
2 only sg. housing
adj. дороге́ expensive, розкі́шне luxurious; деше́ве cheap, присту́пне accessible, affordable, субсидо́ване subsidized; до́бре

good, відпові́дне adequate, нале́жне proper, присто́йне decent; пості́йне permanent, тимчасо́ве temporary; держа́вне public, прива́тне private, студе́нтське student, університе́тськя university
n. + **ж. бра́к ~ла́** a housing shortage (**дефіци́т** deficit ◊ **У мі́сті дефіци́т ~ла́.** There is a housing deficit in the city. **ри́нок** market)
v. + **ж. будува́ти ж.** build housing ◊ **Міськи́й голова́ обіця́в будува́ти бі́льше досту́пного ~ла́.** The mayor promised to build more affordable housing. **забезпе́чувати** + *A.* **~ло́м** provide sb with housing ◊ **Університе́т забезпе́чує викладачі́в присто́йним ~ло́м.** The university provides its instructors with decent housing.
prep. **на ж.** for housing ◊ **надмі́рні ці́ни на ж.** exorbitant housing prices, **субси́дія на ж.** a housing subsidy

житлов|и́й, *adj.*
1 residential, housing, of or pertaining to housing
ж. + *n.* **ж. буди́нок** a residential building (**ко́мплекс** complex, **райо́н** area; **станда́рт** standard; **фонд** stock) ◊ **Ж. фонд краї́ни зроста́є.** The nation's housing stock is increasing. **~а́ асоціа́ція** a housing association (**забудо́ва** development; **комі́сія** committee, **конто́ра** office; **кри́за** crisis; **но́рма** norm; **програ́ма** program); **~а́ пло́ща** residential space ◊ **Помє́шкання має 60 кв. м. ~о́ї пло́щі.** The apartment has 60 sq. m. of residential space. **~е́ будівни́цтво** a housing construction (**управлі́ння** administration); **~і́ умо́ви** housing conditions ◊ **П'ятдесят сіме́й покра́щили ~і́ умо́ви торік.** Fifty families improved their housing conditions last year.
2 habitable, fit for living, residential ◊ **Буди́ночок у саду́ ви́явився ~и́м.** The small building in the garden turned out to be habitable.

жи́т|о, *nt.*
rye ◊ **Усі́ жінки́ жа́ли ж. в по́лі.** All the women were cutting (with sickles) rye in the field.
adj. **висо́ке** tall, **густе́** thick ◊ **Ж. ви́росло густе́ й висо́ке.** The rye grew thick and tall. **рідке́** thin; **зеле́не** green; **сти́гле** ripe; **ско́шене** scythed; **ози́ме** winter, **я́ре** spring
n. + **ж. зерни́на ~а** a grain of rye (**колосо́к** ear; **мішо́к** bag; **по́ле** field, **сніп** sheaf; **сорт** sort; **я́кість** quality); **виробни́цтво ~а** rye production (**врожа́й** harvest)
v. + **ж. viро́щувати ж.** grow rye (**жа́ти** cut *(with sickle)*, **збира́ти** harvest, **коси́ти** scythe ◊ **Він навчи́в Йо́сипа коси́ти ж.** He taught Yosyp to scythe rye. **сади́ти** plant, **сі́яти** sow) ◊ **Вони́ посі́яли ж. за́мість пшени́ці.** They have sown rye instead of wheat.
ж. + *v.* **рости́** grow ◊ **Ж. до́сить до́бре росте́ на цих ґрунта́х.** Rye grows fairly well on these soils. **схо́дити** sprout. ◊ **По́ле зазелені́ло від жи́та, що зійшло́.** The field turned green with the rye that had sprouted.
See **зерно́ 1.** *Also see* **пшени́ця.** *Cf.* **рис 1, 2**

життє́в|ий, *adj.*
1 life, of or pertaining to life ◊ **По́дорож ста́ла ці́нним дода́тком до її́ ~ого до́свіду.** The trip became a valuable addition to her life experience. ◊ **ж. рі́вень** a standard of living; ◊ **Жі́нка пройшла́ дивови́жний ж. шлях.** The woman traveled an amazing road of life.
2 everyday, quotidian ◊ **Журналі́стка вмі́ла знахо́дити щось поети́чне в ~ій про́зі щоде́нного існува́ння.** The (female) journalist was apt at finding something poetic in the quotidian prose of everyday existence.
See **звича́йний 1.** *Also see* **повсякде́нний 1, щоде́нний**
3 *fig.* vital, important, major ◊ **Урядо́ва підтри́мка ма́ла ~е зна́чення для у́спіху прое́кту.** Government support was of vital importance for the project's success.
See **важли́вий.** *Also see* **ваго́мий 2, ва́ртий 2, виріша́льний 2, відповіда́льний 2, значни́й 2, крити́чний 3, пова́жний 4, рішу́чий 3, серйо́зний 3**

житт|я́, *nt.*
1 life, existence, being ◊ **Сокра́т на́чебто сказа́в, що неосми́слене ж. не ва́рте того́, щоб його́ жи́ти.** Socrates allegedly said that the unexamined life is not worth living.
adj. **ві́чне** eternal, **все** all, **до́вге** long, **коро́тке** short, **майбу́тнє** future, **мину́ле** past, **попере́днє** previous, **рані́ше** earlier, **тепе́рішнє** present, **ці́ле** entire; ♦ **за́мах на життя́** attempt on sb's life; ♦ **на все ж.** for the rest of one's life ◊ **Вона́ запам'ята́ла ці слова́ на все ж.** She remembered those words for the rest of her life. ♦ **не ж.** + *D.* to be impossible to live ◊ **Тепе́р Василе́ві в мі́сті не ж.** Now there is no way Vasyl can live in the city. ◊ **ні́коли в ~і** never in a lifetime ◊ **Ні́коли в ~і йому́ не було́ так ра́дісно.** Never in his lifetime did he feel such joy. ♦ **спра́ва ж. і сме́рти** a matter of life and death
n. + **ж. озна́ки ж.** signs of life ◊ **Ді́вчи́на не виявля́ла озна́к ж.** The girl showed no signs of life.
v. + **ж. відно́влювати ж.** restore life (**втрача́ти** lose; **дава́ти** + *D.* give sb, **дарува́ти** + *D.* spare sb, **захища́ти** protect, **рятува́ти** save ◊ **Затри́мка врятува́ла йому́ ж.** This delay saved his life. **кла́сти** lay down ◊ **На майда́ні па́м'ятник тим, хто покла́в ж. за ви́зволення мі́ста.** On the square, there is a monument to those who laid down their lives for the liberation of the city. **вкоро́чувати** + *D.* shorten ◊ **Нічні́ змі́ни вкоро́чували йому́ ж.** Night shifts were shortening his life. **забира́ти** + *D.* take, **обрива́ти** + *D.* end ◊ **Оди́н незґра́бний крок міг обі́рвати її́ ж.** One clumsy step could end her life. **ста́вити під загро́зу** endanger; **перевертáти** + *D.* turn around; **почина́ти** start; **ціну́вати** value; **боро́тися за** fight for, **трима́тися за** cling to ◊ **Юна́к чі́пко трима́вся за ж.** The youth tenaciously clung to life. **побо́юватися за** fear for); **позбавля́ти** + *A.* **ж.** take sb's life; **же́ртвувати ~я́м** sacrifice one's life (**завдя́чувати** + *D.* owe to sb ◊ **Оле́на завдя́чує ~я́м лікаря́м.** Olena owes her life to doctors. **ризикува́ти** risk) ◊ **Він ризикува́в ~я́м.** He was risking his life.
ж. + *v.* **бу́ти в небезпе́ці** be in danger ◊ **Тут ї́хні ж. в небезпе́ці.** Here their lives are in danger. **бу́ти під загро́зою** be under threat; **закі́нчуватися** end ◊ **Його́ ж. закі́нчувалося.** His life was coming to an end. **трива́ти** last; ♦ **ж. нема́є від** + *G.* life is made miserable by sb ◊ **Наді́ї ж. нема́є від її́ ше́фа.** Nadia's boss makes her life miserable.
prep. ♦ **боро́тися не на ж., а на смерть** to fight to the death; ♦ **люби́ти** + *A.* **над ж.** love sb/sth more than life itself
Also see **буття́, існува́ння 1, по́бут.** *Ant.* **смерть**
2 life, activity, pursuit ◊ **Ключ до розумі́ння ди́вної поведі́нки па́ні Р. кри́вся в її́ прива́тному ~і** The key to understanding Mrs. R.'s odd behavior was hidden in her private life.
adj. **бу́дéнне** quotidian, **звича́йне** ordinary; **щоде́нне** daily ◊ **Її́ щоде́нне ж. става́ло ціка́вішим.** Her daily life was becoming more interesting. **академі́чне** academic, **ділове́** business, **духо́вне** spiritual, **емоці́йне** emotional ◊ **емоці́йне ж. у ста́ні по́вного засто́ю** an emotional life in a state of complete stagnation; **інтелектуа́льне** intellectual, **культу́рне** cultural, **науко́ве** scientific, **професі́йне** *or* **фахове́** professional, **релігі́йне** religious, **університе́тське** university, **шкільне́** school; **вну́трішнє** inner, **осо́бисте** personal, **прива́тне** private; **політи́чне** political, **публі́чне** public, **суспі́льне** social ◊ **Він пірну́в у вир суспі́льного ж.** He dove into the vortex of social life. **дома́шнє** domestic, **подру́жнє** married, **роди́нне** *or* **сіме́йне** family, **ха́тнє** *colloq.* home, **інти́мне** intimate, **любо́вне** love, **стате́ве** sex
v. + **ж. будува́ти ж.** build one's life ◊ **Ля́на буду́є ж. навко́ло вла́сного бі́знесу.** Liana builds her life around her own business. (**вла́што́вувати** arrange; **прово́дити** spend) ◊ **Він прові́в фахове́ ж., міня́ючи одне́ мі́сце пра́ці на і́нше.** He spent his professional life, changing one place of work for another. **вимага́ти** + *A.* **від ж.** demand sth from life ◊ **Не слід вимага́ти від ж. неможли́вого.** One should not demand the impossible from life. (**очі́кувати** + *G.* **від** expect sth from ◊ **Він очі́кує від ж. несподі́ванок.** He expects surprises from life. **хоті́ти від** want sth out of) ◊ **Самореаліза́ція – це все, що він хоті́в від ж.** Self-fulfillment was all he wanted out of life.
prep. **в ~і** in one's life ◊ **пе́рша по́дорож до А́фрики в її́ ~і** the first trip to Africa in her life
Also see **акти́вність, ді́яльність**
3 life, living being ◊ **заро́дження приміти́вних форм ж. в океа́ні** the emergence of primitive life forms in the ocean
adj. **лю́дське** human ◊ **Щодня́ війна́ забира́ла со́тні лю́дських ~ів.** Each day war took away hundreds of human lives. **морське́** marine, **органі́чне** organic, **росли́нне** plant, **твари́нне** animal; **позазе́мне** extraterrestrial; **розу́мне** intelligent
n. + **ж. озна́ки ж.** signs of life ◊ **Він шука́в озна́к ж. на плане́ті.** He was looking for signs of life on the planet. (**сліди́** traces, **фо́рма** form; **цикл** cycle)
4 life, way of living ◊ **Тут, у столи́ці, молоду́ акто́рку очі́кувало захо́пливе ж.** Here, in the capital, a fascinating life awaited the young actress.
adj. **акти́вне** active, **кипу́че** bustling, **напру́жене** busy ◊ **Ната́лине ж. ста́ло напру́женим.** Natalia's life became busy. **вели́ке** great, **весе́ле** merry, **до́бре** good, **захо́пливе** fascinating, **здоро́ве** healthy, **легке́** easy, **ра́дісне** happy, **ціка́ве** interesting, **щасли́ве** happy; **богéмне** bohemian; **розмі́рене** measured, **спокі́йне** calm, **ти́хе** quiet; **важке́** hard, **жалюгі́дне** miserable, **нестéрпне** unbearable, **нещасли́ве** unhappy, **неща́сне** miserable, **нудне́** boring, **само́тнє** lonely ◊ **Само́тнє ж. здава́лося Христи́ні ро́зкішшю.** A lonely life seemed a luxury to Khrystyna. **су́мне** sad; **поро́жнє** empty; **звича́йне** ordinary ◊ **Вона́ вела́ звича́йне ж. вчи́тельки.** She led an ordinary life of a school teacher. **норма́льне** normal; **про́сте́** simple; **парале́льне** parallel, **подві́йне** double
n. + **ж. ри́тм ж.** the pace of life (**спо́сіб** way ◊ **Украї́нський спо́сіб ж. має свої́ перева́ги.** The Ukrainian way of life has its merits. **філосо́фія** philosophy) ◊ **Його́ філосо́фія ж. – «Живи́ сам і не заважа́й і́ншим».** His philosophy of life is "Live and let live".
v. + **ж. будува́ти ж.** build a life ◊ **Він спо́внений рішу́чости збудува́ти щасли́ве ж.** He was intent on building a happy life. (**вести́** lead, **ма́ти** have ◊ **Вона́ ма́ла ж., яко́го пра́гнула.** She had the life she had desired. **змі́нювати** change; **опано́вувати** take over ◊ **Ре́внощі поступо́во опанува́ли її́ ж.** Jealousy gradually took over her life. **почина́ти** start; **прожива́ти** live ◊ **Він прожи́в ціка́ве ж.** He has lived an interesting life. **руйнува́ти** ruin; **заробля́ти на** earn) ◊ **Він заробля́в на ж. перекла́дами.** He earned his living by translating. **насоло́джуватися ~я́м** enjoy life ◊ **Вони́ насоло́джуються ~ям.** They are enjoying life. (**панува́ти над** dominate) ◊ **Страх панува́в над його́ ~ям.** Fear dominated his life.
ж. + *v.* **закі́нчуватися** come to an end, **почина́тися** begin ◊ **Ле́две поча́вшися, її́ богéмне ж. шви́дко закінчи́лося.** Having barely begun, her bohemian life quickly ended. **набрида́ти** be bored with ◊ **Спокі́йне ж. домогоспо́ди́ні шви́дко набри́дло Окса́ні.** Oksana was quickly bored with the calm life of a housewife.

Also see **існува́ння 2**
5 life, reality ◊ **істо́рія, взя́та з ж.** a real-life story; ◊ **Він плу́тає ді́йсне ж. з віртуа́льним.** He is confusing real life with the virtual one.
See **ді́йсність**
6 liveliness, energy, vigor, impetus ◊ **спо́внений ж.** full of life ◊ **ста́рший пан, спо́внений ж.** an older gentleman, full of energy; ◊ **Мари́на почува́ється спо́вненою ж.** Maryna feels full of life.
v. + **ж. вдихáти ж. в** + *A.* breathe life into sb/sth ◊ **Інвести́ція вдихну́ла ж. в еконо́міку мі́ста.** The investment breathed life into the city's economy. (**впри́скувати в** + *A* inject into sb/sth); **додава́ти** + *D.* **ж.** add sb/sth energy ◊ **Приї́зд Петре́нка дода́в ж. робо́ті сту́дії.** Petrenko's arrival added impetus to the work of the studio. (**позбавля́ти** + *A.* deprive + *A.* of); **брині́ти ~я́м** hum with life (**кипі́ти** thrive with, **нуртува́ти** teem with) ◊ **Шко́ла журналі́стики про́сто нуртува́ла ~я́м.** The school of journalism simply teemed with life.
See **ене́ргія 2**

жі́н|ка, *f.*, **~ки**
1 woman ◊ **На ко́жного чолові́ка в краї́ні дово́дилося в сере́дньому дві ~ки.** On average, there were two women for every man in the country.
adj. **молода́** young; **доро́сла** adult, **лі́тня** aged, **стара́** old, **ста́рша** elderly; **замі́жня** married, **неодру́жена** unmarried, **одино́ка** single, **розлу́чена** divorced; **вродли́ва** good-looking, **га́рна** beautiful, **гарне́нька** pretty; **жа́дана** desirable, **зваблúва** seductive, **прива́блива** attractive, **прина́дна** sexy, **ґраціо́зна** lithe, **стру́нка** shapely, **тонка́** slim; **делікáтна** delicate, **тенді́тна** fragile; **до́бра** good, **добросе́рда** kindhearted, **лáгідна** kind, **самовíддана** selfless, **те́пла** warm, **ува́жна** attentive; **нега́рна** unattractive, **потво́рна** ugly, **страшна́** horrible; **гладка́** plump, **гру́ба** *and* **то́вста** thick, **жи́рна** fat, **огря́дна** heavy; **незгра́бна** clumsy ◊ **дивови́жно незгра́бна ж.** an amazingly clumsy woman; **висо́ка** tall, **мале́нька** *dim.* small; **безді́тна** childless, **ваґі́тна** pregnant; **істери́чна** hysterical; **звича́йна** ordinary, **типо́ва** typical; **надзвича́йна** extraordinary; **ділова́** business ◊ **часо́пис для ділови́х ~ок** a magazine for businesswomen; **осві́чена** educated, **розу́мна** intelligent; **могу́тня** powerful, **си́льна** strong; **незале́жна** independent, **самодоста́тня** self-reliant, **успі́шна** successful; **передова́** progressive, **суча́сна** modern
n. + **ж. дискриміна́ція ~о́к** discrimination of women (**права́** rights); **наси́льство над ~ка́ми** violence against women; **роль ~ки** the role of women (**стано́вище** status)
v. + **ж. змальо́вувати ~ку** portray a woman ◊ **Він змальо́вує ~ку розу́мною.** He portrays the woman as intelligent. (**опи́сувати** describe, **представля́ти** represent; **би́ти** beat, **ґвалтува́ти** rape; **дискриміну́вати** discriminate against ◊ **У полі́тиці ~ок на́дто ча́сто дискриміну́ють.** In politics, women are all too often discriminated against. **зако́хуватися в** fall in love with); **знуща́тися з ~ки** *or* **над ~кою** abuse a woman
Also see **ба́ба 3, па́ні 2.** *Cf.* **ку́рва 2, пизда́ 2**
2 *fam.* wife, female spouse ◊ **Його́ ж. зі Стри́я.** His wife is from Stryi. ◊ **Вони́ ста́ли чолові́ком і ~кою.** They became a husband and wife.
adj. **ві́ддана** devoted ◊ **Катери́на була́ ві́ддано ~кою і тепе́р шко́дує про це.** Kateryna was a devoted wife and now regrets it. **ві́рна** faithful, **лю́ба** dear, **коха́на** beloved ◊ **Мики́та тужи́в за коха́ною ~кою.** Mykyta missed his beloved wife. **ваґі́тна** pregnant; **майбу́тня** future, **нова́** new; **дру́га** second, **коли́шня** former, **пе́рша** first; **оста́ння** last ◊ **його́ пе́рша й оста́ння ж.** his first and last wife; **факти́чна** common-law; **ки́нута** deserted; **овдові́ла** widowed; **неві́рна** unfaithful; **нена́висна** hated, **нестépпна** insufferable, **ревни́ва** jealous, **сварли́ва** nagging
v. + **ж. би́ти ~ку** beat one's wife (**ки́дати** desert); ♦ **бра́ти** + *A.* **за** to marry sb ◊ **Він узя́в Софі́ю за ~ку.** He married Sofiia. **зра́джувати ~ці** cheat on one's wife ◊ **Він зра́джував ~ці щора́зу, як ї́здив у відря́дження.** He cheated on his wife each time he went on a business trip. **жи́ти з ~кою** live with one's wife (**знайо́митися** meet) ◊ **Наза́р познайо́мився з майбу́тньою ~кою на куро́рті.** Nazar met his future wife at a resort.
ж. + *v.* **ки́дати** + *A.* leave sb ◊ **Ж. ки́нула Марка́ ні сі́ло, ні впа́ло.** *colloq.* Marko's wife left him out of the blue. **наро́джувати** + *G.* give birth to sb
Also see **ба́ба 4, дружи́на 1, полови́на 4.** *Cf.* **чолові́к 2**

жіно́цтв|о, *nt., only sg., coll.*
women, womankind ◊ **Він став улю́бленцем ~а.** He became a darling of women.
adj. **ліберáльне** liberal, **патріоти́чне** patriotic, **передове́** *or* **поступо́ве** advanced, **політи́чно акти́вне** politically active, **проґреси́вне** progressive, **феміністи́чне** feminist; **консервати́вне** conservative, **католи́цьке** Catholic, **мусульма́нське** Muslim, **правосла́вне** Orthodox, **протеста́нтське** Protestant, **релігі́йне** religious, **традиці́йне** traditional, **християнське** Christian; **світове́** world, **украї́нське** Ukrainian, *etc.*; **весе́ле** happy ◊ **Її оточи́в на́товп весе́лого ~а.** A crowd of happy women surrounded her. **балаку́че** talkative, **галасли́ве** noisy, **збу́джене** fired-up

жіно́ч|ий, *adj.*
1 women's, female, of or pertaining to women ◊ **Ді́вча́та затри́малися в ~ому ві́дділі крамни́ці.** The girls lingered in the women's department of the store. ◊ **Тут продаю́ть лише́ ж. одяг.** They sell only women's clothes here. ◊ **Ж. туале́т на п'я́тому по́версі.** Women's washroom is on the fifth floor. ◊ **На́стя зви́кла ду́мати, що ~е взуття́ доро́жче за чолові́че.** Nastia is accustomed to think that women's shoes are more expensive than men's.
Ant. **чолові́чий 1**
2 feminine, womanly ◊ **Ж. інсти́нкт підка́зував їй, що він бре́ше.** Her feminine instinct prompted her he was lying.
adv. **вира́зно** distinctly ◊ **юна́к із ні́жним, вира́зно ~им обли́ччям** a youth with a tender and distinctly feminine face; **я́вно** clearly; **ду́же** very, **надзвича́йно** extremely, **цілко́м** completely; **де́що** somewhat, **ма́йже** almost, **не зо́всім** not entirely, **тро́хи** somewhat ◊ **Його́ мане́ри видава́лися тро́хи ~ими.** His manners appeared a little feminine. **на́дто** too, **разю́че** strikingly
Also see **жіно́чний 1.** *Ant.* **чолові́чий 1**
3 *ling.* feminine ◊ **«Люди́на» – це іме́нник ~ого ро́ду.** "Person" is a noun of feminine gender.
Ant. **чолові́чий 3**

жіно́ч|ість, *f.*, **~ости**, *only sg.*
1 femininity, womanliness ◊ **Оле́на мала́ особли́ву ж.** Olena had her special femininity. ◊ **Ж. в ї́хній дочці́ займа́ла мі́сце дитя́чої безпосере́дности.** Womanliness in their daughter was taking the place of her childish spontaneity.
2 *fig.* femininity, female grace, female elegance ◊ **Їй браку́є ~ости.** She lacks femininity.
Ant. **му́жність 2**

жіно́чн|ий, *adj.*
1 feminine, womanly, delicate ◊ **Герої́ня рома́ну підкре́слено ~а.** The heroine of the novel is emphatically feminine.
adv. **вира́зно** distinctly, **помі́тно** noticeably; **невідпі́рно** irresistably, **прива́бливо** attractively, **прие́мно** pleasantly ◊ **Її ру́хи здава́лися прие́мно ~ими.** Her movements seemed pleasantly feminine. **чарі́вно** charmingly; **ди́вно** strangely, **дивови́жно** amazingly, **гіпноти́чно** hypnotically
v. + **ж. бу́ти ~ою** be feminine ◊ **Вона́ чарі́вно ~а у ро́лі президе́нтки фі́рми.** She is charmingly feminine in the role of the firm's president. (**вигляда́ти** look, **здава́тися** + *A.* seem to sb; **лиша́тися** remain, **роби́ти** + *A.* make sb, **става́ти** become) ◊ **Ната́лчин го́лос став гіпноти́чно ~им.** Natalka's voice became hypnotically feminine.
Also see **жіно́чий 1.** *Ant.* **чолові́чий 1**
2 effeminate, womanish, effete, unmanly ◊ **~і мане́ри роби́ли хло́пця об'є́ктом знуща́ння.** Effeminate manners made the boy the object of taunting.
adv. **недоре́чно** inappropriately, **несподі́вано** unexpectedly; **безсоро́мно** shamelessly, **ганéбно** shamefully ◊ **Вона́ вважа́ла, що така́ гане́бно ~а поведі́нка не ли́чить чолові́кові.** She thought that such a shamefully effeminate conduct did not befit a man. **жахли́во** horribly, **разю́че** shockingly
Ant. **му́жній 2, чолові́чий 2**

жіно́чн|ість, *f.*, **~ости**, *only sg.*
1 femininity, womanhood ◊ **Ле́сина ж. ва́била його́.** Lesia's femininity attracted him.
adj. **вира́зна** distinct, **підкре́слена** emphatic, **помі́тна** noticeable; **гіпноти́чна** hypnotic, **невідпі́рна** irresistible, **прива́блива** attractive, **прие́мна** pleasant, **чарі́вна** charming; **особли́ва** special; **несподі́вана** unexpected; **приро́джена** innate
v. + **ж. виявля́ти ж.** show one's femininity ◊ **Мо́тря виявля́ла ж. там, де це допомага́ло їй.** Motria showed femininity where it was of help for her. (**демонструва́ти** demonstrate, **плека́ти в** + *L.* foster in sb) ◊ **Ма́ти плека́ла в до́чках ж.** Mother fostered femininity in her daughters.
Also see **жіно́чість 1.** *Ant.* **му́жність 2**
2 effeminacy, unmanliness, effeteness
adj. **надмі́рна** excessive, **помі́тна** noticeable, **я́вна** obvious; **несподі́вана** unexpected; **гане́бна** shameful ◊ **Гомофо́б вважа́є ж. у чолові́кові гане́бною.** A homophobe thinks effeminacy in a man to be shameful. **демонстрати́вна** demonstrative
v. + **ж. виявля́ти ж.** show effeminacy ◊ **Культу́ра «ке́мпу» заохо́чує чолові́ків виявля́ти ж. там, де вона́ традиці́йно засу́джується.** Camp culture encourages men to show effeminacy where it is traditionally condemned. (**демонструва́ти** demonstrate, **висмі́ювати** ridicule ◊ **У шко́лі Мико́лу висмі́ювали за ж.** At school, Mykola was ridiculed for his effeminacy. **критикува́ти** + *A.* **за** criticize sb for, **прихо́вувати** hide)
Ant. **му́жність 2**

жлоб, *m.*, **~а́**, *colloq., pejor.*
1 moron, ass, idiot ◊ **Заві́дувачем като́дри обра́ли типо́вого ~а́, гру́бу, вузьколо́бу та пиха́ту люди́ну.** A typical moron was elected chair of the department, a rude, narrow-minded, and arrogant person.
adj. **вели́кий** great, **винятко́вий** exceptional; **доко́наний** perfect, **звича́йний** common, **про́сто** simply; **оги́дний** disgusting; **виняко́вий** exceptional, **рі́дкісний** rare; **по́вний** complete, **цілкови́тий** utter
v. + **ж. бу́ти ~о́м** be a moron ◊ **Га́лин сусі́д був звича́йним ~о́м.** Halia's neighbor was a common moron. (**вважа́ти** + *A.* consider sb, **вважа́тися** be considered ◊ **Се́ред коле́г пан К. вважа́вся рі́дкісним ~о́м.** Among his colleagues, Mr. K. was considered to be a rare moron. **вигляда́ти** look, **виявля́тися** prove, **здава́тися** + *A.* seem to sb, **лиша́тися** remain, **става́ти** become) ◊ **Поступо́во Володи́мир став доко́наним ~о́м.** Gradually

Volodymyr became a perfect moron.
See **ду́рень.** *Also see* **нещастя 2, стовп 3, тума́н 3**
2 cheapskate, niggard, piker ◊ **Вла́сник буди́нку ви́явився ~о́м, що ощаджував гро́ші на ремо́нті.** The owner of the building turned out to be a cheapskate, who saved money on repairs.
Also see **жи́ла 5**

жло́бств|о, *nt., only sg., colloq., pejor.*
1 idiocy, stupidity, jerkiness ◊ **За її́ висло́влюваннями кри́лося ж. раси́стки.** Behind her pronouncements, the stupidy of a racist was hiding.
adj. **вели́ке** great, **винятко́ве** exceptional ◊ **Вона́ зда́тна на винятко́ве ж.** She is capable of being an exceptional jerk. **неба́чене** unparalleled ◊ **Відмо́ва вигляда́ла неба́ченим ~ом.** The refusal looked like unprecedented idiocy. **неймові́рне** incredible; **звича́йне** common, **типо́ве** typical; **жахли́ве** horrible, **страше́нне** dreadful; **характе́рне** characteristic
See **ду́рість 1, 2**
2 miserliness, cheapness, greed, meanness ◊ **Не́ю ру́хає ж. дрібно́го крама́ря.** A petty shopkeeper's miserliness is driving her.
See **жа́дібність**

жло́бськ|ий, *adj., colloq., pejor.*
vulgar; idiotic, moronic, dumb ◊ **Усе́ в поме́шканні вка́зувало на ~і смаки́ його́ ме́шканця.** Everything in the apartment pointed to its inhabitant's vulgar tastes. ◊ **До́бра полови́на відповіде́й на її до́пис була́ відве́рто ~ою.** A good half of the responses to her post were plainly moronic. ◊ **У його́ сексі́змі є щось власти́ве ~ій части́ні чолові́цтва.** There is something typical of the moronic part of manhood in his sexism.
See **дурни́й 1.** *Also see* **дурнува́тий, тугий 4, тупи́й 3**

жме́н|я, *f.*
1 handful, fist, palm
adj. **вели́ка** large, **до́бра** good, **добря́ча** *colloq.* fair, **мала́** *and* **невели́ка** small ◊ **Лі́на додала́ дві невели́кі ~і бо́рошна до су́міші.** Lina added two small handfuls of flour to the mixture. **по́вна** full; **пів** half
ж. + *n.* **ж. землі́** a handful of soil (**зерна́** grain, **ли́стя** leaves, **соло́ми** straw, **цуке́рок** candies, **цу́кру** sugar)
v. + **ж. бра́ти ~ю** take a handful ◊ **Узя́вши ~ю сні́гу, Ле́вко зроби́в сні́жку.** Having taken a handful of snow, Levko made a snowball. (**дава́ти** + *D.* give sb, **додава́ти до** + *G.* add to sth, **ки́дати** throw)
prep. **у ~ю** *dir.* in/to a palm/fist ◊ **Він схова́в моне́ту у ~ю.** He hid the coin in the fist. ♦ **у ~ю не вбере́ш** a lot, a great deal ◊ **У ньо́го ро́дичів – у ~ю не вбере́ш.** He's got a whole lot of relatives. **в ~і** *posn.* in a fist ◊ **Лі́да трима́ла ключ у ~і.** Lida held the key in her fist. **по ~і** a handful
Also see **кула́к**
2 *fig.* a little, a few, small number of, handful + *G.* ◊ **Вона́ ві́рила лише́ ~і люде́й.** She trusted only a handful of people.
adj. **жалюгі́дна** measely ◊ **Він прийшо́в із жалюгі́дною ~ею прибі́чників.** He came with a measely handful of supporters. **мала́** *and* **невели́ка** small; **до́бра** good, **добря́ча** *colloq.* fair ◊ **Він ма́в добря́чу ~ю опублі́кованих статте́й.** He had a good handful of published articles. ◊ **всього-на́всього ж.** just a handful
Also see **ма́ло 1, тро́хи 1.** *Ant.* **ку́па, по́вно**

жнив|а́, *only pl.*
harvest, harvesting; period of harvest *(of grain)*; *also fig.*
adj. **важкі́** difficult, **складні́** complicated; **пі́зні** late ◊ **Че́рез пого́ду ж. цьогорі́ч бу́дуть пі́зніми.** Because of the weather, harvesting will be late this year. **запізні́лі** belated; **ра́нні** early; ♦ **гаря́чі ж.** *fig.* the time of intense work; **гіркі́** *fig.* bitter
v. + **ж. ма́ти ж.** have harvest (**організо́вувати** organize, **прово́дити** hold ◊ **Фе́рмерам тре́ба провести́ ж. якнайшви́дше.** The farmers need to hold a harvest as quickly as possible. **вихо́дити на** come out for ◊ **Усе́ село́ ви́йшло на ж.** The whole village came out to harvest. **йти на** go) ◊ **За́втра їм тре́ба йти на ж.** Tomorrow they need to go harvesting.
ж. + *v.* **почина́тися** begin ◊ **Ж. почали́ся в середи́ні се́рпня.** The harvest started in mid-August. **трива́ти** last ◊ **Ж. трива́тимуть два ти́жні.** The harvest will last two weeks. **закі́нчуватися** end; **прохо́дити** pass ◊ **Ж. пройшли́ організо́вано.** The harvest passed in an organized manner.
prep. **у ж.** during harvest ◊ **Воло́дя поїхав із села́ у ж.** Volodia left the village right during the harvest. **до жнив** prior to harvest; **пе́ред ~а́ми** before harvest ◊ **Ти́ждень пе́ред ~а́ми стоя́ла спе́ка.** For a week before harvest, there was a heat wave.

жо́втен|ь, *m.*, **~ня**
October ◊ **Заняття́ почну́ться пе́ршого ~ня.** Classes will start on October 1.
adj. **ла́гідний** gentle, **со́нячний** sunny, **те́плий** warm; **дощови́й** rainy, **сири́й** damp, **тума́нний** foggy; **золоти́й** *fig.* golden
prep. **в ~ні** in October ◊ **Дере́ва були́ ще зеле́ними в ~ні.** The trees were still green in October. **від ~ня** from October ◊ **Вони́ були́ в Лу́цьку від ~ня до середи́ни лю́того.** They were in Lutsk from October to mid-February. **до ~ня** to/by October ◊ **Ремо́нт обіця́ли закі́нчити до ~ня.** They promised to finish the repair by October. **з ~ня** since October ◊ **Вона́ в декре́ті з ~ня.** She has been on a maternity leave since October.
See **мі́сяць 1, сі́чень**

жо́вт|ий, *adj.*
1 yellow ◊ **Очере́т ви́сох і стоя́в цілко́м ~им.** The reed dried and stood completely yellow.
adv. **геть** totally, **доскона́ло** perfectly, **цілко́м** completely; **до́сить** quite, **ду́же** very, **інтенси́вно** intensely, **наси́чено** saturated; **ле́две** scarcely, **майже** almost; **не зо́всім** not quite, **тро́хи** a little; **блі́до-ж.** pale yellow ◊ **Стіна́ блі́до-жо́втого ко́льору.** The wall is of a pale yellow color. **розкі́шно** lush ◊ **Франси́ско де Сурбара́н використо́вує розкі́шно ж. ко́лір.** Francisco de Zurbaran uses a lush yellow color. **со́нячно-ж.** sunny yellow, **те́мно-ж.** deep yellow, **яскра́во-ж.** bright yellow, **я́сно-ж.** light yellow; ♦ **~а пре́са** *fig.* the yellow press ◊ **Респекта́бельна газе́та опусти́лася до рі́вня ~ої пре́си.** The respectable newspaper stooped to the level of the yellow press.
v. + **ж. одяга́тися в ~е** dress in yellow ◊ **Га́нна одягну́лася в ~е.** Hanna dressed in yellow. **бу́ти ~им** be yellow (**здава́тися** + *D.* seem to sb; **лиша́тися** stay; **малюва́ти** *or* **фарбува́ти** + *A.* paint sth) ◊ **Ткани́ну пофарбува́ли ~им.** The cloth was dyed yellow.
See **ко́лір.** *Also see* **соло́м'яний 2**
2 pale, yellow ◊ **До не́ї прихо́див чолові́к із нездоро́вим, ~им обли́ччям.** A man with an unhealthy, pale face came to see her.
adv. **на́дто** too, **нездоро́во** unhealthily, **тро́хи** a little, **хворобли́во** sickly ◊ **На хворобли́во ~ій шкі́рі був сине́ць.** There was a bruise on the sickly yellow skin.
v. + **ж. бу́ти ~им** be pale (**здава́тися** + *D.* seem to sb, **лиша́тися** remain, **роби́ти** + *A.* make sb/sth) ◊ **Уто́ма зроби́ла її обли́ччя ~им.** Fatigue made her face yellow.
See **блі́дий 1.** *Also see* **бі́лий 2, сі́рий 5**

жовті́|ти, ~ють; по~, *intr.*
1 to yellow, become yellow ◊ **З ча́сом бі́лий обру́с пожовті́в.** With time, the white tablecloth yellowed.
adv. **вре́шті-ре́шт** eventually, **поступо́во** gradually ◊ **Дере́ва поступо́во ~ли.** The trees were gradually becoming yellow.
2 to pale **Чолові́кове обли́ччя пожовті́ло від хворо́би.** The man's face paled from the disease.
3 *nonequiv., only impf., 3rd pers.* to show yellow ◊ **Лева́да ~ла кульба́бами.** The dandelions showed up yellow in the meadow.

жовт|о́к, *m.*, **~ка**
yolk, egg yolk ◊ **Він пря́жив я́єшню так, щоб ж. був тро́хи сири́м.** He fried eggs so that the yolk was a bit raw.
adj. **вели́кий** large, **мали́й** small; **подві́йний** double ◊ **яйце́ з подві́йним ~ко́м** double-yolk egg; **блі́ди́й** pale; **инди́чий** turkey, **качи́ний** duck, **ку́рячий** chicken ◊ **Ку́рячий ж. ме́нший за инди́чий.** A chicken egg yolk is smaller than the turkey one.
v. + **ж. відділя́ти ж.** separate a yolk ◊ **Він відділи́в ж. від білка́.** He separated the yolk from the white. (**збива́ти** beat, **розмі́шувати з** + *I.* mix with sth) ◊ **~ки́ слід до́бре розмі́шати з цу́кром.** The yolks should be well mixed with sugar.
prep. **без ~ка́** without yolk ◊ **Яйце́ ви́явилося без ~ка́.** The egg turned out to be without yolk.
L. **у ~ку́** *or* **~ко́ві**
Also see **біло́к 2**

жо́дн|ий, *var.* **жо́ден**, *pron., m.*
1 *(in neg. sentence)* none, no, not a single, any ◊ **Яре́ма не чита́в ~ої статті́.** Yarema didn't read a single article. ◊ **Ж. листо́к не воруши́вся.** Not a single leaf moved. ♦ **~ого ра́зу** not once ◊ **Вона́ ~ого ра́зу не була́ у Ві́дні.** She was not in Vienna a single time. ◊ **На роль не підхо́дила ~а акто́рка.** Not a single actress was suitable for the part. ♦ **~ою мі́рою** in any (no) way ◊ **Вони́ ~ою мі́рою не уника́ли робо́ти.** They did not avoid work in any way.
See **нія́кий 1**
2 any, any kind ◊ **Чолові́к прийшо́в без ~ого запро́шення.** The man came without any invitation. ◊ **Поши́рення мо́ви ефекти́вне, коли́ воно́ відбува́ється без ~ого при́мусу.** The spread of language is effective when it takes place without any coercion.
See **будь-яки́й**

жорстк|и́й, *adj.*
1 rough, coarse ◊ **Босо́ніж вона́ відчу́ла ~у́ до́лівку льо́ху.** Barefoot, she felt the rough cellar floor.
adv. **вкрай** extremely, **де́що** somewhat, **до́сить** rather, **ду́же** very, **надмі́рно** excessively, **несподі́вано** unexpectedly ◊ **Ді́вчина ма́ла несподі́вано ~і па́льці.** The girl had unexpectedly coarse fingers. **особли́во** especially, **помі́тно** noticeably, **тро́хи** a little
ж. + *n.* **ж. комі́ре́ць** a rough collar; **~а́ доло́ня** a rough palm (**шкі́ра** skin; **до́шка** board, **кора́** bark, **підло́га** floor, **пове́рхня** surface, **стіна́** wall; **мішкови́на** burlap); **~е́ ли́стя** rough leaves (**покрива́ло** cover, **полотно́** linen) ◊ **Її шкі́ра зви́кнула до ~о́го полотна́.** Her skin got accustomed to the rough linen. **~і гу́би** rough lips (**ру́ки** hands, **ступні́** soles; **схо́ди** steps)
v. + **з. бу́ти ~и́м** be rough (**виявля́тися** turn out, **здава́тися** + *D.* seem to sb, **лиша́тися** remain, **роби́ти** + *A.* make sth, **става́ти** become) ◊ **Її ру́ки ста́ли ~и́ми від робо́ти.** Her hands became rough from work.
Also see **гру́бий 3.** *Ant.* **гладки́й**
2 strict, stern, rough, tough ◊ **Вона́ не боя́лася ~о́го життя́, що чека́ло на не́ї.** She was not afraid of the tough life awaiting her.
ж. + *n.* **ж. виклада́ч** a stern teacher (**кри́тик** critic ◊ **Пентаго́н очо́лив ж. кри́тик Кремля́.** A

harsh critic of the Kremlin headed the Pentagon. **тре́нер** coach; **о́пір** resistance; **сцена́рій** scenario) ◊ **Вони́ гото́ві як до м'яко́го, так і до ~о́го сцена́рію.** They are prepared both for the soft and harsh scenario. **~а́ люди́на** a rough person ◊ **Петро́ здава́вся ~ою люди́ною.** Petro seemed to be a rough person. **~і умо́ви** tough conditions
See **суво́рий 1.** *Ant.* **ла́гідний 1, 2**
3 rigid, hard, firm, inflexible, stiff ◊ **Вони́ трима́лися ~о́го гра́фіка пра́ці.** They followed a rigid work schedule.
ж. + n. ♦ **конфлі́кт** an intractable conflict ◊ **Ж. конфлі́кт між полі́тиками став немину́чим.** An intractable conflict between the politicians became inevitable. **ж. ме́неджмент** rigid management (**підхі́д** approach), ♦ **ж. диск** a hard disk; **~а́ вимо́га** a firm requirement ◊ **Кандида́т мав задовольни́ти три ~і вимо́ги.** A candidate had to satisfy three firm requirements. (**вказі́вка** directive; **констру́кція** construction, **структу́ра** structure); **~е́ пра́вило** a rigid rule
See **суво́рий 3, 4**

жо́рстк|ість, *f.*, **~ости**, *only sg.*
roughness, rigidity, sternness, firmness
adj. **винятко́ва** exceptional, **додатко́ва** additional; **за́йва** extra, **надмі́рна** excessive; **несподі́вана** unexpected ◊ **Полі́ція впрова́джувала зако́н з несподі́ваною ~істю.** The police enforced the law with unexpected firmness. **особли́ва** peculiar
v. + **ж. виявля́ти ж.** display rigidity; **надава́ти** + *D.* **~ости** give sth rigidity (**додава́ти** + *D.* add to sb/sth, **набува́ти** acquire) ◊ **Його́ го́лос набу́в незнайо́мої ~ости.** His voice acquired unfamiliar sternness.
See **жорстки́й 1, 2, 3**

жорсто́к|ий, *adj.*
1 cruel, brutal, ruthless ◊ **Люди́на на́дто ча́сто виявля́ється ~ою до твари́н.** All too often man proves to be cruel toward animals.
adv. **винятко́во** exceptionally, **вкра́й** extremely, **до́сить** rather ◊ **Щоб ста́ти морськи́м піхоти́нцем тре́ба пройти́ до́сить ж. ви́шкіл.** In order to become a marine, one needs to undergo a rather brutal training. **доста́тньо** sufficiently, **ду́же** very, **жахли́во** horribly, **на рі́дкість** exceptionally, **неймові́рно** incredibly, **садисти́чно** sadistically ◊ **Хто ви́тримав цього́ садисти́чно ~ого тре́нера, ви́тримає все і́нше.** Those who survived this sadistically cruel coach will survive everything else. **уми́сно** deliberately; **невипра́вдано** unjustifiably, **непотрі́бно** needlessly; **напра́вду** truly, **спра́вді** really; **тро́хи** a little
ж. + n. **~а люди́на** a cruel person (**іро́нія** *fig.* irony, **ка́ра** punishment) ◊ **Жо́дна ~а ка́ра не зму́сить його́ відмо́витися від свої́х слів.** No cruel punishment will make him renounce his words.
v. + **ж. бу́ти ~им** be cruel ◊ **Ви́пробування, яке́ вона́ пройшла́, було́ напра́вду ~им.** The trial she had gone through was truly cruel. (**вважа́ти** + *A.* consider sb/sth; **вигляда́ти** look, **виявля́тися** turn out, **здава́тися** + *D.* seem to sb, **лиша́тися** remain, **роби́ти** + *A.* make sb ◊ **Робо́та зроби́ла його́ ~им.** Work made him cruel. **роби́тися** *and* **става́ти** become)
prep. **ж. до** + *G.* cruel toward sb
Also see **безжа́лісний, брута́льний 1, суво́рий 4**
2 *fig.* fierce, extreme, intense ◊ **~а боротьба́ за го́лови люде́й** a fierce struggle over people's minds; ◊ **Із пі́вночі поду́в ж. ві́тер.** A fierce wind began to blow from the north.
Also see **запе́клий 3, лю́тий[2] 3, 4, цупки́й 4**

жорсто́к|ість, *f.*, **~ости**, *only sg.*
cruelty, brutality ◊ **Вона́ зда́тна на нелю́дську ж.** She is capable of inhuman cruelty.
adj. **винятко́ва** exceptional, **ди́ка** savage, **звіря́ча** beastly, **надзвича́йна** extreme, **нелю́дська** inhuman, **нечу́вана** unheard-of ◊ **Пре́са пи́ше про нечу́вану ж. окупа́нтів.** The press reports unheard-of cruelty of the occupiers. **особли́ва** particular ◊ **Банди́ти з особли́вою ~істю ста́вилися до військовополоне́них.** The thugs treated POWs with particular cruelty. **нави́сна** deliberate
v. + **ж. виявля́ти ж.** show cruelty; **зазнава́ти ~ости** suffer cruelty ◊ **Вона́ зазнава́ла ~ости від бра́та.** She suffered cruelty from her brother. **піддава́ти** + *A.* **~ості** subject sb to cruelty ◊ **Персона́л піддава́в паціє́нтів пості́йній ~ості.** The personnel subjected the patients to continuous cruelty.
prep. **ж. до** + *G.* cruelty toward sb ◊ **ж. до діте́й** cruelty toward children
Also see **знуща́ння 1, катува́ння**

жу|ва́ти, **~ю́ть; з~**, *tran.*
1 to chew, masticate ◊ **Вона́ заду́мливо ~ва́ла шмато́к хлі́ба.** She was pensively chewing a piece of bread.
adv. **до́бре** well, **рете́льно** thoroughly, **ста́ранно** carefully ◊ **Ма́ти каза́ла ді́тям не поспіша́ти і ста́ранно ж.** Mother told the children not to hurry and chew carefully. **некváпно** unhurriedly, **пові́льно** slowly, **поква́пно** hastily
ж. + n. **ж. ї́жу** chew food (**м'я́со** meat, **хліб** bread; **корм** fodder, **сі́но** hay, **траву́** grass)
v. + **ж. почина́ти** begin to, **перестава́ти** stop, **продо́вжувати** go on; ♦ **жи́ти і хліб ж.** to lead an ordinary life; ♦ **ж. жу́йку** to repeat one and the same thing over ◊ **Що ти жу́йку ~єш, розка́зуй, що ста́лося!** Stop repeating one and the same thing, tell me what happened!
2 *fig., colloq.* to eat, munch ◊ **Як за́вжди́, Ві́ктор щось ~ва́в.** As always Viktor was munching on something.
See **ї́сти.** *Also see* **же́рти 1, спожива́ти 1, трощи́ти 3**
3 *fig., colloq.* to analyze, dissect ◊ **Він лежа́в на піску́ і ~ва́в подро́биці розмо́ви.** He lay on the sand and dissected the details of the conversation.
See **аналізува́ти.** *Also see* **гада́ти 1, зва́жувати 2, мі́слити, розважа́ти 5, розмірко́вувати 1, 2**
4 *fig., only impf.* to mumble, slur, garble ◊ **Він ~ва́в щось нерозбі́рливе.** He was mumbling something incoherent. ♦ **ж. слова́** to slur one's words ◊ **Ві́та ~є слова́, не дба́ючи, чи і́нші розумі́ють її́.** Vita is slurring her words without any regard for whether or not others understand her.
pa. pple. **зжо́ваний** chewed up
(з)жуй!

жук, *m.*, **~а́**
1 beetle
adj. **вели́кий** big, **мали́й** small; **звича́йний** common, **рі́дкісний** rare ◊ **У ї́хній збі́рці є рі́дкісні ~и́.** There are rare beetles in their collection. **зеле́ний** green, **чо́рний** black; ♦ **гнойови́й ж.** a dung beetle
v. + **ж. збира́ти ~і́в** collect beetles ◊ **Вона́ збира́є ~і́в.** She collects beetles. (**лови́ти** catch)
See **кома́ха.** *Cf.* **кома́р, му́ха**
2 *fig., colloq.* rogue, crook ◊ **Дире́ктор мав спра́ву з бува́лим ~о́м.** The director was dealing with an experienced crook.
See **шахра́й**

жур|и́ти, **~ять; за~**, *tran.*
1 to sadden, cause sadness ◊ **Оле́ну ~и́ло, що вона́ не поба́чить ї́х зно́ву.** Olena was saddened that she would not see them again.
See **засму́чувати**
2 to worry, preoccupy, concern, be of concern to sb ◊ **Іре́ну ма́ло ~ить, що про неї́ ка́жуть і́нші.** It is of little concern to Irena what others say about her. ◊ **Де він зупи́ниться на́ ніч, зо́всім не ~и́ло Ле́ва.** Where he would stop for the night did not worry Lev at all.
pa. pple. **зажу́рений** saddened, worried
(за)журі́!
See **турбува́ти.** *Also see* **ї́сти 5, клопота́ти, ляка́ти 2, непоко́їти, хвилюва́ти 1**

жур|и́тися; за~ *intr.*
1 to be sad, be unhappy; *pf.* become sad ◊ **Ви́дно, що Ма́рта ~иться.** It is apparent that Marta is sad.
See **сумува́ти 1**
2 to worry over, be concerned + *I. or* **що** + *clause* ◊ **О́ля жури́лася, що не ма́ла ві́сто́к від сестри́.** Olia was concerned over having no news from her sister.
adv. **безпереста́нку** nonstop ◊ **Він безпереста́нку чи́мось ~и́вся.** He worried over something nonstop. **весь час** all the time, **глибо́ко** deeply, **ду́же** greatly ◊ **Я ду́же ~ю́ся, щоб ми чо́гось не забу́ли.** I am greatly worried lest we forget something. **за́вжди** always, **на́дто** too much, **серйо́зно** seriously, **страше́нно** terribly, **тро́хи** a little; **зо́всім не** not at all, **ні́коли не** never ◊ **Да́на ні́коли ні́чим не ~иться.** Dana is never worried about anything.
v. + **ж. бу́ти ні́чого** nothing to ◊ **Тут ні́чого ж.** There is nothing to worry about here. **не бу́ти тре́ба** need not to ◊ **Не тре́ба так ж., все бу́де до́бре.** You needn't worry so much, everything will be fine. **зму́шувати** + *A.* make sb; **каза́ти** + *D.* **не** tell sb not to; **не могти́ не** cannot help ◊ **Батьки́ не могли́ не ж. за дочку́ в дале́кому Мадри́ді.** The parents could not help worrying for their daughter in distant Madrid. **почина́ти** begin to, **ста́ти** *pf.* start ◊ **Він став ж., що, мо́же, чим обра́зив ді́вчи́ну.** He started worrying that perhaps he had somehow hurt the girl. **перестава́ти** stop, **сто́млюватися** get tired of; **продо́вжувати** go on. ♦ **Не жури́ся!** Don't worry!
prep. **ж. за** + *A.* worry for sb/sth; **ж. про** + *A.* worry about sb/sth ◊ **Оре́ста стоми́лася ж. про те, як зареагу́ють на її́ рі́шення.** Oresta got tired of worrying about how they would react to her decision.
Also see **клопота́тися 4, ляка́тися 2, непоко́їтися, пережива́ти 4, турбува́тися 1, хвилюва́тися 1**
3 *only pf.* to miss, pine for, yearn for ◊ **Ка́тря ще ніку́ди не пої́хала, а він уже́ ~и́вся за не́ю.** Katria did not go anywhere yet, but he was already missing her.
prep. **ж. за** + *I.* pine for sb/sth
See **сумува́ти 2.** *Also see* **нудьгува́ти 3, тужи́ти 2**

журі́, *nt., indecl.*
jury ◊ **Його́ запроси́ли до ж. кінофестива́лю.** He was invited to serve on a film festival jury.
adj. **авторите́тне** authoritative, **досві́дчене** experienced, **кваліфіко́ване** qualified; **міжнаро́дне** international
ж. + n. **ж. ко́нкурсу** a competition jury (**пре́мії** prize ◊ **Було́ оголо́шено склад ж. літерату́рної пре́мії.** They announced the composition of the literary prize jury. **фестива́лю** festival)
n. + **ж. рі́шення ж.** a jury decision ◊ **Усі́ чека́ли рі́шення ж.** Everybody was waiting for the jury decision. (**засі́дання** meeting ◊ **Під час усього́ засі́дання ж. жо́ден член не міг ви́йти з кімна́ти.** During the entire jury meeting, no member could leave the room. **оголо́шення** announcement, **член** member)
v. + **ж. вража́ти ж.** impress a jury (**очо́лювати** head ◊ **Ж. очо́лила Ме́рил Стріп.** Meryl Streep headed the jury. **формува́ти** form)
ж. + v. **виріша́увати** decide, **кара́ти** + *A.* punish sb, **нагоро́джувати** + *A.* award sb/sth ◊ **Ж. нагороди́ло акто́рку при́зом.** The jury awarded the actress a prize. **анульо́вувати** + *A.* annul sth, **скасо́вувати** + *A.* abolish sth ◊ **Ж. скасува́ло**

рі́шення. The jury canceled the decision. **склада́тися з** + *G.* be composed of sb ◊ **Ж. склада́ється з п'яти́ осі́б.** The jury is composed of five persons.
prep. **у ж.** on a jury ◊ **Вона́ в ж. ко́нкурсу кіносцена́ріїв.** She is on the jury of a film script competition.

журна́л, *m.*, **~у**
1 magazine, journal ◊ **Її улю́блений ж. змíни́в орієнта́цію.** Her favorite magazine changed its orientation.
adj. **авторите́тний** respected ◊ **авторите́тний се́ред полі́тиків ж.** a magazine respected among politicians; **впливо́вий** influential, **прести́жний** prestigious, **респекта́бельний** respectable, **солі́дний** reputable; **відо́мий** well-known, **популя́рний** popular; **провідни́й** leading; **нови́й** new, **стари́й** old; **ілюстро́ваний** illustrated, **кольоро́вий** full-color; **гля́нцевий** glossy; **тижне́вий** weekly, **мі́сячний** monthly, **двомі́сячний** bimonthly, **кварта́льний** quarterly; **живи́й** live ◊ **Вона́ розпочала́ вла́сний живи́й ж.** She started her own live journal. **мере́жевий** online; **загальнонаціона́льний** national, **місце́вий** local; **українськомо́вний** Ukrainian-language; **двомо́вний** bilingual; **дитя́чий** children's ◊ **Вона́ працюва́ла в дитя́чому ~і.** She worked for a children's magazine. **жіно́чий** women's, **молоді́жний** youth, **підлітко́вий** teenage, **юна́цький** youth; **садівни́чий** gardening, **сільськогоспода́рський** agricultural; **археологі́чний** archeological, **істори́чний** historical ◊ **головни́й реда́ктор «Украї́нського істори́чного ~у»** the editor-in-chief of the *Ukrainian Historical Journal.* **лінґвісти́чний** linguistic, **літерату́рний** literary, **науко́вий** science, **новина́рський** news, **сатири́чний** satirical; **спорти́вний** sports; **бізнесо́вий** business; **політи́чний** political; **науко́вий** scientific; **рекла́мний** advertisement; **студе́нтський** student, **університе́тський** university; **профес́ійний** *or* **фахови́й** professional; **спеціалізо́ваний** special-interest; **деше́вий** *fig.* cheap, **сенсаці́йний** sensationalist; **еротичний** erotic, **порнографі́чний** pornographic; ♦ **кіножурна́л** a newsreel
ж. + *n.* **ж. мо́ди** a fashion magazine ◊ **Він передпла́чує ж. мо́ди.** He subscribes to a fashion magazine. (**плітóк** gossip, **по́дорожей** travel; **пора́д** advice; **се́ксу** sex; **фотогра́фій** photography)
n. + **ж. матеріа́л ~у** a magazine story (**репорта́ж** report, **статтяя́** article; **на́клад** *and* **тира́ж** circulation ◊ **За рік на́клад ~у подво́ївся.** Over the year, the magazine circulation doubled. **видаве́ць** publisher, **вла́сник** owner, **журналі́ст** journalist, **колонка́р** columnist ◊ **Вона́ чита́ла ко́жен текст цьо́го колонкаря́ ~у.** She read this magazine columnist's every text. **реда́ктор** editor, **редколе́ґія** editorial board ◊ **чле́н редколе́ґії ~у** a magazine editorial board member; **чита́ч** reader ◊ **Матеріа́л ви́кликав жва́ві ві́дгуки читачі́в ~у.** The story provoked a lively magazine readers' response. **обкла́динка** cover, **сторі́нка** page, **форма́т** format, **число́** *or* **но́мер** issue ◊ **стаття́ у вересне́вому числі́ ~у** an article in the September magazine issue
v. + **ж. видава́ти ж.** issue a magazine ◊ **Шко́ла видає вла́сний ж.** The school issues its own magazine. (**друкува́ти** print, **публікува́ти** publish, **редаґува́ти** edit; **запуска́ти** launch, **засно́вувати** found ◊ **Ж. «Все́світ» заснува́ли в 1925 ро́ці.** The *Vsesvit* magazine was founded in 1925. **почина́ти** start; **фінансува́ти** fund; **горта́ти** leaf through, **перегляда́ти** look through; **купува́ти** buy; **отри́мувати** get; **поши́рювати** distribute; **чита́ти** read, **передпла́чувати** subscribe to); **писа́ти для ~у** write for a magazine ◊ **Вона́ пи́ше для двох жіно́чих ~ів.** She writes for two women's magazines.

працюва́ти в ~і work for a magazine ◊ **У ~і працю́є п'ять журналі́стів.** Five journalists work for the magazine
ж. + *v.* **вихо́дити** come out ◊ **Ж. вихо́дить щоти́жня.** The magazine comes out every week. **бу́ти призна́ченим** *and* **признача́тися для** + *G.* be aimed at sb ◊ **Ж. признача́вся для підлі́тків.** The magazine was aimed at teenagers. **бу́ти присвя́ченим** + *D.* be devoted to sb/sth ◊ **Ж. присвя́чений мисли́вству.** The magazine is dedicated to hunting. **висві́тлювати** + *A.* cover sth ◊ **Ж. висві́тлює стано́вище прав лю́дини в окупо́ваному Криму́.** The magazine covers the human rights situation in the occupied Crimea. **опи́сувати** + *A.* describe sth; **оприлю́днювати** + *A.* make sth public ◊ **Ж. пе́ршим оприлю́днив інформа́цію про її відкриття́.** The magazine was the first to make public the information about her discovery. **подава́ти** + *A.* run sth ◊ **ж. пода́в у тра́вні се́рію стате́й.** In May, the magazine ran a series of articles. **пропонува́ти** + *A.* + *D.* offer sb sth, **публікува́ти** + *A.* publish sth, **повідомля́ти про** + *A.* report sth ◊ **Ж. повідомля́є про терористи́чний акт у Пари́жі.** The magazine is reporting a terrorist act in Paris.
prep. **в ~і** in a magazine ◊ **У ~і бага́то світли́н.** There are many photos in the magazine. **ж. для** + *G.* a magazine for sb ◊ **ж. для батькі́в** a magazine for parents
Also see **о́рган 3**
2 register, journal, diary; casebook
adj. **бурови́й ж.** a drill log *(mining)*, **ва́хтовий ж.** a logbook, **корабе́льний** *or* **суднови́й ж.** a log, logbook ◊ **Ніхто́ на кораблі́ не вів суднового́ ~у.** Nobody on the ship kept a logbook.
ж. + *n.* **ж. бойови́х дій** *mil.* a war diary; **ж. засі́дань** a minute book
Also see **кни́га 2**

журналі́ст, *m.*; **~ка**, *f.*
journalist
adj. **авторите́тний** respected ◊ **Усе́, що писа́в, цей авторите́тний ж., ма́ло вагу́ се́ред чита́цтва.** Eveything this respected journalist wrote had weight among the readership. **блиску́чий** brilliant, **до́брий** good, **до́свідчений** experienced; **відо́мий** well-known, **сла́ветний** famous, **сканда́льний** scandalous; **незале́жний** independent, **непідку́пний** incorruptible, **че́сний** honest ◊ **Він ре́вно оберіга́в репута́цію че́сного ~а.** He jealously guarded his reputation as an honest journalist. **приро́джений** born, **провідни́й** leading, **самові́дданий** devoted; **позашта́тний** freelance ◊ **Спочатку публіка́ція го́ловно спира́лася на позашта́тних ~ів.** Initially the publication mainly relied on freelance journalists. **слі́дчий** investigative ◊ **Газе́та найняла́ слі́дчого ~а.** The newspaper hired an investigative journalist. **фахови́й** professional; **безче́сний** dishonest, **прода́жний** mercenary, **скорумпо́ваний** corrupt; **бізнесо́вий** business, **екологі́чний** environmental, **політи́чний** political, **спорти́вний** sports, **фіна́нсовий** financial, *etc.*; **газе́тний** newspaper, **журна́льний** magazine, ♦ **радіожурналі́ст** a radio journalist, ♦ **тележурналі́ст** a TV journalist; **закордо́нний** foreign, **за́хідний** Western
v. + **ж. бу́ти ~ом** be a journalist ◊ **Юрій був ра́діо-журналі́стом.** Yurii was a radio journalist. (**роби́ти** + *A.* make sb ◊ **Гришко́ обіця́ла зроби́ти його́ до́брим ~ом.** Hryshko promised to make a good journalist of him. **розмовля́ти з** + *I.* speak to sb ◊ **Він не міг розмовля́ти про цю спра́ву з ~ами.** He could not speak to journalists about the matter. **става́ти** become) ◊ **Він хо́че ста́ти ~ом.** He wants to become a journalist.
ж. + *v.* **викрива́ти** + *A.* expose sb/sth ◊ **Ж. ви́крив кумі́вство в ба́нку.** The journalist has exposed nepotism in the bank. **висві́тлювати** + *A.* cover sth, **виявля́ти** + *A.* reveal sth; **дослі́джувати** + *A.* investigate sth; **писа́ти** + *A.* write sth; **повідомля́ти про** + *A.* report sth;

бра́ти інтерв'ю́ в + *G.* interview sb ◊ **Спри́тний ж. пе́ршим узя́в інтерв'ю́ в патріа́рха.** The shrewd journalist was the first to interview the patriarch. **спеціалізува́тися з** + *G. or* **на** + *L.* specialize in sth ◊ **Ж. спеціялізу́ється на макроеконо́міці.** The journalist specializes in macro economics.
Also see **газетя́р 1, кореспонде́нт 2**

журналі́сти|ка, *f., only sg.*
journalism ◊ **За́хідна ж. пережива́є кри́зу.** Western journalism is undergoing a crisis.
adj. **ама́торська** amateur, **бульва́рна** tabloid, **жо́вта** yellow; **до́бра** good, **недба́ла** sloppy; **слі́дча** investigative, **фахова́** professional; **мере́жева** online ◊ **Мере́жева ж. ча́сто бува́є ама́торською.** Online journalism is often amateur. **газе́тна** newspaper, **друко́вана** print, **журна́льна** magazine; ♦ **радіожурналі́стика** radio journalism, ♦ **тележурналі́стика** TV journalism; **бізнесо́ва** business, **меди́чна** medical, **музи́чна** music, **науко́ва** science, **політи́чна** political, **спорти́вна** sports ◊ **Її покли́канням є спорти́вна ж.** Her vocation is sports journalism.
n. + **ж. вид ~ки** a type of journalism (**різно́вид** variety; **світ** world ◊ **Світ ж. прива́блював Ні́ну.** The world of journalism attracted Nina. **станда́рти** standards; **факульте́т** school)
v. + **ж. підтри́мувати ~ку** support journalism (**розвива́ти** develop); **навча́тися ~ці** study journalism (**перешкоджа́ти** obstruct) ◊ **Адміністра́ція перешкоджа́є слі́дчій ~ці.** The administration obstructs investigative journalism.
prep. **в ~ці** in journalism ◊ **кар'є́ра в ~ці** a career in journalism

жуч|о́к, *m.*, **~ка́**, *dim. see* **жук**
1 small beetle ◊ **У ньо́го о́чі були́, як два ~ки́.** He had eyes like two small beetles.
See **жук 1**
2 *fig., colloq.* tap, wiretap, bug ◊ **Він ма́є при́стрій, що виявля́є ~ки́.** He has a device that detects wiretaps.
v. + **ж. виявля́ти ж.** detect a wiretap ◊ **Переві́рка ви́явила в кімна́ті ж.** A check detected a wiretap in the room. (**знахо́дити** find ◊ **Він знайшо́в не оди́н ж. у сво́єму поме́шканні.** He found more than one wiretap in his apartment. **шука́ти** look for; **переві́ряти** + *A.* **на** sweep sth for ◊ **Ко́нсульство періоди́чно переві́ряли на ~ки́.** The consulate was periodically swept for bugs. **ста́вити** plant) ◊ **Він шука́в ~ка́ не там, де його́ поста́вили.** He looked for a wiretap not where it had been planted.
L. **в ~ку́**

З

з, *prep., var.* **із, зі, зо**
relations of place
1 *(origin, with inan. n.)* from, out of + *G.* ◊ **Вона́ приї́хала з Ки́єва.** She came from Kyiv. ◊ **Яре́ма ви́йняв записни́к із шухля́ди.** Yarema took his notebook out of the drawer. ◊ **Із те́мряви ви́ринула по́стать.** A figure emerged out of the darkness.
Cf. **від 1**
2 *(limits, with prep.* **до***)* from *(to)* ◊ **з голови́ до ніг** from head to toe ◊ **Іва́н був покри́тий сі́рим пи́лом із голови́ до ніг.** Ivan was covered with gray dust from head to toe. ◊ **Із Рі́вного до Ки́єва бі́льше 300 км.** It is more than 300 km from Rivne to Kyiv.
3 *(point of view with* **по́гляд, то́чка зо́ру***)* from + *G.* ◊ **з її по́гляду** from her point of view, ◊ **із його́ то́чки зо́ру** from his perspective
4 *(presence of trait or faculty in person or thing)* by, of + *G.* ◊ **Оле́кса був із се́бе ти́хим**

юнаком. By nature, Oleksa was a quiet youth. ◊ **Я не знаю, яка вона з обличчя.** I wouldn't know her by her face.
5 *(proximity with, bordering on sb/sth, after* **поруч** *and* **поряд***)* near, next to, close by ◊ **Вони сіли поруч із нашим столом.** They sat next to our table.
relations of time
6 *(initial moment in action or state)* from, since + *G.* ◊ **з наступної суботи** from next Saturday ◊ **з дитинства** from childhood, ◊ **з самого ранку** from early morning
7 *(limits of action or state with prep.* **до** *or* **по***)* from *(a point in time)* to (till) *(a point in time)* + *G.* ◊ **з ранку до ночі** from morning till night, ◊ **з понеділка до п'ятниці** *or* **по п'ятницю** from Monday to Friday, ◊ **з першої години аж по восьму** from one o'clock all the way to eight
8 *(time stretch between two days or dates with prep.* **на***)* between *(a point in time)* and/from *(a point in time)* on/to + *G.* ◊ **у ніч із суботи на неділю** Saturday night; ◊ **Вони мають бути тут із сьомого на восьме квітня.** They are supposed to be here between the seventh and eighth of April.
9 *(time of action about to take place with prep.* **на***)* any, by + *G.* ◊ **Валя мала подзвонити з хвилини на хвилину.** Valia was supposed to call any minute. ◊ **Новий супермаркет відкриють з дня на день.** The new supermarket will be opened any day now.
10 *(continuous or repetitive action in set expressions with prep.* **в***)* every, with every + *G.* ◊ **з дня у день** every day; ◊ **Наша програма розширяється з року в рік.** Our program expands with every year.
11 *(simultaneous or accompanying action)* with, together with + *I.* ◊ **Вона переселилася до іншого помешкання з приходом осени.** She moved to a different apartment at the onset of the fall. ◊ **зі сходом сонця** with the sunrise
12 *(action immediately following another)* after, on, upon, with + *I.* ◊ **З її приїздом все змінилося.** Everything changed upon her arrival. ♦ **з часом** with time ◊ **Із часом він примириться зі своїм становищем.** With time, he will reconcile himself to his situation.
relations of cause and effect
13 *(cause of action or state)* with, for, of, out of, from, through, + *G.* ◊ **плакати з радости** to cry for joy; ◊ **Ляна просто вмирала з нудьги в цьому місті.** Liana was simply dying of boredom in this town. ◊ **Вони слухали і гинули зо сміху.** They were listening and dying with laughter. ◊ **Над вечір Мартин умирав із голоду.** By the evening, Martyn was dying of hunger.
14 *(basis of event or state)* by, from + *G.* ◊ **Із його мовчання було ясно, що щось сталося.** From his silence, it was evident that something had happened.
15 *(occasion for greeting, congratulation)* on + *I.* ◊ **Ми привітали його з першою книжкою.** We congratulated him on his first book.
manner of action
16 with, at + *G.* ◊ **з першого разу** at first go, ◊ **з усієї сили** with all one's force
17 *(accompanying action, state, sensation)* with, in + *I.* ◊ **говорити з люттю** to speak with rage, ◊ **дивитися з любов'ю** to look with love, ◊ **співати з насолодою** to sing with pleasure
18 *(completeness of action)* to, up to + *I.* ◊ **накривати** + *A.* **з головою** to cover sb completely; ◊ **виривати** + *A.* **з корінням** to root sth out, pull sth out with the root
purpose of action
19 with, on, to, of, as, in order to + *I.* ◊ **Вони приїхали з візитом.** They came on a visit. ◊ **лист із поясненнями** a letter of explanation, ◊ **Вона прийшла з вибаченнями.** She came (so as) to apologize.
quantitative relations
20 *(number of objects, elements constituting an entity)* of + *G.* ◊ **складатися з десяти частин** to consist of ten parts; ◊ **серіял із трьох сезонів** a series of three seasons.
21 *(approximation)* about, some, approximately + *A.* ◊ **Фільм тривав із годину.** The film lasted for about an hour. ◊ **Він розповідав цю історію зо три рази.** He told the story some three times.
22 *(with* **доволі**, **досить**, **годі**, **вистачить** *indicates person who had enough of sth)* for + *G.* ◊ **досить із нього** enough for him
objective relations
23 *(material sth is made of)* of, out of + *G.* ◊ **статуя, висічена з мармуру** a statue chiseled out of marble, ◊ **юшка з качатини** a soup made of duck meat
24 *(one of multitude)* of, out of + *G.* ◊ **Котрий із цих хлопців Кирило?** Which one of these guys is Kyrylo?
25 *(sphere of knowledge)* in + *G.* ◊ **іспит із мови** an exam in language, ◊ **фахівець з астрономії** a specialist in astronomy
26 *(transition from one state to another with prep.* **в***)* from + *G.* ◊ **з холоду в жар** from cold to heat, ◊ **зі сміху в сльози** from laughter to tears
27 *(sb with whom one interacts)* with + *I.* ◊ **Вона рідко радиться із братом.** She rarely consults with her brother. ◊ **гуляти із псом** to walk with a dog, ◊ **розмовляти з сусідом** to talk with a neighbor, ◊ **ходити з дівчиною** to go out with a girl, ◊ **Тарас посварився із другом.** Taras had a fight with his friend.
descriptive relations
28 *(external attribute)* with + *I.* ◊ **жінка із квітами** a woman with flowers, ◊ **хата з розбитими вікнами** a house with broken windows, ◊ **хлопець із усмішкою на обличчі** a boy with a smile on his face
29 *(contents of sth)* with + *I.* ◊ **кришталевий графин з водою** a crystal pitcher with water, ◊ **шкіряна папка з паперами** a leather folder with papers
30 *(comparing the size of one object to that of another)* like, as + *A.* ◊ **Його пес був із бичка розміром.** His dog was as big as a calf. ◊ **око з куряче яйце** an eye as big as a chicken egg

за[1], *prep.*
relations of place
1 *dir. (object behind which action is directed)* behind + *A.* ◊ **Яр сховався з. завісу.** Yar hid behind the curtain.
2 *posn. (object behind which sb/sth is located)* behind + *I.* ◊ **Яр стояв з. шторою.** Yar stood behind the curtain.
Also see **поза 3**
3 *(sb or sth that is closely followed by sb)* after, behind + *I.* ◊ **Вони йшли один з. одним.** They walked one after the other. ◊ **Катря їхатиме з. автівкою.** Katria will be following the car.
4 *(sth with which sth else is moving)* with, along + *I.* ◊ **Човен плив з. течією.** The boat floated with the current. ◊ **летіти з. вітром** to fly with the wind
relations of time
5 *(time of occurrence)* in, during, at + *G.* ◊ **З. совєтської окупації тут була школа.** During the Soviet occupation, there was a school here. ◊ **з. давніх часів** in old times; ◊ **Марко обіцяв розказати про це з. вечерею.** Marko promised to tell about it at dinner.
6 *(person during whose lifetime sth happened)* under, in, during + *G.* ◊ **з. цісаря Франца-Йосифа** under the Emperor Franz Joseph, ◊ **Так було ще з. його прадіда.** This was yet in his great grandfather's time.
7 *(phenomenon within the duration of which sth is taking place)* while, during + *G.* ◊ **Роботу треба закінчити ще з. світла.** Work needs to be finished while it is still daylight. ◊ **з. холодка** while it is cool
8 *(period of time within which sth is taking place)* in, during, over, within + *A.* ◊ **Вони пройшли відстань з. три години.** They covered the distance in three hours. ◊ **Дівчата багато навчилися з. останні два тижні.** The girls learned a lot over the last two weeks.
9 *(time period after which sth occurs)* in + *A.* ◊ **Ярина повернеться з. місяць.** Yaryna will return in a month. ◊ **Ми закінчимо завдання з. пів години.** We will finish the assignment in half an hour.
10 *(with* **до**, *time period separating one action from a point in time)* + *A.* to, before ◊ **Валя подзвонила з. годину до півночі.** Valia called an hour before to midnight. ◊ **Вони розбіглися з. хвилину до появи поліції.** They scattered a moment before the police appeared.
11 *(simultaneity of actions)* over, while, during + *I.* ◊ **З. обідом Ілля читав книжки.** Illia read books over dinner. ◊ **З. перекладом Гафія забула подивитися новини.** While doing her translation, Hafiia forgot to watch the news.
relations of cause and effect
12 *(cause of action or state)* for, over + *A.* ◊ **дякувати з. допомогу** to thank for help, ◊ **сердитися з. жарт** to be angry over a joke
13 *(impediment to action)* because of, for + *I.* ◊ **З. навчанням я не маю часу на театр.** Because of studies I have no time for theater. ♦ **не бачити лісу з. деревами** to miss the forest for the trees
relations of purpose
14 for, over + *A. or I.* ◊ **битися з. дівчину** to have a fight over a girl, ◊ **боротися з. справедливість** to fight for justice, ◊ **стояти з. правду** to stand up for the truth, ◊ **умирати з. свободу** to die for freedom; ◊ **шукати з. втікачами** to search for fugitives; ◊ **іти з. допомогою (ліками)** to go for help (medicine)
quantitative relations
15 *(exceeded measure, point or quantity)* above, over, past, more than + *A.* ◊ **Він був дома далеко з. північ.** He was home well past midnight. ◊ **Іванові вже з. сорок.** Ivan is already past forty.
16 *(measure, limit)* for, away + *A.* ◊ **працювати з. десятьох** to do the work of ten people; ◊ **Табір був з. кілометр.** The camp was a kilometer away.
objective relations
17 *(object of mental activity)* about, of + *A.* ◊ **Ореста говорить з бабусею з. життя.** Oresta is talking with her grannie about life. ◊ **питати з. хворого** to inquire about a patient
See **про 1**
18 *(object of action)* by, to + *A.* ◊ **Він узяв мене з. руку.** He took me by the hand. ◊ **Він тримався з. поручні.** He held on to the railings.
19 *(occupation pursued or object made)* to, at + *A.* ◊ **Леся серйозно взялася з. науку.** Lesia seriously got down to her studies. ◊ **сідати з. переклад** to get to work on translation
20 *(object of observation, care, concern, nostalgia, etc.)* after, for, of + *I.* ◊ **доглядати з. дитиною** to look after a child, ◊ **стежити з. підозрюваним** to follow a suspect, ◊ **спостерігати з. небом** to observe the sky; ◊ **Тарас перестав тужити з. домом.** Taras stopped missing home.
21 *(object of concern, worry, etc.)* for + *A.* ◊ **журитися з. результати** to worry for results, ◊ **уболівати з. дружину** to root for a team
22 by, following, according to + *I.* ◊ **Він не збирався грати з. правилами.** He was not going to play by the rules. ◊ **з. встановленим звичаєм** by an established custom, ◊ **Роман чинив це з. його прикладом.** Roman was doing it, following his example. **з. Марксом** according to Marx
23 *(price, value paid for sth)* for + *A.* ◊ **Він готовий працювати з. харчі.** He is ready to work for food. ◊ **Цю книжку можна купити з. десять гривень.** This book can be bought for ₴10.[00]. ◊ **Він продав квартиру з. великі гроші.** He sold the apartment

for big money. ◊ **де́сять гри́вень з. годи́ну** ₴10.00 an hour; ♦ **о́ко з. о́ко, зуб з. зуб** an eye for an eye and a tooth for a tooth
24 *(instead of sb/sth, on behalf of sb)* for, instead of, as + *A.* ◊ **Він написа́в зая́ву з. се́стру.** He wrote the application instead of his sister. ◊ **каза́ти з. всіх** to speak for all. ◊ **прийма́ти брехню́ з. пра́вду** to take lies for the truth ◊ **Богда́на була́ нам з. перекладачку.** Bohdana acted as interpreter for us.
Also see **за́мість 2**
25 *(in favor of sb/sth)* for, to, in support of + *A.* ◊ **голосува́ти з. пропози́цію** to vote in favor of a proposal, ◊ **проси́ти з.** + *A.* to plead for sb ♦ **3. ва́ше здоро́в'я!** To your health! ◊ **3. що п'ємо́?** What are we drinking to?
26 *(in comp.)* than, to + *A.* ◊ **Миха́йло ви́щий з. Петра́.** Mykhailo is taller than Petro. ◊ **Цей працівни́к ста́рший з. Процюка́.** This associate is senior to Protsiuk. ◊ **Ця кни́жка деше́вша з. ту.** This book is cheaper than that one.
Also see **від 8, ніж², як² 2**
27 *(one thing, action, etc. following the other)* after + *I.* ◊ **Вони́ бі́гли оди́н з. одни́м.** They ran one after the other. ◊ **обра́за з. обра́зою** one insult after the other, ◊ **день з. днем** day after day

за², *adv.*
1 yea ◊ **Бі́льшість проголосува́ла "з.".** The majority voted yea.
Ant. **про́ти 8**
2 *as n., colloq.* pro, advantage, merit ◊ **зва́жувати всі з. і всі про́ти** to consider all pros and cons.
Ant. **про́ти 9**

за³, *part.*
(combined with **що***)* what kind (sort) of ◊ **Скажі́ть, що з. люди́на цей ваш друг?** Tell me what sort of a person is this friend of yours? ◊ **Якби́ ти знав, що́ то була́ з. краса́!** If you only knew what kind of beauty it was! ◊ **Що це тут з. запи́ска?** What is this note here?

заарештува́|ти, *pf., see* **арешто́вувати**
to arrest ◊ **Водія́ ~ли незако́нно.** The driver was arrested illegally.

забага́то, *adv., pred.*
1 *adv.* too much, too many, to excess *(with n. or v.)* + *G.* ◊ **з. огірків** too many cucumbers
adv. **вира́зно** distinctly, **геть** way, **очеви́дно** obviously, **я́вно** clearly ◊ **Васи́ль сказа́в я́вно з.** Vasyl had clearly said too much.
з. + *n.* **з. заня́ть** too many classes ◊ **У понеді́лок вони́ ма́ють з. заня́ть.** On Monday, they have too many classes. (**люде́й** people, **слів** words, **уча́сників** participants); **з. ї́жі** too much food (**мі́сця** room, **робо́ти** work, **ча́су** time) ◊ **Ба́тька не було́ в сім'ї́ з. ча́су.** The father was away from the family for too long.
з. + *v.* **з. ї́сти** eat too much ◊ **Ді́ти ї́ли з.** The children ate too much. (**пи́ти** drink ◊ **Вона́ з. пила́.** She drank too much. **працюва́ти** work, **спа́ти** sleep, *etc.*) ◊ **Ти з. жу́ришся.** You worry too much.
Cf. **зана́дто, на́дто 1**
2 *pred.* too much
v. + **з. бу́ти з.** + *D.* be too much for sb ◊ **Ді́тям ніко́ли не було́ з. дя́дькових опові́док.** It was never too much for the children to listen to their uncle's stories. (**става́ти** become) ◊ **Терпі́ти таку́ кору́пцію става́ло з.** It was becoming too much to tolerate such corruption.

забáрв|ити, *pf., see* **забáрвлювати**
to color; imbue, saturate ◊ **Приза́хідне со́нце ~ило о́брій у черво́ний ко́лір.** The setting sun colored the horizon red.

забáрвлен|ня, *nt., usu sg.*
1 coloration, color; coloring, dying ◊ **Для з. тка́нин користу́ються росли́нним пігме́нтом.** A plant pigment is used for dying fabrics.
adj. **вира́зне** vivid, **захисне́** protective ◊ **Його́ о́дяг мав захисне́ з.** His clothes had protective coloring. **своєрі́дне** unusual ◊ **Маля́р ви́брав своєрі́дне з. для тла.** The artist chose an unusual color for the background. **те́мне** dark, **яскра́ве** bright, **ясне́** light
v.+ **з. ма́ти з.** have a coloration (**міня́ти** change); **бу́ти з.** have a color ◊ **Її́ обли́ччя було́ ди́вного з.** Her face had a strange color. (**набира́ти** take) ◊ **Хамелео́н мо́же набира́ти рі́зного з.** A chameleon can take on a variety of colorings.
See **ко́лір**
2 *fig.* coloring, connotation; orientation
adj. **емоці́йне** emotional; **гумористи́чне** humorous, **іроні́чне** ironic, **саркасти́чне** sarcastic; **поети́чне** poetic, **стилісти́чне** stylistic; **ідеологі́чне** ideological, **політи́чне** political
v. + **з. вибира́ти з.** chose a coloring (**міня́ти** change) ◊ **Він змі́нив політи́чне з.** *fig.* He has changed his political coloring. **набува́ти з.** assume a connotation ◊ **У цьо́му конте́ксті сло́во набува́є іроні́чного з.** In this context, the word assumes an ironic connotation.

забáрвлю|вати, ~ють; забáрв|ити, ~лю, ~иш, ~лять, *tran.*
1 to color, tint, give color to ◊ **Ко́жен малю́нок тре́ба відпові́дно за~.** Each drawing has to be appropriately colored.
adv. **вира́зно** vividly, **інтенси́вно** intensely, **помі́тно** distinctly, **яскра́во** brightly; **ле́гко** slightly, **ле́две** barely
prep. **з. в** + *A.* to give sth a color ◊ **Техноло́гія дозволя́є з. ви́роби в різномані́тні кольори́.** The technology allows to give the products various colors.
2 *fig.* to color, imbue, saturate + *I.* with ◊ **А́втор забáрвив діяло́г легки́м гу́мором.** The author colored the dialogue with mild humor.
pa. pple. **забáрвлений** colored
забáрвлюй! забáрв!
Also see **малюва́ти, фарбува́ти**

забари́|тися, *pf., see* **бари́тися**
to linger, tarry ◊ **Він ~вся в сусі́дки на пів годи́ни.** He lingered at his (female) neighbor's place for a half hour.

забезпе́чен|ий, *adj.*
1 provided with, secured, well provided for + *I.* with sth ◊ **Вони́ ~і боро́шном на пів ро́ку.** They are provided with flour for a half year.
adv. **до́бре** well ◊ **Ця росли́на ма́є бу́ти до́бре ~а воло́гою.** The plant has be well provided with moisture. **до́сить** enough, **доста́тньо** sufficiently, **наді́йно** securely, **по́вністю** fully, **цілко́м** completely; **ле́две** scarcely, **я́кось** somehow; **геть не** *or* **нія́к не** not at all, **ніт́рохи не** not in the least
з. + *n.* **з. гро́шима** provided with money (**водо́ю** water, **ї́жею** food; **допомо́гою** assistance, **підтри́мкою** support)
v. + **з. бу́ти ~им** be provided ◊ **Кампа́нія по́вністю ~а фіна́нсовою підтри́мкою.** The campaign is fully provided with financial support. (**вважа́ти** + *A.* consider sb/sth, **виявля́тися** turn out, **здава́тися** + *D.* seem to sb, **лиша́тися** remain, **става́ти** become)
2 guaranteed; insured ◊ **Наш у́спіх був з.** Our success was guaranteed. ◊ **Усі́ буди́нки на ву́лиці були́ ~і від по́вені.** All the buildings on the street had flood insurance.
See **застрахо́ваний**
3 well-to-do, well-off ◊ **Мари́на була́ із ~ої роди́ни.** Maryna came from a well-to-do family.
See **бага́тий 1.** *Ant.* **бі́дний 1**

забезпе́ченн|я, *nt.*
1 *only sg.* providing, insuring + *I.* ◊ **3. роди́ни житло́м ко́штувало їй безпере́рвної пра́ці.** Providing her family with housing came at the cost of incessant work.
2 insurance
adj. **додатко́ве** additional, **меди́чне** medical, **по́вне** comprehensive; **непо́вне** incomplete, **частко́ве** partial; ◊ **з. від неща́сного ви́падку** accident insurance (**поже́жі** fire ◊ **Вони́ ма́ють з. кварти́ри від поже́жі.** They have fire insurance for their apartment. **сме́рті** death), ♦ **соціа́льне з.** a social insurance
v. + **з. купува́ти з.** buy insurance (**продава́ти** sell ◊ **Вона́ продає з.** She sells insurance. **пропонува́ти** + *D.* offer sb, **скасо́вувати** cancel; **продо́вжувати** extend)
Also see **страхува́ння**
3 *only sg.* support, subsistence, security, maintenance
adj. **грошове́** pecuniary ◊ **Він ма́є грошове́ з. від батькі́в.** He has pecuniary support from his parents. **економі́чне** economic, **фіна́нсове** financial; **аналіти́чне** analytical, **експе́ртне** expert, **інформаці́йне** information, **матеріа́льне** material, **ресу́рсове** resource
v. + **з. надава́ти** + *D.* **з.** provide support to sb ◊ **Вони́ нада́ють аналіти́чне з. міні́стерству енерге́тики.** They provide analytical support to the Energy Ministry. (**отри́мувати** receive; **розрахо́вувати на** count on); **потребува́ти з.** be in need of support (**проси́ти** request)
See **підтри́мка**

забезпе́чу|вати, ~ють; забезпе́ч|ити, ~ать, *tran.*
1 to provide, supply + *I.* with ◊ **Кия́ни ~вали протестува́льників підтри́мкою.** Kyivans provided the protesters with support.
adv. **адеква́тно** adequately ◊ **Слід адеква́тно забезпе́чити будівни́цтво те́хнікою.** The construction should be adequately provided with equipment. **до́бре** well, **доста́тньо** sufficiently, **цілко́м** fully; **ке́псько** poorly, **ле́две** scarcely, **ма́йже** almost, **наси́лу** barely ◊ **Він міг наси́лу з. газе́ту матеріа́лами.** He could barely provide the newspaper with content. **пога́но** badly; **безкошто́вно** free of charge
з. + *n.* **з. житло́м** provide with accommodation (**ї́жею** food, **о́дягом** clothing, **ресу́рсами** resources, *etc.*)
v. + **з. бу́ти в ста́ні** be in a position to, **бу́ти необхі́дно** be necessary to ◊ **Необхі́дно забезпе́чити та́бір стру́мом.** It is necessary to supply electricity to the camp. **бу́ти тре́ба** + *D.* need to; **змогти́** *pf.* manage to, **могти́** can, **не змогти́** *pf.* fail to ◊ **Ро́звідка не змогла́ забезпе́чити штаб крити́чною інформа́цією.** Reconnaissance failed to provide the headquarters with critical intelligence. **обіця́ти** + *D.* promise sb to ◊ **Брат обіця́в забезпе́чити їй фа́рби.** Her brother promised to supply her with paints. **намага́тися** try to, **стара́тися** seek to
Also see **живи́ти 3, задовольня́ти 3, озбро́ювати 2, постача́ти**
2 to provide for, maintain, sustain ◊ **Нова́ автотра́са забезпе́чить реґіо́нові да́льший ро́звиток.** The new highway will provide for further development of the region.
adv. **економі́чно** economically, **матеріа́льно** materially, **фіна́нсово** financially ◊ **Банк фіна́нсово ~ватиме модерніза́цію підприє́мства.** The bank will be financially providing for the modernization of the enterprise. **мора́льно** morally, **ідеологі́чно** ideologically ◊ **Гру́па ідеологі́чно ~є ви́борчу кампа́нію.** The group is sustaining the election campaign ideologically. **політи́чно** politically
3 to secure, guarantee ◊ **Рете́льна підгото́вка забезпе́чить вам у́спіх.** Thorough preparation will guarantee you success.
See **ґарантува́ти.** *Also see* **руча́тися**
4 to provide for *(family, etc.)*, feed, nurture ◊ **Як він себе́ ~є?** How does he provide for himself?
adv. **до́бре** well, **доста́тньо** sufficiently,

налéжно properly, **успíшно** successfully, **цілкóм** fully; **кéпсько** poorly, **лéдве** scarcely, **насúлу** barely, **погáно** badly

v. + **з. бýти трéба** + *D.* need to ◊ **Надíї трéба булó з. старúх батькíв.** Nadia needed to provide for her old parents. **змогтú** *pf.* manage to, **могтú** can; **обіцяти** + *D.* promise sb to ◊ **Він обіцяв колúшній дружúні з. її.** He promised his former wife to provide for her. **намагáтися** try to

See **годувáти 2.** *Also see* **живúти 1, харчувáти**

pa. pple. **забезпéчений** insured, guaranteed

забезпéчуй! забезпéч!

забивá|ти, ~ють; забúти, заб'|ють, *tran.*

1 to hammer in, drive in ◊ **Тиміш взявся з. кількú під намéт у зéмлю.** Tymish set about driving stakes for the tent into the ground.

prep. **з. в** + *A.* hammer into sth ◊ **Тéсля забúв у дóшку вíсім цвяхíв.** The carpenter hammered eight nails into the board.

2 to close, seal, cover ◊ **Робітникú напóвнювали ящики яблуками, ~ли і складáли їх на вантажíвку.** The workers filled the boxes with apples, sealed, and stacked them up on the truck. ◊ **Влáсники ~ли вітрúни крамнúць фанéрою.** Owners sealed their store windows with plywood.

3 to block up, obstruct ◊ **Лúстя забúло дощовý трубý.** Leaves blocked up the rain gutter. ◊ **Час від чáсу залúшки їжí ~ли кухóнну рáковину.** From time to time, scraps of leftover food would block the kitchen sink. ♦ **з. дúхання** *or* **дух** to take one's breath away ◊ **Від швидкóї ходú Івáнові забúло дúхання.** Fast walking took Ivan's breath away.

4 *sport* to score ◊ **У цьóму сезóні футболíст забúв дéв'ять голíв.** The soccer player scored nine goals this season.

5 to pack, stuff, cram ◊ **У лíтній час турúсти дослíвно ~ли вýлиці міста.** In summer time, tourists literally packed the city streets. ◊ **Вонá читáла брошýру, воднóчас ~ючи собí рот піццою.** She was reading the booklet, while at the same time stuffing her mouth with pizza. ◊ **Кімнáту до самóї стéлі забúли мéблями.** The room was packed with furniture all the way to the rafters.

6 to bruise, hurt *(as a result of a blow)* ◊ **Зíна впáла і бóляче забúла колíно.** Zina fell and painfully hurt her knee.

prep. **з. об** + *A.* hurt against sth ◊ **Він забúв лíкоть об одвíрок.** He hurt his elbow against the door frame.

7 to kill, slaughter ◊ **Йогó забúли на фрóнті.** He was killed at the front. ♦ **хоч забúй!** You can kill me (him, her, etc.)! ◊ **Я не розумíю, хоч забúй.** You can kill me but I don't understand. ◊ **Худóбу ~ють елéктрикою.** They slaughter cattle using electricity.

8 *colloq.* to overpower, overwhelm, suppress ◊ **Сашкó співáв, щоб забúти сумні дýмки.** Sashko sang so as to suppress his sad thoughts. ◊ **Одеколóн не ~в зáпаху пóту.** The cologne did not overpower the smell of sweat.

pa. pple. **забúтий** hammered in, blocked, *etc.*

забивáй! забúй!

забирá|ти, ~ють; забрáти, забер|ýть, *tran. and intr.*

1 *tran.* to take, take along ◊ **Він забрáв дочкý дóму.** He took his daughter home. ◊ **Рослúна ~є з ґрýнту азóт.** The plant takes nitrogen from the soil. ♦ **з. ініціятúву** to take an initiative ◊ **Вонá не давáла опонéнтові забрáти ініціятúву.** She did not allow her opponent to take the initiative. ♦ **з. слóво** to take the floor ◊ **Настáла йогó чéрга забрáти слóво.** It was his turn to take the floor in the discussion.

See **брáти 1**

2 *tran.* to take away, seize, capture, occupy ◊ **У них забрáли всі грóші.** All their money has been taken away. ◊ **Він обіцяв забрáти в урядóвців незакóнно нажúте багáтство.** He promised to take unlawfully acquired wealth away from the officials. ♦ **кат** *or* **чорт забирáй!** God damn it!

adv. **бýдь-що** by any means, **за всяку цінý** whatever it takes; **незакóнно** unlawfully, **нелеґáльно** illegally; **силóміць** forcibly, **сúлою** by force, **хúтрощами** by subterfuge; **негáйно** immediately, **зáраз же** right away, **швúдко** quickly; **врéшті-рéшт** eventually, **нарéшті** finally

v. + **з. бýти вáжко** be difficult to, **бýти немóжливо** be impossible to; **бýти лéгко** be easy to, **бýти мóжна** be possible to, **бýти трéба** + *D.* need to ◊ **Їм трéба за всяку цінý забрáти цю позúцію у вóрога.** They need to capture this position from the enemy whatever it takes. **намагáтися** try to, **спрóбувати** *pf.* attempt to ◊ **Вонá спрóбувала силóміць забрáти у хлóпця парасóльку.** She attempted to forcibly take the umbrella away from the boy. **хотíти** want to

prep. **з. в** *or* **від** + *G.* take away from sb

See **відбирáти 1, віднімáти 1.** *Also see* **захóплювати 2.** *Ant.* **додавáти 1**

3 *tran., colloq.* to arrest, take away, pick up, nab ◊ **КҐБ забрáв дисидéнта сéред нóчі.** The KGB arrested the dissident in the middle of the night.

See **арештóвувати 1.** *Also see* **затримувати 3**

4 *tran., colloq., fig.* to overtake *(of emotion)*, overcome, overwhelm ◊ **Тамáру забрáв страх.** Tamara was overtaken by fear. ◊ **Павлá починáла з. злість.** Anger began to overtake Pavlo.

See **оволодівáти 2.** *Also see* **опанóвувати 3, охóплювати 4, розбирáти 6**

5 *tran.* to take up, occupy *(time, energy)* ◊ **Прáця над словникóм ~ла весь її час.** Work on the dictionary took all of her time. ◊ **Рýханка ~є багáто енéргії.** The workout takes up a lot of energy.

6 *intr.* to veer, deviate from, bear, swerve, turn ◊ **Він повз угóру схúлом, ~ючи лíворуч.** He was crawling up the slope, bearing left.

adv. **лíворуч** left, **прáворуч** right ◊ **Автíвка стáла з. прáворуч.** The car started veering to the right. **набíк** sideways; **вгóру** up, **вниз** *or* **додóлу** down; **плáвно** smoothly, **повíльно** slowly, **поступóво** gradually, **рáптом** suddenly, **рíзко** abruptly, **швúдко** quickly

v. + **з. намагáтися** try to ◊ **Велосипедúст нахилúвся набíк, намагáючися забрáти лíворуч.** The bicyclist leaned sideways, trying to bear left. **хотíти** want to; **починáти** begin to, **стáти** *pf.* start

Cf. **повертáти 2**

забирá|тися; забрáтися, *intr.*

1 to go up to, climb, scale ◊ **Кіт якóсь забрáвся на горúще.** The cat somehow climbed to the attic.

prep. **з. на** + *A.* climb on/to sth ◊ **з. на вершóк** go up to the top (**дах** roof, **дéрево** tree)

See **вилáзити 2.** *Also see* **виїжджáти 2**

2 to sneak into, penetrate, get into ◊ **Мúші забрáлися в мішóк із бóрошном.** Mice got into the bag with flour.

prep. **з. до** + *G.* get into sth ◊ **з. до будúнку** get into a house (**квартúри** apartment, **сáду** garden, **хáти** home); **з. чéрез** + *A.* get through sth ◊ **Злóдій забрáвся до хáти чéрез підвáл.** The thief got into the house through the basement.

See **проникáти 1**

3 *colloq.* to get out, leave, beat it, clear out ◊ **Вонú забрáлися геть, щоб унúкнути арéшту.** They cleared out in order to avoid arrest.

prep. **з. з** + *G.* get out of sth ◊ **Він забрáвся з міста.** He got out of town. ◊ **Нíна кричáла, щоб він ~вся геть звíдти.** Nina shouted for him to get out of there.

See **виїжджáти 1, 2, від'їжджáти 1.** *Also see* **залишáти 3, їхати**

4 *colloq.* to set about, get down to, start; sit down to ◊ **Тарáс забрáвся до вечéрі з рéштою сім'ї.** Taras sat down to dinner with the rest of the family.

prep. **з. до** + *G. or inf.* get down to sth or doing sth ◊ **Він чáсто ~вся до читáння вíршів уголóс.** He would often set about reciting verses aloud. ◊ **Чогó це ти забрáлася працювáти так пíзно?** Why have you started working so late? ◊ **~ється на дощ.** It starts to rain. ◊ **~ється на теплó.** It is getting warm (**хóлод** cold, **морóз** frosty)

See **починáти.** *Also see* **брáтися 2, вдарятися 2, вступáти 4, знімáти 6, пускáтися 2, розвóдити 8, розпочинáти, ставáти 5.** *Ant.* **закíнчувати**

5 *pass., only impf.* to be taken out ◊ **Пісóк ~ється вантажíвками.** The sand is being taken out by trucks. ◊ **Листú ~ються двíчі на день.** Letters are collected twice a day.

забú|ти, *pf., see* **забивáти**

to nail, hammer down, *etc.* ◊ **Пéред тим як їхати, він ~в дóшками вíкна в хáті.** Before leaving, he boarded up the windows in the house.

забúт|ий, *adj.*

1 hammered in/to, driven in/to ◊ **Кілóк був на третúну з. у зéмлю.** A third of the stake was driven in the ground.

prep. **з. в** + *A.* hammered into sth ◊ **цвях, з. у дóшку** a nail hammered into the board

2 killed, slain + *I.* ◊ **з. кýлею** killed by a bullet (**ножéм** knife, **сокúрою** ax, **стрýмом** electricity) ◊ **Він був випадкóво з. стрýмом.** He was accidentally killed by electricity. ♦ **спáти як з.** to sleep like a log ◊ **Мартúн спав як з.** Martyn slept like a log.

3 blocked, clogged, packed + *I.* ◊ **Сміттєпрóвід був з.** The garbage shoot was blocked. ◊ **Артéрія ~а.** The artery is clogged.

4 oppressed, abused, subjugated ◊ **Рокáми з. люд реґіóну нарéшті повстáв.** Oppressed for years, the people of the region finally rose up.

5 *colloq.* out-of-the-way, distant, backward ◊ **З якóго це ~ого селá вонú приїхали?** From what backward village have they come?

See **провінцíйний 2**

забія|ка, *f. and m.*

bully, squabbler, hoodlum ◊ **У юності Сашкó був ~кою.** In his youth, Sashko was a bully.

adj. **велúкий** great; **відóмий** well-known, **затятий** diehard, **найгíрший** worst, **невипрáвний** incorrigible

v. + **з. мáти слáву ~ки** be notorious as a bully ◊ **У шкóлі Лíда має слáву велúкої ~ки.** At school, Lida is notorious for being a great bully.

L. **на ~ці**

заблуд|úти(ся), ~жý(ся), ~иш(ся), ~ять(ся), *only pf., intr.*

to get lost, lose one's way ◊ **Він намагáвся не з. в тéмряві.** He tried not to lose his way in the darkness.

adv. **безнадíйно** hopelessly ◊ **Вонú безнадíйно ~или(ся).** They got hopelessly lost. **лéгко** easily, **несподíвано** unexpectedly, **одрáзу** immediately ◊ **Лéдве зробúвши кíлька крóків у лабірúнті, Арсéнь одрáзу ~ився.** Having scarcely taken a few steps in the labyrinth, Arsen was immediately lost. **зáраз же** right away, **швúдко** quickly

v. + **з. боятися** fear to ◊ **Вонá боялася з. на базáрі.** She feared getting lost in the bazaar. **бýти лéгко** be easy to ◊ **Без мáпи тут лéгко з.** Without a map, it is easy to lose one's way here. **бýти немóжливо** be impossible to; **могтú** can; **намагáтися не** try not to

заблудú(ся)!

See **губúтися 2.** *Also see* **заплýтуватися 4**

забобóн, *m.,* **~у,** *usu pl.*

superstition ◊ **Вáля вважáє себé жíнкою, вíльною від ~ів.** Valia considers herself to be a woman free from superstitions.

adj. **глибóкі** deep; **дáвні** ancient,

середньові́чні *fig.* medieval, **старі́** old; **етні́чні** ethnic, **кла́сові** class, **місце́ві** local, **наро́дні** popular; **нераціона́льні** irrational, **приміти́вні** primitive, **сліпі́** blind; **релігі́йні** religious, **язи́чницькі** pagan; **укорі́нені** deeply-rooted
v. + **з. відкида́ти ~и** reject supersitions ◊ **Він відкида́в усі́ ~и, пов'я́зані з наро́дженням дити́ни.** He rejected all the superstitions concerned with childbirth. (**ма́ти** have; **дола́ти** overcome; **ві́рити в** believe in) ◊ **Діте́й привча́ли ві́рити в місце́ві ~и.** The children were taught to believe in local superstitions. **боро́тися з ~ами** fight superstitions; **засно́вуватися на ~ах** be based on superstitions
prep. **без ~ів** without superstition, ♦ **люди́на без ~ів** a person of no inhibitions ◊ **Се́ред дру́зів Оста́п зна́ний як хло́пець без ~ів.** Among his friends, Ostap is known as a guy without inhibitions. **з. про** + *A.* a superstition about sth ◊ **з. про чо́рного кота́, що перебі́г доро́гу** the superstition about the black cat crossing the path
Cf. **упере́дження**

забобо́нн|ий, *adj.*
superstitious ◊ **Да́на не була́ ~ою.** Dana was not superstitious.
adv. **безнаді́йно** hopelessly, **винятко́во** exceptionally, **ду́же** very, **страше́нно** terribly; **тро́хи** a little; **зо́всім не** not at all
v. + **бу́ти ~им** be superstitious (**виявля́тися** turn out ◊ **Напа́рник ви́явився страше́нно ~им.** The partner turned out to be terribly superstitious. **лиша́тися** remain; **роби́ти** + *A.* make sb ◊ **Пошук незнани́х ви́дів орхіде́ї поступо́во роби́в дослі́дників ~ими.** The search for unknown species of orchid was gradually making the researchers superstitious. **става́ти** become) ◊ **Коли́ це він став таки́м ~им?** When did he become quite so superstitious? **З. страх заважа́в йому́ я́сно ду́мати.** Superstitious fear prevented him from thinking clearly.
Cf. **упере́джений**

забобо́нн|ість, *f.*, **~ности**, *only sg.*
superstitiousness, superstition ◊ **Це було́ не раціона́льне ду́мання, а чи́ста з.** This was not rational thinking but pure superstition.
adj. **вели́ка** great, **винятко́ва** exceptional, **глибо́ка** deep, **невипра́вна** irreparable, **традиці́йна** traditional
v. + **з. виявля́ти з.** exhibit one's superstitiousness ◊ **Рані́ше він не виявля́в яко́їсь ~ости.** Earlier he did not exhibit any kind of superstition.
Cf. **упере́дженість**

заборгу|ва́ти, **~ють**, *only pf., tran. and intr.*
1 *tran. and intr.* to be in debt, incur debts; owe + *D.* ◊ **Вони́ ~ва́ли ба́нкові сто ти́сяч гри́вень.** They owe ₴100,000 to the bank.
adv. **бага́то** a lot ◊ **Ві́ктор бага́то ~ва́в батька́м.** Viktor owes a lot to his parents. **ду́же** a great deal, **серйо́зно** seriously; **тро́хи** a little
prep. **з. пе́ред** + *I. or no prep.* + *D.* be indebted to sb ◊ **Оле́на ~ва́ла ба́тькові** *or* **пе́ред ба́тьком.** Olena is indebted to her father. ◊ **Ти ~вав мені́ бага́то листі́в.** *fig.* You owe me many letters.
2 *tran.* to borrow + *D.*
prep. **з. в** + *G.* borrow from sb ◊ **Чи мо́жна з. у вас дві скля́нки цу́кру?** Can I borrow two cups of sugar from you?
pa. pple. **заборго́ваний** in arrears, owed
заборгу́й!

заборгу|ва́тися, *only pf., intr.*
to become a debtor, to run up debts + *D. or* **пе́ред** + *I.* to sb ◊ **Він всім** *or* **пе́ред всіма́ ~ва́вся.** He ran up debts to everybody.

заборо́н|а, *f.*
ban, prohibition ◊ **З. кури́ти їх не стосува́лася.** The smoking ban did not concern them.
adj. **абсолю́тна** absolute, **зага́льна** general, **по́вна** *or* **цілкови́та** complete, **суво́ра** strict, **тота́льна** total; **пості́йна** permanent, **пряма́** direct, **тимчасо́ва** temporary, **часткова** partial; **конституці́йна** constitutional, **міжнаро́дна** international
з. + *v.* **з. кури́ти** a smoking ban (**полюва́ти** hunting, **спожива́ти алкого́ль** alcohol consumption)
v. + **з. вво́дити ~у** introduce a ban ◊ **До́говір уві́в міжнаро́дну ~у на біологі́чну збро́ю.** The treaty introduced an international ban on biological weapons. (**зніма́ти** lift, **наклада́ти** impose; **ігнорува́ти** ignore, **пору́шувати** violate; **послабля́ти** relax ◊ **Уряд посла́бив ~у на по́дорожі в окупо́вану зо́ну.** The government has relaxed the ban on travel to the occupied zone. **скасо́вувати** remove); **не́хтувати ~ою** disregard a ban ◊ **Вони́ зне́хтували ~ою на такі́ опера́ції.** They disregarded the ban on such transactions.
prep. **під ~ою** under prohibition; **з. на** + *A. or inf.* a ban on sth ◊ **з. на опіо́їди** a ban on opioids, ◊ **з. на я́дерні випро́бування** a nuclear test ban
Also see **емба́рґо, табу́.** *Cf.* **цензу́ра**

заборо́нен|ий, *adj.*
forbidden, banned, prohibited ◊ **Заборо́нений сир смакува́в особли́во до́бре.** The prohibited cheese had an especially good taste.
adv. **абсолю́тно** absolutely, **безпідста́вно** without grounds, **категори́чно** categorically, **офіці́йно** officially, **раз і наза́вжди** once and for all, **суво́ро** strictly, **факти́чно** effectively, **цілко́м** completely, **частко́во** partially; ◊ **~а зо́на** a restricted area; ◊ **з. зако́ном** forbidden by law; ♦ **з. плід** the forbidden fruit; ♦ **сторо́ннім вхід з.!** off limits! no admittance!
v. + **з. бу́ти ~им** be forbidden (**вважа́ти** + *A.* consider sth, **виявля́тися** prove to be, **здава́тися** + *D.* seem to sb, **лиша́тися** remain ◊ **Фільм «Сало́» до́вго лиша́вся ~им для прока́ту.** For a long time, the film *Saló* remained banned from distribution. **оголо́шувати** + *A.* declare sth) ◊ **Кни́гу за́раз же оголоси́ли ~ою.** The book was immediately declared to be banned.
Also see **нецензу́рний 2**

забороня́|ти, **~ють; заборон|и́ти**, **~ять**, *tran.*
to forbid, ban, prohibit + *D.* ◊ **Ба́тько ~є її зустріча́тися з Оста́пом.** Father forbids her to go out with Ostap. ◊ **з. я́дерну збро́ю** to ban nuclear weapons
adv. **категори́чно** categorically, **по́вністю** entirely ◊ **Уряд по́вністю заборони́в рекла́ми тютюну́.** The government entirely banned tobacco advertisement. **цілкови́то** completely; **офіці́йно** officially, **форма́льно** formally; **факти́чно** effectively ◊ **Нови́й зако́н факти́чно ~в несанкціоно́вані зі́брання.** The new law effectively banned unsanctioned assemblies. **суво́ро** strictly; **тимчасо́во** temporarily, **частко́во** partially; **конституці́йно** constitutionally
n. + **з. намага́ння з.** efforts to ban ◊ **Намага́ння з. про́даж алкого́лю не ма́ли у́спіху.** The efforts to ban alcohol sales were not successful. (**рі́шення** decision to; **спро́ба** attempt to)
v. + **з. бу́ти зму́шеним** be forced to; **вимага́ти** demand to ◊ **Це́рква вимага́ла заборони́ти або́рти.** The church demanded to put a ban on abortions. **намага́тися** try to, **хоті́ти** want to; **відмовля́тися** refuse to
pa. pple. **заборо́нений** banned
забороня́й! заборони́!

забра́к|нути, *only pf., intr., colloq.*
only in 3rd pers. sg. to lack, run out of ◊ **Йому́ ~ло смі́ливости у виріша́льний моме́нт.** He lacked courage at the decisive moment. ◊ **Балаку́чій в і́нших обста́винах Ната́лці ~ло слів.** Talkative in other circumstances, Natalka had run out of words. ◊ **Цим молоди́м лю́дям не ~е посвя́ти спі́льній спра́ві.** Those young people will have enough dedication to the common cause.
See **бракува́ти 1.** *Also see* **бра́кнути**

забра́|ти, *pf., see* **забира́ти**
to take away; pick up ◊ **Зі́на попроси́ла, щоб Да́на ~ла її пі́сля робо́ти.** Zina asked Dana to pick her up after work. ◊ **Вони́ ~ли всі важли́ві папе́ри.** They took away all the important papers.

забру́дненн|я, *nt., only sg.*
pollution, contamination + *I.* with sth ◊ **Грани́чне з. середо́вища ста́ло го́строю пробле́мою в цьо́му реґіо́ні.** The extreme environmental pollution became an acute problem in the region.
adj. **вели́ке** heavy, **грани́чне** extreme, **інтенси́вне** intense, **надмі́рне** excessive, **серйо́зне** serious; **катастрофі́чне** catastrophic, **небезпе́чне** dangerous, **страшне́** terrible; **промисло́ве** industrial, **сільськогоспода́рське** agricultural; **озо́нове** ozone, **світлове́** light, **шумове́** noise; **токси́чне** toxic, **хемі́чне** chemical; ♦ **радіоакти́вне з.** radioactive contamination
n. + **з. джерело́ з.** a pollution source (**зме́ншення** reduction; **ме́жі** limits; **пита́ння** issue ◊ **Пита́ння радіоакти́вного з. не мо́жна ігнорува́ти.** The radioative contamination issue cannot be ignored. **пробле́ма** problem; **рі́вень** level; **станда́рти** standards); **джерело́ з.** a source of pollution (**на́слідки** effects ◊ **Зроста́ння ви́падків дитя́чої а́стми – на́слідок з. пові́тря.** The rise of the children's morbidity from asthma is the effect of air pollution. (**причи́на** cause; **рі́вень** level) ◊ **небезпе́чно висо́кий рі́вень з.** a perilously high level of pollution
з. + *n.* **з. атмосфе́ри** atmospheric pollution (**пові́тря** air; **води́** water, **мо́ря** marine, **о́зера** lake, **океа́ну** ocean, **рі́чки** river; **довкі́лля** environmental); **з. вихлопни́ми га́зами** exhaust gas pollution ◊ **Їм вдало́ся зме́ншити з. вихлопни́ми га́зами.** They succeeded in reducing the exhaust gas pollution. (**ди́мом** smoke, **озо́ном** ozone, **радія́цією** radiation, **рту́ттю** mercury, **свинце́м** lead, **сті́чними во́дами** sewage, **токси́нами** toxic)
v. + **з. зме́ншувати з.** reduce pollution (**зво́дити до мі́німуму** minimize; **контролюва́ти** control, **ліквідува́ти** eliminate ◊ **Він поста́вив собі́ за мету́ ліквідува́ти з. рі́чки сті́чними во́дами.** He set himself the goal to eliminate the sewage pollution of the river. **обме́жувати** limit); **призво́дити до з.** lead to pollution (**причиня́тися до** cause); **запобіга́ти ~ю** prevent pollution ◊ **Модерніза́ція фа́брики допомо́же запобі́гти ~ю середо́вища рту́ттю.** The factory modernization will help prevent pollution of the environment with mercury. **боро́тися з ~ям** fight pollution ◊ **Мі́сто потребува́ло інвести́цій, щоб боро́тися з шумови́м ~ям.** The city needed investments in order to fight noise pollution. (**слідкува́ти за** monitor) ◊ **Лаборато́рія слідку́є за ~ям підзе́мних вод.** The laboratory monitors underground water pollution.

забрудни́|ти, *pf., see* **бру́днити** *and* **забру́днювати**
to pollute, contaminate; soil, dirty ◊ **Коли́сь чи́стий стру́мок тепе́р ~ли промисло́вими відхо́дами.** Once clean, the creek was now polluted with industrial waste. ◊ **Щоб не з. штані́, Миха́йло зняв їх.** In order not to dirty his pants, Mykhailo took them off.

забру́дню|вати, **~ють; забрудн|и́ти**, **~ять**, *tran.*
1 to dirty, soil ◊ **Ма́рті не хоті́лося з. доскона́ло бі́лого рушника́.** Marta was

reluctant to dirty the perfectly white towel.
з. + *n.* **з. óдяг** dirty one's clothes ◊ **На горúщі мóжна лéгко забруднúти óдяг.** One can easily dirty one's clothes in the attic. (**сорóчку** shirt, **штанú** pants, *etc.*)
See **бруднúти 1**
2 to pollute, contaminate ◊ **Папíрня ~є довкíлля.** The paper mill pollutes the environment.
з. + *n.* **з. вóду** contaminate water (**ґрунт** *or* **зéмлю** soil, **довкíлля** *or* **середóвище** environment, **мóре** sea, **повíтря** air, **прирóду** nature).
3 *fig.* to sully, smear, tarnish ◊ **Він забруднúв репутáцію співпрáцею з комунíстами.** He sullied his reputation by collaborating with communists. ◊ **Публікáція компромáту загрóжувала забруднúти філантрóпа.** The publication of the compromising material threatened to tarnish the philanthropist.
See **бруднúти 2**

забувá|ти, ~ють; забýти, забýд|уть, *tran.*

1 to forget ◊ **Він чáсом ~в влáсне числó телефóна.** He would sometimes forget his own phone number.
adv. **геть** totally ◊ **Він геть забýв про брáтові народúни.** He had completely forgotten about his brother's birthday. **цілкóм** completely; **мáло не** *and* **трóхи не** almost ◊ **Лев трóхи не забýв про Ярúнине прохáння.** Lev had almost forgotten about Yaryna's request. **назáвжди** forever, **нíколи не** never ◊ **Квітка нíколи не забýде цієї зýстрічі.** Kvitka will never forget this encounter. **миттєво** instantly, **зáраз же** right away, **швúдко** quickly; **зрýчно** conveniently ◊ **Щорáзу, як Тарáс був вúнен комýсь грóші, він зрýчно ~в про це.** Every time Taras owed somebody money, he would conveniently forget about it. **лéгко** easily; ♦ **довíку** *or* **до могúли, до смéрти, повíк не забýти** to remember for as long as one lives, to never forget sb/sth ◊ **Хто пройшóв вíйнý, не забýде її повíк.** Those who went through the war will never forget it. ♦ **Мáло** *or* **трóхи не забув!** I almost forgot!
v. + **з. бýти вáжко** *or* **тя́жко** be difficult to ◊ **Тя́жко забýти такúй жах.** It is difficult to forget such a horror. **бýти трéба** + *D.* need to ◊ **Вам трéба забýти все, що ви почýли.** You need to forget everything you heard. **бýти схúльним** tend to; **намагáтися** try to, **хотíти** want to ◊ **Сóля хотíла забýти все, що наобіця́ла їм.** Solia wanted to forget all she had promised them. **допомагáти** + *D.* help sb (to) ◊ **Прáця допомагáла Лукашéві забýти дíвчину.** Work helped Lukash to forget the girl. **змýшувати** + *A.* make sb
prep. **з. за** *and* **про** + *A.* forget about sb/sth
2 to forget, leave behind, fail to take ◊ **Він зáвждú ~є грóші вдóма.** He always leaves the money at home. ◊ **Гáнна усвідóмила, що забýла взя́ти парасóльку.** Hanna realized she had forgotten to take her umbrella.
pa. pple. **забýтий** forgotten ◊ **з. Бóгом і людьмú** godforsaken
забувáй! забýдь!

забувá|тися; забýтися, *intr. and tran.*

1 *colloq., tran.* to forget + *A. or G. or inf.* ◊ **Ми все ~ємося словá цієї пíсні.** We keep forgetting the lyrics of this song. ◊ **Він забýвся своєї обíцянки.** He forgot his promise. ◊ **Ігóр геть забýвся подзвонúти їй.** Ihor completely forgot to call her.
See **забувáти 1, 2**
2 *intr.* to drift off, fall into a reverie ◊ **Дýмаючи про своє, Мирóся забýлася і перестáла йогó чýти.** Thinking about her own issues, Myrosia drifted off and stopped hearing him.
3 *intr.* to doze off, catnap, fall asleep, drop off ◊ **Васúль прихилúвся до паркáну і забýвся.** Vasyl leaned on the fence and dozed off. ◊ **Юрій цíлу ніч не спав і тíльки під рáнок трóхи забýвся.** Yurii did not sleep all night long, and only catnapped a bit towards the morning.
Also see **дрімáти**
4 to get carried away, lose control of oneself ◊ **Спóрячи, Іван ~вся і починáв кричáти.** While arguing, Ivan would get carried away and begin to yell. ◊ **«Не ~йтеся!» – просичáв він.** "Mind your manners!" he hissed. ◊ **Ви ~єтеся!** You are out of order!
5 *intr., pass.* to be forgotten, get forgotten ◊ **Усé це скóро забýлося.** All this was quickly forgotten. ◊ **Якщó мóвою не корúстуватися, вонá ~ється.** If one does not use a language, it gets forgotten.

забудóв|а, *f.*

1 development *(construction)*, complex, site ◊ **хаотúчна з. схíдної частúни мíста** the chaotic development of the eastern part of town
adj. **ділóвá** business, **житловá** residential ◊ **Над рíчкою виростáла новá житловá з.** A new residential development was rising by the river. **комерцíйна** commercial; **спорадúчна** sporadic, **хаотúчна** chaotic; **суцíльна** continuous; **модéрна** modern, **новá** new; **довоєнна** prewar, **совєтська** Soviet ◊ **Усá вýлиця – зразóк потвóрної совєтської ~и.** The entire street is a sample of ugly Soviet development. **старá** old; **леґáльна** legal, **нелеґáльна** illegal
з. + *n.* ◊ **з. вýлиці** street development (**дільнúці** district, **мíста** city, **окóлиці** neighborhood, **терitóрії** area, *etc.*) ◊ **Він вивчáв план ~и промислóвої терitóрії.** He was examining the industrial area development plan.
v. + **з. дозволя́ти ~у** allow development (**забороня́ти** ban ◊ **Міськá рáда заборонúла ~у навкóло собóру.** The city council banned development around the cathedral)
2 *coll.* construction, buildings ◊ **Дерéва закривáли ~у від цікáвих очéй.** The trees covered the buildings from prying eyes. ◊ **Дáлі йшла дóсить сíра з.** Farther on there were rather dreary buildings.
See **будúнок 1, будóва 1.** *Also see* **хáта 1**

забудóвник, *m.*; забудóвниця, *f.*

developer, builder ◊ **Банк надавáв пóзики житловúм ~ам.** The bank gave credits to residential builders.
adj. **велúкий** big; **місцéвий** local; **дáчний** summer-cottage ◊ **Вонú звернýлися до дáчного ~а.** They turned to a summer-cottage builder. **ділóвий** business, **житловúй** residential, **комерцíйний** commercial; **індивідуáльний** individual, **корпоратúвний** corporate, **привáтний** private
з. + *v.* **будувáти** + *A.* build sth, **спорýджувати** + *A.* construct sth; **забудóвувати** + *A.* develop sth
See **будівéльник**

забудóву|вати, ~ють; забуду|вáти, ~ють, *tran.*

to develop *(housing, etc.)*, build, cover with buildings ◊ **Новý вýлицю ~ють тíльки житловúми будúнками.** They are building only residential housing on the new street.
adv. **крок за крóком** step by step, **повíльно** slowly, **поступóво** gradually; **швúдко** quickly ◊ **Пóле швúдко забудувáли.** The field was quickly covered with buildings. **планомíрно** in a planned way; **хаотúчно** chaotically
v. + **з. починáти** begin to ◊ **Пустúр почалú хаотúчно з. привáтними гаражáми.** They began to chaotically occupy the vacant plot with private garages. **стáти** *pf.* start; **продóвжувати** continue to, **закíнчувати** finish ◊ **Новý дíльницю закíнчать з. чéрез сім-дéв'ять рокíв.** The new district development will be finished in 7-9 years.
pa. pple. **забудóваний** developed, covered with buildings
забудóвуй! забудýй!
See **будувáти 1.** *Also see* **вивóдити 3**

забý|ти, *pf., see* забувáти

to forget; fail, leave behind, *etc.* ◊ **Орéст ~в пáспорт із квиткáми на столí.** Orest left his passport and tickets behind on the table.

забý|тися, *pf., see* забувáтися

to forget; drift away; doze off, *etc.* ◊ **Йомý трéба ля́гти і з. на пів годúни.** He needs to lie down and doze off for a half hour.

забутт|я́, *nt., only sg.*

1 oblivion, obscurity ◊ **Зрáдникові загрóжує суспíльний остракíзм і з.** The traitor is under the threat of social ostracism and oblivion.
adj. **пóвне** total, **цілковúте** complete; **політúчне** political ◊ **Вонá боя́лася політúчного з. бíльше, як самóї смéрти.** She feared political oblivion more than death itself. **неунúкне** inevitable
v. + **з. відійтú в з.** slip into oblivion (**кáнути в** sink into ◊ **Ця популя́рна пíсня кáнула в пóвне з.** This popular song sunk into total oblivion. **прирікáти** + *A.* **на** consign sb/sth to) ◊ **Текст був прирéчений на з.** The text was consigned to oblivion. **врятувáти** + *A.* **від з.** rescue sb/sth from oblivion, **помирáти в ~í** die in oblivion ◊ **Композúторові судúлося помéрти в ~í.** The composer was destined to die in oblivion.
prep. **в з.** *dir.* in/to oblivion; **в ~í** *posn.* in oblivion ◊ **Йогó поéзія булá в ~í трúста рокíв.** His poetry had been in oblivion for three hundred years.
2 unconsciousness, stupor, stupefaction ◊ **Тодí був удáр по головí і мóрок з.** Then there was a blow to the head and the darkness of unconsciousness.
adj. **алкогóльне** alcoholic, **наркотúчне** drug-induced, **п'я́не** drunken; **блажéнне** blissful, **глибóке** deep, **солóдке** sweet ◊ **Олéнка блажéнно усміхáлася, нáче в стáні солóдкого з.** Olenka was blissfully smiling as though in a state of sweet stupor. **п'янкé** intoxicating
v. + **з. впадáти в** fall into a stupor ◊ **Пíсля пля́шки винá вонá впáла в п'я́не з.** After a bottle of wine, she fell into a drunken stupor. (**вхóдити в** go into, **поринáти в** lapse into) ◊ **Полíна порúнула у глибóке з.** Polina lapsed into a deep stupor. **впивáтися до з.** drink oneself into a stupor ◊ **Він знóву впúвся до з.** Again he drank himself into a stupor. (**вивóдити** + *A.* **з** rouse sb from, **виривáти** + *A.* **з** snap sb out of ◊ **Стук у двéрі вúрвав її із з.** A knock on the door snapped her out of her stupor. **виринáти з** emerge from, **вихóдити з** come out of) ◊ **Вонá не моглá вúйти з наркотúчного з.** She could not come out of her drug-induced stupor. **перебувáти в ~í** be in a stupor ◊ **Чоловíк перебувáв у ~í.** The man was in a stupor.
prep. **в з.** *dir.* in/to a stupor; **в ~í** *posn.* in a stupor; **із з.** out of a stupor
3 distraction, frenzy ♦ **кохáти** + *A.* **до з.** to love sb to distraction ◊ **Тамáра до з. кохáла йогó.** Tamara loved him to distraction.

завáди|ти, *pf., see* заважáти

to prevent, foil ◊ **Тéмрява ~ла йомý роздивúтися Оксáну.** Darkness prevented him from detecting Oksana.

заважá|ти, ~ють; завáд|ити, ~жу, ~ять, *intr.*

1 to impede, hinder, prevent, be in the way + *D.* + *inf.* ◊ **Успíх не завáдив дíвчині бýти й дáлі сумлíнною студéнткою.** Her success did not prevent the girl from continuing to be a diligent student.
adv. **весь час** all the time, **постíйно** constantly; **дýже** greatly, **помíтно** significantly ◊ **Тéмрява помíтно ~ла Óльзі шукáти дорóгу додóму.** Darkness significantly impeded Olha in her search

for the way home. **серйо́зно** seriously; **де́що** somewhat, **тро́хи** a little; **зо́всім не** not at all ◊ **Ке́пське володі́ння мо́вою зо́всім не ~ло Іллі́ заво́дити тут нови́х знайо́мих.** A poor command of language did not at all impede Illia in acquiring new acquaintances here. **нія́к не** in no way

v. + **з. могти́** can, **стара́тися** try to, **хоті́ти** want to ◊ **Вона́ хоті́ла зава́дити їхньому порозумі́нню.** She wanted to prevent their consensus. **намага́тися не** try not to ◊ **Він намага́лися не з.** He tried not to be in the way.

prep. **з. в** + *L.* impede in sth ◊ **Га́мір не ~в їм у робо́ті.** The noise did not impede them in their work.

Also see **перешкоджа́ти 1**

2 to disturb, distract, bother + *D.* ◊ **Не журі́ться, ви мені́ не ~єте.** Don't worry you are not disturbing me. ◊ **Вона́ ~ла Оле́ні дзві́нками з при́воду і без.** She bothered Oksana with phone calls with and without a good reason.

Also see **перешкоджа́ти 2**

3 *impers., pf., only neg.* **не зава́дить** *or* **не зава́дило б** it is worth doing sth, one should, one would be well-advised to + *clause* ◊ **Сте́фі не зава́дило б ма́ти меди́чне забезпе́чення.** Stefa would be well-advised to have medical insurance.

заважа́й! зава́дь!

зава́ри|ти, *pf., see* **зава́рювати**

to brew ◊ **Лі́да ~ла своїм го́стям сві́жої ка́ви.** Lida brewed some fresh coffee for her guests.

зава́рю|вати, ~ють; завар|и́ти, ~ять, *tran.*

1 to brew *(coffee, etc.)*, make, prepare, steep ◊ **Хома́ взя́вся з. чай.** Khoma set about brewing the tea.

з. + *n.* **з. ка́ву** brew coffee (**тра́ви** herbs, **чай** tea)

v. + **з. вмі́ти** be capable of ◊ **Зено́н умі́є з. до́бру ка́ву.** Zenon is capable of making good coffee. **могти́** can; **пропонува́ти** + *D.* offer sb to ◊ **Вона́ запропонува́ла О́льзі завари́ти лікува́льних трав від ка́шлю.** She offered Olha to brew some medicinal herbs for the cough. **проси́ти** + *A.* ask sb to

2 *fig.* to cause *(trouble, problem)*, stir up ◊ **Це ти завари́в цю хале́пу?** Are you the one who caused this hassle? ♦ **з. ка́шу** *or* **пи́во** to cause trouble ◊ **Кліє́нт завари́в ка́шу че́рез ке́пське обслуго́вування.** The client caused a scene over poor service.

pa. pple. **зава́рений** brewed

зава́рюй! завари́!

завба́члив|ий, *adj.*

farsighted, judicious, shrewd, prudent ◊ **Він був ~им страте́гом.** He was a shrewd strategist.

adv. **більш** more **винятко́во** exceptionally, **дивови́жно** amazingly, **до́сить** fairly, **ду́же** very; **зо́всім не** not at all, **не зо́всім** not entirely

v. + **з. бу́ти ~им** be farsighted (**вважа́ти** + *A.* consider sb ◊ **Марка́ вважа́ли ~им і обере́жним у рі́шеннях.** Marko was considered to be farsighted and cautious in his decisions. **виявля́тися** turn out, **здава́тися** + *D.* seem to sb, **става́ти** become)

prep. **з. в** + *L.* farsighted about/in sth

завба́члив|ість, *f.*, **~ости**, *only sg.*

foresight, farsightedness, vision, prudence, judiciousness ◊ **З. допомага́ла їй уни́кнути не одніє́ї неприє́мної ситуа́ції.** Her foresight helped her avoid more than one troublesome situation.

adj. **вели́ка** great, **винятко́ва** exceptional, **неаби́яка** considerable; **незмі́нна** invariable

v. + **з. виявля́ти з.** show foresight ◊ **Полі́тик виявля́в з. у крити́чних обста́винах.** The politician showed foresight in critical circumstances. (**демонструва́ти** demonstrate, **ма́ти** have; **поклада́тися на** rely on) ◊ **Вони́ покла́лися на з. провідника́.** They relied on their leader's foresight. **вирізня́тися ~істю** stand out by one's foresight

завбі́льшки, *adv.*

as big as, the size of ◊ **Гради́ни були́ із сли́ву з.** The hale pallets were the size of a plum.

v. + **з. бу́ти з.** be as big as (**здава́тися** + *D.* seem to sb ◊ **Лопу́х здава́вся їй як вели́ка тарі́лка з.** The burdock seemed as big as a large plate to her. **става́ти** become)

prep. **з. з** + *A. or* **як** + *N.* as big as sth/sb ◊ **кварти́ра з. з кімна́ту** a dwelling the size of a room

Cf. **заввишки, завгли́бшки, завдо́вжки, завто́вшки, завши́ршки**

завви́шки, *adv.*

high *(in measurements)*, tall, the height of, as high (tall) as ◊ **Хід був з. в два ме́три.** The passage was 2 m high.

v. + **з. бу́ти з.** be as tall as ◊ **Мала́ О́ля була́ метр з.** *(or* **Мала́ О́ля була́ з. з** *or* **в метр.***)* Little Olia was 1 m high. (**виявля́тися** turn out ◊ **Пес ви́явився пів ме́тра з.** The dog turned out to be half a meter high. **здава́тися** + *D.* seem to sb ◊ **Зві́дси парка́н здава́вся не бі́льш як метр з.** From here, the fence seemed not higher than a meter. **става́ти** become)

prep. **з. в** + *A. or* **як** + *N. or* **з** + *A.* ◊ **дуб з. у п'ять ме́трів** *or* **у п'ять ме́трів з.** an oak 5 m high; ◊ **Ні́на була́ з. як Стефа́н.** Nina was as tall as Stefan. ◊ **ґара́ж з. із двоповерхо́вий буди́нок** a garage the height of a two-story building

Cf. **завбі́льшки, завгли́бшки, завдо́вжки, завто́вшки, завши́ршки**

завгли́бшки, *adv.*

deep *(in measurements)*, in depth, as deep as ◊ **Брід був з. в со́рок сантиме́трів.** The ford was 40 cm deep.

v. + **з. бу́ти з.** be as deep as ◊ **Це о́зеро два ме́три з.** This lake is 2 m deep. (**здава́тися** + *D.* seem to sb; **роби́ти** + *A.* make sth, **става́ти** become)

prep. **з. в** + *A. or* **з** + *A.* ◊ **ша́нець з. із пів ме́тра** *or* **ша́нець у пів ме́тра з.** half a meter-deep trench

Cf. **завбі́льшки, заввишки, завдо́вжки, завто́вшки, завши́ршки**

завго́дно, *pred., part.*

1 *pred., impers., colloq.* desirable, necessary + *D.* ◊ **Як з., мо́жеш лиша́тися з на́ми.** If you like, you can stay with us. ◊ **Коли́ цим до́брим лю́дям було́ б з., опла́ту мо́жна зроби́ти пізні́ше.** If it should please these good people, the payment could be made later.

2 *part. with interrogative adv.* as one pleases ♦ **що з.** whatever, anything ◊ **Мо́жеш проси́ти що з.** You can ask whatever you like. ♦ **куди́ з.** wherever, anywhere ◊ **Іді́ть куди́ з.** Go wherever you wish. ♦ **як з.** anyway, in whichever way you like; ♦ **скі́льки з.** as much (many) as you like ◊ **Я мо́жу да́ти вам скі́льки з. ча́су.** I can give you as much time as you like. ♦ **яки́й з.** whichever ◊ **Пропону́ю ви́брати яки́й з. день у сі́чні.** I suggest that you choose any day in January you like. ♦ **де з.** wherever, anywhere ◊ **Вона́ гото́ва зустрі́тися де з.** She is ready to meet anywhere. ♦ **хто з.** whoever, anyone ◊ **Так писа́ти мо́же хто з.** Anyone can write this way.

завда|ва́ти, ~ю́ть; завда́|ти, ~м, ~си́, ~сть, ~мо́, ~сте́, ~ду́ть, *tran.*

to cause, inflict, deliver + *G.* ◊ **Моро́з ~в шко́ди помара́нчевим сада́м.** The cold caused damage to the orange orchards. ◊ **Своїм запі́зненням вона́ ~сть обра́зи па́ні Роже́нко.** She will cause insult to Mrs. Rozhenko with her tardiness.

з. + *n.* **з. бо́лю** cause pain ◊ **Ця розмо́ва не ~є Оле́ні ні́чо́го, крім бо́лю.** This conversation causes Olena nothing but pain. (**втрат** losses, **жа́лю** sadness, **жа́ху** horror ◊ **Во́рог удава́вся до дику́нств, щоб завда́ти жа́ху насе́ленню.** The enemy resorted to savageries, in order to horrify the population. **збиткі́в** damages, **кло́поту** trouble, **му́ки** suffering, **пора́зки** defeat ◊ **Сепарати́стам завдали́ пора́зки в Оде́сі.** They inflicted a defeat on the separatists in Odesa. **со́рому** shame, **ту́ги** anguish, **шко́ди** harm); **з. уда́ру** deliver a blow ◊ **Уряд завда́в уда́ру по шпигу́нській мере́жі.** The government delivered a blow to the spy network.

pa. pple. **завда́ний** inflicted

завдава́й! завда́й!

завда́н|ня, *nt.*

1 assignment, task, mission ◊ **Розві́дницька гру́па ма́ла небезпе́чне з.** The reconnaissance group had a dangerous mission.

adj. **бойове́** combat, **операти́вне** operational, **особли́ве** special, **робо́че** work; **дослі́дницьке** research, **журналі́стське** reporter's; **важке́** difficult, **важли́ве** important ◊ **Керівни́к мав для них важли́ве з.** The director had an important assignment for them. **небезпе́чне** dangerous, **ризико́ве** risky, **складне́** tough; **секре́тне** secret ◊ **Ніхто́ не знав про секре́тне з.** Nobody knew about the secret assignment.

v. + **з. зага́дувати** *or* **задава́ти** + *D.* give sb an assignment (**вико́нувати** carry out; **бра́ти** take on ◊ **Він не боя́вся бра́ти ризико́ві з.** He was not afraid of taking on risky assignments. **діста́вати** get, **отри́мувати** receive ◊ **Вони́ впе́рше отри́мували таке́ з.** They received such an assignment for the first time. **ма́ти** have; **іґнорува́ти** ignore; **закі́нчувати** complete) ◊ **Їй забра́кло ча́су, щоб закі́нчи́ти з.** She was short of time in order to complete the task. **відмовля́тися від з.** refuse an assignment.

Also see **дору́чення 1, мі́сія 1, спра́ва 2**

2 assignment *(at school)* ◊ **Він уже́ зроби́в з. з хе́мії.** He has already done his chemistry assignment.

adj. **важке́** difficult, **складне́** complicated; **вели́ке** big; **невели́ке** small; **дома́шнє** home, **кла́сне** classroom, **шкільне́** school; **групове́** group; **додатко́ве** additional ◊ **Ко́жен студе́нт мав ви́конати додатко́ве з.** Each student was to do an additional assignment. **письмо́ве** written, **тво́рче** creative, **у́сне** oral; **граммати́чне** grammar, **комунікати́вне** communicative, **лекси́чне** lexical, **фонети́чне** phonetic, *etc.*

v. + **з. зага́дувати** *or* **задава́ти** + *D.* give sb an assignment (**вико́нувати** *or* **роби́ти** do ◊ **Ната́лці до впо́доби вико́нувати тво́рчі з. з літерату́ри.** Natalka is fond of doing creative assignments in literature. **готува́ти** prepare, **закі́нчувати** complete, **ма́ти** have ◊ **Вони́ ма́ли вели́ке з. на вівто́рок.** They had a big assignment for Tuesday. **іґнорува́ти** ignore ◊ **Оре́ст зіґнорува́в з.** Orest ignored the assignment. **писа́ти** write, **чита́ти** read; **переві́ря́ти** grade; **роздава́ти** hand out ◊ **Вчи́тель розда́в насту́пне з.** The teacher handed out the next assignment. **склада́ти** put together)

prep. **з. з** + *G.* an assignment in sth ◊ **Він не закі́нчи́в дома́шнього з. з фі́зики.** He did not complete his physics homework. **з. на** + *A.* an assignment for *(date)* ◊ **з. на сьо́ме кві́тня** the assignment for April 7

Also see **впра́ва, зада́ча, при́клад 3**

3 aim, task, target, purpose ◊ **На́ше з. – зроби́ти все за́раз.** Our aim is to do everything now.

See **мета́.** *Also see* **мі́сія 1, призна́чення 2, ціль 2**

завда́т|ок, *m.*, **~ку**

deposit, downpayment, advance ◊ **Продавчи́ня відкла́ла су́кню за три́ста гри́вень ~ку.** The saleswoman put the dress aside for a ₴300 downpayment.

adj. **великий** large, **величезний** huge, **значний** sizable, **помірний** moderate; **невеликий** small; **мінімальний** minimal ◊ **Мінімальний з. встановлено на два відсотки ціні товару.** The minimal deposit is set at 2% of the product price. **ґарантійний** security, **готівковий** *or* **грошовий** cash; **обов'язковий** mandatory

v. + **з. вносити з.** make a deposit ◊ **Він повинен унести значний грошовий з.** He is required to make a sizable cash deposit. (**давати** + *D.* give sb ◊ **Давши крамареві з., Симон поїхав по решту грошей.** Having given the storekeeper a deposit, Symon went to get the rest of the money. **платити** + *D.* pay sb; **діставати від** + *G.* get from sb, **отримувати від** + *G.* receive from sb) ◊ **Автосалон підтвердив, що отримав сто тисяч гривень ~ку.** The car dealership confirmed that it had received a ₴100,000 deposit.

prep. **з. в** + *A.* a deposit of *(sum)* ◊ **з. у тисячу гривень** deposit of ₴1,000.^{00}; **з. від** + *G.* a deposit from sb ◊ **У конверті був готівковий з. від покупця.** There was a cash downpayment from the buyer in the envelope. **з. за** + *A.* a deposit for sth ◊ **ґарантійний з. за квартиру** a security deposit for the apartment

завдовжки, *adv.*
long *(in measurements)*, in length ◊ **Човен був три метри з.** The boat was three meters long.

v. + **з. бути з.** be as long as *(measure)* ◊ **Стіл буде два метри з.** The table will be two meters long. (**виявлятися** turn out; **здаватися** + *D.* seem to sb, **ставати** become)

prep. **з. в** + *A.* as long as sth/sb ◊ **лавка з. в півтора метри** *or* **лавка в півтора метри з.** a bench 1.5 m long

Cf. **завбільшки, заввишки, завглибшки, завтовшки, завширшки**

завдяки, *prep., conj.*
1 *prep.* thanks to + *D.* ◊ **З. Ганні вони відвідали експозицію.** Thanks to Hanna they visited the exhibition. ◊ **Школу відремонтували з. громаді.** The school was renovated thanks to the community.
2 *conj.* **з. тому, що** + *clause* thanks to the fact that, because ◊ **Хлопці виграли з. тому, що підготувалися.** The boys won thanks to the fact that they were prepared.

завдячу|вати, ~ють; *no pf., intr.*
fig. to owe sb sth, be indebted to sb for sth + *D.* + *I.* ◊ **Лев ~є сестрі любов'ю до літератури і театру.** Lev owes his sister his love for literature and theater. ◊ **Усе живе на Землі ~є існуванням Сонцю.** Every living thing on the Earth owes its existence to the Sun.
завдячуй!

зав|езти, *pf., see* **завозити**
to drive away, drive to, take *(by vehicle)* ◊ **Віктор ~із дітей до дитячого садка.** Viktor took the children to the kindergarten.

заверну|ти, *pf., see* **завертати**
to turn, go back; turn sb back, cause sb to turn back ◊ **Вони ~ли до найближчої хати, щоб перечекати дощ.** They turned to the closest house to wait out the rain. ◊ **Він ~в корову до хліва.** He turned the cow back to the shed.

заверта|ти, ~ють; заверн|ути, ~уть, *tran. and intr.*
1 *intr.* to turn *(change direction)*; bend, curve ◊ **Він завернув не в той бік.** He turned the wrong way.

adv. **несподівано** unexpectedly, **раптом** suddenly, **різко** abruptly; **плавно** smoothly, **повільно** slowly; **ліворуч** left, **праворуч** right ◊ **Біля ставка стежка ~ла праворуч.** Near the pond, the path bent right.

prep. **з. за** + *A.* turn behind sth ◊ **Автівка різко завернула за ріг вулиці.** The car abruptly turned the street corner.

Also see **повертати 2**
2 *tran.* turn sb back, cause sb to turn back ◊ **Пізно з. гостей до готелю.** It is too late to turn the guests back to the hotel.

pa. pple. **завернутий** turned back
завертай! заверни!

завершен|ня, *nt.*
completion, conclusion, end + *G.* ◊ **Капітан привітав екіпаж з успішним ~ням навчань.** The captain congratulated the crew on the successful completion of the maneuvers.

з. + *n.* **з. будівництва** the completion of construction (**кар'єри** career, **навчання** studies, **переговорів** negotiations, **подорожі** journey)

prep. **на з.** + *G.* in conclusion of sth ◊ **На з. вони проспівали кілька колядок.** In conclusion, they sang a few carols. **перед ~ням** before the conclusion ◊ **Інцидент стався перед ~ням вистави.** The incident occurred before the conclusion of the play. **після з.** after conclusion ◊ **Вітя пробув у церкві годину після з. відправи.** Vitia stayed in the church for an hour after the conclusion of the service.

See **кінець 2.** *Also see* **смерть, фініш.** *Ant.* **початок**

завершу|вати, ~ють; заверш|ити, ~ать, *tran.*
to finish, complete, conclude ◊ **Мотря нарешті ~вала чотири роки навчання у військовій академії.** Motria was finally finishing her four years of studies at the military academy.

adv. **ледве** scarcely, **майже** almost, **насилу** barely; **зовсім** completely, **нарешті** finally, **остаточно** ultimately, **цілком** fully; **успішно** successfully

prep. **з. за** + *A.* complete in *(time period)* ◊ **Досліди він завершив за день.** He finished the tests in a day.

pa. pple. **завершений** finished
завершуй! заверши!

See **закінчувати 1.** *Also see* **кінчати 1, справлятися 2**

завершу|ватися; завершитися, *intr.*
to end, be nearing completion, end in + *I.* ◊ **Рік ~вався політичною кризою.** The year was ending in a political crisis. ◊ **Вистава нарешті завершилася.** The show finally ended.

See **закінчуватися, кінчатися 1.** *Ant.* **починатися**

зав|ести, *pf., see* **заводити**
to lead, take *(somewhere)* ◊ **Стежка ~еде вас до лісового озера.** The path will take you to a forest lake.

зав|естися, *pf., see* **заводитися**
to start; be aquired, be bought, *etc.* ◊ **Моторний човен ~івся з третього разу.** The motorboat started on the third go.

завжди, *adv.*
always, all the time, ever ◊ **Вона з. рада тебе бачити.** She is always happy to see you. **чемний, як з.** polite as ever; ◊ **як з.** as always ◊ **Хома, як з., сумнівався.** Khoma was doubtful as always.

Also see **вік 5, все[1] 1**

завидн|ий, *adj.*
enviable, covetable, desired ◊ **Марія мала ~е терпіння з дітьми.** Maria had an enviable patience with children.

з. + *n.* **~а впертість** an enviable persistence (**завзятість** ardor ◊ **Рятувальна дружина працювала із ~ою завзятістю.** The rescue team worked with enviable ardor. **доля** fortune, **енергія** energy, **посвята** dedication ◊ **Його ~а посвята фірмі надихала всіх працівників.** His enviable dedication to the firm inspired all of his associates. **сила** force, **сила волі** willpower, **твердість** firmness)

завідувач, *m.*; **~ка**, *f.*
director, manager, head, chief, chair + *G. or I.* ◊ **Гришко працював ~ем поліклініки.** Hryshko worked as the director of the polyclinic.

з. + *n.* **з. аптеки** the pharmacy director (**відділу** department, **лабораторії** laboratory, **майстерні** workshop, **складу** warehouse); ♦ **з. катедри історії** chair of the History Department ◊ **Тютюнника обрали ~ем катедри історії.** Tiutiunnyk was elected chair of the History Department. ◊ **з. магазину** a store manager

See **директор, голова 3.** *Also see* **керівник, очільник, президент 2, провідник 3**

завіс|а, *f.*
1 curtain ◊ **Замість двох бокових стін були зелені ~и.** Instead of two side walls, there were green curtains.

adj. **важка** heavy, **груба** *and* **товста** thick; **легка** light, **тонка** thin; **довга** long; **вузька** narrow; **широка** wide; **мережана** *or* **мереженa** lace, **прозора** transparent; **оксамитова** velvet, **шовкова** silk; **гарна** beautiful, **розкішна** magnificent ◊ **Розкішна з. звертала на себе увагу глядача.** The magnificent curtain drew viewer's attention. **віконна** window, **дверна** door, **душова** shower, **театральна** stage; **Залізна з.** *hist.* the Iron Curtain; **відкрита** open, **підійнята** *or* **піднята** raised; **закрита** closed, **опущена** lowered

v. + **з. відкривати ~у** open a curtain (**відсувати** pull back ◊ **Він відсунув ~у.** He pulled the curtain back. **розсувати** draw apart; **закривати** close, **опускати** lower, **підіймати** *or* **піднімати** raise ◊ **~у підіймав і опускав спеціяльний механізм.** A special device raised and lowered the curtain. **вішати** hang); **закривати** + *A.* **~ою** cover sth with a curtain (**запинати** veil with) ◊ **Вхід запнули марлевою ~ою.** The entrance was veiled with a cheesecloth curtain.

з. + *v.* **висіти** hang ◊ **На сцені висіла стара з.** An old curtain hung on the stage. **надуватися** billow ◊ **З. надулася від повіву вітру.** The curtain billowed with the puff of the wind. **маяти** wave ◊ **Віконна з. маяла на протязі.** The window curtain waved in the draft. **розвіватися** flap, **тріпотати** flutter; **опускатися** go down, **падати** fall; **підійматися** *or* **підніматися** go up

prep. **за ~у** *dir.* behind a curtain ◊ **Валя сховалася за ~у.** Valia hid behind the curtain. **за ~ою** *posn.* behind a curtain; ♦ **під ~у** toward the end ◊ **Дискусії стали гострішими під ~у конференції.** The discussions became more heated toward the end of the conference.

See **штора.** *Also see* **занавіска**
2 *fig.* pall, mantle, cloud, blanket, screen ◊ **Вулицю огорнула з. диму.** A pall of smoke enveloped the street.

adj. **вогняна** fire, **димова** smoke ◊ **Будинок зник за димовою ~ою.** The building vanished behind a blanket of smoke. **дощова** rain

з. + *n.* **з. відчаю** *fig.* a pall of despair (**брехні** *fig.* lies, **страху** *fig.* fear, **терору** *fig.* terror); **з. вогню** a blanket of fire (**диму** smoke, **мряки** drizzle, **темряви** darkness, **туману** fog) ◊ **Вона намагалася щось роздивитися через густу ~у туману.** She was trying to see something through the thick blanket of fog.

v. + **з. підіймати** *or* **піднімати ~у** lift a pall ◊ **Документ підійняв ~у таємниці навколо убивства журналіста.** The document lifted the pall of mystery around the reporter's murder. **розвіювати** dispel

з. + *v.* **огортати** + *A.* envelop sth; **опускатися на** + *A.* descend on sth; **зникати** vanish, **розвіюватися** dissipate

завітá|ти, ~ють, *only pf., intr.*
to visit, to drop in, pay a visit ◊ **До компáнії рáптом ~ла податкóва поліція.** The tax police suddenly paid the company a visit.
prep. ♦ **з. в гóсті** to come visit sb ◊ **Івáнна прóсить їх з. в гóсті.** Ivanna asks them to come visit her. **з. до** + *G.* visit sb/sth ◊ **~йте до нас, колú хóчете.** Drop in on us when you wish.
♦ **~йте до Кúєва!** Come visit Kyiv (**Полтáви** Poltava, **Одéси** Odesa, *etc.*)!
завітáй!
See **відвíдувати 1.** *Also see* **провíдувати 1, ходúти 3**

завмирá|ти, ~ють; завмéрти, завмр|ýть; *pa. pf., m.* **завмéр,** *pl.* **завмéрли,** *intr.*
1 to stop dead, freeze, sink *(of heart)* ◊ **Жукú ~ли, вдаючú з сéбе неживúх, як тíльки їх торкáлися пáльці ентомóлога.** The beetles would freeze and play dead the moment the entomologist's fingers touched them.
adv. **в мить** *and* **миттєво** instantaneously, **рáптом** suddenly, **зáраз же** right away; **на хвúлю** for an instant ◊ **Рúба на хвúлю завмéрла.** The fish stopped dead for an instant.
prep. **з. від** + *G.* stop dead with *(emotion)* ◊ **Вонú завмéрли від жáху.** They went rigid with horror. ◊ **У Маркá ~є сéрце від дýмки про зýстріч із керівникóм.** Marko's heart sinks at the thought of meeting his advisor.
2 *fig.* to stop, cease, come to a halt ◊ **Життя тут завмéрло.** Life has stopped here. ◊ **Бýсьок ходúв по болóту, час від чáсу ~в, нáче дослухáючись.** The stork waded through the swamp, halting every now and then as if listening.
See **зупинятися 1.** *Also see* **ставáти 6**
3 to vanish, disappear ◊ **У нього завмéрло бажáння чинúти óпір.** His desire to resist vanished.
See **зникáти, пропадáти 1.** *Also see* **відхóдити 11, гúнути 2, розтавáти 3, стирáтися.** *Ant.* **з'являтися**
4 to fade away *(of sound)*, die out ◊ **Звýки міста ~ли в далечині.** The sounds of the city faded away in the distance.
adv. **врéшті-рéшт** eventually, **нарéшті** finally ◊ **Гáлас нарéшті завмéр.** The noise finally died out. **повíльно** slowly, **поступóво** gradually; **ґвалтóвно** abruptly, **несподíвано** unexpectedly, **рáптом** suddenly, **швúдко** quickly
завмирáй! завмрú!

завóд, *m.,* **~у**
1 plant, works, factory
adj. **важлúвий** important, **велúкий** large, **малúй** *and* **невелúкий** small; **найсучáсніший** state-of-the-art, **сучáсний** modern; **авіацíйний** aircraft, **автомобíльний** car, **машинобудівнúй** engineering, **хемíчний** chemical; ♦ **металургíйний з.** an iron foundry; ♦ **нафтопереróбний з.** an oil refinery ◊ **Вонá прáцює на нафтопереróбному ~і.** She works at an oil refinery. ♦ **суднобудівнúй з.** a shipyard; ♦ **цукрóвий з.** a sugar refinery
n. + **з. дирéктор ~у** the plant director (**мéнеджер** manager)
v. + **з. будувáти з.** build a plant (**відкривáти** open, **закривáти** close down; **модернізувáти** modernize) ◊ **З. модернізувáли.** The plant has been modernized. **керувáти ~ом** run a plant
з. + *v.* **виробляти** + *A.* produce sth ◊ **З. виробляє свíчкú.** This plant produces candles.
prep. **на з.** *dir.* to a factory ◊ **Кóжну змíну привóзили на з. автóбусами.** Each shift was brought to the works by buses. **на ~і** *posn.* at/in a factory ◊ **На ~і страйк.** There is a strike at the factory.
See **фáбрика.** *Also see* **виробнúцтво 2, підприємство**
2 breeding farm ◊ **На ~і вирóщують чотúри порóди свинéй.** They breed four varieties of pigs at the breeding farm. ◊ **рибовóдний з.** a fishfarm, ◊ **кíнний з.** a horse breeding farm ◊ **Він володíв велúким кíнним ~ом.** He owned a large horse breeding farm.
See **фéрма**

завóд|ити, ~жу, ~ять; завестú, завед|ýть; *pa. pf., m.* **завíв,** *pl.* **завелú,** *tran.*
1 to take to, bring to, lead to ◊ **Вартовí завелú в'язня назáд до кáмери.** The guards took the prisoner back to the cell.
adv. **геть** away, **глúбоко** deep ◊ **Стéжка завелá дітéй глúбоко в ліс.** The path led the children deep into the forest. **далéко** far
prep. **з. до** + *G. or* **в** + *A.* take sb to *(a place)* ◊ **з. до бібліотéки** take sb to a library (**кíмнати** room, **хáти** house) ◊ **Він завíв дітéй до шкóли.** He took the children to school. ◊ **Конюх завíв кобúлу в двір.** The groom took the mare to the courtyard. ♦ **з. у глухúй кут** to lead sb up a blind alley ◊ **Йогó популíзм рáно чи пíзно заведé йогó у глухúй кут.** His populism will sooner or later lead him up a blind alley. ♦ **з. під дурнóго хáту** *colloq.* to get sb in trouble ◊ **Порóжні обіцянки не раз ~или її під дурнóго хáту.** Empty promises more than once got her in trouble.
See **вестú 1**
2 *colloq.* to found, establish, open, introduce, get ◊ **Він завíв пекáрню.** He has opened a bakery. ◊ **Начáльник хотíв з. нові прáвила.** The boss wanted to introduce new rules.
Also see **розвóдити 9**
3 *colloq.* to get *(a pet, animal, etc.)*, buy, acquire, start ◊ **Натáля дáвно хотíла завестú котá.** For a long time, Natalia had wanted to get herself a cat. ◊ **з. господáрство** start a farm (**гýси** geese, **кóні** horses, **сад** garden) ◊ **Вонú завелú господáрство.** They started a farm.
4 *colloq.* to grow *(of hair, nails, etc.)* ◊ **з. бóроду** grow a beard ◊ **Івáн завíв бóроду.** Ivan grew a beard. (**вýса** moustache, **дóвге вóлосся** long hair, **нíгті** fingernails)
Also see **запускáти**[2] **2**
5 to start, initiate ◊ **з. дрýжбу** start friendship (**знайóмство** acquaintance ◊ **Юркó завíв знайóмство з пóльськими студéнтами.** Yurko got acquainted with Polish students. **контáкти** contacts, **розмóву** conversation, **свáрку** quarrel) ◊ **Валентúна завелá свáрку із сусíдом.** Valentyna started a quarrel with her neighbor. ♦ **з. фíглі з** + *I.* to flirt with sb ◊ **Марíчка ~ила фíглі з кóжним вродлúвим чоловíком.** Mariyka flirted with every handsome man. ♦ **з. своєї** *colloq.* to be at it again ◊ **Івáн знóву завíв своєї.** Ivan was at it again.
See **починáти.** *Also see* **брáтися 2, вдарятися 2, вступáти 4, забирáтися 4, знімáти 6, пускáтися 2, розвóдити 8, розпочинáти, ставáти 5.** *Ant.* **закíнчувати**
6 to wind up *(of mechanism)*, start ♦ **з. будúльник** to set an alarm clock ◊ **Вонá завелá будúльник.** She set the alarm clock. ♦ **з. годúнник** to wind up a clock ◊ **Старúй годúнник трéба булó з. раз на добý.** The old clock needed winding once a day. ♦ **з. автíвку** to start up a car (**двигýн** engine) ◊ **Він дóвго не міг завестú двигунá.** It took him a long time to start up the engine.
Also see **запускáти 2**
7 *colloq.* to enter, write down, put down ◊ **Він ~ив усí свої витрáти у зóшит.** He entered all his expenditures in a notebook.
See **писáти 1**
8 to start keeping *(a journal, etc.)* ◊ **Катерúна завелá щодéнник.** Kateryna started keeping a journal. ◊ **Хомá завíв фотоальбóм.** Khoma started keeping a photo album.
See **починáти**
9 *colloq.* to get sb worked up, get going, turn on ◊ **Лéва мóжна завестú невúнним жáртом.** Lev can get worked up by an innocent joke. ◊ **Нічóго не ~ило Олéну так, як йогó гóлос.** Nothing turned Olena on as much as his voice.
See **збýджувати 2.** *Also see* **п'янúти 2**
pa. pple. **завéдений** wound up, started
завóдь! заведú!

завóд|итися; завестúся, *intr.*
1 *only 3rd pers.* to appear, come about, infest ◊ **У газéтах завелóся багáто непотрíбних запозúчень.** Many needless foreign borrowings started appearing in newspapers.
adv. **віднедáвна** *or* **з недáвнього чáсу** since recently ◊ **У них віднедáвна завелúся мúші.** Since recently their place got infested with mice. **рáптом** suddenly ◊ **У солдáтів рáптом завелúся вóші.** Soldiers got suddenly infested with lice. **чомýсь** for some reason
2 *only 3rd pers.* to get *(a habit, etc.)*, develop, be adopted, be established ◊ **Традúція завелáся у шкóлі дéсять рóків томý.** The tradition started at the school ten years ago. ◊ **Вíдколи це в Олéни завелáся звúчка позичáти грóші?** Since when did Olena get in the habit of borrowing money? ◊ **У мíсті поступóво ~илися нові порядки.** New rules were gradually being established in the city.
See **починáтися.** *Also see* **вибухáти 2, знімáтися 6, розпочинáтися, спалáхувати 3.** *Ant.* **закíнчуватися**
3 *colloq.* to get, buy, acquire + *I.* ◊ **Лукáш завíвся собáкою.** Lukash got himself a dog. ◊ **Насáмперед селянин ~ився конéм та корóвою.** The first things a farmer would acquire were a horse and a cow. ◊ **Фéрмер завíвся теплúцею.** The farmer acquired a hothouse.
See **купувáти, набувáти**
4 *only 3rd pers.* to start, begin ◊ **Між учáсниками конферéнції завелáся суперéчка.** An argument began among the conference participants.
See **вибухáти, починáтися**
5 *colloq.* to start fighting, begin arguing, become embroiled in ◊ **Вонú завелúся чéрез те, хто відкрúв це явище.** They got into a fight over who had discovered this phenomenon.
prep. **з. з** + *I.* start fighting with sb ◊ **Журналíст не боявся публíчно з. зі скорумпóваними полíтиками.** The reporter was not afraid of becoming publicly embroiled with corrupt politicians.
See **сперечáтися**
6 to start *(of engine, etc.)* ◊ **Автíвка ~елáся одрáзу.** The car started at once. ◊ **Чóвен не завóдився.** The boat would not start.

завóз|ити, завóжу, ~ять; завез|тú, ~ýть; *pa. pf., m.* **завíз,** *pl.* **завезлú,** *tran.*
1 to drive away *(by vehicle)*, drive to, take ◊ **Вонá завезлá дитячий óдяг до сиротúнця.** She took children's clothes to the orphanage. ◊ **Кóні ~или п'яного госпóдаря додóму.** The horses drove their drunk master home.
prep. **з. до** + *G. or* **в** + *A.*, or **на** + *A.* drive to *(a place)* ◊ **Водíй завíз її до готéлю «Одéса».** The driver took her to the Odesa Hotel. ◊ **Грýпу мóжна завезтú в гóри на кíлька днів.** The group can be taken to the mountains for several days. ◊ **Він щодня ~ив Люду на стáнцію.** Every day he drove Liuda to the station.
See **привóзити**
2 to bring *(over distance)*, transport ◊ **Хто завезé пісóк на будівнúцтво?** Who will transport the sand to the construction site? ◊ **Вíрус завезлú з Екваторіáльної Áфрики.** The virus was brought from Sub-Saharan Africa.
See **привóзити**
pa. pple. **завéзений** driven away, brought
завóзь! завезú!

завойóван|ий, *adj.*
1 conquered, enslaved, subjugated ◊ **~а країна так і не підкорúлася чужúнцям.** The conquered country never submitted

to the foreigners. ◊ **Поет буди́в з. ро́зум співвітчи́зників.** The poet was awakening his compatriots' enslaved minds.
2 won, gained + *I.* by/with sth ◊ **Незале́жність була́ ~а кро́в'ю.** Independence was gained by blood. (**по́том** sweat, **тяжко́ю пра́цею** hard work) ◊ **Її світове́ визна́ння ~е тяжко́ю пра́цею.** Her world recognition was won by hard work.
Ant. **ви́зволений**

завойо́вник, *m.*; **завойо́вниця**, *f.*
conqueror, invader ◊ **Мі́сто пережило́ не одно́го ~а.** The city survived more than one invader.
adj. **безжа́лісний** *or* **безжа́льний** merciless, **ди́кий** savage, **жорсто́кий** cruel, **крива́вий** bloody, **кровоже́рний** blood-thirsty; **грі́зний** formidable, **могу́тній** powerful, **непередмо́жний** invincible ◊ **Олекса́ндер Македо́нський ви́явився непередмо́жним ~ом.** Alexander the Great turned out to be an invincible conqueror. **віроло́мний** deceitful, **підсту́пний** treacherous, **хи́трий** cunning; **імпе́рський** imperial, **колонія́льний** colonial; **монго́ло-тата́рський** Mongol Tatar, **німе́цький** German, **осма́нський** Ottoman, **по́льський** Polish, **росі́йський** Russian, **сове́тський** Soviet, *etc.*
v. + **з. вигання́ти ~а** expel an invader (**відбива́ти** repel ◊ **Лю́ди взяли́ся за збро́ю, щоб відби́ти крива́вих ~ів.** People took up arms to repel the bloody invaders. **перемага́ти** vanquish); **завдава́ти пора́зки ~ові** defeat an invader (**чини́ти о́пір** put up resistance to) ◊ **Усі́ чини́ли запе́клий о́пір ~ам.** Everybody put up a fierce resistance to the invaders. **боро́тися із ~ом** fight an invader (**відступа́ти пе́ред** retreat before) ◊ **Вони́ не відступи́ли пе́ред ~ами.** They did not retreat before the invaders.
з. + *v.* **вбива́ти** + *A.* kill sb, **грабува́ти** + *A.* rob sb, **зни́щувати** + *A.* destroy sth ◊ **З. убива́в, грабува́в і зни́щував всіх і все на своє́му шляху́.** The merciless invader killed, robbed, and destroyed everybody and everything in his path. **напада́ти на** + *A.* attack sb/sth, **плюндрува́ти** + *A.* plunder sth, **понево́лювати** + *A.* enslave sb/sth, **руйнува́ти** + *A.* ruin sth, **спусто́шувати** + *A.* devastate sth; **асимілюва́ти** + *A.* assimilate sb/sth, **зросі́йщувати** + *A.* Russify sb ◊ **Протя́гом століть з. намага́вся зросі́йщити понево́лені ним наро́ди.** For centuries, the conqueror sought to Russify the nations he had enslaved. **гноби́ти** + *A.* oppress sb, **експлуатува́ти** + *A.* exploit sb, **панува́ти над** + *I.* dominate sb/sth ◊ **Над мі́стом панува́ли осма́нські ~и.** The Ottoman invaders dominated the city.
Also see **за́йда 2.** *Cf.* **во́рог**

завойо́ву|вати, ~ють; завою|ва́ти, ~ю́ть, *tran.*
1 to conquer, subjugate
adv. **військо́во** militarily, **економі́чно** economically, **культу́рно** culturally ◊ **Рим завоюва́в Гре́цію військо́во, але́ не культу́рно.** Rome conquered Greece militarily but not culturally. **політи́чно** politically; **пі́дступом** by subterfuge; **поступо́во** gradually; **блискави́чно** in a flash, **шви́дко** quickly; **перемо́жно** triumphantly; **вре́шті-ре́шт** eventually; **так і не** never
з. + *n.* **з. краї́ну** conquer a country (**мі́сто** city ◊ **~ва́вши мі́сто, він поста́вив на колі́на всю краї́ну.** Having conquered the city, he brought the entire nation to its knees. **наро́д** nation, **терито́рію** territory)
v. + **з. вдава́тися** + *D.* succeed in ◊ **Їм удало́ся завоюва́ти краї́ну.** They succeeded in conquering the country. **могти́** can, **намага́тися** seek to, **стара́тися** try to; **сподіва́тися** hope to
See **перемага́ти 1.** *Also see* **би́ти 3, вигравати 1, долати 1, розбива́ти 2, справля́тися 3**
2 *fig.* to win, gain, conquer ◊ **Жо́ден чолові́к не ~вав се́рця го́рдої жі́нки.** No man had conquered the heart of the proud woman.
adv. **вже** already, **вре́шті-ре́шт** eventually; **крок за кро́ком** step by step, **поступо́во** gradually; **блискави́чно** in a flash, **шви́дко** quickly; **так і не** never
з. + *n.* **з. авторите́т** win esteem ◊ **Вона́ завоюва́ла авторите́т се́ред коле́г.** She won esteem among her peers. (**визна́ння** recognition, **дові́ру** trust, **пова́гу** respect, **репута́цію** reputation; **сумну́ сла́ву** ill fame; **ду́мки** thoughts, **се́рце** heart); **пе́рше мі́сце** the first place (**приз** prize, **наго́роду** award); **з. незале́жність** gain independence
Also see **забира́ти 4, заволоді́вати 2, опано́вувати 3, охо́плювати 4, розбира́ти 6**
pa. pple. **завойо́ваний** conquered, won
завойо́вуй! завою́й!

заворушен|ня, *nt.*, *usu. pl.*
disturbance, riot, fracas ◊ **Хроні́чна неста́ча харчі́в ви́кликала ма́сові з. в мі́сті.** The chronic food shortages triggered mass disturbances in the city.
adj. **вели́кі** great, **значні́** considerable, **крива́ві** bloody, **ма́сові** mass, **масшта́бні** large-scale, **серйо́зні** serious; **окре́мі** separate; **грома́дські** public, **політи́чні** political, **революці́йні** revolutionary, **релігі́йні** religious, **робітни́чі** workers', **селя́нські** peasant, **студе́нтські** student ◊ **Студе́нтські з. охопи́ли ка́мпус.** Student disturbances took over the campus.
n. + **з. поча́ток ~ь** the beginning of a disturbance (**причи́на** cause; **хви́ля** wave) ◊ **Хви́ля селя́нських ~ь прокоти́лася королі́вством.** A wave of peasant riots rolled through the kingdom.
v. + **з. виклика́ти з.** trigger a disturbance (**провокува́ти** provoke; **приду́шувати** quell) ◊ **Полі́ція намага́лася придуши́ти масшта́бні з.** The police tried to quell the large-scale disturbances. **приво́дити до ~ь** lead to disturbances ◊ **Ці драко́нівські пра́вила загро́жували привести́ до серйо́зних ~ь се́ред місько́ї бідно́ти.** Those draconian rules threatened to lead to serious disturbances among the urban poor. (**призво́дити до** cause); **запобіга́ти ~ням** prevent a disturbance (**кла́сти край** put an end to) ◊ **Компромі́с покла́в край політи́чним ~ням по краї́ні.** The compromise put an end to the political disturbances around the country. **бра́ти у́часть у ~нях** take part in a disturbance
з. + *v.* **вибуха́ти** erupt ◊ **відбува́тися** occur, **ма́ти мі́сце** take place; **охо́плювати** + *A.* engulf sth ◊ **Порт охопи́ли робітни́чі з.** Workers' disturbances engulfed the port. **пошир́юватися** *or* **ши́ритися** + *I.* spread through ◊ **Грома́дські з. шви́дко поши́рилися краї́ною.** Public disturbances quickly spread through the country. **вщуха́ти** die down, **припиня́тися** stop
prep. **в ~нях** in a disturbance ◊ **Ти́сячі бра́ли у́часть у ~нях.** Thousands took part in the disturbances. **під час ~ь** during a riot ◊ **Під час ~ь спа́лено кі́лька автомобі́лів.** During the riots, several cars were burned down. **з. між** + *I.* a disturbance between sb ◊ **з. між като́ликами і протеста́нтами** a disturbance between Catholics and Protestants; **з. се́ред** + *G.* a disturbance among sb ◊ **з. се́ред селя́нства** a disturbance among the peasantry
Cf. **повста́ння**

завоюва́н|ня, *nt.*
1 conquest, seizure, takeover, capture ◊ **Коро́ль посила́в війська́ для з. нових воло́дінь.** The king sent off troops for the conquest of new possessions. ◊ **бага́то ~ь** many conquests
adj. **військо́ве** military, **економі́чне** economic, **культу́рне** cultural; **нове́** new, **ще одне́** another; **незворо́тне** irreversible, **по́вне** complete; **колонія́льне** colonial; **еспа́нське** Spanish, **норма́нське** Norman, **ри́мське** Roman, *etc.*; **монго́ло-тата́рське** Mongol Tatar ◊ **монго́ло-тата́рське з. Ки́єва в 1242 ро́ці** the Mongol Tatar conquest of Kyiv in 1242; **осма́нське** Ottoman, **по́льське** Polish, **росі́йське** Russian
v. + **з. закі́нчувати з.** complete a conquest (**почина́ти** begin; **відправля́тися на** set out for)
Ant. **ви́зволення**
2 *fig.* victory, conquest, achievement ◊ **Газе́ти писа́ли про з. ко́смосу.** Newspapers were writing about the conquest of outer space.
adj. **вели́ке** great, **головне́** principal ◊ **Свобо́да була́ їхнім головни́м ~ням.** Freedom was their principal achievement. **істори́чне** historic; **сексуа́льне** sexual ◊ **Він похваля́вся сексуа́льними ~нями.** He bragged about his sexual conquests.
Ant. **ви́зволення**

завоюва́|ти, *pf.*, *see* **завойо́вувати**
to conquer, seize, capture; gain, win ◊ **Тру́па ~ла популя́рність у пу́бліки.** The company gained popularity with the public.

завто́вшки, *adv.*
thick *(in size)* ◊ **Величе́зна гадю́ка була́ в лю́дську ру́ку з.** The huge snake was as thick as a human hand.
v. + **з. бу́ти з.** be *(measure)* thick (**виявля́тися** turn out ◊ **Цегли́на ви́явилася з де́сять сантиме́трів з.** The brick turned out to be 10 cm thick. **здава́тися** + *D.* seem to sb; **роби́ти** + *A.* make sth, **става́ти** become)
prep. **з. в** *or* **з** + *A.* *(measure)* thick ◊ **стіна́ з. в пів ме́тра** a wall half a meter thick; **ки́лим з. з три доло́ні** a carpet as thick as three palms
Cf. **завбі́льшки, заввишки, завглибшки, завширшки**

за́втра, *adv.*
1 tomorrow ◊ **З. їм тре́ба ра́но встава́ти.** They need to get up early tomorrow. ◊ **з. вра́нці** tomorrow morning (**ввече́рі** evening) ◊ **Обгово́рення з. ввече́рі.** The discussion is tomorrow evening.
prep. **до з.** till tomorrow ◊ **Вони́ попроща́лися до з.** They said goodbye till tomorrow. ♦ **До з.!** See you tomorrow! **на з.** for tomorrow ◊ **Відкладі́мо спра́ву на з.** Let's put the thing off till tomorrow.
2 *fig.* in the future, soon ◊ **Сього́дні мене́ грабу́ють, а з. – тебе́.** Today I am being robbed, and tomorrow you will be. ♦ **не сього́дні-з.** *or* **не сього́дні, так з.** soon, any day ◊ **Ната́ля ма́ла роди́ти не сього́дні-з.** Natalia was expected to give birth any day now.
3 *as. n., fig.* tomorrow, future ◊ **Вони́ ра́дісно диви́лися в своє́ з.** They looked forward to their future with joy.
adj. **безхма́рне** cloudless, **сві́тле** bright ◊ **Мі́сяць тому́ з. здава́лося Сашко́ві сві́тлим і безхма́рним.** A month ago, the future seemed to be bright and cloudless to Sashko. **чудо́ве** wonderful, **щасли́ве** happy; **безра́дісне** joyless, **мо́торошне** macabre, **пону́ре** gloomy; **невідо́ме** unknown
See **майбу́тнє**

за́втрашн|ій, *adj.*
1 tomorrow, tomorrow's ◊ **~я прем'є́ра обіця́є бу́ти сенса́цією.** Tomorrow's premiere promises to be a sensation.
з. + *n.* **з. ве́чір** tomorrow evening (**ра́нок** morning), ♦ **з. день** tomorrow; **~я вече́ря** tomorrow's dinner ◊ **Він ще не ви́рішив, де бу́де ~я вече́ря.** He has not yet decided where tomorrow's dinner will be. (**екску́рсія** excursion, **ле́кція** lecture, **нара́да** conference); **~є поба́чення** tomorrow's meeting (**завда́ння** assignment, **заняття́** class) ◊ **~є заняття́**

скасо́вано. Tomorrow's class has been canceled.
2 *fig.* future ◊ **Дистанці́йне навча́ння – це з. день осві́ти.** Distance learning is the future of education.
See **майбу́тній 1**

завча́сн|ий, *adj.*
1 premature, ahead of time, untimely, unseasonable ◊ **Їхня ра́дість була́ де́що ~ою.** Their joy was somewhat premature. ◊ **трагі́чно ~а сме́рть компози́тора** the composer's tragically premature death
Also see **передча́сний 1**
2 advance, early ◊ **Спостеріга́ч дава́в у штаб ~і попере́дження про пересува́ння во́рога.** The observer gave the headquarters advance warnings about the enemy movements.

завча́сно, *adv.*
1 prematurely, too early ◊ **Ви з. паніку́єте.** It's too early for you to be panicking. ◊ **Від пості́йних стре́сів лю́ди з. старі́ють.** Because of constant stress people age prematurely.
Also see **передча́сно 1**
2 in advance, beforehand, ahead of time ◊ **Ні́на з. закі́нчи́ла робо́ту.** Nina finished work ahead of time. ◊ **Лі́да з. повідо́мила бра́та, що при́йде в го́сті.** Lida had informed her brother beforehand that she would come to visit him.
Also see **впере́д 2, напере́д 2**

заши́ршки, *adv.*
wide *(in measurements)*, in width ◊ **Рі́чка була́ пів кіломе́тра з.** The river was 0.5 km wide.
v. + **з. бу́ти з.** be *(measure)* wide (**виявля́тися** turn out, **здава́тися** + *D.* seem to sb ◊ **Його́ пле́чі здава́лися О́лі з. із две́рі.** His shoulders seemed to Olia to be as wide as the door. **роби́ти** + *A.* make sth, **става́ти** become)
prep. **з. з** *or* **в** + *A. (measure)* wide ◊ **Карти́на є метр з.** *or* **Карти́на є з. з** *or* **в ме́тр.** The picture is 1 m wide.
Cf. **завбі́льшки, заввишки, завгли́бшки, завто́вшки**

зав'яза́|ти, *pf., see* **в'яза́ти, зав'я́зувати**
to tie, bind, knot; *colloq.* give up, put an end, *etc.*
◊ **Він ~в шнурі́вки.** He tied his shoelaces.
◊ **Лю́да пообіця́ла собі́, що зав'я́же з курі́нням.** Liuda promised herself that she would give up smoking. ◊ **У по́тягу Сергі́й ~в розмо́ву з яки́мось слова́ком.** Serhii struck up a conversation with a Slovak on the train.

зав'я́з|ка, *f.*
1 beginning, start, inception ◊ **випадко́ва з. ї́хнього знайо́мства** the accidental inception of their acquaintance; ◊ **Запи́ска ста́ла ~кою листува́ння між ни́ми.** The message was the beginning of their correspondence.
See **поча́ток**
2 beginning *(in a story)*, inception, start ◊ **Вона́ приду́мала ~ку опові́дання.** She thought up the beginning of the story.
adj. **оригіна́льна** unconventional, **ціка́ва** interesting; **несподі́вана** unexpected; **бана́льна** banal ◊ **Сюже́т фі́льму мав бана́льну ~ку.** The movie plot had a banal beginning.
L. **в ~ці**, *G. pl.* **~ок**
Ant. **розв'я́зка 2**

зав'я́зу|вати, ~ють; зав'яза́ти, зав'яж|у́, ~уть, *tran. and intr.*
1 *tran.* to tie, bind, knot ◊ **На кінці́ батога́ Андрі́й зав'яза́в три вузли́.** Andrii tied three knots at the end of the whip. ◊ **Мішо́к тре́ба ті́сно зав'яза́ти.** The bag needs to be tightly tied.
з. + *n.* **з. ву́зол** tie a knot (**бант** *or* **кока́рду** ribbon, **крава́тку** necktie, **мішо́к** bag; **за́шморг** noose, **петлю́** loop, **шнурі́вку** shoelace)
◊ **Хло́пчик навчи́вся сам з. шнурі́вки.** The little boy learned to tie his shoelaces single-handedly.
See **в'яза́ти 1.** *Also see* **зв'я́зувати 1, пов'я́зувати 1.** *Ant.* **розв'я́зувати 1**
2 *tran., fig.* to start, initiate, establish ◊ **Іва́нна вмі́ла з. дру́жні взаєми́ни тро́хи не з бу́дь-ким.** Ivanna had the ability to initiate a friendly relationship with almost anyone.
adv. **вже** already, **наре́шті** finally; **ле́гко** easily, **шви́дко** quickly ◊ **Загі́н шви́дко зав'яза́в бій із во́рогом.** The detachment quickly engaged the enemy. **несподі́вано** unexpectedly, **ра́птом** suddenly
з. + *n.* **з. бій** start a battle (**бі́йку** brawl, **взає́мини** relationship, **дру́жбу** friendship, **любо́в** affair
◊ **Тара́с зав'яза́в любо́в зі ста́ршою жі́нкою.** Taras started an affair with an older woman. **розмо́ву** conversation)
v. + **з. вмі́ти** be able to ◊ **Ка́тря вмі́є з. розмо́ву на ко́жну те́му.** Katria is able of striking up a conversation on any subject. **вдава́тися** + *D.* succeed in ◊ **Йо́сипові вдало́ся зав'яза́ти конта́кт із наді́йним джерело́м.** Yosyp succeeded in establishing a contact with a reliable source. **змогти́** *pf.* manage to, **могти́** can; **намага́тися** do one's best, **стара́тися** try to; **хоті́ти** want to
See **почина́ти.** *Also see* **бра́тися 2, вдаря́тися 2, вступа́ти 4, забира́тися 4, заво́дити 5, зніма́ти 6, пуска́тися 2, розво́дити 8, розпочина́ти, става́ти 5.** *Ant.* **перерива́ти 2**
3 *colloq., intr.* to give up, put an end to, quit
◊ **Бори́с зав'яза́в із розва́гами.** Borys gave up on going out.
prep. **з. з** + *I.* put an end to *(a habit, addiction, etc.)* ◊ **з. з ку́ривом** *or* **курі́нням** give up smoking (**алкого́лем** alcohol, **питво́м** drinking, **розва́гами** having fun, *etc.*)
See **ки́дати 6.** *Also see* **покида́ти 2, припиня́ти.** *Ant.* **почина́ти**
pa. pple. **зав'я́заний** tied
зав'я́зуй! зав'яжи́!

за́гад|ка, *f.*
1 puzzle, riddle ◊ **Кни́жка є збі́ркою дитя́чих ~ок.** The book is a collection of children's puzzles.
◊ **Спочатку вона́ му́сила відгада́ти до́сить важку́ ~ку.** First she had to do a rather difficult puzzle.
adj. **важка́** difficult, **ка́верзна** *colloq.* tough, **складна́** complicated; **легка́** easy, **про́ста** simple; **дитя́ча** children's; **логі́чна** logical, **математи́чна** mathematical, **мо́вна** language, **слове́сна** word, **цифрова́** digital
v. + **з. зага́дувати** + *D.* **~ку** set sb a puzzle
◊ **Учи́тель загада́в дітя́м ~ку.** The teacher gave the children a puzzle. (**відга́дувати** do, **розга́дувати** solve); ♦ **говори́ти ~ка́ми** to talk in riddles ◊ **Вона́ почала́ говори́ти ~ка́ми.** She began to talk in riddles.
Cf. **зада́ча**
2 *fig.* mystery, enigma, puzzle ◊ **З. її сме́рті не дава́ла істо́рикові спо́кою.** The puzzle of her death left the historian with no peace.
adj. **вели́ка** great, **незбагне́нна** unfathomable, **нерозв'я́зна** unsolvable, **нерозга́дана** unsolved; **астрономі́чна** astronomical, **істори́чна** historical ◊ **Перга́мент був ключе́м до кілько́х істори́чних ~о́к.** The parchment was the key to several historical puzzles. **науко́ва** scientific, **теорети́чна** theoretical
з. + *n.* **з. до́лі** a puzzle of sb's fate (**життя́** life; **істо́рії** history; **ге́нія** genius, **тала́нту** talent, **у́спіху** success)
v. + **з. відга́дувати ~ку** figure out an enigma
◊ **Вони́ пови́нні відгада́ти ~ку трипі́льської цивіліза́ції.** They must figure out the enigma of the Trypillian civilization. **розга́дувати** solve; **проника́ти в** fathom) ◊ **Біо́граф шука́є спо́сіб прони́кнути в ~ку життя́ сво́го геро́я.** The biographer is looking for a way to fathom the puzzle of his protagonist's life. **залиша́тися ~кою** remain a puzzle ◊ **Похо́дження цього́ ди́вного ритуа́лу і сього́дні залиша́ється ~кою.** The origin of this strange ritual remains a puzzle even today.
See **таємни́ця 2**
L. **в ~ці**, *N. pl.* **~ки́**

зага́ду|вати, ~ють; загада́|ти, ~ють, *tran.*
1 to set *(puzzle)*, ask ◊ **Сла́вка ~вала дітя́м неможли́во важкі́ за́гадки.** Slavka would set the children impossibly difficult puzzles.
2 to give *(a task)*, tell, command + *inf.* ◊ **Вчи́тель загада́в їм перекла́д.** The teacher assigned them a translation. ◊ **Ба́тько загада́в йому́ пору́бати всі дрова.** Father told him to chop all the firewood.
See **нака́зувати**
3 to plan, make plans ◊ **О́ля тве́рдо загада́ла, що назбира́є гро́шей і пої́де до Пари́жу.** Olia made firm plans to save money and travel to Paris.
◊ **Він ~вав бажа́ння, що за́вжди́ збува́лися.** The wishes he made would always come true. **з. напере́д** make plans for the future
pa. pple. **зага́даний** planned
зага́дуй! загада́й!

зага́л, *m.*, **~у**, *only sg.*
everybody, public, community, mainstream ◊ **Лі́на вирізня́лася від ~у.** Lina stood out against the mainstream.
adj. **глядаць́кий** viewing, **літерату́рний** literary, **мисте́цький** artistic, **музи́чний** musical
◊ **Музи́чний з. Пари́жу відки́нув о́перу Бізе́.** The musical mainstream of Paris rejected Bizet's opera. **студе́нтський** student, **чита́цький** reading; **мере́жевий** Internet; **широ́кий** wide ◊ **Його́ до́писи ма́ли популя́рність у мере́жевому ~і.** His posts enjoyed popularity among the Internet public.
See **грома́да.** *Also see* **грома́дськість**

загало́м, *adj.*
1 in general, on the whole, generally, altogether
◊ **Усі́ ці ру́хи і па́ртії з. назива́лися опози́цією.** All those movements, and parties were generally called the opposition. ♦ **з. ка́жучи** generally speaking
2 as a whole, in entirety ◊ **Він аналізу́є сюреалі́зм з., без о́гляду на його́ різнови́ди.** He analyzes surrealism as a whole without regard for its varieties.

загальмува́|ти, *pf., see* **гальмува́ти**
to brake, slow down ◊ **Маши́на рі́зко ~ла.** The car abruptly braked.

зага́льн|ий, *adj.*
1 general, universal ◊ **Із лока́льної кри́за шви́дко перетвори́лася на ~у.** The crisis quickly transformed from local to a general one.
з. + *n.* **з. інтере́с** general interest ◊ **Її репорта́ж ви́кликав з. інтере́с.** Her coverage aroused general interest. (**страйк** strike) ◊ **Профспі́лка оголоси́ла з. страйк.** The union announced a general strike. **~а ду́мка** the general opinion
◊ **Згі́дно із ~ою ду́мкою фі́льм прова́льний.** According to general opinion, the movie is a failure. (**зго́да** consent, **кри́за** crisis); **~е визна́ння** general recognition (**пра́вило** rule); **~і збо́ри** a general meeting ◊ **Лише́ ~і збо́ри ма́ли повнова́ження прийма́ти таке́ рі́шення.** Only a general meeting had the authority to pass such a decision. ♦ **з. квито́к** a fourth-class train ticket *(with no assigned seat)*
Also see **ма́совий 1, широ́кий 7**
2 common, shared, joint ◊ **Він вважа́в, що ро́бить усе́ для ~ого добра́.** He believed he was doing everything for the common good.
◊ **Розв'яза́ти ці пробле́ми мо́жна було́ лише́ ~ими зуси́ллями.** Those problems

could be solved only through joint efforts.
Also see **колекти́вний, об'є́днаний 2, спі́льний, сумі́сний 1** *Ant.* **індивідуа́льний**
3 basic, essential, unspecific ◊ **Він володі́в лише́ ~ими фа́ктами.** He was in possession of only basic facts.
з. + *n.* з. всту́п basic introduction ◊ **З. всту́п до ку́рсу займа́в сім сторіно́к.** The basic introduction to the course was seven pages long. (**о́гляд** overview); **~а інформа́ція** basic information; **~е знайо́мство** basic familiarity; **~і знання́** basic knowledge
Also see **елемента́рний.** *Ant.* **дета́льний, докла́дний, то́чний 2**
4 total, overall, gross, aggregate ◊ **З. о́бсяг те́ксту – сто сторіно́к.** The total length of the text is 100 pages.
з. + *n.* ~а ва́га the total weight (**кі́лькість** amount, **су́ма** sum total); **~е число́** the overall number
5 *ling.* common ◊ **Сло́во "стіл" є ~им іме́нником.** The word "table" is a common noun. ◊ **На відмі́ну від вла́сних, ~і іме́нники пи́шуть із мало́ї лі́тери.** As opposed to proper nouns, common ones are written in lower case.
Ant. **вла́сний 3**

загра́рба|ти, *pf., see* **загра́рбувати**
to grab, seize, invade, take over, commandeer ◊ **Росі́я ~ла Крим навесні́ 2014 ро́ку.** Russia seized Crimea in spring of 2014.

загра́рбу|вати, ~ють; загра́рба|ти, ~ють, *tran.*
1 to grab, seize, usurp, invade, take over, appropriate ◊ **Президе́нт ~вав усю́ вла́ду.** The president was grabbing all power.
adv. **ґвалто́вно** abruptly, **несподі́вано** unexpectedly, **ра́птом** suddenly; **із пору́шенням зако́ну** in violation of the law, **наха́бно** brazenly ◊ **Він наха́бно загра́рбав найбі́льші підприє́мства мі́ста.** He brazenly appropriated the largest enterprises of the city. **незако́нно** illegally, **підсту́пно** treacherously, **силомі́ць** by force
з. + *n.* з. зе́млю grab land (**вла́ду** power, **контро́ль** control, **майно́** possessions, **скарбни́цю** treasury); ♦ **з. до (сво́їх) рук** to usurp ◊ **Він загра́рбав держа́вну скарбни́цю.** He appropriated the state treasury.
See **привла́снювати 1, 2, присво́ювати 1, 3.** *Also see* **завойо́вувати 1**
2 *colloq.* to grab ◊ **Сергі́й загра́рбав пля́шку молока́ і ку́сень хлі́ба в доро́гу.** Serhii grabbed a bottle of milk and a piece of bread for the road. ◊ **Чолові́к гру́бо загра́рбав його́ за ши́ю.** The man rudely grabbed him by the neck.
See **хапа́ти 1.** *Also see* **хапа́тися 1**
pa. pple. **загра́рбаний,** seized, usurped, stolen
загра́рбуй! загра́рбай!

загарто́ван|ий, *adj.*
1 tempered, hardened ◊ **З. ніж лиша́ється го́стрим до́вше.** A tempered knife stays sharp longer. ◊ **з. меч** a tempered sword; **~а сталь** hardened steel; **~е ле́зо** tempered blade
2 *fig.* hardened, weather-beaten, tested, strengthened + *I. with sth* ◊ **Його́ тала́нт військо́вого страте́га був з. до́вгим до́свідом.** His talent of a military strategist was strengthened by long experience.
adv. **духо́вно** spiritually, **ідеологі́чно** ideologically, **мора́льно** morally, **політи́чно** politically, **фізи́чно** physically; **~а во́ля** hardened will power (**душа́** soul; **жі́нка** woman, **люди́на** person)
prep. **з. в + *L.*** hardened in sth ◊ **з. у бою́** battle-hardened

загартува́|ти, *pf., see* **гартува́ти**
to temper, *etc.* ◊ **Життя́ в суво́рих умо́вах гір ~ло всіх курса́нтів.** Life in harsh conditions of the mountains hardened all the cadets.

заг|і́н[1], *m.*, **~о́ну**
unit, detachment, team, detail
adj. **бойови́й** combat ◊ **Усі́ розділи́лися на три бойові́ ~о́ни.** They all separated into three combat units. **військо́вий** military; **кі́нний** cavalry, **розві́дувальний** reconnaissance; **воро́жий** enemy; **будіве́льний** construction, **студе́нтський** student; **мале́нький** *dim.* small, **невели́кий** small; **окре́мий** separate, **спеціа́льний** special; **передови́й** advance ◊ **У передово́му ~о́ні со́рок вояків.** There are forty soldiers in the advance detachment.
з. + *n.* з. кінно́ти a cavalry unit (**піхо́ти** infantry; **полі́ції** police; **люде́й** people) ◊ **Доро́гу перекри́в з. люде́й, озбро́єних ки́йками.** A team of people armed with sticks blocked the road.
n. **+ з. команди́р ~о́ну** the unit commander
v. **+ з. формува́ти з.** form a unit ◊ **Майо́р наказа́в сформува́ти окре́мий з.** The major ordered to form a separate unit.

заг|і́н[2], *m.*, **~о́ну**
enclosure, corral, pen ◊ **Він зроби́в невели́кий з. для ове́ць.** He made a small enclosure for sheep.
prep. **в з.** *dir.* in/to an enclosure ◊ **На́ ніч свине́й заганя́ли в з.** For the night, the pigs were herded into an enclosure. **в ~о́ні** *posn.* in an enclosure ◊ **У ново́му ~о́ні стоя́ли поро́дисті ко́ні.** There were thoroughbred horses in the new enclosure. **з. для + *G.*** an enclosure for sb
See **огоро́жа.** *Also see* **живоплі́т, загоро́жа 2, парка́н**

загли́блю|вати, ~ють; загли́б|ити, ~лю, ~иш, ~лять, *tran.*
1 to immerse, sink, submerge ◊ **Вона́ загли́била ру́ки в ва́нну.** She submerged her hands in the tub. ◊ **Степа́н ~вав плуг у зе́млю десь на три́дцять сантиме́трів.** Ivan sank the plow in the soil some 30 cm.
See **погли́блювати 1**
2 *fig.* deepen, increase ◊ **Його́ ди́хання ті́льки ~вало спо́кій но́чі.** His breathing only deepened the quiet of the night.
See **збі́льшувати, підви́щувати 2, погли́блювати 2, поси́лювати**

загли́блю|ватися; загли́битися, *intr.*
1 to go into, go deep(er), submerge ◊ **Підво́дний чо́вен шви́дко загли́бився.** The submarine quickly submerged.
adv. **все бі́льше** increasingly, **крок за кро́ком** step by step, **обере́жно** cautiously ◊ **Вона́ обере́жно ~валася у во́ду.** She was cautiously, going into the water. **пла́вно** smoothly, **пові́льно** slowly, **поступо́во** gradually; **ґвалто́вно** abruptly, **шви́дко** quickly
prep. **з. в + *L.*** go into sth ◊ **Ва́рка не хоті́ла з. в дета́лі.** *fig.* Varka did not want to go into details.
2 *fig.* to get absorbed, become engrossed in sth ◊ **Ілля́ загли́бився у спо́гади.** Illia became engrossed in his memories. ◊ **Студе́нти все бі́льше ~валися в культу́ру Стародáвнього Єги́пту.** The students became increasingly absorbed in the culture of Ancient Egypt.
загли́блюйся! загли́бся!

заглида́|ти, ~ють; загля́н|ути, ~уть, *intr.*
1 to look in, peep in ◊ **Він загля́нув у щіли́ну між до́шками.** He peeped in the crack between the boards. ◊ **Вихо́дячи з поме́шкання, Маркія́н загля́нув на се́бе у дзе́ркало.** On his way out of the apartment, Markiian cast a look at himself in the mirror.
prep. **з. в + *A.* or до + *G.*** look in/to sth ◊ **Тама́ра загля́нула в баня́к *or* до баняка́.** Tamara looked into the pot. ♦ **з. в ду́шу** to look into sb's soul (**о́чі** eyes, **се́рце** heart); **з. за + *A.*** look behind sth ◊ **Вона́ загля́нула за две́рі.** She looked behind the door. **з. під + *A.*** look under sth ◊ **Вона́ укля́кла й загля́нула під лі́жко.** She knelt and looked under the bed.
See **диви́тися 3**
2 *fig., colloq.* to visit, drop in on ◊ **Да́вно вони́ до те́бе не ~ли.** It's been a long time since they dropped in on you. ◊ **Лі́на жила́ у Пра́зі, хоча́ й і́ноді ~ла до Ві́дня.** Lina lived in Prague, though sometimes she would visit Vienna.
See **відві́дувати 1.** *Also see* **завіта́ти, заї́жджати 4, прові́дувати, ходи́ти 3**
заглида́й! загля́нь!

заголо́в|ок, *m.*, **~ка**
title *(of article, text, etc.)*, rubric, headline, heading ◊ **Кни́жка ма́ла з. «Ті́ні забу́тих пре́дків».** The book was titled *Shadows of Forgotten Ancestors.*
adj. **до́вгий** long, **коро́ткий** brief; **зага́льний** general, **конкре́тний** specific, **предме́тний** subject; **провокати́вний** provocative, **спантели́чливий** confusing; **широ́кий** wide
з. + *n.* з. газе́ти a newspaper title (**журна́лу** magazine, **матерія́лу** story ◊ **матері́ял під ~ком «Ма́ска»** a story under the title *Veneer,* **ро́зділу** chapter, **статті́** article, **те́ксту** text)
v. **+ з. дава́ти + *D.* з.** give sth a title (**міня́ти** change) ◊ **Реда́ктор вимага́в зміни́ти з. статті́.** The editor demanded to change the article's title. **ма́ти з.** be titled
prep. **в ~ку** in a title ◊ **В ~ку є по́милка.** There is a mistake in the title. **під ~ком** under a title ◊ **Текст ви́йшов під провокати́вним ~ком.** The text came out under a provocative title.
See **на́зва 1.** *Also see* **ти́тул 3**

загоро́ж|а, *f.*, **~і**
1 fence, railing, barrier
adj. **висо́ка** high, **непрони́кна** impenetrable; **низька́** low, **символі́чна** token; **дерев'я́на** wooden, **дротяна́** wire, **кам'яна́** stone, **залі́зна** iron, **штахе́тна** picket
prep. **за ~у** *dir.* behind a fence ◊ **Він стрибну́в за ~у.** He jumped behind the fence. **за ~ею** *posn.* behind a fence ◊ **Він хова́вся за висо́кою ~ею.** He was hiding behind the high fence.
See **огоро́жа.** *Also see* **живоплі́т, парка́н**
2 enclosure, corral, pen ◊ **Ко́ней трима́ли в ~і.** The horses were kept in a corral.
See **загі́н**[2]

загорну́|ти, *pf., see* **загорта́ти**
to fold, wrap ◊ **Продаве́ць ~в соро́чку на пода́рунок.** The salesman gift-wrapped the shirt.

загорн|у́тися, *pf., see* **загорта́тися**
to wrap oneself ◊ **Уве́чері він ~еться в у све́тер і ся́де чита́ти.** In the evening, he will wrap himself in a sweater and sit down to read.

загорта́|ти, ~ють; загорн|у́ти, ~уть, *tran.*
1 to fold, envelop, wrap, wrap up
adv. **аби́як** carelessly, **акура́тно** neatly ◊ **Він акура́тно ~в ко́жну і́грашку.** He was neatly wrapping every toy. **ві́льно** loosely, **оха́йно** tidily, **рете́льно** meticulously, **ті́сно** tightly; **обере́жно** carefully; **те́пло** warmly; **любо́вно** lovingly ◊ **Ма́ти любо́вно загорну́ла її́ в те́плу ху́стку.** Mother lovingly wrapped her into a warm kerchief.
prep. **з. в + *A.*** wrap into sth ◊ **з. в ко́вдру** wrap in a blanket (**наки́дку** cape, **папі́р** paper, **рушни́к** towel, **ху́стку** kerchief, **целофа́н** plastic, **шаль** shawl)
2 to cover ◊ **Він загорну́в насі́ння земле́ю.** He covered its seeds with earth.
pa. pple. **заго́рнутий** wrapped
загорта́й! загорни́!

загорта́тися; загорн|у́тися, *intr.*
to wrap oneself up
prep. **з. в + *A.*** wrap oneself into sth, *or I.* with ◊ **Він загорну́вся ко́вдрою *or* у ко́вдру.** He wrapped himself up in a blanket.

загрóжу|вати, ~ють; загроз|и́ти, загрожу́, ~иш, ~ять, *intr.*
1 *only impf.* to threaten, be threatened with, be in danger of + *D.* ◊ **Полі́тика Кремля́ ~вала підірва́ти європе́йську архітекту́ру безпе́ки.** The Kremlin's policies threatened to undermine the European security architecture. ◊ **Цим лю́дям ~ють вели́кі випробува́ння.** These people are in danger of great trials. ◊ **Утіка́чам ~вала небезпе́ка.** The fugitives were in danger.
adv. **все бі́льше** increasingly; **пря́мо** directly ◊ **Кури́ння пря́мо ~є її здоро́в'ю.** Smoking directly threatens her health. **серйо́зно** seriously ◊ **Білору́ській мо́ві серйо́зно ~є зни́кнення.** The Belarusian language is under serious threat of extinction. **реа́льно** really ◊ **Йому́ реа́льно ~є глухота́.** He is in real danger of losing his hearing. **спра́вді** for real; **весь час** all the time ◊ **Острів'я́нам весь час ~є землетру́с.** The islanders are threatened by an earthquake all the time. **пості́йно** constantly; **неуни́кно** inevitably; **потенці́йно** potentially; ♦ **з. життю́** to present danger to sb's life
v. + **з. могти́** can ◊ **Мандрівника́м мо́же з. голо́дна смерть.** The travelers can be in danger of starving to death.
2 to threaten, menace + *D.* sb + *I.* with sth ◊ **Він ~є Си́монові ка́рою.** He threatens Symon with punishment. ◊ **Вони́ ста́ли з. оди́н о́дному.** They started threatening one another.
See **погро́жувати**
загро́жуй! загрози́!

загро́з|а, *f.*
1 danger, threat, menace + *G. or inf.* ◊ **Над не́ю нави́сла з. втра́тити пра́цю.** She is faced with the danger of losing her job.
adj. **вели́ка** great, **все бі́льша** increasing, **значна́** considerable, **нага́льна** immediate ◊ **Об'є́днання двох корпора́цій станови́ло нага́льну ~у ві́льній конкуре́нції.** The merger of the two corporations constituted an immediate threat to free competition. **неаби́яка** major, **небезпе́чна** dangerous, **страшна́** terrible; **у́явна** imaginary; **очеви́дна** evident, **я́вна** clear; **реа́льна** real ◊ **Усі́ їхні пла́ни були́ під реа́льною ~ою.** All their plans were in real danger. **спра́вжня** actual; **екзистенці́йна** existential, **смерте́льна** deadly; **безпере́рвна** continual, **ві́чна** ever-present ◊ **Мі́сто жило́ під ві́чною ~ою вто́ргнення.** The city lived under the ever-present threat of invasion. **пості́йна** constant; **довготермінóва** long-term; **короткотермінóва** short-term; **можли́ва** possible, **потенці́йна** potential; **зо́внішня** external; **військо́ва** military, **екологі́чна** environmental, **політи́чна** political, **терористи́чна** terrorist, **фізи́чна** physical, **я́дерна** nuclear
з. + *n.* **з. ви́буху** a threat of explosion ◊ **Висо́кий тиск у систе́мі збі́льшував ~у ви́буху.** The high pressure in the system increased the threat of explosion. (**ві́йни́** war, **епіде́мії** epidemic, **по́вені** flood, **поже́жі** fire; **пора́зки** defeat, **прова́лу** failure, **фія́ска** fiasco; **терори́зму** terrorism); **з. безпе́ці** a threat to security (**демокра́тії** democracy, **довкі́ллю** environment, **життю́** life, **існува́нню** existence; **лю́дським права́м** human rights, **свобо́ді сло́ва** freedom of speech, *etc.*) ◊ **Уря́д представля́є ~у свобо́ді сло́ва.** The government represents a threat to the freedom of speech.
n. + **з. оці́нка ~и** a threat assessment (**рі́вень** level)
v. + **з. представля́ти ~у** represent a threat (**станови́ти** pose ◊ **Інфля́ція стано́вить ~у фіна́нсовій систе́мі.** Inflation poses a threat to the financial system. **вбача́ти в** + *A.* see sth as ◊ **Вона́ вбача́є в Республіка́нській па́ртії ~у для демокра́тії.** She sees the Republican Party as a threat to democracy. **ба́чити** + *A.* **як** view sth as, **розгляда́ти** + *A.* **як** regard sth as, **сприйма́ти** + *A.* **як** perceive sth as; **зме́ншувати** reduce, **лікві́дувати** eliminate ◊ **~у поже́жі шви́дко лікві́дували.** The threat of fire was quickly eliminated. **невтралізува́ти** neutralize; **усува́ти** remove); **бу́ти ~ою** be a threat ◊ **Ці лю́ди були́ ~ою правопоря́дку в мі́сті.** These people were a threat to law and order in the city. (**вважа́ти** + *A.* consider sth; **здава́тися** + *D.* seem to sb; **залиша́тися** *of* **лиша́тися** remain, **става́ти** become); **бу́ти під ~ою** be in danger ◊ **Сама́ держа́ва була́ під ~ою.** The state itself was in danger. (**опиня́тися під** find oneself in) ◊ **Він опини́вся під ~ою аре́шту.** He found himself in danger of being arrested.
з. + *v.* **бу́ти** be ◊ **Є з., що вони́ перейду́ть до та́бору опоне́нтів.** There is a danger that they will go over to the opposing camp. **існува́ти** exist, **лиша́тися** remain; **зника́ти** vanish, **мина́ти** pass
prep. **під ~ою** under a threat; **з. від** + *G.* a threat from sb/sth ◊ **пості́йна з. довкі́ллю від хемі́чного виробни́цтва** a constant threat from chemical production to the environment; **з. для** + *G.* a threat for sb/sth ◊ **рту́ть як особли́во небезпе́чна з. для здоро́в'я діте́й** mercury as a particularly dangerous threat to children's health
Also see **небезпе́ка, ри́зик**
2 threat, menace + *G.* ◊ **Чолові́к вигу́кував ~и на її адре́су.** The man shouted threats at her. ◊ **В його́ го́лосі чу́лася завуальо́вана з.** A veiled threat was heard in his voice.
See **погро́за.** *Also see* **шанта́ж**

загро́злив|ий, *adj.*
1 threatening, menacing ◊ **Ви́раз його́ обли́ччя став вира́зно ~им.** The expression on his face became distinctly threatening.
adv. **вира́зно** distinctly, **вкра́й** extremely, **до́сить** rather, **ду́же** very; **підкре́слено** emphatically
з. + *n.* **з. ви́гляд** a threatening appearance (**го́лос** voice, **тон** tone) ◊ **Вона́ усміха́лася так, на́че не поміча́ла ~ого то́ну вчи́теля.** She was smiling as if not noticing her teacher's threatening tone. **~і о́чі** menacing eyes (**ру́хи** moves)
v. + **з. бу́ти ~им** be menacing (**здава́тися** + *D.* seem to sb, **роби́тися** *or* **става́ти** become) ◊ **Його́ ру́хи става́ли ~ими.** His moves were becoming menacing.
2 dangerous, perilous, fraught with danger ◊ **~і обста́вини** dangerous circumstance (**умо́ви** conditions) ◊ **Вони́ зви́кли працюва́ти в ~их умо́вах.** They are accustomed to working under dangerous conditions.
adv. **вкра́й** extremely ◊ **Вона́ опини́лася у вкрай ~ій ситуа́ції.** She found herself in an extremely dangerous situation. **до́сить** rather, **ду́же** very; **напра́вду** truly, **спра́вді** really; **потенці́йно** potentially
Also see **серйо́зний 4**

загуб|и́ти, *var.* **згуби́ти,** *pf., see* **губи́ти**
to lose ◊ **Вона́ десь ~и́ла гамане́ць.** She lost her wallet somewhere.

зад, *m.,* **~у**
1 back ◊ **Мару́ся чита́ла, опе́рши го́лову на з. фоте́ля.** Marusia was reading, having rested her head on the back of the armchair.
Also see **тил 1.** *Ant.* **пе́ред**
2 hind *(of animal)*, seat *(of human)*, buttocks, behind ◊ **Вона́ погла́дила коро́ву по ~у́.** She stroked the cow on the hind.
adj. **вели́кий** big, **гладки́й** thick, **гру́бий** fat, **маси́вний** massive, **широ́кий** wide; **вузьки́й** narrow, **худи́й** lean; **го́лий** bare ◊ **Тимі́ш поба́чив чийсь го́лий з. у кущ́ах.** Tymish caught sight of somebody's bare behind in the shrub. **м'язи́стий** muscular; **міцни́й** strong
prep. **в з.** in buttocks ◊ **Катру́ся бо́ляче ко́пнула його́ в з.** Katrusia gave him a painful kick in the buttocks. **по ~у́** on the hind
Also see **сідни́ця, сра́ка.** *Ant.* **пе́ред**

зада|ва́ти, ~ю́ть; ~ти, ~м, ~си́, ~сть, ~мо́, ~сте́, ~ду́ть, *tran.*
1 to give *(assignment, etc.)*, assign ◊ **Що вам ~ли́ на за́втра?** What were you assigned for tomorrow? ◊ **Учи́телька ~ва́ла їм неможли́ві зада́чі.** The (female) teacher gave them impossible problems to solve.
2 to shape, determine, form, condition ◊ **Її публіка́ції ~ли́ на́прямок науко́вої диску́сії на насту́пні кі́лька мі́сяців.** Her publications determined the direction of scientific discussion for the next several months. ♦ **з.** + *D.* **кло́поту** to bring sb trouble ◊ **Ці так зва́ні «дру́зі» ні́чо́го, крім кло́поту, їм не ~ва́ли.** Those so-called "friends" brought them nothing but trouble. ♦ **з. тон** to set the tone ◊ **Це зауважє́ння ~ло́ тон усі́й розмо́ві.** This remark set the tone for the entire conversation.
See **визнача́ти 1.** *Also see* **зумо́влювати 1**
3 to set ◊ **Тре́ба ~ти пара́метри відбо́ру матеріа́лу.** The material selection parameters need to be set. ◊ **Програ́ма ~ва́ла шви́дкість маши́ни автомати́чно.** The software set the car speed automatically.
pa. pple. **за́даний** assigned
задава́й! зада́й!
See **зага́дувати**

зада́рма́, *adv., colloq.*
1 free of charge, for free, gratis ◊ **Ю́рій відда́в їм своє́ старе́ а́вто факти́чно з.** Yurii gave them his old car effectively for free. ◊ **Цього́ ніхто́ вам не зро́бить з.** Nobody will do this for you free of charge.
See **даре́мно 2.** *Also see* **ні́защо 2, пу́сто 1**
2 in vain, to no avail, to no purpose ◊ **Перехо́жий вола́в по допомо́гу з.** The passerby cried in vain for help. ◊ **Здава́лося, що всі же́ртви були́ з.** All the sacrifices seemed to be in vain.
See **даре́мно 1.** *Also see* **пу́сто 1**
3 for no good reason, undeservedly ◊ **З. ти йому́ дорікав.** You reproached him for no good reason.
See **даре́мно** *Also see* **ні́защо 2, пу́сто 1**

зада́|ти, *pf., see* **задава́ти**
to give *(assignment, etc)*, assign; set; determine, *etc.* ◊ **Він ~в рече́нець реві́зії.** He set the deadline for the audit.

зада́ч|а, *f.,* **~і,** *math.*
problem, sum ◊ **Вона́ ви́кликала у́чня до до́шки зроби́ти ~у.** She called a (school) student to the blackboard to do a sum.
adj. **аритмети́чна** arithmetic, **математи́чна** mathematical; **про́ста́** simple, **нерозв'я́зна** unsolvable **складна́** difficult
v. + **з. вико́нувати** *and* **роби́ти ~у** do a sum (**обчи́слювати** calculate, **розв'я́зувати** solve); **знахо́дити ві́дповідь ~і** find the answer to a problem ◊ **На́стя шви́дко знайшла́ ві́дповідь ~і.** Nastia quickly found the answer to the problem.
See **завда́ння 2.** *Also see* **впра́ва, при́клад 3.** *Cf.* **за́гадка 1**

задзвені́|ти, *pf., see* **дзвені́ти**
to start ringing, ring out ◊ **Як за́вжди буди́льник ~в несподі́вано.** As always the alarm-clock started ringing all of a sudden.

задзвони́|ти, *pf., see* **дзвони́ти**
to call, give a call, ring up ◊ **Йоси́па ~ла рі́вно о тре́тій годи́ні, як і обіця́ла.** Yosypa called at exactly three o'clock as she had promised.

зади́ха|тися, *pf., see* **задиха́тися**
to run out of breath ◊ **Андрі́й шви́дко ~вся.** Andrii quickly ran out of breath. ◊ **Підня́вшися схо́дами на тре́тій по́верх, Лари́са зо́всім**

не ~лася. Having climbed the stairs to the third floor, Larysa was not at all out of breath.

задиха́|тися, ~ються; зади́ха|тися, ~ються, *intr.*
1 to pant, breathe heavily, be short of breath, gasp ◊ **Оре́ст я́вно ~вся.** Orest was clearly short of breath.
prep. **з. від** + *G.* pant from sth ◊ **Від швидко́ї ходи́ він почина́є з.** He begins to breathe heavily from walking fast.
2 to suffocate, choke; suffocate to death; *also fig.* ◊ **Він ~вся від обра́зи.** He was choking from the insult.
prep. **з. від** + *G.* choke from, with *(cause)* ◊ **Він ~вся від ди́му.** He was choking from the smoke. **з. від гні́ву** to choke with anger (**лю́ті** fury, **обу́рення** indignation, **сліз** tears)

зади́ш|ка, *f.*
shortness of breath ◊ **Ві́ра ста́ла потерпа́ти від хроні́чної ~ки.** Vira started suffering from a chronic shortness of breath.
adj. **го́стра** acute, **періоди́чна** periodic, **пості́йна** constant ◊ **У ньо́го пості́йна з.** He is constantly short of breath. **серйо́зна** serious, **хроні́чна** chronic; **невели́ка** little
n. + **з. озна́ка ~ки** a sign of shortness of breath (**причи́на** cause) ◊ **Лі́кар шви́дко ви́явив причи́ни її ~ки.** The doctor quickly identified the causes of her shortness of breath.
v. + **з. виклика́ти ~ку** cause a shortness of breath (**погі́ршувати** exacerbate; **поле́гшувати** alleviate, **усува́ти** eliminate) ◊ **Опера́ція обіця́ла усу́нути паціє́нтові ~ку.** The surgery promised to eliminate the patient's shortness of breath. ♦ **ма́ти ~ку** to be short of breath; **потерпа́ти** *or* **стражда́ти від ~ки** suffer from shortness of breath
з. + *v.* **дойма́ти** + *A.* afflict sb ◊ **Його́ дойма́ла з.** He was afflicted by shortness of breath. **не дава́ти** + *D.* not allow sb to ◊ **З. не дава́ла їй роби́ти ру́ханку.** Shortness of breath prevented her from doing the workout.
L. **в ~ці**, *G. pl.* **~ок**
See **ро́злад 3, хворо́ба**

за́дн|ій, *adj.*
1 back, rear, hind ◊ **Вони́ користува́лися ті́льки ~іми двери́ма.** They used only the back door.
з. + *n.* ♦ **з. план** background ◊ **На ~ьому пла́ні карти́ни були́ Карпа́ти.** There were the Carpathians in the background of the picture. ♦ **з. прохі́д** *anat.* an anus, ◊ **з. ряд** a back row; ♦ **~я ду́мка** *fig.* an ulterior motive ◊ **Ма́рта ві́зкликалася допомогти́ без жо́дної ~ьої ду́мки.** Marta volunteered to help without any ulterior motive. **~я ла́па** *or* **нога́** a hind leg; **~є мі́сце** a back seat ◊ **Він віддава́в перева́гу ~ім місця́м.** He preferred back seats. ♦ **пасти́ ~іх** to lag behind, drag one's feet ◊ **Ні́на намага́лася ні́коли ні в чо́му не пасти́ ~іх.** Nina tried never to drag her feet in anything.
Ant. **пере́дній**
2 reverse ♦ **з. хід** *techn.* a reverse drive ♦ **дава́ти з. хід** 1) to back, back up, reverse ◊ **Маши́на дала́ з. хід.** The car backed up. 2) *colloq.* to flee, run ◊ **Пора́ дава́ти з. хід.** It's time to run.

задові́льн|ий, *adj.*
satisfactory ◊ **Діста́вши ~у відпові́дь, він заспоко́ївся.** Having gotten a satisfactory answer, he calmed down.
adv. **ви́соко** *usu* **високозадові́льний** highly ◊ **Комі́сія розціни́ла результа́ти підгото́вки як високозадові́льні.** The committee assessed the results of the preparation to be highly satisfactory. **ду́же** very, **цілко́м** completely; **голо́вно** mostly, **до́сить** quite, **доста́тньо** sufficiently, **загало́м** generally; **ма́йже** almost; **ле́две** scarcely, **менш як** less than ◊ **Я́кість перекла́ду ви́явилася менш як ~ою.** The translation quality turned out to be less than satisfactory. **не зо́всім** not entirely, **не цілко́м** not totally
v. + **з. бу́ти ~им** be satisfactory ◊ **Її стан був ле́две ~им.** Her state was scarcely satisfactory. (**вважа́ти** + *A.* consider sth, **вигляда́ти** look, **виявля́тися** prove, **здава́тися** + *D.* seem to sb ◊ **Запропоно́вані умо́ви здали́ся О́льзі цілко́м ~ими.** The terms offered seemed completely satisfactory to Olha. **става́ти** become) ◊ **Його́ ана́лізи кро́ви ста́ли ~ими.** His blood tests became satisfactory.
prep. **з. для** + *G.* satisfactory to sb ◊ **Така оці́нка була́ загало́м ~ою для Андрі́я.** Such a grade was generally satisfactory to Andrii.
Also see **до́брий 3, можли́вий 4.** *Ant.* **пога́ний 1, незадові́льний**

задово́лен|ий, *adj.*
1 satisfied, settled, resolved + *I.* about/at/with sth ◊ **На ду́мку адвока́тки всі умо́ви до́говору були́ нале́жно ~і.** In the (female) lawyer's opinion, all the terms of the agreement were properly satisfied. ◊ **Судови́й по́зов був з. че́рез сім мі́сяців пі́сля пода́ння.** The lawsuit was settled in seven months after it had been filed. ◊ **Комі́тет був лише́ частко́во з. її поя́сненням.** The committee was only partially satisfied with her explanation.
See **задовольня́ти**
2 satisfied, content, happy + *I.* ◊ **Її ~е обли́ччя промени́лося ра́дістю.** Her content face radiated joy.
adv. **бі́льш як** more than, **ви́разно** distinctly, **вкра́й** extremely, **гли́бо́ко** deeply, **ду́же** very, **цілко́м** fully; **загало́м** generally, **на всі сто відсо́тків** a hundred percent; **ви́димо** visibly; **бі́льш-ме́нш** more or less, **ле́две** hardly, **ма́йже** almost, **менш як** less than
v. + **з. бу́ти ~им** be satisfied **Кали́на була́ цілко́м ~ою ві́дповіддю.** Kalyna was fully satisfied with the response. (**вважа́ти** + *A.* consider sth, **вигляда́ти** look ◊ **Дире́ктор вигляда́в, як ні́коли, ~им.** The director looked satisfied as never before. **виявля́тися** prove, **здава́тися** + *D.* seem to sb, **почува́тися** feel ◊ **Він почува́вся гли́бо́ко ~им.** He felt deeply content. **лиша́тися** remain; **става́ти** become); ♦ **з. собо́ю** content with oneself ◊ **Вони́ залиша́лися ~ими собо́ю.** They remained content with themselves.
prep. **з. з** + *G.* content about/at/with sth ◊ **Вона́ була́ ~ою з прогу́лянки.** She was content about her walk.
Also see **ра́дий.** *Ant.* **незадово́лений**

задово́ленн|я, *nt., only sg.*
satisfaction, pleasure + *I.* with ◊ **Ва́рка почува́ла з. у́спіхом на сце́ні.** Varka felt satisfaction with her success on stage.
adj. **вели́ке** great ◊ **На її обли́ччі проступа́ло вели́ке з.** Great satisfaction was discernable on her face. **величе́зне** immense, **глибо́ке** deep, **го́стре** acute, **надзвича́йне** extraordinary, **найбі́льше** greatest; **по́вне** full, **цілкови́те** complete; **нечу́ване** unheard-of, **неймові́рне** unbelievable, **неправдоподі́бне** incredible; **ти́хе** quiet; **ви́диме** visible, **ви́разне** distinct, **я́вне** obvious; **ро́блене** feigned; **взає́мне** mutual, **особи́сте** personal; **збо́чене** perverse, **мо́торошне** macabre; **емоці́йне** emotional, **естети́чне** esthetic, **мора́льне** moral, **стате́ве** sexual, **фізи́чне** physical, *etc.*
n. + **з. джерело́ з.** a source of satisfaction ◊ **Його́ прису́тність була́ для Марі́ї джерело́м величе́зного з.** His presence was a source of immense satisfaction to Maria. (**по́смішка** smile ◊ **На обли́ччі я́нгола засти́гла по́смішка екстати́чного з.** A smile of ecstatic pleasure was frozen on the angel's face. **почуття́** feeling)
v. + **з. дава́ти** + *D.* **з.** give sb satisfaction ◊ **Марко́ві стражда́ння дава́ли їй збо́чене з.** Marko's sufferings gave her perverse pleasure. (**відчува́ти** *or* **почува́ти** feel, **дістава́ти від** + *G.* get from sth ◊ **Він за́вжди́ дістава́в надзвича́йне з. від му́зики Ма́лера.** He had always gotten extraordinary pleasure from Mahler's music. **ма́ти** have ◊ **Він мав величе́зне естети́чне з., щора́зу милу́ючися фре́сками Ґірлянда́я.** Every time he admired Ghirlandaio's frescoes he had an immense esthetic pleasure. **отри́мувати** receive, **прино́сити** + *D.* bring sb; **висло́влювати** voice ◊ **Вони́ ви́словили спі́льне з. з при́воду відкриття́.** They voiced their mutual satisfaction at the occasion of the discovery. **виража́ти** express)
prep. **без з.** without pleasure ◊ **Світла́на мсти́лася їй без найме́ншого з.** Svitlana was taking revenge on her without the least pleasure. **із ~ям** with pleasure ◊ **Лев сказа́в, що із ~ям прочита́є її оповіда́ння.** Lev said he would read her story with pleasure. **з. від** + *G.* a satisfaction from sth ◊ **У її го́лосі брині́ло я́вне з. від результа́ту до́сліду.** In her voice, there resonated an obvious satisfaction with the test results. **з. з** + *G.* a satisfaction from sth ◊ **Оре́ста не відчува́ла з. з тако́го поворо́ту поді́й.** Oresta did not feel satisfaction from such a turn of events.
Also see **насоло́да, прие́мність, ро́зкіш 3.** *Ant.* **незадово́лення**

задовольни́|ти, *pf., see* **задовольня́ти**
to satisfy, please, gratify; fulfill, *etc.* ◊ **Рестора́н ~ть усі саніта́рні но́рми.** The restaurant will comply with all the sanitation norms.

задовольни́|тися, *pf., see* **задовольня́тися**
to content oneself, accept ◊ **Полі́ція ~лася ї́хніми поя́сненнями.** The police contented themselves with their explanations.

задовольня́|ти ~ють; задовольн|и́ти ~ять, *tran.*
1 to satisfy, please, gratify, quench, give satisfaction ◊ **Цьо́го клі́єнта неможли́во з.** This customer is impossible to please.
adv. **безумо́вно** unconditionally, **бі́льш як** more than ◊ **Її ста́влення до пра́ці бі́льш як ~ло нача́льника.** Her attitude towards work more than satisfied the boss. **по́вністю** fully, **цілко́м** completely; **ле́две** scarcely, **ма́йже** almost, **наси́лу** barely, **частко́во** in part, **я́кось** somehow; **стате́во** sexually
з. + *n.* **з. го́лод** satisfy one's hunger ◊ **Сала́том він задовольни́в го́лод.** He satisfied his hunger with a salad. (**спра́гу** thirst ◊ **Вони́ ~ли спра́гу сні́гом.** They quenched their thirst with snow. **бажа́ння** desire, **жадо́бу** greed, **при́мху** whim, **при́страсть** passion, **хти́вість** lust; **егоїзм** egotism, **марнославство** vanity, **нарциси́зм** narcissism, **самолю́бство** self-love; **потре́бу** need; **ціка́вість** curiosity)
v. + **з. бу́ти можли́во** be possible to, **бу́ти неможли́во** be impossible to ◊ **Здава́лося, що його́ ціка́вість немо́жливо задовольни́ти.** His curiosity seemed impossible to satisfy. **бу́ти спромо́жним** be able to, **могти́** can, **му́сити** must, **намага́тися** try to ◊ **Богда́н намага́вся з. ко́жну його́ при́мху.** Bohdan tried to satisfy his every whim. **слід** + *D.* should; **перестава́ти** stop ◊ **Футбо́л переста́в з. його́.** Soccer stopped giving him satisfaction.
Also see **заспоко́ювати 3**
2 to satisfy, fulfill, meet, comply with ◊ **Проду́кція фі́рми ле́две ~є екологі́чні станда́рти Європе́йського Сою́зу.** The firm's products scarcely satisfy the European Union environmental standards.
adv. **по́вністю** fully, **цілко́м** completely; **ле́две** scarcely, **ма́йже** almost, **наси́лу** barely,

частко́во in part, я́кось somehow; естети́чно esthetically
з. + *n.* з. **вимо́гу** satisfy a requirement (**крите́рій** criterion, **но́рму** norm, **пра́вило** regulation, **станда́рт** standard; **потре́бу** need ◊ **Краї́на цілко́м ~є свої́ потре́би в електроене́ргії.** The country fully satisfies its need for electricity. **проха́ння** request) ◊ **Вам слід задовольни́ти ї́хнє проха́ння.** You should satisfy their request.
See **відповіда́ти 3.** *Also see* **зго́дний 2**
3 to provide ◊ **Григо́рій ~в потре́бу в жира́х, спожива́ючи горі́хи.** Hryhorii provided his need for fat by consuming nuts.
See **забезпе́чувати 1**
pa. pple. **задово́лений** satisfied
задовольня́й! задовольни́!

задовольня́|тися; задовольн|и́тися, *intr.*
1 to make do, manage + *I.* with ◊ **Він ~є́ться сами́м мініму́мом.** He makes do with the very minimum.
2 to content oneself, accept ◊ **Тя́жко задовольни́тися тако́ю відпові́ддю.** It is hard to content oneself with such an answer.
3 *only impf., pass.* to get satisfied, get satisfaction ◊ **На́ші проха́ння тут цілко́м ~ю́ться.** Our requests are fully met here.

задокументува́|ти, *pf., see* **документува́ти**
to document, record ◊ **Секрета́рка ~ла всі сві́дчення.** The secretary documented all the evidence.

за́дом, *adv.*
backwards, with one's back ◊ **Весь час кла́няючись, він з. ви́йшов із кімна́ти.** Bowing the whole time, he backed out of the room.
prep. **з. до** + *G.* with one's back to sb/sth ◊ **Васи́ль поверну́вся з. до со́нця.** Vasyl turned his back to the sun. ♦ **з. напере́д** 1) back to front ◊ **одяга́ти футбо́лку з. напере́д** to put on a T-shirt backwards; 2) *fig.* the wrong way ◊ **Чому́ вона́ ма́є роби́ти все з. напере́д!** Why must she do everything the wrong way!

задріма́|ти, *pf., see* **дріма́ти**
to doze off, fall asleep, drop off ◊ **Він диви́вся кіно́ й потихе́ньку ~в.** He was watching the movie and little by little dozed off.

за́дум, *m.,* **~у**
plan, thought, project, idea, design ◊ **П'є́са була́ засно́вана на дові́лі про́стому ~і.** The play was based on a fairly simple idea.
adj. **амбі́тний** ambitious ◊ **Її́ з. був амбі́тним.** Her plan was ambitious. **вели́кий** great, **ґрандіо́зний** grandious; **єди́ний** single; **божеві́льний** crazy, **ризико́вий** risky, **смі́ли́вий** audacious
з. + *n.* з. **оповіда́ння** the idea (conception) of a story (**п'є́си** play, **рома́ну** novel, **тво́ру** work *(of art)*, **фі́льму** movie) ◊ **З. фі́льму в ньо́го ще не ви́малювався.** His idea of the movie did not yet take shape.
prep. **за ~ом** by sb's design ◊ **За ~ом архіте́ктора, ліві две́рі ма́ли служи́ти лише́ вхо́дом, а пра́ві – лише́ ви́ходом із буди́нку.** By the architect's design, the left door was supposed to serve only as an entrance to and the right door only as an exit from the building.
See **ду́мка 1, іде́я, план 1, прое́кт 3.** *Also see* **тенде́нція 3, сцена́рій 2**

заду́ман|ий, *adj.*
1 conceived, planned, devised
adv. **блиску́че** brilliantly ◊ **Блиску́че з. план розси́пався.** The brilliantly conceived plan fell apart. **вда́ло** aptly, **до́бре** well, **спри́тно** shrewdly, **хи́тро** cleverly; **ке́псько** poorly, **пога́но** badly
з. + *n.* з. **план** a conceived plan (**рома́н** novel, **фільм** film); **~а а́кція** a planned action (**опера́ція** operation) ◊ **Опера́ція була́ до́сить вда́ло ~ою.** The operation was fairly aptly devised.
2 pensive, thoughtful, contemplative ◊ **Вона́ говори́ла ~им го́лосом.** She spoke in a pensive voice.
See **заду́мливий**

заду́млив|ий, *adj.*
pensive, thoughtful, contemplative, *also fig.* ◊ **Того́ ве́чора Васи́ль був невпізна́нно ~им.** That evening, Vasyl was unrecognizably pensive.
з. + *n.* з. **ви́гляд** a pensive appearance (**краєви́д** landscape ◊ **Вона́ люби́ла милува́тися цим ~им осі́ннім краєви́дом.** She liked to admire that pensive fall landscape. **сад** garden; **го́лос** voice, **по́гляд** look, **тон** tone; **юна́к** youth); **~а ді́вчи́на** a pensive girl (**жі́нка** woman, **люди́на** person; **кра́са** beauty; **у́смішка** smile); **~е обли́ччя** a pensive face.
v. + з. **бу́ти ~им** be pensive (**вигляда́ти** look, **здава́тися** + *D.* seem to sb ◊ **Її́ по́смішка здава́лася сумно́ю і ~ою.** Her smile seemed sad and pensive. **лиша́тися** remain; **роби́ти** + *A.* make sb/sth, **става́ти** become) ◊ **Його́ тон став ~им.** His tone became pensive.

заду́ма|ти, *pf., see* **заду́мувати**
to think up, conceive, plan; decide, *etc.* ◊ **Га́нна ~ла вступа́ти до університе́ту.** Hanna decided to enroll in a university.

заду́ма|тися, *pf., see* **заду́муватися**
to become pensive, start reflecting, start thinking ◊ **Тимі́ш ~вся на мить.** Tymish thought for a moment.

заду́му|вати, ~ють; заду́ма|ти, ~ють, *tran.*
1 to think up, conceive, plan ◊ **Вона́ заду́мала план перебудо́ви ха́ти.** She thought up a plan to rebuild the house.
з. + *n.* з. **план** conceive a plan (**прое́кт** project; **сцена́рій** script)
Also see **обду́мувати**
2 to intend, decide, *in pf.* to be up to ◊ **О́ля заду́мала ста́ти лі́каркою.** Olia decided to become a doctor. ♦ **Що це він заду́мав?** What is he up to?
See **виріш́увати 1.** *Also see* **збира́тися 3, ма́ти 6, мрі́яти 2, намі́рятися 1, розрахо́вувати 6**
pa. pple. **заду́маний** conceived, devised
заду́муй! заду́май!

заду́му|ватися; заду́ма|тися, *intr.*
to become pensive, start thinking, think, reflect ◊ **Олекса́ндер почу́в нови́ну́ й заду́мався.** Oleksander heard the news and started thinking. ◊ **Вона́ тя́жко заду́малася** She started thinking hard.
prep. з. **над** + *I. or* **про** + *A.* start thinking about sth ◊ **Вона́ ста́ла части́ше з. над свої́м майбу́тнім.** She started thinking about her future more often. ♦ **не ~ючись** without hesitation, resolutely ◊ **Вся туристи́чна гру́па пого́дилася йти з нови́м провіднико́м, не ~ючись.** The whole tourist group agreed to go with the new guide without hesitation.
See **ду́мати 1**

заду́шлив|ий, *adj.*
1 stuffy, muggy, close, stifling, airless ◊ **У вкрай ~ій за́лі не було́ чим ди́хати.** There was no air to breathe in the extremely stuffy hall.
adv. **вкрай** extremely, **все бі́льше** increasingly, **ду́же** very, **нестéрпно** unbearably, **страше́нно** terribly ◊ **страше́нно ~а шпита́льна пала́та** a terribly stuffy hospital ward; **ма́йже** almost
з. + *n.* з. **ве́чір** a stifling evening (**день** day, **ра́нок** morning; **кабіне́т** office); **~а атмосфе́ра** a stifling atmosphere (**спе́ка** heat; **в'язни́ця** prison, **ка́мера** cell, **кімна́та** room, **пала́та** ward); **~е лі́то** suffocating summer (**пові́тря** air)
v. + з. **бу́ти ~им** be stuffy (**здава́тися** + *D.* seem to sb; **става́ти** become) ◊ **У спеко́тні дні її́ кабіне́т става́в нестерпно ~им.** On hot days, her office would become unbearably stuffy.
2 suffocating, stifling ◊ **Дру́гий ти́ждень ~і світа́нки не прино́сили ні роси́, ні прохоло́ди.** For the second week, suffocating daybreaks had brought neither dew, nor coolness. ◊ **Він агонізува́в від на́паду ~ого ка́шлю.** He was in agony from a fit of suffocating cough.
3 *fig.* oppressive, stifling, suffocating ◊ **~і часи́ сталіні́зму** the oppressive time of Stalinism; ◊ **Вона́ намага́лася ви́рватися із ~их обі́ймів політи́чної коре́ктности.** She was trying to break free from the oppressive embrace of political correctness.
See **гнітю́чий**

задуши́|ти, *pf., see* **души́ти 1, 3**
to choke, suffocate, choke to death ◊ **Васи́ль ма́ло не ~в бра́та в обі́ймах.** Vasyl has all but choked his brother to death in his embrace.

за́|єць, *m.,* **~йця**
1 hare, rabbit ♦ **За двома́ ~йця́ми пожене́шся – жо́дного не спійма́єш.** If you run after two hares, you will catch neither.
v. + з. **лови́ти ~йця** catch a hare ◊ **Її́ пес ма́ло не злови́в ~йця.** Her dog almost caught a hare. (**полюва́ти на** hunt ◊ **Вони́ пішли́ полюва́ти на ~йців.** They went hare hunting. **стріля́ти (в)** shoot); **здира́ти шкі́ру з ~йця** skin a hare; **ганя́тися за ~йцем** chase a hare; ♦ **одни́м уда́ром двох ~йців уби́ти** to kill two birds with one stone
2 *colloq.* stowaway ♦ **ї́хати ~йцем** to steal a ride ◊ **Без ше́ляга в кише́ні, він був зму́шений на вла́сний ри́зик ї́хати ~йцем.** Without a penny in his pocket, he was forced to steal a ride at his own peril.
See **твари́на**

зажада́|ти, *pf., see* **жада́ти**
to demand, ask ◊ **Адвока́т ~в ознайо́мити його́ зі спра́вою.** The lawyer demanded that he be apprised about the case.

за́здр|ити, ~ять; по~, *intr.*
to envy, be envious of + *D.* ◊ **Мо́жна ті́льки по~ ва́шому терпі́нню.** One can only envy you for your patience.
adv. **ду́же** greatly ◊ **Оле́сь ду́же ~в її́ винятко́вій па́м'яті.** Oles was greatly envious of her exceptional memory. **особли́во** particularly ◊ **Анато́лій особли́во ~в дру́гові на його́ популя́рність се́ред дівча́т.** Anatolii was particularly envious of his friend's popularity with girls. **спра́вді** really, **таємно** secretly, **тро́хи** a little, **жахли́во** terribly, **я́вно** clearly; **за́вжди́** always; **ні́коли не** never ◊ **Він ні́коли ніко́му ні за що не ~ть.** He is never envious of anyone for anything.
prep. з. **на** + *A.* envy (for) sth ◊ **Вона́ ~ла Оле́ні на чолові́ка.** She envied Olena her husband.
(по)заздри!

за́здрісн|ий, *adj.*
envious, jealous, prone to envy ◊ **Товариші́ кида́ли ~і по́гляди на його́ нови́й велосипе́д.** His friends eyed his new bicycle with envy.
adv. **вкрай** extremely, **ду́же** very, **нестéрпно** unbearably, **особли́во** particularly, **спра́вді** really, **страше́нно** terribly; **вира́зно** distinctly, **я́вно** obviously; **де́що** somewhat, **тро́хи** a little ◊ **Ма́рків го́лос видава́вся їй тро́хи ~им.** Marko's voice appeared to her a little envious.
з. + *n.* з. **ви́раз** an envious expression ◊ **Вона́ чита́ла це з я́вно ~им ви́разом обли́ччя.** She

was reading it with an expression of obvious envy on her face. (**го́лос** voice, **по́гляд** look, **тон** tone); **~а люди́на** an envious person, **~і о́чі** envious eyes
v. + **з. бу́ти ~им** be envious ◊ **Ната́лка не була́ ~ою на чуже́ ща́стя.** Natalka was not envious of other people's happiness. (**вигляда́ти** appear, **виявля́тися** turn out ◊ **Він ви́явився ~им чолові́ком.** He turned out to be an envious man. **здава́тися** + *D.* seem to sb)
prep. **з. на** + *A.* envious of sb/sth
Cf. **ревни́вий**

за́здрісно, *adv., pred.*
1 *adv.* enviously, with envy ◊ **«Якби́ ті́льки я все це ма́ла!» – з. ви́гукнула Гафія.** "If only I had all of this!" Hafiia shouted with envy. ◊ **Васи́ль з. слу́хав її.** Vasyl was listening to her with envy.
2 *pred.* envious
v. + **з. бу́ти з.** + *D.* be envious ◊ **Богда́ні було́ про́сто з.** Bohdana was simply envious. (**става́ти** feel) ◊ **Павло́ві ста́ло з., що і́нші подорожу́ють.** Pavlo felt envious that others were traveling.
conj. **з., що** + *clause* envious that ◊ **Петрові було́ з., що запроси́ли всіх, окрі́м ньо́го.** Petro was envious that everybody had been invited but him.

за́здр|ість, *f.*, **~ости**, *only sg.*
1 envy ◊ **Його́ му́чила з.** He was tormented by envy.
adj. **вели́ка** great, **ди́ка** savage, **нестерпна** unbearable, **страшна́** terrible, **чо́рна** killer ◊ **Чо́рна з. отру́ювала її ко́жну мить життя́.** Killer envy poisoned every moment of her life. **несвідо́ма** unconscious; **прихо́вана** hidden, **потамо́вана** repressed ◊ **Ча́сом її потамо́вана з. виявля́лася в го́строму заува́женні.** At times, her repressed envy manifested itself in a pointed remark.
n. + **з. відті́нок ~ости** a touch of envy ◊ **У Ні́ниному го́лосі був відті́нок ~ости.** There was a touch of envy in Nina's voice. (**напад** pang; **предме́т** object ◊ **Його́ коле́кція книжо́к була́ предме́том зага́льної ~ости.** His book collection was the object of general envy.
v. + **з. виклика́ти з. в** + *G.* arouse envy in sb ◊ **Її украї́нська виклика́ла з. в і́нших студе́нтів.** Her Ukrainian aroused envy in other students. (**відчува́ти** feel ◊ **Вона́ відчува́ла несте́рпну з.** She felt unbearable envy. **провокува́ти** provoke); **зелені́ти від ~ости** be/become green with envy ◊ **Здава́лося, він позелені́є від ~ости.** It seemed he would become green with envy. (**му́читися** *or* **потерпа́ти від** suffer from) ◊ **Ніхто́ з них не потерпа́в від особли́вої ~ости до Лари́си.** None of them suffered from any particular envy for Larysa. ♦ **за́здрити бі́лою ~істю** to be happy for sb; ♦ **за́здрити чо́рною ~істю** to be consumed with killer envy for sb
prep. **від** *or* **з ~ости** with envy ◊ **Він позеле́нів від ~ости.** He became green with envy. **із ~істю** with envy ◊ **Володи́мир промо́вив ці слова́ із ~істю в го́лосі.** Volodymyr uttered those words with envy in his voice. ♦ **на з.** + *D.* to sb's envy ◊ **Яре́ма здійсни́в свою́ мрі́ю на з. усьо́му сві́тові.** Yarema realized his dream to the envy of the whole world. **з. до** + *G.* envy for sb ◊ **з. до люди́ни, що волод́іє сті́лькома мо́вами** envy for a person who is in command of so many languages
Also see **ре́внощі 2.** *Cf.* **ре́внощі 1**

зазна|ва́ти, ~ю́ть; зазна́|ти, ~ють, *tran.* + *G.*
1 to suffer, sustain ◊ **Уля́на ~ва́ла прини́жень і знуща́нь від ма́чухи.** Uliana suffered humiliation and abuse from her stepmother.
adv. **вре́шті-ре́шт** ultimately, **наре́шті** finally, **ра́но чи пі́зно** sooner or later; **несподі́вано** unexpectedly, **ра́птом** suddenly; **перебачувано** predictably; **весь час** all the time, **пості́йно** constantly; **періоди́чно** periodically, **час від ча́су** from time to time ◊ **Час від ча́су вона́ ~ва́ла на́падів па́ніки.** From time to time, she suffered panic attacks.
з. + *n.* **з. банкру́тства** suffer bankruptcy ◊ **Із таки́м ме́неджментом фі́рма му́сила ра́но чи пі́зно зазна́ти банкру́тства.** With such a management, the firm had to suffer bankruptcy sooner or later. (**зби́тків** damages, **на́паду** attack, **невда́чі** failure, **пора́зки** defeat ◊ **Його́ ініціати́ва зазна́ла по́вної пора́зки.** His initiative suffered a complete defeat. **прова́лу** fiasco, **руйна́ції** ruin; **дискриміна́ції** discrimination, **знуща́ння** abuse, **насміха́ння** ridicule, **переслі́дування** persecution, **пони́ження** *or* **прини́ження** humiliation, **прези́рства** contempt; **розчарува́ння** disappointment ◊ **Він зазна́в розчарува́нь.** He suffered disappointments.
Also see **набира́тися 7, терпі́ти 2**
2 to experience, feel ◊ **Мар'я́на ~ла щи́рого коха́ння порі́вняно пі́зно в житті́.** Mar'yana experienced true love relatively late in her life.
з. + *n.* **з. прозрі́ння** experience a revelation (**ра́дости** joy, **ща́стя** happiness) ◊ **У цьо́му до́мі вони́ зазна́ли роди́нного ща́стя.** In this house, they experienced a familial happiness.
Also see **дові́дуватися 3, куштува́ти 2, пережива́ти 3, перено́сити 6**
3 to undergo, be subjected to ◊ **Із ча́сом матеріял ~ва́в хемі́чних змін.** With time, the material underwent chemical changes.
з. + *n.* **з. ґальваніза́ції** undergo galvanization (**коро́зії** corrosion ◊ **У таки́х умо́вах залі́зо ~є швидко́ї коро́зії.** In such conditions, iron is subjected to quick corrosion. **окислення** oxidization, **ро́зпаду** disintegration; **змі́ни** change, **метамо́рфози** metamorphosis, **перетво́рення** transformation; **зане́паду** decline, **паді́ння** collapse) ◊ **Вре́шті-ре́шт імпе́рія ~ла паді́ння.** Eventually the empire suffered a collapse.
Also see **піддава́тися 2**
pa. pple. **за́знаний** suffered, experienced
зазнава́й! зазна́й!

зазна́|ти, *pf., see* **зазнава́ти**
to experience, suffer, undergo ◊ **Ра́зом вони́ ~ли і ра́дості, і недо́лі.** Together they experienced both joy and misfortune.

зазнача́|ти, ~ють; зазна́ч|ити, ~ать, *tran.*
1 to mark, flag, indicate ◊ **Вчи́телька за́вжди ~ла закла́динками сторінки́ з потрі́бними їй цита́тами.** The (female) teacher would always bookmarked the pages with quotations she needed.
See **познача́ти.** *Also see* **відзнача́ти 1**
2 to write down, jot down ◊ **Оре́ста встигла зазна́чити ї́хні адре́си і номери́ телефо́нів.** Oresta managed to write down their addresses and phone numbers.
See **запи́сувати, писа́ти 1.** *Also see* **документува́ти**
3 to say, remark, note ◊ **О́льга зазна́чила, що вона́ з Лу́цька.** Olha said she was from Lutsk. ◊ **Він побі́жно зазна́чив, що шука́є партне́ра.** He remarked in passing that he was looking for a partner.
See **каза́ти 1.** *Also see* **відзнача́ти 2, говори́ти 1, заува́жувати 1**
pa. pple. **зазна́чений** noted, mentioned
зазнача́й! зазна́ч!

зазна́чи|ти, *pf., see* **зазнача́ти**
to mark; note, point out, remark, *etc.* ◊ **Він ~в, що відпові́ді ма́ють бу́ти докла́дними.** He noted that the answers were to be detailed.

зазубри́|ти, *pf., see* **зазу́брювати**
to memorize mechanically, cram, swot up ◊ **З. сті́льки матерія́лу за коро́ткий час було́ не під си́лу ніко́му.** Cramming so much material in a short time was beyond anybody's power.

зазу́брю|вати, ~ють; зазубр|и́ти, ~ять, *tran., colloq.*
to memorize mechanically, cram, swot up ◊ **Він нічо́го не розумі́є з то́го, що зазубри́в.** He does not understand anything of what he crammed.
adv. **механі́чно** mechanically, **про́сто** simply, **слі́по** *and* **нао́сліп** blindly, **ту́по** dumbly ◊ **Стара́ систе́ма осві́ти ча́сто зму́шувала студе́нтів ту́по з. інформа́цію.** The old educational system often made students dumbly memorize information.
pa. pple. **зазу́брений** crammed
зазу́брюй! зазубри́!
See **запам'ято́вувати**

заї́жджа́|ти, ~ють; заї́хати, заї́д|уть, *intr.*
1 to drive in (into, behind), enter (*by vehicle*) ◊ **Заї́хати сюди́ мо́жна лише́ зі схо́ду.** It is possible to get in here only from the east.
adv. **зза́ду** from behind, **з ти́лу** from the rear ◊ **Цей мане́вр дозво́лив кінно́ті заї́хати на во́рога з ти́лу.** The maneuver allowed the cavalry to come at the enemy from the rear. **злі́ва** *or* **з лі́вого бо́ку** from the left, **спра́ва** *or* **з пра́вого бо́ку** from the right
prep. **з. в** + *A.* drive in/to sth ◊ **Він пові́льно ~є в ґара́ж.** He is slowly driving into the garage. **з. за** + *A.* drive behind sth ◊ **Вантажі́вка заї́хала за ріг ву́лиці.** The truck went behind the street corner. ◊ **з. на** + *A.* drive onto sth ◊ **Віз уре́шті-ре́шт заї́хав на вершо́к па́горба.** The wagon finally reached the top of the hill.
See **ї́хати 1.** *Ant.* **виї́жджа́ти 1, з'ї́жджа́ти**
2 to get as far as (*by vehicle*), reach, visit ◊ **Вони́ ~ли в найда́льші се́ла Полі́сся.** They visited the most remote villages of Polissia.
prep. **з. до** + *G.* get as far as sth ◊ **Він заї́хав аж до Ґрана́ди.** He got as far as Granada.
♦ **дале́ко не заї́деш на** + *L.* not to be successful ◊ **Він знав, що на одні́й публіка́ції він дале́ко не заї́де.** *fig.* He knew that one publication would not get him far.
3 to pick up, get (*by vehicle*) ◊ **Вона́ геть забу́ла заї́хати до крамни́ці по хліб і молоко́.** She completely forgot to get some bread and milk at the store.
prep. **з. за** + *I. or* **по** + *A.* picks up sb/sth ◊ **Доро́гою додо́му Андрі́й ~є за ді́тьми́** *or* **по діте́й.** On his way home, Andrii picks up the kids.
4 to call in on the way (*by vehicle*) ◊ **Ми до вас заї́демо, як бу́демо верта́тися.** We'll call in on you on the way back.
See **відві́дувати 1.** *Also see* **завіта́ти, загляда́ти 2, провідувати, ходи́ти 3**
5 *colloq., only with prep.* to hit, punch, strike
prep. **з. в** + *A. or* **по** + *L.* hit in sth ◊ **Не до́вго ду́маючи, Іва́нка щоси́ли заї́хала йому́ в обли́ччя.** Without much hesitation, Ivanka hit him in the face with all her strength.
See **вдаря́ти 2.** *Also see* **би́ти 1, ко́пати**
заї́жджа́й! заї́дь!

заї́зд, *m.*, **~у**
1 driveway ◊ **Замі́сть норма́льного ~у до шко́ли вела́ сте́жка.** Instead of a regular driveway, a path led to the school.
adj. **вузьки́й** narrow, **до́вгий** long ◊ **Вантажі́вка перекрива́ла до́вгий з. до па́ркінгу.** A truck blocked the long driveway to the parking. **коро́ткий** short, **широ́кий** wide; **непозна́чений** unmarked, **непомі́тний** unnoticeable, **прихо́ваний** hidden
See **ву́лиця 1, доро́га 1.** *Also see* **автостра́да, тра́са 2, шлях 1.** *Cf.* **сте́жка 1**
2 inn, hostel ◊ **Мандрівники́ шука́ли яки́йсь деше́вий з., щоб переночува́ти.** The travelers

were looking for a cheap inn to spend the night.
See **готе́ль**
3 shift, group, group arrival (*of guests at resort, etc.*)
adj. **ма́совий** mass, **невели́кий** small, **обме́жений** limited; **нови́й** new ◊ **Куро́рт уже́ гото́ється до ново́го ~у госте́й.** The resort is already preparing for a new group of guests to arrive. **мину́лий** last, **попере́дній** previous; **насту́пний** coming
Also see **змі́на 2**
4 *sport* lap, round, heat ◊ **Перего́ни склада́лися із трьох ~ів.** The race consisted of three laps.
adj. **виріша́льний** decisive, **перемо́жний** winning **оста́нній** last ◊ **Оста́нній з. ви́явився виріша́льним.** The last lap turned out to be decisive. **пе́рший** first

заїка́|тися, ~ються; заїкн|у́тися, ~у́ться., *intr.*
1 *only impf.* to stammer, stutter ◊ **Її поміч́ник помі́тно ~вся.** Her assistant had a noticeable stammer.
adv. **ду́же** badly, **помі́тно** noticeably, **страше́нно** terribly, **хроні́чно** chronically; **ле́гко** slightly, **ле́две** scarcely, **тро́хи** a little; **від хвилюва́ння** with excitement
v. + **з. почина́ти** begin to, **ста́ти** start ◊ **Юхи́м став з. від вели́кого хвилюва́ння.** Yukhym started stammering with great excitement. **продо́вжувати** continue to; **переста́ти** stop; **намага́тися не** do one's best not to ◊ **Вона́ намага́лася не з.** She was doing her best not to stammer.**стара́тися не** try not to
2 *fig.* to mention, hint, utter a word ◊ **Про те, що ста́лося, він не ~вся.** He did not utter a word about what had happened.
See **каза́ти 1.** *Also see* **зазнача́ти 3, заува́жувати 1**
3 *only pf.* to stop (*speaking*), cease (*talking*) ◊ **Катру́ся прочита́ла весь вірш, жо́дного ра́зу не заїкну́вшись.** Katrusia recited the entire poem, without stopping a single time.
See **зупиня́тися 1, спиня́тися 1**
заїка́йся! заїкни́ся!

заїкну́|тися, *pf., see* **заїка́тися**
to stammer, stutter, *etc.* ◊ **Ре́чник на́віть не ~вся про сканда́л.** *fig.* The spokesman did not even utter a word about the scandal.

за́йв|ий, *adj.*
1 spare, extra ◊ **Вона́ відклада́ла ко́жну ~у гри́вню на чо́рний день.** She saved every spare hryvnia against a rainy day. ◊ **Рома́н трима́в два набо́ри ~их ключі́в.** Roman kept two sets of spare keys.
з. + *n.* **з. день** a spare day (**квито́к** ticket ◊ **два ~і квитки́** two spare tickets; **сті́лець** chair, **час** time); ♦ **тре́тій з.** an odd man out ◊ **У цьо́му товари́стві Гриць ви́явився тре́тім ~им.** In this company, Hryts ended up as the odd man out.
Also see **запасни́й 1, 2**
2 redundant, excessive, unneeded ◊ **Слова́ тут ~і.** Words are redundant here. ◊ **Ба́тько заванта́жував Василя́ яко́юсь ~ою робо́тою.** Father would load Vasyl with some redundant work.
3 additional, another ◊ **два ~і дні, прове́дені на пля́жі** two additional days, spent on the beach

за́йд|а, *m. and f., colloq.*
1 stranger, newcomer ◊ **Спочა́тку він почува́вся в Ки́єві ~ою.** Initially he felt a stranger in Kyiv.
adj. **неба́жаний** unwanted, **непро́ханий** uninvited
See **чужи́нець.** *Also see* **незнайо́мець.** *Ant.* **земля́к, знайо́мий**
2 *pejor.* invader, aggressor ◊ **Мі́сто було́ під загро́зою зайд зі схо́ду.** The city was under a threat from the invaders from the east.
adj. **наха́бний** brazen, **нена́висний** hateful, **осору́жний** detestable; **несподі́ваний** unexpected; **німе́цький** German, **по́льський** Polish, **росі́йський** Russian, **туре́цький** Turkish
See **завойо́вник**

займа́|ти, ~ють; займ́яти, займ|у́ть, *tran.*
1 to occupy, take, take up; hold ◊ **Тре́ба зайня́ти міс́ця.** We need to take our seats.
adv. **по́вністю** fully, **цілко́м** completely, **частко́во** in part; **одра́зу** immediately, **шви́дко** quickly ◊ **Ді́ти шви́дко зайня́ли всю ла́вку.** The children quickly took up the whole bench.
з. + *n.* **з. мі́сце** occupy a spot (**пло́щу** area, **про́стір** space; **кімна́ту** room, **куто́к** corner, **помі́шкання** apartment; **лі́жко** bed, **стіл** table; **поса́ду** post) ◊ **Вона́ ~є таку́ відповіда́льну поса́ду вже тре́тій рік.** She has occupied such a responsibility-laden post for the third year now. ♦ **з. че́ргу** to queue up, stand in line; ♦ **з. пе́рше мі́сце** to take first place (**дру́ге** second, **оста́ннє** last) ◊ **На турні́рі цей шахі́ст зайня́в четве́рте мі́сце.** In the tournament, the chess-player, took fourth place.
2 to take up (*time*), last ◊ **По́дорож до мо́ря ~є чоти́ри годи́ни.** A trip to the sea takes four hours. ◊ **Тренува́ння ~є в Дани́ла три годи́ни.** The training takes Danylo three hours. ◊ **Не ~йте мені́ ча́су!** Don't waste my time!
See **трива́ти.** *Also see* **поглина́ти 5, тягну́тися 6**
3 to seize (*territory*), occupy, capture ◊ **Францу́зи зайня́ли Москву́ без о́пору.** The French seized Moscow without resistance.
See **захо́плювати 2, окупува́ти.** *Also see* **відбира́ти 1, відніма́ти 1, забира́ти 2**
4 to bother, badger, pester, touch ◊ **Не бі́йтеся, цей пе́с вас не займе́.** Don't worry, this dog will cause you no harm. ◊ **Тара́с ні́кого не ~в.** Taras did not bother anybody. ◊ **Ніхто́ з діте́й не нава́жувався з. його́.** No child dared pester him. ◊ **Не ~йте його́!** Leave him alone!
pa. pple. **за́йнятий** occupied, busy
займа́й! займи́!

займа́|тися[1]; зай|ня́тися, *intr.*
1 to occupy oneself with, do, work on, engage in + *I.* ◊ **Іва́нна ці́лий день ~лася дома́шніми спра́вами.** Ivanna did work around the house all day long.
adv. **бага́то** a lot, **інтенси́вно** intensely ◊ **Він інтенси́вно ~ється підгото́вкою до зимо́вого сезо́ну.** He is intensely working to get ready for the winter season. **рете́льно** thoroughly, **серйо́зно** seriously; **ча́сто** often; **час від ча́су** from time to time, **і́ноді** sometimes, **звича́йно** usually, **як пра́вило** as a rule; **із заціка́вленням** with interest, **з насоло́дою** with pleasure, **ра́до** gladly
v. + **з. бу́ти тре́ба** + *D.* need to; **бу́ти ціка́во** + *D.* be interesting to ◊ **Йому́ ціка́во з. ентомоло́гією.** It is interesting for him to study entomology. **люби́ти** like to ◊ **Чим ти лю́биш з. на дозві́ллі?** What do you like to do in your free time? **збира́тися** be going to, **планува́ти** plan to; **почина́ти** begin to ◊ **Вона́ почала́ серйо́зно з. музиколо́гією.** She began to do some serious work on musicology. **ста́ти** *pf.* start; **продо́вжувати** continue to; **ки́дати** quit to, **припиня́ти** stop to
See **вивча́ти 1.** *Also see* **оволоді́вати 3, прохо́дити 5, сиді́ти 3, ціка́витися 1**
2 to practice (*playing an instrument*), train oneself in, play (*music, sports*) ◊ **Він ~ється футбо́лом три ро́ки.** He has played football for three years. ◊ **Спочა́тку вона́ не хоті́ла з. гро́ю на фортеп'я́ні.** At first, she was reluctant to practice playing piano.
See **тренува́тися**
3 to prepare assignment; study, do one's studies ◊ **Він зазвича́й ~ється по вечора́х.** He usually studies in the evening. ◊ **Вони́ ~ються.** They are studying.
See **навча́тися 1**
4 to tend to, look after, take care of ◊ **Оле́ні слід бі́льше з. дочко́ю.** Olena should take greater care of her daughter. ◊ **Паціє́нтом ~лися одноча́сно три лі́карі.** At once three doctors tended to the patient.
See **догляда́ти 2.** *Also see* **дба́ти 1, диви́тися 5, гляді́ти 2, опіка́ти 1, турбува́тися 2, ходи́ти 6**

займа́|тися[2]; зайня́тися, *intr.*
1 to catch fire, ignite, start burning ◊ **Соло́ма ле́гко зайняла́ся від пе́ршого сірника́.** The straw easily caught fire from the first match.
adv. **ґвалто́вно** abruptly, **ле́гко** easily, **митте́во** instantly ◊ **Сухе́ де́рево митте́во зайняло́ся від бли́скавки.** A dry tree instantly ignited from the lightning strike. **несподі́вано** unexpectedly, **ра́птом** suddenly, **за́раз же** right away, **шви́дко** quickly
See **горі́ти**
2 to dawn; *fig.* begin ◊ **Займа́ється те́плий лі́тній день.** A warm summer day begins.
See **почина́тися**

займе́нник, *m.*, **~а**
pronoun ◊ **Вона́ уника́є ~а «я» у своє́му те́ксті.** She avoids the pronoun *I* in her text.
adj. **вказівни́й** demonstrative, **запере́чний** negative, **зворо́тний** reflexive, **особо́вий** personal ◊ **Украї́нська систе́ма особо́вих ~ів відрізня́ється від англі́йської.** The Ukrainian system of personal pronouns is different from the English one. **пита́льний** interrogative, **присві́йний** possessive, *etc.*
L. **в ~у**
See **і́менник**

зайня́|ти, *pf., see* **займа́ти**
to occupy, take up ◊ **Бі́женці ~ли́ три горі́шні по́верхи готе́лю.** The refugees took up three upper floors of the hotel.

за́йнят|ий, *adj.*
1 busy ◊ **Пан Савчу́к за́раз з. і не мо́же вас прийня́ти.** Mr. Savchuk is busy now and cannot receive you.
adv. **вкрай** extremely, **ду́же** very ◊ **Яре́ма ці́лий день був ду́же з.** Yarema was very busy all day long. **надзвича́йно** extraordinarily, **незвича́йно** unusually, **пості́йно** constantly, **страше́нно** terribly
Also see **заклопо́таний 2**
2 taken, occupied ◊ **Це мі́сце ~е?** Is this seat taken? ♦ **~о** The line is busy. (*of phone*) ◊ **Яри́на дзвони́ла до них три́чі, але́ щора́зу було́ ~о.** Yaryna called them three times but every time the line was busy.

зайня́|тися, *pf., see* **займа́тися**
to occupy oneself with, attend to ◊ **Лі́кар наре́шті ~вся хво́рим.** The doctor finally attended to the patient.

за́йнят|ість, *f.*, **~ости**, *only sg.*
1 being busy, much work, work load ◊ **Хроні́чна з. на робо́ті не дозволя́ла Оле́ні прово́дити бі́льше ча́су з ону́ками.** Chronic busyness at work prevented Olena from spending more time with her grandchildren.
adj. **висо́ка** high, **надзвича́йна** extreme, **надмі́рна** excessive; **невели́ка** small, **норма́льна** regular, **се́редня** average; **пості́йна** constant
v. + **з. ска́ржитися на з.** complain about being busy ◊ **Оста́ннім ча́сом Васи́ль ска́ржиться на пості́йну з. у шко́лі.** Lately Vasyl complains about being constantly busy at school.
Also see **наванта́ження 3**
2 employment, work ◊ **Він працю́є у слу́жбі ~ости.** He works for an employment service.
adj. **висо́ка** high, **зага́льна** general,

максима́льна maximal, **по́вна** full-time, **цілкови́та** total; **частко́ва** partial; **сере́дня** average; **пості́йна** constant, **стабі́льна** stable; **короткотерміно́ва** short-term, **мініма́льна** minimal, **низька́** low

n. + **з. аге́нція ~ости** an employment agency (**слу́жба** service; **ґара́нтія** guarantee; **зроста́ння** growth; **зме́ншення** decline, **скоро́чення** decrease; **програ́ма** program; **рі́вень** level, **стати́стика** statistics)

v. + **з. ґарантува́ти з.** guarantee employment ◊ **Ця полі́тика ґарантува́ла висо́ку з.** These policies guaranteed high employment. (**забезпе́чувати** ensure ◊ **Він обіця́є забезпе́чити з. се́ред мо́лоді.** He pledges to ensure employment among the youth. **збі́льшувати** increase, **піді́ймати** *or* **підніма́ти** raise, **стимулюва́ти** stimulate, **утри́мувати** maintain ◊ **Він намага́вся утри́мати з. ціє́ї гру́пи.** He sought to maintain this group's employment. **зме́ншувати** reduce)

з. + *v.* **збі́льшуватися** increase, **зроста́ти** grow; **зме́ншуватися** fall, **скоро́чуватися** decline

prep. **з. се́ред** + *G.* employment among sb ◊ **рі́вень ~ости се́ред бі́женців** the employment level among the refugees

Cf. **пра́ця 1, робо́та 2**

займят|тя́, *nt.*
occupying, occupation ◊ **Пі́сля з. росія́нами мі́сто пори́нуло в теро́р.** After the occupation by Russians, the city submerged into terror.

з. + *n.* **з. мі́ста** occupation of a city (**мі́сця** place, **про́стору** space, **терито́рії** territory; **за́ли** hall, **кімна́ти** room; **поса́ди** post)

Also see **окупа́ція.** *Ant.* **звільнення 4.** *Cf.* **заняття́**

зай|ти́, *pf., see* **захо́дити**
to drop in on; set down, *etc.* ◊ **Со́нце вже ~шло́.** The sun has already set down.

за́кид, *m.*, **~у**
reproach, charge, accusation, rebuke ◊ **Ви́нник не відпові́в на ~и опоне́нта.** Vynnyk did not respond to his opponent's accusations.

adj. **безпідста́вний** groundless, **незаслу́жений** undeserved, **несправедли́вий** unfair; **го́стрий** sharp, **дошку́льний** scathing, **нещадний** ruthless, **суво́рий** severe; **ди́вний** strange; **грайли́вий** playful, **дру́жній** friendly, **жартівли́вий** jocular, **легки́й** mild

v. + **з. відкида́ти з.** reject a reproach ◊ **Він відки́нув усі́ ї́хні ~и.** He rejected all their reproaches. (**заслуго́вувати на** deserve) ◊ **Його́ дослі́дження заслуго́вувало на куди́ серйо́зніші ~и.** His research deserved by far more serious charges. ♦ **роби́ти** + *D.* **з.** rebuke sb ◊ **Васи́ль зроби́в йому́ несправедли́вий з.** Vasyl rebuked him unfairly. **не заслуго́вувати ~у** not to deserve a reproach (**уника́ти** avoid) ◊ **Тим ра́зом Не́ля уни́кнула обов'язко́вих ~ів ма́тері.** This time around Nelia avoided her mother's obligatory rebukes.

See **до́кір**

закида́|ти[1], **~ють; заки́дати, заки́н|уть**, *tran.*
1 to fill up, cover with + *I.* ◊ **Робітники́ взяли́ся з. рів земле́ю.** The workers got down to filling the ditch with earth.

adv. **частко́во** in part, **геть** totally ◊ **За добу́ ха́ту геть заки́дало сні́гом.** *impers.* In a day, the house was totally covered with snow. **цілко́м** completely; **наре́шті** finally; **нега́йно** immediately, **за́раз же** right away, **шви́дко** quickly; **пові́льно** slowly, **поступо́во** gradually

v. + **з. бра́тися** get down to; **намага́тися** try to ◊ **Вони́ намага́лися заки́дати всі я́ми щ́ебнем.** They tried to fill all the holes with gravel. **почина́ти** begin to, **ста́ти** *pf.* start

2 *fig.* to bombard, inundate, swamp ◊ **В інститу́ті Мо́трю заки́дали робо́тою.** *impers.* At the institute, Motria was inundated with work.

з. + *n.* **з. доко́рами** bombard with reproaches ◊ **Жі́нка заки́дала Мико́лу доко́рами.** Mykola's wife bombarded him with reproaches. (**пита́ннями** questions, **проха́ннями** requests, **ска́ргами** complaints; **іде́ями** ideas, **пропози́ціями** offers) ◊ **Перемо́жця заки́дали пропози́ціями про робо́ту.** The winner was swamped with job offers.

pa. pple. **заки́даний** covered with

закида́й! заки́дай!

закида́|ти[2], **~ють; заки́н|ути**, *tran.*
1 to throw, throw away, cast, toss ◊ **Він заки́нув м'яч на со́рок ме́трів.** He threw the ball 40 m away. ◊ **Риба́лка заки́нув сі́тку в во́ду.** The fisherman tossed the net in the water. ♦ **з. сло́во за** + *A.* to put a word in for sb/sth ◊ **Його́ проси́ли заки́нути прихи́льне сло́во за Тере́щенка.** He was asked to put a favorable word in for Tereshchenko.

See **ки́дати 1**

2 to turn upwards *(of head, etc.)*, put behind, throw up ◊ **Ні́на йшла́, ви́соко заки́нувши го́лову.** Nina walked, her head held high. ◊ **Він заки́нув ру́ки за пери́ла.** He threw his hands behind the banisters.

3 *usu pf.* to give up, abandon, neglect, stop ◊ **Через хворо́бу Іва́н заки́нув навча́ння.** Ivan neglected school due to his sickness. ◊ **На два ро́ки вона́ заки́нула писа́ти ві́рші.** For two years, she stopped writing poetry.

See **покида́ти 2, припиня́ти.** *Also see* **ки́дати 5, 6**

4 *fig.* to fling, take far away, *also impers.* ◊ **До́ля заки́нула її́ до Лі́ми.** Fate took her to Lima. ◊ **Обста́вини ~ли Степа́на в незна́ні мі́сця.** Circumstances flung Stepan to unknown places.

Also see **зано́сити 2**

5 to reproach, rebuke, blame, accuse ◊ **Ма́рті ~ють злочи́нну недба́лість.** *impers.* Marta is being accused of criminal negligence.

See **докоря́ти**

6 *colloq.* to hint, allude ◊ **На́стя не зо́всім розумі́ла, куди́ він ~є.** Nastia did not quite understand what he hinted at.

prep. **з. про** + *A.* hint at sth ◊ **Він ~в Миха́йлові про ї́хню уго́ду.** He was hinting to Mykhailo at their agreement.

See **натяка́ти**

pa. pple. **заки́нутий** *or* **заки́нений** neglected, forsaken

закида́й! заки́нь!

закипі́|ти, *pf., see* **кипі́ти**
to come to a boil ◊ **Ча́йник ~в за п'ять хвили́н.** The kettle came to a boil in five minutes.

закип'яті́|ти, *pf., see* **кип'яти́ти**
to boil, bring to a boil ◊ **Він ~в во́ду на чай.** He boiled some water for tea.

закі́нчен|ий, *adj.*
1 finished, completed ◊ **Реконстру́кція ма́є бу́ти ~а до о́сени.** The reconstruction is supposed to be finished by the fall.

adv. **геть** totally, **по́вністю** fully, **цілко́м** completely; **частко́во** partially ◊ **Портре́т лиши́вся частко́во ~им.** The portrait remained partially finished. **ма́йже** almost, **ле́две** hardly, **наси́лу** barely, **наре́шті** finally

з. + *n.* **~а спра́ва** a completed matter ◊ **Так чи іна́к, але́ Максимчу́к вважа́в спра́ву ~ою.** This way or another, Maksymchuk considered the matter to be completed. (**мі́сія** mission, **по́дорож** journey, **робо́та** work); **~е завда́ння** a finished assignment (**розслі́дування** investigation)

Also see **дове́ршений 1, заве́ршений.** *Ant.* **поча́тий**

2 *fig.* absolute, accomplished, complete, perfect, total ◊ **Тимі́ш ті́шився репута́цією ~ого брехуна́.** Tymish enjoyed the reputation of a complete liar. (**дива́к** weirdo, **ду́рень** idiot, **остоло́п** dumbhead; **егоїст** egotist, **нарци́с** narcissist; **ідеалі́ст** idealist, **мрі́йник** dreamer)

Also see **дове́ршений 3**

закі́нчен|ня, *nt.*
1 ending, finishing, completion ◊ **Продю́сер напolі́г, щоб фі́льм мав два рі́жні з.** The producer insisted that the movie have two different endings.

adj. **альтернати́вне** alternative, **і́нше** different; **бана́льне** banal; **безглу́зде** nonsensical ◊ **З. здава́лося ї́й безглу́здим.** The ending seemed to make no sense to her. **ди́вне** strange, **невмотиво́ване** unmotivated, **непереко́нливе** unconvincing, **неправдоподі́бне** implausible; **ґвалто́вне** abrupt, **несподі́ване** unexpected, **рапто́ве** sudden; **доскона́ле** perfect ◊ **доскона́ле з. п'є́си** a perfect ending to the play; **своєрі́дне** unconventional; **сумне́** sad, **трагі́чне** tragic; **куме́дне** funny, **щасли́ве** happy

v. + **з. ма́ти з.** have an ending ◊ **Істо́рія ма́ла несподі́ване з.** The story had an unexpected ending. (**писа́ти** write, **переписувати** rewrite, **вга́дувати** guess, **зна́ти** know, **міня́ти** change) ◊ **Сценари́ст зміни́в з. із трагі́чного на щасли́ве.** The scriptwriter changed the ending from tragic to happy.

prep. **на з.** + *G.* in conclusion of sth ◊ **Промо́вець зацитува́в Франко́вого «Мойсе́я» на з.** The speaker quoted Franko's *Moses* in conclusion.

2 *anat.* ending, end part ◊ **нерво́ве з.** a nerve ending

3 *ling.* ending, inflection ◊ **Відмі́нкове з. іме́нника склада́ється із трьох звукі́в.** The case ending of the noun consists of three sounds. ◊ **з. сло́ва** a word ending

adj. **відмі́нкове** case, **дієслі́вне** verbal, **займеннико́ве** pronominal, **іменнико́ве** nominal, **прикметнико́ве** adjectival

Cf. **осно́ва**

закі́нчи́|ти, *pf., see* **закі́нчувати**
to finish ◊ **Переобла́днання підприє́мства ~ли за рік.** The re-equipping of the enterprise was finished in one year.

закі́нчи́|тися, *pf., see* **закі́нчуватися**
to end, finish, be over ◊ **Війна́ ~лася пора́зкою аґре́сора.** The war ended in the defeat of the aggressor.

закі́нчу|вати, **~уюТь; закі́нч|ити, ~а́ть**, *tran.*
1 to finish, complete, get done with, conclude + *only impf. inf.* or *I.* ◊ **Вона́ хоті́ла закі́нчити ще одну́ сторі́нку руко́пису.** She wanted to complete another page of the manuscript.

adv. **блиска́вично** in a flash, **в ре́шті-ре́шт** in the long run, **давно́** long ago; **ефе́ктно** impressively; **ле́две** scarcely, **ма́йже** almost, **наре́шті** finally, **наси́лу** barely, **неда́вно** recently, **поступо́во** gradually, **ско́ро** soon, **шви́дко** quickly, **я́кось** somehow, **якра́з** just; **пе́ршим** first ◊ **Да́рка закі́нчи́ла писа́ти контро́льну пе́ршою.** Darka was the first to finish the test. **дру́гим** second, *etc.* **оста́ннім** last ◊ **Вони́ за́вжди́ ~ють робо́ту оста́нніми.** They are always the last to finish work. **з. тим, що** + *clause* to end by sth ◊ **Він закі́нчи́в тим, що приві́тав усі́х.** He concluded by congratulating everybody.

v. + **п. бу́ти гото́вим** be ready to; **бу́ти тре́ба** + *D.* need to; **виріш́увати** decide to; **дава́ти** + *D.* let sb ◊ **Да́йте ї́й закі́нчи́ти.** Let her finish. **дозволя́ти** + *D.* allow sb to; **ма́ти** be supposed to; **могти́** be able to, **планува́ти** plan to, **сподіва́тися** hope to

prep. **з. до** + *G.* finish by sth ◊ **Надія мала закінчити прибирати до першої години.** Nadiia was supposed to finish cleaning by one o'clock. **з. на** + *L.* finish by *(time)* ◊ **Кравчиня обіцяла закінчити куртку на середу.** The (female) tailor promised to finish the jacket by Wednesday.
Also see **завершувати, замикати 5, кінчати 1, справлятися 2.** *Opp.* **починати**
2 to graduate, finish studies ◊ **Симон ~вав навчання наступної весни.** Symon was graduating next spring.
adv. **блискуче** brilliantly, **добре** well, **кепсько** poorly, **погано** badly, **так собі** so-so, **успішно** successfully; ◊ **Який університет вона закінчила?** What university did she graduate from?
pa. pple. **закінчений** finished
закінчуй! закінч *or* **закінчи!**
Also see **кінчати 1**

закінч|уватися; закінчитися, *intr.*
to end, finish, be over, have an ending + *I.*
◊ **Лекція закінчиться дискусією.** The talk will end in a discussion. ◊ **Канікули ~уються завтра.** The holidays end tomorrow.
adv. **ґвалтовно** abruptly ◊ **Розмова ґвалтовно закінчилася.** The conversation abruptly ended. **несподівано** unexpectedly ◊ **За десять кроків звідси невтральна зона несподівано ~лася.** Ten steps from here, the no man's land unexpectedly ended. **раптом** suddenly ◊ **Зустріч раптом закінчилася бійкою.** The meeting suddenly ended in a fight. **поступово** gradually; **швидко** quickly; **вже** already, **врешті-решт** eventually ◊ **Все на світі врешті-решт ~ється.** Everything in the world eventually comes to an end. **нарешті** finally; **фактично** effectively, in fact; **добре** well ◊ **Добре все, що добре ~ється.** All's well that ends well. **мирно** peacefully, **щасливо** happily; **катастрофічно** disastrously; **трагічно** tragically
Also see **завершуватися, переходити 6, смеркати(ся) 2.** *Ant.* **починатися**

заклад, *m.*, ~у
institution, establishment, facility ◊ **Вулицю займали урядові ~и.** The street was occupied by government institutions.
adj. **виправний** correctional ◊ **Він пропонував приватизувати виправні ~и.** He proposed to privatize correctional facilities. **військовий** military; **адміністративний** administrative, **державний** state, **поліційний** police, **правоохоронний** law-enforcement, **урядовий** government, **юридичний** legal; **академічний** academic, **вищий навчальний** higher education, **дослідницький** research, **навчальний** educational, **початковий навчальний** elementary education, **середній навчальний** secondary education; **релігійний** religious; **гральний** gambling, **розважальний** entertainment; **банковий** banking, **комерційний** *and* **торговий** commercial, **фінансовий** financial; **медичний** medical, **реабілітаційний** rehabilitation; **культурний** cultural; **тренувальний** training, **спортивний** sports; **ліцензований** licensed ◊ **Гральні ~и мають бути ліцензованими.** Gambling establishments need to be licensed. **благодійний** charitable, **філантропічний** philanthropic; **леґальний** legal; **нелеґальний** illegal; **міжнародний** international; **місцевий** local, **міський** urban, **сільський** rural; **національний** national
v. + **з. будувати з.** build an institution (**відкривати** open ◊ **Навчальний з. відкрили в 2020 році.** The educational establishment was opened in 2020. **засновувати** found; **розбудовувати** build up; **реформувати** reform ◊ **Уряд зреформував правоохоронні ~и країни.** The government reformed all the law-enforcement agencies of the country. **відвідувати** attend; **очолювати** head); **працювати в ~і** work at an institution ◊ **У військовому ~і працює триста осіб.** Three hundred people work at this military establishment.
з. + *v.* **бути розташованим** be located ◊ **Новий з. розташований на вулиці Гоголя.** The new institution is located on Hohol Street. **розташовуватися** be situated; **займати** + *A.* occupy sth ◊ **Гральний з. займає приміщення колишнього кінотеатру.** The gambling establishment occupies the premises of the former movie theater.
prep. **в з.** *dir.* to an institution ◊ **Її перевели в інший з.** She was transferred to a different institution. **в ~і** *posn.* at an institution; **до ~у** to an institution
Also see **інститут 1, інституція, установа.** *Cf.* **заклад 1-3**

заклад, *m.*, ~у
1 bet, wager ◊ **Він зробив з., що матч виграє київське «Динамо».** He made a bet that Kyiv *Dynamo* would win the match.
adj. **великий** large, **величезний** huge; **маленький** *dim.* small, **невеликий** small; **безпечний** safe ◊ **Цей з. здавався Никонові досить безпечним.** The bet seemed fairly safe to Nikon. **вдалий** successful, **виграшний** winning, **ґарантований** guaranteed **кепський** bad, **програшний** losing, **ризиковий** risky ◊ **Він зробив досить ризиковий з.** He made a rather risky bet.
v. + **з. класти з.** place a bet ◊ **Вона поклала з. на білого жеребця.** She placed her bet on the white stallion. (**приймати** accept ◊ **Маклер зараз же прийняв його з.** The bookmaker accepted his bet at once. **робити** make, **ставити** put ◊ **Картяр поставив з. на всі гроші.** The card player went all in. **вигравати** win; **програвати** lose ◊ **Вона подумала була, що програє свій з.** She already thought she would lose her bet. ♦ **битися об з.** to bet sth ◊ **Б'юся об з., що Прокіп не прийде.** I bet you Prokip won't come.
prep. **з. на** + *A.* 1) a bet on sth ◊ **з. на собачі перегони** a bet on a dog race. 2) a bet of *(sum)* **з. на тисячу гривень** a ₴1,000 bet
2 pawning, mortgaging ◊ **Він віддав під з. власне помешкання.** He pawned his own apartment. ♦ **в ~і** mortgaged, pawned ◊ **Раптом її біжутерія опинилася в ~і.** Suddenly her jewelry ended up pawned.
3 collateral, deposit, lien ◊ **Власник будинку вимагав від квартиранта з. у розмірі місячної плати.** The building owner required that a tenant pay a monthly rent deposit.
See **застава.** *Cf.* **заклад**

закладин|ка, *var.* заклад|ка, *f.*
1 bookmark ◊ **Поліна розкрила книжку там, де була з.** Polina opened the book where the bookmark was.
adj. **велика** big, **зручна** handy; **мала** small; **яскрава** bright; **картонна** cardboard, **маґнітна** magnet, **паперова** paper, **шкіряна** leather, *etc.*
v. + **з. вставляти ~ку** insert a bookmark ◊ **Вона вставила ~ки на початок кожного розділу книжки.** She inserted bookmarks at the beginning of every book chapter. (**залишати** leave; **ставити** put; **губити** lose)
2 *Internet* bookmark ◊ **Матвій показав йому, як робити ~ки інтернет-сторінок.** Matvii showed him how to bookmark web pages.
з. + *n.* **з. вебсайту** a web site bookmark (**інтернет-сторінки** web page)
v. + **з. додавати ~ку** add a bookmark (**зберігати** save, **створювати** create; **експортувати** export, **імпортувати** import; **показувати** show, **ховати** hide; **редаґувати** edit; **стирати** delete) ◊ **Він стер старі ~ки.** He deleted the old bookmarks. ♦ **робити ~ку** to bookmark sth
prep. **за ~кою** by a bookmark ◊ **Лана швидко знаходила все за ~ками.** Lana quickly found everything by bookmarks. **на ~ці** on a bookmark ◊ **Він щось записав на ~ці.** He wrote something on the bookmark.

заклик, *m.*, ~у
appeal, call, plea ◊ **платний з. до читачів газети** a paid appeal for the newspaper readers
adj. **відчайдушний** desperate, **гарячий** fervent, **емоційний** emotional, **пристрасний** passionate, **терміновий** urgent; **колективний** collective, **особистий** personal; **прямий** direct; **бойовий** battle; **даремний** futile; **впертий** insistent ◊ **Вперті ~и поранених дзвеніли в її голові.** The insistent pleas of the wounded resonated in her head. **періодичний** periodic, **постійний** constant ◊ **постійні ~ки зберігати спокій** constant appeals to remain calm
v. + **з. робити з.** make a call (**іґнорувати** ignore; **передавати** broadcast; **чути** hear ◊ **Солдати ледве чули з. далекої сурми.** The soldiers scarcely heard the call of a distant horn. **відповідати на** respond to) ◊ **Він одним із перших відповів на з. до мобілізації.** He was one of the first to respond to the plea for mobilization.
з. + *v.* **линути** spread, travel, **лунати** sound; **губитися в** + *L.* be lost in sth **тонути в** + *L.* drown in sth
prep. **з. до** + *G.* an appeal for/to sb ◊ **з. до громадян** an appeal to citizens; **з. про** + *A.* an appeal for/to sth ◊ **колективний з. про опір владі** a collective plea to resist the authorities, ◊ **марні ~ки про допомогу** futile pleas for help
L. **в ~у**
Also see **звернення**

заклика|ти, ~ють; закликати, заклич|уть, *tran.*
1 to call on, appeal to ◊ **Він фактично ~в громадян повстати.** He effectively called on citizens to rise up.
adv. **знову й знову** time and again ◊ **Поет знову і знову ~є людей не коритися завойовникам.** The poet calls on people time and again not to submit to the invaders. **неодноразово** more than once, **постійно** constantly, **ще раз** once again; **гнівно** angrily, **обурено** indignantly ◊ **Він обурено закликав грішників покаятися.** He indignantly called on the sinners to repent. **пристрасно** passionately; **відчайдушно** desperately; **дарма** in vain, **марно** futilely
v. + **з. бути треба** + *D.* need to; **відмовлятися** refuse to; **намагатися** try to, **хотіти** want to
prep. **з. до** + *G.* call to sth ◊ **з. до перемовин** make a call to negotiations (**порозуміння** mutual understanding, **примирення** reconciliation, **співпраці** cooperation; **самопожертви** self-sacrifice); **з. на допомогу** call for help
2 to invite, call ◊ **Він закликав до кімнати помічника.** He called his assistant to the room.
prep. **з. до** + *G.* invite to *(a place)* ◊ **Остапа закликали до столу.** Ostap was invited to the table. **з. на** + *A.* invite to *(an event)* ◊ **з. на весілля** invite to a wedding (**вечерю** dinner, **заручини** engagement party, **святкування** celebration, **уродини** birthday)
See **запрошувати.** *Also see* **просити 2**
pa. pple. **закликаний** invited
закликай! заклич!

заклопотан|ий, *adj.*
1 preoccupied, concerned, worried + *I.* ◊ **Чим це ви так ~і?** What is your great concern?
adv. **вкрай** extremely ◊ **Галя мала вкрай з. вигляд.** Halia had an extremely proccupied look. **дуже** very, **жахливо** dreadfully, **надзвичайно** unusually, **постійно** constantly, **страшенно** terribly, **як ніколи** like never before
v. + **з. бути ~им** be preoccupied (**здаватися** + *D.*

seem to sb; става́ти become) ◊ **Що до́вше він слу́хав, то бі́льше ~им става́ло його́ обли́ччя.** The more he listened, the more concerned his face became.
2 busy *(of a person)*, occupied ◊ **Кали́на за́вжди ду́же ~а.** Kalyna is always very busy. ◊ **Яросла́в ці́лий день був укра́й з.** Yaroslav was extremely busy all day.
Also see **за́йнятий 1**

заклю́чн|ий, *adj.*
final, conclusive, concluding ◊ **Його́ з. ви́ступ був поту́жним.** His concluding address was powerful.
з. + *n.* **з. акт** the final act ◊ **Головна́ геро́їня ги́не в ~ому а́кті п'є́си.** The (female) protagonist dies in the final act of the play. (**ако́рд** chord; **дія́гноз** diagnosis; **ета́п** stage); **~а ду́мка** a concluding thought (**се́рія** episode, **части́на** part); **~е сло́во** concluding remarks
Also see **фіна́льний.** *Ant.* **початко́вий**

закодо́ван|ий, *adj.*
coded, encoded; code ◊ **«Вантаж 200» – це ~а на́зва вби́того солда́та в сове́тській а́рмії.** "Cargo 200" is the code name of a deceased soldier in the Soviet army.
з. + *n.* **з. звіт** a coded report (**нака́з** order, **текст** text); **~а ві́дповідь** a coded response (**інстру́кція** instruction, **кома́нда** order); **~е повідо́млення** a coded message ◊ **Насправді газе́тна ви́різка була́ ~им повідо́мленням.** The newspaper clipping was in fact a coded message.

за́колот, *m.*, **~у**
mutiny, rebellion, revolt ◊ **Газе́ти писа́ли про антиурядо́вий з. у ві́йську.** Newspapers were writing about an anti-government mutiny in the army.
adj. **військо́вий** military, **моря́цький** naval; **сепарати́стський** separatist; **відкри́тий** open; **збро́йний** armed, **контрреволюці́йний** counterrevolutionary; **ма́совий** mass, **повномасшта́бний** full-scale, **широ́кий** widespread; **очі́куваний** anticipated, **прогнозо́ваний** predictable
v. + **з. влашто́вувати з.** stage a mutiny ◊ **Вони́ не дізна́лися, хто влаштува́в з. на субмари́ні.** They did not find out who staged the mutiny on the submarine. (**готува́ти** prepare, **організо́вувати** organize; **приду́шувати** put down ◊ **З. придуши́ли че́рез три доби́.** They put the mutiny down in three days. **провокува́ти** provoke, **спричиня́ти** cause)
з. + *v.* **вибуха́ти** erupt ◊ **З. ви́бухнув че́рез знуща́ння офіце́рів над матро́сами.** The mutiny erupted because of the abuse of sailors by officers. **спала́хувати** flare up
See **повста́ння**

зако́н, *m.*, **~у**
1 law, statute ◊ **Ухва́лений з. супере́чив конститу́ції.** The adopted law contradicted the constitution.
adj. **головни́й** main, **найви́щий** supreme **конституці́йний** constitutional ◊ **Но́рма має си́лу конституці́йного ~у.** The norm has the force of constitutional law. **суво́рий** strict; **відпові́дний** applicable ◊ **Ви́ступ пересипаний покли́каннями на відпові́дні ~и.** The remarks are interspersed with references to applicable laws. **чи́нний** existing; **дикта́торський** dictatorial, **дискримінаці́йний** discriminatory, **драко́нівський** draconian, **неконституці́йний** unconstitutional ◊ **Суд ви́знав з. неконституці́йним.** The court ruled the new law to be unconstitutional. **нелеґіти́мний** illegitimate, **несправедли́вий** unjust; **боже́ственний** divine, **бібллі́йний** biblical, **свяще́нний** holy; **лю́дський** human; ♦ **сухи́й з.** 1) *hist.* Prohibition ◊ **Поді́ї відбува́лися в епо́ху сухо́го ~у в США.** The events occurred in the Prohibition era in the United States. 2) *fig.* abstinence, sobriety ◊ **У ко́жного піло́та сухи́й з.** Every pilot abstains from alcohol.
з. + *n.* ♦ **і́менем ~у** in the name of the law ◊ **І́менем ~у їх позба́вили житла́.** They were deprived of dwelling in the name of the law.
n. + **з. впрова́дження ~у** law enforcement ◊ **Полі́ція відповіда́є за впрова́дження ~ів.** The police are responsible for law enforcement. (**пору́шення** violation; **рефо́рма** reform; **відкли́кання** revocation, **скасува́ння** cancellation, **унева́жнення** invalidation); ◊ **бу́ква і дух ~у** the letter and spirit of the law ◊ **Його́ ді́ї супере́чили бу́кві і ду́ху ~у.** His actions were at variance with the letter and spirit of the law.
v. + **з. вво́дити з.** enact a law ◊ **З. увели́, щоб захисти́ти громадя́н від сте́ження у́ряду.** The law was enacted to protect citizens from government surveillance. (**підпи́сувати** sign ◊ **З. має підписа́ти спі́кер.** The law is to be signed by the speaker. **прийма́ти** pass, **схва́лювати** endorse; **впрова́джувати** implement, **застосо́вувати** apply ◊ **Цей з. ніко́ли рані́ше не застосо́вували.** This law was never applied before. **обхо́дити** flout, **пору́шувати** break; **шанува́ти** respect; **допо́внювати** amend, **перегляда́ти** revise; **писа́ти** write; **тлума́чити** interpret ◊ **Суди́ ма́ють прерогати́ву тлума́чити ~и.** Courts have the prerogative of interpreting laws. **відклика́ти** revoke, **скасо́вувати** cancel, **унева́жнювати** invalidate) ◊ **Суд унева́жнив з. як дискримінаці́йний.** The court invalidated the law as discriminatory. **дотри́муватися ~у** abide by the law ◊ **Полі́ція дотри́мувалася ~ів.** The police abided by laws. **підкоря́тися** *or* **скоря́тися ~у** obey a law ◊ **Громадя́нин має пра́во не підкоря́тися несправедли́вому ~у.** A citizen has the right not to obey an unjust law. **бу́ти по́за ~ом** be outside the law ◊ **Весь цей час ї́хній бі́знес був по́за ~ом.** All this time, their business had been outside the law. (**лиша́тися по́за** remain outside, **опиня́тися по́за** find oneself outside)
з. + *v.* **визнава́ти** + *A.* recognize sth ◊ **З. визнає рі́вність мало́го і вели́кого підприє́мництва.** The law recognizes the equality of small and large businesses. **вимага́ти** + *G.* require sth ◊ **З. вимагає реєструва́ти підприє́мства в міністе́рстві фіна́нсів.** The law requires enterprises to register with the ministry of finance. **дозволя́ти** +*A.* allow sth, **забороня́ти** + *A.* prohibit sth ◊ **З. забороня́є продава́ти тютюно́ві ви́роби ді́тям.** The law prohibits selling tobacco products to children. **криміналізу́є** + *A.* criminalizes sth ◊ **Рані́ше з. криміналізува́в одностате́ві сто́сунки.** Earlier the law criminalized same-sex relationships. **обме́жувати** + *A.* limit sth/sb ◊ **З. обме́жує ро́змір штра́фу.** The law limits the size of the fine. **передбача́ти** + *A.* provide for sth ◊ **За її зло́чин з. передбача́є позба́влення во́лі на три ро́ки.** The law provides for a three-year imprisonment for her crime. **реґулюва́ти** + *A.* regulate sth, **стосува́тися** + *G.* apply to sth ◊ **З. стосу́ється всіх громадя́н.** The law applies to all the citizens. **уповнова́жувати** + *A.* authorize sb ◊ **З. уповнова́жує опікуна́ прийма́ти рі́шення стосо́вно дити́ни.** The law authorizes the guardian to make decisions on behalf of the child.
prep. **в ме́жах ~у** within the law ◊ **Фі́рма діє у ме́жах ~у.** The firm operates within the law. ♦ **злоді́й у ~і** a thief in law ◊ **За менталіте́том президе́нт нага́дував ра́дше «зло́дія у ~і», ніж полі́тика.** By his mentality, the president resembled a "thief in law" rather than a politician. **за ~ом** by law ◊ **За ~ом, ви́ходи му́сять бу́ти чі́тко позна́ченими.** By law, exits must be clearly marked. **згі́дно із ~ом** according to the law ◊ **Усе́ зро́блено згі́дно з чи́нним ~ом.** Everything was done according to the existing law. **по́над ~ом** above the law ◊ **Ні́хто́ не мо́же бу́ти по́над ~ом.** Nobody can be above the law. **про́ти ~у** against the law ◊ **Вона́ чини́ла про́ти ~у.** Her actions were against the law. **з. про́ти** + *G.* a law against sth ◊ **з. про́ти про́дажу генети́чно змі́нених проду́ктів** a law against the sale of genetically modified products; **з. що́до** + *G.* a law relating to sth ◊ **з. що́до реєстра́ції ви́борців** a law relating to voter registration
Also see **декре́т 1, зако́нність 2, законода́вство.** *Cf.* **пра́во 2**
2 law, principle ◊ **Вона́ написа́ла фо́рмулу ~у збере́ження ене́ргії.** She wrote the formula of the energy conservation law.
adj. **астрономі́чний** astronomical, **кінети́чний** kinetic, **математи́чний** mathematical, **фізи́чний** physical, **фонети́чний** phonetic; **важли́вий** important, **класи́чний** classical, **основни́й** basic, **фундамента́льний** fundamental
з. + *n.* **з. астроно́мії** a law of astronomy (**біоло́гії** biology, **матема́тики** mathematics, **меха́ніки** mechanics, **нау́ки** science, **приро́ди** nature, **фі́зики** physics, **фоне́тики** phonetics, **фоноло́гії** phonology, *etc.*; **збере́ження ене́ргії** energy conservation), ♦ **з. всесві́тнього тя́жіння** the law of universal gravitation; ♦ **з. пі́длости** *fig.* Murphy's Law ◊ **І тут, на́че за ~ом пі́длости, з'явля́ється пан Па́влів.** And here, as if by Murphy's law, enters Mr. Pavliv.
v. + **з. відкрива́ти з.** discover a law ◊ **Нью́тон відкри́в з. всесві́тнього тя́жіння.** Newton discovered the law of universal gravitation. (**дово́дити** prove, **підтве́рджувати** corroborate, **формулюва́ти** formulate; **зна́ти** know; **відкида́ти** reject, **запере́чувати** rebuff, **спросто́вувати** refute, **ста́вити під су́мнів** call into question) ◊ **Нові́ да́ні ста́влять цей з. фі́зики під су́мнів.** The new data calls into question this law of physics. **відповіда́ти ~у** conform to a law ◊ **Гіпоте́за не відповіда́ла ~ам меха́ніки.** The hypothesis did not conform to the laws of mechanics. (**супере́чити** contradict) ◊ **Я́вище супере́чить ~у зало́млення сві́тла.** The phenomenon contradicted the law of light refraction.
Also see **вимо́га 2, есте́тика 2, заса́да, осно́ва, пра́вило, при́нцип, філосо́фія 2.** *Cf.* **стандарт**
3 *fig.* law, custom, tradition ◊ **Вона́ пізнає ~и подру́жньої гармо́нії.** She is gradually learning the laws of matrimonial harmony.
adj. **безумо́вний** unconditional, **зага́льний** general, **обов'язко́вий** obligatory; **злочи́нний** criminal ◊ **У мі́сті рока́ми панува́ли злочи́нні ~и.** For years, the city was dominated by criminal customs. **непи́саний** unwritten ◊ **Тут це непи́саний з.** It is an unwritten law here. **життє́вий** life; **традиці́йний** traditional
з. + *n.* **з. вижива́ння** a law of survival (**солі́дарности** solidarity) ◊ **Поведі́нку репорте́рів диктува́в з. солі́дарности.** The reporters' conduct was dictated by the law of solidarity. ♦ **з. джу́нґлів** the law of the jungle ◊ **Він розумі́в з. джу́нґлів традиці́йно – убий, іна́кше уб'ю́ть тебе́.** He had the traditional understanding of the law of the jungle – kill or you'll be killed.
Also see **зви́чай 1, за́повідь 2, поня́ття 3, тради́ція**
4 *fig.* law, command, imperative ◊ **Ва́ше бажа́ння – для ме́не з.** Your wish is my command. ◊ **Для ко́жного вояка́ нака́з команди́ра має бу́ти ~ом.** For each soldier, the commander's order must be the law.

зако́нн|ий, *adj.*
1 legal, lawful, legitimate ◊ **Вони́ не зна́ли свої́х ~их прав.** They did not know their lawful rights.
adv. **абсолю́тно** absolutely, **цілко́м** completely, *colloq.* **геть** totally, **не зо́всім** not entirely
з. + *n.* **з. чолові́к** a lawful husband (**спадкоє́мець** heir, **шлюб** marriage); **~а вимо́га** a legitimate demand; **~е пра́во** a lawful right; **~і підста́ви** legitimate grounds

v. + з. **бу́ти ~им** be legal (**вважа́ти** + *A.* consider sth ◊ **Постано́ву вважа́ють ~ою.** The decision is considered lawful. **вигляда́ти** look, **здава́тися** + *D.* seem to sb ◊ **Якщо́ ці дії́ здаю́ться вам не зо́всім ~ими, то це тому́, що вони́ і є незако́нні.** If such actions seem to you not entirely lawful, that is because they are indeed unlawful. **виявля́тися** turn out, **роби́ти** + *A.* make sth ◊ **Шлюб зроби́в ра́ніше незако́нну дити́ну ~ою.** The marriage made legitimate the previously illegitimate child. **става́ти** become) ◊ **Марихуа́на тут ста́ла ~ою.** Marijuana became legal here.
2 *colloq.* cool, classy, great ◊ **~а іде́я** a cool idea; ◊ **Тимі́ш ви́явився ~им хло́пцем.** Tymish proved to be a great guy.
Also see **кла́сний 3, чудо́вий**
3 *colloq.* authentic, genuine ◊ **Фальши́ві купю́ри вигляда́ли абсолю́тно ~ими.** The fake banknotes looked absolutely genuine.
Also see **спра́вжній**

зако́нн|ість, *f.*, **~ости**, *only sg.*
1 legality, legitimacy, lawfulness, legal validity ◊ **Докуме́нт посві́дчує з. поку́пки.** The document certifies the legitimacy of the purchase. ◊ **Вони́ ма́ють су́мніви у ~ості її́ призна́чення міні́стром.** They have doubts about the legality of her appointment as minister.
adj. **абсолю́тна** absolute, **по́вна** complete, **цілкови́та** total; **революці́йна** revolutionary ◊ **Трибуна́ли були́ ви́явом революці́йної ~ости.** The tribunals were a manifestation of revolutionary legality. **сумні́вна** questionable
v. + з. **ґарантува́ти з.** guarantee legality (**забезпе́чувати** ensure; **посві́дчувати** certify; **ста́вити під су́мнів** question, call to question ◊ **Чужозе́мне втруча́ння у ви́бори ста́вило під су́мнів з. президе́нта.** The foreign interference with the election called to question the president's legitimacy.
2 law and order, respect for the law ◊ **обо́в'язок підтри́мувати з.** a duty to maintain law and order
v. + з. **відно́влювати з.** restore law and order ◊ **Полі́ція віднови́ла з.** The police have restored law and order. (**підрива́ти** undermine); **дотри́муватися ~ости** respect the law
See **зако́н 1**

законода́в|ець, *m.*, **~ця**; **~иця**, *f.*
1 legislator, lawmaker ◊ **Кня́зя Яросла́ва Му́дрого назива́ють пе́ршим украї́нським ~цем.** Prince Yaroslav the Wise is called the first Ukrainian lawmaker. ◊ **Ні́мецькі ~ці не підтри́мали паке́т економі́чної допомо́ги Гре́ції.** German legislators did not support the economic aid package for Greece.
adj. **далекозо́рий** farsighted, **досві́дчений** experienced, **му́дрий** wise ◊ **Він мав репута́цію му́дрого ~ця.** He had the reputation of a wise legislator.
2 *fig.* trend-setter ◊ **неофутури́ст Сантья́ґо Калатра́ва як з. в архітекту́рі поча́тку XXі столі́ття** the neofuturist Santiago Calatrava as a trendsetter in the architecture of the early 21st century. ◊ **з. мо́ди** an arbiter of fashion (**смакі́в** tastes)

законода́вств|о, *nt.*
legislation, laws, acts
adj. **антимонопо́льне** antitrust ◊ **Зли́ття двох агломера́тів пору́шує антимонопо́льне з.** The merger of the two agglomerates was in violation of the antitrust legislation. **во́дне** water, **ґе́ндерне** gender, **земе́льне** land, **іміґраці́йне** immigration, **мо́вне** language, **пенсі́йне** pension and retirement, **соція́льне** social, **трудове́** labor; **тепе́рішнє** current, **чи́нне** existing; **націона́льне** national, **провінці́йне** provincial *(in Canada)*, **федера́льне** federal, **шта́тове** state *(in the US)*; **запропоно́ване** proposed; **нове́** new, **пода́льше** further; **ефекти́вне** effective ◊ **У краї́ні відсу́тнє ефекти́вне з. з мо́вного пита́ння.** There is no effective legislation on the language issue in the country. **складне́** complex; **контрове́рсійне** controversial; **антидискриміна́ційне** anti-discrimination; **антикорупці́йне** anti-corruption
v. + з. **допо́внювати з.** amend a legislation (**змі́нювати** change, **ініціюва́ти** initiate, **опрацьо́вувати** work out ◊ **Гру́па депута́тів опрацюва́ла мо́вне з.** A group of deputies worked out a language legislation. **підтри́мувати** support, **пропонува́ти** propose, **просува́ти** push through ◊ **Він просува́є бюдже́тне з. у комі́теті.** He is pushing the budget legislation through the committee. **спонсорува́ти** sponsor; **підпи́сувати** sign, **прийма́ти** pass ◊ **Спро́би прийня́ти з. провали́лася.** The attempt to pass the legislation failed. **схва́лювати** approve, **ухва́лювати** adopt; **блокува́ти** block ◊ **Вона́ погро́жувала заблокува́ти з. в комі́теті.** She threatened to block the legislation in the commitee. **ветува́ти** *or* **наклада́ти ве́то на** veto ◊ **Президе́нт одра́зу заветува́в з.** The president immediately vetoed the legislation. **затри́мувати** delay ◊ **Їхня мета́ поляга́ла в то́му, щоб затри́мати з. до парла́ментських кані́кул.** Their goal consisted in delaying the legislation till the parliamentary vacation. **викрива́ти** denounce, **критикува́ти** criticize, **піддава́ти кри́тиці** subject to criticism) **вимага́ти ~а** require a legislation (**виступа́ти про́ти** oppose; **дотри́муватися** comply with)
з. + *v.* **вступа́ти в си́лу** come into force, **набира́ти чи́нности** come into effect ◊ **З. набира́є чи́нности від моме́нту публіка́ції в урядо́вому бюлете́ні.** The legislation comes into effect from the moment it is published in the government bulletin. **вимага́ти** + *A.* require sth, **дозволя́ти** + *A.* allow sth, **передбача́ти** + *A.* provide for sth ◊ **З. передбача́є дворі́чний перехі́дний пері́од.** The legislation provides for a two-year transition period.
prep. **в з.** *or* **до ~а** *dir.* in/to a legislation ◊ **Він уні́с важли́ву попра́вку в з.** He introduced an important amendment in the legislation. **в ~і** *posn.* in a legislation ◊ **три дискриміна́ці́йні пу́нкти в ~і** three discriminatory points in the legislation; **за ~ом** under a legislation ◊ **За нові́м іміґраці́йним ~ом, громадя́нин не потребу́є до́зволу на ви́їзд із краї́ни.** Under the new immigration legislation, a citizen does not need permission to leave the country. **з. з** + *G.* a legislation on sth ◊ **з. із прав люди́ни** a human rights legislation (**охоро́ни довкі́лля** environmental protection, **рефо́рми осві́ти** educational reform, **урядо́вої рефо́рми** government reform) ◊ **З. з урядо́вої рефо́рми пройшло́ пе́рше чита́ння.** The government reform legislation has passed its first reading. **з. про́ти** + *G.* a legislation against sth ◊ **з. про́ти торгі́влі людьми́** a legislation against human trafficking
Also see **зако́н 1**

законода́вч|ий, *adj.*
legislative ◊ **Найви́щий з. о́рган Украї́ни назива́ється Верхо́вною Ра́дою.** The highest legislative body of Ukraine is called the Verkhovna Rada.
з. + *n.* **з. акт** a legislative act ◊ **З. акт не потребу́є схва́лення президе́нта.** The legislative act does not require the president's approval. (**за́хист** protection; **о́рган** body; **проце́с** process); **~а ба́за** a legislative basis (**вла́да** power, **гі́лка вла́ди** branch of power; **дія́льність** activity, **ініціати́ва** initiative; **процеду́ра** procedure) ◊ **Це змі́нювало встано́влену ~у процеду́ру.** This changed the established legislative procedure. **~і збо́ри** legislative assembly (**осно́ви** foundations)
Cf. **викона́вчий, судови́й**

закономі́рн|ий, *adj.*
logical, predictable, natural ◊ **Вони́ прийшли́ до ~ого результа́ту.** They arrived at a logical result.
adv. **бі́льше як** more than, **до́сить** fairly, **доста́тньо** sufficiently ◊ **Фі́зик уважа́в таку́ реа́кцію матерія́лу доста́тньо ~им я́вищем.** The physicist considered such a reaction of the material to be a sufficiently predictable occurrence. **на́дто** all too, **цілко́м** completely ◊ **цілко́м з висно́вок** a completely logical conclusion; **ма́йже** almost; **не зо́всім** not quite ♦ **~о, що** it is only natural (logical) that ◊ **~о, що вони́ не зда́лися пі́сля пе́ршої невда́чі.** It is only natural that they did not give up after the first failure.
v. + з. **бу́ти ~им** be logical (**вважа́ти** + *A.* consider sth; **вигляда́ти** look ◊ **Архаї́зми в істори́чному рома́ні вигляда́ють ~ими.** Archaisms in a historical novel seem logical. **здава́тися** + *D.* seem to sb; **става́ти** become)
Also see **логі́чний.** *Ant.* **випадко́вий**

закономі́рн|ість, *f.*, **~ости**
1 regularity, logic, reason, system ◊ **Вона́ не ба́чила ~ости в цих да́них.** She saw no system in the data.
adj. **вира́зна** distinct, **очеви́дна** apparent, **про́ста́** simple ◊ **У то́му, що лід то́вщий із півні́чного бо́ку гори́ і то́нший із півде́нного, була́ про́ста́ з.** There was simple logic to the fact that the ice was thicker on the northern side of the mountain and thinner on the southern one. **я́вна** obvious; **пе́вна** certain, **яка́сь** some; **ди́вна** strange, **ціка́ва** curious ◊ **Що до́вше він вивча́в пта́ха, то бі́льше переко́нувався, що в його́ поведі́нці є ціка́ва з.** The longer he studied the bird, the more convinced he grew that there was a curious regularity in its behavior.
Also see **ло́гіка 2, поря́док 2, систе́ма 1**
2 law, principle, fundamental, rule ◊ **На́віть хаоти́чне змі́шування ко́дів відповіда́є пе́вним ~остям.** Even a chaotic code-switching conforms to certain rules.
adj. **головна́** principal, **засадни́ча** basic, **фундамента́льна** fundamental; **незапере́чна** undeniable, **неуни́кна** inevitable ◊ **У циклі́чних кри́зах є неуни́кна з. капіталі́зму.** There is the inevitable law of capitalism in cyclical crises. **істори́чна** historical, **лінґвісти́чна** linguistic, **логі́чна** logical, **математи́чна** mathematical, **соціологі́чна** sociological, **фізи́чна** physical, *etc.*
Also see **зако́н 2.** *Ant.* **випадко́вість**

законопрое́кт, *m.*, **~у**
bill, draft law ◊ **У парла́менті обгово́рюють з. про заборо́ну рекла́ми алкого́лю.** A bill to ban alcohol advertisement is discussed in parliament.
adj. **всеохо́пний** comprehensive; **контрове́рсійний** controversial, **сканда́льний** scandalous; **термі́новий** emergency; **запропоно́ваний** proposed; **бюдже́тний** budget
v. + з. **відхиля́ти** reject a bill ◊ **Фра́кція відхили́ла сканда́льний з.** The faction rejected the scandalous bill. (**рі́зати** *colloq.* kill ◊ **Комі́тет факти́чно зарі́зав бюдже́тний з.** The committee effectively killed the budget bill. **готува́ти** prepare, **писа́ти** write; **дебатува́ти** debate, **допо́внювати** amend, **змі́нювати** change, **обгово́рювати** discuss; **вно́сити** bring forward, **пропонува́ти** propose, **подава́ти** submit, **представля́ти** present ◊ **Цей депута́т не предста́вив жо́дного ~у.** This member of parliament did not present a single bill. **ста́вити на голосува́ння** bring to a vote ◊ **З. поста́вили на голосува́ння.** The bill was brought for a vote. **підтри́мувати** back, **співспонсорува́ти** co-sponsor, **спонсорува́ти** sponsor; **підпи́сувати** sign, **прийма́ти** pass, **прово́дити че́рез** + *A.* push through ◊ **З. провели́ че́рез комі́те́т.** The bill was pushed through the committee. **пропиха́ти** + *A.* **че́рез** *colloq.* rush through; **схва́лювати** approve ◊ **З. схвали́ли для**

дрýгого читáння. The bill was approved for the second reading. **блокувáти** block, **ветувáти** veto, **відкидáти** reject, **відкликáти** withdraw ◊ **Провідни́к фрáкції переконáв її відкли́кати з.** The faction leader convinced her to withdraw the bill. **саботувáти** sabotage); **виступáти прóти ~у** oppose a bill ◊ **Він відкри́то виступáє прóти ~у.** He openly opposes the bill. (**голосувáти прóти** vote against)
з. + *v.* **включáти** + *A.* include sth ◊ **З. включáв óпис процедýри держáвних закупíвель.** The bill included a description of the government acquisitions procedure. **місти́ти** + *A.* contain sth; **дозволя́ти** + *A.* allow sth, **забороня́ти** + *A.* prohibit sth; **передбачáти** + *A.* provide for; **пропонувáти** + *A.* propose sth ◊ **З. пропонýє створи́ти незалéжний óрган наукóвої оцíнки.** The bill proposes to create an independent body of scientific evaluation. **ставáти закóном** become law ◊ **Цьогó дня йогó з. мав шанс стáти закóном.** That day, his bill had a chance to become law.
Cf. **закóн 1**

закордóнн|ий, *adj.*
foreign ◊ **У зáлі традиці́йно приймáють ~их амбасадóрів.** Foreign ambassadors are traditionally received in this hall.
з. + *n.* **з. пáспорт** an external passport, **~а пóдорож** a trip abroad ◊ **Юркóва пéрша ~а пóдорож булá до Пóльщі.** Yurko's first foreign trip was to Poland. ◊ **Вонá стáла члéнкою Асоціяції ~ої прéси.** She became a member of the Foreign Press Association.
See **чужи́й 2.** *Also see* **зарубíжний, зовнíшній 3.** *Ant.* **свій, украї́нський**

закóхан|ий, *adj.*
1 in love, enamored of ◊ **Дáна булá при́страсно ~ою.** Dana was passionately in love.
adv. **безнаді́йно** hopelessly, **боже́вільно** crazily, **дýже** very much, **неймовíрно** incredibly, **цілкóм** completely ◊ **Рóберт цілкóм з. у Я́лту.** Robert is completely in love with Yalta. **мáйже** almost
v. + **з. бýти ~им** be in love (**виявля́тися** prove ◊ **Тарáс ви́явився ~им у чоловíка.** Taras proved to be in love with a man. **здавáтися** + *D.* seem to sb; **лишáтися** remain) ◊ **Пíсля двадцяти́ рокíв шлю́бу вони́ лишáлися ~ими.** They remained in love after twenty years of marriage. ♦ **по вýха з.** head over hills in love ◊ **Чоловíки були́ по вýха ~і.** The men were head over heels in love.
prep. **з. в** + *A.* in love with sb ◊ **Вони́ ~і однé в óдного.** They are in love with each other *(of man and woman)*. **оди́н в óдного** *(of two men)*, **однá в однý** *(of two women)*
2 adoring *(of look, face)*, affectionate, loving ◊ **Маркó диви́вся на нéї геть ~им пóглядом.** Marko was looking at her with a totaly loving look.
3 *as n.* lover ◊ **Хри́стя та Олéкса ~і.** Khrystia and Oleksa are lovers.

закóху|ватися, ~ються; закохá|тися, ~ються, *intr.*
to fall in love ◊ **Вони́ рáптом закохáлися.** They suddenly fell in love.
adv. **безнаді́йно** hopelessly ◊ **Він відчувáв, що безнаді́йно ~ється.** He felt he was falling hopelessly in love. **боже́вільно** crazily, **геть** totally, **дýже** very much, **неймовíрно** incredibly, **при́страсно** passionately, **цілкóм** completely
prep. **з. в** + *A.* fall in love with sb ◊ **Олéсь закохáвся в нéї з пéршого пóгляду.** Oles fell in love with her at first sight.
закóхуйся! закохáйся!
See **кохáти 1, 3.** *Also see* **западáти 5, 3**

зáкреп, *m.*, **~у**
constipation ◊ **Чáсті ~и призвóдять до інтоксикáції органíзму.** Frequent episodes of constipation cause intoxication of the body.
adj. **гóстрий** severe; **періоди́чний** *only pl.* periodic, **постíйний** constant, **хронíчний** chronic
v. + **з. лікувáти з.** treat constipation (**полéгшувати** relieve, **провокувáти** provoke), **мáти з.** get constipated ◊ **Він рíдко коли́ мáє ~и.** He rarely ever gets constipated. **позбувáтися ~у** get rid of constipation (**уникáти** avoid ◊ **Такá дíєта допомагáє уникáти ~ів.** Such a diet helps avoid constipation. **потерпáти від** suffer from); **запобігáти ~ові** prevent constipation
See **хворóба**

закрéсли|ти, *pf., see* **закрéслювати**, *tran.*
to cross out, *etc.* ◊ **Хтось ~в її прíзвище у спи́ску гостéй.** Somebody crossed her name out in the guest list.

закрéслю|вати, ~ють; закрéсл|ити, ~ять, *tran.*
1 to cross out ◊ **Редáктор закрéслив дрýгий ýступ.** The editor crossed the second paragraph out.
adv. **акурáтно** neatly, **ретéльно** meticulously, **чíтко** clearly ◊ **Вонá чíтко закрéслила непрáвильну фóрму.** She clearly crossed out the wrong form. **повíльно** slowly, **пóспіхом** hastily, **швидкó** quickly; **лю́то** furiously, **серди́то** angrily
v. + **з. бýти трéба** + *D.* need to ◊ **За прáвилами гри, їй трéба закрéслити всі непрáвильні варія́нти.** By the rules of the game, she needs to cross out all the incorrect options. **брáтися** set about ◊ **Мáрта відкри́ла записни́к і взялáся щось з.** Marta opened the notepad and set about crossing something out. **починáти** begin to, **стáти** *pf.* start
Also see **креслити 2**
2 *fig.* to cross out, void, invalidate ◊ **Однá порáзка ~вала дéсять перемóг.** One defeat voided ten victories.
pa. pple. **закрéслений** crossed out
закрéслюй! закрéсли! *or* **закрéсль!**

закривá|ти, ~ють; закри́|ти, ~ють, *tran.*
1 to cover, protect, shield, block ◊ **Вонá ~ла карти́ну простирáдлом.** She covered the picture with a sheet.
adv. **геть** totally, **цілкóм** completely ◊ **Будúнок навпрóти цілкóм ~в їм сóнячне світло.** The building in front completely blocked the sunlight for them. **частко́во** partially ◊ **Каптýр частко́во ~в їй обли́ччя.** The hood partially covered her face. **дóбре** well ◊ **Висóкий паркáн дóбре ~є подвíр'я від вíтру.** The tall fence protects the yard from the wind well. **надíйно** securely; **кéпсько** poorly, **погáно** badly; **лéдве** barely, **мáйже** almost; **повíльно** slowly, **поступóво** gradually; **швидкó** quickly
v. + **з. бýти трéба** + *D.* need to ◊ **Росли́ну трéба з. від прямóго світла.** The plant needs to be covered from direct light. **могти́** can, **намагáтися** try to
prep. **з. від** + *G.* cover against sth
Ant. **відкривáти 1**
2 to close, shut ◊ **Увéчері в будúнку ~ли всі вíкна.** In the evening, they closed all the windows in the building. ◊ **Він мýсив закри́ти ілюмінáтор.** He had to close the porthole.
See **зачиня́ти 1.** *Ant.* **відчиня́ти**
3 to close, shut *(eyes)* ◊ **Вонá закри́ла рóта.** She closed her mouth.
adv. **міцнó** firmly, **щíльно** tightly; **наполови́ну** half ◊ **Він закри́в рóта тíльки наполови́ну.** He only half-closed his mouth. **нíколи не** never, **рíдко коли́** rarely ever ◊ **Він рíдко коли́ ~є рóта, навíть коли́ йомý нíчого сказáти.** *fig.* He rarely ever keeps his mouth shut even when he has nothing to say.
з. + *n.* **з. óчі** eyes (**повíки** eyelids ◊ **Вонá закри́ла повíки й задрімáла.** She closed her eyelids and dozed off. **рот** *or* **рóта** mouth); ♦ **з. óчі на** + *A.* to close one's eyes to sth ◊ **Прокурóр ~є óчі на хабáрництво.** The prosecutor closes his eye to bribery. ♦ **з. ля́ду** *colloq.* to shut one's trap ◊ **Ти мóжеш закри́ти ля́ду і послýхати íнших!** Can you shut your trap and listen to others!
Also see **заплю́щувати.** *Ant.* **відкривáти 7, розплю́щувати**
4 to close, fold ◊ **Скінчи́вши писáти, Кири́ло закри́в зóшит.** Having finished writing, Kyrylo closed the notebook.
з. + *n.* **з. газéту** fold a newspaper (**зóшит** notebook, **журнáл** magazine, **кни́жку** book; **парасóлю** umbrella) ◊ **Вонá закри́ла парасóлю.** She folded her umbrella.
See **складáти 3, 4.** *Also see* **згортáти 1.** *Ant.* **відкривáти 6**
5 *fig.* to close *(stop working)* ◊ **Він ~є свій бíзнес на обíдню перéрву.** He closes his business for a lunch break.
adv. **зáвжди́** always ◊ **Бáнк зáвжди ~ють на святá.** They always close the bank for holidays. **обов'язкóво** definitely; **вже** already, **пíзно** late, **рáно** early ◊ **Бáри в місті ~ли дýже рáно.** They closed the bars in the city very early. **як зáвжди́** as always; **нíколи не** never, **рíдко коли́** rarely ever
з. + *n.* **з. банк** close a bank (**крамни́цю** store, **музéй** museum, **гарячу лíнію** hotline) ◊ **Гаря́чу лíнію нíколи не ~ють.** They never close the hotline.
Ant. **відкривáти**
6 to close down, eliminate ◊ **Лари́са вчáсно закри́ла рахýнки в бáнку.** Larysa closed her accounts in the bank right in time.
з. + *n.* **з. бíзнес** close down a business ◊ **Полíція закри́ла два незакóнні бíзнеси.** The police shut down two illegal businesses. (**виробни́цтво** production, **грáльний бíзнес** gambling business, **електростáнцію** power plant, **завóд** plant, **казинó** casino ◊ **Грóмада вимагáла закри́ти казинó.** The community demanded to shut the casino down. **компáнію** company; **кінотеáтр** movie theater, **ресторáн** restaurant, **цéркву** church; **рахýнок** account *(on social network)*) ◊ **Закри́вши рахýнок на фейсбýку, Олéсь почýвся вíльним.** Having closed down his account on Facebook, Oles felt free.
See **ліквідувáти 1.** *Also see* **згортáти 2.** *Ant.* **відкривáти 11**
pa. pple. **закри́тий** shut, closed
закривáй! закри́й!

закривá|тися; закри́|тися, *intr.*
1 to get covered, cover oneself ◊ **Пóле повóлі ~лося снíгом.** The field was slowly getting covered with snow. ◊ **Вонá закри́лася кóвдрою.** She covered herself with a blanket.
Ant. **відкривáтися 1**
2 to close *(of a store, etc.)*, shut, shut down ◊ **Ми ~ємося рáно.** We close early. ◊ **Коли́ закри́ється супермáркет?** When will the supermarket close?
Also see **замикáтися, зачиня́тися.** *Ant.* **відкривáтися 1**
3 to hide, hide oneself ◊ **Час від чáсу сóнце ~лося за хмáрами.** From time to time, the sun hid behind the clouds. ♦ **з. в собí** to shrink into oneself
4 to close *(of eyes, etc.)*, shut, fold ◊ **Нá ніч ця квíтка ~ється.** The flower folds for the night. ◊ **Адáмові óчі закри́лися, і він задрімáв.** Adam's eyes closed, and he dozed off.
See **заплю́щуватися**
5 to close down, shut down ◊ **Йогó улю́блений ресторáн закри́вся пів рóку томý.** His favorite restaurant had closed down half a year ago.
Also see **згортáтися 3**
6 *only impf.* to close, shut; *also pass.* ◊ **Двéрі**

вагóну ~ються автомати́чно. The car door closes automatically.

закри́т|ий, *adj.*
1 closed, shut, blocked ◊ **Дорóгу ~о на ремóнт.** The road is closed for repairs. ◊ **Проїзд з. вантажíвкою.** The passageway is blocked by a truck.
з. + *n.* **з. банк** a closed bank ◊ **З недíлі до вівтóрка банк з.** From Sunday to Tuesday the bank is closed. (**музéй** museum, **рóзділ** chapter); **~а бібліотéка** a closed library ◊ **Бібліотéка ~а чéрез брак фінансувáння.** The library is closed because of the lack of funding. (**кни́га** book, **крамни́ця** store; **дорóга** road)
2 covered, shielded + *I.* ◊ **вікнó, цілкóм ~е гілля́м** the window completely covered with branches; ◊ **Її óчі були́ ~і поля́ми капелю́ха.** Her eyes were shielded by the brim of her hat.
3 off limits, inaccessible; closed ◊ **Пéрший пóказ п'єси був з. для пýбліки.** The first performance of the play was closed to the public.
з. + *n.* **з. дóступ** a closed access (**перéгляд** screening); **~а нарáда** a closed meeting; ♦ **при ~их двéрях** behind closed doors ◊ **Обговóрення прохóдило при ~их двéрях.** The discussion was held behind closed doors. ♦ **~е голосувáння** a secret ballot ◊ **Закóн прийняли́ ~им голосувáнням.** The law was passed by a secret ballot.
prep. **з. для** + *G.* closed to sb/sth ◊ **Об'єкт з. для прéси.** The facility is off limits to the press.
4 *ling.* closed *(of syllable)* ◊ **У ~ому склáді голосни́й «і» стає «о».** In a closed syllable, the vowel "i" becomes "o".
Ant. **відкри́тий**

закрит|тя́, *nt.*
closing, closing down; end ◊ **церемонíйне з. міськóї брáми** a ceremonious closing of the city gate
adj. **вчáсне** timely, **запланóване** planned; **несподíване** unexpected, **передчáсне** premature, **раптóве** sudden; **неуни́кне** inevitable
з. + *n.* **з. сезóну** the end of a season, **з. газéти** the shutting down of a newspaper ◊ **З. опозиційнóї газéти ви́кликало шквал протéстів.** The shutting down of the opposition paper triggered a hail of protests. (**радіостáнції** radio station, **шкóли** school)
G. pl. **~тíв**

закулíсн|ий, *adj.*
1 backstage, behind the scenes ◊ **Вонá мáла ~і контáкти з сепарати́стами.** She had contacts with the separatists behind the scenes.
2 *fig.* backstage, secret, illicit ◊ **Антонюк мав спрáву із мáйстром ~ої інтри́ги.** Antoniuk was dealing with a master of secret intrigue.
з. + *n.* **з. контáкт** a secret contact; **~а домóвленість** a backstage deal (**ініціяти́ва** initiative, **оперáція** transaction, **угóда** agreement); **~е порозумíння** a backstage agreement; **~і перемóвини** backstage talks

зáкуп|и, *only pl.*, **~ів**
shopping, purchases ◊ **Валенти́на повезлá чолові́ка на субóтні з. продýктів.** Valentyna took her husband for Saturday grocery shopping.
adj. **вели́кі** large, **масштáбні** large-scale ◊ **Банк провíв пéрші масштáбні з. япóнської єни.** The bank conducted its first large-scale purchases of the Japanese yen. **дрібнí** minor, **малéнькі** *dim.* small, **невели́кі** small; **вечíрні** evening, **ранкóві** morning; **великóдні** Easter, **різдвя́ні** Christmas, **святкóві** holiday; **недíльні** Sunday, **субóтні** Saturday; **періоди́чні** periodical, **щоти́жневі** weekly; **необхíдні** necessary, **обов'язкóві** obligatory, **продуктóві** food; **терміно́ві** urgent; **щоти́жневі** weekly; **імпульси́вні** impulsive, **неконтрольóвані** compulsive, **мерéжеві** online; **роди́нні** *or* **сімéйні** family
з. + *n.* **з. алкогóлю** alcohol purchases ◊ **З. алкогóлю станови́ли наймéншу чáстку їхніх ви́трат.** Alcohol purchases constituted the smallest part of their expenditures. (**м'яси́ва** meat products, **набíлу** dairy, **хлíба** bread; **взуття́** shoes, **óдягу** clothes; **комп'ютерної тéхніки** computer equipment ◊ **Він потрáтив усі збережéння на з. комп'ютерної тéхніки.** He spent all his savings on computer equipment purchases. **зброї** arms; **бензи́ни** gasoline, **гáзу** gas, **електроенéргії** electricity, **нáфти** oil; **сировини́** raw materials, *etc.*)
n. + з. **день ~ів** a shopping day (**спи́сок** list) ◊ **Івáн знóву лиши́в свій спи́сок ~ів на столí.** Ivan left his shopping list on the table again.
v. + з. **роби́ти з.** do shopping ◊ **Їй трéба зроби́ти дрібні з.** She needs to do some minor shopping. (**вести́** + *A.* **на** take sb ◊ **Яри́на обіця́ла повести́ хлóпця на з.** A long time ago, Yaryna promised to take the boy shopping. **вихóдити на** go out ◊ **Натáлка нарéшті моглá ви́йти на з.** Natalka could finally go out shopping. **ітú на** go) ◊ **Вони́ ходи́ли на з. рáзом.** They went shopping together.
prep. **для ~ів** for shopping ◊ **її улю́блена сýмка для ~ів** her favorite shopping bag

закупíв|ля, *f.*
purchase, acquisition ◊ **Грóші пішли́ на ~лю мéблів.** The money went towards the acquisition of furniture.
adj. **готівкóва** cash, **креди́тна** credit; **гуртовá** wholesale, **мáсова** mass, **роздрібнá** retail; **попередня** advance, **терміно́ва** emergency; **періоди́чна** periodic, **реґуля́рна** regular ◊ **Вíдділ відповідáв за реґуля́рну ~лю товáрів.** The department was in charge of the regular goods acquisition.
G. pl. **~ель**
See **зáкупи**. *Ant.* **розпрóдаж**

зáкут|ок, *m.*, **~ка**
1 corner, nook, area; *also fig.* ◊ **Хомá помíтив пóстать у тéмному ~ку цéркви.** Khoma noticed a figure in the dark corner of the church.
adj. **безлю́дний** lonely, uninhabited, **самóтній** solitary, **віддáлений** remote, **дáлекий** far, **забýтий** forgotten, **прихóваний** hidden, **таємни́й** secret, **тéмний** dark, **ти́хий** quiet, **мальовни́чий** picturesque, **гáрний** beautiful, **чудóвий** wonderful ◊ **Вони́ осели́лися у чудóвому ~ку Полíсся.** They settled in a wonderful corner of Polissia.
prep. **в з.** *dir.* in/to a corner ◊ **Він постáвив мішóк із бóрошном у з. комíрки.** He put the bag of flour in the pantry corner. **в ~ку** *posn.* in a corner; ♦ **по всіх ~ах** everywhere, high and low ◊ **Вонá шукáла цю світли́ну по всіх ~ах.** She looked for the picture everywhere.
Also see **кут 3, кутóк 3**
2 *fig.* home, abode, refuge, shelter ◊ **Він не мав влáсного ~ку.** He did not have his own home. ◊ **Коли́сь у цьóму буди́нку Мáрченки знайшли́ свій пéрший з.** Once the Marchenkos found their first abode in the building.
See **дім 2.** *Also see* **дах 2, помéшкання 1, хáта 2**

закýшу|вати, ~ють; закус|и́ти, закушý, ~ять, *tran. and intr.*
1 *tran.* to bite, clench *(teeth)*, clamp ◊ **Працівни́ця закуси́ла зýби від вели́кого зуси́лля.** The (female) worker clenched her teeth from great exertion. ◊ **Андрíй з досáди бóляче закуси́в собí губý.** Andrii painfully bit his lip with exasperation. ♦ **з. плач** to hold back the tears; ♦ **з. пóсмішку** to suppress a smile ◊ **Слýхаючи її, Марія намагáлася закуси́ти пóсмішку рáдости.** Listening to her, Maria was trying to suppress a smile of joy.
2 *intr.* to grab a bite, snack ◊ **Він нашвидкýруч закуси́в і побíг на робóту.** He grabbed a bite and ran off to work. ◊ **Дíвчáта забíгли до їдáльні закуси́ти.** The girls stopped by the canteen to have a snack.
3 *tran., nonequiv.* to have a bite while drinking alcohol + *I.* with ◊ **Він лю́бить з. горíлку сáлом і сóленим огіркóм.** He likes to follow vodka with pig fat and pickled cucumber. ◊ **Гали́на пилá не ~ючи.** Halyna drank without eating anything.
pa. pple. **закýшений** bitten, clenched
закýшуй! закуси́!

зáл|а, *f.*
1 hall, larger room, chamber ◊ **Ресторáн мав три ~и.** There were three rooms in the restaurant.
adj. **вели́ка** large, **величéзна** huge, **простóра** spacious; **невели́ка** small; **ошáтна** elegant, **пи́шна** magnificent; **вíльна** available, **незáйнята** unoccupied, **порóжня** empty; **запóвнена** crowded; **áктова** assembly ◊ **Вонá попроси́ла для зáходу áктову ~у.** She asked for the assembly hall for the event. **виставкóва** exhibition, ♦ **спорти́вна з.** *or usu* **спортзáла** a gym ◊ **Орéста вóліє ходи́ти до спортзáли рáно-врáнці.** Oresta prefers going to the gym early in the morning. **переглядóва** screening, **концéртна** concert ◊ **У концéртній ~і не лишáлося вíльних мíсць.** There were no vacant seats left in the concert hall. **конференцíйна** conference, **лекцíйна** lecture, **рáтушева** city council, **судовá** court, **танцювáльна** dance, **церкóвна** church ◊ **Зýстріч вíдбулáся в церкóвній ~і парáфії св. Андрíя.** The meeting took place in the church hall of St. Andrew's parish. **шкільнá** school, *etc.*
з. + *n.* **з. засідáнь** a meeting hall (**слýхань** hearing) ◊ **Перекладачá послáли до ~и слýхань нóмер сім.** The interpreter was sent to hearing room number seven.
v. + з. **використóвувати ~у** use a hall (**замовля́ти** reserve ◊ **Він замóвив лекцíйну ~у.** He reserved the lecture hall. **запакóвувати** *colloq.* pack, **запóвнювати** fill ◊ **Глядачí запóвнили концéртну ~у наполови́ну.** Spectators filled half the concert hall. **перепóвнювати** overcrowd; **знахóдити** find ◊ **Знайти́ вíльну ~у булó мáрною спрáвою.** To find a vacant hall was a waste of time. **шукáти** look for)
з. + *v.* **бýти вíльною** be available ◊ **З. нікóли не булá вíльною ввечéрі.** The hall was never available in the evening. **бýти зáйнятою** be occupied ◊ **З. зáйнята з п'ятóї до дев'ятóї годи́ни.** The hall is occupied from five to nine o'clock.
prep. **в ~у** *dir.* in/to a hall ◊ **Стіл занéсли у сусíдню ~у.** The table was taken to the adjacent hall. **в ~і** *posn.* in a hall; **до ~и** in/to a hall ◊ **Вонá побíгла до найдáльшої ~и від вхóду.** She ran to the farthest hall from the entrance. **по ~і** around the hall ◊ **Деся́тки людéй бíгали по ~і.** Dozens of people ran around the hall. **посерéдині ~и** in the middle of a hall ◊ **Різдвя́ну яли́нку встанови́ли посерéдині ~и.** The Christmas tree was installed in the middle of the hall. **чéрез ~у** through a hall ◊ **Він пройшóв чéрез усю́ ~у.** He went through the entire hall.
Also see **авдитóрія 1, ґалерéя 2**
2 living room ◊ **По недíлях роди́на снíдала в ~і.** On Sundays, the family had breakfast in the living room.
See **кімнáта**

залáз|ити, залáжу, ~ять; залíз|ти, ~уть, *intr.*
1 to climb, scale, mount, get to ◊ **Ромáн ~ить на драби́ну малювáти стінý.** Roman climbs the ladder to paint the wall.
adv. **ви́соко** high ◊ **Кіт залíз ви́соко на сóсну.** The cat climbed high up the pine tree. **впрáвно** agilely, **спри́тно** nimbly, **швидкó** quickly; **лéгко** easily, **майстéрно** skillfully; **повíльно** slowly,

незґра́бно clumsily, **обере́жно** carefully ◊ **Вона́ обере́жно залі́зла на гору́.** She carefully climbed to the attic.

v. + **з. бу́ти тре́ба** + *D.* need to ◊ **О́льзі тре́ба було́ я́кось залі́зти на балко́н.** Olha needed to get to the balcony somehow. **вдава́тися** + *D.* succeed in, **змогти́** *pf.* manage to; **намага́тися** try to, **про́бувати** make an attempt to ◊ **Вона́ вдру́ге спро́бувала залі́зти на дах.** She made a second attempt to climb onto the roof.

prep. **з. на** + *L.* climb (to) sth

Also see **лі́зти 3**

2 to get in/to, make one's way in/to, penetrate ◊ **Га́керові вдало́ся залі́зти в комп'ю́терну мере́жу міністе́рства оборо́ни.** The hacker succeeded in getting into the Ministry of Defense computer system.

See **проника́ти 1**

зала́зь! залі́зь!

зале́ж|ати, ~ать; *no pf., intr.*

to depend, be dependent on ◊ **Зона́ ~ала лише́ від вла́сних можли́востей.** She depended only on her own capabilities.

adv. **все бі́льше** increasingly, **голо́вно** mainly, **ду́же** greatly ◊ **Країна ду́же ~ала від зо́внішніх джере́л енергії.** The country was greatly dependent on external sources of energy. **зна́чно** considerably, **наса́мперед** primarily; **си́льно** strongly; **по́вністю** entirely, **цілко́м** completely; **до пе́вної мі́ри** to some extent, **поча́сти** partly, **частко́во** in part; **пря́мо** directly; **ра́дше** rather; **все** still, **ще до́вго** for a long time yet; **зо́всім не** not at all, **ніскі́лечки не** *colloq.* not in the least, **ні́як не** in no way; **емоці́йно** emotionally ◊ **Сергій емоці́йно ~ав від ста́ршого бра́та.** Serhii emotionally depended on his elder brother. **економі́чно** economically, **матеріа́льно** materially, **політи́чно** politically, **фіна́нсово** financially; ♦ **~ить** it depends ◊ **На пита́ння про підтри́мку Прокопе́нко відпові́в: «~ить».** To the question about his support, Prokopenko answered "It depends".

v. + **з. намага́тися не** try not to ◊ **Вона́ намага́лася не з. від батькі́в.** She tried not to depend on her parents. **не хоті́ти** not want to

prep. **з. від** + *G.* depend on sth

зале́ж!

Also see **передбача́ти 2**

зале́жн|ий, *adj.*

dependent, contingent; subordinate

adv. **все бі́льше** increasingly more, **глибо́ко** deeply, **ду́же** greatly, **си́льно** strongly; **по́вністю** entirely, **цілко́м** completely; **до пе́вної мі́ри** to some extent, **поча́сти** partly, **частко́во** in part; **пря́мо** directly; **емоці́йно** emotionally, **психологі́чно** psychologically ◊ **люди́на, психологі́чно ~а від нарко́тиків** a person psychologically dependent on drugs; **економі́чно** economically, **матеріа́льно** materially, **фіна́нсово** financially

v. + **з. бу́ти ~им** to be dependent ◊ **До́вгий час країна була́ ~ою від близькосхі́дної на́фти.** For a long time, the nation was dependent on the Middle Eastern oil. (**виявля́тися** turn out to be, **залиша́тися** remain, **здава́тися** + *D.* seem to sb, **почува́тися** feel, **става́ти** become) ◊ **Вона́ става́ла емоці́йно ~ою від сво́го ка́та.** She was becoming emotionally dependent on her torturer. ♦ **~о від** + *G.* depending on sb/sth ◊ **Я ді́ятиму ~о від ситуа́ції.** I will act depending on the situation.

prep. **з. від** + *G.* dependent on sb/sth

Also see **зале́жати**. *Ant.* **ві́льний, незале́жний**

зале́жн|ість, *f.*, ~ости

1 dependency, dependence; subordination, subjection ◊ **Він шука́в спо́собу позбу́тися ~ости від ба́нку.** He was looking for a way to get rid of his dependency on the bank.

adj. **абсолю́тна** absolute, **вели́ка** great, **все бі́льша** increasing, **надмі́рна** excessive, **по́вна** utter, **цілкови́та** complete, **частко́ва** partial; **взає́мна** mutual; **економі́чна** economic ◊ **Оби́два підпри́ємства перебува́ли у відно́синах взає́мної економі́чної ~ости.** Both enterprises were in a relationship of mutual economic dependency. **емоці́йна** emotional, **психі́чна** psychological, **фізи́чна** physical, **фіна́нсова** financial; **ганебна** shameful, **нестерпна** unbearable; **прини́злива** humiliating

v. + **з. збі́льшувати з.** increase dependence ◊ **Кри́за збі́льшила з. країни від ву́гілля.** The crisis has increased the nation's dependency on coal. (**зме́ншувати** reduce, **ма́ти** have)

prep. **з. від** + *G.* dependency on sb/sth

Cf. **ра́бство**

2 addiction ◊ **Го́стра з. від алкого́лю підрива́ла її професі́йну кар'є́ру.** Her severe alcohol addiction was undermining her professional career.

adj. **го́стра** acute, **серйо́зна** serious, **страшна́** terrible; **невиліко́вна** incurable; **гане́бна** shameful, **несте́рпна** unbearable, **прини́злива** humiliating; **руйні́вна́** ruinous, **смерте́льна** deadly, **фата́льна** fatal; **алкого́льна** alcohol, **наркоти́чна** drug, **нікоти́нова** nicotine, **тютюно́ва** tobacco; **мере́жева** Internet ◊ **Мере́жева з. не дає Мико́лі займа́тися нічи́м і́ншим, окрі́м постійного сидіння в інтерне́ті.** Mykola's Internet addiction does not allow him to do anything other than constantly surfing the Web. **сексуа́льна** sexual

n. + **з. озна́ка ~ости** a sign of addiction ◊ **озна́ки нікоти́нової ~ости** signs of nicotine addiction. (**про́яв** manifestation, **симпто́м** symptom)

v. + **з. виявля́ти з.** reveal an addiction (**визнава́ти** recognize ◊ **Спочатку він сам му́сив ви́знати свою́ з.** First he himself had to recognize his addiction. **дола́ти** overcome ◊ **Вона́ вже рік намага́ється подола́ти тютюно́ву з.** For a year now, she has tried to overcome her tobacco addiction. **лікува́ти** treat; **ма́ти** have; **прихо́вувати** hide) ◊ **Вона́ до́вго прихо́вувала свою́ з. від алкого́лю.** For a long time, she had been hiding her alcohol addiction. **набу́ти ~ости** acquire an addiction (**позбува́тися** kick; **уника́ти** avoid; **виліко́вувати** + *A.* **від** cure sb of) ◊ **У клі́ніці обіця́ли ви́лікувати його́ від героїнової ~ости.** At the clinic, they promised to cure him of his heroin addiction.

prep. **з. від** + *G.* addiction to sth ◊ **з. від алкого́лю** alcohol addiction (**герої́ни** heroine, **ка́ви** coffee, **кафеї́ни** caffeine, **кокаї́ни** cocaine, **нарко́тиків** drugs, **тютюну́** tobacco; **аза́ртних і́гор** gambling, **порногра́фії** pornography)

See **хворо́ба**

залиша́|ти, *var.* **лиша́|ти, ~ють; зали́ш|ити,** *var.* **лиши́|ти, ~ать,** *tran.*

1 to leave, abandon, desert ◊ **Він утік за кордо́н, залиши́вши буди́нок зі всім його́ вмі́стом.** He fled abroad, having abandoned his house with all its contents. ◊ **Упе́вненість почала́ поступо́во з. Зе́ню.** Zenia's self-confidence began to gradually abandon her.

adv. **вже** already, **наре́шті** finally; **несподі́вано** unexpectedly, **раптово** abruptly; ◊ **Я́рка залиши́ла квитки́ на столі́.** Yarka left the tickets on the table. ◊ **Механі́чний го́лос у слу́хавці попроси́в його́ залиши́ти повідо́млення.** A robotic voice in the receiver asked him to leave a message. ♦ **з.** + *A.* **у спа́дщину** + *D.* to bequeath sth to sb ◊ **Батьки́ залиши́ли їм у спа́дщину буди́нок.** Their parents bequeathed them a house.

з. + *n.* **з. ба́ґаж** leave one's luggage (**валі́зу** suitcase, **майно́** property, **паку́нок** package ◊ **Хтось залиши́в для Сергіє́нка невели́кий паку́нок під двери́ма.** Somebody left a small package for Serhiyenko under the door. **ре́чі** things; **відби́тки па́льців** finger prints, **до́кази** evidence, **слід** trace; **на́слідки** consequences, **руї́ну** ruin; **па́м'ять** memory, *etc.*)

v. + **з. бу́ти гото́вим** be ready to; **бу́ти зму́шеним** be forced to ◊ **Він зму́шений залиши́ти части́ну гро́шей жі́нці.** He is forced to leave a portion of the money to his wife. **му́сити** be compelled to, have to; **виріша́ти** decide to, **збира́тися** be going to, **ма́ти на́мір** intend to, **планува́ти** plan to, **хоті́ти** want to; **вимага́ти** demand to, **нака́зувати** + *D.* order sb to

prep. **з. бі́ля** + *G.* leave near sth ◊ **Вона́ залиши́ла докуме́нти бі́ля вікна́.** She left the documents near the window. **з. в** + *L.* leave in sth ◊ **Хтось залиши́в кре́слення в зага́льній па́пці.** Somebody left the drawings in the general folder. ♦ **з.** + *A.* **в ду́рнях** to cheat sb, take sb for a ride ◊ **Диви́сь, щоб вона́ зно́ву не залиши́ла тебе́ в ду́рнях.** Watch out lest she take you for a ride yet again. ♦ **з. з но́сом** to pull a fast one on, take for a ride ◊ **Їм удало́ся залиши́ли Петре́нка з но́сом.** They managed to pull a fast one on Petrenko. **з. на** + *L.* leave on sth ◊ **Залиші́ть формуля́р на столі́.** Leave the form on the table. ♦ **ка́меня на ка́мені не залиши́ти** 1) to raze to the ground, wipe out ◊ **Росія́ни не лиши́ли від лето́вища ка́меня на ка́мені.** The Russians razed the airport to the ground. 2) *fig.* to subject to scathing criticism; **з. пі́сля се́бе** leave behind ◊ **Напа́дники ~ли пі́сля се́бе руї́ну.** The invaders left behind ruins.

Also see **ки́дати 4, покида́ти 1**

2 to leave, set aside, save, keep ◊ **Ма́ти звича́йно ~ла для них обі́д у пе́чі.** Mother would usually leave the lunch in the oven for them. ◊ **Дире́ктор ви́рішив залиши́ти Ма́рію на поса́ді ще на рік.** The director decided to keep Maria in her post for another year.

з. + *n.* **з. води́** leave some water ◊ **Оре́ста проси́ла їх залиши́ти води́ у відрі́.** Oresta asked them to leave some water in the bucket. (**ї́жі** food, **молока́** milk, **олі́ї** oil, **хлі́ба** bread; **гро́шей** money, **оща́дження** savings) ◊ **Він залиши́в оща́дження у безпе́чному мі́сці.** He left his savings in a secure place. ♦ **з. про всяк ви́падок** to keep just in case ◊ **Мо́тря ~ла в гаражі́ по́вну кані́стру бензи́ну про всяк ви́падок.** Motria kept a full canister of gasoline in the garage, just in case. ♦ **з. про чо́рний день** to keep against a rainy day.

3 to leave, depart ◊ **Вони́ залиши́ли Мадри́д і полеті́ли до О́сла.** They left Madrid and flew to Oslo. ♦ **з. позаду́** to leave behind, surpass, outshine ◊ **Худо́жник залиши́в сво́го вчи́теля дале́ко позаду́.** The artist far outshone his teacher.

See **виїжджа́ти 1, від'їжджа́ти 1.** *Also see* **вилітати 1, відліта́ти 1, забира́тися 3, ї́хати 2**

4 to give up, quit, abandon, stop ◊ **На́дя залиши́ла чита́ння і взяла́ся комусь дзвони́ти.** Nadia quit reading and set about calling somebody.

з. + *n.* **з. нау́ку** quit school ◊ **Че́рез неста́чу гро́шей Ва́ля му́сила залиши́ти нау́ку.** Because of the lack of money, Valia had to quit school. (**спорт** sports, **сце́ну** acting, **університе́т** university)

See **ки́дати 6, покида́ти 2.** *Also see* **відхо́дити 6, зав'я́зувати 3, закида́ти[2] 3.** *Ant.* **почина́ти**

5 to leave, bequeath, will ◊ **Він залиши́в бібліоте́ку шко́лі.** He left his library to the school.

See **заповіда́ти 1.** *Also see* **покида́ти 3**

6 to reserve, keep, retain ◊ **Вони́ ~ють за собо́ю пра́во на незале́жні дії.** They reserve for themselves the right to independent actions.

See **зберіга́ти 3**

pa. pple. **зали́шений** left, abandoned

залиша́й! зали́ши!

залиша́|тися, *var.* **лиша́тися; зали́шитися,** *var.* **лиши́тися,** *intr.*

1 to stay, remain, be left ◊ **Він зали́шиться тут на два дні.** He'll stay here for two days.

adv. **далі** on ◊ **Було вже пізно, але вони й далі ~лися.** It was already late, but they were staying on. **вдома** at home; **у приміщенні** indoors, **надворі** outdoors ◊ **Їм не подобалася перспектива залишитися надворі цілу ніч.** They did not like the prospect of staying outdoors all night long. **там** there, **тут** here, **допізна** till late ◊ **Нам доведеться залишитися в бібліотеці допізна.** We shall have to stay late in the library. **на невизначений час** indefinitely ◊ **Йому дозволили залишитися там на невизначений час.** He was allowed to stay indefinitely there. **на ніч** overnight; **разом** together

v. + **з. бути змушеним** be compelled to ◊ **Вони змушені з. в місті третій місяць.** They are compelled to stay in the city for a third month. **бути зобов'язаним** be obliged to, **вирішувати** decide to; **збиратися** be going to, **мати намір** intend to, **планувати** plan to; **змогти** *pf.* manage to; **доводитися** + *D.* have to ◊ **Дмитрові довелося залишитися ще на трохи.** Dmytro had to stay for a little longer. **дозволяти** + *D.* allow sb to ◊ **Їй дозволили залишитися головою відділу.** She was allowed to stay as the department head. **могти** can; **наказувати** + *D.* order sb to; **благати** + *A.* beg sb to, **переконувати** + *A.* persuade sb to, **просити** + *A.* ask sb to; **відмовлятися** refuse to, **не могти** cannot ◊ **Він не міг з. ні дня довше.** He could not stay a single day longer.

prep. **з. в** + *L.* stay in *(a place)*; **з. до** + *G.* stay till *(a moment)* ◊ **Вони ~лися до приходу потяга.** They stayed till the train arrival. **з. на** + *L.* stay at *(a place) or* for *(stretch of time)* ◊ **Назар зобов'язаний залишитися на праці ще на дві години.** Nazar is obliged to stay at work for another two hours. **з. після** + *G.* stay after sb/sth ◊ **Після них ~лися порожні тарілки.** After they left, empty plates remained. ♦ **з. при своїй думці** to stick to one's own opinion ◊ **Варка залишилася при своїй думці.** Varka stuck to her own opinion. ♦ **з. в боргу перед** + *I.* to remain indebted to sb ◊ **Він ~ється в боргу перед Марією.** He is indebted to Maria. ♦ **нічого не з.** + *D.*, **як** to have no other choice, but ◊ **Олесеві нічого не ~лося, як повернутися.** Oles had no other choice but turn back.

Also see **втримуватися 4, пробувати 2**

2 to remain, stay ◊ **Пані Оля ~ється здоровою.** Mrs. Olia remains in good health.

з. + *pred.* **з. вірним** remain faithful (**живим** alive ◊ **Вона залишилася живою.** She stayed alive. **здоровим** healthy, **цілим** intact ◊ **Ця ваза падала не раз, але ~лася цілою.** The vase fell more than once but remained intact. **оптимістичним** optimistic; **патріотом** patriot; **прихильником** supporter) ◊ **Пан Швець ~ється прихильником одіозного політика.** Mr. Shvets remains a supporter of the odious politician.

See **бути 1, 7, 8, бувати 3**

3 to end up, find oneself ◊ **Катерина залишилася цілком сама.** Kateryna ended up completely alone. ◊ **Країна залишилася віч-на-віч із озброєним до зубів ворогом.** The country found herself face-to-face with the enemy armed to the teeth.

See **потрапляти 2.** *Also see* **опинятися, попадати 3**

4 *pass.* to be left ◊ **Вони залишилися без родини.** They were left without family. ◊ **Петро не був готовим залишитися без друга.** Petro was not prepared to be left without his friend.

See **залишати**

залиши|ти, *pf., see* залишати

to leave, abandon ◊ **Оля ~ла вдома свою колекцію поштових марок.** Olia left her collection of postal stamps at home.

залиши|тися, *pf., see* залишатися

to stay, remain, be left ◊ **Віктор назавжди ~вся вірним своїм хлоп'ячим мріям.** Viktor remained forever true to his boyhood dreams.

залиш|ок, *m.*, ~ку

1 *often pl.* leftovers, remnants ◊ **Все, що він їв того дня, були ~ки борщу.** Everything he had eaten that day was leftover of borshch.

adj. **крихітний** tiny ◊ **Вона зібрала крихітні ~ки матерії і зшила з них коц.** She gathered tiny remnants of cloth and sewed a blanket out of them. **невеликий** small; **жалюгідний** pitiful, **нещасний** pathetic

з. + *n.* **~ки банкету** remnants of the feast (**їжі** food, **колишньої розкоші** old opulence; **будинку** building, **замку** castle, **міста** city ◊ **Археологи натрапили на ~ки стародавнього міста Зевгми.** Archeologists stumbled upon the remnants of the Ancient city of Zeugma. **палацу** palace, **стіни** wall, **фортеці** fortress ◊ **Масивні ~ки фортеці і досі вражають людей.** The massive remnants of the fortress still impress people.

prep. ♦ **без ~ку** totally, completely, one hundred percent ◊ **Він присвятив себе справі без ~ку.** He devoted himself completely to the matter. **серед ~ків** among the remnants ◊ **Серед ~ків його колекції трапплялися унікальні світлини.** Unique photographs cropped up among the remnants of his collection.

See **рештки.** *Also see* **руїна 1**

2 vestige, trace, legacy ◊ **Він відтворював забуті традиції за їхніми ~ками.** He reproduced forgotten traditions through their vestiges. ◊ **У ньому доросла мужність поєднувалася з ~ками юної вразливості.** In him, adult manliness was combined with traces of youthful impressionability.

adj. **останній** last; **впізнаваний** recognizable; **ганебний** shameful, **страшний** terrible

з. + *n.* **~ки авторитету** vestiges of respect (**влади** power ◊ **Указ царя зазіхав на останні ~ки влади гетьмана.** The tsar's decree encroached on the last vestiges of the hetman's power. **впливу** influence, **престижу** prestige; **дискримінації** discrimination, **колоніялізму** colonialism, **расизму** racism)

See **рештки**

3 *usu sg.* residue, remainder, rest ◊ **На дні був білий з. від хемічної реакції.** There was white residue from the chemical reaction on the bottom.

adj. **білий** white, **білуватий** whitish, **жовтий** yellow, **жовтуватий** yellowish, **темний** dark, **чорний** black, *etc.*; **великий** big, **значний** considerable, **масивний** massive, **помітний** noticeable; **крихітний** tiny, **невеликий** small

залізн|ий, *adj.*

1 iron, made of iron, of or pertaining to iron ◊ **з. брухт** scrap iron, ♦ **~і вироби** hardware, tools; ◊ **Тут знайшли великі поклади ~ої руди.** Large iron ore deposits were found here.

Also see **металевий 1.** *Cf.* **сталевий 1**

2 *fig.* strong as iron ◊ **Вона була людиною із ~ою волею.** She was a person of an iron will. ◊ **Сейф із був у ~ій кімнаті банку.** The safe was in a strong room of the bank, ♦ **~а логіка** iron logic ◊ **~у логіку її арґументації було неможливо поставити під сумнів.** The iron logic of her argumentation was impossible to question. ◊ **~і обійми** an iron embrace ◊ **Вона намагалася вирватися із ~их обіймів наркотичної залежності.** For a long time, she strove to break away from the iron embrace of her drug addiction.

See **міцний, сильний 3, 6**

залізниц|я, *f.*, ~і

railroad, railway; *fig.* train ◊ **У 1861 році перша з. сполучила Львів із Перемишлем.** In 1861, the first railroad connected Lviv with Peremyshel.

adj. **вузькоколійна** narrow-gauge ◊ **За п'ять кілометрів від міста йшла стара вузькоколійна з.** An old narrow-gauge railroad ran 5 km from the city. **маґістральна** mainline ◊ **Місто Сарни стоїть на перехресті двох маґістральних ~ь.** The city of Sarny is at the intercrossing of two mainline railroads. **окружна** circuit, **приміська** commuter; **підземна** underground, **швидкісна** high-speed; **електрична** electric; **державна** state; **приватна** private; **міська** urban, **місцева** local, **реґіональна** regional; **міжнародна** international, **трансконтинентальна** transcontinental; **пасажирська** passenger; **товарна** freight; **іграшкова** toy, **мініятюрна** miniature

n. + **з. доба ~і** the railroad age (**персонал** staff, **працівник** employee; **система** system; **комп'ютеризація** computerization, **модернізація** modernization)

v. + **з. будувати ~ю** build a railroad (**прокладати** lay, **розбудовувати** build up; **комп'ютеризувати** computerize, **модернізувати** modernize; **приватизувати** privatize ◊ **Уряд приватизував товарні ~і.** The government privatized freight railroads. **направляти** fix, **ремонтувати** repair ◊ **Цю ~ю роками належно не ремонтували.** This railroad was not properly repaired for years. **підривати** blow up; **вводити до експлуатації** bring into operation) ◊ **Швидкісну ~ю мають увести в експлуатацію наступного року.** The high-speed railroad is to be brought into operation next year. **їхати ~ею** travel by railroad ◊ **Тепер їздити ~ею швидко і безпечно.** Now it is quick and safe to travel by railroad. (**мандрувати** travel; **управляти** run) ◊ **Його призначили управляти ~ею.** He was appointed to run the railroad.

з. + *v.* **йти** run ◊ **Між Рівним і Львовом іде електрична з.** An electric railroad runs between Rivne and Lviv. **тягнутися** stretch ◊ **Ця з. тягнеться на північ до білоруського кордону.** The railroad stretched north to the Belarusian border. **перевозити** + *A.* carry sth ◊ **Приміська з. перевозить тисячі пасажирів.** The commuter railroad carries thousands of passengers.

prep. **на ~і** on railroad; **з. до** + *G.* a railroad to *(a place)*, **з. з** + *G.* a railroad from *(a place)* ◊ **У цьому місці з. з Харкова до Ужгорода перетинає Дніпро.** In this spot, the railroad from Kharkiv to Uzhhorod crosses the Dnipro River. **з. між** + *I.* a railroad between *(cities)* ◊ **швидкісна з. між Києвом і Берліном** a high-speed railroad between Kyiv and Berlin

Also see **дорога, шлях 1**

залізничн|ий, *adj.*

railroad, train, of or pertaining to railroad ◊ **Сніг покрив ~і колії.** Snow covered the railroad tracks.

з. + *n.* **з. вагон** a train car (**вокзал** station, **вузол** junction, **міст** bridge, **перехід** pedestrian crossing, **переїзд** automobile crossing, **рух** traffic; **квиток** ticket; **тунель** tunnel); **~а аварія** a railroad accident (**гілка** *and* **лінія** line ◊ **У наступні два місяці ця ~а гілка буде на ремонті.** For the next two months, this railroad line will be under repairs. **каса** ticket-office, **колія** track, **компанія** company, **мережа** network ◊ **Частина ~ої мережі країни є у приватних руках.** A part of the railroad network of the country is in private hands. **платформа** platform, **станція** station); **~е депо** a railroad depot (**полотно** roadbed, **сполучення** connection) ◊ **Місто не має ~ого сполучення зі світом.** There is no rail connection between the city and the outside world.

залiз|о, *nt., only sg.*

iron ◊ **Руда містила багато ~а.** The ore contained a lot of iron.

adj. **іржаве** rusty; **зварне** wrought, **коване** forged, **кутове** edge, **листове** sheet, **оцинковане** galvanized, **прокатне** rolled, **штабове** band; **профільне** profile, **сортове** section, **фасоване** shaped; ♦ **з. в болванках** pig iron

n. + з. **дефіци́т** *or* **неста́ча ~а** iron deficiency ◊ **В'я́зні ма́ли озна́ки неста́чі ~а в органі́змі.** The prisoners have signs of iron deficiency in their bodies.
v. + з. **вари́ти з.** smelt iron ◊ **Він спостеріга́в, як ва́рять з.** He was observing iron being smelted. (**видобува́ти** extract, **виробля́ти** produce, **кува́ти** forge ◊ **Залі́зо ле́гше кува́ти, коли́ воно́ гаря́че.** It is easier to forge iron while it is hot. **експортува́ти** export ◊ **Украї́на традиці́йно експорту́є з.** Ukraine traditionally exports iron. **місти́ти** contain; **бу́ти бага́тим на з.** be rich in iron) ◊ **Цей проду́кт бага́тий на з.** This product is rich in iron. **бу́ти зро́бленим з ~а** be made from/of/out of iron (**вико́вувати** + *A.* **з** forge sth out of, **вилива́ти** + *A.* **з** cast sth in) ◊ **Огоро́жу ви́лили із ~а.** The fence was cast of iron.
з. + *v.* **иржа́віти** ◊ **З. поржа́віло.** The iron rusted.
Also see **бро́нза 1, мета́л, сталь**

за́лік, *m.*, ~у

test, examination ◊ **З. здаю́ть з оці́нкою «зарахо́вано» чи «незарахо́вано».** A test is taken with the grade of "pass" or "fail".
adj. **важки́й** difficult, **складни́й** complicated; **легки́й** easy, **прости́й** simple; **важли́вий** important; **письмо́вий** written, **у́сний** oral; **практи́чний** practical; **станда́ртний** standardized; **мі́сячний** monthly, **періоди́чний** periodic, **тижне́вий** weekly
n. + з. **результа́т ~у** a test result (**умо́ви** conditions); **пита́ння на з.** test questions
v. + з. **готува́ти з.** prepare a test ◊ **Виклада́ч готува́в з. для студе́нтів.** The instructor prepared a test for his students. (**дава́ти** + *D.* administer sb ◊ **Він міг да́ти студе́нтам з. без попере́дження.** He could administer a test to the students without a warning. **склада́ти** take, **скла́сти** *pf.* pass ◊ **Вона́ скла́ла з. із пе́ршого ра́зу.** She passed the test on her first try. **перевіря́ти** grade); **готува́тися до ~у** prepare for test; **зрі́зуватися на** *or* **прова́люватися на ~у** fail a test
prep. **до ~у** for/before a test ◊ **Вона́ не готува́лася до ~ку.** She did not prepare for the test. ◊ **До ~у лиша́лося два дні.** Two days remained before the test. **на з.** *dir.* for a test ◊ **Цей матерія́л загада́ли на з.** This material was assigned for the test. **на ~у** *posn.* at/during a test ◊ **Васи́ль засну́в на ~у з лати́ни.** Vasyl fell asleep during his Latin test. **з. з** + *G.* a test in *(subject, etc.)* ◊ **важки́й з. з геогра́фії** a difficult test in geography
See **тест.** *Also see* **екза́мен 1, і́спит 1, контро́льна**

за́лоз|а, *f.*

gland
adj. **збі́льшена** enlarged, **напу́хла** swollen; **моло́чна** mammary, **надниркова́** adrenal, **пінеа́льна** pineal, **потова́** sweat, **сли́нна** salivary, **сльозова́** lacrimal, **щитоподі́бна** thyroid ◊ **Він мав збі́льшену щитоподі́бну ~у.** He had an enlarged thyroid gland. ♦ **підшлунко́ва з.** a pancreas
v. + з. **видаля́ти ~у** remove a gland ◊ **Їй видалили моло́чні ~и.** They removed her mammary glands.
з. + *v.* **виділя́ти** + *A.* secrete sth ◊ **Надниркові ~и виділя́ють у кров адреналі́н.** The adrenal glands secrete adrenalin into the bloodstream.

залюбки́, *adv.*

gladly, with pleasure, willingly, readily ◊ **Він з. копа́в би рівча́к, ніж писа́в ненави́сну статтю́.** He would gladly dig a ditch rather than write the hateful article.
з. + *v.* з. **ї́сти** eat with pleasure (**пи́ти** drink ◊ **Петро́ з. ви́пив скля́нку холо́дного молока́.** Petro drank a glass of cold milk with pleasure. **помага́ти** help, **слу́хати** listen, **співа́ти** sing) ◊ **Вона́ з. співа́ла ону́кові.** She willingly sang for her grandson.

за́мах, *m.*, ~у

1 attempt *(on life)*, encroachment, infringement ◊ **Їх звинува́чують у ~у на міні́стра.** They stand accused of an attempt on the minister's life.
adj. **успі́шний** successful; **безуспі́шний** unsuccessful, **невда́лий** abortive, **прова́льний** failed; **безрезульта́тний** fruitless; **відва́жний** valiant, **зухва́лий** audacious, **смі́ливий** bold; **серйо́зний** serious, **скоордино́ваний** concerted; **відчайду́шний** desperate; **неодноразо́вий** repeated ◊ **Вона́ пережила́ неодноразо́ві ~и на своє́ життя́.** She survived repeated attempts on her life.
v. + з. **організо́вувати з.** stage an attempt ◊ **Вони́ організува́ли два успі́шні ~и на уря́довців.** They staged two successful assassinations of public officials. (**роби́ти** make); **запобіга́ти ~у** prevent an attempt ◊ **Полі́ція запобі́гла трьом ~ам.** The police prevented three assassination attempts.
з. + *v.* **вдава́тися** succeed; **прова́люватися** fail
prep. з. **на** + *A.* attempt on sth ◊ **з. на життя́** attempt on sb's life (**зе́млю** land, **майно́** possessions, **незале́жність** independence, **свобо́ду** freedom)
2 attempt, intention, try ◊ **Із його́ вели́кого ~у нічо́го не ви́йшло.** His great attempt came to nothing. ♦ **за одни́м ~ом** at first go, right away; in one fell swoop.
See **спро́ба.** *Also see* **зуси́лля**

замерза́|ти, ~ють; заме́рзн|ути, ~уть; *pa. pf., m.* **заме́рз**, *pl.* **~ли**, *intr.*

1 to freeze over, ice up ◊ **Уночі калю́жі ~ли.** At night the puddles froze over.
adv. **геть** totally, **по́вністю** entirely, **цілко́м** completely ◊ **Джере́ла не дава́ли струмку́ цілко́м заме́рзнути.** The springs did not let the stream ice completely over. **частко́во** partially
n. + з. **вода́** water, **калю́жа** puddle, **мо́ре** sea ◊ **Мо́ре бі́ля берегі́в ста́ло з.** The sea near the shore began to freeze. **о́зеро** lake, **рі́чка** river, **чорни́ло** ink ◊ **Вона́ з жа́хом поміти́ла, що чорни́ло в авторучці заме́рзло.** She noticed with horror that the ink in the fountain pen had frozen.
Also see **ме́рзнути 2.** *Ant.* **та́нути**
2 to be cold, suffer from cold ◊ **Ми геть ~ємо в цьо́му до́мі.** We are completely cold in this house. ◊ **Він стриба́в, щоб не з.** He jumped around so as not to freeze.
See **ме́рзнути 1**
3 to freeze to death ◊ **Яки́йсь робітни́к ви́йшов надві́р п'я́ний і заме́рз.** A worker went outside drunk and froze to death. ◊ **Воро́ни на дере́вах ~ли і, як кава́лки кри́ги, па́дали додо́лу.** Ravens in the trees froze to death and fell down like chunks of ice.
See **вмира́ти 1.** *Also see* **дохо́дити 7, пропада́ти 3, става́ти 9**
pa. pple. **заме́рзлий** frozen
замерза́й! заме́рзни!

заме́рз|нути, *pf., see* замерза́ти

to freeze, become frozen, become frost-bitten ◊ **Ста́ло так зи́мно, що о́зеро ~ло.** It had become so cold that the lake froze over.

заме́т, *m.*, ~у

1 snowdrift ◊ **Го́лі жі́нки вибіга́ли із са́вни і стриба́ли в сні́гові ~и охолоди́тися.** Naked women ran out of the sauna and jumped into snowdrifts to cool off.
adj. **висо́кий** high ◊ **Пробра́тися че́рез висо́кі ~и мо́жна було́ ті́льки на ли́жах.** One could make one's way through the high snowdrifts only on skis. **глибо́кий** deep, **непрохі́дни́й** unpassable; **бі́лий** white ◊ **Двір був у бі́лих ~ах.** The yard was in white snowdrifts. **сніго́вий** snow
Also see **наме́т 3**
2 *fig.* heap, pile, stack ◊ **Ві́тер ру́хав піща́ні ~и.** The wind moved the sand dunes.
з. + *n.* **~и ли́стя** heaps of leaves (**папе́рів** papers, **пі́ску** sand)
Also see **ку́па 1**

замика́|ти, ~ють; замкн|у́ти, ~у́ть, *tran.*

1 to lock ◊ **Цю бра́му давно́ не ~ють.** They have not locked this gate for a long time.
adv. **за́вжди́** always, **незмі́нно** invariably; **і́ноді** sometimes; **наді́йно** securely; **обов'язко́во** definitely; **про всяк ви́падок** just in case, **я́кось** somehow; **ні́коли не** never, **ні́як не** in no way
з. + *n.* з. **вікно́** lock a window (**воро́та** gate, **две́рі** door ◊ **Щове́чора він мав не про́сто зачиня́ти всі ві́кна й две́рі моте́лю, а з. їх.** Every evening, he was supposed to not just close all the motel windows and doors, but lock them. **кварти́ру** apartment, **крамни́цю** store, **ха́ту** house); ♦ **з. ро́та** *or* **уста́** to stop talking; ♦ **з. пе́льку** *or* **пи́ска** *colloq.* to shut one's trap ◊ **Ти мо́жеш замкну́ти пе́льку** *or* **пи́ска хоч на хвили́ну!** Can you shut your trap, at least for a minute!
v. + з. **бра́тися** get down to ◊ **У па́ніці вона́ взяла́ся з. две́рі.** In a panic, she got down to locking the door. **бу́ти тре́ба** + *D.* need to; **забува́ти** forget to ◊ **Рома́н забу́в замкну́ти маши́ну.** Roman forgot to lock the car. **змогти́** *pf.* manage to, **спромогти́ся** *pf.* contrive to ◊ **Він спромі́гся замкну́ти ржа́ві две́рі се́йфа.** He contrived to lock the rusty safe door. **не могти́** cannot; **нака́зувати** + *D.* order sb to, **проси́ти** + *A.* ask sb to
prep. з. **на** + *A.* lock with sth ♦ **з. на замо́к** to lock ◊ **Две́рі мо́жна з. на два додатко́ві замки́.** The door can be locked with two additional locks. ♦ **з. на за́сув** to bolt; ♦ **з. на ключ** lock with a key ◊ **О пі́вночі вхід ~ли на ключ.** At midnight the entrance was locked.
Cf. **закрива́ти 2, зачиня́ти 1.** *Ant.* **відмика́ти**
2 to lock, lock up; hide; *fig.* imprison ◊ **Його́ замкну́ли в ха́ті.** He was locked up in a house. ◊ **Вона́ покла́ла су́кню в скри́ню і замкну́ла її там.** She put the dress in the chest and locked it there.
prep. з. **в** + *A. dir.* lock in/to *(to a place)* ◊ **Людське́ ті́ло мо́жна замкну́ти у клі́тку, але́ не ду́шу.** One can cage up a human body, but not the soul. з. **в** + *L. posn.* lock in *(a place)* ◊ **Замкну́вши діте́й, вона́ побі́гла до сусі́дів.** Having locked up the children, she ran to the neighbors'. з. **до** + *G.* lock in *(a place)* ◊ **Вона́ ста́ла з. біжуте́рію до шухля́ди.** She started locking her accessories in a drawer.
3 to close *(a circle)*, encircle, surround ◊ **Іра́кські си́ли замкну́ли мі́сто Мо́сул.** The Iraqi forces encircled the City of Mosul. ◊ **Мі́сто ~ли висо́кі му́ри.** High walls encircled the city.
See **ото́чувати**
4 *techn.* to shortcircuit ◊ **Він випадко́во замкну́в ко́ло і спали́в запобі́жник.** He accidentally shortcircuited and burned the fuse.
5 *mil.* to bring up the rear ◊ **Ко́жну коло́ну піхо́ти ~в бронетранспорте́р.** An armored personnel carrier brought up the rear of each infantry column.
See **закі́нчувати 1.** *Ant.* **почина́ти**
pa. pple. **за́мкнутий** *or* **за́мкнений** locked
замика́й! замкни́!

замика́|тися; замкну́тися, *intr.*

1 to lock oneself ◊ **Вони́ замкну́лися в кімна́ті і ці́лий день працюва́ли над катало́гом.** They locked themselves in the room and all day long worked on the catalogue. ◊ **Ді́на замкну́лася зсере́дини, залиши́вши ключ у две́рях.** Dina locked herself from the inside, leaving the key in the door. ♦ **з. в собі́** to withdraw into oneself ◊ **Сергі́й став ча́сто з. в собі́.** Serhii began to frequently withdraw into himself.

Cf. **закрива́тися**
2 to lock ◊ **Ша́фа не ~ється.** The wardrobe does not lock. ◊ **Ваго́н по́тяга ~вся автомати́чно.** The train car locked automatically.
prep. **з. на** + *A.* lock by/with sth ◊ **Оста́ння кімна́та ~лася ті́льки на одну́ кля́мку.** The last room locked only by one latch.
Cf. **закрива́тися**
3 to close ◊ **Його́ рот ні́коли не ~вся.** His mouth never shut.
Also see **закрива́тися**
4 to narrow, become smaller, close; end in ◊ **Парк ~ється рі́чкою.** The park ends in a river.
5 *techn.* to shortcircuit ◊ **Із невідо́мої причи́ни ґенера́тор замкну́вся.** For an unknown reason, the generator shortcircuited.

за́між, *adv., only in expressions*
♦ **бра́ти** + *A.* **з. за се́бе** to take sb as a wife ♦ **Він узя́в Оле́ну з. за се́бе.** He took Olena as his wife. ♦ **віддава́ти** + *A.* **з. за** + *A.* to marry *(a woman)* off to sb ◊ **Він відда́в до́чку з. за Рома́на.** He married his daughter off to Roman. **вихо́дити з. за** + *A.* to marry *(a man)* ◊ **Ната́ля ви́йшла з. за Бори́са.** Natalia married Borys.

замі́жж|я, *nt., only sg.*
marriage *(only of a woman)*, wedlock, married life ◊ **До закі́нчення університе́ту Марі́я не збира́лася ду́мати про з.** Before finishing university, Maria was not going to think of marriage.
adj. **до́бре** good, **ідеа́льне** ideal, **успі́шне** successful, **щасли́ве** happy ◊ **Її щасли́вому ~ю не суди́лося до́вго трива́ти.** Her happy marriage was not destined to last long. **катастрофі́чне** disastrous, **невда́ле** failed, **нещасли́ве** unhappy, **травмати́чне** traumatic; **оста́ннє** last, **пе́рше** first ◊ **Вона́ до́вго оду́жувала від пе́ршого з.** She took a long time to recover from her first marriage. **попере́днє** previous
See **шлюб.** *Also see* **одру́ження**

змі́н|а, *f.*
1 replacement, substitution ◊ **Вони́ прийшли́ на ~у тим, кого́ звільни́ли з робо́ти.** They came as replacements for those who had been let go.
adj. **ба́жана** desirable, **необхі́дна** necessary ◊ **необхі́дна з. стари́х пра́вил** a necessary replacement of the old rules; **по́вна** full, **цілкови́та** complete; **повільна** slow, **поступо́ва** gradual; **нега́йна** immediate, **рапто́ва** sudden, **швидка́** quick; **успі́шна** successful; **невда́ла** failed
n. + **з. ва́ртість ~и** replacement value (**ціна́** cost; **програ́ма** program) ◊ **Програ́ма ~и навча́льних матерія́лів розрахо́вана на оди́н рік.** The replacement program for teaching materials is designed for one year.
v. + **з. прово́дити ~у** carry out a replacement ◊ **Марія проведе́ по́вну ~у обла́днання сту́дії.** Maria will carry out a full replacement of the studio equipment. (**приско́рювати** *or* **пришви́дшувати** speed up; **відклада́ти** put off, **спові́льнювати** slow down; **вимага́ти ~и** require a replacement ◊ **Модерніза́ція вимага́є ~и станда́ртів я́кости.** The modernization requires a replacement of quality standards. (**потребува́ти** be in need of; **уника́ти** avoid); **перешкоджа́ти ~і** hamper a replacement ◊ **Міні́стр перешкоджа́в ~і стари́х ка́дрів.** The minister hampered the replacement of the old personnel.
з. + *v.* **відбува́тися** occur ◊ **З. запози́чення вла́сним сло́вом відбува́ється поступо́во.** The replacement of a loan with an indigenous word occurs gradually.
prep. **для ~и** for replacement ◊ **гро́ші для ~и колі́с** money to replace the wheels
2 replacement *(person or thing)*, stand-in, substitute ◊ **Катери́на могла́ ста́ти ~ою працівни́ці, що пішла́ в декре́тну відпу́стку.** Kateryna could become the replacement of the associate who had taken a maternity leave.
adj. **ідеа́льна** ideal, **найкра́ща** best; **ймові́рна** likely, **можли́ва** possible, **потенці́йна** potential; **відпові́дна** adequate, **нале́жна** proper; **пості́йна** permanent ◊ **Компа́нія шука́ла пості́йну ~у нача́льникові ві́дділу ка́дрів.** The company was looking for a permanent replacement of the human resources director. **тимчасо́ва** temporary; **спі́знена** belated
v. + **з. вибира́ти ~у** choose a replacement ◊ **Дикта́тор ви́брав собі́ ~у.** The dictator chose his replacement. (**дістава́ти** get, **отри́мувати** receive; **ма́ти** have; **назива́ти** name, **признача́ти** appoint; **роби́ти** make; **найма́ти** hire; **знахо́дити** find, **шука́ти** look for; **присила́ти** + *A.* **на ~у** + *D.* send sb as ◊ **Його́ присла́ли на ~у попере́дньому реда́кторові.** He was sent as a stand-in for the previous editor.

замі́ни|ти, *pf., see* **заміня́ти**
to replace, be a replacement ◊ **Вона́ ~ла головну́ акто́рку.** She replaced the lead actress.

заміня́|ти, ~ють; замін|и́ти, ~ять, *tran.*
1 to replace with, substitute + *I.* ◊ **Ча́сто де́рево тепе́р ~ють рі́жного ро́ду пластма́сою.** Often wood is now replaced with all manner of plastic.
adv. **в основно́му** largely; **вже** already, **наре́шті** finally; **нега́йно** immediately, **одра́зу** at once, **за́раз же** right away, **шви́дко** quickly; **поступо́во** gradually; **про́сто** simply; **факти́чно** effectively; **тимчасо́во** temporarily; **по́вністю** fully, **цілко́м** completely; **частко́во** partially; **успі́шно** successfully ◊ **Штучна ткани́на не за́вжди успі́шно ~є натура́льну.** A man-made textile is not always a successful replacement for a natural one. ◊ **з. стари́й механі́зм нови́м** *or* **на нови́й** to replace an old mechanism with a new one.
v. + **з. бу́ти ва́жко** be difficult to, **бу́ти немо́жливо** be impossible to; **бу́ти необхі́дно** be necessary to ◊ **Пробу́ту ши́ну необхі́дно заміни́ти.** It is necessary to replace the punctured tire. **бу́ти тре́ба** + *D.* need to; **виріш́увати** decide to, **збира́тися** be going to, **ма́ти на́мір** intend to, **ма́ти** be supposed to, have to; **могти́** can; **вимага́ти** demand to ◊ **Вони́ вимага́ють заміни́ти всіх су́ддів.** They demand that all of the judges be replaced. **нака́зувати** + *D.* order sb to, **проси́ти** + *A.* ask sb to ◊ **Іре́на попроси́ла її заміни́ти батаре́йку в годи́ннику.** Irena asked her to replace the battery in the watch. **обіця́ти** + *D.* promise sb to
prep. **з. на** + *A.* replace by/with/for sb/sth ◊ **Люде́й поступо́во ~ють на ро́ботів.** People are gradually being replaced by robots.
Cf. **міня́ти 1**
2 to be equal to, be as good as, be tantamount to ◊ **Оди́н тра́ктор ле́гко ~є де́сять ко́ней.** One tractor is easily as good as ten horses.
See **рівня́тися 1**
3 to take sb's place, to act as substitute for ◊ **Репети́торство не ~є шко́ли.** Tutoring is no substitute for school.
pa. pple. **замі́нений** replaced
заміня́й! заміни́!

за́місць, *prep.* + *G.*
1 instead, in place of, in lieu of ◊ **У кутку́ з. стола́ стоя́в я́щик.** In the corner, instead of a table there stood a box. ◊ **з. ньо́го** instead of me ◊ **Його́ жі́нка бу́де на збо́рах з. ньо́го.** His wife will be at the meeting instead of him. (**ме́не** me, **не́ї** her, **них** them); ◊ **Ві́ктор прині́с їй цуке́рки з. квіті́в.** Viktor brought her sweets instead of flowers. **з.** + *inf. colloq.* instead of doing sth, rather than do sth ◊ **З. чека́ти бра́та Оле́нка ста́ла роби́ти завда́ння сама́.** Rather than wait for her brother, Olenka started doing her assignment herself.
2 as, in the role of ◊ **Він служи́в їм з. консульта́нта.** He served them as a consultant.
v. + **з. бу́ти з.** + *G.* function as sb/sth ◊ **Сірнико́ва коро́бка була́ їй з. попільни́ці.** The matchbox functioned as an ashtray for her. (**слугува́ти** *or* **служи́ти** serve as) ◊ **Сві́чка слугува́ла їм з. електри́чної ла́мпи.** A candle served as an electric lamp for them.
See **за**[1] **24**
3 *as conj.* **з. то́го, щоб** instead of, rather than + *clause* ◊ **Робі́ть щось ко́рисне з. то́го, щоб сиді́ти й ски́глити!** Do something useful instead of sitting around and whining! ◊ **Оле́кса пря́мо сказа́в їм усе́ з. то́го, щоб вдава́тися до натя́ків.** Oleksa told them everything directly rather than resort to intimations.
Also see **нато́мість**

замітá|ти, ~ють; замести́, замет|у́ть; *pa. pf., m.* **замі́в**, *pl.* **замели́**, *tran. and intr.*
1 to sweep ◊ **Кили́на почала́ з. двір.** Kylyna began to sweep the yard.
adv. **рете́льно** meticulously, **ста́ранно** painstakingly, **чи́сто** cleanly; **шви́дко** quickly; **недба́ло** carelessly, **як-не́будь** shoddily ◊ **Він як-не́будь замі́в комі́рку.** He swept the pantry shoddily. **періоди́чно** periodically, **ча́сто** often, **час від ча́су** every now and then; **рі́дко** rarely; **ні́коли не** never
з. + *n.* **з. вера́нду** sweep a porch (**ву́лицю** street, **двір** yard, **кімна́ту** room, **коридо́р** corridor, **пі́длогу** floor, **пло́щу** square; **воло́сся** hair, **кри́хти** crumbs, **ли́стя** leaves, **смі́ття́** trash); ♦ **з. сліди́** to cover one's tracks
v. + **з. бра́тися** get down to, **почина́ти** begin to, **ста́ти** *pf.* start; **закі́нчувати** finish; **ма́ти** have to ◊ **Він ма́є замести́ пе́ред ха́тою.** He has to sweep in front of the house. **му́сити** be obliged to; **каза́ти** + *D.* tell sb to, **нака́зувати** + *D.* order sb to, **проси́ти** + *A.* ask sb to
prep. **з. з** + *G.* sweep off sth ◊ **Перука́р час від ча́су ~в щі́ткою воло́сся з пі́дло́ги.** The hairdresser would every now and then sweep the hair off the floor with a brush. **з. на** + *A.* sweep onto sth ◊ **Вона́ рете́льно замела́ все ли́стя на лопа́тку.** She meticulously swept all the leaves onto a scoop.
2 to cover with sth + *I.* ◊ **Ку́рява то́встим ша́ром замела́ подві́р'я.** A thick layer of dust covered the courtyard.
з. + *n.* **з. доро́гу** cover a road (**зе́млю** ground, **по́ле** field ◊ **Сніг замі́в поля́.** The snow covered the fields. **сте́жку** path); *only impers.* **з. ли́стям** cover with leaves ◊ **Сте́жку замело́ сухи́м ли́стям.** The path was covered with dry leaves. (**піско́м** sand, **сніго́м** snow)
See **накрива́ти 1, покрива́ти 1**
pa. pple. **замéтений** swept
замітáй! замети́!

замі́т|ка, *f.*
1 *usu pl.* note ◊ **Він слу́хав, час від ча́су ро́блячи ~ки у блокно́ті.** He was listening, taking notes in his pad every now and then.
adj. **коро́тка** short, **лаконі́чна** laconic, **пи́сана від руки́** handwritten, **суха́** dry; **швидка́** quick; **докла́дна** detailed, **поши́рена** extended
v. + **з. вести́ ~ки** keep notes (**перебира́ти** sift through ◊ **Він перебра́в усі́ ~ки, щоб знайти́ це посила́ння.** He sifted through all his notes, so as to find the quote. **перегляда́ти** go through ◊ **Він попроси́в п'ять хвили́н перегля́нути ~ки.** He asked for five minutes to go through the notes. **чита́ти** read), **роби́ти ~у** take a note; ♦ **бра́ти на ~ку** to make a mental note of sth ◊ **Катери́на взяла́ на ~ку цю́ люди́ну як можли́ве джерело́ інформа́ції.** Kateryna made a mental note of this individual as a possible source of information.
Also see **за́пис 1**
2 piece *(in a newspaper)*, short story, paragraph

◊ **Він починáв кар'єру з корóтких ~ок для міськóї газéти.** He started his career with brief stories for a municipal paper.

v. + **з. писáти ~ку** write a piece (**публікувáти** publish, **читáти** read) ◊ **У ньóго вистачáло увáги читáти газéтні ~ки, а не дóвгі статті́.** He had enough attention to read newspaper pieces, not lengthy articles.

See **стаття́ 1.** *Also see* **кореспондéнція 2, матерія́л 3, редакці́йна, репортáж**

prep. **в ~ці** *posn.* in a piece ◊ **Ім'я́ áвтора згáдано в ~ці двíчі.** The author's name is mentioned twice in the piece.

зáмкнен|ий, *adj.*

1 locked, bolted ◊ **Брáма не прóсто зачи́нена, а ~а.** The gate is not just shut, but locked.

з. + *n.* **з. ви́хід** a locked exit ◊ **Усі́ вихóди ви́явилися ~ими.** All the exits turned out to be locked. (**вхід** entrance); **~а кімнáта** a locked room, **~а кривá** *math* a closed curve; **~е кóло** a closed circuit

See **замикáти**

2 *fig.* withdrawn, reserved, unsociable, aloof, reclusive ◊ **Марчýк став ще бі́льше ~им.** Marchuk became even more withdrawn.

з. + *n.* **~а люди́на** a reclusive person, **~е життя́** a secluded life

adv. **вкрай** extremely ◊ **вкрай ~а жі́нка** an extremely reserved woman; **все бі́льше** increasingly more, **дóсить** rather, **дýже** very, **надзвичáйно** extraordinarily, **цілкóм** completely; **дéщо** somewhat

v. + **з. бýти ~им** be withdrawn ◊ **Павлó не так неприві́тний, як з.** Pavlo is not so much unfriendly as reserved. (**виявля́тися** turn out, **здавáтися** + *D.* seem to sb; **лишáтися** remain; **роби́ти** + *A.* make sb, **роби́тися** become, **ставáти** grow) ◊ **Із кóжним днем дити́на ставáла все бі́льше ~ою.** The child grew increasingly more withdrawn with every day.

3 isolated, cutoff ◊ **Мі́сто розташóвується в ~ій доли́ні.** The city is located in an isolated valley. ◊ **Цей зáкуток здавáвся ~им від сві́ту.** This corner seemed to be isolated from the world.

замкнý|ти, *pf., see* замикáти

to lock, close, shut ◊ **Пі́сля заняття́ виклáдачка ~ла кімнáту.** The (female) instructor locked the room after her class.

замкнý|тися, *pf., see* замикáтися

to lock, close; shut oneself off, *etc.* ◊ **Катеринчýк ~вся від сві́ту, готýючись до зáхисту дисертáції.** Katerynchuk shut himself off from the world, preparing for the defense of his dissertation.

замóви|ти, *pf., see* замовля́ти

to order ◊ **Ля́на ~ла ці́лу ýчту на вечéрю.** Liana ordered an entire feast for dinner.

замóвлен|ий, *adj.*

1 ordered, booked, reserved, commissioned ◊ **Готéль був з. на три дóби.** The hotel had been reserved for three days.

adv. **давнó** long ago, **нещодáвно** recently, **щóйно** just; **спеці́ально** specially ◊ **Катери́на мáла три квиткú на літáк, ~і спеці́ально.** Kateryna had three airplane tickets specially reserved.

з. + *n.* **з. квитóк** a reserved ticket (**стіл** *and* **стóлик** table); **~а вечéря** an ordered dinner (**екскýрсія** excursion, **ї́жа** food, **кімнáта** accommodation); ♦ **~е вби́вство** a contract killing ◊ **Смéрть банкі́ра мáла ознáки ~ого вби́вства.** The banker's death had the indications of a contract killing.

2 bewitched, enchanted, entranced ◊ **з. ліс** a betwitched forest (**чолові́к** man, **юнáк** youth); ♦ **як з.** as if bewitched ◊ **Щорáзу, як згáдувалося Натáлчине ім'я́, юнáк ставáв нáче з.** Every time Natalka's name was mentioned, the youth became as if bewitched.

See **зачарóваний**

замóвлен|ня, *nt.*

order, commission

adj. **вели́ке** large, **гуртовé** bulk ◊ **Майстéрня мáла кі́лька гуртови́х ~ь на сті́льці.** The workshop had several bulk orders of chairs. **малé** small, **мале́ньке** *dim.* small, **невели́ке** small, **обмéжене** limited; **ви́гідне** lucrative; **жáдане** coveted; **окрéме** separate, **спеці́яльне** special, **унікáльне** unique; **пéрше** first; **остáннє** latest; **черговé** another; **неви́конане** outstanding ◊ **Мáрта мáла три неви́конані з.** Marta had three outstanding orders. **нездійсненне** tall; **повтóрне** repeated, **попередне** advanced

v. + **з. ви́грати з.** win an order ◊ **Фі́рма ви́грала з. на автóбуси.** The firm won the commission for buses. (**викóнувати** fulfill ◊ **Їм потрі́бен ти́ждень, щоб ви́конати з.** They need a week to fulfill the order. **діставáти** get, **отри́мувати** receive ◊ **Худóжник отри́мав з. від Лорéнца Меди́чі.** The artist received the commission from Lorenzo Medici. **приймáти** accept ◊ **Вонá не прийнялá з.** She did not accept the commission. **посилáти** + *D.* send sb; **запóвнювати** fill ◊ **Він зáраз же запóвнив з.** He filled the order right away. **роби́ти** make ◊ **Вонá вчáсно зроби́ла з.** She made the order on time. **скасувáти** cancel) ◊ **Він скасувáв з.** He canceled the order. **відмовля́тися від з.** turn down a commission ◊ **Фотóграф упéрше відмовля́вся від ви́гідного з.** The photographer turned down a lucrative commission for the first time.

prep. **на з.** to order, bespoke ◊ **капелю́х на з.** a bespoke hat (**костю́м** suit ◊ **Адвокáт носи́в ті́льки костю́ми на з.** The attorney wore only bespoke suits. (**пальтó** overcoat, **сýкня** dress, **тýфлі** shoes, **черевики** boots, **штани́** pants) ◊ **пáра штані́в на з.** a pair of bespoke pants; ◊ **Мéблі зрóблено на з.** The furniture is made to order. **з. на** + *A.* an order for sth ◊ **Він дістáв з. на капелю́ха.** He got an order for a hat.

замовля́|ти, ~ють; замóв|ити, ~лю, ~иш, ~лять, *tran.*

1 to order, place an order for, book, reserve

adv. **заздалегі́дь** in advance ◊ **Він замóвив квиткú два ти́жні заздалегі́дь.** He booked the tickets two weeks in advance. **наперéд** ahead, **рáно** early; **по Інтернéту** on the Internet, **недáвно** recently, **негáйно** immediately, **особи́сто** personally, **по телефóну** by phone; **спеці́яльно** specially; **в остáнній момéнт** at the last moment, **щóйно** just, right now ◊ **Я щóйно замóвив нóмер на дві осóби.** I have just booked a room for two.

v. + **з. бýти вáжко** be difficult to, **бýти немóжливо** be impossible to ◊ **У цю пóру дня замóвити таксі́вку немóжливо.** At this time of day, it is impossible to order a taxi. **бýти лéгко** be easy to; **бýти трéба** + *D.* need to; **забувáти(ся)** forget to; **вдавáтися** + *D.* succeed in ◊ **Їм вдалóся замóвити мі́сця в дрýгому ряді́.** They succeeded in reserving seats in the second row. **змогти́** *pf.* manage to; **мáти** be supposed to ◊ **Вонá мáє замóвити автóбус.** She is supposed to book a bus. **мáти нáмір** intend to, **намагáтися** try to; **проси́ти** + *A.* ask sb to, **хоті́ти** want to

prep. **з. в** + *G.* commission from sb ◊ **Вони́ ~ють óпити у цьóго соціóлога.** They commission the polls from this sociologist. **з. для** + *G.* order for sb ◊ **Нóмер замóвили для гостéй.** The room was reserved for the guests. **з. на** + *A.* order for *(a time; number of people)* ◊ **Вечéрю замóвили на шóсту.** The dinner was booked for 6:00.

Also see **бронювáти, застерігáти 2**

2 to bewitch, charm, cast a spell; protect against ◊ **Вонá замóвила хлóпця, щоб ні на кóго íншого не диви́вся.** She had bewitched the boy, so that he would not look at anyone else. ◊ **До старóї жі́нки приї́жджали здалéка, мовля́в, вонá ~є всякі хворóби.** People would come to the old woman from afar for she supposedly protects against all kinds of sicknesses.

prep. **з. від** + *G.* protect against sth ◊ **Стари́й мольфáр ~є навіть від куль.** The old warlock protects even against bullets.

3 *only pf.* to say ♦ **з. дóбре** *or* **прихи́льне слóво за** + *A. pf.* to put in a good word for sb ◊ **Тимі́ш є сам-оди́н, і ні́кому замóвити за ньóго дóбре слóво.** Tymish is all alone, and there is no one to put in a good word for him.

See **казáти 1.** *Also see* **говори́ти 1, зазначáти 3, заувáжувати 1, мóвити.** *Ant.* **мовчáти**

4 *colloq.* to put out a contract on ◊ **Її замóвили на найви́щому рі́вні росі́йського керівни́цтва.** There had been a contract put out on her by the highest level of the Russian leadership. ◊ **Матерія́л я́вно замóвили.** The story was clearly written for money.

pa. pple. **замóвлений** ordered, booked

замовля́й! замóв!

замóвник, *m.*; замóвниця, *f.*

customer *(who gives a commission)*, client ◊ **Мáлярка перестáла залéжати від примх малоосві́чених ~ів.** The (female) artist stopped depending on the whims of poorly educated customers.

adj. **багáтий** rich ◊ **Офóрмлювач шукáв багáтих ~ів.** The designer was looking for rich customers. **вáжли́вий** important ◊ **Дáні вдалóся переманити кі́лька важли́вих ~ів.** Dana succeeded in luring several important customers. **замóжний** well-to-do; **вели́кий** large; **ці́нний** valuable; **дáвній** long-time, **стари́й** old, **постíйний** regular; **індивідуáльний** individual; **корпорати́вний** corporate; **коли́шній** former; **нóвий** new; **потенці́йний** potential ◊ **зýстріч із потенці́йним ~ом** a meeting with a potential customer; **задовóлений** satisfied; **врáжений** shocked, stunned; **незадовóлений** dissatisfied, **обýрений** indignant, **розлю́чений** furious, **серди́тий** angry

v. + **з. втрачáти ~а** lose a customer ◊ **Стýдія втрáтила дáвнього ~а.** The studio lost a longtime customer. (**мáти** have ◊ **Вони́ мáють кі́лька ~ів із-за кордóну.** They have several customers from abroad. **обслугóвувати** serve ◊ **Вонá обслугóвувала ~а.** She was serving a customer. **задовольня́ти** satisfy; **діставáти** get, **знахóдити** find ◊ **Він знайшóв корпорати́вного ~а на нóву антиві́русну прогрáму.** He found a corporate customer for the new antivirus software. **перемáнювати** lure, **приваблювати** attract, **примáнювати** entice, **утри́мувати** keep ◊ **Дирéктор хоті́в утри́мати ~а за всякy ці́ну.** The director wanted to keep the customer at whatever the cost. **шукáти** look for) ◊ **Йогó головни́м завдáнням булó шукáти вели́ких ~ів на продýкцію компáнії.** His principal task was looking for large customers for the company's products.

з. + *v.* **бýти задовóленим** + *I.* be satisfied with sth; **вибирáти** + *A.* choose sth, **купувáти** + *A.* buy sth; **торгувáтися за** + *A.* haggle over *(price)*, **замовля́ти** + *A.* + *D.* commission sth from sb, **роби́ти** + *D.* **замóвлення** give sb a commission; **сперечáтися з** + *I.* argue with sb

prep. **з. на** + *A.* a customer for *(a product, service)*; ♦ **від і́мени ~ів** on behalf of the customers

See **клієнт**

зáм|ок, *m.*, ~ку

castle ◊ **з. Любáрта в Лýцьку** the Liubart Castle in Lutsk

adj. **вели́кий** large, **величéзний** enormous, **висóкий** high, **грі́зний** formidable, **могýтній** powerful; **велича́вий** grand, **вели́чний** magnificent, **розкі́шний** splendid; **відбудо́ваний** restored, **зруйно́ваний** ruined; **істори́чний** historical; **кня́жий** princely, **королі́вський** royal, **ли́царський** knightly; **родови́й** family; **середньові́чний** medieval, **стари́й** old, **стародавні́й** ancient; **мальовни́чий** picturesque ◊ **Терно́пільщина сла́виться мальовни́чими ~ами.** The Province of Ternopil is famous for its picturesque castles. **казко́вий** fairy-tale

n. + з. **бійни́ця ~ку** a castle loophole (**бра́ма** gate, **ве́жа** tower, **мур** *and* **стіна́** wall; **рів** moat ◊ **Рів ~ку запо́внено водо́ю.** The castle moat is filled with water. **руї́ни** ruins)

v. + з. **будува́ти з.** build a castle ◊ **З. збудува́ли на непри́ступній горі́.** The castle was built on an inaccessible mountain. (**змі́цнювати** fortify; **атакува́ти** attack, **бра́ти в обло́гу** lay siege to, **штурмува́ти** storm ◊ **З. штурмува́ли вра́нці.** The castle was stormed in the morning. **заво́йовувати** capture, **здобува́ти** take, **захо́плювати** seize; **борони́ти** *and* **захища́ти** defend, **утри́мувати** hold ◊ **Поля́ки оди́н рік утри́мували з. під обло́гою.** The Poles held the castle under siege for one year. **відбудо́вувати** rebuild, **реставрува́ти** restore; **перебудо́вувати** reconstruct); ♦ **будува́ти надхма́рні ~ки** to build castles in Spain

з. + *v.* **височі́ти над** + *I.* tower over sth, **підійма́тися** *or* **підніма́тися над** + *I.* rise above sth ◊ **Над мі́стом підійма́вся грі́зний з.** A formidable castle rose above the city. **стоя́ти** stand, **стримі́ти** loom ◊ **На па́горбі стримі́в стари́й з.** An old castle loomed on the hill.

prep. **в з.** *dir.* in/to a castle ◊ **Загі́н важко́ї кінно́ти заї́хав у з.** A heavy cavalry unit entered the castle. **в ~ку** *posn.* in a castle ◊ **Вони́ переночува́ли в ~ку і поїхали да́лі.** They spent the night in the castle and rode on. **до ~ку** to a castle ◊ **До обло́женого ~ку підвезли́ тара́ни.** Battering rams were brought to the besieged castle.

See **форте́ця**

зам|о́к, *m.*, **~ка́**

1 lock ◊ **Хтось навми́сне злама́в ключ у ~ку́.** Somebody deliberately broke the key in the lock.

adj. **велосипе́дний** bicycle ◊ **Га́ля купи́ла до́сить наді́йний велосипе́дний з.** Halia bought a fairly secure bicycle lock. **віко́нний** window, **две́рний** door; **електро́нний** electronic, **ко́довий** combination, **механі́чний** mechanical, **цилі́ндровий** pin tumbler; **зі́псований** broken, **ржа́вий** rusty; **нови́й** new ◊ **ключ від ново́го ~ка́** a key to the new lock; **відремонто́ваний** repaired, **стари́й** old; **вбудо́ваний** built-in, ♦ **вися́чий з.** a padlock

v. + з. **вила́мувати з.** force a lock ◊ **З. не мо́жна ви́ламати.** The lock cannot be forced. (**вставля́ти** fit ◊ **Вона́ хоті́ла вста́вити цилі́ндровий з. у две́рі.** She wanted a pin tumbler lock fitted in the door. **лама́ти** break, **переві́ряти** check ◊ **Вона́ переві́рила ~ки́.** She checked the locks. **вставля́ти ключ у** insert a key into) ◊ **Він пові́льно вста́вив ключ у з.** He slowly inserted the key in the lock.

prep. **в з.** *dir.* in/to a lock; **в ~ку́** *posn.* in a lock ◊ **Тре́ба дві́чі поверну́ти ключ у ~ку́.** You need to turn the key in the lock twice. ♦ **бу́ти на ~ку́** to be under lock and key

2 zipper ◊ **У штана́х замі́нили зі́псований з.** They replaced the broken zipper in the pants.

adj. **водонепрони́кний** waterproof, **капро́новий** nylon, **метале́вий** metal, **пластма́совий** plastic

з. + *v.* **заїда́ти** get stuck ◊ **Капро́новий з. ніко́ли не заїда́є.** This nylon zipper never gets stuck. **відкрива́тися** *intr.* open ◊ **З. у джи́нсах відкри́вся сам.** The zipper in the jeans opened by itself. **розсува́тися** come apart

prep. **на ~ку́** on/with a zipper ◊ **Він покла́в перо́ в па́пку на ~ку́.** He put the pen into a zipper folder.

See **бли́скавка 2**

N. pl. **~ки́**, *G. pl.* **~кі́в**

замори́|ти, *pf., see* **замо́рювати**

to exhaust, tire out, wear out; kill ◊ **Петра́ ~ли запита́ння пу́бліки.** Questions from the audience tired Petro out.

заморо́жу|вати, **~ють; заморо́з|ити**, **заморо́жу**, **~ять**, *tran.*

1 to freeze ◊ **За добу́ холо́дний пі́внічний ві́тер заморо́зив рі́чку.** In twenty-four hours, the cold northern wind froze the river.

adv. **гли́бо́ко** deeply ◊ **Ткани́ну гли́боко заморо́зили.** The tissue was deeply frozen. **до́бре** well; **пові́льно** slowly, **поступо́во** gradually, **момента́льно** instantaneously, **шви́дко** quickly

з. + *n.* з. **горо́дину** freeze vegetables (**гриби́** mushrooms, **м'я́со** meat, **ри́бу** fish, *etc.*) ◊ **Він заморо́зив ри́бу.** He froze the fish.

2 *fig.* freeze, fix, hold; stop ◊ **МВФ вимага́в заморо́зити зарпла́тню.** The IMF demanded to freeze wages.

adv. **нега́йно** immediately, **за́раз же** right away; **факти́чно** effectively; **тимчасо́во** temporarily; **неохо́че** reluctantly

з. + *n.* з. **акти́ви** freeze assets ◊ **Уря́д заморо́зив іра́нські акти́ви.** The government froze the Iranian assets. **бюдже́т** budget, **вида́тки** expenses, **заоща́дження** savings, **зарпла́тню** wages, **капіта́л** capital; **ду́мку** thought, **тво́рчість** creativity ◊ **Її педанти́чний підхі́д ~вав уся́ку тво́рчість** Her pedantic approach stymied all creativity. **фанта́зію** imagination, *etc.*); ♦ **з. кро́в у жи́лах** to make sb's blood curdle ◊ **Ду́мка про перемо́гу опоне́нтів ~вала їм кров у жи́лах.** The thought of their opponents' victory made their blood curdle.

See **зупиня́ти**

3 *colloq.* anesthesize, numb, desensitize ◊ **Перш як вирива́ти зуб, його́ заморо́зили.** Before pulling the tooth out, it was anesthesized.

pa. pple. **заморо́жений** frozen

заморо́жуй! заморо́зь!

заморо́зи|ти, *pf., see* **заморо́жувати**

to freeze; *fig.* freeze, stop; desensitize, *etc.* ◊ **Лі́да ~ла полуни́ці на зи́му.** Lida froze strawberries for the winter.

замо́рю|вати, **~ють; замор|и́ти**, **~ю́**, **~ять**, *tran.*

1 to kill ◊ **Вла́да замори́ла мільйо́ни селя́н шту́чним го́лодом.** The authorities killed millions of peasants with a man-made famine. ♦ **з. на сме́рть** to exhaust sb to death

See **вбива́ти 1.** *Also see* **би́ти 6, ліквідува́ти 2, ни́щити, прибира́ти 4, усува́ти 2**

2 *colloq.* to exhaust, tire out, wear out ◊ **Вона́ замо́рить найенергі́йнішого партне́ра в та́нці.** She will exhaust even the most vigorous dance partner.

adv. **вкрай** extremely, **геть** totally; **немилосе́рдно** mercilessly, **цілко́м** completely; ♦ **з. черв'яка́** *colloq.* to still one's hunger ◊ **Тара́с з'ї́в кана́пку, щоб замори́ти черв'яка́.** Taras ate a sandwich to still his hunger.

pa. pple. **замо́рений** exhausted, tired

замо́рюй! замори́!

See **сто́млювати.** *Also see* **заму́чувати, запа́рювати 3**

замота́|ти, *pf., see* **замо́тувати**

to wrap ◊ **Лари́са ~ла подару́нок.** Larysa wrapped the present.

замо́ту|вати, **~ють; замота́|ти**, **~ють**, *tran.*

1 to coil, wind, roll, twine, wrap ◊ **Ната́ля підібра́ла з підло́ги во́вняну ни́тку і ста́ла з. її в ті́сний клубо́к.** Natalia picked up the woolen yarn from the floor and started winding it in a tight ball.

adv. **акура́тно** neatly, **обере́жно** carefully, **спра́вно** deftly, **стара́нно** meticulously; **ві́льно** loosely ◊ **Він ві́льно замота́в до́вге па́смо воло́сся навко́ло па́льця.** He loosely coiled a long strand of hair around his finger. **наді́йно** securely, **ті́сно** tightly, **ту́го** firmly

prep. з. **в** + *A.* coil into sth; з. **на** + *A.* coil onto sth ◊ **Яре́ма замота́в моту́зку на ру́ку.** Yarema coiled the rope onto his hand. з. **навко́ло** + *G.* coil around sth

2 to wrap, swathe, bundle; package ◊ **Доброво́льці ~вали я́блука в папі́р.** The volunteers were wrapping the apples in paper.

adv. **акура́тно** neatly, **впра́вно** deftly ◊ **Ка́тря впра́вно замота́ла го́лову ху́сткою.** Katria deftly wrapped her head in a kerchief. **обере́жно** carefully, **стара́нно** meticulously; **ві́льно** loosely, **наді́йно** securely, **ті́сно** tightly, **ту́го** firmly ◊ **Вона́ ~є дити́ну на́дто ту́го.** She wraps the baby too firmly.

з. + *n.* з. **ву́ха** wrap one's ears ◊ **Іва́н стара́нно замота́в ву́ха ша́ликом.** Ivan meticulously wrapped his ears with a scarf. (**го́лову** head, **но́ги** feet, legs; **ковбасу́** sausage, **м'я́со** meat, **поку́пку** purchase, **сир** cheese, **ши́нку** ham); з. + *I.* wrap with sth ◊ з. **бинто́м** wrap in bandage ◊ **Сестра́ замота́ла йому́ пора́нену ру́ку бинто́м.** The nurse wrapped his wounded arm in a bandage. (**папе́ром** paper, **хусти́ною** handkerchief)

prep. з. **в** + *A.* wrap in sth ◊ **Лі́да замота́ла мо́кре воло́сся в ба́нний рушни́к.** Lida wrapped her wet hair in a bath towel.

3 *only pf., colloq.* to steal, swipe, nab ◊ **Коли́шній мі́ністр замота́в по́над сто мільйо́нів із держа́вної скарбни́ці.** The former minister swiped more than a hundred million from the state treasury.

4 *fig., colloq.* to muddle, garble, cloud, complicate ◊ **Адвока́т намага́вся замота́ти спра́ву, затри́мати суд.** The attorney sought to muddle the case and delay the trial.

See **заплу́тувати 2**

pa. pple. **замо́таний** coiled, wrapped up

замо́туй! замота́й!

заму́чи|ти, *pf., see* **заму́чувати**

to torture to death; exhaust, tire out, drain ◊ **Допи́тлива ді́вчинка будь-кого́ ~ть пита́ннями.** The inquisitive little girl will drain anybody with her questions.

заму́чу|вати, **~ють; заму́ч|ити**, **~ать**, *tran.*

1 to torture, torment, kill by torture ◊ **Полоне́них заму́чили б торту́рами, якби́ не втруча́ння міжнаро́дних організа́цій.** The captives would have been tortured to death if not for the interference of international organizations. ♦ **з. на сме́рть** to torture to death

See **му́чити 1, 3.** *Also see* **знуща́тися, катува́ти 1**

2 to exhaust, tire out, drain ◊ **Хри́стя заму́чила себе́ су́мнівами.** Khrystia has drained herself with doubts. ♦ **з. на амі́нь** *colloq.* to wear out completely ◊ **Пра́ця ~вала її на амі́нь.** The work wore her out completely.

See **висна́жувати, сто́млювати.** *Also see* **замо́рювати 2, запа́рювати 3, му́чити 2**

pa. pple. **заму́чений** tortured; tired

заму́чуй! заму́ч!

занаві́с|ка, *f.*

curtain ◊ **Вікно́ закрива́ла шовко́ва з.** A silk curtain covered the window.

adj. **віко́нна** window, **две́рна** door, **душова́** shower ◊ **Заплу́тавшись у душові́й ~ці, вона́ ма́ло не впа́ла.** Having gotten tangled in the shower curtain she almost fell. **непрозо́ра**

opaque, **прозо́ра** see-through; **товста́** thick; **легка́** light, **тонка́** thin; **бавовня́на** cotton, **ма́рлева** cheesecloth, **шовко́ва** silk
v. + **з. відкрива́ти ~ку** open a curtain (**відхиля́ти** pull ◊ **Хома́ відхили́в ~ку і подиви́вся на ву́лицю.** Khoma pulled back the curtain and looked out on the street. **закрива́ти** close; **ві́шати** hang up; **зніма́ти** take down); **закрива́ти** + *A.* **~кою** cover sth with a curtain ◊ **Вона́ закри́ла две́рі ~ками.** She covered the doors with curtains. (**запина́ти** veil with)
G. pl. **~ок**
See **заві́са 1**

зана́дто, *adv., var.* на́дто
too, excessively ◊ **з. бага́то те́ксту** too much text, ◊ **з. ма́ло до́свіду** too little experience, ◊ **з. важки́й** too heavy (**вели́кий** large, **висо́кий** tall ◊ **Цей пасажи́р був з. висо́ким на́віть для мі́сця бізнесо́вого кла́су.** The passenger was too tall even for a business-class seat. **дороги́й** expensive, **складни́й** complicated) ◊ **Зада́ча ви́явилася з. складно́ю для них.** The problem proved to be too complicated for them. ♦ **це вже з.** this is way too much, this is over the top ◊ **Дві ти́сячі за конце́ртний квито́к – це вже з.** Two thousand for a concert ticket, this is way too much.
Also see **на́дто 1.** *Cf.* **забага́то 1**

зане́дбан|ий, *adj.*
neglected; abandoned, forgotten ◊ **Він люби́в гуля́ти цим ~им па́рком.** He liked to walk around this neglected park. ◊ **Ю́рах не ки́дав на́міру закі́нчити всі ~і черне́тки статте́й.** Yurakh would not give up on his intention to finish all the abandoned article drafts.
adv. **вкрай** extremely, **геть** totally, **до́сить** rather ◊ **Буди́нок перебува́в у до́сить ~ому ста́ні.** The building was in a rather neglected condition. **ду́же** very, **непопра́вно** irreparably, **ціл́ком** completely; **серйо́зно** seriously; **трагі́чно** tragically
v. + **з. бу́ти ~им** be neglected (**вигляда́ти** look, **виявля́тися** turn out, **здава́тися** + *D.* seem to sb, **лиша́тися** remain, **почува́тися** feel ◊ **Пили́п почува́вся ціл́ком ~им.** Pylyp felt completely neglected. **стоя́ти** stand) ◊ **Це́рква рока́ми стоя́ла ~ою.** For years, the church stood neglected.

занедба́|ти, *pf., see* зане́дбувати
to neglect, abandon ◊ **На час відсу́тности дире́кторки Оле́на геть ~ла свої́ обо́в'язки.** For the duration of the (female) director's absence, Olena totally abandoned her responsibilities.

зане́дбу|вати, ~ють; занедба́|ти, ~ють, *tran.*
to neglect, abandon
adv. **геть** totally ◊ **О́ля геть занедба́ла особи́сте життя́.** Olia totally neglected her personal life. **зо́всім** entirely, **ціл́ком** completely; **в основно́му** largely, **загало́м** generally; **безсо́вісно** shamelessly, **ганє́бно** shamefully; **навми́сно** deliberately, **свідо́мо** willfully; **непопра́вно** irreparably, **фата́льно** fatally ◊ **Да́на фата́льно занедба́ла здоро́в'я.** Dana has fatally neglected her health. **на до́вго** for a long time, **на яки́йсь час** for some time
з. + *n.* **з. дити́ну** neglect a child (**господа́рство** household; **ви́гляд** appearance, **здоро́в'я** health, **зу́би** teeth; **обо́в'язки** obligations, **робо́ту** work, **сад** garden, **спра́ви** business) ◊ **За жо́дних обста́вин Пилипе́нко не ~ва́в спра́ви компа́нії.** Pylypenko would not neglect his company business under any circumstances.
v. + **з. бу́ти зму́шеним** be forced to ◊ **Че́рез наванта́ження в шко́лі він змушений занедба́ти дру́зів.** Because of the work load at school he is forced to neglect his friends. **намага́тися не** try not to
pa. pple. **зане́дбаний** neglected, abandoned
зане́дбуй! занедба́й!
Also see **запуска́ти² 1**

зане́пад, *m.*, ~у, *only sg.*
decline, decay, degradation ◊ **Письме́нник жив у добу́ ~у свого́ мі́ста.** The writer lived in the period of his city's decline.
adj. **абсолю́тний** absolute, **вели́кий** great, **драмати́чний** dramatic, **катастрофі́чний** catastrophic, **маси́вний** massive, **масшта́бний** large-scale, **по́вний** full, **ціл́кови́тий** complete; **незворо́тний** irreversible, **неуни́кний** inevitable, **очі́куваний** anticipated; **все бі́льший** progressive, **пові́льний** slow, **поступо́вий** gradual; **неочі́куваний** unanticipated, **несподі́ваний** unexpected, **рапто́вий** sudden, **рі́зки́й** sharp, **швидки́й** rapid; **серйо́зний** serious, **помі́тний** noticeable, **суттє́вий** significant; **зага́льний** general; **де́який** some, **значни́й** significant, **частко́вий** partial; **остато́чний** terminal ◊ **Ви́добуток ву́гілля зазнава́в остато́чного ~у.** Coal extraction was suffering a terminal decline. **духо́вний** spiritual ◊ **Це́рква перебува́ла у ста́ні духо́вного ~у.** The church was in a state of spiritual deline. **економі́чний** economic, **культу́рний** cultural, **мора́льний** moral ◊ **Мора́льний з. неоколоніялі́зму був очеви́дний.** The moral decline of neocolonialism was obvious. **політи́чний** political; **розумо́вий** mental ◊ **озна́ки розумо́вого ~у** signs of a mental decline; **фізи́чний** physical
v. + **з. виклика́ти з.** bring about a decline ◊ **Ни́зка чи́нників ви́кликала з. Ри́мської імпе́рії.** A number of factors brought about the decline of the Roman Empire.(**затри́мувати** halt, **зупиня́ти** stop, **спові́льнювати** slow down; **пришви́дшувати** accelerate; **опла́кувати** lament; **передбача́ти** predict); **зазнава́ти ~у** suffer a decline ◊ **У насту́пні ро́ки́ Наро́дний Рух Украї́ни зазна́в драмати́чного ~у.** In the following years, the People's Movement of Ukraine suffered a dramatic decline. (**уника́ти** avoid, **прихо́дити до** fall into, **спричиня́тися до** cause, **призво́дити до** lead to) ◊ **Висо́кі пода́тки призвели́ до ~у книговида́ння.** High taxes led to a decline in book publishing. **запобіга́ти ~ові** prevent a decline ◊ **Націона́льний банк намага́вся запобі́гти ~ові націона́льної валю́ти.** The National Bank tried to prevent the decline of the national currency.
з. + *v.* **відбува́тися** occur, **погли́блюватися** deepen, **почина́тися** begin, **продо́вжуватися** continue ◊ **З. па́ртії продо́вжувався.** The party's decline continued. **приско́рюватися** *or* **пришви́дшуватися** accelerate ◊ **З. Сове́тського Сою́зу пришви́дшився з на́падом на Афганіста́н.** The decline of the Soviet Union accelerated with the invasion of Afghanistan.
Also see **деґрада́ція, ро́зклад 3, ро́зпад 1.** *Cf.* **спад 1**

занепада́|ти, ~ють; занепа́сти, занепад|у́ть, *intr.*
1 to decline, suffer a decline, collapse, fall apart ◊ **Мале́ підприє́мництво почало́ з.** Small businesses began to decline.
adv. **геть** totally ◊ **У пері́од Руї́ни мисте́цтво геть занепа́ло.** In the Ruin period, arts suffered a total decline. **ду́же** very much, **помі́тно** noticeably, **серйо́зно** seriously, **ціл́ком** completely; **ра́птом** suddenly, **рі́зко** abruptly, **шви́дко** quickly; **все бі́льше** progressively; **крок за кро́ком** step by step, **пові́льно** slowly, **поступо́во** gradually; **незворо́тно** irrevocably, **стабі́льно** steadily; **остато́чно** ultimately; **де́що** somewhat; **тро́хи** a little
v. + **з. почина́ти** begin to, **ста́ти** *pf.* start to ◊ **З епіде́мією чуми́ мі́сто ста́ло шви́дко з.** With the plague epidemic, the city started to quickly decline. **продо́вжувати** continue to ◊ **Куста́рне виробни́цтво продо́вжувало з.** The artisanal production continued to decline.
Also see **розпада́тися 1**
2 to become weak, lose *(health, strength, etc.)* ◊ **Його́ за́вжди бадьо́рий го́лос занепа́в.** His always vigorous voice became weak.
adv. **ду́же** very, **помі́тно** noticeably, **пові́льно** slowly
з. + *n.* **з. здоро́в'ям** lose health (**си́лами** strength, *etc.*) ◊ **Макси́м пові́льно ~в си́лами.** Maksym was slowly losing strength. ♦ **з. ду́хом** to lose hope, become depressed ◊ **Чу́ючи щодня́ сумні́ нови́ни, недо́вго й ду́хом занепа́сти.** Hearing sad news every day, one can easily get depressed.
prep. **з. від** + *G.* become weak from sth ◊ **Лі́на ~ла від безсо́ння.** Lina was becoming weak from insomnia.
занепада́й! занепади́!

занепа́л|ий, *adj.*
1 dilapidated, in decline, fallen apart ◊ **В економі́чно ~ому мі́сті ста́ло неможли́во жи́ти.** It became impossible to live in the city that had suffered an economic decline.
adv. **економі́чно** economically, **духо́вно** spiritually, **культу́рно** culturally, **мора́льно** morally, **промисло́во** industrially, **фізи́чно** physically, **фіна́нсово** financially; **з. ду́хом** dispirited
2 drained, exhausted ◊ **з. го́лос** a feeble voice
See **слабки́й 1.** *Also see* **ви́снажений, кво́лий 1, слаби́й 3, сто́млений.** *Ant.* **енергі́йний, си́льний 4**

занепоко́єн|ий, *adj.*
preoccupied, concerned, worried, alarmed + *I.* ◊ **Зі́на була́ ~а ї́хньою відсу́тністю.** Zina was preoccupied by their absence.
adv. **вкрай** extremely, **глибо́ко** deeply ◊ **Він поверну́вся додо́му глибо́ко ~им.** He returned home deeply preoccupied. **го́стро** acutely, **ду́же** greatly, **серйо́зно** seriously, **страше́нно** terribly; **де́що** somewhat, **тро́хи** a little; **ви́димо** visibly; **підозрі́ло** suspiciously
v. + **з. бу́ти ~им** be worried ◊ **Петруня́к чи́мось ~а.** Petruniak is worried over something. (**вигляда́ти** look, **здава́тися** + *D.* seem to sb ◊ **Лю́да здала́ся їй ~ою.** Liuda seemed preoccupied to her. **лиша́тися** remain; **става́ти** become) ◊ **Він став ~им.** He became alarmed.
conj. **з. тим, що** + *clause* worried that ◊ **Севери́н з. тим, що з до́му нема́є ніяки́х нови́н.** Severyn is worried that there is no news from home.

занепоко́єн|ість, *f.*, ~ости, *only sg.*
anxiety, worry, concern, preoccupation ◊ **У го́лосі чолові́ка бриніла з.** Anxiety resonated in the man's voice.
adj. **вели́ка** great, **глибо́ка** deep, **зна́чна** considerable, **ціл́кови́та** complete; **всеохо́пна** all-consuming, **пості́йна** constant ◊ **Усі́ вони́ перебува́ли в ста́ні пості́йної ~ости.** All of them were in a state of constant anxiety. **де́яка** some, **пе́вна** certain; **зрозумі́ла** understandable; **безпідста́вна** groundless, **непотрі́бна** unnecessary; **удава́на** feigned, **фальши́ва** phony; **скоромину́ча** *or* **швидкоминуча** short-lived ◊ **Її з. ви́явилася скороминучою.** Her preoccupation proved to be short-lived.
v. + **з. виклика́ти з.** cause anxiety ◊ **Стано́вище на фондові́й бі́ржі виклика́є з. у ділови́х ко́лах.** The situation at the stock exchange is causing anxiety in business circles. (**висло́влювати** express ◊ **Ре́чник у́ряду ви́словив з. збро́йною су́тичкою на кордо́ні.** The government spokesman expressed concern over the armed clash on the border. **відчува́ти**

feel, **погли́блювати** deepen; **посла́блювати** alleviate, **провокува́ти** provoke)
See **триво́га 1, 3.** *Also see* **неспокі́й.** *Ant.* **спо́кій 2**

занепоко́ї|ти, *pf., see* **непоко́їти**
to get sb concerned, *etc.* ◊ **Запі́знення ре́йсу ~ло пасажи́рів.** The flight delay got the passengers concerned.

зане́с|ти́, *pf., see* **зано́сити**
to take to, *etc.* ◊ **Він заніс валі́зи до фоє́ готе́лю.** He took the suitcases to the hotel lobby.

занімі́|ти, *pf., see* **німі́ти**
to go dumb, *etc.* ◊ **Прису́тні на конфере́нції ~ли від шо́ку.** Those present at the conference were dumbstruck with shock.

зано́с|ити, зано́шу, ~ять; зане́с|ти́, ~у́ть; *pa. pf., m.* **заніс**, *pl.* **занесли**, *tran.*
1 to carry to, take to, bring to ◊ **Листоно́ша ~ив по́шту до ї́хнього поме́шкання.** The postman brought the mail to their apartment.
adv. **вже** already, **вре́шті-ре́шт** eventually, **наре́шті** finally; **геть** away, **дале́ко** far ◊ **Ві́тер заніс чо́вен дале́ко від бе́рега.** The wind took the boat far from the shore. **з гото́вністю** readily ◊ **Хло́пець із гото́вністю заніс ба́ґаж усере́дину.** The boy readily took the luggage inside. **без пробле́м** without a problem; **неохо́че** reluctantly ◊ **Він ~ив їм гро́ші неохо́че.** He was reluctantly taking the money to them. **ле́гко** easily; **операти́вно** promptly, **шви́дко** quickly; **вряди́-годи́** *colloq.* every now and then, **и́ноді** sometimes, **періоди́чно** periodically, **реґуля́рно** regularly, **час від ча́су** from time to time
v. **+ з. зголо́шуватися** volunteer to ◊ **Ніхто́ не зголо́шувався занести́ вдові ви́клик до су́ду.** Nobody volunteered to take the court summons to the widow. **проси́ти** + *A.* ask sb to; **хоті́ти** want to; **бу́ти тре́ба** + *D.* need to, **встига́ти** have the time to ◊ **Він не встиг занести́ докуме́нти на пі́дпис.** He did not have the time to bring the documents to be signed.
prep. **з. в** + *A.* bring in/to *(a place)* ◊ **Занесі́ть я́щик у льох!** Take the box to the cellar! **з. до** + G. carry to *(a place)* ◊ **Він заніс горо́дину до скла́ду.** He carried the vegetables to the storeroom. **з. на** + *A.* to carry on/to *(a place)* ◊ **Марко́ заніс наме́т на пляж.** Marko carried the tent to the beach. ◊ **Занеси́ я́йця на ку́хню.** Take the eggs to the kitchen.
Cf. **заво́зити 1, прино́сити 1**
2 *impers., usu pf.* to bring to *(from afar)*, carry away, take away *(somewhere far)* ◊ **Як його́ занесло до цьо́го мі́ста?** What brought him to this town? ◊ **Яки́м ві́тром вас занесло сюди́?** What fair winds brought you here? ◊ **Його́ яки́мось чи́ном занесло на протиле́жний кіне́ць сві́ту.** He was somehow carried away to the opposite end of the world.
Also **закида́ти 4**
3 to enter, make an entry *(in a journal)*, write sth down
prep. **з. до** + G. enter into sth ◊ **Вона́ ~ила сві́дчення до протоко́лу.** She entered the evidence into the record.
See **писа́ти 1.** *Also see* **документува́ти, зазнача́ти 1, запи́сувати 1**
4 *impers.* to cover, block + *I.* with ◊ **Оби́два береги́ занесло кри́гою.** Both banks were covered with ice. ◊ **Доро́гу ~ило піско́м.** The road would get covered with sand. ◊ **Соба́чу бу́ду цілко́м занесло сні́гом.** The doghouse was completely covered with snow.
See **накрива́ти 1.** *Also see* **заміта́ти 2, покрива́ти 1**
5 to raise, lift ◊ **Ві́ктор заніс весло́ над голово́ю.** Viktor raised the oar above his head.
♦ **з. ру́ку на** + *A.* to raise one's hand against sb ◊ **Ба́тько не ~ив руки́ на діте́й.** Father did not raise his hand against his children.
See **підніма́ти 1, підно́сити 2.** *Also see* **підво́дити 3.** *Ant.* **опуска́ти**
pa. pple. **зане́сений** taken away; covered; dispatched
зано́сь! занеси́!

зану́д|а, *m. and f., colloq.*
bore, drag, buzzkill ◊ **Нови́й сусі́д ви́явився ~ою.** The new neighbor turned out to be a bore. ◊ **Не бу́дь(те) таки́м ~ою!** Don't be such a bore!
adj. **вели́кий** great, **неба́чений** unprecedented, **неперевере́ршений** unsurpassed, **нестерпний** insufferable, **спра́вжній** real, **страшни́й** dreadful; **тро́хи** a bit of ◊ **Павло́ був тро́хи ~ою.** Pavlo was a bit of a bore.
v. **+ з. бу́ти ~ою** be a bore ◊ **Сла́вка могла́ бу́ти спра́вжньою ~ою.** Slavka could be a real buzzkill. (**вважа́ти** + *A.* consider sb ◊ **Усі́ вважа́ли Гали́ну ~ою.** Everybody considered Halyna to be a bore. **виявля́тися** turn out, **здава́тися** + *D.* seem to sb, **роби́тися** become, **става́ти** become) ◊ **На ці́й робо́ті люди́на става́ла страшно́ю ~ою.** In this line of work, a person inevitably became a dreadful drag.

зану́ри|ти, *pf., see* **зану́рювати**
to submerge, immerse, plunge ◊ **О́ля ~ла ру́ки у пісо́к.** Olia immersed her hands in the sand.

зану́ри|тися, *pf., see* **зану́рюватися**
to submerge ◊ **Субмари́на ~лася в мо́ре.** The submarine submerged into the sea.

зану́рю|вати, ~ють; зану́р|ити, ~ять, *tran.*
to submerge, immerse, plunge, thrust ◊ **Жі́нка зану́рила но́ги в о́зеро.** The woman plunged her feet into the lake.
adv. **гли́бо́ко** deeply ◊ **Вона́ зану́рила черпа́к гли́бо́ко в баня́к.** She plunged the ladle deep into the pot. **ле́две** scarcely, **ма́йже** almost, **тро́хи** a little; **обере́жно** cautiously, **повільно** slowly, **поступо́во** gradually; **шви́дко** quickly; **цілко́м** completely, **частко́во** partially
prep. **з. в** + *A.* to submerge in sth, **з. по** + *A.* submerge up to *(a level)* ◊ **Він по колі́на зану́рив но́ги у ставо́к.** He submerged his legs in the pond up to his knees.
pa. pple. **зану́рений** submerged
зану́рюй! зану́р!

зану́рю|ватися; зану́ритися, *intr.*
1 to submerge, plunge, immerse, dip ◊ **Кит ґраціо́зно ~вався у глиби́нь.** The whale graciously submerged in the deep.
v. **+ з. встига́ти** contrive to ◊ **Він усти́г шви́дко зану́ритися в о́зеро.** He contrived to quickly submerge in the lake. **змогти́** *pf.* manage to; **намага́тися** try to, **хоті́ти** want to; **почина́ти** begin to, **ста́ти** *pf.* start ◊ **Бегемо́т став лі́ниво з. в рі́чку.** The hippopotamus started lazily submerging into the river.
2 *fig.* to be absorbed *(in thoughts, etc.)*, be lost in, abandon oneself to, lose oneself in ◊ **О́ля зану́рилася у спо́гади ї́хньої пе́ршої зу́стрічі.** Olena was absorbed in the memories of their first encounter. ◊ **Пота́п ліг на кана́пу і зану́рився в сон.** Potap lay down on the sofa and fell asleep.

захо́т|тя, *nt.*
pastime, occupation, pursuit; activity ◊ **Вона́ приду́мала з. – збира́ти старі́ світли́ни.** She invented a pastime – collecting old photographs.
adj. **ко́рисне** useful, **захо́пливе** captivating, **мо́дне** fashionable, **популя́рне** popular, **приє́мне** pleasant, **улю́блене** favorite, **ціка́ве** interesting; **ди́вне** strange, **нечу́ване** unheard-of; **небезпе́чне** dangerous; **дороге́** expensive; **націона́льне** national ◊ **Сиді́ти годи́нами в Мере́жі ста́ло націона́льним ~тям украї́нців.** Spending hours on the Internet became a national pastime for Ukrainians.
v. **+ з. вибира́ти з.** choose a pastime (**ки́дати** quit ◊ **Він му́сив ки́нути це небезпе́чне з.** He had to quit that dangerous pastime. **почина́ти** begin, **продо́вжувати** continue ◊ **Незважа́ючи на вік, він продо́вжував з. альпіні́змом.** In spite of his age, he continued his mountain climbing. **припиня́ти** stop; **перетво́рювати** + *A.* **на** turn sth into ◊ **Запам'ято́вування слів він перетвори́в на ко́рисне з.** He turned memorizing of words into a useful activity. **перетво́рюватися на** turn into) ◊ **По́шуки деше́вих готе́лів перетвори́лися для неї на ціка́ве з.** Searching for cheap hotels turned into an interesting pursuit for her. **бу́ти ~тям** be a pastime ◊ **Риба́лка за́вжди́ була́ її улю́бленим ~тям.** Fishing always was her favorite pastime. (**захо́плюватися** pursue ◊ **За своє́ до́вге життя́ па́ні Н. захо́плювалася багатьма́ ~тями.** Over her long life, Mrs. N. pursued many pastimes. **лиша́тися** remain, **насоло́джуватися** enjoy ◊ **Ля́на має одне́ з., яким насоло́джується.** Liana has one pastime she enjoys. **става́ти** become)
prep. **з. для** + *G.* a pastime for sb ◊ **По́дорожі за мі́сто є найкра́щим ~тям для не́ї.** Trips to the countryside are the best pastime for her.
G. pl. **~ь**
Also see **відпочи́нок 1, 2, відпу́стка, дозві́лля**

занят|тя́, *nt.*
class, lecture, seminar ◊ **Є рі́зні ти́пи ~ь: практи́чні ле́кції, коло́квіюми, семіна́ри чи ле́кції.** There are various types of classes: practical lessons, colloquia, seminars, or lectures.
adj. **безкошто́вне** *or* **безпла́тне** free, **пла́тне** paid; **нудне́** boring, **ціка́ве** interesting ◊ **З. цьо́го профе́сора и́ноді ціка́ві, а и́ноді нудні́.** This professor's classes are sometimes interesting and sometimes boring. **до́вге** long, **трива́ле** lengthy; **коро́тке** short; **інтенси́вне** intensive; **вечі́рнє** evening, **де́нне** afternoon, **ранко́ве** morning; **вступне́** introductory; **лекці́йне** lecture, **практи́чне** practical, **семіна́рське** seminar; **мо́вне** language; **університе́тське** university, **шкі́льне́** high-school ◊ **Університе́тські з. відрізня́ються від шкі́льних.** University classes differ from high-school ones. **погли́блене** advanced; **відкри́те** open, **показо́ве** demonstration
n. **+ з. кіне́ць** the end of a class ◊ **Впра́ву заплано́вано на кіне́ць з.** The exercise was planned for the end of the class. (**поча́ток** beginning ◊ **Поча́ток його́ відкри́того з. був тро́хи пові́льним.** The beginning of his open class was a little slow. **сере́дина** middle, **продо́вження** continuation; **план** plan); **ро́зклад ~ь** a schedule of classes ◊ **розкла́д шкільни́х ~ь для тре́тього кла́су** the schedule of third-grade classes
v. **+ з. відві́дувати з.** attend a class ◊ **Вона́ відві́дала з. но́вого виклада́ча.** She has attended a class of the new instructor. (**дава́ти** + *D.* give sb ◊ **У вівто́рок він дава́тиме показо́ве з.** On Tuesday, he will be giving a demonstration class. **прово́дити** hold, **пропуска́ти** miss ◊ **Вона́ пропусти́ла кі́лька ~ь із му́зики.** She missed several music classes. **зупиня́ти** stop ◊ **Вона́ му́сила дві́чі зупини́ти з.** She had to stop the class twice. **перерива́ти** interrupt; **спостеріга́ти** observe; **встига́ти на з.** make it to ◊ **Вони́ ле́две встига́ли на з.** They were barely making it to classes. **запи́суватися на** sign up for ◊ **Вона́ записа́лася на з. йо́ґи.** She signed up for a yoga class. **запі́знюватися на** be late for ◊ **Він не дозволя́є студе́нтам запі́знюватися на свої́ з.** He does not allow students to be late for his classes. **ходи́ти на** go to) ◊ **Вони́ ходи́ли**

на з. пополу́дні. They went to classes in the afternoon. **сиді́ти на ~ті́** sit in on a class ◊ **Вона́ ма́ла сиді́ти на трьох ~тя́х.** She had to sit in on three classes.

з. + v. **закі́нчуватися** end, be over; **зупиня́тися** stop, **почина́тися** begin ◊ **З. у шко́лах почина́ються пе́ршого ве́ресня.** Classes at schools begin on September 1. **продо́вжитися** *only pf.* resume ◊ **З. продо́вжилося пі́сля пере́рви.** The class resumed after an interval. **продо́вжуватися** continue

prep. **в ~ті́** during/in a class ◊ **коро́тка зупи́нка в ~ті́** a brief interruption in a class; **до з.** before/for/prior to a class ◊ **Вони́ готува́лися до з.** They were preparing for the class. ◊ **Вони́ зустрі́лися до з.** They met prior to the class. **на з.** *dir.* for/to class ◊ **Ві́ктор поспіша́в на з.** Viktor was in a hurry for his class. **на ~ті́** *posn.* at/during a class ◊ **Вчи́тель поя́снював цю те́му на оста́нньому ~ті́.** The teacher explained this topic during the last class. **пе́ред ~тя́м** before a class ◊ **про́ба пе́ред ~тя́м** a rehearsal before the class; **пі́сля з.** after a class ◊ **Пі́сля ~ь Юрі́й пряму́вав до бібліоте́ки.** After classes, Yurii would head to the library. **з. з + G.** a class in *(a subject)* ◊ **з. з му́зики** a practice in music (**спі́ву** singing, **мо́ви** language) ◊ **У нас за́раз з. з куха́рства.** We have a cooking class now.

Also see **ле́кція 1, па́ра**[2] **5, семіна́р, уро́к 1.** *Cf.* **зайняття́**

заокру́гли|ти, *pf., see* заокру́глювати

to round off, make round ◊ **Для зру́чности бухга́лтер ~в усі́ ци́фри.** For convenience the bookkeeper rounded off all the figures.

заокру́глю|вати, ~ють; заокру́гл|ити, ~ять, *tran.*

1 to round off, make round, smooth off ◊ **Прямоку́тну ді́лянку землі́ довело́ся з. на да́льшому кінці́.** The square plot of land had to be rounded off at the farther end. ◊ **Те́сля заокру́глив го́стрі кути́ стола́.** The carpenter smoothed off the sharp corners of the table.
2 to round down/off/up *(a value)* ◊ **Вона́ заокру́глила вагу́ я́блук до кілогра́ма.** She rounded the weight of apples up to the nearest kilogram.

з. + n. ◊ **з. вагу́** round up a weight (**ві́дстань** distance, **вік** age, **глибину́** depth, **кі́лькість** quantity, **су́му** sum) ◊ **Він запропонува́в заокру́глити су́му до ти́сячі.** He offered to round the sum down to one thousand.

prep. **з. до + G.** round up to *(a value)* ◊ **з. ві́дстань до кіломе́трів** round a distance up to the nearest kilometer
3 *fig.* to complete, round off, finish ◊ **Він пла́вно заокру́глити розмо́ву.** He gave the conversation a smooth finish.

See **закі́нчувати**

pa. pple. **заокру́глений** rounded up

заокру́глюй! заокру́гли!

заохо́чен|ня, *nt.*

encouragement, stimulation; coaxing, prodding ◊ **Він створи́в систе́му са́нкцій і ~ь.** He created a system of punishments and rewards.

adj. **ба́жане** desirable; **вели́ке** great, **додатко́ве** additional, **ді́єве** *and* **ефекти́вне** effective, **значне́** significant, **поту́жне** powerful, **си́льне** strong; **легке́** gentle, **невели́ке** small, **найме́нше** slightest, **слабке́** weak; **пода́льше** further ◊ **Вони́ роби́тимуть усе́ без пода́льших ~ь.** They will do everything without further stimulation. **акти́вне** active, **пряме́** direct; **пості́йне** constant; **матеріа́льне** material, **фіна́нсове** financial; **мовчазне́** tacit, **ти́хе** quiet; **мора́льне** moral, **символі́чне** symbolic, **слове́сне** verbal

n. **+ з.** ◊ **підтри́мка та з.** support and encouragement; ◊ **гаря́чі слова́ з.** ardent words of encouragement

v. **+ з. дава́ти + D. з.** give sb an encouragement ◊ **Якщо́ тре́ба, він дасть забудо́вникам додатко́ве з.** If need be, he will give the developers additional incentive. (**дістава́ти** get, **знахо́дити** find, **отри́мувати** receive) ◊ **Час від ча́су він отри́мував фіна́нсове з. від прихи́льників.** From time to time, he received financial encouragement from supporters. **вимага́ти з.** require encouragement ◊ **Така́ посвя́та вимага́є фіна́нсового з.** Such dedication requires financial encouragement. (**потребува́ти** need) ◊ **Андрі́й потребува́в з.** Andrii needed encouragement.

prep. **без з.** without encouragement; **для з.** for encouragement ◊ **Вона́ моргну́ла хло́пцеві для з.** She gave the boy a wink for encouragement. **із ~ням** with encouragement ◊ **Із ~ням Margі́чка обіця́ла закі́нчити шви́дше.** With some encouragement, Marichka promised to finish quicker. **завдяки́ ~ню** thanks to encouragement; **з. від + G.** encouragement from sb ◊ **Він давно́ зда́вся б, якби́ не з. від одноду́мців у соціа́льних мере́жах.** He would have given up long ago, if not for the support of like-minded people on social media. **з. до + G.** encouragement to sth ◊ **ефекти́вне з. до ді́ї** effective encouragement to action

See **підтри́мка**. *Also see* **допомо́га, забезпе́чення 3, стовп 2.** *Cf.* **спо́нсорство**

заохо́чу|вати, ~ють; заохо́т|ити, заохо́чу, ~ять, *tran.*

to encourage, motivate, spur ◊ **При́клад цих люде́й ~є і́нших.** Those people's example encourages others.

adv. **акти́вно** actively, **додатко́во** additionally, **ді́єво** *and* **ефекти́вно** efficiently, **ду́же** greatly, **си́льно** strongly, **страше́нно** tremendously; **особли́во** particularly ◊ **Він особли́во ~вав молодше поколі́ння.** He was particularly encouraging to the younger generation. **мовча́зно** tacitly, **ти́хо** quietly; **відкри́то** openly, **нави́сно** deliberately, **свідо́мо** consciously; **несвідо́мо** unwittingly; **весь час** all the time, **пості́йно** constantly, **потро́ху** *colloq.* little by little, **тро́хи** a little; **зо́всім не** not at all, **ніко́ли не** never, **ніяк** in no way

v. **+ з. ма́ти** be designed to ◊ **Атмосфе́ра ма́ла з. ві́льний о́бмін думо́к.** The atmosphere was designed to encourage a free exchange of ideas. **могти́** can ◊ **Такі́ зая́ви мо́жуть з. до наси́льства.** Such statements can encourage violence. **намага́тися** try to, **ста́вити за мету́** aim to ◊ **Режисе́р ста́вив за мету́ заохо́тити жіно́к до політи́чної ді́яльности.** The director aimed to encourage women to participate in politics. **хоті́ти** want to

prep. **з. до + G.** encourage to sth *or* to do sth ◊ **Він ~є си́на до гри на гіта́рі.** He encourages his son to play the guitar.

pa. pple. **заохо́чений** encouraged

заохо́чуй! заохо́ть!

Also see **підтри́мувати 1**

заочн|ий, *adj.*

1 by correspondence, distance ◊ **Він записа́вся на з. курс пра́ва.** He enrolled in a distance learning law course. ◊ **~е навча́ння було́ для не́ї єди́ною можли́вістю здобу́ти дипло́м.** Distance learning was the only possibility for her to earn a degree. ◊ **На факульте́ті по́ряд зі стаціона́рним та вечі́рнім було́ й ~е відді́лення.** At the department, alongside the daytime and evening studies divisions there was also one for distance learning.

Cf. **вечі́рний, стаціона́рний**
2 indirect, mediated, not personal; *leg.* in absentia ◊ **з. ви́рок** a verdict in absentia (**суд** trial) ◊ **З о́гляду на відсу́тність оска́ржуваного суд бу́де ~им.** In view of the defendant's absence, the trial will be in absentia. ◊ **Він ві́зьме́ ~у у́часть у семіна́рі.** He will take an indirect part in the seminar. ◊ **До́сі її́ знайо́мство з Хоме́нком було́ виня́тково ~им.** So far, her acquaintance with Khomenko was exceptionally indirect.

зао́чно, *adv.*

1 by correspondence; *leg.* in absentia ◊ **Вони́ вча́ться з.** They study by correspondence.

v. **+ з. засу́джувати з.** convict sb in absentia ◊ **Його́ засуди́ли з. до десяти́ ро́ків ув'я́знення.** He was sentenced to ten years of prison in absentia. (**суди́ти** try) ◊ **Її́ суди́ли з.** She was tried in absentia.
2 behind one's back ◊ **Віктю́к з. назива́в ше́фа Калі́гулою.** Viktiuk called his boss Caligula behind his back.

заоща́джен|ня, *nt., usu pl.*

savings, money saved ◊ **Вони́ шука́ли ба́нк, яко́му могли́ дові́рити з.** They were looking for a bank they could entrust their savings to.

adj. **вели́кі** great, **значні́** considerable, **неабия́кі** quite some; **де́які** some; **жалюгі́дні** pitiful, **кри́хітні** tiny, **малі́** small ◊ **Його́ з. зана́дто малі́.** His savings are too small. **скро́мні** modest; **зага́льні** overall; **довготрива́лі** long-term; **осо́бисті** personal, **пенсі́йні** pension

v. **+ з. втрача́ти з.** lose savings ◊ **Уна́слідок знеці́нення гри́вні мільйо́ни украї́нців втра́тили з.** As a result of the hryvnia devaluation, millions of Ukrainians lost their savings. (**витрача́ти** *or* **тра́тити** spend, **вклада́ти** invest ◊ **Вона́ вкла́ла з. в урядо́ві обліга́ції.** She invested the savings in government bonds. **збі́льшувати** increase, **зніма́ти** withdraw ◊ **Вкла́дники ма́рно намага́лися зня́ти з. в ба́нку-банкру́ті.** Depositors tried in vain to withdraw their savings from the bankrupt bank. **ма́ти** have ◊ **Вона́ му́сила ма́ти хоч якісь з.** She was obliged to have at least some savings. **накопи́чувати** build up ◊ **Оле́на накопи́чила неабия́кі з.** Olena built up quite some savings. **роби́ти** make) ◊ **Він спромі́гся зроби́ти невели́кі з.** He contrived to save a small amount.

з. + v. **збі́льшуватися** increase, **зроста́ти** grow ◊ **Її́ з. зроста́ли.** Her savings were growing. **зме́ншуватися** diminish, **зника́ти** disappear, **та́нути** *fig.* melt; **йти на + A.** go for sth ◊ **Части́на їхніх ~ь іде́ на осві́ту діте́й.** Part of their savings goes towards their children's education. **покрива́ти + A.** cover sth ◊ **Її́ ~ь вистача́ло, щоб покри́ти пе́рший вне́сок за купі́влю кварти́ри.** Her savings were enough to cover the first installment towards the purchase of the apartment.

заоща́джу|вати, ~ють; заоща́д|ити, ~жу, ~ять, *tran. and intr.*

to save, save up; be economical ◊ **Тепе́р Марі́я була́ ра́да, що рока́ми ~вала.** Now Maria was glad that for years she had saved up.

adv. **все** *colloq.* all the time, **за́вжди́** always, **на ко́жному кро́ці** every step of the way, **нату́жно** strenuously, **незмі́нно** invariably, **пості́йно** constantly; **рі́дко** rarely, **ча́сом** sometimes; **ніко́ли не** never

з. + n. **з. во́ду** save water (**гро́ші** money, **еле́ктрику** electricity, **ене́ргію** energy, **ко́шти** costs, **си́ли** strength, **час** time) ◊ **Щоб заоща́дити час, він ї́здив на пра́цю метро́м.** To save time, he commuted to work by metro.

v. **+ з. бу́ти мо́жна** be possible to; **бу́ти тре́ба + D.** need to; **змогти́** *pf.* manage to ◊ **Вона́ змогла́ заоща́дити доста́тньо сил, щоб добі́гти до фі́нішу.** She managed to save enough strength to run the finish. **спромага́тися** contrive to; **могти́** can; **намага́тися** strive to, **стара́тися** try to; **хоті́ти** want to ◊ **І́гор хоті́в заоща́дити гро́ші на авті́вку.** Ihor wanted to save the money for a car. **відмовля́тися** refuse to

prep. **з. на** + *L.* 1) save on sth/sb ◊ **Він ніколи не ~вав на влáсних дíтях.** He never saved at the expense of his own children. 2) be economical with sth ◊ **Їм трéба з. на всьóму.** They need to be economical with everything.
pa. pple. **заощáджений** saved up
заощáджуй! заощáдь!
Also see **вигáдувати 3**

западá|ти, ~ють; запáсти, запад|ýть, *pa. pf., m.* **запá|в,** *pl.* **~ли,** *intr.*
1 to fall into/between/back ◊ **Олівéць запáв між дóшки.** The pencil fell between boards.
adv. **випадкóво** inadvertently; **чомýсь** for some reason, **якóсь** somehow
prep. **з. в** + *A.* fall in/to *(space)* ◊ **Монéта випадкóво ~ла в щíлину між дóшками.** The coin inadvertently fell in a crack between the boards. **з. за** + *A.* fall behind sth ◊ **Згóрнута газéта якóсь ~ла за тýмбочку.** The folded paper somehow fell behind the bedside table. **з. між** + *A.* fall between sth; **з. під** + *A.* fall under sth ◊ **Перó ~ло під етажéрку.** The pen fell under the bookstand.
See **пáдати 1**
2 to stick *(of pedal, piano key, etc.)*, be stuck ◊ **В автíвці ~є гальмівнá педáль.**The brake pedal in the car sticks. ◊ **Десятий клáвіш ~є.** The tenth key gets stuck.
3 to sink *(of eyes, cheeks)*, hollow ◊ **У ньóго запáли óчі від втóми.** His eyes sank with exhaustion.
4 *fig.* to sink in/to, become imprinted in
prep. **з.** + *D.* **в** + *A.* become imprinted in *(mind, etc.)* ◊ **Лéкція запáла глибóко в гóлову багатьóм студéнтам.** The talk became deeply imprinted in the minds of many students. (**дýшу** soul, **пáм'ять** memory, **сéрце** heart ◊ **Її словá запáли Микóлі в сéрце.** Those words went straight to Mykola's heart. **свідóмість** conscience); **з.** + *D.* **в óко** to take a fancy to sb ♦ **Оксáна запáла йомý в óко.** He took a fancy to Oksana.
5 *colloq.* to fall for, fall in love with ◊ **Він із тих, хто ~є на кóжну дíвчину, якá йомý усміхáється.** He is one of those who falls in love with every girl that smiles at him.
prep. **з. на** + *A.* fall for sb ◊ **Він геть запáв на Галину.** He totally fell for Halyna.
See **закóхуватися, кохáти 3**
западáй! западú!

зáпал, *m.,* **~у,** *only sg.*
fervor, excitement, passion, drive, ardor ◊ **Нíна брáлася за робóту зі спрáвжнім ~ом.** Nina would set about her work with true ardor.
adj. **велúкий** great ◊ **Тут трéба булó велúкого ~у.** Great fervor was needed here. **гарячий** ardent, **дивовúжний** amazing, **зарáзний** infectious, **пóдиву гíдний** surprising, **незгáсний** unflagging, **особлúвий** particular, **помíтний** noticeable, **постíйний** constant, **страшéнний** terrific; **спрáвжній** true, **щúрий** genuine; **емоцíйний** emotional, **ідеологíчний** ideological, **політúчний** political, **релігíйний** religious
prep. **без ~у** without fervor ◊ **Він казáв це без особлúвого ~у.** He was saying this without particular fervor. **в ~і** overtaken by ardor ◊ **У ~і суперéчки вонú стáли кричáти.** In the heat of the argument, they started shouting. **із ~ом** with fervor, passionately ◊ **Він говорúв із ~ом.** He was talking with fervor.
Also see **енéргія 2, снагá 2**

запалú|ти, *pf., see* **запáлювати**
to switch on, *etc.* ◊ **Максúм ~в настíльну лáмпу.** Maksym turned on the table lamp.

запáлю|вати, ~ють; запал|úти, ~ять, *tran.*
1 to light, ignite, set fire to
adv. **лéгко** easily ◊ **Вонá лéгко запалúла смíття.** She easily set fire to the trash. **миттєво** instantaneously, **швúдко** quickly; **лéдве** barely, **нарéшті** finally; **якóсь** somehow
з.+ *n.* **з. багáття** light up a bonfire (**вогóнь** fire, **лáмпу** lamp, **рíздвяну ялúнку** Christmas tree, **свíтло** light, **свíчку** candle, **сигарéту** cigarette, **сірнúк** match) ◊ **Запалúвши сірнúк, Кáтря піднялá йогó над головóю.** Having lit the match, Katria lifted it over her head. ♦ **хоч запалú** nothing at all ◊ **У них в хатí пýсто, хоч запалú.** Their house is completely empty.
v. + **з. бýти трéба** + *D.* need to ◊ **Їм трéба запалúти вóгнище, щоб не замéрзнути.** They need to light the campfire, so as not to freeze. **вмíти** know how to ◊ **Кóжен пластýн умíє з. багáття.** Every (Ukrainian) scout knows how to light a campfire. **змогтú** *pf.* manage to; **намагáтися** try to, **прóбувати** make an attempt to ◊ **Він мáрно прóбував запалúти мóкре дéрево.** He made futile attempts to set the wet wood on fire. **хотíти** want to
Also see **розпáлювати 1.** *Ant.* **гасúти**
2 *fig.* to inflame, inspire ◊ **з. бажáння** kindle a desire (**кохáння** love, **почуттó** feelings, **прúстрасть** passion ◊ **Чуттєві гýби юнакá ~вали в ній прúстрасть.** The youth's sensual lips inflamed passion in her. **зацікáвлення** curiosity)
Also see **розпáлювати 2**
pa. pple. **запáлений** lit up
запáлюй! запалú!

запáлю|ватися; запалúтися, *intr.*
1 to start burning, catch fire ◊ **Солóма швúдко запалúлася.** The straw quickly caught fire.
prep. **з. від** + *G.* catch fire from sth ◊ **Ліс запалúвся від непогáшеної сигарéти.** The forest caught fire from an unextinguished cigarette.
2 *fig.* to be overtaken by sth + *I.* ◊ **Він запалúвся нáміром побувáти на óстрові Дéлос.** He was overtaken by the intention to visit the Isle of Delos.
з. + *n.* **з. бажáнням** get overtaken by desire (**дýмкою** thought, **ідéєю** idea, **нáміром** intention, **переконáнням** conviction) ◊ **Він запалúвся ідéєю написáти ромáн.** He was overtaken by the idea of writing a novel.
3 *med.* to develop inflammation, become inflamed ◊ **У ньóго запалúлося гóрло.** He got a throat inflammation.

запáмороченн|я, *nt., only sg.*
dizziness, giddiness, *med.* vertigo ◊ **Він лéдве огóвтався від раптóвого з.** He barely came to his senses after sudden dizziness.
adj. **велúке** great, **сúльне** intense, **страшнé** horrible; **дéяке** some, **легкé** light; **короткочáсне** short-lived, **тривáле** protracted; **раптóве** sudden
v. + **з. викликáти з.** cause dizziness ◊ **Стрімкé ýрвище вúкликало у ньóго з.** The steep precipice caused dizziness in him. (**відчувáти** feel ◊ **Вонá відчýла легкé з.** She felt a light dizziness. **мáти** have, **провокувáти в** + *G.* provoke in sb)
з. + *v.* **минáти** pass ◊ **Сúльне з. не минáло ще кíлька хвилúн.** Intense dizziness would not pass for yet another few minutes.
prep. **від з.** with dizziness ◊ **Ірúна втрáтила рівновáгу від з.** Iryna lost her balance from dizziness. **з. від** + *G.* dizziness from sth ◊ **Він мав з. від щáстя.** He was giddy with happiness.

запáморочлив|ий, *adj.*
1 vertiginous, giddy, dizzy, giddying, dizzying
adv. **абсолютно** absolutely, **геть** totally, **мáйже** almost, **прóсто** simply, **спрáвді** really, **цілкóм** completely
з. + *n.* **~а висотá** a dizzying height ◊ **Дéсять мéтрів для нéї – ~а висотá.** Ten meters is a dizzying height for her. (**дорóга** road, **дýмка** thought, **ідéя** idea, **швúдкість** speed) ◊ **Новá дільнúця мíста розвивáлася із ~ою швúдкістю.** The new city district was developing with a dizzying speed.
v. + **з. бýти ~им** be dizzying ◊ **Висотá булá прóсто ~ою.** The height was simply vertiginous. (**вигляд́ати** look; **виявлятися** turn out)
2 *fig.* heady, intoxicating, mind-boggling, dizzying ◊ **У червóній сýкні вонá вигляд́ала ~ою.** She looked dizzying in the red dress.
з. + *n.* **з. аромáт** an intoxicating fragrance ◊ **Від ~ого аромáту лúпи в Андрíяни крутúлася головá.** Andriiana's head spun from the intoxicating fragrance of the linden. (**зáпах** smell; **ýспіх** success); **~а красá** an intoxicating beauty ◊ **юнáк ~ої красú** a youth of intoxicating beauty (**осóба** individual, **сýкня** dress, **фігýра** body)

запам'ятóву|вати, ~ють; запам'ятá|ти, ~ють, *tran. and intr.*
to memorize, commit to memory; remember ◊ **Хомá лéгше ~є незвичáйні іменá, як звичáйні.** Khoma remembers unusual names better than he remembers common ones.
adv. **детáльно** in detail, **доклáдно** precisely, **вирáзно** vividly, **твéрдо** firmly, **чíтко** clearly ◊ **Він мав чíтко запам'ятáти все.** He was to clearly memorize everything. **конкрéтно** specifically; **загалóм** in general, **в основнóму** mainly; **дóбре** well, **лéгко** easily, **швúдко** quickly, **ясно** clearly; **вáжко** with difficulty, **кéпсько** poorly ◊ **Остáннім чáсом вонá кéпсько ~є.** Lately she has had a poor memory. **повíльно** slowly, **пóгано** badly
v. + **з. бýти лéгко** + *D.* be easy for sb to ◊ **Це лéгко запам'ятáти кóжному.** That is easy to remember even for everybody. **бýти вáжко** + *D.* be hard for sb to, **бýти неможлúво** be impossible to; **бýти трéба** + *D.* need to ◊ **Їй трéба булó запам'ятáти ці чúсла.** She needed to memorize those numbers. **могтú** can; **намагáтися** try to, **старáтися** do one's best to, **спромагáтися** manage to; ♦ **з. раз і назáвжди** to remember once and for all
no pa. pple.
запам'ятóвуй! запам'ятáй!
Also see **вивчáти 2, зазýбрювати, схóплювати 7**

запам'ятóву|ватися; запам'ятáтися, *intr.*
to be remembered, stay in one's memory + *D.* by sb ◊ **Римóваний текст лéгше ~ється Олéні.** A rhyming text is easier for Olena to remember.
adv. **дóбре** well ◊ **Зýстріч дóбре запам'яталася Маркóві.** Marko remembers this encounter well. **дýже** very ◊ **Рим дýже запам'ятáвся Оксáні.** Rome became very memorable for Oksana. **на все життя** for one's entire life, **назáвжди** forever, **найбíльше** most of all ◊ **Натáлі найбíльше запам'ятáлися йогó óчі.** Most of all Natalia remembers his eyes. **наймéнше** least of all

запáрю|вати, ~ють; запáр|ити, ~ять, *tran.*
1 to steep, soak in boiling water ◊ **Цей різнóвид грéчки мóжна не варúти, а з.** This variety of buckwheat can be soaked in boiling water and not boiled.
з.+ *n.* **з. бóрошно** soak flour (**кáшу** oatmeal, **пластíвці** cornflakes, **рис** rice)
2 to brew *(tea, etc.)*, make ◊ **Чай трéба вмíти з.** One needs to know how to brew tea.
adv. **повíльно** slowly; **швúдко** quickly
з.+ *n.* **з. кáву** *or* **кáви** brew coffee ◊ **Марíя запáрила кáву** *or* **кáви.** Maria made coffee. (**малúну** raspberries, **травú** herbs, **чай** tea)
v. + **з. вмíти** know how to, **пропонувáти** + *D.* offer sb to ◊ **Івáнна запропонувáла їм запáрити трав'янóго чáю.** Ivanna offered them to make some herbal tea. **просúти** + *A.* ask sb to; **хотíти** want to
See **варúти 2.** *Also see* **готувáти 3**
3 *fig., colloq.* to drain, exhaust ◊ **Ця робóта геть запáрила її.** This job completely drained her.

See **виснáжувати, стóмлювати**
pa. pple. **запáрений** steeped, brewed
запáрюй! запáр!

запáрю|ватися; запáритися, *intr.*
1 *pass.* to be brewed, steeped ◊ **Чай ще тíльки ~ється.** The tea is only just being brewed.
2 *fig., colloq.* to get exhausted, get tired, get drained; *usu pf.* to lag behind with sth
adv. **геть** totally, **зóвсім** utterly, **трóхи** a little, **цілкóм** completely ◊ **Хлóпці цілкóм запáрилися, поспішáючи змонтувáти теплúцю.** In a hurry to finish mounting the hothouse, the boys got completely exhausted.
prep. **з. з** + *I.* get tired of sth ◊ **Ми запáрилися з ремóнтом квартúри.** We got tired doing the apartment renovation.
Also see **стóмлюватися**

запáс, *m.*, **~у**
1 stock, supply, stockpile, reserve, *often pl.* ◊ **Фéрмер накопúчив значнúй з. збíжжя.** The farmer amassed a considerable stock of grain. ♦ **лексúчний** *and* **словникóвий з.** a vocabulary ◊ **Він мáє скрóмний словникóвий з.** He has a modest vocabulary. ◊ **Вонú вúкористали стратегíчні ~и бензúну.** They used up their strategic gasoline reserves. ♦ **про з.** just in case, as a precaution; ♦ **мáти в ~і** to have sth available
See **резéрв 1.** *Also see* **засíб 3**
2 *mil.* reserve ◊ **Дивíзія в ~і.** The division is in the reserve. ◊ **Максúм став офіцéром ~у.** Maksym became a reserve officer.
See **резéрв 3**

запасн|úй, *adj.*
1 spare, reserve, emergency ◊ **Вонú продавáли ~í частúни до мотоцúклів.** They sold motorcycle spare parts.
з. + *n.* **з. бак** a reserve tank ◊ **Вонá мáла цíлий з. бак бензúну.** She had an entire reserve gas tank. (**гравéць** player) ◊ **Микóлі набрúдло бýти ~úм гравцéм.** Mykola had had enough of being a reserve player. **з. вúхід** an emergency exit; **~á частúна** a spare part; **~é кóлесо** a spare tire ◊ **Про всяк вúпадок у багáжнику булó однé ~é кóлесо.** Just in case, there was one spare tire in the trunk.
Also see **зáйвий 1**
2 backup, fallback, contingency ◊ **З. варіáнт здаєтся знáчно крáщим.** The contingency option seems considerably better. ◊ **Вонú переглядáють з. сценáрій оперáції.** They are revising the fallback scenario of the operation.
Also see **зáйвий 1**

зáпах, *m.*, **~у**
smell, odor ◊ **Екзотúчні квíти не мáли ~у.** The exotic flowers did not have any smell.
adj. **божéственний** divine, **гáрний** nice, **приéмний** pleasant, **солóдкий** sweet; **запáморочливий** dizzying, **п'янкúй** intoxicating; **гóстрий** pungent ◊ **Гóстрий з. аміáку вмить привíв її до тя́ми.** The pungent smell of ammonia instantly brought her to her senses. **їдкúй** acrid, **кúслий** sour, **терпкúй** tart; **неприéмний** unpleasant, **огúдний** disgusting ◊ **Йогó переслíдує огúдний з. в'язнúці.** He is haunted by the disgusting smell of prison.
v. + **з. відчувáти** *and* **чýти з.** feel the smell ◊ **Вонá рáптом почýла легкúй з. троя́нд.** She suddenly felt a light smell of roses.
prep. **без ~у** odorless ◊ **квíтка без ~у** an odorless flower
Also see **аромáт, дух 10**

запашн|úй, *adj.*
fragrant, sweet-smelling ◊ **Він проспáв ніч у ~óму сíні.** He slept the night in fragrant hay.
з. + *n.* **~á квíтка** a fragrant flower (**конвáлія** lily-of-the-valley, **лілéя** lily, **троя́нда** rose) ◊ **особлúво з. різнóвид троя́нд** a particularly fragrant variety of roses
Ant. **смердя́чий**

запéкл|ий, *adj.*
1 parched, baked, scorched ◊ **На ~íй від сóнця землí не лишáлося ознáк життя́.** There remained no signs of life on the sun-parched land. ◊ **На йогó чолí булá ~а кров.** There was dried blood on his forehead.
See **сухúй 1.** *Also see* **спрáглий 2**
2 *fig.* diehard, fierce, steadfast, incorrigible ◊ **Пáні Р. до смéрти лишáлася ~ою сталіністкою.** Mrs. R. remained a diehard Stalinist until the day she died.
adv. **абсолю́тно** absolutely ◊ **На зýстрічі булó кíлька абсолю́тно ~их прихúльників цьóго полíтика.** There were a few absolutely fierce supporters of the politician at the meeting. **вкрай** extremely, **дýже** very, **надзвичáйно** extraordinarily, **спрáвді** truly
з. + *n.* **з. консервáтор** a diehard conservative ◊ **Він знайшóв спíльну мóву з цим ~им консервáтором.** He found a common language with this diehard conservative. (**лібéрал** liberal, **прихúльник** supporter ◊ **Кíлька ~их прихúльників трéнера чекáли на ньóго.** A few steadfast supporters of the coach were waiting for him. **фанáт** *colloq.* fan)
v. + **з. бýти ~им** be diehard (**виявля́тися** turn out, **здавáтися** + *D.* seem to sb, **лишáтися** remain, **робúти** + *A.* make sb, **ставáти** become) ◊ **Він став ~им фанáтом кúївського «Динáма».** He became a diehard Kyiv Dynamo fan.
Also see **палкúй 2**
3 cruel, brutal, fierce, vicious ◊ **Між партизáнами й окупáнтами почáвся з. бій.** A fierce battle began between the partisans and the occupiers. ◊ **з. вóрог** a sworn enemy
See **жорстóкий 3**
4 stubborn, obstinate ◊ **Нíна – лю́дина з ~ою і важкóю вдáчею.** Nina is a person of a stubborn and difficult character.
Also see **вéртий**

заперéчен|ня, *nt.*
1 objection ◊ **Тут не мóже бýти жóдних ~ь.** There can be no objections here.
adj. **відкрúте** open, **гóстре** sharp, **категорúчне** categorical; **безпíдставне** groundless, **вúправдане** justified, **головнé** main, **єдúне** only, **закóнне** legitimate, **засаднúче** fundamental, **несподíване** unexpected, **принципóве** principled, **серйóзне** serious ◊ **Він не мав серйóзних ~ь.** He did not have serious objections.
v. + **з. викликáти з.** raise an objection ◊ **Пропозúція вúкликала з. партнéрів.** The proposal raised objections from the partners. (**вúсловити** express, **озвýчувати** voice; **відкидáти** reject, **ігнорувáти** ignore; **мáти** have)
prep. **незважáючи на з.** despite objections ◊ **План прúйнялú, незважáючи на з. дéяких члéнів рáди.** The plan was passed despite the objections of some council members. **з. прóти** + *G.* an objection against/to sb/sth ◊ **Борúс не мав ~ь прóти нáміру сúна.** Borys had no objections to his son's intention.
Also see **протéст 1.** *Cf.* **спростувáння**
2 denial, negation, refutation ◊ **Її з. винú не вúглядáли перекóнливими.** Her denials of guilt did not look convincing.
See **спростувáння**
3 *ling.* negation ◊ **подвíйне з.** a double negation

заперéчу|вати, ~ють; заперéч|ити, ~ать, *tran. and intr.*
1 *tran.* to deny, negate, reject ◊ **Вонá не ~вала причéтности до пограбувáння.** She did not deny her involvement in the robbery.
adv. **абсолю́тно** absolutely, **аргументóвано** in a well-argued manner, **безумóвно** unconditionally, **впéрто** stubbornly, **гóлосно** vocally, **дýже** very much, **енергíйно** strenuously, **категорúчно** categorically, **не вагáючись** without hesitation, **обýрено** indignantly; **перекóнливо** convincingly, **тýпо** *colloq.* dumbly, **цілкóм** completely
з. + *n.* **з. вчéння** deny a teaching (**дýмку** thought, **звинувáчення** accusation, **ідéю** idea, **концéпцію** concept, **підóзру** suspicion, **причéтність** complicity, **твéрдження** assertion, **теóрію** theory, **факт** fact) ◊ **Він ~є факт геноцúду.** He denies the fact of the genocide.
v. + **з. намагáтися** try to ◊ **Вонá намагáлася все з.** She tried to deny everything. **прóбувати** attempt to; **починáти** begin to, **стáти** *pf.* start to; **продóвжувати** continue; **перестáти** *pf.* stop; **не збирáтися** not be about to ◊ **Пилúп і не збирáвся з., що йомý імпонýє ця ідеолóгія.** Pylyp was not about to deny that the ideology was to his liking. **не хотíти** not want to
prep. **з. всýпереч** + *D.* deny contrary to sth ◊ **Вонú ~ють ýчасть у змóві всýпереч дóказам.** They deny their part in the conspiracy contrary to the evidence. **з. незважáючи на** + *A.* deny despite sth
Also see **відкидáти 2, спростóвувати.** *Ant.* **приймáти 5**
2 *intr.* to object to, mind, be against ◊ **Він не ~вáв прóти такóго формулювáння.** He did not object to such a wording.
prep. **з. прóти** + *G.* object against/to sth ◊ **Амбасáда ~є прóти їхньої ýчасти в конферéнції.** The Embassy is against their participation in the conference. ♦ **як(щó) не ~єте** if you don't mind
Cf. **протестувáти**
pa. pple. **заперéчений** denied, negated
заперéчуй! заперéч!

зáпис, *m.*, **~у**
1 record, entry, notation, note ◊ **Щовéчора вонá робúла корóткий з. про головнí подíї дня.** Every evening, she would make a short record of the main events of the day.
adj. **доклáдний** detailed ◊ **Секретáр знайшóв доклáдний з. історúчного засíдання.** The secretary found a detailed record of the historic meeting. **дослíвний** verbatim, **пóвний** complete, **тóчний** accurate; **корóткий** short, **стúслий** brief; **непóвний** incomplete; **втрáчений** lost ◊ **незворóтно втрáчені ~и** irrevocably lost records; **знáйдений** discovered; **конфіденцíйний** confidential, **таéмний** secret; **неправúльний** incorrect, **помилкóвий** erroneous; **документáльний** documentary, **офіцíйний** official, **формáльний** formal
v. + **з. аналізувáти з.** analyze a record ◊ **Вонá аналізувáла кóжен знáйдений з.** She analyzed each discovered record. (**вивчáти** study; **вестú** keep ◊ **Тимíш вів доклáдні ~и своїх спостерéжень за погóдою.** Tymish kept detailed records of his weather observations. **робúти** make; **виявля́ти** discover, **знахóдити** find, **наштóвхуватися на** stumble upon, **шукáти** look for; **зберігáти** preserve; **знúщувати** destroy, **стирáти** delete; **онóвлювати** update; **переглядáти** look through ◊ **Він переглянув ~и із попередньoго дня.** He looked through the notes from the day before. **перечúтувати** review)
prep. ♦ **з. від рукú** a handwritten record, **з. до щодéнника** a diary entry (**журнáлу** journal, **зóшита** notebook); **з. на папéрі** a paper record; **з. про** + *A.* a record about/of sth
Also see **замíтка 1, нотáтка 1**
2 recording ◊ **Він зберігáв ~и своїх інтерв'ю в сéйфі.** He kept the recordings of his interviews in a safe.
adj. **аналóговий** analogue, **цифровúй** digital; **звуковúй** sound, **музúчний** musical; **архíвний** archival ◊ **Він знайшóв лéкцію сéред архíвних ~ів.** He found the lecture among archival

recordings. ♦ **аудіоза́пис** an audio recording ♦ **відеоза́пис** a video recording
v. + **з. роби́ти з.** make a recording (**редагува́ти** edit; **чи́стити** clean ◊ **Засто́сунок дозволя́є чи́стити аудіоза́пис від фо́нового шу́му.** The app allows you to clean an audio-recording from ambient noise. **перево́дити з** + *G*. **в** + *A*. transfer from sth to sth ◊ **Вона́ переведе́ ~и з ана́логового в цифрови́й форма́т.** She will transfer the recordings from analogue into digital format. **стира́ти** delete)
prep. **з. з** + *G*. a recording from sth ◊ **з. з телеві́зора** a recording from a TV set; **з. на** + *A*. *dir.* a recording onto sth ◊ **кінопла́вку** *dir.* recording onto a film, **з. на** + *A*. *posn.* a recording on sth ◊ **З. був на 35-міліметро́вій кінопла́вці.** The recording was on 35-mm film stock.

записа́|ти, *pf.*, see **запи́сувати**
to write down, *etc.* ◊ **Його́ ~ли доброво́льцем.** He was registered as a volunteer.

записа́|тися, *pf.*, see **запи́суватися**
to sign up, enroll ◊ **На ку́рс португа́льської мо́ви ~лося де́сять студе́нтів.** Ten students enrolled in the Portuguese language course.

запи́с|ка, *f*.
1 note, message ◊ **Дире́ктор лиши́в на столі́ ~ку із вказі́вками.** The director left a note with instructions on the desk.
adj. **коро́тка** short, **сти́сла** brief, **доповідна́** report, **любо́вна** love, **таємна** secret ◊ **У ру́бці рука́ва була́ заши́та таємна з.** A secret note was sown into the sleeve seam. **чужа́** somebody else's; **вдя́чна** thank-you, **проща́льна** farewell; ♦ **ділова́ з.** a memorandum
v. + **з. знахо́дити ~ку** find a note ◊ **Він знайшо́в ~ку на підло́зі.** He found the message on the floor. (**ігнорува́ти** ignore, **лиша́ти** leave, **передава́ти** hand over, **писа́ти** write ◊ **Він не люби́в писа́ти вдя́чних ~о́к.** He did not like writing thank-you notes. **чита́ти** read) ◊ **Вона́ не ду́мала, що коли́-не́будь чита́тиме чужі́ ~ки́.** She did not think she would ever stoop to reading somebody else's notes.
prep. **в ~ці** in a message ◊ **У ~ці не було́ ні сло́ва жа́лю.** There was not a word of regret in the message.
2 *usu pl.* records, proceedings ◊ **~ки́ Науко́вого Това́риства і́мени Шевче́нка** Proceedings of the Shevchenko Scientific Society

записни́к, *m*., **~а́**
notebook, notepad, scratchpad ◊ **Вона́ зна́ла, що з. судді́ існу́є.** She knew that the judge's notebook existed.
adj. **кишенько́вий** pocket, **мініатю́рний** miniature ◊ **Записи в мініатю́рному ~у́ мо́жна чита́ти че́рез лу́пу.** Entries in the miniature notebook can be read through a magnifying glass. **мале́нький** *dim.* little, **невели́кий** small; **дослі́дницький** researcher's, **журналі́стський** reporter's, **письме́нницький** writer's; **чи́стий** blank; **поша́рпаний** tattered, **стари́й** old
v. + **з. вийма́ти з.** take out a notebook (**витя́гувати** pull out, **горта́ти** *and* **листа́ти** leaf through ◊ **Вона́ ви́йняла з. із шухля́ди і ста́ла горта́ти його́.** She took a notebook out of the drawer and started leafing through it. **вести́** keep ◊ **Режисе́р вів з.** The director kept a notebook. **носи́ти** carry ◊ **Він за́вжди́ но́сить з.** He always carries a notebook. **хова́ти** put away, hide ◊ **Вона́ схова́ла з. під поду́шку.** She hid the notebook under the pillow. **заното́вувати** + *A*. **в** jot sth (down) in, **запи́сувати** + *A*. **в** record sthin) ◊ **Макси́м запи́сував усі́ да́ні в з.** Maksym recorded all the data in the notebook. **заното́вувати** + *A*. **до ~а́** jot sth (down) in ◊ **Вона́ заното́вувала ска́зане до ~а́.** She was jotting what was said into her notebook.
(**запи́сувати** + *A*. **до** record sth in; **видира́ти** + *A*. **з** rip sth from ◊ **Хтось ви́дер із її ~а́ три сторі́нки.** Somebody ripped three pages from her notebook. **вирива́ти** + *A*. **з** tear sth from)
prep. **в з.** *dir.* in/to a notepad; **в ~у́** *posn.* in a notepad

запи́су|вати, ~ють; записа́ти, запи́ш|уть, *tran.*
1 to write down, make a note of ◊ **Вона́ записа́ла все поба́чене.** She wrote down everything she had seen.
adv. **абия́к** sloppily; **докла́дно** in detail, **дослі́вно** verbatim; **ко́ротко** in short; **нашвидку́ру́ч** hastily, **по́хапцем** hurriedly, **рете́льно** thoroughly, **сти́сло** briefly; **шви́дко** quickly
prep. **з. з** + *G*. write down from sth ◊ **з. із чужи́х слів** write down from somebody else's account; **з. на** + *L*. write down on sth ◊ **Макси́м записа́в почу́те на кла́птику папе́ру.** Maksym wrote what he had heard down on a piece of paper.
See **писа́ти 1.** *Also see* **документува́ти, зазнача́ти 1, зано́сити 3**
2 to record, make a recording
prep. **з. з** + *G*. record from sth ◊ **Інтерв'ю́ записа́ли з ра́діо.** The interview was recorded from the radio. **з. на** + *A*. record on/to sth ◊ **з. на плі́вку** record onto a film *or* tape (**компа́кт-ди́ск** compact disk, **комп'ю́тер** computer, **магніто́фо́н** tape recorder, **платі́вку** record, **плі́вку** tape)
Also see **документува́ти**
3 to enroll, sign up, enter sb's name into *(a list)* ◊ **Їх записа́ли до футбо́льної дружи́ни.** They signed them up for the soccer team.
prep. **з. до** + *G*. enroll sb in sth ◊ **з. до гру́пи** enroll sb in a group (**клу́бу** club, **семіна́ру** seminar, **спи́ску** list, **шко́ли** school)
pa. pple. **запи́саний** written down; enrolled
запи́суй! запиши́!

запи́су|ватися; записа́тися, *intr.*
1 to enroll, sign up for (course) ◊ **Іва́н записа́вся на чоти́ри ку́рси.** Ivan signed up for four courses.
prep. **з. на** + *A*. enroll in sth ◊ **з. на екску́рсію** sign up for a tour (**заня́ття** class, **ле́кцію** lecture, **прийо́м** appointment, **по́дорож** trip, **слу́жбу** service, **співбе́сіду** interview, **тренува́ння** training)
2 *colloq.* to join, become a member of, enlist as
prep. **з в** + *A*. *or* *I*. ◊ **Марко́ записа́вся в нову́ па́ртію.** Marko joined the new party. **з. доброво́льцем** enlist as a volunteer; **з. чле́ном клу́бу** join a club
Also see **вступа́ти 3, вхо́дити 4**

за́пит, *m*., **~у**
1 inquiry, inquest, interpellation, information request ◊ **Він бари́вся з ві́дповіддю на з.** He was delaying his response to the inquiry.
adj. **інформаці́йний** information; **докла́дний** detailed, **конкре́тний** specific; **неформа́льний** informal; **офіці́йний** official, **парла́ментський** parliamentary, **уря́до́вий** government, **форма́льний** formal; **попере́дній** preliminary; **ча́стий** *only pl.* frequent
v. + **з. надсила́ти** *and* **посила́ти** + *D*. **з.** send sb an inquiry (**роби́ти** make, **скеро́вувати до** + *G*. direct to sb ◊ **Вона́ скерува́ла з. про інформа́цію в цій спра́ві до мі́ністра.** She directed the inquiry about information on the matter to the minister. **отри́мувати** receive; **ігнорува́ти** ignore; **відповіда́ти на** respond to)
prep. **з. про** + *A*. an inquiry about sth; **з. що́до** + *G*. an inquiry regarding sth ◊ **На з. що́до поді́й у Чо́пі відповіли́ че́рез день.** They responded to the inquiry regarding the events in Chop in a day.
Also see **вимо́га 4**
2 *only pl.* needs ◊ **Він мав вели́кі культу́рні ~и.** He had great cultural needs.
adj. **духо́вні** spiritual, **естети́чні** esthetic, **інтелектуа́льні** intellectual, **культу́рні** cultural, **осві́тні** educational, **релігі́йні** religious, **соція́льні** social
Also see **потре́ба**

запідо́зри|ти, *pf.*, *see* **підо́зрювати 1**
to suspect ◊ **Вона́ ~ла підсту́п.** She suspected treachery.

запізні́л|ий, *adj.*
belated, delayed, tardy ◊ **Його́ ~і ви́бачення ні́чо́го не міня́ли.** His belated apologies did not make a difference.
з. + *n*. **з. дощ** belated rain ◊ **~і до́щі не врятува́ли ри́сових полі́в.** The belated rains did not save the rice paddies. (**літа́к** flight, **по́тяг** train, **сеа́нс** show); **~а допомо́га** belated help; **~е ви́бачення** a belated apology (**визна́ння** recognition, **коха́ння** love, **приві́та́ння** greetings) ◊ **Вона́ ра́да їхнім приві́та́нням, дарма́ що ~им.** She is glad to receive their greetings, however belated.

запізн|и́тися, *pf.*, *see* **запі́знюватися**
to be late, come late ◊ **Ната́ля ~лася на семіна́р.** Natalia was late for the seminar.

запі́зню|ватися, ~ються; запізн|и́тися, ~яться, *intr.*
1 be late, come late ◊ **Він страше́нно ~вався.** He was terribly late.
adv. **безнаді́йно** hopelessly ◊ **Юрко́ зрозумі́в, що безнаді́йно ~ється.** Yurko realized he was hopelessly late. **де́що** somewhat, **гане́бно** shamefully, **ду́же** very; **непроба́чно** unforgivably, **стра́шенно** terribly, **тро́хи** a little; **впе́рше** for the first time; **весь час** all the time, **пості́йно** constantly, **хроні́чно** chronically; **ніко́ли не** never ◊ **Пономарі́в ніко́ли не ~ється на пра́цю.** Ponomariv is never late for work. **нави́мисне** deliberately
v. + **з. боя́тися** fear to; **дозволя́ти собі́** allow oneself to ◊ **Вона́ рі́дко дозволя́є собі́ з. на консульта́ції зі студе́нтами.** She rarely allows herself to be late for her office hours with students. **намага́тися не** try not to ◊ **Він намага́вся не з. до лі́каря.** He tried not to be late to his doctor's.
prep. **з. до** + *G*. be late to sth ◊ **Вони́ ~ються до музе́ю.** They are late to the museum. **з. з** + *G*. be late from sth ◊ **Ма́рта зно́ву ~валася з робо́ти.** Marta was late from work again. **з. на** + *A*. 1) be late for sth *(an event)* ◊ **з. на авто́бус** be late for bus (**виста́ву** show, **заня́ття** class, **ле́кцію** lecture, **поба́чення** meeting, **по́тяг** train, **рейс** flight *or* bus); 2) be late for a period of time ◊ **По́тяг ~ється на пів годи́ни.** The train is half an hour late.
Also see **бари́тися 2, затри́муватися 2**
2 to be behind, be delayed ◊ **Гонора́р письме́нника зно́ву ~вався.** The writer's honorarium was delayed again.
prep. **з. з** + *I*. be behind with ◊ **Нови́й кварти́ра́нт пості́йно ~ється з опла́тою.** The new tenant is constantly behind on payments.
Also see **затри́муватися 2**
запі́знюйся! запізни́ся!

заплати́|ти, *pf.*, *see* **плати́ти**
to pay ◊ **Григо́рій ~ть йому́ за таксі́вку.** Hryhorii will pay for his cab.

заплі́днен|ня, *nt.*
impregnation, insemination ◊ **Токси́ни в органі́змі ускла́днювалу з.** Toxins in the body complicated insemination.
adj. **приро́дне** natural, **шту́чне** artificial; **невда́ле** failed; **ефекти́вне** efficient, **успі́шне** successful
v. + **з. ґарантува́ти з.** guarantee impregnation ◊ **Нови́й ме́тод ґаранту́є успі́шне з. яйця́.** The new method guarantees a successful impregnation of the egg.

заплі́дню|вати, **~ють; заплідн|и́ти**, **~ять**, *tran.*
1 to inseminate, impregnate, get sb pregnant ◊ **Він до́вго не міг запліднити жі́нку.** For a long time, he could not get his wife pregnant.
adv. **приро́дно** naturally, **шту́чно** artificially; **повто́рно** repeatedly, **реґуля́рно** regularly; **невда́ло** unsuccessfully; **ефекти́вно** efficiently, **успі́шно** successfully
v. + **з. бу́ти ва́жко** be difficult to; **бу́ти неможли́во** be impossible to ◊ **У цей період неможли́во заплідни́ти сами́цю.** In this period, it is impossible to inseminate a female. **намага́тися** try to, **про́бувати** attempt to, **хоті́ти** want to
2 *fig.* to fecundate, fertilize, make fruitful ◊ **Читання ~вало її ду́мки.** Reading fertilized her thoughts. (**тво́рчість** creativity, **уя́ву** imagination)
Also see **живи́ти 2**
pa. pple. **запліднений** inseminated
заплідню́й! заплідни́!

заплу́тан|ий, *adj.*
1 tangled, entangled, snarled ◊ **З. у сі́тях ведмі́дь го́лосно реві́в.** Tangled in the nets, the bear roared loudly.
adv. **безнаді́йно** hopelessly, **вкрай** extremely, **все бі́льш** increasingly more, **геть** totally, **ду́же** very, **стра́шно** terribly; **де́що** somewhat, **тро́хи** a little
v. + **н. бу́ти ~им** be tangled ◊ **Моту́зка була́ вкрай ~ою.** The rope was extremely tangled. (**вигляда́ти** look, **виявля́тися** turn out ◊ **Сюже́т ново́го рома́ну ви́явився стра́шно ~им.** The plot of the new novel turned out to be terribly tangled. **здава́тися** + *D.* seem to sb, **лиша́тися** remain, **роби́ти** + *A.* make sth, **става́ти** become) ◊ **Лабіри́нт старо́го мі́ста ставав усе́ бі́льш ~им.** The labyrinth of the old city was becoming increasingly more tangled.
Ant. **прями́й 1**
2 *fig.* complicated, difficult, muddled, confused ◊ **Його́ формулюва́ння вигляда́ло непотрі́бно ~им.** His formulation seemed needlessly complicated. ◊ **Ва́ше ~е поя́снення тя́жко зрозумі́ти.** Your muddled explanation is difficult to understand.
See **двозна́чний 1.** *Ant.* **прями́й 2**

заплу́та|ти, *pf., see* **заплу́тувати** *and* **плу́тати**
to tangle, entangle; muddle, *etc.* ◊ **Матвія не так ле́гко з.** Matvii is not so easy to confuse.

заплу́та|тися, *pf., see* **заплу́туватися**
to become tangled, entangle, *etc.* ◊ **Рома́н ~вся у вла́сних спо́минах.** Roman became tangled up in his own reminiscences.

заплу́ту|вати, **~ють; заплу́та|ти**, **~ють**, *tran.*
1 to tangle, entangle, snarl ◊ **Пес скака́в з бо́ку на бік, ~ючи пові́док.** The dog jumped from side to side, tangling its leash. ◊ **Бі́ла густа́ павути́на ~вала де́рево.** *fig.* The white thick cobweb was entangling the tree.
adv. **безнаді́йно** hopelessly, **геть** totally ◊ **Сом геть заплу́тав сі́тку.** A catfish totally tangled the fishing net. **ду́же** *or* **си́льно** badly, **страше́нно** terribly, **цілко́м** completely; **де́що** somewhat, **тро́хи** a little; **навми́сне** on purpose ◊ **Вона́ заплу́тала дріт навми́сне.** She entangled the wire on purpose. **ненаро́ком** accidentally, **я́кось** somehow
з. + *n.* **з. воло́сся** tangle the hair ◊ **Си́льний ві́тер ~вав її до́вге воло́сся.** Strong wind was tangling her long hair. (**бо́роду** beard; **дріт** wire, **нитки́** threads, **пря́жу** yarn)
Also see **плу́тати 1.** *Ant.* **розплу́тувати**
2 *fig.* to muddle, mix up, complicate ◊ **Авторка навми́сне ~вала си́нтаксу, намага́ючись насліду́вати Фо́лкнера.** The (female) author tangled her syntax on purpose, trying to imitate Faulkner.
з. + *n.* **з. думки́** muddle thoughts (**пла́ни** plans, **спра́ву** matter) ◊ **Докуме́нти лише́ ~вали спра́ву.** The documents only muddled the matter.
♦ **з. слі́ди́** to cover up one's tracks ◊ **Намага́ючись заплу́тати слі́ди, він кі́лька разі́в міня́в таксі́вки.** Trying to cover his tracks, he changed taxis several times.
Also see **замо́тувати 4, плу́тати 2**
3 *colloq.* to confuse, baffle, bewilder ◊ **Поя́снення всіх ~вало.** The explanation confused everybody. ◊ **Що до́вше він говори́в, то бі́льше ~вав студе́нтів.** The longer he spoke, the more he confused the students.
adv. **все бі́льше** increasingly, **ду́же** very, **геть** totally, **цілко́м** completely ◊ **Вона́ цілко́м заплу́тала всіх.** She confused everybody completely. **де́що** somewhat, **тро́хи** a little; **непотрі́бно** needlessly
See **спантели́чувати.** *Also see* **плу́тати 2**
pa. pple. **заплу́таний** tangled; confused
заплу́туй! заплу́тай!

заплу́ту|ватися; заплу́татися, *intr.*
1 to get tangled up, become entangled ◊ **Її воло́сся ча́сто ~валося на ві́трі.** Her hair would often get tangled in the wind. ◊ **До́вгий шланг за́вжди́ ~вався.** The long hose would always get tangled.
prep. **з. в** + *L.* get tangled up in sth ◊ **Ді́вчинка заплу́талася в спідни́ці і впа́ла.** The little girl got tangled up in her skirt and fell.
2 *fig., colloq.* to be confused, get confused ◊ **Він ~вався у вла́сних сві́дченнях.** He got tangled up in his own testimony. ◊ **Мари́на геть заплу́талася в житті́, коха́нні, дру́жбі.** Maryna has become totally tangled in her life, love, and friendships.
Also see **розгу́блюватися 2**
3 *fig.* to become muddled, become complicated ◊ **Да́лі сюже́т рома́ну ~вався.** Further on, the novel's plot became muddled.
4 *only pf.* to become lost, lose one's way, go astray ◊ **Хло́пець шви́дко заплу́тався в лі́сі.** The boy quickly lost his way in the forest.
See **гу́битися 2.** *Also see* **заблуди́ти(ся)**

заплю́щи|ти, *pf., see* **заплю́щувати**
to close *(only eyes)* ◊ **Васи́ль ~в о́чі, щоб зосере́дитися.** Vasyl shut his eyes in order to concentrate.

заплю́щи|тися, *pf., see* **заплю́щуватися**
to close *(only of eyes)*, shut ◊ **Її о́чі пові́льно ~лися.** Her eyes slowly closed.

заплю́щу|вати, **~ють; заплю́щ|ити**, **~ать**, *tran.*
to close *(only eyes)*, shut ◊ **Ві́ка ~вала о́чі щора́зу, як їй ставало стра́шно.** Vika would close her eyes every time she was scared.
adv. **ле́две** barely, **ма́йже** almost, **мі́цно** tightly, **наполови́ну** halfway ◊ **Вона́ заплю́щила о́чі лише́ наполови́ну, щоб спостеріга́ти за тим, що ді́ється.** She closed her eyes only halfway, so as to observe what was going on. **цілко́м** completely
pa. pple. **заплю́щений** closed
заплю́щуй! заплю́щ!
Also see **закрива́ти 3, замика́ти.** *Ant.* **розплю́щувати**

заплю́щу|ватися; заплю́щитися, *intr.*
to close *(only of eyes)*, shut ◊ **Її о́чі поступо́во ~валися, а ди́хання става́ло розмі́реним.** Her eyes were gradually closing and her breathing was becoming measured.

запобіга́нн|я, *nt.*
1 *only sg.* prevention, averting ◊ **ефекти́вне з. наси́льству** efficient prevention of violence
adj. **ґаранто́ване** guaranteed, **ді́єве** effective, **ефекти́вне** efficient, **наді́йне** secure, **нале́жне** adequate, **необхі́дне** necessary, **обов'язко́ве** mandatory
з. + *n.* **з. ава́рії** accident prevention (**забру́дненню** pollution, **злочи́нності** crime, **наси́льству** violence, **поже́жі** fire; **ваґі́тності** pregnancy, **запа́ленню** inflammation, **зара́женню** infection, **знево́дненню** dehydration, **остеопоро́зу** osteoporosis, **ра́ку** cancer, **СНІ́Ду** AIDS, **хворо́бам** disease) ◊ **Реґуля́рні фізи́чні наванта́ження є до́брим ме́тодом з. хворо́бам.** Regular physical activity is a good method of disease prevention.
n. + **з. за́ходи з.** prevention measures ◊ **Центр окре́слив за́ходи з. епіде́мії СНІ́Ду.** The center has outlined its AIDS prevention measures. (**за́сіб** means, **зуси́лля** efforts, **програ́ма** program, **страте́гія** strategy)
prep. **для з.** for prevention ◊ **за́сіб для з. ваґі́тності** a means to prevent pregnancy
Also see **попере́дження 3**
2 flattery, fawning, ingratiation; servility, slavishness ◊ **Він розмовля́в з дире́ктором без ті́ні з.** He spoke with the director without a shade of flattery.
adj. **жалюгі́дне** pathetic, **оги́дне** disgusting, **ра́бське** slavish; **відкри́те** overt, **неприхо́ване** undisguised; **типо́ве** typical
prep. **з. пе́ред** + *I.* servility to sb **з. пе́ред вла́дою** servility to authorities (**нача́льством** superiors, **чужи́нцями** foreigners) ◊ **Його́ з. пе́ред усі́м росі́йським типо́ве для сове́тського менталіте́ту.** His servility to all things Russian is typical of the Soviet mentality.
Also see **ле́стощі**

запобіга́|ти, **~ють; запобі́гти**, **запобіж|а́ть**, *intr.*
1 to prevent, avert, preclude + *D.* ◊ **Він намага́вся запобі́гти просо́чуванню інформа́ції в пре́су.** He tried to prevent the leaking of the information to the press.
adv. **всіля́ко** in every possible way, **ефекти́вно** efficiently, **наді́йно** reliably, **успі́шно** successfully, **цілко́м** completely; **тим са́мим** thereby; **факти́чно** effectively ◊ **Вона́ факти́чно ~ла неба́жаним пого́лоскам.** She effectively prevented undesirable rumors. **ле́две** scarcely, **можли́во** possibly, **потенці́йно** potentially; **при́мусом** forcibly, **си́лою** by force ◊ **Він гото́вий си́лою запобі́гти і́хньому від'ї́здові.** He was prepared to prevent their departure by force.
з. + *n.* **з. ваґі́тності** prevent pregnancy (**ві́йні** war, **конфлі́ктові** conflict, **кри́зі** crisis, **ли́хові** calamity, **нещა́стю** misfortune, **поже́жі** fire; **шлю́бові** marriage)
v. + **з. бу́ти в ста́ні** be capable of ◊ **Вони́ у ста́ні запобі́гти тако́му поворо́ту поді́й.** They are capable of averting such a turn of events. **бу́ти не в ста́ні** be incapable of; **вдава́тися** + *D.* succeed in ◊ **Їм удало́ся запобі́гти необду́маним ді́ям з бо́ку вла́ди.** They succeeded in averting rash actions on the part of the authorities. **допомага́ти** + *D.* help sb (to), **змогти́** *pf.* manage to ◊ **Вона́ змогла́ запобі́гти неба́жаній ваґі́тності.** She has managed to prevent unwanted pregnancy. **ма́ти** be supposed to ◊ **Це ма́ло запобі́гти дефо́лту.** This was supposed to prevent the default. **могти́** can; **вдава́тися до за́ходів, щоб** take measure to, **намага́тися** try to, **роби́ти кро́ки, щоб** take steps to ◊ **Вони́ зроби́ли кро́ки, щоб запобі́гти катастро́фі.** They took steps to avert the catastrophe. **про́бувати** attempt to, **стара́тися** seek to
conj. **для то́го щоб з.** in order to prevent; **щоб з.** to prevent ◊ **за́ходи, щоб запобі́гти го́лоду** measure to prevent famine
Also see **попереджа́ти 3**

2 *only impf.* to fawn, ingratiate oneself with, be obsequious to ◊ **Антін не запобігав перед нею.** Antin, did not fawn over her.
adv. **безсоромно** shamelessly ◊ **Деякі депутати безсоромно ~ють перед спікером.** Some members of parliament are shamelessly obsequious to the speaker. **ганебно** shamefully; **всіляко** in every way, **дуже** greatly, **щосили** as best one can; **завжди** always, **незмінно** invariably, **часом** sometimes; **справді** really, **шалено** terribly; **відкрито** openly, **явно** clearly
v. + **з. старатися** try to ◊ **Мирося старалася всіляко з. перед тіткою.** Myrosia tried to fawn over her aunt in every way. **починати** begin to, **стати** *pf.* start ◊ **Пилип чомусь став з. перед ними.** For some reason, Pylyp started ingratiating himself with them. **продовжувати** continue to; **переставати** stop
prep. **з. перед** + *I.* ingratiate oneself with sb
запобігай! запобіжи!

запобіжник, *m.*, **~а**
1 safety, safety switch, selector lever ◊ **З автомата можна стріляти, тільки опустивши з.** One can fire a machine gun, only having lowered the safety switch.
v. + **з. ставити** + *A.* **на з.** engage the safety in *(a gun)* ◊ **Він поставив рушницю на з.** He engaged the safety in the rifle. **знімати** + *A.* **з ~а** disengage the safety in *(a gun)* ◊ **Ірина тихо зняла пістолет із ~а.** Iryna quietly disengaged the safety in the gun. ♦ **стояти на ~у** to have its safety engaged ◊ **Пістолет стояв на ~у.** The pistol had its safety engaged.
2 *techn.* fuse ◊ **Від перенапруги в помешканні згорів з.** The fuse in the building blew from an overload.
adj. **новий** new; **згорілий** blown, **старий** old; **п'ятиамперовий** 5-amp, **десятиамперовий** 10-amp
v. + **з. заміняти з.** replace a fuse ◊ **Тільки електрик може замінити з.** Only an electrician can replace the fuse. (**палити** blow) ◊ **Електродвигун спалив ~а в гаражі.** The electric engine blew the fuse in the garage.
3 *fig.* safeguard, guarantee, protection ◊ **Незалежна преса – з. від тиранії.** An independent press is a safeguard against tyranny.
See **захист 1**

заповіда|ти, **~ють; заповісти, заповім, заповіси, заповість, заповімо, заповісте, заповідять**, *tran.*
1 to bequeath, leave sth to sb + *D.* ◊ **Дід заповів йому будинок.** His grandad bequeathed the house to him.
v. + **з. мати** be supposed to ◊ **Пан К. має заповісти свій маєток місцевій школі.** Mr. K. is supposed to bequeath his estate to the local school. **мати намір** have the intention to; **обіцяти** + *D.* promise sb to
Also see **залишати 5, покидати 3**
2 to foretell, forecast; portend, augur ◊ **Хмари на обрії ~ли грозу.** Clouds on the horizon portended a thunderstorm. ◊ **Яку погоду ~ють на завтра?** What is the weather forecast for tomorrow?
See **передбачати 1.** *Also see* **гадати**[2]**, завбачувати, прогнозувати**
no pa. pple.
заповідай! *no pf. imper.*

заповідник, *m.*, **~а**
preserve, nature reserve ◊ **Постанова перетворила цю територію на з.** The decree converted this territory into a nature reserve.
adj. **біосферний** biosphere, **лісовий** forest ◊ **У лісовому ~у водяться лосі.** There are moose in the forest reserve. **мисливський** hunting, **природний** nature, **степовий** steppe; ◊ **національний з.** a national park
v. + **з. охороняти з.** protect a nature reserve (**розширяти** expand; **відкривати** open, **створювати** create) ◊ **Біосферний з. «Асканія-Нова» створили при кінці XIX ст.** The Askaniia-Nova biosphere reserve was created in the late 19th century.
prep. **в з.** *dir.* in/to a preserve ◊ **Вони прибули в з. досліджувати флору.** They came to the preserve to do a research of the flora. **в ~у** *posn.* in a preserve ◊ **У ~у зросла популяція зебри.** The zebra population has grown in the preserve.

заповід|ь, *f.*, **~і**
1 commandment ◊ **Він знав напам'ять усі Десять ~ей.** He knew all the Ten Commandments by heart.
adj. **біблійна** biblical ◊ **Він тлумачив біблійну з. нетрадиційно.** He interpreted the biblical commandment in a nontraditional way. **головна** principal, **перша** first, **непорушна** inviolable, **тверда** firm
v. + **з. ігнорувати з.** ignore a commandment ◊ **Він вважає, що сьому з. можна безболісно ігнорувати.** He believes that one can painlessly ignore the seventh commandment. (**порушувати** violate) ◊ **дві ~і, які він ніколи не порушує** two commandments he never violates; **дотримуватися ~і** follow a commandment; **жити за ~ями** live by the commandments
2 *fig.* dictum, rule, principle, precept ◊ **Не лишати друзів у біді було її суворою ~дю.** Not to leave friends in distress was her strict dictum.
adj. **духовна** spiritual, **етична** ethical, **моральна** moral; **стара** old, **традиційна** traditional; **залізна** iron-clad, **непорушна** inviolable, **сувора** strict; **найважливіша** most important, **улюблена** favorite ◊ **"Не журися!" – її улюблена з.** "Don't worry!" is her favorite dictum.
Also see **закон 3, заповіт 2, правило**

запові|сти, *pf.*, *see* **заповідати**
to foretell, predict, forecast; bequeath ◊ **Пані Х. ~ла заощадження сиротинцеві.** Mrs. Kh. bequeathed her savings to an orphanage.

заповіт, *m.*, **~у**
1 will, testament ◊ **Вона померла, не залишивши ~у.** She died without leaving any will.
adj. **дійсний** valid; **змінений** altered; **підроблений** falsified ◊ **З. підроблений.** The will has been falsified.
v. + **з. виконувати з.** execute a will ◊ **Вони рівно виконали батьків з.** They faithfully executed their father's will. (**змінювати** alter, **лишати** leave, **писати** write ◊ **Вона нарешті написала з.** She has finally written her will. **робити** make, **скласти** draw up ◊ **Вона сама склала собі з.** She drew up her testament herself. **підписувати** sign; **читати** read ◊ **Він прочитав з. і жахнувся.** He read the will and was horrified. **порушувати** break; **відміняти** overturn, **уневажнювати** invalidate) ◊ **Суд уневажнив з.** The court invalidated the will.
prep. **в ~і** in a will ◊ **Небіжчик згадує в ~і дітей брата.** The deceased remembers his brother's children in his will. **згідно із ~ом** under a will ◊ **Згідно із ~ом він отримав сто тисяч гривень.** Under the will, he got ₴100,000.
2 *fig.* commandment, order, injunction + *D.* ◊ **Останній лист Тимоша є його духовним ~ом дітям.** Tymish's last letter is his spiritual commandment to his children.
adj. **безсмертний** immortal, **великий** great, **живий** living, **могутній** powerful; **головний** principal, **найважливіший** most important ◊ **Любити свій народ було його найважливішим ~ом.** To love his people was his most important commandment. **поетичний** poetic, **символічний** symbolic; **справжній** genuine
See **заповідь 2, наказ**
3 *relig.* Testament ◊ **Вона часто цитувала Старий З.** She often quoted the Old Testament.
adj. **Новий** New, **Старий** Old ◊ **Новий З. часто суперечить Старому.** The New Testament often contradicts the Old one.
See **Євангеліє**

заповни|ти, *pf.*, *see* **заповнювати**
to fill, fill up; crowd, *etc.* ◊ **Викладач ~в сторінку математичними формулами.** The instructor filled the page with mathematical formulas.

заповни|тися, *pf.*, *see* **заповнюватися**
to fill, become filled with, fill up, *etc.* ◊ **За ніч яр ~вся водою.** Overnight the ravine filled with water.

заповню|вати, **~ють; заповн|ити**, **~ять**, *tran.*
1 to fill, fill up + *I.* with ◊ **Ліна заповнила полицю перекладами з чеської літератури.** Lina filled the shelf with translations of Czech literature.
adv. **вже** already, **врешті-решт** eventually, **нарешті** finally; **швидко** quickly ◊ **Вона почала швидко з. відра піском.** She began to quickly fill the buckets with sand. **повільно** slowly, **поступово** gradually ◊ **Тала вода поступово ~вала підвал.** The snow melt was gradually filling the basement.
з. + *n.* **з. дірку** fill a hole (**отвір** opening, **щілину** crack ◊ **Він ~в щілини в підлозі цементом.** He was filling the cracks in the floor with cement. **будинок** building ◊ **Вона заповнила будинок мотлохом.** She filled the building with junk. **кімнату** room, **простір** space; **валізу** suitcase, **гаманець** wallet ◊ **Його заманець ~вали старі квитанції.** Old receipts filled his wallet. **сумку** bag, **торбу** sack, **шафу** wardrobe)
v. + **з. братися** set about ◊ **Він узявся з. кишені цукерками для дітей.** He set about filling his pockets with candies for the kids. **бути треба** need to; **збиратися** be going to ◊ **Вони збиралися заповнити глядачами всю арену.** They were going to crowd the whole arena with viewers. **намагатися** try to, **хотіти** want to; **починати** begin to; **стати** *pf.* start
prep. **з. до краю** fill to capacity ◊ **Студенти ~вали лекційну залу до краю.** The students filled the lecture room to capacity.
Also see **наповнювати 1**
2 to pass *(time, etc.)*, fill, occupy ◊ **Вона ~ла дні, пишучи в соціяльних мережах.** She filled her days writing on social media.
3 to fill in *(a form, etc.)*, fill out, complete ◊ **Адвокат допоміг їм заповнити подання на статус біженця.** The lawyer helped them fill out their refugee applications.
з. + *n.* **з. анкету** fill out a questionnaire ◊ **Вона довго ~ла анкету.** She took a long time to fill out the questionnaire. (**заяву** *or* **подання** application, **прогалину** gap ◊ **Кожну прогалину треба заповнити відповідним словом.** Each gap needs to be filled in with the respective word. **формуляр** form) ◊ **Формуляр слід правильно заповнити.** The form should be filled out correctly.
4 *fig.* to fill *(with emotions, etc.)*, overwhelm, overtake ◊ **Видовище ~вало їхні серця щастям.** The spectacle filled their hearts with happiness.
з. + *n.* **з. душу** overwhelm one's soul (**єство** being, **розум** mind, **свідомість** conscience, **серце** heart)
Also see **наповнювати 2, охоплювати 4**
pa. pple. **заповнений** filled
заповнюй! заповни!

заповню|ватися; заповнитися, *intr.*
1 to fill with, fill up with, become filled with + *I.* ◊ **Кухня заповнилася димом.** The kitchen has filled with smoke. ◊ **Телебачення ~валося брехнями і напівправдами.** The television was

filled with lies and half-truths. ◊ **Її зóшит ~вався коментарями** Her notebook was filling up with comments.
2 to be occupied, be taken up ◊ **Його відвідини Одéси запóвнилися зýстрічами з друзями.** His visit to Odesa was occupied by meetings with friends. ◊ **Óлині дні гóловно ~ються листувáнням з клієнтами.** Olia's days are mainly taken up by her correspondence with clients.

запотí|ти, *pf., see* **потíти**
to steam up, get covered with steam, mist up ◊ **У нього ~ли окуляри.** His glasses steamed up.

запрáв|ка, *f.*
1 gas station, filling station ◊ **За балачкою вони проґавили кілька ~ок.** Gabbing away, they missed several gas stations.
adj. **зрýчна** convenient, **найблúжча** closest ◊ **Ларисі бракувáло бензúни, щоб дістáтися до найблúжчої ~ки.** Larysa did not have enough gas to get to the nearest gas station. **найдешéвша** cheapest; **новá** new, **ще однá** yet another; **з. пóвного обслугóвування** a full-service station (**самообслугóвування** self-service) ◊ **Вонá віддає перевáгу ~кам самообслугóвування.** She gives preference to self-service gas stations.
prep. **до ~ки** to a gas station ◊ **Вонú мýсили йти пішки до ~ки.** They were compelled to go on foot to the gas station. **на ~ку** *dir.* to a gas station ◊ **Вонá поїхала на ~ку.** She went to the gas station. **на ~ці** *posn.* at a gas station ◊ **На ~ці мóжна купúти якýсь перéкуску.** One can buy some snacks at the gas station.
2 refueling, filling, loading ◊ **Новóю машúною мóжна заїхати з Чóпа до Лýцька без ~ки.** With the new car, you can drive from Chop to Lutsk without refueling.
adj. **пóвна** full-tank, **часткóва** partial; **швидкá** quick
з. + *n.* **з. бензúною** refueling with gas (**вугіллям** coal, **дúзельним пáльним** diesel fuel; **водóю** water, *etc.*)

запрáви|ти, *pf., see* **заправля́ти**
to tuck in; fuel up; season, *etc.* ◊ **Олексáндра ~ла футбóлку в спіднúцю.** Oleksandra tucked her T-shirt into her skirt.

запрáви|тися, *pf., see* **заправля́тися**
to fuel up, *etc.* ◊ **Вонú ~лися.** They fueled up.

заправля́|ти, ~ють; запрáв|ити, ~лю, ~иш, ~лять, *tran.*
1 to tuck in ◊ **Хлóпець незґрáбно заправив сорóчку в штанú.** The boy clumsily tucked his shirt into his pants. ◊ **Вонá заправила волóсся під хýстку.** She tucked her hair under her kerchief. ♦ **з. ліжко** to make one's bed ◊ **Назáр ~є ліжко.** Nazar is making his bed.
2 to insert, put, fit, slide ◊ **Вчитель показáв кóжному, як з. стрíчку в кінопроєктор.** The teacher showed everybody how to insert the film into the film projector.
adv. **вправно** deftly ◊ **Він упрáвно заправив пáсок у штанú і застібнýв йогó.** He deftly put the belt in his pants and fastened it. **майстéрно** skillfully, **швúдко** quickly
prep. **з. в** + *A.* insert in/to sth ◊ **Солдáт скористáвся момéнтом, щоб заправити набóї в автомáт.** The soldier took advantage of the moment to insert cartridges into the machine gun. ♦ **з. нúтку в гóлку** to thread a needle ◊ **Івáнна лéгко ~є нúтку в гóлку.** Ivanna easily threads the needle.
3 to fuel up, fill up, load + *I.* with ◊ **Авторýчку мóжна з. чорнúлом.** The fountain pen can be filled with ink.
з. + *n.* **з. автíвку** fuel a car ◊ **Сóля забýла заправити автíвку.** Solia forgot to fuel her car. (**автóбус** bus, **вантажíвку** truck, **літáк** aircraft, **локомотúв** locomotive); **з. бензúною** fill with gasoline (**водóю** water, **вугíллям** coal, **гáзом** gas, **дúзельним пальнúм** diesel fuel ◊ **Цей тип автомобíля трéба з. тíльки дúзельним пальнúм.** This type of automobile needs to be fueled only with diesel fuel. **рудóю** ore)
v. + **з. бýти нíде** be no place to ◊ **Тут нíде заправити машúну.** Here there is nowhere to fuel a car. **бýти трéба** + *D.* need to ◊ **Волóді трéба заправити машúну.** Volodymyr needs to fuel up his car. **збирáтися** be going to, **хотíти** want to; **забувáти** forget to
Also see **заряджáти 2**
4 to season *(a dish)*, dress *(a salad),* flavor ◊ **Готóвий салáт слід тíльки заправити.** The ready salad only needs to be dressed.
adv. **дóбре** well, **щéдро** generously ◊ **Вонá щéдро заправила гуля́ш пéрцем.** She generously seasoned the goulash with pepper. **ледь** barely, **трóхи** a little
з. + *n.* **олíєю** season with oil (**óцтом** vinegar, **пéрцем** pepper, **спéціями** spices) ◊ **Кýхар заправив печéню різними спéціями.** The cook seasoned the roast with various spices.
5 *fig., colloq., only impf.* to run a show, call the shots + *I.* ◊ **Остáп тоді ~яв в óфісі.** Ostap called the shots at the office then. ◊ **Хоч він і президéнт, алé компáнією ~є йогó дочкá.** Even though he is the president it was his daughter who calls the shots in the company.
See **керувáти**
pa. pple. **заправлений** refueled; tucked in; seasoned
заправляй! заправ!

заправля́|тися; запрáвитися, *refl.*
1 to arrange *(one's clothes),* tuck in, fix ◊ **Він нíколи не ~ється, лишáючи сорóчку повéрх штанíв.** He never tucks his shirt in, leaving it atop his pants.
2 to fuel up, get gasoline ◊ **Де тут мóжна заправитися?** Where can one fuel up here? ◊ **Вонú планувáли з. і поїсти на настýпній зупúнці.** They planned to get the fuel and eat at the next stop.
Also see **заряджáтися 2**
3 *fig., joc.* to eat, have a bite, graze ◊ **Вонú шукáли їдáльні, щоб заправитися.** They were looking for an eatery to have a bite.
See **їсти.** *Also see* **заряджáтися 4**

заприміти|ти, *pf., see* **примічáти**
to notice, observe, note ◊ **Лев не ~в у чоловíкові нічóго такóго.** Lev did not notice anything out of the ordinary with the man.

запропонувá|ти, *pf., see* **пропонувáти**
to offer, propose ◊ **Бібліотéкар ~в їм пошукáти кнúжку.** The librarian offered them to search for the book.

запросú|ти, *pf., see* **запрóшувати**
to invite ◊ **На весíлля ~ли дві сóтні гостéй.** Two hundred guests were invited to the wedding.

запрóшен|ня, *nt.*
invitation ◊ **На прийняття́ мóжна потрáпити тíльки за ~ням.** One can get into reception only by invitation.
adj. **відкрúте** open; **гостúнне** hospitable; **жадáне** much desired; **запізнíле** belated ◊ **У конвéрті булó йогó запізнíле з.** There was his belated invitation in the envelope. **ласкáве** kind ◊ **Ярúна відхилúла їхнє ласкáве з.** Yaryna declined their kind invitation. **тéпле** cordial, **щúре** sincere; **несподíване** unexpected, **особúсте** *and* **персонáльне** personal, **особлúве** special, **формáльне** formal; **письмóве** written, **ýсне** verbal
v. + **з. давáти** + *D.* **з.** give sb an invitation (**мáти** have ◊ **Вонá мáла два спеціяльні з.** She had two special invitations. **діставáти** obtain ◊ **Дáні вдалóся дістáти з. на це мóдне збігóвисько.** Dana contrived to obtain an invitation to this fashionable shindig. **отрúмувати** receive, **приймáти** accept; **відхиляти** decline; **посилáти** send ◊ **Молодá особúсто посилáла з.** The bride sent the invitations personally. **розсилáти** send out); **відмовля́тися від з.** refuse an invitation ◊ **Він зáраз же відмóвився від їхнього з.** He refused their invitation there and then. **скористáтися ~ням** *pf.* take up an invitation ◊ **Ми скористáємося вáшим ~ням.** We will take up your invitation.
prep. **без з.** without invitation, uninvited ◊ **Він мóже прийтú без з.** He can come without invitation. **за ~ням** by invitation; **на з.** at sb's invitation ◊ **Він з'явúвся на з. співакá.** He showed up at the singer's invitation. **з. від** + *G.* an invitation from sb ◊ **Мар'я́на отрúмала з. на вечéрю від прия́теля.** Mar'yana received a dinner invitation from a friend. **з. до** + *G.* an invitation to *(a place)* ◊ **з. до ґалерéї** an invitation to a gallery (**кав'я́рні** café, **ресторáну** restaurant, *etc.*); **з. на** + *A.* an invitation to *(an event)* ◊ **з. на вúставку** an invitation to an exhibit (**кáву** coffee, **концéрт** concert, **лéкцію** lecture, *etc.*)
G. pl. **~ь**

запрóшу|вати, ~ють; запросúти, запрошý, запрóс|ять, *tran.*
to invite ◊ **Жíнка сердéчно запросúла їх до хáти.** The woman cordially invited them inside.
adv. **гостúнно** hospitably, **рáдо** gladly, **сердéчно** cordially; **негáйно** immediately, **одрáзу** at once, **зáраз же** right away; **безперестáнку** nonstop, **завждú** always, **незмíнно** invariably ◊ **Він незмíнно ~вав Петрá на урóдини.** He would invariably invite Petro to his birthday party. **обов'язкóво** definitely; **постíйно** constantly, **чáсто** frequently; **інóді** sometimes, **рíдко** rarely, **час від чáсу** from time to time; **особúсто** personally; **формáльно** formally
v. + **з. забувáти** forget to ◊ **Вонá забýла запросúти шкíльного вчúтеля.** She forgot to invite her school teacher. **збирáтися** be going to, **мáти нáмір** intend to ◊ **Вонú мáли нáмір запросúти навíть ділових супéрників.** They intended to invite even their business rivals. **навáжуватися** dare; **кортíти** + *A. or D. colloq.* itch to ◊ **Марúну** *or* **Марúні кортíло запросúти їх на вечíрку.** Maryna was itching to invite them to her party. **хотíти** want to ◊ **На свій вúступ Олéг хотíв запросúти всіх друзів.** Oleh wanted to invite all his friends to his performance. **обіця́ти** + *D.* promise sb to; **починáти** begin, **стáти** *pf.* start to; **продóвжувати** continue, **переставáти** stop ◊ **Йогó перестáли запрóшувати в гóсті.** He stopped being invited to people's homes.
prep. **з. до** + *G.* invite to *(a place)* ◊ **з. до музéю** invite to a museum (**теáтру** theater) ◊ **Він запросúв Íгоря до сéбе.** He invited Ihor to his place. **з. на** + *A.* invite to *(an event)* ◊ **з. на вечéрю** invite to dinner (**збігóвисько** *colloq.* shindig, **урóдини** birthday party) ◊ **Її запросúли на цікáву вúставку.** She was invited to an interesting exhibition.
pa. pple. **запрóшений** invited
запрóшуй! запросú!
Also see **заклúкати 2, клúкати 2, просúти 2**

запускá|ти¹, ~ють; запуст|úти, запущý, ~ять, *tran.*
1 to launch, send into orbit, set afloat ◊ **Пéрший украї́нський супýтник зв'язкý запустúли в 2014 рóці.** The first Ukrainian communication satelite was launched in 2014. ◊ **Із субмарúни цьогó клáсу мóжна з. балістúчні ракéти.** Ballistic missiles can be launched from a submarine of this class.
adv. **незабáром** *and* **скóро** soon; **нарéшті**

finally; **успíшно** successfully
prep. **з. в** + *A.* launch into *(space, etc.)* ◊ **з. в кóсмос** launch into space; **з. на** + *A.* launch on/to *(an orbit, etc.)*, set afloat ◊ **Космíчну стáнцію запусти́ли на еліпти́чну орбíту.** The space station was launched onto an elliptical orbit. ◊ **Авіянóсець запусти́ли на вóду в 2018 рóці.** The aircraft carrier was set afloat in 2018.
2 to start up *(engine, car)*, kick off, launch ◊ **Механíк ~є ескалáтор.** The mechanic is starting the escalator. ♦ **з. в виробни́цтво** to start production of sth ◊ **Плáзмовий телевíзор запусти́ли у виробни́цтво.** They started the plasma TV production. ◊ **Завóд запусти́ли рік томý.** They launched the plant a year ago.
See **завóдити 6**
3 *colloq.* to throw, hurl, toss ◊ **Вонá запусти́ла в них кни́жкою.** She hurled a book at them.
See **ки́дати 1**
4 to insert, put, sink, bury, dip ◊ **Катери́на запусти́ла пáльці йомý у волóсся.** Kateryna sank her fingers into his hair. ♦ **з. рýку** *or* **лáпу в чýжу кишéню** to dip one's hand into sb else's pocket (**держáвну скарбни́цю** state treasury, **чужи́й гаманéць** somebody else's wallet; **батькíвські заощáдження** parents' savings, **пенсíйний фонд** pension fund)
pa. pple. **запýщений** launched, started
запускáй! запусти́!

запускá|ти[2], **~ють; запуст|и́ти, запущý, ~ять**, *tran.*
1 to neglect, abandon ◊ **Миросá стрáшно запусти́ла зýби.** Myrosia has terribly neglected her teeth. ◊ **Полíна намагáлася не з. помéшкання.** Polina tried not to neglect her apartment.
See **занéдбувати**
2 to grow *(beard, hair, etc.)* ◊ **Щоб здавáтися стáршим, хлóпець запусти́в бóроду.** In order to seem older, the boy grew a beard. ◊ **Нíна ~ла дóвгі нíгті.** Nina let her fingernails grow long.
v. + **з. збирáтися** be going to ◊ **Він збирáється запусти́ти дóвге волóсся.** He is going to grow his hair long. **мáти нáмір** intend to, **хотíти** want to; **починáти** begin to, **стáти** *pf.* start ◊ **Орéст став з. вýса.** Orest started growing a mustache. **не дозволя́ти** + *D.* not allow sb to ◊ **Солдáтам не дозволя́ють з. бóроду.** They do not allow soldiers to grow beards.
Also see **завóдити 4**

запуст|и́ти[1], *pf., see* **запускáти**[1]
to launch; hurl, throw, *etc.* ◊ **Нóву систéму ~ять за два мíсяці.** The new system will be launched in two months.

запуст|и́ти[2], *pf., see* **запускáти**[2]
to neglect; grow, *etc.* ◊ **Хлóпці зóвсім ~ли навчáння.** The boys completely neglected their studies.

зарáди, *prep.* + *G.*
1 for, for the sake of, in the name of ◊ **З. ýспіху вонá готóва не спáти.** She is ready not to sleep for the sake of success. ♦ **З. чогó?** What for? why? ◊ **З. чогó воні́ мáли відмовля́ти собí в усьóму!** Why did they have to deny themselves everything!
2 for ◊ **Він збрехáв Олéгові так, з. жáрту.** He lied to Oleh just for laughs. ◊ **Антíн удає дýрника з. розвáги.** Antin is playing the fool for entertainment.
3 because of, over ◊ **З. свя́та він одягнув костю́м.** Because of the holiday he put a suit on. ◊ **Немá причи́ни, з. якóї трéба зчиня́ти свáрку.** There is no reason to start the argument.

заражá|ти ~ють; зараз|и́ти, заражý, ~ять, *tran.*
1 to infect, contaminate, poison + *I.* with ◊ **Ви́пари ртýті ~ли повíтря.** Mercury vapors contaminated the air. ◊ **Токси́ни ~ють довкíлля.** Toxins poison 0the environment.
v. + **з. загрóжувати** threaten to ◊ **Вíрус загрóжував зарази́ти сóтні людéй.** The virus threatened to infect hundreds of people. **могти́** can; **не давáти** not let, **не дозволя́ти** not allow to
2 *fig.* to infect, affect, influence ◊ **Йогó цинíзм став з. члéнів редáкції.** His cynicism started infecting editorial board members. ◊ **Вонá зарази́ла нас енéргією.** She infected us with her energy.
pa. pple. **заражéний** infected, contaminated
заражáй! зарази́!
Also see **отрýювати**

заражá|тися; зарази́тися, *intr.*
1 to get infected with sth + *I.* ◊ **У в'язни́ці зарази́тися туберкульóзом – це лишé спрáва чáсу.** In prison, it is only a matter of time before one gets infected with tuberculosis.
з. + *n.* **з. ВІЛ** get infected with HIV ◊ **Вонá зарази́лася ВІЛ від брудного шприцá.** She got infected with HIV from a dirty syringe. (**гепати́том** hepatitis, **гри́пом** flu, **корóнавíрусом** coronavirus, **сифíлісом** syphilis, **скáзом** rabies, **туберкульóзом** tuberculosis, *etc.*)
v. + **з. могти́** can ◊ **Він міг зарази́тися скáзом.** He could get infected with rabies.
prep. **з. від** + *G.* get infected from sb/sth; **з. чéрез**+ *A.* get infected through sth ◊ **Хвóрі ~лися гепати́том чéрез перели́вання крóви.** The patients got infected with hepatitis through blood transfusion.
2 *fig.* to get infected with sth + *I.* ◊ **Усí зарази́лися йогó песимíзмом.** Everybody got infected with his pessimism.
з. + *n.* **з. ентузія́змом** get infected with enthusiasm (**оптимíзмом** optimism, **рáдістю** joy, **смíхом** laughter)
prep. **з. від** + *G.* get infected from sb/sth ◊ **Воні́ зарази́лися гóстрою цікáвістю до істóрії мíста сáме від ньóго.** It is from him that they got infected with a keen curiosity for the city's history.

зарáжен|ий, *adj.*
infected, contaminated, poisoned ◊ **Водá в кри́ниці булá ~ою.** The water in the well was poisoned.
з. + *n.* **~а атмосфéра** a contaminated atmosphere (**водá** water, **землá** soil; **кри́ниця** well; **кров** blood; **ї́жа** food, **м'я́со** meat); **~е джерелó** a poisoned spring (**довкíлля** *and* **середóвище** environment, **повíтря** air)
Also see **отрýєний**

зарáжен|ня, *nt.*
infection + *I.* with ◊ **Анáлізи підтвéрдили, що в нéї з. сифíлісом.** The tests confirmed that she was infected with syphilis.
adj. **бактерія́льне** bacterial ◊ **Вонá потерпáла від бактерія́льного з. вýха.** She suffered from a bacterial ear infection. **вíрусне** viral, **грибкóве** fungal, **стафілокóкове** staphylococcus; **втори́нне** secondary, **пéрвісне** primary; **нóве** new, **повтóрне** repeated; **гóстре** acute, **паскýдне** *colloq.* nasty ◊ **Вонá позбулáся паскýдного грибкóвого з. нíгтя.** She has gotten rid of a nasty fungal toenail infection. **хронíчне** chronic; **рíдкісне** rare; **небезпéчне** dangerous, **серйóзне** serious, **смертéльне** lethal; **легкé** mild, **невели́ке** minor, **помíрне** moderate; **опортуністи́чне** opportunistic
з. + *n.* **з. крóви** blood infection ◊ **Ін'éкція мáла запобігти ~ню крóви.** The injection was supposed to prevent blood infection. (**вýха** ear, **óка** eye, **ни́рки** renal, **нíгтя** nail, **органíзму** body, *etc.*)
n. + **з. джерелó з.** a source of infection ◊ **Джерелóм з. булá водá з каналізáції.** Sewer water was the source of the infection. (**небезпéка** danger, **ри́зик** risk; **початóк** onset, **поши́рення** spread, **причи́на** cause); **óпір ~ню** resistance to infection
v. + **з. діставáти з.** acquire an infection ◊ **Він міг дістáти з. гóрла в їдáльні.** He could acquire a throat infection at the canteen. (**діягностувáти** diagnose, **лікувáти** treat, **мáти** have) ◊ **Він мáє гóстре з. ни́рок.** He has an acute renal infection. **уникáти з.** avoid an infection ◊ **Спеціяльний óдяг допомагáє їм уни́кнути з. вíрусом ебóли.** The special clothes helped them to avoid the ebola virus infection. (**бýти вразли́вим до** be vulnerable to, **бýти під загрóзою** be at risk of ◊ **Меди́чний персонáл під загрóзою з.** The medical staff are at risk of infection. **бýти схи́льним до** be prone to ◊ **У дити́нстві він був схи́льним до з. гóрла.** In his childhood, he was prone to throat infection. **лишáти** + *A.* **вразли́вим до** leave sb vulnerable to, **роби́ти** + *A.* **вразли́вим до** make sb vulnerable to ◊ **СНІД зроби́в її вразли́вою до опортуністи́чних ~ь.** AIDS made her vulnerable to opportunistic infections. **вмирáти від** die of, **призвóдити до** cause, **потерпáти від** *and* **страждáти від** suffer from); **запобігáти ~ню** prevent an infection; **борóтися з ~ням** fight an infection
з. + *v.* **ставáтися** occur ◊ **З. стáлося за ди́вних обстáвин.** The infection occurred under strange circumstances. **поши́рюватися** spread ◊ **Завдяки́ цим лíкам з. не поши́рилося на рýку.** Thanks to the drug the infection did not spread onto the hand. **призвóдити до** + *G.* result in sth ◊ **З. призвелó до часткóвої втрáти ни́ркової фýнкції.** The infection resulted in a partial loss of renal function. **причиня́тися до** + *G.* cause sth, **провокувáти** + *A.* trigger sth
prep. **з ~ням** with an infection ◊ **Жíнку привезли́ до лікáрні зі стафілокóковим ~ням.** The woman was brought to the hospital with a staphylococcus infection. **з. від** + *G.* an infection from sb/sth ◊ **з. від комарíв** an infection from mosquitoes; **з. чéрез** + *A.* an infection through sth ◊ **з. чéрез використаний шприц** an infection through a used syringe
See **хворóба.** *Also see* **інфéкція.** *Cf.* **отрýєння**

зáраз, *adv.*
1 now, at present ◊ **То булó тодí, а це – з.** That was then and this is now. ◊ **З. мóре спокíйне і ти́хе.** Now the sea is calm and still. ◊ **З. рíвно сьóма годи́на.** It is seven o'clock sharp now. ♦ **як з.** clearly, very well ◊ **Він пам'ятáє цю жíнку як з.** He remembers the woman clearly.
Also see **сьогóдні 1, тепéр 1**
2 *colloq.* quickly, at once, right away ◊ **Він з. пізнáв цей гóлос.** He recognized the voice at once. ♦ **з. же** right away, immediately ◊ **Економíст мав з. же з'я́витися в дирéктора.** The economist had to report to the director's office immediately. ♦ **З.!** Coming! ◊ **Поможи́ менí, будь лáска. – З.!** Help me please. – Coming!
3 *colloq.* right, precisely, exactly ◊ **Яри́на лиши́ла велосипéд з. бíля хáти.** Yaryna left the bicycle right near the house. ◊ **З. за пóлем дубóвий гай.** Right after the field, there is an oak grove. ◊ **Воні́ познайóмилися з. перéд Рíздвóм.** They met right before Christmas. ◊ **Ми прийдéмо з. по закíнченню семéстру.** We'll come right after the end of semester.

зарáз, *adv., colloq.*
at once, at first try, at one go ◊ **Ми зроби́ли все з.** We did everything at one go. ◊ **Цей текст неможли́во запам'ятáти з.** This text cannot be memorized at once. ◊ **Він з. ви́пив пів пля́шки.** He drank half a bottle in one swig.
Also see **одрáзу**

зарази́|ти, *pf., see* **заражáти**
to infect ◊ **Пасажи́р ~в трьóх íнших людéй КОВІДом-19.** The passenger infected three more people with COVID-19.

зарази́|тися, *pf., see* **заража́тися**
to get infected ◊ **Хто пережи́в ебо́лу ні́би не мо́же з. знову.** Those who survived ebola allegedly cannot get infected again.

зара́злив|ий, *var.* **зара́зний**, *adj.*
1 infectious, contagious ◊ **Вони́ ма́ли спра́ву з невідо́мою ~ою хворо́бою.** They were dealing with an unknown infectious disease.
adv. ♦ **високозара́зливий** highly contagious, **все бі́льше** increasingly more, **ду́же** very, **небезпе́чно** dangerously, **особли́во** particularly, **потенці́йно** potentially
з. + *n.* **з. різно́вид** an infectious strain ◊ **особли́во з. різно́вид ві́руса** a particularly infectious strain of the virus; **~а хворо́ба** an infectious disease
v. + **з. бу́ти ~им** be infectious (**виявля́тися** turn out ◊ **Ві́рус ви́явився високозара́зливим.** The virus turned out to be highly contagious. **лиша́тися** remain; **роби́ти** + *A.* make sb/sth, **става́ти** become) ◊ **Ко́жна нова́ мута́ція ві́русу става́ла все бі́льше ~ою.** Each new virus mutation became increasingly more contagious.
Cf. **отру́йний**
2 *fig.* infectious, irresistible, contagious ◊ **Ніхто́ не міг усто́яти пе́ред її ~им ентузія́змом.** Nobody could resist her infectious enthusiasm.
adv. **дивови́жно** amazingly, **ду́же** very, **напра́вду** truly ◊ **Ваш оптимі́зм напра́вду з.** Your optimism is truly contagious. **на рі́дкість** exceptionally, **спра́вді** really
з. + *n.* **з. ентузія́зм** infectious enthusiasm (**оптимі́зм** optimism, **при́клад** example, **сміх** laughter); **~а ві́ра** infectious faith (**зацікавленість** curiosity, **посвя́та** dedication, **ра́дість** joy)

зареєстру|ва́ти, *pf., see* **реєструва́ти**
to register sb ◊ **Макси́м му́сив чека́ти, щоб його́ ~ва́ли нале́жним чи́ном.** Maksym had to wait to be properly registered.

зареєстру|ва́тися, *pf., see* **реєструва́тися**
to register, get registered ◊ **Усі́ ~ються для у́части в інтерне́т-фо́румі.** Everybody will register to take part in the Internet forum.

зарі́за|ти, *pf., see* **рі́зати**
to kill, *etc.* ◊ **Він ~в поро́ся на Різдвя́ні свя́та́.** He slaughtered the piglet for the Christmas holidays.

зароби́|ти, *pf., see* **заробля́ти**
to earn ◊ **За день Лі́дія ~ла на квито́к до Рі́вного.** In a day, Lidiia earned a ticket to Rivne.

заробі́т|ок, *m.*, **~ку**
earnings, wage(s), salary
adj. **висо́кий** high ◊ **Е́ра висо́ких ~ків закінчи́лася.** The era of high wages came to an end. **відпові́дний** adequate ◊ **Вона́ хоті́ла ма́ти відпові́дний з.** She wanted to have an adequate salary. **до́брий** good, **максима́льний** maximal, **неаби́який** sizable, **поря́дний** *colloq.* respectable, **присто́йний** decent ◊ **Компа́нія пла́тить присто́йні ~ки.** The company pays decent wages. **жалюгі́дний** pitiful, **мали́й** small, **мізе́рний** meager, **мініма́льний** minimum, **невідпові́дний** inadequate, **низьки́й** low; **оподатко́ваний** taxable; **реа́льний** real ◊ **За оста́нні ро́ки реа́льні ~ки зме́ншувалися.** Over the last years, real wages were decreasing. **де́нний** daily, **мі́сячний** monthly, **погоди́нний** hourly, **реґуля́рний** regular, **рі́чний** annual, **тижне́вий** weekly; **ба́зовий** basic, **зага́льний** general; **номіна́льний** nominal, **сере́дній** average; **станда́ртний** standard; ♦ **легки́й з.** easy money
n. + **з. збі́льшення ~ку** a salary raise ◊ **Збі́льшення ~ку було́ мініма́льним.** The salary raise was minimal. (**зроста́ння** growth; **скоро́чення** reduction; **межа́** cap, **обме́ження** restraint, **рі́вень** level, **систе́ма** system, **структу́ра** structure) ◊ **Вони́ вимага́ють зміни́ти структу́ру ~ків.** They demand to change the wage structure.
v. + **з. ґарантува́ти з.** guarantee a salary ◊ **Вони́ ґаранту́ють їй ба́зовий тижне́вий з. у де́сять ти́сяч гри́вень.** They guarantee her a basic weekly salary of ₴10,000. (**дістава́ти** get, **заробля́ти** earn, **отри́мувати** receive, **прийма́ти** accept ◊ **Він зму́шений прийня́ти на́віть таки́й жалюгі́дний з.** He is forced to accept even such a pitiful salary. **визнача́ти** determine ◊ **З. визнача́ють зале́жно від професі́йного до́свіду.** The salary is determined depending on professional experience. **встано́влювати** set; **обіця́ти** + *D.* promise sb, **плати́ти** + *D.* pay sb, **пропонува́ти** + *D.* offer sb; **збі́льшувати** increase, **підніма́ти** raise, **підно́сити** push up; **заморо́жувати** freeze ◊ **З о́гляду на фіна́нсову кри́зу ї́хні ~ки заморо́зили на два ро́ки.** In view of the financial crisis, their wages were frozen for two years. **зме́ншувати** lower, **скоро́чувати** cut; **стри́мувати** hold down; **жи́ти на** live on) ◊ **Як ти ду́маєш жи́ти на таки́й з.?** How are you going to live on such wages? **ї́здити на ~ки** be a migrant worker ◊ **Щолі́та Сашко́ ї́здить на ~ки до Ки́єва.** Every summer, Sashko goes to Kyiv as a migrant worker. (**подава́тися** become) ◊ **Вона́ му́сила пода́тися на ~ки.** She had to become a migrant worker. **вирахо́вувати з ~ку** dock a wage ◊ **З її ~ку ви́рахували за те, що вона́ спізни́лася на годи́ну.** They docked her wages for coming an hour late.
з. + *v.* **збі́льшуватися** increase ◊ **Сере́дній з. поча́в збі́льшуватися.** The average wages began to increase.**зроста́ти** grow; **зме́ншуватися** decrease, **па́дати** fall; **станови́ти** + *A.* amount to *(a value)* ◊ **Є́вин мі́сячний з. станови́в сім ти́сяч гри́вень.** Yeva's monthly salary amounted to ₴7,000.

заробітча́н|ин, *m.*, **~ина; ~ка**, *f.*
migrant worker, foreign worker, guest worker ◊ **Мільйо́ни украї́нських заробітча́н опини́лися в За́хідній Євро́пі.** Millions of Ukrainian migrant workers ended up in Western Europe.
adj. **бі́дний** poor, **знедо́лений** hapless, **нелеґа́льний** illegal ◊ **Як нелеґа́льний з., він не мав жо́дного за́хисту від зловжива́нь працеда́вців.** As an illegal migrant worker, he had no protection against employers' abuse. **працьови́тий** hard-working; **професі́йний** professional ◊ **Він став чи́мось на зразо́к професі́йного ~ина.** He became something of a professional migrant worker.
v. + **з. подава́тися в ~и** become a migrant worker ◊ **Усе́, що йому́ лиша́лося, – це пода́тися в ~и куди́сь до Португа́лії.** All that was left for him to do was become a migrant worker some place in Portugal.
See **робітни́к**

заробля́|ти, **~ють; зароб|и́ти**, **~лю́**, **~иш**, **~лять**, *tran. and intr.*
1 *tran. and intr.* to earn *(money, salary)*, make ◊ **Він тут ~є до́брі гро́ші.** Here he earns good money. ◊ **Скі́льки він ~є?** How much does he make? ◊ **Тут бага́то не заро́биш.** You won't earn much here.
adv. **бага́то** a lot ◊ **Вона́ ста́ла бага́то з.** She started earning a lot. **бі́льше** more, **га́рно** handsomely, **до́бре** well; **де́що** something, **доста́тньо** enough ◊ **Ві́ктор доста́тньо ~в і не мав на що нарі́кати.** Viktor earned enough and had nothing to complain about. **ма́ло** little, **ме́нше** less ◊ **На́стин чолові́к ~є ме́нше за не́ї і не жу́риться.** Nastia's husband earns less than she does, and does not worry. **пога́но** poorly, **тро́хи** a little; **стабі́льно** steadily
n. + **з. бажа́ння зароби́ти** a desire to earn *(money)* (**можли́вість** opportunity, **наго́да** chance) ◊ **винятко́ва наго́да до́бре зароби́ти** an exceptional chance to earn some good money
v. + **з. бу́ти тре́ба** + *D.* need to ◊ **Їй тре́ба було́ зароби́ти хоч п'ять штук.** *colloq.* She needed to earm at least five grand. **ма́ти** be supposed to ◊ **Ко́жен із них мав зароби́ти по п'ять ти́сяч.** Each of them was supposed to make five thousand. **сподіва́тися** expect to ◊ **Він сподіва́вся з. по сім ти́сяч на мі́сяць.** He expected to be earning seven thousand a month.
prep. **з. на** + *G.* earn for/from sth ◊ **з. на навча́ння** earn for studies (**по́дорож** trip, **телефо́н** phone, **харчі́** food) ♦ **з. на прожи́ток** earn a living; ◊ **Компа́нія найбі́льше ~є на про́дажі туристи́чних по́слуг.** The company earns the most from selling travel services.
2 *colloq.* to earn, deserve ◊ **Вона́ давно́ зароби́ла ї́хню пова́гу.** She earned their respect a long time ago.
adv. **бі́льш як** more than ◊ **Миро́ся бі́льш як зароби́ла пра́во ді́яти осі́бно.** Myrosia more than earned the right to act independently. **шви́дко** quickly
v. + **з. бу́ти тре́ба** + *D.* need to; **змогти́** *pf.* manage to, **спромогти́ся** *pf.* succeed in ◊ **Він спромі́гся зароби́ти неаби́який авторите́т се́ред ув'я́знених.** He succeeded in earning no small amount of respect among the inmates. **му́сити** have to; **нама́гатися** try to, **пра́гнути** desire to, **стара́тися** do one's best to, **хоті́ти** want to
See **заслуго́вувати**
3 *colloq.* to get punished
prep. **з. за** + *A.* get punished for sth ◊ **За такі́ жа́рти мо́жна зароби́ти.** One can get punished for such jokes.
pa. pple. **зароблений** earned
заробля́й! зароби́!

за́род|ок, *m.*, **~ка**
1 embryo, fetus ◊ **У цей пері́од форму́ється з.** In this period, the embryo forms.
adj. **заморо́жений** frozen; **кри́хітний** tiny; **лю́дський** human ◊ **Опоне́нти або́ртів вимага́ли нада́ти лю́дському ~кові юриди́чного ста́тусу осо́би.** Abortion opponents demanded to give the human embryo the legal status of a person. **твари́нний** animal, **ра́нній** early
n. + **з. дослі́дження ~ка** an embryo research (**кліти́на** cell; **ріст** growth, **ро́звиток** development)
v. + **з. вбива́ти з.** kill an embryo (**зни́щувати** destroy; **заморо́жувати** freeze; **вживля́ти** *or* **імплантува́ти** implant; **копіюва́ти** clone ◊ **У 1996 ро́ці вче́ні успі́шно скопіюва́ли з. ссавця́.** In 1996, scientists successfully cloned a mammal embryo. **продукува́ти** produce, **ство́рювати** create ◊ **Твари́нні ~ки ство́рюють для то́го, щоб збира́ти з них стовбуро́ві кліти́ни.** These animal embryos are created to harvest stem cells from them.
з. + *v.* **розвива́тися** develop ◊ **З. розвива́ється норма́льно.** The embryo is developing in a normal way. **рости́** grow; **вмира́ти** die, **ги́нути** perish
Also see **плід 2**
2 *fig.* embryo, germ, start, seed ◊ **Його́ ана́ліз місти́в з. ці́лої тео́рії.** His analysis contained the embryo of an entire theory.
v. + **з. бу́ти в ~ку** be in the initial stage ◊ **Націона́льна свідо́мість Олекса́ндра ще була́ в ~ку.** Oleksander's national consciousness was still in the embryonic stage. (**зни́щувати** + *A.* **в** nip sth in the bud) ◊ **Авторита́рний режи́м ни́щив будь-яку́ опози́цію в ~ку.** The authoritarian regime was nipping any kind of opposition in the bud.
See **поча́ток.** *Also see* **зерно́ 5, плід 3**

зарубі́жж|я, *nt., only sg.*
1 abroad, foreign countries ◊ **Тимі́ш ча́сто подорожу́є ~ям.** Tymish often travels abroad.
2 foreigners ◊ **Він розрахо́вував на допомо́гу украї́нського з.** He counted on the assistance of the Ukrainian people abroad.

зарубі́жн|ий, *adj.*
foreign ◊ **Матві́їв очо́лювала ві́дділ ~ої літерату́ри.** Matviyiv headed the department of foreign literature.
з. + *n.* **з. авторите́т** a foreign authority ◊ **У моногра́фії бра́ли у́часть кі́лька ~их авторите́тів.** Several foreign authorities participated in the monograph. (**впли́в** influence; **дослі́дник** researcher, **журналі́ст** journalist, **письме́нник** writer); **~а делеґа́ція** a foreign delegation ◊ **На лето́вищі була́ за́ла для ~их делеґа́цій.** There was a room for foreign delegations in the airport. (**краї́на** country, **культу́ра** culture, **літерату́ра** literature, **нау́ка** science) ◊ **Бага́то украї́нців тепе́р працю́є в ~ій нау́ці.** Many Ukrainians work nowadays in foreign science. ◊ **Її́ пе́рша ~а по́дорож була́ до Болга́рії.** His first trip abroad was to Bulgaria.
See **чужи́й 2.** *Also see* **закордо́нний, зо́внішній 3.** *Ant.* **вну́трішній 3, свій, украї́нський**

заря́д, *m.*, ~у
1 *mil.* charge, explosive ◊ **У контейнері був поту́жний з. то́лу.** There was a powerful charge of TNT in the container.
adj. **вели́кий** big, **величе́зний** huge ◊ **Су́дячи з масшта́бів руйнува́ння, це мав бу́ти величе́зний з.** Judging by the scale of destruction, this must have been a huge charge. **поту́жний** powerful; **невели́кий** small; **додатко́вий** additional; **я́дерний** nuclear
з. + *n.* **з. вибухі́вки** a charge of explosive (**динамі́ту** dynamite, **тринітротолу́олу** trinitrotoluene, **троти́лу** *or* **то́лу** TNT)
v. + **з. виготовля́ти з.** make a charge (**детонува́ти** detonate ◊ **Сапе́ри ма́ли здетонува́ти з. динамі́ту на безпе́чній відста́ні.** The sappers were supposed to detonate the charge of dynamite at a safe distance. **застосо́вувати** use; **підклада́ти** plant) ◊ **Поту́жний з. підкла́ли під ліфт.** The powerful charge was planted under the elevator.
з. + *v.* **вибуха́ти** go off ◊ **З. ви́бухнув у її́ рука́х.** The charge went off in her hands. **руйнува́ти** + *A.* destroy sth
See **вибухі́вка**
2 *mil.* bullet, cartridge ◊ **Вони́ використо́вували ~и оща́дно.** They used the bullets sparingly.
adj. **бойови́й** live ◊ **У них закі́нчилися бойові́ ~и.** They were out of live cartridges. **бронебі́йний** armor-piercing, **холости́й** blank ◊ **Він ви́стрілив холости́м ~ом.** He shot a blank cartridge.
See **ку́ля**
3 *phys.* charge ◊ **А́том ма́є нульови́й електри́чний з.** An atom has a zero electric charge.
adj. **електри́чний** electric; **невтра́льний** neutral, **нульови́й** zero; **неґати́вний** negative, **позити́вний** positive ◊ **Іо́н – це а́том чи гру́па а́томів з позити́вним ~ом.** Ion is an atom or a group of atoms with a positive charge. **однойме́нний** same-sign, **різнойме́нний** different-sign
4 *fig.* supply, reserve, amount, charge ◊ **Ва́ля діста́ла вели́кий з. мотива́ції від ціє́ї жі́нки.** Valia received a big charge of motivation from this woman.
з. + *n.* **з. емо́цій** a supply of emotions (**ене́ргії** energy, **ентузія́зму** enthusiasm, **почутті́в** feelings, **при́страсти** passion, **ра́дости** joy) ◊ **Ві́ра дава́ла парафія́нам невичерпний з. ра́дости.** Their faith gave the parishioners an inexhaustible supply of joy.

заряджа́|ти, ~ють; заряд|и́ти, ~жу́, ~иш, ~ять, *tran.*
1 to charge *(a battery, etc.)*, recharge
adv. **періоди́чно** periodically, **реґуля́рно** regularly, **ча́сто** frequently ◊ **Цей айфо́н потрі́бно ча́сто з.** This iphone needs to be frequently recharged. **пові́льно** slowly; **нега́йно** immediately, **при пе́ршій же наго́ді** at the first opportunity, **шви́дко** quickly ◊ **Нову́ батаре́ю мо́жна шви́дко заряди́ти.** The new battery can quickly be charged. **якнайшви́дше** as soon as possible; **по́вністю** fully; **частко́во** partially
з. + *n.* **з. акумуля́тор** charge a battery (**комп'ю́тер** computer, **планше́т** tablet, **телефо́н** phone)
v. + **з. бу́ти тре́ба** + *D.* need to ◊ **Ва́лі тре́ба заряди́ти акумуля́тор.** Valia needs to charge the battery. **бу́ти мо́жна** be possible to, can ◊ **Він шука́в мі́сце, де мо́жна заряди́ти планше́т.** He looked for a place where he could charge his tablet. **ма́ти** have to, **могти́** can, **шука́ти наго́ду** look for an opportunity to; **хоті́ти** want to; **забува́ти(ся)** forget to ◊ **Васи́ль забу́в(ся) заряди́ти телефо́н пе́ред по́дорожжю.** Vasyl forgot to charge his phone before the trip.
2 to fuel *(a car)*, fill *(a tank)* ◊ **Він заряди́в літа́к пальни́м.** He fueled the airplane. ◊ **Вона́ заряди́ла мотоци́кл ті́льки наполови́ну.** She filled the motorcycle up to half tank.
Also see **заправля́ти 3**
3 to load *(a gun)*, prime, charge ◊ **Рушни́цю про́сто з.** The rifle is easy to load.

заряджа́|тися; заряди́тися, *tran.*
1 to charge *(of battery, etc.)*, recharge ◊ **Стари́й акумуля́тор ~ється ду́же до́вго.** The old battery charges for a very long time.
2 to tank up *(of cars)*, refuel ◊ **Вантажі́вка заї́хала на запра́вку і ~лася.** The truck came to the gas station and filled up.
See **заправля́тися 3**
3 to load *(of a gun, etc)*, prime, charge ◊ **Гарма́та ~лася автомати́чно.** The cannon primed automatically.
4 *colloq., joc.* to fill up *(with food or alcohol)*, knock a few back ◊ **Пі́сля робо́ти вони́ пішли́ до шинку́ заряди́тися.** After work, they went to the tavern to knock a few back.
Also see **заправля́тися 3**
5 *fig.* to get charged, load oneself with, get a supply of sth ◊ **На виста́ві вони́ заряди́лися до́брим на́строєм.** At the performance, they got a charge of high spirits. ◊ **Від ньо́го всі до́бре ~лися гу́мором.** Everybody got their good supply of humor from him.

заряди́|ти, *pf., see* **заряджа́ти**
to charge, recharge; refuel; load ◊ **Щоб з. комп'ю́тер, тре́ба дві годи́ни.** Two hours are needed in order to recharge the computer.

заряди́|тися, *pf., see* **заряджа́тися**
to charge, recharge, *etc.* ◊ **Телефо́н ~вся за годи́ну.** The telephone recharged in one hour.

заря́д|ка, *f.*
1 warm-up, morning exercise ◊ **Вона́ закі́нчила роби́ти ранко́ву ~ку.** She finished doing her morning exercise.
See **ру́ханка.** *Also see* **впра́ва**
2 *techn.* recharging
adj. **обов'язко́ва** obligatory; **періоди́чна** periodical, **реґуля́рна** regular, **ча́ста** frequent ◊ **Телефо́н вимага́в ча́стих ~ок.** The phone needed frequent rechargings. **пові́льна** slow; **швидка́** quick ◊ **Для ~ки планше́та до́сить двадцяти́ хвили́н.** Twenty minutes is enough to charge the tablet. **по́вна** full; **частко́ва** partial
з. + *n.* **з. акумуля́тора** recharging of a battery (**комп'ю́тера** computer, **планше́та** tablet, **телефо́на** phone)
See **заряджа́ти 1**
3 refueling, filling ◊ **Він зали́шив маши́ну на ~ку.** He left the car for refueling.
з. + *n.* **з. бензи́ном** filling with gasoline (**вугі́ллям** coal, **ди́зельним па́ливом** diesel fuel, **плуто́нієм** plutonium, *etc.*)
See **заряджа́ти 1**
4 *techn.* charger ◊ **Вона́ забу́ла вдо́ма ~ку до телефо́ну.** She forgot her phone charger at home.
prep. **з. до** + *G.* a charger for sth ◊ **з. до годи́нника** a watch charger (**комп'ю́тера** computer, **планше́та** tablet)
5 *fig., colloq.* energy, energy charge, vigor, kick ◊ **Ка́ва з друзя́ми дає́ Лю́ді ~ку на ці́лий день.** A coffee with friends gives Liuda energy for the whole day.
See **ене́ргія 2.** *Also see* **живу́чість, за́пал, си́ла 1, снага́ 1, 2**
L. **в ~ці**

засві́дчи|ти, *pf., see* **сві́дчити 4**
to express, convey ◊ **Вона́ поти́снула Наза́рові ру́ку, ~вши йому́ вдя́чність.** She shook Nazar's hand, conveying her gratitude to him.

засекре́ти|ти, *pf., see* **засекре́чувати**
to make secret, classify as secret ◊ **Листува́ння ~ли.** The correspondence was classified as secret.

засекре́чу|вати, ~ють; засекре́т|ити, засекре́чу, ~ять, *tran.*
to classify as secret, make secret ◊ **Архі́в уче́ного засекре́тили.** The scientist's archive was classified as secret.
з. + *n.* **з. да́ні** classify data (**докуме́нт** document, **дослі́дження** research, **звіт** report, **результа́ти** results)
prep. **з. на** + *A.* classify for *(a period)* ◊ **Урядо́ве листува́ння ~вали на два́дцять п'ять ро́ків.** The government correspondence was classified for twenty-five years.
pa. pple. **засекре́чений** classified, confidential
засекре́чуй! засекре́ть!

за́с|іб, *m.*, ~обу
1 means, method, way ◊ **Університе́т був для не́ї ~обом здобу́ти ви́щу осві́ту.** University was a way to obtain higher education for her. ◊ **Він трима́ється ві́домої заса́ди «Мета́ виправдо́вує ~оби».** He follows the well-known principle "The end justifies the means."
adj. **альтернати́вний** alternative, **і́нший** other; **ді́євий** efficient, **ефекти́вний** effective, **зру́чний** convenient, **ко́рисний** useful, **наді́йний** reliable, **найкра́щий** best; **нале́жний** appropriate, **необхі́дний** necessary, **потрі́бний** needed, **практи́чний** practical ◊ **Для не́ї робо́та – практи́чний з. від депре́сії.** Work is a practical means against depression for her. **головни́й** principal; **єди́ний** only; **досту́пний** accessible ◊ **Усі ці розмо́ви були́ досту́пним ~обом кра́ще зрозумі́ти протиле́жну сто́рону конфлі́кту.** All those conversations were an accessible means to better understand the other side of the conflict. **звича́йний** regular, **можли́вий** possible, **прийня́тий** accepted, **типо́вий** typical, **традиці́йний** traditional; **зако́нний** lawful, **леґіти́мний** legitimate, **прийня́тний** acceptible, **юриди́чний** legal; **ми́рний** peaceful, **ненаси́льницький** non-violent; **військо́вий** military, **наси́льницький** violent; **радика́льний** radical; **заборо́нений** forbidden, **злочи́нний** criminal, **незако́нний** unlawful, **нелеґа́льний** illegal, **нелеґіти́мний** illegitimate; **електро́нний** electronic, **техні́чний** technical
з. + *n.* **з. за́хисту** a means of protection (**опла́ти** payment ◊ **У ті часи́ самого́нка слугува́ла ~обом опла́ти за пра́цю.** At that time, moonshine served as a means of payment

for work. **зв'язку́** communication, **пересува́ння** transportation) ◊ **Залізни́ця ста́ла звича́йним ~обом пересува́ння.** Railroad became a regular means of transportation. ◊ **~оби виробни́цтва** means of production, ◊ **~оби ма́сової інформа́ції** *also* **ЗМІ** mass media

v. + **з. використо́вувати з.** use a means (**втрача́ти** lose; **знахо́дити** find, **шука́ти** look for; **ма́ти** have ◊ **Він мав усі́ необхі́дні ~оби, щоб реформува́ти систе́му.** He had all the necessary means to reform the system. **дава́ти** + *D.* give sb, **пропонува́ти** + *D.* offer sb); ♦ **пусти́ти в хід усі́ ~оби** *pf.* to leave no stone unturned. **вдава́тися до ~обу** resort to a means ◊ **Він вага́вся вдава́тися до радика́льних ~обів.** He hesitated to resort to radical means. **забезпе́чувати** + *A.* **~обом** provide sb with a means ◊ **Він забезпе́чив гру́пу ~обами сте́ження.** He provided the group with means of surveillance. (**користува́тися** use) ◊ **Його́ підле́глі користува́лися заборо́неними ~обами.** His subordinates used forbidden means.

з. + *v.* **бу́ти** be ◊ **Запрононо́вані ~оби були́ нелеґіти́мними.** The means proposed were illegitimate. **існува́ти** exist, **лиша́тися** remain ◊ **У не́ї лиша́вся оди́н невикори́станий з. позбу́тися неба́жаного залиця́льника.** She had one unused way remaining to get rid of the unwanted suitor. **поляга́ти в** + *L.* consist in sth

prep. **з. для** + *G* a means for sth ◊ **Перегні́й – це з. для покра́щення родю́чости ґру́нту.** Manure is a means to improve soil fertility. **з. про́ти** + *G* a means against sth ◊ **ефекти́вний з. про́ти комп'ю́терних ві́русів** an effective means against computer viruses

See **ме́тод.** *Also see* **ресу́рс 2**

2 *med. usu pl.* remedy, treatment; solution ◊ **Для Павли́ни сон був найкра́щим ~обом від хворо́би.** For Pavlyna, sleep was the best remedy for sickness. ◊ **~оби лікува́ння** medical treatment, medication

adj. **до́брий** good, **ді́євий** efficient, **ефекти́вний** effective; **дома́шній** home, **наро́дний** folk, **популя́рний** popular ◊ **Ку́ряча ю́шка – популя́рний з. відересту́ди.** Chicken broth is a popular remedy against a cold. **стари́й** old, **традиці́йний** traditional; **альтернати́вний** alternative, **гомеопати́чний** homeopathic, **приро́дний** natural, **трав'я́ний** herbal

v. + **з. бра́ти** *or* **прийма́ти з.** take a remedy (**вжива́ти** use, **про́бувати** try; **дава́ти** + *D.* give sb ◊ **Вона́ дала́ хво́рому ду́же ді́євий з. від гаря́чки.** She gave the patient a very efficient fever remedy. **припи́сувати** + *D.* prescribe sb ◊ **Лі́кар приписа́в їй гомеопати́чний з.** The doctor prescribed her a homeopathic remedy. **ра́дити** + *D.* advise sb, **рекомендува́ти** + *D.* recommend to sb; **знахо́дити** find, **шука́ти** look for)

з. + *v.* **бу́ти наявни́м** be available ◊ **Цей з. наявни́й не в ко́жній апте́ці.** This remedy is not available at every pharmacy. **ді́яти** work ◊ **Цей з. від похмі́лля до́бре ді́є.** This hangover remedy works well.

prep. **з. від** + *G.* a remedy for sth ◊ **наро́дний з. від запа́лення го́рла** a folk remedy for sore throat

See **лі́ки**

3 *colloq., usu pl.* money, means, resources, funds ◊ **Вона́ – жі́нка, необме́жена в ~обах.** She is a woman of unlimited resources.

adj. **значні́** considerable, **неаби́які** substantial ◊ **Щоб оцифрува́ти архі́в, потрі́бні неаби́які ~оби.** Digitalizing the archive requires substantial means. **необме́жені** unlimited; **нужде́нні** miserable

See **ресу́рс 1.** *Also see* **бага́тство 1, гро́ші, скарб 3, скарбни́ця 2**

засі́дан|ня, *nt.*

conference, meeting, seating ◊ **Для не́ї з. кате́дри були́ однако́во нудні́.** For her, the department meetings were equally boring.

adj. **відкри́те** open ◊ **п'ять відкри́тих ~ь комі́сії** five open committee meetings; **публі́чне** public; **закри́те** closed, **прива́тне** private, **таємне** secret; **реґуля́рне** regular, **спі́льне** joint; **кварта́льне** quarterly, **тижне́ве** weekly, **ча́сте** frequent, **щоде́нне** daily, **щомі́сячне** monthly, **щорі́чне** annual; **годи́нне** hour-long, **двогоди́нне** two-hour, **тригоди́нне** three-hour, *etc.*; **вечі́рнє** evening, **обі́днє** lunch, **полудне́ве** afternoon, **ранко́ве** morning; **безкіне́чне** endless ◊ **Ко́жен день мина́в у безкіне́чних ~нях.** Every day passed in endless meetings, **до́вге** long, **нескінче́нне** interminable, **пості́йне** constant ◊ **Пості́йні з. могли́ ви́снажити слона́, не те що люди́ну.** The constant meetings could drain an elephant never mind a human being. **трива́ле** lengthy; **коро́тке** brief, **швидке́** quick; **бурхли́ве** tumultuous, **важке́** difficult, **висна́жливе** exhausting, **напру́жене** tense; **плі́дне** fruitful, **продукти́вне** productive, **успі́шне** successful; **плена́рне** plenary; **офіці́йне** official, **форма́льне** formal; **неформа́льне** informal; **інавґураці́йне** inaugural, **пе́рше** first; **двосторо́ннє** bilateral, **тристоро́ннє** trilateral; **підгото́вче** preparatory, **попере́днє** preliminary; **оста́ннє** last, **фіна́льне** final; **надзвича́йне** extraordinary, **спеція́льне** special, **терміно́ве** urgent; **важли́ве** important, **істори́чне** historic; **імпровізо́ване** impromptu; **заплано́ване** scheduled; **обов'язко́ве** mandatory; **викона́вче** executive, **корпорати́вне** corporate, **міністе́рське** ministerial; **ділове́** business, **організаці́йне** organizational, **політи́чне** political, **редакці́йне** editorial; **дискусі́йне** discussion, **інформаці́йне** information, **науко́ве** scientific

з. + *n.* **з. адміністра́ції** an administration meeting (**кабіне́ту** cabinet ◊ **Прем'є́р сам прова́див ко́жне з. кабіне́ту.** The premier himself conducted each cabinet meeting. **коміте́ту** committee, **ме́неджменту** management, **ра́ди** council, board ◊ **Вона́ приї́хала на з. наглядо́вої ра́ди музе́ю.** She arrived for the museum supervisory board meeting. ♦ **з. парла́менту** a sitting of parliament ◊ **Чита́ння законопро́єкту відбу́деться на понеділко́вому ~ні парла́менту.** The reading of the bill will take place at Monday's sitting of parliament.

n. + **з. гра́фік з.** a meeting schedule (**мі́сце** site, **поря́док де́нний** agenda; **програ́ма** program; **час** time) ◊ **Вони́ змі́нили час з.** They changed the meeting time. **голова́ з.** the chair of the meeting (**мета́** purpose; **протоко́л** minutes)

v. + **з. вести́ з.** conduct a meeting (**відві́дувати** attend ◊ **Вона́ ста́ла відві́дувати з. батькі́вського коміте́ту шко́ли.** She started attending the school parents' committee meetings. **відкрива́ти** open, **розпочина́ти** begin ◊ **З. розпоча́ли зі спі́ву держа́вного гі́мну.** They began the meeting with singing of the national anthem. **заве́ршувати** conclude, **закрива́ти** close ◊ **З. негайно закри́ли.** The meeting was immediately closed. **влашто́вувати** arrange, **збира́ти** gather, **ма́ти** have, **організо́вувати** organize, **прово́дити** hold, **склика́ти** call ◊ **Голова́ скли́кав з., не пора́дившися ні з ким.** The chair called the meeting without consulting anybody. **спонсорува́ти** sponsor; **відклада́ти** postpone, **відклика́ти** call off, **перерива́ти** interrupt, **скасо́вувати** cancel; **бойкотува́ти** boycott, **забороня́ти** ban; **виклика́ти** + *A.* **на** summon sb to) ◊ **Міні́стра ви́кликали на з. бюдже́тного коміте́ту.** The minister was summoned to the budget committee meeting. **зверта́тися до з.** address a meeting; **головува́ти на ~ні** chair a meeting ◊ **Вона́ ма́ла пі́сля обі́ду головува́ти на ~ні.** She had to chair a meeting in the afternoon.

з. + *v.* **відбува́тися** occur ◊ **З. відбуло́ся без інциде́нтів.** The meeting occurred without incidents. **прохо́дити** happen, be underway; **відкрива́тися** open, **розпочина́тися** begin ◊ **З. розпочало́ся з невели́ким запі́зненням.** The meeting began after a small delay. **заве́ршуватися** conclude, **закрива́тися** close; **ста́вити за мету́** + *inf.* be aimed at sth ◊ **З. ста́вило за мету́ знайти́ компромі́с.** The meeting was aimed at finding a compromise. **тягну́тися** + *A.* drag on for *(a period)* ◊ **З. тягну́лося ці́лий день.** The meeting dragged on for a whole day.

prep. **до з.** before a meeting ◊ **Вони́ зустрі́лися до з.** They met before the meeting. **на з.** *dir.* to a meeting ◊ **Вона́ не прийшла́ на з.** She did not come to the meeting. **на ~і** *posn.* at/in a meeting ◊ **Спочатку на ~ні не було́ кво́руму.** Initially there was no quorum at the meeting. ◊ **Дире́ктор за́раз на ~ні адміністра́ції готе́лю.** The director is now in a hotel administration meeting. **пе́ред ~ням** prior to a meeting; **пі́сля з.** after a meeting ◊ **Пі́сля з. подаду́ть пере́кусу.** Snacks will be served after the meeting.

Also see **збо́ри 1**

заслу́|га, *f.*

service, merit, contribution, desert, achievement ◊ **За життя́ письме́нника його́ ~ги пе́ред літерату́рою не отри́мали нале́жного ви́знання.** During the writer's life, his services to literature did not get their due recognition.

adj. **вели́ка** great, **видатна́** outstanding, **винятко́ва** exceptional, **значна́** significant, **неоці́ненна** invaluable; **правди́ва** true, **реа́льна** real, **спра́вжня** genuine; **сумні́вна** dubious; **індивідуа́льна** individual, **особи́ста** personal

v. + **з.** ♦ **настава́ти** *or* **отри́мувати по ~гах** to get one's deserts ◊ **Жо́ден із приче́тних до вби́вств, до́сі не отри́мав по ~гах.** Not a single one of those complicit in the killings has yet gotten his deserts. **визнава́ти ~ги** recognize sb's contribution ◊ **Споча́тку її видатні́ ~ги ви́знали за кордо́ном, і лише згодом – на батьківщи́ні.** First her outstanding contribution was recognized abroad and only later in her home country. (**ма́ти** have ◊ **Вона́ мала́ винятко́ві ~ги.** She had exceptional achievements. **оці́нювати** assess ◊ **Комі́сія має оціни́ти її ~ги.** The committee is to assess her achievements. **поціно́вувати** value); ♦ **ста́вити** + *D.* **в ~гу** to give sb credit ◊ **Він поста́вив собі́ в ~гу ви́найдення інтерне́ту.** He credited himself for the invention of the Internet.

prep. **за ~ги** for service ◊ **нагоро́да за ~ги пе́ред наро́дом** an award for service to the nation; **по ~зі** properly, in a proper way, rightfully ◊ **Кри́тик оціни́в поете́су по ~зі.** The critic gave the poetess her rightful due. **з. пе́ред** + *I.* service to sb/sth

Also see **дося́гнення, проры́в 2, у́спіх 1, 2**

заслуго́ву|вати ~ють; заслуж|и́ти, ~у́, ~ать, *tran.* + *G. or A.*

to deserve, merit, be worthy of; *pf.* to win, gain ◊ **Ва́ля ~вала прихи́льнішого ста́влення.** Valia deserved a more favorable treatment.

adv. **абсолю́тно** absolutely, **по́вністю** fully, **спра́вді** truly, **справедли́во** justly, **цілко́м** completely, **я́вно** clearly; **можли́во** possibly, **напе́вно** probably; **ле́две** scarcely, **навря́д чи** barely ◊ **Кни́жка навря́д чи ~вала тако́ї нищі́вної кри́тики** *or* **на таку́ нищі́вну кри́тику.** The book barely deserved such scathing criticism.

з. + *n.* **з. ви́знання** merit recognition (**відзна́ки** distinction, **компенса́ції** compensation ◊ **Вони́ ~вали грошово́ї компенса́ції.** They deserved money compensation. **нагоро́ди** award, **пова́ги** respect, **популя́рности** popularity, **сла́ви** fame); *also* **з. на авторите́т** deserve respect ◊ **Цей аналі́тик ле́две ~є на авторите́т, яки́м він тепе́р ті́шиться.** This analyst hardly merits the

respect he now enjoys. (**любóв** love; **ірóнію** irony; **ненáвисть** hatred; **увáгу** attention) ◊ **Пропозиція ~є на увáгу.** The proposal merits attention.
v. + **з. бýти трéба** need to ◊ **Довíру не дарýють прóсто тáк, її трéба заслужи́ти.** Trust is not bestowed for nothing, it needs to be earned. **вдавáтися** + *D.* succeed in ◊ **Прокопéнкові вдалóся заслужи́ти авторитéт.** Prokopenko succeeded in gaining respect. **могти́** can; **прáгнути** seek to, **хотíти** want to
prep. **з. на** + *A.* deserve sth
pa. pple. **заслýжений** well-earned, merited
заслугóвуй! заслужи́!
Also see **заробля́ти 2**

заслугувá|ти, *pf., see* заслугóвувати
to deserve, *etc.* ◊ **Вонá ~ла вели́ку повáгу колéґ.** She earned the great respect of her peers.

заслýжен|ий, *adj.*
1 well-earned, deserved, merited ◊ **день ~ого відпочи́нку** a day of well-deserved rest
adv. **абсолю́тно** absolutely, **без сýмніву** without a doubt, **пóвністю** fully, **спрáвді** truly, **справедли́во** justly, **цілкóм** completely, **я́вно** clearly; **давнó з.** long-deserved; **лéдве** scarcely, **навря́д чи** barely
з. + *n.* **~а відзнáка** a well-earned distinction ◊ **Приз за найкрáщий фíльм був би для нéї ~ою відзнáкою.** The best film prize would be a well-deserved distinction for her. (**визнáння** recognition ◊ **Давнó ~е визнáння прийшлó до нéї лишé тепéр.** The long-deserved recognition came to her only now. **нагорóда** award, **повáга** respect, **прéмія** prize, **слáва** fame; **догáна** reprimand ◊ **Догáна булá лéдве ~ою.** The reprimand was scarcely deserved. **зневáга** disdain, **кри́тика** criticism, **підóзра** suspicion) ◊ **Над ни́ми ви́сіла ~а підóзра в симпáтіях до вóрога.** A well-deserved suspicion of sympathies for the enemy hung over them.
2 celebrated, distinguished, eminent, esteemed ◊ **На церемóнію запроси́ли кíлька ~их громадя́н.** Several eminent citizens were invited to the ceremony.
з. + *n.* **з. вчéний** a distinguished scholar (**вчи́тель** teacher, **лíкар** doctor, **педагóг** educator) ◊ **Йогó шанувáли як ~ого педагóга.** He was respected as an esteemed educator.
3 *old* honored *(Soviet era title still in wide use)* ◊ **Звáння «З. арти́ст» давáло йомý ни́зку привілéїв.** The title of "Honored Artist" gave him a number of privileges.
з. + *n.* **з. арти́ст** an Honored Artist (**архітéктор** architect, **будівéльник** builder, **вчи́тель** teacher, **дія́ч наýки** scientist, **економíст** economist, **журналíст** journalist, **лíкар** doctor, **мáйстер спóрту** Master of Sports) ◊ **Він пишáвся звáнням «З. мáйстер спóрту»** He took pride in his title of "Honored Master of Sports."
Cf. **нарóдний 2**

засмá|га, *f., only sg.*
suntan ◊ **Тéмна з. свідчи́ла, що Óльга повернýлася з відпочи́нку.** The dark suntan was evidence that Olha had come back from a vacation.
adj. **гáрна** nice, **чудóва** wonderful; **нерíвна** uneven, **рíвна** even; **тéмна** dark; **легкá** light; **неприрóдна** unnatural, **штýчна** artificial
v. + **з. діставáти ~гу** get a suntan ◊ **За кíлька днів на пля́жі вонá дістáла гáрну ~гу.** In a few days on the beach, she got a nice suntan. (**мáти** have) ◊ **Звíдки він мав такý ~гу в сíчні?** How come he had such suntan in January?
з. + *v.* **злáзити** disappear ◊ **За два ти́жні йогó з. мáйже злíзла.** In two weeks, his suntan had all but disappeared. **тримáтися** last ◊ **Йóсипова з. дóвго тримáється.** Yosyp's suntan lasts for a long time.
L. **в ~зі**

засмагá|ти, ~ють; засмáгн|ути, ~уть; *pa. m.* засмáг *or* засмáгнув, *pl.* засмáгли *or* засмáгнули, *intr.*
to tan, get suntanned, get a suntan ◊ **Він перестáв з., побóюючись рáку шкíри.** He stopped tanning out of fear of skin cancer.
adv. **гáрно** nicely ◊ **Вонá гáрно засмáгла.** She got a nice suntan. **дýже** very, **чудóво** wonderfully; **шви́дко** quickly; **повíльно** slowly; **лéдве** scarcely, **мáйже** almost, **наси́лу** barely ◊ **Вакáції вже закíнчуються, а Івченки наси́лу засмáгли.** The holiday is all but over but the Ivchenkos have barely tanned. **трóхи** a little; **кéпсько** poorly, **поráно** difficult ◊ **Її шкíра погáно ~є.** Her skin is difficult to tan.
v. + **з. бýти трéба** + *D.* need to ◊ **Адáмові трéба якнайшви́дше засмáгнути.** Adam needs to get a suntan as quickly as possible. **мáти нáмір** intend to; **намагáтися** try to
pa. pple. **засмáглий** suntanned
засмагáй! засмáгни!

засмáг|нути, *pf., see* засмагáти
to get suntanned ◊ **За сім днів вони́ чудóво ~ли.** In seven days, they got a wonderful suntan.

засмути́|ти, *pf., see* засмýчувати
to sadden, cause sadness, fill with sadness ◊ **Рíшення ~ ло прибíчників міністра.** The decision saddened the minister's supporters.

засмути́|тися, *pf., see* засмýчуватися
to be saddened, become unhappy ◊ **Вони́ глибóко ~лися від побáченого в табóрі біжéнців.** They were deeply saddened from what they had seen in the refugee camp.

засмýчу|вати, ~ють; засмут|и́ти, засмучý, ~я́ть, *tran. and intr.*
to sadden, cause sadness, fill with sadness + *I.* with ◊ **Відсýтність зацікáвлености до її публікáцій не моглá не з.** The absence of interest in her publications could not but sadden.
adv. **ви́разно** clearly, **відвéрто** sincerely, **вкрай** extremely, **глибóко** deeply, **дýже** greatly ◊ **Петрó дýже засмути́в жíнку цíєю новинóю.** Petro greatly saddened his wife with this piece of news. **серйóзно** seriously; **дéщо** somewhat, **трóхи** a little; **нітрóхи не** not in the least, **мáло** little ◊ **Павлá мáло ~вало те, що брат іде до вíйська.** It caused Pavlo little sadness that his brother was joining the army.
pa. pple. **засмýчений** saddened
засмýчуй! засмути́!
Also see **жури́ти 1**

засмýчу|ватися; засмути́тися, *intr.*
to be saddened, become sad, become unhappy ◊ **Тимíш ~вався від дýмки про від'ї́зд.** Tymish became sad at the thought of leaving.
prep. **з. чéрез** + *A.* be saddened because of sth *or* on account of sth ◊ **Я особли́во не ~вався б чéрез ї́хню відмóву.** I would not lose much sleep on account of their refusal.

заснóву|вати, ~ють; засну|вáти, ~ють, *tran.*
1 to found, set up, establish, create ◊ **У 1890 рóці Франкó заснувáв Радикáльну пáртію.** In 1890, Franko founded the Radical Party.
з. + *n.* **з. газéту** found a newspaper (**інститýцію** institution, **компáнію** company, **мíсто** city ◊ **Вони́ прийшли́ сюди́ коли́сь і заснувáли мíсто.** They had come here once and founded the city. **організáцію** organization, **пáртію** party; **фíрму** firm, **фестивáль** festival, *etc.*)
v. + **з. вирíшувати** decide to, **дозволя́ти** + *D.* allow sb to ◊ **Обстáвини дозволя́ли їм заснувáти антикомуністи́чний рух.** The circumstances allowed them to found an anti-communist movement. **допомагáти** + *D.* help sb (to), **мáти нáмір** intend to; **змогти́** *pf.* manage to ◊ **Він змíг заснувáти фíрму сам.** He managed to found the firm single-handedly. **могти́** be able to, **намагáтися** seek to, **прóбувати** attempt to ◊ **Христи́на впéрше прóбувала заснувáти газéту.** Khrystyna attempted to found a newspaper for the first time. **не давáти** + *D.* prevent sb from
See **створю́вати**
2 to base, ground, found ◊ **Вони́ ~вали полíтику на засáді «поділя́й і панýй».** They based their policies on the dictum "divide and rule".
prep. **з. на** + *L.* found on sth
Also see **будувáти 3**
pa. pple. **заснóваний** established
заснóвуй! заснýй!

зáспан|ий, *adj.*
sleepy; *also fig.* ◊ **Мирослáва прийшлá на зýстріч ~ою.** Myroslava came to the meeting sleepy. ◊ **Вони́ виростáли в малóму ~ому містéчку.** *fig.* They were growing up in a small sleepy town.
adv. **ви́разно** clearly, **дýже** very, **геть** extremely, **цілкóм** completely; **трóхи** a little; **вíчно** eternally, **зáвжди́** always, **незмíнно** invariably
з. + *n.* **з. ви́гляд** sleepy looks (**ви́раз** expression, **гóлос** voice); **~е обли́ччя** a sleepy face ◊ **Марти́н мав ~е обли́ччя, нáче щóйно проки́нувся.** Martyn had a sleepy face as if he had just woken up.
v. + **з. бýти ~им** be sleepy (**вигля́дáти** look ◊ **Він вигляд́ав ~им.** He looked sleepy. **здавáтися** + *D.* seem to sb, **лишáтися** remain; **почувáтися** feel) ◊ **Чéрез дощовý погóду Христи́на почувáлася дýже ~ою.** Because of the rainy weather Khrystyna felt very sleepy.

засп|áти, ~лю́, ~и́ш, ~ля́ть, *only pf., intr.*
to oversleep ◊ **Щоб не з., Óля настáвила буди́льник на сьóму.** In order not to oversleep, Olia set the alarm for seven.
adv. **безнадíйно** hopelessly, **фатáльно** fatally; **знóву** again ◊ **Вонá знóву ~ла.** She overslept again. **мáйже** almost
prep. **з. на** + *A.* oversleep sth ◊ **з. на занятт́я** oversleep a class (**лéкцію** lecture ◊ **У понедíлок Олéг ~в на лéкції.** On Monday, Oleh overslept his classes. **побáчення** date, **прáцю** work)

заспокíйлив|ий, *adj.*
1 soothing, calming, reassuring ◊ **Вонá хотíла сказáти Петрóві щось ~е.** She wanted to tell Petro something reassuring.
adv. **дóсить** fairly, **дýже** very, **цілкóм** completely; **ди́вно** strangely, **несподíвано** unexpectedly, **приéмно** pleasantly
v. + **з. бýти ~им** be soothing (**здавáтися** + *D.* seem to sb ◊ **Її рýхи здавáлися хлóпцеві ди́вно ~ими.** Her movements seemed to be strangely soothing to the boy. **ставáти** become)
з. + *n.* **з. гóлос** a soothing voice (**звук** sound, **тон** tone) ◊ **Йогó тон був ~им.** His tone was soothing.
2 *as n., only nt.* sedative, tranquillizer ◊ **Вонá прийнялá ~е.** She took a sedative.
See **лíки**

заспокóї|ти, *pf., see* заспокóювати
to calm, *etc.* ◊ **Олéнка нарéшті ~ла си́на.** Olenka has finally calmed her son.

заспокóї|тися, *pf., see* заспокóюватися
to calm down ◊ **Тамáра ви́пила пігýлку і шви́дко ~лася.** Tamara took a pill and quickly calmed down.

заспокóю|вати, ~ють; заспокó|їти, ~ять, *tran.*
1 to calm, soothe, pacify; reassure ◊ **Класи́чна мýзика ~є йогó.** Classical music calms him down.

adv. **дýже** very much, **зáвжди́** always ◊ **Коли́ дити́на плáкала, він зáвжди́ ~вав її́.** When the child cried, he would always calm it. **лéгко** easily ◊ **Дирéктор теáтру лéгко заспокóїв збýджених глядачíв.** The theater director easily pacified agitated spectators. **лéдве** scarcely, **мáйже** almost, **наси́лу** barely; **негáйно** immediately, **одрáзу** at once ◊ **Її́ пóсмішка одрáзу заспокóїла Лéва.** Her smile at once set Lev's at rest. **зáраз же** right away, **шви́дко** quickly; **нарéшті** finally; **повíльно** slowly, **поступóво** gradually, **якóсь** somehow

з. + *n.* **з. збýдження** calm one's agitation (**нéрви** nerves, **неспóкій** excitement, **сéрце** heart, **триву́гу** anxiety, **тýгу** longing, **хвилювáння** nervousness)

v. + **з. брáтися** get down to ◊ **Лíда взялáся з. дітéй.** Lida got down to pacifying the children. **бýти вáжко** be difficult to, **бýти немóжли́во** be impossible to; **змогти́** *pf.* manage to; **намагáтися** try to ◊ **«Усé бýде дóбре,» – намагáлася Орéста заспокóїти схвильóвану жíнку.** "Everything will be fine." Oresta tried to reassure the anxious woman. **старáтися** seek to, **хотíти** want to ◊ **Він хотíв заспокóїти невтíшного юнакá.** He wanted to calm the inconsolable youth.

2 to assuage *(pain, etc.)*, relieve, alleviate, soothe ◊ **Вонá шукáла зáсіб заспокóїти зубни́й біль.** She was looking for a way to relieve the toothache.

3 to quench, satisfy, satiate *(thirst, etc.)* ◊ **Голóдні й холóдні, вони́ ки́нулися до стóлу з. гóлод.** Hungry and cold, they rushed to the table to satiate their hunger. ◊ **Скíльки б вонá не читáла про Бермýдський трикýтник, вонá не моглá заспокóїти цікáвости.** No matter how much she read about the Bermuda Triangle, she could not satisfy her curiosity.

See **задовольня́ти 1**

pa. pple. **заспокóєний** calmed down; assuaged

заспокóюй! заспокóй!

заспокóю|ватися; заспокóїтися, *intr.*

1 to calm down ◊ **Заспокóйся, всé бýде дóбре!** Calm down, it'll be all right!

adv. **лéдве** scarcely, **мáйже** almost, **наси́лу** barely ◊ **Дити́на наси́лу заспокóїлася.** The baby had barely calmed down. **трóхи** a little; **негáйно** immediately, **одрáзу** at once, **зáраз же** right away ◊ **Побáчивши Павлá, вонá зáраз же заспокóїлася.** Having seen Pavlo, she calmed down right away. **шви́дко** quickly; **нарéшті** finally; **повíльно** slowly, **поступóво** gradually, **якóсь** somehow; **на трóхи** for some time, **на дóвго** for a long time; **нія́к** in no way

v. + **з. бýти трéба** + *D.* need to ◊ **Вам трéба заспокóїтися.** You need to calm down. **бýти слід** + *D.* should ◊ **Спочáтку Дани́лові слід заспокóїтися.** First Danylo should calm down. **допомагáти** + *D.* help sb (to) ◊ **Йóґа допомагáла їй з.** Yoga helped her to calm down. **змогти́** *pf.* manage to; **намагáтися** try to, **старáтися** do one's best to ◊ **Вонá старáлася заспокóїтися.** She was doing her best to calm down. **хотíти** want to; **благáти** + *A.* beseech sb to, **проси́ти** + *A.* beg sb to; **не могти́** cannot

2 to recede *(of pain, anxiety, nervousness)*, abate, subside ◊ **Біль у нóзі поступóво ~вався.** The pain in the foot was gradually receding.

3 *colloq.* to die out *(of sounds)* ◊ **Ми чекáли, дóки заспокóїться гáлас.** We waited for the uproar to die out.

4 *pass., only impf.* to be calmed, be soothed, be relieved, *etc.* ◊ **Триво́ги чáсом лéгко ~ються медитáцією.** Anxieties are sometimes easily relieved by meditation.

застáв|а, *f.*

collateral, security, deposit ◊ **Влáсник вимагáв ~у.** The owner demanded a security deposit.

adj. **вели́ка** big, **величéзна** huge, **здирни́цька** extortionist, **значнá** considerable; **дрібнá** trivial, **малá** small, **символíчна** token, **сміхови́нна** ridiculous

v. + **з. віддавáти** + *A.* **в ~у** give sth as security, pawn sth ◊ **Вонá мýсила віддáти бабýсин пéрстень у ~у.** She had to pawn her grandma's ring. (**внóсити** + *A.* **в** post sth as; **приймáти** + *A.* **за** *or* **як** accept sth as ◊ **Банк прийня́в ї́хнє помéшкання за** *or* **як ~у за пóзику.** The bank accepted their apartment as security for the loan. **тримáти** + *A* **як** hold sth as); **тримáти** + *A.* **в ~і** hold sth as security

prep. **в** *or* **під ~у** *dir.* as collateral ◊ **Вíта віддалá помéшкання в ~у за пóзику.** Vita gave her apartment as colateral for a loan. **з. в** + *A.* collateral of *(sum)* ◊ **Він унíс ~у в дéсять ти́сяч гри́вень.** He posted a ₴10,000 security.

Also see **заклáд 2**

застарівá|ти, ~ють; застарí|ти, ~ють, *intr.*

to become outdated, become obsolete, grow out of date

adv. **безнадíйно** hopelessly ◊ **Цей зви́чай безнадíйно застарíв.** This custom became hopelessly obsolete. **вже** already, **геть** totally, **цілкóм** completely; **врéшті-рéшт** eventually, **давнó** a long time ago ◊ **мóда, що давнó застарíла** the fashion that became obsolete a long time ago; **поступóво** gradually, **нарéшті** finally; **рáптом** suddenly, **несподíвано** unexpectedly, **шви́дко** quickly; **все бíльше** increasingly, **з чáсом** with time, **неуни́кно** inevitably; **грами́нку** *colloq.* a tad, **дéщо** somewhat, **мáйже** almost, **трóхи** a little

v. + **з. бýти прирéченим** be doomed to ◊ **Новá модéль телефóну прирéчена на те, щоб шви́дко застарíти.** The new phone model is doomed to become quickly obsolete. **могти́** can; **починáти** begin, **продóвжувати** continue

застарівáй! застарíй!

Also see **старий, старíти 2**

застарíл|ий, *adj.*

outdated, dated, obsolete, aged ◊ **Усí мéблі в готéлі були́ ~ими.** All the furniture in the hotel was aged.

adv. **безнадíйно** hopelessly ◊ **Ще вчóра цей ви́слів вважáли безнадíйно ~им.** Only yesterday this expression was considered to be hopelessly obsolete. **назáвжди́** forever; **геть** totally, **дóсить** fairly, **достáтньо** sufficiently, **дýже** very, **зóвсім** entirely; **дéщо** somewhat, **трóхи** a little, **цілкóм** completely; **вирáзно** distinctly, **я́вно** obviously; **занáдто** *or* **нáдто** too, **неприпусти́мо** inadmissibly

v. + **з. бýти ~им** be obsolete (**вважáти** + *A.* consider sth ◊ **Йогó поколíння вважáє мýзику ди́ско ~ою.** His generation considers disco music obsolete. **виглядáти** appear, **виявля́тися** turn out, **здавáтися** + *D.* seem to sb ◊ **Йогó пóгляди здавáлися Нáсті дéщо ~ими.** His views seemed to be somewhat outdated to Nastia. **оголóшувати** + *A.* declare sth; **роби́тися** grow, **ставáти** become)

Also see **стари́й**

застарí|ти, *pf., see* застарівáти

to become obsolete, grow out of date ◊ **Її́ підхíд до обрóбки дáних давнó ~в.** Her approach to data processing became obsolete long ago.

застебнý|ти, *pf., see* застібáти

to fasten, zip up, buckle, button up ◊ **Він ~в маринáрку і ви́йшов із буди́нку.** He buttoned up his jacket and exited the building.

засте|регти́, *pf., see* застерігáти

to warn ◊ **Матвíй ~рíг дíвчи́ну не йти на зýстріч.** Matvii warned the girl not to go to the meeting.

застерéжен|ня, *nt.*

1 warning, caution ◊ **У її́ пóгляді були́ воднóчас заохóчення й з.** In her look, there were at once encouragement and warning. ◊ **Григóрій пішóв на цей ризикóвий крок, іґнорýючи з. свогó фінáнсового консультáнта.** Hryhorii undertook this risky step, ignoring his financial consultant's warning.

Also see **поперéдження 2**

2 reservation, doubt ◊ **Йогó з. щóдо подорожéй до Марóкка тепéр здавáлися пóвністю ви́правданими.** His reservations about traveling to Morocco now seemed entirely justified.

adj. **вели́ке** great, **глибóке** deep, **значнé** significant, **повáжне** *or* **серйóзне** serious; **ви́правдане** justified, **обґрунтóване** well-grounded; **дéяке** some, **дрібнé** trivial, **невели́ке** small; **безпідстáвне** groundless ◊ **Вонá вважáла Хóмине з. безпідстáвними.** She considered Khoma's reservation groundless.

v. + **з. виражáти з.** express a reservation (**вислóвлювати** voice ◊ **Він вислóвив ряд ~ь щóдо плáну.** He voiced a number of reservations about the plan. **іґнорувáти** ignore, **мáти** have) ◊ **Вонá промóвчала, хочá й мáла дýже повáжні з.** She did not speak, though she had very serious reservations.

prep. **без ~ь** without reservations; **із ~нями** with reservations; **незважáючи на з.** despite reservations; **з. щóдо** + *G.* a reservation about sb/sth

Also see **сýмнів**

застерігá|ти, ~ють; застерегти́, застереж|ýть, *tran.*

1 to warn, caution, alert ◊ **Лейтенáнт застерíг солдáтів, щоб вони́ не пали́ли.** The lieutenant warned the soldiers not to smoke.

adv. **відвéрто** bluntly ◊ **Ми́ша відвéрто застерíг її не вíрити цій люди́ні.** Mysha bluntly warned her not to trust this person. **гóлосно** loudly, **категори́чно** categorically; **безперестáнку** nonstop, **весь час** all the time, **все** *colloq.* always, **зáвжди́** always, **неоднорáзово** more than once, **сувóро** sternly, **твéрдо** firmly; **однознáчно** in no uncertain terms, **чíтко** distinctly, **я́сно** clearly; **м'я́ко** softly; **конкрéтно** specifically; **мáрно** in vain

v. + **з. бýти трéба** + *D.* need to ◊ **Їх трéба булó негáйно застерегти́ від такóї пóмилки.** They needed to be immediately cautioned against such a mistake. **встúгнути** have time to, **змогти́** *pf.* manage to, **намагáтися** try to, **старáтися** seek to, **хотíти** want to

prep. **з. від** + *G.* warn against sth; **з. про** + *A.* warn about sb/sth ◊ **Вели́кий знак ~в кóжного перехóжого про небезпéку.** A large sign warned each passerby of danger.

Also see **попереджáти 2**

2 to reserve sth ◊ **Вонá ~ла однé й те ж мíсце в кінотеáтрі.** She would reserve one and the same seat in the movie theater.

prep. **з. за собóю** *or* **собí** reserve oneself ◊ **Ми застерегли́ за собóю прáво дíяти самостíйно.** We reserved for ourselves the right to act independently.

See **замовля́ти 1**

pa. pple. **застерéжений** forewarned; reserved

застерігáй! застережи́!

застібá|ти, ~ють; застебн|ýти, ~ýть, *tran.*

to fasten, zip up, buckle, button up ◊ **Він біг надоли́ну схóдами, ~ючи сорóчку.** He was running downstairs, buttoning up his shirt.

adv. **акурáтно** neatly; **впрáвно** deftly, **лóвко** *colloq.* nimbly; **дóвго** for a long time ◊ **Вонá дóвго не моглá застебнýти кожýха змéрзлими пáльцями.** She took a long time to button up her sheepskin coat with her frozen fingers. **повíльно** slowly; **шви́дко** quickly; **тíсно** tightly

з.+ *n.* **з. ку́ртку** fasten one's jacket ◊ **Ста́ло хо́лодно, і Йо́сип застебну́в ку́ртку.** It became cold, and Yosyp buttoned up his jacket. (**пальто́** overcoat, **па́сок** belt ◊ **Він ті́сно застебну́в па́сок і тепе́р почува́вся некомфо́ртно.** He had fastened his belt too tightly and felt uncomfortable now. **марина́рку** *or* **пі́джак** jacket, **соро́чку** shirt, **шине́ль** trench coat, **матню́** *or* **ширі́ньку** fly, **штани́** pants; **потфе́ль** briefcase, **су́мку** bag)

v. + **з. забува́ти** forget to ◊ **Йо́сип забу́в застебну́ти матню́.** Yosyp has forgotten to do up his fly. **зупиня́тися, щоб** stop to ◊ **Вона́ зупини́лася, щоб застебну́ти спідни́цю.** She stopped to zip up her skirt. **намага́тися** try to; **ста́ти** *pf.* start

pa. pple. **засте́бнутий** fastened

застіба́й! застебни́!

Ant. **розстіба́ти**

заст|і́й, *m.*, **~о́ю**, *only sg.*
stagnation, standstill ◊ **Краї́на вступи́ла у сму́гу трива́лого економі́чного ~о́ю.** The country entered a stretch of protracted economic stagnation.

adj. **глибо́кий** deep, **зага́льний** general ◊ **Почина́вся зага́льний з.** A general stagnation was beginning. **трива́лий** protracted, **хроні́чний** chronic; **духо́вний** spiritual, **економі́чний** economic, **культу́рний** cultural, **політи́чний** political

n. + **д. доба́ ~о́ю** a stagnation era (**пері́од** period); **кіне́ць** the end of stagnation (**поча́ток** beginning, **сере́дина** middle; **пове́рнення** return) ◊ **Усі́ економі́чні показники́ свідчили про пове́рнення ~о́ю.** All the economic indicators signified the return of stagnation.

v. + **з. уника́ти ~о́ю** avoid a stagnation ◊ **До́сі їм удава́лося уника́ти економі́чного ~о́ю.** So far, they had managed to avoid economic stagnation. (**призво́дити до** cause ◊ **Він затеріга́в у́ряд, що полі́тика призведе́ до хроні́чного ~о́ю.** He cautioned the government that the policies would cause a chronic stagnation. **запобіга́ти ~о́єві** prevent a stagnation; **бу́ти в ~о́ї** be in stagnation (**опиня́тися** end up in) ◊ **Будіве́льна промисло́вість опини́лася в ~о́ї.** The construction industry ended up in a stagnation.

prep. **в ~о́ї** *posn.* in a stagnation

застосо́ву|вати, **~ють; застосу|ва́ти**, **~ють**, *tran.*
to apply, use, take ◊ **Він описа́в ме́тод, яки́й брига́да ~вала в бурі́нні.** He described the method the brigade was using in drilling.

adv. **акти́вно** actively, **ма́сово** massively, **широ́ко** widely; **за́вжди́** always, **скрізь** everywhere, **ча́сто** often; **нео́хоче** unwillingly; **охо́че** willingly; **вряди́-годи́** *colloq.* sometimes, **ча́сом** at times; **ні за яки́х умо́в** under no conditions, **ніко́ли не** never; **найпе́рше** first of all ◊ **Які́ лі́ки слід найпе́рше з. від гри́пу?** What medicine should be taken first for the flu?

prep. **з. від** + *G.* apply against/for sth ◊ **Він ~вав ці пі́ґулки від зга́ги.** He used the pills for heartburn. **з. до** + *G.* apply to sth ◊ **Вона́ ~є матема́тику до практи́чних потре́б.** She applies math to practical ends. **з. про́ти** + *G.* apply against sb/sth ◊ **Цей крем до́бре з. про́ти комарі́в.** The cream is good to use against mosquitoes.

pa. pple. **застосо́ваний** applied

застосо́вуй! застосу́й!

See **використо́вувати 1.** *Also see* **експлуатува́ти 2, оперува́ти 3, розпоряджа́тися 3, спожива́ти 2**

застосо́ву|ватися; *no pf.*, *intr.*
pass., only impf. to be applied ◊ **До́бриво давно́ не ~ється.** The fertilizer has not been applied for a long time. ◊ **У той час почина́ли з. гарма́ти.** At that time, cannons were beginning to be used.

Also see **використо́вуватися**

застосува́|ти, *pf., see* **застосо́вувати**
to apply, use, make use ◊ **Полі́ція ~ла водоме́ти про́ти демонстра́нтів.** The police used water cannons against the demonstrators.

застрахо́ван|ий, *adj.*
insured ◊ **Чо́вен був давно́ з.** The boat was insured a long time ago.

adv. **вча́сно** on time, **додатко́во** additionally, **нале́жно** adequately, **цілко́м** fully; **частко́во** in part

з. + *n.* **з. буди́нок** an insured building (**воді́й** driver, **паса́жи́р** passenger); **~е майно́** an insured property ◊ **Усе́ майно́ було́ цілко́м ~е.** All the property was fully insured.

v. + **з. бу́ти ~им** be insured (**виявля́тися** turn out ◊ **Його́ маши́на ви́явилася ~ою лише́ частко́во.** His car turned out to be insured only partially. **лиша́тися** remain)

prep. **з. від** + *G.* insured against sth ◊ **Буди́нок з. від поже́жі.** The house is insured against fire. ♦ **з. від неща́сного ви́падку** insured against accidents

Also see **забезпе́чений 2**

застрахо́ву|вати, **~ють; застраху|ва́ти**, **~ють**, *tran.*
1 to insure, get insured ◊ **Вона́ не розумі́ла, наві́що лю́ди ~ють життя́.** She did not understand why people insured their lives.

adv. **вча́сно** on time ◊ **Він вча́сно застрахува́в ґара́ж.** He insured his garage on time. **додатко́во** additionally, **нале́жно** adequately, **обов'язко́во** definitely; **цілко́м** fully, **частко́во** in part

з. + *n.* **з. а́втомобі́ль** insure a car (**буди́нок** building, **вanта́ж** cargo, **ви́твір мисте́цтва** work of art ◊ **Музе́й автомати́чно ~вав ко́жен ви́твір мисте́цтва.** The museum automatically insured every work of art. **това́р** merchandise; **життя́** life, **майно́** property; **обли́ччя** face) ◊ **Акто́рка застрахува́ла обли́ччя на мільйо́н гри́вень.** The actress had her face insured for ₴1,000,000.

v. + **з. бу́ти ба́жано** + *D.* be desirable for sb to, **необхі́дно** + *D.* be necessary for sb to ◊ **Ле́севі необхі́дно застрахува́ти я́хту.** It is necessary for Les to get his yacht insured. **бу́ти слід** + *D.* should, **бу́ти тре́ба** + *D.* need to; **збира́тися** be going to, **ма́ти на́мір** intend to, **хоті́ти** want to; **вимага́ти, щоб** require that; **ра́дити** + *D.* advise sb to, **рекомендува́ти** + *D.* recommend sb to

prep. **з. від** + *G.* insure for sth ◊ **Міні́сте́рство ~вало ко́жного поліція́нта від пора́нення чи сме́рті на слу́жбі.** The ministry had every policeman insured for injury or death while in the line of duty. **з. про́ти** + *G.* against sth ◊ **Маши́ну слід з. про́ти краді́жки.** The car should be insured against theft.

2 *fig.* to secure, preserve, safeguard ◊ **Ми́ля говори́ла так, на́че хоті́ла застрахува́ти діте́й від яко́гось ли́ха.** Mylia spoke as though she wanted to secure the children against some misfortune.

See **обороня́ти 1**

pa. pple. **застрахо́ваний** insured

застрахо́вуй! застраху́й!

застрахо́ву|ватися; застрахува́тися, *intr.*
1 to insure oneself, get oneself insured ◊ **Вона́ ма́ла застрахува́тися від неща́сного ви́падку.** She had to get herself accident insurance.

See **застрахо́вувати**

2 *fig.* to safeguard against, protect oneself against, shield oneself from ◊ **Ще́плення було́ єди́ним спо́собом застрахува́тися від хворо́б.** Vaccination was the only way to safeguard oneself against diseases.

See **обороня́ти 1, обороня́тися**

застрахува́|ти, *pf., see* **застрахо́вувати**
to insure, provide insurance for; secure, *etc.* ◊ **Вла́сник розу́мно ~в буди́нок на ви́падок поже́жі.** The owner wisely insured the building in case of fire.

застрахува́|тися, *pf., see* **застрахо́вуватися**
to get insured, insure oneself ◊ **Ко́жен поже́жник ~вся на вели́ку су́му гро́шей.** Each fireman insured himself for a large sum of money.

застрява́|ти, **~ють; застря́ти, застря́н|уть**; *pa. pf., m.* **застря́|в**, *pl.* **~ли**, *intr.*
1 to get stuck, get caught, lodge ◊ **Коро́ва застря́ла по колі́на в боло́ті.** The cow got stuck in the mud up to her knees.

prep. **з. в** + *L.* get stuck in sth ◊ **У сі́тці застря́в я́струб.** A hawk got caught in the net. ◊ **Ку́ля застря́ла в та́зі.** The bullet lodged in the pelvis.

2 *colloq.* to get stuck, get delayed ◊ **Він застря́в у дру́га на ці́лий день.** He got stuck at his friend's for an entire day.

застрява́й! застря́нь!

застря́|ти, *pf., see* **застрява́ти**
to get stuck, *etc.* ◊ **Вона́ ~ла ного́ю в парка́ні.** Her foot got caught in the fence.

засту́пник, *m.*; **засту́пниця**, *f.*
1 deputy, assistant ◊ **По́ки дире́ктор інститу́ту хворі́є, ним керу́є його́ з.** While the director of the institute is sick, his deputy is in charge.

adj. **дру́гий** second, **пе́рший** first; **досві́дчений** experienced, **наді́йний** dependable; **моло́ди́й** young, **нови́й** new

з. + *n.* **з. голови́** a deputy chair ◊ **З. керівника́ ві́дділу прова́див засі́дання.** The department deputy chair conducted the meeting. (**дире́ктора** director, **нача́льника** chief)

v. + **з. признача́ти ~а** appoint a deputy ◊ **Він призна́чив собі́ ~ка.** He appointed himself a deputy. (**звільня́ти** let go, **шука́ти** look for) ◊ **Вона́ шука́ла ново́го і бі́льш фахово́го ~ка.** She was looking for a new, more professional deputy. **бу́ти ~ом** be a deputy ◊ **Він усе́ життя́ був чиї́мось ~ом.** All his life, he had been somebody's deputy. (**працюва́ти** work as, **признача́ти** + *A.* appoint sb) ◊ **Його́ призна́чили ~ом дире́ктора.** He was appointed deputy director.

Also see **дире́ктор**

2 protector, defender, patron ◊ **Святи́м ~ом Украї́ни є апо́стол Андрі́й.** Apostle Andrew is the patron saint of Ukraine.

See **оборо́нець**

засу́джу|вати, **~ють; засуд|и́ти**, **~жу́**, **~ять**, *tran.*
1 to convict, sentence ◊ **Журналі́стку засуди́ли до трива́лого ув'я́знення.** They convicted the (female) journalist to a lengthy imprisonment.

adv. **незако́нно** unlawfully, **непра́ведно** wrongly, **несправедли́во** wrongfully; **зако́нно** lawfully, **заслу́жено** deservedly ◊ **Ко́жного корупціоне́ра засуди́ли заслу́жено.** Each corrupt official was deservedly convicted.

prep. **з. до** + *G. or* **на** + *A.* convict to (*jail, etc.*) ◊ **Суд засуди́в ґвалті́вника́ на сім ро́ків ув'я́знення.** The court sentenced the rapist to seven years in jail. **з. за звинува́ченням у** + *L.* convict on a charge of sth ◊ **Її́ засуди́ли за звинува́ченням у вби́встві.** She was convicted on a murder charge.

2 to condemn, censure, denounce ◊ **Міжнаро́дна спі́льно́та засуди́ла росі́йську аґре́сію про́ти Украї́ни.** The international community condemned

the Russian aggression against Ukraine.
adv. **безкомпромі́сно** uncompromisingly, **га́ряче́** vehemently, **енергі́йно** vigorously, **категори́чно** categorically, **недвозна́чно** unequivocally, **однозна́чно** in no uncertain terms, **односта́йно** unanimously, **рі́шуче** resolutely, **суво́ро** severely; **відкри́то** openly, **публі́чно** publicly; **конкре́тно** specifically; **справедли́во** rightly
prep. **з. за** + *A.* condemn for sth ◊ **Його́ ~ють за те, що він ототóжнює агре́сора і же́ртву.** He is condemned for equating the aggressor and his victim.
Also see **критикува́ти, суди́ти 2.** *Ant.* **хвали́ти**
pa. pple. **засу́джений** convicted; condemned
засу́джуй! засуди́!

засуди́|ти, *pf., see* **засу́джувати**
to convict; condemn ◊ **Він ~в утруча́ння у ви́бори.** He condemned the election interference.

затве́рджен|ня, *nt.*
1 approval *(as action)*, confirmation ◊ **Рі́шення подали́ президе́нтові на з.** The decision was submitted to the president for approval.
adj. **нега́йне** immediate, **остато́чне** ultimate, **шви́дке** quick; **необхі́дне** necessary, **обов'язко́ве** obligatory
v. + **з. відклада́ти з.** postpone an approval ◊ **З о́гляду на нову́ інформа́цію з. її кандидату́ри відклада́лося.** In view of the new information, the confirmation of her candidature was being postponed. (**затри́мувати** delay, **прискóрювати** speed up)
prep. **до** *or* **на з.** for approval ◊ **Вона́ готува́ла докуме́нт на з. міні́стра.** She was preparing the document for the minister's approval.
2 confirmation *(document)*, approval ◊ **У ~ні бракува́ло одно́го пі́дпису.** There was a signature lacking in the confirmation.
See **посві́дчення 1.** *Also see* **докуме́нт 2, па́спорт, свідо́цтво**

затве́рджу|вати, ~ють; затве́рд|ити, ~жу, ~ять, *tran.*
to approve, accept, endorse, pass ◊ **Рі́чний звіт ~ють пі́сля його́ обговóрення.** The annual report is approved after its discussion.
adv. **відра́зу** at once ◊ **Нову́ попра́вку затве́рдили відра́зу.** The new amendment was approved at once. **нега́йно** immediately; **односта́йно** unanimously, **ра́до** gladly; **із застере́женнями** with reservations, **неохо́че** reluctantly; **вре́шті-ре́шт** ultimately, **наре́шті** finally; **таємно** secretly
з. + *n.* **з. гра́фік** approve a schedule (**звіт** report, **кандидату́ру** candidature, **план** plan, **поря́док де́нний** agenda, **проє́кт** project, **рі́шення** decision, **резолю́цію** resolution, **ро́зклад** timetable; **мо́ву** language ◊ **Він перекóнував коміте́т затве́рдити мо́ву відо́зви.** He was reasoning with the committee to approve the language of the appeal. **текст** text)
v. + **з. бу́ти гото́вим** be ready to ◊ **Він гото́вий затве́рдити гра́фік.** He is ready to approve the schedule. **заклика́ти** + *A.* urge sb to ◊ **Голова́ закли́кала коле́ґ затве́рдити поря́док де́нний збо́рів.** The chairwoman urged her colleagues to approve the meeting agenda. **перекóнувати** + *A.* persuade sb to; **пропонува́ти** + *D.* propose to sb to ◊ **Промо́вець пропону́є затве́рдити план із застере́женнями.** The speaker proposes to approve the plan with reservations. **відмовля́тися** refuse to
pa. pple. **затве́рджений** confirmed, approved
затве́рджуй! затве́рдь!

затве́рди|ти, *pf., see* **затве́рджувати**
to approve, confirm, endorse ◊ **Кабіне́т міні́стрів наре́шті ~в бюдже́т.** The Cabinet of Ministers has finally approved the budget.

зате́мнен|ня, *nt.*
1 dimming ◊ **Ла́мпа ма́є ґу́дзик пові́льного з.** The lamp has a slow dimming button.
2 *astr.* eclipse; *also fig.* ◊ **Під час по́вного со́нячного з. на не́бі з'явля́ються зо́рі.** During a full solar eclipse, stars appear in the sky.
adj. **насту́пне** next, **оста́ннє** last; **по́вне** full, **частко́ве** partial; **со́нячне** solar, **мі́сячне** lunar ◊ **кі́лька мі́сячних ~ь за рік** several lunar eclipses a year; **періоди́чне** periodic, **ча́сте** frequent; **рі́дкісне** rare, **уніка́льне** unique
з. + *n.* **з. Мі́сяця** a lunar eclipse (**Со́нця** solar), **з. ро́зуму** *fig.* a lapse of reason (**свідо́мости** *fig.* conscience) ◊ **Вона́ була́ у ста́ні частко́вого з. свідо́мости.** She was in a state of partial lapse of conscience.
v. + **з. заповіда́ти з.** forecast an eclipse ◊ **Насту́пне з. Мі́сяця заповіда́ють 17-го се́рпня.** The next lunar eclipse is forecast for August 17. (**передбача́ти** predict; **ба́чити** see ◊ **Margі́чка впе́рше ба́чила по́вне з. Со́нця.** Marichka saw a full solar eclipse for the first time. **вивча́ти** study, **спостеріга́ти** observe, **обчи́слювати** calculate ◊ **Він обчи́слив по́вне со́нячне з.** He calculated a full solar eclipse. **очі́кувати** anticipate); **боя́тися з.** be afraid of an eclipse (**чека́ти** expect) ◊ **Насту́пного з. тут чека́ють че́рез сім ро́ків.** The next eclipse is expected here in seven years.
з. + *v.* **відбува́тися** occur ◊ **З. відбу́деться в се́реду.** The eclipse will occur on Wednesday.
3 brownout, blackout ◊ **З о́гляду на брак еле́ктрики на всіх фа́бриках ввели́ періоди́чні з.** Because of the shortage of electricity they introduced periodic brownouts at all factories. ◊ **У мі́сті оголо́шено обов'язко́ві з.** Mandatory blackouts have been announced in the city.

за́ти́шн|ий, *adj.*
1 quiet, calm, still ◊ **Вони́ схова́лися в ~ому мі́сці.** They hid in a calm place.
adv. **винятко́во** exceptionally, **дивови́жно** amazingly ◊ **Він люби́в цей дивови́жно з. па́рк.** He liked this amazingly quiet park. **до́сить** fairly, **доста́тньо** sufficiently, **ду́же** very, **надзвича́йно** extremely, **цілко́м** completely; **приє́мно** pleasantly; **несподі́вано** unexpectedly; **не ду́же** not very, **не зо́всім** not quite
з. + *n.* **з. ве́чір** a calm evening (**кварта́л** quarter ◊ **Павлюки́ посели́лися в ~ому кварта́лі мі́ста.** The Pavliuks settled in a calm quarter of the city. **куто́к** corner, **прову́лок** lane); **~а ву́лиця** a quiet street (**га́вань** harbor, **доли́на** valley, **части́на мі́ста** part of town)
v. + **з. бу́ти ~им** be quiet (**виявля́тися** turn out ◊ **Місте́чко ви́явилося ~им.** The town turned out to be quiet. **здава́тися** + *D.* seem to sb, **лиша́тися** remain, **роби́тися** grow, **става́ти** become) ◊ **Пі́сля та́нців пло́ща спорожні́ла, ста́ла ~ою.** After the dance, the square became empty and calm.
2 cozy, comfortable, homey ◊ **Особи́сті світли́ни на сті́нах роби́ли її поме́шкання приє́мним і ~им.** Personal photographs on the walls made her apartment pleasant and cozy. ◊ **Він мрі́яв про вла́сне ~е гніздéчко.** He dreamed of his own cozy little nest.
See **комфорта́бельний**

за́ти́шно, *adv., pred.*
1 *adv.* camly, in a tranquil manner, calm, still ◊ **Над вхо́дом з. світи́вся ліхта́р.** A lantern calmly glowed over the entrance.
2 *pred.* comfortably, cosily, safely ◊ **Він почува́вся з. се́ред дру́зів.** He felt safe among friends. ◊ **У ва́шій бібліоте́ці приє́мно і з.** It's nice and cozy in your library.

зато́|ка, *f.*
bay, cove, gulf, harbor ◊ **Ура́нці ві́тер ві́яв із ~ки.** In the morning, the wind blew from the bay.
adj. **безкра́я** boundless, **вели́ка** big, **величе́зна** enormous; **мале́нька** *or* **невели́ка** small ◊ **Рі́чка утво́рювала невели́ку ~ку зі спокі́йною водо́ю.** The river formed a small cove, with calm water. **вузька́** narrow; **глибо́ка** deep; **плитка́** shallow, **широ́ка** wide; **захи́щена** protected; **мальовни́ча** picturesque; ◊ **Біска́йська з.** *geogr.* the Bay of Biscay
v. + **з. вихо́дити на ~ку** overlook, give onto a bay ◊ **Но́мер вихо́див на ~ку.** The room gave onto a bay. (**захо́дити в** enter) ◊ **Вітри́льник зайшо́в у ~ку.** The tallship entered the bay.
prep. **в ~ку** *dir.* in/to a bay; **в ~ці** *posn.* in a bay ◊ **Судно́ ки́нуло кі́тву в ~ці.** The vessel cast anchor in the bay. **се́ред ~ки** in the middle of a bay ◊ **Се́ред ~ки був о́стрів.** In the middle of the bay, there was an island. **че́рез ~ку** across a bay

затопи́|ти, *pf., see* **топи́ти**[1] *and* **топи́ти**[3]
1 to start the fire *(in a stove, etc.)*, fire up ◊ **Він прині́с дров і ~в у двох гру́бах.** He brought fire wood and fired up two stoves.
2 to sink, flood ◊ **Мо́ре зно́ву ~ло головну́ пло́щу Вене́ції.** The sea flooded the main square of Venice again.

зато́р, *m.*, **~у**
traffic jam, congestion, blockage ◊ **Вони́ ви́їхали ра́но, щоб проско́чити тра́нспортні ~и.** They set out early, in order to skip the traffic jams.
adj. **вели́кий** great, **жахли́вий** horrible, **неможли́вий** impossible, **серйо́зний** serious, **страшни́й** terrible, **тра́нспортний** traffic, **хроні́чний** chronic, **ча́стий** *only pl.* frequent
v. + **п. роби́ти з.** cause a congestion ◊ **Зі́ткнення зроби́ло жахли́вий з. пе́ред в'їздом до Терно́поля.** The collision caused a horrible conjestion on approach to Ternopil. (**ліквідо́вувати** eliminate ◊ **З. ліквідува́ли че́рез дві годи́ни.** The jam was eliminated in two hours. **поле́гшувати** ease; **погі́ршувати** worsen; **потрапля́ти в** hit) ◊ **На окружні́й доро́зі вони́ потра́пили в з.** On the beltway, they hit a traffic jam. **уника́ти ~у** avoid a jam ◊ **Ра́діо помогло́ їм уни́кнути ~ів.** The radio helped them to avoid traffic jams.
prep. **в з.** *dir.* in/to a traffic jam ◊ **Він поверну́в і заї́хав про́сто в з.** He made a turn and drove right into a traffic jam. **в ~і** *posn.* in a traffic jam ◊ **Їм довело́ся провести́ годи́ну в ~і.** They had to spend an hour in a traffic jam.

затри́ма|ти, *pf., see* **затри́мувати**
to arrest, apprehend; keep back ◊ **Експеди́цію ~ла пога́на пого́да.** The expedition was kept back by nasty weather.

затри́м|ка, *f.*
delay, holdback ◊ **Непередба́чена з. із фінансува́нням тра́нспортних витра́т ви́кликала вели́ку триво́гу.** The unforeseen delay with the transportation expense funding was causing great anxiety.
adj. **безкіне́чна** endless, **вели́ка** great, **величе́зна** enormous, **до́вга** long, **зага́льна** general, **значна́** considerable, **непомі́рна** inordinate, **серйо́зна** serious, **сутте́ва** substantial, **трива́ла** lengthy; **п'ятихвили́нна** five-minute, **дводе́нна** two-day, **тритижне́ва** three-week, **чотиримі́сячна** four-month, *etc.*; **випадко́ва** accidental, **де́яка** some, **коро́тка** short, **мале́нька** slight, **мініма́льна** minimal; **неочі́кувана** unanticipated, **непередба́чена** unforeseen, **несподі́вана** unexpected; **неуни́кна** inevitable; **періоди́чна** periodical, **пості́йна** constant, **хроні́чна** chronic, **ча́ста** frequent; **бюрократи́чна** bureaucratic; **пода́льша** further, **ще одна́** another; **неба́жана** undesirable, **непотрі́бна** needless, **при́кра** unfortunate, **фата́льна** fatal
з. + *n.* **з. авто́буса** a bus delay ◊ **У Жито́мирі ста́лася з. авто́буса.** In Zhytomyr, there was a

bus delay. (**літака́** airplane, **по́тяга** train, **ре́йсу** airplane or bus)

n. + **з. ни́зка ~ок** a number of delays (**ряд** sequence, **се́рія** series) ◊ **Гра́фік було́ пору́шено се́рією суттє́вих ~ок.** The schedule was broken by a series of substantial delays.

v. + **з. зазнава́ти ~ки** experience a delay ◊ **До́рогою до епіце́нтру землетру́су рятува́льна гру́па зазна́ла мале́нької ~ки.** On their way to ground zero of the earthquake, the rescue team experienced a slight delay. (**уника́ти** avoid ◊ **Їй удало́ся уни́кнути непотрі́бних ~ок у реда́гуванні докуме́нтів.** She managed to avoid needless delays in the editing of the documents. **причиня́тися до** cause) ◊ **Несправність автобуса причини́лася до двогоди́нної ~ки ре́йсу.** The breakdown of the bus caused a two-hour delay of the trip.

з. + *v.* **виника́ти** come about ◊ **До́рогою ви́никла ще одна́ з.** On the way, another delay came about. **става́тися** occur ◊ **Учо́ра ста́лася з. в доста́вці по́шти.** Yesterday, a delay in mail delivery occurred.

prep. **без ~ки** without delay ◊ **Вона́ зроби́ла все без ~ки.** She did everything without delay. **че́рез ~ку** because of a delay; **з. в** + *L.* a delay in sth ◊ **З. в постача́нні лі́ків могла́ бу́ти фата́льною.** The delay in medicines supplies could be fatal. **з. з** + *I.* delay with sth ◊ **Вони́ не передбача́ють ~ок із законопрое́ктом.** They do not anticipate delays with the bill.

L. **в ~ці**

Also see **запі́знення, зволіка́ння**

затри́му|вати, ~ють; затри́ма|ти, ~ють, *tran.*

1 to detain, hold up, withhold, keep ◊ **Вони́ взяли́ся розванта́жувати ваго́н, щоб не з. по́тяга.** They set about offloading the car, so as not to detain the train.

adv. **до́вго** for a long time ◊ **Я вас до́вго не затри́маю.** I won't keep you long. **за́вжди́** always ◊ **Він за́вжди́ затри́муєте її свої́ми запита́ннями.** He always holds her up with his questions. **і́ноді** at times, **рі́дко** rarely, **ча́сом** sometimes; **навми́сне** on purpose, **спеція́льно** deliberately; **ні́коли не** never ◊ **Нача́льник ні́коли не ~в Петра́ на робо́ті.** The boss never detained Petro at work. ♦ **з. ди́хання** to hold one's breath ◊ **Він на хвили́ну затри́мав ди́хання, прислуха́ючись до розмо́ви.** For an instant, he held his breath, listening in to the conversation.

v. + **з. бу́ти зму́шеним** be compelled to ◊ **Че́рез неста́чу готі́вки банк зму́шений з. ви́плати пе́нсій.** Because of a cash shortage, the bank is forced to withhold the payment of pensions. **не бу́ти мо́жна** cannot ◊ **Не мо́жна було́ бі́льше з. поста́вок води́ і проду́ктів.** The water and food deliveries could not be detained any longer. **бу́ти слід** + *D.* should ◊ **Зарпла́ту слід затри́мати до того, як ви́конають замо́влення.** The wages should be withheld till the commission is done. **бу́ти тре́ба** + *D.* need to; **хоті́ти** want to ◊ **Він хоті́в затри́мати Га́лю на за́йву годи́ну.** He wanted to keep Halia at his place for an extra hour.

prep. **з. на** + *A.* detain for *(period of time)* ◊ **Реда́ктор затри́мав матеріял на три дні.** The editor held the story up for three days.

Also see **га́яти 2**

2 to delay, hamper, impede ◊ **Рів попере́к доро́ги ~мував воро́жий на́ступ.** The ditch across the road delayed the enemy advance.

adv. **да́лі** further, **ду́же** badly, **зна́чно** considerably ◊ **Моро́зи зна́чно затри́мали веґетати́вний проце́с.** Frosts considerably impeded the vegetative process. **на до́вго** for a long time, **тро́хи** a little

з. + *n.* **з. зроста́ння** impede growth (**на́ступ** advance, **проґре́с** progress, **ро́звиток** development) ◊ **Арха́їчна структу́ра управлі́ння ~вала ро́звиток фі́рми.** The archaic management structure hampered the development of the firm.

3 to detain, arrest, apprehend

adv. **надо́вго** for a long time, **на коро́ткий час** for a short time, **на невизна́чений час** for an indefinite time, **на трива́лий час** for an extended time ◊ **Слі́дчий затри́мав її на трива́лий час.** The detective detained her for an extended time.

prep. **з. у зв'язку з** + *I.* arrest in connection with sth ◊ **Його́ затри́мали у зв'язку з неспла́ченими штра́фами.** He was detained in connection with unpaid penalties.

See **арешто́вувати 1.** *Also see* **забира́ти 3**

pa. pple. **затри́маний** detained, arrested

затри́муй! затри́май!

затри́му|ватися; затри́матися, *intr.*

1 to be detained, be held up, be delayed ◊ **Він ~ється на пра́ці.** He is detained at work.

Also see **бари́тися 1**

2 to be behind with, drag one's feet with ◊ **Вона́ ~ється з рі́чним зві́том.** She is late with her annual report.

prep. **з. з** + *I.* be behind on/with sth ◊ **Він ~вався з руко́писом.** He was behind on the manuscript.

♦ **не затри́муйся!** hurry up!

Also see **запі́знюватися 2**

заува́жен|ня, *nt.*

1 remark, observation, comment ◊ **Побі́жне з. Матві́я ви́кликало гаря́чу супере́чку.** Matvii's passing remark caused a vehement argument.

adj. **безпідста́вне** groundless ◊ **Її з. здава́лося безпідста́вним.** Her remark seemed groundless. **в'ї́дливе** caustic, **го́стре** pointed, **знева́жливе** derogatory, **обра́зливе** insulting, **прини́зливе** humiliating; **іроні́чне** ironic, **крити́чне** critical, **саркасти́чне** sarcastic; **підбу́рливе** inflammatory ◊ **ма́йстер підбу́рливих ~ь** a master of inflammatory remarks; **провокати́вне** provocative; **ди́вне** strange, **загадко́ве** cryptic; **контроверсі́йне** controversial; **доре́чне** relevant; **глу́пе** silly, **дурнува́те** dumb; **влу́чне** apt, **прони́кливе** penetrating, **розу́мне** intelligent, **ціка́ве** interesting; **конструкти́вне** constructive; **випадко́ве** casual, **коро́тке** short, **недба́ле** careless, **побі́жне** passing; **необду́мане** rash, **необере́жне** incautious, **поква́пне** hasty ◊ **Тере́нтієве поква́пне з. до́рого йому́ ко́штуватиме.** Terentii's hasty remark would cost him dearly. **гомофо́бське** homophobic, **раси́стське** racist, **сексистське** sexist, **украї́нофо́бське** Ukrainophobic; **брудне́** obscene, **гру́бе** rude; **зага́льне** general, **конкре́тне** specific ◊ **Вона́ не зна́ла, як відреаґува́ти на це конкре́тне з.** She did not know how to react to this specific remark. **вступне́** introductory, **попере́днє** preliminary, **підсумко́ве** concluding

v. + **з. висло́влювати з.** voice a remark ◊ **Ко́жен дискута́нт мав ви́словити з.** Each discussant had to voice his remarks. (**додава́ти** add, **зверта́ти** address ◊ **Промо́вець зверну́в своє з. до голови́ засі́дання.** The speaker addressed his observation to the chair of the meeting. **спрямо́вувати** direct; **роби́ти** make; **бра́ти наза́д** take back ◊ **Вона́ була́ зму́шена взя́ти наза́д де́що поква́пне з.** She was forced to take back her somewhat hasty remark. **врахо́вувати** take under consideration ◊ **Він обіця́в врахува́ти конструкти́вні з.** He promised to take the constructive remarks under consideration. **прийма́ти** accept; **почина́ти** begin, **заве́ршувати** conclude ◊ **Свої́ з. вона́ заверши́ла цита́тою з Кулішá.** She concluded her comments with a quote from Kulish. **закі́нчувати** finish; **іґнорува́ти** ignore, **не бра́ти до ува́ги** take no notice of; **інтерпретува́ти** *and* **тлума́чити** interpret; **слу́хати** listen to, **сприйма́ти** take ◊ **Він сприйня́в з. як завуальо́вану кри́тику.** He took the remarks as a veiled criticism. **чита́ти** read, **чу́ти** hear)

з. + *v.* **бу́ти спрямо́ваним на** + *A.* be directed at sb ◊ **З. було́ я́вно спрямо́ване на представника́ вла́ди.** The comment was clearly directed at the representative of the authorities. **відобража́ти** + *A.* reflect sth ◊ **Усі́ ці з. відобража́ють ї́хню необі́знаність із предме́том.** All those remarks reflect their ignorance of the subject. **означа́ти** + *A.* mean sth; **провокува́ти** + *A.* provoke sth; **стосува́тися** + *G.* apply to sb/sth ◊ **Пе́рше її з. стосува́лося те́ксту.** Her first remark applied to the text.

prep. **в ~ні** in a remark ◊ **У її ~нях самі́ «альтернати́вні фа́кти».** There is nothing but "alternative facts" in her remarks. **з. стосо́вно** + *A.* a remark regarding sb/sth, **з. що́до** + *A.* a remark concerning sb/sth ◊ **Вона́ додала́ ціка́ве з. що́до опи́тування.** She added an interesting remark concerning the poll.

Also see **комента́р**

2 reprimand, admonishment, citation ◊ **Про́сте з. за пору́шення пра́вил безпе́ки вигляда́ло як заохо́чення.** A simple admonishment for the safety rules violation looked like an encouragement.

adj. **оста́ннє** last, **офіці́йне** official, **письмо́ве** written, **публі́чне** public, **символі́чне** token ◊ **Про лю́дське о́ко дире́ктор зроби́в їй символі́чне з.** For appearances' sake, the director gave her a token admonishment. **форма́льне** pro forma; **суво́ре** stern, **у́сне** verbal

v. + **з. зроби́ти з.** make an admonishment ◊ **Замі́сть роби́ти з. поліція́нт оштрафува́в пору́шника.** Instead of giving him a citation, the policeman fined the violator. (**оголоси́ти** + *D.* announce to sb, **отри́мати** receive) ◊ **Ва́ля отри́мала з. за запі́знення.** Valia received a reprimand for tardiness.

See **дога́на**

заува́жи|ти, *pf., see* **заува́жувати**

to note, take note; remark ◊ **Він ~в, що переї́жджає на кра́щу кварти́ру.** He remarked that he was moving to a better apartment.

заува́жу|вати, ~ють; заува́ж|ити, ~ать, *intr. and tran.*

1 *intr.* to note, remark, say

adv. **пря́мо** directly, **відкри́то** openly, **експліци́тно** explicitly; **вже** already, **зокре́ма́** in particular, **між і́ншим** by the way; **і́ноді** sometimes, **коли́сь** once, **рані́ше** earlier; **рі́дко** seldom, **ча́сто** often, **що́йно** just now; **я́кось** somehow; **ні́коли не** never; **навми́сне** deliberately ◊ **Вона́ навми́сне заува́жила, що має серйо́зні су́мніви.** She deliberately remarked that she had serious doubts. **безпідста́вно** groundlessly; **в'ї́дливо** caustically, **го́стро** pointedly, **знева́жливо** disdainfully; **іроні́чно** ironically, **крити́чно** critically, **саркасти́чно** sarcastically; **загадко́во** cryptically ◊ **«Я ще не йду,» – загадко́во заува́жив Макси́м.** "I am not leaving yet," Maksym cryptically remarked. **влу́чно** aptly, **прони́кливо** penetratingly; **недба́ло** carelessly, **побі́жно** in passing; **необду́мано** rashly, **необере́жно** incautiously, **поква́пно** hastily ◊ **Ма́рта де́що поква́пно ~ла, що їй не сподо́бався фі́льм.** Marta noted somewhat hastily that she did not like the movie.

v. + **з. бу́ти слід** should ◊ **Слід заува́жити, що завда́ння лише́ здає́ться про́стим.** One should note that the assignment only seems simple. **бу́ти тре́ба** + *D.* need to; **збира́тися** be going to, **му́сити** must ◊ **Му́шу заува́жити, що він – до́брий фахіве́ць.** I must note that he is a good specialist. **хоті́ти** want to

See **каза́ти 1.** *Also see* **відзнача́ти 2, говори́ти 1, зазнача́ти 3, ка́жучи, мо́вити, розмі́рковувати 3.** *Cf.* **розмовля́ти 1, стве́рджувати 1.** *Ant.* **мовча́ти**

2 *tran., colloq.* to notice, see, spot ◊ **Він лише́ згодом ~в щось я́вно не те в Іва́нові поведі́нці.** Only later on did he notice something clearly wrong in Ivan's conduct.
adv. **з пе́ршого по́гляду** at first sight ◊ **О́льга з пе́ршого по́гляду заува́жила, що він нерву́є.** Olha noticed at first sight that he was nervous. **миттє́во** instantly, **нега́йно** immediately, **одра́зу** at once, **прозі́рливо** insightfully, **за́раз же** right away
v. + **з. бу́ти мо́жна** *and* **бу́ти можли́во** be possible to ◊ **Мо́жна було́ заува́жити змі́ну його́ на́строю.** It was possible to notice the change of his mood. **змогти́** *pf.* manage to; **могти́** can
Also see **догляда́ти 3, спостеріга́ти 2**
3 *intr.* to reprimand + *D.* ◊ **Тре́нер суво́ро заува́жив Рома́нові.** The coach sternly reprimanded Roman.
Also see **до́гана, доріка́ти 1**
pa. pple. **заува́жений** noticed
заува́жуй! заува́ж!

зафільмува́|ти, *pf., see* фільмува́ти

to film, *etc.* ◊ **Лари́са ~ла ціка́ве інтерв'ю.** Larysa shot an interesting interview.

захворі́|ти, *pf., see* захво́рювати, хворі́ти

to fall sick, become sick ◊ **Се́ред лі́та вона́ ~ла на запа́лення леге́нів.** In the middle of summer, she fell sick with pneumonia.

захво́рю|вати, ~ють; захворі́|ти, ~ють, *intr., usu pf.*

1 to fall ill, become sick ◊ **Хто потрапля́в до в'язни́ці здоро́вим, ма́йже за́вжди́ ~вав чи́мось.** Those who went into prison healthy, almost always became sick with something.
adv. **безнаді́йно** hopelessly ◊ **На дру́гий день Іва́н зрозумі́в, що безнаді́йно захворі́в на ларингі́т.** The following day, Ivan realized he had gotten hopelessly sick with laryngitis. **ле́гко** easily ◊ **У дити́нстві вона́ ле́гко ~вала.** In her childhood, she got sick easily. **несподі́вано** unexpectedly, **ра́птом** suddenly, **серйо́зно** seriously, **смерте́льно** terminally, **за́раз же** right away, **тя́жко** gravely ◊ **Вона́ тя́жко захворі́ла.** She fell gravely ill. **шви́дко** quickly, **я́вно** clearly
prep. **з. на** + *A.* become sick with sth ◊ **з. на анги́ну** become sick with tonsillitis (**а́стму** asthma, **бронхі́т** bronchitis, **грип** flu, **запа́лення леге́нів** pneumonia, **засту́ду** a cold, **рак** cancer, **серце́ву недоста́тність** cardiac deficiency) ◊ **Іва́н ра́птом ~ів на грип.** Ivan suddenly got sick with a flu. *or part of body* **з. на ву́хо** get a sick ear (**го́рло** throat, **ни́рки** kidneys, **о́чі** eyes, **пе́чінку** liver, **підшлу́нкову за́лозу** pancreas, **се́рце** heart, **шлу́нок** stomach) ◊ **Вона́ захворі́ла на шлу́нок.** She got sick in the stomach.
v. + **з. могти́** can, **ризикува́ти** run the risk of ◊ **Лі́кар ризику́є захворі́ти сам.** The doctor runs the risk of getting sick himself. **стара́тися не** try not to
See **хворі́ти.** *Also see* **схо́плювати 4, терпі́ти 4**
2 *fig., colloq.* to develop an obsession for, to become crazy for sth + *I.* ◊ **Васи́ль про́сто захворі́в бажа́нням зроби́ти це.** Vasyl became plainly obsessed with the desire to do it.
захворіва́й! захворі́й!
Also see **хворі́ти**

захи́щен|ий, *adj.*

protected, guarded, sheltered ◊ **Пози́ція була́ ~а від воро́жого вогню́ ске́лею.** The position was protected against hostile fire by the rock.
adv. **до́бре** well, **наді́йно** securely; **ке́псько** poorly, **пога́но** badly ◊ **Вона́ пога́но ~а від переслі́дування.** She is badly protected from persecution. **так со́бі** so-so
prep. **з. від** + *I.* protected against/from sb/sth ◊ **з. від висна́ження** protected against exhaustion (**дощу́** rain, **кри́зи** crisis, **него́ди** bad weather, **стихі́ї** elements, **хворо́би** sickness) ◊ **Щеплення роби́ло її́ на сто відсо́тків ~ою від сказу́.** The vaccination made her a hundred percent protected against rabies.

за́х|ід[1], *m.*, ~оду

1 event, undertaking, function ◊ **Презента́ції книжо́к були́ основни́м ~одом у бібліоте́ці.** Book presentations were the main event in the library.
adj. **важли́вий** important ◊ **Вони́ не могли́ пропусти́ти важли́вого ~оду.** They could not miss the important event. **вели́кий** big, **головни́й** main, **масшта́бний** large-scale; **особли́вий** special; **прести́жний** prestigious, **популя́рний** popular; **інавґураці́йний** inaugural ◊ **Інавґураці́йні ~оди відбува́тимуться по всьо́му мі́сту.** Inaugural events will be occurring all around town. **захо́пливий** exciting, **неабия́кий** extraordinary, **па́м'ятний** memorable, **сенсаці́йний** sensational, **ціка́вий** interesting; **вда́лий** *or* **успі́шний** successful; **міжнаро́дний** international ◊ **Факульте́т прово́див міжнаро́дний з. упе́рше.** The department was holding an international event for the first time. **націона́льний** national; **майбу́тній** forthcoming, **насту́пний** next; **ни́нішній** current; **мину́лий** past, **оста́нній** last; **щорі́чний** annual; **пості́йний** regular; **культу́рний** cultural ◊ **пе́рший культу́рний з. клу́бу** the first cultural event of the club; **літерату́рний** literary, **музи́чний** musical, **науко́вий** scientific, **осві́тній** educational, **спорти́вний** sporting, **політи́чний** political, **публі́чний** public, **фестива́льний** festival, **ювіле́йний** anniversary; **дипломати́чний** diplomatic, **офіці́йний** official, **форма́льний** formal; **доброчи́нний** charity
n. + **з. госпо́дар ~оду** an event host ◊ **Ре́ктор університе́ту був госпо́дарем доброчи́нного ~оду.** The university president was the charity event's host. (**організа́тор** organizer, **спо́нсор** sponsor ◊ **Спо́нсором ~оду була́ мі́сцева торго́ва пала́та.** The local chamber of commerce was the event's sponsor. **програ́ма** program; **рекла́ма** promotion, **ро́зголос** publicity), ◊ **ро́зклад ~одів** a schedule of events (**ни́зка** a string, **се́рія** series) ◊ **Ярмаркові передува́ла се́рія публі́чних ~одів.** A series of public events preceded the fair.
v. + **з. організо́вувати з.** organize an event ◊ **Його́ попроси́ли зорганізува́ти музи́чний з.** He was asked to organize a musical event. (**прово́дити** hold, **рекламува́ти** advertise, **розголо́шувати** publicize; **відві́дувати** visit ◊ **Вони́ відві́дували тре́тій поді́бний з. за мі́сяць.** They were attending their third event like this in a month. **йти** *and* **ходи́ти на** go to ◊ **Петро́ ча́сто хо́дить на осві́тні ~оди музе́ю.** Petro often goes to the museum's educational events. **підтри́мувати** support, **спонсорува́ти** sponsor, **фінансува́ти** finance; **бойкотува́ти** boycott, **зрива́ти** foil ◊ **Гру́па екстремі́стів зірва́ла з.** A group of extremists foiled the event. **саботува́ти** sabotage; **пропуска́ти** miss, **скасо́вувати** cancel) ◊ **Че́рез хворо́бу пое́та вони́ му́сили скасува́ти з.** Because of the poet's sickness they had to cancel the event.
з. + *v.* **відбува́тися** take place ◊ **З. відбу́деться в Музе́ї істо́рії.** The event will take place in the History Museum. **прохо́дити** be underway ◊ **За́раз у за́лі прохо́дить яки́йсь з.** An event is underway in the auditorium now.
Also see **ве́чір 2, чита́ння 2**
2 *usu pl.* measure, step, action ◊ **~оди оборо́ни врятува́ли мі́сто від окупа́ції.** The defense measures saved the city from occupation.
adj. **акти́вні** active ◊ **Вла́да вдала́ся до акти́вних ~одів, щоб запобі́гти поже́жам.** The authorities resorted to active measures in order to prevent fires. **енергі́йні** vigorous, **ефекти́вні** effective, **жорсткі́** harsh, **круті́** stern ◊ **Стано́вище вимага́ло круті́х ~одів.** The situation required stern measures. **рішу́чі** decisive, **си́льні** strong, **тверді́** firm; **винятко́ві** exceptional, **надзвича́йні** extraordinary; **аґреси́вні** aggressive, **наси́льницькі** violent; **нале́жні** proper, **невідкла́дні** expeditious, **нега́йні** immediate, **операти́вні** prompt, **терміно́ві** urgent, **швидкі́** swift; **колекти́вні** collective ◊ **Колекти́вні ~оди могли́ да́ти ба́жаний результа́т.** Collective measures could yield a desired result. **об'є́днані** united, **спі́льні** joint, **узго́джені** concerted; **багатосторо́нні** multilateral, **двосторо́нні** bilateral, **однобі́чні** *or* **односторо́нні** unilateral; **допомі́жні** remedial, **кореґува́льні** corrective; **пря́мі́** direct; **випере́джувальні** preemptive, **запобі́жні** preventative, **превенти́вні** preventive; **військо́ві** military, **во́єнні** war; **дисциплíна́рні** disciplinary; **викона́вчі** executive, **законода́вчі** legislative, **правові́** legal; **держа́вні** state, **уря́до́ві** government; **антикорупці́йні** anti-corruption; **антитерористи́чні** anti-terrorist
з. + *n.* **~оди еконо́мії** austerity measures ◊ **Уря́д оголоси́в про на́мір поси́лити ~оди еконо́мії.** The government announced its intention to step up the austerity measures. (**за́хисту** protection, **збере́ження** conservation, **оборо́ни** defense; **скоро́чення вида́тків** expenditure-cutting)
v. + **з. вво́дити ~оди** impose measures ◊ **Ухва́лено рі́шення ввести́ додатко́ві ~оди від кібертерори́зму.** A decision was adopted to impose additional measures against cyberterrorism. (**вжива́ти** use, **впрова́джувати** introduce, **втíлювати** implement, **прийма́ти** adopt ◊ **Вона́ не ба́чила доста́тніх причи́н прийма́ти скра́йні ~оди.** She did not see sufficient reasons to adopt extreme measures. **схва́лювати** approve; **виправдо́вувати** justify; **пропонува́ти** propose; **забороня́ти** ban); **уника́ти ~ів** avoid measures ◊ **Він нама́гався уника́ти неви́правдано жорстки́х ~одів.** He tried to avoid unjustifiably harsh measures. (**вдава́тися до** resort to; **вжива́ти** take ◊ **Напа́дники зму́сили охоро́ну вжи́ти рішу́чих ~одів.** The assailants forced the guards to take decisive measures. **виступа́ти про́ти** oppose) ◊ **Вона́ категори́чно виступа́є про́ти ~одів скоро́чення вида́тків.** She is categorically opposed to the expenditure-cutting measures.
з. + *n.* **бу́ти спрямо́ваними на** + *A.* be aimed at sth ◊ **Військо́ві ~оди спрямо́вані на по́вну блока́ду окупо́ваних терито́рій.** The military measures are aimed at a complete blockade of the occupied territories.
Also see **дія 2**

за́х|ід[2], *m.*, ~оду

1 west ◊ **Со́нце сі́ло за о́брій, і з. не́ба став пурпуро́вим.** The sun set behind the horizon and the western part of the sky turned purple. ◊ **Гі́рський кряж ішо́в із ~оду на схі́д.** The mountain ridge went from west to east.
adj. **пі́вде́нний** south, **пі́вні́чний** north ◊ **Вони́ опини́лися на пі́вні́чному ~оді від о́зера.** They found themselves north-west from the lake.
prep. **на з. від** + *G. dir.* to the west of sth, west of ◊ **Доро́га тягну́лася на з. від Рі́вного.** The road stretched west of Rivne. **на ~оді** + *G. posn.* in the west of sth ◊ **Луцьк є на ~оді Украї́ни.** Lutsk is in the west of Ukraine.
Ant. **схід[1] 1**
2 sunset, setting down *(of planet)* ◊ **Вона́ милува́лася ~одом со́нця.** She was admiring the sunset. ♦ **на ~оді літ** *or* **життя́** at the end of life ◊ **Він став філо́софом на ~оді літ.** He became a philosopher toward the end of his life.
Ant. **схід[2] 2**
3 *fig.* the West, Occident ◊ **З. за́вжди́ ва́бив її́.** The West had always attracted her. ◊ **Тепе́р вони́**

моги́муть ві́льно ї́здити на З. Now they will be able to freely travel to the West.
Ant. **схід**[1] **2**

за́хідн|ий, *adj.*
western ◊ **В архітекту́рі мече́ті були́ вира́зні ~і впли́ви.** There was distinct western influence in the architecture of the mosque.
adv. **півде́нно-з.** southwestern ◊ **Ві́тер зміни́вся зі схі́дного на півде́нно-з.** The wind changed from eastern to southwestern. **півні́чно-з.** northwestern
Ant. **схі́дний**

захо́д|ити, ~жу, ~ять; зайти́, зайд|у́ть; *pa. pf., m.* **зайшо́в**, *pl.* **зайшли́**, *intr.*
1 to go in/to, walk into, enter ◊ **Він зайшо́в по гру́ди в рі́чку.** He went into the river up to his chest.
adv. **всере́дину** inside, **гли́бо́ко** deep, **дале́ко** far; **крок за кро́ком** step by step ◊ **Вона́ крок за кро́ком ~ила да́лі в боло́то.** Step by step, she went farther into the marsh. **обере́жно** cautiously; **безшу́мно** silently, **непомі́тно** unnoticed ◊ **Жі́нка з ву́лиці непомі́тно зайшла́ в буди́нок.** A woman from the street entered the building unnoticed. **ти́хо** quietly; **пові́льно** slowly ◊ **Со́нце пові́льно ~ило за хма́ру.** The sun was slowly going behind the cloud. **шви́дко** quickly; **несподі́вано** unexpectedly, **ра́птом** suddenly
v. + **з. дозволя́ти** + *D.* allow sb to; **забороня́ти** + *D.* forbid sb to ◊ **Сторо́ннім забороня́ють з.** Outsiders are forbidden to enter. **поспіша́ти** be in a hurry to ◊ **Го́сті поспіша́ли зайти́ всере́дину.** The guests were in a hurry to get inside. **проси́ти** + *A.* ask sb to ◊ **Дівчи́на попроси́ла їх зайти́.** The girl asked them in. **намага́тися** try to ◊ **Вона́ намага́лася зайти́ че́рез ти́льні две́рі.** She tried to go in through the back door. **про́бувати** attempt to
prep. **з. в** + *A.* go into sth ◊ **з. у двір** go into a courtyard (**ліс** forest, **рі́чку** river, **сад** garden); **з. до** + *G.* walk into sth ◊ **з. до буди́нку** walk into a house (**віта́льні** living room, **кімна́ти** room, **теа́тру** theater); **з. за** + *A.* go behind sth ◊ **з. за де́рево** go behind a tree (**ліс** forest, **парка́н** fence, **стіл** table)
Also see **вхо́дити 1, ступа́ти 3**
2 to come, visit, drop in on, call on
adv. **вчо́ра** yesterday ◊ **До нас учо́ра ~ив Макси́м.** Yesterday Maksym came to see us. **за́вжди́** always, **звича́йно** usually, **пості́йно** constantly, **ча́сто** often; **і́ноді** sometimes, **рі́дко** seldom; **охо́че** readily, **ра́до** gladly ◊ **Вона́ ра́до ~ла до Пилипе́нків.** She gladly visited the Pylypenkos. **нехо́че** reluctantly; **несподі́вано** unexpectedly, **ні́коли не** never ◊ **Чому́ Васи́ль ні́коли не ~ить до нас?** Why does Vasyl never drop in on us?
v. + **з. ви́рішувати** decide to ◊ **Тара́с ви́рішив зайти́ до них.** Taras decided to drop in on them. **ду́мати** intend to ◊ **Лари́са ду́має зайти́ до них, та все не знайде́ ча́су.** Larysa intends to visit them but can't seem to find the time. **обіця́ти** + *D.* promise sb to, **сподіва́тися** hope to, **хоті́ти** want to; **запро́шувати** + *A.* invite sb to, **перекон́увати** + *A.* persuade sb to, **проси́ти** + *A.* ask sb to
prep. **з. до** + *G.* drop in on sb; **з. на** + *A.* visit sth ◊ **Валенти́на впе́рше зайшла́ на цю мере́жеву сторі́нку.** Valentyna visited the web page for the first time. **з. по** + *A.* come pick sb up ◊ **По доро́зі до шко́ли Іва́нка ~ить по по́другу.** On her way to school, Ivanka goes to pick up her (female) friend.
Also see **вступа́ти 2**
3 to reach, go as far as ◊ **За годи́ну він зайшо́в на протиле́жний бік мі́стечка.** In one hour, he reached the opposite side of town.
adv. **вже** already, **вре́шті-ре́шт** eventually, **наре́шті** finally, **ско́ро** fast, **шви́дко** quickly, **я́кось** somehow; **без пробле́м** without a problem; **дале́ко** far ◊ **Ма́ти наказа́ла їм трима́тися бе́рега і не з. дале́ко.** Mother ordered them to keep close to the shore and not go far.
prep. **з. до** + *G.* reach sth ◊ **Ми зайшли́ до за́мку за годи́ну.** We reached the castle in an hour. ♦ **з. зана́дто дале́ко** to go too far, *fig.* to cross the line
See **дохо́дити 1**
4 to fit, slide in ◊ **Ключ ле́гко ~ив у замо́к.** The key easily fit in the lock.
prep. **з. в** + *A.* fit sth ◊ **Шухля́да не за́вжди́ пла́вно ~ила у стіл.** The drawer did not always slide into the table smoothly.
5 to set *(of moon, etc.)*, go down ◊ **Плане́та пові́льно ~ить за о́брій.** The planet slowly sets behind the horizon. (**мі́сяць** moon, **со́нце** sun)
See **сіда́ти 7**
6 to approach, near, advance, come ◊ **Літа́к ~ив на поса́дку.** The airplane was approaching for landing. ◊ **Як приро́джений психо́лог, вона́ зна́ла, з яко́го бо́ку зайти́ до ко́жного.** As a natural psychologist, she knew what angle to approach everybody from. ◊ **~ила те́пла лі́тня ніч.** Warm summer night was coming.
prep. **з. з** + *G.* approach from ◊ **Во́рог намага́вся зайти́ з ти́лу.** The enemy was trying to approach from the rear.
See **наближа́тися 1**
7 to begin *(of argument, fight)*, erupt ◊ **Він не прига́дував, як зайшла́ сва́рка.** He did not remember how the fight had begun.
See **почина́тися**
8 to turn to *(of issue)*, address, be about ◊ **У ї́хньому товари́стві бала́чка ча́сто ~ить про те, як знайти́ пра́цю.** In their company, the conversation is often about how to find a job.
prep. **з. про** + *A.* turn to sth ◊ **Мо́ва одра́зу зайшла́ про нові́ ці́ни.** The conversation at once turned to the new prices.
See **зверта́тися 4**
захо́дь! зайди́!

захопи́|ти, *pf., see* **захо́плювати**
to seize, capture ◊ **Воякі́ ~ли трьох на́йманців.** The soldiers captured three mercenaries.

захопи́|тися, *pf., see* **захо́плюватися**
to get captivated, get enthralled ◊ **Він ~вся її́ о́повідями про ві́йну.** He got enthralled with her war stories.

захо́плен|ий, *adj.*
1 captured, seized, occupied ◊ **Кре́денс був се́ред трофе́їв, ~их в Німе́ччині.** The credenza was among the trophies captured in Germany.
з. + *n.* **з. арсена́л** a captured arsenal (**во́рог** enemy, **плацда́рм** beachhead; **полоне́ний** prisoner, **солда́т** soldier, **терори́ст** terrorist) ◊ **Він узя́вся обшу́кувати ~ого терори́ста.** He started searching the captured terrorist. **~а вла́сність** a seized property (**терито́рія** territory); **~е мі́сто** a captured city
2 *fig.* fascinated, enchanted, thrilled, rapt + *I.* over sth ◊ **Перемо́жців зустрі́в з. на́товп.** A rapt crowd greeted the winners.
adv. **абсолю́тно** absolutely ◊ **Він диви́вся на режисе́ра абсолю́тно ~им по́глядом.** He was looking at the director with an absolutely rapt gaze. **гли́бо́ко** deeply ◊ **Вона́ гли́бо́ко ~а перспекти́вою навча́ння в Торо́нті.** She is deeply thrilled at the prospect of studying in Toronto. **по-спра́вжньому** really, **цілко́м** utterly; **вира́зно** distinctly, **я́вно** clearly; **не зо́всім** not entirely
v. + **з. бу́ти ~им** be thrilled ◊ **Марко́ був ~им ціє́ю осо́бою.** Marko was enthralled by this person. (**здава́тися** + *D.* seem to sb; **роби́тися** become, **става́ти** grow)

захо́плен|ня, *nt.*
1 takeover, occupation, seizure, capture ◊ **З. плацда́рму забезпе́чило у́спіх опера́ції.** The capture of the beachhead ensured the success of the operation.
adj. **воро́же** hostile ◊ **Компа́нії реа́льно загро́жувало воро́же з.** The company was realistically threatened by a hostile takeover. **злочи́нне** criminal, **зра́дницьке** treacherous, **незако́нне** illegal, **пі́дсту́пне** perfidious, **рапто́ве** sudden, **ре́йдерське** raider
з. + *n.* **з. вла́ди** a seizure of power (**акти́вів** assets, **вла́сності** property; **землі́** land, **терито́рії** territory)
v. + **з. вдава́тися до з.** resort to a takeover ◊ **Імпе́рія вдала́ся до наси́льного з. чужо́ї терито́рії.** The empire resorted to the violent seizure of other countries' territory. (**відбива́ти** repel, **зазнава́ти** suffer ◊ **За пів ро́ку мі́сто тричі зазнава́ло з. во́рогом.** In half a year, the city suffered capture by the enemy three times. **організо́вувати** organize) ◊ **Уря́д організува́в з. акти́вів ба́нку.** The government organized the seizure of the bank's assets. **запобіга́ти ~ю** prevent a takeover
See **окупа́ція**
2 *fig.* admiration, enchantment, rapture ◊ **Як нарци́с, він потребува́в з. і ви́зна́ння.** As a narcissist, he was in need of admiration and recognition.
adj. **вели́ке** great, **величе́зне** enormous, **надзвича́йне** extraordinary, **неабия́ке** exceptional; **вира́зне** distinct, **відкри́те** open ◊ **Він диви́вся на вчи́теля з відкри́тим ~ням.** He was looking at his teacher with open admiration. **помі́тне** visible
Also see **по́див 2**
3 *fig.* hobby, pastime, passion, interest + *D.* ◊ **Ві́ктор мав бага́то ~ь, але́ гоке́й не був одни́м із них.** Viktor had many interests but hockey was not one of them.
adj. **вели́ке** great, **найбі́льше** greatest ◊ **Її́ найбі́льше в житті́ з. – це німе́ кіно́.** Her greatest hobby in life is silent cinema. **голо́вне** main, **пе́рше** primary, **улю́блене** favorite; **всепоглина́юче** all-consuming ◊ **Ната́лчине з. риба́лкою і мисли́вством було́ всепоглина́ючим.** Natalka's passion for fishing and hunting was all-consuming. **да́внє** age-old, **коли́шнє** former, **старе́** old; **тепе́рішнє** current; **приє́мне** enjoyable, **ціка́ве** interesting
v. + **з. ма́ти з.** have a passion (**виявля́ти** discover; **перетво́рювати** + *A.* **на** turn sth into; **розділя́ти з** + *I.* share with sb) ◊ **Сашко́ розділя́в із Юрко́м з. воє́нними фі́льмами.** Sashko shared his passion for war films with Yurko. **віддава́тися ~ню** abandon oneself to a hobby ◊ **У лі́сі Миро́н годи́нами віддава́вся ~ню спостеріга́ти за пташка́ми.** In the forest, Myron for hours abandoned himself to his hobby of bird-watching. **бу́ти ~ням** be sb's passion (**керува́тися** be driven by; **лиша́тися** remain, **става́ти** become)
Also see **вподо́бання 2, інтере́с, при́страсть 3, сла́бість 5**

захо́плив|ий, *adj.*
1 absorbing, captivating, gripping, exciting ◊ **Ко́жна її́ ро́зповідь по-сво́єму ~а.** Each of her stories is gripping in its own way.
з. + *n.* **з. предме́т** an absorbing subject ◊ **Англі́йська була́ для не́ї найбі́льш ~им предме́том.** English was the most captivating subject for her. (**прое́кт** project, **рома́н** novel, **текст** text, **фільм** film); **~а істо́рія** a gripping story (**карти́на** picture, **кни́жка** book, **п'є́са** play, **світли́на** photograph)
2 thrilling, fascinating, exciting ◊ **Анато́лій мрі́яв, що в університе́ті познайо́миться з мо́рем ~их люде́й.** Anatolii was dreaming that at the university he would meet a legion of fascinating people.
з. + *n.* **~а жі́нка** a fascinating woman (**краса́** beauty, **люди́на** person, **перспекти́ва** prospect)

◊ **Пéред ни́ми відкри́лася ~а перспекти́ва працювáти в Ки́єві.** The thrilling prospect of working in Kyiv opened before them.

захóплю|вати, ~ють; захоп|и́ти, ~лю́, ~иш, ~лять, *tran.*
1 to grab, seize, scoop ◊ **Дорóгою додóму він захопи́в у крамни́ці хлі́ба й молокá.** On his way home, he grabbed some bread and milk from the store. ♦ **у дві при́горщі не захóпиш** loads, a lot of ◊ **У мене́ нови́х дáних – у дві при́горщі не захóпиш.** I have loads of new data.
adv. **провóрно** nimbly ◊ **Він провóрно захопи́в рукóю кущ.** He nimbly grabbed a bush with his hand. **спри́тно** deftly, **швидко** quickly; ♦ **У неї на мить захопи́ло дух від ї́зди на ли́жах.** *impers.* Skiing took her breath away for an instant.
v. + **з. змогти́** *pf.* manage to ◊ **Він зміг захопи́ти лóжкою шматóк м'я́са на дні банякá.** He managed to scoop out a piece of meat at the bottom of the pot with a spoon. **намагáтися** try to, **прóбувати** attempt to, **спромогти́ся** *pf.* contrive to; **хоті́ти** want to
See **хапáти 1.** *Also see* **загáрбувати 2, хапáтися 1**
2 to take over *(by force)*, capture, seize ◊ **Фортéцю ніко́ли ніхтó не ~вав.** Nobody ever captured the fortress.
adv. **наси́льницьким спóсобом** by violent means ◊ **Він наси́льницьким спóсобом захопи́в компáнію конкурéнта.** He took over the rival's company by violent means. **наси́льством** by violence, **обмáном** by subterfuge, **підсту́пно** treacherously, **підсту́пом** by treachery, **силомі́ць** forcibly, **си́лою** by force, **хи́трощами** by trickery
з. + *n*: **з. влáду** seize power ◊ **Пі́сля 1991 рóку влáду ~є коли́шня совєтська номенклату́ра.** After 1991, the former Soviet nomenclature seizes power. (**зéмлю** land, **контрóль** control, **людéй** people); ♦ **з.** + *A.* **в полóн** to take sb prisoner ◊ **Вoя́к, якóго вони́ захопи́ли в полóн, заговори́в.** The soldier they had taken prisoner began to talk.
v. + **з. вдавáтися** + *D.* succeed in ◊ **Коли́ йомý не вдавáлося з. чужý влáсність хи́трощами, він роби́в це си́лою.** When he did not succeed in seizing other people's property by trickery, he would do it by force. **змогти́** *pf.* manage to; **могти́** can ◊ **Ворóжі си́ли могли́ захопи́ти бі́льшу терито́рію.** The enemy forces could take over a larger territory. **намагáтися** try to, **прóбувати** attempt to, **спромогти́ся** *pf.* contrive to; **хоті́ти** want to ◊ **Він хоті́в з. кіносту́дію.** He wanted to seize the film studio.
See **відбирáти 1, віднімáти 1, забирáти 2.** *Also see* **займáти 3**
3 to carry, take along, bring, pick up ◊ **Лю́дський потік захопи́в і поні́с Олéну до майдáну.** The human stream took Olena and carried her to the square.
See **нести́ 1, 2.** *Also see* **занóсити 1**
4 *only pf.* to surprise, be caught up in, catch in the act ◊ **Дорóгою їх ~ла лі́тня зли́ва.** While on the road, they were caught up in a summer downpour.
adv. **зненáцька** by surprise, **несподі́вано** unexpectedly, **рáптом** suddenly; ♦ **з. на мі́сці злóчину** to catch sb red-handed ◊ **Рáптом з'яви́лася сусі́дка, захопи́вши йогó на мі́сці злóчину.** Suddenly a (female) neighbor appeared, catching him red-handed.
5 *fig., colloq., only pf.* to pick up *(a sickness)*, catch, contract ◊ **У Хáркові Лéся ~ла перестýду.** In Kharkiv, Lesia picked up a cold. ◊ **Він користувáвся презервати́вом, щоб бувá не захопи́ти якýсь статéву хворóбу.** He used a condom, so as not to catch some venereal disease by any chance.
See **хворі́ти.** *Also see* **захворі́вáти**
6 *fig.* to captivate, charm, carry away ◊ **Юркá ~вали пóдорожі.** Traveling thrilled Yurko. ◊ **Красá ціє́ї жі́нки ~ла не однé поколі́ння.** This woman's beauty captivated more than one generation. ◊ **Яри́на мáла здáтність з. і́нших своїм ентузія́змом до робóти.** Yaryna had the ability to captivate others with her enthusiasm for work.
7 *fig.* to take over, overcome, overwhelm ◊ **Бажáння оволоді́ти нéю ~ло йогó думки́.** The desire to take possession of her took over his thoughts.
See **оволодівáти 2.** *Also see* **забирáти 4, запóвнювати 4, напóвнювати 2, опанóвувати 3, розбирáти 6**
pa. pple. **захóплений** seized
захóплюй! захопи́!

захóплю|ватися; захопи́тися, *intr.*
1 to get absorbed with/in/by, get carried away with + *I.* ◊ **Вони́ захопи́лися грóю.** They got carried away by the game.
adv. **вкрáй** extremely, **все бі́льше й бі́льше** more and more, **геть** totally, **гли́бóко** deeply, **дýже** very, **так** so, **цілкóм** completely ◊ **Вáля цілкóм захопи́лася листóм і не помі́тила, як увійшóв Ілля́.** Valia got completely absorbed in the letter and did not notice Illia enter. **поступóво** gradually; **швидко** quickly; **щи́ро** genuinely ◊ **Глядачі́ щи́ро захопи́лися спектáклем, реагýючи на все, що чýли зі сцéни.** The spectators got genuinely absorbed with the performance, reacting to everything they heard from the stage.
v. + **з. бýти лéгко** be easy to, **бýти схи́льним** be inclined to, **могти́** can; **починáти** begin to ◊ **Він почáв з. процéсом перéкладу.** He began to get absorbed in the translation process. **стáти** *pf.* start; **намагáтися не** try not to
2 to be into, take interest in, be keen on + *I.* ◊ **Коли́сь Юрчéнко ~вався Джóном Апдáйком та Валéрієм Шевчукóм.** Yurchenko had once been into John Updike and Valerii Shevchuk.
adv. **дýже** very much, **повáжно** *and* **серйóзно** seriously, **при́страсно** passionately; **напрáвду** truly ◊ **Він напрáвду ~вався чéсністю ціє́ї люди́ни.** He truly admired this person's integrity. **спрáвді** really; **дóвгий час** for a long time, **яки́йсь час** for some time ◊ **Вонá ~валася сюреалі́стами яки́йсь час.** She had been into surrealists for some time.
з. + *n.* **з. архітектýрою** be into architecture ◊ **Під впли́вом викладачá Івáн став з. архітектýрою.** Under the influence of the instructor, Ivan started to take interest in architecture. (**істóрією** history, **кінóм** movies, **мýзикою** music, **óперою** opera, **тáнцями** dance, **теáтром** theater, **спі́вом** singing, **спóртом** sports, **фотогрáфією** photography)
See **ціка́витися 1**
3 to fall for, to take a fancy to, get enfatuated with, admire ◊ **Вонá захопи́лася Петрóм.** She fell for Petro.
See **закóхуватися.** *Also see* **западáти 5, кохáти 3**

зацикле́н|ий, *adj., colloq.*
obsessed, fixated ◊ **Він повтóрював це, нена́че з.** He was repeating this as if obsessed.
adv. **безнаді́йно** hopelessly, **ганéбно** shamefully, **дýже** very, **небезпéчно** dangerously, **нездорóво** unhealthily, **пості́йно** constantly
v. + **з. бýти ~им** be obsessed ◊ **Кóжен із них був на чóмусь ~им.** Each of them was obsessed with something. (**виявля́тися** turn out, **здавáтися** + *D.* seem to sb, **лишáтися** remain, **роби́ти** + *A.* make sb, **роби́тися** grow, **ставáти** become) ◊ **Михáйло став цілкóм ~им на влáсному добрóбуті.** Mykhailo became utterly fixated with his own well-being.
prep. **з. на** + *L.* obsessed with sth; ◊ **з. на автíвках** obsessed with cars (**грóшах** money ◊ **В Амéриці всі здавáлися їй ~ими на грóшах.** In the United States, everybody seemed to her to be fixated on money. **кар'є́рі** career, **мóді** fashion, **óдязі** clothes, **зайві́й вáзі** excess weight, **сéксі** sex) ◊ **Іри́на роби́лася ~ою на сéксі.** Iryna was growing obsessed with sex.
See **одержи́мий**

зацікáви|ти, *pf., see* **зацікáвлювати** *and* **ціка́вити**
to get sb interested ◊ **Інформаці́йні технолóгії швидко ~ли Зóю.** Zoya quickly developed an interest in information technologies.

зацікáви|тися, *pf., see* **зацікáвлюватися** *and* **ціка́витися**
to get interested ◊ **Поступóво він ~вся філóсофами-стóїками.** Gradually he became interested in stoic philosophers.

зацікáвлен|ий, *adj.*
1 interested + *I.* in ◊ **Жі́нка підійшлá бли́жче, ~а тим, що ді́ялося.** The woman came closer, interested in what was going on.
adv. **все бі́льше** increasingly, **гли́бóко** deeply, **гóстро** keenly, **дýже** very, **серйóзно** seriously, **спрáвді** really, **страшéнно** terribly; **дóсить** enough, **достáтньо** sufficiently; **перевáжно** mostly, **поверхóво** superficially; **мáло** little, **трóхи** a little; **зóвсім не** not at all, **і бли́зько не** not remotely ◊ **Васи́ль і бли́зько не з. у тóму, щоб ї́хати з ни́ми.** Vasyl is not remotely interested in traveling with them. **ні трі́шки** not in the least, **не особли́во** not especially
з. + *n.* **~а осóба** the person concerned, **~а сторонá** an interested party
v. + **з. бýти ~им** be interested ◊ **Вонá ~а телепáтією.** She is interested in telepathy. (**здавáтися** + *D.* seem to sb, **лишáтися** remain, **роби́тися** grow, **ставáти** become)
2 curious, intrigued, eager to know, interested ◊ **З. юнáк поспіши́в подиви́тися на нови́й мотоци́кл.** The curious youth hurried to take a look at the new motorcycle. ◊ **Байдýжий тон ді́вчини не погóджувався із ~им ви́разом на її́ обли́ччі.** The girl's indifferent tone did not match the intrigued expression on her face.

зацікáвлю|вати, ~ють; зацікáв|ити, ~лю, ~иш, ~лять, *tran.*
1 to get sb interested in + *I.* ◊ **Вчи́тель намагáвся зацікáвити школярі́в своїм предмéтом.** The teacher tried to get the schoolchildren interested in his subject.
adv. **все бі́льше** increasingly, **гли́бóко** deeply, **гóстро** keenly, **дóсить** enough, **достáтньо** sufficiently, **дýже** very, **серйóзно** seriously, **спрáвді** really, **страшéнно** terribly; **мáло** little, **трóхи** a little; **перевáжно** mostly ◊ **Тéма зацікáвила перевáжно зрі́лу пýбліку.** The topic got mostly mature public interested. **зóвсім не** not at all, **і бли́зько не** not remotely, **ні трі́шки не** not in the least ◊ **Стати́стика не зацікáвила йогó ні трі́шки.** Statistics did not get him interested in the least. **не особли́во** not especially; **одрáзу** at once, **рáптом** all of a sudden, **зáраз же** right away ◊ **Її́ зáраз же ~ла новá модéль мобі́льного телефóну.** The new model of the mobile phone provoked her interest right away.
v. + **з. бýти трéба** + *D.* need to ◊ **Áвторові трéба зацікáвити читачá.** The author needs to provoke the reader's interest. **вдавáтися** + *D.* succeed in ◊ **Їй вдавáлося з. філосóфією всіх.** She succeeded in provoking everybody's interest in philosophy. **змогти́** *pf.* manage to, **могти́** can; **намагáтися** try to, **хоті́ти** want to
Also see **ціка́вити**
2 to draw attention, stand out + *I.* with ◊ **Цей стиль ~є поєднáнням кольорі́в.** The style catches the eye by its color combination.
3 *fig.* to attract, motivate, inspire ◊ **Праці́вникі́в**

слід з. не лúше платнéю, а й твóрчою атмосфéрою. Workers should be motivated not only by salaries but also creative atmosphere.
See **приваблювати.** *Also see* **цікáвити 2**
pa. pple. **зацікáвлений** interested, intrigued
зацікáвлюй! зацікáв!

зацікáвлю|ватися; зацікáвитися, *intr.*
to become interested, take an interest in + *I.*
◊ **Вонá все бíльше ~валася фоноло́гією.** She became increasingly more interested in phonology. ◊ **Лев зацікáвився твóрчістю Пíнзеля.** Lev became interested in the work of Pinzel.

зачарóву|вати, *impf., var., see* **чарувáти**
1 to charm, cast a spell on ◊ **Він повóдився так, нáче йогó зачарувáла вíдьма.** He behaved as if a witch had cast a spell on him.
Also see **чарувáти 1**
2 *fig.* to enchant, charm ◊ **Гóлос Крушельнúцької ~вав кóжного, хто йогó чув.** Krushelnytska's voice charmed everyone who heard it.
adv. **глибóко** deeply ◊ **Красá цьогó крáю глибóко ~є.** The beauty of this land is deeply charming. **сúльно** powerfully; **напрáвду** truly, **спрáвді** really, **як нíколи** as never before
See **привáблювати.** *Also see* **чарувáти 2**

зачарувá|ти, *pf., see* **чарувáти**
to charm, enchant, *etc.* ◊ **Мандрíвників ~ла прирóда Поділля.** The nature of Podillia enchanted the travelers.

зачинú|ти, *pf., see* **зачинЯ́ти**
to close, shut, *etc.* ◊ **Вонá ~ла двéрі тúхо, щоб не збудúти дітéй.** She closed the door quietly so as not to wake up the children.

зачинú|тися, *pf., see* **зачинЯ́тися**
to close, shut, *etc.* ◊ **Крамнúця ще не ~лася.** The store has not yet closed.

зачинЯ́|ти, ~ють; зачин|úти, ~ять, *tran.*
1 to close, shut ◊ **Матвíй надíйно зачинúв двéрі.** Matvii securely closed the door.
adv. **зáвждú** always, **обов'язкóво** definitely; **із грю́ком** with a bang ◊ **Хтось із грю́ком зачинúв двéрі у хлíві.** Somebody closed the barn door with a bang. **міцнó** firmly, **надíйно** securely, **щíльно** tightly ◊ **Двéрі не мóжна зачинúти щíльно.** It is impossible to close the door tightly. **обережно** cautiously, **тúхо** quietly; **наполовúну** by half, **частковó** partially; **цілкóм** completely
з. + *n.* **з. вікнó** close a window (**ворóта** gate, **двéрі** door, **кімнáту** room, **комíрку** pantry, **помéшкання** apartment, **хáту** *colloq.* house)
v. + **з. брáтися** get down to ◊ **Він узЯ́вся з. двéрі.** He set about closing the door. **починáти** begin to, **стáти** *pf.* start; **бýти трéба** + *D.* need to; **забувáти** forget to; **змогтú** *pf.* manage to, **спромогтúся** *pf.* contrive to; **не встигáти** not have the time to ◊ **Вонá не встúгла зачинúти балкóн.** She did not have the time to shut the balcony door. **не могтú** cannot; **накáзувати** + *D.* order sb to, **просúти** + *A.* ask sb to
Cf. **закривáти 2, замикáти 1.** *Ant.* **відчинЯ́ти**
2 to lock ◊ **Хтось зачинúв двéрі на ключ, якóго Марíя не мáла.** Somebody locked the door with a key Maria did not have.
See **замикáти 1**
3 to shut down, close down ◊ **Завóд зачинúли на два місЯ́ці.** The plant was shut down for two months.
з. + *n.* **з. крамнúцю** close a store (**музéй** museum ◊ **Музéй зачинúли для пýбліки.** They closed the museum to the public. **перукáрню** barbershop, *etc.*)
See **закривáти 4**
4 *fig.* lock away, imprison ◊ **Злочúнця надóвго зачинúли до в'язнúці.** The criminal was locked away in jail for a long time.
pa. pple. **зачúнений** closed, shut
зачинЯ́й! зачинú!

зачинЯ́|тися; зачинúтися, *intr.*
close, shut ◊ **Аптéка ~ється о вóсьмій вéчора.** The pharmacy closes at 8:00 PM. ◊ **Сьогóдні ми ~ємося рáно.** We close early today.
Also see **закривáтися, замикáтися.** *Ant.* **відчинЯ́тися**

зáчіс|ка, *f.*
haircut, hairdo ◊ **Покуйóвджене волóсся хлóпця – насправді стúльна і дорогá з.** The boy's disheveled hair is in fact a stylish and expensive haircut.
adj. **дóбра** good ◊ **Він зáвждú мав дóбру ~ку.** He always had a good haircut. **гáрна** nice, **пристóйна** decent; **акурáтна** neat, **охáйна** tidy ◊ **Не всі школЯ́рі мáли охáйні ~ки.** Not all the schoolchildren had tidy haircuts. **мóдна** trendy, **стúльна** stylish, **ультрамóдна** ultra-trendy; **корóтка** short; **новá** new; **жахлúва** awful, **погáна** bad; **старá** old; **дівчáча** girlish, **жінóча** female; **хлопчáча** boyish, **чоловíча** male
v. + **з. мáти ~ку** have a haircut ◊ **Він мáє гáрну ~ку.** He has a nice haircut. (**мінЯ́ти** change ◊ **Мирослáва змінúла ~ку.** Myroslava changed her haircut. **потребувáти** need ◊ **Хлóпець потребувáв нову́ ~ку.** The boy was in need of a new haircut. **робúти собí** + *D.* get oneself) ◊ **Вонá вирíшила зробúти собí корóтку ~ку.** She decided to get herself a short haircut.
L. **в ~ці**, *G. pl.* **~ок**

зашкóди|ти, *pf., see* **шкóдити**
to hurt, harm, *etc.* ◊ **Курíння ~ло її організмові на рéшту життЯ́.** Smoking damaged her body for the rest of her life.

заЯ́в|а, *f.*
1 statement, declaration ◊ **Мінíстр доручúв рéчниці підготувáти ~у.** The minister charged his spokeswoman with preparing a statement.
adj. **важлúва** important; **корóтка** short, **лаконíчна** laconic, **стúсла** brief ◊ **Її стúсла з. лишé розпалúла скандáл у прéсі.** Her brief statement only fueled the scandal in the press. **доклáдна** detailed, **пóвна** full; **відвéрта** blunt, **експліцúтна** explicit, **зухвáла** defiant ◊ **Зухвáла з. вúкликала шок сéред спостерігачíв.** The defiant statement provoked a shock among observers. **прямá** straightforward, **різкá** harsh, **рішýча** firm, **сúльна** strong, **сміливá** bold; **прóстá** simple, **чіткá** clear ◊ **Чіткá з. про нáміри ýряду заспокóїла інвéсторів.** A clear statement of government intentions calmed the investors. **непрáвильна** inaccurate, **омáнлива** misleading, **фальшúва** false; **дúвна** strange, **підозрíла** suspicious; **неочíкувана** unanticipated, **несподíвана** unexpected, **раптóва** sudden; **глу́па** foolhardy; **імпульсúвна** impulsive, **недбáла** careless, **необдýмана** rash, **поквáпна** hasty; **офіцíйна** official, **політúчна** political, **публíчна** public, **урЯ́дова** government; **спíльна** joint; **письмóва** written ◊ **У спрáві є письмóва з. свíдка.** There is a written witness statement in the file. **підпúсана** signed, **ýсна** oral
v. + **з. робúти ~у** make a statement ◊ **Він зробúв різкý ~у.** He made a harsh statement. (**видавáти** issue ◊ **Він свідóмо видавáв однý омáнливу ~у за íншою.** He purposefully issued one misleading statement after the other. **оприлю́днювати** make public, **публікувáти** publish; **відкидáти** reject ◊ **Вона відкúнула ~у як фальшúву.** She rejected the statement as false. **приймáти** take; **читáти** read ◊ **Рéчник читáв офіцíйну ~у.** The spokeman was reading an official statement. **брáти назáд** retract ◊ **Пíзно брáти назáд необдýману ~у.** It is too late to retract the rash statement. **відкликáти** withdraw) ◊ **Він відклúкав свою́ ~у до поліцíї.** He withdrew his statement to the police. **протирíчити** *or* **суперéчити ~і** contradict a statement ◊ **Йогó вéрсія подíй протирíчила** *or* **суперéчила урЯ́довій ~і з цьогó привóду.** His account of events contradicted the government statement on the matter.
prep. **в ~і** in a statement ◊ **В ~і немáє нíчого контроверсíйного.** There is nothing controversial in the statement. **з. для** + *G.* a statement for sb ◊ **з. для прéси** a statement for the press; **з. із привóду** + *G.* a statement on the matter of sth; **з. про** + *A.* a statement about sth ◊ **з. про порýшення перемúр'я** a statement about the violation of the ceasefire
Also see **твéрдження**
2 application, claim, request ◊ **Рáзом з ~ою на громадЯ́нство кóжен мýсив подáти пóсвідку про волóдіння держáвною мóвою.** Together with a citizenship application, everyone had to submit their official language proficiency certificate.
adj. **офіцíйна** official, **письмóва** written ◊ **Із невідóмих причúн її письмóва з. загубúлася.** For unknown reasons, her written application got lost. **успíшна** successful; **повтóрна** repeated, **ще однá** another; **неуспíшна** unsuccessful
v. + **з. забирáти ~у** withdraw an application ◊ **Передýмавши, Левчýк забрáв ~у на вакáнсію.** Having changed his mind, Levchuk withdrew his application for the vacancy. (**опрацьóвувати** process ◊ **Систéма повíльно опрацьóвує ~и громадЯ́н.** The system slowly processes citizens' applications. **переглядáти** review, **подавáти** submit ◊ **Він подáв ~у.** He submitted an application. **посилáти** + *D.* send sb, **розглядáти** consider ◊ **Комíсія розглЯ́нула ~у лишé чéрез мíсяць.** The committee considered the application only after one month. **задовольнЯ́ти** grant, **приймáти** accept ◊ **~и на ремóнт приймáють на дрýгому пóверсі.** The repair applications are accepted on the second floor. **схвáлювати** approve ◊ **Йогó ~у про вúхід на пéнсію схвалúли без затрúмки.** His retirement application was approved without delay. **відкидáти** reject, **ігнорувáти** ignore, **не задовольнЯ́ти** turn down) ◊ **Її заЯ́ву про відпýстку не задовольнúли.** Her application for a leave was turned down.
prep. **за ~ою** by application ◊ **Акредитáцію отрúмують за письмóвою ~ою.** The accreditation is obtained by a written application. **з. до** + *G.* application to sb ◊ **повтóрна з. до дирéктора компáнії** a repeated application to the company director; **з. на** + *A.* application for sth ◊ **з. на водíйські правá** driver's license application ◊ **~у на водíйські правá мóжна подавáти чéрез Мерéжу.** The driver's license application can be submitted on the Internet. (**громадЯ́нство** citizenship; **прáцю** job); ♦ **з. на стáтус бíженця** a refugee claim
Also se **прохáння 2**

заявлЯ́|ти, ~ють; заЯ́в|úти, ~лю́, ~иш, ~лять, *tran.*
1 to state, declare, announce, say ◊ **Мінíстр заявúв, що не збирáється йтú у відстáвку.** The minister stated he was not going to resign.
adv. **відвéрто** bluntly ◊ **Вонá відвéрто заявúла, що сáнкції мáють продóвжуватися.** She bluntly stated that the sanctions had to stay in place. **відкрúто** openly, **експліцúтно** explicitly, **публíчно** publicly, **прЯ́мо** straightforwardly; **однозначно** unequivocally, **прóсто** plainly; **гóрдо** proudly, **зухвáло** defiantly; **рíзко** harshly, **смíлúво** boldly; **прóсто** simply, **чíтко** clearly; **рішýче** firmly; **перемóжно** triumphantly; **негáйно** immediately, **неочíкувано** *and* **несподíвано** unexpectedly ◊ **Вонá несподíвано заявúла про нáмір продáти**

компа́нію. She unexpectedly announced her intention to sell the company. **раптóво** suddenly; **одрáзу** at once, **зáраз же** right away; **імпульси́вно** impulsively, **недбáло** carelessly, **необду́мано** rashly, **поквáпно** hastily; **офіці́йно** officially, **формáльно** formally

з. + *n.* **з. óсуд** declare condemnation; **з. про підтри́мку** declare support ◊ **Європéйський Сою́з заяви́в про підтри́мку рефóрм у краї́ні.** The European Union declared its support of the reforms in the country. ♦ **з. правá на** + *A.* to claim sth ◊ **Сусі́дня краї́на заяви́ла свої́ правá на ці терито́рії.** The neighboring country claimed these territories. ♦ **з. претéнзії на** + *A.* to make demands, make claims for sth ◊ **Вони́ заяви́ли претéнзії на компенсáцію.** They made claims for compensation. ♦ **з. протéст** + *D.* to make a protest to sb ◊ **Естóнія заяви́ла протéст росі́йському послóві з óгляду на пору́шення її́ повітряного прóстору.** Estonia has made a protest to the Russian ambassador on account of its air space violation.

v. + **з. бу́ти зму́шеним** be compelled to ◊ **Вонá зму́шена заяви́ти, що не брáтиме у́части у зáході.** She is compelled to declare that she will not take part in the event. **збирáтися** be going to, **мáти нáмір** have the intention to; **поспіши́ти** *pf.* hasten to; **хоті́ти** want to

prep. **з. про** + *A.* state sth ◊ **Посóл заяви́в про нáмір обóх сторі́н досягну́ти компромі́су.** The ambassador stated the two parties' intention to reach a compromise.

2 to file a complaint, make a statement, denounce, inform on ◊ **Жі́нка заяви́ла на чолові́ка в полі́цію.** The wife filed a complaint against her husband with the police.

prep. **з. на** + *A.* file a complaint against sb; **з. про** + *A.* file a complaint about sb/sth ◊ **Вонá заяви́ла в житловé управлі́ння про небезпéчний стан буди́нку.** She filed a complaint with the residential office about the dangerous condition of the building.

pa. pple. **зая́влений** declared

заявля́й! заяви́!

зая́вник, *m.*; **зая́вниця**, *f.*

applicant, claimant

adj. **перспекти́вний** prospective, **потенці́йний** potential; **гі́дний** eligible ◊ **Соціáльну допомóгу надаю́ть ті́льки гі́дним ~ам.** Social assistance is given only to eligible applicants. **кваліфікóваний** qualified, **підхóжий** suitable; **типóвий** typical; **успі́шний** successful ◊ **Він потрáпив до спи́ску успі́шних ~ів.** He got to the list of successful applicants.

prep. **з. на** + *A.* applicant for sth ◊ **з. на вакáнсію** a vacancy applicant ◊ **Ці́лий день вонá провóдила співбéсіди з ~ами на вакáнсію.** All day long, she had interviews with vacancy applicants. (**прáцю** job; **ві́зу** visa, **приту́лок** refugee) ◊ **Кóжен з. на приту́лок мав дóзвіл залишáтися в краї́ні.** Each refugee applicant had the permission to stay in the country. ♦ **з. на стáтус бі́женця** a refugee claimant ◊ **З. на стáтус бі́женця мáє прáво безкоштóвно вивчáти украї́нську.** A refugee claimant has the right to study Ukrainian for free.

v. + **з. відбирáти ~а** select an applicant ◊ **Гі́дних ~ів відбирáли за ни́зкою критéріїв.** Eligible applicants were selected by a number of criteria. (**оці́нювати** evaluate, **перевіря́ти** screen ◊ **Кóжного ~а ретéльно перевіря́ли.** Each applicant was thoroughly screened. **привáблювати** attract ◊ **Вакáнсія привáбила рекóрдне числó ~ів.** The vacancy attracted a record number of applicants. **приймáти** admit) ◊ **Прийняли́ сім ~ів.** Seven applicants were admitted. **відмовля́ти ~ові** turn down an applicant ◊ **Вонá відмóвила сімóм ~ам.** She turned seven applicants down.

з. + *v.* **подавáти зая́ву на** + *A.* apply for sth; **потрапля́ти до корóткого спи́ску** to be short-listed ◊ **Оби́два ~и потрáпили до корóткого спи́ску на посáду.** Both applicants were short-listed for the position.

Cf. **кандидáт**

збагати́|ти, *pf., see* **збагáчувати**

to enrich ◊ **Ти́ждень у Херсóні ~в ї́хні знáння́ украї́нського пі́вдня.** A week in Kherson enriched their knowledge of the Ukrainian south.

збагáчу|вати, ~ють; збагат|и́ти, збагачу́, ~я́ть, *tran.*

1 to make rich ◊ **Він сподівáвся, що ця інвести́ція збагати́ть йогó.** He hoped that the investment would make him rich.

adv. **ду́же** very, **знáчно** considerably, **казкóво** fabulously ◊ **Війнá казкóво збагати́ла цих людéй.** The war made those people fabulously rich. **неабия́к** extremely, **серйóзно** seriously; **матеріáльно** materially, **фінáнсово** financially; **спрáвді** really; **нарéшті** finally; **лéдве** scarcely

v. + **з. могти́** can, **обіця́ти** + *D.* promise sb to ◊ **Вонá обіцяла хлóпцеві збагати́ти йогó.** She promised the boy she would make him rich.

Ant. **збі́днювати 1**

2 *fig.* to enrich + *I.* with ◊ **Кóжні відві́дини музéю ~вали її́ духóвно.** Each visit to the museum enriched her spiritually.

adv. **духóвно** spiritually, **естети́чно** esthetically, **культу́рно** culturally, **морáльно** morally, **осві́тньо** educationally

з. + *n.* **з. дóсвід** enrich sb's experience (**життя́** life, **знáння́** knowledge; **колéкцію** collection, **мóву** language, **словни́к** vocabulary)

Also see **наси́чувати 3.** *Ant.* **збі́днювати 2**

3 *techn.* to enrich *(ore, etc.)* ◊ **Ви́добуту руду́ тоді́ ~вали.** The extracted ore was then enriched.

pa. pple. **збагáчений** enriched, concentrated

збагáчуй! збагати́!

збер|егти́, *pf., see* **зберігáти**

to preserve, *etc.* ◊ **Олéсь шкоду́є, що не ~іг своє́ї колéкції стари́х платі́вок.** Oles regrets not having preserved his collection of old records. ◊ **Лі́да пообіцяла їм, що ~ежé всі листи́.** Lida promised them she would keep all the letters.

зберег|ти́ся, *pf., see* **зберігáтися**

to be preserved, *etc.* ◊ **Фрéска ди́вом ~лася.** The fresco miraculously survived.

збере́женн|я, *nt., only sg.*

preservation, protection, conservancy; keeping ◊ **Він відповідáв за з. стари́х світли́н.** He was in charge of old photographs preservation.

adj. **бездогáнне** impeccable, **дóбре** good, **чудóве** great; **скрупульóзне** scrupulous, **налéжне** proper ◊ **Він вимагáв налéжного з. архíву.** He demanded a proper preservation of the archive. **довготермінóве** long-term, **тривáле** lengthy; **короткочáсне** short-term; **пóвне** full, **цілкови́те** complete; **часткóве** partial; ♦ **закóн з. енéргії** *phys.* the law of conservation of energy

v. + **з. забезпéчувати з.** provide preservation ◊ **Схóвище забезпéчує тривáле з. рукóписів.** The storage facility provides a lengthy preservation of manuscripts. (**ґарантувáти** guarantee; **відповідáти за** be responsible for)

Cf. **охорóна 2**

зберігá|ти, ~ють; зберег|ти́, збереж|у́ть; *pa. m.* **зберíг**, *pl.* **зберегли́**, *tran.*

1 to preserve, keep, conserve ◊ **Ві́ктор багáто рóків ~є цей подару́нок.** For many years, Viktor has kept this present.

adv. **бездогáнно** impeccably, **дóбре** well, **досконáло** perfectly, **чудóво** wonderfully; **ди́вом** miraculously ◊ **В умóвах окупáції хтось ди́вом зберíг листи́ письмéнника.** In the conditions of occupation, somebody miraculously preserved the writer's letters. **ретéльно** thoroughly, **скрупульóзно** scrupulously; **налéжно** properly; **дóвго** *and* **тривáлий час** for a long time; **пóвністю** fully, **цілкови́то** completely, **часткóво** partially

з. + *n.* **з. архíв** preserve an archive (**багáтство** wealth; **зáписи** records, **світли́ни** photographs; **збíрку** *or* **колéкцію** collection; **мóву** language ◊ **На чужи́ні йомý вдалóся зберегти́ рі́дну мóву.** He managed to preserve his mother tongue in the strange land. **нáвичку** skill; **пáм'ять** memory, **спáдщину** legacy, **стáтус-квó** status quo, **тради́цію** tradition); ♦ **з. таємни́цю** to keep a secret ◊ **Лю́да вмі́є з. таємни́цю.** Liuda can keep a secret.

2 to maintain, sustain ◊ **Вонá намагáлася з. ві́дстань від маши́ни попéреду.** She tried to maintain the distance from the car ahead.

з. + *n.* **з. байду́жість** maintain indifference ◊ **Яри́ні тя́жко з. байду́жість, слу́хаючи все це.** It is difficult for Yaryna to maintain indifference, listening to all of that. (**ві́дстань** distance, **здорóвий глузд** common sense, **рівновáгу** equilibrium, **спóкій** calm)

3 to reserve, retain, maintain ◊ **Кóжен журналі́ст ~тиме прáво ві́льно вислóвлюватися.** Each journalist will retain the right to express himself freely.

з. + *n.* **з. незалéжність** retain independence (**прáво** right, **привілéй** privilege, **свобóду** freedom)

Also see **залишáти 6.** *Cf.* **захищáти, охороня́ти**

pa. pple. **збережéний** preserved

зберігáй! збережи́!

зберігá|тися; зберегти́ся, *intr.*

1 *pass., only impf.* to be kept, be preserved, be maintained ◊ **У цих шáфах ~ю́ться йогó архíви.** His archives are kept in those bookcases.

adv. **давнó** for a long time, **дóвго** long, **зáвжди́** always, **постíйно** permanently; **рéвно** zealously, **ретéльно** thoroughly; **тимчасóво** temporarily; **я́кось** somehow

v. + **з. могти́** can ◊ **У стáрій валі́зі могли́ з. щодéнники поéта.** The poet's journals could be kept in the old suitcase.

2 to survive, be extant, remain ◊ **Мáло німи́х фі́льмів збереглóся сьогóдні.** Few silent films have survived today. ♦ **з. в пáм'яті** to persist in one's memory ◊ **У Гáлиній пáм'яті зберегли́ся йогó прощáльні словá.** His parting words persist in Halia's memory. ◊ **Партенóн зберíгся ли́ше почáсти.** The Parthenon survived only in part.

v. + **з. змогти́** *pf.* manage to ◊ **Будíвля змоглá зберегти́ся пíсля пожéж, пóвеней і землетру́сів.** The edifice managed to survive after fires, floods, and earthquakes. **пощасти́ти** *pf.* be fortunate enough to ◊ **Восьми́ карти́нам маляра́ пощасти́ло зберегти́ся.** Eight artist's paintings were fortunate enough to survive.

збирá|ти, ~ють; зібрáти, збер|у́ть, *tran.*

1 to gather, collect, put together, pick ◊ **Стéфа стáла з. óдяг по всій спáльні.** Stefa started gathering clothes all around the bedroom.

adv. **методи́чно** methodically, **ретéльно** thoroughly ◊ **Розби́вши склянку, він тепéр му́сив ретéльно зібрáти кóжен кавáлок шклá на підлóзі.** Having broken the glass, he now had to thoroughly pick up every shard of glass on the floor. **повíльно** slowly, **обережно** carefully, **поступóво** gradually; **миттєво** instantaneously, **шви́дко** quickly; **недбáло** carelessly

з. + *n.* **з. камíння** gather rocks (**книжки́** books, **майнó** possessions, **óдяг** clothes, **пожи́тки** *colloq.* belongings, **рéчі** things; **свíдчення** evidence, **фáкти** facts) ◊ **Вони́ приї́хали зібрáти фáкти пору́шення прав люди́ни.**

They came to gather the facts on the human rights violations. ♦ **з. гро́ші** to save money ◊ **Вона́ збира́ла гро́ші на по́дорож до Австра́лії.** She had been saving money for a trip to Australia.

v. + **з. бу́ти тре́ба** + *D.* need to ◊ **Їм тре́ба зібра́ти камі́ння з по́ля.** They neeed to pick the rocks from the field. **ма́ти** have to, **му́сити** must; **намага́тися** try to ◊ **Він намага́вся зібра́ти папе́ри до вали́зи.** He tried to gather the papers in the suitcase. **почина́ти** begin to, **ста́ти** *pf.* start

prep. **з. в** + *A.* gather into sth ◊ **Ка́тря зібра́ла хлі́бні кри́хти у жме́ню.** Katria gathered bread crumbs into her palm. **з. до** + *G.* gather in/to sth ◊ **Хло́пець ~в карто́плю до ко́шика.** The boy was gathering potatoes in the basket. **з. з** + *G.* gather from sth ◊ **Вона́ зібра́ла зі сто́лу моне́ти.** She gathered the coins from the table.

Also see **підбира́ти 1**. *Ant.* **розкида́ти 1**

2 to gather, call, assemble, summon, convoke ◊ **Він раз на рік ~є дру́зів до се́бе на шашлики́.** Once a year, he gathers his friends at his place for a BBQ.

adv. **і́ноді** sometimes, **рі́дко** rarely, **час від ча́су** from time to time; **нега́йно** immediately, **термі́ново** urgently, **за́раз же** right away; **за́вжди́** always, **ча́сто** often; **традиці́йно** traditionally; **ні́коли не** never

з. + *n.* **з. дру́зів** gather friends (**засі́дання** meeting, **комі́сію** committee ◊ **Він зажада́в зібра́ти комі́сію.** He demanded to summon the committee. **прибі́чників** supporters, **ро́дичів** relatives, **сім'ю** family, **товари́ство** company)

3 to harvest, crop, pick, gather ◊ **Цього́річ ви́шні ~ли на ти́ждень рані́ше, як звича́йно.** This year, they picked cherries a week earlier than usual.

з. + *n.* **з. гриби́** pick mushrooms ◊ **По́над усе́ Ві́ктор люби́в з. гриби́.** Most of all, Viktor liked to pick mushrooms. (**кві́ти** flowers, **насі́ння** seeds, **тра́ви** herbs, **я́годи** berries); ♦ **з. врожа́й** to harvest ◊ **Наста́в час з. врожа́й.** The time has come to harvest.

4 to collect *(as hobby)* ◊ **Він ~є мете́ликів.** He collects butterflies.

adv. **давно́** for a long time, **рока́ми** for years; **із захо́пленням** with passion, **при́страсно** ardently, **ре́вно** zealously ◊ **Він ре́вно ~в пошто́ві ма́рки.** He was a zealous collector of postal stamps.

з. + *n.* **з. антиквар́ія́т** collect antiques (**кера́міку** pottery, **ма́рки** stamps, **моне́ти** coins, **платі́вки** records, **світли́ни** photos)

Also see **колекціонува́ти**

5 to assemble, mount ◊ **Він шви́дше за всіх розібра́в і зібра́в автома́т.** He took apart and assembled a machine gun faster than anybody.

adv. **вмі́ло** skillfully, **майсте́рно** masterfully, **методи́чно** methodically, **пра́вильно** correctly, **фа́хово** professionally, **шви́дко** quickly

з. + *n.* **з. двигу́н** assemble an engine (**автомобі́ль** car, **літа́к** aircraft, **тра́ктор** tractor; **ме́блі** furniture ◊ **Він сам ~в ме́блі.** He single-handedly assembled furniture. **механі́зм** device, **стіл** table)

v. + **з. бу́ти тре́ба** + *D.* need to; **вмі́ти** know how to ◊ **О́льга вмі́є з. таки́й двигу́н.** Olha knows how to assemble such an engine. **могти́** can; **вчи́ти** + *A.* teach sb to, **пока́зувати** + *D.* show sb to; **навчи́тися** *pf.* learn to; **почина́ти** begin to, **ста́ти** *pf.* start; **закі́нчувати** finish

Ant. **розбира́ти 1**

6 to prepare, get ready ◊ **Ура́нці ма́ти ~ла ді́те́й до шко́ли.** In the morning, mother would get the children ready for school. ◊ **Сестра́ ~ла Іва́ся в доро́гу.** Sister prepared Ivas for the road.

pa. pple. **зі́браний** gathered

збира́й! збери́!

збира́|тися; зібра́тися, *intr.*

1 to gather, meet, get together, congregate ◊ **На вечі́рку зібра́лися всі її дру́зі.** All her friends gathered for the party. ◊ **Навко́ло них став з. на́товп.** A crowd started gathering around them. ◊ **Упра́ва зазвича́й ~ється щомі́сяця.** The board usually meets every month.

See **схо́дитися 1.** *Also see* **збіга́тися 2, зустріча́тися 1, зосере́джуватися 2**

2 to build up, accumulate, gather ◊ **Бага́то пи́лу зібра́лося по заку́тках кімна́ти.** Much dust has accumulated in the corners of the room.

adv. **зно́ву** again ◊ **На столі́ зно́ву зібра́лася ку́па папе́рів.** A heap of papers again piled up on the table. **пові́льно** slowly, **поступо́во** gradually; **шви́дко** quickly ◊ **У Лари́си шви́дко зібра́лося бага́то незакі́нчених справ.** Lasyra quickly accumulated a lot of unfinished business.

v. + **з. почина́ти** begin ◊ **Над мі́стом почина́ли з. дощові́ хма́ри.** Rain clouds were beginning to gather above the city. **ста́ти** *pf.* start

prep. **з. в** + *L.* gather in sth ◊ **Бага́то світли́н зібра́лося в шухля́ді.** Many photographs gathered in the drawer. **з. на** + *L.* gather on sth

Also see **накопи́чуватися**

3 to collect *(money)*, raise; save *(money)*; chip in, contribute ◊ **Усе́ село́ ~лося на нову́ ха́ту для роди́ни бі́женців із Кри́му.** The whole village collected money for a new house for the refugee family from the Crimea. ◊ **За п'ять ро́ків вони́ зібра́лися й купи́ли а́вто.** In five years, they saved money and bought a car.

prep. **з. на** + *A.* collect for sb/sth ◊ **Дру́зі зібра́лися на подару́нок.** The friends chipped in for the present.

4 to get ready, prepare, pack ◊ **Оле́кса поча́в шви́дко з. на ні́чну змі́ну.** Oleksa began quickly preparing for his night shift. ♦ **з. в доро́гу** to get ready for the road, pack for the road ◊ **Йому́ тре́ба годи́ну, щоб зібра́тися в доро́гу.** He needs an hour to pack for the road.

See **готува́тися.** *Also see* **пакува́тися**

5 to be going to, intend, plan; *pf.* get the intention, decide + *inf.*

adv. **все** *colloq.* all the time, **все ще** still ◊ **Оле́сь усе́ ще ~ється офіці́йно подя́кувати їм.** Oles is still going to thank them officially. **давно́** for a long time ◊ **Ми давно́ ~лися подзвони́ти вам.** We've been planning to call you for a while. **вже не** not any more ◊ **Вона́ вже не ~ється бу́ти вчи́телькою.** She does not plan to be a teacher any more. **ні сі́ло ні впа́ло** *colloq.* out of the blue ◊ **Ле́ся ні сі́ло ні впа́ло зібра́лася писа́ти оповіда́ння.** Out of the blue, Lesia decided to write a short story. **ра́птом** suddenly

Also see **гада́ти 4, ду́мати 3, ма́ти 6, планува́ти 2, розрахо́вувати 6**

6 to collect oneself, focus ◊ **Він нія́к не мо́же зібра́тися і написа́ти статтю́.** He can in no way collect himself and write the article. ♦ **з. з ду́мка́ми** to collect one's thoughts

Also see **зосере́джуватися 1**

7 to muster *(courage, etc)*, summon up, tense up ◊ **Її ті́ло зібра́лося від стра́ху́.** Her body tensed up with fear.

prep. **з. з** + *I.* summon up sth ◊ **Він зібра́вся з відва́гою і сказа́в Андрі́єві все.** He mustered his courage and told Andrii everything.

See **нава́жуватися**

8 *only impf., pass.* to assemble, be mounted, be put together ◊ **Цей механі́зм ле́гко ~ється.** This mechanism is easy to assemble.

зби́т|ок, *m.*, **~ку**

1 damage, loss, harm, *usu pl.* ◊ **Споча́тку ї́хній бі́знес дава́в їм самі́ ~ки.** Initially their business brought them nothing but losses.

adj. **важкі́** heavy, **вели́кі** great ◊ **Закриття́ доро́ги загро́жувало їм вели́кими ~ками.** The road closure threatened them with great losses. **величе́зні** enormous, **значні́** significant, **катастрофі́чні** catastrophic, **масшта́бні** large-scale, **невимо́вні** untold, **непопра́вні** irreparable, **серйо́зні** serious, **страшні́** awful, **тяжкі́** heavy; **дрібні́** minor, **невели́кі** small; **довготермі́но́ві** long-term, **короткотермі́но́ві** short-term; **економі́чні** economic ◊ **Економі́чні ~ки від торго́вого ембáрґа сяга́ли мільйо́нів до́ларів.** The economic damage from the trade embargo reached millions of dollars. **майнові́** property, **торго́ві** trading, **фіна́нсові** financial; **емоці́йні** emotional, **мора́льні** moral, **психологі́чні** psychological, **фізи́чні** physical; **зага́льні** overall; **макростру́ктурні** macrostructural, **мікростру́ктурні** microstructural, **структу́рні** structural; **побі́чні** collateral

n. + **з. ва́ртість ~ків** the cost of damage ◊ **За ї́хніми оці́нками, ва́ртість ~ків перевищу́є три мільйо́ни.** By their estimates, the cost of damage exceeds three million. (**величина́** magnitude, **масшта́би** extent, **о́бсяги** scale; **оці́нка** assessment; **зо́на** zone) ◊ **Зо́на ~ків від поже́жі простягла́ся на кіломе́три.** The fire damage zone stretched for kilometers.

v. + **з. відшкодо́вувати** + *D.* **~ки** recompense sb for damages ◊ **Фі́рма відмовля́лася відшкодо́вувати їм ~ки.** The firm refused to recompense them for the damage. (**компенсува́ти** + *D.* compensate sb for, **плати́ти** + *A.* **за** pay sb for ◊ **Суд зобов'яза́в їх заплати́ти шко́лі за ~ки.** The court obliged them to pay the school for the damage. **ма́ти** have; **оці́нювати** assess; **роби́ти** do; **зво́дити до мі́німуму** minimize, **зме́ншувати** reduce, **обме́жувати** limit; **терпі́ти** sustain) ◊ **Місце́ві підприє́мці те́рплять значні́ ~ки внаслі́док змі́ни підсо́ння.** Local businessmen sustain considerable damage as a consequence of climate change. **завдава́ти** + *D.* **~ків** inflict damages on sb ◊ **Війна́ завдає краї́ні величе́зних ~ків.** The war inflicts enormous damages on the country. (**зазнава́ти** suffer; **уника́ти** avoid) ◊ **До́сі їм удава́лося я́кось уника́ти ~ків.** So far, they managed to avoid losses. **запобіга́ти ~кам** prevent damages ◊ **Гре́бля запобі́гла ще бі́льшим ~кам від по́веней.** The dam prevented even greater damages from floods.

prep. **з. від** + *G.* damage by/from sb/sth ◊ **Торі́к селя́ни зазна́ли величе́зних ~ків від посу́хи.** Last year, peasants suffered enormous damage from the drought. **з. для** + *G.* damage to sth ◊ **~ки хемі́чного виробни́цтва для дові́лля** the damage of the chemical production to the environment

See **втра́та 1.** *Also see* **шко́да**[1]

2 *only pl.* pranks, antics ◊ **Ма́ти зага́дувала хло́пцям яку́сь пра́цю, щоб ма́ли ме́нше ча́су на ~ки.** Mother would charge the boys with some work so that they have less time for their antics. ◊ **дитя́чі ~ки** children's pranks; ♦ **роби́ти ~ки** to cut (up) didoes

збіг, *m.*, **~у**

1 coincidence, accident ◊ **Неймові́рно, щоб отаки́й з. повтори́вся десь.** It is incredible for such a coincidence to occur again somewhere.

adj. **випадко́вий** accidental; **чи́стий** pure ◊ **Це знайо́мство було́ чи́стим з.** The acquaintance was a pure coincidence. **цілкови́тий** complete; **ди́вний** strange ◊ **Він знав про цей за́хід че́рез ди́вний з.** He knew about the event because of a strange coincidence. **дивови́жний** amazing, **надзвича́йний** extraordinary, **чудо́вий** wonderful, **щасли́вий** happy; **куме́дний** funny; **неправдоподі́бний** improbable; **несподі́ваний** unexpected; **підозрі́лий** suspicious, **сумни́й** sad

з. + *v.* **бува́ти** occur, **трапля́тися** happen ◊ **Щасли́ві ~и про́сто так не трапля́ються.** Lucky coincidences do not just happen.

prep. **за ~ом** + *G.* by coincidence of sth ◊ **Вони́ опини́лися там за про́сти́м ~ом обста́вин.** They found themselves there by simple coincidence.

See **випадко́вість.** *Also see* **ви́падок 2**

2 coincidence, convergence, co-occurrence ◊ **Ната́лка сприйма́ла з. ї́хніх дат наро́дження**

як знак із нéба. Natalka perceived the coincidence of their dates of birth as a sign from heaven.
з. + *n.* **з. зацікáвлень** a convergence of interests (**подій** events, **чи́нників** factors, **я́вищ** phenomena); ♦ **з. обстáвин** a coincidence
3 similarity, resemblance ◊ **Вонá знайшлá підозрі́ло багáто дослі́вних ~ів між курсови́ми двох студéнтів.** She found a suspiciously high amount of literal similarities between the course papers of two students.
See **подібність 1.** *Also see* **єдність 2, спільність 1, спільнóта 2, схóжість**

збігá|тися, **~ються; збі́гтися, збіжá|ться**, *intr.*
1 to run, come running, rush to ◊ **На плóщу стáли з. лю́ди.** People started running to the square.
adv. **звідусі́ль** from everywhere ◊ **Звідусі́ль збі́глися дíти подиви́тися на мандрівни́й цирк.** Children came running from everywhere to watch the traveling circus. **нізві́дки** from nowhere; **мáсово** en mass, **нáтовпом** in throngs; **поодинці** one by one; **поступóво** gradually; **зáраз же** right away, **шви́дко** quickly
v. + **з. починáти** begin, **стáти** *pf.* start; **продóвжувати** continue to
prep. **з. на** + *A.* come running to *(an event)* ◊ **з. на авáрію** come running to an accident (**пожéжу** fire, **прем'єру** first night, **розпрóдаж** sale) ◊ **На розпрóдаж збі́глося багáто людéй.** A lot of people came running to the sale. **з. до** + *G.* come running to *(a place)* ◊ **До теáтру збі́глося пóвно мóлоді.** A lot of youth came running to the theater. **з. до бібліотéки** come running to a library (**клу́бу** club, **крамни́ці** store, **шкóли** school)
2 *colloq.* to congregate, gather, assemble ◊ **Дóбрі дві ти́сячі нарóду збі́глося на зу́стріч із кандидáтом.** A good two thousand people congregated to the meeting with the candidate.
See **схóдитися 1.** *Also see* **збирáтися 1**
3 to meet, converge, connect ◊ **У ці́й тóчці ~ються всі лíнії.** All lines connect at this point. ◊ **Тут в оди́н ву́зол ~ються залізни́ці з рі́зних части́н краї́ни.** Here railroads from different parts of the country converge into one hub.
4 to coincide, be identical, be similar ◊ **Нáші пóгляди цілкóм ~ються.** Our views are completely in accord.
adv. **пóвністю** totally ◊ **Вони́ пóвністю ~лися за пóглядами.** They totally coincided in their views. **цілкóм** completely; **почáсти** in part, **частко́во** partially; **вирáзно** distinctly, **я́вно** obviously; **дивови́жно** amazingly; **дéщо** somewhat, **мáйже** almost; **зóвсім не** not at all
5 to shrink *(of clothes, etc.)* ◊ **Її́ сорóчка збі́глася на оди́н рóзмір.** Her shirt shrank by one size.
adv. **геть** totally, **ду́же** greatly; **дéщо** somewhat, **лéдве** scarcely, **трóхи** a little; **помі́тно** noticeably
6 to appear *(of wrinkles, etc.)*, wrinkle, crease ◊ **Кóло кутків її́ очéй збі́глися змóршки.** Wrinkles appeared at the corners of her eyes. ◊ **Він напру́женого ду́мання йогó лоб збі́гся змóршками.** From intense thinking his forehead creases in wrinkles.
збігáйся! збіжи́ся!

збігóвиськ|о, *nt., colloq.*
1 crowd, mob
adj. **вели́ке** big, **весéле** happy, **галасли́ве** noisy ◊ **На ву́лиці зібрáлося галасли́ве з.** A noisy crowd gathered in front of their house. **похму́ре** grim
See **нáтовп 1.** *Also see* **зграя́ 2, тиск 3, стáдо 2, юрбá**
2 *pejor.* assortment *(of people)*, bunch, collection
з.+ *n.* **з. брехунів** an assemblage of liars ◊ **Редáктори телекана́лу ви́явилися жалюгі́дним ~ом брехунів.** The editors of the TV channel proved to be a pitiful bunch of liars. (**волоцюг** tramps, **жебрáків** beggars, **злоді́їв** thieves, **пройди́світів** rogues, **шахраї́в** swindlers) ◊ **різношéрсте з.** a motley crew ◊ **не ві́йсько, а різношéрсте з.** a motley crew of an army
Also see **зграя́ 2, 3, стáдо 2**
3 party, bash, shindig, event ◊ **Йогó ~а здобули́ слáву серéд студéнтів.** His shindigs gained a notoriety among students. ◊ **Вонá втоми́лася від мóдних збігóвиськ.** She was tired of trendy parties.
See **вечі́рка.** *Also see* **бал**[1], **зу́стріч, п'я́нка**
4 *slang* milieu, scene, circle, arena ◊ **Феміні́стське з. в мі́сті тíльки зарóджувалося.** The feminist scene in town was only just taking off.
adj. **аванґардóве** avant-garde, **альтернати́вне** alternative; **богéмне** Bohemian, **елі́тне** elite, **гомосексуáльне** gay, **кінóшне** *colloq.* filmmakers', **літерату́рне** literary; **мóдне** trendy; **театрáльне** theatrical, *etc.*; **псевдоінтелектуáльне** pseudointellectual
v. + **з. налéжати до ~ка** belong to a milieu
з. + *v.* **включáти** + *A.* include sb ◊ **Крім акто́рів та режисéрів, театрáльне з. включáло ї́хніх прихи́льників.** Beside actors and directors, the theatrical milieu included their fans. **існувáти** exist
L. **в ~у** *or* **~ові**

збі́г|тися, *pf., see* **збігáтися**
to converge, *etc.* ◊ **Рік томý її́ народи́ни ~лися з Вели́коднем.** A year ago her birthday coincided with Easter.

збі́дни|ти, *pf., see* **збі́днювати**
to impoverish, make poor ◊ **Дві́сті гри́вень на квитки́ до óпери не ~ли її́.** Spending ₴200 on opera tickets didn't make her poorer.

збі́дню|вати, **~ють; збі́дн|ити ~я́ть**, *tran.*
1 to impoverish, make poor, deplete ◊ **Чи́нна податкóва систéма катастрофі́чно ~є серéдній клас.** The current taxation system catastrophically impoverishes the middle class.
adv. **ду́же** very, **цілкóм** completely; **знáчно** considerably; **жахли́во** dreadfully, **катастрофі́чно** catastrophically, **страшéнно** terribly, **трагі́чно** tragically ◊ **Хижáцьке виру́бування лі́сів трагі́чно ~є краї́ну.** The predatory deforestation tragically impoverishes the country. **спрáвді** really; **лéдве** scarcely ◊ **Такá пожéртва лéдве збі́днить цей банк.** Such a donation will hardly impoverish the bank.
v. + **з. загрóжувати** threaten to ◊ **Будівни́цтво дорóги загрóжувало збідни́ти мі́ську скарбни́цю.** The road construction threatened to deplete the city treasury. **могти́** can
Ant. **збагáчувати 1**
2 *fig.* to impoverish ◊ **Цензу́ра ~є культу́рне життя́.** Censorship impoverishes cultural life.
adv. **духóвно** spiritually, **естети́чно** esthetically, **культу́рно** culturally, **морáльно** morally, **осві́тньо** educationally; **жахли́во** dreadfully, **катастрофі́чно** catastrophically, **серйóзно** seriously, **страшéнно** terribly, **трагі́чно** tragically; **спрáвді** really; **неуни́кно** inevitably; **шту́чно** artificially ◊ **Змі́шування мов шту́чно ~є ці мóви.** Language mixing artificially impoverishes the languages concerned.
з. + *n.* **з. життя́** impoverish life (**знання́** knowledge, **колéкцію** collection, **культу́ру** culture, **мóву** language, **словни́к** lexicon; **ду́шу** soul, **інтелéкт** intellect, **рóзум** mind, **світóгляд** worldview) ◊ **Націонáльна обмéженість ~є світóгляд.** National narrow-mindedness impoverishes the worldview.
Ant. **збагáчувати 2**
pa. pple. **збі́днений** empoverished
збі́днюй! збідни́!

збі́льшен|ий, *adj.*
enlarged, increased, magnified ◊ **Ри́си жі́нки на портрéті здавáлися ~ими.** The woman's features in the picture seemed magnified.
з. + *n.* **~а вагá** an increased weight (**нарóджуваність** birth rate, **продукти́вність** productivity, **смéртність** mortality, **шви́дкість** speed) ◊ **Маши́ною булó вáжче керувáти на ~ій шви́дкості.** The car was more difficult to drive at the increased speed. **печі́нка** an enlarged liver (**простáта** prostate, **щитови́дна зáлоза** thyroid gland ◊ **Обстéження ви́явило ~у щитови́дну зáлозу.** The examination revealed an enlarged thyroid gland. **світли́на** photograph)
prep. **з. в** + *A.* increased by *(measure)* ◊ **з. у три рáзи** magnified threefold; **з. на** + *A.* increased by *(measure)* ◊ **з. на сім відсóтків** increased by 7%
Ant. **змéншений**

збі́льшенн|я, *nt., only sg.*
increase, growth, enlargement, magnification, expansion ◊ **Астронóми спостерігáли за ~ям комéти.** Astronomers monitored the expansion of the comet.
adj. **безпрецедéнтне** unprecedented, **вели́ке** great, **величéзне** enormous, **драмати́чне** dramatic, **значнé** significant, **маси́вне** massive, **помі́тне** marked, **суттєве** substantial, **я́вне** manifest; **дéяке** certain, **невели́ке** small, **помі́рне** moderate; **ґвалтóвне** abrupt, **раптóве** sudden, **рі́зкé** sharp, **стрімкé** steep, **швидкé** quick; **плáвне** smooth, **поступóве** gradual, **пові́льне** slow, **стабі́льне** steady, **ступенéве** measured; **безперéрвне** uninterrupted, **пості́йне** constant; **двокрáтне** twofold, **п'ятикрáтне** fivefold, **десятикрáтне** tenfold, *etc.*; **п'ятивідсóткове** 5%, **десятивідсóткове** 10%, *etc.* ◊ **Їм удалóся домогти́ся десятивідсóткового з. замóвлень.** They succeeded in attaining a 10% increase in commissions. **двознáчне** two-digit; **відпові́дне** corresponding, **одночáсне** concommitant, **пропорці́йне** proportional; **загáльне** total, **суку́пне** overall; **тижнéве** weekly, **мі́сячне** monthly, **рі́чне** yearly, *etc.*; **серéднє** average, **чи́сте** net; **очі́куване** anticipated, **передбáчуване** projected, **пропонóване** proposed; **жадáне** desired, **потрі́бне** necessary ◊ **гóстро потрі́бне з. фінансової допомóги** an acutely needed increase in financial aid
з. + *n.* **з. бюджéту** a budget increase ◊ **Він обіця́в рі́зкé з. бюджéту на осві́ту.** He promised a sharp increase in the education budget. (**видáтків** spending ◊ **Уря́д затри́мав загáльне з. видáтків.** The government halted the total spending increase. **дивідéнду** dividend; **зарплáти** salary ◊ **Профспі́лка домагáється з. зарплáти.** The union presses for a salary increase. **квартплáти** rent, **оплáти** pay, **плáти за навчáння** tuition; **оподаткувáння** taxation, **подáтку** tax; **температу́ри** temperature, **ти́ску** pressure; **продукти́вності** productivity ◊ **помі́тне з. продукти́вності** a marked rise in productivity; **ціни́** price, **штрáфу** penalty; **насéлення** population) ◊ **Ґвалтóвне з. насéлення булó серйóзним ви́кликом.** The abrupt population increase was a serious challenge. **з. грудéй** breast enlargement (**пéніса** penis); **з. допомóги** increase in aid (**інвести́ції** investment, **фінансувáння** financing)
v. + **з. ґарантувáти з.** guarantee an increase (**давáти** produce ◊ **Мéтод дав поступóве з. прибу́тку.** The method produces a gradual revenue increase. **забезпéчувати** ensure; **передбачáти** predict; **пропонувáти** propose; **бáчити** see, **покáзувати** show; **відображáти** reflect, **вкáзувати на** indicate ◊ **Ці числа вкáзують на з. нарóджуваності.** The figures indicate a birth rate increase. **означáти** mean, **представля́ти** represent; **оголóшувати про** announce, **повідомля́ти про** report); **домагáтися з.** attain an increase (**досягáти** achieve, **зазнавáти** experience ◊ **Промислóві містá краї́ни зазнáли маси́вного з. безробі́ття.** The industrial cities of the country experienced a massive unemployment increase. **бу́ти причи́ною** be the cause of ◊ **Наркомáнія**

є причи́ною з. ВІЛ-інфіка́ції. Drug abuse is the cause of the HIV-infection increase. вести́ до lead to, призво́дити до cause, причиня́тися до result in); бу́ти пов'я́заним із ~ям involve an increase (супрово́джуватися be accompanied by)

prep. з. на + *A.* an increase of *(measure)* ◊ з. кі́лькости студе́нтів на сім відсо́тків student enrollment increase of 7%

Also see зрі́ст 2, зроста́ння, підви́щення 1, підйо́м 2, стрибо́к 3

збі́льши|ти, *pf., see* збі́льшувати

to enlarge, *etc.* ◊ Меха́нік ~в наванта́ження на п'ять кілогра́мів. The mechanic increased the load by five kilos.

збі́льши|тися, *pf., see* збі́льшуватися

to enlarge, *etc.* ◊ Наве́чір температу́ра пові́тря рі́зко ~лася. Toward the evening the air temperature abruptly increased.

збі́льшу|вати, ~ють; збі́льш|ити, ~ать, *tran.*

to increase, enlarge, augment ◊ Він хо́че збі́льшити ві́кна. He wants to enlarge the windows.

adv. ґвалто́вно abruptly, драмати́чно dramatically, ду́же greatly ◊ Бібліоте́ка ду́же збі́льшила вида́тки на навча́льну літерату́ру. The library has greatly increased its spending on educational literature. зна́чно considerably ◊ Зро́шення зна́чно ~є родю́чість ґрунті́в. Irrigation considerably boosts the fertility of the soils. маси́вно massively ◊ Уря́д маси́вно ~вав закупі́влю озбро́єнь. The government was massively increasing its arms purchases. набага́то much; помі́тно noticeably, рапто́во suddenly, рі́зко sharply, шви́дко rapidly; пові́льно slowly, пості́йно constantly, поступо́во gradually, стабі́льно steadily, ступене́во incrementally; де́що somewhat, тро́хи a little; небезпе́чно dangerously; вдві́чі twofold, втри́чі threefold, вде́сятеро tenfold, *etc.*; частко́во partly

v. + з. бу́ти тре́ба + *D.* need to ◊ Компа́нії тре́ба збі́льшити інвести́ції в дослі́дницьку робо́ту. The company needs to increase its investment in research work. вимага́ти demand to; намага́тися try to, обіця́ти + *D.* promise sb to; заклика́ти + *A.* call on sb to, переко́нувати + *A.* convince sb to ◊ Вона́ перекона́ла реда́ктора збі́льшити висві́тлення міжнаро́дної полі́тики. She convinced the editor to increase the coverage of international politics. пропонува́ти + *D.* propose to sb to; збира́тися be going to, ма́ти на́мір have the intention to, планува́ти plan to; намага́тися try to, стара́тися do one's best to, хоті́ти want to; відмовля́тися refuse to

prep. з. в + *A.* increase by *(a measure)* ◊ Вони́ збі́льшили проду́кцію у два ра́зи. They increase production two times. з. на + *A.* increase by *(a measure)* ◊ Його́ наванта́ження збі́льшили на два ку́рси. They increased his load by two courses.

pa. pple. збі́льшений enlarged

збі́льшуй! збі́льш!

Also see мно́жити 1, підви́щувати 2, поси́лювати, поши́рювати 1. *Ant.* зме́ншувати, зни́жувати, скоро́чувати

збі́льшува|тися; збі́льши|тися, *intr.*

1 to increase, grow, enlarge ◊ У неї́ збі́льшилася вага́. She put on weight. ◊ Із набли́женням до о́брію со́нце помі́тно ~лося. As it approached the horizon, the sun grew noticeably larger.

v. + з. бу́ти схи́льним be inclined to, ма́ти тенде́нцію have tendency to; почина́ти begin to, ста́ти *pf.* start to; продо́вжувати continue to; перестава́ти stop ◊ Пухли́на переста́ла з. The tumor stopped growing.

See збі́льшувати

2 to grow stronger, intensify ◊ Ві́тер ~вся. The wind grew stronger.

Also see рости́, поси́люватися, прибува́ти 2. *Ant.* зме́ншуватися, ме́ншати

зб|і́р, *m.*, ~о́ру

1 collecting, collection ◊ Кі́лька нови́х доброво́льців бра́ли у́часть у ~о́рі допомо́ги для сироти́нця. Several new volunteers took part in collecting assistance for the orphanage. ◊ Він перекона́вся, що з. пода́тків – невдя́чна спра́ва. He was convinced that tax collection was a thankless business. ♦ з. врожа́ю harvesting ◊ Настава́ла пора́ ~о́ру врожа́ю. The harvesting season was approaching.

2 gathering, getting-together, meeting ◊ Провідни́к оголоси́в з. фра́кції. The leader announced a faction meeting. ◊ Руї́ни за́мку були́ пу́нктом ~о́ру змо́вників. The castle ruins were the gathering place for the plotters.

v. + з. відклада́ти з. put off a gathering ◊ З. випускникі́в відкла́ли на ти́ждень. The alumni meeting had been put off by one week. (організо́вувати organize, оголо́шувати announce, прово́дити hold ◊ З. рекру́тів прово́дили у спортза́лі. The gathering of recruits was held in the gymnasium. скасо́вувати cancel); ♦ бу́ти в ~о́рі to gather, be present ◊ Уся́ роди́на була́ у ~о́рі. All the family was in attendance.

See збо́ри 1. *Also see* засі́дання, зу́стріч 1, мі́тинг, нара́да

3 tax, duty, fee, toll, levy ◊ Уря́д накла́в з. на і́мпортні авті́вки. The government imposed a tax on imported cars.

adj. вели́кий large, зди́рницький extortionist, непомі́рний inordinate, непоси́льний crushing; незако́нний illegal; непрями́й indirect, прями́й direct; невели́кий small, символі́чний symbolic; ♦ акци́зний з. an excise tax, ♦ ба́нковий з. banking fees, ♦ ввізни́й з. an import tax, ♦ комісі́йний з. a commission, ♦ ми́тний з. customs duties, ♦ пошто́вий з. postal fees, ♦ судови́й з. court fees ◊ Вона́ заплати́ла судови́й з. She paid court fees.

v. + з. вво́дити з. introduce a tax ◊ Він пропонува́в ввести́ акци́зний з. на алкого́ль. He proposed to introduce an alcohol excise tax. (збира́ти collect ◊ Ми́тний з. збира́ли автомати́чно, коли́ това́р пере́тинав кордо́н. The customs duty was automatically collected as the goods crossed the border. збі́льшувати increase, зме́ншувати reduce; наклада́ти на + *A.* impose on sb/sth; плати́ти + *D.* pay sb; скасо́вувати abolish) ◊ Суд скасува́в з. як незако́нний. The court abolished the tax as illegal.

prep. з. на + *A.* tax on sth ◊ з. на комп'ю́терну те́хніку a computer equipment tax

See пода́ток. *Cf.* ми́то

4 yield *(of crops)*, harvest, crop ◊ Цьогорі́чний з. груш особли́во соло́дкий. This year's pear yield is particularly sweet.

з. + *n.* з. зерна́ a grain yield ◊ валови́й з. зерна́ a gross grain yield (карто́плі potato, огірків cucumber, помідо́рів tomato, цибу́лі onion) ◊ Вони́ отри́мали солі́дний з. цибу́лі. They got an impressive onion harvest.

Also see врожа́й

збі́р|ка, *f.*

collection

adj. архі́вна archival, бібліоте́чна library, музе́йна museum, університе́тська university; прива́тна private, сіме́йна family; бага́та rich, вели́ка large, величе́зна immense, вели́чна majestic, видатна́ outstanding, разю́ча striking, значна́ significant, імпоза́нтна impressive, надзвича́йна extraordinary, найбага́тша richest, неаби́яка remarkable, обши́рна extensive; зроста́юча growing; безці́нна priceless; блиску́ча brilliant; важли́ва important; га́рна beautiful, захо́плива fascinating, хоро́ша good ◊ Вона́ ма́є хоро́шу ~у стари́х моне́т. She has a good collection of old coins. чудо́ва wonderful; неба́чена unprecedented, неперевершена unsurpassed; пова́жна serious, презента́бельна presentable, респекта́бельна respectable; уніка́льна unique; ціка́ва interesting; бі́дна poor, невели́ка small, обме́жена limited, скро́мна modest; ди́вна strange, еклекти́чна eclectic

з. + *n.* з. антикваріа́ту an antiques collection (книжо́к book, компа́кт-ди́сків CD, ма́рок stamp, мете́ликів butterfly, мисте́цтва art, моне́т coin, му́зики music, пла́тівок record, росли́н plant, руко́писів manuscript, світли́н photograph, скульпту́ри sculpture ◊ Князь мав уніка́льну ~у скульпту́ри. The prince had a unique sculpture collection. ві́ршів poem, есе́їв essay, листі́в letter, оповіда́нь short story, п'є́с play, пісе́нь song, пое́зії *coll.* poetry, стате́й article, творі́в work) ◊ по́вна з. творі́в І. Франка́ a complete collection of I. Franko's works

v. + з. ба́чити ~ку see a collection ◊ Його́ ~ку іко́н ба́чило небага́то. Few saw his icon collection. (видава́ти issue ◊ ~ку планува́ли ви́дати че́рез рік. The collection was slated to be issued in a year. готува́ти prepare, публікува́ти publish, редаґува́ти edit, рецензува́ти review ◊ Марка́ попроси́ли відрецензува́ти ~ку пое́зій Богда́на Рубчака́. Marko was asked to review Bohdan Rubchak's poetry collection. відві́дувати visit, огляда́ти view; виставля́ти exhibit, пока́зувати + *D.* show sb; дарува́ти + *D.* give sb, же́ртвувати + *D.* donate to sb, заповіда́ти + *D.* bequeath sb; збага́чувати enrich, збира́ти gather ◊ За коро́ткий час музе́й зібра́в пова́жну ~ку наро́дної кера́міки. In short time, the museum gathered a serious collection of folk pottery. нагрома́джувати amass, розбудо́вувати build up, розши́рювати expand; вивча́ти study, дослі́джувати research, каталогува́ти catalogue, опи́сувати describe, організо́вувати organize; купува́ти buy; ма́ти have; мі́стити hold; продава́ти sell, руйнува́ти destroy, склада́ти compile; почина́ти start, створю́вати create; утри́мувати maintain); воло́діти ~кою own a collection ◊ Музе́й воло́діє уніка́льною ~кою Пі́нзеля. The museum owns a unique Pinsel collection.

prep. в ~ку *dir.* in/to a collection ◊ Ніхто́ не знав, як цей експона́т потра́пив у її́ ~ку. Nobody knew how this artifact had gotten into her collection. в ~ці *posn.* in a collection ◊ У ~ці галере́ї є оди́н Лео́нардо. There is a Leonardo in the gallery's collection. до ~ки in/to a collection ◊ Карти́на нале́жить до ~ки Ватика́ну. The painting belonged to the Vatican collection.

Also see архі́в, бібліоте́ка, ко́рпус 4

збі́рн|ий, *adj.*

1 combined, mixed, miscellaneous ◊ Листи́ є части́ною ~ого вида́ння її́ писа́нь. The letters are part of the combined edition of his writings.

з. + *n.* ~а гру́па a mixed group ◊ Він споряди́в ~у гру́пу чолові́ків рі́зних профе́сій ремонтува́ти міст. He put together a mixed group of men of various occupations to repair the bridge. (компа́нія company)

2 assembled, prefabricated ◊ Фа́брика виробля́ла ~і буди́нки. The factory produced prefabricated homes.

з. + *n.* з. буди́нок a prefabricated home (ґара́ж garage, стіл table) ◊ З. стіл був з де́рева. The assembled table was made of wood.

3 composite, stereotypical ◊ Марко́ Садови́й – з. геро́й. Marko Sadovy is a stereotypical character. ◊ Письме́нник створи́в з. о́браз стиля́ги з 1960-х ро́ків. The writer created a composite image of a 1960s hipster.

4 *as n., only f.* national team ◊ ~а Украї́ни з гімна́стики the Ukrainian national gymnastics

team (**баскетбо́лу** basketball ◊ **Її запроси́ли до ~ої з баскетбо́лу.** She was invited to the national basketball team. **волейбо́лу** volleyball, **гоке́ю** hockey, **ре́ґбі** rugby, **футбо́лу** soccer)
5 *ling.* collective ◊ **з. іме́нник** a collective noun (**чи́сліве́ник** numeral)

зблизька́, *adv.*
at close range, from near, nearby ◊ **Він не був таки́м прива́бливим з., яки́м здава́вся зда́лека.** He was not as attractive at close range as he seemed from afar.
Ant. **зда́лека**

збожево́лі|ти, *pf., see* **божево́літи**
to go crazy, lose one's mind ◊ **Хома́ ду́мав, що ~є від ре́внощів.** Khoma thought he would go crazy with jealousy.

збо́ку, *adv., prep.*
1 *adv.* from the side, at the side ◊ **Грабі́жник напа́в на не́ї з.** The robber attacked her from the side.
adv. **де́що** somewhat ◊ **Вона́ підійшла́ до буди́нку де́що з.** She approached the building somewhat from the side. **тро́хи** a little
v. + **з. з'явля́тися з.** appear from the side ◊ **Він з'яви́вся з.** He appeared from the side. (**наближа́тися до** + *G.* approach sb/sth ◊ **Ве́ршник наближа́вся до та́бору з.** The horseman was approaching the camp from the side. **підхо́дити** come up)
2 *adv.* sideways ◊ **диви́тися з.** look sideways; ◊ **Світли́на представля́є ви́гляд буди́нку з.** The photo represents the sideways view of the building.
3 *adv.* far, from afar ◊ **Га́ля не втруча́лася у сва́рку, трима́ючися з.** Halia did not interfere in the fight, keeping her distance.
adv. **де́що** somewhat, **зо́всім** completely ◊ **Він стоя́в зо́всім з.** He stood completely afar. **ма́йже** almost, **тро́хи** a little, **я́кось** somehow
4 *prep.* + *G.* on the side of sb/sth, by the side of sb/sth ◊ **Він став з. лі́жка.** He stood by the bedside. ♦ **з. від** + *G.* by the side of sb/sth ◊ **Вона́ покла́ла книжки́ з. від телеві́зора.** She put the books by the side of the TV set.

збо́р|и, *only pl.*
1 gathering, meeting, conference ◊ **Вона́ дві́чі бра́ла сло́во на ~ах.** She took the floor at the meeting twice.
adj. **вели́кі** large; **велелю́дні** crowded; **відкри́ті** open, **грома́дські** community, **публі́чні** public; **зага́льні** general ◊ **За́втра бу́дуть зага́льні з. керівни́цтва компа́нії.** There will be a general meeting of the company management tomorrow. **закри́ті** closed, **таємні́** secret; **офіці́йні** official; **неформа́льні** informal; **повто́рні** repeated; **термі́нові** urgent, **реґуля́рні** regular, **ча́сті** frequent; **щоде́нні** daily, **щотижне́ві** weekly ◊ **Щотижне́ві з. перенесли з понеді́лка на п'я́тницю.** The weekly meeting was moved from Monday to Friday. **щомі́сячні** monthly, **щорі́чні** yearly; **годи́нні** hour-long, **двогоди́нні** two-hour, **тригоди́нні** three-hour, *etc.*; **важли́ві** important; **термі́нові** urgent; **заплано́вані** scheduled; **імпровізо́вані** impromptu, **стихі́йні** spontaneous; **обов'язко́ві** mandatory; **бурхли́ві** stormy, **напру́жені** tense; **безкіне́чні** endless, **до́вгі** long; **коро́ткі** brief; **продукти́вні** productive, **успі́шні** successful; **профе́сорсько-виклада́цькі** faculty ◊ **Профе́сорсько-виклада́цькі з. прохо́дили в Дзерка́льній за́лі університе́ту.** The faculty meeting occurred in the University's Hall of Mirrors. **профспі́лко́ві** trade-union, **робітни́чі** workers', **студе́нтські** student; **інавґураці́йні** inaugural, **устано́вчі** founding
n. + **з. протоко́л ~ів** minutes of the meeting (**мета́** purpose, **голова́** chair, **ви́слід** result)
v. + **з. вести́ з.** conduct a gathering ◊ **Засту́пник дире́ктора вів з.** The deputy director conducted the meeting. (**відкрива́ти** open, **закрива́ти** close; **заплано́вувати** schedule, **ма́ти** have, **організо́вувати** organize, **прово́дити** hold, **склика́ти** convene, **відклада́ти** adjourn, **перено́сити** postpone, **скасо́вувати** cancel ◊ **Профспі́лкові з. скасува́ли під ти́ском адміністра́ції.** The trade-union meeting was canceled under the pressure of the administration. **забороня́ти** ban, **закі́нчувати** end, **почина́ти** start, **продо́вжувати** continue); **верта́тися до ~ів** address a gathering ◊ **Він зверну́вся до вра́жених ~ів із промо́вою.** He addressed the stunned gathering with a speech. **бра́ти у́часть у ~ах** take part in a gathering ◊ **У ~ах взяли́ у́часть представники́ всіх філі́й компа́нії.** Representatives of all the company branches took part in the meeting. (**головува́ти на** chair) ◊ **На ~ах головува́ла Мо́тря.** Motria chaired the gathering.
з. + *v.* **відбува́тися** happen, take place, **прохо́дити** occur; **ста́вити (собі́) за мету́** aim at sth ◊ **З. ста́вили за мету́ обговори́ти ро́звиток підприє́мства.** The meeting aimed at discussing the enterprise's development. **відкрива́тися** open, **почина́тися** begin; **продо́вжитися** *only pf.* resume ◊ **З. продо́вжилися пі́сля пере́рви.** The gathering resumed after the break. **продо́вжуватися** continue; **закі́нчуватися** end; **затя́гуватися до** + *G.* drag on till *(a moment)* ◊ **З. затягну́лися до пі́вночі.** The meeting dragged on till midnight. **перерива́тися** adjourn, **зосере́джуватися на** + *A.* focus on sth; **обгово́рювати** + *A.* discuss sth; **голосува́ти за** + *A.* vote for sth; **вирі́шувати** + *A.* decide sth, **схва́лювати** + *A.* endorse sth, **підтри́мувати** + *A.* support sb/sth ◊ **З. підтри́мали пропози́цію головно́го економі́ста.** The meeting supported the chief economist's proposal.
prep. **на ~ах** at a gathering; **під час ~ів** during a gathering; **пі́сля ~ів** after a gathering
Also see **засі́дання, збір 2, мі́тинг**
2 assembly *(institution)* ◊ **Устано́вчі з. прийняли́ нову́ конститу́цію.** The constituent assembly adopted a new constitution.
adj. **законода́вчі** legislative, **конституці́йні** constitutional, **устано́вчі** constituent
See **асамбле́я**

збо́чен|ня, *nt.*
perversion, perversity, deviance ◊ **А́втор опи́сував стате́ві з.** The author described sexual perversions.
adj. **ганéбне** shameful ◊ **Вона́ вважа́є таку́ пове́дінку ганéбним ~ням.** She considers such conduct to be a shameful perversity. **неприпусти́ме** impermissible, **сканда́льне** scandalous; **мора́льне** moral, **стате́ве** sexual; **цілкови́те** complete, **чи́сте** sheer, **я́вне** clear
v. + **з. вдава́тися до з.** resort to a perversion; **вважа́ти** + *A.* **~ням** consider sth a perversion (**назива́ти** + *A.* call sth, **оголо́шувати** + *A.* announce sth) ◊ **Він оголоси́в гомосексуа́льну орієнта́цію мора́льним ~ням.** He announced homosexual orientation to be a moral perversion.

збреха́|ти, *pf., see.* **бреха́ти**
to lie, tell a lie ◊ **Ті́льки зго́дом Іва́н зрозумі́в, що хло́пець ~в.** Only later Ivan realized that the boy had lied.

збро́йн|ий, *adj.*
1 armed ◊ **Його́ звинува́чували в ~ому о́порі полі́ції.** He was accused of resisting the police while armed.
з. + *n.* **з. грабу́нок** an armed robbery ◊ **Він мав на своє́му раху́нку деся́тки ~их грабу́нків.** He had dozens of armed robberies to his name. (**за́колот** mutiny, **на́пад** attack, **о́пір** resistance); **~а боротьба́** an armed struggle ◊ **Вони́ до само́го кінця́ не припиня́ли ~ої боротьби́.** They did not stop their armed struggle to the very end. **~е повста́ння** an armed uprising ◊ **Селя́нство відповіло́ на конфіска́ції збі́жжя хви́лею ~их повста́нь.** The peasantry responded to the grain requisitions with a wave of armed uprisings.
2 armed, equipped with weapons ◊ **з. люд** people under arms; ♦ **~і Си́ли Украї́ни** the Armed Forces of Ukraine

збро́|я, *f., coll., only sg.*
1 arms, weapons, weaponry ◊ **ви́ставка середньові́чної ~ї** a medieval weapons exhibition
adj. **лета́льна** lethal ◊ **За́хідні краї́ни відмовля́лися забезпе́чити Украї́ну лета́льною ~єю.** Western countries refused to provide Ukraine with lethal weapons. **могу́тня** potent, **поту́жна** powerful, **смерте́льна** deadly; **ефекти́вна** effective, **небезпе́чна** dangerous; **ко́рисна** useful ◊ **Ста́ра з., яку́ він рока́ми бері́г, ви́явилася ко́рисною.** The old weapons he had kept for years turned out to be useful. **автомати́чна** automatic, **напівавтомати́чна** semi-automatic; **а́томна** atomic, **біна́рна** binary, **біологі́чна** biological, **невтро́нна** neutron, **раке́тна** rocket, **термоя́дерна** thermonuclear, **хімі́чна** chemical; **наступа́льна** offensive; **стратегі́чна** strategic, **такти́чна** tactical; **панцероби́йна** armor-piercing, **протиповітряна** anti-aircraft, **протита́нкова** anti-tank; **заря́джена** loaded; **заборо́нена** banned, **нелеґа́льна** illegal; **прихо́вана** concealed; **секре́тна** *and* **таємна** secret; ♦ **вогнепа́льна з.** firearms; **мисли́вська** hunting ◊ **Він мав до́звіл на мисли́вську ~ю.** He had a license for hunting weapons. **холо́дна з.** cold weapons; **з. ма́сового зни́щення** weapons of mass destruction.
n. + **з. арсена́л ~ї** a weapons arsenal ◊ **Слу́жба безпе́ки захопи́ла ці́лий арсена́л нелеґа́льної ~ї.** The security service seized an entire arsenal of illegal weapons. (**склад** depot; **експо́рт** exports, **і́мпорт** imports, **про́даж** sales; **пош́ирення** proliferation; **розро́бка** development; **систе́ма** system, **техноло́гія** technology)
v. + **з. витя́гувати ~ю** draw a weapon ◊ **Він поча́в пові́льно витя́гувати ~ю.** He began to slowly draw his weapon. (**дістава́ти** acquire ◊ **Терори́сти діста́ли біологі́чну ~ю.** The terrorists acquired biological weapons. **заряджа́ти** load; **застосо́вувати** use ◊ **Він погро́жував застосува́ти я́дерну ~ю.** He threatened to use nuclear weapons. **ма́ти** have ◊ **Вона́ ма́є вогнепа́льну ~ю, схо́вану на гори́щі.** She has fire arms hidden in the attic. **носи́ти** carry; **наставля́ти** point, **наці́лювати** aim, **підійма́ти** *or* **підніма́ти** raise; **ки́дати** drop ◊ **Злочи́нець ки́нув ~ю.** The criminal dropped his weapon. **опуска́ти** lower, **склада́ти** lay down ◊ **Вони́ пого́дяться скла́сти ~ю за пе́вних умо́в.** They will agree to lay down their arms on certain conditions. **виробля́ти** build, make, **продукува́ти** produce, **розробля́ти** develop; **накопи́чувати** stockpile; **використо́вувати** + *A.* **як** use sth as) ◊ **Вона́ була́ зму́шена ви́користати лопа́ту як ~ю.** She was forced to use the spade as a weapon. ♦ **бра́ти в ру́ки ~ю** to take up arms ◊ **Обста́вини зму́сили їх взя́ти в ру́ки ~ю.** Circumstance forced them to take up arms. **стріля́ти зі ~ї** fire a weapon ◊ **Вона́ вчи́лася стріля́ти із протита́нкової ~ї.** She was learning to fire anti-tank weapons. (**ці́литися зі** aim); **вима́хувати ~єю** brandish a weapon ◊ **Яки́йсь п'я́ний чолові́к вима́хував ~єю.** A drunk man was brandishing his weapon. **володі́ти** possess) ◊ **Він леґа́льно володі́в автомати́чною ~єю.** He legally possessed an automatic weapon. ♦ **би́ти** + *A.* **його́ ж ~єю** to beat sb at his own game
Also see **озбро́єння 1**

2 *fig.* weapon, tool, instrument ◊ **Поéтка вважáла слóво своє́ю єди́ною ~єю.** The poetess considered her word to be her only weapon.

збу́джен|ий, *adj.*
1 woken *(from sleep)* ◊ **~а гучни́м цвірі́нькáнням горобці́в, Марі́чка лежáла із закри́тими очи́ма.** Woken by the loud chirping of sparrows, Marichka lay with her eyes closed.
2 excited, animated, agitated ◊ **Якúйсь з. пан щось кричáв до Бори́са.** Some agitated gentleman shouted something at Borys.
adv. **вкрай** extremely, **все бі́льше** increasingly more, **дóсить** fairly, **ду́же** very; **загрóзливо** menacingly, **небезпéчно** dangerously ◊ **Таки́й небезпéчно з. нáтовп лéгко спровóкувати на наси́льство.** Such a dangerously excited mob is easily provoked to violence. **ви́дима** visibly, **помі́тно** noticeably, **страшéнно** terribly, **цілкóм** completely; **дéщо** somewhat, **трóхи** slightly
v. + **з. бу́ти ~им** to be agitated ◊ **Усі́ навкóло вкрай ~і.** Everybody around is extremely agitated. (**здавáтися** + *D.* seem to sb, **лишáтися** remain, **почувáтися** feel, **роби́тися** grow, **ставáти** become) ◊ **Лукáш став ~им, мáйже аґреси́вним.** Lukash became agitated, almost aggressive.
Also see **неспокі́йний, схвильóваний.** *Ant.* **спокі́йний 1**
3 aroused *(sexually)* ◊ **Він шептáв щось ~им гóлосом.** He was whispering something in an aroused voice.
adv. **ви́димо** visibly, **очеви́дно** evidently, **помі́тно** noticeably, **я́вно** visibly; **все бі́льше** increasingly; **лéдве** scarcely, **трóхи** a little

збу́дженн|я, *nt., only sg.*
1 excitement, agitation, arousal ◊ **Кóжного з них охопи́ло вели́ке з.** A great rush of excitement took hold of each of them.
adj. **вели́ке** great, **величéзне** huge, **все бі́льше** growing ◊ **Йогó все бі́льше з. заважáло ду́мати я́сно.** His growing excitement prevented him from thinking clearly. **звіри́не** beastly, **значнé** significant, **надзвичáйне** extreme, **несамови́те** wild, **пóвне** complete ◊ **Він був у стáні пóвного з.** He was in a state of complete agitation. **си́льне** tremendous, **страшнé** terrible; **правди́ве** true; **додаткóве** added; **ди́вне** strange; **дитя́че** childlike, **юнáцьке** youthful; **загáльне** general; **гарячкóве** feverish, **запáморочливе** giddy, **приє́мне** pleasurable, **п'янкé** intoxicating; **небезпéчне** dangerous; **неподі́ване** unexpected, **невели́ке** little, **пéвне** some; **початкóве** initial ◊ **Її́ початкóве з. зміни́лося на тривóгу.** Her initial excitement changed to anxiety. **рáдісне** joyful; **чи́сте** sheer; **нервóве** nervous; **статéве** sexual
n. + **з. відчуття́ з.** a sense of excitement (**причи́на** cause, **рі́вень** level, **стан** state)
v. + **з. відчувáти з.** feel excitement ◊ **Побáчивши пóвний стадіóн, вони́ відчу́ли несамови́те з.** Having seen a full stadium, they felt a wild excitement. (**порóджувати** generate ◊ **Її́ прomóви прóджували ди́вне з. сéред слухачі́в.** Her speeches generated a strange excitement among listeners. **потамóвувати** suppress, **прихóвувати** hide ◊ **Він став за спи́нку крі́сла, щоб приховáти своє́ статéве з.** He stood behind the back of the chair in order to hide his sexual arousal. **стри́мувати** contain; **провокувáти** provoke) ◊ **Зая́ва спровокувáла з.** The statement provoked excitement. **бу́ти спóвненим з.** be filled with excitement ◊ **Дівчáта були́ спóвненими рáдісного з.** The girls were filled with joyful excitement. (**бу́ти запáмороченим від** be giddy with)
з. + *v.* **зростáти** grow ◊ **Загáльне з. ті́льки зростáло.** The general excitement only grew. **накопи́чуватися** build up, **закипáти** bubble up, **спóвнювати** + *A.* fill sb ◊ **Її́ спóвнило приє́мне з.** She was filled with a pleasurable excitement.

вивітрюватися wear off, **зникáти** disappear
prep. **в ~і** in excitement ◊ **Він став стрибáти у ~і.** He started jumping in excitement. **від з.** with excitement ◊ **Жі́нка заплéскала від з.** The woman began to applaud with excitement. **з. сéред** + *G.* excitement among sb
2 stimulation ◊ **Цей трав'яни́й навáр застосóвують для з. апети́ту.** This herbal infusion is used to stimulate the appetite.
adj. **прямé** direct; **електри́чне** electrical, **контáктне** contact, **механі́чне** mechanical; **зоровé** visual, **слуховé** auditory, **чуттє́ве** sensory; **інтелектуáльне** intellectual, **розумóве** mental; **статéве** sexual; **достáтнє** sufficient; **бáжане** desirable, **потрі́бне** necessary, **небáжане** undesirable, **непотрі́бне** needless; **інтенси́вне** intense, **надмі́рне** excessive
v. + **з. давáти** + *D.* **з.** give sb stimulation (**забезпéчувати** + *A.* provide sb with ◊ **Фі́льми забезпéчували дóнорам потрі́бне статéве з.** The films provided donors with requisite sexual stimulation. **відповідáти на** respond to); **вимагáти з.** require stimulation ◊ **Йогó мóзок вимагáв розумóвого з.** His brain required mental stimulation. (**потребувáти** need; **уникáти** avoid) ◊ **Тéмрява дозволя́ла уникáти зорóвого з. хвóрого óка.** The darkness allowed to avoid visual stimulation of the bad eye.
prep. **від з.** from stimulation ◊ **Йогó ву́ха стали́ втóмлюватися від надмі́рного слуховóго з.** His ears started getting tired from excessive auditory stimulation.

збу́джу|вати, ~ють; збуд|и́ти, ~жу́, ~иш, ~ять, *tran.*
1 *usu pf.* to wake up, awaken from sleep ◊ **Урáнці їх збуди́в сусі́дський пі́вень.** In the morning, the neighbor's rooster woke them up.
See **буди́ти 1**
2 *fig.* to provoke, arouse, cause ◊ **Ця люди́на ~вала в ньо́ї глибóку недовíру.** This person aroused deep suspicion in her.
adv. **зáвжди́** always, **незмі́нно** invariably; **лéгко** easily, **миттє́во** instantaneously, **негáйно** immediately, **шви́дко** quickly; **несвідóмо** unconsciously, **неуни́кно** inevitably ◊ **Тéма мóви неуни́кно ~є диску́сії.** The subject of language inevitably provokes discussions. **ні́коли не** never, **тут же** right away, **чáсто** often
з. + *n.* **з. бажáння** arouse a desire ◊ **Фільм збуди́в у Гáнни бажáння поїхати до Ярéмчі.** The movie aroused the desire in Hanna to go to Yaremcha. (**ворóжість** animosity ◊ **Її́ манéра дискутувáти ~вала ворóжість співрозмóвника.** Her way of discussing things provoked her interlocutor's animosity. **ду́мки** thoughts, **ентузіáзм** enthusiasm; **зáздрість** envy, **недовíру** distrust, **ненáвисть** hate, **непри́язнь** enmity, **підóзру** suspicion, **рéвнощі** jealousy; **жаль** pity, **ні́жність** tenderness, **при́страсть** passion ◊ **Ромáн збуди́в при́страсті сéред кри́тиків.** The novel aroused passions among critics. **тепло́** warmth, **ту́гу** longing) ◊ **Старá мелóдія ~є в ньóго ту́гу за ю́ністю.** The old tune provokes a longing for his youth in him.
v. + **з. вдавáтися** + *D.* succeed in, **змогти́** *pf.* manage to; **могти́** can; **мáти** be supposed to ◊ **Вистáвка мáла збуди́ти у відві́дувачів соліда́рність із бі́женцями.** The exhibition was designed to provoke solidarity with the refugees in visitors. **намагáтися** try to, **сподівáтися** hope to
Also see **буди́ти 2, виклика́ти 3, дратувáти 2, наводи́ти 5, підні́мáти 3**
3 *fig.* to excite, agitate, exhilarate, rouse, arouse, stir ◊ **Ду́мка про пóдорож на мóре ~вала Натáлку.** The thought of a journey to the sea agitated Natalka. ◊ **Чу́тка про кіне́ць війни́ збуди́ла все селó.** The rumor of the end of the war excited the entire village.
adv. **гли́бóко** deeply ◊ **Зáпах її́ ті́ла гли́бóко ~вав Карпá.** The smell of her body deeply aroused Karpo. **ду́же** greatly, **страшéнно** terribly; **емоці́йно** emotionally, **статéво** sexually
v. + **з. мáти здáтність** have the capacity to ◊ **Йогó гóлос мав здáтність з.** His voice had the capacity to arouse.
Also see **завóдити 9, п'яни́ти 2**
pa. pple. **збу́джений** excited; woken up
збу́джуй! збуди́!

збу́джу|ватися; збуди́тися, *intr.*
1 to wake up ◊ **Нам трéба збуди́тися рáно.** We need to wake up early.
See **буди́тися 1.** *Also see* **вставáти 2, прокидáтися, просипáтися**
2 *fig.* to get excited, get aroused ◊ **Вонá лéгко ~валася і дóвго заспокóювалася.** She got easily excited and took a long time to calm down.
adv. **гли́бóко** deeply, **ду́же** greatly; **емоці́йно** emotionally, **нервóво** nervously, **статéво** sexually ◊ **Він статéво ~вався від ду́мки про її́ ті́ло.** He got sexually aroused at the thought of her body.
prep. **з. від** + *G.* get excited from *or* with sth
3 *fig.* to stir, awake ◊ **Від зву́ків гітáри в ньóго ~лися солóдкі спóмини.** Sweet memories awoke in him from the sounds of guitar. ◊ **Що дóвше Óля слу́хала її́ рóзповідь, то бі́льше ~лася її́ уя́ва.** The longer Olia listened to her story, the more her imagination awoke. ◊ **У Макси́мові почáв з. неандертáлець.** The Neanderthal began to awaken in Maksym.
Also see **з'являтися 4, прокидáтися, просипáтися**

збуди́|ти, *pf., see* **збу́джувати**
to wake; arouse, *etc.* ◊ **Їх ~в прони́зливий крик у коридóрі.** A piercing scream in the corridor woke them up.

збуди́|тися, *pf., see* **збуджуватися**
to wake up, *etc.* ◊ **Павлó ~вся ду́же пі́зно.** Pavlo woke up very late.

збудувá|ти, *pf., see* **будувáти**
to build, *etc.* ◊ **Óперний теáтр ~ли при кінці́ XIX столі́ття.** The opera house was built in the late nineteenth century.

зважá|ти, ~ють; звáж|ити, ~ать, *intr.*
to note, take note of, heed, pay attention to ◊ **Вонá бі́гла ву́лицею не ~ючи на перехóжих.** She ran down the street without paying attention to passersby.
adv. **зáвжди́** always; **неохóче** reluctantly, **ні́коли не** never ◊ **Нéля ні́коли не ~ла на почуття́ і́нших навкóло неї́.** Nelia never heeded the feelings of others around her. **одрáзу** at once ◊ **Лесь одрáзу звáжив, що цьóму чоловíкові чогóсь бракувáло.** Les noted at once that this man was not quite right in the head. **при потрéбі** when need be, **чáсом** sometimes
v. + **з. бу́ти слід** + *D.* should ◊ **Плану́ючи пóдорож, слід з. на прогнóз погóди.** While planning a journey, one should take into account weather forecast. **бу́ти трéба** + *D.* need to ◊ **Йомý трéба булó весь час з. на свої́ фінáнсові обмéження.** He needed to pay attention to his financial limitations all the time. **му́сити** be obliged to; **відмовля́тися** refuse to ◊ **Вонá відмовля́лася з. на інтерéси компáнії.** She refused to heed the company's interests. **не збирáтися** be not about to, **не хоті́ти** be reluctant to
prep. **з. на** + *A.* pay attention to sb/sth ◊ **з. на ді́йсність** take into account the reality (**обстáвини** circumstances, **ситуáцію** situation; **прохáння** request; **тру́днощі** difficulties); ♦ **~ючи на** + *A. or* **на те, що** + *clause* in view of sth, taking into consideration that ◊ **Банк відтермінувáв погáшення пóзики, ~ючи на обстáвини боржникá.** The bank put off the repayment of the

loan in view of the debtor's circumstance.
зважáй! звáж!
Also see **вважáти 3, рахувáтися 1, 2**

звáжи|ти, *pf., see* **вáжити** *and* **зважáти**
to weigh; ponder, consider ◊ **Вонá ретéльно ~ла можлúві варіáнти дій.** She thoroughly pondered possible courses of action.

звáжу|вати, ~ють; звáж|ити, ~ать, *tran.*
1 to weigh, measure the weight of ◊ **Кóжного пацієнта спочáтку ~вали.** First each patient was weighed. ♦ **Звáжте, будь лáска, кілó яблук.** Get me a kilo of apples please.
See **вáжити 2**
2 *fig.* to weigh, ponder, consider, assess ◊ **Він дивúвся на Гáлю, нáче ~ючи її нáміри.** He was looking at Halia, as if weighing her intentions.
adv. **відрáзу** at once ◊ **Він відрáзу звáжив станóвище.** He assessed the situation at once. **зáраз же** right away, **швúдко** quickly; **ретéльно** meticulously, **увáжно** carefully ◊ **Присяжні зобов'язані увáжно звáжити всі дóкази.** The jury is obliged to carefully weigh all the evidence. **безсторóнньо** impartially, **неупередженo** without prejudice, **об'єктúвно** objectively, **спокíйно** calmly, **тверéзо** soberly, **хóлодно** coldly; **прáвильно** correctly; ♦ **з. всі за і прóти** to weigh all the pros and cons
v. + **з. бýти трéба** + *D.* need to; **не бýти в стáні** be in no condition ◊ **Він не у стáні звáжити нáслідки свогó рíшення.** He is in no condition to weigh the repercussions of his decision. **намагáтися** try to, **хотíти** want to ◊ **Перш ніж давáти відпóвідь, Христúна хотíла тверéзо звáжити свої можлúвості.** Prior to responding, Khrystyna wanted to soberly weigh her options.
Also see **аналізувáти, вирíшувати 1, жувáти 3, оцíнювати 2, розмíрковувати 1, 2, розцíнювати 1**
pa. pple. **звáжений** weighed
звáжуй! звaж!

зван|ня́, *nt.*
1 rank, title, status ◊ **Вонá мáла незабáром дістáти профéсорське з.** She was supposed to receive the title of professor soon.
adj. **висóке** lofty, high; **дóвге** long, **пóвне** full, **офіцíйне** official; **аристократúчне** aristocratic, **шляхéтне** noble ◊ **Він усíм розкáзував, що йогó прáдід мав шляхéтне з.** He told everybody that his great grandfather had a noble title. ♦ **вíйськове з.** a military rank, ◊ **вчéне** academic, **наукóве** scientific ◊ **йогó пóвне наукóве з.** his full scientific title; **почéсне** honorary, ♦ **з. почéсного дóктора** the title of honorary doctor *or* honoris causa ◊ **Йогó нагородúли ~ням почéсного дóктора.** He was awarded the tiltle of honorary doctor. **робóче** job ◊ **Її робóче з. – заступнúця головнóго економíста корпорáції.** Her job title is Deputy Chief Economist of the corporation.
з. + *n.* **з. доцéнта** the title of assistant professor (**профéсора** professor; **Герóя Украї́ни** Hero of Ukraine, **нарóдного артúста Украї́ни** people's artist of Ukraine)
v. + **з. давáти** + *D.* **з.** give sb a title ◊ **Мíсто далó йомý з. почéсного громадянúна.** The city gave him the title of honorary citizen. (**присвóювати** + *D.* confer sb ◊ **Викладáчці присвóїли з. доцéнта.** They conferred on the (female) instructor the title of assistant professor. **брáти** take ◊ **Диктáтор взяв собí вíйськове з. полкóвника.** The dictator took the military rank of colonel. **заслугóвувати** deserve, **здобувáти** earn ◊ **На той час він устúг здобýти кíлька висóких ~ь.** By that time, he managed to earn several high titles. **мáти** have ◊ **Вонá мáє кíлька наукóвих звань.** She has several scientific titles. **носúти** carry, **успадкóвувати** inherit); **нагорóджувати** + *A.* **~ням** award sb a title

◊ **Президéнт нагородúв її почéсним ~ням.** The president awarded her an honorary title.
See **тúтул 1, 2**
2 *fig.* name ◊ **висóке з. громадянúна** the lofty name of citizen; ◊ **Прéса звинувáчувала дисидéнта в тóму, що він зганьбúв «висóке з. совєтського вчéного».** The press accused the dissident of disgracing the "lofty name of a Soviet scientist."

звар|и́ти, *pf., see* **варúти**
to cook, make *(food)*, *etc.* ◊ **Василь ~в вечéрю на п'ять осíб.** Vasyl cooked dinner for five.

зв|áти, ~уть, *var.* **зовýть; на~**, *tran.*
1 call *(by name)*, give name to, name + *A.* or *I.* ◊ **Йогó з. Юрíй** *or* **Юрíєм.** His name is Yurii. ◊ **Як тебé з.?** What is your name? ◊ **На робóті її звичáйно ~áли Василíвною** At work, they usually called her Vasylivna.
See **назувáти 1.** *Also see* **клúкати 3**
2 *colloq.* to call, ask, *pf.* **по~** ◊ **Вонá пішлá надвíр з. дітéй вечéряти.** She went outside to call the children to dinner. ♦ **з. до сéбе в гóсті** to invite sb to one's place for a visit ◊ **Згóдом вонú перестáли з. Івáна до сéбе.** Later they stopped inviting Ivan to their place.
Also see **запрóшувати, клúкати 2**
pa. pple. **нáзваний** named; ♦ **нáзваний брат** an adopted brother
(на)зви́!

звéрнен|ня, *nt.*
appeal, address ◊ **Йогó з. нáдто емоцíйне.** His adress is too emotional.
adj. **емоцíйне** emotional, **палкé** vehement, **пристрáсне** passionate; **особúсте** personal; **прямé** direct, **публíчне** public; **відчайдýшне** desperate, **терміновé** urgent; **корóтке** brief ◊ **Збíрку відкривáло корóтке з. до читачá.** A brief address to the reader opened the collection. **новорíчне** New Year Eve ◊ **Він пропустúв новорíчне з. президéнта до нарóду.** He missed the president's New Year Eve address to the nation. **прощáльне** farewell; **президéнтське** presidential; **публíчне** public; ♦ **радіозвéрнення** a radio address, ♦ **телезвéрнення** a television address
з. + *n.* **з. патріáрха** patriarch's address (**прем'єра** premier's, **президéнта** president's, **ýряду** government); ◊ **Заколóтники зігнорувáли з. до них ýряду.** The mutineers ignored the government appeal to them.
v. + **з. діставáти з.** get an appeal (**отрúмувати** receive ◊ **Отрúмавши з., він склúкав рáдників.** Upon receiving the appeal, he summoned his advisors. **ігнорувáти** ignore; **надсилáти** + *D.* send sb, **передавáти** broadcast ◊ **З. передалú по рáдіо.** The appeal was broadcast over the radio. **підтрúмувати** support, **публікувáти** publish, **реагувáти на** react to ◊ **Вонú одрáзу зреагувáли на з. Міжнарóдної амнéстії.** They immediately reacted to the appeal by Amnesty International. **робúти** make, **слýхати** listen to) ◊ **Вонú потамувáли пóдих, слýхаючи прощáльне з. президéнта.** They held their breath, listening to the president's farewell address.
prep. **з. до** + *G.* an appeal to sb ◊ **з. до громáди** an appeal to the community; **з. по** *or* **про** + *A.* an appeal for sth ◊ **прямé з. по** *or* **про допомóгу** a direct appeal for help
G. pl. **~ь**
Also see **зáклик**

зверну́|ти, *pf., see* **звертáти**
to turn; pay attention, take notice, *etc.* ◊ **На трéтьому світлофóрі вонá ~ла ліворýч.** At the third light, she turned left.

зверну́|тися, *pf., see* **звертáтися**
to turn to, go to ◊ **Óля ~лася до адвокáта по порáду.** Olia turned to a lawyer for advice.

звертáн|ня, *nt.*
1 address, form of address ◊ **З жíнками він уживáв з. «сéрденько».** With women, he would use the form of address "sweetheart."
adj. **зменшувáльне** diminutive, **лáгідне** tender, **пестлúве** affectionate ◊ **Вонá мáла талáнт на пестлúві з.** He had a talent for affectionate forms of address. **грýбе** rude, **обрáзливе** insulting; **фамільярне** familiar; **офіцíйне** official, **прийня́тне** acceptable ◊ **Вонá не знáла, якé прийня́тне з. до послá.** She did not know what the acceptable way of addressing an ambassador was. **прийня́те** accepted; **формáльне** formal
prep. **з. до** + *G.* address to sb
2 appeal ◊ **Йогó з. залишúлося непочýтим.** His appeal went unheeded.
See **зáклик, звéрнення**
3 *ling.* address ◊ **Зазвичáй з. слід відділя́ти з обóх бокíв кóмами.** As a rule, an address should be separated by commas on both sides.
G. pl. **~ь**

звертá|ти, ~ють; зверн|ýти, ~уть, *tran. and intr.*
1 *intr.* to turn ◊ **Шагайдá ~є на бíчну вýлицю й зупиня́ється пéред шинкóм.** Shahaida turns into a side street and stops in front of a tavern.
adv. **крýто** sharply ◊ **У цьóму мíсці дорóга крýто ~ла праворýч.** In this spot, the road sharply turned right. **несподíвано** unexpectedly, **рáптом** suddenly, **рíзко** abruptly; **ліворýч** left ◊ **На рóзі звéрнеш ліворýч.** At the corner, you will turn left. **праворýч** right
See **повертáти.** *Also* see **завертáти 1.** *Cf.* **забирáти 6**
2 *tran.* to turn sb/sth ◊ **Натáлка звернýла конá до óзера.** Natalka turned the horse toward the lake.
з. + *n.* **з. автóбус** turn a bus ◊ **Водíй устúг звернýти автóбус і унúкнути зíткнення із трáктором.** The driver managed to turn the bus and avoid colliding with the tractor. (**віз** wagon, **конá** horse, **машúну** car, *etc.*); ♦ **з. увáгу на** + *A.* to turn attention to sth/sb ◊ **Не звертáйте на них увáги.** Don't pay attention to them.
3 *intr.* to approach, pass, turn ◊ **День ужé звернýв до вéчора.** The day had already turned to evening. ◊ **Вонú закíнчили розмóву, колú звернýло за обíд.** It was past lunch time when they finished the conversation.
See **наближáтися 1**
4 *tran.* to turn away/to, deflect, divert ◊ **Щоб унúкнути суперéчки, пáні К. звернýла розмóву на íншу тéму.** In order to avoid an argument, Mrs. K. turned the conversation to another topic.
See **перевóдити 4**
5 *tran.* to address, direct ◊ **Вонú ~ли зáклик до людéй прогресúвних пóглядів.** They addressed the appeal to the people of progressive views.
prep. **з. до** + *G.* direct to sb
See **адресувáти**
6 *tran.* to blame, lay the blame on ◊ **Вонá крáла рéчі, а ~ла на íнших.** She stole things and blamed others.
prep. **з. на** + *A.* blame sth on sb ◊ **Він усé звернýв на брáта.** He blamed everything on his brother.
See **звинувáчувати 2.** *Also see* **винúти, дорікáти 2**
pa. pple. **звéрнутий** directed to *(of attention)*
звертáй! зверни́!

звертá|тися; звернýтися, *intr.*
1 to address, turn to; appeal to ◊ **Ярослáва недóвго вагáлася, перш як звернýтися до пóдруги з прохáнням.** Yaroslava did not hesitate long before addressing her (female) friend with a request.
v. + **з. вагáтися** hesitate to ◊ **Він вагáвся з. до**

незнайóмця. He hesitated turning to a stranger. **не наважуватися** not have the courage to; **збирáтися** be going to, **мáти нáмір** intend to, **хотíти** want to

prep. **з. до** + *G.* turn to sb; ♦ **з. на «ти»** to call each other by first name ◊ **Він запропонувáв Михáйлові з. оди́н до óдного на «ти».** He proposed to Mykhailo that they call each other by their first names.

2 to turn to *(with request, etc.)*, approach, go to ◊ **Вони́ звернýлися до полíції.** They went to the police.

adv. **врéшті-рéшт** eventually, **нарéшті** finally; **негáйно** immediately, **одрáзу** at once, **зáраз же** right away

v. + **з. бýти змýшеним** be forced to, **бýти слід** + *D.* should ◊ **Вам слід звернýтися до юри́ста.** You should turn to a lawyer. **бýти трéба** + *D.* need to; **рáдити** + *D.* urge sb to ◊ **Він порáдив їм негáйно звернýтися до лікаря.** He urged them to go to a doctor immediately. **збирáтися** be going to, **мáти нáмір** intend to, **хотíти** want to; **пропонувáти** + *D.* offer sb to; **відмовлятися** refuse to

prep. **з. до** + *G.* appeal to sb; **з. по** + *A.* appeal for sth ◊ **Він звернýвся до нéї по порáду.** He turned to her for advice.

Also see **ки́датися 3**

3 to turn ◊ **Він чáсто пóдумки ~ється до вчи́теля.** His thoughts often turn to his teacher. ◊ **Ти́сячі очéй звернýлися до сцéни.** Thousands of eyes turned to the stage.

4 to attend to, confront, focus on ◊ **Ранíше ніхтó не ~вся до цієї проблéми.** Earlier nobody attended to this problem.

prep. **з. до** + *G.* focus on sth ◊ **Áвтор ~ється до ни́зки важли́вих питáнь.** The author confronts a number of important issues.

Also see **захóдити 8**

звéрху, *adv.*

1 atop, at the top ◊ **Ми сíли з.** We took our seats at the top. ◊ **Він одягнýв сорóчку, а з. – свéтер.** He put on a shirt and a sweater on top.

Also see **повéрх 1**

2 from above ◊ **Вразли́вість пози́ції ставáла очеви́дною, тíльки коли́ диви́тися на нéї з.** The vulnerability of the position became obvious only when looked at from above. ♦ **з. дони́зу** from top to bottom

Also see **згори́ 1.** *Ant.* **зни́зу**

3 from outside ◊ **Усерéдині цéрква ще гарнíша, як з.** Inside the church is even more beautiful than outside.

Also see **зóвні 2.** *Ant.* **всерéдині**

4 *fig.* from above, from the powers that be ◊ **накáз з.** an order from above

See **згори́ 2**

звéчора, *adv.*

1 since the evening ◊ **Ми працюємо з.** We have worked since the evening. ◊ **У Марíї все готóве ще з.** Maria has had everything ready since the evening.

2 *colloq.* in the evening ◊ **З. надвóрі були́ лишé сусíди.** In the evening, only the neighbors were outdoors. ◊ **Дрýзі могли́ допомагáти їм з. пíсля робóти.** Their friends could help them in the evening after work.

See **ввéчері.** *Also see* **вночí.** *Ant.* **врáнці**

звикá|ти, ~ють; зви́кн|ути, ~уть; *pa. pf., m.* **звик**, *var.* **зви́кнув**, *pl.* **зви́кли**, *var.* **зви́кнули**, *intr.*

to be accustomed to, get used to ◊ **Юрчýк звик подорожувáти сам.** Yurchuk is accustomed to traveling alone.

adv. **вже** already, **врéшті-рéшт** eventually, **нарéшті** finally; **дóвго** for a long time ◊ **Гáнна дóвго ~ла до íншої жíнки в сім'ї.** Hanna took a long time to get accustomed to another woman in the family. **повíльно** slowly, **поступóво** gradually; **тя́жко** with difficulty; **лéгко** easily, **скóро** quickly, **шви́дко** quickly ◊ **Він шви́дко звик до нóвого мíсця.** He got quickly accustomed to the new place. **лéдве** hardly, **мáйже** almost, **трóхи** a little; **так і не** never ◊ **Він так і не зви́кнув пи́ти чай по-англíйськи, з молокóм.** He never got used to drinking tea the English way, with milk. **день** a day, **ти́ждень** a week, **мíсяць** a month, *etc.* ◊ **Юркó мíсяць звикáв до нови́х прáвил.** It took Yurko a month to get used to the new rules.

v. + **з. бýти вáжко** + *D.* be hard to ◊ **Ґастрономíчно догмати́чним італíйцям вáжко з. до украї́нської кýхні.** It is hard for the gastronomically dogmatic Italians to get used to Ukrainian cuisine. **бýти немóжли́во** be impossible; **бýти лéгко** be easy to; **бýти трéба** + *D.* need to ◊ **Дáні трéба з. до нóвого розпоря́дку.** Now Dana needs to get used to a new schedule. **змогти́** *pf.* manage to, **могти́** can, **намагáтися** try to; **не могти́** cannot; **починáти** begin to, **стáти** *pf.* start to ◊ **Офіцéри стáли з. до тóго, що ни́ми комáндує жíнка.** The officers began to accustom themselves to the fact that they were commanded by a woman.

prep. **з. до** + *G.* get accustomed to sb/sth

pa. pple. **зви́клий** accustomed

звикáй! зви́кни!

Also see **огóвтуватися 2**

зви́кл|ий, *adj.*

1 accustomed ◊ **З. до продáжних бюрократíв, Івáн розгуби́вся від чéсности цьогó урядóвця.** Accustomed to corrupt bureaucrats, Ivan was baffled by the integrity of this official.

adv. **дóсить** fairly, **зóвсім** entirely, **цілкóм** completely; **мáйже** almost; **очеви́дно** obviously; **аж ніяк не** in no way ◊ **Аж ніяк не ~а до знущáнь, Мáрта ви́бухнула на начáльника.** Being in no way accustomed to abuse, Marta lashed out at her boss. **не зóвсім** not entirely

v. + **з. бýти ~им** be accustomed (**здавáтися** + *D.* seem to sb, **почувáтися** feel ◊ **За корóткий час Гáля почувáлася ~ою до ньогó.** In a short time, Halia felt accustomed to him. **роби́тися** grow, get, **ставáти** get used)

prep. **з. до** + *G.* accustomed to sb/sth

2 ordinary, usual, customary, regular ◊ **Вони́ виступáли в ~ому сíльському клýбі.** They performed in a regular village club.

з. + *n.* **~а дилéма** a usual dilemma ◊ **~а дилéма кóжного студéнта-першокýрсника** the usual dilemma of every first-year student. (**річ** thing, **ситуáція** situation, **спрáва** business); ♦ **далéкий від ~ого** far from usual; ♦ **~им спóсобом** the usual way

Also see **звичáйний 2**

зви́к|нути, *pf., see* **звикáти**

to get accustomed, *etc.* ◊ **Вони́ ~ли** *or* **~нули до сухóго кри́мського підсóння.** They got accustomed to the dry Crimean climate.

звинувáти|ти, *pf., see* **звинувáчувати**

to accuse, charge ◊ **Лíну ~ли у націоналíзмові.** Lina was accused of nationalism.

звинувáчен|ня, *nt.*

accusation, charge ◊ **з. у держáвній зрáді** an accusation of high treason

adj. **бездоказóве** unsubstantiated, **безпідстáвне** baseless, **голослíвне** groundless, **надýмане** far-fetched, **фальши́ве** false, **фантасти́чне** fantastical; **жахли́ве** horrible; **наклéпницьке** slanderous; **пíдле** vile; **скандáльне** scandalous; **сміхови́нне** ridiculous; **завуальóване** veiled; **серйóзне** serious; **обґрунтóване** well-founded; **офіцíйне** official; **взаємне** mutual; **публíчне** public

v. + **з. висувáти з.** level an accusation ◊ **Прóти кóжного з них ви́сунули бездоказóві з.** Unsubstantiated accusations were leveled against each of them. (**ки́дати** hurl, **роби́ти** make, **оголóшувати** announce ◊ **Прокуратýра не поспішáла оголóшувати йомý з.** The prosecutor's office was in no hurry to announce accusations against him. **готувáти** prepare; **доводи́ти** prove ◊ **Йогó фантасти́чні з.налéжало довести́ в судí.** His fantastical accusations needed to be proven in court. **обґрунтóвувати** substantiate, **підтри́мувати** support ◊ **Дирéктор підтри́мав з. прóти Радчукá в обмáні клієнтів.** The director supported the accusations against Radchuk that he had cheated clients. **відкидáти** reject ◊ **Він відкидáє з. в недбáлості.** He rejects the accusations of negligence. **заперéчувати** deny, **спростóвувати** repudiate, **унevá**жнювати dismiss) ◊ **Суддя́ уневáжнив як безпідстáвні з. йогó в підривні́й діяльності.** The judge dismissed as baseless the accusations against him of subversive activities.

з. + *v.* **пáдати на** + *A.* fall on sb, **ви́сіти над** + *I.* hang over sb ◊ **Над ним ви́сіли серйóзні з.** Serious accusations hung over him.

prep. **з. в** + *L.* an accusation of sth; **з. прóти** + *G.* an accusation against sb

G. pl. **~ь**

Also see **обвинувáчення 1**

звинувáчу|вати, ~ють; звинувáт|ити, звинувáчу, ~ять, *tran.*

1 to accuse, charge ◊ **Сусíд звинувáтив Ми́шу у недбáльстві.** The neighbor accused Mysha of negligence.

adv. **бездоказóво** without evidence, **безпідстáвно** baselessly, **відкри́то** openly. **голослíвно** groundlessly, **несправедли́во** unjustly, **пíдло** basely, **наклéпницьки** slanderously ◊ **Газéта наклéпницьки ~вала її у прáці на вóрога.** The newspaper slanderously accused her of working for the enemy. **публíчно** publicly, **скандáльно** scandalously, **фальши́во** falsely; **офіцíйно** officially; **практи́чно** practically, **факти́чно** effectively

prep. **з. в** + *L.* accuse sb of sth ◊ **Чоловíка факти́чно ~вали у смéрті влáсної дити́ни.** The man was effectively being accused of the death of his own child.

Also see **обвинувáчувати 2.** *Cf.* **вини́ти**

2 to blame, hold against ◊ **Її ~ють у надмíрному оптимíзмі.** She is blamed for her excessive optimism.

See **вини́ти.** *Also see* **дорікáти 2, звертáти 6, обвинувáчувати 1**

pa. pple. **звинувáчений** accused

звинувáчуй! звинувáть!

зви́ча|й, *m.*, **~ю**

1 custom, tradition, practice ◊ **За дáвнім ~єм, пíсля смéрті бáтька найстáрший син ставáв головóю сім'ї.** According to the age-old custom, the eldest son became the head of the family after his father's death.

adj. **гáрний** nice, **чудóвий** wonderful, **цікáвий** interesting; **встанóвлений** established, **при́йнятий** accepted; **дáвній** age-old, **стари́й** old; **забýтий** forgotten; **священний** sacred; **нови́й** new; **совéтський** Soviet; **популя́рний** popular; **украї́нський** Ukrainian; **ди́вний** quaint; **забýтий** forgotten; **місцéвий** local, **нарóдний** folk, **національний** national, **релігíйний** religious, **роди́нний** family; **архаї́чний** archaic, **дикýнський** savage

v. + **з. відрóджувати з.** revive a custom (**впровáджувати** introduce, **зберігáти** preserve, **знáти** know, **мáти** have, **підтри́мувати** support, **практикувáти** practice, **продóвжувати** carry on, **шанувáти** respect ◊ **Батьки́ вчи́ли їх шанувáти нарóдні ~ї.** Their parents taught them to respect folk customs. **знáти** know ◊ **Небагáто людéй**

знáють цей ди́вний з. Not many people know this strange custom. **відрóджувати** revive ◊ **Вони́ відроди́ли забу́тий з.** They revived a forgotten custom. **прибирáти** adopt ◊ **Нове́ покóління відмовля́ється прибирáти совєтські ~ї.** The new generation refuses to adopt Soviet customs. **ігнорувáти** ignore, **порýшувати** break; **нéхтувати** neglect) ◊ **Вони́ тихéнько знéхтували стáрий з.** They quietly neglected the old custom. **держáтися ~ю** observe a custom (**дотри́муватися** follow ◊ **Він дотри́мувався роди́нного ~ю.** He followed the family custom. **навчáтися** learn) ◊ **Вони́ мýсили навчи́тися місцéвих ~їв.** They had to learn local customs. **навчáтися ~єві** learn a custom ◊ **У новíй країні він навчáється нови́м ~ям.** In a new country, he learns new customs. **нéхтувати ~єм** neglect a custom ◊ **Вони́ знéхтували ~єм проси́ти благословíння на шлюб у батькíв.** They neglected the custom of asking parents to bless their marriage.

з. + *v.* **вмирáти** die ◊ **Весíльний з. торгувáтися за молоду́ поступóво вмирáє.** The wedding custom to haggle over a bride is slowly dying. **зникáти** disappear; **вижива́ти** survive, **відрóджуватися** be revived ◊ **Тепéр цей гáрний з. мав шáнс відроди́тися.** Now this nice custom had the chance to be revived. **повертáтися** come back

prep. **всýпереч ~єві** contrary to custom ◊ **Вонá хрести́ла хлóпчика всýпереч релігíйному ~єві.** She had her boy baptized contrary to the religious custom. **за ~єм** according to custom ◊ **За стари́м ~єм проси́ти трéба три́чі.** According to the old custom, one needs to ask three times.

Also see **закóн 3, тради́ція**

2 *only sg.* habit, rule, wont ◊ **Вони́ мáли з. вихваля́ти своїх дітéй.** They had a habit of praising the children.

adj. **дóбрий** good, **здорóвий** healthy ◊ **Він привчи́в себé до здорóвого ~ю ходи́ти до спортзáли щодня́.** He taught himself a healthy habit to go to the gym every day. **кóрисний** useful, **похвáльний** praiseworthy, **харóший** fine; **погáний** ill, **сумнíвний** controversial, **шкідли́вий** harmful

v. + **з. мáти з.** + *inf.* be in the habit of ◊ **Маркія́н мав з. рáно ляráти.** Markian was in the habit of going to bed early. ♦ **мáти за з.** to be in the habit of ◊ **Коли́сь він мáв за з. кури́ти на робóті.** Once he was in the habit of smoking at work.

prep. **для ~ю** for the sake of appearances ◊ **Для ~ю, він поцікáвився здорóв'ям її батькíв.** For appearances' sake, he inquired about her parents' health.

Also see **зви́чка, мóда 2**

звичáйн|ий, *adj.*

1 ordinary, habitual, customary, common ◊ **На стóлі письмéнника булá ~а чорни́льниця.** There was an ordinary inkwell on the writer's table.

adv. **абсолю́тно** absolutely ◊ **Вонá застосувáла абсолю́тно ~у процеду́ру.** She used an absolutely common procedure. **геть** totally, **дóсить** fairly, **цілкóм** completely; **далéко не** far from

з. + *n.* **з. день** an ordinary day (**дуб** oak; **лíкар** doctor, **студéнт** student, **чоловíк** man); **~а дівчи́на** an ordinary girl (**люди́на** person; **істóрія** story, **подíя** event, **проблéма** problem); **~е непорозуміння** a common misunderstanding ◊ **Вонá не моглá допусти́ти, щоб ~е непорозумíння перетвори́ло їх на ворогíв.** She could not allow for a common misunderstanding to turn them into enemies.

v. + **з. бýти ~им** be ordinary (**вигляда́ти** look, **виявля́тися** turn out; **здавáтися** + *D.* seem to sb) ◊ **Як студéнт, Степанéнко здавáвся їй цілкóм ~им.** As a student, Stepanenko seemed to her completely ordinary.

Also see **життєвий 2, повсякдéнний 1**

2 usual, common, regular, generally accepted ◊ **Він кори́стувався ~им синтети́чним клéєм.** He was using a regular synthetic glue. ◊ **Цей серíял – типóвий ситкóм у ~ому знáченні слóва.** The series is a typical sitcom in the usual sense of the word.

adv. **геть** totally, **дóсить** fairly, **цілкóм** completely, **мáйже** almost; **бíльше (від)** more than ◊ **Тогó дня вони́ намýчилися бíльше від ~ого.** That day they got tired more than usual. **дорóжче (від)** more expensive than, **дешéвше (від)** cheaper than, **мéнше (від)** less than ◊ **Вáлик вагáвся мéнше ~ого.** Valyk was less hesitant than usual. **рані́ше (від)** earlier than, **пізні́ше (від)** later than

Also see **зви́клий 2, нормáльний 1**

3 *ling.* positive ◊ **з. стýпінь прикмéтника** the positive degree of adjective

Cf. **найви́щий 2, порівня́льний**

звичáйно, *adv., part.*

1 *adv.* of course, certainly; clearly ◊ **Дешéвші квиткú, з., крáщі.** Cheaper tickets are certainly better. ◊ **Полíтик, з., не міг сказáти прáвду.** The politician clearly could not tell the truth.

2 *adv.* usually, as a rule ◊ **Він з. працю́є до вóсьмої.** Usually he works till eight. ◊ **Конвéрти, папíр і мáрки з. лежáли у прáвій шухля́ді.** Envelopes, paper, and stamps were, as a rule, in the right drawer.

3 *part. (to express agreement)* of course, certainly ◊ **Ти вмíєш води́ти маши́ну? З., вмíю.** Can you drive a car? Of course, I can. ◊ **Прийдéте на читáння? З.** Will you come to the reading? Certainly.

See **так 1**

зви́ч|ка, *f.*

habit ◊ **Стефáнія мáла ~ку починáти день із перéгляду газéт.** Stefaniia had the habit of starting her day by looking through the newspapers.

adj. **дивакувáта** eccentric, **ди́вна** strange, **незвичáйна** unusual; **дóбра** good, **здорóва** healthy, **ми́ла** endearing, **харóша** fine, **чарівнá** charming; **антисоціáльна** antisocial, **бруднá** dirty, **ганéбна** shameful, **досáдна** annoying, **жахли́ва** awful, **оги́дна** disgusting, **паскýдна** nasty, **погáна** bad, **при́кра** unfortunate; **нервóва** nervous; **новá** new; **особи́ста** personal; **особли́ва** peculiar; **небезпéчна** dangerous, **нездорóва** unhealthy, **руйнівнá** destructive, **саморуйнівнá** self-destructive, **шкідли́ва** harmful; **нормáльна** normal, **старá** old, **укорíнена** ingrained, **щодéнна** daily; **коштóвна** expensive

v. + **з. брáти ~ку** adopt a habit ◊ **Вонá взялá дивакувáту ~ку ї́сти в лíжку.** She adopted an eccentric habit of eating in bed. (**мáти** be in ◊ **Він мáє з. прихóдити без запрóшення.** He is in the habit of coming uninvited. **змíнювати** change, **долáти** kick; **вхóдити в** fall into), ♦ **узя́ти собí за ~ку** + *inf.* to develop a habit of ◊ **Íвга взялá собí за ~ку зáвжди́ запізнюватися.** Yivha developed the habit of always coming late. **позбувáтися ~ки** get rid of a habit ◊ **Хлóпець нарéшті позбýвся ганéбної ~ки колупáтися в нóсі.** The boy finally got rid of the shameful habit of picking his nose. (**відмовля́тися від** give up) ◊ **Тепéр він був змýшений відмóвитися від нездорóвої ~ки ї́сти пéред снóм.** Now he was compelled to give up the unhealthy habit of eating before sleep. **ставáти ~кою** become a habit ◊ **Роби́ти нотáтки на лéкціях стáло Мáртиною новóю ~кою.** Taking notes at lectures became Marta's new habit. (**борóтися зі** fight)

prep. **за ~ою** by/out of habit ◊ **Крушельни́цька ходи́ла на прáцю цíєю вýлицею за старóю ~кою.** Krushelnytska walked to work down this street out of an old habit. **прóти ~ки** against habit ◊ **Маркія́н ви́рішив ї́хати автóбусом цілкóм прóти своєї ~ки.** Markiian decided to take a bus entirely against his habit.

L. **в ~ці**, *G. pl.* **~ок**

Also see **зви́чай 2, мóда 2**

звíдки, *var.* **відкіля́, звідкіля́, звíдкіль**, *adv., dir.*

1 where from ◊ **Він хотíв дізнáтися, з. у неї ця вáза.** He wanted to find out where she got this vase from. ◊ **З. у ньóго стíльки ентузіáзму!** Where does he get so much enthusiasm from!

2 *colloq.* how, how come ◊ **З. ти знáєш?** How do you know? ◊ **З. такá впéвненість?** How can you be so sure?

звíдки-нéбудь, *adv.*

from somewhere, from some place

v. + **з. взя́ти** + *A.* **з.** take sth from somewhere (**дізнáтися про** + *A.* learn sth from, **дістáти** + *A.* get sth from, **привезти́** + *A.* bring sth from, **прийти́** come from, **приї́хати** arrive from) ◊ **Вонá боя́лася, що хтось мóже з. несподíвано приї́хати.** She feared that somebody could come from some place unexpectedly.

звíдси, *adv., dir.*

1 from here, from this point ◊ **Він живé недалéко з.** He lives not far from here. ◊ **З. мóжна сíсти на трамвáй.** From here one can take a streetcar.

Cf. **звíдти**

2 from here, from this moment ◊ **Ця чудóва істóрія почалáся сáме з.** It is from here that his wonderful story began.

3 hence, consequently ◊ **Ви втоми́лися, з. й роздратувáння.** You are tired, hence your irritation.

звíдти, *var.* **звідтіля́, звідтíль**, *adv., dir.*

from there, thence, from that source ◊ **Він зайшóв до кімнáти і ви́ніс з. валíзу.** He entered the room and carried a suitcase out of there. **туди́ й з.** there and back

Cf. **звíдси 1**

звíльнен|ий, *adj.*

1 liberated, released, set free ◊ **Ви́крадений журналíст був з. чéрез рік.** The kidnapped journalist was released after a year had passed.

adv. **закóнно** legally, **незакóнно** illegally; **нарéшті** finally, **негáйно** immediately, **терміновo** urgently, **шви́дко** quickly; **перемóжно** triumphantly ◊ **Перемóжно ~е мíсто перебувáло у стáні ейфорíї.** The triumphantly liberated city was in a state of euphoria.

prep. **з. з** + *G.* liberated from *(a place)* ◊ **з. із в'язни́ці** released from prison (**ГУЛАГу** the GULAG, **концтáбору** concentration camp, **полóну** captivity); **з. від** + *G.* liberated from *(state, condition);* ◊ **з. від експлуатáції** freed from exploitation (**сýмнівів** doubts, **упередженъ** biases); **з. з-під** + *G.* set free from *(state)*

2 exempt ◊ **Студéнти ~і від військóвої слу́жби на час навчáння.** The students are exempt from military service for the duration of their studies.

adv. **закóнно** lawfully; **незакóнно** illegally; **поперéдньо** previously; **цілкóм** completely; **тимчасóво** temporarily, **часткóво** partially

v. + **з. бýти ~им** be exempt (**вважáти** + *A.* consider sb; **виявля́тися** turn out ◊ **Вонá ви́явилася ~ою від щорíчного меди́чного обстéження.** She turned out to be exempt from the annual medical checkup. **лишáтися** remain)

prep. **з. від** + *G.* exempt from sth ◊ **з. від подáтків** exempt from taxes (**слу́жби в áрмії** army service)

Also see **вíльний 1**

звільнен|ня, *nt.*

1 liberation, freeing, release; emancipation ◊ **з. Кри́му від росíйської окупáції** liberation of the Crimea from the Russian occupation

adj. **довгождáне** long-awaited ◊ **Вонá не**

дожила́ до довгожда́ного з. кріпакі́в. She did not live to see the long-awaited emancipation of the serfs. **довгоочі́куване** long-anticipated; **прави́ве** true, **спра́вжнє** real; **національне** national, **особи́сте** personal, **соція́льне** social
 з. + *n.* **з. ви́краденого** liberation of a kidnapped person (**зару́чника** hostage, **полоне́ного** prisoner), **з. кріпака** emancipation of a serf (**раба́** slave)
 v. + **з. боро́тися за з.** fight for liberation ◊ **Українська повста́нська а́рмія боро́лася за з. рідної землі́.** The Ukrainian Insurgent Army fought for the liberation of their homeland. (**святкува́ти** celebrate); **домага́тися з.** attain liberation (**хоті́ти** want; **не допуска́ти** prevent) ◊ **Вони́ намага́лися не допусти́ти з. дисиде́нта з концта́бору.** They strove to prevent the release of the dissident from the concentration camp. **перешкоджа́ти ~ю** obstruct release
 prep. **за з.** for liberation ◊ **боротьба́ за з.** a struggle for liberation ◊ **боротьба за з. жіно́к** the struggle for women's liberation; **з. від** + *G.* liberation from sth ◊ **боротьба́ наро́дів за з. від росі́йського панува́ння** the struggle of nations for liberation from Russian domination (**гніту** oppression, **експлуата́ції** exploitation, **окупа́ції** occupation, **панува́ння** domination, **ярма́** yoke; **раси́зму** racism, **упере́джень** prejudices, **шовіні́зму** chauvinism)
 Cf. **розкріпа́чення**
2 exemption *(from taxes, etc.)*, relief ◊ **з. від військо́вої слу́жби** exemption from military service (**пода́тків** taxes)
3 dismissal *(from work)*, expulsion, firing ◊ **Дире́ктор погро́жував їй ~ням.** The director threatened to fire her.
 adj. **безпідста́вне** unwarranted, **незако́нне** unlawful, **нелега́льне** illegal; **нега́йне** immediate, **несподі́ване** unexpected, **поква́пне** hasty, **раптове** sudden; **заслу́жене** well-deserved
 Also see **розраху́нок 5**
4 vacation *(of premises, etc)*, emptying ◊ **Полі́ція нагляда́ла за ~ням підприємства.** The police monitored the vacation of the enterprise.
 з. + *n.* **з. кварти́ри** vacation of an apartment (**кімна́ти** room, **мі́сця** place, **пло́щі** area, **поса́ди** position)
 Ant. **зайняття́**
 G. pl. **~ь**

звільни́|ти, *pf., see* **звільня́ти**
to free, liberate, *etc.* ◊ **Українські вояки́ ~ли Слов'я́нськ від росі́йських на́йманців.** The Ukrainian soldiers liberated Slov'yansk from Russian mercenaries.

звільни́|тися, *pf., see* **звільня́тися**
to free oneself of, *etc.* ◊ **Анастасія ~лася з поса́ди.** Anastasiia has resigned from her post.

звільня́|ти, ~ють; звільн|и́ти, ~ю́, ~ять, *tran.*
1 to free, liberate, emancipate, release, set free ◊ **Суддя́ дав нака́з нега́йно звільни́ти заарешто́ваних.** The judge gave an order to release those detained immediately.
 adv. **вже** already, **врешті-ре́шт** eventually, **наре́шті** finally; **ле́гко** easily, **нега́йно** immediately ◊ **Полі́ція звільни́ла від ре́йдерів рестора́н.** The police vacated the restaurant of the raiders. **за́раз же** right away; **геть** totally, **по́вністю** fully, **цілко́м** completely; **наполови́ну** half, **поча́сти** in part, **частко́во** partially; **шви́дко** quickly ◊ **Вони́ звільни́ли мі́сто від во́рога шви́дко і без втрат.** They liberated the city from the enemy quickly and without losses. **ле́две** scarcely, **ма́йже** almost, **наси́лу** barely
 v. + **з. вдава́тися** + *D.* succeed in, **змогти́** *pf.* manage to ◊ **Завдяки́ такти́чному ге́нієві полко́вника вони́ змогли́ з. порт.** Thanks to the colonel's tactical genius they managed to liberate the port. **намага́тися** try to, **стара́тися** seek to, **хоті́ти** want to; **ма́ти** be supposed to ◊ **Їх ма́ли звільни́ти в понеді́лок.** They were supposed to be released on Monday. **обіця́ти** + *D.* promise sb to ◊ **Він пообіця́в звільни́ти хло́пців, як ті́льки бу́де відно́влено спо́кій.** He promised to set the boys free as soon as calm was restored.
 prep. **з. від** + *G.* free from sb/sth
2 to exempt ◊ **Зако́н ~є від пода́тків найбідні́ших грома́дя́н.** The law exempts the poorest citizens from taxes. ◊ **Як студе́нта університе́ту, його́ автомати́чно ~ли від військо́вої слу́жби.** As a college student, he was automatically exempted from military service.
3 to let go *(from a job)*, dismiss ◊ **Фі́рма має на́мір звільни́ти сім працівникі́в.** The firm intends to let go seven of its associates. ◊ **Позива́ч стве́рджує, що його́ ~ли з політи́чних моти́вів.** The plaintiff maintains that he was let go for political motivation.
 adv. **без поя́снень** without explanation, **незако́нно** unlawfully, **несправедли́во** unfairly; **нега́йно** immediately, **несподі́вано** unexpectedly, **ра́птом** suddenly
 v. + **з. вимага́ти** demand to ◊ **Профспі́лка вимага́ла нега́йно звільни́ти її з поса́ди.** The union demanded that she be dismissed from her position immediately. **виріш́увати** decide to; **погро́жувати** threaten to
 Also see **зніма́ти 8**
4 to vacate *(premises, etc.)*, leave ◊ **Вони́ звільни́ли незако́нно захо́плену кіносту́дію.** They vacated the unlawfully seized film studio.
 Also see **звільнений, звільнення**
 pa. pple. **звільнений** released, dismissed
 звільня́й! звільни́!

звільня́|тися; звільни́тися, *intr.*
1 to get free from, free oneself from, become free from ◊ **Нове́ життя́ почало́ся, коли́ Тама́ра звільни́лася від я́рма невда́лого шлю́бу.** A new life began when Tamara freed herself from the yoke of her failed marriage.
 v. + **з. бу́ти ва́жко** be difficult to, **бу́ти необхі́дно** be necessary to; **вдава́тися** succeed in ◊ **Їй вдало́ся звільни́тися від тягаря́ вчи́тельських обо́в'язків.** She succeeded in freeing herself from the burden of teaching responsibilities. **змогти́** *pf.* manage to, **могти́** can; **намага́тися** try to, **стара́тися** go out of one's way to, **пра́гнути** desire to
 prep. **з. від** + *G.* free oneself from sb/sth ◊ **з. від гніту** become free from oppression (**дискриміна́ції** discrimination, **окупа́ції** occupation, **прини́ження** humiliation; **кріпа́цтва** serfdom, **прокля́ття** curse, **ра́бства** slavery ◊ **Вони́ намага́лися звільни́тися від ра́бства.** They were trying to free themselves from slavery. **тягаря́** burden) **з. з** + *G.* free oneself from sb/sth
 Also see **ві́льний**
2 to become free ◊ **Приро́да потребу́є ча́су, щоб звільни́тися від забру́днення.** Nature needs time to free itself of pollution.
3 to get rid of, dispose of ◊ **Людми́ла звільни́лася від нікоти́нової зале́жности.** Liudmyla got rid of her nicotine addiction.
 prep. **з. від** + *G.* get rid of sb/sth ◊ **з. від ілю́зій** get rid of illusions (**наївності** naivité, **обо́в'язків** responsibilities, **чле́нства** membership; **мо́тлоху** junk)
4 to become available, be done with ◊ **На́рбут чека́ла, по́ки звільни́ться дире́ктор.** Narbut was waiting for the director to become available. ◊ **Вона́ звільни́ться че́рез чоти́ри годи́ни.** She will be available in four hours. ◊ **Тиміш постара́ється звільни́тися рані́ше.** Tymish will try to be done with work earlier.
5 to resign *(from work, position, etc.)*, leave, step down ◊ **Олекса́ндер звільни́ться за вла́сним бажа́нням.** Oleksander will resign of his own will. ◊ **Він чека́є слу́шного моме́нту, щоб звільни́тися.** He is waiting for the right moment to step down.
 prep. **з. з** + *G.* resign from sth ◊ **Яки́м звільни́вся з поса́ди.** Yakym resigned from his post.

звір, *m.*, **~а**
1 beast, wild animal ◊ **Медві́дь – вели́кий і грі́зний з.** A bear is a great and formidable beast.
 adj. **вели́кий** great, **величе́зний** huge, **грі́зний** formidable; **величний** magnificent, **могу́тній** mighty; **голо́дний** hungry, **ненаси́тний** ravenous; **ди́кий** wild ◊ **Лісови́ми стежка́ми хо́дять ди́кі ~і.** Wild beasts walk on the forest paths. **кровожерли́вий** blood-thirsty, **лю́тий** ferocious, **скаже́ний** rabid, **страшни́й** fearsome, **хи́жий** of prey ◊ **хи́жий з.** a beast of prey; **хутрови́й** fur-bearing; **дивови́жний** strange, **екзоти́чний** exotic, **казко́вий** fantastic, **леге́ндарний** legendary, **міти́чний** mythical, **рі́дкісний** rare; **доісторичний** prehistoric; **крила́тий** winged
 v. + **з. вбива́ти ~а** kill a beast (**переслі́дувати** chase, **стріля́ти** shoot, **лови́ти** catch; **полюва́ти на** hunt) ◊ **Вони́ полюва́ли на хутрови́х ~ів.** They hunted fur-bearing animals. **гна́тися за ~ом** run after a beast ◊ **Соба́ки гна́лися за ~ом, що ви́стрибнув із лі́су.** The dogs ran after the beast that had jumped out of the forest.
2 *fig.* beast *(of person)*, barbarian, brute, ♦ **буди́ти в** + *L.* **~а** to bring out the animal in sb ◊ **Обра́за розбуди́ла в Павло́ві ~а.** The insult brought out the animal in Pavlo.

звіря́ч|ий, *adj.*
1 animal, of or pertaining to beasts or animals ◊ **Почу́вши з. за́пах, соба́ки показилися.** Having caught the animal scent, the dogs went crazy. ◊ **з. інсти́нкт** an animal instinct, ◊ **~е ца́рство** an animal kingdom, **~а мо́рда** an animal snout ◊ **Лю́ди на карти́ні ма́ли ~і мо́рди за́мість облич.** The people in the painting had animal snouts instead of faces. ◊ **На підло́зі лежа́ла ~а шку́ра.** An animal hide lay on the floor.
2 *fig.* crazy, mad ◊ **По ву́лиці зі ~ою шви́дкістю мча́лася авті́вка.** A car careened down the street at a crazy speed.
3 *fig.* ferocious, furious, inhuman, brutal ◊ **Суп не задовольни́ть її з. апети́т.** The soup will not satisfy her voracious appetite. ◊ **Вона́ погля́нула на чолові́ка ~им по́глядом.** She cast a ferocious look at the man. ◊ **~і торту́ри** brutal torture

звіт, *m.*, **~у**
report, statement, account
 adj. **аналіти́чний** analytical, **дослі́дницький** research, **науко́вий** scientific, **підсумко́вий** summary ◊ **На засі́данні затве́рдили підсумко́вий з.** The summary report was approved at the meeting. **важли́вий** important; **всеохо́пний** comprehensive, **зага́льний** general; **глибо́кий** in-depth, **до́вгий** long, **докла́дний** detailed ◊ **Ра́да зажада́ла від дире́ктора докла́дного ~у.** The board demanded a detailed report from the director. **по́вний** full, **розло́гий** extensive; **офіці́йний** official; **коро́ткий** short, **лаконі́чний** laconic, **сти́слий** brief; **секре́тний** secret, classified; **бухга́лтерський** accounting, **політи́чний** political, **фіна́нсовий** financial ◊ **До́сі її фіна́нсовий з. залиша́вся секре́тним.** Until now, her financial report had remained classified. **періоди́чний** periodic, **регуля́рний** regular; **кварта́льний** quarterly; **щоде́нний** daily, **щомі́сячний** monthly, **щорі́чний** annual, **щотижне́вий** weekly; **сенсаці́йний** sensational, **сканда́льний** scandalous, **ціка́вий** interesting; **нудни́й** boring; **неда́вній** *or* **нещода́вній** recent, **нови́й** new, **оста́нній** latest, **попере́дній** previous, preliminary; **початко́вий** original, **пе́рший** first; **опублі́кований** published
 n. + **з. а́втор ~у** the author of a report (**ве́рсія** version, **ко́пія** copy, **текст** text ◊ **Текст ~у**

скоротили на п'ять сторінок. The text of the report was shortened by five pages. **чернетку** rough copy) ◊ **Він попросив дати йому подивитися чернетку щорічного ~у.** He asked to let him take a look at the rough copy of the annual report.
v. + **з. готувати з.** prepare a report ◊ **Вони готували аналітичний з.** They were preparing an analytical report. (**доповнювати** supplement ◊ **З. слід доповнити новими даними.** The report should be supplemented with the new data. **обговорювати** discuss ◊ **З. обговорювали протягом двох годин.** The report was discussed for two hours. **опрацьовувати** work out, **писати** write, **подавати** submit, **посилати** send, **презентувати** present, **роздавати** distribute; **робити** make ◊ **Фінансовий з. робив головний економіст.** The chief economist was making the financial report. **схвалювати** endorse; **діставати** obtain, **отримувати** receive; **покликатися на** cite, **цитувати** quote; **оприлюднювати** make public, **публікувати** publish; **аналізувати** analyze, **брати до уваги** take note of, **переглядати** review, **розглядати** consider, **слухати** listen to, **читати** read); ♦ **давати собі з. у тому, що** + *clause* to realize that ◊ **Він дає собі з. у тому, що це його остання нагода.** He realizes that this is his last opportunity. **викладатися в ~і** lay sth out ◊ **У ~і викладалися деталі операції.** The report laid out the details of the operation. (**висновуватися** + *N. or* **що** + *clause* conclude sth ◊ **У ~і висновується, що будівництво доведеться заморозити.** The report concludes that the construction will have to be frozen. **вказуватися** + *N.* indicate sth ◊ **У ~і вказуються власники кожного телеканалу.** The report indicates the owners of each TV channel. **демонструється** + *N.* demonstrate sth, **деталізуватися** + *A.* detail sth, **згадуватися** + *N.* mention sth, **окреслюватися** + *N.* outline sth, **описуватися** + *N.* describe sth; **перераховуватися** + *N.* list sth; **пояснюватися** + *N.* explain sth)
з. + *v.* **засновуватися на** + *L.* be based on sth ◊ **З. засновується на інформації про кожний підрозділ підприємства.** The final report is based on the information on each division of the enterprise. **зосереджуватися на** + *L.* focus on sth; **стосуватися** + *G.* concern sth ◊ **З. стосується внутрішньої політики країни.** The report concerns the nation's internal policies. **торкатися** + *G.* touch on sth; **включати** + *A.* include sth, **містити** + *A.* contain sth ◊ **З. містить сенсаційну статистику.** The report contains sensational statistics.
prep. **з. про** + *A.* report about sb/sth; **у з.** *dir.* in/to a report ◊ **Таня внесла у з. виправлення.** Tania made some important corrections to the report. **у ~і** *posn.* in a report
Cf. **доповідь**

зволікан|ня, *nt.*
procrastination, delay, stalling ◊ **У нас зовсім немає часу на з.** We do not have the time to procrastinate at all.
adj. **безкінечне** endless, **довге** long ◊ **Він погодився на ці умови після довгого з.** He agreed to these terms after a long procrastination. **серйозне** serious, **постійне** constant, **тривале** lengthy, **хронічне** chronic; **коротке** brief, **невелике** small; **нестерпне** unbearable; **зумисне** deliberate
n. + **з. тактика ~ь** a stalling tactic ◊ **Вона вдалася до тактики ~ь.** She resorted to a stalling tactic.
prep. **без ~ь** without delays, right away ◊ **Вона завжди відписує без ~ь.** She always writes back without delays.
Also see **затримка**

зволіка|ти, ~ють; *no pf., intr.*
to delay, procrastinate, stall ◊ **Ціна може зрости, на вашому місці я не ~в би.** The price can go up; if I were you I wouldn't procrastinate.
adv. **без кінця** endlessly, **весь час** all the time, **всіляко** each and every way, **далі** further ◊ **З. далі ставало небезпечно.** It became dangerous to stall any further. **довго** for a long time, **дуже** greatly, **завжди** always ◊ **Нищук завжди ~в.** Nyshchuk would always procrastinate. **навмисне** on purpose, **намірено** intentionally
prep. **з. з** + *I.* procrastinate with sth ◊ **Вона ~ла з відповіддю.** She procrastinated with her response.
зволікай!
Also see **тягти 10**

зворот, *m.*, **~у**
1 turn *(of road)*, bend, curve ◊ **Автівка зробила крутий з. уліво.** The car made a sharp left turn. ◊ **Виконавши з., він заїхав у бічну вулицю.** Having executed a turn, he drove into a side street.
See **поворот 2, 3**
2 reverse, back, flip side, inside ◊ **текст на ~оті обкладинки книжки** the text on the inside of the book cover; ◊ **На ~оті маринарки була латка.** There was a patch on the reverse side of the blazer.
3 *ling.* expression, collocation, construction ◊ **з., що не має відповідника в англійській мові** an expression that has no equivalent in English. ♦ **іменниковий з.** a nominal construction
See **вираз 1**
4 *colloq.* return, giving back, restitution
з. + *n.* **з. боргу** a repayment of debt ◊ **Він вимагав ~у боргу.** He demanded a repayment of the debt. (**грошей** money, **позики** loan); ♦ **без ~оту** for good ◊ **Сестра дала йому ці гроші без ~оту.** His sister gave him the money for good.
Also see **повернення 2, поворот 5**

зворотн|ий, *adj.*
1 reverse, opposite, return ◊ **На ~ому шляху вони стали свідками цікавої вуличної сцени.** On their way back, they witnessed an interesting street scene.
з. + *n.* **з. бік** a reverse side ◊ **Йому подобався з. бік тканини.** He liked the reverse side of the cloth. ♦ **з. ефект** a boomerang effect, ♦ **з. зв'язок** a feedback ◊ **Дослідницькій групі було важливо утримувати з. зв'язок зі своїми джерелами інформації.** It was important for the research group to maintain a feedback with their sources of information. **з. напрям** the opposite direction, **з. рух** a reverse motion; **~а адреса** a return address ◊ **Він замовив наліпки зі своєю ~ою адресою.** He ordered stickers with his return address. ♦ **у ~ому напрямку** in the opposite direction ◊ **У ~ому напрямку автостради був п'ятикілометровий затор.** There was a five-kilometer traffic jam in the opposite direction of the highway. ♦ **з. бік медалі** the flip side of a coin
2 *ling.* reflexive *(of verb, etc.)* ◊ **~е дієслово** a reflexive verb ◊ **Ця частка є властивою для ~их дієслів.** The particle is characteristic of reflexive verbs. ◊ **з. займенник** a reflexive pronoun

зворушен|ий, *adj.*
1 moved, emotional, touched + *I.* by ◊ **Молода викладачка була видимо ~а таким жестом студентів.** The young (female) instructor was visibly moved by such a gesture of her students.
adv. **вкрай** extremely, **глибоко** deeply, **дуже** very, **страшенно** terribly; **направду** *and* **справді** really, **щиро** sincerely; **видимо** visibly, **явно** obviously; **несподівано** unexpectedly; **майже** almost; **як ніколи** as never before; ◊ **з. до сліз** moved to tears ◊ **Учасники заходу ~і до сліз їхнім жестом солідарности.** The participants of the event are moved to tears by their gesture of solidarity. ♦ **з. до глибини душі** moved to the depth of one's soul
v. + **з. бути ~им** be moved (**виглядати** appear ◊ **Учителька виглядала направду ~ою.** The (female) teacher looked truly touched. **звучати** sound, **здаватися** + *D.* seem to sb) ◊ **Марина здавалася ~ою його увагою.** Maryna seemed touched by his attention.

зворушенн|я, *nt., only sg.*
emotion ◊ **Чоловік зашарівся від з.** The man blushed with emotion.
adj. **велике** great, **всеохопне** overwhelming, **глибоке** deep, **надзвичайне** extraordinary ◊ **Вона відчувала надзвичайне з.** She felt extraordinary emotion. **потужне** powerful, **сильне** strong, **щире** true
v. + **з. відчувати з.** feel emotion (**переживати** experience, **приховувати** conceal) ◊ **Йосип щосили намагався приховати з.** Yosyp tried to conceal his emotion the best he could. **захлинатися від з.** choke with emotion ◊ **Захлинаючись від з., Марина була не в стані щось сказати.** Choking with emotion, Maryna was in no capacity to say anything.
prep. **від з.** with emotion; **із ~ям** emotionally, with emotion ◊ **Усе це вона сказала із ~ям.** She said all this with emotion.
Cf. **емоція**

зворуши|ти, *pf., see* **зворушувати**
to move, *etc.* ◊ **Фільм глибоко ~в глядачів.** The movie deeply moved the viewers.

зворуши|тися, *pf., see* **зворушуватися**
to get emotional, *etc.* ◊ **Наталка видимо ~лася від почутого.** Natalka was visibly moved by what she had heard.

зворушлив|ий, *adj.*
touching, moving, provoking emotion ◊ **Іванові було ніяково від її ~ої уваги.** Ivan felt ill at ease from her touching attention.
adv. **винятково** exceptionally ◊ **Художній фільм «Атлантида» виявився винятково ~им.** The feature narrative movie *Atlantis* turned out to be exceptionally touching. **вкрай** extremely, **глибоко** deeply, **досить** rather, **дуже** very; **направду** truly, **справді** really; **ледве** hardly, **майже** almost; **несподівано** unexpectedly, **нестерпно** unbearably, **справді** truly, **як ніколи** as never before
з. + *n.* **з. вигляд** a moving appearance ◊ **Капелюх надавав Катерині ~ого вигляду.** The hat gave Kateryna a touching appearance. (**вчинок** deed, **жест** gesture; **голос** voice; **фільм** film); **~а зустріч** a touching encounter (**історія** story, **розмова** conversation, **світлина** photo, **сцена** scene, **увага** attention, **усмішка** smile); ♦ **з. до сліз** tearjerking; ♦ **з. до глибини душі** profoundly moving
v. + **з. бути ~им** be touching (**виглядати** appear, **звучати** sound, **здаватися** + *D.* seem to sb ◊ **Остання сцена здалася глядачам особливо ~ою.** The last scene seemed particularly moving to the viewers. **лишатися** remain, **ставати** become) ◊ **Її голос ставав направду ~им.** Her voice was becoming truly moving.
Also see **проникливий 2**

зворушу|вати, ~ють; зворуш|ити, ~ать, *tran.*
to touch, move, affect, be touching to ◊ **Іванну явно ~вала їхня відданість.** Ivanna was clearly moved by their devotion.
adv. **винятково** exceptionally, **глибоко** deeply ◊ **Підпис глибоко зворушив Настю.** The inscription deeply touched Nastia. **до сліз** to tears ◊ **Мелодія ~вала його до сліз.** The melody moved him to tears. **дуже** very; **досить** sufficiently, **ледве** hardly, **майже** almost, **мало** little ◊ **Його мало ~вало те, що казали і робили в сусідній**

столи́ці. He was little affected by was was said and done in the neighboring capital. **несподі́вано** unexpectedly, **ра́птом** suddenly, **шви́дко** quickly; **напра́вду** truly, **спра́вді** really; **види́мо** visibly, **помі́тно** noticeably, **я́вно** clearly; **незапере́чно** undeniably; **ле́гко** easily ◊ **Її ле́гко ~є все, що стосу́ється ціє́ї бо́лісної те́ми.** She is easily affected by everything that pertains to this painful subject. **як ніко́ли** as never before; ♦ **з.** + *D.* **ду́шу** to touch sb's soul (**се́рце** heart)

v. + **з. бу́ти здатни́м** be capable of ◊ **Вона́ зда́тна зворуши́ти на́віть люди́ну з кам'яни́м се́рцем.** She is capable of moving even a person with a heart of stone. **бу́ти ле́гко** be easy to; **бу́ти ва́жко** be difficult to, **бу́ти неможли́во** be impossible to; **могти́** can; **намага́тися** try to, **хоті́ти** want to

pa. pple. **звору́шений** touched, moved

звору́шуй! зворуши́!

Also see **торка́ти 3**

звору́шу|ватися; зворуши́тися, *intr.*
to become emotional, be moved ◊ **Що до́вше вони́ слу́хали її істо́рію, то бі́льше ~валися.** The longer they listened to her story the more emotional they grew. ◊ **Поба́чивши бра́та живи́м, Тимі́ш види́мо зворуши́вся.** On seeing his brother alive, Tymish became visibly emotional.

prep. **з. від** + *G.* become emotional with sth ◊ **О́льга ~валася від ко́жного чита́цького листа́.** Olha was moved by every reader's letter.

зву́жу|вати, ~ють; зву́з|ити, зву́жу, ~иш, ~ять, *tran.*
1 to narrow, narrow down, make narrower ◊ **Всюдису́щі я́тки ду́же ~вали але́ю па́рку.** The ubiquitous kiosks made the park alley much narrower.

adv. **вкрай** extremely **ду́же** greatly, **рі́зко** sharply; **зна́чно** significantly, **ле́две** hardly; **відчу́тно** conspicuously, **помі́тно** noticeably; **де́що** somewhat, **тро́хи** a little

з. + *n.* **з. доро́гу** narrow a road ◊ **Довело́ся де́що зву́зити доро́гу.** The road had to be narrowed somewhat. (**о́твір** opening, **прохі́д** passage, **сте́жку** path) ◊ **Улі́тку росли́нність розроста́лася, ~ючи сте́жку.** In the summer, the vegetation became bigger, narrowing the path.

Ant. **поши́рювати 1, 2, розши́рювати**

2 to tighten, take in; purse *(lips)*, squint *(eyes)* ◊ **Він ~вав о́чі щора́зу, як хоті́в роздиви́тися щось у докуме́нті.** He squinted his eyes every time he wanted to make something out in the document.

з. + *n.* **з. піджа́к** take in a jacket (**соро́чку** shirt, **штани́** pants) ◊ **Він попроси́в шва́чку тро́хи зву́зити штани́ на па́ску.** He asked the seamstress to take in his pants a little at the waist. ◊ **з. гу́би** purse one's lips; ◊ **з. о́чі** squint, screw up one's eyes

3 *fig.* to limit, constrain, restrict

з. + *n.* **з. асортиме́нт** limit an assortment (**варія́нти** options, **ви́бір** choice, **діапазо́н** range ◊ **Чи́нні умо́ви вкрай ~ють діапазо́н і́хніх можли́востей да́лі прово́дити необхі́дні експериме́нти.** The current terms extremely limit the range of their options to go on conducting the required experiments. **можли́вості** opportunities, **репертуа́р** repertory, **уя́ву** imagination) ◊ **Самоізоля́ція відчу́тно ~вала її тво́рчу уя́ву.** Self-isolation conspicuously limited her creative imagination.

See **обме́жувати**

pa. pple. **зву́жений** narrowed

зву́жуй! звузь!

зву́жу|ватися; зву́зитися, *intr.*
to narrow, *etc.* ◊ **Під кіне́ць доро́га зву́зилася у сте́жку.** Towards the end, the road narrowed into a path.

Ant. **розши́рюватися**

зву́зи|ти, *pf., see* **зву́жувати**
to narrow, *etc.* ◊ **Він ~в о́чі і пи́льно подиви́вся на коле́гу.** He squinted his eyes and took a close look at his colleague.

зву́зи|тися, *pf., see* **зву́жуватися**
to narrow, *etc.* ◊ **О́чі слі́дчого ра́птом ~лися від підо́зри.** The detective's eyes suddenly squinted with suspicion.

зву|к, *m.,* **~ку** *and* **~ка**
1 ~ку sound ◊ **з. по́тяга, що наближа́вся** the sound of an approaching train

adj. **висо́кий** high-pitched, **гучни́й** loud, **дзві́нкий** resounding, **оглу́шливий** deafening ◊ **Оглу́шливий з. води́ унеможли́влював розмо́ву.** The deafening sound of water made conversation impossible. **поту́жний** powerful, **прони́зливий** piercing, **рі́зкий** sharp; **га́рний** beautiful, **до́брий** good ◊ **Нове́ обла́днання вперто відмовля́лося дава́ти до́брий з.** The new equipment stubbornly refused to give a good sound. **приє́мний** pleasant, **соло́дкий** sweet ◊ **Із за́ли чу́вся соло́дкий з. а́рфи.** One could hear the sweet sound of the harp from the hall. **жахли́вий** awful, **мо́торошний** macabre, **неприє́мний** unpleasant, **страшни́й** terrible; **відда́лений** distant, **глухи́й** muffled, **низьки́й** low; **ле́две чу́тний** hardly audible, **найме́нший** slightest; **знайо́мий** familiar; **ди́вний** strange; **і́нший** different; **музи́чний** musical; **поро́жній** empty ◊ **Її обі́цянки – поро́жній з.** *fig.* Her promises are empty. **пусти́й** hollow; **спотво́рений** distorted; **чи́стий** clean, **чітки́й** clear; **електро́нний** electronic ◊ **В Украї́ні при кінці́ 1960-х ро́ків електро́нний з. якра́з вхо́див у мо́ду.** In Ukraine, in the late 1960s, electronic sound was just coming into fashion. **метале́вий** metallic, **приро́дний** natural; **фо́новий** ambient ◊ **Застосу́нок дозволя́є усува́ти фо́новий з.** The application allows to remove ambient sound. ♦ **монозву́к** mono sound, ♦ **стереозву́к** stereo sound, ♦ **з. до́лбі** Dolby sound; ♦ **ні ~ку** not a sound

з. + *n.* **з. банду́ри** the sound of the bandura ◊ **З. банду́ри гіпнотизу́є її.** The sound of the bandura hypnotizes her. (**гіта́ри** guitar, **скри́пки** violin, **фортеп'я́на** piano; **орке́стри** orchestra, **хо́ру** choir, *etc.*)

n. + **з. висота́ ~ку** a sound pitch (**гу́чність** loudness, **інтенси́вність** intensity, **си́ла** volume, **тембр** timber, **трива́лість** duration, **чистота́** clarity) ◊ **винятко́ва чистота́ ~ку** exceptional sound clarity: **шви́дкість ~ку** the speed of sound ◊ **Літа́к ле́гко сяга́в шви́дкости ~ку.** The aircraft easily reached the speed of sound.

v. + **з. видава́ти з.** emit a sound ◊ **Яке́сь створі́ння в лі́сі видава́ло прони́зливі ~ки.** Some creature in the forest was emitting piercing sounds. (**вимовля́ти** utter, **запи́сувати** record, **передава́ти** transmit, **роби́ти** make, **синтезува́ти** synthesize ◊ **Він навчи́вся синтезува́ти ~ки.** He learned to synthesize sounds. **слу́хати** listen to, **чу́ти** hear ◊ **Вона́ чу́ла ди́вні ~ки у́ві сні.** She heard strange sounds in her sleep. **використо́вувати** use) ◊ **Він використо́вує промисло́ві ~ки.** He makes use of industrial sounds. **підска́кувати від ~ку** jump at the sound ◊ **Він підско́чив від рапто́вого ~ку гро́му.** He jumped at the sudden sound of thunder.

з + *v.* **долина́ти до** + *G.* reach sb/sth, **леті́ти** travel; **луна́ти** resonate ◊ **В її ву́хах до́вго луна́в з. його́ кро́ків.** The sound of his steps kept resonating in her ears for quite some time. **нести́ся** carry, **розно́ситися** *and* **ши́ритися** spread ◊ **З. дале́ко ши́риться в холо́дному зимо́вому пові́трі.** Sound spreads far in a cold winter air. **чу́тися** be heard; **затиха́ти** die away, **зника́ти** fade away; **настара́ти** grow stronger, **поси́люватися** grow louder; **відлу́нювати** echo; **запо́внювати** + *A.* fill sth ◊ **Теа́тр запо́внили чудо́ві ~ки увертю́ри.** Wonderful sounds of the overture filled the theater.

prep. **без ~ку** without sound, silently ◊ **Ві́део було́ зо́всім без ~ку.** The video was completely silent. **при ~ці** + *G.* at the sound of ◊ **Вона́ не здригну́лася при ~ці по́стрілу.** She did not start at the sound of a gunshot.

Also see **дзвін 2, свисто́к 2, смі́х, трі́ск, шум**

2 ~ка *usu pl.* melody, tunes ◊ **До її ву́ха доли́нули дале́кі ~ки весі́льної орке́стри.** Distant melodies of a wedding orchestra reached her ear.

adj. **живи́й** live, **запи́саний** recorded

з. + *n.* **~ки ва́льсу** sounds of waltz (**му́зики** music, **пі́сні** song, **та́нґа** tango)

3 ~ка *ling.* sound ◊ **Ко́жна бу́ква познача́є відпові́дний з.** Each letter indicates a respective sound.

adj. ♦ **голосни́й з.** a vowel, ♦ **при́голосний з.** a consonant ◊ **У ці́й мо́ві є со́рок при́голосних ~ків.** There are forty consonant sounds in this language.

prep. **від ~ка** + *G.* from the sound of sth

звуков|и́й, *adj.*
sound, acoustic ◊ **Він умика́в ра́діо і порина́в у з. хао́с ете́ру.** He switched on the radio and drowned in the acoustic chaos of the ether.

з. + *n.* **з. ба́р'єр** the sound barrier ◊ **Літа́к подола́в з. ба́р'єр.** The airplane crossed the sound barrier. (**ефе́кт** effect, **при́нцип** principle, **сиґна́л** signal; **су́провід** accompaniment), ♦ **з. уда́р** a sonic boom; **~а хви́ля** a sound wave; ♦ **~а despite доріжка** a soundtrack

Also see **акусти́чний.** *Cf.* **слухови́й**

звуч|а́ти, ~ать; *no pf., intr.*
to sound, ring, reverberate, resound; *pf.* **за~** to begin to sound ◊ **Її го́лос зазвуча́в загро́зливо.** Her voice began to sound menacingly.

adv. **бадьо́ро** *or* **жва́во** spiritedly ◊ **Марко́ ~а́в бадьо́ро.** Marko sounded spiritedly. **енергі́йно** vigorously; **безпереста́нку** nonstop ◊ **З і́хньої кварти́ри безпереста́нку ~а́ла деше́ва поп-му́зика.** Cheap pop music sounded from their apartment nonstop. **до́вго** for a long time, **го́лосно** *or* **гу́чно** loudly ◊ **Ма́ртин го́лос ~а́в до́сить гу́чно.** Marta's voice sounded loud enough. **ла́гідно** gently, **м'я́ко** softly, **пла́вно** smoothly; **ле́две** scarcely, **ні́жно** tenderly, **ти́хо** quietly; **приє́мно** pleasantly, **ра́дісно** happily; **звитя́жно** *poet.* victoriously, **перемо́жно** victoriously, **тріумфа́льно** triumphantly; **куме́дно** comically, **сміхови́нно** ridiculously, **смі́шно** in a funny way; **парадокса́льно** paradoxical ◊ **Пра́вда іно́ді ~и́ть парадокса́льно.** The truth at times sounds paradoxical. **знуща́льно** mockingly; **іроні́чно** ironically, **саркасти́чно** sarcastically; **загро́зливо** threateningly, **поху́ро** grimly, **похму́ро** gloomily, **су́мно** sadly ◊ **Весе́ла пі́сня мо́же з. су́мно.** A happy song can sound sad. **трагі́чно** tragically; **помпе́зно** pompously, **урочи́сто** solemnly

v. + **з. могти́** can; **намага́тися** try to; **почина́ти** begin to, **ста́ти** *pf.* start to ◊ **З його́ вуст моноло́г став з. похму́ро.** From his lips, the soliloquy started to sound gloomy. **продо́вжувати** continue to

Also see **дзвені́ти 2, текти́ 2, тягти́ся 9**

зв'яза́|ти, *pf., see* **в'яза́ти, зв'я́зувати**
to tie, knot; connect ◊ **Нови́й міст ~в оби́дві части́ни мі́ста.** The new bridge connected both parts of the city.

зв'яза́|тися, *pf., see* **зв'я́зуватися**
to get connected, get in touch ◊ **Вони́ шука́ли спо́сіб з. з роди́ною в Арґенти́ні.** They sought a way to connect with their family in Argentina.

зв'я́з|ка, *f.*
1 bundle, bunch, pack, ring ◊ **На па́ску в не́ї**

ви́сіла з. ключі́в. A ring of keys hung on her belt.
з. + *n.* з. газе́т a bundle of newspapers (**книжо́к** books, **світли́н** photos; **гіло́к** twigs, **дров** firewood, **очере́ту** reeds, **сі́на** hay, **соло́ми** straw) ◊ **Миросла́в розв'яза́в ~ку соло́ми і зроби́в імпровізо́ване лі́жко.** Myroslav undid a bundle of straw and made a makeshift bed.
prep. **у ~ці** in a bundle ◊ **Уго́да була́ в оста́нній ~ці папе́рів.** The agreement was in the last bundle of papers.
See **пучо́к**
2 *anat.* ligament, copula, chord ◊ **по́рвана з.** a torn ligament; **голосові́ ~ки** vocal chords

зв'яз|о́к, *m.*, ~ку́

1 connection ◊ **Про́тягом двох мі́сяців Катери́на не ма́ла ~ку з до́мом.** For two months, Kateryna did not have connection with her home.
adj. **прями́й** direct ◊ **Він шука́в прямо́го ~ку з украї́нською дія́спорою Бе́льгії.** He sought a direct connection with the Ukrainian diaspora of Belgium. **близьки́й** close, **глибо́кий** deep, **до́брий** good, **міцни́й** strong, **наді́йний** reliable, **переві́рений** tested, **стійки́й** stable, **пості́йний** constant, **ті́сний** tight; **пога́ний** poor, **слабки́й** weak ◊ **Його́ з. з університе́том був до́сить слабки́й.** His connection with the university was rather weak. **тимчасо́вий** temporary, **хистки́й** tenuous; **духо́вний** spiritual, **емоці́йний** emotional, **фізи́чний** physical ◊ **Між близня́тами існу́є вира́зний емоці́йний і фізи́чний з.** A clear emotional and physical connection exists between the twins. **очеви́дний** obvious ◊ **Для не́ї з. між ци́ми поді́ями був очеви́дним.** To her the connection between those events was obvious. **причи́нно-наслідко́вий** causal
v. + з. **ба́чити з.** see a connection (**виявля́ти** reveal ◊ **Дослі́дник ви́явив з. між зо́вні незале́жними я́вищами.** The researcher has revealed a connection between outwardly independent phenomena. **відно́влювати** renew; **відчува́ти** feel; **встано́влювати** establish, **втри́мувати** maintain; **дослі́джувати** explore, **знахо́дити** find, **ма́ти** have; **поглиблювати** deepen, **поси́лювати** strengthen; **прослідко́вувати** trace; **запере́чувати** deny ◊ **Він запере́чує з. па́ртії з росі́йською ро́звідкою.** He denies the party's connection with Russian intelligence. **ста́вити під су́мнів** question; **пору́шувати** disrupt, **розрива́ти** break)
з. + *v.* **виника́ти** emerge ◊ **Вона́ відчува́ла, як між ни́ми виника́є духо́вний з.** She felt a spiritual connection emerge between them. **існува́ти** exist; **посла́блюватися** weaken; **поси́люватися** strengthen
prep. **в ~ку з + *I.*** in connection with sth ◊ **Вони́ ви́їхали із краї́ни у ~ку з ци́ми поді́ями.** They left the country in connection with those events. ♦ **в ~ку з цим** in view of this, in this connection; **з. з + *I.*** a connection with sb/sth ◊ **його́ можли́вий з. із ціє́ю люди́ною** his possible connection with this person; **з. між + *I.*** a connection between/among sb/sth
Cf. **ла́нка 3**
2 *usu pl.* contacts, connections, influence, acquaintances ◊ **В Оле́кси з'яви́лися до́брі ~ки в харкі́вських літерату́рних ко́лах.** Oleksa developed good contacts in Kharkiv literary circles.
adj. **близькі́** close, **до́брі** good, **міцні́** strong ◊ **Він утри́мує міцні́ ~ки з однокла́сниками.** He maintains strong ties with his fellow students. **солі́дні** solid; **ділові́** business, **професі́йні** professional; **лю́дські** human, **особи́сті** personal; **дру́жні** friendly, **інти́мні** intimate, **культу́рні** cultural, **любо́вні** love, **міжнаро́дні** international, **політи́чні** political; **потрі́бні** necessary, **роди́нні** family, **стате́ві** sexual
v. + з. **використо́вувати ~ки** use connections ◊ **Вона́ використо́вувала свої́ ~ки, щоб розв'яза́ти цю спра́ву.** She used her connections to resolve the matter. (**ма́ти** have ◊ **Коли́сь він мав солі́дні політи́чні ~ки́ в місце́вій вла́ді.** Once he had solid political connections in the local administration. **поклада́тися на** rely on)
prep. **завдяки́ ~ка́м** thanks to connections ◊ **Вона́ змогла́ вступи́ти до університе́ту завдяки́ ~ка́м батькі́в.** She was able to enter the university thanks to her parents' connections. **че́рез ~ки́** through connections; **~ки́ в + *L.*** connections in *(a place)* (**прокурату́рі** procecutor's office, **суді́** court, **у́ряді** government) ◊ **Компа́нія отри́мала контра́кт че́рез ~ки́ в у́ряді.** The company landed the contract through its connections in the government.
Also see **знайо́мство 2, конта́кт**
3 *techn.* communication, connection ◊ **З. зі шта́бом перерва́вся на пів годи́ни.** The connection with the headquarters was interrupted for half an hour.
adj. **ефекти́вний** effective, **до́брий** good, **чітки́й** clear; **ке́пський** poor, **пога́ний** bad; **прями́й** direct ♦ **лі́нія прямо́го ~ку́** a hot line; **двосторо́нній** two-way; **реґуля́рний** regular; **ґлоба́льний** global, **міжнаро́дний** international; **бездрото́вий** wireless ◊ **На майда́ні ді́яв бездрото́вий з.** Wireless communication was in place on the square. **дрото́вий** wired ◊ **Дрото́вий з. вихо́дить з ужи́тку.** Wired connection is going out of use. **електри́чний** electrical, **ка́бельний** cable, **мере́жевий** Internet, **мобі́льний** mobile, **оптоволоко́нний** fiber-optic ◊ **Оптоволоко́нний з. набу́в вели́кого поши́рення.** Fiber-optic communication gained great currency. ♦ **ра́діозв'язо́к** radio communication, **сателі́тний** *and* **супу́тниковий** satellite, **телефо́нний** telephone, **цифрови́й** digital, **швидкі́сний** high-speed; **безкошто́вний** *or* **безпла́тний** free; **пла́тний** paid for
n. + з. **за́сіб ~ку́** a communications means (**знаря́ддя** tool ◊ **Мобі́льний телефо́н служи́в для не́ї пе́ршим знаря́ддям ~ку́.** Her mobile telephone served as the primary tool of communications for her. **кана́л** channel; **мере́жа** network, **обла́днання** equipment, **осере́док** *or* **центр** center ◊ **Наса́мперед тре́ба було́ ви́вести з ла́ду головні́ осере́дки ~ку́.** First of all, the main communications centers needed to be taken out of operation. **систе́ма** system, **супу́тник** satellite, **техноло́гія** technology), ♦ **відді́лення ~ку́** a post office; **міністе́рство ~ку** the ministry of communications
v. + з. **встано́влювати з.** establish communication (**ма́ти** have, **підтри́мувати** maintain; **покра́щувати** improve; **відрі́зувати** cut off, **перерива́ти** disrupt ◊ **Бурeві́й перерва́в телефо́нний з. на кі́лька днів.** The hurricane disrupted the telephone connection for several days.
prep. **з. з + *I.*** communication with sb/sth; **з між + *I.*** communication between sb/sth ◊ **цифрови́й з. між двома́ фі́ліями ба́нку** digital communication between two bank branches
Also see **сполу́чення 2**

зв'я́зу|вати, ~ють; зв'яза́ти, ~у́, зв'я́ж|уть, *tran.*

1 to tie, tie up, bind ◊ **Васи́ль замо́тував і ~вав кни́жки в паку́нки.** Vasyl wrapped and tied the books in packages. ◊ **Вони́ мі́цно зв'яза́ли поло́нених моту́зкою.** They tied the captives firmly with a rope.
See **в'яза́ти 1.** *Also see* **пов'я́зувати 1.** *Ant.* **розв'я́зувати 1**
2 *fig.* to limit, restrict, bind ◊ **Цензу́ра ~є тво́рчість.** Censorship limits creativity. ♦ **з. себе́ + *I.*** commit oneself to sth ◊ **Володи́мир необа́чно зв'яза́в себе́ ціє́ю ма́рною спра́вою.** Volodymyr rashly committed himself to this futile cause. ♦ **з. по рука́х і нога́х** to tie sb up and down ◊ **Своє́ю посп́ішною обіця́нкою Петро́ ~вав се́бе по рука́х і нога́х.** By his hasty promise, Petro tied himself up and down.
See **обме́жувати**
3 to connect, link, join, unite ◊ **Дві краї́ни ні́чого не ~є економі́чно чи політи́чно.** Nothing connects the two nations economically or politically.
See **є́дна́ти 1.** *Also see* **об'є́днувати 1, пов'я́зувати 2, поє́днувати 2, сполуча́ти 3**
4 to put in touch with, put through to, connect ◊ **Він проси́в нега́йно зв'яза́ти його́ зі шта́бом.** He asked to be immediately put through to the headquarters. ◊ **Це є́дина люди́на в мі́сті, що мо́же зв'яза́ти їх із підпі́ллям.** This is the only person in town who can put the reporter in touch with the underground.
pa. pple. **зв'я́заний** tied
зв'я́зуй! зв'яжи́!

зв'я́зу|ватися; зв'яза́тися, *intr.*

1 to get in touch, contact, connect with ◊ **Вони́ ма́ли зв'яза́тися насту́пного дня.** They were to get in touch next day.
prep. **з. з + *I.*** get in touch with sb/sth ◊ **Рома́н ~ється з на́ми раз на день.** Roman gets in contact with us once a day.
2 *only impf.* to be connected ◊ **Село́ ~валося зі сві́том стари́м мо́сто́м.** The village was connected to the world by one bridge. ◊ **Деся́тки мі́ст ~ються ціє́ю рі́чкою.** Dozens of cities are connected by this river.
3 *colloq.* to meddle in, get involved, get mixed up with ◊ **Тара́с пошкодува́в, що зв'яза́вся з цим сумні́вним товари́ством.** Taras regretted having gotten involved with that dubious company. ◊ **Із цим кра́ще не з.** It's better to stay away from this.
4 to be linked with, be associated with ◊ **Той сири́й за́пах наза́вжди́ зв'яза́вся в її́ свідо́мості зі сме́ртю.** That damp smell was forever linked in her conscience with death. ◊ **Ім'я́ Шевельо́ва ~ється з украї́нською нау́кою найви́щого ґату́нку.** The name of Shevelov is associated with Ukrainian scholarship of the highest order.
5 *techn.* to combine ◊ **Ки́сень і во́день ~ються у спо́луку, відо́му як вода́.** Oxygen and hydrogen combine into the compound known as water.

згада́|ти, *pf., see* згáдувати

to remember, recollect, recall ◊ **Іва́н ра́птом ~в, що забу́в(ся) ви́мкнути пра́ску.** Suddenly Ivan remembered he had forgotten to turn off the iron.

зга́д|ка, *f.*

1 mention
adj. **документа́льна** documentary, **літопи́сна** chronicled, **письмо́ва** written, **у́сна** oral; **коро́тка** brief; **є́дина** only; **найрані́ша** earliest, **ра́ння** early, **пі́зня** late, **пізні́ша** later; **пе́рша** first ◊ **Пе́рша документа́льна з. про мі́сто дато́вана 1087 ро́ком.** The first documented mention of the city dates back to 1087. **насту́пна** next; **побі́жна** passing
Also see **спо́гад 2**
2 memory, recollection, souvenir ◊ **У його́ па́м'яті жило́ бага́то га́рних ~ок про ту юна́цьку дру́жбу.** Many nice recollections of that youthful friendship lived in his memory.
prep. **в ~ці** in a memory ◊ **У її́ ~ці про зу́стріч був по́смак гіркоти́.** There was a tinge of bitterness in her memory of the encounter. **на ~ку про + *A*** 1) as a memento of sb/sth ◊ **Ві́та зберегла́ цей камі́нчик на ~ку про Помпе́ї.** Vita kept the little rock as a memento of Pompei. 2) at the mention of sb/sth ◊ **Ада́мове се́рце тьо́хнуло на ~ку про той ве́чір.** Adam's heart skipped a beat at the mention of that evening. **з. про + *A.*** memory of sb/sth
See **спо́гад 1.** *Also see* **асоція́ція 2, па́м'ять 2**

згаду|вати, ~ють; згада́|ти, ~ють, *tran.*
1 recall, recollect, remember, reminisce, look back on ◊ **Він не згада́в її но́мера.** He did not recall her number.
adv. **вряди́-годи́** *colloq.* every now and again, **и́ноді** sometimes, **рі́дко** rarely; **час від ча́су** from time to time, **ча́сто** often; **наре́шті** finally ◊ **Він наре́шті все згада́в.** He has finally recalled everything. **ніко́ли не** never; **одра́зу** at once, **ра́птом** suddenly, **за́раз же** right away, **шви́дко** quickly; **все́ ще** still, **наре́шті** finally, **пові́льно** slowly, **поступо́во** gradually; **залюбки́** willingly, **із приє́мністю** with pleasure, **ра́дісно** joyfully, **щасли́во** happily; **пра́вильно** correctly; **з жа́хом** with horror ◊ **Юрко́ з жа́хом ~є цю дволи́чну люди́ну.** Yurko remembers this duplicitous person with horror. **су́мно** sadly; **ле́две** hardly, **наси́лу** barely, **тума́нно** dimly, **тя́жко** with difficulty; **вира́зно** clearly ◊ **Він вира́зно згада́в усе́, що сказа́в їй тоді́.** He clearly recalled everything he had told her then. **то́чно** accurately, **чі́тко** distinctly, **я́сно** clearly
v. + **з. бу́ти ва́жко** + *D.* be difficult to ◊ **Оле́нці ва́жко з. цей епізо́д сво́го життя́.** It is difficult for Olenka to look back at that episode of her life. **бу́ти нестéрпно** + *D.* be unbearable to; **змогти́** *pf.* manage to ◊ **Вона́ наре́шті змогла́ згада́ти той ви́падок.** She finally managed to recall that incident. **люби́ти** like to ◊ **Ми лю́бимо з. дити́нство.** We like to reminisce about our childhood. **могти́** can; **намага́тися** try to, **силкува́тися** strain to ◊ **Вона́ силкува́лася згада́ти, що́ сказа́ло тоді́ її джерело́.** She strained to recall what her source had said then. **волі́ти не** prefer not to ◊ **Він воліє не з. про це ніко́ли.** He prefers never to look back on this. **бу́ти не в ста́ні** be unable to, **не могти́** cannot; **не хоті́ти** not want to; **почина́ти** begin to, **ста́ти** *pf.* start
prep. **з. про** + *A.* remember sb/sth ◊ **І́нна згада́ла про його́ проха́ння.** Inna remembered his request.
Also see **нага́дувати 3**
2 to mention, touch on ◊ **А́втор кі́лька разі́в ~є це відкриття́.** The author mentions the discovery several times.
adv. **вже** already, **наре́шті** finally; **безпереста́нку** nonstop, **постíйно** constantly, **ча́сто** often; **вряди́-годи́** *colloq.* every now and then, **ніко́ли не** never, **рі́дко** rarely; **з гото́вністю** readily, **ра́до** gladly; **між і́ншим** in passing ◊ **У листі Ярина між і́ншим ~є, що ма́є на́мір переї́хати до Оде́си.** In her letter, Yaryna mentions in passing that she intends to move to Odesa. **неохо́че** reluctantly, **роздрато́вано** with irritation; ♦ **з. до́брим сло́вом** to speak kindly of sb ◊ **Цього́ інжене́ра не раз зга́дують до́брим сло́вом.** This engineer is often spoken kindly of. ♦ **з. лихи́м** *or* **пога́ним сло́вом** to speak ill of sb ◊ **Тиміш ви́рішив кра́ще промовча́ти, ніж з. небі́жчика лихи́м сло́вом.** Tymish decided that it was better to say nothing than speak ill of the deceased.
prep. **з. про** + *A.* mention sb/sth ◊ **Яре́ма вже раз ~вав про ї́хню ди́вну пропози́цію.** Yarema already mentioned their strange offer once.
See **говори́ти 3**
3 to remind, bring to mind ◊ **слу́шна наго́да згада́ти Хомі́ обіця́нку** the right occasion to remind Khoma of his promise.
See **нага́дувати 1**
pa. pple. **зга́даний** mentioned, remembered
згаду́й! гада́й!

зганьби́|ти, *pf., see* **ганьби́ти**
to shame, disgrace, bring shame ◊ **Сергі́й наза́вжди́ ~в себе́ пе́ред друзя́ми.** Serhii forever disgraced himself in the eyes of his friends.

згі́дн|ий, *var.* **зго́ден,** *adj.*
1 in agreement ◊ **Зе́нон з. з іде́єю перебудо́ви компа́нії.** Zenon agrees with the idea of restructuring the company.
adv. **абсолю́тно** absolutely, **геть** totally, **цілко́м** completely; **за́вжди́** always, **незмі́нно** invariably; **и́ноді** sometimes; **ма́йже** almost, **поде́куди** to a certain extent, **частко́во** in part; **ніко́ли не** never
v. + **з. бу́ти ~им** be in agreement, agree ◊ **Яри́на була́ цілко́м ~ою з коле́ґами.** Yaryna quite agreed with her colleagues. (**виявля́тися** turn out, **здава́тися** + *D.* seem to sb, **лиша́тися** remain) ◊ **Вони́ до́сі лиша́ються ~ими з парті́йною програ́мою.** They still remain in agreement with the party program.
prep. **з. з** + *I.* in agreement with sb/sth
See **пого́джуватися 1.** *Also see* **годи́тися 5, прийма́ти 4, співчува́ти 2, схо́дитися 5**
2 conforming to, in accordance with ◊ **Лі́кар приписа́в лікува́ння, ~е з меди́чною пра́ктикою.** The doctor prescribed the treatment that conforms to the medical practices.
prep. **з. до** + *G. or* **з** + *I.* in agreement with sb/sth ◊ **з. з зако́ном** in accordance with law (**зви́чаєм** custom, **пра́вилами** rules, **передба́ченнями** predictions, **протоко́лом** protocol, **ритуа́лом** ritual, **тради́цією** tradition, *etc.*)
See **відповіда́ти 3.** *Also see* **задовольня́ти 2**

згі́дно, *adv., prep.*
1 *adv.* accordingly, appropriately, correspondingly ◊ **Щоб ді́яти з., їм потрі́бна найнові́ша інформа́ція.** In order to act accordingly, they need the latest information.
Also see **відпові́дно 1**
2 *prep. in* **з. з** + *I.* in accordance with sb/sth, according to sb/sth ◊ **Все ма́є бу́ти з. з уго́дою.** Everything is to be in accordance with the agreement.
Also see **відпові́дно 2**

зго́д|а, *f.*
1 agreement, consent ◊ **Для по́дорожі дівчи́ни за кордо́н потрі́бна письмо́ва з. її батькі́в.** For the girl's travel abroad written consent of her parents is needed.
adj. **абсолю́тна** absolute ◊ **Ма́єте мою́ абсолю́тну ~у.** You have my absolute consent. **беззастере́жна** unreserved, **безумо́вна** unconditional, **по́вна** full, **цілкови́та** complete; **частко́ва** partial; **неохо́ча** reluctant; **взає́мна** mutual, **зага́льна** general, **односта́йна** unanimous ◊ **Односта́йна з. комі́тету дава́ла голові́ бі́льше впли́ву.** The committee's unanimous consent gave the chair greater influence. **спі́льна** mutual, **широ́ка** wide; **особи́ста** personal; **ба́тьківська** parental, **подру́жня** spousal; **вира́зна** explicit; **імпліци́тна** implicit **мовчазна́** tacit; **доброві́льна** voluntary; **ви́мушена** forced; **поінформо́вана** informed; **попере́дня** prior ◊ **Вони́ не могли́ почина́ти будівни́цтво без попере́дньої ~и зацікавлених сторі́н.** They could not begin construction without the prior consent of the parties involved. **офіці́йна** official, **форма́льна** formal; **письмо́ва** written, **слове́сна** verbal, **у́сна** oral ◊ **У́сної ~и вла́сника нерухо́мости недоста́тньо.** The real estate owner's oral consent is not enough. ♦ *colloq.* **аби́ твоя́ з.** if you agree (**ва́ша** *pl.* you, **її** she, *etc.*) ◊ **Ми змі́нимо да́ту від'ї́зду, аби́ ї́хня з.** We'll change the departure date if they agree.
v. + **з. дава́ти** + *D.* **~у** give sb consent ◊ **Лев дав йому́ беззастере́жну ~у.** Lev gave him his unreserved consent. (**дістава́ти від** + *G.* get from sb, **отри́мувати від** + *G.* receive from sb; **ма́ти** have) ◊ **Вона́ ма́ла ~у дире́ктора.** She had the director's consent. **домага́тися ~и** seek consent (**домогти́ся** *only pf.* gain ◊ **Урешті-ре́шт Наді́ї домогла́ся ~и від ті́тки на про́даж кварти́ри.** Eventually, Nadiia gained her aunt's consent to the sale of the apartment. **досяга́ти** reach, **дохо́дити** come to; **потребува́ти** require; **проси́ти** ask for), ♦ **кива́ти на знак ~и** to nod one's consent ◊ **Ні́на кивну́ла на знак ~и.** Nina nodded her consent.
prep. **без ~и** without consent; **за ~ою** with consent ◊ **Буди́нок прода́ли за його́ ~ою.** The house was sold with his consent. **у ~і з** + *I.* in conformity with sb/sth ◊ **Рі́шення є у цілкови́тій ~і з пра́вилами.** The decision is in complete conformity with the rules. **з. на** + *A.* consent to sth
2 *fig.* peace, friendship, harmony ◊ **Він прині́с краї́ні спо́кій і ~у.** He brought the country calm and peace.
adj. **суспі́льна** social; **абсолю́тна** absolute, **по́вна** full, **цілкови́та** complete; ◊ **До прихо́ду завойо́вників лю́ди рі́жних націона́льностей жили́ тут у ~і.** Before the invaders' arrival, people of different ethnicities lived in peace here.
See **мир**[1], **спо́кій 1**
3 *as part.* all right, fine, deal ◊ **Я поясню́ це по́тім, з.?** I'll explain it later, all right?
See **так 1**

згоди́|тися, *only pf.*
to come in handy, be of use, be useful ◊ **Ма́па ду́же ~лася їм у доро́зі.** The map came in very handy to them on the road.
adv. **ду́же** very, **обов'язко́во** definitely, **спра́вді** really, **у ко́жному ви́падку** in any situation, **цілко́м** completely, **як ніко́ли** as never before ◊ **Його́ кулі́нарний тала́нт нам, як ніко́ли, ~вся.** His culinary skills came in handy to us as never before. **якра́з** right
prep. **з. на** + *A.* be of use for sb/sth ◊ **Чаву́нний пе́кач ду́же ~вся їй на ку́хні.** The cast-iron roaster proved of great use for her in the kitchen. ◊ **Візьми́ це зі собо́ю, ~ться.** Take this along, it will come in handy.

згори́, *adv.*
1 from above, from the top ◊ **З. мі́сто було́ особли́во га́рним.** From above, the city was especially beautiful.
adv. **висо́ко** high, **геть** way ◊ **Валенти́на чу́ла які́сь голоси́ геть з.** Valentyna heard voices from way above. **де́що** somewhat, **про́сто** right, **цілко́м** completely, **я́вно** clearly; **тро́хи** a bit
v. + **з. ба́чити** + *A.* **з.** see sth from above ◊ **Вони́ ба́чили гре́блю з.** They saw the dam from above. (**злі́тати** fly down, **огляда́ти** + *A.* examine sth, **па́дати** fall, **схо́дити** go down, **спуска́тися** come); ♦ **диви́тися з. вниз на** + *A.* to look down on sb, snub sb
Also see **зве́рху 2**
2 *fig.* from above, from the powers that be
n. + **з. вказі́вка з.** directive from above ◊ **Ва́лик вико́нує ко́жну вказі́вку з.** Valyk fulfills every directive from above. (**ду́мка** opinion, **запере́чення** objection, **нака́з** order, **підтри́мка** support, **солі́дарність** solidarity)
Also see **зве́рху 4**

згорі́|ти, *pf., see* **горі́ти**
to burn down, *etc.* ◊ **У поже́жі ~ла вся шко́ла.** The entire school burned down in the fire.

згорну́|ти, *pf., see* **згорта́ти**
to fold up, roll up; close down, *etc.* ◊ **Че́рез конкуре́нцію компа́нія ~ла части́ну філі́й.** Because of the competition, the company closed down a part of its affiliates.

згорта́|ти, ~ють; згорн|у́ти, ~у́ть, *tran.*
1 to fold, fold up, roll up ◊ **Покоі́вка згорну́ла ко́вдру й покла́ла її до ша́фи.** The chambermaid folded the blanket and put it in the wardrobe.
adv. **ві́льно** loosely; **ті́сно** tightly ◊ **Він ті́сно згорну́в ві́трило.** He tightly folded the sail. **недба́ло** carelessly; **обере́жно** carefully; **пові́льно** slowly; **шви́дко** quickly
з. + *n.* **з. газе́ту** fold a newspaper (**журна́л** magazine; **ки́лим** carpet, **ко́вдру** blanket,

простира́дло sheet; кри́ла wings) ◊ **Пеліка́н був не в ста́ні згорну́ти кри́ла.** The pelican was incapable of folding his wings.
prep. **з. в** + *A.* roll in/to sth ◊ **з. у ву́зол** fold into a bundle (**паку́нок** package, **суві́й** scroll, **тру́бку** roll) ◊ **Він згорну́в ма́пу в суві́й.** He rolled the map in a scroll.
See **склада́ти 3, 4.** *Also see* **закрива́ти 4**
2 to fold *(of business, activity, etc.)*, close down, stop doing ◊ **Компа́нія згорну́ла дві філі́ї на Воли́ні.** The company folded two branches in Volyn.
з. + *n.* **з. будівни́цтво** close a construction down ◊ **Вони́ згорну́ли будівни́цтво.** They closed the construction down. (**виробни́цтво** production, **за́клад** establishment, **компа́нію** company, **опера́цію** operation, **фі́рму** firm)
See **ліквідува́ти 1.** *Also see* **закрива́ти 5, припиня́ти**
pa. pple. **зго́рнутий** folded
згорта́й! згорни́!

згорта́|тися; згорну́тися, *intr.*
1 to fold, to be rolled up ◊ **Ки́лим ле́гко ~ється.** This carpet is easily rolled up.
2 to roll, curl up, cuddle ◊ **Їжа́к згорну́вся у клубо́к.** The hedgehog rolled into a ball.
3 to fold, stop operating ◊ **Без фінансува́ння, фі́рма згорну́лася.** Without financing, the firm folded.
See **закрива́тися**
4 *med.* to clot, coagulate ◊ **У не́ї пові́льно ~ється кров.** Her blood is slow to clot.

згра́|я, *f.*
1 group of animals *(birds, fish)*, flock, flight, school, pack
adj. **журавли́на з.** a flock of cranes (**лебеди́на** swans, **пташи́на** birds); **во́вча** a pack of wolves (**котя́ча** cats, **соба́ча** dogs) ◊ **На велосипеди́ста напа́ла вели́ка соба́ча з.** A big pack of dogs attacked the cyclist.
з. + *n.* **з. аку́л** a school of sharks (**дельфі́нів** dolphins, **риб** fish); **з. гусе́й** a flock of geese (**журавлі́в** cranes, **качо́к** ducks, **пташо́к** birds, **ча́йок** seagulls), **з. вовкі́в** a pack of wolves (**гіє́н** hyenas, **ле́вів** lion, **соба́к** dogs)
Cf. **ста́до**
2 *fig.* crowd, mob ◊ **Вона́ намага́лася пройти́ че́рез тісну́ ~ю люде́й.** She was trying to make her way through a tight crowd of people.
See **на́товп 1.** *Also see* **тиск 3, ста́до 2, юрба́**
3 *pejor.* gang, band, horde ◊ **На ву́лицях з'яви́лися ~ї мароде́рів.** Bands of marauders appeared on the streets.
з. + *n.* **з. банди́тів** a gang of bandits (**безприту́льних** homeless, **грабі́жників** robbers, **злочи́нців** criminals, **молоди́ків** youths; **найма́нців** mercenaries)
Also see **збіго́висько 1, 2**

згуби́|ти, *pf., see* **губи́ти**
to lose, *etc.* ◊ **Світла́на десь ~ла ключі́.** Svitlana lost her keys somewhere.

зго́бн|ий, *adj.*
ruinous, harmful, pernicious, damaging ◊ **Він став на з. шлях конформі́зму.** He embarked on the ruinous path of conformism.
adv. **вкрай** extremely, **ду́же** very, **надзвича́йно** unusually, **страше́нно** terribly; **однозна́чно** unambiguously, **особли́во** especially; **можли́во** possibly, **потенці́йно** potentially; **безпере́чно** positively, **доказо́во** provably; **мора́льно** morally, **психологі́чно** psychologically ◊ **В університе́ті панува́ла психологі́чно ~а атмосфе́ра.** A psychologically pernicious atmosphere dominated at the university. **фізи́чно** physically
з. + *n.* **з. вплив** a harmful influence (**зв'язо́к** liaison; **напі́й** drink; **по́тяг** attraction); **~а зви́чка** a harmful habit (**ілю́зія** illusion, **по́милка** mistake, **при́страсть** passion); **~е захо́плення** ruinous infatuation (**рі́шення** decision); **~і на́слідки** pernicious consequences
v. + **з. бу́ти ~им** be disastrous (**виявля́тися** prove ◊ **Рі́шення, яке́ вони́ прийняли́, ви́явилося ~им для шко́ли.** The decision they made proved to be disastrous for the school. **здава́тися** + *D.* seem to, **лиша́тися** remain, **перестава́ти бу́ти** stop being, **става́ти** become)
prep. **з. для** + *G.* harmful for sb/sth ◊ **з. для довкі́лля** ruinous for the environment (**здоро́в'я** health, **суспі́льства** society)
Also see **нездоро́вий 2, фата́льний 2, шкідли́вий**

зґвалтува́н|ня, *nt.*
rape, sexual assault ◊ **Спра́ва не в одному́, а в деся́тках ~ь.** It is not a matter of one but dozens of rapes.
adj. **брута́льне** brutal; **групове́** gang, **подру́жнє** spousal ◊ **Його́ звинува́чують у подру́жньому ~ні.** He stands accused of spousal rape. **неодноразо́ве** repeated
n. + **з.** ◊ **же́ртва з.** a victim of rape ◊ **Вона́ ста́ла же́ртвою з.** She became a victim of rape. (**мі́сце** venue, **обста́вини** circumstances, **час** time; **до́кази** evidence)
prep. ♦ **за́мах на з.** an attempted rape ◊ **Прокуро́р назва́в його́ ді́ї за́махом на з.** The prosecutor called his actions an attempted rape. ♦ **підо́зрюваний у ~ні** a rape suspect, **звинува́чений у ~ні** an accused of rape, **звинува́чення у ~ні** a rape charge
G. pl. **~ь**
See **зло́чин**

зґвалтува́|ти, *pf., see* **ґвалтува́ти**
to rape ◊ **Злочи́нець ~в три жі́нки.** The criminal raped three women.

зда|ва́ти, ~ю́ть; ~ти, ~м, ~си́, ~сть, ~мо́, ~сте́, ~ду́ть, *tran.*
1 to hand over, give, relinquish, return, submit ◊ **Вона́ ~ла́ бібліоте́ку ново́му дире́кторові.** She handed the library over to the new director. ♦ **з. спра́ви** to hand over one's responsibilities
adv. **вре́шті-ре́шт** eventually, **вча́сно** on time, **до реченця́** by the deadline ◊ **Вона́ хо́че закінчи́ти й ~ти статтю́ до реченця́.** She wants to finish and hand over the article by the deadline. **наре́шті** finally, **із запі́зненням** with delay; **без затри́мки** without delay, **одра́зу** immediately, **за́раз же** right away, **шви́дко** quickly; **з гото́вністю** readily, **ра́до** gladly; **нехо́че** reluctantly
v. + **з. бу́ти ви́мушеним** be compelled to ◊ **Ко́жен був ви́мушеним ~ти вла́ді будь-які́ за́соби зв'язку́.** Everybody was compelled to hand over any means of communication to the authorities. **бу́ти пови́нним** be obliged to, **бу́ти тре́ба** + *D.* need to ◊ **Сього́дні їм тре́ба з. кров.** Today, they need to give blood. **ма́ти** have to; **відмовля́тися** refuse to, **забува́ти** forget to
prep. **з. до** + *G.* hand over to *(a place)* ◊ **Він ~в книжки́ до бібліоте́ки.** He returned the books to the library. ♦ **з. до експлуата́ції** to launch sth, put sth into operation ◊ **Нову́ виробни́чу лі́нію ма́ли ~ти до експлуата́ції за мі́сяць.** The new production line was supposed to be put into operation in a month.
Also see **подава́ти 4, 5**
2 to check *(of luggage)*, leave ♦ **з. валі́зу в баґа́ж** to check one's suitcase ◊ **Іва́нна ~ла́ валі́зи в баґа́ж і пішла́ гуля́ти мі́стом.** Ivanna checked her suitcases and went to walk around town.
3 to surrender; *colloq.* betray sb, snitch on sb ◊ **Він покля́вся, що ні за яки́х обста́вин не ~сть мі́сто.** He swore that he would under no circumstance surrender the city. ◊ **Хтось ~в Богда́на полі́ції.** *colloq.* Somebody snitched on Bohdan to the police.
з. + *n.* **з. мі́сто** surrender a city (**пози́цію** position, **село́** village, **форте́цю** fortress)
Also see **видава́ти 3, зра́джувати 1, поступа́тися 1**
4 to take *(an exam)*; *pf.* to pass an exam ◊ **Він три ра́зи ~ва́в і́спит і наре́шті ~в його́.** He took the exam three times, and finally passed it.
adv. **блиску́че** brilliantly, **до́бре** well ◊ **Ори́ся до́бре ~ла́ всі і́спити.** Orysia did well on all of her exams. **задові́льно** satisfactorily, **успі́шно** successfully; **ке́псько** poorly, **пога́но** badly; **вже** already, **з пе́ршого ра́зу** at first go, **наре́шті** finally; **ле́две** barely; **сяк-та́к** *colloq.* so-so, **шви́дко** quickly, **я́кось** somehow
Also see **склада́ти 7**
5 to fail, weaken, give in, falter ◊ **Че́рез п'ять хвили́н енергі́йної ходи́ його́ се́рце почало́ з., а колі́на – сла́бнути.** After five minutes of vigorous walking, his heart began to give in and his knees to weaken. ◊ **Зі́на відчува́ла, як шви́дко ~є її здоро́в'я.** Zina sensed her health faltering quickly.
Also see **зра́джувати 4**
6 to lease, rent ◊ **Вони́ ~ли́ свою́ діля́нку сусі́дам.** They rented out their plot to their neighbors.
з. + *n.* **з. буди́нок** lease a house (**ґара́ж** garage, **кварти́ру** apartment, **кімна́ту** room, **сту́дію** studio; **виногра́дник** vineyard, **зе́млю** land, **по́ле** field, **сад** orchard, *etc.*)
See **найма́ти 3**
7 to deal *(cards)* ◊ **Чия́ тепе́р че́рга з. ка́рти?** Whose turn is it now to deal the cards? ◊ **Вона́ ~ва́ла пові́льно, усміха́ючися сама́ до се́бе.** She dealt slowly, smiling to herself.
pa. pple. **зда́ний** handed over, passed
здава́й! здай!

зда|ва́тися¹; ~тися, *intr.*
1 *impers., only 3rd pers. sg.* to seem to sb + *D.* ◊ **Мені́ ~ється, що я вже ба́чив цю люди́ну.** It seems to me that I already saw this person.
adv. **весь час** all the time, **все** *colloq.* all the time, **за́вжди́** always, **і́ноді** sometimes, **ча́сом** at times, **ча́сто** often; **ди́вним чи́ном** strangely, **чому́сь** for some reason ◊ **Оле́ні чому́сь ~ва́лося, що вона́ вже бува́ла в Ірпі́ні.** For some reason, it seemed to Olena that she had already been to Irpin. **я́кось** somehow; **попервах** first, initially
Also see **ба́читися 3**
2 to seem, appear, be similar to sb/sth ◊ **Він ~вся прие́мною люди́ною.** He seemed to be a pleasant person.
з. + *adj.* **з. бі́льшим** seem larger ◊ **На світли́ні Лука́ш ~ва́вся бі́льшим, як насправді.** In the picture, Lukash seemed larger than in reality. (**вели́ким** big, **мали́м** small, **ме́ншим** smaller; **прия́зним** friendly; **загро́зливим** menacing, **суво́рим** stern, **сумни́м** sad ◊ **Тепе́р її мі́сто ~ва́лося їй сумни́м і зане́дбаним.** Now her hometown seemed sad and neglected to her. **бана́льним** banal; **оригіна́льним** unconventional, **ціка́вим** interesting); ♦ **~ва́лося б** it would seem, one would think ◊ **Студе́нти, ~ва́лося б, ма́ють зна́ти цей фі́льм.** Your students, one would think, should know the film.
See **вигляда́ти¹**

зда|ва́тися²; ~тися, *intr.*
to surrender to, give up to + *D.* ◊ **Оборо́нці та́бору могли́ ~тися і запобі́гти ма́рному кровопролиттю.** The camp defenders could surrender and prevent futile bloodshed.
adv. **безумо́вно** unconditionally, **доброві́льно** voluntarily, **форма́льно** formally; **на пе́вних умо́вах** on certain terms; **вре́шті-ре́шт** finally, **остато́чно** ultimately; **гане́бно** shamefully; **про́сто** simply ◊ **Такі́, як вона́, про́сто не ~ю́ться во́рогові.** People such as her simply do not surrender to the enemy. **нега́йно** immediately, **одра́зу** at once, **шви́дко**

quickly; **по́вністю** completely
v. + **з. вимага́ти** demand to, **зму́шувати** + *A.* force sb to; **вирі́шувати** decide to; **відмовля́тися** refuse to, **не збира́тися** be not about to ◊ **Він не збира́вся з. неща́дній до́лі.** He was not about to surrender to his merciless fate. **зму́шувати** + *A.* force sb to ◊ **Вони́ зму́сили Петре́нка ~тися.** They forced Petrenko to surrender. **нака́зувати** + *D.* order sb to; **бу́ти зму́шеним** be forced to, **пого́джуватися** agree to
prep. **з. без бо́ю** surrender without a fight ◊ **Вони́ здали́ся без бо́ю.** They surrendered without a fight. **з. за умо́ви, що** surrender on the condition that ◊ **Вони́ ~ва́лися за умо́ви, що їх зали́шать живи́ми.** They were surrendering on the condition that they would be left alive. ♦ **з. на ми́лість** surrender to sb's mercy ◊ **Вони́ відмо́вилися зда́тися на ми́лість во́рога.** They refused to surrender to the enemy's mercy.
Also see **капітулюва́ти, піддава́тися 3, поступа́тися 1**

здале́ка, *var.* **зда́леку**, *adv., dir.*
from afar, from far away ◊ **Мандрівники́ приї́хали з.** The travelers came from afar. ♦ **почина́ти** *or* **захо́дити з.** to speak in a roundabout way, to beat around the bush ◊ **Марі́я почала́ з.** Maria spoke in a roundabout way.

зда́|ти, *pf., see* **здава́ти**
to hand over, submit; pass *(an exam)*; betray, surrender, *etc.* ◊ **Вона́ вча́сно ~ла́ докуме́нти.** She submitted the documents on time. ◊ **Мі́сто ~ли́ без уся́кого о́пору.** The city was surrendered without any resistance.

зда́|тися[1], *pf., see* **здава́тися**[1]
to seem, appear, *etc.* ◊ **Бори́с ~вся їй серйо́зним фахівце́м.** Borys seemed to be a serious specialist to her.

зда́|тися[2], *pf., see* **здава́тися**[2]
to surrender, give up, *etc.* ◊ **Вони́ ~ли́ся без о́пору.** They surrendered without resistance.

зда́тн|ий, *adj.*
1 capable of, able to ◊ **Вони́ шука́ли люди́ну, ~у поста́вити інтере́си грома́ди над вла́сними.** They sought an individual capable of putting community interests above her own.
adv. **абсолю́тно** absolutely ◊ **Іри́на абсолю́тно ~а здобу́ти пе́рше мі́сце в ко́нкурсі.** Iryna is absolutely able to win first place in the competition. **бі́льш(е) ніж** more than, **геть** utterly, **ду́же** very, **цілко́м** completely ◊ **Ми цілко́м ~і закі́нчити все за два дні.** We are completely capable of finishing everything in two days. **без су́мніву** doubtlessly, **очеви́дно** clearly; **потенці́йно** potentially, **теорети́чно** theoretically; **мора́льно** morally; **фізи́чно** physically; **ле́две** hardly
v. + **з. бу́ти ~им** be capable (**вважа́ти себе́** consider oneself, **вигляда́ти** look, **здава́тися** + *D.* seem to sb ◊ **Матві́й здава́вся йому́ ~им захисти́ти їх.** Matvii seemed to him capable of protecting them. **лиша́тися** remain, **почува́тися** feel, **става́ти** become) ◊ **Тепе́р вона́ ста́ла ~ою забезпе́чити всю свою́ роди́ну.** Now she became capable of providing for her entire family. ♦ **бу́ти ~им на все** to be capable of anything
prep. **з. на** + *A.* capable of sth
Also see **доте́пний 3**
2 gifted, able, talented ◊ **шко́ла для особли́во ~их діте́й** a school for particularly gifted children
з. + *inf.* gifted for sth ◊ **Він з. виклада́ти літерату́ру.** He has a gift for teaching literature. ♦ **бу́ти ні до чо́го не ~им** to be a good-for-nothing ◊ **Нови́й помічни́к ви́явився ні до чо́го не ~им.** The new assistant proved to be a good-for-nothing.
See **зді́бний.** *Also see* **обдаро́ваний, талановитий 1**

зда́тн|ість, *f.*, **~ости**, *only sg.*
ability, capacity; gift ◊ **Цей матерія́л має з. перетво́рювати со́нячне сві́тло на струм.** The material has the capacity to transform sunlight into electricity.
adj. **вели́ка** great ◊ **Ні́на з дити́нства має вели́ку з. до матема́тики.** Since childhood, Nina has had a great gift for math. **видатна́** outstanding, **винятко́ва** exceptional, **висо́ка** high, **максима́льна** maximal, **надмі́рна** excessive, **неаби́яка** extraordinary, **непереве́ршена** unsurpassed; **мала́** small, **мініма́льна** minimal, **невели́ка** little, **обме́жена** limited; **приро́джена** innate, **приро́дна** natural; **додатко́ва** additional; **елемента́рна** elementary; **зага́льна** overall; **дивови́жна** amazing, **зави́дна** enviable, **неймові́рна** incredible, **таємни́ча** mysterious, **ціка́ва** curious ◊ **Росли́на набула́ ціка́вої ~ости зберіга́ти тепло́.** The plant acquired a curious ability to conserve heat. **пе́вна** certain; **я́вна** clear
v. + **з. використо́вувати з.** use the ability (**демонструва́ти** demonstrate; **зберіга́ти** retain, **ма́ти** have, **посіда́ти** possess; **дава́ти** *and* **надава́ти** + *D.* give sb ◊ **Підгото́вка дава́ла йому́ з. досяга́ти висо́ких результа́тів.** Training gave him the ability to achieve good results. **збі́льшувати** increase, **поси́лювати** enhance, **розвива́ти** develop; **втрача́ти** lose ◊ **Він боя́вся втра́тити з. писа́ти му́зику.** He was afraid of losing his ability to compose music. **зме́ншувати** reduce, **обме́жувати** limit, **підрива́ти** undermine; **визнава́ти** recognize, **недооці́нювати** underestimate, **переоці́нювати** overestimate, **поці́новувати** appreciate, **цінува́ти** value); **бракува́ти** + *D.* **~ости** lack the ability to ◊ **Оле́нці бракува́ло ~ости до самодисциплі́ни.** Olenka lacked the ability for self-discipline. (**набува́ти** acquire; **позбавля́ти** + *A.* deprive sb/sth of) ◊ **Уто́ма не позбавля́ла Окса́ну ~ости ми́слити.** Fatigue did not deprive Oksana of her ability to think. **перешкоджа́ти ~ості** impede the ability ◊ **Зловжива́ння нарко́тиками почало́ перешкоджа́ти її ~ості твори́ти мисте́цтво.** Drug abuse began to impede her ability to create art. **сумніва́тися в ~ості** doubt the ability to ◊ **Ніхто́ не сумніва́вся в її ~ості до́бре писа́ти.** Nobody doubted her ability to write well.
Also see **змо́га 1.** *Cf.* **зді́бність**

зда́ч|а, *f.*, **~і**, *only sg.*
1 change *(of money paid)* ◊ **Він відволі́кся і лиши́в ~у на шинкві́сі.** He got distracted and left the change on the counter.
adj. **вся** all, **дрібна́** small ◊ **Крім дрібно́ї, ~і він не мав жо́дних гро́шей.** Apart from small change, he had no money.
v. + **з. бра́ти ~у** take change (**віддава́ти** + *D.* return to sb, **дава́ти** + *D.* give sb ◊ **Га́нна дала́ ~у ста́рцеві.** Hanna gave the change to a panhandler. **лиша́ти** leave, **отри́мувати** receive, **чека́ти на** wait for) ◊ **Він терпля́че чека́в на ~у.** He patiently waited for the change.
Also see **ре́шта 2**
2 surrender, capitulation ◊ **З. терори́стами мі́ста ста́ла несподі́ванкою.** The surrender of the city by the terrorists came as a surprise.
adj. **безумо́вна** unconditional, **нега́йна** immediate, **по́вна** complete; **ганебна** shameful, **зра́дницька** treasonous; **несподі́вана** unexpected, **пані́чна** panic, **швидка́** quick
n. + **з. умо́ви ~і** terms of surrender
v. + **з. прийма́ти ~у** accept a surrender (**домовля́тися про** negotiate) ◊ **Вони́ ви́слали представника́, щоб домо́витися про ~у.** They sent a representative to negotiate a surrender. **вимага́ти ~і** demand a surrender (**зму́шувати** + *A.* **до** force sb into) ◊ **Го́лод і хворо́би зму́сили захисникі́в мі́ста до ~і.** Hunger and disease forced the defenders of the city into surrender.
I. **~ею**

здиво́ван|ий, *adj.*
surprised, astonished + *I.* at *or* by ◊ **Матві́й укра́й з. її реа́кцією.** Matvii is extremely astonished by her reaction.
adv. **вкрай** *and* **надзвича́йно** extremely, **геть** totally, **ди́ко** wildly, **ду́же** very, greatly, **надмі́рно** excessively, **несамови́то** insanely, **си́льно** greatly, **спра́вді** really, **цілко́м** completely, **шале́но** crazily; **де́що** somewhat ◊ **Наза́р не знав, як сприйма́ти її де́що ~е запита́ння.** Nazar did not know how to take her somewhat astonished question. **ле́гко** slightly, **ма́ло** little, **тро́хи** a little; **неприє́мно** unpleasantly, **приє́мно** pleasantly; **я́вно** clearly; **особли́во** particularly, **аж ні́як не** not at all
v. + **з. бу́ти ~им** be surprised ◊ **Вона́ я́вно ~а таки́м поворо́том ситуа́ції.** She is clearly surprised by such a turn of the situation. (**вигляда́ти** look ◊ **На відмі́ну від і́нших Мосійчу́к не вигляда́в особли́во ~им.** Unlike the others, Mosiichuk did not look particularly surprised. **звуча́ти** sound, **здава́тися** + *D.* seem to sb) ◊ **Він здава́вся ~им її же́стом.** He seemed surprised by her gesture.
prep. **з. з** + *G.* surprise at/by sth ◊ **~а з ї́хньої зго́ди, Оле́на де́який час мовча́ла.** Surprised by their consent, Olena was silent for a while.

здивува́н|ня, *nt.*
surprise, astonishment ◊ **Олексиному ~ню не було́ меж.** There was no limit to Oleksa's surprise.
adj. **вели́ке** great ◊ **В Анто́на затремті́в го́лос від вели́кого з.** Antin's voice began to tremble with great surprise. **глибо́ке** deep, **надзвича́йне** extraordinary, **скра́йнє** extreme, **по́вне** utter, **цілкови́те** complete, **шале́не** insane; **неприє́мне** unpleasant; **приє́мне** pleasant; **правди́ве** *or* **спра́вжнє** real, **щи́ре** genuine; **де́яке** some, **легке́** slight, **пе́вне** certain; **я́вне** evident; **уда́ване** mock ◊ **Уда́ване з. на його́ обли́ччі не переко́нувало Ю́рія.** The mock surprise on his face did not convince Yurii. **фальши́ве** phony; **початко́ве** initial ◊ **Її початко́ве з. шви́дко зміни́лося на лють.** Her initial surprise quickly changed to fury.
n. + **з. ви́раз з.** an expression (look) of surprise ◊ **На його́ обли́ччі до́вго лиша́вся ви́раз щи́рого з.** A look of genuine surprise lingered long on his face. (**крик** scream; **слід** trace) ◊ **Він промо́вив це без слі́ду з. в го́лосі.** He uttered it without a trace of surprise in his voice.
v. + **з. виклика́ти з.** cause surprise ◊ **Оголо́шення ви́кликало в них з.** The announcement caused their surprise. (**виража́ти** express, **висло́влювати** voice; **прихо́вувати** hide, **удава́ти** feign ◊ **Вона́ вдава́ла з.** She was feigning surprise. **уявля́ти** imagine) ◊ **Уяви́ її з., коли́ він прийшо́в із кві́тами.** Imagine her surprise when he came with flowers.
prep. **без з.** without surprise; **із ~ням** with surprise; **на з.** to sb's surprise ◊ **На ї́хнє з., він не запізни́вся.** To their surprise he was not late. **з. від** + *G.* surprise from/at sth
Also see **ди́во 3.** *Cf.* **несподі́ванка**
G. pl. **~ь**

здивува́|ти, *pf., see* **дивува́ти**
to surprise, astonish, amaze ◊ **Мико́лин тон зо́всім не ~в юнака́.** Mykola's tone did not at all surprise the youth.

зді́бн|ий, *adj.*
gifted, capable, able, apt ◊ **Виклада́чка залиша́ла собі ті́льки ~их у́чнів.** The (female) instructor kept only gifted pupils.
adv. **бі́льш(е) ніж** more than, **винятко́во** exceptionally ◊ **Марко́ був винятко́во ~им хло́пцем.** Marko was an exceptionally gifted boy. **ду́же** very; **до́сить** fairly, **цілко́м** completely; **доста́тньо** sufficiently; **очеви́дно** clearly; **розумо́во** mentally, **тво́рчо** creatively

v. + **з. бу́ти ~им** be able (**вважа́ти** + *A.* consider sb ◊ **Учи́тель уважа́є її ~ою солі́сткою.** The teacher considers her to be a gifted soloist. **виявля́тися** prove, **здава́тися** + *D.* seem to sb)
prep. **з. до** + *G.* gifted for sth ◊ **Ода́рка ~а до мов.** Odarka has a gift for languages.
Also see **доте́пний 3, обдаро́ваний.** *Cf.* **здатний 2**

здібн|ість, *f.*, **~ости**
talent, gift, aptitude ◊ **Га́нна відчува́ла в собі́ з. до фотогра́фії.** Hanna felt she had a talent for photography.
adj. **вели́ка** great, **видатна́** outstanding, **винятко́ва** exceptional, **дивови́жна** amazing, **надзвича́йна** extraordinary, **неймові́рна** incredible, **особли́ва** special, **помі́тна** noticeable, **рі́дкісна** rare, **уніка́льна** unique; **Бо́гом да́на** God-given; **приро́джена** innate, natural; **музи́чна** musical
v. + **з. ма́ти з.** have the gift ◊ **Він мав Бо́гом да́ну з. писа́ти.** He had a God-given gift to write. (**посіда́ти** possess, **проявля́ти** show) ◊ **Тама́ра ра́но прояви́ла з. до та́нцю.** Tamara very early showed a gift for dance. **бу́ти обдаро́ваним ~істю** be endowed with a talent
prep. **з. до** + *G.* talent for sth ◊ **Адрія́на посіда́є з. до малюва́ння.** Andriiana possesses a talent for drawing.
Cf. **зда́тність**

здійсненн|я, *nt.*, *only sg.*
realization, fulfilment, carrying out, execution ◊ **Митт́єве з. бажа́нь можли́ве ті́льки в лю́дській уя́ві.** An instantaneous realization of wishes is only possible in human imagination.
adj. **бездога́нне** impeccable ◊ **Вона́ вимага́ла бездога́нного з. сво́го за́думу.** She demanded an impeccable execution of her design. **блиску́че** brilliant, **доскона́ле** perfect; **вда́ле** *or* **успі́шне** successful; **запі́знене** belated; **недба́ле** careless; **остато́чне** ultimate; **по́вне** complete, **рете́льне** thorough; **частко́ве** partial; **поступо́ве** progressive, **пові́льне** slow; **недба́ле** careless, **поспі́шне** hasty, **таке́-сяке́** sloppy
з. + *n.* **з. бажа́ння** realization of a wish ◊ **З. тако́го бажа́ння мо́же до́рого їй ко́штувати.** The realization of such a wish may cost her dearly. (**жада́ння** desire, **за́думу** design, **іде́ї** idea, **мети́** goal, **мрі́ї** dream, **на́міру** intention, **опера́ції** operation, **пла́ну** plan, **прое́кту** project); **з. пра́ва** the realization of one's right; ♦ **з. правосу́ддя** the administration of justice ◊ **Суддя́ саботува́в з. правосу́ддя.** The judge sabotaged the administration of justice.
v. + **з. ґарантува́ти з.** guarantee realization ◊ **Він ґаранту́є з. пла́ну.** He guarantees the execution of the plan. (**забезпе́чувати** secure, **підтри́мувати** support, **поле́гшувати** ease, **уможли́влювати** make possible ◊ **Гро́ші уможли́влять з. прое́кту.** The money will make the execution of the project possible. **прискі́рювати** accelerate; **гальмува́ти** hold back, **спові́льнювати** slow down; **саботува́ти** sabotage); **вимага́ти з.** demand realization (**домага́тися** push for); **сприя́ти ~ю** facilitate realization ◊ **Це сприя́ло б ~ю їхніх за́думів.** This would facilitate the fulfillment of their designs. (**перешкоджа́ти** hamper); **зволіка́ти зі ~ям** procrastinate with realization ◊ **Він зволіка́в із ~ям опера́ції.** He procrastinated with the execution of the operation. **наполяга́ти на ~і** insist on a fulfillment ◊ **Вони́ наполяга́ли на ~і пе́ршого варія́нту пла́ну.** They insisted on the realization of the first variant of the plan.
Also see **викона́ння 1, рі́шення 3**

здійсни́|ти, *pf.*, *see* **здійснювати**
to realize, fulfill ◊ **Він коли́-не́будь ~ть мрі́ю і поба́чить пірамі́ди.** Someday he will realize his dream and see the pyramids.

здійсни́|тися, *pf.*, *see* **здійснюватися**
to come true, get realized, come to pass ◊ **Його́ план ~вся скорі́ше, ніж вона́ сподіва́лася.** His plan came to pass quicker than she expected.

здійсню|вати, ~ють; здійсн|ити, ~ять, *tran.*
to realize, fulfill, carry out; do, make ◊ **Збудува́вши ве́жу, архіте́ктор здійсни́в свій запові́тний план.** Having built the tower, the architect realized his cherished plan.
adv. **вже** already, **вре́шті-ре́шт** eventually, **за́вжди́** always, **наре́шті** finally; **ма́йже** almost, **наси́лу** barely, **негайно** immediately, **недба́ло** carelessly, **ніко́ли не** never, **остато́чно** ultimately, **по́вністю** completely, **поспі́шно** hastily, **поступо́во** gradually, **рете́льно** thoroughly, **сумлі́нно** diligently, **успі́шно** successfully, **частко́во** partially
з. + *n.* **з. завда́ння** realize a task (**за́дум** design, **іде́ю** idea, **мету́** goal, **мрі́ю** dream, **на́мір** intention, **план** plan, **прое́кт** project, **фу́нкцію** function); **з. контро́ль** control, **з. перетво́рення** carry out transformations, **з. по́двиг** perform a feat, **з. пра́во** realize a right, **з. правосу́ддя** administer justice
v. + **з. бу́ти важли́во** be important to ◊ **Важли́во з. правосу́ддя незале́жно від політи́чної кон'юнкту́ри.** It is important to administer justice independently from any political expediency. **бу́ти ва́жко** be difficult to, **бу́ти неможли́во** be impossible to ◊ **Було́ неможли́во з. поста́вки під артилері́йськими о́бстрілами.** It was impossible to make deliveries under artillery barrages. **бу́ти зму́шеним** be forced to ◊ **Вона́ зму́шена з. свої́ фу́нкції без сторо́нньої допомо́ги.** She is forced to perform her functions without any outside help. **бу́ти зобов'я́заним** be obliged to, **бу́ти тре́ба** + *D.* need to; **намага́тися** try to, **пра́гнути** strive to, **хоті́ти** want to; **почина́ти** begin to
pa. pple. **здійснений** realized
здійсню́й! здійсни́!
Also see **вико́нувати, досяга́ти 3**

здоро́в|ий, *adj.*
1 healthy, well ◊ **Ура́нці Га́ля була́ цілко́м ~ою, а тепе́р її тру́сить гаря́чка.** In the morning, Halia was completely healthy, and now she is shaking with fever.
adv. **абсолю́тно** absolutely, **до́сить** fairly, **ду́же** very, **цілко́м** completely; **загало́м** generally; **без су́мніву** doubtlessly; **ле́две** hardly, **ма́йже** almost, **очеви́дно** clearly; **вже** already, **наре́шті** finally; **психі́чно** mentally, **фізи́чно** physically
v. + **з. бу́ти ~им** be healthy (**вигляда́ти** appear ◊ **Ко́жен із них вигляда́в абсолю́тно ~им.** Each of them looked absolutely healthy. **виявля́тися** turn out, **здава́тися** + *D.* seem to sb ◊ **Ні́на лише́ здава́лася тако́ю ~ою.** Nina only seemed so healthy. **(за)лиша́тися** stay ◊ **Він роби́в усе́ необхі́дне, щоб залиша́тися якнайдо́вше ~им.** He did everything required in order to stay healthy as long as possible. **наро́джуватися** be born ◊ **Дитя́ народи́лося ~им.** The baby was born healthy. **почува́тися** feel ◊ **Тепе́р він почува́ється цілко́м ~им.** Now he feels quite healthy. **става́ти** become); ♦ *interj., colloq.* **Бува́й з.!** *and* **Бува́йте! ~і**, *pl.* Take care! Goodbye! ♦ **з. глузд** common sense ◊ **З. глузд підка́зував Ната́лці не зв'я́зуватися з не́ю.** Common sense prompted Natalka not to get involved with her.
2 *colloq.* big, enormous, whopping, jumbo ◊ **На две́рях скла́ду ви́сів з. замо́к.** There was a big lock hanging on the storehouse door.
з. + *n.* **з. буди́нок** a big house (**каву́н** watermelon ◊ **Тара́с не зміг би сам занести́ додо́му таки́й з. каву́н.** Taras would not be able to take such a jumbo watermelon home on his own. **мішо́к** sack, **я́щик** box); **~кварти́ра** a whopping apartment ◊ **Вони́ ма́ють ~у кварти́ру.** They have a whopping apartment. (**маши́на** car, **ха́та** house)
See **вели́кий**
3 *colloq.* strong, sturdy, robust, brawny ◊ **Ці ~і молоді́ хло́пці годи́нами сиді́ли у спортза́лі.** Those brawny young boys stayed at the gym for hours. ◊ **Така́ ~а ді́вчина могла́ би допомогти́ їм із робо́тою.** Such a strong girl could help them with their work.
See **міцни́й, си́льний 1**

здоро́в'|я, *nt.*, *only sg.*
health ◊ **Марти́н ніко́ли не ска́ржився на з.** Martyn never complained about his health.
adj. **винятко́ве** exceptional ◊ **Із таки́м винятко́вим ~ям він міг літа́ти в ко́смос.** With such exceptional health he could fly into space. **до́бре** good, **задові́льне** satisfactory, **міцне́** strong; **ке́пське** poor, **піді́рвне** compromised, **пога́не** bad, **слабке́** frail ◊ **Слабке́ з. не дозволя́ло їй дале́ко ї́здити.** Her frail health did not allow her to travel far. **лю́дське** human, **особи́сте** personal; **психі́чне** mental, **стате́ве** sexual, **фізи́чне** physical
v. + **з. берегти́ з.** protect one's health ◊ **Він гі́рко шкоду́є, що не growth з.** He is bitterly sorry he did not protect his health. (**ґарантува́ти** guarantee ◊ **Ді́єта та руха́нка ґаранту́ють до́бре з.** Diet and workouts guarantee good health. **забезпе́чувати** + *D.* ensure to sb, **підтри́мувати** maintain ◊ **Він підтри́мує з. в задові́льному ста́ні.** He maintains his health in a satisfactory condition. **пильнува́ти** keep watch of ◊ **Він пильнува́в своє́ з.** He kept watch of his health. **ма́ти** have ◊ **Вона́ ма́ла цілко́м задові́льне з.** She had entirely satisfactory health. **відно́влювати** restore ◊ **Вона́ крок за кро́ком віднови́ла з. пі́сля ава́рії.** She restored her health after the accident step by step. **покра́щувати** improve; **підрива́ти** compromise, **погі́ршувати** worsen, **посла́блювати** weaken ◊ **Висна́жливі нічні́ змі́ни посла́блювали її з.** Exhausting night shifts weakened her health. **руйнува́ти** ruin; **пита́ти про** inquire about) ◊ **Марко́ не забува́в спита́ти про з. його́ батькі́в.** Marko would not forget to inquire about his parents' health. **бажа́ти** + *D.* **з.** wish sb health ◊ **Марі́я побажа́ла їм до́брого з.** Maria wished them good health. (**вимага́ти** require ◊ **Робо́та вимага́ла бездога́нного з.** The work required flawless health. **потребува́ти** need); **загро́жувати ~ю** threaten sb's health (**шко́дити** harm); **догляда́ти за ~ям** take care of one's health (**нагляда́ти за** keep under observation ◊ **Кі́лька лікарі́в нагляда́ють за ~ям хво́рого.** Several doctors keep the patient's health under observation. **слі́дкува́ти за** monitor), ♦ **підупада́ти ~ям** *or* **на ~ї** to deteriorate ◊ **За пів ро́ку він ви́димо підупа́в ~ям** *or* **на ~ї.** In a half year, his health visibly deteriorated. **позначи́тися на ~ї** affect sb's health ◊ **Триво́га ста́ла позна́чатися на його́ ~ї.** Anxiety started to affect his health. ♦ **пи́ти за з.** to drink to sb's health
з. + *v.* **покра́щуватися** improve ◊ **Його́ з. покра́щувалося.** His health was improving. **погі́ршуватися** worsen, **посла́блюватися** weaken
prep. **для з.** for one's health ◊ **Цу́кор шкідли́вий для з.** Sugar is harmful for health. **На з.!** 1) To your health! *(toast)*; 2) as you please, to your heart's content ◊ **Ви хоті́ли працюва́ти ще? Працю́йте на з., скі́льки хо́чете!** You wanted to work more? Work as long as you please.

здурі́|ти, *pf.*, *see* **дурі́ти**
to go crazy, go insane, *etc.* ◊ **Він зо́всім ~в, прийшо́вши без ма́ски.** *fig.* He went completely insane, having come without a mask.

здуши́|ти, *pf.*, *see* **души́ти 2**
to choke, squeeze, press, *etc.* ◊ **Ді́вчина**

си́льно ~ла Марка́ за плече́. The girl squeezed Marko's shoulder hard.

зеконо́ми|ти, *pf., see* **еконо́мити**
to save, *etc.* ◊ **Найня́вши місце́вого підря́дника, вони́ ~ли кру́глу су́му.** Having hired a local subcontractor, they saved a tidy sum.

зеле́н|ий, *adj.*
1 green ◊ **У цю по́ру дня мо́ре става́ло ~им.** At this time of day, the sea would turn green.
adv. **геть** totally ◊ **Його́ колі́на геть ~і від трави́.** His knees are totally green from the grass **ду́же** very, **інтенси́вно** intensely, **наси́чено** saturated, **смара́гдово-з.** emerald green, **ціл́ко́м** completely; **до́сить** fairly, **ле́две** scarcely, **ма́йже** almost, **не зо́всім** not quite, **тро́хи** a little; **ні́жно-з.** tender green, **те́мно-з.** deep green, **яскра́во-з.** bright green, **я́сно-з.** light green; ◊ **з. горо́шок** green peas; ♦ **не ма́ти ~ого поня́ття** to have no clue
prep. **з. як** + *N.* green as sth ◊ **з., як трава́, све́тр** a grass-green sweater
See **ко́лір**
2 green, verdant, leafy ◊ **Ві́вці розси́палися по ~их схи́лах я́ру.** The sheep scattered on the verdant slopes of the ravine. ◊ **Земля́ покри́та ~им ки́лимом.** The earth is covered with a grassy carpet. ◊ **~і го́ри ото́чують село́ з усі́х бокі́в.** Verdant mountains surround the village on all sides.
3 *fig.* green, unripe; immature ◊ **Він люби́в, щоб бана́ни були́ тро́хи ~ими.** He liked his bananas a little green.
adv. **до́сить** fairly, **ду́же** very, **геть** totally, **зо́всім** utterly ◊ **Я́блуко було́ зо́всім ~им.** The apple was utterly unripe. **ціл́ко́м** completely; **ма́йже** almost, **тро́хи** a little; **ще** still
Ant. **зрі́лий 1**
4 *fig.* green, young, inexperienced ◊ **У спра́вах се́рця Андрі́й ви́явився геть ~им.** In matters of the heart, Andrii turned out to be totally green.
See **недосві́дчений.** *Also see* **молоди́й**[1] **2.** *Ant.* **зрі́лий 3**
5 green *(of political party, etc.)* ◊ **па́ртія ~их** the Green Party; ◊ **Програ́ма кандида́та недоста́тньо ~а.** The candidate's program is not green enough. ◊ **~і техноло́гії** green technologies
6 *colloq., as n.* US dollar, greenback ◊ **У не́ї в гаманці́ лиша́лося сто ~их.** She had a hundred greenbacks left in her purse.
See **валю́та, гро́ші.** *Cf.* **гри́вня**

зелені́|ти, ~ють; по~, *intr.*
1 to green, become green ◊ **Бро́нзове погру́ддя давно́ позелені́ло.** The bronze bust has long since become green.
adv. **вре́шті-ре́шт** eventually, **поступо́во** gradually
2 *nonequiv., only impf., 3rd pers.* to show green ◊ **Навко́ло о́зера ~в сосно́вий ліс.** The pine forest showed green around the lake.

зе́лен|ь, *f., only sg.*
1 greenery, verdure ◊ **Буди́нок потопа́в у ~і дере́в.** The building drowned in the verdure of the trees.
adj. **густа́** dense, **пи́шна** lush, **розкі́шна** luxuriant, **тропі́чна** tropical ◊ **Він милува́вся тропі́чною ~ню лі́су.** He was admiring the tropical greenery of the forest.
2 *coll.* greens *(dill, parsley, spinach, etc.)*, green vegetables ◊ **Ма́ти посла́ла Хому́ на база́р по зе́лень.** Mother sent Khoma to get the green vegetables.
adj. **дома́шня** home-grown, **своя́** one's own; **органі́чна** organic, **сві́жа** fresh, **сього́днішня** today's; **вчора́шня** yesterday's, **зів'я́ла** wilted
See **горо́дина, о́воч**
3 mold, mildew, fungus ♦ **бра́тися ~ню** to be covered with mold, become moldy ◊ **Хліб уже́ взя́вся ~ню.** The bread was already moldy.
See **грибо́к**

землетру́с, *m.*, **~у**
earthquake ◊ **Вони́ пої́хали з мі́ста пе́ред сами́м ~ом.** They left town right before the earthquake.
adj. **вели́кий** big, **катастрофі́чний** catastrophic, **маси́вний** massive, **неба́чений** unparalleled, **нищі́вни́й** devastating, **поту́жний** powerful, **руйнівни́й** ruinous, **си́льний** severe, **страшни́й** horrible; **підво́дний** underwater; **невели́кий** small, **слабки́й** weak
n. + **з. епіце́нтр ~у** the epicenter of an earthquake (**си́ла** magnitude) ◊ **з. си́лою в п'ять ба́лів за шкало́ю Ри́хтера** an earthquake measuring five on the Richter scale; **же́ртва ~у** an earthquake victim (**зо́на** zone, **небезпе́ка** hazard, **ри́зик** risk; **передба́чення** prediction; **частота́** frequency)
v. + **з. виклика́ти з.** cause an earthquake ◊ **Іноді людська́ ді́яльність виклика́є невели́кі ~и.** Sometimes human activity causes small earthquakes. (**провокува́ти** provoke; **відчува́ти** feel ◊ **З. мо́жна було́ відчу́ти на деся́тому по́версі і ви́ще.** The earthquake could be felt on the tenth floor and up. **передбача́ти** predict, **пережива́ти** survive ◊ **Вони́ пережили́ катастрофі́чний з. в Іра́ні.** They survived a catastrophic earthquake in Iran. **документува́ти** record ◊ **Найбі́льший з. у реґіо́ні задокументува́ли в 1997 ро́ці.** The biggest earthquake in the region was recorded in 1997. **реєструва́ти** register)
з. + *v.* **зни́щувати** + *A.* destroy sth, **руйнува́ти** + *A.* ruin sth, **спусто́шувати** + *A.* devastate sth ◊ **Поту́жний з. спусто́шив ці́ле мі́сто.** A powerful earthquake devastated the whole city. **відбува́тися** occur ◊ **В оста́нні пів столі́ття ~и відбува́ються часті́ше, як до то́го.** Over the last half century, earthquakes have occurred more frequently than before. **става́тися** happen; **труси́ти** + *A.* rock sth, **трясти́** + *A.* shake sth ◊ **З. тряс о́стрів кі́лька хвили́н.** The earthquake shook the island for several minutes. **вбива́ти** + *A.* kill sb, **роби́ти** + *A.* **безприту́льним** leave sb homeless ◊ **З. уби́в сто п'ять люде́й і зроби́в безприту́льними сім ти́сяч.** The earthquake killed 105 people and left 7,000 homeless. **дорі́внювати** + *D.* measure sth ◊ **З. дорі́внював шести́ ба́лам за шкало́ю Ри́хтера.** The earthquake measured six on the Richter scale. **сяга́ти** + *G.* reach *(measure)* ◊ **З. сягну́в шести́ ба́лів за шкало́ю Ри́хтера.** The earthquake reached six on the Richter scale.
prep. **вна́слідок** *or* **в результа́ті ~у** as a result of an earthquake ◊ **У результа́ті ~у о́бласть лиши́лася без еле́ктрики.** As a result of the earthquake, the region was left without electricity. **під час ~у** during/in an earthquake ◊ **Він діста́в пора́нення під час ~у.** He got injured in the earthquake. **че́рез з.** because of an earthquake
Also see **катастро́фа**

зем|ля́, *f.*
1 Earth *(only sg. and in the upper case)* ◊ **У давнину́ лю́ди ду́мали, що Со́нце оберта́ється навко́ло ~лі.** In ancient times, people believed that the Sun revolved around Earth. ◊ **вся З.** entire Earth
v. + **З. захища́ти ~лю** protect Earth (**рятува́ти** save; **населя́ти** inhabit ◊ **Диноза́ври населя́ли ~лю в мезозо́йську е́ру.** Dinosaurs inhabited Earth in the Mezozoic Era. **ни́щити** destroy, **руйнува́ти** ruin, **спусто́шувати** devastate; **ство́рювати** create; **обліта́ти** orbit)
prep. **від ~лі** from Earth ◊ **від ~лі до Вене́ри** from Earth to Venus; **до ~лі** to Earth ◊ **Ві́дстань від Мі́сяця до ~лі 384.000 км.** The distance from the Moon to Earth is 384,000 km. **між ~ле́ю і Со́нцем** between Earth and the Sun; **на ~лі** on Earth; **над ~ле́ю** above Earth; **по всій ~лі** throughout Earth
See **плане́та**
2 earth, soil, ground, land ◊ **З. на по́лі ви́явилася родю́чою.** The soil on the field turned out to be fertile. ◊ **Вони́ ви́явили кри́ївку гли́боко під ~ле́ю.** They discovered a hideout deep underground.
adj. **бага́та** rich, **масна́** fat, **родю́ча** fertile; **чо́рна** black; **безплі́дна** barren, **висна́жена** exhausted, **неродю́ча** infertile; **го́ла** bare ◊ **На го́лій ~лі трапля́лося ті́льки перекоти́по́ле.** Only tumbleweed appeared on the bare land. **кам'яни́ста** rocky; **ме́рзла** frozen; **м'яка́** soft; **тверда́** hard; **безво́дна** arid, **ви́палена** scorched, **суха́** dry; **воло́га** moist, **мо́кра** wet; **сві́жа** fresh, **свіжоско́пана** freshly-dug ◊ **Хтось протопта́в сте́жку по свіжоско́паній ~лі.** Somebody trod a path on the freshly-dug earth.
n. + **з. гру́дка ~лі́** a lump of earth ◊ **Гру́дки масно́ї ~лі поприлипа́ли до її череви́ків.** Lumps of fat soil stuck to her boots. (**кава́лок** clod, **шмат** *and* **шмато́к** clump); ♦ **та́ктика ви́паленої ~лі** the scorched earth policy
v. + **з. забру́днювати ~лю** contaminate the earth ◊ **Військо́ва части́на забрудни́ла всі ~лі довко́ла.** The military unit contaminated all the lands around. (**обробля́ти** cultivate ◊ **Усе́ життя́ вона́ обробля́ла ~лю.** All life long, she cultivated the land. **ора́ти** plow ◊ **Він пам'ята́є час, коли́ ~лю ора́ли кі́ньми.** He remembers the time when the earth was plowed by horses. **осу́шувати** drain, **полива́ти** irrigate, **продава́ти** sell; **купува́ти** buy)
See **ґрунт 1**
3 *only sg.* land, dry land, terra firma ◊ **Він диви́вся на о́брій з наді́єю поба́чити ~лю.** He was looking at the horizon in the hope of seeing land.
Ant. **мо́ре**
4 land, country, state, nation; *also pl.* ◊ **Вони́ мандру́ють дале́кими ~ля́ми.** They travel in faraway lands. ♦ **З. обіто́вана** *bilbical* the Promised Land; ♦ **за сім** *or* **три́дев'ять ~е́ль** across the seven seas, far away, in far-off lands ◊ **Вони́ так до́вго склада́лися, на́че вибира́лися за сім ~е́ль.** They were packing for so long as if setting out across the seven seas.
See **краї́на.** *Also see* **край**[1] **2, місце́вість 2, сторона́ 1**

земля́|к, *m.*; **земля́чка**, *f.*
compatriot, fellow countryman, fellow citizen ◊ **У Ри́мі Лев познайо́мився з ~ко́м із Волині́.** In Rome, Lev met a countryman from Volyn.
adj. **вели́кий** great, **видатни́й** eminent ◊ **Письме́нник Васи́ль Ба́рка ви́явився ї́хнім видатни́м ~ко́м.** The writer Vasyl Barka turned out to be their eminent fellow countryman. **геніа́льний** brilliant, **славе́тний** famous; **знайо́мий** familiar ◊ **Вона́ тако́ж запроси́ла одного́ знайо́мого ~ка́.** She also invited a compatriot she knew. **коли́шній** former; **дороги́й** dear
V. **~че!**

земн|и́й, *adj.*
1 earthly, terrestrial ◊ **Провести́ цей до́слід в ~и́х умо́вах неможли́во.** It is impossible to conduct the experiment in terrestrial conditions.
з. + *n.* **з. рай** an earthly paradise; ♦ **~а́ ку́ля** the globe; **~е́ життя́ з.** an earthly life; ♦ **~і́ вті́хи** earthly delights ◊ **Карти́на Бо́ша назива́ється «Сад ~и́х уті́х».** The painting by Bosch is entitled "The Garden of Earthly Delights".
Ant. **небе́сний 1**
2 real, real-life, mundane ◊ **Вона́ розв'я́зує ~і́ ціл́ко́м пробле́ми.** She solves entirely real-life problems.
See **реа́льний.** *Also see* **спра́вжні́й, факти́чний.** *Ant.* **ви́гаданий, пози́рний, уя́вний**

зені́т, *m.*, **~у**
1 zenith ◊ **Со́нце вже сягну́ло ~у, а ті́ні ста́ли мініма́льними.** The sun already reached its

zenith and shadows became minimal.
prep. **в з.** *dir.* in the zenith ◊ **Со́нце ста́ло в з.** The sun hit the zenith. **в ~і** *posn.* at/in the zenith ◊ **Раке́та була́ в ~і.** The missile was at the zenith.
2 *fig.* zenith, height, peak, apogee ◊ **2005 рік став ~ом її сла́ви.** The year 2005 became the dizzying height of her fame.
See **верх 2, пік 2.** *Also see* **верши́на 2, висота́ 4, кульміна́ція**

зер|но́, *nt.*
1 grain, kernel ◊ **Се́ред жи́тнього ~на́ в мішку́ ча́сом трапля́лося пшени́чне.** In the rye grain in the sack one sometimes encountered wheat.
adj. **дрібне́** fine, **кру́пне** large, **ме́лене** ground, **ці́ле** whole; **зеле́не** green, **сти́гле** ripe; **вівся́не** oat, **греча́не** buckwheat, **жи́тнє** rye, **пшени́чне** wheat, *etc.*
з. + *n.* **з. гре́чки** buckwheat grain (**жи́та** rye, **кукуру́дзи** corn, **вівса́** oats, **пшени́ці** wheat, **ри́су** rice, **ячме́ню** barley, *etc.*)
n. + **з.** **виробни́цтво ~на́** grain production ◊ **Виробни́цтво ~на́ зроста́є.** Grain production is increasing. (**врожа́й** harvest; **е́кспорт** exports, **і́мпорт** imports); **відро́ ~на́** a bucketful of grain (**мішо́к** sack ◊ **Він поміня́в мішо́к цу́кру на три мішки́ греча́ного ~на́.** He exchanged a sack of sugar for three sacks of buckwheat grain. **кілогра́м** kilogram, **то́нна** ton, **центне́р**; **жме́ня** fistful, **при́горшня** *or* **при́горща** double handful) ◊ **Вона́ сипну́ла ку́рям при́горщу кукуру́дзяного ~на́.** She threw a double handful of corn grain to the chickens.
Also see **жи́то, кукуру́дза, ове́с, пшени́ця, ячмі́нь**
2 seed, pit ◊ **виногра́д без ~ен** seedless grapes
з. + *n.* **з. виногра́ду** a grape seed (**гру́ші** pear, **я́блука** apple) ◊ **Смак ~ен я́блука нага́дував Полі́ні село́.** The taste of apple seeds reminded Polina of the countryside.
3 kernel, grain, drop; *also fig.* speck, particle ◊ **У Ма́рти на чолі́ ви́ступили ~на по́ту.** Drops of sweat appeared on Marta's forehead. ◊ **В її́ о́повіді не було́ й ~на́ ви́мислу.** There was not a speck of fiction in her story.
Also see **кра́пля 1, 2**
4 *fig.* kernel, essence, center, sense ◊ **Сце́на стано́вить вну́трішнє з. п'є́си.** The scene constitutes the inner kernel of the play. ◊ **раціона́льне з. ге́ґелівської діале́ктики** the rational kernel of the Hegelian dialectic; ♦ **з. пра́вди** a grain of truth ◊ **У її тира́ді було́ з. пра́вди.** There was a grain of truth in her tirade.
See **суть.** *Also see* **душа́ 4, зна́чення, розумі́ння 2, сенс, смисл, толк 3**
5 *fig.* embryo, germ, beginning ◊ **У її писа́ннях кри́тик поба́чив з. поети́чного да́ру.** The critic saw a germ of poetic gift in her writings.
See **поча́ток.** *Also* **за́родок 2**

з'є́днан|ий, *adj.*
united, connected, joined ◊ **Оби́два телефо́ни ~і че́рез інтерне́т.** Both phones are connected through the Internet.
adv. **пря́мо** directly; **мі́цно** firmly, **наді́йно** securely, **наза́вжди** forever, **непору́шно** unbreakably, **ті́сно** tightly; **ле́две** hardly; **сла́бо** weakly; **я́кось** somehow
v. + **з.** **бу́ти ~им** be connected (**виявля́тися** turn out, **лиша́тися** remain)
prep. **з. з** + *I.* connected with sb/sth; **з. між** + *I.* connected between sb/sth ◊ **Оби́дві мере́жі ~і між собо́ю.** Both networks are connected between one another. **з. че́рез** + *A.* connected through sth

з'є́дна́|ти, *pf.*, *see* **єдна́ти**
to connect, *etc.* ◊ **Двох супе́рників ~в спі́льний во́рог.** A common enemy has united the two rivals.

з-за, *var.* **і́з-за**, *prep.* + *G.*
1 from behind, from around ◊ **Спів було́ чу́ти з. ро́гу ву́лиці.** The singing was heard from around the street corner. ◊ **Гість встав і́з-за сто́лу.** The guest stood up from behind the table.
2 because of, for ◊ **Він запізни́вся на авто́бус і́з-за Да́ни.** He was late for the bus because of Dana. ◊ **З. него́ди ви́їзд відкла́ли.** Because of bad weather, the departure was put off.
Also see **че́рез 6**

зза́ду, *var.* **ізза́ду**, *adv.*, *prep.*
1 *adv.* from behind ◊ **На пози́цію напа́ли з.** The position was attacked from behind.
2 *adv.* behind, at the back ◊ **Вони́ ї́хали з.** They were riding behind. ◊ **Він стоя́в з. і спостеріга́в.** He was standing at the back and observing.
3 *prep.* from behind sth + *G.* ◊ **З. буди́нку з'яви́вся незнайо́мець.** A stranger appeared from behind the building.

зим|а́, *f.*
winter ◊ **Цього́рі́ч очі́кують холо́дну і сні́жну ~у.** This year, a cold and snowy winter is expected.
adj. **безкіне́чна** endless ◊ **Мину́ла з. здава́лася Катери́ні безкіне́чною.** Last winter seemed to be endless to Kateryna. **до́вга** long, **коро́тка** short; **лю́та** bitter ◊ **Тут ~и особли́во лю́ті.** Here, winters are particularly bitter. **моро́зна** frosty, **суво́ра** severe, **холо́дна** cold; **м'яка́** mild, **помі́рна** temperate, **те́пла** warm; ♦ **сирі́тська з.** warm, mild winter; **дощова́** rainy, **мо́кра** wet, **сні́жна** snowy; **суха́** dry; **пону́ра** gloomy, **ра́ння** early; **мину́ла** last, **насту́пна** next, **пі́зня** late; ♦ **~о́ю** in winter ◊ **За сіме́йною тради́цією, ~о́ю вони́ ї́здили в го́ри.** According to the family tradition, in winter they would go to the mountains. ♦ **всю ~у** all winter; ♦ **мину́лої ~и́** last winter (**ціє́ї** this, **насту́пної** next) ◊ **Насту́пної ~и́ Юрко́ пої́де до Ме́ксики.** Next winter, Yurko will go to Mexico. **на ~у** for the winter ◊ **На ~у леле́ки відліта́ють в півде́нні краї́.** For the winter, storks fly away to southern lands.
Ant. **лі́то 1**

зимо́в|ий, *adj.*
1 winter, wintry ◊ **Га́нна полюбля́ла чита́ти до́вгими ~ими вечора́ми.** Hanna was fond of reading on long winter evenings. ◊ **З. день закінчи́вся, ле́две поча́вшись.** The winter day ended having scarcely begun. ◊ **Він міг годи́нами милува́тися ~им пейза́жем.** He could admire the wintry landscape for hours. ◊ **Шко́ла негото́ва до ~ої пого́ди.** The school is not ready for winter weather.
2 made or meant for winter ◊ **Ри́мма взя́ла до Нью-Йо́рку ~у ку́ртку.** Rymma took her winter jacket to New York.
з. + *n.* **з. о́дяг** winter clothes; **зимо́ва ку́ртка** a winter jacket (**ша́пка** hat); **~е пальто́** a winter coat; **~і рукави́ці** winter mittens (**череви́ки** boots, **чо́боти** high boots)
Ant. **лі́тній 1**

зимо́ю, *adv.*
in winter ◊ **З. в риба́льському селі́ ні́кого нема́є.** In winter, there is nobody in the fishing village. ◊ **З. мо́ре замерза́ло.** In winter, the sea would freeze.
Ant. **лі́том**

зібра́|тися, *pf.*, *see* **збира́тися**
to get ready, *etc.* ◊ **Він ~вся йти додо́му.** He was ready to go home.

зі|йти́, *pf.*, *see* **схо́дити**
to come down, *etc.* ◊ **О́ля ~шла привіта́тися з гі́стьми.** Olia came down to say hello to the guests.

зі|йти́ся, *pf.*, *see* **схо́дитися**
to gather, assemble, congregate, meet ◊ **Змо́вники ~шли́ся в руї́нах за́мку.** The plotters got together in the castle ruins.

зі́лл|я, *nt.*, *only sg.*
1 herbs ◊ **Наста́в час збира́ти й суши́ти ліка́рське з.** The time has come to gather and dry medicinal herbs.
adj. **до́бре** good, **ліка́рське** medicinal, **цілю́ще** healing; **зле** evil, **отру́йне** poisonous; **сухе́** dry; ♦ **тата́рське з.** calamus, sweet flag
v. + **з.** **збира́ти з.** gather herbs (**зава́рювати** brew, steep; **рва́ти** pick, **суши́ти** dry); **настою́вати** + *A.* **на ~і** *or* **~ю** infuse sth with herbs ◊ **Вона́ насто́ює горі́лку на цілю́щому ~і.** She infuses vodka with healing herbs.
2 potion, brew, concoction ◊ **Щоб заворожи́ти хло́пця, ві́дьма дала́ йому́ до тру́нку яко́гось маґі́чного з.** In order to charm the boy, the witch put some magic potion in his drink.
v. + **з.** **вари́ти з.** brew a potion (**дава́ти** + *D* give sb, **пи́ти** drink); **лікува́ти** + *A.* **~ям** treat sb with a potion (**пої́ти** + *A.* give sb to drink) ◊ **Він напої́в Окса́ну злим ~ям.** He gave Oksana an evil brew.

зім'я́к|нути, *pf.*, *see* **м'я́кнути**
to become soft, soften ◊ **Я́блука шви́дко ~(ну)ли на спе́ці.** The apples quickly became soft in the heat.

зіпрі́|ти, *pf.*, *see* **прі́ти**
to get sweaty, get covered with sweat ◊ **О́лине чоло́ ~ло від напру́ження.** Olia's forehead became covered in sweat from exertion.

зіпсо́ван|ий, *var.*, *adj.* **зіпсу́тий**
1 broken, out of order, defective ◊ **Тама́ра ви́кинула з. годи́нник.** Tamara disposed of the broken clock.
adv. **безнаді́йно** hopelessly ◊ **Двигу́н ви́явився безнаді́йно ~им.** The engine turned out to be hopelessly broken. **геть** quite, **незворо́тно** irrevocably, **остато́чно** ultimately, **цілко́м** completely; **частко́во** in part
з. + *n.* **з. годи́нник** a broken clock (**замо́к** lock, **комп'ю́тер** computer, **мі́ксер** blender, **млино́к** coffee-grinder, **телеві́зор** TV set, **телефо́н** telephone); **~а апарату́ра** broken equipment (**пра́лка** washing machine); **~е а́вто** a broken car
v. + **з.** **бу́ти ~им** be broken (**виявля́тися** turn out ◊ **Замо́чок у спідни́ці ви́явився ~им.** The zipper in the skirt turned out to be broken. **здава́тися** + *D.* seem to sb, **лиша́тися** remain) ◊ **Шухля́да в столі́ лиша́лася ~ою.** The drawer in the table remained broken.
Also see **несправний 1.** *Ant.* **спра́вний 1**
2 *fig.* ruined, wrecked, destroyed, poisoned ◊ **Ода́рчин на́стрій з. появо́ю цього́ ти́па.** Odarka's mood has been ruined by the arrival of this character.
з. + *n.* **з. ве́чір** a ruined evening (**на́стрій** mood, **план** plan); **~а відпу́стка** a ruined vacation (**заба́ва** party, **насоло́да** pleasure, **ра́дість** joy); **~е дозві́лля** ruined leisure (**свя́то** holiday)
3 bad *(of food)*, that went bad, tainted, spoiled ◊ **~а ри́ба** spoiled fish
з. + *n.* **~е м'я́со** spoiled meat; **~е пові́тря** vitiated air
4 spoiled, overindulged, capricious ◊ **Миросла́ва була́ ~а надмі́рною ува́гою батькі́в.** Myroslava was spoiled by her parents' excessive attention.
з. + *n.* **~а дити́на** a spoiled child (**доньќа** daughter, **мо́лодь** youth ◊ **Вона́ переко́нана, що тепе́рішня мо́лодь безнаді́йно ~а.** She is convinced that the present-day youth is hopelessly spoiled. **син** son)

зіпсува́|ти, *pf.*, *see* **псува́ти**
to spoil, *etc.* ◊ **Іва́н ~в усі́м на́стрій.** Ivan spoiled everybody's mood.

зіпсува́|тися, *pf.*, *see* **псува́тися**
to spoil, go bad, go off, *etc.* ◊ **За два дні коро́в'яче молоко́ ~лося.** In two days, the cow milk went bad.

з|ір, *m.*, **~óру**
eyesight, sight, vision, view ◊ **Друк такий дрібний, що Марії доводиться напружувати з.** The print is so fine that Maria has to strain her eyesight.
adj. **винятковий** exceptional ◊ **Ганна має винятковий з.** Hanna has an exceptional sight. **відмінний** excellent, **гострий** sharp ◊ **На таку роботу брали людей із гострим ~óром.** They hired people with sharp eyesight for such a job. **добрий** good, **надійний** reliable, **чудовий** wonderful; **кепський** poor, **ненадійний** unreliable, **ослаблений** weakened, **поганий** bad
n. + **з. вáда** *and* **дефéкт ~óру** a sight defect ◊ **Ця вáда ~óру дóсить поширена в їхній профéсії.** This sight defect is rather widespread in their profession. (**втрáта** loss ◊ **Йому загрóжує втрáта ~óру.** He is threatened with the loss of sight. **кут** angle), ◊ **пóле ~óру** a field of vision, ♦ **бýти в пóлі ~óру** to be within sb's view ◊ **У йогó пóлі ~óру був танк.** There was a tank within his view. (**залишáтися в** stay in), ♦ **потрапля́ти до пóля ~óру** get into sb's view (**випадáти з** fall out of); ♦ **тóчка ~óру** a point of view ◊ **З її тóчки ~óру Лукашýк – цікáва людина.** From her viewpoint, Lukashuk is an interesting person.
v. + **з. віднóвлювати з.** recover one's sight ◊ **Чéрез місяць пíсля оперáції Вíра цілкóм відновила з.** A month after the surgery, Vira fully recovered her eyesight. (**втрачáти** lose, **мáти** have ◊ **Для свогó вíку пáні Т. має добрий з.** For her age, Mrs. T. has good eyesight. **напрýжувати** strain; **покрáщувати** improve, **рятувáти** save ◊ **Лікарі дивом урятувáти йомý з.** Doctors miraculously saved his sight. **погíршувати** worsen, **руйнувáти** ruin) ◊ **Слабкé освітлення руйнýє з.** Weak lighting ruins the sight. ♦ **скільки сягáє (сягáв) з.** as far as the eye can (could) see
з. + *v.* **погíршуватися** deteriorate ◊ **У Вíти погíршився з.** Vita's sight deteriorated. **слáбнути** weaken, **повертáтися** return ◊ **До Галини поступóво повертáвся з.** Eyesight was gradually returning to Halyna.
Also see **óко**

зíр|ка, *f.*
1 star ◊ **У місяці сéрпні ~кú сяють особливо яскрáво.** In the month of August, stars shine particularly brightly.
adj. **блискýча** brilliant, **сяйлива** shining, **яскрáва** bright, **велика** big, **величéзна** immense, **гігáнтська** giant; **малá** small; **вечíрня** evening, **ранкóва** morning; **мандрівнá** wandering; **ближча** closer, **близькá** nearby, **найближча** nearest; **падýча** falling; **провіднá** guiding; **тьмяна** dim; ♦ **щаслива з.** a lucky star
n. + **з. скýпчення ~óк** a cluster of stars (**сузір'я** constellation); **густотá ~ки** the density of a star (**кóлір** color, **температýра** temperature, **яскрáвість** brightness)
v. + **з. дивитися на ~кú** look at stars ◊ **Тут, у селí, вони мóжуть подивитися на ~кú.** Here, in the country, they can look at the stars. ♦ **вíрити в свою щасливу ~ку** to believe in one's lucky star; ♦ **нарóджуватися під щасливою ~кою** to be born under a lucky star; ♦ **Він (Вонá) з нéба ~óк не хапáє.** He (She) is not the sharpest knife in the drawer.
з. + *v.* **вихóдити** come out, **з'являтися** appear, **схóдити** be out ◊ **Зійшлá пéрша з.** The first star is out. **мерехтíти** twinkle ◊ **У зимóвому повітрі мерехтíли далéкі ~кú.** Distant stars twinkled in the winter air. **сяяти** shine
Also see **зоря́ 1**
2 *fig.* star, celebrity, famous person ◊ **Він збирáє фóта ~óк італíйського неореалíзму.** He collects pictures of the stars of Italian neo-realism.
adj. **велика** big, **незаперéчна** indisputable; **молодá** young; **голівýдська** Hollywood ◊ **Він узяв інтерв'ю у голівýдської ~ки.** He has done an interview with a Hollywood star. ♦ **кінозíрка** a movie star, **літературна** literary, **медíйна** media, **телевізíйна** *usu* **телезíрка** TV; **баскетбóльна** basketball, **гокéйна** hockey, **футбóльна** soccer, *etc.*; **запрóшена** guest
◊ **Вони обійшлися без запрóшених ~óк.** They did without guest stars.
з. + *n.* **з. баскетбóлу** a basketball star (**волейбóлу** volleyball, **гокéю** hockey, **футбóлу** soccer, *etc.*; **з. екрáну** a screen star (**кінá** movie, **сцéни** stage, **театру** theater, *etc.*)
v. + **з. робити ~ку з** + *G.* make a star of sb ◊ **Із посерéднього актóра зробити телезíрку.** They made a TV star of a mediocre actor. **бýти ~кою** be a star ◊ **Вонá булá ~кою сцéни.** She was a stage star. (**вважáти** + *A.* consider sb ◊ **Її вважáють ~кою.** She is considered to be a star. **ставáти** become) ◊ **Яремчýк став футбóльною ~кою.** Yaremchuk became a soccer star.
Also see **легéнда 3**
L. **на ~ці**

зіткнý|тися, *pf., see* **стикáтися**
to come across, encounter, happen upon, *etc.* ◊ **Вонá ~лася з óписом цих подíй, коли працювáла над дисертáцією.** She happened upon the description of these events when she was working on her dissertation. ◊ **Астерóїд зіткнéться із планéтою чéрез сто рóків.** The asteroid will collide with the planet in one hundred years.

зітлí|ти, *pf., see* **тлíти**
to smoulder *(to the end)*, *etc.* ◊ **Мýмія ~ла тíльки частковó.** The mummy has decayed only in part.

з'їзд, *m.*, **~у**
convention, congress ◊ **Він готувáвся до щорíчного ~у української діáспори.** He was preparing for the annual congress of the Ukrainian diaspora.
adj. **всесвíтній** world ◊ **пéрший усесвíтній з. археóлогів** the first world congress of archeologists; **европéйський** European, **міжнарóдний** international; **національний** national, **реґіонáльний** regional; **партíйний** party; **надзвичáйний** extraordinary; **періодичний** periodic, **реґулярний** regular, **щорíчний** annual
v. + **з. відвíдувати з.** attend a convention ◊ **Вонá відвíдувала з. як журналíстка.** She attended the convention as a journalist. (**відкривáти** open, **закривáти** close; **організóвувати** organize, **планувáти** schedule, **провóдити** hold, **скликáти** convene) ◊ **Партíйний з. скликáють за три місяці до вибóрів.** The party convention is convened three months prior to the election. **звертáтися до ~у** address a convention ◊ **Провідник фрáкції звернýвся до ~у із промóвою.** The faction leader addressed the convention with a speech. **брáти ýчасть у ~і** take part in a convention
з. + *v.* **відбувáтися** take place ◊ **З. відбýвся в áктовій зáлі.** The convention took place in the assembly hall. **прохóдити** happen; **відкривáтися** open, **розпочинáтися** begin; **завéршуватися** conclude, **закривáтися** close ◊ **З. закрився спíвом національного гíмну.** The convention closed with the singing of the national anthem.
prep. **до ~у** before/for a convention; **на з.** *dir.* to a convention ◊ **Делеґáти приїхали на з. із десяти країн.** The delegates came to the convention from ten countries. **на ~і** *posn.* at a convention ◊ **На ~і відбулáся дискýсія.** A discussion took place at the convention. **пéред ~ом** prior to a convention; **пíсля ~у** after a convention
See **засíдання**. *Also see* **собóр 2**, **фóрум 2**

з'ї|сти, *pf., see* **їсти**
to eat ◊ **Гóсті ~ли все, що булó на столí.** The guests ate everything that was on the table.

зйóм|ка, *f.*
shoot, filming, shooting, photography ◊ **~ку телесюжéту вестимуть прихóваною кáмерою.** The shooting of the TV episode will be done with a hidden camera.
adj. ♦ **відеозйóмка** a video shoot, **комерцíйна з.** a commercial shoot, ♦ **аерофотозйóмка** aerial photography, ◊ **космíчна з.** space photography, ♦ **кінозйóмка** a film shoot, ♦ **модéльна з.** a fashion shoot, ♦ **фотозйóмка** a photo shoot; ◊ **панорáмна з.** panoramic photography; ◊ **прихóвана з.** hidden filming, ◊ **таємна з.** a secret filming
v. + **з. мáти ~ку** have a shoot ◊ **Учóра вонá мáла модéльну ~ку.** Yesterday she had a fashion shoot. (**організóвувати** organize ◊ **Він зорганізувáв ~ку.** He organized the shoot. **запланóвувати** schedule ◊ **На тиждень запланувáли п'ять телевізíйних ~ок.** For the week, they scheduled five TV shoots. **планувáти** plan; **відкладáти** postpone, **перенóсити** put off; **закíнчувати** complete ◊ **~ку закінчили за три тижні.** The shoot was completed in three weeks. **починáти** begin; **зупиняти** stop, **переривáти** interrupt; **провóдити** conduct, **робити** do) ◊ **Сьогóдні вонá має зробити дві ~ки.** Today she is supposed to do two shoots.
з. + *v.* **відбувáтися** take place ◊ **У зáмку відбулáся черговá кінозйóмка.** Another movie shoot has taken place in the castle. **закíнчуватися** end, **зупинятися** stop, **починáтися** begin; **прохóдити** be underway ◊ **З. телесеріалу прохóдить у трéтьому павільйóні.** The TV series shoot is underway in pavilion three.
prep. **на ~ку** *dir.* to a shoot ◊ **Режисéр привíв на ~ку сценариста.** The director brought the scriptwriter to the shoot. **на ~ці** *posn.* at a shoot ◊ **Вони познайóмилися на ~ці.** They met at a shoot.

зламá|ти, *pf., see* **ламáти**
to break, fracture, *etc.* ◊ **Олéсь ~в ключицю.** Oles broke his collarbone.

зламá|тися, *pf., see* **ламáтися**
to break, fracture, *etc.* ◊ **Дорóгою до Рíвного автомобíль ~вся.** On the road to Rivne, the car broke down.

злив|а, *f.*
1 shower, downpour, torrential rain ◊ **З. не вщухáла всю ніч.** The downpour would not abate all night long.
adj. **велика** great, **небáчена** unseen; **корóтка** short ◊ **Пíсля корóткої ~и стáло лéгше дихати.** It became easier to breathe after the short shower. **невелика** small; **веснянá** spring, **лíтня** summer; **несезóнна** unseasonal; **тéпла** warm, **тропíчна** tropical ◊ **Тропíчна з. минула за пів години.** The tropical shower passed in half an hour. **холóдна** cold; **чáста** frequent
See **дощ 1**
2 *fig.* hail, barrage ◊ **Міністр не розгубився під ~ою питáнь.** The minister did not lose his composure under a barrage of questions.
з. + *n.* **з. заперéчень** a hail of objections (**звинувáчень** accusations, **питáнь** questions, **скарг** complaints; **іскор** sparks, **куль** bullets)
Also see **град 2**

злидн|і, *only pl.*
poverty, destitution, misery; *also fig.* ◊ **Вонá вирослá у ~ях.** She was growing up in poverty.
adj. **абсолютні** absolute, **великі** great, **все бíльші** growing, **жахливі** abject ◊ **Вони бáчили такі жахливі з. впéрше в життí.** They saw such abject poverty for the first time in their lives. **нелюдські** inhuman, **пóвні** utter, **скрáйні** extreme, **страшні** horrible, **цілковиті** complete; **духóвні** *fig.* spiritual, **морáльні** *fig.* moral

◊ **Расизм – це вияв морáльних ~ів расиста.** Racism is a manifestation of a racist's moral poverty. **твóрчі** *fig.* creative

v. + **з. порóджувати з.** generate poverty (**поширювати** spread) ◊ **Олігархáт неуникно поширював з.** The oligarchy inevitably spread poverty. ♦ **з. годувáти** to live in poverty ◊ **Він продáв автівку, аби ~ів не годувáти.** He sold his car so as not to live in poverty. **зазнавáти ~ів** suffer poverty (**уникáти** avoid ◊ **Вони уникли ~ів.** They avoided poverty. **довóдити** + *A.* **до** reduce sb to) ◊ **Кредитóри довели сім'ю до ~ів.** Creditors reduced the family to poverty. **борóтися зі ~ями** fight poverty; **жити в ~ях** live in poverty

See **бідність**

зл|ий, *adj.*

1 evil, mean, nasty, cruel, vile ◊ **Вонá вірила, що є дóбрі духи й ~і.** She believed that there were good spirits and evil ones.

adv. **винятковo** exceptionally ◊ **Новá працівниця виявилася винятковo ~óю жінкою.** The new associate turned out to be an exceptionally evil woman. **вкрай** extremely, **геть** totally, **дóсить** rather, **дýже** very, **зóвсім не** not at all; **скажéно** rabidly, **страшéнно** terribly; **неправдоподібно** implausibly ◊ **Герóй був неправдоподібно ~им.** The character was implausibly evil.

з. + *n.* **з. гéній** an evil genius (**дух** spirit; **нáмір** intention); **~á жінка** an evil woman (**людина** person; **звичка** habit); **~é сéрце** a mean heart (**створіння** creature); **~і язики** evil tongues

Also see **лихий 1, недóбрий 1.** *Ant.* **дóбрий 1, лáгідний**

2 angry, cross ◊ **Дирéктор був дýже з. на Ткачéнка.** The director was very angry with Tkachenko.

з. + *n.* **~é облúччя** an angry face; **~і гýби** angry lips (**óчі** eyes, **словá** words) ◊ **Йогó ~і словá врáзили Сидора.** His angry words stunned Sydir. ◊ **Він на нéї з. за прóграну гру.** He is angry with her over the lost game.

See **сердитий 1.** *Also see* **роздратóваний**

3 bad, ill, unfortunate ◊ **Він не чекáв добрá від ~óї дóлі.** He did not expect any good from his ill fate. ◊ **Настáли ~і часи.** Bad times have come.

злíва, *adv.*

dir. and posn. on the left, to the left ◊ **Вонá постáвила корóбку з книжкáми з.** She put the box with books to the left. ◊ **З. росли густі кущі.** On the left, there grew thick bushes.

adv. **геть** all the way, **далéко** far, **дéщо** somewhat, **зáраз** right, **трóхи** a little, **тут же** right there; ♦ **з. напрáво** from left to right

prep. **з. від** + *G.* on the left from/of ◊ **Пролетíвши з. від будинку, снаряд влýчив у ґарáж.** Having flown to the left of the building, the shell hit the garage.

Also see **ліворуч 2.** *Ant.* **правóруч 2, спрáва**

зл|íсть, *f.*, **~óсти**, *only sg.*

anger, irritation, malice ◊ **Він не любив дóвго носити в собі з.** He did not like to harbor anger for a long time.

adj. **безсила** helpless, **велика** great, **все бíльша** growing, **всепоглинáюча** all-consuming, **гіркá** bitter, **глибóка** deep, **дика** wild, **кипýча** seething, **сліпýча** blinding, **неконтрольóвана** uncontrollable, **непербóрна** insurmountable, **скажéна** rabid, **страшнá** terrible, **шалéна** fierce; **несподівана** sudden; **показнá** feigned; **прáведна** righteous; **потамóвана** pent-up, **прихóвана** hidden; **помітна** visible, **явна** evident

n. + **з. відчуттяé ~óсти** a feeling of anger (**нáпад** attack)

v. + **з. виклúкати з.** provoke anger ◊ **Повідóмлення виклúкало в Тимчукá з.** The announcement provoked Tymchuk's anger. (**роздмýхувати** fan, **розпáлювати** fuel; **відчувáти** feel ◊ **Олéг не відчувáв нічóго, крім скажéної ~óсти.** Oleh felt nothing but rabid anger. **вислóвлювати** express, **покáзувати** show ◊ **Їй не слід покáзувати їм своюé з.** She should not show them her anger. **скерóвувати** channel, **спрямóвувати** direct ◊ **Мусíй спрямувáв з. на брáта.** Musii directed his anger at his brother. **придýшувати** suppress, **прихóвувати** hide); ♦ **зганяти** *or* **зривáти з. на** + *L.* to take it out on sb ◊ **Він чáсто зривáв з. на дітях.** He would often take it out on his children. **бýти спóвненим ~óсти** be filled with anger ◊ **Відвідувач був спóвнений ~óсти.** The visitor was filled with anger. (**закипáти від** seethe with ◊ **Одáрка, здавáлося, закипáла від ~óсти.** Odarka seemed to be seething with anger. **лýскати від** burst with ◊ **Я дýмав, що лýсну від ~óсти.** I thought I'd burst with anger. **тíпати** + *A.* **від** *impers.* shake with ◊ **Я бáчив, як Ярéму затíпало від ~óсти.** I saw Yarema start shaking with anger. **трусити від** *impers.* tremble with ◊ **Дівчину трусило від ~óсти.** The girl was trembling with anger. **тíпатися** + *A.* **від** shake with ◊ **Ярéма тíпався від ~óсти.** Yarema was shaking with anger. **трусúтися від** tremble with) ◊ **Дівчина трусилася від ~óсти.** The girl was trembling with anger.

з. + *v.* **зростáти** grow; **виявлятися** show; **охóплювати** + *A.* take the better of sb ◊ **Її охопила з.** Anger took the better of her. ♦ **з. бéре** anger seizes sb ◊ **Йогó взялá з. від дýмки про це.** Anger seized him at the thought of it.

prep. **від ~óсти** from/with anger ◊ **Вонá затинáлася від ~óсти.** She was stammering with anger. **на з.** *or* **зло** + *D.* to spite sb ◊ **Вони сміялися на з. супéрникам.** They laughed to spite their rivals. **з. на** + *A.* anger with sb ◊ **Він не відчувáв ~óсти на Любка.** He did not feel angry with Liubko.

Also see **зло 3, лють, роздратувáння.** *Cf.* **гнів**

з|лo, *nt.*

1 *only sg.* evil, wrong, harm ◊ **Михайлина вірила, що дóбрó перемагáє з.** Mykhailyna believed that good vanquished evil. ◊ **Він ніколи не робив Олéні ніякого ~ла.** He never did any harm to Olena.

adj. **абсолютне** absolute ◊ **Головнá герóїня фíльму здавáлася усóбленням абсолютного ~ла.** The movie's (female) protagonist seemed to be the personification of absolute evil. **велике** great, **бíльше** greater, **найбíльше** greatest, **страшнé** terrible; **мéнше** lesser, **наймéнше** least, **невелике** small; **нестéрпне** intolerable; **неуникне** unavoidable; **морáльне** moral, **суспíльне** social; ♦ **добрó та з.** good and evil

n. + **з. кóрінь ~ла** the root of evil ◊ **Він учить, що грóші – кóрінь усякого ~ла.** He teaches that money is the root of all evil. (**перемóга** victory, **тріюмф** triumph; **порáзка** defeat; **сили** forces)

v. + **з. долáти з.** overcome evil ◊ **Вонá намагáлася подолáти в собі з. зáздрости.** She sought to overcome the evil of envy in herself. (**нищити** destroy, **перемагáти** vanquish; **робити** do, **чинити** commit) ◊ **Сергій вчинив з.** Serhii committed evil. **борóтися зі ~лом** combat evil; ♦ **вибирáти мéнше із двох ~ол** to choose the lesser of two evils. ♦ **вибирáти між дóбром та ~лом** to choose between good and evil

Also see **лихо 4.** *Cf.* **крúвда 1.** *Ant.* **добрó 1**

2 misfortune, adversity ◊ **Війнá для нéї – найбíльше з усіх ~ол.** To her, war is the greatest of all misfortunes. ◊ **Та пóмилка булá не остáннім ~лом у її житті.** That mistake was not the last misfortune in her life.

See **бідá.** *Also see* **лихо 1.** *Cf.* **невезíння.** *Ant.* **щáстя**

3 *only sg.* anger ◊ **Він не нóсить у сéрці ~ла.** He bears no anger in his heart. ♦ **як на з.** as if on purpose ◊ **На прийнятті Тиміш, як на з., опинився пóряд із чоловíком, якогó уникáв.** At the reception, Tymish, as if on purpose, found himself next to the man he had avoided.

See **злíсть**

зловживáн|ня, *nt.*

1 abuse *(of power, etc.)*, misuse + *I.* of. ◊ **За новóї адміністрáції з. службóвим станóвищем стáли систематичними.** Under the new administration, abuse of office became systematic.

adj. **велике** great, **значнé** significant, **масштáбне** large-scale; **періодичне** occasional, **постійне** constant, **систематичне** systematic, **хронíчне** chronic; **небезпéчне** dangerous, **серйóзне** serious; **відкрúте** open, **нахáбне** brazen, **неприхóване** flagrant, **очевидне** obvious

з. + *n.* **з. влáдою** abuse of power (**службóвим станóвищем** office; **довíрою** trust) ◊ **Касира бáнку підóзрюють у ~ні довíрою клієнтів.** The bank teller is suspected of abusing the clients' trust.

n. + **з. вúпадок з.** an instance of abuse ◊ **Він пише про конкрéтний вúпадок з. держáвними кóштами.** He is writing about a specific instance of abuse of the national funds. (**прúклад** example, **систéма** system)

v. + **з. викривáти з.** expose abuse (**ігнорувáти** ignore; **припиняти** stop; **розстéжувати** investigate; **закривáти óчі на** close one's eyes to, **терпíти** tolerate; **повідомляти про** report) ◊ **Прéса повідомлялa про з. влáдою з бóку суддів.** The press reported abuses of power on the part of judges. **уникáти з.** avoid abuse (**потерпáти** *or* **страждáти від** suffer); **запобігáти ~ню** prevent abuse (**потурáти** connive in); **звинувáчувати** + *A.* **в ~ні** accuse sb of abuse (**підóзрювати** + *A.* **в** suspect sb of)

prep. **без ~ь** without abuse ◊ **Тéндер провéдено без серйóзних ~ь.** The tender was held without serious abuses.

2 abuse *(addiction)* ◊ **небезпéка з. алкогóлем** the danger of alcohol abuse

з. + *n.* **з. алкогóлем** alcohol abuse (**наркóтиками** drug, **тютюнóм** tobacco)

v. + **з. запобігáти ~ню** prevent abuse (**клáсти край** put an end to); **борóтися зі ~ням** fight abuse

зловживá|ти, ~ють; зловжúти, зловжив|ýть, *intr.*

to abuse, misuse, overuse + *I.* ◊ **Левкó не хотів з. дрýжбою, прóсячи про пóслугу.** Levko did not want to abuse their friendship by asking for a favor.

adv. **дýже** badly ◊ **«Ти дýже ~єш моїм терпінням,» – сказáла Стéфа.** "You are badly abusing my patience." Stefa said. **небезпéчно** dangerously, **серйóзно** seriously; **явно** clearly; **зáвжди** always, **інóді** sometimes, **періодично** occasionally, **систематично** systematically, **постíйно** constantly; **ніколи не** never

з. + *n.* **з. влáдою** abuse power ◊ **Урядóвець не повинен з. влáдою.** An official must not abuse her power. (**гостинністю** hospitality, **довíр'ям** trust, **лáскою** kindness ◊ **Я не хóчу з. її лáскою і лишáтися ще на день.** I don't want to abuse her kindness and stay for another day. **любóв'ю** love, **посáдою** position, **привілéями** privileges, **систéмою** system, **терпінням** patience; **алкогóлем** alcohol, **наркóтиками** drugs, **тютюнóм** tobacco, *etc.*) ◊ **Він ніколи серйóзно не ~в тютюнóм.** He never seriously abused tobacco.

v. + **з. дозволяти собí** allow oneself to; **мáти схильність** be inclined to ◊ **Вонá мáє схильність з. терпінням пóдруги.** She is inclined to abuse her female friend's patience. **могти** can; **смíти** dare; **намагáтися не** try not to ◊ **Вонá намагáється не з. дóступом до міністра.** She tries not to abuse her access to the minister. **обіцяти** + *D.* **не** promise sb not to ◊ **Обіцяю вам не з. вáшим довíр'ям.**

I promise you not to abuse your trust.
зловживай! зловжий!

злови́|ти, *pf., see* **ловити**
to catch, capture, *etc.* ◊ **Че́рез пів ро́ку по́шуків полі́ція наре́шті ~ла грабі́жника.** After half a year of searching, the police finally apprehended the robber.

зло́ді|й, *m.*, **~я; зло́дійка**, *f.*
thief, burglar ◊ **По́ки вони́ були́ в теа́трі, до кварти́ри прони́к з.** While they were in the theater, a thief got into their apartment.
adj. **вели́кий** big, **дрібни́й** petty, **звича́йний** common ◊ **Урядо́вець пово́дився як звича́йний з.** The official behaved like a common thief. **імпульси́вний** impulsive, **невипра́вний** incorrigible ◊ **У дити́нстві він був невипра́вним ~єм.** As a child, he was an incorrigible thief. **колишній** former; **професі́йний** professional; ♦ **кишенько́вий з.** a pickpocket; ♦ **з. у зако́ні** a thief by law; ♦ **На ~еві ша́пка гори́ть.** The lady doth protest too much. *or* A guilty conscience needs no accuser.
n. + **з. зграя ~їв** a gang of thieves ◊ **Дво́рець розді́лений між трьома́ зграями ~їв на «сфе́ри впли́ву».** The station is divided into "spheres of influence" among three gangs of thieves.
з. + *v.* **вирива́ти** + *A.* snatch sth ◊ **З. на мотоци́клі ви́рвав у Лі́ди су́мочку.** A thief on a motorcycle snatched Lida's purse. **вла́мува́тися до** + *G.* break into *(a place)* ◊ **До крамни́ці вламалися ~ї.** Thieves broke into the store. **втіка́ти з** + *I.* escape with sth ◊ **З. утік з усіма́ її́ креди́тними картка́ми.** The thief escaped with all her credit cards. **кра́сти** + *A.* steal sth
N. pl. **зло́дії**
See **злочи́нець.** *Also see* **жук 2, шахрай.** *Cf.* **грабіжник**

зло́чин, *m.*, **~у**
crime, offense, felony ◊ **Йо́сипа звинува́чують у ~і, яко́го він не вчиня́в.** Yosyp stands accused of a crime he did not commit.
adj. **брута́льний** brutal, **вели́кий** great, **гане́бний** shameful, **дику́нський** savage, **жахли́вий** horrific, **крива́вий** bloody, **мо́торошний** macabre, **похму́рий** grim, **серйо́зний** serious, **страшни́й** terrible, **тяжки́й** grave; **безпрецеде́нтний** unprecedented, **нечу́ваний** unheard-of; **дрібни́й** petty, **звича́йний** common, **мале́нький** small; **спра́вжній** real; **нерозкри́тий** unsolved, **розкри́тий** solved; ♦ **держа́вний з.** high treason, ♦ **ка́рний з.** a criminal offense; **вое́нний** war, **екологі́чний** environmental, **політи́чний** political, **фіна́нсовий** financial ◊ **Голова́ ми́тної слу́жби ви́знав себе́ ви́нним у фіна́нсових ~ах.** The head of the customs service pleaded guilty of financial crimes. ♦ **з. і ка́ра** crime and punishment; **числе́нний** *only pl.* multiple ◊ **Слі́дчий розкри́в числе́нні ~и.** The detective solved mutiple crimes.
n. + **з. викона́вець ~у** the perpetrator of a crime (**же́ртва** victim ◊ **Ї́й тре́ба ідентифікува́ти же́ртву ~у.** She needs to identify the victim of the crime. **мі́сце** scene, ♦ **спійма́ти** + *A.* **на мі́сці ~у** *pf.* to catch sb red-handed ◊ **Грабі́жника спійма́ли на мі́сці ~у.** The robber was caught red-handed. **розслі́дування** *or* **розсте́ження** investigation); **підо́зрюваний у ~і** a crime suspect; ♦ **склад ~у** *leg.* corpus delicti
v. + **з. виявля́ти з.** expose a crime (**вчиня́ти** commit ◊ **Вона́ вчини́ла не оди́н тяжки́й з.** She committed more than one grave crime. **роби́ти** do, **ско́ювати** perpetrate; **розкрива́ти** solve ◊ **Прокуро́р доручи́в кома́нді слі́дчих розкри́ти цей фіна́нсовий з.** The prosecutor charged a team of investigators with solving this financial crime. **розслі́дувати** *or* **розсте́жувати** investigate; **засу́джувати** + *A.* **за** convict sb of ◊ **За її́ з. засуди́ли неви́нну люди́ну.** An innocent person was convicted of her crime. **кара́ти за** punish for ◊ **Коли́шнього прем'є́ра не покара́ли за ~и про́ти держа́ви.** The former premier was not punished for crimes against the state. **става́ти пе́ред судо́м за** stand trial for) ◊ **Ко́жен з них став пе́ред судо́м за свої́ ~и.** Each of them stood trial for their crimes. **ста́ти сві́дком ~у** *pf.* witness a crime ◊ **Коли́ Сла́ва поверта́лася додо́му, вона́ ста́ла сві́дком мо́торошного ~у.** When Slava was returning home, she witnessed a macabre crime. (**ста́ти причe тним до** get involved in) ◊ **У таки́й спо́сіб вона́ става́ла приче́тною до ~у.** Thus she was getting involved in a crime. **запобіга́ти ~ові** prevent a crime ◊ **Полі́ція могла́ запобі́гти цьому́ ~ові.** The police could prevent this crime. **бу́ти ви́нним у ~і** be guilty of a crime ◊ **Вона́ ви́нна не в одно́му ~і.** She is guilty of more than one crime. (**визнава́ти себе́ ви́нним у** plead guilty of ◊ **Він не збира́вся визнава́ти себе́ ви́нним у чужо́му ~і.** He was not about to plead guilty of somebody else's crime. **звинува́чувати** + *A.* **в** accuse sb of ◊ **Його́ звинува́чують у серйо́зному ~і.** He is being accused of a serious crime. **признава́тися в** confess) ◊ **Вона́ боя́лася призна́тися у ~ах на́віть свяще́нникові.** She was afraid to confess her crimes even to her priest.
з. + *v.* **бу́ти пов'я́заним з** + *I.* involve sth ◊ **З. був пов'я́заний з наркоторгі́влею.** The crime involved drug trafficking. **става́тися** occur; **кара́тися** + *I.* be punishable by sth ◊ **Таки́й з. кара́ється двома́ ро́ками в'язни́ці.** Such a crime is punishable by two years of prison.
prep. **з. про́ти** + *G.* crime against sb/sth ◊ **з. про́ти лю́дства** a crime against humanity
Also see **вби́вство, грабу́нок, краді́жка.** *Cf.* **злочи́нність 1**

злочи́н|ець, *m.*, **~ця; ~ка**, *f.*
criminal, offender ◊ **У півні́чному крилі́ в'язни́ці трима́ли неповнолітніх ~ів.** In the northern wing of the prison, juvenile delinquents were held.
adj. **відо́мий** known ◊ **Нови́й праці́вник ви́явився відо́мим полі́ції ~цем.** The new worker turned out to be a criminal known to the police. **сумнозві́сний** notorious; **ву́личний** street, **дрібни́й** petty ◊ **Залізни́чний дворе́ць – улю́блене мі́сце для по́вій і дрібни́х ~ців.** The train station is a favorite place with streetwalkers and petty criminals. **крива́вий** bloody, **небезпе́чний** dangerous; **серйо́зний** serious, **спра́вжній** real; **розшу́куваний** wanted ◊ **На стіні́ ви́сіли світли́ни розшу́куваних ~ців.** On the wall, there hung photos of wanted criminals. **невипра́вний** incorrigible; **вое́нний** war ◊ **Чле́нів маріоне́ткового у́ряду оголо́шено вое́нними ~цями.** The puppet government members were declared war criminals. **корпорати́вний** corporate, **професі́йний** professional; ♦ **неповнолітній з.** a juvenile delinquent; **потенці́йний** potential, **підо́зрюваний** suspected
v. + **з.: висл́іджувати ~ця** track down a criminal ◊ **За ти́ждень полі́ція ви́слідила ~ця.** The police tracked down the criminal in a week. (**виявля́ти** expose, **заарешто́вувати** arrest, **затри́мувати** detain ◊ **~ця затри́мали на летови́щі.** The criminal was detained at the airport. **засу́джувати** convict; **лови́ти** catch); **виявля́тися ~цем** turn out to be a criminal ◊ **Симпати́чний пан ви́явився небезпе́чним ~цем.** The pleasant gentleman turned out to be a dangerous criminal. (**виявля́тися** turn out, **оголо́шувати** + *A.* declare sb, **става́ти** become; **гна́тися за** chase)
Also see **вби́вця, грабі́жник, пору́шник**

злочи́нн|ий, *adj.*
criminal, illegal ◊ **Він мав з. на́мір присво́їти грома́дські гро́ші.** He had the criminal intent of appropriating the public money. ◊ **Вона́ зна́ла, що не вчини́ла ні́чого ~ого.** She knew she had done nothing criminal.
з. + *n.* **з. бі́знес** a criminal business, **з. світ** the world of crime ◊ **Пре́са писа́ла про зв'язки́ президе́нта зі злочи́нним сві́том.** The press wrote about the president's connections with the world of crime. **~а байду́жість** criminal indifference (**ді́яльність** activity, **на́мір** intent **недба́лість** negligence)
Also see **ка́рний 2.** *Cf.* **криміна́льний**

злочи́нн|ість, *f.*, **~ости**, *only sg.*
1 crime, delinquency, criminal activity ◊ **Хроні́чне безробі́ття призво́дить до зроста́ння ~ости.** Chronic joblessness is causing the rise in crime.
adj. **все бі́льша** rising, **зроста́юча** mounting; **загро́злива** alarming, **ма́сова** mass, **нестри́мна** rampant ◊ **доба́ нестри́мної ~ости** a period of rampant crime; **серйо́зна** serious; **безпрецеде́нтна** unprecedented, **нечу́вана** unheard-of, **реко́рдна** record; **дрібна́** petty, **незначна́** insignificant; **зареєстро́вана** recorded, **незареєстро́вана** unrecorded; **лате́нтна** latent; **електро́нна** electronic, **кібернети́чна** cyber, **комп'ю́терна** computer ◊ **підро́зділ проти́дії комп'ю́терній ~ості** a unit to counteract computer crime; **корпорати́вна** corporate ◊ **Корпорати́вна з. става́ла серйо́зною пробле́мою.** Corporate crime was becoming a serious problem. **організо́вана** organized, **неповнолі́тня** juvenile, **підлітко́ва** teenage; **міжнаро́дна** international, **місце́ва** local, **місьќа** urban, **сільська́** rural
n. + **з. на́слідки ~ости** consequences of crime (**причи́ни** causes); **зроста́ння ~ости** an increase in crime; **рі́вень ~ости** crime level (**епіде́мія** epidemic, **хви́ля** wave ◊ **Краї́ною прокоти́лася хви́ля ~ости.** A crime wave rolled across the country. **пробле́ма** problem)
v. + **з. дола́ти з.** beat, eradicate crime (**зме́ншувати** reduce ◊ **Нові́ за́ходи дозво́лять як не подола́ти, то радика́льно зме́ншити з.** The new measures will allow for, if not the eradication of crime, then a radical reduction in it. **контролюва́ти** control); **вести́ до ~ости** lead to crime (**призво́дити до** cause); **запобіга́ти ~ості** prevent crime ◊ **Його́ завда́нням було́ запобіга́ти підлітко́вій ~ості.** His task was to prevent teenage crime. (**кла́сти край** put an end to, **протиді́яти** counteract); **боро́тися зі ~і́стю** fight crime ◊ **Ві́дділ боро́вся із дрібно́ю ~і́стю.** The division fought petty crime.
з. + *v.* **зроста́ти** grow, **подво́юватися** double ◊ **За коро́ткий час місьќа з. подво́їлася.** In a short time, urban crime doubled. **зме́ншуватися** drop ◊ **З. зме́ншувалася тре́тій рік по́спіль.** Crime had dropped for the third year in a row.
prep. **з. се́ред** + *G.* crime among sb ◊ **з. се́ред безробі́тної мо́лоді** crime among unemployed youth
Also see **кору́пція.** *Cf.* **зло́чин**
2 evil, wickedness, villainy ◊ **Він ра́птом зрозумі́в з. сво́го на́міру.** He suddenly realized the wickedness of his intention.
See **зло 1**

злоя́кісн|ий, *adj.*
1 dangerous, malignant, deadly ◊ **Брак вітамі́нів призво́дить до ~ого недокрі́в'я.** The lack of vitamins brings about dangerous anemia.
See **небезпе́чний, шкідли́вий.** *Ant.* **безпе́чний, невинний 4**
2 malignant, cancerous ◊ **~а пухли́на** a malignant tumor; ◊ **Він знайшо́в причи́ну ~ого перерод́ження здоро́вої кліти́ни.** He found the cause of the malignant transformation of the healthy cell.
3 *fig.* bad, of poor quality, faulty, defective ◊ **Батьки́ поя́снювали поведі́нку си́на ~им впли́вом дру́га.** The parents attributed their son's behavior to his friend's bad influence.
See **пога́ний 2.** *Also see* **злий**

зляка́|ти, *pf., see* **ляка́ти**
to frighten, scare, give sb a fright ◊ **Погро́зами Ма́рти не ~єш.** Marta won't be frightened with threats.

змага́н|ня, *nt.*
1 *sports, usu pl.* competition, contest
adj. **вели́кі** big, **важкі́** difficult, **висна́жливі** exhausting, **драмати́чні** dramatic, **напру́жені** tense; **міжнаро́дні** international, **місце́ві** local, **місько́ві** city, **націона́льні** national; **шкільні́** school, **університе́тські** university; **популя́рні** popular, **прести́жні** prestigious; **спорти́вні** sports
v. + **з. відкрива́ти з.** open a competition ◊ **З. відкри́в президе́нт УЄФА́.** The UEFA president opened the competition. (**почина́ти** *or* **розпочина́ти** start, **закі́нчувати** finish, **закрива́ти** close; **організо́вувати** organize ◊ **Вони́ зорганізува́ли з. із пла́вання.** They organized a swimming competition. **прово́дити** hold; **спонсорува́ти** sponsor, **фінансува́ти** finance ◊ **З. фінансува́ли прива́тні осо́би.** Private individuals financed the competition. **вступа́ти в** enter ◊ **Вона́ вступи́ла у з. в оста́нню мить.** She entered the competition at the last moment. **суди́ти** judge) ◊ **Він ча́сто су́дить міжнаро́дні з.** He often judges international competitions. **вихо́дити зі ~ь** withdraw from a competition; **бра́ти у́часть у ~нях** take part in a competition
з. + *v.* **бу́ти відкри́тим для** + *G.* be open to sb ◊ **З. відкри́ті для діте́й шкільно́го ві́ку.** The competition is open to school-age children. **відбува́тися** take place ◊ **З. відбу́дуться на стадіо́ні.** The competition will take place at the stadium.
prep. **на з.** *dir.* for/to a competition ◊ **Вони́ приї́хали на з.** They came to a competition. **на ~нях** *posn.* at a competition ◊ **Насту́пного ти́жня вона́ бу́де на пластови́х ~нях.** Next week, she will be at a scouting contest. **у ~нях** in a competition; **з. з** + *G.* a competition in sth ◊ **з. з баскетбо́лу** a basketball competition (**боротьби́** wrestling, **волейбо́лу** volleyball, **гоке́ю** hockey, **футбо́лу** soccer, **пла́вання** swimming, *etc.*)
Also see **гра 2, зу́стріч 2, ко́нкурс, турні́р, фіна́л 2**
2 struggle, fight ◊ **Усе́ її́ життя́ – це які́сь з.** All her life is some kind of struggle. ◊ **мему́ари уча́сника націона́льно-визво́льних ~ь** memoirs of a participant in the national liberation struggle
Also see **боротьба́ 1, би́тва 2, бій 2**

змага́|тися, **~ються;** *no pf., intr.*
1 to compete, vie, take part *(in competition)* ◊ **Вони́ ~ються із сильні́шим супе́рником.** They compete with a stronger rival.
adv. **факти́чно** effectively ◊ **Ї́хня проду́кція факти́чно ~лася з япо́нською.** Their products effectively competed with Japanese ones. **аґреси́вно** aggressively, **го́стро** bitterly, **енергі́йно** vigorously, **запе́кло** fiercely, **інтенси́вно** intensely; **успі́шно** successfully; **економі́чно** economically, **культу́рно** culturally
v. + **з. бу́ти гото́вим** be ready to, **могти́** can ◊ **За підтри́мки у́ряду коли́шня коло́нія могла́ з. культу́рно на міжнаро́дному ри́нку.** With the assistance of government, the former colony could compete culturally on the international market. **відмовля́тися** refuse to; **не боя́тися** not be afraid of ◊ **Вона́ не боя́лася з. зі славе́тним супе́рником.** She was not afraid of competing with the famous rival. **не могти́** cannot
prep. **з. за** + *A.* compete for sth ◊ **На́ша футбо́льна дружи́на ~ється за ку́бок Украї́ни.** Our soccer team competes for the Cup of Ukraine.
Also see **боро́тися 3, конкурува́ти**
2 to fight, struggle ◊ **Моряки́ ~лися з ві́тром і врятува́ли корабе́ль.** The sailors fought the wind and saved the ship.
prep. **з. з** + *I.* struggle with sb/sth, **з. за** + *A.* fight for/over sth ◊ **Вояки́ ~лися з. з во́рогом за ко́жен квадра́тний метр терито́рії.** The soldiers fought with the enemy over every square meter of the territory.
See **боро́тися 1**
змага́йся!

змагу́н, *m.*, **~а́; ~ка**, *f.*
competitor *(of athlete)*, contestant ◊ **Ко́жного ~а́ супрово́джував тре́нер.** Each competitor was accompanied by a coach.
adj. **вели́кий** great, **головни́й** chief, **гро́зний** formidable ◊ **Він ста́в гро́зним ~о́м.** He became a formidable competitor. **до́брий** good, **найбі́льший** greatest, **неперевершений** unsurpassed, **непереможний** invincible, **провідни́й** top ◊ **оди́н із провідни́х ~ів** one of the top contestants; **чоло́вий** leading ◊ **Петре́нко – чоло́вий з. у націона́льній збі́рній із легко́ї атле́тики.** Petrenko is a leading competitor on the national track-and-field team. **пова́жний** *and* **серйо́зний** serious; **си́льний** strong; **потенці́йний** potential; **бува́лий** seasoned, **досві́дчений** experienced; **ке́пський** poor, **слабки́й** weak; **міжнаро́дний** international, **чужозе́мний** foreign ◊ **У турні́рі бра́ли у́часть як украї́нські, так і чужозе́мні ~и́.** Both Ukrainian and foreign competitors took part in the tournament.
v. + **з. бу́ти ~о́м** be a contestant (**става́ти** become)
prep. **з. за** + *A.* competitor for ◊ **серйо́зний з. за дру́ге мі́сце** a serious contestant for second place
See **спортсме́н**. *Cf.* **конкуре́нт**

змарну|ва́ти, *pf., see* **марнува́ти**
to waste, squander ◊ **Оле́кса ~ва́в на розмо́ву ці́лу годи́ну.** Oleksa wasted an entire hour on the conversation.

зме́ншен|ня, *nt.*
decrease, reduction, cutback ◊ **ґвалто́вне з. виробни́цтва збі́жжя** a precipitate reduction in grain production
з. + *n.* **з. вида́тків** a reduction in expenses (**заборго́ваности** indebtedness, **напру́ги** tension, **шви́дкости** speed, **забру́днености** pollution, **шу́му** noise)
See **скоро́чення 1.** *Ant.* **збі́льшення, підви́щення 1**

зме́нши|ти, *pf., see* **зме́ншувати**
to reduce, diminish, lessen ◊ **Уряд рі́зко ~в витра́ти на нау́ку та осві́ту.** The government sharply reduced the expenditures for science and education.

зме́нши|тися, *pf., see* **зме́ншуватися**
to decrease, *etc.* ◊ **Торгі́вля між двома́ краї́нами ~лася до мі́німуму.** The trade between the two countries decreased to the minimum.

зме́ншу|вати, **~ють; зме́нш|ити**, **~ать**, *tran.*
to diminish, reduce, cut down ◊ **Дире́ктор зме́ншив її учи́тельське наванта́ження.** The director reduced her teaching load. ◊ **Вона́ поступо́во ~вала ві́дстань до пере́дньої маши́ни.** She was gradually reducing the distance to the front car.
pa. pple. **зме́ншений** reduced
зме́ншуй! зменш!
See **скоро́чувати.** *Also see* **зни́жувати, посла́блювати 1, прини́жувати 2, скоро́чувати.** *Ant.* **збі́льшувати, додава́ти 2, поси́лювати**

зме́ншу|ватися; зме́ншитися, *intr.*
to diminish, decrease, abate, subside ◊ **Крижані́ ша́пки на по́люсах шви́дко ~ються.** The ice caps on the poles are quickly diminishing.
adv. **ду́же** much, **помі́тно** noticeably, **геть** totally, **ра́птом** suddenly, **рі́зко** abruptly, **несподі́вано** unexpectedly, **шви́дко** quickly; **де́що** somewhat ◊ **Моро́з де́що зме́ншився.** The following day the cold subsided somewhat. **тро́хи** a little, **пові́льно** slowly, **поступо́во** gradually ◊ **Біль у се́рці поступо́во ~вався.** The heartache was gradually abating.
v. + **з. ма́ти тенде́нцію** have a tendency to; **почина́ти** begin to ◊ **Під кі́нець ти́жня спе́ка почала́ ~ватися.** Towards the end of the week, the heat began to diminish. **продо́вжувати** continue to
prep. **з. на** + *A.* reduce by *(measure)* ◊ **Його́ вага́ зме́ншилася на три кілогра́ми.** His weight decreased by three kilograms.
Also see **ме́ншати, посла́блюватися, розряджа́тися 2, скоро́чуватися 1.** *Ant.* **збі́льшуватися, рости́ 2, поси́люватися**

змі́н|а, *f.*
1 change, changing, alteration, modification ◊ **Він відчу́в ~у на́строю співрозмо́вника.** He sensed the change of his interlocutor's mood.
adj. **важли́ва** important, **вели́ка** great, **величе́зна** enormous, **відчу́тна** perceptible, **всеохо́пна** sweeping, **глибо́ка** deep, **ґлоба́льна** global, **далекося́жна** far-reaching, **докорі́нна** radical, **драмати́чна** dramatic, **засадни́ча** fundamental, **максима́льна** maximal, **масшта́бна** extensive, **неаби́яка** major, **революці́йна** revolutionary, **різка́** abrupt, **фундамента́льна** fundamental, **цілкови́та** complete, **швидка́** swift; **космети́чна** cosmetic ◊ **Космети́чні ~и не розв'я́зували пробле́ми.** The cosmetic changes did not resolve the problem. **мале́нька** small, **мініма́льна** minimal, **невели́ка** little, **незначна́** minor, **пе́вна** certain, **поверхо́ва** superficial; **зага́льна** overall; **ба́жана** desirable, **захо́плива** exciting, **прие́мна** pleasant, **чудо́ва** wonderful; **благотво́рна** beneficial, **га́рна** nice, **позити́вна** positive, **сприя́тлива** favorable; **неба́жана** undesirable, **неґати́вна** negative; **небезпе́чна** dangerous, **шкідли́ва** harmful; **незворо́тна** irreversible; **ґвалто́вна** precipitous ◊ **Краї́на не ви́тримає ґвалто́вних змін.** The country will not survive precipitous changes. **неочі́кувана** unanticipated, **непередба́чена** unforeseen, **несподі́вана** unexpected, **рапто́ва** sudden; **давно́ назрі́ла** long-overdue, **нега́йна** immediate; **помі́тна** visible; **пові́льна** slow, **поступо́ва** gradual, progressive; **довготермі́но́ва** long-term, **постійна** permanent, **трива́ла** long-term; **короткоча́сна** short-term; **кі́лькісна** quantitative, **я́кісна** qualitative; **відно́сна** relative; **сезо́нна** seasonal; **значна́** significant, **істо́тна** substantial, **системати́чна** systematic, **су́ттєва** essential; **вира́зна** distinct, **я́вна** clear; **демографі́чна** demographic, **еволюці́йна** evolutionary, **екологі́чна** environmental, **економі́чна** economic, **законода́вча** legislative, **кліматі́чна** climate, **конституці́йна** constitutional, **організаці́йна** organizational, **політи́чна** political, **суспі́льна** social, **структу́рна** structural, **температу́рна** temperature, **технологі́чна** technological
з. + *n.* **з. декора́цій** a change of scenery (**на́строю** heart, **о́дягу** clothes, **підсо́ння** climate); **з. іденти́чности** *or* **тото́жности** identity change (**і́мени** name, **прі́звища** family name; **вла́ди** regime ◊ **Мето́ю ціє́ї полі́тики є з. вла́ди.** The goal of such a policy is regime change. **полі́тики** policy, **пра́вила** rule, **профе́сії** occupation, **ста́ті** sex ◊ **Він у проце́сі ~и ста́ті.** He is in the process of a sex change. **сти́лю життя́** lifestyle)
n. + **з. вир змін** the whirlwind of change (**ві́тер** winds ◊ **Ві́тер змін не прині́с ці́й сім'ї́ нічо́го до́брого.** The winds of change did not bring this family anything good. **пері́од** period, **темп**

rate, **хви́ля** tide, **час** time) ◊ **Не дово́дь, Бо́же, жи́ти в час змін!** God forbid living in the time of change!

v. + **з. вно́сити ~у** introduce a change ◊ **Вона́ внесла́ незначну́ ~у в пра́вила.** She introduced a minor change to the rules. (**впрова́джувати в** + *A.* implement into sth, **здійснювати** carry out ◊ **Щоб здійсни́ти всеохо́пні ~и, тре́ба прина́ймні п'ять ро́ків.** In order to carry out the sweeping changes, one needs at least five years. **прово́дити** conduct, **роби́ти** make ◊ **Вона́ пора́диться з юри́стом перш, ніж роби́ти ~и.** She will consult a lawyer prior to making changes. **закі́нчувати** finish; **ініціюва́ти** initiate, **почина́ти** begin, **провокува́ти** provoke, **продо́вжувати** continue; **приско́рювати** accelerate; **блокува́ти** block, **гальмува́ти** hamper, **затри́мувати** obstruct, **спові́льнювати** slow down; **прохо́дити** undergo); **боя́тися ~и** be afraid of change ◊ **Тама́ра не бо́їться змін.** Tamara is not afraid of change. (**вимага́ти** demand, **заклика́ти до** call for ◊ **Вона́ заклика́ла до змін у культу́рній полі́тиці.** She called for changes in the cultural policies. **зазнава́ти** experience ◊ **У результа́ті держа́вного переворо́ту краї́на зазна́ла спри́ятливих змін в еконо́міці.** As a result of the coup d'état, the country experienced favourable changes in its economy. **призво́дити до** cause, **причиня́тися до** bring about ◊ **Це причини́лося до глибо́ких суспі́льних змін.** This brought about deep social changes. **пристосо́вуватися до** adapt to; **виступа́ти про́ти** oppose) ◊ **Вони́ виступа́ють про́ти змін.** They oppose changes. **запобіга́ти ~і** prevent a change (**опира́тися** *and* **чини́ти о́пір** resist) ◊ **Зали́шки комуністи́чного режи́му затя́то опира́лися політи́чним ~ам.** The holdovers of the communist regime fiercely resisted political changes. **спостеріга́ти за ~ою** observe a change ◊ **Інститу́т спостеріга́в за демографі́чними ~ами в краї́ні.** The institute observed demographic changes in the country.

з. + *v.* **відбува́тися** occur ◊ **У краї́ні відбули́ся незворо́тні ~и.** Irreversible changes occurred in the country. **прихо́дити** come, **трива́ти** go on

prep. **без змін** without changes ◊ **Реда́ктор опублі́кував текст без змін.** The editor published the text without changes. **з. в** + *L.* a change in sth; **з. на кра́ще** a change for the better ◊ **У її ста́ні ма́ють мі́сце виразні ~и на кра́ще.** There have taken place distinct changes for the better in her condition. **з. на гі́рше** a change for the worse

Also see **пере́лом 2, перетво́рення, пере́хід 5.** *Cf.* **рефо́рма**

2 shift, stint, stretch ◊ **Насту́пний ти́ждень Іва́н працюва́тиме в ранко́ву ~у.** The next week, Ivan will be working the morning shift.

adj. **вечі́рня** evening, **де́нна** day, **нічна́** night ◊ **Нічні́ ~и були́ для не́ї найва́жчими.** Night shifts were the hardest for her. **ранко́ва** morning

prep. ♦ **працюва́ти у ~у** to work a shift ◊ **Дівча́та працюва́ли у три рі́зні ~и.** The girls worked three different shifts.

Also see **заї́зд 3**

зміни́|ти, *pf., see* **змі́нювати**

to change, alter, *etc.* ◊ **Імігрува́вши до Украї́ни, вони́ ~ли прі́звище.** Having immigrated to Ukraine, they changed their family name.

зміни́|тися, *pf., see* **змі́нюватися**

to change, *etc.* ◊ **За де́сять ро́ків вона́ не ~лася.** In ten years, she had not changed.

змі́нн|ий, *adj.*

1 variable, varying, changeable, alternating ♦ **з. струм** *techn.* an alternating current; ◊ **Піані́ст висту́пав зі ~им у́спіхом.** The pianist performed with varying success. ♦ **~а части́на мо́ви** *ling.* a declinable part of speech ◊ **Украї́нські іме́нники, займе́нники чи прикме́тники – це ~і части́ни мо́ви.** Ukrainian nouns, pronouns or adjectives are declinable parts of speech.

2 *as n., only f., math.* variable ◊ **рівня́ння з двома́ ~ими** an equation with two variables

3 replaceable, that can be replaced ◊ **ніж із ~им ле́зом** a knife with replaceable blade; ◊ **Ко́жен ву́зол авті́вки з.** Each unit of the car is replaceable. ◊ **~а дета́ль** a replaceable part

змі́ню|вати, ~ють; змін|и́ти, ~ять, *tran.*

1 to change, alter ◊ **Михайли́на знову зміни́ла за́чіску.** Mykhailyna changed her hairdo again.

adv. **ви́разно** distinctly ◊ **Кінці́вка ви́разно ~вала усе́ вра́ження від фі́льму.** The finale distinctly changed the entire impression of the movie. **відчу́тно** perceptibly, **гли́боко** deeply, **ґвалто́вно** abruptly, **докорі́нно** radically, **засадни́чо** fundamentally, **зна́чно** significantly, **максима́льно** maximally, **небезпе́чно** dangerously, **незворо́тно** irreversibly, **неуни́кно** inevitably, **помі́тно** visibly, **пості́йно** constantly, **реґуля́рно** regularly; **крок за кро́ком** step by step, **пові́льно** slowly, **поступо́во** gradually, **рі́зко** sharply, **системати́чно** systematically, **систе́мно** systemically, **сутте́во** essentially, **парадигмати́чно** paradigmatically, **цілкови́то** completely; **блискави́чно** in a flash, **момента́льно** instantaneously, **несподі́вано** unexpectedly, **шви́дко** swiftly; **кі́лькісно** quantitatively, **я́кісно** qualitatively; **де́що** somewhat, **мініма́льно** minimally, **непомі́тно** imperceptibly, **тро́хи** a little; **зо́всім не** not at all, **ні́коли не** never, **нія́к не** in no way ◊ **Него́да нія́к не ~вала його́ намі́рів.** Nasty weather in no way changed his intentions.

v. + **з. бу́ти ва́жко** be difficult to, **бу́ти неможли́во** be impossible to ◊ **Вона́ вважа́є, що люди́ну неможли́во зміни́ти.** She believes it is impossible to change a person. **бу́ти ле́гко** be easy to, **бу́ти тре́ба** + *D.* need to ◊ **Йому́ тре́ба було́ зміни́ти свій ро́зклад занять.** He needed to change his class schedule. **бу́ти зда́тним** be capable of, **могти́** can; **змогти́** *pf.* manage to, **намага́тися** try to, **хоті́ти** want to; **відмовля́тися** refuse to ◊ **Він відмо́вився з. зви́чки.** He refused to change his habits.

prep. **з. на** + *A.* change to/for sth ◊ **Їм вдало́ся зміни́ти стано́вище на кра́ще.** They managed to change the situation for the better.

Also see **міня́ти 1, перетво́рювати**

2 to replace, substitute + *I. or* **на** + *A.* for ◊ **з. зла́ману дета́ль ново́ю** *or* **на нову́** to replace a broken part with a new one

adv. **наре́шті** finally, **нега́йно** at once, **обере́жно** carefully ◊ **Вона́ обере́жно зміни́ла ла́мпу.** She carefully replaced the bulb. **пові́льно** slowly, **тимчасо́во** temporarily; ◊ **Коваля́ змін́ив на поса́ді моло́дший фахіве́ць.** A younger specialist replaced Koval in his post.

pa. pple. **змі́нений** changed

змі́нюй! змі́ни!

змі́ню|ватися; зміни́тися, *intr.*

to change, become different ◊ **За кі́лька ро́ків Оста́п зміни́вся до невпізна́ння.** In a few years, Ostap changed beyond recognition.

adv. **до невпізна́ння** beyond recognition, **докорі́нно** radically, **ду́же** a lot, greatly ◊ **Підсо́ння тоді́ ду́же зміни́лося.** The climate greatly changed then. **геть** totally, **зо́всім** utterly, **цілко́м** completely; **ви́разно** distinctly, **я́вно** evidently ◊ **У нові́й шко́лі Васи́ль я́вно зміни́вся на гі́рше.** At the new school, Vasyl has evidently changed for the worse. **ра́птом** suddenly; **непомі́тно** imperceptibly; **пові́льно** slowly, **поступо́во** gradually; **де́що** somewhat, **мініма́льно** minimally, **тро́хи** a little; **зо́всім не** not at all, **ні тро́хи не** not in the least ◊ **Миросла́ва ні тро́хи не зміни́лися.** Myroslava has not changed in the least. **на кра́ще** for the better, **на гі́рше** for the worse *(for more adv. see* **змі́нювати)**

Also see **міня́тися 3.** *Cf.* **перетво́рюватися**

змі́ст, *m.*, **~у**

1 meaning, sense, significance ◊ **У ново́му конте́ксті сло́во набува́ло подві́йного ~у.** In the new context, the word acquired a double meaning.

adj. **важли́вий** important, **глибо́кий** profound ◊ **Для них пі́сня ма́ла глибо́кий з.** For them, the song had a profound meaning. **загадко́вий** enigmatic, **незбаге́нний** inscrutable, **ориґіна́льний** original; **подві́йний** double, **прихо́ваний** hidden, **таємни́й** secret; **уніка́льний** unique, **ціка́вий** interesting

з. + *n.* **з. зако́ну** the meanig of the law (**зая́ви** statement, **пропози́ції** proposal, **рефо́рми** reform); ◊ **фо́рма та з.** form and content

v. + **з. виклада́ти з.** lay out the contents (**збагну́ти** *only pf.* figure out ◊ **Вона́ єди́на збагну́ла прихо́ваний з. ї́хнього же́сту.** She alone figured out the hidden meaning of their gesture. **розумі́ти** understand; **змі́нювати** change; **перека́зувати** retell, **прихо́вувати** conceal); **надава́ти** + *D.* **~у** impart a meaning to sth ◊ **Його́ прису́тність надава́ла диску́сії ново́го ~у.** His presence imparted a new meaning to the discussion.

See **зна́чення 2, суть.** *Also see* **розумі́ння 2, симво́ліка 2, сенс 1, смисл, толк 3**

2 content, substance *(of text, lecture, conversation, etc.)*, subject matter, nature ◊ **Її ви́клад упристу́пнював з. ле́кції широ́кому слухаче́ві.** Her presentation made the content of the lecture accessible to a large audience.

adj. **бага́тий** rich, **ориґіна́льний** original ◊ **Телекана́л ство́рює свій ориґіна́льний з.** The TV channel is creating its original content. **ціка́вий** interesting, **я́кісний** quality; **істори́чний** historical, **меди́чний** medical, **науко́вий** scientific ◊ **Публіка́ція є стро́го науко́вого ~у.** The publication is of strictly scientific content. **педагогі́чний** pedagogical, **політи́чний** political ◊ **винятко́во політи́чний з. тижне́вика** the exclusively political content of the weekly; **релігі́йний** religious, **техні́чний** technical, **юриди́чний** legal; **порнографі́чний** pornographic, **сексуа́льний** sexual; **мере́жевий** Internet, **мультимеді́йний** multimedia, **цифро́вий** digital; **новина́рський** news, **редакці́йний** editorial, **розважа́льний** entertainment, **спорти́вний** sports

v. + **з. купува́ти з.** buy content ◊ **Вони́ купу́ють новина́рський з. в і́нших інформаге́нціях.** They buy news content from other information agencies. (**надава́ти** + *D.* deliver to sb ◊ **Позашта́тні репорте́ри надаю́ть кана́лові з. для переда́ч про місце́ві та реґіона́льні нови́ни.** Freelance reporters deliver the content for local and regional newscasts to the channel. **створю́вати** create); **забезпе́чувати** + *A.* **~ом** provide sb with content

n. + **з. постача́льник ~у** a content provider ◊ **Ча́сто постача́льником культу́рного ~у стаю́ть соція́льні мере́жі.** Oftentimes social networks become cultural content providers.

3 contents, table of contents ◊ **На́зву ро́зділу мо́жна переві́рити за ~ом.** The chapter title can be checked by the table of contents.

Cf. **вміст 1**

4 purpose, sense, rationale ◊ **Його́ життя́ позба́влене ~у.** His life is devoid of purpose.

See **мета́.** *Also see* **сенс 1, ціль 2**

змі́цнен|ня, *nt., only sg.*

strengthening, consolidation, fortifying ◊ **Він нагляда́в за ~м му́рів форте́ці.** He oversaw fortifying the fortress walls.

з. + *n.* **з. дру́жби** strengthening of friendship (**зв'язкі́в** ties, **конта́ктів** contacts, **оборо́ни** defense; **осно́в** foundations, **фортифіка́цій** fortifications) *v.* + **з. вести́ до з.** lead to strengthening ◊ **Зу́стрічі вели́ до з. науко́вих конта́ктів між двомá університе́тами.** The meetings led to strengthening of scientific contacts between the two universities. **сприя́ти ~ю** promote strengthening ◊ **Вони́ сприя́ли ~ю зв'язкі́в із партне́рами.** They promoted the strengthening of the ties with the partners.

зміцни́|ти, *pf., see* **змі́цнювати**
to strengthen, *etc.* ◊ **Агре́сія ~ла відчуття́ націона́льної тото́жности наро́ду.** The aggression strengthened the sense of the people's national identity.

зміцни́|тися, *pf., see* **змі́цнюватися**
to strengthen, become stronger ◊ **Іму́нна систе́ма хво́рого помі́тно ~лася.** The patient's immune system has become noticeably stronger.

змі́цню|вати, ~ють; зміцн|и́ти, ~я́ть, *tran.*
to strengthen, consolidate, fortify, reinforce + *I.* with/by ◊ **Гру́пу зміцни́ли нови́м дослі́дником.** The group was reinforced by the addition of a new researcher.
adv. **ду́же** greatly, **зна́чно** considerably, **помі́тно** visibly, **си́льно** a lot, **суттє́во** substantially; **да́лі** further ◊ **Терапі́я ма́ла да́лі зміцни́ти її органі́зм.** The therapy was designed to further strengthen her body. **де́що** somewhat, **ті́льки** merely; **духо́вно** spiritually, **мора́льно** morally; **військо́во** militarily, **економі́чно** economically, **політи́чно** politically
v. + **з. вимага́ти** demand to; **допомага́ти** help (to) ◊ **Впра́ви допомага́ють зміцни́ти м'я́зи живота́.** The exercises help to strengthen abdominal muscles. **збира́тися** be going to, **ма́ти на́мір** have the intention to; **вдава́тися** + *D.* succeed in, **змогти́** *pf.* manage to; **намага́тися** strive to, **стара́тися** try to, **хоті́ти** want to
pa. pple. **змі́цнений** strengthened
змі́цнюй! зміцни́!
See **поси́лювати.** *Also see* **гартува́ти 2**

змі́цню|ватися; зміцни́тися, *intr.*
1 to become stronger, strengthen oneself, gain strength ◊ **Вона́ ляглá на годи́ну, щоб відпочи́ти і фізи́чно зміцни́тися.** She lay down for an hour in order to rest and strengthen herself physically. ◊ **Із ко́жною ми́ттю ві́тер ~вався.** The wind grew stronger with every moment.
See **поси́люватися**
2 *only impf., pass.* to be strengthened, be fortified ◊ **Фортифіка́ції навко́ло мі́ста весь час ~валися.** The fortifications around the city were strengthened all the time.
See **рости́ 2.** *Also see* **поси́люватися**

зміша́|ти, *pf., see* **змі́шувати**
to mix, *etc.* ◊ **Оре́ст ~в вино́ з мінера́льною водо́ю.** Orest mixed wine with mineral water.

зміша́|тися, *pf., see* **змі́шуватися**
to get mixed, *etc.* ◊ **Буди́нок пока́зує, як ~лися в нім рі́зні архітекту́рні сти́лі.** The building shows how different architectural styles blended together in it.

змі́шу|вати, ~ють; зміша́|ти, ~ють, *tran.*
1 to mix, blend ◊ **Він ~є пі́сок із цеме́нтом.** He is mixing sand with cement.
adv. **до́бре** well, **обере́жно** carefully, **рете́льно** thoroughly; **пові́льно** slowly ◊ **Тре́ба пові́льно зміша́ти вершки́ з бо́рошном.** The cream needs to be slowly mixed with flour. **поступо́во** gradually; **крадькома́** in stealth ◊ **Шпигу́н крадькома́ зміша́в сноді́йне із со́ком.** The spy stealthily mixed the sleeping pill with the juice. **тає́мно** secretly
v. + **з. бра́тися** set about ◊ **Вона́ взяла́ся з. складники́.** She set about mixing the ingredients. **бу́ти тре́ба** + *D.* need to, **бу́ти слід** + *D.* should; **почина́ти** begin to, **ста́ти** *pf.* start to; **продо́вжувати** continue to
prep. **з. з** + *I.* mix with sth
2 *colloq.* to confuse with, mistake for, mix up with ◊ **Він ~є страте́гію з та́ктикою.** He confuses strategy with tactics. ◊ **Він ненаро́ком зміша́в цу́кор із сі́ллю.** He inadvertently mixed up sugar with salt.
See **плу́тати 3**
pa. pple. **змі́шаний** mixed
змі́шуй! зміша́й!

змі́шу|ватися; зміша́тися, *intr.*
1 to get mixed, mix, blend, combine ◊ **Блаки́ть не́ба зміша́лася з зе́ленню мо́ря.** The azure of the sky blended with the green of the sea. ◊ **На її́ обли́ччі зміша́лися обу́рення і знева́га.** Indignation and disdain blended on her face.
prep. **з. з** + *I.* get mixed with sth
2 *colloq.* to blend, disappear, vanish ◊ **Марко́ ви́йшов на ву́лицю і зміша́вся з на́товпом.** Marko went outdoors and blended with the crowd.
See **зника́ти**
3 *only 3rd pers.* to get mixed with, be confused with ◊ **Від вели́кої вто́ми ую́ва ~валася з ді́йсністю в її́ голові́.** From great exhaustion, imagination got mixed with reality in her mind.
4 *only impf., pass.* to be mixed, be blended with ◊ **У посу́дині ~ються всі складники́.** All ingredients are blended in the vessel.

змі|я́, *f.*
snake, serpent ◊ **Іва́нна ледь не наступи́ла на ~ю.** Ivanna almost stepped on a snake.
adj. **вели́ка** big, **величе́зна** huge ◊ **Анако́нда – це величе́зна з.** An anaconda is a huge snake. **до́вга** long; **тонка́** thin; **отру́йна** venomous, poisonous; **смерте́льна** deadly; ♦ **грему́ча з.** a rattlesnake
v. + **з. вбива́ти ~ю** kill a snake (**лови́ти** catch) ◊ **Він ло́вить ядови́тих ~й.** He catches poisonous snakes. **боя́тися ~ї** be afraid of a snake ◊ **Юрко́ не бо́їться ~й.** Yurko is not afraid of snakes.
з. + *v.* **жа́лити** + *A.* sting sb ◊ **Чолові́ка вжа́лила отру́йна з.** The man was stung by a poisonous snake. **куса́тися** bite ◊ **З. не куса́ється.** The snake does not bite. **звива́тися** wiggle, **повзти́** crawl; **сича́ти** hiss
Also see **гадю́ка 1.** *Cf.* **черв'я́к**
2 *fig.* viper, evil person, snake ◊ **Це не чолові́к, а з.** He is a viper of a man.
See **гадю́ка 2**
N. pl. **~ї**

змо́в|а, *f.*
plot, conspiracy ◊ **Се́ред генера́лів ви́явлено ~у про́ти у́ряду.** A conspiracy against the government has been revealed among the generals.
adj. **вели́ка** big, **складна́** intricate, **хитрому́дра** sophisticated; **злочи́нна** criminal, **контрреволюці́йна** counterrevolutionary, **масо́нська** Masonic, **небезпе́чна** dangerous, **підсту́пна** treacherous; **всесві́тня** worldwide; **тає́мна** secret; **ви́гадана** fabricated ◊ **Вче́них звинува́тили у ви́гаданій ~і про́ти у́ряду.** The scientists were accused of a fabricated conspiracy against the government. ♦ **з. мовча́ння** a conspiracy of silence ◊ **Її́ ініціати́ви нашто́вхувалися на ~у мовча́ння з бо́ку керівни́цтва.** Her initiatives were met with a conspiracy of silence on the part of the management.
v. + **з. викрива́ти ~у** expose a conspiracy (**виявля́ти** reveal, **зрива́ти** frustrate, **організо́вувати** organize; **вступа́ти в** join); **бу́ти приче́тним до ~и** be involved in a conspiracy ◊ **Вони́ приче́тні до злочи́нної ~и.** They are involved in a criminal plot.
prep. **в ~і** in league, in cahoots, colluding with; **з. з** + *I.* a conspiracy with sb ◊ **Він ува́жає, що ко́жен його́ кри́тик му́сить бу́ти у ~і про́ти ньо́го.** He believes that each of his critics has to be in league against him. **з. про́ти** + *G.* a conspiracy against sb/sth ◊ **Він ви́явився у ~і з чужозе́мною ро́звідкою.** He turned out to be in cahoots with a foreign intelligence agency.

змо́|га, *f., only sg.*
1 ability, capacity ◊ **Марі́я працюва́тиме да́лі, скі́льки ма́тиме ~ги.** Maria will continue working for as long as she has the capacity.
v. + **з. бу́ти не у ~зі** + *inf.* to be incapable of, cannot ◊ **Я був не у ~зі подзвони́ти вам.** I couldn't call you. (**виявля́тися не в** prove) ◊ **Він ви́явився не у ~зі протисто́яти їм.** He proved incapable of opposing them.
See **зда́тність**
2 possibility, opportunity ◊ **Вони́ діста́ли ~гу поговори́ти віч-на́-віч.** They got the opportunity to have a face-to-face talk.
v. + **з. дава́ти** + *D.* **~гу** + *inf.* give sb an opportunity (**дістава́ти** get, **отри́мувати** receive; **ма́ти** have) ◊ **Він мав жада́ну ~гу почита́ти.** He had the desired opportunity to do some reading. **позбавля́ти** + *A.* **~ги** deprive sb of an opportunity ◊ **Їх позба́вили ~ги листува́тися з роди́ною.** They were deprived of the possibility to correspond with their family. **користа́тися ~гою** take advantage of an opportunity (**користува́тися** use)
prep. ♦ **по ~зі** circumstances permitting, to the extent possible ◊ **Вона́ допомага́тиме їм по ~зі.** She will help them, circumstances permitting.
See **можли́вість.** *Also see* **варія́нт 2, імові́рність, наго́да, о́брій 3, потенція́л, шанс 1.** *Ant.* **неможли́вість**

зм|огти́, *pf., see* **могти́**
to manage, succeed ◊ **Космі́чний корабе́ль ~іг розгорну́ти со́нячні батаре́ї.** The spacecraft managed to deploy its sun batteries.

змо́к(ну)|ти, *pf., see* **мо́кнути**
to get wet, get soaked ◊ **Мисли́вці страше́нно ~(ну)ли під зли́вою.** The hunters got terribly wet under the downpour.

змо́к|ти, *pf., see* **мо́кти** *and* **мо́кнути**
to get wet, get soaked ◊ **Софі́я зо́всім не ~ла.** Sofia did not get wet at all.

змуси|ти, *pf., see* **зму́шувати**
to force, compel, press ◊ **Ма́ти ~ла її́ лиши́тися вдо́ма.** Mother made her stay at home.

зму́чен|ий, *adj.*
tired, exhausted, worn out + *I.* by ◊ **Він украй з.** He is extremely exhausted.
adv. **вкрай** extremely, **ду́же** very, **поря́дно** *colloq.* pretty, **си́льно** badly ◊ **Вона́ була́ си́льно ~ою.** She was badly worn out. **смерте́льно** deathly, **страше́нно** terribly; **де́що** somewhat, **до́сить** rather, **тро́хи** a little, **зо́всім не** not at all
з. + *n.* **з. тяжко́ю пра́цею** worn out by hard work (**до́вгим чека́нням** a long wait ◊ **~а до́вгим чека́нням, Ода́рка потерпа́ла від на́падів триво́ги.** Exhausted by the long wait, Odarka suffered from bouts of anxiety. **знуща́нням** abuse, **прини́женням** humiliation; **спе́кою** heat; **го́лодом** hunger, **спра́гою** thirst)
v. + **з. бу́ти ~им** be exhausted (**вигляда́ти** look ◊ **Лев вигляда́в тро́хи ~им.** Lev looked a little tired. **здава́тися** + *D.* seem to sb; **почува́тися** feel) ◊ **Він почува́вся ~им.** He felt tired.
prep. **з. від** + *G.* tired of sth ◊ **Усі́ були́ поря́дно ~ими від його́ бре́хонь.** Everybody was pretty tired of his lies.
See **сто́млений.** *Also see* **вто́млений, ви́снажений, заму́чений 2**

змýшу|вати, **~ють; змýсити**, **змýшу**, **змýс|ять**, *tran.*
to force, compel, make ◊ **Не ~йте її робúти рéчі, про які пóтім гíрко пошкодýєте.** Don't make her do things you will bitterly regret later.
adv. **вмовлянням**и by coaxing, **за всякý ціну** at any cost, **лéстощами** by flattery, **обіцянками** by promises, **підкупом** by graft, **погрóзами** by threats ◊ **Лобіст погрóзами змýсив її «прáвильно» голосувáти.** The lobbyist forced her to vote "correctly" by threats. **силóміць** forcibly, **сúлою** by force, **хабарáми** with bribes, **шантажéм** by blackmail
v. + **з. бýти трéба** + *D.* need to ◊ **Майóрові трéба булó змýсити її заговорúти.** The major needed to force her to talk. **вдавáтися** + *D.* succeed in ◊ **Гáнні вдалóся змýсити дитúну поїсти.** Hanna succeeded in making the child eat something. **змогтú** *pf.* manage to; **намагáтися** try to, **хотíти** want to ◊ **Вонá хотíла змýсити йогó заткнýтися.** She wanted to force him to shut up.
prep. **з. до** + *G.* force to sth *or* + *inf.* ◊ **Він змýсив її до співпрáці.** He compelled her to cooperate. ◊ **Нíна намагáлася змýсити йогó до фальшúвих свідчень.** Nina tried to force him into giving false testimony.
pa. pple. **змýшений** compelled, forced
змýшуй! змусь!

знав|éць, *m.*, **~цá**; **~чúня**, *f.*
expert, connoisseur, authority ◊ **Борúс оглядáв велосипéд óчима спрáвжнього ~цá.** Borys was examining the bicycle with the eyes of a real expert.
adj. **авторитéтний** respected, **велúкий** great, **дóбрий** good, **неабúякий** extraordinary, **небáчений** unparalleled, **неперевéршений** unmatched, **пéрший** foremost ◊ **Макáра вважáли пéршим ~цéм собáк.** Makar was considered to be the foremost expert on dogs. **провіднúй** leading, **рідкісний** rare; **спрáвжній** real, **вúтончений** refined, **тóнкий** subtle
з. + *n.* **з. винá** connoisseur of wine (**малярства** painting, **мýзики** music, **кінематóграфа** film, **óпери** opera, **Япóнії** Japan) ◊ **Павлó вúявився ~цéм Япóнії.** Pavlo turned out to be a connoisseur of Japan.
v. + **з. перетвóрювати** + *A.* **на ~цá** turn sb into a connoisseur ◊ **Рóки життя у Львóві перетворúли йогó на неабúякого ~цá ресторáнів міста.** Years of living in Lviv turned him into an extraordinary connoisseur of the city's restaurants. **бýти ~цéм** be a connoisseur (**вважáти** + *A.* consider sb; **виявлятися** turn out; **лишáтися** remain; **робúти** + *A.* make sb, **ставáти** become) ◊ **Ільченко став пéршим ~цéм архітектýри міста.** Ilchenko has become the foremost connoisseur of the city's architecture.
See **спеціаліст.** *Also see* **експéрт**

знайóм|ий, *adj., n.*
1 *adj.* familiar, known, acquainted ◊ **Він ходúв ~ими вýлицями.** He was walking along the familiar streets.
adv. **дóбре** well, **достáтньо** sufficiently, **дýже** very; **до бóлю** painfully, **щéмно** poignantly; **лéдве** scarcely, **насúлу** bearly, **трóхи** a little
v. + **з. бýти ~им** be acquainted, know ◊ **Оксáна булá дóбре ~ою з цим відчуттям.** Oksana was well familiar with that sensation. (**виявлятися** turn out, **здавáтися** + *D.* seem to sb ◊ **Її облúччя здавáлося Івáнні ~им.** Her face seemed familiar to Ivanna. **ставáти** become) ◊ **Так хлóпці стáли ~ими.** Thus the boys became acquainted.
prep. **з. з** + *I.* acquainted with sb/sth ◊ **Пилúп вúявився дóбре ~им із цим середóвищем.** Pylyp turned out to be well acquainted with the milieu.
Also see **відóмий 1**
2 *n., m. and f.* acquaintance ◊ **Вонá привелá з собóю ~ого з Хáркова.** She brought along an acquaintance from Kharkiv. ◊ **Не трéба плýтати дрýзів зі ~ими.** You should not confuse friends with acquaintances.
adj. **близькúй** close; **випадкóвий** accidental ◊ **Цей юнáк був йомý не дрýгом, а випадкóвим ~им.** The youth was not his friend but merely an accidental acquaintance. **недáвній** recent, **новúй** new; **дáвній** long-time, **старúй** old ◊ **Óльга – її старá ~а.** Olha is an old acquaintance of hers. **ділóвий** business; **кóрисний** useful; **особúстий** personal; **спíльний** mutual; **цікáвий** interesting; **звичáйний** common
Also see **прúятель 1.** *Ant.* **незнайóмий 2**

знайóм|ити, **~лю**, **~иш**, **~лять**; **по~**, *tran.*
1 to acquaint, introduce ◊ **Ларúса познайóмила йогó із профéсором Хмáрою.** Larysa acquainted him with Professor Khmara.
adv. **випадкóво** accidentally ◊ **Їх випадкóво познайóмила спíльна пóдруга.** A mutual (female) friend accidentally introduced them. **охóче** willingly ◊ **Я охóче познайóмлю вас.** I will willingly introduce you to each other. **рáдо** gladly, **свідóмо** consciously, **якóсь** once, one day; somehow
v. + **з. могтú** can ◊ **Данúло міг по~ йогó з кількомá знавцями старúх рукóписів.** Danylo could acquaint him with several experts on old manuscripts. **обіцяти** + *D.* promise sb to ◊ **Лев обіцяв Соломíї по~ її з однúм цікáвим чоловíком.** Lev promised Solomiia to introduce her to one interesting man. **погóджуватися** agree to; **просúти** + *A.* ask sb to, **хотíти** want to
prep. **з. з** + *I.* acquaint with sb
2 to familiarize with sth, acquaint with sth, show sth ◊ **Провіднúк познайóмив турúстів з музéєм.** The guide acquainted the tourists with the museum.
prep. **з. з** + *I.* show sth to sb
See **ознайóмлювати**
pa. pple. **познайóмлений** acquainted
(по)знайóм!

знайóм|итися; по~, *intr.*
1 to meet, get acquainted with, get to know ◊ **Усí стáли з.** Everybody started getting acquainted.
adv. **блúзько** closely; **випадкóво** accidentally; **із приємністю** with pleasure, **охóче** willingly, **рáдо** gladly ◊ **Скляр рáдо познайóмиться з ним.** Skliar will gladly meet him. **особúсто** personally; **неохóче** reluctantly, **несмілúво** timidly; **несподівáно** unexpectedly; **вже** already, **нарéшті** finally ◊ **Вонá нарéшті познайóмилася з Олéною.** She finally met Olena. **ніколи не** never; **весь час**, all the time, **постíйно** constantly, **чáсто** often
v. + **з. бýти трéба** + *D.* need to ◊ **Вам обóм трéба по~.** You two must meet each other. **вдавáтися** + *D.* succeed in ◊ **Оксáні вдалóся по~ із цим поéтом.** Oksana succeeded in meeting this poet. **встигáти** have the time to ◊ **За місяць у тáборі Юрій і Михáйло встúгли блúзько по~.** During one month in the camp, Yurii and Mykhailo had the time to get to know each other closely. **змогтú** manage to, **щастúти** be fortunate to ◊ **Їм пощастúло по~ з режисéром.** They were fortunate to make an acquaintance with the director.
prep. **з. з** + *I.* get acquainted with sb/sth
Cf. **зустрічáти, зустрічáтися**
2 to familiarize oneself with sth, study sth ◊ **Їй трéба доклáдно по~ із контрáктом.** She needs to study the contract in detail.
adv. **доклáдно** in detail, **достáтньо** sufficiently, **ретéльно** thoroughly, **увáжно** carefully; **недостáтньо** insufficiently, **побíжно** in passing, **поверхóво** superficially, **частковó** partially ◊ **Він частковó познайóмився зі спрáвою.** He partially familiarized himself with the case.
(по)знайóмся!

знайóмств|о, *nt.*
1 acquaintance, act of getting acquainted; connection, tie ◊ **Їхнє з. відбулóся на ярмарку.** Their acquaintance occurred at a fair.
adj. **блúзьке** close ◊ **Їхні взаємини мóжна назвáти рáдше блúзьким ~ом, як дрýжбою.** One can call their relationship a close acquaintance rather than friendship. **інтúмне** intimate, **особúсте** personal; **випадкóве** chance; **жадáне** desirable, **кóрисне** useful, **потрíбне** needed; **небажáне** unwanted, **непередбáчене** unanticipated, **несподівáне** unexpected; **незабýтнє** unforgettable, **приємне** pleasant; **дúвне** strange; **забýте** forgotten, **старé** old
v. + **з. віднóвлювати з.** renew a connection ◊ **Дем'ян ужé відновúв старí ~а.** Dem'ian has already renewed his old connections. (**підтрúмувати** keep up, **утрúмувати** maintain) ◊ **Вонú утрúмували з., незважáючи на нечáсті зýстрічі.** They maintained their connections despite their infrequent meetings. **шукáти ~а** seek to meet ◊ **Репортéрка давнó шукáє ~а з полíтиком.** The (female) reporter has long sought to meet the politician.
prep. **з. з** + *I.* an acquaintance with sb/sth ◊ **Йомý допомоглó особúсте з. адвокáтом.** His personal acquaintance with the lawyer helped him.
See **зв'язóк 2.** *Also see* **контáкт**
2 familiarity with, knowledge of ◊ **Її з. із твóрчістю Іздрика вúявилося непóвним.** Her knowledge of Izdryk's works turned out to be incomplete.
See **знáння**

знай|тú, *pf., see* **знахóдити** *and* **шукáти**
to find ◊ **Вонú швúдко ~шлú музéй.** They quickly found the museum.

знак, *m.*, **~а** *and* **~ý**
1 ~а mark, sign ◊ **Він підняв банкнóту до лáмпи, щоб побáчити водянúй з.** He raised the bill to the lamp to see the watermark.
adj. **велúкий** big, **жúрний** bold, **тéмний** dark, **чóрний** black; **ледь вúдимий** barely visible; **водянúй** water; **діакритúчний** *ling.* diacritical, **розділóвий** *ling.* punctuation; **товáрний** trade ◊ **Контрабáндний крам був без товáрних ~ів.** The contraband goods were without trademarks. **розпізнавáльний** identifying
з. + *n.* **з. оклúку** an exclamation mark (**запитáння** question) ◊ **Крáвченкова кар'єра булá під ~ом питáння.** *fig.* Kravchenko's career was under a question mark. ♦ **військóві ~и розрíзнення** military rank insignia
v. + **з. друкувáти з.** print a mark (**малювáти** draw, **писáти** write, **стáвити** put ◊ **Тут слід постáвити велúкий з. óклику.** A big exclamation mark should be put here. **стирáти** delete) ◊ **Він стер з. у кутку сторíнки.** He deleted the mark in the corner of the page.
2 знáкý trace, mark, tracks, imprint ◊ **Від старóї хáти не лишúлося й знáкý.** There was no trace left of the old house.
adj. **глибóкий** deep ◊ **Травматúчний дóсвід лишúв глибóкий з. в її сéрці.** The traumatic experience left a deep imprint on her heart. **тéмний** dark, **червóний** red, **чóрний** black, *etc.*; **вúдимий** visible ◊ **На її руці якúйсь час лишáвся вúдимий з. від укýсу комарá.** For some time, there remained a visible mark from a mosquito bite on her arm. **вирáзний** clear
v. + **з. лишáти з.** leave a mark ◊ **Зýстріч не лишúла на ньóму жóдного ~ý.** The encounter left no mark on him. (**накладáти** imprint, **стáвити** put; **стирáти** delete, **усувáти** eliminate)
з. + *v.* **залишáтися** remain ◊ **На дорóзі лишáлися ~и від гальм.** The skid marks remained on the road. **зникáти** disappear, **схóдити** come off ◊ **З. від óпіку так і не зійшóв із йогó лúтки.** The burn marks never came off of his calf.

prep. з. від + *G.* marks from sth ◊ **з. від гальм** skid marks (**колі́с** tire, **ку́лі** bullet, **о́піку** burn, **по́різу** cut ◊ **На той час з. від по́різу ма́йже зник.** By that time, the cut marks almost disappeared. **ра́ни** wound, **уку́су** bite)
Also see **слід**[1] **2, сму́га 2**
3 ~a sign, symbol, signal, indication, token ◊ **Вони́ ви́вісили бі́ле простира́дло – з. капітуля́ції.** They hung out a white sheet, the sign of capitulation.
adj. **безпомилко́вий** unmistakable, **вира́зний** explicit, **класи́чний** classic, **пе́вний** sure ◊ **пе́вний з. того́, що Ма́рта в ке́пському гу́морі** a sure sign of Marta's being in a bad mood. **правди́вий** *or* **спра́вжній** real, **чітки́й** distinct, **я́вний** obvious ◊ **Він сприйня́в її́ слова́ як я́вний з. недові́ри.** He took those words as an obvious sign of mistrust. **ясни́й** clear; **види́мий** visible, **зо́внішній** external; **пе́рший** first, **ра́нній** early; **до́брий** good ◊ **Ната́лчине мовча́ння було́ до́брим ~ом.** Natalka's silence was a good sign. **обнаді́йливий** hopeful, **позити́вний** positive; **загро́зливий** danger ◊ **Загро́зливий з. лиши́вся непомі́ченим.** The danger sign remained unnoticed. **лихові́сний** *or* **злові́сний** ominous, **недо́брий** bad, **похму́рий** grim; **застере́жливий** warning, **таємни́чий** enigmatic
з. + *n.* з. **ві́дданости** a sign of loyalty (**дру́жби** friendship, **любо́ви** love, **посвя́ти** dedication ◊ **Він носи́в медальйо́н як з. посвя́ти спра́ві.** He wore the medallion as a sign of dedication to the cause. **му́жности** virility, **незале́жности** independence, **си́ли** strength; **вага́ння** hesitation, **невпе́внености** insecurity, **сла́бости** weakness)
v. + з. **ба́чити з. в** + *L.* see a sign in sth ◊ **Вале́рій ба́чив у цьо́му же́сті з. її́ заціка́влености.** Valerii saw a sign of interest in her gesture. (**виявля́ти** detect, **впізнава́ти** recognize, **зауважувати** spot, **поміча́ти** notice; **ба́чити** + *A.* **як** see sth as, **розці́нювати** + *A.* **як** regard sth as, **сприйма́ти** + *A.* **як** take sth as ◊ **Вона́ сприйняла́ мовча́ння як з. о́суду.** She took the silence as a sign of condemnation. **дава́ти** *or* **подава́ти** + *D.* give sb a sign ♦ **не подава́ти зна́ку про** + *A.* to betray no sign of *(feelings, etc.)* ◊ **Він перелякався, але́ не подава́в про це жо́дного зна́ку.** He was frightened but betrayed no sign of it. **ігнорува́ти** ignore, **пропуска́ти** miss; **інтерпретува́ти** *or* **тлума́чити** + *A.* **як** interpret sth as ◊ **Пре́са тлума́чила прису́тність по́льського прем'є́ра як з. солідарности з Украї́ною.** The press interpreted the Polish premier's presence as a sign of solidarity with Ukraine. **чита́ти** read)
з. + *v.* **вка́зувати на** + *A.* point to sth ◊ **Усі́ ~и вка́зують на те, що рі́шення прийму́ть із дня на день.** All the signs point to the fact that the decision will be made any day now. **з'являтися** appear ◊ **З'яви́лися ~и взає́много порозумі́ння між уча́сниками перемо́вин.** There appeared to be signs of mutual understanding among the talks participants.
prep. **в** *or* **на з.** + *G.* as a token *or* sign of sth ◊ **Я дару́ю вам цю кни́жку в** *or* **на з. мої́х дру́жніх почутті́в.** I am giving you this book as a token of my friendly feelings. **з. від** + *G.* a sign from sb ◊ **Марія розціни́ла поді́ї як з. від Бо́га.** Maria regarded the events as a sign from God.
Also see **озна́ка 2, сві́дчення 1, сиґна́л 1, си́мвол 1, си́мптом 2**
4 ~a sign ◊ **Усю́ сторі́нку покрива́ли які́сь таємні ~и.** Some secret signs covered the entire page.
adj. **астрологі́чний** astrological, **кабалісти́чний** cabalistic, **магі́чний** magic; **математи́чний** mathematical, **хемі́чний** chemical, **цифрови́й** numeric; **графі́чний** graphic; **єрогліфі́чний** hieroglyphic, **клинопи́сний** cuneiform, **лінґвісти́чний** linguistic, **мо́вний** language; **таємний** secret
з. + *n.* з. **гри́вні** the hryvnia sign (**до́лара** dollar ◊ **Графі́чний з. гри́вні ₴ нага́дує з. америка́нського до́лара $.** The graphic hryvnia sign ₴ resembles that of the US dollar $. **є́вра** euro, **фу́нта сте́рлінгів** pound; **зодія́ка** zodiac) ◊ **Катери́на зна́є всі ~и зодія́ка.** Kateryna knows all the zodiac signs. ♦ **з. рі́вности** *math.* equals sign ◊ **Між двома́ ви́разами мо́жна поста́вити з. рі́вности.** One can put the equals sign between the two expressions.
n. + з. **мо́ва ~ів** a sign language (**систе́ма** system)
v. + з. **аналізува́ти з.** analyze a sign ◊ **Студе́нти аналізува́ли оди́н єрогліфі́чний з. протягом усього́ заняття́.** The students analyzed one hieroglyphic sign for the entire class. (**вивча́ти** study, **вчи́ти** learn, **запам'ято́вувати** memorize; **використо́вувати** use; **писа́ти** write; **інтерпретува́ти** *or* **тлума́чити** interpret ◊ **Він тлума́чив клинопи́сні ~и.** He interpreted cuneiform signs. **чита́ти** read
prep. **під ~ом** under a sign ◊ **Вона́ народи́лася під ~ом Терезі́в.** She was born under the sign of Libra.
Also see **си́мвол 2**
5 sign, signboard, roadsign ◊ **За мі́стом нема́ доро́жніх ~ів.** Outside the city, there are no traffic signs.
See **ви́віска 1.** *Also see* **на́пис**
6 зна́ку́ sign, gesture, signal ◊ **Вояки́ могли́ відкрива́ти вого́нь ті́льки за ~ом команди́ра.** The soldiers could open fire only at the signal from their commander.
adj. **гру́бий** rude, **непристо́йний** obscene; **умо́влений** *or* **умо́вний** agreed upon
v. + з. **подава́ти** + *D.* give sb a signal ◊ **Вона́ подала́ умо́влений з.** She gave the agreed upon signal. (**роби́ти** make) ◊ **Ді́вчина зроби́ла непристо́йний з.** The girl made an obscene gesture.
See **сиґна́л 1.** *Also see* **жест**

знамени́т|ий, *adj.*
1 *colloq.* superb, wonderful, great ◊ **Це ~а іде́я!** This is a great idea! ◊ **Со́ля принесла́ ~і нови́ни.** Solia brought great news. ◊ **Гали́на – ~а оповіда́чка.** Halyna is a superb storyteller.
See **чудо́вий**
2 famous, celebrated, renowned ◊ **Село́ Опі́шня ~е наро́дною кера́мікою.** The village of Opishnia is famous for its folk pottery.
See **славе́тний.** *Also see* **леґенда́рний 2**

знан|ня́, *nt.*
1 knowledge, familiarity, grasp ◊ **Її з. кінемато́графа дивови́жні.** Her knowledge of cinema is amazing.
adj. **адеква́тне** *and* **відпові́дне** adequate, **ба́зове** basic, **глибо́ке** profound ◊ **Авра́менко говори́в із глибо́ким ~ня́м спра́ви.** Avramenko was speaking with profound knowledge of the matter. **ґрунто́вне** sound, **до́бре** good, **докла́дне** detailed, **доста́тнє** sufficient, **задові́льне** satisfactory, **нале́жне** proper, **неаби́яке** extraordinary, **пра́вильне** correct, **солі́дне** sound ◊ **Тут потрі́бне солі́дне з. предме́та.** A sound familiarity with the subject matter is needed here. **то́чне** exact, **широ́ке** broad; **зага́льне** general; **мініма́льне** minimal, **недоста́тнє** insufficient, **незадові́льне** unsatisfactory, **обме́жене** limited, **поверхо́ве** superficial, **приблизне** approximate, **символі́чне** token; **непо́вне** incomplete, **частко́ве** partial; **ко́рисне** useful, **осо́бисте** personal; **по́вне** full; **обов'язко́ве** mandatory, **потрі́бне** required; **практи́чне** practical ◊ **Він воло́діє практи́чним ~ня́м цьо́го пита́ння.** He possesses practical knowledge of the issue.
v. + з. **демонструва́ти з.** demonstrate knowledge ◊ **Він демонстру́є неаби́яке з. фіна́нсового ри́нку.** He demonstrates an extraordinary knowledge of the financial markets. (**пока́зувати** show; **здобува́ти** acquire; **ма́ти** have ◊ **Лари́са ма́є доста́тнє з. дипломати́чного протоко́лу.** Larysa has a sufficient knowledge of the diplomatic protocol. **посіда́ти** possess; **перевіря́ти** test) ◊ **Іва́н мав до́бру наго́ду переві́рити своє́ з. літака́ на пра́ктиці.** Ivan had a good opportunity to test his knowledge of the aircraft in practice. **набува́ти з.** acquire knowledge ◊ **Вона́ поступо́во набува́ла з. політи́чної сце́ни столи́ці.** She was gradually acquiring familiarity of the political scene of the capital. **супере́чити ~ню́** contradict knowledge ◊ **Нові́ фа́кти супере́чили її ~ня́м істо́рії.** The new facts contradicted her knowledge of history. **воло́діти ~ня́м** possess knowledge (**ді́литися з** + *I.* share with sb) ◊ **Рома́на залюбки́ поді́литься з не́ю ~ня́м мето́дики.** Romana will willingly share her knowledge of methodology with her.
prep. **без з.** without knowledge ◊ **Ви не обі́йдетеся без з. пра́вил безпе́ки.** You will not do without the knowledge of the safety rules. ♦ **зі ~ня́м спра́ви** like an expert ◊ **Він поя́снює зі ~ня́м спра́ви.** He is explaining like an expert.
Also see **знайо́мство 2**
2 *only pl.* knowledge, expertise, learning, education ◊ **Вони́ тут для то́го, щоб здобу́ти з.** They are here in order to acquire knowledge.
adj. **ба́зові** basic ◊ **Їм тре́ба оволоді́ти ба́зовими ~нями зі стати́стики.** They need to gain a basic knowledge of statistics. **вели́кі** great, **величе́зні** vast, **енциклопеди́чні** encyclopedic ◊ **Біле́цький був люди́ною енциклопеди́чних ~ь.** Biletsky was a person with encyclopedic knowledge. **обши́рні** extensive, **разю́чі** impressive, **фундамента́льні** fundamental, **широ́кі** broad; **доста́тні** sufficient, **задові́льні** satisfactory, **нале́жні** proper, **неаби́які** extraordinary; **недоста́тні** insufficient, **незадові́льні** unsatisfactory, **обме́жені** limited ◊ **Обме́жені з. не дозволя́ли їй зроста́ти професі́йно.** Her limited knowledge did not allow her to grow professionally. **поверхо́ві** superficial; **рудимента́рні** rudimentary, **спеція́льні** special, **фахові́** expert; **лінґвісти́чні** linguistic, **меди́чні** medical, **науко́ві** scientific, **техні́чні** technical
v. + з. **використо́вувати з.** use knowledge ◊ **Юрі́й відчува́в, що використо́вує лише́ мале́ньку части́ну свої́х ~ь.** Yurii felt he was using but a small part of his expertise. (**застосо́вувати** apply; **здобува́ти** gain; **ма́ти** have, **посіда́ти** possess; **допо́внювати** supplement, **збага́чувати** enrich, **погли́блювати** deepen, **поши́рювати** spread ◊ **Мі́сія університе́ту – не лише́ поши́рювати з., а й вихо́вувати громадя́н.** The university's mission was not only to spread knowledge but also to bring up citizens. **розширя́ти** expand; **обме́жувати** limit ◊ **Систе́ма осві́ти обме́жувала з. студе́нтів за́мість то́го, щоб розширя́ти їх.** The educational system limited students' knowledge instead of expanding it. **отри́мувати від** + *G.* receive from sb, **передава́ти** + *D.* hand over to sb) ◊ **Вона́ поспіша́ла переда́ти з. у́чням.** She was in a hurry to pass on her knowledge to her pupils. **воло́діти ~нями** possess knowledge ◊ **Профе́сорка воло́діє величе́зними ~нями з філосо́фії.** The (female) professor possesses an enormous knowledge of philosophy. (**ді́литися з** + *I.* share with sb ◊ **Вона́ ра́да поділи́тися з ни́ми ~нями.** She is glad to share her knowledge with them. **користува́тися** use; **хизува́тися** show off) ◊ **Вона́ не пропуска́є наго́ди похизува́тися науко́вими ~нями.** She missed no opportunity to show off her scientific knowledge. **набува́ти ~ь** acquire knowledge ◊ **За коро́ткий час студе́нти набули́ неаби́яких ~ь з істо́рії.** In a short period of time, the students acquired extraordinary knowledge of history.
prep. **з. з** + *G.* expertise in/of *(discipline)* ◊ **з. з астроно́мії** expertise in astronomy (**істо́рії**

history, лінґві́стики linguistics, літерату́ри literature, фі́зики physics, *etc.*)

знаря́д|дя, *nt.*
1 *coll.* tools, instruments, appliances, implements ◊ **Він узя́в із собо́ю голя́рське з.** He took along his barber's implements.
adj. **ефекти́вне** effective, **замашне́** *colloq.* handy, **засадни́че** basic, **нале́жне** right ◊ **Чи ви принесли́ нале́жне з.?** Did you bring the right tools? **практи́чне** practical, **примiти́вне** primitive, **про́сте́** simple, **станда́ртне** standard, **традиці́йне** traditional ◊ **Вони́ ма́ли традиці́йне з. для то́го, щоб стригти́ ове́ць.** They had the traditional instruments to shear sheep. **спеція́льне** special; **безці́нне** invaluable, **важли́ве** important, **головне́** primary, **ключове́** key, **ко́ри́сне** useful, **могу́тнє** powerful, **незамі́нне** irreplaceable, **необхі́дне** necessary, **неодмі́нне** indispensible, **ці́нне** valuable; **електри́чне** power; **ржа́ве** rusty; **го́стре** sharp, **тупе́** blunt; **нове́** new, **старе́** old ◊ **Усе́ їхнє з. ви́явилося стари́м і не до вжи́тку.** All their tools turned out to be old and unusable. **садівни́че** gardening ◊ **О́льга трима́ла садівни́че з. в комі́рці.** Olha kept her gardening tools in the pantry. **сільськогоспода́рське** agricultural, **тесля́рське** woodworking, carpenter's
з. + *n.* з. виробни́цтва tools of production ◊ **застарі́ле з. виробни́цтва** obsolete tools of production (**ві́йни́** war, **пра́ці** work) ◊ **Комп'ю́тер давно́ став її́ головни́м ~дям пра́ці.** The computer has long since become her primary work instrument. ♦ **з. ремесла́** instruments of the trade ◊ **Ува́га є клю́човим ~дям ремесла́ психоаналі́тика.** Attention is the key instrument of the psychoanalyst's trade.
n. **+ з. набі́р з.** a set of tools ◊ **Він купи́в набі́р тесля́рського з.** He bought a set of woodworking tools.
v. **+ з. виготовля́ти з.** manufacture a tool ◊ **пе́рше з., яке́ навчи́лася виготовля́ти пра́да́вня люди́на** the first tool an ancient man learned to manufacture (**роби́ти** make; **готува́ти** prepare; **використо́вувати** use ◊ **Спис використо́вували як з. полюва́ння.** The spear was used as a hunting tool. **застосо́вувати** apply; **лама́ти** break) ◊ **Усе́ це з. до́сить шви́дко полама́лося.** All the tools broke rather quickly.
2 *fig.* tool, instrument ◊ **Вона́ ста́ла ~дям у чужи́х рука́х.** She became a tool in somebody else's hands.
adj. **аналіти́чне** analytical, **діягности́чне** diagnostic, **ідеологі́чне** ideological, **концептуа́льне** conceptual, **навча́льне** teaching, **педагогі́чне** pedagogical, **політи́чне** political, **пропаґанди́стське** propaganda, **розслі́дувальне** investigative, *etc.*; **безду́мне** thoughtless, **безсерде́чне** heartless, **сліпе́** blind, **слухня́не** obedient, **тупе́** dumb
v. **+ з. використо́вувати** + *A.* **як з.** use sth as a tool ◊ **Газе́ту використо́вують як ідеологі́чне з.** The newspaper is used as an ideological tool. (**застосо́вувати** apply; **надава́ти** + *D.* give sb, **пропонува́ти** + *A.* offer sb); **бу́ти ~дям** be a tool ◊ **Полі́ція бу́ла безду́мним ~дям репре́сій.** The police were a thoughtless tool of repression. (**вважа́ти** + *A.* consider sb/sth, **виявля́тися** turn out; **роби́ти** + *A.* make sb, **става́ти** become)
Also see **інструме́нт 1, 3**

зна́|ти, **~ють;** *no pf.*, *tran.*
1 to know, have knowledge of, be familiar with ◊ **Вони́ хоті́ли з. все про на́міри го́стя.** They wanted to know everything about the guest's intentions. ◊ **Чи ви її́ ~єте?** Do you know her?
adv. **бли́зько** closely, **блиску́че** brilliantly ◊ **Вона́ блиску́че ~є хе́мію.** She has a brilliant knowledge of chemistry. **дета́льно** in detail, **до́бре** well, **доскона́ло** perfectly; **загало́м** in general ◊ **Він ~є план мі́ста лише́ загало́м.** He knows the city plan only in general. **ле́две** hardly; **напе́вно** for sure ◊ **Людми́ла напе́вно ~тиме, де мо́жна де́шево повече́ряти.** Liudmyla will for sure know where one can dine cheaply. **напере́д** in advance, **тро́хи** a little, **прекра́сно** *and* **чудо́во** *colloq.* perfectly well ◊ **Вона́ чудо́во ~ла цю жі́нку.** She knew this woman perfectly well. **зо́всім не** not at all ◊ **Я зо́всім не ~ю, що роби́ти.** I don't know at all what to do. ♦ **з. собі́ ціну́** to know one's worth; ◊ **Зві́дки мені́ з.?** How do I know? ♦ **наскі́льки я ~ю** as far as I know; ♦ **хто** *or* **Бог його́ ~є!** Who knows! ♦ **Я так і ~в** (**~а**, *f.*)! I knew it!
v. **+ з. бажа́ти** wish to, **бу́ти тре́ба** + *D.* need to ◊ **Їй тре́ба було́ з. подро́биці.** She needed to know the details. **дава́ти** + *D.* let sb ◊ **Вона́ за́раз же дала́ Васили́ні з., що доїха́ла домі́в без приго́д.** She let Vasylyna know right away that she had safely reached home. ♦ **дава́ти** + *D.* **з. про се́бе** 1) to let sb hear from oneself ◊ **Як поверну́ся додо́му, дам вам про се́бе з.** When I am back home I'll let you hear from me. 2) to reveal itself *(of past experience)*, bother, become visible ◊ **Коли́ дощ, його́ стара́ ра́на дає про се́бе з.** When it rains, his old wound bothers him. **ма́ти** have to, be supposed to, **могти́** can, **му́сити** must, have to ◊ **Ля́на коне́чно му́сила з. істо́рію заснува́ння мі́ста.** Liana definitely had to know the story of the city's founding. **хоті́ти** want to
prep. **з. про** + *A.* know about sb/sth ◊ **О́ля ~є про поді́ї.** Olia knows about the events. ♦ **з.** + *A.* **в обли́ччя** to know sb by face, ♦ **з.** + *A.* **з поголо́сок** *or* **чуто́к** know from hearsay; ♦ **не з.** + *clause colloq.* there's no knowing ◊ **Не з., з ким вона́ при́йде.** There's no knowing whom she will come with.
Also see **вмі́ти 2, орієнтува́тися 2, розбира́тися 2**
2 to live through, experience, know ◊ **Вони́ ~ли ща́стя й сум, доста́ток і бі́дність.** They have known joy and sadness, wealth and poverty. ◊ **Він не ~є відпочи́нку.** He knows no rest.
pa. pple. **зна́ний** (well-) known
знай!

знахо́д|ити, ~жу, ~ять; знайти́, знайд|у́ть; *pa. m.* **знайшо́в**, *pl.* **знайшли́**, *tran.*
1 to find *(intentionally)*, discover, locate ◊ **Марко́ ~ить цита́ту і зачи́тує її́.** Marko finds the quote and reads it. ◊ **Як знайти́ деше́вий готе́ль?** How can one find a cheap hotel?
adv. **за́вжди́** always ◊ **Вона́ за́вжди ~ить те, що шука́є.** She always finds what she seeks. **незмі́нно** invariably, **ча́сто** often; **і́ноді** sometimes, **час від ча́су** from time to time; **несподі́вано** unexpectedly, **ра́птом** suddenly; **ле́гко** easily, **одра́зу** at once ◊ **Він одра́зу ~ить, що відпові́сти́.** He at once finds what to answer. **шви́дко** quickly, **я́кось** somehow ♦ **не з. слів** *only impf.* to be at a loss for words ◊ **Це його́ так вра́зило, що він не ~ив слів.** It struck him so much he was at a loss for words. ♦ **з. приту́лок** to find shelter; ♦ **з. спі́льну мо́ву** to find common ground ◊ **Вони́ знайшли́ спі́льну мо́ву.** They found common ground.
v. **+ з. бу́ти тре́ба** + *D.* need to ◊ **Йому́ тре́ба знайти́ адре́су.** He needs to find the address. **вдава́тися** + *D.* succeed in, **змогти́** *pf.* manage to, **пощасти́ти** *pf.* be fortunate to ◊ **Їм пощасти́ло знайти́ бі́лі гриби́.** They were fortunate to find porcini mushrooms. **намага́тися** try to, **хоті́ти** want to
Also see **нагляда́ти 3, примі́чати 2, розко́пувати 2, розшу́кувати 2**
2 to find, consider, think ◊ **Вони́ знайшли́ її́ до́кази си́льними.** They found her arguments strong. ◊ **Як ви ~ите ново́го дире́ктора?** What do you think of the new director?
See **ду́мати 2.** *Also see* **вважа́ти 2, ві́рити 3, гада́ти 2, рахува́ти 4**
3 to find, encounter, come across ◊ **Він не знайшо́в у те́ксті жо́дної по́милки.** He did not come across a single error in the text. ◊ **У музе́ї мо́жна знайти́ прерафаелі́тів.** It is possible to come across Pre-Raphaelites in the museum.
See **зустріча́ти 1.** *Also see* **напада́ти 4, натрапля́ти 2, нашто́вхуватися 1, стика́тися 2**
pa. pple. **зна́йдений** found
знахо́дь! знайди́!

знахо́д|итися; знайти́ся, *intr.*
1 to be found, turn up ◊ **Загу́блений годи́нник по́тім знайшо́вся.** The lost watch was later found. ◊ **Се́ред прису́тніх знайшло́ся бага́то її́ дру́зів.** Many of her friends turned up among those present. ◊ **Вона́ по́рпалася в папе́рах, а потрі́бна по́свідка не ~илася.** She was going through her papers, but the needed certificate would not turn up.
2 *only pa. pf.* (*expresses ironic or pejor. attitude to sb*) ◊ **Знайшо́вся (мені́) знаве́ць му́зики!** An expert in music of you! ◊ **Знайшла́ся (мені́) вели́ка па́ні!** A grand lady indeed!
3 *only impf.* to be, be located ◊ **Де ~иться буди́нок письме́нниці?** Where is the (female) writer's house located? ♦ **з. під впли́вом** + G. to be under the influence of sth/sb ◊ **Він ~ився під впли́вом учи́телевих слів.** He was under the influence of the teacher's words.
See **розташо́вуватися 1.** *Also see* **бу́ти 1, перебува́ти 1, пи́шатися 4, пробува́ти 1, розміща́тися 2, стоя́ти 2**

зна́чен|ня, *nt.*
1 importance, significance, weight ◊ **Торгі́вля призво́дила до зроста́ння з. мі́ст.** Commerce resulted in the growth of the importance of cities.
adj. **важли́ве** important ◊ **Важли́ве з. в кампа́нії ма́ла мо́лодь.** Youth that held important weight in the campaign. **вели́ке** great, **величе́зне** immense, **вида́тне** outstanding, **все бі́льше** growing, **глибо́ке** deep, **ді́йсне** real, **життє́ве** vital, **засадни́че** fundamental, **кардина́льне** cardinal, **ключове́** key, **крити́чне** critical, **найбі́льше** greatest, **неаби́яке** extraordinary, **незапере́чне** undeniable, **особли́ве** special, **пе́рвісне** primary, **пе́рше** first, **спра́вжнє** true ◊ **Лю́ди оці́нять спра́вжнє з. вче́ного че́рез бага́то ро́ків.** People will appreciate the scientist's true importance many years after. **центра́льне** central; **втори́нне** secondary, **марґіна́льне** marginal, **ме́нше** lesser, **мізе́рне** negligible, **мініма́льне** minimal, **невели́ке** little, **обме́жене** limited; **зага́льне** general; **відно́сне** relative, **конкре́тне** specific; **рі́вне** equal; **практи́чне** practical, **теорети́чне** theoretical; **коли́шнє** former, **майбу́тнє** future, **пода́льше** further, **тепе́рішнє** current; **грома́дське** public; **міжнаро́дне** international, **націона́льне** national; **археологі́чне** archeological, **військо́ве** military, **екологі́чне** ecological, **економі́чне** economic, **істори́чне** historic *and* historical ◊ **Би́тва ма́ла істори́чне з.** The battle had a historic importance. **політи́чне** political, **стратегі́чне** strategic, **суспі́льне** social, **юриди́чне** legal
v. **+ з. визнава́ти з.** recognize significance ◊ **Вони́ визна́ють юриди́чне з. докуме́нта.** They recognize the legal significance of the document. (**втрача́ти** lose ◊ **Філологі́чна осві́та втрача́є коли́шнє з.** Philological education is losing its former significance. **ма́ти** have; **ба́чити** see, **розумі́ти** understand, **усвідо́млювати** realize; **вказувати на** point to, **демонструва́ти** demonstrate, **ілюструва́ти** illustrate, **підкре́слювати** underscore, **підтве́рджувати** confirm, **пока́зувати** show; **збі́льшувати** increase, **підно́сити** elevate, **поси́лювати** enhance; **перебі́льшувати** exaggerate, **переоці́нювати** overrate; **відкида́ти** dismiss ◊ **Він відки́нув з. ново́ї тео́рії.** He dismissed

the significance of the new theory. **заперéчувати** deny, **змéншувати** diminish, **іґнорувáти** ignore, **недооцíнювати** underrate, **примéншувати** play down, **стáвити під сýмнів** question; **обговóрювати** discuss, **оцíнювати** assess; appreciate, **пояснювати** + *D.* explain to sb, **розглядáти** examine); **набувáти** acquire, **надавáти** + *D.* attach to sb/sth ◊ **Її дýмці надаю́ть велúкого з.** Great importance is attached to her opinion. **набирáти** gain), ♦ **(це) не мáє з.** it doesn't matter; **наголóшувати на ~ні** emphasize the importance ◊ **Вонá наголосúла на ~ні військóвих союзів.** She emphasized the importance of military alliances.

з. + *v.* **збíльшуватися** increase, **зростáти** grow ◊ **Політúчне з. крáїни зростáло.** The country's political importance was growing. **полягáти в** + *L.* lie in sth ◊ **З. бібліотéки полягáє в інформáції, якý вонá пропонýє.** The importance of the library lies in the information it offers.

prep. **з. для** + *G.* importance for sb/sth ◊ **з. європéйської інтеґрáції для Укрáїни** the importance of European integration for Ukraine

Also see **вагá 3, багатознáчність 2, пріоритéт**

2 meaning, sense ◊ **Він не розуміє з. слóва.** He does not understand the meaning of the word.

adj. **буквáльне** literal, **дослíвне** verbatim, **прямé** direct; **метафорúчне** metaphoric, **перенóсне** figurative ◊ **Імéнник вжúто в перенóсному ~ні.** The noun is used in a figurative meaning. **основнé** primary, **пéрвісне** original, **пéрше** first; **загáльне** general, **звúкле** usual, **традицíйне** traditional; **вторúнне** secondary, **похіднé** derived; **подвíйне** double; **прáвильне** correct; **закодóване** coded, **прихóване** hidden, **таємне** secret; **непрáвильне** erroneous, **хúбне** wrong; **доклáдне** exact, **спрáвжнє** true ◊ **Вонá не знáла спрáвжнього з. вúразу.** She did not know the true meaning of the expression. **тóчне** precise, **чіткé** clear ◊ **У дáному контéксті з. слóва стає гранúчно чіткúм.** In the given context, the meaning of the word becomes extremely clear. **ідентúчне** *or* **тотóжне** identical, **такé самé** same ◊ **Обúдва синóніми мáють те самé з.** Both synonyms have the same meaning. **відмíнне** differing, **íнше** different, **окрéме** separate, **рíзне** different, various ◊ **Дієслóво мáє п'ять рíзних ~ь.** The verb has five different meanings. **культýрне** cultural, **символíчне** symbolic; **денотатúвне** *ling.* denotative, **прагматúчне** *ling.* pragmatic, **референцíйне** *ling.* referential, **стилістúчне** *ling.* stylistic, **терміноло́гічне** *ling.* terminological ◊ **Терміноло́гічне з. чáсто заснóване на метáфорі.** Terminological meaning is often based on a metaphor.

v. + **з. вивчáти з.** study the meaning (**дослíджувати** explore; **виявля́ти** reveal; **забувáти** forget; **змíнювати** change, **модифíкувáти** modify, **спотвóрювати** distort; **визначáти** determine, **з'ясóвувати** clarify, **інтерпретувáти** *or* **тлумáчити** interpret ◊ **З. ієрóгліфа тлумáчать по-рíзному.** The meaning of the hieroglyph is interpreted in different ways. **осмúслювати** comprehend; **припúсувати** + *D.* assign to sth ◊ **Учéний припúсує слóву хúбне з.** The scholar assigns the wrong meaning to the word. **розумíти** understand, **пояснювати** + *D.* explain to sb ◊ **Вонá пояснúла студéнтам з. слóва «кандидáт».** She explained the meaning of the word *candidatus* to the students. **розшифрóвувати** decipher; **виражáти** express, **мáти** have, **нестú** carry ◊ **Вúраз несé для Ірéни дýже осóбисте з.** The expression carries a very personal meaning for Irena. **передавáти** convey); **набирáти з.** acquire a meaning ◊ **Слóво набрáло нóвого з.** The word acquired a new meaning. (**набувáти** take on; **бýти позбáвленим з.** be deprived of, **позбавля́ти** deprive of) ◊ **Чáстий ужúток позбáвив слóво всякого з.** Frequent use deprived the word of any meaning.

prep. **без з.** without a meaning; **в ~ні** in the meaning of ◊ **У якóму ~ні вжúто слóво?** In what meaning is the word used? **зі ~ням** with the meaning ◊ **із паралéльним ~ням заборóни** with a parallel meaning of prohibition

Also see **зміст 1, розумíння 2, символíка 2, сенс 1, смисл, суть, толк 3**

знáч|ити, ~ать; *no pf., intr.*

1 to mean, signify ◊ **Що ~ить це слóво?** What does this word mean?

adv. **багáто** a lot ◊ **Вáша присýтність багáто ~ить.** Your presence means a lot. **мáло** little, **нíчого не** nothing ◊ **Усí йогó запéвнення нíчого не ~или для комíсії.** All his assurances meant nothing to the committee. **буквáльно** *or* **дослíвно** literally; **зáвждú** always, **звичáйно** usually, **прóсто** simply, **як прáвило** as a rule

v. + **з. могтú** can ◊ **Пáвлів дзвінóк міг прóсто з., що він передýмав.** Pavlo's call could simply mean that he had changed his mind.

prep. **з. для** + *G.* mean for sb

2 to play a role, have importance ◊ **Знáйдені малю́нки нíчого не ~или для Івáна.** The found drawing did not have any importance for Ivan.

значн|úй, *adj.*

1 considerable, significant, substantial ◊ **Шкóла зробúла видавнúцтву ~é замóвлення підрýчників.** The school placed a significant textbook order with the publishers.

з. + *n.* **з. вплúв** a considerable influence (**пóступ** progress, **ýспіх** success; **рóзмір** size); **~á дóля** a considerable share ◊ **Вонú діставáли ~ý дóлю прибýтків.** They were receiving a considerable share of profits. (**мíра** measure, **роль** role; **частúна** part); ♦ **~óю мíрою** to a great extent ◊ **Будівнúцтво фінансувáли ~óю мíрою кóштом громáди.** The construction was funded to a great extent by public funds. **~é вдосконáлення** considerable improvement (**збíльшення** increase; **падíння** drop, **скорóчення** reduction; **покрáщення** betterment); **~і видáтки** considerable expenditures (**трýднощі** difficulties) ◊ **Він подолáв ~і трýднощі.** He overcame considerable difficulties.

Also see **дóбрий 7, неабúякий 1, радикáльний 3**

2 important, serious ◊ **Сьогóдні стáлася ~á подíя.** An important event happened today.

See **важлúвий.** *Also see* **вагóмий 2, вáртий 2, вирішáльний 2, відповідáльний 2, життєвúй 3, критúчний 3,повáжний 4, помíтний 3, рішýчий 3, серйóзний 3**

знáчно, *adv.*

1 very, very much, a great deal, considerably ◊ **Він з. постарíв.** He aged a great deal.

Also see **набагáто 2**

2 *in comp. expressions* considerably, much ◊ **Мáрта з. молóдша, ніж Орúся.** Marta is considerably younger than Orysia.

Also see **геть 5, кудú 6, набагáто 1**

зневá|га, *f., only sg.*

contempt, scorn, disdain ◊ **пóгляд, спóвнений ~ги** a look full of contempt

adj. **велúка** great, **відкрúта** open, **глибóка** deep, **дошкýльна** withering; **пóвна** complete, **цілковúта** utter, **чúста** pure, **явна** obvious; **крижанá** icy, **холóдна** cold; **здорóва** healthy ◊ **Вонá стáвилася до бюрократíв зі здорóвою ~гою.** She treated bureaucrats with a healthy contempt. **лéдь прихóвана** barely disguised, **неприхóвана** undisguised; **загáльна** universal; **заслýжена** well-deserved; **незмíнна** invariable; **незаслýжена** undeserved

v. + **з. вислóвлювати ~гу** express contempt ◊ **Йогó облúччя вислóвлювало глибóку ~гу.** His face expressed deep contempt. (**виявля́ти** reveal, **демонструвáти** demonstrate, **зрáджувати** betray ◊ **Йогó вúраз зрáджував ~гу.** His countenance betrayed contempt. **покáзувати** show; **відчувáти** feel ◊ **Нíна відчувáла ~гу до цих людéй.** Nina felt contempt for those people. **крúти** hold, **прихóвувати** hide; **заслугóвувати** deserve, **здобувáти** earn) ◊ **Своїми вúступами в ООН дипломáт здобýв загáльну ~гу.** By his pronouncements at the UN, the diplomat earned universal contempt. **заживáти ~ги** earn contempt ◊ **Вонá встúгла зажúти тíльки ~ги.** She managed to earn only contempt. **дивúтиса зі ~гою на** + *A.* regard sb/sth with contempt ◊ **Він дивúвся на люд зі ~гою.** He regarded the people with contempt. (**стáвитися до** + *G.* **зі** treat sb with)

prep. **від ~ги** with disdain ◊ **Її облúччя скривúлося від ~ги.** Her face twisted with disdain. **зі ~гою** with disdain; **з. до** + *G.* contempt for sb/sth; **у~зі** in disdain; **з. сéред** + *G.* contempt among sth

Also see **неповáга.** *Ant.* **повáга, шáна**

зневажá|ти, ~ють; зневáж|ити, ~ать, *tran.*

1 *usu impf.* to despise, disdain, detest ◊ **Вонá ~ла Аврáма пíсля тóго, що він вчинúв.** She despised Avram after what he did.

adv. **відкрúто** openly, **глúбóко** deeply ◊ **Він глúбóко ~в тих, хто не трúмає слóва.** He deeply despised those who did not keep their word. **напрáвду** truly, **пристрáсно** passionately, **спрáвді** really, **явно** clearly; **таємно** secretly ◊ **Микóла таємно ~в йогó.** Mykola secretly despised him.

Also see **срáти 2.** *Ant.* **поважáти 1**

2 to humiliate, insult ◊ **Він зневáжив Петрá пéред хлóпцями.** He insulted Petro in front of the guys.

See **принúжувати 1**

3 to neglect, ignore, disregard ◊ **Тяжко зневáжити її арґумéнти.** Her arguments are difficult to ignore. ◊ **Як вонá моглá зневáжити почуття́ хлóпця!** How could she neglect the boy's feelings!

з. + *n.* **з. небезпéку** neglect danger (**погрóзи** threats, **стúхію** elements, **трýднощі** difficulties)

See **іґнорувáти 1, нéхтувати.** *Also see* **минáти 2**

pa. pple. **зневáжений** despised; neglected, *etc.*
зневажáй! зневáж!

зневáж|ити, *pf., see* зневажáти

to despise, *etc.* ◊ **Вонú вúйшли надвíр, ~вши негóду.** They went out having ignored the nasty weather.

зневáжлив|ий, *adj.*

contemptuous, disdainful, scornful ◊ **Йогó дратувáв з. тон хлóпця.** The boy's disdainful tone irked him.

adv. **дýже** very, **цілкóм** utterly; **вирáзно** distinctly, **відкрúто** openly, **демонстратúвно** demonstratively, **неприхóвано** overtly, **явно** clearly; **мáйже** almost

з. + *n.* **з. вúраз** a contemptuous expression (**гóлос** voice, **пóгляд** look ◊ **Він кúнув на Степáна з. пóгляд.** He cast a disdainful look at Stepan. **сміх** laughter, **тон** tone; **коментáр** commentary); **~а поведíнка** contemptuous behavior (**пóсмішка** smile); **~е заувáження** a contemptuous remark (**слóво** word; **стáвлення** attitude)

v. + **з. бýти ~им** be contemptuous (**здавáтися** + *D.* seem to sb; **лишáтися** remain; **ставáти** become) ◊ **Вúраз її облúччя став відкрúто ~им.** The expression on her face became openly contemptuous.

Also see **недбáлий 4**

знепритóмні|ти, *pf., see* непритóмніти

to faint, *etc.* ◊ **Олéкса зблíд, а тодí взагалí ~в.** Oleksa got pale and then passed out completely.

знúжен|ня, *nt.*
lowering, descent *(of aircraft)*, descending; decrease, drop ◊ **з. серéдньої тривáлости життя́** a decrease in the average life expectancy
v. + **з. йти на з.** start a descent *(of aircraft)* ◊ **Капітáн оголосúв, що лíтак ідé на з.** The captain announced that the airplane had started its descent.
G. pl. **~ь**
See **скорóчення.** *Also see* **змéншення**

знúж|ка, *f.*
discount ◊ **Вонú чекáють на святкóві ~ки.** They are waiting for holiday discounts.
adj. **велúка** big, **величéзна** huge, **дóбра** good, **значнá** significant, **крутá** steep, **нечýвана** unheard-of, **щéдра** generous; **бóнусна** bonus, **додаткóва** additional, **спеціáльна** special; **груповá** group; **податкóва** tax; **різдвя́на** Christmas, **святкóва** holiday, **сезóнна** season
v. + **з. давáти** + *D.* **~ку** give sb a discount (**дозволя́ти** + *D.* allow sb, **пропонувáти** + *D.* offer sb ◊ **Якí ~ки пропонýють сьогóдні?** What discounts do they offer today? **мáти** have, **мáти прáво на** be entitled to ◊ **Як працівнúк універмáгу, він мáє прáво на значнý ~ку.** As the department store employee, he is entitled to a significant discount. **діставáти** obtain, **отрúмувати** receive; **претендувáти на** claim; **робúти** + *D.* make for sb; **шукáти** look for) ◊ **Вонá зáвждú шукáє ~ки.** She always looks for discounts. **вимагáти ~ки** demand a discount
prep. **без ~ки** without a discount ◊ **початкóва цінá, без ~ки** the initial price without a discount; **за ~кою** at a discount ◊ **Вúроби фíрми рíдко продають за ~кою.** This firm's products are rarely sold at a discount. **з. для** + *G.* a discount for sb ◊ **з. для персонáлу** a staff discount; **з. на** + *A.* a discount of *(measure)* ◊ **з. на дéсять відсóтків** a 10% discount
L. **в ~ці**, *G. pl.* **~ок**

знúжу|вати, ~ють; знúзити, знúжу, знúз|ять, *tran.*
to lower, bring down, reduce ◊ **Конкурéнція змýсила компáнію знúзити цінý.** Competition forced the company to lower the price.
adv. **дýже** a great deal, **знáчно** considerably, **крýто** steeply, **помíтно** noticeably ◊ **Вúступ президéнта помíтно знúзив їхній оптимíзм.** The president's speech noticeably dampened their optimism. **рíзко** sharply; **дéщо** somewhat, **лéдве** hardly, **трóхи** a little
з. + *n.* **з. гóлос** lower one's voice ◊ **Вíктор знúзив гóлос до шéпоту.** Viktor lowered his voice to a whisper. **з. подáтки** cut taxes, **з. продуктúвність** reduce productivity, **з. швúдкість** reduce speed
pa. pple. **знúжений** lowered, reduced
знúжуй! знизь!
See **змéншувати.** *Also see* **послáблювати 1, скорóчувати.** *Ant.* **збíльшувати, додавáти 2**

знúжу|ватися; знúзитися, *intr.*
1 to go down *(of aircraft, etc.)*, descend ◊ **Лíтак ~вався.** The airplane was descending.
2 to fall, decrease, go down, drop, lower ◊ **Рíвень життя́ ~ється.** The standard of living is dropping. ◊ **Рíвень холестерúну в пáні Ш. знúзився.** Mrs. Sh.'s cholesterol level has gone down.

знúзи|ти, *pf., see* **знúжувати**
to lower, bring down, *etc.* ◊ **Пілóт ~в лíтак до п'ятикілометрóвої висотú.** The pilot lowered the airplane to the altitude of five kilometers. ◊ **Він обіця́в з. штрáфи на 10%.** He promised to cut the fines by 10%.

знúзи|тися, *pf., see* **знúжуватися**
to descend, *etc.* ◊ **Цінá на бензúн ~лася на третúну.** The gas price dropped by a third.

зникá|ти, ~ють; знúкн|ути, ~уть; *pa. pf., m.* **зник,** *var.* **знúкнув,** *pl.* **знúкли,** *var.* **знúкнули**, *intr.*
to disappear, vanish ◊ **Пилúп знúкнув з її життя́ на якúйсь час.** Pylyp vanished from her life for some time.
adv. **без слíду** without a trace ◊ **Злóдій зник без слíду в нáтовпі.** The thief vanished without a trace in the crowd. **без попере́дження** without warning; **блискавúчно** in a flash, **момента́льно** instantly, **за ніч** overnight, **негáйно** immediately, **несподíвано** unexpectedly, **поступóво** gradually, **повíльно** slowly, **практúчно** practically, **рáптом** suddenly, **швúдко** quickly; **назáвждú** forever; **геть** totally ◊ **За ніч симптóми отрýєння геть знúкли.** Overnight the symptoms of poisoning totally disappeared. **цілкóм** completely ♦ **з. бéзвісти** to vanish into thin air, without a trace; ♦ **з. з очéй** to pass out of sight
v. + **з. бýти змýшеним** be forced to ◊ **Він змýшений знúкнути.** He is forced to disappear. **мáти звúчку** be in the habit of ◊ **Óля мáла звúчку з'являтися і з. без попере́дження.** Olia was in the habit of appearing and disappearing without a warning. **мáти тендéнцію** have a tendency to; **могтú** can; **почáти** *pf.* begin to, **стáти** *pf.* start; **вирíшувати** decide to, **хотíти** want to
prep. **з. в** + *L.* disappear in sth ◊ **Йогó пóстать знúкла в тéмряві.** His figure disappeared in the dark. **з. з** + *L.* disappear from *(a place)*; **з. на** + *L.* disappear for *(period of time)* ◊ **Вонá знúкнула із Сашкóвого життя́ на сім рóків.** She disappeared from Sashko's life for seven years.
зникáй! знúкни!
Also see **відхóдити 11, завмирáти 3, пропадáти 1, розтавáти 3, ставáти 9.** *Ant.* **з'являтися**

знúкнен|ня, *nt.*
disappearance ◊ **З. міністра фінáнсів вúкликало скандáл.** The finance minister's disappearance caused a scandal.
adj. **момента́льне** instant, **несподíване** unexpected, **остатóчне** final, **поступóве** gradual, **раптóве** sudden, **цілковúте** complete, **швидкé** quick; **підозрíле** suspicious, **таємнúче** mysterious ◊ **багáто таємнúчих ~ь** many mysterious disappearances

знúкну|ти, *pf., see* **зникáти**
to disappear, vanish ◊ **Пролетíвши чéрез майдáн, автíвка ~ла.** Having careened through the square, the car disappeared.

знúщенн|я, *nt., only sg.*
destruction, annihilation, extermination, ruin ◊ **Війнá причинúлася до з. безцíнних пáм'яток культýри.** The war brought about the destruction of priceless monuments of culture.
adj. **абсолю́тне** absolute, **велúке** great, **мáсове** mass ◊ **збрóя мáсового з.** weapons of mass destruction; **неунúкне** inevitable, **остатóчне** final, **пóвне** full, **поголóвне** indiscriminate, **систематúчне** systematic, **спустóшливе** devastating, **тотáльне** total, **цілковúте** complete; **безглýзде** senseless, **непотрíбне** needless; **миттєве** instantaneous, **швидкé** quick; **взаємне** mutual; **ґарантóване** assured ◊ **Ґарантóване взаємне з. змýшувало їх співіснувáти.** Assured mutual destruction compelled them to coexist. **вáрварське** barbaric, **дикýнське** savage; **злочúнне** criminal, **незакóнне** illegal ◊ **Прокуратýра заплю́щувала óчі на незакóнне з. історúчних будíвель забудóвниками.** The prosecutor's office closed their eyes to the illegal destruction of historic buildings by developers.
v. + **з. ґарантувáти з.** ensure destruction ◊ **Збрóя ґарантýє швидкé і пóвне з. нападника.** The weapon ensures quick and full destruction of an attacker. **завдавáти з.** inflict destruction ◊ **Війнá завдалá країні велúкого з.** War inflicted great ruin upon the country. (**зазнавáти** suffer, **захищáти** + *A.* **від** protect sb/sth from, **призвóдити до** lead to, **спричиня́тися до** cause, **уникáти** avoid) ◊ **Розвíдники дúвом унúкнули з.** The scouts miraculously avoided destruction. **запобігáти ~ю** prevent destruction ◊ **Це порозумíння дозвóлило запобíгти ~ю музéю.** The understanding allowed to prevent the museum's destruction. **погрóжувати** + *D.* **~ям** threaten sb/sth with destruction
Also see **руїна 2**

знúщи|ти, *pf., see* **знúщувати**
to destroy, *etc.* ◊ **Дóсі ніхтó не міг з. корýпцію.** Until now nobody could destroy corruption.

знúщу|вати, ~ють; знúщ|ити, ~ать, *tran.*
1 to destroy, annihilate, ruin; kill ◊ **Пожéжа знúщила вýлицю.** The fire destroyed the street.
adv. **дýже** a great deal, **геть** fully, **остатóчно** finally, **поголóвно** indiscriminately, **систематúчно** systematically, **тотáльно** totally, **цілковúто** completely; **мáйже** almost; **матеріáльно** materially, **морáльно** morally, **фізúчно** physically, **фінáнсово** financially; **навмúсно** deliberately, **свідóмо** intentionally; **випадкóво** accidentally ◊ **Він випадкóво знúщив докумéнт.** He accidentally destroyed the document. **ненарóком** inadvertently; **послідóвно** consistently; **дослíвно** literally, **фактúчно** effectively; **в основнóму** largely, **почáсти** in part, **частко́во** partially; **повíльно** slowly, **поступóво** gradually ◊ **Тютю́н і алкогóль поступóво ~вали її здорóв'я.** Tobacco and alcohol were gradually destroying her health. **лéгко** easily; **миттєво** instantly, **негáйно** immediately, **зáраз же** right away, **швúдко** quickly
n. + **з. здáтність з.** a capacity to destroy (**нáмір** intention to; **нездáтність** inability; **спрóба** attempt to) ◊ **Спрóба знúщити політúчний рух провалúлася.** The attempt to destroy the political movement failed.
v. + **з. бýти готóвим** be ready to, **бýти здáтним** be capable of ◊ **Епідéмія здáтна знúщити всю краї́ну.** The epidemic is capable of killing the entire country. **вдавáтися** + *D.* succeed in ◊ **Слýжбі безпéки вдалóся знúщити підривнý грýпу.** The security service succeeded in destroying a subversive group. **змогтú** *pf.* manage to ◊ **За допомóгою отрýти він зміг знúщити щурíв.** With the help of the poison he managed to destroy the rats. **могтú** can; **намагáтися** try to ◊ **Вонú намагáлися знúщити газéту фінáнсово.** They tried to destroy the newspaper financially. **хотíти** want to; **погрóжувати** threaten to
Also see **губúти 3, нúщити, руйнувáти 1, 3.** *Ant.* **створю́вати**
2 *fig.* to kill, destroy, devastate ◊ **Крúтики знúщать фільм ще до йогó вúходу.** Critics will kill the film even before its release.
pa. pple. **знúщений** destroyed
знúщуй! знищи!

знімá|ти, ~ють; зня́ти, знім|уть, *tran.*
1 to take off, remove, pull off ◊ **Орúся зня́ла пальтó з вішакá.** Orysia took the coat off the hanger.
adv. **блискавúчно** in a flash, **пóспіхом** hastily, **зáраз же** right away, **швúдко** quickly; **лíниво** lazily, **незґрáбно** clumsily, **повíльно** slowly ◊ **Вонá повíльно ~ла óдяг.** She was slowly taking off her clothes. **несподíвано** unexpectedly, **рáптом** suddenly; **цілкóм** completely; **мáйже** almost
з. + *n.* **з. капелю́х** take off a hat ◊ **Він зняв капелю́х.** He took off his hat. (**кравáтку** tie ◊ **Він зняв кравáтку.** He took off his tie. **панчóхи** stockings, **шкарпéтки** socks; **пáсок** belt,

рукави́чки gloves; **скатерти́ну** tablecloth; **ту́флі** shoes, **череви́ки** boots)
v. + **з.ква́питися** hasten to ◊ **Вона́ поква́пилася зня́ти пальто́, щоб не зіпрі́ти.** She hastened to take off her coat, so as not to get sweaty. **могти́** can, **проси́ти** + *A.* ask sb to ◊ **Лі́кар попроси́в його́ зня́ти соро́чку й ма́йку.** The doctor asked him to take off his shirt and tank top. **хоті́ти** want to; **почина́ти** begin to, **ста́ти** *pf.* start ◊ **Хло́пець став незґра́бно з. череви́ки.** The boy started removing his boots clumsily.
prep. **з. з** + *G.* remove from sth ◊ **Оле́кса зняв простира́дла з ме́блів.** Oleksa removed the sheets from the furniture.
Also see **скида́ти 4, стя́гувати 3**
2 to skim off, lift ◊ **Вона́ кі́лька разі́в ~ла шумови́ння з ю́шки, що кипі́ла.** Several times she skimmed off the foam from the boiling broth.
з. + *n.* ◊ **з. ве́рхній шар** skim the upper layer (**верши́** cream, **жир** fat); **з. слу́хавку** lift a receiver ◊ **Слу́хавку зняла́ секрета́рка.** The secretary lifted the receiver.
3 to take down, get ◊ **О́ля поста́вила драби́ну, щоб зня́ти альбо́м із поли́ці.** Olia put up the ladder, to get the album from the shelf.
з. + *n.* **з. карти́ну** take down a painting (**ки́лим** carpet, **пра́пор** flag)
4 to make, take ◊ **Він зняв ко́пію з ко́жної світли́ни.** He made a copy of each photograph. ◊ **Кравчи́ня зняла́ з не́ї всі мі́рки.** The seamstress took all her measurements. ♦ **з. рентґеногра́му** to make an X-ray
5 to start, cause, provoke *with n.* ◊ **Поя́ва на сце́ні примадо́нни зняла́ о́плески.** The prima donna's appearance on the stage provoked applause.
з. + *n.* **з. га́лас** start noise (**ґвалт** racket, **крик** uproar, **сканда́л** scandal ◊ **Зая́ва зняла́ сканда́л.** The statement provoked a scandal. **триво́гу** alarm)
See **виклика́ти 3, почина́ти**
6 *colloq.* to film *(film, photo, etc.)*, shoot ◊ **Сце́ну ~ли прихо́ваною ка́мерою.** They shot the scene with a hidden camera.
з. + *n.* **з. ві́део** shoot a video (**світли́ну** photograph, **фільм** film) ◊ **Фільм зняли́ за два ти́жні.** They shot the film in two weeks.
See **фільмува́ти**
7 *colloq.* to rent, hire, lease ◊ **Він зняв помешка́ння над мо́рем.** He rented an apartment by the sea.
з. + *n.* **з. за́лу** rent a hall (**кварти́ру** apartment, **кімна́ту** room, **куто́к** corner, **рестора́н** restaurant) ◊ **Бюдже́т дозволя́в їм зня́ти невели́кий рестора́н.** The budget allowed them to rent a small restaurant.
Also see **найма́ти 2**
8 to dismiss, let go, lay off ◊ **Катеринчу́к боя́лася, що її тепе́р зні́муть.** Katerynchuk feared they would fire her now.
prep. **з. з** + *G.* dismiss from *(a post)* ◊ **Шеф зняв його́ з ви́гідної поса́ди.** The boss dismissed him from a lucrative post.
See **звільня́ти 3**
9 to raise, lift ◊ **Вона́ блага́льно зняла́ ру́ки до не́ба.** She beseechingly raised her hands to the sky. ◊ **Два чолові́ки зняли́ хво́ру зі сті́льця.** Two men lifted the (female) patient off the chair.
See **підніма́ти 1.** *Also see* **зано́сити 5, підво́дити 3, підно́сити 2**
10 *fig.* to lift, cancel, remove, withdraw ◊ **Дире́ктор зняв із не́ї вину́ за прова́л.** The director absolved her of blame for the failure.
з. + *n.* **з. блока́ду** lift a blockade (**обло́гу** siege; **ембарґо** embargo ◊ **ЄС зняло́ ембарґо з Іра́ну.** The EU lifted the embargo from Iran. **заборо́ну** ban, **обме́ження** limitations, *etc.*) ◊ **Обме́ження зняли́ три мі́сяці тому́.** The limitations were lifted three months ago.
11 *colloq.* to pick up *(for casual intimacy)* ◊ **У ба́рі Мико́лу зняла́ яка́сь таємни́ча жі́нка.** A mysterious woman picked Mykola up in the bar.
pa. pple. **зня́тий** taken off, *etc.*
зніма́й! зніми́!

зніма́|тися; зня́тися, *intr.*
1 *pass., only impf.* to be taken off, be pulled off, be taken down, be removed ◊ **Кри́шка тя́жко ~ється.** The cover is difficult to remove. ◊ **Рі́шенням су́ду всі її звинува́чення ~ються.** By the court decision all her charges are being lifted.
See **зніма́ти 1-4, 10-11**
2 *pass., only impf.* to be filmed, to have one's photograph taken, to be in film ◊ **Вона́ ~ється в багатьо́х фі́льмах.** She is in many films.
See **зніма́ти 6**
3 to take off *(of aircraft, bird, etc.)*, fly up ◊ **Літа́к зня́вся за хма́ри.** The airplane took off above the clouds.
prep. **з. з** + *G.* take off from sth ◊ **Леле́ки зняли́ся зі стрі́хи.** The storks took off from the thatch roof.
See **підніма́тися 3**
4 to rise *(of sun, etc.)*, ascend; soar, tower ◊ **За маши́ною зняла́ся хма́ра ку́ряви.** A dust cloud rose in the wake of the car. ◊ **Топо́лі ~лися над доро́гою по оби́два бо́ки.** Poplars soared over the road on both sides.
See **підніма́тися 1, 5.** *Also see* **встава́ти 4, досяга́ти 4, підно́ситися 1**
5 to leave, depart; move toward, head for ◊ **Вони́ зняли́ся ра́но-вра́нці.** They left early in the morning. ◊ **Щоти́жня з мі́ста на фронт ~лася черго́ва гру́па доброво́льців.** Every week, another group of volunteers headed for the front. ◊ **Куди́ це вона́ зняла́ся в таку́ пі́зню годи́ну?** Where is it she is heading at such a late hour?
Also see **від'ї́жджати 1, вихо́дити 1, забира́тися 3, ї́хати**
6 to start *(of scandal, noise, etc.)*, break out ◊ **Зняла́ся бу́ря.** A storm broke out.
See **почина́тися.** *Also see* **вибуха́ти 2, підніма́тися 4, розпочина́тися, спала́хувати 3.** *Ant.* **закі́нчуватися**
7 *pass.* to be lifted, be removed ◊ **Лю́ди чека́ли, коли́ зні́муться обме́ження на торгі́влю.** People waited for the limitations on trade to be lifted. ♦ **з. з о́бліку** to take one's name off a register.
8 *pass.* to be for rent, be leased ◊ **~ється кімна́та.** Room for rent.

знов(у), *adv.*
1 again ◊ **Вона́ з. загра́ла цю мело́дію.** She began to play the tune again.
з. + *v.* **диви́тися** watch ◊ **Він з. диви́вся улю́блену комéдію.** He watched his favorite comedy again. **каза́ти** say, **пита́ти** ask, **роби́ти** do, **слу́хати** listen, **чита́ти** read, **чу́ти** hear; ♦ **з. і з.** again and again
2 anew, afresh, for the second time ◊ **Наді́я чу́лася, нена́че з. на світ народи́лася.** Nadiia felt as if she had been born again into the world.
v. + **з. відбудо́вувати** rebuild, **відтво́рювати** recreate ◊ **Маля́р намага́вся з. відтвори́ти о́браз вели́кого винахі́дника.** The artist tried to recreate again the image of the great inventor.

зну́ди|ти, *pf., see* **ну́дити**
impers. to vomit, be sick, throw up ◊ **Смо́рід гнилі́ був таки́м нестéрпним, що Петра́ ~ло.** The stench of the rot was so unbearable, that Petro vomited.

знуща́н|ня, *nt.*
1 torture, abuse, torment, *often pl.* ◊ **Ярове́нко воліла кра́ще поме́рти, ніж зно́сити такі́ з.** Yarovenko would rather die, than suffer such abuse.
adj. **брута́льні** brutal, **важкі́** harsh, **жахли́ві** horrible, **жорсто́кі** cruel, **немилосе́рдні** merciless, **нестéрпні** unbearable, **сади́стські** sadistic; **мора́льні** moral, **психологі́чні** psychological, **фізи́чні** physical; **навми́сні** intentional; **свідо́мі** conscious; **пості́йні** constant, **системати́чні** systematic, **ча́сті** frequent; **всіля́кі** all kinds of
n. + **з. же́ртва ~ь** a victim of abuse
v. + **з. зно́сити з.** bear abuse (**терпі́ти** suffer) ◊ **Не́стор мо́вчки терпі́в з. нача́льника.** Nestor silently suffered the abuse from his boss. **зазнава́ти ~ь** endure abuse ◊ **Вона́ зазнава́ла ~ь від учителі́в.** She endured abuse from her teachers. **піддава́ти** + *A.* **~ням** subject sb to torture ◊ **Її піддава́ли побо́ям та і́ншим фо́рмам з.** She was subjected to beatings and other forms of torture.
з. + *v.* **відбува́тися** occur ◊ **З. над паціє́нтами відбува́лися із благослові́ння головно́го лі́каря.** The abuse of patients occurred with the chief doctor's blessing. **почина́тися** begin, **припиня́тися** stop
prep. **з. з** + *G. or* **над** *I.* torture of sb ◊ **мора́льні з. з підле́глих** moral abuse of subordinates; ◊ **з. над дітьми́** child abuse
Also see **жорсто́кість, катува́ння**
2 mockery, ridicule, derision, *fig.* bad joke ◊ **Усе́, що він сказа́в – це з. зі здоро́вого глу́зду.** Everything he said is a mockery of common sense.
adj. **вито́нчені** subtle, **грайли́ві** playful, **дру́жні** friendly, **ла́гідні** gentle; **презирли́ві** scornful, **ядови́ті** venomous ◊ **У ві́дповідь на пропози́цію Наза́р отри́мав ядови́ті з.** In response to his offer, Nazar received venomous mockery. ◊ **Це ж якéсь з., а не перéклад!** This is a joke of translation, really!
Also see **насмі́шка**

знуща́|тися, **~ються; по~**, *intr.*
1 to abuse, ill-treat, torture ◊ **Вороги́ ~лися з поло́нених.** The enemies abused the captives.
adv. **брута́льно** brutally, **всіля́ко** in every way, **ду́же** badly, **жахли́во** horribly, **жорсто́ко** cruelly, **немилосе́рдно** mercilessly, **стра́шно** terribly; **навми́сно** intentionally; **про́сто** simply; **емоці́йно** emotionally, **мора́льно** morally, **психологі́чно** psychologically, **стате́во** sexually, **фізи́чно** physically; **безпереста́нку** nonstop, **весь час** all the time, **пості́йно** constantly, **системати́чно** systematically, **ча́сто** often
v. + **з. забороня́ти** + *D.* forbid sb to ◊ **Вихова́телям заборо́нено з. над підопі́чними.** Mentors are forbidden to abuse their wards. **не дозволя́ти** + *D.* not allow sb to
prep. **з. з** + *G. or* **над** + *I.* torture sb
See **му́чити 1, 3.** *Also see* **заму́чувати 1, катува́ти 1**
2 to mock, humiliate, ridicule ◊ **Сте́фа ~лася з Ма́рти за боягу́зтво.** Stefa mocked Marta for her cowardice. ◊ **До́сить уже́ з.!** Stop the ridicule!
prep. **з. з** + *G. or* **над** + *I.* ridicule sb ◊ **Ві́ктор не розумі́в, чому́ над ним так ~ються.** Victor did not understand why he was being ridiculed so. **з. за** + *A.* ridicule for sth ◊ **Де́які хло́пці ~лися з Василя́ за жіно́чність.** Some boys mocked Vasyl for his effeminacy.
See **глузува́ти 1.** *Also see* **смія́тися 2, ті́шитися 3**
(по)знуща́йся!

зня́|ти, *pf., see* **зніма́ти**
to take off; lift, remove; shoot, *etc.* ◊ **Гість ~в капелю́ха і покла́в на кана́пу.** The guest took off his hat and put it on the sofa.

зня́|тися, *pf., see* **зніма́тися**
to be taken off; be shot, be filmed, *etc.* ◊ **Акто́рка ~лася в трьох фі́льмах.** The actress appeared in three movies.

зобов'я́зан|ий, *adj.*
obliged, indebted + *D.* to sb/sth + *I.* with sth ◊ **Ні́на була́ наза́вжди́ ~ою їм ща́стям.** Nina

was forever indebted to them for her happiness.
adv. **абсолю́тно** absolutely, **безкіне́чно** infinitely, **ві́чно** eternally, **наза́вжди́** forever; **гли́бо́ко** deeply, **ду́же** much, **про́сто** simply, **спра́вді** really; **мора́льно** morally; **за зако́ном** by law, **юриди́чно** legally ◊ **У ті часи́ лікарі́ не були́ юриди́чно ~ими стерегти́ прива́тність пацієнтів.** In those times, doctors were not legally obligated to guard their patients' privacy.
v. + **з. бу́ти ~им** be obliged ◊ **Ю́рій був ~им прийти́.** Yurii was obliged to come. (**лиша́тися** remain, **почува́тися** feel, **ставáти** become); ♦ **бу́ти ~им життя́м** to owe sb one's life ◊ **Він з. Ната́лі життя́м.** He owes Natalia his life.
Also see **ви́нний 3, пови́нний 2**

зобов'я́зан|ня, *nt.*
obligation, duty ◊ **Роди́нні з. зму́шували Гали́ну помага́ти йому́.** Her familial obligations compelled Halyna to help him.
adj. **вели́ке** great, **пова́жне** *and* **серйо́зне** serious; **контра́ктне** *or* **контра́ктове** contractual ◊ **Вони́ ма́ли контра́ктові з. пе́ред фі́рмою.** They had contractual obligations to the firm. **юриди́чне** legal; **взає́мне** mutual; **роди́нне** *or* **сімéйне** family; **ети́чне** ethical, **мора́льне** moral, **релігі́йне** religious, **політи́чне** political, **суспі́льне** social; **пенсі́йне** pension, **пози́кове** debt, **професі́йне** professional, **фіна́нсове** financial ◊ **Уго́да звільня́ла їх від фіна́нсових ~ь пе́ред шко́лою.** The agreement relieved them of financial obligations to the school.
v. + **з. бра́ти з.** assume an obligation (**вико́нувати** fulfill ◊ **Вони́ ви́конали всі професі́йні з.** They fulfilled all of their professional obligations. **ма́ти** have; **ігнорува́ти** ignore, **наклада́ти на** + *A.* impose on sb ◊ **Поса́да наклада́ла на Підлі́сну нові́ з.** The position imposed new obligations on Pidlisna. **не́хтувати** neglect) ◊ **Яре́ма зне́хтував свої́ юриди́чні з.** Yarema neglected his legal obligations. ♦ **дава́ти з.** take it upon oneself ◊ **Дени́с дав з. закінчи́ти робо́ту за ти́ждень.** Denys took it upon himself to finish the work in one week. **звільня́ти** + *A.* **від з.** relieve sb of an obligation (**позбува́тися** get rid of) ◊ **Вони́ позбули́ся пози́кових ~ь.** They got rid of their debt obligations.
prep. **з. за** + *I.* an obligation under sth ◊ **з. за до́говором** an obligation under a treaty (**домо́вленістю** agreement, **зако́ном** law, **контра́ктом** contract); **з. пе́ред** + *I.* an obligation to sb
Also see **обо́в'язок**

зобов'яза́|ти, *pf., see* **зобов'я́зувати**
to oblige, obligate; compel ◊ **Він ~в бухга́лтера переві́рити кошто́рис будівни́цтва.** He obliged the accountant to check the construction estimate.

зобов'яза́|тися, *pf., see* **зобов'я́зуватися**
to take an obligation, *etc.* ◊ **Лев ~вся покра́щити оці́нки.** Lev vowed to improve his grades.

зобов'я́зу|вати, ~ють; зобов'яза́ти, ~у́, зобов'я́ж|уть, *tran.*
to oblige, compel, obligate, require ◊ **Рі́шення у́ряду ~вало водія́ дава́ти клієнтові квита́нцію.** The government's decision obliged a driver to give his client the receipt.
adv. **ети́чно** ethically ◊ **Поря́дність ети́чно зобов'я́зувала її́ мовча́ти.** Decency ethically compelled her to keep silent. **мора́льно** morally; **неуни́кно** inevitably; **юриди́чно** legally, **фіна́нсово** financially; **чі́тко** clearly
v. + **з. ма́ти** be supposed to ◊ **Офіце́рський одностро́й мав би з. його́ пово́дитися нале́жним чи́ном.** His officer's uniform would be supposed to obligate him to behave properly. **намага́тися** try to; **не хоті́ти** be reluctant to ◊ **Він не хоті́в з. Миро́сю чини́ти про́ти во́лі.** He was reluctant to obligate Myrosia to act against her will.
pa. pple. **зобов'я́заний** obliged
зобов'язу́й! зобов'яжи́!

зобов'я́зу|ватися; зобов'яза́тися, *intr.*
to assume an obligation, to commit to sth + *inf.* ◊ **Козаки́ ~валися борони́ти Ки́їв.** The Cossacks were assuming the obligation to defend Kyiv.
adv. **залюбки́** willingly, **з приє́мністю** with pleasure; **нехо́че** reluctantly; **несподі́вано** unexpectedly, **ра́до** gladly ◊ **Вона́ ра́до зобов'яза́лася бра́ти у́часть у робо́ті майсте́рні.** She gladly committed to participate in the workshop. **вже** already, **наре́шті** finally

зо́вні, *adv.*
1 outside, on the outside, outdoors ◊ **Пара́н пофарбува́ли лише́ з.** The fence was painted only on the outside. ◊ **З. нови́й теа́тр поді́бний на кремато́рій.** On the outside, the new theater resembles a crematory. ◊ **Де́яке обла́днання розмі́щувалося з.** Some equipment was outdoors.
Ant. **зсере́дини 1**
2 outwardly, on the surface, to all appearances ◊ **З. він здава́вся простако́м.** On the surface, he seemed a simpleton.
Also see **зве́рху 3.** *Ant.* **всере́дині**

зо́внішн|ій, *adj.*
1 outside, external, exterior ◊ **Ві́тер бря́зкав неза́мкненими ~іми двери́ма.** The wind was slamming on the unlocked outside door.
з. + *n.* **з. бік** the exterior side; **з. ви́гляд** (outside) appearance ◊ **За ~ім ви́глядом королі́вська капли́ця ра́дше нага́дувала собо́р.** By its outside appearance the royal chapel rather resembled a cathedral. **з. кут** *math.* an external angle; **з. світ** outside world ◊ **Філо́соф відгороди́вся від ~ього сві́ту.** The philosopher fenced himself off from the outside world.
Ant. **вну́трішній 1**
2 *fig.* outward, feigned, pretended, simulated, superficial ◊ **Дру́жба між хло́пцями була́ чи́сто ~ьою.** The friendship between the boys was purely superficial.
з. + *n.* **з. у́спіх** outward success ◊ **Його́ з. у́спіх прикрива́в особи́сту кри́зу.** His outward success disguised a personal crisis. **~я гості́нність** feigned hospitality (**пова́га** respect, **теплота́** warmth)
See **пози́рний.** *Also see* **вдава́ний, ви́гаданий, символі́чний 2, уя́вний.** *Ant.* **реа́льний, спра́вжній**
3 foreign ◊ **Краї́на зму́шена боро́тися із ~іми і вну́трішніми ворога́ми.** The country is forced to fight domestic and foreign enemies.
з. + *n.* **з. борг** foreign debt (**во́рог** enemy; **ри́нок** market); **~я полі́тика** foreign policy (**торгі́вля** trade); **~і відно́сини** foreign relations
See **чужи́й 2.** *Also see* **закордо́нний, зарубі́жний.** *Ant.* **вну́трішній 3, свій, украї́нський**

зо́внішн|ість, *f.*, **~ости**, *only sg.*
appearance *(of a person)*, exterior ◊ **Усі́ зверта́ли ува́гу на разю́чу з. ді́вчини.** Everybody paid attention to the girl's striking appearance.
adj. **вродли́ва** beautiful, handsome ◊ **чолові́к вродли́вої ~ости** a man of handsome appearance; **га́рна** pretty, **показна́** distinctive ◊ **Вона́ розмовля́ла з па́нею показно́ї ~ости.** She was talking with a lady of distinctive appearance. **приє́мна** pleasant, **разю́ча** striking, **чарі́вна** charming; **дивакува́та** weird, **ди́вна** strange, **екстравага́нтна** extravagant, **неоха́йна** unkempt, **неприє́мна** unpleasant, **розко́шлана** disheveled ◊ **Марі́чка знахо́дила щось прива́бливе в розко́шланій ~ості хло́пця.** Marichka found something attractive in the boy's disheveled appearance.
v. + **з. ма́ти з.** have an appearance ◊ **Він мав з. старо́го піра́та.** He had the appearance of an old pirate. (**змі́нювати** *or* **мі́няти** change ◊ **Злочи́нець радика́льно зміни́в з.** The criminal radically changed his appearance. **наслі́дувати** imitate ◊ **В своє́му о́дязі Ірина наслі́дувала з. улю́бленої актóрки.** Iryna imitated her favorite actress's appearance in her clothes. **покра́щувати** improve); **набува́ти ~ости** take on an appearance ◊ **У костю́мі богє́мний маля́р набува́в ~ости бізнесме́на.** With the suit on, the bohemian artist took on the appearance of a businessman. (**бу́ти** be of) ◊ **Стороже́нко був чолові́ком неприє́мної ~ости.** Storozhenko was a man of unpleasant exterior.
з. + *v.* **залиша́тися** remain ◊ **Її з. лиша́лася незмі́нно молоди́стою.** Her appearance remained invariably youthful. **змі́нюватися** *or* **міня́тися** change ◊ **Її з. зміни́лася до невпізна́нного.** Her appearance changed beyond recognition.
prep. **в ~ості** in sb's appearance ◊ **В його́ ~ості є щось шляхе́тне.** There is something noble in his exterior. **за ~істю** in appearance ◊ **За ~істю Мари́на лиша́лася проста́чкою.** Maryna remained low-class in appearance.
Also see **вро́да 1.** *Cf.* **ви́гляд, вид**[1] **2**

зо́всім, *adv.*
1 completely, entirely, fully ◊ **За день він з. утоми́вся.** He got completely tired over the day.
Also see **геть 1, по́вністю, рі́шуче 2, спо́вна́, ці́лко́м 2, чи́сто 2**
2 at all (*in neg.)* ◊ **Я з. не зна́ю її́.** I don't know her at all. ◊ **Їй від цього з. не ле́гше.** She is none the better for it.
Also see **геть, ціл́ко́м**

золот|и́й, *adj.*
gold, golden ◊ **з. вік** the Golden Age; ◊ **~а́ жи́ла** a vein of gold, ◊ **з. запа́с** gold reserves (**пісо́к** dust), ♦ **~а́ лихома́нка** *hist.* the Gold Rush, ♦ **~а́ о́сінь** Indian summer; **~а́ ри́бка** a gold fish, ♦ **~а́ сере́дина** the golden mean; ♦ **~е́ дно** a gold mine ◊ **Текст ви́явився ~и́м дном нови́х да́них.** The text proved to be a gold mine of new data. **~е́ руно́** *myth* the Golden Fleece; **~і родо́вища** gold fields; ♦ **~і ру́ки** hands of gold ◊ **Що́до ви́шивки, то в Наді́ї ~і ру́ки.** As to embroidery, Nadiia has hands of gold.

зо́лот|о, *nt., only sg.*
1 gold ◊ **Конкістадо́ри приї́хали до Но́вого Сві́ту в по́шуках ~а.** Conquistadors arrived in the New World in search of gold.
adj. **бі́ле** white, **спра́вжнє** real, **чи́сте** pure, **щи́ре** genuine ◊ **Пе́рстень зро́блено зі щи́рого ~а.** The ring is made of genuine gold. **суса́льне** beaten *or* rolled; ♦ **чо́рне з.** *fig.* oil; ♦ **не все те з., що блищи́ть** all that glitters is not gold
n. + **з. запа́си** gold reserves (**зли́вок** bullion ◊ **Під час о́бшуку в ньо́го зна́йдено п'ять зли́вків чи́стого ~а.** During the search, five pure gold bullions were found at his place. **ри́нок** market; **родо́вище** deposit; **саморо́док** nugget)
v. + **з. видобува́ти з.** extract gold ◊ **Тут почали́ видобува́ти з. на поча́тку столі́ття.** They began to extract gold here at the beginning of the century. (**виробля́ти** produce, **знахо́дити** discover, **ми́ти** pan for ◊ **Він ми́є з.** He is panning for gold. **розві́дувати** prospect for, **шука́ти** look for)
prep. ♦ **в ~і** in luxury ◊ **Одружи́вшись на бага́тому, Лі́да жи́тиме в ~і й го́ря не зна́тиме.** *fig.* Having married a rich man, Lida will live in luxury and know no worries. **з ~а** from/of gold ◊ **сере́жки з ~а** gold earrings
See **мета́л**
2 *fig.* treasure, angel, gem, one of a kind; sweetheart *(as a form of address)* ◊ **Полі́щуки́ ма́ли не си́на, а з.** The Polishchuks had a treasure of a son. ◊ **Де ж ти був так до́вго, з.**

моє́? Where were you for so long, sweetheart?
3 *fig.* gold, gold medal ◊ **олімпі́йське з.** an Olympic gold
v. + **з. бра́ти з.** take a gold ◊ **Вони́ взяли́ з. з біатло́ну.** They took a gold in biathlon. (**виграва́ти** win, **здобува́ти** get, **змага́тися за** compete for ◊ **Вона́ змага́лася за з. із си́льною супе́рницею.** She competed for gold with a strong rival. **претендува́ти на** go for) ◊ **Гімна́ст мо́же претендува́ти на з.** The gymnast can go for the gold.
See **меда́ль**

зо́н|а, *f.*
1 zone, area ◊ **Лю́ди поверта́лися в ~у, забру́днену радіа́цією.** People were returning to the radiation contaminated zone.
adj. **вузька́** narrow, **широ́ка** wide; **півде́нна** southern ◊ **О́бстріли були́ в півде́нній ~і фро́нту.** The shelling was in the southern zone of the front. **півні́чна** northern, *etc.*; **центра́льна** central; **без'я́дерна** nuclear-free ◊ **Уря́д оголоси́в краї́ну без'я́дерною ~ою.** The government declared the country to be a nuclear-free zone. **бу́ферна** buffer, **ві́льна** free, **демілітаризо́вана** demilitarized; **бойова́** combat, **військо́ва** military, **воє́нна** war, **окупаці́йна** occupation, **окупо́вана** occupied; **заборо́нена** exclusion, **зара́жена** contaminated, **небезпе́чна** danger ◊ **Вони́ ввійшли́ до небезпе́чної ~и.** They entered a danger zone. **радіяці́йна** radiation; **невтра́льна** neutral; **окупо́вана** occupied; **безпе́чна** safe; **ме́ртва** dead; **перехідна́** transition, **периферíйна** peripheral, **прикордо́нна** frontier; **кліматі́чна** climatic, **сейсмі́чна** seismic, **температу́рна** temperature; **лісова́** forest, **пусте́льна** desert, **степова́** steppe, **тропі́чна** tropical; **пішохі́дна** pedestrian ◊ **Середмі́стя перетвори́ли на пішохі́дну ~у.** The downtown was transformed into a pedestrian zone. **ероге́нна** erogenous; **економі́чна** economic, **офшо́рна** offshore ◊ **Він відмива́в свої́ мільйо́ни в офшо́рних ~ах.** He laundered his millions in offshore zones. **промисло́ва** industrial, **риба́льська** fishing; ♦ **Чорно́бильська з.** the Chornobyl zone
з. + *n.* **з. відпочи́нку** a recreation zone (**відчу́ження** exclusion; **ві́льної торгі́влі** free-trade ◊ **По́рт – з. ві́льної торгі́влі.** The port is a free-trade zone. **зато́плення** flood, **землетру́су** earthquake, **поже́жі** fire, **радія́ції** radiation, **руйнува́нь** destruction; **безпе́ки** safety, **комфо́рту** comfort) ◊ **Го́стрими пита́ннями репорте́р намага́вся ви́вести його́ із ~и комфо́рту.** By his pointed questions, the reporter tried to take him out of his comfort zone.
v. + **з. встано́влювати ~у** establish a zone ◊ **Навко́ло об'є́кта встанови́ли заборо́нену ~у три́дцять кіломе́трів.** A 30-km exclusion zone was established around the facility. (**залиша́ти** leave; **обхо́дити** bypass; **потрапля́ти в** get in, **проника́ти в** penetrate) ◊ **Розві́дникам тре́ба було́ прони́кнути в окупо́вану ~у.** The scouts needed to penetrate the occupied zone. **вихо́дити із ~и** leave a zone (**трима́тися да́лі від** keep away from, **уника́ти** avoid); **бу́ти розташо́ваним у ~і** be located in a zone (**перебува́ти у** be in) ◊ **Три годи́ни вони́ перебува́ли в ~і висо́кої радія́ції.** For three hours, they had been in the high-radioactivity zone.
з. + *v.* **лежа́ти** lie ◊ **Да́лі лежа́ла невтра́льна з.** Farther on, there lay the neutral zone. **перетина́ти** + *A.* cross sth, **простяга́тися** *or* **тягну́тися на** + *A.* stretch for *(distance)* ◊ **З. відпочи́нку тягну́лася на три кіломе́три.** The recreation zone stretched for 3 km. **розташо́вуватися** be located; **почина́тися** begin; **продо́вжуватися** continue; **закі́нчуватися** end ◊ **З. безпе́ки закі́нчувалася за сто кро́ків від парка́ну.** The safety zone ended a hundred steps from the fence.
Also see **по́яс 3, сму́га 3**

2 *colloq.* slammer, prison ◊ **Він уті́к із ~и.** He escaped from the slammer.
v. + **з. бу́ти на ~і** be in the slammer (**відбува́ти те́рмін на** serve prison time in) ◊ **Він п'ять ро́ків відбу́в на ~і.** He served five years in the slammer.
See **в'язни́ця, тюрма́.** *Also see* **ув'я́знення**

зора́|ти, *pf., see* **ора́ти**
to plow ◊ **По́ле ~ли тра́ктором.** The field was plowed by a tractor.

зорієнтува́|ти, *pf., see* **орієнтува́ти**
to orient, orientate ◊ **Головни́й реда́ктор ~в часо́пис на фахівці́в.** The editor-in-chief orientated the magazine to professionals.

зорієнтува́|тися, *pf., see* **орієнтува́тися**
to orient oneself, orientate oneself ◊ **О́ля шви́дко ~лася, в які́й части́ні мі́ста вона́ є.** Olia quickly oriented herself as to what part of town she was in.

з|оря́, *f.*
1 star ◊ **У те́мряві но́чі мерехті́ла незна́на з.** An unknown star twinkled in the dark of night. ◊ **Не́бо всі́яне ~о́рями.** The sky is covered with stars.
See **зі́рка 1**
2 glow *(on horizon)*, radiance, luminescence ◊ **На о́брії з'яви́лася роже́ва з.** A pink glow emerged on the horizon. ♦ **вечі́рня з.** sunset; ♦ **ранко́ва з.** dawn, ♦ **ні світ ні з.** very early ◊ **Чого́ це ти дзво́ниш ні світ ні з.?** Why are you calling so early?
prep. ♦ **від ~орі́ до ~орі́** from morn till night ◊ **Ко́жен день від ~орі́ до ~орі́ вони́ працюва́ли.** They worked every day from morn till night. ♦ **на ~орі́** at the break of day ◊ **Воло́дя встав на ~орі́.** Volodia rose at the break of day.
See **сві́тло**
3 *fig.* dawn, beginning, outset ◊ **на ~орі́ комп'ю́терної е́ри** at the dawn of the computer era
N. pl. ~**о́рі**, *G. pl.* ~**ір**

зосере́джу|вати, ~ють; зосере́д|ити, ~жу, ~ять, *tran.*
1 to concentrate, gather, collect ◊ **Бібліоте́ка ~вала уніка́льні руко́писи.** The library gathered unique manuscripts.
adv. **в основно́му** mostly, **го́ловно** mainly ◊ **Він ~вав в альбо́мі го́ловно роди́нні світли́ни.** He was gathering mainly his family pictures in the album. **перева́жно** predominantly; **зокре́ма́** in particular; **винятко́во** exclusively; **по́вністю** entirely, **цілко́м** completely
з. + *n.* **з. військá** concentrate troops ◊ **Генера́л зосере́див військá навко́ло мі́ста.** The general concentrated the troops around the city. (**виробни́цтво** production, **вла́ду** power, **вплив** influence, **допомо́гу** assistance; **бага́тство** wealth, **ене́ргію** energy, **за́соби** means, **зуси́лля** efforts, **капіта́л** capital, **ресу́рси** resources ◊ **Організа́ція ~є ресу́рси на допомо́зі бі́женцям.** The organization concentrates its resources on aiding the refugees. **си́лу** force, **фіна́нси** finances, **фо́нди** funds); ♦ **з. ду́мки** to pull one's thoughts together ◊ **Він заплю́щив о́чі, ~ючи ду́мки́.** He closed his eyes, pulling his thoughts together. ♦ **з. ува́гу** focus one's attention
v. + **з. бу́ти тре́ба** + *D.* need to, **вдава́тися** + *D.* succeed in, **змогти́** *pf.* manage to, **могти́** can, **намага́тися** try to ◊ **Він намага́вся зосере́дити си́ли для оста́нньої спро́би.** He was trying to concentrate his force for the last attempt. **хоті́ти** want to; **перекону́вати** + *A.* convince sb to ◊ **Авторі́ меморандуму перекона́ли комітéт зосере́дити ресу́рси на двох прое́ктах.** The memorandum's authors convinced the committee to concentrate the resources on two projects.
2 to focus, concentrate, direct ◊ **Усю́ свою́ ува́гу вони́ зосере́дили на цій пробле́мі.** They focused all their attention on this problem.
з. + *n.* **з. ана́ліз** focus analysis (**во́гонь** fire ◊ **Во́рог зосере́див во́гонь на мосту́.** The enemy directed its fire at the bridge. **ду́мку** thought, **почуття́** feelings, **ува́гу** attention, **уя́ву** imagination; **зуси́лля** efforts)
v. + **з. бу́ти ва́жко** be difficult to, **бу́ти не в ста́ні** be incapable of ◊ **Він був не в ста́ні зосере́дити зір на дрі́бному шри́фті.** He was incapable of focusing his sight at the fine print. **бу́ти неможли́во** be impossible to; **бу́ти тре́ба** + *D.* need to, **намага́тися** try to, **хоті́ти** want to ◊ **Доповіда́ч хоті́в зосере́дити ува́гу на на́слідках, а не причи́нах.** The presenter wanted to focus his attention on the consequences and not the causes.
prep. **з. на** + *A. and L.* concentrate on sb/sth
pa. pple. **зосере́джений** focused, concentrated
зосере́джуй! зосере́дь!

зосере́джу|ватися; зосере́дитися, *intr.*
1 to focus, to concentrate *(attention)* on
adv. **зуми́сне** *or* **навми́сне** on purpose, **свідо́мо** intentionally; **в основно́му** mostly, **го́ловно** mainly, **перева́жно** predominantly; **зокре́ма́** in particular; **винятко́во** exclusively ◊ **Пое́т ~ється винятко́во на приро́ді і почуття́х, які́ вона́ виклика́є.** The poet focuses exclusively on nature and the feelings it provokes. **по́вністю** entirely, **цілко́м** completely; **ті́льки** solely
v. + **з. бу́ти ва́жко** be difficult to, **бу́ти не в ста́ні** be incapable of ◊ **Він не в ста́ні зосере́дитися ні на чо́му до́вше, як одну́ хвили́ну.** He is incapable of focusing on anything for longer than one minute. **бу́ти неможли́во** be impossible to; **бу́ти слід** + *D.* should ◊ **Вам слід зосере́дитися на подро́бицях.** You should focus on details. **намага́тися** try to, **хоті́ти** want to
prep. **з. на** + *L.* focus on sb/sth
Also see **збира́тися 6, зупиня́тися 3**
2 to be centered, be amassed, gather, be gathered ◊ **Ки́єві ~ється науко́вий потенція́л краї́ни.** The scientific potential of the country is centered in Kyiv. ◊ **В уні́верситеті ~валася гру́па провідни́х фі́зиків.** A group of top physicists was gathered at the university.
See **збира́тися 1.** *Also see* **схо́дитися 1**

зосере́ди|ти, *pf., see* **зосере́джувати**
to focus, *etc.* ◊ **Слі́дча ~ла ува́гу на одні́й спра́ві.** The (female) detective focused her attention on one case.

зосере́ди|тися, *pf., see* **зосере́джуватися**
to focus, concentrate; gather ◊ **Навко́ло пам'я́тника ~лася гру́па лю́ду.** A group of people gathered around the monument.

зотлі́|ти, *pf., see* **тлі́ти**
to smoulder *(to the end)*, burn; to decay ◊ **Стари́й перга́мент наполови́ну ~в.** Half of the old parchment has decayed.

зо́шит, *m.*, **~а**
notebook ◊ **Стари́й з. місти́в спостере́ження славе́тного мандрівника́.** The old notebook contained the famous traveler's observations.
adj. **нови́й** new ◊ **Юрко́ купи́в нови́й з.** Yurko bought a new notebook. **поде́ртий** torn, **поте́ртий** tattered, **стари́й** old; **товсти́й** thick, **тонки́й** thin; **чи́стий** blank; **окре́мий** separate, **спеція́льний** special; **журналі́стський** journalist's, **репорте́рський** reporter's ◊ **Її́ репорте́рський з. зник.** Her reporter's notebook disappeared. **зго́рнутий** folded, **скру́чений** rolled
v. + **з. вести́** keep a notebook ◊ **Вона́ вела́ спеція́льний з.** She kept a special notebook. (**вийма́ти** take out ◊ **Ви́йнявши з кише́ні скру́чений з., Тара́с став шука́ти в нім щось.** Having taken a rolled notebook out of his pocket,

Taras started looking for something in it. **витягáти** pull out ◊ **Вонá ви́тягла з. із сýмки.** She pulled the notebook out of her bag. **ховáти** put away ◊ **Маркó сховáв з. у шухля́ду.** Marko put the notebook away in the drawer. **занотóвувати** + *A.* **в** record sth to ◊ **Вонá занотувáла інтерв'ю в з.** She recorded the interview in her notebook. **запи́сувати** + *A.* **в** write sth down to; **носи́ти** carry) ◊ **Він носи́в з.** He carried a notebook. **вириваáти áркуш із ~а** tear a sheet out of a notebook (**вириваáти сторíнку з** tear a page out of) ◊ **Він ви́рвав сторíнку з ~а.** He tore a page out of the notebook.

prep. **в з.** *dir.* in/to a notebook ◊ **Він поклáв заклáдинку в з.** He put the bookmark in the notebook. **в ~і** *posn.* in a notebook ◊ **зáпис у ~і.** an entry in a notebook; **з. для** + *G.* a notebook for sth ♦ **з. для малювáння** a sketchbook

з-під, *var.* **із-під**, *prep.* + *G.*
1 from under ◊ **Вонá диви́лася на них із-під брів.** She was looking at them from under her brows. ◊ **Тиміш нагнýвся і ви́тягнув із-під лíжка вели́ку валíзу.** Tymish bent and pulled a big suitcase from under the bed. ♦ **роби́ти** + *A.* **з. пáлки** to do sth under compulsion ◊ **Тéрень навчáвся з. пáлки.** Teren had studied under compulsion.
2 from the proximity of, from near, close to ◊ **Гóсті приї́хали з. Дýбна.** The guests arrived from a place close to Dubno.
Also see **бíля 2, бли́зько 3, щось[2] 3, яки́й 4, яки́йсь 2**
3 from ◊ **Йогó звільни́ли з. арéшту.** He was release from detention. ♦ **пáчка з. сигарéт** an empty cigarette package, ♦ **пля́шка з. молокá** an empty milk bottle; ◊ **слóїк із-під сметáни** an empty sour cream jar

зрáд|а, *f.*
betrayal, treason, perfidy ◊ **Скрізь були́ пíдступ і з.** There were trickery and betrayal everywhere.
adj. **ганéбна** shameful ◊ **Її ви́ступ був ганéбною ~ою.** Her speech was a shameful betrayal. **нечýвана** unheard-of, **пíдла** vile, **підстýпна** cunning; **несподíвана** unexpected; **особи́ста** personal, **остатóчна** ultimate; ♦ **держáвна з.** high treason ◊ **Її звинувáчували у держáвній ~і.** She stood accused of high treason.
з. + *n.* **з. батьківщи́ни** *and* **батьківщи́ні** betrayal of one's fatherland (**вíри** faith; **дрýзів** *and* **дрýзям** friends, **спрáви** cause)
n. + **з. акт ~и** an act of betrayal ◊ **Він учини́в акт остатóчної ~и.** He committed an act of ultimate betrayal. (**відчуття́** feeling) ◊ **Дáну переслíдувало відчуття́ ~и.** A feeling of betrayal pursued Dana.
v. + **з. викривáти ~у** expose a treason (**вчиня́ти** commit; **диви́тися на** + *A.* **як на** view sth as ◊ **Вони́ диви́лися на перемóвини з терори́стами як на ~у.** They viewed the talks with the terrorists as betrayal. **бýти здáтним на** be capable of) ◊ **Він не був здáтним на ~у.** He was not capable of treason. **боя́тися ~и** be afraid of betrayal; **звинувáчувати** *or* **обвинувáчувати** + *A.* **у ~і** accuse sb of treason (**підóзрювати** + *A.* **у** suspect sb of) ◊ **Їх підóзрюють у ~і.** They are suspected of treason.

зрáджу|вати, **~ють**; **зрáд|ити**, **~жу**, **~ять**, *tran.*
1 to betray + *A. and D.*
adv. **ганéбно** shamefully ◊ **Він не міг так ганéбно зрáдити найбли́жчого дрýга** *or* **найбли́жчому дрýгові.** He could not betray his closest friend quite so shamefully. **пíдло** ignobly, **підстýпно** treacherously, **хи́тро** cunningly; **таємно** secretly; **знóву** again, **неодноразóво** repeatedly, **постíйно** constantly; **нíколи не** never
з. + *n.* **з. батьківщи́ну** betray one's fatherland (**країну** country ◊ **Зроби́ти це знáчило би зрáдити свою країну** *or* **своїй країні.** To do it would mean betraying one's country. **ідеáл** ideal, **кля́тву** oath, **мрíю** dream; **дрýга** friend, **люди́ну** person, **нарóд** people)
v. + **з. вирíшувати** decide to ◊ **Коли́ вонá ви́рішила зрáдити спрáві?** When did she decide to betray the cause? **відмовля́тися** refuse to ◊ **Він відмóвився зрáдити товаришíв.** He refused to betray his friends.
Also see **видавáти 3, здавáти 3**
2 to be unfaithful *(in love, etc.)*, betray ◊ **Він нíколи не зрáдить ї́хнього кохáння** *or* **ї́хньому кохáнню.** He will never betray their love.
з. + *n.* **з. своїй дíвчи́ні** be unfaithful to one's girlfriend (**дружи́ні** *form.* wife, **жíнці** wife, **кохáній** *f.* lover, **кохáному** *m.* lover, **наречéній** fiancée, **наречéному** fiancé, **чоловíкові** husband, **хлóпцеві** boyfriend) ◊ **За рóки шлю́бу вонá жóдного рáзу не зрáдила йогó.** Over the years of marriage, she did not betray him once.
3 to give up *(habit, conviction)*, betray ◊ **Він має репутáцію люди́ни, що не ~є обіця́нки.** He has the reputation of a man who does not break his promises.
з. + *n.* **з. зви́чці** break a habit (**кля́тві** oath, **обіця́нці** promise, **слóву** word); **з. вíрі** betray one's faith (**ідеолóгії** ideology, **переконáнням** convictions) ◊ **Марчéвська нíколи не ~вала переконáнням.** Marchevska never betrayed her convictions.
4 to fail, let down ◊ **У крити́чний момéнт її колíна зрáдили їй.** At a critical moment, her knees failed her.
adv. **геть** utterly, **цілкóм** completely; **ínоді** sometimes, **несподíвано** unexpectedly, **рáптом** suddenly; **мáйже** almost; **я́вно** clearly ◊ **Цьогó рáзу інтуї́ція я́вно зрáдила Петрóві.** This time his intuition clearly failed Petro.
Also see **здавáти 5**
5 to reveal, betray ◊ **Андрíєві óчі ~вали жах.** Andrii's eyes betrayed horror. ◊ **Її тремтя́чий гóлос ~вав вагáння.** Her trembling voice betrayed hesitation.
pa. pple. **зрáджений** betrayed
зрáджуй! зрадь!

зрáди|ти, *pf., see* **зрáджувати**
to betray; reveal, *etc.* ◊ **Хтось ~в комерцíйну таємни́цю конкурéнтові.** Somebody revealed the commercial secret to the rival.

зрадли́в|ий, *adj.*
1 treacherous, traitorous, disloyal ◊ **з. удáру** a traitorous blow
adv. **винятќово** exceptionally ◊ **Вáля мáла спрáву з винятќово ~ою люди́ною.** Valia dealt with an exceptionally disloyal person. **вкрай** extremely, **дýже** very, **надзвичáйно** extraordinarily; **потенцíйно** potentially, **сумнозвíсно** notoriously
з. + *n.* **з. вóрог** a treacherous enemy (**нáпад** attack, **удáр** blow; **чоловíк** man, husband); **~а вдáча** a disloyal nature (**дочкá** daughter, **дýмка** thought, **люди́на** person, **пáм'ять** *fig.* memory) ◊ **Дани́лова ~а пáм'ять знóву підвелá йогó.** Danylo's unreliable memory let him down again.
Also see **невíрний**. *Ant.* **вíдданий 1, вíрний 1**
2 unfaithful, fickle ◊ **Кáжуть, що крáще я́вний вóрог, як з. друг.** An obvious enemy is said to be better than a unfaithful friend.
adv. **дýже** very, **вкрай** extremely, **ганéбно** shamefully, **неймовíрно** incredibly, **невірогíдно** unbelievably
з. + *n.* **з. кохáнець** an unfaithful lover (**наречéний** fiancé, **чоловíк** husband); **~а дóля** a fickle fortune
Also see **невíрний**. *Cf.* **мінли́вий 2**
3 *fig.* unreliable, shaky, prone to fail, weak ◊ **~е здорóв'я** shaky health; ◊ **~і колíна** shaky knees
v. + **з. бýти ~им** be unreliable (**виявля́тися** prove, **лишáтися** remain) ◊ **Її здорóв'я лишáлося ~им.** Her health remained shaky.

зрадли́в|ість, *f.*, **~ости**, *only sg.*
treacherousness, treachery, infidelity ◊ **Йогó ~ості не булó нія́ких меж.** There were no limits at all to his treachery.
adj. **вели́ка** great, **винятќова** exceptional ◊ **Михáйло попереди́в їх про винятќову з. цієї осóби.** Mykhailo warned them about this individual's exceptional treacherousness. **ганéбна** shameful, **небáчена** unheard-of, **невірогíдна** unbelievable, **неймовíрна** incredible
Ant. **вíрність**

зрáдник, *m.*; **зрáдниця**, *f.*
traitor, turncoat ◊ **Йогó стрáтили як ~ка батьківщи́ни.** He was executed as a traitor to the fatherland.
adj. **дволи́кий** duplicitous, **ганéбний** shameful, **жалюгíдний** miserable, **мерзéнний** loathsome, **оги́дний** revolting, **пíдлий** vile
v. + **з. бýти ~ом** be a traitor (**вважáти** + *A.* consider sb ◊ **Вони́ вважáли ~ом кóжного, хто ви́їхав із країни.** They considered everybody who had left the country a traitor. **виявля́тися** turn out, **лишáтися** remain; **називáти** + *A.* call sb ◊ **Націоналісти́чна прéса називáла президéнта ~ом.** The nationalist press called the president a traitor. **оголóшувати** + *A.* declare sb, **таврувáти** + *A.* brand sb ◊ **Їх публíчно затаврувáли ~ами.** They were publicly branded traitors. **ставáти** turn) ◊ **За дóбру сýму грóшей він був готóвий стáти ~ом.** For a hefty sum of money he was ready to turn traitor.

зразкóв|ий, *adj.*
model, exemplary, perfect ◊ **Лев – у всіх віднóшеннях з. чоловíк.** Lev is a model husband in all the respects.
adv. **абсолю́тно** absolutely ◊ **абсолю́тно з. есéй** an absolutely exemplary essay; **бездогáнно** faultlessly, **ідеáльно** ideally; **мáйже** almost
з. + *n.* **~а поведíнка** model conduct ◊ **У серéдній шкóлі Тарáс не виріжня́вся ~ою поведíнкою.** When at secondary school, Taras did not stand out for his model conduct. (**робітни́ця** female worker, **студéнтка** female student, **шкóла** school) ◊ **Під її прóводом шкóла стáла ~ою для всьогó мíста.** Under her direction, the school became exemplary for the whole city.
See **взірцéвий**

зраз|óк, *m.*, **~кá**
1 sample, specimen ◊ **На полúцях вонá розклáла ~кí товáру.** On the shelves, she arranged merchandise samples. ◊ **Буди́нок лишáється чи не єди́ним ~кóм сецéсії в мíсті.** The building remains perhaps the sole specimen of Sezession in the city.
See **при́клад 1**
2 model, ideal, paragon + *G.* of sth/sb ◊ **Для багатьóх він – з. філантрóпа.** For many, he is a model philanthropist.
з. + *n.* **з. вчéного** an ideal of scientist (**громадяни́на** citizen, **гуманíста** humanist, **педагóга** educator, **письмéнника** writer, **маляра́** artist, *etc.*) ◊ **Домéніко Ґірландáйо як з. маляра́ Відрóдження** Domenico Ghirlandaio as a model of a Renaissance artist
v. + **з. бýти ~кóм** be a model (**вважáти** + *A.* consider sb; **виявля́тися** prove, **лишáтися** remain, **оголóшувати** + *A.* declare sb; **служи́ти** serve as, **ставáти** become); ♦ **стáвити** + *A.* **за з. íншим** to set sb up as an example for others ◊ **Учи́тель стáвив Юркá за з. ýчня.** The teacher set Yurko up as an exemplary student.
See **взірéць**. *Also see* **клáсик, при́клад 2, прототи́п, фенóмен 2**

зрáзу, *var.* **відрáзу, одрáзу**, *adv.*
1 at once, immediately, right away ◊ **Анатóлій запитáв її з.** Anatolii asked her right away. ◊ **Мóтря зрозумíла цю люди́ну з.** Motria

understood this person right away.
2 in one go, at once ◊ **Вони́ зроби́ли все з.** They did everything in one go.

зра́нку, *adv.*
1 early in the morning, in the morning ◊ **З. було́ ду́же хо́лодно.** In the morning, it was very cold. ◊ **Вони́ пої́дуть на ри́нок за́втра з.** They will go to the market tomorrow morning.
See **ра́нок.** *Also see* **вра́нці**
2 since early morning ◊ **Вони́ працюва́ли з.** They were working since early morning.

зрівня́|тися, *pf., see* **рівня́тися**
to become as good as ◊ **Співа́чка ~лася за майсте́рністю із примадо́нною о́пери.** The singer became equal in mastery as an opera prima donna.

зрі́л|ий, *adj.*
1 ripe, mature ◊ **Де́які гру́ші на де́реві були́ вже ~ими.** Some pears on the tree were already ripe.
adv. **геть** totally, **до́сить** fairly, **доста́тньо** sufficiently, **ду́же** very, **цілко́м** completely; **зана́дто** too ◊ **Він не любі́в зана́дто ~их бана́нів.** He did not like too ripe bananas. **ле́две** scarcely, **ма́йже** almost; **не зо́всім** not entirely, **не цілко́м** not completely
Ant. **зеле́ний 3**
2 mature, adult; *fig.* sensible; accomplished ◊ **Окса́на ма́є цілко́м ~і по́гляди на життя́.** Oksana's views of life are quite mature.
adv. **геть** totally, **до́сить** fairly, **доста́тньо** sufficiently, **ду́же** very, **цілко́м** completely; **ма́йже** almost ◊ **світли́на ма́йже ~ого чолові́ка** a photograph of an almost mature man; **не зо́всім** not entirely, **не цілко́м** not completely; **емоці́йно** emotionally, **мора́льно** morally, **стате́во** sexually, **фізи́чно** physically
з. + *n.* **~а ді́вчи́на** a mature girl (**робо́та** work) ◊ **пе́рша по-спра́вжньому ~а робо́та ску́льптора** *fig.*the sculptor's first truly mature work; **~е су́дження** *fig.* a mature judgment ◊ **У ді́вчи́на ма́є ~і су́дження.** The girl has mature judgments.
v. **+ з. бу́ти ~им** be mature (**вважа́ти +** *A.* consider sb, **вигляда́ти** look, **виявля́тися** turn out, **здава́тися +** *D.* seem to sb ◊ **Юна́к здава́вся їй ~им стате́во, але́ не емоці́йно.** The youth seemed to her to be sexually mature but not emotionally. **почува́тися** feel, **става́ти** become)
prep. **з. в +** *L.* mature in sth ◊ **Вона́ ви́явилася ~ою в рі́шеннях.** *fig.* She turned out to be mature in her decisions.
Also see **доро́слий 1.** *Ant.* **зеле́ний 4, молоди́й[1] 2, недосві́дчений**
3 *fig.* mature, experienced ◊ **Щоб ста́ти ~им воя́ко́м, тре́ба відслужи́ти рік.** To become a mature soldier, one needs to serve a year.
See **досві́дчений.** *Ant.* **зеле́ний 4, молоди́й[1] 2, недосві́дчений**

зрі́л|ість, *f.*, **~ости**, *only sg.*
1 ripeness ◊ **сту́пінь ~ости плодів** the ripeness level of the fruit
adj. **по́вна** full, **цілкови́та** complete; **частко́ва** partial; **неочі́кувана** unexpected
2 maturity, adulthood ◊ **Кома́ха досяга́є ~ости за два ти́жні.** The insect attains maturity in two weeks. ◊ **За безтурбо́тною ю́ністю наста́ла з.** After a carefree youth, adulthood came.
adj. **вира́зна** distinct, **по́вна** full; **емоці́йна** emotional, **психологі́чна** psychological, **стате́ва** sexual, **фізи́чна** physical ◊ **Емоці́йна з. се́ред чолові́ків і́ноді відстає́ від фізи́чної.** Among men, emotional maturity at times lags behind physical maturity.
v. **+ з. досяга́ти ~ости** attain maturity (**сяга́ти** reach ◊ **За́родок сягну́в по́вної ~ости за чоти́ри мі́сяці.** The embryo reached full maturity in four months. **доroста́ти до** grow to, **наближа́тися до** approach)
3 *fig.* maturity, responsibility, sophistication ◊ **Робо́та виріжня́ється худо́жньою ~істю.** The work stands out for its artistic maturity.
adj. **вели́ка** great, **все бі́льша** growing; **несподі́вана** unexpected; **новознайдена** new-found; **незапере́чна** undeniable, **очеви́дна** obvious; **сумні́вна** questionable; **по́вна** full, **цілкови́та** complete; **громадя́нська** civic, **емоці́йна** emotional, **інтелектуа́льна** intellectual, **мора́льна** moral, **політи́чна** political, **худо́жня** artistic
з. + *n.* **з. ду́мки** maturity of thought (**поведі́нки** demeanor, **рі́шень** decisions, **світо́гляду** worldview, *etc.*)
n. **+ з. бра́к ~ости** a lack of maturity (**вік** age; **пік** peak, **поча́ток** beginning)
v. **+ з. виявля́ти з.** show maturity (**демонструва́ти** demonstrate, **пока́зувати** display ◊ **Ко́жен з них показа́в громадя́нську з.** Each of them displayed civic maturity. **дово́дити +** *D.* prove to sb; **ма́ти** have); **досяга́ти ~ости** reach maturity (**набува́ти** attain; **бракува́ти +** *D.* lack) ◊ **Да́ні бра́кує мора́льної ~ости, щоб викону́вати таку́ робо́ту.** Dana lacks moral maturity to do such work.

зр|і́ст, *m.*, **~о́сту**, *only sg.*
1 height *(only human)* ◊ **Іва́нна метр шістдеся́т три ~о́сту.** Ivanna is 1.63 m in height.
adj. **вели́кий** great ◊ **Вели́кий з. чолові́ка не лякав Горпи́ни.** The man's great height did not intimidate Horpyna. **висо́кий** tall, **значни́й** considerable, **максима́льний** maximal, **по́вний** full ◊ **Ві́ктор ви́простався на по́вний з.** Viktor straightened up to his full height. **мали́й** small, **мініма́льний** minimal, **низьки́й** low; **пере́сі́чний** average ◊ **Він ви́явився ра́дше пересі́чного ~о́сту.** He turned out to be of a rather average height. **сере́дній** median
v. **+ з. визнача́ти з.** determine the height (**вимі́рювати** *or* **мі́ряти** measure) ◊ **Спочатку вони́ ва́жили паціє́нта і вимі́рювали його́ з.** First they would weigh a patient and measure his height. **досяга́ти** *or* **сяга́ти ~о́сту** reach the height ◊ **Дивови́жна жі́нка досяга́ла** *or* **сяга́ла двометро́вого ~о́сту.** The amazing woman reached the height of 2 m. ♦ **бу́ти висо́кого (низько́го) ~о́сту** to be tall (low) in height
prep. **на з.** in height ♦ **бу́ти висо́ким (низьки́м) на з.** to be tall (low) in height ◊ **Її охоро́нець був низьки́м на з.** Her bodyguard was low in height. ♦ **на весь з.** full-length ◊ **дзе́ркало на весь з.** full-length mirror (**портре́т** portrait, **світли́на** photograph, **скульпту́ра** sculpture)
2 increase, growth ◊ **ґвалто́вний з. кі́лькости еритроци́тів у кро́ві** an abrupt increase of erythrocytes in blood
See **збі́льшення, зроста́ння.** *Also see* **підви́щення 1, підйо́м 2, стрибо́к 3**

зроби́|ти, *pf., see* **роби́ти**
to make, construct; do, *etc.* ◊ **Оле́сь не ~в цій люди́ні ні́чого зло́го.** Oles did not do anything bad to this person.

зрозумі́л|ий, *adj.*
understandable, comprehensible, intelligible ◊ **~і поя́снення** comprehensible explanations
adv. **абсолю́тно** absolutely ◊ **О́льжині моти́ви для них абсолю́тно ~і.** Olha's motives are absolutely understandable to them. **ду́же** very, **геть** totally, **цілко́м** completely; ♦ **~а річ** certainly, of course, surely ◊ **Ми, ~а річ, були́ не про́ти заба́ви.** We, surely, were not against having some fun.
v. **+ з. бу́ти ~им** be understandable (**здава́тися +** *D.* seem to sb, **лиша́тися** remain; **роби́ти +** *A.* make sth; **става́ти** become) ◊ **Пра́вило ста́ло ~им усі́м у́чням.** The rule became comprehensible to all students.
prep. **з. без +** *G.* clear without sth ◊ **Вимо́га ~а без поя́снень.** The requirement is clear without explanations. **з. для +** *G.* understandable for sb ◊ **з. для пересі́чного чита́ча текст** the text understandable for the average reader
Also see **прозо́рий 2**

зрозумі́|ти, *pf., see* **розумі́ти**
to understand, comprehend ◊ **Марка́ ніхто́ його́ не ~є.** Nobody will understand Marko.

зроста́нн|я, *nt., only sg.*
growth, increase, expansion ◊ **Те́мпи з. капіта́лу розчаро́вували.** The rates of the capital growth were disappointing.
adj. **вели́ке** big, **величе́зне** enormous, **вибухо́ве** explosive, **ґвалто́вне** abrupt ◊ **ґвалто́вне з. дефіци́ту** an abrupt deficit increase; **дивови́жне** amazing, **значне́** significant, **неба́чене** unprecedented, **помі́тне** noticeable, **феномена́льне** phenomenal, **швидке́** fast; **всеохо́пне** comprehensive, **масшта́бне** large-scale; **реа́льне** real ◊ **реа́льне з. ВВП** the real GDP growth; **пові́льне** slow, **помі́рне** moderate, **поступо́ве** gradual, **скро́мне** modest; **довготермі́но́ве** long-term, **неухи́льне** relentless, **ста́ле** steady ◊ **Ста́ле з. інфля́ції почина́ло турбува́ти центра́льний банк.** The steady inflation growth was beginning to worry the central bank. **пості́йне** constant, **трива́ле** continuous; **майбу́тнє** future, **пода́льше** further; **духо́вне** spiritual, **профес́ійне** professional, **тво́рче** creative; **економі́чне** economic, **культу́рне** cultural, **промисло́ве** industrial, **структу́рне** structural
з. + *n.* **з. безробі́ття** unemployment growth (**дохо́дів** revenue, **еконо́міки** economy, **промисло́вости** industry; **зло́чинности** crime; **наро́джуваности** birth rate, **насе́лення** population; **продукти́вности** productivity)
n. **+ з. те́мпи з.** growth rate (**перспекти́ви** prospects, **потенція́л** potential, **ри́нок** market, **умо́ви** conditions)
v. **+ з. забезпе́чувати з.** maintain growth (**ґарантува́ти** guarantee; **живи́ти** fuel, **заохо́чувати** encourage, **приско́рювати** accelerate, **стимулюва́ти** stimulate; **контролюва́ти** control; **гальмува́ти** impede, **затри́мувати** hold back, **зупиня́ти** arrest, **обме́жувати** limit, **спові́льнювати** slow); **запобіга́ти ~ю** prevent growth ◊ **За́ходи ма́ли запобі́гти ~ю зло́чи́ности.** The measures were supposed to prevent crime growth. (**першкоджа́ти** hamper; **дава́ти по́штовх** boost) ◊ **Фіна́нсове влива́ння дало́ по́штовх ~ю промисло́вости.** The financial injection boosted economy growth.
Also see **збі́льшення, зріст 2, підви́щення 1, підйо́м 2, ріст, ро́звиток, стрибо́к 3**

зрос|ти́, *pf., see* **рости́**
to go up, increase, rise ◊ **За годи́ну температу́ра ~ла́ на п'ять гра́дусів.** In an hour, the temperature went up by five degrees.

зруйну|ва́ти, *pf., see* **руйнува́ти**
to ruin, destroy ◊ **Приї́зд госте́й ~ва́в її пла́ни.** The guests' arrival ruined her plans.

зрусифіко́ван|ий, *adj.*
Russified, assimilated into the Russian language and culture ◊ **У ю́ності Окса́на була́ до́сить ~ою як за мо́вою, так і за своїм світо́глядом.** In her youth, Oksana was rather Russified both in her language and her worldview.
adv. **геть** totally, **до́сить** rather, **цілко́м** completely, **частко́во** in part; **вже** already, **незворо́тно** irrevocably ◊ **За ро́ки навча́ння в Москві́ Олекса́ндра ста́ла незворо́тно ~ою.** Over the years of her studies in Moscow Oleksandra became irrevocably Russified. **остато́чно** ultimately; **наси́льно** forcibly ◊ **Ця**

части́на краї́ни була́ наси́льно ~ою. This part of the country was forcibly Russified. брута́льно brutally, силомі́ць by force

зрусифікува́|ти, *pf., see* **русифікува́ти** to Russify, *etc.* ◊ **За два поколі́ння мі́сто наполови́ну ~ли.** In two generations, the city was half-Russified.

зру́чн|ий, *adj.*
1 comfortable, cozy ◊ **Лі́да ма́ла невели́ке, проте́ ~е поме́шкання.** Lida had a small but very cozy apartment.
adv. **винятко́во** exceptionally, **до́сить** fairly, **доста́тньо** sufficiently, **ду́же** very, **надзвича́йно** extraordinarily, **на ди́во** surprisingly, **несподі́вано** unexpectedly, **ціалко́м** completely; **не зо́всім** not entirely
з. + *n.* **з. о́дяг** comfortable clothes ◊ **Він віддає́ перева́гу ~ому о́дягу пе́ред ефе́ктним.** He prefers comfortable clothes to impressive ones. **~е крі́сло** a comfortable chair (**лі́жко** bed) ◊ **Лі́жко було́ на ди́во ~е.** The bed was surprisingly comfortable.
v. + **з. бу́ти ~им** be comfortable (**виявля́тися** prove, **здава́тися** + *D.* seem to sb ◊ **Фоте́ль здава́вся до́сить ~им.** The armchair seemed fairly comfortable. **лиша́тися** remain, **роби́ти** + *A.* make sth, **става́ти** become)
Also see **ви́гідний 1**. *Ant.* **незру́чний**
2 convenient, suitable, opportune ◊ **Миха́йло ви́брав не зо́всім ~е мі́сце для зу́стрічей.** Mykhailo chose a not entirely convenient place for meetings.
adv. **взає́мно** mutually ◊ **Вони́ домо́вилися про взає́мно з. час для нара́ди.** They agreed on a mutually convenient time for the conference. **вкрай** extremely; **політи́чно** politically, **ситуати́вно** situationally, **стратегі́чно** strategically, **такти́чно** tactically
з. + *n.* **з. при́від з.** a handy excuse, **з. ро́зклад** a convenient timetable, **з. моме́нт** an opportune moment, **з. час** convenient time; **~а наго́да** an opportune occasion; **~е розташува́ння** a convenient location
v. + **з. бу́ти ~им** be convenient ◊ **~а наго́да познайо́митися** an opportune occasion to meet (**виявля́тися** prove, **здава́тися** + *D.* seem to sb, **роби́ти** + *A.* make sth, **става́ти** become)
Also see **ви́гідний 2.** *Ant.* **незру́чний**

зру́чн|ість, *f.*, **~ости**
1 convenience, comfort; expedience ◊ **З. розташува́ння кварти́ри була́ для них стратегі́чним моме́нтом.** The convenient location of the apartment was a strategic consideration for them.
adj. **ба́жана** desirable, **бі́льша** greater, **вели́ка** great, **додатко́ва** additional, **неаби́яка** remarkable, **особли́ва** particular; **політи́чна** political ◊ **Рі́шення мотиво́ване політи́чною ~істю.** The decision is motivated by political expediency.
prep. **для ~ости** for comfort ◊ **Він покла́в під го́лову ще одну́ поду́шку для ~ости.** He put another pillow under his head for comfort.
See **ви́года 1**
2 amenity, *usu pl.* ◊ **Рекла́ма обіця́ла ни́зку додатко́вих ~остей.** The advertisement promised additional amenities. ◊ **Вам доведе́ться забу́ти про суча́сні ~ості.** You will have to forget about modern amenities.
See **ви́года 2**

зру́чно, *adv.*, *pred.*
1 *adv.* convenient, conveniently, comfortably, comfortable, suitably ◊ **Га́ля з. вмости́лася у фоте́ль.** Halia settled comfortably into the armchair. ◊ **Все́ було́ з. під руко́ю.** Everything was conveniently within the reach of a hand.
2 *pred.* proper, correct, acceptable ◊ **Це було́ б з., якби́ ми дали́ їм гро́ші.** Would it be proper if we gave them the money?
adv. **ду́же** very, **цілко́м** completely; **не зо́всім** not really ◊ **Яре́мі не зо́всім з. пита́ти в них, що ста́лося.** It is not really proper for Yarema to ask them what happened.
See **слід**[2]. *Also see* **випада́ти 5, ли́чити 2.** *Ant.* **незру́чно**
3 *pred.* convenient, comfortable, suitable
adv. **геть** totally, **ду́же** very ◊ **Тара́сові ду́же з. працюва́ти з ни́ми.** It is very convenient for Taras to work with them. **цілко́м** completely; **до́сить** enough, **доста́тньо** sufficiently, **ма́йже** almost, **не зо́всім** not really

зсере́дини, *adv., prep.*
1 *adv.* from within, from the inside ◊ **Наді́я грі́ла Катери́ну з.** Hope warmed Kateryna up from within.
Ant. **зо́вні 1**
2 *prep.* from inside of sth + *G.* ◊ **По́стріл почу́вся з. буди́нку.** The shot was heard from within the house. ◊ **Уно́чі з. старо́ї це́ркви чу́ти ди́вні зву́ки.** At night, strange sounds are heard from within the old church.

зуб, *m.*, **~а**
tooth ◊ **Лі́кар огля́нув ї́й ~и.** The doctor examined her teeth.
adj. **вели́кий** big, **величе́зний** huge, **коня́чий** *usu. pl.* horse-like ◊ **Він засмія́вся, пока́зуючи коня́чі ~и.** He laughed, revealing his horse-like teeth. **пря́мий** straight, **рі́вний** even; **криви́й** crooked, **нері́вний** jagged ◊ **Удалині́ було́ ви́дно те́мні силуе́ти буди́нків, що підійма́лися, як чи́їсь нері́вні ~и.** In the distance, there loomed the dark outlines of buildings that rose like somebody's jagged teeth. **рідки́й** *usu. pl.* gappy; **го́стрий** pointy, sharp ◊ **Вона́ ма́ла го́стрі, як в аку́ли, ~и.** She had sharp teeth like those of a shark. **ве́рхній** upper, **ни́жній** lower; **за́дній** back, **пере́дній** front, **ку́тній** molar; **запломбо́ваний** filled ◊ **Всі його́ ~и запломбо́вані.** All of his teeth are filled. **відсу́тній** missing, **зла́маний** broken, **надще́рблений** chipped, **розхи́таний** loose; **здоро́вий** healthy; **бездога́нний** flawless, **доскона́лий** perfect; **бі́лий** white, **білосні́жний** snow-white; **мі́цни́й** strong; **гнили́й** rotten, **каріо́зний** decayed, **хво́рий** bad; **жо́втий** yellow; **пості́йний** permanent, **спра́вжній** real; **золоти́й** gold, **порцеля́новий** porcelain, **шту́чний** false; **моло́чний** milk, **пості́йний** permanent; **сти́снутий** *usu. pl.* clenched ◊ **Вона́ погро́жувала їм крізь сти́снуті ~и.** She uttered threats to them through clenched teeth. ♦ **з. му́дрости** a wisdom tooth ◊ **У Сергі́я хво́рий з. му́дрости.** Serhii has a bad wisdom tooth.
v. + **з. вибива́ти з.** *or* **~а** knock out a tooth ◊ **У бі́йці Анто́нові ви́били пере́дній з.** In the fight, Antin had a front tooth knocked out. (**видаля́ти** extract ◊ **Лі́кар ви́далив ї́й гнили́й з.** The doctor extracted her rotten tooth. **вирива́ти** pull out ◊ **Довело́ся ви́рвати два хво́рі ~и.** Two bad teeth had to be pulled out. **втрача́ти** lose, **лама́ти** break ◊ **Він ненаро́ком злама́в собі́ з.** He inadvertently broke a tooth. **заміня́ти** replace ◊ **Ви́далений з. заміни́ли порцеля́новим.** The removed tooth was replaced with a porcelain one. **пломбува́ти** fill; ◊ **Дем'я́нові тре́ба запломбува́ти два ~и.** Dem'yan needs to have his two teeth filled. **ма́ти** have; **полоска́ти** rinse, **чи́стити** brush; **шкі́рити** bare ◊ **Су́ка ви́шкірила на нього ~и і загарча́ла.** The bitch bared her teeth at him and growled. ♦ **шкі́рити ~и** to smile, grin ◊ **Чого́ б це я шкі́рив ~и?** What's so funny? **пока́зувати** show; **лікува́ти** treat, **огляда́ти** examine; **руйнува́ти** ruin ◊ **Цу́кор руйну́є ~и.** Sugar ruins teeth. **стиска́ти** clench) ◊ **Сти́снувши ~и, Глі́б мо́вчки терпі́в біль.** Having clenched his teeth, Hlib silently bore the pain. ♦ **імплантува́ти з.** to get a tooth implant ◊ **Да́ні браку́є гро́шей, щоб імплантува́ти з.** Dana does not have enough money to get a tooth implant. ♦ **бу́ти а́ні в з. ного́ю** to be clueless ◊ **Тере́шко в матема́тиці ні в з. ного́ю.** Tereshko is clueless in math. ♦ **ма́ти з.** *or* **~а на** + *A.* to have a grudge against sb ◊ **Пили́п мав на не́ї ~а.** Pylyp had a grudge against her. **скрегота́ти** *or* **скреготі́ти ~а́ми** grind one's teeth (**скрипі́ти** grit) ◊ **Він скрипі́в ~а́ми у́ві сні.** He would grit his teeth in his sleep.
з. + *v.* **болі́ти** ache ◊ **Мене́ ду́же боли́ть з.** I have a bad toothache. **випада́ти** fall out, **гни́ти** decay, **щерби́тися** chip ◊ **У Ле́сі надщерби́вся з.** Lesia's tooth chipped. **лама́тися** break, **прорі́зуватися** cut ◊ **У дити́ни прорі́залися пе́рші ~и.** The baby cut her first teeth. **хита́тися** be loose ◊ **У не́ї хита́ється ку́тній з.** Her molar is loose. **стукоті́ти** *and* **цокоті́ти** chatter ◊ **У Ле́ва від хо́лоду цокоті́ли ~и.** Lev's teeth chattered with cold.
prep. **в ~а́х** in teeth ◊ **Він чита́в з олівце́м у ~а́х.** He was reading, a pencil in his teeth. ♦ **озбро́єний до ~і́в** armed to the teeth ◊ **Терори́сти озбро́єні до ~і́в.** The terrorists are armed to the teeth.
♦ **трима́ти язи́к(а) за ~а́ми** to hold one's tongue ◊ **Оле́сь умі́є трима́ти язи́к за ~а́ми.** Oles knows how to hold his tongue. **між ~а́ми** between sb's teeth ◊ **У не́ї щось застря́ло між ~а́ми.** Something got stuck between her teeth.

зубн|и́й, *adj.*
1 dental, tooth, of or pertaining to teeth ◊ **Він отри́мав дипло́м ~о́го те́хніка.** He received the certificate of a dental technician.
з. + *n.* **з. біль** a toothache ◊ **З. біль не дава́в йому́ спа́ти.** A toothache would not allow him to sleep. ♦ **з. лі́кар** a dentist; **~а́ па́ста** toothpaste (**щі́тка** toothbrush)
2 *ling.* dental ◊ **з. при́голосний** a dental consonant

зубожі́нн|я, *nt., only sg.*
impoverishment, pauperization; *also fig.* ◊ **Ізоля́ція краї́ни вела́ до її́ культу́рного з.** *fig.* The country's isolation led to its cultural impoverishment.
adj. **вели́ке** great ◊ **Скрізь вона́ ба́чила вели́ке з.** Everywhere, she saw great impoverishment. **катастрофі́чне** catastrophic, **ма́сове** mass, **по́вне** full, **цілкови́те** complete; **частко́ве** partial; **зага́льне** general; **пові́льне** slow, **поступо́ве** progressive; **ґвалто́вне** abrupt, **швидке́** rapid; **неуни́кне** inevitable; **духо́вне** spiritual, **економі́чне** economic, **мора́льне** moral
v. + **з. збі́льшувати з.** increase impoverishment ◊ **Скасува́ння програ́м допомо́ги збі́льшувало з.** The elimination of the assistance programs increased impoverishment. (**зме́ншувати** diminish, **поглиблю́вати** deepen); **призво́дити до з.** lead to impoverishment (**причиня́тися до** bring about; **штовха́ти** + *A.* **до** push sb to) ◊ **Полі́тика еконо́мії штовха́є ма́си люде́й до з.** Austerity policies are pushing masses of people to impoverishment. **запобіга́ти ~ю** prevent impoverishment (**протиді́яти** counter). **боро́тися із ~ям** fight impoverishment
Cf. **бі́дність**

зубожі́|ти, *pf., see* **убожі́ти**
to become poor, *etc.* ◊ **Тво́рча уя́ва режисе́рки вкрай ~ла.** The (female) director's creative imagination had become extremely poor.

зумі́|ти, **~ють**, *only pf., tran.*
to manage, contrive, *etc.* ◊ **Олекса́ндра ле́две ~ла прихова́ти хвилюва́ння.** Oleksandra barely managed to conceal her excitement.
adv. **в оста́нню хвили́ну** at the last moment; **ле́гко** easily ◊ **Він ле́гко ~в знайти́ допомо́гу де́инде.** He easily managed to find help

elsewhere. **ле́две** scarcely, **майже** almost, **навря́д чи** hardly, **наре́шті** finally; ♦ **не з.** fail to ◊ **Яросла́ва не змі́ла дотри́мати сло́ва.** Yaroslava failed to keep my promise.
змі́й!

зумо́в|ити, *pf., see* **зумо́влювати**
to condition, *etc.* ◊ **Брак резе́рвів ~в і́хню пора́зку в би́тві.** The lack of reserves was the cause of their defeat in the battle.

зумо́влен|ий, *adj.*
1 caused, conditioned + *I.* by ◊ **Невро́жай був з. си́льною посу́хою.** The poor harvest was caused by the severe drought.
v. + **з. бу́ти ~им** be caused (**вважа́ти** + *A.* consider sth to be ◊ **Він уважа́в її поведі́нку ~ою тра́вмою.** He considered her behavior to be caused by trauma. **здава́тися** + *D.* seem to sb, **лиша́тися** remain)
2 stipulated, provided for + *I.* by ◊ **Безкошто́вний харч і житло́ були́ ~і контра́ктом.** Free room and board were provided for by the contract.
adv. **експліци́тно** explicitly, **однозна́чно** unambiguously, **недвозна́чно** unequivocally, **чі́тко** distinctly, **я́сно** clearly; **свідо́мо** deliberately, **спеція́льно** intentionally

зумо́влю|вати, ~ють; зумов|и́ти, ~лю, ~иш, ~лять, *tran.*
1 to cause, be the cause of, bring about ◊ **Капіталі́зм ~є циклі́чні економі́чні кри́зи.** Capitalism brings about cyclical economic crises.
з. + *n.* **з. депре́сію** cause depression (**засті́й** stagnation, **кри́зу** crisis, **на́слідок** consequence, **поведі́нку** behavior, **результа́т** result; **сприйняття́** reception) ◊ **Оригіна́льна постано́ва зумо́вила захо́плене сприйняття́ п'є́си глядаче́м.** The unconventional production brought about the rapturous viewer's reception of the play.
Also see **задава́ти 2**
2 to determine, affect ◊ **Мо́ре ~є підсо́ння кра́ю.** The sea determines the climate of the land. ◊ **Вони́ намага́лися зрозумі́ти, що бі́льше зумо́влює лю́дську поведі́нку: спадко́вість чи вихова́ння.** They were trying to understand what determines human behavior more: nature or nurture.
See **визнача́ти 2**
pa. pple. **зумо́влений** conditioned
зумо́влюй! зумо́в!

зупин|и́ти, *pf., see* **зупиня́ти**
to stop, *etc.* ◊ **Слу́жба безпе́ки змогла́ з. ви́тік інформа́ції.** The security service managed to stop the information leak.

зупини́|тися, *pf., see* **зупиня́тися**
to stop, come to a stop, *etc.* ◊ **Вони́ ~лися на годи́ну.** They stopped for an hour.

зупи́н|ка, *f.*
1 stop, stoppage, shutdown ◊ **З. по́тяга трива́ла п'ять хвили́н.** The train stop lasted five minutes
adj. **до́вга** long, **трива́ла** lengthy; **коро́тка** short ◊ **З. зана́дто коро́тка, щоб ви могли́ щось купи́ти на ста́нції.** The stop is too short for you to be able to buy something at the station. **заплано́вана** scheduled, **обов'язко́ва** mandatory; **незаплано́вана** unscheduled ◊ **Водій зроби́в незаплано́вану ~ку.** The driver made an unplanned stop. **несподі́вана** unexpected, **по́вна** full, **цілкови́та** complete; **авар́ійна** emergency, **терміно́ва** urgent; **частко́ва** partial; **рапто́ва** sudden, **різка́** abrupt
з. + *n.* **з. виробни́цтва** a production stoppage (**ру́ху** traffic); ♦ **з. се́рця** *med.* a cardiac arrest ◊ **Шок причи́нився до ~ки се́рця.** The shock caused the cardiac arrest. **з. фа́брики** a factory shutdown
v. + **з. ма́ти ~ку** have a stop ◊ **Доро́гою в Карпа́ти вони́ ма́ли ~ку в Нагує́вичах.** On their way to the Carpathians, they had a stop at Nahuievychi. (**роби́ти** make) ◊ **Кили́на ви́рішила зроби́ти насту́пну ~ку за годи́ну.** Kylyna decided to make the next stop in an hour.
з. + *v.* **закі́нчуватися** end; **трива́ти** + *A.* last for *(a period)* ◊ **З. заво́ду трива́ла чоти́ри дні.** The plant stoppage lasted for four days.
prep. **без ~ки** nonstop, without stopping ◊ **Вони́ леті́ли без ~ки.** They flew nonstop. **пе́ред ~кою** before a stop ◊ **Вона́ ста́ла готува́тися ще пе́ред ~кою.** She started preparing before the stop. **з. на** + *A.* a stop *(in order to do sth)* ◊ **з. на запра́вку** a refueling stop ◊ **Вони́ зроби́ли лише́ одну́ ~ку на запра́вку.** They made only one refueling stop. (**обі́д** lunch, **перепочи́нок** rest, **сон** sleep)
Also see **антра́кт, пере́рва 1**
2 stop *(place)* ◊ **Насту́пна з. пі́сля Ки́єва – Ірпі́нь.** The next stop after Kyiv is Irpin. ◊ **Скі́льки ~ок зві́дси до Оде́си?** How many stops are there from here to Odesa?
adj. **авто́бусна** bus ◊ **Приго́да ста́лася на авто́бусній ~ці.** The incident occurred at a bus stop. **трамва́йна** streetcar, **тролейбусна** trolleybus; **кінце́ва** final, **оста́ння** final; **насту́пна** next, **пе́рша** first; **пропу́щена** missed
з. + *n.* **з. авто́буса** a bus stop (**метра́** subway, **по́їзда** *or* **по́тяга** train, **трамва́я** streetcar, **троле́йбуса** trolleybus, **тра́нспорту** traffic); ♦ **з. на вимо́гу** stop on demand
v. + **з. знахо́дити ~ку** find a stop ◊ **Вони́ знайшли́ трамва́йну ~ку.** They found the streetcar stop. (**шука́ти** look for, **роби́ти** make, **прога́вити** *pf.* miss, **пропусти́ти** skip, **проїха́ти** pass) ◊ **Ми проїхали кі́лька ~ок.** We passed several stops. **вихо́дити** *or* **схо́дити на ~ці** get off at a stop ◊ **Вам тре́ба зійти́ на тре́тій ~ці.** You need to get off at the third stop. (**чека́ти на** wait at)
prep. **бі́ля ~ки** near a stop ◊ **Кіо́ск за́раз бі́ля ~ки.** The booth is right near the stop. **до ~ки** to a stop ◊ **До ~ки лиша́лося хвили́н сім.** Some seven minutes remained to the stop. **на ~ку** *dir.* to a stop ◊ **Вона́ йшла на ~ку трамва́я.** She was walking to a streetcar stop. **на ~ці** *posn.* at a stop; **пі́сля ~ки** after a stop
Also see **ста́нція 1**

зупиня́|ти, ~ють; зупин|и́ти, ~ять, *tran.*
to stop, end, finish ◊ **Вона́ ~є коня́ і слу́хає.** She stops the horse and listens.
adv. **ґвалто́вно** abruptly ◊ **Вони́ ґвалто́вно зупини́ли кампа́нію.** They abruptly stopped the campaign. **несподі́вано** unexpectedly, **ра́птом** suddenly, **рі́зко** sharply; **крадькома́** stealthily, **ма́йже** almost, **навми́сно** deliberately, **наре́шті** finally, **на хвили́ну** for an instant, **тимчасо́во** temporarily; **наза́вжди́** forever, **остато́чно** ultimately, **цілко́м** completely **поступо́во** gradually ◊ **Вона́ поступо́во зупини́ла стосу́нки з компа́нією.** She gradually ended her relationship with the company. **примусо́во** forcibly
v. + **з. вдава́тися** + *D.* succeed in ◊ **Мар'я́ні вдало́ся зупини́ти кровоте́чу.** Mar'yana succeeded in stopping the bleeding. **змогти́** *pf.* manage to, **могти́** can, **намага́тися** try to ◊ **Софі́я намага́лася зупини́ти таксі́вку.** Sofia tried to hail a taxi. **пробува́ти** attempt to, **стара́тися** do one's best to, **хоті́ти** want to ◊ **Він хоті́в зупини́ти Оле́ну від необду́маного кро́ку.** He wanted to stop Olena from taking a rash step. **шука́ти спо́сіб** look for a way to ◊ **Прем'є́р-міні́стр шука́є спо́сіб зупини́ти спо́взання краї́ни в хаос.** The prime minister is looking for a way to stop the country from sliding into chaos.
pa. pple. **зупи́нений** stopped
зупиня́й! зупини́!
Also see **заморо́жувати 2, припиня́ти, спиня́ти 1**

зупиня́|тися, ~ються; зупин|и́тися, ~яться, *refl.*
1 to stop, come to a stop ◊ **Че́рез ко́рки на доро́зі вони́ зму́шені ча́сто з.** Because of the jams on the road, they are forced to make frequent stops.
adv. **момента́льно** at once ◊ **Він момента́льно зупини́вся.** He stopped at once. **на хвили́ну** for a minute, **на хви́лю** for an instant, **нега́йно** immediately ◊ **Мари́ні тре́ба нега́йно зупини́тися, щоб подзвони́ти.** Maryna needs to stop immediately to make a call. **несподі́вано** unexpectedly, **ра́птом** suddenly, **шви́дко** quickly; **тимчасо́во** temporarily; **пла́вно** smoothly, **пові́льно** slowly, **поступо́во** gradually; **за́вжди́** always; **і́ноді** sometimes, **рі́дко** rarely; **ніко́ли не** never; **на пів доро́зі** halfway ◊ **Наді́я не хо́че з. на пів доро́зі.** Nadiia does not want to stop halfway. ♦ **ні пе́ред чим не з.** to stop at nothing ◊ **Щоб домогти́ся сво́го, Марчу́к ні пе́ред чим не ~вся.** In order to get what he wanted, Marchuk stopped at nothing.
v. + **з. бу́ти гото́вим** be ready to ◊ **Вони́ були́ гото́ві зупини́тися і перепочи́ти.** They were ready to stop and rest. **бу́ти слід** + *D.* should; **бу́ти тре́ба** + *D.* need to ◊ **Реда́кторові тре́ба було́ час від ча́су з., щоб переві́ряти пе́вні ре́чі.** The editor needed to stop every now and then to verify certain things. **відмовля́тися** refuse to; **могти́** can; **намага́тися** try to, **хоті́ти** want to; **почина́ти** begin to ◊ **По́тяг поча́в з. за кіломе́тр до ста́нції.** The train started slowing down a kilometer before the station.
Also see **завмира́ти 2, заїка́тися 3, припиня́тися, спиня́тися 1, става́ти 6**
2 to stay *(at a hotel)*, put up, stop over ◊ **Він шука́в буди́нок, де ~лися дру́зі.** He was looking for the house where his friends had stayed.
adv. **весь час** all the time, **винятко́во** exclusively ◊ **Він ~вся винятко́во в гурто́житках.** He stayed exclusively in hostels. **за́вжди́** always, **зазвича́й** usually, **пості́йно** constantly, **ча́сто** often; **ніко́ли не** never ◊ **Мики́та ніко́ли не ~ється в ро́дичів.** Mykyta never stays at his relatives'. **рі́дко** rarely, **час від ча́су** from time; **із приє́мні́стю** with pleasure, **охо́че** willingly, **ра́до** gladly
v. + **з. бу́ти тре́ба** + *D.* need to ◊ **Їм тре́ба десь зупини́тися на́ ніч.** They need to stay somewhere for the night. **виріша́вати** decide to; **люби́ти** like to, **ма́ти зви́чку** be in the habit of ◊ **Вона́ ма́ла зви́чку з. по дру́зях чи знайо́мих.** She was in the habit of staying with her friends or acquaintances. **шука́ти, де** look where to ◊ **Він шука́в, де зупини́тися на два дні.** He was looking for a place to stay for two days.
prep. **з. в** + *L.* stay at/in *(a place)* ◊ **Я люблю́ з. в цьо́му готе́лі.** I like to stay at this hotel. **з. на** + *A.* stay for *(a period)* ◊ **Він зупини́вся тут на три доби́.** He stayed here for three nights. **з. по** + *L.* stay at/in *(more than one place)*
Cf. **перебува́ти[1] 2**
3 *fig.* to focus on *(an issue)*, concentrate on, dwell on ◊ **Ле́ктор докла́дно зупини́вся на озна́ках стокго́льмського синдро́му.** The lecturer dwelt in detail on the manifestations of Stockholm syndrome.
adv. **докла́дно** in detail, **побі́жно** in passing
prep. **з. на** + *L.* concentrate on sth
Also see **зосере́джуватися 1**
4 to choose, *only with prep.*
prep. **з. на** + *L.* choose sth ◊ **Роздиви́вшись світли́ни, він зупини́вся на пе́ршій.** Having examined the photographs he chose the first one.
Also see **вибира́ти**

зуси́л|ля, *nt., usu pl.*
effort, exertion ◊ **Ко́жен крок вимага́в вели́ких ~ь.** Every step required great effort.
adj. **вели́ке** great, **величе́зне** enormous,

енергі́йне energetic, **значне́** considerable, **максима́льне** maximal, **напру́жене** strenuous, **нату́жне** arduous, **неаби́яке** extraordinary, **серйо́зне** serious; **додатко́ве** additional, **помі́тне** noticeable; **ма́рне** futile; **мініма́льне** minimal, ◊ **мініма́льними ~ями** with minimal effort ◊ **Він зроби́в завда́ння мініма́льними ~ями.** He did the task with minimal effort. **пості́йне** constant; **інтелектуа́льне** intellectual, **розумо́ве** mental, **фізи́чне** physical; **колекти́вне** collective, **спі́льне** joint

v. + **з. марнува́ти з.** waste efforts (**тра́тити** expend) ◊ **Він потра́тив бага́то ~ь, щоб усе́ закінчи́ти вча́сно.** He expended lots of effort to finish everything on time. **бу́ти ва́ртим ~ь** be well worth the effort ◊ **Наго́рода ва́рта її нату́жних ~ь.** The prize is well worth her arduous efforts. (**вимага́ти** require ◊ **Створе́ння політи́чного ру́ху вимага́ло неаби́яких ~ь.** The creation of a political movement required extraordinary efforts. **доклада́ти** exert, **потребува́ти** need; **не шкодува́ти** spare no) ◊ **Він не шкодува́в ~ь, щоб позбу́тися заїка́ння.** He spared no effort in order to get rid of his stammer.

з. + *v.* **дава́ти результа́т** yield a result; **йти на** + *A.* go into sth ◊ **Вели́кі з. пішли́ на те, щоби знайти́ з ни́ми спі́льну мо́ву.** Great effort went into finding a common ground with them. **пропада́ти ма́рно** go to waste ◊ **Я не хо́чу, щоб ва́ші з. ма́рно пропа́ли.** I don't want your efforts to go to waste.

prep. **без ~ь** effortlessly ◊ **Іва́нна перемика́лася з одніє́ї мо́ви на і́ншу без ~ь.** Ivanna effortlessly switched from one language to another.

Also see **напру́га 2**

зустрі́|(ну)ти, *pf., see* **зустріча́ти**
to meet, *etc.* ◊ **У лі́тописі дослі́дник ~(ну) в запози́чення з араме́йської мо́ви.** In the chronicle, the researcher encountered borrowings from Aramaic.

зустрі́(ну)|тися, *pf., see* **зустріча́тися**
to meet, *etc.* ◊ **Вони́ ~лися бі́ля Черво́ного ко́рпусу університе́ту.** They met near the Red Building of the University.

зу́стріч, *f.*, **~і**
1 meeting, encounter, rendezvous ◊ **Він зайшо́в до крамни́ці, щоб уни́кнути ~і з неприє́мною люди́ною.** He went into the store in order to avoid an encounter with an unpleasant person.

adj. **коро́тка** brief; **неда́вня** *or* **нещода́вня** recent, **оста́ння** last, **пе́рша** first, **попере́дня** previous; **буде́нна** casual, **випадко́ва** chance ◊ **Випадко́ва з. привела́ до вели́кого коха́ння.** A chance encounter led to great love. **несподі́вана** unexpected; **особи́ста** personal, **прива́тна** private; **доленó́сна** fateful, **жа́дана** desirable, **захо́плива** exciting, **звору́шлива** touching, **істори́чна** historic ◊ **істори́чна з. вели́ких дія́чів** a historic meeting of great men; **незабу́тня** unforgettable, **несподі́вана** unexpected, **пам'я́тна** memorable, **ра́дісна** happy, **хвилю́юча** emotional; **тає́мна** secret ◊ **Тає́мні ~і відбува́лися в публі́чному мі́сці.** The secret meetings occurred in a public place. **неба́жана** undesirable, **неприє́мна** unpleasant, **сумна́** sad, **фата́льна** fatal; **заплано́вана** scheduled; **періоди́чна** *only pl.* periodic, **реґуля́рна** *only pl.* regular, **ча́ста** *only pl.* frequent ◊ **~і става́ли до́сить ча́стими.** The meetings were becoming rather frequent. **ди́вна** strange, **небезпе́чна** dangerous, **ризико́вана** risky; ♦ **з. віч-на́-віч** a face-to-face meeting

v. + **з. ма́ти з.** have a meeting (**організо́вувати** organize ◊ **Інститу́т зорганізува́в їм з.** The institute organized a meeting for them. **перено́сити** put off, **признача́ти** schedule, **прово́дити** hold ◊ **Пе́ршу з. провели́ тає́мно.** The first meeting was held in secret. **домовля́тися про** arrange for ◊ **Вони́ домо́вилися про насту́пну з.** They arranged for their next meeting. **іти́ на** go to, **скасо́вувати** cancel) ◊ **З. скасува́ли.** The meeting was canceled.

з. + *v.* **відбува́тися** occur; **закі́нчуватися** end, **почина́тися** begin, **трива́ти** + *A.* last for *(a period)* ◊ **З. трива́ла ле́две годи́ну.** The meeting lasted (for) barely an hour.

prep. **з. з** + *I.* a meeting with sb; **на з.** *dir.* to a meeting ◊ **Вона́ не прийшла́ на з.** She did not come to the meeting. **на ~і** *posn.* at a meeting ◊ **Її не було́ на ~і.** She was not at the meeting.

Also see **поба́чення**

2 *sport* match, game ◊ **На головно́му стадіо́ні мі́ста має́ відбу́тися з. «Дина́мо» (Ки́їв) та «Чорномо́рця» (Оде́са).** A match between Kyiv *Dynamo* and Odesa *Chornomorets* is to take place at the city's main stadium.

adj. **баскетбо́льна** basketball, **волейбо́льна** volleyball, **гоке́йна** hockey, **футбо́льна** soccer; **товари́ська** friendly ◊ **У товари́ській ~і взяли́ у́часть націона́льні дружи́ни п'яти́ краї́н.** National teams of five countries took part in the friendly match.

See **матч.** *Also see* **гра 2, змага́ння, ко́нкурс, турні́р, фіна́л 2**

3 celebration, reception, welcome ◊ **Мі́сто влаштува́ло вояка́м пи́шну з.** The city arranged a grand welcome for the soldiers. ◊ **Вони́ ви́рішили не йти на традиці́йну з. Ново́го ро́ку.** They decided not to go to the traditional New Year's Eve party.

See **вечі́рка.** *Also see* **збіго́висько 3**

зустріча́|ти, ~ють; зустрі́(ну)ти, зустрі́н|уть; *pa. pf., m.* **зустрі́(ну)в**, *pl.* **зустрі́(ну)ли** *tran.*
1 to encounter, meet, see, come across

adv. **вже** already; **випадко́во** accidentally, **несподі́вано** unexpectedly ◊ **Хома́ несподі́вано зустрі́в знайо́мого з Мадри́ду.** Khoma unexpectedly encountered an acquaintance from Madrid. **ра́птом** suddenly; **тає́мно** secretly; **і́ноді** sometimes, **ча́сто** frequently; **ні́коли не** never, **рі́дко коли́** rarely ever

v. + **з. дово́дитися** + *D.* have the occasion to ◊ **Да́рці дово́диться з. рі́зних люде́й.** Darka has the occasion to encounter different people. **могти́** can ◊ **Цей прийо́м рі́дко коли́ мо́жна зустрі́ти в пое́зії.** One can rarely ever come across this device in poetry. **хоті́ти** want to

Also see **знахо́дити 3, натрапля́ти 2, нашто́вхуватися 1, 2.** *Cf.* **знайо́митися.** *Ant.* **прово́дити 1**

2 to welcome, greet, receive, celebrate + *I.* with sth ◊ **Софі́я ви́йшла з. госте́й.** Sofiia came out to greet her guests. ◊ **Як ви ~ли Нови́й Рік?** How did you celebrate the New Year?

adv. **ве́село** merrily, **га́рно** great ◊ **Вони́ га́рно зустрі́ли Різдво́.** They had a great Christmas celebration. **залюбки́** gladly, **з ентузія́змом** enthusiastically, **з приє́мністю** with pleasure, **о́плесками** with applause, **ра́дісно** joyfully; **уро́чисто** solemnly

з. + *n.* **з.** + *I.* greet with sth ◊ **Пу́бліка зустрі́ла співа́чку о́плесками.** The public greeted the (female) singer with applause. ◊ **Журналі́сти зустрі́ли зая́ву ре́готом.** The journalists received the statement with guffaw. ♦ **з. з розкри́тими обі́ймами** to greet with open arms ◊ **Їх ~ли з розкри́тими обі́ймами.** They were greeted with open arms.

See **віта́ти 1, святкува́ти.** *Also see* **відзнача́ти 3, гуля́ти 4, прово́дити 3, 4, раді́ти, справля́ти 2**

3 to meet *(from train, etc.)*

adv. **вча́сно** on time; **на перо́ні** on the platform

v. + **з. бу́ти тре́ба** + *D.* need to ◊ **Йо́сипові тре́ба зустрі́ти сестру́ з по́тяга.** Yosyp needs to meet his sister from the train. (**йти** go to ◊ **Вони́ пішли́ з. си́на.** They went to meet their son. **ї́хати** go to *(by a vehicle)* ◊ **Він поїха́в на лето́вище з. госте́й.** He went to the airport to meet his guests. **могти́** can; **обіця́ти** + *D.* promise sb to, **пропонува́ти** + *D.* offer sb to ◊ **Вона́ запропонува́ла зустрі́ти Оле́ну з авто́буса.** She offered to pick Olena up from the bus. **проси́ти** + *A.* ask sb to)

4 to stand up to, fight sb, resist ◊ **Він му́жньо зустрі́в кри́тику.** He courageously stood up to criticism. ♦ **грудьми́ з. во́рога** to stand up to the enemy with courage

pa. pple. **зустрі́нутий** met, encountered

зустріча́й! зустрі́нь!

зустріча́|тися; зустрі́(ну)тися, *intr.*
1 to meet *(sb/sth and each other)*; gather, get together ◊ **За́втра гру́па ~ється на нара́ду.** Tomorrow the group gathers for a conference. ◊ **Їхні по́гляди на коро́тку мить зустрі́лися.** Their gazes met for a short instance.

adv. **віч-на́-віч** face-to-face ◊ **Вони́ не хоті́ли з. віч-на́-віч.** They did not want to meet face-to-face. **впе́рше** first; **ко́ротко** briefly, **наре́шті** finally ◊ **Ви наре́шті зустрі́лися?** Did you finally meet? **ні́коли не** never; **весь час** all the time, **все** *colloq.* all the time, **періоди́чно** periodically, **пості́йно** constantly, **реґуля́рно** regularly, **ча́сто** often; **випадко́во** by accident; **прива́тно** privately, **тає́мно** secretly, **я́кось** somehow, one day

v. + **з. бу́ти зру́чно** + *D.* be convenient for sb to ◊ **Де вам зру́чно зустрі́тися?** Where is it convenient for you to meet? **бу́ти потрі́бно** + *D.* be necessary for sb to, **бу́ти тре́ба** + *D.* need to; **домовля́тися** agree to ◊ **Вони́ домо́вилися зустрі́тися че́рез три дні.** They agreed to meet in three days. **могти́** can; **проси́ти** + *A.* ask sb to ◊ **Вона́ про́сить вас зустрі́тися ще раз.** She is asking you for another meeting. **хоті́ти** want to; **намага́тися не** try not to ◊ **Макси́м намага́вся не з. з ним.** Maksym tried not to meet with him. **уника́ти** avoid

prep. **з. з** + *I.* meet with sth

Also see **ба́читися 1, збира́тися 1, схо́дитися 1**

2 to come across, find, encounter, run into ◊ **Він ~вся із сумні́вними фа́ктами у пресрелі́зі.** He encountered dubious facts in the press release. ◊ **Вони́ ~ються з во́вком у цих ліса́х упе́рше.** They encounter a wolf in these forests for the first time.

See **знахо́дити 3, зустріча́ти 1.** *Also see* **напада́ти 4, стика́тися 2**

3 to go out with one another, date ◊ **Вони́ ~ються два ро́ки.** They have gone out for two years.

adv. **давно́** for a long time ◊ **Вони́ до́сить давно́ ~ються.** They have dated for a fairly long time. **відкри́то** openly; **тає́мно** secretly ◊ **Він тає́мно ~ється з Дани́лом.** He secretly goes out with Danylo.

prep. **з. з** + *I.* go out with sb ◊ **З ким він ~ється?** Who does he go out with?

Also see **ходи́ти 4**

4 to be found, occur, happen, be encountered ◊ **Цей різно́вид лиси́ці ~ється лише́ на Полі́ссі.** This specimen of fox is found only in Polissia.

See **води́тися, трапля́тися 2**

зшахрува́|ти, *pf., see* **шахрува́ти**
to swindle, cheat, deceive ◊ **Про́тягом гри він жо́дного ра́зу не ~в.** Throughout the game, he did not cheat a single time.

зя́бр|а, *var.*, **жа́бра**, *f.*, **~ри**, *usu. pl.*
gill(s) ◊ **Щоб спра́вдити, чи ри́ба свіжа́, Ната́ля диви́ться на з.** To make sure that the fish is fresh Natalka looks at its gills.

v. + **з. вийма́ти з.** remove gills ◊ **Він ви́йняв з. в ко́ропа.** He removed the gills in the carp. ♦ **бра́ти** *or* **хапа́ти** + *A.* **за з.** to force sb to do sth ◊ **Якщо́ бу́де тре́ба, то Тимі́ш мо́же його́ й за з. взя́ти.** If need be, Tymish can very well force him. **ди́хати ~рами** breathe through gills ◊ **Ра́ки,**

як і риби, дихають ~рами. Crayfish, much like fish, breathe through their gills.
N. pl. **з.**, *G. pl.* **~ер** ◊ **Дельфіни не мають ~ер.** The dolphins have no gills.

з'яви|тися, *pf., see* **з'являтися**
to appear, emerge, *etc.* ◊ **Він ~вся на політичній арені несподівано.** He appeared in the political arena suddenly.

з'явля|тися, ~ються; з'яв|итися, ~люся, ~ишся, ~ляться, *intr.*
1 to come to, show up at, visit ◊ **Того дня Ганя не з'явилася на консультацію.** That day, Hania did not show up for her office hours.
adv. **завжди** always ◊ **Вони завжди ~ються вчасно.** They always come on time. **іноді** sometimes, **рідко** seldom, **час від часу** from time to time, **як правило** as a rule; **несподівано** unexpectedly; **передбачувано** predictably
prep. **з. до** + *G. dir.* come to ◊ **Северин місяць не ~ється до лікарні.** It's been a month since Severyn has come to the hospital. **з. на** + *A. dir.* come to *(event, etc.)* ◊ **з. на заняття** come to a class (**лекцію** lecture, **працю** work, **тренування** training)
See **приходити 1.** *Also see* **являтися**
2 to appear, show up, come out, become visible ◊ **На вулиці ~ються перші перехожі.** The first pedestrians appear on the street.
adv. **загадково** enigmatically, **магічно** magically ◊ **Із капелюха блазня магічно з'явився білий кролик.** A white rabbit magically appeared from the clown's hat. **негадано** unexpectedly ◊ **Гість із Черкас з'явився негадано.** The guest from Cherkasy appeared unexpectedly. **нізвідки** from nowhere, ♦ **ні сіло ні впало** out of the blue ◊ **Тоді – ні сіло ні впало – з-за рогу ~ється Назар.** Then out of the blue, Nazar appears from behind the corner. **раптом** suddenly; **вперше** first ◊ **Уперше проповідник з'явився в місті десять років тому.** The preacher first appeared in town ten years ago. **спочатку** initially; **давно** long ago, **недавно** *and* **нещодавно** recently; **зазвичай** *and* **звичайно** usually, **як правило** as a rule ◊ **Ознаки отруєння, як правило, ~ються за годину.** As a rule, signs of poisoning appear in an hour.
v. + **з. наважуватися** dare; **не наважуватися** dare not ◊ **Він не наважувався з. перед дівчиною.** He dared not appear before the girl. **починати** begin to, **стати** *pf.* start ◊ **У його голові стали з. сумніви.** Doubts started popping up in his head. **продовжувати** continue to ◊ **На телебаченні продовжували з. персонажі, що вдавали з себе політологів та соціологів.** Characters who pretended to be political scientists and sociologists, continued to appear on television.
prep. **з. в** + *L.* appear at/in sth; **з. з-за** + *G.* appear from behind sb/sth ◊ **Із-за дверей з'явилося обличчя.** A face appeared from behind the door. **з. на** + *L.* appear at/on sth ◊ **На обрії з'явився вітрильник.** A sailing ship appeared on the horizon. ♦ **з. на люди** to appear in public ◊ **Вона боялася з. на люди.** She was afraid to appear in public. ♦ **з. на світ** to be born
Also see **випливати 2, вставати 5.** *Ant.* **зникати**
3 to come out *(of a book, etc.)*, be published ◊ **Його новий матеріял з'явився в «Українському тижні».** His new story was published in the *Ukrainian Week*. ♦ **з. друком** to appear in print
v. + **з. мати** be supposed to ◊ **Книжка мала з'явитися друком через місяць.** The book was supposed to appear in print in one month.
4 to arise, emerge, crop up ◊ **Проблема з'явилася пізніше.** The problem arose later. ◊ **У них з'явилося бажання дізнатися більше.** They felt the desire to find out more.
See **будитися 2.** *Also see* **збуджуватися 3**
з'являйся! з'явися!

з'ясову|вати, ~ють; з'ясу|вати, ~ють, *tran.*
1 to clarify, make clear, elucidate, explain ◊ **Знахідки допомагають з'ясувати, які племена населяли реґіон у IV столітті.** The finds help clarify what tribes populated the region in the 4th century.
adv. **до кінця** entirely ◊ **Він так до кінця і не з'ясував, чому бібліотека відмовилася від пожертви.** He never entirely clarified why the library had turned down the donation. **докладно** in detail; **нарешті** finally, **остаточно** definitively, **поза всяким сумнівом** beyond any doubt, **ретельно** thoroughly, **скрупульозно** scrupulously, **точно** exactly, **цілком** completely; **зараз же** right away, **швидко** quickly; **майже** almost, **частково** in part; **радо** gladly
v. + **з. бути треба** + *D.* need to ◊ **Йому треба буде докладно з'ясувати розклад делеґації.** He will need to clarify in detail the delegation's itinerary. **допомагати** + *D.* help sb (to); **належати** + *D.* be required ◊ **Нам належить з'ясувати точно, коли він прилітає.** We are required to clarify exactly when he is flying in. **намагатися** try to ◊ **Він марно намагався з'ясувати в Ніни, що вона робитиме в Дніпрі.** He was trying in vain to clarify with Nina what she was going to do in Dnipro. **обіцяти** + *D.* promise sb to ◊ **Секретарка обіцяла їй з'ясувати всі сумнівні моменти справи.** The secretary promised her to clarify all the vague aspects of the matter. **хотіти** want to
prep. **з. для** + *G.* clarify for sb ◊ **Я радо з'ясую все для вас.** I will gladly clarify everything for you.
Also see **пояснювати 1, роз'яснювати**
2 to establish, find out, ascertain ◊ **Наука ще не з'ясувала, що викликає хворобу.** Science has not yet established what causes the disease. ◊ **Слідчий з'ясував, що нападників було троє.** The detective established that there had been three assailants.
See **визначати 1.** *Also see* **встановлювати 3**
pa. pple. **з'ясований** clarified, established
з'ясовуй! з'ясуй!

з'ясову|ватися; з'ясуватися, *intr.*
only in 3rd pers sg. to become known, become clear; turn out ◊ **Пізніше з'ясувалося, що ніякого такого наказу ніхто не віддавав.** Later it became known that nobody had given any such order. ◊ **Як ~ється, Роберт знає її багато років.** It turns out, Robert has known her for many years.
See **виявлятися 2.** *Also see* **виходити 6**

з'ясува|ти, *pf., see* **з'ясовувати**
to clarify, *etc.* ◊ **Він ~в всю історію з позикою.** He clarified the whole story of the loan.

з'ясува|тися, *pf., see* **з'ясовуватися**
to come to light, *etc* ◊ **~лося, що він консультує дві компанії-конкурентки.** It came to light that he was consulting for two competing companies.

зят|ь, *m.*
son-in-law ◊ **Ковальця зістрічали дочка з ~ем.** Kovalets was met by his daughter and son-in-law.
adj. **бездоганний** impeccable, **добрий** good, **ідеальний** ideal, **помічний** helpful, **улюблений** favorite, **чемний** respectful, **чудовий** great; **брехливий** deceiptful, **жахливий** awful, **лінивий** lazy, **нечемний** disrespectful, **поганий** bad
v. + **з. бути ~ем** be a son-in-law (**виявлятися** turn out ◊ **Остап виявився поганим ~ем.** Ostap turned out to be a bad son-in-law. **доводитися** + *D.* be to sb ◊ **Петрунчакові Ігор доводиться не племінником, а ~ем.** Ihor is not a nephew but son-in-law to Petrunchak. **лишатися** remain, **ставати** become)
Also see **невістка**

И

идол, *var.* **ідол**, *m.*, **~а**
idol; *also fig.*
adj. **великий** great, **молодіжний** youth, **поп-и.** a pop-idol, **рок-и.** a rock-idol ◊ **Її рок-идолом був Стинґ.** Her rock idol was Sting. **футбольний** soccer; **незаперечний** undeniable, **справжній** true; **фальшивий** false; **язичницький** pagan
и. + *n.* **и. боксу** a boxing idol (**дитинства** childhood, **екрану** screen, **сцени** stage, **юности** youth)
v. + **и. робити ~а з** + *G.* make sb an idol ◊ **Не треба робити з неї ~а.** Don't make an idol of her. **поклонятися ~ові** worship an idol; **бути ~ом** be an idol ◊ **Для їхнього покоління вона була незаперечним ~ом.** For their generation, she was an undeniable idol. (**вважати** + *A.* consider sb; **лишатися** remain, **ставати** become)
Also see **зірка 2, ікона 2, леґенда 3**

икав|ка, *var.* **гикавка**, *f., only sg.*
hiccup(s)
adj. **вперта** persistent, **гостра** sever, **сильна** acute; **гучна** loud; **нервова** nervous ◊ **Її переслідує нервова и.** Nervous hiccups have bedeviled her. **несподівана** unexpected, **раптова** sudden; **нетривала** short-lived, **періодична** periodic, **хронічна** chronic
v. + **и. душити ~ку** suppress hiccups (**мати** have; **потамовувати** suppress); **позбуватися ~ки** get rid of hiccups ◊ **У нього гостра и.** He has sever hiccups. **боротися з ~кою** fight hiccups
L. **в ~ці**, *G. pl.* **~ок**

ика|ти, *var.* **гикати, ~ють; икн|ути**, *var.* **гикнути, ~уть**, *intr.*
to hiccup, have hiccups ◊ **Він голосно икнув.** He hiccupped loudly.
adv. **безперервно** nonstop, **весь час** all the time; **голосно** loudly, **неконтрольовано** uncontrollably; **ніколи не** never; **постійно** constantly, **хронічно** chronically
v. + **и. починати** begin to ◊ **Він їв поспіхом і тому почав и.** He ate in haste and therefore began to have hiccups. **стати** *pf.* start to; **продовжувати** continue to; **переставати** stop
икай! икни!

икну|ти, *pf., see* **икати**
to hiccup, have a hiccup ◊ **Вона ~ла ще два рази і перестала нарешті.** She had two more hiccups and stopped finally.

имбер, *m., var.* **імбир**, **~у**
ginger ◊ **Вона любила чай з ~ом і медом.** She liked her tea with ginger and honey.

инакше, *var.* **інакше**, *adv.*
1 differently, in a different way ◊ **Пропоную зробити це и.** I suggest that we do it differently. ♦ **и. кажучи** in other words; ♦ **так чи и.** anyhow, anyway, in any case
See **по-иншому**
2 otherwise ◊ **Треба купити карту міста, и. ми заблукаємо.** We need to buy a map of the city, otherwise we'll get lost.

инакший, *adj., see* **инший**

индик, *var.* **індик**, *m.*,**~а**
1 turkey, turkey-cock ◊ **Вони навчилися вирощувати ~ів.** They learned to raise turkeys.
adj. **дикий** wild ◊ **Іванко уперше побачив диких ~ів у штаті Нью-Йорк.** For the first time Ivanko saw wild turkeys in New York State. **свійський** domestic; **великий** large, **дебелий** sizable; **жирний** fat, **нежирний** lean ◊ **Його ~и були досить нежирні.** His turkeys were quite lean. **худий** skinny

v. + **и. виро́щувати ~а** raise a turkey (**рі́зати** slaughter) ◊ **Вона́ думала́ зарі́зати ~а на свя́то.** She planned to slaughter a turkey for the holiday.
2 turkey *(meat)* ◊ **Марі́їні котле́ти з ~а неперевер́шені.** Maria's turkey patties are unsurpassed. ◊ **И. не смакува́в Оле́ні ніде́ так, як удо́ма.** The turkey did not taste quite as good to Olena as it did at home.
adj. **дома́шній** homemade; **до́брий** *or* **смачни́й** tasty, **смачню́чий** delicious, **сокови́тий** succulent; **жи́рний** fat, **нежи́рний** lean, **худи́й** skinny, **заморо́жений** frozen, **начи́нений** stuffed ◊ **чудо́вий реце́пт начи́неного ~а** a great stuffed turkey recipe, **ву́джений** smoked, **пе́чений** roast ◊ **На вече́рю мав бу́ти пе́чений и.** For dinner there was supposed to be roast turkey.
v. + **и. начиня́ти ~а** stuff a turkey ◊ **Ку́хар начини́в ~а ри́сом і гриба́ми.** The cook stuffed the turkey with rice and mushrooms. (**пекти́** roast, **пря́жити** *or* **сма́жити** fry, **тушкува́ти** stew; **наріза́ти** slice; **подава́ти** serve) ◊ **На дру́ге пода́ли тушко́ваного ~а в кро́повій підли́ві.** For the second course, stewed turkey in dill sauce was served.
L. **на ~ові**

и́не|й, *m.*, **~ю**
frost, hoarfrost, window frost, ice crystals ◊ **Від його́ по́диху на ши́бці утвори́вся бі́лий тонки́й и.** White thin hoarfrost formed on the window pane from his breath.
adj. **бі́лий** white, **зимо́вий** winter, **ранко́вий** morning, **сліпу́чий** blinding ◊ **Ши́бки ві́кон покри́в сліпу́чий и.** Blinding frost covered the window panes. **сріблястий** silvery
и. + *v.* **блища́ти** shine, **сліпи́ти** + *A.* blind sb ◊ **Бі́лий и. засліпи́в її.** The white frost blinded her. **з'явля́тися на** + *L.* appear on sth, **покрива́ти** + *A.* cover sth, **утво́рюватися** form; **зника́ти** disappear, **та́нути** melt
Also see **моро́з 3**

и́нколи, *var.* **і́нколи**, *adv.*
sometimes, every now and then ◊ **Їй ли́ше и. сни́ться дити́нство.** She only dreams of her childhood every now and then.
Also see **де́коли, и́ноді, ча́сом 1**

и́ноді, *var.* **і́ноді**, *adv.*
sometimes, every now and then; in some cases ◊ **Вони́ и. зустріча́ються на ка́ві.** They sometimes get together for coffee. ◊ **И. до́бре промо́вчати.** At times it is good to say nothing. ◊ **Васи́ль и. боя́вся її.** Sometimes Vasyl was afraid of her.
Also see **де́коли, и́нколи, ча́сом 1**

иномо́вн|ий, *var.* **иншомо́вний**, *adj.*
foreign, speaking a foreign language ◊ **Вона́ наткну́лася на и. текст.** She came across a foreign language text.
See **чужи́й 2**

и́нш|ий, *var.* **ина́кший**, *adj.*
1 other, another, different ◊ **Вона́ вдала́ся до ~ої та́ктики.** She resorted to a different tactic.
adv. **абсолю́тно** absolutely, **геть** totally, **зо́всім** utterly ◊ **Він зо́всім ~а люди́на тепе́р.** He is an utterly different person now. **цілко́м** completely; **де́що** somewhat ◊ **Фа́рба була́ де́що ~ого ко́льору.** The paint was of a somewhat different color. **ма́йже** almost, **помі́тно** visibly, **тро́хи** a little ♦ **~им ра́зом** another time, ♦ **~ими слова́ми** in other words, ♦ **між ~им** by the way ◊ **Між ~им, я ма́ю два за́йві квитки́.** By the way, I have two spare tickets. ♦ **Це зо́всім ~а спра́ва.** That is a different matter. *or* Now we are talking. ◊ **Ніхто́ и. не міг зна́ти про це.** Nobody else could know about it. ◊ **той або́ и.** one or another
Also see **чужи́й 1**
2 *as n.* somebody else, something else ◊ **Він покоха́в ~у.** He fell in love with somebody else.

ирж|а́, *f.*, **~і́**, *only sg.*
rust, corrosion ◊ **Залі́зні по́ручні поча́ли бра́тися ~е́ю.** The iron banisters began to rust.
adj. **бруна́тна** brown; **гру́ба** thick; **ста́ра́** old, **суці́льна** solid
v. + **и. зчища́ти ~у́** scrape off rust; **запобіга́ти ~і́** prevent corrosion ◊ **Фа́рба ма́ла запобіга́ти ~і́.** The paint was supposed to prevent corrosion. **покрива́ти** + *A.* **~е́ю** cover sth with rust ◊ **Дах старо́ї маши́ни покри́ло бруна́тною ~е́ю.** The roof of the old car is covered with brown rust.
и. + *v.* **покрива́ти** + *A.* cover sth ◊ **Замо́к покри́ла и.** The lock was covered in rust. **ї́сти** + *A.* eat away at sth, **точи́ти** + *A.* corrode sth ◊ **И. точи́ла ко́рпус корабля́.** Rust corroded the ship's hull.

ижа́в|ий, *adj.*
rusty ◊ **У кутку́ стоя́в стари́й и. велосипе́д.** In the corner, there stood an old rusty bicycle.
adv. **ма́йже** almost, **трі́шки** *dim.* a trifle, **тро́хи** a little; **до́сить** rather, **ду́же** very, **на́дто** too ◊ **Це відро́ на́дто ~е, щоб ми пили́ з ньо́го во́ду.** This bucket is too rusty for us to drink water from. **весь** all ◊ **Коса́ ви́явилася вся ~а і неприда́тна.** The scythe turned out to be all rusty and unusable. **геть** totally, **цілко́м** completely
v. + **и. бу́ти ~им** be rusty (**виявля́тися** turn out; **здава́тися** + *D.* seem to sb; **роби́тися** turn ◊ **Залі́зні ґра́ти зроби́лися геть ~ими.** The iron gate totally rusted. **става́ти** become)

ижа́ві|ти, *var.* **ржа́віти**, **~ють; по~** *or* **за~**, *intr.*
to rust, become rusty ◊ **У де́яких місця́х дріт уже́ поиржа́вів.** In some spots, the wire had already rusted.
adv. **ду́же** much, **на́скрізь** through ◊ **Дно відра́ на́скрізь по~.** The bucket bottom rusted through. **геть** totally, **цілко́м** completely ◊ **Залі́зна бра́ма цілко́м поиржа́віла.** The iron gate completely rusted. **до́бре** *colloq.* a lot, **добря́че** *colloq.* badly, **тро́хи** a little
v. + **и. почина́ти** begin to ◊ **Рільни́чий рема́не́нт лежа́в й ~в.** The agricultural implements lay around and rusted. **ста́ти** *pf.* start to; **продо́вжувати** continue to
(по)иржа́вій!

и́рі|й, *var.* **ви́рій**, *m.*, **~ю**
south *(only of birds leaving for winter)*, southern countries, *only in expressions like* ♦ **відліта́ти в и.** to fly south for winter ◊ **Матві́єві ціка́во зна́ти, до яки́х краї́н летя́ть в и. леле́ки.** Matvii is curious to know to which countries the storks fly for winter. ♦ **приліта́ти з ~ю** to fly back (come from) southern countries ◊ **Пе́ршими з ~ю поверта́ються граки́.** Rooks are the first to return from the south *(in spring)*.
See **пі́вдень**

и́ск|ра, *f.*
1 spark; *fig.* glitter, glint ◊ **Із мало́ї ~ри бува́є вели́кий во́гонь.** There can be a big fire from a little spark. ◊ **У її оча́х бли́снули пустотли́ві ~ри.** *fig.* Mischievous sparkles flashed in her eyes.
adj. **мале́нька** little, **кри́хітна** tiny ◊ **Від ко́жного уда́ру ве́сел по воді́ стриба́ли ти́сячі кри́хітних ~ор.** From every stroke of the oars, thousands of tiny sparks jumped on the water. **поту́жна** powerful, **сліпу́ча** blinding, **яскра́ва** bright; **вибухо́ва** explosive, **електри́чна** electric
2 *fig.* spark, fire, sign ◊ **Видаве́ць друку́є все, що ма́є хоч найме́ншу ~ру тала́нту.** The publisher prints everything that has the smallest spark of talent.
adj. **мале́нька** little, **кри́хітна** tiny, **найме́нша** smallest; **кошто́вна** precious; **рідкі́сна** rare ♦ **Бо́жа и.** a God given gift, talent ◊ **Ле́ся діста́ла від ба́тька Бо́жу ~ру поéта.** Lesia received the God given gift of a poet from her father.
и. + *n.* **и. зухва́лости** a spark of defiance (**іро́нії** irony; **коха́ння** love, **наді́ї** hope; **тала́нту** talent)
v. + **и. втрача́ти** *and* **губи́ти ~ру** lose a spark (**кри́ти** hide; **ма́ти** have; **передава́ти** + *D.* pass on to sb, **успадко́вувати від** + *G.* inherit from sb); **бракува́ти** + *D.* **~ри** lack a spark ◊ **Він усе́ грав пра́вильно, але́ його́ викона́нню бракува́ло ~ри.** He played everything correctly, but his performance lacked the spark.

І

і, *conj., part.*
1 *conj. var.* **й** and *(relations of similarity)* ◊ **Степа́н і Мо́тря** Stepan and Motria; **і ..., і** both ..., and ◊ **Тре́ба купи́ти і молока́, і хлі́ба.** We need to buy both milk and bread. ♦ **ста́вити крапки́ над «і»** to dot the I's and cross the T's
2 *part. (relations of concession)* even though, although ◊ **Він і знав про це, та не міг ні́кому сказа́ти.** Even though he knew about it, he could not tell anyone.
3 *part.* even ◊ **Тако́го і вона́ ні́коли не ба́чила.** Even she has never seen such a thing.
4 *part.* also, too, as well ◊ **Вони́ пішли́ ра́ні́ше, пішо́в домі́в і Славко́.** They left earlier, Slavko also went home.
5 *part.* ♦ **і так** still, nevertheless, regardless; already ◊ **Не переко́нуй його́, він і так не пого́диться.** Don't persuade him; he still will not agree. ◊ **На́що їй гро́ші? Вона́ і так ма́є до́сить.** What does she need the money for? She already has enough.
Also see **й, та**

і́граш|ка, *f.*
1 toy ◊ **Мініатю́рний по́тяг став її улю́бленою ~кою.** The miniature train became her favorite toy.
adj. **дерев'я́на** wooden ◊ **Він виготовля́в дерев'я́ні ~ки.** He made wooden toys. **пластма́сова** plastic; **електро́нна** electronic, **механі́чна** mechanical, **завідна́** wind-up ◊ **Він ру́хався, на́че завідна́ і.** He moved like a wind-up toy. **зла́мана** *or* **пола́мана** broken, **м'яка́** soft, **дитя́ча** children's, **дівча́ча** girl, **хлопча́ча** boy; **деше́ва** cheap; **дорога́** expensive; **нова́** new, **улю́блена** favorite, ♦ **секс-і.** a sex toy
n. + **і. виробни́к ~ок** toy manufacturer (**ві́дділ** department, **крамни́ця** store) ◊ **нова́ крамни́ця ~ок** a new toy store
v. + **і. вирива́ти ~ку** snatch a toy ◊ **Андрі́й ви́рвав у ньо́го ~ку.** Andrii snatched the toy from him. (**відбира́ти в** + *G.* take away from sb; **хова́ти** put away ◊ **Ма́ти сказа́ла їм похова́ти ~ки.** Mother told them to put away their toys. **купува́ти** + *D.* buy for sb; **продава́ти** sell ◊ **На пе́ршому по́версі продава́ли деше́ві ~ки.** Cheap toys were sold on the first floor. **прибира́ти** tidy away) ◊ **Він забу́в прибра́ти ~ки.** He forgot to put away his toys. **гра́ти(ся) ~кою** play with a toy ◊ **Тепе́р вона́ гра́тиметься ново́ю ~кою.** Now she will play with her new toy.
2 *fig.* plaything, pawn ◊ **Рома́н був усьо́го лише́ га́рною ~кою ціє́ї бага́тої бізнесме́нки.** Roman was but a beautiful plaything of this rich businesswoman.
v. + **і. бу́ти ~кою** be sb's plaything (**роби́ти** + *A.* make sb, **става́ти** become) ◊ **Ві́ктор поступо́во став її ~кою.** Viktor gradually became her plaything.
L. **на ~ці**

і́грашко́в|ий, *adj.*
toy, of or pertaining to toys, like a toy ◊ **Марко́ подарува́в їй і. за́мок.** Marko gave her a toy castle.
і. + *n.* **і. меч** a toy sword (**пістоле́т** gun, **по́тяг**

train; **слон** elephant; **солдат** soldier); **~а рушниця** a toy rifle ◊ **Його ~а рушниця здавалася справжньою.** His toy rifle seemed real.

іґнору|вати, ~ють; з~, *tran.*
1 to ignore, disregard ◊ **Міністр юстиції відкрито ~вав Конституцію.** The Minister of Justice has openly ignored the Constitution.
adv. **абсолютно** absolutely ◊ **Хлопець абсолютно ~є його зауваження.** The boy absolutely ignores his remarks. **геть** totally, **цілком** completely; **зручно** conveniently, **легко** easily ◊ **Досі вона легко ~вала всі правила безпеки.** Until now, she easily ignored all the safety regulations. **злісно** flagrantly, **навмисно** deliberately, **намірено** intentionally **свідомо** consciously; **неодноразово** repeatedly, **послідовно** consistently, **систематично** systematically, **уперто** stubbornly; **практично** practically ◊ **Вони практично зіґнорували внесені поправки.** They practically ignored the introduced amendments. **фактично** effectively; **відкрито** openly, **зухвало** defiantly, **нахабно** brazenly, **цинічно** cynically; **просто** simply, **прямо** directly, **рішуче** resolutely, **явно** clearly; **головно** mostly, **частково** partially; **завжди** always, **незмінно** invariably, **неодноразово** repeatedly, **часто** frequently; **чемно** politely ◊ **Він чемно зіґнорував інсинуацію.** He politely ignored the insinuation.
і. + *n.* **і. думку** ignore sb's opinion ◊ **Вона ~вала думку колеґ.** She ignored her colleagues' opinion. (**пораду** advice, **правду** truth ◊ **Той, хто ~є правду, рано чи пізно дорого платить.** Those who ignore the truth, sooner or late pay dearly. **факти** facts)
v. + **і. бути важко** be hard to ◊ **Заяви президента тяжко і.** The president's statements are hard to ignore. **бути неможливо** be impossible to; **бути глупо** be foolish to, **бути неправильно** be wrong to; **бути слід** + *D.* should ◊ **Вам слід і. критиків.** You should ignore the critics. **вдавати, що** pretend to ◊ **Богдан удавав, що ~є їх.** Bohdan pretended to ignore them. **вирішувати** decide to, **могти** can; **навчитися** learn to ◊ **Вона навчилася і. галас на коридорі.** She learned to ignore the noise in the corridor. **намагатися** try to ◊ **Він намагався і. Катерину цілий вечір.** He tried to ignore Kateryna the entire evening. **пробувати** attempt to; **вдаватися** + *D.* manage to ◊ **Довгий час Михайлині вдавалося і. домагання начальника.** For a long time, Mykhailyna managed to ignore the harassment by her boss. **не могти** cannot; **починати** begin to; **продовжувати** continue to, **переставати** stop ◊ **«Перестаньте мене і.!» – вигукнув він у відчаї.** "Stop ignoring me!" he shouted in desperation. ♦ **і. на власний ризик** to ignore at one's own peril
Also see **зневажати 3, минати 2, нехтувати**
2 to defy ◊ **Вони свідомо ~вали вимоги закону.** They consciously defied the requirements of the law.
і. + *n.* **і. закон** defy the law (**небезпеку** danger, **норми** norms, **правила** regulations, **умовності** conventions) ◊ **Він на власний ризик ~є владу.** He defies the authorities at his own peril.
pa. pple. **зіґнорований** ignored, disregarded
(з)іґноруй!
Also see **нехтувати**

ідеал, *m.,* **~у**
1 ideal, paragon + *G.* ◊ **Він уважав цей портрет ~ом чоловічої краси.** He considered the portrait to be the ideal of male beauty.
adj. **високий** high, **шляхетний** noble; **вічний** eternal; **абстрактний** abstract, **загальний** general; **загальноприйнятий** generally accepted; **мінливий** changing; **постійний** permanent, **сумнівний** doubtful; **недосяжний** unattainable ◊ **Ранній Тичина був для неї недосяжним ~ом поезії.** Early Tychyna was the unattainable paragon of poetry for her. **естетичний** esthetic, **культурний** cultural, **моральний** moral, **художній** artistic; **демократичний** democratic, **політичний** political; **революційний** revolutionary, **соціялістичний** socialist, **комуністичний** communist, **нацистський** Nazi, **фашистський** fascist; **романтичний** romantic; **платонічний** Platonic; ♦ **в ~і** in the best case scenario ◊ **В ~і рішення мало би бути одностайним.** In the best case scenario, the decision needed to be unanimous.
і. + *n.* **і. відданости** an ideal of dedication (**посвяти** devotion, **самопожертви** self-sacrifice; **демократії** democracy, **свободи** liberty, **справедливости** justice; **непідкупности** incorruptibility ◊ **Суддя був ~ом непідкупности.** The judge was the ideal of incorruptibility. **чесности** integrity;**вишуканости** refinement, **довершености** perfection, **краси** beauty, **смаку** taste; **вченого** scholar; **державного діяча** statesman)
v. + **і. втілювати і.** realize an ideal ◊ **Вони прагнули втілити в цій установі і. демократії.** They strove to realize the ideal of democracy in this institution. (**мати** have, **підтримувати** support, **поділяти** share ◊ **Він поділяє естетичні ~и свого нового знайомого.** He shares his new acquaintance's esthetic ideals. **вірити в** believe in); **досягати ~у** attain an ideal; **притримуватися** cling to); **бути відданим ~ові** be committed to an ideal (**відповідати** conform to ◊ **Вона шукала чоловіка, що відповідав би її ~ові.** She was looking for a man that would conform to her ideal. **зраджувати** betray) ◊ **Він ніколи не зраджував своїм ~ам.** He has not ever betrayed his ideals.
Also see **досконалість, еталон 2, майстерність 2.** *Cf.* **справа 3**
2 role model ◊ **Його ~ом політичного філософа був Ніколо Мак'явеллі.** His role model of a political philosopher was Niccoló Machiavelli.
adj. **дитячий** childhood, **дівчачий** girlhood ◊ **Надина старша сестра виконувала роль її дівчачого ~у.** Nadia's elder sister played the part of her girlhood role model. **хлопчачий** boyhood, **перший** first, **юнацький** teenage; **незаперечний** undeniable; **уявний** imaginary
v. + **і. наслідувати** + *A.* **як свій і.** emulate sb as one's role model ◊ **Юнак наслідував героя роману як свій і.** The youth emulated the novel's protagonist as his role model. **вважати** + *A.* **своїм ~ом** regard sb as one's role model

ідеальн|ий, *adj.*
1 ideal, abstract, unreal ◊ **Образ був радше і., як реальний.** The image was ideal rather than real.
2 ideal, model, perfect ◊ **Її ~і вакації – це подорож до моря влітку.** Her ideal vacation is a trip to the sea in the summer.
adj. **абсолютно** absolutely, **направду** truly, **справді** really, **цілковито** completely; **ледве** scarcely, **майже** almost, **менш(е) ніж** less than, **трохи не** all but ◊ **Для Орисі це була трохи не ~а робота.** For Orysia this was all but ideal work. ◊ **~а нагода** an ideal opportunity; **~і умови** ideal conditions
v. + **і. бути ~им** be ideal ◊ **Як на неї, кохання, описане в романі, було ~им.** As to her the love described in the novel was ideal. (**вважати** + *A.* consider sb/sth ◊ **Він уважає це рішення ~им.** He considers the decision to be ideal. **здаватися** + *D.* seem to sb) ◊ **Як партнерка, Марічка здавалася їй ~ою.** As a partner, Marichka seemed to her to be ideal.
prep. **і. для** + *G.* ideal for sb/sth ◊ **Програма ~а для людини з її потребами.** The program is ideal for a person of her needs.
Also see **досконалий 2**

ідентифікаці|я, *f.,* **~ї,** *only sg.*
1 identification, recognition ◊ **І. злочинця ні в кого не викликала сумнівів.** The criminal's identification did not cause anybody doubts.
adj. **безсумнівна** doubtless, **точна** accurate ◊ **Точна і. людських останків була неможливою.** An accurate identification of the human remains was impossible. **правильна** correct; **неправильна** wrong, **помилкова** mistaken; **миттєва** instantaneous, **негайна** immediate, **оперативна** prompt, **швидка** quick; **остаточна** ultimate; **біометрична** biometric, **візуальна** visual; **формальна** formal
і. + *n.* **і. відбитків пальців** fingerprint identification ◊ **І. відбитків пальців займає лічені секунди.** Fingerprint identification takes a matter of seconds. (**групи крови** blood type, **жертви** victim's, **тіла** body, **трупа** corpse; **рукопису** manuscript, **світлини** photograph; **користувача** user, *etc.*)
v. + **і. дозволяти ~ю** allow identification (**доводити** prove, **перевіряти** check, **підтверджувати** confirm ◊ **Патологоанатом підтвердив ~ю жертви за дві години.** The coroner confirmed the victim's identification in two hours. **справджувати** verify, **уможливлювати** enable); **сприяти ~ї** facilitate an identification ◊ **Брак потрібних хемікалій не сприяв оперативній ~ї групи крови.** The lack of required chemicals did not facilitate a prompt blood type identification.
і. + *v.* **здаватися** + *D.* seem to sb ◊ **Така і. тіла здавалася багатьом експертам помилковою.** Such a body identification seemed mistaken to many experts.
2 identification, association, empathy ◊ **Знайомство з еспанською культурою полегшувало їй і. з Еспанією.** Her familiarity with Spanish culture made it easier for her to identify with Spain.
adj. **повна** full, **цілковита** complete; **часткова** partial; **легка** easy, **негайна** immediate, **швидка** quick; **проблематична** problematic
prep. **і. з** + *I.* identification with sb/sth ◊ **І. глядача з героєм фільму була цілковитою.** The viewer's identified completely with the movie's protagonist.

ідентичн|ість, *f.,* **~ости**
1 identity *(individuality)* ◊ **Вона вивчала формування мовної ~ости українських галичан.** She studied the formation of the Ukrainian Galicians' linguistic identity.
adj. **індивідуальна** individual; **групова** group, **колективна** collective, **спільна** shared; **етнічна** ethnic, **культурна** cultural, **мовна** linguistic, **національна** national; **українська** Ukrainian; **політична** political, **расова** racial, **релігійна** religious; **чоловіча** male, **жіноча** female, **статева** sexual; **гомосексуальна** homosexual, **лезбійська** lesbian; **несформована** still to be formed ◊ **Національна і. цих людей була ще несформованою.** Those people's national identity was still to be formed. **нова** new, **сучасна** modern; **стара** old; **окрема** separate, **особиста** personal, **подвійна** dual, **прибрана** assumed, **присвоєна** appropriated; **справжня** true ◊ **Це не справжня, а прибрана і.** This is not a true identity but an assumed one. **виразна** distinct, **сильна** strong; **слабка** weak; **імперська** imperial; **колоніяльна** colonial, **совєтська** Soviet; **постколоніяльна** postcolonial, **постсовєтська** post-Soviet
v. + **і. виражати і.** express an identity ◊ **У своїх творах Остапенко виражає власну культурну і.** In his works, Ostapenko expresses his own cultural identity. (**встановлювати** establish, **зберігати** preserve, **знаходити** find, **визначати** define, **перевизначати** redefine ◊ **Це була ще одна спроба перевизначити сучасну і. українців.** This was yet another

attempt to redefine the modern Ukrainian identity. **прибира́ти** assume, **присво́ювати** appropriate, **прихо́вувати** conceal; **ство́рювати** create, **формува́ти** form; **викрада́ти** steal, **втрача́ти** lose, **міня́ти** change); **набува́ти ~ости** develop an identity ◊ **Вони́ ніко́ли не набу́дуть ніяко́ї і́ншої ~ости.** They will never develop any other identity.
2 identity *(similarity)* ◊ **Між двома́ зразка́ми ма́йже по́вна і.** The two samples are almost completely indentical.
Also see **поді́бність**

ідеоло́гі|я, *f.*, **~ї**
ideology ◊ **Вони́ дотри́муються одніє́ї політи́чної ~ї.** They adhere to the same political ideology.
adj. **офіці́йна** official ◊ **У своі́й кни́жкці він викрива́є лицемі́рство офіці́йної ~ї.** In his book, he exposes the hypocricy of the official ideology. **пані́вна́** dominant ◊ **Вона́ пе́ршою нава́жилася публі́чно відки́нути пані́вну ~ю.** She was the first one who dared reject the official ideology publicly. **конкуру́юча** competing, **протиле́жна** opposing; **спі́льна** shared; **могу́тня** powerful, **си́льна** strong; **зрозумі́ла** comprehensible, **чітка́** clear; **еклекти́чна** eclectic, **невира́зна** vague, **незрозумі́ла** incomprehensible, **різноше́рста** motley, **супере́члива** contradictory; **вузька́** narrow; **лиха́** evil, **нена́висна** hateful, **оді́о́зна** odious, **отру́йна** poisonous, **токси́чна** toxic; **екстремі́стська** extremist, **радика́льна** radical, **революці́йна** revolutionary, **фундаменталі́стська** fundamentalist; **збанкруті́ла** bankrupt; **чужа́** alien; **економі́чна** economic, **культу́рна** cultural, **політи́чна** political, **ра́сова** racial, **релігі́йна** religious, **родова́** *and* **ґе́ндерна** gender, **фемі́ністська** feminist ◊ **Популя́рна пре́са подава́ла фемі́ністську ~ю у вкрай спро́щеній фо́рмі.** The popular press presented feminist ideology in an extremely simplified form. **атеїсти́чна** atheist, **буржуа́зна** bourgeois, **капіталісти́чна** capitalist, **комуністи́чна** communist, **ліберáльна** liberal, **маркси́стська** Marxist, **наци́стська** Nazi, **націона́л-соціялісти́чна** national socialist, **неоліберáльна** neoliberal ◊ **Неоліберáльна ~я чужа́ для економі́ста.** Neoliberal ideology is alien to the economist. **раси́стська** racist ◊ **А́вторка дово́дила, що і. так зва́ного «ру́сского ми́ра» є у своі́й істо́ті раси́стською.** The (female) author argued that the ideology of the so-called "Russian World" was in its essence racist. **соціялісти́чна** socialist, **фаши́стська** fascist, *etc.*
v. + **і. ма́ти ~ю** have an ideology ◊ **Вони́ не могли́ зрозумі́ти, яку́ ~ю ма́є нови́й політи́чний рух.** They could not understand what ideology the new political movement had. (**нав'я́зувати** + *D.* impose on sb ◊ **Ма́рно було́ нав'я́зувати їм цю культу́рну ~ю.** It was no use imposing this cultural ideology on them. **переймáти** take up, **підтри́мувати** support, **пошИ́рювати** spread, **прийма́ти** accept ◊ **Вона́ вдава́ла, що прийняла́ комуністи́чну ~ю як вла́сну.** She pretended she had accepted communist ideology as her own. **пропаґува́ти** propagate, **просува́ти** promote ◊ **Ко́жною публіка́цією вона́ просува́ла пра́ву ~ю.** She promoted right-wing ideology in each of her publications. **засно́вувати на** + *L.* base on sth ◊ **Він засно́вує свою́ ~ю на переко́нанні про осо́бли́ву цивілізаці́йну мі́сію сво́го наро́ду.** He bases his ideology on a conviction about the special civilizing mission of his nation. **відкида́ти** reject, **деконструюва́ти** deconstruct, **критикува́ти** criticize, **піддава́ти су́мніву** question) ◊ **На пе́ршому ку́рсі університе́ту Ю́рій поча́в піддава́ти су́мнівам комуністи́чну ~ю.** As a first-year student, Yurii began to question the communist ideology. **ки́дати ви́клик ~ї** challenge an ideology ◊ **Не ко́жен мав відва́гу ки́нути ви́клик пані́вні́й ~ї.** Not everyone had the courage to challenge the dominant ideology.
і. + *v.* **бу́ти пані́вно́ю** be dominant, **панува́ти** dominate ◊ **Комуністи́чна і. пані́вна́ на Ку́бі.** The communist ideology is dominant in Cuba. **пошИ́рюватися** spread; **занепада́ти** decline

іде́|я, *f.*, **~ї**
idea, concept, thought ◊ **Спра́вді вели́кі ~ї не вмира́ють.** Truly great ideas do not die.
adj. **ва́ртісна** worthy, **вели́ка** great, **га́рна** nice, **геніа́льна** brilliant, **ґранді́о́зна** grandious, **доскона́ла** perfect, **до́бра** *or* **хоро́ша** good ◊ **Збі́льшення кво́ти жіно́к в у́ряді здава́лося до́брою ~єю.** The increase in the quota for women in government seemed to be a good idea. **ці́нна** valuable, **чудо́ва** wonderful ◊ **Це чудо́ва і.!** It's a wonderful idea! **захо́плива** exciting; **нова́** new, **сві́жа** fresh; **непересі́чна** unconventional, **нова́торська** innovative, **ориґіна́льна** original, **уніка́льна** unique, **ціка́ва** interesting; **абсу́рдна** absurd ◊ **Ця і. здава́лася їй водно́час ціка́вою й абсу́рдною.** The idea seemed to her at once interesting and absurd. **боже́вільна** crazy, **дива́цька** wacky, **ди́вна** strange, **ди́ка** wild, **дурна́** stupid, **дурнува́та** *and* **тупа́** dumb, **чуде́рна́цька** bizarre, **чудна́** weird; **незвича́йна** unusual; **пога́на** bad, **помилко́ва** mistaken; **небезпе́чна** dangerous, **фата́льна** fatal, **шкідли́ва** harmful; **сміхови́нна** laughable; **амбі́тна** ambitious; **стара́** old; **тво́рча** creative; **вкра́дена** stolen, **пози́чена** borrowed; **абсолю́тна** *philos.* absolute ◊ **Для Ге́ґеля абсолю́тна і. дорі́внює абсолю́тній і́стині.** For Hegel, the absolute idea is equivalent to absolute truth. **націона́льна** national; **дослі́дницька** research, **науко́ва** scientific, **педагогогі́чна** pedagogical, **філосо́фська** philosophical; **америка́нська** American, **європе́йська** European, **украї́нська** Ukrainian ◊ **Його́ розумі́ння украї́нської ~ї було́ водно́час радика́льним і про́стим.** His understanding of the Ukrainian idea was at once radical and simple.
v. + **і. аналізува́ти ~ю** analyze an idea ◊ **Її тво́рчу іде́ю слід нале́жно проаналізува́ти.** Her creative idea should be properly analyzed. (**вивча́ти** study ◊ **Вона́ вивча́є ~ї францу́зьких соціялі́стів-утопі́стів.** She studies the ideas of the French utopian socialists. **розгляда́ти** consider; **вислО́влювати** express, **висува́ти** put forward, **дава́ти** + *D.* give sb, **озву́чувати** articulate, **пропонува́ти** + *D.* offer sb; **висмі́ювати** ridicule, **відкида́ти** reject ◊ **Комі́те́т відки́нув і́хню ~ю як шкідли́ву.** The committee rejected their idea as harmful. **запере́чувати** negate, **критикува́ти** criticize; **віта́ти** welcome, **підтри́мувати** support ◊ **Воло́дя єди́ний пітри́мав цю незвича́йну ~ю, коли́ всі висмі́ювали її як боже́вільну.** Volodia was the only one to support this unusual idea when everybody ridiculed it as crazy. **просува́ти** push; **впрова́джувати в ді́йсність** translate into reality ◊ **Вона́ не ки́дала на́міру впрова́дити свою́ політи́чну ~ю в ді́йсність.** She would not abandon her intention to translate her political concept into reality. **впрова́джувати в пра́ктику** put into practice, **вті́лювати** implement ◊ **Вона́ зна́є, як мо́жна ле́гко вті́лити цю дива́цьку ~ю.** She knows how to easily implement this wacky idea. **застосо́вувати** apply, **зді́йснювати** fulfill, **реалізува́ти** realize; **нав'я́зувати** + *D.* impose on sb ◊ **Він пості́йно нав'я́зує всім які́сь боже́вільні ~ї.** He is constantly imposing some crazy ideas on everybody. **ма́ти** have ◊ **Вона́ ма́є ще одну́ нова́торську ~ю.** She has another innovative idea. **наро́джувати** give birth to, **поро́джувати** generate; **обгово́рювати** discuss, **обду́мувати** ponder, **обсто́ювати** advocate, **прийма́ти** accept, **пропонува́ти** propose; **станови́ти** constitute ◊ **Ви́правдання територія́льних претенз́ій до коли́шніх коло́ній стано́вить центра́льну ~ю імпе́рської історіогра́фії.** The justification of territorial claims on former colonies constitutes the central idea of imperial historiography. **випробо́вувати** test, **переві́ря́ти** verify; **кра́сти** steal ◊ **Ода́рченко переко́наний, що його́ науко́вий кері́вни́к укра́в цю ~ю в ньо́го.** Odarchenko is convinced that his scientific advisor stole the idea from him. **боро́тися за** champion); **відмовля́тися від ~ї** give up an idea ◊ **Оле́ну зму́сили відмо́вити́ся від ціє́ї непересі́чної ~ї.** They forced Olena to give up on this unconventional idea. **діли́тися ~єю** share an idea ◊ **Вона́ не поспіша́ла діли́тися свое́ю ~єю з і́ншими.** She was not in a hurry to share her idea with others. (**міня́тися** *and* **обмі́нюватися** exchange) ◊ **Усі́ вони́ ма́ли наго́ду обміня́тися нови́ми ~ями.** All of them had an opportunity to exchange new ideas.
і. + *v.* **виника́ти** emerge ◊ **І. заснува́ти кіноклу́б ви́никла до́сить закономі́рно.** The idea to found a film club emerged quite logically. **вража́ти** + *A.* strike sb, **подо́батися** + *D.* like ◊ **Дем'янюко́ві сподо́балася і. об'єдна́ти лаборато́рії.** Dem'yaniuk liked the idea of merging the labs. **спада́ти на ду́мку** occur to sb ◊ **Ва́ртісні ~ї рі́дко коли́ спада́ли Мики́ті на ду́мку.** Worthy ideas rarely ever occurred to Mykyta. **формува́тися** form; **не закі́нчуватися ні́чи́м** come to nothing ◊ **Їхня захо́плива і. вре́шті-ре́шт ні́чи́м не закі́нчи́лася.** Their exciting idea eventually came to nothing. **похо́дити від** *(person) or* **з** *(place)* + *G.* originate from ◊ **Ця філосо́фська і. похо́дить від Са́ртра (з феноменоло́гії К'є́ркеґора).** This philosophical idea originates from Sartre (from Kierkegaard's phenomenology).
prep. **всу́переч ~ї** contrary to an idea ◊ **Це писа́ли всу́переч ~ї так зва́ної ноосфе́ри.** This was written contrary to the idea of the so-called noosphere. **зго́дно з ~єю** according to an idea ◊ **Зго́дно з його́ ~єю світ склада́ється з елемента́рних части́нок.** According to his idea, the world is composed of elementary particles.
Also see **ду́мка 1, за́дум, план 1, тенде́нція 3**

іди́лі|я, *f.*, **~ї**
idyll ◊ **Селя́нська ха́та з са́дом, кри́ни́цею і рі́чкою неподалі́к – спра́вжня і. для Ле́ся.** A peasant house with an orchard, well, and river nearby is a true idyll for Les.
adj. **вели́ка** great, **по́вна** complete, **чудо́ва** wonderful; **неправдоподі́бна** unreal; **абсолю́тна** absolute; **ма́йже** almost; **втра́чена** lost; **земна́** earthly, **спра́вжня** true; **сільська́** rural; **подру́жня** marital, **сіме́йна** family, **шлю́бна** conjugal
v. + **і. знахо́дити ~ю** find an idyll ◊ **Тут, се́ред воли́нського лі́су вона́ знайшла́ спра́вжню ~ю.** Here, in the midst of the Volynian forest, she found a true idyll. (**ство́рювати** create); **насоло́джуватися ~єю** to enjoy an idyll ◊ **Він приї́жджа́в до села́ насолоди́тися ~єю безтурбо́тного життя́.** He would come to the village to enjoy the idyll of a carefree life.
Also see **рай**

і́дол, *m.*, *var. see* **и́дол**

ієрархі́чн|ий, *adj.*
hierarchical ◊ **Взає́мини між викладача́ми університе́ту були́ суво́ро ~ими.** The relationships among the university faculty were strictly hierarchical.
adv. **абсу́рдно** absurdly, **вкрай** extremely, **ду́же** very, **надзвича́йно** unusually, **неможли́во** impossibly, **страше́нно** terribly, **суво́ро** strictly; **заду́шливо** suffocatingly, **надмі́ру** excessively, **на́дто** too ◊ **Англі́йське суспі́льство здало́ся їм на́дто ~им.** English

society seemed to them to be too hierarchical.
v. + **і. бу́ти ~им** be hierarchical (**вважа́ти** + *A.* consider sth ◊ **Вона́ вважа́є чи́нну систе́му абсу́рдно ~ою.** She considers the system in place to be absurdly hierarchical. **виявля́тися** turn out, **здава́тися** + *D.* seem to sb, **лиша́тися** remain, **роби́ти** + *A.* make sth ◊ **Нові́ пра́вила роби́ли міністе́рську бюрокра́тію неможли́во ~ою.** The new rules made the ministry bureaucracy impossibly hierarchical. **става́ти** become) ◊ **Компа́нія ста́ла заду́шливо ~ою.** The company became suffocatingly hierarchical.

ієра́рхі|я, *f.*, **~ї**
hierarchy ◊ **У згра́ї вовкі́в існу́є пе́вна і.** There exists a certain hierarchy in a pack of wolves.
adj. **адміністрати́вна** administrative, **бюрократи́чна** bureaucratic, **організаці́йна** organizational; **військо́ва** military, **корпорати́вна** corporate, **ме́неджерська** managerial, **парті́йна** party, **судова́** judicial, **урядо́ва** government, **церко́вна** church; **ка́стова** caste, **католи́цька** Catholic, **кла́сова** class; **заду́шлива** stifling, **традиці́йна** traditional; **суча́сна** contemporary, **тепе́рішня** present; **чи́нна** existing ◊ **Вона́ вважа́ла, що чи́нна є. університе́тову про́сто неспромо́жна ді́яти.** She believed that the existing university hierarchy was simply incapable of functioning. **заплу́тана** tangled, **складна́** complex; **суво́ра** strict; **шти́вна** rigid
v. + **і. встано́влювати ~ю** to establish a hierarchy (**впрова́джувати** introduce ◊ **Президе́нт намага́вся впрова́дити в компа́нії нову́ корпорати́вну ~ю.** The president sought to introduce a new corporate hierarchy in the company. **ство́рювати** create, **формува́ти** form; **змі́цнювати** strengthen, **розвива́ти** develop; **змі́нювати** change, **реформува́ти** reform ◊ **Він реформува́в усю́ парті́йну ~ю.** He reformed the entire party hierarchy. **ліквідо́вувати** eliminate ◊ **Револю́ція зліквідува́ла старі́ ~ї.** The revolution eliminated old hierarchies. **скасо́вувати** abolish; **підрива́ти** undermine); **підійма́тися ~єю** rise through a hierarchy ◊ **Вона́ шви́дко підійма́лася ме́неджерською ~єю ба́нку.** She was rapidly rising through the managerial hierarchy of the bank.
prep. **в ~ї** in a hierarchy ◊ **висо́ке мі́сце в судові́й ~ї краї́ни** a high place in the nation's judicial hierarchy; **по́за ~єю** outside the hierarchy ◊ **Вона́ лиша́лася по́за ~єю вла́ди.** She stayed outside the power hierarchy. **у ме́жах ~ї** within a hierarchy

ізольо́ван|ий, *adj.*
isolated, insulated, separate ◊ **У поме́шканні дві ~і кімна́ти.** There are two separate rooms in the apartment.
adv. **абсолю́тно** absolutely ◊ **Це абсолю́тно і. ви́падок, а не яка́сь там тенде́нція.** This is an absolutely isolated occurrence and not some kind of tendency. **вкрай** extremely, **все бі́льше** increasingly, **геть** totally, **ду́же** very, **цілко́м** completely; **де́що** somewhat, **ма́йже** almost, **частко́во** partially; **на́дто** too; **практи́чно** practically; **географі́чно** geographically, **дипломати́чно** diplomatically, **емоці́йно** emotionally, **суспі́льно** socially, **фізи́чно** physically, **цивілізаці́йно** civilizationally; **трагі́чно** tragically; **шту́чно** artificially
v. + **і. бу́ти ~им** be isolated ◊ **Півні́чна Коре́я – одна́ з найбі́льш ~их краї́н сві́ту.** North Korea is one of the most isolated nations in the world. (**виявля́тися** prove to be, **здава́тися** + *D.* seem to sb ◊ **Хло́пець зда́вся Рома́ні емоці́йно ~им від ре́шти шко́ли.** The boy seemed to Romana to be emotionally isolated from the rest of the school. **лиша́тися** remain, **почува́тися** feel, **става́ти** become) ◊ **Під окупа́цією Крим става́в усе́ бі́льше ~им від ре́шти сві́ту.** Under the occupation, Crimea was becoming increasingly isolated from the rest of the world.
prep. **і. від** + *G.* isolated from sb/sth
Cf. **окре́мий 1**

ізолю|ва́ти, **~ють;** *same, tran.*
to isolate, insulate ◊ **Такі́ висло́влювання ~ва́ли полі́тика від помірко́ваніших ви́борців.** Such pronouncements isolated the politician from more moderate voters.
adv. **все бі́льше** increasingly, **всіля́ко** each and every way, **геть** totally, **ду́же** very, **наді́йно** securely ◊ **Дріт тре́ба було́ наді́йно і.** The wire needed to be securely isolated. **цілко́м** completely ◊ **Уряд намага́вся цілко́м і. цю терито́рію.** The government tried to completely isolate the territory. **ма́йже** almost, **частко́во** partially; **практи́чно** practically; **географі́чно** geographically, **дипломати́чно** diplomatically, **емоці́йно** emotionally, **суспі́льно** socially, **фізи́чно** physically ◊ **Усіх хво́рих на гепати́т фізи́чно ~ва́ли.** All those sick with hepatitis were physically isolated. **цивілізаці́йно** civilizationally, **шту́чно** artificially
v. + **і. бу́ти ва́жко** be hard to, **бу́ти неможли́во** be impossible to ◊ **Сього́дні неможли́во і. дити́ну від Інтерне́ту.** It is impossible to isolate a child from the Internet today. **бу́ти ле́гко** be easy to; **бу́ти тре́ба** + *D.* need to; **змогти́** *pf.* manage to; **могти́** can; **намага́тися** try to
prep. **і. від** + *G.* isolate from sb/sth ◊ **і. від сві́ту** to isolate from the world
pa. pple. **ізольо́ваний** isolated
ізолю́й!

ізоля́ці|я, *f.*, **~ї**, *only sg.*
isolation, insulation, separation ◊ **Ка́рцер означа́в абсолю́тну ~ю в'я́зня.** Solitary confinement meant absolute isolation of the inmate.
adj. **абсолю́тна** absolute, **зага́льна** general, **по́вна** full, **цілкови́та** complete; **обов'язко́ва** mandatory, **суво́ра** strict; **запобі́жна** preventive ◊ **Запобі́жна і. не дала́ очі́куваних результа́тів.** The preventative isolation did not yield the anticipated results. **профілакти́чна** prophylactic; **до́вга** long, **трива́ла** lengthy; **частко́ва** partial; **заду́шлива** suffocating, **руйнівна́** ruinous; **ко́рисна** beneficial, **необхі́дна** necessary, **рятівна́** life-saving; **трагі́чна** tragic; **географі́чна** geographical, **територія́льна** territorial, **фізи́чна** physical; **дипломати́чна** diplomatic, **економі́чна** economic, **колонія́льна** colonial, **культу́рна** cultural, **міжнаро́дна** international, **політи́чна** political, **цивілізаці́йна** civilizational, *etc.*; **навми́сна** intentional, **свідо́ма** conscious, **шту́чна** artificial
v. + **і. дола́ти ~ю** overcome isolation (**прорива́ти** break ◊ **Краї́ні знадоби́лося ці́ле поколі́ння, щоб прорва́ти дипломати́чну ~ю.** The country needed a generation in order to break its diplomatic isolation. **потрапля́ти в** get into) ◊ **Че́рез аґре́сію про́ти Куве́йту Іра́к потра́пив у міжнаро́дну ~ю.** Because of its aggression against Kuwait, Iraq was internationally isolated. **зазнава́ти ~ї** suffer isolation ◊ **Краї́на зазна́ла трива́лої культу́рної ~ї.** The country suffered a lengthy cultural isolation. **кла́сти край ~ї** put an end to isolation ◊ **Відмо́ва від я́дерної програ́ми могла́ покла́сти край ~ї краї́ни.** Abandonment of its nuclear program could put an end to the country's isolation. **опиня́тися в ~ї** find oneself in isolation ◊ **Вони́ опини́лася в ~ї.** They found themselves in isolation.
prep. **в ~ї** in isolation

ікóн|а, *f.*
1 icon *(painting)* ◊ **У музе́ї зберіга́ється славе́тна і. Хо́лмської Богома́тері.** The famous icon of the Kholm Mother of God is kept in the museum.
adj. **візанті́йська** Byzantine ◊ **Він ма́є уніка́льну зві́рку візанті́йських іко́н.** He has a unique collection of Byzantine icons. **воли́нська** Volynian, **гре́цька** Greek, **ки́ївська** Kyivan, **ру́ська** old Ukrainian, **украї́нська** Ukrainian; **свята́** sacred, **славе́тна** famous, **чудотво́рна** miracle-working
See **карти́на.** *Also see* **о́браз 4**
2 *fig.* icon, hero, idol
adj. **культу́рна** cultural, **націона́льна** national, **популя́рна** popular, **спра́вжня** true ◊ **Вона́ – спра́вжня і. для фемені́сток.** She is a true feminist icon.
See **зі́рка 2, і́дол.** *Also see* **леґе́нда 3**

ікр|á, *f.*, **~и́**, *only sg.*
1 egg *(of fish)*, spawn; roe, caviar ◊ **Горі́лку подава́ли з чо́рною ~о́ю.** Vodka was served with black caviar.
adj. **черво́на** red ◊ **Вона́ наробила кана́пок із черво́ною ~о́ю.** She whipped up some red caviar sandwiches. **чо́рна** black; **сві́жа** fresh; **соло́на** salty ◊ **Чо́рна і. здала́ся Кухарчуко́ві на́дто соло́ною.** The black caviar seemed too salty to Kukharchuk.
v. + **і. мета́ти ~у́** spawn eggs ◊ **Лосо́сь мета́в ~у́.** Salmon were spawning. (**ї́сти** eat) ◊ **Катери́на ї́ла ~у́ впе́рше.** Kateryna ate caviar for the first time.
2 *fig.* paste
adj. **баклажа́нна** eggplant, **кабачко́ва** zucchini ◊ **Марі́я ма́ла чудо́вий реце́пт кабачко́вої ~и́.** Maria had a great recipe for zucchini paste.

ілю́зі|я, *f.*, **~ї**
illusion + *G.* of ◊ **Ви́борці були́ під впли́вом небезпе́чної ~ї.** The voters were under the influence of a dangerous illusion.
adj. **візуа́льна** visual ◊ **Особли́ве осві́тлення ство́рювало візуа́льну ~ю.** Special lighting created a visual illusion. **опти́чна** optical; **по́вна** full, **цілкови́та** complete, **чи́ста** pure ◊ **Він ду́мав, що у вікні́ хтось стої́ть, але́ це була́ чи́ста і.** He thought somebody was standing in the window, but it was pure illusion. **заспокі́йлива** comforting, **приє́мна** pleasant, **соло́дка** sweet; **небезпе́чна** dangerous; **фальши́ва** false; **дитя́ча** childish, **наї́вна** naive, **неви́нна** innocent, **юна́цька** youthful
і. + *n.* **і. гармо́нії** an illusion of harmony ◊ **Матві́єве бажа́ння бу́дь-що догоди́ти їй підтри́мувало в до́мі ~ю гармо́нії.** Matvii's desire to please her in every way sustained an illusion of harmony in the house. (**доста́тку** wealth, **у́спіху** success, **ща́стя** happiness) ◊ **Соло́дка і. подру́жнього ща́стя згодом розта́нула.** Later the sweet illusion of marital happiness melted away.
v. + **і. втрача́ти ~ю** lose an illusion ◊ **В університе́ті Павло́ втра́тив де́які свої́ юна́цькі ~ї.** At university, Pavlo lost some of his youthful illusions. (**зни́щувати** destroy; **ма́ти** have ◊ **Оре́ста ма́ла наї́вні ~ї про ві́дданість ціє́ї люди́ни.** Oresta had naive illusions about this person's loyalty. **підтри́мувати** sustain, **розві́ювати** dispel, **руйнува́ти** break, **ство́рювати** create); **ті́шитися ~єю** entertain an illusion ◊ **Не слід ті́шити себе́ ~єю, що дире́ктор ро́бить що-не́будь із доброчи́нности.** You should not entertain the illusion that the director does anything for charity.
prep. **і. про** + *A.* an illusion about sb/sth; **і. що́до** + *G.* an illusion concerning sb/sth ◊ **Він не мав ~й що́до вла́сного красномо́вства.** He had no illusions as to his own eloquence.

ілюстра́ці|я, *f.*, **~ї**
1 illustration *(picture)* ◊ **Своєрі́дні ~ї маляра́ буди́ли чита́цьку уя́ву.** The artist's unconventional illustrations awoke readers' imagination.
adj. **кольоро́ва** color, **чо́рно-бі́ла** black-and-white; **фотографі́чна** photographic, *usu* **фотоілюстра́ція** ◊ **У кни́жці було́ бага́то**

ціка́вих фотоілюстра́цій. There were a lot of photographic illustrations in the book. **га́рна** beautiful, **доскона́ла** superb, **чудо́ва** great; **дета́льна** detailed; **оригіна́льна** original, **своєрі́дна** unconventional, **яскра́ва** vivid; **журна́льна** magazine, **книжко́ва** book, **супровідна** accompanying

v. + **і. роби́ти ~ю** do an illustration ◊ **Вона́ ро́бить яскра́ві ~ї.** She does vivid illustrations. (**вико́нувати** execute, **ство́рювати** create) ◊ **Він створи́в чудо́ві ~ї до «Енеї́ди» Котляре́вського.** He created great illustrations for Kotliarevsky's *Aeneid*.

і. + *v.* **зобра́жувати** + *A.* depict sth ◊ **І. дета́льно зобража́ла ротову́ поро́жнину.** The illustration depicted in detail the mouth cavity. **пока́зувати** + *A.* show sth, **демонструва́ти** + *A.* demonstrate sth, **супрово́джувати** + *A.* accompany sth ◊ **Текст супрово́джують кольоро́ві ~ї.** The text is accompanied by color illustrations. **з'явля́тися** appear ◊ **Його́ ~ї з'явля́ються в рі́жних журна́лах.** His illustrations appear in various magazines.

prep. **на ~ї** in the illustration ◊ **На ~ї пока́заний двигу́н.** The illustration is of an engine.

Also see **малю́нок 1, 2**

2 *fig.* illustration, example ◊ **Окре́мий ви́падок слу́жить ~єю ціло́ї тенде́нції.** The specific case serves as an illustration of an entire tendency.

adj. **відмі́нна** excellent ◊ **Слова́ мі́ністра ста́ли відмі́нною ~єю його́ ста́влення до зако́ну.** The minister's words became an excellent illustration of his attitude toward the law. **до́бра** good, **доскона́ла** perfect, **драмати́чна** dramatic, **зру́чна** handy, **класи́чна** classic, **переко́нлива** convincing, **разю́ча** striking, **хрестома![CDATA[]]ті́йна** textbook, **чітка́** clear; **відпові́дна** respective; **словнико́ва** dictionary; **найсвіжі́ша** latest

v. + **і. дава́ти** + *D.* **~ю** give sb an illustration ◊ **Міськи́й голова́ дав ви́борцям до́бру ~ю менталіте́ту можновла́дців.** The city mayor gave the electorate a good illustration of the mentality of the powers that be. (**підбира́ти** select, **шука́ти** look for; **представля́ти** represent; **використо́вувати** + *A.* **як** use sth as); **бу́ти ~єю** be an illustration (**забезпе́чувати** + *A.* provide sth with, **супрово́джувати** + *A.* accompany sth with ◊ **Автори́ супрово́джують ко́жне зна́чення сло́ва відпові́дною ~єю.** The authors accompany every meaning of the word with a respective illustration. **служи́ти** serve as, **става́ти** become)

conj. **як і.** as an illustration

Also see **до́каз, при́клад 1**

ілюстру|ва́ти, ~ють; про~, *tran.*

1 to illustrate *(with pictures)* + *I.* with sth ◊ **А́втор шука́в маляра́, що міг би про~ підру́чник.** The author was looking for an artist who could illustrate his textbook.

adv. **бага́то** richly, **відмі́нно** in an excellent way, **га́рно** beautifully, **знамени́то** *colloq.* superbly, **імпоза́нтно** impressively, **розкі́шно** lavishly, **чудо́во** wonderfully ◊ **Видавни́цтво чудо́во проілюструва́ло катало́г.** The publishing house did a wonderful job illustrating the catalogue. **яскра́во** colorfully, **нао́чно** vividly

v. + **і. бу́ти тре́ба** + *D.* need to ◊ **Журна́л тре́ба про~.** The magazine needs to be illustrated. **запро́шувати** + *A.* invite sb to, **пропонува́ти** + *D.* offer sb to; **бу́ти здатним** be capable of ◊ **Вона́ цілко́м зда́тна про~ кни́жку.** She is entirely capable of illustrating the book. **ма́ти тала́нт, щоб** have the talent to, **могти́** can; **обіця́ти** + *D.* promise sb to ◊ **Вона́ пообіця́ла про~ три дитя́чі кни́жки.** She promised to illustrate three children's book.

2 *fig.* to illustrate, explain, exemplify + *I.* with sth ◊ **Доповіда́ч ~вав ле́кцію ціка́вими при́кладами.** The presenter illustrated his lecture with interesting examples.

adv. **блиску́че** brilliantly, **відпові́дно** respectively, **влу́чно** aptly, **дore´чно** appropriately, **доскона́ло** perfectly ◊ **Епі́граф доскона́ло ~ва́в головну́ іде́ю тво́ру.** The epigraph was a perfect illustration of the main message of the text. **нале́жно** properly, **нао́чно** graphically, **переко́нливо** convincingly ◊ **Лист переко́нливо ~є пріорите́ти судді́.** The letter convincingly illustrates the judge's priorities.

v. + **і. бу́ти ба́жано** be desirable ◊ **Було́ би ба́жано про~ дві оста́нні те́зи.** It would be desirable to illustrate the last two points. **бу́ти тре́ба** + *D.* need to; **ма́ти** be supposed to ◊ **Світли́на має і. тве́рдження.** The photo is supposed to illustrate the assertion. **допомага́ти** help (to), **могти́** can; **намага́тися** try to, **стара́тися** seek to, **вистача́ти, щоб** be enough to ◊ **Сімо́х при́кладів ви́стачить, що́би про~ фу́нкції ціє́ї фо́рми.** Seven examples will be enough to illustrate the functions of the form.

pa. pple. **проілюстро́ваний** illustrated

(про)ілюстру́й!

іме́нник, *m.*, **~а**, *ling.*

noun ◊ **Іме́нник «ма́ти» є ви́нятком із пра́вила.** The noun "mother" is an exception to the rule.

adj. **абстра́ктний** abstract, **вла́сний** proper ◊ **Вла́сні ~и пи́шуть із вели́кої лі́тери.** Proper nouns are capitalized. **зага́льний** common; **живи́й** animate, **неживи́й** inanimate; **зчи́слювальний** countable, **незчи́слювальний** uncountable, *etc.*

n. + **і. відмі́на ~а** a noun declension ◊ **Пе́ршу відмі́ну ~а ще назива́ють жіно́чою.** The first noun declension is also called feminine. (**відмі́нок** case, **закі́нчення** ending, **ко́рінь** root, **осно́ва** stem; **на́голос** stress ◊ **У цьо́му ви́падку на́голос ~а є ста́лим.** In this case, the noun stress is fixed. **рід** gender, **число́** number)

v. + **і. утво́рювати і.** form a noun ◊ **Су́фікс утво́рює абстра́ктні ~и жіно́чого ро́ду.** The suffix forms abstract feminine nouns. (**відміня́ти** decline, **поє́днувати** combine)

і. + *v.* **відміня́тися** decline, **сполуча́тися з** + *I.* or **поє́днуватися з** + *I.* combine with sth, **ма́ти** have ◊ **Іме́нник «гро́ші» не має фо́рми одни́ни.** The noun "гро́ші" does not have a singular form.

prep. **в ~у** *or* **~ові** ◊ **Він пра́вильно ідентифікува́в нульове́ закі́нчення в ~ові.** He correctly identified the zero ending in the noun.

імігра́нт, *m.*; **~ка**, *f.*

immigrant ◊ **Сполу́чені Шта́ти – краї́на ~ів.** The United States is a nation of immigrants.

adj. **економі́чний** economic ◊ **Ти́сячі украї́нців ї́хали до Кана́ди як економі́чні ~и.** Thousands of Ukrainians went to Canada as economic immigrants. **політи́чний** political; **леґа́льний** legal, **нелеґа́льний** illegal; **неда́вній** recent, **нови́й** new, **новоприбу́лий** newly arrived; **стари́й** old; **ірла́ндський** Irish, **мексика́нський** Mexican, **по́льський** Polish, **украї́нський** Ukrainian, *etc.*; **бі́дний** poor; ♦ **висококваліфіко́ваний** highly-skilled, **кваліфіко́ваний** skilled; **некваліфіко́ваний** unskilled ◊ **бі́дні і некваліфіко́вані італі́йські ~и** poor and unskilled Italian immigrants

i. + *n.* **і. пе́ршого поколі́ння** a first-generation immigrant ◊ **Дід і ба́ба Са́ндри були́ ~ами пе́ршого поколі́ння.** Sandra's grandparents were first-generation immigrants. (**дру́гого поколі́ння** second-generation); **і. без папе́рів** an undocumented immigrant

n. + **і. грома́да ~ів** an immigrant community ◊ **Депута́т представля́є в місько́й ра́ді грома́ду сирі́йських ~ів.** This councilman represents a Syrian immigrant community in the City Council. (**гру́па** group, **поколі́ння** generation, **роди́на** *or* **сім'я́** family; **краї́на** country; **іденти́чність** *or* **тото́жність** identity, **культу́ра** culture; **око́лиця** neighborhood; **права́** rights); **напли́в ~ів** an influx of immigrants (**поті́к** flood, **хви́ля** wave) ◊ **Тре́тя хви́ля ~ів була́ політи́чною.** The third wave of immigrants was political.

v. + **і. асимілюва́ти ~ів** assimilate immigrants ◊ **Уря́д хо́че шви́дко асимілюва́ти ~ів.** The government wants to quickly assimilate immigrants. (**віта́ти** welcome ◊ **Не всі віта́ли ~ів.** Not everyone welcomed immigrants. **заохо́чувати** encourage, **підтри́мувати** support; **прива́блювати** attract ◊ **Ірла́ндія почала́ прива́блювати по́льських ~ів.** Ireland began to attract Polish immigrants. **прийма́ти** accept ◊ **Мі́сто щоро́ку прийма́є по́над два́дцять ти́сяч нови́х ~ів.** The city accepts more than 20,000 immigrants every year. **бра́ти на пра́цю** employ ◊ **Підприє́мець брав на пра́цю перева́жно ~ів зі Східно́ї Євро́пи.** The businessman employed predominantly East European immigrants. **найма́ти** hire; **виключа́ти** exclude ◊ **До неда́вніх пір усі́ устано́ви виключа́ли на́віть леґа́льних ~ів.** Until recently, all institutions excluded even legal immigrants. **заарешто́вувати** arrest ◊ **Полі́ція заарештува́ла деся́тки нелеґа́льних ~ів.** The police arrested dozens of illegal immigrants. **затри́мувати** detain; **висила́ти** *and* **депортува́ти** deport; **поверта́ти** return); **бу́ти спрямо́ваним про́ти ~ів** target immigrants ◊ **Зако́н був спрямо́ваним про́ти мексика́нських ~ів.** The law targeted Mexican immigrants. **бу́ти ~ом** be an immigrant ◊ **Її́ батьки́ були́ ~ами.** Her parents were immigrants.

і. + *v.* **втіка́ти з** + *G.* flee from *(a country)* ◊ **~и втекли́ з Кита́ю від політи́чного переслі́дування.** The immigrants fled China from political persecution. **жи́ти в** + *L.* live in *(a place)*, **посели́тися в** + *L.* settle in *(a place)*; **прибува́ти з** + *G.* come from *(a country)*; **засно́вувати** + *A.* found sth ◊ **Компа́нію заснува́ли ~и з Украї́ни.** Immigrants from Ukraine founded the company. **працюва́ти в** + *L.* work at/in *(a place)*; **розмовля́ти** + *I.* speak *(a language)* ◊ **Де́які ~и вже розмовля́ють украї́нською.** Some immigrants already speak Ukrainian. **шука́ти** + *A.* seek sth ◊ **~и не за́вжди́ відва́жуються шука́ти до́бре опла́чувану пра́цю.** Immigrants don't always dare seek well-paid jobs.

prep. **і. до** + *G.* an immigrant to *(a country)* ◊ **Вона́ була́ з гру́пою ~ів до Аргенти́ни.** She was with a group of immigrants to Argentina. **і. з** + *G.* an immigrant from *(a country)* ◊ **Іва́н переклада́в для ~ів з ара́бських краї́н.** Ivan translated for immigrants from Arab countries.

Cf. **мандрівни́к**

іміґраці́йн|ий, *adj.*

immigration, of or pertaining to immigration ◊ **І. ста́тус ї́хньої роди́ни був під загро́зою скасува́ння.** Their family immigration status was in danger of cancellation.

і. + *n.* **і. адвока́т** an immigration attorney (**ста́тус** status, **суд** court, **суддя́** judge, **урядо́вець** official); **~а кво́та** an immigration quota (**кри́за** crisis; **лотере́я** lottery, **полі́тика** policy, **рефо́рма** reform; **слу́жба** service; **спра́ва** case) ◊ **Її́ ~у спра́ву перенесли́.** Her immigration case was put off. **~е законода́вство** an immigration legislation (**слу́хання** hearing); **~і вимо́ги** immigration requirements (**зако́ни** laws, **обме́ження** restrictions, **пра́вила** rules) ◊ **Було́ введено суво́ріші ~і пра́вила.** Stricter immigration rules were introduced.

іміґра́ці|я, *f.*, **~ї**

immigration ◊ **Пробле́ма ~ї виклика́є гаря́чі супере́чки в Європе́йському Сою́зі.** The problem of immigration provokes heated discussions in the European Union.

adj. **все бі́льша** ever increasing, **що зроста́є**

growing, **масова** mass, **масштабна** large-scale, **неконтрольо́вана** uncontrolled; **леґа́льна** legal, **нелеґа́льна** illegal; **економі́чна** economic, **політи́чна** political, **трудова** labor; **мексика́нська** Mexican, **пакиста́нська** Pakistani, **по́льська** Polish, **украї́нська** Ukrainian, *etc.*

v. + **і. заохо́чувати ~ю** encourage immigration ◊ **Уряд заохо́чував туре́цьку ~ю.** The government encouraged Turkish immigration. (**збі́льшувати** increase, **зме́ншувати** reduce, **зупиня́ти** stop, **контролюва́ти** control, **обме́жувати** limit, **скоро́чувати** curtail, **стри́мувати** curb) ◊ **Спро́би стри́мувати економі́чну ~ю ви́явилися неуспі́шними.** The attempts to curb economic immigration proved unsuccessful. **кла́сти край ~ї** put an end to immigration ◊ **Зако́н мав покла́сти край нелеґа́льній ~ї.** The law was designed to put an end to illegal immigration. (**перешкоджа́ти** impede)

prep. **і. до** + *G.* immigration to *(a country)*; **і. з** + *G.* immigration from *(a country)* ◊ **нелеґа́льна і. до Сполу́чених Шта́тів із Ме́ксики** illegal immigration to the United States from Mexico

іміґру|ва́ти, ~ють; *same, intr.*
to immigrate ◊ **Його́ пра́дід ~ва́в до Брази́лії на зла́мі XX столі́ття.** His great grandfather immigrated to Brazil at the turn of the 20th century.

adj. **леґа́льно** legally, **нелеґа́льно** illegally; **вре́шті-ре́шт** eventually, **наре́шті** finally; **успі́шно** successfully; **будь-що** by all means, **за вся́ку ці́ну** at any cost; **ма́сово** en masse

v. + **і. бу́ти зму́шеним** be forced to ◊ **Вони́ були́ зму́шені і. че́рез політи́чні переслі́дування.** They were forced to immigrate because of political persecution. **му́сити** have to; **виріша́ти** decide to; **вдава́тися** + *D.* succeed in ◊ **Ле́сі вре́шті-ре́шт вдало́ся і.** Eventually Lesia succeeded in immigrating. **щасти́ти** be lucky enough to ◊ **Не ко́жному бі́женцеві щасти́ть і. до безпе́чної краї́ни.** Not every refugee is lucky enough to immigrate to a safe country. **намага́тися** try to, **хоті́ти** want to

prep. **і. до** + *G.* immigrate to *(a country)*; **і. з** + *G.* immigrate from *(a country)* ◊ **Вони́ ~ва́ли до Кана́ди з Іра́ну.** They immigrated to Canada from Iran.

іміґру́й!

імові́рн|ий, *var.* **ймові́рний,** *adj.*
conceivable, likely, possible, plausible ◊ **Тама́рине поя́снення здава́лося йому́ цілко́м ~им.** Tamara's explanation seemed entirely plausible to him.

adv. **абсолю́тно** absolutely, **до́сить** quite ◊ **Він пропону́є до́сить і. ви́хід.** He is proposing quite a plausible way out. **ду́же** very, **цілко́м** entirely; **ле́две** hardly, **ма́йже** almost, ♦ **малоймові́рний** implausible ◊ **Ї́хнє пове́рнення до за́ходу со́нця було́ малоймові́рним.** It was implausible that they would return before sunset. **~а причи́на** probable cause

See **можли́вий 1.** *Ant.* **неймові́рний**

імові́рн|ість, *var.* **ймові́рність,** *f.*, **~ости**
probability, likelihood, possibility ◊ **І. ї́хньої перемо́ги у чемпіона́ті зроста́ла.** The likelihood of their victory in the championship was increasing.

adj. **вели́ка** great ◊ **Існу́є вели́ка і. того́, що гре́блю прорве́.** There exists a great likelihood that the damb will be breached. **висо́ка** high, **значна́** significant, **максима́льна** maximal, **мала́** small, **мініма́льна** minimal ◊ **І., що вони́ всти́гнуть на ле́кцію, мініма́льна.** The likelihood that they will make it to the lecture on time is minimal. **незначна́** insignificant; ♦ **тео́рія ~ости** *phys.* the probability theory

See **можли́вість.** *Also see* **варія́нт 2, змо́га 2, наго́да, о́брій 3, потенція́л, шанс 1.** *Ant.* **неможли́вість**

імпе́рі|я, *f.*, **~ї**
1 empire ◊ **Вона́ назива́є Росі́йську Федера́цію оста́нньої ~єю в Євро́пі.** She calls the Russian Federation the last empire in Europe.

adj. **вели́ка** big, **величе́зна** vast; **могу́тня** powerful; **династи́чна** dynastic ◊ **У 1917 ро́ці дина́стичну ~ю Рома́нових заміни́ла сов́єтська.** In 1917, the Romanov dynastic empire was replaced by the Soviet one. **класи́чна** classical, **типо́ва** typical; **колонія́льна** colonial; **старода́вня** ancient; **тепе́рішня** present-day; **А́встро-Уго́рська** Austro-Hungarian, **Брита́нська** British, **Осма́нська** Ottoman, **Росі́йська** Russian, **сов́єтська** Soviet; **Візанті́йська** Byzantine, **Ри́мська** Roman, *etc.*

n. + **і. зане́пад ~ї** the collapse of an empire (**кіне́ць** end; **пора́зка** defeat; **апологе́т** apologist, **будівни́чий** builder, **засно́вник** founder)

v. + **і. будува́ти ~ю** build an empire (**ство́рювати** create ◊ **Олекса́ндер Македо́нський створи́в наймогу́тнішу старода́вню ~ю.** Alexander the Great created the most powerful empire of the ancient world. **зни́щувати** destroy ◊ **Пе́рша світова́ війна́ зни́щила три європе́йські ~ї.** World War One destroyed three European empires. **підрива́ти** undermine ◊ **Націона́льно-визво́льний рух уре́шті-ре́шт підірва́в сов́єтську ~ю.** The national liberation movement eventually undermined the Soviet empire. **прирі́кати на** + *A.* doom to sth, **руйнува́ти** ruin); **служи́ти ~ї** serve an empire ◊ **Він ві́рно служи́в ~ї.** He faithfully served the empire.

і. + *v.* **занепада́ти** decline ◊ **Ри́мська і. почала́ занепада́ти в IV столі́тті на́шої е́ри.** The Roman Empire began to decline in the 4th century A. D. **розва́люватися** collapse, **розпада́тися** fall apart, **розсипа́тися** crumble ◊ **Візанті́йська і. розси́палася пе́ред нава́лою ту́рків.** The Byzantine Empire crumbled under the onslaught of the Turks. **зроста́ти** grow, **міцні́шати** grow stronger

2 *fig.* empire ◊ **Нова́ телепрогра́ма назива́лася «І. кіна́».** The new TV show was titled *The Movie Empire.*

adj. **вели́ка** big, **величе́зна** vast; **могу́тня** powerful; **мале́нька** little ◊ **Ва́ля тепе́р ма́ла вла́сну мале́ньку лялько́ву ~ю.** *fig.* Now Valia, had her own little empire of dolls. **правди́ва** true, **спра́вжня** real; **ці́ла** entire; **бізнесо́ва** business, **газе́тна** newspaper, **комерці́йна** commercial, **медійна** media ◊ **У медійній ~ї оліга́рха не було́ жо́дного вида́ння украї́нською мо́вою.** There was not a single Ukrainian-language publication in the oligarch's media empire. **промисло́ва** industrial, **фіна́нсова** financial; **ґлоба́льна** global, **світова́** world; ♦ **І. зла** *fig.* the Evil Empire

v. + **і. будува́ти ~ю** build an empire (**розбудо́вувати** build up ◊ **Інформаці́йну ~ю тре́ба було́ розбудо́вувати.** The information empire needed to be built up. **поши́рювати** *and* **розширя́ти** expand, **ство́рювати** create) ◊ **Він створи́в фармацевти́чну ~ю.** He created a pharmaceutical empire. **управля́ти ~єю** run an empire

і. + *v.* **занепада́ти** decline, **розва́люватися** collapse, **розсипа́тися** crumble ◊ **Під час ба́нкової кри́зи його́ фіна́нсова і. розси́палася.** During the banking crisis, his financial empire crumbled.

імпе́рськ|ий, *adj.*
imperial ◊ **Вони́ ще не позбули́ся до кінця́ ~их інсти́нктів.** They have not yet fully gotten rid of their imperial instincts.

і. + *n.* **і. менталіте́т** imperial mentality (**спо́сіб ду́мати** way of thinking; **поря́док** order); **~а вузьколо́бість** narrow-mindedness (**зарозумі́лість** conceit, **пиха́** arrogance ◊ **Її ~а пиха́ ви́кликала смі́х.** Her imperial arrogance provoked laughter. **полі́тика** policy, **спа́дщина** legacy; **ідеоло́гія** ideology, **пра́ктика** practice)

і́мпорт, *m.*, **~у,** *only sg.*
import(s), imported goods, importation ◊ **Він чі́тко розрізня́в і. това́рів та і. по́слуг.** He drew a clear distinction between the imports of goods and that of services. ◊ **Полі́на носи́ла виня́тково і.** *colloq.* Polina wore exclusively imported clothes.

adj. **деше́вий** cheap, **дороги́й** expensive; **зага́льний** total; **закордо́нний** foreign; **нелеґа́льний** illegal; **основни́й** main, **сільськогоспода́рський** agricultural; **америка́нський** US, **кита́йський** Chinese ◊ **Крамни́ця продава́ла деше́вий кита́йський і.** The store sold cheap Chinese imports. **німе́цький** German, **украї́нський** Ukrainain, **япо́нський** Japanese, *etc.*; **щорі́чний** annual ◊ **Щорі́чний і. краї́ни зріс на п'ять відсо́тків** The country's annual imports grew by 5%.

і + *n.* **і. га́зу** gas imports ◊ **Існува́ла го́стра потре́ба збі́льшити і. приро́дного га́зу.** There was an acute need to increase imports of natural gas. (**вугі́лля** coal, **ене́ргії** energy, **на́фти** oil; **збі́жжя** grain, **м'я́са** meat ◊ **У ві́дповідь на епіде́мію у́ряд заборони́в і. м'я́са з Кана́ди.** In response to the epidemic, the government banned meat imports from Canada. **проду́ктів** food, **ялови́чини** beef)

n. + **і. ва́ртість ~у** imports value (**вид** type, **о́бсяг** volume, **рі́вень** level); **заборо́на ~у** a ban on imports ◊ **Вони́ скасува́ли заборо́ну ~у бавовни.** They canceled the ban on cotton imports. **зроста́ння ~у** a rise in imports (**па́діння** fall, **скоро́чення** decline)

v. + **і. дозволя́ти і.** allow imports ◊ **Уряд був зму́шений дозво́лити і. сільськогоспода́рської проду́кції з ЕС.** The government was forced to allow agricultural imports from the EU. (**заохо́чувати** encourage, **стимулюва́ти** stimulate; **забороня́ти** ban ◊ **Активі́сти вимага́ли заборони́ти і. хутра́.** The activists demanded to ban imports of furs. **збі́льшувати** increase, **зме́ншувати** reduce; **блокува́ти** block, **зупиня́ти** stop ◊ **Уряд зупини́в і. радіоакти́вних відхо́дів.** The government stopped the importation of radioactive waste. **контролюва́ти** control, **обме́жувати** limit, **скоро́чувати** curtail; **фінансува́ти** finance) ◊ **Ба́нковий консо́рціюм фінансува́в і. нови́х техноло́гій.** The banking consortium financed the imports of new technologies.

і. + *v.* **збі́льшуватися** rise, **зроста́ти** grow; **зме́ншуватися** diminish, **скоро́чуватися** decrease ◊ **І. шве́дських автомобі́лів помі́тно скороти́вся.** The Swedish car imports have considerably decreased. **па́дати** fall; **дорі́внювати** + *D.* total *(a value)* ◊ **І. ялови́чини дорі́внює ста п'ятдесяти мільйо́нам гри́вень.** The beef imports total ₴50 million **оці́нюватися в** + *A.* be valued at *(a value)* ◊ **Зага́льний щорі́чний і. на́фти оці́нювався у два́дцять мілья́рдів гри́вень.** The total annual oil imports were valued at ₴20 billion.

prep. **і. з** + *G.* imports from *(a country)*; **і. до** + *G.* imports to/into *(a country)* ◊ **і. телевізі́йного змі́сту з Кана́ди до Австра́лії** imports of TV content from Canada to Australia; **на і.** for imports ◊ **Полови́на проду́кції фа́брики йде на і.** Half of the factory's production goes toward imports.

Ant. **е́кспорт**

і́мпортн|ий, *adj.*
import, imported

і. + *n.* **і. автомобі́ль** an imported car ◊ **Вони́ спеціалізу́ються з ~их автомобі́лів.** They specialize in imported cars. (**банк** bank ◊ **Е́кспортно-і́мпортний банк пого́дився фінансува́ти опера́цію.** The Export-Import Bank agreed to finance the transaction. **депози́т**

deposit; збір excise, подáток на дóдану вáртість value-added tax, тарúф tariff; потік flow); ~а безпéка import security (діяльність activity; квóта quota, ліцéнзія license ◊ Щоб увезтú товáр у краї́ну, компáнія повúнна отрúмати ~у ліцéнзію. In order to ship the merchandise into the country, the company needs to obtain an import license. субсúдія subsidy); ~е взуттá imported shoes (насíння seeds; облáднання equipment ◊ Пéрша пáртія ~ого облáднання вже прийшлá. The first shipment of imported equipment has already arrived. мúто duty) ◊ висóке ~е мúто a high import duty; ~і матеріáли imported materials (технолóгії technologies, товáри goods)
Ant. éкспортний

імпорту|вáти, ~ють; *same, tran.*
to import
adv. прáмо directly; легáльно legally ◊ Як вúявилося, шкідлúві медикамéнти ~ють цілкóм легáльно. As it turned out, all the harmful drugs are imported quite legally. нелегáльно illegally; винятко́во exceptionally, гóловно mostly, лишé only, переважно mostly ◊ Країна ~є перевáжно промислóві вúроби. The country imports mostly industrial goods. зокрéма in particular, спеціáльно specially, традиці́йно traditionally
v. + і. бýти мóжна be possible to; могтú can ◊ Вонú моглú і. всю тéхніку за умóви, що отрúмають кредúт. They could import all the equipment under the condition that they receive a credit. починáти begin to; продóвжувати continue to
prep. і. з + *G.* import from *(a country)* ◊ Фíрма ~є сталь із Китáю. The firm imports steel from China.
pa. pple. імпортóваний imported
імпортýй!
Also see ввóзити. *Ant.* експортувáти

імпотéнці|я, *f.,* **~ї,** *only sg.*
med. impotence; *also fig.* ◊ Пíсля видáлення простáти чоловікові мóже загрóжувати пóвна і. After prostate removal, a man can be at risk of complete impotence.
adj. невилікóвна incurable, пóвна complete, цілковúта *fig.* utter; духóвна *fig.* spiritual, естетúчна *fig.* esthetic, морáльна *fig.* moral, політúчна *fig.* political ◊ Із перéходом парлáментської фрáкції в опозúцію політúчна і. прем'єр-міністра стáла фáктом. *fig.* When the parliamentary faction sided with the opposition, the prime minister's political impotence became a fact. віднóсна relative

імпресіоні|зм, *m.,* **~у,** *only sg.*
Impressionism ◊ І. – це мистéцький рух другóї половúни XIX столíття. Impressionism was an artistic movement of the second half of the 19th century.
adj. пíзній late, рáнній early; класúчний classical, типóвий typical; францýзький French
n. + і. вúтвір ~у a work of Impressionism (естéтика esthetics, представнúк representative) ◊ Клóда Монé традиці́йно вважáють провіднúм представникóм францýзького ~у. Claude Monet is traditionally considered a leading representative of French Impressionism.
v. + і. вивчáти і. study Impressionism (знáти know ◊ Лáда дóбре знáє і. Lada knows Impressionism well. колекціонувáти collect, любúти like; відкидáти reject)
See мистéцтво

імпровізáці|я, *f.,* **~ї**
improvisation ◊ Надíя – любúтелька ~ій. Nadiia is a fan of improvisations.
adj. блискýча brilliant, вдáла successful, геніáльна brilliant, дóбре підготóвана well prepared, знаменúта *colloq.* superb; неповтóрна one of a kind; вíльна free, спонтáнна spontaneous; разю́ча striking; несподíвана unexpected; пóвна utter, цілковúта complete; бездáрна inept, жалюгíдна pathetic; джáзова jazz, музúчна musical, поетúчна poetic, римóвана rhymed
prep. і. на + *L.* an improvisation on sth ◊ і. на гітáрі a guitar improvisation (піянíні piano, саксофóні saxophone, скрúпці violin)

імпровізу|вáти, ~ють; з~, *tran.*
to improvise
adv. блискýче brilliantly, дóбре well, знаменúто *colloq.* superbly; вíльно freely, нашвидкýруч hastily ◊ Він нашвидкýруч зімпровізувáв вечéрю. He hastily improvised a dinner. швúдко quickly; кéпсько poorly
v. + і. бýти готóвим be prepared to ◊ Щоб бýти готóвою вíльно і., вонá багáто працювáла. In order to be prepared to improvise freely, she worked a lot. вмíти know how to, змогтú *pf.* manage to ◊ Вонú змоглú з~ з гілóк і очерéту намéт. They managed to improvise a tent from branches and reeds. могтú can; довóдитися have to ◊ З ї́хніми обмéженими ресýрсами хлóпцям доведéться і. With their limited resources, the boys will have to improvise
prep. і. на + *L.* improvise on sth ◊ і. на гітáрі improvise on a guitar (піянíні piano, саксофóні saxophone ◊ Вонá знаменúто ~є на саксофóні. She superbly improvises on saxophone. скрúпці violin, трубí trumpet)

імунітéт, *m.,* **~у**
1 immunity *(resistance to disease)* ◊ Людúна, що пережилá вíрус, як прáвило, набувáє актúвного ~у прóти ньóго. As a rule, a person who survives a virus acquires active immunity against it.
adj. сúльний strong ◊ Він мáє дóсить сúльний і. He has a fairly strong immunity. обмéжений limited, підíрваний compromised, слабкúй weak; набýтий acquired ◊ Набýтий і. формýється протягом лю́дського життá і не передаєтся спадкóво. Acquired immunity is formed in the course of human life and is not inherited. прирóджений natural ◊ Вонá мáла прирóджений і. до СНІДу. She had a natural immunity to AIDS.
v. + і. віднóвлювати і. restore immunity ◊ Новúй режúм віднoвúв йогó підíрваний і. The new regimen restored his compromised immunity. (мáти have, посúлювати boost, розвивáти develop, стимулювáти stimulate ◊ Ці лíки стимулю́ють і. This drug stimulates immunity. підривáти compromise, погíршувати impair, послáблювати weaken) ◊ Брак сну послáблює і. Lack of sleep weakens one's immunity. бракувáти + *D.* ~у lack immunity ◊ Йомý бракувáло ~у. He lacked immunity. (надавáти + *D.* give sb ◊ Щéплення надавáло і. від скáзу на дéсять рóків. The vaccination gave immunity to rabies for ten years. набувáти acquire immunity)
prep. і. до + *G.* immunity to sth ◊ набýтий і. до вíрусу an acquired immunity to a virus; і. прóти + *G.* immunity against sth ◊ і. прóти пéвних тúпів рáку immunity against certain types of cancer
2 immunity *(exemption)* ◊ Як депутáтка парлáменту, вонá мáла правовúй і. As a member of parliament she had legal immunity.
adj. пóвний total, цілковúтий complete ◊ Він мáє цілковúтий і. від судовóго переслíдування. He has complete immunity against prosecution in court. дипломатúчний diplomatic, парлáментський parliamentary, податкóвий tax ◊ Він не мíг відкрúто зловживáти податкóвим ~ом. He could not abuse his tax immunity so openly. правовúй legal
v. + і. віднóвлювати і. restore immunity (ґарантувáти + *D.* guarantee sb ◊ Посáда ґарантýє ї́й і. Her post guarantees her immunity. давáти + *D.* give sb, надавáти + *D.* grant sb; мáти have, посідáти possess, претендувáти на claim; втрачáти lose ◊ Вонá втрáтила дипломатúчний і. She lost her diplomatic immunity. знімáти з + *G.* lift from sb, скасóвувати abolish) ◊ Щóби скасувáти ї́ї і., потрíбне рíшення парлáменту. In order to cancel her immunity, a decision of the parliament is required. домагáтися ~у seek immunity (набувáти acquire; позбавлáти + *A.* strip sb of ◊ Продáжного міністра позбáвили ~у. The corrupt minister was stripped of his immunity. відмовлáтися від wave); тíшитися ~ом enjoy immunity
prep. і. від + *G.* immunity from sth

ім'я́, *nt.,* **íмен|и**
1 given name *(of a person),* first name ♦ Як ї́ї і.? What is her name? Ї́ї ім'я́ Лíдія. Her name is Lidiia. ◊ Якé ї́ї і.? What kind of name does she have? Ї́ї і. дóсить типóве. Her name is fairly common. ◊ Скажíть мені вáше і. та прíзвище. Tell me your first and last name.
adj. типóве common; вúгадане assumed, фальшúве fake, фіктúвне fictitious; дúвне strange ◊ Він мáє дóсить дúвне і. He has a rather strange name. екзотúчне exotic, незвичáйне unusual, рíдкісне rare; невимóвне unpronounceable ◊ індонезíйка з невимóвним для багатьóх ім'ям an Indonesian woman with a name unpronounceable to many; біблíйне biblical; змéншувальне diminutive, офіцíйне official, пестлúве affectionate ◊ Лесь – це пестлúве і. від офіцíйного Олексáндер. Les is an affectionate name from the official Oleksander. пóвне full, популя́рне popular ◊ І. Ярúна стáло дýже популя́рним. The name Yaryna became very popular.
n. + і. змíна ~и a name change; університéт ~и *usu* університéт ім. university, *etc.* named after sb ◊ Національний університéт íмени Івáна Франкá the Ivan Franko National University, ◊ Кіностýдія íмени Олексáндра Довжéнка the Oleksander Dovzhenko Film Studio
v. + і. брáти і. take a name ◊ Стáвши пáпою, Кáроль Войтúла взяв собí і. Івáн Павлó II. Having become the pope, Karol Wojtyła took the name John Paul II. (вибирáти choose ◊ Вонú вúбрали для дочкú дóсить рíдкісне на той час і. For their daughter, they chose a fairly rare name at the time. давáти + *D.* give sb ◊ Хлóпчикові далú і. Давúд. The little boy was given the name of Davyd. мáти have, носúти bear, прибирáти adopt ◊ Переселúвшись до Украї́ни, Джоáна прибрáла і. Івáнна. On moving to Ukraine, Joan adopted the name of Ivanna. вимовлáти pronounce, впúсувати enter ◊ Вонá вписáла ї́хні ~á до реєстру. She entered their names into the register. казáти say, spell ◊ Він повíльно сказáв своє і. He slowly spelled his name. писáти write, реєструвáти register; забувáти forget, знáти know ◊ Як ви знáєте моє і.? How do you know my name? пам'ятáти remember; питáти ask ◊ Ярослáв забýвся запитáти і. таємнúчого відвíдувача. Yaroslav completely forgot to ask the mysterious visitor's name. чýти hear ◊ Вонá тýжилася пригадáти, де чулá це і. She strained to recall where she had heard the name. увіковíчнювати immortalize) ◊ І. велúкої поéтки увіковíчнили в океáнському лáйнері. The name of the great poetess was immortalized in an oceanic liner. корúстувáтися ~ем use a name ◊ Шахрáйка користувáлася фіктúвним ~ем. The (female) fraudster used a fictitious name. (бýти відóмим під be known under; називáти + *A.* call sb by) ◊ Друзí називáли йогó трóхи незвичáйним ~ем Тим зáмість Тимкó. His friends called him

by the somewhat unusual name of Tym, instead of Tymko.

i + v. **асоціюва́тися з** + *I.* be associated with sth ◊ **І. Валер'я́на Підмоги́льного асоціює́ться із Розстрі́ляним Відро́дженням.** The name of Valer'yan Pidmohylny is associated with the Executed Renaissance. **пов'я́зуватися з** + *I.* be linked with sb/sth; **з'явля́тися в** + *L.* appear in sth ◊ **Її і. кі́лька разі́в з'являє́ться в літо́писі.** Her name appears in the chronicle several times. **похо́дити від** + *G.* originate from sb ◊ **Ка́жуть, що і. похо́дить від варя́зького Ге́льґа.** The name is said to originate from the Varangian Helga. **означа́ти** + *A.* mean sth

prep. **в і.** + *G.* in the name of ◊ **Він зроби́в це в і. при́язні.** He did it in the name of friendship. **від ~и** + *G.* on behalf of sb ◊ **Віта́ю вас від ~и на́шої роди́ни.** I congratulate you on behalf of our family. **на і.** + *N.* by/under the name of sb ◊ **ля́лька на і. Горпи́на** a doll by the name of Horpyna; ◊ **Він замо́вив квито́к на і. Чуга́й.** He booked the ticket under the name of Chuhay. **під ім'ям** *or* **~ем** + *N.* under the name of sb ◊ **У клу́бі він зна́ний під і́м'ям Тара́с.** At the club, he is known under the name Taras. ♦ **назива́ти ре́чі свої́ми ~а́ми** to call a spade a spade; **назива́ти** + *A.* **по ~і** to call sb by name

Also see **прі́звисько, прі́звище, псевдо́нім.** *Cf.* **на́зва 1**

2 *fig.* reputation, name ◊ **Вона́ була́ режисе́ркою зі світови́м ~ем.** She was a director of world fame. ◊ **Сканда́л заплямува́в йому́ і.** The scandal stained his name.

See **репута́ція**

I. **ім'я́м** *or* **~ем**, *N. pl.* **~á**, *G. pl.* **імéн**

іна́кше, *var., see* ина́кше

інвалі́д, *m.*; ~ка, *f.*

invalid, disabled person ◊ **і. війни́** a disabled veteran ◊ **Вони́ допомага́ли ~ам украї́нсько-російської війни́.** They helped disabled veterans of the Russian-Ukrainian War. (**пра́ці** worker) ◊ **Його́ дід був ~ом пра́ці.** His grandfather was a disabled worker.

v. + **і. бу́ти ~ом** be handicapped (**виявля́тися** turn out, **лиша́ти** + *A.* leave sb ◊ **Уча́сть в опера́ції лиши́ла багатьо́х чорнобильських ліквіда́торів ~ами.** Participation in the operation left many Chornobyl liquidators disabled. **роби́ти** + *A.* make sb, **става́ти** become) ◊ **Кири́ло став ~ом у три́дцять ро́ків.** Kyrylo became an invalid at the age of thirty.

інвести́ці|я, *f.*, ~ї

investment, *often pl.* ◊ **Підприє́мство потребува́ло ~й.** The venture was in need of investments.

adj. **безпро́грашна** win-win, **ва́рта** worthy ◊ **Її оста́нні ~ї ви́явилися цілко́м ва́ртими.** Her latest investments proved quite worthy. **вели́ка** large, **величе́зна** enormous, **ви́гідна** lucrative, **до́бра** *or* **хоро́ша** good ◊ **Осві́та – це хоро́ша і. на все життя́.** *fig.* Education is a good life-long investment. **значна́** significant, **максима́льна** maximal, **маси́вна** massive, **прибутко́ва** profitable, **продукти́вна** productive, **розу́мна** wise, **солі́дна** sound, **успі́шна** successful, **чудо́ва** excellent; **мала́** small, **мініма́льна** minimal, **скро́мна** modest; **ке́пська** poor, **пога́на** bad; **недоста́тня** inadequate ◊ **Че́рез недоста́тні ~ї легка́ промисло́вість краї́ни занепа́ла.** Because of inadequate investment the country's textile industry declined. **ризико́вана** risky, **спекуляти́вна** speculative **Вони́ розбагаті́ли на спекуляти́вних ~ях.** They became rich on speculative investments. **безпе́чна** safe, **наді́йна** secure ◊ **Пан Хору́нжий ува́жав купі́влю будинку наді́йною ~єю.** Mr. Khorunzhy considered the purchase of the house to be a secure investment. **додатко́ва** additional, **пода́льша** further; **зага́льна** overall; **нова́** new; **необхі́дна** necessary; **стратегі́чна** strategic; **пряма́** direct; **вну́трішня** home, **місце́ва** local; **закордо́нна** foreign, **зо́внішня** outside, **міжнаро́дна** international, **офшо́рна** offshore; **довготермі́нова** long-term, **короткотермі́нова** short-term; **пе́рвісна** original, **початко́ва** initial; **промисло́ва** industrial, **фіна́нсова** financial; **держа́вна** state, **урядо́ва** government; **інституці́йна** institutional, **корпорати́вна** corporate, **прива́тна** private

n. + **і. обсяг ~й** investment scale (**план** plan; **поті́к** flow, **рі́вень** level, **темп** rate) ◊ **Дире́ктор утри́мував висо́кі те́мпи вну́трішніх ~й.** The director maintained high home investments rates. **страте́гія** strategy) ◊ **Він опрацюва́в ефекти́вну страте́гію ~й.** He developed an efficient investment strategy.

v. + **і. заохо́чувати ~ї** encourage investment ◊ **Уряд заохо́чував го́ловно промисло́ві ~ї.** The government encouraged mostly industrial investment. (**прива́блювати** attract ◊ **Відсу́тність кору́пції прива́блювала ~ї з-за кордо́ну.** The absence of corruption attracted investment from abroad. **роби́ти** make ◊ **Він зроби́в кі́лька ризико́вих ~ій.** He made a number of risky investments. **стимулюва́ти** stimulate, **збі́льшувати** increase; **скоро́чувати** cut; **захища́ти** protect; **поверта́ти собі́** recoup) ◊ **Вона́ поверну́ла собі́ цю ~ю десь за п'ять ро́ків.** She recouped the investment in about five years. **сприя́ти ~ям** promote investment

i. + *v.* **збі́льшуватися** increase, **зроста́ти** grow ◊ **Закордо́нні ~ї зросли́ на три відсо́тки порі́вняно з попере́днім ро́ком.** Foreign investment grew by 3% compared to the previous year. **па́дати** *or* **спада́ти** fall, **скоро́чуватися** decrease; **дава́ти** + *A.* yield *(interest, etc.)* ◊ **Її інвести́ція дава́ла ві́сім відсо́тків щоро́ку.** Her investment yielded 8% annually.

prep. **з ~ї** on investment ◊ **прибу́ток з ~ї** a profit on investment; **і. в** + *A.* an investment into sth ◊ **і. в місце́ву інфраструкту́ру** an investment in local infrastructure

інве́стор, *m.*, ~а; ~ка, *f.*

investor ◊ **Місь́кий голова́ організува́в міжнаро́дну конфере́нцію для потенці́йних ~ів.** The city mayor organized an international conference for potential investors.

adj. **вели́кий** large, **довготермі́новий** long-term ◊ **Зацікá́влення до перебудо́ви на́бережної ви́явив оди́н довготермі́новий і.** One long-term investor expressed interest in the waterfront reconstruction. **звича́йний** ordinary, **мале́нький** *dim.* small, **невели́кий** small ◊ **Будівни́цтво фінансу́ють невели́кі ~и.** The construction is being financed by small investors. **сере́дній** average; **потенці́йний** potential; **індивідуа́льний** individual, **прива́тний** private; **інституці́йний** institutional, **америка́нський** US, **брита́нський** British, **німе́цький** German, **украї́нський** Ukrainian, *etc.*; **закордо́нний** *or* **чужозе́мний** foreign; **обере́жний** cautious ◊ **До́сі банк був обере́жним ~ом.** Until now, the bank had been a cautious investor. **розу́мний** wise, **спри́тний** shrewd

v. + **і. зама́нювати ~а** lure an investor ◊ **Така́ страте́гія ма́ла зама́нювати у краї́ну ~ів.** Such a strategy was supposed to lure investors into the country. (**заохо́чувати** encourage, **прива́блювати** attract ◊ **Політи́чна стабі́льність прива́блювали ~ів.** Political stability attracted investors. **остеріга́ти** caution, **попереджа́ти** warn; **запевня́ти** reassure, **переко́нувати** convince; **відля́кувати** scare away ◊ **Непередба́чуваність у́ряду відля́кувала ~ів.** The unpredictability of the government scared away investors. **непоко́їти** worry; **ошу́кувати** defraud ◊ **Він ошука́в не одного́ ~а.** He defrauded more than one investor. **захища́ти** protect) ◊ **Зако́н захища́в ~ів від урядо́вих бюрокра́тів, рекети́рів та ре́йдерів.** The law protected investors from government bureaucrats, racketeers, and raiders.

i. + *v.* **інвестува́ти в** + *A.* invest in/to sth, **купува́ти** + *A.* buy sth ◊ **Фа́брику купи́в закордо́нний і.** The factory was bought by a foreign investor. **продава́ти** + *A.* sell sth, **ціка́витися** + *I.* be interested in sth

prep. **і. в** + *A.* an investor in sth ◊ **і. в техноло́гії відно́влюваної ене́ргії** an investor in the renewable energy technologies

інвесту|ва́ти, ~ють; за~, *tran.*

to invest ◊ **Вона́ інвесту́є перева́жно в держа́вні обліга́ції.** She invests mostly in government bonds.

adv. **аґреси́вно** aggressively ◊ **Цей ге́дж-фонд поча́в аґреси́вно і. в перери́бку смі́ття.** The hedge fund started to aggressively invest in trash recycling. **бага́то** heavily; **пря́мо** directly; **особи́сто** personally ◊ **Вона́ особи́сто ~ва́ла два мільйо́ни в цей готе́ль.** She personally invested two million in the hotel. **безпе́чно** securely, **му́дро** wisely, **розу́мно** astutely, **спри́тно** shrewdly; **за кордо́н** overseas

v. + **і. бу́ти гото́вим** be ready to; **виріша́ти** decide to ◊ **Вони́ не могли́ ви́рішити, куди́ і. наявні гро́ші.** They could not decide where to invest the available money. **ква́питися** hurry to ◊ **Вам не слід ква́питися і.** You should not hurry to invest. **ки́датися** rush to ◊ **Усі ки́нулися і. в соціа́льні мере́жі.** Everybody rushed to invest in social networks. **ма́ти на́мір** have the intention to, **планува́ти** plan to ◊ **Компа́нія планува́ла і. в техноло́гії зв'язку́.** The company planned to invest in communications technologies.

prep. **і. в** + *A.* invest in sth ◊ **Для них це додатко́ва мотива́ція і. в а́кції фі́рми.** For them, this is an additional motivation to invest in the firm's shares.

pa. pple. **заінвесто́ваний** invested

(за)інвесту́й!

інґреді́єнт, *m.*, ~а

1 ingredient + *G.* for/in ◊ **Речовина́ є акти́вним ~ом рі́зних космети́чних проду́ктів.** The substance is an active ingredient of various cosmetic products.

adj. **акти́вний** active; **ба́жаний** desirable, **до́брий** good, **найкра́щий** best ◊ **Він ро́бить свою́ фі́рмо́ву стра́ву з найкра́щих ~ів.** He makes his signature dish from the best ingredients. **чудо́вий** wonderful; **важли́вий** important, **високоя́кісний** high-quality, **головни́й** main, **основни́й** principal; **необхі́дний** necessary, **обов'язко́вий** obligatory ◊ **Воло́ський горі́х – обов'язко́вий і. я́блучного пля́цка.** Walnut is an obligatory ingredient for an apple pie. **додатко́вий** additional, **за́йвий** redundant, **непотрі́бний** unnecessary; **органі́чний** organic, **особли́вий** special, **секре́тний** secret; **приро́дний** natural, **штучни́й** artificial; **токси́чний** toxic

v. + **і. використо́вувати і.** use an ingredient (**вимага́ти** call for, **включа́ти** include, **додава́ти** add, **ма́ти** have, **місти́ти** contain, **поє́днувати** combine, **потребува́ти** need); **склада́тися з ~ів** consist of ingredients ◊ **Стра́ва склада́ється із п'ятьо́х ~ів.** The dish consists of five ingredients.

2 *fig.* ingredient, component, element

adj. **важли́вий** important, **істо́тний** essential, **ключови́й** key, **крити́чний** critical, **необхі́дний** necessary ◊ **Уся́ істо́рія має необхі́дні ~и мелодра́ми.** The entire story has the necessary ingredients of a melodrama. **обов'язко́вий** obligatory, **потрі́бний** required, **принципо́вий** principal; **магі́чний** magic, **особли́вий** special, **секре́тний** secret; **відсу́тній** missing

i. + *n.* **і. істо́рії** an ingredient of a story (**компози́ції** composition; **сцена́рію** screenplay),

і. у́спіху an ingredient for success
v. + **і. включа́ти і.** incorporate an ingredient ◊ **Її мане́ра гри включа́є ~и, запози́чені у вели́ких акто́рів.** Her acting manner incorporates elements borrowed from great actors. (**запози́чувати** borrow, **ма́ти** have) ◊ **Твір ма́є ключові́ ~и вели́кого мисте́цтва.** The work has the key ingredients of great art. **забезпе́чувати** + *A.* **~ом** provide sb with an ingredient ◊ **Ма́рта сподіва́лася, що шлюб забезпе́чить її до́сі відсу́тніми ~ами жіно́чого ща́стя.** Marta hoped that marriage would provide her the hitherto missing ingredients of female happiness. (**става́ти** become) ◊ **Чита́ння пре́си ста́ло обов'язко́вим ~ом її неді́льного ра́нку.** Reading the press became an obligatory element of her Sunday morning.
prep. **крити́чний і. у ро́звитку бі́знесу** a critical ingredient in business development

індивідуа́льн|ий, *adj.*
individual, personal, separate ◊ **У виклада́нні мо́ви він практикува́в суво́ро і. підхі́д.** In language teaching, he practiced a strictly individual approach.
adv. **високоіндивідуа́льний** highly individual ◊ **Га́нна ма́ла високоіндивідуа́льне розумі́ння посвя́ти.** Hanna had a highly individual understanding of dedication. **глибо́ко** deeply ◊ **Тут ішло́ся про її глибо́ко ~е сприйня́ття те́ксту.** This was about her deeply individual perception of the text. **ду́же** very, **надзвича́йно** unusually, **напро́чуд** wonderfully, **суво́ро** strictly, **цілко́м** completely
і. + *n.* **і. інтере́с** individual interest (**ме́тод** method, **підхі́д** approach, **смак** taste, **стиль** style; **раху́нок** account); **~а відповіда́льність** individual responsibility (**консульта́ція** consultation, **пора́да** advice; **зви́чка** habit, **мане́ра** manner, **ри́са** feature, **схи́льність** inclination; **кімна́та** room); **~е господа́рство** an individual household (**мі́сце** place, **помі́шкання** apartment; **розумі́ння** understanding, **сприйня́ття** perception)
Also see **окре́мий**. *Ant.* **зага́льний, колекти́вний, спі́льний**

індивідуа́льн|ість, *f.*, **~ости**, *only sg.*
individuality, personality ◊ **Ця жі́нка ма́ла неповто́рну і.** The woman had an inimitable individuality.
adj. **вла́сна** one's own, **впізна́вана** recognizable, **незапере́чна** undeniable, **неповто́рна** inimitable, **своєрі́дна** original, **спра́вжня** true, **уніка́льна** unique, **яскра́ва** striking; **лю́дська́** human; **акто́рська** actor's, **письме́нницька** writer's, **режисе́рська** directorial, **тво́рча** creative, *etc.*
v. + **і. виража́ти і.** express individuality ◊ **Ніщо́ не виража́ло її спра́вжню і. так, як мо́ва.** Nothing expressed her true individuality like language. (**виявля́ти** show, **втрача́ти** lose ◊ **Новобра́нець му́сив втра́тити і., якщо́ він хоті́в ви́жити в а́рмії.** A recruit had to lose his individuality if he were to survive in the army. **зберіга́ти** maintain, **ма́ти** have, **утве́рджувати** assert); **набува́ти ~ости** develop individuality ◊ **За рік Окса́на набула́ вира́зної акто́рської ~ости.** In a year, Oksana developed a distinct individuality of an actor.

інди́к, *var., see* **инди́к**

інду́стрі|я, *f.*, **~ї**
industry ◊ **Пі́вденна Коре́я ста́ла одни́м із провідникі́в світово́ї автомобі́льної ~ї.** South Korea became one of the leaders of the global car industry.
adj. **важка́** heavy, **електро́нна** electronic, **готеле́ва** hotel, ♦ **кіноінду́стрія** film industry, **ландша́фтна** landscaping, **легка́** light, **націона́льна** national, **оборо́нна** defense, ♦ **порноінду́стрія** porn industry; ♦ **секс-і.** sex industry
і. + *n.* **і. висо́ких техноло́гій** high-tech industry (**відпочи́нку** leisure, **гости́нности** hospitality, **звукоза́пису** recording, **краси́** beauty, **мо́ди** fashion, **обслуго́вування** catering, **охоро́ни** security, **по́дорожей** travel, **рекла́ми** advertising, **розва́г** entertainment, **страхува́ння** insurance, **тури́зму** tourism) ◊ **І. тури́зму прива́блює деда́лі бі́льше інвести́цій.** The tourism industry is attracting ever greater investment.
v. + **і. розвива́ти ~ю** develop an industry; **ма́ти спра́ву з ~єю** deal with an industry ◊ **Вона́ ма́є спра́ву з ~єю відпочи́нку.** She deals with the leisure industry.
prep. **в ~ї** in an industry ◊ **Вона́ пра́цює в ~ї розва́г.** She works in the entertainment industry.
Cf. **промисло́вість.** *Also see* **бі́знес, га́лузь**

інжене́р, *m.*, **~а; ~ка**, *f.*
engineer ◊ **В університе́ті гото́ють ~ів.** They train engineers at the university.
adj. **головни́й** chief, **диплómо́ваний** certified, **до́брий** good ◊ **До́брі ~и за́вжди́ в по́питі.** Good engineers are always in demand. **досві́дчений** experienced, **кваліфіко́ваний** qualified; **корабе́льний** naval, **циві́льний** civil; ◊ **і.-будіве́льник** construction engineer, **і.-меха́нік** mechanical engineer
v. + **і. вчи́тися на ~а** be trained as engineer ◊ **Він учи́вся на ~а.** He was trained as an engineer. **бу́ти ~ом** be an engineer (**працюва́ти** work as ◊ **Іва́н пра́цює інжене́ром-будіве́льником.** Ivan works as a construction engineer. **става́ти** become)
See **спеціялі́ст, фахіве́ць**

ініціяти́в|а, *f.*
1 initiative + *inf.* ◊ **Европе́йський Сою́з ви́ступив з ~ою владна́ти конфлі́кт між Гре́цією й Туре́ччиною.** The European Union came forth with the initiative to solve the conflict between Greece and Turkey.
adj. **важли́ва** important, **вели́ка** great, major ◊ **Вели́ка і. вимага́є ресу́рсів.** A major initiative requires resources. **ґрандіо́зна** grandious; **захо́плива** exciting; **смі́ли́ва** bold; **вча́сна** timely, **глу́па** silly, **дива́цька** wacky, **ди́вна** strange; **законода́вча** legislative, **запропоно́вана** proposed; **невча́сна** ill-timed, **недоре́чна** ill-advised; **нова́** new, **нова́торська** innovative; **неда́вня** *or* **нещода́вня** recent, **оста́ння** latest, **тепе́рішня** current; **майбу́тня** future, **пода́льша** further ◊ **Адміністра́ція воро́же сприйма́ла їхні пода́льші ~и.** The administration received their subsequent initiatives with hostility. **практи́чна** practical; **успі́шна** successful; **вла́сна** one's own, **прива́тна** private; **спі́льна** joint; **ґлоба́льна** global, **міжнаро́дна** international; **місце́ва** local, **націона́льна** national, **реґіона́льна** regional; **президе́нтська** presidential, **урядо́ва** government; **безпе́кова** security ◊ **Европе́йські столи́ці факти́чно зіґнорува́ли важли́ву безпе́кову ~у.** European capitals effectively ignored an important security initiative. **бізнесо́ва** business, **диплома́ти́чна** diplomatic, **дослі́дницька** research, **економі́чна** economic, **законода́вча** legislative ◊ **Фра́кція приє́дналася до законода́вчої ~и.** The faction joined the legislative initiative. **ми́рна** peace, **осві́тня** educational, **політи́чна** political, **стратегі́чна** strategic
v. + **і . бра́ти на се́бе ~у** take initiative ◊ **Вона́ взяла́ на се́бе ~у підготува́ти прое́кт рі́шення.** She took the initiative to prepare a draft decision. (**відкида́ти** reject, **віта́ти** welcome, **схва́лювати** approve; **втілю́вати** implement; **запуска́ти** launch ◊ **Мі́ська ра́да запусти́ла ~у допомо́ги громадя́нам із ва́дами зо́ру.** The city council launched an initiative to help visually impaired citizens. **оголо́шувати** announce, **почина́ти** start, **представля́ти** introduce, **підтри́мувати** support ◊ **Фра́кція підтри́мала її законода́вчу ~у.** The faction supported her legislative initiative. **планува́ти** plan, **прошто́вхувати** push, **спонсорува́ти** sponsor, **фінансува́ти** finance; **очо́лювати** lead; **прова́лювати** blow); **виступа́ти з ~ою** come out with an initiative ◊ **Він ви́ступив з ~ою підтри́мати націона́льний кінемато́граф.** He came out with the initiative to support national filmmaking. **бра́ти у́часть в ~і** take part in an initiative ◊ **Три дослі́дники взяли́ у́часть у її ~і.** Three researchers took part in her initiative.
і. + *v.* **бу́ти пов'я́заною з** + *I.* be related to sth ◊ **Її і. пов'я́зана з по́шуками нови́х сою́зників.** Her initiative is related to the search for new allies. **бу́ти спрямо́ваною на** + *A.* be aimed at sth, **ста́вити за мету́** be designed to ◊ **І. ста́вить за мету́ запобі́гти пози́ренню епіде́мії.** The initiative is designed to prevent a spread of the epidemic. **включа́ти** + *A.* include sth; **ма́ти стосу́нок до** + *G.* relate to sth; **прова́люватися** fail ◊ **Попере́дня і. реформува́ти систе́му з трі́ском провали́лася.** The previous initiative to reform the system was a crushing failure. **ті́шитися у́спіхом** be a success ◊ **Осві́тня і. ті́шиться у́спіхом.** The educational initiative is a success.
prep. **і. за** *or* **на** + *A.* an initiative to do sth ◊ **і. за** *or* **на покра́щення я́кости осві́ти** an initiative to improve the quality of education; **і. про́ти** + *G.* initiative against sth ◊ **і. про́ти монополіза́ції ри́нку** an initiative against monopolization of the market
2 initiative *(resourcefulness)* ◊ **Із невиче́рпною ~ою Ната́лка – протиле́жність апати́чному Павло́ві.** With her inexhaustible initiative, Natalka is the opposite of apathetic Pavlo.
adj. **вели́ка** great, **спра́вжня** real; **індивідуа́льна** individual ◊ **Його́ нача́льник щи́ро заохо́чував індивідуа́льну ~у.** His boss sincerely encouraged his subordinates' individual initiative. **місце́ва** local, **особи́ста** personal, **прива́тна** private ◊ **Суво́ра ієра́рхія не залиша́ла мі́сця прива́тній ~і.** Strict hierarchy left no room for private initiative. **зара́зна** infectious, **невиче́рпна** inexhaustible
n. + **і. ви́яв ~и** a manifestation of initiative (**дух** spirit) ◊ **У бі́знес-шко́лі панува́в дух ~и.** The spirit of initiative ruled supreme at the business school
v. + **і . виявля́ти ~у** show initiative ◊ **Йо́сип у всьо́му виявля́є ~у.** Yosyp shows initiative in everything. (**пока́зувати** demonstrate; **віта́ти** welcome, **заохо́чувати** encourage, **підтри́мувати** support; **души́ти** stifle, **паралізува́ти** paralyze) ◊ **Надмі́рна централіза́ція паралізу́є місце́ву ~у.** Excessive centralization paralyzes local initiative. **ді́яти із вла́сної ~и** act on one's own initiative ◊ **Вона́ почала́ ді́яти із вла́сної ~и.** She began to act on her own initiative. (**працюва́ти з** work on) ◊ **Доброво́льці працюва́ли з вла́сної ~и, а не з при́мусу.** The volunteers worked on their own initiative and not under compulsion. **сприя́ти ~і** promote initiative ◊ **Мару́сів спри́яв тво́рчій ~і ко́жного студе́нта.** Marusiv promoted each student's creative initiative.
prep. **з ~и** *or* **за ~ою** on an initiative ◊ **Він приї́хав із вла́сної ~и** *or* **за вла́сною ~ою.** He arrived on his own initiative.

і́нколи, *var., see* **и́нколи**

і́ноді, *var., see* **и́ноді**

інспе́ктор, *m.*, **~а; ~ка**, *f.*
inspector ◊ **Держа́вний і. переві́рив, чи Хома́ мо́же претендува́ти на соція́льну допомо́гу.** The government inspector verified whether or not Khoma was eligible for welfare.
adj. **головни́й** chief; **держа́вний** government;

будіве́льний building, **ми́тний** customs, **податко́вий** tax, **саніта́рний** sanitation, **соція́льний** welfare, **шкі́льни́й** school; **місце́вий** local ◊ **місце́вий податко́вий і.** a local tax inspector; **міжнаро́дний** international; **незале́жний** independent; **кваліфіко́ваний** qualified; **прода́жний** corrupt
i. + *n.* **і. держа́вної фіска́льної слу́жби** a state fiscal service inspector (**ми́тниці** customs ◊ **Вони́ ма́ли поба́чення з ~ом ми́тниці.** They had a meeting with a customs inspector. **озбро́єнь** weapons ◊ **До мі́ста прибула́ гру́па ~ів озбро́єнь ОБСЄ́.** A group of OSCE weapons inspectors arrived in town. **полі́ції** police; **шкіл** school; **я́кости** quality)
v. + **і. виклика́ти ~а** call an inspector ◊ **Кліє́нт погро́жував ви́кликати саніта́рного ~а.** The client threatened to call a sanitation inspector. (**посила́ти** send, **посила́ти по** send for; **впуска́ти** let in) ◊ **Вони́ відмовля́лися впусти́ти на терито́рію незале́жних ~ів.** They refused to let independent inspectors into the territory. **зверта́тися до ~а** turn to an inspector; **признача́ти** + *A.* **~ом** appoint sb inspector ◊ **Його́ призна́чили головни́м ~ом.** He was appointed chief inspector.
і. + *v.* **відві́дувати** + *A.* visit sth ◊ **Соція́льний і. відві́дував шко́лу щомі́сяця.** The welfare inspector visited the school every month. **прибува́ти** come, **приї́жджа́ти** arrive ◊ **І. мав приї́хати пополу́дні.** The inspector was supposed to arrive in the afternoon. **відповіда́ти за** + *A.* be in charge of sth ◊ **І. відповіда́в за безпе́ку пра́ці на фа́бриці.** The inspector was in charge of work safety at the factory; **зголо́шувати** + *A.* report sth ◊ **І. зобов'я́заний зголо́шувати пору́шення до головно́го управлі́ння.** The inspector is duty-bound to report violations to the main directorate. **огляда́ти** + *A.* examine sth, **переві́ряти** + *A.* check sb; **вимага́ти хаба́р** demand a bribe ◊ **І. полі́ції не вимага́в хабара́.** The police inspector did not demand a bribe.

інсти́нкт, *m.*, **~у**

1 instinct ◊ **Бджо́ли ма́ють складні́ ~и.** Bees have complex instincts. ◊ **Зої вдава́лося контролюва́ти свої́ ~и.** Zoya managed to control her instincts.
adj. **глибо́кий** deep, **поту́жний** powerful, **си́льний** strong; **ба́тьківський** parental, **засадни́чий** basic, **захисни́й** protective, **матери́нський** maternal ◊ **Поя́ва люде́й увімкну́ла в медве́диці матери́нський і.** The appearance of the humans triggered the female bear's maternal instinct. **мисли́вський** hunting, **хижа́цький** predatory; **примiти́вний** primitive, **приро́дний** natural; **лю́дський** human, **твари́нний** animal; **стате́вий** sexual
і. + *n.* **і. вижива́ння** survival instinct (**самозбере́ження** self-preservation)
v. + **і. ма́ти і.** have an instinct ◊ **Вівці́ ма́ють поту́жний ста́дний і.** Sheep have a powerful herd instinct. (**посіда́ти** possess; **розвива́ти** develop); **бракува́ти** + *D.* lack an instinct ◊ **Свíйським твари́нам браку́є ~у вижива́ння.** Domestic animals lack a survival instinct. (**набува́ти** acquire; **трима́тися** follow); **підкоря́тися ~ові** obey one's instinct; **йти за ~ом** go with one's instinct
і. + *v.* **включа́тися** *or* **вмика́тися** kick in ◊ **Ра́птом у Ле́сі ввімкну́вся хижа́цький і.** Suddenly Lesia's predatory instinct kicked in. **керува́ти** + *I.* guide sb ◊ **Вояка́ми керува́в бойови́й і.** Their fighting instinct guided the soldiers. **підка́зувати** + *D.* tell sb ◊ **І. підка́зував Йо́сипові, що ці́й люди́ні мо́жна ві́рити.** Yosyp's instincts told him that the person could be trusted.
2 *fig.* instinct, inclination, gift ◊ **Ма́рченко намага́вся прислу́хатися до сво́го вро́дженого ~у гравця́.** Marchenko tried to heed his inborn gambler's instinct.
adj. **безпомилко́вий** unerring, **винятко́вий** exceptional, **відмі́нний** excellent, **глибо́кий** deep, **до́брий** good, **си́льний** strong; **чи́стий** sheer ◊ **Вона́ йшла да́лі, підкоря́ючись чи́стому ~у.** She walked on, obeying her sheer instinct. **вро́джений** inborn, **приро́дний** natural; **бойови́й** fighting, **воя́цький** fighter's, **мисли́вський** hunting, **примiти́вний** primitive, **хижа́цький** predatory; **змага́льний** competitive; **бізнесо́вий** business, **комерці́йний** commercial, **політи́чний** political, **спожива́цький** consumerist
і. + *n.* **і. убі́вці** a killer instinct ◊ **Кров буди́ла у ній невідпі́рний і. вбі́вці.** Blood awoke an irresistible killer instinct in her. **і. бізнесме́на** a businessman's instinct (**воя́ка** warrior; **диплома́та** diplomat's, **полі́тика** politician's)
v. + **і. ма́ти і.** have an instinct ◊ **Тара́с ма́є безпомилко́вий комерці́йний і.** Taras has an unerring commercial instinct. (**поділя́ти** share ◊ **Вони́ поділя́ли і. до самозбага́чення.** They shared an instinct for self-enrichment. **посіда́ти** possess, **розвива́ти** develop ◊ **Свій і. бізнесме́на він розвива́в рока́ми.** He developed his businessman instinct for years. **дола́ти** overcome, **контролюва́ти** control, **приду́шувати** supress; **і́гнорува́ти** ignore; **спира́тися на** rely on) ◊ **Вона́ спира́лася на вла́сний політи́чний і.** She relied on her own political instinct. **апелюва́ти до ~у** appeal to instinct ◊ **Ця рекла́мна кампа́нія намага́лася апелюва́ти до примiти́вніших ~ів спожива́чів.** The promotion campaign tried to appeal to consumers' more primitive instincts. (**трима́тися** follow) ◊ **Ва́лик про́сто трима́вся сво́го́ ~у.** Valyk simply followed his instinct. **довіря́ти ~ові** trust one's instinct (**довіря́тися** entrust oneself to ◊ **Йому́ не залиша́лося ні́чого і́ншого, як довіритися вла́сному ~ові полі́тика.** He had nothing left to do other than entrust himself to his own political instinct. **підкоря́тися** obey)
Cf. **інтуї́ція**

інститу́т, *m.*, **~у**

1 institute ◊ **Коли́сь цей університе́т назива́вся Украї́нським ~ом інжене́рів во́дного господа́рства.** The university had once been called the Ukrainian Institute of Water Management Engineering.
adj. **держа́вний** state, **науко́во-до́слідний** research ◊ **Він очо́лює ці́лий науко́во-до́слідний і.** He heads an entire research institute. **націона́льний** national, **незале́жний** independent, **прива́тний** private, **урядо́вий** government; **будіве́льний** construction, **меди́чний** medical, **педагогі́чний** pedagogical, **технологі́чний** technological, **фіна́нсовий** financial
і. + *n.* **і. біоло́гії** an institute of biology (**літерату́ри** literature, **матема́тики** mathematics, **мовозна́вства** linguistics ◊ **Профе́сор Ю́рій Жлукте́нко працюва́в у ~і мовозна́вства.** Professor Yurii Zhluktenko worked at the Institute of Linguistics. **хе́мії** chemistry, **я́дерної фі́зики** nuclear physics)
v. + **і. відкрива́ти і.** open an institute ◊ **Цей і. відкри́ли сто ро́ків тому́.** The institute was opened a hundred years ago. (**закрива́ти** close down, **засно́вувати** found, **ліквідо́вувати** eliminate, **створю́вати** create)
See **за́клад.** *Also see* **устано́ва**
2 institution, practice, tradition ◊ **Консерва́тори за те, щоби скасува́ти і. президе́нтства.** The conservatives are in favor of abolishing the institution of the presidency. ◊ **і. таємного голо́сування** the institution of secret ballot
See **інститу́ція, устано́ва**

інститу́ці|я, *f.*, **~ї**

institution ◊ **Росі́йське втруча́ння у ви́бори підрива́ло демократи́чні ~ї краї́ни.** Russian interference in the election was undermining the country's democratic institutions.
adj. **да́вня** ancient, **переві́рена ча́сом** time-tested, **традиці́йна** traditional; **важли́ва** important, **ключова́** key, **основна́** principal; **незале́жна** independent; **демократи́чна** democratic, **економі́чна** economic, **культу́рна** cultural ◊ **Това́риство «Про́світа» було́ впливо́вою культу́рною ~єю.** The *Prosvita* Society was an influential cultural institution. **ліберальна** liberal, **націона́льна** national, **політи́чна** political, **релігі́йна** religious, **суспі́льна** social, **юриди́чна** legal; **свяще́нна** sacred
v. + **і. захища́ти ~ю** protect an institution (**зберіга́ти** preserve, **змі́цнювати** strengthen ◊ **Нова́ пра́ктика покли́кана змі́цни́ти ~ю незале́жного су́ду.** The new practice is designed to strengthen the institution of independent judiciary. **розбудо́вувати** build up; **атакува́ти** attack ◊ **Вона́ заатакува́ла свяще́нну ~ю шлю́бу.** She attacked the sacred institution of marriage. **компрометува́ти** discredit, **ліквідо́вувати** eliminate, **підрива́ти** undermine, **посла́блювати** weaken, **руйнува́ти** destroy, **скасо́вувати** abolish)
See **устано́ва.** *Also see* **інститу́т 2**

інструме́нт, *m.*, **~а** *and* **~у**

1 ~а instrument, tool ◊ **Те́сля носи́в потрі́бні ~и із собо́ю.** The carpenter carried necessary tools with him.
adj. **власти́вий** appropriate ◊ **Для то́го щоб ремонтува́ти маши́ну, потрі́бні власти́ві ~и.** In order to repair a car, one needs appropriate tools. **го́стрий** sharp; **гру́бий** crude ◊ **Вони́ збудува́ли шеде́вр, кори́стуючися гру́бими ~ами.** They built a masterpiece, using crude tools. **імпровізо́ваний** improvised; **наді́йний** reliable, **опти́чний** optical; **складни́й** sophisticated; **то́нкий** delicate, **то́чний** precision, **хірургі́чний** surgical ◊ **Де́які хірургі́чні ~и заиржа́віли.** Some of the surgical instruments rusted. **чутли́вий** sensitive
v. + **і. винахо́дити і.** invent a tool (**застосо́вувати** apply, **переві́ряти** check, **проє́ктувати** design, **створю́вати** create); **користува́тися ~ом** use a tool
See **знаря́ддя 1**
2 ~а musical instrument ◊ **На скілько́х ~ах гра́є Христи́на?** How many instruments does Khrystyna play?
adj. **га́рний** beautiful, **прекра́сний** marvelous, **чудо́вий** wonderful ◊ **Гра́ти на тако́му чудо́вому ~і – сама́ насоло́да.** Playing such a wonderful instrument is nothing but pleasure. **вла́сний** one's own; **нови́й** new, **нові́сінький** brand-new; **стари́й** old; **музи́чний** musical; **класи́чний** classical, **наро́дний** folk, **традиці́йний** traditional, **моде́рний** modern, **суча́сний** contemporary; **духови́й** wind ◊ **Сопі́лка – це відо́мий духови́й і., зро́блений із де́рева.** A pipe is a well-known wind instrument made of wood. **мі́дний** *and* **духови́й** brass, **кла́вішний** keyboard, **стру́нний** string, **уда́рний** percussion; **акусти́чний** acoustic, **електри́чний** electric
v. + **і. виготовля́ти і.** manufacture an instrument (**роби́ти** make ◊ **Цей наро́дний і. ро́блять лише́ у двох міста́х краї́ни.** This folk instrument is only made in two cities of the country. **настро́ювати** tune) ◊ **Він доскона́ло настро́їть ко́жен і.** He will perfectly tune any instrument. **гра́ти на ~і** *and* **на і.** ◊ **На яко́му ~і він гра́є?** What instrument does he play? (**вчи́тися на** learn) ◊ **Хі́ба мо́жна вчи́тися на кра́щому ~і, як скри́пка!** Can one learn a better instrument than a violin!
і. + *v.* **звуча́ти** sound ◊ **Старови́нний і. неповто́рно звучи́ть.** The ancient instrument has an inimitable sound. **лама́тися** break
Also see **гіта́ра, коза́ 2, ро́я́ль, скри́пка, труба́ 3**
3 ~у *coll., oly sg.* tools, instruments, implements ◊ **Богда́на забу́лася взя́ти свій космети́чний**

і. Bohdana forgot to bring her make-up instruments.
adj. **вимі́рювальний** measuring, **кресля́рський** drawing, **рі́зальний** cutting, **сільськогоспода́рський** agricultural ◊ **Фе́рмери працюва́ли примітивним сільськогоспо́дарським ~ом.** The farmers worked with primitive agricultural implements.
See **знаря́ддя 1**

інтеле́кт, *m.*, **~у**, *only sg.*
1 intellect, mind ◊ **Її і. знахо́див блиску́чий ви́яв у матема́тиці.** Her intellect manifested itself brilliantly in mathematics.
adj. **блиску́чий** brilliant, **вели́кий** great, **винятко́вий** exceptional ◊ **юна́к із винятко́вим ~ом** a youth of an exceptional intellect; **го́стрий** sharp, **дивови́жний** amazing, **непереве́ршений** unsurpassed, **поту́жний** powerful; **низьки́й** low, **обме́жений** limited, **посере́дній** mediocre; **сере́дній** medium, **скро́мний** modest; **тво́рчий** creative ◊ **Тво́рчому ~ові режисе́рки не було́ меж.** There were no limits to the (female) director's creative intellect.
v. + **і. застосо́вувати і.** apply one's intellect (**ма́ти** have) ◊ **Ві́ктор мав посере́дній і.** Viktor had mediocre intellect. **кори́стува́тися ~ом** use intellect ◊ **Він ще не навчи́вся кори́стува́тися свої́м ~ом по́вною мі́рою.** He did not yet learn to use his intellect to the full.
prep. **за ~ом** by intellect ◊ **За ~ом він був у пе́ршій деся́тці студе́нтів.** By his intellect, he was among the top ten students.
2 intelligence ◊ **О́чі ді́вчини промени́лися ~ом.** The girl's eyes radiated intelligence.
See **ро́зум**

інтелектуа́л, *m.*; **~ка**, *f.*
intellectual ◊ **Усі зна́ють його́ як вели́кого ~а.** Everybody knows him as a great intellectual.
adj. **важли́вий** important, **впливо́вий** influential, **зна́ний** well-known, **славе́тний** famous; **публі́чний** public; **ліберáльний** liberal, **консервати́вний** conservative; **німе́цький** German, **по́льський** Polish, **украї́нський** Ukrainian, *etc.*

інтелектуа́льн|ий, *adj.*
intellectual ◊ **Її писа́ння вели́кою мі́рою формува́ли і. диску́рс краї́ни.** Her writings shaped the country's intellectual discourse to a great extent. ◊ **Зако́н захища́є ~у вла́сність.** The law protects intellectual property. ◊ **Він пое́днує ~у пра́цю із фізи́чною.** He combines intellectual work with physical work. **Лі́дія має доста́тні ~і зді́бності, щоб навча́тися в університе́ті.** Lidiia has sufficient intellectual faculties for university studies.
Cf. **серйо́зний 2**

інтелі́ґе́нт, *m.*; **~ка**, *f.*
educated individual, member of intelligensia, intellectual ◊ **Ви ма́єте всі підста́ви вважа́ти себе́ ~ом.** You have every reason to consider yourself an educated individual.
adj. **місько́й** urban, **сільськи́й** village, **суча́сний** contemporary ◊ **В О́льжиному розумі́нні суча́сний і. му́сить володі́ти хоча́ би чотирма́ мо́вами.** In Olha's understanding, a contemporary intellectual must command a knowledge of at least four languages.

інтелі́ґе́нці|я, *f.*, **~ї**, *only sg.*
intelligensia, educated class, intellectuals ◊ **Ка́в'ярня – улю́блене мі́сце зу́стрічей ~ї мі́ста.** The coffee house is a favorite meeting place of the city's intellectuals.
adj. **суча́сна** contemporary, **тепе́рішня** present-day; **довоє́нна** prewar, **дореволюці́йна** prerevolutionary, **коли́шня** former; **ліберáльна** liberal, **лі́ва** left-wing, **консервати́вна** conservative, **націоналісти́чна** nationalist, **радикáльна** radical, **революці́йна** revolutionary; **буржуа́зна** bourgeois, **конформі́стська** conformist, **реакці́йна** reactionary; **росі́йська** Russian, **украї́нська** Ukrainian

інтенси́вн|ий, *adj.*
intensive, intense; busy ◊ **Рятува́льна дружи́на вела́ і. по́шук же́ртв землетру́су.** The rescue team was conducting an intensive search for earthquake victims.
adv. ♦ **високоінтенси́вний** highly intensive; **винятко́во** exceptionally, **вкрай** extremely, **все бі́льше** increasingly, **до́сить** fairly, **ду́же** very ◊ **ду́же і. гра́фік** a very busy schedule; **надзвича́йно** extraordinarily, **надмі́ру** immeasurably, **на́дто** too, **неймові́рно** incredibly, **особли́во** particularly, **страше́нно** terribly
і. + *n.* **і. ко́лір** a bright color, **і. курс украї́нської мо́ви** an intensive Ukrainian language course; **~а пра́ця** intensive work; **~е землеро́бство** high-intensity agriculture
v. + **і. бу́ти ~им** be intensive ◊ **Насту́пний ти́ждень обіця́в бу́ти особли́во ~им.** The coming week promised to be particularly intensive. (**вважа́ти** + *A.* consider sth; **виявля́тися** turn out, **здава́тися** + *D.* seem to sb, **лиша́тися** remain, **роби́ти** + *A.* make sth, **става́ти** become) ◊ **Із набли́женням чемпіона́ту темпи́ тренува́ння става́ли все бі́льш ~ими.** As the championship approached, the pace of training became increasingly more intensive.
Also see **божеві́льний 3, наві́жений 3, напру́жений 2, несамови́тий 2, рішу́чий 2, шале́ний 2, 3**

інтенси́вн|ість, *f.*, **~ости**, *only sg.*
intensity, strength, force ◊ **Лаборато́рія слі́дкує за ~істю випромі́нювання со́нця.** The lab monitors the radiation intensity of the sun.
adj. **вели́ка** great, **висо́ка** high ◊ **надзвича́йно висо́ка і. о́падів** an extremely high precipitation intensity; **грани́чна** extreme, **максима́льна** maximal, **найбі́льша** greatest, **одна́кова** equal, **сере́дня** medium; **ма́ла** small, **мініма́льна** minimal; **та сама́** same; **емоці́йна** emotional ◊ **Акто́рка гра́ла з максима́льною емоці́йною ~істю.** The actress played with maximum emotional intensity.
і. + *n.* **і. пра́ці** labor intensity; **і. бурeві́ю** the strength of a storm (**ві́тру** wind, **моро́зу** cold; **впли́ву** influence)
v. + **і. збі́льшувати і.** increase intensity ◊ **Во́рог збі́льшив і. артилері́йських о́бстрілів.** The enemy increased the artillery shelling intensity. (**зме́ншувати** reduce, **забезпе́чувати** ensure, **підтри́мувати** maintain)
і. + *v.* **збі́льшуватися** increase, **зроста́ти** grow ◊ **І. дощу́ помі́тно зросла́.** The rain intensity noticeably grew. **зме́ншуватися** diminish
prep. **за ~істю** in intensity ◊ **апокаліпти́чна за ~істю зли́ва** a downpour apocalyptic in its intensity
Also see **напру́га 1, напру́женість, си́ла 1**

інтерв'ю́, *nt.*, *indecl.*
interview *(for the press, etc.)* ◊ **І. прочита́ло по́над два́дцять ти́сяч.** More than 20,000 people read the interview.
adj. **дета́льне** *and* **докла́дне** detailed, **до́вге** long, **розло́ге** extensive, **трива́ле** lengthy; **коро́тке** brief; **ексклюзи́вне** exclusive ◊ **Журна́л опублі́кував ексклюзи́вне і. із провідни́ком підпі́льної гру́пи.** The magazine published an exclusive interview with the leader of the underground group. **персона́льне** personal; **газе́тне** newspaper, **журна́льне** magazine, **мере́жеве** Internet, ♦ **ра́діоінтерв'ю** a radio interview, **телевізі́йне** television, **телефо́нне** telephone; **і. віч-на́-віч** a face-to-face interview, ♦ **і. нажи́во** a live interview
n. + **і. ве́рсія і.** a version of the interview ◊ **В оста́точній ве́рсії і. зга́дки про це відсу́тні.** In the final version of the interview, mentions of this are absent. (**ви́друк** printout; **ви́різка** clip ◊ **Це ви́різка і. про оці́нку голосува́ння.** This is the interview clip about the voting assessment. **епізо́д** episode, **сеґме́нт** segment **Режисе́р ви́кинув два вели́ких сеґме́нти і.** The director threw out two large interview segments. **части́на** part; **транскри́пт** transcript; **се́рія** round) ◊ **Кана́л передав се́рію і. із цим публі́чним інтелектуа́лом.** The channel broadcast a round of interviews with the public intellectual.
v. + **і. відклада́ти і.** put off an interview ◊ **Заплано́ване і. довело́ся відкла́сти.** The scheduled interview had to be put off. (**перено́сити** reschedule, **скасо́вувати** cancel; **влашто́вувати** arrange ◊ **Секрета́р пообіця́в їй влаштува́ти і. з дире́ктором корпора́ції у близько́му майбу́тньому.** The secretary promised her that he would arrange an interview with the corporation's director in the near future. **дава́ти** + *D.* give sb ◊ **Вона́ пого́дилася да́ти газе́ті коро́тке і.** She agreed to give the newspaper a brief interview. **ма́ти** have ◊ **Вона́ ма́ла і. в се́бе в кабіне́ті.** She had an interview in her office. **планува́ти** plan, **прово́дити** conduct ◊ **Соціо́логи прове́ли по́над ти́сячу і.** The sociologists conducted more than a thousand interviews. **роби́ти** do ◊ **Він зроби́в і. зі співа́чкою нажи́во.** He did a live interview with the (female) singer. **передава́ти** broadcast, **публікува́ти** publish; **запи́сувати** record, **фільмува́ти** film ◊ **Вона́ зафільмува́ла коро́тке і. із письме́нником.** She filmed a brief interview with the writer. **запро́шувати** + *A.* **на** invite sb to ◊ **Його́ запроси́ли на і. для мі́сцевого ра́діо.** He was invited for an interview for the local radio. **проси́ти про** request) ◊ **Я дзвоню́, щоб попроси́ти про і.** I am calling to request an interview.
prep. **в і.** in an interview ◊ **У своє́му оста́нньому і. він згадував про ці поді́ї.** In his last interview, he mentioned those events. **з і.** from an interview ◊ **Ця дета́ль зни́кла з і.** This detail disappeared from the interview. **під час і.** during an interview ◊ **Він хвилюва́вся під час і.** He was nervous during the interview.
Cf. **співбе́сіда**

інтере́с, *m.*, **~у**
1 interest, curiosity, concern ◊ **Дя́дько Іва́н удава́в щи́рий і. до о́повіді небо́ги.** Uncle Ivan feigned sincere interest in his niece's story.
adj. **вели́кий** great, **величе́зний** immense, **всеохо́пний** all-consuming, **глибо́кий** profound, **жа́дібний** avid, **жва́вий** lively, **зага́льний** general, **значни́й** considerable, **максима́льний** maximal, **неаби́який** remarkable, **неосла́бний** abiding, **при́страсний** passionate ◊ **Сла́вчин при́страсний і. до Максимо́вича був зара́зним.** Slavka's passionate interest in Maksymovych was infectious. **си́льний** strong, **шале́ний** insane ◊ **До́писи блоґе́ра виклика́ли шале́ний і. у соцмере́жах.** The blogger's posts aroused an insane amount of interest on social media. **додатко́вий** added; **мале́нький** *dim.* little, **мініма́льний** minimal, **найме́нший** slightest ◊ **Яросла́ва не виявля́ла до хло́пця найме́ншого ~у.** Yaroslava had not shown the slightest interest in the boy. **помі́рний** moderate; **незапере́чний** undeniable, **помі́тний** visible, **я́вний** obvious; **тепе́рішній** current; **короткотрива́лий** short-lived, **швидкомину́чий** passing; **несподі́ваний** unexpected, **рапто́вий** sudden ◊ **Вона́ не зна́ла, чим поясни́ти рапто́вий і. ме́неджменту до прое́кту.** She did not know how to explain management's sudden interest in the project. **акти́вний** active; **серйо́зний** serious; **всесві́тній** worldwide, **грома́дський** public, **націона́льний** national,

широ́кий widespread; **спі́льний** shared; **правди́вий** genuine, **спра́вжній** real; **особи́стий** personal; **науко́вий** scientific, **фахови́й** professional

v. + **і. буди́ти і.** awaken interest ◊ **Америка́нські фі́льми буди́ли в Іва́нни і. до англі́йської.** American movies awakened Ivanna's interest in English. (**виклика́ти** arouse, **збу́джувати** excite, **притя́гувати** attract; **висло́влювати** express, **виявля́ти** take ◊ **Марі́я виявля́ла жва́вий інтере́с до нови́н із чемпіона́ту.** Maria took a lively interest in the news from the championship. **відчува́ти** feel; **відно́влювати** renew, **відро́джувати** revive; **збі́льшувати** increase, **поси́лювати** boost; **втрача́ти** lose ◊ **Га́нна до́сить шви́дко втра́тила і. до гри на гіта́рі.** Hanna fairly quickly lost interest in playing the guitar. **зра́джувати** betray ◊ **Її го́лос зра́джував незапере́чний і. до спра́ви.** Her voice betrayed an undeniable interest in the matter. **ма́ти** have, **підтри́мувати** sustain, **представля́ти** be of ◊ **Участь у семіна́рі представля́ла для Катери́ни вели́кий і.** Participation in the seminar was of great interest to Kateryna. **поро́джувати** generate ◊ **Його́ зая́ва породи́ла грома́дський і.** His statement generated public interest. **розпа́лювати** stir up ◊ **Сканда́л розпа́лював медійний і. до її осо́би.** The scandal stirred up the media's interest in her person. **стимулюва́ти** stimulate)

і. + *v.* **зника́ти** disappear ◊ **За два дні в Петра́ зник і. до експериме́нту.** After two days, Petro's interest in the experiment disappeared. **зроста́ти** grow ◊ **І. світово́ї пре́си до поді́й у Мі́нську зроста́в.** The world press' interest in the events in Minsk was growing. **з'явля́тися** emerge, **лиша́тися** persist, **сла́бнути** wane

prep. **і. до** + *G.* interest for/in sb/sth

Also see **ціка́вість 1.** *Cf.* **допи́тливість**

2 interest *(benefit), usu pl.* ◊ **Він одна́ково дбав про вла́сні і грома́дські ~и.** He took equal care of his own and community interests.

adj. **вла́сний** own ◊ **Ко́жен із них керува́вся вла́сним ~ом.** Each of them was driven by his own interest. **особи́стий** personal, **прива́тний** private; **вузьки́й** narrow, **вузьколо́бий** narrow-minded, **егоїсти́чний** selfish, **обме́жений** limited, **шку́рницький** *pejor.* miserly; **зага́льний** common, **спі́льний** mutual ◊ **Їх єдна́ли спі́льні ~и.** They were united by mutual interests. **конкуру́ючий** competing; **довготермінóвий** long-term, **короткотермінóвий** short-term; **зако́нний** legitimate; **життє́вий** vital; **групови́й** group, **економі́чний** economic, **корпорати́вний** corporate, **партíйний** party ◊ **Тоталіта́рна систе́ма вимага́ла ста́вити партíйні ~и по́над усі́ які і́нші.** The totalitarian system demanded that party interests were placed above all other ones. **політи́чний** political, **фіна́нсовий** financial; **грома́дський** community, public, **націона́льний** national, **публі́чний** public; **кла́совий** class; **зо́внішній** outside, **чужозе́мний** foreign; **стратегі́чний** strategic

і. + *n.* **~и грома́ди** the interests of community (**держа́ви** state ◊ **Його́ полі́тика не в ~ах держа́ви.** His policies are not in the interests of the state. **краї́ни** country, **наро́ду** people, **на́ції** nation; **є́дности** unity, **ми́ру** peace, **співпра́ці** cooperation; **спра́ви** cause) ◊ **~и спра́ви вимага́ли самозре́чення.** The interests of the cause required self-abnegation.

n. + **і. конфлі́кт ~ів** a conflict of interest ◊ **Суддя́ самоусу́нувся від спра́ви з о́гляду на конфлі́кт ~ів.** The judge recused himself from the case in view of his conflict of interest.

v. + **і. борони́ти** *or* **обороня́ти ~и** defend interests ◊ **Усе́ життя́ вона́ борони́ла ~и грома́ди.** All her life, she had defended community interests. (**охороня́ти** protect, **просува́ти** advance; **задовольня́ти** satisfy; **дба́ти про** take care of, **ста́вити під загро́зу** jeopardize) ◊ **До́говір ста́вить під загро́зу економі́чні ~и краї́ни.** The treaty jeopardizes the country's economic interests. **дія́ти про́ти ~ів** act against interests ◊ **Па́ртія програмо́во дія́ла про́ти націона́льних ~ів.** The party acted against the national interest as a matter of program. **відповіда́ти ~ам** correspond to interests (**дія́ти всу́переч** act contrary to; **загро́жувати** threaten; **служи́ти** serve, **сприя́ти** promote) ◊ **Така́ «модерніза́ція» не сприя́ла ~ам компа́нії.** Such a "modernization" did not promote the company's interests. **дія́ти в ~ах** act in the interests ◊ **Ори́ся дія́ла у свої́х егоїсти́чних ~ах.** Orysia acted in her selfish interests.

і. + *v.* **поляга́ти в** + *L.* consist in sth ◊ **Його́ ~и поляга́ли в то́му, щоб створи́ти студе́нтам оптима́льні умо́ви для навча́ння.** His interest consisted in creating the best conditions for studies for students. **стоя́ти на ка́рті** *or* **ма́пі** be at stake ◊ **На ма́пі стоя́ли ї́хні життє́ві ~и.** Their vital interests were at stake.

prep. **в ~ах** + *G.* in the interests of sb/sth ◊ **Це було́ не в його́ ~ах.** This was not in his interests. **всу́переч ~ам** contrary to sb's interest ◊ **Зако́н забороня́є адвока́тові дія́ти всу́переч ~ам кліє́нта.** The law forbids a lawyer from acting contrary to his client's interests. **про́ти ~ів** against sb's interest ◊ **Вона́ підо́зрювала, що ра́дник діє про́ти її ~ів.** She suspected that the advisor acted against her interest.

Also see **пріорите́т**

інтерне́т, *m.*, **~у**, *only sg.*

Internet ◊ **Зале́жність від ~у зава́жала Оле́ксі роби́ти і́нші важли́ві спра́ви.** Oleksa's Internet addiction prevented him from doing other important things.

adj. **бездрото́вий** wireless ◊ **Ко́жна кав'я́рня мі́ста має бездрото́вий і.** Every coffeehouse in town has wireless Internet. **ка́бельний** cable, **шви́дкісний** high-speed, **широкодіяпазо́новий** broadband ◊ **Паке́т по́слуг компа́нії включа́є широкодіяпазо́новий і.** The company's service package includes broadband Internet. **безпла́тний** free ◊ **Він не лю́бить лето́вищ, що не ма́ють безпла́тного ~у.** He does not like the airports that do not have free Internet. **передопла́чений** prepaid, **пла́тний** paid

і. + *n.* **і.-адре́са** an Internet address ◊ **Він записа́в і.-адре́су сторі́нки.** He wrote down the site's Internet address. (**-доме́н** domain, **-бюлете́нь** bulletin, **-ла́нка** link, **-мем** meme, **-платфо́рма** platform, **-порта́л** portal, **-ресу́рс** resource, **-сайт** site, **-сторі́нка** page; **-крамни́ця** store, **-ма́ркетинґ** marketing, **-торгі́вля** commerce; **-газе́та** newspaper, **-журна́л** magazine, **-публіка́ція** publication, **-ра́діо** radio, **-рекла́ма** ad; **-по́шта** mail; **-по́шук** search; **-конфере́нція** conference; **-аналі́тик** analyst, **-експе́рт** expert, **-користува́ч** user; **-зміст** content, **-новина́** news; **-банк** bank, **-бі́знес** business, **-компа́нія** company; **-заку́пи** shopping; **-порногра́фія** pornography, **-секс** sex; **-по́слуги** services; **-пірáт** pirate, **-пірáтство** piracy ◊ **Де́які у́ряди використо́вують і.-пірáтство як гібри́дну збро́ю.** Some governments use Internet piracy as hybrid weapons. **-шахра́йство** fraud; **-доба́** age, **-еконо́міка** economy, **-культу́ра** culture, **-поколі́ння** generation, **-револю́ція** revolution; **-інфраструкту́ра** infrastructure, **-протоко́л** protocol, **-техноло́гія** technology)

v. + **і. використо́вувати і.** use the Internet ◊ **Степа́н використо́вує і. із найме́ншого при́воду.** Stepan uses the Internet on the smallest pretext. (**перегляда́ти** browse ◊ **Зе́ня мо́же годи́нами сиді́ти й перегляда́ти і.** Zenia can for hours sit and browse the Internet. **піддава́ти цензу́рі** censor, **реґулюва́ти** regulate; **вихо́дити в** go on) ◊ **Вона́ не мо́же ви́йти в і.** She cannot go on the Internet. **звантáжувати** + *A.* **з ~у** download sth from the Internet ◊ **Він звантáжив нові́ фі́льми з ~у.** He downloaded the new movies from the Internet. (**ма́ти до́ступ до** have access to ◊ **Кліє́нти готе́лю не ма́ють до́ступу до ~у.** The hotel's customers have no access to the Internet. **уника́ти** avoid); **користува́тися ~ом** use the Internet ◊ **Вона́ відпочива́є і не кори́сту́ється ~ом.** She is resting and not using the Internet. **шука́ти** + *A.* **в ~і** search sth on the Internet ◊ **Вона́ шука́є подро́биці ціє́ї по́дії в ~і.** She is looking for details of the event on the Internet.

prep. **в ~і** on the Internet; **до ~у** to the Internet ◊ **до́ступ до ~у** access to the Internet; **на ~і** *rarer* on the Internet; **по ~у** over the Internet ◊ **Вони́ розмовля́ють по ~у.** They speak over the Internet. ♦ **~ом** over the Internet ◊ **З не́ю мо́жна зв'яза́тися ~ом.** She can be contacted over the Internet.

Also see **мере́жа 3**

інтерне́тн|ий, *adj.*

Internet, web, of or pertaining to the Internet

і. + *n.* **і. аналі́тик** an Internet analyst (**експе́рт** expert; **постача́льник** provider; **зміст** content; **бі́знес** business; **бюлете́нь** bulletin, **журна́л** magazine; **ка́бель** cable; **слені́** slang; **доме́н** domain, **порта́л** portal ◊ **Коли́сь це був найбі́льший і. порта́л украї́нського змі́сту.** Once this was the biggest Internet portal of Ukrainian content. **по́шук** search; **піра́т** pirate; **постача́льник** provider, **се́рвер** server; **ресу́рс** resource, **сайт** site; **ма́ркетинґ** marketing; **протоко́л** protocol); **~а адре́са** an Internet address (**безпе́ка** security; **гру́па** group, **компа́нія** company, **комуніка́ція** communication, **крамни́ця** store; **доба́** age, **еконо́міка** economy, **інфраструкту́ра** infrastructure; **культу́ра** culture, **револю́ція** revolution; **техноло́гія** technology; **ла́нка** link; **газе́та** newspaper, **новина́** news; **порногра́фія** pornography; **сторі́нка** site; **публіка́ція** publication, **рекла́ма** ad; **по́шта** mail; **платфо́рма** platform; **конфере́нція** conference; **торгі́вля** commerce) ◊ **Він інвесту́є в нову́ мере́жу ~ої торгі́влі.** He invests in a new Internet commerce network. **~е кафе́** an Internet café (**поколі́ння** generation; **ра́діо** radio; **пірáтство** piracy **шахра́йство** fraud); **~і заку́пи** Internet shopping (**по́слуги** services)

See **мере́жевий**

інтерпрета́ці|я, *f.*, **~ї**

interpretation ◊ **Акто́р пропонува́в своєрі́дну ~ю ро́лі Маза́йла.** The actor offered an unconventional interpretation of Mazailo's role.

adj. **альтернати́вна** alternative; **блиску́ча** brilliant ◊ **Її блиску́ча і. конце́рту Ма́лера ви́кликала бу́рю о́плесків.** Her brilliant interpretation of the Mahler concerto provoked a storm of applause. **відмі́нна** distinct, **і́нша** different; **можли́ва** possible, **резо́нна** reasonable; **незвича́йна** unusual, **ориґіна́льна** original, **своєрі́дна** unconventional; **перекон́лива** plausible, **пра́вильна** correct; **своя́ вла́сна** one's own; **складна́** complex; **спро́щена** simplistic; **суб'єкти́вна** subjective, **ціка́ва** interesting; **вузька́** narrow, **дослі́вна** literal, **стро́га** strict; **дові́льна** liberal, **ві́льна** loose, **широ́ка** broad ◊ **Він хоті́в зва́жити як вузьку́, так і широ́ку ~ю ціє́ї но́рми зако́ну.** He wished to weigh both the narrow and wide interpretation of this legal norm. **непра́вильна** wrong, **помилко́ва** mistaken, **фальши́ва** false; **богосло́вська** theological, **істори́чна** historical, **конституці́йна** constitutional, **судова́** judicial, **те́кстова** *or* **тексту́альна** textual ◊ **Її те́кстова і. при́тчі на́дто спро́щена.** Her textual interpretation of the parable is too simplistic. **фемі́ні́стська** feminist, **філосо́фська** philosophical, **худо́жня** artistic

і. + *n.* **і. Бі́блії** an interpretation of the Bible

(**вúразу** expression. **ієрóгліфа** hieroglyph, **знáка** sign, **конститýції** constitution, **писáння** writing, **тéксту** text)

v. + **і. відкидáти ~ю** reject an interpretation (**заперéчувати** refute; **давáти** + *D.* give sth ◊ **Він дав картúні дві рíжні ~ї.** He gave the painting two different interpretations. **заснóвувати на** + *L.* base on sth ◊ **Вонá заснóвує своЮ ~ю подíй на таéмних докумéнтах.** She is basing her interpretation of the events on secret documents. **підтрúмувати** support ◊ **Вонú підтрúмували вузькý і. закóну.** They supported a narrow interpretation of the law. **приймáти** accept, **пропонувáти** offer, **робúти** make, **спростóвувати** refute, **стáвити під сýмнів** question) ◊ **Вонá постáвила під сýмнів запропонóвану ~ю поéзії як занáдто суб'єктúвну.** She questioned the proposed interpretation of the poem as too subjective. **бýти відкрúтим для ~ї** be open to interpretation (**не піддавáтися** defy ◊ **Вúслів не піддаéться дослíвній ~ї.** The expression defies a literal interpretation. **схилáтися до** favor) ◊ **Вонá схилáлася до шúршої ~ї згáданого прúнципу.** She favored a broader interpretation of the said principle. **піддавáти** + *A.* **~ї** subject sth to interpretation ◊ **Студéнти піддалú маніфéст феміністській ~ї.** The students subjected the manifesto to a feminist interpretation.

prep. **за ~єю** as per sb's interpretation ◊ **За ~єю слíдчого злóчин вчинúла жíнка.** As per the detective's interpretation, the crime was committed by a woman. **згíдно з ~єю** according to interpretation ◊ **Згíдно з богослóвською ~єю Ісýс поéднує в собí Бóга і людúну.** According to the theological interpretation, Jesus combines God and man in himself.

Also see **читáння 4**

інтерпрету|вáти, ~ють; *same, tran.*

to interpret, give interpretation to

adv. **блискýче** brilliantly ◊ **Він блискýче ~є симфóнію Станкóвича.** He gives a brilliant interpretation to the Stankovych's symphony. **вíльно** loosely, **довíльно** liberally, **шúроко** broadly ◊ **Вонá не бáчила підстáв і. словá філóсофа так шúроко.** She saw no grounds for interpreting the philosopher's words so broadly. **вýзько** narrowly, **дослíвно** literally, **стрóго** strictly; **íнáкше** differently, **критúчно** critically; **оригінáльно** unconventionally, **по-своéму** in one's own way; **прáвильно** correctly; **непрáвильно** wrongly, **хúбно** erroneously; **спрóщено** simplistically; **суб'єктúвно** subjectively, **тенденцíйно** tendentiously, **упередженo** in a biased way ◊ **Прéса упередженo ~вáла все, що він казáв.** The press interpreted everything he said in a biased way. **тóчно** accurately, **цікáво** in an interesting way ◊ **Лáда ~є цю картúну дýже цікáво.** Lada interprets the painting in a very interesting way. **я́сно** clearly

v. + **і. бýти вáжко** + *D.* be hard for sb to ◊ **Їй вáжко і. текст пóза культýрним контéкстом.** It is difficult for her to interpret the text outside of its cultural context. **бýти неможлúво** be impossible to ◊ **Без знання́ класúчної латúни булó неможлúво і. ці нáписи.** Without knowledge of classical Latin, it was impossible to interpret those inscriptions. **бýти здáтним** be capable of, **могтú** be able to, can; **намагáтися** seek to, **прóбувати** attempt to ◊ **Багáто палеолінґвíстів прóбувало і. ці ієрóгліфи.** Many paleolinguists attempted to interpret those hieroglyphs.

pa. pple. **інтерпретóваний** interpreted

інтерпретýй!

Also see **поя́снювати 1, читáти 4**

інтúмн|ий, *adj.*

1 intimate, personal, private ◊ **Івáнна довіря́лася йомý з дýже ~ими дýмкáми.** Ivanna confided in him her very intimate thoughts.

adv. **глúбóко** deeply, **дóсить** fairly, **дýже** very, **навдивовúжу** amazingly ◊ **Розмóва вúявилася навдивовúжу ~ою.** The conversation turned out to be amazingly intimate. **спрáвді** truly, **цілкóм** completely

і. + *n.* **~і думкú** intimate thoughts (**переживáння** concerns, **почувáння** *and* **почуття́** feelings)

2 intimate, friendly, warm ◊ **Вонú любúли цей ресторáн за ~у атмосфéру.** They were fond of this restaurant for its intimate atmosphere.

3 intimate, amorous, sexual ◊ **Мáрта мáє ~і стосýнки з одрýженим чоловíком.** Marta has an intimate relationship with a married man. ◊ **Лев зізнáвся, що мав із ним і. зв'язóк.** Lev confessed to having had an intimate liaison with him.

Also see **любóвний 2, сердéчний 2**

інтúмн|ість, *f.*, **~ости**, *only sg.*

intimacy ◊ **Для ньóго і. пов'я́зувалася з поéзією.** For him, intimacy was linked to poetry.

adj. **велúка** great, **глибóка** deep, **спрáвжня** genuine; **духóвна** spiritual, **емоцíйна** emotional, **статéва** sexual, **фізúчна** physical

n. + **і. почуття́ ~ости** a feeling of intimacy (**страх** fear) ◊ **Страх ~ости змýшував Йóсипа тримáтися на вíдстані від кóжної жíнки, якíй він подóбався.** Fear of intimacy forced Yosyp to keep away from every woman who liked him.

v. + **і. плекáти і.** foster intimacy (**ствóрювати** create; **бýти здáтним на** be capabe of) ◊ **Ця сувóра і байдýжа жíнка не булá здáтною на і.** This stern and indifferent woman was incapable of intimacy. **досягáти ~ости з** + *I.* achieve intimacy with sb ◊ **Як маля́рка, вонá мýсила досягнýти ~ости з натýрником.** As an artist she had to achieve intimacy with her sitter. (**шукáти** seek) ◊ **Він шукáв духóвної ~ости в цéркві.** He was seeking spiritual intimacy in church.

prep. **і. з** + *I.* intimacy with sb; **і. між** + *I.* intimacy between sb ◊ **Між нúми глибóка і. почуттíв.** There is a profound emotional intimacy between them.

See **блúзькість 2**

інтонáці|я, *f.*, **~ї**

intonation ◊ **Мирóсина і. зрáджувала збýдження.** Myrosia's intonation betrayed excitement.

adj. **висхіднá** *ling.* rising ◊ **Загáльні запитáння вимовля́ють із висхіднóю ~єю.** General questions are pronounced with a rising intonation. **запитáльна** interrogative, **спаднá** *ling.* falling; **монотóнна** monotonous, **рíвна** flat; **характéрна** characteristic

prep. **з ~єю** with intonation

інтуї́ці|я, *f.*, **~ї**

intuition

adj. **винятковá** exceptional ◊ **Галúна мáла винятковý ~ю.** Halyna had an exceptional intuition.**гóстра** keen, **дивовúжна** amazing, **дóбра** good, **неймовíрна** incredible, **рíдкісна** rare, **тонкá** subtle; **врóджена** natural; **вúпробувана чáсом** time-tested; **кéпська** poor, **погáна** bad

v. + **і. виявля́ти ~ю** reveal one's intuition ◊ **Івáн не впéрше виявля́в гóстру ~ю.** It was not for the first time that Ivan revealed his keen intuition. (**демонструвáти** demonstrate; **мáти** have; **розвивáти** develop; **втрачáти** lose; **піддавáти сýмніву** question; **покладáтися на** rely on) ◊ **Лíна покладáлася на ~ю.** Lina was relying on her intuition. **набувáти ~ї** acquire intuition; **довіря́ти ~ї** trust one's intuition (**довіря́тися** put one's trust in) ◊ **Він довíрився її врóдженій ~ї.** He put his trust in her natural intuition.

prep. **завдякú ~ї** thanks to intuition ◊ **Він знайшóв вúхід тíльки завдякú своїй дивовúжній ~ї.** He found the exit only thanks to his amazing intuition.

Cf. **інстúнкт 2**

інфáркт, *m.*, **~у**

med. heart attack; *also fig.* ◊ **ознáки ~у, що наближáється** signs of an impending heart attack; ♦ **і. міокáрда** *med.* a cardiac infarction

adj. **обшúрний** massive ◊ **Він пережúв обшúрний і.** He survived a massive heart attack. **несподíваний** unexpected ◊ **Її і. був лéдве несподíваним.** Her heart attack was barely unexpected. **пéрший** first, **раптóвий** sudden, **фатáльний** fatal

v. + **і. мáти і.** have a heart attack ◊ **Тимíш трóхи не мав і. від велúкої несподíванки.** *fig.* Tymish almost had a heart attack from the great surprise. (**перенестú** suffer; **помирáти на** die of); **зазнавáти ~у** have a heart attack ◊ **Він зазнáв два ~и.** He has had two heart attacks. (**помирáти від** die of)

See **хворóба**

інфéкці|я, *f.*, **~ї**

infection ◊ **Лесь підхопúв якýсь особлúво страшнý ~ю.** Les caught some particularly terrible infection.

adj. **гóстра** acute, **жахлúва** awful, **невилікóвна** incurable, **паскýдна** nasty, **серйóзна** serious, **смертéльна** fatal, **хронíчна** chronic ◊ **За вíдсутности ліковáння і. загрóжувала стáти хронíчною.** In the absence of treatment, the infection threatened to become chronic. **банáльна** banal, **невелúка** small; **бактеріáльна** bacterial, **вíрусна** viral, **грибкóва** fungal; **вторúнна** secondary ◊ **Лéся мáла ознáки вторúнної ~ї.** Lesia had signs of secondary infection. **пéрвісна** primary; **невідóма** unknown, **рíдкісна** rare; ♦ **ВІЛ-інфéкція** an HIV infection; **герпетúчна** herpes, **дріжджовá** yeast, **легенéва** pulmonary, **респіратóрна** respiratory ◊ **Респіратóрну ~ю супровóджувала висóка температýра.** The respiratory infection was accompanied by a high fever. **занéдбана** neglected; **опортуністúчна** opportunistic ◊ **Хвóрі на СНІД чáсто вмирáли від опортуністúчних ~ій.** AIDS patients often died of opportunistic infections.

і. + *n.* **і. гóрла** a throat infection (**óка** eye, **серéднього вýха** middle-ear ◊ **~ю серéднього вýха ще назувáють отúтом.** A middle-ear infection is also called otitis. **сечовúх шляхíв** urinary tract)

v. + **і. зупиня́ти ~ю** stop an infection ◊ **Вчáсна ін'éкція мóже зупинúти бактеріáльну ~ю.** A timely injection can stop a bacterial infection. (**лікувáти** treat ◊ **Йогó занéдбану ~ю вáжко лікувáти.** His neglected infection is difficult to treat. **мáти** have; **передавáти** transmit ◊ **Дитя́ передалó ~ю мáтері.** The baby transmitted its infection to the mother. **підхóплювати** catch, **поширювати** spread) ◊ **Цю вíрусну ~ю поширюють комарí.** Mosquitoes spread this viral infection. **видýжувати від ~ї** recover from an infection ◊ **Волóдя видýжував від ~ї сечовúх шляхíв цíлий мíсяць.** Volodia took a whole month to recover from his urinary tract infection. (**запобігáти** prevent, **боронúтися від** guard against, **позбувáтися** get rid of, **уникáти** avoid); **борóтися з ~єю** fight an infection

і. + *v.* **викликáти** + *A.* cause sth ◊ **Хворóбу вúкликала банáльна і.** A banal infection caused the sickness.

prep. **від ~ї** infection from sth ◊ **Він помéр від несподíваної ~ї.** He died of a sudden infection.

See **заражéння, хворóба.** *Also see* **зарáза 1**

інфля́ці|я, *f.*, **~ї**, *only sg.*

inflation ◊ **Хронíчна і. булá звúчним я́вищем для аргентúнців.** Chronic inflation was a common phenomenon for Argentinians.

adj. **висóка** high, **галóпна** galloping ◊ **Новá полíтика спровокувáла галóпну ~ю.** The new policies precipitated a galloping inflation. **масúвна** massive, **нестрúмна** rampant, **обвáльна** landslide, **скажéна** rabid, **хронíчна** chronic,

шале́на raging; **очі́кувана** anticipated; **мізе́рна** negligible, **низька́** low, **нульова́** zero, **повзу́ча** creeping, **пові́льна** slow, **помі́рна** moderate; **прихо́вана** hidden ◊ **Прогно́з не врахо́вує прихо́ваної ~ї.** The prognosis does not factor in the hidden inflation. **креди́тна** credit, **цінова́** price

і. + *n.* **і. зарпла́ти** wage inflation ◊ **Стати́стика сві́дчила про повзу́чу і. зарпла́ти.** The statistic was evidence of a creeping wage inflation. (**спожи́вчих цін** consumer-price, **цін** price)

n. + **і. показни́к ~ї** an inflation indicator (**рі́вень** level ◊ **Щорі́чний рі́вень ~ї упа́в до семи́ відсо́тків.** The annual inflation level fell to 7%. **те́мпи** rate); **боротьба́ з ~єю** a fight against inflation; **зріст ~ї** a rise in inflation (**зроста́ння** increase; **паді́ння** drop, **спад** fall) ◊ **Почало́ся довгоочі́куване паді́ння ~ї.** There began a long-awaited fall in inflation.

v. + **і. зме́ншувати ~ю** reduce inflation ◊ **Пе́рша спро́ба зме́ншити ~ю провали́лася.** The first attempt to reduce inflation failed. (**зни́жувати** get down, **зупиня́ти** stop, **контролюва́ти** control, **прибо́ркувати** curb ◊ **Полови́нчаті за́ходи не доста́тні, щоб прибо́ркати маси́вну ~ю.** Halfhearted measures are insufficient to curb the massive inflation. **ста́вити під контро́ль** bring under control, **стри́мувати** keep down, **трима́ти під контро́лем** keep under control; **провокува́ти** precipitate, **розпа́лювати** fuel ◊ **Додатко́ва грошова́ емі́сія неуни́кно розпа́лить ~ю.** The additional monetary emission will inevitably fuel inflation. **спричиня́ти** cause); **уника́ти ~ї** avoid inflation ◊ **Центра́льному ба́нку вдава́лося уника́ти ~ї.** The central bank succeeded in avoiding inflation. **боро́тися з ~єю** fight inflation (**встига́ти за** keep up with, **трима́тися на рі́вні з** keep pace with) ◊ **Зарпла́ти ле́две трима́лися на рі́вні з ~єю.** Salaries barely kept pace with inflation.

і. + *v.* **досяга́ти** *or* **сяга́ти** + *G.* reach *(a value)* ◊ **І. сягну́ла десяти́ відсо́тків на рік.** The inflation reached 10% a year. **зроста́ти** go up, **рости́** rise ◊ **І. переста́ла рости́.** The inflation stopped rising. **зме́ншуватися** go down, **па́дати** drop, **спові́льнюватися** slow down ◊ **І. спові́льнилася ті́льки тимчасо́во.** The inflation slowed down only temporarily. **переви́щувати** + *A.* exceed *(a value)* ◊ **І. впе́рше переви́щила п'ятна́дцять відсо́тків на рік.** The inflation exceeded 15% a year for the first time in half a century. **з'їда́ти** + *A. fig.* eat sth up ◊ **Шале́на і. шви́дко з'їда́ла заоща́дження.** The raging inflation was quickly eating up savings.

prep. **і.** + *n.* **і. в де́сять відсо́тків** a 10%-inflation

інформати́вн|ий, *adj.*

informative ◊ **Її лист був коро́тким й ~им.** Her letter was short and informative.

adj. **винятко́во** exceptionally, **дивови́жно** amazingly, **ду́же** very, **глибо́ко** deeply, **надзвича́йно** extremely; **до́сить** fairly, **доста́тньо** sufficiently ◊ **Фільм ви́йшов доста́тньо ~им.** The film came out to be sufficiently informative. **особли́во** especially; **ле́две** barely, **не зо́всім** not quite

і. + *n.* **~а ле́кція** an informative lecture ◊ **Його́ ле́кція була́ ~ою.** His lecture was informative. (**розмо́ва** conversation, **статтЯ** article)

v. + **і. бу́ти ~им** be informative (**виявля́тися** prove, **роби́ти** + *A.* make sth ◊ **Нови́й реда́ктор зроби́в інтерне́т-сторі́нку спра́вді ~ою.** The new editor made the Internet page really informative. **става́ти** become)

інформаці́йн|ий, *adj.*

information ◊ **Він ре́вно прихо́вував свої́ ~і джере́ла.** He jealously guarded his sources of information. ◊ **~а ца́рина краї́ни ви́явилася незахи́щеною від воро́жої пропага́нди.** The nation's information field turned out to be unprotected against the enemy propaganda.

і. + *n.* **і. ва́куум** information vacuum (**ви́бух** explosion; **за́пит** request, **зміст** content, **лист** sheet, **о́бмін** exchange, **паке́т** packet, **поті́к** flow, **проду́кт** product, **про́стір** space, **ри́нок** market, **центр** center; **за́хист** defense); **~а аґре́сія** information aggression (**ата́ка** attack, **безпе́ка** security, **бо́мба** bomb, **війна́** warfare, **кампа́нія** campaign; **ба́за да́них** data base, **мере́жа** network, **систе́ма** system, **слу́жба** service; **револю́ція** revolution), ♦ **~а програ́ма** a news program ◊ **О во́сьмій передава́ли його́ улю́блену ~у програ́му.** At eight, they aired his favorite news program. **~е бюро́** an information bureau (**суспі́льство** society); **~і вимо́ги** information requirements (**потре́би** needs, **ресу́рси** resources; **техноло́гії** technologies)

інформа́ці|я, *f.*, ~ї

information, data

adj. **важли́ва** important, **ко́рисна** useful ◊ **Текст мі́стить ко́рисну ~ю.** The text contains useful information. **крити́чна** critical, **необхі́дна** necessary, **обов'язко́ва** mandatory, **потрі́бна** needed; **дета́льна** *and* **докла́дна** detailed, **конкре́тна** concrete, **специфі́чна** specific, **то́чна** accurate; **пра́вильна** correct; **непра́вильна** wrong, **ома́нлива** misleading ◊ **Він дав полі́ції ома́нливу ~ю.** He gave the police misleading information. **помилко́ва** mistaken, **фальши́ва** false, **хи́бна** erroneous; **безці́нна** priceless, **ці́нна** valuable; **захо́плива** exciting, **ціка́ва** interesting; **авторите́тна** authoritative, **наді́йна** reliable, **переві́рена** verified, **підтве́рджена** confirmed; **непідтве́рджена** unconfirmed; **додатко́ва** additional, **пода́льша** further; **нова́** new, **оста́ння** latest, **сві́жа** fresh; **доста́тня** sufficient, **зага́льна** general, **засадни́ча** basic; **вча́сна** timely; **запізні́ла** belated, **застарі́ла** dated; **ная́вна** available, **релева́нтна** relevant; **непотрі́бна** useless; **оно́влена** updated; **по́вна** complete; **засекре́чена** classified, **конфіденці́йна** confidential, **прихо́вана** hidden, **секре́тна** secret, **чутли́ва** sensitive; **недосту́пна** inaccessible; **супере́члива** conflicting; **недоста́тня** insufficient; **непо́вна** incomplete, **обме́жена** limited, **скупа́** scanty, **частко́ва** partial; **неупере́джена** unbiased, **об'єкти́вна** objective; **бібліографі́чна** bibliographical, **біографі́чна** biographical, **генети́чна** genetic, **економі́чна** economic, **конта́ктна** contact, **меди́чна** medical, **осві́тня** educational; **особи́ста** personal; **розві́дувальна** intelligence ◊ **Вона́ передава́ла розві́дувальну ~ю до Ки́єва.** She handed intelligence information over to Kyiv. **статисти́чна** statistical, **соціологі́чна** sociological, **суспі́льна** social, **техні́чна** technical, **технологі́чна** technological, **фактологі́чна** factual, **фіна́нсова** financial ◊ **Фіна́нсова і. компа́нії лиша́ється конфіденці́йною.** The company's financial information remains confidential.

n. + **і. брак ~ї** a lack of information ◊ **Брак ~ї не дозволя́в їм розроби́ти маршру́т експеди́ції.** Lack of information did not allow them to map the expedition route. (**джерело́** source ◊ **Вона́ сумніва́лася в наді́йності свого́ джерела́ ~ї.** She doubted the reliability of her source of information. **на́длишок** access, **поши́рення** dissemination); **до́ступ до ~ї** access to information, **за́пит ~ї** request for information; **о́бмін ~єю** exchange of information

v. + **і. аналізува́ти ~ю** analyze information ◊ **~ю аналізува́тиме комп'ю́тер.** A computer will analyze the information. (**вико́пувати** dig up, **виявля́ти** reveal, **збира́ти** gather, **знахо́дити** find, **натрапля́ти на** happen on; **використо́вувати** use; **дава́ти** + *D.* give sb ◊ **Хто міг да́ти репорте́рові цю секре́тну ~ю.?** Who could give the reporter this secret information? **надава́ти** + *D.* furnish sb with ◊ **Він нада́сть їм докла́днішу ~ю.** He will furnish them with more detailed information. **продава́ти** + *D.* sell sb, **пропонува́ти** + *D.* offer sb; **виклада́ти в** + *L.* upload on sth ◊ **Хтось ви́клав цю сенсаці́йну ~ю в інтерне́т.** Somebody uploaded this sensational information onto the Internet. **заванта́жувати з** + *G.* download from sth ◊ **Вона́ заванта́жила його́ меди́чну ~ю зі шпитале́вого комп'ю́тера.** She downloaded his medical information from the hospital computer. **запи́тувати в** + *G.* request from sb, **захища́ти** protect, **зберіга́ти** keep, **ма́ти** have, **мі́стити** contain ◊ **Письмо́ва пам'ятка мі́стила уніка́льну ~ю.** The written monument contained unique information. **накопи́чувати** amass ◊ **Вони́ накопи́чують генети́чну ~ю на окре́мому твердо́му ди́скові.** They amass the genetic information in a separate hard drive. **оберіга́ти** guard, **опрацьо́вувати** process, **отри́мувати** receive, **перевіря́ти** verify ◊ **Усю́ ~ю слід рете́льно переві́рити.** All the information should be thoroughly verified. **передава́ти** + *D.* hand over to sb, **підтве́рджувати** corroborate, **подава́ти** + *D.* submit to sb, **посила́ти** + *D.* send sb, **потребува́ти** require; **поміща́ти на** + *L.* post on sth ◊ **Вона́ помісти́ла ~ю про збо́ри на до́шці оголо́шень.** She posted the information about the meeting on the noticeboard. **пощи́рювати** spread ◊ **Троль пощи́рював фальши́ву ~ю в соція́льних мере́жах.** The troll spread false information on social media. **публікува́ти** publish, **розповсю́джувати** circulate, **ши́рити** disseminate; **прихо́вувати** hide ◊ **Звинува́чення незако́нно прихова́ло від су́ду крити́чну ~ю.** The prosecution unlawfully hid critical information from the court. **спира́тися на** rely on) ◊ **Вони́ спира́лися на переві́рену ~ю.** They relied on verified information. **бракува́ти** + *D.* **~ї** lack information ◊ **Їм бракува́ло ~ї про цю політи́чну си́лу.** They lacked information about this political force. (**вимага́ти від** + *G.* demand from sb ◊ **Він пості́йно вимага́в від них додатко́вої ~ї.** He constantly demanded additional information from them. **шука́ти** look for); **користува́тися ~єю** use information ◊ **Він користу́ється засекре́ченою ~єю.** He is using classified information. (**обмі́нюватися** exchange) ◊ **Лаборато́рії обмі́нювалися експеримента́льною ~єю.** The labs exchanged experimental information.

і. + *v.* **ма́ти відно́шення до** + *G.* pertain to sb/sth ◊ **Секре́тна і. ма́ла відно́шення до контра́кту.** The secret information pertained to the contract. **стосува́тися** + *G.* relate to sb/sth; **включа́ти** + *A.* include sth ◊ **Ная́вна і. включа́є особи́сті да́ні уча́сників змо́ви.** The available information includes the personal data of the conspiracy's participants. **мі́стити** + *A.* contain sth

prep. **і. про** + *A.* information about sb/sth; **і. стосо́вно** + *G.* information concerning sb/sth ◊ **і. стосо́вно ново́ї експози́ції** the information concerning the new exhibit

Also see **да́ні 1, сві́дчення 2**

інформу|ва́ти, ~ють; по~, *tran.*

to inform ◊ **Радіоста́нція ~є слухачі́в про умо́ви на доро́гах.** The radio station informs its listeners about road conditions.

adv. **вча́сно** on time, **заздалегі́дь** in advance; **дета́льно** in detail, **докла́дно** exactly, **за́вжди́** always ◊ **Він за́вжди́ ~є співпрацівникі́в про те́, що ро́бить.** He always informs his co-workers of what he is doing. **методи́чно** methodically, **пості́йно** constantly, **реґуля́рно** regularly; **і́нколи** sometimes; **нега́йно** immediately, **терміно́во** urgently; **особи́сто** personally ◊ **Ма́рта особи́сто поінформува́ла дека́на про свої́ на́міри.** Marta personally informed the dean about her intentions. **офіці́йно** officially; **нале́жним чи́ном** properly; **про́сто** simply, **пря́мо** directly; bluntly; **ті́льки** only; **ласка́во** kindly, **че́мно** politely; **ні за яки́х обста́вин** under no circumstances, **ні́коли не** never

◊ **Оре́ст ніко́ли не ~є бра́та про спра́ви на робо́ті.** Orest never informs his brother about things at work.

v. + **і. бу́ти ра́дим** be glad to ◊ **Пили́п був ра́дий по~ батька́м про успі́шне закі́нчення навча́льного ро́ку.** Pylyp was glad to inform his parents about the successful completion of the academic year. **бу́ти зобов'я́заним** be obliged to ◊ **Він зобов'я́заний і. полі́цію про те, де він є.** He is obliged to inform the police about his whereabouts. **бу́ти необхі́дно** be necessary to, **хоті́ти** want to; **відмовля́тися** refuse to ◊ **Наза́р відмо́вився і. їх про те, що ді́ється.** Nazar refused to inform them about what was going on.

prep. **і. про** + *A.* inform about/of sb/sth

pa. pple. **поінформо́ваний** informed

(по)інформу́й!

Also see **каза́ти 1, орієнтува́ти 2, повідомля́ти 1**

і́нший, *var., see* **и́нший**

іншомо́вний, *var., see* **иномо́вний**

іпоте́|ка, *f.*

mortgage ◊ **Вони́ взяли́ ~ку.** They took out a mortgage.

adj. **дорога́** expensive, **деше́ва** cheap ◊ **Їхня і. була́ порі́вняно деше́вою.** Their mortgage was relatively cheap. **помі́рна** moderately priced; **довготермі́нова** long-term, **короткотермі́нова** short-term, **невели́ка** small; **пе́рша** first, **дру́га** second

v. + **і. бра́ти ~ку** take out a mortgage (**випла́чувати** *or* **спла́чувати** pay (off) ◊ **Він сплати́в ~ку на рік ра́ніше.** He paid off his mortgage a year earlier. **ма́ти** have; **продава́ти** sell); **заборго́вувати за ~кою** fall behind on a mortgage ◊ **Вони́ заборгува́ли за ~кою.** They fell behind on their mortgage.

prep. **на ~ку** for a mortgage ◊ **зая́ва на ~ку** a mortgage application (**креди́т** credit); **під ~ку** for a mortgage ◊ **по́зика під ~ку** a mortgage loan; **і. на** + *A.* 1) mortgage for *(period of time)* ◊ **і. на два́дцять ро́ків** a twenty-year mortgage; 2) mortgage for *(real estate)* ◊ **і. на поме́шкання** an apartment mortgage

L. **в ~ці**

Also see **по́зика.** *Cf.* **борг**

іро́ні|я, *f., ~ї, only sg.*

irony ◊ **У його́ го́лосі чу́лася і.** There was irony in his voice.

adj. **вели́ка** great, **гірка́** bitter, **го́стра** sharp, **жорсто́ка** cruel, **їдка́** caustic, **несте́рпна** unbearable, **соло́дка** delicious, **сумна́** sad, **трагі́чна** tragic; **легка́** gentle ◊ **Лі́дина легка́ і. залиши́лася непомі́ченою.** Lida's gentle irony remained unnoticed. **тонка́** subtle; **відкри́та** open, **неприхо́вана** undisguised

і. + *n.* **і. до́лі** the irony of fate; ♦ **вся і. в тому, що** + *clause* the irony is that ◊ **Уся соло́дка і. була́ в то́му, що він зроби́в це із вла́сної во́лі.** The delicious irony was that he did it of his own will.

n. + **і. тінь ~ї** a shade of irony ◊ **Це було́ ска́зано без ті́ні ~ї.** This was said without a shade of irony.

v. + **і. відчува́ти і.** sense irony ◊ **Він відчува́в ~ю в го́лосі Соше́нка.** He sensed irony in Soshenko's voice. (**ба́чити** see ◊ **Лише́ сліпи́й не міг поба́чити жорсто́кої ~ї в їхньому сою́зі.** Only the blind could not see the cruel irony in their alliance. **застосо́вувати** use ◊ **А́втор застосо́вує ~ю, опи́суючи геро́я.** The author uses irony in describing the protagonist. **люби́ти** be fond of; **розумі́ти** appreciate) ◊ **Люди́на без почуття́ гу́мору ле́две зрозумі́ла б її то́нку ~ю.** A person without a sense of humor would barely understand her subtle irony. **бу́ти спо́вненим ~ї** be full of irony ◊ **Лист був спо́вненим ~ї.** The letter was full of irony. (**вдава́тися до** resort to) ◊ **Він уда́вся до відкри́тої ~ї.** He resorted to overt irony.

prep. **без ~ї** without irony; **з ~єю** with irony

Cf. **гу́мор, сарка́зм**

і́скра, *var., see* **и́скра**

існува́нн|я, *nt., only sg.*

1 existence ◊ **Пита́ння про і. життя́ на Ма́рсі ще не діста́ло ві́дповіді.** The question of the existence of life on Mars has not yet received an answer.

adj. **гіпотети́чне** hypothetical, **можли́ве** possible; **реа́льне** real, **факти́чне** actual ◊ **Він ста́вить під су́мнів факти́чне і. Гоме́ра.** He questions the actual existence of Homer. **майбу́тнє** future; **саме́** very ◊ **Під загро́зою саме́ і. лю́дства.** The very existence of mankind is in jeopardy. **коро́тке** brief; **десятилі́тнє** 10-year, **п'ятдесятилі́тнє** 50-year, **трива́ле** durable; **все** entire; **автоно́мне** autonomous, **незале́жне** independent ◊ **можли́вість незале́жного ~я за́родка** the possibility of the embryo's independent existence; **окре́ме** separate; **лю́дське** human, **матерія́льне** material, **фізи́чне** physical; **земне́** earthly, **потойбі́чне** otherworldly ◊ **Він ві́рив у потойбі́чне і. душі́.** He believed in the otherworldly existence of the soul.

v. + **і. визнава́ти і.** recognize the existence ◊ **Вона́ визнає і. Бо́га.** She recognizes the existence of God. (**виправдо́вувати** justify, **поя́снювати** explain; **ві́рити в** believe in; **дово́дити** prove; **запере́чувати** deny ◊ **Він запере́чує і. парале́льної ді́йсности.** He denies the existence of a parallel reality. **допуска́ти** allow, **припуска́ти** assume; **переві́ряти** verify; **вка́зувати на** indicate ◊ **Фа́кти вка́зували на і. органі́чних сполу́к на загадко́вій плане́ті.** The facts indicated the existence of organic compounds on the enigmatic planet. **підтве́рджувати** confirm, **постулюва́ти** postulate, **прийма́ти** accept ◊ **Він прийма́в і. всесві́тнього ро́зуму.** He accepted the existence of a universal mind. **продо́вжувати** extend; **ста́вити під загро́зу** endanger ◊ **Це ста́вило під загро́зу і. ці́лої екосисте́ми.** This endangered the existence of an entire ecozystem. **ста́вити під су́мнів** question); **сумніва́тися в ~і** doubt existence ◊ **Вона́ сумніва́лася в ~і Оле́ксиного двійника́.** She doubted the existence of Oleksa's double.

і. + *v.* **зале́жати від** + *G.* depend on sth ◊ **І. краї́ни зале́жало від її зда́тности реформува́тися.** The nation's existence depended on its capacity to reform itself.

Also see **буття́, життя́ 1**

2 existence, way of living ◊ **Ще ти́ждень голо́дного і., і від нього зали́шиться сама́ тінь.** Another week of hungry existence and his shadow will be all that is left of him.

adj. **безглу́зде** meaningless ◊ **Вона́ покла́ла край тако́му безглу́здому ~ю.** She put an end to such a meaningless existence. **ма́рне** futile, **поро́жнє** empty; **одино́ке** solitary, **само́тнє** lonely ◊ **Само́тнє і. було́ для нього ро́зкішшю.** The lonely existence was luxury to him. **голо́дне** hungry; **жалюгі́дне** miserable, **злиде́нне** destitute ◊ **сце́ни злиде́нного і.** scenes of destitute existence; **неща́сне** hapless, **трагі́чне** tragic; **безтурбо́тне** carefree ◊ **Він забезпе́чив собі́ безтурбо́тне і.** The man ensured a carefree existence for himself. **благослове́нне** blissful, **весе́ле** merry, **ідилі́чне** idyllic, **щасли́ве** happy; **зати́шне** comfortable, **ми́рне** peaceful, **спокі́йне** calm, **ти́хе** quiet; **кочове́** nomadic ◊ **Вона́ втоми́лася від кочово́го і.** She is tired of her nomadic existence. **щоде́нне** everyday

v. + **і. вести́ і.** lead existence ◊ **У селі́, вони́ вели́ позба́влене стре́сів і.** In the village, they led a stressless existence. (**ґарантува́ти** + *D.* guarantee to sb ◊ **Спа́док ґарантува́в їй зати́шне і.** The inheritance guaranteed her a comfortable existence. **забезпе́чувати** + *D.* provide sb with)

Also see **життя́ 4**

існу|ва́ти, ~ють; *no pf., intr.*

1 to exist, be ◊ **Газе́та ~є по́над сто ро́ків.** The paper has existed for more than a hundred years. ◊ **~є ви́хід зі стано́вища.** There is a way out of the situation.

adv. **вже** already ◊ **На за́ході краї́ни вже ~є сім філі́й ба́нку.** There already exist seven branches of the bank in the west of the country. **все ще** still, **да́лі** further, **коли́сь** once ◊ **Коли́сь у 1980-х рока́х в університе́ті ~ва́в факульте́т рома́но-герма́нської філоло́гії.** In the 1980s, there was once a Romance and Germanic Philology Department at the university. **ді́йсно** actually, **наспра́вді** in reality, **реа́льно** really ◊ **Він не мав су́мніву, що св. Микола́й реа́льно ~є.** He had no doubt that St. Nicholas really existed. **винятко́во** exclusively ◊ **Усе́ це ~ва́ло винятко́во в уя́ві хло́пця.** This all existed exclusively in the boy's imagination. **наса́мперед** primarily, **ті́льки** *and* **лише́** only; **незале́жно** independently ◊ **Компа́нія не мо́же і. незале́жно від економі́чної кон'юнкту́ри.** The company cannot exist independently from the economic situation. **бі́льше не** no more ◊ **Загро́зи бі́льше не ~є.** The threat no longer exists. **ще не** not yet

v. + **і. бу́ти зда́тним** be able to, **могти́** can; **ма́ти і.** be supposed to ◊ **Десь тут мав і. підзе́мний хід.** An underground passage was supposed to be some place here. **му́сити** have to, must ◊ **Ідеа́льне коха́ння му́сить десь і.** The ideal love must exist some place. **продо́вжувати** continue to ◊ **Пара́фія продо́вжувала і.** The parish continued to exist. **не могти́** cannot, **перестава́ти** cease to

Also see **бу́ти 1**

2 to live ◊ **Пінґві́ни мо́жуть і. в суво́рих умо́вах.** Penguins can live in severe conditions.

See **жи́ти**

існу́й!

і́спит, *m., ~у*

1 exam, test ◊ **У кінці́ семе́стру настава́в час ~ів.** At the end of a semester, exam period would arrive.

adj. **важки́й** hard, difficult, **найва́жчий** hardest, **неможли́вий** impossible, **складни́й** complicated; **легки́й** easy; **випускни́й** *and* **держа́вний** graduation, exit ◊ **Випускні́ ~и трива́ли три ти́жні.** The graduation exams lasted for three weeks. **вступни́й** entrance; **аспіра́нтський** *and* **до́кторський** doctoral ◊ **Ко́жен аспіра́нт мав по три до́кторські ~и.** Each PhD candidate had three doctoral exams. **зага́льний** general, **спеція́льний** special ◊ **Се́сія включа́ла оди́н зага́льний і три спеція́льні ~и.** The session included one general and three special exams. **практи́чний** practical; **письмо́вий** written, **у́сний** oral ◊ **І. мо́же бу́ти письмо́вим чи у́сним.** An exam can be written or oral. **вну́трішній** internal, **зо́внішній** external; **університе́тський** university, **шкі́льний** school; **кваліфікаці́йний** qualifying, **професі́йний** professional; **періоди́чний** periodic, **повто́рний** repeated

n. + **і. результа́т ~у** the exam result (**трива́лість** duration), **пора́ ~ів** an exam period (**час** time) ◊ **Надхо́див час ~ів.** Exam period was approaching.

v. + **і. дава́ти** + *D.* **і.** administer an exam to *(student, etc.)* ◊ **Профе́сор Сердю́к дає ті́льки письмо́ві ~и.** Professor Serdiuk administers only written exams. (**переві́ряти** grade ◊ **Валенти́ні нале́жало переві́рити де́сять ~ів зі стилі́стики.** Valentyna had to grade ten exams in stylistics. **прова́лювати** fail ◊ **Мартинюка́**

відрахýють, якщó він провáлить ~и. They will expel Martyniuk if he fails his exams. **повтóрно складáти** retake ◊ **Цей і. не дозволя́ли складáти повтóрно.** One was not allowed to retake this exam. **дóбре складáти** do well on ◊ **Тамáра дóбре склáла і. з англíйської.** Tamara did well on her English exam. **погáно складáти** do badly on ◊ **Дем'я́н погáно склав і. із хéмії.** Dem'yan did badly on his chemistry exam. **складáти** take ◊ **~и складáли всереди́ні трáвня.** Exams were taken in mid-May. **склáсти** *pf.* pass ◊ **Мáло хто спромагáвся склáсти цей і. з пéршого рáзу.** Few were able to pass this exam at first try. **перенóсити** reschedule ◊ **І. перенесли́ чéрез хворóбу викладачá.** The exam was rescheduled because of the instructor's sickness. **признача́ти** set ◊ **Тепéр надзíрна рáда признача́тиме випускні́ ~и.** Now the supervisory board will set the exit exams. **запíзнюватися** *or* **спíзнюватися на** be late for) ◊ **Запíзнюватися на ~и заборóнено.** It is forbidden to be late for exams. **готувáтися до ~у** prepare for an exam (**зубри́ти до** *colloq.* cram for ◊ **Студéнти зубри́ли до ~ів.** Students were cramming for exams. **повтóрювати** + *A.* **до** review sth for) ◊ **Софíї лишáлося повтори́ти до ~у ще дві тéми.** Sofiia had another two topics left to review for the exam. **провáлюватися на ~і** fail an exam ◊ **На цьóму ~і провáлюється кóжен трéтій студéнт.** Every third student fails this exam. (**спи́сувати на** cheat on) ◊ **Івáн спи́сував на ~і.** Ivan cheated on the exam.

і. + *v.* **надхóдити** come up ◊ **Надхóдять випускні́ ~и.** Graduation exams are coming up. **закíнчуватися** be over ◊ **І. закíнчився.** The exam is over. **починáтися** begin ◊ **І. почнéться о 9:15.** The exam will begin at 9:15.

prep. **до ~у** for an exam ◊ **напру́жена підготóвка до ~у** an intense exam preparation; **з ~у** on an exam ◊ **Вонá отри́мала задовíльну оцíнку з остáннього ~у.** She received a satisfactory grade on the final exam. **на і.** *dir.* to/for an exam ◊ **Він поспішáє на і. із фíзики.** He is in a hurry for his physics exam. **на ~і** *posn.* at an exam ◊ **Хри́стя не хвилювáлася на ~і.** Khrystia was not nervous at the exam. **пéред ~ом** before/prior to an exam ◊ **Він зáвжди́ ходи́в до цéркви пéред ~ом.** He would always go to church before an exam. **під час ~у** during an exam ◊ **Під час ~у дозвóлено вихóдити з кімнáти тíльки оди́н раз.** During the exam, one is allowed to leave the room only once. **і. з** + *G.* an exam in *(a subject)* ◊ **і. з істóрії** an exam in history (**літерату́ри** literature, **мóви** language, **філосóфії** philosophy, *etc.*)

Also see **залíк, контрóльна, тест**

2 *fig.* test, trial ◊ **Він улаштувáв Остáпові і. на зрíлість.** He arranged for a test on maturity for Ostap.

adj. **важки́й** difficult ◊ **Кри́за булá для них важки́м ~ом на вижи́вання.** The crisis was a difficult test for survival to them. **спрáвжній** real

prep. **і. на** + *A.* a test in/for

See **випрóбування 2**

íстин|а, *f.*

truth, verity ◊ **підтвéрджена наукóва і.** a corroborated scientific truth

adj. **абсолю́тна** *philos.* absolute ◊ **філосóфська категóрія абсолю́тної ~и** the philosophical category of absolute truth; **віднóсна** *philos.* relative, **об'єкти́вна** *philos.* objective; **біблíйна** biblical, **божéственна** divine, **вíчна** eternal, **глибóка** profound, **засадни́ча** basic; **морáльна** moral, **наукóва** scientific, **філосóфська** philosophical; **невблагáнна** implacable, **незаперéчна** undeniable, **незмíнна** immutable, **неспростóвна** incontrovertible, **остатóчна** ultimate, **очеви́дна** obvious, **прóстá** simple, **старá** old, **сувóра** stern, **універсáльна** universal; **банáльна** banal, **відóма** well-known

і. + *n.* **і. життя́** the truth of life (**існувáння** existence; **перекóнань** convictions)

v. + **і. визнавáти ~у** acknowledge the truth (**виявля́ти** reveal ◊ **Філосóфія виявля́є íстини лю́дського існувáння.** Philosophy reveals the truths of human existence. **відкривáти** discover, **встанóвлювати** establish, **говори́ти** tell, **заперéчувати** refute)

Cf. **прáвда**

істóрик, *m.*; **істóричка**, *var.* **~и́ня**, *f.*

1 historian ◊ **Він був вели́ким ~ом і кéпським полíтиком.** He was a great historian and a poor politician.

adj. **вели́кий** great, **важли́вий** important, **видатни́й** outstanding, **впливóвий** influential, **майбу́тній** future, **офіці́йний** official, **провідни́й** leading, **профéсійний** professional, **славéтний** famous; **сучáсний** contemporary

і. + *n.* **і. архітекту́ри** an architectural historian (**культу́ри** cultural, **мистéцтва** art, **му́зики** music, **цéркви** church; **Відрóдження** Renaissance, **модéрної дóби** modern age, **Середньовíччя** medieval, **Стародáвнього свíту** Ancient World) ◊ **Славéтний і. Стародáвнього свíту Геродóт був сучáсником Сокрáта.** The famous historian of the Ancient World Herodotus was a contemporary of Socrates.

See **вчéний**², **наукóвець, спеціялíст**

2 *colloq.* history teacher ◊ **Весь клас закохáвся в нóвого ~а.** The entire grade fell in love with the new history teacher.

See **вчи́тель**

3 history student ◊ **Сéред студéнтів, що прийшли́ на лéкцію, були́ ~и, соціóлоги, політóлоги.** Among the students who had come to the lecture, were historians, sociologists, and political scientists.

See **студéнт**

істори́чн|ий, *adj.*

1 historical, of or relating to history ◊ **Мéшканці мíста стáли на зáхист ~ої будíвлі.** The city inhabitants rose to the defense of the historical building.

і. + *n.* **і. буди́нок** a historical building (**доку́мéнт** document ◊ **Провінці́йний архíв був скарбни́цею безцíнних ~их докумéнтів.** The provincial archive was a treasure trove of priceless historical documents. **музéй** museum, **перíод** period, **ромáн** novel) ◊ **Він люби́в ~і ромáни.** He was fond of historical novels.

2 historic *(important)* ◊ **Вони́ мáли нещáстя жи́ти в перíод ~их перетвóрень.** They had the ill fortune to live in a period of historic transformations.

і. + *n.* **~а би́тва** a historic battle (**дáта** date ◊ **Двáдцять четвéрте сéрпня – ~а дáта для украї́нців.** August 24 is a historic date for Ukrainians. **зу́стріч** encounter, **конферéнція** conference, **перемóга** victory, **промóва** speech)

See **важли́вий.** *Also see* **вагóмий 2, вáртий 2, вирішáльний 2, відповідáльний 2, життéвий 3, значни́й 2, крити́чний 3, повáжний 4, помíтний 3, пріорите́тний, рішу́чий 3, серйóзний 3**

істóрі|я, *f.*, **~ї**

1 story, tale ◊ **Він люби́в слу́хати бабу́сині ~ї.** He liked to listen to his granny's stories. ◊ **Напи́сана і. називáється оповідáнням.** A written tale is called a short story.

adj. **весéла** merry, **забáвна** entertaining, **кумéдна** comic, **смішнá** funny; **захóплива** exciting, **інтри́гуюча** intriguing, **цікáва** interesting; **щасли́ва** happy; **драмати́чна** dramatic; **щéмна** poignant; **епíчна** epic, **романти́чна** romantic, **сентиментáльна** sentimental; **гнíтюча** depressing, **жахли́ва** horrible, **макабри́чна** macabre, **пону́ра** grim, **похму́ра** dark, **сумнá** sad, **страхітли́ва** horrifying, **страшнá** terrible, **трагíчна** tragic; **ганéбна** shameful, **обу́рлива** outrageous, **скандáльна** scandalous, **шоку́юча** shocking; **неприє́мна** unpleasant; **плакси́ва** *perj.* sob ◊ **Лéся докучáла всім плакси́вими ~ями про свою́ бíдність.** *perj.* Lesia pestered everybody with sob stories of her poverty. **слізли́ва** *and* **сльозли́ва** tearful; **банáльна** banal, **відóма** known, **знайóма** familiar, **класи́чна** classic; **дáвня** age-old, **старá** old; **популя́рна** popular, **улю́блена** favorite; **ди́вна** strange, **дивови́жна** amazing; **незнайóма** unfamiliar, **нечу́вана** unheard-of; **задокументóвана** documented; **нерозкáзана** untold; **ориґінáльна** original; **нуднá** boring ◊ **Вонá мáла здáтність перетвóрювати найцікáвішу ~ю на нестéрпно нудну́.** She had the ability to turn the most interesting story into an unbearably boring one. **апокрифíчна** apocryphal; **ви́гадана** concocted, **ли́пова** *colloq.* phony, **невірогíдна** incredible ◊ **Одáрчина і. здалáся йому́ невірогíдною.** Odarka's story appeared incredible to him. **неймовíрна** unbelievable, **приду́мана** made-up ◊ **Тарáс так чáсто повтóрював цю приду́ману ~ю, що скóро сам повíрив у нéї.** Taras repeated this made-up story so often that he soon began to believe it himself. **фальши́ва** false, **фікти́вна** fictitious; **офіці́йна** official ◊ **Згíдно з офіці́йною ~єю шлюб розíрвано за згóдою сторíн.** According to the official story, the marriage was dissolved by agreement of the parties. **ймовíрна** plausible, **перекóнлива** convincing ◊ **У новíй вéрсії ви́гадана і. звучáла бíльш перекóнливою.** In the new version the concocted story sounded more convincing. **правди́ва** true, **реáльна** real, **спрáвжня** real-life; **біблíйна** biblical ◊ **Кóжен із них мав улю́блену біблíйну ~ю.** Each of them had a favorite biblical story. **детекти́вна** detective, **дитя́ча** children's, **казкóва** fairy, **кримінáльна** crime, **пригóдницька** adventure, **фантасти́чна** fantastic, **шпигу́нська** spy; **вся** whole, **пóвна** full, **цілкови́та** complete; **и́нша** different ◊ **Це зóвсім и́нша і.** This is a different story. *or* That's another story. **пов'я́зана** coherent; **дóвга** long ◊ **Я б розказáв вам, алé це дóвга і.** I would tell you, but it's a long story. **корóтка** short

і. + *n.* **і. вби́вства** a murder story (**жáхів** horror, **життя́** life ◊ **Це і. могó життя́.** That's the story of my life. **кохáння** love; **перемóги** victory, **у́спіху** success) ♦ **Оцé так і.!** That's quite a story!

n. + **і. вéрсія ~ї** a version of a story ◊ **Натáлчина вéрсія ціє́ї ~ї не ду́же відрізня́ється від твоє́ї.** Natalka's version of the story does not differ much from yours. (**морáль** moral ◊ **Морáль ціє́ї сумнóї ~ї в тóму, що не слід покладáтися на незнайóмця.** The moral of this sad story is that one should not rely on a stranger. **почáток** beginning; **кінéць** end, **фінáл** finale; **рéшта** rest ◊ **Вонá розкáже рéшту ~ї згóдом.** She will tell the rest of the story in a while. **оповідáч** teller; **сюжéт** plot line ◊ **Сюжéт ~ї був дóсить заплу́таним.** The plotline of the story was rather tangled. **фраґмéнт** fragment, **части́на** part); **ку́па ~і́й** *colloq.* a whole lot of tales

v. + **і. вигáдувати ~ю** concoct a story ◊ **Іри́на мáла талáнт вигáдувати найдивови́жніші ~ї.** Iryna had a talent for concocting the most amazing stories. (**змíнювати** change ◊ **Пíсля публікáції репортáжу міністр був зму́шений зміни́ти свою́ ~ю.** After the publication of the news story, the minister was forced to change his story. **натрапля́ти** come across, **оповідáти** narrate ◊ **Не кóжен умíє так цікáво оповідáти нáвіть банáльні ~ї.** Not everyone can narrate even banal stories in such an interesting manner. **перекáзувати** recap ◊ **Тепéр кóжен му́сив переказáти істóрію францу́зькою мóвою.** Now everybody had to recap the story in French. **переповідáти** relate; **запи́сувати** write down

◊ **Мусі́й записа́в ~ю зі слі́в вла́сного ді́да.** Musii wrote this story down from his own grandfather's words. **писа́ти** write ◊ **~ї часті́ше опові́дають, а не пи́шуть.** Tales are more often told than written. **збира́ти** collect ◊ **Вона́ збира́ла наро́дні ~ї жа́хів.** She collected folk horror stories. **знахо́дити** find, **натика́тися на** stumble upon, **натрапля́ти на** happen upon ◊ **Юрко́ натра́пив на ~ю Га́нни Го́йської випадко́во.** Yurko happened upon the Hanna Hoyska story accidentally. **поши́рювати** spread; **прикраша́ти** embellish ◊ **Людми́ла не могла́ відмо́вити собі́ в насоло́ді тро́хи прикра́сити свою́ ~ю.** Liudmyla could not deny herself the pleasure of embellishing her story a little. **публікува́ти** publish, **розка́зувати** tell ◊ **Розка́зувати ~ї – це різно́вид мисте́цтва.** Telling stories is a type of art. **слу́хати** listen to, **чита́ти** read, **чу́ти** hear) ◊ **Де ви почу́ли цю макабри́чну ~ю?** Where did you hear this macabre story? **ві́рити ~ї** believe a story ◊ **Слі́дчий удава́в, що ві́рить її ~ї.** The detective pretended to believe her story. **діли́тися ~єю з** + *I.* share a story with sb

i. + *v.* **бу́ти спо́вненою** + *G.* abound in sth ◊ **Його́ і. була́ спо́внена перебі́льшень і відве́ртої брехні́.** His story abounded in exaggerations and downright lies. **виника́ти** emerge; **закі́нчуватися** + *I.* end in/with sth ◊ **І. закінчи́лася ї́хнім шлю́бом.** The story ended with them marrying. **почина́тися з** + *G.* begin with sth ◊ **Він не пам'ята́в, як почала́ся і. ї́хнього знайо́мства.** He did not remember how the story of their acquaintance had begun. **засно́вуватися на** + *L.* be based on sth, **місти́ти** + *A.* contain sth ◊ **І. мі́стить елеме́нти ви́гадки.** The story contains elements of fiction. **оберта́тися навко́ло** + *G.* revolve around sth ◊ **І. оберта́ється навко́ло незако́нної приватиза́ції держа́вного підприє́мства.** The story revolves around an unlawful privatization of a state-owned enterprise. **поши́рюватися по** + *L.* spread around ◊ **Ця і. шви́дко поши́рилася по всій шко́лі.** The story quickly spread around the entire school. **розвива́тися** develop, **розгорта́тися** unfold, **розхо́дитися по** + *L.* go around sth ◊ **Сканда́льна і. блискави́чно розійшла́ся по мі́сту.** The scandalous story went around town in a flash. **стосува́тися** + *G.* concern sb/sth ◊ **І. стосу́ється нерозкри́того вби́вства.** The story concerns an unsolved murder.

prep. **в ~ї** in a story ◊ **Усе́ в її ~ї ди́вне.** Everything in her story is odd. **і. про** + *A.* story about sth ◊ **гніту́ча і. про її аре́шт** the depressing story about her arrest

Also see **анекдо́т 1, епопе́я 1, жарт 2, опові́дання 1**

2 *only sg.* history *(discipline)* ◊ **Він – провідни́й авторите́т із ~ї коза́цької доби́.** He is a leading authority on the history of the Cossack period.

adj. **військо́ва** military ◊ **дисерта́ція з ра́нньої військо́вої ~ї** a dissertation on early military history; **воє́нна** war, **геологі́чна** geological, **економі́чна** economic, **інтелектуа́льна** intellectual, **політи́чна** political; **нові́тня** modern, **ра́ння** early ◊ **ра́ння і. жіно́чого ру́ху** the early history of the women's movement; **нова́** modern, **суча́сна** contemporary; **середньові́чна** medieval; **староdáвня** ancient; **ревізіоні́стська** revisionist; **офіці́йна** official; **пи́сана** recorded, **у́сна** oral; **америка́нська** American, **європе́йська** European, **украї́нська** Ukrainian, **світова́** world, **францу́зька** French, **шве́дська** Swedish, *etc.*; **лю́дська** human, **місце́ва** local, **роди́нна** *or* **сіме́йна** family

i. + *n.* **і. архіте́кту́ри** a history of architecture ◊ **курс ~ї архіте́кту́ри** a history of architecture course (**культу́ри** culture, **літерату́ри** literature, **мисте́цтва** art, **му́зики** music, **філосо́фії** philosophy, **хе́мії** chemistry, *etc.*; **кра́ю** land ◊ **Музе́й присвя́чений ~ї кра́ю.** The museum is dedicated to the history of these lands. **мі́ста** city, **роди́ни** *or* **сім'ї** family); **і. Ки́єва** history of Kyiv (**Льво́ва** Lviv, **Черні́гова** Chernihiv, **Украї́ни** Ukraine, **Фра́нції** France, **Шве́ції** Sweden) ◊ **істо́рія Украї́ни-Руси́** a history of Ukraine-Rus.

n. + *i.* **ві́дділ ~ї** a division of history ◊ **На факульте́ті був ві́дділ ~ї му́зики.** There was a music history division at the department. (**кате́дра** chair ◊ **Вона́ працюва́ла на кате́дрі нові́тньої європе́йської ~ї.** She worked at the Chair of Modern European History. **музе́й** museum, **факульте́т** department; **іро́нія** *fig.* irony, **при́мха** *fig.* whim ◊ **Краї́на ста́ла незале́жною завдяки́ при́мсі ~ї.** The country became independent thanks to a whim of history. **пері́од** period, **плин** flow ◊ **Цей династи́чний шлюб зміни́в плин ~ї.** The dynastic marriage changed the course of history. **уро́к** lesson) ◊ **жорсто́кий уро́к ~ї** a cruel lesson of history

v. + *i.* **виявля́ти ~ю** reveal history (**відтво́рювати** reconstruct ◊ **Зна́йдені руко́писи допомага́ли вче́ним відтвори́ти середньові́чну ~ю мі́ста.** The discovered manuscripts helped scientists to reconstruct the medieval history of the city. **документува́ти** document, **перепи́сувати** rewrite ◊ **Для не́ї переписа́ти зфальсифіко́вану ~ю – це ети́чний імперати́в.** For her, rewriting the falsified history is an ethical imperative. **перека́зувати** recount, **писа́ти** write, **розповіда́ти про** tell ◊ **Експона́ти розповіда́ють про ~ю рільни́цтва.** The exhibits tell the history of agriculture. **вести́ з** + *G.* trace back to *(date)* ◊ **Університе́т веде́ свою́ ~ю із середи́ни XVII столі́ття.** The university traces its history back to the mid-17th century. **твори́ти** make ◊ **У ті дні вони́ відчува́ли, що тво́рять ~ю.** In those days, they felt they were making history. **спотво́рювати** distort, **фальсифікува́ти** falsify; **відхо́дити** *or* **ка́нути в** *pf.* fade into); **лиша́тися в ~ї** go down in history ◊ **Він залиши́вся в ~ї вели́ким вче́ним.** He went down in history as a great scientist.

i. + *v.* **вчи́ти** + *A.* teach sb ◊ **І. ніко́го нічо́му не вчить.** History does not teach anybody anything. **жаха́ти** + *A.* horrify sb ◊ **І. сове́тського пері́оду не мо́же не жаха́ти.** The history of the Soviet period cannot but horrify. **захо́плювати** + *A.* captivate sb ◊ **І. захо́плює її з дити́нства.** History has captivated her since childhood. **повто́рюватися** repeat itself, **сві́дчити про** + *A.* attest to sth, **сяга́ти** + *G.* go back to sth ◊ **І. мі́ста сяга́є Середньові́ччя.** The history of the city goes back to the Middle Ages.

See **дисципліна 2, предме́т 2**

3 *only sg.* history, past ◊ **У ціє́ї люди́ни складна́ і.** This person has a complicated history.

adj. **бага́та** rich, **барви́ста** colorful, **захо́плива** fascinating, **ціка́ва** interesting; **складна́** complicated, **супере́члива** controversial; **до́вга** long; **інвестиці́йна** investment, **креди́тна** credit, **меди́чна** medical, **стате́ва** sexual, **фіна́нсова** financial; **особи́ста** personal

v. + *i.* **бра́ти до ува́ги ~ю** take sb's history into account ◊ **Ме́неджер зобов'я́заний узя́ти під ува́гу креди́тну ~ю зая́вника.** The manager is obliged to take the applicant's credit history into account. (**вивча́ти** study, **дослі́джувати** research; **ігнорува́ти** ignore; **ма́ти** have) ◊ **Вона́ ма́є успі́шну інвестиці́йну ~ю.** She has a successful history of investment.

See **мину́ле.** *Also see* **колишній 2**

4 *colloq.* incident, occurence, matter, affair ◊ **Він намага́вся зам'я́ти сканда́льну ~ю.** He was trying to hush up the scandalous matter.

See **ви́падок 1.** *Also see* **епізо́д 1, поді́я**

істо́т|а, *f.*

being, creature ◊ **Ди́вні, фантасти́чні ~и населя́ють карти́ни маляра́.** Strange, fantastic creatures populate the artist's paintings. ◊ **Він жада́в цих вуст всіє́ю свое́ю ~ою.** He craved those lips with all his being.

adj. **жива́** living; **примітивна** primitive ◊ **Вона́ почала́ дослі́дження із примітивних істо́т.** She started her study with primitive creatures. **про́ста́** simple; **складна́** complex; **лю́дська́** human; **розу́мна** intelligent; **теплокро́вна** warm-blooded, **холоднокро́вна** cold-blooded; **ди́ка** wild ◊ **Він пово́дився, як ди́ка і.** He behaved like a wild creature. **суспі́льна** social; **нічна́** nocturnal; **само́тня** solitary; **водяна́** aquatic, **морська́** sea, **підво́дна** underwater, **лісова́** woodland, **мавпоподі́бна** ape-like; **величе́зна** huge, **гіга́нтська** gigantic; **кри́хітна** tiny, **мала́** small, **мале́нька** *dim.* little; **краси́ва** beautiful; **безпора́дна** helpless, **бідола́шна** hapless, **жалюгі́дна** pathetic; **волоха́та** furry ◊ **До них наближа́лася яка́сь волоха́та і.** Some furry creature was approaching them. **крила́та** winged, **двоно́га** two-legged, **чотирино́га** four-legged; **ви́гадана** invented, **ди́вна** strange, **екзоти́чна** exotic, **загадко́ва** enigmatic ◊ **Окса́на прикипі́ла очи́ма до загадко́вої ~и.** Oksana's eyes were riveted on the enigmatic creature. **неземна́** extra-terrestrial, **нереа́льна** unreal, **фантасти́чна** fantastic; **демоні́чна** demonic, **міти́чна** mythic, **мітологі́чна** mythological; **людиноподі́бна** humanoid, **чужа́** alien; **magі́чна** magic, **місти́чна** mystical; **зла** evil, **пі́дла** vile; **брудна́** foul, **потво́рна** monstrous, **смердя́ча** stinky

іти́, *var.* **йти, ід|у́ть; п~**; *pa., m.* **ішо́в**, *pl.* **ішли́**, *uni., intr.*

1 to go, come, walk *(on foot; from A to B. It is opposed to* **ходи́ти.***)* ◊ **Вони́ йшли з годи́ну, не ка́жучи ні сло́ва.** They walked for about an hour, without saying a word.

adv. **беззву́чно** silently, **ти́хо** quietly; **крок за кро́ком** step by step, **обере́жно** cautiously, **пові́льно** slowly, **споки́йно** calmly; **жва́во** briskly, **поспі́шно** hastily, **ху́тко** rapidly, **шви́дко** quickly ◊ **Він шви́дко йшо́в ву́лицею, співа́ючи.** He was walking quickly down the street, singing. **босо́ніж** barefoot ◊ **Вона́ зняла́ ту́флі, щоб і. босо́ніж.** She took off her shoes in order to walk barefoot. **про́сто** *or* **пря́мо** straight ◊ **Лю́да намага́лася і. пря́мо до бра́ми.** Liuda was trying to walk straight to the gate. **впере́д** forward, **попе́реду** ahead ◊ **Фроси́на йшла́ кі́лька кро́ків попе́реду.** Frosyna was walking a few steps ahead. **наза́д** back ◊ **Вона́ зупини́лася і пішла́ наза́д.** She stopped and went back. **додо́му** *or* **домі́в**, *colloq.* home; **вни́з** *or* **надоли́ну** downstairs, **вго́ру** upstairs; **пліч-о́-пліч** arm in arm, **ра́зом** together, **рука́ в ру́ку** hand in hand ◊ **Вони́ йшли́ рука́ в ру́ку.** They walked hand in hand. **прику́льгуючи** with a limp ◊ **Хло́пець ішо́в прику́льгуючи.** The boy walked with a limp. ♦ **і. в но́гу з** + *I.* to keep pace with sb/sth ◊ **Вони́ ~уть у но́гу з найнові́шими техноло́гіями.** *fig.* They keep pace with the latest technologies. ♦ **і. назу́стріч** + *D.* to meet sb halfway ◊ **Банк гото́вий п~ їм назу́стріч у фінансува́нні креди́ту.** The bank is prepared to meet them halfway concerning the credit financing.

v. + *i.* **ви́рішувати** decide to ◊ **Вони́ ви́рішили не й. на ле́кцію.** They decided not to go to the lecture. **намага́тися** try to, **стара́тися** do one's best to ◊ **Марко́ стара́вся і. беззву́чно.** Marko did his best to walk silently. **хоті́ти** want to; **почина́ти** begin to, **ста́ти** *pf.* start ◊ **Оре́ста ста́ла і. пові́льніше.** Oresta started walking slower. **продо́вжувати** continue to

prep. **і. від** + *G.* go from *(a place)* ◊ **Висо́кий парка́н ішо́в від ро́гу ву́лиці.** The tall fence went from the street corner. **і. до** + *G.* go to *(place)* ◊ **Сього́дні вони́ ~уть до музе́ю.** Today they are going to the museum. **і. на** + *A.* go to *(an event)* ◊ **і. на о́перу** to go to an opera; **і. по** + *A.* go down/up/along *(a street, etc.)* ◊ **І́гор ішо́в по незнайо́мій ву́лиці.** Ihor was going

down an unfamiliar street. **і. через** + *A.* walk across sth ◊ **Ґрунтова дорога йшла через болото.** The dirt road went across a swamp.
Cf. **ходити 1, їхати 1.** *Also see* **бігти 1, піти, рушати 1, ступати 2**
2 to move, travel *(of a vehicle, object, etc.)*, drive, sail, fly ◊ **Цей потяг ~é на Маріюполь.** This train goes to Mariupol. ◊ **Корабель ішов у відкрите море.** The ship sailed out into the open sea. ◊ **Зі сходу пішли важкі хмари.** Heavy clouds started coming from the east. ◊ **Улітку риба ~é вгору річкою.** In the summer, the fish swim upstream. ◊ **Колись звичайний лист ішов із Рівного до Нью-Йорка сім-вісім діб.** Once a regular letter traveled from Rivne to New York in seven-eight days.
See **рухатися.** *Also see* **бігти 3, тягнутися 5**
3 to go away, leave, depart, set out ◊ **Я вже мушу й.** I must go already. ◊ **Коли він думає й.?** When is he going to leave? ◊ **Автобус іде о шостій.** The bus leaves at six.
v. + **і. бути змушеним** be forced to, **бути слід** + *D.* should ◊ **Вам слід і., бо спізнитеся.** You should go or you'll be late. **бути пора** *or* **час** + *D.* be time to ◊ **Їй уже була пора й.** It was already time for her to leave. **думати** *and* **збиратися** be going to ◊ **Вона збиралася й.** She was going to leave. **мати** have to ◊ **Було пізно, і він мав і.** It was late and he had to go. **мусити** must
prep. **і. по** + *A.* set out to get sth ◊ **Вони вже пішли по гриби.** They have already set out to pick mushrooms.
4 to come, approach ◊ **Одні люди йшли на базар, а інші вже верталися додому.** Some people were coming to the bazaar, others were already going home. ◊ **Здавалося, що потяг ~é просто на них.** The train seemed to be coming right at them.
prep. **і. до** + *G.* go to *(a place)* ◊ **Хлопці мають і. до них у гості.** The boys are supposed to come visit them. ◊ **Ідіть сюди!** Come here!
See **наближатися 1**
5 *only 3rd pers.* to be underway, take place, unfold, develop, evolve ◊ **Зараз ~é виборча кампанія.** An election campaign is now underway. ◊ **Його навчання йшло досить добре.** His studies went quite well.
See **відбуватися 1.** *Also see* **діятися, проходити 7, робитися 3**
6 *fig., colloq.* to become, join *(a group, etc.)* ◊ **Петро пішов у священники.** Petro became a priest.
prep. **і. в** + *A.* go into sth ◊ **і. в бізнес** go into business ◊ **Усі три брати пішли в бізнес.** All three brothers went into business. (**банківську справу** banking, **кооперацію** cooperative movement, **торгівлю** commerce); **і. в економісти** become an economist (**інженери** engineer, **консультанти** consultant, **юристи** lawyer) ◊ **Вона не збиралася і. в повстанці.** She was not going to become a rebel.
See **ставати 2.** *Also see* **бути 11, входити 6, робитися 1**
7 *only with prep.* to follow ◊ **Лев відчував, що за ним ~уть тисячі інших.** Lev felt that thousands of others were following him.
prep. **і. за** + *I.* follow sb/sth ◊ **Його машина йшла за їхньою.** His car was following theirs.
8 *only with prep.* to marry *(of a woman)* ◊ **Ірина не поспішала й. за Андрія.** Iryna was not in a hurry to marry Andrii.
prep. **і. за** + *A.* marry *(a man)* ◊ **Вона не могла і. за некоханого.** She could not marry a man she did not love.
See **одружуватися.** *Also see* **братися 4, женитися, реєструватися 3, розписуватися 3**
9 *only with prep.* to require, take, be used on, be spent on ◊ **На фестиваль пішло багато часу, коштів і зусиль.** The festival took a lot of time, funds, and effort.
prep. **і. на** + *A.* be needed for sth ◊ **У них пішла година на те, щоб заїхати на працю.** It took them an hour to get to work.
10 pass *(of time)*, elapse, wear on; *pf.* **пройти** ◊ **На дозвіллі час ~é швидко.** At leisure, time flies fast. ◊ **П'ять років навчання пройшли, як один день.** Five years of studies passed like a single day.
See **минати 3.** *Also see* **бігти 6, відходити 9, летіти 5, проходити 4, текти 3**
11 to be showing *(of film, play, etc.)*, be playing ◊ **Що сьогодні ~é у кінотеатрі?** What's showing in the movie theater today?
12 to come down *(of rain, snow)*, pour *(of liquid)* ◊ **Дощ ішов цілу ніч.** It rained all night long. ◊ **У нього з коліна йшла кров.** His knee was bleeding.
See **текти 1.** *Also see* **лити 4, литися 1**
13 to give on to *(of door, corridor, street)*, lead into ◊ **Двері ~уть у дворик.** The door gives on to a patio. ◊ **Завулок ~é до невеликого майдану.** The lane leads to a small square.
See **вести 1.** *Also see* **вибігати 3, заводити 1**
14 *only with prep.* to originate, come from, result from ◊ **Він казав, що вся влада ~е від Бога.** He said that all power came from God.
prep. **і. від** + *G.* originate from sth ◊ **Усі його невдачі йшли від браку досвіду.** All his setbacks resulted from lack of experience. ♦ **і. в непам'ять** to lapse into oblivion
See **походити[1] 1.** *Also see* **братися 3**
15 *colloq.* to suit, look good, become ◊ **Їй дуже ~е цей колір.** This color suits her very well.
See **пасувати.** *Also see* **сидіти 7**
16 *colloq.* to sell, sell out, go, be bought ◊ **Нова модель телефону йшла за 4.000 гривень.** The new telephone model sold for ₴4,000. ◊ **Перший наклад журналу пішов за дві години.** The first run of the magazine sold out in two hours.
See **продаватися 1**
17 *only with prep.* to emanate, spread, come out ◊ **Із високого комина йшов густий білий дим.** Thick white smoke was coming out of the tall chimney. ◊ **Із сусідньої вулиці йшли крики збудженого натовпу.** Shouts of an excited crowd were heard from the neighboring street.
18 *interj.* ♦ **~é!** OK! Fine! Deal!
Also see multi. **ходити (п)іди!**

ітися, *var.* **йтися**, *intr.*
1 *impers., only 3rd pers. sg.* to walk, go + *D.* ◊ **Стежкою йшлося до озера швидше, як дорогою.** It was quicker to walk to the lake by the path than by the road. ◊ **Оресті йшлося легко в цих черевиках.** Walking in those boots felt easy to Oresta.
2 *impers., only 3rd pers. sg.* to be, go *(of things, life, etc.)* + *D.* ◊ **Як вам тут ідеться?** How is it going for you here? ◊ **Іванові не йшлося на новій роботі.** The new job was not going well for Ivan. ◊ **Марії добре йшлося у Києві.** Things went well for Maria in Kyiv.
3 *impers., only 3rd pers. sg.* to come close to, approach ◊ **Йшлося до вечора, коли з'явилася Романа.** It was getting close to evening when Romana appeared.
4 *impers., only 3rd pers. sg.* to concern, be about ◊ **У тексті йшлося про критику постмодернізму.** The text was about a critique of postmodernism. ♦ **йдеться про те, що** the point is that ◊ **Тут йдеться про їхні ж інтереси.** Their own interests are at stake here. ◊ **Про що йому йдеться?** What does he have in mind? *or* What is he talking about?
Also see **ходити 15**

Ї

їб|ати, ~уть; ви~, за~, пере~, *etc., tran., vulg.*
1 to fuck *(only of a man)* ◊ **Де тепер є пані Б., хто тепер її ~é?** Where is Mrs. B. now, who's fucking her now? ◊ **Він її добре виїбав.** He gave her a good fucking. ♦ **~ав я (в рот** *or* **сраку)** + *A.* to hell with sb/sth ◊ **~ав я такі канікули!** To hell with such a vacation!
Also see **тернути 2**
2 *fig., only interr. or neg.* to give a fuck, be of interest to, concern, bother ◊ **Кого ~é, яка зараз погода в Ялті?** Who gives a fuck what the weather's like in Yalta now? ◊ **Мене геть не ~é, що вони думають.** I don't give a fuck what they think.
3 *fig., only pf. with* **за~** to have enough of sb/sth ◊ **Ти мене заїбала!** I've had enough of you! ◊ **Його ~али життєві дилеми.** He was sick and tired of life dilemmas.
4 *fig., only pf., with* **в~, пере~** to whack, bash ◊ **Микола встиг вхопити дрючка і пере~ ним нападника по голові.** Mykola managed to grab a stick and whack the assailant on the head with it. ◊ **Вона щосили заїбала хлопцеві в морду.** She whacked the boy in the muzzle with all her force.
See **бити 1, вдаряти 1**

їб|атися; по~, *intr., vulg.*
1 to fuck ◊ **У сусідньому помешканні голосно ~алися.** Somebody was fucking noisily in the adjacent apartment.
adv. **багато** a lot, **добре** well ◊ **Вона добре ~еться.** She is a great fuck. **постійно** constantly, **реґулярно** regularly, **часто** often ◊ **Тепер вони ~алися не так часто.** Now they did not fuck as often any more. **іноді** sometimes, **рідко** rarely, **рідко коли** rarely ever, **час від часу** from time to time; **ніколи не** never
v. + **ї. вміти** be able to ◊ **Він умів ї., як справжній Казанова.** He could fuck like a true Casanova. **хотіти** want to, **хотітися** + *D.* want to, feel like ◊ **Їй хотілося ї.** She felt like fucking.
Also see **спати 2**
2 *fig.* to fuck around, linger ◊ **Що це він там так довго ~еться!** What is he doing, fucking around there for so long!

їдал|ьня, *f.*
1 dining room ◊ **Вітальня служила їм і за ~ьню.** Their living room served them also as a dining room. ◊ **Вони вечеряли в ошатній ~ьні.** They had dinner in an elegant dining room. ◊ **Велика ї. вміщає сорок осіб.** The large dining room seats forty people.
See **кімната**
2 canteen *(usu with self-service)*, eatery ◊ **Валя уникає дешевих ~ень.** Valia avoids cheap canteens.
adj. **маленька** *dim.* small, **невелика** small ◊ **На другому поверсі є невелика ї.** There is a small canteen on the second floor. **простора** spacious; **заводська** plant ◊ **Робітники зібралися в заводській ~ьні.** The workers gathered in the plant canteen. **університетська** university, **фабрична** factory, **шкільна** school; **брудна** dirty, **жахлива** awful; **чиста** clean
See **ресторан**

їж|а, *f.*, **~і**, *only sg.*
food, meals
adj. **добра** good, **смачна** tasty, **чудова** great; **вишукана** fine, **відмінна** excellent, **делікатесна** gourmet; **порядна** decent; **улюблена** favorite; **жахлива** terrible ◊ **Ї. в армії була жахливою.** The food in the army was terrible. **кепська** poor, **погана** bad; **дешева** cheap; **гаряча** hot; **поживна** nutritious ◊ **Усе, що їй тепер треба, – це миска поживної ~і.** All she needs now is a

plate of nutritious food. **екзоти́чна** exotic ◊ **Усі́ ці стра́ви були́ для них екзоти́чною ~ею.** All those dishes were exotic foods for them. **холо́дна** cold; **діє́тична** diet, **пі́сна** meatless; **здоро́ва** healthy; **жи́рна** fatty, **калорі́йна** high-calorie; **нездоро́ва** unhealthy, **отру́єна** poisoned, **шкідли́ва** harmful; **гру́ба** plain ◊ **Ї. тут гру́ба селя́нська: борщ, карто́пля, свиня́че м'я́со.** The food here is plain peasant fare: borshch, potatoes, pork meat. **засадни́ча** basic, **звича́йна** regular, **про́ста́** simple, **традиці́йна** traditional, **щоде́нна** everyday; **лікарня́на** hospital, **рестора́нна** restaurant, **та́бірна** camp, **тюре́мна** prison; **органі́чна** organic, **приро́дна** natural; **сві́жа** fresh; **заморо́жена** frozen, **консерво́вана** canned, **суха́** dry; **го́стра** spicy; **тверда́** solid ◊ **Вона́ вже дає дити́ні тверду́ ~у.** She is already giving the baby solid food. **еспа́нська** Spanish, **індійська** Indian, **кита́йська** Chinese, **украї́нська** Ukrainian; **веґетарія́нська** vegetarian, **моло́чна** dairy, **м'ясна́** meat; **дитя́ча** baby; **котя́ча** cat; **соба́ча** dog

n. + **ї. за́лишки ~і** scraps of food ◊ **Коти́ наки́нулися на за́лишки ~і на столі́.** The cats pounced on the scraps of food on the table. (**кри́хти** scraps, **ми́ска** bowl, **тарі́лка** plate; **по́рція** portion ◊ **На ку́хні лиша́лося три по́рції ~і.** Three portions of food remained in the kitchen. **за́пах** smell, **смак** taste) ◊ **ціка́вий смак в'єтна́мської ~і** the curious taste of Vietnamese food; **брак ~і** food shortage (**виробни́к** producer, **виробни́цтво** production; **гігіє́на** hygiene; **джерело́** source, **запа́с** reserve; **постача́льник** supplier; **приготува́ння** preparation, **спожива́ння** consumption; **я́кість** quality) ◊ **Я́кість ~і лиша́є бажа́ти кра́щого.** The food quality leaves much to be desired.

v. + **ї. вари́ти ~у** cook food ◊ **Десь неподалі́к вари́ли ~у.** Somewhere nearby food was being cooked. (**готува́ти** prepare ◊ **Вони́ готу́ють ~у по че́рзі.** They take turns preparing food. **ї́сти** eat, **спожива́ти** consume ◊ **Він спожива́є виня́тково веґетарія́нську ~у.** He consumes exclusively vegetarian food. **люби́ти** like ◊ **Яку́ ~у ви більше лю́бите: япо́нську чи кита́йську?** What food do you like more: Chinese or Japanese? **дава́ти** + *D.* give sb ◊ **Ла́на ча́сто дава́ла цьо́му безприту́льному гаря́чу ~у.** Lana often gave the homeless man hot food. **подава́ти** + *D.* serve sb ◊ **Тут подава́ли до́бру ~у.** They served tasty food here. **постача́ти** + *D.* supply sb with ◊ **Горпи́на постача́ла їм ~у із села́.** Horpyna provided them with food from the country. **пропонува́ти** + *D.* offer sb; **замовля́ти** order; **куштува́ти** taste, **ню́хати** smell; **ковта́ти** swallow, **поглина́ти** devour; **перетра́влювати** digest; **купува́ти** buy; **продава́ти** sell; **зберіга́ти** keep; **знахо́дити** find) ◊ **Тут мо́жна знайти́ деше́ву ~у.** One can find cheap food here. **бракува́ти** + *D.* **~і** be short of food ◊ **Їм бракува́ло ~і.** They were short of food. (**бу́ти без** be without ◊ **Га́нна була́ без ~і.** Hanna was without food. **вижива́ти без** survive without, **лиша́тися без** be left without; **позбавля́ти** + *A.* deprive sb of, **уника́ти** avoid); **годува́ти** + *A.* **~ею** feed sb food ◊ **Вона́ году́є діте́й ті́льки сві́жою ~ею.** She feeds the children only fresh food. (**забезпе́чувати** + *A.* provide sb with; **насоло́джуватися** relish)

ї. + *v.* **закі́нчуватися** run out ◊ **У них закі́нчувалася ї.** They were running out of food. **не вистача́ти** be in short supply ◊ **Там хроні́чно не вистача́ло ~і.** Food was chronically in short supply there. **мі́стити** + *A.* contain sth ◊ **Пожи́вна ї. мі́стити бага́то вітамі́нів.** Nutritious food contains a lot of vitamins. **па́хнути** smell ◊ **Сві́жа ї. па́хла аж надві́р.** One could smell the fresh food from all the way outside. **смакува́ти** taste ◊ **Ця ї. смакува́ла не ду́же до́бре.** The food did not taste very good. **псува́тися** go bad ◊ **Зали́шена на столі́ ї. зіпсува́лася.** The food left on the table went bad.

prep. **без ~і** without food; **ї. для** + *G.* food for sb ◊ **Він зали́шив доста́тньо ~і для канаре́йки.** He left enough food for his canary.

Also see **заку́ска 2, пере́куска, стіл 2, харчува́ння 2.** *Cf.* **корм, ла́сощі, стра́ва, хліб 5**

їзд|а́, *f., only sg.*

riding, driving

adj. **оберéжна** careful, **повíльна** slow; **майсте́рна** masterful, **професі́йна** professional, **умі́ла** skillful; **шале́на** *fig.* insane; **швидка́** fast ◊ **Він лю́бить швидку́ ~у́.** He is fond of fast riding. **недба́ла** careless, **небезпе́чна** dangerous, **непрофесі́йна** unprofessional; ♦ **ї. ве́рхи** horseback riding

ї + *n.* **ї. автомобі́лем** car driving (**велосипе́дом** *or* **ро́вером** bicycle riding)

ї́зд|ити, ї́жджу, ~иш, ~ять; з'~, *multi., intr.*

1 to drive *(of a repeated, or there-and-back motion)*, go *(only by a vehicle)*, travel *(as opposed to* **ходи́ти***)* ◊ **І́гор му́сить ї., а не ходи́ти на робо́ту.** Ihor has to travel by car, not walk, to work. ◊ **Де він був? ~ив до батькі́в.** Where was he? He went to visit his parents.

adv. **за́вжди́** always, **звича́йно** usually, **ко́жного ра́зу** every time, **незмі́нно** invariably, **неохо́че** reluctantly, **ніко́ли не** never, **охо́че** willingly, **пості́йно** constantly, **реґуля́рно** regularly, **рі́дко** seldom, **ча́сто** often ◊ **Ціє́ю доро́гою ~или неча́сто.** The road was not often driven on. **щодня́** every day, **щоти́жня** every week, *etc.*, **як пра́вило** as a rule; **пові́льно** slowly, **шви́дко** fast; **безпе́чно** safely, **обере́жно** carefully ◊ **Уночі́ тре́ба ї. обере́жно.** At night one needs to drive carefully. **безрозсу́дно** recklessly, **необере́жно** carelessly; ♦ **ї. ве́рхи** (**на** + *L.*) to ride a horse, *etc.* ◊ **Вона́ я́кось ~ила ве́рхи на верблю́ді.** She rode a camel once.

ї. + *n.* **ї. авто́бусом** ride a bus (**велосипе́дом** bicycle, **коне́м** on horseback, **мотоци́клом** motorcycle, **по́тягом** train, **ро́вером** *Gal.* bicycle, **трамва́єм** streetcar, **тролейбу́сом** trolleybus); ♦ **ї. на** + *L.* to use sb, take advantage of sb ◊ **Вона́ не дозво́лить ї. на собі́.** She will not allow herself to be taken advantage of.

v. + **ї. бу́ти зму́шеним** be compelled to ◊ **Вони́ зму́шені ї. авто́бусом.** They are compelled to ride a bus. **бу́ти схи́льним** be inclined to, **ма́ти зви́чку** be in the habit of ◊ **Ко́стя має зви́чку ї. на́дто пові́льно.** Kostia is in the habit of driving too slow. **бу́ти тре́ба** + *D.* need to; **вмі́ти** be able to ◊ **Його́ шва́ґер не вмі́є ї.** His brother-in-law is not able to drive. **вчи́ти** + *A.* teach sb to ◊ **Ко́жен учи́в Світла́ну ї. на маши́ні.** Everybody taught Svitlana to drive a car. **вчи́тися** learn to ◊ **Ю́рко сам навчи́вся ї. на велосипе́ді.** Yurko taught himself to ride a bicycle. **люби́ти** like to; **могти́** can; **люби́ти** enjoy ◊ **Він лю́бить ї. на пляж.** He enjoys going to the beach. **подо́батися** like to

prep. **ї. до** + *G.* drive to *(destination)* ◊ **Вони́ і́ноді ~ять до лі́су.** They sometimes drive to the forest. **ї. на** + *A.* drive by/for/to *(a vehicle)* ◊ **Марі́я зви́кла ї. до університе́ту на велосипе́ді.** Maria is accustomed to ride to the university by bicycle. ◊ **Лі́да ~ила на ри́нок ра́но-вра́нці.** Lida would drive to the market early in the morning. **ї. по** + *L.* drive along/around/on *(a space)* ◊ **Авто́бус не ~ить по сусі́дній ву́лиці.** The bus does not go on the neighboring street.

Also see **гна́ти 3, ката́тися, мандрува́ти 2, подорожува́ти.** *Cf. uni.* **ї́хати 1**

2 to visit ◊ **Яре́ма хоті́в би ча́стіше ї. до Ри́му.** Yarema woud like to visit Rome more often. ◊ **Ода́рка переста́ла ї. до них.** Odarka stopped visiting them. ♦ **ї. в го́сті до** + *G.* to go to visit sb ◊ **Юрчу́к ~ив в го́сті до батькі́в раз на пів ро́ку.** Yurchuk would go to visit his parents every six months.

Also see **бува́ти 2, мандрува́ти 2, подорожува́ти**

3 *colloq.* to slide ◊ **Ке́псько прив'я́зане сідло́ ~ило по пітні́й коня́чій спи́ні.** The poorly fastened saddle kept sliding on the horse's sweaty back.

(**з'**)**їздь!**

ї́сти, їм, їси́, їсть, їмо́, їсте́, їдя́ть; з'~; *pa., m.* **їв**, *pl.* **їли**, *tran. and intr.*

1 *tran.* to eat, consume food + *A. or G.* ◊ **Він з'їв тро́хи хлі́ба з пови́длом.** He ate some bread and jam. ◊ **Тут усі́ лю́блять ї. хліб.** Everybody here enjoys eating bread.

adv. **з апети́том** with appetite, **жа́дібно** avidly; **крадькома́** surreptitiously ◊ **Хло́пець крадькома́ їв я́блуко.** The boy was eating an apple surreptitiously. **ле́две** scarcely; **методи́чно** methodically, **пові́льно** slowly; **по́хапцем** hastily ◊ **Ва́ля по́хапцем з'ї́ла три варе́ники.** Valia hastily ate three dumplings. **за́вжди́** always, **реґуля́рно** regularly ◊ **Він реґуля́рно ї́ла ри́бу.** He ate fish regularly. ♦ **ї.** + *A.* **очи́ма** *fig.* to devour sb with one's eyes ◊ **Васи́ль їв його́ очи́ма.** Vasyl was devouring him with his eyes.

v. + **ї. люби́ти** enjoy to ◊ **Він лю́бить ї. грибо́ві стра́ви.** He enjoys eating dishes made with mushrooms. **ма́ти зви́чку** be in the habit of, **подо́батися** + *D.* like to ◊ **Да́ні подо́бається ї. су́ші.** Dana likes to eat sushi. **ненави́діти** hate; **запро́шувати** + *A.* invite sb to, **пропонува́ти** + *D.* offer sb to; **бу́ти зму́шеним** have to, **му́сити** be compelled to, **зму́шувати** + *A.* make sb, **приму́шувати** + *A.* force sb to ◊ **Ма́ти не приму́шує діте́й ї. горо́дину.** Mother does not force her children to eat vegetables. **відмовля́тися** refuse to, **не хоті́ти** be reluctant to ◊ **Іре́на не хо́че ї. будь-що.** Irena does not want to eat just anything.

prep. **ї. без** + *G.* eat without sth ◊ **Вона́ їсть борщ без часника́.** She eats borshch without garlic. **ї. з** + *I.* eat with sth ◊ **Велико́дню ши́нку їдя́ть із хро́ном.** Easter ham is eaten with horseradish.

Also see **же́рти 1, жува́ти 1, 2, ковта́ти 2, поглина́ти 4, спожива́ти 1, руба́ти 2, троща́ти 3**

2 *intr.* to eat, nourish oneself, have a meal ◊ **Наза́р не їв ці́лий день.** Nazar had not eaten for an entire day.

adv. **апети́тно** with relish, **бага́то** a lot ◊ **Він бага́то їсть.** He eats a lot. **забага́то** too much; **ма́ло** little ◊ **На сніда́нок він ма́ло їв.** He ate little for breakfast. **зама́ло** too little; **вря́ди-го́ди** every now and then, **до́бре** well ◊ **У шко́лі ді́ти їдя́ть до́бре.** At school, the children eat well. **доста́тньо** enough, **жа́дібно** avidly, **крадькома́** surreptitiously, **ле́две** scarcely; **пові́льно** slowly, **пога́но** badly, **по́хапцем** hastily, **реґуля́рно** regularly, **сма́чно** tastily, **смачню́че** deliciously, **шви́дко** quickly ◊ **Вам не слід ї. так шви́дко.** You should not eat so quickly. ♦ **Ї́жте до схочу́!** Eat your fill! ♦ **ї. за двох** to eat like a horse; **мо́вчки** in silence, **ти́хо** quietly; **на само́ті** alone, **ра́зом** together

v. + **ї.** ♦ **вари́ти** *and* **готува́ти ї.** to cook ◊ **Він лю́бить вари́ти ї.** He likes to cook. ◊ **Вони́ готува́ли ї. по че́рзі.** They took turns cooking. ♦ **дава́ти** + *D.* **ї.** to give sb sth to eat, feed *(animals)* ◊ **Богда́на дала́ кото́ві ї.** Bohdana fed her cat. **запро́шувати** + *A.* invite sb to, **пропонува́ти** + *D.* offer sb to ◊ **Го́стям не пропонува́ли ї.** They did not offer the guests any food. ♦ **хоті́ти ї.** to be hungry ◊ **Усі́ хоті́ли ї.** Everybody was hungry. **знахо́дити** find sth to ◊ **Знайде́ш собі́ ї. в холоди́льнику.** You'll find something to eat in the refrigerator. **намага́тися** try to ◊ **Хво́рий намага́вся ї.** The patient tried to eat. **шука́ти** look for sth to ◊ **Він шука́в ї.** He was looking for something to eat. **сіда́ти** sit down to ◊ **Вони́ сі́ли ї.** They sat down to eat. ♦ **ї. немо́в не в се́бе** *colloq.* to eat like crazy

prep. **ї. без** + *G.* eat without sth ◊ **Вонá їсть без сóли.** She eats without salt. **ї. з** + *I.* eat with sth
Also see **живи́тися 1, 2, харчувáтися**
3 to sting *(of acid, smell, smoke)*, hurt ◊ **Смóрід їв Катери́ні ні́здрі.** The stench ate at Kateryna's nostrils.
See **пекти́ 3**
4 to corrode, erode, eat away ◊ **Ця кислотá лéгко їсть иржу́.** The acid easily eats the rust away.
adv. **повíльно** slowly, **поступóво** gradually; **аґреси́вно** aggressively, **шви́дко** quickly; **неуни́кно** inevitably
v. + **ї. не давáти** + *D.* prevent sth from ◊ **Фáрба не давáла волóзі ї. залíзну огорóжу.** The paint prevented humidity from corroding the iron fence. **починáти** begin to, **стáти** *pf.* start; **продóвжувати** continue to
Also see **точи́ти[1] 3**
5 *fig.* to eat at, gnaw at, bother, worry ◊ **Вáлю щось íло.** Something ate at Valia. ◊ **Йогó íли су́мніви.** Doubts gnawed at him.
See **турбувáти.** *Also see* **клопотáти, непокóїти, хвилювáти 1**
6 *fig., colloq.* to scold, chastise, rebuke ◊ **Жíнка íла йогó за те, що він не нaпрáвив маши́ну.** His wife scolded him for his not having fixed the car. ♦ **ї.** + *A.* **пóїдом** *colloq.* to scold sb; ♦ **ї.** + *A.* **живцéм** to eat sb alive ◊ **Гáля булá готóва з'~ йогó живцéм.** Halia was ready to eat him alive.
See **дорікáти 1**
pa. pple. **з'ї́дений** eaten
(з')їж!

ї́стівн|ий, *adj.*
1 edible, safe to eat ◊ **Він умíв відрізня́ти ~і гриби́ від отру́йних.** He could tell edible mushrooms from poisonous ones. ◊ **Ці плоди́ були́ ~ими.** Those fruits were edible.
Ant. **отру́йний, токси́чний**
2 *fig.* edible *(of food)*, bearable, decent ◊ **Йогó пéрші голубці́ були́ цілкóм ~ими.** *joc.* His first cabbage rolls were completely edible.
adv. **абсолю́тно** absolutely, quite, **ду́же** very, **цілкóм** completely ◊ **Він навчи́вся вари́ти цілкóм ї. борщ.** He learned to cook a completely edible borshch. **лéдве** hardly, **майжé** almost, **не зóвсім** not quite

ї́хати, ї́д|уть; по~, *intr., uni.*
1 to drive *(of one-time, concrete, or linear motion)*, go *(by a vehicle)*, come, travel *(as opposed to* **іти́***)* ◊ **Він ~е на фестивáль до Черні́гова.** He is going to the festival in Chernihiv.
adv. **далéко** far; **прóсто** *or* **пря́мо** straight ◊ **~ьте прóсто і ніку́ди не звертáйте.** Drive straight and do not make any turns. **дóвго** for a long time ◊ **Вони́ дóвго ї́хали до Лу́цька.** They were driving to Lutsk for a long time. **на пóвній шви́дкості** at full speed ◊ **Вантажíвка ї́хала на пóвній шви́дкості.** The truck was going at full speed. **шви́дко** quickly; **негáйно** immediately, **зáраз же** right away; **повíльно** *or* **повóлі** slowly, **помáлу** *colloq.* slowly; **залюбки́** readily, **з приє́мністю** with pleasure, **рáдо** gladly; **неохóче** reluctantly; **зáвтра** tomorrow ◊ **Зáвтра Анатóлій ~е до Хмельни́цького на ділову́ конферéнцію.** Tomorrow Anatolii is going to Khmelnytsky for a business conference. **зáраз** now, **насту́пного ти́жня** next week, **насту́пної субóти** next Saturday, **тепéр** now
v. + **ї. бу́ти крáще** be better ◊ **Туди́ крáще ї. врáнці.** It is better to go there in the morning. **бу́ти трéба** + *D.* need to ◊ **Вам трéба ї.** You need to go. **вирíшувати** decide to; **збирáтися** be going to ◊ **Олексáндра збирáється ї. попу́тною маши́ною.** Oleksandra is going to hitchhike. **бу́ти лéгко** be easy to, **бу́ти склáдно** be complicated to ◊ **Туди́ лéгко ї. мотоци́клом і склáдно – автíвкою.** It is easy to get there by motorcycle and difficult by car. **мáти нáмір** have the intention to ◊ **Óля мáє нáмір куди́сь ї.** Olia intends to go somewhere. **планувáти** plan to, **хотíти** want to; **накáзувати** + *D.* order sb to, **перекóнувати** + *A.* ersuade sb to, **прóсити** + *A.* ask sb to ◊ **Олéг просúв її ї. повільнíше.** Oleh asked her to drive slower. **відмовля́тися** refuse to, **не хотíти** be reluctant to
prep. **ї. до** + *G.* go to *(a place)*; **ї. з** + *G.* go from *(a place)* ◊ **Поїзди́ з бíженцями ї́хали з пíвдня.** The trains with refugees were coming from the south. **ї. на** + *A.* go for/to *(an event)* ◊ **Дру́зі ~уть на вакáції.** The friends are going for vacation. ◊ **Катери́на поїхала на мóре.** Kateryna went to the seaside. **ї. по** + *L.* go through, down, up ◊ **Вонá рaнíше не ї́здила цíєю дорóгою** *or* **по цій дорóзі.** She did not drive down this road before.
Also see **заїжджáти 1.** *Cf.* **ї́здити 1, йти 1**
2 to set out, set off, embark, leave (for) ◊ **Він поїхав у далéку дорóгу.** He set out on a distant journey. ◊ **Гáнна поїхала до Брази́лії.** Hanna left for Brazil.
See **від'їжджáти 1, виїжджáти 1.** *Also see* **відлітáти 1, забирáтися 3, залишáти 3**
(по)ї́дь!

Й

ймовíрний, *var., see* **імовíрний**

ймовíрність, *var., see* **імовíрність**

йня́ти, йм|уть; *no pf., tran.*
only in ♦ **й. вíру** + *D.* to believe sb., *and* **не й. вíри** + *D.* not to believe sb ◊ **Він не ~е нам вíри.** He does not believe us. ◊ **Вони́ не йня́ли цьóму вíри.** They did not believe it.
йми!
See **вíрити 1**

йня́тися, *only impers. 3rd pers. sg.* **ймéться** *or pa.* **йнялóся**
in ♦ **не ймéться** + *D.*, **що** + *clause* I (he, we, etc.) do not believe that, find it hard to believe that ◊ **Їм не йнялóся, що мину́ло два рóки.** They could not believe that two years had passed. ◊ **Оксáні не ймéться, що за ци́ми прíзвищами – однá й та самá осóба.** Oksana finds it hard to believe that the same person is behind all of those family names.
See **вíрити 1**

йóґурт, *m.*, **~у**
yogurt ◊ **Зрáнку він їсть звичáйний й.** In the morning, he drinks plain yogurt.
adj. **абрикóсовий** apricot, **ананáсовий** pineapple, **вишнéвий** cherry, **фруктóвий** fruit, **я́блучний** apple, *etc.* ◊ **З усíх фруктóвих ~ів вонá віддає перевáгу я́блучному.** Of all the fruit yogurts, she gives preference to the apple one. **густи́й** thick, **рідки́й** thin; **домáшній** homemade; **купóваний** bought; **звичáйний** regular; **знежи́рений** low-fat ◊ **Для підли́ви потрíбна склянка знежи́реного ~у.** The sauce calls for a glass of low-fat yogurt. **ки́слий** sour, **солóдкий** sweet; **свíжий** fresh; **смачни́й** tasty
See **напíй**

йод, *m.*, **~у**, *chem.*
1 iodine *(element)* ◊ **Й. – це хемíчний елемéнт з áтомним числóм п'ятдеся́т три.** Iodine is a chemical element with atomic number 53.
◊ **Морськá водá у затóці мíстить бíльш як звичáйно ~у.** The sea water in the bay contains more iodine than usual.
2 iodine *(solution)* ◊ **На горíшній поли́ці стоя́ла невели́чка пля́шечка з ~ом.** There was a small bottle of iodine on the upper shelf.
v. + **й. дезинфíкувати** + *A.* **~ом** disinfect sth with iodine (**кори́стуватися** use; **мáзати** + *A.* coat sth with ◊ **Він помáзав подря́пину ~ом.** He coated the scratch with iodine. **пáхнути** smell of) ◊ **У коридóрі пáхло ~ом.** It smelled of iodine in the corridor.

йти, *var., see* **іти́**

йти́ся, *var., see* **іти́ся**

К

кабáн, *m.*, **~á**
1 hog, male pig, boar *(domesticated)* ◊ **Пéред Рíздвом вони́ звичáйно рíзали ~á.** Before Christmas they would usually slaughter a hog.
adj. **вели́кий** big, **вгодóваний** plump, **гладки́й** stout, **жи́рний** fat; **мали́й** small
v. + **к. годувáти ~á** feed a hog (**рíзати** slaughter, **розвóдити** rear ◊ **На фéрмі розвóдили перевáжно ~ів.** They raised mostly hogs on the farm. **тримáти** keep)
Cf. **свиня́ 1**
2 feral pig, boar ◊ **Він ревíв, нáче порáнений к.** He roared like a wounded boar.
adj. **ди́кий** wild ◊ **У цих лісáх вóдяться ди́кі ~и́.** Wild boars occur in these forests. **лю́тий** furious, **небезпéчний** dangerous, **розлю́чений** enraged, **скажéний** raging
v. + **к. полювáти на ~á** hunt a boar ◊ **Йогó тáто бувáло полювáв на ~á.** His dad used to hunt boar. (**вполювáти** *pf.* hunt down) ◊ **Вони́ вполювáли два ~и.** They hunted down two boars.

кáбел|ь, *m.*, **~я**
cable ◊ **Хтось уночí перерíзав телефóнний к.** Somebody cut the telephone cable at night.
adj. **анáлоговий** analog, **волокóнно-опти́чний** fiber-optic, **цифровий́** digital; **електри́чний** electric, **комп'ю́терний** computer, **телевізíйний** TV, **телефóнний** phone; **маґістрáльний** main, **підзéмний** underground, **повітряни́й** overhead
n. + **к. довжинá ~я** cable length (**товщинá** thickness)
v. + **к. від'є́днувати к.** disconnect a cable (**перерізáти** cut, **встанóвлювати** install, **під'є́днувати** connect, **прово́дити** run ◊ **Робітники́ нарéшті провели́ маґістрáльний к. між двомá містáми.** The workers finally ran a main cable between the two cities. **прокладáти** lay)
prep. **по ~ю** through a cable ◊ **Світлови́й íмпульс передавáли по волокóнно-опти́чному ~ю.** The light impulse was transmitted through a fiber-optic cable.
See **дрíт**

кабінéт, *m.*, **~у**
1 cabinet *(of ministers)*, the Cabinet ◊ **К. Мінíстрів Украї́ни** the Cabinet of Ministers of Ukraine; ◊ **К. зібрáвся в пóвному склáді.** The full cabinet gathered.
adj. **дієздáтний** capable, **коаліці́йний** coalition; **некомпетéнтний** incompetent, **нови́й** new ◊ **Нови́й к. ви́явився цілкóм ефекти́вним.** The new Cabinet proved quite efficient. **однопартíйний** one-party; **воє́нний** war, **тіньови́й** shadow ◊ **Вонá булá члéнкою тіньовóго ~у.** She was a member of the shadow Cabinet.
n. + **к. засíдання ~у** a cabinet meeting ◊ **Він скли́кав засíдання ~у.** He convened a cabinet meeting. (**мінíстр** minister ◊ **Делеґáцію очóлив мінíстр ~у.** A cabinet minister headed the

delegation. **секрета́р** secretary, **член** member)

v. + **к. вибира́ти к.** choose a cabinet ◊ **Він вибира́в к., консульту́ючись з уча́сниками урядо́вої коалі́ції.** He chose his cabinet in consultation with the participants of the government coalition. (**затве́рджувати** confirm ◊ **Парла́мент затве́рдив нови́й к.** The parliament confirmed the new cabinet. **підбира́ти** select, **признача́ти** appoint, **формува́ти** form) ◊ **Президе́нт доручи́в їй сформува́ти нови́й к.** The President charged her with forming a new cabinet. **вихо́дити з ~у** leave a cabinet ◊ **Він не збира́ється вихо́дити з ~у.** He is not going to leave the cabinet. (**вхо́дити до** enter) ◊ **Два депута́ти ввійшли́ до ~у.** Two MPs entered the cabinet. **консультува́тися з ~ом** consult a cabinet; **роби́ти перестано́вки в ~і** reshuffle a cabinet ◊ **Прем'є́р зроби́в перестано́вки в коаліці́йному ~і.** The premier reshuffled the coalition cabinet.

к. + *v.* **збира́тися** meet ◊ **К. збира́ється по понеді́лках.** The cabinet meets on Mondays. **обгово́рювати** + *A.* discuss sth

2 study, office ◊ **Поме́шкання ма́є просто́рий к.** The apartment has a spacious study.

adj. **вели́кий** large, **за́тишний** cozy, **просто́рий** spacious, **тісни́й** cramped ◊ **Вона́ прийма́є відві́дувачів у тісно́му ~і.** She receives visitors in a cramped office.

к. + *n.* **к. дире́ктора** the director's office ◊ **Її ви́кликали до ~у дире́ктора.** She was summoned to the director's office. (**консульта́нта** consultant's, **лі́каря** doctor's, **юри́ста** lawyer's)

See **кімна́та**

ка́в|а, *f.*

coffee ◊ **Він запропонува́в обговори́ти цю спра́ву за ~ою.** He proposed to discuss this matter over coffee.

adj. **гаря́ча** hot, **те́пла** warm ◊ **Йому́ принесли́ філіжа́нку те́плої ~и.** They brought him a cup of warm coffee. **теплува́та** lukewarm; **крижана́** iced, **холо́дна** cold; **гірка́** bitter ◊ **Ле́ся люби́ла, щоб к. була́ тро́хи гірко́ю.** Lesia liked her coffee a little bitter. **міцна́** strong, **слабка́** weak; **органі́чна** organic, **пі́ниста** frothy, **сві́жа** fresh ◊ **За́пах сві́жої ~и розхо́дився ранко́вою ву́лицею.** The smell of fresh coffee drifted through the morning street. **соло́дка** sweet; **туре́цька** Turkish; **те́мна** dark, **чо́рна** black ◊ **Він волі́в чо́рну ~у без цу́кру.** He preferred black coffee without sugar. **ароматизо́вана** flavored; **відмі́нна** excellent, **до́бра** *and* **смачна́** tasty, **смачню́ча** delicious, **першоря́дна** first-rate, **чудо́ва** great ◊ **Тут ва́рять чудо́ву ~у.** They brew great coffee here. **дорога́** expensive; **органі́чна** organic, **натура́льна** natural; **розчи́нна** instant ◊ **Він не пив розчи́нної ~и.** He did not drink instant coffee. **ранко́ва** morning, **пополудне́ва** afternoon; **ра́ння** early, **спі́знена** belated; **обов'язко́ва** obligatory; **ме́лена** ground, **сма́жена** roasted

n. + **к. горня́ ~и** a mug of coffee (**філіжа́нка** *or* **ча́шка** cup ◊ **Він попроси́в дві філіжа́нки ~и.** He asked for two cups of coffee. **аромат** aroma ◊ **Аромат ранко́вої ~и приє́мно лоскота́в ні́здрі.** The aroma of morning coffee pleasantly tickled the nostrils. **буке́т** bouquet, **за́пах** smell, **смак** taste, **ціна́** price), **зе́рна ~и** coffee beans

v. + **к. вари́ти ~у** brew coffee (**моло́ти** grind ◊ **Вона́ ме́ле ~у сама́.** She grinds her coffee herself. **налива́ти в** + *A.* pour into sth ◊ **Він нали́в ~у в горня́та.** He poured the coffee into the cups. **пи́ти** drink ◊ **Яри́на п'є ~у дві́чі на день.** Yaryna drinks coffee twice a day. **сьо́рбати** sip ◊ **Вони́ мо́вчки сьо́рбали ~у.** They sipped their coffee in silence. **подава́ти** + *D.* serve sb, **роби́ти** + *D.* make sb ◊ **Іва́нна ро́бить доскона́лу ~у.** Ivanna makes perfect coffee. **розмі́шувати** stir ◊ **Він розмі́шував ~у, ду́маючи про щось.** He stirred his coffee, thinking about something. **пря́жити** *or* **сма́жити** roast; **запро́шувати** + *A.* **на** take sb out for ◊ **Миха́йло запроси́в її на ~у.** Mykhailo took her out for coffee. **збира́тися на** gather for, **іти́ на** go for ◊ **Сьогодні вони́ йдуть на ~у.** Today they are going for coffee. **ходи́ти до** + *G.* **на** frequent sth for) ◊ **До ціє́ї кав'я́рні ходи́ли на ~у літерату́рні верхи́ мі́ста.** The city's literary upper crust frequented this café for coffee. **звари́ти ~и** *pf.* brew some coffee ◊ **Він звари́в усі́м ~и.** He brewed coffee for everybody. (**нали́ти** *pf.* pour, **ви́пити** *pf.* drink, **пода́ти** *pf.* serve, **зроби́ти** *pf.* make ◊ **Зроби́ти вам ще ~и?** Shall I make you more coffee? **купи́ти** *pf.* buy) ◊ **Не забу́дь купи́ти ~и!** Don't forget to buy some coffee!

к. + *v.* **збадьо́рювати** + *A.* refresh sb ◊ **Ніщо́ не збадьо́рює Лукаша́ так, як ранко́ва к.** Nothing refreshes Lukash like his morning coffee. **холо́нути** get cold ◊ **К. шви́дко ви́холола.** The coffee got quickly cold.

prep. **без ~и** without coffee ◊ **Вона́ лиши́лася без ~и.** She ended up without her coffee. **до ~и** for/with coffee ◊ **Що ви хоті́ли б до ~и?** What would you like with your coffee? **на ~у** for coffee ◊ **пере́рва на ~у** a coffee break; **к. без** + *G.* coffee without sth ◊ **к. без цу́кру** coffee without sugar, *etc.*, ♦ **к. без кофеї́ну** decaffeinated coffee, ♦ **к. без молока́** black coffee ◊ **Вона́ волі́є ~у без молока́.** She prefers her coffee black. **к. з** + *I.* coffee with sth ◊ **к. з вершка́ми** coffee with cream (**кори́цею** *or* **цинамо́ном** cinnamon, **ме́дом** honey, **молоко́м** milk, **цу́кром** sugar, *etc.*)

Also see **напі́й**

ка́вов|ий, *adj.*

coffee, of or pertaining to coffee

к. + *n.* **к. апара́т** a coffee machine ◊ **У прийма́льній стоя́в італі́йський к. апара́т.** There was an Italian coffee machine in the lobby. (**арома́т** aroma, **за́пах** smell, **смак** taste; **лікер** liqueur, **напі́й** drink); **~а гу́ща** coffee grounds (**олі́я** oil, **планта́ція** plantation); **~е де́рево** a coffee tree (**зерно́** bean)

кав'я́р|ня, *f., var., Gal.* **кава́рня**

coffeehouse, café ◊ **У мі́сті з'яви́лося бага́то нови́х ~ень.** Many new coffeehouses appeared in town.

adj. **за́тишна** cozy, **приє́мна** pleasant; **вели́ка** big ◊ **Ця вели́ка к. з дзеркала́ми на сті́нах була́ туристи́чною ціка́винкою мі́ста.** The big coffeehouse, with mirrors on the walls, was a tourist attraction of the city. **мале́нька** *dim.* small, **невели́ка** small; **боге́мна** Bohemian, **літерату́рна** literary; **відо́ма** *and* **зна́на** well-known, **славе́тна** famous; **популя́рна** popular, **улю́блена** favorite; **нова́** new, **ста́ра** old

v. + **к.: відві́дувати ~ню** visit a coffeehouse (**відкрива́ти** open, **знахо́дити** find; **надибува́ти на** stumble upon); **ходи́ти до ~ні** go to a coffeehouse; **бува́ти в ~ні** frequent a coffeehouse (**збира́тися в** gather in, **зустріча́тися в** meet in) ◊ **Вони́ лю́блять зустріча́тися в ~ні на ро́зі.** They like to meet in the coffeehouse on the corner.

prep. **в ~ні** in a coffeehouse; **до ~ні** to a coffeehouse ◊ **Він поспіша́в до улю́бленої ~ні.** He was in a hurry to go his favorite coffeehouse.

каза́ти, **~у́**, **~еш**, **ка́ж|уть; с~**, *tran.*

1 to say ◊ **Я не мо́жу зрозумі́ти, що вона́ ~е.** I can't understand what she is saying.

adv. **вго́лос** aloud, **го́лосно** loudly; **м'я́ко** softly, **по́шепки** whispering, **спокі́йно** calmly, **ти́хо** quietly, **хри́пло** in a husky voice; **вже** already, **наре́шті** finally, **одра́зу** at once ◊ **Він одра́зу сказа́в, що не пого́джується.** He said at once that he did not agree. **байду́же** with indifference ◊ **«Роби́ собі́, як хо́чеш,» – байду́же сказа́в І́гор.** "Do as you wish," Ihor said with indifference. **ве́село** happily, **ра́дісно** joyfully; **відве́рто** frankly, **правди́во** truthfully, **че́сно** honestly, **щи́ро** sincerely ◊ **~у́ вам це ціл́ком щи́ро.** I am saying this to you in all sincerity. **вага́ючись** hesitantly, **з вага́нням** with hesitation, **несмі́ливо** timidly; **слухня́но** obediently ◊ **Він слухня́но сказа́в, що при́йде.** He obediently said he would come. **ні́жно** tenderly, **со́лодко** sweetly; **про́сто** simply; **го́рдо** proudly; **загадко́во** enigmatically, **заду́мливо** pensively; **гру́бо** rudely, **зневажли́во** disdainfully; **обу́рено** indignantly ◊ **«Як ви смі́єте!» – обу́рено сказа́ла жі́нка.** "How dare you!" the woman said indignantly. **пону́ро** gloomily, **похму́ро** grimly, **прохоло́дно** coolly ◊ **Вона́ каза́ла все це прохоло́дно і без ентузія́зму.** She was saying all of that coolly and without enthusiasm. **роздрато́вано** with irritation, **серди́то** angrily, **су́мно** sadly, **урочи́сто** solemnly, **хо́лодно** coldly; **пові́льно** slowly, **шви́дко** quickly; **покі́рно** submissively; **че́мно** politely; **несподі́вано** unexpectedly, **ра́птом** suddenly; **безпереста́нку** nonstop, **весь час** all the time, **все** *colloq.* all the time, **і́ноді** sometimes, **пості́йно** constantly, **ча́сто** often; **ні́коли не** never, **рі́дко** rarely; **спокі́йно** calmly; **впе́рто** stubbornly ◊ **Вона́ впе́рто каза́ла одне́ й те ж.** She stubbornly said one and the same thing. **суво́ро** sternly, **тве́рдо** firmly; **зни́зуючи плечи́ма** with a shrug; **дра́жнячись** *or* **дро́чачись** teasingly, **жартома́** jokingly, **з ентузія́змом** enthusiastically, **з по́смішкою** with a smile; ◊ **~уть, ви лю́бите о́перу.** They say you like opera. ♦ **Їй сказа́ли, що все гото́ве.** She was told that everything was ready. ◊ **Що він сказа́в?** What did he say? ♦ **як (то) ~уть** as the saying goes ◊ **Кири́лів, як то ~уть, з і́ншої плане́ти.** Kyryliv, as the saying goes, is from another planet.

v. + **к. бу́ти до́сить** suffice to ◊ **До́сить с~, що все це фабрика́ція.** Suffice it to say that all this is a fabrication. **бу́ти за́йве** be needless to ◊ **За́йве к., як до́бре володі́ти хоч одніє́ю чужо́ю мо́вою.** Needless to say how good it is to be in command of at least one foreign language. **ду́мати** be about to ◊ **Я якра́з ду́мав с~ це.** I was just about to say it. **збира́тися** be going to; **ква́питися** *or* **поспіша́ти** hasten to, **ма́ти** have to, must ◊ **Ма́ю с~, що це винятко́ва поста́ва п'є́си.** I have to say this is an exceptional production of the play. **смі́ти** dare ◊ **Як вона́ посмі́ла с~ їм це?** How did she dare say this to them? **намага́тися** try to ◊ **Вона́ намага́лася щось с~.** She tried to say something. **хоті́ти** want to; ♦ **слід с~** it has to be said ◊ **Слід с~, що вона́ ма́є тала́нт.** It has to be said she has a talent.

prep. **к. про** + *A.* say about sb/sth ◊ **Яре́ма хоті́в би с~ щось ціка́ве про цю люди́ну.** Yarema would like to say something interesting about this person.

Also see **відзнача́ти 2, говори́ти 1, зазнача́ти 3, замовля́ти 3, заува́жувати 1, інформува́ти, ка́жучи, мо́вити, орієнтува́ти 2, повідомля́ти 1, 2, розмі́рковувати 3, стве́рджувати 1.** *Cf.* **говори́ти, розмовля́ти 1.** *Ant.* **мовча́ти**

2 to tell

к. + *n.* **к. казки́** tell tales (**пра́вду** truth) ◊ **Ната́лка наре́шті наважи́лася с~ їй усю́ пра́вду.** Finally Natalka dared tell her the entire truth. ♦ **к. казе́ту** *colloq.* to tell a story ◊ **Хтось уже́ каза́в мені́ цю казе́ту.** *colloq.* Someone already told me this story.

prep. **к. про** + *A.* tell about sb/sth ◊ **Він наре́шті сказа́в їм про це.** He finally told them about it.

3 to tell, order, command + *inf.* ◊ **Вчи́тель сказа́в у́чням ви́вчити нові́ слова́.** The teacher told his students to learn the new words. ◊ **Марти́н вико́нував усе́, що йому́ каза́ли.** Martyn did everything he was told. ◊ **Він сказа́в Оре́стові лиша́тися вдо́ма.** He told Orest to stay home.

Also see **нака́зувати 2**

4 to suggest, tell, to be evidence of

◊ **Катери́нин тон каза́в йому́, що вона́ чи́мось**

роздрато́вана. Kateryna's tone suggested to him that she was irked by something.
adv. **однозна́чно** unambiguously ◊ **Його́ блі́де обли́ччя однозна́чно каза́ло, що він хво́рий.** His pale face unambiguously suggested that he was sick. **неоднозна́чно** unambiguously, **переко́нливо** convincingly, **я́сно** clearly
pa. pple. **ска́заний** said
(с)кажи́!

ка́з|ка, *f.*
1 fairy tale, tale
adj. **наро́дна** folk, **популя́рна** popular, **стара́** old; **страшна́** scary; **улю́блена** favorite ◊ **Його́ улю́блена к. назива́ється «Котигоро́шко».** His favorite fairy tale is entitled "Kotyhoroshko". **філосо́фська** philosophical; **англі́йська** English, **украї́нська** Ukrainian, **францу́зька** French, *etc.*
v. + **к. розповіда́ти ~ку** tell a tale ◊ **Бабу́ся розповіда́ла дити́ні ~ки́.** Grandma told the child fairy tales. (**слу́хати** listen to, **чита́ти** read; **люби́ти** like) ◊ **Він і в доро́слому ві́ці лю́бить наро́дні ~ки́.** He likes folk tales even in his adulthood.
prep. **в ~ці** in a fairy tale ◊ **У цій ~ці не було́ головно́го геро́я.** There was no protagonist in the fairy tale. **к. про** + *A.* a tale about sb/sth ◊ **к. про Во́вка та се́меро Козеня́т** a tale about the Wolf and Seven Little Goats.
Also see **ба́йка 1**
2 *fig.* fib, fabrication; ♦ **говори́ти** *or* **розка́зувати ~ки́** to spin a yarn ◊ **Не тре́ба розка́зувати мені́ цих ~о́к.** Spare me your fairy tales.
See **брехня́ 1, обма́н 1.** *Also see* **ба́йка 2, фо́кус[2] 2**

каламу́т|ити, каламу́чу, ~ять; с~, *tran.*
1 to muddy, dirty, blur, cloud ◊ **Хтось скаламу́тив во́ду у кри́ниці.** Somebody has muddied the water in the well.
adv. **беспереста́нку** nonstop, **все** *colloq.* all the time, **весь час** all the time, **пості́йно** constantly; **вкрай** extremely, **ду́же** badly ◊ **Ді́ти ду́же скаламу́тили во́ду у ставку́.** The children badly muddied the water in the pond. **геть** totally, **зо́всім** completely; **де́що** somewhat, **до́сить** fairly, **тро́хи** a little
2 *fig.* to sow discord, stir up people, cause trouble ◊ **Ця наха́бна люди́на за ко́жної наго́ди ~ить спо́кій у колекти́ві.** This brazen person disrupts the calm in the team at every opportunity. ♦ **к. во́ду** *or* **у кри́ниці** to sow discord, cause trouble ◊ **Мі́щенко ~ить во́ду в компа́нії.** Mishchenko sows discord in the company.
pa. pple. **скаламу́чений** muddied; disturbed ◊ **Він був у скаламу́ченому на́строї.** He was in a disturbed mood.
(с)каламу́ть!

каламу́тн|ий, *adj.*
1 turbid, murky, muddy ◊ **Я́ма була́ напо́внена ~ою те́мною водо́ю.** The pit was filled with turbid dark water.
adv. **вкрай** extremely ◊ **У вкрай ~ому мо́рі го́ді було́ щось поба́чити.** It was impossible to see anything in the extremely turbid sea. **ду́же** very ◊ **ду́же ~а рі́чка** a very muddy river; **геть** totally, **зо́всім** completely; **де́що** somewhat, **до́сить** fairly, **тро́хи** a little ◊ **Вода́ в коло́дязі ви́явилася тро́хи ~ою.** The water in the well proved a little turbid.
v. + **к. бу́ти ~им** be murky (**вигляда́ти** look, **виявля́тися** prove, **здава́тися** + *D.* seem to sb, **лиша́тися** stay ◊ **Мо́ре ще лиша́лося ~им.** The sea still stayed turbid. **роби́ти** + *A.* make sth, **става́ти** grow)
2 *fig.* unclear, blurred, obscure, hazy ◊ **Його́ по́гляд був со́нним і яки́мось ~им.** His gaze was sleepy and sort of hazy. ◊ **~і о́чі** blurred eyes; ♦ **лови́ти ри́бу** *or* **ри́бку в ~ій воді́** to fish in murky waters ◊ **Вона́ вмі́ла лови́ти ри́бку в ~ій воді́.** She knew how to fish in murky waters.
Also see **му́тний**
3 *fig. colloq.* alarming, worrisome, stressful, fretful ◊ **Він утоми́вся від цьо́го ~ого життя́.** He was tired of that stressful life. ◊ **~і нови́ни** alarming news; ◊ **У в не́ї був к. на́стрій.** She was in a fretful mood.
See **неспокі́йний**

календа́р, *m.*, **~я́**
1 calendar *(chart)* ◊ **На письмо́вому столі́ стоя́в відривни́й к.** There was a tear-off calendar standing on the desk.
adj. **відривни́й** tear-off, **насті́льний** desktop, **насті́нний** wall ◊ **Він купи́в насті́нний к.** He bought a wall calendar. **електро́нний** electronic, **комп'ю́терний** computer
2 calendar *(timetable)*
adj. **академі́чний** academic, **культу́рний** cultural, **спорти́вний** sporting, **театра́льний** theatrical, **університе́тський** university; **за́йнятий** busy ◊ **Цього́ ро́ку вона́ має ду́же за́йнятий академі́чний к.** This year, she has a very busy academic calendar. **по́вний** full; **нови́й** new, **стари́й** old; **рі́чний** annual; **ділови́й** business, **робо́чий** work ◊ **Він ви́креслив цей за́хід із робо́чого ~я́.** He crossed this event off of his work calendar.
v. + **к. запи́сати** + *A.* **до ~я́** put sth on a calendar ◊ **Щоб не пропусти́ти її ле́кцію, Іва́н записа́в її до ~я́.** In order not to miss her lecture, Ivan put it on his calendar. **позначи́ти** + *A.* **в ~і** mark sth on a calendar ◊ **Вона́ позна́чила його народи́ни в ~і.** She marked his birthday on the calendar.
prep. **в ~і** on/in calendar
See **ро́зклад 1**
3 calendar *(system of time)*
adj. **нови́й** new, **стари́й** old; **григорія́нський** Gregorian ◊ **З 2019 ро́ку вони́ ста́ли святкува́ти Різдво́ за григорія́нським ~е́м.** Since 2019, they started celebrating Christmas by the Gregorian calendar. **ри́мський** Roman, **юлія́нський** Julian; **церко́вний** church, **юде́йський** Jewish
v. + **к. впрова́джувати к.** introduce a calendar ◊ **Ю́лій Це́зар упрова́див свій к.** Julius Caesar introduced his calendar. (**прийма́ти** adopt; **відкида́ти** reject; **перехо́дити на** switch to); **дотри́муватися ~я́** follow a calendar (**перехо́дити з** switch from) ◊ **Вони́ відмо́вилися перейти́ з юлія́нського ~я́ на григорія́нський.** They refused to switch from the Julian calendar to the Gregorian one.
prep. **в ~і** on/in calendar; **за ~е́м** according to a calendar *or* by a calendar

кало́рі|я, *f.*, **~ї**
calorie ◊ **Він бері́г дорогоці́нні ~ї на насту́пний до́вгий похі́д го́рами.** He was saving precious calories for the next long hike across the mountains.
adj. **за́йва** extra, **непотрі́бна** needless; **поро́жня** empty ◊ **Алкого́ль лише́ дава́в їй поро́жні ~ї.** Alcohol only gave her empty calories. **жирова́** fat; *(all in pl.)* **всі** all, **сума́рні** total; **щоде́нні** daily
v. + **к. дава́ти** + *D.* **~ї** give sb calories (**ма́ти** have, **місти́ти** contain, **пали́ти** *fig.* burn off ◊ **Тре́ба бі́льше руха́тися, щоб пали́ти бі́льше ~й.** One needs to move around more to burn off more calories. **обме́жувати** restrict, **скоро́чувати** cut; **ї́сти** eat ◊ **Із ко́жною тако́ю вече́рею вона́ ї́ла ку́пу за́йвих ~й.** With each such dinner she ate a whole lot of extra calories. **спожива́ти** consume, **тра́тити** burn off) ◊ **Він тра́тив ~ї.** He was burning off calories.
prep. **на ~ї** in calories ♦ **бага́тий на ~ї** high in calories ◊ **М'я́со кроля́ не таке́ бага́те на ~ї, як свини́на.** Rabbit meat is not as high in calories as pork. ♦ **бі́дний на ~ї** low in calories

калю́ж|а, *f.*, **~і**
puddle, pool ◊ **К. ви́явилася до́сить глибо́кою.** The puddle turned out to be rather deep.
adj. **вели́ка** big, **мала́** *and* **невели́ка** small; **бездо́нна** bottomless, **глибо́ка** deep, **мілка́** shallow; **брудна́** dirty, **смердя́ча** stinking, **стоя́ча** stagnant, **ти́ха** still; **дощова́** rain; ◊ **Полі́ція знайшла́ же́ртву в ~і кро́ви.** The police found the victim in a pool of blood.
v. + **к. лиша́ти ~у** leave a pool ◊ **Ді́ря́ва цисте́рна лиши́ла за собо́ю вели́ку ~у.** The leaking tank left behind a big pool. (**осу́шувати** drain; **утво́рювати** form) ◊ **Розли́та на́фта утвори́ла чо́рну ~у.** The spilled oil formed a black pool.
prep. **в ~у** *dir.* in/to a puddle ◊ **Він ненаро́ком уступи́в у ~у.** He inadvertently stepped into a puddle. **в ~і** *posn.* in a puddle ◊ **Свиня́ купа́лася у брудні́й ~і.** The pig wallowed in a dirty puddle.

ка́мер|а, *f.*, **~и**
1 chamber, room ◊ **На перепускно́му пу́нкті встанови́ли дезінфікаці́йну ~у.** A disinfection chamber was installed at the checkpoint.
♦ **к. схо́ву** a luggage storage ◊ **Він зали́шив валі́зу в ~і схо́ву.** He left his suitcase in a luggage storage. ◊ **га́зова к.** *hist.* a gas chamber; ◊ **к. торту́р** a torture chamber
2 cell, ward
adj. **поліці́йна** police, **тюре́мна** prison; **заду́шлива** stifling ◊ **Їх трима́ли в заду́шливій тюре́мній ~і.** They were kept in a stifling prison cell. **сира́** damp; **те́мна** dark; **кри́хітна** tiny, **тісна́** cramped; ♦ **к. затри́мання** a detention cell; ♦ **к. сме́ртників** death row ◊ **П'ять ро́ків його́ протрима́ли в ~і сме́ртників.** For five years, he had been kept on death row.
prep. **в ~у** *dir.* in/to a cell ◊ **Його́ ки́нули в сиру́ ~у.** He was thrown into a damp cell. **в ~і** *posn.* in a cell; **до ~и** *dir.* in/to a cell ◊ **Його́ ки́нули до те́мної ~и.** He was thrown into a dark cell.
See **кімна́та**
3 compartment, chamber, inner tube ◊ **Із кілько́х ка́мер вони́ зроби́ли пліт.** They made a raft from several inner tubes. ♦ **морози́льна к.** *techn.* a freezer; ♦ **к. згоря́ння** *techn.* a combustion chamber
4 camera
adj. **автомати́чна** automatic; **ана́логова** analog, **електро́нна** electronic, **цифрова́** digital; ♦ **відеока́мера** a video camera, ♦ **кінока́мера** a movie camera, ♦ **телека́мера** a TV camera; **кри́хітна** tiny, **компа́ктна** compact, **мініатю́рна** miniature; **оглядо́ва** surveillance; **переносна́** handheld, **рухо́ма** mobile, **стаціона́рна** stationary; **інфрачерво́на** infrared, **теплова́** thermal; **вбудо́вана** built-in ◊ **Прилад мав вбудо́вану ~у.** The device had a built-in camera. **неви́дима** invisible, **прихо́вана** hidden, **таємна** secret, **шпигу́нська** spy; **пано́ра́мна** panoramic ◊ **Цей краєви́д слід зніма́ти панора́мною ~ою.** The landscape should be filmed with a panoramic camera. **шви́дкісна** high-speed; **підво́дна** underwater ◊ **Тама́ра користу́ється підво́дною ~ою.** Tamara uses an underwater camera.
к. + *n.* **к. безпе́ки** a security camera ◊ **За ним сте́жили ~и безпе́ки.** Security cameras were watching him. (**нічно́го ба́чення** night-vision, **спостере́ження** surveillance) ◊ **Хтось розтрощи́в ~у спостере́ження у під'ї́зді.** Somebody smashed the surveillance camera in the building entrance.
v. + **к. встано́влювати ~у** mount a camera ◊ **Дослі́дники встанови́ли прихо́вані ~и навко́ло леви́ного лі́гва.** The researchers installed hidden cameras around the lion den. (**зніма́ти** + *A.* **на** shoot sth on ◊ **Йому́ зняв всю сце́ну на інфрачерво́ну ~у.** He shot the whole scene on an infrared camera. **позува́ти на** pose for ◊ **Па́влів стоя́в так, на́че позува́в на ~у.** Pavliv was standing as if posing for a

camera. **приладнувати до** + *G.* attach to sth, **спрямо́вувати на** + *A.* train on sth ◊ **Опера́тор спрямува́в ~у на две́рі.** The operator trained his camera at the door. **ста́вити** place; **заряджа́ти** + *I.* load with *(film)* ◊ **Вона́ заряди́ла ~у кольоро́вою плі́вкою.** She loaded the camera with a color film. **фокусува́ти** focus)
◊ **автомати́чна к., яку́ не тре́ба фокусува́ти** an automatic camera that needs no focusing; **користува́тися ~ою** use a camera ◊ **Ро́ками він користу́ється ана́логовою ~ою.** For years, he has been using an analog camera.

к. + *v.* **затри́муватися на** + *L.* linger on sth ◊ **К. на кі́лька секу́нд затри́малася на її обли́ччі.** For a few seconds, the camera lingered on her face. **вло́влювати** + *A.* capture sth ◊ **Її к. влови́ла не оди́н драмати́чний моме́нт істо́рії.** Her camera captured more than one dramatic moment of history. **зніма́ти** + *A.* film sth, **фіксува́ти** + *A.* record sth; **крути́тися** roll ◊ **Телека́мери крути́лися, фіксу́ючи церемо́нію підписа́ння уго́ди.** The TV cameras rolled, recording the treaty signing ceremony. **фокусува́тися на** + *L.* focus on sth

prep **на ~у** on camera ◊ **Він знав, що гово́рить на ~у.** He knew he was speaking on camera. **пе́ред ~ою** in front of a camera, **по́за ~ою** off camera ◊ **Ця акто́рка пово́дилася іна́кше пе́ред ~ами і по́за.** The actress behaved differently on and off camera.

Also see **кінемато́граф 2**

ка́м|інь, *m.*, ~еня *and* ~еню

1 ~еня stone, rock ◊ **Вона́ стриба́ла з ~еня на к.** She jumped from stone to stone.

adj. **важки́й** heavy, **гладки́й** smooth; **вели́кий** big, **величе́зний** huge, **добря́чий** *colloq.* sizeable; **мале́нький** *dim.* small, **невели́кий** small; ♦ **моги́льний к.** tombstone ◊ **На моги́льному ~ені затя́того мисли́вця ви́січена ди́ка ка́чка.** There is a wild duck chiseled on the tombstone of the inveterate hunter. ♦ **margin наріжний к.** a cornerstone ◊ **Цей при́нцип був нарі́жним ~енем її методоло́гії.** This principle was the cornerstone of her methodology. ♦ **к. спотика́ння** a stumbling block ◊ **Тари́фи лиша́лися головни́м ~енем спотика́ння між двома́ краї́нами.** Tariffs remained the main stumbling block between the two countries. ♦ **не залиша́ти ~еня на ~ені від** + *G.* 1) to raze to the ground, wipe out ◊ **Полі́ція на зали́шила від лі́гва торго́вців людьми́ ~еня на ~ені.** The police razed the human traffickers' den to the ground. 2) to subject to scathing criticism; **~енем** *as adv., fig.* 1) like a stone, heavily ◊ **Почуття́ вини́ ~енем ви́сіло на її сумлі́нні.** A sense of guilt weighed heavily on her conscience. 2) motionless, frozen ◊ **Він сиді́в ~енем у фоте́лі.** He sat motionless in the armchair.

v. + **к. жбурля́ти к.** hurl a rock ◊ **Він жбурну́в к. в автомобі́ль банкі́ра.** He hurled a rock into the banker's car. (**ки́дати** throw); **жбурля́ти ~енем** hurl a rock (**ки́дати** throw)

2 ~еню *only sg.* stone *(as material)*, rock ◊ **Це була́ пе́рша це́рква, змуро́вана з ~еню.** This was the first church built of stone.

adj. **будіве́льний** building, **го́стрий** sharp, **жорстки́й** rough, **поліро́ваний** polished, **тверди́й** hard; **дро́блений** crushed

n. + **к. бри́ла** *or* **гли́ба ~еню** a stone slab ◊ **Проїзд перекри́ла бри́ла ~еню.** A stone slab blocked the passage. (**гора́** mound, **ку́па** pile)

v. + **к. дроби́ти к.** crush stone ◊ **Неві́льники дроби́ли тут к.** Slaves crushed stone here. (**лама́ти** quarry); **будува́ти** + *A.* **з ~еню** build sth from stone ◊ **Сті́ну збудува́ли з легко́го й по́ристого ~еню.** They built the wall from light and porous rock. (**вирізáти** + *A.* **з** carve sth from, **висіка́ти** + *A.* **з** cut sth from); **мости́ти** + *A.* **~енем** pave sth with stone ◊ **Усе́ вну́трішнє подві́р'я га́рно ви́мощене сві́тлим і те́мним ~енем.** The whole inner courtyard is nicely paved with light and dark stone. (**покрива́ти** + *A.* cover sth with) ◊ **Доро́га була́ покри́та дро́бленим ~енем.** The road was covered with crushed stone. **висіка́ти** + *A.* **в ~ені** carve sth in stone

Also see **ма́рмур**

3 ~еню gem, gemstone, precious stone ◊ **У її пе́рсні ся́яв вели́кий к.** A large gem shone in her ring.

adj. **дороги́й** *or* **дорогоці́нний, кошто́вний** precious, **рі́дкісний** rare; **вели́кий** large, **величе́зний** enormous; **мале́нький** *and* **невели́кий** small

4 ~еню *med.* calculus, stone ♦ **зубни́й к.** dental tartar, ♦ **нирко́вий к.** a kidney stone

v. + **к. видаля́ти к. з ни́рки** extract a kidney stone (**печі́нки** liver, **сечово́го мі́хура́** bladder) ◊ **Їй ви́далили к. із сечово́го мі́хура́.** They extracted her bladder stone.

кампа́ні|я, *f.*, ~ї

1 campaign, drive ◊ **Ніхто́ не протиді́яв маси́вній ~ї дезінформа́ції.** Nobody counteracted the massive disinformation campaign.

adj. **агреси́вна** aggressive, **акти́вна** active, **вели́ка** big, **енергі́йна** vigorous, **ефекти́вна** effective, **запе́кла** fierce, **затя́та** relentless, **інтенси́вна** intensive, **маси́вна** massive, **масшта́бна** large-scale, **поту́жна** powerful, **рішу́ча** determined; **коро́тка** short; **безпере́рвна** ceaseless, **переманентна** permanent, **трива́ла** lengthy; **скоордино́вана** concerted, **спі́льна** joint; **міжнаро́дна** international ◊ **міжнаро́дна к. на заборо́ну мін** an international campaign to ban landmines; **місце́ва** local, **національна** national; **особи́ста** personal; **офіці́йна** official; **публі́чна** public; **блиску́ча** brilliant, **успі́шна** successful; **ма́рна** futile, **невда́ла** unsuccessful; **збира́льна** harvesting ◊ **Цьогорі́ч збира́льну ~ю почина́ли рані́ше.** This year, the harvesting campaign began earlier. **посівна́** sowing; **військо́ва** military; **ви́борча** *and* **передви́борча** electoral, **переви́борча** re-election; **парла́ментська** parliamentary, **політи́чна** political ◊ **Він зорганізува́в чергову́ політи́чну ~ю.** He organized another political campaign. **президе́нтська** presidential ◊ **намага́ння Кремля́ вплину́ти на ви́слід президе́нтської ~ї у США** Kremlin's attempts to influence the outcome of the US presidential campaign; **пропаґанди́стська** propaganda; **інформаці́йна** information, **осві́тня** educational, **рекла́мна** advertising; **меді́йна** media, **пре́сова** press; **антикорупці́йна** anti-corruption, **антитерористи́чна** anti-terrorist ◊ **Антитерористи́чна к. ма́ла відволі́кти ува́гу від урядо́вої кору́пції.** The anti-terrorist campaign was designed to divert attention away from government corruption. **антиурядо́ва** anti-government; **антиукраї́нська** anti-Ukrainian; **воро́жа** enemy, **підривна́** subversive; **партиза́нська** guerilla, **проте́стна** protest; **терористи́чна** terrorist; **відкри́та** overt; **прихо́вана** covert ◊ **Телекана́л прова́див прихо́вану підривну́ ~ю.** The TV channel ran a covert subversive campaign.

к. + *n.* **к. дезінформа́ції** a disinformation campaign (**заля́кування** intimidation, **на́клепів** smear, **нена́висти** hate, **очо́рнення** vilification, **теро́ру** terror; **збо́ру за́собів** fundraising; **просува́ння** promotional) ◊ **Фі́рма почала́ ~ю просува́ння ново́го проду́кту.** The firm started a promotional campaign of the new product.

n. + **к. га́сло ~ї** a campaign slogan (**летю́чка** leaflet, **рекла́ма** ad; **ме́неджер** manager, **страте́г** strategist; **мета́** goal, **план** plan ◊ **Спочатку вони́ опрацюва́ли докла́дний план ~ї.** First they developed a detailed campaign plan. **уча́сник** participant; **штаб** headquarters)

v. + **к. вести́ ~ю** wage a campaign ◊ **Вони́ вели́ ~ю наклепі́в про́ти кандида́та.** They waged a smear campaign against the candidate. (**координува́ти** coordinate, **організо́вувати** organize, **планува́ти** plan, **прова́дити** run, **розгорта́ти** mount; **очо́лювати** lead; **ініціюва́ти** initiate, **почина́ти** start, **продо́вжувати** continue; **закі́нчувати** finish; **підтри́мувати** support, **спонсорува́ти** sponsor, **фінансува́ти** finance ◊ **Він намага́вся встанови́ти, хто фіна́нсує цю політи́чну ~ю.** He tried to establish who financed the political campaign. **інтенсифікува́ти** intensify, **поси́лювати** step up ◊ **Нові́ за́ходи поси́лили пропаґанди́стську ~ю.** The new measures stepped up the propaganda campaign); **керува́ти ~єю** lead a campaign ◊ **Ново́ю ~єю керува́в досві́дчений фахіве́ць.** An experienced expert led the new campaign. **бра́ти у́часть у ~ї** take part in a campaign ◊ **У ви́борчій ~ї беру́ть у́часть сім па́ртій.** Seven parties take part in the election campaign.

к. + *v.* **відбува́тися** occur, **прохо́дити** be underway, **трива́ти** go on; **почина́тися** begin, **розгорта́тися** unfold ◊ **Розгорну́лася безпрецеде́нтна к. брехні́.** An unprecedented deception campaign unfolded. **продо́вжуватися** continue, **закі́нчуватися** end; **бу́ти спрямо́ваною на** + *A.* be aimed at sth ◊ **Осві́тня к. спрямо́вана на те, щоб ліквідува́ти неписьме́нність.** The educational campaign is aimed at eliminating illiteracy.

prep. **в ~ю** *dir.* in/to a campaign ◊ **Він не втруча́вся в ~ю.** He did not interfere in the campaign. **в ~ї** *posn.* in a campaign; **під час ~ї** during a campaign ◊ **Під час ви́борчої ~ї постій́но трапля́лися несподі́ванки.** Surprises constantly happened during the election campaign. **к. за** + *A.* campaign for sth ◊ **к. за здоро́вий спо́сіб життя́** a campaign for a healthy lifestyle; **к. про́ти** + *G.* campaign against sb/sth ◊ **к. про́ти спожива́ння тютю́ну** a campaign against tobacco consumption

Also see **рух 4, фронт 4**

кам'ян|и́й, *adj.*

1 stone, made of stone, rocky, of or pertaining to stone ◊ **Попере́к доро́ги лежа́ла ~а́ бри́ла.** A stone slab lay across the road.

к. + *n.* **к. буди́нок** a stone building (**міст** bridge, **мур** wall, **склеп** vault, **стовп** pillar, **фунда́мент** foundation) ◊ **К. фунда́мент ве́жі тро́хи осі́в.** The stone foundation of the tower sank a little. **к. бе́рег** a rocky shore (**ґрунт** soil), ♦ **к. вік** the Stone Age; **~а́ а́рка** a stone arch ◊ **Посе́ред майда́ну стоя́ла ~а́ а́рка.** A stone arch stood in the middle of the square. (**гора́** mountain; **підло́га** floor, **спору́да** edifice, **стіна́** wall; ♦ **~а́ сіль** rock salt, halite); ♦ **~е ву́гілля** coal ◊ **Електроста́нція працюва́ла на ~о́му ву́гіллі.** The power plant was powered by coal. ◊ **Від буди́нку до бе́рега рі́чки вели́ ~і схо́ди.** Stone steps led from the building to the river bank.

Also see **мармуро́вий**

2 *fig.* stony, cold, severe, callous ◊ **По́гляд команди́ра був позба́вленим емо́цій, ~и́м.** The commander's look was devoid of emotion, stony.

к. + *n.* **к. ви́раз** a stony expression (**го́лос** voice, **по́гляд** look), **~е́ обли́ччя** a stony face ◊ **Її обли́ччя ста́ло ~и́м, майже жорсто́ким.** Her face became stony, almost cruel. ♦ **~е́ се́рце** a heart of stone

See **холо́дний.** *Also see* **крижани́й 2, стале́вий 2, сухи́й 4, черстви́й 2**

кана́л, *m.*, ~у

1 canal, channel, *also fig.* ◊ **Озе́ра з'є́днували штучні́ ~и.** Man-made canals connected the lakes.

adj. **зро́шувальний** irrigation, **осу́шувальний** drainage; **судноплáвний** navigation

к. + *n.* **к. зв'язку́** *fig.* a communication channel (**інформа́ції** *fig.* information, **перегово́рів** *fig.*

negotiation) ◊ **Ця інститýція служúла зрýчним ~ом переговóрів.** The institution served as a convenient negotiation channel.
v. + **к. будувáти к.** build a canal (**встанóвлювати** *fig.* establish ◊ **Їм трéба встановúти надíйні ~и зв'язкý.** *fig.* They need to establish reliable communication channels. **копáти** dig, **проєктувáти** design; **блокувáти** block) ◊ **Суднó затонýло, заблокувáвши к.** The ship sank, blocking the canal.
Also see **протóка 1**
2 *anat.* duct, canal ◊ **сечовипускнúй к.** a urethra
Also see **протóка 2, прохíд 3**

каналізáці|я, *f.*, ~ї

sewer, sewerage ◊ **Міськá к. перестáла нормáльно функціонувáти.** The city sewer stopped functioning properly.
adj. **новá** new, **сучáсна** state-of-the-art; **відповíдна** *and* **налéжна** adequate, **функціонáльна** functioning; **архаїчна** archaic, **допотóпна** antediluvian, **старá** old
v. + **к. будувáти ~ю** build a sewer (**рúти** dig ◊ **~ю прорúли трúста рóків томý.** The sewer was dug three hundred years ago. **модернізувáти** modernize ◊ **Новúй міськúй головá обіцяв змодернізувáти старý ~ю.** The new city mayor promised to modernize the old sewer. **ремонтувáти** repair; **зливáти** + *A.* **в** flush sth down into) ◊ **Величéзну кíлькість питнóї водú прóсто зливáють у ~ю.** An enormous amount of potable water is simply flushed down into the sewer.
к. + *v.* **працювáти** work, **функціонувáти** function; **забивáтися** clog ◊ **К. в будúнку чáсто забивáлася.** The sewer in the building would often clog.
prep. **у ~ю** *dir.* in/to a sewer; **у ~ї** *posn.* in a sewer ◊ **У ~ї жилú тúсячі пацюкíв.** Thousands of rats lived in the sewer.

канáп|а, *f.*

couch, sofa
adj. **вигíдна** cozy ◊ **У бібліотéці стоїть старá вигíдна к.** There is an old cozy couch in the library. **зрýчна** comfortable; **незрýчна** uncomfortable; **м'якá** soft; **твердá** hard; **плюшева** velvet, **шкірянá** leather; **новá** new; **потéрта** worn, **стáра** old; **улюблена** favorite ◊ **Увéчері Тамáра завáлювалася на улюблену ~у почитáти газéти.** In the evening, Tamara would collapse onto her favorite couch to read the papers.
v. + **к. відкидáтися на ~у** recline on a couch ◊ **Він міг відкúнутися на ~у й відпочúти.** He could recline on the couch and get some rest. (**лягáти на** lie on, **сідáти на** sit on; **завáлюватися на** collapse on, **пáдати на** drop on); **вставáти з ~и** get up from a couch (**підіймáтися** *or* **піднімáтися з** rise from; **спускáти нóги з** swing one's legs off) ◊ **Він спустúв нóги з ~и.** He swung his legs off the couch. **відпочивáти на ~і** rest on a couch (**лежáти на** lie on, **сидíти на** sit on, **спáти на** sleep on; **розвáлюватися на** sprawl on, **розтягуватися на** stretch on)
prep. **на ~у** *dir.* on/to a couch ◊ **Кіт стрибнýв на ~у.** The cat jumped onto the couch. **на ~і** *posn.* on a couch
Also see **диван, лíжко**

кандидáт, *m.*; ~ка, *f.*

candidate, contender ◊ **Йогó прíзвище відсýтнє у спúску ~ів.** His name is missing from the list of candidates.
adj. **бездогáнний** impeccable, **блискýчий** brilliant, **відмíнний** excellent, **доскональий** perfect, **достóйний** worthy ◊ **Адáменка вважáли достóйним ~ом на підвúщення.** Adamenko was considered to be a worthy candidate for promotion. **ідеáльний** ideal, **кваліфікóваний** qualified, **серйóзний** serious, **сúльний** strong ◊ **Він лишáвся достáтньо сúльним ~ом.** He remained a sufficiently strong candidate. **успíшний** successful, **хорóший** good; **пéрший** top, **провіднúй** leading ◊ **Її ромáн був сéред провіднúх ~ів на кнúжку рóку.** Her novel was among the leading contenders for the book of the year. **альтернатúвний** alternative; **імовíрний** likely, **можлúвий** possible, **прийнятний** acceptable; **очевúдний** obvious ◊ **Лев здавáвся очевúдним ~ом на дирéктора фíрми.** Lev seemed to be an obvious candidate for the firm's director. **потенцíйний** potential; **непідхóжий** unsuitable, **неприйнятний** unacceptable, **слабкúй** weak; **малоймовíрний** unlikely ◊ **Він у спúску найбíльш малоймовíрних ~ів.** He is in the list of the most unlikely candidates.
v. + **к. висувáти ~а** put up a candidate ◊ **Грýпа активíстів вúсунула альтернатúвного ~а.** A group of activists put up an alternative candidate. (**вибирáти** select, **обирáти** elect ◊ **Зáвтра конферéнція оберé ~а на президéнта.** Tomorrow the conference will elect the presidential candidate. **називáти** name, **номінувáти** nominate; **голосувáти за** vote for, **лобіювáти** lobby for ◊ **Кóжна пáртія лобіювáла свогó ~а.** Each party lobbied for its own candidate. **підтрúмувати** support, **схвáлювати** endorse; **перевіряти** screen, **розглядáти** consider; **відкидáти** reject) ◊ **Він одрáзу відкúнув двох пéрших ~ів.** He immediately rejected the top two candidates. **схилятися на кóристь ~а** favor a candidate ◊ **Бíльшість схилялася на кóристь молóдшого ~а.** The majority favored a younger candidate. **висувáти** + *A.* **~ом** put sb up as a candidate (**провóдити співбéсіду з** interview) ◊ **Він провóдив співбéсіду з кóжним ~ом.** He interviewed each candidate.
prep. **к. на** + *A.* a candidate for *(a position)* ◊ **Вонú мáють кількóх ~ів на вакáнсію.** They have several candidates for the vacancy. **к. у** + *A. pl.* a candidate for sb ◊ **к. у депутáти парлáменту** a parliamentary candidate,
Also see **кандидатýра 2.** *Cf.* **заявник**

кандидатýр|а, *f.*, ~и

1 candidacy, candidature, nomination ◊ **Її к. на гóлову мúтної слýжби здавáлася дýже сумнíвною.** Her candidacy for the customs service director seemed highly questionable.
adj. **гíдна** worthy, **дóбра** good, **достóйна** reputable ◊ **Знайтú достóйну ~у на прокурóра в йогó середóвищі – спрáва непрóстá.** Finding a reputable candidature for prosecutor in his milieu was not a simple matter. **сúльна** strong, **чудóва** superb; **невдáла** infelicitous, **погáна** bad, **провáльна** losing, **слабкá** weak, **фатáльна** fatal
v. + **к. висувáти ~у** put up a candidature ◊ **На посáду висувáють лишé однý ~у.** Only one candidacy is being put up for the position.
2 candidate ◊ **Óльга – найкрáща к. на цю вакáнсію.** Olha is the best candidate for the vacancy.
See **кандидáт**

канíкул|и, *only pl.*, канíкул

1 vacation, holidays *(only relative to studies, not work)* ◊ **Зимóві к. тривáють мíсяць, а лíтні – три.** Winter vacation lasts a month, and the summer one three.
adj. **гáрні** nice, **ідеáльні** ideal ◊ **Для Поліщукíв ідеáльні к. зáвжди асоціювáлися з мóрем.** For the Polishchuks, a ideal vacation was always associated with the seashore. **незабýтні** unforgettable, **приємні** pleasant, **чудóві** great; **заслýжені** well-deserved; **весняні** spring, **зимóві** winter, **лíтні** summer, **осíнні** fall; **великóдні** Easter, **різдвяні** Christmas; **робóчі** working; **спрáвжні** real; **тижнéві** week-long; **корóткі** short ◊ **корóткі осíнні к.** a short fall vacation; **тривáлі** extended; **університéтські** university, **шкíльні** school; **щорíчні** annual; ♦ **податкóві к.** *fig.* tax holidays
v. + **к. іти на к.** go on a vacation ◊ **Чéрез тúждень студéнти підýть на лíтні к.** In a week, the students will go on summer vacation. (**їхати на** travel for ◊ **Кудú ви планýєте поїхати на настýпні к.?** Where do you plan to travel for your next vacation? **мáти** have ◊ **Викладачí університéту мáють трóє канíкул на рік.** University faculty have three vacations a year. **планувáти** plan; **провóдити** spend ◊ **Ларúса проведé весняні к. у Швéції.** Larysa will spend her spring vacation in Sweden. **продóвжувати** extend, **псувáти** ruin, **скорóчувати** shorten); **повертáтися з канíкул** return from a vacation.
prep. **на к.** *dir.* for vacation ◊ **На к. ми поїдемо до Атéн.** We'll go to Athens for vacation. **на ~ах** *posn.* during/on vacation ◊ **Вонú вже тúждень на ~ах.** They have been on vacation for a week now.
See **відпýстка, відпочúнок 2.** *Also see* **дозвíлля**
2 recess *(of parliament, etc.)* ◊ **парлáментські к.** a parliamentary recess ◊ **Міськá рáда на великóдніх ~áх.** The City Council is on the Easter recess.

капелю́|х, *m.*, ~а

hat ◊ **Юрíй булó брав на пляж солóм'яний к.** Yurii would take the straw hat to the beach.
adj. **висóкий** tall; **гáрний** beautiful, **ошáтний** elegant; **формáльний** formal; **вóвняний** woolen, **фéтровий** felt ◊ **На ній був ошáтний фéтровий к.** She had on an elegant felt hat. **паперóвий** paper, **солóм'яний** straw; **крислáтий** broad-brimmed; **м'якúй** soft; **жóвтий** yellow, **сúній** navy blue, **червóний** red, **чóрний** black, *etc.*; **кумéдний** comic, **смішнúй** funny; **мóдний** fashionable; **понóшений** worn; **трикýтний** three-cornered; **дитячий** children's, **жінóчий** women's, **чоловíчий** men's ◊ **Такí висóкі чоловíчі ~хи зазвичáй назувáють цилíндрами.** Such tall men's hats are usually called top hats.
n. + **к. кóлір ~ха** the color of a hat (**крúси** brim ◊ **Він мýсив тримáти крúси ~ха обомá рукáми.** He had to hold the brim of his hat with both hands. **рóзмір** size; **фасóн** design, **цінá** price)
v. + **к. вдягáти** к. *or* **~ха** put on hat (**знімáти** take off ◊ **Він зняв ~ха.** He took off his hat. **зривáти** tear off, **носúти** wear ◊ **Нíна нóсить крислáті ~хи.** Nina wears broad-brimmed hats. **піднімáти** raise; **чúстити** clean)
prep. **у к.** *or* **~ха** *dir.* in/to a hat ◊ **Перехóжі кúдали грóші музúці в ~ха.** Passersby threw money in the musician's hat. **у ~сі** *posn.* in a hat ◊ **За годúну в ~сі назбирáлося кíлька сóтень грúвень.** In an hour, a few hundred hryvnias accumulated in the hat.
Cf. **шáпка**

капітáл, *m.*, ~у

1 capital, funds, money ◊ **Варвáра жилá не з успадкóваних ~ів, а із влáсної прáці.** Varvara did not live off inheritance money but her own work.
adj. **велúкий** large, **величéзний** enormous, **значнúй** considerable, **пристóйний** *colloq.* decent; **початкóвий** start-up; **заморóжений** frozen, **мéртвий** unrealizable; **чужозéмний** foreign; **бáнківський** banking, **вéнчерний** venture, **інвестицíйний** investment, **обігóвий** circulating, **промислóвий** industrial, **торгóвий** trade, **фінáнсовий** financial; ◊ **к. із відсóтками** a principal with interest ◊ **Він обіцяв повернýти їм увéсь к. із відсóтками.** He promised to repay them the entire principal with interest.
n. + **к. вúтрати ~у** capital expenditures (**втрáта** loss; **надхóдження** receipt ◊ **Торíк вúтрати ~у знáчно перевúщили йогó надхóдження.** Last year, capital expenditures considerably exceeded

its receipts. **зроста́ння** growth; **мобі́льність** mobility, **рух** movement; **ресу́рси** resources; **ви́тік** outflow, **припли́в** inflow; **ри́нок** market); **влива́ння ~у** an injection of capital ◊ **Підприє́мство потребу́є влива́ння ~у.** The enterprise needs an injection of capital.

v. + **к. вклада́ти к. в** + *A.* invest capital into sth ◊ **Банк вклада́в значни́й к. у нерухо́мість.** The bank invested considerable capital in real estate. (**втрача́ти** lose ◊ **Ти́сячі люде́й утрати́ли к. унаслі́док фіна́нсової кри́зи 2008 ро́ку.** Thousands of people lost their capital as a result of the financial crisis of 2008. **заробля́ти** earn ◊ **Вона́ зароби́ла весь початко́вий к. на валю́тних спекуля́ціях.** She earned her entire start-up capital from currency speculations. **збира́ти** raise, **позича́ти в** + *G.* borrow from sb ◊ **Він пози́чив к. для пе́ршої інвести́ції в ро́дичів.** He borrowed the capital for his first investment from his relatives. **позича́ти** + *D.* lend sb ◊ **Дя́дько пого́дився пози́чити їй невели́кий к.** Her uncle agreed to lend her some small capital. **збі́льшувати** increase, **ма́ти** have ◊ **Вони́ ма́ли к., щоб купи́ти нові́ холоди́льники.** They had the capital for the purchase of new refrigerators. **виділя́ти на** + *A.* allocate for sth, **надава́ти** + *D.* provide sb with; **поверта́ти** + *D.* repay sb; **нагрома́джувати** amass, **накопи́чувати** accumulate, **подво́ювати** double; **прива́блювати** attract) ◊ **Політи́чна стабі́льність прива́блювала чужозе́мний к.** Political stability attracted foreign capital.

к. + *v.* **зроста́ти** grow ◊ **Обі́говий к. ба́нку зроста́в.** The bank's circulating capital grew. **подво́юватися** double, **потро́юватися** triple; **та́нути** melt

2 *fig.* wealth, resources, treasure, capital ◊ **До́свід пра́ці за кордо́ном був її незапере́чним ~ом.** Work experience abroad was her undeniable capital.

adj. **безці́нний** invaluable, **інтелектуа́льний** intellectual ◊ **Лаборато́рія посіда́ла рі́дкісний інтелектуа́льний к.** The laboratory possessed a rare intellectual capital. **людськи́й** human, **мора́льний** moral, **політи́чний** political

See **скарб 2,** *Also see* **бага́тство 2, скарбни́ця 2**

3 *fig., only sg., coll.* capital, capitalists, capitalism ◊ **К. намага́ється максимізува́ти прибу́тки.** The capital strives to maximize profits.

adj. **монополісти́чний** monopolistic, **олігархі́чний** oligarchic; **націона́льно свідо́мий** nationally conscious; **злочи́нний** criminal, **паразити́чний** parasitic; **міжнаро́дний** international, **світови́й** world

Also see **капіталі́зм**

капіталі́зм, *m.*, ~у, *only sg.*

capitalism ◊ **Шве́ція поє́днує розви́нений к. з елеме́нтами соціялі́зму.** Sweden combines developed capitalism with elements of socialism.

adj. **держа́вний** state, **корпорати́вний** corporate, **підприє́мницький** enterpreneurial, **промисло́вий** industrial, **ри́нковий** market; **монополісти́чний** monopolistic, **олігархі́чний** oligarchic; **демократи́чний** democratic, **ліберáльний** liberal, **неоліберáльний** neoliberal; **наро́дний** popular; **ди́кий** wild, **необме́жений** unrestrained, **нерегульо́ваний** unregulated, **розпере́заний** *fig.* unbridled ◊ **Він – прибі́чник розпере́заного ~у.** He is an adherent of unbridled capitalism. **саморуйні́вний** self-destructive, **хижа́цький** predatory; **ра́нній** early, **розви́нений** developed; **ґлоба́льний** global, **світови́й** world; **суча́сний** contemporary

n. + **к. дух ~у** the spirit of capitalism (**занепа́д** decline ◊ **Автор передбача́є занепа́д ~у.** The author predicts a decline of capitalism. **крах** fall, **кри́за** crisis; **недо́лік** drawback, **скра́йнощі** excesses; **перева́га** merit; **ро́звиток** development; **ста́дія** stage)

v. + **к. заміня́ти к.** replace capitalism ◊ **Він закликає заміни́ти к. гума́ннішим суспі́льним у́строєм.** He advocates replacing capitalism with a more humane social order. (**зни́щувати** destroy) ◊ **Зни́щити к. було́ головни́м завда́нням пролетарія́ту.** Destroying capitalism was the principal task of the proletariat.

prep. **за ~у** *or* **при ~і** under capitalism ◊ **За ~у ко́жен пови́нен ма́ти свобо́ду підприє́мницької дія́льности.** Under capitalism, everyone must have the freedom of enterpreneurial activity.

Also see **капіта́л 3.** *Cf.* **комуні́зм**

капіталісти́чн|ий, *adj.*

capitalist

к. + *n.* **к. лад** a capitalist system (**у́стрій** order; **ри́нок** market; **ро́звиток** development, **цикл** cycle; **світ** world); **~а вла́сність** capitalist property (**еконо́міка** economy; **експлуата́ція** exploitation; **е́тика** ethic; **краї́на** country; **монопо́лія** monopoly; **організа́ція** organization, **систе́ма** system); **~е виробни́цтво** capitalist production (**суспі́льство** society; **ра́бство** *fig.* slavery); **~і відно́сини** capitalist relations

капіта́льн|ий, *adj.*

1 important, major, principal ◊ **Він зроби́в к. вне́сок у розв'яза́ння ціє́ї пробле́ми.** He made a major contribution in solving the problem.

к. + *n.* **к. ремо́нт** a major renovation ◊ **Буди́нок давно́ потребу́є ~ого ремо́нту.** The building has for a long time been in need of a major renovation. **~а стіна́** a main wall; **~е будівни́цтво** an important construction

Also see **вели́кий 1**

2 fundamental, thorough, substantial ◊ **к. ви́шкіл** a thorough training; ◊ **Її дослі́дження і до́сі лиша́ється ~ою пра́цею із психоло́гії тра́вми.** Her study still remains a fundamental work in the psychology of trauma. **~а підгото́вка** a thorough preparation

See **фундамента́льний 2**

3 *colloq.* excellent, first-rate ◊ **Він ви́явився ~им пора́дником.** He proved to be an excellent advisor. ◊ **Вона́ – а́вторка кілько́х спра́вді ~их дослі́джень.** She is the author of several truly first-rate studies.

See **чудо́вий.** *Also see* **зако́нний 2, кла́сний 3**

4 *colloq.* enormous, huge ◊ **Вони́ зроби́ли ~у по́милку, довіря́ючись цій люди́ні.** They made a huge mistake, by trusting in this person. ◊ **Політи́чна кампа́нія закінчи́лася ~им прова́лом.** The political campaign ended in an enormous failure.

See **вели́кий 3**

капіта́н, *m.*, ~а; ~ка, *f.*

1 *mil.* captain ◊ **Вона́ має військо́вий ранґ ~а.** She has the military rank of captain.

к. + *n.* **к. пе́ршого ра́нґу** a captain first-rank *(in navy)* (**дру́гого** second-, **тре́тього** third-), **к. полі́ції** a police captain

n. + **к. ранґ ~а** the rank of captain ◊ **Її підви́щили до ра́нґу ~а.** She was promoted to the rank of captain. **нака́з ~а** a captain's order (**обо́в'язки** duties, **рі́шення** decision)

See **ранґ.** *Also see* **лейтена́нт**

2 captain *(of aircraft, etc.)*, commander, master ◊ **Коли́ літа́к набра́в кре́йсерську висоту́, к. зверну́вся до пасажи́рів із віта́льним сло́вом.** When the airplane climbed to the cruising altitude, the captain addressed the passengers with a word of greeting.

к. + *n.* **к. корабля́** *and* **судна́** a ship master ◊ **За тради́цією, к. оста́ннім покида́є кора́бель, що то́не.** According to tradition, the captain is the last to abandon a sinking ship. **к. літака́** an airplane captain

See **спеціялі́ст**

3 *sport* captain ◊ **~а мо́жна впізна́ти за пов'я́зкою на лі́вій руці́.** The captain can be recognized by a band on his left arm.

к. + *n.* **к. дружи́ни** a team captain ◊ **Вона́ – к. шкі́льної баскетбо́льної дружи́ни.** She is the captain of the school basketball team.

капітулю|ва́ти, ~ють; *same, intr.*

to capitulate, give up, surrender; *also fig.* ◊ **Пе́ред таки́м во́рогом к. не со́ромно.** There is no shame surrendering to such an enemy.

adv. **безумо́вно** unconditionally; **по-зра́дницьки** traitorously; **ле́гко** easily, **ра́до** gladly; **несподі́вано** unexpectedly, **ра́птом** suddenly, **шви́дко** quickly

prep. **к. без бо́ю** capitulate without a fight; **к. пе́ред** + *I.* capitulate to sb ◊ **Части́на іра́кської а́рмії ~ва́ла пе́ред вояка́ми ІДІЛу без бо́ю.** A part of the Iraqi army capitulated without a fight to the ISIS fighters.

капітулю́й!

See **здава́тися**[2]. *Also see* **піддава́тися 3, поступа́тися 1**

капу́ст|а, *f., coll., only sg.*

cabbage ◊ **тушко́вана к. зі свиня́чими ре́брами** stewed cabbage with pork ribs

adj. **білоголо́ва** white, **червоноголо́ва** red; **голо́вчаста** headed; **кучеря́ва** *and* **саво́йська** Savoy, **пекі́нська** Napa, **цвітна́** cauliflower; ♦ **брюсе́льська к.** Brussels sprouts, ♦ **морська́ к.** laminaria; **ки́сла** *or* **квасна́** sauerkraut; **тушко́вана** stewed

n. + **к. голі́вка ~и** a cabbage head (**лист** leaf ◊ **Листи́ ~и па́рилися на голубці́.** The cabbage leaves were steamed for cabbage rolls. **гря́дка** patch) ◊ **Вони́ ма́ли невели́ку гря́дку ~и.** They had a small cabbage patch.

v. + **к. вари́ти ~у** boil cabbage (**па́рити** steam, **сма́жити** fry, **тушкува́ти** stew; **рі́зати** cut, **сікти́** chop, **шаткува́ти** slice ◊ **При́стрій, яки́м шатку́ють ~у, назива́ється шатківни́ця.** The device they slice cabbage with is called a cabbage-slicer. **кваси́ти** pickle) ◊ **Вони́ ква́сять ~у в дерев'я́ній бо́чці.** They pickle cabbage in a wooden barrel.

See **горо́дина 1.** *Cf.* **капусти́на**

капусти́н|а, *f.*

cabbage head ◊ **Вона́ ви́брала дві ~и сере́днього ро́зміру.** She chose two medium-sized cabbage heads.

adj. **вели́ка** big, **здорове́нна** *colloq.* enormous; **се́редня** medium-size; **мала́** little, **мале́нька** *dim.* small, **невели́ка** small

Cf. **капу́ста, картопли́на, цибули́на**

ка́р|а, *f.*

1 punishment ◊ **Сиді́ти три дні вдо́ма було́ для не́ї як к. Бо́жа.** Sitting at home for three days was like God's punishment to her.

adj. **жорсто́ка** cruel, **страшна́** terrible, **суво́ра** severe, **тяжка́** heavy; **відпові́дна** appropriate, **нале́жна** fitting; **незвича́йна** unusual; **сме́ртна** capital, **заслу́жена** well-deserved, **справедли́ва** just; **неспівмі́рна** incongruous, **несправедли́ва** unjust; **колекти́вна** collective; ♦ *fig., colloq.* **(чи́ста) к. Бо́жа** *or* **Госпо́дня, вавило́нська** a curse, misfortune, pest, headache ◊ **Це не ді́ти, а чи́ста к. Бо́жа!** These children are truly God's curse! ◊ **Це не завда́ння, а к. вавило́нська!** This assignment is such a pain!

v. + **к. відбува́ти ~у** serve one's punishment ◊ **За це пору́шення він відбу́в доста́тню ~у.** For the offense, he served a sufficient punishment. (**заслуго́вувати на** deserve ◊ **Її гріх заслуго́вує на суво́ру ~у.** Her sin deserves severe punishment. **наклада́ти на** + *A.* impose on sb); **втіка́ти від ~и** escape a punishment ◊ **Вое́нні злочи́нці не втечу́ть від заслу́женої ~и.** The war criminals will not escape the punishment they deserve. (**заслуго́вувати** deserve; **уника́ти** avoid)

prep. **к. за** + *A.* a punishment for sth ◊ **Дикта́тор**

не уни́кнув ~и за свої́ зло́чини. The dictator did not avoid punishment for his crimes.
See **покара́ння.** *Also see* **стя́гнення 2.** *Cf.* **попере́дження 4**
2 penalty, fine ◊ **Він заплати́в три́ста гри́вень ~и.** He paid a ₴300 fine.
See **штраф**

кара́|ти, **~ють; по~**, *tran.*
to punish, penalize ◊ **Суспі́льство ~ло таки́х люде́й пре́зирством і остракі́змом.** Society punished such people with disdain and ostracism.
adv. **жорсто́ко** cruelly, **немилосе́рдно** ruthlessly, **нещадно** mercilessly, **суво́ро** severely ◊ **Наза́ра суво́ро покара́ли за дрібне́ пору́шення.** Nazar was severely punished for a small transgression. **тя́жко** heavily; **відпові́дно** appropriately, **заслу́жено** deservedly, **нале́жно** duly, **справедли́во** justly; **негайно** immediately, **за́раз же** right away; **без причи́ни** for no good reason, **несправедли́во** unfairly, **сваві́льно** arbitrarily; **ле́гко** lightly, **символі́чно** symbolically; **мора́льно** morally, **фізи́чно** physically
v. + **п. вимага́ти** demand to ◊ **Вони́ вимага́ли по~ зло́дія.** They demanded to punish the thief. **могти́** can, **намага́тися** try to, **хоті́ти** want to; **відмовля́тися** refuse to ◊ **З якої́сь причи́ни суддя́ відмо́вився по~ її́.** For some reason, the judge refused to punish her.
prep. **к. за** + *A.* punish for sth; ♦ **к. на смерть** to execute ◊ **Їх покара́ли на смерть.** They were executed.
pa. pple. **пока́раний** punished
(по)кара́й!
Also see **пока́зувати 7, штрафува́ти**

кар'є́р|а, *f.*
career ◊ **Вона́ ї́хала до столи́ці з на́міром зро́бити ~у в інду́стрії розва́г.** She was going to the capital with the intention of making a career in the entertainment industry.
adj. **блиску́ча** brilliant ◊ **У цьо́му теа́трі акто́рка почина́ла свою́ блиску́чу ~у.** In this theater, the actress began her brilliant career. **видатна́** distinguished, **запа́морочлива** dizzying, **знамени́та** *colloq.* great, **карколо́мна** mind-boggling; **до́вга** long, **коро́тка** short; **плі́дна** prolific; **успі́шна** successful; **академі́чна** academic, **акто́рська** acting, **військо́ва** military, **вчи́тельська** teaching ◊ **Учи́тельська к. не прива́блювала Ні́ну.** A teaching career did not attract Nina. **диплomatíчна** diplomatic, **журналі́стська** journalistic, **літерату́рна** literary, **меди́чна** medical, **педагогі́чна** pedagogical, **політи́чна** political ◊ **Він так хоті́в ма́ти видатну́ політи́чну ~у.** He so much wanted to have a distinguished political career. **режисе́рська** directing, **сцені́чна** stage, **тре́нерська** coaching
n. + **к. ви́бір ~и** a career choice (**змі́на** change, **поворо́т** turn; **перспекти́ви** prospects ◊ **Рік тому́ перспекти́ви його́ ~и були́ мініма́льними.** A year ago, his career prospects were minimal. **висо́ка то́чка** high ◊ **Уча́сть у перемо́винах ста́ла висо́кою то́чкою її́ дипломати́чної ~и.** Her participation in the talks became her diplomatic career high. **пік** peak)
v. + **к. будува́ти ~у** build a career (**кува́ти** forge ◊ **Крок за кро́ком Лі́дія кува́ла свою́ академі́чну ~у.** Step by step, Lidiia forged her academic career. **обира́ти** choose, **почина́ти** start, **роби́ти** make; **відживля́ти** revitalize, **відро́джувати** revive, **продо́вжити** *only pf.* resume ◊ **Він сподіва́вся продо́вжити свою́ ~у в Португа́лії.** He hoped to resume his career in Portugal. **продо́вжувати** continue, **стимулюва́ти** stimulate; **закі́нчувати** finish ◊ **Ця кни́жка факти́чно закі́нчила його́ письме́нницьку ~у.** The book effectively finished his writing career. **кидати** abandon ◊ **Сіме́йні обста́вини змуси́ли його́ ки́нути успі́шну ~у в кіні́.** His family circumstances made him abandon his successful film career. **лама́ти** wreck, **обрива́ти** cut short ◊ **Хворо́ба обі́рвала його́ бале́тну ~у.** Sickness cut short his ballet career. **руйнува́ти** ruin, **ста́вити під загро́зу** jeopardize; **міня́ти** change) ◊ **За три́дцять ро́ків Юрчу́к міня́в ~у три́чі.** Over thirty years, Yurchuk changed careers three times. **відмовля́тися від ~и** give up a career; **кла́сти край ~і** put an end to a career ◊ **Оди́н необа́чний крок міг покла́сти край її́ політи́чній ~і.** One imprudent step could put an end to her political career. (**присвя́чувати себе́** devote oneself to) ◊ **Васи́ль присвяти́в себе́ лі́карській ~і.** Vasyl devoted himself to a career in medicine. **ризикува́ти ~ою** risk one's career ◊ **Катери́на не збира́лася ризикува́ти успі́шною ~ою.** Kateryna was not about to risk her successful career.
к. + *v.* **охо́плювати** + *A.* span sth ◊ **К. па́ні Кузьмо́вич охо́плює шістдеся́т три ро́ки.** Mrs. Kuzmovych's career spans sixty-three years. **продо́вжуватися** continue, **трива́ти** + *A.* last sth ◊ **Його́ к. трива́ла сім ро́ків.** His career lasted seven years. **почина́тися** begin; **закі́нчуватися** be over ◊ **Її́ режисе́рська к. закі́нчилася поста́вою п'є́си «Ми́на Маза́йло».** Her directing career ended by the production of the play *Myna Mazailo.*
prep. **про́тягом ~и** during one's career; **у ~і** in a career ◊ **У Катери́нииній ~і були́ як трію́мфи, так і прова́ли.** There were both triumphs, and failures in Kateryna's career. **к. в** + *L.* a career in sth ◊ **плі́дна к. в нау́ці** a successful career in science

карикату́р|а, *f.*
1 caricature, cartoon ◊ **Малю́нки Е́ка Коза́ка – це чудо́вий зразо́к мисте́цтва ~и.** Eko Kozak's drawings are a wonderful example of the art of caricature.
adj. **дошку́льна** scathing, **нищівна́** devastating, **обра́злива** insulting, **прини́злива** humiliating; **куме́дна** *and* **смішна́** funny ◊ **Вона́ знахо́дила ~у не куме́дною, а прини́зливою.** She found the caricature not funny but humiliating. **майсте́рна** masterful; **політи́чна** political; **гру́ба** crude, **примiти́вна** primitive
v. + **к. малюва́ти ~у** draw a caricature (**публікува́ти** publish, **ство́рювати** create)
prep. **к. на** + *A.* caricature of sb/sth ◊ **Він створи́в се́рію карикату́р на дикта́тора.** He created a series of caricatures of the dictator.
2 *fig.* caricature, parody, travesty ◊ **Це був не суд, а к. на суд.** It was not a trial but a travesty of a trial.
adj. **звича́йна** ordinary; **гнітю́ча** depressing, **поху́ра** grim, **похму́ра** gloomy; **гру́ба** crude, **ґроте́скна** grotesque, **страшна́** terrible ◊ **Ця устано́ва ви́явилася страшно́ю ~ою ліка́рні.** This establishment turned out to be a terrible parody of a hospital.
v. + **к. роби́ти ~у з** + *G.* turn sb into a caricature ◊ **Акто́р зроби́в зі сво́го геро́я звича́йну ~у.** *fig.* The actor turned his character into an ordinary caricature. (**сприйма́ти** + *A.* **як** perceive sb/sth as); **бу́ти ~ою** be a caricature (**ставáти** become) ◊ **Із пли́ном ро́ків па́ні К. става́ла гру́бою ~ою само́ї се́бе.** As years passed, Mrs. K. was becoming a crude caricature of her own self.
Also see **комéдія 2, паро́дія 2, профана́ція 2**

карк, *m.*, **~а**
1 nape, back of neck ◊ **Офіце́р мав чи́сто пого́лений к.** The officer had a cleanly-shaven nape.
2 neck ◊ **Супе́рник ухопи́в Андрі́я про́сто за к.** The rival grabbed Andrii straight by the neck. ♦ **відчува́ти** *or* **пізнава́ти** + *A.* **на вла́сному ~у** *or* **~ові** to experience sth firsthand ◊ **Він мав нещастя пізна́ти гости́нність цих люде́й на вла́сному ~у** *or* **~ові.** He had the misfortune of experiencing those people's hospitality firsthand. ♦ **лама́ти собі́ к.** *or* **~а** to perish; suffer a defeat
N. pl. **~и**
Also see **ши́я**

ка́рн|ий, *adj., leg.*
1 criminal, penal ◊ **К. ко́декс передбача́є п'ять ро́ків в'язни́ці за цей зло́чин.** The penal code provides for five years of prison for this offense. ◊ **к. ро́зшук** a criminal investigation department; ◊ **Прокуро́р за хаба́р зни́щив ~у спра́ву підо́зрюваного.** For a bribe, the prosecutor destroyed the suspect's criminal case. ◊ **Під ти́ском грома́дськости він розпоча́в ~е переслі́дування коли́шнього офіце́ра.** Under public pressure, he initiated a criminal prosecution of the former officer.
Cf. **криміна́льний**
2 criminal, evil, nefarious ◊ **Він прихо́вував свої́ ~і за́міри на́віть від вла́сної жі́нки.** He concealed his criminal intentions even from his own wife.
Also see **злочи́нний**

ка́рт|а, *f.*
1 map ◊ **Ватика́нські музе́ї посіда́ють уніка́льну коле́цію стари́х карт.** The Vatican Museums possess a unique collection of old maps.
See **ма́па, план 3**
2 card ◊ **Граве́ць мав шість карт.** The player had six cards.
adj. **ви́грашна** winning, **ко́зирна** trump; **гра́льна** playing
n. + **к. коло́да карт** deck of cards (**масть** suit) ◊ **Є чоти́ри ма́сті карт.** There are four suits of cards. *suits:* **пі́ка** *or* **ви́но** spades ◊ **пі́кова** *or* **вино́ва да́ма** the queen of spades; **бу́бна** *or* **дзві́нка** clubs ◊ **бубно́вий** *or* **дзвінко́вий туз** the ace of clubs; **тре́фа** *or* **жир** diamonds ◊ **трефо́вий** *or* **жиро́вий коро́ль** the king of diamonds; **чи́рва** hearts ◊ **чи́рвова деся́тка** the ten of hearts (**туз** ace, **коро́ль** king, **да́ма** queen, **ни́жник** *or* **вале́т** jack)
v. + **к. роздава́ти ~и** deal cards ◊ **Чия́ че́рга роздава́ти ~и?** Whose turn is it to deal? (**тасува́ти** shuffle) ◊ **Софі́я потасува́ла ~и.** Sofiia shuffled the cards. ♦ **зніма́ти ~у** to cut cards ◊ **Па́ні М. зняла́ ~у.** Mrs. M. cut cards. ♦ **розкрива́ти ~и пе́ред** + *I.* to show sb one's cards ◊ **Своїм комента́рем він розкри́в усі́ ~и пе́ред супе́рником.** By his comment he showed his rival all his cards. ♦ **ста́вити** + *A.* **на ~у** to set sth at stake ◊ **Таке́ рі́шення ста́вило на ~у її́ до́лю.** Such a decision put her fate at stake. **заходи́ти з ~и** play a card (**ходи́ти з** put down) ◊ **Він походи́в із вальта́** *or* **ни́жника.** He put a jack down.
Also see **коро́ль 3, трі́йка 4, туз 1**
3 *only pl.* cards *(as game)*
v. + **к. гра́ти в ~и** play cards ◊ **Журавле́нко збу́джувався щора́зу, як грав у ~и.** Zhuravlenko got excited every time he played cards. (**вигравáти в** win at, **програва́ти в** lose at) ◊ **Вона́ програ́ла в ~и ці́лий ма́єток.** She lost an entire fortune at cards.
See **гра**

карти́н|а, *f.*
1 painting, picture
adj. **га́рна** beautiful, **до́бра** *or* **хоро́ша** good, **знамени́та** *colloq.* great ◊ **абсолю́тно знамени́та к. Новакі́вського** an absolutely great painting by Novakivsky, **чудо́ва** wonderful; **разю́ча** striking, **приголо́мшлива** stunning; **епі́чна** epic; **вели́ка** big, **великомасшта́бна** large-scale, **велич́езна** enormous; **мале́нька** *dim.* small, **мініатю́рна** miniature ◊ **У збі́рці було́ кі́лька мініатю́рних карти́н маляра́.** There were several miniature paintings by the artist in the collection. **невели́ка** small; **станко́ва** easel;

втра́чена lost, **незворо́тно вра́чена** irreparably lost ◊ **Цю ~у Понто́рма вважа́ли незворо́тно втра́ченою.** This painting by Pontormo was considered to have been irreparably lost. **відо́ма** well-known, **славе́тна** famous; **забу́та** forgotten, **невідо́ма** unknown ◊ **невідо́ма к. Боттіче́ллі** an unknown painting by Botticelli. **безці́нна** priceless, **ці́нна** valuable; **автенти́чна** authentic, **оригіна́льна** original; **закі́нчена** finished; **незакі́нчена** unfinished; **нена́звана** untitled; **обра́млена** framed; **акваре́льна** watercolor, **акри́лова** acrylic ◊ **Маля́рка пи́ше ті́льки акри́лові ~и.** The (female) artist paints only acrylic pictures. **олі́йна** oil; **барви́ста** colorful, **монохромати́чна** monochrome; **абстра́ктна** abstract, **алегори́чна** allegorical, **метафористи́чна** metaphoric; **кубісти́чна** Cubist, **імпресіоністи́чна** Impressionist, **сюреалісти́чна** Surrealist, *etc.*; **аванґа́рдова** avant-garde, **декорати́вна** decorative, **жа́нрова** genre, **пейза́жна** landscape, **портре́тна** portrait; **моде́рна** modern, **суча́сна** contemporary; **традиці́йна** traditional; **рі́дкісна** rare ◊ **рі́дкісна к. Ван Ґо́ґа** a rare painting by Van Gogh. **уніка́льна** unique; **відреставро́вана** restored, **врято́вана** salvaged

к. + *n.* **к. акваре́ллю** a painting in watercolors (**вугі́ллям** charcoal, **олівце́м** pencil, **олі́єю** oils, *etc.*); **к. гра́фіка** a painting by a graphic artist (**маляра́** artist; **ге́нія** genius, **посере́дності** mediocrity)

n. + **к. а́втор ~и** the author of a painting (**ра́ма** frame, **ро́змір** size; **стан** condition) ◊ **задові́льний стан ~и** a satisfactory condition of the painting; **ви́ставка карти́н** an exhibition of paintings ◊ **Ви́ставка карти́н із Льві́вської ґалере́ї бу́де в мі́сті три мі́сяці.** The exhibition of paintings from the Lviv gallery will be in town for three months. (**збі́рка** *or* **коле́кція** collection, **ни́зка** series, **цикл** cycle) ◊ **цикл карти́н, присвя́чений по́рам ро́ку** a cycle of paintings dedicated to seasons of the year

v. + **к. викрада́ти ~у** steal a picture ◊ **~у викрада́ли з музе́ю дві́чі.** The picture had been stolen twice from the museum. (**виставля́ти** exhibit ◊ **Музе́й ви́ставив ~и з голла́ндської збі́рки.** The museum exhibited the paintings from its Dutch collection. **пока́зувати** show ◊ **У Ки́єві славе́тну ~у пока́зуватимуть упе́рше.** In Kyiv, the famous picture will be shown for the first time. **представля́ти** present; **вико́нувати** execute ◊ **~у ви́конали на де́реві.** The painting was executed on wood. **ві́шати** hang; **диви́тися** view; **колекціонува́ти** collect; **заду́мувати** conceive ◊ **Мале́вич заду́мав цю ~у в Ки́єві.** Malevych conceived the picture in Kyiv. **компонува́ти** compose, **малюва́ти** *or* **писа́ти** draw; **почина́ти** begin; **закі́нчувати** complete, finish; **обра́млювати** frame ◊ **~и нале́жало обра́мити.** The paintings needed to be framed. **купува́ти** buy, **придба́ти** *pf.* acquire ◊ **Нещода́вно музе́й придба́в ~у Сеза́на.** Recently the museum acquired a painting by Sézanne. **продава́ти** sell; **реставрува́ти** restore, **чи́стити** clean; **ство́рювати** create ◊ **Він створи́в кі́лька епі́чних карти́н.** He created several epic paintings. **копіюва́ти** copy, **репродукува́ти** reproduce; **видава́ти за оригіна́л** pass off as the original ◊ **Йому́ вдало́ся ви́дати підро́блену ~у за оригіна́л.** He succeeded in passing a forged painting off as the original. **підробля́ти** forge); **працюва́ти над ~ою** work on a painting ◊ **Він поча́в працюва́ти над ~ою в Ри́мі.** He began to work on the painting in Rome. **зобража́ти** + *A.* **на ~і** portray sth in a picture ◊ **Маля́р зобрази́в на ~і сме́рть Сокра́та.** The artist portrayed Socrates's death in the picture. (**опи́сувати** + *A.* **на** depict sth in, **пока́зувати** + *A.* **на** show sth in) ◊ **На ~і а́втор пока́зує украї́нське мі́сто.** In the picture, tha author shows a Ukrainian city.

к. + *v.* **ви́сіти в** + *L.* hang in *(in a space)* ◊ **К. ви́сить у тре́тій за́лі.** The painting hangs in the third room. **ви́сіти на** + *L.* hang on sth; **нале́жати** + *D.* belong to sb ◊ **К. нале́жить прива́тному колекціоне́рові.** The picture belongs to a private collector. **прикраша́ти** + *A.* grace sth ◊ **До́вгий час к. прикраша́ла коле́кцію Лу́вру.** For a long time the painting graced the Louvre collection.

prep. **на ~і** in a picture ◊ **На ~і маля́р зобра́зив двох зако́ханих.** The artist portrayed two lovers in the picture.

Also see **автопортре́т, полотно́ 3, портре́т 1.** *Cf.* **світли́на, фотогра́фія 2**

2 *fig.* picture, vision, view, impression, image ◊ **У її па́м'яті ви́ринула к. ті́єї зу́стрічі.** The vision of that encounter cropped up in her memory.

adj. **вичерпна** exhaustive ◊ **вичерпна к. пору́шень прав люди́ни** an exhaustive picture of human rights violations; **всеохо́пна** all-encompassing, **зага́льна** general, **по́вна** full, **цілкови́та** complete, **широ́ка** broad ◊ **Він склав широ́ку ~у релігі́йної ситуа́ції в мі́сті.** He put together a broad picture of the religious situation in the city. **непо́вна** incomplete, **обме́жена** limited, **частко́ва** partial; **іділі́чна** idyllic, **ідеалізо́вана** idealized, **оптимісти́чна** optimistic, **поети́чна** poetic, **роже́ва** rosy, **романти́чна** romantic, **щасли́ва** happy; **гніту́ча** depressing, **пону́ра** bleak ◊ **В її уя́ві поста́ла пону́ра к. війни́.** A bleak picture of war arose in her imagination. **похму́ра** grim, **сумна́** sad; **врівнова́жена** balanced, **докла́дна** detailed, **правди́ва** truthful, **реалісти́чна** realistic, **то́чна** accurate; **ома́нлива** misleading, **спантели́члива** confusing, **спотво́рена** distorted, **фальши́ва** phony; **яскра́ва** vivid

v. + **к. відтво́рювати ~у** reproduce a picture ◊ **Фільм відтво́рює реалісти́чну ~у окупа́ції.** The film reproduces a realistic picture of occupation. (**дава́ти** + *D.* give sb; **малюва́ти** paint, **склада́ти** put together, **спостеріга́ти** observe, **уявля́ти** imagine); **здрига́тися від ~и** shudder at a view ◊ **Вони́ здригну́лися від жахли́вої ~и злидні́в.** They shuddered at the horrible view of poverty.

к. + *v.* **виника́ти** emerge ◊ **У її голові́ ви́никла к. роди́нної іди́лії.** A picture of family idyll emerged in her head. **винира́ти** crop up, **з'явля́тися** appear, **постава́ти** arise; **залиша́тися** persist ◊ **К. трію́мфу шкі́льної дружи́ни ще залиша́лася в його́ па́м'яті.** The picture of the school team's triumph still persisted in his memory.

Also see **вид**[1] **1**

3 *colloq.* movie ◊ **Нова́ к. Буко́вського ви́йшла мину́лого ти́жня.** Bukovsky's latest film was released last week.

See **фільм.** *Also see* **екраніза́ція, стрі́чка 4**

ка́рт|ка, *f.*

1 card ◊ **Іре́на трима́ла креди́тні ~кі́ в гаманці́.** Olena kept her credit cards in her wallet.

adj. **ба́нкова** ATM, **візи́тна** business; ♦ **жо́вта** *sport* yellow card ◊ **Напа́дник отри́мав свою́ пе́ршу жо́вту ~ку.** The forward got his first yellow card. **зеле́на** green, **креди́тна** credit, **продово́льча** ration, **телефо́нна** phone, **хлі́бна** bread, **черво́на** *sport* red; ♦ **к. па́м'яті** *techn.* memory card

v. + **к. видава́ти ~ку** issue a card ◊ **Банк ви́дав їй креди́тну ~ку.** The bank issued her a credit card. (**прийма́ти** accept ◊ **У готе́лі прийма́ють усі́ креди́тні ~ки́.** They accept all credit cards at the hotel. **скасо́вувати** cancel) ◊ **Загу́блену креди́тну ~ку слід нега́йно скасува́ти.** The lost credit card should be immediately cancelled. **користува́тися ~кою** use a card (**плати́ти** pay with) ◊ **Вона́ заплати́ла ~кою, а не готі́вкою.** She paid with a card, rather than cash.

2 *colloq.* postcard ◊ **Він посила́в мені́ ~ку з ко́жного мі́ста.** He would send me a postcard from every city.

See **лист**[1] **1, листі́вка 1**

3 *colloq.* page *(of paper)*, sheet ◊ **Вона́ ви́йняла з шухля́ди кі́лька ~о́к чи́стого папе́ру.** She took several blank sheets of paper out of the drawer.

adj. **оста́ння** last; **пе́рша** first; **поро́жня** blank, **чи́ста** clean, blank

See **сторі́нка 1.** *Also see* **а́ркуш, лист**[1] **2, листо́к 1**

4 *colloq.* photograph ◊ **Чолові́к на ~ці здава́вся знайо́мим.** The man in the picture seemed familiar.

See **світли́на.** *Also see* **фотогра́фія 2**

картопли́н|а, *f.*

potato ◊ **Він почи́стив вели́ку ~у на ю́шку.** He peeled a big potato for soup.

adj. **вели́ка** big, **сере́дня** medium-size, **мала́** small, **продовга́ста** *or* **продовгува́та** long, **гру́ба** thick; **дві ~и** two potatoes (**три** three, **чоти́ри** four) ◊ **На сала́т тре́ба було́ чоти́ри мали́х ~и.** Four small potatoes were required for the salad. **п'ять картопли́н** five potatoes

Cf. **карто́пля; моркви́на, цибули́на**

карто́пл|я, *f., coll., only sg.*

potatoes ◊ **К. – найпопуля́рніша культу́ра в цьо́му реґіо́ні.** Potato is the most popular crop in this region.

adj. **ва́рена** boiled, **пече́на** baked, **сма́жена** fried; **соло́дка** sweet; **почи́щена** peeled, **то́вчена** mashed; **молода́** new, **стара́** old; ♦ **к. в кожушка́х** jacket potatoes, **к. фрі** French fries

n. + **к. відро́ ~і** a bucket of potatoes ◊ **Ната́ля посади́ла п'ять ві́дер ~і.** Natalia planted five buckets of potatoes. (**кілогра́м** kilogram, **мішо́к** sack) ◊ **Вона́ купи́ла в сусі́дів мішо́к вели́кої ~і.** She bought a sack of big potatoes from her neighbors. **лушпи́ння ~і** potato peelings ◊ **Він варив лушпи́ння ~і свиня́м.** He boiled potato peelings for the pigs. (**урожа́й** harvest) ◊ **вели́кий урожа́й ~і** a large potato harvest

v. + **к. вари́ти ~ю** boil potatoes (**пекти́** bake ◊ **Діти́ пекли́ ~ю в кожу́шках.** The children were baking jacket potatoes. **сма́жити** fry; **виро́щувати** grow ◊ **На ї́хніх ґру́нтах ле́гко виро́щувати ~ю.** It is easy to grow potatoes in their soils. **кра́яти** slice, **рі́зати** cut, **те́рти** grate, **товкти́** mash, **чи́стити** peel) ◊ **Він чи́стив ~ю на картопля́ники.** He peeled potatoes for potato pancakes.

Cf. **картопли́на**

картопля́н|ий, *adj.*

potato, of or pertaining to potatoes

к. + *n.* **к. крохма́ль** potato starch (**кущ** bush; **ґарні́р** side dish, **пирі́г** pie, **сала́т** salad, **сік** juice; **цвіт** blossom), ♦ **к.** *or* **колора́дський жук** a Colorado beetle; **~а ки́шка** a potato sausage (**ю́шка** soup) ◊ **Іва́нка ва́рить ~у ю́шку.** Ivanka cooks a potato soup. **~е лушпи́ння** potato peelings (**по́ле** field)

ка́с|а, *f.*

1 ticket office, box office ◊ **До ка́си була́ мала́ че́рга.** There was a small line to the ticket office.

adj. **залізни́чна** railroad ◊ **Залізни́чна к. працю́є цілодобо́во.** The railroad ticket office works around the clock. ♦ **театра́льна к.** a box office ◊ **У театра́льній ~і не лиши́лося квитків.** There are no tickets left at the box office.

к. + *v.* **відчиня́тися** open ◊ **К. відчи́ниться за пів годи́ни.** The ticket office will open in a half hour. **зачиня́тися** close ◊ **Коли́ вони́ прийшли́, к. вже зачини́лася.** When they came, the ticket office had already closed. **продава́ти** + *A.* sell sth ◊ **К. продава́ла квитки́ ті́льки на той са́мий день.** The ticket office sold tickets only for the same day.

prep. **бі́ля ~и** at/near a ticket office ◊ **Бі́ля ~и зі́бралася гру́па люде́й.** A group of people

gathered near the ticket office. **в ~і** in a ticket office
2 cash register, till ◊ **Марія пішла́ до ~и плати́ти за проду́кти.** Maria went to the cash register to pay for her groceries.
adj. **електро́нна** electronic ◊ **Усі ~и у крамни́ці електро́нні.** All the cash registers in the store are electronic. **комп'ютеризо́вана** computerized; **механі́чна** mechanical; **старомо́дна** old-fashioned; ♦ **оща́дна к.** savings bank ◊ **Бага́то люде́й не дові́ряло свої́ гро́ші оща́дним ~ам.** Many people did not trust savings banks with their money.
v. + **к. відмика́ти ~у** unlock a cash register ◊ **Зло́дій не знав, як відімкну́ти ~у.** The thief did not know how to unlock the cash register. (**відкрива́ти** open; **замика́ти** lock; **встано́влювати** install) ◊ **У суперма́ркеті встанови́ли комп'ютеризо́вані ~и.** They installed computerized cash registers in the supermarket.
prep. **в ~у** *dir.* in a cash register ◊ **Вона́ покла́ла готі́вку в ~у.** She put the cash in the cash register. **в ~і** *posn.* in a cash register ◊ **У ~і не залиша́лося моне́т.** There were no coins left in the cash register. **за ~ою** behind a cash register ◊ **За ~ою ніко́го не було́.** There was nobody behind the cash register. **з ~и** from/ out of a cash register ◊ **Він узя́в із ~и ти́сячу гри́вень.** He took ₴1,000 from the cash register. **на ~і** on a cash register ◊ **Він працюва́в на ~і.** He worked on the cash register.

катастро́ф|а, *f.*

catastrophe, calamity, disaster ◊ **Усі́ завме́рли, чека́ючи ~и.** Everybody froze, awaiting a catastrophe.
adj. **безпрецеде́нтна** unprecedented ◊ **Ава́рія була́ безпрецеде́нтною ~ою.** The accident was an unprecedented catastrophe. **вели́ка** great; **страшна́** terrible; **цілкови́та** complete; **всесві́тня** universal, **ґлоба́льна** global, **гуманіта́рна** humanitarian ◊ **Громадя́нська війна́ причини́лася до гуманіта́рної ~и.** The civil war caused a humanitarian catastrophe. **екологі́чна** ecological, **економі́чна** economic, **істори́чна** historic, **культу́рна** cultural, **приро́дна** natural, **фіна́нсова** financial, **я́дерна** nuclear; **міжнаро́дна** international, **націона́льна** national; **невідворо́тна** unpreventable, **неуни́кна** inevitable; **передба́чена** foretold; **потенці́йна** potential; ♦ **авіаці́йна к.** an air crash, ♦ **автомобі́льна к.** a car accident, ♦ **залізни́чна к.** a train wreck
v. + **к. заповіда́ти ~у** predict a catastrophe (**передбача́ти** foretell; **ма́ти** have); **йти до ~и** be heading for a catastrophe ◊ **Краї́на йшла до страшно́ї ~и.** The country was heading for a terrible catastrophe. **уника́ти ~и** avoid a catastrophe ◊ **Фіна́нсової ~и мо́жна уни́кнути.** The financial disaster is possible to avoid. (**призво́дити до** lead to ◊ **Рефере́ндум призві́в до націона́льної ~и.** The referendum led to a national catastrophe. **причиня́тися до** cause); **запобіга́ти ~і** avert a catastrophe; **бу́ти ~ою** be a catastrophe ◊ **Нови́й виклада́ч був ~ою для студе́нтів.** *fig.* The new instructor was a catastrophe for students. (**виявля́тися** turn out to be ◊ **Оліга́рха́т ви́явився спра́вжньою ~ою для краї́ни.** The oligarchy turned out to be a true catastrophe for the nation. **става́ти** become)
к. + *v.* **відбува́тися** occur ◊ **Культурна к. вібува́ється за́раз.** The cultural catastrophe is occurring now. **става́тися** happen ◊ **Передба́чена к. наре́шті ста́лася.** The foretold catastrophe finally happened.
Also see **землетру́с**. *Cf.* **ава́рія**

ката́|тися, ~ються; по~, *intr.*

to ride *(for fun, not necessity)*, drive around ◊ **На вихідні вони́ ї́здять на фе́рму по~ на ко́нях.** On weekends, they go to the farm to ride horses. ◊ **Дру́зі пів дня́ ~лися мі́стом.** The friends drove around town for half a day.
v. + **к. вмі́ти** be able to ◊ **Гаври́лко вже вмі́є к. на велосипе́ді.** Havrylko is already able to ride a bicycle. **вчи́ти** + *A.* teach sb to, **вчи́тися** learn ◊ **Оста́п навчи́вся к. на коні́.** Ostap learned to ride a horse. **люби́ти** enjoy ◊ **Ля́на лю́бить к. на ли́жах.** Liana enjoys skiing.
prep. **к. на** + *L.* ride sth ♦ **к. на автомобі́лі** go for a ride *(by car)*, ♦ **к. на ковзана́х** to skate ◊ **Він так і не навчи́вся к. на ковзана́х.** He never learned to skate. ◊ **к. на ли́жах** to go skiing (**во́дних ли́жах** water skiing), ◊ **к. на велосипе́ді** ride a bicycle, ♦ **к. на скейтбо́рді** to skateboard, ♦ **к. на човні́** to go boating ◊ **Андрі́й запроси́в Мо́трю по~ на човні́ на місько́му о́зері.** Andrii invited Motria to go boating on the city lake. ♦ **к. на** + *L.* to boss sb around, push sb around ◊ **Чому́ він дозволя́є цій люди́ні к. на собі́?** Why does he allow this person to push him around?
(по)ката́йся!
See **ї́здити 1**

категори́чн|ий, *adj.*

categorical ◊ **Свобо́да особи́стости є для Марі́ї ~им імперати́вом.** The freedom of individual is a categorical imperative for Maria.
adv. **абсолю́тно** absolutely ◊ **Заборо́на продава́ти алкого́ль ді́тям абсолю́тно ~а.** The prohibition to sell children alcohol is absolutely categorical. **цілко́м** completely; **більш** more; **ма́йже** almost ◊ **У тако́му формулюва́нні нака́з здава́вся ї́й ма́йже ~им.** In such a wording, the order seemed to her to be almost categorical.

катего́рі|я, *f.*, ~ї

1 category, class, rank; bracket ◊ **Окса́на поділя́ла люде́й на три ~ї: до́брих, злих і так зва́них «сі́рих ми́шок».** Oksana divided people into three categories: good, evil, and the so-called 'gray mice'.
adj. **вели́ка** large, **зага́льна** general, **мі́стка́** voluminous, **широ́ка** wide; **засадни́ча** basic, **фундамента́льна** fundamental; **вузька́** narrow, **обме́жена** limited; **єди́на** single, **індивідуа́льна** individual, **одна́** one, **особли́ва** *and* **спеція́льна** special ◊ **Вони́ створи́ли особли́ву ~ю для двомо́вних респонде́нтів.** They created a special category for bilingual respondents. **відмі́нна** different, **і́нша** other, **окре́ма** separate; **висо́ка** high ◊ **Вона́ – перекладá́чка висо́кої ~ї.** She is a high-class interpreter. **найви́ща** highest; **сере́дня** middle; **найни́жча** lowest; **важли́ва** important; **віко́ва** age, **етні́чна** ethnic, **мо́вна** language, **професі́йна** professional, **ра́сова** racial, **стате́ва** gender, **соціа́льна** social; **вагова́** weight; **цінова́** price ◊ **найни́жча цінова́ к.** the lowest price bracket; **граммати́чна** *ling.* grammatical, **лінґвісти́чна** *ling.* linguistic, **морфологі́чна** *ling.* morphological, **фонологі́чна** *ling.* phonological
к. + *n.* **к. ви́ду** *ling.* the category of aspect (**ро́ду** *ling.* gender, **спо́собу** *ling.* mood, **ста́ну** *ling.* voice, **ча́су** *ling.* tense)
v. + **к. визнача́ти ~ю** define a category ◊ **Вони́ ви́значили ~ю насі́ння, приді́тного для посі́ву.** They defined the category of seeds suitable for planting. (**вирізня́ти** distinguish; **встано́влювати** establish; **ідентифі́кува́ти** identify; **окре́слювати** outline; **станови́ти** constitute ◊ **Цю вікову́ ~ю стано́влять осо́би від трьох до десяти́ ро́ків.** Individuals from three to ten years of age constitute this age category. **ство́рювати** create; **підпада́ти під** fall into) ◊ **Гібри́дні сорти́ підпада́ють під окре́му ~ю.** The hybrid sorts fall into a separate category. **відно́сити** + *A.* **до ~ї** assign sth to a category (**нале́жати до** belong in) ◊ **Цей екземпля́р нале́жить до окре́мої ~ї.** This sample belongs in a separate category. **бу́ти в ~ї** be in a category ◊ **За здібностями оби́дві дівчи́ни були́ в тій са́мій ~ї.** By talents, both girls were in the same category.
к. + *v.* **включа́ти** + *A.* include sth; **обійма́ти** + *A.* cover sth; **охо́плювати** + *A.* encompass sth; **засно́вуватися на** + *A.* be based on sth; **поділя́тися на** + *A.* fall into sth; **склада́тися з** + *G.* consist of sth ◊ **Ця містка́ к. склада́ється із семи́ ме́нших.** This voluminous category consists of seven smaller ones.
Also see **вид**[2] **1, відмі́на 1, клас, розря́д**[1] **1, сорт, тип 1, фо́рма 2**
2 concept, notion, idea ◊ **Вона́ кори́стува́лася науко́вими ~ями.** She used scientific categories.
See **поня́ття 1**
3 *philos.* category ◊ **Для них це була́ філосо́фська к.** For them, it was a philosophical category.
See **поня́ття 1**
4 *sport* class ◊ **Боксе́р змага́ється в легкі́й ваговíй ~ї.** The boxer competes in the lightweight class.
adj. **вагова́** weight ◊ **Люби́тельський і професі́йний бокс ма́ють рі́жні вагові́ ~ї.** Amateur and professional boxing have different weight classes. **мініма́льна** minimumweight; **напівлегка́** featherweight; **легка́** lightweight; **напівсере́дня** welterweight; **сере́дня** middleweight; **напівважка́** light heavyweight; **важка́** heavyweight; **надважка́** super heavyweight
v. + **к. міня́ти ~ю** change a (weight) class (**перехо́дити в** switch to) ◊ **Він перейшо́в у напівсере́дню ~ю.** He switched to the welterweight class. **виступа́ти в ~ї** appear in a class (**змага́тися в** compete in)

кате́др|а, *f.*

1 pulpit, lectern ◊ **~у в Сіє́нському собо́рі ви́конав Ніккол́о Піза́но.** The pulpit in the Siena Cathedral was executed by Niccoló Pisano.
adj. **висо́ка** high; **вчи́тельська** teacher's, **ле́кторська** lecturer's, **пропові́дницька** preacher's, **профе́сорська** professor's ◊ **Вона́ впе́рше ста́ла за профе́сорську ~у, не ма́ючи і тридцяти́ ро́ків.** For the first time, she stood at the professor's lectern, not being even thirty years of age.
v. + **к. підніма́тися на ~у** ascend a pulpit; **промовля́ти з ~и** speak from a pulpit (**пропові́дувати з** preach from)
2 department *(in university)* ◊ **На факульте́ті філоло́гії університе́ту було́ двана́дцять кате́др.** There were twelve departments at the Philology School of the University.
к. + *n.* **к. істо́рії** a department of history (**украї́нської мо́ви** Ukrainian language ◊ **Він працю́є на ~і украї́нської мо́ви.** He works for the Department of Ukrainian Language. **фі́зики** physics, **хе́мії** chemistry, *etc.*)
v. + **к. відкрива́ти ~у** open a department ◊ **В університе́ті відкри́ли нову́ ~у перекладу.** A new translation department was opened at the university. (**засно́вувати** found, **очо́лювати** head) ◊ **Вона́ очо́люватиме ~у насту́пні п'ять ро́ків.** She will head the department for the next five years.
See **ві́дділ 2.** *Also see* **відді́лення 1, управлі́ння 2, філі́я, части́на 3**
3 departmental office ◊ **Обгово́рення дисерта́ції пройшло́ на ~і.** The dissertation discussion took place in the departmental office.

като́лик, *m.*; католи́чка, *f.*

Catholic ◊ **~и мі́ста відреставрува́ли стари́й косте́л.** The city's Catholics renovated the old church.
adj. **запе́клий** fierce, **побо́жний** devout, **ре́вний** pious; **правди́вий** true, **спра́вжній** real, **традиці́йний** traditional, **щи́рий** genuine; **америка́нський** American, **еспа́нський** Spanish, **украї́нський** Ukrainian, *etc.*; ♦ **гре́ко-к.**

a Greek Catholic, ♦ **ри́мо-к.** a Roman Catholic
v. + **к. бу́ти ~ом** be a Catholic ◊ **Він – украї́нський к.** He is a Ukrainian Catholic. (**вихо́вувати** + *A.* raise sb as ◊ **Вона́ ви́ховала діте́й ~ами.** She raised her children as Catholics. **става́ти** become) ◊ **Він став ~ом у доро́слому ві́ці.** He became a Catholic when adult.
L. **на ~ові**
Cf. **правосла́вний, протеста́нт, християни́н**

католи́цьк|ий, *adj.*
Catholic ◊ **Украї́нський К. Університе́т у Льво́ві** the Ukrainian Catholic University in Lviv
к. + *n.* **к. за́клад** a Catholic institution (**осере́док** center; **косте́л** church *(building)*, **монасти́р** monastery, **собо́р** cathedral; **о́рден** order; **календа́р** calendar, **кано́н** canon, **моли́товник** breviary, **обря́д** rite; **ві́сник** herald, **огляда́ч** observer; **єпи́скоп** bishop, **мона́х** monk, **свяще́нник** priest; **інтелектуа́л** intellectual, **філо́соф** philosopher); **~а газе́та** a Catholic paper (**публіка́ція** publication; **єпа́рхія** eparchy, **пара́фія** parish; **відпра́ва** service, **літургі́я** liturgy, **тради́ція** tradition; **осві́та** education), ♦ **~а слу́жба** a Mass, ◊ **~а це́рква** the Catholic Church; **~е вихова́ння** Catholic upbringing (**кла́дови́ще** cemetery; **ра́діо** radio, **телеба́чення** television; **свя́то** holiday; **християнство** Christianity)

катува́н|ня, *nt.*
torture, torment, abuse ◊ **В'я́зні зазнава́ли страхітли́вих ~ь.** The prisoners suffered a horrifying torture.
adj. **безжа́льне** ruthless, **брута́льне** brutal, **жорсто́ке** cruel, **звіря́че** savage, **немилосе́рдне** merciless ◊ **Її́ мовча́ння було́ для Оле́ни як немилосе́рдне к.** *fig.* Her silence was like a merciless torment for Olena. **нестерпне** unbearable, **сади́стське** sadistic, **страхітли́ве** horrifying, **страшне́** horrible; **безпере́рвне** nonstop, **пості́йне** constant, **системати́чне** systematic; **мора́льне** moral, **психологі́чне** psychological, **фізи́чне** physical
n. + **к. же́ртва** a torture victim (**ме́тод** method, **техноло́гія** technique) ◊ **До них застосо́вували переві́рену техноло́гію психологі́чних ~ь.** A tested psychological torture technique was applied to them.
v. + **к. завдава́ти** + *D.* **~ь** inflict torture on sb ◊ **Охоро́нці сироти́нця завдава́ли ді́тям мора́льних ~ь.** The orphanage guards inflicted moral torture on the children. **зазнава́ти** suffer, **терпі́ти** endure) ◊ **Вона́ терпі́ла всі к.** She endured all tortures. **піддава́ти** + *A.* **~ням** subject sb to torture ◊ **Зару́чників піддава́ли фізи́чним ~ням.** The hostages were subjected to physical torture.
See **жорсто́кість, знуща́ння 1**

кату|ва́ти, ~ють; за~, *tran.*
1 to torture, torment ◊ **Поло́неного до́вго ~ва́ли.** They tortured the captive for a long time.
adv. **безжа́льно** ruthlessly, **брута́льно** brutally, **жорсто́ко** cruelly, **по-звіря́чому** savagely, **немилосе́рдно** mercilessly, **страхітли́во** in a horrifying manner, **стра́шно** horribly; **безпере́рвно** nonstop, **до́вго** for a long time, **методи́чно** methodically ◊ **Арешто́ваних методи́чно ~ва́ли.** The arrested were methodically tortured. **пості́йно** constantly, **системати́чно** systematically; **мора́льно** morally, **психологі́чно** psychologically, **фізи́чно** physically
See **му́чити 1, 3.** *Also see* **заму́чувати 1**
2 *only pf.* to torture to death ◊ **НКВД закатува́ло у в'язни́ці на Ло́нцького ти́сячі в'я́знів.** The NKVD tortured thousands of prisoners to death in the Lontsky Prison. ♦ **за~ на сме́рть** to torture to death ◊ **Ви́краденого вре́шті-ре́шт закатува́ли на сме́рть.** The kidnapped man was eventually tortured to death.
See **му́чити 2.** *Also see* **заму́чувати 1, знуща́тися 1.** *Cf.* **страждА́ти**
pa. pple **закато́ваний** tortured to death
(за)кату́й!

ка́федра, *f.*, *var. see* **кате́дра**

кача́н, *m.*, **~а́**
head *(of cabbage, etc.)*, ear *(of corn)*, core *(of apple)*
к. + *n.* **к. капу́сти** a head of cabbage, **к. кукуру́дзи** an ear of corn; **к. гру́ші** a pear core (**я́блука** apple) ◊ **На столі́ від я́блук лиша́лися самі́ ~и́.** On the table, only cores were left of the apples.

качи́н|ий, *adj.*
duck, of or pertaining to ducks ◊ **Він переко́нував, що к. жир не шкідли́вий, а кори́сний для здоро́в'я.** He argued that duck fat was not harmful but good for health.
к. + *n.* **к. жир** duck fat (**паште́т** paté); **~а груди́нка** a duck breast (**ні́жка** leg, **печі́нка** liver, **ю́шка** broth); **~е крильце́** a duck wing (**стеге́нце** thigh); **~і ла́пки** duck feet (**бе́бехи**, *colloq. and* **ну́трощі** entrails, **по́трухи** giblets) ◊ **Із ~их по́трухів вихо́дить до́бра ю́шка.** A tasty soup can be made of duck giblets.

ка́ч|ка, *f.*
1 duck *(bird)* ◊ **Ці ~ки́ ще не несу́ться.** These ducks do not yet lay eggs.
adj. **ди́ка** wild, **сві́йська** domestic, **дома́шня** homegrown; **гладка́** plump, **жи́рна** fat
v. + **к. годува́ти ~ку** feed a duck ◊ **~о́к годува́ли ва́реною карто́плею.** They fed the ducks boiled potatoes. (**розво́дити** raise ◊ **Марі́я розво́дила ~о́к.** Maria raised ducks. **трима́ти** keep ◊ **Вони́ дру́гий рік трима́ють ~о́к.** They have kept ducks for the second year. **рі́зати** kill ◊ **Ната́лка зарі́зала найжирні́шу ~ку на бра́тові уроди́ни.** Natalka killed the fattest duck for her brother's birthday. **полюва́ти на** hunt ◊ **Іва́н полю́є на ди́ких ~о́к.** Ivan hunts wild ducks. **па́трати** pluck) ◊ **Ка́чку тре́ба вмі́ти па́трати.** One needs to know how to pluck a duck.
Also see **ку́рка 1**
2 *only sg.* duck meat, duck ◊ **К. була́ що́йно з пе́чі.** The duck was right from the oven.
adj. **жи́рна** fat, **сокови́та** juicy; **ні́жна** tender; **начи́нена** stuffed ◊ **К. начи́нена ри́сом і родзи́нками.** The duck is stuffed with rice and raisins. **пекі́нська** Peking, **пе́чена** roasted, **сма́жена** fried; **сира́** raw; **холо́дна** cold, **розігрі́та** warmed up
v. + **к. ї́сти ~ку** eat duck ◊ **На вече́рю вони́ ї́ли ~ку.** For dinner, they ate duck. (**ґрилюва́ти** grill, **начиня́ти** + *I.* stuff with sth, **пекти́** roast ◊ **Дари́на спекла́ ~ку, начи́нену я́блуками.** Daryna roasted a duck stuffed with apples. **сма́жити** fry, **тушкува́ти** stew)
Also see **ку́рка 2**
L. **на ~ці**

ка́ш|а, *f.*, **~і**
1 porridge, gruel ◊ **Тама́ра з'ї́ла вівся́ної ~і.** Tamara ate some oatmeal.
adj. ♦ **вівся́на к.** oatmeal, ♦ **греча́на к.** buckwheat gruel ◊ **Ді́ти сні́дали греча́ною ~ею.** The children had buckwheat gruel for breakfast. ♦ **кукуру́дзяна к.** hominy grits, ♦ **моло́чна к.** milk porridge ◊ **Він лю́бить моло́чну ~у.** He likes milk porridge. ♦ **ри́сова к.** rice porridge
2 *fig.* mess, muddle, havoc ◊ **В А́лли в голові́ була́ по́вна к.** There was a total mess in Alla's head. ◊ **крива́ва к.** a bloody mess; ♦ **завари́ти ~у** *pf.* to get into trouble

ка́ш|ель, *m.*, **~лю**, *only sg.*
cough ◊ **Си́льний к. не дава́в Мико́лі спа́ти.** A bad cough would not allow Mykola to sleep.
adj. **го́стрий** severe, **жахли́вий** horrible, **паску́дний** nasty ◊ **У ньо́го паску́дний к.** He's has a nasty cough. **си́льний** bad; **гучни́й** loud; **невідсту́пний** relentless, **упе́ртий** persistent; **легки́й** mild, **помі́рний** moderate, **слабки́й** weak; **періоди́чний** periodic, **пості́йний** constant, **хроні́чний** chronic; **сухи́й** dry
n. + **к. на́пад ~лю** a coughing fit ◊ **Він захлина́вся від на́паду ~лю.** He was choking with a coughing fit.
v. + **к. души́ти к.** stifle cough ◊ **Вона́ намага́лася придуши́ти к.** She was trying to stifle her cough. (**потамо́вувати** *or* **тамува́ти** suppress; **лікува́ти** treat ◊ **Вона́ лі́кує к. наро́дними за́собами.** She treats her cough with folk remedies. **ма́ти** have ◊ **Він тре́тій ти́ждень мав упе́ртий к.** For the third week, he has had a persistent cough. **підхо́плювати** *colloq.* catch) ◊ **Він підхопи́в си́льний к.** He caught a bad cough.
prep. **від ~лю** for/with cough ◊ **Його́ обли́ччя ста́ло пурпуро́вим від ~лю.** His face went purple with cough. ♦ **за́сіб від ~лю** a cough remedy (**лі́ки** medicine)
See **хворо́ба**

ка́шля|ти, ~ють; за~ *intr.*
1 to cough, to have a cough ◊ **Час від ча́су хтось з глядачі́в го́лосно ~яв.** From time to time, a spectator coughed loudly.
adv. **весь час** all the time, **періоди́чно** periodically, **хроні́чно** chronically, **ча́сто** often; **рі́дко** rarely, **час від ча́су** from time to time; **го́лосно** loudly ◊ **За сті́но́ю го́лосно ~ли.** Somebody was coughing loudly behind the wall. **ду́же** a lot, **жахли́во** horribly, **неконтрольо́вано** uncontrollably ◊ **Він неконтрольо́вано ~є.** He has an uncontrollable cough. **си́льно** badly; **ле́гко** mildly, **тро́хи** a little ◊ **Лі́ки допомогли́, і тепе́р вона́ ~є лише́ тро́хи.** The medicine helped and now she coughs only a little. **не́рвово** nervously; **ні́яково** awkwardly, **обере́жно** discreetly
v. + **к. почина́ти** begin to ◊ **Вона́ почала́ к.** She began to cough. **ста́ти** *pf.* start; **намага́тися не** try not to; **не перестава́ти** not cease to ◊ **Хво́рий не перестава́в к. годи́ну.** The patient would not cease to cough for an hour.
2 *pf.* to start coughing ◊ **Він не́рвово зака́шляв.** He started coughing nervously.
adv. **ґвалто́вно** abruptly ◊ **Він ґвалто́вно зака́шляв.** He started coughing abruptly. **несподі́вано** unexpectedly, **ра́птом** suddenly; **си́льно** violently ◊ **Він си́льно зака́шляв.** He started coughing violently.
(за)ка́шляй!

квадра́т, *m.*, **~а**
1 square ◊ **славе́тний «Чо́рний к.» Мале́вича** the famous Malevych's *Black Square*
adj. **акура́тний** neat, **доскона́лий** perfect; **вели́кий** big, **невели́кий** small
v. + **к. кре́слити к.** draw a square ◊ **Він накре́слив к.** He drew a square. (**утво́рювати** form) ◊ **Форте́ця утво́рювала доскона́лий к.** The fortress formed a perfect square. **діли́ти** + *A.* **на ~и** divide sth into squares (**розрі́зати** + *A.* **на** cut into) ◊ **Вона́ розрі́зала ті́сто на акура́тні ~и.** She cut the dough into neat squares.
2 *math* square
prep. **в ~і** *math* the square of *(measure)* ◊ **Три у ~і дорі́внює де́в'ять.** The square of three is nine (3^2= 9).

квадра́тн|ий, *var.* **квадрато́вий**, *adj.*
1 square ◊ **За ~им столо́м сіда́ло че́тверо.** Four could sit at the square table. ◊ **люди́на з ~им обли́ччям** a man with a square face; ♦ **~а дужка́** a bracket ◊ **Варія́нти подаю́ть у ~их дужка́х.** Variants are given in brackets.
2 *math* square ◊ **к. ко́рінь** *or* **ко́рінь к.** *math* a

square root; ◊ **к. метр** *math* a square meter; ◊ **~е рівняння** *math* a quadratic equation

кваліфікаці|я, *f.*, **~ї**

qualification, skill

adj. **базова** basic; **висока** high, **найвища** highest ◊ **фахівець найвищої ~ї** a specialist of the highest qualification; **відповідна** required, **достатня** sufficient, **належна** appropriate, **необхідна** necessary; **мінімальна** minimal, **недостатня** insufficient, **низька** low; **спеціяльна** special; **фіктивна** fictitious ◊ **Її висока к. виявилася фіктивною.** Her high qualification turned out to be fictitious. **інженерна** engineering, **медична** medical, **наукова** scientific, **професійна** professional, **технічна** technical, **юридична** legal; ♦ **курси підвищення ~ї** extension courses ◊ **Щороку вчителі відвідують курси підвищення ~ї.** Every year, the teachers attend extension courses.

v. + **к. втрачати ~ю** lose qualification ◊ **Ще рік без роботи, і вона втратить професійну ~ю.** Another year without a job, and she will lose her professional qualification. (**здобувати** achieve, **мати** have ◊ **Усі повинні мати належну юридичну ~ю.** All must have the appropriate legal qualification. **отримувати** receive, **підвищувати** improve); **набувати ~ї** to acquire qualification

See **спеціяльність.** *Cf.* **професія**

кваліфікован|ий, *adj.*

1 qualified, trained

adv. **відповідно** appropriately, **належно** properly; **винятково** exceptionally, ♦ **висококваліфікований** highly qualified ◊ **Вона тішилася репутацією висококваліфікованої економістки.** She enjoyed a reputation of a highly qualified economist. **достатньо** sufficiently ◊ **Компанія потребувала трьох достатньо ~их інформаційних технологів.** The company was in need of three sufficiently qualified information technologists. **ідеально** ideally, **цілком** completely, **як ніхто** as no one else; **технічно** technically; **ледве** scarcely, **недостатньо** insufficiently, **не зовсім** not quite

v. + **к. бути ~им** be qualified (**вважати** + *A.* consider sb, **виявлятися** prove ◊ **Зінченко виявився не зовсім ~им.** Zinchenko proved not quite qualified. **ставати** become) ◊ **Склавши іспити, вона стала належно ~ою дентисткою.** Having passed the exams, she became a properly qualified dentist.

prep. **к. для** + *G.* qualified for sth ◊ **Москаленко недостатньо к. для цього проєкту.** Moskalenko is insufficiently qualified for the project. **к. з** + *G.* qualified in *(a field)* ◊ **к. з політичних технологій** qualified in political technologies

2 high-quality, good, quality ◊ **Після операції хворій потрібен к. медичний догляд.** After the surgery, the (female) patient needs quality medical care. ◊ **Обслуговування в готелі виявилося цілком ~им.** The service at the hotel turned out to be quite good.

See **добрий 3, якісний 2.** *Also see* **відмінний 2, задовільний, славний 3**

кваліфіку|вати, **~ють;** *same, tran., bookish*

1 to regard, assess, judge, classify, describe ◊ **Заміну запозичення питомим словом можна к. як позитивне явище.** The replacement of a loan by an indigenous word can be judged as a positive phenomenon.

adv. **автоматично** automatically, **без сумніву** without a doubt, **виправдано** justifiably ◊ **Дописи блоґера виправдано ~вали як глибоко ворожі.** The blogger's posts were justifiably judged to be deeply hostile. **законно** legitimately, **очевидно** evidently, **переконливо** convincingly

v. + **к. бути схильним** be inclined to ◊ **Він схильний к. ці зміни як загрозливі.** He is inclined to regard those changes as ominous. **мати підстави** have the grounds to ◊ **Вона мала підстави к. поведінку дитини як нетипову.** She had the grounds to judge the child's behavior as atypical.

prep. **к. як** + *N. or* + *I.* qualify sth as ◊ **Слово слід к. жарґонізмом** *or* **як жарґонізм.** The word should be classified as jargon.

2 to qualify *(as professional)* ◊ **Трьох років навчання не достатньо, щоб к. його лікарем.** Three years of studies do not suffice to qualify him as a doctor.

pa. pple. **кваліфікований** qualified

кваліфікуй!

квап|ити, **~лю**, **~иш**, **~лять; по~**, *tran.*

to hurry, push, urge ◊ **Ніхто Ольги не ~ить.** Nobody hurries Olha.

adv. **безцеремонно** unceremoniously ◊ **«Ходімо!» – безцеремонно ~ила хлопця Світлана.** "Let's go!" Svitalna hurried the boy unceremoniously. **грубо** rudely, **делікатно** delicately, **дуже** much, **наполегливо** insistently, **невідступно** relentlessly, **ненав'язливо** unobtrusively, **сильно** intensely, **чемно** politely

prep. **к. з** + *I.* hurry for sth ◊ **Вона все ~ила Марію з відповіддю.** She kept hurrying Maria for an answer.

pa. pple. **покваплений** hurried

(по)квап!

квап|итися; по~, *intr.*

to hurry, hasten, be in a hurry, make haste ◊ **Лукаш ~ився.** When Lukash was in a hurry.

adv. **дуже** a lot, **завжди** always; **іноді** sometimes, **інколи** at times; **ніколи не** never, **спокійно** calmly, **хронічно** chronically; **геть не** not at all, **зовсім не** not at all ◊ **Мирося зовсім не ~илася виконувати обіцянку.** Myrosia did not at all hurry to keep her promise.

v. + **к. бути пізно** be late to ◊ **Пізно к., вистава вже почалася.** It's too late to make haste, the show has already begun. **бути треба** + *D.* need to ◊ **Дівчатам треба по~, щоб устигнути на автобус.** The girls need to hurry, in order to catch the bus. **казати** + *D.* tell sb to ◊ **Він сказав Павлові по~.** He told Pavlo to make haste. **намагатися** try to

prep. **к. з** + *I.* hurry with sth ◊ **Нам слід по~ з іспитом.** We need to hurry up with the exam.

Also see **поспішати 1**

кварт|а, *f.*

colloq. mug, cup ◊ **Біля відра з водою стояла алюмінієва к.** There was an aluminum mug near the bucket with water.

adj. **алюмінієва** aluminum, **металева** metallic, **мідна** copper, **пластмасова** plastic ◊ **набір із десяти пластмасових кварт** a set of ten plastic cups; **одноразова** disposable

к.+ *n.* **к. води** a mug of water (**кави** coffee, **молока** milk, **пива** beer, **чаю** tea)

prep. **в ~у** *dir.* in/to a mug ◊ **Він налив води у ~у.** He poured some water in a mug. **в ~і** *posn.* in a mug ◊ **У ~і лишалося трохи кави.** There was a little coffee left in the mug.

See **кухоль.** *Also see* **горня, філіжанка**

квартал, *m.*, **~у**

1 block *(in a city)*, quarter ◊ **Звідси до опери лише п'ять ~ів.** There are but five blocks from her to the opera house.

adj. **міський** city; **житловий** residential ◊ **Вони шукали бар серед цих житлових ~ів.** They were looking for a bar among those residential blocks. **історичний** historical ◊ **Цей історичний к. міста колись називався Воля.** This historical city quarter was once called Volia. **старий** old; **новий** new; **китайський** Chinese ◊ **Уздовж вулиці лежать китайські ~и міста.** The Chinese quarter of the city lie along the street.

v. + **к. проходити к.** walk a block ◊ **Пройдіть три ~и та поверніть ліворуч.** Walk three blocks and turn left.

prep. **в к.** *dir.* in/to a quarter ◊ **Вони зайшли у вірменський к.** They entered the Armenian quarter. **в ~і** *posn.* in a quarter ◊ **Друзі домовилися зустрітися десь в українському ~і Нью-Йорка.** The friends agreed to meet somewhere in the Ukrainian quarter of New York City. **за к. до** + *G.* a block from sth ◊ **Вони зупинилися за два ~и до мосту.** They stopped two blocks from the bridge.

2 quarter, three months ◊ **Особливо багато гостей зупинялося в готелі в перший к. року.** Particularly many guests would stay at the hotel in the first quarter of the year.

adv. **перший** first, **другий** second, **третій** third, **четвертий** fourth, **останній** last

prep. **в. ~і** in a quarter ◊ **Скорочення персоналу почалися в третьому ~і.** Personnel downsizing began in the third quarter. **на к.** for a quarter ◊ **Цей захід заплановано на наступний к.** The event is scheduled for the next quarter.

квартир|а, *f.*, **~и**

apartment ◊ **Його к. розташовувалася на третьому поверсі.** His apartment was located on the third floor.

adj. **велика** large, **величезна** enormous ◊ **У ті часи квартиру на сто квадратних метрів вважали величезною.** In those times, a 100-square-meter apartment was considered enormous. **простора** spacious; **крихітна** tiny, **мала** small, **тісна** cramped; **затишна** cozy, **зручна** comfortable; **двокімнатна** two-bedroom, **однокімнатна** one-bedroom, **трикімнатна** three-bedroom ◊ **Вони поміняли трикімнатну ~у в Києві на дві однокімнатні в передмісті.** They exchanged their three-bedroom apartment in Kyiv for two one-bedroom ones in the suburbs. **дорога** expensive, **розкішна** luxury; **дешева** cheap, **недорога** inexpensive; **комунальна** communal ◊ **Він виростав у совєтській комунальній ~і.** He grew up in a Soviet communal apartment. **окрема** separate; **вільна** vacant ◊ **Кожна третя к. в будинку залишається вільною.** Every third apartment in the building remains vacant. **порожня** empty; **нова** new; **стара** old; **сучасна** modern; **добре освітлена** well-lit, **світла** light, **сонячна** sunny; **темна** dark ◊ **Через немиті вікна її к. здавалася темнішою, як була насправді.** Because of the dirty windows, her apartment seemed darker than it really was.

v. + **к. здавати ~у** + *D.* lease out an apartment to sb ◊ **На час відсутности вони здавали ~у студентам.** For the time of their absence, they leased their apartment out to students. (**купувати** buy ◊ **Батьки допомогли Оксані купити ~у.** Parents helped Oksana to buy an apartment. **успадковувати** inherit ◊ **Вона успадкувала цю ~у від тітки Тамари.** She inherited this apartment from Aunt Tamara. **наймати** rent ◊ **Мотря найняла ~у неподалік від праці.** Motria rented an apartment not far from work. **ремонтувати** repair; **знаходити** find, **шукати** look for ◊ **Я шукаю ~у на першому поверсі.** I am looking for an apartment on the first floor. **умебльовувати** *or* **обставляти** furnish ◊ **Степаненки найняли оформлювача, щоб обставити нову ~у.** The Stepanenkos hired a designer to furnish the new apartment. **прибирати** clean ◊ **Він прибирав ~у щосуботи.** He cleaned the apartment every Saturday. **ремонтувати** renovate) ◊ **Вони ремонтували ~у самотужки.** They renovated the apartment single-handedly. **виїжджати з ~и** move out of an apartment ◊ **Він виїхав із ~и за місяць до кінця контракту.** He moved out of the apartment a month before the contract ended.

(**переїжджа́ти до** move into) ◊ **Че́рез мі́сяць сім'я́ переї́де до ново́ї ~и.** In a month the family will move into a new apartment. **жи́ти у ~і** live in an apartment ◊ **Тепе́р вони́ живу́ть у вла́сній ~і.** Now they live in their own apartment. ♦ **жи́ти на ~і** 1) to live at sb's place ◊ **Ю́рій жив на ~і в ті́тки Оле́ни.** Yurii lived at Aunt Olena's place.
2) to rent a room, lodge ◊ **Вінволі́в жи́ти на ~і, як у гурто́житку.** He preferred to rent a room rather than live in a dormitory.
prep. **у ~у** *dir.* in/to an apartment ◊ **Дани́ло допомі́г йому́ занести́ кана́пу у ~у.** Danylo helped him carry the sofa into the apartment. **у ~і** *posn.* in an apartment
Also see **поме́шкання 2.** *Cf.* **кімна́та**

квартира́нт, *m.*; **~ка**, *f.*
tenant, lodger ◊ **Нови́й к. – студе́нт консервато́рії.** The new tenant is a conservatory student.
adj. **ни́нішній** current ◊ **Його́ ни́нішній к. пості́йно запі́знюється з опла́тою.** His current tenant is constantly behind with his rent. **тепе́рішній** present; **нови́й** new, **стари́й** old, **потенці́йний** potential ◊ **Вона́ шука́є потенці́йних ~ів.** She looks for potential tenants. **ідеа́льний** ideal, **хоро́ший** good ◊ **Ві́ктор був хоро́шим ~ом.** Viktor was a good tenant.
v. + **к. виселя́ти ~а** evict a tenant ◊ **Хазя́йка не могла́ ви́селити ~а без завча́сного попере́дження.** The landlady could not evict her tenant without an advance notice. (**заво́дити** get ◊ **Щоб не бу́ти самі́й па́ні С. завела́ двох ~ів.** In order not to be alone, Mrs. S. got two tenants. **ма́ти** have ◊ **Коли́сь вони́ ма́ли ~а.** Once they had a tenant. **шука́ти** look for)
к. + *v.* **займа́ти** + *A.* occupy sth ◊ **Оста́нню кімна́ту займа́є к.** The last room is occupied by a tenant.

квасн|и́й, *adj.*
sour; *also fig.* ◊ **Дем'я́н люби́в ду́же к. капусня́к.** Dem'yan liked his sauerkraut soup very sour. ◊ **По ~о́му обли́ччю Гали́ни було́ ви́дно, що пропози́ція розчарува́ла її́.** *fig.* From Halyna's sour face it was clear that the offer disappointed her.
к. + *n.* **к. смак** sour taste (**сорт** sort) ◊ **Цей сорт я́блук бі́льше к., як соло́дкий.** This sort of apples is more sour than sweet. **~а́ мі́на** *fig.* a sour expression; ♦ **к. патріоти́зм** jingoism ◊ **Газе́ти підігріва́ли се́ред чита́чів к. патріоти́зм.** The newspapers inflamed jingoism among their readers
Also see **ки́слий 1, 2**

квасо́л|я, *f., coll., only sg.*
bean, French *(haricot, kidney)* bean; *also coll.* ◊ **Вона́ виро́щувала ~ю.** She grew beans.
adj. **бі́ла** white, **черво́на** red, **чо́рна** black ◊ **Васи́ль ро́бить до́брий сала́т із черво́ної і чо́рної ~і.** Vasyl makes a tasty salad of red and black beans. **консерво́вана** canned; **су́шена** dried
v. + **к. вари́ти ~ю** boil beans (**вимо́чувати** soak ◊ **Перш ніж вари́ти су́шену ~ю, її́ слід ніч вимо́чувати.** Prior to boiling dried beans, they should be soaked overnight. **ї́сти** eat; **тушкува́ти** stew)
prep. **з ~ею** with beans ◊ **тушко́вана свини́на з бі́лою ~ею** stewed pork with white beans
See **горо́дина**

ква́шен|ий, *adj.*
pickled, sour ◊ **Узи́мку вона́ роби́ла сала́т із ~ої капу́сти та цибу́лі.** In winter, she would make a salad of sauerkraut and onions.
к. + *n.* **к. буря́к** a pickled beetroot (**каву́н** watermelon, **часни́к** garlic); ♦ **~а капу́ста** sauerkraut, **~а мо́рква** pickled carrots; **~е молоко́** sour milk ◊ **~е молоко́ назива́ють кисляко́м.** Sour milk is called *kysliak*. **~і огірки́** pickled cucumbers (**помідо́ри** tomatoes, **я́блука** apples)

квита́нці|я, *f.*, **~ї**
receipt ◊ **За зако́ном, крамни́ця має видава́ти покупце́ві ~ю за про́даний това́р.** By law, a store is to issue a buyer the receipt for the sold product.
adj. **ба́нкова** bank, **торго́ва** commercial; **електро́нна** electronic, **цифрова́** digital; **папе́рова** paper ◊ **У крамни́ці видаю́ть за́мість папе́рових лише́ електро́нні ~ї.** They issue only electronic receipts instead of the paper one at the store. **друко́вана** printed, **пи́сана від руки́** handwritten, **письмо́ва** written; **спра́вжня** genuine; **ли́пова** *colloq.* phony, **підро́бна** fake; **станда́ртна** standard; **відпові́дна** relevant, **нале́жна** proper
v. + **к. бра́ти ~ю** take a receipt ◊ **Він забу́вся взя́ти ~ю.** He forgot to take the receipt. (**вимага́ти в** + *G.* demand from sb; **видава́ти** + *D.* issue sb, **дава́ти** + *D.* give sb ◊ **Продавчи́ня дала́ їй ~ю.** The saleswoman gave her the receipt. **друкува́ти** print; **зберіга́ти** keep ◊ **Про вся́к ви́падок І́гор зберіга́є всі ~ї.** Just in case, Ihor keeps all his receipts. **отри́мувати від** + *G.* receive from sb, **писа́ти** + *D.* write for sb, **подава́ти** + *D.* submit to sb ◊ **Щоб поверну́ти това́р, кліє́нтка му́сила пода́ти ~ю про́дажу.** In order to return the merchandise, the (female) customer had to submit a sales receipt. **потребува́ти** need) ◊ **Для компенса́ції ко́жного вида́тку він потребува́в відпові́дну ~ю.** In order to be compensated for his every expenditure, he needed a relevant receipt.
Also see **факту́ра 2.** *Cf.* **розпи́ска**

квит|о́к, *m.*, **~ка́**
1 ticket ◊ **~ки́ на по́тяг мо́жна купи́ти в мере́жі.** Train tickets can be purchased on the Internet.
adj. **безкошто́вний** free ◊ **Він ви́грав у лотере́ю безкошто́вний к. на конце́рт.** He won a free concert ticket in a lottery. **вхідни́й** admission; **де́нний** day, **добови́й** 24-hour, **мі́сячний** monthly, **сезо́нний** season, **тижне́вий** weekly ◊ **тижне́вий к. на метро́** a weekly subway pass; **дитя́чий** children's; **ді́йсний** valid; **неді́йсний** invalid ◊ **Ку́плений у спекуля́нта к. ви́явився неді́йсним.** The ticket bought from a scalper turned out to be invalid; **доро́слий** adult ◊ **Хло́пець му́сив купува́ти доро́слий к.** The boy was obliged to buy an adult ticket. **авто́бусний** bus, **залізни́чний** railway, **троле́йбусний** trolleybus; **спа́льний** sleeping-car, **купе́йний** second-class ◊ **Купе́йний к. означа́в, що він ї́хатиме ще із трьома́ пасажи́рами в купе́.** The second-class ticket meant that he would be traveling with another three passengers in his compartment. **плацка́ртний** second-class, **зага́льний** third-class ◊ **Студе́нткою Лари́са купува́ла ті́льки зага́льні ~ки́ на по́тяг.** When a student, Larysa would buy only third-class train tickets. **екзаменаці́йний к.** examination ticket *(drawn by student taking an exam)*
к. + *n.* **к. бі́знес-кла́су** a business-class ticket ◊ **Вона́ не могла́ дозво́лити собі́ к. бі́знес-кла́су до Ріо-де-Жане́йра.** She could not afford a business-class ticket to Rio de Janeiro.
v. + **к. дістава́ти к.** obtain a ticket (**замовля́ти** book, **компостува́ти** validate ◊ **К., тре́ба закомпостува́ти пе́ред поса́дкою на по́тяг.** The train ticket needs to be validated before boarding the train. **збира́ти** collect, **переві́ряти** check; **пока́зувати** show; **пробива́ти** punch ◊ **Пасажи́ри пови́нні самі́ пробива́ти ~ки́.** Passengers are to punch their tickets themselves. **купува́ти** buy; **ма́ти** have; **продава́ти** sell)
к. + *v.* **ко́штувати** + *A.* cost sth ◊ **Оди́н к. ко́штує три́ста гри́вень.** One ticket costs ₴300.[00] (hryvnias). **продава́тися за** + *A.* be sold for sth ◊ **~ки́ продаю́ться за шістдеся́т одну́ гри́вню.** The tickets are sold for ₴61.[00]. ♦ **усі́ ~ки́ про́дані** *or* **про́дано** *(theater)* the house is sold out, all tickets have been sold out *(for train, etc.)*
prep. **за ~ком** by a ticket ◊ **Вхід на ви́ставку лише́ за ~ками.** Admission to the exhibition is only by tickets. **к. до** + *G.* ticket to *(a place)* ◊ **к. до теа́тру** a theater ticket (**кіна́** movie, **музе́ю** museum); **к. на** + *A.* ticket to *(an event)* ◊ **к. на конце́рт** a ticket to a concert (**ви́ставку** exhibition, **футбо́л** soccer match), **к. на по́тяг** a train ticket (**авто́бус** bus, **літа́к** plane); ♦ **к. в оби́два бо́ки** a round-trip ticket, ♦ **к. в оди́н бік** a one-way ◊ **Вона́ купи́ла к. до Пари́жу в оди́н бік.** She bought a one-way ticket to Paris.
2 card, membership card ◊ **При вхо́ді на збо́ри тре́ба було́ показа́ти профспілко́вий к.** At the entrance to the meeting one had to produce one's trade-union membership card.
adj. **парті́йний** party ◊ **Він берí́г парті́йний к. на́віть пі́сля заборо́ни па́ртії.** He kept his party membership card even after the party had been outlawed. **профспілко́вий** trade-union, **чле́нський** membership
v. + **к. вруча́ти к.** hand in a membership card (**отри́мувати** receive; **здава́ти** relinquish) ◊ **Пі́сля пора́зки за́колоту ти́сячі чле́нів па́ртії здали́ парті́йні ~ки́.** After the defeat of the coup, thousands of party members relinquished their party membership cards.
L. **на ~ку́** *or* **~о́ві**

кві́т|ень, *m.*, **~ня**
April ◊ **Був к. – мі́сяць, коли́ цвіту́ть ви́шні.** It was April, the month when cherry blossoms. ◊ **Він народи́вся шо́стого ~ня.** He was born on April 6. ◊ **лист від сьо́мого ~ня** a letter dated April 7; ♦ **пе́рше ~ня** All-Fool's Day
prep. **в ~ні** in April ◊ **Пого́да у ~ні до́сить мінли́ва.** The weather in April is rather changeable.
See **мі́сяць, сі́чень**

кві́т|и, *only pl.*, **~ів**
flowers ◊ **У них у ха́ті за́вжди́ сві́жі к.** There are always fresh cut flowers at their place.
adj. **весня́ні** spring, **зимо́ві** winter ◊ **Альстреме́рії ста́ли для ньо́го зимо́вими ~ами.** Alstromerias became winter flowers for him. **лі́тні** summer, **осі́нні** autumn; **га́рні** beautiful, **чудо́ві** wonderful; **барви́сті** colorful, **яскра́ві** bright; **екзоти́чні** exotic ◊ **буке́т екзоти́чних ~ів** a bunch of exotic flowers; **рі́дкісні** rare; **запашні́** *or* **паху́чі** fragrant, **п'янкі́** intoxicating; **зів'я́лі** wilted, **ме́ртві** dead, **сухі́** dried; **живі́** fresh, **сві́жі** fresh cut; **квіту́чі** blooming; **ди́кі** wild, **лісові́** forest, **польові́** field, **садо́ві** garden, **степові́** steppe, **тропі́чні** tropical; **теплі́чні** greenhouse; **папе́рові** paper, **пластма́сові** plastic, **шту́чні** artificial; **улю́блені** favorite ◊ **Його́ улю́блені к. – троя́нди.** His favorite flowers are roses.
к. + *n.* **к. гладіо́луса** gladiolus flowers (**жоржи́ни** dahlia ◊ **К. жоржи́ни бува́ють рі́зного ко́льору.** Dahlia flowers come in different colors. **кульба́би** dandylion ◊ **Вони́ плели́ вінки́ із ~ів кульба́би.** They made crowns of dandelion flowers. **лі́леї** lily, **ма́ку** poppy, **піво́нії** peony, **троя́нди** rose, **тюльпа́на** tulip)
n. + **к. буке́т ~ів** a bouquet of flowers (**в'я́занка** bunch)
v. + **к. виро́щувати к.** grow flowers ◊ **Ні́на виро́щує чудо́ві к.** Nina grows wonderful flowers. (**дарува́ти** + *D.* give sb ◊ **Він подарува́в їй в'я́занку ди́ких ~ів.** He gave her a bunch of wild flowers. **запи́лювати** pollinate ◊ **Кома́хи запи́люють к.** Insects pollinate flowers. **зріза́ти** cut ◊ **Він пішо́в у сад зрі́зати сві́жих ~ів.** He went to the garden to cut some fresh flowers. **купува́ти** buy; **ню́хати** smell; **отри́мувати** receive ◊ **Весь час акто́рка отри́мувала к. від прихи́льників її́ тала́нту.** All the time, the actress received flowers from admirers of her

talent. полива́ти water; посила́ти + *D.* send sb, прино́сити + *D.* bring sb; рва́ти pick) ◊ **Він нарва́в сестрі́ степови́х ~ів.** He picked some steppe flowers for his sister.
Cf. **цвіт 1**

квітни́к, *m.*, **~а́**
flower bed ◊ **Уздо́вж але́ї були́ ~и́ із троя́ндами.** Along the alley, there were flower beds with roses.
adj. **акура́тний** tidy, **вели́кий** big, **разю́чий** striking, **га́рний** beautiful, **занедбаний** neglected, **невели́кий** small, **чудо́вий** wonderful
v. + **к. розбива́ти к.** make a flower bed ◊ **Пе́ред ха́тою Ната́лка розби́ла три окре́мі ~ки́.** In front of the house, Natalka made three separate flower beds.
prep. **в ~у́** *or* **~о́ві** ◊ **інстру́кції про те, як позбу́тися мура́х в ~о́ві** instructions on how to get rid of ants in a flower bed; **на ~у́** *or* **~о́ві** in a flower bed ◊ **Щомі́сяця на ~у́ цвіли́ і́нші кві́ти.** Each month, different flowers bloomed in the flower bed.

кві́тн|ути, **~уть; роз~**; *pa. pf., m.* **розкві́т** *or* **розкві́тнув**, *pl.* **розкві́тли** *or* **розкві́тнули**, *intr.*
1 to flower, bloom, blossom; *in pf.* to come into bloom ◊ **У Га́лі під вікно́м розкві́тли піво́нії.** Peonies came into bloom under Halia's window.
adv. **бу́йно** exuberantly, **пи́шно** lushly ◊ **У саду́ пи́шно ~ули жоржи́ни.** Dahlias were flowering lushly in the garden. **ря́сно** profusely; **наре́шті** finally, **оста́ннім** last; **пе́ршим** first ◊ **Проліски тут ~уть пе́ршими.** Snowdops are the first to flower here. **пі́зно** late ◊ **Ці кущі́ ~уть пі́зно, з пе́ршими моро́зами.** These bushes bloom late, with the first frosts. **ра́но** early; **безпереста́нку** nonstop, **весь час** all the time, **до́вго** for a long time; **раз на рік** once a year
v. + **к. ма́ти** be supposed to ◊ **У цей час бузо́к уже́ мав к.** At this time, lilac was supposed to be already flowering. **почина́ти** begin to ◊ **Ли́па почина́є к. в сере́дині че́рвня.** The linden begins to blossom in mid-June. **ста́ти** *pf.* start to; **продо́вжувати** continue to; **перестава́ти** stop
Also see **цвісти́ 1, 2**
2 *fig.* to flourish, prosper ◊ **Коли́сь давно́ тут ~ула цивіліза́ція.** Once long ago, civilization flourished here.
(роз)кві́тни!

кво́л|ий, *adj.*
1 feeble, weak; faint; *also fig.* ◊ **У ~ому ті́лі письме́нника був незла́мний дух.** There was an indomitable spirit in the writer's feeble body. ◊ **К. ле́гіт ле́две ворушив ли́стя дере́в.** A faint breeze barely moved the leaves of the trees.
adv. **винятко́во** exceptionally, **геть** totally, **до́сить** rather, **ду́же** very, **жалюгі́дно** pathetically, **зо́всім** completely, **небезпе́чно** dangerously, **незвича́йно** unusually ◊ **Він здава́вся незвича́йно ~им.** He seemed unusually feeble. **тро́хи** a little
к. + *n.* **к. го́лос** a feeble voice (**дух** spirit; **пульс** pulse; **юна́к** youth; **при́від** *fig.* excuse); **~а дити́на** a feeble child (**кінці́вка** limb ◊ **Її кінці́вки, ~і від до́вгого го́лоду, не кори́лися їй.** Her limbs, feeble from long hunger, did not obey her. **нога́** leg, **рука́** arm; **ду́мка** thought, **уя́ва** imagination; **по́смішка** smile); **~е здоро́в'я** feeble health (**ті́ло** body; **бажа́ння** *fig.* desire; **ви́правдання** *fig.* justification)
v. + **к. бу́ти ~им** be feeble (**вигляда́ти** look, **здава́тися** + *D.* seem to sb; **лиша́тися** remain, **става́ти** become) ◊ **Його́ го́лос став жалюгі́дно ~им.** His voice became pathetically feeble.
See **слабки́й 1.** *Also see* **ви́снажений, занепа́лий 2, слаби́й 3.** *Ant.* **могу́тній, си́льний 1, туги́й 3**
2 meager, scanty, poor ◊ **Тако́го ~ого врожа́ю карто́плі їм ви́стачить хіба́ на три мі́сяці.** Such a poor potato crop will suffice them maybe for three months. ◊ **Пшени́ця цього́річ була́ до́сить ~ою.** The wheat this year was rather scanty. ◊ **~і до́кази полі́ції не перекона́ли судді.** The police's scanty evidence did not convince the judge.
Also see **бі́дний 4**

кепку|ва́ти, **~ють; по~**, *intr.*
to make fun, mock, banter; *pf.* to make fun *(for a limited time)*
adv. **жорсто́ко** ruthlessly ◊ **Марти́нові здава́лося, що до́ля жорсто́ко ~є з ньо́го.** It seemed to Martyn that his fate was cruelly mocking him. **ле́гко** lightly, **по-дру́жньому** in a friendly manner; **за́вжди́** always, **і́ноді** sometimes, **пості́йно** constantly, **ча́сто** often
v. + **к. люби́ти** like to ◊ **Петро́ люби́в по~ над моло́дшим бра́том.** Petro liked to poke fun at his younger brother. **почина́ти** begin to, **ста́ти** *pf.* start; **перестава́ти** stop
prep. **к. з** + *G.* make fun of sb ◊ **Він ~вав з цього́ незґра́бного юнака́.** He made fun of the clumsy youth. **к. над** + *I.* make fun of sb
(по)кепку́й!
See **знуща́тися 2**

ке́пськ|ий, *adj.*
bad, of poor quality, poor ◊ **Із па́на М. був до́сить к. пора́дник.** Mr. M. made a rather poor advisor.
adv. **абсолю́тно** absolutely, **винятко́во** exceptionally ◊ **Він був винятко́во ~им учи́телем.** He was an exceptionally poor teacher. **вкрай** extremely, **геть** totally, **ду́же** very, **зо́всім** utterly, **страше́нно** awfully, **цілко́м** completely, **я́вно** clearly; **до́сить** rather ◊ **Рома́н був у до́сить ~ому на́строї.** Roman was in a rather poor mood. **доста́тньо** sufficiently, **ма́йже** almost
v. + **к. бу́ти ~им** be bad ◊ **Пого́да була́ геть ~ою.** The weather was totally bad. (**вважа́ти** + *A.* consider sb/sth ◊ **Його́ вважа́ли ~им футболі́стом.** He was considered to be a poor soccer player. **виявля́тися** prove ◊ **Її здоро́в'я ви́явилося зо́всім ~им.** Her health proved to be utterly poor. **здава́тися** + *A.* seem to sb; **лиша́тися** stay; **става́ти** become, grow) ◊ **Під його́ редаґува́нням газе́та ста́ла зо́всім ~ою.** Under his editorship, the paper became utterly bad.
See **пога́ний 1.** *Also see* **дурни́й 3, незадові́льний, нія́кий 2, парши́вий 1, паску́дний 1, упере́джений 2**

кері́вн|и́й, *adj.*
leading, main, chief, highest ◊ **Найви́щим ~и́м о́рганом па́ртії є з'ї́зд.** The highest governing body of the party is its convention. ◊ **Рі́вність ко́жного пе́ред зако́ном – к. при́нцип демократи́чного суспі́льства.** Equality of everyone before the law is the main principle of a democratic society. ◊ **Її впе́рше обира́ли на ~у́ поса́ду.** She was being elected to a leadership post for the first time. ◊ **Було́ б кра́ще, якби́ хтось оди́н відіграва́в тут ~у́ роль.** It would be better if one person played a leadership role here.

керівни́к, *m.*, **~а́; керівни́|чка**, *f.*, *var.* **~ця**
director, manager, leader
adj. **блиску́чий** brilliant, **до́брий** good, **ефекти́вний** effective, **кваліфіко́ваний** highly qualified, **спри́тний** shrewd, **фахови́й** professional, **чутли́вий** sensitive ◊ **Він ви́явився чутли́вим ~о́м.** He proved to be a sensitive manager. **безда́рний** inept, **жалюгі́дний** pathetic, **ке́пський** poor, **неприда́тний** unfit, **неспромо́жний** incompetent, **пога́ний** bad; **відповіда́льний** responsible; **ста́рший** senior; **моло́дший** junior; **досві́дчений** experienced, **недосві́дчений** inexperienced
к. + *n.* **к. дисерта́ції** a dissertation advisor, **к. проє́кту** a project manager; **кла́сний к.** a class-teacher ◊ **Їхній кла́сний к. ви́явився жорсто́кою люди́ною.** Their class teacher turned out to be a cruel man. **парті́йний к.** a party leader (**профспі́лко́вий** trade-union) ◊ **Вона́ ма́ла зу́стріч із нови́м профспілко́вим ~о́м.** She had a meeting with the new union leader.
v. + **к. бу́ти ~о́м** be a manager (**найма́ти** + *A.* hire sb as ◊ **Осипе́нка найняли́ головни́м ~о́м ві́дділу.** Osypenko was hired as the chief manager of the branch. **працюва́ти** work as, **признача́ти** + *A.* appoint sb as, **става́ти** become) ◊ **Майстру́к так і не став до́брим ~о́м.** Maistruk never became a good director.
Also see **голова́ 3, госпо́дар 3, дире́ктор, заві́дувач, ме́неджер, міні́стр, очі́льник**

керівни́цтв|о, *nt.*, *only sg.*
1 leadership *(business of leading)*, management, guidance ◊ **Вона́ охо́че взяла́ к. фі́рмою.** She willingly took the management of the firm.
adj. **до́бре** good, **динамі́чне** dynamic, **ефекти́вне** effective, **спри́тне** shrewd; **досві́дчене** experienced; **тверде́** firm, **упе́внене** confident; **натхне́нне** inspired; **чітке́** clear; **поінформо́ване** informed; **духо́вне** spiritual ◊ **Він здійснював духо́вне к. шко́лою.** He exercised the spiritual guidance of the school. **мора́льне** moral; **політи́чне** political; **колеґія́льне** collegial ◊ **К. університе́том ма́ло бу́ти колеґія́льним.** The university management was supposed to be collegial, **колекти́вне** collective, **спі́льне** joint; **одноосі́бне** single-handed, **особи́сте** personal; **спра́вжнє** real, **факти́чне** actual; **неподі́льне** undivided; **блиску́че** brilliant, **впра́вне** apt, **знамени́те** *colloq.* superb, **нале́жне** proper, **чудо́ве** great; **аби́яке** shoddy, **аматорське** amateurish, **ке́пське** poor, **пога́не** bad ◊ **Пога́не к. ко́штувало компа́нії неаби́яких гро́шей.** Bad management cost quite some money to the company. **слабке́** weak, **хистке́** shaky
к. + *n.* **к. виробни́цтвом** production management (**кампа́нією** campaign, **модерніза́цією** modernization, **проце́сом** process; **компа́нією** company, **фі́рмою** firm; **ві́дділом** division, **міні́сте́рством** department, ministry, **управлі́нням** directorate, **у́рядом** government)
v. + **к. бра́ти к.** assume the leadership (**здійснювати** exercise, **перебира́ти** take over, **передава́ти** + *D.* hand over to sb, **поклада́ти на** + *A.* vest sb with) ◊ **На не́ї покла́ли к. компа́нією.** She was vested with the management of the company. **забезпе́чувати** + *A.* **~ом** provide sth with leadership ◊ **Се́ред них не було́ жо́дного, хто забезпе́чив би кампа́нію нале́жним ~ом.** There was no one among them who would provide the campaign with proper leadership.
prep. **під ~ом** + *G.* under the leadership of sb ◊ **Робо́ту вико́нуватимуть під фахови́м ~ом Бережно́го.** The work will be done under Berezhny's professional guidance.
Also see **ме́неджмент 1, про́від 1, управлі́ння 1**
2 *coll.* leadership, leaders, managers, directors ◊ **Вона́ обговори́ла пита́ння з усі́м ~ом па́ртії.** She discussed the issue with the entire party leadership.
adj. **досві́дчене** experienced, **ефекти́вне** effective, **кваліфіко́ване** highly-qualified, **фахове́** professional; **моло́де** young, **моло́дше** junior, **старе́** old, **ста́рше** senior; **консервати́вне** conservative, **ліберальне** liberal, **проґреси́вне** progressive
к. + *n.* **к. краї́ни** leaders of the nation (**па́ртії** party, **профспі́лки** trade union) ◊ **На зу́стрічі було́ найви́ще к. мі́ста.** The top leaders of the city were in attendance at the meeting.
See **керівни́к.** *Also see* **ме́неджмент 2**

керм|ó, *nt.*
steering wheel, helm, joystick ◊ **Капітáн кораблá мíцно тримáв к.** The ship master held the helm firmly.
к. + n. **к. автомобíля** a steering wheel ◊ **У новíй моделí автомобíля к. мóжна пристосóвувати до потрéб водíя.** In the new car model, the steering wheel can be adjusted to the driver's needs. ◊ **к. велосипéда** handle bars, ◊ **к. кораблá** a ship rudder; ♦ **к. літакá** a joystick ◊ **Постáвивши лiтáк на автопілóт, він відпустúв к.** Having switched the aircraft to autopilot, he let go of the joystick.
v. + **к. повертáти к.** turn a wheel (**сідáти за** take a seat at) ◊ **Соломíя сíла за к.** Solomiaya took a seat at the steering wheel. ♦ **бýти бíля ~á** *or* **стоя́ти за ~óм** to be at the helm ◊ **Заснóвник музéю і зáраз стоя́в за йогó ~óм.** The founder of the museum was at its helm even now.
N. pl. **кéрма**

керу|вáти, **~ють;** *no pf., intr.*
1 to steer, drive, operate, control + *I.* ◊ **Ларúса швúдко навчúлася к. цим прúстроєм.** Larysa quickly learned to operate this device.
adv. **вмíло** ably ◊ **Хлóпець дóсить умíло ~вав кíньми.** They boy steered the horses quite ably. **впрáвно** skillfully, **грáмотно** competently, **дóбре** well, **лéгко** easily, **майстéрно** masterfully, **професíйно** professionally, **спритно** shrewdly; **кéпсько** poorly, **насúлу** barely, **невмíло** ineptly, **погáно** badly
к. + *n.* **к. автíвкою** drive a car (**автóбусом** bus, **трамвáєм** street car, **тролéйбусом** trolleybus) ◊ **Він умíв професíйно к. тролéйбусом.** He was able to drive a trolleybus professionally. **к. кораблéм** steer a ship (**човнóм** boat; **вертольóтом** helicopter, **літакóм** airplane) ◊ **Пилúп рáптом запропонувáв йомý к. літакóм.** Pylyp suddenly offered him to steer the aircraft. **к. емóціями** control emotions (**прúстрастями** passions; **потрéбами** necessities; **підсóнням** climate, **погóдою** weather, **процéсом** process, **ситуáцією** situation, *etc.*)
v. + **к. вмíти** be able to ◊ **Вонá вмíла впрáвно к. вітрúльником.** She was able to steer a sailboat skillfully. **вчúти** + *A.* teach sb to ◊ **Механíк навчúв новачкá к. облáднанням.** The mechanic taught the novice to operate the equipment. **вчúтися** learn to ◊ **Михáйлові вчúвся к. трáктором.** Mykhailo was learning to drive the tractor.
Also see **вестú 3**
2 to direct, lead, manage, govern + *I.* ◊ **Він вúявився неспромóжним к. краïною.** He proved to be incapable of governing the country. ◊ **Пíсля смéрти бáтька вонá булá вúмушена к. компáнією.** After her father's death, she was compelled to run the company. ◊ **Із дзвінúці капітáнові булó лéгше к. вогнéм артилéрії.** It was easier for the captain to direct the artillery fire from the belfry.
v. + **к. бýти здáтним** be able to ◊ **Новá економíстка здáтна к. бáнком.** The new (female) economist is able to manage a bank. **бýти спромóжним** be capable of, **бýти неспромóжним** be incapable of; **перекóнувати** + *A.* convince sb to ◊ **Йогó не трéба булó дóвго перекóнувати к. слíдством.** He did not need a lot of convincing to lead the investigation. **призначáти** + *A.* appoint sb to ◊ **Її признáчили к. вíддiлом.** She was appointed to manage the division. **просúти** + *A.* ask sb to, **погóджуватися** agree to ◊ **Він погóдився к. архíвом.** He agreed to manage the archive.
Also see **вестú 4, очóлювати**
3 *fig., only impf.* to motivate, drive + *I.* ◊ **Ромáном ~вáла жадóба пóмсти.** Roman was driven by a craving for revenge. ◊ **Її вчúнками ~вáло бажáння вúпробувати себé.** The desire to put herself to the test drove her actions.
Also see **надихáти**
4 *ling.* to govern *(a case)* + *I.* ◊ **Це дієслóво ~є орýдним відмíнком.** The verb governs the instrumental case.
(с)керýй!

керу|вáтися; *no pf., intr.*
pass. to be motivated by, be driven by, be based on ◊ **Вонú ~ються винятковó влáсними інтерéсами.** They are driven exceptionally by their own interests. ◊ **В анáлізі ситуáції вонá ~вáлася дáними, отрúманими з першоджерéл.** In her analysis of the situation, she relied on the data obtained from primary sources.

кúда|ти, **~ють; кúн|ути**, **~уть**, *tran.*
1 to throw, fling, hurl, toss ◊ **Óля задýмливо ~ла кáмені в óзеро.** Olia was pensively throwing stones in the lake.
adv. **далéко** far ◊ **Він кúнув я́блуко далéко за паркáн.** He threw the apple far behind the fence. **геть** away, **додóлу** *or* **надолúну** down, **вгóру** *or* **догорú** up, **вбíк** aside, **навкóло** around, **лíворуч** to the left, **прáворуч** to the right; **несподíвано** unexpectedly, **рáптом** suddenly, **швúдко** quickly; **дослíвно** literally ◊ **Він дослíвно кúнув кнúжкою в Іллю́.** He literally threw the book at Illia. **прóсто** simply, **практúчно** practically; **сердúто** angrily; **недбáло** carelessly; **за борт** overboard ◊ **Петрó кúнув кíтвý за борт мéтрів сто від бéрега.** Petro threw the anchor overboard some one hundred meters from the shore.
к. + *n.* **к. кáмінь** throw a stone (**м'яч** ball, **патúк** stick, **спис** spear)
v. + **к. бýти трéба** + *D.* need to ◊ **Трéба булó кúнути гачóк якнайдáлі.** The hook needed to be thrown as far as possible. **змогтú** *pf.* manage to, **могтú** can ◊ **Колúсь він міг к. м'яч на трúдцять мéтрів.** Once he could throw the ball 30 meters away. **намагáтися** try to
prep. **к. в** + *A.* throw at sb ◊ **Вонá кúнула у птáха картоплúною.** He threw a potato at the bird. ♦ **к.** + *D.* **вúклик** to challenge sb; **к. на** + *A.* throw at/to sth ◊ **Вонá недбáло кúнула óбрýс на стіл.** She carelessly tossed the tablecloth on the table. ♦ **к. грóші на вíтер** to throw money to the wind; ♦ **к. сúли на** + *A.* to mobilize energy for sth ◊ **Місцéві мéшканці кúнули всі сúли на допомóгу бíженцям.** The local inhabitants mobilized all their energy for refugee assistance. ♦ **к. тінь на** + *A.* to cast a shadow on sb/sth ◊ **Такí дії ~ють тінь на вáшу футбóльну дружúну.** Such actions cast a shadow on your soccer team.
Also see **відкидáти 1, закидáти 1, запускáти 3, кúдатися 7, метáти 1**
2 *fig.* to cast *(light, look, etc.)*, shed, shoot ◊ **Лáмпа ~ла дóсить квóле свíтло.** The lamp shed a rather faint light. ◊ **У цю пóру дня дерéва ~ють найдóвші тíні.** At this time of day, trees cast the longest shadows. ♦ **к. пóгляд на** + *A.* to cast a look at ◊ **Лев кúнув на нéї тривóжний пóгляд.** Lev cast an anxious look at her.
3 to drop ◊ **Він кúнув лопáту й сів відпочúти.** He dropped the spade and sat down to rest. ♦ **жеребóк кúнуто** the die is cast ♦ **к. кíтвý** *or* **я́кір** *also fig.* to drop anchor, stay ◊ **Мандрíвникú кúнути в цьóму мíсті кíтвý на зúму.** *fig.* The wayfarers dropped anchor in this city for the winter.
Also see **опускáти 2**
4 to toss around ◊ **Вíтер ~є човнú по хвúлях.** The wind tosses the boats around on the waves. *only impf.* **к. з бóку на бік** to toss from side to side.
Also see **метáти 3**
5 to abandon, leave, desert, quit ◊ **Гуля́щий бáтько кúнув ïх рáно в дитúнстві.** Their philandering father abandoned them early in their childhood.
к. + *n.* **к. дітéй** abandon one's children (**дóчкý** daughter, **жíнку** wife, **сúна** son, **чоловíка** husband; **кохáнку** (female) lover, **кохáнця** (male) lover; **робóту** work, **слýжбу** service; **мíсто** city ◊ **Він був змýшений кúнути рíдне мíсто.** He was compelled to abandon his home town. **своЮ краïну** one's homeland); **к. гітáру** give up the guitar (**фортеп'я́но** piano, **скрúпку** violin; **спорт** sport, **тáнці** dancing) ◊ **Чéрез порáнення вонá кúнула тáнці.** Because of the injury, she gave up dancing. ♦ **к. напризволя́ще** to leave sb high and dry ◊ **У критúчний момéнт дрýзі втеклú, кúнувши її напризволя́ще.** At the critical moment, her friends fled, having left her high and dry.
v. + **к. бýти змýшеним** be compelled to; **вирíшувати** decide to; **відмовля́тися** refuse to ◊ **Він відмовля́вся к. сім'ю навíть на мíсяць.** He refused to abandon his family if only for a month. **змýшувати** + *A.* make sb ◊ **Він шукáв спóсіб змýсити Йóсипа кúнути цей небезпéчний спорт.** He was looking for a way to make Yosyp abandon the dangerous sport. **хотíти** want to
See **залишáти 1, покидáти 1.** *Also see* **закидáти² 3, відхóдити 6**
6 to stop, cease, quit + *only impf. inf.* ◊ **Тут йомý допомоглú кúнути наркóтики.** Here they helped him quit drugs.
к. + *v.* **к. грáти в кáрти** quit playing cards ◊ **Він кúнув грáти в кáрти.** He quit playing cards. (**гуля́ти** *colloq.* cheating on one's spouse, **ля́тися** cursing, **палúти** smoking, **пúти** drinking; **ходúти до цéркви** going to church)
v. + **к. бýти здáтним** be capable of, **бýти нездáтним** be incapable of ◊ **Він був нездáтним кúнути грáти в азáртні íгри.** He was incapable of quitting gambling. **вдавáтися** + *D.* succeed in ◊ **Якóсь їй вдалóся к. палúти на три рóки.** Once she succeeded in quitting smoking for three years. **допомагáти** + *D.* help sb to, **змогтú** *pf.* manage to, **намагáтися** try to, **спрóбувати** *pf.* make an attempt
Also see **зав'я́зувати 3, закидáти² 3, залишáти 4, покидáти 2, припиня́ти.** *Ant.* **починáти**
7 to send, throw sb somewhere ◊ **к. солдáтів у бій** send soldiers to battle; ♦ **к.** + *A.* **до в'язнúці** to throw sb in jail ◊ **Її кúнули до в'язнúці на п'ять дóвгих рóків.** She was thrown in jail for five long years. ♦ **к.** + *A.* **за ґрáти** to throw sb behind bars.
pa. pple. **кúнутий** thrown, abandoned
кидáй! кинь!

кúда|тися; кúнутися, *intr.*
1 to rush, dash, bolt, dart, run ◊ **Пилúп кúнувся за автóбусом.** Pylyp dashed after the bus.
adv. **мерщíй** as quick as possible, **пóспіхом** hastily, **прожóгом** headlong ◊ **Почýвши стук, він прожóгом кúнувся до дверéй.** Having heard a knock, he rushed headlong to the door. **рáптом** suddenly, **швúдко** quickly, **щодýху** at full speed; **панíчно** in panic; ♦ **к. врóзтіч** to scatter in all directions ◊ **Почýвши про бóмбу, лю́ди кúнулися врóзтіч.** On hearing about a bomb, people scattered in all directions.
prep. **к. до** + *D.* rush to sb/sth ◊ **Він кúнувся до вікнá подивúтися.** He rushed to the window to take a look. **к. з куткá в куток** dash from one corner to another; **к. на** + *A.* rush to *(a place)* ◊ **Він кúнувся на вýлицю.** He rushed to the street *or* outside. ♦ **к. на допомóгу** to rush to sb's assistance ◊ **Олéкса кúнувся їй на допомóгу.** Oleksa rushed to her assistance. **к.** + *D.* **на порятýнок** to rush to sb's rescue ◊ **Хлóпці кúнулися Ромáнові на порятýнок.** The boys rushed to Roman's rescue. **к. по** + *L.* dash around *(a space)* ◊ **Він ~вся по кíмнáті.** He was dashing around the room.
See **бíгти 1**
2 to set about, get down to, start hurriedly + *impf. inf.* ◊ **Усí кúнулися читáти новúй ромáн Валéрія Шевчукá.** Everybody got down to reading the latest novel by Valerii Shevchuk. ◊ **Уля́на кúнулася прибирáти на столí.** Uliana set about cleaning the table.

See **бра́тися, почина́ти.** *Also see* **сіда́ти 3, става́ти 4, схо́плюватися 5, хапа́тися 2**
3 to turn to, approach, go to ◊ **Він відчайду́шно ~вся від одного́ юри́ста до і́ншого.** He desperately turned to one lawyer, then another.
prep. **к. до** + *G.* turn to sb/sth ◊ **к. до лі́каря** turn to a physician
See **зверта́тися 2**
4 to set on, attack, assault, pounce on
prep. **к. на** + *A.* **з** *I.* pounce on ◊ **к. з кула́ками** assault sb with fists ◊ **Вона́ ки́нулася на сусі́да з кулака́ми.** She set on her neighbor with fists. (**ла́йкою** obscenities, **ноже́м** knife, **пістоле́том** gun, **погро́зами** threats, **соки́рою** ax) ◊ **Він ки́нувся на зло́дія із соки́рою.** He attacked the thief with an ax.
See **напада́ти 1.** *Also see* **накида́тися 1**
5 to throw oneself, jump on/to + *D.*
prep. **к. в** + *A.* throw oneself into sth ◊ **Він ки́нувся у во́ду.** He jumped in the water. **к. на ши́ю** + *D.* throw oneself on sb's neck (**гру́ди** breast), **к. в обі́йми** + *D.* throw oneself into sb's arms ◊ **Ва́ля ки́нулася сестрі́ в обі́йми.** Valia threw herself into her sister's arms.
6 to throw oneself into *(with abstract nouns)*, get suddenly involved in, become active in sth ◊ **Вона́ ки́нулася в доброчи́нство.** She threw herself into philanthropy.
prep. **к. в** + *A.* throw oneself into sth ◊ **к. у грома́дську ді́яльність** throw oneself into social activism (**мі́стику** mysticism, **охоро́ну довкі́лля** environmental protection, **полі́тику** politics, **релі́гію** religion, *etc.*)
7 *only impf.* to throw, hurl, toss + *I.* ◊ **Розлю́чений на́товп поча́в к. на них гнили́ми помідо́рами.** The infuriated crowd began throwing rotten tomatoes at them.
prep. **к. на** + *A.* throw sth ◊ **к. звинува́ченнями** throw accusations (**обра́зами** insults; **камі́нням** stones, **ту́хлими я́йцями** rotten eggs)
See **ки́дати 1**

ки́лим, *m.*, **~а**
carpet, rug, kilim ◊ **На підло́зі за́ли лежа́в дороги́й к.** An expensive carpet lay on the floor of the hall.
adj. **вели́кий** large; **ворси́стий** fleecy, **м'яки́й** soft; **дороги́й** expensive; **розкі́шний** lush, **чудо́вий** wonderful; **насті́нний** wall; **замо́рський** foreign; **гуцу́льський** Hutsul, **пе́рський** Persian; **тка́ний** woven; ♦ **летю́чий** flying, magic; **черво́ний** red; **во́вняний** woolen, **шовко́вий** silk; **зно́шений** worn-out, **поша́рпаний** battered, **стари́й** old
v. + **к. застеля́ти к.** lay a carpet ◊ **Вони́ застели́ли гуцу́льські ~и́.** They laid Hutsul carpets. (**згорта́ти** roll up ◊ **Він згорну́в к.** He rolled up the carpet. **кла́сти на** + *A.* put on sth, **розстеля́ти на** + *L.* roll out on sth; **роби́ти** make, **тка́ти** weave ◊ **У мі́сті тчуть ~и́.** They weave carpets in the city. **пра́ти** wash ◊ **Цей чудо́вий к. давно́ пра́ли.** The wonderful carpet was washed long ago. **чи́стити** clean); **накрива́ти** + *A.* **~ом** cover sth with a carpet ◊ **Ла́ву накри́ли ~ом.** They covered the bench with a carpet. (**прикраша́ти** adorn sth with)
к. + *v.* **ви́сіти на** + *L.* hang on sth ◊ **На сті́ні ви́сів дороги́й к.** An expensive carpet hung on the wall. **лежа́ти на** + *L.* lie on sth; **прикраша́ти** + *A.* adorn sth ◊ **Пала́ц прикраша́ли розкі́шні ~и́.** Lush carpets adorned the palace.
prep. **на к.** *dir.* on/to a carpet ◊ **Він ступи́в на м'яки́й к.** He stepped on the soft carpet. **на ~і** *posn.* on a carpet ◊ **Ді́ти засну́ли про́сто на ~і.** The children fell asleep right on the carpet. **по ~у** along/on a carpet ◊ **Вона́ ти́хо йшла по ~у.** She was silently walking on a carpet.
Also see **дорі́жка 3**

ки́ну|ти, *pf., see* **ки́дати**
to abandon, leave, *etc.* ◊ **Вона́ підібра́ла камі́нчик і ~ла ним у вікно́.** She picked up a small stone and tossed it in the window.

ки́ну|тися, *pf., see* **ки́датися**
to rush, dash ◊ **Почу́вши про набли́ження бураві́ю, всі ~лися запаса́тися проду́ктами.** Having heard of the approaching hurricane, everybody rushed to stock themselves on produce.

кипі́нн|я, *nt., only sg.*
boiling ◊ **то́чка к.** the boiling point ◊ **Вода́ сягну́ла то́чки к.** The water reached the boiling point.
v. + **к.** ♦ **дово́дити** + *A.* **до к.** to bring sth to a boil ◊ **Ю́шку тре́ба довести́ до к.** You need to bring the soup to a boil. **запобіга́ти ~ю** prevent boiling

кип|і́ти, ~лю́, ~и́ш, ~ля́ть; за~, *intr.*
1 to boil, simmer; *pf.* to come to a boil ◊ **Вода́ закипі́ла.** The water came to a boil.
adv. **енергі́йно** vigorously, **си́льно** intensely, **шале́но** fiercely, **шви́дко** quickly; **ле́две** hardly, **наси́лу** *colloq.* barely, **тихе́нько** quietly ◊ **Васили́на лиши́ла рис тихе́нько к. ще п'ять хвили́н.** Vasylyna left the rice to simmer quietly for another five minutes. **неда́вно** recently, **шви́дко** quickly, **що́йно** just now; ♦ **к. ключе́м** *or* **в ключ** to boil vigorously ◊ **Борщ ~і́в ключе́м** *or* **у ключ.** The borshch was boiling vigorously.
v. + **к. дава́ти** + *D.* let ◊ **Да́вши су́міші за~, Оле́г зняв баня́к із вогню́.** Having let the mixture come to a boil, Oleh removed the pot from fire. **лиша́ти** + *A.* leave sth to; **почина́ти** begin to ◊ **Ча́йник почина́в к.** The kettle was beginning to boil. **ста́ти** *pf.* start; **не перестава́ти** not stop ◊ **Ці терма́льні джере́ла ніко́ли не перестаю́ть к.** Those thermal springs never stop boiling. **продо́вжувати** go on
2 *fig.* to boil, seethe, be in full swing ◊ **Скрізь у майсте́рні ~і́ла робо́та.** Everywhere in the workshop, the work was in full swing.
к. + *n.* **к. гні́вом** seethe with anger ◊ **Рома́н ~і́в гні́вом** *or* **від гні́ву.** Roman seethed with anger. (**емо́ціями** emotions, **лю́ттю** fury; **ді́яльністю** activity, **ене́ргією** energy ◊ **Будівни́цтво закипі́ло ново́ю ене́ргією.** The construction began to seethe with new energy. **життя́м** life ◊ **Село́ ~і́ло життя́м.** The village seethed with life. **робо́тою** work); ♦ **У його́ оча́х ~і́ли к. сльо́зи.** Tears were welling in his eyes.
3 *fig.* to teem with, swarm ◊ **Майда́н пе́ред вокза́лом ~і́в людьми́.** The square in front of the station was teeming with people. ◊ **У цю по́ру ро́ку стру́мо́к ~и́ть пстру́гами.** At this time of year, the creek teems with trout.
(за)кипи́!

кип'ят|и́ти, кипячу́, ~и́ш, ~я́ть; за~, *tran.*
to boil, bring to a boil ◊ **Рані́ше меди́чні інструме́нти ~и́ли, щоби стерилізува́ти.** Earlier they would boil medical instruments in order to sterilize them.
adv. **до́вго** for a long time, **мусо́во** *colloq.* by all means, **нега́йно** immediately, **обов'язко́во** definitely, **пові́льно** slowly, **тро́хи** a little, **шви́дко** quickly
к. + *n.* **к. во́ду** boil water ◊ **Цю во́ду слід за~ пе́ред спожива́нням.** This water needs to be boiled before consumption. (**молоко́** milk, **ро́зчин** solution) ◊ **Ро́зчин слід к. не ме́нш, як пів годи́ни.** The solution needs to be boiled for no less than a half hour.
v. + **к. бу́ти ба́жано** be desirable to ◊ **Во́ду з о́зера ба́жано за~ пе́ред ужи́тком.** It is desirable to boil the water from the lake before using it. **бу́ти слід** should ◊ **Со́ус не слід було́ к.** The sauce should not have been boiled. **бу́ти кра́ще** be better to; **ста́вити** + *A.* put sth to ◊ **Ві́ра поста́вила к. молоко́.** Vira put the milk to boil.
(за)кип'яти́!

ки́с|ень, *m.*, **~ню**, *only sg., chem.*
oxygen ◊ **У кімна́ті брaку́є ~ню.** There is not enough oxygen in the room.
adj. **атмосфе́рний** atmospheric, **зрі́джений** liquid, **чи́стий** pure
v. + **к. вбира́ти к.** absorb oxygen ◊ **Уночі́ росли́ни вбира́ють к. з атмосфе́ри.** At night, plants absorb oxygen from the atmosphere. (**виробля́ти** produce, **забира́ти** take in, **мі́стити** contain, **спожива́ти** consume ◊ **Лі́карня почала́ спожива́ти зна́чно бі́льше ~ню.** The hospital began to consume considerably more oxygen. **бу́ти бага́тим на** be rich in ◊ **Пові́тря тут було́ особли́во бага́тим на к.** The air here was particularly rich in oxygen. **бу́ти бі́дним на** be poor in); **позбавля́ти** + *A.* **~ню** deprive sth of oxygen ◊ **Кри́га на о́зері позбавля́є ри́бу ~ню.** The ice on the lake deprives the fish of oxygen. **постача́ти** + *A.* **~нем** supply sb with oxygen ◊ **При́лад постача́в аква́рі́ум ~ем.** The device supplied the fish tank with oxygen.
Cf. **пові́тря**

ки́сл|ий, *adj.*
1 sour
adv. **геть** totally ◊ **Га́ля надає́ перева́гу геть ~им я́блукам.** Halia prefers totally sour apples. **го́стро** sharply, **ду́же** very, **несте́рпно** unbearably, **страше́нно** terribly ◊ **Напі́й був таки́м страше́нно ~им, що Яре́мі аж язи́к щемі́в.** The drink was so sour, Yarema's tongue tingled. **цілко́м** completely; **зана́дто** *or* **на́дто** too; **де́що** somewhat, **до́сить** fairly, **майже** almost, **тро́хи** a little; **спра́вді** really
к. + *n.* **к. дух** a sour odor (**за́пах** smell; **при́смак** aftertaste, **смак** taste) ◊ **Го́стро к. смак мíксту́ри приві́в її́ до тя́ми.** The sharply sour taste of the mixture brought her to her senses.
v. + **к. бу́ти ~им** be sour (**виявля́тися** turn out, **здава́тися** + *D.* seem to sb ◊ **Лимо́нне ті́стечко здава́лося на́дто ~им.** The lemon cake seemed too sour. **па́хнути** smell ◊ **Молоко́ па́хло ~им.** The milk smelled sour. **роби́тися** turn, **смакува́ти** taste, **става́ти** become) ◊ **Вершки́ ста́ли ~ими.** The cream became sour.
Also see **кваснúй.** *Cf.* **гірки́й 1, терпки́й 1**
2 *fig.* sour, sad, depressed
к. + *n.* **к. ви́раз** a sour countenance (**на́стрій** mood) ◊ **Тама́ра прокі́нулася з ~им на́строєм.** Tamara woke up in a sour mood. **~а атмосфе́ра** a sour atmosphere ◊ **Атмосфе́ра на зу́стрічі була́ вира́зно ~ою.** The atmosphere at the meeting was distinctly sour. (**грима́са** grimace, **мі́на** expression, **по́смішка** smile)
◊ **Із ~ою по́смішкою він дав зго́ду.** He gave his consent with a sour smile.
Also see **кваснúй, понури́й 1, похму́рий 1**
3 *chem.* acid ◊ **Навко́ло села́ трапля́лися ~і ґрунти́.** Around the village, acid soils were found.

кислот|а́, *f.*
1 *chem.* acid ◊ **~и використо́вують як дезінфе́ктор.** Acids are used as disinfectant.
adj. **азо́тна** nitric, **лимо́нна** citric, **моло́чна** lactic ◊ **накопи́чення моло́чної ~и у м'я́зах** a build-up of lactic acid in the muscles; **сірча́на** sulfuric, **соля́на** hydrochloric; **концентро́вана** concentrated, **розба́влена** dilute, **си́льна** strong; **слабка́** weak
v. + **к. виробля́ти ~у** produce acid (**додава́ти** add ◊ **Вона́ додає́ в борщ лимо́нної ~и́.** She adds some citric acid to her borshch. **невтралізува́ти** neutralize) ◊ **~у́ мо́жна невтралізува́ти со́дою.** Acid can be neutralized with soda. **користува́тися ~о́ю** use acid
к. + *v.* **виїда́ти** + *A.* burn sth ◊ **Цю ді́рку в штана́х ви́їла сірча́на к.** The hole in the pants was burned by sulfuric acid. **розще́плювати** + *A.* break sth down ◊ **Шлунко́ві ~и мо́жуть розще́плювати отру́ту.** Stomach acids can break down a poison.

2 sourness, acidity ◊ **К. середо́вища зависо́ка, щоб розмно́жувалися бакте́рії.** The acidity of the environment is too high for bacteria to multiply.
adj. **висо́ка** high, **низька́** low, **помі́рна** moderate

кисне́в|ий, *adj.*
oxygen, oxygenous, of or pertaining to oxygen; ◊ **к. бало́н** an oxygen tank ◊ **До́ра му́сила ходи́ти з ~им бало́ном.** Dora was compelled to walk around with an oxygen tank. ◊ **На висоті́ п'яти́ ти́сяч ме́трів альпіні́сти відчува́ли к. го́лод.** At the height of 5,000 meters, the mountain climbers felt oxygen starvation. **~а терапі́я трива́ла два ти́жні.** The oxygen therapy lasted for two weeks.

кише́н|я, *f.*
pocket ◊ **Штани́ ма́ли дві бокові́ ~і.** The pants had two side pockets.
adj. **вели́ка** large, **бокова́** side ◊ **вели́ка бокова́ к.** a large side pocket; **вну́трішня** inner ◊ **Він захова́в докуме́нти до вну́трішньої ~і.** He hid the documents in the inner pocket. **глибо́ка** deep ◊ **тип із глибо́кими ~ями** *fig.* a character with deep pockets; **за́дня** back, **нагру́дна** breast, **накладна́** outer, **пере́дня** front, **потайна́** *or* **секре́тна** secret ◊ **потайна́ к. в підкла́дці піджака́** a secret pocket in the blazer lining; **по́рвана** ripped
v. + **к. виверта́ти ~ю** turn out a pocket ◊ **Поліці́янт зму́сив її ви́вернути ~і.** The policeman made her turn out her pockets. (**випоро́жняти** empty ◊ **Ко́жен пасажи́р му́сив ви́порожнити ~і.** Each passenger was obliged to empty his pockets. **напиха́ти** stuff, **переві́ряти** check, **пха́ти** + *A.* **в** *or* **до ~і** thrust sth into ◊ **Він запхну́в ру́ку в ~ю.** He thrusted his hand into his pocket. **класти** + *A.* **в** *or* **до ~і** put sth into a pocket) ◊ **Вона́ забу́лася покла́сти ключі́ в ~ю** *or* **до ~і.** She forgot to put the keys in her pocket.
♦ **набива́ти собі́ ~і** *fig.* to line one's pockets ◊ **Ко́жен депута́т парла́менту намага́вся наби́ти собі́ ~і.** Every member of parliament tried to line his pockets. ♦ **Наставля́й ~ю!** Fat chance! ◊ **Вони́ ду́мають, що Марі́я допомо́же їм? Наставля́й ~ю!** They think Maria will help them? Fat chance! **вийма́ти** + *A.* **з ~і** take sth out of a pocket ◊ **Він ви́йняв гро́ші з бокової ~і.** He took the money out of his side pocket. (**витяга́ти з** pull, **діставати з** get), ♦ **не лі́зти по сло́во до ~і** not to be at a loss for words ◊ **Іва́н до ~і по сло́во ніко́ли не лі́зе.** Ivan is never at a loss for words. ♦ **бу́ти по ~і** to be within one's means ◊ **Мені́ це не по ~і.** I cannot afford it. **бу́ти в ~і** be in a pocket ◊ **У нагру́дній ~і було́ кі́лька моне́т.** There were a few coins in the breast pocket. ◊ **Він стоя́в, ру́ки в ~ях.** He stood, his hands in his pockets.
prep. **в ~ю** *dir.* in/to a pocket; **в ~і** *posn.* in a pocket ◊ **ді́рка в лі́вій ~і** a hole in the left pocket; **до ~і** into a pocket

ки́ш|ка, *f.*
1 bowel, intestine
adj. **вели́ка** large, **мала́** small; **до́вга** long, **коро́тка** short; ♦ **коро́тка** *or* **тонка́ к.** to be beyond sb's capacity ◊ **Він погро́жував зни́щити супе́рника, але́ к. ви́явилася тонко́ю.** He threatened to destroy his competitor but he did not have it in him. ♦ **дванадцятипа́ла к.** *anat.* a duodenum ◊ **Дванадцятипа́ла к. найбли́жча до шлу́нка.** The duodenum is closest to the stomach. ♦ **ку́тня** *or* **пряма́ к.** *anat.* a rectum; ♦ **сліпа́ к.** *anat.* a cecum
n. + **к. біопсі́я ~ки** a bowel biopsy (**захво́рювання** disease, **непрохі́дність** obstruction ◊ **Обсте́ження ви́явило у не́ї непрохі́дність вели́кої ~ки.** The examination revealed a large intestine obstruction in her. **рак** cancer, ♦ **рак прямо́ї ~ки** colorectal cancer; **сті́нка** wall), **слизова́ оболо́нка ~ки** the intestinal mucosa
v. + **к. видаля́ти ~ку** remove a bowel ◊ **Їй ви́далили части́ну тонко́ї ~ки.** They removed a part of her small bowel. (**випорожня́ти** empty); ♦ **вимо́тувати ~ки́** *or* **ду́шу, не́рви** to drive sb to distraction, hassle ◊ **Він ви́мотав ~ки́ не одні́й жі́нці свої́ми забага́нками.** He drove more than one woman to distraction with his vagaries. ♦ **випуска́ти ~ки́** *or* **ду́шу** *colloq.* to kill sb, waste sb ◊ **Він ви́пустив ~ки́ одному́ напа́дникові, а дру́гого пора́нив.** He wasted one attacker and wounded the other one. ♦ **рва́ти ~ки́ від ре́готу** *or* **smíху** + *G.* to be dying of laughter ◊ **Чита́ючи його́ листа́, Марі́я рва́ла ~ки́ від ре́готу.** While reading his letter, Maria was rolling around with laughter.
2 sausage, blood sausage, blood pudding
adj. **греча́на** buckwheat, **картопля́на** potato ◊ **Він ро́бить до́бру картопля́ну ~ку.** He makes a tasty potato sausage. **ри́сова** rice
See **ковбаса́**
3 hose ◊ **ґу́мова к. для полива́ння травникі́в** a rubber hose for watering lawns

кия́н|ин, *m.*, **~ина; ~ка**, *f.*
Kyivan, male citizen or native of Kyiv ◊ **Се́ред працівникі́в компа́нії було́ кі́лька кия́н.** There were several Kyivans among the company associates.
adj. **вро́джений** born ◊ **Вони́ пиша́лися тим, що ї́хні ді́ти – вро́джені ~и.** They took pride in the fact that their children were born Kyivans. **корінни́й** indigenous, **спадко́вий** hereditary; **молоди́й** young, **нови́й** new, **новоспе́чений** brand-new; **стари́й** old; **спра́вжній** real, **щи́рий** genuine
v. + **к. вдава́ти ~ина** feign to be a Kyivan (**мо́рщити з се́бе** *colloq.* pretend to be); **бу́ти ~ином** be a Kyivan (**виявля́тися** turn out ◊ **Ада́мів знайо́мий ви́явився щи́рим ~ином.** Adam's acquaintance turned out to be a genuine Kyivan. **лиша́тися** remain ◊ **У се́рці Оле́г лиша́ється ~ином.** In his heart, Oleh remains a Kyivan. **наро́джуватися** be born ◊ **Він народи́вся і помре́ ~ином.** He was born and will die a Kyivan. **почува́тися** feel, **прокида́тися** wake up as; **прикида́тися** pretend to be, **става́ти** become) ◊ **І́гор став ~ином у 1982 ро́ці.** Ihor became a Kyivan in 1982.
Also see **жи́тель**

кілогра́м, *m.*, **~а**
kilogram ◊ **К. – це вага́ лі́тра води́ при температу́рі +4° Це́льсія.** A kilogram in the weight of a liter of water at a temperature of 4° Centigrade. ◊ **два ~и** two kilograms ◊ **Він купи́в два ~и карто́плі.** He bought two kilograms of potatoes. (**три** three, **чоти́ри** four), **п'ять ~ів** five kilograms ◊ **Відро́ я́блук ва́жило де́в'ять ~ів.** A bucket of apples weighed nine kilograms.

кіломе́тр, *m.*, **~а**
kilometer ◊ **Скі́льки ~ів ми прої́хали за сім годи́н?** How many kilometers have we traveled in seven hours? ◊ **два ~и** two kilometers (**три** three, **чоти́ри** four) ◊ **Звідси до Радивилова со́рок чоти́ри ~и.** It is 44 km from here to Radyvyliv. **п'ять ~ів** five kilometers
v + **к. дола́ти к.** cover *or* do a kilometer ◊ **За день по́дорожі гру́па подола́ла сто ~ів.** In a day of travel, the group did a hundred kilometers. (**прохо́дити** walk, **пробіга́ти** run, **проїжджа́ти** ride *or* drive, **пролі́тати** fly, **проплива́ти** swim *or* sail, **тягну́тися на** stretch for) ◊ **Вели́кий кита́йський мур тя́гнеться на со́тні ~ів.** The Great Wall of China stretched for hundreds of kilometers.
prep. **за к. від** + *G.* a kilometer from *(a place)* ◊ **Дзвін чу́ти за де́сять ~ів від це́ркви.** The bell is heard 10 km from the church. **за к. до** + *G.* a kilometer to *(a place)*

кі́льк|а, *pr.*, **~о́х**
several, a few, a number of + *G. pl.* ◊ **Він пробу́в у мі́сті к. день.** He stayed in the city for a few days. ♦ **~ома́ слова́ми** in a few words ◊ **Він розпові́в нам ~ома́ слова́ми про те, що ста́лося.** He told us in a few words what had happened.
Also see **па́ра² 3**

кі́лькісн|ий, *adj.*
quantitative ◊ **~і характери́стики плане́ти** quantitative characteristics. ◊ **к. ана́ліз** a quantitative analysis, ♦ **к. числі́вник** *ling.* a cardinal numeral ◊ **Поря́дкові числі́вники утво́рюються від ~их.** Ordinal numerals are formed from the cardinal ones.
Ant. **я́кісний**

кі́льк|ість, *f.*, **~ости**
quantity, amount, number + *G.* of ◊ **Важли́вою була́ не к., а я́кість робо́ти.** What mattered was not the quantity but the quality of work.
adj. **безме́жна** limitless, **вели́ка** great, **величе́зна** huge, **висо́ка** high ◊ **Їх непоко́їла на́дто висо́ка к. скасо́ваних замо́влень.** They were concerned by the excessively high number of cancellations. **ви́значена** definite, **все бі́льша** increasing, **доста́тня** sufficient, **значна́** significant, **ісго́тна** substantial, **неаби́яка** sizeable, **помі́тна** considerable; **безпрецеде́нтна** unprecedented, **колоса́льна** colossal, **максима́льна** maximal, **необме́жена** unlimited, **нечу́вана** unheard-of, **реко́рдна** record ◊ **У се́реду украї́нський павільйо́н я́рмарки відві́дала реко́рдна к. госте́й.** On Wednesday, the Ukrainian pavillion of the fair was visited by a record number of guests. **одна́кова** identical, same, **рі́вна** equal; **все ме́нша** diminishing; **гане́бна** shameful, **жалюгі́дна** pitiable ◊ **Законопрое́кт отри́мав жалюгі́дну к. голосі́в.** The bill received a pitiable number of votes. **кри́хітна** tiny, **мала́** small, **мале́нька** *dim.* small, **мініма́льна** minimal, **невели́ка** little, **незначна́** insignificant, **скро́мна** modest; **неви́значена** indefinite, **неокре́слена** unspecified ◊ **К. резе́рвних місць лиша́лася неокре́сленою.** The number of reserved seats had remained unspecified. **обме́жена** limited; **пе́вна** certain, **сере́дня** average; **фіксо́вана** fixed; **зага́льна** overall, **реа́льна** real, **спра́вжня** true; **то́чна** exact; **прибли́зна** approximate; **надмі́рна** excessive, **непомі́рна** inordinate; **відпові́дна** adequate, **нале́жна** proper; **остато́чна** final; **очі́кувана** expected; **пра́вильна** correct. **разю́ча** stunning, **загро́злива** alarming ◊ **К. пограбува́нь у мі́сті става́ла загро́зливою.** The number of robberies in the city was becoming alarming. **запа́морочлива** vertiginous, **неймові́рна** incredible, **неправдоподі́бна** improbable
v. + **к. визнача́ти к.** determine the quantity (**вимі́рювати** measure, **обчи́слювати** calculate, **прикида́ти** estimate ◊ **Із тако́ї ві́дстані вона́ могла́ лише́ прики́нути к. уча́сників захо́ду.** From such a distance, she could but estimate the number of the event's participants. **перерахо́вувати** recount, **рахува́ти** count ◊ **Він що́п'ять хвили́н рахува́в к. прису́тніх на по́казі.** Every five minutes, he counted the number of those present at the screening. **контролюва́ти** control ◊ **Організа́тори контролюва́ли к. відві́дувачів ви́ставки.** The organizers controlled the number of the exhibition attendees. **обме́жувати** limit; **подво́ювати** double, **потро́ювати** triple; **обчи́слювати** calculate; **збі́льшувати** increase; **зме́ншувати** diminish, **скоро́чувати** reduce; **відніма́ти від** + *G.* subtract from sth, **ді́лити на** + *A.* divide by sth, **додава́ти до** + *G.* add to sth, **мно́жити на** + *A.* multiply by sth) ◊ **Наре́шті всю к. гро́шей тре́ба помно́жити на три.** Finally the entire

quantity of money needs to be multiplied by three.
к. + *v.* **збі́льшуватися** increase, **зроста́ти** grow, **підска́кувати** jump ◊ **У бе́резні к. банкру́тств підско́чила.** In March, the number of bankruptcies jumped. **повзти́ вгóру** climb; **змéншуватися** diminish, **па́дати** drop, **скоро́чуватися** decline; **подво́юватися** double, **потро́юватися** triple; **колива́тися** fluctuate, **міня́тися** vary
prep. **за ~істю** in number ◊ **Гру́па підтри́мки була́ невели́кою за ~істю.** The support group was small in number.
Also see **величина́ 1, пропо́рція 2, ци́фра 2, число́ 2.** *Ant.* **я́кість**

кімна́т|а, *f.*

room
adj. **вели́ка** large ◊ **Одна́ вели́ка к. слугува́ла їй водно́час за кабіне́т, спа́льню і ї́дальню.** One large room served at once as a study, bedroom, and dining room for her. **величе́зна** huge, **просто́ра** spacious; **га́рна** beautiful, **до́бра** *and* **хоро́ша** nice, **за́тишна** cozy, **зру́чна** comfortable; **оша́тна** elegant, **розкі́шна** splendid, **чепурна́** neat, **чи́ста** clean, **чудо́ва** wonderful; **кри́хітна** tiny, **мала́** *and* **невели́ка** small, **мале́нька** *dim.* small; **оха́йна** tidy, **при́брана** cleaned; **ти́ха** quiet; **гаря́ча** hot, **те́пла** warm; **прохоло́дна** cool ◊ **К. на гори́щі ви́явилася прохоло́дною влі́тку.** The room in the attic turned out to be cool in the summer. **сира́** damp, **холо́дна** cold; **гнітю́ча** depressing, **поху́ра** gloomy, **похму́ра** grim; **деше́ва** cheap, **недорога́** inexpensive ◊ **Він шука́в недорогу́ і ти́ху ~у.** He was looking for an inexpensive and quiet room. **за́йва** spare; **ізольо́вана** isolated, **окре́ма** separate ◊ **Вони́ знайшли́ окре́му ~у на п'я́тому по́версі.** They found a separate room on the fifth floor. **лю́дна** crowded, **тісна́** cramped; **неза́йнята** unoccupied, **поро́жня** empty; **сві́тла** bright; **пога́но осві́тлена** poorly lit, **те́мна** dark; **брудна́** dirty, **зади́млена** smoky, **заду́шлива** stuffy, **зане́дбана** neglected, **курна́** dusty; **смердя́ча** stinky; **секре́тна** secret ◊ **Две́рі вели́ до секре́тної ~и.** The door led to a secret room. **відімкну́та** *or* **віді́мкнена** unlocked, **відчи́нена** open; **зачи́нена** closed, **замкну́та** *or* **за́мкнена** locked; **відремонто́вана** renovated; **семіна́рська** seminar; **бічна́** side, **пере́дня** front; **за́дня** back, **ти́льна** rear; **прохідна́** connecting, **torsumі́жна** adjacent, **сусі́дня** neighboring; **зага́льна** common; ♦ **кла́сна к.** a classroom; **конференці́йна** conference, **лекці́йна** lecture; **гостьова́** guest; **дитя́ча** children's, **душова́** shower ◊ **Душова́ к. була́ в підва́лі.** The shower room was in the basement. **robо́ча** work, **підва́льна** basement; ♦ **спа́льна к.** *usu* **спа́льня** a bedroom; **пра́льна** laundry; ♦ **туале́тна к.** a restroom ◊ **Туале́тна к. розташо́вується в кінці́ коридо́ру.** The restroom is located at the end of the corridor.
к. + *n.* **к. готе́лю** a hotel room (**моте́лю** motel; **гурто́житку** dorm, **помé шкання** *or* **кварти́ри** apartment)
v. + **к. біли́ти ~у** whitewash a room ◊ **Слід побіли́ти цю брудну́ ~у.** The dirty room should be whitewashed. (**займа́ти** occupy ◊ **Гість займа́в бокову́ ~у.** The guest was occupying the side room. **замовля́ти** book; **звільня́ти** vacate ◊ **Гостей попроси́ли звільни́ти ~и до по́лудня.** The guests were asked to vacate their rooms by noon. **здава́ти** rent out ◊ **Вони́ му́сять здава́ти за́йву ~у.** They have to rent out their spare room. **найма́ти** hire; **запо́внювати** fill ◊ **Студе́нти шви́дко запо́внили невели́ку ~у.** Students quickly filled the small room. **вмебльо́вувати** *or* **обставля́ти** furnish ◊ **Їм по́ки бракува́ло гро́шей, щоб нале́жно обста́вити ~у.** So far they lacked the money, in order to furnish the room properly. **обшу́кувати** search; **огляда́ти** glance around; **осві́тлювати** light ◊ **Кво́ла ла́мпа ледь осві́тлювала величе́зну ~у.** The faint lamp barely lit the huge room. **пока́зувати** + *D.* show sb; **плати́ти за** pay for; **прибира́ти** tidy ◊ **Ці́лий ти́ждень вона́ не ма́ла ча́су прибра́ти ~у.** All week long, she did not have the time to clean her room. **прикраша́ти** decorate, **провітрю́вати** air; **ремонтува́ти** renovate, **фарбува́ти** paint); **вбіга́ти до ~и** run into a room (**вла́муватися до** break into, **врива́тися до** burst into ◊ **Ва́ля вірва́лася до ~и, вхопи́ла су́мку зі стола́ та ви́бігла на ву́лицю.** Valia burst into the room, grabbed the bag from the table, and ran out on the street. **забіга́ти до** run into, **вхо́дити** *and* **захо́дити до** come into, **ки́датися до** rush into; **заво́дити** + *A.* **до** usher sb into; **прослиза́ти до** slip into; **вибіга́ти з** run out of a room ◊ **Із сусі́дньої ~и ви́біг пес.** A dog ran out of the neighboring room. **виска́кувати з** jump out of; **виповза́ти з** creep out, **вислиза́ти з** slip out ◊ **Зло́дій спромі́гся непомі́тно ви́слизнути з ~и.** The thief contrived to slip out of the room unnoticed. **вихо́дити з** go out of, **задкува́ти з** back out of); **бі́гати ~ою** run around a room ◊ **Ді́ти бі́гали ~ою.** The children ran around the room. (**ходи́ти** pace around); **бі́гати по ~і** run around a room (**ходи́ти по** pace around) ◊ **О́льга чу́ла, як хтось хо́дить по ~і.** Olha heard somebody pace around the room.
к. + *v.* **бу́ти запако́ваною** + *I.* be packed with sth, **бу́ти на́пханою** + *I.* be crammed with sth ◊ **Ти́льна к. була́ на́пханою стари́м о́дягом.** The rear room was crammed with old clothes. **бу́ти обла́днаною** + *I.* be equipped with sth, **бу́ти обста́вленою** + *I.* be furnished with sth ◊ **Його́ робо́ча к. мініма́льно обста́влена.** His work room is minimally furnished. **бу́ти ро́зміром** + *A.* measure sth ◊ **к. ро́зміром три на п'ять ме́трів** a room measuring 3 meters by 5. **місти́ти** + *A.* contain sth ◊ **Спа́льна к. місти́ла два лі́жка й ту́мбочку.** The bedroom contained two beds and a bedside table. **вихо́дити на** + *A.* face sth ◊ **Її к. вихо́дить на ву́лицю.** Her room faces the street. **прилягá ти до** + *G.* adjoin sth ◊ **К. приляга́є до віта́льні.** The room adjoins the living room. **сусі́дити з** + *I.* be next to sth ◊ **К. сусі́дить з кабіне́том.** The room is next to the study. **замовка́ти** fall silent, **затиха́ти** go quiet ◊ **Згасло сві́тло, й к. зати́хла.** The light went out and the room went quiet. **па́хнути** + *I.* smell of sth, **смерді́ти** + *I.* stink of sth ◊ **К. смерді́ла тютюно́вим ди́мом.** The room stank of tobacco smoke.
prep. **в ~у** *dir.* in/to a room ◊ **Вони́ перейшли́ з ку́хні в пе́ршу ~у.** They went from the kitchen to the first room. **в ~і** *posn.* in a room ◊ **В ~і було́ хо́лодно.** It was cold in the room. **з ~и** from a room; **пе́ред ~ою** before/in front of a room; **по ~і** around a room, up and down a room; **по́ряд з ~ою** next to a room ◊ **Туале́т був за́раз по́ряд із її ~ою.** The restroom was right next to her room. **се́ред ~и** in the middle of a room. ♦ **к. на одно́го** room for one person (**двох** two, **трьох** three)
Also see **авдито́рія 1, душ 1, за́ла 1, клас 3, ку́хня 1.** *Cf.* **кварти́ра, но́мер 2**

кінемато́граф, *m.*, **~а**

1 cinema, filmmaking, films ◊ **«Камі́нний хрест» – яскра́вий узі́рець а́вторського ~а.** *The Stone Cross* is a vivid example of auteur cinema.
adj. **аванга́рдовий** avant-garde, **артга́всний** art-house; **високочо́лий** high-brow; **експеримента́льний** experimental, **нова́торський** innovative; **незале́жний** independent; **голіву́дський** Hollywood ◊ **Це блі́да́ іміта́ція голіву́дського ~а.** This is a pale imitation of Hollywood films. **комерці́йний** commercial; **анімаці́йний** animation, **документа́льний** documentary, **худо́жній** feature; **класи́чний** classic ◊ **Вона́ ма́ла до́сить вели́ку збі́рку класи́чного францу́зького ~а.** She had a fairly large collection of the classic French cinema. **націона́льний** national ◊ **націона́льні ~и постколоніа́льних краї́н** national cinemas of postcolonial countries; **еспа́нський** Spanish, **німе́цький** German, **по́льський** Polish, **украї́нський** Ukrainian, *etc.*; **звукови́й** talking, **німи́й** silent ◊ **Вона́ гра́ла в німо́му ~і.** She acted in silent film. **кольоро́вий** color, **чо́рно-бі́лий** black-and-white; **цифрови́й** digital; **тво́рчий** creative, **ціка́вий** interesting
n. + **к. істо́рія ~а** cinema history ◊ **Він написа́в істо́рію украї́нського ~а.** He wrote a Ukrainian cinema history. **кіне́ць ~а** the end of cinema (**смерть** death ◊ **Есе́й назива́вся «Смерть ~а».** The essay was entitled *Death of Cinema.* **джере́ла** sources, **поча́ток** beginning; **ро́звиток** development)
v. + **к. вивча́ти к.** study cinema; **займа́тися ~ом** study/work in films ◊ **Вона́ займа́ється ~ом як сценари́стка.** She works in filmmaking as a scriptwriter. (**захо́плюватися** be fond of, **ціка́витися** take interest in) ◊ **Вона́ ціка́виться італі́йським ~ом три́дцять ро́ків.** She has been interested in Italian cinema for thirty years.
Also see **кіно́, кінематогра́фія, кіномисте́цтво**
2 cinematograph, movie camera ◊ **Музе́й ма́є збі́рку пе́рших ~ів.** The museum has a collection of early cinematographs.
See **ка́мера 4**

кінематогра́фі|я, *f.*, **~ї**

cinematography, cinema, films, the art and business of filmmaking ◊ **суча́сна к.** contemporary cinema
See **кінемато́граф 1.** *Also see* **кіно́, кіномисте́цтво**

кін|е́ць, *m.*, **~ця́**

1 end, tip, edge; part *(extreme part of sth)* + *G.*
adj. **бли́жній** near, **відда́лений** remote, **дале́кий** distant, **за́дній** rear, **пере́дній** front; **і́нший** other ◊ **Він узя́в пати́к за і́нший к.** He took the stick by the other end. **протиле́жний** opposite ◊ **Вони́ ме́шкали на протиле́жному ~ці́ ву́лиці.** They resided on the opposite end of the street. **ве́рхній** top, **ни́жній** lower; **сами́й** very ◊ **Вона́ сі́ла на само́му ~ці́ коло́ди.** She sat on the very end of the log. **го́стрий** sharp, **тупи́й** blunt; **квадра́тний** square, **окру́глий** round; **товсти́й** thick, **тонки́й** thin; **за́хідний** west, **схі́дний** east, *etc.*; ♦ **в оби́два ~ці́** there and back ◊ **квито́к в оби́два ~ці́** a roundtrip ticket; **настава́тися ~ця́** get to the end (**добіга́ти до** run to, **(до)сяга́ти** reach, **дохо́дити до** come to, **наближа́тися до** approach); **бра́ти** + *A.* **за к.** take sth by the end (**тягну́ти** + *A.* **за** pull sth by, **хапа́тися за** grab by) ◊ **Він ухопи́вся за к. моту́зки.** He grabbed (by) the end of the rope.
к. + *n.* **к. ки́йка́** the end of a stick (**мі́ста** city ◊ **За́хідний к. мі́ста шви́дко розвива́вся.** The west end of the city was quickly developing. **села́** village; **о́зера** lake, **ста́ву** pond; **боло́та** swamp, **лі́су** forest ◊ **Джерело́ було́ на бли́жньому ~ці́ лі́су.** The spring was at the near end of the forest. **по́ля** field; **ліні́йки** ruler, **олівця́** pencil, **пера́** *or* **ру́чки** pen)
prep. **до ~ця́** till/to the end ◊ **Вам слід іти́ до ~ця́ ву́лиці.** You should go to the end of the street. **з усі́х ~ці́в** from everywhere ◊ **Зо́я отри́мувала поздоро́влення з усі́х ~ці́в.** Zoya was receiving greetings from everywhere. **на ~ці́** at an end ◊ **на ~ці́ язика́** at the tip of the tongue; ♦ **зво́дити ~ці́ з ~ця́ми** to make both ends meet ◊ **Із таки́м заробі́тком він міг наси́лу зво́дити ~ці́ з ~ця́ми.** With such wages, he could hardly make both ends meet. ♦ **і ~ці́ у во́ду** and none will be the wiser
Also see **бік 2, хвіст 3**
2 ending, end, finish, finale, conclusion + *G.* ◊ **Вони́ не слу́хали о́пери до само́го ~ця́.** They did not listen to this opera to the very end.
adj. **драмати́чний** dramatic, **сумни́й** sad,

трагі́чний tragic; **комі́чний** comical, **кумéдний** funny; **ґвалтóвний** abrupt ◊ **Істóрія мáла ґвалтóвний к.** The story had an abrupt ending. **несподі́ваний** unexpected, **раптóвий** sudden; **неуни́кний** inevitable; **закономі́рний** logical, **очі́куваний** anticipated; **оптимісти́чний** optimistic, **щасли́вий** happy ◊ **Вонá не люби́ла фі́льмів зі щасли́вим ~цéм.** She did not like movies with a happy ending. **передчáсний** premature; **власти́вий** fitting, **налéжний** appropriate

к. + n. **к. істóрії** the end of story *or* history ◊ **Багáто чогó у кни́жці «К. істóрії» виклика́ло в неї заперéчення.** Many things in the book *The End of History* rose her objections. (**комéдії** comedy, **оповідáння** narrative, **п'єси** play, **ромáну** novel, **фі́льму** film); **к. дня** the end of the day ◊ **Вони́ не могли́ дочекáтися ~ця́ дня.** They could hardly wait for the end of the day. (**заняття́** class, **навчáння** studies, **семéстру** semester; **мі́сяця** month, **рóку** year, **ти́жня** week, *etc.*)

v. + **к. знаменувáти к.** mark an end ◊ **Референдум ознаменувáв к. совéтського панувáння в Украї́ні.** The referendum marked the end of the Soviet domination in Ukraine. (**оголóшувати** announce, **означáти** mean, **святкувáти** celebrate ◊ **Студéнти зібрáлися відсвяткувáти к. семéстру.** The students gathered to celebrate the end of the semester. **символізувáти** symbolize); **добігáти ~ця́** come to an end ◊ **Лéкція добі́гла ~ця́.** The lecture came to an end. (**досягáти** reach ◊ **Здавáлося, нарáда ні́коли не досягнé ~ця́.** It seemed the meeting would never reach an end. **наближáтися до** approach) ◊ **Ї́хній шлюб наближáвся до ~ця́.** Their marriage was approaching its end.

♦ **довóдити спрáву до ~ця́** to bring the matter to an end; ♦ **к. ~цéм** after all, in the end ◊ **К. ~цéм вони́ всі погóдилися.** In the end, they all agreed.

к. *+ v.* **бу́ти ви́дно** be in sight ◊ **Мину́ло три рóки, а ~ця кри́зі не булó ви́дно.** Three years passed but there was no end to the crisis in sight. **наближáтися** draw near ◊ **Наближáвся неуни́кний к. окупáції.** The inevitable end of the occupation drew near. **наставáти** come about, **прихóдити** come

prep. ♦ **без ~ця́** *or* **без кінця́-крáю** without end, endlessly, nonstop ◊ **Він без кінця́-крáю нарікáє.** He complains all the time. **в ~ці́** + *G.* at the end of sth ◊ **Усé стає зрозумі́ло лишé в кінці́ п'єси.** Everything becomes clear only at the end of the play. ♦ **від почáтку до ~ця́** from start to finish ◊ **Він обмáнював ї́х від почáтку до ~ця́.** He had lied to them from start to finish. **до ~ця́** by/till/to the end ◊ **Він пробу́в у мі́сті до ~ця́ ти́жня.** He stayed in the city till the end of the week. ◊ **Це трéба написáти до ~ця́ ти́жня.** This needs to be written by the end of the week. **при ~ці́** at the end ◊ **Він ги́не при ~ці́ оповідáння.** He perishes at the end of the story.

Also see **епілóг, завéршення, кінці́вка 1, розв'я́зка, смерть, фі́ніш.** *Ant.* **почáток**

3 *fig.* end, death, demise

adj. **безслáвний** ignominious, **ганéбний** shameful ◊ **ганéбний к. «непереможного» вíйська** a shameful end of an "invincible" army; **герóїчний** heroic, **жалюгі́дний** pathetic, **заслу́жений** well-deserved; **передчáсний** untimely; **сумни́й** sad; ♦ **к. сві́ту** the end of the world

v. + **к. знайти́ к.** meet one's death ◊ **Він знайшóв к. у би́тві під Конотóпом.** He met his end at the Battle of Konotop. **борóтися до ~ця́** fight to the end ◊ **Вонá мáла нáмір борóтися до ~ця́.** She had the intention to fight to the end.

See **смерть.** *Also see* **домови́на 2, моги́ла, срáка 2, трунá 2.** *Ant.* **нарóдження, почáток**

кі́н|ó, *nt.*, **~á**

1 cinema *(as art)*, films ◊ **Він не уявля́є життя́ без ~á.** He cannot imagine life without cinema.

Also see **кінематóграф 1, кінематогрáфія, кіномистéцтво**

2 *colloq.* movie, film ◊ **Ця мерéжева сторі́нка мáє знáчну колéкцію кін.** This web site has a considerable collection of movies. ◊ **Ї́ улю́блений актóр зня́вся в новóму пригóдницькому ~і́.** Her favorite actor appeared in a new adventure movie.

See **фільм**

3 *colloq.* movie theater, cinema ◊ **У мі́сті булó два ~á.** There were two movie theaters in town.

prep. **в ~і́** at a movie theater ◊ **У цьóму ~і́ кéпський звук.** The sound is poor at this cinema. **до ~á** to the cinema ◊ **ходи́ти до ~á** go to the movies

See **кінотеáтр**

N. pl. **~a**, *G. pl.* **кін**

кінотеáтр, *m.*, **~y**

movie theater, cinema

adj. **вели́кий** big, **величéзний** huge ◊ **Величéзний к. вміщáє півторі́ ти́сячі глядачі́в.** The huge cinema seats 1.5 thousand viewers. **простóрий** roomy; **запóвнений** filled, **запакóваний** packed ◊ **К. був запакóваний мóлоддю.** The cinema was packed with youth. **мали́й** small, **малéнький** *dim.* small, **невели́кий** little, **тісни́й** cramped; **місцéвий** local ◊ **Лéкція мáла відбу́тися врáнці в місцéвому ~і.** The lecture was to take place in the morning in a local movie theater. **мі́ський** city, **сі́льський** village; **модéрний** modern, **нови́й** new; **розкі́шний** lavish; **занéдбаний** neglected, **стари́й** old, **старомóдний** old-fashioned; ♦ **к.-мультиплéкс** a multiplex cinema

v. + **к. йти** *and* **ходи́ти до ~y** go to the movie theater ◊ **Зáвтра вони́ йдуть до єди́ного в мі́сті ~y.** Tomorrow they are going to the only movie theater in town. ◊ **Соломі́я рі́дко хóдить до ~y.** Solomiia rarely goes to the movies.

prep. **в ~і** at/in a movie theater; **до ~y** to a movie theater ♦ **Що сьогóдні в ~і?** What's on at the movies tonight?

Also see **кінó 3**

кінцéв|ий, *adj.*

final, ultimate, closing, concluding

к. *+ n.* **к. ви́сновок** the final conclusion (**вчи́нок** act; **результáт** result); **~a зупи́нка** the final stop (**метá** goal; **сторі́нка** page; **я́ва** act *(in play)*) ◊ **Він знóву виринáє в ~ій я́ві.** He re-emerges in the final act. **~і заувáження** concluding remarks ◊ **Йогó ~і заувáження ви́явилися дóсить банáльними.** His final remarks turn out to be rather commonplace.

Also see **завершáльний, фінáльний**

кінці́в|ка, *f.*

1 ending *(of work, novel)*, finale ◊ **Йогó попроси́ли переписáти ~ку п'єси.** He was asked to rewrite the play's ending.

See **кінéць 2.** *Also see* **завéршення, розв'я́зка, смерть, фі́ніш.** *Ant.* **почáток**

2 *anat.* limb, extremity ◊ **Світлáнині ~ки не слу́хали її́.** Svitlana's limbs would not obey her.

adj. **здорóва** healthy, **порáнена** injured, **хвóра** bad; **зáдня** back, **перéдня** front ◊ **Перéдні ~ки теля́ти були́ зв'я́зані товстóю мотýзкою.** The calf's front extremities were bound with a thick rope.

v. + **к. ампутувáти ~ку** amputate a limb (**втрачáти** lose ◊ **Кóжна шóста жéртва терáкту втрáтила ~ку.** Every sixth victim of the terror attack lost a limb. **лікувáти** treat, **пошкóджувати** hurt)

L. **на ~ці**, *G. pl.* **~ок**

Also see **член 2**

кінчá|ти, ~ють; (с)кінч|и́ти, ~у́, ~ать, *tran. and intr.*

1 *tran., only with impf. inf. or n.* to finish, end, complete ◊ **Учи́тель шви́дко скінчи́в перевіря́ти контрóльні.** The teacher quickly finished grading the tests. ◊ **Він ~є заняття́ о шóстій.** He finishes classes at six. ◊ **До п'я́тниці Ми́ля малá бу́дь-що скінчи́ти перéклад.** By Friday, Mylia had to finish the translation by all means.

See **закі́нчувати 1.** *Also see* **завéршувати, справля́тися 2**

2 *intr., colloq.* to end one's life ◊ **Він кі́нчить на ши́бениці.** He will end up on the gallows. ♦ **пога́но кінчи́ти** to end badly ◊ **Із таки́м спóсобом життя́ вонá ризику́є пога́но кінчи́ти.** With such a way of life, she runs the risk of ending badly.

3 *intr., colloq.* to have an orgasm, come ◊ **Вони́ впéрше скінчи́ли одночáсно.** They came simultaneously for the first time.

Also see **спускáти 9; оргáзм**

pa. pple. **скінчéний** finished

кінчáй! скінчи́!

кінчá|тися; (с)кінчи́тися, *intr.*

1 to be over, come to an end + *I. or* **на тóму, що** + *clause* in ◊ **Матч скінчи́вся порáзкою гостéй.** The match ended in the defeat of the visiting team. ◊ **Спрáва скінчи́ться тим, що вони́ поми́ряться.** The matter will end in their reconciliation. ◊ **~лося ще однé лі́то йогó життя́.** Another summer of his life was coming to an end. ♦ **к. нічи́м** to come to nothing

Also see **завéршуватися, закі́нчуватися, смеркáтися 2**

2 *colloq.* to be running low *(of supplies, etc.)* ◊ **За кі́лька днів у них скінчáться харчі́.** In a few days, they will run out of food. ◊ **На ку́хні ~лося бóрошно.** The kitchen was running low on flour.

3 to die ♦ **к. зі смі́ху** to be dying of laughter ◊ **Глядачі́ ~лися зі смі́ху.** The viewers were dying of laughter.

See **вмирáти 2**

кінчи́|ти, *pf., var.* **скінчи́ти** *and* **закі́нчити**, *see* **кінчáти, закі́нчувати**

to finish, complete, put an end to ◊ **Вонá не знáла, кóли ~ть ремóнт помéшкання.** She did not know when she would finish the renovation of her apartment.

кінчи́|тися, *pf., var.* **скінчи́тися** *and* **закінчи́тися**, *see* **кінчáтися, закі́нчуватися**

to end, come to an end, be over ◊ **Розмóва ~лася трóхи рані́ше.** The conversation ended a little earlier. ◊ **Матч ~вся перемóгою нáшої дружи́ни.** The match ended in the win of our team.

к|і́нь, *m.*, **~оня́**

1 horse

adj. **бі́стрий** *or* **швидки́й** fast, **витривáлий** sturdy ◊ **Йогó к., хоч малéнький, алé ду́же витривáлий.** His horse, though small, is very sturdy. **міцни́й** strong, **невтóмний** tireless; **виснáжений** exhausted; **гáрний** beautiful, **дóбрий** *or* **хорóший** good, **чудóвий** wonderful; **ди́кий** wild; **перелякáний** frightened; **догля́нутий** well-kept ◊ **Сусі́дові ~óні були́ зáвжди догля́нуті.** The neighbor's horses were always well-kept. **вагови́й** cart, **верхови́й** riding ◊ **Зáмість верховóго ~оня́ йому́ продали́ вагового.** Instead of a riding horse, they sold him a cart one. **кавалері́йський** cavalry; **кульгáвий** lame; **порóдистий** purebred ◊ **Ві́їхав на порóдистому ~оні́.** He rode a purebred horse. **розгну́зданий** loose; **бі́лий** white, **булáний** buckskin, **ворони́й** black, **гніди́й** bay, **мишáстий** dun, **ря́бий** pinto, **руди́й** chestnut, **си́вий** gray, **чáлий** roan; **арáбський** Arab; ♦ **бойови́й к.** a charger, ♦ **напівди́кий к.** a bronco, mustang; ♦ **троя́нський к.** a Trojan horse

n. **+ к. масть ~оня́** the horse coat color ◊ **Андрі́й упéрше подибу́є таку́ рі́дкісну масть ~оня́.** Andrii encounters such a rare horse coat

color for the first time. (**вік** age; **поро́да** breed)
v + **к. відв'я́зувати ~оня́** untie a horse (**прив'я́зувати** tether ◊ **Мела́нія прив'яза́ла ~оня́ і зайшла́ до буди́нку.** Melania tethered the horse and entered the building. **сіда́ти на** mount ◊ **Вона́ сі́ла на ~оня́ і поїхала геть.** She mounted her horse and rode away. **сідла́ти** saddle ◊ **Ко́нюх осідла́в ~о́ней.** The groom saddled the horses. **тренува́ти** train), **розво́дити ~о́ні** breed horses ◊ **Він розво́дить ~о́ні.** He breeds horses. **зла́зити з ~оня́** dismount a horse ◊ **Він упра́вно зліз із ~оня́.** He deftly dismounted the horse. ♦ **~о́ней на перепра́ві не міня́ють** don't change horses in midstream; **ї́хати** *or* **ї́здити ~оне́м** ride a horse ◊ **До села́ шви́дше ї́хати ~оне́м.** It is quicker to ride a horse to the village. **ї́хати** *or* **ї́здити на ~оні́** ride a horse ◊ **Він хо́че навчи́тися ї́здити на ~оні́.** He wants to learn to ride a horse.
♦ **Даро́ваному ~оне́ві в зу́би не загляда́ють.** They don't look a gift horse in the mouth.
к. + *v.* **бі́гти в наме́т** *or* **чвал** gallop (**клюс** trot); ◊ **~о́ні бі́гли у клюс.** The horses trotted. **бі́гти наме́том** *or* **чва́лом** gallop ◊ **Кінь біжи́ть жва́вим наме́том** *or* **чва́лом.** The horse is galloping briskly. (**клю́сом** *or* **клю́са** trot) ◊ **К. біг клю́сом** *or* **клю́са.** The horse trotted. **задкува́ти** rear; **посковзну́тися** *pf.* slip, **ру́хатися кро́ком** walk; **спотика́тися** stumble, **стриба́ти** jump; **зупиня́тися** stop; **іржа́ти** neigh; **па́стися** graze ◊ **Хло́пці погна́ли ~о́ней на лева́ду па́стися.** The boys drove the horses to the meadow to graze. **скида́ти** + *A.* throw sb ◊ **Переля́каний к. ски́нув ве́ршника.** The frightened horse threw the horseman. **стоя́ти** stand ◊ **~о́ні спокі́йно стоя́ли бі́ля бра́ми.** The horses quietly stood near the gate. **тягти́** *or* **тягну́ти** + *A.* pull sth; **хропі́ти** snort ◊ **~о́ні захропі́ли.** The horses snorted.
prep. **на ~оня́** *dir.* on/to a horse ◊ **Він ви́стрибнув на ~оня́.** He jumped onto his horse. ♦ **пи́ти на ~оня́** to drink for the road; ♦ **На ~о́ней!** Mount your horses! **на ~оні́** *posn.* on a horse ◊ **На ~оні́ було́ нове́ сідло́.** There was a new saddle on the horse. ♦ **бу́ти на ~оні́ і під ~оне́м** to have seen it all ◊ **За своє́ життя́ Тара́с був на ~оні́ і під ~оне́м.** In his life, Taras has seen it all.
2 knight *(in chess)*
adj. **бі́лий** white, **чо́рний** black
v. + **к. бра́ти ~оня́** capture a knight (**втрача́ти** lose); **ходи́ти ~оне́м** move a knight ◊ **Шахі́ст пішо́в ~оне́м.** The chessplayer moved his knight. ♦ **роби́ти хід ~оне́м** to make a resolute move
к. + *v.* **ходи́ти** move ◊ **У ша́хах к. хо́дить по діагона́лі.** In chess, a knight moves on a diagonal.
See **фігу́ра 8**
I. pl. **~іньми** or **~о́нями**

кі́ст|ка, *f.*

1 bone
adj. **деліка́тна** delicate, **крихка́** brittle ◊ **Із ві́ком ~ки́ ро́бляться крихки́ми.** With age, bones become brittle. **зла́мана** broken, **надще́рблена** chipped, **розтро́щена** shattered, **трі́снута** cracked ◊ **У ньо́го трі́снута пра́ва стегнова́ к.** He had a cracked right thigh bone. **тонка́** thin; **гру́ба** thick; **здоро́ва** healthy; **хво́ра** sick; **міцна́** strong; **суха́** dry; **гомілко́ва** shin, **стегнова́** thigh, **щи́колоткова** ankle; **людська́** human, **твари́нна** animal; **гу́сяча** goose, **инди́ча** turkey, **качи́на** duck, **ку́ряча** chicken, *etc.*; **ма́мутова** mammoth; ♦ **слоно́ва к.** ivory ◊ **Ша́хові фігу́ри ви́різано зі слоно́вої ~ки.** The chessmen are carved of ivory.
n. + **к. переса́дження ~ки** a bone graft (**трансплanта́ція** transplant; **деформа́ція** deformation, **рак** cancer, **хворо́ба** disease) ◊ **Вона́ лікува́лася від хворо́би ~о́к.** She was being treated for a bone disease. ♦ **сама́ шкі́ра та ~ки́** skin and bone ◊ **Пі́сля неду́ги від не́ї лиши́лися сама́ шкі́ра та ~ки́.** After the sickness, all that was left of her was skin and bone.
v. + **к. лама́ти ~ку** break a bone ◊ **Анті́н упа́в і полама́в гомілко́ву ~ку.** Antin fell and broke his shin bone. (**надще́рблювати** chip, **трощи́ти** shatter) ◊ **Шматко́м бето́ну йому́ розтрощи́ло ~ки на нозі́.** A chunk of concrete shattered the bones in his leg.
prep. ♦ **до сами́х ~о́к** to the bone, through and through ◊ **Ми промо́кли до сами́х ~о́к.** We got soaked through to the bone.
Also see **кість 1**
2 *only pl., fig.* human remains, ashes ◊ **По́ле всі́яне ~ка́ми оборо́нців кра́ю.** The field is covered with the ashes of the defenders of the land. ♦ **(по)лягти́ ~ка́ми** *pf.* to die in battle, perish ◊ **Бага́то люде́й лягло́ ~ка́ми, обороня́ючи мі́сто.** Many people perished, defending the city. ♦ **зложи́ти ~ки́** *pf., fig.* to die ◊ **Вони́ зложи́ти ~ки́ за свобо́ду.** They died for freedom.
L. **в ~ці**

к|і́сть, *f.*, ~о́сти

1 bone ◊ **Пі́сля висна́жливого дня Пили́пові болі́ли всі ~о́сті.** After an exhausting day, all Pylyp's bones were aching. ♦ **бі́ла к.** *fig.* blue blood, nobility; ♦ **~істьми́** *or* **~остя́ми (по)лягти́ за** + *A. pf.* to die in battle for, perish; ♦ **самі́ ~о́сті та шку́ра** skin and bone; ♦ **слоно́ва к.** ivory
See **кі́стка 1**
2 *only pl.* dice ♦ **гра́ти в ~о́сті** to play dice ◊ **Вони́ і́ноді розважа́лися тим, що гра́ли в ~о́сті.** They sometimes entertained themselves by playing dice.
G. pl. **~осте́й**, *L. pl.* **на ~остя́х**

к|і́т, *m.*, ~ота́

cat, tomcat ◊ **Всі ї́хні ~оти́ ло́влять мише́й.** All their cats catch mice.
adj. **балаку́чий** talkative ◊ **Ната́лчин к. ду́же балаку́чий.** Natalka's cat is very talkative. **грайли́вий** playful; **безприту́льний** homeless, **ди́кий** wild, **здичаві́лий** feral, **поки́нутий** abandoned, **приблу́дний** stray; **дома́шній** domestic, **ха́тній** house; **вели́кий** big ◊ **Із вели́ких ~оті́в зоопа́рк ма́в лише́ панте́р.** Of big cats, the zoo had only panthers. **ворси́стий** long-haired, **короткоше́рстий** short-haired; **коха́ний** beloved, **улю́блений** favorite ◊ **На камі́ні спав її́ улю́блений к. Марків.** Her favorite cat Markiz was sleeping on the mantlepiece. **смуга́стий** tabby; **поро́дистий** thoroughbred, **чистокро́вний** purebred; **вгодо́ваний** well-fed, **гладки́й** *or* **товсти́й** fat; **худи́й** thin; **абісі́нський** Abyssinian, **гімала́йський** Himalayan, **пе́рський** Persian, **сія́мський** Siamese, *etc.*
v. + **к. гла́дити ~ота́** stroke a cat ◊ **Він ду́мав про щось, гла́дячи сво́го ~ота́.** He was thinking about something, stroking his cat. (**ко́ськати** *colloq.* pet, **пе́стити** pamper ◊ **Миро́ся пе́стила сво́го коха́ного ~ота́.** Myrosia pampered her beloved cat. **чеса́ти** brush; **ма́ти** have, **трима́ти** keep ◊ **Вони́ почали́ трима́ти ~оті́в ро́ків сім тому́.** They began to keep cats about seven years ago. **кастрyва́ти** neuter) ◊ **Пі́сля то́го, як ї́хнього ~ота́ Базиля́ каструва́ли, він помі́тно погла́дшав.** After their cat Bazyl had been neutered, he became noticeably fatter. **ба́витися з ~ото́м** play with a cat ◊ **Оля́ люби́ла ба́витися з ~ото́м.** Olia liked to play with the cat. ♦ **як к. напла́кав** next to nothing ◊ **На пе́ршому мі́тингу було́ уча́сників, як к. напла́кав.** There were no participants to speak of at the first meeting.♦ **купува́ти ~а́ в мішку́** to buy a pig in a poke; ♦ **гра́тися в ~ота́ і ми́шу** to play (a game of) cat and mouse ◊ **Злочи́нець гра́вся з полі́цією в ~ота́ і ми́шу.** The criminal was playing cat and mouse with the police.
к. + *v.* **муркоті́ти** purr ◊ **Уно́чі к. ляга́в йому́ на гру́ди і почина́в го́лосно муркоті́ти.** At night the cat would get onto his chest and begin to purr loudly. **ня́вкати** *or* **нявча́ти** meow ◊ **Десь у па́рку ня́вкали здичаві́лі ~оти́.** Feral cats were meowing somewhere in the park. **шипі́ти** hiss; **вигина́ти спи́ну** arch one's back ◊ **К. ви́гнув спи́ну і зашипі́в на пса.** The cat arched his back and hissed at the dog. **згорта́тися кала́чиком** curl up; **дря́пати** + *A.* scratch sb/sth ◊ **Сія́мський к. си́льно подря́пав дити́ну.** The Siamese cat badly scratched the child. **куса́ти** + *A.* bit sb ◊ **Його́ вкуси́в приблу́дний к.** A stray cat bit him. **куса́тися** bit ◊ **Не бі́йся, цей к. не куса́ється.** Don't be afraid, this cat does not bite. **вила́зити на** + *A.* climb sth ◊ **К. шви́дко ви́ліз на гру́шу.** The cat quickly climbed the pear tree. **кра́стися** creep, **лови́ти** + *A.* catch sth, **накида́тися на** + *A.* pounce on sb, **підкрада́тися до** + *G.* creep up on sb ◊ **Кіт підкра́вся до горобця́.** The cat crept up on the sparrow. **полюва́ти на** + *A.* hunt sth ◊ **Час від ча́су к. ходи́в у по́ле полюва́ти на мише́й.** From time to time, the cat would go to the field to hunt mice. **стриба́ти** jump
N. pl. **~оти́**

кла́п|оть, *m.*, ~тя

1 strip, patch, section, piece ◊ **Вони́ посі́яли буряки́ на невели́кому ~ті по́ля.** They sowed beets on a small strip of the field. ◊ **Та́нки прорва́ли вузьки́к к. оборо́ни.** The tanks breached a narrow section of defense.
adj. **вели́кий** big, **мали́й** small, **невели́кий** little; **вузьки́й** narrow, **широ́кий** wide; **до́вгий** long, **ку́ций** short
к. + *n.* **к. землі́** a piece of land ◊ **Він успадкува́в значни́й к. землі́.** He inherited a considerable piece of land. (**лі́су** woods, **по́ля** field, **са́ду** garden)
prep. **на ~ті** on a strip ◊ **На ї́хньому ~ті лі́су був ставо́к.** There was a pond on their section of the forest.
Also see **шмато́к 1**
2 shred, patch, piece, bunch ◊ **По коридо́ру валя́лися ~ті папе́ру.** There were shreds of paper in the corridor.
adj. **зго́рнутий** folded ◊ **Ко́жен к. ткани́ни був акура́тно зго́рнутий.** Each patch of cloth was neatly folded. **кольоро́вий** colored; **нері́вний** uneven, **пом'я́тий** creased; **гру́бий** thick, **тонки́й** thin
к. + *n.* **к. газе́ти** a piece of newspaper ◊ **Він узя́в к. газе́ти і підпали́в його́.** He took a piece of newspaper and set it on fire. (**папе́ру** paper, **полотна́** linen, **ткани́ни** cloth, **шкі́ри** leather)
v. + **к. рва́ти** + *A.* **на ~ті** tear sth to pieces ◊ **Від лю́ті вона́ порва́ла лист на ~ті.** With fury, she tore the letter to pieces. (**рі́зати** + *A.* **на** cut sth into) ◊ **Він порі́зав ткани́ну на до́вгі ~ті.** He cut the cloth into long strips.
I. **~тем**
Also see **шмато́к 2.** *Cf.* **шмато́к 1**

клас, *m.*, ~у, *var.* **кля́са**, *f.*

1 class, category, subdivision ◊ **Для зру́чности всі това́ри поділя́лися на ~и та катего́рії.** For convenience, all the goods were divided in classes and categories.
к. + *n.* **к. кома́х** a class of insects (**росли́н** plants, **риб** fish, **ссавці́в** mammals); **к. ваго́нів** a class of railroad cars ◊ **Він ї́хав у ваго́ні пе́ршого ~у.** He traveled in a first-class train car. (**по́слуг** services; **това́рів** goods)
See **розря́д**[1] **1.** *Also see* **катего́рія 1, сім'я́ 2**
2 grade *(in high school, etc.)*, year, group of students in a grade ◊ **У шко́лі Тара́с був на два ~и ста́ршим за ньо́го.** Taras was two grades his senior at school. ◊ **Він довчи́вся до сьо́мого ~у, а тоді́ переві́вся до і́ншої шко́ли.** He had studied till seventh grade and then transferred to a different school.
adj. **випускни́й** graduating ◊ **Вони́ нале́жали до випускно́го ~у 1978 ро́ку.** They belonged to the graduating class 1978. **моло́дший** junior, **ста́рший** senior; **насту́пний** next, **попере́дній** previous; **початко́вий** beginners'; **пе́рший** first, **дру́гий** second, **п'я́тий** fifth, *etc.*

v. + **к. закі́нчувати к.** finish a grade ◊ **Ілько́ що́йно закі́нчи́в дру́гий к.** Ilko has just finished second grade. (**перескакувати** skip, **почина́ти** begin); **перево́дити** + *A.* **до ~у** transfer sb to a grade (**перехо́дити** move over ◊ **Вона́ закі́нчи́ла сьо́мий і перейшла́ до дев'ятого ~у, переско́чивши к.** She finished seventh and moved over to ninth grade, skipping a grade. **бу́ти найкра́щим у ~і** be top of the class. ◊ **Яри́на була́ найкра́щою в ~і з мо́ви, літерату́ри та хе́мії.** Yaryna was top of her class in language, literature, and chemistry. (**вчи́тися** *or* **навча́тися в** study in) ◊ **У яко́му ~і навча́ється їхній син?** What grade is their son in?
Cf. **ви́пуск 4**
3 class, classroom ◊ **Вони́ займа́лися у нещода́вно відремонто́ваному ~і.** They studied in a recently renovated classroom.
See **кімна́та**
4 class, social group, order, *often pl.* ◊ **А́втор опи́сує основні́ ~и феода́льного суспі́льства.** The author describes the principal classes of the feudal society.
adj. **ви́щий** upper, **ни́жчий** lower, **сере́дній** middle ◊ **Економі́чна полі́тика у́ряду ни́щила сере́дній к. краї́ни.** The government economic policies were destroying the country's middle class. **бага́тий** rich, **замо́жний** wealthy; **осві́чений** educated; **пані́вни́й** dominant ◊ **Стара́ сове́тська елі́та станови́ла пані́вни́й к. суспі́льства.** The old Soviet elite made up the dominant class of society. **пра́влячий** ruling; **політи́чний** political; **привіле́йо́ваний** privileged; **професі́йний** professional, **робітни́чий** working; **окре́ми́й** separate, **ці́лий** entire; **суспі́льно-економі́чний** socioeconomic; **експлуата́торський** exploiting, **паразити́чний** parasitic
к.+ *n.* **к. капіталі́стів** a capitalist class (**землевла́сників** landowning, **підприє́мців** enterpreneurial, **торго́вців** merchant); **по́діл на ~и** a class division
v. + **к. зни́щувати к.** destroy a class ◊ **У́ряд зни́щив ці́лий к. незале́жного селя́нства.** The government destroyed an entire class of independent peasantry. (**підрива́ти** undermine; **поси́лювати** strengthen; **станови́ти** constitute; **ство́рювати** create); **діли́ти** *or* **поділя́ти** + *A.* **на ~и** divide sb into classes ◊ **Соціо́лог поділя́є суспі́льство на чоти́ри ~и.** The sociologist divides society into four classes. **нале́жати до ~у** belong to a class ◊ **Вони́ нале́жали до ни́жчого ~у.** They belonged to the lower class. (**похо́дити з** originate from)
к. + *v.* **зника́ти** disappear; **існува́ти** exist; **перетво́рюватися на** + *A.* transform into sth; **постава́ти** arise ◊ **К. буржуазії́ поча́в постава́ти в мі́сті ще в середи́ні XV столі́ття.** The class of bourgeoisie began to arise in the city in the mid-15th century. **формува́тися** form ◊ **Цей суспі́льний к. сформува́вся у дру́гій полови́ні XIX столі́ття.** This social class formed in the second half of the 19th century.
Also see **стан[1] 5**
5 class, high quality, style, level
adj. **висо́кий** high ◊ **переклада́ч висо́кого ~у** a high-class translator; **найви́щий** highest ◊ **Вони́ показа́ли футбо́л найви́щої ~и.** They showed soccer of the highest class. **неперева́ршений** unsurpassed, **су́пер-к.** a super class
v. + **к. ґарантува́ти к.** guarantee quality (**забезпе́чувати** + *D.* provide sb with ◊ **Готе́ль забезпе́чує клієнтам европе́йський к. обслуго́вування.** The hotel provides its customers with European level services. **пока́зувати** demonstrate); **досяга́ти ~у** achieve high quality
Also see **ґату́нок 1, 2**

кла́сик, *m.*; кла́сичка, *f.*

1 paragon *(only of person)*, epitome, classic ◊ **Його́ назива́ють ~ом теа́тру.** He is called a paragon of theater.
adj. **безсме́ртний** immortal, **вели́кий** great, **живи́й** living ◊ **Для бага́тьох Лі́на Косте́нко – живи́й к. пое́зії.** For many, Lina Kostenko is a living epitome of classical poet. **неперева́ршений** unsurpassed, **спра́вжній** true, **стари́й** old, **суча́сний** contemporary
к. + *n.* **к. кінемато́графа** a paragon of filmmaking (**літерату́ри** literature, **мисте́цтва** art; **джа́зу** jazz, **му́зики** music; **бале́ту** ballet, **о́пери** opera, **та́нцю** dance ◊ **Він став ~ом моде́рного та́нцю.** He became a paragon of modern dance. **те́атру** theater)
v. + **к. бу́ти ~ом** be a paragon ◊ **Ча́плін був ~ом ні́мого кінемато́графа.** Chaplin was a paragon of silent cinema. (**вважа́ти** + *A.* consider sb; **лиша́тися** remain; **назива́ти** + *A.* call sb, **назива́тися** be called ◊ **Він назива́ється ~ом джа́зової му́зики.** He is called the epitome of jazz music. **оголо́шувати** + *A.* declare sb ◊ **Його́ оголоси́ли ~ом літерату́рної кри́тики.** He was declared a paragon of literary criticism. **става́ти** become)
Also see **зразо́к**. *Cf.* **кла́сика**
2 student of Classics ◊ **вче́ний-к.** a scholar of Classics; ◊ **Університе́т оголоси́в ко́нкурс на поса́ду профе́сора-кла́сика.** The university announced a competition for the position of Classics professor.

кла́си|ка, *f., only sg.*

classic *(body of work)*, model, epitome ◊ **Він глибо́ко знав гре́цьку епі́чну ~ку.** He had a deep knowledge of the Greek epic classic.
adj. **безсме́ртна** timeless ◊ **З усіє́ї безсме́ртної ~ки ця симфо́нія була́ її улю́бленою.** Of all the timeless classics, this symphony was her favorite. **вели́ка** great, **ви́знана** recognized, **незапере́чна** undeniable, **неперева́ршена** unsurpassed; **спра́вжня** true, **стара́** old, **суча́сна** contemporary ◊ **Пісні́ цього́ рок-гу́рту нале́жать до суча́сної ~ки.** This rock group's songs belong to contemporary classics.
к. + *n.* **к. кінемато́графа** film classics (**літерату́ри** literary, **мисте́цтва** art, **му́зики** music ◊ **к. украї́нської му́зики** a classic of Ukrainian music; **те́атру** theater)
v. + **к. вивча́ти ~ку** study the classics ◊ **Вони́ вивча́ли прозо́ву ~ку.** They studied the prose classics. (**насліду́вати** emulate; **станови́ти** constitute); **бу́ти ~кою** be the classics (**вважа́ти** + *A.* consider sth, **визнава́ти** + *A.* recognize sth as ◊ **П'є́си Мико́ли Кулiша́ визнаю́ть ~ою украї́нського теа́тру.** Mykola Kulish's plays have been recognized as the classics of Ukrainian theater. **здава́тися** + *D.* seem to sb; **захо́плюватися** be passionate about, **лиша́тися** remain; **оголо́шувати** + *A.* declare sth, **става́ти** become) ◊ **Пі́сня «Черво́на ру́та» за́раз же ста́ла ~кою.** The song "Red Ruta" became an immediate classic.
L. **в ~ці**

класи́чн|ий, *adj.*

1 classic, model, exemplary ◊ **Він дотри́мується ~ого кано́ну є́дности ді́ї, мі́сця та ча́су.** He abides by the classic canon of the unity of action, place, and time.
к. + *n.* **~а літерату́ра** classic literature ◊ **По́стать Іва́на Котляре́вського – одна́ з головни́х в украї́нській ~ій літерату́рі.** The figure of Ivan Kotliarevsky is a principal one in Ukrainian classic literature. (**му́зика** music, **о́пера** opera) ◊ **~і о́пери Ве́рді чи Бізе́** the classic operas by Verdi or Bizet
2 *colloq.* superb, great, brilliant ◊ **Він завда́в ~ого уда́ру.** He delivered a superb blow.
See **доскона́лий 1**
3 classical, of or pertaining to classical antiquity, Greco-Roman
к. + *n.* **~а архітекту́ра** classical architecture (**істо́рія** history, **скульпту́ра** sculpture, **філосо́фія** philosophy); **~і мо́ви** classical languages
4 typical, classic
к. + *n.* **к. ви́падок** a classic instance (**ви́яв** manifestation, **зразо́к** sample ◊ **Його́ пове́дінка була́ ~им зразко́м соціопа́тії.** His conduct was a classic sample of sociopathy. **представни́к** representative, **при́клад** example, **симпто́м** symptom) ◊ **Хво́ра демонструва́ла ~і симпто́ми ма́нії переслі́дування.** The (female) patient demonstrated classic symptoms of persecution mania.
See **типо́вий**

кла́сн|ий, *adj.*

1 class, of or pertaining to a classroom ◊ **У цей час немо́жливо знайти́ ві́льну ~у кімна́ту.** At this time, it is impossible to find a vacant classroom. ◊ **У́чні ма́ли пів годи́ни, щоб закі́нчи́ти ~у робо́ту.** The pupils had half an hour to finish their class work.
2 qualified, trained, certified ◊ **Компа́нія шука́ла трьох ~их спеціялі́стів.** The company was looking to hire three qualified specialists.
adv. **ду́же** very, **надзвича́йно** extremely, **я́вно** clearly ◊ **к. знаве́ць мисте́цтва** a qualified art connoisseur
See **кваліфіко́ваний 1**
3 *colloq.* great, cool ◊ **к. фільм** a cool movie; ◊ **Вона́ – ~а жі́нка.** She is a cool woman.
Also see **зако́нний 2, капіта́льний 3, ло́вкий 1, чудо́вий**

кла́сов|ий, *adj.*

class, of or pertaining to a social class ◊ **к. інсти́нкт** a class instinct ◊ **К. інсти́нкт підка́зував їй, що спра́ва про́грана.** Her class instinct prompted her that their cause had been lost. (**конфлі́кт** conflict, **підхі́д** approach); **~а боротьба́** a class struggle (**свідо́мість** consciousness, **солі́дарність** solidarity) ◊ **А́втор дово́дить, що ~а солі́дарність поступа́ється націона́льній.** The author argues that class solidarity takes a back seat to the national one.

кла́сти, клад|у́ть; по~ ; *pa. m.* клав, *pl.* кла́ли, *tran.*

1 to put, place, set ◊ **Оле́на покла́ла лист у кише́ню.** Olena put the letter in her pocket.
adv. **акура́тно** neatly ◊ **Він витера́в ко́жну пи́санку й акура́тно клав її до скляно́ї ва́зи.** He wiped every painted Easter egg and neatly put it in the glass vase. **обере́жно** carefully, **пові́льно** slowly; **незґра́бно** clumsily; **несподі́вано** unexpectedly, **ра́птом** suddenly ◊ **Вона́ ра́птом покла́ла годи́нник на стіл пе́ред студе́нтом.** She suddenly put the watch on the table in front of the student. **спри́тно** nimbly, **шви́дко** quickly; **крадькома́** stealthily; **згори́** at the top ◊ **Секрета́рка покла́ла зая́ву згори́ сто́су і́нших докуме́нтів.** The (female) secretary put the application at the top of the pile of other documents. **зни́зу** at the bottom; ♦ **к. спа́ти** to put sb to bed ◊ **Ма́ти кладе́ її спа́ти о дев'я́тій рі́вно.** Mother puts her to bed exactly at nine.
v. + **к. забува́ти** forget to ◊ **Замкну́вши две́рі, Ні́на забу́ла по~ ключ під килимо́к.** Having locked the door, Nina forgot to put the key under the mat. **ква́питися** haste to ◊ **Вінква́пився по~ гро́ші в гамане́ць.** He hasted to put the money in his wallet. **спіши́ти** hurry to; **нака́зувати** + *D.* order sb to, **проси́ти** + *A.* ask sb to ◊ **Марі́я попроси́ла діте́й по~ і́грашки до коро́бки.** Maria asked the children to put the toys in the box. **обіця́ти** + *D.* promise sb to ◊ **Бібліоте́карка обіця́ла їй по~ всі матерія́ли на цю те́му до окре́мої па́пки.** The (female) librarian promised her to put all the materials on the subject in a separate folder.
prep. **к. в** + *A. dir.* put in sth ◊ **Він покла́в перегорі́лу ла́мпу в паке́т на перерo̓бку.** He

put the burned bulb in a package for recycling. ◊ **Вони згрібали сухе листя і клали його в великі купи.** They raked the dry leaves and put them in big piles. **к. до** + *G.* put in/to sth ◊ **Віктор поклав світлину до альбому.** Viktor put the photo in the album. ♦ **к. до своєї кишені** *fig.* to appropriate, pocket, steal ◊ **Начальник митниці клав до своєї кишені великі суми грошей.** The customs director pocketed large sums of money. **к. на** + *A.* put on/to sth ◊ **Він поклав столове срібло на стіл.** He put the silverware on the table. ♦ **к. зуби на полицю** to tighten one's belt ◊ **На перших кілька місяців їм доведеться по~ зуби на полицю.** For the first several months, they will have to tighten their belts. ♦ **к. печатку на** + *A.* to stamp sth ◊ **Розписавшись, вона поклала печатку на підпис.** Having put her signature, she stamped it. **к. під** + *A.* put under sth ◊ **Вона поклала рушник собі під ноги.** She put the towel under her feet. ♦ **к. під сукно** to shelve, put on the backburner ◊ **Вони поклали справу під сукно, щоб уникнути конфлікту.** They shelved the matter, so as to avoid a conflict.
Also see **перекладати 1, прибирати 3**
2 to put *(in prone position as opposed to* **ставити**, *i. e. to put in upright position)* ◊ **Він поклав гроші на стіл.** He put the money on the table. ◊ **Вантажникам слід не ставити, а к. меблі на підлогу фургона, щоб вони не попадали під час перевезення.** The loaders should not stand but put all the furniture on the van floor.
Cf. **ставити 1**
3 *fig., colloq.* to kill, dispatch, waste, knock off ◊ **У цій битві він поклав не одного ворога.** In this battle, he dispatched more than one enemy. ♦ **к. в домовину** to cause sb's death; ♦ **к. трупом** to kill, dispatch ◊ **Перш як його вбили, він поклав трупом трьох нападників.** Prior to being killed, he dispatched three assailants.
See **вбивати 1.** *Also see* **бити 6, заморювати 1, ліквідувати 2, нищити, прибирати 4, рішати 3, усувати 2**
4 to deposit *(money, check, etc.)* ◊ **Мені треба по~ гроші до банку.** I need to put the money into my bank.
5 *fig.* to put, lay, place, make ♦ **к. багаття** *or* **вогонь** make a fire ◊ **Вона вміла по~ багаття навіть у дощ.** She was capable of making a fire even in rain. ♦ **к. відповідальність на** + *A.* lay the responsibility on sb ◊ **Нова посада ~ла на Марту велику відповідальність.** The new post laid great responsibility on Marta. ♦ **к. кінець** *or* **край** + *D.* to put an end to sth ◊ **Він шукав спосіб по~ край цій нарузі.** He was looking for a way to put an end to this outrage. ♦ **к. надію на** + *A.* to place one's hopes on sb/sth ◊ **Він ~е великі надії на дочку.** He places great hopes on his daughter. ♦ **к. на музику** to set sth to music ◊ **Вона поклала на музику кілька віршів Антонича.** She set several poems by Antonych to music. ♦ **к. початок** to initiate, begin ◊ **Ця випадкова розмова поклала початок їхній дружбі.** This accidental conversation began their friendship. ♦ **к. яйця** to lay eggs ◊ **Навіщо різати курку, що ~е золоті яйця?** *fig.* Why slaughter a chicken that lays golden eggs?
pa. pple. **покладений** put, deposited
(по)клади!

кле́|їти, ~ять; на~, при~, с~, *tran.*
1 to glue ◊ **Вони разом ~ли шпалери.** She glued the wallpaper together.
adv. **докупи** together; **міцно** firmly, **ретельно** meticulously; **ледве** hardly, **насилу** barely, **недбало** carelessly ◊ **Валентин недбало склеїв докупи порвану мапу.** Valentyn carelessly glued together the torn map. **як-небудь** sloppily; **швидко** quickly; ♦ **к. дурня** *only impf.* to play the fool ◊ **Він ~їв дурня, вдаючи, що не розуміє.** He was playing the fool, pretending he did not understand.
2 to stick, paste, glue; *pf.* **на~** *or* **при~** ◊ **Вона наклеїла на конверт марку.** She stuck a stamp on the envelope.
prep. **к. до** + *G.* glue to sth ◊ **Хтось приклеїв афішу до дверей.** Somebody pasted a poster to the door. **к. на** + *A.* glue onto sth
pa. pple. **склеєний** glued together
(с)клей!

кле|й, *m.*, **~ю**
glue, adhesive ◊ **Для паперу вона користується силікатним ~єм.** For paper, she uses silicate glue.
adj. **густий** thick; **рідкий** thin; **епоксидний** epoxy, **силікатний** silicate, **синтетичний** synthetic, *etc.*; **надійний** reliable, **сильний** strong ◊ **Клей був дуже сильним.** The glue was very strong. **ненадійний** unreliable, **поганий** bad, **слабкий** weak; **прозорий** transparent ◊ **Прозорий к. не залишає плям.** The transparent glue does not leave stains. ♦ **суперклей** super glue
n. + **к. пляшка ~ю** a bottle of glue (**пляшечка** small bottle, **тюбик** tube) ◊ **Ліда купила три тюбики ~ю.** Lida bought three tubes of glue.
v. + **к. використовувати к.** use glue (**намазувати на** + *A.* put on sth ◊ **Треба намазати к. на дошку.** The glue needs to be put on the board. **розчиняти** dissolve; **нюхати** sniff) ◊ **Безпритульні діти часто нюхають к.** Homeless children often sniff glue. **користуватися ~єм** use glue ◊ **Він користується синтетичним ~єм.** He uses a synthetic glue. (**намазувати** + *A.* apply to sth) ◊ **Він намазав край паперового аркуша ~єм.** He applied the glue to the edge of the paper sheet.
к. + *v.* **схоплювати** set ◊ **к., миттєво схоплює** the glue that sets instantly; **висихати** dry ◊ **К. довго висихав.** The glue took long to dry.

кликати, клич|уть; по~, *tran.*
1 to call, summon ◊ **Із темряви її покликав знайомий голос.** A familiar voice called her from the darkness.
adv. **відчайдушно** desperately; **голосно** loudly; **кволо** faintly, **тихо** quietly; **дарма** in vain, **марно** futilely; **довго** for a long time, **наполегливо** insistently, **настирливо** persistently
v. + **к. бути треба** + *D.* need to ◊ **Їм треба по~ Максима.** They need to call Maksym. **починати** begin to, **стати** *pf.* start; **намагатися** try to ◊ **Уві сні Леся намагалася по~ їх.** In her sleep, Lesia tried to call them. **хотіти** want to
prep. **к. на допомогу** to call for help, **к. на порятунок** to call to the rescue ◊ **Хтось голосно кликав на порятунок.** Somebody was loudly calling to the rescue.
Also see **звати 2.** *Cf.* **дзвонити 2**
2 *colloq.* invite ◊ **На весілля покликали все село.** The entire village was invited to the wedding.
prep. **к. до** + *G.* invite to *(a place)*, **к. на** + *A.* invite to *(an event)* ◊ **Нас покликали на вечірку.** We were invited to a party.
See **запрошувати.** *Also see* **закликати 2, просити 2**
3 *colloq.* to call by name ◊ **На вулиці його ~уть Мацьком.** On the street, they call him Matsko. ◊ **Він ~е її по імені.** He calls her by name.
Also see **звати 1.** *Cf.* **називати**
pa. pple. **покликаний** called
(по)клич!

клип, *m.*, **~у**
clip ◊ **Досі вона режисерувала виняткóво музичні ~и.** Until now, she directed exclusively musical clips.
adj. **короткий** brief; ♦ **відео-к.** a video clip, ♦ **кіно-к.** a film clip, **музичний** music ◊ **У новому музичному ~і він співає і танцює.** In his new music clip, he sings and dances. **рекламний** commercial
v. + **к. дивитися к.** view a clip (**завантажувати** download ◊ **Віктор завантажив цей відео-к. із Мережі.** Viktor downloaded this video clip from the Web. **знімати** shoot, **показувати** show, **програвати** play, **робити** make)
See **фільм.** *Also see* **екранізація, картина 3, кіно 2, стрічка 4**

клієнт, *m.*; **~ка,** *f.*
customer, client
adj. **важливий** important, **великий** big ◊ **Компанія шукає великих ~ів.** The company is looking for big clients. **головний** major; **багатий** rich, **заможний** wealthy; **відданий** faithful, **реґулярний** regular; **колишній** former, **старий** old; **майбутній** future, **новий** new, **потенційний** potential, **теперішній** current ◊ **Серед теперішніх ~ів крамниці немає студентів.** There are no students among the current clients of the store. **індивідуальний** individual, **корпоративний** corporate, **приватний** private ◊ **Вона працювала із приватними ~ами.** She worked with private clients.
v. + **к. задовольняти ~а** satisfy a client ◊ **Він намагався задовольнити кожного ~а.** He strove to satisfy every client. (**втрачати** lose ◊ **Через скандал авіялінія втратила тисячі ~ів.** Because of the scandal, the airline lost thousands of clients. **мати** have ◊ **Вони вже мали кілька важливих корпоративних ~ів.** They already had several important corporate clients. **обслуговувати** serve; **представляти** represent; **діставати** get, **знаходити** find; **переманювати** lure, **приваблювати** attract, **приманювати** entice, **утримувати** keep; **шукати** look for) ◊ **Її завданням є шукати заможних ~ів.** Her task is looking for wealthy clients. **допомагати ~ові** assist a client (**приділяти увагу** give attention to ◊ **Кожному ~ові приділяють неподільну увагу.** Every client is given undivided attention. **радити** advise) ◊ **Юрист радив корпоративним ~ам.** The lawyer advised corporate clients.
к. + *v.* **замовляти** + *A.* order sth, **робити** + *D.* **замовлення** give sb a commission; **писати скаргу** write a complaint, **скаржитися на** + *A.* complain against sb/sth
prep. **від імени ~а** on behalf of a client ◊ **лист від імени тисяч ошуканих ~ів** a letter on behalf of thousands of swindled clients; **для ~а** for a client
Also see **замовник, споживач**

клімакс, *m.*, **~у,** *med.*
menopause
adj. **передчасний** premature, **ранній** early; **запізнений** belated, **пізній** late; **тяжкий** difficult ◊ **У неї запізнений і тяжкий к.** She has a belated and difficult menopause.
v. + **к. мати к.** have a menopause

клімат, *nt.*, **~у,** *only sg.*
1 climate ◊ **Марія ніяк не могла звикнути до дивного ~у Торонта.** Maria could in no way get accustomed to the strange climate of Toronto.
See **підсоння**
2 *fig.* climate, atmosphere ◊ **Вона була приємно вражена робочим ~ом інституту.** She was pleasantly impressed by the working climate of the institute.
adj. **гостинний** hospitable, **дружній** friendly, **сердечний** cordial; **ворожий** hostile, **гнітючий** depressing ◊ **Гнітючий к. катедри давався їй взнаки.** The depressing climate of the department affected her. **негостинний** inhospitable, **похмурий** gloomy, **токсичний** toxic, **шкідливий** harmful; **робочий** working
See **атмосфера 2.** *Also see* **настрій 2**

кліматичн|ий, *adj.*
climatic, of or pertaining to climate ◊ **Місцеві ~і умови не сприяли покращенню її здоров'я.**

The local climatic conditions did not favor the improvement of her health.
к. + *n.* **к. по́яс** a climate zone; **~а змі́на** a climate change (**кри́за** crisis, **пробле́ма** problem; **ма́па** map; **уго́да** agreement)

клі́т|ка, *f.*
1 cage, bird-cage, coop
adj. **дротяна́** wire, **залі́зна** iron ◊ **На суді́ оска́рженого трима́ли в залі́зній ~ці.** At the trial, the defendant was kept in an iron cage. ♦ **золота́ к.** *fig.* a cage of gold ◊ **Усі́ ці ро́ки Іва́нка жила́ в золоті́й ~ці.** All those years, Ivanka had lived in a cage of gold. ♦ **грудна́ к.** *anat.* a thorax; ♦ **сходова́ к.** a staircase ◊ **Сходову́ ~ку в буди́нку пості́йно ми́ли.** The staircase in the building was constantly washed.
v. + **к. сади́ти** + *A.* **в ~ку** *or* **до ~ки** put sb in a cage ◊ **Папу́гу посади́ли до ~ки.** The parrot was put in a cage. **трима́ти** + *A.* **в ~ці** keep sb in a cage
prep. **в ~ку** *dir.* in/to a cage; **в ~ці** *posn.* in a cage ◊ **У дротяні́й клі́тці сиді́в птах.** A bird sat in the wire cage. **з ~ки** out of a cage ◊ **Пта́шка ви́летіла з ~ки.** The bird flew out of the cage.
2 square *(lines in pattern)*, check ◊ **пальто́ в ~ку** checked overcoat; ◊ **дрібна́ чо́рно-бі́ла к.** a fine black-and-white check; ◊ **На ній була́ соро́чка в черво́но-чо́рну ~ку.** She had a a black-and-red check shirt on.
G. pl. **~ок**

кло́п|іт, *m.*, **~оту**
1 trouble, worry, bother, problem ◊ **Вона́ чу́ла про ї́хні ~оти із ста́ршим си́ном.** She heard about their problems with their elder son.
adj. **вели́кий** big, **величе́зний** immense, **все бі́льший** increasing, **значни́й** considerable, **пова́жний** grave, **серйо́зний** serious, **страшни́й** terrible ◊ **Вона́ ма́ла страшні́ ~оти на пра́ці.** She had terrible problems at work. **мале́нький** *dim.* little, **мали́й** small, **невели́кий** slight ◊ **Для не́ї це був невели́кий к.** For her, it was a slight bother. **незначни́й** insignificant; **да́вній** age-old, **стари́й** old; **безпере́рвний** incessant, **пості́йний** constant ◊ **Крамни́ця означа́ла пості́йні ~оти.** The store meant constant trouble. **трива́лий** continuous, **хроні́чний** chronic, **щоде́нний** everyday; **нездола́нний** insurmountable ◊ **Нездола́нні ~оти не ляка́ли їх.** Insurmountable troubles did not frighten them. **нови́й** new; **можли́вий** possible ◊ **Це роби́ли для то́го, щоб запобі́гти можли́вим ~отам.** This was done in order to prevent possible problems. **потенці́йний** potential, **реа́льний** real
v. + **к. ма́ти к.** have a problem ◊ **Анато́лій мав пості́йний к. з орфогра́фією.** Anatolii had a constant problem with spelling. **завдава́ти** + *D.* **~оту** cause sb trouble ◊ **Хло́пчик завдава́в батька́м бага́то ~оту.** The llittle boy caused his parents much trouble. (**додава́ти** add trouble) ◊ **Цей курс лише́ додава́в йому́ ~оту.** The course only added trouble for him.
prep. **к. з** + *I.* a trouble with sb/sth ◊ **У не́ї ~оти з комп'ю́тером.** She has problems with her computer.
See **пробле́ма.** *Also see* **ви́клик 3, гімно́ 4, диле́ма, незго́да 2, пита́ння 2, при́крість, тертя́ 2, тру́днощі, хале́па**
2 *colloq.* matter, business ◊ **Яре́ма має до ньо́го пе́вний к.** Yarema has a certain business for him. ♦ **Не твій то к.** This is none of your business.
See **спра́ва 1.** *Also see* **ді́ло 1, пита́ння 2**

клопота́ти, ~у́, клопо́ч|уть; по~, *tran.*
to bother, trouble, disturb, preoccupy + *I.* with ◊ **Він не хоті́в к. їх проха́ннями.** He did not want to bother them with requests. ♦ **к. собі́ го́лову** + *I.* to preoccupy oneself with sth ◊ **Тими́ш ~е собі́ го́лову уя́вними пробле́мами.** Tymish preoccupy yourself with imaginary problems.
(**по)клопочи́!**
See **жури́ти 2, турбува́ти.** *Also see* **непоко́їти хвилюва́ти 2**

клопота́|тися; по~, *intr.*
1 to busy oneself with, work on, be occupied with
adv. **бага́то** a lot, **без пере́рви** nonstop, **весь час** all the time, **ду́же** much, **незмі́нно** invariably ◊ **Щоне́ділі він клопо́четься бі́ля сво́єї антиква́рної авті́вки.** Every Sunday, he busies himself with his vintage car. **пості́йно** constantly, **традиці́йно** traditionally, **як за́вжди́** as always; **рете́льно** thoroughly, **ста́ранно** diligently
prep. **к. бі́ля** *or* **ко́ло** + *G.* busy oneself with sb/sth ◊ **Удень Іва́н працюва́в у ліка́рні, а ввече́рі ~вся ко́ло худо́би.** During the day, Ivan worked at the hospital and in the evening he busied himself with the cattle.
See **догляда́ти 1**
2 to look after ◊ **к. бі́ля дити́ни** look after a child ◊ **Він му́сив к. бі́ля дити́ни.** He was compelled to look after the child. (**ста́рих батькі́в** old parents, **хво́рого** patient)
See **догляда́ти 2.** *Also see* **дба́ти 1, диви́тися 5, гляді́ти 2, займа́тися[1] 4, опіка́ти 1, турбува́тися 2, ходи́ти 6**
3 to solicit, intercede, ask for sb/sth, petition, organize; *in pf.* to arrange
prep. **к. пе́ред** + *I.* solicit sb; **к. за** *or* **про** + *A.* intercede for sb/sth, *or* **щоб** + *pa. clause or inf.* ◊ **Він поклопота́вся пе́ред keрівни́цтвом за додатко́ву відпу́стку.** He petitioned the management for an additional vacation. ◊ **Я поклопочу́ся, щоб її́ запроси́ли.** I'll make arrangements for her to be invited.
Also see **проси́ти 4**
4 to worry, be concerned + *I.* with, *or* **про** + *A.* about ◊ **Марі́я ~лася до́лею** *or* **про до́лю хло́пця.** Maria was concerned with the boy's fate.
See **жури́тися 2.** *Also see* **непоко́їтися, пережива́ти 4, турбува́тися 1, хвилюва́тися 1**

клуб, *m.*, **~у**
club ◊ **В 1960-х вони́ відві́дували леґенда́рний К. тво́рчої мо́лоді.** In the 1960s, they attended the legendary Creative Youth Club.
adj. **ексклюзи́вний** exclusive, **закри́тий** closed; **замі́ський** country, **місце́вий** local, **молоді́жний** youth, **прива́тний** private, **спорти́вний** sports, **те́нісний** tennis, **футбо́льний** soccer; ♦ **кіноклу́б** a film club ◊ **Він засну́вав тут кіноклу́б.** He founded a film club here. ♦ **фан-клуб** a fan club
n. + **к. звича́ї ~у** club customs (**пра́вила** rules, **стату́т** constitution ◊ **Його́ ви́ключили за пору́шення стату́ту ~у.** He was expelled for violations of the club constitution. **член** member; **чле́нство** membership)
v. + **к. засно́вувати к.** found a club (**очо́лювати** head, **ство́рювати** create); **виключа́ти** + *A.* **з ~у** expel sb from a club (**вступа́ти до** join ◊ **Його́ запроси́ли вступи́ти до прива́тного ~у.** He was invited to join a private club. **нале́жати до** belong to, **става́ти чле́ном** become a member of) ◊ **Ва́лик став чле́ном те́нісного ~у.** Valyk has become a member of a tennis club.
prep. **в к.** *dir.* to a club ◊ **Він рі́дко хо́дить у к.** He rarely goes to the club. **в ~і** *posn.* at a club ◊ **Вони́ зустрі́лися в замі́ському ~і.** They met at the country club. **до ~у** to a club ◊ **Вони́ йдуть до музи́чного ~у.** They are going to the musical club.

ключ, *m.*, **~а́**
1 key
adj. **головни́й** master, **електро́нний** electronic, **звича́йний** regular ◊ **За́мість звича́йного ~а́ до кі́мнати він діста́в електро́нний.** Instead of a regular room key, he was given an electronic one. **запасни́й** spare, **ще оди́н** another
n. + **к. в'я́зка ~і́в** a bunch of keys ◊ **Про всяк ви́падок вона́ ма́ла в'я́зку запасни́х ~і́в.** Just in case, she had a bunch of spare keys. (**набі́р** set) ◊ **Две́рі відмика́лися набо́ром з трьох рі́зних ~і́в.** The door was unlocked by a set of three different keys.
v. + **к. вийма́ти к. з** + *G.* take out a key ◊ **Вона́ тихе́нько ви́йняла к. з двере́й.** She quietly took the key out of the door. (**вставля́ти в** + *A.* put into sth ◊ **Він намага́вся вста́вити к. у ві́чко.** He was trying to insert the key into the keyhole. **замика́ти** lock in ◊ **Він випадко́во замкну́в ~і́ в поме́шканні.** He accidentally locked the keys in the apartment. **лиша́ти** leave ◊ **Вона́ лиша́ла к. у замку́ для безпе́ки.** She would leave the key in the lock for safety. **поверта́ти** turn ◊ **Вона́ поверну́ла к. і відімкну́ла две́рі.** She turned the key and unlocked the door. **роби́ти** get cut) ◊ **Вона́ зроби́ла запасни́й к.** She got a spare key cut. **бря́зкати ~а́ми** jingle keys ◊ **Охоро́нець ішо́в, бря́зкаючи ~а́ми.** The guard was walking, jingling his keys.
к. + *v.* **відчиня́ти** + *A.* open sth, **відмика́ти** + *A.* unlock sth ◊ **Цей к. відмика́є всі две́рі в буди́нку.** The key unlocks all the doors in the building. **замика́ти** + *A.* lock sth; **поверта́тися** turn ◊ **Йому́ здало́ся, що к., залі́шений у замку́, поверта́ється.** It seemed to him that the key left in the lock was turning. **бря́зкати** jangle
prep. **без ~а́** without a key ◊ **Він зміг потра́пити до маши́ни без ~а́.** He managed to get into the car without the key. **к. до** + *G.* key to sth ◊ **к. до а́вта** a car key (**буди́нку** house, **двере́й** door, **кварти́ри** apartment, **но́мера** hotel room)
2 *fig.* key, clue, answer ◊ **к., щоб зрозумі́ти те́кст** the clue to understand the text; ◊ **к. до за́гадки** the key to a riddle (**перемо́ги** victory, **се́рця** heart ◊ **Здава́лося, він знайшо́в к. до її́ се́рця.** He seemed to have found the key to her heart. **таємни́ці** mystery, **у́спіху** success); **~і́ до вправ** exercise keys
3 wrench ♦ **розвідни́й к.** *techn.* a monkey wrench
4 flight *(of birds)*, string ◊ **Над ни́ми проліта́в к. журавлі́в.** A flight of cranes was passing above them. ♦ **леті́ти ~е́м** to fly in a flight ◊ **Ди́кі гу́си леті́ли ~е́м.** The wild geese were flying in a flight.
5 *mus.* clef, key; *fig.* mood, key
adj. **мажо́рний** major (**міно́рний** minor; **а́льтовий** alto, **барито́новий** baritone, **ба́совий** bass, **скри́пковий** violin, **сопра́новий** soprano, **теноро́вий** tenor; **невтра́льний** *fig.* neutral, **підне́сений** *fig.* exultant, **ра́дісний** *fig.* joyful, **романти́чний** *fig.* romantic ◊ **Їй тре́ба прочита́ти текст у романти́чному ~і.** She needs to read the text in a romantic key.
v. + **к. використо́вувати к.** use a clef ◊ **Тепе́р рі́дко використо́вують ме́цо-сопра́новий к.** The mezzo-soprano clef is rarely used now. (**міня́ти** change) ◊ **Компози́торка змінила к. етю́ду із заду́мливого на підне́сений.** *fig.* The (female) composer changed the key of the étude from pensive to exultant. **гра́ти** + *A.* **в ~і** play sth in a clef ◊ **Вона́ гра́ла в мажо́рному ~і.** She was playing in the major clef (**писа́ти** + *A.* **в** write sth in, **співа́ти** + *A.* **в** sing in)
prep. **у ~і** in a clef ◊ **Нова́ п'є́са напи́сана в міно́рному ~і.** The new piece is written in the minor clef.

кля́сти́ся, кляну́|ться; по~; *pa. pf., m.* **покля́вся**, *pl.* **покляли́ся**, *intr.*
to swear, vow, pledge ◊ **Вони́ покляли́ся ві́чно коха́ти одне́ о́дного.** They swore to love one another forever.
adv. **заповзя́то** ardently ◊ **Що заповзя́тіше Оста́п кля́вся, то ме́нше Ната́лка йому́ ві́рила.** The more ardently Ostap swore, the less Natalka believed him. **зара́з же** right away ◊ **Він зара́з же покля́вся, що ка́же пра́вду.** He swore right away he was telling the truth. **урочи́сто** solemnly ◊ **Вони́ урочи́сто покляли́ся**

помсти́тися. They solemnly swore to take revenge.

v. + **к. бу́ти гото́вим** be ready to; **вимага́ти** demand to, **зму́шувати** + *A.* make sb; **відмовля́тися** refuse to ◊ **Він відмо́вився к., посла́вшись на релігі́йну заборо́ну.** He refused to swear, envoking a religious prohibition. **пропонува́ти** + *D.* offer sb to

prep. **к. на** + *A.* swear on sth ◊ **Чолові́к покля́вся на Бі́блії.** The man swore on the Bible. **к.** + *I.* swear by sth ◊ **Він гото́вий був по~ життя́м свої́х діте́й.** He was prepared to swear by his children's lives.

(по)кляни́ся!

Also see **присяга́ти 1**

кля́тв|а, *f.*

oath, vow

adj. **кро́вна** blood, **президе́нтська** presidential, **свяще́нна** sacred, **урочи́ста** solemn

к. + *n.* **к. ві́рности** a loyalty oath ◊ **Ко́жен імігра́нт дава́в ~у ві́рности нові́й краї́ні.** Each immigrant took a loyalty oath to his new country. ♦ **к. Гіпокра́та** a Hippocratic oath

v. + **к. дава́ти ~у** take an oath ◊ **Вони́ да́ли ~у боро́тися за свобо́ду своє́ї краї́ни.** They took the oath to fight for the freedom of their country. (**дотри́мувати** keep, **пору́шувати** break)

prep. **к. на** + *A.* oath of, *or* + *inf.* ◊ **к. на ві́рність** a loyalty oath ◊ **Ко́жен депута́т дав ~у дотри́муватися Конститу́ції.** Each member of parliament gave an oath to abide by the Constitution.

Also see **прися́га**

кмітли́в|ий, *adj.*

1 clever, bright, sharp, shrewd, intelligent

к. + *n.* **к. моло́дик** an intelligent youth (**по́гляд** look, **комента́р** comment, **спостере́ження** observation ◊ **Ма́ртині спостере́ження були́ як за́вжди́ ~і.** Marta's observations were as always sharp. **ра́дник** advisor) ◊ **Президе́нт мав здоро́вий глузд оточи́ти себе́ ~ими ра́дниками.** The president had the common sense to surround himself with shrewd advisors.

See **спри́тний 3**

2 wise, savvy ◊ **Її пора́ди були́ ~ими і ко́рисними.** Her advice was savvy and useful.

See **розу́мний 1**

кмітли́в|ість, *f.*, **~ости**, *only sg.*

shrewdness, astuteness, intelligence ◊ **Його́ профе́сія вимага́є ~ости.** His profession requires shrewdness.

adj. **вели́ка** great ◊ **Вели́ка к. Окса́ни не раз ряту́вала її́ відкло́потів у доро́зі.** Oksana's great astuteness more than once spared them problems on the road. **величе́зна** immense, **винятко́ва** exceptional, **дивови́жна** astonishing, **неабия́ка** extraordinary, **неймові́рна** incredible, **неперевéршена** unsurpassed, **особли́ва** special, **разю́ча** striking; **типо́ва** typical; **несподі́вана** unexpected

v. + **к. виявля́ти к.** reveal one's astuteness (**демонструва́ти** demonstrate); **вирізня́тися ~істю** stand out for one's astuteness ◊ **Ната́ля вирізня́лася винятко́вою ~істю.** Natalia stood out as exceptionally sharp-witted.

See **ро́зум**

кни́|га, *f.*

1 book (*usu large or important*) ◊ **У 1574 ро́ці ви́йшов «Апо́стол» Іва́на Федоро́вича, пе́рша украї́нська друко́вана к.** In 1574, Ivan Fedorovych's *Apostle*, the first Ukrainian printed book, was published.

adj. **важли́ва** important, **вплив́ова** influential, **му́дра** wise; **вели́ка** great, big, **величе́зна** enormous, **свяще́нна** sacred, **славе́тна** famous; **гру́ба** *and* **товста́** thick; ♦ **Бі́ла к.** the White Book ◊ **Нови́й уряд що́йно оприлю́днив свою́ Бі́лу ~гу.** The new government just made public its White Book.

к. + *n.* **к. дося́гнень** the book of achievements (**життя́** life ◊ **Для ньо́го цей рома́н був ~гою життя́.** For him, the novel was the book of life. **му́дрости** wisdom ◊ **Він вважа́в «Держа́вця» вели́кою ~гою му́дрости.** He considered *Prince* to be a great book of wisdom. **по́двигів** feats, **спо́гадів** recollections)

prep. **до ~ги** in/to a book; **із ~ги** from a book ◊ **цита́та із ~ги проро́ків** a quote from the *Book of Prophets*; **у ~гу** *dir.* in/to a book ◊ **Васи́ль ча́сто загляда́є в цю му́дру ~гу** *or* **до ціє́ї му́дрої ~ги.** Vasyl often looks into this wise book. **у ~зі** *posn.* in a book

Also see **Бі́блія, Єва́нгеліє.** *Cf.* **кни́жка 1**

2 ledger, register

adj. **бухга́лтерська** account, **гостьова́** guest, **ка́сова** cash, **телефо́нна** phone; **довідко́ва к.** a directory, ♦ **домова́ к.** a house registry

к. + *n.* **к. замо́влень** an order book (**реце́птів** recipe ◊ **Юлія́н трима́в ~гу реце́птів.** Yulijan kept a recipe book. **скарг** complaint) ◊ **Кліє́нт зажада́в ~ги скарг.** The client demanded the complaint book.

Also see **журна́л 2**

книга́р|ня, *f.*

bookstore

adj. **вели́ка** big, **величе́зна** enormous; **мала́** *and* **невели́ка** small; **нова́** new; **популя́рна** popular, **улю́блена** favorite; **місце́ва** local; **букіністи́чна** secondhand ◊ **На ву́лиці одра́зу три букіністи́чні ~ні.** There are at once three secondhand bookstores on the street. **дитя́ча** children's, **меди́чна** medical, **спеціялізо́вана** specialized, **університе́тська** university, **шкі́льна́** school; **незале́жна** independent; **віртуа́льна** virtual, **мере́жева** chain *and* Internet ◊ **«Є» – украї́нська мере́жева к.** *YE* is a Ukrainian chain bookstore. ◊ **Видавни́цтво що́йно відкри́ло мере́жеву ~ню.** The publishers just opened their Internet bookstore.

v. + **к. відві́дувати ~ню** visit a bookstore ◊ **Вона́ ча́сто відві́дує місце́ву ~ню.** She often visits the local bookstore. (**відкрива́ти** open; **засно́вувати** found); **бува́ти в ~ні** frequent a bookstore ◊ **Вони́ бува́ють у ці́й ~ні.** They frequent this bookstore. **ходи́ти до ~ні** go to a bookstore

G. pl. **~ень**

See **крамни́ця**

кни́ж|ка, *f.*

1 book ◊ **Вона́ посіда́є пе́рше вида́ння ціє́ї ~ки Іва́на Франка́.** She possesses the first edition of this book by Ivan Franko.

adj. **до́бра** *and* **хоро́ша** good, **захо́плива** captivating, **ціка́ва** interesting, **чудо́ва** wonderful; **вели́ка** large, **важка́** heavy, **гру́ба** *and* **товста́** thick; **мале́нька** small, **кишенько́ва** pocket ◊ **Поя́ва кишенько́вої ~ки ста́ла поча́тком ма́сової літерату́ри.** The appearance of the pocket book became the beginning of popular literature. **тонка́** thin; **нова́** new, **оста́ння** latest; **антиква́рна** vintage, **рі́дкісна** rare, **уніка́льна** unique; **бібліоте́чна** library ◊ **Він забу́в у кав́арні бібліоте́чну ~ку.** He left a library book behind in the coffee house. **вжи́вана** used, **стара́** old; **вла́сна** one's own; **деше́ва** cheap, **дорога́** expensive; ♦ **а́вдіокни́жка** an audio book ◊ **Пе́рша авдіокни́жка з'яви́лася на поча́тку XIX столі́ття.** The first audio book appeared at the beginning of the 20th century. **друко́вана** printed, **електро́нна** electronic; **ілюстро́вана** illustrated; **сенсаці́йна** sensational, **сканда́льна** scandalous; **дитя́ча** children's, **поети́чна** poetry, **худо́жня** fiction; **ку́харська** cook

n. + **к. а́втор ~ки** the author of a book (**видаве́ць** publisher; **на́зва** title; **паліту́рка** cover ♦ **к. в м'які́й паліту́рці** a paperback (book), ♦ **к. у тверді́й паліту́рці** a hardcover book, ♦ **к. у шкіряні́й паліту́рці** a leather-bound book; **примі́рник** copy ◊ **Видавни́цтво дало́ йому́ де́сять а́вторських примі́рників ~ки.** The publishers gave him ten author's copies of the book. **рецензе́нт** reviewer, **реце́нзія** review; **ціна́** price)

v. + **к. видава́ти ~ку** issue a book ◊ **Її пе́ршу худо́жню ~ку ви́дали в 2000 ро́ці.** Her first fiction book was issued in 2000. (**публікува́ти** publish; **передруко́вувати** reprint ◊ **~ку передруко́вували три́чі.** The book has been reprinted three times. **реда́гува́ти** edit; **відкрива́ти** *or* **розгорта́ти** open; **горта́ти** flip through ◊ **Вона́ пові́льно горта́ла ~ку.** She was slowly flipping through the book. **закрива́ти** close; **ілюструва́ти** illustrate ◊ **Її оста́нню ~ку ілюструва́в ві́домий маля́р.** A well-known artist illustrated her latest book. **переклада́ти** translate ◊ **По́ки що ~ку перекла́ли десятьма́ мо́вами.** So far the book was translated into ten languages. **перепліта́ти** bind, **писа́ти** write ◊ **Вінволі́є ра́дше писа́ти ~ки́, як переклада́ти ї́х.** He prefers writing books rather than translating them. **підпи́сувати для** + *G.* inscribe for sb ◊ **Він попроси́в а́вторку підписа́ти ~ку для своє́ї дівчи́ни.** He asked the (female) author to inscribe the book for his girlfriend. **поверта́ти** return, **позича́ти** borrow, lend ◊ **Я ра́до пози́чу вам цю ~ку.** I will gladly lend you the book. ◊ **Він ча́сто позича́є ~ки́ в місько́й бібліоте́ці.** He often borrows books at the city library. **присвя́чувати** + *D.* dedicate to sb ◊ **А́втор присвяти́в пе́ршу ~ку які́йсь Га́нні.** The author dedicated his first book to a Hanna. **вихваля́ти** *or* **хвали́ти** praise ◊ **Усі́ рецензе́нти односта́йно хвали́ли її ~ку.** All the reviewers unanimously praised her book. **рекомендува́ти** recommend; **рецензува́ти** review, **чита́ти** read; **забороня́ти** ban) ◊ **~ку Асто́льфа де Кюсті́на заборони́ли в Росії.** The book by Astolphe de Custine was banned in Russia.

к. + *v.* **вихо́дити** come out, **з'явля́тися** appear ◊ **К. з'яви́лася са́ме пе́ред на́падом Росі́ї на Гру́зію.** The book appeared right before Russia's invasion of Georgia.

prep. **до ~ки** in/to a book; **із ~ки** from a book ◊ **Вона́ взяла́ цей у́ривок із ~ки Прохаська.** She took the excerpt from Prokhasko's book. **у ~ку** *dir.* in/to a book ◊ **У ~ку** *or* **до ~ки вона́ включи́ла театра́льні реце́нзії.** She included theater reviews in the book. **у ~ці** *posn.* in a book ◊ **У ~ці бага́то стати́стики.** There are a lot of statistics in the book. **к. з** + *G.* book on sth ◊ **к. із гре́цької грама́тики** a Greek grammar book; **к. про** + *A.* a book about sth ◊ **Про що ця к.?** What's the book about?

Also see **грама́тика 2, Єва́нгеліє, підру́чник.** *Cf.* **кни́га 1**

2 ledger, register ♦ **заліко́ва к.** a transcript, report card ◊ **Ко́жен студе́нт ма́є заліко́ву ~ку.** Each student has a transcript. ♦ **записна́ к.** *or usu* **записни́к** a notebook ◊ **Стара́ валі́за хова́ла записні ~ки́** *or* **записники́ вче́ної.** The old suitcase concealed the (female) scientist's notebooks. ♦ **оща́дна к.** a savings account book, **телефо́нна** phone, ♦ **трудова́ к.** a work record book, employment history ◊ **Трудові́ ~ки́ компа́нії зберіга́ли у се́йфі.** The company's work record books were kept in a safe.

See **кни́га 2**

G. pl. **~о́к**

книжко́в|ий, *adj.*

book, of or pertaining to books

к. + *n.* **к. кіо́ск** a book stall (**ри́нок** market, **я́рмарок** fair), ♦ **к. хроба́к** a bookworm; **~а гра́фіка** book graphics (**мініятю́ра** miniature; **паліту́рка** cover), ♦ **~а поли́ця** a bookshelf, ♦ **~а ша́фа** a bookcase ◊ **Ко́жна ~а ша́фа замика́ється на ключ.** Each bookcase locks with a key.

кнóп|ка, *f.*
1 button, push button ◊ **Щоб зупини́ти механі́зм, нати́сніть на черво́ну ~ку.** To stop the mechanism, push the red button. ◊ **У те́мряві вона́ шука́ла ~ку дзвінка́.** She was looking for the bell button in darkness.
See **ґу́дзик 2**
2 pushpin, thumbtack ◊ **прикріпля́ти** + *A.* **~ою** pin sth ◊ **Запи́ску прикріпи́ли ~ою до до́шки оголо́шень.** The note was pinned to the notice board.
L. **на ~ці**, *G. pl.* **~ок**

ковбас|á, *f.*, **~и́**
sausage ◊ **Украї́нці лю́блять ~и.** Ukrainians like sausages.
adj. **ва́рена** boiled, **ву́джена** *and* **ко́пчена** smoked, **в'я́лена** cured, **пе́чена** roasted; **дома́шня** homemade ◊ **На тарі́лці лежа́ла дома́шня к.** There was homemade sausage lying on the plate. **картопля́на** potato, **кров'я́на** blood, **свиня́ча** pork; **сві́жа** fresh; **до́бра** *or* **смачна́** tasty, **смачню́ча** delicious; **веґетарія́нська** vegetarian; **цві́ла** moldy
n. + **к. ку́сень ~и́** a piece of sausage ◊ **вели́кий ку́сень ву́дженої ~и́** a big piece of smoked sausage (**ку́сник** *dim.* piece, **окра́єць** slice, **шмато́к** bit; **кільце́** coil, ring) ◊ **Вона́ купи́ла два кільця́ свиня́чої ~и́ до вели́коднього сто́лу.** She bought two rings of pork sausage for the Easter table.
v. + **к. ву́дити ~у́** smoke sausage (**ї́сти** eat, **кра́яти** slice, **пекти́** roast; **начиня́ти** stuff ◊ **~у́ начини́ли карто́плею із гриба́ми.** The sausage was stuffed with potato and mushrooms. **роби́ти** make) ◊ **Вони́ ро́блять вла́сну ~у́.** They make their own sausage.

ко́вдр|а, *f.*, **~и**
blanket
adj. **важка́** heavy, **гру́ба** thick; **легка́** light, **тонка́** thin; **те́пла** warm; **верблю́жа** camel-hair, **во́вняна** woolen; **електри́чна** electric
v. + **к. бра́ти ~у** take a blanket (**дава́ти** + *D.* give sb; **розстеля́ти** spread) ◊ **Він розстели́в ~у на все лі́жко.** He spread the blanket over the entire bed. (**заку́тувати в** wrap sb in, **заку́туватися в** wrap oneself in ◊ **Вона́ заку́талася в ~у, щоб тро́хи зігрі́тися.** She wrapped herself in a blanket, in order to warm herself up a bit. **ляга́ти під** get under, **хова́тися під** hide under) ◊ **Хло́пчик схова́вся під гру́бу ~у.** The little boy hid under the thick blanket. **накрива́ти** + *A.* **~ою** cover sb with a blanket ◊ **Рома́н накри́в дити́ну ще одніє́ю ~ою.** Roman covered the child with another blanket.
prep. **в ~у** *dir.* in a blanket; **в ~і** *posn.* in a blanket ◊ **У ~і ді́рка.** There is a hole in the blanket. **на ~у** *dir.* on/to a blanket ◊ **Ві́ктор ви́сипав умі́ст торби́нки на ~у.** Viktor emptied the bag contents onto the blanket. **на ~і** *posn.* on a blanket ◊ **Вона́ лежа́ла на ~і.** She was lying on the blanket. ◊ **під ~у** *dir.* under a blanket; **під ~ою** *posn.* under a blanket ◊ **Під ~ою їй було́ те́пло.** She was warm under the blanket.

ковза́н, *m.*, **~а́**
1 skate, *usu pl.* ◊ **Ба́тько подарува́в Тимоше́ві на уроди́ни ~и́.** Father gave Tymish skates for his birthday.
adj. **нові́** new; **дитя́чі** children's, **спорти́вні** sports ◊ **Спорти́вні ~і́ до́вші, як люби́тельські.** Sports skates are longer than the amateur ones.
n. + **к. па́ра ~і́в** a pair of skates
v. + **к. ката́тися на ~а́х** go skating, skate ◊ **Він навчи́вся ката́тися на ~а́х.** He learned to skate.
2 *only pl., fig.* skating ◊ **Він із дити́нства захо́плюється ~а́ми.** Since childhood, he has been fond of skating.
See **ковзаня́рство, спорт**

ковзаня́рств|о, *nt., only sg.*
sport skating, ice-skating
adj. **жіно́че** women's; **чолові́че** men's; **індивідуа́льне** individual, **па́рне** pair, **спорти́вне** speed, **фігу́рне** figure; ◊ **змага́ння з ~а** a skating competition
See **спорт.** *Also see* **ковза́н 2**

ковзаня́рськ|ий, *adj.*
skating, of or pertaining to skating ♦ **к. спорт** skating
к. + *n.* **к. реко́рд** a skating record (**стадіо́н** stadium, **чемпіона́т** championship); **~а дружи́на** a skating team (**кваліфіка́ція** qualification, **підгото́вка** preparation, **тради́ція** tradition, **шко́ла** school); **~е обла́днання** skating equipment; **~і змага́ння** a skating competition

ковта́|ти, ~ють; ковтн|у́ти, ~у́ть, *tran.*
1 to swallow, ingest
adv. **бо́ляче** painfully ◊ **Че́рез запа́лення го́рла Васили́ні бо́ляче к.** Because of her sore throat, it is painful for Vasylyna to swallow. **ва́жко** with difficulty, **ле́две** hardly, **наси́лу** barely; **жа́дібно** greedily, **по́спіхом** hastily, **шви́дко** quickly; **крадькома́** surreptitiously ◊ **Вона́ крадькома́ ковтну́ла запи́ску.** She surreptitiously swallowed the note. **ле́гко** easily, **навми́сно** deliberately, **ненаро́ком** accidentally, **помилко́во** mistakenly ◊ **Він помилко́во ковтну́в не ту́ піґу́лку.** He mistakenly swallowed the wrong pill. ♦ **к. ці́лим** to swallow whole ◊ **Анако́нда ~є свою́ же́ртву ці́лою.** The anaconda swallows its prey whole. ♦ **к. сли́ну** *fig.* to salivate ◊ **Він ~в сли́ну від ду́мки про вече́рю.** He salivated at the thought of dinner. ♦ **к. слова́** to slur words ◊ **Ми́ша так ~є слова́, що його́ го́ді зрозумі́ти.** Mysha slurs his words so badly it is impossible to understand him. ♦ **к. сльо́зи** to fight the tears ◊ **Він сказа́в це, ~ючи сльо́зи.** He said it, fighting the tears.
Also see **прийма́ти 3**
2 *fig.* to devour, guzzle, gobble ◊ **Він оди́н за о́дним ковта́в голубці́.** He was devouring the cabbage rolls one after another. ♦ **к. одни́м ма́хом** *colloq.* to devour in one bite ◊ **Зі́на одни́м ма́хом ковтну́ла пів накладáнця.** Zina devoured half a sandwich in one bite.
See **ї́сти 1.** *Also see* **же́рти 1, поглина́ти 4, руба́ти 2, трощи́ти 3**
pa. pple. **ковтну́тий** swallowed
ковта́й! ковтни́!

ковтну́|ти, *pf., see* **ковта́ти**
to swallow *(once)*; devour ◊ **Він ~в жме́ню полуни́ць.** He swallowed a handful of strawberries.

код, *m.*, **~у**
1 code ◊ **Цей к. було́ не про́сто злама́ти.** This code was not easy to break.
adj. **комп'ю́терний** computer ◊ **Вона́ приду́мала вла́сний комп'ю́терний к.** She devised her own computer code. **спеція́льний** special; **тає́мний** secret ◊ **Вони́ спілкува́лися, користу́ючись тає́мним ~ом.** They communicated using a secret code. **умо́влений** agreed-upon, **умо́вний** conventional
v. + **к. змі́нювати к.** alter a code (**модифікува́ти** modify; **лама́ти** break; **перепи́сувати** rewrite, **писа́ти** write; **виду́мувати** invent, **приду́мувати** devise); **кори́стува́тися ~ом** use a code (**писа́ти** + *A.* write sth in ◊ **Вона́ написа́ла повідо́млення спеція́льним ~ом.** She wrote the message in a special code. **переклада́ти** + *A.* translate sth into)
See **мо́ва 1**
2 code, number *(number or letter sequence)* ◊ **Він отри́мав персона́льний к.** He received a personal identification number.
adj. **ідентифікаці́йний** identification; **персона́льний** personal; **спеція́льний** special; **міжнаро́дний** international ◊ **Міжнаро́дний к. Украї́ни – 38.** The international code of Ukraine is 38. ♦ **телефо́нний к.** an area code ◊ **Телефо́нний к. Ки́єва – 044.** The area code of Kyiv is 044. ♦ **штрихови́й к.** *usu* **штрих-ко́д** a bar code ◊ **Всі това́ри ма́ють штрихови́й к.** All merchandise has a bar code.
к. + *n.* **к. безпе́ки** a security code (**до́ступу** access ◊ **Щоб зайти́ на мере́жеву сторі́нку, тре́ба ввести́ к. до́ступу.** In order to enter the web page, one needs to key in the access code. **краї́ни** country, **мі́ста** city; **тризна́чний** three-digit, **чотиризна́чний** four-digit, **п'ятизна́чний** five-digit)
v. + **к. вво́дити к.** key in a code (**забува́ти** forget ◊ **Вона́ забу́ла ідентифікаці́йний к.** She forgot her identification code. **зна́ти** know, **пам'ята́ти** remember; **міня́ти** change; **набира́ти** dial; **ство́рювати** generate) ◊ **Для ко́жного покупця́ систе́ма ство́рює к.** For each buyer, the system generates a code.
See **ци́фра, число́**

коєфіціє́нт, *m.*, **~а**
1 quotient, coefficient, factor
к. + *n.* **к. кори́сної ді́ї** an efficiency quotient ◊ **При температу́рі, ни́жчій нуля́, к. кори́сної ді́ї двигуна́ зме́ншується.** In sub-zero temperature, the engine's efficiency quotient decreases. **к. наванта́ження** a load factor (**поту́жности** power, **тертя́** friction)
2 rate, ration ◊ **висо́кий к. використа́ння чи́стої ене́ргії** a high rate of clean energy usage
See **відсо́ток 2, рі́вень 1.** *Also see* **сту́пінь 3**

ко́жн|ий, ~ого, *var.* **ко́жен**, *adj. and n.*
1 *adj.* each, every ◊ **К. буди́нок на ці́й ву́лиці мав на́зву.** Every house on the street had a name.
adv. **абсолю́тно** absolutely, **дослі́вно** literally ◊ **Вона́ зна́ла дослі́вно ~у росли́ну в саду́.** She knew literally every plant in the garden.
♦ **к. без ви́нятку** every + *n.* without exception ◊ **Страйкува́ло ~е підприє́мство без ви́нятку.** Every enterprise without exception was on strike. (**без перебі́льшення** without exaggeration); ♦ **~ого дня** every day (**ти́жня** week, **мі́сяця** month, **ро́ку** year, *etc.*) ◊ **Ле́ся хоті́ла б ї́здити до Португа́лії ~ого ро́ку.** Lesia would like to go to Portugal every year. **~ої весни́** every spring (**неді́лі** Sunday, **но́чі** night, **хвили́ни** minute)
Also see **що[1] 6, що~ 1**
2 *n.* everybody, everyone, each ◊ **К. зна́є, що Земля́ оберта́ється довко́ла Со́нця.** Everybody knows that the Earth revolves around the Sun. ◊ **Вона́ ма́є пита́ння до ~ого.** She has a question for everybody. ♦ **к. із нас (вас, них)** everyone of us (you, them) ◊ **К. із них му́сив утіка́ти з рі́дного мі́ста.** Everyone of them was forced to flee their hometown.
Also see **вся́кий 3**

к|оза́, *f.*
1 she-goat, nanny goat, goat
adj. **ди́ка** wild, **сві́йська** domestic; **голо́дна** hungry ◊ **У хліві́ ме́кали голо́дні ~о́зи.** Hungry goats bleeted in the barn. **допи́тлива** curious
n. + **к. ота́ра ~із** a flock of goats (**ста́до** herd) ◊ **Ґрунтови́м шля́хом ішло́ вели́ке ста́до ~із.** A large herd of goats was going along the dirt road. ♦ **лупи́ти** + *A.*, **як Си́дорову ~у́** to give sb a good beating, let someone have it ◊ **Тим ра́зом Петро́ відлупи́в його́, як Си́дорову ~озу́.** This time around, Petro let him have it. ♦ **роби́ти так, щоб і вовки́ були́ си́ті, і ~о́зи ці́лі** to have one's cake and eat it
See **коро́ва.** *Cf.* **козе́л**
2 *mus.* Carpathian bagpipe ◊ **Він хоті́в навчи́тися гра́ти на ~озі́.** He wanted to learn to play a bagpipe.
See **інструме́нт 2**

коза́|к, *m.*, **~ка́**
1 Cossack ◊ **Його́ пре́дки були́ ~ка́ми.** His forefathers were Cossacks.
adj. **ві́льний** free, **запоро́зький** Zaporozhian, **реєстро́вий** *hist.* registered ◊ **По́льський коро́ль намага́вся обме́жити число́ реєстро́вих ~кі́в в Украї́ні.** The Polish king was trying to limit the number of registered Cossacks in Ukraine. **правди́вий** *or* **спра́вжній** *fig.* true ◊ **Він ви́явив себе́ спра́вжнім ~ко́м.** He proved to be a true Cossack.
2 *fig.* youth, young man; handsome young man ◊ **Не журі́ся, ~че!** Don't worry, handsome!
3 *fig. colloq.* brave man, good man ◊ **Він шука́є не про́сто помічникі́в, а ~кі́в, на яки́х мо́жна покла́стися.** He is looking not simply for helpers, but for good men he can rely on.

коза́цьк|ий, *adj.*
Cossack, of or pertaining to Cossacks ◊ **Нечита́йло – це ~е прі́звище.** Nechytailo is a Cossack family name.
к. + *n.* **к. дух** a Cossack spirit (**зви́чай** custom; **рід** family ◊ **Її ба́тько був із ~ого ро́ду.** Her father came from a Cossack family. **старшина́** officer); **~а відва́га** Cossack bravery (**сла́ва** glory, **тради́ція** tradition; **кров** blood; **пі́сня** song) ◊ **Він співа́в яку́сь ~у пі́сню.** He was singing a Cossack song.

коз|е́л, *m.*, **~ла́**
goat, billy-goat
adj. **гі́рськи́й** mountain, **ди́кий** wild; ♦ **забива́ти ~а́** *colloq.* to play domino; ♦ **як із ~ла́ молока́** of no use ◊ **Із те́бе кори́сти, як із ~ла́ молока́.** You are of no use at all.
Cf. **коза́ 1**

коле́|ґа, *var.* **коле́га**, *m. and f.*
colleague
adj. **бли́зьки́й** close ◊ **Ю́рій – мій бли́зький к.** Yurii is my close colleague. **да́вній** age-old, **дові́рений** trusted, **коли́шній** former, **майбу́тній** future, **моло́дший** junior, **нови́й** new ◊ **Ната́ля – моя́ нова́ к.** Natalia is my new colleague. **стари́й** old, **ста́рший** senior, **тепері́шній** current
prep. **к. по** + *L.* colleague in/at/by sth ◊ **к. по бі́знесу** colleague in business (**парла́менту** at parliament, **пра́ці** at work, **університе́ту** at university, **фа́ху** by profession) ◊ **Петро́ був з Оле́ною ~ґою по фа́ху.** Petro was Olena's colleague by profession.
L. **на ~дзі** *or* **~зі**
Cf. **друг, това́риш**

колекти́в, *m.*, **~у**
team, company, group, community ◊ **Її підтри́мав уве́сь парті́йний к.** The entire party membership supported her.
adj. **вели́кий** large, **мали́й** small; **дру́жній** friendly ◊ **Йому́ приє́мно працюва́ти у дру́жньому ~і.** It gives him pleasure to work in a friendly group. **товари́ський** amiable; **згурто́ваний** close-knit; **роз'є́днаний** divided; **виклада́цький** instructor, **вчи́тельський** teacher; **студе́нтський** student, **учні́вський** pupil; **дослі́дницький** research, **робітни́чий** workers', **робо́чий** working ◊ **Його́ робо́чий к. був мали́м.** His working team was small. **співо́чий** singing, **танцюва́льний** dance, **тво́рчий** creative, **театра́льний** theater, **хорови́й** choir
к. + *n.* **к. бібліоте́ки** library employees (**заво́ду** plant, **інститу́ту** institute, **лаборато́рії** laboratory, **підприє́мства** enterprise, **суперма́ркету** supermarket, *etc.*), **к. університе́ту** a university community (**шко́ли** school) ◊ **Лист адресо́вано ~у сере́дньої шко́ли.** The letter is addressed to the secondary school community.
v. + **к. об'є́днувати к.** bring together a team ◊ **Пра́ця об'є́днує ї́хній дослі́дницький к.** Work brings their research team together. (**ство́рювати** create, **цементува́ти** cement; **підрива́ти** undermine, **поділя́ти** divide, **роз'є́днувати** break up, **розко́лювати** split up) ◊ **Недові́ра розколо́ла коли́сь згурто́ваний к.** Mistrust split up the once close-knit community.
к. + *v.* **виника́ти** emerge, **ді́яти** act, **працюва́ти** work, **виступа́ти** perform, **гастролюва́ти** tour ◊ **Театра́льний к. ча́сто гастролю́є краї́ною.** The theater company often tours the country.
See **гру́па 1.** *Also see* **анса́мбль 2**

колекти́вн|ий, *adj.*
collective, group
к. + *n.* **к. до́говір** a collective agreement (**до́свід** experience, **за́хист** defense, **о́пір** resistance); **~а безпе́ка** collective security (**відповіда́льність** responsibility, **во́ля** will); **~е підсвідо́ме** the collective subconscious (**рі́шення** decision), ♦ **~е господа́рство** *usu* **колго́сп** *hist.* a collective farm ◊ **Свого́ ча́су Іва́н працюва́в голово́ю колго́спу.** In his time, Ivan worked as the head of a collective farm. **~е чле́нство** group membership
See **спі́льний.** *Also see* **зага́льний 2.** *Ant.* **індивідуа́льний, одноосі́бний, особи́стий**

колекціоне́р, *m.*, **~а; ~ка**, *f.*
collector
adj. **вели́кий** great; **відо́мий** well-known; **важли́вий** important, **пова́жний** serious; **затя́тий** avid, **при́страсний** passionate ◊ **Він став при́страсним ~ом жукі́в.** He became a passionate beetle collector. **прива́тний** private
к. + *n.* **к. антиквarія́ту** an antique collector ◊ **Він – к. антиквaрія́ту.** He is an antique collector. (**книжо́к** book, **ма́рок** stamp, **мисте́цтва** art, **моне́т** coin, **стари́х ме́блів** old furniture, **старожи́тностей** old curiosities; **жукі́в** beetle, **мете́ликів** butterfly; **світли́н** photograph, **фі́льмів** films, *etc.*)
v. + **к. перетво́рюватися на ~а** turn into a collector ◊ **Під впли́вом бра́та він перетвори́вся на ~а ма́рок.** Under his brother's influence, he turned into a stamp collector. **бу́ти ~ом** be a collector (**виявля́тися** turn out, **лиша́тися** remain ◊ **Романю́к лиша́ється ~ом стари́х світли́н.** Romaniuk remains an old photo collector. **става́ти** become)
N. pl. **~и**
Also see **антиква́р**

ко́л|есо, *nt.*
1 wheel ◊ **У во́за відпа́ло пере́днє к.** A front wheel of the wagon fell off.
adj. **автомобі́льне** car, **велосипе́дне** bicycle, **тра́кторне** tractor; **за́днє** back; **пере́днє** front; **провідне́** driving ◊ **Маши́на ма́ла за́дні провідні́ ~е́са.** The car had back driving wheels. **запасне́** spare ◊ **У ньо́го не було́ запасно́го ~еса.** He did not have a spare wheel. ♦ **чо́ртове к.** a Ferris wheel ◊ **Інна́ впе́рше поката́лася на чо́ртовому ~есі.** Inna rode a Ferris wheel for the first time. ♦ **к. форту́ни** *or* **ща́стя** the Wheel of Fortune
v. + **к. заміня́ти** *or* **міня́ти к.** replace a wheel ◊ **Со́ля поміня́ла пробите к.** Solia replaced the punctured wheel. (**заклинювати** *impers., only* 3*rd* *pers. sg.* lock ◊ **У дитя́чій коля́сці іно́ді закли́нювало за́дні ~е́са.** Sometimes the back wheels of the baby carriage would lock. **зано́сити** *impers., only* 3*rd* *pers. sg.* skid) ◊ **Він ле́гко ти́снув на га́льма так, щоб не занесло ~і́с.** He pushed the brakes slightly so that the wheels did not skid.
к. + *v.* **крути́тися** spin; **відпада́ти** fall off, **злiта́ти** come off, **ковза́ти** slide
prep. **в к.** *dir.* in/to a wheel ♦ **ста́вити кому́сь па́лиці в ~е́са** to create obstacles for sb; **в ~есі** *posn.* in a wheel ◊ **Щось застря́гло в за́дньому ~есі.** Something got caught in the back wheel. **на ~е́сах** on wheels ◊ **дерев'я́ний ко́ник на ~е́сах** a wooden horse on wheels; **під ~е́са** *dir.* under the wheels ◊ **Пес із га́вкотом ки́дався під ~е́са мотоци́кла.** The barking dog dashed under the motorcycle wheels. **під ~е́сами** *posn.* under the wheels ◊ **Під ~е́сами вантажі́вки хлю́пало боло́то.** Mud splashed under the wheels of the truck.
Also see **ко́ло**[1] **5.** *Cf.* **ши́на 1**
2 *colloq., fig.* car ♦ **бу́ти на ~е́сах** have a car, be or come by car ◊ **Вони́ не пі́шки, а на ~е́сах.** They are coming not on foot but by car.
See **автомобі́ль.** *Also see* **маши́на 2**

коли́, *adv.*
1 when ◊ **К. він при́йде?** When will he come? ♦ **бу́ти к.** + *D.* to have (enough) time ◊ **Іва́нні було́ к. нале́жно підготува́тися до співбе́сіди.** Ivanna had time to prepare for the interview properly. ♦ **нема́** (*pa.* **не було́**, *fut.* **не бу́де**) **к.** + *D.* there is (was, will be) no time ◊ **Рома́нові нема́ к. спа́ти.** Roman has no time to sleep. ♦ **рі́дко к.** rarely ever ◊ **О́ля рі́дко к. усміха́лася.** Olia rarely ever smiled.
2 *colloq.* some time, one day ◊ **Мо́жливо, ви зайде́те до нас к.** Perhaps you will visit us some time. ♦ **як к.** that depends ◊ **Ви лю́бите гра́ти в ка́рти? – Як к.** Do you like to play cards? – That depends.
3 whenever, any time *in* ♦ **к. б не** ◊ **Я гото́вий прийти́, к. б вони́ не попроси́ли.** I am ready to come whenever they ask me to.
4 while, when, if, once ◊ **Вони́ працюва́ли, к. в ха́ті ні́кого не було́.** They worked while there was nobody home. ◊ **Він опи́ше цей ви́падок, к. ма́тиме час.** He will describe the incident, when he has time. ◊ **Подзвони́, к. пове́рнешся.** Call me once you are back.
Also see **ось 4, от 4, ско́ро**[2] **2, як, якщо́ 1**

коли́-не́будь, *adv.*
1 at some point, some day, some time, once ◊ **Ми ще к. зустрі́немося.** We will meet again some day.
Also see **коли́сь, раз**[2], **рані́ше 2, як-не́будь 3, я́кось**[2]
2 any time ◊ **Мо́жеш дзвони́ти мені́ к.** You can call me any time.

коли́сь, *adv.*
some day, one day, once ◊ **К. давно́ тут стоя́в дуб.** Once long ago there was an oak tree here.
Also see **коли́-не́будь 1, раз**[2], **рані́ше 2, як-не́будь 3, я́кось**[2]

коли́шн|ій, *adj.*
1 former, previous, erstwhile, ex- ◊ **Вона́ підтри́мує дру́жні стосу́нки з ~ім чолові́ком.** She maintains a friendly relationship with her former husband.
к. + *n.* **к. коле́ґа** a former colleague (**ліберал** liberal; **студе́нт** student; **сусі́д** neighbor; **хло́пець** boyfriend); **~я ді́вчи́на** a former girlfriend (**жі́нка** wife, **моде́ль** model) ♦ **~я па́сія** an old flame ◊ **Час від ча́су Миха́йло ба́чив тут свою́ ~ю па́сію.** From time to time, Mykhailo saw his old flame here.
Also see **да́вній 1, попере́дній 4**
2 *as n., nt.* past ◊ **Він не лю́бить ду́мати про ~є.** He does not like to think of the past.
See **мину́ле.** *Also see* **істо́рія 3**

колі́н|о, *nt.*
1 *anat.* knee
adj. **го́ле** bare; **лі́ве** left, **пра́ве** right; **зі́гнуте** bent, **піді́бгане** drawn-up; **звихну́те** twisted, **пора́нене** injured, **хво́ре** bad; **шту́чне** artificial ◊ **Сла́вка ма́ла шту́чне к.** Slavka had an artificial knee.
v. + **к. випрямля́ти ~а** straighten one's knees ◊ **Він уста́в і ви́прямив ~а.** He stood up and straightened his knees. (**згина́ти** bend, **підібга́ти** *pf.* draw up, **підбира́ти** pull up; **ра́нити** hurt ◊ **Вона́ ненаро́ком пора́нила к.** She accidentally hurt her knee. **па́дати на** drop down to),

♦ **става́ти на** to kneel ◊ **Він става́в на ~а, як моли́вся.** He knelt when he prayed.

к. + *n.* **болі́ти** hurt ◊ **Ні́ну болі́ло пра́ве к.** Nina's right knee was hurting. **згина́тися** bend ◊ **Хво́ре к. не згина́лося.** The bad knee did not bend. **підко́шуватися** buckle ◊ **Андрі́єві від стра́ху підко́шувалися ~а.** Andrii's knees were buckling from fear. **тремті́ти** tremble; ♦ **ста́вити** + *A.* **на ~а** to bring sb to their knees ◊ **Го́лод поста́вив краї́ну на ~а.** Famine brought the country to its knees.

prep. **в. к.** *dir.* 1) in/to a knee ◊ **Його́ бо́ляче ко́пнули в к.** He was painfully kicked in the knee. 2) to the knees, knee-deep ◊ **Вода́ на ву́лиці була́ в к.** The water on the street was knee-deep. **ви́ще колі́н** above the knees ◊ **Її́ спідни́ця була́ зна́чно ви́ще колі́н.** Her skirt was considerably above the knees. **ни́жче колі́н** below the knees; **на к.** *dir.* on/to one's knee ◊ **Він зав'яза́в хусти́ну на лі́ве к.** He tied a handkerchief on his left knee. **на ~і** *posn.* ◊ **Він мав подря́пину на ~і.** He had a scratch on his knee.

2 *usu pl.* lap ◊ **Оле́г сів ба́тькові на ~а.** Oleh sat on his father's lap.

prep. **на ~ах** *posn.* on sb's lap ◊ **Сте́фа ма́ла дити́ну на ~ах.** Stefa had a child on her lap.

3 generation; family ◊ **Вона́ не забува́ла з яко́го ~а похо́дить.** She did not forget what family she came from.

See **поколі́ння**

4 bend *(in a river, etc.)*, curve ◊ **У ~і рі́чки течія́ става́ла швидко́ю і шу́мною.** The stream became fast and noisy at the river bend. ◊ **Доро́га в цьо́му мі́сці роби́ла к.** At this spot, the road made a curve.

See **поворо́т 3.** *Also see* **зворо́т 1**

5 *techn.* elbow, crank ◊ **У трубі́ два ~а.** There are two elbows in the pipe.

6 *botan.* joint, node ◊ **Найле́гше перелама́ти стебли́ну на ~і.** The stem is easiest to break at a joint.

ко́л|ір, *m.*, **~ьору**

color, hue ◊ **Яко́го ~ьору її́ о́чі?** What color are her eyes?

adj. **га́рний** beautiful, **прие́мний** pleasant, **розкі́шний** lush, **чудо́вий** wonderful; **бага́тий** rich, **густи́й** thick, **інтенси́вний** intensive, **наси́чений** saturated; **крикли́вий** loud ◊ **Він навми́сне накла́в пі́джа́к крикли́вого зеле́ного ~ьору.** He deliberately put on a blazer of a loud green color. **різки́й** sharp, **сліпу́чий** blinding, **яду́чий** toxic ◊ **Доро́жній знак був яко́гось яду́чого роже́вого ~ьору.** The traffic sign was of a toxic pink color. **яскра́вий** brilliant, **я́сни́й** bright ◊ **Мари́ну дратува́в я́сни́й к. його́ соро́чки.** The bright color of his shirt irritated Maryna. **те́мний** dark ◊ **што́ри на ві́кнах на́дто те́много ~ьору.** The color of the window curtains is too dark. **блі́ди́й** pale, **ви́цвілий** bleached, **тьм́яний** faded; **м'яки́й** soft, **ні́жний** subtle, **осі́нній** autumnal ◊ **Тимі́ш люби́в осі́нні ~ьори́ лі́су.** Tymish liked the autumnal colors of the forest. **пасте́льний** pastel, **те́плий** warm; **неви́значений** indeterminate, **невтра́льний** neutral; **приро́дний** natural; **рівномі́рний** uniform; **основни́й** primary; **додатко́вий** complimentary; **жо́втий** yellow, **зеле́ний** green, **си́ній** blue, **черво́ний** red, *etc.*; **жовта́вий** *or* **жовтя́вий, жовтя́стий, жовтува́тий** yellowish, **зелена́вий** *or* **зеленува́тий, зеленя́вий, зеленя́стий** greenish, **сина́вий** *or* **синюва́тий, синя́вий, синя́стий** bluish, **червона́вий** *or* **червонува́тий, червоня́вий, червоня́стий** reddish, *etc.*

к. + *n.* **к. води́** the color of water ◊ **Він зауважи́в ди́вний к. води́ в рі́чці.** He noticed the strange color of water in the river. (**мо́ря** sea, **не́ба** sky); **к. костю́му** the suit color (**соро́чки** shirt, **ткани́ни** cloth; **воло́сся** hair, **оче́й** eye, **шкі́ри** skin) ◊ **Блі́ди́й к. шкі́ри хло́пця не сві́дчив про до́бре здоро́в'я.** The boy's pale skin color did not portend good health. ♦ **к. обли́ччя** a complexion ◊ **жо́втий к. обли́ччя хво́рого** the patient's yellow complexion

n. + **к. відті́нок ~ьору** a color shade; **діяпазо́н ~ьорі́в** a color range (**палі́тра** palette ◊ **Маля́р кори́стується обме́женої палі́трою ~ьорі́в.** The artist makes use of a limited color palette. **поє́днання** combination) ◊ **Вона́ вдала́ся до несподі́ваного поє́днання ~ьорі́в.** She resorted to an unexpected color combination.

v. + **к. вибира́ти к.** select a color (**люби́ти** be fond of ◊ **Вона́ люби́ла наси́чений зеле́ний к.** She was fond of a suturated green color. **міня́ти** change ◊ **Дере́ва почали́ міня́ти к.** The trees began to change their color. **носи́ти** wear; **фарбува́ти** + *A.* **в** paint sth *(a color)* ◊ **Мо́тря пофарбува́ла парка́н у си́ній к.** Motria painted the fence blue. **бу́ти пофарбо́ваним в** be painted *(a color)*; **надава́ти перева́гу ~ьору** prefer a color (**додава́ти** + *D. fig.* add to sth ◊ **Я́сно-черво́на кана́па додава́ла ~ьору нудно́му інтер'є́рові віта́льні.** *fig.* The bright red couch added color to the boring interior of the living room. **пасува́ти** *or* **підхо́дити до** match) ◊ **Крава́тка чудо́во пасува́ла до ~ьору соро́чки.** The tie wonderfully matched the shirt color. **виділя́ти** + *A.* **~ьором** highlight sth with a color ◊ **Вона́ виділя́ла потрі́бні цита́ти жо́втим ~ьором.** She highlighted the required quotations with yellow color. (**підкре́слювати** + *A.* underline sth, **познача́ти** + *A.* mark sth) ◊ **Вчи́тель позна́чив ви́слів черво́ним ~ьором.** The teacher marked the expression with red.

к. + *v.* **пасува́ти** + *D.* become sb/sth ◊ **Бруна́тний к. їй не пасу́є.** Brown does not become her. **підкре́слювати** + *A.* emphasize sth ◊ **Пурпуро́вий к. підкре́слював урочи́стість за́ходу.** The purple color emphasized the solemnity of the event.

prep. **у ~ьорі** in a color ◊ **Ц я ткани́на ная́вна у восьми́ рі́зних ~ьора́х.** This textile is available in eight different colors.

N. pl. **~ьори́**

Also see **забарвлення 1**

к|о́ло[1], *nt.*

1 circle ◊ **Орбі́та плане́ти не к., а елі́пс.** The planet's orbit is not a circle, but an ellipse.

adj. **доскона́ле** perfect; **за́мкнуте** closed ◊ **Мур форте́ці утво́рю за́мкнуте к.** The fortress wall forms a closed circle. **концентри́чне** concentric; **мале́** small, **по́вне** full; **антаркти́чне** *geogr.* Antarctic, **аркти́чне** *geogr.* Arctic, **поля́рне** *geogr.* polar; **електри́чне к.** *phys.* an electric circuit, ♦ **зачаро́ване к.** *fig.* a vicious circle

n. + **к. дія́метр ~о́ла** the diameter of a circle (**о́бвід** *and* **окру́жність** circumference ◊ **Дія́метр ~о́ла не мо́же бу́ти бі́льшим за його́ о́бвід.** The diameter of a circle cannot be greater than its circumference. **пло́ща** area, **ра́діус** radius, **сере́дина** middle, **це́нтр** center) ◊ **Коло́на стоя́ла в це́нтрі ~о́ла.** The column stood in the center of the circle.

v. + **к. замика́ти к.** close a circle (**кре́слити** draw, **малюва́ти** paint ◊ **Карикатури́ст намалюва́в посере́дині чи́стого а́ркуша жи́рне зеле́не к.** The cartoonist painted a green thick circle in the middle of a blank sheet. **утво́рювати** form; **става́ти в** stand in) ◊ **Ді́ти ста́ли в к.** The children stood in a circle. **става́ти ~о́лом** stand in a circle ◊ **Гравці́ ста́ли ~о́лом.** The players stood in a circle. **ру́хатися по ~о́лу** go around in a circle ◊ **Кінь ру́хався по ~о́лу.** The horse moved around in a circle.

Also see **круг 1, 2**

2 round, cycle, circle

adj. **пе́рше** first, **дру́ге** second, **оста́ннє** final ◊ **Вони́ закі́нчили оста́ннє к. до́слідів.** They finished the final round of experiments. ♦ **життє́ве к.** the circle of life

See **ета́п 2, фа́за**

3 group *(of people)*, circle, quarters, *often pl.* ◊ **Він не нале́жав до ~і́л, пов'я́заних із так зва́ними «нови́ми украї́нцями».** He did not belong to the circles connected to the so-called "new Ukrainians."

adj. **вели́ке** large, **широ́ке** wide ◊ **У широ́ких академі́чних ~о́лах не зна́ли про ї́хнє дослі́дження.** Their study was not known in wide academic circles. **ви́бране** select ◊ **Вони́ збира́лися у ви́браному ~о́лі дру́зів дити́нства.** They would gather in a select circle of childhood friends. **вузьке́** narrow, **елі́тне** elite, **закри́те** closed, **інти́мне** intimate, **найбли́жче** immediate, **невели́ке** small, **обме́жене** limited, **своє** one's own, **ті́сне** tight; **чуже́** strange; *also pl.* **академі́чні** academic, **бізнесо́ві** business; **впливо́ві** influential, **диплома́тичні** diplomatic, **інтелектуа́льні** intellectual, **літерату́рні** literary, **мисте́цькі** art, **науко́ві** scientific, **політи́чні** political, **урядо́ві** government ◊ **Він оберта́ється у впливо́вих урядо́вих ~о́лах.** He moves in influential government circles. **фіна́нсові** financial

n. + **к. к. дру́зів** a circle of friends (**знайо́мих** acquaintances, **конта́ктів** contacts, **одноду́мців** like-minded people ◊ **Її́ заохо́чувало к. одноду́мців.** She was encouraged by a circle of like-minded people. **прихи́льників** supporters, **фана́тів** fans; **фахівці́в** experts)

v. + **к. ма́ти к.** have one's circle ◊ **У Лу́цьку Макси́м ма́є обме́жене к. знайо́мих.** In Lutsk, Maksym has a limited circle of acquaintances. (**розши́рювати** expand ◊ **Вона́ намага́лася розши́рити к. конта́ктів у цій краї́ні.** She was trying to expand the circle of her contacts in this country. **ство́рювати** create) ◊ **На ба́зі клу́бу створи́ли елі́тне к. молоди́х люде́й.** On the basis of the club, an elite circle of young people was created. **приє́днуватися до ~а** join a group ◊ **Ви мо́жете приє́днатися до на́шого ~о́ла.** You can join our group.

Also see **гру́па 1, колекти́в, товари́ство 2, середо́вище.** *Cf.* **угрупо́вання 1**

4 sphere *(of issues)*, area, set

к. + *n.* **к. дія́льности** the area of activity (**зацікавлень** interests ◊ **К. її́ зацікавлень не обме́жується моне́тами.** Her area of interest is not limited to coins. **пита́нь** issues, **пробле́м** problems) ◊ **На перемо́винах було́ обгово́рено широ́ке к. пробле́м.** A wide set of problems was discussed at the talks.

See **ца́рина.** *Also see* **га́лузь, діля́нка 3, сфе́ра**

5 wheel ◊ **Вони́ покла́ли на даху́ хлі́ва вели́ке к. від во́за леле́кам на гніздо́.** They put a wagon big wheel, for the storks to make a nest.

See **ко́лесо 1**

коло[2], *prep.* + *G.*

1 near sth, beside sth, by sth ◊ **Студе́нти поба́чилися к. університе́ту.** The students met near the university. ♦ **к. ме́не** near my place (**нас** our place, **вас** your place, **них** their place) ◊ **Вона́ зна́ла га́рні кав'я́рні к. них.** She knew nice cafés near their place.

See **бі́ля 1.** *Also see* **бли́зько 2, з-під 2, край**[2]

2 past sth, by sth, close by sth ◊ **Він прохо́дить к. її́ ві́кон.** He walks past her windows.

See **повз**

3 around sth *(with verbs of work)*, about sth, with sth ◊ **Він працюва́в к. ха́ти.** He worked around the house.

4 approximately, about ◊ **Йому́ було́ к. сорока́.** He was about forty.

Also see **бі́ля 2.** *Also see* **бли́зько 3, з-під 2**

коло́н|а, *f.*

1 column *(pillar)*

adj. **вели́ка** big, **величе́зна** huge, **висо́ка** tall, **маси́вна** massive; **база́льтова** basalt, **бето́нна** concrete, **грані́тна** granite, **кам'яна́** stone,

ма́рмурова marble ◊ **Ма́рмурову ~у вінча́є ста́туя боги́ні Ні́ки.** The statue of Goddess Nike crowns the marble column. **дори́чна** Doric, **йоні́чна** Ionic, **кори́нтська** Corinthian ◊ **Від хра́му лиша́ється кі́лька кори́нтських коло́н.** Several Corinthian columns remain from the temple.
к. + v. **підтри́мувати** + *A. or* **трима́ти** + *A.* support sth ◊ **Кате́дру трима́ють три грані́тні ~и.** Three granite columns support the pulpit.
prep. **за ~у** *dir.* behind a column ◊ **Він слу́хав, схова́вшись за ~у.** He listened, having hidden behind a column. **за ~ою** *posn.* behind a column ◊ **За ~ою було́ те́мно.** It was dark behind the column.
2 column *(file)* ◊ **Вояки́ ру́халися двома́ ~ами.** The soldiers were moving in two columns.
adj. **вели́ка** big, **величе́зна** huge; **до́вга** long, **нескінче́нна** endless; **бронета́нкова** armored, **та́нкова** tank; ♦ **п'я́та к.** a fifth column ◊ **У полі́ції ді́яла п'я́та к.** A fifth column was operating in the police.
n. + **к. голова́ ~и** the head of a column (**сере́дина** middle, **хвіст** tail)
v. + **к. утво́рювати ~у** form a column (**шикува́тися в** form oneselves into) ◊ **Хло́пці ви́шикувалися у три ~и.** The boys formed themselves into three columns. **йти ~ою** walk in a column (**крокува́ти** march in, **ру́хатися** move in)

коло́ні|я, *f.*, **~ї**
1 colony ◊ **На поча́тку 1940-х краї́ни Ба́лтії знóву ста́ли росі́йськими ~ями.** In the early 1940s, the Baltic countries yet again became Russian colonies.
adj. **брита́нська** British, **еспа́нська** Spanish, **росі́йська** Russian, **францу́зька** French, *etc.*; **економі́чна** economic, **інформаці́йна** *fig.* information **культу́рна** cultural; **замо́рська** overseas ◊ **~ї Португа́лії були́ розки́дані по всьо́му сві́тові.** The colonies of Portugal were scattered all around the world. **коли́шня** former; **тепе́рішня** present-day, **факти́чна** effective, **чужозе́мна** foreign
v. + **к. перетво́рювати** + *A.* **на ~ю** convert sth into a colony (**трактува́ти** + *A.* **як** treat sth like) ◊ **Бага́то росія́н продо́вжує трактува́ти Білору́сь, як свою́ культу́рну ~ю.** Many Russians continue to treat Belarus as their cultural colony. **бу́ти ~єю** be a colony (**вважа́ти** + *A.* consider sth; **лиша́тися** remain ◊ **Ця краї́на лиша́ється культу́рною ~єю Сполу́чених Шта́тів.** The country remains a US cultural colony. **става́ти** become) ◊ **Так незале́жна держа́ва ста́ла інформаці́йною ~єю.** Thus an independent state became an information colony.
2 settlement, colony
adj. **вели́ка** large, **величе́зна** huge; **невели́ка** small ◊ **к. переселе́нців** an immigrant colony
к. + *n.* **к. мура́шок** an ant colony (**пінґві́нів** penguin, **птахі́в** bird, **твари́н** animal)
3 facility, establishment, center, camp ◊ **виправна́ к.** a correctional facility, ◊ **трудова́ к.** a labor camp

колоніялі́зм, *m.*, **~у**, *only sg.*
colonialism
adj. **брита́нський** British, **еспа́нський** Spanish, **росі́йський** Russian, **францу́зький** French, *etc.*; **економі́чний** economic, **інформаці́йний** *fig.* information, **культу́рний** cultural, **мо́вний** linguistic

колонія́льн|ий, *adj.*
colonial ◊ **А́втор кни́жки дово́дить, що ни́ні Росі́я – це ~а імпе́рія.** The author of the book argues that Russia today is a colonial empire.
к. + *n.* **к. вплив** a colonial influence (**за́лишок** holdover, **пережи́ток** vestige; **світо́гляд** worldview, **стереоти́п** stereotype); **~а ві́йна́** a colonial war ◊ **Ане́ксія Кри́му ста́ла поча́тком ново́ї ~ої війни́ про́ти Украї́ни.** The annexation of the Crimea became the beginning of a new colonial war against Ukraine. (**зале́жність** dependence, **мента́льність** mentality, **полі́тика** policies); **~е ра́бство** colonial slavery

коло́н|ка, *f.*
1 column *(in newspaper, etc.)* ◊ **Полі́на пи́ше вла́сну ~ку в газе́ті.** Polina writes her own column in the paper.
adj. **газе́тна** newspaper, **журна́льна** journal, **реда́кторська** editor's, **редакці́йна** editorial; **аналіти́чна** analytical, **політи́чна** political; **періоди́чна** periodic, **реґуля́рна** regular, **щоде́нна** daily, **щотижне́ва** weekly ◊ **Він чека́в на щотижне́ву ~ку цього́ журналі́ста.** He waited for this journalist's weekly column.
v. + **к. вести́ ~ку** run a column ◊ **Газе́та веде́ субо́тню ~ку подру́жніх пора́д.** The paper runs a Saturday marital advice column. (**ма́ти** have, **писа́ти** write, **публікува́ти** publish; **чита́ти** read)
prep. **в ~ці** in a column ◊ **У його́ аналіти́чній ~ці трапля́лися нето́чності.** There occurred inaccuracies in his analytical column.
2 column, post, pillar ◊ **Безкіне́чні ~и цифр нічо́го не означа́ли для ньо́го.** The endless columns of numbers meant nothing to him.
3 pump, water pump
adj. **бензи́нова** petrol, **водяна́** water, **електри́чна** electric
G. pl. **~ок**

кольоро́в|ий, *adj.*
color, colored
к. + *n.* **к. друк** color printing ◊ **Копія́рка забезпе́чує к. друк.** The photo copier provides color printing. (**екра́н** screen, **моніто́р** monitor, **телеві́зор** television; **візеру́нок** pattern; **олівéць** pencil, **фільм** film; **~а га́ма** a color range (**друка́рка** printer; **ілюстра́ція** illustration, **репроду́кція** reproduction, **світли́на** photograph), ♦ **~а металу́ргія** nonferrous metallurgy; **~е скло** stained *or* colored glass; **~і мета́ли** nonferrous metals

коля́с|ка, *f.*
1 stroller, baby carriage ◊ **Їм подарува́ли дитя́чу ~ку.** They were given a baby stroller.
adj. **вели́ка** big, **невели́ка** small; **зру́чна** comfortable; **нова́** new; **дитя́ча** baby
v. + **к. купува́ти ~ку** buy a stroller; **вийма́ти** + *A.* **з ~ки** take sb out of a stroller ◊ **Вона́ ви́йняла дити́ну з ~ки.** She took the child out of the stroller. (**кла́сти** + *A.* **до** put sb/sth into) ◊ **Олекса́ндер покла́в і́грашку до ~ки.** Oleksander put the toy in the stroller.
prep. **в ~ку** *dir.* in/to a stroller ◊ **Вона́ ки́нула смо́чка в ~ку.** She threw the pacifier into the stroller. **в ~ці** *posn.* in a stroller ◊ **Він щось шука́в у ~ці.** He was looking for something in the stroller.
See **візо́к**
2 carriage, coach, car ◊ **мотоцикле́тна к.** a sidecar
G. pl. **~ок**

ко́м|а[1], *f., ling.*
comma ◊ **Пе́ред підря́дним ре́ченням ста́влять ~у.** A comma is put before a subordinate clause.
v. + **к. закре́слювати ~у** cross out a comma (**пропуска́ти** miss, **ста́вити** put, **стира́ти** delete) ◊ **Він забу́в(ся) сте́рти ~у.** He forgot to delete the comma. **виділя́ти** *or* **виокре́млювати** + *A.* **~ами** separate sth by commas ◊ **Цей ви́раз тре́ба ви́ділити ~ами.** The expression should be separated by commas.
Cf. **кра́пка**

ко́м|а[2], *f., med.*
coma
adj. **глибо́ка** deep, **трива́ла** extended; **коро́тка** brief; **незворо́тна** irriversible
v. + **к. виклика́ти ~у в** + *G.* induce a coma in sb ◊ **У паціє́нта ви́кликали коро́тку ~у.** They induced a brief coma in the patient. (**вхо́дити в** go into, **порина́ти в** sink into ◊ **Він пори́нув у глибо́ку ~у.** He sunk into a deep coma. **потрапля́ти в** get into); **вихо́дити з ~и** come out of a coma ◊ **Він не вихо́див із ~и пі́сля доро́жнього ви́падку.** He did not come out of the coma after his car accident. **бу́ти** *or* **перебува́ти в ~і** be in a coma ◊ **Як до́вго він перебува́є в ~і?** For how long has he been in a coma?

кома́нд|а, *f.*
1 command, order
adj. **військо́ва** military; **гучна́** loud ◊ **Було́ чу́ти, як у каза́рмі сержа́нт дає гучні́ ~и.** One could hear the sergeant give loud commands in the barracks. **несподі́вана** unexpected
v. + **к. вико́нувати ~у** carry out a command (**дава́ти** + *D.* give sb; **іґнорува́ти** ignore; **отри́мувати** receive) ◊ **Вони́ отри́мали ~у виступа́ти ра́но-вра́нці.** They received the command to set out early in the morning. **підкоря́тися ~і** obey a command (**не підкоря́тися** disobey) ◊ **Як ви смі́єте не підкоря́тися ~і!** How dare you disobey an order! ♦ **як** *or* **на́че по ~і** at the same time ◊ **Усі́ заговори́ли, на́че по ~і.** Everybody started talking at the same time.
See **нака́з**
2 command, authority ◊ **Ро́та була́ під ~ою капіта́на.** The company was under the captain's command.
See **кома́ндування**
3 *sport* team ◊ **Сергі́й грає в місце́вій футбо́льній ~і.** Serhii plays on the local soccer team.
See **дружи́на 2**
4 party, detachment, detail, unit
adj. ♦ **військо́ва к.** a military unit, ♦ **корабе́льна к.** a ship crew, ♦ **поже́жна к.** a fire brigade, ♦ **рятува́льна к.** a rescue team

команди́р, *m.*, **~а**; **~ка**, *f.*
commander, commanding officer
adj. **до́брий** good, **досві́дчений** experienced, **му́дрий** wise; **ке́пський** poor, **пога́ний** bad
v. + **к. доповіда́ти ~ові** report to a commander ◊ **Він допові́в про стано́вище ~ові.** He reported the situation to the commander. (**підкоря́тися** obey); **бу́ти ~ом** be a commander ◊ **Його́ ~ом був молоди́й майо́р.** A young major was his commander. (**лиша́тися** stay, **признача́ти** + *A.* appoint sb ◊ **Його́ призна́чили ~ом цілко́м закономі́рно.** He was appointed a commander quite logically. **става́ти** become; **відповіда́ти пе́ред** answer to) ◊ **Він відповіда́в пе́ред ~ом за викона́ння нака́зу.** He answered to the commander for the execution of the order.
к. + *n.* **к. батальйо́ну** the battalion commander (**бриґа́ди** brigade, **диві́зії** division; **корабля́** ship's, **ко́рпусу** corps, **по́лку** regiment, *etc.*)
Cf. **кома́ндувач**

кома́ндуванн|я, *nt.*, *only sg.*
command, authority, charge + *I.* ◊ **На ньо́го покла́ли к. опера́цією.** He was charged with the command of the operation.
adj. **головне́** main ◊ **Головне́ к. було́ у буди́нку коли́шньої шко́ли.** The main command was in the former school building. **зага́льне** general, **найви́ще** supreme; **по́вне** total; **персона́льне** personal; **пряме́** direct; **об'є́днане** united, **спі́льне** joint
v. + **к. бра́ти к.** take command ◊ **Він узя́в по́вне к. насту́пом.** He took total command of the offensive. (**здійсню́вати** carry out ◊ **Він здійсню́є зага́льне к.** He carries out the general command. **ма́ти** have, **перебира́ти** assume ◊ **Вона́ перебра́ла к.** She assumed the command. **передава́ти** + *D.* pass on to sb; **віддава́ти** + *D.* relinquish to sb ◊ **Він відда́в к.**

моло́дшому офіце́рові. He relinquished the command to a junior officer. **втрача́ти** lose)
prep. **під к.** + *G. dir.* under the command of sb ◊ **Со́тню перевели́ під к. майо́ра Жука́.** The company was transferred under Major Zhuk's command. **під ~ям** + *G. posn.* under the command of sb ◊ **Со́тня перебува́є під ~ям майо́ра Жука́.** The company is under Major Zhuk's command.

кома́нду|вати, **~ють; с~**, *intr.*
1 to order, give an order ◊ **Сержа́нт скома́ндував зупини́тися.** The sergeant gave the order to stop.
See **нака́зувати 1.** *Also see* **диктува́ти 2, розпоряджа́тися 1**
2 *only impf.* to command, be in command, be in charge + *I.* sb/sth
adv. **безда́рно** ineptly; **впра́вно** aptly ◊ **Він впра́вно ~є ро́тою.** He is an apt company commander. **до́бре** well, **ефекти́вно** effectively, **рішу́че** resolutely; **ке́псько** poorly, **пога́но** badly
3 *colloq.* to be in charge, boss around ◊ **Хто тут ~є?** Who's in charge here? ◊ **Оле́на не дозволя́є ніко́му к. собо́ю.** Olena does not allow anybody to boss her around.
(с)кома́ндуй!

кома́ндувач, *m.*; **~ка**, *f.*
commander *(of large military unit)* ◊ **Він мав доста́тньо до́свіду, щоб бу́ти ~ем диві́зії.** He had enough experience to be the division commander.
adj. **головни́й к.** the principal commander, **найви́щий к.** the commander-in-chief
к. + *n.* **к. а́рмії** the army commander (**диві́зії** division, **ко́рпусу** corps, **фро́нту** front)
N. pl. **~і**
Cf. **команди́р**

кома́р, *m.*, **~а́**
mosquito ◊ **Усю́ ніч їм допіка́ли ~і́.** Mosquitoes pestered them all night long.
adj. **зара́жений** infected, **маляр́ійний** malaria; **набри́дливий** annoying; **голо́дний** hungry, **ненаже́рливий** greedy
v. + **к. вбива́ти ~а́** kill a mosquito (**відганя́ти** repel, **відма́хувати** swat ◊ **Вона́ взяла́ газе́ту, що́би відма́хувати набри́дливих ~ів.** She took a newspaper to swat the annoying mosquitoes. **контролюва́ти** control, **прива́блювати** attract) ◊ **Стоя́ча вода́ прива́блювала ~ів.** The stagnant water attracted mosquitoes.
к. + *v.* **дзижча́ти** buzz ◊ **В Оре́ста над ву́хом дзижча́в осору́жний к.** A wretched mosquito was buzzing over Orest's ear. **куса́ти** bite, **літа́ти** fly, **перено́сити хворо́би** carry disease, **роїтися** swarm ◊ **Надво́рі роїлися ~і.** Mosquitoes swarmed outside. ♦ **к. но́са не підто́чить** in a perfect manner ◊ **Він підробля́в чужі́ пі́дписи так, що к. но́са не підто́чить.** He made perfect forgeries of other people's signatures.
I. **~о́м**, *D. pl.* **~а́м**
See **кома́ха.** *Cf.* **жук 1, му́ха**

кома́|ха, *f.*
insect
adj. **водяна́** aquatic, **крила́та** winged; **ко́рисна** beneficial, **отру́йна** poisonous, **шкідли́ва** harmful ◊ **Отру́та вби́ла і шкідли́вих, і ко́рисних ~х.** The poison killed both beneficial and harmful insects.
n. + **к. на́пад ~х** an attack of insects (**рій** swarm ◊ **Над калю́жею ви́сів рій ~х.** A swarm of insects hovered over the puddle. **світ** world), **личи́нка ~хи** an insect larva (**яйце́** egg; **уку́с** bite)
к. + *v.* **дзижча́ти** buzz ◊ **Якась к. впе́рто дзижча́ла їй під ву́хом.** An insect kept buzzing under her ear. **жа́лити** + *A.* sting sb ◊ **Марка́ вжа́лила невідо́ма к.** Some unknown insect stung Marko. **запи́лювати** + *A.* pollinate sth ◊ **Не ко́жна к. запи́лює кві́ти.** Not every insect pollinates flowers. **куса́ти** + *A.* bite sb, **літа́ти** fly, **пу́рхати** hover, **роїтися** swarm ◊ **Над о́зером роїлися ~хи.** Insects swarmed over the lake. **по́взати** crawl
L. **на ~сі**
Also see **жук 1, кома́р, мура́шка, му́ха**

комбіна́ці|я, *f.*, **~ї**
combination
adj. **вда́ла** felicitous, **ви́грашна** winning, **доскона́ла** perfect, **ідеа́льна** ideal, **неперемо́жна** invincible, **оптима́льна** optimal, **перемо́жна** victorious; **ди́вна** strange, **рі́дкісна** rare ◊ **Він скориста́вся рі́дкісною ~єю сприя́тливих чи́нників.** He took advantage of the rare combination of favorable factors. **уніка́льна** unique, **ціка́ва** interesting; **гане́бна** deplorable, **небезпе́чна** dangerous, **про́грашна** losing, **смерте́льна** deadly, **страшна́** horrible, **убі́вча** killer, **фата́льна** fatal
See **поєдна́ння.** *Also see* **сполу́ка 2, сполу́чення 3, су́міш**

комеді́йн|ий, *adj.*
comic, comedic, of or pertaining to comedy ◊ **Він зніма́вся винятко́во в ~их фі́льмах.** He would appear exclusively in comic movies.
к.+ *n.* **к. акто́р** a comic actor ◊ **Мико́ла Яко́вченко був ~им акто́ром.** Mykola Yakovchenko was a comic actor. (**жанр** genre ◊ **Він почина́в акто́ром ~ого жа́нру.** He started as an actor of comedic genre. **про́філь** profile; **сюже́т** plot; **фільм** film); **~а роль** a comic part (**ситуа́ція** situation, **сце́на** scene) ◊ **Між ни́ми ста́лася напра́вду ~а сце́на.** A truly comic scene ocurred between them.
See **komíчний 2.** *Cf.* **комі́чний 1**

комéді|я, *var. colloq.* **куме́ді|я**, *f.*, **~ї**
1 comedy
adj. **висо́ка** high, **легка́** light, **романти́чна** romantic, **сатири́чна** satirical, **чо́рна** dark; **музи́чна** musical, ♦ **кінокоме́дія** film comedy ◊ **Кінокоме́дія ви́явилася для не́ї ду́же скла́дним жа́нром.** Film comedy turned out to be a very difficult genre for her. ♦ **телекоме́дія** a TV comedy
к. + *v.* **к. вдач** *or* **хара́ктерів** comedy of manners (**по́милок** comedy of errors), ♦ **к. дель а́рте** *or* **ма́сок** commedia dell'arte
v. + **к. ста́вити ~ю** stage a comedy (**писа́ти** write; **пока́зувати** show) ◊ **Щопоне́ділка телекана́л пока́зує музи́чну ~ю.** Every Monday, the TV channel shows a musical comedy. **гра́ти в ~ї** play a comedy
prep. **в ~ї** in a comedy ◊ **У телекоме́дії чоти́ри персона́жі.** There are four characters in the TV comedy.
See **п'є́са 1.** *Cf.* **дра́ма, мелодра́ма.** *Ant.* **траге́дія 2**
2 *fig.* farce, travesty, charade, sham ◊ **На ї́хніх оча́х відбу́вся не суд, а чи́ста к.** In their plain view, there occurred not a trial, but sheer farce.
adj. **гане́бна** shameful, **жалюгі́дна** pathetic ◊ **За́хист дисерта́ції перетвори́вся на жалюгі́дну ~ю.** The dissertation defense turned into a pathetic travesty. **сумна́** sad, **зла** wicked, **очеви́дна** evident; ♦ **гра́ти** *or* **лама́ти ~ю** to put on an act ◊ **За́мість лама́ти ~ю, ви кра́ще б допомогли́.** Instead of putting on an act, you'd better help.
Also see **карикату́ра 2, маскара́д 2, паро́дія 2, профана́ція 2**

коменда́нт, *m.*; **~ка**, *f.*
1 superintendent ◊ **к. буди́нку** a building superintendent (**гурто́житку** dormitory) ◊ **Вона́ поска́ржилася на га́лас у сусі́дній кімна́ті ~ові гурто́житку.** She complained about the noise in the adjacent room to the dormitory superintendent.
2 *mil.* commandant ◊ **к. форте́ці** the fortress commandant ◊ **Окупаці́йна вла́да призна́чила його́ ~ом мі́ста.** The occupation authorities appointed him the commandant of the city.

комента́р, *m.*, **~я́**
1 commentary
adj. **вичерпни́й** exhausting, **дета́льний** detailed ◊ **Без дета́льних ~ів цей текст ли́шиться незрозумі́лим.** Without detailed commentaries, the text will remain incomprehensible. **до́вгий** lengthy, **розло́гий** extended ◊ **Пе́реклад «Одіссе́ї» супрово́джував розло́гий к.** An extended commentary accompanied the translation of the *Odyssey.* **коро́ткий** brief; **до́брий** good, **експе́ртний** expert, **кваліфіко́ваний** professional, **об'єкти́вний** objective, **прони́кливий** insightful, **ціка́вий** interesting; **гумористи́чний** humorous; **аналіти́чний** analytical, **крити́чний** critical; **непрофесі́йний** unprofessional, **поверхо́вий** superficial, **суб'єкти́вний** subjective, **упере́джений** biased ◊ **Його́ к. був хоч ціка́вим, але́ упере́дженим.** His commentary, though interesting, was biased. **бі́жучий** running ◊ **Окса́на зверта́ла бі́льше ува́ги на бі́жучий к. надоли́ні екра́ну, ніж на програ́му.** Oksana paid greater attention to the running commentary at the bottom of the screen than the show. **синхро́нний** simultaneous, **супровідни́й** accompanying; ♦ **радіокомента́р** a radio commentary, ♦ **телекомента́р** a TV commentary; **офіці́йний** official, **політи́чний** political, **редакці́йний** editorial; **конфіденці́йний** confidential, **особи́стий** personal, **публі́чний** public
v. + **к. місти́ти к.** include a commentary ◊ **Ко́рпус руко́писів включа́в безці́нний к. невідо́мого перепи́сувача.** The corpus of the manuscripts included a priceless commentary by an unknown scribe. (**дава́ти** + *D.* give sb ◊ **Рецензе́нт дав к. до статисти́чної части́ни статті́.** The reviewer gave a commentary to the statistical part of the article. **писа́ти** write, **роби́ти** do ◊ **Профе́сор зроби́в вичерпні ~і́ до курсово́ї робо́ти.** The professor did exhaustive commentaries to the course paper. **слу́хати** listen to, **чита́ти** read); **забезпе́чувати** + *A.* **~е́м** provide sth with a commentary (**супрово́джувати** + *A.* accompany sth with) ◊ **Вона́ супрово́джувала ви́ступ ко́жного уча́сника кру́глого сто́лу коро́тким ~е́м.** She accompanying the remarks of each roundtable participant with a brief commentary.
prep. **к. до** + *G.* commentary to sth ◊ **к. (до) нови́н** a news commentary; ♦ **к. для протоко́лу** an on-the-record commentary ◊ **Вона́ дала́ к. для протоко́лу.** She gave an on-the-record commentary. ♦ **к. по́за протоко́лом** an off-the-record commentary
2 *usu pl.* comment
adj. **га́рні** nice, **доте́пні** witty ◊ **Він був ма́йстром доте́пних ~ів.** He was a master of witty comment. **зичли́ві** amicable, **кмітли́ві** shrewd, **конструкти́вні** constructive, **ко́рисні** useful, **позити́вні** positive, **помі́чні** helpful ◊ **Ма́ртині ~і́ були́ за́вжди помічни́ми.** Marta's comment was always helpful. **прихи́льні** friendly, **схва́льні** appreciative, **те́плі** warm, **ці́нні** valuable; **безжа́льні** ruthless, **в'ї́дливі** biting, **го́стрі** acerbic, **гру́бі** rude, **дурнува́ті** stupid, **дошку́льні** scathing, **зарозумі́лі** arrogant, **знуща́льні** mocking, **іроні́чні** ironic, **нега́тивні** negative, **нищі́вні** devastating, **прини́зливі** humiliating, **саркасти́чні** sarcastic, **сміхови́нні** risible, **ціні́чні** cynical ◊ **Вона́ була́ вра́жена вели́кою кі́лькістю цині́чних ~ів про її́ кни́жку.** She was struck by the great number of cynical comments on her book. **зага́льні** general, **конкре́тні** specific; **загадко́ві** cryptic, **незрозумі́лі** incomprehensible, **тума́нні** foggy

v. + **к. висло́влювати ~ї** express comments (**дава́ти** + *D.* give sb, **додава́ти** add ◊ **При кінці вона́ додала́ прини́зливі ~ї про опоне́нтів.** At the end, she added a humiliating comment about her opponents. **лиша́ти** leave, **ма́ти** have ◊ **Тимі́ш мав гото́ві ~ї дослі́вно на все.** Tymish had a ready comment literally on everything. **писа́ти** write, **подава́ти** submit, **посила́ти** + *D.* send sb, **пропонува́ти** + *D.* offer sb, **роби́ти** make ◊ **Тут голова́ не міг не зроби́ти хоч коро́ткі ~і.** Here the chair could not but make at least a brief comment. **слу́хати** listen to; **віта́ти** welcome ◊ **А́вторі радіопрогра́ми віта́ють ~і слухачі́в.** The radio show's authors welcome their listeners' comment. **провокува́ти** provoke ◊ **Її оста́нній до́пис спровокува́в ни́зку ~ів.** His latest post provoked a series of comment. **дістава́ти** get, **отри́мувати** receive; **іґнорува́ти** ignore ◊ **Він не міг зіґнорува́ти таки́й дошку́льний к.** He could not ignore such a scathing comment. **стира́ти** delete ◊ **Вона́ стира́є всі гру́бі й дурнува́ті ~ї до її те́кстів.** She deletes all the rude and stupid comments to her texts. **зверта́тися до** + *G.* **по** turn to sb for) ◊ **Журналісти ча́сто зверта́ються до істо́риків по ~і.** Journalists often turn to historians for comment. **проси́ти ~ів в** + *G.* ask sb for comment ◊ **Вона́ попроси́ла в міні́стра ~ів.** She asked the minister for comment.
♦ **Жо́дних ~ів!** No comment!

prep. **без ~ів** without comment ◊ **А́вторка пого́дилася на ї́хні умо́ви без ~ів.** The (female) author agreed to their terms without comment. **к. від** + *G.* comment from sb ◊ **го́стрі ~і від мере́жевої спі́льноти** acerbic comment from the Internet community; **к. про** + *A.* comment on/about sb/sth ◊ **по́тік схва́льних ~ів про її публіка́цію** a stream of appreciative comment about her publication

Also see **ува́га 3**

комента́тор, *m.*, ~а; ~ка, *f.*

commentator, analyst

adj. **політи́чний** political, **спорти́вний** sports ◊ **У майбу́тньому він ба́чив себе́ спорти́вним ~ом.** In his future, he saw himself a sports commentator. **футбо́льний** soccer; ♦ **радіокомента́тор** a radio commentator, **телекомента́тор** a TV commentator; **авторите́тний** respected, **впливо́вий** influential; **консервати́вний** conservative, **ліберальний** liberal, **лі́вий** left-wing, **незале́жний** independent, **пра́вий** right-wing

See **спеціялі́ст, фахіве́ць**

комерці́йн|ий, *adj.*

commercial, business

к.+ *n.* **к. банк** a commercial bank ◊ **Вона́ працю́є каси́ркою в ~ому ба́нку.** She works as teller in a commercial bank. (**ві́дділ** division; **дире́ктор** director; **до́свід** experience; **інтере́с** interest; **креди́т** credit; **підхі́д** approach); **~а ді́яльність** commercial activity (**опера́ція** transaction; **пропози́ція** offer; **таємни́ця** secret); **~е використа́ння** commercial use (**застосува́ння** application; **підприє́мство** enterprise; **пра́во** law); **~і опера́ції** business operations (**спра́ви** matters)

See **торго́вий**

комі́сі|я, *f.*, ~ї

committee *(board)*, commission ◊ **Вона́ ство́рить тимчасо́ву ~ю, щоб ви́вчити пробле́му.** She will set up a temporary committee to study the problem.

adj. **багатосторо́ння** multilateral ◊ **Перемо́вини готува́тиме багатосторо́ння к. експе́ртів.** A mulitlateral committee of experts will be preparing the negotiations. **двосторо́ння** bilateral, **міжнаро́дна** international, **спі́льна** joint; **ви́борча** election ◊ **Він дав хаба́р го́лові ви́борчої ~ї.** He bribed the election committee chair. **держа́вна** state; **дисциплі́нарна** disciplinary, **експе́ртна** expert, **парла́ментська** parliamentary, **пла́нова** planning ◊ **Трети́ну пла́нової ~ї замі́нено.** A third of the planning committee was replaced. **ревізі́йна** audit, **слі́дча** investigative, **судова́** judicial, **уря́до́ва** government; **незале́жна** independent ◊ **незале́жна к. міжнаро́дних спостеріга́чів** an independent commission of international observers; **пості́йна** permanent, **тимчасо́ва** temporary

к. + *n.* **к. економі́стів** a committee of economists ◊ **ви́сновок ~ї економі́стів** the conclusion of the committee of economists (**експе́ртів** experts, **ра́дників** advisors, **ста́рших диплома́тів** senior diplomats, *etc.*)

n. + **к. голова́ ~ї** the committee chair (**склад** makeup, **член** member; **засі́дання** meeting, **робо́та** work; **повнова́ження** mandate) ◊ **Повнова́ження ~ї не включа́ють оска́рження підо́зрюваних.** The committee mandate does not include the indictment of suspects.

v. + **к. збира́ти ~ю** gather a committee ◊ **Вона́ збере́ слі́дчу ~ю.** She will gather the investigative committee immediately. (**очо́лювати** head ◊ **Очо́лити ~ю запроси́ли фахівця́ з політеконо́мії.** A specialist in political economy was invited to head the committee. **обира́ти** elect, **признача́ти** appoint, **склика́ти** convene, **ство́рювати** create, **утво́рювати** set up; **розпуска́ти** disband) ◊ **Пі́сля публіка́ції зві́ту ~ю розпу́стять.** After the report publication, the committee will be disbanded. **вихо́дити з ~ї** leave a committee; **перешкоджа́ти ~ї** impede a committee ◊ **Він перешкоджа́в ~ї виявля́ти корупці́йні схе́ми в судові́й систе́мі.** He impeded the committee in revealing corruption schemes in the judicial system. **бу́ти в ~ї** be on a committee (**працюва́ти в** serve on) ◊ **Він працю́є в дисциплі́на́рній ~ї.** He serves on the disciplinary committee.

prep. **у ~ї** on a committee; **к. з** *or* **для** + *G.* committee on *(area of expertise)* ◊ **к. на́гляду за інвести́ціями** a commission on investment oversight

Cf. **комі́те́т**

комі́те́т, *m.*, ~у

committee

adj. **бюдже́тний** budget, **викона́вчий** executive ◊ **Пан Залізня́к очо́лить викона́вчий к.** Mr. Zalizniak will chair the executive committee. **парла́ментський** parliamentary, **парті́йний** party, **пошуко́вий** search ◊ **Коли́ з'явля́ється вака́нсія, факульте́т ство́рює пошуко́вий к.** When a vacation appears, the department sets up a search committee. **страйкови́й** striking, **фіна́нсовий** finance, **центра́льний** central; ♦ **батькі́вський к.** a Parent-Teacher Association ◊ **Він на засі́данні батькі́вського ~у.** He is at the Parent-Teacher Association meeting. **міськи́й** city, **місце́вий** local, **обласни́й** regional, **райо́нний** district ◊ **Вона́ – чле́нка райо́нного ~у Демократи́чної па́ртії.** She is a member of the Democratic Party district committee.

n. + **к. голова́ ~у** the committee chair ◊ **Її обра́ли голово́ю ~у.** She was elected the committee chair. (**склад** makeup, **член** member; **засі́дання** meeting, **робо́та** work) ◊ **пере́рва у робо́ті ~у** an interruption in the committee work

v. + **к. обира́ти к.** elect a committee ◊ **Центра́льний к. обира́є парті́йна конфере́нція.** The central committee is elected by the party conference. (**організо́вувати** organize, **признача́ти** appoint, **ство́рювати** create, **формува́ти** form; **розпуска́ти** disband); **вихо́дити з ~у** leave a committee; **бу́ти в ~і** be on a committee (**працюва́ти в** serve in)

prep. **к. з** + *G. or* **у спра́вах** + *G.* committee on *(area of expertise)* ◊ **к. з європе́йської інте́ґра́ції** a committee on European Integration

Cf. **комі́сія**

комі́чн|ий, *adj.*

1 comical, funny ◊ **Він не ба́чив у стано́вищі ніч́ого ~ого.** He did not see anything funny in the situation.

adv. **винятко́во** exceptionally, **геть** totally, **ду́же** very, **зо́всім** utterly, **ціл́ко́м** completely; **де́що** somewhat, **ма́йже** almost, **тро́хи** a little; **особли́во** particularly, **спра́вді** really

к. + *n.* **к. ви́раз** a funny expression (**ви́гляд** look ◊ **Капелю́х надава́в йому́ особли́во ~ого ви́гляду.** The hat gave him a particularly funny look. **рух** move)

v. + **к. бу́ти ~им** be comical (**здава́тися** + *D.* seem to sb; **става́ти** become) ◊ **Що бі́льше Макси́м стара́вся, то бі́льш ~ими става́ли його́ ру́хи.** The more Maksym exerted himself, the more comical his movements became.

Also see **куме́дний.** *Cf.* **комеді́йний**

2 comic, comedic, of or pertaining to comedy ◊ **Вона́ люби́ла гра́ти в ~ій дра́мі.** She enjoyed acting in comic drama. ◊ **Він набу́в оригіна́льного ~ого сти́лю гри.** He developed an unconventional comic acting style.

See **комеді́йний.** *Ant.* **трагі́чний 2**

компа́кт-ди́ск, *m.*, ~а

CD, compact disk

adj. **безкошто́вний** free ◊ **При вхо́ді роздава́ли безкошто́вні ~и співа́чки.** At the entrance, they distributed free CDs of the (female) singer. **дебю́тний** debut, **найнові́ший** latest, **оста́нній** last; **збі́рний** compilation; **подві́йний** double; **рекла́мний** promotional

v. + **к. випуска́ти к.** release a CD ◊ **Цей гурт щойно ви́пустив нови́й к.** The group has just released their new CD. (**запи́сувати** record, **роби́ти** make ◊ **Йому́ допомогли́ зроби́ти дебю́тний к.** They helped him to make his debut CD. **випа́лювати** burn, **копіюва́ти** copy; **програва́ти** play, **ста́вити в** + *A.* put into *(a player)* ◊ **Він поста́вив к. у програва́ч.** He put the CD into the player. **пошко́джувати** damage, **шкря́бати** scratch) ◊ **Вона́ ненаро́ком пошкря́бала к.** She inadvertently scratched the CD.

prep. **на ~у** on a CD ◊ **На ~у де́сять пісе́нь.** There are ten songs on the CD.

компа́ні|я, *f.*, ~ї

1 company *(of friends)*, group ◊ **В альта́нці ба́вилася га́рна к.** A fine company was having fun in the gazebo. ♦ **різноше́рста к.** a motley crew

v. + **к. підтри́мувати** + *D.* **~ю** keep sb company ◊ **Він лиши́вся підтри́мати їм ~ю.** He stayed to keep them company. ♦ **води́ти ~ю з** + *I.* to consort with sb ◊ **Вона́ во́дить ~ю з якимись те́мними ти́пами.** She consorts with some shady characters.

See **товари́ство 1**

prep. **за ~ю** for company ◊ **Він узя́в із собо́ю за ~ю не́божа.** He took along his nephew for company. **у ~ї** + *G.* in the company of sb

2 company, enterprise

adj. **вели́ка** large, **величе́зна** huge, **колоса́льна** colossal, **чі́льна** major ◊ **чі́льна коре́йська к.** a major Korean company; **крихі́тна** tiny, **мала́** *and* **невели́ка** small; **сі́ме́йна** family-owned ◊ **Хри́стя працю́є з невели́кими сі́ме́йними ~ями.** Khrystia works with small family companies. **прива́тна** private; **нова́** new, ♦ **нова́цька к.** a startup ◊ **Із ко́жного деся́тка нова́цьких ~ій у кра́щому ра́зі вижива́ла одна́.** Of every dozen startups, one would survive in a best-case scenario. **міжнаро́дна** international, **мультинаціона́льна** multinational; **пова́жна** serious, **прибутко́ва** profitable, **провідна́** leading, **успі́шна** successful, **шано́вана** reputable; **дочі́рня** affiliated; **збанкру́тіла** bankrupt; **фікти́вна** bogus, **шахра́йська** bubble; **авто́бусна** bus, **автомобі́льна** car, **забезпеченє́ва** *and*

страхова́ insurance, **комерці́йна** commercial, **мере́жева** Internet, **на́фтова** oil, **рекла́мна** advertising, **телевізі́йна** TV, **торго́ва** trading, **фармацевти́чна** pharmaceutical, **хемі́чна** chemical

к. + n. **к.-виробни́к** a manufacturing company; ♦ **к.нова́чка** a startup ◊ **Вона́ заснува́ла дві успі́шні компа́нії-нова́чки.** She founded two successful startups. **к. сере́днього ро́зміру** a midsize company

v. + **к. засно́вувати ~ю** found a company (**захо́плювати** seize ◊ **~ю захопи́ли вна́слідок ре́йдерської ата́ки.** The company was seized as a result of a raider attack. **купува́ти** buy, **ма́ти** have, **почина́ти** start, **придба́ти** *pf.* acquire, **продава́ти** sell, **розбудо́вувати** build up, **ство́рювати** create ◊ **У ві́ці вісімна́дцяти ро́ків Сла́вка створи́ла пе́ршу вла́сну ~ю.** At the age of eighteen, Slavka created her own first company. **дово́дити до банкру́тства** reduce to bankruptcy ◊ **За коро́ткий час він тро́хи не дові́в до банкру́тства неда́вно прибутко́ву ~ю.** In short time, he all but reduced a recently profitable company to bankruptcy. **розпуска́ти** dissolve; **подава́ти в суд на** *or* **до су́ду на** sue) ◊ **Вона́ пода́ла на ~ю до су́ду.** She sued the company. **вихо́дити з ~ї** leave a company (**подава́ти у відста́вку з** resign from) ◊ **Па́ні С. зму́сили пода́ти у відста́вку з ~ї, яку́ вона́ створи́ла.** Mrs. S. was forced to resign from the company she had created. **володі́ти ~єю** own a company ◊ **Вона́ володі́є двома́ ~ями.** She owns two companies. (**заволоді́вати** *or* **оволоді́вати** take possession of ◊ **Банк заволоді́в ~єю, що була́ на ме́жі банкру́тства.** The bank took possession of the company that was on the verge of bankruptcy. **керува́ти** run, **управля́ти** manage) ◊ **Він пого́диться управля́ти ~єю за одніє́ї умо́ви.** He will agree to manage the company on one condition. **працюва́ти в ~ї** work for a company

к. + *v.* **винника́ти** emerge, **виробля́ти** + *A.* manufacture sth ◊ **К. виробля́є до́брива.** The company manufactures fertilizers. **забезпе́чувати** + *I.* supply with sth, **злива́тися з** + *I.* merge with sth ◊ **Три малі́ ~ї злили́ся в одну́.** The three small companies merged into one. **процвіта́ти** flourish, **розвива́тися** develop ◊ **Їхня нова́цька к. розвива́ється.** Their startup is developing. **розроста́тися** grow; **банкрутува́ти** go bankrupt, **занепада́ти** decline, **розпада́тися** break up

prep. **в ~ї** in a company ◊ **Вона́ залаго́джує конфлі́кт у ~ї.** She is settling a dispute in the company.

See **фі́рма 1.** *Also see* **корпора́ція, організа́ція**

компенса́ці|я, *f.*, **~ї**
compensation

adj. **відпові́дна** adequate ◊ **Вони́ розрахо́вують на відпові́дну ~ю за свої́ стара́ння.** They count on an adequate compensation for their efforts. **доста́тня** sufficient, **нале́жна** appropriate, **справедли́ва** just ◊ **цілко́м справедли́ва к.** a completely just compensation; **вели́ка** large, **мала́** *and* **невели́ка** small; **грошова́** monetary, **матеріа́льна** material, **мора́льна** moral; **по́вна** full, **частко́ва** partial; ♦ **к. готі́вкою** a cash compensation

v. + **к. випла́чувати** + *D.* **~ю** pay sb a compensation ◊ **Вла́сник рестора́ну ви́платив їй ~ю за пра́цю.** The restaurant owner paid her a compensation for the work. (**надава́ти** + *D.* grant sb, **пропонува́ти** + *D.* offer sb; **визнача́ти** determine, **заслуго́вувати на** deserve, **ма́ти пра́во на** be entitled to, **отри́мувати** receive, **прийма́ти** accept); **вимага́ти ~ї від** + *G.* demand a compensation from sb ◊ **Обу́рений пасажи́р вимага́в матеріа́льної ~ї від авіякомпа́нії.** The outraged passenger demanded material compensation from the air company. (**відмовля́тися від** reject, **домага́тися** press for)

prep. **к. з** + *G.* a compensation for/from sth ◊ **Вона́ отри́мувала ~ю з безробі́ття.** She received unemployment compensation. ◊ **к. з бюдже́ту** a compensation from the budget; **к. за** + *A.* compensation for sth ◊ **к. за пошко́джений баґа́ж** a compensation for damaged luggage

компенсу|ва́ти, ~ють; *same, tran.*
to compensate, make up + *I.* with sth

adv. **бі́льше ніж** more than ◊ **Перева́ги проє́кту бі́льше ніж ~ють його́ недо́ліки.** The advantages of the project more than make up for its drawbacks. **з на́длишком** amply, **поча́сти** partially, **стори́цею** a hundred times, **цілко́м** completely, **ще́дро** generously; **частко́во** in part

v. + **к. бу́ти ви́мушеним** be compelled to, **бу́ти тре́ба** + *D.* need to; **бу́ти у змо́зі** be capable of, **бу́ти у ста́ні** be in a position to; **вимага́ти** demand that ◊ **Він вимага́є к. йому́ ви́трати на по́дорож.** He demands to compensate him for the travel expenses. **зму́шувати** + *A.* compel sb to, **зобов'я́зувати** + *A.* obligate sb to ◊ **Суддя́ зобов'яза́в його́ к. потерпі́лому зби́тки.** The judge obligated him to compensate the plaintiff for the damages. **обіця́ти** + *D.* promise sb to

prep. **к. за** + *A.* compensate sb for sth ◊ **к. за втра́ти** compensate for losses

pa. pple. **компенсо́ваний** compensated
компенсу́й!

компете́нтн|ий, *adj.*
competent; educated, expert ◊ **~і ви́сновки, на які́ мо́жна покла́стися** expert conclusions one can rely on

adv. ♦ **висококомпете́нтний** highly competent, **до́сить** sufficiently, **ду́же** very, **надзвича́йно** extremely, **цілко́м** quite ◊ **Пан Лукашу́к ви́явився цілко́м ~им консульта́нтом.** Mr. Lukashuk proved quite a competent consultant. **професі́йно** professionally, **психологі́чно** psychologically, **розумо́во** mentally

v. + **к. бу́ти ~им** be competent (**вважа́ти** + *A.* consider sb, **визнава́ти** + *A.* recognize sb as, **виявля́тися** prove, **здава́тися** + *D.* seem to sb, **лиша́тися** remain, **почува́тися** feel; **роби́ти** + *A.* make sb ◊ **Пра́ктика зроби́ла його́ ~им терапе́втом.** The internship made him a competent therapeutist. **става́ти** become)

prep. **к. в** + *L.* competent in sth ◊ **Вона́ ду́же ~а у психоло́гії сприйня́ття.** She is very competent in psychology of perception.

компете́нці|я, *f.*, **~ї**, *only sg.*
competence, competency, expertise ◊ **Щоб перекла́сти текст, їй не було́ потрі́бно додатко́вої ~ї.** In order to translate a text she did not need any additional expertise.

adj. **адміністрати́вна** administrative, **ме́неджерська** managerial; **комунікати́вна** communicative, **мо́вна** language, **науко́ва** scientific ◊ **Садова́ – фахівчи́ня висо́кої науко́вої ~ї.** Sadova is a specialist of high scientific competence. **професі́йна** professional; **висо́ка** high, **додатко́ва** additional, **доста́тня** sufficient, **засадни́ча** basic; **особли́ва** special ◊ **Завда́ння вимага́є особли́вої ~ї.** The task requires special competency. **обов'язко́ва** mandatory, **необхі́дна** indispensible, **потрі́бна** requisite

v. + **к. виявля́ти ~ю** reveal one's competency ◊ **Співбесі́да ви́явила доста́тню комунікати́вну ~ю студе́нта.** The interview revealed the student's sufficient communicative competency. (**демонструва́ти** demonstrate, **дово́дити** prove, **пока́зувати** show; **ма́ти** have; **підви́щувати** increase, **покра́щувати** improve, **розвива́ти** develop; **оці́нювати** assess; **втрача́ти** lose, **стави́ти під су́мнів** question) ◊ **Рецензе́нтка поста́вила під су́мнів к. укладачі́в словника́.** The (female) reviewer questioned the dictionary compilers' competence. **досяга́ти ~ї** achieve competence (**набува́ти** acquire)

prep. **к. в** + *L.* competence in sth ◊ **Йому́ бракува́ло потрі́бної ~ї у ці́й га́лузі.** He lacked the requisite competence in this sphere. **по́за ~єю** outside sb's expertise; **в ме́жах ~ї** within sb's expertise

2 authority, jurisdiction, ambit ◊ **Циві́льне пра́во не вхо́дить до її́ ~ї як судді́.** Civil law is not part of her ambit as a judge.

See **повнова́ження**

ко́мплекс, *m.*, **~у**
1 complex, combination, aggregation *(of buildings)*

adj. **аґра́рно-промисло́вий** agro-industrial, **відпочинко́вий** leisure, **військо́во-промисло́вий** military-industrial; **житлови́й** housing, **кварти́рний** apartment, **лікарня́ний** *or* **шпита́льний** hospital, **музе́йний** museum, **розважа́льний** entertainment, **спорти́вний** sports, **торго́вий** shopping ◊ **На майда́ні збуду́ють торго́вий к.** A shopping center will be built on the square.

See **гру́па**

2 complex, neurosis, fixation, obsession ◊ **Його́ звéрхність – типо́вий ви́яв ~у меншова́ртости.** His arrogance is a typical manifestation of inferiority complex.

adj. **го́стрий** acute, **набу́тий** acquired, **страшни́й** terrible, **хроні́чний** chronic ◊ **Він потерпа́в від хроні́чного ~у вини́.** He sufferred from a chronic guilt complex.

к. + *n.* **к. вини́** guilt complex (**же́ртви** victim, **зве́рхности** superiority, **кастра́ції** castration, **меншова́ртости** inferiority, **пересліду́вання** persecution) ♦ **Еди́пів к.** Oedipus complex

v. + **к. діста́ти к.** get a complex ◊ **При тако́му вихова́нні ле́гко діста́ти к. же́ртви.** With such an upbringing, it is easy to get a victim complex. (**ма́ти** have, **розвива́ти** develop); **набу́ти ~у** acquire a complex (**потерпа́ти від** *or* **стражда́ти від** suffer from)

See **хворо́ба**

компліме́нт, *m.*, **~у**
compliment *(often pl.)* ◊ **Васили́на ду́же лю́бить ~и.** Vasylyna likes compliments very much.

adj. **вели́кий** great, **ви́шуканий** refined, **га́рний** nice, **жа́даний** desired, **заслу́жений** well-deserved, **найви́щий** highest, **несподі́ваний** unexpected, **прие́мний** pleasant, **уле́сливий** flattering, **чудо́вий** wonderful; ◊ **Він терпі́ти не мо́же ~ів.** He cannot bear compliments.

v. + **к. роби́ти** + *D.* **к.** pay sb a compliment ◊ **Вона́ наро́била йому́ ку́пу ~ів.** She paid him a heap of compliments. (**переказувати** pass; **дя́кувати за** thank for, **прийма́ти** take; **напро́шуватися на** fish for ◊ **Петро́ напро́шувався на к.** Petro was fishing for a compliment. **іґнорува́ти** ignore)

Also see **гимн 3**

композúтор, *m.*, **~а; ~ка**, *f.*
composer ◊ **З усі́х суча́сних украї́нських ~ів їй найбі́льше подо́бається Валенти́н Сильве́стров.** Of all the contemporary Ukrainian composers, she likes Valentyn Sylvestrov best.

adj. **аванґа́рдовий** avant-garde, **моде́рний** modern, **класи́чний** classical, **суча́сний** contemporary; **вели́кий** great, **генія́льний** brilliant, **до́брий** good; **провідни́й** leading; **відо́мий** well-known, **славе́тний** famous; **маловідо́мий** little-known, **невідо́мий** unknown; **живи́й** living; **неперевéршений** second to none, **плі́дний** prolific, **успі́шний** successful; **оперо́вий** opera

v. + **к. найма́ти ~а** hire a composer; **замовля́ти** + *A.* **~ові** commission sth from a composer ◊ **Сту́дія замо́вила ~ові му́зику до фі́льму.** The studio commissioned the music for the film from the composer.

к. + *v.* **аранжува́ти** + *A.* arrange sth

◊ **К. геніяльно заранжував цю пісню для симфонічної оркестри.** The composer did a brilliant arrangement of the song for a symphony orchestra. **компонувати** *or* **складати** + *A.* compose sth, **писати** + *A.* write sth ◊ **Цю популярну пісню написав молодий к.** This popular song was written by a young composer.

композиці|я, *f.*, **~ї**
1 composition, structure, organization
adj. **внутрішня** inner, **загальна** general; **архітектурна** architectural, **скульптурна** sculpture, **художня** artistic; **живописна** pictorial, **літературна** literary, **музична** music, **поетична** poetic, **прозова** prose
v. + **к. аналізувати ~ю** analyze a composition (**вивчати** study, **визначати** determine, **міняти** change, **створювати** create; **порушувати** disrupt) ◊ **Готель порушує архітектурну ~ю Софійського майдану.** The hotel disrupts the architectural composition of St. Sophia Square.
See **будова 3.** *Also see* **анатомія, ансамбль 1, склад[2] 1, структура**
2 composition, work, piece, creation ◊ **Він виконав оригінальну ~ю автора.** He performed the author's composition.
adj. **інструментальна** instrumental, **класична** classical, **музична** musical; **відома** well-known, **популярна** popular; **оригінальна** original
v. + **к. виконувати ~ю** perform a composition (**грати** play; **писати** write)
See **п'єса 2**

компрометаці|я, *f.*, **~ї**
discredit, discrediting, disrepute ◊ **Публікація листа призведе до повної ~ї партії.** Publication of the letter will cause a complete discrediting of the party.
adj. **загальна** general, **незворотна** irreversible, **непоправна** irreparable, **остаточна** ultimate, **повна** complete; **неуникна** inevitable ◊ **Цей крок означав би її неуникну ~ю.** This step would mean her inevitable discredit.
v. + **к. означати ~ю** mean discredit; **уникати ~ї** avoid discredit (**призводити до** cause, **причинятися до** bring about); **запобігати ~ї** prevent discredit ◊ **Він намагався запобігти ~ї урядової програми.** He tried to prevent the discrediting of this government program.

компромету|вати, ~ють; с~, *tran.*
to compromise, discredit, be a discredit to ◊ **Метою витоку інформації є с~ політика.** The aim of the information leak is to discredit the politician.
adv. **дуже** greatly, **незворотно** irreversibly, **непоправно** irreparably, **остаточно** ultimately, **серйозно** seriously ◊ **Його дії серйозно ~ють усю установу.** His actions are a serious discredit to the entire institution. **фатально** fatally, **цілком** completely
v. + **к. вдаватися** succeed in ◊ **Йому вдалося с~ ідею державного реґулювання телевізійного змісту.** He succeeded in discrediting the idea of state regulation of the TV content. **намагатися** try to
pa. pple. **скомпрометований** discredited
(с)компрометуй!

компроміс, *m.*, **~у**
compromise
adj. **болісний** painful, **вимушений** forced ◊ **Режисер погодився на вимушений к.** The director agreed to the forced compromise. **нав'язаний** imposed, **незадовільний** unsatisfactory, **нелегкий** *and* **важкий** difficult, **непростий** tough; **хисткий** precarious; **неуникний** inevitable; **добрий** good, **ідеальний** ideal, **щасливий** happy; **можливий** possible, **прийнятний** acceptable, **справедливий** fair; **необхідний** necessary, **потрібний** needed, **прагматичний** pragmatic, **резонний** reasonable ◊ **Такий к. видавався цілком резонним.** Such a compromise appeared quite reasonable. **історичний** historic; **політичний** political, **стратегічний** strategic, **тактичний** tactical; **короткочасний** short-term, **недовготривалий** short-lived, **тимчасовий** temporary ◊ **Цей к. був тимчасовим.** The compromise was temporary.
v. + **к. досягати ~у** reach a compromise ◊ **Обом сторонам треба досягнути політичного ~у.** Both sides need to reach a political compromise. (**приходити до** arrive at) ◊ **Вони прийшли до прийнятного ~у.** They arrived at an acceptable compromise. **знаходити к.** find a compromise ◊ **Він допоможе перемовникам знайти к.** He will help the negotiators to find a compromise. (**йти на** make ◊ **Вона готова піти на цей нелегкий к.** She is ready to make this difficult compromise. **погоджуватися на** agree to, **приймати** accept, **пропонувати** + *D.* propose sb)
prep. **к. з** + *I.* a compromise with sb/sth ♦ **іти на к. із совістю** *or* **сумлінням** *fig.* to make a compromise with conscience ◊ **Ганна не піде на к. із сумлінням.** Hanna will not make a compromise with conscience. **к. між** + *I.* compromise between sb ◊ **к. між менеджментом і профспілкою** a compromise between the management and the trade union; **к. про** + *A.* on/about sth ◊ **к. про розмір компенсації** a compromise on the amount of compensation; **к. щодо** + *G.* a compromise concerning sth ◊ **к. щодо умов їхньої участи в виборах** a compromise concerning the terms of their participation in the election

компроміс|ний, *adj.*
compromise, of or relating to a compromise
к. + *n.* **к. варіянт** a compromise option (**законопроєкт** bill ◊ **Робоча група опрацює к. законопроєкт.** The working group will develop a compromise bill. **план** plan); **~а домовленість** a compromise agreement (**формула** formula; **угода** deal); **~е законодавство** a compromise legislation (**рішення** decision, **розв'язання** solution, **формулювання** formulation) ◊ **Вона запропонувала ~е формулювання цієї норми.** She offered a compromise formulation of the norm.

комп'ютер, *m.*, **~а**
computer
adj. **кишеньковий** pocket ◊ **Сьогодні мобільний телефон – це фактично кишеньковий к.** Today a mobile phone is effectively a pocket computer. **домашній** home, **настільний** desktop, **офісний** office, **персональний** personal ◊ **Марта навчилася користуватися новим персональним ~ом.** Marta learned to use her new personal computer. **портативний** portable; **високошвидкісний** high-speed, **потужний** powerful, **швидкий** fast; **повільний** slow; **паралельний** parallel; ♦ **суперкомп'ютер** a supercomputer; ◊ **к. із сенсорним екраном** a touchscreen computer
n. + **к. вага ~а** computer weight (**розмір** size; **ціна** price ◊ **Ціна нового ~а буде поза всякою конкуренцією.** The new computer price will be beyond any competition. **винахідник** inventor, **виробник** manufacturer, **дизайнер** designer; **екран** screen, **клавіятура** keyboard, **мишка** mouse ◊ **бездротова мишка ~а** a wireless computer mouse; **монітор** monitor; **модель** model; **пам'ять** memory; **швидкість** speed)
v. + **к. створювати к.** build a computer ◊ **Перший к. створили в середині 1940-х років.** The first computer was built in the mid-1940s. (**вимикати** switch off ◊ **Вона вимкнула к.** She switched off the computer. **вмикати** switch on; **встановлювати** install ◊ **На кожному робочому місці встановили к.** A computer was installed at each work station. **запускати** start, **перезавантажувати** reboot ◊ **К., що завис, слід перезавантажити.** A frozen computer should be rebooted. **модернізувати** upgrade; **програмувати** program; **з'єднувати** *and* **під'єднувати, получати** link ◊ **Він получає к. із друкаркою бездротовим зв'язком.** He links his computer to the printer by Wi-Fi. **направляти** *or* **ремонтувати** fix) ◊ **Ґарантія дозволить їй направити к. безплатно.** The warranty will allow her to have her computer fixed for free. **вламуватися до ~а** hack into a computer ◊ **До ~а міністерства оборони вламався гекер.** A hacker hacked into a Defense Ministry's computer. **користуватися ~ом** use a computer ◊ **Користуватися ~ом її навчив онук.** Her grandson taught her to use the computer. **зберігати** + *A.* **в/на ~і** hold sth on computer (**накопичувати** store, **тримати** + *A.* **в/на** keep sth on ◊ **Зручно тримати всі документи на портативному ~і.** It's handy to keep all documents on a portable computer.
к. + *v.* **зависати** freeze ◊ **В Олени часто зависає к.** Olena's computer often freezes. **вимикатися** shut down ◊ **Іванів к. раптом вимкнувся.** Ivan's computer suddenly shut down. **казати** + *A.* tell sth ◊ **К. каже йому, що у програмі виявлено вірус.** The computer tells him that a virus has been found in the software.
prep. **в к.** *dir.* in/to a computer ◊ **Вона вставила в к. додаткову пам'ять.** She installed additional memory into the computer. **в ~і** *posn.* in/on a computer ◊ **У ~і западає клавіша.** A key gets stuck in the computer. ◊ **Усі дані вона зберігає в ~і.** She keeps all the data on her computer.

комп'ютеризаці|я, *f.*, **~ї**, *only sg.*
computerization
adj. **всеохопна** comprehensive, **загальна** general, **масштабна** large-scale, **повна** complete ◊ **Повна к. школи – його головна мета.** Complete computerization of the school is his principal goal. **часткова** partial; **запланована** planned; **обов'язкова** mandatory, **остаточна** ultimate
v. + **к. здійснювати ~ю** carry out computerization ◊ **~ю бібліотеки здійснили за два тижні.** The library computerization was realized in two weeks. (**проводити** conduct; **відкладати** put off ◊ **Через брак коштів ~ю відклали.** Because of the lack of funds, the computerization was put off. **затримувати** delay; **пришвидшувати** speed up; **планувати** plan; **оплачувати** pay for, **спонсорувати** sponsor)

комп'ютерн|ий, *var.* **комп'ютеровий**, *adj.*
computer, of or pertaining to computers
к.+ *n.* **к. геній** a computer genius (**віртуоз** virtuoso ◊ **Через рік Валик стане ~им віртуозом.** In a year, Valyk will become a computer virtuoso. **мастак** whizz; **експерт** expert, **інженер** engineer, **консультант** consultant, **програміст** programmer, **технік** technician; **користувач** user; **видрук** printout, **вірус** virus; **екран** screen, **монітор** monitor; **термінал** terminal) ◊ **У читальні було три ~і термінали.** There were three computer terminals in the reading room. **~а анімація** a computer animation ◊ **У фільмі він використав багато ~ої анімації.** In his film, he used a great deal of computer animation. (**гра** game, **графіка** graphics; **клавіятура** keyboard; **кімната** room, **лабораторія** laboratory; **компанія** company, **промисловість** industry; **мережа** network, **модель** model, **програма** program, **симуляція** simulation, **система** system, **техніка** equipment); **~е забезпечення** computer support (**моделювання** modeling; **обладнання** equipment; **мистецтво** art, **технологія** technology)

комуні́зм, *m.*, **~у**, *only sg.*
communism
adj. **воє́нний** war; **міжнаро́дний** international; **кита́йський** Chinese, **кубі́нський** Cuban, **росі́йський** Russian, **сове́тський** Soviet, *etc.* ◊ **Сове́тський к. лиши́в глибо́кий відби́ток на мента́льності люде́й.** Soviet communism left a deep mark on the mentality of people. **утопі́чний** utopian
n. + **к. зане́пад ~у** a decline of communism (**пора́зка** defeat, **розва́л** collapse; **поши́рення** spread; **дух** spirit, **ло́гіка** logic, **пра́ктика** practice, **тео́рія** theory, **філосо́фія** philosophy)
v. + **к. будува́ти к.** build communism (**вали́ти** overthrow; **пропаґува́ти** propagate); **боро́тися з ~ом** fight communism
prep. **за ~у** under communism ◊ **Вона́ ви́росла за ~у.** She grew up under communism. **під ~ом** *or* **при ~і** under communism ◊ **життя́ під ~ом** life under communism
See **капіталі́зм**

комуніка́бельн|ий, *adj.*
sociable, companionable ◊ **Кандида́тка на вака́нсію ма́є бу́ти ~ою.** The (female) candidate for the vacancy is to be sociable.
adv. **винятко́во** exceptionally ◊ **Наза́р був винятко́во ~им чолові́ком.** Nazar was an exceptionally sociable man. **ду́же** very, **надзвича́йно** extraordinarily, **особли́во** particularly; **до́сить** fairly, **доста́тньо** sufficiently; **порі́вняно** relatively; **на́дто** too; **зо́всім не** not at all

комуні́ст, *m.*; **~ка**, *f.*
communist
adj. **затя́тий** diehard, **невипра́вний** incorrigible, **переко́наний** convinced ◊ **Він поме́р переко́наним ~ом.** He died a convinced communist. **стари́й** old, **типо́вий** typical
See **консерва́тор, ліберал**

комуністи́чний, *adj.*
communist ◊ **«К. маніфе́ст» опублі́ковано в 1848 ро́ці.** *The Communist Manifesto* was published in 1848.
к. + *n.* **к. експериме́нт** a communist experiment (**Інтернаціона́л** *hist.* International; **лад** order, **режи́м** regime, **у́ряд** government; **рух** movement; **світо́гляд** worldview; **теро́р** terror; **авторитари́зм** authoritarianism, **тоталітари́зм** totalitarianism); **~а дитату́ра** a communist dictatorship (**е́тика** ethics, **ідеоло́гія** ideology, **мора́ль** morality, **філосо́фія** philosophy; **па́ртія** party, **систе́ма** system, **фра́кція** faction); **~е вихова́ння** a communist upbringing (**мину́ле** past ◊ **~е мину́ле краї́ни відмовля́лося ка́нути в небуття́.** The country's communist past refused to vanish into oblivion. **ра́бство** slavery; **суспі́льство** society); **~і зло́чини** communist crimes (**ідеа́ли** ideals, **переко́нання** convictions)
Cf. **капіталісти́чний**

комфо́рт, *m.*, **~у**, *only sg.*
convenience, comfort
adj. **вели́кий** great ◊ **Кварти́ра обста́влена з вели́ким ~ом.** The apartment is furnished with great comfort. **максима́льний** maximal; **мініма́льний** minimal, **скро́мний** modest; **по́вний** full, **цілкови́тий** complete; **відно́сний** relative; **дома́шній** domestic, **особи́стий** personal; **мора́льний** moral, **психологі́чний** psychological, **фізи́чний** physical; **рі́вень ~у** level of comfort
v. + **к. ґарантува́ти** + *D.* **к.** guarantee sb comfort (**забезпе́чувати** + *D.* provide sb, **пропонува́ти** + *D.* offer sb) ◊ **Готе́ль пропону́є кліє́нтам к. європе́йського рі́вня.** The hotel offers its customers a European level of comfort.
prep. **з ~ом** in comfort ◊ **О́ля заведи́ мандру́є з ~ом.** Olia always travels in comfort.

комфорта́бельн|ий, *adj.*
comfortable, cozy; pleasant ◊ **Вона́ зви́кла до ~ого життя́.** She was accustomed to a pleasant way of living.
adv. **винятко́во** exceptionally, **ду́же** very, **надзвича́йно** extremely, **цілко́м** entirely; **до́сить** sufficiently, **мініма́льно** minimally; **не зо́всім** not entirely
к. + *n.* **к. буди́нок** a comfortable house (**дім** home ◊ **винятко́во к. дім** an exceptionally cozy house; **готе́ль** hotel ◊ **У мі́сті нема́є жо́дного ~ого готе́лю.** There is not a single comfortable hotel in the city. **ла́йнер** ocean liner, **літа́к** airplane)
v. + **к. бу́ти ~им** be comfortable (**вигляда́ти** look, **виявля́тися** prove ◊ **Літа́к ви́явився цілко́м ~им.** The airplane proved to be entirely comfortable. **здава́тися** + *D.* seem to sb; **лиша́тися** remain, **роби́ти** + *A.* make sth ◊ **Нова́ маршру́тка роби́ла її́ доїзд на пра́цю ~им.** The new shuttle bus made her commute to work comfortable. **става́ти** become)
See **зати́шний 2**

конве́рт, *m.*, **~а**
envelope
adj. **бі́лий** white; **вели́кий** large, **гру́бий** thick, **товсти́й** fat ◊ **Він не знайшо́в потрі́бної світли́ни в товсто́му ~і з докуме́нтами.** He did not find the needed photograph in the fat envelope with documents. **мали́й** small, **невели́кий** little, **тонки́й** thin; **закле́єний** sealed; **звича́йний** plain; **передпла́чений** postage-paid, **пошто́вий** mailing ◊ **На столі́ лежа́в пошто́вий к.** A mailing envelope lay on the table. **проштампо́ваний** stamped; ♦ **а́віаконве́рт** airmail envelope
v. + **к. відсила́ти к.** send an envelope (**відкрива́ти** open ◊ **Секрета́рка відісла́ла підозрі́лий к., не відкрива́ючи його́.** The secretary sent the suspicious envelope away, without opening it. **закле́ювати** seal, **напиха́ти** + *I.* stuff with sth; **адресува́ти** + *D.* address to sb; **отри́мувати від** + *G.* receive from sb; **штампува́ти** stamp, **розрива́ти** tear open ◊ **Він розірва́в к. і ви́йняв з ньо́го лист.** He tore the envelope open and took out the letter. **розріза́ти** slit open)
к. + *v.* **включа́ти** + *A.* enclose sth, **мі́стити** + *A.* contain sth ◊ **К. місти́в кі́лька газе́тних ви́різок.** The envelope contained a few newspaper clippings.
prep. **в к.** *dir.* in/to an envelope ◊ **Ві́ктор покла́в гро́ші в к.** Viktor put the money in an envelope. **в ~і** *posn.* in an envelope ◊ **У ~і лежа́ла рекоменда́ція.** There was a letter of recommendation in the envelope. **до ~а** into an envelope; **на зворо́ті ~а** on the back of an envelope. **на ~і** on an envelope ◊ **Зворо́тня адре́са не вка́зана на ~і.** The return address is not on the envelope.

конкре́тн|ий, *adj.*
specific, concrete ◊ **Він говори́в зага́льниками, не даючи́ ~их фа́ктів.** He was speaking in generalities, without giving specific facts.
adv. **абсолю́тно** absolutely ◊ **Він ма́тиме абсолю́тно ~і до́кази.** He will have absolutely specific evidence. **ду́же** very, **надзвича́йно** extremely, **цілко́м** completely; **до́сить** fairly, **доста́тньо** sufficiently; **істори́чно** historically, **фізи́чно** physically ◊ **фізи́чно ~а фо́рма** a physically concrete form; **не зо́всім** not entirely
к. + *n.* **к. ви́падок** a specific case (**змі́ст** content; **на́слідок** consequence, **при́клад** example, **результа́т** result, **факт** fact; **вплив** influence, **чи́нник** factor); **~а вимо́га** a specific requirement (**осо́ба** person; **публіка́ція** publication, **статтяя́** article); **~е дослі́дження** a specific study (**зна́чення** meaning, **сло́во** word; **мі́сце** place); **~і да́ні** specific data ◊ **Чи дослі́дник ма́є які́сь ~і да́ні?** Does the researcher have any specific data? (**обста́вини** circumstances, **умо́ви** conditions)
Ant. **абстра́ктний**

конкуре́нт, *m.*, **~а; ~ка**, *f.*
competitor
adj. **головни́й** main, **найбі́льший** biggest, **найбли́жчий** closest, **провідни́й** leading, **прями́й** direct; **грі́зний** formidable, **запе́клий** fierce, **серйо́зний** serious, **си́льний** strong; **потенці́йний** potential
v. + **к. дола́ти ~а** beat a competitor ◊ **Він подола́в грі́зного ~а.** He beat a formidable competitor. (**переграва́ти** outperform, **перемага́ти** defeat); **програва́ти ~ові** lose to a competitor ◊ **Вони́ програ́ли сла́бшому ~ові.** They lost to a weaker competitor.
Also see **супе́рник.** *Cf.* **змагу́н**

конкуре́нтн|ий, *adj.*
competitive
adv. **безжа́льно** ruthlessly ◊ **Атмосфе́ра в шко́лі була́ безжа́льно ~ою.** The atmosphere at school was ruthlessly competitive. **брута́льно** brutally, **винятко́во** exceptionally, ♦ **висококонкуре́нтний** highly competitive, **го́стро** acutely, **ду́же** very, **надзвича́йно** extremely, **цілко́м** completely; **до́сить** fairly, **доста́тньо** sufficiently ◊ **Вони́ ро́блять доста́тньо к. культу́рний проду́кт.** They make a sufficiently competitive cultural product. **ле́две** scarcely, **ма́йже** almost, **наси́лу** barely
v. + **к. бу́ти ~им** be competitive (**вважа́ти** + *A.* consider sb/sth ◊ **Її́ підру́чник вважа́ють до́сить ~им.** Her textbook is considered to be fairly competitive. **виявля́тися** turn out; **здава́тися** + *D.* seem to sb; **лиша́тися** remain, **роби́ти** + *A.* make sb; **става́ти** become) ◊ **Нова́ баскетбо́льна дружи́на ско́ро ста́не цілко́м ~ою.** The new basketball team will soon become completely competitive.

конкуре́нтн|ість, *f.*, **~ости**, *only sg.*
competitiveness
adj. **безпрецеде́нтна** unprecedented, **висо́ка** high, **винятко́ва** exceptional, **все бі́льша** increasing, **найви́ща** highest, **неба́чена** unparalleled; **ке́пська** poor, **низька́** low; **ґлоба́льна** global, **міжнаро́дна** international; **економі́чна** economic, **культу́рна** cultural
v. + **к. забезпе́чувати** + *D.* **к.** ensure sb/sth competitiveness ◊ **Раціоналіза́ція виробни́цтва забезпе́чить фі́рмі к. на ри́нку.** The production rationalization will ensure the firm's competitiveness on the market. **переви́щувати** + *A.* **за ~істю** surpass sth/sb in competitiveness

конкуре́нці|я, *f.*, **~ї**, *only sg.*
competition ◊ **Ри́нкова к. – факт і́хнього життя́.** Market competition is a given of their life.
adj. **брута́льна** brutal ◊ **Компа́нія працюва́ла в умо́вах брута́льної ~ї з япо́нцями.** The company was working under conditions of brutal competition with the Japanese. **го́стра** severe, **жва́ва** lively, **жорстка́** tough, **жорсто́ка** fierce, **запе́кла** cutthroat, **затя́та** relentless, **напру́жена** intense; **все бі́льша** increasing ◊ **Фі́рма відчува́ла все бі́льшу ~ю з бо́ку супе́рників.** The firm felt an increasing competition on the part of its rivals. **значна́** significant, **неаби́яка** great, **серйо́зна** serious, **си́льна** strong; **пряма́** direct; **відкри́та** open, **ві́льна** free, **здоро́ва** healthy, **неконтрольо́вана** uncontrolled, **че́сна** fair; **дру́жня** friendly; **нече́сна** unfair; **вну́трішня** home, **місце́ва** local; **ґлоба́льна** global, **закордо́нна** foreign, **замо́рська** overseas, **міжнаро́дна** international; **сла́бка** weak
v. + **к. зустріча́ти ~ю** face competition ◊ **Проду́кти компа́нії зустріча́ли мініма́льну ~ю.** The company's product faced minimal competition (**вступа́ти в** go into ◊ **Вони́ вступи́ли в ~ю за спожива́ча́**

з європе́йськими фе́рмерами. They went into competition with European farmers over consumers. **нашто́вхуватися на** be up against ◊ **Їхні автомобілі наштовхну́лися на го́стру міжнаро́дну ~ю.** Their cars were up against a severe international competition. ♦ **склада́ти** + *D.* **~ю** to compete with sb/sth ◊ **Його́ дру́кована проду́кція склада́ла ~ю провідни́м видавни́цтвам Евро́пи.** His printed products competed with leading publishing houses of Europe. **заохо́чувати** encourage, **ство́рювати** create, **стимулюва́ти** stimulate; **души́ти** stifle, **зме́ншувати** reduce, **зни́щувати** eliminate, **обме́жувати** limit); **уника́ти ~ї** avoid competition (**відбива́тися від** beat off) ◊ **Досі консо́рціюм успі́шно відбива́вся від ґлоба́льної ~ї.** So far the consortium has successfully beaten off the global competition. ♦ **бу́ти по́за ~єю** to be matchless ◊ **У своїй профе́сії вона́ ціл́ком по́за ~єю.** In her profession, she is absolutely matchless.

к. + *v.* **існува́ти** exist ◊ **К. у прока́ті існу́є з поча́тку кіновиробни́цтва.** The distribution competition has existed since the start of filmmaking. **заго́стрюватися** intensify, **почина́тися** begin, **розпа́люватися** heat up

prep. **к. з** + *I.* a competition with sb/sth; **к. за** + *A.* a competition for sb/sth; **к. з бо́ку** + *G.* a competition from sb/sth ◊ **пряма́ к. з бо́ку вели́ких аґрофі́рм** a direct competition from large agricultural firms; **к. між** + *I.* a competition between/among sb/sth◊ **запе́кла к. між автоперевізниками** a cutthroat competition among trucking companies; ♦ **пе́ред лице́м ~ї** in the face of competition ◊ **Вони́ зму́шені підви́щити продукти́вність пе́ред лице́м міжнаро́дної ~ї.** They are compelled to increase productivity in the face of international competition.

Also see **супе́рництво**

ко́нкурс, *m.*, ~у

contest, competition

adj. **бале́тний** ballet, **музи́чний** musical, **танцюва́льний** dancing, **театра́льний** theater, *etc.*; **вели́кий** big ◊ **Піані́стка впе́рше бра́ла у́часть у вели́кому ~і.** The (female) pianist took part in a big competition for the first time. **захо́пливий** thrilling, **ціка́вий** interesting; **прести́жний** prestigious; **відкри́тий** open; **міжнаро́дний** international, **націона́льний** national, **реґіона́льний** regional; **представни́цький** representative

к. + *n.* **к. кра́си** a beauty contest (**пі́сні** song ◊ **К. пі́сні прохо́див у мі́сті п'ять ро́ків.** The song contest had taken place in the city for five years. **пое́зії** poetry, **та́нцю** dance)

n. + **к. журі́ ~у** the competition jury (**судця́** judge, **уча́сник** participant; **пра́вила** rules, **умо́ви** terms) ◊ **За умо́вами ~у вік уча́сників не міг переви́щувати десяти́ ро́ків.** According to the competition terms, the participants' age could not exceed ten years.

v. + **к. вигравати к.** win a contest ◊ **Вона́ ви́грала націона́льний к. диза́йнерів.** She won the national designers' competition. (**програва́ти** lose; **організо́вувати** organize, **прово́дити** hold, **спонсорува́ти** sponsor) ◊ **Компа́нія вже де́сять ро́ків спонсору́є к. на найкра́щий кіносцена́рій.** For already ten years, the company has sponsored the best film script competition. **бра́ти у́часть у ~і** take part in a contest (**вигрува́ти в** win, **змага́тися в** compete in)

к. + *v.* **відбува́тися** take place ◊ **Щоро́ку тут відбува́ється к. молоді́ї пое́зії.** Every year a young poetry competition takes place here. ♦ **по́за ~ом** hors concours ◊ **Як оповіда́ч, він був абсолю́тно по́за ~ом.** As a storyteller he was absolutely hors concours.

prep. **в ~і** in a competition ◊ **пе́рше мі́сце в ~і** the first place in a competition; **к. на** + *A.* a contest for sth ◊ **к. на найкра́щого рибалку** the best fisherman contest; ◊ **к. на вака́нсію** a competition for a vacancy

See **змага́ння 1, турні́р.** *Cf.* **конкуре́нція**

ко́нкурсн|ий, *adj.*

competition, of or pertaining to a contest

к. + *n.* **к. бал** a competition score ◊ **висо́кий к. бал** a high competition score (**відбі́р** selection ◊ **Спеція́льно ство́рена експе́ртна комі́сія прово́дила к. відбі́р уча́сників.** A specially set up expert committee carried out the contest participants selection. **і́спит** examination, **твір** essay); **~а програ́ма** a competition program, routine ◊ **Цьогорі́ч ~а програ́ма включа́тиме три ета́пи.** This year, the competition program will include three stages. ◊ **Вона́ вико́нувала ~у програ́му під му́зику Ма́лера.** She performed her contest routine to the music by Mahler.

конкуру|ва́ти, ~ють; *no pf. intr.*

to compete

adv. **аґреси́вно** aggressively, **акти́вно** actively, **до́бре** well ◊ **Нови́й автомобі́ль до́бре ~є на вну́трішньому ри́нку.** The new car competes well on the home market. **енергі́йно** vigorously, **ефекти́вно** effectively, **жва́во** lively, **інтенси́вно** intensely; **економі́чно** economically, **ідеологі́чно** ideologically, **політи́чно** politically, **технологі́чно** technologically

prep. **к. в** + *L.* compete in *(a domain)* ◊ **к. в економі́чній га́лузі** compete in the economic sphere (**культу́рній** cultural, **мо́вній** language, **політи́чній** political, **технологі́чній** technological); **к. з** + *I.* compete with sb/sth; **к. за** + *A.* compete for sb/sth ◊ **к. за ри́нки** compete for markets (**сировину́** raw materials, **спожива́ча** consumer; **ува́гу пу́бліки** public attention)

конкуру́й!

See **змага́тися 1**

консервати́вн|ий, *adj.*

1 conservative, right-wing; traditionalist ◊ **Тимі́ш ма́є ~у політи́чну програ́му.** Tymish has a conservative political program.

adv. **вкрай** extremely, **глибо́ко** deeply, **ду́же** very, **надзвича́йно** extraordinarily, **на́дто** too, **не в мі́ру** inordinately, **страше́нно** terribly; **де́що** somewhat, **до́сить** fairly ◊ **Її суспі́льні по́гляди до́сить ~а.** Her social views are rather conservative. **все бі́льше** increasingly; **несподі́вано** unexpectedly

v. + **к. бу́ти ~им** be conservative (**вважа́ти** + *A.* consider sb, **виявля́тися** turn out, **здава́тися** + *D.* seem to sb ◊ **Ната́лчині смаки́ здава́лися йому́ не в мі́ру ~ими.** Natalka's tastes seemed inordinately conservative to him. **лиша́тися** remain; **роби́ти** + *A.* make sb, **става́ти** become) ◊ **Нови́й рух става́в усе́ бі́льше ~им.** The new movement was becoming increasingly more conservative.

Cf. **лібера́льний**

2 conservative, cautious, moderate ◊ **За ~ими оці́нками, па́ртія діставане 15% голосі́в.** By conservative estimates, the party will get 15% of the vote.

See **обере́жний 1, помірко́ваний 2, стри́маний**

консерва́тор, *m.*, ~а; ~ка, *f.*

conservative ◊ **~и зно́ву перемо́жуть на ви́борах.** The conservatives will yet again win the election.

adj. **запе́клий** fierce, **затя́тий** diehard, **невипра́вний** incorrigible, **нестé́рпний** unbearable, **непохи́тний** unswerving, **перекона́ний** convinced, **скра́йній** extreme, **страше́нний** terrible; **помірко́ваний** moderate ◊ **Усе́ життя́ він був помірко́ваним ~ом.** All his life, he was a moderate conservative. **послідо́вний** consistent; **політи́чний** political, **пра́вий** right-wing, **стари́й** old, **типо́вий** typical

v. + **к. бу́ти ~ом** be a conservative (**виявля́тися** turn out; **лиша́тися** remain, **роби́ти** + *A.* make sb; **става́ти** become) ◊ **Симоню́к став затя́тим ~ом.** Symoniuk became a diehard conservative.

Cf. **ліберал**

консервато́рі|я, *f.*, ~ї

conservatory, academy of music ◊ **Конце́рт відбу́деться в Ки́ївській ~ї.** The concert will take place at the Kyiv Conservatory of Music.

adj. **музи́чна** musical, **націона́льна** national; **відо́ма** well-known, **прести́жна** prestigious, **славе́тна** famous; **провінці́йна** provincial

See **шко́ла**

конспе́кт, *m.*, ~у

notes, synopsis, summary

adj. **до́брий** good, **зага́льний** general, **зру́чний** convenient, **коро́ткий** brief; **докла́дний** detailed ◊ **Вона́ зберіга́є докла́дні ~и ле́кцій Шевельо́ва.** She retains detailed notes of Shevelov's lectures extant.

v. + **к. вести́ к.** keep notes ◊ **Оле́сь веде́ к. з ку́рсу літерату́ри.** Oles keeps synopses of the literature course. (**писа́ти** take; **передивля́тися** sift through, **перегляда́ти** look through, **пере́читувати** read through, **чита́ти** read); **сиді́ти над ~ом** pore over notes ◊ **Дня́ми й ноча́ми пе́ред і́спитами студе́нти сиді́ли над ~ами.** Days and nights before exams, the students pored over their notes.

конституці́йн|ий, *adj.*

constitutional ◊ **спро́ба зміни́ти к. лад у краї́ні** an attempt to change the constitutional order in the country

к. + *n.* **к. переворо́т** a constitutional coup d'état (**суд** court) ◊ **К. суд склада́вся з семи́ чле́нів.** The Constitutional Court consisted of seven members. **~а асамбле́я** a constitutional assembly (**кри́за** crisis, **мона́рхія** monarchy, **попра́вка** amendment); **~і ґара́нтії** constitutional guarantees (**права́** rights, **свобо́ди** liberties)

v. + **к. бу́ти ~им** be constitutional (**визнава́ти** + *A.* recognize sth as ◊ **Лише́ суд міг ви́знати зако́н ~им.** Only the court could recognize the law as constitutional. **проголо́шувати** + *A.* declare sth)

конститу́ці|я, *f.*, ~ї

constitution *(charter)*

adj. **чи́нна** acting ◊ **За чи́нною ~єю, ніщо́ не мо́же обме́жувати цари́ну вжива́ння держа́вної мо́ви.** Under the acting Constitution, nothing can limit the sphere of use of the official language. **нова́** new, **стара́** old; **запропоно́вана** proposed; **неписана** unwritten, **пи́сана** written; **пості́йна** permanent, **тимчасо́ва** interim; **федера́льна** federal; **фікти́вна** fictitious; ◊ **прое́кт ~ї** a constitution draft

n. + **к. пара́граф ~ї** a paragraph of a constitution (**поло́ження** clause, **преа́мбула** preamble, **ро́зділ** chapter, **стаття́** article; **заса́да** principle) ◊ **Звітність вла́ди пе́ред наро́дом – одна́ з основни́х заса́д ~ї.** Government's accountability to the people is one of the main principles of the constitution. ♦ **День ~ї** Constitution Day ◊ **День ~ї Украї́ни відзнача́ють два́дцять во́сьмого че́рвня.** Ukraine's Constitution Day is marked on June 28.

v. + **к. допо́внювати ~ю** amend a constitution (**змі́нювати** change ◊ **Він хоті́в зміни́ти ~ю з мето́ю лиши́тися при вла́ді.** He wanted to change the constitution with the purpose of staying in power. **писа́ти** write; **прийма́ти** adopt, **схва́лювати** approve; **іґнорува́ти** ignore, **пору́шувати** violate; **тлума́чити** interpret) ◊ **Президе́нт тлума́чить ~ю так, як йому́ ви́гідно.** The president interprets the constitution as it suits him. **дотри́мувати(ся) ~ї** abide by a constitution

к. + *v.* **вимага́ти** + *A.* require sth ◊ **У таки́х ви́падках к. вимага́є розпусти́ти парла́мент та провести́ нові́ ви́бори.** In such cases, the constitution requires that parliament be dissolved and a new election held. **ґарантува́ти** + *D., A.* guarantee sb sth ◊ **К. ґаранту́є громадя́нам свобо́ду від стéження у́ряду.** The constitution guarantees citizens freedom from surveillance by the government. **дозволя́ти** + *A.* allow sth; **забороня́ти** + *A.* prohibit sth ◊ **К. забороня́є депута́тові парла́менту бу́ти чле́ном кабіне́ту міні́стрів.** The constitution prohibits a member of parliament to be a member of the cabinet of ministers. **передбача́ти** + *A.* provide sth
prep. **в ~ї** in a constitution ◊ **У ~ї бі́льше ста сторіно́к.** There are a little more than one hundred pages in the constitution. **до ~ї** to a constitution ◊ **попра́вка до ~ї** an amendment to the constitution; **за ~єю** under the constitution; **згі́дно з ~єю** according to the constitution

констру́кці|я, *f.*, **~ї**
1 design
adj. **допото́пна** antediluvian, **нова́** new, **про́ста́** simple ◊ **Цей механі́зм ма́є про́сту́ ~ю.** The device is of simple design. **скла́дна** sophisticated, **суча́сна** modern, **стара́** old
See **будо́ва 3**
2 construction, structure, *often pl.*
adj. **бето́нна** concrete, **дерев'я́на** wooden, **залізобето́нна** reinforced concrete, **мета́лева** metal, **цегляна́** brick ◊ **Найбі́льшої шко́ди землетру́с завда́в дерев'я́ним ~ям.** The earthquake damaged wooden structures the most. ♦ **суці́льнозва́рна к.** an all-welded structure
3 *ling.* construction
adj. **дієприкметнико́ва** participial, **паси́вна** passive, **порівня́льна** comparative, *etc.*

констру́ю|ва́ти, **~ють; с~**, *tran.*
to construct, design
к. + *n.* **к. автомобі́ль** design a car (**комп'ю́тер** computer, **літа́к** aircraft ◊ **На заво́ді ~ють літаки́.** They design aircraft at the plant. **механі́зм** mechanism, **при́стрій** appliance)
pa. pple. **сконструйо́ваний** designed
(с)констру́юй!
See **будува́ти 1**

консульта́нт, *m.*; **~ка**, *f.*
consultant
adj. **бізнесо́вий** business, **економі́чний** economic, **комерці́йний** commercial, **ма́ркетинговий** marketing, **науко́вий** scientific, **політи́чний** political, **фіна́нсовий** financial; **зо́внішній** outside, **незале́жний** independent ◊ **Вона́ працю́є незале́жним фіна́нсовим ~ом.** She works as an independent financial consultant.
prep. **к. з** + *G.* consultant in *(sphere of expertise)* ◊ **к. із безпе́ки** a security consultant (**інвести́цій** investment; **істо́рії Дру́гої світово́ї війни́** World War Two history)
See **фахіве́ць**

консульта́ці|я, *f.*, **~ї**
1 consultation, advice ◊ **Тара́с шука́в кваліфіко́ваної меди́чної ~ї.** Taras sought expert medical advice.
adj. **меди́чна** medical, **психіатри́чна** psychiatric, **юриди́чна** legal; **безкошто́вна** free ◊ **Вона́ запропонува́ла їм безкошто́вну ~ю.** She offered them a free consultation. **пла́тна** paid; **кваліфіко́вана** *or* **фахова́** expert; **до́бра** good, **ко́рисна** useful, **нале́жна** proper; **пе́рвісна** initial; **по́вна** full; **особи́ста** personal, **прива́тна** private; **коро́тка** brief, **операти́вна** prompt, **швидка́** quick; **докла́дна** detailed; **зага́льна** general; **трива́ла** lengthy
v. + **к. зверта́тися по ~ю** turn for a consultation ◊ **Він зверну́вся по ~ю до фахівця́.** He turned for advice to a specialist. (**ма́ти** have; **(на)дава́ти** + *D.* give sb ◊ **Вони́ не даю́ть ~ій у таки́х спра́вах.** They do not give consultations on such matters. **організо́вувати** organize, **прово́дити** hold; **пого́джуватися на** agree to, **пропонува́ти** + *D.* offer sb)
prep. **к. з** + *I.* consultation with sb ◊ **к. з фахівце́м** a consultation with an expert
Also see **пора́да, ра́да 2**
2 consulting office ◊ **Дитя́ча к. була́ на тре́тьому по́версі.** The child welfare center was on the third floor. ◊ **Вони́ збира́ли гро́ші, щоб відкри́ти вла́сну юриди́чну ~ю.** They were saving money in order to open their own law office.
Also see **компа́нія, фі́рма**

консульту|ва́ти, **~ють; про~**, *tran.*
to advise, give advice, give consultation ◊ **Вона́ ~є само́го прем'є́р-міні́стра.** She advises the prime minister himself.
adv. **докла́дно** in detail ◊ **Яре́ма докла́дно проконсульту́є їх.** Yarema will give them a detailed consultation. **нале́жним чи́ном** properly, **рете́льно** thoroughly, **сумлі́нно** conscientiously; **і́ноді** sometimes, **рі́дко** seldom; **ча́сто** often
v. + **к. бу́ти гото́вим** be ready to, **могти́** can; **проси́ти** + *A.* ask sb to ◊ **Гру́па підприє́мців попроси́ла її про~ їх з ново́го податко́вого ко́дексу.** A group of businessmen asked her to give them advice on the new tax code.
prep. **к. з** + *G.* advise on sth ◊ **Він консульту́є подру́жні па́ри з сіме́йного пра́ва.** He advises married couples on family law.
pa. pple. **проконсульто́ваний** given advice
(про)консульту́й!
Also see **ра́дити 1**

консульту|ва́тися; про~, *intr.*
to consult with, to get advice from ◊ **Президе́нт ~ється стосо́вно осві́тньої рефо́рми.** The President is having consultations concerning the education reform.
prep. **к. з** + *G.* consult with sb ◊ **Кононе́нко ~ва́тиметься зі свої́м юри́стом, перш ніж підпи́сувати контра́кт.** Kononenko will have a detailed consultation with her lawyer before signing the contract.
Also see **ра́дитися**

конта́кт, *m.*, **~у**
contact, *often pl.*
adj. **до́брий** good, **ко́рисний** useful, **наді́йний** reliable; **прями́й** direct; **тісни́й** close, **широ́кий** extensive ◊ **Він мав до́сить широ́кі ~и з фільмаря́ми.** He had fairly extensive contacts with filmmakers. **зорови́й** visual, **психологі́чний** psychological, **телефо́нний** telephone, **фізи́чний** physical; **лю́дський** human, **особи́стий** personal; **пості́йний** permanent, **реґуля́рний** regular, **щоде́нний** daily; **випадко́вий** occasional, **споради́чний** sporadic
v. + **к. встано́влювати ~и** establish contacts (**ма́ти** have ◊ **Максимчу́к мав прямі́ ~и в та́борі опози́ції.** Maksymchuk had direct contacts in the opposition camp. **змі́цнювати** strengthen, **підтри́мувати** maintain ◊ **Він підтри́мує акти́вні ~и із журналі́стами.** He maintains active contacts with journalists. **покра́щувати** improve, **поси́лювати** bolster; **втрача́ти** lose, **пору́шувати** disrupt, **рва́ти** break off; **вступа́ти в** come into) ◊ **Вони́ пого́дилися вступи́ти в к. із терори́стами.** They agreed to come into contact with the terrorists. **уника́ти ~ів** avoid contacts ◊ **Ва́ля уника́ла ~ів із коли́шнім чолові́ком.** Valia avoided contact with her former husband.
prep. **к. з** + *G.* contact with sb
See **зв'язо́к 2**

контакту|ва́ти, **~ють; с~**, *intr.*
to be in contact, have contact; *pf.* to come into contact ◊ **О́льга намага́ється к. з коле́гами в Мадри́ді.** Olha tries to be in contact with her colleagues in Madrid.
adv. **акти́вно** actively, **пря́мо** directly, **реґуля́рно** regularly, **осо́бисто** personally, **щоде́нно** daily; **і́ноді** sometimes, **рі́дко** rarely ◊ **Вони́ рі́дко ~ють пі́сля сва́рки.** They are rarely in contact after the fight. **ча́сом** sporadically; **ні́коли не** never
prep. **к. з** + *I.* contact with sb ◊ **Із пере́їздом до Лу́цька Миха́йло не ~є з ни́ми.** Since her moving to Lutsk, Mykhailo is not in contact with them.
(с)контакту́й!

конте́кст, *m.*, **~у**
context
adj. **бі́льший** larger, **зага́льний** general, **по́вний** full, **широ́кий** broad, **ши́рший** wider ◊ **Контроверсі́йне рі́шення у́ряду вигляда́є іна́кше в ши́ршому ~і.** The controversial government decision looks different in a wider context. **вузьки́й** narrow, **найбли́жчий** immediate ◊ **Зна́чення сло́ва не мо́жна зрозумі́ти з його́ найбли́жчого ~у.** The meaning of the word is impossible to understand from its immediate context. **відпові́дний** relevant, **власти́вий** proper, **пра́вильний** correct, **приро́дний** natural, **реалісти́чний** realistic; **да́ний** given, **конкре́тний** specific, **окре́слений** certain, **особли́вий** particular; **відмі́нний** different ◊ **Цей к. відмі́нний від попере́днього.** This context is different from the previous one. **змі́нений** changed, **і́нший** other, **мінли́вий** changing; **пе́рвісний** original; **невтра́льний** neutral; **нові́тній** modern, **суча́сний** contemporary; **тепе́рішній** current; **попере́дній** previous; **бу́денний** everyday; **ґлоба́льний** global, **міжнаро́дний** international; **азія́тський** Asian, **америка́нський** American, **африка́нський** African, **европе́йський** European, **украї́нський** Ukrainian, *etc.*; **місце́вий** local, **націона́льний** national ◊ **Ї́хня перемо́га є істори́чною в націона́льному ~і.** Their victory is historic in the national context. **реґіона́льний** regional; **місько́й** urban, **сільськи́й** rural; **ети́чний** ethical, **культу́рний** cultural, **мора́льний** moral, **релігі́йний** religious, **соція́льний** social, **суспі́льний** societal ◊ **Він тлума́чить ко́жен ви́падок у суспі́льному ~і.** He interprets every instance in its societal context. **економі́чний** economic; **інституці́йний** institutional; **осві́тній** educational, **університе́тський** university; **географі́чний** geographical, **істори́чний** historical, **літерату́рний** literary, **мо́вний** linguistic, **юриди́чний** legal, *etc.*; **вертика́льний** *ling.* vertical, **горизонта́льний** *ling.* horizontal;
♦ **макроконте́кст** *ling.* macrocontext,
♦ **мікроконте́кст** *ling.* microcontext
v. + **к. бра́ти до ува́ги к.** take the context into account ◊ **Соціо́лог бере́ до ува́ги істори́чний к.** The sociologist takes the historical context into account. (**врахо́вувати** take into consideration; **дава́ти** + *D.* give sth ◊ **Нова́ інформа́ція дає ї́хньому листува́нню зо́всім і́нший к.** The new information gives an entirely different context to their correspondence. **пропонува́ти** + *D.* offer sb, **тлума́чити** interpret; **іґнорува́ти** ignore ◊ **А́втор іґнору́є культу́рний к. поді́й.** The author ignores the cultural context of the events. **ста́вити** + *A.* **в** put sth in) ◊ **Ви́явлені фа́кти ста́влять поведі́нку президе́нта в к. його́ психологі́чних мотива́цій.** The revealed facts put the president's behavior in the context of his psychological motivations. **вирива́ти** + *A.* **з ~у** take sth out of context ◊ **Журналі́стка ви́рвала профе́сорове заува́ження з ~у.** The (female) journalist took the professor's remark out of context. **бу́ти ~ом** be the context (**забезпе́чувати** provide to sth)
prep. **без ~у** without context ◊ **Цей ви́раз го́ді зрозумі́ти без широ́кого ~у.** There is no

understanding this expression without its broad context. **в ~і** in a context ◊ **Вона́ вважа́є цей рух безперспекти́вним в да́ному політи́чному ~і.** She thinks the movement has no prospects in the given political context. **по́за ~ом** outside context ◊ **Не мо́жна скла́сти уя́влення про я́вище по́за його́ соціолінґвісти́чним ~ом.** It is impossible to form an idea of a phenomenon outside its sociolinguistic context.
Also see **тло 2**

контра́кт, *m.*, **~у**
contract
adj. **важли́вий** important, **вели́кий** large; **ви́гідний** lucrative; **каба́льний** usurious, **неви́гідний** disadvantageous, **нече́сний** unfair; **винятко́вий** exclusive ◊ **Співа́чка пошкодува́ла, що підписа́ла винятко́вий к. із компа́нією.** The (female) singer regretted signing an exclusive contract with the company. **ґаранто́ваний** garanteed; **ді́йсний** valid ◊ **Суддя́ ви́знав к. ді́йсним.** The judge recognized the contract as valid. **неді́йсний** invalid; **пе́рвісний** original; **довготерміно́вий** long-term; **короткотерміно́вий** short-term; **двmargińчний** two-year, **трирі́чний** three-year, *etc.*; **чи́нний** existing; **письмо́вий** written, **у́сний** verbal; **пості́йний** permanent; **будіве́льний** construction, **ділови́й** business, **комерці́йний** commercial, **торго́вий** trade; **військо́вий** military, **оборо́нний** defense, **урядо́вий** government; **дослі́дницький** research; **шлю́бний** marriage
n. + **к. підписа́ння ~у** the signing of a contract ◊ **Підписа́ння ~у відкла́дено.** The signing of the contract was postponed. (**пору́шення** breach; **умо́ви** terms) ◊ **серйо́зне пору́шення умо́в ~у** a serious breach of the terms of the contract
v. + **к. виграва́ти к.** win a contract ◊ **Компа́нія ви́грала військо́вий к.** The company won a military contract for the second time. (**вступа́ти в** enter, **готува́ти** prepare, **дава́ти** + *D.* give sb ◊ **Уря́д дав цей ви́гідний к. які́йсь те́мній фі́рмі.** The government gave this lucrative contract to some obscure firm. **дістава́ти** land ◊ **Фі́рма діста́ла будіве́льний к.** The firm landed a building contract. **забезпе́чувати** secure, **отри́мувати** receive, **оці́нювати в** + *A.* assess at *(a value)* ◊ **К. оці́нюють у п'ять мільйо́нів гри́вень.** The contract is assessed at ₴5,000,000. **підпи́сувати** sign, **поно́влювати** renew, **продо́вжувати** extend ◊ **Вони́ продо́вжать к. на два ро́ки.** They will extend the contract for two years. **пропонува́ти** + *D.* offer sb; **склада́ти** put together; **пору́шувати** violate; **анулюва́ти** annul, **припиня́ти** terminate, **розрива́ти** break off, **скасо́вувати** cancel, **унева́жнювати** invalidate ◊ **Суд унева́жнив к. як каба́льний.** The court invalidated the contract as usurious.
к. + *v.* **вигаса́ти** expire ◊ **К. вигаса́є насту́пного ро́ку.** The contract expires next year. **закі́нчуватися** end
prep. **в ~і** in a contract ◊ **Він не знайшо́в цього́ поло́ження в ~і.** He did not find this stipulation in the contract. **за ~ом** under contract; **за умо́вами ~у** under the terms of the contract; **к. з** + *I.* a contract with sb ◊ **к. із фі́рмою** a contract with the firm; **к. між** + *I.* a contract between sb ◊ **к. між у́рядом і винахі́дником** a contract between the government and the inventor; **к. на** + *A.* a contract of sth ◊ **к. на пра́цю** an employment contract, ◊ **к. на про́даж** a sale contract
Also see **до́говір, уго́да 1**

контра́ст, *m.*, **~у**
contrast ◊ **К. між зая́вами президе́нта очеви́дний.** The contrast between the president's statements is obvious.
adj. **вели́кий** great, **го́стрий** sharp, **драмати́чний** dramatic, **неаби́який** remarkable, **очеви́дний** obvious, **по́вний** full, **помі́тний** noticeable, **разю́чий** striking, **рі́зкий** stark, **си́льний** strong, **цілкови́тий** complete, **яскра́вий** vivid; **ба́жаний** desired, **прие́мний** pleasant; **я́вний** clear; **потрі́бний** necessary; **ціка́вий** interesting; **ди́вний** strange
v. + **к. забезпе́чувати к.** provide a contrast (**підкре́слювати** emphasize, **поси́лювати** enhance, **ство́рювати** create ◊ **Жо́вте тло ство́рювало ціка́вий к. для її обли́ччя.** The yellow background created an interesting contrast for her face. **згла́джувати** smooth over, **ослабля́ти** weaken)
prep. **для ~у** for contrast ◊ **Її фотографува́ли на жо́втому тлі для бі́льшого ~у.** She was photographed against a yellow backdrop for greater contrast. **к. між** + *I.* contrast between sb/sth ◊ **разю́чий к. між сло́вом і ді́лом** a striking contrast between words and deeds
Also see **рі́зкість 2**

контрасту|ва́ти, ~ю́ть; *no pf., intr.*
to contrast, be in contrast, stand apart from
adv. **га́рно** nicely, **го́стро** sharply, **доскона́ло** perfectly, **драмати́чно** dramatically, **ду́же** greatly, **помі́тно** noticeably, **разю́че** strikingly ◊ **Їхні ді́ї разю́че ~ють із обіця́нками.** Their actions strikingly contrast with their promises. **рі́зко** starkly, **си́льно** strongly, **цілко́м** completely, **я́вно** clearly, **яскра́во** vividly; **прие́мно** pleasantly, **ціка́во** curiously, **чудо́во** wonderfully
контрасту́й!
See **відрізня́тися.** *Also see* **відхо́дити 5**

контро́л|ь, *m.*, **~ю**, *only sg.*
1 control
adj. **абсолю́тний** absolute, **ефекти́вний** effective, **наді́йний** sound, **нале́жний** adequate, **пи́льний** watchful ◊ **Опера́ція перебува́ла під пи́льним ~ем дире́ктора.** The operation was under the director's watchful control. **по́вний** full, **ре́вний** zealous, **суво́рий** strict, **ува́жний** careful, **цілкови́тий** complete, **частко́вий** partial; **прями́й** direct; **дистанці́йний** remote; **військо́вий** military, **грома́дський** public, **держа́вний** state, **ми́тний** customs, **політи́чний** political, **суспі́льний** social, **урядо́вий** government, **циві́льний** civilian ◊ **Циві́льний к. за а́рмією вважа́ють озна́кою демокра́тії.** Civilian control of the military is considered to be a trait of democracy.
v. + **к. бра́ти на се́бе к.** assume control ◊ **Вона́ ві́зьме по́вний к. за ка́дровою полі́тикою сту́дії.** She will assume full control over the studio's personnel policies. (**вирива́ти в** + *G.* wrest from sb ◊ **Суспі́льство вирива́є к. над інформаці́йним про́стором краї́ни в оліга́рхів.** Society is wresting control over the country's information space from the oligarchs. **встано́влювати** establish ◊ **Дире́ктор встанови́в к. за вида́тками шко́ли.** The director established control over the school's expenditures. **захо́плювати** seize; **дава́ти** + *D.* give sb ◊ **Рі́шення дава́ло їй частко́вий к. над підбо́ром уча́сників.** The decision gave her partial control over the participants selection. **забезпе́чувати** secure, **зді́йснювати** exercise, **ма́ти** have, **передава́ти** + *D.* hand over to sb; **поси́лювати** strengthen, **послабля́ти** weaken; **утри́мувати** hold ◊ **Три ро́ки він утри́мує к. над провінці́єю.** For three years, he has held control over the province. **централізува́ти** centralize; **втрача́ти** lose); **вихо́дити з-під ~ю** go out of control ◊ **Він ви́йшов із-під ~ю па́ртії.** He went out of the party's control. **бу́ти під ~ем** be under control ◊ **Стано́вище під ~ем.** The situation is under control. (**поступа́тися** + *D.* cede to sb)
prep. **під ~ем** under control; **по́за ~ем** outside control ◊ **Хло́пець був по́за ~ем батькі́в.** The boy was outside his parents' control. **к. за** + *I. or* **над** + *I.* control over sb/sth ◊ **к. за пре́сою** control over the press
2 inspection, monitoring, checking
♦ **перехре́стний к.** a cross-check, ◊ **радіаці́йний к.** radiation monitoring, ◊ **саніта́рний к.** sanitation control

контро́льн|а, *f.*, **~ої**
test *(usu written)*
adj. **важка́** hard, **складна́** complicated; **легка́** easy, **про́ста́** simple ◊ **К. була́ до́сить про́стою.** The test was fairly simple. **підсумко́ва** final, **семестро́ва** semestral, **тижне́ва** weekly ◊ **Тара́с наро́бив ку́пу глу́пих поми́лок у тижне́вій ~ій.** Taras made a pile of stupid mistakes in the weekly test. **письмо́ва** written, **у́сна** oral; **дома́шня** take-home ◊ **Виклада́чка дала́ студе́нтам дома́шню ~у.** The (female) instructor gave her students a take-home test. **стандартизо́вана** standardized
v. + **к. дава́ти** + *D.* **~у** give sb a test (**допи́сувати** complete ◊ **Він дописа́в ~у з геоме́трії за п'ять хвили́н до пере́рви.** He completed the test in geometry five minutes before the break. **переві́ряти** grade ◊ **Він ненави́дів переві́ряти студе́нтські ~і.** He hated grading student tests. **писа́ти** write, **успі́шно писа́ти** pass; **прова́лювати** fail) ◊ **Анті́н провали́в ~у з матема́тики.** Antin failed his math test. **готува́тися до ~ої** review for a test
prep. **з ~ої** for a test ◊ **оці́нка з ~ої** grade for a test ◊ **Вона́ ма́є до́брі оці́нки з усі́х трьох ~их.** She has good grades for all three tests. **к. з** + *G.* test in/on *(a subject)* ◊ **к. з фі́зики** test in physics (**грама́тики** grammar, **літерату́ри** literature, **матема́тики** math)
Also see **залі́к, і́спит 1, тест**

контро́льн|ий, *adj.*
controlling, of or pertaining to control ◊ **~а комі́сія** a controlling committee, ♦ **~а робо́та** test, written test; ♦ **к. паке́т а́кцій** a controlling interest; ♦ **к. по́стріл** a double tap
Cf. **контро́льна**

контролю|ва́ти, ~ю́ть; про~, *tran.*
to control, check, supervise, oversee, keep under control
adv. **автомати́чно** automatically, **вмі́ло** aptly ◊ **Він умі́ло ~вав дослі́дницьку робо́ту.** He aptly supervised the research work. **до́бре** well, **ефекти́вно** effectively, **нале́жно** adequately, **пи́льно** watchfully, **ре́вно** zealously, **суво́ро** strictly, **ува́жно** carefully; **пря́мо** directly; **цілкови́то** completely, **частко́во** partially; **ле́две** scarcely, **наси́лу** barely; **невмі́ло** ineptly, **недба́ло** carelessly, **неохо́че** reluctantly, **пога́но** poorly, **ся́к-та́к** *colloq.* so-so
v. + **к. бу́ти ва́жко** + *D.* be difficult for sb to ◊ **Лю́бі ва́жко к. свої́ почуття́.** It is difficult for Liuba to control her feelings. **бу́ти ле́гко** + *D.* be easy for sb to ◊ **Петра́ бу́де ле́гко к.** It will be easy to keep Petro under control. **бу́ти необхі́дно** + *D.* be necessary for sb to; **бу́ти не в ста́ні** be incapable of ◊ **Бу́дучи не в ста́ні к. лють, він трі́снув кулако́м об стіл.** Incapable of controlling his rage, he punched the table with his fist. **бу́ти тре́ба** + *D.* need to; **могти́** can; **нака́зувати** + *D.* order sb to; **namaга́тися** try to; **почина́ти** begin to ◊ **Вона́ почала́ к. ко́жен його́ крок.** She began to control his every step. **ста́ти** *pf.* start; **продо́вжувати** continue to
pa. pple. **проконтрольо́ваний** checked, verified
(про)контролю́й!
Also see **воло́діти 2, опіка́ти 2, сте́жити 2**

конфере́нці|я, *f.*, **~ї**
conference
adj. **всесві́тня** world, **міжнаро́дна** international ◊ **Климе́нко що́йно поверну́вся з міжнаро́дної ~ї.** Klymenko has just returned from an international conference. **націона́льна** national, **реґіона́льна** regional; **методи́чна**

methodological, **науко́ва** scientific, **практи́чна** practical; **міжурядо́ва** intergovernmental; **парті́йна** party; **одноде́нна** one-day, **дводе́нна** two-day, **триде́нна** three-day, *etc.*; **традиці́йна** traditional; **щорі́чна** annual; **ділова́** business; **меди́чна** medical, **мовозна́вча** linguistic **славісти́чна** Slavic; **ми́рна** peace; ♦ **пресконфере́нція** a press conference; **до́бре організо́вана** well-organized, **успі́шна** successful

v. + **к. відві́дувати ~ю** attend a conference ◊ **~ю могли́ відві́дувати лише́ зареєстро́вані уча́сники.** Only registered participants could attend the conference. (**організо́вувати** organize ◊ **Вона́ організува́ла не одну́ міжнаро́дну ~ю.** She organized more than one international conference. **планува́ти** plan; **склика́ти** call ◊ **Гру́па вимага́ла скли́кати парті́йну ~ю.** The group demanded for a party conference to be called. **спонсорува́ти** sponsor; **ї́здити на** go to, **ходи́ти на** go *(on foot)* to); **бра́ти у́часть у ~ї** take part in a conference (**виступа́ти на** appear at, **роби́ти до́повідь** give presentation at) ◊ **Що́року він ро́бить до́повіді на двох чи трьох науко́вих ~ях.** Every year, he gives presentations at two or three scientific conferences.

к. + *v.* **відбува́тися** occur, **збира́тися** meet ◊ **Ця славісти́чна к. збира́ється щоп'ять ро́ків.** This Slavic conference meets once every five years. **прохо́дити** take place ◊ **К. прохо́дила за зачи́неними двери́ма.** The conference took place behind closed doors. **відкрива́тися** open, **продо́вжуватися** continue; **трива́ти** last ◊ **Їхня методи́чна к. трива́ла пів дня́.** Their methodological conference lasted for half a day. **закі́нчуватися** end ◊ **К. закі́нчилася з невели́ким запі́зненням.** The conference ended with a small delay. **збира́ти** + *A.* bring sb together ◊ **Торі́шня к. зібра́ла вели́ку кі́лькість провідни́х авторите́тів га́лузі.** Last-year's conference brought together a great number of leading authorities in the field. **бу́ти присвя́ченою** + *D.* be dedicated to sth; **включа́ти** + *A.* include sth ◊ **К. включа́ла де́сять секці́йних засі́дань.** The conference included ten panel sessions. **назива́тися** be entitled; **затве́рджувати** + *A.* approve sth, **обгово́рювати** + *A.* discuss sth, **підтри́мувати** + *A.* back sth, **прийма́ти** + *A.* adopt sth ◊ **Парті́йна к. має прийня́ти ви́борчу платфо́рму.** The party conference is supposed to adopt the electoral platform. **ухва́лювати** + *A.* endorse sth; **зосере́джуватися на** + *A.* focus on sth; **розгляда́ти** + *A.* examine sth; **зверта́тися до** + *G.* address sb ◊ **К. зверну́лася до у́ряду з проте́стом про́ти скоро́чення вида́тків на культу́ру й осві́ту.** The conference addressed the government with the protest against the reduction of funding for culture and education. **рекомендува́ти** + *A.* recommend sth; **відкида́ти** + *A.* reject sth, **засу́джувати** + *A.* condemn sth ◊ **К. односта́йно засуди́ла торгі́влю жінка́ми.** The conference unanimously condemned women trafficking.

prep. **в ~ї** in a conference ◊ **Вона́ не взяла́ у́части у студе́нтській ~ї.** She did not take part in the student conference. **до ~ї** before a conference; for a conference ◊ **Він готу́ється до ~ї.** He is preparing for the conference. **на ~ю** *dir.* to a conference ◊ **Вони́ поїхали на ~ю ра́зом.** They went to the conference together. **на ~ї** *posn.* at a conference; **пе́ред ~єю** before a conference ◊ **Вони́ зустрі́лися пе́ред ~єю.** They met before the conference. **к. з** + *G.* conference on *(a subject)* ◊ **к. з економі́чної рефо́рми** a conference on economic reform

конфіденці́йн|ий, *adj.*

confidential ◊ **Йому́ вдало́ся діста́ти ~і докуме́нти про зли́ття обо́х па́ртій.** He managed to procure confidential documents on the two parties merger.

adv. ♦ **висококонфіденці́йний** highly confidential; **абсолю́тно** absolutely, **ду́же** very, **суво́ро** strictly ◊ **Усе́, що ви почу́єте, має лиши́тися суво́ро ~им.** All that you are about to hear must remain strictly confidential. **цілко́м** totally

v. + **к. зберіга́ти** + *A.* **як к.** hold sth confidential ◊ **Він зберіга́є ці докуме́нти як ~і.** He holds the documents confidential. **бу́ти ~им** be confidential (**вважа́ти** + *A.* consider sth, **лиша́тися** remain, **оголо́шувати** + *A.* declare sth, **роби́ти** + *A.* make sth) ◊ **Приче́тність міні́стра до перемо́вин автомати́чно роби́ло їх ~ими.** The minister's involvement in the talks automatically made them confidential.

Also see **прива́тний 2**

конфлі́кт, *m.*, **~у**

conflict

adj. **багатосторо́нній** multilateral, **двосторо́нній** bilateral; **вели́кий** great, **го́стрий** bitter, **запе́клий** fierce, **затя́тий** intractable, **крива́вий** bloody; **небезпе́чний** dangerous; **нерозв'я́заний** unresolved; **коро́ткий** brief, **обме́жений** limited; **безконе́чний** endless, **затяжни́й** protracted, **пості́йний** constant, **трива́лий** long-running ◊ **трива́лий к. навко́ло родо́вищ вугі́лля** a long-running conflict over coal deposits; **вну́трішній** interior; **відкри́тий** open, **прями́й** direct; **військо́вий** military, **воє́нний** war, **збро́йний** armed; **громадя́нський** civil, **кла́совий** class, **культу́рний** cultural, **політи́чний** political, **релігі́йний** religious; **загальнонаціона́льний** national, **лока́льний** local ◊ **Лока́льний к. наро́ду із вла́дою загро́жував перетвори́тися на загальнонаціона́льний.** The local conflict of the people with the authorities threatened to turn into a national one. **міжетні́чний** interethnic, **міжнаро́дний** international, **реґіона́льний** regional; **неуни́кний** inevitable; **майбу́тній** future, **потенці́йний** potential; **особи́стий** personal; **дома́шній** domestic, **подру́жній** marital, **сіме́йний** family

к. + *n.* **к. інтере́сів** a conflict of interest ◊ **Щоб уни́кнути ~у інтере́сів, президе́нт прода́в свій бі́знес.** In order to avoid a conflict of interest, the president sold his business. ♦ **к. поколі́нь** a generation gap

n. + **к. джерело́ ~у** the source of a conflict (**зо́на** area; **істо́рія** history; **сто́рони** sides; **вреґулюва́ння** settlement)

v. + **к. врегульо́вувати к.** settle a conflict (**розв'я́зувати** solve; **поро́джувати** give rise to, **провокува́ти** provoke ◊ **Його́ наха́бна поведі́нка провокува́ла к. у сту́дії.** His brazen behavior was provoking a conflict in the studio. **створю́вати** create, **вступа́ти в** come into ◊ **Він уступи́в в к. із вла́сною сім'є́ю.** He came into conflict with his own family. **приво́дити** + *A.* **в** bring sb into) ◊ **Її впе́ртість уре́шті-ре́шт привела́ її в к. з коле́ґами.** Her stubbornness eventually brought her into conflict with her colleagues. **уника́ти ~у** avoid a conflict (**призво́дити до** lead to, **причиня́тися до** cause); **запобі́гати ~ові** avert a conflict ◊ **~ові тут не запобі́гти.** A conflict cannot be averted here. (**кла́сти край** put an end to)

к. + *v.* **вибуха́ти** erupt ◊ **Між ни́ми ви́бухнув к.** A conflict erupted between them. **виника́ти** occur, **заго́стрюватися** intensify, **лютува́ти** rage ◊ **Збро́йний к. лютува́в три ро́ки.** The armed conflict raged for three years. **почина́тися** begin, **розпа́люватися** flare up, **трива́ти** go on ◊ **Цей затя́тий к. трива́є сім ро́ків.** This intractable conflict has gone on for seven years. **вичe рпуватися** exhaust itself ◊ **Коли́сь цей к. ви́черпається.** One day, the conflict will exhaust itself. **га́снути** peter out; **закі́нчуватися** end, **посла́блюватися** *or* **сла́бнути** wane ◊ **К. то розпа́лювався, то зно́ву сла́бнув.** The conflict would flare up and then wane again.

prep. **к. з** + *I.* a conflict with sb ◊ **трива́лий к. із дире́ктором** a protracted conflict with the director; **к. за** + *A.* a conflict over sth ◊ **крива́вий к. за терито́рію** a bloody conflict over territory; **к. між** + *I.* a conflict between sb ◊ **Це рі́шення призвело́ до ~у між керівни́цтвом і профспі́лками.** The decision caused a conflict between the management and the unions. **к. навко́ло** + *G.* a conflict about sth ◊ **к. навко́ло мо́вного пита́ння** a conflict about the language issue

Also see **ворожне́ча, супере́чність 2, су́тичка 3, тертя́ 2**

концентра́ці|я, *f.*, **~ї**, *only sg.*

concentration

adj. **вели́ка** great, **висо́ка** high, **надмі́рна** excessive ◊ **Лі́карі ви́явили в кро́ві хво́рого надмі́рну ~ю глюко́зи.** Doctors found an excessive concentration of glucose in the patient's blood. **найбі́льша** greatest; **небезпе́чна** dangerous, **підви́щена** elevated; **доста́тня** sufficient; **мала́** *and* **невели́ка** small, **недоста́тня** insufficient, **низька́** low, **незначна́** insignificant ◊ **Незначна́ к. ціє́ї речовини́ мо́же бу́ти смерте́льною.** An insignificant concentration of the substance can be deadly.

к. + *n.* **к. бага́тства** a concentration of wealth (**виробни́цтва** production; **вла́ди** power; **га́зу** gas; **капіта́лу** capital, **мета́лу** metal, **со́ли** salt, **токси́нів** toxins)

v. + **к. визнача́ти ~ю** determine concentration (**забезпе́чувати** provide ◊ **При́лад забезпе́чує потрі́бну ~ю ки́сню у воді́.** The device provides the required oxygen concentration in the water. **збі́льшувати** increase ◊ **Збі́льшити ~ю со́ли в ро́зчині мо́жна випаро́вуванням.** The salt concentration in the solution can be increased by evaporation. **зме́ншувати** decrease, **обчи́слювати** calculate); **досяга́ти ~ї** reach a concentration ◊ **У цей пері́од вихлопні́ га́зи в пові́трі досяга́ють найбі́льшої ~ї.** In this period, exhaust gases in the air reach their greatest concentration.

конце́пці|я, *f.*, **~ї**

conception, concept, idea + *G.* of sth

adj. **абстра́ктна** abstract ◊ **Вона́ кори́стується абстра́ктною ~єю суспі́льного бла́га.** She uses an abstract concept of social good. **вся** entire, **головна́** main, **зага́льна** general, **засадни́ча** basic, **фундамента́льна** fundamental; **ко́рисна** useful; **нова́торська** innovative, **ориґіна́льна** original; **про́ста́** simple ◊ **про́ста́ й геніа́льна к.** a simple and brilliant concept; **складна́** complex; **тума́нна** nebulous; **ди́вна** strange; **ціка́ва** interesting, **чітка́** clear, **широ́ка** wide, **ши́рша** wider

v. + **к. вивча́ти ~ю** study a concept ◊ **Він пи́льно вивча́є ~ю по́ділу вла́ди.** He closely studies the concept of the division of power. (**визнача́ти** define; **впрова́джувати** introduce, **застосо́вувати** apply, **ма́ти** have ◊ **Він має ди́вну ~ю джентльме́нської уго́ди.** He has a strange conception of a gentleman's agreement. **обгово́рювати** discuss, **окре́слювати** outline, **опрацьо́вувати** elaborate; **популяризува́ти** popularize, **пропаґува́ти** promote, **просува́ти** advance, **розвива́ти** develop, **розумі́ти** understand) ◊ **Вони́ шви́дко зрозумі́ли ~ю прямо́ї демокра́тії.** They quickly understood the concept of direct democracy.

конце́рт, *m.*, **~у**

1 concert

adj. **безкошто́вний** free; **вели́кий** big ◊ **Фестива́ль відкри́вся вели́ким ~ом класи́чної му́зики.** The festival opened with a big classical music concert. **вечі́рній** evening, дéнний daytime, обíдній lunchtime; доброчúнний charity; публíчний public; прощáльний farewell; розпрóданий sold-out; святкóвий gala, урочúстий solemn; заключний closing, фінáльний final ◊ **У субóту квартéт викóнуватиме фінáльний к. сезóну.** On Saturday, the quartet will be performing its final concert of the season.

к. + n. **к. джáзової мýзики** a jazz music concert (**класúчної мýзики** classical music, **нарóдної мýзики** folk music, **популя́рної мýзики** pop music, **хоровóї мýзики** choral music); ♦ **к. нажúво** a live concert ◊ **Їхній пéрший к. джáзової мýзики нажúво** their first live jazz music concert; ♦ **к. прóсто нéба** an outdoor concert

v. + **к. відвíдувати к.** attend a concert (**відміня́ти** cancel; **давáти** give ◊ **Цей рок-ґýрт дасть к. прóсто нéба.** The rock band will give an outdoor concert. **дивúтися** watch, **слýхати** listen to; **організóвувати** organize, **провóдити** hold; **спонсорувáти** sponsor; **скасóвувати** cancel ◊ **К. скасувáли чéрез хворóбу солíста.** The concert was canceled because of the soloist's sickness. **ітú на** go to) ◊ **Зáвтра вонú пíдуть на к.** Tomorrow they will go to a concert. **насолóджуватися ~ом** enjoy a concert; ♦ **жáб'ячий** *or* **котя́чий к.** *fig.* a cacophony ◊ **Це – не хор, а котя́чий к.** *fig.* It is a cacophony of a choir.

prep. **на к.** *dir.* to a concert; **на ~і** *posn.* at a concert ◊ **На ~і булó бáгато мóлоді.** There were a lot of young people at the concert. **пéред ~ом** before a concert; **пíсля ~у** after a concert ◊ **Пíсля ~у вонú пішлú до бáру.** After the concert they went to a bar.

2 concerto *(music piece)*

adj. **велúкий** big; **відóмий** well-known, **геніáльний** brilliant, **зворýшливий** moving, **маєстатúчний** majestic, **популя́рний** popular, **улю́блений** favorite ◊ **Це її улю́блений к. Мирослáва Скóрика.** This is her favorite concerto by Myroslav Skoryk.

v. + **к. аранжувáти к.** arrange a concert (**викóнувати** perform, **грáти** play, **писáти** compose ◊ **Станкóвич написáв цей к. давнó.** Stankovych composed the concerto long ago. **слýхати** listen to)

prep. **к. для** + *G.* concerto for *(instrument)* ◊ **к. для скрúпки з оркéстрою** concerto for violin and orchestra; **к. для фортеп'я́на** a piano concerto

конья́к, *m.*, ~ý

1 brandy

adj. **вірмéнський** Armenian, **закарпáтський** Transcarpathian, **крúмський** Crimean, **одéський** Odesa, **ýжгородський** Uzhorod; **тризíркóвий** three-star, **п'ятизíркóвий** five-star

n. + **к. крáпля ~ý** a drop of brandy (**пля́шка** bottle **скля́нка** glass; **сорт** brand) ◊ **Найдорóжчий сорт ~ý в ті часú був вірмéнський.** The most expensive brand of brandy then was Armenian.

v. + **к. допивáти к.** finish brandy ◊ **Вонú допилú пля́шку ~ý.** They finished a bottle of brandy. (**любúти** like; **наливáти** + *D.* pour sb ◊ **Вонá налилá к. Петрóві у кришталéву скля́нку.** She poured Petro brandy in a crystal glass. **пропонувáти** + *D.* offer sb; **пúти** drink, **цмýлити** sip; **куштувáти** taste, **смакувáти** relish) ◊ **Вонú крáпля за крáплею смакувáли крúмський к.** They relished Crimean brandy drop by drop. **вúпити ~ý** have some brandy (**наливáти** + *D.* pour) ◊ **Він налúв ~ý.** He poured some brandy.

2 cognac

adj. **дорогúй** expensive, **особлúвий** special, **старúй** old, **францýзький** French

See **напíй**

кон'юнктýр|а, *f.*, *only sg.*

situation, conjuncture, state of affairs

adj. **винятковá** exceptional, **дóбра** good, **сприя́тлива** favorable; **несприя́тлива** unfavorable, **фатáльна** fatal; **ширóка** wide, **шúрша** wider; **економíчна** economic, **міжнарóдна** international, **політúчна** political, **рúнкова** market ◊ **Він чекáє на покрáщення рúнкової ~и, пéрш ніж продавáти будúнок.** Before selling the house, he is waiting for the market situation to improve. **фінáнсова** financial

к. + v. **змíнюватися** change ◊ **За ніч політúчна к. змінúлася зі сприя́тливої на фатáльну.** Overnight the political situation changed from favorable to fatal. **коливáтися** fluctuate, **погíршуватися** deteriorate, **покрáщуватися** improve

See **ситуáція.** *Also see* **стан**[1] **2, станóвище 1, умóва 2**

кон'юнктýрн|ий *adj.*

1 opportunistic ◊ **Вонá керýється к. інтерéсом.** She is driven by her opportunistic interest.

к. + n. **~а людúна** an opportunistic person (**поведíнка** behavior); **~і міркувáння** opportunistic considerations; ♦ **з ~их мотúвів** for opportunistic motives ◊ **Вонú перейшлú на протилéжний бік з ~их мотúвів.** They switched sides for opportunistic motives.

2 of or pertaining to conjucture ◊ **~і змíни** changes of conjuncture (**коливáння** fluctuations)

кооперати́в, *m.*, ~у

cooperative

adj. **житловúй** housing ◊ **Вонú записáлися члéнами житловóго ~у.** They enrolled as members of a housing cooperative. **сільськогосподáрський** agricultural, **торгóвий** trade, **фéрмерський** farming

v. + **к. організóвувати к.** organize a cooperative ◊ **Щоб успíшно конкурувáти на рúнку, вонú зорганізýють фéрмерський к.** In order to compete successfully in the market, they will organize a farming cooperative. (**розбудóвувати** build up, **ствóрювати** create; **об'éднуватися в** unite into ◊ **Вонú об'єднáлися у торгóвий к.** They united into a trade cooperative. **підривáти** undermine, **руйнувáти** ruin); **вихóдити з ~у** leave a cooperative (**вступáти до** to join)

See **товарúство**

координáтор, *m.*, ~а; ~ка, *f.*

coordinator

adj. **вмíлий** apt, **досвíдчений** experienced, **ефектúвний** effective ◊ **Вонú потребýють ефектúвного ~а кампáнії.** They need an effective campaign coordinator.

к. + n. **к. кампáнії** a campaign coordinator (**компáнії** company, **оперáції** operation, **полíтики** policies, **прогрáми** program ◊ **Він працювáтиме ~ом прогрáм на міськóму телебáченні.** He will work as a program coordinator for the municipal TV. **проєкту** project, **робóти** work, **фестивáлю** festival)

See **керівнúк**

координáці|я, *f.*, ~ї, *only sg.*

1 coordination ◊ **Обстáвини вимагáли ~ї плáнів.** Circumstances required a coordination of plans.

adj. **вмíла** apt, **дóбра** good, **ефектúвна** effective, **крáща** better, **налéжна** proper, **тіснá** close ◊ **Проблéму мóжна вúрішити шляхóм тіснóї ~ї всіх добровóльців.** The conflict can be resolved by close coordination of all volunteers. **жахлúва** terrible, **кéпська** poor, **погáна** bad; **негáйна** immediate; **економíчна** economic, **міжнарóдна** international, **політúчна** political; **внутрíшня** internal, **міжвíдомча** interagency

к. + n. **к. дíї** coordination of actions (**дія́льності** activities, **зусúль** efforts, **крóків** steps, **плáнів** plans, **полíтики** policies, **робóти** work)

n. + **к. брак ~ї** a lack of coordination (**потрéба** need for) ◊ **нагáльна потрéба міжвíдомчої ~ї** an acute need for interagency coordination

v. + **к. забезпéчувати ~ю** provide coordination ◊ **Він забезпéчуватиме ~ю між вíддiлами аґéнції.** He will be providing coordination between the agency divisions. (**здíйснювати** conduct, **покрáщувати** improve) ◊ **Мéнеджмент все покрáщує ~ю робíт над проєктом.** The management is all the time improving the coordination of work on the project. **вимагáти ~ї** require coordination (**потребувáти** need; **досягáти** achieve); **запобігáти ~ї** prevent coordination (**перешкоджáти** hamper; **сприя́ти** facilitate) ◊ **Новúй підхíд сприя́тиме налéжній ~ї дій.** The new approach will facilitate a proper coordination of actions.

prep. **к. з** + *I.* coordination with sb ◊ **вмíла к. захóдів із союзниками** an apt coordination of measures with the allies; **к. між** + *I.* coordination among/between sb ◊ **ефектúвна к. між члéнами консóрціюму** an effective coordination between the consortium members

Also see **узгóдження**

2 coordination *(of body movements)* ◊ **Впрáву здáтна викóнувати людúна з досконáлою ~єю.** A person with perfect coordination is capable of performing the exercise.

adj. **бездогáнна** flawless, **винятковá** exceptional, **відмíнна** excellent, **дóбра** good, **досконáла** perfect; **кéпська** poor, **погáна** bad; **зоровá** visual, **мотóрна** motor, **фізúчна** physical

n. + **к. брак ~ї** a lack of coordination (**проблéма** problem)

v. + **к. мáти ~ю** have coordination (**покрáщувати** improve, **розвивáти** develop; **втрачáти** lose; **впливáти на** affect); **бракувáти ~ї** + *G.* lack coordination ◊ **Йомý я́вно бракýє фізúчної ~ї.** He clearly lacks physical coordination. (**набувáти** acquire); **позначáтися на ~ї** affect coordination ◊ **Вúснаження позначáлося на її мотóрно-візуáльній ~ї.** Exhaustion affected her motor-visual coordination.

координу|вáти, ~ють; с~, *tran.*

to coordinate

adv. **вмíло** aptly, **дíєво** efficiently, **дóбре** well, **ефектúвно** effectively, **ретéльно** thoroughly, **тíсно** closely; **пря́мо** directly ◊ **Він зобов'я́заний к. розстéження пря́мо з начáльником.** He is obliged to coordinate the investigation directly with his boss. **кéпсько** poorly, **погáно** badly; **лéдве** barely

v. + **к. бýти трéба** be necessary to ◊ **Трéба тíсно к. робóту всіх лáнок проєкту.** It is necessary to tightly coordinate the work of all the parts of the project. **вмíти** be capable of, **знáти як** know how to ◊ **Він знав, як ефектúвно к. захóплення терорúстів.** He knew how to coordinate the capture of terrorists effectively. **могтú** can; **хотíти** want to; **доручáти** + *D.* charge sb with ◊ **К. робóту дорýчили пáні А.** Mrs. A. was charged with coordinating the work.

prep. **к. з** + *I.* coordination with sb ◊ **Вонú ~вáли дії зі слýжбою безпéки.** They coordinated their actions with the security service.

pa. pple. **скоординóваний** coordinated

(с)координýй!

See **погóджувати, узгóджувати**

копáлин|а, *f.*

mineral resource, mineral, *usu pl.*

adj. **вáжлúві** important, **життєво вáжлúві** vital; **промислóві** industrial; **рíдкісні** rare ◊ **Тут трапля́ються рíдкісні ~и.** Rare minerals occur here. ♦ **кóрисні ~и** mineral resources

v. + **к. видобувáти ~и** mine mineral resources (**знахóдити** find, **розвíдувати** prospect for, **шукáти** search for; **бýти багáтим на** be rich in) ◊ **Країна багáта на кóрисні ~и.** The country is rich in mineral resources.

Also see **мінерáл, ресýрс 1**

ко́па|ти, **~ють; ко́пн|ути**, **~уть**, *tran.*
to kick, boot, punt
adv. **безжа́льно** ruthlessly, **бо́ляче** painfully, **щоси́ли** with all one's force; **леге́нько** gently ◊ **Га́ля леге́нько ко́пнула його́ під столо́м.** Halia gently kicked him under the table. **несподі́вано** unexpectedly, **ра́птом,** suddenly ◊ **Ра́птом цап ко́пнув Іва́на в но́гу.** Suddenly the goat kicked Ivan in the leg. **серди́то** angrily
prep. **к. в** + *A.* kick in sth ◊ **Напа́дник бо́ляче ко́пнув її в despite гомі́лку.** The attacker gave her a painful kick in the shin.
pa. pple. **ко́пнутий** kicked; ♦ **ко́пнутий у го́лову** *fig., colloq.* funny upstairs ◊ **Він тро́хи ко́пнутий у го́лову.** He is a bit funny upstairs.
копа́й! ко́пни!
See **вдаря́ти 1.** *Also see* **би́ти 1, заї́жджати 5**

копа́|ти, **~ють; ви́~, на~** *tran.*
1 to dig, excavate, mine + *I.* by/with; *pf.* **ви́~**
adv. **гли́бо́ко** deep ◊ **Тут небезпе́чно к. гли́бо́ко че́рез електри́чні ка́белі.** It is dangerous to dig deep here because of electric cables. **енергі́йно** vigorously ◊ **Іва́н узя́в лопа́ту і поча́в енергі́йно к.** Ivan took a spade and began to dig vigorously. **шви́дко** quickly ◊ **Самі́ вони не ви́копають ро́ву так шви́дко.** On their own, they will not dig the moat so quickly. **методи́чно** methodically, **пові́льно** slowly
к. + *n.* **к. кана́ву** dig a ditch ◊ **Кана́ви ~ли тра́ктором.** The ditches were dug by a tractor. (**коло́дязь** *or* **кри́ни́цю** well; **підзе́мний хід** underground passage, **рів** moat, **туне́ль** tunnel, **фунда́мент** foundation, **я́му** pit); **к. буршти́н** mine for amber ◊ **Тут деся́тки селя́н нелеґа́льно ~ли буршти́н.** Here dozens of peasants illegally mined for amber. (**ву́гілля** coal, **гли́ну** clay, *etc.*); **к. зе́млю** dig earth (**пісо́к** sand) ◊ **Ціє́ю лопа́тою зру́чно к. пісо́к.** This shovel is handy to dig sand with. ♦ **к.** + *D.* **я́му** *fig.* to scheme against sb ◊ **Оле́гів так зва́ний друг ти́хо ~в йому́ я́му.** Oleh's so-called friend was quietly scheming against him. **к. екскава́тором** dig by an excavator (**тра́ктором** tractor); **к. лопа́тою** *or* **за́ступом** dig with a spade
Cf. **ри́ти 1**
2 dig out, dig up, extract *(from earth)*; *pf.* **на~** *(often a certain amount)* ◊ **За годи́ну вони́ накопа́ли мішо́к мо́ркви.** In an hour, they dug a up sackful of carrots.
к. + *n.* **к. буряки́** dig beets (**карто́плю** potatoes ◊ **Богда́н накопа́в два відра́ карто́плі.** Bohdan dug up two buckets of potatoes. **мо́ркву** carrots, **хрін** horseradish)
Also see **ри́ти 2**
3 *fig.* to scheme, plot, connive against, dig up dirt on
adv. **вперто** doggedly, **злі́сно** wickedly, **невто́мно** tirelessly, **послідо́вно** consistently, **пості́йно** constantly ◊ **Він пості́йно щось ~є на Трохи́менка.** He constantly schemes against Trokhymenko.
prep. **к. на** + *A.* dig up dirt on sb ◊ **Тетя́на да́вно ~є компрома́т на головно́го економі́ста.** *fig.* Tetiana has been digging up dirt on the chief economist for a long time.
Also see **ри́ти 3**
pa. pple. **ви́копаний** dug out
(ви́)копа́й!

копі́й|ка, *f.*
1 kopeck *(one hundredth of the Ukrainian currency unit hryvnia)* ◊ **У ньо́го в кише́ні залиша́лося кі́лька ~о́к.** There were several kopecks left in his pocket.
num. + **к. одна́ к.** one kopeck, **дві ~ки** two kopecks (**три** three, **чоти́ри** four), **п'ять ~о́к** five kopecks (**ші́сть** six, **сім** seven, **де́сять** ten, *etc.*); ♦ **ні ~ки** not a penny ◊ **Батьки́ не залиши́ли їй у спа́док ні ~ки.** Her parents did not leave her a penny of inheritance. ♦ **на ~ку** hardly any ◊ **У них заоща́джень на ~ку.** They have hardly any savings. ♦ **ні на ~ку** not a shade of, not in the least ◊ **Йому́ не ва́рто ві́рити ні на ~ку.** You should not trust him at all. ♦ **не бу́ти ва́ртим ла́маної** *or* **щерба́тої ~ки** not to be worth a penny, be worthless ◊ **Її рекоменда́ція не ва́рта ла́маної ~ки.** Her recommendation is worthless. ♦ **як нова́ к.** brand-new, bright-eyed and bushy-tailed ◊ **Лука́ш ви́йшов із перука́рні як нова́ к.** Lukash came out of the barber's bright-eyed and bushy-tailed.
Cf. **гри́вня**
2 *fig., coll, colloq.* money ◊ **Вона́ поверну́лася з-за кордо́ну без ~ки.** She returned from abroad without a penny. ♦ **влі́тати в (до́бру) ~ку** + *D.* to cost a lot to sb ◊ **Спору́дження моста́ влеті́ло мі́сту в до́бру ~ку.** The bridge construction cost a great deal to the city.
See **гро́ші.** *Also see* **валю́та, за́сіб 3, зеле́ний 6, ресу́рс 1, фіна́нси 2**
L. **в ~ці**, *N. pl.* **~ки́**, *G. pl.* **~о́к**

копію|ва́ти, **~ють; с~**, *tran.*
1 to copy, duplicate, make a copy
adv. **докла́дно** exactly, **дослі́вно** verbatim, **пра́вильно** correctly, **рете́льно** meticulously, **сло́во в сло́во** word for word ◊ **Вона́ сло́во в сло́во скопію́вала інстру́кцію.** She copied the instructions word for word. **ста́ранно** carefully, **то́чно** exactly; **нелеґа́льно** illegally
v. + **к. бу́ти тре́ба** + *D.* need to ◊ **Марії тре́ба с~ ці руко́писи.** Maria needs to copy these manuscripts. **вмі́ти** be capable of ◊ **Вона́ вмі́є к. по́черк рі́зних люде́й.** She is capable of copying various people's handwriting. **вдава́тися** + *D.* succeed in ◊ **Їм удало́ся то́чно с~ авто́граф пое́та.** They succeeded in making an exact copy of the poet's autograph. **зна́ти як** know how to, **змогти́** *pf.* manage to, **могти́** can; **хоті́ти** want to; **доруча́ти** + *D.* charge sb with
prep. **к. з** + *G.* copy from sth ◊ **Вона́ скопію́вала малю́нок з ориґіна́лу.** She copied the drawing from the original. **к. на** + *A.* copy onto sth ◊ **К. цей докуме́нт слід на іденти́чний папі́р.** The document should be duplicated onto identical paper.
2 to imitate, mimic ◊ **Він розважа́в дру́зів тим, що ~вав голоси́ відо́мих люде́й.** He entertained friends by imitating the voices of celebrities.
adv. **до́бре** well, **переко́нливо** convincingly, **правдоподі́бно** plausibly; **жахли́во** terribly, **ке́псько** poorly, **пога́но** badly
prep. **к. в** + *L.* imitate in sth ◊ **Воло́дя ~є дя́дька в о́дязі та мане́рах.** Volodia imitates his uncle in clothes and mannerisms.
See **насліду́вати 1.** *Also see* **підробля́ти 2**
pa. pple. **скопійо́ваний** copied
(с)копію́й!

ко́пі|я, *f.*, **~ї**
1 copy
adj. **гру́ба** crude, **ке́пська** poor, **пога́на** bad; **до́бра** good ◊ **не ду́же до́бра к. докуме́нта** not a very good copy of the document; **докла́дна** accurate, **то́чна** exact; **заві́рена** certified; **за́йва** spare, **запасна́** backup, **іденти́чна** identical, **така́ сама́** same, **деше́ва** cheap; **підро́блена** forged, **електро́нна** electronic, **факсимі́льна** fascimile, **цифрова́** digital; ♦ **ксероко́пія** a Xerox copy, ♦ **фотоко́пія** a photographic copy
к. + *n.* **к. докуме́нта** a copy of a document (**листа́** letter, **па́спорта** passport, **сві́до́цтва про наро́дження** birth certificate, **сві́до́цтва про смерть** death certificate, **факту́ри** receipt, *etc.*)
v. + **к. дістава́ти ~ю** obtain a copy (**отри́мувати** receive; **додава́ти** attach ◊ **Він дода́в ~ю листа́.** He attached a copy of the letter. **залуча́ти** enclose ◊ **До па́пки тре́ба залучи́ти ~ю цього́ докуме́нта.** A copy of the document needs to be enclosed in the file. **засві́дчувати** certify, **зберіга́ти** keep, **зніма́ти** make ◊ **Він зня́в електро́нні ~ї з усі́х особи́стих папе́рів.** He made electronic copies of all his personal papers. **роби́ти** make; **надава́ти** + *D.* provide sb with; **посила́ти** + *D.* send sb; **поши́рювати** circulate, **роздава́ти** distribute, **ство́рювати** create); **користува́тися ~єю** use a copy
2 replica, imitation
adj. **бездога́нна** flawless, **відмі́нна** excellent, **до́бра** *or* **хоро́ша** good ◊ **Він навчи́вся роби́ти до́брі ~ї стари́х іко́н.** He learned to do good replicas of old icons. **докла́дна** detailed, **доскона́ла** perfect ◊ **доскона́ла к. карти́ни** a perfect replica of the painting; **блі́да́** pale, **деше́ва** cheap ◊ **Тут мо́жна купи́ти деше́ві ~ї швайца́рських годи́нників.** Here one can buy cheap imitations of Swiss watches. **гру́ба** crude, **жахли́ва** awful **можли́ва** passable, **ке́пська** *or* **пога́на** poor, **недолу́га** lame; **то́чна** exact; **я́вна** obvious
v. + **к. замовля́ти** + *D.* **~ю** commission a copy from sb ◊ **Вона́ замо́вила ~ю ста́туї місце́вому ску́льпторові.** She commissioned a replica of the sculpture from a local sculptor. (**вико́нувати** execute, **роби́ти** make; **купува́ти** buy; **продава́ти** sell; **підсо́вувати** + *D.* slip off to sb ◊ **За́мість ориґіна́лу йому́ підсу́нули я́вну ~ю.** In place of the original an obvious replica was slipped off to him. **прийма́ти** accept; **впізнава́ти** *or* **розпізнава́ти** recognize; **видава́ти за** + *A.* pass for sth ◊ **Шахра́й ви́дав ~ю за ориґіна́л.** The fraudster has passed a replica for the original. **відрізня́ти від** + *G.* tell from sth) ◊ **Таку́ то́чну ~ю го́ді відрізни́ти від фі́рми.** *colloq.* Such an accurate imitation is impossible to tell from the real thing.
Also see **насліду́вання, повто́рення 3**

кора́б|е́ль, *m.*, **~ля́**
ship
adj. **вели́кий** large; **військо́вий** military, **деса́нтний** landing, **китобі́йний** whaling ◊ **Активі́сти «Зеле́ного сві́ту» оточи́ли китобі́йний к.** The Green Peace activists surrounded the whaling ship. **конво́йний** escort, ♦ **ліні́йний к.** a battleship, **навча́льний** training, **надво́дний** surface; **круї́зний** cruise, **океа́нський** ocean, **пасажи́рський** passenger; **торго́вий** merchant, **транспо́ртний** transport; **шпита́льний** hospital; **космі́чний** space; **вітри́льний** sailing, **пірáтський** pirate; **потону́лий** sunken ◊ **Тут трапля́ються потону́лі ~лі.** Sunken ships turn up here. **воро́жий** enemy; **дерев'я́ний** wooden
n. + **к. корма́ ~ля́** the stern of a ship (**ніс** bow, **чарда́к** deck, **що́гла** mast; **капіта́н** captain, **екіпа́ж** crew); ♦ **на борту́ ~ля́** aboard a ship
v. + **к. будува́ти к.** build a ship (**вантáжити** load; **лиша́ти** abandon ◊ **Капіта́н оста́ннім лиши́в к., що тону́в.** The captain was the last to abandon the sinking ship. **назива́ти** + *I.* name ◊ **К. назва́ли «Форту́ною».** They named the ship *Fortuna.* **розванта́жувати** unload, **сіда́ти на** board, **спуска́ти на во́ду** launch ◊ **У Микола́єві спусти́ли на во́ду нови́й пасажи́рський к.** A new passenger ship was launched in Mykolaïv. **швартува́ти** moor; **атакува́ти** attack, **зато́плювати** scuttle, **зни́щувати** destroy, **топи́ти** sink, **торпедува́ти** torpedo, **ушко́джувати** damage ◊ **Усі́ воро́жі ~лі було́ або́ зни́щено, або́ ж серйо́зно ушко́джено.** All enemy ships were either destroyed or seriously damaged. **бу́ти на ~лі** be on board a ship; **кома́ндувати ~ле́м** command a ship (**маневрува́ти** maneuvre, **пла́вати** sail by, **прийма́ти кома́ндування** assume command of); ♦ **пали́ти свої́ ~лі** to burn one's boats
к. + *v.* **везти́** + *A.* carry sth, **перево́зити** + *A.* ferry sth; **вихо́дити в мо́ре** put out to sea, **відплива́ти** depart, **відча́лювати** set sail ◊ **Уве́чері к. відча́лив на Ва́рну.** In the evening, the ship set sail for Varna. **йти на дно** go down,

переверта́тися capsize; приплива́ти до + *G.* arrive at *(a place)*, прича́лювати до + *G.* dock sth, става́ти на кітву́ *or* я́кір anchor ◊ **К. став на кітву́ за сто ме́трів від бе́рега.** The ship anchored a hundred meters from the shore. **стоя́ти на кітві́** *or* **я́корі** lie *or* be at anchor ◊ **К. стоя́в на кітві́ в бу́хті.** The ship lay at anchor in the bay. **тону́ти** sink, **швартува́тися** moor

prep. **з ~ля́** from a ship ◊ **Пасажи́ри стриба́ли з ~ля́ в мо́ре.** The passengers jumped from the ship into the sea. **на к.** *dir.* onto a ship, on board a ship ◊ **Вантаж переміс́тили на к.** The cargo was moved onto the ship. **на ~лі́** *posn.* on board a ship, on a ship ◊ **На ~лі́ не було́ мі́сця для бі́женців.** There was no room for the refugees on board the ship. **к. до** + *G.* a ship bound for *(a destination)* ◊ **Вони́ ся́дуть на пе́рший к. до Оде́си.** They will board the first ship bound for Odesa.

Also see **ла́йнер 2, судно́, я́хта.** *Cf.* **чо́вен**

кордо́н, *m.*, ~у

border, frontier

adj. **відкри́тий** open, **по́ристий** porous ◊ **Че́рез по́ристий к. до краї́ни проника́ли мігра́нти.** Migrants got into the country through the porous border. **закри́тий** closed, **непрони́кний** impenetrable; **вну́трішній** interior, **зо́внішній** exterior, **міжнаро́дний** international, **націона́льний** national; **спі́льний** common; **морськи́й** sea, **сухопу́тний** land ◊ **Сполу́чені Шта́ти ма́ють сухопу́тний к. із двома́ краї́нами.** The United States has a border with two countries. **спі́рний** disputed; **за́хідний** western, **схі́дний** eastern, **півде́нний** southern, **півні́чний** northern

v. + **к. відкрива́ти к.** open a border ◊ **ЕС відкри́в ~и для Украї́ни.** The EU opened its borders to Ukraine. (**закрива́ти** close; **відно́влювати** reinstate, **встано́влювати** establish, **демаркува́ти** demarcate ◊ **Спі́рний к. демаркува́ли.** The disputed border has been demarcated. **захища́ти** defend, **охороня́ти** guard, **патрулюва́ти** patrol; **перетина́ти** cross, **перехо́дити** go over; **змі́нювати** change; **пору́шувати** violate)

prep. ♦ **за к.** *dir.* abroad ◊ **Вона́ ча́сто ї́здить за к. у спра́вах.** She often goes abroad on business. ♦ **за ~ом** *posn.* abroad ◊ **Скі́льки ча́су ви жили́ за ~ом?** How much time did you live abroad? **к. з** + *I.* a border with *(a country)* ◊ **да́нський к. зі Шве́цією** the Danish border with Sweden; **к. між** + *I.* a border between *(countries)* ◊ **К. між ци́ми краї́нами закри́тий.** The border between these countries is closed.

коре́ктн|ість, *f.*, ~ости, *only sg.*

correctness, accuracy

adj. **грамати́чна** grammatical; **ідеологі́чна** ideological, **каносні́чна** canonical, **політи́чна** political ◊ **За́мість ана́лізу вони́ почу́ли вправля́ння з політи́чної ~ости.** Instead of analysis they heard a rehearsal in political correctness.

v. + **к. відкида́ти к.** reject correctness ◊ **Вона́ відкида́є політи́чну к. як різнови́д самоцензу́ри.** She rejects political correctness as a variety of self-censorship. (**запере́чувати** deny ◊ **Він запере́чує к. запропоно́ваного ме́тоду.** He denies the correctness of the proposed method. **підтве́рджувати** confirm, **ста́вити під су́мнів** question) ◊ **Поста́вити під су́мнів ідеологі́чну к. програ́ми було́ б для ньо́го політи́чним самогу́бством.** Questioning the ideological correctness of the program would be political suicide for him. **дотри́муватися ~ости** adhere to correctness

коре́кці|я, *f.*, ~ї

correction, adjustment

adj. **дрібна́** minor, **мала́** small, **незначна́** insignificant; **радика́льна** radical, **серйо́зна** serious, **су́ттєва** essential; **необхі́дна** necessary, **потрі́бна** required; **нега́йна** immediate

к. + *n.* **к. зо́ру** a correction of vision (**ку́рсу** course, **по́милок** errors; **підхо́ду** approach, **страте́гії** strategy) ◊ **Потрі́бна к. страте́гії.** A correction of strategy is needed.

v. + **к. роби́ти ~ю** make a correction; **вимага́ти ~ї** demand, require a correction (**жада́ти** demand ◊ **Ра́да зажада́ла ~ї ку́рсу.** The board demanded a correction of the course. **потребува́ти** need)

кореспонде́нт, *m.*; ~ка, *f.*

1 correspondent

adj. **випадко́вий** occasional, **тимчасо́вий** temporary; **пості́йний** permanent; ♦ **член-к.** a corresponding member ◊ **Він ма́є ста́тус чле́на-кореспонде́нта акаде́мії.** He has the status of the academy's corresponding member.

2 reporter, correspondent

adj. **воє́нний** war, **міжнаро́дний** international, **націона́льний** national, **парла́ментський** parliamentary ◊ **Він рік працю́є парла́ментським ~ом «Украї́нського ти́жня».** He has worked as the parliamentary correspondent of the *Ukrainian Week* for a year. **ки́ївський** Kyiv ◊ **повідо́млення ки́ївського ~а газе́ти** a dispatch from the paper's Kyiv correspondent; **ло́ндонський** London, **нью-йо́ркський** New York, **ри́мський** Rome, *etc.*

к. + *n.* **к. газе́ти** a newspaper correspondent (**журна́лу** magazine, **інтерне́т-вида́ння** Internet site, **ра́діо** radio, **телеба́чення** television, *etc.*)

See **журналі́ст.** *Also see* **репорте́р**

кореспонде́нці|я, *f.*, ~ї

1 *only sg.* mail, correspondence

adj. **дипломати́чна** diplomatic, **ділова́** business, **офіці́йна** official, **прива́тна** private; **електро́нна** electronic; **конфіденці́йна** confidential ◊ **Він зберіга́є конфіденці́йну ~ю.** He keeps confidential correspondence. **об'є́мна** voluminous, **оши́рна** extensive; **особи́ста** personal, **пості́йна** regular

v. + **к. отри́мувати ~ю** receive correspondence (**перехо́плювати** intercept, **посила́ти** send, **чита́ти** read; **відповіда́ти на** answer) ◊ **Вона́ нена́виділа відповіда́ти на електро́нну ~ю.** She loathed responding to electronic correspondence.

See **листува́ння 2, по́шта 3**

2 news item, newspaper piece ◊ **Газе́та час від ча́су публікува́ла ~ю з Португа́лії.** From time to time, the paper would published news items from Portugal.

adj. **найнові́ша** *or* **сві́жа** most recent, **оста́ння** latest, **ціка́ва** interesting

v. + **к. надсила́ти ~ю** send a news item (**публікува́ти** publish)

See **стаття́ 1.** *Also see* **змі́тка 1, матерія́л 3, редакці́йна, репорта́ж**

коридо́р, *m.*, ~у

corridor, passageway

adj. **безконе́чний** endless, **до́вгий** long; **коро́ткий** short; **вузьки́й** narrow, **широ́кий** wide; **те́мний** dark ◊ **Із віта́льні до спа́льні вів те́мний к.** A dark corridor led from the livingroom to the bedroom. **яскра́во осві́тлений** brightly lit; **валю́тний** *fig.* currency, **пові́тряний** *fig.* air ◊ **Літа́к лиша́вся в ви́значеному для ньо́го пові́тряному ~і.** The aircraft stayed in the air corridor, designated for it. **транзи́тний** transit

к. + *n.* **к. готе́лю** a hotel corridor (**ліка́рні** hospital, **університе́ту** university, **шко́ли** school, *etc.*); ♦ **~и вла́ди** *fig.* the corridors of power ◊ **Вона́ сте́жить за тим, що ді́ється в ки́ївських ~ах вла́ди.** She follows what is going on in the Kyiv corridors of power.

n. + **к. підло́га ~у** the corridor floor (**сте́ля** ceiling, **стіна́** wall), **кіне́ць ~у** the end of a corridor (**поча́ток** beginning); **лабіри́нт ~ів** a labyrinth of corridors *v.* + **к. бі́гти ~ом** run down a corridor ◊ **Хтось бі́жи́ть ~ом.** Somebody is running down the corridor. (**блука́ти** wander ◊ **Ура́жені лю́ди блука́ли те́мними ~ами готе́лю.** Stunned people wandered the dark corridors of the hotel. **йти** *and* **ходи́ти** walk) ◊ **Су́мно ходи́ти ~ами старо́ї шко́ли.** It is sad to walk the corridors of the old school.

к. + *v.* **вести́ до** + *G.* lead to *(a place)* ◊ **Те́мний слизьки́й к. вів до його́ ка́мери.** The dark slippery corridor led to his cell. **вести́ від** + *G.* lead from *(a place)* ◊ **Від головно́ї за́ли вів широ́кий до́бре осві́тлений к.** A wide well-lit corridor led from the main hall. **йти** + *I.* run down sth ◊ **Лі́вим крило́м буди́нку йшо́в до́вгий к.** A long corridor ran down the left wing of the building.

prep. **в к.** *dir.* in/to a corridor ◊ **Вона́ безшу́мно ступи́ла в к.** She silently stepped into the corridor. **в ~і** *posn.* in a corridor ◊ **У ~і було́ ві́сім ві́кон.** There were eight windows in the corridor. **по ~у** along/down a corridor ◊ **Їй тре́ба йти по слизько́му ~у.** She needs to walk down the slippery corridor. **в кінці́ ~у** at the end of the corridor, **до кінця́ ~у** to the end of the corridor

Also see **фоє**

кори́сн|ий, *adj.*

1 useful, beneficial

adv. **бі́льш як** more than, **винятко́во** exceptionally, **вкрай** extremely, **деда́лі бі́льш** increasingly, **до́сить** fairly, **ду́же** very, **надзвича́йно** extraordinarily, **неймові́рно** incredibly, **однако́во** equally, **особли́во** especially ◊ **Набу́тий до́свід особли́во к. для новачкі́в.** The acquired experience is particularly useful for novices. **спра́вді** really, **страше́нно** terribly; **ле́две** scarcely; **не зо́всім** not entirely; ♦ **~е наванта́ження** a payload; ♦ **~і копа́лини** mineral resources; ♦ **коефіціє́нт ~ої ді́ї** an efficiency quotient

v. + **к. бу́ти ~им** be useful (**вважа́ти** + *A.* consider sth ◊ **Вона́ вважа́ла такі́ розмо́ви ~ими для се́бе.** She considered such conversations useful for herself. **виявля́тися** prove ◊ **Нова́ техноло́гія перeróбки смі́ття́ ви́явилася ~ою для довкі́лля.** The new garbage recycling technology has proven beneficial for the environment. **здава́тися** + *D.* seem to sb, **лиша́тися** remain, **става́ти** become)

prep. **к. для** + *G.* beneficial for sb/sth ◊ **к. для грома́ди** beneficial for community (**довкі́лля** environment, **мі́ста** city, **суспі́льства** society; **ро́звитку** development)

Also see **позити́вний**

2 healthy, wholesome, good ◊ **ду́же ~а ї́жа** very healthy food; ◊ **Мо́рква ~а для зо́ру і слу́ху.** Carrots are good for vision and hearing.

користува́нн|я, *nt.*, *only sg.*

use, usage, utilization

adj. **зага́льне** general ◊ **кімна́та зага́льного к.** a room for general use; **особи́сте** personal, **пості́йне** constant, **реґуля́рне** regular, **тимчасо́ве** temporary, **ча́сте** frequent, **широ́ке** wide ◊ **предме́ти особи́стого к. поета** articles of the poet's personal use

v. + **к. бу́ти в ~і** be in use (**залиша́тися в** remain in) ◊ **Тако́го ти́пу срі́бло було́ тоді́ в широ́кому ~і.** This type of silverware was widely used then. **вихо́дити з к.** go out of use ◊ **Вона передбача́ла, що компа́кт-ди́ски ви́йдуть із к.** She predicted that compact disks would go out of use.

Also see **використа́ння**

користу|ва́тися, ~ються; скориста́|тися, ~ються, *intr.*

1 *usu impf.* to use + *I.* ◊ **Вона́ рі́дко коли́ ~ється гори́щем.** She rarely ever uses the attic.

adv. **без розбо́ру** indiscriminately, **вибірко́во** selectively; **вряди́-годи́** every now and then ◊ **Я вряди́годи ~юся нови́м словнико́м.** Every now and then, I use the new dictionary.

насáмперед primarily; непрáвильно incorrectly; відповідáльно responsibly, обáчно judiciously, оберéжно carefully, ощáдно sparingly, послідóвно consistently, постíйно constantly, прáвильно correctly, традиційно traditionally; одночáсно simultaneously, чáсом occasionally, чáсто frequently

prep. **к. з** + *G.* make use of sth ◊ **Тарáс ~вáвся з кóжної вíльної хвилі, працюючи над статтéю.** Taras made use of every free moment, working on the article.

See **використóвувати 1.** *Also see* **розпоряджáтися 3**

2 *pf.* to take advantage of + *I. or* з + *G.* ◊ **Вони́ не скористáлися з її порáди.** They did not take advantage of her advice.

Also see **використóвувати 2**

користýйся! скористáйся!

кóри|сть, *f.*, ~сти, *only sg.*

benefit, profit, good, gain ◊ **Від йогó «допомóги» бýде бíльше збиткíв, як ~сти.** There will be more damage than benefit from his "help."

adj. **велика** great, a lot of ◊ **Щодéнні прогýлянки на свíжому повíтрі принóсили їй велику к.** Everyday walks in fresh air did her great good. **величéзна** enormous, **значнá** considerable, **максимáльна** maximum, **неабияка** major, **суттєва** substantial; **мінімáльна** minimal, **невелика** small; **вирáзна** clear, **очевидна** obvious; **додаткóва** additional, **несподíвана** unexpected; **взаємна** mutual, **громáдська** public, **особиста** personal, **суспíльна** social; **можлива** possible, **потенційна** potential; **прямá** direct; **дíйсна** real, **правдива** true, **практична** practical ◊ **Він не бáчив жóдної практичної ~сти від їхніх зýстрічей.** He saw no practical benefit from their meetings. **довготермінóва** long-term, **тривáла** lasting; **короткотермінóва** short-term; **екологíчна** environmental, **економíчна** economic, **матеріáльна** material, **освíтня** educational, **психологíчна** psychological, **терапевтична** therapeutic, **фінáнсова** financial ◊ **Інвестиція обіцяла їм неабияку фінáнсову к.** The investment promised them a major financial benefit.

v. + **к. діставáти к. від** + *G.* get benefit from sth ◊ **Місцéве населéння дістає к. від туризму.** The local population gets benefits from tourism. (**мáти** have, **отримувати** receive, **пожинáти** reap ◊ **Фíрма пожинáє значнý економíчну к. від співпрáці з канáдцями.** The firm reaps considerable economic benefit from its cooperation with the Canadians. **давáти** + *D.* give sb, **принóсити** + *D.* do, bring sb; **збíльшувати** increase; **бáчити** see ◊ **Вонá впéрто не хотíла бáчити ~сти, якý принóсить терапія.** She obstinately refused to see the benefit the therapy brought. **визнавáти** recognize; **звáжувати** weigh, **оцінювати** assess), ♦ **іти на к.** + *D.* to do sb good ◊ **Пóдорож до Коктебéлю пішлá їй на к.** The trip to Koktebel did her good.

к. + *v.* **бýти від** + *G.* accrue from sth ◊ **Від знання́ чужих мов мóже бýти тíльки к.** Only benefit can accrue from knowledge of foreign languages. **виникáти з** + *G.* arise from sth; **переважáти** + *A.* outweigh sth ◊ **К. від вáших зусиль знáчно переважáтиме видáтки.** The benefit from your efforts will considerably outweigh the expenditures.

prep. **без ~сти** without profit ◊ **Вонá робила все це без жóдної особистої ~сти.** She was doing all that without any personal profit. ♦ **на к.** + *G. or D.* in sb's favor, for the benefit of sb/sth ◊ **Нарéшті спір булó вирішено на к. заявника.** Finally the dispute has been resolved in claimant's favor. ◊ **Він жéртвував багатьмá речáми на к. спíльній спрáві.** He sacrificed many things for the benefit of the common cause. **к. від** + *G.* benefit from sb/sth ◊ **к. від здорóвого спóсобу життя́** the benefits from a healthy way of life; **к. з** + *A.* benefit from sth ◊ **Вони мáють матеріáльну к. із помéшкання.** They have material benefit from the apartment

кор|итися, ~я́ться; с~ *or* під~, *intr.*

to obey, submit to + *D.*

adv. **без питáнь** without question, **лéгко** easily, **покíрно** meekly, **по-рáбськи** slavishly ◊ **Він по-рáбськи ~вся її накáзам.** He slavishly obeyed her orders. **слíпо** blindly, **фанатично** fanatically, **негáйно** immediately, **зáраз же** right away, **швидко** quickly; **несподíвано** unexpectedly; **врéшті-рéшт** eventually, **нарéшті** finally ◊ **Вони нарéшті підкорилися прáву.** They finally submitted to the law. **неохóче** reluctantly; **охóче** willingly

к. + *n.* **к. вимóзі** obey a demand (**влáді** authority, **вóлі** will ◊ **Цей нарóд не ~ився вóлі завойóвників.** The people did submit to the will of the invaders. **закóну** law, **накáзові** order ◊ **Вони всьогó лишé ~илися накáзам.** They were but obeying orders. **прáвилам** rules ◊ **Прáвилам налéжить к.** Rules must be obeyed. **традиції** tradition), ♦ **к. дóлі** to submit to one's fate ◊ **Вони не ~илися дóлі й продóвжували борóтися.** They would not submit to their fate and went on fighting.

v. + **к. бýти змýшеним** be forced to ◊ **Він змýшений під~ вимóзі поліції.** He is forced to obey the police's demand. **мýсити** must; **відмовлятися** refuse to, **не хотіти** be unwilling to ◊ **Вони не хотіли к. безглýздій традиції.** They were unwilling to obey a senseless tradition. **обіцяти** + *D.* promise sb to

(с)корися!

корінн|ий, *adj.*

1 native, indigenous ♦ **к. мéшканéць** a native ◊ **Він – к. мéшканець Чернíгова.** He is a native of Chernihiv. **к. нарóд** an indigenous nation ◊ **Нáвахо – один із ~их нарóдів Північної Амéрики.** The Navajo are one of the indigenous nations of North America. **~é населéння** indigenous population

v. + **к. бýти ~им** be indigenous ◊ **Українська зáвжди булá ~óю мóвою цьогó крáю.** Ukrainian has always been the indigenous language of this land. (**вважáти** + *A.* consider sb/sth ◊ **Лéмків вважáють ~им населéнням Карпáт.** The Lemkos are considered to be the indigenous population of the Carpathians. **лишáтися** remain)

2 radical, fundamental, basic ◊ **~í зміни** radical changes, ◊ **к. перелóм** a radical turning point ◊ **к. перелóм в істóрії крáїни** a radical turning point in the country's history; **~é питáння** a fundamental issue

Also see **засадничий**

корíнн|я, *nt., coll., only sg.*

1 root, roots

adj. **глибóке** deep ◊ **Виногрáдна лозá мáє глибóке к.** Grape vines have deep roots. **неглибóке** shallow; **міцнé** strong, **потýжне** powerful; **делікáтне** delicate, **квóле** weak

к. + *n.* **к. дéрева** a tree root (**кущá** bush, **рослини** plant, **трави́** grass, *etc.*)

v. + **к. мáти к.** have a root (**обтинáти** *or* **перерізáти** sever; **пускáти** put down, take ◊ **Її ідéя згóдом пустила к. в людськи́х гóловах.** *fig.* Her idea eventually took root in people's heads. **розвивáти** develop; **садити** plant) ◊ **Вонá посадила к. кущá в гóрщик.** She planted the root of the bush in a pot.

Also see **кóрінь 1**

2 *fig.* roots, origin

adj. **дáвнє** age-old ◊ **Цей звичáй мáє дáвнє к. в місцéвій культýрі.** The custom has age-old roots in the local culture. **міцнé** strong; **культýрне** cultural, **літератýрне** literary, **мóвне** linguistic, **націонáльне** national, **філосóфське** philosophical; **грéцьке** Greek, **ірлáндське** Irish, **пóльське** Polish ◊ **Митрополит Андрéй Шептицький мав пóльське к.** Metropolitan Andrei Sheptytsky had Polish roots. **францýзьке** French, **українське** Ukrainian

v. + **к. забувáти к.** forget one's roots (**мáти** have, **пускáти** put down ◊ **У Нью-Йóрку пустили своє к. тисячі українців.** Thousands of Ukrainians put down their roots in New York City. **бýти відрíзаним від к.** be cut off from one's roots ◊ **Дóвгі рóки вони були відрíзаними від свогó культýрного к.** For long years, they had been cut off from their cultural roots. (**повертáтися до** return to), ♦ **докóпуватися до к.** *fig.* to get to the root ◊ **Він мýсив докопáтися до к. проблéми.** He needed to get to the root of the problem. **пишáтися ~ям** be proud of one's roots ◊ **Він пишáється своїм волинським ~ям.** He is proud of his Volynian roots.

See **похóдження.** *Also see* **джерелó 2**

3 *fig.* spices, seasoning, herbs

v. + **к. настóювати** + *A.* **на ~і** infuse sth with spices ◊ **Напій настóюють на пахýчому ~і північних лісів.** The drink is infused with fragrant herbs of northern forests.

See **приправа 1**

кóр|інь, *m.*, ~еня

1 root ◊ **Перекотипóле не мáє ~еня.** Tumbleweed has no root.

adj. **глибóкий** deep, **міцний** strong, **потýжний** powerful ◊ **Потýжний к. помагáв дéреву вистóювати навіть буревії.** The powerful root helped the tree to withstand even hurricanes. **неглибóкий** shallow; **делікáтний** delicate, **квóлий** weak

к. + *n.* **к. дéрева** the root of a tree (**дýба** oak, **кущá** shrub, **мóркви** carrot, **полуниці** strawberry, **рослини** plant, *etc.*); **к. волосини** the root of a hair (**зýба** tooth, **нігтя** nail, *etc.*); **к. проблéми** *fig.* the root of a problem; **к. зла** *fig.* the root of evil ◊ **Для ньогó людськá жадóба – к. усякого зла.** For him, human greed is the root of all evil.

v. + **к. мáти к.** have a root (**обтинáти** sever; **пускáти** put down, take ◊ **Пáросток швидко пустив к.** The offshoot quickly put down root. **розвивáти** develop; **садити** plant) ◊ **К. слід садити не дýже глибóко в зéмлю.** The root should be planted not very deep into the ground. ♦ **дивитися в к.** to get at the root ◊ **Трéба дивитися в к. питáння.** One needs to get at the root of the issue. ♦ **рубáти під к.** to strike at the root; **виривáти** + *A.* **з ~енем** root sth out, eradicate sth ◊ **Він виривáтиме з ~енем зрáду й опортунізм.** He will root out treason and opportunism.

Also see **корíння 1**

2 *fig.* origin, source, beginning, essence, ♦ **у ~ені** essentially ◊ **Новий план у ~ені відрізняється від попередньогo.** The new plan is essentially different from the previous one.

See **корíння 2, похóдження.** *Also see* **джерелó 2**

3 *math.* root, radical ◊ **к. квадрáтний** a square root, ◊ **к. кубíчний** a cube root, ◊ **добувáти к.** to extract the root

4 *ling.* root ◊ **к. слóва** a word root

adj. **дієслíвний** verbal, **іменникóвий** nominal ◊ **Цей іменникóвий к. стає дедáлі продуктивнішим.** This nominal root is becoming ever more productive. **прикметникóвий** adjectival, **прислівникóвий** adverbial, *etc.*

Cf. **оснóва 4**

корм, *m.*, ~у

fodder *(for animals)*, feed, food, *often pl.*

adj. **зелéний** green; **калорíйний** high-calorie, **поживний** nutritious; **прирóдний** natural; **свíжий** fresh; **сухий** dry ◊ **Віктор тримáв сухий к. для рибок у склянóму слóїкові.** Viktor kept the dry fish food in a glass jar.

гру́бий crude; дріжджо́ваний yeast
v. + к. дава́ти + *D.* к. give sb fodder ◊ **Щора́нку вона́ дава́ла кроля́м сві́жий к.** Every morning, she gave the rabbits fresh fodder. (**заготовля́ти** stock up on ◊ **Він загото́вив доста́тньо ~у на зи́му.** He stocked up enough fodder for the winter. **купува́ти** buy; **продукува́ти** produce ◊ **Заво́д продуку́є сухи́й к. для худо́би.** The factory produces dry cattle fodder. **роби́ти** make) ◊ **Сі́но – це приро́дний к., які́ вони́ ро́блять для коне́й і корі́в.** Hay is the natural fodder they make for horses and cows.
prep. **к. для** fodder for sb ◊ **к. для коне́й** fodder for horses (**корі́в** cows, **свине́й** pigs, **худо́би** cattle); **к. для коті́в** cat food (**пташо́к** bird, **ри́би** fish; **соба́к** dog) ◊ **У селі́ ніхто́ не купува́в спеціа́льно зро́бленого ~у для соба́к чи коті́в.** Nobody in the village bought specially made dog or cat food.
N. pl. **~и́**
Cf. **ї́жа**

коро́б|ка, *f.*

1 box (*usu smaller as opposed to* **я́щик**), case
adj. **вели́ка** big; **крихі́тна** tiny, **мале́нька**, *dim. and* **невели́ка** small ◊ **Я́рка трима́є гро́ші у невели́кій ~ці.** Yarka keeps her money in a small box. **до́вга** long; **квадра́тна** square, **кру́гла** round, **прямоку́тна** rectangular; **поро́жня** empty; **бляша́на** tin, **дерев'я́на** wooden, **карто́нна** cardboard, **метале́ва** metal, **пластма́сова** plastic, **фане́рна** plywood
к. + *n.* **к. олівці́в** a box of pencils (**цуке́рок** sweets, **шокола́ду** chocolate, *etc.*); ♦ **к. переда́ч** *techn.* a gear box; ◊ **к. сірникі́в** a matchbox
n. + **к. дно ~ки** the bottom of a box (**кри́шка** cover, **перегоро́дка** partition, **сті́нка** wall)
v. + **к. відчиня́ти ~ку** open a box (**зачиня́ти** close ◊ **Лев зачини́в метале́ву ~ку й поста́вив її́ під стіл.** Lev closed the metal box and put it under the table. **відмика́ти** unlock, **замика́ти** lock; **випоро́жнювати** empty ◊ **Марі́я ви́порожнила ~ку на лі́жко.** Maria emptied the box onto the bed. **запо́внювати** + *I.* fill with sth, **пакува́ти** + *I.* pack with sth; **кла́сти** + *A.* **в** put sth into, **хова́ти** + *A.* **в** hide sth in) ◊ **Лі́ля відімкну́ла дерев'я́ну ~ку та захова́ла в не́ї світли́ни.** Lilia unlocked the wooden box and hid the pictures in it. **вийма́ти** + *A.* **з ~ки** take sth out of a box (**виклада́ти** + *A.* **з** put sth out of); **зберіга́ти** + *A.* **в ~ці** store sth in a box (**трима́ти** + *A.* **в** keep sth in) ◊ **Усі́ спе́ції слід трима́ти в те́мній ~ці.** All spices should be kept in a dark box.
prep. **в ~ку** *dir.* in/to a box; **в ~ці** *posn.* in a box; **к. для** + *G.* a box for sth ◊ **к. для взуття́** a shoe box (**інструме́нтів** tool, **компа́кт-ди́сків** CD, *etc.*)
Also see **па́чка 2, скри́нька.** *Cf.* **я́щик**
2 frame (*of building*) ◊ **Вони́ зве́ли ~ку буди́нку за два ти́жні.** They put up the frame of the building in two weeks.
Cf. **ко́рпус 2**
N. pl. **коро́бки́**, *G. pl.* **коро́бо́к**

кор|о́ва, *f.*

1 cow ◊ **Доро́гу перехо́дило ста́до ~і́в.** A herd of cows was crossing the road.
adj. **моло́чна** dairy, **м'ясна́** beef; ♦ **ді́йна к.** a milker, milch cow ◊ **Уряд ди́виться на півні́чний реґіо́н як на ді́йну ~о́ву.** *fig.* The government looks at the northern region as a milch cow. **неді́йна** dry ◊ **Стара́ к. неді́йна.** The old cow is dry. **свяще́нна** *fig.* sacred ◊ **Для них тради́ція – це щось на зразо́к свяще́нної ~о́ви.** For them, tradition is something like a sacred cow.
n. + **к. поро́да ~і́в** a breed of cows (**ста́до** herd)
v. + **к. до́їти ~о́ву** milk a cow (**відв'я́зувати** untie, **прив'я́зувати** tether; **рі́зати** slaughter; **розво́дити** breed *usu with pl.* ◊ **Вони́ розво́дили ~і́в на молоко́ та м'я́со.** They bred cows for milk and beef. **трима́ти** keep); ♦ **на́че** *or* **як к. язико́м злиза́ла** without a trace ◊ **Боржни́к зник, на́че к. язико́м злиза́ла.** The debtor vanished into thin air.
к. + *v.* **до́їтися** be milked; **му́кати** moo, **ревти́** bellow; **па́стися** graze; **тели́тися** calve ◊ **Молода́ к., що ще не тели́лася, назива́ється тели́ця.** A young cow that has not yet calved is called a heifer. ♦ **ли́чити** *or* **іти́** + *D.* **як ~о́ві сідло́** to look bad on sb ◊ **Цей костю́м ли́чить** *or* **іде́ Іва́нові, як ~о́ві сідло́.** The suit does not at all become Ivan.
2 female (*of moose, reindeer, elephant, whale, etc.*)
3 *pejor.* woman (*esp. a fat or stupid one*), cow ◊ **Що він поба́чив у такі́й ~о́ві?** What did he see in such a cow?

короле́в|а, *f.*

1 queen ◊ **Її́ коронува́ли ~ою у два́дцять ро́ків.** She was crowned queen at the age of twenty.
к. + *v.* **зріка́тися престо́лу** abdicate ◊ **К. зрекла́ся престо́лу.** The queen abdicated. **королюва́ти** rule, **пра́вити** reign
See **коро́ль 1**
2 *fig.* queen, doyenne, star ◊ **к. гімна́стики** a queen of gymnastics ◊ **Да́ну вважа́ють ~ою слі́дчої журналі́стики.** Dana is considered to be the queen of investigative journalism.
Cf. **коро́ль 2**
3 queen (*in chess*) ◊ **Мо́тря походи́ла ~ою.** Motria moved her queen.
See **фігу́ра 8**

коро́л|ь, *m.*, **~я́; ~е́ва**, *f.*

1 king
adj. **зако́нний** rightful, **незапере́чний** undisputed; **короно́ваний** crowned, **пома́заний** anointed; **пра́влячий** reigning; **майбу́тній** future, **ни́нішній** current; **некороно́ваний** uncrowned; **ски́нутий** deposed; ♦ **його́ вели́чність к.** His Majesty the King
v. + **к. вбива́ти ~я́** kill a king (**скида́ти** depose ◊ **Вони́ ски́нули ~я́, посади́вши на трон маріоне́тку.** They deposed the king, having put a puppet on the throne. **коронува́ти** + *A.* **~е́м** crown sb king (**проголо́шувати** + *A.* proclaim sb, **роби́ти** + *A.* make sb, **става́ти** become) ◊ **Він став ~ем пі́сля сме́рти ба́тька.** He became king after his father's death.
к. + *v.* **зріка́тися престо́лу** abdicate, **королюва́ти** rule, **пра́вити** reign ◊ **Ново́му ~е́ві було́ су́джено пра́вити сім ро́ків.** The new king was destined to reign for seven years.
Also see **мона́рх; князь.** *Cf.* **короле́ва 1**
2 *fig.* king, master, genius ◊ **Пан Ш. був правди́вим ~е́м шахра́йства.** Mr. Sh. was a genuine king of fraud.
Cf. **короле́ва 2**
3 king (*in cards*)
adj. **бубно́вий** *or* **дзвінко́вий** of clubs, **пі́ковий** *or* **вино́вий** of spades, **тре́фовий** *or* **жиро́вий** of diamonds, **чи́рвовий** of hearts
v. + **к. захо́дити з ~я́** play a king ◊ **Він зайшо́в із ~я́.** He played a king. (**ходи́ти з** put down) ◊ **Та́ня походи́ла із тре́фового ~я́.** Tania put down the king of diamonds.
See **ка́рта 2**
4 king (*in chess*) ◊ **К. – це найважливі́ша фігу́ра в ша́хах.** The king is the most important chess piece. ◊ **Бі́лий к. опини́вся в пози́ції, вразли́вій для ша́ха.** The white king ended up in a position vulnerable to a check. **чо́рний** black
See **фігу́ра 8**

коро́тк|ий, *adj.*

1 short (*of distance, physical dimension*), small; *also fig.* ◊ **Пес був на ~ому ланцюго́ві.** The dog was on a short chain.
adv. **вкрай** extremely, **до́сить** fairly, **доста́тньо** sufficiently, **ду́же** very, **надзвича́йно** extraordinarily, **на́дто** too, **незвича́йно** unusually, ◊ **жі́нка з незвича́йно ~ою ши́єю** a woman with an unusually short neck; **відно́сно** relatively, **порі́вняно** comparatively
к. + *n.* **к. зріст** a short stature ◊ **Садо́вий к. на зріст.** Sadovy is of short stature. **~а ві́дстань** a short distance (**доро́га** way; **нога́** leg, **рука́** arm, **ши́я** neck; **спідни́ця** skirt); **~а па́м'ять** *fig.* short memory; **~е воло́сся** short hair; ♦ **~е замика́ння** *techn.* a short circuit ◊ **Сві́тло пропа́ло че́рез ~е замика́ння.** The light disappeared because of a short circuit.
v. + **к. бу́ти ~им** be short (**вигляда́ти** look ◊ **Зни́зу ста́туя звича́йних лю́дських пропо́рцій вигляда́є непропорці́йно ~ою.** From below, a statue of usual human proportions looks disproportionately short. **виявля́тися** turn out, **здава́тися** + *D.* seem to sb ◊ **Рукави́ піджака́ здава́лися на́дто ~ими.** The blazer sleeves seemed too short. **роби́ти** + *A.* make sth ◊ **Краве́ць зроби́в її́ су́кню ~ою.** The tailor made her dress short. **роби́тися** become)
Also see **бли́зький 1.** *Ant.* **до́вгий 1**
2 brief, short, short-lived ◊ **День зда́вся Марі́ї несподі́вано ~им.** The day seemed to be unexpectedly short to Maria.
adv. **жалюгі́дно** pathetically, **трагі́чно** tragically; **на ди́во** surprisingly, **напро́чуд** amazingly, **на ща́стя** fortunately
к. + *n.* **к. день** a short day ◊ **Він бага́то написа́в за к. зимо́вий день.** He wrote a lot in a short winter day (**рік** year ◊ **Вони́ жили́ у Льво́ві два ~і ро́ки.** They lived in Lviv for two short years. **семе́стр** semester, **час** time; **епізо́д** episode; **звук** *ling.* sound; **комента́р** comment); **~а ві́дповідь** a short response (**зу́стріч** encounter, **нара́да** conference; **по́дорож** trip, **приго́да** adventure; **о́пис** description, **цита́та** quotation); **~е вага́ння** a short hesitation (**дити́нство** childhood, **життя́** life; **заува́ження** remark; **перебува́ння** stay)
v. + **к. бу́ти ~им** be short (**виявля́тися** turn out ◊ **Її́ курс ви́явився на́дто ~им.** Her course turned out to be too short. **здава́тися** + *D.* seem to sb ◊ **Вака́ції здали́ся їм жалюгі́дно ~ими.** The vacation seemed to be pathetically short to them. **роби́тися** become)
comp. **коро́тший**
Also see **лаконі́чний, скоро́чений, сти́слий**

короткозо́р|ий, *adj.*

shortsighted; *also fig.* ◊ **До сорока́ ро́ків Лев став таки́м ~им, що му́сив носи́ти окуля́ри.** By forty, Lev became so shortsighted, he had to wear glasses.
adv. **вкрай** extremely, **до́сить** fairly, **доста́тньо** sufficiently, **ду́же** very, **надзвича́йно** extraordinarily, **на́дто** too; **жалюгі́дно** pathetically, **трагі́чно** tragically; **на ди́во** surprisingly
к. + *n.* **к. керівни́к** *fig.* a shortsighted director; **~а люди́на** a shortsighted person (**полі́тика** *fig.* policies, **та́ктика** *fig.* tactic); **~е рі́шення** *fig.* a shortsighted decision
v. + **к. бу́ти ~им** be shortsighted ◊ **Зі́на ~а і но́сить окуля́ри.** Zina is shortsighted and wears glasses. (**виявля́тися** turn out ◊ **Він ви́явився ~им у рі́шеннях.** He turned out to be shortsighted in his decisions. **здава́тися** + *D.* seem to sb; **роби́ти** + *A.* make sb, **става́ти** become) ◊ **Цей полі́тик став жалюгі́дно ~им.** The politician became pathetically shortsighted.

короткозо́р|ість, *f.*, **~ости**, *only sg.*

shortsightedness, *med.* myopia ◊ **К. не дава́ла йому́ чі́тко ба́чити доро́жні зна́ки.** His shortsightedness prevented him from seeing traffic signs clearly.
adj. **го́стра** severe; **невели́ка** mild; **паралізу́юча** paralyzing; **дитя́ча** childhood, **старе́ча** old-age; **спадко́ва** hereditory
v. + **к. ма́ти к.** have myopia; **потерпа́ти від ~ости** suffer from myopia
See **хворо́ба**

корпора́ці|я, *f.*, **~ї**
corporation ◊ **К. системати́чно вдава́лася до сумнівної пра́ктики подві́йної бухгалтéрії.** The corporation systematically resorted to questionable practices of double-entry bookkeeping.
adj. **вели́ка** big, **величéзна** huge, **гіга́нтська** giant; **могу́тня** powerful; **держа́вна** public, **прива́тна** private, **міжнаро́дна** international ◊ **Уря́д ро́бить усé, щоб прива́бити в краї́ну міжнаро́дні ~ї.** The government does everything to attract international corporations into the country. **мультинаціона́льна** multinational; **транснаціона́льна** transnational, **чужозéмна** foreign; **неприбутко́ва** non-profit; **прибутко́ва** for-profit; **бізнесо́ва** business, **медíйна** media, **на́фтова** oil, **промисло́ва** industrial, **телерадіомо́вна** broadcasting, **фіна́нсова** financial
See **компа́нія 2, організа́ція 1.** *Also see* **асоці́яція 1, фі́рма**

ко́рпус, *m.*, **~а** *and* **~у**
1 ~а body *(of a person)*, trunk ◊ **Проти́вник завда́в уда́р йому́ в го́лову, а тоді́ в к.** His opponent delivered him a blow to the head and then to the body.
adj. **вели́кий** big, **маси́вний** massive; **вéрхній** upper, **ни́жній** lower; **весь** all ◊ **Він усі́м ~ом пода́вся вперéд.** He leaned forward with all his body. **ці́лий** entire
See **ті́ло 1.** *Also see* **стан[2], ту́луб 1**
2 ~у frame *(of mechanism, etc.)*, casing, body ◊ **Двигу́н захо́ваний у ~і маши́ни.** The engine is hidden in the machine's body.
adj. **ржа́вий** rusty, **подря́паний** scratched, **стари́й** old; **нови́й** new; **пла́тиновий** platinum, **позоло́чений** gilded, **срі́бний** silver; **пофарбо́ваний** painted
к. + *n.* **к. автомобі́ля** a car body, **к. годи́нника** a watch casing, **к. корабля́** a ship's hull
Also see **коро́бка 2, ту́луб 2**
3 ~у building *(of university)*, hall ◊ **Вони́ навча́ються в Жо́втому ~і Ки́ївського університéту.** They study in the Yellow Building of Kyiv University.
adj. **адміністрати́вний** administrative, **бібліотéчний** library, **головни́й** main, **заводськи́й** factory, **лаборато́рний** laboratory, **навча́льний** classroom, **фабри́чний** factory
prep. **в к.** *dir. or* **до ~у** in/to a building ◊ **Коридо́р ведé в нови́й к.** *or* **до ново́го ~у.** The corridor leads to the new building. **в ~і** *posn.* in a building ◊ **Його́ о́фіс у ко́рпусі Сковороди́.** His office is in Skovoroda Hall.
See **буди́нок 1.** *Also see* **приміщення**
4 ~у corpus, mass, collection, body ◊ **Лексико́графи працюва́ли з вели́ким словнико́вим ~ом.** The lexicographers were working with a large dictionary corpus.
к. + *n.* **к. до́казів** *leg.* a body of evidence ◊ **У спра́ві є солі́дний к. до́казів.** There is a solid body of evidence in the case. **к. докумéнтів** a collection of documents (**ілюстра́цій** illustrations, **при́кладів** examples, **тéкстів** texts, *etc.*)
See **збі́рка.** *Also see* **архі́в, збі́рник, зі́брання 2, колéкція**
5 ~у corps ◊ **армі́йський к.** an army corps ◊ **На прийняття́ запроси́ли весь диплома́тичний к.** The entire diplomatic corps was invited to the peception.
N. pl. **~и́**

корумпо́ван|ий, *var.* **скорумпо́ваний**, *adj.*
corrupt
adj. **безнаді́йно** hopelessly, **ганéбно** shamefully, **глибо́ко** deeply, **ду́же** very, **жахли́во** awfully, **на́скрізь** through and through, **стра́шно** horribly, **цілко́м** completely; **мора́льно** morally, **політи́чно** politically
v. + **к. бу́ти ~им** be corrupt ◊ **Систéма безнаді́йно ~а.** The system is hopelessly corrupt. (**вважа́ти** + *A.* consider sth ◊ **Цьо́го полі́тика вважа́ють глибо́ко ~им.** This politician is considered to be deeply corrupt. **виявля́тися** turn out, **лиша́тися** remain, **става́ти** become) ◊ **Пан К. став мора́льно й політи́чно ~им.** Mr. K. became morally and politically corrupt.

корумпу|ва́ти, **~ють; с~**, *tran.*
to corrupt, deprave
adj. **глибо́ко** deeply, **ду́же** very, **жахли́во** awfully, **на́скрізь** through and through; **неуни́кно** inevitably ◊ **Радя́нська систéма неуни́кно ~ва́ла ко́жне но́ве поколі́ння.** The Soviet system inevitably corrupted each new generation. **пові́льно** slowly, **поступо́во** gradually **тихéнько** *dim.* quietly; **духо́вно** spiritually, **мора́льно** morally, **політи́чно** politically; **безповоро́тно** irreversibly, **непопра́вно** irreparably, **цілко́м** completely
pa. pple. **скорумпо́ваний** corrupt, corrupted
(с)корумпу́й!
Also see **розклада́ти 5**

кору́пці|я, *f.*, **~ї**, *only sg.*
corruption
adj. **всеохо́пна** all-consuming, **дрібна́** petty, **жахли́ва** awful, **зухва́ла** brazen ◊ **Полі́ція не зареаґува́ла на цей ви́падок зухва́лої ~ї.** The police did not react to this instance of brazen corruption. **масшта́бна** widespread, **наха́бна** blatant, **необмéжена** unrestrained, **по́вна** total, **розпере́зана** unbridled, **страшна́** terrible ◊ **Краї́ну охопи́ла страшна́ к.** The country was gripped by terrible corruption. **цілкови́та** complete; **інституці́йна** institutional, **офіці́йна** official, **політи́чна** political, **поліці́йна** police ◊ **Мі́ністр вну́трішніх справ став си́мволом поліці́йної ~ї.** The interior minister became a symbol of police corruption. **систéмна** systemic, **урядо́ва** government, **фіна́нсова** financial
n. + **к. ви́падок ~ї** a corruption case ◊ **окрéмий ви́падок систéмної ~ї** a separate case of systemic corruption (**культу́ра** culture, **показни́к** indicator ◊ **За показнико́м урядо́вої ~ї ця краї́на перегна́ла Росі́ю.** By the government corruption indicator, the country passed Russia. **ви́яв ~ї** a manifestation of corruption (**різно́вид** variety, **фо́рма** form) ◊ **Подару́нки – ти́пова фо́рма дрібно́ї ~ї.** Gifts are a typical form of petty corruption. **звинува́чення в ~ї** an accusation of corruption (**оска́рження в** charge)
v. + **к. викорі́нювати ~ю** root out corruption (**викрива́ти** expose ◊ **Газéта послідо́вно викрива́є ~ю в суспі́льстві.** The newspaper has consistently exposed corruption in society. **зупиня́ти** stop, **ліквідува́ти** eliminate; **заохо́чувати** encourage ◊ **Президéнт факти́чно заохо́чував урядо́ву ~ю.** The president effectively encouraged government corruption. **поро́джувати** produce, **розстéжувати** investigate); **запобіга́ти ~ї** prevent corruption (**поклада́ти край** put an end to, **протидія́ти** oppose, **чини́ти о́пір** resist) ◊ **Коли́ к. стає систéмною, її тя́жко чини́ти о́пір.** When corruption becomes systemic, it is hard to resist it. **боро́тися з ~єю** combat corruption ◊ **Його́ на́мір боро́тися з ~єю залиши́вся на́міром.** His intention to combat corruption remained an intention. **звинува́чувати** + *A.* **в ~ї** accuse sb of corruption ◊ **Мі́ністра звинува́чують у ~ї.** The minister is being accused of corruption.
prep. **к. в** + *L.* corruption in *(an institution)* ◊ **к. в уря́ді** corruption in government. **к. сéред** + *G.* corruption among sb ◊ **к. сéред су́ддів** corruption among judges
Also see **злочи́нність 1, кумі́вство**

ко́с|ий, *adj.*
1 skew, slanting, sidelong, oblique ◊ **~е промі́ння сві́тла** oblique rays of light, ◊ **к. ві́тер і дощ** sideways wind and rain
2 crooked, lopsided ◊ **~і двéрі не хоті́ли щі́льно зачиня́тися.** The crooked door would not close tightly.
See **криви́й 1**
3 cross-eyed, cockeyed ◊ **У дити́нстві він був ~им.** When a child, he was cross-eyed.
4 *fig.* hostile *(of glance)*, unfriendly, wry ◊ **Як дива́к, Марко́ виклика́в ~і по́гляди у тих, хто його́ не знав.** As an eccentric, Marko provoked hostile glances from those who did not know him.
Also see **криви́й 2**

космети́чн|ий, *adj.*
1 cosmetic ◊ **Вона́ спеціалізу́ється з ~ої хіру́ргії.** She specializes in cosmetic surgery.
к. + *n.* **к. кабінéт** a beauty parlor; **~а опера́ція** a plastic surgery ◊ **Багатьо́м жéртвам поже́жі потрі́бна була́ ~а опера́ція.** Many fire victims needed a plastic surgery. ◊ **Вона́ схова́ла гро́ші до ~ої су́мочки.** She hid the money in her vanity bag.
2 *fig.* cosmetic, superficial, perfunctory ◊ **Вони́ ма́ють за́соби лишé на к. ремо́нт помéшкання.** They have funds only for a cosmetic renovation of the apartment.
adv. **винятко́во** exceptionally ◊ **Змі́ни в уря́ді винятко́во ~і.** The changes in the government are exceptionally cosmetic. **в основно́му** mostly, **го́ловно** mainly, **чи́сто** purely ◊ **Рефо́рми ви́явилися чи́сто ~ими.** The reforms turned out to be purely cosmetic. **дéщо** somewhat; **лишé** only; **я́вно** clearly

космі́чн|ий, *adj.*
space, cosmic, of or pertaining to space
к. + *n.* **к. зв'язо́к** space communication (**полі́т** flight; **тури́зм** tourism; **зонд** probe, **чо́вник** shuttle), ♦ **к. корабéль** a spacecraft; **~а аґéнція** a space agency (**медици́на** medicine, **нау́ка** science, **тéхніка** equipment, **техноло́гія** technology; **мі́сія** mission, **одисéя** odyssey, **по́дорож** voyage; **програ́ма** program; **промисло́вість** industry, **ста́нція** station), **~а речовина́** cosmic matter (**теóрія** theory; **шви́дкість** speed); **~е промі́ння** cosmic rays; **~і дослі́дження** space exploration

космополі́т, *m.*; **~ка**, *f.*
cosmopolitan ◊ **Коли́сь сло́во «к.» вважа́ли обра́зливим.** Once the word *cosmopolitan* was considered insulting.
adj. **вели́кий** great, **затя́тий** diehard, **перекóнаний** convinced, **спра́вжній** real; **украї́нський** Ukrainian ◊ **Він вважа́є себé украї́нським ~ом і пи́шається цим.** He considers himself to be a Ukrainian cosmopolitan and is proud of it.

ко́смос, *m.*, **~у**, *only sg.*
space, outer space
adj. **глибо́кий** deep ◊ **Гра назива́ється «Глибо́кий к.»** The game is called *Deep Space.*
n. + **к. глиби́ни ~у** the depths of space (**край** edge ◊ **Ця тума́нність розташо́вана на краю́ ~у.** The nebula is situated at the edge of space. **ва́куум** vacuum, **порожнéча** emptiness); **ви́вчення ~у** space research (**дослі́дження** exploration) ◊ **Дослі́дження ~у почали́ся столі́ття тому́.** Space exploration began centuries ago.
v. + **к. вихо́дити в к.** go into space ◊ **Чéрез кі́лька хвили́н ракéта ви́йде в к.** In a few minutes, the rocket will go into outer space. (**запуска́ти** + *A.* **в** launch sb/sth into, **літа́ти в** fly into) ◊ **Лю́ди ста́ли літа́ти в к. на поча́тку 1960-х ро́ків.** Humans started flying into space in the early 1960s. ♦ **вихо́дити у відкри́тий к.** to perform a spacewalk ◊ **Астрона́вти трéтій раз вихо́дитимуть у відкри́тий к.** The astronauts will perform their third spacewalk. **приліта́ти з ~у**

come from space ◊ **Іс́нують підста́ви вважа́ти, що цей шмато́к залі́за прилеті́в із ~у.** There are grounds to believe that the chunk of iron came from space.

prep. **в к.** *dir.* in/to space ◊ **по́дорож у глибо́кий к.** a voyage into deep space; **в ~і** *posn.* in space ◊ **реко́рдно до́вгий час перебува́ння в ~і** a record long time of staying in space

косоо́к|ий, *adj.*
cross-eyed, cockeyed

adv. **де́що** somewhat, **тро́хи** a little; **виразно** distinctly; **непопра́вно** irreparably; **я́вно** clearly; **зма́лку** since childhood

v. + **к. бу́ти ~им** be cross-eyed ◊ **На світли́ні Та́ня тро́хи ~а.** In the picture, Tania is a little cross-eyed. (**здава́тися** + *D.* seem to sb ◊ **Хло́пчик здава́вся їй я́вно ~им.** The little boy seemed clearly cross-eyed to her. **лиша́тися** remain, **става́ти** become) ◊ **Коли́ Мико́ла напива́вся, він става́в вира́зно ~им.** When Mykola got drunk, he would become distinctly cockeyed.

кості́юм, *m.*, **~а**
suit

adj. **бездога́нний** immaculate, **до́бре скро́єний** well-tailored ◊ **чолові́к у до́бре скро́єному ~і** a man in a well-tailored suit; **елега́нтний** *and* **оша́тний** elegant, **мо́дний** fashionable, **найкра́щий** best ◊ **Він прийшо́в у своє́му найкра́щому ~і.** He came in his best suit. **випускни́й** graduation, **ділови́й** business ◊ **Вона́ не но́сить ділови́х ~ів.** She does not wear business suits. **лі́тній** summer, **форма́льний** formal; **дитя́чий** children's; **доро́слий** adult, **жіно́чий** women's, **чолові́чий** men's; ♦ **карнава́льний к.** a fancy dress; ♦ **пара́дний к.** a full dress; **захисни́й** protective, **купа́льний** bathing, ♦ **пла́вальний к.** a swimsuit, ♦ **спорти́вний к.** a sweatsuit; **смуга́стий** pinstripe; **бруна́тний** brown, **те́мно-си́ній** navy blue, **чо́рний** black, *etc.*; **те́мний** dark; **ясни́й** *and* **сві́тлий** light; **бавовня́ний** cotton, **во́вняний** wool, **лляни́й** linen, **тві́довий** tweed

v. + **к. купува́ти к.** buy a suit ◊ **Кульчи́нська ку́пить собі́ те́мний ділови́й к.** Kulchynska will buy herself a dark business suit. (**вибира́ти** choose, **носи́ти** wear, **одяга́ти** put on, **зніма́ти** take off; **ма́зати** soil ◊ **Він добря́че ви́мазав нови́й к.** He badly soiled his new suit. **пра́ти** wash, **прасува́ти** press)

prep. **в ~і** in a suit ◊ **Ві́ктор з'яви́вся на вечі́рці в оша́тному ~і й крава́тці.** Viktor appeared at the party in an elegant suit and a tie.

See **о́дяг**

кот|и́ти, кочу́, ~ять; по~, *tran. and intr.*
1 *tran.* to roll, wheel, trundle

adv. **вго́ру** up, **вниз** down, **впере́д** forward, **наза́д** back; **ва́жко** heavily, **ле́гко** easily, **пла́вно** smoothly, **пові́льно** slowly ◊ **Два робітники́ пові́льно ~ять бари́ло уго́ру ву́лицею.** Two workers are slowly rolling a barrel up the street. **шви́дко** quickly

2 *intr., colloq.* to drive, ride, go ◊ **Він ста́в, ски́нув мішки́ і поко́тив да́лі.** He stopped, dumped the bags and drove on.

See **ї́хати**

3 *intr., colloq.* to roll *(of waves, echo, etc.)*, flow ◊ **Луна́ від по́стрілу ~ить на і́нший край лі́су.** The echo from the gunshot is rolling to the other end of the woods.

(по)коти́!

кот|и́тися; по~, *intr.*
1 to roll, trundle ◊ **Перекоти́по́ле пла́вно ~иться сте́пом.** Tumbleweed smoothly rolls through the steppe.

2 *colloq.* to drive, ride, go, flow, roll; *also fig.* ◊ **Ю́рба покоти́лася до середмі́стя.** The crowd flowed to the center of town. ◊ **Над лі́сом ~иться густи́й бі́лий дим.** Thick white smoke is rolling over the forest.

3 *colloq.* to travel *(of sounds, rumors, celestial bodies)*, spread ◊ **Ві́стка про перемо́гу покоти́лася село́м.** The news of victory spread through the village.

4 to roll down *(of tears, sweat, etc.)* ◊ **Гі́ркі сльо́зи ~я́ться в ньо́го по щока́х.** Bitter tears are rolling down his cheeks. ♦ **сли́на** *or* **сли́нка ~иться в** + *G. fig.* sb salivates at *(the thought of sth)* ◊ **Від ду́мки про ту зу́стріч у Петра́ сли́нка ~и́лася.** Petro salivated at the thought of that encounter.

котле́т|а, *f.*
patty ◊ **На вече́рю він напряжи́в свиня́чих котле́т.** For dinner he fried pork patties.

adj. **инди́ча** turkey, **ку́ряча** chicken, **свиня́ча** pork, **теля́ча** veal, **ялови́ча** beef; ♦ **к. по-ки́ївськи** a chicken Kyiv

v. + **к. роби́ти ~у** make a patty (**пря́жити** *or* **сма́жити** fry; **підгріва́ти** warm up; **купува́ти** buy, **пропонува́ти** + *D.* offer sb)

See **ї́жа, м'я́со**

котр|и́й, ~о́го, *pr., conj.*
1 *interr. pr.* which, which one *(out of several)*? **В ~і́й кімна́ті сплять го́сті?** Which room do the guests sleep in? ◊ **К. із вас Іва́н?** Which one of you is Ivan?

See **яки́й 1**

2 *interr. pr.* what ◊ **~а́ годи́на?** What time is it?

Also see **яки́й 1**

3 *conj.* that, which ◊ **Завда́ння, ~е́ вони́ отри́мали, було́ не з легки́х.** The assignment that they had received was not an easy one.

See **яки́й 5**

коха́н|ий, *adj., n.*
1 *adj.* loved, beloved, dear; *also as form of address* ◊ **На за́ході чомусь не було́ його́ ~ого дру́га Миха́йла.** For some reason, his dear friend Mykhailo was not at the event. ◊ **Моя́ ~а по́друго, пишу́ до вас із проха́нням про ла́ску.** My beloved (female) friend, I am writing to you with a request for a favor.

adv. **ду́же** very much, **па́лко** fervently ◊ **па́лко ~а люди́на** a fervently loved person; **при́страсно** passionately, **шале́но** madly

Also see **лю́бий 1, 2**

2 *adj., colloq.* wonderful *(of people, pets, etc.)*, lovely, lovable ◊ **Воло́дя – абсолю́тно ~а люди́на.** Volodia is an absolutely wonderful person.

3 *n., m.* beloved, boyfriend ◊ **Це подару́нок від мого́ ~ого.** This is a gift from my beloved. **~а** girlfriend, beloved woman ◊ **Де тепе́р його́ ~а?** Where is his girlfriend now?

Also see **коха́нець 2, коха́ння 2, любо́в 3, ми́лий 4, симпа́тія 2**

коха́н|ець, *m.*, **~ця; ~ка**, *f.*
1 lover, paramour

adj. **гаря́чий** hot, **жагу́чий** ardent, **при́страсний** passionate; **до́брий** good; **бага́тий** wealthy, **замо́жний** well-to-do; **да́вній** erstwhile, **коли́шній** former; **потенці́йний** potential ◊ **Та́ня не ди́виться на ко́жного чолові́ка, як на потенці́йного ~ця.** Tania does not look at every man as a potential lover. **тепе́рішній** present; **втра́чений** lost; **знева́жений** spurned, **нещасни́й** unfortunate, **обма́нутий** deceived ◊ **До́вгий час її́ обма́нутий к. нічо́го не підо́зрював.** For a long time, her deceived lover did not suspect anything. **ві́рний** faithful; **зрадли́вий** unfaithful; **зна́чно моло́дший** considerably younger, **молоди́й** young; **стари́й** old ◊ **О́льжин к. ви́явився стари́м.** Olha's lover turned out to be old. **одру́жений** married; **підозрі́ливий** *or* **підозрі́лий** suspicious, **ревни́вий** jealous; **таємни́й** secret ◊ **Ви́явилося, що в цьо́го полі́тика був таємни́й к.** It turned out that the politician had a secret lover. **гомосексуа́льний** homosexual

v. + **к. заво́дити ~ця** take a lover ◊ **Вона́ завела́ ~ця.** She took a lover. (**знахо́дити** find, **ма́ти** have ◊ **За життя́ Олекса́ндра ма́ла не одного́ палко́го ~ця.** Over her life time, Oleksandra had more than one passionate lover. **ки́дати** leave ◊ **Дізна́вшись про це, вона́ ки́нула свого́ гаря́чого ~ця.** Having found out about it, she left her hot lover. **убива́ти** kill; **шука́ти** look for); **бу́ти ~цем** be a lover ◊ **Спочатку вони́ ма́ли той ідеа́льний шлюб, коли́ чолові́к є водно́час ~цем.** Initially theirs was the kind of ideal marriage wherein the husband was also the lover. (**лиша́тися** remain, **става́ти** become)

2 beloved ◊ **Вона́ з нетерпі́нням чека́ла ві́сто́к від ~ця.** She was impatiently waiting for news from her beloved. ◊ **Оре́ста не сумніва́лася у ві́рності свого́ ~ця.** Oresta did not doubt her boyfriend's faithfulness.

See **коха́ний 3.** *Also see* **коха́ння 2, любо́в 3, симпа́тія 2**

3 pet, favorite, darling

adj. **абсолю́тний** absolute, **незапере́чний** undeniable ◊ **Він став незапере́чним ~ем ЗМІ.** He became an undeniable darling of the media.

See **улю́бленець 1**

коха́н|ня, *nt.*
1 love *(physical love)*

adj. **вели́ке** great, **глибо́ке** deep, **жагу́че** ardent, **непоборне** irresistible, **ні́жне** tender, **палке́** fervent, **палю́че** burning, **при́страсне** passionate; **безме́жне** boundless, **ві́чне** eternal, **всеохо́пне** all-consuming, **невмиру́ще** undying; **безнаді́йне** hopeless, **нестерпне** unbearable; **взає́мне** mutual; **нерозді́лене** unrequited; **ві́льне** free; **втра́чене** lost; **заборо́нене** forbidden; **таємне** secret; **пе́рше** first ◊ **Тимі́ш – її́ пе́рше к.** Tymish is her first love. **платоні́чне** platonic, **подру́жнє** marital, **прирече́не** doomed, **романти́чне** romantic, **спра́вжнє** geniune, **щи́ре** true ◊ **Макси́ма охопи́ло почуття́ щи́рого к.** Maksym was gripped by the feeling of true love. **сексуа́льне** sexual, **фізи́чне** physical, **швидкопли́нне** fleeting; **гомосексуа́льне** homosexual, **лезбі́йське** lesbian, **одностате́ве** same-sex

n. + **к. істо́рія ~я** a love story ◊ **Фільм засно́ваний на класи́чній істо́рії к.** The movie is based on a classical love story. (**предме́т** object; **раб** slave; **сце́на** scene ◊ **Це була́ його́ улю́блена сце́на к.** This was his favorite love scene. **трику́тник** triangle)

v. + **к. виявля́ти к.** reveal love ◊ **Ді́вчи́на нічи́м не виявля́ла свого́ к. до Лукаша́.** The girl did not reveal her love for Lukash in any way. (**відкрива́ти** discover, **відповіда́ти взає́мністю на** reciprocate ◊ **Мо́тря не кваპилася відповіда́ти взає́мністю на його́ к.** Motria was not in a hurry to reciprocate his love. **відчува́ти** feel ◊ **Вона́ впе́рше відчува́ла таке́ жагу́че к.** She felt such ardent love for the first time. **знахо́дити** find, **плека́ти** foster, **хова́ти** hide, **шука́ти** look for ◊ **Рока́ми Яре́ма шука́є спра́вжнє к.** For years, Yarema has looked for a true love. **перетво́рюватися на** transform into) ◊ **Хто знав, що і́хня воро́жне́ча перетво́риться на к.!** Who knew that their animosity would transform into love! **зазнава́ти к.** experience love ◊ **У то́му ні́жному ві́ці Васи́ль ще не зазна́в к.** At that tender age, Vasyl had not yet experienced love. (**вмира́ти від** + *G.* die of) ◊ **Тара́с дослі́вно вмира́в від к. до Ната́лки.** Taras was literally dying of love for Natalka. **освідчуватися** + *D.* **в ~і** confess love to sb ◊ **Тут він освідчи́вся Марі́ї в ~і.** Here he confessed his love to Maria.

к. + *v.* **зроста́ти** grow ◊ **Із ко́жним днем і́хнє к. зроста́ло.** Each day, their love only

grew. **квíтнути** bloom, **розцвітáти** blossom; **перемагáти** + *A.* prevail over sth ◊ **Спрáвжнє к. перемагáє все.** True love prevails over everything. **вмирáти** die ◊ **Навіть найбільше к. приречéно колись помéрти.** Even the greatest love is doomed to die some day. **гáснути** fade
prep. **з к.** for/out of love ◊ **Зробити такий крок мóжна лишé з вели́кого к.** One can take such a step only out of great love. **к. до** + *G.* love for sb ◊ **Катери́ні здавáлося, що її к. до цього чоловіка безмéжне.** It seemed to Kateryna that her love for the man was boundless. ♦ **к. з пéршого пóгляду** love at first sight ◊ **Вонá вірила в к. з пéршого пóгляду.** She believed in love at first sight. **к. між** + *I.* love between sb ◊ **Між батькáми й дітьми мóже бýти любóв, а не к.** Between parents and children, there can be affection and not physical love.
Also see **ромáн 2**
2 lover, beloved person, darling, love ◊ **Він написáв лист до свогó к.** He wrote a letter to his beloved. ◊ **Лев був її дівóчим ~ням.** Lev was her youthful love.
See **кохáний 3, симпáтія 2**
3 act of loving, love-making
adj. **гарячe** hot, **ди́ке** wild, **спекóтне** ardent, **шалéне** crazy
v. + **к. займáтися ~ням з** + *I.* make love with sb ◊ **Вони́ усю ніч займáлися ~ням.** They made love all night long.
See **секс.** *Also see* **лáска 2.** *Cf.* **любóв**
G. pl. **~ь**

кохá|ти, ~ють; по~, *tran.*

1 *impf.* to love *(romantically)*, be in love with ◊ **Я тебé ~ю.** I love you.
adv. **божевільно** madly ◊ **Полíна божевільно ~ла цю люди́ну.** Polina was madly in love with this person. **вíрно** faithfully, **гáряче** ardently, **гли́боко** deeply, **дýже** very much, **ніжно** tenderly, **по-спрáвжньому** truly, **пристрáсно** passionately, **спрáвді** really, **таємно** secretly ◊ **Усі ці рóки Олéсь таємно ~в її.** All these years, Oles had secretly loved her.
Cf. **любити 1.** *Also see* **любити 2**
2 to adore, admire ◊ **Я не прóсто люблю, я ~ю таки́х тонки́х знавців мýзики, як він.** I do not simply like, I adore such subtle connoisseurs of music as he is.
3 *only pf.* to fall in love with ◊ **Петрó покохáв її з пéршого пóгляду.** Petro fell in love with her at first sight.
Also see **закóхуватися, западáти 5, захóплюватися 3**
4 *fig.* to cherish, cultivate
к. + *n.* **к. дýмку** cherish a thought (**мрію** dream, **надію** hope, **нáмір** intention) ◊ **Відтóді Юркó ~є надію побувáти у Венéції.** Since then, Yurko has cherished the hope of visiting Venice.
5 to bring up, raise; *pf.* **ви́~** ◊ **Вони́ рáзом ви́кохали двох чудóвих дітéй.** Together they raised two wonderful children.
pa. pple. **ви́коханий** cherished, raised
(по)кохáй!

кохá|тися; по~, *intr.*

1 to love one another, be in love with each other ◊ **Івáн і Васили́на ~лися.** Ivan and Vasylyna loved each other.
prep. **к. з** + *I.* be in love with sb ◊ **Вонá ~ється з Кири́лом.** She and Kyrylo are in love.
See **кохáти 1, люби́ти 2**
2 *only with prep.* to admire, relish, like, take pleasure in
prep. **к. в** + *L.* take pleasure in sth, be fond of sth ◊ **Ніна зáвжди ~лася в екзоти́чних квітах.** Nina was always fond of exotic flowers. ◊ **Волóдя ~ється в стари́х мáпах.** Volodia likes old maps.
See **подóбатися.** *Also see* **вподóба, люби́ти 3**
3 *only pf.* to fall in love ◊ **Вони́ покохáлися.** They fell in love with one another.

кóшик, *m.*, ~а

1 basket *(also in basketball)* ◊ **М'яч не потрáпив у к.** The ball missed the basket.
adj. **бамбýковий** bamboo, **дротяни́й** wire, **пластмáсовий** plastic, **плéтений** wicker ◊ **На стóлі стоя́в плéтений к. з я́блуками і грýшами.** There was a wicker basket with apples and pears on the table. **пóвний** full, **порóжній** empty; ♦ **спожи́вчий к.** *econ.* consumer basket ◊ **Чáсом спожи́вчий к. в Україні ще назиáють «борщови́м набóром».** In Ukraine, sometimes the consumer basket is also called *the borshch set.*
v. + **к. напóвнювати к.** fill a basket (**нести́** carry; **опорожня́ти** empty; **пакувáти** pack; **плести́** weave ◊ **Бáтько навчи́в Ігоря плести́ ~и.** Father taught Ihor to weave baskets; **роби́ти** make); **брáти** + *A.* **з ~а** take sth out of a basket (**виклaдáти** + *A.* **з** put sth out of ◊ **Трéба ви́класти продýкти з ~а на стіл.** The groceries need to be put out of the basket onto the table. **клáсти** + *A.* **до** put sth into); **забивáти м'яч у к.** *(all in basketball)* score a basket (**потрапля́ти** *or* **попадáти в** make a basket); **ки́дати по ~у** shoot a basket
prep. **в к.** *dir.* in/to a basket ◊ **Вонá поклáла в к. бухáнку хлíба.** She put a loaf of bread in the basket. **в ~у** *posn.* in a basket ◊ **У ~у сиділо чоти́ри кошеня́ти.** Four kittens sat in the basket. **к. для** + *G.* a basket for sth ◊ **к. для біли́зни** a laundry basket (**в'язáння** knitting, **квітів** flower, **папéру** wastepaper, **продýктів** shopping, **фрýктів** fruit, **хлíба** bread); **к. з** + *I.* basket with sth ◊ **к. із кýрячими я́йцями** a basket with chicken eggs

кошмар, *m.*, ~у

1 nightmare
adj. **жахли́вий** terrible ◊ **Минýлої нóчі Оксáні присни́вся жахли́вий к.** Last night, Oksana had a terrible nightmare. **страхітли́вий** terrifying, **страшни́й** horrible; **паралізýючий** paralyzing; **періоди́чний** recurring; **улю́блений** favorite ◊ **Він писáв, що кóжна люди́на мáє улю́блений к.** He wrote that each person had her favorite nightmare.
v. + **к. бáчити к.** have a nightmare ◊ **Маркó бáчив цей к. щорáзу пéред тим, як мав подорожувáти.** Marko would have this nightmare every time he was supposed to travel. **потерпáти від ~у** suffer from a nightmare (**прокидáтися від** wake up from)
See **сон 2**
2 *fig.* bad experience, sth/sb awful
adj. **абсолю́тний** absolute, **винятко́вий** exceptional, **ґоти́чний** *fig.* Gothic, **живи́й** living, **найгíрший** worst, **нечýваний** unheard-of, **пóвний** total, **спрáвжній** true, **сýщий** real ◊ **Це булá не компáнія, а сýщий к.** It was a real nightmare of a company. **чи́стий** sheer; **особи́стий** personal
v. + **к. переживáти к.** survive ◊ **У Донéцьку вони́ пережили́ спрáвжній к.** In Donetsk, they survived a true nightmare. (**перетвóрюватися на** turn into ◊ **За пів рóку шлюб перетвори́вся на к.** In half a year, the marriage turned into a nightmare. **прохóдити чéрез** go through); **бýти ~ом** be a nightmare (**виявля́тися** prove, **здавáтися** + *D.* seem to sb, **ставáти** become) ◊ **Це знайóмство стáло для Андрія особи́стим ~ом.** This acquaintance became a personal nightmare for Andrii.
Also see **жах 2**

кошт, *m.*, ~у

money, funds, capital, expense, cost, *often pl.*
adj. **вели́кий** great, **величéзний** enormous ◊ **На будівни́цтво ви́трачено величéзні ~и.** Enormous funds were spent on construction. **значни́й** considerable, **страшни́й** terrible; **мали́й** small, **мізéрний** puny, **невели́кий** little, **помірко́ваний** moderate, **помíрний** reasonable; **будь-яки́й** any; **додаткóвий** additional; **необхíдний** requisite; **громáдський** public, **держáвний** government, **особи́стий** personal ◊ **Вонá утри́мувала шкóлу особи́стим ~ом.** She supported the school with her personal money.
к. + *n.* **~и будівни́цтва** the cost of construction ◊ **К. будівни́цтва переви́щив прогнозóваний.** The cost of construction succeeded the projected one. (**модернізáції** modernization, **навчáння** studies, **реорганізáції** reorganization)
v. + **к. виділя́ти ~и** allocate funds ◊ **Необхíдні ~и обіця́ли ви́ділити при кінці рóку.** They promised to allocate the requisite funds at the end of the year. (**витрачáти** spend, **давáти** + *D.* give sb, **компенсувáти** compensate; **збільшувати** increase; **знахóдити** find; **ощáджувати** save, **скорóчувати** reduce; **втрачáти** lose; **присвóювати** appropriate ◊ **Вонá присвóїла значні громáдські ~и.** She appropriated considerable public funds. **покривáти** cover) ◊ **Компáнія покри́ла ~и йогó відря́дження до Севастóполя.** The company covered the cost of his business trip to Sevastopol. ♦ **~ом** at the cost of, at the expense of ◊ **Він урятувáв дочку ~ом влáсного життя́.** He saved his daughter at the expense of his own life. ♦ **жи́ти влáсним** *or* **своїм ~ом** to support oneself, make one's own living ◊ **Від сімнáдцяти рóків Катери́на живé влáсним ~ом.** Since the age of seventeen, Kateryna has made her own living. ♦ **жи́ти чужи́м ~ом** to live off sb ◊ **Вонá зви́кла жи́ти ~ом як не батькíв, то брáта.** She got into the habit of living either off her parents or her brother.
See **ви́трати 1, грóші**

коштóвн|ий, *adj.*

expensive, costly
adv. **винятко́во** exceptionally ◊ **На підлóзі бýли винятко́во ~і килими́.** There were exceptionally expensive carpets on the floor. **дóсить** fairly, **дýже** very, **надзвичáйно** extremely, **осóбли́во** especially, **непристýпно** forbiddingly, **спрáвді** really
v. + **к. бýти ~им** be expensive (**виявля́тися** prove ◊ **Серéжки, які подарувáв їй Сергíй, ви́явилися спрáвді ~ими.** The earrings Serhii had given her proved really expensive. **ставáти** become)
See **дороги́й 1.** *Also see* **дорогоцíнний 1**

кóшту|вáти, ~ють; *no pf., tran.*

to cost ◊ **Замíна підлóги ~ватиме двáдцять ти́сяч гри́вень.** The floor replacement will cost ₴20,000.
adv. **багáто** much, **дéшево** cheap, **дóрого** a lot ◊ **Олéну йогó порáди дóрого ~ють.** His advice costs Olena a lot. **мáло** little; ◊ **Скíльки ~є нови́й комп'ютер?** How much is a new computer? ♦ **щоб то не ~вáло** whatever it takes, whatever the price ◊ **Ми знайдéмо ви́хід, щоб то не ~вало.** We shall find a way out whatever it takes.
v. + **к. бýти пови́нним** have to ◊ **Ця пóслуга не пови́нна так багáто к.** This service does not have to cost so much. **мáти** be supposed to ◊ **Це мáє к. однý гри́вню.** This is supposed to cost ₴1.
кóштуй!
Also see **вартувáти**[1], **обхóдитися 2**

кравáт|ка, *f.*

tie, necktie
adj. **елеґáнтна** elegant, **мóдна** fashionable ◊ **На ньóму мóдна к.** He has a fashionable necktie on. **сти́льна** stylish; **старомóдна** old-fashioned; **жóвта** yellow, **зелéна** green, **червóна** red, **чóрна** black, *etc.*; **тéмна** dark, **ясна́** light; **бавовня́на** cotton, **шовкóва** silk; **в'я́зана** knit; **дорогá** expensive ◊ **Ніна подарувáла йомý дорогý італíйську ~ку.** Nina gave him an expensive Italian necktie. **дешéва** cheap
v. + **к. випрóстувати ~ку** straighten a tie (**поправля́ти** adjust; **зав'я́зувати** knot ◊ **Назáр**

навчи́вся зав'я́зувати ~ку. Nazar learned to knot a necktie. зніма́ти take off; носи́ти wear, одяга́ти *or* наклада́ти put on ◊ Із тако́ї урочи́стої наго́ди Сергі́й накла́в ~ку. For such a solemn occasion, Serhii put a tie on. послабля́ти loosen, розв'я́зувати untie)
L. на ~ці; *G. pl.* ~ок

крадíж|ка, *f.*
theft, larceny
adj. **вели́ка** large, **масшта́бна** large-scale; **зухва́ла** brazen ◊ **Зухва́ла к. карти́ни Карава́джа шокува́ла мі́сто.** The brazen theft of the painting by Caravaggio shocked the city. **безпрецеде́нтна** unprecedented, **нечу́вана** unheard-of, **сенсаці́йна** sensational, **сканда́льна** scandalous; **дрібна́** petty, **невели́ка** small; ♦ **к. зі зло́мом** a burglary
v. + **к. влашто́вувати ~ку** orchestrate a theft (**вчиня́ти** commit ◊ **Ця гру́па вчини́ла не одну́ ~ку.** The group has committed more than one larceny. **здійснювати** do, **організо́вувати** organize, **готува́ти** prepare); **запобіга́ти ~ці** prevent a theft ◊ **В оста́нню хвили́ну полі́ція запобі́гла ~ці.** At the last moment, the police prevented the theft. **звинува́чувати** + *A.* **у ~ці** accuse sb of theft ◊ **Жі́нка звинува́тила сусі́да у ~ці велосипе́да.** The woman accused her neighbor of stealing the bicycle. (**підо́зрювати** + *A.* **у** suspect sb of) ◊ **Її тут же запідо́зрили у ~ці.** They immediately suspected her of the theft.
G. pl. **~ок**
See **зло́чин.** *Cf.* **грабу́нок**

кра́дькома́, *adv.*
stealthily, in secret, furtively ♦ **погля́нути** *or* **подиви́тися к. на** + *A. pf.* to steal a furtive look at sb/sth ◊ **Поліщу́к к. погля́нув на ма́пу.** Polishchuk stole a furtive look at the map.
prep. **к. від** + *G.* furtively from sb ◊ **Вона́ зустріча́лася з Андрі́єм к. від батьків.** She went out with Andrii in secret from her parents.

краєви́д, *m.*, **~у**
1 landscape, view, outlook
adj. **га́рний** beautiful, **гіпноти́чний** hypnotic ◊ **Бо́дя не міг відірва́ти по́гляду від гіпноти́чного ~у.** Bodia could not take his eyes off the hypnotic view **дивови́жний** amazing, **захо́пливий** breathtaking, **незабу́тній** unforgettable, **неймові́рний** incredible, **неповто́рний** inimitable, **разю́чий** stunning, **розкі́шний** luxurious ◊ **Із балко́ну відкрива́вся розкі́шний к. старо́го мі́ста.** The window offered a luxurious view of the old city. **чарі́вний** enchanting, **чудо́вий** wonderful; **моното́нний** monotonous ◊ **моното́нний к. промисло́вого мі́ста** a monotonous view of an industrial city; **пону́рий** grim, **похму́рий** gloomy, **суво́рий** stern; **гі́рський** mountain, **морськи́й** marine, **степови́й** steppe; **мі́ськи́й** urban, **сі́льськи́й** rural; **весня́ний** spring, **лі́тній** summer, **осі́нній** autumnal, **зимо́вий** winter ◊ **Ната́лка знахо́дила щось прива́бливе в суво́рому зимо́вому ~і.** Natalka found something attractive in the stern winter landscape.
v. + **к. ма́ти к.** have a view ◊ **Поме́шкання ма́є пону́рий к. по́рту.** The apartment had a grim view of the port. (**пропонува́ти** + *D.* offer sb, **закрива́ти** block ◊ **Нови́й буди́нок цілко́м закрива́в к.** The new building completely blocked the view. **малюва́ти** paint; **диви́тися на** watch) ◊ **Вона́ годи́нами диви́лася на к. гір.** She would watch the mountain view for hours. **милува́тися ~ом** admire a landscape (**насоло́джуватися** enjoy)
prep. **к. на** + *A. or* **к.** + *G.* view of sth ◊ **Із ві́кна́ спа́льні відкрива́ється к. на рі́чку** *or* **к. рі́чки.** The bedroom window opens onto a view of the river.
Also see **вид**[1] **1, рельє́ф 1**
2 landscape painting
v. + **к. малюва́ти** *or* **писа́ти ~и** paint landscapes ◊ **Він пи́ше бага́то ~ів.** He painted a lot of landscapes.

краї́н|а, *f.*
country, nation, land; state
adj. **вели́ка** great, **прекра́сна** beautiful, **чудо́ва** wonderful ◊ **Скі́льки чудо́вих краї́н вони́ поба́чать!** How many wonderful countries they will see! **дале́ка** distant, **екзоти́чна** exotic, **замо́рська** overseas, **неба́чена** unseen, **неповто́рна** inimitable, **тропі́чна** tropical, **чужа́** foreign; **гаря́ча** hot, **те́пла** warm; **холо́дна** cold; **воло́га** humid ◊ **Півні́чанинові нелегко жи́ти в ці́й воло́гій ~і.** It is not easy for a northerner to live in this humid country. **суха́** dry; **ві́льна** free; **воро́жа** enemy, **дру́жня** friendly; **колонія́льна** colonial, **незале́жна** independent, **сувере́нна** sovereign ◊ **спра́вді ві́льна і сувере́нна к.** a truly free and sovereign country; **невтра́льна** neutral, **позабло́кова** non-aligned; **окупо́вана** occupied; **бага́та** rich, **замо́жна** affluent; **бі́дна** poor; **гу́стонасе́лена** densely populated; **демократи́чна** democratic; **відста́ла** backward, **недорозви́нена** underdeveloped; **промисло́ва** industrial, **розви́нена** developed; **капіталісти́чна** capitalist, **комуністи́чна** communist, **соціялісти́чна** socialist; **вла́сна** own, ♦ **рі́дна к.** homeland; **при́брана** adopted ◊ **Кана́да – її при́брана к.** Canada is her adopted country. ♦ **казко́ва к.** a wonderland; ♦ **на́ша к.** this country; **зни́щена війно́ю** war-ravaged; **африка́нська** African, **ара́бська** Arab, **європе́йська** European, *etc.*; **за́хідна** Western, **схі́дна** Eastern; **близькосхі́дна** Middle Eastern; **англомо́вна** English-speaking, **іспаномо́вна** Spanish-speaking, **франкомо́вна** French-speaking, *etc.*; **католи́цька** Catholic, **мусульма́нська** Muslim, **протеста́нтська** Protestant; **бага́та на на́фту** oil-rich
к. + *n.* **к. Європе́йського Сою́зу** an EU country, **к. НА́ТО** a NATO country, **к.-член** a member country ◊ **к.-член Ра́ди Євро́пи** a member country of the Council of Europe
v. + **к. анексува́ти ~у** annex a country (**грабува́ти** plunder ◊ **Оліга́рха́т грабу́є ~у по́над чверть сторі́ччя.** The oligarchs have plundered the country for more than a quarter century. **руйнува́ти** ruin, **спусто́шувати** devastate; **дестабілізува́ти** destabilize ◊ **Гі́тлер роби́в усе́, щоб дестабілізува́ти ~у.** Hitler did everything, in order to destabilize the country. **завойо́вувати** conquer, **зага́рбувати** invade, **зра́джувати** betray, **напада́ти на** attack ◊ **Во́рог напа́в на ~у без оголо́шення війни́.** The enemy attacked the country without declaring war. **окупо́вувати** occupy ◊ **~у ча́сто окупо́вували і плюндрува́ли сусі́ди.** The country was often occupied and plundered by its neighbors. **поділя́ти** divide, **поляризува́ти** polarize, **розко́лювати** split; **борони́ти** defend, **визволя́ти** liberate, **захища́ти** protect, **рятува́ти** save ◊ **Нови́й у́ряд мав урятува́ти ~у від кри́зи.** The new government was supposed to save the country from crisis. **демократизува́ти** democratize, **модернізува́ти** modernize; **декомунізува́ти** decommunize, **денацифікува́ти** denazify, **дерусифікува́ти** derussify; **об'є́днувати** unite ◊ **Він хоті́в об'єдна́ти ~у на осно́ві спі́льної мо́ви, культу́ри й істори́чної па́м'яти.** He wanted to unite the country on the basis of the shared language, culture, and historical memory. **реформува́ти** reform) ◊ **Реформува́ти ~у ви́явилося не так ле́гко, як здава́лося.** Reforming the country proved not as easy as it had seemed. **виїжджа́ти з ~и** leave a country (**втіка́ти з** flee; **приї́жджати до** come to) ◊ **Він приї́хав до ~и сім ро́ків то́му.** He came to the country seven years ago. **керува́ти ~ою** rule a country (**пра́вити** govern ◊ **~ою коли́сь пра́вив фаши́стський режи́м.** A fascist regime once ruled the country. **подорожува́ти** travel around) ◊ **Щолі́та Стороже́нки подорожува́ли яко́юсь ново́ю ~ою.** Every summer, the Storozhenkos would travel around some new country.
к. + *v.* **розташо́вуватися** *or* **бу́ти розташо́ваною в** *and* **на** + *L.* be situated in *(a place)* ◊ **К. розташо́вана** (*or* **розташо́вується**) **в Євро́пі** *or* **на пі́вночі Євро́пи.** The country is situated in Europe *or* in the north of Europe. **лежа́ти в** *and* **на** + *L.* lie in/on *(a place)* ◊ **К. лежи́ть на тектоні́чному розла́мі.** The country lies on a tectonic faultline. **виробля́ти** + *A.* produce sth ◊ **К. традиці́йно виробля́є збі́жжя.** The country traditionally produces grain. **експортува́ти** + *A.* export sth, **імпортува́ти** + *A.* import sth; **зале́жати від** + *G.* depend on sth; **потерпа́ти** *or* **стражда́ти від** + *G.* suffer from sth ◊ **Ця краї́на вже де́сять ро́ків потерпа́є від посу́хи.** This country has suffered from drought for ten years now. **потребува́ти** + *G.* need sth ◊ **К. потребу́є маси́вної фіна́нсової допомо́ги.** The country is in need of a massive financial assistance. **бо́ротися з** + *I.* fight with sth, **воюва́ти з** + *I.* be at war with sb, **конкурува́ти з** + *I.* compete with sb; **межува́ти з** + *I.* border sth ◊ **На схо́ді к. межу́є з По́льщею.** In the east the country borders Poland.
prep. **в ~у** *dir.* in/to a country ◊ **Хви́лі бі́женців покоти́лися в ~и За́хідної Євро́пи.** Waves of refugees rolled into the countries of Western Europe. **в ~і** *posn.* in a country ◊ **Вона́ народи́лася в пі́вде́нній ~і.** She was born in a southern country. ◊ **в ко́жній ~і** in every country; **до ~и** to a country ◊ **Вони́ пересели́лися до і́ншої ~и.** They moved to another country. **з ~и** from a country ◊ **Деле́га́ти збира́лися з усіє́ї ~и.** Delegates were gathering from all over the country. **по ~і** around a country ◊ **Вони́ ї́здили по всій ~і.** They traveled all over the country. **по́за ~ою** outside a country ◊ **Скі́льки прожи́в Петру́к по́за ~ою?** How long has Petruk lived outside the country?
Also see **держа́ва, земля́ 4, край**[1] **2, сторона́ 1**

кра|й[1], *m.*, **~ю**
1 edge, rim, brink, end, flank
adj. **ве́рхній** upper, **ни́жній** lower; **пра́вий** right, **лі́вий** left ◊ **Пра́вий к. пра́пора по́рваний.** The right edge of the flag is torn up. ♦ **пере́дній к.** *mil.* the front line, *also fig.* cutting edge ◊ **Тепе́р компа́нія була́ на пере́дньому ~і техні́чних нова́цій.** Now the company was on the front line of technological innovations.
к. + *n.* **к. да́ху** a roof edge, ♦ **к. доро́ги** roadside, **к. мі́ста** the edge of town ◊ **Вокза́л збудува́ли на само́му ~ю мі́ста.** The station was built on the very edge of town. ◊ **к. сві́ту** the end of the world ◊ **по́дорож на к. сві́ту** a trip to the end of the world
v. + **к. перелива́тися че́рез к.** overflow ◊ **Молоко́ ста́ло перелива́тися че́рез к.** The milk started to overflow. ♦ **кла́сти** + *D.* **к.** to put an end to sth ◊ **Він шви́дко покла́в к. підривні́й дія́льності.** He quickly put an end to the subversive activities. **дохо́дити до ~ю** reach an end; **бу́ти на ~ю прі́рви** be on the edge of the abyss (**опини́тися на** turn out on) ◊ **Гру́па опини́лася на ~ю лі́су.** The group ended up on the edge of the forest.
prep. ♦ **без кінця́-кра́ю** endless, without end ◊ **Фільм тя́гнеться без кінця́-кра́ю.** The film is endless. **на к.** *dir.* to the edge ◊ **Анті́н пішо́в би за не́ю на к. сві́ту.** Antin would follow her to the end of the world. **на ~ї** *or* **~ю** *posn.* at the edge ◊ **Вона́ стоя́ла на ~ю прі́рви.** She was standing at the edge of the abyss. ♦ **з ~ю в к.** from end to end ◊ **Він пройшо́в Карпа́ти з ~ю в к.** He crossed the Carpathians from end to end.
Also see **бік 2, сторона́ 3.** *Ant.* **сере́дина 1, центр 2**
2 land, country, region ◊ **Ці ~ї коли́сь населя́ли**

гре́ки. Once the Greeks populated this region.
adj. **га́рний** beautiful, **чудо́вий** wonderful, **мальовни́чий** picturesque; **дале́кий** distant ◊ **Сім ро́ків вона́ жила́ в дале́ких ~я́х.** For seven years, she lived in distant lands. **ди́вний** strange, **екзоти́чний** exotic; **суво́рий** severe, **неприві́тний** inhospitable; **рі́дний** native; **те́плий** warm ◊ **Леле́ки відлеті́ли у те́плі ~ї.** Storks flew away to warm countries. ♦ **к. кри́ги та вогню́** the land of ice and fire
See **краї́на.** *Also see* **земля́ 4, місце́вість 2, сторона́ 1**

край², *prep.* + *G.*
beside sth, by sth, near sth ◊ **к. доро́ги** by the side of the road; ◊ **К. лі́су пасло́ся ста́до корі́в.** A herd of cows grazed near the forest.
See **бі́ля 1**

кра́йн|ій, *adj.*
1 last, furthermost, farthest; last ◊ **Вони́ посели́лися в ~ій кімна́ті.** They put up in the last room. ◊ **Нова́ шко́ла була́ на ~ій ву́лиці.** The new school was on the last street. ♦ **к. те́рмін** a deadline ◊ **Насту́пний вівто́рок – її ~ій те́рмін.** Next Tuesday is her deadline.
Also see **оста́нній 1**
2 extreme, excessive, drastic, radical; *also fig.*
adv. **де́що** somewhat, **доста́тньо** fairly, **на́дто** too ◊ **Він трима́ється надто́ ~іх по́глядів.** He espouses too extreme views. **спра́вді** really
к. + *n.* **к. ви́падок** an extreme case, ♦ **на к. ви́падок** *or* **в ~ьому ра́зі** as a last resort ◊ **На к. ви́падок ми мо́жемо зверну́тися по допомо́гу до роди́ни.** As a last resort we can turn for help to our family. (**за́хід** west, **схід** east; **по́гляд** view) ◊ **У релігі́йних спра́вах вони́ трима́ються де́що ~іх по́глядів.** In the matters of religion, they adhere to somewhat extreme veiws. **~я жорсто́кість** extreme cruelty (**пі́вніч** north); **~і за́ходи** extreme measures (**зли́дні** poverty) ◊ **Ді́ти жили́ в ~іх зли́днях.** The children lived in extreme poverty.
See **скра́йній.** *Also see* **екстрема́льний**

кра́йнощ|і, *only pl.*, **~ів**
extreme(s) ◊ **Мо́же не ва́рто одра́зу вдава́тися в к.** Perhaps we should not go right away to extremes.
adj. **вели́кі** great, **неви́правдані** unjustified; **глу́пі** silly, **дурні́** stupid, **непотрі́бні** needless ◊ **Для не́ї ризикува́ти життя́м – це непотрі́бні к.** For her, risking her life is a needless extreme. ◊ **к. пого́ди** the extremes of weather, ◊ **к. війни́** the extremes of war
v. + **к. допуска́ти к.** allow extremes (**ненави́діти** hate ◊ **Як люди́на помірко́вана, І́гор ненави́дів к.** As a moderate person, Ihor hated extremes. **вдава́тися** *or* **впада́ти в** go to; **представля́ти** represent) ◊ **Ці па́ртії представля́ють дві ідеологі́чні к.** These parties represent two ideological extremes. **уника́ти ~ів** avoid extremes ◊ **До́сі Лі́дія уника́ла ~ів.** Until now, Lidiia avoided extremes. (**дово́дити** + *A* **до** carry sth to, **дохо́дити до** reach) ◊ **За таки́х умо́в недо́вго ді́йти до ~ів.** Under such conditions, it does not take long to reach the extreme.

крамни́ц|я, *f.*
store, shop
adj. **вели́ка** big ◊ **Ля́на ма́ла дві вели́кі ~і в середмі́сті.** Liana had two big stores downtown. **мала́** small; **просто́ра** spacious, **тісна́** cramped; **лю́дна** crowded, **поро́жня** empty ◊ **Коли́сь лю́дна к. тепе́р стоя́ла поро́жньою.** The once crowded store now stood empty. **деше́ва** cheap, **дорога́** expensive; **місце́ва** local, **мі́ська** town, **сільська́** village; **мо́дна** fashionable, **сти́льна** stylish; **антиква́рна** antique, **безми́тна** duty-free ◊ **Вона́ купу́є парфу́ми в безми́тних ~ях.** She buys her perfumes in duty-free stores. **взутте́ва** shoe, **книжко́ва** book, **м'ясна́** butcher, **моло́чна** dairy, **овоче́ва** vegetable, **подару́нко́ва** gift, **продукто́ва** greengrocer's, **спеціялізо́вана** specialty, **суве́нірна** souvenir, **хлі́бна** bread; **популя́рна** popular, **улю́блена** favorite ◊ **Пека́рня була́ його́ улю́бленою ~ею.** The bakery was his favorite store. **прекра́сна** excellent, **хоро́ша** good, **чудо́ва** wonderful; **пога́на** bad, **жахли́ва** awful
v. + **к. відкрива́ти ~ю** open a store ◊ **Цю антиква́рну ~ю відкри́в його́ дід.** This antique store was opened by his grandfather. (**закрива́ти** close down; **будува́ти** build, **купува́ти** buy, **продава́ти** sell; **ма́ти** have, **трима́ти** run) ◊ **Їй ви́гідніше трима́ти ~ю, як працюва́ти вчи́телькою.** It is more profitable for her to run a store, than work as a teacher. **ходи́ти до ~і** go to a store ◊ **Він щоти́жня хо́дить до моло́чної ~і.** He goes to the dairy store every week. **воло́діти ~ею** own a store
к. + *v.* **відкрива́тися** open ◊ **На ву́лиці відкри́лася взутте́ва к.** A shoe store opened on the street. **закрива́тися** close ◊ **У неді́лю к. закрива́ється рані́ше, як за́вжди́.** On Sunday, the store closes earlier than usual. **банкрутува́ти** go bankrupt, **ма́ти у́спіх у** + *G.* be a success among/with sb ◊ **Нова́ суве́нірна к. має вели́кий у́спіх у клі́єнтів.** The new souvenir store is a great success among customers. **процвіта́ти** flourish, **продава́ти** + *A.* sell sth ◊ **Овоче́ва к. продає авока́да.** The vegetable store sells avocados. **пропонува́ти** + *D.* + *A.* offer sb sth, **спеціялізуватися на** + *A.* specialize in sth
prep. **до ~і** to a store ◊ **До ~і під'їхала вантажі́вка.** A truch drove up to the store. **у ~ю** *dir.* in/to a store ◊ **Вона́ зайшла́ у ~ю.** She went into the store. **у ~і** *posn.* in a store ◊ **В ї́хній м'ясні́й ~і все за́вжди́ сві́же.** Everything is always fresh in their butcher's store.

кран¹, *m.*, **~а**
faucet, tap ◊ **Він відкрути́в к.** He turned on the faucet.
adj. **гаря́чий** hot, **холо́дний** cold; **ва́нний** bathroom, **кухо́нний** kitchen; **мі́дний** copper; **нови́й** new; **зіпсо́ваний** broken
v. + **к. відкрива́ти к.** open a faucet (**відкру́чувати** turn on, **крути́ти** turn; **закру́чувати** turn off ◊ **Хтось забу́в(ся) закрути́ти к. у туале́ті.** Somebody forgot to turn off the faucet in the restroom. **встано́влювати** install, **міня́ти** replace, **ремонтува́ти** fix)
к. + *v.* **ка́пати** drip, **протіка́ти** leak ◊ **Кухо́нний к. протіка́є.** The kitchen faucet is leaking. **текти́** run ◊ **На ку́хні голосно тік к.** The faucet ran loudly in the kitchen.
prep. **з ~а** from a faucet ◊ **Із ~а текла́ вода́.** Water was running from the faucet. ♦ **вода́ з ~а** tap water ◊ **Вони́ пи́ли винятко́во во́ду з ~а.** They drank exceptionally tap water.

кран², *m.*, **~а**, *techn.*
crane
adj. **мостови́й** bridge, **підійма́льний** hoisting ◊ **Він працю́є на вели́кому підійма́льному ~і.** He operates a big hoisting crane. **плаву́чий** floating, **рухо́мий** traveling ◊ **На будіве́льному майда́нчику працюва́тиме два рухо́мих ~и.** Two traveling cranes will be operating on the construction site.
See **механі́зм 1**

кра́п|ка, *f.*
1 dot
adj. **вели́ка** big, **мале́нька** small ◊ **За хвили́ну літа́к перетвори́вся на мале́ньку ~ку на о́брії.** In a minute the aircraft turned into a little dot on the horizon. **жи́рна** fat, **масна́** greasy; **непомі́тна** indiscernible; **зеле́на** green, **фіоле́това** purple, **чо́рна** black, *etc.*
See **то́чка.** *Also see* **ця́тка 1**
2 *ling.* period *(punctuation mark)*, full stop ♦ **дві ~ки** colon (:), ♦ **три ~ки** ellipsis (...), ♦ **к. з ко́мою** semicolon (;)
v. + **к. ста́вити ~ку** put a period ◊ **Він поста́вив ~ку в кінці́ ре́чення.** She put a period at the end of the sentence. (**пропуска́ти** omit, **стира́ти** delete); ♦ **ста́вити ~ки над і** to dot the i's and cross the t's; **ста́вити ~ку в** *or* **на** + *L.* finish sth, stop at sth ◊ **У на́шій диску́сії час ста́вити ~ку.** It's time we finished our discussion. ♦ **і (на цьо́му) к.** that's it; that's the end
Also see **ця́тка 2**
L. **у ~ці**, *N. pl.*~**ки́**, *G. pl.* **~о́к**

кра́п|ля, *f.*
1 drop
adj. **вели́ка** large ◊ **Йому́ на обли́ччя впа́ли пе́рші вели́кі ~лі дощу́.** First large raindrops fell on his face. **мале́нька** small; **оста́ння** last ◊ **Він ви́пив все до оста́нньої ~лі.** He drank everything to the last drop. **соло́на** salty
к. + *n.* **к. води́** a drop of water (**кро́ви** blood; **молока́** milk; **по́ту** sweat ◊ **У не́ї на чолі́ ви́ступило кі́лька ~ель по́ту.** A few drops of sweat came out on her forehead. **роси́** dew); ♦ **до оста́нньої ~лі кро́ви** to the bitter end ◊ **Вони́ бо́ротимуться до оста́нньої ~лі кро́ви.** They will fight to the bitter end. ♦ **к. в мо́рі** a drop in the ocean
Also see **зерно́ 3**
2 *fig.* a little, speck, trace, a bit of ◊ **У нього ще є к. наді́ї.** He still has a bit of hope. ♦ **ні ~лі** not a bit, not at all ◊ **У цій істо́рії нема́є ні ~лі пра́вди.** There is not a grain of truth in this story. ♦ **бу́ти схо́жим, як дві ~лі води́** to be as alike as two peas in a pod
Also see **зерно́ 3**
3 *only pl., med.* drops ◊ **~лі до оче́й** eye drops
See **лі́ки**

крас|а́, *f.*, *only sg.*
beauty
adj. **бездога́нна** impeccable, **вели́ка** great, **винятко́ва** exceptional, **дивови́жна** amazing, **разю́ча** striking; **класи́чна** classical ◊ **Цю скульпту́ру вважа́ють ідеа́лом класи́чної ~и́.** The sculpture is considered to be an epitome of classical beauty. **небе́сна** heavenly, **неземна́** otherworldly ◊ **Неземна́ к. ціє́ї доли́ни надиха́ла поеті́в.** The otherworldly beauty of the valley inspired poets. **ві́чна** timeless, **нев'я́нуча** unfading; **пе́рві́сна** original; **рі́дкісна** rare ◊ **пе́рстень рі́дкісної ~и́** a ring of rare beauty; **суво́ра** stern; **спра́вжня** true ◊ **Спра́вжня к. люди́ни не в зо́внішності, а в її вчи́нках.** The true beauty of a person is not in her appearance but in her deeds. **чи́ста** sheer; **вро́джена** innate, **приро́дна** natural; **жіно́ча** feminine ◊ **Він має незвича́йне поня́ття жіно́чої ~и́.** He has an unconventional concept of feminine beauty. **лю́дська́** human, **чолові́ча** male; **вну́трішня** inner, **духо́вна** spiritual ◊ **Під непоказно́ю зо́внішністю кри́лася люди́на дивови́жної духо́вної ~и́.** A person of amazing spiritual beauty was hiding behind an unremarkable appearance. **фізи́чна** physical; ♦ **Що за к.!** How beautiful!
n. + **к. ідеа́л ~и́** an epitome of beauty (**поня́ття** concept); ♦ **сало́н ~и́** a beauty parlor ◊ **Вона́ мрі́яла про вла́сний сало́н ~и́.** She dreamed of her own beauty parlor.
v. + **к. зберіга́ти ~у́** preserve beauty ◊ **Дивови́жним чи́ном фре́ска зберегла́ пе́рві́сну ~у́.** Amazingly, the fresco preserved its initial beauty. (**передава́ти** convey, **схо́плювати** capture; **псува́ти** mar), ♦ **наво́дити ~у́** to get pretty ◊ **Со́ля сі́ла пе́ред дзе́ркалом, навести́ ~у́.** Solia sat in front of the mirror to get pretty. **бу́ти заворо́женим ~о́ю** be mesmerized by beauty (**бу́ти захо́пленим** be captivated

by, **бу́ти зачаро́ваним** be enchanted by, **захо́плюватися** delight in ◊ **Він захо́плювався ~ою цього́ краєви́ду.** He delighted in the beauty of this landscape. **милува́тися** admire, **насоло́джуватися** enjoy) ◊ **Вони́ насоло́джувалися ~ою па́рку.** They enjoyed the beauty of the park.

к. + *v.* **в'я́нути** fade ◊ **Пі́сля наро́дження дити́ни її к. помі́тно зів'я́ла.** After the birth of the child, her beauty had noticeably faded. **зберіга́тися** last ◊ **К. ціє́ї спору́ди зберіга́ється столі́ттями.** The beauty of the edifice has lasted for centuries. **захо́плювати** + *A.* captivate sb ◊ **Рома́на по-спра́вжньому захо́плює к. півні́чної приро́ди.** The beauty of northern nature truly captivates Roman. **перепо́внювати** + *A.* overwhelm sb

prep. ♦ **у по́вній ~і** in full splendor ◊ **Пе́ред ни́ми у по́вній ~і було́ о́зеро Сві́тязь.** Lake Svitiaz was in front of them in its full splendor.

Also see **вро́да 2, есте́тика 3, пи́санка 2, пое́зія 2**

кра́с|ень, *m.*, **~еня** *or* **~ня; ~у́ня**, *f.*
1 handsome man ◊ **Він був рі́дкісним ~(е)нем.** He was a rarely handsome man.

See **краса́, красу́ня**

2 *poet.* beauty, person or thing of great beauty ◊ **к.-кі́нь** beauty of a horse (**-мі́сяць** of moon, **-ліс** of forest), ◊ **К.ліс їх зачарува́в.** This beauty of a forest enchanted them.

L. **на ~еневі** *or* **~неві**, *N. pl.* **~ені** *or* **~ні**

краси́в|ий, *adj.*
beautiful, handsome, good-looking, pretty, fine

adv. **бездога́нно** impeccably, **божеві́льно** insanely ◊ **Вона́ прийшла́ в божеві́льно ~ій су́кні.** She came in an insanely beautiful dress. **боже́ственно** divinely, **винятко́во** exceptionally, **дивові́жно** amazingly, **до́сить** fairly, **ду́же** very, **запа́морочливо** staggeringly, **казко́во** fabulously, **класи́чно** classically, **надзвича́йно** extraordinarily, **на рі́дкість** exceptionally ◊ **Буди́нок стої́ть у на рі́дкість ~ому мі́сці.** The building stands in an exceptionally beautiful spot. **неймові́рно** unbelievably, **неможли́во** impossibly, **неправдоподі́бно** incredibly ◊ **Він створи́в неправдоподі́бно ~у театра́льну декора́цію.** He created an incredibly beautiful stage scenery. **особли́во** especially, **про́сто** simply, **разю́че** stunningly, **спра́вді** truly, **феномена́льно** phenomenally.

v. + **к. бу́ти ~им** be beautiful (**вважа́ти** + *A.* consider sb/sth, **здава́тися** + *D.* seem to sb ◊ **У зеле́ному Яри́на здава́лася ду́же ~ою.** In green, Yaryna seemed very beautiful. **лиша́тися** remain, **почува́тися** feel, **роби́ти** + *A.* make sb, **става́ти** become)

Also see **га́рний**

красномо́вн|ий, *adj.*
eloquent

adv. **винятко́во** exceptionally, **до́сить** fairly, **ду́же** very, **надзвича́йно** extraordinarily, **особли́во** especially; ◊ **к. жест** an expressive gesture ◊ **к. факт** an emblematic fact

v. + **к. бу́ти ~им** be eloquent (**вважа́ти** + *A.* consider sb/sth, **виявля́тися** prove ◊ **Він ви́явився ~им промо́вцем.** He proved to be an eloquent speaker. **здава́тися** + *D.* seem to sb; **роби́ти** + *A.* make sth; ** stава́ти** become)

кра́сти, **крад|у́ть; в~;** *pa., m.* **крав**, *pl.* **кра́ли**, *tran. and intr.*
1 *tran.* to steal, purloin, pilfer ◊ **Він укра́в цю іде́ю в коле́ги.** He stole the idea from a colleague.

adv. **бага́то** a lot; **відкри́то** openly, **наха́бно** brazenly; **безпереста́нку** nonstop, **весь час** all the time, **ча́сто** often; **і́ноді** sometimes, **рі́дко** rarely; **імпульси́вно** on impulse ◊ **Він крав гро́ші імпульси́вно і при ко́жній зручні́й наго́ді.** He stole money on impulse and at every convenient opportunity. **професі́йно** professionally

v. + **к. вдава́тися** + *D.* succeed in ◊ **Їм вдало́ся в~ вели́ку комерці́йну таємни́цю.** They succeeded in stealing a great commercial secret. **змогти́** manage to, **намага́тися** try to; **хоті́ти** want to; **не дава́ти** + *D.* not allow sb to

prep. **к. в** + *G.* steal from sb ◊ **Поро́жні розмо́ви кра́ли в нього дорогоці́нний час.** *fig.* Empty talk stole precious time from him.

Also see **свисті́ти 4, стяга́ти 5.** *Cf.* **грабува́ти 1**

2 *intr.* to steal, purloin, be a thief ◊ **Мі́ністр крав бага́то, наха́бно і не без насоло́ди.** The minister stole a lot, brazenly, and not without pleasure.

Also see **викрада́ти 2**

pa. pple. **вкра́дений** stolen

(в)кради́!

кра́|стися; під~, *intr.*
1 to sneak (up), creep (up), steal ◊ **Він зняв на ві́део, як леви́ця ~де́ться до антило́пи.** He shot on video a lioness creeping up on an antelope.

adv. **безшу́мно** silently, **навшпи́ньки** on tiptoe, **непомі́тно** unnoticed, **ни́шком** stealthily ◊ **Кіт ни́шком підкра́вся до горобця́.** The cat stealthily crept to the sparrow. **обере́жно** cautiously, **пові́льно** slowly, **ти́хо** quietly; **шви́дко** quickly

prep. **к. до** + *G.* sneak to sb/sth ◊ **Зло́дій непомі́тно підкра́вся до вікна́.** The thief crept up to the window unnoticed. **к. за** + *I.* sneak behind sb/sth ◊ **За не́ю ~вся на́йманий уби́вця.** A contract killer was sneaking behind her.

2 *fig.* to approach, creep up on sb ◊ **Він відчува́в, як ~де́ться вто́ма.** He felt fatigue creeping up on him.

красу́н|я, *f.*
1 beauty, belle, good-looking woman ◊ **Тепе́р Га́нна здава́лася всім спра́вжньою ~ею.** Now Hanna seemed to be a true beauty to everybody.

adj. **боже́ственна** divine, **вели́ка** great, **винятко́ва** exceptional, **вро́джена** born, **неперевéршена** unmatched, **рі́дкісна** rare, **спра́вжня** true ◊ **Його́ сестра́ – спра́вжня ~я.** His sister is a true beauty. **ча́рівна** charming

v. + **к. бу́ти ~ею** be a beauty (**вважа́ти** + *A.* consider sb/sth, **виявля́тися** turn out, **здава́тися** + *D.* seem to sb, **лиша́тися** remain ◊ **На́віть че́рез два́дцять ро́ків Марі́я лиша́лася ~ею.** Even twenty years after, Maria remained a beauty. **става́ти** become) ◊ **Вона́ ста́ла ~ею.** She became a beauty.

Also see **пи́санка 3**

2 beautiful *(as part of compound words)*, sb/sth of great beauty ◊ **к.-зе́мля** a beautiful land, **к.-рі́чка** a beautiful river

See **краса́, кра́сень**

кра́ща|ти, **~ють; по~**, *intr.*
1 to improve, get better, advance ◊ **Коли́ прийшо́в Пили́п в не́ї покра́щав на́стрій.** When Pylyp had come, her mood improved.

adv. **драмати́чно** dramatically, **ду́же** greatly, **зна́чно** significantly, **незмі́рно** immeasurably; **безпере́рвно** continuously ◊ **Із ко́жним ро́ком вино́ безпере́рвно ~тиме.** With each passing year, the wine will continuously improve. **пості́йно** constantly; **помі́тно** noticeably, **сутте́во** essentially; **де́що** somewhat, **ле́две** scarcely, **помі́рно** moderately, **тро́хи** a little; **пові́льно** slowly ◊ **Пого́да пові́льно ~ла.** The weather was slowly getting better. **поступо́во** gradually; **рі́зко** sharply, **шви́дко** quickly; **ді́йсно** really; **зго́дом** eventually

v. + **к. почина́ти** begin to **Оле́ксині оці́нки з матема́тики почали́ к.** Oleksa's grades in math began to improve. **ста́ти** *pf.* start to; **продо́вжувати** continue to

Also see **покра́щуватися.** *Ant.* **погі́ршуватися**

2 to get better, feel better + *D.* ◊ **Пі́сля ку́рсу терапі́ї Маркія́нові зна́чно покра́щало.** After the course of therapy Markian felt considerably better.

Also see **ле́гшати 3.** *Ant.* **гі́ршати**

(по)кра́щай!

кра́ще, *adv., pred.*
1 *adv.* better, *comp. of* **до́бре** ◊ **Васи́ль розумі́є його́ к.** Vasyl understands him better.

adv. **бага́то** *and* **набага́то** much, **зна́чно** significantly ◊ **Він зна́чно к. гра́є тепе́р у футбо́л.** Now he plays soccer significantly better. **куди́** *colloq.* way, **помі́тно** noticeably; **де́що** a little, **тро́хи** a little

prep. **к. від** *or* **од** + *G.*, *or* **к. за** + *A.*, *or* **к. ніж (аніж)** *or* **як** + *N.* better than ◊ **Ма́рта к. розмовля́є кита́йською, як Оле́сь.** Marta speaks better Chinese than Oleh. ♦ **К. пі́зно, ніж ніко́ли.** Better late than never.

See **кра́щий**

2 *pred.* better ◊ **К. подзвони́ти до нього вве́чері.** Better to call him in the evening.

v. + **к. бу́ти к.** + *D.* be better ◊ **Рома́нові було́ помі́тно к.** Roman felt noticeably better. (**почува́тися** feel, **става́ти** become)

Ant. **гі́рше**

кра́щ|ий, *adj.*
better, *comp. of* **до́брий**

adv. **абсолю́тно** absolutely, **безмі́рно** immeasurably, **докорі́нно** radically ◊ **Нови́й план здає́ться докорі́нно ~им, як попере́дній.** They new plan seems to be radically better than the previous one. **зна́чно** considerably, **куди́** *colloq.* way ◊ **Це куди́ к. варія́нт.** This is way better an option. **набага́то** much, **незрівня́нно** incomparably, **помі́тно** noticeably, **порі́вняно** comparatively, **про́сто** simply, **сутте́во** essentially; **вира́зно** distinctly, **незапере́чно** undeniably, **очеви́дно** obviously, **я́вно** clearly; **ле́две** hardly ◊ **Це ле́две ~е рі́шення.** This is hardly a better solution. **де́що** somewhat, **тро́хи** a little; **ще** even; **ні́скільки не** not in the least ◊ **Нови́й інстру́ктор ви́явився ні́скільки не ~им.** The new instructor proved to be not in the least better. **ніяк не** not at all

v. + **к. бу́ти ~им** be better (**вважа́ти** + *A.* consider sb/sth; **виявля́тися** prove ◊ **Цей стіл виявля́ється ~им, як і́нші.** This table proves to be better than the other ones. **здава́тися** + *D.* seem to sb, **знахо́дити** + *A.* find sth; **лиша́тися** remain, **роби́ти** + *A.* make sth, **става́ти** become) ◊ **Він став ~им реда́ктором.** He became an better editor.

prep. **к. від** *or* **од** + *G.*, *or* **к. за** + *A.*, *or* **к. ніж (а́ніж)** *or* **як** + *N.* better than ◊ **Він не уявля́в мі́ста, ~ого за вла́сне.** He did not imagine a city better than his own.

Ant. **гі́рший**

кра́|яти, **~ють; в~** *or* **по~**, *tran.*
to cut to pieces, slice ◊ **Вона́ вкра́яла ку́сень хлі́ба.** She cut a slice of bread.

adv. **гру́бо** thick, **то́нко** thin ◊ **Ку́хар то́нко ~яв цибу́лю.** The cook sliced the onion thin. **попере́к** across, **вздо́вж** lengthwise; **акура́тно** neatly, **га́рно** nicely, **методи́чно** methodically; **недба́ло** carelessly, **по́спіхом** hastily; **пові́льно** slowly; **шви́дко** quickly; ♦ **к. на ку́сні** *or* **шматки́** cut to pieces, ♦ **к. ку́биками** dice, ♦ **к. соло́мкою** julienne ◊ **Ши́нку слід по~ ку́биками, а мо́ркву й буря́к – соло́мкою.** Ham should be diced while carrots and beets julienned.

v. + **к. бра́тися** set about ◊ **Миха́йло взя́вся к. капу́сту на сала́т.** Mykhailo set about slicing cabbage for the salad. **зголо́шуватися** volunteer ◊ **Вона́ зголоси́лася к. ковбасу́.** She volunteered to slice the sausage. **бу́ти слід** should ◊ **Ва́рену карто́плю слід га́рно по~**

кýбиками. The boiled potatoes should be nicely diced. **бýти трéба** + *D.* need to; **казáти** + *D.* tell sb to, **просúти** + *A.* ask sb to; **починáти** begin to ◊ **Вонá почалá к. сир.** She began slicing the cheese.
prep. **к. на** + *A.* cut in/to *(pieces)* ◊ **Слід по~ помідóр на чотúри шматкú.** The tomato should be cut in four pieces.
pa. pple. **покрáяний** cut into pieces, sliced
(у)крáй!
Also see **рíзати 1.** *Cf.* **стригтú**

кредúт, *m.*, **~у**
credit
adj. **бáнковий** bank; **безпроцéнтний** interest-free ◊ **Уря́д давáв селя́нам безпроцéнтні ~и.** The government gave peasants interest-free credits. **грошовúй** cash, **довгостроковúй** *or* **довготермінóвий** long-term ◊ **Він шукáв довготермінóвий к.** He was looking for a long-term credit. **короткостроковúй** *or* **короткотермінóвий** short-term; **чужозéмний** foreign; **éкспортний** export, **спожúвчий** consumer, **торгóвий** trade
v. + **к. відкривáти** + *D.* **к.** grant sb credit ◊ **Банк відкрúв компáнії к.** The bank granted the company a short-term credit. (**давáти** + *D.* give sb ◊ **У цій крамнúці покупця́м звичáйно даю́ть спожúвчий к.** They usually give customers a consumer credit at this store. **надавáти** + *D.* grant sb, **пропонувáти** + *D.* offer sb; **мáти** have; **діставáти** get, **отрúмувати** receive); **позбавля́ти** + *A.* **~у** deprive sb of credit; **забезпéчувати** + *A.* **~ом** provide sb with credit; **відмовля́ти** + *D.* **у ~і** refuse sb credit ◊ **Йомý відмóвили у ~і.** He was refused credit.
prep. **в к.** on credit ◊ **Він купúв машúну в к.** He bought the car on credit. **к. на** + *A.* a credit of *(sum)* ◊ **к. на дéсять мільйóнів** a credit of ten million

кредúт|ка, *f.*, *colloq.*
credit card
adj. **дíйсна** valid; **недíйсна** invalid, **протермінóвана** expired; **вкрáдена** stolen, **загýблена** lost, **знáйдена** found ◊ **Знáйдена в пáрку к. вия́вилася недíйсною.** The credit card found in the park turned out to be invalid.
n. + **к. код безпéки ~ки** a credit card security code (**нóмер** number, **тéрмін дíї** expiration date) ◊ **Вонá не пригáдує тéрмін дíї своéї ~ки.** She does not recollect her credit card expiration date.
v. + **к. видавáти ~ку** issue a credit card (**брáти** take ◊ **Вонá взялá в пóдорож лишé однý ~ку.** She took only one credit card on her trip. **отрúмувати** receive, **приймáти** accept ◊ **Ресторáн не приймáв ~ок «Американськúй експрéс».** The restaurant did not accept *American Express* credit cards. **губúти** lose; **скасóвувати** cancel, **уневáжнювати** invalidate) ◊ **Загубúвши ~ку, Орúся відрáзу подзвонúла до компáнії, щоб уневáжнити її.** Having lost her credit card, Orysia called her company at once in order to have it invalidated. **користувáтися ~кою** use a credit card (**платúти** pay with) ◊ **Івáн заплатúв ~кою.** Ivan paid with a credit card.
к. + *v.* **вигасáти** expire ◊ **Óльжина к. вигáсла два дні тóму.** Olha's credit card expired two days ago.
L. **у ~ці**

кредúтн|ий, *var.* **кредитóвий**, *adj.*
credit, of or pertaining to credit
к. + *n.* **к. банк** a credit bank (**дóговір** agreement; **контрóль** control; **ліміт** limit ◊ **Він мáтиме к. ліміт у сто тúсяч грúвень.** He will have a credit limit of ₴100,000. **перéказ** transfer; **перíод** period; **рахýнок** account; **рúнок** market); **~а кáртка** a credit card ◊ **Вонá хотíла заплатúти ~ою кáрткою.** She wanted to pay with a credit card. (**систéма** system, **спíлка** union ◊ **Він працю́є касúром у місцéвій ~ій спíлці.** He works as a teller in a local credit union. **установá** institution)
Also see **кредитóвий**

кредитóв|ий, *adj.*
credit, of or pertaining to credit ◊ **к. білéт** a credit note; ◊ **~а спíлка** credit union ◊ **Украї́нська ~а спíлка «Самопóміч»** the Ukrainian Self-Reliance Credit Union
Also see **кредúтний**

крéйд|а, *f.*
chalk, crayon ◊ **Звичáйна к. є бíлого кóльору.** Regular chalk is white.
adj. **бíла** white, **жóвта** yellow, **кольорóва** colored
n. + **к. корóбка ~и** a box of chalk (**шматóк** piece) ◊ **Він поклáв шматóк ~и на стіл.** He put the piece of chalk on the table.
v. + **к. малювáти ~ою** paint with crayons ◊ **Він любúв малювáти ~ою.** He liked to paint with crayons. (**писáти** write with ◊ **На занятті вонá багáто пúше ~ою, бíлою і кольорóвою.** In class, she does a lot of writing with chalk, white and colored one. **розфарбóвувати** + *A.* color sth with)
Cf. **олíя 2**

крем, *m.*, **~у**
1 cream *(confectionary ingredient)* ◊ **смачнé тíстечко з ~ом** a delicious cream pastry
adj. **ванíльний** vanilla, **горíховий** walnut, **кáвовий** coffee, **солóдкий** sweet, **шоколáдний** *or* **шоколадóвий** chocolate; **густúй** thick ◊ **тíстечка із густúм ванíльним ~ом** pastries with a thick vanilla cream. **рідкúй** thin
v. + **к. збивáти к.** whip cream ◊ **К. збивáють із мáсла, цýкру та кáвової есéнції.** The cream is beaten from butter, sugar, and coffee essence. **напóвнювати** + *A.* **~ом** fill sth with cream
2 cream *(cosmetic)*
adj. **антисептúчний** antiseptic, **захиснúй** protective, **зволóжувальний** moisturizing, **очиснúй** cleansing; **протигрибкóвий** antifungal; **дéнний** day, **нíчний** night
n. + **к. тю́бик ~у** a tube of cream (**шар** layer) ◊ **шар ~у** a layer of cream
v. + **к. втирáти к. в** + *A.* rub cream into sth ◊ **Вонá втирáє к. в рýки.** She is rubbing the cream into her hands. (**застосóвувати** apply, **наносúти на** + *A.* put on sth) ◊ **Вонá нанéсла к. на облúччя.** She put the cream on her face. **користувáтися ~ом** use cream ◊ **Вонá корúстується зволóжувальним ~ом.** She uses moisturizing cream.
prep. ♦ **к. від змóрщок** anti-wrinkle cream; **к. для** + *G.* cream for sth ◊ **к. для гоління** shaving cream (**облúччя** face, **ніг** foot, **рук** hand)
3 shoe cream, shoe polish
adj. **брунáтний** brown, **жóвтий** yellow, **червóний** red, **чóрний** black,*etc.*

крéслен|ня, *nt.*
1 technical drawing *(as a skill)*, drafting ◊ **Мóтря виклáдатиме курс к.** Motria will teach a technical drawing course. ◊ **Він мáє дóбру оцíнку з к.** He has a good grade in technical drawing.
See **предмéт 2**
2 drawing *(picture)*, draft, plan, sketch, design
adj. **бездогáнне** flawless, **доскональé** perfect; **кéпське** poor, **недбáле** careless, **непрофесíйне** unprofessional, **погáне** bad; **пéрвісне** original, **підготóвче** preparatory ◊ **У її тéці булó кíлька підготóвчих ~ь.** There were several preparatory drawings in her portfolio. **попереднє** preliminary, **остатóчне** final ◊ **Остатóчне к. будúнку дóсить недбáле.** The final drawing of the building is rather careless. **складнé** complicated; **прóсте** simple; **архітектýрне** architectural, **інженéрне** engineering, **робóче** working
к. + *n.* **к. будúнку** a drawing of a building (**гармáти** cannon, **двигунá** engine, **столá** table, **механíзму** mechanism, *etc.*), ♦ **к. в рóзрізі** a cutaway drawing
v. + **к. викóнувати к.** execute a drawing ◊ **Вонá вúконала технíчно бездогáнне к. замкá.** She executed a technically flawless drawing of the lock. (**робúти** make; **замовля́ти** commission; **подавáти** + *D.* submit to sb)
prep. **на ~ні** in a drawing ◊ **На ~ні зображено наймéнші детáлі механíзму.** The smallest parts of the mechanism are depicted in the technical drawing.
Also see **схéма 2**

крéсл|ити, **~ять; на~**, *tran.*
1 to draw, draft
adv. **акурáтно** neatly, **гáрно** beautifully ◊ **У шкóлі Дем'я́н навчúвся гáрно к.** At school, Dem'yan learned to draw beautifully. **детáльно** *or* **доклáдно** in detail, **дóбре** well, **професíйно** *or* **фáхово** professionally ◊ **Вонá накрéслила план будúнку дóсить фáхово.** She drew the building plan in a fairly professional manner. **грýбо** crudely, **прибли́зно** roughly; **кéпсько** poorly, **недбáло** carelessly, **погáно** badly; **чúсто** cleanly, **чудóво** wonderfully, **я́сно** clearly; **вмить** instantly, **кількомá штрихáми** in a few strokes ◊ **Вонá кількомá штрихáми накрéслила новý сýкню.** With a few strokes she drew a new dress. **зáраз же** right away, **швúдко** quickly
v. + **к. бýти трéба** + *D.* need to ◊ **Їм трéба на~ шáфу.** They need to draw a wardrode. **вмíти** know how to ◊ **Він умíє чудóво к.** He knows how to make wonderful drawings. **змогтú** *pf.* manage to, **могтú** can; **просúти** + *A.* ask sb to
Also see **будувáти 4, малювáти 1**
2 to cross, cross out; *pf.* **за~** ◊ **Вонá щось писáла, а тодí ~ила.** She was writing something and then crossing out.
See **закрéслювати**
pa. pple. **накрéслений** drawn, drafted
(на)крéсли!

крив|á, *f.*
1 curve ◊ **Живоплíт утвóрював ~ý.** The hedge formed a curve.
adj. **зáмкнена** closed; **крутá** steep; **нормáльна** normal, **стандáртна** standard; **температýрна** temperature; **к. Гáвса** *math.* the bell curve
v. + **к. крéслити ~ý** draw a curve ◊ **Хрúстя навчúла йогó крéслити нормáльну ~ý.** Khrystia taught him to draw a normal curve. (**описувати ~ý** round a curve) ◊ **Велосипедúст на пóвній швúдкості описáв ~у.** The bicyclist rounded a curve at full speed.
See **лíнія 1**
2 line *(in a graph)* ◊ **демографíчна к.** population curve, ◊ **к. зáйнятости** employment curve

кривáв|ий, *adj.*
bloody, bleeding, full of blood; bloodthirsty, *also fig.*
к. + *n.* **к. ніс** a bloody nose (**пáлець** finger; **шматóк** piece; **слід** trail; **тирáн** *fig.* tyrant); **~а губá** a bloody lip (**ногá** foot, **рукá** hand; **пíна** foam; **пля́ма** stain) ◊ **~а пля́ма на сорóчці розрослáлася.** The bloody stain on the shirt was growing. ♦ **~а лáзня** *fig.* a bloodbath, carnage ◊ **Воя́кú влаштувáли вóрогові ~у лáзню.** The soldiers arranged a bloodbath for the enemy. **~е колíно** a bloody knee (**чолó** forehead); **~і вúділення** bloody discharge, ♦ **~і сльóзи** *fig.* bitter tears; ♦ **працювáти до ~ого пóту** to work one's fingers to the bone

крúвд|а, *f.*
1 wrong, ill, injustice
adj. **велúка** great, **гіркá** bitter, **жахлúва** terrible, **нестéрпна** insufferable, **нечýвана** unheard-of, **страшнá** horrible; **дáвня** age-old, **істори́чна** historic, **минýла** past; **новá** new, **ще однá** another
v. + **к. заподíювати ~у** inflict a wrong on sb

(роби́ти + *D* do sb ◊ **Вони́ проба́чили ~и, які́ зроби́ли одна́ о́дній.** They forgave the wrongs they had done one another. **чини́ти** commit; **визнава́ти** recognize, **виправля́ти** put right; **вибача́тися за** apologize for ◊ **Президе́нт ви́бачився за істори́чні ~и, запо́діяні корінни́м америка́нцям.** The president apologized for the historical wrongs inflicted on indigenous Americans. **компенсува́ти** + *D*. **за** compensate sb for) ◊ **Програ́ма компенсува́тиме насе́ленню страшні́ ~и окупа́ції.** The program will compensate the population for the horrible wrongs of the occupation. **завдава́ти** + *D*. **~и** wrong sb ◊ **Він завда́в ці́й жі́нці вели́кої ~и.** He badly wronged this woman.

Cf. **зло 1**

2 insult, indignity, humiliation ◊ **Вона́ не чу́ла ніяко́ї ~и.** She felt no insult.

v. + **к.** ♦ **роби́ти** + *D*. **~у** to wrong sb ◊ **Свое́ю нетакто́вністю він ро́бить ~у багатьо́м.** He wrongs many with his tactlessness. **терпі́ти ~у** suffer an insult; ♦ **ма́ти** *or* **трима́ти ~у на** + *A*. to hold a grudge against sb ◊ **Він ма́є ~у на сусі́да вже три ро́ки.** He has held a grudge against his neighbor for three years now. **зазнава́ти ~и** suffer an insult, ♦ **не ма́ти ~и** to hold no grudge against sb ◊ **Сподіва́юся, що ви не ма́єте на ме́не ~и.** I hope you don't hold a grudge against me.

See **обра́за**

3 harm, damage ◊ **Не бу́де жо́дної ~и, якщо́ ми почнемо́ ра́ніше.** There will be no harm if we start earlier. **не ба́чити ~и в** + *L*. see no harm in sth ◊ **Я не ба́чу ~и в то́му, щоби привіта́ти його́ з народи́нами.** I see no harm in extending a birthday greeting to him.

See **шко́да**

крив|и́й, *adj.*

1 crooked; winding; bent, twisted; curved ◊ **~а́ сте́жка петля́ла лі́сом.** The crooked path meandered across the forest.

adv. **ви́разно** distinctly, **геть** totally, **ду́же** very, **цілко́м** completely; **де́що** somewhat, **тро́хи** a little ◊ **Лист фане́ри тро́хи ~и́й.** The plywood sheet is a little crooked.

к. + *n*. **к. кийо́к** a crooked stick (**парка́н** fence; **ніс** nose, **па́лець** finger, **хребе́т** spine); **~а́ до́шка** a crooked board (**пі́длога** floor, **ру́чка** handle, **ша́бля** saber; **нога́** leg, **ши́я** neck); **~і́ зу́би** crooked teeth

v. + **к. бу́ти ~и́м** be crooked ◊ **До́шка була́ ви́разно ~о́ю.** The board was distinctly crooked. (**вигляда́ти** look, **виявля́тися** turn out; **здава́тися** + *D*. seem to sb; **става́ти** become) ◊ **Пі́длога ста́ла ~о́ю.** The floor became crooked.

Also see **ко́сий 2**

2 wry, lopsided; *also fig.* dishonest, suspicious, hostile ◊ **к. по́гляд** a wry look, ♦ **диви́тися ~и́м о́ком на** + *A*. *fig.* to look askance at sb/sth ◊ **Дире́ктор диви́вся на не́ї ~и́м о́ком.** *fig.* The director looked askance at her. **~а́ у́смі́шка** a wry smile ◊ **Зо́я лише́ посміхну́лася до ньо́го ~о́ю у́смішкою.** Zoya only gave him a wry smile. ♦ **~е́ дзе́ркало** crooked (funhouse) mirror; ♦ **~е́ сло́во** an insult ◊ **Про́тягом усіє́ї супере́чки Зі́на не сказа́ла їй жо́дного ~о́го сло́ва.** Throughout the entire argument, Zina did not say a single insult to her.

Also see **ко́сий 4**

3 crippled, lame, limping ◊ **~а́ ка́чка** lame duck, ◊ **к. чолові́к** a lame man

кри́|га, *f.*

1 ice

adj. **суці́льна** solid, **товста́** thick, **тонка́** thin; **то́вчена** crushed; **підсту́пна** treacherous

n. + **к. бри́ла ~ги** a block of ice (**ула́мок** slab, **шмато́к** piece)

v. + **к. роби́ти ~гу** make ice ◊ **Варва́ра наро́била ~ги для напо́їв.** Varvara made some ice for drinks. (**лама́ти** break ◊ **Корабе́ль ру́хався впере́д, лама́ючи товсту́ ~гу.** The ship moved forward, breaking thick ice. **розбива́ти** smash, **розко́лювати** crack, **розто́плювати** *or* **топи́ти** melt ◊ **Со́нце то́пить ~гу.** The sun is melting the ice. **трощи́ти** shatter); **бра́тися ~го́ю** ice over ◊ **За ніч о́зеро взяло́ся ~го́ю.** Overnight, the lake iced over. **ходи́ти по ~зі** to walk on ice

к. + *v*. **лама́тися** break, **кре́снути** *or* **кресáти** break up ◊ **К. на о́зері кре́сне.** The ice on the lake is breaking up. **покрива́ти** + *A*. cover sth ◊ **К. покри́ла шляхи́.** Ice covered the roads. **топи́тися** melt ◊ **К. у скля́нці розтопи́лася.** The ice in the glass melted. **утво́рювати** + *A*. form sth ◊ **Суці́льна к. утвори́ла мі́ст че́рез рі́чку.** Solid ice formed a bridge across the river.

prep. **з ~го́ю** with ice ♦ **чай із ~го́ю** iced tea, ♦ **ка́ва з ~го́ю** iced coffee; **на ~зі** on ice ◊ **На ~зі лежа́в бі́лий ведмі́дь.** A polar bear lay on the ice. **по ~зі** on ice ◊ **Вони́ пройшли́ сто кіломе́трів по ~зі.** They walked a hundred kilometers on the ice.

2 floe, ice floe ◊ **Він стриба́в з ~ги на ~гу.** He jumped from floe to floe.

See **кри́жина**

3 *coll.* floes, blocks of ice ◊ **Товста́ могу́тня к. пливла́ вниз рі́чкою.** Thick mighty floes drifted down the river.

крижан|и́й, *adj.*

1 ice, made of ice ◊ **~а́ буру́лька** an icicle; ◊ **Сні́гова Короле́ва жила́ у ~ому пала́ці.** The Snow Queen lived in an ice palace. ◊ **~а́ пусте́ля** an ice desert, ◊ **~а́ пове́рхня** an ice surface

2 icy, glacial, ice-cold ◊ **к. ві́тер** icy wind; ◊ **Наза́р п'є ~у́ во́ду.** Nazar is drinking icy water.

See **холо́дний 1**

3 *fig.* icy, cold, indifferent, hostile ◊ **Від Марі́їного ~ого по́гляду у ньо́го тьо́хнуло се́рце.** His heart skipped a beat from Maria's icy look.

к. + *n*. **к. го́лос** icy voice; **~а́ байду́жість** icy indifference ◊ **Ко́жним ру́хом вона́ виража́ла ~у́ байду́жість.** With her every move she expressed icy indifference.

See **холо́дний 2.** *Also see* **кам'яни́й 2, стале́вий 2, сухи́й 4, черстви́й 2**

кри́жин|а, *f.*

1 floe

adj. **вели́ка** large, **величе́зна** enormous, **маси́вна** massive; **мала́** small, **мале́нька** little; **товста́** thick, **тонка́** thin; **плаву́ча** drifting

2 *fig.* ice, piece of ice ◊ **У те́бе к. за́мість се́рця.** You have a heart of ice.

кри́з|а, *f.*

crisis

adj. **безпрецеде́нтна** unprecedented, **вели́ка** great ◊ **пері́од вели́кої ~и в кінемато́графі** a period of a great crisis in cinema; **глибо́ка** deep, **го́стра** acute, **найбі́льша** greatest, **пова́жна** grave, **серйо́зна** serious, **найгі́рша** worst, **страшна́** horrible; **тепе́рішня** current, **коро́тка** short; **затяжна́** protracted, **перманентна** permanent, **пості́йна** constant, **трива́ла** long-term, **хроні́чна** chronic; **ґлоба́льна** global, **зага́льна** general, **міжнаро́дна** international; **лока́льна** local, **реґіона́льна** regional, **націона́льна** national; **духо́вна** spiritual, **ідентифікаці́йна** identity ◊ **ви́яв ідентифікаці́йної ~и** a manifestation of an identity crisis; **осо́биста** personal, **подру́жня** marital ◊ **Пе́рша подру́жня к. наста́ла че́рез рік.** The first marital crisis happened in a year. **сі́мейна** family; **культу́рна** cultural, **світо́глядна** philosophical, **екологі́чна** ecological, **економі́чна** economic ◊ **типо́ві озна́ки хроні́чної економі́чної ~и** typical signs of a chronic economic crisis; **енергети́чна** energy, **на́фтова** oil, **продово́льча** food; **бюдже́тна** budget, **валю́тна** currency, **готі́вкова** cash, **фіна́нсова** financial ◊ **2008 рік був поча́тком найбі́льшої фіна́нсової ~и за пів столі́ття.** The year 2008 was the beginning of the greatest financial crisis in half a century. **житлова́** housing; **іміґраці́йна** immigration; **гуманіта́рна** humanitarian ◊ **Ви́раз «гуманіта́рна кри́за» не відобража́в спра́вжніх масшта́бів катастро́фи.** The expression "humanitarian crisis" did not reflect the true scale of the catastrophe. **політи́чна** political, **урядо́ва** government ◊ **Іта́лія перебува́є в урядо́вій ~і.** Italy is in a government crisis. **конституці́йна** constitutional ◊ **Краї́ну врази́ла конституці́йна к.** The country was hit by a constitutional crisis. **суспі́льна** social; **військо́ва** military, **я́дерна** nuclear; ◊ **к., що поглиблю́ється** a deepening crisis (**нароста́є** growing, **продо́вжується** ongoing, **розгорта́ється** unfolding) ◊ **Предме́том ана́лізу є к., що розгорта́ється в Європе́йському Сою́зі.** The subject of analysis is the unfolding crisis in the European Union.

к. + *n*. **к. заборго́ваности** a debt crisis ◊ **ґлоба́льна к. заборго́ваности** the global debt crisis (**ліќві́дности** liquidity; **середи́ни життя́** midlife ◊ **Чолові́ки тако́ж пережива́ють ~у середи́ни життя́.** Men also go through a midlife crisis. **к. ві́ри** a crisis of faith ◊ **А́втор вка́зує на ~у ві́ри як головну́ причи́ну виро́дження росі́йського правосла́в'я.** The author points to the crisis of faith as the principal reason for Russian Orthodoxy's degeneration. (**дові́ри** confidence, **сумлі́ння** conscience)

n. + **к. ви́яв ~и** manifestation of crisis (**заго́стрення** exacerbation ◊ **Центра́льний банк запобі́г заго́стренню креди́тної ~и.** The central bank prevented the credit crisis from exacerbation. **погли́блення** deepening; **на́слідок** consequence, **озна́ка** sign, **кіне́ць** end, **поча́ток** beginning ◊ **Неприміт́на поді́я була́ поча́тком енергети́чної ~и.** An unremarkable event was the beginning of an energy crisis. **час** time) ◊ **Він става́в сильні́шим у час ~и.** He would become stronger in times of crisis.

v. + **к. пережива́ти ~у** undergo a crisis ◊ **Компа́нія пережива́ла ~у ліќві́дности.** The company was undergoing a liquidity crisis. (**погі́ршувати** aggravate, **погли́блювати** deepen ◊ **Креди́тний дефіци́т погли́блював житлову́ ~у.** The credit deficit deepened the housing crisis. **провокува́ти** provoke, **ство́рювати** create; **дола́ти** overcome, **перебува́ти** weather ◊ **Сім'я́ перебула́ ~у за кордо́ном.** The family weathered the crisis abroad. **прохо́дити че́рез** go through); **зазнава́ти ~и** suffer a crisis (**уника́ти** avoid ◊ **єди́на еконо́міка, що уни́кла ~и** the only economy that avoided the crisis; **призво́дити до** lead to) ◊ **Спекуляти́вні ді́ї призвели́ до валю́тної ~и.** Speculative actions led to a currency crisis. **запобіга́ти ~і** prevent a crisis (**поклада́ти край** put an end to); **постава́ти пе́ред ~ою** face a crisis (**бу́ти вра́женим** be hit by) ◊ **Компа́нія вра́жена найгли́бшою в істо́рії ~ою.** The company is hit by the deepest crisis in history.

prep. **до ~и** before a crisis ◊ **Усе́ ста́лося до ~и.** Everything happened before the crisis. **пе́ред ~ою** before a crisis; **під час ~и** during a crisis ◊ **Під час ~и ба́нки заморо́зили вкла́ди.** During the crisis, banks froze deposits. **у ~і** in crisis ◊ **краї́на у ~і** a country in crisis

кри́зов|ий, *adj.*

crisis, of or pertaining to crisis ◊ **Уря́д запропонува́в парла́менту к. бюдже́т.** The government proposed a crisis budget to the parliament.

к. + *n*. **к. бюдже́т** a crisis budget (**центр** center), **к. стан** a state of crisis; **~а ситуа́ція** a crisis situation (**то́чка** point) ◊ **Його́ саморуйні́вна поведі́нка сягну́ла ~ої то́чки.** His self-destructive behavior reached a crisis point. **~е я́вище** a crisis phenomenon

крик, *m.*, **~у**
1 scream, shout, cry
adj. **бойови́й** battle, **гу́чний** loud, **оглу́шливий** deafening, **прони́зливий** piercing, **різки́й** shrill, **страшни́й** horrible; **закли́чний** rallying; **звитя́жний** victorious ◊ **Проце́сія потону́ла у звитя́жних ~ах на́товпу.** The procession drowned in the victorious cries of the crowd. **перемо́жний** triumphant; **ра́дісний** joyful; **відчайду́шний** desperate, **гістери́чний** hysterical, **пані́чний** panicked; **глухи́й** muffled, **заду́шений** stifled, **хри́плий** hoarse, **приглу́шений** choked, **слабки́й** weak, **ти́хий** quiet; **коро́ткий** short; **блага́льний** beseeching, **жало́бний** mournful, **розпа́чливий** despairing, **сумни́й** plaintive; **дитя́чий** child's ◊ **Шко́ла брині́ла дитя́чими ~ами.** The school reverberated with children's cries. **жіно́чий** woman's, **чолові́чий** man's
к. + *n.* **к. бо́лю** a cry of pain (**здивува́ння** surprise), ♦ **к. душі́** *or* **се́рця** a cri de coeur; ♦ **оста́нній к. мо́ди** the last scream of fashion ◊ **Його́ костю́м скро́єний за оста́ннім ~ом мо́ди.** His suit is tailored according to the last scream of fashion.
v. + **к. зчиня́ти** *or* **підніма́ти к.** raise a cry ◊ **Вона́ підняла́ к. че́рез дрібни́цю.** She raised a cry over a trifle. (**чу́ти** hear ◊ **І́гор чув приглу́шений к.** Ihor heard a muffled shout. **потамо́вувати** suppress ◊ **Ді́вчина ле́две потамува́ла к.** The girl barely suppressed a scream. **приглу́шувати** muffle) ◊ **Вона́ вхопи́ла по́душку, що́би приглуши́ти свій к. бо́лю.** She grabbed a pillow to muffle her cry of pain. **захо́дитися ~ом** start screaming ◊ **Від бо́лю дити́на зайшла́ся ~ом.** The baby started screaming with pain.
к. + *v.* **віддава́тися луно́ю** echo; **долі́тати до** + *G.* reach sb/sth ◊ **До її ву́ха долеті́в жіно́чий к.** A woman's cry reached her ear. **здійма́тися** go up ◊ **У коридо́рі здійня́вся страшни́й к.** A horrible cry went up in the corridor. **леті́ти** travel; **луна́ти** sound, **охо́плювати** + *A.* engulf sth, **розляга́тися** spread ◊ **К. розлі́гся по всьо́му майда́ну.** A scream spread all over the square. **застрява́ти в го́рлі (гру́дях)** get stuck in one's throat ◊ **У його́ го́рлі застря́в к. ро́зпачу.** A cry of despair got stuck in his throat.
prep. **із ~ом** with a cry, shouting ◊ **Вони́ із ~ом ки́нулися на зло́дія.** They pounced at the thief with a cry. ♦ **у к.** to start screaming ◊ **Тоді́ Ори́ся у к.** Then Orysia started screaming. **к. про** + *A.* a cry for sth ◊ **Це к. про допомо́гу.** This is a cry for help.
Also see **га́лас 1**
2 *fig.* row, brawl, brouhaha
adj. **вели́кий** great ♦ **вели́кий к. за мали́й пшик** *colloq.* much ado about nothing ◊ **Ця істо́рія ви́явилася вели́ким ~ом за мали́й пшик.** The story turned out to be much ado about nothing. **нечу́ваний** unheard-of, **страше́нний** terrible, **шале́ний** fierce
к. + *v.* **зчиня́тися** *or* **підніма́тися** erupt ◊ **Навко́ло пропози́ції зчини́вся вели́кий к.** A great row erupted over the proposal. **виника́ти** arise, **почина́тися** begin, **става́тися** occur
See **сканда́л**

крил|о́, *nt.*
1 wing *(of birds, insects)*
adj. **пра́ве** right, **лі́ве** left, **пере́днє** front, **за́днє** hind, **подві́йне** double ◊ **Ба́бка ма́ла подві́йні кри́ла, – два пере́дніх і два за́дніх.** The dragonfly had double wings, two front and two hind ones. **вузьке́** narrow, **широ́ке** wide; **до́вге** long, **коро́тке** short; **зла́мане** broken, **пора́нене** wounded; **розкри́те** opened, **розпра́влене** stretched, **скла́дене** folded ◊ **Зі зла́маним ~о́м жураве́ль не мо́же леті́ти.** His wing broken, the crane cannot fly. **орли́не** eagle, **пташи́не** bird, **сокoли́не** falcon; **качи́не** duck, **ку́ряче** chicken, **инди́че** turkey, **гу́сяче** goose, **сма́жені качи́ні ~а** fried duck wings
v. + **к. розкрива́ти ~а** open wings (**розгорта́ти** unfold ◊ **Журавлі́ ширя́ли над боло́том, розгорну́вши ~а.** The cranes hovered over the marsh with their wings unfolded. **розправля́ти** stretch; **згорта́ти** fold, **склада́ти** close); **би́ти ~ьми́** *or* **~ами** beat one's wings ◊ **Пта́шка би́ла ~ьми́, намага́ючись ви́добутися із сі́тки.** The bird beat its wings, trying to get out of the net. (**маха́ти** flap, **тріпоті́ти** flutter) ◊ **Колі́брі беззву́чно тріпоті́ла делі́катними ~ьми́.** The hummingbird was silently fluttering its delicate wings. ♦ **бра́ти** + *A.* **під своє́ к.** to take sb under protection ◊ **Він узя́в Мари́ну під своє́ к.** He took Maryna under his protection. ♦ **бу́ти під ~о́м** to be under sb's protection; ♦ **розправля́ти ~а** *fig.* to grow in confidence, strength, etc. ◊ **Наре́шті вона́ по-спра́вжньому розпра́вила ~а як письме́нниця.** Finally, she truly revealed herself as a writer.
2 *techn.* wing *(of aircraft)*, blade *(of windmill, turbine, etc.)*
adj. **пра́ве** right, **лі́ве** left; **пошко́джене** damaged ◊ **Із пошко́дженого ~а́ йшов дим.** Smoke was coming from the damaged wing. **складне́** folding; **алюмі́нієве** aluminum, **тита́нове** titanium; **дерев'я́не** wooden ◊ **дерев'я́ні ~а вітряка́** wooden blades of the windmill
3 wing *(of a building)*, annex, extention
adj. **лі́ве** left ◊ **Декана́т розташо́ваний у лі́вому ~і буди́нку.** The dean's office is located in the left wing of the building. **пра́ве** right; **півні́чне** north, **півде́нне** south, **за́хідне** west, **схі́дне** east; **бібліоте́чне** library, **лаборато́рне** laboratory, **лікарня́не** hospital, **поло́гове** maternity
v. + **к. додава́ти к. до** + *G.* add an annex to *(a building)* (**будува́ти** build, **прибудо́вувати до** + *G.* add to sth) ◊ **Він хо́че прибудува́ти до шпита́лю лаборато́рне к.** He wants to add a laboratory wing to the hospital.
4 wing *(in a political party)*, faction
adj. **ліберáльне** liberal, **консервати́вне** conservative, **проґреси́вне** progressive, **реакці́йне** reactionary ◊ **Вони́ скла́ли реакці́йне к. ру́ху.** They constituted the reactionary wing of the movement. **реформі́стське** reformist, **революці́йне** revolutionary; **екстремі́стське** extremist, **радика́льне** radical; **збро́йне** armed ◊ **Па́ртія сформува́ла вла́сне збро́йне к.** The party formed its own armed wing. **помі́рковане** moderate, **політи́чне** political
v. + **к: нале́жати до ~а́** belong to a faction (**приєдна́тися до** join; **ви́йти з** leave); **бу́ти в ~і** be in a faction ◊ **Яремчу́к був у ліберáльному ~і ру́ху.** Yaremchuk was in the liberal faction of the movement.
5 fender *(in a car)*
adj. **лі́ве** left, **пра́ве** right; **пере́днє** front, **за́днє** rear; **надще́рблене** dented, **пошкря́бане** scratched, **пошко́джене** damaged ◊ **Меха́нік шви́дко напра́вив пошко́джене к. маши́ни.** The mechanic quickly fixed the damaged fender of the car.
v. + **к. надще́рблювати к.** dent a fender ◊ **Ві́та надщерби́ла пра́ве к. об воро́та.** Vita dented the right fender against the gate. (**пошко́джувати** damage; **ремонтува́ти** fix, **направля́ти** repair, **фарбува́ти** paint) ◊ **За́дні ~а пофарбува́ли темні́шим ко́льором.** The rear fenders were painted in a darker color.

криміна́льн|ий, *adj.*
1 criminal ◊ **Він зна́є, що пору́шує ~і зако́ни краї́ни.** He knows he is violating the country's criminal laws.
к. + *n.* **к. ко́декс** a criminal code (**зло́чин** offense) ◊ **Її звинува́чують у ~ому зло́чині.** She is being accused of a criminal offense. **~е пра́во** criminal law
Cf. **злочи́нний, ка́рний**
2 crime ◊ **Зо́я полю́бляє чита́ти ~і рома́ни.** Zoya is fond of reading crime novels. **~а істо́рія** a crime story

криста́л, *m.*, **~а**
1 crystal
adj. **вели́кий** large; **кри́хітний** tiny, **мали́й** small, **невели́кий** little; **окре́мий** single; **рідки́й** liquid; **шту́чний** artificial
к. + *n.* **к. льо́ду** an ice crystal (**ма́рмуру** marble, **со́ли** salt) ◊ **На ске́лі ви́дно ~и со́ли.** Salt crystals are visible on the rock.
v. + **к. виро́щувати к.** grow a crystal ◊ **~и виро́щують у лаборато́рії.** The crystals are grown in a lab. (**утво́рювати** *or* **формува́ти** form); **склада́тися із ~ів** consist of crystals
2 *comput.* chip ◊ **вживля́ти** + *D.* **к.** implant sb a chip ◊ **Йому́ в мо́зок вживи́ли мікроскопі́чний к.** A microscopic chip was implanted in his brain.

крите́рі|й, *m.*, **~ю**
criterion
adj. **головни́й** main, **зага́льний** general, **зага́льнови́знаний** generally recognized, **засадни́чий** basic, **основни́й** principal; **єди́ний** sole ◊ **Професі́йність – це єди́ний к., на яки́й вона́ спира́ється в підбо́рі кандида́тів.** Professionalism is the sole criterion she relies on while selecting candidates. **залі́зний** *fig.* ironclad, **об'єкти́вний** objective, **науко́вий** scientific, **переко́нливий** convincing, **суво́рий** strict; **ке́пський** poor, **незастосо́вний** inapplicable; **суб'єкти́вний** subjective ◊ **Її к. здава́вся на́дто суб'єкти́вним.** Her criterion seemed to be too subjective.
к. + *n.* **к. відбо́ру** a selection criterion (**наді́йности** reliability, **оці́нки** assessment, **я́кости** quality), **к. і́стини** the criterion of truth
n. + **к. діяпазо́н ~їв** a range of criteria (**набі́р** set) ◊ **Вони́ користу́ються набо́ром науко́вих ~їв.** They use a set of scientific criteria.
v. + **к. визнача́ти к.** define a criterion ◊ **Нале́жить ви́значити ~ї оці́нки.** The assessment criteria need to be defined. (**встано́влювати** establish, **використо́вувати** use, **застосо́вувати** apply, **прийма́ти** adopt; **не́хтувати** ignore) ◊ **Він зне́хтував оста́нній к. як незастосо́вний.** He ignored the last criterion as inapplicable. **відповіда́ти ~єві** meet a criterion (**задовольня́ти** satisfy) ◊ **Шко́ла застосо́вує такі́ ~ї відбо́ру, яки́м ма́ло хто мо́же задовольни́ти.** The school applies such selection criteria, that few can satisfy. **користува́тися ~єм** (**не́хтувати** ignore) ◊ **Він зне́хтував ~єм я́кости.** He ignored the quality criterion.
prep. **за ~єм** by the criterion ◊ **Вона́ підхо́дить їм за всіма́ ~ями.** She suits them by all the criteria. **згі́дно із ~єм** according to a criterion ◊ **Згі́дно із ~ями і́стини все це є ку́пою так зва́них «альтернати́вних фа́ктів».** According to the criteria of truth, all this is a bunch of the so-called "alternative facts."
Also see **мі́ра 1, мі́рка**

кри́тик, *m.*
1 critic *(detractor)* ◊ **Се́ред гучни́х ~ів ново́ї іде́ї був і Безенчу́к.** Among vocal critics of the new idea, there was also Bezenchuk.
adj. **в'ї́дливий** biting, **воро́жий** hostile, **го́стрий** harsh, **дошку́льний** scathing, **запе́клий** bitter, **різки́й** trenchant; **відве́ртий** outspoken ◊ **Коли́шній сою́зник – тепе́р відве́ртий к. президе́нта.** The former ally is now an outspoken critic of the president. **гучни́й** vocal; **вели́кий** great, **ви́дний** prominent, **голо́вний** chief, **провідни́й** leading ◊ **Він стає́ провідни́м ~ом уря́ду.** He is becoming a leading critic of the government. **впе́ртий**

persistent, **послідо́вний** consistent
v. + **к. затика́ти ~а** *colloq.* muzzle a critic ◊ **Він шука́є спо́сіб заткну́ти цього́ ~а.** He is looking for a way to muzzle this critic. (**змушува́ти замо́вкнути** silence) ◊ **Нови́й зако́н зму́сить замо́вкнути ~ів у́ряду.** The new law will silence government's critics. **захища́тися від ~а** defend oneself against a critic ◊ **Вона́ захища́ється від ~ів.** She is defending herself against her critics. **відповіда́ти ~ові** respond to a critic ◊ **Він ще відповість ~ам.** He will still respond to his critics. (**запере́чувати** object to)
к. + *v.* **ма́ти ра́цію** be right ◊ **Її консервати́вні ~и ма́ють ра́цію.** Her conservative critics are right. **помиля́тися** be wrong, **дово́дити** + *A.* prove sth, **вважа́ти, що** believe that ◊ **Його́ ~и вважа́ють, що зміни ма́ють бу́ти радика́льними.** His critics believe that the changes should be radical. **висміювати** + *A.* ridicule sb/sth, **звинува́чувати** + *A.* accuse sb ◊ **Цей к. звинува́чував міні́стра в нерішу́чості.** This critic accused the minister of indecisiveness. **ска́ржитися, що** *or* **на** + *A.* complain that *or* at sb, **стве́рджувати, що** contend that, **вка́зувати, що** *or* **на** + *A.* point out that *or* at sth, **натяка́ти, що** allude that, **ста́вити під су́мнів** + *A.* question sth ◊ **Найбі́льш воро́жі ~и ста́вили під су́мнів її че́сність.** The most hostile critics questioned her integrity.
Also see **опоне́нт.** *Cf.* **во́рог**
2 critic *(reviewer)* ◊ **Він нале́жить до впливо́вих літерату́рних ~ів.** He belongs to influential literary critics.
adj. **літерату́рний** literary, **кулінá́рний** restaurant, **музи́чний** music, **театра́льний** theater ◊ **відо́мий театра́льний к.** a well-known theater critic ♦ **кінокри́тик** a film critic, ♦ **ме́діякри́тик** a media critic, ♦ **телекри́тик** a television critic; **авторите́тний** respected, **видатни́й** outstanding, **вплив́овий** influential; **вимо́гливий** demanding; **до́брий** good ◊ **На її бо́ці кі́лька до́брих музи́чних ~ів.** Several good music critics are on her side. **неупере́джений** unbiased ◊ **Зінче́нко ті́шився репута́цією неупере́дженого ~а.** Zinchenko enjoyed the reputation of an unbiased critic. **об'єкти́вний** objective, **прони́кливий** incisive; **ке́пський** poor, **пога́ний** bad; **непрофесі́йний** unprofessional; **упере́джений** biased
к. + *v.* **атакува́ти** + *A.* attack sb ◊ **Її заатакува́в авторите́тний к.** A respected critic attacked her. **вихваля́ти до не́ба** + *A.* praise sb/sth to high heaven, **віта́ти** + *A.* hail sth ◊ **~и віта́ли наро́дження вели́кого письме́нника.** Critics hailed the birth of a great writer. **хвали́ти** + *A.* praise sth, **назива́ти** + *A.* call sth ◊ **К. назива́є поста́ву геніа́льною.** The critic calls the production brilliant. **опи́сувати** + *A.* describe sth
L. **на ~ові**

кри́ти|ка, *f., only sg.*

1 criticism, disapproval
adj. **безжа́льна** ruthless ◊ **Вона́ не очі́кувала тако́ї безжа́льної ~ки від коле́ґи.** She did not expect such ruthless criticism from a colleague. **в'ї́длива** biting, **го́стра** sharp ◊ **Го́стра к. паралізува́ла його́.** The sharp criticism paralyzed him. **гучна́** vocal, **дошку́льна** scathing, **жорсто́ка** cruel, **запе́кла** fierce; **безпідста́вна** groundless, **неви́правдана** unjustified, **несправедли́ва** unfair, **упере́джена** biased, **яду́ча** vicious; **об'єкти́вна** objective ◊ **До́бра к. ма́є бу́ти об'єкти́вною.** Good criticism ought to be objective. **неупере́джена** unbiased, **пова́жна** grave, **серйо́зна** serious; **ви́правдана** justifiable, **заслу́жена** well-deserved, **конструкти́вна** constructive ◊ **Конструкти́вну ~ку слід віта́ти.** Constructive criticism should be welcome. **дру́жня** friendly, **леґіти́мна** legitimate, **обґрунто́вана** valid, **помічна́** helpful, **справедли́ва** fair, **суво́ра** severe; **меді́йна** media; **пряма́** direct, **публі́чна** public; **завуальо́вана** veiled, **імпліци́тна** implicit, **прихо́вана** concealed
n. + **к. шквал ~ки** a barrage of criticism
v. + **к. виклика́ти ~ку** draw criticism ◊ **Її пози́ція ви́кликала запе́клу ~ку.** Her position drew fierce criticism. (**провокува́ти** provoke ◊ **Він спровокува́в ~ку.** He provoked criticism. **віта́ти** welcome, **прийма́ти** accept ◊ **Я прийма́ю ва́шу ~ку як обґрунто́вану.** I accept your criticism as valid. **терпі́ти** put up with ◊ **Не ко́жен мо́же терпі́ти ~ку.** Not everyone can put up with criticism. **відкида́ти** reject ◊ **А́втор відкида́є ~ку як безпідста́вну.** The author rejects the criticism as groundless. **заглу́шувати** silence, **іґнорува́ти** ignore, **не́хтувати** disregard; **відповіда́ти на** respond to ◊ **Він не відповіда́є на ~ку.** He does not respond to the criticism. **потрапля́ти під** come under) ◊ **Він потра́пив під безжа́льну ~ку.** He came under ruthless criticism. **боя́тися ~ки** be afraid of criticism (**зазнава́ти** suffer; **уника́ти** avoid; **бу́ти відкри́тим для** be open to, **става́ти вразли́вим для** become vulnerable to) ◊ **Вона́ ста́ла вразли́вою для ~ки.** She became vulnerable to criticism. **піддава́ти** + *A.* **~ці** subject sb/sth to criticism ◊ **Її збі́рку пі́ддано безжа́льній ~ці.** Her collection was subjected to a ruthless criticism.
к. + *v.* **зосере́джуватися на** + *A.* center on sth; **йти від** + *G.* come from sb ◊ **Найв'ї́дливіша к. йшла від його́ вчора́шніх симпа́тиків.** The most biting criticism came from his former sympathizers.
prep. **к. з бо́ку** + *G.* criticism by sb ◊ **к. нача́льниці з бо́ку підле́глого** criticism of a boss by her subordinate. **к. за** + *A.* criticism for sth ◊ **к. за зловжива́ння вла́дою** criticism for abuse of power; **к. що́до** + *G.* criticism concerning sth ◊ **Її ви́ступ – це к. у́ряду що́до нови́х фа́ктів кумі́вства.** Her address is criticism of the government concerning the new facts of nepotism.
Also see **шпи́лька 2**
2 criticism *(analysis)*
adj. **літерату́рна** literary, **музи́чна** music, **театра́льна** theater; ♦ **кінокри́тика** film criticism, ♦ **ме́діякри́тика** media criticism, ♦ **телекри́тика** television criticism; **маркси́стська** Marxist, **структураліс́тська** structuralist, **феміні́стська** feminist, **постколоніа́льна** postcolonial
prep. **у ~ці** in criticism ◊ **Вона́ займа́є особли́ве мі́сце у феміні́стській ~ці.** She occupies a special place in feminist criticism.

критику|ва́ти, ~ють; с~, *tran.*

to criticize ◊ **Вона́ за́вжди́ ~ва́ла вла́ду.** She always criticized the authorities.
adv. **безпереста́нку** incessantly, **за́вжди́** always, **неодноразо́во** repeatedly, **пості́йно** constantly, **ча́сто** frequently; **рі́дко** rarely; **безжа́льно** ruthlessly, **в'ї́дливо** trenchantly, **го́стро** sharply, **дошку́льно** scathingly, **жо́рстко** harshly, **жорсто́ко** cruelly, **неви́правдано** without justification, **несправедли́во** unfairly, **нещά́дно** mercilessly, **суво́ро** severely ◊ **Опози́ція суво́ро скритикува́ла прое́кт зако́ну.** The opposition severely criticized the draft law. **упере́джено** with bias ◊ **Рома́нова ~ють упере́джено.** Romaniv is being criticized with bias. **відкри́то** openly, **публі́чно** publicly; **імпліци́тно** implicitly; **делі́катно** tactfully, **м'я́ко** gently; **заслу́жено** deservedly; **об'єкти́вно** objectively, **неупере́джено** without bias, **серйо́зно** seriously, **справедли́во** fairly
v. + **к. бра́тися** set about; **не перестава́ти** not to stop ◊ **Вона́ не перестава́ла к. чолові́ка з найме́ншого при́воду.** She would not stop criticizing her husband on the smallest pretext. **почина́ти** begin, **ста́ти** *pf.* start ◊ **Огляда́ч став к. президе́нта.** The observer started criticizing the president.
prep. **к. за** + *A.* criticize for sth ◊ **Його́ ~ють за нетакто́вність.** He is criticized for tactlessness. **к. за те, що** + *clause* criticize for the fact that ◊ **Йо́сипа ~ють за те, що він не дотри́мав сло́ва.** Yosyp is criticized for not having kept his word.
pa. pple. **скритико́ваний** criticized
(с)критику́й!
Also see **засу́джувати 2, напада́ти 2, розно́сити 5, суди́ти 2.** *Ant.* **хвали́ти**

крити́чн|ий, *adj.*

1 critical ◊ **Текст вимага́є ~ого прочита́ння.** The text requires a critical reading.
adv. **відкри́то** openly; **вкрай** extremely, **все бі́льш** increasingly, **глибо́ко** deeply, **го́стро** sharply ◊ **У реце́нзіях ви́словлювалися го́стро ~і оці́нки.** Sharply critical assessments were voiced in the reviews. **ду́же** very, **надзвича́йно** unusually, **нещά́дно** mercilessly; **де́що** somewhat, **до́сить** fairly; **безпідста́вно** groundlessly, **неви́правдано** unjustifiably; **несподі́вано** unexpectedly
v. + **к. бу́ти ~им** be critical ◊ **Стаття́ ~а в усьо́му, що стосу́ється полі́ції.** The article is critical in everything concerning the police. (**вважа́ти** + *A.* consider sb/sth, **здава́тися** + *D.* seem to sb, **лиша́тися** remain, **роби́тися** turn, **става́ти** become)
prep. **к. до** + *G.* critical of sb/sth ◊ **Лі́на роби́лася деда́лі бі́льш ~ою до сві́ту.** Roksolana was turning increasingly critical of the world.
Also see **полемі́чний**
2 critical *(important)*, crucial ◊ **Цей елеме́нт – к. компоне́нт у сполу́ці.** The element is a critical component in the compound.
adv. **абсолю́тно** absolutely, **винятко́во** exceptionally, **деда́лі бі́льш** increasingly, **однозна́чно** unambiguously, **спра́вді** really
v. + **к. бу́ти ~им** be crucial (**вважа́ти** + *A.* consider sth, **лиша́тися** remain, **роби́ти** + *A.* make sth, **става́ти** become) ◊ **За́хист довкі́лля став ~ою умо́вою вижива́ння люди́ни.** Protection of the environment has become a critical condition of human survival.
prep. **к. для** + *G.* critical to sth ◊ **Ва́ша у́часть абсолю́тно ~а для у́спіху прое́кту.** Your participation is absolutely critical for the success of the project.
See **важли́вий.** *Also see* **ваго́мий 2, ва́ртий 2 виріша́льний 2, відповіда́льний 2, життє́вий 3, значни́й 2, нага́льний 2, пова́жний 4, помі́тний 3, рішу́чий 3, серйо́зний 3**

крихк|и́й, *adj.*

1 fragile, brittle
adv. **вкрай** *and* **надзвича́йно** extremely ◊ **Ці скля́нки надзвича́йно ~і.** These glasses are extremely fragile. **ду́же** very, **до́сить** fairly
v. + **д. бу́ти ~и́м** be brittle (**вважа́ти** + *A.* consider sth, **вигляда́ти** look; **виявля́тися** turn out; **здава́тися** + *D.* seem to sb; **роби́ти** + *A.* make sth, **става́ти** become) ◊ **При ду́же низькі́й температу́рі мета́л стає ~и́м.** In very low temperatures, the metal becomes brittle.
See **делі́катний 4**
2 *fig.* delicate, tender ◊ **~а́ вразли́ва душа́** delicate vulnerable soul; ◊ **Він ви́явився люди́ною ~о́ї психі́ки.** He turned out to be a person of delicate psychology.
Also see **делі́катний 2**

кри́хт|а, *f.*

1 crumb *(of bread, etc.)*
к. + *n.* **к. хлі́ба** a crumb of bread (**пирога́** pie, **си́рника** cheesecake, **ті́стечка** pastry, **то́рта** cake, *etc.*); ♦ **усе́ до (оста́нньої) ~и** to the last bit, completely ◊ **Він розказа́в цю істо́рію до ~и.** He told the story to the last bit. ♦ **і ~и в ро́ті не ма́ти** to have nothing to eat ◊ **Два дні вони́ і ~и в ро́ті не ма́ли.** For two days, they had not had anything at all to eat.

Also see **кри́шка[2], ри́ска 3**
2 *fig.* a little, bit, shred, smidgen ◊ **У них лиши́лася к. со́ли і бо́рошна.** They have got a little salt and flour left.
3 *only in A., as adv., colloq.* a little, a bit ◊ **Марі́я ще ~у сумніва́ється.** Maria is still a little hesitant. ◊ **Ми ~у порозмовля́ли.** We talked a bit.

крич|áти, ~áть; за~, *intr. and tran.*
1 *intr.* to scream, cry, shout, call out + *D.* sb; *pf.* to cry out, start shouting, give a cry ◊ **Іва́нна щось ~ла сестрі́.** Ivanna was screaming something to her sister.
adv. **го́лосно** *or* **гу́чно** loudly, **ди́ко** wildly, **на всі гру́ди** at the top of one's lungs, **оглу́шливо** deafeningly, **прони́зливо** piercingly, **стра́шно** horribly; ♦ **к. не своїм го́лосом** scream like crazy; **ма́йже** almost, **ма́ло не** all but ◊ **Вона́ ма́ло не закрича́ла від розчарува́ння.** She all but screamed with disappointment. **сла́бко** weakly, **ти́хо** quietly; **блага́льно** beseechingly, **відчайду́шно** desperately, **істери́чно** hysterically, **жало́бно** mournfully; **перемо́жно** triumphantly, **ра́дісно** joyfully ◊ **Вони́ ра́дісно закрича́ли, поба́чивши дру́зів.** At the sight of their friends, they gave a joyful cry. **несподі́вано** unexpectedly, **ра́птом** suddenly, **пані́чно** in panic, **розпа́чливо** despairingly
v. + **к. намага́тися не** try not to; **хоті́ти** *and* **хоті́тися** + *D.* want to ◊ **Наді́ї хоті́лося к. від го́ря.** Nadiia wanted to scream with grief.
prep. **к. від** + *G.* scream with sth *(emotion, etc.)* ◊ **У сусі́дній пала́ті пацієнт ~а́в від бо́лю.** In the adjacent ward, a patient was screaming with pain. **к. до** + *G.* scream to sb ◊ **Капіта́н на всі гру́ди ~а́в кома́нди до моряків.** The captain shouted commands to his sailors at the top of his lungs.
Also see **ґвалтува́ти 2, шумі́ти 3**
2 *tran., pf.* **про~** to shout, cry ◊ **Уча́сники ході́ час від ча́су ~а́ли га́сла.** The march participants shouted slogans every now and then. ◊ **Стари́к ~а́в яку́сь нісені́тницю.** The old man was shouting some nonsense.
3 *intr., fig.* to scold, chide; *pf.* **на~** ◊ **Ма́ти накрича́ла на Юрка́ за те, що він не прибра́в у ха́ті.** Mother scolded Yurko for his not having cleaned the house.
prep. **к. за** + *A. or* **за те, що** + *clause* scold for sth; **к. на** + *A.* scold sb
4 *fig., intr.* to scream, stand out, catch one's eye ◊ **Із ко́жної сторі́нки газе́ти ~а́ть оголо́шення.** Ads are screaming from every page of the newspaper.
(за)кричи́!

кри́ш|ка[1], *f.*
lid, top, cover
adj. **бляша́на** tin ◊ **Вона́ купи́ла де́сять бляша́них ~о́к до слої́ків.** She bought ten tin jar tops. **дерев'я́на** wooden, **мета́лева** metal, **пластма́сова** plastic, **скляна́** glass; **гермети́чна** air-tight, **тісна́** tight; **важка́** heavy ◊ **Ді́жку накри́то важко́ю ~кою.** The barrel is covered with a heavy top.
v. + **к. відкрива́ти ~ку** open a top ◊ **Він відкрива́в ~ки́ і загляда́в до баняків.** He opened the lids and peeped into the pots. (**закрива́ти** close, **опуска́ти** put down; **зніма́ти** take off, **наклада́ти** put on, **підніма́ти** lift; **відкру́чувати** unscrew, **закру́чувати** screw on) **затуля́ти** + *A.* **~кою** block sth with a cover ◊ **Він затули́в ді́рку ~кою.** He blocked the hole with a cover. (**накрива́ти** + *A.* cover sth, **хова́ти** + *A.* **під** hide sth under)
prep. **на ~ку** *dir.* on/to a cover ◊ **Вона́ сі́ла на ~ку.** She sat onto the cover. **на ~ці** *posn.* on a cover ◊ **На ~ці було́ щось напи́сано.** Something was written on the lid. **під ~кою** under a lid ◊ **Він не знав, що було́ під ~кою.** He did not know what was under the lid.
N. pl. **~ки́**

кри́ш|ка[2], *var.* **кри́хта,** *f.*
crumb ◊ **хлі́бна к.** a breadcrumb, ♦ **до оста́нньої ~ки** to the last bit, completely ◊ **Ді́ти з'ї́ли котле́ти до оста́нньої ~ки.** The children ate the patties to the last bit.
v. + **к. збира́ти ~ки́** gather crumbs ◊ **Вона́ зібра́ла ~ки́ в доло́ню.** She gathered the crumbs in her palm. (**здму́хувати** blow, **зміта́ти** sweep, **стира́ти** wipe; **розсипа́ти** scatter) ◊ **Він розси́пав хлі́бні ~ки́ по підло́зі.** He scattered breadcrumbs around the floor.
L. **на ~ці,** *G. pl.* **~о́к**
Also see **кри́хта 1, ри́ска 3**

крізь, *prep.* + *A.*
1 *(relations of space)* through ◊ **Со́нце проби́лося к. хма́ри.** The sunlight came through the clouds.
2 *(relations of time)* over, through ◊ **Наро́дна па́м'ять пронесла́ цей епі́чний твір к. століття.** People's memory carried this epic work through the centuries.
3 through ♦ **смія́тися к. сльо́зи** to laugh through the tears ◊ **Він чув к. рев мо́ря кри́ки мев.** He heard the screams of seagulls through the roar of the sea.

крім *prep.* + *G.*
1 except ◊ **Він забу́в усе́ к. тих оче́й.** He forgot everything except those eyes.
2 in addition to sb/sth, besides sb/sth ◊ **Хто ще, к. Павла́, зна́є про це?** Besides Pavlo, who else knows about it? ♦ **к. то́го** besides, in addition ◊ **К. то́го, Оле́на чудо́во во́дить авто́бус.** Besides, Olena is a wonderful bus driver.

кр|іп, *m.,* **~о́пу,** *only sg.*
dill ◊ **Вона́ запра́вила ва́рену карто́плю ~о́пом.** She garnished the boiled potatoes with dill.
adj. **зеле́ний** green ◊ **вели́кий пучо́к зеле́ного ~о́пу** a big bunch of green dill; **сві́жий** fresh; **запашни́й** fragrant; **моро́жений** frozen, **сі́чений** chopped; **су́шений** dry
See **припра́ва.** *Cf.* **окрі́п**

крі́с|ло, *nt.*
chair, armchair ◊ **Вона́ потопа́ла в м'яко́му ~лі.** She was drowning in the soft armchair.
adj. **вели́ке** big, **широ́ке** wide; **ви́гідне** *and* **зру́чне, комфорта́бельне** comfortable, **м'яке́** soft; **тверде́** hard; **незру́чне** uncomfortable; **висо́ке** high, **низьке́** low; **глибо́ке** deep ◊ **Вона́ опусти́лася в глибо́ке к.** She lowered herself into the deep chair. **поро́жнє** empty ◊ **За столо́м не було́ жо́дного поро́жнього ~ла.** There was not a single empty chair at the table. **улю́блене** favorite; **дерев'я́не** wooden, **пле́тене** wicker, **шкіряне́** leather; **оббите** upholstered; **відкидне́** reclining, **з висо́кою спи́нкою** high-backed, **з прямо́ю спи́нкою** straight-backed;
♦ **к.-го́йдалка** a rocking chair
n. + **к. би́льце ~ла** the arm of a chair ◊ **Оле́на покла́ла лі́кті на би́льця ~ла.** Olena put her elbows on the arms of the chair. (**ні́жка** leg, **сидіння** seat, **спи́нка** back); **набі́р ~ел** a set of chairs (**ряд** row) ◊ **Вони́ поста́вити ще два ряди ~ел.** They put out two more rows of chairs.
v. + **к. бра́ти к.** take a chair ◊ **Він узя́в два ~ла з віта́льні.** He took two chairs from the living room. (**виставля́ти** put out, **дава́ти** + *D.* give sb, **займа́ти** occupy ◊ **Соломі́я зайняла́ к. бі́ля само́ї сце́ни.** Solomiia occupied the chair right next to the stage. **ста́вити** put, **хапа́ти** grab; **розклада́ти** unfold; **ляга́ти в** lie down in; **сіда́ти в** sit down in ◊ **Він сів у м'яке́ к.** He sat down into a soft chair. **всіда́тися в** settle into) ◊ **Дани́ло до́вше, як за́вжди́ вcaséдався у к.** Danylo took longer than usual to settle in his armchair. **встава́ти із ~ла** get up from a chair ◊ **Усі́ вста́ли з ~ел.** Everybody stood up from their chairs. (**підійма́тися з** rise from, **виліта́ти з** fly out of, **виска́кувати з** jump out) ◊ **Почу́вши стук у две́рі, Марти́н ви́скочив із ~ла.** Having heard the knocking on the door, Martyn jumped out of his chair. **відкида́тися на ~лі** lean back in an armchair (**гойда́тися** *or* **колиса́тися в** rock in ◊ **Марі́я люби́ла колиса́тися в крі́слі-го́йдалці.** Maria liked to rock in the rocking-chair. **со́ватися в** shift in ◊ **Вона́ нерво́во со́валася в ~лі.** She was shifting in her chair nervously. **розва́люватися в** stretch out in ◊ **Ната́ля розвали́лася в улю́бленому ~лі.** Natalia stretched out in her favorite armchair. **відпочива́ти в** rest in, **лежа́ти в** lie in, **ні́житися в** luxuriate in ◊ **Мари́на лю́бить ні́житися у відкидно́му ~лі.** Maryna likes to luxuriate in her reclining chair. **розслабля́тися в** relax in, **спа́ти в** sleep in) ◊ **Він спав у ~лі пе́ред телеві́зором.** He was sleeping in the chair in front of the TV set.
к. + *n.* **лама́тися** break ◊ **Старе́ к. не лама́ється.** The old chair does not break. **па́дати** fall, **переверта́тися** topple over, **прекида́тися** fall over; **скрипі́ти** creak; **стоя́ти** stand ◊ **На вера́нді стоя́ть м'які́ ~ла.** Soft armchairs stand on the porch.
prep. **на к.** *dir.* on/at an armchair ◊ **Вона́ погля́нула на к.** She took a look at the chair. **на ~лі** *posn.* ◊ **Да́на лиши́ла коц на ~лі.** Dana left the blanket on the arm-chair. **у к.** *dir.* in an armchair ◊ **Іва́н сів у к.** Ivan sat in an armchair. **у ~лі** *posn.* in an armchair ◊ **Він підстрибну́в у ~лі.** He jumped in his armchair.
Cf. **стіле́ць**

кров, *f.,* **~и,** *only sg.*
1 blood ◊ **Його́ ру́ки були́ ли́пкими від ~и.** His hands were sticky with blood.
adj. **гаря́ча** hot, **те́пла** warm; **зи́мна** *or* **холо́дна** cold, **черво́на** red; **до́норська** donor; **артеріа́льна** arterial, **вено́зна** venous ◊ **Артеріа́льна к. ясні́ша, як вено́зна.** Arterial blood is brighter than venous blood. **менструа́льна** menstrual; **зара́жена** contaminated; **лю́дська́** human, **свиня́ча** pig ◊ **Ковбасу́ ро́блять із гре́чки і свиня́чої ~и.** The sausage is made of buck-wheat and pig blood. **тва́ринна** animal; ♦ **безневи́нна** *or* **неви́нна к.** *fig.* innocent blood ◊ **Він проли́в неви́нну к.** He shed innocent blood.
n. + **к. ана́ліз ~и** a blood test ◊ **Їй тре́ба було́ зроби́ти кі́лька ана́лізів ~и.** She needed to have several blood tests done. (**банк** bank, **гру́па** group, **тип** type; **втра́та** loss; **зара́ження** infection ◊ **Ра́на загро́жувала спричини́тися до зара́ження ~и.** The wound threatened to cause a blood infection. **отру́єння** poisoning, **хворо́ба** disease; **згорта́ння** coagulation, **згу́сток** clot ◊ **Арте́рія ви́явилася заблоко́ваною згу́стком ~и.** The artery turned out to be blocked by a blood clot. ♦ **о́біг ~и** *usu.* **кровоо́біг** blood circulation ◊ **Це ускла́днювало норма́льний кровоо́біг.** This complicated normal blood circulation. **перелива́ння** transfusion; **тиск** pressure) ◊ **Її тиск ~и був у ме́жах но́рми.** Her blood pressure was within the normal limits. **калю́жа ~и** a pool of blood ◊ **Він пла́вав у калю́жі ~и.** He weltered in a pool of blood. (**кра́пля** drop ♦ **до оста́нньої кра́плі ~и** to the last drop of blood ◊ **Вони́ були́ гото́ві обороня́ти аеропо́рт до оста́нньої кра́плі ~и.** They were ready to defend the airport to the last drop of blood. **сліди́** traces, **ці́вка** trickle) ◊ **Ці́вка ~и текла́ з брові́ боксе́ра.** A trickle of blood ran down from the boxers' brow.
v. + **к. бра́ти к.** draw blood ◊ **До́норську к. беру́ть із жи́ли.** Donor blood is drawn from a vein. (**дава́ти** + *D.* give sb, **збира́ти** collect; **заморо́жувати** freeze, **перелива́ти** transfuse ◊ **Пора́неному тре́ба нега́йно перели́ти к.** The wounded man needs an immediate blood transfusion. **помпува́ти** pump ◊ **Се́рце помпу́є збага́чену ки́снем к. усі́м ті́лом.** The heart

pumps oxygen-enriched blood throughout the whole body. **витира́ти** wipe ◊ **Він ви́тер з чола́ к.** He wiped the blood off his forehead. **розма́зувати** smear, **втрача́ти** lose ◊ **Він втра́тив бага́то ~и.** He lost a lot of blood. **затамо́вувати** *or* **зупиня́ти** stop; **пролива́ти** spill; **пи́ти** drink, **сса́ти** suck, **псува́ти** spoil); ♦ **псува́ти** + *D.* **к.** to give sb grief ◊ **Не ва́рто псува́ти собі́ к. че́рез дрібни́ці.** It's not worth giving oneself grief over trifles. **запіка́тися ~'ю** be caked in blood ◊ **Його́ воло́сся запекло́ся ~'ю.** His hair was caked in blood. (**заля́пувати** + *A.* splatter sth with, **заплямо́вувати** + *A.* stain sth with ◊ **Хтось заплямува́в рушни́к ~'ю.** Somebody stained the towel with blood. **захлина́тися** choke on ◊ **Він тро́хи не захлину́вся вла́сною ~'ю.** He almost choked on his own blood. **стіка́ти** *or* **схо́дити** lose) ◊ **Він лежа́в непритомний і повільно схо́див ~'ю.** He lay unconscious and was slowly losing blood. ♦ **се́рце облива́ється ~'ю** sb's heart bleeds ◊ **Від ду́мки про від'ї́зд його́ се́рце облива́лося ~'ю.** His heart bled at the thought of departure. **лежа́ти в ~і** lay in blood (**пла́вати в** welter in; **топи́ти** + *A.* **в** *fig.* drown sb/sth in) ◊ **Режи́м був гото́вий потопи́ти проте́сти в ~і.** The regime was ready to drown the protests in blood.

к. + *v.* **висиха́ти** dry, **гу́снути** clot ◊ **Його́ кров пога́но гу́сне.** His blood clots poorly. **запіка́тися** cake ◊ **У не́ї на обли́ччі запекла́ся к.** Blood baked on her face. **згорта́тися** coagulate; **застига́ти** curdle ◊ **У не́ї к. засти́гла від жа́ху.** Her blood curdled with horror. **холо́нути** turn cold, run cold; **ка́пати** drip ◊ **Із ножа́ ка́пала кров.** Blood was dripping from the knife. **ли́тися** *or* **ллятися** run, **текти́** flow, **ю́шити** gush ◊ **Із ра́ни ю́шила к.** Blood was gushing from the wound. **гу́пати** pound, **пульсува́ти** pulse ◊ **В її́ скро́нях так си́льно пульсу́є к.** The blood pulses hard in her temples. **закипа́ти** *fig.* boil up ◊ **У ньо́го від обу́рення закипа́ла к.** *fig.* His blood was boiling up with indignation. **кипі́ти** *fig.* boil; **сочи́тися з** + *G.* seep from sth ◊ **К. сочи́лася з її́ оче́й.** Blood was seeping from her eyes. **ли́тися з** + *G.* flow from sth, **текти́ з** + *G.* run from sth, **розлива́тися** spread, **просяка́ти** + *A.* soak sth ◊ **Його́ бинти́ прося́кла к.** His bandages were soaked with blood. **циркулюва́ти** circulate

prep. **в ~і** 1) in blood ◊ **У ~і знайшли́ свине́ць.** Lead was found in his blood. 2) ♦ covered (soaked, *etc.*) in blood, bloody ◊ **Його́ лі́ва нога́ у ~і.** His left foot is covered in blood. ♦ **к. із молоко́м** the picture of health ◊ **Іва́н був кра́снем, к. із молоко́м.** Bohdan was a man of beauty, the picture of health. ♦ **(хоч) к. із но́са** whatever it takes, by all means ◊ **Їм тре́ба хоч к. з но́са знайти́ акуше́рку.** They need to by all means find a midwife.

Also see **ріди́на́, руди́й 3, ю́шка 2**

2 *fig.* blood, ancestry

adj. **аристократи́чна** aristocratic ◊ **У її́ жи́лах текла́ аристократи́чна к.** Aristocratic blood flowed in her veins. **блаки́тна** blue; **чи́ста** pure, **королі́вська** royal, **шляхе́тна** noble; **селя́нська** peasant ◊ **Він дослуха́вся до то́го, що ка́же йому́ його́ селя́нська к.** He heeded what his peasant blood told him.

See **похо́дження**

кро́вн|ий, *adj.*

1 related by blood, family ◊ **На весі́льне прийня́ття запроси́ли ті́льки ~у рі́дню.** Only close family were invited to the wedding reception.
2 *fig.* intimate, close ◊ **Їхні взає́мини поступо́во перерослі́ в ~у дру́жбу.** Their relationship gradually grew into an intimate friendship. ◊ **Між ни́ми існува́в к. зв'язо́к.** An intimate relationship existed between them.
3 *fig.* vital, all-important ◊ **к. інтере́с** a vital interest, ◊ **~а спра́ва** an all-important matter
4 *fig.* blood, mortal ♦ **~а обра́за** mortal insult, ♦ **~а по́мста** blood feud, vendetta, ♦ **к. во́рог** mortal enemy
5 hereditary, indigenous ◊ **к. льві́в'янин** an indigenous citizen of Lviv

Cf. **кров'яни́й**

кров'ян|и́й, *adj.*

blood ◊ **Вона́ живе́ з підви́щеним ~и́м ти́ском.** She lives with elevated blood pressure. ◊ **~а́ кліти́на** a blood cell

Cf. **кро́вний**

кро|к, *m.*, ~ку

1 step, stride, pace

adj. **важки́й** heavy ◊ **Він чув чиї́сь важкі́ ~ки під ві́кнами.** He heard somebody's heavy steps under the windows. **легки́й** light; **нерішу́чий** hesitant; **рішу́чий** resolute; **пові́льний** slow; **швидки́й** quick; **широ́кий** wide; **обере́жний** careful, **насторо́жений** guarded ◊ **Її́ ~ки були́ насторо́жені.** Her steps were guarded. **хиткий** shaky; **ко́жний** each ◊ **із ко́жним ~ом** with each step

adv. **убі́к** sideways ◊ **Оди́н к. убі́к, і він опини́ться у прова́ллі.** Only a step sideways and he will end up in an abyss. **упере́д** ahead ◊ **Вона́ зроби́ла три ~ки впере́д.** She took three steps ahead. **наза́д** backward, **назу́стріч** forward; **бли́жче** closer

v. + **к. роби́ти к.** take a step (**приско́рювати** accelerate ◊ **Ва́лик приско́рив к.** Valyk accelerated his pace. **збавля́ти** *or* **притишувати, спові́льнювати, сти́шувати** slow down ◊ **Лю́ба сти́шила к.** Liuba slowed down her step. **прохо́дити на** go) ◊ **Володи́мир пройшо́в на к., тоді́ на два.** Volodymyr went a step, then two.

prep. **на к.** ♦ **відстава́ти на к.** lag a step behind ◊ **Він відста́в на кі́лька ~ів від гру́пи.** He lagged several steps behind the group. ♦ **к. за ~ком** step by step; ♦ **на ко́жному ~ці** 1) everywhere ◊ **Тут він на ко́жному ~ці стика́ється з непрофесі́йністю.** Here he encounters lack of prefessionalism everywhere. 2) every step of the way, constantly ◊ **Смерть чига́ла на ко́жному ~ці.** Death lurked every step of the way.

2 *fig.* step, move, maneuver, action, deed ◊ **Його́ пе́рші літерату́рні ~ки були́ дово́лі нерішу́чими.** His first steps in literature were rather hesitant.

adj. **вели́кий** big, **гіга́нтський** giant, **значни́й** considerable; **мале́нький** small; **важли́вий** important, **істори́чний** historic, **істо́тний** essential, **крити́чний** critical, **рішу́чий** decisive; **пе́рший** first, **попере́дній** preliminary, **початко́вий** initial; **оста́нній** last; **додатко́вий** additional, **майбу́тній** future, **насту́пний** next ◊ **Вона́ ще не зна́ла, яки́м бу́де її́ насту́пний к.** She did not yet know what her next step would be. **закономі́рний** *and* **логі́чний** logical, **необхі́дний** necessary, **розу́мний** reasonable; **імові́рний** probable; **пода́льший** further; **безду́мний** thoughtless, **дурнува́тий** stupid, **ідіоти́чний** idiotic ◊ **Таки́й ідіоти́чний к. цілко́м у його́ сти́лі.** Such an idiotic step is entirely in his style. **легкова́жний** reckless, **необду́маний** injudicious ◊ **Оди́н необду́маний к. призведе́ до катастро́фи.** One injudicious step will precipitate a disaster. **непра́вильний** false, **поспі́шний** hasty; **помилко́вий** mistaken, **хи́бний** wrong, **фата́льний** fatal; **відва́жний** bold, **смілі́вий** brave ◊ **Тара́с відва́жився на смілі́вий к.** Taras had enough courage for a brave step. **непослідо́вний** inconsistent, **нерішу́чий** hesitant, **обере́жний** cautious; **безпрецеде́нтний** unprecedented, **драмати́чний** dramatic, **екстрема́льний** extreme, **надзвича́йний** extraordinary, **незвича́йний** unusual; **запобі́жний** preventive; **незворо́тний** irreversible; **нега́йний** immediate, **терміно́вий** urgent

v. + **к. роби́ти к.** take a step (**відва́жуватися** *or* **нава́жуватися на** have the courage for); **вдава́тися до ~ку** resort to a step ◊ **Вони́ були́ зму́шеними вда́тися до безпрецеде́нтного ~ку.** They were forced to resort to an unprecedented step.

Also see **хід 7**

3 gait, walk, stride, pace ◊ **Оре́ст ма́є леки́й, нечу́тний к.** Orest has a light, inaudible gait.

See **ходá.** *Also see* **хід 8**

кру|г[1], *m.*, ~а

1 *math.* circle ◊ **Він пам'ята́є фо́рмулу пло́щі ~га.** He remembers the circle area formula.

See **ко́ло[1] 1.** *Cf.* **ова́л**

2 circle, ring, round, disk, wheel ◊ **гонча́рний к.** a potter's wheel; ◊ **к. си́ру** a wheel of cheese, ◊ **шліфува́льний к.** *techn.* an emery wheel; ♦ **~ги́ під очи́ма** circles under eyes ◊ **Ода́рка ма́є ~ги́ під очи́ма.** Odarka has circles under the eyes.

prep. **у к.** *dir.* in/to a circle ◊ **Ді́ти ста́ли у к.** The children stood in a circle. **у ~зі** *posn.* in a circle ◊ **Фільм назива́ється «У за́мкнутому ~зі».** The movie is entitled *In a Closed Circle.*

Cf. **ко́ло[1], ова́л**

круг[2], *prep.* + *G.*

around sb/sth ◊ **Усе́ к. не́ї здава́лося чужи́м.** Everything around her seemed foreign. ♦ **к. па́льця обвести́** *or* **обкрути́ти** + *A. pf.* to take sb for a ride, fool sb

See **круго́м, навко́ло**

кру́гл|ий, *adj.*

1 circular, round

adv. **бездога́нно** impeccably, **доскона́ло** perfectly ◊ **Ді́рка два ме́три в ді́яметрі й доскона́ло ~а.** The hole is two meters across and perfectly round. **цілко́м** completely; **бі́льш-ме́нш** more or less, **майже** almost ◊ **О́зеро ма́є ма́йже ~у фо́рму.** The lake has an almost round form. ◊ **к. стіл** a round table; ◊ **~а па́лиця** a round stick; ♦ **~і ду́жки́** parantheses

v. + **к. бу́ти ~им** be round (**здава́тися** + *D.* seem to sb ◊ **Під цим куто́м ра́мка здава́лася не ова́льною, а ~ою.** At this angle, the frame seemed not oval but round. **вигляда́ти** look, **роби́ти** + *A.* make sth; **става́ти** become) ◊ **Ма́ртині о́чі стаю́ть ~ими від по́диву.** Marta's eyes are becoming round with amazement.

2 *fig. colloq.* complete, utter ◊ **к. ду́рень** an utter fool, ◊ **к. відмі́нник** a straight A student, ◊ **к. сирота́** a complete orphan, ◊ **к. обма́н** utter lies
3 *colloq.* whole *(in A.)*, all, entire ◊ **к. ти́ждень** for a whole week ◊ **Він пролежа́в хво́рим к. ти́ждень.** He lay sick for a whole week. (**мі́сяць** month, **рік** year); **~у добу́** for a whole day and night (**о́сінь** autumn, **зи́му** winter, **ніч** night ◊ **Тимі́ш не спав ~у ніч.** Tymish did not sleep all night. **чве́рть** quarter)
4 *colloq.* round *(of numbers)* ◊ **~е число́** a round number; ♦ **~а су́ма** a tidy sum ◊ **Пилипчу́к заборгува́в сусі́дові ~у су́му.** Pylypchuk owed her neighbor a tidy sum.

круго́м, *adv., prep.*

1 *adv.* around ◊ **Усі́ го́ри к. покри́ті сні́гом.** All the mountains around are covered in snow.

Also see **навко́ло 1**

2 *adv.* everywhere, from everywhere ◊ **К. було́ чу́ти пташи́ні кри́ки.** One could hear bird cries everywhere.

Also see **все[1] 2, скрі́зь**

3 *prep.* around + *G.* ◊ **К. ха́ти посади́ли фрукто́ві дере́ва.** Fruit trees were planted around the house.

Also see **навко́ло 2**

круп|á, *f.*, ~и́

peeled grains, groats, meal ◊ **Тут продаю́ть рі́жні ~и.** Here various groats are sold.

adj. ♦ **манна к.** semolina, ♦ **вівсяна к.** grits, oatmeal, ♦ **ячна к.** peeled barley
See **рис**

крут|ий, *adj.*
1 steep, precipitous, sharp
adv. **досить** fairly, **дуже** very, **карколомно** murderously ◊ **Вони сходили карколомно ~им схилом.** They were going down a murderously steep slope. **небезпечно** dangerously, **неймовірно** incredibly, **неможливо** impossibly, **особливо** particularly, **підступно** treacherously, **страшенно** terribly
к. + *n.* **к. берег** a steep bank, **к. поворот** a sharp turn; **~е піднесення** a precipitous rise; **~і сходи** steep stairs
v. + **к. бути ~им** be steep (**виявлятися** prove, **здаватися** + *D.* seem to sb ◊ **Здалека поворот не здавався ~им.** From a distance, the turn did not seem sharp. **робити** + *A.* make sth, **ставати** become) ◊ **Берег ставав небезпечно ~им.** The bank was becoming dangerously steep.
Ant. **пологий**
2 sudden, unexpected ◊ **Ніхто не очікував таких ~их змін у роботі фірми.** Nobody expected such sudden changes in the work of the firm.
See **раптовий.** *Also see* **ґвалтовний, несподіваний**
3 stern, severe, strict ◊ **к. характер** a stern character; ◊ **Її батько вирізнявся ~ою натурою.** Her father stood out by his stern nature. **~і заходи** severe measures
Ant. **лагідний**
4 thick *(of food)* ♦ **~е яйце** a hard-boiled egg

крут|ити, кручу, ~ять; по~, *tran. and intr.*
1 *tran. and intr.* to turn, twist, twirl + *A. or I.*
adv. **легко** slightly, **обережно** carefully, **повільно** slowly, **тихо** quietly, **трохи** a little ◊ **Злодій тихо покрутив ручку** *or* **ручкою дверей.** The thief quietly turned the doorknob. **відчайдушно** desperately, **ґвалтовно** suddenly, **раптом** all of a sudden, **різко** abruptly; ♦ **к.** + *D.* **голову** to confuse sb, flummox sb ◊ **Він закрутив слідчому голову своїми плутаними поясненнями.** He got the detective confused by his tangled explanations. ♦ **к. головою** to shake one's head ◊ **Замість відповісти, Олена лише ~ила головою.** Instead of answering, Olena was only shaking her head.
Also see **повертати 1**
2 *tran.* to roll, coil, fold, *pf.* **с~** ◊ **Він скрутив цигарку.** He rolled a cigarette.
3 *intr.* to whirl *(of water, etc.)*, swirl, spin ◊ **У цьому місці течія небезпечно ~ить.** In this spot, the current swirls dangerously. ♦ **як не ~й (як не верти), а ...** do what you will but ◊ **Тут, як не ~й, а доведеться платити.** Do what you will, but you will have to pay.
4 *intr., fig., colloq.* to order sb around, manipulate sb + *I.* ◊ **Вона ~ила Василем, як хотіла.** She manipulated Vasyl as she pleased.
5 *only 3rd pers.* to ache persistently; *pf.* to start aching ◊ **У хворому лікті вперто ~ить.** The bad elbow persistently hurts. **У нього закрутили зуби.** His teeth started aching.
adv. **безперестанку** nonstop ◊ **Настю безперестанку ~ить коліно.** Nastia's knee aches nonstop. **все більше** increasingly, **довго** for a long time, **постійно** constantly; **раптом** suddenly; **нестерпно** unbearably
See **боліти 1.** *Also see* **ламати 2**
pa. pple. **покручений** turned
(по)крути!

крут|итися; за~, *intr.*
1 to revolve, turn, whirl, spin; *pf.* to start revolving ◊ **У неї під ногами закрутилася підлога.** The floor under her feet started turning. ♦ **к., як білка в колесі** to be very busy ◊ **Він цілий день крутиться, як білка в колесі.** He has been very busy all day long.
2 *colloq.* to wander about, be about ◊ **На ринку ~яться всякі дивні типи.** All kinds of strange types hang around in the market.

круто, *adv.*
1 steeply, sharply ◊ **Крива смертності к. піднімалася.** The mortality curve was going up steeply.
Also see **стрімкий 1**
2 suddenly, unexpectedly, abruptly ◊ **Обставини к. змінилися на гірше.** The circumstance abruptly changed for the worse.
Also see **раптом**
3 sternly, severely ◊ **Із курсантами поводяться к.** The cadets are given stern treatment.
4 made solid *(of food)* ◊ **к. зварене яйце** a hard-boiled egg; ◊ **Яйце слід зварити к.** The egg should be hard-boiled.

ксерокс, *m.*, **~а**
1 photocopier ◊ **У кутку офісу стояв новий к.** There was a new photocopier standing in the corner of the office.
v. + **к. користуватися ~ом** use a photocopying machine ◊ **Він змушений користуватися ~ом.** He is compelled to use a photocopier.
к. + *v.* **ламатися** break, **псуватися** break down ◊ **К. зіпсувався.** The photocopier has broken down.
2 *colloq.* photocopy ◊ **Він зробив к. паспорта.** He made a photocopy of the passport.
See **копія**

куб, *m.*, **~а**
1 *math.* cube ♦ **підносити до ~а** to cube, raise to cube ◊ **Величину треба піднести до ~а.** The value should be cubed.
2 *fig.* cube ◊ **Із темряви виринув к. нового музею.** The cube of the new museum emerged from the dark.
3 *collog.* cubic meter ◊ **три ~и ґрунту** three cubic meters of soil

кубо|ок, *m.*, **~ка**
1 goblet, beaker, bowl ◊ **Поет звелів зробити йому к. з людського черепа.** The poet ordered a goblet made of a human skull for him.
adj. **великий** big; **напівпорожній** half-empty, **порожній** empty; **повний** full; **надщерблений** chipped, **розбитий** broken; **старий** old, **старовинний** ancient; **коштовний** precious; **порцеляновий** porcelain; **бронзовий** bronze, **золотий** golden, **металевий** metal, **мідний** copper, **срібний** silver ◊ **Він пив вино зі срібного ~ка.** He drank wine from a silver goblet.
v. + **к. наповнювати к.** + *I.* fill a cup with sth ◊ **Він наповнив кубок вином.** He filled the cup with wine. (**опорожняти** empty, **осушувати** drain, **піднімати** raise, **випивати** drink, **ставити** put) ◊ **Він узяв к., опорожнив його і поставив на стіл.** He took the goblet, emptied it and put it on the table. **наливати** + *A. or G.* **в к.** pour sth into ◊ **Вона налила в к. джерельної води.** She poured some spring water into the cup. **пити** + *A.* **з ~ка** drink sth from a goblet (**виливати** + *A.* pour sth out of)
Cf. **склянка, філіжанка**
2 cup *(prize)*
adj. **жаданий** coveted, **перехідний** challenge ◊ **Вони здобули перехідний к. із гокею.** They took the challenge hockey cup.
к. + *n.* ◊ **к. Европи** the European Cup, ◊ **к. світу** the World Cup
v. + **к. вигравати к.** win a cup ◊ **Ця дружина ніколи не вигравала ~ка Стенлі.** This team has never won the Stanley Cup. (**здобувати** take, **завойовувати** win; **втрачати** lose; **тримати** hold)
prep. **за** *or* **на к.** for a cup ◊ **змагання за** *or* **на к. Словаччини** a competition for the Cup of Slovakia; **к. із** + *G.* a cup in sth ◊ **к. із футболу** a soccer cup (**баскетболу** basketball, **гокею** hockey ◊ **кубок Европи з гокею** the European Hockey Cup; **плавання** swimming)
L. **у ~ку**, *N. pl.* **~ки**
See **нагорода.** *Also see* **медаль, премія 1, трофей 2**

куди, *adv., conj.*
1 *adv., dir.* where to. ◊ **К. ви їздили?** Where did you go to? ♦ **К.!** *interj.* Stop! ◊ **Клята кобила, к.!** Damned mare, stop!
2 *adv., dir., colloq.* somewhere, some other place ◊ **Може, він полетів до Львова, а може, ще к.** Maybe he flew to Liviv and maybe somewhere else.
See **куди-небудь**
3 *adv., colloq.* what for ◊ **К. Богданові стільки готівки?** What does Bohdan need so much cash for? ♦ **к. мені (тобі, їм)** there's no way I (you, they, *etc.*) can do sth ◊ **К. їм із нами змагатися.** There's no way they can compete with us. ♦ *colloq. (both before and after n.)* **хоч к.** excellent, first-rate ◊ **За якийсь рік він став солдатом хоч к.** In just a year, he became a first-rate soldier. ◊ **хоч к. помічниця** an excellent (female) helper
4 *conj.* where + *clause* ◊ **Остап розказав батькам, к. він відіслав листа.** Ostap told his parents where he had sent the letter.
5 *in* **к. б не ...** wherever, no matter where to ◊ **Нічого з цього не вийде, к. б він не звертався.** Nothing will come out of it, no matter where he turns.
6 *part. colloq. (in comp. degree of adj. and adv.)* much, way, far ◊ **к. більший** way bigger, ◊ **к. легше** far easier; ◊ **Володимир живе к. ближче, як вона.** Volodymyr lives much nearer than her.
Also see **далеко 3, геть 5, значно 2, набагато 1**

куди-небудь, *adv., dir.*
anywhere, somewhere, some place ◊ **Підімо к.!** Let's go some place!
Also see **куди 2, кудись.** *Cf.* **де-небудь**

кудись, *adv., dir.*
to someplace *(unknown)*, somewhere ◊ **Марко к. побіг.** Marko ran someplace.
Also see **десь 2**

кукурудз|а, *f., only sg.*
corn
adj. **зріла** *or* **стигла** ripe, **зелена** green; **солодка** sweet, **генетично модифікована** genetically modified ◊ **Вони уникають генетично модифікованої ~и.** They avoid genetically modified corn. **органічна** organic; **консервована** canned, **морожена** frozen; **свіжа** fresh; **печена** roasted, **варена** boiled
n. + **к. качан ~и** an ear of corn (**корінь** root, **листок** leaf; **стебло** stem)
v. + **к. вирощувати ~у** grow corn (**культивувати** cultivate; **садити** plant ◊ **Цьогоріч на полі посадили ~у.** This year, they planted corn on the field. **збирати** harvest; **молоти** grind; **їсти** eat ◊ **Вона їсть печену ~у.** She is eating roasted corn. **використовувати** use) ◊ **Тут використовують ~у на корм худобі.** They use corn here as fodder for cattle. **годувати** + *A.* **~ою** feed sb with corn ◊ **Селяни годують гусей ~ою.** The peasants feed their geese with corn.

кулак, *m.*, **~а**
fist
adj. **великий** big, **величезний** huge, **гігантський** giant, **масивний** massive; **малий** small, **малесенький** tiny; **голий** bare ◊ **Голими ~ами тут нічого не зробиш.** You cannot do anything here with bare fists. **кривавий** bloody; **лівий** left, **правий** right; **закритий** closed, **стиснутий** clenched, **стулений** curled ◊ **Він щось ховав у стуленому ~у.** He was hiding something in his curled fist. **розкритий** open

v. + **к. стиска́ти к.** clench a fist ◊ **Він слу́хав погро́зи, сти́снувши ~и́.** He was listening to threats, having clenched his fists. (**розтиска́ти** unclench, **розту́лювати** *or* **розтуля́ти** uncurl ◊ **Тама́ра пові́льно розтули́ла к.** Tamara slowly uncurled her fist. **стиска́ти** + *A.* **в** clench sth into ◊ **Вона́ сти́снула лі́ву ру́ку в к.** She clenched her left hand into a fist. **підійма́ти** *or* **підніма́ти** raise); **би́ти** + *A.* **~о́м** hit sth with a fist ◊ **Хтось бив ~о́м у стіну́.** Somebody was hitting the wall with a fist. (**вдаря́ти** + *A.* strike sth with, **гамсе́лити** + *A. colloq.* pound sth with, **ге́пати** + *A. colloq.* thump sth with ◊ **Вона́ встигла ге́пнути зло́дія ~о́м.** She managed to thump the thief with her fist. **сту́кати об** + *A.* knock on sth ◊ **Вона́ сту́кнула ~о́м об стіл.** She knocked her fist on the table. **трощи́ти** + *A.* smash sth with ◊ **Він розтрощи́в ши́бку ~о́м.** He smashed the pane with his fist. **маха́ти** swing; **погро́жувати** + *D.* threaten sb with, **трясти́** shake ◊ **Вона́ трясла́ ~а́ми в безси́лій лю́ті.** She was shaking her fists in helpless rage. **маха́ти** wave ◊ **Пі́зно маха́ти ~а́ми.** It's too late to wave one's fists. **підпира́ти** + *A.* prop sth with) ◊ **Тимі́ш чита́в, підпе́рши го́лову ~о́м.** Tymish was reading, his head propped with a fist. ♦ **стиска́ти ру́ку в к.** clench one's hand into a fist

к. + *v.* **розтиска́тися** unclench, **розкрива́тися** open, **розтуля́тися** uncurl ◊ **Його́ к. пові́льно розтули́вся.** His fist slowly uncurled. **стиска́тися** clench ◊ **Її ~и́ сти́сну́лися.** Her fists clenched. **стуля́тися** curl; **вдаря́ти** + *A.* hit sth; **потрапля́ти в** + *A.* land against sth ◊ **Її к. потра́пив Пили́пові про́сто у брову́.** Her fist landed right against Pylyp's brow.

prep. **в к.** *dir.* in/to a fist ◊ **Степа́н узя́в запи́ску в к.** Stepan took the note in his fist. **в ~у́** *or* **кулаці́** *posn.* in a fist ◊ **Вона́ ма́ла відгада́ти, в яко́му ~ці́ запи́ска.** She had to guess which fist the message was in.

Also see **жме́ня 1**

кулінá́рн|ий, *adj.*
culinary ◊ **Ма́рко демонструва́в дру́зям свої́ ~і тала́нти.** Marko demonstrated his culinary talents to his friends.

к. + *n.* **к. авторите́т** a culinary authority (**віртуо́з** virtuoso) ◊ **Хома́ ви́явився ~им віртуо́зом.** Khoma turned out to be a culinary virtuoso. **~а кни́га** a cookbook; **~е мисте́цтво** the art of cooking; **~і по́слуги** culinary services

курі́с|а, *f., usu pl.*
wings, coulisses ◊ **театра́льні ~и** the wings of the theater ◊ **Юрко́ спостеріга́в за виста́вою з-за курі́с.** Yurko was observing the performance from behind the wings.

prep. **за ~и** *dir.* behind the wings ◊ **Її занесли́ за ~и.** She was carried behind the wings. **за ~ами** *posn.* behind the wings; *fig.* behind the scenes ◊ **Огляда́ч пи́ше про те, що ді́ється за ~ами украї́нської полі́тики.** *fig.* The observer writes about what is going on behind the scenes of Ukrainian politics.

Also see **лашту́нки 1**

кульміна́ці|я, *f.*, **~ї**
culmination, *also fig.* peak

adj. **закономі́рна** *or* **логі́чна** logical, **неуни́кна** inevitable, **очі́кувана** anticipated, **передба́чувана** predictable; **приро́дна** natural; **несподі́вана** unexpected

v. + **к. знаменува́ти ~ю** mark a culmination ◊ **Ця би́тва знаменува́ла ~ю війни́.** This battle marked the culmination of the war. (**представля́ти** represent) ◊ **Кни́жка представля́є ~ю його́ дослі́дницької пра́ці.** The book represents the culmination of his research work. **досяга́ти ~ї** reach one's culmination ◊ **Повста́ння досягну́ло логі́чної ~ї.** The uprising reached its logical culmination. **бу́ти ~єю** be the culmination (**вважа́ти** + *A.* consider sth; **роби́ти** + *A.* make sth, **става́ти** become)

See **пік 2.** *Also see* **верх 2, верши́на 2, висота́ 4, зені́т 2**

культ, *m.*, **~у**
1 *fig.* cult, worship, obsession

adj. **мо́дний** fashionable, **нови́й** new, **новомо́дний** newfangled; **правди́вий** true, **спра́вжній** veritable

к. + *n.* **к. осо́би** a personality cult ◊ **Радя́нське кіно́ акти́вно поши́рювало к. осо́би Ста́ліна.** The Soviet cinema actively propounded Stalin's personality cult. (**вождя́** leader; **ма́тері** mother, **ба́тька** father; **краси́** beauty); **к. бага́тства** the cult of wealth (**гро́шей** money, **доста́тку** prosperity; **краси́** beauty, **мо́лодості** youth, **у́спіху** success; **осо́би** personality)

v. + **к. роби́ти к. з** + *G.* make a cult of sb/sth ◊ **Не робі́ть зі сво́го профе́сора ~у!** Don't make a cult of your professor! (**впрова́джувати** introduce, **поши́рювати** spread, **ство́рювати** create; **перетво́рювати** + *A.* **на** turn sth into ◊ **Він перетвори́в гро́ші на спра́вжній к.** He turned money into a genuine cult.

к. + *v.* **існува́ти** exist; **виника́ти** emerge, **постава́ти** come about ◊ **У па́ртіях тоталіта́рного ти́пу ма́йже за́вжди́ поста́є к. вождя́.** A leader cult almost always comes about in the parties of totalitarian type.

2 *rel.* cult ◊ **Цей католи́цький к. ви́ник у четве́ртому столі́тті.** The Catholic cult emerged in the 4th century.

adj. **релігі́йний** religious, **сатані́нський** satanic, **язи́чницький** pagan; **ди́вний** strange, **екзоти́чний** exotic ◊ **екзоти́чний к. води́** an exotic cult of water; **католи́цький** Catholic, **мусульма́нський** Muslim, **правосла́вний** Orthodox, **юде́йський** Jewish, *etc.*

See **релі́гія**

ку́льтов|ий, *adj.*
cult, religious, of or pertaining to a cult ◊ **за́лишки невідо́мих ~их спору́д** remnants of unknown religious buildings

adv. **абсолю́тно** absolutely, **вира́зно** distinctly, **ді́йсно** really, **ма́йже** almost ◊ **Нова́ мо́да набира́є озна́к ма́йже ~ого я́вища.** The new fashion is assuming the attributes of an almost cult phenomenon. **незапере́чно** undeniably, **спра́вді** truly, **я́вно** evidently

к. + *n.* **к. рок-гу́рт** a cult rock-group (**письме́нник** writer, **пое́т** poet, **режисе́р** director, **ста́тус** status ◊ **Цей акто́р шви́дко набу́в ~ого ста́тусу у краї́ні.** The actor quickly acquired a cult status in the country. **фі́льм** film); **~а іко́на** a cult icon (**кни́жка** book, **по́стать** figure ◊ **Іва́н Миколайчу́к був ~ою по́статтю украї́нського кіна́.** Ivan Mykolaychuk was a cult figure of the Ukrainian cinema. **акто́рка** actress, *etc.*)

культу́р|а, *f.*
1 culture

adj. **азія́тська** Asian, **африка́нська** African, **европе́йська** European, **за́хідна** Western, **ри́мська** Roman ◊ **Він акти́вно ціка́вився староді́вньою ри́мською ~ою.** He took an active interest in the ancient Roman culture. **шуме́рська** Sumerian, **трипі́льська** Trypillian; **ста́ра́** old, **староді́вня** ancient; **імпе́рська** imperial ◊ **Імпе́рська к. присво́ює здобу́тки завойо́ваних наро́дів.** Imperial culture appropriates achievements of the conquered peoples. **колонія́льна** colonial, **панівна́** dominant; **примітú́вна** primitive; **гно́блена** oppressed, **опано́вана** dominated; **суча́сна** modern; **традиці́йна** traditional, **патріарха́льна** patriarchal ◊ **озна́ка традиці́йної патріарха́льної ~и** a feature of a traditional patriarchal culture; **лю́дська́** human; **зага́льна** general, **широ́ка** wide; **місце́ва** local, **націона́льна** national, **пито́ма** indigenous, **своя́** one's own, **чужа́** alien; **ґлоба́льна** global, **світова́** world ◊ **Автор аналізу́є це я́вище в конте́ксті світово́ї ~и.** The author analyzes the phenomenon in the context of world culture. **ву́лична** street, **молоді́жна** youth, **місько́** urban, **сільська́** rural ◊ **сільська́ к. америка́нського За́ходу** the rural culture of the American West; **альтернати́вна** alternative, **підпі́льна** underground, **ґей-** gay, **бага́та** rich, **різномані́тна** diverse, **ціка́ва** interesting; **жи́ва** lively, **жва́ва** vibrant ◊ **У недемократи́чних суспі́льствах жва́ва ґей-к. відсу́тня.** In undemocratic societies, a lively gay culture is absent. **буржуа́зна** bourgeois, **робітни́ча** workers', **селя́нська** peasant; **академі́чна** academic, **інтелектуа́льна** intellectual, **науко́ва** scientific; **бізнесо́ва** business, **професі́йна** professional; **капіталісти́чна** capitalist, **комерці́йна** commercial, **матеріялісти́чна** materialistic, **підприє́мницька** enterprise, **споживáцька** consumerist, **спожи́вча** consumer; **корпорати́вна** corporate, **організаці́йна** organizational, **політи́чна** political ◊ **Причи́ною тако́ї поведі́нки ви́борців є низька́ політи́чна к.** Low political culture is the reason for such a voters' behavior. **релігі́йна** religious, **сві́тська** secular, **юриди́чна** legal

к. + *n.* **к. наси́льства** a culture of violence ◊ **Телеба́чення поши́рює ~у наси́льства.** TV spreads a culture of violence. (**сме́рти** death, **стра́ху** fear)

n. + **к. війна́ культу́р** a culture war ◊ **Ви́борча кампа́нія розгорта́лася в конте́ксті війни́ культу́р.** The election campaign unfolded in the context of culture war. **су́тичка культу́р** a clash of cultures

v. + **к. асимілюва́ти ~у** assimilate a culture ◊ **Нова́ програ́ма допомага́є бі́женцям асимілюва́ти ~у, в які́й вони́ опини́лися.** The new program helps the refugees to assimilate the culture they found themselves in. (**засво́ювати** *and* **перейма́ти** appropriate ◊ **Іміґра́нти перейма́ють панівну́ ~у.** The immigrants appropriate the dominant culture. **відобража́ти** reflect, **відтво́рювати** reproduce; **зберіга́ти** preserve, **змі́цнювати** strengthen, **розвива́ти** develop, **плека́ти** foster; **формува́ти** shape; **підрива́ти** undermine; **вплива́ти на** influence ◊ **Сусі́дні наро́ди не могли́ не вплива́ти на ~у пле́мени.** The neighboring peoples could not but influence the tribe's culture. **змі́нювати** change, **перетво́рювати** transform; **розумі́ти** understand) ◊ **Без зна́ння мо́ви го́ді зрозумі́ти украї́нську ~у.** It is impossible to understand the Ukrainian culture without knowledge of the language. **пиша́тися ~ою** be proud of a culture ◊ **Шко́ла вчить їх пиша́тися ~ою сво́го наро́ду.** School teaches them to be pround of the people's culture. **познача́тися на ~і** affect a culture ◊ **Дискриміна́ція глибо́ко позначи́лася на біло́ру́ській ~і.** Discrimination has deeply affected Belarusian culture.

к. + *v.* **асимілюва́ти** + *A.* assimilate sb, **доміну́вати** *or* **панува́ти над** + *I.* dominate over sth ◊ **Росі́йська культу́ра панува́ла над терито́рією імпе́рії.** The Russian culture dominated over the territory of the empire. **поши́рюватися** spread, **розвива́тися** develop

prep. **в ~і** in a culture ◊ **У ці́й ~і жі́нка мо́же сама́ виріш́увати, з ким одру́жуватися.** In this culture, a woman can decide for herself whom to marry.

2 culture, education, refinement

adj. **винятко́ва** exceptional ◊ **Він – люди́на винятко́вої ~и.** He is an exceptionally cultured person. **висо́ка** high, **ви́шукана** refined, **рі́дкісна** rare, **уніка́льна** unique, **шляхе́тна** noble; **низька́** low; **жахли́ва** horrible, **примітú́вна** primitive, **пече́рна** cave

v. + **к. дава́ти** + *D.* **~у** give sb culture (**ма́ти**

have, **підніма́ти** raise) ◊ **Шкільни́цтво підніма́є ~у села́.** Schooling raises the culture of the village. **бракува́ти ~и** + *G.* lack in culture ◊ **Дире́кторові бракува́ло ~и.** The director was lacking in culture. (**додава́ти** + *D.* add sb) ◊ **Чита́ння книжо́к лише́ додава́ло їй ~и.** The reading of books only added to her culture. **вирізня́тися ~ою** stand out by one's culture ◊ **Вона́ вирізня́ється уніка́льною ~ою слова.** She stands out for her unique verbal culture.
3 standard, level, quality ◊ **к. виробни́цтва** a production culture; ◊ **Він плека́є в у́чнів ~у мо́влення.** He fosters his students' speech culture.
4 crop
adj. **е́кспортна** export, **комерці́йна** commercial, **кормова́** fodder ◊ **По́ле засі́яли кормови́ми ~ами.** They sowed the field with fodder crops. **насіннє́ва** seed, **овоче́ва** vegetable, **плодова́** fruit; **о́рна** arable; **основна́** staple ◊ **Рис є основно́ю ~ою для ко́жної азія́тської краї́ни.** Rice is a staple crop for every Asian country. **традиці́йна** traditional; **покривна́** cover, **сільськогоспо́дарська** agricultural, **това́рна** cash; **ози́ма** winter, **я́ра** spring; **біотехнологі́чна** biotech, **генети́чно модифіко́вана** genetically modified; **органі́чна** organic; ♦ **бобо́ві ~и** pulse crops, ♦ **зернові́ ~и** cereals
v. + **к. виро́щувати ~у** grow a crop ◊ **Тут виро́щують бобо́ві ~и.** They cultivate pulse crops here. (**культивува́ти** cultivate; **засіва́ти** *and* **сі́яти** sow, **сади́ти** plant; **захища́ти** protect; **збира́ти** harvest; **зни́щувати** destroy; **обпри́скувати** spray) ◊ **Цю о́рну ~у обпри́скують гербіци́дом.** They spray this arable crop with herbicide.
к. + *v.* **ги́нути** fail ◊ **Че́рез моро́зи всі ози́мі ~и заги́нули.** Because of the cold, all the winter crops failed. **рости́** grow
5 culture *(bacterial)* ◊ **мікро́бна к.** germ culture

культу́рн|ий, *adj.*
1 cultural, of or pertaining to culture
к. + *n.* **к. вплив** a cultural influence (**занепа́д** decline ◊ **поча́ток ~ого занепа́ду краї́ни** the beginning of the country's cultural decline; **клі́мат** *or* **підсо́ння** climate, **рі́вень** level); **~а орієнта́ція** a cultural orientation (**полі́тика** policy, **програ́ма** program, **револю́ція** revolution, **спа́дщина** legacy); **~е відро́дження** a cultural revival (**життя́** life, **різномані́ття** diversity); **~і за́ходи** cultural events (**ці́нності** values)
2 cultivated, cultured, civilized
adv. **безпере́чно** undeniably, **глибо́ко** deeply, **ду́же** very ◊ **Промо́вець був люди́ною ду́же ~ою.** The speaker was a very cultivated man. **звича́йно** certainly; **до́сить** fairly, **доста́тньо** sufficiently
3 cultivated *(of plants)* ◊ **~а росли́на** a cultivated plant
Ant. **ди́кий 1**

ку́л|я, *f.*
1 *geom.* sphere ◊ **Вчи́тель геоме́трії показа́в їм, як пра́вильно накре́слити ~ю.** The geometry teacher showed them how to draw a sphere correctly.
n. + **к. діа́метр ~і** the diameter of sphere (**окру́жність** circumference, **пло́ща** surface area) ◊ **Фо́рмула дозволя́є ви́числити пло́щу будь-яко́ї ~і.** The formula allows to calculate the surface area of any sphere.
2 ball, globe, sphere ◊ **Шпиль вінча́ла позоло́чена к.** A gilded ball crowned the spire.
adj. **вели́ка** big, **величе́зна** huge; **криштале́ва** crystal, **метале́ва** metal, **чаву́нна** cast-iron; **вогняна́** fiery ◊ **Вогняна́ к. со́нця зану́рювалася в мо́ре.** *fig.*The fiery ball of the sun was submerging in the sea. **дискоте́чна** disco; ♦ **повітря́на к.** air balloon ◊ **Він мрі́яв підня́тися на повітря́ній ~і.** He has dreamed of going up in an air balloon. ♦ **Земна́ к.** the globe
v. + **к. утво́рювати ~ю** form a ball (**згорта́тися в** curl (up) into) ◊ **Кіт спав, згорну́вшись у ~ю.** The cat was sleeping, having curled up into a ball.
Also see **шар**[2]
3 bullet
adj. **бойова́** live, **розривна́** explosive ◊ **Конве́нція забороня́є розривні́ ~і.** The convention bans explosive bullets; **трасу́юча** tracer; **ґу́мова** rubber, **свинце́ва** lead; **випадко́ва** stray ◊ **Жі́нці в го́лову влу́чила випадко́ва к.** A stray bullet hit the woman in the head. **воро́жа** enemy, **сна́йперська** sniper's; **срі́бна** *fig.* silver
n. + **к. град ~ь** *fig.* a hail of bullets ◊ **Вони́ опини́лися під гра́дом куль.** They found themselves under a hail of bullets. **ді́рка від ~і** a bullet hole (**ра́на** wound, **рубе́ць** scar) ◊ **рубе́ць від ~і** a bullet scar
v. + **к. вийма́ти ~ю** remove a bullet ◊ **Хіру́рг ви́йняв вояко́ві ~ю зі стегна́.** The surgeon removed a bullet from the soldier's hip. (**відво́дити** deflect) ◊ **Він ві́рив, що хре́стик на ши́ї відво́дить від ньо́го воро́жі ~і.** He believed that the cross on his neck deflected enemy bullets from him. **уверта́тися від ~і** dodge a bullet ◊ **Він пригну́вся, намага́ючись уверну́тися від ~ь.** He ducked, trying to dodge the bullets. (**уника́ти** *and* **ухиля́тися** avoid); **полива́ти** + *A.* **~ями** shower sb with bullets ◊ **Полі́ція полива́ла ~ями буди́нок, захо́плений терори́стом.** The police were showering the terrorist-captured house with bullets. (**си́пати** spray with, **решети́ти** + *A.* get sth riddled with) ◊ **За хвили́ну вони́ прорешети́ли ~ями старе́ відро́.** In a minute, they got the old bucket riddled with bullets. **прострі́лювати ~ею** put a bullet through ◊ **Йому́ простре́лили ру́ку ~ею.** They put a bullet through his arm. ♦ **~ею ки́датися (бі́гти)** rush (run) in a flash ◊ **Оле́г ~ею ви́біг надві́р.** Like a shot, Oleh ran outside.
к. + *v.* **вбива́ти** + *A.* kill sb ◊ **Вояка́ вби́ла сна́йперська к.** A sniper's bullet killed the soldier. **відбива́тися від** + *G.* bounce off sth, **рикоше́тити від** + *G.* ricochet off sth; **влуча́ти в** + *A.* hit sb/sth ◊ **К. зрикоше́тила, влучи́вши стрільце́ві в о́ко.** The bullet ricocheted, hitting the shooter in the eye. **вхо́дити в** + *L.* enter sth ◊ **К. ввійшла́ у грудну́ клі́тку.** The bullet entered the thorax. **дря́пати** + *A.* graze sb; **пробива́ти** + *A.* pierce sth ◊ **Ця к. пробива́є па́нцир.** This bullet pierces armor. **прохо́дити че́рез** + *A.* go through sth ◊ **К. пройшла́ че́рез ли́тку.** The bullet went through the calf. **прома́зувати** miss ◊ **Пе́рші три ~і прома́зали.** The first three bullets missed. **засіда́ти** *and* **застряв́ати в** + *A.* lodge in sth ◊ **К. засі́ла** *and* **застря́ла у хребті́.** The bullet lodged in the spine. **літа́ти навко́ло** + *G.* fly around sb, **пролі́тати бі́ля** + *G.* fly by sb, **просвисті́ти** *pf.* whizz by ◊ **Бі́ля її ву́ха просвисті́ла к.** A bullet whizzed by her ear. **свисті́ти** whistle ◊ **Навко́ло ньо́го свисті́ли бойові́ ~і.** Live bullets whistled around him. **трощи́ти** + *A.* shatter sth ◊ **К. цілко́м розтрощи́ла йому́ плече́.** A bullet completely shattered his shoulder.
Also see **свине́ць 2.** *Cf.* **дріб 1**

кум, *m.*; **~а́**, *f.*
1 *nonequiv.* kum *(godfather of one's child, relative to parent)* ◊ **Васи́ль був Миха́йлові ~ом.** Vasyl was godfather of Mykhailo's child. *(Vasyl baptized Mykhailo's child and therefore he is* **кум** *to Mykailo and* **хреще́ний** *godfather, to the child)*
Cf. **хреще́ний**
2 *fig., colloq.* close friend *(used in anecdotes);* pal *(as form of address), colloq.* **Послу́хайте сюди́, ~е!** Listen to me, pal!
See **друг, при́ятель, това́риш**
N. pl. **~и**

кум|а́, *f.*
1 *nonequiv.* kuma *(godmother of one's child, relative to parent)* ◊ **Гали́на була́ Іва́нові ~о́ю.** Halyna was godmother of Ivan's child. *(Halyna baptized Ivan's child and therefore she is kuma to Ivan and godmother, to the child)*
Cf. **хреще́на**
2 *fig., colloq.* close female friend *(used in anecdotes);* sister *(as form of address), colloq.* **Послу́хайте сюди́, ~о́!** Listen to me, sister!
See **друг; кум 2**

куме́дн|ий, *adj.*
funny, comic
adv. **божеві́льно** crazily, **ґроте́скно** grotesquely, **ду́же** very, **надзвича́йно** unusually, **несамови́то** insanely, **нестерпно** unbearably; **до сліз** to tears, **страше́нно** awfully ◊ **Це була́ страше́нно ~а істо́рія.** This was an awfully funny story. **ді́йсно** really, **спра́вді** truly; **де́що** somewhat, **до́сить** fairly, **ма́йже** almost, **тро́хи** a little
v. + **к. бу́ти ~им** be funny (**здава́тися** + *D.* seem to sb ◊ **Що бі́льше вона́ говори́ла, то ~ішою здава́лася.** The more she said the funnier she seemed. **роби́ти** + *A.* make sth, **става́ти** become)
See **смішни́й**

кумі́вств|о, *nt., only sg.*
nepotism, favoritism
adj. **відкри́те** overt, **наха́бне** brazen, **неприхо́ване** undisguised ◊ **У міністе́рстві вона́ ча́сто ба́чила неприхо́ване к.** She often saw undisguised nepotism everywhere in the ministry. **розпере́зане** *colloq.* unbridled, **глибо́ко вкорі́нене** deeply rooted, **ти́пове** typical; **всюдису́ще** ubiquitous, **незнище́нне** indistructible, **хроні́чне** endemic
n. + **к. ви́яв ~а** a manifestation of nepotism (**проклят́тя** curse, **хворо́ба** disease; **тради́ція** tradition) ◊ **Він покла́в край тради́ції ~а в устано́ві.** He put an end to the tradition of nepotism at the institution.
v. + **к. виявля́ти к.** reveal nepotism (**виклива́ти** expose ◊ **Журналі́ст ви́крив к. у фіска́льній полі́ції.** The reporter exposed nepotism in the fiscal police. **викорі́нювати** uproot; **зни́щувати в за́родку** nip in the bud, **поборо́ти** *pf.* vanquish, **подола́ти** *pf.* defeat; **поши́рювати** spread; **розці́нювати як** regard sth as) ◊ **Пре́са розціни́ла призна́чення жі́нки президе́нта як очеви́дне к.** The press regarded the appointment of the president's wife as obvious nepotism. **боро́тися з ~ом** fight nepotism
к. + *v.* **поши́рюватися** spread, **процвіта́ти** flourish, **пуска́ти despite коріння** take root ◊ **К. в університе́ті давно́ пусти́ло глибо́ке корі́ння.** Nepotism took a deep root at the university long ago.
See **кору́пція**

куня́|ти, **~ють; за~**, *intr.*
to doze, nap; *pf.* doze off ◊ **На дру́гій хвили́ні ле́кції Марко́ закуня́в.** At the second minute of the lecture, Marko dozed off.
adv. **ти́хо** quietly; **час від ча́су** on and off, **ча́сто** often ◊ **На на́радах він ча́сто ти́хо ~в.** At meetings, he would often quietly doze. **щора́зу** every time
v. + **к. люби́ти** like to ◊ **Оста́п люби́в за~ пе́ред телеві́зором.** Ostap liked to doze off in front of his TV. **стара́тися** try to
prep. **за~ на** doze off for *(a period of time)* ◊ **Він закуня́в на яки́х п'ять хвили́н.** He dozed off for some five minutes.
(за)куня́й!
Cf. **спа́ти 1**

ку́п|а, *f.*
1 heap, pile, dump + *G.* of sth ◊ **Се́ред дво́ру лежа́ла к. дров.** There was a pile of firewood in the middle of the yard.
adj. **вели́ка** big, **висо́ка** high, **величе́зна** enormous; **невели́ка** small ◊ **Наза́р му́сив**

розібра́ти невели́ку ~у папе́рів на столі́. Nazar had to sort out a small pile of papers on the table.
к. + *n.* **к. вугі́лля** heap of coal (**дров** firewood; **ли́стя** leaves, **сі́на** hay, **соло́ми** straw, **трави́** grass; **буряків** beets, **капу́сти** cabbage, **карто́плі** potatoes; **землі** earth, **камі́ння** rocks, **це́гли** bricks; **гно́ю** manure, **по́пелу** ash, **сміття́** trash; **шла́ку** slag)
к. + *n.* **верхо́к ~и** the top of a heap ◊ **Він ви́ліз на верхо́к висо́кої ~и камі́ння.** He climbed onto the top of a high heap of rocks. (**спід** bottom)
v. + **к. зва́лювати** + *A.* **в ~у** dump sth in a heap ◊ **О́дяг зва́лено в одну́ вели́ку ~у.** The clothes are dumped into one big heap. (**скида́ти** + *A.* **в** pile sth up in, **згріба́ти** + *A.* **в** gather sth in); ♦ **ле́две трима́тися ~и** to be falling apart, be coming apart ◊ **Стари́й костю́м ле́две трима́вся ~и.** The old suit was falling apart. **лежа́ти ~ою** lie in a heap ◊ **Конфіско́ване майно́ лежа́ло ~ою на перо́ні.** The confiscated property lay in a heap on the platform.
prep. **в ~у** *dir.* in/to a pile ◊ **Він зібра́в світли́ни в ~у.** He gathered the pictures in a pile. **в ~і** *posn.* in a heap ◊ **Вона́ шука́є квита́нцію в ~і і́нших папе́рів.** She is looking for the receipt in the pile of other documents. **на ~у** *dir.* on/to a heap ◊ **Ва́ля скида́ла весь бур'я́н на одну́ ~у.** Valia dumped all the weeds into one heap. **на ~і** *posn.* on a heap ◊ **Пес спав на ~і сі́на.** The dog slept on a pile of hay.
Also see **заме́т 2**
2 *colloq.* group ◊ **На зу́стріч прийшла́ ці́ла к. люде́й.** A whole group of people came to the meeting. ♦ **до ~и** together, in one place; ♦ **іти́ ~ою** to come together; ♦ **трима́тися ~и** 1) to stick together *(of people)*; 2) to make sense ◊ **Її істо́рія я́кось не трима́ється ~и.** Her story somehow makes no sense.
3 *colloq.* lots of, many, heaps ◊ **Він отри́мав ~у га́рних реце́нзій.** He received heaps of nice reviews. ◊ **Петро́ ма́є ~у дру́зів у Су́мах.** Petro has lots of friends in Sumy. ◊ **к. проха́нь** heaps of requests
See **бага́то 1.** *Also see* **гай 2, гора́ 2, ма́са 3, мо́ре 2, хма́ра 3.** *Ant.* **жме́ня 2, ма́ло 1, тро́хи 1**

купа́|ти, ~ють; ви́~ *tran.*
to bathe; *also fig.*
adv. **бага́то** a lot, **ча́сто** often ◊ **Вона́ ча́сто ~ла дити́ну.** She bathed the child frequently. **щодня́** every day, **щомі́сяця** every month ◊ **Вони́ ~ють пе́сика щомі́сяця.** They bathe their little dog every month. **ніко́ли не** never, **рі́дко** seldom; **оберे́жно** carefully, **рете́льно** thoroughly
prep. **к. в** + *L.* bathe in sth ◊ **Ю́ля ~ла ля́льку у ва́нні.** Yulia bathed her doll in a bathtub.
pa. pple. **ви́купаний** bathed clean
(ви́)купа́й!
See **ми́ти**

купа́|тися; ви́~, *intr.*
bathe oneself ◊ **В Я́лті дру́зі бага́то ~лися в мо́рі.** In Yalta, the friends spent a lot of time bathing in the sea.
(ви́)купа́йся!
See **ми́тися 1, пла́вати 1**

купе́, *nt., indecl.*
compartment
adj. **спа́льне** 1st-class, **купе́йне** 2nd-class, **плацка́ртне** 3rd-class, **зага́льне** 4th-class; **чи́сте** clean; **при́бране** tidied up, **за́ти́шне** cozy, **зру́чне** comfortable; **просто́ре** spacious; **брудне́** dirty, **занеҐдбане** neglected, **смердя́че** stinky; **заду́шливе** suffocating
prep. **к. на дві осо́би** a two-berth compartment (**три** three, **чоти́ри** four) ◊ **Він ї́хав у к. на чоти́ри осо́би.** He traveled in a four-berth compartment. **к. на шість осі́б** a six-berth compartment

купи́|ти, *pf., see* **купува́ти**
to buy, *etc.* ◊ **Миро́ся ~ла комп'ю́тер у мере́жі.** Myrosia bought the computer on the Internet.

купу|ва́ти, ~ють; куп|и́ти, ~лю́, ~иш, ~ить, ~лять, *tran.*
to buy, purchase + *D.* for sb ◊ **Він купи́в сино́ві і́грашку.** He bought his son a toy.
adv. **до́рого** dearly, **де́шево** cheaply, **за бе́зцінь** for a pittance; **без розбо́ру** indiscriminately, **імпульси́вно** on impulse ◊ **Він ча́сто ~є проду́кти імпульси́вно.** He often buys groceries on impulse. **у креди́т** on credit; **у мере́жі** online; ♦ **к. гурто́м** to buy wholesale, ♦ **к. вро́здріб** to buy retail ◊ **К. о́птом вихо́дить деше́вше, як уро́здріб.** Buying wholesale comes out cheaper than retail. ♦ **к. кота́ в мішку́** to buy a pig in a poke; ♦ **за що купи́в, за те й прода́в** take this story for what it is worth
v. + **к. бу́ти тре́ба** + *D.* need to ◊ **Сергі́єві тре́ба к. квито́к на по́тяг.** Serhii needs to buy a train ticket. **дозволя́ти собі́** afford to ◊ **Ві́ктор не міг дозво́лити собі́ к. ко́жну кни́жку, що йому́ подо́балася.** Viktor could not afford to buy every book he liked. **люби́ти** like to ◊ **Вона́ люби́ла к. о́дяг у ці́й крамни́ці.** She liked to buy clothes in this store. **обіця́ти** + *D.* promise sb to ◊ **Він пообіця́в Лю́ді к. велосипе́д.** He promised Liuda to buy a bicycle. **проси́ти** + *A.* ask sb to ◊ **Андрі́й попроси́в її к. молоко́.** Andrii asked her to buy milk. **ходи́ти** go to ◊ **Вона́ хо́дить туди́ к. набі́л.** He goes there to buy dairy.
Also see **бра́ти 3, набува́ти 1, розбира́ти 7, придба́ти, справля́ти 6.** *Ant.* **продава́ти 1**
2 *fig.* to buy, buy off, bribe ◊ **Цього́ судді́ю не мо́жна к.** This judge cannot be bribed.
pa. pple. **ку́плений** bought
купу́й! купи́!

ку́рв|а, *f., vulg., pejor.*; **курві́й,** *m.*
1 whore, prostitute ◊ **У Терно́полі Миха́йла ціка́вили ~и, а не спра́ви компа́нії.** In Ternopil, Mykhailo took interest in whores and not the company's business.
adj. **звича́йна** common ◊ **Його́ нова́ знайо́ма ви́явилася звича́йною ~ою.** His new acquaintance proved to be a common whore. **рі́дкісна** rare, **спра́вжня** real
See **прости́ту́тка**
2 bitch, motherfucker, jerk; *fig.* woman ◊ **Вона́ впе́рше му́сила домовля́тися з тако́ю рі́дкісною ~ою.** For the first time she had to negotiate with such a rare bitch.
adj. **вели́ка** great, **найбі́льша** greatest, **винятко́ва** exceptional, **неба́чена** unheard-of, **неперевершена** unsurpassed, **рі́дкісна** rare; **поря́дна** quite some
v. + **к. вести́ себе́ як к.** behave like a bitch; **бу́ти ~ою** be a bitch (**вважа́ти** + *A.* consider sb; **виявля́тися** turn out ◊ **Її сусі́да ви́явився поря́дною ~ою.** Her neighbor turned out to be quite some jerk. **лиша́тися** remain; **назива́ти** *and* **обзива́ти** + *A.* call sb ◊ **Вона́ не могла́ обізва́ти по́другу ~ою.** She couldn't call her female friend a bitch. **става́ти** become) ◊ **Коли́ це ти став тако́ю ~ою?** Since when are you such a bitch?
Also see **пизда́ 2, су́ка 2.** *Cf.* **жі́нка 1**

курві́|й, *m.,* **~я,** *vulg., pejor.*
whore *(only of males)*, prostitute, hustler ◊ **Її чолові́к був поря́дним ~єм.** Her husband was quite some whore.
See **прости́ту́тка**

кур|е́ць, *m.,* **~ця́**
smoker
adj. **затя́тий** inveterate, **невипра́вний** incorrigible ◊ **Людми́ла – невипра́вний к.** Liudmyla is an incorrigible smoker. **при́страсний** passionate, **хроні́чний** chronic ◊ **Вона́ не була́ хроні́чним ~це́м.** She was not a chronic smoker. **принаго́дний** occasional ◊ **Хома́ вважа́в себе́ принаго́дним ~це́м, бо кури́в лише́ при наго́ді.** Khoma regarded himself only an occasional smoker, for he smoked on occasion. **коли́шній** former; **паси́вний** passive ◊ **Ку́рячи, він ро́бить усі́х навко́ло се́бе паси́вними ~ця́ми.** By smoking, he makes everybody around him passive smokers.
v. + **к. перетво́рюватися на ~ця́** turn into a smoker ◊ **Працю́ючи з ци́ми людьми́, Віта́лик сам перетвори́вся на затя́того ~ця́.** Working with those people, Vitalyk himself turned into an inveterate smoker. **бу́ти ~це́м** be a smoker ◊ **Він був затя́тим ~це́м.** He was an inveterate smoker. (**вмира́ти** die ◊ **Він уме́р неприка́яним ~це́м.** He died an unrepentant smoker. **лиша́тися** remain, **става́ти** become)

кур|и́ти, ~ять; за~, *intr. and tran.*
1 *intr.* to smoke; *pf.* to light up ◊ **Я не ~ю.** I don't smoke.
adv. **бага́то** heavily, **безпереста́нку** nonstop ◊ **Коли́ Окса́на хвилю́ється, вона́ ~ить безпереста́нку.** When Oksana is nervous she smokes nonstop. **весь час** all the time, **з насоло́дою** with pleasure; **вряди́-годи́** every now and then, **і́ноді** sometimes, **ма́ло** a little, **рі́дко** seldom, **тро́хи** a little; **ніко́ли не** never; **відкри́то** openly, **крадькома́** stealthily; ◊ **Васи́ль сів і закури́в.** Vasyl sat down and lit up.
v. + **к. люби́ти** like to ◊ **Павло́ лю́бить к. в товари́стві дру́зів.** Pavlo likes to smoke in the company of friends. **хоті́тися** + *D.* feel like, want ◊ **Дем'я́нові хоті́лося к.** Dem'yan felt like smoking. **навчи́тися** learn to ◊ **Він ра́но навчи́вся к.** He learned to smoke early. **почина́ти** begin to, **продо́вжувати** continue to; **ки́дати** quit ◊ **І́гор намага́ється ки́нути к.** Ihor is trying to quit smoking.
Also see **пали́ти 5, смерді́ти 3**
2 *tran.* to smoke ◊ **Він ~ить легкі́ цига́рки.** He smokes light cigarettes.
к. + *n.* **к. кальян** smoke a hookah ◊ **У ба́рі ~ять кальян.** They smoke a hookah in the bar. (**сига́ру** cigar, **тютю́н** tobacco, **цига́рку** cigarette; **коно́плі** cannabis, **крек** crack, **марихуа́ну** marijuana)
Also see **пали́ти 5**
3 to distill *(alcohol, etc.)* ◊ **Вони́ пота́ємно ~и́ли самого́н.** They secretly distilled moonshine.
pa. pple. **заку́рений** *(of room, etc.)* filled with smoke
(за)кури́!

ку́р|ка, *f.*
1 chicken *(bird)*, hen
adj. **бро́йлерна** broiler; **дома́шня** home-grown, **фабри́чна** battery ◊ **На ри́нку продаю́ть як дома́шні, так і фабри́чні ~и.** Both home-grown and battery chickens are sold on the market. **жива́** live ◊ **Він приві́з живи́х ~е́й.** He brought live chickens. **молода́** young, **стара́** old
v. + **к. рі́зати ~ку** kill a chicken ◊ **Вона́ зарі́зала стару́ ку́рку-несу́чку.** She killed an old egg-laying chicken. (**па́трати** pluck, **патроши́ти** gut ◊ **Ба́тько показа́в йому́, як па́трати й патроши́ти ~е́й.** Father showed him how to pluck and gut chickens. **розво́дити** raise, **трима́ти** keep) ◊ **Тут у ко́жному дворі́ трима́ють ~и** *or* **~е́й.** Here they keep chickens in every homestead. ♦ **як к. ла́пою** negligently *(usu of sth written)*, carelessly ◊ **Він написа́в запи́ску, як к. ла́пою.** He scribbled the message carelessly.
к. + *v.* **клюва́ти** + *A.* peck at sth ◊ **~и клюва́ли зерно́.** Chickens were pecking at grain. **куда́хкати** cluck ◊ **На сі́далі го́лосно куда́хкали ~и.** Chickens were loudly clucking in the coop. **кудкуда́кати** cluck-cluck; **гребти́ся** scratch ◊ **Сусі́дські ~и ча́сто гребу́ться в не́ї на горо́ді.** Her neighbors' chickens often scratch in her kitchen

garden. **нестúся** *or* **нестú я́йця** lay eggs ◊ **Ця к. не несéться.** The hen does not lay eggs.
Also see **кáчка 1, пíвень**
2 chicken *(meat)*
adj. **жúрна** fat, **соковúта** juicy; **нíжна** tender; **заморóжена** frozen; **органíчна** organic; **свíжа** fresh; **начúнена** stuffed ◊ **к., начúнена гречкою з грибáми** a chicken stuffed with buckwheat and mushrooms; **пéчена** roast, **пря́жена** *or* **смáжена** fried; **сирá** raw; **холóдна** cold, **розігрíта** warmed up
n. + **к. кавáлок** *or* **шматóк ~ки** a piece of chicken ◊ **Він перекусúв кавáлком холóдної ~ки.** He snacked on a piece of cold chicken.
v. + **к. ї́сти ~ку** eat chicken ◊ **Їй швúдко набрúдло ї́сти ~ку.** She quickly got tired of eating chicken. (**ґрилювáти** grill, **пектú** roast, **пря́жити** *or* **смáжити** fry, **тушкувáти** stew ◊ **Він стушкувáв ~ку з горóдиною.** He stewed chicken with vegetables. **начиня́ти** stuff)
L. **на ~ці**, *N. pl.* **~кú**, *usu* **~и**, *G. pl.* **~óк**, *usu* **~éй**
Also see **кáчка 2, куря́тина**

курóрт, *m.*, **~у**
resort
adj. **відóмий** well-known, **мóдний** fashionable, **популя́рний** popular, **фешенéбельний** modish, **шикáрний** chic; **відзíґорний** *colloq.* hip; **лю́дний** bustling; **улю́блений** favorite; **гíрський** mountain, **лúжний** ski ◊ **популя́рний лúжний к.** a popular ski resort. **морськúй** seaside; **лíтній** summer, **зимóвий** winter
prep. **на к.** *dir.* to a resort ◊ **ї́здити на к.** go to a resort; **на ~і** *posn.* at a resort ◊ **відпочивáти на ~і** vacation at a resort; ◊ **Москалéнки провелú тúждень на морськóму ~і.** The Moskalenkos spent a week at a seaside resort.

курс, *m.*, **~у**
1 direction, course, route
adj. **зáданий** set; **непрáвильний** wrong, **хúбний** mistaken, **прáвильний** right; **прямúй** direct
v. + **к. брáти к.** take a course ◊ **Вонú взялú хúбний к.** They took a mistaken course. (**встанóвлювати** set, **міня́ти** change, **прокладáти** plot ◊ **Він проклáв прямúй к. до мóря.** He plotted a direct route to the sea. **продóвжувати** continue); **відхиля́тися від ~у** deviate from the course ◊ **Вонú трóхи відхилúлися від зáданого ~у.** They deviated from the set course a little. (**тримáтися** follow) ◊ **Чóвен тримáвся ~у, встанóвленого ранíше.** The boat followed the course which had been set earlier.
prep. **к. на** + *A.* a direction to sth ◊ **Капітáн установúв к. на бáзу.** The captain set the course to the base.
See **нáпрям 1.** *Also see* **бік 5, курс 1, нáпрямок, сторонá 2**
2 *fig.* course, direction, way of acting
adj. **збалансóваний** balanced, **звáжений** judicious, **обережний** prudent, **продýманий** thought through; **небезпéчний** dangerous, **ризикóвий** risky; **крáщий** better, **найкрáщий** best, **оптимáльний** optimal ◊ **Пропозúція виглядáє оптимáльним ~ом дій.** The proposal looks like the optimal course of action. **економíчний** economic, **політúчний** political, **стратегíчний** strategic
v. + **к. вибирáти к.** choose a course ◊ **Капітáн вúбрав ризикóваний к.** The captain chose a risky course. (**проголóшувати** announce); **лишáтися вíрним ~ові** stay true to the course ◊ **Проголосúвши к. на refóрми, пáртія лишáється вíрною йомý.** Having announced the course for reforms, the party remains true to it. (**зрáджувати** betray) ◊ **Вонú не зрáдили óбраному ~ові.** They did not betray the chosen course. **йти ~ом** pursue a course; ♦ **бýти в ~і** + *G.* to be informed, be in the know of sth ◊ **Івáн постíйно в ~і справ.** Ivan is constantly in the know of the matters.
3 course *(in discipline)* ◊ **поглúблений к. украї́нської мóви** an advanced Ukrainian language course
adj. **інтенсúвний** intensive, **пришвúдшений** expedited, crash; **корóткий** short, **непóвний** incomplete; **пóвний** complete; **дéнний** one-day, **дводенний** two-day ◊ **дводéнний комп'ютерний к.** a two-day computer course; **тридéнний** three-day; **тижнéвий** weekly, **мíсячний** monthly; **початкóвий** beginners', **серéдній** intermediate, **поглúблений** advanced; **бáзовий** elementary, **вступнúй** introductory; **вечíрній** evening ◊ **Тимíш записáвся на два вечíрні ~и.** Tymish signed up for two evening courses. **бакалáврський** college-level, **маґíстерський** graduate-level, graduate ◊ **Тут пропонýють лишé маґíстерські ~и.** Only graduate courses are offered here. **дóкторський** doctoral; **обов'язкóвий** required, **факультатúвний** optional, **електúвний** elective; **вáжкúй** hard, **складнúй** complicated, **легкúй** easy, **цікáвий** interesting, **захóпливий** captivating, **нуднúй** boring ◊ **Чáсто обов'язкóві ~и є нуднúми, а електúвні – цікáвими.** Often required courses are boring and elective ones interesting. **інтернéт-к.** an online course
v. + **к. викладáти к.** teach a course ◊ **Вонá викладáє три ~и на семéстр.** She teaches three courses a semester. (**готувáти** prepare ◊ **Він приготувáв новúй к. із літератýри.** He prepared a new literature course. **розробля́ти** develop; **відвíдувати** attend, **слýхати** take ◊ **Скíльки ~ів він прослýхав?** How many courses has he taken? **закíнчувати** complete ◊ **Він так і не закíнчив ~у із соціолóгії.** He never completed the sociology course. **запúсуватися на** sign up for) ◊ **Спочáтку на к. записáлося сім студéнтів.** Initially seven students signed up for the course.
prep. **к. з** + *G.* course in *(a discipline)*
4 year of studies *(at university)* ◊ **Він – студéнт пéршого ~у.** He is a first-year student. ◊ **На якóму ти ~і?** What year (of studies) are you in?
5 *med.* course *(of treatment)*
adj. **ефектúвний** effective; **успíшний** successful; **експериментáльний** experimental, **новúй** new; **нетрадиціи́ний** untraditional; **признáчений лíкарем** doctor-prescibed, **рекомендóваний** recommended ◊ **Рекомендóваний к. лікувáння виявився дýже ефектúвним.** The recommended treatment course proved very effective.
к. + *n.* **к. акупунктýри** an acupuncture course (**лікувáння** treatment, **терапíї** therapy ◊ **к. хемíчної терапíї** a chemical therapy course; **антибіóтиків** antibiotics, **масáжу** massage)
v. + **к. припúсувати** + *D.* **к.** prescribe sb a course ◊ **Лíкар приписáв їй к. терапíї.** The doctor prescribed her a therapy course. (**прохóдити** take; **починáти** start; **закíнчувати** finish; **перериваáти** interrupt)
6 *econ.* rate, index ◊ **к. акцíй** stock index, stock price ◊ **Економíст компáнії постíйно слíдкує за ~ом áкцій.** The company's economist constantly follows the stock index.
v. + **к. заповідáти к.** predict the rate (**прогнозувáти** prognosticate; **впливáти на** impact on) ◊ **Заява головú націонáльного бáнку неґатúвно вплúнула на к. áкцій.** The National Bank president's statement had a negative impact on the stock index. **слíдкувати за ~ом** monitor the index
к. + *v.* **зростáти** go up; **пáдати** fall ◊ **К. фýнта стéрлінгів рíзко впав.** The pound sterling rate fell precipitously. **лишáтися незмíнним** stay the same

кýрт|ка, *f.*
jacket, windbreaker
adj. **важкá** heavy, **грýба** *and* **товстá** thick; **легкá** light ◊ **У легкíй ~ці ви замéрзнете.** You will freeze in a light jacket. **тонкá** thin; **лúжна** ski, **мислúвська** hunting ◊ **На ньóму булá брунáтна мислúвська к.** He had a brown hunting jacket on. **спортúвна** sport, **стрілéцька** shooting; **зимóва** winter; **тéпла** warm; **гáрна** nice, **мóдна** fashionable, **стúльна** stylish; **вíльна** loose; **дóвга** long; **корóтка** short; **картáта** checked, **смугáста** striped; **брунáтна** brown, **жóвта** yellow, **сúня** blue, **сíра** gray, **чóрна** black, *etc.*; **бавóвняна** cotton, **вельвéтова** corduroy, **вóвняна** wool, **джúнсова** denim, **пухóва** down, **шкірянá** leather ◊ **Він з'явúвся в сíрій шкіряній ~ці.** He appeared in a gray leather jacket. **чúста** clean; **дитя́ча** children's, **жінóча** female, **чоловíча** male; **застíбнута** zipped-up, **розстíбнута** unzipped; **завелúка** oversized, **мішкувáта** baggy; **водонепронúкна** waterproof, **куленепробивнá** bulletproof; **захиснóго кóльору** camouflage
к. + *n.* **к. з каптурóм** a hooded jacket; **к. без рукавíв** a sleeveless jacket
n. + **к. ґýдзик ~ки** a jacket button ◊ **Ґýдзики ~ки червóні.** The jacket buttons are red. (**кишéня** pocket; **кóмір** collar, **вилóга** *or* **закáрваш** *and* **манжéт(а)** cuff ◊ **Вилóги ~ки застíбнуті на ґýдзики.** The jacket cuffs are buttoned up. **перéд** front; **рукáв** sleeve)
v. + **к. застібáти ~ку** button up *and* zip up a jacket ◊ **Вáля застібнýла ~ку.** Valia zipped up her jacket. (**розстібáти** unbutton *and* unzip; **нóсити** wear ◊ **Стéфа нóсить ~ку захиснóго кóльору.** Stefa wears a camouflage jacket. **купувáти** buy; **брáти** take ◊ **Не забýдьте взя́ти тéплу ~ку.** Don't forget to take a warm jacket. **хапáти** grab ◊ **Олéкса вхопúв ~ку і вúбіг із хáти.** Oleksa grabbed his jacket and ran out. **вíшати на** + *A.* hang on sth; **кидáти** throw, **накидáти на** + *A.* drape over sth ◊ **Він недбáло накúнув ку ~на плечí.** He carelessly draped the jacket over his shoulders. **одягáти** put on; **знімáти** take off, **стя́гувати** pull off; **прáти** wash; **дéрти** *and* **рвáти** rip ◊ **Він десь подéр новý ~ку.** He ripped his new jacket somewhere. **брýднити** *or* **мáзати** soil; **зашивáти** mend); **ходúти в ~ці** wear a jacket ◊ **Назáр хóдить у старíй ~ці.** Nazar wears an old jacket.
к. + *v.* **вúсіти** + *L.* hang on sth ◊ **Павлóва к. вúсить на крíслі.** Pavlo's jacket hangs on the chair. **грíти** + *A.* warm sb
prep. **в ~ці** in a jacket ◊ **У ~ці п'ять кишéнь.** There are five pockets in the jacket. **під ~кою** under a jacket ◊ **Під ~кою він мáє свéтер.** He has a sweater under his jacket. **на ~ці** on a jacket ◊ **На ~ці маснá плямá.** There is a greasy stain on the jacket.
G. pl. **~ок**
See **костю́м, óдяг**

курчá, *nt.*, **~ти**
chick, poult, young chicken ◊ **У них лишáється дéсять ~т.** They have ten chicks left. ◊ **Ї́ ~та виглядáють як дорóслі кýри.** Her chicks look like mature chickens. ◊ **Кýри мáють ~т** *or* **~та, качкú – каченя́та, а гýси – гусеня́та.** Chickens have chicks, ducks have ducklings, and geese goslings.
I. **~м**, *N. pl.* **~та**, *G. pl.* **~т**
See **каченя́**

кýрятин|а, *f.*, *only sg.*
chicken meat ◊ **Її улю́бленим м'я́сом є к.** Chicken is her favorite meat. ◊ **На селя́нському рúнку зáвждú мóжна купúти домáшню ~у.** At the farmers' market, one can always buy home-grown chicken meat.
See **кýрка 2, м'я́со.** *Also see* **кáчка 2**

кýряч|ий, *adj.*
chicken, of or pertaining to chicken
к. + *n.* **к. дзьоб** a chicken beak (**росíл** broth, **салáт** salad; **шлýнок** stomach), **к. фарш** ground

chicken; ~а груди́нка a chicken breast (ла́пка foot, печі́нка liver; котле́та patty, ю́шка soup); ~е крильце́ a chicken wing (стеге́нце leg, яйце́ egg) ◊ На то́рт потрі́бно двана́дцять ~их яє́ць. A dozen chicken eggs are needed for the cake.
Also see качи́ний

куса́|ти, ~ють; вкус|и́ти, вкушу́, ~ять, *tran.*
1 to bite
adv. **жа́дібно** greedily ◊ **Він жа́дібно вкуси́в гру́шку.** He greedily bit at the pear. **ле́гко** lightly, **тро́хи** a little; ♦ **к. гу́би** to bite one's lip ◊ **Вона́ куса́ла гу́би від розчарува́ння.** She bit her lip with disappointment.
v. + **к. бу́ти ва́жко** + *D.* be difficult for sb to ◊ **Пі́сля опера́ції йому́ ва́жко к.** After the surgery, it is difficult for him to bite. **намага́тися** try to
prep. **к. за** + *A.* bite at/on sth ◊ **Дитя́ ~ло ма́тір за ру́ку.** The baby was biting its mother on the hand.
2 to sting *(of insect, snake. etc.)*; *pf.* **по~** ◊ **Його́ покуса́ли комарі́.** He was bitten by mosquitoes.
adv. **ду́же** and **си́льно** badly ◊ **Його́ ду́же покуса́в сусі́дський пес.** The neighbor's dog bit him badly. **серйо́зно** seriously; **ле́гко** lightly, **тро́хи** a little
See **жа́лити 1**
3 to sting, burn, smart ◊ **Дим ~в йому́ ні́здрі й о́чі.** The smoke stung his nostrils and eyes.
See **пекти́ 1.** *Also see* **ї́сти 3**
pa. pple. **вку́шений, поку́саний** bitten
(по)куса́й!

ку́с|ень, *m.*, **~ня**
1 piece + *G.* of sth ◊ **Він розлама́в буха́нку на шість ~нів.** He broke the loaf into six pieces.
adj. **вели́кий** big ◊ **У них лиша́вся вели́кий к. ковбаси́.** They had a big piece of sausage left. **величе́зний** enormous, **гру́бий** thick, **до́брий** *colloq.* sizable, **добря́чий** *colloq.* substantial, sizeable, **до́вгий** long, **здоро́вий** *colloq.* large ◊ **На та́ці лежа́в здоро́вий к. си́ру.** A large piece of cheese lay on the platter. **найбі́льший** largest; **кри́хітний** tiny, **мали́й** small, **невели́кий** small, **найме́нший** smallest; **найкра́щий** best; **найгі́рший** worst
к. + *n.* **к. хлі́ба** a piece of bread (**ковбаси́** sausage, **ку́рки** chicken ◊ **Вона́ ви́брала для си́на найкра́щий к. ку́рки.** She chose the best piece of chicken for her son. **ма́сла** butter, **м'я́са** meat, **са́ла** pig fat, **ши́нки** ham; **си́ру** cheese, **шокола́ду** chocolate)
v. + **к. збира́ти ~ні** gather pieces (**розкида́ти** scatter; **склею́вати** glue; **лама́ти** + *A.* **на** break sth into ◊ **Рома́н полама́в пли́тку шокола́ду на одна́кові ~ні.** Roman broke the chocolate bar into equal pieces. **рва́ти** + *A.* **на** tear sth into, **розбива́ти** + *A.* **на** smash sth into, **розпада́тися на** fall to) ◊ **Гли́няна фігу́ра розпада́лася на ~ні.** The clay figure was falling to pieces.
See **шмато́к 1, 2.** *Also see,* **кла́поть, фраґме́нт**
2 unit of sth, bar, lump ◊ **Він купи́в два ~ні ми́ла.** He bought two bars of soap. ◊ **к. цу́кру** lump of sugar

кут, *m.*, **~а́**
1 *geom.* angle
adj. **го́стрий** acute ◊ **Лі́нії перетина́ються під го́стрим ~о́м.** The lines cross at an acute angle. **пря́мий** right, **тупи́й** obtuse; **вертика́льний** vertical, **вхідни́й** re-entrant, **umi'жний** adjacent, **широ́кий** wide; **вузьки́й** narrow, **обме́жений** constrained; **зо́внішній** external, **вну́трішній** internal
к. + *n.* **к. відбиття́** the angle of reflection (**зо́ру** view ◊ **Сце́на зніма́лася під широ́ким ~о́м зо́ру.** The scene was shot at a wide angle of view. **на́хилу** inclination, **паді́ння** incidence, **підне́сення** elevation)
v. + **к. змі́нювати к.** alter an angle (**збі́льшувати** increase, **зме́ншувати** reduce; **кре́слити** draw; **вимі́рювати** measure ◊ **У таки́х умо́вах ви́міряти к. паді́ння – спра́ва ду́же проблемати́чна.** It is highly problematic to measure the angle of incidence under such conditions. **обчи́слювати** calculate; **утво́рювати** form)
Also see **на́хил 3**
2 corner
adj. **близьки́й** near, **відда́лений** distant; **до́бре осві́тлений** well-lit ◊ **Роя́ль поста́вили в яскра́во осві́тленому ~і за́ли.** The grand was put in a brightly lit corner of the hall. **те́мний** dark
See **куто́к 1.** *Also see* **за́куток 1.** *Cf.* **ріг 3**
3 corner, area, section ♦ **глухи́й к.** a dead end, deadlock, impasse ◊ **Вони́ опини́лися у глухо́му ~і.** They found themselves at a dead end.
See **за́куток 1.** *Also see* **куто́к 3**

кут|о́к, *m.*, **~ка́**
1 corner *(of room, etc.)*, end
adj. **гори́шній** top, **доли́шній** bottom; **пра́вий** right ◊ **Стіл поста́вили у пра́вому ~ку́.** They put the table in the right corner. **лі́вий** left; **за́дній** back, **пере́дній** front; **бли́жній** near, **відда́лений** distant, remote; **півні́чний** northern, **півде́нний** southern, **схі́дний** eastern, *etc.*; **округлий** rounded; **до́бре осві́тлений** well-lit, **те́мний** dark; **воло́гий** damp, **мо́крий** wet, **покри́тий цві́ллю** mold-covered; **сухи́й** dry
к. + *n.* **к. о́ка** corner of the eye ◊ **Йому́ щось потра́пило в к. о́ка.** Something got in the corner of his eye. (**ро́та** mouth, **вуст** *or* **губ** lips); ♦ **ходи́ти з ~ка́ в к.** to pace up and down ◊ **Павло́ ходи́в із ~ка́ в к., ду́маючи, що роби́ти.** Pavlo paced up and down, thinking what to do.
prep. **в. к.** *dir.* in/to a corner ◊ **Хло́пця поста́вили в к. за ка́ру.** The boy was put in the corner as a punishment. **в ~ку́** *posn.* in a corner ◊ **У ~ку́ ку́хні ді́рка.** There is a hole in the kitchen corner.
Also **кут 2**
2 home, place, abode
adj. **вла́сний** *or* **свій** one's own ◊ **Ця кімна́та ста́ла для Окса́ни вла́сним ~ко́м на два ро́ки.** The room became Oksana's own home for two years. **рі́дний** native; **за́тишний** cozy; **те́плий** warm; **постійни́й** permanent ◊ **Тепе́р вони́ ма́ють свій постійни́й к.** Now they have their permanent place.
v. + **к. ма́ти свій к.** have one's home (**знахо́дити** find ◊ **Він знайшо́в собі́ к. в імігра́нтській дільни́ці мі́ста.** He found a place of his own in the immigrant part of town. **шука́ти** look for; **втрача́ти** lose)
Also see **дім 2**
3 corner, area, part, nook ◊ **Він зайшо́в у найда́льший к. лі́су.** He went to the farthest nook of the woods.
See **за́куток 1.** *Also* **кут 2**

ку́х|ня, *f.*
1 kitchen *(a room)*
adj. **вели́ка** big, **просто́ра** spacious ◊ **Він мрі́є ма́ти просто́ру ~ню.** He dreams of having a spacious kitchen. **мала́** *or* **невели́ка** small; **суча́сна** modern; **функціона́льна** functional ◊ **невели́ка, але́ функціона́льну к.** a small but functional kitchen; **оха́йна** tidy, **чи́ста** clean; **брудна́** dirty, **зане́дбана** neglected; **тісна́** crammed; **відкри́та** open ◊ **Поме́шкання має́ відкри́ту ~ю.** The apartment has an open kitchen. **комуна́льна** communal, **спі́льна** shared; **пересувна́** mobile; **профе́сі́йна** professional, **ресторა́нна** restaurant; **селя́нська** peasant; **цілко́м обла́днана** fully-equipped
n. + **к. ві́кно ~ні** a kitchen window ◊ **Він відчини́в вікно́ ~ні.** He opened the kitchen window. (**две́рі** door; **пло́ща** area; **довжина́** length, **ширина́** width; **за́куток** nook, **куто́к** corner, **підло́га** floor, **сте́ля** ceiling, **стіна́** wall) ◊ **Стіну́ ~ні прикраша́в зільни́к.** A dry flower arrangement adorned the kitchen wall.
prep. **на ~ню** *dir.* **Тама́ра пішла́ на ~ню готува́ти.** Tamara went to the kitchen to cook. **на ~ні** *posn.* in a kitchen ◊ **Вони́ їдя́ть на ~ні.** They eat in the kitchen.
See **кімна́та**
2 cuisine, cooking, cookery
adj. **до́бра** good, **ви́шукана** refined, **прекра́сна** superb; **бабу́сина** grandma's, **ма́мина** mother's ◊ **Оле́г визнає́ ті́льки ма́мину ~ю.** Oleh recognizes only his mother's cooking. **та́това** daddy's; **місце́ва** local, **націона́льна** national, **реґіона́льна** regional; **автенти́чна** authentic, **традиці́йна** traditional; **еспа́нська** Spanish, **італі́йська** Italian, **кита́йська** Chinese, **міжнаро́дна** international, **украї́нська** Ukrainian ◊ **Борщ – це пе́рша стра́ва украї́нської ~ні.** Borshch is the primary dish of the Ukrainian cuisine. **францу́зька** French, *etc.*; **веґетарія́нська** vegetarian
v. + **к. пропонува́ти** + *D.* **~ню** offer sb cuisine ◊ **Тут го́стям пропону́ють автенти́чну га́лицьку ~ю.** The guests are offered authentic Galician cuisine here. (**зна́ти** be familiar with ◊ **Він знає́ япо́нську ~ю.** He is familiar with Japanese cuisine. **люби́ти** be fond of, **цінува́ти** value)
3 *fig., only sg.* machinations, scheming, intrigues
adj. **брудна́** dirty ◊ **брудна́ к. ви́борчої полі́тики** the dirty machinations of electoral politics; **політи́чна** political; **прихо́вана** hidden, **таємна** secret
L. **на ~ні**, *G. pl.* **~онь**

ку́х|оль, *m.*, **~ля**
mug ◊ **Господи́ня поста́вила пе́ред ним по́вний к. холо́дного кисляку́.** The hostess put a full mug of cold sour milk in front of him.
adj. **вели́кий** big, **висо́кий** tall; **мале́нький** *dim.* small, **невели́кий** small; **повни́й** full ◊ **по́вний к. пи́ва** a mugful of beer; **поро́жній** empty; **ці́лий** whole; **надще́рблений** chipped; **пивни́й** beer; **дерев'я́ний** wooden, **керамі́чний** ceramic, **порцеля́новий** porcelain, **скляни́й** glass, **череп'я́ний** earthenware ◊ **Пи́во розлива́ли тут у вели́кі череп'я́ні ~лі.** Beer was poured into big earthenware mugs here. **сувені́рний** souvenir
v. + **к. налива́ти** + *D.* **к.** pour sb a mug ◊ **Госпо́дар нали́в йому́ по́вний к. води́.** The host poured him a whole mug of water. (**напо́внювати** fill; **вилива́ти** pour out; **пи́ти** drink ◊ **Вона́ пила́ к. за ~лем.** She drank one mug after another. **опорожня́ти** empty, **осу́шувати** drain); **пи́ти з ~ля** drink from a mug
prep. **в ~к.** *dir.* in/to a mug ◊ **Ба́рмен нали́в у к. пи́ва.** The bartender poured beer in the mug. **в ~лі** *posn.* in a mug ◊ **У ~лі трі́щина.** There is a crack in the mug.
Also see **горня́, ква́рта**

кухо́нн|ий, *adj.*
kitchen, of or pertaining to kitchen
к. + *n.* **к. годи́нник** a kitchen clock ◊ **Вона́ не користува́лася ~им годи́нником.** She did not use her kitchen clock. (**змив** sink, **кран** faucet, **ми́сник** cupboard; **ніж** knife; **рушни́к** towel; **стіл** table, **стіле́ць** chair; **шинква́с** countertop; **мо́дуль** unit) ◊ **Кри́хітний к. мо́дуль тя́жко назва́ти ку́хнею.** The tiny kitchen unit can hardly be called a kitchen. **~а му́шля** *or* **ра́ковина** a kitchen sink ◊ **Стара́ ~а му́шля ча́сто забива́лася.** The old kitchen sink would often get clogged. (**плита́** stove; **табуре́тка** stool, **ша́фа** cabinet, **шухля́да** drawer); **~е ві́кно** a kitchen window (**начи́ння** utensils); **ва́ги** *or* **терези́** kitchen scales (**но́жиці** scissors)

кучеря́в|ий, *adj.*
1 curly *(of hair)*, crisp ◊ **Вона́ має́ густе́ і ~е воло́сся.** She has thick and curly hair.
2 curly-headed *(of person)*, with curly hair ◊ **к. юна́к** a curly-headed youth

3 leafy *(of trees)*, bushy ◊ **стара́ ~а ли́па** an old, leafy linden
adv. **ду́же** very, **тро́хи** slightly, **приро́дно** naturally, **типо́во** typically
4 *fig.* ornate, elaborate, florid, flowery ◊ **к. стиль** a florid style; ◊ **~а фра́за** an ornate expression

кушту|ва́ти, ~ють; по~, с~, *tran.*
1 to taste, sample + *A. or* + *G.* ◊ **Вона́ скуштува́ла си́р** *or* **си́ру.** She tasted the cheese.
adv. **до́вго** for a long time, **нале́жним чи́ном** properly; **неоднора́зово** more than once, **повто́рно** repeatedly; **шви́дко** quickly
v. + **к. дава́ти** + *D.* give sb to; let ◊ **Він дав Лі́ні по~ котле́ту.** He gave Lina a patty to taste. **запро́шувати** + *A.* invite sb to, **пропонува́ти** + *D.* offer sb to, **проси́ти** + *A.* ask sb to; **ма́ти** be supposed to, **му́сити** be obliged to; **хоті́ти** want to
prep. **к. на** + *A.* taste for *(an ingredient)* ◊ **Він покуштува́в борщ на сіль.** He tasted the borshch for salt.
Also see **про́бувати 3**
2 *fig.* to experience, undergo + *A. or* + *G.*
adv. **пря́мо** directly, **осо́бисто** personally; **бо́лісно** painfully; **вже** already ◊ **Вони́ вже покуштува́ли сусі́дської гости́нности.** They already experienced their neighbors' hospitality. **раніше** earlier; **впе́рше** for the first time
See **зазнава́ти 2.** *Also see* **довідуватися 3, перено́сити 6, пізнава́ти 2**
pa. pple. **покушто́ваний, скушто́ваний** tasted
(по)кушту́й *or* **(с)кушту́й!**

кущ, *m.*, **~а́**
bush, shrub
adj. **вели́кий** big, **густи́й** dense, **рідки́й** thin; **колю́чий** prickly, **кучеря́вий** leafy, **пи́шний** luxuriant; **підстри́жений** trimmed; **декорати́вний** decorative
к. + *n.* **к. троя́нд** a rose bush ◊ **Усі́ ~і троя́нд підстри́жені.** All the rose bushes are trimmed. (**бузку́** lilac, **ясми́ну** jasmine, **кали́ни** guelder rose) ◊ **Кири́ло посади́в два ~і кали́ни.** Kyrylo planted two guelder rose bushes. ◊ **к. брів** *fig.* a bush of brows
к. + *v.* **ото́чувати** + *A.* surround sth ◊ **Альта́нку ото́чували ~і ліщи́ни.** Hazel bushes surrounded the gazebo. **рости́** grow ◊ **Посе́ред по́ля ріс пи́шний к. шипши́ни.** A luxuriant dog rose bush grew in the middle of the field.
See **де́рево 1.** *Also see* **мали́на 2**

Л

лабіри́нт, *m.*, **~у**
labyrinth, maze; *also fig.*
adj. **заплу́таний** tangled; **нескінче́нний** endless, **пеке́льний** infernal, **складни́й** intricate ◊ **Старе́ мі́сто було́ складни́м ~ом вузьки́х ву́лиць.** The old city was an intricate labyrinth of narrow streets. **хитросплéтений** tangled; **правди́вий** true, **спра́вжній** veritable; **бюрократи́чний** *fig.* bureaucratic ◊ **Він ходи́в бюрократи́чним ~ом у по́шуках допомо́ги.** He walked the bureaucratic maze in search of help.
v. + **л. захо́дити в л.** enter a labyrinth; **вихо́дити з ~у** get out of a maze; **ходи́ти ~ом** walk a labyrinth (**блука́ти** roam about); **губи́тися в ~і** lose one's way in a maze ◊ **Вони́ загуби́лися в ~і па́ркових але́й.** They lost their way in the maze of park alleys. (**заплу́туватися в** get lost in, **блука́ти в** wander about in)

лаборато́рі|я, *f.*, **~ї**
1 laboratory
adj. **дослі́дницька** research ◊ **Дослі́дницька л. на тре́тьому по́версі.** The research laboratory is on the third floor. **університе́тська** university, **урядо́ва** government, **шкільна́** school; **незале́жна** independent, **прива́тна** private; **меди́чна** medical, **су́дово-меди́чна** forensic, **науко́ва** scientific ◊ **Вона́ працю́є в науко́вій ~ї.** She works in a scientific laboratory. **фізи́чна** physical, **фотографі́чна** photographic, **хемі́чна** chemical ◊ **Хемі́чна л. обла́днана найсуча́снішою те́хнікою.** The chemical lab is equipped with cutting-edge technology. **су́часна** modern, **спеціялізо́вана** specialized; **нелега́льна** illegal, **підпі́льна** underground, **таємна** secret
2 *fig.* creative process ◊ **тво́рча л. маляра́** an artist's creative process

лаборато́рн|ий, *adj.*
laboratory, of or pertaining to laboratory
л. + *n.* **л. ана́ліз** a laboratory analysis (**до́слід** *and* **експериме́нт** experiment; **звіт** report; **працівни́к** worker, **те́хнік** technician; **щур** rat); **~а культу́ра** a laboratory culture ◊ **Щоб отри́мати чи́сту ~у культу́ру необхі́дно дотри́муватися пе́вних умо́в.** In order to obtain a pure laboratory culture, certain conditions need to be adhered to. (**ми́ша** mouse, **твари́на** animal; **процеду́ра** procedure); **~е дослі́дження** laboratory investigation (**обла́днання** equipment; **ото́чення** environment) ◊ **До́слід прово́дили в ~ому ото́ченні.** The experiment was conducted in a laboratory environment. **~і да́ні** laboratory data (**результа́ти** results; **умо́ви** conditions)

лавр, *m.*, **~а**
1 laurel, bay ◊ **за́пах ~а** smell of laurel; ◊ **Навко́ло та́бору росли́ кущі́ ~а.** Laurel bushes grew around the camp. ◊ **Л. бува́є і куще́м, і де́ревом.** Laurel comes both as a bush and a tree.
See **де́рево, кущ**
2 *only pl., fig.* laurels + *G.* of sth ♦ **здобува́ти ~и** to win the honor of ◊ **Він здобу́в ~и** *or* **~ів вели́кого поета.** He won the laurels of a great poet. ♦ **спочива́ти на ~ах** to rest on one's laurels; ◊ **Її ~и журналі́стки не дава́ли багатьо́м спа́ти.** Many were envious of her celebrity as a journalist. ♦ **~и Геростра́та** infamy, disgrace; ♦ **пожина́ти ~и з** + *G.* to take advantage of sth, profit by sth ◊ **П'єса Камі́нського була́ напи́сана де́сять ро́ків тому́, а він і до́сі пожина́є з не́ї ~и.** Kaminsky's play was written ten years ago, and he still profits by it.

ла́гідн|ий, *adj.*
1 kind, kindly, gentle
adv. **вкрай** extremely, **до́сить** quite, **ду́же** very, **ма́йже** almost, **надзвича́йно** extremely ◊ **Він – надзвича́йно ~а люди́на.** He is an extremely kind person. **особли́во** particularly; **на ди́во** surprisingly, **несподі́вано** unexpectedly ◊ **«Чого́ це він тако́й несподі́вано л.?» – пита́ла вона́ себе́.** "Why is he so unexpectedly kind?" she was asking herself. **підозрі́ло** suspiciously
л. + *n.* **л. ві́тер** gentle wind (**ле́гіт** breeze) ◊ **л. морськи́й ле́гіт** a gentle sea breeze; **л. хара́ктер** a gentle character
v. + **л. бу́ти ~им** be gentle ◊ **Із дити́ною слід бу́ти ~им.** One needs to be gentle with a child. (**виявля́тися** turn out, **здава́тися** + *D.* seem to sb ◊ **Па́ні А. здала́ся Га́нні те́плою і ~ою.** Mrs. A. seemed to Hanna to be warm and kindly. **роби́ти** + *A.* make sb ◊ **Усмі́шка ро́бить її́ обли́ччя ~им.** The smile makes her face kindly. **става́ти** become)
prep. **л. до** + *G.* kind to sb ◊ **Дя́дько Макси́м був не за́вжди́ ~им до сво́го не́божа.** Uncle Maxym was not always kind to his nephew.
See **до́брий 1.** *Ant.* **жорстки́й 2, злий 1, лихи́й 1**
2 friendly, kind, sympathetic ◊ **Його́ обли́ччя ста́ло ~им.** His face became kind.
л. + *n.* **~а у́смішка** a kind smile ◊ **Його́ ~а у́смішка здава́лася хло́пцеві цілко́м щи́рою.** His kind smile seemed entirely sincere to the boy. **~а розмо́ва** a friendly talk, **~а настано́ва** sympathetic attitude ◊ **Від ~ої настано́ви жі́нки він розсла́бився.** The woman's friendly attitude put him at ease. **~і о́чі** kind eyes
3 mild, soft, tender, placid ◊ **Зима́ ви́далася ~ою.** The winter turned out mild.
л. + *n.* **л. го́лос** a mild voice, **л. до́тик** a tender touch, **л. ко́лір** a soft color; **~е сві́тло** soft light

ла́год|ити, ~жу, ~ять; по~ *tran.*
1 to repair, mend, fix ◊ **Чи мо́же хтось по~ авті́вку?** Can somebody repair the car?
adv. **до́бре** well ◊ **Тара́с до́бре ~ить годи́нники.** Taras repairs watches well. **нале́жним чи́ном** properly, **сумлі́нно** diligently, **успі́шно** successfully, **професі́йно** professionally, **цілко́м** completely, **ле́гко** easily, **за́раз же** right away, **шви́дко** quickly; **ке́псько** poorly, **пога́но** badly; **пові́льно** slowly; **наси́лу** barely, **наре́шті** finally
v. + **л. бра́тися** get down to ◊ **Мари́на бра́лася л. все, що лама́лося на госпо́дарстві.** Maryna would get down to repairing everything that broke down in the household. **вмі́ти** be able to, **вдава́тися** + *D.* succeed in, **змогти́** *pf.* manage to ◊ **Вона́ змогла́ по~ кавника́.** She managed to fix the coffee maker. **могти́** can; **проси́ти** + *A.* ask sb to; **почина́ти** begin to, **ста́ти** *pf.* start ◊ **Степа́н став л. шухля́ду в столі́.** Stepan started fixing the drawer in the table. **закі́нчувати** finish
Also see **ла́дити 2, ладна́ти 2, справля́ти 4**
2 to prepare, get ready ◊ **Піду́ пола́годжу щось на вече́рю.** I'll go and fix something for dinner. ♦ **л.** + *A.* **в доро́гу** to pack sb for the road ◊ **А́лла пола́годила їх в доро́гу.** Alla packed their things for the road.
See **готува́ти 3.** *Also see* **вари́ти 2, ла́дити 3, ладна́ти 3, роби́ти 1**
3 *colloq.* to make, manufacture ◊ **Вони́ пола́годили бу́ду для Сірка́.** They made a doghouse for Sirko.
See **роби́ти 2**
pa. pple. **пола́годжений** repaired
(по)ла́годь!

лад, *m.*, **~у**
1 order, tidiness
adj. **бездога́нний** impeccable, **доскона́лий** perfect, **зразко́вий** exemplary, **надзвича́йний** extraordinary
v. + **л. наво́дити л.** put sth in order ◊ **Рома́н наві́в у кімна́ті зразко́вий л.** Roman put the room in an exemplary order. (**пору́шувати** disrupt); **приво́дити** + *A.* **до ~у** put sth in order ◊ **Пе́ред опера́цією вона́ привела́ до ~у всі спра́ви.** Before the surgery, she put all her matters in order. **вибува́ти** *or* **вихо́дити з ~у** go out of order, break down ◊ **Двигу́н ча́сто вихо́див із ~у.** The engine would often break down. (**виво́дити** + *A.* **з** disable sth, put sth out of operation ◊ **Гру́па ви́вела з ~у воро́жий рада́р.** The group disabled the enemy radar. **става́ти** + *A.* **до ~у** come into operation) ◊ **Заво́д став до ~у че́рез рік.** The plant came into operation in a year.
See **поря́док 1.** *Ant.* **ана́рхія, безла́ддя, хаос**
2 harmony, consonance, accord, peace
adj. **по́вний** total ◊ **У їхній сім'ї пану́є по́вний л. і порозумі́ння.** There is total peace and understanding in their family. **цілкови́тий** complete, **вну́трішній** internal, **зо́внішній** external, **пози́рний** seeming, **непору́шний** inviolable; **відно́сний** relative; ♦ **~ом** clearly, in a simple manner ◊ **Ти мо́жеш усе́ ~ом поясни́ти?** Can you explain everything clearly?
v. + **л. дава́ти** + *D.* **л.** 1) take care of sb/sth ◊ **Ді́тям тре́ба да́ти л.** The children need taking care of. 2) repair sth ◊ **Він так і не зміг да́ти ~у кондиціоне́ру.** He never managed to repair the air conditioner. ♦ **іти́ на л.** *intr.* improve, get

better ◊ **Її стано́вище йшло на л.** Her situation was improving. **дово́дити** + *A.* **до ~у** complete sth, finish sth ◊ **Тре́ба довести́ буді́вни́цтво до ~у.** The construction needs to be brought to completion.
prep. ♦ **без ~у** in a disorderly way ◊ **Воро́же ві́йсько відступа́ло без ~у.** The enemy troops were retreating in a disarray. ♦ **до ~у** well, correctly, appropriately ◊ **Усе́ зро́блено шви́дко й до ~у.** Everything is done promptly and well. ♦ **не до ~у** badly, wrongly, inappropriately, not right ◊ **Щось у її́ істо́рії було́ не до ~у.** Something in her story was not right.
See **гармо́нія**
3 manner, way, fashion, ♦ **на всі** *or* **рі́зні ~й** in every way, each and every way ◊ **Вони́ на рі́жні ~й рекламува́ли рестора́н.** They advertised the restaurant each and every way. ♦ **на оди́н л.** the same way ◊ **Газе́ти пи́шуть про це на оди́н л.** The papers write about it in the same manner. ♦ **на свій л.** in one's own way ◊ **Вона́ зроби́ла завда́ння на свій л., іґнору́ючи ви́моги.** She did the assignment her own way, ignoring the requirements.
4 order *(of society)*, regime, system
adj. **держа́вний** state, **кла́совий** class, **суспі́льний** social; **феода́льний** feudal, **капіталісти́чний** capitalist; **авторита́рний** authoritarian, **тоталіта́рний** totalitarian; **архаї́чний** archaic, **застарі́лий** obsolete; **прире́чений** doomed; **демократи́чний** democratic, **проґреси́вний** progressive ◊ **Капіталі́зм – більш проґреси́вний суспі́льний л., як феодалі́зм.** Capitalism is a more progressive social order than feudalism.
v. + **л. встано́влювати л.** establish an order ◊ **Він установи́в авторита́рний л.** He established an authoritarian system. (**впрова́джувати** introduce; **відсто́ювати** advocate ◊ **Вона́ затя́то відсто́ювала стари́й л.** She doggedly advocated the old regime. **захища́ти** defend, **зберіга́ти** keep, **підтри́мувати** support; **зни́щувати** destroy, **ліквідо́вувати** eliminate, **підрива́ти** undermine, **руйнува́ти** ruin; **модернізува́ти** modernize, **реформува́ти** reform) ◊ **Стари́й л. неможли́во зреформува́ти, його слід зни́щити.** The old system is impossible to reform, it should be destroyed.
See **поря́док 3.** *Also see* **систе́ма 1**
L. **в ~у́**

ла́д|ити, ~жу, ~иш, ~ять; по~, *intr. and tran.*

1 *intr.* to get on/along, be on good terms with, cope with ◊ **Олекса́ндра поступо́во навчи́лася кра́ще л. з коле́ґами.** Oleksandra gradually learned to get along with her colleagues better.
adv. **до́бре** well, **доскона́ло** perfectly, **прекра́сно** wonderfully ◊ **Всі уча́сники ко́нкурсу прекра́сно ~ять між собо́ю.** All the participants in the competition get along wonderfully. **ва́жко** with difficulty, **ле́две** hardly, **наси́лу** scarcely, **пога́но** poorly; **ле́гко** easily
v. + **л. вмі́ти** knew how to ◊ **Анато́лій уміє л. з рі́жними людьми́.** Anatolii knows how to get along with different people. **могти́** be able to, **намага́тися** try to, **стара́тися** do one's best to; **перестава́ти** stop, **почина́ти** begin, start ◊ **Вре́шті-ре́шт вони́ почали́ я́кось л.** Eventually they started getting on somehow.
prep. **л. з** + *I.* get on with sb
Also see **жи́ти 1**
2 *tran., colloq.* to repair, fix, mend ◊ **Робітники́ ~ять міст че́рез рі́чку.** The workers are fixing the bridge over the river.
See **ла́годити 1**
3 *tran., colloq.* to prepare, get ready ◊ **Вони́ ~или кін до виста́ви.** They were getting the stage ready for the show.
See **готува́ти 3.** *Also see* **вари́ти 2, ладна́ти 3, роби́ти 1**
pa. pple. **пола́джений** repaired, fixed
(по)ла́дь!

ладна́|ти, ~ють; по~, *intr. and tran.*

1 *intr.* to get along with ◊ **У цих обста́винах ді́вча́та му́сили л. одна́ з о́дною.** In these circumstances, the girls had to get along.
See **ла́дити 1**
2 *tran.* to repair, mend, fix ◊ **Він сів л. по́рвану ку́ртку.** He sat down to mend the ripped jacket.
See **лаго́дити 1.** *Also see* **ла́дити 2, справля́ти 4**
3 to prepare, get ready ◊ **Він поча́в л. маши́ну до по́дорожі.** He began to prepare his car for the journey.
See **готува́ти 3.** *Also see* **вари́ти 2, лаго́дити 2, роби́ти 1**
4 *tran., colloq.* to make, fix, manufacture ◊ **За пів годи́ни він поладна́в обі́д.** In a half hour he fixed lunch.
See **лаго́дити 3, роби́ти 1**
(по)ладна́й!

ла́з|ити, ла́жу, ~ять; *no pf., intr., multi.*

1 to crawl *(of reptiles, insects, etc.)*
adv. **безла́дно** *and* **хаоти́чно** chaotically; **навко́ло** around ◊ **Мура́хи безла́дно ~или навко́ло її ніг.** The ants chaotically crawled around her feet. **туди́ й сюди́** around, up and down ◊ **Дитя́ ~ило туди́ й сюди́ по підло́зі.** The baby was crawling around the floor. **пові́льно** slowly; **шви́дко** quickly
prep. **л. по** + *L.* crawl on/around/up and down ◊ **Деся́тки змій ~или по землі́.** Dozens of snakes were crawling on the ground.
2 to crawl *(of humans)*, go on all fours, go on one's knees ◊ **Дві годи́ни Валенти́на ~ила по квітнику́, са́дячи жоржи́ни.** For two hours, Valentyna crawled in the flowerbed, planting dahlias. ♦ **л. ра́чки** to crawl
3 *fig., colloq.* to roam, rove, wonder about *(aimlessly or overcoming obstacles)*; *pf.* **по~** to roam *(for a limited time period)* + *I.* ◊ **Іва́н люби́в по~ руї́нами яко́гось за́мку.** Ivan liked to rove the ruins of some castle. ♦ **Де це ти ~иш?** Where have you been?
v. + **л. встига́ти** have the time to ◊ **Вони́ встигли по~ монастирє́м.** They had the time to rove around the monastery. **йти** go to; **люби́ти** like to, **хоті́ти** want to
prep. **л. по** + *L.* wander around sth, roam around ◊ **Тури́сти пішли́ л. по старо́му мі́сту.** The tourists went to roam the old city.
4 *fig.* to grovel to sb, crawl *only with prep.*
prep. **л. пе́ред** + *I.* grovel to sb ◊ **Усі́ чека́ли, що він ~итиме пе́ред шефо́м.** Everybody expected him to grovel to the boss.
5 to climb, ascend, scale
adv. **ви́со́ко** high, **впра́вно** agilely, **спри́тно** nimbly, **шви́дко** quickly, **ле́гко** easily, **майсте́рно** skillfully; **пові́льно** slowly, **незґра́бно** clumsily, **обере́жно** carefully; ♦ **за сло́вом до кише́ні не л.** not to be at a loss for words ◊ **Уля́на за сло́вом до кише́ні не ~ила.** Uliana was not at a loss for words.
prep. **л. по** + *L. or* **на** + *A.* scale sth ◊ **Щогоди́ни вартови́й ~ив на де́рево й огляда́в о́брій.** Every hour, the sentinel climbed the tree and surveyed the horizon.
ла́зь!
Cf. uni. **лі́зти**

ла́з|ня, *f.*

baths, bathhouse
adj. **грома́дська** public, **мі́ська́** city; **паро́ва́** steam, **туре́цька** Turkish ◊ **Він ніко́ли не бува́в у туре́цькій ~ні.** He has never been to Turkish baths.
v. + **л. ходи́ти до ~ні** go to baths ◊ **Щосубо́ти хло́пці ходи́ли до мі́ської ~ні.** On Saturdays, the boys would go to the city baths. **ми́тися в ~ні** wash in baths (**купа́тися в** bathe in)
prep. **до ~ні** to a bathhouse ◊ **До ~ні де́сять хвили́н пі́шки.** It is a ten-minute walk to the bathhouse. **у ~ню** *dir.* in/to a bathhouse ◊ **Він пішо́в у ~ню.** He went to the bathhouse. **у ~ні** *posn.* at/in a bathhouse ◊ **У ~ні га́рний басе́йн.** There is a nice swimming pool in the bathhouse.
Also see **са́вна**
G. pl. **~ень**

ла́й|ка, *f.*

swearing, bad language, obscenities, expletives
adj. **брудна́** dirty ◊ **Вона́ ніко́ли не чу́ла, щоб ма́ти вдава́лася до тако́ї брудно́ї ~ки.** She has never heard her mother resort to such dirty language. **брута́льна** brutal, **гру́ба** crude, ♦ **нецензу́рна л.** swear words, obscenities; **обра́зли́ва** insulting, **прини́злива** demeaning, **шоку́юча** shocking; **безпере́рвна** continuous
n. + **л. поті́к ~ки** a stream of obscenities ◊ **Із його́ ро́та поли́вся поті́к ~ки.** A stream of obscenities rushed from his mouth. ♦ **сло́во ~ки** a dirty word
v. + **л. бурмоті́ти ~ку** mutter obscenities ◊ **Він час від ча́су бурмоті́в ~ку.** He was muttering obscenities from time to time. (**використо́вувати** use ◊ **Цей проза́їк чи не пе́ршим використо́вував ~ку.** The prose writer was perhaps the first to use obscenities. **вигу́кувати** *or* **викри́кувати** scream) ◊ **Вона́ ки́нулася на сусі́да, викри́куючи ~ку.** She pounced on her neighbor shouting obscenities. **вдава́тися до ~ки** resort to bad language
L. **в ~ці**, *G. pl.* **~ок**
Also see **грубі́сть 4, матю́к, сва́рка 2**

лайли́в|ий, *adj.*

1 bad *(of language)*, strong ◊ **~е сло́во** a swear word; ◊ **Він полюбля́в пересипа́ти мо́ву ~ими ви́разами.** He was fond of peppering his language with strong expressions.
2 quarrelsome, confrontational ◊ **~а люди́на** a quarrelsome person; ◊ **Він зажи́в зло́ї сла́ви свої́м ~им хара́ктером.** He earned notoriety for his confrontational character.
Also see **сварли́вий**

лайн|о́, *nt.*

1 excrement, manure ◊ **Він став череви́ком у соба́че л.** He stepped into dog excrement with his boot.
See **гівно́ 1**
2 *fig.* garbage, trash ◊ **Славе́тний адвока́т ви́явився спра́вжнім ~о́м.** The famous attorney turned out to be a real piece of garbage.
See **гівно́ 2**
3 *fig., euph.* crap, garbage ◊ **Це не театра́льна поста́ва, а якє́сь рі́дкісне л.** This is some rarely trashy kind of a theater production. **спра́вжнє** true, **я́вне** obvious
v. + **л. купува́ти л.** buy crap (**підсо́вувати** + *D.* slip sb ◊ **За́мість обіця́ної авті́вки йому́ підсу́нули яке́сь л.** Instead of the promised car, they slipped him some kind of crap. **пропонува́ти** + *D.* offer sb) ◊ **Не пропону́йте мені́ ~а́!** Don't offer me crap! **бу́ти ва́ртим ~а́** be worth crap ◊ **Його́ пора́ди ~а́ ва́рті.** His advice is worth crap. **бу́ти ~о́м** be crap (**вважа́ти** + *A.* consider sb/sth, **виявля́тися** turn out)
See **гівно́ 3**

лак, *m.*, ~у

1 varnish, lacquer, polish
adj. **безба́рвний** colorless, **прозо́рий** transparent; **блиску́чий** glossy; **захисни́й** protective; **сві́жий** fresh
n. + **л. шар ~у** coat of varnish
v. + **л. нано́сити л. на** + *A.* apply varnish to sth ◊ **Вона́ нано́сила л. на дерев'я́ну пове́рхню.**

She was applying varnish to the wooden surface. (**здира́ти з** + *G.* scrape off sth, **зчища́ти з** + *G.* strip off sth); **покрива́ти** + *A.* **~ом** cover sth with varnish (**фарбува́ти** paint) ◊ **Він пофарбува́в стіле́ць прозо́рим ~ом.** He painted the chair with transparent varnish.
л. + *v.* **висиха́ти** dry up, **захища́ти** + *A.* protect sth, **покрива́ти** + *A.* cover sth; **тріска́тися** crack
prep. **л. для** varnish for sth ◊ **л. для ні́гтів** nail polish; **л. для воло́сся** hair spray; ♦ **япо́нський л.** japan
See **фа́рба**
2 *fig.* glitter ♦ **покри́тий роже́вим ~ом** embellished, idealized

лаку|ва́ти, ~ють; по~, *tran.*
1 to varnish, to lacquer ◊ **Усі́ ме́блі ~ва́ли.** All the furniture was varnished.
See **фарбува́ти**
2 *fig.* embellish, ◊ **Урядо́ві публіка́ції пості́йно ~ва́ли ді́йсність.** Government publications constantly embellished reality.
See **оздо́блювати.** *Also see* **прибира́ти 2**
pa. pple. **полако́ваний** lacquered, varnished
(по)лаку́й!

лама́|ти, ~ють; з~ *tran.*
1 to break, fracture ◊ **Бураві́й злама́в вели́ке де́рево.** The hurricane broke a big tree.
adv. **ле́гко** easily; **випадко́во** accidentally, **мимово́лі** involuntarily, **ненаро́ком** inadvertently, **нехотячи́** unintentionally; **ра́птом** suddenly; **на́двоє** into two, **на части́ни** into parts ◊ **Він ~є ковбасу́ на чоти́ри рі́вні части́ни.** He breaks the sausage into four equal parts. **геть** totally, **непопра́вно** irreparably, **ціл́ко́м** completely; **тро́хи не** nearly ◊ **Він упа́в і тро́хи не злама́в руки́.** He fell and nearly broke his arm.
л. + *n.* **л. но́гу** break a leg ◊ ** Іри́на злама́ла но́гу.** Iryna broke her leg. (**ру́ку** arm; **ні́готь** nail; **лі́жко** bed, **стіл** table; **две́рі** door; **комп'ю́тер** computer, **при́лад** device); ♦ **л. ру́ки** to wring one's hands ◊ **Він не бу́де публі́чно л. ру́ки з го́ря.** He will not wring his hands with grief in public. ♦ **л. го́лову над** + *I.* to rack one's brain over sth ◊ **Він до́вго ~в го́лову, намага́ючись поясни́ти таку́ поведі́нку.** He racked his brain for a long time, trying to explain such behavior. ♦ **л. життя́** wreck sb's life ◊ **Їхня зу́стріч злама́ла йому́ життя́.** Their encounter wrecked his life. ♦ **л.** *or* **гра́ти коме́дію** to put on an act ◊ **Вона́ вмі́є л. коме́дію.** She knows how to put on a good act. ◊ **л. оборо́ну** breach defenses ◊ **Вони́ злама́ли оборо́ну мі́ста.** They breeched the city's defenses. ♦ **л. тради́цію** break a tradition ◊ **Він не збира́ється л. стару́ тради́цію.** He is not about to break the old tradition. ♦ **л. язи́к(á)** to tie one's tongue in knots ◊ **Тут таке́ напи́сано, що мо́жна з~** *or* **по~ язика́.** It is so terribly written that it can tie one's tongue in knots.
v. + **л. бу́ти ва́жко** be difficult to, **бу́ти неможли́во** be impossible to ◊ **Неможли́во з~ таки́й дубо́вий кийо́к.** Such an oak stick is impossible to break. **бу́ти ле́гко** be easy to; **вдава́тися** + *D.* manage to ◊ **Йому́ вдало́ся з~ две́рі.** He managed to break the door. **намага́тися** try to, **пробува́ти** attempt to ◊ **Він ма́рно про́бував з~ замо́к.** He attempted in vain to break the lock. **хоті́ти** want to
Also see **псува́ти 1, розбива́ти 1**
2 *intr., impers., only 3rd pers sg.* to ache + *D.* ◊ **Рома́нові нестерпно ~ло ру́ки** *or* **в рука́х.** Roman's hands ached unbearably.
See **болі́ти 1.** *Also see* **крути́ти 5**
3 *colloq., intr., impers., only 3rd pers sg.* to be loath to, be reluctant to, hate to + *A.* ◊ **Окса́ну ~ло допомага́ти їм.** Oksana was reluctant to help them. ◊ **Мене́ ~є так ра́но встава́ти.** I hate getting up so early.
See **ненави́діти**
pa. pple. **зла́маний** broken
(з)лама́й!

лама́|тися; з~, по~ *intr.*
1 to break, snap ◊ **Стари́й дуб не ви́тримав шале́ного ві́тру і поча́в л.** The old oak gave in to a fierce wind and started breaking.
prep. **л. від** + *G.* break from sth ◊ **Здава́лося, що́гла от-о́т злама́ється від ві́тру.** It seemed that the mast was about to snap from the wind any moment.
2 to break *(of mechanism, etc.)*, become inoperable ◊ **А́вто злама́лося посе́ред доро́ги.** The car broke down in the middle of the road. ◊ **Насті́нний годи́нник ча́сто ~вся.** The wall clock would often break.
See **псува́тися 2**
3 *colloq.* to play hard to get ◊ **Перш ніж пого́дитися, він за́вжди му́сить тро́хи по~.** Before accepting, he always needs to play hard to get for a while.

ла́мп|а, *f.*
1 lamp, lantern ◊ **У куткý кімна́ти стоя́ла висо́ка л.** A tall lamp stood in the corner of the room.
adj. **підло́гова** floor ◊ **Вона́ купи́ла підло́гову ~у у спа́льню.** She bought a floor lamp for the bedroom. **насті́льна** table, **насті́нна** wall; **гірни́ча** *or* **шахта́рська** miner's ◊ **Він узя́в шахта́рську ~у із собо́ю.** He took along a miner's lamp. **тьмя́на** dim, **яскра́ва** bright; **га́сова** *or* **гас́ова** *or* **кероси́нова** kerosene; ♦ **л.-спа́лах** flash lamp; ♦ **пая́льна л.** a blowtorch
n. + **л. абажу́р ~и** a lamp shade ◊ **Абажу́р ~и – ви́твір мисте́цтва.** The lamp shade is a work of art.
v. + **л. вмика́ти ~у** switch on a lamp (**запа́лювати** light ◊ **Темні́ло, і він запали́в ~у.** It was getting dark, and he lit the lamp. **вимика́ти** switch off ◊ **Він ви́мкнув ~у.** She switched off the lamp. **гаси́ти** turn off; **прикріпля́ти** attach ◊ **Він прикріпи́в над лі́жком насті́нну ~у.** He attached a wall lamp above the bed. **ста́вити** put)
л. + *v.* **га́снути** go off; **горі́ти** glow ◊ **У вікні́ горі́ла тьмя́на л.** A dim lamp glowed in the window. **осві́тлювати** + *A.* illuminate sth; **стоя́ти** stand; **бли́мати** flicker ◊ **Ча́сом насті́льна л. бли́мала.** Sometimes the table lamp flickered. **мига́ти** flash
2 bulb, lamp ♦ **л. розжа́рювання** an incandescent bulb
adj. **го́ла** bare ◊ **Він шви́дко сто́млювався від чита́ння при го́лій ~і.** He got quickly tired from reading with a bare bulb. **єди́на** single; **згорі́ла** burned ◊ **Вони́ викида́ли згорі́лі ~и окре́мо від ре́шти смі́ття.** They disposed of burned bulbs separately from the rest of the trash. **тьмя́на** dim; **яскра́ва** bright ◊ **Л. ви́явилася заяскра́вою.** The bulb proved to be too bright. **інфрачерво́на** infrared, **ква́рцова** quartz, **ксено́нова дугова́** xenon arc, **люмінесце́нтна** luminescent, **нео́нова** neon, **флуоресце́нтна** fluorescent; ♦ **електри́чна** *and* **осві́тлювальна л.** an electric bulb ◊ **У них закі́нчилися електри́чні ~и.** They ran out of electric bulbs. **енергооща́дна** energy-saving
v. + **л. закру́чувати ~ у** screw a bulb (**ста́вити** insert; **викру́чувати** *and* **відкру́чувати** unscrew ◊ **Вона́ ви́крутила згорі́лу ~у й закрути́ла нову́.** She unscrewed the burned bulb and screwed in a new one. **заміня́ти** change, **міня́ти** replace ◊ **Щоб помі́няти ~у тре́ба драби́ну.** A ladder is needed to replace the bulb.
л. + *v.* **бли́мати** flicker ◊ **Л. над вхо́дом бли́мала.** The bulb above the entrance flickered. **мига́ти** flash; **га́снути** go off ◊ **Єди́на л. в коридо́рі зга́сла** *or* **пога́сла.** The single bulb in the corridor went off. **згоря́ти** go; **осві́тлювати** + *A.* light sth ◊ **Тьмя́на л. ле́две осві́тлювала кімна́ту.** The dim bulb barely lit the room. **ви́сі́ти** hang; **розбива́тися** break; **служи́ти** last ◊ **Нові́ ~и слу́жать до́вше, як ста́рі.** The new bulbs last longer than the old ones.

ла́н|ка, *f.*
1 link, loop, ring
adj. **важли́ва** important, **основна́** main; **ко́жна** every ◊ **Майже ко́жна л. ланцюга́ була́ іржа́вою.** Almost every link of the chain was rusty. **міцна́** strong, **непору́шна** unbreakable, **найміцні́ша** strongest; **крихка́** *fig.* fragile, **найсла́бша** weakest, **розі́рвана** broken, **слабка́** weak ◊ **На її перекона́ння, краї́на була́ слабко́ю ~кою у світові́й револю́ції.** *fig.* It was her conviction that the country was a weak link in the world revolution.
2 *fig.* connection, tie, link
adj. **жива́** living, **лю́дська** human; **єди́на** only ◊ **Він – Петро́ва єди́на л. з рі́дним мі́стом.** He is Petro's only connection to his hometown. **єдна́льна** uniting, **реа́льна** real; **відчу́тна** tangible; **темати́чна** thematic ◊ **Трагі́чне коха́ння є темати́чною ~ою для ці́лого жа́нру пісе́нь.** Tragic love is a thematic link for an entire genre of songs.
Cf. **зв'язо́к 1**
3 *techn.* link *(on Internet)*
adj. **вбудо́вана** embedded, **гіпертéкстова** hypertext, **мере́жева** Web, **те́кстова** text; **доти́чна** relevant; **ко́рисна** useful; **нечи́нна** inactive ◊ **Майже полови́на ~ок у цьо́му те́ксті ви́явилися нечи́нними.** Almost half the links in the text turned out to be inactive. **пога́на** bad; **пов'я́зана** related
v. + **л. ма́ти ~ку** have a link ◊ **Текст мав ~ку до і́нших публіка́цій.** The text had a link to other publications. (**включа́ти** include, **встано́влювати** establish, **додава́ти** add, **мі́стити** contain, **подава́ти** post, **посила́ти** + *D.* send sb, **ство́рювати** create, **урухо́млювати** activate ◊ **Програ́ма автомати́чно урухо́млює вбудо́вані у сторі́нку ~ки.** The software automatically activates the links embedded in the webpage. **перевіря́ти** check, **поно́влювати** update; **усува́ти** remove; **кла́цати на** click on) ◊ **Для то́го щоб перейти́ на і́ншу сторі́нку, кла́цніть на ~ку надоли́ні.** In order to switch to a different page, click on the link below.
prep. **л. до** + *G.* a link to *(a page)* ◊ **~ки до і́нших вебса́йтів** links to other web sites
4 team, group, brigade ◊ **Уча́сників за́ходу поділи́ли на малі́ ~ки.** The event participants were divided into small groups.
L. **в ~ці,** *G. pl.* **~ок**

ланцю́|г, *m.,* **~га́**
1 chain
adj. **важки́й** heavy, **маси́вний** massive, **товсти́й** thick; **міцни́й** strong; **деліка́тний** delicate, **тонки́й** thin; **залі́зний** iron; **золоти́й** gold, **срі́бний** silver; **іржа́вий** rusty; **велосипе́дний** bicycle ◊ **На підло́зі ґаража́ лежа́в велосипе́дний л.** A bicycle chain lay on the garage floor. **я́кірний** anchor
v. + **л. сми́кати (за) л.** yank a chain ◊ **Він сми́кнув за л.** He yanked the chain. (**тягну́ти** pull; **розрива́ти** break; **сади́ти** + *A.* **на** chain sb up) ◊ **Пса посади́ли на л.** The dog was chained up. ♦ **зачиня́ти две́рі на л.** to chain the door ◊ **Си́мон зачиня́в две́рі на л., перш як іти́ спа́ти.** Symon chained the door before going to bed. **спуска́ти** + *A.* **з ~га́** let sb off the chain ◊ **Хтось спусти́в псів із ~га́.** Somebody let the dogs off the chain.
л. + *v.* **бря́зкати** clank ◊ **Десь бря́зкав важки́й л.** A heavy chain was clanking somewhere. **рва́тися** break ◊ **Він жури́вся, що л. мо́же порва́тися.** He worried that the chain could break. **іржа́віти** rust; ♦ **йти ~го́м** to walk in file ◊ **Солда́ти йшли́ ~го́м.** The soldiers were walking in file.
prep. **на л.** *dir.* on a chain; **на ~зі́** *posn.* on a chain ◊ **Відро́ ви́сить на ~зі́.** The bucket hangs on a chain.
2 *only pl.* fetters, shackles ◊ **~ги́ ра́сового**

ра́бства the shackles of racial slavery
v. + **л. рва́ти ~гі́** break the fetters, ♦ **зако́вувати** + *A.* **в ~гі́** to shackle sb ◊ **Бра́нця закува́ли в ~гі́.** The captive was shackled.
3 *fig.* chain, series, string
adj. **безконе́чний** endless ◊ **безконе́чний л. невда́ч** an endless series of failures; **до́вгий** long, **неперéрвний** uninterrupted, **суці́льний** continuous; **нудни́й** boring, **живи́й** *or* **лю́дський** human
л. + *n.* **л. відкриттів** a chain of discoveries (**знайо́мств** acquaintances; **зу́стрічей** encounters; **невда́ч** failures, **непорозумі́нь** misunderstandings; **поді́й** events; **буди́нків** buildings)
v. + **л. роби́ти л.** make a chain (**утво́рювати** *or* **формува́ти** form) ◊ **Лю́ди утвори́ли живи́й л. між двома́ міста́ми.** People formed a human chain between the two cities.
Also see **ґалере́я 4, ряд 2**

ла́п|а, *f.*

1 paw *(of animals)*, foot *(of birds)*
adj. **котя́ча** cat's, **соба́ча** dog's **во́вча** wolf's, **ведме́жа** bear's, **ле́вова** lion's, **ти́грова** tiger's ◊ **На сні́гу залиши́лися відби́тки ти́грових лап.** Imprints of tiger's paws were left on the snow. **ку́ряча** chicken, **качи́на** duck ◊ **до́бра ю́шка з качи́них лап** a tasty duck feet soup; **гу́сяча** goose, **пташи́на** bird's; **вузька́** narrow, **тоне́нька** thin; **вели́ка** big, **величе́зна** enormous, **маси́вна** massive, **широ́ка** wide; **до́вга** long, **коро́тка** short
Cf. **нога́**
2 *fig., pejor.* human hand or foot; ♦ **бу́ти в ~ах** to be in sb's clutches ◊ **Ко́жен, хто продава́в на міськóму ри́нку, був у ~ах рекети́рів.** Everybody who sold on the city market was in the clutches of local racketeers. ♦ **писа́ти, на́че** *or* **немо́в ку́рка ~ою** to scrawl, write in a scrawling manner ◊ **Лист напи́саний, немо́в ку́рка ~ою.** The letter is written in a scrawling manner. ♦ **дава́ти** + *D.* **на ~у** to bribe sb ◊ **Він отри́мав докуме́нти, не даючи́ ні́кому на ~у.** He obtained the documents, without bribing anybody.
3 *colloq.* connections, leverage ◊ **Без ~и Рома́н не отри́має контра́кту.** Without connections Roman will not land the contract. ◊ **Вона́ ма́є ~у в міністе́рстві юсти́ції.** She has connections in the Ministry of Justice.

лап|ки́, *only pl.*, **~о́к**

quotation marks, quotes, inverted commas
v. + **л. бра́ти** + *A.* **в л.** write sth in quotation marks (**бра́тися в** be written in)
prep. **без ~о́к** without quotation marks ◊ **Імена́ пи́шуть без ~о́к.** Names are written without quotation marks. **в л.** *dir.* into quotation marks ◊ **На́зва готе́лю бере́ться в л.** The name of the hotel is written in quotation marks. **в ~ка́х** *posn.* 1) in quotation marks ◊ **Зага́льний і́менник пи́шуть у ~ка́х, щоб нада́ти йому́ іроні́чного відті́нку.** A common noun is written in quotation marks, so as to give it an ironic connotation. 2) *fig.* ♦ **в ~ка́х** so-called ◊ **Цей в ~ка́х «друг» підві́в нас.** This so-called friend let us down.

ларингі́т, *m.*, **~у**, *med.*

laryngitis
adj. **болю́чий** painful, **го́стрий** acute, **зане́дбаний** neglected, **паску́дний** *colloq.* nasty, **упе́ртий** persistent ◊ **Л. ви́явився особли́во впе́ртим.** Laryngitis proved to be particularly persistent. **хроні́чний** chronic; **періоди́чний** periodic; **професі́йний** occupational
v. + **л. ма́ти л.** have laryngitis ◊ **Вона́ ма́ла го́стрий л.** She had an acute laryngitis. (**дістава́ти** get, **хворі́ти на** be sick with; **діягностува́ти** + *D.* diagnose sb with ◊ **Йому́ діягностува́ли л.** He was diagnosed with laryngitis. **лікува́ти** treat)
See **хворо́ба**

ла́с|ий, *adj.*

1 *fig.* hungry, keen, avid, fond of ♦ **диви́тися ~им о́ком** *or* **~ими очи́ма на** + *A.* to eye sth greedily ◊ **Хома́ диви́вся на не́ї ~им о́ком.** Khoma eyed her greedily.
prep. **л. до** + *G. or* **на** + *A.* hungry for sth ◊ **Яри́на була́ ~ою на плітки́.** Yaryna was hungry for gossip.
Also see **жаді́бний 1, 3**
2 attractive, tempting, seductive ◊ **О́льжина пропози́ція здава́лася ~ою.** Olha's offer seemed tempting.
See **прива́бливий.** *Also see* **симпати́чний 2, споку́сливий**
3 dainty, delicious, tasty ◊ **Павлюки́ почастува́ли госте́й ~ою вече́рею.** The Pavliuks treated the guests to a delicious dinner. ◊ **Він зали́шив Ле́вові л. шмато́к ку́рки.** He left a tasty piece of chicken for Lev.
See **смачни́й 1.** *Also see* **до́брий 4**

ла́с|ка, *f.*

1 kindness, benevolence ◊ **Йому́ про́сто потрі́бне дру́жнє сло́ва і лю́дська л.** He is simply in need of a friendly word and human kindness.
adj. **вели́ка** great ◊ **Дя́кую вам за таку́ вели́ку ~ку.** Thank you for such great kindness. **величе́зна** enormous, **про́ста́** simple, **спра́вжня** true, **щи́ра** genuine, **несподі́вана** unexpected, **невели́ка** small; **лю́дська́** human
v. + **л. виявля́ти** + *D.* **~ку** show sb kindness ◊ **Він ви́явив жі́нці ~ку і посади́в її на потрі́бний авто́бус.** He showed the woman kindness and put her on the right bus. (**ціну́вати** appreciate ◊ **Я ціну́ю ва́шу ~ку.** I appreciate your kindness. **заслуго́вувати на** deserve, **пам'ята́ти про** remember); **відповіда́ти ~кою на ~ку** answer kindness with kindness. **ста́витися до** + *G.* **з ~кою** treat sb with kindness; ♦ **будь л.** please ◊ **Скажі́ть, будь л., яка́ це зупи́нка?** Tell me, please, what stop this is? ♦ **здава́тися на ~ку** + *G.* to surrender to sb; ♦ **з ~ки** + *G. iron.* thanks to sb, because of sb ◊ **Із його́ ~ки вони́ ночува́тимуть надво́рі.** *iron.* Thanks to him, they will be spending the night outside.
Also see **мі́лість 1**
2 caresses, tenderness ◊ **Він не міг забу́ти ті ні́жні ~ки.** He could not forget those caresses.
adj. **ді́воча** girl's, **юна́цька** youth's, **чолові́ча** manly; **ні́жна** tender, **гаря́ча** ardent, **при́страсна** passionate, **любо́вна** amorous
See **ні́жність.** *Also see* **коха́ння 3, любо́в 4**
3 favor ◊ **Я зобов'я́заний вам за цю величе́зну ~ку.** I owe you for this huge favor.
v. + **л. заслу́жувати ~ку** win sb's favor (**роби́ти** + *D.* do sb) ◊ **Ви зро́бите О́льзі вели́ку ~ку свое́ю рекоменда́цією.** You'll do Olha a great favor by your letter of recommendation. ♦ **мо́же, ва́ша (твоя́) л.** + *inf.* would you be so kind as to ◊ **Мо́же, ва́ша л. повече́ряти з на́ми?** *form.* Would you be so kind as to have dinner with us?
See **по́слуга 1**
L. **на ~ці**, *G. pl.* **~ок**

ласка́в|ий, *adj.*

1 kind, kindly; friendly, amicable ◊ **За вда́чею Іва́н був чолові́ком ~им.** By nature Ivan was a kindly man.
adv. **винятко́во** exceptionally, **ду́же** very, **надзвича́йно** extremely, **особли́во** particularly; **на́дто** too, **на ди́во** surprisingly, **несподі́вано** unexpectedly, **неймові́рно** incredibly, **підозрі́ло** suspiciously; ♦ **бу́дьте ~і** 1) please, be so kind ◊ **Бу́дьте ~і, почека́йте хвили́ну.** Please wait a minute. 2) *(at beginning of sentence)* tell me please, excuse me ◊ **Бу́дьте ~і, де тут банкома́т?** Excuse me, where is an ATM here?
v. + **л. бу́ти ~им** be kind (**здава́тися** + *D.* seem to sb ◊ **Його́ го́лос здава́вся Ле́сі на́дто ~им.** His voice seemed too kind to Lesia. **става́ти** become) ◊ **Її суво́ре обли́ччя ста́ло ма́йже ~им.** Her stern face became almost kind.
2 tender, gentle, pleasant ◊ **Він розкошува́в у ~ому промі́нні призахі́дного со́нця.** He was luxuriating in the gentle rays of the setting sun.

ла́сощ|і, *only pl.*, **~ів**

delicacy, dainties, treats; sweets
adj. **вели́кі** great, **екзоти́чні** exotic, **замо́рські** foreign, **рі́дкісні** rare; **дорогі́** expensive; **славе́тні** famous; **місце́ві** local; **фі́рмові** trademark; **льві́вські** from Lviv, **полта́вські** from Poltava ◊ **Він привіз су́мку полта́вських ~ів.** He brought a bag of delicacies from Poltava. **кри́мські** Crimean ◊ **На сто́лі були́ кри́мські ~і.** There were Crimean delicacies on the table.
v. + **л. ї́сти л.** eat delicacies (**готува́ти** prepare, **пропонува́ти** + *D.* offer sb) ◊ **Вона́ запропонува́ла ді́тям свої́ фі́рмові л.** She offered the children her trademark delicacies. **смакува́ти ~ами** relish delicacies (**частува́ти** treat sb to) ◊ **О́льга часту́є діте́й ~ами.** Olha is treating the children to delicacies.
See **ї́жа**

ла́стів|ка, *f.*

1 swallow ◊ **міська́ л.** a martin; ♦ *fig.* **пе́рша л.** precursor, forerunner ◊ **Фільм був пе́ршою ~кою ново́го кіна́.** The movie was the precursor of a new cinema.
See **птах 1**
2 sweetheart *(affectionate form of address to women)*, darling, honey ◊ **Що ти хо́чеш, ~ко моя́?** What do you want, sweetheart?
Cf. **ле́бідка 2**
L. **на ~ці**, *G. pl.* **~ок**

ла́су|вати, **~ють; по~**, *intr.*

to enjoy *(food)*, savor, relish + *I.* ◊ **За столо́м ді́ти ~вали херсо́нським кавуно́м.** At the table, the children were relishing a watermelon from the Kherson Province.
adv. **за́вжди́** always, **ча́сто** often; **і́ноді** sometimes, **рі́дко** seldom ◊ **Йому́ рі́дко дово́диться л. таки́м вино́м.** He seldom has the chance to enjoy such wine. **ді́йсно** really, **спра́вді** truly ◊ **Він не про́сто їв вече́рю, а спра́вді ~вав ко́жною стра́вою.** He was not simply eating the dinner, but was truly relishing every dish. **я́вно** clearly; **пові́льно** slowly
v. + **л. люби́ти** like to ◊ **Він лю́бить по~ козя́чим си́ром.** He likes to savor goat cheese. **не пропуска́ти наго́ди** not to miss the opportunity to ◊ **Він не пропуска́є наго́ди по~ у́стрицями.** He does not miss the opportunity to enjoy some oysters.
(по)ласу́й!
Also see **насоло́джуватися**

ласу́н, *m.*, **~а́; ~ка**, *f.*

1 foodie, gourmand
adj. **вели́кий** great, **неперевéршений** unsurpassed, **зна́ний** well-known, **рі́дкісний** rare; **правди́вий** true, **спра́вжній** real ◊ **Ві́ктор їв пові́льно і з коментаря́ми, як спра́вжній л.** Viktor ate slowly and with comments like a real foodie. **страше́нний** terrible
2 *fig.* lover, fan, admirer ◊ **Володи́мир став ~о́м еспа́нських ши́нок.** Volodymyr became a fan of Spanish hams.
See **люби́тель 1.** *Also see* **ама́тор 1**

ла́|яти, **~ють; ви́~, на~**, *tran.*

1 to scold, chide, berate ◊ **Ніхто́ вдо́ма не ~яв його́ за пога́ну оці́нку з матема́тики.** Nobody at home scolded him for his poor grade in mathematics.
adv. **ду́же** a lot, **си́льно** much, **страше́нно** terribly, **немилосе́рдно** mercilessly, **суво́ро** severely ◊ **Батьки́ суво́ро нала́яли Михайли́ну за те, що вона́ пі́зно поверну́лася.** Her

parents severely scolded Mykhailyna for her having returned late. **заслу́жено** deservedly, **справедли́во** justly; **незаслу́жено** undeservedly, **несправедли́во** unfairly, **ні́защо** for no reason; **за́вжди́** always, **незмі́нно** invariably, **пості́йно** constantly; **ча́сом** sometimes; **ла́гідно** gently, **ле́гко** lightly, **між і́ншим** by the way, **ти́хо** quietly, **тро́хи** a little

prep. **л. за** + *A.* scold for *or* **л. че́рез** + *A.* scold over sth ◊ **Ва́ля ла́гідно нала́яла по́другу че́рез те, що вона́ не прийшла́ на зу́стріч.** Valia gently berated her (female) friend for her failure to come to the meeting.

Also see **свари́ти 1, свари́тися 2**

2 *only impf.* to call sb names, insult sb + *I.* ◊ **У школі ді́ти ~яли його́ бо́вдуром.** At school, the children called him a dumbhead.

See **назива́ти 1, 2**

3 *only impf.* to reprimand, reproach, rebuke

prep. **л. за** + *A.* reprimand sb for sth ◊ **Він ви́рішив не л. підле́глих за низьку́ продукти́вність.** He decided not to reprimand his subordinates for low productivity.

pa. pple. **ви́лаяний, нала́яний** berated

(на)лай!

ла́|ятися; ви́~, *intr.*

1 to swear, curse

adv. **бру́дно** obscenely ◊ **Андрі́й не підо́зрював, що його́ брат мо́же так бру́дно л.** Andrii did not suspect that his brother could utter such obscene curses. **брута́льно** brutally, **оги́дно** disgustingly; **із задово́ленням** with pleasure, **сма́чно** with gusto ◊ **Васи́ль сма́чно ви́лаявся, і йому́ полегша́ло.** Vasyl cursed with gusto and felt relieved. **сокови́то** juicily; **знамени́то** superbly ◊ **Лесь знамени́то ~явся.** Les was a superb curser. **за́вжди́** always, **пості́йно** constantly, **незмі́нно** invariably; **ні́коли не** never ◊ **Він ні́коли не ~ється.** He never curses. **ча́сом** sometimes; **ле́гко** lightly, **тро́хи** a little; **по́думки** mentally, **ти́хо** quietly; **го́лосно** loudly ◊ **При зга́дці про цих люде́й він го́лосно ви́лаявся.** At the mention of those people, he cursed loudly. **лю́то** furiously, **серди́то** angrily

v. + **л. бу́ти тя́жко не** be difficult not to ◊ **Марі́ї тя́жко не л., розповіда́ючи про свій до́свід.** Maria can't help cursing, while relating her experience. **не могти́ не** cannot but; **намага́тися не** try not to ◊ **Він ду́же намага́вся не л.** He tried hard not to swear. **проси́ти** + *A.* **не** ask sb not to; **хоті́ти** want to, **хоті́тися** + *D.* feel like ◊ **Да́ні хоті́лося л.** Dana felt like cursing.

prep. **л. на** + *A.* curse at sb ◊ **Ба́тько ні́коли на ньо́го не ~явся.** Father never swore at him.

Also see **покрива́ти 6**

2 to quarrel, have a fight

adv. **лю́то** furiously, **серйо́зно** seriously, **спра́вді** really, **страше́нно** terribly; **наза́вжди́** for good ◊ **Тим ра́зом дру́зі пола́ялися наза́вжди́.** This time, the friends quarreled for good.

prep. **л. з** + *I.* quarrel with sb *or* **між** + *I.* between/among sb ◊ **Че́рез цю спра́ву хло́пці серйо́зно пола́ялися між собо́ю.** Over this matter, the guys had a serious fight. **л. че́рез** + *A.* quarrel over sth ◊ **Че́рез що вони́ пола́ялися?** What have they quarreled over?

Also see **свари́тися 1**

лев, *m.*, **~а; ~и́ця**, *f.*

1 *zool.* lion

adj. **вели́кий** big, **грі́зний** fearsome, **страшни́й** terrifying; **могу́тній** powerful; **голо́дний** hungry; **хи́жий** rapacious; ♦ **морськи́й л.** *zool.* a sea lion

v. + **л. гарча́ти** growl, **реві́ти** roar ◊ **Десь у сава́ні реві́в л.** A lion was roaring somewhere in the savannah. **рича́ти** snarl; **атакува́ти** + *A.* attack sb, **накида́тися на** + *A.* pounce at sb, **напада́ти на** + *A.* assault sb, **полюва́ти на** + *A.* hunt sb ◊ **~и полю́ють гру́пою.** Lions hunt in a group. **висті́джувати** + *A.* stalk sb, **чига́ти на** + *A.* prowl at sb; **вбива́ти** + *A.* kill sb ◊ **Л. мо́же вби́ти одни́м уда́ром ла́пи.** A lion can kill with just one blow of his paw. **лови́ти** + *A.* catch sb, **ї́сти** + *A.* eat sth, **же́рти** + *A.* devour sth

2 *fig.* lion, brave strong person; celebrity ◊ **Його́ вважа́ють літерату́рним ~ом.** He is considered to be a literary lion.

V. **~е**, *N. pl.* **~и**

лева́д|а, *f.*

meadow ◊ **Коро́ви па́слися на ~і бі́ля рі́чки.** The cows grazed on the meadow near the river.

adj. **вели́ка** large, **до́вга** long, **широ́ка** wide; **га́рна** beautiful; **зеле́на** green

v. + **л. бу́ти** be, **лежа́ти** lie, **простяга́тися на** + *A.* stretch for *(a distance)*, **стели́тися** spread ◊ **За ха́тою аж до рі́чки стели́лася зеле́на л.** Behind the house, all the way to the river, a green meadow spread.

Cf. **по́ле 1**

леви́н|ий, *var.* **ле́в'яч|ий**, *adj.*

lion's, of or pertaining to lion ◊ **~е лі́гво** lion's den; ♦ *fig.* **~а гри́ва** lion's mane *(of man's hair)* ◊ **Він має ~у гри́ву густо́го воло́сся.** He has a lion's mane of thick hair. ♦ **~а па́йка** *or* **ча́стка, до́ля** lion's share ◊ **Він присво́ює ~у ча́стку прибу́тків компа́нії.** He appropriates the lion's share of the company's profits.

леге́н|я, *f.*

lung

adj. **лі́ва** left, **пра́ва** right ◊ **Рентге́н ви́явив те́мні пля́ми у пра́вій ~і.** The X-ray revealed dark spots in the right lung. **здоро́ва** healthy; **пора́нена** injured, **пробита** punctured, **ура́жена** affected ◊ **Оби́дві ~і вра́жені ві́русом.** Both lungs are affected by the virus. **хво́ра** diseased, **переса́джена** *or* **трансплanто́вана** transplanted

v. + **л. вража́ти ~ю** affect a lung (**заража́ти** infect; **зни́щувати** destroy ◊ **Тютюно́вий дим зни́щив ї́й ~і.** Tobacco smoke destroyed her lungs. **пошко́джувати** damage, **ра́нити** injure; **очища́ти** clear; **видаля́ти** remove, **переса́джувати** *or* **трансплантува́ти** transplant)

л. + *v.* **запо́внюватися** + *I.* fill with sth ◊ **Його́ ~і запо́внюються ріди́ною.** His lungs fill with liquid. **зазнава́ти кола́псу** collapse ◊ **Лі́ва л. хво́рого зазна́ла кола́псу.** The patient's left lung collapsed. **працюва́ти** function; **розрива́тися** burst, **свисті́ти** wheeze, **хрипі́ти** rasp

See **о́рган 1**

легк|и́й, *adj.*

1 light *(of weight)*

adv. **ду́же** very, **зо́всім** completely, **надзвича́йно** extremely, **неймові́рно** incredibly, **дивови́жно** *or* **навдиво́вижу** amazingly, **неправдоподі́бно** implausibly ◊ **Комп'ю́тер ви́явився неправдоподі́бно ~и́м.** The computer turned out to be implausibly light. **на ди́во** surprisingly; **несподі́вано** unexpectedly; **ома́нливо** misleadingly, **позі́рно** seemingly; **підозрі́ло** suspiciously; **до́сить** enough; **відно́сно** relatively, **порі́вняно** comparatively; ♦ **~а́ атле́тика** *sport.* track and field events; **~а́ промисло́вість** light industry; ♦ **ма́ти ~у́ ру́ку** to attain things easily ◊ **Цим займе́ться Мико́ла, він має ~у́ ру́ку.** Mykola will attend to it, things come easily to him.

л. + *n.* **л. автомобі́ль** a light car (**велосипе́д** bicycle, **мотоци́кл** motorcycle, **танк** tank; **костю́м** suit, **о́дяг** clothes, **светр** sweater); **~а́ валі́за** a light suitcase (**су́мка** bag; **соро́чка** shirt, **су́кня** dress; **вантажі́вка** truck)

v. + **л. бу́ти ~и́м** be light ◊ **Валі́за була́ ~о́ю.** The suitcase was light. (**виявля́тися** turn out, **здава́тися** + *D.* seem to sb, **роби́ти** + *A.* make sth ◊ **Експеримента́льний сплав роби́в лі́так надзвича́йно ~и́м.** The experimental alloy made the aircraft extremely light. **роби́тися** get, **става́ти** become) ◊ **Валі́за зно́ву ста́ла ~о́ю.** The suitcase became light again.

Ant. **важки́й 1**

2 easy, simple ◊ **Дикта́нт ви́явився на́дто ~и́м.** The dictation proved too easy. ◊ **~а́ ка́ра** an easy punishment (**реві́зія** audit; **смерть** death); ◊ **~е́ випро́бування** an easy trial (**завда́ння** assignment)

Also see **досту́пний 3, прости́й 1.** *Ant.* **складни́й**

3 gentle, slight, soft ◊ **л. ві́тер** gentle breeze, **л. ше́піт** soft whisper, **л. до́тик** gentle touch; **л. сон** light sleep; ♦ **Л. на зга́дку!** Talk of the devil!

Ant. **си́льний 4**

4 light, diverting, entertaining ◊ **~а́ му́зика** light music, ◊ **л. на́стрій** light mood; ♦ **з ~и́м се́рцем** with a light heart, cheerfully ◊ **І́гор із ~и́м се́рцем ду́мав про по́дорож до Сока́лю.** Ihor was thinking of his trip to Sokal with a light heart.

Also see **сві́тлий 4.** *Ant.* **серйо́зний 2**

5 light, delicate, soft ◊ **Вона́ має ~у́ хо́ду.** She has a light gait.

Ant. **важки́й 3**

Comp. **ле́гший**

ле́гк|ість, *f.*, **~ости**, *only sg.*

1 lightness

adj. **вели́ка** great, **ди́вна** strange, **надзвича́йна** extraordinary, **відно́сна** relative, **неймові́рна** incredible, **дивови́жна** amazing, **неправдоподі́бна** implausible, **несподі́вана** unexpected, **підозрі́ла** suspicious ◊ **Його́ насторо́жувала підозрі́ла л. вели́кого паку́нка.** The suspicious lightness of the big package put him on guard. **позі́рна** seeming, **ома́нлива** misleading.

2 ease, facility, simplicity ◊ **Він спрости́в процеду́ру для бі́льшої ~ости.** He simplified the procedure for greater simplicity.

Ant. **скла́дність 1**

3 gentleness, softness ◊ **Вона́ ма́ла дивови́жну л. руки́.** She possessed an amazing gentleness of hand.

See **легки́й 1-5**

ле́гко, *adv.*, *pred.*

1 *adv.* easily, effortlessly, nimbly ◊ **Лі́да л. ви́грала змага́ння.** Lida easily won the competition. **Комп'ю́тер л. ро́бить складні́ завда́ння.** The computer easily does complicated tasks. ♦ **л. сказа́ти** it's easier said than done ◊ **Л. сказа́ти «мобілізува́ти грома́ду», а наспра́вді це ва́жко.** "Mobilizing the community" is easier said than done and in reality, it is difficult to do.

2 *adv.* lightly, gently, softly; slightly; mildly, leniently; carelessly ◊ **Він л. дорі́кнув до́чці.** He gently reproached his daughter. ◊ **Марі́я л. попе́рчила ю́шку.** Maria peppered the soup lightly. ◊ **Його́ на́дто л. пока́рано.** He was meted out too light a punishment.

3 *pred.* to be easy for sb + *D.* ◊ **Двом дру́зям було́ ле́гко працюва́ти ра́зом.** It was easy for the two friends to work together. ◊ **Пі́сля опера́ції ї́й ста́ло л. ди́хати.** After the surgery, she started to breathe easily.

See **легки́й 1-5.** *Ant.* **ва́жко**

легкова́жн|ий, *adj.*

1 flippant, frivolous, facetious

adv. **вкрай** extremely ◊ **вкрай ~е рі́шення** an extremely flippant decision; **ду́же** very, **геть** totally, **зо́всім** completely, **надзвича́йно** extraordinarily, **неймові́рно** incredibly, **навдиво́вижу** amazingly, **до́сить** rather ◊ **Оле́г – люди́на до́сить ~ий.** Oleh is a rather frivolous person. **ма́йже** almost, **тро́хи** a little

v. + **л. бу́ти ~им** be flippant (**виявля́тися** turn out, **здава́тися** + *D.* seem to sb ◊ **Її су́дження здава́лися тро́хи ~ими.** Her pronouncements seemed a little flippant. **става́ти** become)

Ant. **серйо́зний 1**

2 thoughtless, superficial, light ◊ **Він ще**

пошкоду́є про своє́ ~е зауваження. He will live to regret his thoughtless remark. ◊ **На сце́ні вона́ викону́вала перева́жно ~і пісеньки́.** On stage, she performed mostly light ditties.
Ant. **пова́жний 3, серйо́зний 2**

легкова́жн|ість, *f.*, **~ости**, *only sg.*
1 flippancy, frivolity, facetiousness ◊ **Л. коли́сь ста́не його́ згу́бою.** Flippancy will some day become his undoing.
adj. **вели́ка** great, **катастрофі́чна** catastrophic, **страшна́** terrible; **глу́па** silly, **дурнува́та** *colloq.* stupid; **ди́вна** strange, **дивови́жна** amazing, **незрозумі́ла** incomprehensible; **наха́бна** brazen; **споді́вана** expected, **типо́ва** typical, **надзвича́йна** extreme, **неймові́рна** incredible; **руйні́вна** ruinous, **самовби́вча** suicidal
2 thoughtlessness, superficiality ◊ **У цих загро́зливих обста́винах Іва́нна ви́явила́ самовби́вчу л.** In such menacing circumstances, Ivanna demonstrated a suicidal thoughtlessness.
Ant. **пова́жність, серйо́зність**

ле́гша|ти ~ють; по~, *intr.*
1 to lighten, become lighter; abate *(of pain, anxiety, etc.)*, recede ◊ **Із ча́сом її го́ре ~ло.** With time, her grief abated.
adv. **ду́же** greatly, **зна́чно** considerably, **набага́то** a lot ◊ **Його́ бага́ж набага́то поле́гшав.** His luggage became a lot lighter. **помі́тно** noticeably; **несподі́вано** unexpectedly, **ра́птом** suddenly, **шви́дко** quickly; **все бі́льше** increasingly, **поступо́во** gradually, **пові́льно** slowly; **я́кось** somehow
v. + **л. почина́ти** begin to, **ста́ти** *pf.* start to ◊ **Біль став л.** The pain started to recede. **продо́вжувати** continue to
prep. **л. на** + *A.* become lighter by *(amount)* ◊ **За мі́сяць Лари́са поле́гшала на три кілогра́ми.** After a month, Larysa became three kilograms lighter.
2 to become easier ◊ **Із ко́жним днем робо́та все ~ла.** Work became ever easier by the day.
3 to feel easier, feel relieved + *D.* ◊ **Від цих слів хво́рій поле́гшало.** These words made the (female) patient) feel relieved.
Also see **кра́щати 2**
(по)ле́гшай!

леґаліза́ці|я, *f.* **~ї**
legalization, legitimation; certification
adj. **ко́нсульська** consular ◊ **Без ко́нсульської ~ї папі́р неді́йсний.** Without the consular certification, the paper is invalid. **нале́жна** proper, **офіці́йна** official, **юриди́чна** legal; **пришви́дшена** expedited, **швидка́** prompt
v. + **л. ста́вити під су́мнів ~ю** question legalization ◊ **Він мав причи́ни ста́вити під су́мнів ~ю уго́ди.** He had reasons to question the legalization of the agreement. (**забезпе́чувати** secure); **домага́тися ~ї** seek to legalize sb/sth (**відмовля́ти у** refuse to)
Also see **узако́нення 1**

леґалізу|ва́ти, ~ють; *same, tran.*
1 to legalize, make legitimate
adv. **без пробле́м** without problems; **ле́две** scarcely, **наси́лу** hardly, **ма́йже** almost; **нега́йно** immediately, **одра́зу** right away, **шви́дко** quickly; **із тру́днощами** with difficulties; **наре́шті** finally ◊ **Зако́н наре́шті ~є лі́карську марихуа́ну.** The law finally legalizes medicinal marijuana.
v. + **л. бу́ти необхі́дно** be necessary to, **бу́ти пови́нним** be obliged to ◊ **Ви пови́нні л. своє́ перебува́ння в краї́ні.** You are obliged to legalize your stay in the country. **бу́ти тре́ба** + *D.* need to; **бу́ти мо́жна** be possible ◊ **Усі папе́ри мо́жна л. в нота́ріуса на ро́зі.** All the papers can be legalized at the notary's office on the corner. **змогти́** *pf.* manage to, **могти́** can; **намага́тися** try to; **вимага́ти** demand ◊ **Демонстра́нти вимага́ли, щоб у́ряд ~ва́в одностате́ві шлю́би.** The demonstrators demanded that the government legalize same-sex marriages. **відмовля́тися** refuse to
Also see **узако́нювати 1**
2 *fig.* validate, justify ◊ **Кни́га ~ала жорсто́кість до твари́н.** The book validated cruelty to animals.
See **узако́нювати 2**
pa. pple. **леґалізо́ваний** legalized
леґалізу́й!

леґе́нд|а, *f.*
1 legend
adv. **да́вня** ancient, **стара́** old; **наро́дна** folk, **націона́льна** national; **білору́ська** Belarusian, **еспа́нська** Spanish, **гре́цька** Greek, **украї́нська** Ukrainian, *etc.*; **місце́ва** local, **місько́** urban; **захо́плива** fascinating, **ціка́ва** interesting, **чудо́ва** wonderful
n. + **л. геро́й ~и** the protagonist of a legend ◊ **Коза́к Мама́й столі́ттями був геро́єм наро́дних леґе́нд.** Cossack Mamay has for centuries been the protagonist of folk legends. (**предме́т** subject, **те́ма** theme)
v. + **л. запи́сувати ~у** write down a legend ◊ **Він запи́сує ко́жну місько́ ~у.** He writes down every urban legend. (**збира́ти** collect ◊ **Письме́нник збира́є білору́ські ~и.** The writer collects Belarusian legends. **зна́ти** know; **опові́да́ти** narrate, **розка́зувати** *or* **розповіда́ти** tell; **вхо́дити в** pass into) ◊ **Ця публі́чна поле́міка увійшла́ в ~у.** The public polemic passed into legend.
л. + *v.* **виника́ти** emerge ◊ **Так виника́ють ~и.** This is how legends emerge. **наро́джуватися** be born; ♦ **як ка́же л.** the legend has it that ◊ **Як ка́же л., князі́вна закоха́лася у ватажка́ повста́нців.** The legend has it that the young princess fell in love with the rebels' leader.
prep. **в ~і** in a legend ◊ **Цей моти́в прису́тній в украї́нських ~ах.** The motif is present in Ukrainian legends. **за ~ою** according to a legend ◊ **За да́вньою ~ю на дні о́зера живе́ потво́ра.** According to an ancient legend, a monster lives at the bottom of the lake. **л. про** + *A.* a legend about/of sth ◊ **л. про непермо́жних украї́нських вояків** the legend of the invincible Ukrainian soldiers
Also see **міт 1**
2 *fig.* fiction, invention, myth ◊ **А що, як усе́ це – лише́ л.?** What if all this is but fiction?
See **ви́гадка.** *Also see* **міт 2, фанта́зія 2**
3 *fig.* legend, celebrity, star, icon ◊ **Фільм зроби́в режисе́рку ~ою кінемато́графа.** The film made the (female) director a legend of cinema.
See **зі́рка 2.** *Also* **і́дол, іко́на 2**
4 legend *(on map)* ◊ **л. географі́чної ка́рти** *or* **ма́пи** a geographic map legend; ◊ **Ціє́ї інформа́ції нема́є в ~і.** The information is absent from the legend.

леґенда́рн|ий, *adj.*
1 legendary, described in legends ◊ **~і засно́вники Ки́єва Кий, Щек, Хо́рив і ї́хня сестра́ Ли́бідь** the legendary founders of Kyiv Kyi, Shchek, Khoryv, and their sister Lybid
2 famous, celebrated, legendary ◊ **Його́ зда́тність пам'ята́ти найме́нші подро́биці ~а.** His capacity to remember the smallest details is legendary.
See **відо́мий 2.** *Also see* **знамени́тий 2**
3 fictional, legendary ◊ **~а краї́на Ельдора́до** the legendary land of El Dorado
Also see **міти́чний 2**

ле́дар, *m.*, **~я; ~ка**, *f.*
idler, loafer ◊ **Тако́го ~я, як Васи́ль, ще тре́ба пошука́ти.** A loafer like Vasyl is not easy to find.
adj. **вели́кий** great, **найбі́льший** greatest, **страшни́й** terrible; **винятко́вий** exceptional, **нечу́ваний** unheard-of, **надзвича́йний** extraordinary; **невипра́вний** incorrigible, **приро́джений** born
v. + **л. бу́ти ~ем** be a loafer (**виявля́тися** turn out; **здава́тися** + *D.* seem to sb; **лиша́тися** remain; **роби́тися** get to be; **става́ти** become) ◊ **Він став невипра́вним ~ем.** He became an incorrigible loafer.

ледарю|ва́ти, ~ють; по~, *intr.*
to idle, loaf, do nothing; *pf.* to idle *(for a while)*
adv. **безпереста́нку** nonstop, **весь час** all the time **день і ніч** day and night, **за́вжди** always, **пості́йно** constantly, **ці́лий день** all day ◊ **Батьки́ на пра́ці, а ді́ти ці́лий день ~ють.** Parents are at work and the children do nothing all day long. **ніко́ли не** never, **рі́дко** rarely; **тро́хи** for a while ◊ **Пі́сля тако́го тяжко́го ти́жня не гріх тро́хи по~.** After such a hard week, there's no sin in loafing around for a while.
(по)ледарю́й!

леда́ч|ий, *adj.*
lazy, slothful, indolent ◊ **Із таки́м ~им напа́рником він змушений вико́нувати всю робо́ту сам.** With such a lazy partner, he has to do all the work himself.
adv. **вкрай** extremely, **геть** totally, **ду́же** very, **зо́всім** completely; **дивови́жно** *or* **навдивови́жу** amazingly, **надзвича́йно** extremely, **неймові́рно** incredibly, **неправдоподі́бно** implausibly; **на ди́во** surprisingly; **до́сить** enough; **тро́хи** a little ◊ **Олекса́ндер став тро́хи ~им.** Oleksander became a little lazy.
л. + *n.* **л. студе́нт** a lazy student (**чолові́к** man); **~а робітни́ця** a lazy female worker
v. + **л. бу́ти ~им** be lazy (**виявля́тися** turn out ◊ **О́ля ви́явилася ~ою.** Olia proved to be lazy. **здава́тися** + *D.* seem to sb, **роби́тися** get, **става́ти** become)
prep. **л. до** + *G.* lazy about doing sth ◊ **Павло́ л. до робо́ти, але́ не до заба́ви.** Pavlo is lazy about working but not about having fun.
Ant. **працьови́тий**

ле́две, *var.* **ледь**, *adv., part.*
1 *adv.* hardly, scarcely, barely; narrowly ◊ **Він л. йшов.** He was barely walking. ◊ **Вони́ л. уни́кнули кло́поту.** They narrowly avoided trouble. ◊ **Вона́ л. встигла на вечі́рку.** She was not a moment too soon for the party.
2 *adv.* barely, faintly, imperceptibly, only just ◊ **Батаре́я л. те́пла.** The radiator is barely warm. ◊ **Іва́на л. чу́ти.** Ivan is barely audible.
3 *part.* hardly ◊ **л. хто** hardly anybody, ◊ **л. що** hardly anything, ◊ **л. куди́** hardly anywhere, ◊ **л. коли́** hardly ever ◊ **Вони́ л. коли́ відпочива́ють.** They hardly ever rest. ◊ **л. де** hardly anywhere ◊ **Л. де ви таке́ поба́чите.** You will hardly see that anywhere. ◊ **У цій крамни́ці л. бу́де те, що нам тре́ба.** The store will hardly ever carry what we need. ♦ **л. не** almost ◊ **Їй подо́бається л. не ко́жна його́ робо́та.** She likes almost every work of his.
Also see **рі́дко 3**
4 *conj.* **л.** + *clause*, **як** + *clause* no sooner than ◊ **Л. Га́нна заплю́щила о́чі, як задзвони́в телефо́н.** No sooner had Hanna closed her eyes than the phone rang.
Also see **встига́ти 3**

леж|а́ти, ~а́ть; *no pf., intr.*
1 to lie *(of humans and animals; as opposed to* **стоя́ти** *be standing)*, lie down, recline
adv. **про́сто** simply; **споки́йно** calmly ◊ **Лев спокі́йно ~а́в у клі́тці.** The lion calmly lay in the cage. **ти́хо** quietly; **безпора́дно** helplessly; **зру́чно** comfortably; **незґра́бно** clumsily; **горілиць** *or* **навзна́к** face upward, **ниць** face downward ◊ **Він ~а́в ниць.** He lay with his face down. **на живо́ті** on the stomach, **на спи́ні** on the back; **на бо́ці** on the side; **коло́дою** *and* **пласто́м** motionless; **го́лим** naked,

мéртвим dead, **напівмéртвим** half-dead, **напівпритóмним** half-conscious, **непритóмним** unconscious ◊ **Він ~в непритóмним сéред лíсу.** He lay unconscious in the middle of the forest. **нерухóмо** motionless ◊ **Звір лежáв нерухóмо, прикидáючись мéртвим.** The beast lay motionless, pretending to be dead.

prep. **л. в** + *L.* lie in sth ◊ **Він ~ить у сíні.** He is lying in the hay. ♦ **л. в ліжку** to lie sick in bed ◊ **Він тиждень пролежав у ліжку.** He was sick in bed for a week. ♦ **л. хвóрим** to be sick; **л. на** + *L.* lie on sth ◊ **Назáр ~áв на спинí.** Nazar lay on his back. **л. під** + *I.* lie under sth ◊ **Кіт ~ить під столóм.** The cat is lying under the table.

2 to lie *(of inanimate objects)*, be, be kept, cover *(surface)* ◊ **Йогó заощáдження ~али в бáнку.** His savings were in a bank. ◊ **На підлóзі ~áть килимú.** There are carpets on the floor. ◊ **На землí ~áло сухé лúстя.** There were dry leaves on the ground.

3 *only with 3rd pers.* to be located, stretch *(of road)*, pass ◊ **Сéла ~áть у мальовничій долúні.** The villages are located in a scenic valley. ◊ **Шлях до тáбору ~áв чéрез ліс.** The road to the camp passed through a forest. ◊ **Мíсто ~áло в руїнах пíсля бомбардувáння.** The city lay in ruins after the bombardment.

4 *fig. (only with 3rd pers.)* to be sb's responsibility ◊ **Місія ~ить на мені.** The mission lies with me. ♦ **л. в оснóві** to underlie ◊ **В оснóві конфлíкту ~áв дóступ до мóря.** Access to the sea underlay the conflict.

prep. **л. на** + *L.* be on sb *(as duty)* ◊ **Дóгляд за дітьми ~áв на стáршому синóві.** Taking care of the children was the elder son's responsibility.

лежú!

Cf. **лягáти, стоя́ти 1**

лезбíй|ка, *f.*
lesbian

v. + **л. бýти ~кою** be a lesbian (**вважáтися** be considered; **здавáтися** + *D.* seem to sb ◊ **Óля здаєтся багатьóм ~кою.** Olia seems to be a lesbian to many. **визнавáти себé** admit to being) ◊ **Вонá не одрáзу вúзнала себé ~кою.** It was not right away that she admitted to being a lesbian. **повóдитися як л.** act lesbian ◊ **Вонá повóдилася як л., щоб віднáдити небáжаних залицяльникíв.** She acted lesbian to turn away unwanted suitors.

L. **на ~ці**, *G. pl.* **~ок**

лезбíйськ|ий, *adj.*
lesbian, of or pertaining to lesbians

л. + *n.* **л. дóсвід** lesbian experience (**клуб** club; **парáд** parade; **секс** sex, **шлюб** marriage) ◊ **Вонú вперше обговóрюють л. шлюб.** They are discussing lesbian marriage for the first time. **~а орієнтáція** a lesbian orientation (**прúстрасть** passion; **сцéна** scene ◊ **У фíльмі разюча ~а сцéна.** There is a striking lesbian scene in the film. **тотóжність** identity); **~е весíлля** a lesbian wedding (**кохáння** love; **подрýжжя** couple; **пóрно** porn); **~і взаємини** lesbian relationship (**схúльності** proclivities)

Cf. **ґей**

лейтенáнт, *m., mil.*; **~ка**, *f.*
lieutenant

adj. **молóдший** junior, **стáрший** senior

n. + **л. вúшкіл ~а** lieutenant's training (**накáз** order, **обов'язки** duties), **ранґ ~а** the rank of lieutenant ◊ **Він досягнýв рáнґу ~а.** He reached the rank of lieutenant.

v. + **л. досягнýти ~а** *colloq.* achieve lieutenant (**отрúмати** *colloq.* receive; **підвúщувати** + *A.* **до** *colloq.* promote sb to) ◊ **Йогó підвúщили до ~а.** *colloq.* He was promoted to lieutenant. **бýти ~ом** be a lieutenant (**зробúти** + *A.* make sb; **служúти** serve as; **стáти** become)

See **ранґ**. *Also see* **капітáн 1, майóр, офіцéр**

лéкси|ка, *f., only sg., ling.*
lexicon, lexis, vocabulary, wordstock

adj. **архаїчна** archaic, **книжна** bookish, **формáльна** formal ◊ **Він без потрéби вживáє формáльну ~ку.** He needlessly uses formal lexicon. **наукóва** scientific, **поетúчна** poetic, **публіцистúчна** journalist, **термінологíчна** terminological, **технíчна** technical ◊ **Мóві гóстро бракувáло технíчної ~ки.** The language was badly short of technical vocabulary. **діялéктна** dialect; **вульґáрна** vulgar, **жарґóнна** jargon, **розмóвна** colloquial, **слéнґова** slang; **лайлúва** dirty, **нецензýрна** X-rated, **профáнна** profane, **сорóміцька** obscene; **еротúчна** erotic; **запозúчена** borrowed, **чужá** foreign; **влáсна** one's own, **питóма** indigenous

n. + **л. шар ~ки** a vocabulary layer ◊ **обмéжений шар архаїчної ~ки** a limited archaic vocabulary layer

v. + **л. вживáти ~ку** use a lexicon; **уникáти ~ки** avoid a lexicon ◊ **Він уникáє запозúченої ~ки.** He avoids borrowed words. (**вдавáтися до** resort to); **користувáтися ~ою** utilize a lexicon (**пересипáти** + *A.* pepper sth with) ◊ **Він пересипáє мóву місцéвою ~кою.** He peppers his speech with local words.

prep. **в ~ці** in a lexicon ◊ **У йогó ~ці багáто слéнґу.** There is a lot of slang in his lexicon.

Also see **словнúк 2, слóво**

лéктор, *m.*, **~a**; **~ка**, *f.*
lecturer

adj. **дóбрий** good, **досвíдчений** experienced, **талановúтий** talented, **обдарóваний** gifted; **блискýчий** brilliant ◊ **Він тíшився репутáцією блискýчого ~а.** He had the reputation of a brilliant lecturer. **захóпливий** captivating; **цікáвий** engaging; **нуднúй** boring; **бездáрний** frightful, **жалюгíдний** pathetic

v. + **л. бýти ~ом** be a lecturer (**працювáти** work as ◊ **Дóвгі рóки Вíктор працювáв ~ом.** For many years, Viktor worked as a lecturer. **призначáти** + *A.* appoint sb as, **ставáти** become) ◊ **Він став цікáвим ~ом.** He became an engaging lecturer.

лéкці|я, *f.*
1 lecture, talk

adj. **захóплива** captivating ◊ **Вонá вмíла давáти спрáвді захóпливі ~ї.** She was able to deliver truly captivating lectures. **цікáва** interesting; **надихáюча** inspiring; **незабýтня** unforgettable, **пáм'ятна** memorable; **гнітюча** depressing, **марýдна** tedious, **нуднá** boring ◊ **Йогó л. булá безкінéчно нуднóю.** His lecture was endlessly boring. **нудóтна** nauseating, **стóмлива** tiring; **імпровізóвана** impromptu; **меморіяльна** *or* **пропáм'ятна** memorial; **престúжна** prestigious; **щорíчна** annual ◊ **Прочитáти престúжну щорíчну ~ю вважáють за честь.** Giving the prestigious annual lecture is considered an honor. **відкрúта** open, **публíчна** public; **інавґураціjна** inaugural; **вступнá** introductory, **підсумкóва** concluding

n. + **л. кінéць ~ї** the end of a lecture (**початок** beginning, **серéдина** middle, **тривáлість** duration; **конспéкт** short notes) ◊ **Він корúстується конспéктами цих ~ій.** He uses short notes of those lectures. **курс ~ій** a course of lectures (**нúзка** a number, **цикл** series)

v. + **л. читáти ~ю** 1) give a talk; 2) ♦ to pontificate, sermonize ◊ **Не читáйте мені ~й!** Don't sermonize to me! (**давáти** + *D.* deliver to sb, **провóдити** hold; **організóвувати** organize; **готувáти** prepare, **писáти** write; **конспектувáти** take notes of ◊ **Студéнти конспектувáли її ~ї.** Students took notes of her lectures. **повтóрювати** review ◊ **Вонá повторúла всі ~ї, готýючись до íспиту.** She reviewed all the lectures, preparing for her exam. **відвíдувати** attend, **ходúти на** go to, **слýхати** 1) listen to; 2) ♦ to listen to sb's sermonizing ◊ **Він не збирáвся слýхати ~й ні від кóго.** He was not about to have anybody sermonize him. **пропускáти** miss) ◊ **Ромáн пропустúв пéршу ~ю.** Roman missed the first lecture.

л. + *v.* **починáтися** begin; **закíнчуватися** end ◊ **Л. закінчúлася несподíвано.** The lecture ended unexpectedly. **тривáти** + *A.* last *(a period)* ◊ **Л. тривáла годúну.** The talk lasted an hour.

prep. **в ~ю** *dir.* in/to a lecture ◊ **Вонá включúла цю цитáту в ~ю.** She included this quote in her lecture. **в ~ї** *posn.* in a lecture ◊ **У ~ї є суперéчливі твéрдження.** There are a number of contradictory assertions in the talk. **до ~ї** for a lecture ◊ **Він готувáвся до ~ї.** He was preparing for the lecture. **на ~ю** *dir.* to a lecture ◊ **Вонá пішлá на ~ю.** She went to the lecture. **на ~ї** *posn.* at a lecture ◊ **На ~ї булó сóрок осíб.** There were forty people at the lecture. **пéред ~єю** before a lecture ◊ **Він перевíрив апаратýру пéред ~єю.** He checked the equipment before the lecture. **пíсля ~ї** after a lecture ◊ **Пíсля ~ї вúбухнула суперéчка.** A fight erupted after the lecture. **л. з** + *G.* a lecture on/in *(a discipline)* ◊ **л. з істóрії** a lecture in history; **л. про** + *A.* lecture about sb/sth ◊ **л. про Івáна Франкá** a lecture on Ivan Franko

See **занятт́я**. *Also see* **семінáр, урóк 1**

2 lesson *(in textbook)* ◊ **У підрýчнику дéсять ~ій.** There are ten lessons in the textbook.

See **рóзділ 1**

3 course notes ◊ **Оксáна вéла доклáдні ~ї зі стилíстики.** Oksana kept detailed notes on stylistics.

лéст|ити, **лéщу**, **~ять; по~**, *intr.*
1 to flatter + *D.*

adv. **безперестáнку** nonstop, **весь час** all the time, **постíйно** constantly; **дýже** much, **страшéнно** terribly; **приємно** pleasantly; **безсорóмно** shamelessly, **ганéбно** shamefully; **відкрúто** openly, **неприхóвано** in full view; **нахáбно** brazenly; **делікáтно** delicately, **тóнко** subtly ◊ **Він уміє тóнко по~ нáвіть вóрогові.** He knows how to subtly flatter even an enemy. **трóхи** a little; **намíрено** intentionally, **свідóмо** consciously; **незґрáбно** clumsily; **я́вно** obviously

v. + **л. намагáтися** try to ◊ **Їй намагáлися л., тоді – погрóжувати.** They tried to flatter, then threaten her.

Also see **лоскотáти 2**

2 *fig.* to be pleasant to, to tickle ◊ **Маркíянові ~ило те, що про ньóго говóрять.** The fact that he was spoken about flattered Markiian.

Also see **лоскотáти 2**

(по)лéсть!

лéстощ|і, *only pl.*, **~ів**
flattery, adulation

adv. **велúкі** great; **безперéрвні** endless, **постíйні** constant; **безсорóмні** shameless, **ганéбні** shameful, **дешéві** cheap; **відкрúті** open, **неприхóвані** unconcealed; **нахáбні** brazen ◊ **Колú трéба, Ірúна не цурáється найнахáбніших ~в.** When need be, Iryna does not shun the most brazen flattery. **дрібні** petty, **делікáтні** delicate

v. + **л. говорúти** *or* **казáти** + *D.* **л.** tell sb flatteries ◊ **Мáя наказáла йомý кýпу ~в.** Maya told him a pile of flatteries. (**любúти** be fond of) ◊ **Він я́вно лю́бить л.** He is obviously fond of flattery. **вдавáтися до ~в** resort to flattery ◊ **Він ще нíколи не вдавáвся до ~ів начáльникові.** He has never yet resorted to flattering his boss.

Also see **запобігáння 2**

лет|íти, **лечý**, **~úш**, **~я́ть; по~**, *uni., intr.*
to fly; *pf.* to take off, start flying

adv. **вúсоко** high ◊ **Вúсоко в нéбі ~íв вертолíт.** A helicopter was flying high in the sky. **нúзько** low ◊ **Ракéта ~íла так нúзько, що булá**

неви́димою для рада́рів. The missile flew so low that it was invisible to the radars. **пові́льно** slowly *or* **пові́лі** slowly, **пома́лу** *colloq.* slowly; **на по́вній шви́дкості** at full speed, **шви́дко** rapidly; **непомі́тно** imperceptibly; **ти́хо** quietly; **дале́ко** far ◊ **Вони́ полеті́ли дале́ко за мо́ре.** They flew far beyond the sea. **вго́ру** up, **догори́** upwards; **вни́з** down, **додо́лу** downward; **впере́д** forward, **наза́д** backward, **назу́стріч** towards; **про́сто** *or* **пря́мо** straight; **до́вго** for a long time ◊ **Вони́ ~іли ду́же до́вго і з трьома́ переса́дками.** They flew for a very long time and with three transfers. **за́втра** tomorrow ◊ **За́втра вона́ полети́ть до Барсело́ни.** Tomorrow she will fly to Barcelona. **за́раз** now, **насту́пного ти́жня** next week, **насту́пної субо́ти** next Saturday, *etc.*; **тепе́р** now

v. + **л. бу́ти кра́ще** be better ◊ **Вам кра́ще л. пі́зно вночі́.** It is better for you to fly late at night. **бу́ти тре́ба** + *D.* need to ◊ **Нам тре́ба було́ л. в субо́ту ра́но.** We needed to fly early on Saturday. **збира́тися** be going to, **ма́ти на́мір** have the intention to, **планува́ти** plan to, **хоті́ти** want to ◊ **Катру́ся хоті́ла л. з двома́ дру́зями.** Katrusia wanted to fly with her two friends. **відмовля́тися** refuse to; **нака́зувати** + *D.* order sb to

prep. **л. до** + *G.* fly to *(a place)* ◊ **Насту́пної середи́ ми ~имо́ до Украї́ни.** Next Wednesday we're flying to Ukraine. **л. з** + *G.* fly from *(a place)* ◊ **Пан К. ~ів із Пекі́ну.** Mr. K. was flying from Beijin. **л. на** + *A.* fly for/to *(an event)* ◊ **Вони́ ~я́ть на зу́стріч з інве́сторами.** They are flying to a meeting with investors. **л. над** + *I.* fly over sth ◊ **Висо́ко над мо́рем ~я́ть гу́си.** High above the sea, the geese are flying. **л. че́рез** + *A.* fly across/through sth ◊ **Вона́ ~і́тиме че́рез два материки́.** She will be flying across two continents.

Cf. **літа́ти 1**

2 *fig.* to spread *(of news, voice, song, etc.)*, travel, disseminate + *I.* through ◊ **Чу́тка шви́дко ~іла мі́стом.** The gossip was quickly spreading through the city.

3 to fall, plummet ◊ **Із дере́в ~і́ло пожо́вкле ли́стя.** Yellow leaves were falling from the trees.

4 *fig.* to fly, speed through, dash ◊ **Він одягну́вся й полеті́в на заня́ття.** He got dressed and dashed to classes.

Also see **скака́ти 2**

5 *fig.* to pass *(of time)*, ellapse, go by; *pf.* **про~** ◊ **Час шви́дко ~ів за робо́тою.** Time was quickly passing at work. ◊ **Лі́то пролеті́ло, як день.** The summer passed like one day.

Also see **іти́ 10, мина́ти, прохо́дити**

(по)лети́!

лето́вищ|е, *nt.*
airport

adj. **вели́ке** large, **величе́зне** enormous; **важли́ве** important, **вузлове́** hub ◊ **Це вузлове́ л. для трьох міжнаро́дних авіалі́ній.** This is a hub airport for three international airlines. **головне́** major; **міжнаро́дне** international; **мале́** small, **невели́ке** little; **моде́рне** modern, **нове́** new, **суча́сне** contemporary; **старе́** old; **місце́ве** local, **провінці́йне** provincial, **реґіона́льне** regional; **транзи́тне** transit

л. + *n.* **л. призна́чення** a destination airport

n. + **л. буди́нок ~а** an airport building (**за́ла чека́ння** lounge, **готе́ль** hotel; **слу́жба реє́страції** check-in, **термі́на́л** terminal; **персона́л** staff, **працівни́к** employee, **урядо́вець** official)

v. + **л. прохо́дити че́рез л.** pass through an airport; **виліта́ти з ~а** fly out from an airport (**вихо́дити з** leave, **відліта́ти з** depart from, **відбува́ти з** take off from) ◊ **Наш рейс відбува́є з ~а «Ки́їв».** Our flight takes off from Kyiv Airport. **приліта́ти** *and* **прибува́ти до ~а** arrive at an airport ◊ **До яко́го ~а він прилеті́в?** What airport did he arrive at? **користува́тися ~ем** use an airport ◊ **Цим ~ем немо́жливо користува́тися.** This airport is impossible to use. **приземля́тися на ~і** land at an airport ◊ **Че́рез грозу́ літа́к му́сив приземли́тися на Херсо́нському ~і.** Because of the thunderstorm, the plane had to land at Kherson Airport.

prep. **на л.** *dir.* to an airport ◊ **Авто́бус не йде на л.** The bus does not go to the airport. **на ~і** *posn.* in/at an airport ◊ **Вони́ познайо́милися на ~і.** They met at an airport. **до ~а** to an airport ◊ **такс́івка до ~а** a taxi to the airport

летю́ч|ий, *adj.*
flying ◊ **л. ескадро́н** a flying squadron (**змагі́н** column); ♦ **л. голла́ндець** the Flying Dutchman ◊ **Поя́ва в п'є́сі ~ого голла́ндця передвіща́ла катастро́фу.** The appearance of the Flying Dutchman in the play presaged disaster. **~а бі́лка** a flying squirrel (**мура́ха** ant; **пта́шка** bird; **форте́ця** *fig.* fortress); ◊ **Це не бомбардува́льник, а спра́вжня ~а форте́ця.** This is not a bomber, but a true flying fortress.

летю́ч|ка, *f., colloq.*
leaflet, flier, handout

adj. **безпла́тна** free; **рекла́мна** promotional, **торго́ва** commercial; **інформаці́йна** information, **поя́снювальна** instructional; **аґітаці́йна** campaign, **парті́йна** party, **передви́борча** election, **політи́чна** political ◊ **Її затри́мали за поши́рення політи́чних ~ок.** She was detained for circulating political leaflets.

v. + **л. видава́ти ~ку** issue a leaflet (**друкува́ти** print, **публікува́ти** publish; **поши́рювати** circulate, **роздава́ти** distribute ◊ **Парті́йні аґіта́тори роздава́ли перехо́жим передви́борчі ~ки.** Party campaigners handed election leaflets to passersby. **розкле́ювати** post, **розповсю́джувати** spread, **розсила́ти** send out)

prep. **в ~ці** in a leaflet ◊ **Вона́ прочита́ла це в які́йсь ~ці.** She read it in a leaflet.

See **текст 1.** *Also see* **листі́вка 2**

либо́нь, *adv.*
1 probably, apparently, most likely, evidently ◊ **Він замо́вк, л., стоми́вся.** He fell silent; he probably got tired.

See **напе́вно 2**

2 maybe ◊ **Оре́ст, л., подзво́нить їм.** Maybe Orest will call them.

See **можли́во.** *Also see* **імові́рно, мо́же**

3 *in negated questions* as if, as though, don't, didn't, won't, *etc.* ◊ **Чого́ пита́єш, л. не зна́єш?** Why are you asking, don't you know? ◊ **Л. не Іва́н розказа́в їй про це?** Didn't Ivan tell her about it?

See **хіба́ 1, чи 5**

ли́жв|а, *f.*
ski, *often pl.*

adj. **во́дні** water, **гірські́** alpine, **мисли́вські** hunter's, **сла́ломні** slalom, **спорти́вні** sport, **тренува́льні** practicing; **вузькі́** narrow; **широ́кі** wide; **дитя́чі** children's, **доро́слі** adult

n. + **л. ви́бір лижв** a selection of skis (**моде́ль** design, **па́ра** pair ◊ **три па́ри лижв: дві доро́слих і одна́ – дитя́чих** They had three pairs of skis: two adult and one children's one. **прока́т** rental, **ремо́нт** repair)

v. + **л. винайма́ти ~и** rent skis (**зніма́ти** take off; **наклада́ти** *or* **одяга́ти** put on; **позича́ти в** + *G.* borrow from sb *or* **позича́ти** + *D.* lend to sb ◊ **Мико́ла пози́чив ~и в туристи́чній аге́нції.** Mykola borrowed the skis from the tourist agency. ◊ **Готе́ль «Гуцу́льщина» позича́є гірські́ ~и свої́м го́стям.** The Hutsulshchyna Hotel rents alpine skis to its guests. **лама́ти** break; **ремонтува́ти** fix; **чи́стити** clean); **ї́здити на ~і** go skiing ◊ **Вони́ ча́сто ї́здять до Карпа́т на ~и.** They often go skiing in the Carpathians. **ї́здити** *or* **ходи́ти на ~ах** ski ◊ **Бори́с навчи́в хло́пця ї́здити** *or* **ходи́ти на ~ах.** Borys taught the boy to ski.

лижва́р, *m.*, **~я́**, *var.* **лижвя́р**, **~а́; ~ка**, *f.*
skier ◊ **Гриць був впра́вним ~е́м.** Hryts was an able skier. ◊ **Він – при́страсний л.** He is a passionate skier. ◊ **Украї́нські ~і́ здобу́дуть зо́лото на чемпіона́ті Євро́пи.** The Ukrainian skiers will win gold at the European Championship. ◊ **В олімпі́йській дружи́ні краї́ни бі́льше лижва́рок, як ~ів.** There are more female than male skiers on the nation's Olympic team.

L. **на ~е́ві**

See **спортсме́н**

лижва́рств|о, *var.* **лижвя́рство**, *nt.*
skiing

adj. **во́дне** water, **гірське́** alpine, **змага́льне** competitive, **спорти́вне** sport; **відпочинко́ве** recreational, **сіме́йне** family ◊ **По всій краї́ні зроста́є популя́рність сіме́йного ~а.** All over the country, the popularity of family skiing is on the rise.

See **спорт**

лижва́рськ|ий, *var.* **лижвя́рський**, *adj.*
ski, skiing, of or pertaining to skis and skiing

л. + *n.* **л. куро́рт** a ski resort (**сезо́н** season; **чемпіона́т** championship; **ви́падок** accident ◊ **смерте́льний л. ви́падок** a fatal skiing accident; ♦ **л. спорт** skiing; **~а акроба́тика** freestyle skiing

лиза́ти, **лиж|у́**, **~уть; лизн|у́ти**, **~у́ть**, *tran.*
1 to lick, lap, tongue; *pf.* to give a lick ◊ **Він лизну́в моро́зиво.** He licked the ice cream.

adv. **методи́чно** methodically ◊ **Кіт методи́чно ~є собі́ ла́пи.** The cat is methodically licking its paws. **обере́жно** carefully, **пові́льно** slowly ◊ **Пес пові́льно лиза́в собі́ ра́ну.** The dog slowly licked his wound. **рете́льно** thoroughly, **ста́ранно** assiduously; **ні́жно** tenderly; **ра́дісно** joyfully, **ти́хо** quietly

v. + **л. намага́тися** try to, **хоті́ти** want to; **не дава́ти** + *D.* not let sb ◊ **Вона́ не дава́ла цуценя́ті л. дити́ну в обли́ччя.** She did not let the puppy lick the child on the face.

prep. **л. в** + *A.* lick in/on sth; **л. по** + *L.* lick on sth ◊ **Теля́ лиза́ло її по руці́.** The calf was licking her hand.

2 *fig.* to touch ◊ **Вогняні́ язики́ вже лиза́ли дах.** Fiery tongues were already touching the roof.

3 *fig., pejor.* to kiss, ♦ **л.** + *D.* **ру́ки** *or* **п'я́ти, чо́боти** *fig.* to lick sb's boots ◊ **Він був гото́вий л. нача́льникові п'я́ти, щоб ті́льки лиши́тися на робо́ті.** He was ready to lick his boss' boots to remain in his employ.

See **цілува́ти**

pa. pple. **поли́заний** licked

(по)лижи́!

лизну́|ти, *pf., see* **лиза́ти**
to give a lick, lick *(once)*, lap, tongue ◊ **Пес ~в її в обли́ччя.** The dog licked her on the face.

лимо́н, *m.*, **~а**
1 lemon tree ◊ **У них на балко́ні росло́ кі́лька ~ів.** Several lemon trees grew on their balcony.

See **де́рево**

2 lemon *(fruit)*

adj. **ки́слий** *or* **ква́сний** sour; **зеле́ний** green, **жо́втий** yellow; **сти́глий** ripe, **сві́жий** fresh

n. + **л. кружа́льце ~а** slice of lemon ◊ **Він пода́в конья́к із кружа́льцем ~а.** He served cognac with a slice of lemon. (**шмато́к** *or* **ку́сник** piece; **шкори́на** rind) ◊ **Шкори́на ~а роби́ла ю́шку чи́стою.** The lemon rind made the broth clear.

v. + **л. кра́яти л.** slice a lemon ◊ **Він то́не́нько покра́яв л.** He sliced the lemon thinly. (**рі́зати** cut; **вида́влювати** *or* **вича́влювати** squeeze) ◊ **До борщу́ слід ви́чавити л.** A lemon should be squeezed into the borshch.

See **фрукт**

3 *slang* million ◊ **Кварти́ра ко́штувала скро́мні три ~и.** *iron.* The apartment cost a modest three million.

ли́п|а, *f.*
1 linden, lime tree ◊ **За ха́тою у дворі́ росла́ га́рна л.** There grew a beautiful lime tree behind the house in the yard. ♦ **обдира́ти** + *A.* **як ~у** to rip sb off, rob sb blind ◊ **Якщо́ не пильнува́ти, в цьо́му готе́лі вас мо́жуть обде́рти як ~у.** If you do not watch out, they can rip you off at this hotel.
See **де́рево**
2 *colloq.* sham, fake, forgery ◊ **Цей па́спорт – чи́ста л.** The passport is a sheer sham. ♦ **справля́ти ~у** to fabricate a sham ◊ **Він спра́вив собі́ ~у наamі́ну загу́бленого свідо́цтва.** He had a fake certificate fabricated to replace the lost one.
See **підро́бка.** *Also see* **фальши́вка**

ли́п|ень, *m.*, **~ня**
July ◊ **Ва́ля приї́де во́сьмого ~ня.** Valia will arrive on July 8.
prep. **в ~ні** in July; **від ~ня** from July; **до ~ня** to July ◊ **Реконстру́кція буди́нку трива́тиме до ~ня 2030 р.** The building reconstruction will go on till July 2030. **з ~ня** since July ◊ **Бар закри́тий із ~ня до ве́ресня.** The bar is closed from July to September. **на л.** for July ◊ **По́дорож до Шве́ції вони́ запланува́ли на л.** They scheduled their trip to Sweden for July.
See **мі́сяць 1**

липк|и́й, *adj.*
sticky, glutinous, gluey
adv. **вкра́й** extremely, **ду́же** very, **зана́дто** *or* **на́дто** too ◊ **По́ручні були́ на́дто ~и́ми.** The railings were too sticky. **надзвича́йно** extraordinarily; **до́сить** rather; **оги́дно** disgustingly, **неприє́мно** unpleasantly; **тро́хи** a bit, slightly ◊ **тро́хи ~і па́льці** slightly sticky fingers
v. + **л. бу́ти ~и́м** be sticky ◊ **Стіл був неприє́мно ~и́м.** The table was unpleasantly sticky. (**вдава́тися** come out ◊ **Хліб уда́вся тро́хи ~и́м.** The bread came out a bit gluey. **залиша́тися** stay; **здава́тися** + *D.* seem to sb ◊ **Від воло́гости все здава́лося ї́й яки́мось ~и́м.** Because of humidity, everything seemed kind of sticky to her. **роби́ти** + *A.* make sth; **роби́тися** turn ◊ **Від по́ту соро́чка на ї́ї ті́лі зроби́лася ~о́ю і холо́дною.** The shirt on her body turned sticky and cold with sweat. **става́ти** become)
2 *fig.* sticky, awkward, tricky ◊ **Він опини́вся в до́сить ~о́му стано́вищі.** He had gotten into a rather tricky situation. ♦ **ма́ти ~і ру́ки** to be a thief ◊ **Ї́хня сусі́дка ма́ла ~і ру́ки.** Their (female) neighbor was a thief.

ли́пов|ий, *adj.*
1 of or pertaining to linden, lime; lined with linden trees ◊ **До пала́цу прова́дить ~а але́я.** A linden alley leads to the palace.
л. + *n.* **л. дереворі́т** a linden wood-carving (**до́шка** board; **іконоста́с** iconostasis; **мед** honey ◊ **Він купи́в слоі́к сві́жого ~ого ме́ду.** He bought a jar of fresh linden honey. **парк** park; **цвіт** blossom; **чай** tea) ◊ **Він п'є л. чай і гаря́чим, і холо́дним.** He drinks linden tea both hot and cold.
2 *colloq.* fake, fraudulent, fabricated
л. + *n.* **л. доктора́т** a fake PhD; **~е свідоцтво́** a fake certificate; **~і до́кази** fraudulent evidence
See **фальши́вий 1.** *Also see* **лі́вий 3, підро́блений**

ли́с|ий, *adj.*
1 bald, bald-headed
adv. **вже** already, **геть** totally, **зо́всім** utterly, **цілко́м** completely; **наполови́ну** half; **майже** almost, **частко́во** partially; **передча́сно** prematurely
л. + *n.* **л. чолові́к** a bald man; **~а голова́** a bald head
v. + **л. бу́ти ~им** be bald (**здава́тися** + *D.* seem to sb ◊ **Здаля́ вона́ здава́лася цілко́м ~ою.** From afar, she seemed entirely bald. **става́ти** become) ◊ **За два ти́жні хемотерапії він став зо́всім ~им.** In two weeks of chemotherapy, he became utterly bald.
2 *fig.* bare, uncovered, woodless, with no vegetation ◊ **~а гора́** a bald mountain

лисин|а, *f.*
1 baldness *(of human head)*, bald spot ◊ **Він не соро́миться своє́ї ~и.** He is not ashamed of his bald spot.
adj. **вели́ка** big ◊ **Під капелю́хом він хова́в вели́ку ~у.** Under the hat, he hid his big bald spot. **величе́зна** enormous; **невели́ка** small; **гладе́нька** *dim.* smooth; **засма́гла** suntanned; **лиску́ча** shiny
2 blaze, star *(of horses, etc.)* ◊ **Вона́ впізна́ла коня́ по знайо́мій сві́тлій ~і.** She recognized the horse by the familiar light blaze.

лисі́|ти, ~ють; полисі́ти, *intr.*
to go bald
adv. **ду́же** quite ◊ **За яки́хось кі́лька ро́ків Павло́ ду́же полисі́в.** In only several years, Pavlo went quite bald. **помі́тно** noticeably; **несподі́вано** unexpectedly, **ра́птом** suddenly, **шви́дко** quickly ◊ **Він шви́дко ~є.** He is quickly going bald. **пові́льно** slowly, **поступо́во** gradually; **ма́йже** almost, **тро́хи** a little, **цілко́м** completely; **частко́во** partially
(по)лисі́й!

лист[1], *m.*, **~а́**
1 letter *(message)*
adj. **до́вгий** long, **розло́гий** lengthy ◊ **Окса́на лю́бить писа́ти розло́гі ~и.** Oksana likes to write lengthy letters. **коро́ткий** short, **сти́слий** brief; **рекомендо́ваний** registered, **пи́саний** handwritten, **друко́ваний** printed; **ділови́й** business, **офіці́йний** official, **форма́льний** formal; **особи́стий** personal ◊ **Вона́ ніко́ли не чита́ла чужи́х особи́стих ~ів.** She had never read other people's personal letters. **конфіденці́йний** confidential, **прива́тний** private, **відкри́тий** open ◊ **Вона́ відмо́вилася підпи́сувати відкри́тий л. до президе́нта.** She refused to sign the open letter to the president. **станда́ртний** standard; **поя́снювальний** explanatory, **супрові́дний** accompanying; **анонíмний** anonymous ◊ **Він ігнору́є анонíмні ~и́.** He ignores anonymous letters. **інти́мний** intimate, **любо́вний** love ◊ **Він зберіга́є свої́ любо́вні листи́.** He keeps his love letters. **дру́жній** friendly, **серде́чний** cordial, **те́плий** warm; **при́страсний** impassioned ◊ **Вони́ зверну́лися до місце́вої грома́ди із при́страсним ~о́м про допомо́гу.** They turned to the local community with an impassioned letter for help. **приє́мний** pleasant, **че́мний** polite; **віта́льний** congratulatory; **викрива́льний** denunciatory ◊ **го́стрий викрива́льний л.** a sharply-worded denunciatory letter. **гні́вний** angry; **крити́чний** critical, **обу́рений** indignant; ♦ **л. додо́му** a letter home
л. + *n.* **л. под́яки** a thank-you letter ◊ **Він пи́ше л. подя́ки.** He is writing a thank-you letter. ◊ **л. співчуття́** a condolence letter; ♦ **л.-запро́шення** a letter of invitation; ♦ **л.-попере́дження** a warning letter
v. + **л. писа́ти л.** *or* **~а** write a letter (**накида́ти** draft; **чита́ти** read; **ма́ти** have; **достава́ти** get, **отри́мувати** receive; **губи́ти** lose; **зберіга́ти** keep; **відправля́ти** mail, **надсила́ти** + *D.* send sb ◊ **Він забу́в надісла́ти л.** He forgot to send the letter. **факсува́ти** fax; **доставля́ти** + *D.* deliver to sb; **адресува́ти** + *D.* address to sb, **скеро́вувати до** + *G.* forward; **відкрива́ти** open; **відповіда́ти на** answer, **відпи́сувати на** + *A.* respond to ◊ **Ми́ша одра́зу відпи́сував на ї́ї ~и́.** Mysha responded to her letters right away. **підпи́сувати** sign ◊ **А́втор підписа́в ~а́ псевдо́німом.** The author signed the letter with a pseudonym. **публікува́ти** publish, **реда́ґувати** edit; **витира́ти** delete)
л. + *v.* **бу́ти дато́ваним** + *I.* be dated sth ◊ **Його́ л. дато́ваний пе́ршим ве́ресня.** His letter is dated September 1. **дохо́дити до** + *G.* reach sb ◊ **Л. дійшо́в до адреса́та че́рез шість днів.** The letter reached its addressee in six days. **прихо́дити** arrive; **губи́тися** be lost, **запі́знюватися** be late, **почина́тися** + *I.* begin with sth ◊ **Л. почина́вся под́якою.** The letter began with thanks. **закі́нчуватися** + *I.* end in sth; **включа́ти** + *A.* enclose sth, **мі́стити** + *A.* contain sth ◊ **Л. мі́стив непро́шені пора́ди.** The letter contained unsolicited pieces of advice. **з'явля́тися** appear ◊ **У газе́ті ста́ли з'явля́тися відкри́ті ~и́.** Open letters started appearing in the paper.
prep. **в. ~і́** *posn.* in a letter ◊ **У ~і́ нема́є й на́тяку на його́ на́міри.** There is no hint at his intentions in the letter. **л. від** + *G.* 1) a letter from sb ◊ **л. від його́ бра́та** a letter from his brother; 2) letter dated ◊ **у відпові́дь на ваш л. від шо́стого сі́чня** in reply to your letter of January 6; **л. до** + *G.* letter to sb; ♦ **л. із погро́зами** a threatening letter ◊ **Він отри́мав від компа́нії л. із погро́зами.** He received a threatening letter from the company. ♦ **~о́м** by letter ◊ **Вона́волі́ла відпові́сти ~о́м.** She preferred to respond by letter.
Also see **ка́ртка 2**
2 sheet *(of paper, cardboard, etc.)*, page, leaf ◊ **У па́чці ти́сяча ~ів папе́ру.** There are a thousand sheets of paper in the package.
adj. **карто́нний** cardboard, **фане́рний** plywood, **стале́вий** steel
л. + *n.* **л. карто́ну** a sheet of cardboard (**папе́ру** paper; **бля́хи** tinplate; **фане́ри** plywood) ◊ **Вони́ розкла́ли ї́жу на вели́кому ~і́ фане́ри.** They arranged the food on a big sheet of plywood.
Also see **а́ркуш, ка́ртка 3, сторі́нка 1**

лист[2], *m.*, **~а́** *and* **~у**
1 **~а́** leaf, blade
adj. **вузьки́й** narrow; **широ́кий** wide; **до́вгий** long ◊ **Росли́на ма́ла характе́рні до́вгі ~и́.** The plant had characteristic long leaves. **волоха́тий** hairy; **лиску́чий** glossy; **виногра́дний** grape, **вишне́вий** cherry, **дубо́вий** oak, **клено́вий** maple, **ла́вро́вий** bay, laurel, *etc.* ◊ **Він покла́в до ю́шки два ла́врові ~и́.** He put two bay leaves in the soup. **зів'я́лий** withered, **ме́ртвий** dead ◊ **Із де́рева опада́в оди́н ме́ртвий л. за і́ншим.** Leaf after dead leaf was falling from the tree. **сухи́й** dry; ♦ **фі́ґовий л.** *fig.* a fig leaf ◊ **Компа́нія використо́вує це поя́снення як фі́ґовий л. для зловжива́нь.** The company uses the explanation as a fig leaf for its abuses.
2 **~у** *coll., only sg.* leaves, foliage ◊ **Зе́млю покри́ло жо́втим, руди́м і бруна́тним ~о́м.** The ground got covered by yellow, red, and brown leaves.
I. **~о́м**, *L.* **на ~і́**, *N. pl.* **~и́**
See **ли́стя**

листі́в|ка, *f.*
1 postcard
adj. **барви́ста** colorful ◊ **Ві́ктор купи́в для бабу́сі барви́сту ~ку.** Viktor bought his grandma a colorful postcard. **га́рна** beautiful; **ориґіна́льна** original; **привіта́льна** greeting; **свя́ткова** holiday
v. + **л. знахо́дити ~ку** find a postcard (**купува́ти** buy; **писа́ти** write, **підпи́сувати** sign ◊ **Ма́рта знайшла́ для Оле́кси ~ку, а ко́же́н із дру́зів підписа́в її́.** Marta found a postcard for Oleksa and each of his friends signed it. **посила́ти** + *D.* send sb; **дістава́ти від** + *G.* get from sb, **отри́мувати від** + *G.* receive from sb)

Also see **ка́ртка 2, лист**[1]
2 leaflet, flyer ◊ **Знайдена л. була́ до́сить ди́вного змі́сту.** The found leaflet had a rather strange content.
See **лету́чка**
L. **в ~ці**, *G. pl.* **~ок**

листопа́д, *m.*, **~а**
November ◊ **Наді́йка народи́лася во́сьмого ~а.** Nadiika was born on November 8.
prep. **в ~і** in November ◊ **Тут ча́сто па́дають дощі́ в ~і.** It often rains here in November. **від ~а** from November; **до ~а** by/till/to November ◊ **Він підготу́є уго́ду до ~а.** He will prepare the agreement by November. **з ~а** since November; **на л.** for November ◊ **Вони́ відкла́ли конфере́нцію на л.** They put the conference off till November.
See **мі́сяць 1**

листува́нн|я, *nt., only sg.*
1 correspondence; letter-writing
adj. **до́вге** long, **коро́тке** brief; **трива́ле** extended; **епізоди́чне** episodic; **інтенси́вне** intensive, **реґуля́рне** regular; **диплома́ти́чне** diplomatic, **ділове́** business, **електро́нне** electronic, **письмо́ве** written; **любо́вне** love ◊ **Вона́ натра́пила на любо́вне л. батькі́в.** She stumbled on her parents' love correspondence. **конфіденці́йне** confidential, **особи́сте** personal, **прива́тне** private, **таємне** secret; **офіці́йне** official
v. + **л. вести́ л.** carry on correspondence ◊ **Вони́ веду́ть л. протя́гом трьох мі́сяців.** They have carried on correspondence for three months. (**ініціюва́ти** initiate, **почина́ти** start; **продо́вжувати** continue; **закі́нчувати** end, **перерива́ти** interrupt; **підтри́мувати** keep up) ◊ **Вони́ підтри́мували таємне л.** They kept up a secret correspondence.
prep. **л. між** + *I.* correspondence between sb ◊ **л. між Іва́ном Франко́м і О́льгою Рошке́вич** the correspondence between Ivan Franko and Olha Roshkevych
2 *coll.* letters, collection of letters *(sent or received)*
adj. **вели́ке** large, **да́внє** age-old, **об'є́мне** voluminous ◊ **Том мі́стить об'є́мне л. філо́софа.** The volume contains the philosopher's voluminous correspondence.
v. + **л. вивча́ти л.** study sb's letters (**збира́ти** gather ◊ **Прива́тне л. Шевельо́ва ще нале́жить зі́бра́ти й ви́вчити.** Shevelov's private correspondence is still to be gathered and studied. **зна́ти** know; **ма́ти** have; **зни́щувати** destroy, **пали́ти** burn; **публікува́ти** publish)
See **кореспонде́нція 1.** *Also see* **по́шта 3**

листу|ва́тися, **~ю́ться**; *no pf., intr.*
to correspond with, write letters to ◊ **Вони́ ~ю́ться електро́нно.** They correspond by email.
adv. **пості́йно** constantly, **реґуля́рно** regularly, **ча́сто** often; **рі́дко** rarely, **врядигоди́** now and then; **електро́нно** by email
v. + **л. домовля́тися** agree to; **почина́ти** begin ◊ **Вони́ почали́ л.** They began corresponding. **перестава́ти** stop; **продо́вжити** *only pf.* resume ◊ **Пі́сля піврі́чної пере́рви вони́ продо́вжили л.** After a half-year interruption, they resumed their correspondence. **продо́вжувати** continue ◊ **Вони́ продо́вжували л.** They continued corresponding.
prep. **л. з** + *I.* correspond with sb ◊ **Він ~ється з Оле́ною.** He corresponds with Olena.
листу́йся!

ли́ст|я, *nt., coll., only sg.*
leaves, foliage ◊ **Земля́ навко́ло ха́ти в ~і.** The ground around the house is covered in leaves.
adj. **молоде́** young, **нове́** new, **сві́же** fresh; **бруна́тне** brown, **жо́вте** yellow, **зеле́не** green, **руде́** red; **гниле́** rotten, **ме́ртве** dead, **сухе́** dry; **осі́ннє** autumn; **мо́кре** wet; **яскра́ве** bright ◊ **На кле́нові з'яви́лося яскра́ве л.** Bright leaves appeared on the maple. **ви́шне́ве** cherry, **дубо́ве** oak, **кленове** maple, **ли́пове** linden, **сли́вове** plum, **тополе́ве** poplar, *etc.*
v. + **л. ма́ти л.** have leaves (**пуска́ти** sprout ◊ **Ли́па пуска́є пе́рше л.** The linden sprouts its first leaves. **скида́ти** shed ◊ **Дуб оста́ннім скида́є л.** Oak is the last to shed its leaves. **зби́ра́ти** pick, **згріба́ти** rake, **підміта́ти** sweep, **прибира́ти** remove; **зрива́ти** pluck)
л. + *v.* **вироста́ти** grow, **з'явля́тися** appear, **става́ти** become ◊ **Л. ста́ло жо́втим, а тоді́ брунатним.** The leaves became yellow and then brown. **зелені́ти** become green, **жовті́ти** turn yellow; **опада́ти** drop, **па́дати** fall; **со́хнути** dry; **шелесті́ти** rustle ◊ **Сухе́ л. шелесті́ло на ві́трі.** Dry leaves rustled in the wind.
Also see **лист**[2] **2**

ли́ти, **лл|ють; на~**, *tran. and intr.*
1 *tran.* to pour
adv. **обере́жно** carefully; **пові́льно** slowly, **поступо́во** gradually; **все одра́зу** all at once, **недба́ло** carelessly, **незґра́бно** clumsily
prep. **л. в** + *A.* pour in, into sth ◊ **Він диви́вся, як обере́жно ді́вчи́на ~є во́ду в гле́чик.** He watched the girl carefully pour water into the pitcher. **л. з** + *G.* pour from sth, out of sth; **л. на** + *A.* pour on/to sth; ♦ **л. во́ду** to babble, talk too much ◊ **Переста́ньте л. во́ду і кажі́ть по су́ті!** Stop babbling and get to the point!
Also see **то́чи́ти**[2] **1**
2 *tran.* to spill, shed; ♦ **л. кров** to shed blood; ♦ **л. піт** to work hard, toil ◊ **Вона́ два ро́ки ~є піт над цим прое́ктом.** For two years she has toiled on the project.
3 *tran., techn.* to found, melt, cast, mold; *pf.* **ви́~** ◊ **На заво́ді ~ють сталь.** Steel is melted at the mill.
prep. **л. з** + *G.* cast of *(metal)* ◊ **Погру́ддя ви́лили із бро́нзи.** The bust is cast of bronze.
See **пла́вити**
4 *intr.* to pour *(of rain, etc.)* ◊ **Лив си́льний дощ.** It was raining heavily. ◊ **З Іва́на гра́дом лив піт.** Ivan was dripping with sweat. ♦ **л., як із це́бра́** to be raining cats and dogs ◊ **На Вели́кдень лило́, як з це́бра́.** It was raining cats and dogs on Easter.
See **ли́тися, текти́ 1.** *Also see* **іти́ 12**
pa. pple. **ви́литий, нали́тий** cast
(на)ли́й!

ли́тися; ви́~, *intr.*
1 to flow *(of water, etc.)*, stream, run, pour ◊ **Сльо́зи ллю́ться по його́ що́ках.** Tears are running down his cheeks.
adv. **шви́дко** swiftly, **шви́дко** quickly; **пові́льно** *or* **пома́лу, пово́лі** slowly; **ві́льно** freely, **пла́вно** smoothly; **безпере́рвно** *or* **безпереста́нку** nonstop, **пості́йно** constantly; **пото́ком** in a stream
v. + **л. почина́ти** begin to, **ста́ти** *pf.* start; **перестава́ти** stop ◊ **Кров переста́ла л. з ра́ни.** The blood stopped streaming from the wound. **продо́вжувати** continue
prep. **л. по** + *L.* flow across/on sth ◊ **Вода́ з кра́на ста́ла л. по підло́зі ку́хні.** The water from the faucet started flowing on the kitchen floor.
See **текти́ 1.** *Also see* **іти́ 12, ли́ти 4**
2 to travel *(of sound, smell, light)*, spread, flow ◊ **Із його́ вікна́ лило́ся сві́тло.** Light streamed from his window.
3 *techn., pass.* to be molded, be cast
prep. **л. з** + *G.* be cast of sth ◊ **Де́які дета́лі ллю́ться з алюмі́нію.** Some parts are cast of aluminum.

лих|и́й, *adj.*
1 evil, wicked, ill
adv. **винятко́во** exceptionally ◊ **Він ви́явився винятко́во ~о́ю люди́ною.** He proved to be an exceptionally evil person. **вкрай** extremely, **ду́же** very, **надзвича́йно** extraordinarily, **особли́во** particularly, **спра́вді** really, **стра́шно** terribly, **на рі́дкість** exceptionally
л. + *n.* **л. по́гляд** an evil look ◊ **Вона́ змі́ряла чолові́ка ~и́м по́глядом.** She sized the man up with an evil look. **~а́ душа́** an evil soul (**жі́нка** woman); **~е́ сло́во** an evil word (**о́ко** eye); **~і́ лю́ди** mean people (**на́міри** intentions) ◊ **Він не мав жо́дних ~и́х намі́рів до них.** He had no evil intentions toward them.
Also see **злий 1, нега́рний 3, недо́брий 1, пога́ний 4,** *Ant.* **до́брий 1**
2 angry, irate, annoyed ◊ **Вона́ ма́ла л. ви́гляд.** She had an angry look.
v. + **л. бу́ти ~и́м** be angry (**здава́тися** + *D.* seem to sb, **лиша́тися** stay; **роби́тися** turn, **става́ти** become) ◊ **Він став ~и́м без ви́ди́мої причи́ни.** He became irate without a visible reason.
prep. **л. на** + *A.* angry with sb ◊ **Стефа́нія ~а́ на си́на.** Stefania is angry with her son.
See **серди́тий**
3 unfortunate, unlucky, hapless ♦ **~а́ годи́на** 1) unfortunate time; 2) sorrow, grief, trouble; ♦ **~а́ до́ля** cruel fate
Cf. **пога́ний**
4 *n., m., euph.* devil ◊ **Марко́ щось белькоті́в, на́че його́ л. поплу́тав.** Marko babbled something as if the devil got him all confused. ◊ **Кого́ ще там л. несе́?** Who the devil is coming?
See **чорт 1**

ли́х|о, *nt.*
1 disaster, calamity, distress
adj. **вели́ке** great, **величе́зне** enormous, **страшне́** terrible, **нечу́ване** unheard-of, **найгі́рше** worst ◊ **Не могти́ писа́ти було́ для не́ї найгі́ршим ~ом.** Not being able to write was the worst calamity for her. **смерте́льне** fatal; **неуни́кне** inevitable; **можли́ве** possible; **непередба́чене** unforeseen, **несподі́ване** unexpected; **спра́вжнє** genuine; **невипра́вне** irreparable, **незворо́тне** irreversible; **ґлоба́льне** global, **масшта́бне** large-scale; **націона́льне** national ◊ **Алкоголі́зм става́в націона́льним ~ом краї́ни.** Alcohol abuse was becoming a national calamity of the country. **приро́дне** natural
v. + **л. зазнава́ти** *or* **набира́тися ~а** suffer a misfortune
prep. ♦ **до ~а** + *G. colloq.* a lot, loads of ◊ **У Йо́сипа тут до ~а дру́зів.** Yosyp has loads of friends here. ♦ **Ой л.!** Woe is me!
See **біда́.** *Also see* **зло 2.** *Cf.* **невезі́ння.** *Ant.* **уда́ча, ща́стя**
2 *pred.* **бу́ти л.** + *D.* **з** + *I.* to be hard, be tough with sb/sth ◊ **Л. було́ Петро́ві зі стари́ми батька́ми.** Petro had a hard time with his old parents.
See **ва́жко 2**
3 *colloq. as interr. word* who, what ◊ **Що він собі́ ду́має – л. його́ зна́є!** Who the hell knows what he's up to! ◊ **На л. вони́ це ро́блять?** What the hell are they doing it for? ◊ **Яко́го ~а ти там чека́єш!** What the hell are you waiting there for!
See **хто 1, що**[1] **1; хуй 3**
4 evil, wrong, harm; ♦ **у тім то й л.** there is the rub; ♦ **невели́ке л. (що за л., це ще не л.), що** + *clause,* there is no great harm, that ◊ **Невели́ке л., що Марі́я при́йде на свя́то.** There's no harm in Maria's coming to the celebration. ♦ **л. не без добра́** *or* **не бува́є ~а без добра́** every cloud has a silver lining; ♦ **як на л.** to make things worse, to add insult to injury ◊ **Тут із-за ро́гу, як на л., з'явля́ється патру́льне а́вто.** To make things worse, a patrol car appears from behind the corner.
See **зло 1**

лихома́н|ка, *f.*
1 fever ◊ **У Ніге́рії він підхопи́в яку́сь особли́во паску́дну ~у.** In Nigeria, he caught some particularly nasty fever. ◊ **Вона́ тро́хи не вме́рла від жо́втої ~ки.** She nearly died of yellow fever. ◊ **Кі́лька годи́н його́ ті́ло би́ла**

жахлива л. For a few hours, his body was shaking with an awful fever.
See **гарячка 1.** *Also see* **жар 3, температура 2; марити 3**
2 *fig.* frenzy, rush, excitement
adj. **масова** mass, **неконтрольована** uncontrollable; **правдива** genuine, **справжня** veritable; **агітаційна** campaign, **виборча** election; **бурштинова** amber ◊ **Цілі масиви лісу знищено внаслідок бурштинової ~ки.** Entire areas of forest are destroyed as a consequence of the amber rush. **золота** gold, **срібна** silver; **інвестиційна** investment
л. + *v.* **охоплювати** + *A.* grip sb/sth ◊ **Будівельну промисловість охопила інвестиційна л.** An investment frenzy gripped the construction industry. **посилюватися** intensify; **зменшуватися** diminish, **спадати** abate
Also see **гарячка 2**
L. **в ~ці**, *G. pl.* **~ок**

лицар, *m.*, **~я; ~ка**, *f.*
1 knight ◊ **л. у латах** a knight in armor
adj. **середньовічний** medieval ◊ **У дитинстві він любив читати про середньовічних ~ів.** When a child, he liked to read about medieval knights. **відважний** valiant; **ґалантний** chivalrous, **хоробрий** brave; **благородний** high-born, **шляхетний** noble; **бідний** poor ◊ **Героєм історії є бідний л. Дон Кіхот.** The poor knight Don Quixote is the protagonist of the story. **леґендарний** legendary, **славетний** illustrious; **кінний** mounted; **озброєний** armed ◊ **На картині був озброєний л. із джурою.** There was an armed knight with his page in the picture.
♦ **мандрівний л.** a knight errant
2 *fig.* hero, knight; defender, savior; beloved ♦ **л. її серця** the captain of her heart
adj. **відважний** valiant; **ґалантний** chivalrous ◊ **Він поводився як ґалантний л.** He behaved like a chivalrous knight. **хоробрий** brave; **правдивий** true, **справжній** veritable

лицарськ|ий, *adj.*
1 knightly, knight's, of or pertaining to a knight ◊ **~і лати** *or* **обладунки** a knightly armor
2 *fig.* chivalrous, gallant, noble, valiant ◊ **Василь здатний на справді л. вчинок.** Vasyl is capable of a truly valiant deed.
See **шляхетний 2.** *Also see* **благородний 2, високий 2**

лише, *var.* **лиш**, *part.*, *conj.*
1 only, just ◊ **Його цікавили л. багаті жінки.** He took interest only in wealthy women.
Also see **тільки 1**
2 *(used for emphasis with imper.)* **Постривайте л.!** Just you wait! ◊ **Ти л. не бреши!** Don't you lie!
3 as soon as, no sooner than ◊ **Л. зійшло сонце, як він почав працювати.** As soon as the sun had risen, he started working.
Also see **тільки 2, 4**
4 *(condition)* provided that, if only, only ◊ **Мотря готова допомагати, л. не кажіть їй як.** Motria is ready to help, only don't tell her how.
Also see **тільки 6**

лиши|ти, *pf.*, *var.*, *see* **залишити**
to leave, abandon; stop, give up ◊ **Після кількох невдач Марта ~ла спроби знайти фахову працю.** After a few failures, Marta abandoned attempts to find a professional job.

лиши|тися, *pf.*, *var.*, *see* **залишитися**
to stay ◊ **Кілька осіб ~лися після лекції.** Several people stayed behind after the lecture.

лібера́л, *m.*; **~ка**, *f.*
liberal
adj. **великий** great, **провідний** leading; **відомий** well-known; **переконаний** convinced; **лицемірний** hypocritical, **ненависний** much-hated, **одіозний** odious; **буржуазний** bourgeois, **класичний** classical; **старомодний** old-fashioned, **традиційний** traditional; **радикальний** radical, **ринковий** market, **економічний** economic, **політичний** political, **релігійний** religious, **соціяльний** social
v. + **л. бути ~ом** be a liberal ◊ **У справі виховання дітей Калюжний – послідовний л.** In matters of children's education, Kaliuzhny is a consistent liberal. (**виглядати** look, **виявлятися** turn out, **здаватися** + *D.* seem to sb, **лишатися** remain; **ставати** become)
See **консерватор**

лібералізаці|я, *f.*,**~ї**
liberalization
adj. **економічна** economic, **політична** political, **суспільна** social ◊ **За короткі три роки в країні відбулася суспільна л.** In a short three years, social liberalization took place in the country. **ґвалтовна** abrupt, **несподівана** unexpected, **раптова** sudden, **швидка** rapid; **нерішуча** hesitant, **повільна** slow, **поступова** gradual; **послідовна** consistent; **непослідовна** inconsistent, **половинчата** half-baked
v. + **л. виступати за ~ю** advocate liberalization ◊ **Він виступає за ~ю цінової політики.** He advocates a price policy liberalization. (**підтримувати** support; **здійснювати** realize, **проводити** carry out); **вимагати ~ї** demand liberalization ◊ **Суспільство вимагає економічної ~ї.** Society demands economic liberalization. (**домагатися** push for; **уникати** avoid, **виступати проти** oppose)
Cf. **модернізація**

лібералізм, *m.*, **~у**, *only sg.*
liberalism
adj. **радикальний** radical ◊ **Його останні публічні висловлювання характеризує досить радикальний л.** His latest public pronouncements are characterized by a fairly radical liberalism. **буржуазний** bourgeois, **класичний** classical, **традиційний** traditional; **сучасний** contemporary; **старомодний** old-fashioned; **економічний** economic, **політичний** political, **соціяльний** social, **релігійний** religious, **удаваний** feigned, **позірний** seeming, **модний** fashionable

ліберальн|ий, *adj.*
liberal ◊ **~і погляди** liberal views
See **консервативний**

лів|ий, *adj.*
1 left, lefthand ◊ **л. бік** the left side, ◊ **Її ~а рука була перемотана.** Her left hand was in a bandage.
♦ **вставати з ~ої ноги** to get up on the wrong side of the bed ◊ **Він такий похмурий, наче встав із ~ої ноги.** He is so gloomy as though he got up on the wrong side of the bed.
Cf. **правий 1**
2 left *(in politics)*, left-wing ◊ **~а партія** a left-wing party; ◊ **Досі він мав виразну ~у орієнтацію.** Until now he has had a distinctly left-wing orientation.
Cf. **правий 2**
3 *colloq.* fake, forged, illegal ◊ **~е посвідчення** fake ID; ◊ **Вони шукали спосіб леґалізувати свої ~і прибутки.** They were looking for a way of legalizing their illicit proceeds.
See **фальшивий 1.** *Also see* **липовий 2, підроблений**

лівиц|я, *f.*
1 left hand ◊ **Маркова л. була сильнішою за правицю.** Marko's left hand was stronger than his right one.
See **рука.** *Cf.* **правиця 1**
2 *only sg.* the left *(in politics)*
adj. **демократична** democratic; **радикальна** radical, **скрайня** extreme; **українська** Ukrainian ◊ **Українська л. неспроможна будувати національну державу.** The Ukrainian left is incapable of building a nation state.
See **партія 1.** *Cf.* **правиця 2**

ліворуч, *adv.*
1 *dir.* to the left, leftward ◊ **Він подивився л.** He looked leftward. ◊ **Друкарка була зараз л.** The printer was right to the left.
adv. **одразу** downright, **просто** straight, **різко** abruptly, **зараз же** right here; ◊ **На другому перехресті вам треба повернути л.** At the second intersection, you need to turn left.
♦ **Поверніть л.!** Turn left!
Also see **наліво 1.** *Ant.* **праворуч 1**
2 *posn.* on the left, left of ◊ **Л. стояв стіл.** On the left, there stood a table.
prep. **л. від** + *G.* left of sb/sth, to the left of sb/sth ◊ **Вона сиділа л. від Марка.** She was sitting on Marco's left.
Also see **зліва, наліво 1, 2.** *Ant.* **праворуч 2**

лігв|о, *nt.*
1 lair, den
adj. **ведмеже** bear's, **вовче** wolf's, **левове** lion's, **лисяче** fox's; **звірине** beast's, *etc.*
v. + **л. жити у ~і** live in a lair (**ночувати** spend the night, **спати** sleep ◊ **Удень звір спав у ~і, а вночі полював.** The beast slept in its lair during the day and hunted at night. **зимувати** hibernate; **ховатися** hide)
2 *fig., often pejor.* bed; den; hideout, stronghold ◊ **Він пробрався у вороже л.** He penetrated the enemy's lair. ◊ **л. повстанців** the insurgent's hideout

лі|ґа, *f.*
league
adj. **баскетбольна** basketball, **волейбольна** volleyball, **гокейна** hockey, **футбольна** soccer, **спортивна** sports; **місцева** local ◊ **місцева л. шанувальників пива** the local league of beer lovers; **реґіональна** regional, **національна** national, **европейська** European, **міжнародна** international; **молодіжна** youth, **юніорська** junior; **любительська** amateur, **професійна** professional; ♦ **Л. націй** *hist.* the League of Nations
v. + **л. організовувати ~ґу** organize a league (**створювати** create, **формувати** form; **ліквідовувати** eliminate, **розпускати** disband); **вступати до ~ґи** join a league (**виходити з** leave); **панувати в ~дзі** dominate a league ◊ **Торік дружина цілком панувала в національній баскетбольній ~дзі.** Last year, the team completely dominated the national basketball league. (**вести перед в** lead in)

ліж|ко, *nt.*
bed
adj. **вигідне** *and* **зручне** comfortable; **тепле** warm ◊ **Ігор мріяв про сон у теплому ліжку.** Ihor dreamed of sleeping in a warm bed. **м'яке** soft, **тверде** hard; **вузьке** narrow, **широке** wide; **застелене** made-up, **незастелене** unmade; **порожнє** empty; **двоспальне** queen-size ◊ **кімната із двоспальним ~ком** a room with a queen-size bed; **односпальне** single; **власне** one's own, **чуже** somebody else's ◊ **Він міг добре спати в чужому ~ку.** He could sleep well in somebody else's bed. **готельне** hotel, **лікарняне** hospital, **похідне** camp, **складне** folding; **імпровізоване** makeshift ◊ **Він зробив імпровізоване л. із сіна.** He made a makeshift bed from hay.
n. + **л. край ~ка** an edge of the bed ◊ **Він поправив край ~ка.** He fixed the edge of the bed. (**узголів'я** head) ◊ **Квіти поставили в узголів'ї ~ка.** They put the flowers at the head of the bed.

v. + **л. застеля́ти л.** make a bed (**займа́ти** occupy ◊ **Новако́ві сказа́ли зайня́ти поро́жнє л. в кутку́.** The novice was told to occupy an empty bed in the corner. **ляга́ти в** lie in, **па́дати в** tumble into, **сіда́ти на** sit on) ◊ **Він сів на засте́лене л.** He sat on a made-up bed. **кла́сти** + *A.* **до ~ка** put sb to bed ◊ **У цю годи́ну О́ля кладе́ діте́й до ~ка.** At this hour, Olia puts the children to bed. **встава́ти з ~ка** 1) to get out of bed, get up ◊ **Він уста́в із ~ка і поча́в удяга́тися.** He got up and began dressing. 2) *fig.* to recover *(from sickness)* ◊ **Зі́на вста́ла з ~ка на п'я́тий день.** Zina recovered on the fifth day. **діли́тися ~ком з** + *I.* share a bed with sb ◊ **Де́який час він діли́вся ~ком з Тара́сом.** For some time, he shared his bed with Taras. **лежа́ти в ~ку** lie in bed (**сиді́ти на** sit on; **спа́ти в** sleep in) ◊ **Наре́шті Миросла́ва спа́тиме у вла́сному ~ку!** Finally Myroslava will sleep in her own bed!

prep. **в л.** *dir.* in/to bed ◊ **Він ледь залі́з у л.** He barely crawled into bed. **в ~ку** *posn.* in bed ◊ **У ~ку було́ те́пло й га́рно.** It was warm and nice in bed. **на л.** *posn.* on/to bed ◊ **Він упа́в на л.** He collapsed on the bed. **на ~ку** *posn.* on a bed ◊ **Вона́ знайшла́ цей конве́рт на ~ку.** She found the envelope on her bed. **під л.** *dir.* under a bed ◊ **М'яч закоти́вся під л.** The ball rolled under the bed. **під ~ком** *posn.* under a bed ◊ **Валі́за була́ під ~ком.** The suitcase was under the bed.

N. pl. **~ка**, *G. pl.* **~ок**

See **ме́блі.** *Also see* **дива́н, кана́па, по́стіль 2**

лі́з|ти, ~уть; по~; *pa., m.* **ліз**, *pl.* **лі́зли**, *intr., uni.*

1 to crawl *(of one-time or linear motion)*, go on all of fours

adv. **пові́льно** slowly; **шви́дко** quickly; **крадькома́** stealthily, **непомі́тно** unnoticed, **ти́хо** quietly, **вго́ру** up, **вниз** down, **вздовж** along, **на рука́х** on one's hands, **на колі́нах** on one's knees ◊ **Він ліз на колі́нах до вівтаря́.** He crawled on his knees to the altar.

prep. **л. по** + *L.* crawl on sth ◊ **Він ліз по кри́зі о́зера.** He crawled on the ice of the lake.

See **повзти́ 1**

2 to drag, creep along, slowly walk ◊ **Робо́ти не було́, а час ліз пові́льні.** There was no work and time crept along slowly.

3 to climb, scale, mount, get to; *pf.* **ви́~, за~** ◊ **Вона́ залі́зла на верши́к гори́.** She climbed to the top of the mountain.

prep. **л. на** + *L.* climb (to) sth; **л. по** + *L.* climb up/down sth ◊ **Він ліз по стовпу́ вго́ру.** He was climbing up the pole.

See **зала́зити 1**

4 *colloq.* to get into; to delve into ◊ **л. у боло́то** to get into a swamp; ◊ **Наві́що ти полі́з у холо́дну рі́чку!** What did you get into the cold river for! ◊ **Рома́на полі́зла до валі́зи й ви́тягла зві́дти соро́чку.** Romana delved into the suitcase and took out a shirt. ♦ **не л. за сло́вом до кише́ні** not to be at a loss for words ◊ **Він ніко́ли за сло́вом до кише́ні не ~е.** He is never at a loss for words.

5 *colloq.* to meddle in, interfere with

prep. **л. до** + *G. or* **в** + *A.* meddle into sth ◊ **Його́ жі́нка ніко́ли не ~е в його́ спра́ви** *or* **до його́ справ.** His wife never meddles in his business. ♦ **л.** + *D.* **в ду́шу** to pry into sb's private affairs; ♦ **л.** + *D.* **в го́лову** to haunt, plague, prey on sb's mind ◊ **Йому́ в го́лову ~ли всякі ду́мки.** All kinds of thoughts weighed on his mind.

(по)лізь!

Also see multi. **ла́зити**

лі́кар, *m.*, **~я; ~ка**, *f.*

physician, doctor

adj. **відмі́нний** excellent, **хоро́ший** good, **чудо́вий** great; **дові́дчений** experienced ◊ **Ко́сів ви́явився дові́дченим ~ем.** Kosiv turned out to be an experienced physician. **відо́мий** well-known, **сла́ветний** famous; **диплмо́ваний** certified, **кваліфіко́ваний** qualified, **професі́йний** professional; **дові́дчений** experienced; **ке́пський** poor, **пога́ний** bad, **недові́дчений** inexperienced; **військо́вий** military, **кома́ндний** team, **сіме́йний** family, **тюре́мний** prison, **шкі́льний** school; **персона́льний** personal; **місце́вий** local; **о́чний** eye, ♦ **зубни́й л.** a dentist; ♦ **л.-терапе́вт** a general practitioner; ♦ **л.-консульта́нт** a consulting physician, ♦ **л.-практика́нт** a trainee doctor

v. + **л. виклика́ти ~я** call a doctor ◊ **Тре́ба ви́кликати ~я.** You need to call a doctor. (**відві́дувати** visit ◊ **О́ля відві́дувала ~я раз на рік.** Olia visited a doctor once a year. **посила́ти по** send for); **запи́суватися до ~я** make a doctor's appointment (**зверта́тися до** turn to; **обсте́жуватися в** get examined by); **говори́ти з ~ем** talk with a doctor (**консульту́ватися з** consult) ◊ **Вона́ проконсульту́ється з ~ем.** She will consult a doctor.

л. + *v.* **лікува́ти** + *A.* treat sb, **огляда́ти** *or* **обсте́жувати** + *A.* examine sb, **ра́дити** + *D.* advise sb, **нака́зувати** + *A.* order; **випи́сувати** + *D.* **реце́пт** write sb a prescription ◊ **Л. обсте́жив дити́ну та ви́писав їй реце́пт на лі́ки.** The doctor examined the child and wrote it a prescription.

N. pl. **~і**

Also see **до́ктор 1, окулі́ст, терапе́вт**

ліка́р|ня, *f.*

hospital

adj. **місце́ва** local, **сільська́** village ◊ **Вона́ почина́ла сестро́ю в сільські́й ~ні.** She started as a nurse in a village hospital. **місько́** city, **райо́нна** district, **обласна́** regional, **центра́льна** central; **прива́тна** private ◊ **Батьки́ влаштува́ли її у прива́тну ~ню.** Her parents got her a place in a private hospital. **держа́вна** state, **дитя́ча** children's; **зага́льна** general, **психіатри́чна** psychiatric, **університе́тська** university, **навча́льна** training

n. + **л. адміністра́тор ~ні** a hospital administrator ◊ **Він написа́в ска́ргу адміністра́торові ~ні.** He wrote a complaint to the hospital administrator. (**лі́кар** doctor, **персона́л** staff, **працівни́к** worker; **хво́рий** patient; **відді́лення** unit ◊ **хірургі́чне відді́лення обласно́ї ~ні** the regional hospital surgery unit; **пала́та** ward)

v. + **л. ляга́ти в ~ню** be hospitalized ◊ **Вона́ му́сила лягти́ в ~ню.** She had to be hospitalized. **іти́ до ~ні** go to the hospital ◊ **Він перекона́в Мари́ну піти́ до ~ні.** He convinced Maryna to go to the hospital. (**зверта́тися до** turn to ◊ **Вона́ не зна́ла, до яко́ї ~ні кра́ще зверну́тися.** She did not know which hospital was better to turn to. **відво́зити** + *A.* **до** take sb to, **прийма́ти** + *A.* **до** admit sb to, **повто́рно прийма́ти** + *A.* **до** readmit sb to; **випи́суватися з** be released from, **вихо́дити з** come out of) ◊ **Вона́ ви́йшла з ~ні за три дні пі́сля опера́ції.** She came out of the hospital three days after the surgery. **лікува́тися в ~ні** be treated in a hospital

prep. **в ~ню** *dir.* to a hospital ◊ **Вона́ завезла́ дити́ну в ~ню.** She took the child to the hospital. **в ~ні** *posn.* at/in a hospital; **до ~і** to a hospital

G. pl. **~ень**

лікарня́н|ий *adj., n.*

1 *adj.* hospital, of or pertaining to hospital

л. + *n.* **л. адміні́стра́тор** a hospital administrator (**відді́л** unit; **до́гляд** care ◊ **Він потребу́є ~ого до́гляду.** He needs hospital care. **персона́л** staff, **працівни́к** worker; **режи́м** regimen); **~а пала́та** a hospital ward (**систе́ма** system); **~е відді́лення** a hospital unit *or* ward (**лі́жко** bed; **лікува́ння** treatment; **міcте́чко** campus; **харчува́ння** food); **~і по́слуги** hospital services

2 *n.*, **~ого** sick leave

adj. **коро́ткий** short; **повто́рний** repeated; **трива́лий** extended; **неопла́чений** unpaid, **опла́чений** paid

v. + **л. бра́ти л.** take a sick leave (**дава́ти** + *D.* give sb; **йти на** take) ◊ **Мину́лого ти́жня Окса́на пішла́ на л.** Oksana took a sick leave last week. **поверта́тися з ~ого** return from a sick leave; **бу́ти на ~ому** be on a sick leave (**лиша́тися на** stay) ◊ **Він лиша́вся на ~ому до середи́.** He stayed on a sick leave till Wednesday.

лі́карськ|ий, *adj.*

doctor's; medical

л. + *n.* **л. ге́ній** a doctor's genius (**тала́нт** talent; **реце́пт** prescription; **хала́т** gown), **л. препара́т** a medical remedy; **~а пора́да** doctor's advice (**профе́сія** profession); **~е обсте́ження** doctor's examination (**покли́кання** vocation)

Cf. **ліка́рський**

ліка́рськ|ий, *adj.*

medicinal, curative, healing ◊ **~а росли́на** medicinal herb; **~і власти́вості** medicinal properties

Also see **лікува́льний 2.** *Cf.* **лі́карський**

ліквіда́ці|я, *f.*, **~ї**

1 liquidation, closing

adj. **ви́мушена** forced; **доброві́льна** voluntary ◊ **Ми ма́ємо спра́ву не з доброві́льною, а ви́мушеною ~єю па́ртії.** We are dealing with a forced liquidation of the party rather than a voluntary one. **нега́йна** immediate, **несподі́вана** unexpected; **неуни́кна** inevitable; **обов'язко́ва** compulsory; **оста́точна** ultimate, **по́вна** complete

л. + *n.* **л. компа́нії** liquidation of a company (**підприє́мства** enterprise, **фі́рми** firm; **па́ртії** party, **устано́ви** institution; **бо́ргу** debt)

v. + **л. прово́дити** *or* **здійсню́вати ~ю** carry out a liquidation (**організо́вувати** organize; **закі́нчувати** finish; **почина́ти** start; **продо́вжувати** continue); **домага́тися ~ї** push for liquidation

2 elimination, destruction

л. + *n.* **л. безробі́ття** elimination of joblessness (**злочи́нности** crime; **націона́льної елі́ти** national elite; **незале́жного селя́нства** independent peasantry; **я́дерної збро́ї** nuclear weapons; **гомофо́бії** homophobia, **дискриміна́ції** discrimination, **раси́зму** racism)

ліквіду|ва́ти, ~ють; (з)~, *tran.*

1 to eliminate, liquidate, close down, shut down

adv. **відра́зу** at once, **нега́йно** immediately, **шви́дко** quickly; **зре́штою** eventually ◊ **Підро́зділ зре́штою зліквідува́ли як за́йвий.** The department was eventually liquidated as redundant. **оста́точно** ultimately, **раз і назавжди́** once and for all; **поступо́во** gradually, **ти́хо** quietly; **зако́нно** legally, **незако́нно** illegally

Also see **закрива́ти 6, згорта́ти 2**

2 to eliminate, get rid of; *euph.* kill ◊ **Дикта́тор наказа́в з~ провідника́ опози́ції.** The dictator ordered to eliminate the opposition leader.

See **вбива́ти 1.** *Also see* **би́ти 6, замо́рювати 1, ни́щити, прибира́ти 4, усува́ти 2**

3 to settle *(debt)* ◊ **Він пообіця́в з~ борг пе́ред ба́нком протя́гом ро́ку.** He promised to settle his debt to the bank within a year.

pa. pple. **(з)ліквідо́ваний** liquidated, eliminated

(з)ліквіду́й!

ліке́р, *m.*, **~у**

liqueur

adj. **арома́тний** fragrant; **міцни́й** strong, **п'янки́й** intoxicating; **десе́ртний** dessert; **соло́дкий** sweet; **улю́блений** favorite ◊ **Дівча́та замо́вили свій улю́блений есто́нський л. «Стари́й Та́ллінн».** The girls ordered their favorite Estonian liqueur *Old Tallinn*. **італі́йський** Italian, **францу́зький** French, *etc.*

See **алкого́ль**

лік|и, *only pl.*, **~ів**
drugs, medicine, medication
adj. **дієві** effectual ◊ **Нові л. від раку виявилися дієвими.** The new cancer medication turned out to be effectual. **ефективні** effective, **потужні** powerful, **сильні** strong; **безпечні** safe, **небезпечні** dangerous; **народні** folk; **нові** new; ♦ **диво-л.** a wonder drug; **приписані** prescribed; **сучасні** modern, **традиційні** traditional
v. + **л. приймати л.** take a medicine (**давати** + *D.* give sb, **приписувати** + *D.* precribe sb, **садити** + *A.* **на** put sb on ◊ **Терапевт посадив його на сильні л. від високого тиску.** The physician put him on a strong medicine for high blood pressure. **міняти** change; **потребувати** need; **діставати** + *D.* procure sb; **розробляти** develop, **робити** make; **продавати** sell; **випробовувати** test; **схвалювати** approve; **бути відпірним на** be resistant to ◊ **Вірус більш відпірний на традиційні л.** The virus is more resistant to traditional drugs. **не реагувати на** not to react to)
л. + *v.* **діяти** have an effect ◊ **Через день л. почали діяти.** In a day, the drug started having an effect. **діяти на** + *A.* have an effect on sb/sth, **допомагати** + *D.* help sb, **виліковувати** + *A.* cure sb/sth
prep. **л. від** + *G.* drug against sth ◊ **л. від гарячки** a drug against fever (**вірусу** virus, **грипу** flu, **запалення** inflammation, **раку** cancer, **малярії** malaria, **перестуди** cold ◊ **Їй треба л. від перестуди.** She needs some medicine for a cold. **туберкульозу** tuberculosis; **алергії** allergy, **астми** asthma, **депресії** depression, **діабету** diabetes); ♦ **л. за рецептом** a prescription drug; **л. на** + *A.* drug for sth ◊ **л. на запалення горла** a medication for a sore throat
Also see **антибіотик, крапля 3**

лік|оть, *m.*, **~тя**
elbow
adj. **лівий** left, **правий** right; **гострий** sharp ♦ **мати гострі ~ті** to be pushy ◊ **Настя мала гострі ~ті.** Nastia was pushy. **вивихнутий** dislocated ◊ **Його болів вивихнутий л.** His dislocated elbow hurt. **забитий** hurt, **хворий** sore, **поламаний** fractured
v. + **л.** *all pf.* **вивихнути л.** dislocate an elbow (**зламати** fracture, **поранити** injure; **випрямляти** straighten, **згинати** bend; **спиратися на** lean on; **брати** + *A.* **за** take sb by, **хапати** + *A.* **за** grasp sb by, **тягнути** + *A.* **за** pull sb by) ◊ **Вона потягнула хлопця за л.** She pulled the boy by the elbow. ♦ **кусати** *or* **гризти собі ~ті** to kick oneself ◊ **Від злости він був ладен кусати собі ~ті.** He was so mad that he could kick himself. **підпирати** + *A.* **~тем** prop sth with an elbow ◊ **Вона читала, підперши підборіддя ~тем.** She was reading, having propped her chin with the elbow. (**ударятися об** + *A.* hit against sth ◊ **Оля боляче вдарилася ~тем об стіл.** Olia painfully hit her elbow against the table. **підштовхувати** + *A.* nudge sb with)

лікувальн|ий, *adj.*
1 medical ◊ **план нового ~ого закладу** a plan of the new medical institution
See **медичний**
2 medicinal ◊ **Вода в озері має ~і властивості.** The lake water has medicinal properties.
See **лікарський**

лікуванн|я, *nt., only sg.*
therapy, medical treatment, medical care ◊ **курс л.** a course of treatment
adj. **негайне** immediate, **термінове** emergency, **урґентне** urgent; **належне** appropriate; **наступне** follow-up, **подальше** further; **довготривале** long-term; **ефективне** effective, **успішне** successful; **звичайне** conventional, **стандартне** standard ◊ **Стандартне л. тут не допоможе.** A standard treatment will not be of help here. **запропоноване** offered, **рекомендоване** recommended; **хірургічне** surgical; **альтернативне** alternative, **гомеопатичне** homeopathic; **експериментальне** experimental; **амбулаторне** outpatient, **стаціонарне** inpatient; **безплатне** free
v. + **л. діставати л.** get treatment (**отримувати** receive, **проходити** undergo; **давати** + *D.* give sb, **забезпечувати** + *D.* provide sb with, **надавати** + *D.* administer sb; **призначати** + *D.* prescribe sb ◊ **Яке л. вам призначили?** What treatment were you prescribed? **радити** + *D.* advise sb, **рекомендувати** + *D.* recommend sb; **реаґувати на** react to; **йти на** enter; **починати** begin; **продовжувати** continue; **закінчувати** complete, **припиняти** stop, **переривати** discontinue); **домагатися л.** seek treatment (**потребувати** need; **відмовлятися від** refuse) ◊ **Вони відмовилися від л.** They refused the treatment.
prep. **л. від** + *G.* treatment for *(a condition)* ♦ **л. від безпліддя** fertility treatment, ◊ **л. від узалежнення** addiction treatment, ◊ **л. від раку** cancer treatment
Cf. **терапія**

лікув|ати, ~ють; ви~, *tran.*
1 to treat ◊ **Чим ви ~єте грип?** What do you treat the flu with?
adv. **добре** well, **ефективно** effectively, **успішно** successfully ◊ **Він успішно ~є ожиріння.** He successfully treats obesity. **легко** easily ◊ **Дієта легко ~є такі розлади.** Diet easily treats such disorders. **швидко** quickly; **ретельно** thoroughly
v. + **л. бути важко** be difficult to, **бути неможливо** be impossible to ◊ **Раніше хворобу було неможливо л.** Earlier the disease was impossible to treat. **бути легко** be easy to; **бути бажано** be desirable, **бути треба** + *D.* need to; **братися** take it upon oneself ◊ **Не кожен лікар береться сьогодні л. цей стан.** Not every doctor takes it upon himself to treat the condition. **могти** be able to; **пропонувати** + *D.* offer sb to; **рекомендувати** + *D.* recommend sb to; **намагатися** try to; **відмовлятися** refuse to
prep. **л. від** + *G.* treat for sth ◊ **л. від безпліддя** treat for infertility (**раку** cancer, **узалежнення** addiction)
2 *pf.* to cure sb/sth, bring back to health ◊ **Терапевт скоро вилікував Ніну.** The therapeutist soon cured Nina. ◊ **Йому вдалося ви~ рак.** He succeeded in curing cancer.
Also see **виліковувати**
pa. pple. **вилікуваний** cured
(ви)лікуй!

лікув|атися; ви~, *intr.*
1 *only impf.* to be treated
prep. **л. від** + *G.* be treated for ◊ **Юнак ~ється від хронічної депресії.** The young man is being treated for chronic depression.
2 *pf.* to get cured
adv. **вже** already, **врешті-решт** eventually, **нарешті** finally, **остаточно** ultimately; **швидко** quickly, **успішно** successfully, **несподівано** unexpectedly, **всупереч діягнозові** contrary to diagnosis ◊ **Він вилікувався від зараження крови.** He got cured of his blood infection.
Also see **виліковуватися**

лінійк|а, *f., dim. of* **лінія**
1 line ♦ **нотні ~ки** *mus.* staves; **в ~ку** lined *(of writing paper)* ◊ **записник у ~ку** a lined notepad (**зошит** notebook, **папір** paper); ◊ **л. літер** a line of letters
See **лінія.** *Also see* **рядок**
2 ruler
adj. **пряма** straight; **викривлена** warped, **крива** bent; **довга** long, **коротка** short; **груба** *or* **товста** thick; **дерев'яна** wooden ◊ **Він користувався дерев'яною ~кою.** He used a wooden ruler. **металева** metal, **пластмасова** plastic; ♦ **масштабна л.** a scale
L. **на ~ці**, *G. pl.* **~ок**

лінi|я, *f.*, **~ї**
1 line
adj. **крива** curved; **пряма** straight ◊ **Досконало прямої ~ї у природі не існує.** A perfectly straight line does not exist in nature. **довга** long; **коротка** short, **товста** *or* **жирна** thick; **тонка** thin; **подвійна** double; **зиґзаґоподібна** zigzag, **нерівна** jagged, **хвиляста** wavy; **діягональна** diagonal; **вертикальна** *or* **прямовисна** vertical, **горизонтальна** horizontal, **паралельна** parallel, **перпендикулярна** perpendicular; **дотична** tangent; **бокова** collateral; **неперервна** continuous, **нерозривна** unbroken; **розірвана** broken, **пунктирна** dotted; **жовта** yellow, **зелена** green, **червона** red, *etc.*; ♦ **багатоканальна л.** *techn.* multichannel link; ◊ **гаряча л.** *fig.* a hot line; ◊ **кредитна л.** *econ.* a credit line; **високовольтна л.** *techn.* a high-voltage line, **сюжетна л.** a plot line; ♦ **йти ~єю найменшого опору** to take the line of least resistance
v. + **л. проводити ~ю** draw a line ◊ **Він провів жирну ~ю між двома точками.** He drew a thick line between the two points. (**малювати** pencil, **позначати** mark; **витирати** delete)
л. + *v.* **проходити** run ◊ **Л. поділу проходить самим центром міста.** The dividing line runs down the very city center. **поділяти** + *A.* divide sth, **розділяти** + *A.* separate sth; **сполучати** + *A.* connect sth; **представляти** + *A.* represent sth, **демонструвати** + *A.* show sth)
Also see **крива 1, риса 3, риска 2**
2 way, road, *in:* **українські авіялінії** the Ukrainian airlines; **залізнична л.** a railroad line (**трамвайна** streetcar, **тролейбусна** trolleybus)
3 *fig.* sphere, area, field, line ◊ **Остап вирішив піти по військовій ~ї.** Ostap decided to go into the military profession. ♦ **по ~ї** of nature, of character ◊ **Я маю до вас питання по медичній ~ї.** I have a question of a medical nature for you. ◊ **Ореста – її тітка по материнській ~ї.** Oresta is her aunt on the maternal line.
See **царина**

лінощ|і, *only pl.*, **~ів**
laziness, indolence, idleness
adj. **великі** great; **дивні** strange ◊ **Миколу охопили дивні л.** Mykola was overtaken by a strange idleness. **звичайні** common; **нездоланні** insurmountable, **непереборні** insuperable
Also see **лінь 1**

лінув|атися, ~ються; по~, *intr.*
1 to be lazy, be too lazy to do sth + *inf.* ◊ **Торік вона полінувалася зробити це.** Last year, she was too lazy to do this.
adv. **дуже** very ◊ **Останнім часом вона стала дуже л. на роботі.** Lately she has become very lazy at work. **трохи** a little; **іноді** sometimes, **часто** often ◊ **Він часто ~ється помити посуд.** He is often too lazy to wash the dishes. **ніколи не** never ◊ **Ростик ніколи не ~вався двічі перевірити слово.** Rostyk was never too lazy to double-check a word.
2 to be reluctant, unwilling ◊ **Оля не зробила завдання, вона ~ється.** Olia has not done the assignment because she cannot be bothered.
(по)лінуйся!

лін|ь, *n., pred.*
1 *n., f., only sg.* laziness, indolence, idleness ◊ **При думці про загаданий на понеділок есей Павла охоплювала нездоланна л.** At the thought of the essay assigned for Monday, insurmountable laziness overtook Pavlo.
See **лінощі**
2 *pred.* reluctant, unwilling + *D.*
v. + **л. бути л.** to be reluctant to, be unwilling to

◊ **Їй л. іти́ на заня́ття.** She is reluctant to go to classes. (**роби́тися** *and* **става́ти** become) ◊ **Їй ста́ло л. писа́ти статтю́.** She became reluctant to write the article.
See **хоті́тися**. *Cf.* **охо́та 2**

лі́ри|ка, *f., only sg.*
1 lyrics, lyric poetry
adj. **інти́мна** intimate, **любо́вна** love, **романти́чна** romantic; **глибо́ка** deep; **тонка́** subtle ◊ **Він пи́ше тонку́ ~ку.** He writes subtle lyrics. **чи́ста** pure
See **поезія 1**
2 *coll.* works of lyrics ◊ **Франко́ва інти́мна л.** Franko's intimate lyrical poems; ◊ **підбі́рка францу́зької ~ки** a selection of French lyrical poems
3 *fig. colloq.* lyrical mood ◊ **Оле́ксу ого́рнула л.** Oleksa was overtaken by a lyrical mood.
See **на́стрій 1**
L. **на ~ці**

ліри́чн|ий, *adj.*
1 lyric, lyrical ◊ **л. геро́й Шекспі́рових соне́тів** a lyrical hero of Shakespeare's sonnets; ◊ **~а пое́зія** lyric poetry
2 sentimental, emotional, passionate ◊ **л. ві́дступ** a lyrical digression; ◊ **Ма́рта була́ люди́ною ви́тонченої і ~ої нату́ри.** Marta was an individual of refined and sentimental nature.
Also see **романти́чний, сентимента́льний**

ліс, *m.*, **~у**
1 forest, woods
adj. **вели́кий** big ◊ **Вели́кий л. тягну́вся на со́тні кіломе́трів.** The big forest stretched for hundreds of kilometers. **величе́зний** immense, **мале́нький** *dim.* small, **невели́кий** small; **глибо́кий** deep; **глухи́й** dense, **густи́й** thick, **непрохідни́й** impassable, **непрола́зний** impenetrable ◊ **Навко́ло був непрола́зний л.** An impenetrable forest was around. **рі́дкий** thin; **те́мний** dark; **ди́кий** wild, **неза́йманий** virgin; **да́вній** ancient, **прада́вній** primordial, **стари́й** old; **бере́зовий** birch, **бу́ковий** beech, **гра́бовий** hornbeam, **дубо́вий** oak, **сосно́вий** pine ◊ **Вона́ розкошува́ла від арома́ту сосно́вого ~у.** She luxuriated in the aroma of the pine forest. **листяни́й** deciduous, **хво́йний** coniferous ◊ **Мі́сто ото́чене хво́йними ~а́ми.** The city is surrounded by coniferous forests.
n. + **л. ділянка ~у** a tract of forest (**смуга** stretch, **части́на** part) ◊ **Вони́ були́ в півде́нній части́ні ~у.** They were in the southern part of the forest.
v. + **л. вали́ти л.** fell a forest (**руба́ти** cut down; **прочища́ти** clear; **ни́щити** destroy, **спусто́шувати** devastate; **сади́ти** plant; **зберіга́ти** conserve; **борони́ти** *or* **охороня́ти** protect, **рятува́ти** save ◊ **Активі́сти ряту́ють л. від місце́вої вла́ди.** The activists are saving the forest from the local authorities. **вхо́дити в** enter) ◊ **Він увійшо́в у л.** He entered the forest. **вихо́дити з ~у** come out of a forest (**ходи́ти до** go to) ◊ **Вони́ ча́сом хо́дять до лі́су.** They sometimes go to the forest. **гуля́ти ~ом** walk through a forest ◊ **Він щора́нку гуля́в ~ом.** Every morning, he walked in the forest. (**бу́ти покри́тим** be covered with) ◊ **Пі́вніч краї́ни покри́та ~ом.** The north of the country is covered with forest. **заблуди́тися в ~і** *pf.* get lost in a forest ◊ **У карпа́тському ~і ле́гко заблуди́тися.** It is easy to get lost in a Carpathian forest. ♦ **за дере́вами ~у не ба́чити** not to see the forest for the trees ◊ **У жа́рі диску́сії вони́ не поба́чили за дере́вами ~у.** In the heat of the discussion, they did not see the forest for the trees. ♦ **бу́ти те́мним ~ом для** + *G.* be clueless about sth ◊ **Тео́рія відно́сности для ньо́го – те́мний л.** The theory of relativity is something he is clueless about.
л. + *v.* **ото́чувати** + *A.* surround sth ◊ **Стари́й л. ото́чує за́мок.** An old forest surrounds the castle. **простяга́тися** *or* **тягну́тися на** + *A.* stretch for *(a distance)*
prep. **бі́ля ~у** near a forest ◊ **За́раз бі́ля ~у ставо́к.** There is a pond right near the forest. **в л.** *dir.* in/to a forest ◊ **Загі́н зайшо́в у л.** The detachment went into the forest. **в ~і** *posn.* in a forest ◊ **У дубо́вому ~і він знахо́дить бі́лі гриби́.** He finds porcini mushrooms in the oak forest. **до ~у** to a forest ◊ **До ~у лиша́лося три кіломе́три.** There were 3 km left to the forest. **по ~у** around/in a forest ◊ **По ~у хо́дять ведме́ді.** Bears roam around the forest. **че́рез л.** through a forest ◊ **Їм тре́ба перейти́ че́рез л.** They need to go through the forest.
Cf. **гай**
2 *only sg.* timber, wood, lumber
adj. **необро́блений** untreated, **обро́блений** treated; **загото́влений** harvested, **зру́баний** cut, **спла́влений** rafted; **гнили́й** rotten; ♦ **будіве́льний л.** lumber
v. + **л. заготовля́ти л.** harvest timber (**оброблЯ́ти** treat, **сплавля́ти** raft ◊ **Рі́чкою сплавля́ють карпа́тський л.** They raft Carpathian timber down the river. **використо́вувати** use; **продава́ти** sell)
Also see **де́рево 2**
L. **в ~і**. *N. pl.* **~и́**

лісов|и́й, *adj.*
forest, located in forest
л. + *n.* **~а́ воло́га** forest moisture (**галя́вина** glade ◊ **Пе́ред ни́ми була́ ~а́ галя́вина.** A forest glade was in front of them. **сте́жка** path, **сму́га** stretch); ♦ **~а́ промисло́вість** timber industry

л|іт, *m.*, **~ьо́ту** *or* **~е́ту**
flight, flying ◊ **л. пта́ха** a bird's flight; ♦ **на ~ьо́ту** on the fly, without stopping ◊ **Мари́на не ма́ла до́сить ча́су і писа́ла матерія́л на ~ьо́ту.** Maryna did not have enough time and was writing the story on the fly. ♦ **хапа́ти** + *A.* **на ~ьо́ту** *or* **~е́ту** to be quick on the uptake ◊ **О́лі не тре́ба до́вго поясню́вати, вона́ хапа́є все на ~ьо́ту.** You do not need to belabor things to Olia; she is quick on the uptake.

літа́к, *m.*, **~а́**
airplane, aircraft
adj. **надзвукови́й** supersonic, **реакти́вний** jet; **нови́й** new, **нові́тній** state-of-the-art ◊ **На цьо́му маршру́ті працю́ють нові́тні ~и́.** State-of-the-art aircraft work this route. **вели́кий** big, **величе́зний** enormous, **гіга́нтський** gigantic; **пасажи́рський** passenger, **ча́ртерний** charter; **тра́нспортний** transport; **шпигу́нський** spy
v. + **л. сади́ти л.** land an airplane ◊ **Він посади́в л. у те́мряві.** He landed the plane in darkness. (**вести́** fly, **пілотува́ти** pilot; **ремонтува́ти** repair, **обслуго́вувати** service; **викрада́ти** highjack ◊ **Утікачі́ ви́крали л.** The fugitives highjacked the airplane. **виса́джувати в пові́тря** blow up, **збива́ти** shoot down, **зни́щувати** destroy) ◊ **Унаслі́док ре́йду зни́щено три воро́жі ~и́.** Three enemy aircraft were destroyed as a result of the raid. **подорожува́ти ~о́м** travel by airplane (**літа́ти** fly by; **керува́ти** operate) ◊ **Цим ~о́м ле́гко керува́ти.** This airplane is easy to operate. **сіда́ти на л.** board an airplane ◊ **На л. сіда́ли із запі́зненням.** They were boarding the airplane with delay. (**встига́ти на** make it to, **запі́знюватися на** be late for) ◊ **Ля́на запізни́лася на л.** Lana missed her plane.
л. + *v.* **літа́ти** fly, **працюва́ти** operate ◊ **Л. зда́тен працюва́ти у суво́рих умо́вах.** The airplane is capable of operating in harsh conditions. **сіда́ти** touch down, **приземля́тися** land; **підніма́тися** *or* **підійма́тися** take off ◊ **Л. підня́вся з мало́го аеродро́му.** The airplane took off from a small airfield. **розбива́тися** crash; **везти́** + *A.* carry sb/sth ◊ **Л. везе́ стратегі́чний вантаж.** The aircraft is carrying a strategic cargo. **перево́зити** + *A.* transport sb/sth, **атакува́ти** + *A.* attack sb/sth, **бомби́ти** + *A.* bomb sth
prep. **в л.** *dir.* in/to an airplane ◊ **Меха́нік загля́нув у л.** The mechanic peeked into the airplane. **в ~у́** *posn.* in an airplane ◊ **У ~у́ сидя́ть де́сять пасажи́рів.** Ten passengers sit in the airplane. **на л.** *dir.* on/to an airplane ◊ **Він сіда́є на л.** He is boarding the plane. ♦ **квито́к на л.** an airplane ticket; **на ~у́** *posn.* on board an airplane ◊ **На ~у́ два туале́ти.** There are two toilets on board the airplane. **л. до** + *G.* an airplane bound for *(destination)* ◊ **л. до Оде́си** an Odesa-bound airplane; ♦ **~о́м** by plane ◊ **Вона́ подоро́жує ~о́м.** She travels by plane.

літа́|ти, **~ють**, *multi., intr.*
1 to fly *(repeatedly, there and back; as opposed to* **леті́ти***)*
adv. **пові́льно** slow, **шви́дко** fast; **ви́соко** high, **ни́зько** low; **ко́лами** in circles; **ча́сто** often, **весь час** all the time, **за́вжди́** always ◊ **Він ~є че́ськими авіялі́ніями.** He flies Czech airlines. **звича́йно** usually, **як пра́вило** as a rule, **пості́йно** constantly, **ча́сто** often; **рі́дко** seldom, **ніко́ли не** never; ♦ **ви́соко л.** to occupy a high position in society
v. + **л. бу́ти зда́тним** be capable of ◊ **Ця пта́ха не зда́тна л.** This bird is not capable of flying. **вмі́ти** be able to ◊ **Молоди́й леле́ка вже вмі́є л.** The young stork is already able to fly. **могти́** can; **вчи́ти** + *A.* teach sb to ◊ **Пили́п навчи́в її л.** Pylyp taught her to fly. **вчи́тися** learn to ◊ **Тут у́чаться л.** They learn to fly here. **люби́ти** like to ◊ **Вона́ лю́бить л. Євро́пою.** She likes to fly around Europe. **не люби́ти** not to like, **нена́видіти** hate to ◊ **Він нена́видить л.ціє́ю авіялі́нією.** He hates to fly this airline.
prep. **л. до** + *G.* fly to *(a place)*, **л. з** + *G.* fly from *(place)* ◊ **Із Ло́ндону до Пари́жу ~є деся́ток компа́ній.** A dozen companies fly from London to Paris. **л. на** + *A.* fly to *(an event)* ◊ **Три ро́ки він му́сив л. на пра́цю.** For three years, he was compelled to fly to work. **л. че́рез** + *A.* fly across sth ◊ **Вона́ ~є че́рез Атла́нтику дві́чі на рік.** She flies across the Atlantic twice a year.
Cf. **леті́ти 1**
2 to travel *(of sound, news, etc.)*, circle ◊ **Ві́стка про набли́ження бураві́ю ~ла мі́стом.** The news of the advancing hurricane made the rounds in the city.
Also see **поши́рюватися**
3 *fig.* move around quickly, fly around ◊ **Він ~а́в по кварти́рі, склада́ючи валі́зи.** He was dashing around the apartment, packing his suitcases.
літа́й!

лі́тер|а, *f.*, **~и**
1 letter ◊ **У чоти́ри ро́ки Ле́сик знав усі́ ~и абе́тки.** At the age of four, Lesyk knew all the letters of the alphabet.
adj. **вели́ка** capital, **мала́** small; **друко́вана** block, **пи́сана** handwritten; **жи́рна** bold ◊ **Сло́во надруко́ване жи́рними ~ами.** The word is printed in bold letters. **пе́рша** initial; **подво́єна** double ♦ **ґоти́чна л.** a blackletter
v. + **л. писа́ти ~у** write a letter ◊ **Вона́ ста́ранно писа́ла ко́жну ~у.** She was painstakingly writing each letter. (**витира́ти** delete, **закре́слювати** cross out; **виправля́ти** correct, **ілюмінува́ти** illuminate)
prep. **з ~и** in a letter ♦ **писа́ти** + *A.* **з вели́кої (мало́ї) ~и** to write sth in upper (lower) case ◊ **Украї́нські на́зви мі́сяців пи́шуть із мало́ї ~и.** Ukrainian names of months are written in the lower case.
Also see **бу́ква 1**
2 *fig.* formal meaning; ♦ **л. зако́ну** the letter of the law ◊ **Слід трима́тися ~и і ду́ху Конститу́ції.** The letter and the spirit of the Constitution should be followed.

літерату́р|а, *f.*
1 literature, letters
adj. **класи́чна** classical; **вели́ка** great, **серйо́зна** serious; **постмодерні́стська** postmodern, **сучáсна** contemporary ◊ **Вони́ ціка́вляться як класи́чною, так і сучáсною ~ою.** They take interest both in classical and contemporary literature. **дитя́ча** children's, **юна́цька** youth, **англі́йська** English, **еспа́нська** Spanish, **украї́нська** Ukrainian, *etc.*; **ґей-** gay, **лезбі́йська** lesbian, **феміністи́чна** feminist ◊ **оди́н із пе́рших зразкі́в украї́нської феміністи́чної ~и** one of the first examples of the Ukrainian feminist literature; **богосло́вська** theological, **полемі́чна** polemical; **документа́льна** documentary, ♦ **худо́жня л.** fiction
n. + **л. ви́твір** *and* **твір ~и** a work of literature ◊ **ви́твір еспа́нської ~и XVI столі́ття** a work of 16th-century Spanish literature (**зразо́к** example; **представни́к** representative)
л. + *n.* **л. сімна́дцятого столі́ття** 17th-century literature (**вісімна́дцятого столі́ття** 18th-century; **украї́нського баро́ка** Ukrainian baroque; **постмодерні́зму** postmodernist, **Розстрі́ляного відро́дження** Executed Renaissance (the 1920s) ◊ **антоло́гія ~и Розстрі́ляного відро́дження** an anthology of Executed Renaissance literature
v. + **л. видава́ти ~у** issue literature (**публікува́ти** publish; **вивча́ти** study, **дослі́джувати** research; **виклада́ти** teach ◊ **Він виклада́є украї́нську ~у XX столі́ття.** He teaches 20th-century Ukrainian literature. **чита́ти** read; **писа́ти про** write about) ◊ **Вона́ пи́ше про постмоде́рну ~у.** She writes about postmodern literature. **захо́плюватися ~ою** be keen on literature ◊ **Він захо́плюється гре́цькою ~ою.** He is keen on Greek literature. (**ціка́витися** take interest in)
2 *coll.* literature, publications *(on a subject)*, readings
adj. **величе́зна** enormous, **значна́** extensive, **об'є́мна** voluminous, **чима́ла** considerable; **неда́вня** recent, **пото́чна** current ◊ **Вона́ му́сить бу́ти в ку́рсі пото́чної ~и на цю те́му.** She must be in the know of the current literature on the subject. **опублíко́вана** published; **біографі́чна** biographic, **істори́чна** historical, **меди́чна** medical, **філосо́фська** philosophical, *etc.*; **аналіти́чна** analytical, **крити́чна** critical, **описо́ва** descriptive; **науко́ва** scholarly, **спеціялізо́вана** specialized ◊ **Він зібра́в ко́рпус спеціялізо́ваної ~и на цю те́му.** He gathered a body of specialized literature on the subject.
v. + **л. чита́ти ~у** read literature (**збира́ти** gather, **опрацьо́вувати** digest ◊ **Для статті́ він опрацюва́в до́сить об'є́мну ~у.** For the article, he digested a fairly voluminous literature. **шука́ти** look for); **знайо́митися з ~ою** familiarize oneself with literature
prep. **л. про** + *A.* literature about sb/sth; **л. що́до** + *G.* literature concerning sb/sth ◊ **Вона́ зна́є ~у що́до письме́нника.** She is familiar with the publications concerning the writer.
Also see **вида́ння 1, публіка́ція 1**
3 *colloq., coll.* printed matter, books ◊ **На столі́ лежа́ла гора́ ~и.** There was a mound of books on the table.

літерату́рн|ий, *adj.*
1 literary, of or pertaining to literature
л. + *n.* **л. альмана́х** a literary almanac (**ве́чір** evening, **о́браз** image); **~а мо́ва** a literary language; **~е об'є́днання** a literary association; **~і чита́ння** literary readings ◊ **Бібліоте́ка пості́йно прово́дить ~і чита́ння.** The library constantly holds literary readings.
2 writer's, of or pertaining to writers, literary ◊ **~і ко́ла** literary circles, ◊ **~а боге́ма** literary underground

літературозна́вств|о, *nt.*
literary studies, literary history
adj. **традиці́йне** traditional; **маркси́стське** Marxist, **сове́тське** Soviet, **украї́нське** Ukrainian; **крити́чне** critical, **описо́ве** descriptive, **постколонія́льне** postcolonial, **постмодерні́стське** postmodernist; **феміністи́чне** feminist
See **предме́т 2**

лі́тн|ій, *adj.*
1 summer *(of season, clothes)*
л. + *n.* **л. о́дяг** summer clothes (**сезо́н** season ◊ **Л. сезо́н почина́ється пе́ршого че́рвня.** The summer season begins on June 1. **ве́чір** evening; **гра́фік** schedule, **час** time); **~я зли́ва** a summer downpour (**пого́да** weather, **пора́** time, **спе́ка** heat); **~є не́бо** summer sky (**со́нце** sun)
Ant. **зимо́вий**
2 aged *(of person)*, old, elderly; aging, senior ◊ **~я люди́на** an elderly person; ◊ **мі́сця для грома́дян ~ого ві́ку** seats for senior citizens
See **стари́й.** *Also see* **пова́жний 2, си́вий 3.** *Ant.* **молоди́й 1**

лі́т|о, *nt.*
1 summer
adj. **гаря́че** hot, **спеко́тне** scorching; **прохоло́дне** cool, **холо́дне** cold; **воло́ге** humid; **сухе́** dry ◊ **Торі́к л. було́ винятко́во сухи́м і спеко́тним.** Last year, the summer was exceptionally dry and scorching. **дощове́** rainy, **мо́кре** wet; **мину́ле** last, **насту́пне** next, **це** this; **ра́ннє** early, **пі́знє** late; **до́вге** long, **коро́тке** short; **ди́вне** strange, **незвича́йне** unusual; ♦ **цього́ ~а** this summer (**мину́лого** last, **насту́пного** next) ◊ **Він пої́де до Лу́цька насту́пного ~а.** He will go to Lutsk next summer. ♦ **ба́бине л.** Indian summer
л. + *v.* **настава́ти** arrive ◊ **Наста́ло л.** Summer arrived. **почина́тися** begin, **прихо́дити** come; **продо́вжуватися** continue, **трива́ти** last; **закі́нчуватися** end; ◊ **Мину́ле л. закі́нчилося рані́ше, як за́вжди́.** Last summer ended earlier than usual. ♦ **скі́льки літ, скі́льки зим!** It's been ages *(since we saw each other)*!
Also see **весна́.** *Ant.* **зима́**
2 year ◊ **Прихо́дько прожи́в тут бага́то літ.** Prykhodko lived here many years. ♦ **бу́ти в ~а́х** to be advanced in years; ♦ **від молоди́х літ** since childhood; ♦ **на ста́рості літ** in one's old age.
See **рік 1**

лі́том, *adv.*
in the summer; ♦ **л. і зимо́ю** all year round
adj. **за́вжди́** always, **і́ноді** sometimes, **пі́зно** late ◊ **Ці я́блука сти́гнуть пі́зно л.** These apples ripen in late summer. **ра́но** early, **рі́дко коли́** rarely ever, **са́ме** right, **ті́льки** only, **що́йно** only just, **якра́з** exactly ◊ **Вони́ приї́дуть до нас якра́з л.** They will come visit us exactly in the summer.
Ant. **зимо́ю**

літо́пис, *m.*, **~у**
chronicle, annals
adj. **да́вній** ancient ◊ **Поді́ю докла́дно опи́сано в да́вньому ~і.** An ancient chronicle describes the event in detail. **стари́й** old; **втра́чений** lost, **забу́тий** forgotten; **невідо́мий** unknown, **відна́йдений** found, **місце́вий** local
See **докуме́нт 1**

літр, *m.*, **~а**
liter + *G.* ◊ **оди́н л.** one liter, ◊ **два ~и** two liters (**три** three, **чоти́ри** four) ◊ **У них лиша́лося чоти́ри ~и бензи́ну.** They had four liters of gas remaining. ◊ **п'ять ~ів** five *(and more)* liters; ◊ **ці́лий л.** a whole liter, ◊ **пів ~а** half a liter, ◊ **рі́вно л.** exactly a liter

ліфт, *m.*, **~а**
elevator
adj. **баґа́жний** freight ◊ **У буди́нку є баґа́жний л.** There is a freight elevator in the building. **пасажи́рський** passenger; **прива́тний** private, **службо́вий** service; **електри́чний** electric, **гідравлі́чний** hydraulic; **скляни́й** glass; **зіпсо́ваний** *and* **несправний** broken; **пові́льний** slow; **швидки́й** fast, **швидкі́сний** high-speed; **стари́й** old ◊ **Стари́й л. ціл́ко́м наді́йний.** The old elevator is completely reliable. **допото́пний** antediluvian
v.+ **л. сі́дати на л.** take an elevator ◊ **Із су́мками кра́ще сі́сти на л.** With the bags, it is better to take an elevator. **ї́хати ~ом** go by elevator (**піді́йматися** *or* **підніма́тися** go up by, **спуска́тися** go down by; **користува́тися** use) ◊ **Лев не користу́ється ~ом.** Lev does not use the elevator.
л. + *v.* **обслуго́вувати** + *A.* serve sth ◊ **Л. обслуго́вує непа́рні по́верхи.** The elevator serves odd floors. **працюва́ти** operate; **не працюва́ти** be out of order, **псува́тися** break down, **застряга́ти** be stuck ◊ **Л. застря́в між по́верхами.** The elevator is stuck between floors. **приїжджа́ти** arrive ◊ **Л. до́вго не приїжджа́в.** The elevator took a long time to arrive. **відкрива́тися** open, **закрива́тися** close
Cf. **ескала́тор**

ліце́нзі|я, *f.*, **~ї**
1 license, permit
adj. **ді́йсна** valid; **генера́льна** general, **по́вна** full, **спеція́льна** special; **обов'язко́ва** compulsory; **потрі́бна** requisite; **держа́вна** state; **експортна** export, **і́мпортна** import; **ми́тна** customs; **мисли́вська** hunting ◊ **Їм необхі́дно було́ діста́ти мисли́вську ~ю.** They needed to obtain a hunting license. **риба́льська** fishing, **торго́ва** trading; **алкого́льна** liquor, **музи́чна** music; **телевізі́йна** television
v.+ **л. діставáти ~ю** acquire a license (**ма́ти** have, **здобува́ти** win, **отри́мувати** receive ◊ **Щоб отри́мати потрі́бну ~ю, тре́ба пройти́ ці́лу процеду́ру.** In order to get the requisite license, one needs to undergo an entire procedure. **купува́ти** buy; **пору́шувати** violate; **поно́влювати** renew; **подава́ти зая́ву на** make an application for; **видава́ти** + *D.* issue sb, **дава́ти** + *D.* grant sb; **забира́ти в** + *G.* take away from sb ◊ **У ста́нції забра́ли музи́чну ~ю.** They took the music license away from the station. **скасо́вувати** revoke); **позбавля́ти** + *A.* **~ї** deprive sb of a license ◊ **Вони́ вимага́ють позба́вити телекана́л ~ї.** They demand to deprive the TV channel of its license. (**відмовля́ти в** + *D.* deny sb) ◊ **Рестора́ну відмо́вили в алкого́льній ~ї.** The restaurant was was denied a liquor license.
л. + *v.* **бу́ти чи́нною** be valid, be good ◊ **Л. чи́нна три ро́ки.** The license is good for three years. **вигаса́ти** expire ◊ **За ти́ждень ї́хня е́кспортна л. вигаса́є.** Their export license expires in a week. **закі́нчуватися** end
prep. **л. на** + *A.* license for sth ◊ **л. на збро́ю** a gun license, **л. на про́даж алкого́лю** a liquor license
Also see **пра́во 3**
2 *fig.* permission ◊ **Уря́дова поса́да не дає́ їй ~ї пору́шувати зако́н.** The government post does not give her the license to break the law.
See **до́звіл**

лічи́льник, *m.*, **~а**
meter, counter
adj. **водяни́й** water ◊ **У кварти́рі встанови́ли водяни́й л.** A water meter was installed in the apartment. **га́зовий** gas, **електри́чний** electricity, ♦ **л. Ґа́йґера** Geiger counter

ліч|и́ти, **~у́**, **~ать; по~**, *tran.*
1 to count
prep. **л. від** + *G.* count from *(a value)*, **л. до** + *G.* count to *(a value)* ◊ **Іва́сик умі́є л. від одно́го до десяти́.** Ivasyk can count from one to ten. ♦ **л. дні (годи́ни, хвили́ни)** to count the days (hours,

minutes) ◊ **Вони́ ~ать дні до своє́ї зу́стрічі.** They count the days to their meeting. ♦ **Курча́т восени́ ~ать.** Don't count your chickens before they're hatched.
See **рахува́ти 1**
2 to consider
prep. **л. за** + *A.* consider sb/sth as ◊ **Вона́ не ~ить Мико́лу за до́брого студе́нта.** She does not consider Mykola to be a good student.
pa. pple. **полі́чений** counted
See **вважа́ти 1**
(по)лічи́!

ллян|и́й, *adj.*
1 flax, linen
л. + *n.* **л. костю́м** a linen suit (**о́бру́с** tablecloth, **о́дяг** clothes, **рушни́к** towel; **ли́нва** rope); **~а́ біли́зна** linen sheets (**крава́тка** tie, **соро́чка** shirt, **су́кня** dress, **ткани́на** fabric); ♦ **~а́ олі́я** linseed oil; **~е́ простира́дло** a linen sheet
Also see **полотня́ний 1**
2 flaxen *(of color, texture)* ◊ **Тара́сові подо́балося її ~е́ воло́сся.** Taras liked her flaxen hair.
See **ко́лір**

лоб, *m.*, **~а**
forehead
adj. **висо́кий** high, **прями́й** straight ◊ **Па́смо воло́сся спада́ло їй на прями́й л.** A wisp of hair fell on her straight forehead. **вузьки́й** narrow; **широ́кий** broad; **низьки́й** low; **похи́лий** sloping, **спа́дистий** retreating; **гладки́й** smooth; **зморшкува́тий** wrinkled ◊ **Із ві́ком його́ л. става́в усе́ зморшкува́тішим.** With age, his forehead was becoming ever more wrinkled. **засма́глий** suntanned; **спітні́лий** sweaty; **відкри́тий** open; ♦ **диви́тися з-під ~а на** + *A.* to glare at sb ◊ **Воло́дя подиви́вся на ньо́го з-під ~а.** Volodia glared at him. ♦ **бу́ти напи́саним в** + *G.* **на ~і** to be written all over sb ◊ **У Петра́ на ~і напи́сано, що він – когу́т.** *colloq.* It is written all over Petro that he is a hick.

ло́бі, *nt.*, *indecl.*
polit. lobby
adj. **впливо́ве** influential ◊ **Мі́ністра підтри́мує впливо́ве л.** The minister is supported by an influential lobby. **могу́тнє** powerful, **си́льне** strong; **агра́рне** agrarian, **ба́нківське** banking ◊ **У парла́менті ді́яло аґреси́вне ба́нківське л.** An aggressive banking lobby operated in parliament. **законода́вче** legislative, **на́фтове** oil, **парла́ментське** parliamentary, **політи́чне** political, **промисло́ве** industrial, **я́дерне** nuclear
v. + **л. невтралізо́вувати л.** neutralize a lobby (**організо́вувати** organize ◊ **Незале́жна пре́са зорганізува́ла вла́сне л.** Independent press organized its own lobby. **утво́рювати** form; **спонсорува́ти** sponsor, **утри́мувати** maintain)
л. + *v.* **блокува́ти** + *A.* block sth ◊ **Законопро́єкт блоку́є промисло́ве л.** The bill is being blocked by the industrial lobby. **виступа́ти про́ти** + *G.* oppose sth; **вплива́ти на** + *A.* influence sb; **домага́тися** + *G.* push for; **підтри́мувати** + *A.* support sb/sth; **ти́снути на** + *A.* put pressure on sb
prep. **л. за** + *A.* a lobby for sth ◊ **Кі́лька грома́дських груп утвори́ли л. за імпі́чмент місько́го голови́.** Several public groups formed a lobby for impeaching the city mayor. **л. про́ти** + *G.* a lobby against sth ◊ **л. про́ти рефо́рми судово́ї систе́ми** a lobby against the judicial system reform

лобію|ва́ти, **~ють; про~**, *tran.*
to lobby for *(a bill, etc)*, push for ◊ **Зако́н ~ють поту́жні політи́чні інтере́си.** Powerful political interests are lobbying for the law.
adv. **акти́вно** actively, **аґреси́вно** aggressively, **безпере́рвно** nonstop, **наполе́гливо** insistently, **послідо́вно** consistently, **успі́шно** successfully
v. + **л. бу́ти потрі́бно** be necessary ◊ **За́хід потрі́бно акти́вно про~.** It is necessary to actively lobby for the measure. **бу́ти тре́ба** + *D.* need to; **бу́ти у ста́ні** be in a position to ◊ **Вони́ у ста́ні успі́шно про~ законопро́єкт.** They are in a position to successfully lobby for the bill. **могти́** can; **вдава́тися** + *D.* succeed in, **змогти́** *pf.* manage to ◊ **Вони́ змогли́ про~ дві попра́вки.** They managed to lobby for two amendments.
pa. pple. **пролобі́йо́ваний** lobbied
(про)лобі́юй!
See **підтри́мувати 1**

лов|и́ти, **~лю́, ~иш, ~лять; з~**, *tran.*
1 to catch, seize
adv. **блискави́чно** in a flash ◊ **Він міг блискави́чно злови́ти му́ху руко́ю.** He could catch a fly with his hand in a flash. **митте́во** instantly, **прово́рно** deftly ◊ **Ворота́р прово́рно злови́в м'яч.** The goalkeeper deftly caught the ball. **спри́тно** nimbly, **шви́дко** quickly
л. + *n.* **л. жука́** catch a bug (**мете́лика** butterfly, **му́ху** fly; **за́йця** hare, **кроля́** rabbit, **лиси́цю** fox; **ми́шу** mouse, **щура́** rat ◊ **Його́ пес до́бре ~ить щурі́в.** His dog is good at catching rats. **горобця́** sparrow, **пта́шку** bird); ♦ **л. моме́нт** to seize the opportunity ◊ **Вона́ вмі́є злови́ти моме́нт.** She knows how to seize an opportunity. ♦ **л. ґа́ви** *or* **ґав** to kick one's heels ◊ **Пів дня вони́ ~или ґав, чека́ючи на рі́шення.** For half a day, they kicked their heels, waiting for the decision. ♦ **л. ко́жне сло́во** to hang on sb's every word; ♦ **л. ри́бу** to go fishing ◊ **Марко́ лю́бить л. ри́бу.** Marko likes to go fishing. ♦ **л. ри́бу в каламу́тній воді́** to fish in troubled waters; ♦ **піти́ ра́ків л.** *pf.* to drown
v. + **л. вдава́тися** succeed in, **змогти́** *pf.* manage to ◊ **Він зміг злови́ти лиси́цю го́лими рука́ми.** He managed to catch the fox with his bare hands. **спромага́тися** contrive to; **могти́** be able to, can, **намага́тися** try to, **стара́тися** do one's best to, **про́бувати** attempt to; **поспіша́ти** be in a hurry to
Also see **накрива́ти 3, пійма́ти 1, 2, хапа́ти 2.** *Cf.* **хапа́ти 1**
2 *impf.* to chase, pursue; *pf.* to catch, capture, apprehend ◊ **Кі́лька ро́ків полі́ція ~ить грабі́жників.** The police have been chasing the robbers for several years. ◊ **Генера́ла злови́ли за кордо́ном.** The general was captured abroad. ♦ **л.** + *A.* **на гаря́чому** to catch sb red-handed ◊ **Да́рку злови́ли на гаря́чому, коли́ вона́ чита́ла чужі́ листи́.** Darka was caught red-handed reading somebody else's letters. ♦ **л. себе́ на ду́мці (про те), що** to catch oneself thinking that ◊ **Ілля́ ча́сто ~ить себе́ на ду́мці, що робо́та ма́ло ціка́вить його́.** Illia often catches himself thinking that work is of little interest to him.
Also see **пійма́ти 1**
3 *colloq.* to receive *(radio signal, etc.)*, pick up, detect ◊ **Нова́ анте́на ~ить бі́льше кана́лів.** The new antenna picks up more channels.
See **прийма́ти 7**
pa. pple. **зло́влений** caught
(з)лови́!

лов|и́тися; **з~**, *intr.*
1 to get caught *(of fish, wild animals)*, be caught, *(also impf. with no subject)*
adv. **до́бре** well ◊ **Сього́дні до́бре ~иться.** *impers.* Fishing is good today. **ле́гко** easily, **пога́но** badly, **ке́псько** poorly
2 *only impf.* to be received *(of radio signal, etc.)*, be picked up ◊ **У цій кав'я́рні ду́же до́бре ~иться інтерне́т.** There's a very good Internet reception in this café.

ло́вк|ий, *adj.*, *colloq.*
1 good, handsome, cool, classy ◊ **л. юна́к** a handsome youth, ◊ **~а су́кня** a cool dress; ◊ **~а вечі́рка** a cool party
See **га́рний 1.** *Also see* **кла́сний 3**
2 deft, nimble, dexterous ◊ **л. шахра́й** a dexterous fraudster; ◊ **~і ру́ки** deft hands (**ру́хи** moves)
See **спри́тний 1**

ло́гі|ка, *f.*, *only sg.*
1 logic *(discipline)*
adj. **дедукти́вна** deductive, **індукти́вна** inductive; **математи́чна** mathematical, **форма́льна** formal; **Аристо́телева** Aristotelian, **класи́чна** classical
v. + **л. використо́вувати ~ку** use logic (**застосо́вувати** apply, **спира́тися на** rely on); **вдава́тися до ~ки** resort to logic ◊ **Він удає́ться до математи́чної ~ки.** He resorts to mathematical logic.
See **дисциплі́на 2, предме́т 2**
2 logic, reasoning, rationale, argumentation
adj. **вну́трішня** inner, **прихо́вана** hidden; **зрозумі́ла** understandable ◊ **В ї́хній поведі́нці є зрозумі́ла л.** There is understandable logic in their conduct. **незрозумі́ла** incomprehensible; **бездога́нна** impeccable, **невблага́нна** implacable, **незапере́чна** undeniable, **непору́шна** unshakable, **переко́нлива** compelling; **непра́вильна** wrong, **помилко́ва** mistaken, **хи́бна** faulty; **ди́вна** strange, **збо́чена** perverse; **засадни́ча** basic, **про́ста́** simple; **холо́дна** cold, **чи́ста** pure, **суво́ра** severe; **економі́чна** economic, **істори́чна** historical, **науко́ва** scientific, **політи́чна** political
v. + **л. ма́ти ~у** have logic ◊ **Ці за́ходи ма́ють економі́чну ~ку.** The measures have an economic rationale. (**ба́чити** *or* **вбача́ти** see ◊ **Він ба́чить у подія́х пе́вну ~ку.** He sees certain logic in the events. **прийма́ти** accept, **розумі́ти** understand; **відкида́ти** reject, **ста́вити під су́мнів** question) ◊ **Він ста́вить під су́мнів ї́хню ~ку.** He questions their rationale. **слі́дувати ~ці** follow logic; **пого́джуватися з ~кою** agree with logic
prep. **за ~кою** by the logic ◊ **За тако́ю збо́ченою ~кою, злочи́нця тре́ба нагороди́ти.** By this perverse logic, the criminal should be rewarded. **про́ти ~ки** against logic
Also see **закономі́рність 1**

логі́чн|ий, *adj.*
logical; reasonable, sensible; expected ◊ **~а роз'я́зка** a logical outcome
adv. **абсолю́тно** absolutely, **геть** totally, **до́сить** fairly ◊ **Це до́сить л. підхі́д.** This is a fairly logical approach. **ду́же** very, **надзвича́йно** extremely, **цілко́м** quite; **майже** almost, **ле́две** hardly; **не зо́всім** not entirely
v. + **л. бу́ти ~им** be logical (**вважа́ти** + *A.* consider sth, **вважа́тися** be considered, **вигляда́ти** appear, **звуча́ти** sound; **здава́тися** + *D.* seem to sb) ◊ **Її страте́гія здава́лася ~ою.** Her strategy seemed logical.
Also see **закономі́рний**

ло́ж|ка, *f.*
1 spoon
adj. **вели́ка** large; **мале́нька** small; **десе́ртна** dessert, **столо́ва** table ◊ **Він віддава́в перева́гу бі́льшим столо́вим ~кам.** He gave preference to larger table spoons. **ча́йна** tea; **алюмі́нієва** aluminum, **метале́ва** metal, **срі́бна** silver; **дерев'я́на** wooden, **пластма́сова** plastic; **одноразо́ва** disposable
v. + **л. бра́ти ~ку** take a spoon ◊ **Вона́ взяла́ свою́ улю́блену ~ку.** She took her favorite spoon. (**кла́сти** put down; **облизува́ти** lick ◊ **Облиза́вши ~ку, Тимі́ш поклав її на стіл.** Having licked the spoon, Tymish put it on the table. **трима́ти** hold); **сьо́рбати з ~ки** sip from a spoon; **користува́тися ~ою** use a spoon ◊ **Коли́ Ми́ша ва́рить, він користу́ється дерев'я́ною ~кою.** When Mysha cooks, he uses a wooden spoon. (**ї́сти** eat with ◊ **Він не лю́бить ї́сти пластма́совими ~ками.** He does not like to eat

with plastic spoons. **міша́ти** + *A.* stir sth with)
prep. **в ~ку** *dir.* in/to a spoon ◊ **Вона́ налила́ в ~ку ро́зчину.** She poured some solution in the spoon. **в ~ці** *posn.* in a spoon ◊ **У ~ці ще лиша́лося тро́хи ме́ду.** There was still a little honey left in the spoon.
2 spoonful ◊ **Лев по́хапцем ковтну́в ~ок п'ять борщу́ і побі́г на ле́кції.** Lev hastily swallowed five or so spoonfuls of borshch and ran off to classes. ◊ **по́вна л.** a full spoon, **пів ло́жки** half a spoon; **л. цу́кру** a spoonful of sugar
Cf. **виде́лка**

ло́кшин|а, *f., only sg.*
noodles
adj. **дома́шня** homemade; **сві́жа** fresh; **смачна́** tasty, **смачню́ча** delicious; **фірмо́ва** signature; **гру́ба** thick; **тоне́нька** *dim.* thin; ♦ *colloq.* **ві́шати ~у** + *D.* **на ву́ха** to take sb for a ride, lie to sb ◊ **Він ви́рішив, що мо́же пові́сити кому́сь на ву́ха ~у про економі́чне чу́до.** He decided that he could sell somebody the lie about the economic miracle.
See **стра́ва**

лом, *m.*, **~а**
crowbar ◊ **Тут без ~а не обі́йтися.** Here one cannot do without a crowbar.
adj. **залі́зний** iron, **метале́вий** metal, **стале́вий** steel; **важки́й** heavy ◊ **Розлама́ти кри́гу міг ті́льки важки́й л.** Only a heavy crowbar could break the ice. **до́вгий** long; **товсти́й** thick
v. + **л. користува́тися ~ом** use a crowbar (**би́ти** + *A.* hit sth with ◊ **Він бив две́рі залі́зним ~ом.** He was hitting the door with an iron crowbar. **лама́ти** + *A.* break sth with, **трощи́ти** + *A.* smash sth with)

лопа́т|а, *f.*
spade, shovel
adj. **вели́ка** large, **до́вга** long, **широ́ка** wide; ◊ **снігова́ л.** a snow shovel; **іржа́ва** rusty; **метале́ва** metal, **пластма́сова** plastic
v. + **л. копа́ти** + *A.* **~ою** dig sth with a spade (**ванта́жити** + *A.* load sth ◊ **Пісо́к ванта́жили ~ами.** The sand was loaded with spades. **вико́пувати** + *A.* dig sth out with ◊ **Він ви́копав ~ою мілки́й рівча́чок.** He dug out a small shallow ditch with a spade. **зако́пувати** + *A.* bury sth with, **насипа́ти** + *A.* fill sth up with, **розчища́ти** + *A.* clear sth with) ◊ **Вона́ розчища́є сте́жку ~ою.** She clears the path with a shovel. ♦ *colloq.* **хоч ~ою горни́** *or* **греби́, загріба́й** a whole lot ◊ **У ньо́го боргі́в, хоч ~ою загріба́й.** He has a whole lot of debts.

лоскота́ти, **~у́**, **лоско́ч|уть; за~**, *tran.*
1 to tickle ◊ **Тютюно́вий дим ~е йому́ ні́здрі.** Tobacco smoke tickles his nostrils.
adv. **леге́нько** gently ◊ **Вона́ леге́нько лоскота́ла дити́ні ні́жку.** She gently tickled the baby on the foot. **ле́гко** lightly, **тро́хи** a little; **ду́же** much; **прие́мно** pleasantly; ♦ **за~ до сме́рти** to tickle to death ◊ **Руса́лки залоскота́ли хло́пця до сме́рти.** The mermaids tickled the boy to death.
2 *fig.* flatter, please, excite ◊ **Те́плий прийо́м лоскота́в Марко́ві самолю́бство.** The warm reception flattered Marko's self-esteem.
See **ле́стити 1, 2**
pa. pple. **залоско́таний** tickled
(за)лоскочи́!

лосо́с|ь, *m.*, **~я**
salmon; salmon meat ◊ **Тим ра́зом за́мість ґрилюва́ти, вони́ тушкува́тимуть ~я в бі́лому вині́.** This time, instead of grilling, they will poach salmon in white wine.
adj. **ди́кий** wild ◊ **Він зроби́в накла́данці з ди́кого ~я.** He made wild salmon sandwiches. **культиво́ваний** farm-raised; **сві́жий** fresh; **ву́джений** smoked, **консерво́ваний** canned; **роже́вий** pink, **черво́ний** red; **аля́скинський** Alaskan, **атланти́чний** Atlantic, **норве́зький** Norwegian, **шотла́ндський** Scottish
See **ри́ба 1, 2**

лос|ь, *m.*, **~я**
1 moose *(animal)*
adj. **вели́кий** big; **вели́чний** majestic; **молоди́й** young, **стари́й** old ◊ **Пе́ред ни́м стоя́в стари́й л.** An old moose was standing in front of him.
v. + **л. ба́чити ~я** see a moose (**зустріча́ти** encounter; **охороня́ти** protect, **полюва́ти на** hunt) ◊ **Тут дозво́лено полюва́ти на ~я.** Moose hunting is allowed here.
See **твари́на**
2 moose *(meat)*
v. + **л. ї́сти ~я** eat moose (**готува́ти** cook, **ґрилюва́ти** grill, **пекти́** roast, **сма́жити** fry, **тушкува́ти** stew; **подава́ти** serve)
See **м'я́со**

лотере́|я, *f.*, **~ї**
lottery
adj. **держа́вна** government, **націона́льна** national, **спорти́вна** sports; **ві́зова** visa, **іміґраці́йна** immigration ◊ **Він виступа́в за те, щоб скасува́ти іміґраці́йну ~ю.** He spoke in favor of canceling the immigration lottery.
v. + **л. прово́дити ~ю** run a lottery ◊ **Націона́льну ~ю прово́дять три́чі на рік.** The national lottery is run three times a year. (**ви́грати** win; **гра́ти в** play); **бра́ти у́часть у ~ї** take part in a lottery

лука́в|ий, *adj.*
1 cunning, crafty, scheming, devious **~а по́смішка** a devious smile
adj. **ду́же** very; **де́що** somewhat, **тро́хи** a little, **ма́йже** almost; **я́вно** obviously
v. + **л. бу́ти ~им** be crafty (**виявля́тися** turn out; **здава́тися** + *D.* seem to sb; **става́ти** become) ◊ **Її́ о́чі ста́ли ~ими.** Her eyes became cunning.
2 deceitful, hypocritical, underhanded ◊ **~а люди́на** deceitful person
3 treacherous, duplicitous ◊ **л. во́рог** a treacherous enemy
4 *as n.* wicked, evil; *euph.* the Evil One, the Devil ◊ **Її л. поплу́тав.** She was misled by the Devil. ♦ **від ~ого** ill-advised, unwise, misguided ◊ **Від ~ого ва́ші су́мніви.** Your doubts are ill-advised.
Also see **чорт 1**

лука́в|ити, **~лю,~иш, ~лять; з~**, *intr.*
to be deceitful, be disingenuous; lie
adv. **ду́же** very ◊ **Ка́жучи це, вона́ ду́же ~ила.** Saying that, she was being very disingenuous. **де́що** somewhat, **тро́хи** a little; **зуми́сне** deliberately, **без су́мніву** no doubt; **я́вно** clearly, **Він я́вно ~ив з О́льгою.** He was clearly disingenuous with Olha.
prep. **л. з** + *I.* be deceitful with sb
See **обма́нювати**
2 *pf., euph.* to lie ◊ **Він злука́вив, сказа́вши, що ні́чого не зна́є.** He lied when he said he knew nothing.
See **бреха́ти 1, обма́нювати**
(з)лука́в!

лун|а́, *f.*
echo
adj. **дале́ка** distant; **гучна́** loud, **си́льна** strong; **слабка́** faint ◊ **Він чув слабку́ ~у́ дале́кого гро́му.** He heard a faint echo of distant thunder. **ви́разна** clear, **дзвінка́** vibrant; **поро́жня** hollow
v. + **л. чу́ти ~у́** hear an echo (**слу́хати** listen to); **прислуха́тися до ~и́** listen for an echo; ♦ **відбива́тися ~о́ю** to reverberate ◊ **Її кро́ки відбива́лися ~о́ю по коридо́ру.** Her steps reverberated down the corridor.
л. + *v.* **дохо́дити до** + *G.* reach sth ◊ **До її ву́ха ді́йшла л. від чийо́гось кри́ку.** An echo of somebody's cry reached her ear. **йти** travel, **коти́тися** + *I.* roll through sth, **леті́ти** fly; **ши́ритися** + *I.* spread through sth; **відгу́куватися** bounce; **завмира́ти** die away ◊ **Л. від по́стрілу завме́рла десь у лі́сі.** The echo from the shot died away somewhere in the woods.

луп|и́ти, **~лю́ ~иш ~лять; на~, об~, з~, в~**, *tran. and intr.*
1 *tran.* to peel, shell, skin; *pf.* **об~**; ◊ **л. карто́плю** peel potatoes; ◊ **л. горі́хи** shell nuts; ◊ **л. шкі́ру з** + *G.* to skin sb; ♦ **л. зу́би** to laugh ◊ **Студе́нти, що стоя́ли бі́ля вхо́ду, го́лосно ~или зу́би.** The students who stood at the entrance were laughing loudly. ♦ **л. о́чі на** + *A.* to stare at sb ◊ **Чого́ о́чі ~иш?** What are you staring at?
See **чи́стити 4.** *Cf.* **лу́щити**
2 *intr., colloq.* to overcharge, rip off, rook; *pf.* **з~**
prep. **л. з** + *G.* charge sb, **л. за** + *A.* charge for sth ◊ **Компа́нія ~и́ла з люде́й за бензи́н подві́йну ціну́.** The company charged people double for the gas.
3 *colloq.* to beat, pelt, pound; *pf.* **на~** ◊ **Ра́я лю́то ~и́ла його́ кула́ками.** Raya furiously pounded him with her fists. ◊ **Дощ ди́ко ~ить у ві́кна.** The rain is ferociously pelting the windows.
See **би́ти 1**
4 *colloq.* to stuff one's face with, shovel down; *pf.* **в~** ◊ **Оре́ст ~и́в вече́рю, на́че ти́ждень не їв.** Orest was stuffing his face with dinner, as if he had not eaten for a week.
pa. pple. **облу́плений** shelled
(на)лупи́!

лу́щ|ити, **~ать; об~, на~**, *tran.*
to shell, husk, peel
л. + *n.* **л. квасо́лю** shell beans ◊ **Ді́ти ма́ли об~ всю зі́брану квасо́лю.** The children had to shell all the harvested beans. (**кукуру́дзу** corn ◊ **Вони́ сиді́ли й ~или кукуру́дзу.** They were sitting and husking corncobs. **горі́хи** nuts, **часни́к** garlic ◊ **Марі́чка облу́щила три зубці́ часнику́.** Marichka peeled three cloves of garlic.
Also see **чи́стити 4**

льон, *m.*, **~у**, *only sg.*
1 *bot.* flax
adj. **мо́чений** water-retted, **ті́паний** scutched, **че́саний** hackled
v. + **л. мочи́ти л.** ret flax (**пря́сти** spin) ◊ **Він умі́є пря́сти л.** He knows how to spin flax.
2 linen, flax textile ◊ **соро́чка з ~у** a linen shirt
adj. **гру́бий** coarse, **м'яки́й** soft, **тонки́й** fine; **хоро́ший** good; **правди́вий** genuine, **чи́стий** pure; **стові́дсо́тковий** 100%
See **ткани́на 1**

льо́тчик, *m.*, **~а; льо́тчиця**, *f.*
pilot, airman, flyer, aviator
adj. **до́брий** good; **ліцензо́ваний** licensed, **професі́йний** professional, **трено́ваний** trained; **дosві́дчений** experienced; **віртуо́зний** virtuoso, **вмі́лий** skilled, **майсте́рний** masterful; **ке́пський** poor, **пога́ний** bad; **недосві́дчений** inexperienced; **непрофесі́йний** unprofessional; **прива́тний** private; **бойови́й** combat, **військо́вий** military, **військо́во-морськи́й** navy, **морськи́й** marine; **циві́льний** civilian
л. + *v.* **літа́ти** fly; **викида́тися з** + *G.* eject from sth, **стриба́ти з парашу́том** parachute; **розбива́тися** crash; **вижива́ти** survive ◊ **Л. ви́жив завдяки́ то́му, що встиг ви́кинутися з літака́.** The pilot survived thanks to the fact that he had managed to eject out of the aircraft.
See **пі́лот, спеціялі́ст**

люби́тел|ь, *m.*; **~ька**, *f.*
1 lover *(of art, literature, etc.)*, admirer
adj. **вели́кий** great ◊ **На зу́стріч прибуло́ кі́лька вели́ких ~ів Франка́.** Several great

admirers of Franko came to the meeting.
гаря́чий ardent, **завзя́тий** inveterate, **запе́клий** fierce, **найбі́льший** greatest, **палки́й** keen, **при́страсний** passionate ◊ **Він – при́страсний л. німо́го кіна́.** He is a passionate lover of silent movies.
Also see **знаве́ць, ласу́н 1, маніяк 2.** *Cf.* **коха́нець**
2 amateur ◊ **Він – ра́дше л., ніж фахіве́ць з архітекту́ри.** He is an amateur, rather than specialist, in architecture.
adj. **по́вний** total, **цілкови́тий** complete; **безнаді́йний** hopeless, **жалюгі́дний** pathetic; **я́вний** obvious
Also see **ама́тор 1.** *Ant.* **професіона́л, спеціяліст**

люби́тельськ|ий, *adj.*
1 amateur, nonprofessional
л.+ *n*. л. теа́тр an amateur theater ◊ **В університе́ті він грав у ~ому теа́трі.** When in college, he played in an amateur theater. (**хор** choir, **фільм** film ◊ **фестива́ль ~их фі́льмів** an amateur film festival; **бокс** boxing, **спорт** sport); **~а кіносту́дія** an amateur film studio
Also see **ама́торський 1.** *Ant.* **професі́йний 3**
2 inept, unskillful, amateurish
adv. **безнаді́йно** hopelessly ◊ **безнаді́йно ~а робо́та** a hopelessly amateurish work. **геть** totally, **жалюгі́дно** pathetically; **цілкови́то** completely; **я́вно** clearly
See **ама́торський 2.** *Ant.* **професі́йний 2**

люб|и́ти, ~лю́, ~иш, ~лять; по~, *tran.*
1 to love *(usu platonically)*, be fond of, feel affection for, feel attachment to ◊ **Васи́ль ~ить свою́ сестру́.** Vasyl loves his sister.
adv. **глибо́ко** deeply, **ду́же** very much, **си́льно** intensely, **найду́жче** *or* **найбі́льше** most ◊ **Він найбі́льше ~ить Катру́сю.** He loves Katrusia the most. **по́над усе́** above all, **ві́ддано** devotedly, **ві́рно** faithfully; **найме́нше** least; **за́вжди́** always; **правди́во** truly, **спра́вді** really, **щи́ро** genuinely; **про́сто** simply, **безумо́вно** unconditionally, **слі́по** blindly ◊ **Парафія́ни слі́по ~или свяще́нника.** Parishioners blindly loved the priest.
л. + *n*. л. краї́ну love a country (**діте́й** children, **батькі́в** parents, **се́стер** sisters, **брáтів** brothers, **дру́зів** friends)
v. **+ л. могти́** can ◊ **Як він мо́же л. цю ди́вну сім'ю?** How can he be fond of this weird family? **продо́вжувати** continue to, **перестава́ти** stop ◊ **Пі́сля сва́рки він переста́в л. люди́ну, яку́ вважа́в при́ятелем.** After the fight, he stopped liking the person he considered a friend.
prep. **л. за + *A*.** love for sth ◊ **Режисе́р ува́жний до акто́рів, і за це вони́ ~лять його́.** The director is attentive to his actors and they love him for that.
Cf. **коха́ти 1**
2 to love *(romantically)*, be in love with; *pf.* to fall in love, come to love ◊ **Тимі́ш відчу́в, що глибо́ко полюби́в її.** Tymish felt he had fallen deeply in love with her.
л. + *n*. л. дівчи́ну love one's girlfriend (**жі́нку** woman ◊ **Дмитро́ ~ить і́ншу жі́нку.** Dmytro is in love with another woman. **коха́нку** mistress, **коха́ну**, *f.* one's beloved, **нарече́ну** fiancée; **коха́ного**, *m.* one's beloved, **коха́нця**, *m.* lover ◊ **Вона́ бі́льше не ~ила коха́нця.** She was not in love with her lover any more. **хло́пця** boyfriend, **чолові́ка** man, **нарече́ного** fiancé, *etc.*)
See **коха́ти 1**
3 to like, like to do sth, take interest in, be attracted to **+ *A*. *or inf.*** ◊ **Валенти́на ~ила кни́жки́.** Valentyna liked books.
л. + *n*. л. літерату́ру like literature (**кіно́** movies, **мисте́цтво** arts, **му́зику** music, **о́перу** opera, **та́нець** dance, **теа́тр** theater, *etc.*; **гоке́й** hockey ◊ **Вона́ ~ила гоке́й.** She loved hockey. **футбо́л** soccer, **спорт** sports; **архітекту́ру** architecture, **фотогра́фію** photography, *etc.*; **кухарюва́ти** cooking, **співа́ти** singing, **подорожува́ти** traveling) ◊ **Марі́я ~ила подорожува́ти.** Maria liked to travel.
See **подо́батися.** *Also see* **вподо́ба, коха́тися 3 (по)люби!**

любо́в, *f.*, **~и**, *only sg.*
1 love *(spiritual)*, affection
adj. **вели́ка** great, **ні́жна** tender; **батькі́вська** fatherly *and* parental, **матери́нська** motherly, **сині́вська** filial; **бра́тська** brotherly, **сестри́нська** sisterly; **земна́** earthly, **лю́дська́** human; **боже́ственна** divine; **духо́вна** spiritual, **платоні́чна** platonic; **християнська** Christian; **всесві́тня** universal; **ві́чна** eternal, **невмиру́ща** undying; **всепро́щенна** all-forgiving, **альтруї́сти́чна** altruistic, **глибо́ка** deep, **ві́рна** faithful, **самові́ддана** selfless
prep. **л. до + *G*.** love for sb ◊ **Рома́нова л. до батькі́в ма́ла ме́жі.** Roman's love for his parents had its limits.
Cf. **коха́ння 1.** *Ant.* **нена́висть**
2 love *(physical)* ◊ **Ори́ся пережива́ла почуття́ всепоглина́ючої ~и.** Orysia was experiencing the feeling of all-consuming love.
See **коха́ння 1.** *Also see* **жага́ 3, жада́ння 2, ла́ска 2, лю́бощі 1, при́страсть 4**
3 *fig.* beloved, love, lover; sb loved *(in senses 1 and 2)* ♦ **стара́ л.** an old flame
See **симпа́тія 2.** *Also see* **коха́нець 2, коха́ний 3, коха́ння 2**
4 *euph.* sex *(sexual love)*, ♦ **займа́тися ~'ю з + *I*.** to make love to sb ◊ **Вона́ не пригáдувала, коли́ займа́лася ~'ю оста́нній раз.** She did not recollect when she made love for the last time.
Also see **коха́ння 3, ла́ска 2, лю́бощі 3**
5 love, interest, passion, fondness
prep. **л. до + *G*.** love for sth ◊ **л. до книжо́к** a love for books (**маля́рства** painting, **мап** maps, **му́зики** music, **стари́х світли́н** old photos, **фі́льмів** films, *etc.*)
See **при́страсть 3.** *Also see* **жага́ 2, слáбість 5, схи́льність 2**

любо́вн|ий, *adj.*
1 love, of or pertaining to love, amorous
л. + *n*. л. зв'язо́к a love affair (**лист** letter; **напі́й** potion; **трику́тник** triangle); **~а істо́рія** a love story (**дра́ма** drama); ♦ **~е поба́чення** a date; **~е почуття́** a love feeling; **~і приго́ди** love adventures (**ла́ски** caresses)
Also see **серде́чний 2**
2 affectionate, filled with love, loving ◊ **л. по́гляд** an affectionate look ◊ **Лев ~им по́глядом диви́вся на си́на.** Lev was looking at his son with affection.
See **ні́жний 1, серде́чний 1**

люб'я́зн|ий, *adj.*
kind, attentive, courteous, nice
adv. **вкрай** extremely, **ду́же** very, **надзвича́йно** extremely ◊ **Вона́ надзвича́йно ~а з усіма́ го́стями.** She is extremely nice with all guests. **особли́во** particularly, **підкре́слено** emphatically, **страше́нно** terribly; **за́вжди́** always, **незмі́нно** invariably; **до́сить** fairly, **доста́тньо** sufficiently; **ма́йже** almost; **несподі́вано** unexpectedly, **ра́птом** suddenly; **нети́пово** uncharacteristically; **підозрі́ло** suspiciously
v. **+ л. бу́ти ~им** be kind (**виявля́тися** turn out **здава́тися + *D*.** seem to sb, **лиша́тися** remain, **става́ти** become) ◊ **Яросла́в став підозрі́ло ~им.** Yaroslav became suspiciously kind. ♦ **Ви ду́же ~і.** You are very kind. ♦ **бу́дьте ~і** be so kind; excuse me *(used to call attention)* ◊ **Бу́дьте ~і, де тут банк?** Excuse me, where is the bank here?
prep. **л. до + *G*.** kind to sb ◊ **Вона́ незмі́нно ~а до відві́дувачів.** She is invariably nice to customers. **л. з + *I*.** nice with sb

лю́д|и, *pl. of* **люди́на, ~е́й**
1 people, humans, men ◊ **Що це за л.?** Who are these people? ♦ **л. до́брої во́лі** people of good will; ♦ **вихо́дити в л.** to make it in life ◊ **Бу́дучи хло́пцем підприє́мливим, Марко́ шви́дко ви́йшов у л.** Being an enterprising guy, Marko quickly made it in life. ♦ **Л. до́брі, ха́та те́пла!** *colloq.* Woe is me! ♦ **не ма́ти кого́сь за ~е́й** to have no respect for sb ◊ **Як же йому́ ві́рити, якщо́ він нас за ~е́й не ма́є?** How can he be trusted, if he has no respect for us?
See **люди́на 1, 2.** *Cf.* **наро́д**
2 others, somebody else, *impers.* they ◊ **Ка́жуть л., що тут ди́вні ре́чі ді́ються.** They say strange things are happening here. ◊ **Мо́же л. зна́ють, де тут коли́сь був за́мок.** Perhaps somebody knows where the castle used to be here.
3 society, the public ♦ *dir.* **з'явля́тися на л.** to appear in public ◊ **Вони́ не з'явля́ються на л.** They do not appear in public. ♦ *posn.* **на ~ях** in public ◊ **Ори́ся сва́риться з чолові́ком, але́ не на ~ях.** Orysia fights with her husband, but not in public. ♦ *colloq.* **як у ~е́й** as is the custom, right ◊ **У Рома́на все не як у ~е́й.** Everything about Roman is wrong.
Also see **пу́бліка 2**
I. pl. **~ьми́**

люди́н|а, *f.*
1 person, individual, human being
adj. **доро́сла** adult, **лі́тня** aging, **стара́** old; **молода́** young; **до́бра** good, **ла́гідна** kind, **прие́мна** pleasant, **ува́жна** attentive; **делі́ка́тна** considerate, **м'яка́** gentle; **ви́хована** well-bred, **осві́чена** educated, **че́мна** polite ◊ **Іва́н був че́мною ~ою.** Ivan was a polite individual. **такто́вна** tactful; **че́сна** honest; **відповіда́льна** responsible, **наді́йна** reliable; **відве́рта** frank; **прито́мна** sensible ◊ **Окса́на – прито́мна л.** Oksana is a sensible person. **геніяльна** brilliant, **обдаро́вана** gifted, **талanови́та** talented; **оригіна́льна** original; **дивакува́та** eccentric, **ди́вна** strange; **куме́дна** comic, **смішна́** funny; **одру́жена** married; **само́тня** single; **неприє́мна** unpleasant, **нетакто́вна** tactless; **брута́льна** brutal, **гру́ба** rude, **неоте́сана** uncouth, **ха́мська** boorish; **неосві́чена** uneducated; **жорсто́ка** cruel, **лиха́** mean, **небезпе́чна** dangerous, **пі́дла** wicked, **підсту́пна** treacherous ◊ **Па́ні К. – пі́дла і підсту́пна л.** Mrs. K. is a wicked and treacherous person. **брехли́ва** mendacious, **лицемі́рна** hypocritical, **нече́сна** dishonest; **безвідповіда́льна** irresponsible, **ненаді́йна** unreliable; **посполи́та** ordinary, **норма́льна** regular; **посере́дня** mediocre; **здоро́ва** healthy; **неповноспра́вна** disabled; **божеві́льна** insane; **глуха́** deaf, **незря́ча** blind, **німа́** mute, **хво́ра** sick; **бува́ла** streetwise, **дові́дчена** experienced; ♦ **своя́ л.** one of us, alright kind of person; ◊ **Хто ця л.?** Who is this person? ♦ **Що це за л.?** What kind of person is this? **бага́та** rich, **забезпе́чена** well-off, **замо́жна** wealthy, **грошови́та** moneyed; **бі́дна** poor; **жа́дібна** greedy, **скупа́** cheap; **ще́дра** generous; **оща́длива** thrifty
Also see **лю́ди, осо́ба 1, персо́на, сме́ртний 4**
2 *as pr.* one, someone, somebody ◊ **Л. працю́є все життя́, а тоді́ вмира́є в бі́дності.** One works all life long and then dies in poverty. *(used to point to sb)* ◊ **Що ви напада́єте на ~у? Марі́я ма́є ра́цію.** Why are you attacking Maria? She is right.
N. pl. **лю́ди**, *G. pl.* **люде́й**, *I. pl.* **людьми́**

лю́дн|ий, *adj.*
crowded, busy ◊ **Він вибира́в ~і ву́лиці, щоб бу́ти ме́нше помі́тним у на́товпі.** He chose busy streets so as to be less noticeable in the crowd.
adv. **вкрай** extremely, **ду́же** very, **страше́нно** terribly; **до́сить** fairly; **на ди́во** surprisingly, **несподі́вано** unexpectedly ◊ **Майда́н**

ви́явився несподі́вано ~им. The square proved to be unexpectedly crowded.
Also see **ма́совий 1, широ́кий 7**

лю́дств|о, *nt., only sg.*
1 mankind, humanity, humankind; ◊ **усе́ л.** all mankind
n. + **л. до́ля ~а** the fate of mankind (**істо́рія** history; **майбу́тнє** future; **бла́го** good) ◊ **Він перекона́ний, що ро́бить усе́ це на бла́го ~а.** He is convinced he is doing all that for the good of mankind.
v. + **л. рятува́ти л.** save humanity ◊ **Ця техноло́гія обіця́є врятува́ти л. від самозни́щення.** The technology promises to save mankind from self-destruction. (**ни́щити** destroy); **допомага́ти ~у** help mankind (**служи́ти** serve)
2 people ◊ **трудове́ л.** working people

лю́дськ|ий 1, 2, *var.* **людськи́й 3**, *adj.*
1 human, of or pertaining to humans
л. + *n.* **л. го́лос** a human voice (**ро́зум** mind; **гурт** company) ◊ **Вона́ шука́ла ~ого гу́рту.** She was looking for human company. **~а́ істо́та** a human being (**мо́ва** language, **приро́да** nature; **осе́ля** home; **кров** blood; **справедли́вість** justice) ◊ **Він не сподіва́вся нічо́го до́брого від ~ого правосу́ддя.** He expected nothing good of human justice. **~е́ співчуття́** human compassion (**сумлі́ння** conscience); ♦ **про ~е́ о́ко** for appearances' sake ◊ **Він посла́в Оле́ні приві́тання про ~е́ о́ко.** He sent Olena his greetings for for appearances' sake.
2 somebody else's, other people's ◊ **~і́ ді́ти** other people's children; ◊ **Це не його́ гро́ші, а ~і́.** This is not his but other people's money. ♦ **про ~е́** *or* **чуже́ око́** for appearances' sake ◊ **Вона́ каза́ла це не щи́ро, а про ~е́ о́ко.** She was saying it not sincerely but for appearances' sake.
3 *only* **людськи́й** humane, compassionate, kind ◊ **Систе́ма охоро́ни здоро́в'я у ціи́ краї́ні не зо́всім ~а.** The health care system in the country is not quite humane. **~е ста́влення** humane treatment; ◊ **Взає́мини в компа́нії переста́ли бу́ти дру́жніми й ~ими.** The relationships in the company stopped being friendly and kind.
See **гума́нний**

лю́т|ий[1], *m.*, **~ого**
February ◊ **Він пока́зуватиме фільм двадця́того ~ого.** He will be screening the film on February 20.
prep. **в ~ому** *or* **~ім** in February ◊ **Цього́рі́ч у ~ому на оди́н день бі́льше, як звича́йно.** This year, there is a day more in February than usual. **від ~ого** from February; **до ~ого** by/till/to February ◊ **У них не бу́де робо́ти до ~ого.** They will not have work until February. **з ~ого** since February; **на л.** for February ◊ **Учи́тель загада́в їм завда́ння на весь л.** The teacher gave them assignments for all of February.
See **мі́сяць 1**

лю́т|ий[2], *adj.*
1 fierce, ferocious; bloodthirsty, vicious
adv. **ду́же** very, **надзвича́йно** extremely, **про́сто** simply, **стра́шно** terribly, **неймові́рно** incredibly; **все бі́льше** increasingly
л. + *n.* **л. тигр** a ferocious tiger, **л. вого́нь** fierce fire, **л. во́рог** a vicious enemy; **~а за́здрість** fierce envy (**нена́висть** hatred) ◊ **Її охопи́ла ~а нена́висть.** She was overtaken by fierce hatred. **~а ма́чуха** a vicious stepmother
v. + **л. бу́ти ~им** be fierce (**здава́тися** + *D.* seem to sb ◊ **При тако́му сві́тлі невідо́мий на портре́ті здає́ться про́сто ~им.** In such light, the stranger in the portrait seems simply fierce. **роби́тися** turn, **става́ти** become)
prep. **л. від** *or* **з** + *G.* ferocious with sth ◊ **Лев став ~им від** *or* **із го́лоду.** The lion became ferocious with hunger.
2 furious, enraged, vicious ◊ **л. го́лос** furious voice; **~а ла́йка** furious obcenities; **~е обли́ччя** a furious face ◊ **Її обли́ччя зроби́лося ~им зі зло́сти.** Her face turned furious with anger. **~і о́чі** furious eyes
3 unbearable *(of pain, etc.)*, excruciating ◊ **л. біль** an excruciating pain ◊ **Л. біль скува́в його́ ті́ло.** An excruciating pain paralyzed his body. **~е ли́хо** cruel misfortune; **~і страджда́ння** unbearable suffering
Also see **брута́льний 2, жорсто́кий 3**
4 intense *(of elements)*, bitter, icy cold
л. + *n.* **л. моро́з** bitter cold; **~а зима́** harsh winter, **~а бу́ря** raging storm
Also see **жорсто́кий 2, цупки́й 4**

люту|ва́ти, ~ють; *no pf., intr.*
1 to rage *(of humans)*, be furious, be enraged
adv. **до́вго** for a long time; **ду́же** very, **жахли́во** dreadfully, **надзвича́йно** extremely, **неймові́рно** incredibly, **стра́шно** terribly; **все бі́льше** increasingly
prep. **л. на** + *A.* be enraged with sb ◊ **Іва́н ду́же ~вав на сестру́.** Ivan was very much enraged with his sister.
See **гні́ватися.** *Also see* **ду́тися 3, се́рдитися 1**
2 to rampage, cause death and destruction ◊ **По мі́сту ~ють солда́ти.** Soldiers are rampaging around the city.
3 to rage *(of elements, disease, etc.)* ◊ **На мо́рі ~є што́рм.** A storm rages on the sea. ◊ **За вікно́м ~ла бу́ря.** The storm raged outside the window. ◊ **Коли́сь тут ~ва́ла чума́.** Once a plague was raging here.
люту́й!

лют|ь, *f., only sg.*
fury, rage, outrage ◊ **Макси́м погля́нув на ньо́го з ~тю.** Maksym looked at him with rage.
prep. **від ~і** with rage ◊ **Його́ го́лос тремті́в від шале́ної ~і.** His voice trembled with insane rage. **л. на** + *A.* rage with sb ◊ **Гали́нина л. на ньо́го не ма́ла меж.** Halyna's rage with him was boundless.
See **злість.** *Cf.* **роздратува́ння**

ляга́|ти, ~ють; лягти́, ля́ж|уть; *pa. m.* **ліг**, *pl.* **лягли́**, *intr.*
1 to lie, lie down
adv. **зру́чно** comfortably ◊ **Лари́са зру́чно ля́гла на кана́пі.** Larysa lay down comfortably on the sofa. **ти́хо** quietly; **горілиць** face up, **ниць** face down, **на спи́ну** on the back ◊ **Пес ліг на спи́ну.** The dog lay on its back. **на бік** on the side, **на живі́т** on the stomach
prep. **л. в** + *A. dir.* lie in sth ◊ **Він ліг у копи́цю сі́на.** He lay down in a hay stack. **л. на** + *A. dir.* lie on sth ◊ **Він хоті́в лягти́ на щось м'яке́.** He wanted to lie down on something soft. **л. під** + *A. dir.* lie under sth ◊ **Він ліг під стіл.** He lay down under the table.
Ant. **встава́ти**
2 to go to bed; get hospitalized; *only pf.* come down with sickness
adv. **ра́но** early ◊ **Вони́ ра́но ~ють.** They go to bed early. **пі́зно** late; **наре́шті** finally; **нео́хоче** reluctantly; ♦ **л. спа́ти** to go to bed
v. + **л. бу́ти пора́** + *D.* be time to ◊ **Ді́тям да́вно пора́ л.** It is high time the children went to bed. **бу́ти ра́но** be early to; **бу́ти тре́ба** + *D.* need to ◊ **Сього́дні Хомі́ тре́ба лягти́ рані́ше.** Today Khoma needs to go to bed earlier. **ду́мати** be going to, **збира́тися** intend to, **ма́ти на́мір** have the intention to ◊ **Він має́ на́мір не л. ці́лу ніч.** He has the intention of staying up all night long. **каза́ти** + *D.* tell sb to; **нака́зувати** + *D.* order sb to, **хоті́ти** want to ◊ **Була́ дев'я́та, а вона́ вже хоті́ла л.** It was nine and she already wanted to go to bed.
prep. ♦ **л. в осно́ву** + *G.* to underlie sth, be basis of sth ◊ **Її істо́рія мо́же лягти́ в осно́ву фі́льму.** Her story can be the basis of a film.
♦ **л. від сміху** *or* **л. з ре́готу** to roll with laughter
Also see **поклада́тися 2**
3 *fig.* to perish, die ◊ **Бага́то лю́ду ляглó в би́тві.** A lot of people perished in the battle.
♦ **л. кістьми́** *or* **тру́пом** to die
See **вмира́ти 1**
4 to fall, drop ◊ **Від де́рева на ха́ту ~ла до́вга тінь.** The tree cast a long shadow on the house.
See **па́дати 1**
5 to weigh on, be sb's responsibility ◊ **Цей обо́в'язок ліг на Степа́на.** The duty lay with Stepan.
6 *only in 3rd pers.* to run to *(of road)*, lead to ◊ **Доро́га ~ла че́рез ди́кий степ.** The road ran through the wild steppe.
prep. **л. від** + *G.* lead from sth, **л. до** + *G.* lead to sth ◊ **Від Ки́єва до Оде́си ~ла суча́сна автостра́да.** A modern highway led from Kyiv to Odesa.
See **перетина́ти 2.** *Also see* **прохо́дити 3.** *Cf.* **лежа́ти**
ляга́й! ляж!

ляка́|ти, ~ють; з~ *or* **пере~**, *tran.*
1 to scare, frighten, be scary, cause fear in ◊ **Мо́тря ~ла нача́льника запо́взятістю.** Motria scared her boss with her zeal.
adv. **геть** totally, **до нестя́ми** stiff ◊ **Вона́ зляка́ла хло́пця до нестя́ми.** She scared the boy stiff. **ду́же** very much, **жахли́во** dreadfully, **си́льно** badly, **стра́шно** terribly; **ле́гко** slightly ◊ **Його́ ле́гко зляка́ли.** They scared him slightly. **тро́хи** a little; **навми́сно** deliberately ◊ **Сашко́ навми́сне ~в діте́й, щоб вони́ його́ слу́хали.** Sashko deliberately scared the children so that they obeyed him. **про́сто** simply; **ви́разно** distinctly, **я́вно** clearly; **зо́всім не** not at all, **ніскі́лечки** not a bit; **за́вжди́** always, **іно́ді** sometimes, **ча́сто** often; **ніко́ли не** never ◊ **Тру́днощі ніко́ли не ~ють Оле́ся.** Difficulties never frighten Oles.
Also see **жаха́ти**
2 to cause concern in sb, get sb worried, perturb sb + *I.* ◊ **Такі́ умо́ви мо́жуть з~ будь-кого́.** Such conditions can get anybody worried.
See **турбува́ти.** *Also see* **жури́ти 2, ї́сти 5, непоко́їти, хвилюва́ти 1**
pa. pple. **зля́каний** *or* **переля́каний** frightened
(з)ляка́й!

ляка́|тися; з~ *or* **пере~**, *intr.*
1 to get scared, to be frightened of ◊ **Хло́пчик ле́гко ~ється.** The little boy is easily scared.
prep. **л. від** + *G.* get frightened from sth ◊ **Вони́ ~лися (від) ко́жного зву́ку.** Every sound got them scared.
Also see **жаха́тися.** *Cf.* **боя́тися**
2 to get worried, get perturbed ◊ **Рома́н серйо́зно зляка́вся.** Roman got seriously worried.
See **жури́тися 2.** *Also see* **непоко́їтися, пережива́ти 4, турбува́тися 1, хвилюва́тися 1**

лякли́в|ий, *adj.*
easily scared, easily frightened, cowardly
adv. **геть** totally, **до́сить** fairly, **ду́же** very ◊ **Він став ду́же ~им.** He became very easily scared. **жахли́во** dreadfully, **до нестя́ми** insanely, **стра́шно** terribly; **на́дто** too ◊ **Для тако́го завда́ння він на́дто л.** For such a mission, he is too easily scared. **де́що** somewhat, **тро́хи** a little, **про́сто** simply; **зо́всім не** not at all ◊ **То́ня зо́всім не ~а.** Tonia is not at all easily scared. **ніскі́лечки** not a bit

ля́ль|ка, *f.*
1 doll
adj. **вели́ка** large, **величе́зна** huge ◊ **На уроди́ни їй купи́ли величе́зну ~ку.** They bought her a huge doll for her birthday. **мале́нька** little; **улю́блена** favorite; **дерев'я́на** wooden,

мо́тана *or* мате́р'яна rag, паперо́ва paper, пластма́сова plastic; заві́дна́ mechanical ◊ Лев подарува́в дочці́ заві́дну́ ~ку. Lev gave his daughter a mechanical doll. ♦ л.-мо́танка rag doll *(traditional in Ukraine)* ◊ На я́рмарку дру́зі знайшли́ стару́ ля́льку-мо́танку. The friends found an old rag doll at the fair. ♦ як л. very nice, delightful ◊ Місте́чко було́, як л. The town was delightful. ♦ гра́ти(ся) в ~ки́ to play dolls; *fig.* to play games with sb ◊ Він приї́хав зо́всім не для то́го, щоб гра́тися з ни́ми в ~ки́. He did not arrive to play games with them.

prep. на ~ці on a doll ◊ На ~ці була́ си́ня су́кня. There was a blue dress on the doll.

2 puppet ◊ теа́тр ~о́к a puppet theater

М

маґісте́ріюм, *m.*, **~а**, *var., colloq.* **маґісте́рка**
master's program

prep. м. з + *G.* master's program in *(a discipline)* ◊ Він вступи́в на м. із соціоло́гії. He enrolled in a master's program in sociology.

Cf. бакалавра́т

маґі́стерськ|ий, *adj.*
master's, MA, of or pertaining to master's degree

м. + *n.* м. дипло́м a master's diploma (і́спит exam, курс course, рі́вень level; сту́пінь degree); ~а осві́та a master's training (програ́ма program; робо́та paper) ◊ Вона́ написа́ла блиску́чу ~у робо́ту. She wrote a brilliant master's paper.

маґі́стр, *m.*, **~а; маґі́стерка**, *f.*
1 master's degree, MA, MSc + *G.* ◊ Торі́к Мудра́к отри́мав ~а матема́тики. Last year, Mudrak received an MA in mathematics.

n. + м. дипло́м ~а a master's diploma (рі́вень level, сту́пінь degree)

2 master, master's degree holder ◊ Оле́кса – м., а не до́ктор філосо́фії. Oleksa is a master, not a doctor of philosophy.

Also see аспіранту́ра, бакала́вр, бакалавра́т, програ́ма. *Cf.* до́ктор 2

маґнети́чн|ий, *adj.*
1 *phys.* magnetic, of or related to magnetism ◊ ~і дослі́дження studies of magnetism
2 *fig.* very attractive, magnetic, alluring ◊ Він ма́є у собі́ щось ~е. He has something magnetic about him.

adv. винятко́во exceptionally, дивови́жно amazingly, ду́же very, спра́вді really ◊ У на́шого Рома́на спра́вді ~а мане́ра говори́ти. Our Roman has a really magnetic manner of speaking. чарі́вно charmingly; на рі́дкість exceptionally, уніка́льно uniquely ◊ Акто́рка вирізня́ється уніка́льно ~ою прису́тністю на екра́ні. The actress stands out by her uniquely magnetic screen presence.

See прива́бливий

маґні́т, *m.*, **~у**
1 *phys.* magnet ◊ Він сиді́в і ба́вився ~ом. He sat and toyed with a magnet. ◊ Залі́зо відділя́ється від ре́шти смі́ття за допомо́гою поту́жного ~у. Iron is separated from the rest of garbage by a powerful magnet. ◊ У Флоре́нції Іва́н купи́в черго́вий м. на холоди́льник. In Florence, Ivan bought another magnet for his refrigerator.

2 *fig.* magnet, attraction, draw

adj. вели́кий great, могу́тній mighty, найбі́льший greatest, непербо́рний overpowering ◊ Тама́ра була́ для чоловікі́в, як неперебо́рний м. Tamara was like an overpowering magnet for men. невідпі́рний irresitible, поту́жний powerful, си́льний strong, спра́вжній true

v. + м. бу́ти ~ом be a magnet (здава́тися + *D.* seem to sb ◊ Його́ обли́ччя здава́лося Людми́лі невідпі́рним ~ом. His face seemed to be an irresistible magnet to Liudmyla. виявля́тися turn out, лиша́тися remain, роби́ти + *A.* make sth ◊ Нови́й музе́й зроби́в місте́чко ~ом для тури́стів. The new museum made the town a magnet for tourists. става́ти become)

маєт|ок, *m.*, **~ку**
1 property, possessions, belongings

adj. вели́кий big, величе́зний immense ◊ За коро́ткий час він змі́г накопи́чити величе́зні ~ки. In short time, he managed to accumulate immense property. значни́й considerable; жалюгі́дний miserable, кри́хітний tiny, мале́нький *dim.* small, мали́й small, мізе́рний meager, нужде́нний pitiful

See вла́сність 1. *Also see* майно́

2 estate, land, landholdings ◊ Усе́ навко́ло буди́нку – ї́хній м. Everything around the house is their land.

3 mansion *(usu in the country)*, stately home, manor house

adj. вели́кий large; сере́дній medium-size; невели́кий small; пи́шний sumptuous; скро́мний modest; зане́дбаний neglected, зруйно́ваний ruined, розва́лений dilapidated, па́нський *or* помі́щицький large landowner's, шляхе́тський nobleman's, гра́фський count's, княжи́й princely, короліве́ський royal, ли́царський knight's, монасти́рський monastery, церко́вний church

v. + м. будува́ти м. build a mansion (відбудо́вувати rebuild, реставрува́ти restore; передава́ти hand over, успадко́вувати inherit ◊ Олекса́ндер успадкува́в від батькі́в напівзруйно́ваний м. Oleksander inherited a half-delapidated mansion from his parents. зане́дбувати neglect, руйнува́ти ruin)

See буди́нок 1

маз|ь, *f.*
ointment

adj. космети́чна cosmetic ◊ Космети́чна м. прие́мно па́хла. The cosmetic ointment had a pleasant smell. антибіоти́чна antibiotic, лі́карська medical, реґенеру́юча regenerating, лі́ка́рська *or* цілю́ща medicinal

v. + м. використо́вувати м. use ointment (втира́ти rub in, застосо́вувати apply; змива́ти з + *G.* wash off sth; признача́ти + *D.* prescribe sb) ◊ Лі́кар призначи́в їй м. від екзе́ми. The doctor prescribed her some ointment for eczema. користува́тися ~зю use ointment (натира́ти + *A.* rub sth with, покрива́ти + *A.* cover sth with)

prep. м. від + *G.* ointment for sth ◊ лі́карська м. від подра́знення medical ointment for irritation

майбу́тн|є, *nt.*, **~ього**
future

adj. близьке́ near ◊ Усе́ пови́нно зміни́тися у близько́му ~ьому. Everything must change in the near future. найбли́жче immediate, недале́ке not so distant; відда́лене remote, дале́ке distant; сві́тле bright; невизна́чене indefinite ◊ прое́кт із невизна́ченим ~ім a project with a indefinite future; непе́вне uncertain

prep. без ~ього without a future; на м. for the future ◊ Вона́ залиши́ла да́ні на м. She kept the data for the future. у ~ьому in future ◊ Він не ба́читьціє́ї люди́ни у своє́му ~ьому. He does not see this individual in his future.

v. + м. передбача́ти м. foretell the future ◊ Він передбача́є м. He foretells the future. (диви́тися в look into, планува́ти + *A.* на plan sth for, відклада́ти + *A.* на put sth off for); позбавля́ти + *A.* ~ього deprive sb of a future ◊ Реце́нзія позба́вила його́ ~ього в інститу́ті. The review deprived him of a future at the institute.

Also see за́втра 3. *Ant.* мину́ле

майбу́тн|ій, *adj.*
1 future, forthcoming ◊ її́ м. чолові́к her future husband; ◊ Вони́ плану́ють ~ю зу́стріч. They are planning a future meeting. ◊ Він не уявля́є ~ього життя́ в Лу́цьку. He cannot imagine his future life in Lutsk.

Also see за́втрашній 2. *Ant.* мину́лий 3

2 prospective, to be ◊ м. ба́тько a father-to-be; ◊ Як мо́же таке́ каза́ти м. свяще́нник? How can a priest-to-be say such things?

Cf. пода́льший

3 *ling.* future ◊ аналіти́чна фо́рма ~ього ча́су дієсло́ва an analytical future tense form of the verb

adj. доко́наний perfective, недоко́наний imperfective; аналіти́чний analytical, синтети́чний synthetic

майда́н, *m.*, **~у**
1 square, place; market place

adj. головни́й main ◊ Вони́ були́ на головно́му ~і. They were on the main square. центра́льний central ◊ Центра́льний м. Ки́єва назива́ється ~ом Незале́жности. Kyiv's central square is called Independence Square. вели́кий large, величе́зний enormous, найбі́льший largest ◊ найбі́льший в Євро́пі м. the largest square in Europe; мали́й little, невели́кий small ◊ Від пу́нкту призна́чення їх відділя́в невели́кий м. A small square separated them from their destination point. вузьки́й narrow, широ́кий wide; ви́довжений elongated ◊ Сільськи́й м. ви́довжений зі схо́ду на за́хід. The village square is elongated from east to west. до́вгий long; лю́дний crowded; популя́рний popular; міськи́й city, сільськи́й village; база́рний bazaar, ри́нковий market

v. + м. займа́ти м. occupy a square ◊ Торго́ві я́тки займа́ють уве́сь м. Sales stalls occupy the entire square. (запо́внювати fill ◊ Ри́нковий м. запо́внив вели́кий на́товп. A big crowd filled the market square. ото́чувати encircle; проєктува́ти design; прихо́дити на come to, схо́дитися на gather on) ◊ На м. зійшло́ся кі́лька ти́сяч. Several thousands gathered on the square. зустріча́тися на ~і meet on a square

м. + *v.* розташо́вуватися *or* бу́ти розташо́ваним be located ◊ М. Мазе́пи розташо́вується в півде́нній око́лиці мі́ста. Mazepa Square is located in the southern neighborhood of the city. простяга́тися stretch

prep. на м. *dir.* to a square ◊ Ході́мо на Льві́вський м.! Let's go to Lviv Square! на ~і *posn.* on a square ◊ Вони́ зустрі́лися на Привокза́льному ~і. They met on the Train Station Square. посе́ред ~у in the middle of a square ◊ За тради́цією, посе́ред ~у встано́влюють різдвя́ну яли́нку. By tradition, a Christmas tree is installed in the middle of the square.

Also see пло́ща 2, фо́рум 1

2 ground, site ◊ Ме́шканці навко́лишніх буди́нків влаштува́ли тут спорти́вний м. Inhabitants of the surrounding buildings arranged a sports ground here.

See майда́нчик

3 *fig., usu sg.* protest, campaign; revolution, uprising, mobilization

adj. антикорупці́йний anticorruption, електора́льний voters', інформаці́йний information, журналі́стський reporters', креди́тний credit, літерату́рний literary, меди́чний health-care, мо́вний language, моли́товний prayer, податко́вий taxpayer, студе́нтський student, університе́тський university, фе́рмерський farmers', футбо́льний soccer fans' ◊ У Рі́вному назріва́є футбо́льний

м. A soccer fans' protest is brewing in Rivne. **шахта́рський** miners', **школя́рський** schoolchildren; ♦ **автомайда́н** auto mobilization, ♦ **Евромайда́н** Euromaidan *(revolution in Ukraine of 2013-14)*; **крива́вий** bloody, **наси́льницький** violent; **ми́рний** peaceful ◊ **Первісно ми́рний м. загро́жує ста́ти на наси́льницький.** The initially peaceful protests threaten to become violent. **ки́ївський** Kyiv, **оде́ський** Odesa, **рівне́нський** Rivne, **ха́рківський** Kharkiv; **повномашта́бний** full-scale, **спра́вжній** veritable ◊ **Аналі́тики назива́ють ви́слід президе́нтських ви́борів спра́вжнім електора́льним ~ом.** Analysts call the presidential election results a veritable voters' revolution.

v. + **м. збира́ти м.** gather a protest ◊ **У відповідь на жорсто́кість полі́ції студе́нти взяли́ся збира́ти м.** In response to the police brutality the students got down to gathering a protest. (**організо́вувати** organize ◊ **Мешка́нці Ві́нниці організо́вують меди́чний м., щоб не допусти́ти закриття́ ліка́рні.** Residents of Vinnytsia are organizing a healthcare mobilization, in order to prevent the hospital closure. **обіця́ти** + *D.* promise sb ◊ **Профспі́лка обіця́є ме́неджменту шахта́рський м.** The trade union promises the management miners' protests. **провокува́ти** provoke; **збира́тися на** gather for ◊ **Усі ці лю́ди зібра́лися на податко́вий м.** All those people gathered to protest high taxes. **схо́дитися на** get together for)

м. + *v.* **вибуха́ти** erupt, **виника́ти** emerge; **збира́тися** gather; **об'є́днувати** unite sb ◊ **Оде́ський м. об'єдна́в учора́шніх супе́рників.** The Odesa protest has united yesterday's rivals.

See **повста́ння, проте́ст 2, револю́ція 1**

4 watchdog ◊ **М. закордо́нних справ пи́льно слі́дкує за дипломати́чною ді́яльністю но́вого у́ряду.** The Foreign Affair Watchdog closely monitors the new government's diplomatic activity.

майда́нчик, *m.*, **~a**, *dim.*
ground, site

adj. **ігрови́й** play, **спорти́вний** sports, **тренува́льний** training, **шкільни́й** school; **ста́ртовий м.** a launching pad; **будіве́льний м.** a construction site

prep. **на м.** *dir.* to a ground ◊ **Вони́ йшли на ігрови́й м.** They were going to the playground. **на ~у** *posn.* on a ground ◊ **Обі́дві дружи́ни гра́тимуть на шкільно́му ~у.** Both teams will be playing on the school grounds.

Also see **майда́н 2**

ма́йже, *adv.*
almost, nearly, all but ◊ **м. гото́вий** almost ready, ◊ **м. непомі́тно** almost unnoticeably; ◊ **Він м. закінчи́в ру́ханку.** He all but finished his workout.

ма́й|ка, *f.*
tank top, sleeveless top

adj. **баскетбо́льна** basketball, **спорти́вна** sports; **ві́льна** loose, **ті́сна** tight; **до́вга** long, **коро́тка** short; **фі́рмо́ва** trademark ◊ **Левко́ лю́бить носи́ти фі́рмо́ві ~ки своє́ї компа́нії.** Levko likes to wear his company trademark tank tops. **кома́ндна** team; **бі́ла** white, **жо́вта** yellow, **черво́на** red, **чо́рна** black, *etc.*

L. **в ~ці**, *G. pl.* **~ок**

See **соро́чка**

майн|о́, *nt., only sg.*
property, possessions, belongings

adj. **вели́ке** large ◊ **Хтось ма́є догляда́ти за всім ї́хнім вели́ким ~о́м.** Somebody must take care of all their large property. **значне́** considerable; **мале́** little, **невели́ке** small, **незначне́** insignificant; **жалюгі́дне** miserable, **мі́зе́рне** meager, **нужде́нне** pitiful; **нажи́те** acquired; **награбо́ване** looted, **укра́дене** stolen ◊ **Вони́ продава́ли укра́дене та награбо́ване м. селя́н.** They sold stolen and looted peasant property. **колекти́вне** collective, **корпорати́вне** corporate; **особи́сте** personal; ♦ **нерухо́ме м.** real estate ◊ **Усі буди́нки – нерухо́ме м. компа́нії.** All the buildings are the company's real estate. ♦ **рухо́ме м.** movable property

v. + **в. ма́ти м.** have a property (**віддава́ти** + *D.* give away to sb, **заповіда́ти** + *D.* bequeath sb ◊ **Він запові́в не́божам значне́ м.** He bequeathed his nephews considerable property. **лиша́ти** + *D.* leave to sb, **передава́ти у спа́док** + *D.* will to sb, **же́ртвувати** + *D.* to *or* **на** + *A.* donate to sb ◊ **Він поже́ртвува́в своє́ м. музе́єві** *or* **на музе́й.** He donated his possessions to the museum. **продава́ти** + *D.* sell sb ◊ **Кредито́ри зму́сили їх прода́ти м.** Creditors made them sell the property. **втрача́ти** lose; **здобува́ти** obtain; **відчу́жувати** alienate, **експропріюва́ти** expropriate, **заарешто́вувати** seize, **конфіско́вувати** confiscate, **кра́сти** steal, **нажива́ти** acquire, **купува́ти** buy)

Also see **вла́сність 1, скарб 3.** *Also see* **бага́тство 1**

майоне́з, *m.*, **~y**
mayonnaise

adj. **дома́шній** homemade, **магази́нний** from a store; **сві́жий** fresh; **несві́жий** not fresh; **густи́й** thick; **смачни́й** tasty, **стари́й** old ◊ **сло́їк старо́го ~у** a jar of old mayonnaise

v. + **м. роби́ти м.** make mayonnaise ◊ **Сестра́ навчи́ла його́ роби́ти м.** His sister taught him to make mayonnaise. (**купува́ти** buy; **використо́вувати** use; **додава́ти в** + *A.* add to sth) ◊ **Він дода́в у сала́т м.** *or* **~у.** He added some mayonnaise to the salad. **користува́тися ~ом** use mayonnaise

ма́йст|ер, *m.*, **~ра; ~ри́ня**, *f.*
1 master, professional, specialist

adj. ♦ **заводськи́й м.** a foreman, ♦ **ремо́нтний м.** a repairman; ◊ **Завда́ння мо́же ви́конати ті́льки м.** Only a master can do the task.

See **фахіве́ць.** *Also see* **спеціялі́ст**

2 master, expert, maestro, virtuoso + *G., inf. or* **на** + *A.*

adj. **блиску́чий** brilliant, **вели́кий** great, **віртуо́зний** virtuoso, **до́брий** good, **спра́вжній** genuine ◊ **Павлю́к був спра́вжнім ~ром інтри́ги** *or* **на інтри́гу.** Pavliuk was a genuine master of intrigue. **чудо́вий** wonderful; **незрівня́нний** incomparable, **неперевершений** unmatched ◊ **Іва́н – неперевершений м. вари́ти борщ.** Ivan is an unmatched master at cooking borshch. **винятко́вий** exceptional; **ви́знаний** acknowledged; **стари́й** old; ♦ **м. на всі ру́ки** Jack-of-all-trades

v. + **м. перетво́рюватися на ~ра** turn into a master ◊ **За кі́лька ро́ків підма́йстер перетвори́вся на ~ра.** In a few years, an apprentice turned into a master. **бу́ти ~ром** be a master ♦ **бу́ти ~ром своє́ї спра́ви** to be an expert in one's field (**вважа́ти** + *A.* consider sb ◊ **Його́ вважа́ють правди́вим ~ом.** He is considered to be a true master. **вважа́тися** be considered, **роби́тися** turn into, **роби́ти** + *A.* make sb, **ставáти** become)

Also see **маля́р, худо́жник 2**

3 *colloq.* carpenter ◊ **Він замо́вив сільсько́му ~ові стіл.** He commissioned a table from the village carpenter.

N. pl. **~ри́**

майсте́рн|ий, *adj.*
1 skilled, masterful, expert, adept

adv. ♦ **високомайсте́рний** highly skilled, **ду́же** very, **надзвича́йно** extremely, **винятко́во** exceptionally ◊ **винятко́во м. дириге́нт** an exceptionally masterful conductor. **доста́тньо** sufficiently, **до́сить** quite ◊ **Вона́ – до́сить ~а реда́кторка.** She is quite a skilled editor.

Also see **спри́тний 2.** *Ant.* **невмі́лий**

2 masterly, accomplished, brilliant, perfect

adv. **винятко́во** exceptionally, **на рі́дкість** exceptionally, **уніка́льно** uniquely; **навдивови́жу** surprisingly; **спра́вді** truly ◊ **спра́вді м. о́пис лю́дської псı́хіки** a truly brilliant description of human psyche

Also see **доскона́лий 2**

майсте́рн|ість, *f.*, **~ости**, *only sg.*
1 mastery *(of person)*, skill, skillfulness, virtuosity

adj. **абсолю́тна** absolute, **вели́ка** great, **винятко́ва** exceptional, **разю́ча** impressive, **дивови́жна** amazing ◊ **Ста́туя була́ зро́блена з дивови́жною ~ю.** The statue was made with amazing skill. **неперевершена** unmatched, **особли́ва** particular, **по́вна** complete, **цілкови́та** utter; **спра́вжня** true; **техні́чна** technical, **професі́йна** professional; **акто́рська** actor's ◊ **Його́ акто́рська м. винятко́ва.** His actor's mastery is exceptional. **викона́вська** performer's, **музи́чна** musical, **поети́чна** poetic, **режисе́рська** director's, *etc.*

v. + **м. виявля́ти м.** reveal mastery (**демонструва́ти** + *D.* demonstrate to sb, **пока́зувати** + *D.* display to sb; **здобува́ти** attain) ◊ **Вона́ здобула́ вока́льну м. у Націона́льній о́пері.** She attained her vocal mastery at the National Opera. **бракува́ти** + *D.* **~ости** lack mastery ◊ **У фі́льмі йому́ бракує режисе́рської ~ости.** His director's skill is lacking in the movie. (**досяга́ти** achieve, **набува́ти** acquire)

м. + *v.* **полягáти в** + *L.* consist in sth ◊ **М. маляра́ поляга́є в то́му, як він поє́днував фо́рму, ко́лір і перспекти́ву.** The artist's mastery consists in how he combines form, color, and perspective. **переве́ршувати** + *A.* surpass sb/sth, **вража́ти** + *A.* impress sb, **заско́чувати** + *A.* surprise sb

Also see **мисте́цтво 2**

2 excellence *(of sth)*, high quality, merit

м. + *n.* **м. про́зи** excellence of prose (**робо́ти** workmanship ◊ **Її вража́є м. робо́ти хорео́графа.** The excellence of the choreographer's workmanship amazes her. **коме́дії** comedy, **тво́ру** work, **фі́льму** film)

Also see **доскона́лість, ідеа́л 1**

майсте́р|ня, *f.*
1 workshop, shop

adj. **гонча́рна** pottery, **ремо́нтна** repair, **ремісни́ча** craft, **столя́рна** carpenter's; **пересувна́** mobile ◊ **Фурго́н служи́в Хоме́нкові пересувно́ю ~нею.** The truck served Khomenko as a mobile shop.

v. + **м. ма́ти ~ню** have a workshop (**відкрива́ти** open ◊ **Крамни́ця відкри́ла ремісни́чу ~ню.** The store opened a craft workshop. **будува́ти** build, **засно́вувати** set up; **закрива́ти** close down)

prep. **у ~ню** *dir.* to a workshop ◊ **Він прихо́дить у ~ню о во́сьмій.** He comes to the workshop at 8:00. **у ~ні** *posn.* at/in a workshop ◊ **У гонча́рній ~ні працю́є три люди́ни.** Three people work at the potter's shop.

2 studio, atelier, workshop

adj. **диза́йнерська** designer's, **реставраці́йна** restoration, **худо́жня** painter's ◊ **На гори́щі Лесь ма́є худо́жню ~ню.** Les has a painter's studio in the attic. **фотографі́чна** photographic

See **ательє́ 1.** *Also see* **сту́дія 1**

3 workshop, study group, class

adj. **акто́рська** actor's, **режисе́рська** directing, **сцена́рна** script-writing; **дискусі́йна** discussion, **дослі́дницька** research, **методи́чна** methodological, **музи́чна** music, **навча́льна** educational, **поети́чна** poetic, **письме́нницька** writer's, **професі́йна** professional, **театра́льна** theater; **дитя́ча** children's, **пластова́** boy (girl) scout, **юна́цька** youth; **де́нна** day-long, **дводе́нна** two-day, **тижне́ва** week-long,

щодéнна daily; **інтенсúвна** intensive
v. + **м. організóвувати ~ню** organize a workshop ◊ **Він зорганізувáв сценáрну ~ню для молодúх фільмáрів.** He organized a script-writing workshop for young filmmakers. (**викладáти** teach, **провóдити** hold, **пропонувáти** + *D.* offer sb; **запланóвувати** schedule, **презентувáти** present; **відвíдувати** attend; **запрóшувати** + *A.* **на** invite sb to, **запúсуватися на** sign up for) ◊ **Мáрта записáлася на кíлька ~ень на конферéнції.** Marta signed up for a few workshops at the conference. **керувáти ~нею** run a workshop; **брáти ýчасть у ~ні** take part in a workshop
prep. **м. з** + *G.* a workshop in sth ◊ **~ю з гончáрства провóдять трúчі на тúждень.** The pottery workshop is held three times a week.
Also see **навчáння, наýка 5**

мак, *m.*, **~у**
1 poppy *(flower)*, *also coll.* poppies
adj. **бíлий** white, **червóний** red; **густúй** dense, **ряснúй** lush ◊ **По всьóму пóлю вúдно рясні ~и.** Lush poppies are seen all over the field. **дúкий** wild, **польовúй** field; **домáшній** homegrown
v. + **м. сíяти м.** sow poppy ◊ **Марíя сíє м. рáзом із кукурýдзою.** Maria sows poppy together with corn. (**вирóщувати** grow)
See **квíти**
2 *only sg.* poppy seed ◊ **На десéрт традицíйний пирíг із ~ом.** There is a traditional poppy seed pie for dessert.
adj. **перекрýчений** ground, **тéртий** *or* **тóвчений** crushed; **гіркúй** bitter, **солóдкий** sweet; **сухúй** dry
v. + **м. збирáти м.** harvest poppy seeds (**купувáти** buy; **перекрýчувати** grind, **тéрти** crush, **товктú** pestle); ♦ **наїстися ~у** *pf.* to lose one's mind ◊ **Він жартýє чи ~у наївся?** Is he joking or has he lost his mind? ♦ **тúхо, хоч м.** *or* **~ом сíй** 1) dead quiet; 2) still, windless ◊ **Стáло тúхо, хоч ~ом сíй.** It went completely still. ♦ **стéрти** + *A.* **на м.** *pf.* to give sb a beating; ♦ **як за гріш ~у** a lot, plenty ◊ **У Мар'яни рóдичів, як за гріш ~у.** Mariana has a lot of relatives.

максимáльн|ий, *adj.*
maximum, maximal, greatest, highest
adv. **абсолю́тно** absolutely ◊ **абсолю́тно ~а продуктúвність** an absolutely maximum productivity; **безперéчно** undeniably, **безумóвно** unconditionally
м. + *n.* **~а вúдимість** maximum visibility (**висотá** altitude, **глибинá** depth ◊ **~а глибинá, на якý мóже опускáтися субмарúна** the maximum depth the submarine can go down to; **кíлькість** quantity, **продуктúвність** productivity, **температýра** temperature, **швúдкість** speed, *etc.*)
Ant. **мінімáльний**

мáксимум, *m.*, **~у**
1 maximum
adj. **абсолю́тний** absolute ◊ **Тúсяча грúвень – це абсолю́тний м. тогó, що вóни мóжуть пожéртвувати.** A thousand hryvnias is the absolute maximum of what they can donate. **цілковúтий** utter; **безперéчний** unquestionable; **я́вний** clear
v. + **м. ґарантувáти м.** guarantee the maximum ◊ **Партнéри ґарантýють м. допомóги.** The partners guarantee the maximum of help. (**давáти** + *D.* give sb, **забезпéчувати** + *D.* ensure to sb/sth); **вимагáти ~у** demand the maximum (**досягáти** reach)
Ant. **мíнімум 1**
2 *as adv.* at the most ◊ **м. сто грúвень** ₴100.⁰⁰ at the most; ◊ **м. одúн рік** a year at the most; ◊ **Їм потрíбно м. три годúни.** They need three hours at the most.
Cf. **мíнімум 2**

малéньк|ий, *adj., dim. of* **малúй**
1 small *(of size, length, depth, height, intensity, etc.)*, little
м. + *n.* **м. паркáн** a small fence (**чоловíк** man; **в'яз** elm; **майдáн** square; **дощ** rain, **сніг** snow); **~а кімнáта** a small room (**хáта** building; **рíчка** river; **жíнка** woman), **~е áвто** a small car (**вікнó** window; **дéрево** tree; **óзеро** lake; **непорозумíння** misunderstanding); ♦ **моє (твоє, нáше) дíло ~е** it is none of my (your, our) business; ♦ **~а людúна** the little man
v. + **м. бýти ~им** be small (**виглядáти** look ◊ **Здалéка собóр виглядáє дóсить ~им.** From afar, the cathedral looks rather small. **виявлáтися** turn out, **здавáтися** + *D.* seem to sb, **лишáтися** remain; **почувáтися** feel ◊ **Сашкó почувáвся ~им і безпорáдним.** Sashko felt small and helpless. **робúтися** grow; **ставáти** become)
See **малúй 1, 5, 6.** *Ant.* **велúкий**
2 small *(of quantity, intensity, etc.)*, not numerous ◊ **Він мáє ~е кóло друзíв.** He has a small circle of friends.
м. + *n.* **м. загíн** a small detachment; **~а кíлькість** a small quantity (**сýма** sum) ◊ **У неї лишáлася ~а сýма в бáнку.** She had a small sum left in the bank. **~е полéгшення** a small relief (**покрáщення** improvement)
See **малúй 2**
3 short *(of time)*, brief
м. + *n.* **м. день** a short day (**мáйстер-клáс** master class) ◊ **м. мáйстер-клáс** a short master class; **~а перéрва** a short break (**пóдорож** trip; **пригóда** adventure)
See **малúй 3.** *Ant.* **дóвгий**
4 small *(of age)*, little
м. + *n.* **м. герóй** a little protagonist ◊ **М. герóй п'єси прохóдить рíжні випрóбування.** The little protagonist of the play undergoes various trials. (**захиснúк** defender, **помічнúк** helper; **хлóпчик** boy); **~á дитúна** a small child (**дíвчинка** girl; **худóжниця** artist, *etc.*)
See **малúй 4.** *Ant.* **дорóслий 1**

мал|úй, *adj.*
1 small *(of size, length, depth, height, intensity)*, little
adv. **вкрай** extremely, **геть** totally, **дýже** very, **зóвсім** quite ◊ **десяток зóвсім ~úх огіркíв** a dozen of quite small cucumbers; **надзвичáйно** extremely; **дóсить** fairly, rather; **віднóсно** relatively, **порíвняно** comparatively; **безнадíйно** hopelessly, **жахлúво** awfully, **страшéнно** terribly, **трагíчно** tragically; **надмíру** excessively, **нáдто** too
м. + *n.* **м. гриб** a small mushroom (**плід** fruit; **живíт** stomach, **зріст** height, **чоловíк** man; **ліс** forest, **пáгорб** hill; **паркáн** fence); **~á рúба** small fish (**рíчка** river; **головá** head, **ногá** leg, **рукá** hand, arm), ♦ **~á водá** low water; **~é дéрево** a small tree (**джерелó** spring, **óзеро** lake; **мíсто** town, **селó** village); **~í ворóта** small gate (**двéрі** door; **нóжиці** scissors; **сáни** sleigh; **штанú** pants)
v. + **м. бýти ~úм** be small ◊ **Корóпи булú хоч ~úми, алé смачнúми.** The carp were small but tasty. (**виглядáти** look, **виявлятися** turn out ◊ **Він вúявився ~úм на зріст.** He turned out to be. **здавáтися** + *D.* seem to sb ◊ **Знúзу скульптýра здавáлася їй дýже ~óю.** From below, the sculpture seemed very small to her. **лишáтися** remain; **почувáтися** feel; **робúтися** grow; **ставáти** become) ◊ **Йогó колúсь велúкий живíт став ~úм.** His once big stomach became small.
Comp. **мéнший**
Also see **дрібнúй 1, малéнький 1.** *Ant.* **велúкий**
2 small *(of quantity)*
м. + *n.* **м. бюджéт** a small budget (**об'є́м** volume, **рáдіус** radius); **~á дружúна** a small team (**плáта** pay, **плóща** area; **прéмія** bonus); **~í грóші** small money; ♦ **за ~úм не** almost, all but, nearly ◊ **Сúмон спіткнýвся і за ~úм не вπав.** Symon stumbled and nearly fell.
Also see **жалюгíдний 3, малéнький 2**
3 short *(of time)*, brief
м. + *n.* **м. перепочúнок** a short rest (**перíод** period); **~á годúна** a short hour (**кінокартúна** film, **перéрва** break ◊ **Між пéршим і дрýгим урóками булá ~á перéрва.** There was a short break between first and second lessons. **тривáлість** duration)
Also see **малéнький 3, невелúкий 1.** *Ant.* **дóвгий, тривáлий**
4 small *(of age)*, little ◊ **Він повóдиться, як ~á дитúна.** He behaves like a little child. ♦ **з ~úх літ** since childhood ◊ **Óля помагáє батькáм із ~úх літ.** Olia has helped her parents since she was little.
Also see **дрібнúй 1, малéнький 4.** *Ant.* **дорóслий 1**
5 light *(of rain, wind, etc.)*, slight ◊ **Спрáглим рослúнам недостáтньо ~óго дощý.** Light rain is not enough for thirsty plants.
6 small, minor, insignificant
м. + *n.* **м. вплúв** small influence (**пóступ** progress, **прорúв** breakthrough, **ýспіх** success); **~á змíна** a minor change (**поправка** correction, **проблéма** problem); **~é досягнення** a small achievement (**непорозумíння** misunderstanding)
7 *as n.* little one, baby, child ◊ **Ярúна вихóвує своїх ~úх самá.** Yaryna raises her little ones by herself. ♦ **~é й велúке** big and small ◊ **Фільм подóбається всім: ~úм і велúким.** The film is liked by everybody: big and small.
See **дитúна**

малúн|а, *f., only sg.*
1 *coll.* raspberry *(fruit)*
adj. **солóдка** sweet, **кúсла** sour, **стúгла** ripe, **смачнá** tasty, **соковúта** juicy; **заморóжена** frozen, **свíжа** fresh
See **я́года**
2 raspberry bush
adj. **густá** dense; **занéдбана** neglected; **колю́ча** thorny, **непрохіднá** unpassable; **родю́ча** fruitful ◊ **Цей сорт ~и осóбливо родю́чий.** This sort of raspberry bush is particularly fruitful.
n. + **м. кущ ~и** a raspberry bush (**листóк** leaf, **я́года** berry; **сорт** sort)
See **кущ 1**

мáло, *adv., pred.*
1 *adv.* little, small amount, few + *G.*
adv. **вкрай** extremely ◊ **Вíктор знáє вкрай м.** Viktor knows extremely little. **дýже** very ◊ **дýже м. чáсу** very little time, **дóсить** fairly, rather, **зóвсім** quite ◊ **зóвсім м. робóти** quite a small amount of work, **геть** totally, **надзвичáйно** extraordinarily; **дíйсно** really; **віднóсно** relatively, **порíвняно** comparatively; **безнадíйно** hopelessly, **жахлúво** awfully, **страшéнно** terribly, **трагíчно** tragically ◊ **трагíчно м. людéй** tragically few people; **нáдто** too
v. + **м. бáчити** see (**вмíти** be able to do, **знáти** know, **мáти** have ◊ **Ульяна мáла дýже м.** Uliana had very little. **працювáти** work, **старáтися** try, exert oneself ◊ **Вонá м. старáється досягнýти чогóсь в життí.** She exerts herself little to achieve something in her life. **хотíти** want) ◊ **Він хóче не так м.** He wants not quite so little.
2. *pred.* little
v. + **м. бýти м.** be little ◊ **Íграшок у дітéй м.** The children have few toys. (**здавáтися** + *D.* seem to sb ◊ **Йомý всьогó здавáлося нáдто м.** Everything seemed to him to be too little. **лишáтися** remain ◊ **Продýктів у холодúльнику лишáється м.** There are few groceries left in the refrigerator. **ставáти** become) ◊ **Дмитрóві стáло м. обіця́нки, він зажадáв підписáти контрáкт.** A promise became too little for Dmytro, he demanded signing a contract. ♦ **м. де** in few places, rarely ◊ **М. де мóжна побáчити такí старí дерéва.** Such old trees can rarely be seen.

♦ **м. коли́** hardly ever, rarely, seldom ◊ **А́лла м. коли́ дзво́нить йому́ пе́ршою.** Alla is hardly ever the first to call him. ♦ **м. не** almost, nearly ◊ **Вони́ м. не закрича́ли від по́диву.** They almost screamed with surprise. ♦ **м. хто** hardly anybody, few people ◊ **Ро́берт м. кого́ знав тут.** Robert knew hardly anybody here. ♦ **м. що** 1) little, hardly anything ◊ **Студе́нти м. що зрозумі́ли з її поя́снення.** The students understood little from her explanation. 2) all kinds of things, whatever ◊ **Не ду́май про це. М. що лю́ди мо́жуть каза́ти.** Don't think about it. People can say all sorts of things. ♦ **м. яки́й** hardly any, few ◊ **М. які́ фі́льми зберегли́ся.** Few films survived.
Also see **жме́ня 2, небага́то 1, тро́хи.** *Ant.* **бага́то**
2 seldom, rarely; for a short time, briefly ◊ **Він м. бува́є в теа́трі.** He seldom goes to the theater. ◊ **Вони́ м. жили́ в Лу́цьку.** They lived in Lutsk for a short while.
3 not enough + *D.* ◊ **Йому́ м. зіпсува́ти всім на́стрій.** It's not enough for him to spoil it for everybody. ♦ **м. того́, що** + *clause* as if it were not bad enough that ◊ **М. того́, що Павло́ не прийшо́в, він теж не подзвони́в.** As if it were not bad enough that Pavlo had not come, he did not call either.

малолю́дн|ий, *adj.*
scarcely populated, poorly attended, solitary, secluded ◊ **Вони́ зустріча́лися в ~их місця́х.** They met in secluded places.
adj. **ду́же** very, **незви́чно** unusually, **несподі́вано** unexpectedly, **особли́во** especially; **типо́во** typically; **приє́мно** pleasantly; **де́що** somewhat; **не зо́всім** not entirely
v. + **м. бу́ти ~им** be secluded (**вигляда́ти** look, **здава́тися** + *D.* seem to sb ◊ **Парк здава́вся їй ~им.** The park seemed solitary to her. **виявля́тися** turn out, **лиша́тися** remain; **става́ти** become)
Also see **само́тній**

мальовни́ч|ий, *adj.*
1 picturesque, beautiful, scenic, picture-perfect ◊ **Яри́на виростáла в ~ому місте́чку Острозі́.** Yaryna was growing up in the picturesque town of Ostrih.
adv. **винятко́во** exceptionally, **ду́же** very, **казко́во** fabulously ◊ **земля́ казко́во ~их краєви́дів** a land of fabulously picturesque sceneries; **надзвича́йно** extraordinarily, **чарі́вно** charmingly ◊ **Рі́чка Смо́трич тече́ чарі́вно ~им у́рвищем.** The Smotrych River flows along a charmingly scenic canyon. **спра́вді** really; **до́сить** fairly
м. + *n.* **~а бу́хта** a picturesque bay (**доро́га** road; **карти́на** view, **місце́вість** locality) ◊ **Він шука́в ~у місце́вість на бе́резі мо́ря.** He was looking for a scenic place on the seashore. **~е о́зеро** a picturesque lake (**село́** village)
See **га́рний 1.** *Also see* **елега́нтний, естети́чний 2**
2 expressive, evocative ◊ **м. стиль** an evocative style; ◊ **~а мо́ва** an expressive language; ◊ **Її вра́зила ~а простота́ о́повіді.** She was impressed by the expressive simplicity of the narrative. ◊ **Її стиль вирізня́вся ~им різномані́ттям.** Her style stood out for its expressive variety.
See **експреси́вний.** *Also see* **барви́стий 2, яскра́вий 3**

малю|ва́ти, ~ють; на~, по~, *tran.*
1 to draw, paint, portray; *pf.* **на~**
adv. **впра́вно** aptly, **га́рно** beautifully ◊ **Вона́ га́рно намалюва́ла портре́т по́други.** She drew a beautiful portrait of her (female) friend. **до́бре** well, **докла́дно** accurately, **стара́нно** carefully, **чи́сто** neatly, **шви́дко** quickly; **майсте́рно** skillfully, **профе́сійно** professionally; **ке́псько** poorly ◊ **Він до́сить ке́псько ~є.** He is a rather poor drawer. **пога́но** badly, **посере́дньо** mediocrely, **так собі** so-so; **будь-як** carelessly, **ле́две** scarcely, **недба́ло** negligently; **гру́бо** crudely, **приблизно** roughly ◊ **Намалю́й план буди́нку хоч прибли́зно.** Can you draw at least a rough plan of the house?
м. + *n.* **м. акваре́ллю** paint in watercolors (**ву́гільним олі́вцем** *or* **ра́шкулем** charcoal, **ко́льором** color, **кре́йдою** chalk, **олівце́м** pencil, **олі́єю** oil ◊ **Він ~є акваре́ллю та олі́єю.** He paints in watercolors and oils. **пасте́ллю** pastel, **чорни́лом** ink); ♦ **хоч ~й, хоч цілу́й** *joc.* very beautiful, drop-dead gorgeous ◊ **Пе́ред ни́ми стоя́ла жі́нка, хоч ~й, хоч цілу́й.** A drop-dead gorgeous woman stood in front of them.
pa. pple. **намальо́ваний** drawn
Also see **кре́слити, писа́ти 3, розпи́сувати 3**
2 to paint, color, cover with paint; *pf.* **по~**
prep. **м. в** + *A.* paint sth *(certain color)* ◊ **Їм тре́ба по~ стіну́ в си́ній ко́лір.** They need to paint the wall blue.
See **забарвлювати, фарбува́ти**
pa. pple. **помальо́ваний** painted
(на)малю́й!

малю|ва́тися; на~, *intr.*
1 to make oneself up, use makeup
adv. **ле́гко** lightly, **тро́хи** a little; **бага́то** a lot ◊ **Він бага́то ~ється.** He uses a lot of makeup. **ду́же** much; **за́вжди́** always, **іно́ді** sometimes, **рі́дко** rarely, **ча́сто** often, **зо́всім не** not at all, **ніко́ли не** never ◊ **Окса́на ніко́ли не ~ється.** Oksana never uses makeup.
Also see **фарбува́тися**
2 to stand out, be visible, be seen ◊ **Валенти́н не збира́вся лиша́тися, він хоті́в лише́ на~ на за́ході.** Valentyn did not intend to stay, he only wanted to be noticed at the event.
adv. **вира́зно** expressly, **чі́тко** distinctly ◊ **У те́мряві чі́тко ~ва́лися старі́ ду́би.** In the darkness, the old oaks distinctly stood out. **я́вно** obviously, **я́сно** clearly; **ле́две** hardly, **невира́зно** vaguely, **нечі́тко** indistinctly
3 *fig.* to be expressed ◊ **На її обли́ччі ~ва́лася зневáга.** Her face expressed contempt.
See **виража́тися**
4 *fig.* to appear to, to arise in one's imagination + *D.* ◊ **Ма́рта ~ва́лася їй молодо́ю й енергі́йною жі́нкою.** She imagined Marta to be a young and vigorous woman.
See **уявля́ти 1.** *Also see* **ба́читися 2, ми́слити 4**
5 to portray, present
adv. **де́коли** *or* **іно́ді** sometimes, **рі́дко** rarely, **ча́сто** often; **типо́во** typically ◊ **У наро́дних пі́снях геро́я типо́во ~ють безжу́рним козако́м.** In folk songs, the character is typically portrayed as a carefree Cossack.

малю́н|ок, *m.*, **~ка**
1 drawing, sketch
adj. **акура́тний** neat, **га́рний** nice, **до́брий** good, **доскона́лий** perfect, **чітки́й** clear; **гру́бий** rough ◊ **гру́бий м. інтер'єру** a rough drawing of the interior; **ориґіна́льний** original; **підгото́вчий** preparatory, **попере́дній** preliminary; **робо́чий** working; **профе́сі́йний** professional; **кольоро́вий** color; **чо́рно-бі́лий** black-and-white
м. + *n.* **м. акваре́ллю** a watercolor drawing (**ву́гільним олівце́м** *or* **ра́шкулем** charcoal, **гуа́шшю** gouache, **олівце́м** pencil, **олі́єю** oil, **пасте́ллю** pastel, **ту́шшю** Indian ink) ◊ **На стіні́ ви́сіли ориґіна́льні ~ки ту́шшю.** Original Indian ink drawings hung on the wall.
v. + **м. вико́нувати м.** execute a drawing ◊ **~ки вико́нує ро́бот.** The drawings are executed by a robot. (**накида́ти** sketch ◊ **Ори́ся шви́дко наки́дала м. ве́сільної су́кні.** Orysia made a quick sketch of the wedding dress. **роби́ти** do, **ство́рювати** create)
м. + *v.* **демонструва́ти як** demonstrate how, **зобража́ти** *or* **зобра́жувати** + *A.* depict sth ◊ **М. зобража́є** *or* **зобра́жує ма́мута.** The drawing depicted a mammoth. **ілюструва́ти** + *A.* illustrate sth ◊ **Ка́зку ілюстру́ють чо́рно-бі́лі ~ки.** Black-and-white drawings illustrate the fairy tale. **пока́зувати** + *A.* show sth, **супрово́джувати** + *A.* accompany sth
prep. **на ~ко́ві** *or* **~ку** in a drawing ◊ **Що ви ба́чите на ~ко́ві?** What do you see in the drawing?
Also see **ескі́з**
2 illustration ◊ **кни́жка з ~ками** an illustrated book; ◊ **Пе́рше вида́ння його́ підру́чника було́ з ~ками.** His textbook first edition had illustrations.
See **ілюстра́ція 1**
3 pattern, ornament ◊ **ва́за з наро́дним ~ком** vase with a folk ornament

маля́, *nt.*, **~ти**, *colloq.*
1 baby, infant, little one; child ◊ **За ~тами догляда́є ня́нька.** A babysitter looks after the little ones. ◊ **Се́ред відві́дувачів зоопа́рку бага́то ~т.** There are many infants among the visitors to the zoo.
See **дити́на**
2 cub *(of animals, birds)*, fledgling, chick ◊ **Леле́ка году́є своїх ~т.** The stork feeds his nestlings.
N. pl. **маля́та**

ма́ля́р, *m.*, **маляра́; ~ка**, *f.*
1 artist, painter ◊ **М. користу́ється фа́рбами, компози́тор – зву́ками.** A painter uses paints, a composer sounds.
adj. **вели́кий** great ◊ **вели́кі маляри́** *or* **ма́ля́рі італі́йського Відро́дження** the great artists of the Italian Renaissance; **видатни́й** outstanding, **геніа́льний** brilliant, **відо́мий** *and* **зна́ний** well-known ◊ **У коле́кції ґалере́ї предста́влені зна́ні ~і украї́нського аванґа́рду.** Well-known artists of the Ukrainian avant-garde are represented in the gallery collection. **ви́знаний** recognized, **славе́тний** famed ◊ **Кази́мир Мале́вич – славе́тний украї́нський м.-супремати́ст.** Kazymir Malevych is a famed Ukrainian suprematist painter. **до́брий** good, **майсте́рний** masterful, **професі́йний** *or* **фахови́й** professional; ♦ **м.-ама́тор** an amateur painter ◊ **робо́та маляра́-ама́тора** a work of an amateur painter; **важли́вий** important, **вплив́о́вий** influential; **королі́вський** royal, **придво́рний** court ◊ **Тиця́н був придво́рним ~е́м** *or* **~ом короля́ Еспа́нії.** Titian was a court painter of the King of Spain. **віртуо́зний** virtuoso, **незрівня́нний** incomparable, **неперевéршений** unsurpassed, **обдаро́ваний** gifted, **талано́ви́тий** talented; **знамени́тий** *colloq.* superb, **успі́шний** successful; **популя́рний** popular, **улю́блений** favorite; **ви́тончений** *and* **субте́льний** subtle ◊ **Шевче́нко був геніа́льним поетом та субте́льним ~е́м.** Shevchenko was a brilliant poet and a subtle artist. **тонки́й** fine; **абстра́ктний** abstract, **жа́нровий** genre, **концептуа́льний** conceptualist, **монумента́льний** monumentalist, **пейза́жний** landscape; **моде́рний** modern, **суча́сний** contemporary ◊ **У музе́ї прохо́дить ви́ставка суча́сних ~ів.** An exhibition of contemporary painters is held at the museum.
м. + *n.* **м. сімна́дцятого столі́ття** a 17th century painter (**Відро́дження** Renaissance, **баро́ка** baroque, **нео́класици́зму** Neoclassicism, **романти́зму** Romanticism; **соцреалі́зму** socialist realism, *etc.*); **м.-абстракціоні́ст** an Abstractionist painter (**-дадаї́ст** Dada, **-імпресіоні́ст** Impressionist, **-концептуалі́ст** Conceptualist, **-кубі́ст** Cubist, **-сюреалі́ст** Surrealist, **-футури́ст** Futurist; **-портрети́ст** portrait, **-пейзажи́ст** landscape ◊ **З усі́х маляри́в-пейзажи́стів їй особли́во подо́бається Клод Лоре́н.** Of all landscape painters, she particularly likes Claude Lorrain. **-класици́ст** Classicist, **-реалі́ст** realist, *etc.*)

See худóжник 1. *Also see* гráфік[2], живопи́сець
2 house painter, sign-painter
See спеціаліст

малярств|о, *nt., only sg.*
1 painting *(as art)* ◊ **Вона́ спеціялізу́ється з барокóвого ~а.** She specializes in baroque painting.
adj. **акваре́льне** watercolor, **акри́лове** acrylic, **олі́йне** oil, **те́мперне** tempera; **абстра́ктне** abstract, **декорати́вне** decorative, **жа́нрове** genre, **іконографі́чне** iconographic, **пейза́жне** landscape, **монумента́льне** monumental ◊ **збі́рка совє́тського монумента́льного ~у** a collection of Soviet monumental painting; **портре́тне** portrait; **абстра́кціоністи́чне** abstractionist, **експеримента́льне** experimental, **концептуа́льне** conceptual, **кубісти́чне** Cubist, **сюреалісти́чне** surrealist, **футуристи́чне** futurist; **моде́рне** modern, **сучáсне** contemporary; **традиці́йне** traditional; **еспа́нське** Spanish, **італі́йське** Italian, **украї́нське** Ukrainian, **францу́зьке** French, **япóнське** Japanese, *etc.*
n. + **м. ви́ставка ~а** a painting exhibition (**збі́рка** *and* **колéкція** collection, **підбі́рка** selection, **ретроспекти́ва** retrospective ◊ **Музе́й організува́в ретроспекти́ву дадаї́стичного ~а.** The museum organized a Dadaist painting retrospective. **стиль** style, **те́хніка** technique)
v. + **м. вивча́ти м.** study painting (**виклада́ти** teach; **писа́ти про** write about ◊ **Він ча́сто пи́ше про м.** He often writes about painting. **удава́тися в** take up) ◊ **Вона́ ра́птом удала́ся в декорати́вне м.** She all of a sudden took up decorative painting.
See **місте́цтво 1.** *Also see* **гра́фіка.** *Cf.* **скульпту́ра 2**
2 *coll.* works of painting ◊ **Він роздивля́ється м. на сті́нах.** He is examining the paintings on the walls.
v. + **м. виставля́ти м.** exhibit paintings ◊ **Ґалере́я впе́рше виставля́є м. Петри́цького.** The gallery exhibits Petrytsky's paintings for the first time. (**збира́ти** *or* **колекціонува́ти** collect; **демонструва́ти** display)
See **карти́на 1**

маля́рськ|ий, *adj.*
1 pictorial, painterly, of or pertaining to painting ◊ **Крім ~их тво́рів, вона́ переда́ла музе́єві кола́жі.** Besides the painterly works, she handed over the collages to the museum. ◊ **Режисе́р створи́в яскра́ві зразки́ ~ого кінемато́графа.** The director created vivid samples of pictorial cinema. ◊ **~а спа́дщина худо́жника – це лише́ п'ятна́дцять поло́тен.** The artist's pictorial heritage is but fifteen canvasses.

мандрі́вн|и́й, *adj.*
1 traveling, itinerant
м. + *n.* **м. теа́тр** an itinerant theater; ♦ **~á зоря́** a wandering star; ◊ **~í лю́ди** traveling people, ♦ **~í во́гні** will-o'-the-wisps
See **по́дорож**
2 filled with travels, nomadic ◊ **Іре́на люби́ла своє ~é життя́.** Irena liked her nomadic life.

мандрівни́к, *m.*, **~á; мандрівни́ця**, *f.*
traveler, wayfarer
adj. **вели́кий** great, **затя́тий** inveterate ◊ **Юрко́ – затя́тий м.** Yurko is an inveterate traveler. **невто́мний** tireless, **при́страсний** avid; **безстра́шний** brave, **загарто́ваний** seasoned; **зна́ний** well-known, **славе́тний** famous; **закордо́нний** foreign, **міжнаро́дний** international; **кана́дський** Canadian, **португа́льський** Portuguese, **украї́нський** Ukrainian, *etc.* ◊ **До готе́лю приї́хали украї́нські ~и́.** Ukrainian travelers arrived at the hotel. **ділови́й** business, **само́тній** lone; **космі́чний** space, **морськи́й** sea, **повітря́ний** air; ♦ **автомандрівни́к** a motor traveler
v. + **м. прива́блювати ~ів** attract travelers ◊ **За́мок прива́блює бага́то закордо́нних ~ів.** The Castle attracts many foreign travelers. (**мани́ти** entice; **відля́кувати** deter ◊ **Релігі́йний екстремі́зм відля́кує потенці́йних ~ів.** Religious extremism deters potential travelers. **води́ти** guide, **обслуго́вувати** cater to); **бу́ти ~о́м** be a traveler (**виявля́тися** turn out ◊ **Марко́ ви́явився при́страсним ~о́м.** Marko turned out to be an avid traveler. **здава́тися** + *D.* seem to sb, **лиша́тися** remain, **роби́ти** + *A.* make sb ◊ **Бажа́ння пізна́ти світ зроби́ло Хому́ ~о́м.** Desire to discover the world made Khoma a wayfarer. **става́ти** become)
Cf. **тури́ст**

мане́р|а, *f.*, **~и**
1 manner, way
adj. **виклада́цька** teaching ◊ **Москале́нко відрізня́ється від коле́ґ виклада́цькою ~ою.** Moskalenko differs from his peers by his teaching manner. **професі́йна** professional; **неформа́льна** informal ◊ **неформа́льна м. чита́ти ле́кції.** She was by far more in favor of an informal manner of giving lectures. **розсла́блена** relaxed; **грайли́ва** playful, **жартівли́ва** jocular; **неви́мушена** relaxed, **споки́йна** calm, **ти́ха** quiet; **аґреси́вна** aggressive, **енергі́йна** vigorous
v. + **м. засво́ювати ~у** adopt a manner ◊ **Він засво́їв аґреси́вну мане́ру вести́ перемо́вини.** He adopted an aggressive manner of conducting negotiations. (**ма́ти** have, **міня́ти** change; ♦ **бра́ти (собі́) за ~у** + *inf.* to get into a habit of ◊ **Оле́сь узя́в за ~у дзвони́ти до не́ї че́рез ко́жну дурни́цю.** Oles got into the habit of calling her over every trifle. ♦ **за ~ою** by habit ◊ **За своє́ю ~ою Рома́н відпові́в пита́нням на їхнє пита́ння.** As was his habit, Roman responded to their question with a question.
See **спо́сіб 1.** *Also see* **склад[2] 3, фасо́н 2**
2 *only pl.* manners, ways, conduct
adj. **бездога́нні** impeccable, **ви́шукані** refined ◊ **Її́ ви́шукані ~и вигляда́ли куме́дно в цьо́му товари́стві.** Her refined manners looked funny in this company. **га́рні** nice, **до́брі** good, **доскона́лі** perfect; **аристократи́чні** aristocratic, **па́нські** noble; **че́мні** polite, **шанобли́ві** deferential; **гру́бі** rude, **ке́пські** poor, **неоте́сані** uncouth, **пога́ні** bad, **ха́мські** boorish ◊ **Петра́ тя́жко здивува́ти ха́мськими ~ами.** Petro is hard to surprise with boorish manners. **ди́вні** strange, **комі́чні** comical, **куме́дні** funny, **незґра́бні** clumsy
v. + **м. виявля́ти ~и** reveal manners (**ма́ти** have) ◊ **Він має га́рні ~и.** He has nice manners.; **вчи́ти** + *A.* **~ам** teach sb manners ◊ **В університе́ті студе́нтів не навча́ють до́брим ~ам.** At the university, the students are not taught good manners.
3 style *(of an artist)*, technique, method
adj. **вока́льна** vocal, **літерату́рна** literary, **поети́чна** poetic, **стилісти́чна** stylistic, **тво́рча** creative, **худо́жня** artistic; **графі́чна** graphic, **реалісти́чна** realistic, **романти́чна** romantic, **сюреалісти́чна** surrealist, **фотографі́чна** photographic ◊ **Багатьо́м імпону́є фотографі́чна м. його́ маля́рства.** Many people like the photographic style of his painting.
See **стиль.** *Also see* **жанр 2, спо́сіб 1, фасо́н 2**

мані́рн|ий, *adj.*
1 affected, pretentious, false
adv. **де́що** somewhat, **до́сить** fairly, **доста́тньо** sufficiently, **тро́хи** a bit; **ви́разно** clearly ◊ **Поведі́нка па́ні Сави́цької була́ ви́разно ~ою.** Mrs. Savytska's behavior was clearly pretentious. **ду́же** very, **жахли́во** awfully, **страше́нно** terribly; **ганебно** shamefully, **несте́рпно** unbearably; **підкре́слено** emphatically; **куме́дно** comically, **жалюгі́дно** pathetically; ◊ **м. ви́гук здивува́ння** affected shout of surprise, **~і ру́хи** affected movements
2 effeminate *(of man)*, effete, unmanly ◊ **У Ві́кторовій ході́ було́ щось ви́разно ~е.** There was something distinctly effeminate in Viktor's gait.

мані́рн|ість, *f.*, **~ости**, *only sg.*
mannerism, effeteness; effeminacy ◊ **Окса́на знахо́дить щось прива́бливе в його́ приро́дженій ~і.** Oksana finds something attractive about his inborn effeminacy.
adj. **ви́разна** distinct ◊ **Іва́н переста́в соро́митися своє́ї ви́разної ~ости.** Ivan stopped being ashamed of his distinct effeminacy. **я́вна** obvious; **приро́джена** inborn, **типо́ва** typical
v. + **м. виявля́ти м.** show mannerism (**висмі́ювати** + *A.* **за** ridicule sb for) ◊ **Усі́ в Павло́вому ото́ченні висмі́ювали його́ за м.** Everybody in Pavlo's environment riduculed him for his effeminate manners.

мані́|я, *f.*, **~ї**
1 mania
adj. **го́стра** acute, **невиліко́вна** incurable, **хроні́чна** chronic; **релігі́йна** religious; ♦ **м. ве́личі** delusions of grandeur ◊ **М. ве́личі не дозволя́ла йому́ оці́нювати себе́ об'єкти́вно.** Delusions of grandeur did not allow him to view himself objectively. ♦ **м. переслі́дування** a persecution mania
v. + **м. ма́ти ~ю** have a mania (**стражда́ти на** suffer from ◊ **Він страждав на го́стру ~ю переслі́дування.** He was suffering from an acute persecution mania. **хворі́ти на** be sick with); **потерпа́ти від ~ї** suffer from a mania
See **хворо́ба**
2 *fig.* mania, passion, obsession
adj. **вели́ка** great; **правди́ва** true, **спра́вжня** genuine, **я́вна** clear; **зага́льна** universal; **сього́днішня** today's, **тепе́рішня** current
prep. **м. на** + *A.* mania for sth ◊ **тепе́рішня м. на татуюва́ння** today's mania for tattoos
See **при́страсть 3.** *Also see* **іде́я фікс, одержи́мість**

маня́к, *m.*, **~а; маня́чка**, *f.*
1 maniac
adj. **гра́льний** gambling, **релігі́йний** religious, **сексуа́льний** sex; **спра́вжній** real ◊ **За коро́ткий час він став спра́вжнім гра́льним ~ом.** In a short time, he became a real gambling maniac. **цілкови́тий** complete; **небезпе́чний** dangerous
2 *fig., colloq.* maniac, enthusiast, fan, devotee
adj. **комп'ю́терний** computer ◊ **Сюди́ схо́дяться комп'ю́терні ~и мі́ста.** Computer maniacs of the city gather here. **опе́ро́вий** opera, **театра́льний** theater
See **люби́тель 1**

ма́п|а, *f.*
map ◊ **На сті́ні кла́су ви́сіла величе́зна м. сві́ту.** A huge map of the world hung on the classroom wall.
adj. **адміністрати́вна** administrative, **географі́чна** geographic, **геологі́чна** geological, **доро́жня** road, **метеорологі́чна** weather ◊ **Лю́да навчи́лася чита́ти метеорологі́чні ~и.** Liuda learned to read weather maps. **політи́чна** political ◊ **Розва́л совє́тської імпе́рії зміни́в політи́чну ~у сві́ту.** The collapse of the Soviet Empire changed the political map of the world. **топографі́чна** topographic, **туристи́чна** tourist; **насті́нна** wall, **паперо́ва** paper; **великомасшта́бна** large-scale, **дрібномасшта́бна** small-scale, **середньомасшта́бна** medium-scale; **дета́льна** detailed, **то́чна** accurate; **гру́ба** crude, **прибли́зна** approximate; **закодо́вана** coded; **голографі́чна** holographic, **двови́мірна** two-dimensional, **рельє́фна** relief, **триви́мірна** three-dimensional; **інтеракти́вна** interactive; **цифрова́** digital
м. + *n.* **м. ву́лиць** a street map ◊ **Плану́ючи**

грабу́нок ба́нку, вони́ кори́стува́лися старо́ю ~ою ву́лиць. They used an old street map, planning the bank robbery. (**маршру́ту** route, **метрополіте́ну** subway, **мі́ста** city ◊ **Мере́жева сторі́нка пропонува́ла зручну́ ~у мі́ста.** The web page offered a handy city map. **сві́ту** world; **пого́ди** weather; **ру́ху автóбусів** bus)
v. + **м. вивча́ти ~у** study a map ◊ **Вона́ до́вго вивча́ла ~у місце́вости.** She studied the location map for a long time. (**використо́вувати** use ◊ **Використо́вуйте середньомасшта́бну ~у!** Use a medium-scale map! **диви́тися на** look at, **розгляда́ти** examine, **чита́ти** read; **видруко́вувати** print out, **друкува́ти** print; **заванта́жувати** download; **згорта́ти** fold up ◊ **Згорну́вши ~у, Іва́нна покла́ла її до кише́ні ку́ртки.** Having folded up the map, Ivanna put it into her jacket pocket. **розгорта́ти** unfold; **кре́слити** draw, **накре́слювати** lay out; **виготовля́ти** produce; **видава́ти** put out, **публікува́ти** publish; **перекро́ювати** *fig.* redraw) ◊ **У 2014 ро́ці. Кремль нама́гався перекро́їти ~у Евро́пи.** In the year 2014, the Kremlin tried to redraw the map of Europe. **кори́стува́тися ~ою** use a map (**йти за** follow ◊ **Він іде́ за ~ою.** He follows the map. **переві́ряти** + *A.* **за** check sth by) ◊ **Він переві́рив своє́ поло́ження за ~ою.** He checked his bearings by the map. ◊ **бу́ти позна́ченим на ~і** be marked on a map (**познача́ти** + *A.* **на** mark sth on) ◊ **Сергі́й позна́чив село́ на ~і жи́рною лі́нією.** Serhii marked the village on the map with a bold line.
м. + *v.* **виявля́ти** + *A.* reveal sth ◊ **М. виявля́ла висоту́ ко́жної вели́кої гори́.** The map revealed each major mountain height. **опи́сувати** + *A.* depict sth ◊ **М. то́чно опи́сувала маршру́т.** The map gave an accurate depiction of the route. **пока́зувати** + *A.* show sth ◊ **Адміністрати́вна м. пока́зує о́бласті і райо́ни краї́ни.** The administrative map shows the provinces and counties of the country.
prep. **за ~ою** by a map ◊ **За ~ою вони́ подола́ли трети́ну шля́ху.** By the map, they covered a third of the distance. **згі́дно з ~ою** according to a map ◊ **Згі́дно з ~ою, це міжнаро́дне шосе́.** According to the map, this is an international highway. **на ~у** *dir.* on/to a map ◊ **Він поста́вив це мі́сто на ~у сві́ту.** *fig.* He put the city on the world's map. **на ~і** *posn.* on a map ◊ **Вона́ шука́ла цей об'є́кт на ~і.** She was looking for the site on the map. **по́за ~ою** off the map ◊ **Го́ри ви́явилися по́за ї́хньою ~ою.** The mountains turned out to be off their map.
Also see **ка́рта 1, план 3**

ма́р|ити, ~ять; на~, *intr.*

1 to dream; dream up
prep. **м. про** + *A.* dream about *or* **м. про те, що** + *clause or* **що** dream that + *clause* ◊ **Він ~ив (про те), що живе́ у вла́сній кварти́рі.** He dreamed of living in his own apartment. ♦ **м. себе́** + *I.* to imagine oneself as sb ◊ **Оста́пенко ~ила себе́ дире́кторкою лаборато́рії.** Ostapenko was imagining herself as the director of the laboratory. ◊ **Він нама́рив нездійсне́нну мету́.** He dreamed up an unachievable goal.
See **мрі́яти 1**
2 *only impf.* to obsess with + *I.* about/with, be obsessed with ◊ **Він ~ив мо́рем.** He was obsessed with the sea.
adv. **безпереста́нку** nonstop, **пості́йно** constantly, **незмі́нно** invariably; **про́сто** simply ◊ **Він про́сто ~ив по́дорожжю до Вене́ції.** He was simply obsessed with a trip to Venice.
3 *only impf.* to be delirious ◊ **Охо́плена гаря́чкою, хво́ра ~ила.** Being gripped with a fever, the patient was delirious.
See **гаря́чка 1, лихома́нка 1**
pa. pple. **нама́рений**
(на)мар!

ма́р|ка, *f.*

1 stamp
adj. **пошто́ва** postal ◊ **Пошто́ві ~ки зно́ву подоро́жчали.** Postal stamps went up in price again. **пам'я́тна** *or* **пропа́м'ятна** commemorative, **ювіле́йна** anniversary; **стара́** old; **екзоти́чна** exotic, **рі́дкісна** rare, **уніка́льна** unique
v. + **м. випуска́ти ~ку** issue a stamp ◊ **~ку ви́пустили з наго́ди рі́чни́ці незале́жности Украї́ни.** The stamp was issued on the occasion of the anniversary of Ukraine's independence. (**гаси́ти** cancel; **налі́плювати на** + *A.* stick on sth ◊ **Вона́ забу́ла наліпи́ти на конве́рт ~ку.** She forgot to stick a stamp on the envelope. **накле́ювати на** + *A.* stick on sth; **збира́ти** collect) ◊ **Рома́на збира́є ~ки.** Romana collects stamps.
Cf. **штамп 1**
2 brand, trademark
adj. **висо́ка** high, **добі́рна** select ◊ **До вече́рі подава́ли ви́на добі́рних ~ок.** Wines of select brands were served for the dinner. **найви́ща** top, **найкра́ща** best, **пе́рша** premium, **провідна́** leading; **головна́** principal; **зна́на** well-known, **славе́тна** famous ◊ **Славе́тна м. взуття́ ко́штує вели́кі гро́ші.** The famous shoe brand costs big money. **популя́рна** popular, **улю́блена** favorite; **нова́** new ◊ **а́вто ново́ї ~ки** a car of a new make; **стара́** old
м. + *n.* **м. автомобі́ля** a car brand (**вина́** wine, **пи́ва** beer; **бо́рошна** flour; **джи́нсів** jeans, **о́дягу** clothes; **парфу́мів** perfume ◊ **її улю́блена м. парфу́мів** her favorite perfume brand; **сиґаре́т** cigarette, *etc.*)
v. + **м. засно́вувати ~ку** establish a brand (**люби́ти** like) ◊ **Він лю́бить цю ~ку джи́нсів.** He likes this jeans brand. ♦ **бу́ти висо́кої** *or* **пе́ршої ~ки** to be of top quality; ♦ **трима́ти ~ку** to maintain one's reputation
prep. ♦ **під ~кою** + *G.* under the pretext of sth ◊ **Під ~кою раціоналіза́ції ме́неджер звільни́в полови́ну робітникі́в.** Under the pretext of rationalization, the manager let go half his employees.
L. **на ~ці**

ма́рмур, *m.,* **~у**

marble
adj. **бі́лий** white, **кольоро́вий** colored, **черво́ний** red, **чо́рний** black, **гладе́нький** smooth, **поліро́ваний** polished, **блиску́чий** gleaming, **рі́зьблений** carved; **холо́дний** cold, **прохоло́дний** cool; **карра́рський** Carrara ◊ **скульпту́ра Берні́ні, ви́січена з карра́рського ~у** a Bernini sculpture chiseled of Carrara marble, **паро́ський** Parian ◊ **Паро́ський м. Партено́ну змі́нює ко́лір зале́жно від пори́ дня.** The Parian marble of the Parthenon changes color depending on the time of day.
See **ка́мінь 2**

мармуро́в|ий, *adj.*

marble, of or pertaining to marble ◊ **~а бри́ла** a marble slab (**каменело́мня** quarry; **коло́на** column, **пі́дло́га** floor, **скульпту́ра** sculpture, **ста́туя** statue)
See **кам'я́ний 1**

ма́рн|ий, *adj.*

1 vain, futile, useless
adv. **абсолю́тно** absolutely ◊ **Спро́би мобілізува́ти люде́й видава́лися йому́ абсолю́тно ~ими.** The attempts to mobilize people seemed absolutely futile to him. **геть** totally, **зо́всім** quite, **цілко́м** completely; **практи́чно** practically, **факти́чно** in fact, **зага́ло́м** generally, **засадни́чо** essentially; **здебі́льшого** mostly; **пози́рно** seemingly ◊ **Тоді́ о́пір тоталіта́ризму був ~им лише́ пози́рно.** Then a resistance to totalitarianism was only seemingly futile. **однако́во** equally; ♦ **~а річ** *or* **спра́ва** a waste of time ◊ **Переко́нувати їх – ~а річ.** Convincing them is a waste of time.
v. + **м. бу́ти ~им** be futile (**вигляда́ти** look, **виявля́тися** turn out ◊ **Її́ закли́ки ви́явилися ~ими.** Her appeals turned out to be futile. **здава́тися** + *D.* seem to sb, **роби́ти** + *A.* render sth) ◊ **Зако́н зроби́в ї́хні зуси́лля ~ими.** The law rendered their efforts useless.
Also see **даре́мний 1**
2 insignificant, trivial, negligible ◊ **Він відчу́в себе́ ~им створі́нням.** He felt to be a negligible creature. ♦ **~і балачки́** *or* **слова́** empty words ◊ **Офіці́йні попере́дження про землетру́с не були́ ~ими бала́чка́ми.** The official earthquake notifications were not empty words.
3 vain, pointless, worthless ◊ **~а сла́ва** vain glory; **~і бага́тства** worthless wealth

марну|ва́ти, ~ють; з~, *tran.*

to waste, squander
adv. **геть** totally, **цілко́м** completely; **безповоро́тно** irrevocably; **неуни́кно** inevitably ◊ **За таки́х умо́в компа́нія неуни́кно змарну́є трети́ну гро́шей.** Under such conditions, the company will inevitably squander a third of the money. **зно́ву** again, **го́ловно** largely; **факти́чно** effectively; ♦ **м. слова́** to waste one's breath ◊ **Вона́ відчува́ла, що ~є слова́, і її ніхто́ не чу́є.** She felt she was wasting her breath and nobody listened to her.
v. + **м. бу́ти шко́да́** + *D.* be a shame ◊ **Філе́нкові шко́да́ м. блиску́чого фахівця́.** It is a shame for Filenko to waste the brilliant expert. **зму́шувати** + *A.* make sb ◊ **Дире́ктор зму́сив їх факти́чно з~ пів дня́ на непотрі́бну робо́ту.** The director made them effectively waste half a day on needless work. **могти́** can; **не збира́тися** not be going to ◊ **Вона́ не збира́лася м. проду́кти на стра́ви, яки́х ніхто́ не ї́стиме.** She was not going to waste the produce for the dishes nobody would eat. **не хоті́ти** not want to ◊ **О́льга не хо́че м. мо́лодість у цьо́му мі́сті.** Olha does not want to waste her youth in this town.
prep. **м. на** + *A.* waste on sth ◊ **Будіве́льники не ~ють ні хвили́ни на розмо́ви.** The builders do not waste a minute on talk.
pa. pple. **змарно́ваний** wasted
Also see **вбива́ти 3, відбира́ти 3, губи́ти 2, тра́тити 2.** *Cf.* **га́яти**

маршру́т, *m.,* **~у**

route, itinerary
adj. **головни́й** main; **берегови́й** coastal, **морськи́й** sea, **назе́мний** overland, **повітря́ний** air, **річкови́й** river; **трансатланти́чний** transatlantic, **трансконтинента́льний** transcontinental; **за́хідний** western, **півде́нний** southern, *etc.*; **міґраці́йний** migration, **торго́вий** trade, **туристи́чний** tourist; **зви́клий** *or* **зви́чний** usual, **пості́йний** permanent, **традиці́йний** traditional; **зимо́вий** winter, **лі́тній** summer, **сезо́нний** seasonal, **тимчасо́вий** temporary; **безпе́чний** safe ◊ **Півде́нний м. цілко́м безпе́чний.** The southern route is quite safe. **зру́чний** convenient, **легки́й** easy, **присту́пний** accessible; **прями́й** direct; **коро́ткий** short; **га́рний** beautiful, **мальовни́чий** picturesque, **прива́бливий** attractive; **важки́й** difficult, **незру́чний** inconvenient, **складни́й** complicated; **небезпе́чний** dangerous; **до́вгий** long, **кругови́й** circular, **обхідни́й** roundabout; **де́нний** daytime, **нічни́й** nightly; **альтернати́вний** alternative ◊ **На альтернати́вному ~і нема́є прями́х ре́йсів.** There are no direct flights on the alternative route. **і́нший** other
м. + *n.* **м. авто́буса** a bus route (**літака́** airplane, **польо́ту** flight, **по́тяга** train; **експеди́ції** expedition, **по́дорожі** journey)
v. + **м. вибира́ти м.** choose a route (**знахо́дити** find; **губи́ти** lose; **планува́ти** plan, **прокла́дати** map out; **розробля́ти** work out; **відкрива́ти** open) ◊ **Між двома́ порта́ми відкри́ли нови́й**

морськúй м. A new sea route was opened between the two ports. **тримáтися ~у** follow a route ◊ **Вонú тримáлися звúклого ~у.** They followed the usual route. **ходúти за ~ом** go a route ◊ **Автóбус хóдить за лíтнім ~ом.** The bus goes the summer route. (**літáти за** fly, **подорожувáти за** travel)

м. + *v.* **вестú** lead, **йти** go, **пересікáти** + *A* cross sth, **прохóдити чéрез** + *A.* pass through sth ◊ **М. потяга прохóдить чéрез найбíльші міста країни.** The train route passes through the largest cities of the country. **поєднувати** + *A.* **з** + *I.* connect sth with sth ◊ **Новий туристúчний м. поєднáв Чернігів із Ніжином і Сýмами.** The new tourist route connected Chernihiv with Nizhyn and Sumy.

prep. **вздовж ~у** along a route ◊ **Уздóвж ~у трапляються старí руїни.** One comes across old ruins along the route. **на ~і** on the route ◊ **На ~і немáє автозаправóк.** There are no gas stations on the route.

мáс|а, *f.*

1 mass

adj. **велúка** large ◊ **Фíрма мáє велúку ~у боргíв.** The firm has a great mass of debts. **величéзна** enormous, **велетéнська** immense, **гігáнтська** giant, **колосáльна** colossal, **порядна** *colloq.* sizeable ◊ **Порядна м. вúборців не голосувáтиме.** A sizeable mass of voters will not vote. **перевáжна** predominant, **чимáла** considerable, **цíла** whole; **крихітна** tiny, **невелúка** small, **незначнá** insignificant; **безфóрмна** shapeless ◊ **Вúпраний свéтр перетворúвся на безфóрмну ~у.** The washed sweater turned into a shapeless mass. **інéртна** inert; **густá** dense, **компáктна** compact

2 *phys.* mass, quantity

adj. **áтомна** atomic, **молекулярна** molecular, **ядерна** nuclear; **ґравітацíйна** gravitational; **критúчна** critical ◊ **Реáкція можлúва за наявности критúчної ~и плутóнію.** The reaction is possible provided there is a critical mass of plutonium.

Also see **вагá 1**

3 *colloq.* mass, a lot, a great deal of ◊ **м. врáжень** a mass of impressions ◊ **Слухачí мáли до нéї ~у питáнь.** The listeners had a mass of questions to pose to her.

See **багáто 1.** *Also see* **горá 2, мóре 2, хмáра 3.** *Ant.* **жмéня 2, мáло 1, трóхи 1**

4 masses, crowds

adj. **робітнúча** working, **трудяща** toiling; **безлúка** faceless, **сíра** gray ◊ **Це не люди, а безлúка сíра м.** Those are not humans but a faceless gray mass.

масáж, *m.*, ~у

massage, rub

adj. **заспокíйливий** soothing; **легкúй** gentle ◊ **Йомý потрíбно легкúй м.** He needs a gentle massage. **лікувáльний** curative, **серцéвий** cardiac, **терапевтúчний** therapeutic, **швéдський** Swedish; **спортúвний** sports; **глибóкий** deep-tissue, **тáйський** Thai, **точкóвий** compression; ♦ **м.-шияцу** a shiatsu massage

м. + *n.* **м. м'язів** a muscle massage (**сéрця** heart, **скáльпу** scalp, **спúни** back, **стíп** foot, **тíла** body, **шúї** neck) ◊ **М. шúї допомагáв їй позбýтися втóми.** A neck rub helped her get rid of fatigue.

v. + *м.* **робúти** + *D.* **м.** give sb massage ◊ **Їй зробúли м.** She was given a massage. (**приймáти** receive; **призначáти** *or* **приписувати** + *D.* prescribe sb) ◊ **Лíкар приписáв їй точкóвий м.** The doctor prescribed her a compression massage.

Also see **терапíя**

мáс|ка, *f.*

1 mask

adj. **маскарáдна** masquerade, **новорíчна** New Year; **венецíйська** Venetian ◊ **Він збирáє венецíйські ~ки.** He collects Venetian masks. **гáзова** gas, **дúхальна** breathing, **киснéва** oxygen; **захиснá** protective ◊ **Робітникú носúли захиснí ~ки.** The workers wore protective masks. **хірургíчна** surgical; **гокéйна** hockey, **лижв'ярська** ski; **посмéртна** death

v. + *м.* **мáти ~ку** have a mask (**носúти** wear, **одягáти** put on, **натягáти** *or* **насóвувати**, *colloq.* don; **знімáти** take off ◊ **Нарéшті він зняв ~ку, якý насýнув на почáтку бáлу.** Finally he took off the mask he had donned at the beginning of the ball. **зривáти** tear off, **скидáти** strip off, **стягувати** pull off; **губúти** lose; **робúти** make); **ховáтися під ~кою** hide under a mask

2 *fig.* mask, veneer

adj. **байдýжа** indifferent, **застúгла** frozen, **кам'янá** stony, **незворýшна** emotionless, **порóжня** blank ◊ **Орúсине облúччя стáло порóжньою, незворýшною ~кою.** Orysia's face became an empty, emotionless mask. **холóдна** cold; **безлúка** faceless, **мéртва** lifeless

м. + *n.* **м. вíрности** a mask of loyalty ◊ **Під її ~кою покóри крúвся пíдступ.** Treachery was hiding under her mask of obedience. (**любóви** love, **співчуття** sympathy; **байдýжости** indifference; **чéсности** integrity); ♦ **зривáти з** + *G.* **~ку** to expose sb; ♦ **носúти ~ку** to conceal one's true self; ♦ **скидáти з сéбе ~ку** to reveal one's true self ◊ **У зáпалі суперéчки вонá скúнула із сéбе ~ку.** In the heat of the argument, she revealed her true self.

prep. **в ~ці** in a mask, masked ◊ **До бáнку вламáвся грабíжник у ~ці.** A masked robber broke into the bank. **за ~кою** behind a mask ◊ **Він ховáв свої почуття за ~кою чéмности.** He was hiding his emotions behind a mask of politeness. **під ~кою** under a mask

маскарáд, *m.*, ~у

1 masked ball, masquerade ◊ **Дíти лéдве моглú дочекáтися новорíчного ~у.** The children could hardly wait for the New Year masquerade.

See **бал**[1]

2 *fig.* pretense, charade, deception

adj. **відвéртий** downright, **глýпий** silly ◊ **То що за глýпий м.?** What kind of a silly charade is this? **жалюгíдний** pathetic, **очевúдний** obvious, **примітúвний** primitive, **явний** evident; **постíйний** continuous, **чергóвий** another, **ще одúн** one more; **вúборчий** election ◊ **Вонú відмóвилися брáти ýчасть у вúборчому ~і.** They refused to take part in the election charade. **політúчний** political

Also see **карикатýра 2, комéдія 2, парóдія 2, профанáція 2**

маску|вáти, ~ють; за~, *tran.*

1 to mask, disguise, hide + *I.* by ◊ **Тимíш ~вáв цікáвість удáваною байдýжістю.** Tymish masked his curiosity by feigned indifference.

pa. pple. **замаскóваний** masked

See **прихóвувати, ховáти 1**

2 to camouflage ◊ **Танк замаскувáли гілкáми.** The tank was camouflaged with branches.

See **прихóвувати**

pa.pple. **(за)маскýй!**

(за)маскýй!

мáсл|о, *nt.*

butter

adj. **домáшнє** homemade, **магазúнне** from the store ◊ **Натáля лéгко відрізняє домáшнє м. від магазúнного.** Natalia easily tells homemade butter from the one from the store. **свíже** fresh; **селянське** peasant, **фéрмерське** farmer's; **солóдке** unsalted; **пíдсолене** salted; **арáхісове** peanut, **мигдáльне** almond, **часникóве** garlic ◊ **Óльга зробúла часникóве м.** Olha made garlic butter. **тóплене** melted; **згíркле** rancid; ♦ **хліб із ~ом** bread and butter; ♦ **шматóк ~а** pat of butter

v. + *м.* **клáсти м.** put butter ◊ **Він забýв поклáсти м. в тíсто.** He forgot to put butter in the dough. (**підігрівáти** heat ◊ **М. слід підігрíти.** The butter should be heated. **розм'якшувати** soften, **топúти** melt; **бúти** churn ◊ **Вонú б'ють влáсне м.** They churn their own butter. **збивáти** beat; **вбивáти** beat in, **змíшувати** mix; **розмáзувáти по** + *L.* spread butter on sth) ◊ **М. слід тонéнько розмáзати по баґéту.** Butter should be spread thinly on the baguette. **додавáти ~а** add butter (**уникáти** avoid); **користувáтися ~ом** use butter ◊ **Він не користýється ~ом.** He does not use butter. (**намáзувати** + *A.* butter sth ◊ **Вонá намáзала скúбку хлíба ~ом.** She buttered a slice of bread. **смáжити** + *A.* **на ~і** fry sth in butter ◊ **Картóпля смачнíша, якщó її смáжити на ~і.** The potato is tastier if it is fried in butter. ♦ **ітú як по ~у** to be a piece of cake ◊ **Пíсля перéрви робóта пішлá як по ~у.** After the break, the work was a piece of cake.

масн|úй, *adj.*

1 greasy, fat, fatty, oily

adv. **дéщо** somewhat, **дóсить** quite, rather; **дýже** very, **нáдто** too, **неприємно** unpleasantly, **страшéнно** terribly ◊ **Як на її смак, то юшка булá страшéнно ~óю.** As to her taste, the soup was terribly greasy.

м. + *n.* **~á стрáва** a fatty meal, **~á плями** an oily stain (**пóверхня** surface; **шкíра** skin); **~é волóсся** oily hair (**облúччя** face); **~í гýби** oily lips (**рýки** hands)

v. + *м.* **бýти ~úм** be greasy (**виглядáти** look ◊ **Юшка виглядáє трóхи ~óю.** The soup looks a bit greasy. **виявлятися** turn out ◊ **Голубцí вúявилися нáдто ~úми.** The stuffed cabbage turned out too greasy. **здавáтися** + *D.* seem to sb, **ставáти** become)

See **жúрний 1**

2 fatty, soft, buttery; fertile *(of soil)* ◊ **~í ґрунтú** fatty soil

3 *fig.* fawning, obsequious, greasy

м. + *n.* **м. гóлос** oily voice; **~á мóва** fawning language; **~í словá** obsequious words

See **улéсливий**

4 *fig. colloq.* lewd, dirty, obscene, cynical ◊ **Олéсь був ні в сих ні в тих від її ~óго пóгляду.** Oles felt ill at ease from her lewd glance. ◊ **Вонá мáла напоготóві м. жарт.** She had a dirty joke at the ready. **~á усмíшка** a lewd smile

See **хтúвий**

мáсов|ий, *adj.*

1 mass; widespread, crowded; large-scale

adj. **винятковó** exceptionally, **дýже** very, **навдивовúжу** surprisingly, **надзвичáйно** extraordinarily, **незвичáйно** unusually ◊ **незвичáйно ~а зацікáвленість** an unusually mass interest; **осóбливо** particularly; **на рíдкість** rarely; **дíйсно** really, **спрáвді** truly; **позíрно** seemingly

м. + *n.* **м. рух** a mass movement (**споживáч** consumer, **читáч** reader, **глядáч** viewer); **~а мíґрáція** a mass migration (**сцéна** scene, **твóрчість** creativity, **ýчасть** participation) ◊ **Цьогорíч ýчасть у фестивáлі булá осóбливо ~ою.** This year, the festival attracted a particularly mass participation. **~е виробнúцтво** a mass production (**безробíття** joblessness)

v. + *м.* **бýти ~им** be widespread (**виявлятися** turn out, **здавáтися** + *D.* seem to sb; **лишáтися** remain; **робúти** + *A.* make sth, **ставáти** become)

Also see **загáльний 1, людний, ширóкий 7**

2 popular, meant for the masses

м. + *n.* **~а культýра** mass culture (**газéта** newspaper, **літератýра** literature, **розвáги** entertainment, *etc.*)

Also see **популярний.** *Ant.* **елітáрний**

масштáб, *m.*, ~у

1 scale *(in maps)*

adj. **велúкий** large ◊ **Вам трéба мáпу велúкого ~у.** You need a large-scale map.

сере́дній medium; **мали́й** *or* **дрібни́й** small; **однако́вий** same; **збі́льшений** increased, **зме́ншений** reduced

v. + **м. ма́ти м.** have a scale (**збі́льшувати** increase, **зме́ншувати** reduce) ◊ **М. ма́пи зме́ншили від сере́днього до дрібно́го.** The map scale was reduced from medium to small. **малюва́ти** + *A.* **за ~ом** draw sth to scale

2 *fig.* size, proportions, scale, extent, *often in pl.*

adj. **бі́льший** bigger, **вели́кий** big, **величе́зний** enormous, **гіга́нтський** giant, **епі́чний** epic, **колоса́льний** colossal, **ма́совий** mass, **небачений** unprecedented, **широ́кий** wide; **апокаліпти́чний** apocalyptic ◊ **Якщо́ ніко́го не роби́ти, епіде́мія сягне́ апокаліпти́чних ~ів.** If nothing is done, the epidemic will reach apocalyptic proportions. **катастрофі́чний** catastrophic; **значни́й** considerable; **мали́й** small, **невели́кий** little, **помі́рний** moderate, **скро́мний** modest ◊ **Ви́ставка ма́ла скро́мні ~и.** The exhibition was on a modest scale.

v. + **м. збі́льшувати м.** increase a scale (**розширя́ти** expand ◊ **Замо́влення розши́рило дослі́дницькі ~и інститу́ту.** The commission expanded the research range of the institute. **зву́жувати** narrow, **зме́ншувати** reduce, **обме́жувати** limit; **визнача́ти** determine, **оці́нювати** evaluate; **змі́нювати** change, **вплива́ти на** influence) ◊ **Мета́ вплива́ла на ~и військо́вої опера́ції.** The goal influenced the scale of the military operation. **бу́ти ~ів** be of proportions ◊ **кампа́нія до́сить скро́мних ~ів** a campaign of fairly modest proportions (**досяга́ти** *or* **сяга́ти** reach ◊ **Конфлі́кт сягну́в безпрецеде́нтних ~ів.** The conflict reached unprecedented proportions. **набува́ти** acquire)

prep. **у ~ах** on a scale ◊ **кору́пція в неба́чених ~ах** corruption on an unprecedented scale

Also see **величина́ 1, кі́лькість, о́бсяг 1, пропо́рція 2, ро́змір 1, ро́змах 2**

матема́ті|ка, *f., only sg.*

mathematics ◊ **Вчи́телька вби́ла в них ціка́вість до ~и.** The (female) teacher killed their interest in math.

adj. **елемента́рна** elementary, **чи́ста** pure, **прикладна́** applied ◊ **Вона́ до́бре розбира́ється у прикладні́й ~ці.** She is well versed in applied math. **ви́ща** higher, **теорети́чна** theoretical; **шкі́льна́** secondary school; **га́лузь ~ки** a branch of mathematics

See **дисципліна 2, предме́т 2.** *Also see* **аритме́тика**

математи́чн|ий, *adj.*

mathematic(al), of or pertaining to mathematics ◊ **м. ана́ліз** a mathematical analysis; **~а зада́ча** a mathematical problem (**лінґві́стика** linguistics; **то́чність** *fig.* precision) ◊ **Вона́ ви́конала все з ~ою то́чністю.** She executed everything with a mathematical precision. **~е рівня́ння** a mathematical equation

матери́к, *m.*, **~á**

continent, mainland; *also fig.*

adj. **австралі́йський** Australian, **азі́йський** Asian, **антаркти́чний** Antarctic, **північноамерика́нський** North American, **південноамерика́нський** South American, **африка́нський** African, **європе́йський** European; **найбі́льший** largest, **найме́нший** smallest; **ці́лий** entire, **весь** all; **культу́рний** *fig.* cultural

м. + *v.* **дрейфува́ти** drift; **лежа́ти** lie, **простяга́тися від** + *G.*, **до** + *G.* stretch from *(a place)* to *(a place)*; **зника́ти** vanish, **тону́ти** sink

prep. **на ~у́** *or* **~о́ві** on a mainland, **по́за ~о́м** outside the mainland ◊ **Пі́сля Дру́гої світово́ї війни́ мільйо́ни украї́нців опини́лися по́за свої́м культу́рним ~о́м.** *fig.* After World War Two millions of Ukrainians found themselves outside their cultural mainland.

матери́нств|о, *nt., only sg.*

motherhood, maternity ◊ **Її́ молоде́ ті́ло ще не зна́ло ~а.** Her young body did not know motherhood yet.

adj. **ра́дісне** joyful, **щасли́ве** happy; **довгожда́не** long-awaited, **жада́не** desired; **неба́жане** undesired; **неспо́дiване** unexpected, **передча́сне** premature, **ра́ннє** early ◊ **Вона́ зо́всім негото́ва до ра́ннього ~а.** She is utterly unprepared for early motherhood. **запі́знене** belated, **пі́знє** late, **норма́льне** regular

матери́нськ|ий, *adj.*

motherly, maternal, mother's, of or pertaining to mother

м. + *n.* **м. бік** mother's side ◊ **Рома́н – її́ кузи́н по ~ій лі́нії.** Roman is her cousin on her mother's side. (**інсти́нкт** instinct; **обо́в'язок** duty); **~а любо́в** motherly love (**ні́жність** tenderness; **у́смі́шка** smile ◊ **У важкі́ хвили́ни його́ зігріва́є незабу́тня ~а у́смі́шка.** In difficult moments, his mother's unforgettable smile keeps him warm. **клiти́на** *biol.* cell); **~е се́рце** a mother's heart (**молоко́** milk); **~і почуття́** maternal feelings (**сльо́зи** tears)

мате́рі|я, *f.*, **~ї**

1 *colloq.* cloth, fabric, material

n. + **м. відрі́з ~ї** length of cloth ◊ **Ві́ктор подарува́в жі́нці відрі́з кашмі́рової ~ї.** Viktor gave his wife a length of cashmere cloth. (**за́лишки** remnants, **кла́поть** scrap, **сму́жка** strip, **суві́й** bolt, **шмато́к** piece)

See **ткани́на 1.** *Also see* **сукно́**

2 matter, substance; *also in philosophy* ◊ **Маркси́зм стве́рджує, що м. пе́рвісна, а дух втори́нний.** Marxism maintains that matter is primary and spirit is secondary.

adj. **жива́** living, **нежива́** inanimate, **органі́чна** organic, **неоргані́чна** inorganic; **тверда́** solid

See **речовина́.** *Ant.* **дух 1**

3 *fig., colloq.* subject matter, theme ◊ **розмовля́ти про висо́кі ~ї** to talk of sophisticated matters

See **те́ма.** *Also see* **предме́т 3**

матерія́л, *m.*, **~у**

1 material

adj. **горю́чий** combustible, **займи́стий** flammable, **небезпе́чний** hazardous, **радіоакти́вний** radioactive, **токси́чний** toxic, **я́дерний** nuclear; **пе́рвісний** primary; **сири́й** raw; **до́брий** good, **найкра́щий** best; **ке́пський** poor, **найгі́рший** worst, **пога́ний** bad; **полі́мерний** polymeric, **синтети́чний** synthetic; **будіве́льний** building; **лю́дський** *fig.* human

See **речовина́**

2 data, material, documents, content

adj. **дослі́дницький** research ◊ **валі́за, на́пхана ціка́вим дослі́дницьким ~ом** a suitcase packed with interesting research materials; **літерату́рний** literary, **описо́вий** descriptive, **фотографі́чний** photographic

3 story *(in journalism)*, account, news report

adj. **передови́й** lead, **розслі́дувальний** investigative; **сенсаці́йний** sensational ◊ **Пе́рший сенсаці́йний м. вона́ опублікува́ла ще в університе́ті.** She published her first sensational story while still in college. **до́брий** good, **звору́шливий** touching, **інтригу́ючий** intriguing, **ціка́вий** interesting, **чудо́вий** wonderful; **правди́вий** true, **правдоподі́бний** plausible; **ви́гаданий** made-up, **сфабрико́ваний** fabricated, **фальши́вий** fake, **фікти́вний** fictional; **нерозка́заний** untold; **опублі́кований** published, **переві́рений** *and* **спра́вджений** verified ◊ **Ко́жен м. газе́ти скрупульо́зно переві́рений.** Each newspaper story is scrupulously verified.

v. + **м. писа́ти м.** write a story (**подава́ти** run ◊ **Тижне́вик пода́в м. із разю́чими світли́нами.** The weekly ran the story with striking photographs. **публікува́ти** publish ◊ **Газе́та опублікува́ли його́ розслі́дувальний м. про вби́вство.** The paper published his investigative story on the murder. **посила́ти** file ◊ **За годи́ну він посла́в м. до газе́ти.** In an hour, he filed the story to the paper. **поши́рювати** circulate)

See **статтяˊ 1.** *Also see* **замі́тка 1, кореспонде́нція 2, редакці́йна, репорта́ж**

4 cloth, fabric ◊ **Він купи́в три ме́три деше́вого ~у.** He bought three meters of cheap fabric.

See **ткани́на 1, мате́рія 1**

матерія́льн|ий, *adj.*

1 material, physical

м. + *n.* **м. світ** a material world; **~а культу́ра** material culture, ♦ **~а части́на** *mil.* matériel; **~е виробни́цтво** a material production; **~і до́кази** material evidence

2 financial, pecuniary, economic

м. + *n.* **м. добро́бут** economic well-being; **~а допомо́га** financial assistance; **~е зацікав́лення** material interest ◊ **Вони́ керу́ються ті́льки ~им зацікав́ленням.** They are driven only by material interest. (**бла́го** benefit, **стано́вище** condition); **~і потре́би** economic needs

See **грошови́й, фіна́нсовий**

ма́т|и[1], *f.*, **~ері**

mother

adj. **молода́** young, **неповнолі́тня** teenage ◊ **Число́ неповнолі́тніх ~ері́в зросло́.** The number of teenage mothers increased. **лі́тня** *and* **стара́** old; **неду́жа** ailing, **хво́ра** sick; **неодру́жена** unmarried, **само́тня** single; **ваги́тна** pregnant; **овдові́ла** widowed ◊ **Фонд допомага́є овдові́лим ~еря́м.** The fund helps widowed mothers. **розлу́чена** divorced; **робі́тна** working; **до́бра** good, kind, **ува́жна** caring, **чудо́ва** great; **ві́ддана** devoted, **лю́бляча** loving ◊ **Ва́лик пам'ята́в її́ лю́блячою ~ір'ю.** Valyk remembered her as a loving mother. **ні́жна** tender; **коха́на** beloved; **вимо́глива** demanding, **стро́га** severe, **суво́ра** stern; **байду́жа** indifferent, **відсу́тня** absent; **жорсто́ка** cruel, **немилосе́рдна** ruthless; **негоду́ща** unfit ◊ **Ра́я жури́лася, що вона́ геть негоду́ща м.** Raya worried that she made a totally unfit mother. **пога́на** bad; **консервати́вна** conservative, **старомо́дна** old-fashioned, **традиці́йна** traditional; **суча́сна** contemporary; **ліберальна** liberal, **передова́** advanced; **рі́дна** birth, biological ◊ **Його́ рі́дною ~ір'ю була́ зо́всім і́нша жі́нка.** A totally different woman was his biological mother. **спра́вжня** real; **на́звана** adoptive; **лезбі́йська** lesbian; **вмира́юча** dying, **ме́ртва** dead, **покі́йна** late ◊ **оста́ння во́ля його́ покі́йної ~ері** his late mother's last will; **духо́вна** *fig.* spiritual; ♦ **хре́щена м.** a godmother; ♦ **Бо́жа М.** Mother of God; ♦ **Ну тебе́ (його́) к бі́совій (нечи́стій** *or* **чо́ртовій) ~ері!** Go to hell! To hell with it! ♦ **як м. народи́ла** stark naked ◊ **Іва́н стоя́в пе́ред не́ю, як м. народи́ла.** Ivan was standing in front of her stark naked. **яко́ї бі́сової (нечи́стої** *or* **чо́ртової) ~ері** *colloq.* why the hell ◊ **Яко́ї нечи́стої ~ері ти це ро́биш!** Why the hell are you doing this!

v. + **м. люби́ти ~ір** love one's mother ◊ **Він лю́бить ~ір.** He loves his mother. (**обо́жнювати** adore, **шанува́ти** respect; **зневажа́ти** despise, **ненави́діти** hate; **слу́хати** obey; **бу́ти поді́бним на ~ір** resemble one's mother ◊ **Кили́на поді́бна на ~ір.** Kylyna resembles her mother. **іти́ в** take after) ◊ **Тимі́ш пішо́в у ~ір, а Ні́на – в ба́тька.** Tymish took after his mother and Nina after her father. **успадко́вувати** + *A.* **від ~ері** inherit sth from one's mother ◊ **Очі він успадкува́в від ~ері.** He inherited his eyes from his mother. **бу́ти ~ір'ю** be a mother ◊ **За таки́х непрости́х обста́вин На́сті вдава́лося бу́ти до́брою й ува́жною ~ір'ю.** Under such tough

circumstances, Nastia managed to be a good and caring mother. (**вважа́ти** + *A.* consider sb ◊ **Він вважа́є цю люди́ну своє́ю духо́вною ~ір'ю.** He considers the person to be his spiritual mother. **назива́ти** + *A.* call sb ◊ **За стари́м звича́єм, зять мав назива́ти її ~ір'ю.** By the old custom, her son-in-law was to call her mother. **лиша́тися** remain; **роби́ти** + *A.* make sb, **става́ти** become) ◊ **Ори́ся на́дто ра́но ста́ла ~ір'ю.** Orysia became a mother too early.
D. **~ері**, *N. pl.* **~ері́**, *G. pl.* **~ері́в**, *I. pl.* **~еря́ми**
Also see **не́нька**. *Cf.* **ба́тько**

ма́|ти², ~ють; *no pf., tran.*

1 to have, possess ◊ **Кра́ще м., ніж му́сити позича́ти.** Better to have than being obliged to borrow. ◊ **Костюкі ~ли до́чку та си́на.** The Kostiuks had a daughter and a son. ♦ **м. бу́ти** to be supposed to be ◊ **Зу́стріч ~є бу́ти за́втра.** The meeting is supposed to be tomorrow. ♦ **м. ви́гляд** + *G.* to look like ◊ **Оле́сь ~в ви́гляд профе́сора провінці́йного університе́ту.** Oles looked like a provincial university professor. ♦ **м. зна́чення** *or* **ва́гу** to matter ◊ **Це не ~є жо́дного зна́чення.** It does not matter at all. ♦ **м. ра́цію** to be right ◊ **Рома́н ~в ра́цію, як каза́в, що бу́де дощ.** Roman was right when he said it would rain. ♦ **м. сло́во** to have the floor ◊ **Тепе́р сло́во ~є головни́й економі́ст.** Now the chief economist has the floor.
Also see **володі́ти, нема́ 2, пиша́тися 3, ті́шитися 2, трима́ти 5**
2 to be *(of age)* ◊ **Хло́пчик ~в сім ро́ків** *or* **літ.** The little boy was seven years old. ◊ **Немовля́ ~є де́сять мі́сяців.** The baby is ten months old.
3 to be *(of volume, weight, length, etc.)* ◊ **Чо́вен ~в три ме́три довжини́.** The boat was three meters long.
4 to regard as, consider for, take for
prep. **м. за** + *A.* consider sb for sth ◊ **Вони́ ~ли Петра́ за проста́ка.** They considered Petro for a simpleton. ♦ **м.** + *A.* **за щось** to have respect for sb ◊ **Лю́ди ~ють Ні́ну за щось.** People respect Nina.
See **бра́ти 6**. *Also see* **вважа́ти 2, ра́хувати 5, розці́нювати 2, сприйма́ти 2**
5 to have to, need to do, be supposed to + *inf.* ◊ **Дави́д ~в пола́годити мі́сця в готе́лі.** Davyd was supposed to arrange for hotel accommodations. ◊ **Тепе́р і́нша ситуа́ція, і вона́ ~є скасува́ти свої́ пла́ни.** The situation is different now and she has to cancel her plans.
Also see **му́сити**
6 to be going to, intend to + *inf.* ◊ **Вони́ ~ли ї́хати а́втом.** They were going to travel by car. ◊ **Пе́трів знав, що брат ~є подзвони́ти вве́чері.** Petriv knew his brother would call in the evening.
See **збира́тися 3, намі́рятися 1, планува́ти 2.** *Also see* **ду́мати 3, заду́мувати 2, мрі́яти 2, розрахо́вувати 6**
no pa. pple.
май!

ма́т|ка, *f.*

1 *zool.* dam *(animal)*, female animal, mother; mother bee ◊ **Поро́ся сса́ло ~ку.** The piglet was sucking its mother.
adj. **ваги́тна** pregnant; **молода́** young, **стара́** old
2 *anat.* uterus, womb
adj. **жі́ноча** female; **здоро́ва** healthy; **хво́ра** sick
n. + **м. ши́йка ~ки** the neck of a uterus (**сті́нка** wall) ◊ **На сті́нці ~ки зали́шилися рубці́.** Scars remained on the wall of the uterus.
L. **в ~ці**, *G. pl.* **~ок**

матра́ц, *m.*, ~а

mattress
adj. **нови́й** new, **стари́й** old; **двоспа́льний** queen-size, **односпа́льний** single; **зру́чний** comfortable, **м'яки́й** soft; **жорстки́й** firm, **пружи́нистий** springy, **тверди́й** hard; **зби́тий** lumpy ◊ **На лі́жку лежа́в стари́й зби́тий м.** There was an old lumpy mattress on the bed. **поде́ртий** ripped; **грубий** *or* **товсти́й** thick, **то́нкий** thin; **водяни́й** water, **надувни́й** inflatable, **пінопла́стовий** foam, **пові́тряний** air
prep. **без ~а** without a mattress ◊ **Лі́жко було́ без ~а.** The bed was without a mattress. **на м.** *dir.* on/to a mattress ◊ **Його́ покла́ли на пові́тряний м.** They put him on an air mattress. **на ~і** *posn.* on a mattress ◊ **Він поба́чив пля́му на ~і.** He saw a stain on the mattress. **під м.** *dir.* under a mattress ◊ **Він засу́нув ру́ку під м.** He put his hand under the mattress. **під ~ом** *posn.* under a mattress ◊ **Він хова́є гро́ші під ~ом.** He hides his money under the mattress.

матро́с, *m.*; ~ка, *f.*

seaman, sailor ◊ **Се́ред ~ів назріва́в за́колот.** Mutiny was brewing among the seamen.
adj. **умі́лий** able, **до́брий** good, **досві́дчений** experienced; **бува́лий** seasoned, **загарто́ваний** hardened, **стари́й** old; **молоди́й** young; **ке́пський** poor, **невмі́лий** inept, **пога́ний** bad; **недосві́дчений** inexperienced
See **спеціалі́ст**. *Cf.* **моря́к, рядови́й 2**

матч, *m.*, ~у

match, game
adj. **баскетбо́льний** basketball, **боксе́рський** boxing, **волейбо́льний** volleyball, **гоке́йний** hockey, **те́нісний** tennis, **футбо́льний** soccer, **ша́ховий** chess; **товари́ський** friendly; **півфіна́льний** semi-final, **фіна́льний** final ◊ **Фіна́льний м. відбу́деться у столи́ці.** The final match will take place in the capital. **чвертьфіна́льний** quarter-final; **вели́кий** big, **важли́вий** important, **виріша́льний** crucial, **чудо́вий** superb; **істори́чний** historic, **незабу́тній** unforgettable ♦ **м. на ви́їзді** an away game ◊ **Уболіва́льники ї́здять за сво́єю дружи́ною, підтри́муючи її в ~ах на ви́їзді.** Fans follow their team, supporting it in away matches. ♦ **м. удо́ма** a home game
v. + **м. вигарава́ти м.** win a match ◊ **Він ви́грав три ~і по́спіль.** He won three matches in a row. (**програва́ти** lose ◊ **Вони́ впе́рше програ́ли м. удо́ма.** They lost a home match for the first time. **гра́ти** play, **ма́ти** have ◊ **Насту́пний м. вони́ ма́тимуть за ти́ждень.** They will have their next match in a week. **прово́дити** hold; **диви́тися** watch; **організо́вувати** organize, **відклада́ти** postpone; **іти́** *and* **ходи́ти на** go to); **зазнава́ти пора́зки в ~і** suffer a defeat in a match ◊ **Дружи́на зазна́ла пора́зки в півфіна́льному ~і.** The team suffered a defeat in the semi-final match.
м. + *v.* **відбува́тися** *and* **прохо́дити** take place ◊ **Те́нісний м. уже́ відбу́вся.** The tennis match has already taken place.
prep. **в ~і** in a match ◊ **Вона́ не бра́ла у́часті в ~і.** She did not take part in the match. **на ~і** *posn.* at a match ◊ **Стадіо́н був напівпоро́жній на пе́ршому ~і.** The stadium was half-empty at the first match. **під час ~у** during a match ◊ **Під час ~у вибухнула бі́йка.** During the match, a scuffle erupted. **посе́ред ~у** in the middle of a match ◊ **Гравця́ замі́нили посе́ред ~у.** The player was replaced in the middle of the match. **м. з** + *I.* a match with sb ◊ **м. із традиці́йним супе́рником** a match with the traditional rival; **м. між** + *I.* a match between sb ◊ **м. між оде́ською та лу́цькою дружи́нами** a match between Odesa and Lutsk teams; **м. про́ти** + *G.* a match against sb
Also see **гра 2, змага́ння, зу́стріч 2, ко́нкурс, турні́р, фіна́л 2**

матю́к, *m.*, ~а́, *colloq.*

swear word, expletive; *usu pl.* foul language
adj. **бруtáльний** brutal, **гру́бий** rude, **ха́мський** boorish ◊ **Такі́ ха́мські ~и не роби́ли їй че́сти.** Such boorish foul language did her no credit. **нецензу́рний** unprintable; **ви́шуканий** *joc.* refined, **добі́рний** *joc.* select, **рафіно́ваний** *joc.* polished, **cокови́тий** *joc.* juicy ◊ **Оста́п люби́в пересипа́ти мо́ву сокови́тими ~а́ми.** Ostap liked to pepper his language with juicy swear words. **смачни́й** *joc.* flavorful
v. + **м. вжива́ти ~и́** use expletives; **користува́тися ~а́ми** make use of expletives (**зловжива́ти** abuse) ◊ **Він рі́дко коли́ зловжива́є ~ами.** He rarely ever abuses expletives.
See **ла́йка**. *Also see* **гру́бість 4, сва́рка 2**

махн|у́ти, *pf., see* **маха́ти**

to wave, *etc.* ◊ **Яре́ма ~у́в руко́ю, подаючи́ їм умо́влений знак.** Yarema waved his hand, giving them the agreed signal.

маха́|ти, ~ють; махн|у́ти, ~у́ть, *intr.*

1 to wave, brandish, flourish ◊ **Жі́нка на протиле́жному бо́ці ву́лиці ~ла Петро́ві руко́ю.** A woman on the opposite side of the street waved her hand at Petro.
adv. **ве́село** happily, **відчайду́шно** desperately, **енергі́йно** vigorously; **на проща́ння** goodbye ◊ **Ната́ля підійшла́ до вікна́ купе́, щоб махну́ти дру́зям на проща́ння.** Natalia came up to the compartment window, to wave her friends goodbye.
v. + **м. почина́ти** begin to, **ста́ти** *pf.* start ◊ **Вона́ ста́ла енергі́йно м. газе́тою.** She started waving the newspaper vigorously. **хоті́ти** want to
prep. **м. до** + *G.* wave at sb ◊ **Він ~в пра́пором до люде́й на майда́ні.** He was brandishing the flag at the people on the square.
Also see **жестикулюва́ти, труси́ти 2, трясти́ 2**
2 *colloq., only pf.* to take off, go, run, travel, set out to ◊ **Вони́ махну́ли до Карпа́т на вихідні́.** They took off for the Carpathians on the weekend. ◊ **Чому́ б нам не махну́ти до Гре́ції?** Why don't we go to Greece?
Also see **пої́хати, полеті́ти**
маха́й! махни́!

ма́чу|ха, *f.*

stepmother ◊ **Їх вихо́вувала м.** They were brought up by their stepmother. ◊ **М. була́ для хло́пця незгі́ршою ма́тері.** His stepmother was no worse than a mother for the boy.
adj. **жорсто́ка** cruel, **зла** wicked, **лю́та** vicious, **немилосе́рдна** ruthless, **нена́висна** hateful, **осору́жна** detestable; **до́бра** kind, **ла́гідна** gentle
L. **на ~сі**
Cf. **ма́ти**

маши́н|а, *f.*

1 mechanism, machine
adj. **вели́ка** big, **величе́зна** enormous, **гіга́нтська** giant, **поту́жна** powerful; **автомати́чна** automatic, **електро́нна** electronic ◊ **Пе́рші комп'ю́тери були́ величе́зними електро́нними ~ами.** First computers were enormous electronic machines. **складна́** sophisticated, **ефекти́вна** efficient; **в'яза́льна** knitting, **пра́льна** washing ◊ **Він купи́в пра́льну ~у.** He bought a washing machine. **суши́льна** drying, **тка́цька** weaving, **шва́цька** *or* **ше́вська** sewing ◊ **У скрутни́й час бабу́ся заробля́ла на життя́ завдяки́ ше́вській ~і «Зи́нгер».** In hard times, grandma made a living thanks to her Singer sewing machine. ♦ **кухо́нна м.** a food processor; ♦ **паро́ва м.** a steam engine; ♦ **держа́вна м.** the machinery of the state ◊ **Він навчи́вся спри́тно маніпулюва́ти держа́вною ~ою.** He learned to shrewdly manipulate the machinery of the state.
v. + **м. використо́вувати ~у** use a machine ◊ **Ві́ра забороня́ла чле́нам се́кти використо́вувати ~и.** Their faith forbade the sect members to use machines. (**встано́влювати** install; **збира́ти** assemble, **склада́ти** put together; **направля́ти** fix, **ремонтува́ти** repair, **обслуго́вувати** service

◊ **Один робітник тут обслуговує двадцять ткацьких машин.** One worker services twenty weaving machines here. **псувати** *or* **ламати** break; **заводити** start; **зупиняти** stop; **відмикати** unplug, **підмикати** plug in; **вмикати** turn on, **вимикати** turn off; **будувати** build, **винаходити** invent, **конструювати** construct, **проєктувати** design, **створювати** create)
Also see **механізм 1**
2 vehicle *(car, truck, etc.)* ◊ **Соля не могла натішитися своєю новенькою ~ою.** Solia could not have enough of her brand-new car.
adj. **вантажна** truck; **електрична** electric; **легкова** passenger ◊ **До воріт під'їхала легкова м. середніх розмірів.** A midsize passenger car pulled up to the gate.
v. + **м. їздити ~ою** go by car (**подорожувати** travel; **доставляти** + *A.* deliver sth)
See **автомобіль, колесо 2**

машин|ка, *f.*
1 *dem.* machine
adj. **пральна** washing, **швацька** *or* **шевська** sewing; ♦ **перукарська м.** hair clipper ◊ **Він вправно користується перукарською ~кою.** He skillfully operates a hair clipper. ♦ **друкарська м.** a typewriter
See **машина 1, 2**
2 *colloq.* toy car ◊ **Хлопчик мав купу ~ок: легкових і вантажівок.** The little boy had a heap of toy cars: passenger ones and trucks.
L. **на ~ці**

маяк, *m.*, **~á**
lighthouse, beacon; *also fig.* **Присутність цієї людини була для них ~óм надії.** *fig.* This person's presence was a beacon of hope for them.
prep. **на ~м** *dir.* at/on/to a lighthouse ◊ **Він дивився на далекий м.** He looked at the distant lighthouse. **на ~óві** *or* **~ý** *posn.* on a lighthouse ◊ **На ~ý був прапор.** There was a flag on the lighthouse.

мебл|і, *only pl.*, **~ів**
furniture
adj. **антикварні** antique ◊ **Він захоплюється антикварними ~ями.** He has a thing for antique furniture. **старі** old, **старовинні** age-old; **нові** new, **модерні** modern, **новомодні** newfangled, **сучасні** contemporary; **гарні** beautiful, **добрі** fine, **якісні** quality; **вишукані** refined, **елеґантні** *or* **ошатні** elegant ◊ **У кімнаті стояли прості елеґантні м.** There was simple elegant furniture in the room. **пишні** luxurious, **стильні** stylish; **дешеві** cheap, **уживані** second-hand; **кічуваті** *colloq.* kitschy; **грубо зроблені** rustic, **прості** simple; **офісні** office, **садові** garden, **спальні** bedroom, **столові** dining-room; **горіхові** walnut ◊ **Для вітальні вони замовили горіхові м.** For their living room, they ordered walnut furniture. **дерев'яні** wooden, **дубові** oak, **соснові** pine; **оббиті шкірою** leather-upholstered, **пластмасові** plastic, **шкіряні** leather
n. + **м. виробник ~ів** a furniture manufacturer (**дизайнер** designer; **перевізник** mover; **продавець** seller; **реставратор** restorer) ◊ **Вона – відома реставраторка ~ів.** She is a well-known furniture restorer. **предмет ~ів** a piece of furniture; ♦ **бути для** *or* **задля ~ів** *iron.* to serve for decoration, be of no importance ◊ **На суді свідки були радше задля ~ів.** The witnesses at the trial were rather for decoration.
v. + **м. ставити ~і** put furniture (**переставляти** move around ◊ **Масенки переставили м., щоби звільнити місце для дивана.** The Masenkos rearranged the furniture to make room for the sofa. **розставляти** arrange; **протирати** dust; **виготовляти** manufacture ◊ **На фабриці виготовляють якісні м.** Quality furniture is manufactured at the factory. **робити** make, **складати** assemble; **проєктувати** design)

◊ **Маляр не лише пише картини, а й проєктує м.** The artist not only paints pictures but also designs furniture.
L. pl. **на ~ях**
Also see **диван, етажерка, канапа, ліжко, стіл, стілець; обстановка 1**

мед, *m.*, **~у**
1 honey ◊ **Україна – один з найбільших виробників ~у у світі.** Ukraine is one of the biggest honey producers in the world.
adj. **дикий** wild, **домашній** homemade; **прозорий** clear; **акацієвий** acacia, **гречаний** buckwheat, **липовий** linden
n. + **м. ложка** a spoonful of honey (**слоїк** jar) ◊ **Він дав їм півлітровий слоїк гречаного ~у.** He gave them a half-a-liter jar of buckwheat honey.
v. + **м. збирати м.** gather honey (**виробляти** produce; **їсти** eat, **мазати на** + *A.* spread on sth) ◊ **Вона намазала м. на окрáєць чорного житнього хліба.** She spread honey on a slice of black rye bread. ♦ **вашими (твоїми) б устами та м. пити** if only it were true, too good to be true; ♦ **з ~ом на вустах** hypocritical, duplicitous; ♦ **передати куті ~у** *pf.* to overdo sth, go too far ◊ **Хвали його, та передавай куті ~у.** Praise him, but don't go too far.
2 mead *(alcoholic drink)* ◊ **М. згадують у народних думах.** Mead is mentioned in folk ballads.

медал|ь, *f.*
medal
adj. **бронзова** bronze, **золота** gold ◊ **Він закінчив школу із золотою ~лю.** He finished school with a gold medal. **срібна** silver; **олімпійська** Olympic; **пропам'ятна** commemorative ◊ **Із цієї історичної нагоди уряд викарбував пропам'ятну м.** On the historic occasion, the government had a commemorative medal struck. ♦ **зворотний** *or* **інший бік ~і** the reverse of the medal, the seamy side of sth
v. + **м. вигравати м.** win a medal ◊ **Вона виграла дві золоті ~і.** She won two gold medals. (**діставати** get, **отримувати** receive, **заслуговувати (на)** earn ◊ **За відданість справі Марченко заслужив (на) золоту м.** Marchenko has earned a gold medal for his dedication to the cause. **карбувати** strike); **нагороджувати** + *A.* **~лю** award sb a medal ◊ **Кожного нагородили ~лю за хоробрість.** Each was awarded a medal for valor.
prep. **м. за** + *A.* a medal for sth
See **нагорода.** *Also see* **золото 3, кубок 2, хрест 2**

медицин|а, *f., only sg.*
medicine
adj. **сучасна** modern ◊ **поступ сучасної ~и** advances in modern medicine, **традиційна** traditional; **альтернативна** alternative, **голістична** holistic, **гомеопатична** homeopathic, **народна** folk; **загальна** general, **практична** practical, **теоретична** theoretical; **академічна** academic, **клінічна** clinical, **наукова** scientific; **авіаційна** aviation, **космічна** aerospace; **ветеринарна** veterinary, **військова** military, **педіятрична** pediatric, **підліткова** teenage, **спортивна** sports, **судова** forensic, **тропічна** tropical; **профілактична** preventative; **приватна** private; **суспільна** social
n. + **м. галузь ~и** a branch of medicine (**доктор** doctor); **курс із ~и** a course in medicine
v. + **м. вивчати ~у** study medicine (**практикувати** practice; **застосовувати** apply) ◊ **Лікар застосовує альтернативну ~у.** The physician applies alternative medicine. **спеціялізуватися з ~и** specialize in medicine; **навчатися ~і** study medicine ◊ **Він навчається ~і.** He studies medicine.
See **дисципліна 2, предмет 2**

медичн|ий, *adj.*
medical, doctor's, of or pertaining to medicine
м. + *n.* **м. інститут** *or* **університет** a medical school ◊ **Він – випускник ~ого університету.** He is a graduate of a medical school. **м. факультет** *(at university)* a department *or* school of medicine; **м. огляд** a medical examination (**препарат** drug); **~а допомога** medical assistance (**консультація** consultation ◊ **безоплатні ~і консультації** free medical consultations here. **сестра** nurse); **~е обслуговування** medical care (**світило** celebrity) ◊ **У клініці працює кілька ~их світил.** Several medical celebrities work at the clinic.
Also see **лікувальний 1, санітарний 2**

медов|ий, *adj.*
1 honey, made of honey; like honey ◊ **м. колір** honey color, **м. пиріг** a honey pie; ♦ **м. місяць** a honeymoon; ♦ **~і та молочні ріки** rivers of milk and honey, cornucopia, plenty ◊ **Вона обіцяла їм ~і та молочні ріки.** She promised them rivers of milk and honey.
2 *fig.* sugary, sickly-sweet ◊ **~а посмішка** a cloying smile, **~а розмова** a fawning conversation; **~і слова** ingratiating words

медсестр|á, *f.*; **медбрат**, *m.*
nurse
adj. **дипломована** certified, **професійна** professional; **досвідчена** experienced; **старша** senior, **операційна** scrub; **дільнича** district, **шкільна** school, **шпитальна** hospital; **уважна** attentive, **хороша** good, **чудова** great; **кепська** poor, **погана** bad; **недосвідчена** inexperienced
See **спеціяліст**

меж|á, *f.*, **~í**
1 limit, boundary
adj. **внутрішня** inner, **зовнішня** outer ◊ **Зовнішня м. табору йшла по правому березі річки.** The outer boundary of the camp followed the right bank of the river. **північна** northern, **південна** southern, *etc.*; **двокілометрова** two-kilometer, **трикілометрова** three-kilometer, *etc.*; **міська** city, **сільська** village; **абсолютна** absolute, **(с)крайня** extreme, **остаточна** ultimate; **верхня** upper, **вища** higher, **максимальна** maximum; **нижня** lower, **мінімальна** minimal; **непорушна** inviolable, **сувора** strict; **довільна** arbitrary ◊ **Часто ~і між територіями цілком довільні.** Often boundaries between the territories are quite arbitrary. **вагова** weight, **вікова** age, **температурна** temperature, **фізична** physical, **часова** time; **встановлена** established, **допустима** admissible, **дозволена** permitted, **конкретна** specific, **практична** practical, **прийнятна** acceptable, **рекомендована** recommended
м. + *n.* **м. болю** pain threshold; **м. вірогідного** the limit of believable ◊ **Це історія на ~і вірогідного.** This story is on the limit of believable. (**краси** beauty; **можливого** possible; **людського розуму** human intelligence; **фантастики** fantastic) ◊ **Талант маляра на ~і фантастики.** The artist's talent borders on the fantastic.
v. + **м. мати ~ý** have a limit ◊ **Маркове терпіння має ~і.** Marko's patience has its limits. (**визнавати** recognize; **визначати** determine, **встановлювати** establish ◊ **Кожен банк установлює ~ý максимальної першої позики.** Every bank establishes the maximum initial loan limit. **окреслювати** outline; **перетинати** cross, **переходити** go over, **порушувати** violate); **дотримуватися ~і** adhere to the limit (**наближатися до** approach ◊ **Вони наближаються до ~і своїх інвестиційних можливостей.** They are approaching their investment capacities limit. **підходити до** near)
prep. **без меж** without limits ◊ **офіціянти без меж** *fig., iron.* waiters without borders; **в ~ах** + *G.*

within (the limits of) sth ◊ **Пере́клад тре́ба зроби́ти в ~ах двох годи́н.** The translation needs to be done within two hours. ♦ **в пе́вних ~ах** within limits ◊ **Їм дозво́лили кори́стува́тися архі́вом, але́ в пе́вних ~ах.** They were allowed to use the archive, but within limits. **ви́ще ~і** above the limit; **до само́ї ~і** to the very limit ◊ **Вона́ гото́ва йти до само́ї ~і.** She is prepared to go to the very limit. **за** *or* **по́за ~ами** + *G.* outside the limits of sth ◊ **Це було́ по́за ~ами лю́дського ро́зуму.** This was outside the limits of human mind. **на ~і** on the boundary ◊ **Він працюва́в на ~і можли́вого.** He worked on the boundary of the possible. **ни́жче ~і** below the limit ◊ **Мініма́льна су́ма вкла́ду не мо́же опуска́тися ни́жче встано́вленої ~і.** The minimal sum of the deposit may not go below the set limit. **м. з** + *I.* boundary with sth ◊ **м. з сусі́дами** the boundary with neighbors; **м. між** + *I.* boundary between sb/sth ◊ **на ~і між півні́ччю та пі́вднем** on the boundary between the north and the south

Also see **мі́ра 2, обсяг 2, ра́мка 2, сте́ля 2**

2 *fig.* limit, height, peak, record; absolute

м. + *n.* **м. божеві́лля** absolute madness, total madness (**ду́рости** stupidity, **ідіоти́зму** idiocy ◊ **Це – м. ідіоти́зму.** This is total idiocy. **жа́дібности** greed, **зухва́лости** defiance, **наха́бства** brazenness; **необа́чности** indiscretion)

Also see **реко́рд 2**

межу|ва́ти, ~ють; *no pf., intr.*

1 to border on, adjoin, abut ◊ **Два лі́си ~ють.** The two forests abut one another.

prep. **м. з** + *I.* border on sth ◊ **На схо́ді Украї́на ~є з Росі́йською Федера́цією.** In the east, Ukraine borders on the Russian Federation.

2 *fig.* verge on, approach ◊ **Її тон ~ва́в зі знуща́нням.** Her tone verged on mockery.

prep. **г. з** + *G.* ◊ **Таки́й суд ~є з фа́рсом.** Such a trial verges on the farcical.

меланхо́лік, *m.*; меланхо́лічка, *f.*

melancholiac, melancholic person

adj. **глибо́кий** deep, **невипра́вний** incorrigible, **типо́вий** typical; **клі́нічний** clinical ◊ **озна́ки клі́нічного ~а** signs of a clinical melancholiac; **хроні́чний** chronic

v.+ **м. бу́ти ~ом** be a melancholiac (**виявля́тися** turn out, **здава́тися** + *D.* seem to sb, **лиша́тися** remain, **става́ти** become) ◊ **Чолові́к поступо́во става́в ~ом.** The man was gradually becoming a melancholiac.

меланхолі́йн|ий, *adj.*

melancholic, melancholy

adv. **вкрай** extremely, **геть** totally, **глибо́ко** deeply ◊ **Пі́сня здала́ся їй глибо́ко ~ою.** The song seemed to her to be deeply melancholy. **ду́же** very, **ціл́ко́м** completely, **безнаді́йно** hopelessly, **невипра́вно** incorrigibly; **типо́во** typically ◊ **Він сказа́в це типо́во ~им то́ном.** He said it in his typically melancholy tone. **клі́нічно** clinically, **хроні́чно** chronically; **до́сить** rather

See **сумни́й**

меланхо́лі|я, *f.*, ~ї, *only sg.*

melancholy

adj. **глибо́ка** deep, **си́льна** intense; **клі́нічна** clinical, **хроні́чна** chronic; **нездола́нна** overwhelming, **невилі́ковна** incurable

See **сму́ток, хворо́ба.** *Also see* **журба́, сум, ту́га 2.** *Ant.* **ра́дість**

мело́ді|я, *f.*, ~ї

melody, tune ◊ **Тимі́ш прислу́хався до ти́хої ~ї, що лила́ся з вікна́.** Tymish pricked his ear to a quiet tune that flowed from the window.

adj. **га́рна** nice, **гармоні́йна** harmonious, **милозву́чна** melodious, **прекра́сна** beautiful, **прие́мна** pleasant, **хоро́ша** good, **чудо́ва** wonderful; **бадьо́ра** upbeat, **жва́ва** lively; **ла́гідна** gentle, **м'яка́** soft, **ти́ха** quiet, **спокі́йна** calm, **соло́дка** sweet; **жа́лібна** plaintive, **жало́бна** mournful, **меланхолі́йна** melancholy, **сумна́** sad; **про́ста́** simple, **складна́** complex; **па́м'ятна** memorable; **наро́дна** folk ◊ **М. компози́тора ста́ла наро́дною.** The composer's melody became a folk one. **знайо́ма** familiar, **популя́рна** popular; **танцюва́льна** dance ◊ **Танцюва́льна м. ви́кликала в Тетя́ни зга́дки про Оде́су.** The dance melody brought back Tetiana's memories of Odesa. **традиці́йна** traditional

v. + **м. вико́нувати ~ю** perform a melody (**гра́ти** play; **компонува́ти** compose, **писа́ти** write, **твори́ти** create ◊ **Вона́ створи́ла кі́лька популя́рних ~й.** She created a few popular melodies. **слу́хати** listen to ◊ **Чудо́ву ~ю мо́жна слу́хати без кінця́.** One can listen to a wonderful tune endlessly. **чу́ти** hear; **мугика́ти** hum ◊ **Оле́нка мугика́ла знайо́му ~ю.** Olenka hummed a familiar melody. **співа́ти** sing

м. + *v.* **звуча́ти** sound, **луна́ти** reverberate, **чу́тися** be heard ◊ **Із ко́жної кімна́ти чу́лася і́нша м.** A different tune was heard from each room. **дохо́дити до** + *G.* reach sb/sth ◊ **До її ву́ха ді́йшла прие́мна м.** A pleasant tune reached her ear. **сяга́ти** + *G.* reach *(sb's ear)*; **ши́ритися** spread ◊ **Коридо́ром ши́рилася соло́дка м.** A sweet melody spread down the corridor. **пливти́** flow; **запо́внювати** + *A.* fill sth; **замовка́ти** fade, **затиха́ти** fade away; **нага́дувати** + *A.* remind sth, **провокува́ти** + *A.* provoke sth

prep. **в ~ї** in a melody ◊ **Все в ~ї здава́лося про́сти́м.** Everything in the tune seemed simple.

Also see **му́зика**

мелодра́м|а, *f.*

melodrama

adj. **деше́ва** cheap, **приміти́вна** primitive; **звича́йна** regular, **про́ста́** simple; **знайо́ма** familiar, **класи́чна** classical, **голіву́дська** Hollywood, **суча́сна** contemporary

See **п'є́са 1.** *Cf.* **дра́ма, коме́дія 1, траге́дія 2**

мелодрамати́чн|ий, *adj.*

melodramatic

м. + *n.* **м. жест** a melodramatic gesture (**ви́раз** expression, **тон** tone; **сюже́т** plot) ◊ **Сюже́т опові́дання зана́дто м.** The story's plot is too melodramatic. **~а істо́рія** a melodramatic story (**му́зика** music, **п'є́са** play)

ме́м|а, *f.*

meme ◊ **М. – це одини́ця переда́чі культу́рної інформа́ції.** A meme is a unit of cultural information transmission.

adj. **мереже́ва** Internet, **найнові́ша** latest, **нова́** new, **стара́** old, **популя́рна** popular; **ідеологі́чна** ideological, **молодіжна** youth, **музи́чна** music, **політи́чна** political; **вну́трішня** internal, **зо́внішня** external; **вірусоподі́бна** viral; **класи́чна** classical, **куме́дна** funny, **мо́дна** trendy,**м.** + *n.* **м.-гру́па** a meme group (**-сторі́нка** page, **-фо́рум** forum); ♦ **м.-одноде́нка** one-hit meme

n. + **м. вжива́ння ~и** the use of a meme (**ви́нахід** invention, **поши́рення** spread)

v. + **м. вивча́ти ~у** study a meme ◊ **Нау́ку, що вивча́є ~и, назива́ють меме́тикою.** The science that studies memes is called memetics. (**мно́жити** replicate; **передава́ти** transmit ◊ **~у передаю́ть лише́ че́рез відчуття́.** A meme is transmitted only through senses. **перейма́ти в** + *G.* adopt from sb, **підхо́плювати** pick up, **популяризува́ти** popularize, **поши́рювати** spread, **приду́мувати** invent, **ство́рювати** create); **бу́ти ~ою** be a meme (**роби́ти** + *A.* make sth, **става́ти** become) ◊ **Сканда́льний полі́тик став мереже́вою ~ою.** The scandalous politician became an Internet meme.

м. + *v.* **висмі́ювати** + *A.* ridicule sb/sth ◊ **Політи́чна м. висмі́ювала прихи́льників Бре́кзиту.** The political meme ridiculed the Brexit supporters, **набира́ти популя́рности** gain popularity, **ті́шитися у́спіхом в** *or* **се́ред** + *G.* enjoy success with sb ◊ **Нова́ м. ті́шиться у́спіхом у** *or* **се́ред ста́рших школярі́в.** The new meme enjoys success with senior high school students. **поши́рюватися** spread; **склада́тися з** + *G.* consist of sth ◊ **М. мо́же склада́тися з одно́го сло́ва і ціло́ї промо́ви, в які́й це сло́во впе́рше вжи́то.** A meme can consist of a single word and of an entire speech in which that word first occurred.

мемора́ндум, *m.*, ~у

memorandum

adj. **вну́трішній** internal; **дипломати́чний** diplomatic; **спі́льний** joint; **конфіденці́йний** confidential, **та́є́мний** *and* **секре́тний** secret; **багатосторо́нній** multilateral, **двосторо́нній** bilateral

v. + **м. склада́ти м.** draw up a memorandum (**готува́ти** prepare; **датува́ти** date, **підпи́сувати** sign; **оприлю́днювати** make public, **публікува́ти** publish ◊ **Сто́рони опублікува́ли спі́льний м. про допомо́гу бі́женцям.** The parties published a joint memorandum on refugee relief. **подава́ти** submit, **посила́ти** send; **узго́джувати** coordinate)

prep. **в ~і** in a memorandum ◊ **У ~і окре́слюються заса́ди співпра́ці між двома́ університе́тами.** The memorandum outlines the principles of cooperation between the two universities. ◊ **У ~і йшло́ся про головні́ ви́клики компа́нії.** The memorandum said about the company's principal challenges. **м. від** + *G.* a memorandum from sb ◊ **м. від міні́стра** a memorandum from the minister, **м. від** + *G.* a memorandum of *(date)* ◊ **м. від дру́гого ли́пня** the memorandum of July 2; **м. до** + *G.* to sb ◊ **м. до комі́сії** a memorandum to the committee; **м. про** + *A.* a memorandum about/of sth ◊ **Репорте́р я́кось ді́став ко́пію секре́тного ~у про порозумі́ння.** The reporter somehow procured a copy of the secret memorandum of understanding. (**співпра́цю** cooperation)

меморі́ял, *m.*, ~у

memorial + *D.* to sb

adj. **вели́кий** large, **вели́чний** magnificent ◊ **У па́рку спору́дженo вели́чний м. же́ртвам Голодомо́ру.** A magnificent memorial to the victims of the Holodomor was erected in the park. **військо́вий** military, **вое́нний** war, **наро́дний** public, **національ́ний** national

v. + **м. будува́ти м.** build a memorial (**заклада́ти** lay the foundation of, **спору́джувати** erect, **ство́рювати** create; **відкрива́ти** open, **відслоня́ти** unveil ◊ **У селі́ відслони́ли наро́дний м. уча́сникам украї́нського о́пору.** A public memorial to the participants of the Ukrainian resistance was unveiled in the village. **присвя́чувати** + *D.* dedicate to sb/sth)

м. + *v.* **вшано́вувати** + *A.* honor sb, **будува́тися на честь** + *G* be built in honor of sb, **увікові́чнювати** + *A.* commemorate sb ◊ **Цей м. увікові́чнює студе́нтів, що заги́нули в ві́йні.** The memorial commemorates the students who perished in the war. **стоя́ти** stand

See **па́м'ятник 1.** *Cf.* **монуме́нт 1**

ме́неджер, *m.*, ~а; ~ка, *f.*

manager

adj. **генера́льний** general ◊ **Його́ призна́чили генера́льним ~ом компа́нії.** He was appointed the company's general manager. **моло́дший** junior, **сере́дній** middle, **ста́рший** senior; **блиску́чий** brilliant, **вели́кий** great, **до́брий** good, **досві́дчений** experienced ◊ **Вони́ шука́ють досві́дченого ~а.** They are looking for an experienced manager. **спри́тний** shrewd; **кваліфіко́ваний** qualified, **професі́йний** professional; **жахли́вий** horrible, **ке́пський** poor, **пога́ний** bad, **посере́дній** mediocre ◊ **Він ви́явився посере́днім ~ом.** He turned out to be a mediocre manager. **непрофесі́йний** unprofessional; **стари́й** old; **ка́дровий** personnel, **комерці́йний** commercial, **реґіона́льний** regional; **операти́вний** operations; **корпорати́вний** corporate

м. + *n.* **м. ба́нку** a bank manager ◊ **Клі́єнтка зажада́ла покли́кати ~а ба́нку.** The (female) customer demanded to call a bank manager. (**готе́лю** hotel ◊ **Він ста́в ~ом готе́лю.** He became the hotel manager. **за́кладу** facility, **компа́нії** company, **крамни́ці** store, **рестора́ну** restaurant, **суперма́ркету** supermarket)

v. + **м. замі́няти ~а** replace a manager ◊ **Дире́ктор заміни́в ~а.** The director replaced the manager. (**звільня́ти** fire; **найма́ти** hire; **вчи́ти** + *A.* **на** train sb as) ◊ **Його́ вчи́ли на ~а пів ро́ку.** They trained him as manager for half a year. **підви́щувати** + *A.* **до ~а** promote sb to manager ◊ **Його́ підви́щили до ста́ршого ~а.** He was promoted to senior manager. **бу́ти ~ом** be a manager ◊ **Бу́ти ~ом не так ле́гко.** It is not so easy to be a manager. (**признача́ти** + *A.* appoint sb, **найма́ти** + *A.* hire sb as ◊ **Вони́ найняли́ нову́ люди́ну ~ом ви́борчої кампа́нії.** They hired a new person as the election campaign manager. **працюва́ти** work as, **виявля́тися** turn out ◊ **Він ви́явився ~ом крамни́ці.** He turned out to be the store manager. **лиша́тися** remain; **става́ти** become)

Cf. **керівни́к**

ме́неджмент, *m.*, **~у**

1 management *(business of managing)* ◊ **Вона́ заснува́ла прести́жну шко́лу ~у.** She founded a prestigious school of management.

adj. **ефекти́вний** effective, **компете́нтний** competent, **чудо́вий** superb ◊ **Успі́хом фі́рма завдя́чує чудо́вому ~ові.** The firm owes its success to superb management. **нале́жний** proper, *etc.*

See **керівни́цтво 1.** *Also see* **про́від 1, управлі́ння 1**

2 *coll.* managers

adj. **моло́дший** junior ◊ **Навча́ння моло́дшого ~у прово́дитиме па́ні Т.** Mrs. T. will do the junior managers' training. **найви́щий** top, **сере́дній** middle, **ста́рший** senior

See **керівни́цтво 2**

мента́льн|ий, *adj.*

mental

м. + *n.* **м. аспе́кт** a mental aspect (**зв'язо́к** connection, **проце́с** process; **портре́т** picture, **про́філь** profile) ◊ **Фа́кти дозво́лили слі́дчому скла́сти докла́дний м. про́філь уби́вці.** The facts enabled the detective to compose the killer's detailed mental profile.

See **психологі́чний.** *Also see* **уя́вний**

мента́льн|ість, *f.*, **~ости**, *only sg.*

mentality, mindset, frame of mind, psychology

adj. **групова́** group, **індивідуа́льна** individual, **колекти́вна** collective, **націона́льна** national, **протеста́нтська** Protestant, **релігі́йна** religious, **росі́йська** Russian, **сове́тська** Soviet, **украї́нська** Ukrainian; **колонія́льна** colonial ◊ **Він ма́є колонія́льну м.** He has a colonial mentality. **ра́бська** slave; **втори́нна** derivative, **провінці́йна** provincial, **рустика́льна** rustic; **ві́льна** free; **демократи́чна** democratic, **ліберáльна** liberal

v. + **м. ма́ти м.** have a mentality (**вихо́вувати** cultivate, **плека́ти** foster; **зберіга́ти** preserve, **змі́цнювати** strengthen; **посла́блювати** weaken ◊ **Життя́ в мі́сті не змогло́ посла́бити його́ провінці́йної ~ости.** Life in the city could not weaken his provincial mindset; **звільня́тися від ~ости** free oneself from mentality (**позбува́тися** get rid of) ◊ **Іри́на хоті́ла позбу́тися сове́тської ~ости.** Iryna wanted to get rid of her Soviet mentality.

Also see **психоло́гія 2**

ме́нша|ти, **~ють; по~**, *intr.*

to diminish, lessen, wane

adv. **геть** totally, **ду́же** greatly ◊ **У не́ї ду́же поме́ншало студе́нтів.** The number of her students diminished greatly. **omі́тно** noticeably, **страше́нно** *and* **стра́шно** terribly; **де́що** somewhat ◊ **У них де́що поме́ншало бажа́ння куди́сь іти́.** Their wish to go out weakened somewhat. **тро́хи** a little, **пома́лу** *or* **пові́льно** slowly, **поступо́во** gradually; **несподі́вано** unexpectedly, **ра́птом** suddenly ◊ **У сту́дії ра́птом поме́ншало замо́влень.** The studio saw the number of orders suddenly diminish. **шви́дко** quickly

v. + **м. почина́ти** begin to ◊ **Чита́цька заціка́вленість рома́ном почала́ м.** Readers' interest in the novel began to wane. **продо́вжувати** continue to

(по)ме́ншай!

See **зме́ншуватися**. *Ant.* **збі́льшуватися**

ме́нше, *adv., comp., see* **ма́ло**

1 less ◊ **Вона́ зверта́є м. ува́ги на те, що пи́шуть газе́ти.** She pays less attention to what the newspapers write.

adv. **все** ever, **деда́лі** increasingly ◊ **Лю́да деда́лі м. і м. диви́лася телеба́чення.** Liuda watched television less and less. **дале́ко** by far, **зна́чно** considerably, **куди́** *colloq.* way ◊ **Тепе́р вони́ працюва́ли куди́ м.** Now they worked way less. **набага́то** much, **помі́тно** noticeably; **трі́шки** a bit, **тро́хи** a little ◊ **Пі́сля то́го ви́падку до не́ї тро́хи м. дзвони́ли.** After that incident, they called her a little less. ♦ **не м., як** *or* **ніж** no less than ◊ **Йо́сипові не м., як сім ро́ків.** Yosyp is no less than seven years old.

prep. **м. від** + *G. or* **м. за** + *A. or* **м., ніж** *or* **як** + *N.* less than ◊ **Вона́ па́лить м. від бра́та** *or* **за бра́та** *or* **ніж брат** *or* **як брат.** She smokes less than her brother.

Ant. **бі́льше 1**

ме́нш|ий, *adj., comp., see* **мали́й**

smaller, lesser, younger, minor

adv. **все** ever, **деда́лі** increasingly; **дале́ко** by far, **зна́чно** considerably ◊ **Луцьк зна́чно м. від Оде́си** *or* **, як Оде́са, за Оде́су.** Lutsk is considerably smaller than Odesa. **куди́** *colloq.* way, **набага́то** much, **помі́тно** noticeably, **геть** totally, **ціл́ко́м** completely; **тро́хи** a little, **трі́шки** a tad

м. + *n.* **м. брат** a younger brother; **~а сестра́** a younger sister; **~е зло** a lesser evil

v. + **м. бу́ти ~им** be smaller (**виявля́тися** turn out ◊ **Його́ оща́дження ви́явилися куди́ ~ими, як він сподіва́вся.** His savings turned out to be way smaller, than he had expected. **здава́тися** + *D.* seem to sb ◊ **Буди́нок здава́вся йому́ помі́тно ~им.** The house seemed noticeably smaller to him. **роби́ти** + *A.* make sb/sth ◊ **Чо́рний ко́лір роби́в ї́ ~ою.** The black color made her look smaller. **става́ти** become)

prep. **м. від** + *G. or* **м. за** + *A.*, **м., ніж** *or* **як** + *N.* smaller than ◊ **Його́ до́свід м. від Ка́триного** *or* **за Ка́трин** *or* **як Ка́трин.** He is less experienced than Katria.

Ant. **бі́льший**

менши́н|а, *f.*

minority + *G.*

adj. **вели́ка** big, **значна́** significant ◊ **Значна́ м. одеси́тів ві́льно воло́діє двома́ мо́вами.** A significant minority of the citizens of Odesa are fluent in two languages. **чима́ла́** sizeable, **немала́** substantial; **кри́хітна** tiny, **мала́** small, **невели́ка** little; **зроста́юча** growing; **види́ма** visible, **вира́зна** distinct, **відчу́тна** considerable, **помі́тна** noticeable; **очеви́дна** clear; **етні́чна** ethnic, **культу́рна** cultural, **мо́вна** language, **націона́льна** national, **ра́сова** racial, **релігі́йна** religious, **стате́ва** sexual; **по́льська** Polish, **росі́йська** Russian, **украї́нська** Ukrainian ◊ **Вели́ка украї́нська м. у Москві́ зазна́є дискриміна́ції.** The big Ukrainian minority in Moscow suffers discrimination. **бі́ла** white, **кольоро́ва** colored, **чо́рна** black; **визи́скувана** exploited, **гно́блена** oppressed, **переслі́дувана** persecuted; **бага́та** rich, **замо́жна** wealthy; **бі́дна** poor; **імпе́рська** imperial

v. + **м. станови́ти м.** constitute a minority ◊ **Уго́рці стано́влять в У́жгороді м.** Hungarians constitute a minority in Uzhorod. (**підтри́мувати** support; **дискримінува́ти** discriminate against ◊ **Вла́да дискриміну́є цю релігі́йну м.** The authorities discriminate against this religious minority. **переслі́дувати** persecute, **тероризува́ти** terrorize); **нале́жати до ~и** belong to a minority; **бу́ти ~ою** be a minority (**виявля́тися** turn out, **лиша́тися** remain; **става́ти** become) ◊ **Білору́си ста́ли ~ою у вла́сній краї́ні.** Belarusians became a minority in their own country.

prep. **в ~и** in a minority ◊ **Вони́ опини́лися в ~і.** They found themselves in the minority. **з ~і** from a minority ◊ **студе́нти з етні́чних менши́н** students from ethnic minorities; **се́ред ~и** among the minority

Ant. **бі́льшість**

меню́, *nt., indecl.*

menu ◊ **У м. є лише́ веґетарія́нські стра́ви.** The menu features only vegetarian dishes.

adj. **бага́те** extensive ◊ **Рестора́н ма́є бага́те м. місце́вих страв.** The restaurant has an extensive menu of local dishes. **вели́ке** large; **по́вне** full; **обме́жене** limited; **звича́йне** regular, **про́сте́** simple, **станда́ртне** standard, **щоде́нне** daily; **традиці́йне** traditional; **веґетарія́нське** vegetarian, **спеціа́льне** special; **урізноманітнене** varied; **ко́мплексне** fixed-price; **сезо́нне** seasonal; **обі́днє** lunch, **десе́ртне** *or* **соло́дке** dessert; ♦ **винне́ м.** a wine list ◊ **Вони́ зажада́ли ви́нного м.** They demanded the wine list. **деґустаці́йне** tasting; **дитя́че** children's ◊ **Рестора́н мав окре́ме дитя́че м.** The restaurant had a separate children's menu. **італі́йське** Italian, **кита́йське** Chinese, **украї́нське** Ukrainian, **францу́зьке** French, *etc.*

м. + *n.* **м. на сніда́нок** a breakfast menu (**обі́д** lunch, **вече́рю** dinner)

v. + **м. ма́ти м.** have a menu (**проси́ти** ask for ◊ **Він попроси́в м.** He asked for the menu. **прино́сити** + *D.*bring sb ◊ **Офіція́нт прині́с ї́м чоти́ри м.** The waiter brought them four menus. **пока́зувати** + *D.* show sb; **вивча́ти** study ◊ **Перш ніж замо́вити вече́рю, вони́ рете́льно ви́вчили м.** Before ordering dinner, they thoroughly studied the menu. **диви́тися** look at, **горта́ти** leaf through, **перегляда́ти** look through, **чита́ти** read; **міня́ти** change) ◊ **Рестора́н щомі́сяця міня́є м.** The restaurant changes its menu every month.

м. + *v.* **включа́ти** + *A.* include sth ◊ **М. включа́ло бага́то невідо́мих для них страв.** The menu included many dishes unknown to them. **пропонува́ти** + *A.* offer sth ◊ **М. пропонува́ло ви́бір ри́бних страв.** The menu offered a selection of seafood.

prep. **в м.** on a menu ◊ **Він не ба́чив сала́тів у м.** He did not see salads on the menu.

мере́ж|а, *f.*, **~і**

1 network

adj. **вели́ка** large, **величе́зна** enormous, **гіга́нтська** giant ◊ **Вони́ не могли́ конкурува́ти з гіга́нтською ~ею суперма́ркетів.** They could not compete with a giant network of supermarkets. **густа́** dense; **обши́рна** extensive, **розгалу́жена** ramified, **ширóка** wide; **заплýтана** tangled, **складнá** complicated, **хитромýдра** sophisticated ◊ **Він створи́в хитромýдру ~у шпигунів.** He created a sophisticated spy network. **невели́ка** small, **обмéжена** limited, **скрóмна** modest; **всесвітня** worldwide, **ґлобáльна** global, **місцéва** local, **національна** national, **реґіонáльна** regional; **обласнá** provincial *(in Ukraine),* **райóнна** district *(in Ukraine)*; **міськá** urban, **сільськá** village; **університéтська** university, **шкільнá** school; **інституційна** institutional; ♦ **радіомерéжа** a radio network, ♦ **телемерéжа** a TV network; **автóбусна** bus, **дорóжня** road, **залізни́чна** railroad, **повітряна** airways; **прокáтна** distribution *(of films, car rental)* ◊ **прокáтна м. Укрáїни** the distribution network of Ukraine; **комерційна** commercial, **торгóва** trading; **злочи́нна** criminal ◊ **Мíсто стає осерéдком злочи́нної ~і наркоторгівлі.** The city is becoming the hub of a criminal drug trafficking network. **напівзлочи́нна** semi-criminal, **нелеґáльна** illegal, **підпíльна** underground; **розвíдувальна** intelligence-gathering, **шпигýнська** spy

v. + **м. будувáти ~у** build a network (**встанóвлювати** establish ◊ **Він установи́в ~у збóру розвіддáних.** He established an intelligence gathering network. **налагóджувати** set up, **ствóрювати** create; **поши́рювати** extend ◊ **Компáнія поши́рила свою комерційну ~у на всі обласні цéнтри.** The company spread its commercial network to all provincial centers. **розвивáти** develop)

Also see **сíтка 2**

2 chain *(of restaurants, stores)*

м. + *n.* **м. бáнків** a bank chain (**заправóк** gas stations, **кав'ярень** cafés, **крамни́ць** store, **кінотеáтрів** cinema, **клýбів** club, **ресторáнів** restaurant, **супермáркетів** supermarket, *etc.*)

Also see **сíтка 2**

3 the Internet *(short for* **всесвітня м.**) ◊ **Пóшук інформáції в ~і не дав результáтів.** The search for the information on the Web did not yield results.

prep. **в ~і** on the Internet

See **інтернéт**

4 net, fishnet

adj. **важкá** heavy, **грýба** thick, **міцнá** strong, **ширóка** wide; **рибáльська** fishing; **шовкóва** silk

See **сíтка 1**

мерéжев|ий, *adj.*

Internet, web, of or pertaining to the Internet

м. + *n.* **м. експéрт** an Internet expert (**напад** attack ◊ **Сéрвер компáнії зазнáв масивного ~ого нáпаду.** The company server suffered a massive Internet attack. **портáл** portal, **пóшук** search, **провáйдер** service provider, **рух** traffic, **сéрвер** server); ◊ **~а безпéка** Internet security (**грýпа** group, **компáнія** company; **порногрáфія** pornography, **публікáція** publication ◊ **Іри́на пи́ше для рíзних ~их публікáцій.** Iryna writes for various Internet publications. **реклáма** advertising, **сторíнка** page, **технолóгія** technology, **торгíвля** commerce); **~е знайóмство** an Internet encounter ◊ **Їхнє ~е знайóмство стáлося випадкóво.** Their Internet encounter happened by chance. (**женихáння** *colloq.* dating; **кафé** café, **рáдіо** radio, **шахрáйство** fraud) ◊ **Спеціяльний підрóзділ полíції бóреться з ~им шахрáйством.** The special police division fights Internet fraud. **~і пóслуги** Internet services

Also see **інтернéтний**

мерзéнн|ий, *adj.*

1 loathsome, repulsive, hateful

adv. **абсолютно** absolutely, **винятково** exceptionally, **дивови́жно** amazingly, **надзвичáйно** extremely, **на рíдкість** exceptionally ◊ **Вонá мáє спрáву з на рíдкість ~им створíнням.** She is dealing with an exceptionally loathsome creature. **нестéрпно** unbearably, **цілкóм** completely

v. + **м. бýти ~им** be repulsive ◊ **Мирослáвин нóвий знайóмий був ~ою людиною.** Myroslava new acquaintance was a loathsome person. (**виявлятися** prove) ◊ **Він ви́явився дивови́жно ~ою особистістю.** He proved to be an amazingly repulsive individual.

Also see **оги́дний**

2 base, low, mean, ignoble ◊ **м. вчи́нок** an ignoble deed

See **пíдлий**

мéрзн|ути, ~уть; з~ *or* за~; *pa. m.* мерз *or* мéрзнув, *pl.* мéрзли *or* мéрзнули, *intr.*

1 to freeze, be cold, get cold

adv. **весь час** all the time, **дýже** very much ◊ **У нéї дýже змéрзли нóги.** Her feet got very cold. **си́льно** severely, **страшéнно** terribly ◊ **Утíкачі страшéнно мéрз(ну)ли.** The fugitives suffered from terrible cold. **зáвжди́** always ◊ **Ори́ся зáвжди́ мéрзне, нáвіть улíтку.** Orysia is always cold, even in summer. **постíйно** constantly, **хронíчно** chronically; **нікóли не** never; **и́ноді** sometimes, **рíдко** seldom, **чáсом** at times

v. + **м. почáти** *pf.* begin to ◊ **Без тéплого кóца, він почáв м.** With no warm blanket, he began to freeze. **перестáти** *pf.* stop to ◊ **Побíгавши навкóло хáти, вони́ перестáли м.** Having run around the house, they stopped being cold.

Also see **замерзáти 2**

2 to ice over, get covered with ice; *pf.* **за~**

adv. **лéдве** scarcely, **мáйже** almost, **частковó** in part ◊ **Мóре тут ~е лишé частковó.** Here, the sea gets covered with ice only in part. **геть** totally, **цілкóм** completely; **пові́льно** slowly, **поступóво** gradually; **одрáзу** at once, **швидко** quickly; **за ніч** overnight; **дóбре** solidly ◊ **Óзеро дóбре замéрзло.** The lake iced over solidly. **добряче** *colloq.* firmly

See **замерзáти 1**

pa. pple. **замéрзлий** frozen

(за)мéрзни!

мéртв|ий, *adj.*

1 dead; *also fig.* ◊ **Пóле бóю булó покри́те ~ими тілáми.** The battlefield was covered with dead bodies.

adv. **вже** already ◊ **Коли́ приї́хала швидкá, він був ужé м.** When the ambulance arrived, he was already dead. **геть** totally, **зóвсім** stone-dead, **цілкóм** quite; **мáйже** almost, **напів~** half-; **явно** clearly; ◊ **~і надíї** *fig.* dead hopes, **~е ли́стя** dead leaves (**дéрево** tree) ♦ **м. від утóми** dead tired ◊ **Робітники́ повернýлися ввечéрі, ~і від утóми.** The workers returned in the evening, dead tired. ♦ **ні живи́й ні м.** neither dead, nor alive ◊ **Пробíгши годи́ну, хлóпці були́ ні живí ні ~і.** Having run for an hour, the boys were neither dead nor alive. ♦ **як ~ому кади́ло** to be of no help ◊ **Лíки помоглú Маркóві, як ~ому кади́ло.** The medicine proved to be of no help at all to Marko.

v. + **ж. бýти ~им** be dead ◊ **Він був цілкóм ~им.** He was quite dead. (**виявлятися** turn out; **здавáтися** + *D.* seem to sb ◊ **Спочáтку пес здáвся Нáді ~им.** First, the dog seemed dead to Nadia. **знахóдити** + *A.* find sb) ◊ **Генерáла знайшли́ ~им у лíжку.** The general was found dead in his bed.

Also see **неживи́й 1**. *Ant.* **живи́й 1**

2 *n., m.* deceased, dead ◊ **Вони́ поховáли ~их у лíсі.** They buried the dead in the forest. ♦ **і ~і, і живí** the quick and the dead ◊ **Поéт звертáється і до ~их, і до живи́х.** The poet addresses both the quick and the dead.

3 *adj., fig.* lifeless, colorless, pale, motionless, quiet, empty, barren ◊ **м. мíсто** a lifeless city, **м. сезóн** a dead season; ◊ **~а дýмка** a barren thought, **~а ти́ша** dead silence, ♦ **~а петля́** loop-the-loop *(aviation)*; ◊ **~е мíсячне свíтло** pale moonlight, ◊ **~і гýби** motionless lips

4 *adj., colloq.* dead drunk ◊ **Óля вернýлася з весíлля ~ою.** Olia returned from the wedding dead drunk.

See **п'я́ний 1**. *Cf.* **напідпи́тку**

мет|á, *f.*

goal, purpose, aim + *inf.*

adj. **головнá** main, **загáльна** general, **засадни́ча** basic, **основнá** principal; **пéрша** first, **пéрвісна** *or* **початкóва** initial; **єди́на** only ◊ **Її єди́ною ~óю булó побáчити дівчи́ну живóю.** Her only purpose was to see the girl alive. **однá** sole; **чіткá** explicit, **яснá** clear; **конкрéтна** specific; **амбíтна** ambitious ◊ **Васи́ль мáє амбíтну ~ý – захисти́ти дисертáцію в настýпному рóці.** Vasyl has the ambitious goal of defending his dissertation next year. **висóка** high, **шляхéтна** noble; **найбли́жча** nearest, **негáйна** immediate; **вáрта** worthy ◊ **Вони́ постáвили собí цілкóм вáрту ~ý.** They set themselves an entirely worthy goal. **обмéжена** limited, **скрóмна** modest; **колекти́вна** collective, **спíльна** common ◊ **Їх об'єднує спíльна м.** They share a common goal. **особи́ста** personal; **кінцéва** final, **остатóчна** ultimate; **досяжна** attainable, **реáльна** realistic; **недосяжна** unattainable, **нереáльна** unrealistic, **облýдна** illusory ◊ **Він переслíдує облýдні ~и.** He pursues illusory goals. **подвíйна** twin, **політи́чна** political, **стратегíчна** strategic, **такти́чна** tactical

v. + **м. мáти ~ý** have a goal ◊ **Дíї комáндувача мáють подвíйну ~ý.** The commander's actions have a dual purpose. (**визначáти** define ◊ **Вонá я́сно ви́значила ~ý áкції.** She clearly defined the goal of the action. **встанóвлювати** establish; **здíйснювати** realize ◊ **Грýпа намагáлася здíйсни́ти недося́жну ~ý.** The group was trying to realize an unattainable goal. **переслíдувати** pursue, **стáвити собí за** set oneself); **досягáти ~и́** reach a goal ◊ **Рáно чи пíзно вонá досягнé ~и́.** Sooner or later she will reach the goal. **керувáтися ~óю** be driven by a goal ◊ **Вони́ кéрýються шляхéтною ~óю.** They are driven by a noble goal. (**мотивувáтися** be motivated by)

prep. **з ~óю** + *inf.* with a goal ◊ **Хомá писáв із ~óю запроси́ти їх.** Khoma was writing with the goal of inviting them.

Also see **завдáння 3, признáчення 2, ціль 2**

метáл, *m.*, ~у

metal

adj. **благорóдний** noble ◊ **У мікросхéмах використóвують благорóдні ~и.** Noble metals are used in microchips. **коштóвний** precious, **напівкоштóвний** semi-precious; **кольорóвий** nonferrous, **чóрний** ferrous; **неблагорóдний** base; **крихки́й** brittle, **м'яки́й** soft, **тверди́й** hard; **чи́стий** pure; **важки́й** heavy, **легки́й** light; **рідкíсний** rare; **гаря́чий** hot, **плáвлений** melted, **рíдкий** liquid ◊ **Ртуть – це рíдкий м.** Mercury is a liquid metal. **холóдний** cold; **листови́й** sheet, **ри́флений** corrugated; **ґальванізóваний** galvanized; **нержавíючий** stainless ◊ **видéлки з нержавíючого ~у** forks of stainless metal; **блискýчий** shiny, **полірóваний** polished; **заіржáвілий** rusted, **іржáвий** rusty

n. + **м. окси́д ~у** a metal oxide (**оскóлок** fragment, **улáмок** shard, **шматóк** piece; **лист** sheet); **сплав ~ів** a metal alloy

v. + **м. плáвити м.** melt metal (**переплавля́ти** melt down ◊ **Кольорóвий м. переплавля́ли і продавáли на чóрному ри́нку.** Nonferrous metal was melted down and sold on the black market; **звáрювати** weld, **переробля́ти** recycle); **вививáти** + *A.* **з ~у** cast sth in metal ◊ **Погрýддя ви́лили з ~у.** They cast the bust in metal.

м. + *v.* **розширя́тися** expand, **стискáтися** contract, ◊ **Залéжно від температýри м. мóже стискáтися чи розширя́тися.** Depending on temperature, metal can contract or expand.

дзвенíти clang; **іржáвіти** rust
Also see **алюмíній, брóнза 1, залíзо, зóлото 1, мідь, óлово, сталь**

металéв|ий, *adj.*
1 metal, metallic, made of metal ◊ **м. брухт** scrap metal, ◊ **м. сплав** a metal alloy; ◊ **~а рудá** a metal ore
Also see **залíзний 1, сталéвий 1**
2 *fig.* metallic, like metal ◊ **прони́зливий м. гóлос** a shrill metallic voice (**звук** sound, **сміх** laughter)

металургí|я, *f.*, ~ї, *only sg.*
metallurgy
adj. **кольорóва** nonferrous, **порошкóва** powder, **чóрна** ferrous; **сучáсна** contemporary
See **промислóвість**

метá|ти, ~ють; метн|ýти, ~ýть, *tran.*
1 to throw, toss, cast ♦ **м. бíсер пéред сви́ньми** to throw pearls before swine; ♦ **м. ікрý** to spawn ◊ **У цю пóру лосóсь ~є ікрý.** Salmon spawns at this time.
See **ки́дати 1**
2 to throw *(of javelin, disc, etc.)*
adv. **далéко** far, **найдáльше** farthest; **відмíнно** excellently ◊ **Молоди́й атлéт відмíнно ~є спис.** The young athlete is excellent at throwing a javelin. **дóбре** well
м. + *n.* **м. ґранáту** throw a grenade (**диск** discus, **кáмінь** stone, **спис** javelin, spear, **стрíли** arrows)
3 to toss around ◊ **Мóре ~ло вітри́льник з бóку на бік.** The sea tossed the tallship around from side to side. ♦ **рвáти й м.** to rant and rave ◊ **Вонá рвáла й ~ла від гнíву.** She ranted and raved with anger.
See **ки́дати 4**
no pa. pple.
метáй! метни́!

метá|тися; метнýтися, *intr.*
1 *only impf.* to dash around, scurry; *pf.* **за~** to start thrashing around ◊ **Почýвши пóтяг, пасажи́ри заметáлися по платфóрмі.** On hearing the train, the passengers started scurrying around the platform.
adv. **безлáдно** in disarray, **в пáніці** in panic ◊ **Усí стáли м. по майдáну у пáніці.** Everybody started running around the square in panic. **в пóспіху** in haste, **в усí бóки** to all sides, **з бóку на бік** from side to side, **з кутка́ в кутóк** from corner to corner ◊ **Мáрта ~лася з кутка́ в кутóк, шукáючи ключí.** Marta dashed from corner to corner looking for her keys. **хаоти́чно** chaotically, **як божевíльний** like crazy; **безперестáнку** nonstop, **без упи́ну** ceaselessly
v. + **м. починáти** begin to, **стáти** *pf.* start ◊ **Він став м. по кімнáті.** He started dashing around the room.
prep. **м. по** + *L.* toss around *(a place)*
Also see **би́тися 8**
2 *only impf.* to toss about in bed ◊ **Хвóрий ~вся в гаря́чці.** The patient tossed about in fever.
adv. **дóвго** for a long time, **трóхи** a little, **гарячкóво** feverishly
3 *colloq., only pf.* to dash, run, rush, bolt ◊ **Вонá метнýлася до бáнку зня́ти грóші.** She bolted to the bank to withdraw some money. ◊ **Олéкса встиг метнýтися до крамни́ці і купи́ти молокá.** Oleksa managed to pop into the store and buy milk.

метáфор|а, *f.*, ~и
metaphor
adj. **влýчна** apt ◊ **Він – фáбрика влýчних метáфор.** He is a factory of apt metaphors. **гáрна** good, **досконáла** perfect, **потýжна** powerful, **разю́ча** striking, **чудóва** great, **яскрáва** vivid, **несподíвана** unexpected, **оригінáльна** original, **своєрíдна** unconventional; **банáльна** banal, **заї́жджена** *colloq.* trite, **затéрта** *or* **заялóжена** *colloq.* hackneyed, **неоригінáльна** unoriginal
v. + **м. використóвувати ~у** use a metaphor (**ствóрювати** create); **вдавáтися до ~и** use a metaphor ◊ **Поéт вдáється до своєрíдних метáфор.** The poet uses unconventional metaphors. **користувáтися ~ою** use a metaphor (**зловживáти** abuse ◊ **Він зловживáє заялóженими ~ами.** He abuses hackneyed metaphors. **надуживáти** overuse)
м. + *v.* **виражáти** + *A.* express sth, **опи́сувати** + *A.* describe sth, **представля́ти** + *A.* represent sth, **передавáти** + *A.* convey sth ◊ **Кóжна м. передáє ліри́чний нáстрій поéта.** Every metaphor conveys the poet's lyrical mood. **навíювати** + *A.* suggest sth, **ствóрювати** + *A.* create sth
Also see **слóво**

метéлик, *m.*, ~а
butterfly
adj. **вели́кий** big; **бíлий** white; **барви́стий** colorful, **різнобáрвний** parti-colored; **розкíшний** splendid; **екзоти́чний** exotic, **рíдкісний** rare; **засýшений** dried; ♦ **нічни́й м.** a moth
v. + **м. лови́ти ~а** catch a butterfly ◊ **Вонá злови́ла розкíшного ~а.** She caught a splendid butterfly. (**збирáти** *or* **колекціонувáти** collect; **засýшувати** dry; **приваблювати** attract)
◊ **Кві́тка привáблює ~ів.** The flower attracts butterflies.
м. + *v.* **залітáти** fly in ◊ **Якíйсь бíлий м. залетíв йому́ прóсто до вікнá.** A white butterfly flew straight in his window. **літáти** fly, **пýрхати** flit ◊ **Навкóло пýрхали різнобáрвні ~и.** Parti-colored butterflies flitted around. **тріпотíти** flutter; **з'являтися** emerge

метнý|ти, *pf., see* **метáти**
to throw, toss, cast ◊ **Він ~в ґранáту під танк.** He threw the grenade under the tank.

метнý|тися, *pf., see* **метáтися**
to dash, run, rush, bolt ◊ **Олéся ~лася до вікнá, побáчити, що дíється на вýлиці.** Olesia bolted to the window to see what was going on outside.

мéтод, *m.*, ~у
method, way + *G.* for
adj. **гáрний** *colloq.* good ◊ **Пóдорожі – це гáрний м. познайóмитися з новóю краї́ною.** Traveling is a good way of getting to know a new country. **доклáдний** accurate, **дíєвий** efficient, **ефекти́вний** effective ◊ **Вонá мáє ефекти́вний м. прогнозувáти поведíнку вибóрців.** She has an effective method to prognosticate voter behavior. **хорóший** good; **ви́пробуваний** tried-and-tested, **надíйний** reliable; **бáжаний** desirable, **рекомендóваний** recommended; **звичáйний** common, **прóстий** simple; **склáдний** complicated, **хитромýдрий** sophisticated; **прями́й** direct ◊ **прями́й м. обчи́слення життєвого рíвня** a direct method for measuring living standards; **непрями́й** indirect; **емпіри́чний** empirical, **практи́чний** practical; **порівня́льний** comparative; **загáльний** general; **встанóвлений** established, **ви́знаний** recognized, **нормáльний** regular, **стандáртний** standard, **традиці́йний** traditional ◊ **Традиці́йні ~и лікувáння ї́х не цікáвили.** Traditional methods of treatment were of no interest to them. **найновíший** latest, **новáторський** innovative, **нови́й** new, **новíтній** modern; **твóрчий** creative ◊ **Він наслíдує твóрчий м. улю́бленого письмéнника.** He follows his favorite writer's creative method. **альтернати́вний** alternative, **íнший** other, **инáкший** *and* **відмíнний** different, **рíзний** various ◊ **Існýють рíзні ~и дослíдження архíвів.** There are various methods of archival studies. **незвичáйний** unusual, **неконвенці́йний** unconventional, **неортодоксáльний** unorthodox, **революці́йний** revolutionary, **радикáльний** radical ◊ **радикáльні ~и політи́чної діяльности** radical methods of political activity
v. + **м. знáти м.** know a method (**використóвувати** utilize, **застосóвувати** apply ◊ **Тут застосóвують новí ~и навчáння.** They apply new instruction methods here. **засвóювати** acquire, **приймáти** adopt; **наслíдувати** follow; **впровáджувати** introduce, **втíлювати** implement; **стáвити під сýмнів** question ◊ **Йогó неортодоксáльний м. постáвили під сýмнів.** His unorthodox method was questioned. **винахóдити** invent, **випробóвувати** test, **опрацьóвувати** work out, **розвивáти** develop; **змíнювати** change, **вдосконáлювати** perfect, **покрáщувати** improve; **відкидáти** reject)
◊ **Архаї́чні ~и нале́жить відки́нути.** Archaic methods ought to be rejected. **вдавáтися до ~у** resort to a method (**відмовля́тися від** give up); **користувáтися ~ом** use a method
м. + *v.* **допомагáти** + *D.* help sb, **виявля́ти** + *A.* reveal sth ◊ **Вкáзаний м. допомíг ви́явити причи́ну хворóби.** The said method helped to reveal the cause of the disease. **передбачáти** + *A.* involve sb ◊ **Цей м. передбачáє застосувáння вуглецю́.** The method involves using carbon. **включáти** + *A.* include sth, **використóвувати** + *A.* employ sth, **ґрунтувáтися на** + *L.* be based on sth, **спирáтися на** + *A.* rely on sth
Also see **зáсіб 1, підхíд 3, ресýрс 2, тéхніка 3**

метр, *m.*, ~а
1 meter *(international unit of measure)* ◊ **два ~и** two meters (**три** three, **чоти́ри** four), ◊ **п'ять ~ів** five meters
2 ruler or measuring tape one meter long
◊ **паперóвий м.** a paper measuring tape

метр|ó, *nt.*, ~á
subway, metro
adj. **мíське** city; **новé** new; **модернізóване** modernized; **чи́сте** clean; **бруднé** dirty; **лю́дне** crowded; **перевантáжене** overcrowded; **старé** old
v. + **м. ї́здити ~óм** go by subway (**подорожувáти** *colloq.* travel by ◊ **Вáля подорожýє ~óм двíчі на день.** Valia travels by subway twice a day. **добирáтися до** + *G.* get to *(a place)* by
◊ **Найшви́дше добирáтися до університéту ~óм.** The fastest way to get to the university is by subway. **доїжджáти** commute by ◊ **Робітники́ доїжджáють на прáцю ~óм.** The workers commute to work by subway. **користувáтися** use) ◊ **Президéнт краї́ни волíє користувáтися ~óм.** The nation's president prefers to use the subway.
м. + *n.* **зупи́нка ~á** a subway stop (**стáнція** station; **лíнія** line; **платфóрма** platform, **тунéль** tunnel ◊ **Тут тунéлі ~á глибóко під землéю.** Here the subway tunnels are deep underground. **вагóн** car, **пóтяг** train; **мáпа** map, **схéма** plan; **систéма** system, **жетóн** token) ◊ **Жетóни ~á продаю́ть на всіх стáнціях.** Subway tokens are sold at all stations.
Cf. **автóбус**

метропóлі|я, *f.*, ~ї
metropole ◊ **Краї́на дóсі економíчно пов'я́зана з коли́шньою ~єю.** The country is still linked with its former metropole economically.
adj. **далéка** distant, **замóрська** overseas; **зажéрлива** greedy, **ненаси́тна** insatiable, **хижáцька** predatory

механíзм, *m.*, ~у
1 mechanism, gear; machine
adj. **автомати́чний** automatic, **годиннико́вий** clock, **електри́чний** electric, **завідни́й** clockwork, **замкóвий** locking ◊ **Ключ урухóмлює замкóвий м.** The key sets in motion the locking mechanism. **пружи́нний** spring, **пускови́й** launching, **удáрно-спускови́й** firing; **склáдни́й** complicated, **хи́трий** clever; **прóстий**

simple, **до́бре зма́щений** well-oiled, **ржа́вий** rusty; **зіпсо́ваний** broken
v. + **м. заво́дити м.** wind a mechanism ◊ **Електри́чний м. не тре́ба заво́дити.** The electric mechanism does not need winding. (**активува́ти** activate ◊ **М. активу́є со́нячна ене́ргія.** Solar energy activates the mechanism. **встано́влювати** install, **запуска́ти** launch, **урухо́млювати** set in motion; **зупиня́ти** stop, **закли́нювати** jam ◊ **Пісо́к одра́зу закли́нює годиннико́вий м.** Sand immediately jams the clock mechanism. **монтува́ти** put together, **склада́ти** assemble; **розбира́ти** dismantle, take apart; **зма́щувати** oil, **лаго́дити** *or* **направля́ти** fix, **ремонтува́ти** repair; **лама́ти** *or* **псува́ти** break)
м. + *v.* **закли́нювати** jam ◊ **М. і́ноді закли́нює.** The mechanism sometimes jams. **псува́тися** break ◊ **До́бре зма́щений м. не псу́ється так ча́сто.** A well-oiled mechanism does not break quite so often.
Also see **кран** [2], **маши́на 1, по́мпа**[1]
2 *fig.* mechanism, system
adj. **єди́ний** single; **інтеґро́ваний** integrated ◊ **інтеґро́ваний м. контро́лю** an integrated monitoring system; **ви́пробуваний** tried-and-tested, **зла́годжений** well-oiled, **наді́йний** reliable **скоордино́ваний** coordinated; **адміністрати́вний** administrative, **бюдже́тний** budgeting, **викона́вчий** executive ◊ **Викона́вчий м. фі́рми працю́є бездога́нно.** The firm's executive mechanism works faultlessly. **господа́рчий** management, **економі́чний** economic, **конституці́йний** constitutional, **організаці́йний** organizational, **правови́й** legal **реґулюва́льний** regulatory, **ри́нковий** market
м. + *n.* **м. за́хисту** a protection mechanism (**контро́лю** monitoring, **підтри́мки** support, **реґулюва́ння** regulation, **фінансува́ння** finance, **функціонува́ння** operation, **управлі́ння** administration, *etc.*)
v. + **м. забезпе́чувати м.** provide a mechanism ◊ **План забезпе́чує м. зворо́тного зв'язку виробника́ зі споживаче́м.** The plan provides for the mechanism of consumer feedback to the manufacturer. (**пропонува́ти** + *D.* offer sb; **контролюва́ти** control ◊ **Він мав повнова́ження контролюва́ти весь правови́й м.** He had the authority to control the entire legal mechanism. **реґулюва́ти** regulate)
м. + *v.* **працюва́ти** work, **функціонува́ти** operate ◊ **До́сі м. функціонува́в до́бре.** Until now, the mechanism has functioned well. **дозволя́ти** + *D.* allow sb ◊ **Адміністрати́вний м. дозволя́є шви́дко реаґува́ти на змі́ну фіна́нсового клі́мату.** The administrative mechanism allows to quickly react to the change of the financial climate. **допомага́ти** + *D.* help sb, **уможли́влювати** + *A.* enable; **ґарантува́ти** + *A.* guarantee sth, **забезпе́чувати** + *A.* ensure sth

меха́нік, *m.*; меха́нічка, *f.*

mechanic ◊ **Він працю́є ~ом.** He works as a mechanic.
adj. **до́брий** good, **досві́дчений** experienced, **ло́вкий** *collog.* skilled; **ке́пський** poor, **невмі́лий** inept, **пога́ний** bad; **головни́й** chief; ♦ **автомеха́нік** an auto mechanic ◊ **Тепе́р нелегко знайти́ до́брого автомеха́ніка.** Now it is not easy to find a good auto mechanic. ♦ **інжене́р-м.** a mechanical engineer
See **спеціялі́ст**

меха́ні|ка, *f., only sg.*

1 mechanics *(science)*
adj. **ква́нтова** quantum, **класи́чна** classical, **небе́сна** celestial, **практи́чна** practical, **прикладна́** applied, **статисти́чна** statistical, **теорети́чна** theoretical
See **дисципліна 2, предме́т 2**
2 *fig.* mechanics, inner workings
adj. **види́ма** visible, **вну́трішня** inner, **прихо́вана** hidden, **складна́** complicated, **таємна** secret, **хи́тра** sophisticated ◊ **Ремесло́ ма́є вла́сну хи́тру ~ку.** The craft has its own sophisticated mechanics.
v. + **м. пізнава́ти ~ку** learn the mechanics (**зна́ти** know, **розумі́ти** understand; **поя́снювати** explain, **проника́ти в** penetrate) ◊ **Оска́р сподіва́вся прони́кнути в ~ку тво́рчости Франка́.** Oscar hoped to penetrate the mechanics of Franko's creativity.
L. **в ~ці**

механі́чн|ий, *adj.*

1 mechanical, mechanized, machine-driven ◊ **Кам'яні́ бло́ки підійма́ли приміти́вними ~ими при́строями.** The stone blocks were hoisted by primitive mechanical devices. ◊ **Паротя́г перетво́рює теплову́ ене́ргію на ~у.** A steam engine transforms thermal energy into mechanical energy. ◊ **Матерія́л зберіга́є ~і я́кості при ду́же висо́кій температу́рі.** The material preserves its mechanical properties at very high temperatures.
2 *fig.* mechanical, automatic, robotic ◊ **На її віта́ння Лев зареаґува́в холо́дною ~ою по́смішкою.** Lev reacted to her greeting with a cold mechanical smile.

ме́шкан|ець, *m.*, ~ця; ~ка, *f.*

inhabitant, dweller, resident, denizen
adj. **місце́вий** local; **корінни́й** native ◊ **У Вене́ції лиша́ється ма́ло корінни́х ме́шканців.** There are few native inhabitants left in Venice. **пе́рвісний** original, **пе́рший** initial; **да́вній** long-time, **коли́шній** former, **стари́й** old; **нови́й** new; **ни́нішній** present, **тепе́рішній** current; **пості́йний** permanent; **зако́нний** legal ◊ **Папе́ри роби́ли їх зако́нними ~цями буди́нку.** The papers made them legal inhabitants of the building. **незако́нний** illegal; **тимчасо́вий** temporary ◊ **ста́тус тимчасо́вого ~ця** a temporary resident status; **майбу́тній** future, **сі́льський** rural, **мі́ський** urban, **безприту́льний** homeless
м. + *n.* **м. кварти́ри** an apartment dweller (**лі́су** forest, **не́трів** slum ◊ **Вони́ ма́ли ви́гляд ~ів міськи́х не́трів.** They had the appearance of city slum dwellers. **пече́ри** cave, **підва́лу** basement)
v. + **м. ма́ти ~ів** have inhabitants (**нарахо́вувати** *or* **налі́чувати** number ◊ **Льві́в нарахо́вує до мільйо́на ~ів.** Lviv numbers up to a million inhabitants.
м. + *v.* **жи́ти** live ◊ **На ву́лиці до́сі живе́ бага́то пе́рвісних ~ів око́лиці.** Many of the original dwellers of the neighborhood still live on the street. **прожива́ти** inhabit; **займа́ти** + *A.* occupy sth
prep. ♦ **мі́сто у сто ти́сяч ~ів** a city of 100,000 inhabitants

ме́шка|ти, ~ють; *no pf., intr.*

1 to reside *(of humans)*, inhabit, dwell *(in home, dormitory, apartment, etc.)*; to live *(of animals; in nest, lair, den, etc.)*
adj. **до́вго** for a long time; **ма́ло** little, **недо́вго** briefly; **леґа́льно** legally, **офіці́йно** officially ◊ **На по́версі офіці́йно ~є три роди́ни.** Three families reside on the floor officially. **напівлеґа́льно** half-legally, **нелеґа́льно** illegally; **зда́вна** long since, **пості́йно** permanently; **тимчасо́во** temporarily
See **жи́ти 2.** *Also see* **прожива́ти 1**
2 to live ◊ **У селі́ й до́сі ~уть наща́дки поета.** The poet's descendants still live in the village.
See **жи́ти 2.** *Also see* **прожива́ти 1**
ме́шкай!

мжи́ч|ка, *f., only sg.*

drizzle
adj. **дрібна́** fine, **легка́** light; **осі́ння** autumn; **холо́дна** cold ◊ **Вони́ ви́йшли в холо́дну осі́нню ~ку.** They went out into a cold autumn drizzle. **впе́рта** persistent, **трива́ла** long; **сі́ра** gray
м. + *v.* **па́дати** fall, **мря́чити** drizzle, **сі́ятися** sprinkle ◊ **Зра́нку сі́ялася дрібна́ м.** A fine drizzle has been sprinkling since the morning.
L. **у ~ці**
See **дощ.** *Cf.* **зли́ва 1**

ми́л|ий, *adj.*

1 pleasant, nice, agreeable, lovely
adv. **винятко́во** exceptionally, **ду́же** very, **стра́шно** terribly ◊ **Усі́ стра́шно ~і до Ма́рти.** Everybody is terribly nice to Marta. **цілко́м** quite; **до́сить** enough, **доста́тньо** sufficiently; **надзвичайно** amazingly; **несподі́вано** unexpectedly; **менш ніж** less than, **не зо́всім** not altogether, **не особли́во** not particularly ◊ **Левчу́к ви́явився не особли́во ~ою люди́ною.** Levchuk turned out to be a not particularly agreeable person.
v. + **м. бу́ти ~им** be pleasant (**вигляда́ти** look, **виявля́тися** turn out ◊ **Вла́сник кав'я́рні ви́явився цілко́м ~им па́ном.** The coffeeshop owner turned out to be quite a pleasant gentleman. **здава́тися** + *D.* seem to sb ◊ **Дави́д здава́вся їй цілко́м ~им сусі́дом.** Davyd seemed quite a nice neighbor to her. **става́ти** become); ♦ **за ~у ду́шу** gladly, with great pleasure ◊ **Я за ~у ду́шу допоможу́ їй.** I will gladly help her.
prep. **м. для** + *G.* pleasant for sb ◊ **м. для ньо́го** pleasant for him; **м. до** + *G.* nice to sb; ♦ **м. на вро́ду** of pleasant appearance ◊ **Оле́нка – ~а на вро́ду жі́нка.** Olenka is a woman of pleasant appearance.
See **прие́мний.** *Also see* **лю́бий 4**
2 dear; beloved ◊ **м. друг** dear friend, ◊ **~а Украї́на** beloved Ukraine; ♦ **світ не м.** + *D.* to feel down in the dumps ◊ **Да́йте Іва́нові спо́кій. Йому́ світ не м.** Leave Ivan alone. He feels down in the dumps.
Also see **лю́бий 1**
3 darling *(as address)*, sweetheart, dear ◊ **М. дру́же!** Dear friend! ◊ **Бо́же м.!** Good God! ◊ **Мій м. кра́ю!** My beloved homeland!
Also see **го́луб 2, голу́бка 2, лю́бий 3**
4 *as n.* sweetheart, beloved ◊ **М. не прихо́дить до не́ї.** Her beloved does not come to see her.
See **коха́ний 3**

ми́л|ити, ~ять; на~, *tran.*

to soap
adv. **до́бре** well ◊ **Вона́ до́бре нами́лила обли́ччя.** She soaped her face well. **рете́льно** thoroughly, **ста́рано** diligently; **ле́две** hardly, **тро́хи** a little; **недба́ло** carelessly; **шви́дко** quickly; ♦ **м. го́лову** *or* **ши́ю** + *D.* to give sb a dressing-down; scold sb; ♦ **м.** + *D.* **о́чі** to conceal sth, gloss sth over ◊ **Дире́ктор ~ив усі́м о́чі.** The director was glossing things over.
v. + **м. бра́тися** get down to ◊ **Він узя́вся м. бі́дного пса.** He got down to soaping the poor dog.
pa. pple. **нами́лений** soaped
(на)ми́ль!

ми́л|ість, *f.*, ~ости

1 kindness, favor, courtesy
adj. **вели́ка** great, **величе́зна** enormous; **нечу́вана** unheard-of, **про́ста́** simple ◊ **Він завдя́чує здоро́в'ям про́стій ~ості випадко́вого перехо́жого.** He owes his health to the simple kindness of an accidental passerby. **непро́хана** unsolicited; **несподі́вана** unexpected; **спра́вжня** genuine; **християнська** Christian
v. + **м. виявля́ти м.** + *D. or* **до** + *G.* show sb kindness ◊ **Ви́явіть мені́ м. і ви́слухайте мене́.** Be so kind and hear me out. (**роби́ти** *and* **явля́ти**, *book.* + *D.* do sb ◊ **Він зроби́в нам величе́зну м.** He did us an enormous favor. **відда́чувати** + *D.* **за** repay for ◊ **Кириле́нко коли́сь віддя́чить цим лю́дям за ї́хню несподі́вану м.** Kyrylenko will some day repay these people for their unexpected kindness. **заслуго́вувати на** deserve); **не забува́ти**

~ости not forget sb's kindness ◊ **Яри́на сказа́ла, що ніко́ли не забу́де їхньої ~ости.** Yaryna said she would never forget their kindness.
Also see **ла́ска 1**
2 mercy, leniency, clemency ♦ **На м. Бо́жу!** For God's sake! *or* for the love of God! ◊ **На м. Бо́жу, поясні́ть, що ви ма́єте на ува́зі!** For God's sake, explain what you mean! ♦ **віддава́тися на м.** to throw oneself at/on sb's mercy ◊ **Вони́ не віддаду́ться на м. во́рога.** They will not throw themselves at their enemy's mercy. ♦ **лиша́ти** + *A.* **на м.** to leave sb/sth to sb's mercy ◊ **Краї́ну лиши́ли на м. оліга́рхів.** The nation was left to the mercy of the oligarchs.
See **милосе́рдя**

ми́л|о, *nt.*
soap ◊ **Він купу́є тільки м. ручно́ї робо́ти.** He buys only handmade soap.
adj. **арома́тне** aromatic, **паху́че** fragrant; **господа́рське** laundry, **посу́дне** dish, **про́сте** regular, plain, **рідке́** liquid, **туале́тне** toilet; **антибактеріа́льне** antibacterial; **натура́льне** natural
n. + **м. кава́лок ~а** *colloq.* a piece of soap (**шмато́к** bar; **за́пах** smell; **ціна́** price)
v. + **м. ми́ти** + *A.* **~ом** wash sth with soap ◊ **Він звик ми́ти воло́сся про́стим ~ом.** He is used to washing his hair with plain soap. (**користува́тися** use) ◊ **Вона́ користу́ється рідки́м ~ом.** She uses liquid soap.

милосе́рдн|ий, *adj.*
merciful, compassionate, clement, ◊ **м. вчи́нок** an act of kindness; ♦ **Бо́же м.!** *interj.* God most merciful!
adv. **ду́же** very; **напра́вду** truly, **спра́вді** really; **несподі́вано** unexpectedly; **по-християнськи** in a Christian way; **таки́й** so
v. + **м. бу́ти ~им** be merciful ◊ **Він вважа́є, що правосу́ддя має бу́ти суво́рим і водно́час ~им.** He is of the opinion that justice must be stern and merciful at the same time. (**виявля́тися** turn out, **ставати** become) ◊ **Вона́ ста́ла несподі́вано ~ою до закля́того во́рога.** She became unexpectedly merciful toward a sworn enemy.
prep. **м. до** + *G.* merciful to/toward sb

милосе́рдя, *nt., only sg.*
mercy, clemency
adj. **вели́ке** great, **безме́жне** infinite; **правди́ве** true, **спра́вжнє** real; **Бо́же** God's, **боже́ственне** divine, **християнське** Christian; ♦ **без м.** ruthlessly; ♦ **з м.** out of pity ◊ **Вона́ одружи́лася з ним із м.** She married him out of pity.
n. + **м. мі́сія м.** a mercy mission ◊ **Вони́ прибули́ в зо́ну землетру́су з мі́сією м.** They came to the earthquake zone on a mercy mission.
v. + **м. ма́ти м.** have mercy (**блага́ти про** plead for, **проси́ти** beg ◊ **Він му́сить проси́ти м. у президе́нта.** He must beg the president for clemency. **виявля́ти** show; **заслуго́вувати на** deserve ◊ **Він заслуго́вує на м.** He deserves mercy. **наді́ятися на** hope for); **чека́ти м.** expect mercy ◊ **Вона́ ма́рно чека́ла м. від су́дді.** She expected mercy from the judge in vain.
prep. **без м.** without mercy ◊ **люди́на без уся́кого м.** a person without any mercy; **з м.** out of mercy ◊ **Вона́ так чи́нить із християнського м.** She behaves so out of Christian mercy. **м. до** + *G.* mercy for sb ◊ **Він ви́явив правди́ве м. до незнайо́мця.** He showed true mercy for the stranger.
See **ми́лість 2**

мина́|ти, **~ють; мин|у́ти**, **~у́ть**, *tran. and intr.*
1 *tran.* to pass by, go by, flow by; run near ◊ **Воло́дя ~є бібліоте́ку доро́гою додо́му.** Volodia passes the library on his way home. ◊ **Сте́жка ~ла яр і вела́ да́лі до лі́су.** The path ran past the ravine and led further into the forest.
Also see **перехо́дити 2, прохо́дити 1**
2 *tran.* to pass over, bypass, ignore, overlook ◊ **Він допи́тує всіх, не ~ючи жо́дного сві́дка.** He interrogates everybody, without overlooking a single witness.
adv. **випадко́во** inadvertently; **відкри́то** openly, **зуми́сно** on purpose, **свідо́мо** knowingly; **наха́бно** brazenly; ♦ **не м. (своє́ю) ува́гою** to pay attention to sb/sth ◊ **Вона́ не мину́ла пи́льною ува́гою жо́дного комента́ря.** She paid close attention to each and every comment. ♦ **не м. наго́ди** to miss no chance ◊ **Оста́п не ~є наго́ди повихваля́тися пе́ред і́ншими.** Ostap misses no chance to brag to others.
See **іґнорува́ти 1.** *Also see* **зневажа́ти 3, не́хтувати, обхо́дити 6**
3 *intr.* to pass *(of time)*, ellapse, go by
adv. **блискави́чно** in a flash, **пру́дко** swiftly, **стрі́мко** precipitously, **ско́ро** *and* **ху́тко** fast, **шви́дко** quickly ◊ **Лі́тні вака́ції мину́ли шви́дко.** The summer vacation passed quickly. **незаба́ром** soon; **пові́льно** slowly, **пово́лі** slowly, **ти́хо** quietly, **непомі́тно** unnoticeably, **ра́птом** suddenly.
Also see **бі́гти 6, відхо́дити 9, іти́ 10, леті́ти 5, пливти́ 3, прохо́дити 4, текти́ 3**
4 *intr., only impf.* to pass, come to an end ◊ **~є лі́то.** The summer is coming to an end.
Also see **пливти́ 3, текти́ 3**
5 *tran.* to avoid, shun ◊ **Вони́ ~ли сканда́ли.** They avoided scandals.
м. + *n.* **м. смерть** avoid death (**ли́хо** misfortune, **го́лод** famine) ◊ **Їм ле́две вдало́ся мину́ти ві́рну смерть.** They barely managed to avoid a sure death.
See **уника́ти.** *Also see* **ухиля́тися 2**
pa. pple. **мину́лий** passed, last
мина́й! мини́!

мину́л|е, *nt.*, **~ого**
past; history
adj. **близьке́** close, **неда́внє** recent ◊ **Неда́внє м. не лиша́ло її у спо́кої.** Her recent past would not leave her in peace. **відда́лене** remote, **дале́ке** distant ◊ **У його́ голові́ вирина́ли епізо́ди з дале́кого ~ого.** Episodes of the distant past were emerging in his mind. **спі́льне** shared; **незабу́тнє** unforgettable, **па́м'ятне** memorable; **істори́чне** historical; **геро́їчне** heroic, **леґенда́рне** legendary, **сла́ветне** glorious, **таємни́че** mysterious ◊ **Її́ уя́ву захо́плює таємни́че м. за́мку Лю́барта.** The mysterious past of the Liubart Castle captivates her imagination. **злочи́нне** criminal, **крива́ве** bloody ◊ **люди́на із крива́вим ~им** a person with a bloody past; **колонія́льне** colonial, **імпе́рське** imperial, **комуністи́чне** communist, **сове́тське** Soviet; **ганебне** shameful, **кошма́рне** nightmarish, **сканда́льне** scandalous, **страшне́** horrible; **те́мне** obscure ◊ **Ніхто́ не хоті́в чу́ти про її те́мне м.** Nobody wanted to hear of her obscure past.
v. + **м. забува́ти м.** forget the past (**закре́слювати** erase; **зга́дувати** recollect, **пережива́ти зно́ву** relive ◊ **Хто забува́є своє́ м., ризику́є зно́ву пережи́ти його́.** One who forgets his past runs the risk of reliving it. **відтво́рювати** recreate, **відхо́дити в** lapse into ◊ **Здава́лося, що всі його́ пробле́ми віді́йшли́ в м.** All his problems seemed to have become a thing of the past. **пам'ята́ти про** remember; **чіпля́тися за** cling to) ◊ **Де́хто впе́рто чіпля́ється за комуністи́чне м.** Some people stubbornly cling to their communist past. **нале́жати до ~ого** belong to the past; **жи́ти ~им** live in the past ◊ **Пі́сля сме́рти жі́нки він став жи́ти ~им.** After his wife's death, he started living in the past. (**порива́ти з** break with) ◊ **Порва́ти з ~им ви́явилося тя́жче, як здава́лося.** Breaking with the past proved harder than one would have thought. **лиша́тися в ~ому** remain in the past
prep. **в ~ому** in the past ◊ **Усе́ у ~ому.** Everything is in the past. **з ~ого** from the past ◊ **А́втор створи́в геро́я із середньові́чного ~ого.** The author created a character from the medieval past.
Also see **істо́рія 3, коли́шній 2.** *Ant.* **майбу́тнє**

мину́л|ий, *adj.*
1 last ◊ **~ого ти́жня** last week (**мі́сяця** month, **лі́та** summer, **ро́ку** year) ◊ **Лі́то ~ого ро́ку було́ холо́дним.** The summer was cold last year. ◊ **~ої о́сени** last fall (**весни́** spring, **зими́** winter, **лі́та** summer)
2 passed
adv. **безповоро́тно** irreversibly, **давно́** long ◊ **події́ давно́ ~их днів** events of the days long gone; **наза́вжди́** forever, **шви́дко** quickly
3 previous, past ◊ **Лі́дія зга́дує це у ~ому листі́.** Lidia mentions this in her previous letter. ◊ **~і ро́ки́** past years; ♦ **м. час** *ling.* past tense ◊ **фо́рма ~ого ча́су дієсло́ва** the past tense form of the verb
Ant. **майбу́тній 1**

мину́|ти, *pf., see* **мина́ти**
to pass, elapse, go by ◊ **Його́ лі́то ~ло, не поча́вшись по-спра́вжньому.** His summer passed without having really started.

мир[1], *m.*, **~у**
peace, quiet, accord
adj. **пості́йний** permanent, **трива́лий** lasting; **міцни́й** solid, **непору́шний** inviolable; **справедли́вий** just; **відно́сний** relative, **нав'я́заний** imposed; ♦ **жи́ти в ~у** *or* **~і** to live in peace; *as adv.* ♦ **~ом** peacefully, without fighting ◊ **Про все мо́жна домо́витися ~ом.** Everything can be arranged peacefully. ♦ **лю́лька ~у** the pipe of peace
v. + **м. встано́влювати м.** establish peace (**ґарантува́ти** + *D.* guarantee sb/sth, **дава́ти** + *D.* give sb ◊ **Уго́да дала́ Євро́пі м.** The treaty gave Europe peace. **домовля́тися про** negotiate ◊ **Вони́ домо́вилися про справедли́вий м.** They negotiated a just peace. **забезпе́чувати** secure ◊ **Си́льна а́рмія забезпе́чує м.** A strong army secures peace. **борони́ти** protect, **зберіга́ти** preserve, **змі́цнювати** strengthen; **прино́сити** + *D.* bring sb, **уклада́ти** make; **утри́мувати** maintain; **підрива́ти** undermine, **пору́шувати** break); **пра́гнути до ~у** strive for peace; **загро́жувати ~ові** threaten peace
v. + **м. настава́ти** come, **панува́ти** reign, **трива́ти** last ◊ **М. і зла́года в роди́ні не трива́ли до́вго.** Peace and harmony did not last long in the family.
Also see **зго́да 2, спо́кій 1**

мир[2], *m.*, **~у**
community, world; ♦ **усі́м ~ом** all together, jointly; ♦ **на ~у́** publicly, in public
See **грома́да**

мир|и́ти, **~ять; по~**, *tran.*
1 to make peace between sb
prep. **м. з** + *I.* reconcile with sb ◊ **Яросла́в помири́в старо́го при́ятеля із дружи́ною.** Yaroslav helped his old friend to make peace with his wife.
2 *only impf.* to get on, get along with
adj. **за́вжди́** always; **до́бре** well ◊ **До́сі Іва́н до́бре з усіма́ ~ив.** Ivan got on well with everybody until now. **ле́гко** easily; **ва́жко** with difficulty, **пога́но** poorly; **ле́две** barely ◊ **Хло́пці ле́две ~или з коле́гами в університе́ті.** The boys barely got along with their colleagues at the university. **я́кось** somehow; **ніко́ли не** never ♦ **не (ду́же) м.** not to get on well with sb ◊ **Ва́рка з О́лею не ~или.** Varka and Olia did not get on well.
prep. **м. з** + *I.* get on with sb
pa. pple. **поми́рений** reconciled
Also see **мири́тися 2**
(по)мири́!

мири́|тися; по~, *intr.*
1 to be reconciled with, make peace *(with one another)*, make up
v. + **м. бу́ти тре́ба** + *D.* need to ◊ **Їм тре́ба по~.** They need to make peace. **вимага́ти** demand ◊ **Бо́ндар вимага́ла, щоб він помири́вся з О́льгою.** Bondar demanded that he make up with Olha. **каза́ти** + *D.* tell sb to; **намага́тися** try to ◊ **Він не ра́з намага́вся по~ із бра́том.** More than once did he try to make up with his brother. **хоті́ти** want to
prep. **м. з** + *I.* make up with sb ◊ **Він не хоті́в м. з Лукаше́м.** He did not want to make up with Lukash.
2 *only impf.* to get along with, put up with ◊ **Уча́сники експеди́ції чудо́во ~лися.** The expedition participants got along wonderfully.
v. + **м. бу́ти тре́ба** + *D.* need to, **му́сити** have to ◊ **Як лю́биш збира́ти гриби́, то му́сиш м. з комара́ми.** If you like to pick mushrooms, you have to put up with the mosquitoes.
See **мири́ти 2**
3 to reconcile, put up with, tolerate, accept; *pf.* **при~** ◊ **Вона́ ~тиметься з беззако́нням.** She will not put up with lawlessness.
v. + **м. відмовля́тися** refuse to, **набрида́ти** + *D.* be done ◊ **Їм набри́дло м. з його́ бре́хнями.** They were done tolerating his lies. **не збира́тися** be not about to ◊ **Він не збира́ється м. з її при́мхами.** He is not about to tolerate her whims.
See **терпі́ти 1.** *Also see* **вино́сити 6, витри́мувати 2, допуска́ти 2, перено́сити 4**

ми́рн|ий, *adj.*
1 peaceful, of or pertaining to peace
adv. **бі́льш-ме́нш** more or less, **в основно́му** mainly, **го́ловно** mostly, **до́сить** fairly; **ду́же** very, **надзвича́йно** extremely, **цілко́м** entirely; **відно́сно** relatively ◊ **Це був відно́сно м. пері́од в істо́рії краї́ни.** This was a relatively peaceful period in the history of the country. **порі́вняно** comparatively
м. + *n.* **м. до́говір** a peace treaty; **~а полі́тика** policy of peace; **~і перемо́вини** peace negotiations
v. + **м. бу́ти ~им** be peaceful (**вважа́ти** + *A.* consider sb, **здава́тися** + *D.* seem to sb; **лиша́тися** remain ◊ **На́міри організа́ції лиша́ються ~ими.** The intentions of the organization remain peaceful. **става́ти** become)
2 civilian, non-military ◊ **Окупа́нти тероризува́ли ~е насе́лення.** The occupiers terrorized the civilian population.
3 peaceful, calm, quiet, placid; friendly ◊ **Воло́дя заспоко́ївся, і його́ го́лос зно́ву став ~им.** Volodia calmed down and his voice became freindly again.
adv. **благослове́нно** blissfully; **ду́же** very, **геть** totally, **надзвича́йно** extremely, **цілко́м** entirely; **напро́чуд** amazingly; **порі́вняно** comparatively; **до́сить** fairly, **загало́м** generally; **ма́йже** almost
м. + *n.* **м. ра́нок** a calm morning; **~а розмо́ва** a calm conversation; **~е сло́во** a friendly word
v. + **м. бу́ти ~им** be peaceful (**вигляда́ти** look, **видава́тися** turn out ◊ **Розмо́ва ви́далася бі́льш-ме́нш ~ою.** The chat turned out to be more or less calm. **здава́тися** + *D.* seem to sb, **лиша́тися** remain ◊ **Реґіо́н і да́лі лиша́ється ~им.** The region still remains peaceful. **става́ти** become)
Also see **спокі́йний 1, ти́хий 1**

мирськ|и́й, *adj.*
secular, lay, laic, nonclerical
adv. **винятко́во** exceptionally ◊ **Зга́дана суспі́льна гру́па має винятко́во ~у приро́ду.** The social group mentioned has an exceptionally secular nature. **суво́ро** strictly, **цілко́м** completely, **чи́сто** purely; **го́ловно** mainly
Also see **світськи́й 1, циві́льний 3.** *Ant.* **релігі́йний, церко́вний 2**

мис, *m.*, **~у**
cape ◊ **М. видава́вся на пів кіломе́тра в мо́ре.** The cape projected half a kilometer into the sea.
adj. **вузьки́й** narrow, **до́вгий** long, **широ́кий** wide, **піща́ний** sandy, **скеля́стий** rocky;
♦ **м. До́брої На́дії** *geogr.* the Cape of Good Hope,
♦ **м. Тріски́** *geogr.* Cape Cod
м. + *v.* **видава́тися в** + *A.* project for into *(space)*, **вихо́дити в** + *A.* come out into *(a space)*; **тягну́тися на** + *A.* stretch for *(a distance)*
prep. **на ~і** *posn.* on a cape ◊ **На ~і стоя́в стари́й мая́к.** There was an old lighthouse on the cape.

ми́с|ка, *f.*
bowl
adj. **вели́ка** big, **мала́** *and* **невели́ка** small; **глибо́ка** deep; **алюмі́нієва** aluminum, **гли́няна** clay, **дерев'я́на** wooden, **поли́в'яна** *or* **глазуро́вана** glazed, **порцеля́нова** china; **брудна́** dirty ◊ **Вони́ лиши́ли на ку́хні го́ру брудни́х ~ок.** They left a mountain of dirty bowls in the kitchen. **чи́ста** clean; **по́вна** full ◊ **Вона́ з'ї́ла по́вну ~ку борщу́.** She ate a bowlful of borshch. **поро́жня** empty; **десе́ртна** dessert; **розби́та** broken, **розтро́щена** smashed
м. + *n.* **м. борщу́** a bowl of borshch (**варе́ників** dumplings, **ї́жі** food, **сала́ту** salad ◊ **Ґазди́ня поста́вила на стіл вели́ку ~ку сала́ту.** The hostess put a big bowl of salad on the table. **печені́** roast; **підли́ви** gravy)
v. + **м. би́ти ~ку** break a bowl ◊ **Він ненаро́ком розби́в ~ку.** He accidentally broke a bowl. (**витира́ти** wipe, **ми́ти** wash ◊ **Він люби́в ми́ти ці ~ки́.** He liked to wash these bowls. **збира́ти** collect ◊ **Вона́ зібра́ла брудні́ ~ки́ в ко́шик.** She collected dirty bowls and put them into a basket. **вилі́зувати** clear away, **опоро́жнювати** clear; **насипа́ти** pour) ◊ **Дани́ло наси́пав ~ку ю́шки.** Danylo poured a bowl of soup.
prep. **з ~ки** out of a bowl ◊ **Вона́ ви́лила во́ду з ~ки.** She poured the water out of the bowl. **у ~ку** *dir.* into a bowl ◊ **кла́сти** + *A.* **у ~ку** put sth in a bowl; **у ~ці** *posn.* in a bowl ◊ **У ~ці залиша́лося ще тро́хи ри́су.** There was still a little rice left in the bowl.
Cf. **тарі́лка**

ми́сленн|я, *nt.*, *only sg.*
thinking
adj. **глибо́ке** deep, **до́бре** good, **інтенси́вне** hard, **серйо́зне** serious; **логі́чне** logical, **раціона́льне** rational; **гнучке́** flexible, **еласти́чне** elastic, **момента́льне** instantaneous, **швидке́** quick; **я́сне́** clear; **абстра́ктне** abstract, **аналіти́чне** analytical ◊ **Впра́ви розвива́ють аналіти́чне м. в дити́ни.** The exercises develop analytical thinking in a child. **діялекти́чне** dialectic, **крити́чне** critical; **незале́жне** independent; **нова́торське** innovative, **ориґіна́льне** original, **ціка́ве** interesting; **тво́рче** creative; **неордина́рне** uncommon, **неортодокса́льне** unorthodox; **плу́тане** muddled; ◊ **спо́сіб м.** way of thinking ◊ **Він – люди́на ориґіна́льного спо́собу м.** He is a man of an original way of thinking.
v. + **м. виявля́ти м.** display thinking ◊ **Він виявля́є незале́жне м.** He displays independent thinking. (**демонструва́ти** demonstrate; **стимулюва́ти** stimulate; **застосо́вувати** apply; **обме́жувати** limit; **розвива́ти** develop); **заохо́чувати** + *A.* **до м.** encourage sb to think ◊ **Виклада́ч заохо́чує студе́нтів до крити́чного м.** The instructor encourages his students to think critically. **заважа́ти ~ю** impede thinking

мисли́в|ець, *m.*, **~ця; ~ка**, *f.*
hunter
adj. **до́брий** good, **затя́тий** inveterate, **ло́вкий** *colloq.* good, **спри́тний** deft; **при́страсний** passionate; **стари́й** old; **ке́пський** poor, **пога́ний** bad; ♦ **не хто зна яки́й** *colloq.* not much of ◊ **З Оре́ста не хто зна яки́й м.** Orest is not much of a hunter.
v. + **м. бу́ти ~цем** be a hunter (**лиша́тися** remain, **роби́ти** + *A* make sb, **става́ти** become) ◊ **Він став затя́тим ~цем під впли́вом ба́тька.** He became an inveterate hunter under his father's influence.
prep. **м. за** + *A. or* **на** + *A. or* a hunter for sth ◊ **стари́й м. на вовків** ◊ an old wolf hunter

мисли́тел|ь, *m.*, **~я; ~ька**, *f.*
thinker
adj. **блиску́чий** excellent, **вели́кий** great, **впливо́вий** influential, **генія́льний** brilliant ◊ **доба́ генія́льних ~ів** an era of brilliant thinkers; **провідни́й** leading, **глибо́кий** deep, **ориґіна́льний** original, **серйо́зний** serious, **тво́рчий** creative; **ві́льний** free, **незале́жний** independent; **анти́чний** ancient, **класи́чний** classical, **середньові́чний** medieval, **суча́сний** contemporary; **консервати́вний** conservative, **лібера́льний** liberal, **радика́льний** radical; **релігі́йний** religious, **християнський** Christian; **за́хідний** Western, **схі́дний** Eastern
prep. **м. у га́лузі** + *G.* a thinker on *(subject)* ◊ **м. у га́лузі політи́чної е́тики** a thinker on political ethics
Also see **філо́соф.** *Cf.* **мудре́ць**

ми́сл|ити, **~ять; по~**, *intr. and tran.*
1 *intr.* to reflect, ponder, think ◊ **Вона́ поми́слила, перш як відповісти́ їм.** She pondered before answering them.
adv. **логі́чно** logically, **раціона́льно** rationally; **момента́льно** instantaneously ◊ **Вона́ має здатність момента́льно м.** She has the capacity for instantaneous thinking. **шви́дко** quickly; **плу́тано** in a confused way; **я́сно** clearly; **абстра́ктно** abstractly, **аналіти́чно** analytically; **діялекти́чно** dialectically, **крити́чно** critically; **ві́льно** freely, **незале́жно** independently, **по-нова́торськи** innovatively, **по-ново́му** in a new way ◊ **Нові́ лю́ди ~ять по-ново́му.** New people think in a new way. **неордина́рно** out of the box, **неортодокса́льно** in an unorthodox way, **ориґіна́льно** unconventionally, **тво́рчо** creatively, **ціка́во** interestingly
v. + **м. бу́ти тре́ба** + *D.* need to ◊ **Гравце́ві тре́ба шви́дко м.** A player needs to think quickly. **вмі́ти** be able to; **намага́тися** try to
See **ду́мати 1**
2 *intr.*, *colloq.* to think ◊ **Про що він ~ить?** What is he thinking about?
3 *colloq.* **м.** + *inf.* to intend to, be going to, be planning to ◊ **Рома́н на́віть не ~ив ска́ржитися.** Roman was not even going to complain.
4 *tran.* to imagine + *I. or* **як** + *A.* as; *also* **м. собі** ◊ **О́ля ~ить його́ стари́м і не́мічним.** Olia imagines him to be old and frail. ◊ **Хома́ не ~ив життя́ по́за шко́лою.** Khoma could not imagine his life outside school.
See **уявля́ти 1.** *Also see* **ба́читися 2, малюва́тися 4**
(по)ми́сли!

мисте́цтв|о, *nt.*
1 art
adj. **вели́ке** great, **висо́ке** high, **кра́сне** fine; **комерці́йне** commercial, **ма́сове** mass; **абстра́ктне** abstract ◊ **коле́кція абстра́ктного ~а** an abstract art collection; **концептуа́льне** conceptual, **репрезентаці́йне** representational, **фігурати́вне** figurative; **класи́чне** classical ◊ **класи́чне м. Староdáвньої Гре́ції** the classical art of Ancient Greece; **середньові́чне** medieval, **староdáвне** ancient; **аванґарди́стське** avant-garde, **моде́рне** modern ◊ **Мисте́цький Арсена́л пока́зує украї́нське моде́рне м.** The Mystetsky Arsenal shows Ukrainian modern art. **суча́сне** contemporary; **модерні́стське**

modernist, **постмодерні́стське** postmodernist; **аніміці́йне** animation, ♦ **відеомисте́цтво** video art, **візуа́льне** visual, **графі́чне** graphic, ♦ **кіномисте́цтво** film art, **театра́льне** theater; **еротичне** erotic ◊ **Вона́ дослі́джує еротичне м.** She studies erotic art. **сакра́льне** sacred; **нова́торське** innovative, **оригіна́льне** original; **наро́дне** folk, **традиці́йне** traditional, **за́хідне** Western, **схі́дне** Eastern; **італі́йське** Italian, **німе́цьке** German, **украї́нське** Ukrainian

м. + *n.* **м. абстракціоні́зму** Abstructionist art (**Відро́дження** Renaissance, **дадаї́зму** Dadaist, **імпресіоні́зму** Impressionist, **соціалісти́чного реалі́зму** socialist realism, **сюреалі́зму** Surrealist, **фові́зму** Fauvist, *etc.*); ♦ **м. зара́ди ~а** art for art's sake

n. + **м. ви́твір ~а** a work of art ◊ **Вона́ вважа́є його́ текст правди́вим ви́твором ~а.** She considers his text to be a true work of art. (**шеде́вр** masterpiece; **акаде́мія** academy), **ви́ставка ~а** an art exhibition (**ґалере́я** gallery ◊ **У мі́сті діє три ґалере́ї ~а.** There are three art galleries operating in the city. **дося́гнення** achievement, **музе́й** museum, **колекціоне́р** collector ◊ **Хане́нко сла́вився як важли́вий колекціоне́р ~а.** Khanenko was famed as an important art collector. **знаве́ць** connoisseur, **істо́рик** historian, **кри́тик** critic, **люби́тель** lover, **шко́ла** school) ◊ **У шко́лі ~а навча́ють малю́нку.** They teach drawing at the art school.

v. + **м. роби́ти м.** make art (**твори́ти** create ◊ **На його́ переко́нання, м. не тво́рять, а ро́блять.** It is his conviction that art is made, not created. **виставля́ти** exhibit ◊ **Ґалере́я впе́рше виставля́є німе́цьке м.** The gallery exhibits German art for the first time. **демонструва́ти** display, **пока́зувати** show; **збира́ти** *or* **колекціонува́ти** collect, **купува́ти** buy; **вивча́ти** study, **огляда́ти** view; **цінува́ти** appreciate); **захо́плюватися ~ом** be keen on art ◊ **Він захо́плювався ~ом Відро́дження.** He was keen on Renaissance art. (**ціка́витися** take interest in)

Also see **гра́фіка, маля́рство 1, скульпту́ра 2**

2 skill, craft, technique + *inf. or n.*

adj. **втра́чене** lost, **забу́те** forgotten ◊ **У сту́дії відро́джують забу́те м. чо́рної кера́міки.** They revive the forgotten art of black pottery in the studio. **відро́джене** revived; **бездога́нне** impeccable, **винятко́ве** exceptional, **доскона́ле** perfect; **бойове́** martial

м. + *n.* **м. говори́ти** the art of speaking (**гра́ти** acting ◊ **Тут навча́ють ~у гра́ти на сце́ні.** They teach the art of acting on stage here. **писа́ти** writing; **слу́хати** listening, *etc.*) ◊ **Вона́ оволоді́ла ~ом слу́хати.** She mastered the art of listening. **м. ескі́зу** the art of sketching (**малю́нка** drawing, **різьби́ по де́реву** the art of wood-carving, **та́нцю** dancing)

v. + **м. вдоскона́лювати м.** perfect a skill (**відто́чувати** hone; **зна́ти** know); **володі́ти ~м** possess a skill ◊ **Він володі́є ~ом вишива́ти.** He possesses the skill of embroidering. (**оволоді́вати** master) ◊ **Оле́сь оволоді́в ~ом сцені́чного перевті́лення.** Oles mastered the art of character portrayal on the stage.

Also see **майсте́рність 1**

ми́|ти, ~ють; по~, *tran.*

1 to wash *(body, dishes, etc.)*, clean *(floor)* + *I.* with sth ◊ **Він поми́в маши́ну спеціа́льним шампу́нем.** He washed the car with special shampoo.

adv. **до́бре** well, **рете́льно** thoroughly ◊ **Вона́ рете́льно поми́ла вера́нду.** She thoroughly washed the porch. **ста́ранно** diligently, **скрупульо́зно** scrupulously; **шви́дко** quickly; **періоди́чно** periodically, **реґуля́рно** regularly, **час від ча́су** from time to time; **ле́гко** gently ◊ **Свіжі плями від кро́ви ле́гко м. в холо́дній воді.** Fresh blood stains are easy to wash in cold water. **ле́две** scarcely, **тро́хи** a little; **недба́ло** carelessly, **пога́но** badly, **сяк-та́к** so-so, **як-не́будь** sloppily

м. + *n.* **м. по́суд** wash dishes (**склянки́** glasses, **миски́** bowls, **тарілки́** plates; **вікно́** window, **підло́гу** floor ◊ **Він до́сить недба́ло поми́в підло́гу.** He washed the floor rather carelessly. **воло́сся** hair, **ру́ки** hands, **обли́ччя** face, *etc.*) ♦ **м.** *or* **перемива́ти** + *D.* **кістки́** to gossip about sb ◊ **Не встиг він вийти з кімна́ти, як вони́ взяли́ся м. йому́ кістки́.** Hardly had he left the room when they started gossiping about him. ♦ **рука́ ру́ку ~є** you scratch my back and I'll scratch yours ◊ **Вони́ ді́ють на заса́ді «рука́ ру́ку ~є».** They act according to the principle "you scratch my back and I'll scratch yours."

v. + **м. бра́тися** start to, **бу́ти тре́ба** + *D.* need to ◊ **Миколі тре́ба по~ по́суд.** Mykola needs to wash the dishes. **дава́й** *colloq.* start, get down to ◊ **Ігор роздягну́вся і дава́й м. го́лову.** Ihor undressed and started to wash his head. **допомага́ти** + *D.* help sb (to); **почина́ти** begin to; **намага́тися** try to; **проси́ти** + *D.* ask sb

pa. pple. **поми́тий** cleaned, washed

(по)ми́й!

Also see **витира́ти 1, вмива́ти 1, 2, купа́ти, полоска́ти 1, пра́ти, прибира́ти 1.** *Cf.* **чи́стити 1**

ми́|тися; по~, *intr.*

1 to wash, wash oneself ◊ **Він поми́вся, одягну́вся і побі́г на ле́кції.** He washed, dressed, and ran to classes.

adv. **до́бре** well, **рете́льно** thoroughly, **стара́нно** diligently; **по́спіхом** hastily ◊ **Щора́нку він по́спіхом ~вся і сіда́в писа́ти.** Every morning he would hastily wash and sit down to his writing. **шви́дко** quickly; **періоди́чно** periodically, **реґуля́рно** regularly, **час від ча́су** from time to time; **тро́хи** a little; **недба́ло** carelessly, **сяк-та́к** so-so, **як-не́будь** sloppily

v. + **м. встига́ти** have the time to; **могти́** can ◊ **Він наре́шті міг поми́тися під гаря́чим ду́шем.** He could finally take a hot shower. **хоті́ти** want to; **не могти́** cannot ◊ **Тут не мо́жна на́віть по~.** One cannot even wash here. **почина́ти** begin to ◊ **Вона́ почала́ м.** She began to wash herself. **ста́ти** *pf.* start; **закі́нчувати** finish

Also see **купа́тися**

2 *pass.* to be washed, be cleaned ◊ **Сього́дні баня́к ~ється не пе́рший раз.** Today, the pot is not being washed for the first time.

See **ми́ти**

ми́тн|ий, *adj.*

customs, of or pertaining to customs *(tariffs)*

м. + *n.* **м. о́гляд** a customs examination (**чино́вник** officer); **~а війна́** a customs war (**деклара́ція** declaration; **полі́тика** policy, **уго́да** agreement); **~і збо́ри** a customs duty (**пра́вила** regulations)

ми́т|о, *nt.*

customs duty

adj. **вели́ке** heavy, **значне́** considerable, **надмі́рне** exorbitant; **невели́ке** small, **незначне́** light, **помі́рне** moderate; **ввізне́** import, **вивізне́** export

v. + **м. збі́льшувати м.** increase customs duty (**наклада́ти на** + *A.* impose on sb/sth, **плати́ти** pay ◊ **Вони́ заплати́ли м. за алкого́ль.** They paid a customs duty for alcohol. **скасо́вувати** abolish); **звільня́ти** + *A.* **від ~а** relieve sb from customs duty; ♦ **з опла́ченим ~ом** duty paid

Also see **пода́ток**

ми́т|ь, *f.*

1 moment, instant, split second

adj. **коро́тка** brief; **єди́на** single, **неповто́рна** inimitable ◊ **неповто́рна м. у житті́** an inimitable moment in one's life. **уніка́льна** unique; **незабу́тня** unforgettable, **пам'я́тна** memorable; **ра́дісна** joyful, **щасли́ва** happy; **жахли́ва** horrible, **страшна́** frightful, **фата́льна** fatal ◊ **У цю фата́льну м. він усвідо́мив свою́ поми́лку.** At this fatal moment, he realized his mistake. ♦ **~тю** *or* **в одну́ м.** at once, momentarily ◊ **Поже́жа ~тю охопи́ла буди́нок.** The fire engulfed the building at once. ♦ **у ту ж м.** *or* **тіє́ї ж ~і** at that very moment; ♦ **на (яку́сь) м.** for a moment ◊ **Вона́ замо́вкла на м.** She fell silent for a moment. ♦ **ні на м.** not for a second ◊ **Оста́п ні на м. не забува́в, що йому́ сказа́в брат.** Ostap did not forget for a moment what his brother had told him.

Also see **моме́нт 1, секу́нда, хвили́на 2, хви́ля[2] 2, час 3**

2 *fig.* moment, period, stretch of time

м. + *n.* **м. ра́дости** a moment of joy (**ща́стя** happiness; **па́ніки** panic, **пара́лічу** paralysis ◊ **Це була́ м. по́вного пара́лічу во́лі.** This was a moment of complete paralysis of will. **стра́ху** fear, **триво́ги** anxiety; **вага́ння** hesitation, **су́мнівів** doubts, *etc.*)

Also see **моме́нт 1, секу́нда, хвили́на 2, хви́ля[2] 2**

ми́ш|а, *var.* **миш**, *f.*, **~і**

1 *zool.* mouse

adj. **польова́** field; **лаборато́рна** laboratory, **піддо́слідна** test; **бі́ла** white, **сі́ра** gray; ♦ **бі́дний, мов** *or* **на́че церко́вна ми́ша** poor as a church mouse

v. + **м. лови́ти ~у** catch a mouse ◊ **Її кіт до́бре ло́вить ~е́й.** Her cat is good at catching mice. (**розво́дити** breed ◊ **Вони́ розво́дять бі́лих ~е́й для лаборато́рних до́слідів.** They breed white mice for lab tests. **вбива́ти** kill, **труї́ти** poison); **ганя́тися за ~е́ю** chase a mouse; **експериментува́ти на ~а́х** experiment on mice

м. + *v.* ♦ **заво́дитися** get infested with ◊ **У них у комо́рі заве́ли́ся ~і.** Their pantry got infested with mice. **гри́зти** + *A.* gnaw sth ◊ **Кни́жку погризли дома́шні ~і.** House mice gnawed the book. **пища́ти** squeak, **шкребти́** scratch, **шмига́ти** scurry ◊ **Мале́нька сі́ра м. ми́ттю шмигну́ла в ні́рку.** A small gray mouse scurried into its hole in a flash.

Cf. **щур**

2 *comp.* mouse, *usu dim.* **ми́шка**

adj. **комп'ю́терна** computer; **бездрото́ва** wireless, **дрото́ва** wired, **опти́чна** optical

v. + **м. ру́хати ~ею** move a mouse around ◊ **Вона́ впра́вно ру́хала опти́чною ~ею.** She was aptly moving the optic mouse around. (**кла́цати** click, **дві́чі кла́цати** double-click; **користува́тися** use) ◊ **Він воліє користува́тися дрото́вою ~ею.** He prefers to use a wired mouse.

мі́дн|ий, *adj.*

1 copper ◊ **~а ру́чка двере́й ся́яла, як нова́.** The copper door handle shone like new.

м. + *n.* **м. вік** the Copper Age, ♦ **м. колчеда́н** *chem.* copper pyrite; **~а руда́** copper ore (**ру́дня** *or* **ша́хта** mine); **~е до́бриво** copper fertilizer

2 *fig.* copperlike; copper-yellow; ringing *(of sound)* ◊ **~е ли́стя** copper-yellow leaves; ♦ **м. лоб** *fig.* a pigheaded person; ◊ **Сергі́й мав прони́зливий м. го́лос.** Serhii had a shrill ringing voice.

Cf. **жо́втий 1**

мід|ь, *f.*, *only sg.*

copper

adj. **листова́** sheet; **ко́вана** beaten ◊ **По́ручні були́ ви́готовлені з ко́ваної ~і.** The railings were made of beaten copper. **перепла́влена** molten, **чи́ста** pure, **полі́рована** burnished

v. + **м. копа́ти м.** mine copper ◊ **На поча́тку столі́ття тут копа́ли м.** They mined copper here at the beginning of the century. (**добува́ти** extract; **пла́вити** melt; **поставля́ти** supply; **мі́стити** contain) ◊ **Сплав мі́стить м. і бро́нзу.** The alloy contains copper and bronze.

працюва́ти з ~дю work in copper ◊ **Кова́ль працю́є з ~дю.** The blacksmith works in copper.
See **мета́л**

між, *prep.*

1 *(relations of space) posn.* between, among + *I.* ◊ **Буди́нок стоя́в м. крамни́цею і перука́рнею.** The house stood between the store and the hairdresser's. ◊ **Чу́тка ми́ттю поши́рилася м. людьми́.** The rumor spread among people in a flash. *more rarely + G.* ◊ **Вони́ зни́кли м. дере́в.** They disappeared among the trees. ♦ **м. двох вогні́в** *fig.* between two fires ◊ **Полі́тик опини́вся м. двох вогні́в.** The politician was caught between two fires. ♦ **м. і́ншим** 1) in passing; 2) by the way, incidentally ◊ **Вона́ зроби́ла заува́ження, на́че м. і́ншим.** She made a seemingly incidental remark. ♦ **м. на́ми ка́жучи** between you and me; ♦ **м. тим** meanwhile; *dir.* between, among + *A.* ◊ **Напа́дник уда́рив його́ м. ре́бра.** The attacker hit him between the ribs.
Also see **посе́ре́д 1, се́ред 1**
2 *(relations of time),* between, + *I.* ◊ **Лифа́р жив у мі́сті м. ти́сяча дев'ятсо́т деся́тим і п'ятна́дцятим рока́ми.** Lyfar lived in the city between 1910 and 1915.
Cf. **посе́ре́д 2, се́ред 2**

міжнаро́дн|ий, *adj.*

international
м. + *n.* **м. кінофестива́ль** an international film festival (**клі́мат** *fig.* climate ◊ **Розва́лові імпе́рії спри́яв м. політи́чний клі́мат.** The collapse of the empire was facilitated by the international political climate. **станда́рт** standard; **трибуна́л** tribunal; **тури́зм** tourism); **~а авіалі́нія** an international airline (**асоціа́ція** association; **безпе́ка** security, **кри́за** crisis, **полі́тика** politics, **систе́ма** system, **співпра́ця** cooperation, **конфере́нція** conference); **~е визна́ння** international recognition (**лето́вище** airport; **партне́рство** partnership; **пра́во** law); **~і відно́сини** international relations (**фіна́нси** finances)

мілк|и́й, *adj.*

1 shallow
adv. **вкрай** extremely ◊ **У ~и́х місця́х рі́чки чо́вен дово́дилося переля́гувати.** In shallow ends of the river the boat had to be hauled. **геть** totally, **ду́же** very, **зана́дто** too ◊ **Для таки́х суде́н рі́чка зана́дто ~а́.** The river is too shallow for such vessels. **до́сить** rather, **доста́тньо** enough; **відно́сно** relatively, **порі́вняно** comparatively
м. + *n.* **м. брід** a shallow ford (**ставо́к** pond, **ша́нець** trench) ◊ **У ~о́му ша́нці мо́жна схова́тися від ку́ль, лише́ лі́гши.** One can hide from bullets in the shallow trench only by lying down. **~а́ кри́ни́ця** a shallow well (**тарі́лка** plate, **рі́чка** river, **зато́ка** bay); **~е́ мо́ре** a shallow sea (**о́зеро** lake)
v. + **м. бу́ти ~и́м** be shallow ◊ **Бі́ля бе́рега мо́ре ~е́.** The sea is shallow near the shore. (**виявля́тися** turn out ◊ **Брід ви́явився ~и́м.** The ford turned out to be shallow. **здава́тися** + *A.* seem to sb; **става́ти** become) ◊ **О́зеро ста́ло ду́же ~и́м.** The lake became very shallow.
Ant. **глибо́кий 1**
2 *fig.* shallow, small, petty, superficial ◊ **Ні́на зрозумі́ла, що розмовля́є з украй ~о́ю люди́ною.** Nina understood that she was speaking with an extremely shallow person.
See **обме́жений 2.** *Also see* **вузьки́й 5, дріб'язко́вий 1**

мільйо́н, *m.*, ~а

1 million + *G. pl.* ◊ **два ~и** two million (**три** three, **чоти́ри** four), **п'ять ~ів** five *(and more)* million; ◊ **де́сять ~ів гри́вень** ₴10,000,000
2 *fig., usu pl.* a great number; masses of people, the millions ◊ **Вони́ диви́лися програ́му м. раз** *or* **разі́в.** They saw the program a million times. ◊ **кінофі́льми для ~ів** movies for the millions
Cf. **мілья́рд 2**
3 *pl.* millions *(of money),* fortune ◊ **Він мо́же роби́ти зі своі́ми ~ами все, що хо́че.** He can do anything he likes with his millions.
See **гро́ші**

мілья́рд, *m.*, ~а

1 billion + *G. pl.* ◊ **два ~и** two billion (**три** three, **чоти́ри** four), **п'ять ~ів** five *(and more)* billion; ◊ **Будівни́цтво лето́вища ко́штува́тиме три ~и гри́вень.** The airport construction will cost ₴3,000,000.
2 *usu pl.* a lot, billions
Cf. **мільйо́н 2**

мі́н|а[1], *f.*

face, expression ◊ **Вона́ роби́ла все це з ки́слою ~ою.** She was doing all of that with a sour face. ♦ **роби́ти до́бру ~у при пога́ній грі** to put a brave face on a sorry business ◊ **Вони́ ро́блять до́бру ~у при пога́ній грі.** They put a brave face on their sorry business.
See **ви́раз 2.** *Cf.* **по́за[1] 2**

мі́н|а[2], *f.*

mil. mine
adj. **маґні́тна** limpet ◊ **Чо́вен потопи́ла маґні́тна м.** A limpet mine sunk the boat. **протипіхо́тна** anti-personnel, **протита́нкова** anti-tank; ♦ **глиби́нна м.** a depth charge, **морська́** naval, **плаву́ча** floating
v. + **м. заклада́ти ~у** lay a mine (**зако́пувати** bury, **ста́вити** plant ◊ **Солда́ти поста́вили ~и по пра́вому бе́регу рі́чки.** The soldiers planted mines along the right bank of the river. **виявля́ти** detect, **знахо́дити** find; **детонува́ти** detonate, **знешко́джувати** defuse ◊ **Сапе́р знайшо́в і знешко́див сім протипіхо́тних мін.** The sapper found and defused seven anti-personnel mines. **наї́жджа́ти на** drive on ◊ **Автомобі́ль наї́хав на протипіхо́тну ~у.** The car drove on an anti-personnel mine. **наступа́ти на** step on, **потрапля́ти на** hit); **очища́ти** + *A.* **від мін** clear sth from mines ◊ **Зато́ку тре́ба було́ очи́стити від плаву́чих мін.** The harbor needed to be cleared from floating mines.
м. + *v.* **вибуха́ти** explode ◊ **М. ви́бухнула про́сто під та́нком.** The mine exploded right under the tank.
Also see **бо́мба**

мінера́л, *m.*, ~у

mineral
adj. **важли́вий** important, **основни́й** essential; **поши́рений** common, **рі́дкісний** rare ◊ **У реґіо́ні знайшли́ рі́дкісні ~и.** They found some rare minerals in the region. **залі́зний** ferrous, **мі́дний** copper, **ура́новий** uranium; **промисло́вий** industrial
v. + **м. добува́ти м.** extract a mineral (**копа́ти** mine; **міс́ти́ти** contain, **поглина́ти** absorb; **бу́ти бага́тим на** be rich in) ◊ **Украї́на бага́та на залі́зні ~и.** Ukraine is rich in ferrous minerals.
v. + **м. зустріча́тися в** + *L.* be found in sth (**трапля́тися в** *or* **на** occur in) ◊ **Цей м. трапля́ється на пі́вдні краї́ни.** The mineral occurs in the south of the country.
Cf. **копа́лина**

мінера́льн|ий, *adj.*

mineral
м. + *n.* **м. дода́ток** mineral supplement (**о́бмін** exchange; **порошо́к** powder; **склад** makeup); **~а вода́** mineral water ◊ **Вона́ взяла́ пля́шку ~ої води́.** She took a bottle of mineral water. (**олі́я** oil); **~е волокно́** mineral fiber (**жи́влення** nutrition, **па́ливо** fuel, **скло** glass; **~і джере́ла** mineral springs (**до́брива** fertilizers, **по́клади** deposits, **ресу́рси** resources)

мініма́льн|ий, *adj.*

minimal
adv. **абсолю́тно** absolutely ◊ **Літа́к ру́хався на абсолю́тно ~ій висоті́.** The airplane was moving at an absolutely minimal altitude.
м. + *n.* **м. вплив** a minimal influence (**за́хист** protection; **ри́зик** risk); **~а вага́** a minimal weight (**ви́димість** visibility, **висота́** altitude, **ві́дстань** distance, **глибина́** depth ◊ **~а допусти́ма глибина́ кана́лу** the minimal permissible depth of the canal; **кі́лькість** quantity, **температу́ра** temperature, **шви́дкість** speed; **зале́жність** dependency; **небезпе́ка** danger, **шко́да** damage)
Ant. **максима́льний**

мі́німум, *m.*, ~у

1 minimum
adj. **абсолю́тний** absolute, **го́лий** bare, **сами́й** very, **цілкови́тий** utter; **ґаранто́ваний** guaranteed ◊ **У таки́й спо́сіб органі́зм має́ ґаранто́ваний м. вітамі́нів.** This way, the body has a guaranteed minimum of vitamins. **необхі́дний** necessary, **обов'язко́вий** mandatory, **потрі́бний** needed, **рекомендо́ваний** recommended; **встано́влений** established, **зако́нний** legal; **віко́вий** age, **осві́тній** educational; ♦ **прожитко́вий м.** a minimum subsistence level
v. + **м. забезпе́чувати м.** provide a minimum (**ґарантува́ти** + *D.* guarantee sb ◊ **У́ряд ґаранту́є пересі́чному громадя́нинові прожитко́вий м.** The government guarantees the average citizen a minimum substinence level. **встано́влювати** establish, **плати́ти** pay, **переви́щувати** exceed); **зво́дити** + *A.* **до ~у** bring sth down to the minimum ◊ **Потрі́бно звести́ до ~у втра́ти збі́жжя.** It is necessary to bring the losses of grain to the minimum. (**скоро́чувати** + *A.* **до** reduce to; **па́дати до** fall to, **зме́ншуватися до** drop to) ◊ **Мі́сячний за́робіток зме́ншився до ~у.** Monthly earnings dropped to the minimum. **обхо́дитися ~ом** make do with a minimum ◊ **Він зна́є, як обхо́дитися ~ом проду́ктів.** He knows how to make do with a minimum of groceries. **трима́ти** + *A.* **на ~і** keep sth to the minimum ◊ **Вони́ трима́ють ви́трати на бензи́н на го́лому ~і.** They keep their gasoline expenditures to the bare minimum. ♦ **як м.** at least, at a minimum ◊ **Він має́ прослу́хати як м. сім ку́рсів.** He has to take seven courses at a minimum.
prep. ♦ **до само́го ~у** down to the very minimum, ♦ **з ~ом ри́зику** with the minimum of risk; **ни́жче ~у** below the minimum; **по́над м.** above the minimum
Ant. **максиму́м 1**
2 *as adv., colloq.* at least ◊ **Це м. дві годи́ни робо́ти.** This is at least two hours of work.
Ant. **ма́ксимум 2**

міністе́рств|о, *nt.*

ministry
adj. **важли́ве** important, **ключове́** key ◊ **Па́ртія контролю́є два ключови́х ~а.** The party has two key ministries under its control. **урядо́ве** government; **нове́** new ◊ **Він створи́в нове́ м. інформа́ції.** He created a new ministry of information.
м. + *n.* **м. вну́трішніх справ** ministry of the Interior (**охоро́ни довкі́лля** environment, **закордо́нних справ** foreign affairs, **зв'язку́** communications, **культу́ри** culture, **оборо́ни** defense, **осві́ти** education, **сільсько́го господа́рства** agriculture, **справедли́вости** *or* **юсти́ції** justice, **тра́нспорту** transportation, **фіна́нсів** finance, **охоро́ни здоро́в'я** health)
v. + **м. ліквідо́вувати м.** abolish a ministry (**перебра́ти** take over ◊ **Засту́пник дире́ктора ба́нку перебра́в м. фіна́нсів.** The bank deputy director took over the Finance Ministry. **реформо́вувати** reform ◊ **Оскі́льки м.**

неможли́во реформува́ти, його́ слід зліквідува́ти. Since the ministry is impossible to reform, it should be eliminated. розбудо́вувати build up; скоро́чувати reduce; ство́рювати create); керува́ти ~ом run a ministry ◊ Керува́ти ~ом призна́чили нову́ люди́ну. A new person was appointed to run the ministry.
 м. + *v.* дозволя́ти + *A. or inf.* permit sth, забороня́ти + *A.* prohibit sb *or inf.*, контролюва́ти + *A.* control sth ◊ М. контро́лює будівни́цтво. The ministry controls the construction. розгляда́ти + *A.* consider sth, схва́лювати + *A.* approve sth, підтри́мувати + *A.* support sth ◊ М. підтри́мало її іде́ю. The ministry supported her idea. відкида́ти + *A.* reject sth
 prep. у ~і at a ministry ◊ Його́ затри́мують у ~і осві́ти. He is being held at the Ministry of Education.
 See устано́ва

міні́стр, *m.*, **~а; міні́стерка**, *f.*
minister
 adj. ♦ прем'є́р-м. a prime minister; головни́й chief, моло́дший junior, ста́рший senior; коли́шній former, майбу́тній future, тепе́рішній current; звільнений dismissed
 м. + *n.* м. вну́трішніх справ a minister of the interior (охоро́ни довкілля environment, закордо́нних справ foreign affairs, зв'язку́ communications, культу́ри culture, оборо́ни defense, осві́ти education, сільсько́го господа́рства agriculture, справедли́вости *or* юсти́ції justice, тра́нспорту transportation, фіна́нсів finance, охоро́ни здоро́в'я health)
 v. + м. признача́ти ~а appoint a minister ◊ Прем'єр-м. призна́чив двох нови́х ~ів. The Premier Minister appointed two new ministers. (вибира́ти choose; звільня́ти dismiss; зму́шувати compel, шантажува́ти blackmail; лобіюва́ти lobby; підкупо́вувати pay off ◊ непрями́й спо́сіб підкупи́ти ~а an indirect way to pay off the minister; викрива́ти denounce, звинува́чувати accuse ◊ Опозиція звинува́тила ~а оборо́ни в кору́пції. The opposition accused the defense minister of corruption. критикува́ти criticize) ◊ Ті́льки ліни́вий не критику́є ново́го ~а. Everyone and their dog criticizes the new minister. ра́дити ~ові advise a minister (дава́ти хаба́р bribe ◊ Бізнесме́н дава́в хабарі́ ~ові промисло́вости. The businessman would bribe the minister of industry. погро́жувати threaten); признача́ти + *A.* ~ом appoint sb as minister ◊ Костюка́ призна́чили ~ом осві́ти. Kostiuk was appointed the Education Minister. (працюва́ти work as, serve as ◊ Він три ро́ки працю́є ~ом фіна́нсів. For three years, he has served as the finance minister. роби́ти + *A.* make sb; става́ти become)
 м. + *v.* вихо́дити на пе́нсію retire, подава́ти в відста́вку resign ◊ М. пода́в у відста́вку. The minister resigned. пропонува́ти пода́ти у відста́вку offer one's resignation ◊ М. запропонува́в пода́ти у відста́вку. The minister offered his resignation. відповіда́ти пе́ред + *I.* be accountable to sb ◊ М. оборо́ни відповіда́є пе́ред президе́нтом. The defense minister is accountable to the president. бу́ти відповіда́льним за + *A.* be responsible for sth; заявля́ти + *A.* declare sth, оголо́шувати + *A.* announce sth; визнава́ти + *A.* admit sth, виявля́ти + *A.* reveal sth; вирі́шувати + *A.* decide sth, схва́лювати + *A.* endorse sth, підтри́мувати + *A.* support sb/sth ◊ М. підтри́мує законопро́єкт із застере́женнями. The minister supports the bill with reservations. відкида́ти + *A.* reject sth, запере́чувати про́ти + *G.* object to sth, втруча́тися в + *A.* interfere with sth ◊ М. вну́трішніх справ втруча́ється в розсте́ження. The interior minister is interfering with the investigation.
 Also see керівни́к, президе́нт 1

мінли́в|ий, *adj.*
1 changing, changeable, variable, fluctuating, moody ◊ О́рися була́ в укра́й ~ому на́строї. Orysia was extremely moody.
 adv. вкра́й extremely ◊ вкрай ~а пого́да extremely changeable weather, ду́же very, надзвича́йно unusually, напро́чуд amazingly; до́сить fairly, доста́тньо sufficiently; пості́йно constantly; ~е заба́рвлення a changing coloring
 prep. м., на́че *or* як + *N.* changing like sb/sth ◊ Він м., як пого́да в бе́резні. He is changeable like the weather in March.
 Also see рухо́мий 2
2 fickle, changing, fleeting ◊ ~а до́ля a fickle fortune; ~е ща́стя fleeting happiness ◊ Вони́ насоло́джувалися рі́дкісними ми́тями сво́го ~ого ща́стя. They relished the rare moments of their fleeting happiness.
 Also see зрадли́вий 2

мі́нус, *m.*, **~а**
1 *math.* minus ◊ знак м. the minus sign; ◊ Температу́ра пові́тря – м. три гра́дуси Це́льсія. The air temperature is minus three degrees Celsius.
 Ant. плюс 1
2 *math.* minus ◊ Сім м. два дорі́внює п'ять. Seven minus two makes five.
 See відніма́ти 2. *Also see* відкида́ти 5. *Ant.* плюс 2
3 *fig. colloq.* defect, flaw, drawback
 adj. вели́кий big, величе́зний huge, нефорту́нний unfortunate, серйо́зний serious; незапере́чний undeniable ◊ План має незапере́чні плю́си і ~и. The plan has undeniable pluses and minuses.
 See ва́да, недо́лік. *Also see* нега́тив 2, провина 3. *Ant.* плюс 3

міня́|ти, **~ють; по~**, *tran.*
1 to change, alter ◊ Те, що ста́лося, докорі́нно ~ло стано́вище. Everything that had happened radically changed the situation. ◊ Тру́па пості́йно ~є репертуа́р. The theater company constantly changes its repertoire.
 м. + *n.* м. адре́су change an address (бі́лизну underwear; по́стіль sheets); ♦ м. на́міри to change one's mind
 prep. м. з + *G.* change from sth; м. на + *A.* change to sth ◊ Календа́р поміня́ли з юліа́нського на григорія́нський. They changed the calendar from the Julian to the Gregorian one. ♦ м. ши́ло на шва́йку to get the worse part of the bargain
 See змі́нювати 1. *Cf.* заміня́ти
2 to exchange ◊ Соломія посла́ла докуме́нти, щоб по~ ви́гаслий па́спорт на нови́й. Solomiia mailed the documents to exchange her expired passport for a new one.
 v. + м. бу́ти тре́ба + *D.* need to ◊ Найпе́рше йому́ тре́ба по~ гро́ші. First off, he needs to exchange money. намага́тися try to; проси́ти + *A.* ask sb to ◊ Вона́ попроси́ла меха́ніка по~ старе́ ко́лесо на нове́. She asked the mechanic to exchange the old wheel for a new one. хоті́ти want to; пропонува́ти + *D.* offer sb to
 prep. м. на + *A.* exchange for sth ◊ по~ до́лари на гри́вні to exchange dollars for hryvnias
 See обмі́нювати. *Also see* розбива́ти 8
 pa. pple. помі́няний changed
 (по)міня́й!

міня́|тися; по~ *intr.*
1 to exchange, trade, swap + *I.* ◊ На знак дру́жби дівча́та поміня́лися пе́рснями. The girls exchanged rings as a token of their friendship
 м. + *n.* м. по́глядами exchange glances (жа́ртами jokes, нови́нами news, плітка́ми gossip; ду́мка́ми opinions) ◊ Вони́ зібра́лися за ка́вою, щоб по~ думка́ми. We gathered over coffee to exchange views.
 Also see обмі́нюватися 2
2 *impers.* to be replaced, be changed ◊ Вартові́ ~лися щогоди́ни. The guards changed every three hours. ◊ По́стіль да́вно не ~лася. The sheets had not been changed for a long time.
3 to change, become different ◊ Юрко́ не поміня́вся ні на грами́нку. Yurko has not changed a bit.
 See змі́нюватися
 (по)міня́йся!

мі́р|а, *f.*, **~и**
1 measure, standard, criterion
 adj. квадра́тна square, ліні́йна linear; метри́чна metric ◊ табли́ця метри́чних мір a metric measures table; міжнаро́дна international, стандáртна standard ◊ Ме́тр – це стандáртна м. довжини́. Meter is a standard measure of length. застарі́ла obsolete, стара́ old; об'єкти́вна objective, то́чна accurate
 м. + *n.* м. ваги́ a measure of weight ◊ Кілогра́м – це міжнаро́дна м. ваги́. Kilogram is an international measure of weight. (ва́ртости value ◊ зо́лото як м. ва́ртости gold as a measure of value. густини́ density, довжини́ length, об'є́му volume, пло́щі area); ♦ найви́ща м. покара́ння *euph.* the death penalty
 v. + м. використо́вувати ~у use a measure ◊ У США використо́вують старі́ англі́йські ~и. They use the old English measures in the USA. бу́ти ~ою be a measure (користува́тися use; служи́ти serve as) ◊ Її показни́к слу́жить ~ою продукти́вности пра́ці. Her indicator serves as a measure of labor productivity.
 Also see крите́рій, мі́рка
2 extent, degree
 adj. вели́ка great, значна́ considerable ♦ значно́ю ~ою to a considerable extent (вели́кою great, яко́юсь some); по́вна full; справедли́ва fair
 v. + м. ♦ зна́ти ~у *fig.* to know one's limit ◊ У гаря́чій супере́чці вона́ не за́вжди́ зна́є ~у. She often oversteps the line in a heated argument.
 prep. ♦ без ~и much, excessively, inordinately ◊ Іва́н був без ~и ра́дий запро́шенню. Ivan was inordinately happy to be invited. ♦ у ~у + *G.* 1) moderately, within limits ◊ Світла́на їсть та п'є в ~у. Svitlana eats and drinks in moderation. 2) to the extent of, within the limits of ◊ Бори́с навча́ється в ~у зді́бностей. Borys studies within the limits of his capacities. 3) with, as ◊ У ~у звика́ння до стано́вища Яре́ма все бі́льше розслабля́вся. As he was getting used to the situation, Yarema grew more relaxed.
 ♦ у ~у того́, як as, while ◊ У ~у того́, як Левко́ пояснював, її охо́плював сму́ток. As Levko was explaining, sadness took over her.
 ♦ у по́вній ~і completely ◊ Ме́тод у по́вній ~і відповіда́є вимо́гам. The method fully meets the requirements. ♦ не в ~у too, excessively ◊ Він ста́вить не в ~у бага́то умо́в. He sets too many conditions. ♦ до дея́кої *or* пе́вної, яко́їсь ~и to a certain extent ◊ Сусі́ди до яко́їсь ~и приче́тні до порятуну Лукаша́. The neighbors are to a certain extent involved in Lukash's rescue. ♦ над *or* по́над ~у excessively, over the top ◊ Ві́ктор над ~у хвали́вся нови́ми дося́гненнями. Viktor bragged about his new achievements over the top.
 Also see межа́ 1, сту́пінь 1

міра́ж, *m.*, **~у́**
1 mirage, vision
 adj. дале́кий distant ◊ Дале́кий м. упе́рто зберіга́в ві́дстань до карава́ну. The distant mirage stubbornly kept its distance from the caravan. блука́ючий wandering, нерухо́мий static; вертика́льний vertical, горизонта́льний horizontal; ♦ звича́йний м. just a mirage
 v. + м. ба́чити м. see a mirage; бі́гати за ~е́м run after a mirage (гони́тися за chase; йти за follow) ◊ Мандрівники́ не зра́зу зрозумі́ли, що

жену́ться за звича́йним ~е́м. The travelers did not understand at once that it was just a mirage that they were chasing.

м. + v. **виника́ти** appear ◊ **Про́тягом по́дорожі пусте́лею пе́ред ни́ми дві́чі виника́ли ~і.** During their journey through the desert, mirages appeared twice before them. **постава́ти** arise, **зника́ти** disappear, **розтава́ти** melt ◊ **Дале́кий м. розта́нув так са́мо ґвалто́вно, як і поста́в.** The distant mirage melted as abruptly, as it had arisen. **пропада́ти** vanish

2 *fig.* daydream, fantasy, chimera, figment

adj. **блаки́тний** *fig.* rosy ◊ **Конкуре́нція на ри́нку – ра́дше блаки́тний м., як ді́йсність.** Market competition is rather a rosy fantasy than reality. **недося́жний** unreachable, **ома́нливий** deceptive, **поети́чний** poetic; **прекра́сний** beautiful, **разю́чий** spectacular

мі́р|ка, *f., dim. of* мі́ра

measure

v. + **м. зніма́ти ~ку з** + *G.* take a measure of sb/sth; ♦ **мі́ряти всіх одні́єю ~кою** *or* **на одну́ ~ку** to judge everybody by the same criterion ◊ **Не мо́жна всіх мі́ряти одні́єю ~кою.** Everybody cannot be judged by the same criterion. ♦ **мі́ряти** + *A.* **на свою́ ~ку** to judge sb/sth by one's own yardstick.

L. **в ~ці**, *G. pl.* **~ок**

See **мі́ра 1**

міркува́н|ня, *nt.*

1 *usu pl.* thinking, reflection, reasoning, thoughts

adj. **абстра́ктне** abstract, **зага́льне** general; **конкре́тне** concrete; **пра́вильне** correct, **слу́шне** right; **помилко́ве** wrong, **хи́бне** false; **перекон́ливе** convincing; **логі́чне** logical, **обґрунто́ване** sound ◊ **Його́ м. зда́ються цілко́м обґрунто́ваними.** His reasoning seems quite sound. **раціона́льне** rational; **ціка́ве** interesting; **плу́тане** tangled, **тума́нне** muddled; **алогі́чне** illogical, **безпідста́вне** groundless, **необґрунто́ване** unsound, **непереко́нливе** unconvincing, **нераціона́льне** irrational; **аналіти́чне** analytical, **крити́чне** critical; **незале́жне** independent; **тво́рче** creative

v. + **м. висло́влювати м.** express one's thinking ◊ **Він ви́словив свої́ м. вго́лос.** He expressed his thoughts out loud.

Also see **ду́мка 4**

2 thought, view, consideration; reason

v. + **м. врахо́вувати м.** take into account sb's view; **прислуха́тися до ~ь** take heed of sb's views; **діли́тися ~ням з** + *I.* share one's opinion with sb (**обмі́нюватися** exchange) ◊ **Вони́ обміня́лися ~нями що́до фестива́лю.** They exchanged opinions as to the festival.

prep. **з ~ь безпе́ки** for reasons of security (**еконо́мії** economy, **здоро́вого глу́зду** common sense, **обере́жности** caution, **оба́чности** prudence) ◊ **Анато́лій попере́див брата́ з ~ь оба́чности.** Anatolii warned his brother for reasons of prudence.

Also **ду́мка 2**

мі́ря|ти, ~ють; по~, *tran.*

1 to measure, take measure of + *I.* with ◊ **Стіл мо́жна по~ папе́ровим ме́тром.** The table can be measured with a paper measuring tape.

adv. **докла́дно** precisely, **то́чно** exactly; **наді́йно** reliably, **пра́вильно** correctly; **емпіри́чно** empirically; **рете́льно** thoroughly, **ста́ранно** meticulously; **недба́ло** carelessly; **гру́бо** roughly, **прибли́зно** approximately; ♦ **на о́ко** roughly ◊ **Він мо́же по~ ві́дстань на о́ко.** He can measure the distance roughly.

м. + *n.* **м. висоту́** measure height (**ві́дстань** distance, **глибину́** depth, **густину́** density, **довжину́** length, **о́пір** resistance, **температу́ру** temperature, **тиск** pressure, *etc.*) ◊ **Лі́кар споча́тку помі́ряв хво́рому температу́ру й тиск кро́ви.** First the doctor took the patient's temperature and blood pressure.

v. + **м. бу́ти ле́гко** be easy to ◊ **Шви́дкість лі́така було́ не так ле́гко по~.** The aircraft's speed was not so easy to measure. **бу́ти можли́во** be possible to; **бу́ти ва́жко** be difficult to, **бу́ти неможли́во** be impossible to; ♦ **м.** + *A.* **по́глядом** to look at sb up and down

2 *fig.* to pace *(a room, etc.)*, walk up and down ◊ **Він уста́в і поча́в нерво́во м. кімна́ту.** He got up and began to nervously paced up and down the room.

3 *colloq.* to try on *(of clothes, etc.)*

adv. **по́спіхом** hastily ◊ **Мико́ла по́спіхом помі́ряв** *or* **примі́ряв череви́к на пра́ву но́гу.** Mykola hastily tried the boot on his right foot. **шви́дко** quickly; **пові́льно** slowly, **рете́льно** carefully

prep. **м. на** + *A.* try on sth

Also see **примі́ряти**

4 to aim *(a rifle, etc.)*; *pf.* **ви́міряти**

prep. **м. в** + *A.* aim at sb/sth ◊ **Він ви́мірив пістоле́т про́сто в обли́ччя грабі́жникові.** He aimed the gun straight at the robber's face.

pa. pple. **помі́ряний** measured; **ви́міряний** aimed

(по)мі́ряй!

мі́сі|я, *f.*, ~ї

1 mission, task

adj. **важли́ва** important ◊ **Їй дові́ряли важли́ві ~ї.** She was entrusted with important missions. **відповіда́льна** responsible, **крити́чна** critical; **важка́** difficult, **небезпе́чна** dangerous, **нелегка́** tough, **неможли́ва** impossible, **ризико́вана** risky; **конфіденці́йна** confidential, **підпі́льна** clandestine, **прихо́вана** covert, **секре́тна** *or* **таємна** secret; **дослі́дницька** research; **миротво́рча** peacekeeping ◊ **Вона́ бере́ у́часть у миротво́рчій ~ї.** She takes part in a peacekeeping mission. **тренува́льна** training; **бойова́** combat, **військо́ва** military; **гуманіта́рна** humanitarian; **диплома́тична** diplomatic, **офіці́йна** official, **політи́чна** political, **посере́дницька** mediatory; **розві́дницька** reconnaissance, **розві́дувальна** intelligence, **спеція́льна** special, **спі́льна** joint, **такти́чна** tactical; **уда́ла** effective, **успі́шна** successful; **безрезульта́тна** fruitless, **неуспі́шна** unsuccessful, **прова́льна** failed, **невда́ла** ineffective

v. + **м. вико́нувати ~ю** perform a mission ◊ **Він ви́конав розві́дницьку ~ю успі́шно.** He performed his reconnaissance mission successfully. (**здійснювати** carry out, **прово́дити** conduct, **реалізува́ти** execute; **закі́нчувати** complete; **поклада́ти на** + *A.* charge sb with) ◊ **На них покла́ли ду́же відповіда́льну ~ю.** They were charged with a very responsible mission. **посила́ти** + *A.* **з ~єю** dispatch sb on a mission ◊ **Амбасадо́ра посла́ли до Ри́му з таємною ~єю.** The ambassador was dispatched to Rome on a secret mission.

м. + *v.* **вдава́тися** succeed ◊ **Їхня посере́дницька м. вдала́ся.** Their mediatory mission succeeded. **ма́ти у́спіх** be a success; **закі́нчуватися прова́лом** end in failure, **прова́люватися** fail

Also see **дору́чення 1, завда́ння 1**

2 vocation, calling

adj. **важли́ва** important, **вели́ка** great, **вели́чна** grand; **головна́** principal, **першочерго́ва** primary; **істори́чна** historic; **другоря́дна** secondary, **парале́льна** parallel, **супрові́дна** accompanying; **оголо́шена** declared

v. + **м. лиша́тися ві́рним свої́й ~ї** stay true to one's calling

3 mission, embassy, diplomatic representation; embassy building

adj. **диплома́тична** diplomatic ◊ **На прийня́ття прибули́ го́лови багатьо́х диплома́тичних ~ій.** Heads of many diplomatic missions arrived at the reception. **закордо́нна** foreign; **украї́нська** Ukrainian, **че́ська** Czech, *etc.* ◊ **А́вто ви́бухнуло бі́ля ворі́т че́ської ~ї.** The car went off at the gate of the Czech mission.

See **амбаса́да, посо́льство.** *Cf.* **ко́нсульство**

4 missionary organization, mission

adj. **католи́цька** Catholic ◊ **Безкошто́вну шко́лу засно́вано при католи́цькій ~ї.** The free school was founded at the Catholic mission. **християнська** Christian; **осві́тня** educational

мі|ст, *m.*, ~оста́ *or* ~о́сту

bridge

adj. **автомобі́льний** road, **залізни́чний** railroad ◊ **Залізни́чний м. го́стро потребу́є ремо́нту.** The railroad bridge is in bad need of repair. **а́рковий** arch; **дерев'я́ний** wooden, **кам'яни́й** stone, **кана́тний** rope, **підвісни́й** suspension, **понто́нний** pontoon; **підйо́мний** *or* **розвідни́й** drawbridge, **стале́вий** steel; **пішохі́дний** pedestrian; **пла́тний** toll; **пові́тряний** *fig.* air, airlift ◊ **Між ото́ченим мі́стом і материко́м встанови́ли пові́тряний м.** An air bridge was established between the encircled city and the mainland. **телевізі́йний** *fig.* TV

v. + **м. будува́ти м.** build a bridge (**спору́джувати** construct; **змива́ти** wash away ◊ **По́вінь зми́ла на рі́чці ~ості́.** The flood washed away the bridges on the river. **мінува́ти** mine, **підрива́ти** blow up, **руйнува́ти** destroy; **закрива́ти** close, **перехо́дити** cross); ♦ **пали́ти ~ості́** burn one's bridges ♦ **Публіку́ючи лист, він пали́в ~ості́.** He was burning his bridges by publishing the letter.

prep. **на м.** *dir.* on/to a bridge ◊ **Вертолі́т сів про́сто на м.** The helicopter landed right onto the bridge. **на ~о́сті** *or* **на ~осту́** *posn.* on a bridge ◊ **На ~о́сті встанови́ли ка́мери спостере́ження.** Surveillance cameras were installed on the bridge. **під ~осто́м** *posn.* under a bridge ◊ **Вони́ спа́ли під ~осто́м.** They slept under the bridge.

мі́ст|ити, міщу́, ~ять; по~, *tran.*

1 to contain *(content, materials, etc.)*, hold, include ◊ **Руда́ ~ить кольоро́ві мета́ли.** The ore contains nonferrous metals.

adv. **по́вністю** fully ◊ **Пе́рша кни́га по́вністю ~ить ра́нню пое́зію Франка́.** The first book contains Franko's early poetry in its entirety. **цілко́м** completely; **поча́сти** in part, **частко́во** partially

Also see **включа́ти 1**

2 to seat *(of a room, hall, etc.)*

adv. **без пробле́м** without problems, **ле́гко** easily; **ле́две** hardly, **ма́йже** almost ◊ **За́ла ле́гко ~и́ла сто осі́б.** The auditorium easily seated a hundred people.

3 to publish, print, carry, run

adv. **вряди́-годи́** every now and then, **іно́ді** sometimes, **рі́дко** seldom, **ча́сто** often ◊ **Місце́ві газе́ти ча́сто ~ять його́ комента́рі.** The local newspapers often run his commentaries. **з гото́вністю** readily, **охо́че** willingly

See **видава́ти 1, публікува́ти.** *Also see* **випуска́ти 5**

pa. pple. **помі́щений** contained; published

(по)місти́!

містк|и́й, *adj.*

1 capacious, roomy, spacious ◊ **~а́ валі́за** a spacious suitcase (**кише́ня** pocket, **кімна́та** room)

See **просто́рий 1.** *Also see* **ві́льний 3.** *Ant.* **ті́сний 1**

2 broad, comprehensive ◊ **~е́ ви́значення** a broad definition (**поня́ття** concept)

See **широ́кий 3**

мі́стк|ість, *f.*, ~ости

1 capacity *(of room, etc.)*; *fig.* depth ◊ **Він пита́є, яко́ї ~ости за́ла.** He is asking what the seating capacity of the hall is.

See **величина́, ро́змір 1**

2 volume, size ◊ **відро́ сере́дньої ~ости** a medium-size bucket
See **об'є́м, ро́змір 1**

мі́ст|о, *nt.*
1 city, town
adj. **вели́ке** big, **величе́зне** huge, **гіга́нтське** gigantic; **мале́** *and* **невели́ке** small; **столи́чне** capital; **да́внє** age-old, **старе́** old, **староdáвнє** ancient; **істори́чне** historical; **свяще́нне** holy; **молоде́** young, **нове́** new; **жва́ве** lively, **лю́дне** crowded, **метушли́ве** bustling ◊ **Тоді́ Ду́бно було́ метушли́вим і лю́дним ~ом.** Then Dubno was a bustling and crowded town. **га́рне** pretty, **прекра́сне** beautiful, **чудо́ве** wonderful; **мальовни́че** picturesque, **чарі́вне** charming; ♦ **рі́дне м.** hometown, **улю́блене** favorite; **чуже́** strange, **чужозе́мне** foreign; **порто́ве** port, **промисло́ве** industrial, **риба́льське** fishing, **шахта́рське** mining; **провінці́йне** provincial ◊ **Ні́жин – це провінці́йне м.** Nizhyn is a provincial town. **куро́ртне** resort, **прибере́жне** coastal; **університе́тське** university; **втра́чене** lost, **завойо́ване** conquered, **окупо́ване** occupied; **зруйно́ване** ruined
v. + **м. засно́вувати м.** found a city ◊ **М. Льві́в заснува́в коро́ль Дани́ло.** King Danylo founded the city of Lviv. (**будува́ти** build, **населя́ти** inhabit ◊ **Коли́сь м. населя́ли перева́жно украї́нці та руму́ни.** Once the city was inhabited mostly by Ukrainians and Romanians. **завойо́вувати** conquer, **окупо́вувати** occupy; **відвойо́вувати** reconquer; **звільня́ти** liberate; **евакуйо́вувати** evacuate, **покида́ти** leave) ◊ **Ти́сячі люде́й поки́нули м., окупо́ване во́рогом.** Thousands of people left the city occupied by the enemy. **переселя́тися до ~а** move to a city; **управля́ти ~ом** govern a city
м. + *v.* **лежа́ти** lie ◊ **М. лежи́ть у доли́ні.** The city lies in a valley. **простяга́тися на** + *A.* stretch for *(a distance)* ◊ **М. простяга́ється на п'ятна́дцять кіломе́трів із пі́вночі на пі́вдень.** The city stretched for 15 km from north to south. **розташо́вуватися на** + *L.* be located on *(river, etc.)* ◊ **Староdáвнє м. розташо́вувалося на Ні́лі.** The ancient city was located on the Nile. **рости́** grow ◊ **Промисло́ве м. шви́дко росло́.** The industrial city quickly grew. **процвіта́ти** flourish; **занепада́ти** decline
prep. **в м.** *dir.* in/to a city ◊ **Вода́ подава́лася в м. акведу́ками.** Water was brought into the city by aqueducts. **в ~і** *posn.* in a city ◊ **Сього́дні в ~і біля двадцяти́ кінотеа́трів.** Today, there are about twenty movie theaters in the city. **в ме́жах ~а** within the city limits; **до ~а** to a city ◊ **Вона́ приї́хала до ~а впе́рше.** She came to the city for the first time. **за м.** *dir.* out of the city ◊ **Щоб поба́чити це́ркву, слід ви́їхати за м.** In order to see the church, one needs to get out of the city. **під ~ом** near the city ◊ **Вони́ зупини́лися на́ ніч під ~ом.** They stopped for the night near the city. **по́за ~ом** outside the city ◊ **Вони живу́ть по́за ~ом.** They live outside the city.
See **посе́лення 2.** *Cf.* **село́ 1, се́лище; мі́сце**
2 *colloq.* downtown, city center ◊ **Оле́на не була́ в ~і чоти́ри дні по́спіль.** Olena has not been downtown for four days in a row. **іти́ до ~а** go downtown
See **середмі́стя.** *Also see* **центр 1**
N. pl. **~а́**

мі́сц|е, *nt.*, **~я**
1 place, spot, point; space, room
adj. **га́рне** nice, **до́бре** good, **доскона́ле** perfect, **ідеа́льне** ideal ◊ **Коктебе́ль був ідеа́льним ~ем для лі́тньої відпу́стки.** Koktebel was an ideal place for a summer vacation. **сла́вне** *colloq.* superb; **зру́чне** suitable; **гі́дне** rightful, **досто́йне** deserved, **нале́жне** appropriate; **жахли́ве** horrible, **страшне́** terrible; **небезпе́чне** dangerous; **вразли́ве** vulnerable ◊ **Дисциплі́на – його́ вразли́ве м.** Discipline is his vulnerable spot. ♦ **слабке́ м.** *fig.* a weak point ◊ **Фінансува́ння лиша́ється ї́хнім слабки́м ~ем.** Financing remains their weak point. **болю́че** sensitive; **відкри́те** open, **незахи́щене** exposed, **поро́жнє** empty; **лю́дне** crowded, **своє́** one's own, **пра́вильне** correct, **не те** wrong ◊ **Він чому́сь за́вжди́ опиня́ється не в то́му ~і і не в той час.** For some reason, he always ends up in the wrong place at the wrong time. **безпе́чне** safe; **спокі́йне** calm, **ти́хе** quiet; **те́пле** warm; **ди́вне** strange, **забу́те Бо́гом** godforsaken ◊ **Як ви знайшли́ це забу́те Бо́гом м.?** How did you find this godforsaken place? **відда́лене** faraway, **дале́ке** distant; **грома́дське** public; ♦ **зага́льне м.** commonplace
м. + *n.* **м. відпочи́нку** a recreation place ◊ **Парк – популя́рне м. відпочи́нку.** The park is a popular recreation place. (**зу́стрічі** meeting ◊ **Коха́нці домо́вилися про м. зу́стрічі.** The lovers agreed on a meeting place. **збо́ру** gathering), ♦ **м. наро́дження** a birthplace, ♦ **м. сме́рті** a death place; ♦ **ціка́ве м.** a sight ◊ **Га́ля пока́же їм ціка́ві ~я́ Ві́нниці.** Halia will show them the sights of Vinnytsia.
v. + **м. займа́ти м.** take up space ◊ **Старе́ лі́жко ті́льки займа́є м., на ньо́му ніхто́ не спить.** The old bed only takes up space; nobody sleeps in it. (**трима́ти** keep ◊ **Оле́на попроси́ла потрима́ти їй м. в че́рзі.** Olena asked to keep her spot in the line. **віддава́ти** give up; **міня́ти** change; **втрача́ти** lose, **поверта́тися на** return to); ♦ **зна́ти своє́ м.** to know one's place ◊ **Кри́тиків покара́ли, щоб зна́ли своє́ м.** The critics were punished so that they know their place. ♦ **бу́ти не до ~я** to be out of place ◊ **Ва́ші деше́ві компліме́нти зо́всім не до ~я.** Your cheap compliments are completely out of place. ♦ **не м.** *pred.* no place ◊ **Тут не м. для поро́жніх розмо́в.** This is no place for empty talk.
Cf. **приміщення, про́стір**
2 seat
adj. **ві́льне** vacant, **за́йве** extra; **за́йняте** occupied, **про́дане** sold; **га́рне** nice, **до́бре** good, **найкра́ще** best ◊ **Вона́ заброню́вала найкра́щі ~я в теа́трі для дру́зів і роди́ни.** She reserved the best seats in the house for her friends and family. **чудо́ве** wonderful ◊ **Вони́ ма́ли чудо́ві ~я́ в о́пері.** They had wonderful seats at the opera. **жахли́ве** awful, **ке́пське** poor, **пога́не** bad; **за́днє** back, **пере́днє** front, **сере́днє** middle
v. + **м. займа́ти м.** take a seat ◊ **Го́сті зайняли́ ~я в пе́ршому ря́ді.** The guests took their seats in the first row. (**замовля́ти** book, **віддава́ти** give up, **міня́ти** change; **звільня́ти** vacate; **знахо́дити** find, **шука́ти** look for ◊ **Вони́ шука́ли чоти́ри ві́льні ~я ра́зом.** They were looking for four vacant seats together. **поверта́тися на** return to ◊ **Ді́ти шви́дко поверну́лися на свої́ ~я́.** The children quickly returned to their seats. **перехо́дити на** switch to) ◊ **Він перейшо́в на ві́льне м. зза́ду літака́.** He switched to a vacant seat at the back of the aircraft. **встава́ти з ~я** rise from one's seat (**підніма́тися з** get up from) ◊ **Підня́вшися з ~ця, він сі́в по́ряд з Не́лею.** Having got up from his seat, he sat next to Nelia. **міня́тися ~ями** exchange seats; **поступа́тися** + *D.* **~ем** give up one's seat to sb ◊ **В авто́бусі яки́йсь юна́к поступи́вся Марі́ї ~ем.** A youth gave his seat up to Maria on the bus.
prep. **з ~я** out of one's seat ◊ **Вона́ ви́скочила з ~я.** She jumped out of her seat. **на ~і** in a seat ◊ **Тепе́р на його́ ~і сиді́ла яка́сь ста́рша па́ні.** An old lady was sitting in his seat now. ◊ **пасажи́р на сере́дньому ~і** a passenger in the middle seat; **м. бі́ля** + *G.* a seat near sth ◊ **м. бі́ля вікна́** a window seat, **м. бі́ля прохо́ду** an aisle seat
Also see **сидіння 2**
3 *only pl.* periphery, provinces ◊ **інформа́ція з ~ь** information from the provinces
Also see **перифе́рія 2, село́ 2**
4 place *(in competition, etc.)*
adj. **пе́рше** first, **дру́ге** second, **тре́тє** third, *etc.*; **оста́ннє** last
v. + **м. завойо́вувати м.** win a place ◊ **Дружи́на завою́вала пе́рше м.** The team won first place. (**здобува́ти** win, **посіда́ти** take ◊ **Боксе́р посі́в пе́рше м. в чемпіона́ті Євро́пи.** The boxer took first place in the European championship. **займа́ти** occupy, **діли́ти** share ◊ **Дру́ге м. поділи́ли кана́дський та італі́йський пла́вці.** Canadian and Italian swimmers shared second place. **втрача́ти** lose)
м. + *v.* **дістава́тися** + *D.* go to sb ◊ **Тре́тє м. діста́лося лу́цькому гімна́стові.** Third place went to the gymnast from Lutsk.
5 place, role, position, function
adj. **важли́ве** important, **головне́** principal, **пе́рше** first, **провідне́** leading, **центра́льне** central; **особли́ве** special, **винятко́ве** exceptional
v. + **м. займа́ти м.** occupy a place ◊ **«Енеї́да» Котляре́вського займа́є особли́ве м. в істо́рії украї́нської мо́ви.** Kotliarevsky's *Aeneid* occupies a special place in the Ukrainian language history. (**посіда́ти** hold; **відно́влювати** restore, **ста́вити** + *A.* **на** put sb in) ◊ **Ма́рта поста́вила його́ на м.** Marta put him in his place. ♦ **зна́ти своє́ м.** to know one's place
Also see **розташува́ння 1**
6 position, post, job
adj. **ви́гідне** lucrative, **висо́кооплачуване** highly-paid ◊ **Окса́ні запропоно́вано висо́кооплачуване м. в компа́нії.** Oksana was offered a highly-paid position in the company. **хлі́бне** *colloq.* lucrative, **хоро́ше** good; **скро́мне** modest
See **поса́да**

місце́в|ий, *adj.*, *n.*
1 *adj.* local, indiginous, native; **~а гові́рка** a local vernacular, **м. зви́чай** a local custom; ♦ **м. колори́т** the local color ◊ **Щоб дода́ти діяло́гові ~ого колори́ту, а́втор переси́пав його́ діялекти́змами.** In order to impart some local color to the dialogue, the author peppered it with dialectal words. **м. час** the local time
2 *n., m.* autochton, local inhabitant, native, person who lives in the area ◊ **Він хо́че порозмовля́ти з ки́мось ~им.** He wants to speak with a local.
3 *adj., ling.* locative *(of case)* ◊ **м. відмі́нок** the locative case ◊ **У ~ому відмі́нку іме́нник за́вжди́ вимага́є прийме́нника.** In the locative case, a noun always requires a preposition.
See **відмі́нок**

місце́в|ість, *f.*, **~ости**
1 locality, terrain, place
adj. **га́рна** nice, **мальовни́ча** picturesque, **сільська́** rural ◊ **Людми́лині батьки́ посели́лися в сільські́й ~ості.** Liudmyla's parents settled in a rural place. **безво́дна** arid, **безплі́дна** barren; **боло́тиста** swampy; **відкри́та** open ◊ **Дислока́ція на відкри́тій ~ості зроби́ла загі́н ду́же вразли́вим.** The dislocation on an open terrain made the detachment very vulnerable. **закри́та** closed; **горби́ста** hilly, **гори́ста** mountainous, **нері́вна** uneven; **рі́вна** flat; **знайо́ма** familiar; **незнайо́ма** unfamiliar; **негости́нна** inhospitable, **підсту́пна** treacherous, **складна́** difficult; **знайо́ма** familiar; **незнайо́ма** unfamiliar
v. + **м. вивча́ти м.** study the terrain ◊ **Перш як щось роби́ти, вона́ ма́ла ви́вчити незнайо́му м.** Prior to doing anything, she had to study the unfamiliar terrain. (**дослі́джувати** explore; **зна́ти** know; **пересіка́ти** cross, **прохо́дити** go through) ◊ **Вони́ пройшли́ м. за два дні.** They went through the terrain in two days.
prep. **на ~ості** on the terrain ◊ **Єди́ним орієнти́ром на ~ості є само́тнє старе́ де́рево.**

A lone old tree is the only landmark on the terrain. **навко́ло ~ости** around a terrain; **по ~ості** across a terrain ◊ **Вони́ пересува́лися по нері́вній ~ості.** They were moving across an uneven terrain. **че́рез м.** through a terrain
Also see **терито́рія**
2 land, country ◊ **У цій ~ості були́ осо́бливі зви́чаї.** This land had its particular customs.
See **краї́на.** *Also see* **земля́ 4, край**[1] **2, сторона́ 1**

місь́к|и́й, *adj.*
urban, municipal, city
м. + *n.* **м. парк а** city park (**ме́шканець** dweller; **голова́** *or* **поса́дник** mayor, **кварта́л** block ◊ **Буди́нок займа́є ці́лий м. кварта́л.** The building occupies an entire city block. **тра́нспорт** transportation); **~а́ ву́лиця** a city street ◊ **На карти́ні зобра́жено ~у́ ву́лицю.** The picture portrays a city street. (**ра́да** council, **упра́ва** government) ◊ **Її обра́ли до ~ої упра́ви.** She was elected to the city government. **~е́ життя́** city life ◊ **~е́ життя́ вто́млює Рома́на.** City life tires Roman.

мі́сяц|ь, *m.*, **~я**
1 month
adj. **мину́лий** last, **попере́дній** previous ◊ **У попере́дні ~і на чита́ння прихо́дило бі́льше люде́й.** In the previous months, more people would come to the readings. **насту́пний** next, **пото́чний** current; **весь** entire ◊ **Дощі йшли́ весь м.** It rained all month long. **ці́лий** whole; **коро́ткий** short ◊ **М. че́рвень зда́вся їй на́дто коро́тким.** The month of June seemed too short to her. **заверша́льний** closing ◊ **заверша́льний м. театра́льного сезо́ну** the closing month of the theater season; **кінце́вий** final, **оста́нній** last; **пе́рший** first; **весня́ний** spring, **зимо́вий** winter, **лі́тній** summer, **осі́нній** fall; **те́плий** warm; **холо́дний** cold; **дощови́й** rainy; **посу́шливий** arid, **сухи́й** dry; ♦ **медо́вий м.** a honeymoon; ♦ **м. у м.** every month ◊ **Вони́ провідують батькі́в м. у м.** They visit their parents every month.
v. + **м. прово́дити м.** spend a month (**га́яти** waste, **тра́тити** take ◊ **Вони́ потра́тили м. на ремо́нт буди́нку.** It took them a month to get their house fixed. **чека́ти** wait) ◊ **Він чека́є вже три ~і.** He has already waited for three months.
м. + *v.* **мина́ти** elapse, **пролі́тати** fly by, **прохо́дити** pass ◊ **Три лі́тні ~і пройшли́ ду́же шви́дко.** Three summer months passed very quickly. **закі́нчуватися** end ◊ **М. закі́нчився небува́лим снігопа́дом.** The month ended in an unprecedented snowfall. **почина́тися** begin
prep. **в ~і** in a month ◊ **Ревізія за́вжди́ в жо́втні ~і.** The audit is always in the month of October. **про́тягом ~я** for/during a month ◊ **Ві́ктор жи́тиме в готе́лі про́тягом ~я.** Victor will be living in the hotel for a month. **че́рез м.** in a month ◊ **А́вто бу́де гото́вим че́рез м.** The car will be ready in a month. **бі́льше ~я** over a month ◊ **Ра́на загою́валася бі́льше ~я.** The wound took over a month to heal. **ме́нше ~я** less than a month ◊ **Подоро́ж трива́ла ме́нше ~я.** The journey lasted less than a month. ♦ **~я́ми** for months ◊ **Вони́ не розмовля́ли ~я́ми.** They would not talk for months.
Cf. **день 1, рік 1**
2 *astr.* moon
adj. **молоди́й** *or* **щерба́тий м.** a new moon, **по́вний** full; **блі́дий** pale, **тьмя́ний** dim; **яскра́вий** bright; **вели́кий** big, **величе́зний** huge ◊ **Над о́бріє м зійшо́в величе́зний м.** A huge moon rose above the horizon. **мали́й** small; **крижани́й** *fig.* icy, **холо́дний** cold
v. + **м. закрива́ти м.** cover the moon ◊ **На хвили́ну хма́ра закри́ла щерба́тий м.** For a moment a cloud covered the young moon. (**хова́ти** hide; **дослі́джувати** explore, **диви́тися на** look at; **літа́ти на** fly to, **обліта́ти** orbit ◊ **Космі́чний корабе́ль облеті́в М. кі́лька разі́в.** The spacecraft orbited the moon several times. **осво́ювати** colonize); **досяга́ти ~я** reach the moon
м. + *v.* **вихо́дити** come out ◊ **М. на коро́тку хви́лю ви́йшов із-за хма́ри.** The moon came out from behind the cloud for a brief moment. **з'явля́тися** appear ◊ **На не́бі з'яви́вся блі́дий м.** A pale moon appeared in the sky. **підніма́тися** rise; **захо́дити за** + *A.* go behind *(cloud)* ◊ **М. на ці́лу годи́ну зайшо́в за хма́ри.** The moon went behind the clouds for a whole hour. **сіда́ти** set ◊ **М. сіда́в за ліс.** The moon was setting behind the forest. **осві́тлювати** + *A.* illuminate sth ◊ **Яскра́вий м. осві́тлював доро́гу мандрівника́м.** A bright moon illuminated the way for the travelers. **світи́тися** glow, **сяя́ти** shine; **ви́сіти** hang ◊ **У зимо́вому не́бі ви́сів крижани́й м.** An icy moon hung in the winter sky.
prep. **на М.** *dir.* to the moon ◊ **Вона́ мрі́яла полеті́ти на М.** She had a dream of flying to the moon. **на ~і** *posn.* on the moon ◊ **загадко́ві пля́ми на ~і** enigmatic spots on the moon; **навко́ло ~я** around the moon ◊ **облеті́ти навко́ло ~я.** to fly around the moon; **під ~ем** under the Moon; **по ~ю** on the moon ◊ **апара́т пові́льно ру́хався по ~ю.** The device slowly moved on the moon.
N. pl. **~і**

мі́сячн|ий, *adj., n.*
1 *adj.* monthly; month-long ◊ **Сере́дня ~а пла́та тут станови́ла два́дцять ти́сяч гри́вень.** The average monthly pay here was ₴20,000.
~а відпу́стка a month-long holiday
2 *adj.* moon, lunar, of or pertaining to the moon; moonlit ◊ **~а орбі́та** the moon orbit; **~а ніч** a moonlit night; **~е сві́тло** moonlight ◊ **Її обли́ччя вигляда́ло смерте́льно блі́дим у ~ому сві́тлі.** Her face looked deathly pale in the moonlight.
3 *nt., colloq.* **~е** monthly period ◊ **У не́ї тепе́р ~е.** She is having her monthly period now.

мі́тинґ, *m.*, **~у**
meeting *(usu political)*, rally
adj. **вели́кий** large, **величе́зний** huge, **ма́совий** mass; **заплано́ваний** planned; **імпровізо́ваний** impromptu ◊ **Обгово́рення перетвори́лося на імпровізо́ваний м.** The discussion turned into an impromptu rally. **стихі́йний** spontaneous; **політи́чний** political
v. + **м. збира́ти м.** gather a meeting ◊ **Опози́ція зібра́ла м. проте́сту.** The opposition gathered a protest rally. (**організо́вувати** organize, **прово́дити** hold, **склика́ти** call; **бойкотува́ти** boycott, **заборони́ти** ban, **розганя́ти** break up) ◊ **Полі́ція розігна́ла ма́совий м.** The police broke up a mass rally.
prep. **на м.** *dir.* to a meeting ◊ **Вони́ пішли́ на м.** They went to a rally. **на ~у** *posn.* at a meeting ◊ **Вона́ ви́ступила на стихі́йному ~у.** She spoke at a spontaneous meeting.
See **збо́ри 1**

міт, *m.*, **~а**
1 myth
adj. **анти́чний** classical ◊ **анти́чний м. про Ахі́ла та Патро́кла** the classical myth of Achilles and Patroclus; **біблі́йний** Biblical ◊ **біблі́йний м. про похо́дження сві́ту** the Biblical creation myth; **релігі́йний** religious, **християнський** Christian; **гре́цький** Greek, **ри́мський** Roman, **скандина́вський** Scandinavian, **слов'я́нський** Slavic, *etc.*, **да́вній** age-old, **стари́й** old; **захо́пливий** captivating
See **леґе́нда 1**
2 *fig.* fiction, fabrication, myth
adj. **вели́кий** great; **чи́стий** sheer ◊ **Його́ ве́рсія поді́й – це чи́стий м.** His version of events is pure fiction. **я́вний** clear; **небезпе́чний** dangerous, **шкідли́вий** harmful; **звича́йний** common, **популя́рний** popular; **націона́льний** national ◊ **Істо́рія про заснува́ння Ки́єва ста́ла націона́льним ~ом.** The story of Kyiv's foundation became a national myth. **істори́чний** historical, **політи́чний** political, **романти́чний** romantic; **живу́чий** enduring; **зру́чний** convenient
v. + **м. твори́ти м.** create a myth ◊ **Наро́д сам тво́рить істори́чні ~и.** The people themselves create historical myths. (**виду́мувати** invent, **встано́влювати** establish, **започатко́вувати** initiate; **культивува́ти** cultivate ◊ **Колоніза́тори культивува́ли м. про свою́ цивіліза́ційну мі́сію.** Colonizers cultivated the myth about their civilizing mission. **руйнува́ти** destroy)
м. + *v.* **жи́ти** live ◊ **Цей шкідли́вий м. живе́ в уя́ві ново́го поколі́ння.** This harmful myth lives in the imagination of the new generation. **лиша́тися** remain; **наро́джуватися** be born; **ото́чувати** + *A.* surround sb, **поши́рюватися** spread ◊ **Кінорежисе́р зуми́сне поши́рював про се́бе ~и.** The film director deliberately spread myths about himself.
See **ви́гадка, міфоло́гія 1**

міти́чн|ий, *adj.*
1 mythical ◊ **м. геро́й** a mythical character; ◊ **На моза́їці зобра́жено одноо́ку ~у істо́ту.** The mosaic depicts a one-eyed mythical creature.
2 *fig.* legendary, mythical ◊ **Бабу́ся розповіда́ла ді́тям про яку́сь ~у Га́нну Го́йську.** Grandma told the children stories about some mythical Hanna Hoiska.
Also see **леґенда́рний 3**
3 *fig., colloq.* invented, imaginary, non-existent, mythical ◊ **Її обі́знаність зі схі́дними культу́рами ви́явилася бі́льш ~ою, як ді́йсною.** Her familiarity with Eastern cultures turned out to be more imaginary than real.
See **уя́вний.** *Also see* **ефеме́рний 2**

мітологі́чн|ий, *adj.*
mythological, of or pertaining to mythology
м. + *n.* **м. сюже́т** a mythological plot ◊ **Сценари́ст запози́чив елеме́нти ві́домого ~ого сюже́ту.** The scriptwriter borrowed elements of a well-known mythological story. **~а літерату́ра** mythological literature (**тео́рія** theory; **тради́ція** tradition); **~і дослі́дження** mythological studies (**па́м'ятки** monuments)

мітолог|і́я, *f.*, **~ї**, *only sg.*
1 *coll.* myths, mythology; *fig.* set of beliefs and stories
adj. **анти́чна** classical ◊ **Він із дити́нства захо́плюється анти́чною ~єю.** He has been keen on ancient mythology since childhood. **гре́цька** Greek, **ри́мська** Roman, **украї́нська** Ukrainian; **стара́** old, **традиці́йна** traditional; **наро́дна** folk, **націона́льна** national, **популя́рна** popular; **культу́рна** cultural, **політи́чна** political; **нова́** new, **нові́тня** modern; **суча́сна** contemporary
v. + **м. твори́ти ~ю** create a mythology (**культивува́ти** cultivate, **плека́ти** foster) ◊ **Ко́жне мі́сто плека́є свою́ ~ю.** Every city fosters its own mythology. **вхо́дити до ~ї** enter mythology; **ото́чувати** + *A.* **~єю** surround sth by mythology
See **міт 2**
2 mythology *(study of myth)*
adj. **порівня́льна** comparative, **описо́ва** descriptive, **типологі́чна** typological ◊ **Він відо́мий дослі́дженнями з типологі́чної ~ї.** He is known for his studies in typological mythology.
See **дисципли́на 2, предме́т 2**

міцн|и́й, *adj.*
strong, tough, robust, potent
adj. **винятко́во** exceptionally, **ду́же** very, **страше́нно** tremendously; **відно́сно** relatively; **навдиво́вижу** surprisingly, **надзвича́йно**

extremely; **неймовірно** incredibly; **несподівано** unexpectedly; **досить** fairly, **достатньо** sufficiently; **духовно** spiritually, **ідеологічно** ideologically, **морально** morally, **політично** politically, **фізично** physically

м. + *n.* **м. канат** a strong rope (**союз** alliance; **тютюн** tobacco, **чай** tea; **запах** smell); **м. сон** sound sleep; **м. мороз** bitter cold; **~а кава** strong coffee (**горілка** vodka); ♦ **~е слово** a swear word; **~і руки** strong hands (**почуття** feelings)

v. + **м. бути ~им** be strong (**виглядати** look ◊ **Петро виглядає ~им і здоровим юнаком.** Petro looks a strong and healthy youth. **виявлятися** turn out, **здаватися** + *D.* seem to sb, **лишатися** remain; **робити** + *A.* make sb ◊ **Місяць тренування зробив їх фізично ~ими.** A month of training made them physically strong. **ставати** become)

See **сильний 1, 3, 5, 7.** *Ant.* **слабкий 1, 5**

міцн|ість, *f.*, **~ости**, *only sg.*
strength, robustness, toughness, firmness

adj. **велика** great ◊ **Навіть велика м. не змогла врятувати дуб від буревію.** Even its great strength could not save the oak from the hurricane. **висока** high, **виняткова** exceptional, **надзвичайна** extraordinary, **небачена** unprecedented, **особлива** particular; **достатня** sufficient, **відносна** relative, **доведена** proven

v. + **м. мати м.** have strength ◊ **Будинок має м., щоб витримати землетрус великої сили.** The building has the strength to withstand an earthquake of high magnitude. (**збільшувати** increase; **зменшувати** diminish, **впливати на** affect) ◊ **Уміст вуглецю впливає на м. заліза.** Carbon content affects the strength of iron. **відрізнятися ~істю** stand out in strength (**поступатися** + *D.* be inferior in) ◊ **Новий матеріял дещо поступається ~істю перед титаном.** The new material is somewhat inferior in strength to titanium. **бракувати ~ости** + *D.* be lacking in strength ◊ **Конструкції явно бракує ~ости.** The structure is clearly lacking in strength.

міцні|ти, **~ють; з~**, *intr.*
to grow stronger, gain strength, intensify

adv. **з кожним днем** every day, **крок за кроком** step by step, **повільно** slowly, **поступово** gradually; **помітно** noticeably ◊ **Дитина помітно зміцніла.** The child has noticeably gotten stronger. **дещо** somewhat, **трохи** a little; **ледве** hardly, **майже** almost, **несподівано** unexpectedly, **раптом** suddenly; **ґвалтовно** abruptly ◊ **Вітер ґвалтовно зміцнів.** The wind abruptly gained strength. **моментально** at once, **швидко** quickly

v. + **м. починати** begin to, **стати** *pf.* start ◊ **Ольжина рішучість стала м.** Olha's resolve started growing stronger. **продовжувати** continue to ◊ **Мороз продовжував м.** The frost continued to intensify.

See **рости 2, посилюватися.** *Ant.* **послаблюватися**

(з)міцній!

міш|ок, *m.*, **~ка**
bag, sack

adj. **великий** big, **величезний** huge, **добрий** *colloq.* fairly large ◊ **Вона несла добрий м. моркви.** She was carrying a fairly large bag of carrots. **величенький** *colloq.* sizeable; **малий** *and* **невеликий** small; **повний** full, **напханий** packed; **порожній** empty ◊ **Хлопці знайшли лише кілька порожніх полотняних ~ів.** The boys found but a few empty canvas bags. **спальний** sleeping; ♦ **похідний п.** a kitbag, ♦ **речовий м.** a duffel bag; **цупкий** strong; **драний** torn, **драний** *pejor.* crummy; **важкий** heavy ◊ **Він ледве підняв важкий м.** He barely lifted the heavy sack. **легкий** light; **полотняний** canvas, **сітчатий** mesh, **шкіряний** leather, **паперовий** paper, **целофановий** plastic

м. + *n.* **м. сміття** a bag of garbage (**картоплі** potatoes ◊ **Марко привіз три великих ~ки картоплі.** Marko brought along three large bags of potatoes. **вугілля** coal, **соломи** straw, **сіна** hay, **харчів** food, *etc.*; ♦ **грошовий м.** a moneybag ◊ **Серед її друзів є кілька грошових ~ів.** There are a few moneybags among her friends.

v. + **м. зав'язувати м.** tie a sack ◊ **Зав'язавши м., Іван поклав його до баґажника.** Having tied the bag, Ivan put it in the trunk. (**розв'язувати** untie; **зашивати** sew up, **латати** patch up; **рвати** tear; **везти** drive, **волокти** drag ◊ **Такий великий м. можна лише волокти.** One can only drag such a large sack. **нести** carry; **вантажити на** + *A.* load onto sth; **звантажувати з** + *G.* unload from sth ◊ **~ки з цукром звантажили із причепа.** The bags with sugar were unloaded from the trailer. **напаковувати** + *I.* pack with sth ◊ **Робітники тісно напаковували ~ки бавовною.** The workers were tightly packing the bags with cotton. **напихати** + *I.* stuff with sth, **насипати** + *I.* fill with sth ◊ **Жінки насипали ~ки піском, а чоловіки вантажили їх у вагон.** Women filled the sacks with sand, and men loaded them in the freight car. **випорожняти** empty, **розпаковувати** unpack; **накладати** + *A.* **в** cram sth into, **пхати** + *A.* **в** stuff sth into); **виймати** + *A.* **з ~ка** take sth out of a bag (**видобувати** + *A.* **з** produce sth from, **витягувати** + *A.* **з** pull sth out of, **висипати** + *A.* **з** dump sth out of) ◊ **Симон висипав з ~ка весь уміст.** Symon dumped all the contents out of the bag. **порпатися в ~ку** rummage in a bag; ♦ **сидіти ~ком на** + *L.* to hang loosely on sb *(of clothes)* ◊ **Маринарка сиділа на ньому ~ком.** His jacket hung loosely on him. ♦ **мати ~ки під очима** to have bags under eyes

prep. **в м.** *dir.* in/to a bag ◊ **Оля кинула туфлі в м.** Olia threw the shoes in the bag. **в ~ку** *posn.* in a bag ◊ **У ~ку сім кілограмів яблук.** There are seven kilos of apples in the bag. **з ~ка** out of a bag ◊ **З ~ка вилізла миша.** A mouse got out of the bag. **м. на** + *A.* a bag for sth ◊ **м. на цукор** a bag for sugar (**білизну** laundry ◊ **Він купив м. на білизну.** He bought a laundry bag. **одяг** clothes; **корм** fodder, **сміття** garbage, *etc.*)

міщан|ин, *m.*, **~ина; ~ка**, *f.*
philistine, narrow-minded person

adj. **безнадійний** hopeless ◊ **Микола міркує як безнадійний м.** Mykola thinks like a hopeless philistine. **вузьколобий** narrow-minded, **невиправний** incurable; **жахливий** dreadful ◊ **Він перетворився на жахливого ~ина.** He turned into a dreadful philistine. **рідкісний** rare; **типовий** typical

G. pl. **міщан**

міщанств|о, *nt., coll., only sg.*
1 townsfolk, petty bourgeoisie ◊ **Почувши про те, що ворог наближається до Конотопу, м. почало озброюватися.** On hearing that the enemy was approaching Konotop, the townsfolk began to arm themselves.
2 *fig.* philistinism, narrow-mindedness ◊ **Він не терпів ~а.** He could not bare narrow-mindedness. ◊ **Таке м. не може не шокувати.** Such narrow-mindedness cannot but shock.

adj. **безнадійне** hopeless; **глибоке** deep, **вкорінене** deeply rooted; **безпрецедентне** unprecedented, **нечуване** unheard-of; **разюче** shocking, **страшне** terrible

млин|ець, *m.*, **~ця**
pancake

adj. **солодкий** sweet; **смачний** tasty; **грубий** thick; **тонкий** thin; **пухкий** puffy ◊ **~ці в неї завжди виходили напрочуд пухкими.** Her pancakes always turned out amazingly puffy. **твердий** hard

v. + **м. пекти ~ці** bake pancakes (**місити** mix ◊ **Оля замісила ~ці.** Olia mixed the pancakes. **робити** make, **пряжити** *or* **смажити** fry) ◊ **Вона смажить тоненькі ~ці на маслі.** She fries very thin pancakes in butter.

prep. **м. з** + *I.* a pancake with sth ◊ **~ці з сиром і родзинками** pancakes with cottage cheese and raisins

See **страва**

млин|ок, *m.*, **~ка**
1 *dim.* watermill ◊ **На задньому плані картини був м.** There was a watermill in the background of the painting.
2 mill

adj. **електричний** electric, **ручний** hand-operated; **замашний** *colloq.* handy; **новенький** brand-new, **новий** new; **старий** old; **улюблений** favorite

prep. **м. для кави** a coffee mill (**перцю** pepper, **цукру** sugar)

v. + **м. молоти** + *A.* **~ком** *or* **на ~ку** grind sth with a mill ◊ **Вона сама меле кавові зерна електричним ~ком.** She grinds the coffee beans with an electric mill herself.

L. **у ~ку**

млі|ти, **~ють; зі~**, *intr.*
1 to faint, pass out, lose consciousness; swoon ◊ **Побачивши кров, Остап зімлів.** At the sight of blood, Ostap fainted.

adv. **майже** almost, **трохи не** nearly ◊ **Ольга трохи не зімліла від радости.** Olha nearly fainted with joy. **несподівано** unexpectedly, **раптом** suddenly

prep. **м. від** + *G.* faint with *(emotion, etc.)* ◊ **Іванна чекала на відповідь, ~ючи від страху.** Ivanna was waiting for an answer, swooning with fear.

See **непритомніти**

2 to languish, pine away, be sick with ◊ **Мартин просто ~є від кохання.** Martyn is simply sick with love.
3 to feel numb, grow numb ◊ **Від довгого сидіння в нього зімліла спина.** His back was numb from long sitting around.

See **німіти 3, терпнути**

4 *fig.* to simmer, cook gently ◊ **У печі ~ли голубці.** Stuffed cabbages simmered in the oven.

pa. pple. **зімлілий** fainted

(зі)млій!

мляв|ий, *adj.*
1 sluggish, languid, torpid

adv. **все більш** increasingly, **геть** totally, **дуже** very, **зовсім** utterly, **цілком** completely; **дещо** somewhat, **трохи** a little; **невпізнанно** unrecognizably

v. + **м. бути ~им** be sluggish (**виглядати** look, **здаватися** + *D.* seem to sb ◊ **Яринин голос здавався ~им і виснаженим.** Yaryna's voice seemed sluggish and exhausted. **лишатися** remain; **робитися** grow, **ставати** become) ◊ **Вони стали геть ~ими від утоми.** They became totally weak with fatigue.
2 expressionless, dull, dim ◊ **м. вогонь вуличних ліхтарів** the dim light of streetlamps; ◊ **Він дивився на все ~ими очима.** He was watching everything with dull eyes.

множ|ити, **~ать; по~**, *tran.*
1 to increase, multiply

adv. **ґвалтовно** abruptly, **раптом** suddenly, **різко** sharply, **зараз же** right away, **швидко** quickly; **в багато разів** many times over ◊ **За цей час він помножив свої статки в багато разів.** Over this time, he multiplied his possessions many times over. **значно** significantly ◊ **Відпочинок значно помножив їм сили.** The rest significantly increased their energy. **помітно** noticeably

See **збільшувати.** *Ant.* **зменшувати**

2 *math.* to multiply

adv. **безкіне́чно** endlessly; **вмить** in a flash, **миттє́во** instantaneously, **операти́вно** promptly, **за́раз же** right away, **шви́дко** quickly; **непра́вильно** incorrectly, **помилко́во** mistakenly; **доскона́ло** perfectly, **пра́вильно** correctly; **про се́бе** in one's head
v. + **в. вмі́ти** be capable of ◊ **Вона́ вже вмі́є м.** She already knows how to multiply. **ма́ти** be supposed to; **навча́ти** + *A.* teach sb to, **навчи́тися** learn to
prep. **м. на** + *A.* multiply by ◊ **Два по~ на чоти́ри дорі́внює ві́сім.** Two multiplied by four makes eight.
pa. pple. **помно́жений** multiplied
Ant. **діли́ти 2**
(по)множ!

мобіліза́ці|я, *f.*, ~ї

mobilization
adj. **вели́ка** big, **зага́льна** general, **ма́сова** mass; **частко́ва** partial; **по́вна** complete, **тота́льна** total; **військо́ва** military, **політи́чна** political, **суспі́льна** social; **швидка́** quick; **заплано́вана** planned; **перманє́нтна** permanent ◊ **Суспі́льство у ста́ні перманє́нтної ~ї.** Society is in the state of permanent mobilization.
v. + **м. зді́йснювати ~ю** carry out a mobilization (**оголо́шувати** announce ◊ **Уряд оголоси́в військо́ву ~ю.** The government announced military mobilization. **організо́вувати** organize, **прова́дити** conduct; **почина́ти** start; **припиня́ти** stop; **провокува́ти** provoke); **запобіга́ти ~ї** prevent a mobilization ◊ **По́ступки ма́ли запобі́гти ~ї проти́вників режи́му.** The concessions were meant to prevent the mobilization of the regime's opponents. (**призво́дити до** lead to, **причиня́тися до** bring about) ◊ **Висо́ке безробі́ття спричини́лося до політи́чної ~ї у суспі́льстві.** High joblessness brought about the political mobilization in society.
м. + *v.* **відбува́тися** occur, take place, **прохо́дити** happen; **почина́тися** begin, **продо́вжуватися** go on, **припиня́тися** stop, **сяга́ти верши́ни** reach its peak ◊ **Суспі́льна м. сягну́ла верши́ни пе́ред ви́борами.** The social mobilization reached its peak before the election.

мобілізу|ва́ти, ~ють; з~, *tran.*

to mobilize, marshal
adv. **вре́шті-ре́шт** finally; **поступо́во** gradually; **шви́дко** quickly; **ле́гко** easily ◊ **Коміте́т ле́гко змобілізува́в кі́лька ти́сяч страйкарі́в.** The committee easily marshaled several thousand strikers. **несподі́вано** unexpectedly, **ра́птом** suddenly
м. + *n.* **м. зуси́лля** marshal one's efforts (**резе́рви** reserves, **ресу́рси** resources ◊ **Банк змобілізува́в усі́ валю́тні ресу́рси.** The bank mobilized all currency resources. **фіна́нси** finances; **думки́** thoughts, **ува́гу** attention; **війська́** troops; **люде́й** people; **підтри́мку** support; *etc.*)
prep. **м. про́ти** + *G.* mobilize against sb ◊ **Мі́сто змобілізува́ло про́ти напа́дників доро́сле насе́лення.** The city mobilized the adult population against the invaders.
pa. pple. **змобілізо́ваний** mobilized
(з)мобілізу́й!

мобі́льн|ий, *adj.*

1 mobile, movable ◊ **Він кома́ндував спеція́льною ~ою ро́тою.** He commanded a special mobile company.
adj. ♦ **високомобі́льний** highly mobile, **винятко́во** exceptionally, **вкрай** extremely, **ду́же** very, **надзвича́йно** extraordinarily, **напро́чуд** amazingly; **до́сить** fairly ◊ **Танк до́сить м.** The tank is fairly mobile. **доста́тньо** sufficiently; **зо́всім не** not at all; ◊ **м. загі́н** a mobile unit
v. + **м. бу́ти ~им** be mobile (**виявля́тися** turn out; **лиша́тися** remain, **роби́ти** + *A.* make sb/sth ◊ **Маши́на роби́ла її́ ду́же ~ою.** The car made her very mobile. **роби́тися** get, **става́ти** become)
See **рухли́вий.** *Also see* **акти́вний 1, енергі́йний 1, жва́вий 1**
2 mobile, cell *(of telephone)* ◊ **м. опера́тор** a mobile operator (**інтерне́т** Internet); ◊ **Тепе́р м. зв'язо́к працю́є по всій краї́ні.** Now mobile communication functions all over the country.

мов[1], *var.* **немо́в**, *conj.*

like; as if, as though + *N.* ◊ **Ра́птом ді́вчи́на ста́ла бі́лою, м. стіна́.** Suddenly the girl became pale as a ghost.
See **нена́че 1, 2, ні́би 1, як**

мов[2], *part., var., see* **мовля́в**

мо́в|а, *f.*

1 language
adj. **пе́рша** first, **рі́дна** native; **чужа́** foreign, alien ◊ **ви́вчення чужи́х мов** a study of foreign languages; **дру́га** second; **корінна́** indigenous ◊ **У Півні́чній Аме́риці ви́мерли деся́тки корінни́х мов.** Dozens of indigenous languages died out in North America. **місце́ва** local, **реґіона́льна** regional; **менши́нна** *and* **міноритáрна** minority ◊ **Колоніза́тор звів ~у величе́зної бі́льшости краї́ни до стано́вища менши́нної ~и.** The colonizer reduced the language of a great majority of the country to the condition of a minority language. **мажорита́рна** majority; **наро́дна** vernacular; **архаї́чна** archaic, **да́вня** ancient, **забу́та** forgotten, **ме́ртва** dead; **класи́чна** classical; **дискриміно́вана** discriminated against, **заборо́нена** banned, **переслі́дувана** persecuted; **загро́жена** endangered ◊ **Сього́дні загро́женими вважа́ють ти́сячі мов.** Today thousands of languages are considered to be endangered. **сучасна** modern; **зага́льна** common, **спі́льна** shared ◊ **Спі́льна м. дозволя́є їм розумі́ти оди́н о́дного.** The shared language allows them to understand each other. **поши́рена** widespread; **держа́вна** state, **офіці́йна** official, **урядо́ва** government; **націона́льна** national; **панівна́** dominant; **міжнаро́дна** international, **універса́льна** universal; **індоевропе́йська** Indo-European; **герма́нська** Germanic, **рома́нська** Romance, **семі́тська** Semitic, **слов'я́нська** Slavic, **тю́ркська** Turkic, **у́гро-фі́нська** Finno-Ugric, *etc.*; **комп'ю́терна** computer; **діале́ктна** dialectal, **жарго́нна** jargon, **розмо́вна** colloquial
м. + *n.* **м. ориґіна́лу** *ling.* a source language (**пе́рекладу** *ling.* target)
n. + **м. грама́тика ~и** the language grammar (**словни́к** lexicon, **стиль** style; **структу́ра** structure; **фоноло́гія** phonology, *etc.*)
v. + **м. вивча́ти ~у** study a language (**виклада́ти** teach ◊ **Це єди́ний університе́т, де виклада́ють катало́нську ~у.** This is the only university where Catalan is taught. **зна́ти** know; **люби́ти** love; **опано́вувати** master ◊ **Він шви́дко опанува́в білору́ську ~у.** He quickly mastered Belarusian. **підтри́мувати** support ◊ **Уряд неохо́че підтри́мував корінну́ ~у краї́ни.** The government supported the country's indigenous language with reluctance. **розвива́ти** develop; **розумі́ти** understand; **асимілюва́ти** assimilate, **нав'я́зувати** + *D.* impose on sb ◊ **Імпе́рія нав'я́зувала свою́ ~у завойо́ваним наро́дам.** The empire imposed its language upon the conquered peoples. **зросі́йщувати** *or* **росі́йщити** Russify ◊ **Режи́м продо́вжував росі́йщити білору́ську ~у.** The regime continued to Russify Belarusian. **полонізува́ти** Polonize; **витісня́ти з** + *G.* push out from *(use)*, **дискриміну́вати** discriminate against, **забороня́ти** ban, **зни́щувати** destroy, **переслі́дувати** persecute, **підрива́ти** undermine) ◊ **Нова́ полі́тика була́ заду́мана, щоб підірва́ти ~у зсере́дини.** The new policy was designed to undermine the language from within. **володі́ти ~ою** have command of a language ◊ **Ната́ля до́бре воло́діє трьома́ ~ами.** Natalia has a good command of three languages. (**користува́тися** use, **розмовля́ти** speak; **переклада́ти** translate into ◊ **Він переклада́є статтю́ ара́бською ~ою.** He is translating the article into Arabic. **захо́плюватися** be keen on ◊ **Лев зі шко́ли захо́плюється чужи́ми ~ами.** Lev has been keen on foreign languages since school. **ціка́витися** take interest in) ◊ **Вона́ ціка́виться алба́нською ~ою.** She is interested in the Albanian language.
м. + *v.* **використо́вуватися** be used ◊ **На фо́румі використо́вують рі́зні ~и.** Various languages are used at the forum. **пошир́юватися на** *or* **в** + *A.* spread to ◊ **Ця м. поши́рилася на весь пі́вдень краї́ни.** The language spread all over the south of the country. **вжива́тися** be used, **дискриміну́ватися** be discriminated against, **обме́жуватися до** + *G.* be limited to ◊ **М. колонізо́ваного шту́чно обме́жувалася лише́ до вжи́тку на ку́хні.** The language of the colonized was artificially limited only to the kitchen use. **нав'я́зуватися** + *D.* be imposed on sb
Also see **код 1, сленґ; лати́на, украї́нський 2.** *Cf.* **гові́рка 1**
2 speech, language *(as capacity to speak, manner of speaking)*
adj. **ви́шукана** refined, **га́рна** beautiful ◊ **Марі́я насоло́джувалася його́ га́рною ~ою.** Maria relished his beautiful language. **милозву́чна** melodious, **приє́мна** pleasant, **чудо́ва** wonderful; **барви́ста** colorful, **експреси́вна** expressive, **сокови́та** succulent; **непряма́** indirect, **пряма́** direct; **а́вторська** narrator's, **діялогі́чна** dialogic ◊ **А́вторська м. рома́ну відрізня́ється від діялогі́чної.** The narrator's speech of the novel differs from the dialogic one. **ди́вна** strange, **екзоти́чна** exotic; **невідо́ма** unknown, unfamiliar ◊ **Оле́г чув яку́сь невідо́му ~у.** Oleh heard some unfamiliar language. **пи́семна** written, **у́сна** oral; **щоде́нна** everyday; **сакра́льна** sacral, **свяще́нна** sacred ◊ **свяще́нна м. Кора́ну** the sacred language of the Koran; **грубува́та** crude, **неформа́льна** informal, **про́ста́** simple; **дитя́ча** children's; **літерату́рна** literary; **поети́чна** poetic; **Езо́пова** Aesopian, **метафори́чна** metaphoric, **символі́чна** symbolic; **заплу́тана** tangled, **незрозумі́ла** incomprehensible, **тума́нна** vague, obscure ◊ **У таки́х ви́падках він навми́сне вдава́вся до тума́нної ~и, зрозумі́лої лише́ втаємни́ченим.** On such occasions, he deliberately used an obscure language, intelligible only to the initiated. **засмі́чена** contaminated, **зрусифіко́вана** Russified, **мі́шана** mixed, **макароні́чна** macaronic ◊ **Макароні́чна м. ста́ла но́рмою для багатьо́х телекана́лів.** Macaronic language became the norm for many TV channels. **безгра́мотна** uneducated; **гомофо́бська** homophobic, **раси́стська** racist ◊ **Вони́ використо́вують раси́стську ~у несвідо́мо.** They use racist language unconsciously. **брудна́** foul, **брута́льна** brutal, **гру́ба** rude, **нецензу́рна** unprintable, **обра́злива** offensive ◊ **Він вважа́в, що брудні́й і обра́зливій ~і нема́є мі́сця в че́мному товари́стві.** He was of the opinion that there was no place for foul and offensive language in polite society. **ха́мська** brutish
м. + *n.* **м. дія́спори** the language of diaspora ◊ **Бага́то слів, забу́тих на мате́рику́, зберегло́ся в ~і украї́нської дія́спори Кана́ди.** Many words, forgotten on the mainland, were preserved in the language of the Ukrainian diaspora of Canada. (**ду́ми** ballad, **Єва́нгелія** Gospel ◊ **У семіна́рії всебі́чно вивча́ють ~у Єва́нгелія.** The language of Gospel is thoroughly studied at the seminary. **пое́зії** poetry, **про́зи** prose; **п'є́си** play, **рома́ну** novel, **фі́льму** film, *etc.*); **м. а́втора** the author's language (**пое́та** poet's, **Котляре́вського**

Kotliarevsky's, **Проха́ська** Prokhasko's, **Шевче́нка** Shevchenko's, *etc.*)
n. + **м. краса́ ~и** the beauty of speech (**особли́вість** peculiarity, **своєрі́дність** originality, **части́на** *ling.* part) ◊ **В украї́нській грама́тиці ціє́ї части́ни ~и. не існу́є.** This part of speech does not exist in the Ukrainian grammar.
v. + **м. вжива́ти ~у** use a language ◊ **Його́ персона́жі вжива́ють гру́бу ~у.** His characters use crude language. (**збага́чувати** + *I.* enrich with sth, **збі́днювати** empoverish ◊ **На її́ ду́мку, су́ржик лише́ збі́днює ~у.** In her opinion, surzhyk only impoverishes the speech. **пересипа́ти** + *I.* sprinkle with sth ◊ **Я́рка ча́сто пересипа́є свою́ ~у слє́нґом.** Yarka often sprinkles her language with slang. **припе́рчувати** + *I.* pepper with, **присма́чувати** + *I. fig.* spice up with sth; **спро́щувати** simplify, **ускла́днювати** complicate; **прикраша́ти** + *I.* embellish with sth); ♦ **вести́ ~у** to speak, talk ◊ **Профе́сор вів ~у про змі́ну підсо́ння.** The professor spoke about climate change. ♦ **говори́ти рі́зними ~ами** to speak different languages, not to understand each other ◊ **Весь цей час вони́ гово́рять рі́зними ~ами.** They have spoken different languages all along. ♦ **знахо́дити спі́льну ~у** to find a common language ◊ **Він ле́гко знахо́дить спі́льну ~у з ді́тьми.** He easily finds a common language with children.
м. + *v.* **звуча́ти** *and* **луна́ти** sound ◊ **Ви́шукана м. рі́дко коли́ звучи́ть у сті́нах каза́рми.** Refined language rarely ever sounds within the barracks walls. **подо́батися** + *D.* be liked by sb ◊ **Йому́подо́бається барви́ста м.** He likes a colorful language. ♦ **м. захо́дить про** *impers.* when it comes to sb/sth ◊ **Він почина́є смія́тися щора́зу, як м. захо́дить про Іва́на.** He starts laughing every time when it comes to Ivan. ♦ **не мо́же бу́ти й ~и про те, щоб** + *clause* there can be no question of ◊ **Не мо́же бу́ти й ~и про те, щоб скасува́ти ле́кцію.** There can be no question of canceling the lecture. ♦ **про що м.?** What are you talking about?
Cf. **гові́рка 2, мо́влення 1**

мо́в|ити, ~лю, ~иш, ~лять; *same, tran., poet. or bookish*
to say, utter
adj. **вго́лос** aloud, **го́лосно** loudly; **по́шепки** in a whisper, **ти́хо** softly; **суво́ро** sternly; **із су́мом** with sadness ◊ **Тара́с ~ив слова́ із су́мом у го́лосі.** Taras uttered the words with sadness in his voice. ♦ **до сло́ва м.** by the way, incidentally ◊ **До сло́ва м., Миро́ся теж бу́де з на́ми.** By the way, Myrosia will also be with us. ♦ **пра́вду м.** *or* **~лячи** to tell the truth; ♦ **так би м.** so to say ◊ **Богда́н, так би м., «з на́шого клу́бу».** Bohdan is, so to say, "one of us."
pa. pple. **мо́влений** uttered
(про)мо́в!
See **каза́ти 1**

мо́влення|я, *nt., only sg.*
1 speech *(as opposed to language)*, speaking ◊ **Його́ м. ду́же типо́ве для студе́нтського середо́вища 1960-х ро́ків.** His speech is very typical of the 1960s student environment. ◊ **Вче́ний відрізня́є м. від мо́ви.** The scientist distinguishes speech from language. ◊ **Вони́ бага́то ро́ків дослі́джують м. бджіл.** They have explored the speech of bees for many years.
See **мо́ва 2**
2 broadcasting, broadcasts
adj. **радіомо́влення** radio broadcasting, **телемо́влення** telecasting, ♦ **мере́жеве м.** webcasting
v. + **м. дозволя́ти м.** allow broadcasting (**забороня́ти** ban ◊ **За пору́шення ліце́нзії радіоста́нції заборони́ли м.** The radio station was banned from broadcasting for violations of its license. **організо́вувати** organize, **почина́ти** start, **продо́вжувати** continue, **відно́влювати** resume, **припиня́ти** stop), ♦ **вести́ м.** broadcast ◊ **Ра́діо «Ки́їв» веде́ м. багатьма́ мо́вами.** Radio Kyiv broadcasts in many languages.

мовля́в, *part.*
1 allegedly, so to say, as it were ◊ **Гали́на не поступа́лася, бо зако́н, м., на її́ бо́ці.** Halyna would not give in because the law was allegedly on her side.
Also see **мов², на́че, ні́би²**
2 saying *(attributes speech to sb other than the speaker)*, as it were ◊ **Гуменю́к посла́в мене́, м., на допомо́гу вам.** Humeniuk sent me to help you, as it were.
3 as if to say *(expresses sb's inner thinking)*, as though to say ◊ **Симоню́к похита́в голово́ю: м., він не пого́джується.** Symoniuk shook his head as if to say that he did not agree.

мо́вн|ий, *adj.*
linguistic, language, speech, of or pertaining to language
м. + *n.* **м. етике́т** language etiquette (**зако́н** law, **законопро́єкт** bill; **за́сіб** means; **імперіялі́зм** imperialism, **націоналі́зм** nationalism, **шовіні́зм** chauvinism; **конфлі́кт** conflict; **пури́зм** purism); **~а дискриміна́ція** language discrimination (**но́рма** norm; **поведі́нка** behavior, **полі́тика** policy, **свідо́мість** consciousness; **ситуа́ція** situation); **~і конта́кти** language contacts (**інова́ції** innovations)
Cf. **лінґвісти́чний**

мовозна́вств|о, *nt., only sg.*
linguistics
adj. + **м. суча́сне** contemporary; **прикладне́** applied, **теорети́чне** theoretical; **ґенерати́вне** generative, **когніти́вне** cognitive, **контрасти́вне** contrastive, **істори́чне** historical, **описо́ве** descriptive, **порівня́льне** comparative, **структу́рне** structural
See **дисциплі́на 2, предме́т 2**

мовчазн|и́й, *adj.*
1 taciturn, silent
adv. **вкрай** extremely ◊ **Украй ~а́ напа́рниця почина́ла ді́яти О́льзі на не́рви.** Her extremely silent (female) partner was beginning to get on Olha's nerves. **геть** totally ◊ **Він був ча́сом гові́ркий, а ча́сом геть м.** He was sometimes talkative and sometimes totally taciturn. **ду́же** very, **цілко́м** completely; **незвича́йно** unusually, **нетипо́во** uncharacteristically; **несподі́вано** unexpectedly
v + **м. бу́ти ~и́м** be silent (**виявля́тися** turn out ◊ **Провідни́к ви́явився нетипо́во ~и́м.** The guide turned out to be uncharacteristically silent. **здава́тися** + *D.* seem to sb; **лиша́тися** remain; **става́ти** grow) ◊ **Лари́са ста́ла ~о́ю.** Larysa grew silent.
2 unspoken, tacit ◊ **У Ні́ниних оча́х був м. до́кір.** There was an unspoken reproach in Nina's eyes. **~а́ зго́да** tacit consent; ◊ **~е́ несхва́лення** unspoken disapproval

мовча́н|ка, *f., colloq., only sg.*
silence *(only of humans)*, absence of talk
adj. **абсолю́тна** absolute ◊ **Він насоло́джувався абсолю́тною ~кою.** He was enjoying absolute silence. **глибо́ка** deep, **ме́ртва** dead, **по́вна** full, **цілкови́та** complete; **коро́тка** brief, **митте́ва** momentary; **безконе́чна** *or* **нескі́нченна** endless, **до́вга** long, **трива́ла** lengthy ◊ **Трива́ла м. почина́ла гніти́ти Лю́ду.** The lengthy silence was beginning to depress Liuda. **ди́вна** strange, **нестерпна** unbearable ◊ **М. роби́лася для ньо́го нестерпною.** The silence was becoming unbearable to him. **незру́чна** awkward, **заглу́шлива** deafening ◊ **М. у́ряду в цій спра́ві була́ заглу́шливою.** The government's silence in the matter was deafening. **навми́сна** deliberate
v + **м. трима́ти ~ку** keep silence, **пору́шувати ~ку** break silence ◊ **Андрі́й не нава́жувався пору́шити ~ку.** Andrii did not dare break the silence. **ото́чувати** + *A.* **~кою** surround sth with silence ◊ **Краді́жку карти́ни і да́лі ото́чують ~кою.** The painting robbery is still surrounded with silence. (**відповіда́ти на** + *A.* respond to sth with)
м. + *v.* **запада́ти** fall, **настава́ти** ensue ◊ **Наста́ла незру́чна м.** An awkward silence ensued.
prep. **в ~ку** *dir.* into silence ◊ **Він пори́нув у ~ку.** He lapsed into silence. **в ~ці** *posn.* in silence ◊ **Вони́ сиді́ли у глибо́кій ~ці.** They sat in deep silence.
Cf. **ти́ша**

мовч|а́ти, ~ать; за~, замо́вкн|ути, ~уть, *intr.*
1 to be silent, keep silence; *pf.* to fall silent
adv. **впе́рто** stubbornly; **до́вго** long; **незмі́нно** invariably; **навми́сно** deliberately; **все́ ще** still ◊ **Затри́маний усе́ ще мовча́в.** The detainee was still silent. **да́лі** further; **за́вжди́** always; **ні́коли не** never; **і́ноді** sometimes, **рі́дко** rarely; **ра́птом** suddenly ◊ **Ра́птом усе́ навко́ло замо́вкло.** Suddenly everything around went silent. **на мить** for a moment; **ґвалто́вно** abruptly, **несподі́вано** unexpectedly; ♦ **М.!** Silence!
v. + **м. бу́ти кра́ще** + *D.* be better off ◊ **Їй кра́ще м.** She is better off saying nothing. **продо́вжувати** continue to ◊ **Вона́ продо́вжувала м.** She continued to be silent. **відмовля́тися** refuse to, **не хоті́ти** not want to ◊ **Вона́ не хоті́ла м.** *fig.* She did not want to remain silent.
2 *fig.* be silent, not to write letters, not to ring *(of phone)*, not to shoot *(of guns, cannons, etc)* ◊ **Оле́кса ~и́ть відто́ді, як поїхав до Нью-Йо́рку.** Oleksa has been silent since he left for New York. ◊ **Біо́графи ~а́ть про ра́нній пері́од у житті́ поє́та.** Biographers are silent on the early period in the poet's life.
(за)мовчи́! *or* **замо́вкни!**

моги́л|а, *f.*
1 grave, tomb
adj. **відкри́та** open; **глибо́ка** deep; **неглибо́ка** shallow ◊ **Жертв похова́ли в неглибо́кій ~і.** The victims were buried in a shallow grave. **свіжа** fresh, **свіжови́копана** freshly dug; **бра́тська** common, **ма́сова** mass; **безі́ме́нна** nameless, **непозна́чена** unmarked ◊ **Він спочива́в у непозна́ченій ~і.** He rested in an unmarked grave. ♦ **м. невідо́мого воя́ка** the Tomb of the Unknown Soldier
v. + **м. копа́ти** *and* **ри́ти ~у** dig a grave ◊ **Він заробля́є тим, що копа́є ~и.** He makes his living by digging graves. (**відві́дувати** visit ◊ **Він відві́дав ба́тькову ~у.** He visited his father's grave. **познача́ти** mark; **грабува́ти** rob ◊ **~у фарао́на пограбува́ли.** The pharaoh's tomb was robbed. **оскверня́ти** desecrate; **кла́сти кві́ти на** lay flowers on)
Also see **домови́на 1, труна́ 1**
2 *fig.* death, grave; ♦ **до (само́ї) ~и** till one's death ◊ **Вона́ берегла́ таємни́цю до ~и.** She took the secret to her grave. ♦ **переверта́тися в ~і** to turn in one's grave ◊ **Якби́ він знав, що зро́блять з його́ запові́том, він би переверну́вся в ~і.** If he had known what would be done with his will he would have turned in his grave.
See **смерть.** *Also see* **домови́на 2, кіне́ць 3, труна́ 2**
3 hill, mound; barrow
adj. **висо́ка** high, **ста́ра́** old ◊ **Право́руч від доро́ги ста́ли з'явля́тися ста́рі ~и.** Old barrows began to appear to the right of the road. **си́ва** *poet.* gray-haired, old, **скитська** Scythian
See **гора́ 1**

могти́, мо́ж|уть; з~; *pa., m.* **міг**, *pl.* **могли́**, *mod.*
1 to be able to, can, be capable of + *inf.* ◊ **Я ~у почека́ти.** I can wait.
adv. **вже** already ◊ **Хло́пчик уже́ міг чита́ти.** The little boy could already read. **ле́две** scarcely, **наси́лу** *colloq.* hardly, **я́кось** somehow ◊ **Кири́ло я́кось змо́же прийти́.** Somehow Kyrylo will be able to come. **ле́гко** easily, **ціло́м** entirely ◊ **Нові́ лі́ки ціло́м ~уть допомогти́ йому́.** The new medicine is entirely capable of helping him. **тро́хи** a little; **ні́як не** in no way ◊ **Дру́зі ні́як не могли́ зрозумі́ти її́ моти́вів.** Her friends could in no way understand her motives.
Also see **вмі́ти, потрапля́ти 3, тя́мити 2**
2 *only pf.* to manage, succeed ◊ **Іва́н зміг попере́дити нас.** Ivan succeeded in warning us. ◊ **Яри́на не змогла́ зрозумі́ти його́.** Yaryna failed to understand him.
adv. **вже** already, **наре́шті** finally, **я́кось** somehow ◊ **Вона́ я́кось змогла́ ви́братися зі стано́вища.** Somehow she managed to get out of the situation. **ма́йже** almost; **пе́ршим** first ◊ **Ма́рченко пе́ршим поби́в реко́рд.** Marchenko was the first to break the record.
Also see **вдава́тися 2, щасти́ти 2**
3 *(permission)* may, can ◊ **Чи ми ~емо відпочи́ти хоч тро́хи?** Can we have at least a little rest?
adv. **без пробле́м** no problem ◊ **Ви без пробле́м ~ете привести́ з собо́ю дру́зів.** You may bring your friends along, no problem. **звича́йно** certainly, **пе́вна річ** of course

могу́тн|ій, *adj.*
mighty, powerful; strong *(physically)*
adv. **винятко́во** exceptionally, **все бі́льш** increasingly, **ду́же** very ◊ **ду́же м. прави́тель** a very powerful ruler; **надзвича́йно** extremely, **страше́нно** terribly; **до́сить** fairly, **доста́тньо** sufficiently ◊ **доста́тньо ~я люди́на** a sufficiently powerful person; **неймові́рно** incredibly, **особли́во** particularly, **напро́чуд** amazingly; **однако́во** equally; **військо́во** militarily, **економі́чно** economically ◊ **економі́чно ~я краї́на** an economically powerful country; **політи́чно** politically, **фіна́нсово** financially; ◊ **м. дуб** a mighty oak, **~я рі́чка** a mighty river
v. + **м. бу́ти ~ім** be mighty (**вважа́ти** + *A.* consider sb/sth, **вважа́тися** be considered, **вигляда́ти** look, **виявля́тися** turn out, **здава́тися** + *D.* seem to sb ◊ **Тут Дніпро́ здава́вся їм особли́во ~ім.** Here the Dnipro River seemed particularly powerful to them. **лиша́тися** remain; **роби́ти** + *A.* make sb; **става́ти** become)
Also see **креме́зний, поту́жний, си́льний 3.** *Ant.* **кво́лий, слабки́й**

мо́д|а, *f.*
fashion, vogue
adj. **нова́** new, **оста́ння** latest ◊ **за оста́нньою ~ою** in the latest fashion; **тепе́рішня** current, **суча́сна** contemporary; **італі́йська** Italian, **нью-йо́ркська** New York, **францу́зька** French, *etc.*; **примхли́ва** capricious, **мінли́ва** changing, **швидкопли́нна** passing; **висо́ка** high, **диза́йнерська** designer, **класи́чна** classic, **популя́рна** popular; **весняна́** spring, **зимо́ва** winter ◊ **по́каз зимо́вої ~и** a winter fashion show; **лі́тня** summer, **осі́ння** fall; **ву́лична** street, **жіно́ча** female, **молодіжна** youth, **чолові́ча** male; **архітекту́рна** architectural ◊ **Його́ прое́кт ціло́м у ме́жах суча́сної архітекту́рної ~и.** His design is quite within the bounds of contemporary architectural fashion. **інтелектуа́льна** intellectual, **кулі́нарна** culinary, **культу́рна** cultural, **літерату́рна** literary ◊ **За де́сять ро́ків літерату́рна м. змі́ниться ще три ра́зи.** Over a decade, the literary fashion will change three more times.
n. + **м. журна́л ~и** *or* **мод** a fashion magazine, **законода́вець ~и** a fashion trendsetter, **по́каз ~и** a fashion show
v. + **м. ігнорува́ти ~у** ignore fashion (**почина́ти** start, **твори́ти** set) ◊ **Цей диза́йнер зна́є, як твори́ти нову́ ~у.** This designer knows how to set a new fashion. **трима́тися ~и** stick to fashion (**вихо́дити з** go out of) ◊ **Тютю́н вихо́дить із ~и.** Tobacco is going out of fashion. **іти́ за ~ою** follow fashion ◊ **Васи́ль намага́вся йти за примхли́вою ~ою.** Vasyl strove to follow the capricious fashion. **бу́ти в ~і** be in fashion ◊ **Черво́ний ко́лір був тоді́ у вели́кій ~і.** Red color was then very much in fashion. (**бу́ти не в** be out of) ◊ **Висо́кі підбо́ри не в ~і.** High heels are out of fashion.
м. + *v.* ♦ **пішла́ м. на** + *A. pf.* to come into fashion ◊ **У селі́ пішла́ м. на пе́рський бузо́к.** Persian lilac came into fashion in the village. **прийти́** *pf.* start; **мина́ти** pass ◊ **Безглу́зда м. мину́ла так са́мо ґвалто́вно, як і прийшла́.** The absurd fashion passed as abruptly as it had come. **мі́нятися** change
prep. **м. на** + *A.* fashion for sth ◊ **Яре́ма ігнорува́в нову́ ~у на вузькі́ крава́тки.** Yarema ignored the new fashion for narrow ties. **за ~ою** after fashion ◊ **Ме́блевий ґарніту́р зро́блений за ~ою ча́су.** The furniture set is made after the fashion of the time.
2 *fig., colloq.* custom, habit, manner
v. + **м. ма́ти ~у** be in the habit of ◊ **Іва́н ма́є дурну́ ~у перебива́ти і́нших.** Ivan has a bad habit of interrupting others. (**бра́ти собі́ за** make it a habit to) ◊ **Оста́ннім ча́сом Юрко́ взяв собі́ за ~у бі́гати в па́рку.** Lately Yurko made it a habit to jog in the park.
See **звича́й 2, зви́чка**

моде́рн|ий, *var.* **моде́рновий**, *adj.*
modern, fashionable
adv. **винятко́во** exceptionally; **деда́лі бі́льш** increasingly, **ду́же** very, **надзвича́йно** extremely ◊ **Його́ надзвича́йно ~і ме́тоди ма́ють прибі́чників і опоне́нтів.** His extremely modern methods have their supporters and opponents. **дивови́жно** amazingly, **неймові́рно** incredibly; **до́сить** fairly, **доста́тньо** sufficiently ◊ **Ме́блі ма́ли доста́тньо м. диза́йн.** The furniture had a sufficiently modern design.
м. + *n.* **м. диза́йн** a modern design (**проду́кт** product, **рома́н** novel, **теа́тр** theater) ◊ **Він закла́в підва́лини ~ого теа́тру в краї́ні.** He laid the modern theater foundations in the country. **~а ідентичність** a modern identity (**культу́ра** culture, **на́ція** nation) ◊ **Існу́ють рі́зні розумі́ння ~ої на́ції.** There exist different understandings of modern nation. **~е мисте́цтво** modern art ◊ **музе́й ~ого мисте́цтва** museum of modern art (**мі́сто** city, **суспі́льство** society)
v. + **м. бу́ти ~им** be modern (**здава́тися** + *D.* seem to sb ◊ **Її́ спо́сіб ду́мання здава́вся ціло́м ~им.** Her way of thinking seemed to be quite modern. **роби́ти** + *A.* make sth ◊ **Звукова́ прорі́жка ро́бить фільм ~им.** The soundtrack makes the film modern. **става́ти** become)
Cf. **суча́сний 1, 3**

модерніза́ці|я, *f.*, **~ї**
modernization
adj. **вели́ка** great, **всебі́чна** comprehensive, **всеохо́пна** sweeping, **глибо́ка** profound, **докорі́нна** fundamental, **масшта́бна** large-scale, **радика́льна** radical, **швидка́** rapid ◊ **Швидка́ м. еконо́міки давно́ на ча́сі.** A rapid modernization of the economy has been long overdue. **пові́льна** slow, **поступо́ва** gradual; **реа́льна** real, **спра́вжня** genuine; **непослідо́вна** inconsistent, **поверхо́ва** superficial, **полови́нчата** halfhearted; **космети́чна** cosmetic, **символі́чна** token
v. + **м. забезпе́чувати ~ю** ensure modernization ◊ **Уряд забезпе́чить ~ю націона́льних залізни́ць.** The government will ensure the national railroads modernization. (**приско́рювати** accelerate; **спові́льнювати** slow down; **підрива́ти** undermine; **припиня́ти** stop; **уможли́влювати** make possible; **унеможли́влювати** make impossible; **виступа́ти за** advocate) ◊ **Вона́ виступа́є за ~ю бібліоте́чної систе́ми.** She advocates the library system modernization. **допомага́ти ~ї** assist modernization ◊ **Європе́йський Сою́з допомага́є ~ї інфраструкту́ри краї́ни.** The European Union assists the modernization of the country's infrastructure. (**спри́яти** facilitate; **запобіга́ти** prevent, **протиді́яти** resist)
Cf. **лібераліза́ція, націоналіза́ція**

моderні́зм, *m.*, **~у**, *only sg.*
modernism
adj. **австрі́йський** Austrian, **катало́нський** Catalan, **німе́цький** German, **украї́нський** Ukrainian, *etc.*; **зрі́лий** mature, **пі́зній** late, **ра́нній** early
м. + *v.* **виника́ти** emerge, **розвива́тися** develop, **поши́рюватися** spread ◊ **В Украї́ні м. поши́рився до́сить ра́но.** In Ukraine, modernism spread fairly early. **вплива́ти на** + *A.* influence sb ◊ **М. вплива́в на Миха́йла Коцюби́нського.** Modernism influenced Mykhailo Kotsiubynsky.
prep. **м. в** + *L.* modernism in *(a field)* ◊ **м. в архітекту́рі** modernism in architecture (**літерату́рі** literature, **мисте́цтві** art, **му́зиці** music, **скульпту́рі** sculpture, **теа́трі** theater)

модернізу|ва́ти, ~ють; *same, tran.*
1 to modernize
adv. **вже** already, **вре́шті-ре́шт** eventually, **наре́шті** finally; **всебі́чно** comprehensively ◊ **Він хоті́в усебі́чно м. суспі́льне життя́.** He wanted to comprehensively modernize social life. **докорі́нно** fundamentally, **радика́льно** radically, **масшта́бно** on a large scale; **крок за кро́ком** step by step, **пові́льно** slowly, **поступо́во** gradually; **шви́дко** quickly; **реа́льно** in reality ◊ **Вона́ ~ва́ла компа́нію реа́льно, а не на папе́рі.** She modernized the company in reality rather than on paper. **успі́шно** successfully
v. + **м. бра́тися** set about ◊ **Міні́стр узя́вся м. судову́ систе́му.** The minister set about modernizing the court system. **бу́ти ва́жко** be difficult to; **бу́ти тре́ба** + *D.* need to ◊ **Фа́бриці тре́ба м. виробни́цтво.** The factory needs to modernize its production. **змогти́** *pf.* manage to ◊ **Вони́ змогли́ м. летови́ще за коро́ткий те́рмін.** They managed to modernize the airport in a short time. **намага́тися** try to, **хоті́ти** want to; **почина́ти** begin to; **продо́вжувати** continue; **припиня́ти** stop
2 to update, renovate, upgrade ◊ **Ма́рченко не ду́мав м. свій стари́й кабіне́т.** Marchenko was not going to renovate his old study.
pa. pple. **модернізо́ваний** modernized
модернізу́й!
Cf. **націоналізува́ти**

моderні́ст, *m.*; **~ка**, *f.*
modernist
adj. **австрі́йський** Austrian, **украї́нський** Ukrainian ◊ **Все́волод Максимо́вич – оди́н із найціка́віших украї́нських ~ів.** Vsevolod Maksymovych is one of the most interesting Ukrainian modernists. **францу́зький** French, *etc.*; **видатни́й** outstanding, **відо́мий** well-known, **вплико́вий** influential, **славе́тний** famous

мо́дн|ий, *adj.*
1 fashionable, stylish; in vogue ◊ **Його́ ~і зачі́ски провокува́ли гаря́чі супере́чки.** His fashionable hairdos provoked heated discussions.
adv. **вкрай** extremely, **ду́же** very, **надзвича́йно** extraordinarily, **особли́во** particularly; **до́сить** fairly, **доста́тньо** sufficiently; **несподі́вано**

unexpectedly, **ра́птом** suddenly ◊ **учо́ра ще забу́тий, а тепе́р ра́птом м. компози́тор** still forgotten yesterday and now suddenly a fashionable composer; **бі́льше не** no longer ◊ **Він же́ртвував свій бі́льше не м. о́дяг безприту́льним.** He donated his no longer fashionable clothes to the homeless.

v. + **м. бу́ти ~им** be fashionable ◊ **Тоді́ соло́м'яні бри́лі були́ особли́во ~ими.** Then straw hats were particularly fashionable. (**вважа́ти** + *A.* consider sth, **вигляда́ти** look ◊ **У пурпуро́вому ко́льорі вона́ вигляда́є ~ою.** She looks stylish in purple. **здава́тися** + *D.* seem to sb; **лиша́тися** stay; **роби́ти** + *A.* make sb/sth; **става́ти** become) ◊ **Цей стиль зно́ву ста́не ~им че́рез ро́ків п'ятна́дцять.** The style will become fashionable again in some fifteen years.

prep. **м. се́ред** + *G.* fashionable among sb ◊ **У 1970-х му́зика ди́ско була́ ~ою се́ред мо́лоді.** In the 1970s, disco music was fashionable among the young.

Cf. **суча́сний 3**

2 trendy, fashionable *(following the fashion)* ◊ **У мі́сті вона́ ста́ла ~ою ді́вчиною.** In the city, she became a trendy girl. ◊ **Її супрово́джував які́йсь ду́же м. пан.** Some very fashionable gentleman accompanied her. **~а па́ні** a fashionable lady; ◊ **Макси́м надає перева́гу ~ому товари́стві пе́ред інтелектуа́льним.** Maksym prefers a fashionable company to an intellectual one.

мо́дно, *adv., pred.*

1 *adv.* fashionably, stylishly

adv. **вкрай** extremely, **ду́же** very, **надзвича́йно** extraordinarily; **до́сить** fairly, **доста́тньо** sufficiently, **зо́всім не** not at all ◊ **Ми́ля вдяга́ється зо́всім не м.** Mylia does not at all dress fashionably. **несподі́вано** unexpectedly ◊ **Си́мон прийшо́в на вечі́рку несподі́вано м. вдя́гнутим.** Symon unexpectedly came to the party stylishly dressed.

2 *pred.* fashionable, stylish

v. + **м. бу́ти м.** be in fashion ◊ **Тепе́р м. носи́ти взуття́ яскра́вого ко́льору.** Bright-colored shoes are in fashion now. (**става́ти** become) ◊ **Се́ред мо́лоді ста́ло м. розмовля́ти украї́нською.** Speaking Ukrainian became a fashion among the young.

мо́дник, *m., colloq.*; **мо́дниця**, *f.*

fashionista

adj. **вели́кий** great, **дове́ршений** consummate, **затя́тий** dyed-in-the-wool, **невипра́вний** incorrigible, **неперевє́ршений** unsurpassed, **пе́рший** number one, **при́страсний** passionate; **правди́вий** true, **спра́вжній** real; **стари́й** old; **таки́й** such

v. + **м. бу́ти ~ом** be a fashionista ◊ **Пан Л. був ~ом старо́го розли́ву.** Mr. L. was an old-school fashionista. (**вважа́тися** be considered, **виявля́тися** turn out; **лиша́тися** remain; **става́ти** become) ◊ **Коли́ це ти став таки́м ~ом?** When did you become such a fashionista?

мо́же, *mod.*

(uncertainty or approximation) perhaps, maybe ◊ **М., ви зна́єте паро́ль?** Maybe you know the password? ◊ **Лев побува́в, м., у двадцятьо́х краї́нах сві́ту.** Lev may have visited some twenty countries of the world. ◊ **Подиви́ся на столі́, м., ти там лиши́в ключі́.** Take a look at the table, maybe you left the keys there. ♦ **Не м. бу́ти!** No way! It can't be!

See **мо́жливо.** *Also see* **імові́рно, либо́нь 2**

можли́в|ий, *adj.*

1 possible

adv. **абсолю́тно** absolutely, **геть** totally, **ду́же** very, **цілко́м** perfectly ◊ **Це цілко́м м. ви́хід.** It's a perfectly possible solution. **звича́йно** certainly; **до́сить** fairly; **вже** already; **все ще** still; **ле́две** hardly, **навря́д чи** scarcely; **зо́всім не** not at all; **ні́як не** not at all

v. + **м. бу́ти ~им** be possible ◊ **Зупини́ти будівни́цтво тепе́р є навря́д чи ~им.** Stopping the construction now is hardly possible. (**вигляда́ти** look ◊ **План вигляв до́сить ~им.** The plan looked fairly possible. **здава́тися** + *D.* seem to sb, **виявля́тися** turn out, **лиша́тися** remain; **роби́ти** + *A.* make sth, **става́ти** become)

Also see **імові́рний.** *Ant.* **неможли́вий**

2 conceivable, plausible ◊ **Вона́ шука́ла ~у причи́ну ї́хньої відмо́ви.** She was looking for a plausible reason for their refusal.

3 potential, prospective, likely ◊ **Оста́нній варія́нт здава́вся навря́д чи ~им.** The last option seemed scarcely likely.

4 *colloq.* acceptable, satisfactory ◊ **Його́ пе́рший репорта́ж був цілко́м ~ої я́кости.** The quality of his first reportage was entirely acceptable.

See **задові́льний**

можли́в|ість, *f.*, **~ости**

possibility, opportunity, chance

adj. **винятко́ва** exceptional, **єди́на** only, **рі́дкісна** rare, **уніка́льна** unique; **захо́плива** exciting, **інтригу́юча** intriguing, **ціка́ва** interesting; **майбу́тня** future, **пода́льша** further; **втра́чена** lost; **нова́** new, **і́нша** other, **рі́зна** *only pl.* different, **різномані́тна** *only pl.* various ◊ **різномані́тні ~ості дослі́дження людсько́ї кліти́ни** various possibilities of human cell study; **вира́зна** distinct, **я́вна** obvious; **спра́вжня** real, **хоро́ша** good, **чудо́ва** great; **ймові́рна** plausible, **потенці́йна** potential; **серйо́зна** serious; **відда́лена** remote, **сла́бка** faint; **гіпотети́чна** hypothetical, **практи́чна** practical, **теорети́чна** theoretical

v. + **м. дава́ти** + *D.* **м.** give sb an opportunity (**ма́ти** have ◊ **Я не ма́ю ~ости піти́ туди́.** I don't have the opportunity to go there. **пропонува́ти** + *D.* offer sb, **ство́рювати** create; **ба́чити** see, **вивча́ти** study, **дослі́джувати** explore; **обгово́рювати** discuss, **розгляда́ти** consider; **відкрива́ти** open up; **виключа́ти** exclude, **ігнорува́ти** ignore, **запере́чувати** deny; **втрача́ти** lose); **позбавля́ти** + *A.* **~ости** deprive sb of the possibility ◊ **Їх позба́вили ~ости обороня́тися.** They were deprived of the possibility to defend themselves. (**не допуска́ти** preclude) ◊ **Вона́ не допуска́є ~ости да́льшого зроста́ння інфля́ції.** She precludes the possibility of further inflation growth. **не́хтувати ~істю** neglect a possibility (**користува́тися** take advantage of) ◊ **Гріх не скориста́тися тако́ю га́рною ~істю.** One would be amiss not to take advantage of such a nice opportunity.

м. + *v.* **існува́ти** exist ◊ **Існу́є м. покра́щити результа́ти.** There exists a possibility to improve the results. **з'явля́тися** arise, **лиша́тися** remain; **пропада́ти** disappear

prep. **м. для** + *G.* possibility for sb/sth ◊ **м. для допомо́ги** an opportunity for help; **м.** + *inf.* possibility of doing sth ◊ **м. ви́дужати** the opportunity to recover

Also see **варія́нт 3, змо́га 2, імові́рність, наго́да, о́брій 3, потенці́ял 1.** *Ant.* **неможли́вість**

можли́во, *pred., adv.*

1 *pred.* possibly, possible; probably, probable

adv. **абсолю́тно** absolutely ◊ **Абсолю́тно м., що це навми́сне.** It is absolutely possible that this is done on purpose. **ду́же** very ◊ **Ду́же м., що вона́ не підо́зрює про на́слідки своє́ї зая́ви.** It is very probable that she has no suspicions about the consequences of her statement. **геть** totally, **звича́йно** certainly, **до́сить** fairly, **все ще** still, **вже** already, **цілко́м** entirely ◊ **Цілко́м м., що про́від профспі́лки нічо́го не зна́є про її мину́ле.** It is entirely possible that the trade union leadership does not know anything about her past. **я́кось** somehow, **ні́як не** not at all, **зо́всім не** not at all

Also see **імові́рно, либо́нь 2, мо́же.** *Ant.* **неможли́во**

2 *adv.* acceptibly, decently ◊ **Тара́с танцюва́в не те щоб до́бре, проте́ цілко́м м.** Taras was not so good a dancer, yet he was an entirely decent one.

мо́жна, *pred.*

1 possible, capable ♦ **бу́ти м.** *or* **м. бу́ти** + *inf.* to be possible, can be ◊ **Квитки́ м. купи́ти в ка́сі.** Tickets can be bought at the ticket-office. ◊ **Коли́ бу́де м. пози́чити велосипе́д?** When will I be able to borrow the bicycle? ♦ **все, що м.** all kinds of things, everything ◊ **Вона́ обіця́є все, що м.** She promises everything she can. ♦ **як м.** + *comp. degree* as ... as possible ◊ **Вчи́тель дав школяра́м як м. бі́льше ча́су.** The teacher gave the schoolchildren as much time as possible. ◊ **як м. деше́вша кварти́ра** as cheap an apartment as possible; ♦ **м. сказа́ти, що** one can say that; ♦ **якщо́ м.** if possible

2 allowed ♦ **бу́ти м.** be allowed, may + *D.* ◊ **Мико́лі теж м. прийти́.** Mykola may also come. ◊ **М. запита́ти, зві́дки вона́?** May I ask where she is from?

мо́з|ок, *m.*, **~ку**

1 *anat.* brain

adj. ♦ **головни́й м.** a cerebrum; **людськи́й** human; **лі́вий** left, **пра́вий** right; **дитя́чий** child's, **жіно́чий** female, **чолові́чий** male; **твари́нний** animal; ♦ **кістко́вий м.** bone marrow, ♦ **спинни́й м.** a spinal cord

n. + **м. захво́рювання ~ку** a brain disease (**запа́лення** inflammation, **на́бряк** swelling, **пухли́на** tumor) ◊ **Йому́ прооперува́ли пухли́ну ~ку.** He had his brain tumor operated on.

v. + **м. стимулюва́ти м.** stimulate the brain; **оперува́ти на ~ку** operate on the brain

prep. **в ~ку** in the brain ◊ **У ~ку пора́неного оско́лок мі́ни.** A mine fragment is in the brain of the wounded soldier.

See **о́рган 1**

2 *fig.* mind, intellect; brains

м. + *n.* **м. держа́ви** the brains of the state (**опози́ції** opposition, **па́ртії** party ◊ **Вона́ – факти́чний м. па́ртії.** She is the effective brains of the party. **ру́ху** movement); ♦ **кра́яти собі́ м.** to rack one's brains ◊ **Він кра́яв собі́ м., шука́ючи поя́снення поді́й.** He racked his brains, looking for an explanation of the events.

Cf. **ро́зум**

N. pl. **мі́зки**, *G. pl.* **мі́зків**

мо́кн|ути, ~уть, *var.* **мо́кти; з~, на~;** *pa. pf., m.* **змо́к(нув)**, *pl.* **змо́к(ну)ли**, *intr.*

1 to become wet, get drenched ◊ **Вони́ стоя́ли, ~учи під те́плим доще́м.** They were standing, getting wet in the warm rain.

adv. **геть** totally, **до́бре** *colloq.* a lot, ♦ **до кісто́к** *or* **до ни́тки** through to the bone, **ду́же** very, **зо́всім** utterly, **на́скрізь** through, **си́льно** badly, **цілко́м** completely; **зо́всім не** not at all ◊ **Хоч лило́, як із це́бра, він зо́всім не намо́к(ну)в.** Even though it rained cats and dogs, he did not get wet at all. **ніскі́льки** not in the least, **де́що** somewhat, **тро́хи** a little; **ле́две не** almost, **ма́ло не** nearly ◊ **Її комп'ю́тер ма́ло не намо́к(нув) під зли́вою.** Her computer nearly got wet in the downpour.

v. + **м. могти́** can ◊ **У тако́му дощ він міг з~ до кісто́к.** In such rain, he could get wet through to the bone. **намага́тися не** try not to, **роби́ти все, щоб не** do everything not to

prep. **м. на** + *L.* get drenched in *(rain, etc.)* ◊ **Вони́ змо́кли на дощі́.** They got wet in the rain. **м. під** + *I.* get drenched in *(rain, etc.)*

Also see **мочи́тися 1**

2 to soak, marinate, be immersed in ◊ **Квасо́ля ма́є м. ці́лу ніч до ра́нку.** The beans need to soak all night long till morning.

adj. до́вго long; годи́нами for hours, дня́ми for days
prep. м. в + *L.* soak in *(liquid)* ◊ **Оселе́дець мав м. в молоці́ хоч сім годи́н.** The herring had to soak in milk for at least seven hours.
pa. pple. **змо́клий** *and* **намо́клий** soaked
(на)мо́кни!

мо́кр|ий, *adj.*
1 wet
adv. **вкрай** extremely, **геть** totally, **до кісто́к** *or* **до ни́тки** soaking ◊ **~а до ни́тки дівчи́на** a soaking wet girl; **ду́же** very, **на́скрізь** through and through, **страше́нно** terribly; **на́дто** too; **до́сить** rather, **тро́хи** a little; **зо́всім не** not at all ♦ **~е ді́ло** *or* **~а спра́ва** *colloq., euph.* wet work, murder ◊ **На його́ со́вісті ви́сіла не одна́ ~а спра́ва.** More than one wet work weighed on his conscience.
v. + м. **бу́ти ~им** be wet ◊ **Сті́ни ~і від па́ру.** The walls are wet from steam. (**виявля́тися** turn out ◊ **О́дяг ви́явився ~им.** The clothes turned out to be wet. **здава́тися** + *D.* seem to sb ◊ **Стіл здава́вся йому́ ~им, а не поліро́ваним.** The table seemed wet rather than varnished to him. **става́ти** become) ◊ **Земля́ ста́ла на́скрізь ~ою від та́лого сні́гу.** The soil became wet through from melted snow. ♦ **як ~е гори́ть** very slowly, reluctantly ◊ **Він працю́є, як ~е гори́ть.** He is working very slowly.
Ant. **сухи́й**
2 wet *(rainy)*
м. + *n.* **м. клі́мат** wet climate (**сезо́н** season; **ти́ждень** week) ◊ **Два ти́жні були́ холо́дними й ~ими.** Two weeks were cold and wet. **~а пого́да** wet weather ◊ **Їй подо́бається ~а пого́да.** She likes wet weather.
Also see **сири́й 1**. *Ant.* **сухи́й 1**

мо́кро, *pred.*
wet *(of weather, etc.)*
v. + м. **бу́ти м.** be wet ◊ **Надво́рі було́ ~о.** It was wet outside. (**става́ти** become) ◊ **За годи́ну в лі́сі ста́ло м.** In an hour, it became wet in the forest.
Ant. **су́хо**

моли́т|ва, *f.*
prayer
adj. **коро́тка** short, **мале́нька** little; **мовчазна́** silent, **ти́ха** quiet; **гаря́ча** ardent, **при́страсна** fervent; **покі́рна** humble; **швидка́** quick; **дитя́ча** childish ◊ **Пе́ред сном він було́ промовля́в дитя́чу ~ву.** He would say his childish prayer before going to bed. **вла́сна** one's own, **особи́ста** personal; **колекти́вна** collective; **непочу́та** unanswered, **почу́та** answered; **ранко́ва** morning, **полудне́ва** afternoon, **вечі́рня** evening, **щоде́нна** daily
v. + м. **каза́ти ~ву** say a prayer (**промовля́ти** utter, **чита́ти** read; **бубоні́ти** mutter ◊ **Він бубоні́в щоде́нні ~ви́.** He was muttering his daily prayers. **співа́ти** chant, **шепта́ти** whisper; **вести́** lead; **слу́хати** listen to, **чу́ти** hear; **відповіда́ти на** answer) ◊ **Бог відпові́в на її́ ~ви́.** God answered her prayers. **зга́дувати** + *A.* **в ~ві** remember sb in a prayer (**кляка́ти в** kneel in ◊ **Парафія́ни кля́кнули в ~ві.** The parishioners knelt in prayer. **приє́днуватися до** + *G.* **в** join sb in) ◊ **Ді́ти приєдна́лися до не́ї в ~ві.** The children joined her in prayer.
prep. **в ~і** 1) in a prayer; 2) at prayer ◊ **Вона́ провела́ годи́ну в ~і.** She spent an hour at prayer. **м. за** + *A.* a prayer for sb/sth ◊ **м. за сім'ю́** a prayer for one's family
G. pl. **~о́в**

мол|и́ти, ~ю́, ~ять; *no pf., tran.*
implore, beg, beseech, entreat ◊ **Він ~и́в Окса́ну переду́мати.** He begged Oksana to change her mind.
adv. **відчайду́шно** desperately ◊ **Вони́ відчайду́шно ~и́ли богі́в, щоб припини́лася бу́ря.** They desperately implored the gods for the storm to stop. **гаря́че** ardently, **ду́же** hard, **при́страсно** fervently; **покі́рно** humbly, **ти́хо** quietly; **го́лосно** loudly; **ра́зом** together; **з наді́єю** with hope, **слі́зно** tearfully
моли́!

мол|и́тися; по~, *intr.*
to pray ◊ **Вони́ ~яться п'ять разі́в на день.** They pray five times a day.
adv. **благочести́во** piously, **побо́жно** devoutly; **відчайду́шно** desperately, **гаря́че** ardently, **при́страсно** fervently; **покі́рно** humbly, **ти́хо** quietly ◊ **Він ти́хо ~и́вся.** He prayed quietly. **го́лосно** loudly; **ра́зом** together ◊ **Гра́вці ра́зом ~и́лися за перемо́гу.** The players prayed together for their victory. **безпереста́нку** nonstop, **пості́йно** constantly, **реґуля́рно** regularly, **ча́сто** often, **щоде́нно** daily; **дві́чі на день** two times a day, **три́чі на день** three, *etc.*; **і́ноді** sometimes, **рі́дко** seldom; **ні́коли не** never
v. + м. **кляка́ти** kneel to ◊ **Він клякну́в по~.** He knelt to pray. **могти́** can ◊ **Тут вони́ могли́ спокі́йно по~.** Here they could pray calmly. **хоті́ти** want to; **проси́ти** + *A.* ask sb to ◊ **Вона́ проси́ла всіх м. за дити́ну.** She asked everybody to pray for the child.
prep. **м. до** + *G.* pray to sb ◊ **м. до Бо́жої Ма́тері** to pray to the Mother of God. **м. за** + *A.* pray for sb ◊ **Вони́ ~и́лися за у́спіх.** They prayed for success. **м., щоб** + *clause* pray that ◊ **Вона́ ~иться, щоб усе́ до́бре закі́нчилося.** She prays that everything ends well. **м. над** + *I.* pray over sth ◊ **Він помоли́вся над моги́лою ба́тька.** He prayed over his father's grave.
(по)моли́ся!

молод|а́, *f.*, **~о́ї**
bride
adj. **вродли́ва** beautiful ◊ **М. була́ вродли́вою і зо́всім ю́ною.** The bride was beautiful and very young. **га́рна** *and* **краси́ва** pretty, **хоро́ша** *colloq.* lovely; **щасли́ва** happy; **збу́джена** *and* **схвильо́вана** excited, **нерво́ва** nervous; **розчаро́вана** disappointed, **сумна́** sad; **майбу́тня** future; **зра́джена** betrayed, **обду́рена** deceived, **обма́нута** cheated, **поки́нута** jilted
v. + м. **цілува́ти ~у** kiss a bride (**пи́ти за** drink to ◊ **Він запроси́в госте́й ви́пити за ~у́.** He invited the guests to drink to the bride. **підно́сити тост за** raise a glass for)
Also see **нарече́на**

молод|е́ць, *m.*, **~ця́**
1 young unmarried man, bachelor ◊ **Павло́ лиша́вся ~це́м до тридцяти́ ро́ків.** Pavlo remained a bachelor till the age of thirty.
See **па́рубок 2, юна́к**
2 fine fellow; strong and healthy man, daredevil
adj. **га́рний** handsome, **хоро́ший** fine ◊ **Васили́ну супрово́джував яки́йсь хоро́ший м.** Some fine fellow accompanied Vasylyna. **до́брий** good; **ду́жий** healthy, **си́льний** strong; **безстра́шний** fearless, **хоро́брий** brave; **спра́вжній** real ◊ **Севери́н був спра́вжнім ~це́м.** Severyn was a truly fine fellow.
3 *pred., colloq.* **М.!** Well done! Right on! Bravo! ◊ **«М., Іва́не, чудо́вий матерія́л,» – похвали́в Садово́го реда́ктор.** "Well done, Ivan, an excellent story," the editor praised Sadovy.

молод|и́й[1], *adj.*
1 young, youthful
adj. **вкрай** extremely, **геть** totally, **ду́же** *and* **зо́всім** very, **надзвича́йно** extraordinarily, **на́дто** too; **де́що** somewhat, **до́сить** fairly ◊ **Його́ нача́льниця – до́сить ~а́ жі́нка.** His boss is a fairly young woman. **майже** almost, **тро́хи** a little; **навдивови́жу** amazingly, **несподі́вано** unexpectedly; **ще** still
v. + м. **бу́ти ~и́м** be young (**вигляда́ти** look ◊ **Ні́на вигляда́є ду́же ~о́ю як на шістдеся́т ро́ків.** Nina looks very young for her sixty years. **виявля́тися** turn out, **звуча́ти** sound ◊ **Марі́я звуча́ла по телефо́ну геть ~о́ю.** Maria sounded totally young on the phone. **лиша́тися** remain ◊ **У се́рці він лиша́вся ~и́м до само́ї сме́рті.** At heart, he remained young until his very death. **роби́ти** + *A.* make sb) ◊ **За́чіска роби́ла її́ ~о́ю.** The hairdo made her youthful.
comp. **~і́ший** younger *(out of those who are all young)* ◊ **Вона́ шука́є ~і́шого партне́ра.** She is looking for a younger partner. **~ший** younger *or* junior *(in rank out of those who are not necessarily young)*; ◊ **~ша сестра́** a younger sister
Also see **ні́жний 4, ю́ний**. *Ant.* **стари́й**
2 new, inexperienced ◊ **молоди́й лі́кар** a young doctor; **м. мі́сяць** the new moon
Also see **зеле́ний 4**

молод|и́й[2], *m.*, **~о́го**
bridegroom, fiancé
adj. **го́рдий** proud; **зако́ханий** enamored; **потенці́йний** prospective; **щасли́вий** happy; **збу́джений** *and* **схвильо́ваний** excited, **нерво́вий** nervous, **розчаро́ваний** disappointed, **сумни́й** sad; **зра́джений** betrayed, **обду́рений** deceived, **обма́нутий** cheated, **поки́нутий** jilted; ♦ **м. із молодо́ю** a bride and a bridegroom
Also see **жени́х 1, нарече́ний 2**

молоді́жн|ий, *var.* **молоде́чий**, *adj.*
youth, young, adolescent, of or pertaining to youth ◊ **Фі́рма пра́гне розвива́ти м. тури́зм.** The firm strives to develop youth tourism.
м. + *n.* **м. рух** a youth movement (**сленґ** slang; **фо́рум** forum, **центр** center); **~а асоція́ція** a youth association (**організа́ція** organization); **~е середо́вище** a youth environment

мо́лод|ість, *f.*, **~ости**, *only sg.*
youth, young years, young age
adj. **бунта́рська** rebellious ◊ **ро́ки́ її́ бунта́рської ~ости** the years of her rebellious youth; **буре́мна** wild, tempestuous; **важка́** hard ◊ **Важка́ м. загарту́вала Оле́ну на ре́шту життя́.** Her hard youth toughened Olena for the rest of her life. **втра́чена** lost, **змарно́вана** wasted, **зга́яна** misspent, **спантели́чена** confused; **ра́ння** early; **незабу́тня** unforgettable; **соло́дка** sweet ◊ **Ната́лчина соло́дка м. збі́глася з пері́одом сове́тського засто́ю.** Natalka's sweet youth coincided with the period of Soviet stagnation. **чудо́ва** wonderful; **ві́чна** eternal; **відно́сна** relative, **скра́йня** extreme ◊ **Че́рез Петро́ву скра́йню м. його́ не сприйма́ли серйо́зно.** Petro was not taken seriously because of his extreme youth. ♦ **дру́га м.** a second youth ◊ **Марі́я пережива́є дру́гу м.** Maria is going through her second youth.
v. + м. **прово́дити м.** spend one's youth (**прожива́ти** live ◊ **Ра́нню м. Сергі́й прожи́в у мало́му місте́чку.** Serhii lived his early youth in a small town. **зга́дувати** recollect ◊ **Він неохо́че зга́дував свою́ спантели́чену м.** He was reluctant to recollect his confused youth. **пам'ята́ти** remember; **втрача́ти** lose, **марнува́ти** waste) ◊ **Вона́ змарнува́ла м. на цього́ обу́ха.** *colloq.* She wasted her youth on this dumbhead.
м. + *v.* **мина́ти** pass, **пролі́тати** fly by, **прохо́дити** go by ◊ **Його́ м. пройшла́ в навча́нні.** His youth went by in studies. **закі́нчуватися** come to an end
prep. **в ~ості** in youth ◊ **У ~ості О́льга хоті́ла ста́ти переклада́чкою.** In her youth, Olha wanted to become an interpreter. **з ~ости** 1) since youth ◊ **Вони́ знайо́мі ще з ~ости.** They have known each other since their youth. 2) ♦ **роби́ти** + *A.* **з ~ости** do sth because of one's youth ◊ **Мари́на пові́рила в ї́хню брехню́ з ~ости.**

Maryna believed their lie because she was young. **про́тягом ~ости** throughout one's youth ◊ **Про́тягом усіє́ї ~ости Петро́ мрі́яв поїха́ти до Гре́ції.** Throughout his entire youth, Petro dreamed of traveling to Greece.
I. **~істю**
Also see **ю́ність**. *Ant.* **ста́рість**

молоді́|ти, ~ють; по~, *intr.*
1 to become younger, feel younger ◊ **Васи́ль ~є, коли́ ма́є спра́ву зі студе́нтами.** Vasyl feels younger when he deals with students.
See **моло́дшати**. *Ant.* **старі́ти 1**
2 *fig.* to rejoice, become elated; ♦ **се́рцем** *or* **душе́ю м.** to feel younger at heart; ♦ *fig.* **се́рце** *or* **душа́ ~є** one's heart (soul) rejoices ◊ **Ба́чить Мико́ла до́чок, і ду́ша ~є.** Mykola sees his daughters and his soul rejoices.
(по)молоді́й!

молоді́ш|ий, *adj., comp. of* **моло́ди́й**
younger *(in age)*, junior *(of those who are not necessarily young)* ◊ **Миха́йло м.** *or* **моло́дший, ніж Яре́ма за ві́ком, але́ ста́рший за поса́дою.** Mykhailo is Yarema's junior in age but his senior in position.
м. + *n.* **м. вік** a younger age (**дуб** oak, **мох** moss; **музе́й** museum, **університе́т** university, **чолові́к** man) ◊ **Котри́й із цих чолові́ків м.?** Which of these men is younger? **~а дружи́на** 1) a younger wife; 2) a younger team (**жі́нка** woman; **ма́ти** mother ◊ **Спостере́ження веду́ть за ~ими матеря́ми.** Younger mothers are being observed. **поса́дка** plantation; **тради́ція** tradition); **~е вино́** a younger wine ◊ **Зазвича́й ~е вино́ не таке́ міцне́, як старі́ше.** Usually the younger wine is not as strong as the older one. (**де́рево** tree, **насі́ння** seed; **мі́сто** city, **утво́рення** formation; **лоша́** foal)
v. + **м. бу́ти ~им** *or* **моло́дшим** be younger (**вважа́ти** + *A.* consider sb, **здава́тися** + *D.* seem to sb ◊ **Із двох її дя́дьків дя́дько Іва́н здає́ться їй ~им** *or* **моло́дшим.** Of her two uncles, Uncle Ivan seems younger to her. **прикида́тися** pretend to be) ◊ **Вона́ прикида́ється ~ою** *or* **моло́дшою, ніж спра́вді є.** She pretends to be younger than she really is.
prep. **м. від** + *G. or* **за** + *A. or* , **ніж** + *N. or,* **як** + *N.* younger than sb/sth ◊ **Ця сосна́ ~а, як дуб.** The pine is younger than the oak.
See **моло́дший 1.** *Cf.* **моло́дший 2.** *Ant.* **старі́ший**

моло́дша|ти, ~ють; по~, *intr.*
to get younger, grow younger; feel younger
adj. **ду́же** very, **зна́чно** significantly, **помі́тно** noticeably, **серйо́зно** seriously, **я́вно** clearly; **нена́че** as if ◊ **Вона́ нена́че помоло́дшала.** She grew as if younger. **ма́йже** almost, **тро́хи** a little
prep. **м. на** + *A.* get younger by *(years)* ◊ **Пі́сля двох ти́жнів у го́рах Москале́нко помоло́дшав на ро́ків п'ять.** After two weeks in the mountains, Moskalenko became some five years younger.
(по)моло́дшай!
Also see **молоді́ти 1.** *Ant.* **старі́ти 1**

моло́дш|ий, *adj., comp. of* **молоди́й**
1 younger *(of age)*
adj. **геть** totally, **зна́чно** significantly, **куди́** *colloq.* way ◊ **Си́мон куди́ м. від Макси́ма.** Symon is way younger than Maksym. **набага́то** much; **відно́сно** relatively, **порі́вняно** comparatively; **вира́зно** distinctly, **помі́тно** noticeably, **я́вно** clearly; **нена́че** as if; **ма́йже** almost, **тро́хи** a little; ◊ **~а дочка́** a younger daughter
м. + *n.* **м. брат** a younger brother (**зять** son-in-law, **не́біж** nephew, **ону́к** grandson, **син** son); **~а небо́га** a younger niece (**ону́ка** granddaughter, **неві́стка** daughter-in-law, **сестра́** sister)

prep. **м. від** + *G. or* **за** + *A. or* , **ніж** + *N. or,* **як** + *N.* younger than sb ◊ **Іва́н м., як О́ля.** Ivan is younger than Olia. **м. на** + *A.* young by *(measure)* ◊ **Він м. за жі́нку на три мі́сяці.** He is three months younger than his wife.
Also see **молоді́ший.** *Ant.* **ста́рший 1, старі́ший**
2 junior *(of rank, position)*, younger, Jr. ◊ **м. науко́вий праці́вни́к** a junior research fellow; ◊ **м. лейтена́нт** a second lieutenant. ◊ **Вона́ обіця́ла порозмовля́ти з ~им Якове́нком.** She promised to speak with Yakovenko, Jr.
See **молоди́й.** *Cf.* **молоді́ший.** *Ant.* **ста́рший 2, 3**

мо́лод|ь, *f., coll., only sg.*
youth, young people
adj. **місце́ва** local ◊ **До кав'я́рні лю́бить прихо́дити місце́ва м.** The local youth like to frequent the coffee shop. **мі́ська** urban, **робітни́ча** working-class ◊ **На зу́стрічі було́ бага́то робітни́чої ~і.** There were a lot of working-class youth at the meeting. **сільська́** rural, **університе́тська** university, **шкільна́** school; **суча́сна** modern; **заї́жджа** visiting, **іммігра́нтська** immigrant; **гомосексуа́льна** gay; **англі́йська** English, **еспа́нська** Spanish, **украї́нська** Ukrainian; **російськомо́вна** Russian-speaking, **українськомо́вна** Ukrainian-speaking; **католи́цька** Catholic, **християнська** Christian; **комуністи́чна** communist, **наци́стська** Nazi; **націоналісти́чна** nationalist, **патріоти́чна** patriotic, **соціялісти́чна** socialist; **ки́ївська** Kyiv, **льві́вська** Lviv, **оде́ська** Odesa, *etc.*; **безробі́тна** jobless; **кримі́на́льна** delinquent; **невдово́лена** disaffected; **максималі́стська** maximalist, **радика́льна** radical; **осві́чена** educated, **золота́** *fig.* gilded, **привілейо́вана** privileged ◊ **Коли́сь він нале́жав до привілейо́ваної комуністи́чної ~і.** Once he belonged to the privileged communist youth.
v. + **м. вихо́вувати м.** bring up youth (**просві́чувати** educate ◊ **Фонд просві́чує робітни́чу м. із пита́нь СНІДу.** The foundation educates the working-class youth about AIDS, **надиха́ти** inspire; **розбе́щувати** spoil, **розтліва́ти** corrupt; **вплива́ти на** influence); **признача́тися для ~і** target youth, be meant for ◊ **Вебса́йт признача́ється для безробі́тної ~і.** The web site targets jobless youth.
I. **~дю**
Also see **юна́цтво**

моло|ко́, *nt., only sg.*
milk
adj. **звича́йне** regular, **сире́** raw ◊ **Сире́ м. не так ле́гко знайти́ в мі́сті.** It is not so easy to find raw milk in the city. **спра́вжнє** real; **органі́чне** organic, **ці́льне** whole; **гаря́че** hot, **те́пле** warm; **холо́дне** cold ◊ **скля́нка холо́дного ~ка́** a glass of cold milk; **ко́зяче** goat ◊ **Ко́зяче м. ма́є лі́карські власти́вості.** Goat milk has medicinal properties. **коро́в'яче** cow; **зби́ране** skim, **незби́ране** full-fat, **знежи́рене** fat-free; **кип'ячéне** boiled, **пастеризо́ване** pasteurized; **квасне́** *or* **ки́сле** sour; **грудне́** breast, **матери́нське** mother's; **сві́же** fresh; **вчора́шнє** yesterday's; **згу́щене** condensed ◊ **ба́нка згу́щеного ~ка́** a can of condensed milk; **порошко́ве** powder, **сухе́** dry; **коко́сове** coconut, **мигдале́ве** almond, **со́єве** soy
v. + **м. ма́ти м.** have milk (**пи́ти** drink ◊ **Мари́на п'є як со́єве, так і коро́в'яче м.** Maryna drinks both soy and cow milk. **спожива́ти** consume; **грі́ти** heat, **кип'яти́ти** boil; **охоло́джувати** chill; **вилива́ти** pour out ◊ **Він ви́лив м. до гле́ка.** He poured the milk into a jug. **пролива́ти** spill; **доставля́ти** deliver, **приво́зити** bring) ◊ **Щора́нку до крамни́ці приво́зять сві́же м.** Every morning fresh milk is brought to the store. **налива́ти ~ка́** pour some milk (**додава́ти** add) ◊ **Вона́ додала́ до ті́ста ~ка́.** She added some milk to the dough.
м.+ *v.* **ки́снути** *or* **скиса́ти** go sour ◊ **Спра́вжнє м. шви́дко ки́сне** *or* **скиса́є.** Real milk goes quickly sour. **псува́тися** go bad; ♦ **як із ца́па** *or* **козла́ ~ка́** of no use whatsoever ◊ **З тако́ї дру́жби для Марка́ ра́дости, як із козла́ ~ка́.** Marko gets no joy at all from such friendship.
prep. **в ~ці́** *posn.* in milk ◊ **У ~ці́ була́ му́ха.** There was a fly in the milk. **без ~ка́** without milk ◊ **Він п'є ка́ву без ~ка́.** He drinks coffee without milk. **з ~ко́м** with milk ◊ **чай із ~ко́м** tea with milk

молот|о́к, *m.*, **~ка́**
hammer
adj. **ґу́мовий** rubber, **дерев'я́ний** wooden, **залі́зний** iron; **відбі́йний** jackhammer, **кова́льський** blacksmith
v. + **м. вдаря́ти** + *A.* **~ко́м** hit sth with a hammer (**користува́тися** use; **забива́ти цвя́хи** hammer nails with ◊ **Він забива́в цвя́хи ~ко́м у до́шку.** He was hammering the nails into a board. **маха́ти** swing, **сту́кати** tap, **розбива́ти** + *A.* break sth with, **трощи́ти** + *A.* smash sth with) ◊ **Він розтрощи́в експона́ти ~о́м.** He smashed the exhibits with a hammer.
L. **на ~ку́** *or* **~ко́ві**

моло́чн|ий, *adj.*
1 milk, dairy, of or pertaining to milk
м. + *n.* **м. за́пах** a smell of milk, **м. ві́дділ** a dairy department; ♦ **м. брат** a milk brother ◊ **Вони́ – ~і брати́.** They are milk brothers. **м. коктéйль** a milk shake; **~а діє́та** milk diet (**пля́шка** bottle; **сестра́** sister), ♦ **~а кислота́** *chem.* lactic acid; **~і проду́кти** (*usu* **набі́л**) dairy products
Also see **набі́л**
2 *anat.* milk *(of tooth)*, deciduous ◊ **У дити́ни випада́ють ~і зу́би.** The child is shedding its milk teeth.

моме́нт, *m.*, **~у**
1 moment, instant ◊ **В оста́нній м. все ста́ло на свої́ місця́.** At the last moment, everything fell into place.
See **мить 1** *Also see* **те́рмін**[2] **2, хвили́на 2, час 3**
2 period, stretch of time ◊ **У її́ житті́ почина́вся нови́й м.** A new period was beginning in her life. ◊ **перело́мний м.** a turning point
See **пері́од 1.** *Also see* **час 2**
3 aspect, facet, side ◊ **Вони́ не усвідо́млювали одного́ важли́вого ~у конфлі́кту.** They were unaware of one very important aspect of the conflict.
adj. **важли́вий** important, **ключови́й** key, **крити́чний** critical; **відо́мий** well-known; **інтригу́ючий** intriguing, **ціка́вий** interesting; **маловивчений** little-studied, **невідо́мий** unknown; **дивови́жний** amazing; **несподі́ваний** unexpected ◊ **Він ціпко́м зіґнорува́в цей несподі́ваний м. дослі́дження.** He completely ignored this unexpected aspect of the research.
See **аспе́кт.** *Also see* **бік 3, сторона́ 4**
4 *techn.* moment ◊ **м. іне́рції** a moment of inertia (**оберта́ння** rotation)

момента́льн|ий, *adj.*
instant, instantaneous, immediate ◊ **Її́ відпо́відь була́ ~ою.** Her response was instantaneous.
adv. **абсолю́тно** absolutely; **ма́йже** almost; **дослі́вно** literally, **спра́вді** truly ◊ **Він – боксе́р із спра́вді ~ою реа́кцією.** He is a boxer with truly instant reactions. ◊ **~а смерть** an instantaneous death
See **шви́дкий 1.** *Ant.* **пові́льний**

мона́рх, *m.*; **~и́ня**, *f.*
monarch
adj. **абсолю́тний** absolute ◊ **Людо́вик XIV – класи́чний при́клад абсолю́тного ~а.** Louis XIV is a classic example of an absolute monarch. **конституці́йний** constitutional; **пра́влячий** reigning; **ни́нішній** *or* **тепе́рішній**

current; коли́шній former; майбу́тній future; просві́чений enlightened ◊ Він культивува́в о́браз просві́ченого ~а. He cultivated the image of an enlightened monarch. непопуля́рний unpopular, популя́рний popular
v. + м. скида́ти ~а topple a monarch (стра́чувати execute; зра́джувати betray; вмира́ти за die for, підтри́мувати support); підкоря́тися ~ові submit to a monarch (зра́джувати betray)
м. + *v.* панува́ти rule ◊ М. пропанува́в рік. The monarch ruled for a year. пра́вити reign
Also see коро́ль 1

мона́рхі|я, *f.*, ~ї
monarchy
adj. абсолю́тна absolute; деспоти́чна despotic, крива́ва bloody, скорумпо́вана corrupt; просві́чена enlightened; конституці́йна constitutional, парла́ментська parliamentary; си́льна strong; слабка́ weak; прире́чена doomed; англі́йська English, еспа́нська Spanish, росі́йська Russian ◊ Деспоти́чна росі́йська м. ви́явилася істори́чно прире́ченою. The despotic Russian monarchy turned out to be historically doomed. непопуля́рна unpopular, популя́рна popular
v. + м. встано́влювати ~ю establish a monarchy (ма́ти have; підтри́мувати support; вали́ти overthrow, зни́щувати destroy, ліквідо́вувати abolish ◊ Вони́ вимага́ють ліквідува́ти ~ю, як анахроні́зм. They demand that the monarchy be abolished as an anachronism. реставрува́ти restore)
See держа́ва. *Ant.* респу́бліка

монасти́р, *m.*, ~я́
monastery, convent
adj. вели́кий large; нови́й new; стари́й old, старови́нний ancient; середньові́чний medieval; зруйно́ваний ruined; жі́ночий women's, чолові́чий male; василія́нський Basilian, єзуї́тський Jesuit, студи́тський Studite; домініка́нський Dominican, францииска́нський Franciscan; будді́йський Buddhist, тібе́тський Tibetan
v. + м. засно́вувати м. found a monastery (відно́влювати reinstate, реставрува́ти restore; іти́ в м. enter ◊ Відмо́вившись одру́жуватися, вона́ пішла́ в м. Having refused to get married, she entered a monastery. ки́дати abandon); іти́ з ~я́ leave a monastery
prep. в ~і at/in the monastery ◊ У Ри́мі він зупини́вся у василія́нському ~і́. In Rome, he stayed at a Basilian monastery. ♦ підвести́ + *A.* під м. *pf.* to get sb into trouble

мона́х, *m.*; ~иня, *f.*
1 monk, friar ◊ Він постри́гся в ~и. He became a monk.
adj. василія́нський Basilian, студи́тський Studite; середньові́чний medieval; домініка́нський Dominican, франциска́нський Franciscan; будді́йський Buddhist, тібе́тський Tibetan
м. + *n.* м.-василія́нин a Basilian monk (-єзуї́т Jesuit, -капуци́н Capuchin, -студи́т Studite, -франциска́нець Franciscan, *etc.*)
v. + м. іти́ *or* стри́гтися в ~и become a monk
2 *fig.* ascetic, puritan, recluse ◊ Він усе́ життя́ живе́ як м. He has lived like a recluse all his life.

моне́т|а, *f.*
coin
adj. бро́нзова bronze, золота́ gold, мі́дна copper, срі́бна silver; стара́ old, старови́нна antique; рідкі́сна rare ◊ Рідкі́сна м. ко́штувала шале́ні гро́ші. The rare coin cost some crazy money. пропа́м'ятна commemorative; спра́вжня genuine; підро́блена counterfeit, фальши́ва fake ◊ Фахіве́ць відрізняє підро́блену ~у від спра́вжньої. An expert can tell a counterfeit coin from a genuine one. ♦ *fig.* дзвінка́ м. hard cash; розмі́нна м. small change
v. + м. карбува́ти ~у mint a coin ◊ ~у ви́карбували за Калі́ґули. The coin was minted under Caligula. (випуска́ти issue; збира́ти *and* колекціонува́ти collect; ки́дати flip) ◊ Вони ки́нули ~у, щоб ви́рішити, хто піде пе́ршим. They flipped a coin to decide who would go first. ♦ бра́ти + *A.* за чи́сту ~у to take sth at face value ◊ Вони́ взяли́ ці тве́рдження за чи́сту ~у. They took those assertions at face value. ♦ плати́ти + *D.* тако́ю са́мою ~ою to pay sb back, get back at sb
м. + *v.* бу́ти в о́бігу be in circulation ◊ Срі́бна м. була́ в о́бігу до 1940 ро́ку. The silver coin was in circulation until 1940. ходи́ти circulate ◊ Ця м. переста́ла ходи́ти два́дцять ро́ків тому́. The coin stopped circulating twenty years ago. бряжча́ти clink ◊ У кишені́ бряжча́ли ~и. Coins clinked in the pocket.
Cf. копі́йка

монополі́ст, *m.*; ~ка, *f.*
monopolist
adj. вели́кий big; факти́чний effective
v. + м. бу́ти ~ом be a monopolist ◊ Фі́рма є ~ом на ри́нку на́фти. The firm is the monopolist on the oil market. (лиша́тися remain; става́ти become)
See монопо́лія

монопо́лі|я, *f.*, ~ї
monopoly
adj. величе́зна huge ◊ Світови́й ри́нок поді́лено між кілько́ма величе́зними ~ями. The world market is divvied up among several huge monopolies. гіга́нтська giant, могу́тня powerful; абсолю́тна absolute, по́вна full, цілкови́та complete; ма́йже near; факти́чна effective; націона́льна national ◊ Нова́ мере́жа є части́ною націона́льної алкого́льної ~ї. The new chain is part of the national alcohol monopoly. держа́вна state, урядо́ва government; місце́ва local; приро́дна natural; міжнаро́дна international; ву́гільна coal, га́зова gas, меді́йна media, на́фтова oil, фіна́нсова financial
v. + м. ма́ти ~ю have a monopoly (встано́влювати establish ◊ Гру́па встанови́ла цілкови́ту ~ю на друко́вану пре́су. The group established a complete monopoly over the printed press. ство́рювати create, утри́мувати maintain; забезпе́чувати (собі́) secure, здобува́ти gain, отри́мувати get; зберіга́ти preserve; ліквідо́вувати abolish, розбива́ти break) ◊ У́ряд розби́в ~ю ціє́ї компа́нії. The government broke the company's monopoly. позбува́тися ~ї get rid of a monopoly; ті́шитися ~єю enjoy a monopoly ◊ Рік тому́ фі́рма ті́шилася по́вною ~єю в прока́ті фі́льмів. A year ago, the firm enjoyed a full monopoly in film distribution.
prep. м. на + *A.* a monopoly in/on/over sth ◊ Вони́ утри́мують ~ю на експо́рт зерна́. They hold a monopoly on grain exports.

моното́нн|ий, *adj.*
1 *mus.* monotonous, toneless ◊ ~а мело́дія a monotonous melody
2 *fig.* monotonous, boring, dull, tedious
adv. абсолю́тно absolutely, геть totally, ду́же very ◊ Життя́ у селі́ ста́ло ду́же ~им. Life in the country became very monotonous. зо́всім completely нестерпно unbearably, страше́нно terribly, цілко́м entirely; на́дто too; де́що somewhat, до́сить fairly, ма́йже almost
v. + м. бу́ти ~им be boring ◊ Ле́кція була́ ~ою. The lecture was boring. (виявля́тися turn out, здава́тися + *D.* seem to sb, роби́ти + *A.* make sth ◊ Безба́рвний го́лос промо́вця роби́в презента́цію страше́нно ~ою. The speaker's colorless voice made the presentation terribly dull. става́ти become)
See нудни́й. *Also see* набри́дливий, пісни́й 5, сі́рий 4, сухи́й 6

монстр, *m.*, ~а
1 monster
adj. велете́нський colossal, вели́кий big, величе́зний huge, гіга́нтський giant; страшни́й scary ◊ На карти́ні був страшни́й двоголо́вий м. There was a scary two-headed monster in the picture. огидни́й ugly, потво́рний hideous; витрішкува́тий bug-eyed; волоха́тий hairy, одноо́кий one-eyed ◊ одноо́кий м. на ім'я́ Поліфе́н the one-eyed monster by the name of Polyphemus, п'ятио́кий five-eyed, *etc.*; двоголо́вий two-headed, триголо́вий three-headed, *etc.*; безду́шний heartless, жорсто́кий cruel, злий evil, кровоже́рний blood-thirsty, ненаси́тний insatiable; леґенда́рний legendary, міти́чний mythical, мітологі́чний mythological; нелю́дський inhuman; доістори́чний pre-historic, морськи́й sea
v. + м. ство́рювати ~а create a monster (вбива́ти slay, зни́щувати destroy, перемага́ти vanquish) ◊ На фре́сці зобра́жено Св. Ю́рія, що вбива́є ~а. The fresco depicts St. George slaying a monster. боро́тися з ~ом fight a monster (би́тися з battle, воюва́ти з wage a war with)
2 *fig.* brute, beast, hideous person, monster ◊ Мора́льний м. мав ви́гляд цілко́м дома́шньої люди́ни. The moral monster had the appearance of an entirely domestic person.

монта́ж, *m.*, ~у́, *only sg.*
1 assembling *(a mechanism, etc.)*, mounting, installation
adj. легки́й easy ◊ М. кра́на ви́явився відно́сно легки́м. Mounting the crane turned out to be relatively easy. складни́й difficult; пришви́дшений expedited, швидки́й fast; по́вний full, частко́вий partial; професі́йний professional; остато́чний final ◊ м. устаткува́ння equipment installation
v. + м. вести́ м. carry out an installation (прово́дити conduct ◊ М. експона́та прово́дила гру́па з трьо́х чолові́к. A group of three conducted the installation of the exhibition piece. почина́ти begin; продо́вжити *only pf.* resume, продо́вжувати continue; закі́нчувати finish, перерива́ти interrupt)
2 montage *(of a film)*, editing, cutting
adj. бездога́нний impeccable, блиску́чий brilliant, доскона́лий perfect, чудо́вий great; ама́торський amateurish, ке́пський poor, непрофесі́йний unprofessional, пога́ний bad, посере́дній mediocre; швидки́й rapid ◊ Його́ ле́гко впізна́ти по типо́во швидко́му ~у́. He is easy to recognize by his typically rapid editing. психологі́чний psychological
v. + м. роби́ти м. do editing ◊ Він зроби́в блиску́чий м. матерія́лу. He did a brilliant editing of the footage.

монуме́нт, *m.*, ~у
1 monument
adj. вели́чний magnificent, разю́чий striking, чудо́вий great; гі́дний appropriate, досто́йний fitting ◊ Письме́нниці споруди́ли досто́йний м. A fitting monument was constructed to the (female) writer. безли́кий faceless ◊ безли́кі ~ти комуністи́чної доби́ faceless monuments of the communist era; помпе́зний pompous; вульґа́рний vulgar, кічува́тий *colloq.* tacky
v. + м. будува́ти м. build a monument (встано́влювати erect, спору́джувати construct, ста́вити put up, ство́рювати create; відкрива́ти open, відслоня́ти unveil; демонтува́ти dismantle, руйнува́ти ruin; вандалі́зувати vandalize, оскверня́ти desecrate)
See па́м'ятник 1. *Also see* меморія́л
2 tombstone, tomb ◊ На моги́лі вели́кого

вче́ного стоя́в скро́мний м. A modest tombstone stood on the great scientist's grave.
See **надгро́бок.** *Also see* **па́м'ятник 2**

мора́л|ь, *f., only sg.*
1 morals, morality, code of ethics, values
adj. **висо́ка** high ◊ **О́льзі ди́вно було́ чу́ти це від люди́ни тако́ї на́чебто висо́кої ~і.** It was strange for Olha to hear this from a person of such allegedly high morals. **до́бра** good; **міцна́** sound; **гріхо́вна** sinful, **ке́пська** poor, **низька́** low, **пога́на** bad, **поро́чна** vicious, **розпу́сна** loose, **слабка́** weak; **ди́вна** strange, **особли́ва** peculiar; **стате́ва** sexual; **особи́ста** personal; **грома́дська** public, **релігі́йна** religious, **християнська** Christian
v. + **м. ма́ти м.** have morals ◊ **Па́влів ма́є ди́вну м.** Pavliv has strange morals. (**передава́ти** + *D.* pass down to sb, **прище́плювати** + *D.* instill into sb ◊ **Бабу́ся прищепи́ла ону́ці христия́нську м.** Grandma instilled Christian morals into her granddaughter. **підрива́ти** undermine, **розтліва́ти** corrupt, **руйнува́ти** ruin); **вчи́ти** + *A.* **~і** teach sb morals (**дотри́муватися** adhere to)
Also see **е́тика 1**
2 moral, lesson, message ◊ **Він не зо́всім розумі́в ~і ціє́ї істо́рії.** He did not quite grasp the moral of the story.
adj. **важли́ва** important, **ко́рисна** useful, **повча́льна** instructive; **прихо́вана** hidden; **однозна́чна** unequivocal, **чітка́** distinct; **неоднозна́чна** unequivocal
v. + **м. ма́ти м.** have a moral ◊ **Ка́зка ма́є прихо́вану м.** The fairy tale has a hidden moral. (**висно́вувати** draw) ◊ **З ціє́ї до́сить ди́вної істо́рії тя́жко ви́снувати неоднозна́чну м.** It is hard to draw an unequivocal moral from this rather strange story.
Also see **ви́сновок**
3 *colloq.* admonition, advice, instruction; ♦ **чита́ти** + *D.* **м.** to sermonize, lecture sb ◊ **Не чита́йте нам ~і!** Don't sermonize to us!

мора́льн|ий, *adj.*
1 moral, ethical ◊ **м. аспе́кт спра́ви** the moral aspect of the matter; **з ~ої то́чки зо́ру** from the moral point of view
Also see **ети́чний 2**
2 virtuous, moral, good, upstanding
adv. **винятко́во** exceptionally, **висо́ко** highly, **ду́же** very ◊ **Його́ зна́ли як ду́же ~у люди́ну.** He was known as a very moral person. **суво́ро** strictly; **зо́всім не** not at all
Also see **ети́чний 1**
3 psychological, moral, emotional ◊ **Він потребу́є ~ої підтри́мки.** He is in need of moral support. ◊ **м. стан вояків** the state of soldiers' morale
See **психологі́чний**

мо́р|е, *nt.*, **~я**
1 sea
adj. **бездо́нне** bottomless, **глибо́ке** deep; **мілке́** *or* **плитке́** shallow; **те́пле** warm ◊ **На пі́вдні о́строва м. мілке́ і те́пле.** In the south of the island, the sea is shallow and warm. **заме́рзле** frozen, **крижане́** icy, **холо́дне** cold; **пі́вні́чне** northern, **півде́нне** southern; **тропі́чне** tropical; **спокі́йне** calm, **ти́хе** quiet, **штильове́** still; **бурхли́ве** rough, heavy, **лю́те** raging ◊ **Вони́ милува́лися ~ем, що лютува́ло під ске́лями.** They admired the sea raging under the rocks. **неспокі́йне** choppy ◊ **Він не ризикува́в вихо́дити в неспокі́йне м.** He did not risk putting out to a choppy sea. **штормове́** stormy, **лазуро́ве** azure, **си́нє** blue; **сі́ре** gray, **те́мне** dark; **загро́зливе** sinister, **неприві́тне** surly, **пону́ре** grim, **похму́ре** gloomy; **соло́не** salty; **відкри́те** open ◊ **Вони́ були́ в відкри́тому ~і.** They were in the open sea. ♦ **кра́пля в ~і** a drop in the ocean; ♦ **м. по колі́на** + *D.* not to have a care in the world ◊ **Наві́ть у найтя́жчій ситуа́ції Рома́нові, здає́ться, м. по колі́на.** Even in the most difficult situation, Roman seems not to have a care in the world.
v. + **м. перепли́вати м.** cross a sea (**вихо́дити в** put out to; **ї́здити** *or* **ї́хати на** go to ◊ **Його́ сім'я́ щоро́ку ї́здить на м.** His family goes to the seaside every year. **вихо́дити на** face *(of a window, etc.)* ◊ **Іва́нова спа́льня вихо́дила на м.** Ivan's bedroom had a view of the sea. **диви́тися на** look at) ◊ **Мирosла́ва диви́лася на лазуро́ве м.** Myroslava watched the azure sea. **мандрува́ти ~ем** roam the sea (**пла́вати** sail) ◊ **Гру́па пла́вала Середзе́мним ~ем три ти́жні.** The group sailed the Mediterranean Sea for three weeks.
n. + **м. глиби́ни ~я** the depths of the sea (**дно** bottom, **край** edge ◊ **Вони́ опини́лися на само́му краю́ Са́рґасового ~я.** They found themselves at the very edge of the Sargasso Sea. **пове́рхня** surface, **середи́на** middle
◊ **рі́вень ~я** the sea level, ◊ **на рі́вні ~я** at the sea level, **над рі́внем ~я** above the sea level
◊ **Альпіні́сти досягну́ли висоти́ в 6.000 ме́трів над рі́внем ~я.** The mountaineers reached the height of 6,000 m above the sea level. **ни́жче рі́вня ~я** below the sea level
◊ **О́зеро лежи́ть п'ять ме́трів ни́жче рі́вня ~я.** The lake is 5 m below the sea level
м. + *v.* **омива́вати** + *A.* wash sth ◊ **Украї́ну омива́ють два ~я.** Ukraine is washed by two seas. **відступа́ти** recede, **підніма́тися** surge
◊ **Штормове́ м. спочатку підніма́лося, а тоді́ відступа́ло.** The stormy sea would first surge and then recede. **зато́плювати** + *A.* flood sth
◊ **Доли́ну мі́ста впе́рше в істо́рії затопи́ло м.** For the first time in history, the sea flooded the lower part of the city. **змива́ти** + *A.* wash away sth
◊ **Моряків ма́ло не зми́ло м.** The sailors were nearly washed away by the sea. ♦ **чека́ти бі́ля ~я пого́ди** to sit around and wait, wait in vain
prep. **в м.** *dir.* in/to a sea ◊ **Вона́ пові́льно зайшла́ в м.** She slowly walked into the sea. **в ~і** *posn.* 1) at sea ◊ **Вони́ пробули́ три мі́сяці в ~і.** They spend three months at sea. 2) in the sea ◊ **Вона́ три ра́зи на день купа́лася в ~і.** She bathed in the sea three times a day. **до ~я** down to the sea ◊ **Він пішо́в до ~я.** He went down to the sea. **за м.** *dir.* over the sea ◊ **Журавлі́ леті́ли дале́ко за м.** The cranes flew far over the sea. **за ~ем** *posn.* over the sea ◊ **Богда́н живе́ за ~ем.** Bohdan lives over the sea. ♦ **з-за ~я** from across the sea, from afar; **на ~е** *dir.* to the sea ◊ **Дру́зі ї́дуть на м.** The friends are going to the sea. **на ~і** *posn.* by/on the sea ◊ **Ми відпочива́ли на ~і.** We vacationed by the sea.
Also see **океа́н.** *Ant.* **земля́ 3**
2 *fig.* sea, a lot, heaps ◊ **м. пшени́ці** a sea of wheat; ◊ **Він ма́є м. пита́нь до доповідача́.** He has loads of questions for the speaker. ◊ **Сього́дні у Тере́нтія м. робо́ти.** Terentii has a lot of work to do today.
See **бага́то 1.** *Also see* **ку́па 3, ма́са 3, океа́н 2**
N. pl. **~я́**, *G. pl.* **~ів**

морепроду́кт, *m.*, **~у**
sea product, *in pl.* seafood
adj. **живи́й** live, **натура́льний** natural; **сві́жий** fresh, **заморо́жений** frozen, **консерво́ваний** canned; **місце́вий** local; **аркти́чний** Arctic, **атланти́чний** Atlantic, **чорномо́рський** Black Sea ◊ **Бі́льшість ~ів на ри́нку чорномо́рські.** Most seafood on the market comes from the Black Sea. ◊ **стра́ви з ~ів** seafood dishes
v. + **м. ї́сти ~и** eat seafood (**готува́ти** cook; **подава́ти** + *D.* serve sb ◊ **Це є́диний рестора́н в середмі́сті, де подаю́ть місце́ві ~и.** This is the only restaurant downtown where local seafood is served. **пропонува́ти** + *D.* offer sb) ◊ **Тут пропону́ють ті́льки сві́жі м.** Only fresh seafood is offered here.
See **ї́жа**

мо́ркв|а, *f.*
1 *coll., only sg.* carrots
adj. **молода́** young; **сві́жа** fresh; **соло́дка** sweet; **стара́** old; **цьогорі́чна** this year's; **торі́чна** last year's; **сира́** raw ◊ **Він нате́р собі́ сиро́ї ~и з я́блуками й горі́хами.** He grated some raw carrots with apples and nuts. **ва́рена** boiled, **па́рена** steamed, **пе́чена** roasted, **сма́жена** fried, **тушко́вана** stewed; **порі́зана** cut, **постру́гана** shredded, **поте́рта** grated; **почи́щена** peeled; **ви́рвана** uprooted
v.+ **м. ї́сти ~у** eat carrots (**спожива́ти** consume; **кра́яти** slice, **рі́зати** cut, **те́рти** grate, **чи́стити** peel; **вари́ти** boil, **сма́жити** fry) ◊ **Вона́ підсма́жила ~у з цибу́лею.** She fried some carrots with onions. ♦ **ха́тня м.** *iron.* a family squabble
See **горо́дина 1**
2 carrot ◊ **почи́стити і поте́рти дві ~и** to peel and grate two carrots
See **моркви́на**

моркви́н|а, *f.*
carrot ◊ **У холоди́льнику лиши́лася одна́ стара́ м.** One old carrot is left in the refrigerator.
adj. **вели́ка** large, **мала́** small, **сере́дня** medium; **до́вга** long, **коро́тка** short; **гру́ба** thick, **тонка́** thin; **гнила́** rotten; **стара́** old; **сві́жа** fresh; **дві ~и** two carrots (**три** three, **чоти́ри** four), **п'ять моркви́н** five carrots
Cf. **мо́ркова 1.** *Cf.* **картопли́на, цибули́на**

моро́з, *m.*, **~у**
1 cold *(below freezing point)*, freeze, frost
adj. **вели́кий** heavy, **си́льний** hard, **лю́тий** bitter, **проні́зливий** piercing, **тріску́чий** ringing; **легки́й** light; **пе́рший** first, **ра́нній** early ◊ **Ра́нній м. уби́в ре́шту осі́нніх кві́тів.** Early frost killed the rest of the autumn flowers. **пі́зній** late; **ранко́вий** morning, **ні́чний** night; **весня́ний** spring, **зимо́вий** winter, **осі́нній** autumn; ♦ **м. з і́неєм** white frost, ♦ **м. без і́нею** black frost
v. + **м. си́ніти від ~у** be blue with cold (**млі́ти** *or* **те́рпнути від** go numb with) ◊ **Від проні́зливого ~у в Сла́вка те́рпнули па́льці.** Slavko's toes were going numb with piercing cold. **бу́ти на ~і** be out in the cold (**стоя́ти на** stand in, **трима́ти** + *A.* **на** keep sth in) ◊ **Коли́ зіпсува́вся холоди́льник, вона́ трима́ла м'я́со за вікно́м на ~і.** When her refrigerator broke down, she kept the meat outside the window in the cold.
м. + *v.* **прихо́дити** arrive ◊ **Цьо́горіч пе́рший м. прийшо́в до́сить пі́зно.** This year, the first cold arrived fairly late. **вдаря́ти** strike, **лютува́ти** rage, **пробира́ти** + *A.* **до кіс́ток** pierce sb to the bone, **щипа́ти** + *A.* bite sb ◊ **М. поча́в щипа́ти її́ за що́ки.** The cold began biting her cheeks. ♦ **м. по́за шкі́рою пробира́є** + *A.* **від** + *G.* sth makes sb's flesh creep ◊ **Від цих слів її́ м. по́за шкі́рою пробра́в.** These words made her flesh creep.
Also see **хо́лод 1**
2 *only pl.* winter cold, cold winter weather ◊ **Шар гно́ю захища́в часни́к від ~ів.** A layer of manure protected the garlic from the winter cold.
3 hoar frost, window frost ◊ **Покри́ті ~ом дере́ва вигляда́ли казко́вими створі́ннями.** The trees covered with hoar frost looked like creatures from a fairy tale.
See **і́ней**

моро́зив|о, *nt.*
ice cream
adj. **вані́льне** vanilla, **полуни́чне** strawberry, **фіста́шкове** pistachio, **фрукто́ве** fruit, **шокола́дне** chocolate, *etc.* ◊ **Їй найбі́льше подо́бається шокола́дне м.** Most of all she likes chocolate ice cream.
v. + **м. ї́сти м.** eat ice cream (**замовля́ти** order, **купува́ти** buy; **роби́ти** make) ◊ **Да́рка ро́бить вла́сне смачне́ м.** Darka makes her own tasty

ice cream. **ласува́ти ~ом** relish ice cream
м. + *v.* **розтава́ти** melt; **смакува́ти** + *D.* taste good to sb ◊ **О́льзі смаку́є фрукто́ве м.** Olha likes fruit ice cream.

моро́з|ити, моро́жу, ~ять; *no pf., tran. and intr.*
1 *intr., imper. only 3rd pers. sg.* to be below freezing point *(of the weather)* ◊ **Протя́гом оста́ннього ти́жня на дворі́ ~ило.** It was freezing cold outside for the last week.
2 *tran., impers.* to have chills + *D.* ◊ **Мене́ ~ить.** I have chills.
3 *tran., fig.* to cause sb to feel cold, give sb the creeps ◊ **Петра́ ~ив його́ презирли́вий по́гляд.** His disdainful glance gave Petro the creeps.
pa. pple. **заморо́жений** frozen
(за)моро́зь!

морськ|и́й, *adj.*
1 sea, marine, maritime, of or pertaining to sea
м. + *n.* **м. бе́рег** a sea shore (**маршру́т** route, **порт** port), ♦ **м. вовк** the old salt, sea dog ◊ **На борту́ я́хти ви́явився оди́н правди́вий м. вовк.** One true old salt turned up on board the yacht. ♦ **м. ко́ник** *zool.* a seahorse, ♦ **м. лев** *zool.* a sea lion. **~а́ вода́** sea water (**по́дорож** voyage; **ри́ба** fish; **торгі́вля** commerce), ♦ **~а́ трава́** seaweed, ♦ **~а́ хворо́ба** seasickness, ♦ **~а́ сви́нка** *zool.* a guinea pig; **~е́ пові́тря** sea air (**дно** floor)
2 naval ◊ **м. бій** a naval battle (**офіце́р** officer), ♦ **м. ву́зол** a knot *(unit of speed)*; **~а́ держа́ва** a naval power, ♦ **~а́ піхо́та** marines; **~е́ учи́лище** a naval school

мо́рщ|ити, ~ать; з~, *tran.*
1 to wrinkle ◊ **Адвока́т несхва́льно змо́рщив чоло́.** The lawyer wrinkled his forehead in disapproval.
adv. **блага́льно** pleadingly, **гі́рко** bitterly; **ду́же** a lot; **за́вжди́** always, **ча́сто** often; **напру́жено** hard ◊ **Місь́ка́ голова́ напру́жено змо́рщила ло́ба, ду́маючи, що сказа́ти цим лю́дям.** The (female) mayor wrinkled her brow hard, thinking what to tell those people.
м. + *n.* **м. ло́ба** *or* **чоло́** wrinkle one's brow, **м. гу́би** purse one's lips ◊ **Га́ля з огі́дою змо́рщила гу́би.** Halia pursed her lips in disgust.
2 *fig., colloq.* ♦ **м. із се́бе** + *A.* to pretend to be sb/sth ◊ **Оста́п пожи́в ти́ждень у Ри́мі і ~ить тепе́р із се́бе італі́йця.** Ostap lived in Rome for a week and now pretends to be Italian.
pa. pple. **змо́рщений** wrinkled
(з)морщ!

мо́рщ|итися; з~, *intr.*
1 to wrinkle, pucker, become covered with wrinkles ◊ **Він покуштува́в вино́ і змо́рщився.** He tasted the wine and puckered.
2 cockle *(of clothes)*, crinkle ◊ **Пі́джак не лежа́в до́бре на Іва́нові й ~ився від ко́жного його́ ру́ху.** The jacket did not sit well on Ivan and cockled with his every move.

моска́л|ь, *m.,* **~я́; ~ька,** *f., usu pejor. and iron.*
Russian, native or citizen of Russia
adj. **брута́льний** brutal, **віроло́мний** treasonous, **ди́кий** savage, **жорсто́кий** cruel, **злодійкува́тий** thievish, **зрадли́вий** perfidious, **леда́щий** lazy, **наха́бний** brazen, **пиха́тий** arrogant, **пі́длий** mean, **підсту́пний** treacherous, **хи́трий** cunning
Cf. **украї́нець**

мо́торошн|ий, *adj.*
creepy, gruesome, macabre
adj. **абсолю́тно** absolutely ◊ **Вона́ ста́ла сві́дком абсолю́тно ~ої розмо́ви.** She became witness to an absolutely macabre conversation. **геть** utterly, **ду́же** very, **ціло́м** completely; **однозна́чно** clearly, **особли́во** particularly; **де́що** somewhat, **до́сить** rather
м. + *n.* **м. ви́гляд** a gruesome look (**звук** sound; **зло́чин** crime; **по́гляд** glance; **при́клад** example; **сміх** laughter ◊ **Пу́бліка завмира́ла від її ~ого сміху.** The public would freeze from her creepy laughter. **фільм** film; **~а ду́мка** a macabre thought (**істо́рія** story, **сце́на** scene ◊ **В оста́нній і особли́во ~ій сце́ні фі́льму вони́ всі ги́нуть.** In the last and particularly gruesome scene of the film, they all perish. **ти́ша** silence) ◊ **Наста́ла ~а ти́ша.** There ensued a creepy silence.
Also see **жахли́вий 1, страшни́й 1**

мо́торошно, *adv., pred.*
1 *adv.* terrifyingly, creepily ◊ **Він м. мовча́в.** He kept a creepy silence. ◊ **Вона́ м. посміха́лася.** She was sneering creepily.
2 scared, frightened; creepy, spooky
v. + **м. бу́ти м.** + *D.* ◊ **Йому́ м. ду́мати про те, що мо́же ста́тися.** Thinking of what can happen gives him the creeps. (**звуча́ти** sound ◊ **Ко́жне сло́во гада́лки звуча́ло м.** Every fortune teller's word sounded creepy. **роби́тися** + *D.* grow ◊ **Їй зроби́лося м.** She grew spooked. **става́ти** become)
prep. **м. від** + *G.* frightened at/by sb/sth ◊ **Петро́ві ста́ло м. від її слів.** Her words creeped Petro out.
See **стра́шно 2**

мотоци́кл, *m.,* **~а**
motorcycle
adj. **нови́й** new; **стари́й** old; **двоколе́сий** *or* **двоколі́сний** two-wheel, **триколе́сий** *or* **триколі́сний** three-wheel; **америка́нський** American, **япо́нський** Japanese; **спорти́вний** sport; **поту́жний** powerful; **м. з коля́скою** motorcycle with a sidecar ◊ **Він колекціонува́в ~и з коля́скою.** He collected motorcycles with a sidecar.
v. + **м. паркува́ти м.** park a motorcycle (**заво́дити** start; **заправля́ти** fuel ◊ **Він не запра́вив м. і тепе́р не міг його́ завести́.** He did not fuel his motorcycle and now could not start it. **вила́зити на** climb on, **сі́дати на** get on); **зла́зити з ~а** get off a motorcycle; **ї́здити ~ом** ride a motorcycle (**газува́ти** rev up) ◊ **Ба́йкер газува́в своїм ~ом.** The biker was revving up his motorcycle.
Cf. **автомобі́ль**

моту́з|ка, *f.*
cord, twine, rope
adj. **гру́ба** thick ◊ **Вона́ шука́ла гру́бу ~ку.** She was looking for a thick rope. **то́нка** thin; **до́вга** long; **коро́тка** short; **міцна́** strong; **слабка́** weak; ♦ **м. для білизни** a laundry line
v. + **м. тягну́ти ~ку** pull a rope (**зав'я́зувати** tie, **зав'я́зувати на ву́зол** knot ◊ **Хтось зав'яза́в ~ку на ву́зол.** Somebody knotted the rope. **затя́гувати** tighten, **прикріпля́ти** fasten ◊ **~ку слід прикріпи́ти до га́ка.** The rope should be fastened to the hook. **посла́блювати** loosen; **змо́тувати** roll up, **розмо́тувати** unroll; **перері́зати** cut; **хапа́ти** grab; **розв'я́зувати** untie; **ві́шати** + *A.* **на** hang sth on) ◊ **Григо́рій пові́сив біли́зну на ~ку.** Hryhorii hung the laundry on the line. **зв'я́зувати** + *A.* **~кою** tie sth with a rope ◊ **Він поча́в зв'я́зувати дро́ва ~кою.** He began to tie the firewood with a rope.
м. + *v.* **ви́сіти** hang; **розв'я́зуватися** untie ◊ **М. розв'яза́лася, і чо́вен пішо́в вниз за те́чією.** The rope untied and the boat went downstream. **рва́тися** snap ◊ **М. ви́явилася на́дто тонко́ю і порва́лася.** The rope turned out to be too thin and snapped.
prep. **за ~ку** by a rope ◊ **тягну́ти за до́вгу ~ку** pull by a long rope; **на ~ку** *dir.* on a rope ◊ **Вона́ пові́сила ви́прану соро́чку на ~ку со́хнути.** She hung the washed shirt on a rope to dry. **на ~ці** *posn.* on a rope ◊ **Шкарпе́тки суши́лися на ~ці.** The socks were drying on the rope.
G. pl. **~ок**
Also see **шнуро́к 1**

мох, *m.,* **~у**
moss
adj. **густи́й** thick; **воло́гий** moist, **мо́крий** wet; **сухи́й** dry ◊ **Сухи́й м. загорі́вся від уда́ру блискави́ці.** The dry moss caught fire from the lightning strike. **звича́йний** common
v. + **м. покрива́тися ~ом** get covered with moss ◊ **Дере́ва покри́лися ~ом.** The trees got covered with moss. ♦ **обрости́** *or* **порости́ ~ом** *fig., colloq.* 1) be long forgotten ◊ **Що було́, то ~ом поросло́.** Whatever happened has long been forgotten. 2) to age, get old ◊ **Оленчу́к не помі́тив того́, як сам ~ом порі́с.** Olenchuk did not notice as he himself had aged.

моч|и́ти, ~ать; на~, *tran.*
1 to wet, soak, get sth wet
adj. **до́бре** well, **добря́че** *colloq.* through and through ◊ **Він добря́че намочи́в но́ги.** His feet got soaked through and through. **рете́льно** thoroughly; **доста́тньо** fairly; **ле́две** scarcely ◊ **Вона́ ле́две намочи́ла гу́би вино́м.** She scarcely wetted her lips in wine. **тро́хи** a little; **шви́дко** quickly; **зо́всім не** not at all, **нітро́хи** not in the least
м. + *n.* **м. воло́сся** wet one's hair ◊ **Перука́р намочи́в їй воло́сся.** The hairdresser wetted her hair. (**обли́ччя** face, **па́лець** finger, **ру́ки** hands) ◊ **Намочи́вши ру́ки те́плою водо́ю, вона́ ста́ла мили́ти їх.** Having wetted her hands with warm water, she started soaping them.
2 to soak, keep in water; *pf.* **ви́~**
adv. **до́вго** long, **ко́ротко** briefly, **рете́льно** thoroughly, **на́ ніч** overnight ◊ **Перш як пра́ти, Бори́с ~ить біли́зну на́ ніч.** Before washing the laundry, Borys soaks it overnight.
м. + *n.* **м. квасо́лю** soak beans (**гриби́** mushrooms; **біли́зну** laundry, **простира́дло** sheet; **но́ги** feet, **ру́ки** hands; **шку́ру** hide); **м. льон** ret flax (**коно́плі** hemp)
pa. pple. **намо́чений** wetted, soaked
(на)мочи́!

моч|и́тися; на~, *intr.*
1 to get wet, get soaked ◊ **Чого́ вони́ стоя́ть та ~аться на дощі́?** Why are they standing, getting wet in the rain? ♦ **на~ до ни́тки** *pf.* to get soaked to the bone ◊ **Зли́ва була́ така́ проливно́ю, що всі вони́ намочи́лися до ни́тки.** The downpour was so torrential they got soaked to the bone.
See **мо́кнути 1**
2 to urinate, pee; *pf.* **по~** ◊ **Вона́ несте́рпно хоті́ла по~.** She was dying to pee.
See **пі́сяти.** *Cf.* **сця́ти 1**

мрі́йник, *m.;* **мрі́йниця,** *f.*
dreamer
adj. **вели́кий** great; **невипра́вний** incorrigible, **наї́вний** naïve; **молоди́й** young, **ю́ний** youthful
v. + **м. бу́ти ~ком** be a dreamer ◊ **Хома́ за́вжди́ був ~ом.** Khoma has always been a dreamer. (**виявля́тися** turn out ◊ **Її хло́пець ви́явився наї́вним ~ком.** Her boyfriend turned out to be a naïve dreamer. **здава́тися** + *D.* seem to sb, **лиша́тися** remain; **става́ти** become)
L. **на ~ові**
Cf. **рома́нтик 1**

мрі|я, *f.,* **~ї**
dream, reverie, aspiration
adj. **вели́ка** great; **да́вня** old ◊ **Ви́вчити ара́бську було́ да́вньою ~єю Майстре́нка.** To learn Arabic was Maistrenko's old dream. **довголі́тня** long-held; **дитя́ча** childhood, **ді́воча** girlhood, **юна́цька** youthful; **дале́ка** distant;

запові́тна cherished, **палка́** passionate, **пи́шна** magnificent; **божеві́льна** crazy, **неможли́ва** impossible, **нездійсне́нна** unrealizable, **романти́чна** romantic, **утопі́чна** utopian; **нездíйснена** unrealized ◊ **Для Мо́трі Пари́ж був не так нездійсне́нною, як по́ки що не здійсненою ~єю.** For Motria Paris was not so much unrealizable as a not yet realized dream. **розби́та** broken

м. + *n.* **м. життя́** a lifelong dream ◊ **Написа́ти спра́вжній бестсе́лер було́ ~єю О́льжиного життя́.** To write a true bestseller was the dream of Olha's life. (**дити́нства** childhood, **ю́ності** youthful) ♦ **м. ідіо́та** a pipe dream ◊ **Усі ці пла́ни здава́лися Іва́нові ~єю ідіо́та.** All those plans seemed to be a pipe dream to Ivan.

v. + **м. ма́ти ~ю** have a dream ◊ **Вона́ ма́ла ~ю писа́ти для газе́т.** She had the dream to write for newspapers. (**плека́ти** cherish, **здíйснювати** fulfill, **реалізува́ти** realize, **плека́ти** cherish ◊ **Лука́ш плека́в ~ю, що коли́-не́будь ста́не вче́ним.** Lukash cherished the dream that one day he would become a scientist. **лиша́ти** abandon, **ки́дати** give up; **розбива́ти** crush ◊ **Війна́ розби́ла всі ї́хні ~ї.** The war crushed all their dreams. **трощи́ти** shatter); **відмовля́тися від ~ї** give up a dream ◊ **Ба́тько хоті́в перекона́ти доньку́ відмо́витися від її́ божеві́льної ~ї.** Father wanted to persuade his daughter to give up her crazy dream. **ганя́тися за ~єю** chase a dream

м. + *v.* **збува́тися** come true ◊ **М. так і не збула́ся.** The dream never came true. **перетво́рюватися на кошма́р** turn into a nightmare ◊ **Його́ м. побува́ти в Маро́кку шви́дко перетвори́лася на кошма́р.** His dream of visiting Morocco quickly turned into a nightmare.

Cf. **сон 2**

мрі|яти, **~ють;** *no pf., intr.*

1 to dream, daydream, fantasize about ◊ **Яре́ма ~яв ма́ти Оле́нку за жі́нку.** Yarema dreamed of having Olenka as a wife.

adv. **бага́то** much, **весь час** all the time, **все** *colloq.* all the time, **до́вго** long, **за́вжди́** always, **постíйно** constantly, **невідсту́пно** day and night; **все ще** still; **ті́льки** only, **ча́сто** often; **впе́рто** persistently, **га́ряче** avidly, **при́страсно** passionately; **ніко́ли не** ◊ **Ля́на ніко́ли не ~яла зно́ву поба́чити його́.** Lana never dreamed of seeing him again.

prep. **м. про** + *A.* dream about/of sb/sth ◊ **Він давно́ ~є про вла́сний дім.** He has dreamed of having his own home for a long time.

Also see **ма́рити 1**

2 *fig.* to dream, think, intend ◊ **Куце́нко коли́сь ~яла писа́ти дисерта́цію.** Once Kutsenko used to dream of writing a dissertation.

(по)мрі́й!

Cf. **ду́мати 3**

мсти́в|ий, *adj.*

vindictive, vengeful

adv. **винятко́во** exceptionally, **вкрай** extremely ◊ **Він укра́й ~а люди́на.** He is an extremely vindictive person. **ду́же** very, **на рі́дкість** exceptionally, **страше́нно** terribly

v. + **м. бу́ти ~им** be vindictive ◊ **Вона́ на рі́дкість ~а жі́нка.** She is an exceptionally vindictive woman. (**виявля́тися** turn out, **лиша́тися** stay, **роби́ти** + *A.* make sb ◊ **До́свід зроби́в Ліс́овську злопа́м'ятною і страше́нно ~ою.** The experience made Lisovska unforgiving and terribly vindictive. **става́ти** become)

мсти́в|ість, *f.*, **~ости**, *only sg.*

vindictiveness

adj. **вели́ка** great, **винятко́ва** exceptional, **дріб'язко́ва** petty, **неба́чена** unparalleled, **рі́дкісна** rare, **скра́йня** extreme, **сліпа́** blind, **страшна́** terrible

v. + **м. виявля́ти м.** show one's vindictiveness ◊ **Вона́ виявля́ла дріб'язко́ву м. з найме́ншого при́воду.** She showed petty vindictiveness on the slightest pretext. (**задовольня́ти** satisfy) ◊ **Здава́лося, що ті́льки вби́вство задовольни́ть його́ м.** It seemed that only murder would satisfy his vindictiveness. **улягáти ~ості** give in to one's vindictiveness (**опира́тися** resist) ◊ **Йому́ тя́жко було́ опира́тися вла́сній ~ості.** It was difficult for him to resist his own vindictiveness.

мст|и́ти(ся), **мщу́(ся)**, **~и́ш(ся)**, **~я́ть(ся); по~**, *intr.*

1 to take revenge, take vengeance for, avenge + *D.* on sb

adv. **жорсто́ко** mercilessly, **неща́дно** ruthlessly; **заслу́жено** deservedly, **справе́дливо** justly; **несправедли́во** unjustly, **пі́дло** basely, **підсту́пно** treacherously; **несподі́вано** unexpectedly

v. + **м. вимага́ти** demand to ◊ **Ма́ти вимага́ла в них по~ за сме́рть ба́тька.** Mother demanded that they avenge their father's death. **намага́тися** try to; **хоті́ти** want to; **відмовля́тися** refuse to

prep. **м. за** + *A. or* **на** + *L.* take revenge on sb for sth ◊ **Рогні́да жорсто́ко помсти́ла(ся) кня́зеві** *or* **на кня́зеві за зруйно́ване мі́сто.** Rohnida took merciless revenge on the prince for ruining the city.

Also see **розпла́чуватися 3**

2 to punish, retaliate

adj. **до́вго** long, **на ко́жному кро́ці** every step of the way ◊ **Повста́нці на ко́жному кро́ці ~или окупа́нтові.** The insurgents retaliated against the occupier every step of the way. **жорсто́ко** mercilessly, **неща́дно** ruthlessly, **при ко́жній (найме́ншій) наго́ді** at every (smallest) opportunity

(по)мсти́(ся)!

мудре́ц|ь, *m.*, **~я́**

wiseman, sage, thinker ◊ **Вони́ ча́сто зверта́лися до сі́льського ~я́ по пора́ди.** They would often turn to the village sage for advice.

adj. **вели́кий** great; **спра́вжній** true; **стари́й** old

L. **на ~е́ві**

See **мисли́тель, філо́соф**

му́др|ий, *adj.*

wise, sagacious

adv. **ду́же** very ◊ **ду́же м. прави́тель** a very wise ruler; **винятко́во** exceptionally, **надзвича́йно** extremely; **до́сить** fairly; **незмі́нно** invariably; **не зо́всім** not entirely

v. + **м. бу́ти ~им** be wise ◊ **Пора́ди жі́нки були́ ~ими.** The woman's advice was wise. (**вважа́ти** + *A.* consider sb, **вважа́тися** be considered, **вигляда́ти** look, **виявля́тися** prove ◊ **Він ви́явився винятко́во ~им провідни́ком.** He proved an exceptionally wise leader. **звуча́ти** sound, **здава́тися** + *D.* seem to sb, **става́ти** become)

See **розу́мний.** *Also see* **вче́ний 3**

му́др|ість, *f.*, **~ости**, *only sg.*

1 wisdom

adj. **вели́ка** great, **глибо́ка** deep, **глиби́нна** profound; **життє́ва** worldly, **наро́дна** popular ◊ **Ця ка́зка була́ ви́разом глибо́кої наро́дної ~ости.** The fairy tale expressed deep popular wisdom. **практи́чна** practical, **традиці́йна** traditional, **успадко́вана** received ◊ **М., успадко́вана від ба́тька, каза́ла їй суди́ти і́нших за ї́хніми спра́вами, а не слова́ми.** The wisdom received from her father told her to judge others by their deeds, not words. **колекти́вна** collective, **особи́ста** individual; **накопи́чена** accumulated; **бо́жественна** divine

v. + **м. ста́вити під су́мнів м.** doubt the wisdom ◊ **Він відва́жився поста́вити під су́мнів колекти́вну м. па́ртії.** He dared doubt the party's collective wisdom. (**підва́жувати** question; **прийма́ти** accept ◊ **Не слід прийма́ти все, що він ка́же, за бо́жественну м.** You should not accept everything he says for divine wisdom. **передава́ти** + *D. and* **перака́зувати** + *D.* pass down to sb) ◊ **Ба́ба стара́лася переказа́ти особи́сту м. і до́свід ону́ці.** Grandmother tried to pass her personal wisdom and experience down to her granddaughter. **вчи́ти** + *A.* **~ости** teach sb wisdom ◊ **Робо́та з бі́женцями навчи́ла його́ вели́кої життє́вої ~ости.** Working with refugees taught him some great worldly wisdom. **ділитися ~істю з** + *I.* share wisdom with sb ◊ **Здава́лося, вона́ не поспіша́ла діли́тися ~істю з у́чнями.** She seemed in no hurry to share her wisdom with her students. **сумніва́тися в ~ості** have doubts about sb's wisdom

2 *fig.* intricacies, mystery, puzzle

adj. **вели́ка** great, **незбагне́нна** unfathomable, **нездола́нна** impossible ◊ **Спочатку дося́гнення сіме́йної гармо́нії здава́лося молоді́й жі́нці незбагне́нною м.** Initially attainment of family harmony seemed to be an unfathomable mystery to the young wife. **таємна** secret

v. + **м. поя́снювати м.** explain the intricacies ◊ **На заня́ттях психо́лог поя́снював моло́дим батька́м ~ості вихова́ння діте́й.** During the classes, the psychologist explained the intricacies of bringing up children to young parents. (**розумі́ти** understand, **збагну́ти** *only pf.* comprehend); **розбира́тися в ~ості** be well versed in the intricacies ◊ **Вона́ ду́же до́бре розбира́лася в ~остях виклада́ння мо́ви.** She was very well versed in the intricacies of language teaching. (**заплу́туватися в** get confused in) ◊ **Вона геть заплу́талася в ~ості варі́ння борщу́.** She got totally confused in the intricacies of cooking borshch.

му́жн|ій, *adj.*

1 brave, courageous, valiant ◊ **О́ля була́ ді́вчиною, хоч і тенді́тною, але́ з винятко́во ~ім се́рцем.** Although Olia was a delicate girl, she had an exceptionally brave heart. ◊ **Вони́ вдали́ся до ~ьої спро́би ви́зволити бра́нця.** They undertook a desperately valiant effort to liberate the captive.

See **хоро́брий**

2 manly, virile, masculine ◊ **~і ри́си обли́ччя** manly facial features

adv. **винятко́во** exceptionally, **ду́же** very, **надзвича́йно** extraordinarily ◊ **портре́т юнака́ з надзвича́йно ~ім про́філем** a picture of a youth with an extraordinarily manly profile; **напра́вду** truly, **спра́вді** really; **до́сить** quite, **ма́йже** almost, **не зо́всім** not entirely ◊ **Бо́рисові не зо́всім ~і вага́ння були́ розчарува́нням.** Borys's not entirely manly vacillations were a disappointment.

Also see **чолові́чий 2.** *Ant.* **жіно́чий 2**

му́жн|ість, *f.*, **~ости**, *only sg.*

1 courage, bravery, valour ◊ **Не мо́жна не захо́плюватися її́ ~істю.** One cannot but admire her courage. ◊ **Васи́ль ви́явив разю́чу м.** Vasyl displayed striking courage. ◊ **Макси́мові бракува́ло ~ости.** Maksym lacked courage.

See **хоро́брість.** *Also see* **дух 5.** *Ant.* **боягу́зтво**

2 manliness, virility, maturity ◊ **У його́ поста́ві з'яви́лася м.** There appeared manliness in his posture.

Ant. **жіно́чість 2, жіно́чність 1, 2**

музе́|й, *m.*, **~ю**

1 museum

adj. **га́рний** nice, **до́брий** *and* **хоро́ший** good, **захо́пливий** captivating, **ціка́вий** interesting, **чудо́вий** great; **бага́тий** rich; **важли́вий** important, **головни́й** main, **центра́льний** central; **вели́кий** big, **величе́зний** huge; **мали́й** small;

винятко́вий exceptional; **істори́чний** historical; **відо́мий** well-known, **прести́жний** prestigious, **славе́тний** famous ◊ **оди́н із славе́тних ~ів сві́ту** one of the famous world museums; **усла́влений** celebrated; **улю́блений** favorite; **місце́вий** local, **місько́й** city, **муніципа́льний** municipal, **націона́льний** national, **парті́йний** party, **реґіона́льний** regional; **прива́тний** private, **провінці́йний** provincial ◊ **Цей невели́кий провінці́йний м. має чудо́ву коле́кцію баро́кової скульпту́ри.** This small provincial museum has a great collection of baroque sculpture. **археологі́чний** archeological, **військо́вий** military, **краєзна́вчий** local history ◊ **Вчи́тель пові́в діте́й до краєзна́вчого ~ю.** The teacher took the children to the local history museum. **морськи́й** maritime, **наро́дний** folk, **спеціялізо́ваний** specialized, **худо́жній** art, **шкі́льний** school, **університе́тський** university

м. + *n.* **м. архітекту́ри** a museum of architecture (**еро́тики** erotica, **істо́рії** history, **кера́міки** ceramics, **літерату́ри** literature, **наро́дної ви́шивки** folk embroidery, **наро́дних ремесе́л** folk crafts, **природозна́вства** natural history, **теа́тру** theater ◊ **Фільм пока́зуватимуть в Музе́ї теа́тру та кіна́.** The film will be screened at the Museum of Theater. **фотогра́фії** photography)

n. + **м. коле́кція ~ю** a museum collection (**архі́в** archive, **катало́г** catalogue; **буди́нок** building; **ви́ставка** exhibition, **експози́ція** display ◊ **нова́ експози́ція ~ю археоло́гії** a new archeological museum display; **за́ла** hall, **ко́мплекс** complex; **відві́дувач** visitor ◊ **спеція́льна екску́рсія для нови́х відві́дувачів ~ю** a special excursion for new museum visitors; **дире́ктор** director, **кура́тор** curator, **мистецтвозна́вець** art historian, **охоро́нець** guard, **провідни́к** *and* **ґід** guide; **жертвода́вець** donor) ◊ **відо́мий жертвода́вець ~ю** a well-known museum donor

v. + **м. будува́ти м.** build a museum (**засно́вувати** found, **ство́рювати** create; **прое́ктувати** design; **відкрива́ти** open ◊ **Її запроси́ли відкри́ти м. фотогра́фії.** She was invited to open the photography museum. **відві́дувати** visit, **обхо́дити** tour ◊ **Вони́ обійшли́ ве́сь м. суча́сного мисте́цтва.** They toured the entire museum of modern art. **огляда́ти** view; **спонсорува́ти** sponsor, **фінансува́ти** fund); **ходи́ти до ~ю** go to a museum ◊ **Лев лю́бить ходи́ти до рі́зних ~ів.** Lev likes to go to various museums. **керува́ти ~єм** run a museum ◊ **Вона́ сім ро́ків успі́шно керу́є ~єм природозна́вства.** She has successfully run the natural history museum for seven years.

м. + *v.* **відкрива́тися** open, **працюва́ти** be open ◊ **Муніципа́льний м. працю́є щодня́.** The municipal museum is open every day. **закрива́тися** close, **бу́ти присвя́ченим** + *D.* be dedicated to sth, **місти́ти** + *A.* house sth ◊ **М. мі́стить уніка́льну коле́кцію єги́петського папі́русу.** The museum houses a unique collection of Egyptian papyruses. **виставля́ти** + *A.* exhibit sth, **виставля́ти** + *A.* **на по́каз** put sth on display, **пока́зувати**+ *A.* display sth; **купува́ти** + *A.* buy sth ◊ **М. тепе́р купу́є зна́чно бі́льше концептуа́льного мисте́цтва.** Now the museum buys considerably more conceptual art. **придба́ти** + *A. only pf.* acquire sth; **розширя́тися** expand, **рости́** grow; **ті́шитися популя́рністю в/се́ред** enjoy popularity with/among sb ◊ **М. еро́тики ті́шиться вели́кою популя́рністю се́ред мо́лоді.** The museum of erotica enjoys great popularity among youth.

prep. **в м.** *dir.* to a museum ◊ **Він ще не ходи́в у місце́вий м.** He has not been to the local museum yet. **в ~ї** *posn.* at/in a museum ◊ **У геологі́чному ~ї три по́верхи.** There are three floors in the geology museum. **до ~ю** to a museum ◊ **Ву́лиця веде́ до ~ю.** The street leads to the museum.

Also see **ґалере́я 1**

2 *fig., colloq.* collection, hoard, pile ◊ **ці́лий м. стари́х квита́нцій** an entire collection of old receipts.

Also see **коле́кція**

му́зи|ка, *f., only sg.*
music

adj. **га́рна** nice, **до́бра** good; **гармоні́йна** harmonious, **мелоді́йна** melodious, **милозву́чна** euphonious, melodious, **прекра́сна** beautiful, **приє́мна** pleasant, **хоро́ша** quality, **чудо́ва** wonderful ◊ **Він писа́в чудо́ву ~ку.** He composed wonderful music. **боже́ственна** divine; **бадьо́ра** upbeat, **жва́ва** lively; **гучна́** loud, **оглу́шлива** deafening, **прони́злива** shrill; **м'яка́** soft, **ні́жна** gentle, **ти́ха** quiet, **спокі́йна** calm, **соло́дка** sweet; **вока́льна** vocal, **джа́зова** jazz, **інструмента́льна** instrumental, **ка́мерна** chamber, **кла́вішна** keyboard, **класи́чна** classical, **оркестро́ва** orchestral, **симфоні́чна** symphonic, **хорова́** choir; **бале́тна** ballet, **оперо́ва** *or* **о́перна** opera, **літургі́чна** liturgical, **релігі́йна** religious, **церко́вна** church, **сакра́льна** sacred, **сві́тська** secular, **наро́дна** folk, **популя́рна** popular; **важка́** heavy, **легка́** light; **пова́жна** *or* **серйо́зна** serious ◊ **Радіоста́нція передава́ла переважно серйо́зну ~ку.** The radio station broadcast mostly serious music. **драмати́чна** dramatic, **жало́бна** mournful, **урочи́ста** solemn ◊ **М., яку́ вони́ чу́ли, була́ шви́дше жало́бною, як урочи́стою.** The music they heard was mournful rather than solemn. **жива́** live ◊ **Вона́ не пам'ята́є, коли́ воста́ннє чу́ла живу́ ~ку.** She does not remember the last time she heard live music. **запи́сана** recorded; **атона́льна** atonal, **електро́нна** electronic, **тона́льна** tonal; **акусти́чна** acoustic, **комп'ю́терна** *or* **комп'ютеро́ва** computer, **цифрова́** digital, **мере́жева** online; **альтернати́вна** alternative, **авангардо́ва** avant-garde, **експеримента́льна** experimental; **традиці́йна** traditional ◊ **Вони́ викону́вали традиці́йну весі́льну ~ку.** They performed traditional wedding music. **місько́ра** urban, **сі́льська** village; **бароко́ва** baroque, **середньові́чна** medieval, **суча́сна** contemporary; **ба́льна** ball, **танцюва́льна** dance; **фо́нова** ambient; ♦ **ди́ско-м.** disco music, ♦ **популя́рна м.** *or usu* **поп-му́зика** popular music, ♦ **рок-м.** rock music

м. + *n.* **м. ди́ско** disco music ◊ **Найкра́ще було́ танцюва́ти під ~ку ди́ско.** Disco music was the best to dance to. (**блюз** blues, **гіп-гоп** hip-hop, **ґо́спел** gospel, **ка́нтрі** country ◊ **вели́ка коле́кція ~ки ка́нтрі** a large country music collection; **фольк** folk)

v. + **м. вико́нувати ~ку** perform music (**випуска́ти** release ◊ **Фі́рма випуска́є винятко́во альтернати́вну ~ку.** The firm releases exclusively alternative music. **гра́ти** play; **аранжува́ти** arrange, **компонува́ти** compose, **писа́ти** write, **твори́ти** create; **слу́хати** listen to ◊ **Вона́ могла́ одноча́сно працюва́ти та слу́хати ~ку.** She could work and listen to music at the same time. **чу́ти** hear; **співа́ти** sing; **ста́вити** put on ◊ **На́що ти поста́вила таку пові́льну ~ку?** Why have you put on such slow music? **чита́ти** read; **передава́ти** broadcast; **запи́сувати** record, **випа́лювати** burn, **здира́ти** *colloq.* rip ◊ **Програ́ма дозволя́є здира́ти ~ку з компа́кт-ди́ску.** The software allows you to rip music from a CD. **звантажу́вати з** + *G. or* **стя́гувати з** + *G.* download from sth; **кла́сти слова́ на** set words to) ◊ **Вірш Шевче́нка було́ покла́дено на ~ку.** The poem by Shevchenko was set to music. **навча́ти** + *A.* **~ки** teach sb music ◊ **~ці Матві́я навча́ли в музи́чній шко́лі.** Matvii was taught music at the music school. (**навча́тися** *or* **вчи́тися** learn to play); **займа́тися ~кою** practice music ◊ **Вона́ займа́ється ~кою п'ять годи́н щодня́.** She practices music five hours per day.

м. + *v.* **звуча́ти** sound, **луна́ти** reverberate ◊ **Весі́льна м. гу́чно луна́ла по ву́лиці.** Wedding music loudly reverberated down the street. **гу́пати** boom, **пульсува́ти** pulse, **реві́ти** roar, **чу́тися** be heard; **дохо́дити до** + *G* come to sb/sth, **поши́рюватися** spread ◊ **М. поши́рилася по всьо́му буди́нку.** The music spread throughout the building. **леті́ти** drift, **пливти́** flow; **запо́внювати** + *A.* fill sth; **замовка́ти** fade, **затиха́ти** fade away, **заглу́шувати** + *A.* drown sb/sth ◊ **Його́ оста́нні слова́ заглуши́ла гучна́ м.** Loud music drowned his last words. **супрово́джувати** + *A.* accompany sth, **нага́дувати** + *A.* remind of sth ◊ **Тепе́р ця м. за́вжди́ нага́дуватиме їй ї́хню зу́стріч.** Now the music will always remind her of their meeting. **надиха́ти** + *A.* inspire sb, **провокува́ти** + *A.* evoke sth ◊ **Ця м. спровокува́ла в Хоми́ супере́чливі почуття́.** The music evoked mixed feelings in Khoma.

prep. **в ~ці** in music ◊ **В нові́й ~ці було́ щось ду́же знайо́ме.** There was something very familiar in the new music. **під ~ку** to music ◊ **Всі танцюва́ли під пові́льну ~ку.** Everybody danced to slow music.

Also see **мело́дія**. *Cf.* **музи́ка**

музика́нт, *m.*, **~а; ~ка**, *f.*
musician

adj. **вели́кий** great, **видатни́й** outstanding; **бездога́нний** impeccable, **блиску́чий** brilliant, **винятко́вий** exceptional, **віртуо́зний** virtuoso, **до́брий** good, **доскона́лий** perfect, **ло́вкий** *colloq.* skillful, **майсте́рний** masterful, **неперевер́шений** unsurpassed, **обдаро́ваний** gifted, **таланови́тий** talented; **відо́мий** renowned ◊ **Він відо́мий м.** He is a renowned musician. **зна́ний** well-known, **леґенда́рний** legendary, **славе́тний** famous, **усла́влений** famed; **чі́льний** leading ◊ **чі́льний м. симфоні́чної орке́стри** a leading musician of a symphonic orchestra; **ві́дданий** dedicated; **уніка́льний** unique; **місце́вий** local; **професі́йний** professional ◊ **Петре́нко вико́нує п'є́су як спра́вді професі́йний м.** Petrenko performs the piece as a really professional musician. **суча́сний** contemporary; **традиці́йний** traditional; **другоря́дний** second-class ◊ **Він став звича́йним другоря́дним ~ом.** He became an ordinary second-class musician. **жахли́вий** awful, **ке́пський** poor, **пога́ний** bad; **посере́дній** mediocre ◊ **Він ви́явився посере́днім ~ом.** He proved to be a mediocre musician. **таки́й собі** so-so; **непрофесі́йний** unprofessional ◊ **У рестора́ні працю́є трі́о непрофесі́йних ~ів.** A trio of non-professional musicians works at the restaurant.

м. + *v.* **виступа́ти** perform ◊ **Учо́ра в конце́ртній за́лі виступа́в спра́вді віртуо́зний м.** Yesterday a truly virtuoso musician performed in the concert hall. **гра́ти** + *A.* play sth, **практикува́ти** practice, **тренува́тися** rehearse; **компонува́ти** + *A.* compose sth, **писа́ти** + *A.* write sth; **інтерпретува́ти** + *A.* interpret sth, **запи́сувати** + *A.* record sth ◊ **Пе́рший альбо́м м. записа́в у Рі́вному.** The musician recorded his first album in Rivne.

Also see **бандури́ст, джази́ст**

музи́чн|ий, *adj.*
1 musical, music, pertaining to music

м. + *n.* **м. бі́знес** musical business (**дире́ктор** director; **жанр** genre; **журна́л** magazine; **звук** sound; **інструме́нт** instrument; **світ** world; **фестива́ль** festival) ◊ **леґенда́рний м. фестива́ль «Черво́на ру́та»** the *Chervona Ruta* legendary musical festival; ◊ **Нови́й клуб став популя́рним се́ред мо́лоді свої́ми ~ими вечора́ми.** The new club became popular among the youth for its musical evenings. ♦ **м. слух** an

ear for music ◊ **Вона́ ма́є до́брий м. слух.** She has a good ear for music. ◊ **~а коме́дія** a musical comedy (**нагоро́да** award; **осві́та** education; **сце́на** scene; **скри́нька** box; **шко́ла** school)
2 *fig.* melodic, melodious, pleasant ◊ **Її м. го́лос заспоко́ював.** Her melodic voice soothed.

му́|ка, *f.*
torture, agony, torment, anguish, *also in pl.*
adj. **вели́ка** great, **жахли́ва** horrible, **нестéрпна** unbearable, **пеке́льна** infernal, **тяжка́** severe; **до́вга** long, **трива́ла** lengthy; **спра́вжня** real ◊ **Чу́ти це було́ для Ната́лки спра́вжньою ~кою.** To hear that was a real agony for Natalka. **душе́вна** spiritual, **мора́льна** mental, moral, **психі́чна** psychological, **фізи́чна** physical
v. + **м. терпі́ти ~ку** suffer torture ◊ **Вона́ те́рпить мора́льні ~ки, ба́чачи їх.** She suffers moral agony when she sees them. (**продо́вжувати** extend) ◊ **Це продо́вжило б його́ ~ки.** This would extend his agony. **зазнава́ти ~ки** suffer torture ◊ **Ув'я́знені зазнава́ли фізи́чних ~к.** The imprisoned suffered physical torture. (**завдава́ти** + *D.* inflict on sb); **кла́сти край ~ці** put an end to torture.
prep. **в ~ці** in pain ◊ **Вона́ наро́джувала у вели́ких ~ах.** She was giving birth in great pain.
See **біль 1.** *Also see* **страждá́ння**

му́льтик, *m., colloq., dim.*
animated film, cartoon ◊ **Він ро́бить оригіна́льні ~и.** He makes innovative animated films. ◊ **м. для доро́слих** animated film for grownups
adj. **дитя́чий** children's; **доте́пний** witty, **заба́вний** amusing, **комі́чний** comic, **куме́дний** *and* **смішни́й** funny; **короткометра́жний** short; **повнометра́жний** feature-length; **пластилі́новий** claymation; **кольоро́вий** color; **чо́рно-бі́лий** black-and-white
prep. **в ~у** in an animated film ◊ **У ~у два головні́ геро́ї.** There are two protagonists in the cartoon.
See **фі́льм**

мультиплікá́ці|я, *f.*, ~ї
animation, animated filmmaking
adj. **комп'ю́терна** computer, **об'є́мна** 3-D; **традиці́йна** traditional; **мальо́вана** drawn-on-film, **пластилі́нова** claymation, **сипка́** sand
See **фі́льм**

му́с|ити, му́шу, ~иш, ~ять; *no pf., intr.*
to have to, be obliged to, be compelled to *(against will)* + *inf.* ◊ **Ви не ~ите роби́ти це.** You don't have to do it. ♦ *colloq.* **му́сить бу́ти** most probably, perhaps ◊ **Ви, ~ить бу́ти, шука́єте буди́нок адміністра́ції.** You are, most probably, looking for the administration building.
Also see **ма́ти 5**

му́тн|ий, *adj.*
muddy, turbid, murky, cloudy, bleary
adv. **вкрай** extremely, **ду́же** very; **де́що** somewhat, **до́сить** rather, **тро́хи** a little ◊ **Не́бо було́ тро́хи ~им.** The sky was a little cloudy.
v. + **м. бу́ти ~им** be murky ◊ **Вода́ в рі́чці була́ страше́нно ~ою.** The water in the river was terribly muddy. (**вигляда́ти** look ◊ **Його́ о́чі вигляда́ли ~ими від хме́лю.** His eyes looked bleary from alcohol. **виявля́тися** turn out, **здава́тися** + *D.* seem to sb, **роби́ти** + *A.* make sth; **ставá́ти** become)
See **каламу́тний**

му́|ха, *f.*
fly; ♦ **бі́лі ~хи** *fig.* snowflakes
adj. **вели́ка** big ◊ **Йому́ на ру́ку сі́ла вели́ка м.** A big fly landed on his hand. **крихі́тна** tiny, **мале́нька** small; **доку́члива** annoying, **ка́посна** pesky, **наха́бна** brazen
v. + **м. би́ти ~х** swat flies ◊ **Марі́я скрути́ла газе́ту, щоб би́ти не́ю ~х.** Maria rolled a newspaper to swat the flies. (**зганя́ти** shoo; **прива́блювати** attract); ♦ **бу́ти під ~хою** *colloq.* to be tipsy (**прихо́дити під** come, **йти під** leave, *etc.*) ◊ **На поба́чення він ішо́в під ~хою.** He was going to his date tipsy. ♦ **Ї́дять його́ ~хи!** damn it! ◊ **Мико́ло, ї́дять його́ ~хи, де ти хо́диш?** Mykola, damn it, where have you been? ♦ **роби́ти з ~хи слона́** to make a mountain out of a molehill
м. + *v.* **літа́ти** fly, **по́взати** crawl ◊ **По столу́ по́взали ~хи.** Flies were crawling on the table. **сіда́ти на** + *A.* land on sth; **втіка́ти** escape; **дзижча́ти** buzz; ♦ **чу́тно було́, як м. літа́є** you could hear a pin drop ◊ **Ти́ша в за́лі була́ тако́ю, що чу́тно було́, як м. літа́є.** There was such silence in the hall that you could hear a pin drop.
L. **на ~сі**
See **кома́ха.** *Cf.* **жук 1, кома́р**

му́ч|ити, ~ать; за~, *tran.*
1 to torture, torment
adv. **брута́льно** brutally, **тя́жко** badly, **жорсто́ко** severely ◊ **Їх жорсто́ко ~или.** They were severely tortured. **немилосе́рдно** mercilessly, **стра́шенно** horribly; **мора́льно** mentally, **психологі́чно** psychologically, **фізи́чно** physically
Also see **заму́чувати 1, знуща́тися, катува́ти 1**
2 *pf.* to torture to death, *fig.* tire out, exhaust ◊ **Ле́сю заму́чили її пита́ння.** Lesia had enough of her questions. ♦ **за~ на сме́рть** to torture to death
Also see **заму́чувати 2, катува́ти 2**
3 *fig.* to worry *(of consciousness, etc.)*, harrow, plague, disturb
adv. **безпереста́нку** nonstop, **весь час** all the time ◊ **Її весь час ~ила зга́дка про ту зу́стріч.** She was all the time harrowed by the recollection of that encounter. **впе́рто** persistently **невідсту́пно** relentlessly ◊ **Марі́ю невідсту́пно ~ила ду́мка, що вона́ вчини́ла по́милку.** Maria was relentlessly tormented by the thought that she had made a mistake. **нестерпно** unbearably, **нещá́дно** mercilessly, **пості́йно** constantly
Also see **заму́чувати 2, свердли́ти 2**
pa. pple. **заму́чений** tortured to death; exhausted
(за)му́ч!

му́ч|итися; за~, *intr.*
1 to suffer, be in pain, agonize
adv. **безпереста́нку** nonstop, **весь час** all the time; **ду́же** very much, **жорсто́ко** badly, greatly, **немилосе́рдно** mercilessly, **страше́нно** horribly, **тя́жко** severely; **несправедли́во** unjustly; **мора́льно** mentally, **психологі́чно** psychologically, **фізи́чно** physically ◊ **Горді́й тут ~ться фізи́чно.** Here, Hordii suffers physically.
prep. **м. від** + *G.* suffer from/with sth ◊ **Хво́рий тя́жко ~вся від бо́лю.** The patient severely suffered from pain. **м. за** + *G.* suffer for sth ◊ **Лі́да ~лася за свою́ надмі́рну відве́ртість.** Lida suffered for her excessive candidness.
2 *colloq., only pf.* to have enough, to have had it ◊ **Вона́ заму́чилася чу́ти ці непро́шені пора́ди.** She got sick and tired of hearing this unsolicited advice.
Also see **набрида́ти 3**
3 *fig.* to toil, labor, exert oneself over
prep. **м. над** + *I.* toil over sth ◊ **Рік він ~ться над матема́тикою.** He has toiled for a year, studying his math.
Also see **потерпа́ти 3, працюва́ти 1**

м'яз, *m.*, ~а
muscle
adj. **вели́кий** big; **м'яки́й** soft; **напру́жений** tense; **могу́тній** powerful, **розви́нутий** toned, **си́льний** strong; **слабки́й** weak; **тугий** tight; **серце́вий** heart
м. + *n.* **м. живота́** an abdominal muscle ◊ **Пі́сля пів ро́ку трену́вань ~и його́ живота́ ста́ли до́сить помі́тними.** After half a year of training, his abdominal muscles became fairly noticeable. (**ли́тки** calf, **ноги́** leg, **руки́** arm, hand, **се́рця** heart, **ши́ї** neck, *etc.*)
v. + **м. напру́жувати м.** tense one's muscle (**потягну́ти** *pf.* pull, **рва́ти** tear ◊ **Вона́ ма́ло не порва́ла собі́ м'яз колі́на.** She nearly tore her knee muscle. **розігріва́ти** warm up ◊ **Перш, як іти́ бі́гати, Лари́са розігрі́ла ~и ніг.** Before jogging, Larysa warmed up her leg muscles. **розслабля́ти** relax)
м. + *v.* **болі́ти** + *A.* hurt ◊ **Пі́сля робо́ти Світла́ну болі́ли всі ~и.** After work, all Svitlana's muscles ached. **відпочива́ти** rest, **напру́жуватися** become tense, **працюва́ти** work, **рва́тися** tear; **розслабля́тися** relax; **розтя́гуватися** stretch; **сі́патися** twitch ◊ **У Ле́ва ча́сом сі́палися ~и пра́вої ли́тки.** The muscles of Lev's right calf would sometimes twitch. **скоро́чуватися** contract, **стиска́тися** tighten, **сто́млюватися** tire

м'як|и́й, *adj.*
1 soft, mild, gentle
adv. **вкрай** extremely, **геть** totally, **ду́же** very, **зо́всім** quite, **надзвича́йно** extremely, **неймові́рно** incredibly; **несподі́вано** unexpectedly ◊ **несподі́вано ~і ру́ки** unexpectedly soft hands; **прие́мно** pleasantly; **де́що** somewhat, **до́сить** fairly, rather ◊ **до́сить ~а́ поду́шка** a fairly soft pillow; **відно́сно** a relatively ◊ **відно́сно ~е́ лі́жко** relatively soft bed, **порі́вняно** comparatively; **ле́две** scarcely, **ма́йже** almost, **тро́хи** a little ◊ **Гли́няна пі́длога була́ ще тро́хи ~о́ю.** The clay floor was still a little soft.
v. + **м. бу́ти ~и́м** be soft (**вигляда́ти** look, **виявля́тися** prove, **здава́тися** + *D.* seem to sb, feel ◊ **Че́рез три годи́ни по́дорожі сиді́ння по́тяга не здава́лося йому́ таки́м ~и́м, як споча́тку.** After three hours of the journey, his train seat did not feel quite so soft as it did initially. **лиша́тися** stay; **роби́ти** + *A.* make sth; **става́ти** grow, become) ◊ **У воді́ гу́бка става́ла ~о́ю.** The sponge became soft in the water.
Also see **ні́жний 5**
2 soft *(of light, color; aroma, etc.)*, pastel, dim, muted ◊ **~е́ сві́тло згла́джувало змо́ршки на її обли́ччі.** The soft light smoothed out the wrinkles on her face. ◊ **Вона́ полюбля́ла носи́ти ~і пасте́льні кольори́.** She was fond of wearing soft pastel colors.
Also see **ні́жний 2**
3 soft *(of voice)*, faint, quiet, muffled ◊ **Її го́лос став ~и́м, ма́йже зва́бливим.** Her voice became soft, almost seductive. ◊ **~і кро́ки в коридо́рі роби́лися гучні́шими.** The muffled steps in the corridor grew louder.
See **ні́жний 1**
4 gentle *(of human character)*, mild, kind ◊ **Левко́ зана́дто ~а́ люди́на, щоб керува́ти компа́нією.** Levko is too mild a person to manage a company.
5 light *(of punishment)*, lenient ◊ **м. ви́рок** a light sentence; ◊ **Грома́дська ду́мка обу́рена надзвича́йно ~о́ю ка́рою вби́вці.** The public opinion is scandalized by the lenient punishment for the killer.
Ant. **суво́рий**
6 mild *(of weather, climate)*, temperate, moderate ◊ **Краї́на розташо́вана в зо́ні ~о́го підсо́ння.** The country is situated in a mild climate zone.
7 *ling.* soft *(of consonant)*, palatalized ◊ **м. при́голосний** a soft consonant; **~а́ осно́ва** a soft stem ◊ **і́менник ~о́ї осно́ви** a soft-stem noun
Ant. **тверди́й 3**
comp. **м'я́кший**

м'як|і́сть, *f.*, ~ости, *only sg.*
softness, gentleness, mildness, temperateness
adj. **вели́ка** great, **відчу́тна** tangible, **значна́** considerable, **надзвича́йна** extraordinary,

неймовірна incredible; пéвна certain ◊ **У гóлосі профéсора чýлася пéвна м.** One could hear certain softness in the professor's voice. **віднóсна** relative; **приємна** pleasant; **типóва** typical

v. + **м. виявляти м.** show softness ◊ **Вонá шкодувáла, що вúявила м.** She regretted she had shown softness. (**відчувáти** feel; **використóвувати** take advantage of) ◊ **Багáто хто намагáвся вúкористати м. йогó харáктеру.** Many tried to take advantage of his mild character.

prep. **м. до** + *G.* softness toward sb ◊ **Їй не слід зрáджувати наймéншу м. до підлéглих.** She should not betray the smallest softness toward her subordinates.

See **м'якúй.** *Ant.* **твéрдість**

м'якн|ути, ~уть; зі~, *intr.*
to soften, grow soft, become soft

adv. **вкрай** extremely ◊ **Від дощý землá вкрай зім'якла.** The soil became extremely soft from rain. **геть** totally, **дýже** very, **зóвсім** quite, **надзвичáйно** extraordinarily, **неймовíрно** unbelievably; **дéщо** somewhat, **дóсить** fairly; **несподíвано** unexpectedly, **рáптом** suddenly; **помíтно** perceptibly, **явно** clearly; **лéдве** scarcely ◊ **За три годúни в маринáді м'ясо лéдве зім'якло.** The meat scarcely softened after having been in the marinade for three hours. **мáйже** almost, **трóхи** a little

v. + **м. могтú** can, **починáти** begin to, **стáти** *pf.* start ◊ **Почýвши її пояснéння, дирéктор стáв трóхи м.** On hearing her explanation, the director started softening a little.

(зі)м'якни!

Also see **роставáти 4.** *Ant.* **твердíти, твéрднути**

м'якo, *adv., pred.*

1 *adv.* softly, soft, gently, moderately, kindly ◊ **Її словá звучáли дýже м.** Her words sounded very soft. ♦ **м. стéлити** *fig.* to promise a lot, flatter sb ◊ **Він нáдто м. стéлить. Дивúсь, щоб пóтім не шкодувáти.** He is all sweet talk. Watch out or you'll be sorry later. ♦ **м. кáжучи** to put it mildly ◊ **Вонá йогó, м. кáжучи, не хвалúла.** She did not praise him, to put it mildly.

2 *pred.* soft, mild

v. + **м. бýти м.** + *D.* to feel *or* be soft ◊ **Оксáні булó м. спáти на свíжому сíні.** The fresh hay felt soft for Oksana to sleep on. (**ставáти** become)

м'ясн|úй, *adj., n.*

1 *adj.* meat, of or pertaining to meat

м. + *n.* ♦ **м. вíддíл** a butcher's department, **м. паштéт** pâté (**пирíг** pie, **рулéт** roll; **продýкт** product ◊ **~і продýкти висóкої якости** high-quality meat products; **рúнок** market); ♦ **~á крамнúця** a butcher's store, **~á промислóвість** a meat industry (**продýкція** production; **фéрма** farm; **підлúва** gravy, **стрáва** dish ◊ **У ресторáні «Зелéний млин» не подаю́ть ~úх страв.** They do not serve meat dishes at the Green Mill Restaurant. **ю́шка** broth)

2 *n., nt.* **~é** a meat dish, meat course ◊ **На столí булó все: ~é, горóдина й солóдке.** There was everything on the table: meat, vegetables, and dessert.

Ant. **горóдина 2**

м'яс|о, *nt., only sg.*
meat

adj. **дóбре** good, tasty, **смачнé** tasty; **нíжне** tender, **соковúте** juicy; **жúлаве** sinewy, **сухé** dry, **твердé** tough; **піснé** lean; **жúрне** fatty ◊ **Він не ї́сть жúрного ~а.** He does not eat fatty meat. **біле** white, **тéмне** dark ◊ **Він лю́бить тéмне м.** He likes dark meat. **червóне** red; **сирé** raw ◊ **Стрáву готýють з сирóго ~а.** The dish is cooked from raw meat. **невáрене** uncooked, **недовáрене** undercooked; **вýджене** smoked, **в'ялене** cured ◊ **Мацьóк – це традиційна полíська стрáва з в'яленого свинячого ~а.** Matsiok is a traditional Polissian dish made from cured pork meat. **мéлене** minced, **порíзане** cut; **маринóване** marinated, **сóлене** salted, **пéчене** roast, **смáжене** fried, **тушкóване** stewed; **консервóване** canned, **морóжене** frozen, **перерóблене** processed; **органíчне** organic; **гнилé** rotten, **зíпсóване** bad, **тýхле** rancid; **индúче** turkey, **качúне** duck ◊ **Він лю́бить качúне м.** He likes duck meat. **коня́че** horse, **крáбове** crab, **кýряче** chicken, **свиня́че** pork, **теля́че** beef, **ялóвиче** veal, *etc.* ♦ **гармáтне м.** cannon fodder ◊ **Уряд трактувáв солдáтів як гармáтне м.** The government treated its soldiers like cannon fodder. ♦ **ні рúба, ні м.** neither fish nor foul

n. + **м. кýсень ~а** a piece of meat ◊ **Мар'яна поклáла собí велúкий кýсень индúчого ~а.** Mariana took a big piece of turkey meat. (**кавáлок** *colloq.* chunk, **шмат** piece, **шматóк** bit; **кілогрáм** kilogram)

v. + **м. варúти м.** cook meat (**відмóчувати** soak, **вýдити** smoke, **в'я́лити** cure, **заморóжувати** freeze, **маринувáти** marinate ◊ **м., маринóване на шашликú** the meat marinated for shish kebab; **молóти** mince, **рíзати** cut; **начиня́ти** stuff, **пектú** roast, **пря́жити** *or* **смáжити** fry, **тушкувáти** stew; **розморóжувати** defrost ◊ **Свиня́че м. слід повíльно розморóзити.** Pork meat should be slowly defrosted. **солúти** salt; **жувáти** chew ◊ **Вонá стáранно жувáла м.** She was thoroughly chewing the meat. **ї́сти** eat, **споживáти** consume ◊ **Вонú однáково споживáли м. та горóдину.** They consumed both meat and vegetables.

м. + *v.* **варúтися** cook ◊ **У печí вáрилося м.** Meat was quietly cooking in the oven. **млíти** simmer ◊ **Він лишúв м. млíти ще на годúну.** He left the meat to simmer for another hour. **пектúся** roast; **гнúти** rot, **псувáтися** spoil ◊ **М. солúли, щоб вонó не псувáлося.** They salted meat to prevent it from spoiling. **пáхнути** smell, **смердíти** stink

м'яч, *m.,* **~á**
ball *(soccer, etc.)*

adj. **футбóльний** soccer ◊ **Він подарувáв сúнові футбóльного ~á.** He gave his son a soccer ball. ♦ **баскетбóльний м.** a basketball, ♦ **волейбóльний м.** a volleyball, **пля́жний** beach, **тéнісний** tennis; **ґýмовий** rubber, **шкірянúй** leather

v. + **м. бúти м.** *or* **~á** hit a ball ◊ **Марýся стáла бúти м. об зéмлю.** Marusia started hitting the ball against the ground. (**вдаря́ти** strike, **вестú** *or* **водúти** dribble) ◊ **Якíв майстéрно вóдить ~á.** Yakiv dribbles the ball masterfully. **втрачáти** lose, **забивáти головóю** head ◊ **Олéг головóю забúв м. у сíтку.** Oleh headed the ball into the net. **ловúти** catch, **кúдати** throw, **кóпати** kick ◊ **Стефáн кóпнув ~á у ворóта супéрника, алé не попáв.** Stefan kicked the ball into the rival's goal but missed. **контролювáти** control; **перехóплювати** intercept; **підкидáти** throw up, **подавáти** serve; **пропускáти** miss ◊ **Воротáр не пропустúв жóдного ~á.** The goalkeeper has not missed a single ball. **тримáти** retain, **хапáти** grab; **грáти в** play) ◊ **На óзері дрýзі грáли в пля́жний м.** The friends played beach ball by the lake. **грáти ~éм** play with a ball (**пасувáти** pass ◊ **Ніхтó в дружúні так не пасýє ~éм як Васúль.** Nobody on the team passes the ball the way Vasyl does. **бíгти з** run with, **гáнятися за** chase) ◊ **Хлóпці три годúни ганя́лися за ~éм.** The boys chased the ball for three hours.

м. + *v.* **вдаря́ти в** + *A.* hit sth ◊ **М. удáрив у стінý.** The ball hit the wall. **відбивáтися від** + *G.* bounce off sth ◊ **М. відбúвся від переклáдини.** The ball bounced off the crossbar. **котúтися** roll; **летíти** fly, **перелітáти** fly over; **пáдати** fall ◊ **М. перелетíв чéрез пóле і впав на трибýни.** The ball flew over the field and fell on the stands.

приземля́тися land ◊ **М. приземлúвся за ворíтьми.** The ball landed behind the goal. **перехóдити** + *A.* go over sth ◊ **М. перейшóв лíнію.** The ball went over the line. **потрапля́ти в** + *A.* get into

Н

на, *prep.*

relations of place

1 *position, location*: 1) *(physical object)* on, upon, in + *L.* ◊ **Він знайшóв запúску н. столí.** He found a note on the table. 2) *(space or part of it)* on, in + *L.* ◊ **н. рúнку** in a market place, ◊ **н. вýлиці** on a street, ◊ **н. плóщі** on a square; 3) *(part of city)* in + *L.* ◊ **н. Подóлі** in Podil; 4) *(island, peninsula)* in, on + *L.* ◊ **на пíвострові** on a peninsula, ◊ **н. Флорúді** in Florida; ◊ **н. Хóртиці** on Khortytsia, 5) *(geographic part of the world)* in + *L.* ◊ **н. пíвночі** in the north, ◊ **н. зáході** in the west; 6) *(building seen as institution)* at, in + *L.* ◊ **н. стáнції** *or* **вокзáлі** at a station, ◊ **н. завóді** at a plant, ◊ **н. фáбриці** in a factory; 7) *(event)* at, in + *L.* ◊ **на лéкції** at a lecture, ◊ **н. заня́тті** in class, ◊ **н. óпері** at an opera, **н. робóті** at work; 8) *(picture, photo, painting)* in + *L.* ◊ **н. світлúні** in a photo (**картúні** picture, **портрéті** portrait, **малю́нку** drawing); 9) *(background)* on, against + *L.* ◊ **Він був невидúмим н. тлі лíсу.** He was invisible against the backdrop of the forest.

2 *direction of movement* on, upon + *A.* ◊ **Він постáвив склянку н. стіл.** He put the glass on the table. ◊ **Óля вдягнýла брúль н. гóлову.** Olia put the hat on her head.

3 *destination* a) *(to a physical object)* to, toward, in the direction of, at + *A.* ◊ **Гýси летя́ть н. пíвніч.** Geese are flying north. ◊ **Пóтяг рýхався н. Львів.** The train was moving toward Lviv. ◊ **Він пішóв н. рíчку.** He went to the river. ◊ **ї́здити на мóре** to travel to the sea; ◊ **дивúтися н. нéбо** to look at the sky; b) *(to an event)* for, to + *A.* ◊ **Їх запросúли н. вечéрю.** They were invited to dinner. (**кáву** coffee, **óперу** opera, **спектáкль** performance)

4 *dir.* on against sth + *A.* ◊ **Він обпéрся н. стіл.** He leaned on/against the table.

Also see **об 3**

relations of time

5 *moment in time* on, for, at + *A.* ◊ **Н. йогó урóдини вонú ходúли до ресторáну.** On his birthday, they went to a restaurant.

6 *length of time* for + *A.* ◊ **Ми приї́хали н. два дні.** We came for two days. ◊ **н. хвилúну** for a minute, ◊ **н. якúйсь час** for some time

7 *time by which sth is done* for, by + *A.* ◊ **Зробú це н. понедíлок!** Do it by Monday! ◊ **домáшнє завдáння н. сéреду** homework for Wednesday, ◊ **н. настýпний раз** for next time

relations of circumstance

8 *vehicle of motion* by, on + *L.* ◊ **на човнí** by boat ◊ **Вонú приї́хали не мóрем, а на кóнях.** They arrived not by the sea but on horses.

9 *language used* in + *L.* ◊ **Текст був н. якíйсь мéртвій мóві.** The text was in some dead language.

10 *purpose* for, in, on + *A.* ◊ **горóдина н. салáт** vegetables for salad; ◊ **грóші н. навчáння** the money for studies; **цýкор н. пля́цок** sugar for the cake; ◊ **н. пáм'ять про** + *A.* in memory of sb; ◊ **н. честь** + *G.* in honor of sb; ♦ **н. згáдку про** + *A.* as a memento of sb/sth ◊ **Фéдір подарувáв йомý альбóм н. згáдку про зýстріч.** Fedir gave him the album as a memento of their meeting. ◊ **Ніхтó не стоя́в їй н. завáді.** Nobody stood in her way.

relations between two entities

11 *likeness* ◊ **Він скидáвся н. шляхéтного**

ли́царя. He resembled a noble knight.
12 *music instrument + L. or rare A.* ◊ **гра́ти н. скри́пці** *or* **скри́пку** to play the violin ◊ **Вона́ навчи́лася гра́ти н. скри́пці** *or* **скри́пку.** She learned to play the violin.
13 *area of expertise* in + *L.* **зна́тися** *or* **розумі́тися н. мисте́цтві** to be knowledgeable in art
14 *profession, position acquired* as *or no prep. + A.* ◊ **вчи́тися н. економі́ста** to be trained as an economist; ◊ **Його́ призна́чили н. заві́дувача ві́дділу.** He was appointed the department director.
15 *object of exchange* for + *A.* ◊ **міня́ти гри́вні н. до́лари** to exchange hryvnias for dollars
16 *sickness* ♦ **хворі́ти н.** + *A.* to have a sick sth ◊ **Він хворі́в н. се́рце.** He had a sick heart.
17 *speaker's attitude, in set expressions + A.* ♦ **н. бі́са** what the hell for, why the hell ◊ **Н. бі́са тобі́ це?** What the hell do you need it for? ♦ **н. жаль** unfortunately ◊ **Н. жаль, я не змо́жу прийти́.** Unfortunately, I won't be able to come. ♦ **н. мою́ ду́мку** in my opinion; ♦ **н. ща́стя** fortunately ◊ **Н. ща́стя, вона́ пого́дилася.** Fortunately, she agreed. ♦ **як н. ли́хо** as chance would have it ◊ **Лев, як н. ли́хо, прийшо́в не сам.** As chance would have it, Lev did not come alone.
quantitative relations
18 *quantity, no prep. + A.* ◊ **лист н. три сторі́нки** a three-page letter, ◊ **ле́кція н. дві годи́ни** a two-hour lecture; ◊ **Він відбі́г н. п'ять кро́ків.** He ran five steps away.
19 *frequency* per, *or no prep. + A.* ◊ **дві́чі н. день** twice a day
20 *parts of a whole* of, comprising, *or no prep. + A.* ◊ **буди́нок н. сім по́верхів** a seven-story building, ◊ **кни́жка н. п'ять ро́зділів** a book of five chapters
21 *full measure of action* at, over, to + *A.* ◊ **вмика́ти ра́діо н. всю гу́чність** to turn the radio at full volume; ◊ **Миха́йло просла́вився н. всю шко́лу.** Mykhailo became famous all over his school.
22 *limit, measure of action* at + *L.* or *A.* ◊ **н. висоті́** at the altitude of, ◊ **н. глибині́** at the depth, ◊ **н. ві́дстані** at a distance ◊ **Вони́ зупини́лися н. безпе́чній ві́дстані від прі́рви.** They stopped at a safe distance from the precipice. ◊ **н. шви́дкості** at speed ◊ **Корабе́ль ішо́в н. малі́й шви́дкості.** The ship sailed at low speed. ◊ **Він забі́г н. ми́лю в ліс.** He ran one mile into the woods.
23 *division into* by, into + *A.* ◊ **п'ять поділи́ти н. два** five divided by two; ◊ **Музе́й поді́лено н. три ві́дділи.** The museum is divided into three departments.
24 *comparison* by *or no prep. + A.* ◊ **ста́рший н. два ро́ки** two years older, ◊ **працюва́ти до́вше н. одну́ годи́ну** to work an hour longer

набага́то, *adv.*
1 much, by far + *comp. of adj. or adv.* ◊ **н. кра́щий підру́чник** a much better textbook, ◊ **Миро́сю було́ н. ле́гше розумі́ти, ніж Ні́ну.** Myrosia was much easier to understand than Nina.
Also see **геть 5, зна́чно 2, куди́ 6**
2 much, considerably, significantly ◊ **Вони́ н. відстава́ли від і́нших.** They were considerably lagging behind the others. ◊ **Ва́ля н. сху́дла.** Valia lost much weight.
Also see **зна́чно 1**

набира́|ти, ~ють; набра́ти, набер|у́ть, *tran.*
1 to gather, fill with, take up, pick up, scoop up, spoon up ◊ **Він набра́в жме́ню сні́гу.** He scooped up a fistful of snow.
adv. **ле́гко** easily, **ле́две** hardly ◊ **Коло́дязь був мілки́й і вона́ ле́две набра́ла пів відра́ води́.** The well was shallow and she hardly filled half a bucket of water. **пові́льно** slowly, **поступо́во** gradually; **шви́дко** quickly; **я́кось** somehow; ♦ **н. пові́тря** to inhale; ◊ **Чо́вен ~в во́ду.** The boat was taking on water.
2 to get, obtain; hire, contract, recruit, take on ◊ **Він набра́в бага́то робо́ти.** He took on a lot of work. ◊ **Заво́д ~є ще робі́тників.** The plant is hiring more workers.
3 to compose *(a text, etc., in printing)*, set up, put together ◊ **Програ́ма дозволя́є н. ці́лі кни́жки́.** The software allows composing entire books.
adv. **автомати́чно** automatically, **вручну́** manually, **на комп'ю́тері** by computer
4 to dial
adv. **автомати́чно** automatically ◊ **Усі́ телефо́нні номери́ мо́жна н. автомати́чно.** All phone numbers can be dialed automatically. **із пам'я́ті** from memory; **шви́дко** quickly;
♦ **На́брано непра́вильний но́мер.** You dialed the wrong number.
5 gain *(speed, altitude, etc.)*, take, put on ◊ **н. вагу́** to gain weight, ◊ **н. ко́льору** to turn *(certain color)* ◊ **Її обли́ччя набра́ло пурпуро́вого ко́льору.** Her face turned purple. ◊ **н. фо́рму** to take shape, ◊ **н. шви́дкість** to accelerate ◊ **По́тяг ~в шви́дкість.** The train was accelerating. ◊ **н. си́лу** *or* **си́ли** to gain strength; to come into force ◊ **Заборо́на пали́ти набере́ си́ли че́рез мі́сяць.** The ban on smoking will come into force in a month.
Also see **набува́ти 2**
pa. pple. **на́браний** composed; dialed, *etc.*
набира́й! набери́!

набира́|тися; набра́тися, *intr.*
1 to amass, gather, get filled with ◊ **На майда́ні ~вся на́товп.** A crowd was gathering on the square.
2 *only 3rd pers.* to reach the amount of, be as much (as many) as, garner ◊ **У не́ї мо́же набра́тися не бі́льше семи́ публіка́цій.** She can garner no more than seven publications.
3 to collect *(strength, courage, etc.)*, amass, muster, mobilize + *G.* ◊ **Він набра́вся смі́ливости осві́дчитися Я́рці.** He mustered the courage to confess his love for Yarka.
4 *colloq.* to learn, acquire, gain + *G.* ◊ **н. знань** to acquire knowledge (**до́брих мане́р** good manners, **до́свіду** experience ◊ **На сту́дії Наза́р набра́вся практи́чного до́свіду.** Nazar gained practical experience at the studio. **культу́ри** culture, **му́дрости** wisdom, **си́ли** strength)
5 *pass., only 3rd pers.* to be recruited, be hired ◊ **У фі́рмі ~вся нови́й персона́л.** New staff was being recruited at the firm.
6 *colloq.* to get sloshed ◊ **Того́ ве́чора вони́ до́бре набра́лися.** That evening they got really sloshed.
7 to suffer, experience + *G.* ◊ **н. го́ря** to suffer grief (**ганьби́** *or* **со́рому** shame)
See **зазнава́ти 1.** *Also see* **терпі́ти 2**

набі́л, *m.*, **~у**, *only sg.*
dairy, dairy products
adj. **вла́сний** one's own ◊ **Вона́ продає́ вла́сний н.** She sells her own dairy. **дома́шній** home-made; **до́брий** good, tasty, **першокла́сний** first-rate, **сві́жий** fresh ◊ **Н. у крамни́ці за́вжди́ сві́жий.** Dairy at the store is always fresh. **імпорто́ваний** imported
Also see **ма́сло, молоко́, сир, смета́на**

наб|і́р, *m.*, **~о́ру**
1 set, series, collection + *G.* of ◊ **н. столо́вого срі́бла** a set of table silverware
adj. **весь** whole, **по́вний** full ◊ **по́вний н. інструме́нтів** a full set of tools, **ціло́ви́тий** complete; **вели́кий** large, **всеохо́пний** comprehensive, **широ́кий** wide; **станда́ртний** standard ◊ **станда́ртний н. хромосо́м** a standard set of chromosomes; **уніка́льний** unique; **непо́вний** incomplete, **обме́жений** limited; **ча́йний** tea, **ка́вовий** coffee, **столо́вий** dining
н. + *n.* **н. листі́вок** a set of postcards (**карти́н** paintings; **ви́круток** screwdrivers, **інструме́нтів** tools, **све́рдел** drills; **книжо́к** books; **крава́ток** ties; **ру́чок** pens; **світли́н** photos, **фі́льмів** films, *etc.*)
v. + **н. допо́внювати н.** complement a set ◊ **Ва́за га́рно допо́внює столо́вий н.** The vase nicely complements the dining set. (**дове́ршувати** complete) ◊ **Ку́бок дове́ршує н. перемо́г, що їх здобу́в футбо́льний клуб.** The cup completes the set of victories won by the soccer club.
н. + *v.* **включа́ти** + *A.* include sth, **склада́тися з** + *G.* consist of sth ◊ **Подарунко́вий н. склада́ється із шести́ ди́сків.** The gift set consists of six DVDs.
Also see **арсена́л 2.** *Cf.* **паке́т 3**
2 dialing *(telephone)*
adj. **автомати́чний** automatic, **голосови́й** voice ◊ **Мобі́лка має голосови́й н.** The cellphone has voice dialing. **ручни́й** manual
3 admission, recruitment, conscription
adj. **вели́кий** large, **ма́совий** mass; **невели́кий** small, **обме́жений** limited; **весня́ний** spring, **зимо́вий** winter, **лі́тній** summer, **осі́нній** fall; **щорі́чний** annual; **додатко́вий** additional ◊ **додатко́вий н. доброво́льців** an additional recruitment of volunteers
v. + **н. почина́ти н.** start recruitment (**продо́вжувати** continue; **закі́нчувати** finish; **прово́дити** hold ◊ **Н. студе́нтів прово́дять улі́тку.** The admission of students is held in the summer. **перерива́ти** interrupt)
н. + *v.* **відбува́тися** take place ◊ **Відбува́ється щорі́чний н. аспіра́нтів.** The annual doctoral students admission is taking place. **прохо́дити** occur; **почина́тися** start, **продо́вжуватися** go on; **закі́нчуватися** end
4 typesetting *(in printing)*, composition
adj. **автомати́чний** automatic, **комп'ю́терний** computer, **ручни́й** manual

наближа́|ти, ~ють; набли́з|ити, наближу́, ~ять, *tran.*
to draw closer, bring nearer
adv. **ду́же** much; **де́що** somewhat ◊ **Любо́в до футбо́лу де́що набли́зила двох супе́рників.** Love for soccer drew the two rivals somewhat closer. **зна́чно** significantly; **ле́две** scarcely, **непомі́тно** imperceptibly, **тро́хи** a little; **несподі́вано** unexpectedly; **ґвалто́вно** abruptly, **шви́дко** quickly
prep. **н. до** + *G.* draw closer to sb/sth ◊ **Ле́ва ~ло до чужи́нця знання́ мо́ви.** The knowledge of the language brought Lev closer to the stranger.
pa. pple. **набли́жений** close ◊ **набли́жений до президе́нта журналі́ст** a journalist close to the president
наближа́й! набли́зь!

наближа́|тися; набли́зитися, *intr.*
1 to approach, come nearer, draw closer, near
adv. **ду́же** much, **зна́чно** considerably; **з осторо́гою** warily, **обере́жно** carefully; **непомі́тно** imperceptibly; **крок за кро́ком** step by step, **пові́льно** slowly, **поступо́во** gradually; **ґвалто́вно** abruptly, **несподі́вано** unexpectedly, **ра́птом** suddenly, **шви́дко** quickly ◊ **День від'ї́зду шви́дко ~вся.** The departure day was quickly approaching.
v. + **н. змогти́** *pf.* manage to ◊ **Вони́ змогли́ набли́зитися до мети́.** They managed to come closer to the goal. **намага́тися** try to, **про́бувати** attempt to, **хоті́ти** want to; **почина́ти** begin to, **ста́ти** *pf.* start to
prep. **н. до** + *G.* approach sb/sth ◊ **Він набли́зився до пса.** He approached the dog.
Also see **захо́дити 6, зверта́ти 3, ітй 4**
2 to approach, border on, verge on
prep. **н. до** + *G.* border on sth ◊ **Дефіци́т ~вся до ме́жі.** The deficit was bordering on the limit.
3 to resemble, be like
adv. **вели́кою мі́рою** to a great extent, **ду́же** much; **де́що** somewhat, **ле́две** scarcely, **тро́хи** a little; **ча́сом** sometimes; **поча́сти** in part ◊ **Його́ пое́зія поча́сти ~ється до наро́дної пі́сні.** His poetry in part resembles the folk songs.

prep. **н. до** + *G.* resemble sb/sth
See **нагадувати 2.** *Also see* **тяжіти**

наблизи|ти, *pf., see* **наближати**
to draw closer, *etc.* ◊ **Опоненти ~ли свої позиції.** The opponents have brought their positions closer.

наблизи|тися, *pf., see* **наближатися**
to approach, draw near ◊ **Конвой ~вся до межі забороненої зони.** The convoy approached the border of the exclusion zone.

набра|ти, *pf., see* **набирати**
to gather, fill with, *etc.* ◊ **Її тремтячі пальці ледве ~ли потрібний номер.** Her trembling fingers barely dialed the required number.

набра|тися, *pf., see* **набиратися**
to amass, acquire, *etc.* ◊ **Працюючи в медичній лабораторії Тетяна ~лася досвіду.** Tetiana acquired experience while she worked at the medical lab.

набреха|ти, *pf., see* **брехати**
to tell a lie, lie ◊ **Ігор ~в братові про причину своєї відсутности.** Ihor lied to his brother about the reason for his absence.

набрида|ти, ~ють; набридн|ути, ~уть; *pa. pf., m.* **набрид** *or* **набриднув**, *pl.* **набридли** *or* **набриднули**, *intr.*
1 to bore, become boring
adj. **геть** totally, **добряче** *colloq.* a great deal, **дуже** a lot, **порядно** considerably, **цілком** completely; **вже** already; **дещо** somewhat, **трохи** a little; **скоро** *and* **швидко** quickly ◊ **Їй швидко набридне байдикувати.** She will quickly get bored of doing nothing. **зовсім не** not at all; **ще не** not yet ◊ **Телесеріял ще не набрид їм.** They are not yet bored with the TV series.
Also see **нудити 1**
2 to bother, pester, annoy + *I.* with ◊ **н.** + *D.* **питаннями** to pester sb with questions; ◊ **Мати ~ла Ніні порадами.** Mother pestered Nina with her advice.
Also see **дошкуляти, надокучати 2, сіпати 3**
3 *impers.* to get tired of, be fed up with + *D.* + *inf.* ◊ **Ромі набридло вдавати дурника.** Roma is fed up with pretending to be a fool. ◊ **Йому ще не набридло ловити рибу.** He has not yet gotten tired of fishing.
Also see **замучитися 2, мучитися 2, надокучати 3**
набридай! набридни!

набридлив|ий, *adj.*
boring, annoying, irksome
adv. **вкрай** extremely, **геть** totally, **дуже** very, **зовсім** completely, **надзвичайно** in the extreme, **нестерпно** unbearably ◊ **Що за нестерпно н. співрозмовник!** What an unbearably boring interlocutor! **страшенно** terribly; **дещо** somewhat, **досить** fairly, **трохи** a little
v. + **м. бути ~им** be boring (**вважати** + *A.* consider sb ◊ **Його колись вважали досить ~ою особою.** Once he used to be considered a fairly boring person. **виявлятися** prove, **здаватися** + *D.* seem to sb; **ставати** grow)
See **нудний.** *Also see* **монотонний 2**

набридну|ти, *pf., see* **набридати**
to bore; be fed up ◊ **Викладачам ~ло мати його завідувачем катедри.** The instructors were fed up with having him as the department chair.

набува|ти, ~ють; набути, набуд|уть, *intr.*
1 to acquire, purchase, gain possession of + *G. or A.* **Марченко набув велику ділянку землі.** Marchenko acquired a large plot of land. ◊ **Її фотоальбом можна набути в кожній книгарні.** Her photo album can be purchased in any bookstore.
See **купувати 1**
2 gain *(qualities)*, develop, acquire
adv. **без проблем** without a problem; **ґвалтовно** abruptly, **несподівано** unexpectedly, **раптом** suddenly, **швидко** quickly; **легко** easily; **крок за кроком** step by step, **непомітно** imperceptibly, **повільно** slowly, **послідовно** consistently, **поступово** gradually ◊ **Анатолій поступово набув здатности довго працювати за комп'ютером.** Anatolii gradually gained the ability to work long hours on the computer.
н. + *n.* **н. м'якости** become soft (**відпірности** resistant ◊ **Її організм набув дивовижної відпірности до перестуди.** Her body became amazingly resistant to colds. **гнучкости** flexible, **твердости** firm), **н. нових рис** to develop new traits; ♦ **н. ваги** 1) to gain weight ◊ **Вона ґвалтовно набула ваги.** She abruptly gained weight. 2) to gain importance ◊ **Справа набула ваги.** The matter gained importance.
v. + **н. бути легко** be easy to; **бути треба** + *D.* need to ◊ **Олені треба набути педагогічного досвіду.** Olena needs to acquire some teaching experience. **змогти** *pf.* manage to; **намагатися** try to ◊ **Він намагається набути впевнености.** He is trying to acquire confidence. **старатися не** try not to; **починати** begin to, **стати** *pf.* start to ◊ **Будинок став н. дивної форми.** The building started to take a strange form.
Also see **набирати 5, прибирати 5**

набу|ти, *pf., see* **набувати**
to acquire, assume, take, *etc.* ◊ **За рік студенти ~ли добрих розмовних навичок.** The students acquired good conversational skills in a year.

наважи|тися, *pf., see* **наважуватися**
to dare, have the courage to ◊ **Миша ~вся попросити її про зустріч.** Mysha had the courage to ask her for a meeting.

наважу|ватися, ~ються; наваж|итися, ~аться, *intr.*
to dare, have the courage, muster the courage + *inf.*
adv. **ледве** barely, **насилу** scarcely; **нарешті** finally ◊ **Сергій нарешті наважився на подорож літаком.** Serhii finally mustered the courage for a trip by airplane. **ніколи не** never ◊ **Він ніколи не ~вався заперечити матері.** He would never dare object to his mother. **якось** somehow ◊ **Я якось не ~юся сказати їй.** I somehow don't dare tell her.
v. + **н. бути важко** be difficult to, **бути нелегко** be not easy to; **змогти** *pf.* manage to ◊ **Віктор зміг наважитися на самостійний крок.** Viktor managed to muster the courage to take an independent step. **бути треба** + *D.* need to ◊ **Христі треба якось наважитися на розлучення.** Khrystia needs to somehow muster the courage to get a divorce. **не могти** cannot
prep. **н. на** + *A.* have the courage for sth
Also see **збиратися 7**

навантажен|ня, *nt.*
1 loading, action of loading ◊ **Н. мішків із піском зайняло годину.** Loading the sand bags took one hour.
2 load, burden, stress
adj. **емоційне** emotional, **психологічне** psychological, **фізичне** physical; **інтенсивне** intensive, **контрольоване** controlled, **певне** certain, **обмежене** limited, **фізичне** physical; ◊ **Значне фізичне н. падає на м'язи живота.** Significant physical stress is on the abdominal muscles.
See **стрес**
3 *fig., coll.* work load, responsibilities
adj. **більше** larger, **велике** heavy, **величезне** huge, **значне** significant, **серйозне** serious; **легке** light, **менше** smaller, **невелике** small, **незначне** insignificant; **необхідне** necessary; **звичайне** regular ◊ **Викладати три курси щосеместру – це її звичайне н.** Teaching three courses a semester is her regular work load. **постійне** constant, **тривале** lengthy; **викладацьке** teaching, **робоче** work, **суспільне** social, *etc.*
v. + **н. брати н.** take a work load (**виконувати** carry out, **давати** + *D.* give sb ◊ **Їм дали неможливо велике викладацьке н.** They were given an impossibly large teaching load. **ділити** share; **збільшувати** increase; **зменшувати** reduce, **полегшувати** lessen; **мати** have; **розподіляти** distribute) ◊ **Керівник проєкту розподілив робоче н. порівну між усіма учасниками.** The project manager distributed the workload equally among all the participants.
Also see **зайнятість 1, зобов'язання, обов'язок**

навантажи|ти, *pf., see* **вантажити**
to load, stack; burden, *etc.* ◊ **У весняному семестрі його ~ли ще одним курсом.** He was saddled with one more course in the spring semester.

наверх, *adv., dir.*
up, upwards, uphill, upslope, to the top, upstairs
adv. **одразу** right away, **просто** *or* **прямо** straight ◊ **Сходи вели просто н., до замку.** The steps led directly uphill to the castle. **дещо** somewhat, **трохи** a little ◊ **Їм треба було піднятися трохи н. по вулиці.** They needed to go a little up the street.
v. + **н. йти н.** go uphill ◊ **Фортечний мур ішов н.** The fortress wall went uphill. (**бігти** run, **їхати** drive, **лізти** climb); ♦ **вилазити н.** to get to the top *(socially)*
See **вгору, нагору 1, 2.** *Ant.* **вниз, надолину**

наверху, *adv., posn.*
1 at the top, on the top, above, in the upper part
adv. **аж** very ◊ **Вони зупинилися аж н.** They stopped at the very top. **десь** somewhere, **геть** way, **просто** straight, **цілком** right
See **нагорі 1, вгорі.** *Ant.* **внизу, надолині**
2 on the surface, atop ◊ **Море оманливо спокійне н.** The sea is deceptively calm on the surface.
3 *fig., colloq.* among the leadership, in the administration, at the top, ◊ **Ніхто н. не знав про її справу.** Nobody at the top, knew about her matter.
See **нагорі 2**

нав|ести, *pf., see* **наводити**
to direct at; aim; provide, *etc.* ◊ **У доповіді вона ~ела незнані факти.** She cited unknown facts in her presentation. ◊ **Снайпер ~ів рушницю на вікно.** The sniper aimed his rifle at the window. ◊ **Студент ~ів слушний приклад.** The student gave a good example.

навіжен|ий, *adj.*
1 insane, crazy
adv. **абсолютно** absolutely ◊ **абсолютно ~а людина** an absolutely insane person; **безнадійно** hopelessly, **геть** totally, **цілком** quite; **доказово** provably; **дещо** somewhat, **майже** almost, **трохи** a little; **дійсно** really, **справді** truly ◊ **Таке могла сказати тільки справді ~а людина.** Only a truly insane person could say such a thing.
v. + **н. бути ~им** be crazy (**вважати** + *A.* consider sb ◊ **В університеті його вважали трохи ~им.** They considered him a bit crazy at the university. **виглядати** look, **виявлятися** turn out, **здаватися** + *D.* seem to sb ◊ **Вона здавалася ~ою.** She seemed crazy. **лишатися** remain; **ставати** go)
See **божевільний 1, шалений 1**
2 *fig.* crazy, extravagant, senseless ◊ **Олексина ~а ідея подобалася його друзям.** Oleksa's

friends liked his crazy idea.
See **божевільний 2.** *Also see* **шалений 4**
3 *fig.* intense, fierce, over the top, crazy ◊ **~а пристрасть** a fierce passion; ◊ **Спазм ~ої люті схопив її за горло.** Her throat was gripped by a spasm of fierce rage.
See **інтенсивний.** *Also see* **божевільний 3, несамовитий 2, шалений 2, 3**

навік, *var.* **навіки**, *adv.*
1 forever, for good, for all time, eternally ◊ **Він прощався з Олею н.** He was parting with Olia forever.
See **назавжди**
2 much, a lot, completely ◊ **н. переляканий** very frightened; ◊ **Іван н. розчарувався в другові.** Ivan was completely disappointed in his friend.
See **цілком**

навколишн|ій, *adj.*
surrounding, neighboring, nearby ◊ **Н. світ змінився.** The world around changed.
н. + *n.* **н. ліс** the surrounding forest; **~я природа** the nature around ◊ **~я природа замовкла в передчутті буревію.** The nature around them fell silent in anticipation of the hurricane. ♦ **~є середовище** the environment; **~і міста** surrounding cities (**озера** lakes, **поля** fields, **села** villages, *etc.*)
Also see **близький, сусідній**

навколо, *var.* **довкола**, *adv., prep.*
1 *adv.* around, about ◊ **Моряк пильно дивився н.** The sailor looked carefully around. ♦ **ходити кругом та н.** to beat around the bush ◊ **Вона ходить кругом та н., бо не може відповісти на питання.** She is beating around the bush because she cannot answer the question.
Cf. **кругом 1**
2 *prep.* around sth + *G.* ◊ **подорож н. світу** a journey around the world; ◊ **Вони посадили бузок н. хати.** They planted lilacs around the house.
Also see **кругом 3**

навмання, *adv.*
1 at random, haphazardly, arbitrarily
adv. **абсолютно** absolutely ◊ **Командир вибрав солдатів абсолютно н.** The commander chose soldiers absolutely at random. **геть** totally, **цілком** quite; **майже** almost, **очевидно** evidently, **позірно** seemingly, **явно** clearly; **тільки** only
Also see **наосліп 2**
2 aimlessly, with no purpose, without thinking ◊ **Він любив ходити н. містом.** He liked to wander around the city aimlessly.
Ant. **навмисно**

навмисн|ий, *adj.*
intentional, deliberate, conscious, intended, premeditated
adv. **абсолютно** absolutely, **геть** totally, **цілком** completely; **очевидно** evidently, **явно** obviously; **позірно** seemingly; **підозріло** suspiciously; **зовсім не** not at all ◊ **Це – зовсім не ~а образа.** This insult is not at all deliberate. **ледве** scarcely; **майже** almost
н. + *n.* **н. акт** a premeditated action ◊ **~і акти саботажу** premeditated acts of sabotage; (**злочин** crime, **підпал** arson); **~а брехня** an intentional lie (**недбалість** carelessness; **помилка** mistake; **провокація** provocation; **самоізоляція** self-isolation; **смерть** death; **шкода** damage) ◊ **Вони завдали справі ~ої шкоди.** They inflicted deliberate damage to the cause. **~е вбивство** a premeditated murder (**приниження** humiliation; **шахрайство** cheating)
v. + **н. бути ~им** be intentional ◊ **Вбивство явно ~е.** The murder is obviously premeditated. (**вважати** + *A.* consider sth ◊ **Вона вважала Іванів вчинок ~им.** She considered Ivan's action to be intentional. **виглядати** + *D.* look to, **виявлятися** turn out, **здаватися** + *D.* seem to sb) ◊ **Її байдужість здавалася Христі ~ою.** Her indifference seemed intentional to Khrystia.
Also see **свідомий 2, умисний.** *Ant.* **випадковий**

навмисно, *adv., var.* **навмисне**
deliberately, on purpose, expressly
adv. **абсолютно** absolutely, **цілком** completely ◊ **Він н. перебільшив.** He exaggerated on purpose. **зовсім не** not at all; **очевидно** evidently, **явно** obviously
Ant. **навмання 2**

навод|ити, ~жу, ~ять; навести, навед|уть; *pa. pf., m.* **навів**, *pl.* **навели**, *tran.*
1 to direct at, lead
adv. **випадково** accidentally ◊ **Лист випадково навів його на грабіжників.** The letter accidentally led him to the robbers. **навмисно** deliberately; **легко** easily; **несподівано** unexpectedly, **раптом** suddenly; **швидко** quickly, **якось** somehow
prep. **н. на** + *A.* lead to/at sb/sth, ♦ **н. на слід** to put sb on the trail ◊ **Документ навів журналіста на слід великої корупційної схеми.** The document put the journalist on the trail of a large corruption scheme.
2 to aim at *(gun, lens, etc.)*, train at ◊ **Він навів пістолет на нападника.** He aimed the gun at the attacker.
adv. **блискавично** instantaneously, **швидко** quickly; **крадькома** stealthily, **непомітно** imperceptibly
н. + *n.* **н. пістолет** aim a gun (**рушницю** rifle; **об'єктив** lens, **фотоапарат** camera, *etc.*)
prep. **н. на** + *A.* aim at sb/sth ◊ **Він швидко навів кінокамеру на авто і клацнув.** He quickly trained his movie camera at the car and clicked.
3 to provide *(data, facts, etc.)*, cite, quote, give ◊ **н. приклад** to cite an example; **н. доказ** to provide a proof; ◊ **Вона навела дані про тривалість життя.** She provided data on life expectancy.
4 to suggest *(thought, idea, etc.)*, bring to mind ◊ **н. на думку** to bring to mind ◊ **Останні слова навели його на думку про втечу.** The last words brought the thought of escape to his mind.
5 *only with prep.* to evoke *(feelings)*, stir up
prep. **н. на** + *A.* evoke in sb ◊ **Мелодія ~ила на них радість.** The tune evoked joy in them.
See **викликати 3.** *Also see* **збуджувати 2, родити 2**
6 to create, bring about, give rise to, ♦ **н. дисципліну** to impose discipline ◊ **Мартинюк швидко наведе дисципліну.** Martyniuk will quickly impose discipline. ♦ **н. красу на** + *A.* to make sb beautiful ◊ **Вийнявши з сумочки туш, дівчина стала н. красу.** Having taken the mascara out of her purse, the girl set about making herself beautiful. ♦ **н. мости** *fig.* to build bridges ◊ **Він умів н. мости між людьми.** He knew how to build bridges between people. ♦ **н. лад** *or* **порядок** to put sth order ◊ **Її прислали, навести лад** *or* **порядок у банку.** She was despatched to put the bank in order. ♦ **н. тінь на** + *A.* to cast a shadow on sb/sth ◊ **Стаття наводить тінь на її винахід.** The article casts a shadow on her invention.
pa. pple. **наведений** led, provided, *etc.*
наводь! наведи!

навпаки, *adv., part., prep.*
1 *adv.* on the contrary, quite the opposite, the other way around ◊ **Не Микола обманув Романа, а н.** It was not Mykola who had lied to Roman but the other way around.
2 *adv.* to the contrary ◊ **Володя не сказав ні слова н.** Volodia did not say a word to the contrary.
Also see **наперекір 1, поперек² 2**
3 *adv.* the wrong way, the other way around ◊ **Він знову все зробив н.** He did everything the other way around yet again.
Also see **поперек² 2**
4 *prep.* contrary to sth + *D.* ◊ **Здавалося, що описане дослідником явище має місце н. законам фізики.** The phenomenon described by the researcher seemed to be occurring contrary to the laws of physics.
See **всупереч, наперекір 2**
5 *part.* on the contrary ◊ **Хто сказав, що я проти? Н., я за пропозицію.** Who said I was against? On the contrary, I am in favor of the proposal.

навпіл, *adv., prep.*
1 *adv.* into two halves, in half ◊ **Він розрізав буханку н.** He cut the loaf into two halves.
2 *adv.* equally, in equal parts, down the middle
adv. **майже** almost, **приблизно** approximately; **рівно** equally, **точно** exactly ◊ **Вони поділили все точно н.** They divided everything into exactly two parts.
3 *prep., colloq.* together ♦ **н. з** + *I.* together with sth ◊ **Він любив джаз н. із блюзом.** He liked jazz together with blues.
See **разом 1**

навряд, *adv., interj.*
1 *adv.* hardly ever, scarcely ever, unlikely *often followed by* **чи** ◊ **Вона н. погодиться.** It is unlikely that she will agree. ◊ **Ігор н. чи бачив у житті акулу.** Ihor hardly ever saw a shark in his life.
2 *as interj.* hardly, unlikely, I don't think so ◊ **Олена –вегетаріянка? Н.** Olena is a vegetarian? I don't think so.

навушник, *m.*, **~а**
1 *usu pl.* earphone, headphone, earbud ◊ **Їй треба нову пару ~ів.** She needs a new pair of earphones.
adj. **лівий** left, **правий** right; **бездротовий** wireless ◊ **Вона не поспішала купувати бездротові ~и.** She was not in a hurry to buy wireless earbuds. **зісований** broken; **дешевий** cheap, **дорогий** expensive
v. + **н. вдягати** *or* **одягати ~и** put on earphones (**знімати** take off) ◊ **Він зняв ~и, щоб почути перехожу.** He took off his earphones so as to hear the (female) passerby.
2 earflap ◊ **зимова шапка з ~ами** a winter cap with earflaps
3 *fig.* snitch, squealer ◊ **Хтось у групі був ~ом.** Someone in the group was a snitch.

навчальн|ий, *adj.*
1 educational, of or pertaining to studies ◊ **н. заклад** an educational institution, **н. курс** a course of studies, ♦ **н. план** a curriculum, **н. рік** an academic year
2 training, practice ◊ **Його перша місія була на борту ~ого судна.** His first mission was on board a training ship. ◊ **Ярина працює викладачкою в ~ому центрі для добровольців.** Yaryna works as an instructor at a training center for volunteers.

навчан|ня, *nt.*
studies, learning, training, course of studies
adj. **дистанційне** distance ◊ **Університет має програму дистанційного н.** The university has a distance learning program. **заочне** by correspondence; **індивідуальне** individual, **інтенсивне** intensive, **майбутнє** future; **перерване** interrupted; **продовжене** continuing, **подальше** further ◊ **Анатолій уже планує своє подальше н.** Anatolii is already planning his further studies. **самостійне** independent, **військове** military, **консерваторське** conservatory, **університетське** university, college; **успішне** successful; **вечірнє** evening, **денне** daytime, **стаціонарне** full-time

н. + *n.* **н. фізиці** *or* **фізики** the study of physics (**основам** *or* **основ стилістики** essentials of stylistics)
n. + **н. курс н.** a course of studies (**галузь** area; **мета** goal), ♦ **програма н.** a curriculum, ♦ **план н.** *or* **курсу** a syllabus ◊ **Він роздав студентам план н.** He distributed the syllabus to the students.
v. + **н. починати н.** begin studies ◊ **Вони думали почати н. після свят.** They planned to start their studies after the holidays. (**поновлювати** resume, **продовжувати** continue; **закінчувати** complete; **братися за** get down to) ◊ **Після перерви Петрук мусив взятися за н.** After an interval, Petruk had to get down to his studies.
Also see **аспірантура, майстерня 3, наука 5**

навча|ти, ~ють; навч|ити, ~ать, *tran.*

to teach, instruct, train, school + *inf. or G., or D.*
adv. **добре** well, **ефективно** effectively, **інтенсивно** intensively, **професійно** professionally; **одразу** immediately ◊ **Марта одразу навчила Левка абетки** *or* **абетці.** Marta immediately taught Levko the alphabet. **швидко** quickly ◊ **Тут вас швидко ~ть гарним манерам.** They will quickly teach you some good manners here. **крок за кроком** step by step, **поступово** gradually; **радо** gladly ◊ **Він радо навчить їх плавати.** He will gladly teach them to swim.
v. + **н. вміти** be able to ◊ **Викладач вміє навчити малювати будь-кого.** The instructor is able to teach anybody to draw. **допомагати** + *D.* help sb ◊ **Новий підручник допомагає викладачам н. української ефективно і швидко.** The new textbook helps instructors to teach Ukrainiain effectively and quickly. **знати як** know how to; **намагатися** do one's best to ◊ **Вона намагається н. предметові, використовуючи інтернет.** She does her best to teach her subject, using the Internet. **пробувати** try to, **хотіти** want to ◊ **Він хоче навчити дочку їздити верхи.** He wants to teach his daughter to ride a horse. **пропонувати** + *D.* offer sb to ◊ **Він запропонував навчити їх грати у бридж.** He offered to teach them to play bridge. **просити** + *A.* ask sb to
pa. pple. **навчений** taught, trained
навчай! навчи!
Also see **вивчати 4, випускати 7, вчити 1**

навча|тися; навчитися, *intr.*

1 to study *(how, where)*, be a student ◊ **Юнак ~вся у двох університетах.** The young man studied at two universities. ◊ **Де ~ється Оля?** Where does Olia go to school? ◊ **Як він ~ється?** What kind of a student is he?
adv. **безперервно** nonstop ◊ **На такій роботі треба безперервно н. чогось нового.** In this line of work, one needs to learn something new nonstop. **весь час** all the time, **все життя** all life long; **жадібно** avidly, **залюбки** gladly ◊ **Юрій залюбки ~вся на курсах професора Л.** Yurii gladly took Professor L.'s courses. **інтенсивно** intensively; **відмінно** excellently ◊ **У середній школі вона відмінно ~лася.** She was an excellent student in secondary school. **добре** well, **ефективно** effectively, **успішно** successfully ◊ **Досі вони ~лися успішно.** Until now, they were successful students. **задовільно** satisfactorily, **пристойно** decently; **кепсько** poorly, **погано** badly, **так собі** so-so
v. + **н. бути цікаво** + *D.* be interesting to ◊ **Йому цікаво н. в університеті.** It is interesting for him to study at university. **збиратися** be going to, **планувати** plan to; **починати** begin to ◊ **Вони починають н. за два тижні.** They begin their studies in two weeks. **стати** *pf.* start; **продовжувати** contiinue to; **кидати** quit ◊ **Він кинув н.** He quit school. **припиняти** stop; **мати змогу** have an opportunity to, **могти** can ◊ **Не кожен може н. в університеті.** Not everyone can study at university. **мріяти** dream of ◊ **Він мріє н. в Українському католицькому університеті.** He dreams of studying at the Ukrainian Catholic University. **хотіти** want to
prep. **н. на** + *A.* study to become sb ◊ **Вона ~ється на економістку.** She studies to become an economist.
Also see **займатися**[1] **3, вчитися**
2 to learn, master, become competent in + *impf. inf. or G. or D.* ◊ **Діти залюбки навчилися співати.** The children gladly learned to sing. ◊ **Практиканти ~ються інформатиці** *or* **інформатики.** The interns are learning information science.
adv. **одразу** immediately, **швидко** quickly ◊ **Він швидко навчився користуватися обладнанням.** He quickly learned to use the equipment. **поступово** gradually
prep. **н. з** + *G or* **на** + *A.* learn from sth ◊ **Дарка навчилася бізнесу з власного досвіду** *or* **на власному досвіді.** Darka learned business from her own experience.
Also see **вивчатися 1**

навчен|ий, *adj., var.* научений

trained, educated
adv. **відмінно** excellently, **добре** well, **прекрасно** superbly, **професійно** professionally ◊ **професійно н. охоронець** a professionally trained guard; **солідно** solidly, **як слід** properly ◊ **Вони не мають жодного як слід ~ого електрика.** They do not have a single properly trained electrician. **кепсько** poorly, **ледве** scarcely, **погано** badly, **сяк-так** haphazardly, **трохи** a little
v. + **н. бути ~им** be trained (**виявлятися** turn out, **здаватися** + *D.* seem to sb) ◊ **Павлів здався їй солідно ~им дантистом.** Pavliv seemed to be a solidly trained dentist to her. ♦ **н. гірким досвідом** one who learned one's lesson ◊ **Н. гірким досвідом, Антін не виходив уночі сам.** Having learned his lesson, Antin did not go out alone at night.
See **освічений**[1]

навчи|тися, *pf., see* вчитися, навчатися

to learn ◊ **Коли Катерина ~лася говорити українською?** When did Kateryna learn to speak Ukrainian?

навшпиньках, *adv.*

on tiptoe(s) *usu with motion verbs*
v. + **н. бігти н.** run on tiptoe (**йти** walk, **підійти** *pf.* come ◊ **Тихо н. Лілія підійшла до дверей.** Quietly on tiptoe, Lilia approached the door. **стояти** stand ◊ **Хвилю він стояв н.** He stood on his tiptoes for a moment. **танцювати** dance

навшпиньки, *adv.*

on tiptoe(s), *with* **стати** stand on tiptoe ◊ **Остап став н., щоб здаватися вищим.** Ostap stood on his tiptoes to appear taller. **звестися** *or* **підвестися** *pf.* rise on tiptoe ◊ **Вона підвелася н., вішаючи картину.** She rose on her tiptoes while hanging the picture.

нав'язлив|ий, *adj.*

1 obtrusive, meddlesome
adj. **дуже** very ◊ **дуже н. поклонник** a very obtrusive suitor; **страшенно** terribly; **досить** rather; **нахабно** brazenly; **неймовірно** incredibly, **нестерпно** unbearably
v. + **н. бути ~им** be obtrusive (**виявлятися** turn out, **здаватися** + *D.* seem to sb, **лишатися** remain ◊ **Вона лишилася такою ж нестерпно ~ою школяркою, як колись.** She remained the same unbearably meddlesome schoolgirl as before. **ставати** become)
2 haunting, obsessive **~і думки** haunting thoughts (**мрії** dreams, **спогади** memories, **страхи** fears, **фантазії** fantasies); ♦ **~а думка** an obsession

нав'язу|вати, ~ють; нав'язати, ~у, нав'яж|уть, *tran.*

1 to tie, fasten
adv. **вільно** loosely, **легко** lightly, **міцно** firmly, **тісно** tightly; **швидко** quickly ◊ **Він швидко нав'язав мотузку на патик.** He quickly fastened the rope onto the stick.
prep. **н. на** + *A.* tie sth on/to
2 to tie, knot; knit *(all a certain amount of sth)* **За тиждень він нав'яже десять пар рукавиць.** In a week, he will knit ten pairs of gloves.
3 to impose sth on sb, foist, force + *D.*
adv. **агресивно** aggressively, **ззовні** from outside, **невідступно** relentlessly ◊ **Лукаш невідступно ~вав їм свої погляди на життя.** Lukash relentlessly foisted his views of life upon them. **непомітно** imperceptibly; **погрозами** by threats; **постійно** constantly ◊ **Вона постійно ~є Надії якусь непотрібну роботу.** She constantly foists some needless work on Nadiia. **примусово** forcibly, **свавільно** arbitrarily, **силою** by force, **штучно** artificially; **явно** obviously
v. + **н. намагатися** try to ◊ **Автор намагається нав'язати читачам викривлене розуміння подій.** The author tries to foist a distorted understanding of the events on the readers. **старатися** seek to
Also see **нав'язуватися 2**
pa. pple. **нав'язаний** imposed
нав'язуй! нав'яжи!

нав'язу|ватися; нав'язатися, *intr.*

1 to impose on, thrust oneself upon ◊ **Я не хочу вам н.** I do not want to impose on you.
prep. **н. до** + *G.* impose on/upon sb; **н. з** + *I. or inf.* ◊ **Він часто ~вався до Зої з порадами.** He often thrust his advice upon Zoya. ♦ **н. в гості до** + *G.* to invite oneself over to sb's house
2 *pass.* to be imposed, be foisted upon sb ◊ **Слухачам ~валися дивні ідеї.** Strange ideas were being imposed upon the listeners.
See **нав'язувати 3**

нагада|ти, *pf., see* нагадувати

to remind, bring to mind ◊ **Мелодія ~ла їй про події далекого минулого.** The melody reminded her about events of the distant past.

нагаду|вати, ~ють; нагада|ти, ~ють, *tran. and intr.*

1 *tran. and intr.* to remind, evoke, bring to mind
adv. **безперервно** nonstop, **весь час** all the time, **завжди** always ◊ **Пожовкла світлина завжди ~є їй юність.** The yellowed photo always reminds her of her youth. **невідступно** relentlessly, **незмінно** invariably, **постійно** constantly; **виразно** distinctly, **явно** clearly; **негайно** immediately, **одразу** at once, **швидко** quickly; **делікатно** discreetly, **м'яко** gently, **ненав'язливо** unobtrusively, **тактовно** tactfully ◊ **Він хотів тактовно нагадати гостям, що заклад закривається.** He wanted to remind the guests tactfully that the place was closing. **болісно** painfully, **щемно** poignantly; **навмисне** on purpose, **свідомо** intentionally ◊ **Мати свідомо ~вала їм про всі свої пожертви.** Their mother intentionally reminded them about all her sacrifices. **спеціяльно** deliberately
v. + **н. забувати** forget to; **могти** can ◊ **Лист може багато про що н. йому.** The letter can remind him of many things. **обіцяти** + *D.* promise sb to; **старатися** try to, **хотіти** want to ◊ **Вона хотіла м'яко нагадати йому про дану обіцянку.** She wanted to gently remind him about the promise given. **не бути треба** not need to ◊ **Данилові не треба було н. про його обов'язки.** Danylo needed not to be reminded of his responsibilities. **не могти не** cannot but ◊ **Перстень не міг не н. Тетяні про її перше кохання.** The ring could not but remind Tetiana about her first love.

prep. **н. про** + *A.* remind of sb/sth ◊ **Гóлі дерéва ~вали Лукашéві про зи́му.** Bare trees reminded Lukash of winter.
See **згáдувати 3**
2 *only impf.* to resemble, look like + *A.*
adv. **дýже** *or* **си́льно** very much ◊ **Івáн дýже ~є бáтька.** Ivan very much resembles his father. **віддáлено** distantly, **дéщо** somewhat, **трóхи** a little; **чи́мось** in some way, **я́кось** somehow
Also see **наближáтися 3**
3 *tran. and intr., colloq.* to recall, recollect
prep. **н. про** + *A.* recall sb/sth ◊ **Бóдя з пóсмішкою нагадáв (про) своє́ пéрше кохáння.** Bodia recalled his first love with a smile.
See **згáдувати 1**

нагáльн|ий, *adj.*
1 urgent, pressing
adv. **абсолю́тно** absolutely, **винятко́во** exceptionally, **вкрай** extremely, **гóстро** acutely, **дýже** very, **надзвичáйно** extraordinarily; **дéщо** somewhat, **дóсить** quite ◊ **Він хотíв побáчитися із брáтом у якíйсь дóсить ~ій спрáві.** He wanted to see his brother on some quite urgent business. **достáтньо** sufficiently; **особли́во** especially
v. + **н. бýти ~им** be urgent (**вважáти** + *A.* consider sth, **вигля́дáти** look ◊ **Станóвище вигля́дáє вкрай ~им.** The situation looks extremely urgent. **виявля́тися** turn out, **здавáтися** + *D.* seem to sb ◊ **Завдáння здавáлося їм ~им.** The task seemed to be pressing to them. **лишáтися** remain; **ставáти** become)
Also see **невідклáдний, пи́льний 3, терміно́вий**
2 vital, critical, essential ◊ **~а допомóга** a vital assistance (**підтри́мка** support; **потрéба** need, **необхíдність** necessity)
See **важли́вий, крити́чний 2**

нáгляд, *m.*, **~у**
1 oversight, supervision
adj. **адміністрати́вний** administrative, **запобíжний** preventive, **лíкарський** doctor's, **клінíчний** clinical, **меди́чний** medical, **поліці́йний** police, **прокурóрський** prosecutorial; **невідстýпний** unremitting; **незалéжний** independent, **обов'язкóвий** mandatory, **ретéльний** thorough, **сувóрий** strict, **таємний** secret ◊ **таємний н. слýжби безпéки** a secret security service supervision
v. + **н. провóдити н.** carry out supervision (**забезпéчувати** provide ◊ **Влáда забезпéчує н. за стáном дорíг.** The authorities provide supervision over the state of the roads. **організóвувати** organize; **поси́лювати** tighten up; **послáблювати** relax; **покрáщувати** improve ◊ **Активíсти вимагáють покрáщити н. за санітáрними умóвами в ресторáнах.** The activists demand to improve the oversight of the sanitary conditions in restaurants. **пропонувáти** + *D.* offer sb, **дозволя́ти** allow, **санкціонувáти** sanction) ◊ **Він санкціонувáв поліці́йний н. за репортéром.** He sanctioned the police supervision of the reporter. **потребувáти ~у** require supervision ◊ **Вонá потребýє клінíчного ~у.** She needs clinical supervision. (**проси́ти** ask for); **бýти** *or* **перебувáти під ~ом** be under supervision
prep. **без ~у** without supervision ◊ **Дітéй лиши́ли без ~у.** The children were left without supervision. **під ~ом** under supervision ◊ **Він перебувáє під ~ом.** He is under supervision. **н. за** + *I.* supervision of sb/sth
Also see **дóгляд 2**
2 supervisory group or institution ◊ **бáнковий н.** bank supervision (**фінáнсовий** financial, **юриди́чний** legal, *etc.*); ♦ **судови́й н.** judicial review

наглядá|ти, **~ють; нагля́н|ути ~уть**, *intr. and tran.*
1 *intr.* to watch, look after
adv. **безперéрвно** nonstop, **весь час** all the time, **невідстýпно** unremittingly, **неуси́пно** vigilantly, **пи́льно** attentively, **ретéльно** thoroughly, **сувóро** strictly, **увáжно** carefully; **любóвно** lovingly, **нíжно** tenderly; **обережно** cautiously; **неохóче** reluctantly; **охóче** willingly ◊ **Вонá охóче ~ла за Си́моновим помéшканням, пóки той подорожувáв.** She willingly watched Symon's apartment while he was traveling. **рáдо** gladly; **таємно** secretly ◊ **За нéю таємно ~є слýжба контррóзвідки.** The counterintelligence service is secretly watching her.
v. + **н. доручáти** + *D.* charge sb with ◊ **Їй доручи́ли н. за склáдом.** She was charged with overseeing the storehouse. **пропонувáти** + *D.* offer sb; **обіця́ти** + *D.* promise sb to ◊ **Сусíд обіця́в їй нагля́нути за псóм.** Her neighbor promised her to look after the dog. **проси́ти** + *A.* ask sb to; **починáти** begin to, **продóвжувати** continue ◊ **Суспíльні слýжби продóвжують н. за дити́ною.** Social services continue to look after the child. **припиня́ти** stop; **дозволя́ти** + *D.* allow sb to;
prep. **н. за** + *I.* look after sb/sth ◊ **За дíтьми ~ли черни́ці.** The nuns looked after the children.
2 *intr.* to supervise, overview, monitor ◊ **Суди́ мáють н. за тим, як дотри́муються закóни.** The courts must monitor the compliance with the laws.
See **контролювáти, стéжити 2**
3 *colloq., tran.* to look for, search; *pf.* to find ◊ **Він сподівáвся нагля́нути собí дівчи́ну.** He hoped to find himself a girlfriend.
See **знахóдити 1, шукáти 1**
4 *intr., only impf.* to watch, track ◊ **Звíдси зрýчно н. за всією окóлицею.** It is convenient to watch the entire neighborhood from here.
See **стéжити 1.** *Also see* **спостерігáти 1**
pa. pple. **нагля́нутий** supervised; found
наглядáй! нагля́нь!

нагля́н|ути, *pf., see* **наглядáти 1, 2, 3**
to watch, look after; *etc.* ◊ **Він ~ув там дóбре помéшкання.** He found a good apartment there.

нагóд|а, *f.*
occasion, opportunity, chance
adj. **вели́ка** big, **винятко́ва** exceptional, **гáрна** nice, **дóбра** good, **золóта** golden ◊ **Вони́ змарнувáли золотý ~у отри́мати держáвне фінансувáння.** They wasted a golden opportunity to receive state financing. **зрýчна** convenient, **спри́ятлива** favorable, **чудóва** wonderful, **щасли́ва** happy; **наймéнша** slightest, **рíдкісна** rare, **слýшна** good ◊ **Зýстріч стáла слýшною ~ою для ї́хнього знайóмства.** The encounter became a good occasion for them to get acquainted. **унікáльна** unique; **втрáчена** lost, **змарнóвана** wasted, **пропýщена** missed
v. + **н. використóвувати ~у** take advantage of an opportunity (**мáти** have ◊ **Іншої ~и погуля́ти мíстом ви не мáтимете.** You won't have another chance to walk around town. **забезпéчувати** + *D.* provide sb with, **пропонувáти** + *D.* offer sb; **пропускáти** miss ◊ **Він пропусти́в унікáльну ~у побувáти в Áфриці.** He missed a unique opportunity to visit Africa. **ствóрювати** create); **позбавля́ти** + *A.* **~и** deprive sb of an opportunity (**шукáти** look for) ◊ **Марчýк шукáє наймéншої ~и помсти́тися їм.** Marchuk is looking for the slightest opportunity to take revenge on them.
н. + *v.* **випадáти** arise ◊ **Такá чудóва н. бíльше не ви́паде.** Such a wonderful opportunity will not arise again. **з'явля́тися** appear, **існувáти** exist, **трапля́тися** present itself ◊ **Спри́ятливу ~у трéба ствóрювати, а не чекáти, пóки вонá трáпиться.** You need to create a favorable opportunity and not wait for it to present itself. **зникáти** vanish
prep. ♦ **з ~и** + *G.* on the occasion of sth ◊ **З якóї ~и ці квíти та винó?** What's the occasion for the flowers and wine? **н. для** + *G.* an opportunity for sth ◊ **втрáчена н. для зýстрічі** a lost opportunity for a meeting; **н. щоб** + *inf.* an opportunity to do sth ◊ **н. (, щоб) побáчити пірамíди** an opportunity to see the pyramids
Cf. **можли́вість**

наголоси́|ти, *pf., see* **нагóлóшувати**
to stress, emphasize ◊ **Вонá ~ла, що лíки не мóжна приймáти з алкогóлем.** She emphasized that the medicine cannot be taken with alcohol.

наголóшу|вати, **~ють; наголос|и́ти, наголошу́, ~я́ть**, *tran. and intr.*
1 *tran. ling.* to stress *(vowel, syllable, etc.)*
adv. **дýже** very much, **си́льно** heavily ◊ **Вонá си́льно наголоси́ла остáннє слóво.** She heavily stressed the last word. **лéгко** lightly, **слáбо** weakly
2 *tran. and intr.* to emphasize, underline, stress, accentuate + *A.*
adv. **всiля́ко** in every way, **си́льно** strongly; **неоднознáчно** unambiguously, **чíтко** distinctly ◊ **Закóн ~є на сувóрій кáрі за шантáж.** The law emphasizes a severe punishment for blackmail. **зокрéма** in particular; **весь час** all the time, **неоднораз́ово** more than once, **повтóрно** repeatedly, **ще раз** once again; **особли́во** especially, **послідóвно** consistently, **постíйно** constantly ◊ **Виклáдач постíйно ~є, що словá слід учи́ти.** The instructor constantly emphasizes that words should be memorized.
v. + **н. бýти слід** should ◊ **Слід наголоси́ти на потрéбі декомунізувáти публíчний прóстір.** One should emphasize the need to decommunize the public space. **бýти трéба** need to ◊ **Дрýгий пункт трéба я́сно наголоси́ти.** The second point needs to be clearly stressed. **хотíти** want to
prep. **н. на** + *L. or* **що** + *clause*
pa. pple. **наголóшений** stressed, emphasized
наголóшуй! наголоси́!
Also see **виділя́ти 2, підкрéслювати 2**

нагорí, *adv., posn.*
1 at the top, above, in the upper part; upstairs ◊ **Однá грýпа залишáлася н., дрýга – зійшлá надоли́ну.** One group remained at the top, another went down.
adv. **аж** well, **десь** somewhere ◊ **Він заховáв папéри десь н.** He hid the papers somewhere upstairs. **геть** way ◊ **Ті, що опусти́лися в шáхту, чýли гóлосі геть н.** Those who went down the mine heard voices way above. **прóсто** right
See **наверхý 1, вгорí.** *Ant.* **надоли́ні**
2 *fig. colloq.* high up, in the administration ◊ **Він знáє когóсь н.** He knows somebody high up.
See **наверхý 3**

нагорóд|а, *f.*
award, reward
adj. **важли́ва** important, **вели́ка** large, **висóка** high ◊ **Їхнє визнáння булó для нéї висóкою ~ою.** Their recognition was a high reward for her. **найви́ща** highest; **прести́жна** prestigious; **грошовá** cash ◊ **Перемóжець отри́має грошовý ~у.** The winner will receive a cash award. **жáдана** coveted; **військóва** military, **журналíстська** journalist, **літератýрна** literary, **музи́чна** music ◊ **Він ви́грав дві національні музи́чні ~и.** He won two national music awards. **наукóва** scientific; **міжнарóдна** international, **національна** national; **президéнтська** presidential; **щорíчна** annual
v. + **н. давáти** + *D.* **~у** give sb an award (**вручáти** + *D.* hand out to sb; **оголóшувати** announce; **присýджувати** + *D.* bestow on sb; **вигравáти** win, **діставáти** receive; **заслугóвувати на** deserve ◊ **Вонá заслугóвує на найви́щу наукóву ~у.** She deserves the highest scientific award. **здобувáти** win, **отри́мувати** get; **повертáти** give back,

приймáти accept ◊ **Вонá прийнялá жáдану ~у від президéнта асоціяції.** She accepted the coveted award from the president of the association. **заснóвувати** establish ◊ **Вони заснували нову журналістську ~у.** They established a new journalist award. **спонсорувáти** sponsor); **заслугóвувати ~и** merit an award ◊ **Герóй заслугóвує ~и.** The hero merits an award. (**відмовлятися від** turn down) ◊ **Письмéнник відмóвився від ~и ýряду.** The writer turned down the government award.
n. + *v.* **діставáтися** + *D.* go to sb ◊ **Н. за життєві досягнення дістáлася Данилові С.** The lifetime achievement award went to Danylo S. **потрапляти до** + *G.* get to sb
prep. **в ~у** as an award ◊ **Він отримав пістолéт у ~у.** He received the gun as an award. **н. від** + *G.* an award from sb; **н. за** + *A.* an award for sth ◊ **н. за досягнення** an achievement award (**відвáгу** bravery, **слýжбу** service, **заслуги** merit), ◊ **н. за посвяту спрáві** an award for dedication to the cause
Also see **кýбок 2, медáль, прéмія 1, трофéй 2, хрест 2**

нагорóджу|вати, ~ють; нагород|и́ти, ~жý ~ять, *tran.*
1 to award, reward + *I.* with
adv. **нарéшті** finally; **одночáсно** at the same time; **посмéртно** posthumously ◊ **Її посмéртно нагородили медáллю за відвáгу.** She was posthumously awarded a medal for bravery. **неоднораз́ово** more than once, **повтóрно** repeatedly; **заслýжено** deservedly
v. + **н. вирішувати** decide to, **ухвáлювати рішення** make a decision to ◊ **Парлáмент ухвалив рішення нагородити кóжного з них.** The parliament made a decision to give an award to each of them.
Alsoe see **відзначáти 4**
2 *fig.* to recompense, repay, reward, pay back + *I.* with
adv. **рáдо** gladly, **щéдро** generously ◊ **Глядачі нагородили співакíв оплесками.** The spectators rewarded the singers with applause.
3 *fig.* to endow, give + *I.* with ◊ **н. талáнтом** to endow with talent; ◊ **Природа нагородила Марічку дивовижною інтуїцією.** Mother Nature endowed Marichka with amazing intuition.
4 *colloq., fig., iron.* to give *(sth unwanted)* ◊ **н. хворóбою** to give sb a disease; ◊ **Дóля нагородила їх ледáчими дітьми.** Fate has given them lazy children.
pa. pple. **нагорóджений** awarded
нагорóджуй! нагороди!

нагороди|ти, *pf., see* нагорóджувати
to award, reward, *etc.* ◊ **Пýбліка ~ла скрипаля овáцією.** The audience rewarded the violinist with an ovation.

нагóру *adv., dir.*
1 up, upwards, aloft, to/at the top
adv. **прóсто** straight, **прямо** right ◊ **Він націлив кáмеру прямо н.** He trained his camera right up. **тільки** only, **трóхи** a little
v. + **н. йти н.** go, **бігти** run, **ї́хати** drive, **лізти** climb, **повзти** crawl, **пробиратися** make one's way; ♦ **вилазити н.** to get to the top *(socially)* ◊ **Щоб вилізти н. суспільної драбини, вонá не шкодувáла зусиль.** She spared no effort to climb to the top of the social ladder.
Also see **вгóру, навéрх.** *Ant.* **додóлу, надолину 1**
2 upstairs ◊ **Хлóпці побігли н., на трéтій пóверх.** The boys ran upstairs to the third floor.
Also see **вгóру, навéрх.** *Ant.* **вниз, додóлу**

нагрівá|ти, ~ють; нагрí|ти, ~ють, *tran.*
1 to heat, warm
adv. **дóбре** well, **дýже** greatly, **сильно** a lot; **більше** more; **достáтньо** enough; **лéдве** barely, **трóхи** a little; **миттєво** instantly, **одрáзу** at once, **тут же** right away, **швидко** quickly; **повільно** slowly, **поступóво** gradually ◊ **Сýміш слід н. поступóво.** The mixture should be heated gradually. **слáбо** lightly
v. + **н. бýти необхідно** be necessary, **бýти трéба** + *D.* need to ◊ **Вам трéба нагріти вóду трóхи більше.** You need to warm the water a little more. **змогти** *pf.* manage to ◊ **Вонá змоглá трóхи нагріти кімнáту.** She managed to warm the room a little. **мáти** be supposed to; **намагáтися** try to ◊ **Вонá тéрла дитині руки, намагáючися нагріти їх.** She rubbed the child's hands, trying to warm them up. **просити** + *A.* ask sb to
prep. **н. до** + *G.* warm to *(temperature)* ◊ **Необхідно нагріти повітря до двохсóт грáдусів.** It is necessary to heat the air to 200 degrees.
Cf. **опáлювати**
2 *fig., colloq.* to cheat, swindle, take for a ride ◊ **Пан К. мав врáження, що йогó капітáльно нагріли.** Mr. K. had the impression that he had been taken for a big ride.
prep. **н. на** + *A.* cheat out of sth ◊ **Незнайóмець нагрів її на тисячу гривень.** The stranger swindled her out of ₴1,000. ♦ **н. руки на** + *L.* to rake it in, make a killing of sth ◊ **Він нагрів руки на девальвáції валюти.** He made a killing off the currency devaluation.
See **дурити.** *Also see* **грабувáти 2, надувáти 2**
3 *colloq., only pf.* to defeat, beat, crush ◊ **Кандидáт без пáртії нагрів на виборах усіх конкурéнтів.** A candidate without a party beat all his rivals in the election.
See **перемагáти 1**
pa. pple. **нагрітий** warmed up
нагрівáй! нагрій!

нагрівá|тися; нагрі́тися, *intr.*
1 to get warm, heat up ◊ **Горище дýже ~ється від сóнця.** The attic gets very warm from the sun.
adv. **дýже** greatly, **сильно** a lot; **все більше** more and more; **надмірно** excessively, **небезпéчно** dangerously ◊ **Старий двигýн небезпéчно нагрівся.** The old engine became dangerously hot. **достáтньо** enough; **лéдве** barely, **трóхи** a little; **миттєво** instantly, **одрáзу** at once, **тут же** right away; **повільно** slowly, **поступóво** gradually
v. + **н. не давáти** + *D.* prevent sth from ◊ **Грýбий шар фáрби не дає дáхові надмірно н.** A thick coat of paint prevents the roof from heating up excessively. **починáти** begin to; **стáти** *pf.* start to ◊ **Óзеро стáло поступóво н.** The lake started to get gradually warm.
prep. **н. від** + *G.* to heat up from sth ◊ **Повітря в долині ~ється від геотермáльних джерéл.** The air in the valley warms up from the geothermal springs.
2 *pass., only impf.* to be heated by + *I.* ◊ **Водá в басéйні ~ється сóнцем.** The water in the swimming pool is heated by the sun.

нагрí|ти, *pf., see* нагрівáти
to heat up, *etc.* ◊ **Він ~в руки над багáттям.** He warmed his hands over the fire.

нагрí|тися, *pf., see* нагрівáтися
to warm oneself, become hot ◊ **Пляж так ~вся, що по ньóму гóді йти босóніж.** The beach became so hot that one cannot walk barefoot on it.

нагромáджу|вати, ~ють; нагромáд|ити, ~жу, ~ять, *tran.*
to amass, accumulate, pile up, run up
adv. **крок за крóком** step by step ◊ **Вонá крок за крóком ~вала дóсвід.** Step by step, she accumulated experience. **методично** methodically, **повільно** slowly, **поступóво** gradually, **стáло** steadily ◊ **Він стáло ~вав нові борги.** He was steadily amassing new debts. **швидко** quickly
pa. pple. **нагромáджений** amassed
нагромáджуй! нагромáдь!

нагромáджу|ватися; нагромáдитися, *intr.*
1 to amass, accumulate, aggregate, pile up ◊ **На горí ~ється сніг.** Snow piles up in the attic.
2 to grow, expand ◊ **Із кóжним днем у студéнтів ~ються нові знáння.** Students accumulate new knowledge by the day.
See **рости 2.** *Ant.* **змéншуватися**

нагромáди|ти, *pf., see* нагромáджувати
to amass, collect, assemble ◊ **Бібліотéка ~ла цілий архів письмéнника.** The library amassed an entire writer's archive.

нагромáди|тися, *pf., see* нагромáджуватися
to gather, flock ◊ **На скéлях ~лося мóре пінгвінів.** A sea of penguins gathered on the cliffs.

над, *prep., var.* нáді *before* мнóю
relations of place
1 *posn.* above, over + *I.* ◊ **Н. столóм висить годинник.** There's a clock hanging above the table. ◊ **Лев схилився н. книжкою.** Lev bent over a book.
Also see **повéрх 2, пóнад 1**
2 *posn.* by, near + *I.* ◊ **Там, н. рíчкою, будувáли хáту.** A house was being built there by the river.
3 *dir.* to, towards + *A.* ◊ **Хлóпці і дівчáта пішли н. рíчку грáти в м'яч.** The boys and girls went to the river to play ball.
Also see **до 1, пóнад 3**
relations between objects
4 *(direction of action)* at, on, upon, for, *or no prep.* + *I.* ◊ **Івáн працює н. сценáрієм.** Ivan is working on a script. ◊ **Як мóжна сміятися н. ним?** How can you laugh at him?
5 *(superior position)* over ◊ **Н. затóкою височіє скéля.** A rock towers over the entire harbor. ◊ **Їхнє панувáння н. містом не тривáло дóвго.** Their domination over the city did not last long.
relations of time
6 before, by, towards, close to + *A.* ◊ **Вони прийшли н. рáнок.** They came by the morning.
See **пéред 5**
relations of quantity
7 *(higher degree, greater amount)* above, more than + *A.* ◊ **Маркіян кохáв її н. життя.** Markiian loved her more than life. ◊ **Що мóже бýти крáщим н. мóре?** What can be better than the sea?
Also see **пóнад 4**
8 *(exceeded limit)* exceeding, in excess of, above + *A.* ◊ **Її ýспіх був н. усі сподівáння.** Her success exceeded all expectations. ♦ **н. усé** above all ◊ **Н. усé він любить подорожувáти.** Above all, he likes to travel.
Also see **пóнад 4**

надáлі, *adv.*
1 from now on, in the future, for the future ◊ **Він наполягáв, щоб н. всі були підготóвленими.** He insisted that from now on everyone be prepared. ◊ **Н. Олексáндра ретéльно перевірятиме всі дáні.** From now on, Oleksandra will thoroughly verify all the data.
2 *continuation of action with verb* ◊ **Лариса н. працює в нічнý змíну.** Larysa goes on working the night shift.
Also see **продóвжувати 1**

надвíр, *adv., dir.*
out, outside, outdoors ◊ **Вонá стояла біля вікнá та дивилася н.** She was standing near the window and looking outside. ◊ **Він вийшов н.** He went outside. ◊ **Зелéні двéрі ведýть н.** The green door leads outdoors.

надвóрі, *adv., posn.*
outdoors, outside, in the open air ◊ **Діти провóдили багáто чáсу н.** The children spent much time outdoors.

надгрóб|ок, *m.*, **~ка**
tombstone, gravestone, headstone
adj. **вели́кий** big; **невели́кий** small, **скрóмний** modest; **зворýшливий** moving; **грані́тний** granite ◊ **На моги́лі поéта стоя́в грані́тний н.** There was a granite tombstone on the poet's grave. **мармурóвий** marble; **нови́й** new; **занéдбаний** neglected, **стари́й** old ◊ **На цви́нтарі багáто стари́х ~ків.** There are many old tombstones at the cemetery. **зруйнóваний** destroyed
v. + **м. стáвити н. на** + *A. or L.* put up a gravestone ◊ **Вони́ постáвили н. на моги́лу** *or* **моги́лі батькі́в.** They put a headstone on their parents' grave. (**зберігáти** protect; **чи́стити** clean; **осквернúти** desecrate, **розбивáти** break, **руйнувáти** destroy)
prep. **без ~ка** without a headstone ◊ **моги́ла без ~ка** a grave without a headstone; **на н.** *dir.* onto a gravestone ◊ **Хтось поклáв квíти на н.** Somebody put flowers onto the gravestone. **на ~ку** *posn.* on a gravestone ◊ **нáпис на ~ку** an inscription on a gravestone
Also see **монумéнт 2, пáм'ятник 2**

надзвичáйн|ий, *adj.*
extraordinary, exceptional, unusual
adv. **без перебíльшення** without exaggeration, **дíйсно** really, **прóсто** simply ◊ **Краєви́д Чóрного мóря з ї́ї спáльні був прóсто ~им.** The view of the Black Sea from her bedroom was simply extraordinary. **спрáвді** truly
н. + *n.* **н. гість** an extraordinary guest ◊ **Вони́ приймáють ~ого гóстя.** They are receiving an extraordinary guest. (**гóлос** voice, **концéрт** concert), ♦ **н. стан** a state of emergency; **~а красá** extraordinary beauty (**мýдрість** wisdom, **си́ла** strength)
v. + **н. бýти ~им** be extraordinary (**вважáти** + *A.* consider sb/sth, **вигляда́ти** look ◊ **Проéкт вигляда́в спрáвді ~им.** The project looked truly extraordinary. **виявля́тися** turn out, **здавáтися** + *D.* seem to sb; **роби́ти** + *A.* make sth; **ставáти** become) ◊ **Пíнзель став, без перебíльшення, ~им скýльптором.** Pinzel became an extraordinary sculptor, without exaggeration.
Also see **неаби́який 3**

надихá|ти, **~ють; надихн|ýти**, *var.* **натхн|ýти**, **~ýть**, *tran.*
to inspire, motivate, stimulate ◊ **Поéзія ~ла Сашкá.** Poetry inspired Sashko.
adv. **ви́разно** distinctly ◊ **Дóсвід війни́ ви́разно ~в ї́ї писáти.** Her war experience distinctly inspired her to write. **очеви́дно** evidently, **я́вно** clearly; **дýже** very much, **си́льно** powerfully; **дíйсно** really, **спрáвді** truly; **зóвсім не** not at all, **нітрóхи не** not in the least
v. + **н. намагáтися** try to ◊ **Вонá намагáється н. íнших влáсним при́кладом.** She tries to inspire others with her own example. **хотíти** want to; **продóвжувати** continue to ◊ **Америкáнські фíльми продóвжували н. йогó до ви́вчення англíйської.** American movies continued to inspire him to study English. **переставáти** stop
prep. **н. до** + *G. or* **на** + *A. or* + *inf.* inspire to sth or to do sth ◊ **Мáпи ~ли Івáнка на пóдорожі.** Maps inspired Ivanko to travel.
pa. pple. **нáтхнéний** *or* **нáтхнýтий** inspired
надихáй! надихни́! *or* **натхни́!**
Also see **керувáти 3, керувáтися 2, штовхáти 2**

надихнý|ти, *pf., see* **надихáти**
to inspire, motivate ◊ **Астронáвтка дýже ~ла присýтніх на зýстрічі своéю істóрією.** The (female) astronaut greatly inspired those present at the meeting with her story.

надíйн|ий, *adj.*
1 reliable, dependable, trustworthy
adv. **абсолю́тно** absolutely ◊ **Він ви́явився абсолю́тно ~им партнéром.** He proved to be an absolutely reliable partner. **винятко́во** exceptionally, **ви́сóко** highly, **вкрай** extremely, **геть** totally, **дíйсно** indeed, **дýже** very, **спрáвді** truly, **цілкóм** completely; **дóсить** fairly, **достáтньо** sufficiently, **мáйже** almost; **не дýже** not very, **не зóвсім** not quite, **не цілкóм** not completely
v. + **н. бýти ~им** be reliable (**вважáти** + *A.* consider sb, **вважáтися** be considered ◊ **Дави́д вважáвся цілкóм ~им.** Davyd was considered completely reliable. **вигляда́ти** look; **виявля́тися** turn out; **здавáтися** + *D.* seem to sb; **роби́ти** + *A.* make sb/sth; **ставáти** become)
2 tested, safe, effective, sure ◊ **н. спóсіб заощáдити грóші** a sure way of saving money

надí|я, *f.*, **~ї**
hope
adv. **вели́ка** great, **головнá** main ◊ **Вонá булá ї́хньою головнóю ~єю на поряту́нок.** She was their main hope of rescue. **гаря́ча** ardent, **жагýча** fervent, **при́страсна** passionate ◊ **Йогó при́страсна н., що все бýде дóбре, збулáся.** His passionate hope that everything would be all right came true. **реáльна** real, **реалісти́чна** realistic, **щи́ра** sincere; **відчайдýшна** desperate; **єди́на** only; **квóла** faint, **малá** small, **слабкá** slight; **мáрна** vain, **нереáльна** unreal, **нереалісти́чна** unrealistic, **облýдна** false; **остáння** last, **тумáнна** vague ◊ **В ї́ї сéрці жéврiла тумáнна н. на одýжання.** A vague hope of recovery flickered in her heart.
v. + **н. мáти ~ю** have a hope (**відчувáти** feel; **виражáти** express ◊ **Він ви́разив ~ю, що конфлíкт улáднають.** He expressed the hope that the conflict would be resolved. **вислóвлювати** voice; **живи́ти** nourish ◊ **Нóві дáні живи́ли ~ю на те, що кри́за скóро закíнчиться.** The new data nourished the hope that the crisis would soon end. **нести́** bring, **плекáти** cherish, **поклада́ти на** + *A.* place on sb ◊ **Шкóла поклада́ла на нéї вели́кі ~ї.** The school placed great hopes on her. **втрачáти** lose ◊ **Лíна втрáтила ~ю ви́дужати.** Lina lost the hope of recovery. **ки́дати** *or* **лишáти** abandon ◊ **Лиші́ ~ю, хто сюди́ захóдить.** Abandon hope, all ye who enter here. **вбивáти** kill, **зни́щувати** destroy, **руйнувáти** crush); **відмовля́тися від ~ї** give up hope ◊ **Вонá відмóвилася від ~ї переконáти батькі́в.** She gave up hope of convincing her parents. **жи́ти ~єю** live in hope ◊ **Він живé ~єю на те, що знáйде своє кохáння.** He lives in hope that he will find his love. (**ділитися з** + *I.* share with sb, **тíшитися** entertain) ◊ **Він тíшився ~єю, що все влáднається.** He entertained the hope that everything would work out. ♦ **подавáти ~ю** to show promise ◊ **У шкóлі вонá подавáла вели́кі ~ї.** At school, she showed great promise.
н. + *v.* **з'являтися** appear ◊ **З'яви́лася н. на ýспіх.** There appeared a hope of success. **зростáти** grow, **лишáтися** remain; **вмирáти** die, **зникáти** disappear
prep. **без ~ї** without hope ◊ **Він лиши́вся без ~ї спод́обатися Мáрті.** He was left without the hope that Marta would come to like him. **з ~єю на** + *A.* in hope of sth ◊ **Вонá прийшлá з ~єю на робóту.** She came in the hope of work. **з ~єю (на те), що** with the hope that ◊ **Вони́ чéкали з ~єю на те, що покрáщиться погóда.** They waited, hoping that the weather would improve. **н. на** + *A.* a hope for/of sth *or* **що** + *clause* hope that

надí|ятися, **~ються;** *no pf., intr.*
1 to hope
adv. **все ще** still, **дáлі** further; **відчайдýшно** desperately, **гáряче** ardently, **дýже** very much ◊ **Вонá дýже ~ялася, що рéйсу не відкладýть.** She very much hoped that the flight would not be postponed. **при́страсно** passionately; **звичáйно** certainly; **крадькомá** secretly, **тáємно** in secret; **незважáючи ні на що** despite everything, **однáк** nevertheless; **спрáвді** truly, **щи́ро** sincerely; **я́вно** clearly ◊ **Він я́вно ~ється на ди́во.** He is clearly hoping for a miracle.
v. + **н. хотíти** want to; **продóвжувати** continue to, **стáти** *pf.* start to **переставáти** stop ◊ **Він перестáв н., що заборóну скасýють.** He stopped hoping that the ban will be lifted.
prep. **н. на** + *A.* hope for sb/sth *or* **що** + *clause* hope that + *clause*
See **сподівáтися.** *Also see* **гадáти 3, розрахóвувати 4**
2 to rely on, count on, have confidence in ◊ **На Яри́ну мóжна твéрдо н.** Yaryna can be firmly relied on.
adv. **до кінця́** to the end, **однозначно** unequivocally, **твéрдо** firmly, **усíм сéрцем** with all one's heart, **цілкóм** completely; **зóвсім не** not at all ◊ **Порятýнок прийшóв, коли́ на ньóго зóвсім не ~ялися.** The salvation came when they did not on it at all count. **лéдве** hardly, **ні трóхи** not in the least
prep. **н. на** + *A.* rely on sb/sth
See **поклада́тися 1.** *Also see* **розрахóвувати 5, спирáтися 2**
надíйся!

надли́ш|ок, *m.*, **~ку**
1 surplus + *G.* of sth
adj. **вели́кий** big, **величéзний** huge, **значни́й** significant, **помíтний** considerable; **кри́хітний** tiny, **мали́й** small, **невели́кий** little, **незначни́й** insignificant; **очíкуваний** expected, **планóваний** projected
н. + *n.* **н. готíвки** a surplus of cash ◊ **Компáнія мáє вели́кий н. готíвки.** The company has a big surplus of cash. (**акти́вів** assets; **вітамíнів** vitamins; **залíза** iron; **продýктів** produce, **ресýрсів** resources, *etc.*)
v. + **н. мáти н.** have a surplus (**використóвувати** use up; **планувáти** project ◊ **Вони́ планувáли бíльший як зáвжди́ н. зернá.** They projected a larger than usual surplus of grain. **розподіля́ти між** + *I.* distribute among sb/sth ◊ **Н. ри́су розподíлили між біжéнцями.** The surplus of rice was distributed among the refugees. **ствóрювати** produce)
2 *fig.* excess, abundance, large amount, too much/many + *G.* ◊ **Він рíдко мав н. дóбрих ідéй.** He rarely had an abundance of good ideas.
See **нáдмір 1.** *Ant.* **брак 1, дефіци́т, нестáча**

нáдмір, *m.*, **~у**
1 excess, surfeit + *G.* of
adj. **вели́кий** great ◊ **вели́кий н. шкідли́вих хемікáлій у ґрýнті** a great excess of harmful chemicals in soil, **величéзний** enormous; **значни́й** significant, **помíтний** considerable; **невели́кий** small, **незначни́й** insignificant; **загрóзливий** threatening, **руйнíвний** ruinous, **шкідли́вий** harmful ◊ **Чéрез шкідли́вий н. волóги в повíтрі фрéски стáли псувáтися.** The frescoes started deteriorating because of the harmful excess of humidity in the air. **кóрисний** beneficial
2 surplus ◊ **Чáсом вони́ ділилися ~ом молокá із сусíдами.** Sometimes they would share their surplus of milk with their neighbors.
See **надли́шок 1.** *Ant.* **брак 1, дефіци́т, нестáча**

надмíрн|ий, *adj.*
excessive, inordinate, immoderate, exorbitant
adv. **геть** totally, **дýже** very, **цілкóм** completely; **дéщо** somewhat, **дрíбку** *colloq.* a tad ◊ **Ї́ї пóгляди здавáлися Маркóві дрíбку ~ими.** Her views seemed a tad over the top to Marko. **трóхи** a little; **дóсить** quite; **непотрíбно** unnecessarily; **я́вно** clearly ◊ **Вони́ врáжені я́вно ~ими цíнами.** They are shocked by the clearly exorbitant prices.

v. + **н. бýти ~им** be excessive (**вважáти** + *A.* consider sth ◊ **Він вважáє її вимóги ~ими.** He considers her demands excessive. **виглядáти** appear, **виявлятися** prove, **здавáтися** + *D.* seem to sb; **лишáтися** remain ◊ **Споживáння цýкру сéред дітéй лишáється ~им.** The sugar consumption among children remains excessive. **робити** + *A.* make sb; **ставáти** become)

надокучá|ти, ~ють; надокýч|ити, ~ать, *intr.*
1 to bore, bother
adv. **вкрай** extremely ◊ **Йомý став вкрáй н. звук годинника.** The sound of the clock started bothering him to the extreme. **геть** totally, **гóстро** acutely, **до смéрти** to death, **дýже** very, **цілкóм** completely; **дéщо** somewhat, **дрíбку** *colloq.* slightly, **дóсить** quite, **трóхи** a little; **врéшті-рéшт** eventually, **поступóво** gradually; **швидко** quickly ◊ **Сільськé життя швидко надокýчить вам.** You will quickly get bored with life in the country. **дíйсно** really; **явно** clearly
v. + **н. могти** can; **починáти** begin to ◊ **Чéрез три дні мóре і пляж почали явно н. Хомі.** In three days, the sea and the beach began to clearly bore Khoma. **стáти** *pf.* start; **продóвжувати** continue to; **переставáти** stop
2 to pester, badger, annoy + *I.* with ◊ **Продавéць не переставáв н. її пояснéннями.** The salesman would not stop pestering her with explanations.
adv. **весь час** all the time, **íноді** sometimes, **рíдко** rarely, **час від чáсу** from time to time, **чáсом** at times; **невідступно** relentlessly, **постíйно** constantly ◊ **Дівчинка постíйно ~ла Орисі питáннями.** The little girl constantly pestered Orysia with questions. **непотрíбно** needlessly
v. + **н. намагáтися не** try not to ◊ **Він намагáвся не н.** He tried not to bother them. **починáти** begin to, **стáти** *pf.* start; **продóвжувати** continue to; **переставáти** stop; **не хотíти** not want to ◊ **Не хóчу н. вам.** I don't want to badger you.
Also see **дошкуляти, набридáти 2, сíпати 3**
3 *impers., only in 3rd pers.* to get tired, get bored + *D.* ◊ **Клієнтці надокýчило чекáти.** The (female) customer got tired of waiting.
надокучáй! надокýч!
Also see **набридáти 3**

надокýчи|ти, *pf., see* **надокучáти**
to bother, bore, annoy; pester, have enough of; *impers.* get tired of ◊ **Вони ще не ~ли вам своїм гáласом?** Haven't you had enough of their noise?

надолинí, *adv. posn. and prep.*
1 *adv.* below, beneath, underneath ◊ **Н., в підніжжі гори, течé струмóк.** Below, at the foot of the mountain, there flows a creek.
Also see **внизý 1.** *Ant.* **наверхý 1, нагорí 1**
2 *adv.* downstairs ◊ **Якíсь люди сміялися н.** Some people were laughing downstairs.
3 *prep.* in the lower part of sth + *G.* ◊ **Вони зустрілися в Украïнському Селі н. Мангéтена.** They met in the Ukrainian Village in the lower part of Manhattan.
Also see **внизý 2.** *Ant.* **наверхý 2, нагорí 2**

надолину, *adv., dir. and prep.*
1 *adv.* down, downward, downhill ◊ **Схóдити н. вáжче, як вихóдити нагóру.** Going downhill is harder than going uphill.
Also see **навéрх.** *Ant.* **вгóру, навéрх, нагóру**
2 *prep.* to the lower part of sth + *G.* ◊ **Миша прямувáв н. Мангéтена.** Mysha was heading to Lower Manhattan.

надолýжи|ти, *pf., see* **надолýжувати**
to catch up, make up for *(sth wasted)*, compensate for ◊ **Вони не мáтимуть можливости н. такý нагóду.** They will not have the chance to compensate for this opportunity. ◊ **Вáля ~ть пропýщену лéкцію.** Valia will make up for the missed lecture.

надолýжу|вати, ~ють; надолýж|ити, ~ать, *tran.*
to catch up, make up for *(sth wasted)*, compensate
adv. **більш(е) ніж** more than ◊ **За мíсяць він більш, ніж надолýжить прогáяний час.** In a month, he will more than make up for the lost time. **врéшті-рéшт** ultimately, **колись** some day; **одрáзу** immediately, **зáраз же** at once, **швидко** quickly ◊ **Левкó швидко ~є пропýщені заняття.** Levko is quickly making up for the missed classes. **почáсти** in part, **часткóво** partially; **сповнá** fully, **цілкóм** completely
v. + **н. бýти вáжко** be difficult to, **бýти неможливо** be impossible to; **бýти лéгко** be easy to; **бýти трéба** + *D.* need to; **вдавáтися** + *D.* succeed in ◊ **Як вам вдалóся надолýжити пропýщений семéстр?** How did you succeed in making up for the missed semester? **змогти** *pf.* manage to; **могти** can; **намагáтися** try to, **хотíти** want to
pa. pple. **надолýжений** made up for
надолýжуй! надолýж!

нáдр|а, *only pl.*
1 depth *(of the earth)* ♦ **земні н.** the bowels of the earth
v. + **н. бýти в ~ах** be in the depths (**залягáти** be located, **лежáти** lie, **міститися** be contained, **ховáтися** hide) ◊ **Величéзне багáтство ховáється в ~ах землí.** Great treasures are hiding in the bowels of the earth.
See **глибинá 1**
2 *fig.* depth, inside, heart
adj. **глибóкі** deep; **невідóмі** unknown, **таємничі** mysterious; **тéмні** dark ◊ **Вони сховáлися в тéмних ~ах лíсу.** They hid in the dark depths of the forest.
See **глибинá 3**

надрукувá|ти, *pf., see* **друкувати**
to print ◊ **Йогó перéклад з англійської ~ли в журнáлі "Всéсвіт".** His translation from English was printed in *the Vsesvit Magazine*.

нáдто, *var.* **занáдто,** *adv.*
1 too, overly ◊ **н. великий** too big, ◊ **н. повільно** too slowly, ◊ **н. старáтися** try too hard
Also see **занáдто**
2 especially, particularly, mainly, most of all ◊ **Він любить італійське малярство, н. венеційську шкóлу.** He likes Italian painting, especially the Venetian school.
See **особливо**

надувá|ти, ~ють; надý|ти, ~ють, *or only fut. pf.* **надм|ýть** *tran.*
1 to inflate, pump up, fill with air
adv. **нáдто** too much ◊ **Не слід нáдто н. пузиря, инáкше він мóже трíснути.** You should not inflate the balloon too much, otherwise it can burst. **повільно** slowly, **поступóво** gradually, **часткóво** partially; **цілкóм** completely; **швидко** quickly ◊ **Він швидко надýв кóлесо електричною пóмпою.** He quickly inflated the wheel with an electric pump. ◊ **Вíтер надмé** *or* **надýє вітрила і понесé яхту в мóре.** The wind will inflate the sails and carry the yacht into the sea. ♦ **н. гýби** to pout one's lips ◊ **Він обрáжено надýв гýби.** He pouted his lips, insulted.
2 *colloq., fig.* to cheat, swindle
adv. **вáжко** difficult ◊ **Її вáжко надýти в кáрти.** She is difficult to cheat in cards. **весь час** all the time, **зáвжди** always; **лéгко** easily, **мáйже** almost, **трóхи не** all but ◊ **Гáлю трóхи не надýли на значнý сýму грóшей.** Halia was all but cheated out of a considerable sum of money.
See **дурити.** *Also see* **грабувáти 2, нагрівáти 2, об'їжджáти 3, провóдити 10**
pa. pple. **надýтий** inflated; cheated
надувáй! надýй!

надувá|тися; надýтися, *intr.*
1 to get inflated, be filled with air ◊ **Колéса в автíвці лéгко і швидко ~ються.** All the tires in the car are inflated easily and quickly. ◊ **Рятівний жилéт ~ється автоматично.** A life jacket inflates automatically.
2 *usu pf.* to sulk, pout
adv. **без причини** for no reason; **дýже** a lot, **страшéнно** terribly; **одрáзу** right away, **про всяк вíпадок** just in case ◊ **Сашкó про всяк вíпадок надýвся, щоб йогó мéнше сварили.** Sashko pouted just in case so that they chide him less.
prep. **н. за** + *A.* pout for sth, **н. на** + *A.* pout at sb ◊ **За що це вонá надýлася на брáта?** What is she pouting at her brother for?
See **сéрдитися 1, гнíватися.** *Also see* **дýтися 3, лютувáти**

надý|ти, *pf., see* **дýти** *and* **надувáти**
to inflate, pump up, fill with air, *etc.* ◊ **На Петрóві уродини ~ли дéсять різнобáрвних пузирів.** Ten balloons of various colors were inflated for Petro's birthday. ◊ **Дáрку цинíчно ~ли.** Darka was cynically cheated.

надý|тися, *pf., see* **дýтися** *and* **надувáтися**
to get inflated, sulk, *etc.* ◊ **Вонá не розумíла, за що Ромáн ~вся на нéї.** She did not understand what Roman was sulking at her for.

нажéр|тися, *pf., see* **нажирáтися**
to gorge oneself on, eat to excess, *etc.* ◊ **Вонá чекáла нагóди н. помарáнчів.** *pejor.* She waited for the chance to gorge herself on oranges. ◊ **Він страшéнно ~ся.** *pejor.* He got terribly plastered.

нажирá|тися, ~ються; нажéр|тися ~уться; *pa. pf., m.* **нажéрся,** *pl.* **нажéрлися,** *intr.*
1 *pejor.* to gorge oneself on, eat + *G.* on
adv. **весь час** all the time, **зáвжди** always, **знóву** again ◊ **Вони знóву нажéрлися часнику.** They ate garlic again. **постíйно** constantly; **дýже** a lot, **страшéнно** terribly, **як свиня** like a pig; **дóсить** quite; **нарéшті** finally ◊ **У селí Вíктор мав нагóду нарéшті нажéртися свинини.** In the village, Viktor had the opportunity to gorge himself on pork at last.
See **їсти 1, жéрти 1, наїдáтися 1**
2 *fig.* to get drunk, get plastered ◊ **Він фатáльно ~вся.** He got fatally plastered.
See **напивáтися 2, пити 2**
нажирáйся! нажерися!

назáвжди, *adv.*
forever, for good ◊ **Нíна почувáлася н. в боргý пéред ним.** Nina felt forever indebted to him. ♦ **раз і н.** once and for all ◊ **Прáвило трéба пояснити їм раз і н.** The rule should be explained to them once and for all.
Also see **навíки 1**

назáд, *adv.*
1 *dir.* backwards, back ◊ **ітú н.** to go back (**бíгти** run, **їхати** drive, **летíти** fly, *etc.*) ◊ **Досягнýвши кінця пáрку, вони побíгли н.** Having reached the end of the park, they ran back. ♦ **крок н.** a step back ◊ **Нóві прáвила є крóком н.** The new rules are a step back. ♦ **оглядáтися н.** to look back ◊ **Íнна не любила оглядáтися н.** Inna did not like to look back.
Ant. **вперéд 1**
2 ago, ♦ **(томý) н.** ago ◊ **сто рóків (томý) н.** a hundred years ago ◊ **Юрій повернýвся годину н.** Yurii came back an hour ago.
See **томý 3**

на́зв|а, *f.*
1 title (*of book, film, etc.*), name (*only of inan. objects*)
adj. **по́вна** full ◊ **По́вна н. статті́ зана́дто до́вга.** The article's full title is too long. **коро́тка** short, **скоро́чена** shortened; **пе́рвісна** original; **остато́чна** final ◊ **Остато́чна н. пі́сні тро́хи відрізня́ється від пе́рвісної.** The final title of the song is a little different from the original one. **офіці́йна** official; **бана́льна** banal, **звича́йна** ordinary; **ди́вна** strange, **екзоти́чна** exotic ◊ **Йому́ ле́гше пам'ята́ти екзоти́чні ~и, як бана́льні.** It is easier for him to remember exotic names rather than banal ones. **чужа́** foreign, **непересі́чна** unusual, **оригіна́льна** unconventional, **ціка́ва** interesting; **вла́сна** *ling.* proper ◊ **Вла́сну н. пи́шуть із вели́кої лі́тери.** A proper name is capitalized. **зага́льна** *ling.* common, **комерці́йна** commercial, **торго́ва** brand, **науко́ва** scientific
н. + *n.* **н. готе́лю** the name of a hotel (**карти́ни** painting, **кни́жки** book, **компа́нії** company, **конце́рту** concerto, concert, **опові́дання** story, **п'є́си** play, **ро́зділу** chapter, **рома́ну** novel ◊ **Ім'я́ головно́ї геро́їні є водно́час і ~ою рома́ну.** The name of the main heroine is at the same time the title of the novel. **симфо́нії** symphony, **статті́** article, **тво́ру** work, **університе́ту** university, **устано́ви** institution, **фі́льму** film, *etc.*)
v. + **н. дава́ти** + *D.* **~у** give sth a name *or* title ◊ **Газе́ті дали́ ди́вну ~у.** The newspaper was given a strange name. (**бра́ти** take, **вибира́ти** choose, **ма́ти** have; **носи́ти** carry; **дістава́ти** get, **отри́мувати** receive, **прибира́ти собі́** assume ◊ **Вебсторі́нка прибра́ла неоригіна́льну ~у.** The web page has assumed an unoriginal name. **міня́ти** change; **зна́ти** know; **пам'ята́ти** remember, **зга́дувати** recall; **забува́ти** forget ◊ **Він забу́в ~у ву́лиці.** He forgot the name of the street. **поди́бувати** come across ◊ **У краї́ні ча́сто мо́жна поди́бати англі́йські ~и ба́рів.** In the country, one can often come across English names of bars. **чу́ти** hear); **користува́тися ~ою** use a name *or* title ◊ **Ціє́ю ~ою тепе́р користу́ється яка́сь лі́ва конто́ра.** This name is being used now by some shady outfit. (**бу́ти відо́мим під** be known under) ◊ **Пі́сня відо́ма під на́звою «Причи́нна».** The song is known under the title of *Insane*.
prep. **без ~и** without a name ◊ **Карти́на без ~и.** The painting is without a title. **під ~ою** under the title ◊ **Його́ матерія́л вийшов під ~ою «Дити́нство.»** His story came out under the title "Childhood".
Also see **заголо́вок, ти́тул 3.** *Cf.* **ім'я́ 1**
2 nickname, sobriquet ◊ **У шко́лі йому́ дава́ли рі́зні прини́зливі ~и.** At school, he was given various humiliating nicknames.
See **прі́звисько**

на́зван|ий, *adj.*
named, said ◊ **У спи́ску госте́й ви́явилися всі ~і осо́би.** All the said persons turned out to be on the guest list.
adv. **вда́ло** aptly ◊ **Уда́ло н. рестора́н інтригува́в клієнтів.** Customers were intrigued by the aptly named restaurant. **га́рно** beautifully, **прива́бливо** attractively; **ди́вно** strangely, **смі́шно** ludicrously; **оригіна́льно** unconventionally; **традиці́йно** traditionally; **жахли́во** terribly, **невда́ло** infelicitously, **нега́рно** badly; **помпе́зно** pompously, **претензі́йно** pretentiously

назва́н|ий, *adj.*
adopted, foster, chosen *(as opposed to related by blood)* ◊ **н. брат** an adopted *or* sworn brother (**ба́тько** foster father) ◊ **Н. ба́тько любив Петра́ як вла́сного си́на.** The foster father loved Petro as his own son. **~а сестра́** an adopted *or* sworn sister (**ма́ти** mother)
Also see **нарече́ний 1.** *Ant.* **рі́дний 1**

назва́|ти, *pf., see* **зва́ти, назива́ти**
to name, give a name, *etc.* ◊ **Корабе́ль ~ли «Ге́тьман Сагайда́чний».** The ship was named *Hetman Sahaidachny*.

назва́|тися, *pf., see* **зва́ти, назива́тися**
to call oneself, introduce oneself as, *etc.* ◊ **Щоб не ви́кликати підо́зри, Оле́кса ~вся чужи́м і́менем.** In order not to arouse suspicion, Oleksa introduced himself under somebody else's name.

назива́|ти, ~ють; назв|а́ти, ~у́ть, *tran.*
1 to name, give a name to + *I.* ◊ **Дру́зі ~ли Марі́ю Ри́сею.** Friends called Maria Rysia.
adv. **вда́ло** aptly ◊ **Він вда́ло назва́в пса Сірко́м.** He aptly named his dog Sirko. **га́рно** beautifully, **прива́бливо** attractively; **ди́вно** strangely, **оригіна́льно** originally; **звича́йно** usually, **традиці́йно** traditionally, **ча́сто** often; **офіці́йно** officially, **форма́льно** formally; **по-ву́личному** in the street ◊ **Павла́ по-ву́личному ~ють Су́здою.** Pavlo has the street name of Suzda. **по-дру́жньому** in a friendly way, **про́сто** simply ◊ **Мо́жеш н. мене́ про́сто Га́ля.** You can call me simply Halia. **фамілья́рно** casually; **жахли́во** terribly, **невда́ло** inappropriately, **нега́рно** badly, **помпе́зно** pompously, **претензі́йно** pretentiously ◊ **Нови́й кварта́л мі́ста претензі́йно назва́ли Трайбе́кою.** The new part of town was given the pretentious name of Tribeca. **ні́жно** tenderly, **пестли́во** affectionately ◊ **Дру́зі пестли́во ~ють її Со́лею.** Her friends affectionately call her Solia. **спочáтку** initially, **рані́ше** formerly
Also see **зва́ти 1.** *Cf.* **кли́кати 3**
2 to call sb sth ◊ **Вона́ назва́ла Іва́на спра́вжнім дру́гом.** She called Ivan a true friend. ♦ **н. ре́чі свої́ми імена́ми** to call a spade a spade ◊ **Він не вага́вся н. ре́чі свої́ми імена́ми.** He did not hesitate to call a spade a spade.
pa. pple. **на́званий** named, **назва́ний** adopted
назива́й! назви́!

назива́|тися; назва́тися, *intr.*
1 to be called, to have the name of ◊ **Як ~ється це мі́сто?** What is this city called?
2 to call oneself + *I.* ◊ **Він назва́вся Іва́ном Луце́нком.** He said his name was Ivan Lutsenko.

назо́вні, *adv., prep.*
1 *adv., dir.* outside, outdoors, out ◊ **Вода́ із цисте́рни витіка́ла н.** The water was spilling out of the tank.
Ant. **всере́дину 1**
2 *adv., posn.* outside, on the surface, outwardly, on the face of it ◊ **Він здава́вся цілко́м спокі́йним н.** He seemed completely calm on the outside.
Also see **зо́вні 2.** *Ant.* **всере́дині 1**
3 *prep.* outside of + *G.* ◊ **н. буди́нку** outside a building
Also see **зо́вні 2.** *Ant.* **всере́дині 2**

назу́стріч, *adv., prep., dir.*
1 *adv.* towards ◊ **Він побачив світло і поїхав н.** He saw the light and drove towards it. ♦ **йти́** + *D.* **н.** 1) to go meet sb ◊ **Вони́ ви́йшли н. рятівника́м.** They set out to meet the rescuers. 2) *fig.* to meet sb halfway ◊ **Банк пішо́в н. боржника́м і реструктурува́в борг.** The bank met the debtors halfway and restructured the debt.
2 *prep.* towards sb/sth, to sb/sth + *D.* ◊ **А́вто ру́халося н. мотоци́клові.** The car moved towards the motorcycle.

наї́вн|ий, *adj.*
naïve
adv. **абсолю́тно** absolutely ◊ **люди́на, абсолю́тно ~ою в полі́тиці** a person absolutely naïve in politics; **ду́же** very, **стра́шно** terribly, **украй** extremely; **де́що** somewhat, **тро́хи** a little; **до́сить** quite, **доста́тньо** sufficiently; **безнаді́йно** hopelessly; **я́вно** clearly
v + **н. бу́ти ~им** be naïve ◊ **Не мо́жна бу́ти таки́м ~им.** One cannot be so naïve. (**вважа́ти** + *A.* consider sb ◊ **Її вважа́ли ~ою.** She was considered naïve. **вигляда́ти** look, **виявля́тися** prove ◊ **Він ви́явився ~им у коха́нні.** He proved to be naïve in love. **здава́тися** + *D.* seem to sb, **лиша́тися** remain; **прикида́тися** pretend) ◊ **Він прики́нувся ~им.** He pretended to be naïve. **вдава́ти (з се́бе) ~ого** pretend to be naïve ◊ **Не вдава́й із се́бе ~ого!** Don't pretend you are naïve!
Also see **неви́нний 3.** *Ant.* **бува́лий, досві́дчений**

наї́вн|ість, *f.*, **~ости**, *only sg.*
naïvité
adj. **абсолю́тна** absolute, **вели́ка** great, **скра́йня** extreme, **страшна́** terrible; **фата́льна** fatal; **ди́вна** strange, **дивови́жна** amazing; **неймові́рна** incredible; **несподі́вана** unexpected; **політи́чна** political; **рі́дкісна** rare; **шкідли́ва** harmful; **я́вна** clear; **безнаді́йна** hopeless
v. + **н. виявля́ти н.** show naïvité ◊ **У бі́знесі Синчу́к ви́явив дивови́жну н.** In business, Synchuk showed amazing naïvité. **користа́тися ~істю** take advantage of sb's naïvité ◊ **Вони́ користа́лися її ~істю і глибо́кими кише́нями.** They were taking advantage of her naïvité and deep pockets.

наїда́|тися, ~ються; наї́|стися, ~мся, ~сися, ~сться, ~мо́ся, ~сте́ся, ~дя́ться; *pa. pf., m.* **наї́вся**, *pl.* **наї́лися**, *intr.*
to eat one's fill, be full, sate oneself
adv. **бага́то** a lot ◊ **Ура́нці нам слід бага́то наї́стися, щоб по́тім не голодува́ти.** We should eat a lot in the morning so as not to be hungry later. **до́сить** quite, **доста́тньо** sufficiently, **досхочу́** to one's heart's content ◊ **Він мрі́яв приї́хати додо́му і досхочу́ наї́стися.** He dreamed of coming home and eating to his heart's content. **ду́же** a lot, **на́дто** too much, **стра́шно** terribly; **вже** already, **наре́шті** finally ◊ **Я наре́шті наї́вся.** Finally I am full. **тро́хи** a little, **ще не** not yet; ♦ **наї́стися блекоти́** *pf.* to go crazy ◊ **Ти що, блекоти́ наї́вся!** Have you gone mad!
наїда́йся! наї́жся!
Also see **нажира́тися 1**

наї́|стися, *pf., see* **наїда́тися**
to eat one's fill, be full, sate oneself ◊ **Він ~вся одніє́ю кана́пкою.** He ate his fill with one sandwich.

найбі́льш(е), *adv., super. of* **бага́то**
1 the most *(in super. of adj. and adv., usu* **найбі́льш***)* ◊ **н. несподі́ване рі́шення** the most unexpected decision; ◊ **З усі́х дискута́нтів вона́ говори́ла н. категори́чно.** Of all the discussants, she spoke in the most categorical manner.
2 most, mostly, mainly, most of all ◊ **Ді́ти потерпа́ли від хо́лоду н.** The children suffered from cold the most. ◊ **Він н. лю́бить бува́ти у Полта́ві.** He likes visiting Poltava the most.
prep. **н. за** + *A.* most of sth ◊ **н. за все** most of all ◊ **Він н. за все лю́бить бі́гати.** Most of all he likes jogging.

найбі́льш|ий, *adj., super. of* **вели́кий**
biggest, largest, greatest, eldest ◊ **Ната́ля була́ ~ою в сім'ї́.** Natalia was the oldest in the family.
v + **н. бу́ти ~им** be the biggest (**вважа́тися** be considered ◊ **Він вважа́вся ~им акто́ром доби́.** He was considered to be the greatest actor of the time. **виявля́тися** turn out, **здава́тися** + *D.* seem to sb ◊ **Дуб здава́вся ~им з усі́х дере́в.** The oak seemed to be the largest of all the trees. **лиша́тися** remain, **роби́ти** + *A.* make sb/sth, **става́ти** become)
prep. **н. з** + *G.* biggest of sb/sth ◊ **н. з усі́х** the biggest of all

найви́щ|ий, *adj., super. of* **висо́кий**
1 highest, tallest, supreme ◊ **На поча́тку столі́ття це був н. хмарося́г сві́ту.** At the beginning of the century, it was the tallest skyscraper in the world. ◊ **н. суд** the supreme court; ◊ **~а ка́ра** capital punishment, ◊ **~а мі́ра** the highest measure, ◊ **~а ра́да** the supreme council
v + **н. бу́ти ~им** be the highest (**вважа́тися** be considered, **виявля́тися** turn out, **вироста́ти** grow ◊ **Її ли́па ви́росла ~ою.** Her linden grew to be the tallest. **здава́тися** + *D.* seem to sb, **лиша́тися** remain, **роби́ти** + *A.* make sb/sth, **става́ти** become)
prep. **н. з** + *G.* highest of sb/sth ◊ **н. з усі́х** the highest of all ◊ **Сосна́ була́ ~ою з усі́х дере́в.** The pine tree was the tallest of all the trees.
2 *ling.* superlative ◊ **н. сту́пінь прислі́вників** the superlative degree of adverbs
Cf. **звича́йний 3, порівня́льний**

найкра́щ|ий, *adj., super. of* **до́брий** *and* **хоро́ший**
best, finest, greatest, top
н. + *n.* **н. вчи́тель** the best teacher (**подару́нок** present; **спортсме́н** athlete, **у́чень** pupil, **фахіве́ць** specialist; **сцена́рій** screenplay, **фільм** film) ◊ **Він ма́є нагоро́ду за н. фільм.** He has the best film award.
v + **н. бу́ти ~им** be the best (**вважа́ти** + *A.* consider sb/sth, **вважа́тися** be considered, **виявля́тися** turn out, **здава́тися** + *D.* seem to sb, **лиша́тися** remain, **роби́ти** + *A.* make sb/sth, **става́ти** become) ◊ **Він став ~им студе́нтом.** He became the best student.
prep. **н. з** + *G.* the best of sb/sth ◊ **н. варія́нт з усі́х можли́вих** the best of all possible options

наймá|ти, ~ють; найня́ти, найм|у́ть, *tran.*
1 to employ *(for work)*, hire; to rent
adv. **акти́вно** actively ◊ **Зара́з фі́рма акти́вно ~є робітникі́в.** Now the firm is actively hiring. **нега́йно** immediately, **тут же** right away, **якнайшви́дше** as soon as possible; **весь час** all the time, **пості́йно** permanently, **реґуля́рно** regularly; **на коро́ткий час** for a short time, **тимчасо́во** temporarily, **час від ча́су** every now and then; **на день** for a day ◊ **Місце́ві підприє́мці ~ють заробітча́н на день-дру́гий.** Local businessmen hire migrant workers for a day or two. (**ти́ждень** week, **мі́сяць** month, **рік** year) ◊ **Її найняли́ на рік.** She was hired for a year. **на мі́сці** locally
v + **н. могти́** be able to; **могти́ дозво́лити собі́** can afford to ◊ **Вони́ могли́ дозво́лити собі́ найня́ти помічника́.** They could afford to hire an assistant. **могти́ н. і звільня́ти** to be able to hire and fire ◊ **Вона́ хо́че н. і звільня́ти персона́л на вла́сний ро́зсуд.** She wants to hire and fire the staff as she sees fit. **виріша́вати** decide to; **відмовля́тися** refuse to ◊ **На́віть під ти́ском згори́ вона́ відмо́вилася найня́ти Войте́нка.** Even under the pressure from above, she refused to hire Voitenko. **ду́мати** intend to, **збира́тися** be going to, **планува́ти** plan to; **бу́ти тре́ба** + *D.* need to ◊ **Йому́ тре́ба було́ нега́йно найня́ти засту́пника.** He needed to hire a deputy immediately. **хоті́ти** want to
prep. **н. на** + *A. or* **н.** + *I.* to hire as sth ◊ **Якове́нка найняли́ помічнико́м** *or* **на помічника́.** Yakovenko was hired as an assistant. ♦ **н. на вла́сний ро́зсуд** to hire as one sees fit; ♦ **н. на вла́сний страх і ри́зик** to hire at one's own peril
2 to rent *(from sb)*, lease
adv. **де́шево** cheaply, **до́рого** expensively ◊ **Ми не мо́жемо н. авті́вку так до́рого.** We cannot rent a car for so much. **заздалегі́дь** in advance, **ча́сто** often
prep. **н. в** + *G.* rent sth from sb ◊ **Щолі́та хтось ~в у Левчукі́в буди́нок.** Every summer, somebody would rent the Levchuks' house.
Also see **зніма́ти 7.** *Cf.* **позича́ти 1**
3 to rent, lease + *D.* to sb ◊ **Па́ні Пінчу́к пого́дилася найня́ти Рома́нові кімна́ту на мі́сяць.** Mrs. Pinchuk agreed to rent out a room to Roman for one month.
Also see **здава́ти 6.** *Cf.* **позича́ти 2**
pa. pple. **на́йнятий** hired, rented
наймáй! найми́!

наймá|тися; найня́тися, *intr.*
to be hired, be employed, be rented (out) ◊ **Перш ніж н. до ко́го-не́будь, Ле́вові тре́ба закі́нчити навча́ння.** Before getting hired by anyone Lev has to finish his studies. ◊ **Кварти́ра ~ється лише́ влі́тку.** The apartment is for rent only in the summer. ♦ **як найня́вся** as if it's sb's job, as if there was no tomorrow ◊ **Вони́, як найняли́ся, ходи́ли на ко́жну виста́ву.** They would go to every performance as if it was their job.
See **наймáти 1-3**

найня́|ти, *pf., see* **наймáти**
to hire, employ, *etc.* ◊ **Ме́неджер найме́ ново́го економі́ста.** The manager will hire a new economist.

найня́|тися, *pf., see* **наймáтися**
to be hired, be employed ◊ **Тама́ра ~ла́ся на по́вну ста́вку.** Tamara was hired full-time.

най|ти́, *pf., see* **нахо́дити**
to find, locate ◊ **Марі́я впе́внена, що ~де́ потрі́бну кни́жку в бібліоте́ці.** Maria is sure she will find the book she needs in the library.

нака́з, *m.*, **~у**
order, command + *inf. or prep.*
adj. **адміністрати́вний** administrative, **військо́вий** military; **викона́вчий** executive; **зага́льний** general; **конкре́тний** specific; **про́стий** simple, **пря́мий** direct; **категори́чний** categorical, **суво́рий** strict ◊ **суво́рий н. скороти́ти витра́ти на дослі́дження** a strict order to reduce research expenditures; **письмо́вий** written, **у́сний** oral; **злочи́нний** criminal, **незако́нний** illegal; **му́дрий** wise; **безглу́здий** senseless ◊ **Її н. здава́вся безглу́здим.** Her order seemed to make no sense.
v. + **н. вико́нувати н.** carry out an order ◊ **Вони́ ви́конали цей н.** They carried out the order. (**віддава́ти** issue ◊ **Полко́вник відда́в злочи́нний н. стріля́ти.** The colonel issued the criminal order to shoot. **дава́ти** + *D.* give sb; **дістава́ти** get, **отри́мувати** receive; **іґнорува́ти** ignore ◊ **Вони́ зіґнорува́ли н. на вла́сний страх і ри́зик.** They ignored the order at their own peril. **пору́шувати** violate; **підпи́сувати** sign ◊ **Мі́ністр підписа́в н. про те́ндер.** The minister has signed the order for tender. **скасо́вувати** cancel; **оприлю́днювати** make public); **підкоря́тися ~ові** obey an order ◊ **Він відмо́вився підкоря́тися незако́нним ~ам вла́ди.** He refused to obey the illegal orders of the authorities.
prep. **за ~ом** + *G.* on sb's order ◊ **Він діє за ~ом ше́фа.** He is acting on his boss's order. **згі́дно з ~ом** according to an order; **н.** + *inf.* ♦ **н. з'яви́тися** an order to present oneself ◊ **Вони́ ма́ли н. з'яви́тися в суд.** They had orders to present themselves at court. (**наступа́ти** attack, **стріля́ти** shoot, *etc.*)
Also see **за́повідь 2, кома́нда 1, розпоря́дження 1**

наказá|ти, *pf., see* **нака́зувати**
to order, command, tell ◊ **Ма́ти ~ла ї́м скла́стися.** Mother told them to pack up.

нака́зу|вати, ~ють; наказа́ти, ~у́, нака́ж|уть, *intr.*
1 to command, order *only followed by* **щоб** + *clause or inf.* ◊ **Їм наказа́ли припини́ти** *or* **щоб вони́ припини́ли конта́кти з партне́рами.** They were ordered to cease contacts with their partners.
adv. **категори́чно** categorically, **суво́ро** strictly; **нега́йно** immediately, **одра́зу** at once; **особи́сто** personally ◊ **Він особи́сто наказа́в Ку́цові підготува́ти звіт.** He personally ordered Kuts to prepare the report. **офіці́йно** officially, **форма́льно** formally; **чі́тко** distinctly ◊ **Майо́р чі́тко наказа́в, щоб група́ віді́йшла́.** The major gave a distinct order for the group to retreat.
Also see **диктува́ти 2, кома́ндувати 1, розпоряджа́тися 1**
2 *fig.* to command, direct ◊ **Павло́ роби́в так, як йому́ ~вало се́рце.** Pavlo did as his heart commanded him.
нака́зуй! накажи́!
Also see **каза́ти 3**

накида́|тися, ~ються; наки́ну|тися, ~ться, *intr.*
1 to pounce, jump on, spring on
adj. **жа́дібно** greedily, **лю́то** furiously ◊ **Полі́ція лю́то наки́нулася на ми́рний на́товп.** The police furiously pounced on the peaceful crowd. **зра́зу** at once, **мерщі́й** as quick as possible, **несподі́вано** unexpectedly, **по́спіхом** hastily, **ра́птом** suddenly, **за́раз же** right away; **підсту́пно** treacherously
prep. **н. на** + *A.* pounce at/on sb/sth ◊ **н. на** + *A.* **з кулака́ми** attack sb with fists (**ла́йкою** obscenities; **ноже́м** knife; **звинува́ченнями** accusations, **пита́ннями** questions ◊ **Репорте́ри наки́нулися на ре́чника із пита́ннями.** *fig.* The reporters pounced at the spokesman with questions. **погро́зами** threats, **прокльо́нами** curses)
Also see **ки́датися 4, напада́ти 1**
2 *fig.* to lunge at, leap on, pounce on ◊ **Го́сті жа́дібно наки́нулися на обі́дній стіл.** The guests greedily threw themselves at the dinner table.
н. + *n.* **н. на кни́жку** to pounce on a book (**борщ** borshch, **голубці́** stuffed cabbages; **завда́ння** assignment, **кореспонде́нцію** mail, **робо́ту** work, *etc.)* ◊ **Вони́ наки́нулися на робо́ту.** They lunged at work.
накида́йся! наки́нься!
Also see **напада́ти 2**

на́клад, *m.*, **~у**
circulation *(of publication)*, print run, number of copies
adv. **вели́кий** large, **величе́зний** huge, **значни́й** considerable, **ма́совий** mass, **помі́тний** noticeable, **широ́кий** wide; **мали́й** *or* **невели́кий** small, **мізе́рний** meager ◊ **Збі́рку ви́дали мізе́рним ~ом.** The collection was published in a meager number of copies. **обме́жений** limited, **скро́мний** modest; **де́нний** daily, **тижне́вий** weekly, **мі́сячний** monthly; **місце́вий** local, **націона́льний** national; **початко́вий** initial, **пе́рший** first, **дру́гий** second
н. + *n.* **н. вида́ння** the circulation of a publication (**газе́ти** newspaper ◊ **Яки́й н. газе́ти?** What is the circulation of the newspaper? **журна́лу** magazine, **збі́рки** collection, **кни́жки** book)
v. + **н. ма́ти н.** have a circulation ◊ **Щоде́нник мав вели́кий н.** The daily had a large circulation. (**втрача́ти** lose; **друкува́ти** print, **публікува́ти** publish; **збі́льшувати** boost ◊ **Її до́писи помі́тно збі́льшили н. тижне́вика.** Her stories have noticeably boosted the circulation of the weekly. **зме́ншувати** reduce, **обме́жувати** limit; **продава́ти** sell) ◊ **Вони́ прода́ли весь н. за день.** They sold the entire print run in a day. **видава́ти** + *A.* **~ом** publish sth in a print run ◊ **Збі́рник ви́дали скро́мним ~ом.** The collection was published in a modest print run. (**вихо́дити** come out, **друкува́ти** print ◊ **Вони́ друкува́ли журна́л обме́женим ~ом.** They printed the magazine in a limited print run. **пошbuilt**

ма́совими ~ами. The pamphlet was circulated in numerous copies. **публікува́ти** publish)
prep. **н. в** + *A.* a circulation of *(copies)* ◊ **Газе́та ма́ла щоде́нний н. у 10.000 примі́рників.** The newspaper had a daily circulation of 10,000 copies.

накле́ї|ти, *pf., see* **кле́їти**
to glue, stick, paste, *etc.* ◊ **Він ~в репроду́кцію на карто́н.** He glued the reproduction on the cardboard.

на́клеп, *m.*, **~у**
slander, libel, defamation
adj. **гру́бий** gross ◊ **гру́бий н. на че́сну люди́ну** a gross slander against an honest person; **злі́сний** malicious, **пі́длий** wicked; **навми́сний** intentional, **свідо́мий** conscious
v. + **н. зво́дити н. на** + *A.* slander sb ◊ **Газе́та зво́дила на не́ї свідо́мий н.** The newspaper consciously slandered her. **суди́тися за н. з** + *I.* sue sb for slander ◊ **Її коли́шній працеда́вець суди́вся з Мари́ною за н.** Her former employer sued Maryna for libel. **бу́ти ви́нним у ~і** be guilty of slander ◊ **Він ви́нний у ~і.** He is guilty of libel.
prep. **н. на** + *A.* slander against sb

накле́пник, *m.*; **накле́пниця**, *f.*
slanderer
adv. **безсо́вісний** vile, **злі́сний** vicious, **пі́длий** wicked ◊ **Він ви́явився пі́длим ~ом.** He turned out to be a wicked slanderer. **хи́трий** sly; **вели́кий** great; **досві́дчений** experienced, **професі́йний** professional, **хроні́чний** serial; **жалюгі́дний** pathetic
v + **н. роби́ти ~а з** + *G.* make a slanderer of sb ◊ **За ска́ргу на дире́ктора з Оленчу́ка зроби́ли злі́сного ~а.** They made a vicious slanderer of Olenchuk for his complaint against the director. **бу́ти ~ом** be a slanderer ◊ **Він був досві́дченим ~ом.** He was an experienced slanderer. (**вважа́ти** + *A.* consider sb; **виявля́тися** turn out, **лиша́тися** remain

накле́пницьк|ий, *adj.*
slanderous, libellous, defamatory, calumnous
н. + *n.* **н. матеріа́л** a libellous story (**на́тяк** allusion); **~а зая́ва** a libellous statement (**публіка́ція** publication, **стаття́** article); **~е звинува́чення** a slanderous accusation (**тве́рдження** assertion)

накопи́чу|вати, **~ють; накопи́ч|ити**, **~ать**, *tran.*
to amass, accumulate, save
adv. **вре́шті-ре́шт** eventually ◊ **Вони́ вре́шті-ре́шт накопи́чили потрі́бні гро́ші на купі́влю а́вта.** They eventually saved up the money needed to buy a car. **вже** already, **наре́шті** finally; **одра́зу** at once, **шви́дко** quickly ◊ **Банк шви́дко накопи́чив борги́.** The bank quickly accumulated debts. **пові́льно** slowly, **поступо́во** gradually
v. + **з. бу́ти тре́ба** + *D.* need to ◊ **Їм тре́ба н. па́ливо.** They need to save fuel. **вдава́тися** + *D.* succeed in, **змогти́** *pf.* manage to; **намага́тися** try to; **стара́тися не** try not to ◊ **Вона́ стара́лася не н. пробле́м.** She tried not to amass problems. **сподіва́тися** hope to; **почина́ти** begin to, **ста́ти** *pf.* start
pa. pple. **накопи́чений** accumulated
накопи́чуй! накопи́ч!

накопи́чува|тися; накопи́читися, *intr.*
to accumulate, amass, pile up, gather ◊ **У її електро́нній скри́ньці ~лася ку́па листі́в.** A lot of messages piled up in her electronic inbox.
Also see **збира́тися 2**

накопи́чи|ти, *pf., see* **накопи́чувати**
to amass, accumulate; save ◊ **Ме́льники ~ли гро́ші на нови́й холоди́льник.** The Melnyks saved money for a new refrigerator.

накопи́чи|тися, *pf., see* **накопи́чуватися**
to get amassed, get accumulated, get saved; pile up ◊ **У ньо́го на бю́ркові ~лося бага́то папе́рів.** A lot of papers piled up on his desk.

накрива́|ти, **~ють; накри́|ти**, **~ють**, *tran.*
1 to cover, overlay + *I.* with sth
adv. **геть** totally ◊ **Сніг геть накри́в зе́млю.** The snow completely covered the ground. **по́вністю** completely, **цілко́м** fully; **поча́сти** in part ◊ **Дах накри́ли поча́сти черепи́цею, а поча́сти очере́том.** The roof was covered in part with tiles, and in part with reeds. **частко́во** partially; **ле́две** hardly, **ма́йже** almost; ♦ **н. (на) стіл** to lay the table; ♦ **н. вече́рю** to serve dinner ◊ **Вече́рю накри́ли у віта́льні.** The dinner was served in the living room.
Also see **заміта́ти 2, зано́сити 4, покрива́ти 1**
2 *mil.* to straddle *(a target)* ◊ **Шістьма́ за́лпами артиле́рія накри́ла воро́жу батаре́ю.** The artillery straddled the enemy battery with six salvoes.
3 *colloq., usu pf.* to catch, take by surprise, apprehend
adv. **знена́цька** out of the blue, **несподі́вано** unexpectedly, **ра́птом** suddenly; **наре́шті** finally; **тро́хи не** almost ◊ **Полі́ція тро́хи не накри́ла змо́вників.** The police almost caught the plotters.
See **лови́ти 1**
pa. pple. **накри́тий** covered
накрива́й! накри́й!

накри́|ти, *pf., see* **накрива́ти**
to cover, *etc.* ◊ **Він ~в лі́жко покрива́лом.** He covered the bed with a bedspread.

накри́|тися, *pf., see* **накрива́тися**
to cover oneself ◊ **Щоб не зме́рзнути вночі́, чолові́к ~вся гру́бим во́вняним ко́цом.** The man covered himself with a thick woolen blanket so as not to get cold at night.

нале́ж|ати, **~ать**; *no pf., intr.*
1 to belong, be owned by + *D.* to, *or* **до** + *G.* to ◊ **Фо́то ~ить па́ні С.** The photo belongs to Mrs. S.
adv. **вже** already, **давно́** for a long time ◊ **Ця земля́ да́вно ~ала до роди́ни Стадничéнків.** This land has long been owned by the Stadnychenko family. **коли́сь** once, **рані́ше** before, **тепе́р** now; **зако́нно** lawfully; **ті́льки** only; **частко́во** partially; **цілко́м** completely; **ще не** not yet
2 be a member of *(club, group, etc.)*, belong, relate to ◊ **Він ніко́ли не ~ав до комуні́стів.** He has never belonged to Communists.
3 *mod.* should, must, ought to + *D.* + *inf.* ◊ **Наза́рові ~ало сказа́ти їм про свій приї́зд.** Nazar should have told them about his arrival. ♦ **як ~ить** properly ◊ **Мала́нка зроби́ла все, як ~ить.** Malanka did everything properly.
See **слід**[2]. *Also see* **випада́ти 5, годи́тися 3, 4**
нале́ж!

нале́жн|ий, *adj., pred.*
1 *adv.* belonging to, appertaining to + *D.* to ◊ **Вади́м спакува́в усі́ ~і йому́ ре́чі до валі́зи.** Vadym packed all his belongings into the suitcase. ♦ **віддава́ти** + *D.* **~е** to give sb credit ◊ **Слід відда́ти їй ~е за тво́рчий підхі́д до завда́ння.** She should be given credit for her creative approach to the task.
2 *pred, in* **бу́ти ~им до** + *G.* be part (member) of ◊ **Мі́сто ніко́ли рані́ше не було́ ~им до Руму́нії.** The city was never part of Romania before. (**здава́тися** + *D.* seem to sb; **лиша́тися** remain; **става́ти** become)
Also see **член 1**
3 proper, appropriate, required, that is due ◊ **Він ужи́в усі́х ~их захо́дів, щоб захисти́ти свою́ сім'ю́.** He took all required measures to protect his family. ♦ **у н. те́рмін** in due time
Also see **власти́вий 2**

налива́|ти, **~ють; нали́ти**, **налл|ю́ть**, *tran.*
1 to pour *(only with liquid, as opposed to* **насипа́ти***)*, fill + *A and* + *G.* ◊ **Миро́ся налила́ їй ча́ю.** Myrosia poured her some tea. ◊ **Він спостеріга́в, як Миро́ся ~є чай.** He was watching Myrosia pour the tea.
adv. **вже** already; **вщерть** *or* **по ві́нця** to the brim, ◊ **Іри́на налила́ у ква́рту води́ по самі́ ві́нця.** Iryna filled the mug with water to the brim. **незгра́бно** clumsily ◊ **Кили́на за́вжди́ незгра́бно ~є.** Kylyna always pours (drinks) clumsily. **оберéжно** carefully ◊ **Маркія́н обере́жно нали́в їй сло́їк верш́ків.** Markiian carefully poured her a jar of cream. **пові́льно** slowly, **поступо́во** gradually, **спри́тно** nimbly; **ще не** not yet; **я́кось** somehow
v. + **н. стара́тися** try to; **хоті́ти** want to; **проси́ти** + *D.* ask sb to ◊ **Чолові́к попроси́в його́ нали́ти скля́нку води́.** The man asked him to pour a glass of water.
prep. **н. в** + *A.* pour in/to sth ◊ **Іва́н нали́в у скля́нку молока́.** Ivan poured some milk into the glass. **н. до** + *G.* pour into sth ◊ **Мо́тря налила́ до ча́йника води́.** Motria poured some water into the kettle.
Cf. **насипа́ти 1**
2 *fig.* to offer sb a drink ◊ **Він до них не хо́дить, бо в них не ~ють.** He does not visit them because they do not offer drinks. ♦ **А нали́ть?** Won't you offer me a drink?
pa. pple. **нали́тий** filled
налива́й! нали́й!

нали́|ти, *pf., see* **налива́ти**
to pour ◊ **Вона́ ~ла́ скля́нку води́.** She poured a glass of water.

налі́во, *adv., prep.*
1 *adv., dir. and posn.* to the left, leftwards
adv. **про́сто** right ◊ **Да́лі, про́сто н. бу́де стара́ кри́ни́ця.** Farther, right on your left, there will be an old well. **пря́мо** right; **рі́зко** abruptly; **ті́льки** only, **тро́хи** a little
v. + **н. зверта́ти** *or* **поверта́ти н.** turn left (**бі́гти** run, **диви́тися** look, **ї́хати** drive) ◊ **Вони́ поїхали н.** They drove left.
Ant. **право́руч 1.** *Cf.* **лі́воруч**
2 *prep., posn.* **н. від** + *G.* to the left of sb/sth ◊ **Н. від воріт бу́де я́тка.** There will be a booth to the left of the gate.
See **лі́воруч.** *Ant.* **право́руч 2**

наляка́|ти, *pf., see* **ляка́ти**
to scare, give a fright, startle ◊ **Іва́н так глибо́ко заду́мався, що її до́тик ~в його́.** Ivan was so deep in thought that her touch startled him.

намага́|тися, **~ються**; *rare* **намогти́ся**, **намо́ж|уться**; *pa. pf., m.* **намі́гся**, *pl.* **намогли́ся**, *intr.*
to try, attempt, strive
adv. **акти́вно** actively ◊ **Сте́фанія акти́вно ~ється надолу́жити пропу́щені за́няття́.** Stefania is actively trying to make up for the missed classes. **все** *colloq.* always, **весь час** all the time, **за́вжди́** always, **послідо́вно** consistently ◊ **Анато́лій послідо́вно ~ється не ї́сти пі́сля шо́стої.** Anatolii consistently tries not to eat after six. **пості́йно** constantly, **реґуля́рно** regularly; **відва́жно** valiantly, **відчайду́шно** desperately, **ду́же** hard, **нестя́мно** furiously, **шале́но** frantically, **щоду́ху** zealously, **щоси́ли** strenuously; **неохо́че** reluctantly; **навми́сне** deliberately ◊ **Вчи́телька навми́сне ~лася говори́ти пові́льно з дітьми́.** The (female) teacher was deliberately trying to speak slowly with the children. **свідо́мо** consciously; **ніко́ли не** never; **рі́дко** rarely, **час від ча́су** from time to time; **я́вно** obviously
намага́йся!
Also see **про́бувати 2, стара́тися 1**

намалюва́|ти, *pf., see* **малюва́ти**
to draw ◊ **Вона́ ~ла план табо́ру.** She drew the plan of the camp.

намалюва́|тися, *pf., see* **малюва́тися**
to make oneself up, put makeup on, *etc.* ◊ **Іре́на шви́дко ~лася.** Irena quickly made herself up.

наме́т, *m.*, **~у**
1 tent
adj. **вели́кий** large, **просто́рий** roomy; **невели́кий** small, **тісни́й** cramped; **брезе́нтовий** canvas; **водонепрони́кний** waterproof, **дíря́вий** leaky ◊ **Н. ви́явився дíря́вим.** The tent turned out to be leaky. **військо́вий** military, **ке́мпінговий** camping, **торго́вий** commercial, **універса́льний** general-use; **зімпровізо́ваний** improvised
v. + **н. зво́дити н.** erect a tent (**ста́вити** pitch ◊ **Вони́ поста́вили ~и над рі́чкою.** They pitched their tents by the river. **напина́ти** put up; **згорта́ти** fold ◊ **Н. ті́сно згорну́ли й покла́ли до мішка́.** The tent was tightly folded and put in the bag. **зніма́ти** take down ◊ **Вони́ шви́дко зняли́ н.** They quickly took down the tent. **пакува́ти** pack up, **склада́ти** fold up; **застіба́ти** zip up, **розстіба́ти** unzip) **діли́тися ~ом** share a tent ◊ **Тро́є люде́й діли́лися одни́м ~ом.** Three people shared one tent.
prep. **в н.** *dir.* in/to a tent ◊ **Він покла́в су́мку у н.** He put his bag in the tent. **в ~і** *posn.* in a tent ◊ **Два хло́пці лиша́лися в ~і.** Two boys were remaining in the tent. **до ~у** in a tent ◊ **Вона́ схова́ла ре́чі до ~у.** She hid her things in the tent.
Also see **шатро́**
2 shed ◊ **дерев'я́ний н.** a wooden shed, ◊ **весі́льний н.** a wedding shed
3 drift, pile, snowdrift ◊ **Сніго́вий н. сяга́в стрі́хи.** The snowdrift reached the thatch roof.
See **заме́т 1**
4 gallop ◊ **Кінь перейшо́в з ~у на клус.** The horse changed from a gallop to a trot.

на́мір, *m.*, **~у**
intention, intent + *inf.* ◊ **Вона́ ма́є н. описа́ти все це в есе́ї.** Her intention is to describe it all in the essay.
adj. **а́вторський** author's ◊ **Таке́ тлума́чення пря́мо супере́чило а́вторському ~ові.** Such an interpretation directly contradicted the author's intention. **амбі́тний** ambitious; **вла́сний** one's own; **оголо́шений** declared; **пе́рві́сний** original; **правди́вий** true ◊ **Правди́вий н. репорте́ра ви́явився де́що і́ншим.** The reporter's true intention proved to be somewhat different. **спра́вжній** real; **тверди́й** firm; **гі́дний** honorable, **до́брий** good ♦ **Доро́га до пе́кла вжте́лена до́брими ~ами.** The road to hell is paved with good intentions. **шляхе́тний** noble; **злий** evil, **негі́дний** reprehensible, **пі́длий** wicked, **пога́ний** bad
v. + **н. ма́ти н.** have an intention (**зна́ти** know ◊ **Про його́ злі ~и зна́ла одна́ люди́на.** One person knew of his evil intentions. **заявля́ти про** declare, **оголо́шувати про** announce) ◊ **Прем'є́р оголоси́в про н. піти́ у відста́вку.** The prime minister announced his intention to resign. **відмовля́тися від ~у** give up an intention ◊ **Він відмо́вився від пе́рві́сного ~у зміни́ти робо́ту.** He gave up his original intention to change jobs.
prep. **з ~ом** with an intention ◊ **Вони́ прийшли́ зі шляхе́тними ~ами.** They came with noble intentions.
Also see **ду́мка 3, прое́кт 3**

намо́кну|ти, *pf., see* **мо́кнути**
to get wet ◊ **Мандрі́вники́ ~ли до ни́тки під несподі́ваною тропі́чною зли́вою.** The travelers got wet to the bone in a sudden tropical downpour.
Also see **намо́кти**

намо́к|ти, *pf., see* **мо́кти** *and* **мо́кнути**
to get wet ◊ **Усі її папе́ри ~ли на горі́.** All her papers got wet in the attic.
Also see var. **намо́кнути**

нао́сліп, *adv.*
1 blindly, without looking, with closed eyes ◊ **Він йшов н., простягну́вши впере́д ру́ки.** He walked blindly, his hands stretched out in front of him. ◊ **Вона́ н. маха́ла пе́ред собо́ю патико́м.** She was brandishing a stick in front of her without looking.
2 at random, haphazardly, with no idea ◊ **Їм дово́дилося роби́ти все н.** They had to do all this haphazardly.
See **навмання́ 1**

на́пад, *m.*, **~у**
1 assault, attack
adj. **збро́йний** armed ◊ **Конво́й зазна́в збро́йного ~у повста́нців.** The convoy suffered an armed attack by the rebels. **слове́сний** verbal, **фізи́чний** physical; **брута́льний** brutal, **дику́нський** savage, **злі́сний** vicious, **наха́бний** brazen; **неспровоко́ваний** unprovoked; **підсту́пний** treacherous; **серйо́зний** serious ◊ **Стаття́ була́ серйо́зним ~ом на репута́цію університе́ту.** The article was a serious assault on the university's reputation. **страхітли́вий** horrific, **страшни́й** terrible; **гомофо́бський** homophobic ◊ **На його́ ті́лі залиша́лися сліди́ від гомофо́бського ~у.** Traces of the homophobic assault remained on his body. **раси́стський** racist; **партиза́нський** guerrilla, **терористи́чний** terrorist, **бо́мбовий** bombing, **пові́тряний** air, **раке́тний** missile, **хемі́чний** chemical
v. + **н. вчиня́ти н.** carry out an attack ◊ **Се́меро злочи́нців вчини́ли наха́бний н. на банк.** Seven criminals carried out a brazen attack on the bank. (**зді́йснювати** conduct, **організо́вува́ти** organize, **планува́ти** plan; **іти́ в** go on) ◊ **Во́рог пішо́в у н. на мі́сто.** The enemy went on the attack against the city. **зазнава́ти ~у** suffer an attack (**уника́ти** avoid ◊ **Мі́ністр уника́в ~ів пре́си.** The minister avoided attacks by the press. **вті́ка́ти від** run from, **рятува́ти** + *A.* **від** protect sb from ◊ **Го́ри рятува́ли насе́лення від ~ів кочовикі́в.** The mountains protected the population from the nomads' attacks. **хова́тися від** hide from)
н. + *v.* **відбува́тися** occur ◊ **Н. відбу́вся се́ред но́чі.** The attack occurred in the middle of the night. **става́тися** happen; **трива́ти** + *A.* last for *(period)* ◊ **Слове́сний н. рецензе́нта трива́в ці́лу хвили́ну.** The reviewer's verbal attack lasted for an entire minute.
prep. **н. на** + *A.* attack against/on sb/sth ◊ **хемі́чний н. на циві́льне насе́лення** a chemical attack against civilian population
Also see **уда́р 3.** *Cf.* **на́ступ, штурм**
2 attack *(of disease)*, fit, seizure, onset
adj. **го́стрий** acute, **серйо́зний** serious, **смерте́льний** fatal; **серце́вий** heart; **невели́кий** slight, **помі́рний** mild; **періоди́чний** periodic, **повто́рний** recurrent; **несподі́ваний** unexpected, **рапто́вий** sudden
н. + *n.* **н. а́стми** an asthma attack (**ни́рок** kidney; **па́ніки** panic, **стра́ху** fear; **гні́ву** anger, **лю́ті** fury; **сонли́вості** sleepiness) ◊ **Вона́ ле́две опира́лася несподі́ваному ~у сонли́вості.** She barely resisted an unexpected onset of sleepiness.
v. + **н. ма́ти н.** have an attack (**виклика́ти** cause ◊ **Закри́тий про́стір виклика́є в Тара́са го́стрі ~и па́ніки.** Closed space causes Taras to have acute panic attacks. **провокува́ти** trigger); **вмира́ти від ~у** die of an attack ◊ **Від го́строго ~у алергі́ї мо́жна вме́рти.** One can die of an acute allergy attack. (**потерпа́ти від** suffer from)
Also see **при́ступ 3, уда́р 5**
3 *sport* forward line, the forwards, offense
◊ **Футболі́сти шука́ли спо́сіб невтралізува́ти поту́жний н. супе́рників.** The soccer players looked for the way to neutralize their rivals' powerful forward line.
adj. **відмі́нний** excellent, **до́брий** good; **непере́мо́жний** invincible, **поту́жний** powerful, **си́льний** strong; **ке́пський** poor, **пога́ний** bad; **осла́блений** weakened, **піді́рваний** compromised
v. + **н. організо́вувати н.** organize the forward line (**поси́лювати** boost; **підрива́ти** compromise ◊ **Його́ тра́вма загро́жує підірва́ти н. дружи́ни.** His injury threatens to compromise the team's strong forward line. **посла́блювати** weaken, **невтралізува́ти** neutralize)
prep. **в ~і** in a forward line ◊ **Він гра́є в ~і.** He plays offense.

напада́|ти, **~ють; напа́сти**, **напад|у́ть;**
pa. pf., m. **напа́в**, *pl.* **напа́ли**, *tran.*
1 to attack, assault
adv. **знена́цька** *and* **несподі́вано** unexpectedly ◊ **На судно́ несподі́вано напа́ли пі́рати.** The ship was unexpectedly attacked by pirates. **ра́птом** suddenly; **підсту́пно** craftily
v. + **н. ви́рішувати** decide to; **намага́тися** try to, **про́бувати** attempt to ◊ **Во́рог спро́бував напа́сти на них із ти́лу.** The enemy attempted to attack them from the rear. **планува́ти** plan to; **хоті́ти** want to; **не перестава́ти** not stop to ◊ **Партиза́ни не перестава́ли н. на воро́жі ві́йська́.** The partisans would not stop attacking the enemy troops. **продо́вжувати** continue to; **перестава́ти** stop ◊ **Ту́рки переста́ли н. на пі́вдень краї́ни.** The Turks stopped attacking the country's south.
prep. **н. з** + *I.* + attack with *(a weapon)* ◊ **н. з ноже́м** attack with a knife (**збро́єю** weapon, **пістоле́том** pistol, **соки́рою** ax, *etc.*); **н. на** + *A.* assault sb ◊ **Банди́ти напа́ли на них із пістоле́тами.** The gangsters assaulted them with pistols.
Also see **ки́датися 4, накида́тися 1, наступа́ти 2**
2 to attack, criticize, pillory ◊ **Зі́на ча́сто ~ла на бра́та.** Zina often attacked her brother.
See **критикува́ти.** *Also see* **засу́джувати 2, розно́сити 5, суди́ти 2.** *Ant.* **хвали́ти**
3 to attack *(of disease, pest, etc.)*, set on, come over, grip
prep. **н. на** + *A.* set on sb ◊ **На них напа́ли во́ші.** They were set on by lice. ◊ **На Федо́ру напа́ли су́мніви.** *fig.* Fedora was overcome by doubts.
4 to come across, happen upon ◊ **Доро́гою Кузьма́ напа́в на стару́ корчму́.** On the way, Kuzma happened upon an old tavern. ♦ **н. на слід** to pick up the trail ◊ **Поліці́йний пес за́раз же напа́в на слід утіка́ча́.** The police dog picked up the fugitive's trail right away.
See **знахо́дити 3, зустріча́тися 2.** *Also see* **натрапля́ти 2, наштовхува́тися 1, стика́тися 2**
напада́й! напади́!

напа́дник, *m.*; **напа́дниця**, *f.*
1 attacker, assailant
adj. **жорсто́кий** cruel, **підсту́пний** treacherous, **хи́трий** sly; **могу́тні́й** powerful, **си́льний** strong; **чужозе́мний** foreign
2 *sport* forward, striker
adj. **блиску́чий** brilliant, **найкра́щий** best, **обдаро́ваний** gifted, **таланови́тий** talented; **нови́й** new ◊ **Нови́й н. ви́явився блиску́чим вже в пе́рший грі.** The new forward turned out to be brilliant in his very first match. **тепе́рішній** current; **коли́шній** former; **майбу́тній** future, **потенці́йний** potential
◊ **Тре́нер розгляда́є його́ як потенці́йного ~а.** The coach regards him as a potential forward.
v. + **н. бу́ти** *or* **гра́ти в ~ах** play offense ◊ **У шкі́льній дружи́ні Майстре́нко був** *or* **грав**

у ~ах. On his school team, Maistrenko played offense. **гра́ти ~ом** play offense

напа́м'ять, *adv.*
by heart, from memory ◊ **вивча́ти** + *A.* **н.** to learn sth by heart (**деклямува́ти** recite, **зна́ти** know, **чита́ти** recite) ◊ **Вона́ люби́ла чита́ти н. ві́рші Жадана́.** She liked to recite Zhadan's poems from memory.

напе́вно, *var.* **(на)пе́вне, пе́вно**, *adv.*
1 surely, for certain; definitely
adv. **абсолю́тно** absolutely, **ціл́ком** most ◊ **Я ціл́ком н. знайду́ вас у Ки́єві.** I'll most certainly find you in Kyiv. **вже** already, **ма́йже** almost; **зо́всім не** not at all, **ні́як не** in no way, **ще не** not yet ◊ **Чи ви́конає Петро́ те, що обіця́в, ще не є ціл́ком н.** Whether or not Petro will do what he promised is not yet entirely certain.
Also see **неодмі́нно**
2 perhaps, probably, maybe ◊ **Вони́, н., не консультува́лися з фахівця́ми.** They probably did not consult the experts.
Also see **ви́дно 3, либо́нь 1**

напере́д, *adv., dir.*
1 forward, in the front ◊ **Вони́ сі́ли н., щоб кра́ще ба́чити.** They sat in the front in order to see better. ♦ **за́дом н.** back to front
See **впере́д 1**
2 beforehand, in advance
adv. **задо́вго** well ◊ **Він підготува́в ле́кції задо́вго н.** He prepared his lectures well in advance. **зна́чно** significantly, **помі́тно** considerably; ♦ **н.** + *A. (time period)* ahead of time, earlier ◊ **Студе́нти закі́нчили завда́ння годи́ну н.** The students finished the assignment an hour ahead of time.
See **завча́сно 2.** *Also see* **впере́д 2**

напередо́дні, *adv., prep.*
1 *adv.* the day before, earlier ◊ **Вони́ ба́чилися н.** They saw each other the day before.
2 *prep.* on the eve of sth, before sth, prior to sth + *G.* ◊ **По́дорож закі́нчилася н. вака́цій.** The trip was over before the vacation. ◊ **н. Різдва́** on Christmas Eve ◊ **н. Вели́кодня** Easter Eve
See **пе́ред 6**

наперекі́р, *adv., prep.*
1 *adv.* to spite sb, in defiance, contrary ◊ **Іва́н не ті́льки не слу́хає ба́тька, а й усе́ ро́бить н.** Ivan not only disobeys his father but does everything to spite him.
Also see **навпаки́ 1, попере́к[2] 2**
2 *prep.* in spite of, despite + *D.* ◊ **Дру́зі ви́рушили в доро́гу н. си́льному снігопа́дові.** The friends set out on their journey despite a heavy snowfall.
See **незважа́ючи**

напива́|тися, ~ються; напи́тися, нап'ю́|ться, *intr.*
1 to drink enough, to quench one's thirst + *G.*
adv. **досхочу́** as much as one wants, **усма́к** with gusto ◊ **Він усма́к напи́вся молока́.** He drank the milk with gusto. **з приє́мністю** with pleasure; **ма́йже** almost; **тро́хи** a little; **ціл́ком** completely; **я́вно** clearly; ♦ **хоч води́ напи́йся** *colloq.* to die for, drop-dead gorgeous ◊ **Він вродли́вий, хоч води́ напи́йся.** He is drop-dead gorgeous. ♦ **як води́ напи́тися** as simple as ABC ◊ **Вам це зроби́ти, як води́ напи́тися.** For you, doing this is as simple as ABC.
2 *fig.* to get drunk, get sloshed + *G.*
adv. **до́бре** a lot, **добря́че** *colloq.* seriously ◊ **Вони́ добря́че напили́ся.** They got seriously sloshed. **ду́же** very, **страше́нно** terribly, **як свиня́** like a pig; **за́вжди́** always, **незмі́нно** invariably, **обов'язко́во** definitely ◊ **Щора́зу, як дру́зі схо́дилися, то ма́ли обов'язко́во напи́тися.** Every time the friends got together, they had to get drunk definitely. **пості́йно** constantly, **реґуля́рно** regularly; **і́ноді** sometimes; **ні́коли не** never, **рі́дко** rarely, **рі́дко коли́** rarely ever
See **пи́ти 2.** *Also see* **нажира́тися 2**
напива́йся! напи́йся!

на́пис, *m.*, **~у**
inscription
adj. **відо́мий** well-known, **славе́тний** famous; **да́вній** ancient, **стари́й** old; **пропа́м'ятний** dedicatory, **меморія́льний** memorial; **загадко́вий** enigmatic, **таємни́чий** mysterious; **незрозумі́лий** incomprehensible, **непрочи́таний** unread; **напівсте́ртий** half-erased; **гре́цький** Greek, **лати́нський** Latin, **кита́йський** Chinese
v. + **н. ма́ти н.** have an inscription ◊ **Надгро́бок має́ коро́ткий н.** The gravestone has a brief inscription. (**мі́стити** carry; **чита́ти** read ◊ **Вона́ намага́лася прочита́ти напівсте́ртий н.** She tried to read the half-erased inscription. **виси́кати** carve, **карбува́ти** engrave; **знахо́дити** find) ◊ **Під ша́ром са́жі вони́ знайшли́ загадко́вий н.** They found an enigmatic inscription under a layer of soot.
See **ви́віска 1.** *Also see* **знак 5, пі́дпис 2**

написа́|ти, *pf., see* **писа́ти**
to write ◊ **Дани́лові тре́ба н. невели́кий есе́й.** Danylo needs to write a small essay. ◊ **Вони́ ~ли лист до музе́ю.** They wrote a letter to the museum.

напи́|тися, *pf., see* **напива́тися**
to drink enough, *etc.* ◊ **Він ~вся.** He got drunk.

напідпи́тку, *pred.*
tipsy, slightly drunk
adv. **до́бре** quite, **добря́че** *colloq.* well, **помі́тно** noticeably, **тро́хи** a little, **я́вно** clearly ◊ **Вона́ я́вно н.** She is clearly tipsy. **весь час** all the time, **все** *colloq.* all the time, **пості́йно** constantly
v. + **н. бу́ти н.** be tipsy ◊ **Оста́ннім ча́сом Оле́сь пості́йно н.** Lately Oles has constantly been tipsy. (**видава́тися** appear, **виявля́тися** turn out, **здава́тися** + *D.* seem to sb, **прихо́дити** come) ◊ **Він прийшо́в на зу́стріч до́бре н.** He came to the meeting quite tipsy.
See **п'я́ний 1.** *Cf.* **ме́ртвий 2**

нап|і́й, *m.*, **~о́ю**
drink, beverage
adj. **арома́тний** fragrant, **приє́мний** pleasant, **смачни́й** tasty; **гірки́й** bitter, **ки́слий** sour, **соло́ний** salty; **соло́дкий** sweet ◊ **Вона́ не п'є соло́дких ~о́їв.** She does not drink sweet beverages. **засоло́дкий** too sweet; **лі́тній** lukewarm, **прохоло́дний** cool, **холо́дний** cold; **гаря́чий** hot, **те́плий** warm; **концентро́ваний** concentrated; **розве́дений** diluted; **алкого́льний** alcoholic, **міцни́й** strong; **безалкого́льний** nonalcoholic; **газо́ваний** carbonated, **сла́богазований** lightly carbonated, **си́льногазований** strongly carbonated; **негазо́ваний** non-carbonated; **моло́чний** dairy, **фрукто́вий** fruit; **енергети́чний** energy; **низькокалорі́йний** low-calorie; **дієти́чний** diet
v. + **н. готува́ти н.** prepare a drink ◊ **Він навчи́вся готува́ти фрукто́ві ~о́ї.** He learned to prepare fruit beverages. (**роби́ти** make; **пи́ти** drink, **спожива́ти** consume, **сьо́рбати** sip; **подава́ти** + *D.* serve sb; **налива́ти** + *D.* pour sb ◊ **Ба́рме́н нали́в Ва́лі ще оди́н н.** The bartender poured Valia another drink. **розлива́ти** pour out; **пропонува́ти** + *D.* offer sb); **зловжива́ти ~о́єм** abuse a drink (**ла́сувати** relish) ◊ **Ді́ти ла́сують моло́чними ~о́ями.** The children are relishing dairy beverages.
prep. **у н.** *dir.* in/to a drink ◊ **покла́сти кри́ги в н.** to put some ice in a drink; **в ~о́ї** *posn.* in a drink ◊ **Оле́на знайшла́ м'я́ту у своє́му ~о́ї.** Olena found mint in her drink. **н. з** + *G.* drink of sth ◊ **Узва́р – дома́шній н. із сухи́х я́блу́к і груш.** Uzvar is a homemade beverage of dried apples and pears.
Also see **пи́во**

напо́вни|ти, *pf., see* **напо́внювати**
to fill, fill up, make full ◊ **Він ~в скля́нку молоко́м.** He filled the glass with milk.

напо́вни|тися, *pf., see* **напо́внюватися**
to get filled, become filled ◊ **Чо́вен ~вся водо́ю.** The boat has filled with water.

напо́вню|вати, ~ють; напо́вн|ити, ~ять, *tran.*
1 to fill, make full, fill up + *I.* with ◊ **Пів стадіо́ну напо́внили солда́тами.** Half a stadium was filled with soldiers. ◊ **Холо́дне пові́тря напо́внило спа́льню.** Cold air filled the bedroom.
adv. **геть** totally, **ціл́ком** completely ◊ **Він ціл́ком напо́внив бо́чку дощово́ю водо́ю.** He completely filled the barrel with rain water. **наполови́ну** by half, **частко́во** partially; **знóву** again; **по кра́плі** drop by drop, **пові́льно** slowly, **поступо́во** gradually; **несподі́вано** unexpectedly, **одра́зу** at once, **ра́птом** suddenly, **ху́тко** *or* **шви́дко** quickly
Also see **запо́внювати 1**
2 *fig.* to fill *(of feelings, thoughts, etc.)*, seize, overtake ◊ **Го́рдість ~вала її́ се́рце.** Pride filled her heart.
н. + *n.* **н. стра́хом** to fill with fear ◊ **Нови́на напо́внила їх стра́хом.** The news filled them with fear. (**бажа́нням** desire ◊ **Її́ слова́ ~вали Оле́ксу бажа́нням.** Her words filled Oleksa with desire. **почуття́ми** feelings, **су́мнівами** doubts)
Also see **запо́внювати 4**
pa. pple. **напо́внений** filled
напо́внюй! напо́вни!

напої́|ти, *pf., see* **напо́ювати**
to give sb to drink; irrigate, water ◊ **Коро́тка зли́ва ле́две здатна н. спра́глу зе́млю.** A short downpour can hardly irrigate the thirsty land. ◊ **Катери́на ~ла ко́ней.** Kateryna watered the horses.

наполе́глив|ий, *adj.*
tenatious, persistent, purposeful
adv. **вкрай** extremely, **ду́же** very, **надзвича́йно** extraordinarily, **осо́бли́во** particularly; **страше́нно** terribly; **до́сить** quite, **доста́тньо** enough, sufficiently; **за́вжди́** always
v. + **н. бу́ти н.** be persistent (**здава́тися** + *D.* seem to sb ◊ **Іре́на здава́лася їм ~ою і сумлі́нною.** Irena seemed purposeful and diligent to them. **виявля́тися** turn out, **лиша́тися** stay, **става́ти** become)
Also see **впе́ртий 2**

наполови́ну, *adv.*
1 halfway, in half, by halves
adv. **лише́** only ◊ **Вона́ н. прито́мна.** She is half-conscious. **десь** about, **ма́йже** almost, **рі́вно** precisely, **то́чно** exactly ◊ **Майно́ розділи́ли то́чно н.** The property was divided exactly in half. **ле́две** scarcely, **наси́лу** barely
2 together, mixed
prep. **н. з** + *I.* together with sth, mixed with sth ◊ **Він пив вино́ н. з водо́ю.** He drank wine mixed with water.

наполяга́|ти, ~ють; наполягти́, наполя́ж|уть; *pa. pf., m.* **напол́іг**, *pl.* **наполягли́**, *intr.*
to insist on, persist in, press for
adv. **абсолю́тно** absolutely ◊ **Я абсолю́тно ~ю на ва́шій у́часті.** I absolutely insist on your participation. **безпідста́вно** with no reason; **весь**

час all the time, **впе́рто** stubbornly ◊ **«Я плачу́ за вече́рю,»– впе́рто ~в Рома́н.** "I'm paying for the dinner," Roman stubbornly insisted. **все** *colloq.* still, **все ще** still, **га́ряче** ardently, **ду́же** very much, **невідсту́пно** relentlessly, **справедли́во** justly, **тве́рдо** firmly

v. + **н. продо́вжувати** continue to ◊ **Він продо́вжує н. на своїй неви́нності.** He continues to insist on his innocence. **ста́ти** *pf.* start

prep. **н. на** + *A.* insist on sth

наполяга́й! наполя́ж!

наполяг|ти́, *pf., see* наполяга́ти

to insist, persist ◊ **Якби́ О́ля не ~ла́, він не пода́в би зая́ви на вака́нсію.** Had Olia not insisted, he would not have filed his application for the vacancy.

напомпува́|ти, *pf., see* напомпо́вувати, помпува́ти

to pump, pump up, inflate ◊ **Да́рка шви́дко ~ла ко́лесо.** Darka quickly pumped up the tire.

напо́ю|вати, ~ють; напо|ї́ти, ~ять, *tran.*

1 to give sb a drink, water *(a horse, etc.)*

adv. **до́бре** well, **ще́дро** generously ◊ **Господа́р ще́дро нагодува́в і напої́в госте́й.** The host generously gave the guests food and drinks. **за́вжди́** always, **періоди́чно** periodically, **час від ча́су** from time to time

н. + *n.* **н. коня́** water a horse (**худо́бу** cattle ◊ **Він мав час від ча́су н. худо́бу.** He had to water the cattle from time to time. **бика́** bull, **коро́ву** cow; **люди́ну** person, *etc.*); **н. водо́ю** give sb water to drink (**ка́вою** coffee, **молоко́м** milk, **со́ком** juice, **ча́єм** tea; **вино́м** wine, **горі́лкою** vodka, **пи́вом** beer) ◊ **Йо́сип напої́в їх пи́вом.** Yosyp gave them all the beer they wanted.

2 *fig.* to irrigate, water ◊ **Дощ до́бре напої́в поля́.** The rain irrigated the fields well.

pa. pple. **напо́єний** watered

напо́юй! напі́й!

напра́ви|ти, *pf., see* направля́ти

to direct, aim at; repair, *etc.* ◊ **Вона́ ~ла по́гляд на две́рі.** She directed her glance to the door. ◊ **Меха́нік ~ть холоди́льник за два дні.** The mechanic will repair the refrigerator in two days.

направля́|ти, ~ють; напра́в|ити, ~лю, ~иш, ~лять, *tran.*

1 to direct, give direction, canalize, aim at

adv. **відра́зу** right away; **го́ловно** mainly, **в основно́му** in general, **загало́м** generally; **конкре́тно** specifically, **чі́тко** distinctly, **я́сно** clearly; **майсте́рно** skillfully ◊ **Він майсте́рно напра́вив розмо́ву в потрі́бне рі́чище.** He skillfully gave the conversation the required direction.

See **скеро́вувати 1, 2.** *Also see* **спрямо́вувати 1, 2**

2 to send, dispatch ◊ **Вони́ про́сять нас негайно напра́вити їм допомо́гу.** They are asking us to send them help immediately.

See **посила́ти 1.** *Also see* **відправля́ти 1, сла́ти**[1]

3 *colloq.* to fix, repair ◊ ◊ **Наза́р ~є все́, що псу́ється в ха́ті.** Nazar fixes everything that gets broken in the house.

See **ремонтува́ти.** *Also see* **поправля́ти 3**

pa. pple. **напра́влений** directed; sent, repaired

направля́й! напра́в!

напра́во, *adv., dir. and posn.*

to the right, on the right ◊ **Він поверну́в чо́вен н.** He turned the boat to the right.

adv. **про́сто** *or* **пря́мо** right, **ті́льки** only, **тро́хи** a little ◊ **Заворі́тьми, тро́хи н., росло́ де́рево.** Behind the gate, a little to the right, there grew a tree.

v. + **н. йти н.** go to the right (**бі́гти** run, **ї́хати** drive, **поверта́ти** turn; **диви́тися** look)

prep. **н. від** + *G.* to the right of sth ◊ **Вона́ диви́лася н. від вікна́.** She looked to the right of the window.

See **право́руч 1, 2.** *Ant.* **ліво́руч, налі́во**

наприкінці́, *adv., prep.*

1 *adv.* at the end, towards the end ◊ **Н. він розказа́в ді́тям ка́зку.** At the end, he told the children a fairy tale.

2 *prep.* in the end of + *G.* of ◊ **Н. ле́кції зга́сло сві́тло.** At the end of the lecture, the lights went out.

напророкува́|ти, *pf., see* пророкува́ти

to prophesy, predict, foretell ◊ **Марії ~ли ці́каву пра́цю.** It was prophesied that Maria would have an interesting job.

напро́ти, *var.* навпро́ти, *adv., prep.*

1 *adv.* opposite, across, in front

adv. **про́сто** *and* **пря́мо** right ◊ **Телефо́нна бу́дка пря́мо н.** The phone booth is right in front. **якра́з** just

v. + **н. стоя́ти н.** stand opposite (**розташо́вуватися** be located) ◊ **Ка́са розташо́вується якра́з н.** The ticket office is located just across.

2 *prep.* in front of + *G.* ◊ **Н. ворі́т ми зустріча́лися.** We used to meet in front of the gate.

напру́|га, *f.*

1 tension, tenseness, strain

adj. **вели́ка** great, **висо́ка** high, **жахли́ва** terrible, **надзвича́йна** extreme, **шале́на** insane; **відчу́тна** palpable, **помі́тна** noticeable; **незапере́чна** undeniable, **я́вна** obvious; **пе́вна** certain; **мала́** *or* **невели́ка** small, **низька́** low; **вну́трішня** inner; **емоці́йна** emotional, **психологі́чна** psychological, **сексуа́льна** sexual; **м'язо́ва** muscular; **пості́йна** constant ◊ **Він у пості́йній ~зі.** He is constantly tense. **військо́ва** military, **міжнаро́дна** international, **політи́чна** political, **суспі́льна** social; ◊ **н. у відно́синах** a strain in relationship; ◊ **У ї́хніх відно́синах ста́ла відчува́тися пе́вна н.** Certain strain started being felt in their relationship.

v. + **н. відчува́ти ~гу** feel the tension (**створю́вати** create; **зніма́ти** release, **посла́блювати** ease) ◊ **Жа́ртами Си́мон хоті́в посла́бити ~гу.** Symon wanted to ease the tension with his jokes. **стражда́ти від ~ги** suffer from tension ◊ **Вона́ стражда́є від психі́чної ~ги на робо́ті.** She is suffering from psychological tension at work.

2 effort, exertion ◊ **Від фізи́чної ~ги Мико́лі болі́ла спина.** Mykola's back hurt from physical exertion.

See **зуси́лля**

3 *techn. (electric)* tension, intensity ◊ **н. маґні́тного по́ля** the intensity of the magnetic field

adj. **висо́ка** high, **низька́** low; **небезпе́чна** dangerous, **смерте́льна** fatal

напру́жен|ий, *adj.*

1 tense, strained; focused

adv. **ду́же** very ◊ **Мі́сія вимага́ла ду́же ~ої ува́ги до дета́лей.** The mission required highly focused attention to detail. **страше́нно** terribly, **цілко́м** completely; **до́сить** quite, **доста́тньо** sufficiently; **ле́две** barely, **тро́хи** a little; **пості́йно** constantly ◊ **пості́йно ~і не́рви** constantly strained nerves; **види́мо** visibly

v. + **н. бу́ти н.** be tense (**видава́тися** *or* **здава́тися** + *D.* seem to sb; **лиша́тися** remain ◊ **М'я́зи яки́йсь час лиша́лися ~ими.** The muscles remained tense for some time. **става́ти** become) ◊ **Її тон став ~им і воро́жим.** Her tone became tense and hostile.

Cf. **нерво́вий 1**

2 intense, strenuous, hard ◊ **~а щоде́нна ро́бота виснажувала всіх, хто працюва́в у прое́кті.** Strenuous daily work exhausted everybody who worked for the project.

Also see **інтенси́вний**

напру́жи|ти, *pf., see* напру́жувати

to strain, exert, tense up ◊ **Він ~в усю́ во́лю, щоб не закрича́ти.** He exerted all his will so as not to scream.

напру́жу|вати, ~ють; напру́ж|ити, ~ать, *tran.*

to strain, exert, tense up; focus *(eyes)*

adv. **вкрай** extremely ◊ **Да́рка вкрай напру́жила зір, щоб роздиви́тися дру́гу зі́рку.** Darka strained her sight to the extreme trying to see the second star. **до́бре** a great deal, **добря́че** *colloq.* well, **ду́же** hard, **зна́чно** significantly, **інтенси́вно** intensely, **серйо́зно** seriously; **несподі́вано** unexpectedly, **помі́тно** noticeably, **ра́птом** suddenly, **рі́зко** abruptly

v. + **н. бу́ти тре́ба** + *D.* need to ◊ **Тре́ба було́ напру́жити м'я́зи, щоб посу́нути лі́жко.** One needed to exert the muscles to move the bed. **намага́тися** try to

pa. pple. **напру́жений** tense

напру́жуй! напру́ж!

напря́жи|ти, *pf., see* пря́жити

to fry, sear, sauté; simmer, cook ◊ **Студе́нти ~ли карто́плі.** The students fried potatoes.

на́прям, *m.*, ~у

1 direction, course, orientation

adj. **зворо́тний** reverse ◊ **Вантажі́вка взяла́ зворо́тний н.** The truck took the reverse direction. **протиле́жний** opposite; **і́нший** different, **той са́мий** the same; **знайо́мий** familiar ◊ **Н. здава́вся знайо́мим.** The direction seemed familiar. **незнайо́мий** unfamiliar; **пра́вильний** right, **непра́вильний** mistaken, **не той** wrong; **зага́льний** general; **очі́куваний** anticipated, **сподí́ваний** expected; **несподі́ваний** unexpected; **півні́чний** northerly, **за́хідний** westerly, **півде́нно-схі́дний** southeasterly, *etc.*

н. + *n.* **н. ру́ху** direction of movement (**по́гляду** gaze, **ві́тру** wind) ◊ **Він зна́є прости́й спо́сіб ви́значити н. ві́тру.** He knows a simple way to determine the direction of the wind. ♦ **н. думо́к** a train of thought

n. + **н.** ♦ **відчуття́ ~у** a sense of direction ◊ **Він ма́є мініма́льне відчуття́ ~у.** He has a minimal sense of direction.

v. + **н. бра́ти н.** take a direction (**визнача́ти** determine; **губи́ти** lose; **зна́ти** know; **міня́ти** change, **модифікува́ти** modify; **пока́зувати** + *D.* show sb) ◊ **Перехо́жий показа́в їм н. до по́рту.** A passerby showed them the direction to the port. **йти в ~і** go in a direction (**ру́хатися в** move in ◊ **Гелíко́птер ру́хався в то́му са́мому ~і, що й по́тяг.** The helicopter was moving in the same direction as the train. **диви́тися в** look in ◊ **Ма́рта диви́лася в ~і па́рку.** Marta was looking looked in the direction of the park. **кива́ти в** nod in, **пока́зувати в** point in, **скеро́вувати** + *A.* **в** nudge sb in) ◊ **Хтось місце́вий міг скерува́ти їх у пра́вильному ~і.** A local could nudge them in the right direction.

prep. **в ~і** + *G.* in the direction of sth ◊ **Гру́па бі́гла в ~і міської ра́ди.** The group was running in the direction of the City Hall. ♦ **в усі́х ~ах** in all directions, ♦ **в обо́х ~ах** in both directions; ◊ **в конкре́тному ~і** in a specific direction, **у жо́дному конкре́тному ~і** in no specific direction; **з ~у** from a direction, ♦ **зі всі́х ~ів** from all directions, from all sides ◊ **Лю́ди запо́внювали майда́н з усі́х ~ів.** The people were filling the square from all sides. **з обо́х ~ів** from both directions **н. до** + *G.* a direction to sb/sth ◊ **н. до рі́чки** the direction to the river. **н. на** + *A.* a direction towards sb/sth ◊ **Хма́ри ру́халися в ~і на го́ри.** The clouds were

moving in the direction of the mountains.
Also see **бік 5, курс 1, сторонá 2**
2 trend, tendency, movement ◊ **Його дослíдження відкрúли новúй н. в áтомній фíзиці.** His research opened a new trend in atomic physics.
See **тендéнція 1,** *Also see* **рíчище 2, течíя 3**

нарахóву|вати, ~ють; нараху|вáти, ~ють, *tran.*
1 to count, calculate, tally ◊ **Орéст нарахувáв у будúнку двáдцять пóверхів.** Orest counted twenty stories in the building.
adv. **в серéдньому** on avarage, **всьогó** *or* **загалóм** a total of, **у пíдсумку** in sum; **мáксимум** at the most, **мíнімум** a minimum of, **щонаймéнше** at least
v. + **н. змогтú** *pf.* manage to ◊ **Він зміг нарахувáти не бíльше тúсячі корíв.** He managed to count not more than a thousand cows.
Cf. **розрахóвувати 1**
2 *fig.* to include, comprise, equal, amount to ◊ **Числó відвíдувачів музéю в серéдньому ~є трúста осíб щодня.** On average, the number of museum visitors equals three hundred people a day.
3 to pay ◊ **Кóжному робíтникóві нарахóвують рíчну прéмію.** Each worker is paid an annual bonus.
See **платúти**
pa. pple. **нарахóваний** counted
нарахóвуй! нарахýй!

нарахóву|ватися; нарахувáтися, *intr.*
to number, comprise, include ◊ **В університéті загалóм ~ється двáдцять тúсяч студéнтів.** The university numbers a total of 20,000 students.

нарахувá|ти, *pf., see* **нарахóвувати**
to count ◊ **Вонú ~ли два десятки вúдів рúби, що їх продавáли на рúнку.** They counted two dozen kinds of fish that were sold in the market.

нарахувá|тися, *pf., see* **нарахóвуватися**
to number, comprise, include ◊ **Серéд студéнтів ~лося п'ять серйóзних науковців.** There were five serious scholars among the students.

нарвá|ти, *pf., see* **рвáти 3**
to pick *(berries, etc.)* ◊ **Дíти ~ли два відрá вúшень.** The children picked two buckets of sour cherries.

наречéн|а, *f.,* **~ої**
bride, fiancée; girlfriend; bride-to-be ◊ **багáта н.** a rich bride; ◊ **Івáнна – не прóсто Андрíєва дíвчина, а н.** Ivanna is not just Andrii's girlfriend but his fiancée.
See **молодá.** *Cf.* **наречéний 2**

нарéчен|ий, *adj.*
called, named ◊ **Так він став ~им Лукóю.** Thus he got the name of Luka. ♦ **бýти ~им** + *I.* to be given the name of ◊ **Ніхтó не знав, що вонá ~а Катерúною.** Nobody knew that she had been named Kateryna.

наречéн|ий, *adj. and n.,* **~ого**
1 *adj.* adopted, foster *(as opposed to related by blood)*
н. + *n.* **н. син** a foster son (**брат** brother) ◊ **Марíчка мáла одногó рíдного брáта й одногó ~ого.** Marichka had one blood brother and one foster brother. **бáтько** father. **~а дочкá** a foster daughter (**сестрá** sister, **мáти** mother)
See **нáзваний.** *Ant.* **рíдний**
2 *m.* bridegroom, fiancé; boyfriend; groom-to-be; ♦ **~і** the bride and groom ◊ **Гóсті рáдісно вітáли наречéну з ~им.** The guests were cheerfully greeting the bride and the groom.
adj. **багáтий** rich, **замóжний** wealthy, **молодúй** young; **немолодúй** not young, **старúй** old; **закóханий** in love, enamored ◊ **Закóханий н. не відвóдив очéй від Олéнки.** The enamored bridegroom would not take his eyes off Olenka. **жáданий** coveted, **перспектúвний** prospective
Also see **женúх 1, молодúй[2].** *Cf.* **наречéна**

нарéшті, *adv.*
1 finally, at last, in the end ◊ **Він писáв ромáн два дóвгих рóки і н. закíнчúв.** He had been writing the novel for two long years and finally finished. ◊ **Н. п'ята годúна, і всім мóжна йти додóму.** It's finally five o'clock and everybody can go home.
2 finally, conclusively ◊ **Він повúнен н. довестú свою невúнність.** He must finally prove his innocence.
See **остатóчно**
3 lastly, in conclusion, finally ◊ **Він переглянув світлúни, посортувáв їх за дáтою і н. поклáв до сéйфа.** He reviewed the photos, sorted them by date, and lastly put them in the safe.

нáрис, *m.,* **~у**
1 essay, sketch
adj. **корóткий** short, **невелúкий** small, **стúслий** brief; **розлóгий** lengthy; **оригінáльний** original; **цікáвий** interesting; **літератýрний** literary ◊ **На настýпне заняття вонú мáли написáти корóткий літератýрний н.** For their next class, they were to write a short literary essay.
v. + **н. писáти н.** write an essay ◊ **Він учúться писáти ~и.** He is learning to write essays. (**дописувати** finish; **публікувáти** publish; **читáти** read; **редагувáти** edit; **подавáти** submit ◊ **Пéрший н. вонá подалá до шкíльного альманáху.** She submitted her first essay to the school almanac. **пропонувáти** + *D.* offer sb; **замовляти** + *D.* commission sb) ◊ **Часóпис замóвив журналíстові сéрію з чотирьóх ~ів.** The magazine commissioned a series of four essays from the journalist.
н. + *v.* **називáтися** be entitled ◊ **Н. називáється «Фатáльний крок».** The essay is enitled "A Fatal Step." **порýшувати** + *A.* address sth ◊ **Н. порýшує релігíйні питáння.** The essay addresses religious issues. **опúсувати** + *A.* describe sth, **розглядáти** + *A.* examine sth
Also see **есéй**
2 outline, draft ◊ **н. контрáкту** a draft contract (**плáну** plan, **презентáції** presentation, **проéкту** project) ◊ **Він швúдко накидáв н. проéкту.** He quickly sketched an outline of the project.

наркомáн, *m.;* **~ка,** *f.*
drug addict
adj. **невилікóвний** incurable, **хронíчний** chronic ◊ **Клíніка обслугóвує такóж хронíчних ~ів.** The clinic also caters to chronic drug addicts. **страшнúй** terrible
v. + **н. бýти ~ом** be a drug addict (**виявлятися** prove ◊ **Він вúявився ~ом.** He proved to be a drug addict. **робúти** + *A.* **з** + *G.* make sb ◊ **Такé товарúство зробúло з ньóго ~а.** Such a company made him a drug addict. **лишáтися** remain; **стáти** become)
See **хвóрий 3.** *Also see* **паціéнт, слабúй 2**

наркóтик, *m.,* **~у**
narcotic, drug; *often pl.*
adj. **нелегáльний** illegal; **небезпéчний** dangerous, **смертéльний** deadly, **шкідлúвий** harmful; **мóдний** fashionable ◊ **Мóдний н. вúявився смертéльним для хлóпця.** The fashionable drug proved deadly for the boy. **популярний** popular; **дешéвий** cheap, **дорогúй** expensive; **легкодостýпний** readily available; **синтетúчний** synthetic, **штýчний** designer; **галюциногéнний** hallucinogenic, **психотрóпний** psychotropic; **слабкúй** soft; **потýжний** powerful, **сúльний** strong; **узалéжнювальний** addictive ◊ **Вонá виснóвує, що марихуáна – не узалéжнювальний н.** She concludes that marijuana is not an addictive drug.
v. + **н. вживáти ~и** use drugs (**споживáти** ingest ◊ **Він спожúв галюциногéнний н.** He ingested a hallucinogenic drug. **вводúти** inject, **курúти** smoke, **нюхати** snort ◊ **Н. мóжна як курúти, так і нюхати.** The drug can be both smoked and snorted. **діставáти** get, procure, **купувáти** buy; **продавáти** sell); **узалéжнитися від ~ів** *pf.* get addicted to drugs, **сíсти на ~и** *colloq., pf.* get hooked on drugs ◊ **Він сів на ~и.** He got hooked on drugs.

нарóд, *m.,* **~у**
people, folk; nation
adj. **велúкий** great; **малúй** *and* **невелúкий** small; **могýтній** powerful, **сúльний** strong; **молодúй** young, **дáвній** ancient; **весь** whole, **цíлий** entire; **єдúний** single, **об'єднаний** united ◊ **Н. об'єднаний навкóло своєї мóви.** The nation is united around its language. **подíлений** divided ◊ **Над подíленим ~ом лéгше панувáти.** It is easier to dominate a divided people. **поляризóваний** polarized, **розкóлотий** split; **вíльний** free, **волелюбний** freedom-loving, **гóрдий** proud, **незалéжний** independent, **неперемóжний** invincible, **суверéнний** sovereign; **влáсний** one's own; **чужúй** foreign; **америкáнський** American, **індíйський** Indian, **украíнський** Ukrainian, *etc.*
n. + **н. вóля ~у** the freedom of the people (**гíдність** dignity, **інтерéси** interests ◊ **в інтерéсах ~у** in the interest of the people; **прáво** right; **істóрія** history, **мóва** language, **релігія** religion; **спрáва** cause)
v. + **н. представляти н.** represent a people ◊ **Хто тут представляє прóстúй н.?** Who represents the common people here? (**об'єднувати** unite; **поділяти** divide ◊ **Мóва і пáм'ять мóжуть об'єднувати і поділяти ~и.** Language and memory can unite and divide nations. **розкóлювати** split; **вестú** lead, **мобілізувáти** mobilize; **захищáти** protect, **обороняти** defend; **зрáджувати** betray) ◊ **Він зрáдив влáсний н.** He betrayed his own people. **служúти ~ові** serve a nation ◊ **Усé життя вонá прослужúла ~ові.** All her life, she served the people. ♦ **н. у цíлому** the people as a whole; ◊ **~и свíту** peoples of the world ◊ **звéрнення до ~ів свíту** an appeal to the peoples of the world
prep. **в ~і** *posn.* among the people ◊ **Він любúв бувáти в ~і.** He liked to be among the people. **для ~у** for a people; ♦ **людúна з ~у** a man/woman of the people ◊ **Вонá дýмає про сéбе як про людúну з ~у.** She thinks of herself as a woman of the people.
Cf. **лю́ди, нáція**

нарóджен|ня, *nt.*
birth
n. + **н. дáта н.** the date of birth (**рік** year; **мíсце** place; **обстáвини** circumstances); **посвíдчення про н.** a birth certificate, ♦ **день н.** a birthday, ◊ **подарýнок на день н.** a birthday present; ◊ **числó ~ь** the number of births
v + **н. реєструвáти н.** register a birth (**святкувáти** celebrate; **очíкувати** await, **чекáти** expect) ◊ **Вонú чекáють н. пéршої дитúни.** They are expecting their first baby.
prep. **за ~ням** by birth ◊ **За ~ням Гáля – украíнка.** Halia is Ukrainian by birth. **при ~ні** at birth ◊ **При ~ні дитúна вáжила три кілогрáми.** At birth, the child weighed three kilograms. **під час н.** during birth
Cf. **урóдини.** *Ant.* **смерть**

народú|ти, *pf., see* **родúти**
to give birth to; give rise to ◊ **Спочáтку Ларúса ~ла двох дівчáток, а пóтім хлóпчика.** First Larysa gave birth to two baby girls, and then to a baby boy.

народи́|тися, *pf., see* **роди́тися**
to be born, *etc.* ◊ **Тиміш ~вся у Жито́мирі.** Tymish was born in Zhytomyr.

наро́дн|ий, *adj.*
1 of or pertaining to people, people's, folk, national, popular
н. + *n.* **н. дім** a national home ◊ **Конце́рт бу́де в Украї́нському ~ому до́мі в Нью-Йо́рку.** The concert will be held at the Ukrainian National Home in New York City. (**поет** poet, **рух** movement) ♦ **Н. рух за перебудо́ву** *hist.* the People's Movement for Perestroika; **~а му́дрість** folk wisdom (**етимоло́гія** etymology, **пі́сня** song); **~е місте́цтво** folk art
Cf. **націона́льний**
2 *old* people's *(old Soviet title still in wide use today)* ♦ **~а арти́стка Украї́ни** People's (female) Artist of Ukraine; ♦ **н. худо́жник Украї́ни** People's Artist *(painter)* of Ukraine
Cf. **заслу́жений 3**

наро́дн|ість, *f.*, **~ости**
1 people, nationality, ethnic group ◊ **У Кита́ї живе́ бага́то ~остей.** Many ethnic groups live in China.
Cf. **наро́д**
2 *only sg. nonequiv.* national character, national authenticity ◊ **На читачі́в справля́є глибо́ке вра́ження н. тво́рів письме́нника.** The readers are deeply impressed by the national authenticity of the writer's works.
adj. **автенти́чна** authentic, **глибо́ка** profound, **правди́ва** *or* **спра́вжня** true, **щи́ра** genuine; **бутафо́рська** fake, **уда́вана** feigned, **фальши́ва** phony
v. + **н. виража́ти н.** express a national authenticity (**передава́ти** convey ◊ **Мо́ва персона́жа ма́є передава́ти його́ глибо́ку н.** The character's language is supposed to convey his profound national authenticity. **імітува́ти** imitate, **удава́ти** feign)

насе́лен|ий, *adj.*
populated, inhabited + *I.* with/by ◊ **Мі́сто ~е рі́зними наро́дностями.** The city is populated by various ethnic groups.
adv. ♦ **густонасе́лений** densely populated ◊ **гу́стонасе́лена части́на краї́ни** the densely populated part of the country; **до́сить** fairly, **доста́тньо** sufficiently; **рі́дко** thinly, **ле́две** scarcely, **ма́ло** sparsely ◊ **найме́нше ~і реґіо́ни** the most sparsely populated regions; ♦ **надмі́рно н.** overpopulated
v. + **н. бу́ти ~им** be populated ◊ **Її́ п'є́си ~і живи́ми і спра́вжніми геро́ями.** *fig.* Her plays are populated with lifelike and genuine characters. (**виявля́тися** turn out; **роби́ти** + *A.* make sth, **става́ти** become) ◊ **За де́сять ро́ків село́ ста́ло ле́две ~им.** In ten years, the village became scarcely populated.

насе́ленн|я, *nt., only sg.*
population
adj. **вели́ке** large, **густе́** dense, **значне́** significant; **мале́** *and* **невели́ке** small; **рідке́** sparse; **зосере́джене** concentrated ◊ **Украї́нське н. Брази́лії зосере́джене в кілько́х півде́нних реґіо́нах.** The Ukrainian population of Brazil is concentrated in a few southern regions. **розки́дане** scattered, **розпоро́шене** dispersed; **зага́льне** total, **сума́рне** overall ◊ **Сума́рне н. Євро́пи зроста́є че́рез іміґра́цію.** The overall population of Europe is growing due to immigration. **місце́ве** local, **корінне́** indigenous; **доро́сле** adult, **лі́тнє** elderly, **старі́юче** aging; **молоде́** young, **підлітко́ве** teenage; **жіно́че** female, **чолові́че** male; **міське́** urban, **сільське́** rural, **циві́льне** civil
n. + **н. ви́вчення н.** population study (**густота́** density; **зроста́ння** growth ◊ **період зроста́ння міського́ н.** a period of urban population growth; **зме́ншення** decline, **скоро́чення** reduction, **втра́ти** losses; **пе́репис** census ◊ **Оста́нній пе́репис н. Украї́ни прово́дили у дві ти́сячі пе́ршому ро́ці.** The last population census in Ukraine was conducted in 2001. **ро́змір** size, **рі́вень** level, **рух** movement); ♦ **на ду́шу н.** per capita ◊ **За рі́внем ВВП на ду́шу н., краї́на на сто шо́стому мі́сці у сві́ті.** The country ranks 106th in the world by GDP per capita.
н. + *v.* **включа́ти** + *A.* comprise sth ◊ **Міське́ н. включа́ло рі́зні етні́чні гру́пи.** The urban population comprised various ethnic groups. **дорі́внювати** + *D.* be equal to sth, **досяга́ти** + *G.* reach sth, **станови́ти** + *A.* make up sth, **налі́чувати** *or* **нарахо́вувати** + *A.* total sth, amount to sth ◊ **Н. о́бласти нарахо́вує ма́йже два мільйо́ни.** The population of the province totals almost two million. **зроста́ти** grow, **збі́льшуватися** increase, **подво́юватися** double ◊ **За со́рок ро́ків н. мі́ста подво́їлося.** The population of the city doubled over forty years. **зме́ншуватися** decline, **пада́ти** fall; **колива́тися** fluctuate, **переви́щувати** + *A.* exceed sth

насели́|ти, *pf., see* **населя́ти**
to populate, people, settle, *etc.* ◊ **Комуністи́чний у́ряд ~в Донба́с росія́нами.** The communist government populated Donbas with Russians.

населя́|ти, **~ють; насел|и́ти**, **~ять**, *tran.*
to populate, people, settle
adv. **гру́пами** in groups, **гу́сто** densely; **споконві́ку** from time immemorial ◊ **Кочівники́ споконві́ку ~ли півде́нні сте́пи.** From time immemorial, nomads have populated the southern steppes. **рока́ми** for years, **столі́ттями** for centuries
v. + **н. нама́гатися** try to ◊ **Вони́ нама́галися насели́ти схі́дні терито́рії.** They tried to settle the eastern territories. **планува́ти** plan to, **хоті́ти** want to; **почина́ти** begin to ◊ **Вірме́ни почали́ н. украї́нські міста́ у Середньові́ччі.** Armenians began to populate Ukrainian cities in the Middle Ages. **ста́ти** *pf.* start; **продо́вжувати** continue to
pa. pple. **насе́лений** populated
населя́й! насели́!

наси́льницьк|ий, *adj.*
violent, coercive, forced
adv. **винятко́во** exceptionally ◊ **винятко́во ~і ме́тоди дося́гнення мети́** exceptionally violent means of achieving a goal; **вкрай** extremely, **деда́лі більш** ever more, **ду́же** very, **жахли́во** terribly, **неймові́рно** incredibly, **особли́во** particularly, **страхітли́во** horrifyingly
v. + **н. бу́ти ~им** be violent (**виявля́тися** turn out ◊ **Її чолові́к ви́явився люди́ною ~ою і брута́льною.** Her husband turned out to be a violent and brutal person. **лиша́тися** remain, **става́ти** become) ◊ **Режи́м става́в деда́лі більш ~им.** The regime was becoming ever more coercive.

наси́льств|о, *nt.*
violence, coercion
adj. **брута́льне** brutal, **вели́ке** great, **жахли́ве** terrible, **страхітли́ве** horrifying ◊ **Скрізь він ба́чив сліди́ страхітли́вого ~а.** Everywhere he saw traces of horrifying violence. **серйо́зне** serious, **скра́йнє** extreme; **ма́сове** massive, **масшта́бне** large-scale; **безглу́зде** senseless; **розгну́здане** unbridled, **сваві́льне** wanton; **смерте́льне** deadly; **злочи́нне** criminal, **незако́нне** illegal; **вкорі́нене** endemic, **споради́чне** sporadic; **дома́шнє** domestic, **мора́льне** mental, **психологі́чне** psychological ◊ **Він му́сив ідентифікува́ти ко́жну же́ртву психологі́чного ~а.** He had to identify every victim of psychological violence. **символі́чне** symbolic, **стате́ве** sexual, **фізи́чне** physical; ♦ **н. в сім'ї́** *or* **в роди́ні** domestic violence
n. + **н. акт ~а** an act of violence (**ви́бух** outburst, **загро́за** threat, **зроста́ння** growth, **хви́ля** wave); **кіне́ць ~у** an end to violence, **страх пе́ред ~ом** fear of violence
v. + **н. застосо́вувати н.** employ violence ◊ **Держа́ва пості́йно застосо́вує символі́чне н.** The state constantly employs symbolic violence. (**використо́вувати** use, **чини́ти** commit ◊ **Режи́м чини́в пості́йне н. над вла́сними громадя́нами.** The communist regime committed constant violence toward its own citizens. **заохо́чувати** encourage, **плоди́ти** breed, **провокува́ти** provoke, **поши́рювати** spread, **прославля́ти** glorify, **розпа́лювати** incite; **викрива́ти** denounce, **відкида́ти** reject ◊ **Цей рух відкида́є н. в будь-які́й фо́рмі.** The movement rejects violence in any form. **засу́джувати** condemn, **нена́видіти** hate; **контролюва́ти** control ◊ **Миротво́рці ООН контролю́ють стихі́йне н. в зо́ні конфлі́кту.** The UN peacekeepers control spontaneous violence in the conflict zone. **припиня́ти** stop, **стри́мувати** curb; **бу́ти зда́тним на** be capable of) ◊ **Вона́ з жа́хом зрозумі́ла, що цілко́м зда́тна на н.** She realized with horror that she was completely capable of violence. **зазнава́ти ~а** suffer violence (**уника́ти** avoid; **вдава́тися до** resort to) ◊ **Полі́ція, не вага́ючися, вдава́лася до скра́йнього ~а.** The police resorted to extreme violence without hesitation. **піддава́ти** + *A.* **~у** subject sb to violence; **боро́тися з ~ом** fight violence ◊ **Мето́ю ново́ї організа́ції є боро́тися з ~ом про́ти жіно́к.** The new organization's goal is to fight violence against women.
н. + *v.* **вибуха́ти** break out, **відбува́тися** occur, take place, **зроста́ти** increase, **поши́рюватися** spread, **розпа́люватися** flare up ◊ **Н. розпа́люється з ко́жним нови́м днем стра́йку.** Violence flares up with every new day of the strike. **вплива́ти на** + *A.* influence sb/sth, **загро́жувати** + *D.* threaten sb/sth ◊ **Н., що зроста́є, загро́жує безпе́ці мі́ста.** The growing violence threatens the security of the city.
prep. **н. до** + *G.* violence toward sb ◊ **Екстремі́сти застосо́вують н. до опоне́нтів.** Extremists use violence towards their opponents. **н. між** + *I.* violence among sb ◊ **н. між в'я́знями випра́вної устано́ви** violence among the inmates of the correctional institution; **н. над** + *I.* violence toward sb ◊ **н. над націона́льними менши́нами** violence towards national minorities; **н. про́ти** + *G* violence against sb
Cf. **си́ла 1**

насипа́|ти, **~ють; наси́п|ати**, **~лю**, **~еш**, **~люють**, *tran.*
1 to pour, fill, pile *(with sand, flour, etc., as opposed to* **налива́ти***)* + *A. or* + *G.*
adv. **уще́рть** to the brim; **ма́йже** almost; **незгра́бно** clumsily; **обере́жно** carefully ◊ **Мико́ла обере́жно ~в ка́ву до торби́нки.** Mykola was carefully pouring coffee into a bag. **пові́льно** slowly, **поступо́во** gradually; **спри́тно** nimbly; **вже** already; **ще не** not yet, **я́кось** somehow
н. + *n.* **н. гли́ну** pile some clay (**гра́вій** gravel, **зе́млю** earth, **камі́ння** rocks, **пісо́к** sand; **смі́ття** trash; **горо́х** beans, **зерно́** grain, **пе́рець** pepper, **припра́ву** seasoning, **рис** rice, **сіль** salt, **цу́кор** sugar, *etc.*)
prep. **н. в** + *A.* pour in sth ◊ **н. в я́му два відра́ піску́** pour two buckets of sand in a pit; **н. до** + *G.* pour into sth ◊ **Га́нна ~ла до торби́нки со́няшникового насі́ння.** Hanna poured some sunflower seeds into a pouch.
Cf. **налива́ти 1**
2 *colloq.* to serve *(meals)*, pour ◊ **Ма́ти ста́ла н. го́стя́м вече́рю.** Mother started serving dinner to the guests. **Він наси́пав у ми́ску бо́рщу́.** He ladled some borshch into a bowl.
н. + *n.* **н. борщ** pour borshch (**ка́шу** porridge,

пластівці́ cornflakes, **сала́ту** salad, *etc.*), *cf.* **наси́пати борщу́** pour some borshch (**ка́ші** porridge, **пластівці́в** cornflakes, **сала́ти** salad, *etc.*)
pa. pple. **наси́паний** poured
насипа́й! наси́п!

наси́ти|ти, *pf., see* **наси́чувати**
to satiate; saturate, satisfy, *etc.* ◊ **Здава́лося, що нічо́го не могло́ н. Анато́ліїв величе́зний апети́т.** It seemed nothing could satiate Anatolii's huge appetite.

наси́чен|ий, *adj.*
1 saturated, permeated, suffused, soaked + *I.* with ◊ **Земля́ ~а дощово́ю водо́ю.** The earth is saturated with rain water.
adv. **вкрай** extremely, **гу́сто** densely, **ду́же** very, **страше́нно** terribly; **надмі́рно** overly, **на́дто** excessively **до́сить** fairly, **доста́тньо** sufficiently; **особли́во** particularly; **сла́бо** mildly
v. + **н. бу́ти ~им** be saturated ◊ **Ле́кції профе́сора Ма́ркова вкрай ~і аналі́тикою.** Professor Markiv's lectures are extremely saturated with analyses. (**виявля́тися** turn out, **здава́тися** + *D.* seem to sb ◊ **Епізо́д здава́вся їй на́дто ~им деше́вою мелодра́мою.** The episode seemed to her to be excessively saturated with cheap melodrama. **роби́ти** + *A.* make sth; **става́ти** become)
2 bright *(of color)*, full, saturated ◊ **Палі́тра маляра́ стає́ особли́во ~ою.** The artist's palette becomes particularly saturated.

наси́чу|вати, ~ють; наси|ти́ти, ~чу, насит|я́ть, *tran.*
1 to satisfy *(appetite, etc.)*, satiate, sate, quench
н. + *n.* **н. апети́т** satisfy one's appetite (**бажа́ння** desire, **жадо́бу** greed, **живі́т** stomach) ◊ **Він їв по́хапцем, щоби шви́дше насити́ти живі́т.** He ate in a hurry, to fill his stomach quicker.
2 to fill *(of smell, moisture, etc.)*, permeate, imbue, soak
adv. **гу́сто** densely ◊ **За́пах бузку́ гу́сто ~вав пові́тря.** The scent of lilac densely permeated the air. **ду́же** greatly, **надмі́рно** overly, **страше́нно** terribly; **ма́ло** little, **до́сить** fairly, **доста́тньо** sufficiently, **сла́бо** mildly
3 *fig.* to enrich with *(ideas, events, etc.)*, fill with ◊ **Він ~вав програ́му ціка́вими за́ходами.** He filled the program with interesting events.
Also see **збага́чувати 2**
pa. pple. **наси́чений** saturated
наси́чуй! наси́ч!

насі́нн|я, *nt., coll., only sg.*
1 seed
adj. **високоя́кісне** high-quality; **ваго́ве** by weight, **пакето́ване** packaged; **гарбузо́ве** pumpkin, **ма́кове** poppy, **со́няшникове** sunflower
н. + *n.* **н. кві́тів** flower seeds (**васи́льків** basil, **мо́ркви** carrot ◊ **Вони́ замо́вили н. мо́ркви по́штою.** They ordered carrot seeds by mail. **о́вочів** vegetable, **огірків** cucumber, **помідо́рів** tomato, *etc.)*
v. + **н. збира́ти н.** gather seeds (**зберіга́ти** keep, **лиша́ти** reserve ◊ **Він лиши́в тро́хи гарбузо́вого н. на насту́пний рік.** He reserved some pumpkin seeds for the next year. **сади́ти** plant, **сі́яти** sow ◊ **Вона́ посі́яла н. огірків у парнику́.** She sowed cucumber seeds in the greenhouse. **суши́ти** dry)
2 *nonequiv.* pumpkin or sunflower seeds
v. + **н. лу́скати н.** shell pumpkin seeds (**ї́сти** eat; **сма́жити** roast) ◊ **Вона́ насма́жила гарбузо́вого н.** She roasted some pumpkin seeds.

наскі́льки, *adv.*
1 how, how much, how very, to what extent ◊ **Істо́рики кінемато́графу зна́ють, н. таланови́тим режисе́ром був Е́двард Дми́трик.** Film historians knows how talented a director Edward Dmytryk was.
See **як**[1] **2, яки́й 2**
2 as, as far as, to the extent that ◊ **Н. відо́мо, Дніпро́ – це головна́ украї́нська рі́чка.** The Dnipro is known to be the main Ukrainian river.
Also see **оскі́льки 2**

на́слід|ок, *m.*, **~ку**
consequence, outcome, effect, result
adj. **до́брий** good, **задові́льний** satisfactory ◊ **Н. опера́ції задові́льний.** The outcome of the operation was satisfactory. **ко́рисний** beneficial, **непога́ний** not bad, **позити́вний** positive, **прийня́тний** acceptable, **сприя́тливий** favorable; **жахли́вий** awful ◊ **Бураві́й мав жахли́ві ~ки.** The hurricane had awful consequences. **згу́бний** detrimental ◊ **згу́бні ~ки недоїда́ння** detrimental consequences of malnutrition; **катастрофі́чний** catastrophic, **ке́пський** poor, **неба́жаний** undesirable, **невті́шний** disappointing, **нега́тивний** negative, **незадові́льний** unsatisfactory, **неприйня́тний** unacceptable, **пога́ний** bad, **руйні́вни́й** ruinous, **серйо́зний** serious, **спусто́шливий** devastating, **травмати́чний** traumatic, **шкідли́вий** detrimental; **жахли́вий** horrific, **страшни́й** terrible; **довготерміно́вий** long-term ◊ **Довготерміно́ві ~ки опера́ції ви́явилися невті́шними.** The long-term consequences of the operation proved disappointing. **короткотерміно́вий** short-term; **зага́льний** overall, **кінце́вий** end, **закономі́рний** *or* **логі́чний** logical, **неуни́кний** inevitable ◊ **Погі́ршення здоро́в'я – неуни́кний н. курі́ння.** Deterioration of one's health is the inevitable result of smoking. **очі́куваний** anticipated, **прогнозо́ваний** foretold, **спо́діваний** expected; **неоднозна́чний** mixed; **прями́й** direct, **непрями́й** indirect
v. + **н. дава́ти н.** produce a result ◊ **Змі́на керівни́цтва дала́ до́брі ~ки.** The change of leadership produced good results. (**ґарантува́ти** guarantee, **забезпе́чувати** ensure; **ма́ти** have; **отри́мувати** get) ◊ **Він отри́мав спо́діваний н.** He got an anticipated result.
prep. **без ~ку** without consequence ◊ **Плагія́т не мо́же бу́ти без ~ку.** Plagiarism cannot be without consequence. ♦ **як н.** as a result, consequently ◊ **Володи́мир не поїхав з дру́зями і, як н., тепе́р сиди́ть у ха́ті сам.** Volodymyr did not go with his friends and as a result is now home alone.
See **результа́т.** *Also see* **плід 3, проду́кт 2.** *Cf.* **ефе́кт 2**

наслі́дуван|ня, *nt., only sg.*
imitation
adj. **бездога́нне** impeccable, **до́бре** good, **докла́дне** exact, **доскона́ле** perfect, **неперевéршене** unparalleled, **то́чне** precise; **безда́рне** inept, **блі́де́** pale ◊ **Карти́на – не бі́льше, як блі́де́ ~ня ориґіна́лу.** The painting is but a pale imitation of the original. **гру́бе** crude, **ке́пське** poor, **незґра́бне** clumsy, **пога́не** bad, **посере́днє** mediocre; **ра́бське** slavish; **пряме́** direct; **підсві́до́ме** subconscious
v. + **н. вдава́тися до н.** resort to an imitation ◊ **Він ча́сто вдава́вся до н. кубі́стів.** He often resorted to imitation of the Cubists.
See **ко́пія 2**

наслі́ду|вати, **~ють**; *no pf., tran.*
1 to imitate, emulate, copy
adv. **бездога́нно** impeccably ◊ **Акто́р бездога́нно ~є го́лос президе́нта.** The actor impeccably imitates the president's voice. **до́бре** well, **докла́дно** exactly, **доскона́ло** perfectly, **неперевéршено** matchlessly, **то́чно** precisely; **безда́рно** ineptly, **гру́бо** crudely, **ке́псько** poorly, **незґра́бно** clumsily ◊ **Вона́ незґра́бно ~вала стиль мі́ської па́ні.** She clumsily emulated the style of a townswoman. **пога́но** badly; **по-ра́бськи** slavishly ◊ **Він по-ра́бськи ~є свій ідеа́л у всьо́му.** He slavishly imitates his role model in everything. **пря́мо** directly
н. + *n.* **н. акце́нт** imitate an accent (**ви́мову** pronunciation ◊ **Вона́ вмі́є до́бре н. полта́вську ви́мову.**She can do a good imitation of the Poltava accent. **го́лос** voice, **інтона́цію** intonation, **мане́ри** manners, **смі́х** laughter)
v. + **н. бу́ти спромо́жним** be capable of ◊ **Вона́ спромо́жна н. рі́зні ти́пи смі́ху.** She is capable of aping various types of laughter. **вмі́ти** be able to, **могти́** can; **вчи́тися** learn to; **проси́ти** + *A.* ask sb to
Also see **копіюва́ти 2, підробля́ти 2**
2 to inherit; *pf.* **у~**
prep. **н. від** + *G.* inherit from sb ◊ **Кали́нченко успадкува́в буди́нок від ді́да.** Kalynchenko inherited the house from his grandfather.
See **успадко́вувати**
наслі́дуй!

насмі́ти|ти, *pf., see* **смі́тити**
to litter, leave litter, *etc.* ◊ **Ді́ти ~ли у дворі́.** The children littered the yard.

насоло́д|а, *f.*
pleasure, delight, enjoyment
adj. **абсолю́тна** absolute ◊ **абсолю́тна н. від о́пери** an absolute pleasure from the opera; **вели́ка** great, **величе́зна** enormous, **ви́шукана** refined, **глибо́ка** deep, **го́стра** acute, **інтенси́вна** intense; **зао́чна** vicarious ◊ **Ду́мка про зу́стріч коха́нців дає Рома́нові зао́чну ~у.** The thought of the lovers' meeting gives Roman vicarious pleasure. **значна́** considerable, **помі́тна** noticeable; **ти́ха** quiet; **вира́зна** distinct, **я́вна** obvious; **ді́йсна** real, **правди́ва** true, **спра́вжня** genuine; **чи́ста** pure; **вла́сна** one's own, **осо́би́ста** personal; **естети́чна** esthetic, **інтелектуа́льна** intellectual, **мора́льна** mental, **сексуа́льна** *or* **стате́ва** sexual, **фізи́чна** physical; **збо́чена** perverse ◊ **Його́ страх дава́в Хомі́ збо́чену ~у.** His fear gave Khoma perverse pleasure. **зла** wicked, **садисти́чна** sadistic, **хво́ра** sick
v. + **н. прино́сити** + *D.* **~у** bring sb pleasure ◊ **Пое́зія Іздрика прино́сить їй естети́чну ~у.** Izdryk's poetry brings her esthetic pleasure. (**дава́ти** + *D.* give sb; **відчува́ти** feel, **дістава́ти** get, **знахо́дити** find, **ма́ти** have, **отри́мувати** gain, **пережива́ти** experience) ◊ **Вона́ впе́рше пережива́ла го́стру стате́ву ~у.** She was experiencing acute sexual pleasure for the first time. **віддава́тися ~і** surrender oneself to pleasure ◊ **Софі́я віддала́ся ~і джа́зу.** Sofia surrendered herself to the pleasure of jazz.
н. + *v.* **трива́ти** last ◊ **Його́ н. трива́ла недо́вго.** His pleasure did not last long.
prep. **для ~и** for pleasure ◊ **Він малю́є аква́релі для ~и.** He paints watercolors for pleasure. **з ~ою** with pleasure ◊ **Дру́зі з ~ою ділилися плітка́ми.** The friends were sharing gossip with pleasure. **н. в** + *L.* pleasure in sth ◊ **Юрко́ нама́гався знайти́ ~у в усьо́му.** Yurko did his best to find pleasure in everything. **н. від** + *G.* pleasure from sth ◊ **н. від фі́льму** pleasure from a movie
Also see **вті́ха 3, задово́лення, прие́мність, ра́дість, ро́зкіш 3**

насоло́джу|ватися, ~ються; насолод|и́тися, ~жу́ся, ~я́ться, *intr.*
to enjoy, relish, take pleasure in sth + *I.*
adv. **безмі́рно** immeasurably ◊ **Вона́ безмі́рно ~ється відпу́сткою на мо́рі.** She takes immeasurable pleasure in her vacation by the sea. **ве́льми** a lot, **у по́вній мі́рі** fully, **добря́че** *colloq.* a great deal, **ду́же** very much, **глибо́ко** deeply, **го́стро** acutely, **інтенси́вно** intensely, **надзвича́йно** extremely, **несказа́нно** *colloq.* beyond words, **страх як** *colloq.* like mad ◊ **Він**

страх як ~вався лíтніми вечорáми на селі. He enjoyed summer evenings in the country like mad. **страшéнно** enormously; **особлúво** especially ◊ **Він особлúво ~вався букéтом мальбéку.** He especially relished the bouquet of the Malbec. **відкрúто** openly; **помíтно** noticeably, **прóсто** simply; **тúхо** quietly; **вирáзно** distinctly, **явно** clearly; **дíйсно** really, **по-спрáвжньому** genuinely; **ніяк** in no way, **зóвсім не** not at all, **нíскільки не** not in the least ◊ **Вонú нíскільки не ~валися перемóгою.** They did not in the least relish the victory.
насолóджуйся! насолодúся!
Cf. **лáсувати**

насолоди́|тися, *pf., see* **насолóджуватися**
to enjoy, relish, take pleaure in + *I.* ◊ **Він нарéшті ~вся омáрами.** Finally he enjoyed lobsters.

наста|вáти, ~ю́ть; наста́|ти, ~нуть, *intr.*
1 to come *(of time, etc.)*, arrive
adv. **вже** already ◊ **Семéстр ужé ~в.** The semester has already come. **нарéшті** finally; **лéдве** hardly ◊ **Веснá лéдве насталá, як усé зазеленíло.** The spring had hardly arrived when everything turned green. **мáйже** almost; **несподíвано** unexpectedly, **рáптом** suddenly; **от-óт** any moment
See **прихóдити 4.** *Also see* **наступáти 3**
2 to ensue, follow, arise ◊ **Він перестáв говорúти, і ~ла тúша.** He stopped speaking and a silence ensued.

настанóв|а, *f.*
1 instruction, direction
adj. **важлúва** important ◊ **Вонá знéхтувала важлúву ~у.** She neglected an important instruction. **категорúчна** categorical ◊ **Н. начáльника булá категорúчною.** The boss's instruction was categorical. **кóрисна** useful, **обов'язкóва** obligatory, **потрíбна** necessary, **серйóзна** serious; **додаткóва** additional, **ще однá** another; **непрóхана** unsolicited
v. + **н. давáти ~у** give an instruction ◊ **Він усíм дає ~и.** He gives everybody instructions. (**викóнувати** carry out, **отрúмувати** receive; **ігнорувáти** ignore, **нéхтувати** neglect); **нéхтувати ~ою** neglect an instruction
prep. **н. про** + *A.* an instruction about sb/sth ◊ **додаткóві ~и про дії в умóвах прирóдного лúха** additional instructions about actions under conditions of a natural disaster; **н. щóдо** + *G.* an instruction concerning sb/sth ◊ **У брошýрі булú кóрисні ~и щóдо прáвил поведíнки.** There were useful instructions concerning the rules of conduct in the booklet.
See **порáда.** *Also see* **консультáція 1, рáда 1**
2 attitude, stance, orientation; *often pl.*
adj. **дóбра** good, **оптимістúчна** optimistic, **позитúвна** positive; **кéпська** poor, **неґатúвна** negative, **погáна** bad; **духóвна** spiritual, **ідеологíчна** ideological ◊ **Він поділя́в ідеологíчні ~и Хвильовóго.** He shared Khvyliovy's ideological stance. **культýрна** cultural, **ментáльна** mental, **морáльна** moral, **політúчна** political, **релігíйна** religious, **суспíльна** social, **філосóфська** philosophical, **цíннісна** value; **гомофóбська** homophobic ◊ **У суспíльстві панувáли гомофóбські ~и.** Homophobic attitudes prevailed in society. **расúстська** racist, **українофóбська** anti-Ukrainian, **шовіністúчна** chauvinist
v. + **н. мáти ~у** have an attitude ◊ **Павлючéнко мáє неґатúвну ~у до людéй з претéнзіями.** Pavliuchenko has a negative attitude towards pretentious people. (**змíнювати** *and* **мiня́ти** change) ◊ **Він змінúв свої культýрні ~и.** He changed his cultural stance.
prep. **н. до** + *G.* attitude towards sb/sth
See **стáвлення.** *Also see* **орієнтáція, орієнтúр**

настá|ти, *pf., see* **наставáти**
to come, *etc.* ◊ **Нарéшті ~ли вакáції.** The vacation finally arrived. ◊ **~ла йогó чéрга служúти у вíйську.** His turn has come to serve in the army.

настíльки, *adv.*
so, thus far, insomuch, that ◊ **Він н. дóбре говóрить пóльською, що всі приймáють йогó за поля́ка.** He speaks Polish so well that everybody takes him for a Pole. ◊ **Вонá не н. знáє Максúма, щоб довíритися йомý.** She does not know Maksym well enough to put her trust in him.

нáстр|ій, *m.*, **~ою**
1 mood, spirit, humor, disposition
adj. **безхмáрний** cloudless, **весéлий** cheerful ◊ **Її весéлий н. вúявився зарáзним.** Her cheerful mood proved infectious. **дóбрий** good, **рáдісний** happy, **прекрáсний** great, **чудóвий** wonderful; **бадьóрий** upbeat ◊ **Дирéктор зіпсувáв бадьóрий н. в óфісі.** The director spoiled the upbeat mood in the office. **оптимістúчний** optimistic, **позитúвний** positive, **тріюмфáльний** triumphant; **гнилúй** rotten, **гнітю́чий** depressing ◊ **Масúвні мýри навкóло ствóрювали гнітю́чий н.** The massive walls around created a depressing mood. **кéпський** poor, **меланхолíйний** melancholy, **паскýдний** foul, **песимістúчний** pessimistic, **погáний** bad, **понýрий** grim, **похмýрий** gloomy, **пригнíчений** depressed, **серйóзний** somber, **сумнúй** sad, **фатáльний** fatal, **чóрний** dark; **задýмливий** pensive, **замúслений** thoughtful ◊ **Вонá булá в замúсленому ~ї.** She was in a thoughtful mood. **повáжний** serious, **розвáжливий** contemplative, **спокíйний** calm, **тверéзий** sober; **грайлúвий** playful, **дúвний** strange, **загáльний** general, **примхлúвий** capricious, **кумéдний** funny, **мінлúвий** changing, **особлúвий** special, **панíвний** dominant, **теперíшній** current; **романтúчний** romantic, **святкóвий** festive
v. + **н. мáти н.** be in a mood (**викликáти** evoke, **виражáти** express, **відчувáти** sense, **впливáти на** influence ◊ **Події не моглú не впливáти на ї́хній щодéнний н.** The events could not but influence their daily mood. **передавáти** convey; **ствóрювати** create; **піднімáти** lift, **покрáщувати** improve; **погíршувати** worsen, **псувáти** spoil, **руйнувáти** ruin); **піддавáтися ~єві** succumb to mood ◊ **Він піддáвся меланхолíйному ~єві.** He succumbed to a melancholy mood.
н. + *v.* **бýти** + *G.* be in ◊ **В Óлі зáвжди́ дóбрий н.** Olia is always in a good mood. **мiня́тися** change, **піднімáтися** rise, **покрáщуватися** improve; **пропадáти** vanish, **псувáтися** spoil; **опанóвувати** + *I.* overtake sb ◊ **Ним опанувáв понýрий н.** A grim mood overtook him. **охóплювати** + *A.* grip sb, **ставáти** become ◊ **Н. став спокíйним.** The mood became calm.
Also see **гýмор 2, лíрика 3**
2 atmosphere, mood, ambience, tenor ◊ **На вечíрці Гáня створúла чарíвний н.** Hania created a charming atmosphere at the party.
See **атмосфéра 2.** *Also see* **клíмат 2**
3 desire, wish, inclination ◊ **Я не мáю жóдного ~ою гуля́ти.** I have no wish at all to go out.
See **бажáння 2**

настрóю|вати, ~ють; настрó|їти, ~ять, *tran.*
1 to tune *(piano, radio, etc.)*, adjust, tune up
adv. **автоматúчно** automatically; **досконáло** perfectly, **майстéрно** skillfully, **професíйно** professionally ◊ **Він навчúвся професíйно н. скрúпку.** He learned to tune the violin professionally. **ретéльно** thoroughly, **тóчно** precisely, **швúдко** quickly ◊ **Лев швúдко настрóїв рáдіо на потрíбну хвúлю.** Lev quickly tuned the radio to the required frequency. **кéпсько** poorly, **недбáло** carelessly, **погáно** badly, **сяк-тáк** sloppily; **повíльно** slowly
v. + **н. бýти трéба** + *D.* need to ◊ **Їм трéба настрóїти інструмéнти.** They need to tune the instruments. **змогтú** *pf.* manage to, **намагáтися** try to; **почáти** begin to, **стáти** *pf.* start
prep. **н. на** + *A.* tune to sth ◊ **Він незмíнно ~вав приймáч на рáдіо «Свобóда».** He would invariably tune his radio set to Radio Liberty.
2 *fig.* to put in a mood, make sb feel ◊ **Світлúни ~ють її на спóмини про шкóлу.** The pictures put her in the mood to reminisce about school.
adv. **зáвжди́** always, **незмíнно** invariably, **неунúкно** inevitably, **чáсто** often; **чомýсь** for some reason, **якóсь** somehow; **навмúсне** deliberately
prep. **н. на** + *A.* put sb in *(a mood)* ◊ **Майлз Дéйвис ~вав йогó на розкíшну меланхóлію.** Miles Davis put him in a deliciously melancholy mood.
3 to turn sb against sb/sth, incite
prep. **н. прóти** + *G.* turn sb against sb/sth ◊ **Він хотíв настрóїти батькíв прóти цьóго шлю́бу.** He wanted to turn his parents against this marriage.
pa. pple. **настрóєний** tuned
настрóюй! настрóй!

нáступ, *m.*, **~у**
offensive, advance; attack
adj. **велúкий** major, **загáльний** all-out, **повномасштáбний** full-scale, **широкомасштáбний** large-scale; **військóвий** military, **дипломатúчний** diplomatic, **пропаґандúстський** propaganda ◊ **Ýряд зорганізувáв пропаґандúстський н. прóти опозúції.** The government organized a propaganda offensive against the opposition.
v. + **н. організóвувати н.** organize an offensive (**починáти** start, **розгортáти** launch ◊ **Полíція розгорнýла н. прóти злочúнности.** The police launched an offensive against crime. **планувáти** plan, **перехóдити в** go on; **відбивáти** repel, **громúти** defeat, **затрúмувати** delay, **стрúмувати** hold back, **зупиня́ти** stop) ◊ **Фíнни зупинúли совєтський н. зимóю 1939 рóку.** The Finns stopped the Soviet offensive in the winter of 1939.
н. + *v.* **тривáти** last ◊ **Н. тривáв дві добú.** The offensive lasted forty-eight hours.
Cf. **нáпад 1, удáр 3, штурм**

наступá|ти, ~ють; наступ|úти, ~лю́, ~иш, ~лять, *intr.*
1 to step on, tread on, set foot on
adv. **випадкóво** accidentally, **мимовóлі** unintentionally, **нехотя́чи** involuntarily; **зумúсне** *or* **навмúсне** deliberately; **лéгко** gently ◊ **Вонá лéгко наступúла Остáпові на нóгу під столóм, щоб заткнýти йогó.** She gently stepped on Ostap's foot under the table to shut him up. **несподíвано** unexpectedly, **рáптом** suddenly; ♦ **ведмíдь на вýхо наступúв** to be tone-deaf ◊ **Микóла співáв би, колú б йомý ведмíдь на вýхо не наступúв.** Mykola would sing if he were not tone-deaf.
prep. **н. на** + *A.* step on sth ◊ **Він наступúв на сухý гілля́ку.** He stepped on a dry branch.
2 *only impf., mil.* to advance, be on the offensive, attack; *also fig.* ◊ **Францýзи ~ли на схід.** The French were advancing eastwards.
v. + **н. починáти** begin to, **продóвжувати** continue, **переставáти** stop ◊ **Вонú перестáли н.** They stopped advancing.
prep. **н. з** + *G.* advance from *(direction)*; **н. на** + *A.* advance on sth ◊ **Вóрог наступáв на мíсто з пíвночі.** The enemy was advancing on the city from the north.
See **нападáти 1**
3 to come *(of season, etc.)*, arrive, approach ◊ **Скóро настýплять рíздвяні вакáції.** It will

soon be Christmas vacation. ◊ **Порá випускних íспитів швидко ~ла.** The time of graduation exams was approaching fast. ◊ **Пожéжа ~ла на хýтір.** The fire was approaching the homestead.
See **прихóдити 4.** *Also see* **наставáти 1**
наступáй! наступи́!

настýпн|ий, *adj.*
next, coming, following; ◊ **~ого понедíлка** next Monday, ◊ **~ої óсени** next fall ◊ **З'їзд відбýдеться ~ої веснú.** The congress will take place next spring. ◊ **Мирóн покáже їм мíсто ~ого рáзу.** Myron will show them the city next time. ◊ **Хто н. у чéрзі?** Who is the next in line?

настýпник, *m.*; **настýпниця**, *f.*
successor, heir; *also fig.* + *G.* to ◊ **н. престóлу** an heir to the throne
adj. **ви́браний** chosen, **ви́значений** designated; **єди́ний** only; **достóйний** worthy, **закóнний** legitimate, **правомíрний** rightful ◊ **Пíсля смéрти брáта він лиши́вся єди́ним правомíрним ~ом ти́тулу.** After his brother's death, he remained the only rightful successor to the title. **прирóдний** natural; **імовíрний** likely, **майбýтній** future, **можли́вий** possible, **потенцíйний** potential; **вíдданий** devouted, **вíрний** faithful, **несхи́тний** unwavering; **духóвний** spiritual, **літератýрний** literary, **наукóвий** scientific ◊ **Він вважáв себé наукóвим ~ом Агатáнгела Кри́мського.** *fig.* He considered himself to be Ahatanhel Krymsky's scientific successor. **політи́чний** political, **релігíйний** religious, **філосóфський** philosophical, *etc.*
v. + **н. вибирáти ~а** chose a successor ◊ **Цíлий рік колéґія кардинáлів не моглá ви́брати ~а престóлу Св. Петрá.** For an entire year, the college of cardinals could not chose a successor to St. Peter's throne. (**плекáти** groom, **знахóдити** find, **шукáти** look for) ◊ **Йомý дóвго шукáли ~а.** They looked for his successor for a long time. **передавáти** + *A.* **~ові** hand sth over to a successor ◊ **Слíдчий Яки́мів мáє передáти обов'язки ~ові.** Detective Yakymiv is supposed to hand his duties and responsibilities over to his successor. **бýти ~ом** be a successor (**вважáти** + *A.* consider sb ◊ **Йогó вважáють достóйним ~ом вели́кої поети́чної тради́ції.** He is considered to be a worthy successor to the great poetic tradition. **вибирáти** *or* **обирáти** + *A.* choose, elect sb as ◊ **Ніхтó не знав, когó оберýть ~ом рéктора.** Nobody knew who would be elected the (university) president's successor. **признача́ти** + *A.* appoint sb, **лишáтися** remain, **роби́ти** + *A.* make sb, **ставáти** become)
L. **на ~ові**
Also **спадкоéмець.** *Cf.* **нащáдок 1, ýчень 3**

натéр|ти, *pf., see* **тéрти**
to rub, apply, smear *(cream, etc.)*; rub raw ◊ **Нíна ~ла рýки крéмом.** Nina rubbed her hands with cream. ◊ **Пáсок від гітáри натéр Тимошéві карк.** The guitar strap rubbed Tymish's nape raw.

нáтовп, *m.*, **~у**
1 crowd, throng, mob + *G.* of ◊ **Під супермáркетом зібрáвся н. покупцíв.** A crowd of shoppers gathered near the supermarket.
adj. **вели́кий** big, **величéзний** huge, **ґрандіóзний** grandiose, **колосáльний** colossal ◊ **Тоді на майдáні збирáлися колосáльні ~и.** Then colossal crowds would gather on the square. **мáсовий** massive, **нечýваний** unheard-of, **рекóрдний** record; **мали́й** small, **невели́кий** little, **скрóмний** modest; **гнíвний** angry, **збýджений** excited, agitated ◊ **Із кóжною хвили́ною н. ставáв усé бíльш збýдженим.** The mob grew ever more agitated by the minute. **неконтрольóваний** uncontrollable, **розлю́чений** furious; **весь** all, **цíлий** entire ◊ **За нéю йшов цíлий н. протестувáльників.** An entire crowd of protesters was following her.
н. + *n.* **н. людéй** a crowd of people (**уболівáльників** fans, **глядачíв** spectators, **мóлоді** youth, **прихи́льників** supporters ◊ **На летóвище з'їхався цíлий н. її прихи́льників.** A whole crowd of her supporters arrived at the airport. **покупцíв** shoppers, **протестувáльників** protesters, **страйкарíв** strikers, **студéнтів** students, *etc.*)
v. + **н. збирáти н.** gather a crowd (**привáблювати** attract, **привóдити** bring, **розпáлювати** incite ◊ **Йогó промóва розпали́ла н.** His speech incited the crowd. **контролювáти** control, **розганя́ти** disperse) ◊ **Полíція розігнáла н. протестувáльників.** The police dispersed a crowd of protesters. **уникáти ~у** avoid a crowd ◊ **Вонá уникáє ~ів.** She avoids crowds. (**звертáтися до** address, **приєднуватися до** join ◊ **Грýпа приєднáлася до ~у.** The group joined the crowd. **влива́тися до** merge with) ◊ **Підозрíлі чоловíки поквáпилися влити́ся до вýличного ~у.** The suspicious men made haste to merge with the street crowd. **підігравáти ~ові** play to a crowd ◊ **Він блискýче підігравáв ~ові.** He was brilliantly playing to the crowd. **розчиня́тися в ~і** blend with a crowd (**губи́тися в** get lost in); **маніпулювáти ~ом** manipulate a crowd
н. + *v.* **збирáтися** gather, **схóдитися** assemble; **зростáти** grow; **змéншуватися** decrease; **ки́датися** rush; **панікувáти** panic; **розбігáтися** disperse ◊ **Н. запанікувáв і розбíгся.** The crowd panicked and dispersed. **розсипáтися** scatter, **розставáти** melt away; **кричáти** shout, **освúстувати** + *A.* boo sb, **ревíти** roar
prep. **сéред ~у** among a crowd ◊ **Пів дня́ вонá тиня́лася сéред базáрного ~у.** She wandered among the bazaar crowd for half a day. **у н.** *dir.* in/to a crowd ◊ **Він дослíвно плигнув у н.** He literally leaped into the crowd. **у ~і** *posn.* in a crowd ◊ **Він шукáв у ~і знайóмі обли́ччя.** He was looking for familiar faces in the crowd. **чéрез н.** through a crowd ◊ **Си́мон пробирáвся чéрез н.** Symon was making his way through the crowd. ♦ **~ом** en masse, chaotically
Also see **збіговисько 1, 2, зграя́ 2, тиск 3**
2 *fig.* a great number of, a lot of, mass of ◊ **Вонá мáла н. плáнів.** She had a host of plans.
See **багáто.** *Also see* **áрмія 2, мáса 3**

натóмість, *adv.*
instead ◊ **Не поя́снюйте, допоможíть н.** Don't explain, help me instead. ◊ **Її не виклика́ли до полíції. Н. вонá прийшлá самá.** She was not summoned by the police. Instead she came on her own.

натопи́|ти, *pf., see* **топи́ти**[1]
to heat *(a room, etc.)*, heat up ◊ **Вíктор ~ть сáвну.** Viktor will heat up the sauna.

натрáпи|ти, *pf., see* **натрапля́ти**
to come upon, come across, encounter, run up against ◊ **Вíра ~ла на цю світли́ну сéред бáтькових речéй.** Vira came upon the picture amidst her father's effects.

натрапля́|ти, ~ють; натрáп|ити, ~лю, ~иш, ~лять, *intr.*
1 to come upon, hit
adv. **несподíвано** unexpectedly, **рáптом** suddenly; **я́кось** somehow
prep. **н. на** + *A.* come upon sb/sth ◊ **~ючи на щось твердé, лопáта скреготáла.** Hitting something solid, the shovel grated.
2 to come across, encounter, run up against
adv. **випадкóво** accidentally, **вíдразу** at once, **зненáцька** out of the blue, **нeждáно** out of nowhere, **неочíкувано** unexpectedly, **зáраз же** right away, **хýтко** fast ◊ **Поліція́нти хýтко натрáпили на дóкази змóви.** The policemen came across serious evidence of the consipracy. **шви́дко** quickly
prep. **н. на** + *A.* come upon sb/sth
See **знахóдити 3.** *Also see* **нападáти 4, наштóвхуватися 2**
натрапля́й! натрáп!

натýр|а, *f.*
1 character, temper, nature
adj. **весéла** cheerful ◊ **Людúні з такóю весéлою ~ою лéгко живéться.** A person with such a cheerful character has an easy life. **вразли́ва** sensitive, vulnerable, **глибóка** profound; **дóбра** kind, **лáгідна** gentle, **ширóка** expansive, **щéдра** generous ◊ **Йогó люби́ли за ширóку і щéдру ~у.** He was loved for his expansive and generous character. **грýба** rude; **поверхóва** superficial; **овéча** *fig.* spineless, **тхоря́ча** *fig.* cowardly ◊ **Насправді за ти́ми вихваля́ннями кри́лася тхоря́ча н.** In reality, a cowardly character was hiding behind that bragging. **вóвча** *fig.* wolfish, **хи́жа** predatory
See **вдáча.** *Also see* **організáція 3**
2 reality, actuality ♦ **в ~і** in reality, as is ◊ **Він не уявля́в, як це вигляда́є в ~і.** He had no idea what it looked like in reality.
3 *econ., only sg.* goods, merchandise, products ♦ **плати́ти** + *D.* **~ою** to pay sb in kind
4 *art* model, sitter ◊ **Хто йомý був ~ою для карти́ни?** Who was the sitter for his painting?
5 *film* location ◊ **Він знайшóв прекрáсну ~у для фíльму.** He found an excellent location for his movie. ♦ **знімáти на ~і** to film on location

натуралізáці|я, *f.* **~ї**
naturalization ◊ **Н. в цій країні займáє мíнімум сім рóків.** In this country, naturalization takes at least seven years.
adj. **бáжана** desired; **настýпна** subsequent, **очíкувана** anticipated; **неуни́кна** inevitable; **остатóчна** ultimate; **пришви́дшена** expedited, **швидкá** quick
v. + **н. подавáти клопотáння на ~ю** petition for naturalization ◊ **Він подáв клопотáння на ~ю.** He petitioned for naturalization. **домагáтися ~ї** seek naturalization ◊ **Він домагáється ~ї в Україні.** He seeks naturalization in Ukraine. **відмовля́ти** + *D.* **в ~ї** refuse sb naturalization ◊ **Йомý відмóвили в ~ї.** He was refused naturalization.

натуралізу|вáти, ~ють; *same, tran.*
to naturalize
adv. **вже** already, **врéшті-рéшт** eventually, **згóдом** ultimately, **нарéшті** finally ◊ **Йогó нарéшті ~вáли.** He was finally naturalized. **незабáром** soon, **шви́дко** quickly; **ще не** not yet
pa. pple. **натуралізóваний** naturalized
натуралізýй!

натуралізу|вáтися; *same, intr.*
pass. to be naturalized, get naturalized ◊ **Він ~вáвся за три рóки життя́ в Канáді.** He was naturalized after three years of life in Canada.

натхнéнн|ий, *adj.*
inspired, passionate, enthusiastic + *I.* by sb/sth
adv. **вирáзно** distinctly, **глибóко** deeply, **дýже** very, **зáвжди́** always, **надзвичáйно** extremely, **спрáвді** truly ◊ **Йогó промóва вúйшла спрáвді ~ою.** His speech turned out to be truly passionate.
v. + **н. бýти ~им** be passionate ◊ **Олéся булá глибóко ~ою вчи́телькою.** Olesia was a deeply passionate teacher. (**видавáтися** *and* **здавáтися** + *D.* seem to sb, **звучáти** sound; **лишáтися** remain; **роби́ти** + *A.* make sb, **ставáти** become) ◊ **Пíсля знайóмства з ним кóжен ставáв ~им прибíчником йогó полíтики.** After meeting him, everybody became a passionate supporter of his politics.

на́тяк, *m.*, **~у**
hint, allusion
adj. **безпомилко́вий** unmistakable ◊ **Його́ слова́ сприйма́лися як безпомилко́вий н. на щось і́нше.** His words were perceived as an unmistakable hint to something else. **вира́зний** distinct ◊ **Її вира́зний н. лиши́вся незаува́женим.** Her distinct hint went unnoticed. **недвозна́чний** unequivocal, **прозо́рий** clear, **прями́й** direct, **я́вний** obvious; **двозна́чний** ambiguous, **деліка́тний** delicate, **завуальо́ваний** veiled, **легки́й** gentle, **мале́нький** *dim.* little, **найме́нший** slightest ◊ **На не́бі не було́ найме́ншого ~у на можли́вий дощ.** There was not the slightest hint of possible rain in the sky. **таємни́чий** mysterious, **тонки́й** subtle; **брудни́й** dirty, **гру́бий** crude, **незґра́бний** clumsy, **ха́мський** rude
v. + **н. роби́ти н.** make a hint ◊ **Він зроби́в не зо́всім деліка́тний н.** He made a not entirely delicate hint. (**дава́ти** + *D.* give sb, **ки́дати** drop; **лови́ти** catch ◊ **На її обли́ччі Пили́п злови́в прозо́рий н.** Pylyp caught a clear hint on her face. **розумі́ти** understand, **чу́ти** hear ◊ **Він упе́рто не чув я́вних ~ів госпо́даря.** He stubbornly did not hear the host's obvious hints. **іґнорува́ти** ignore) ◊ **Со́ля зіґнорува́ла її ха́мський н.** Solia ignored her rude allusion.
prep. **н. на** + *A.* a hint about/to sth ◊ **н. на їхню розмо́ву** a hint about their conversation; **н.** + *D.* *or* **для** + *G.* to sb ◊ **н. Петро́ві** *or* **для Петра́ зміни́ти те́му** a hint to Petro to change the subject

натяка́|ти, **~ють; натякн|у́ти**, **~у́ть**, *intr.*
to hint, allude + *D.* to sb
adv. **безпомилко́во** unmistakably, **вира́зно** distinctly, **прозо́ро** clearly, **пря́мо** directly, **я́вно** obviously; **двозна́чно** ambiguously, **деліка́тно** delicately, **завуальо́вано** in a veiled manner, **ле́гко** gently, **то́нко** subtly; **ма́рно** in vain; **недвозна́чно** unequivocally ◊ **Він недвозна́чно ~в прису́тнім, що пора́ йти.** He was unequivocally hinting to those present that it was time to go. **неделіка́тно** indelicately, **незґра́бно** clumsily; **таємни́че** mysteriously; **і́ноді** sometimes, **ча́сто** often
v. + **н. намага́тися** try to ◊ **Вона́ намага́лася натякну́ти го́стеві, що в ньо́го нема́є ша́нсів.** She tried to hint to the guest that he stood no chance.
prep. **н. на** + *A.* hint at to sb/sth ◊ **Валенти́на я́вно на щось ~ла.** Valentyna was obviously hinting at something.
натяка́й! натякни́!
Also see **закида́ти**[2] **6**

натякну́|ти, *pf., see* **натяка́ти**
to hint, make a hint, make an allusion, *etc.* ◊ **Петро́ лише́ то́нко ~в на пробле́му.** Petro only made a subtle allusion to the problem.

нау́|ка, *f.*
1 *only sg.* science
adj. **суча́сна** modern ◊ **Його́ пра́ця відда́лено пов'я́зана з суча́сною ~кою.** His work is distantly related to modern science. **сього́днішня** current ◊ **Вона́ орієнту́ється в сього́днішній ~ці.** She is in the know of current science. **до́бра** good, **серйо́зна** serious, **спра́вжня** real; **ба́зова** basic, **емпіри́чна** empirical, **експеримента́льна** experimental, **прикладна́** applied, **теорети́чна** theoretical, **то́чна** hard, **фундамента́льна** fundamental, **чи́ста** pure; **ке́пська** poor, **пога́на** bad
n. + **н. просува́ння ~ки** the advancement of science (**зако́ни** laws, **істо́рія** history, **ро́звиток** development, **світ** world) ◊ **Він ті́шиться значни́м авторите́том у сві́ті ~ки.** He enjoys considerable authority in the world of science. ♦ **н. і те́хніка** science and technology
v. + **н. розвива́ти ~ку** develop science ◊ **Інститу́т розвива́є фундамента́льну ~ку.** The institute develops fundamental science. (**просува́ти** advance, **розумі́ти** understand)
prep. **в ~ці** in science ◊ **Він усти́г бага́то зроби́ти у ~ці.** He managed to do a lot in science.
2 *often in pl.* discipline, branch of science
adj. **інформаці́йні** information, **космі́чні** space, **математи́чні** mathematical, **меди́чні** medical, **суспі́льні** social, **фізи́чні** physical; ♦ **гуманіта́рні ~ки** humanities; ♦ **акаде́мія ~к** an academy of sciences ◊ **Украї́нська ві́льна акаде́мія ~к** the Ukrainian Free Academy of Sciences
See **га́лузь, предме́т 2**
3 *only sg.* education, experience ◊ **Вінни́цький закі́нчив ~ку в Ки́ївському держа́вному університе́ті.** Vynnytsky completed his education at Kyiv State University.
See **осві́та.** *Also see* **гра́мота 1, пи́сьме́нність 1**
4 *fig.* lesson, experience ♦ **да́ти** + *D.* **~ку** *or* **ста́ти** + *D.* **~кою** *both pf.* to teach sb a lesson ◊ **По́дорож ста́ла їй ко́рисною ~кою.** The trip taught her a useful lesson.
See **до́свід, уро́к 3, шко́ла 2**
5 studies
adj. **консервато́рська** conservatory, **студе́нтська** student, **університе́тська** university, **шкі́льна** school ◊ **Ва́ля чека́є поча́тку шкі́льної ~ки.** Valia is waiting for her school studies to begin. **висна́жлива** exhausting, **складна́** complicated, **тяжка́** difficult; ♦ **віддава́ти** + *A.* **у ~ку** to send sb to study ◊ **Батьки́ відда́ли до́чку в ~ку до Ха́ркова.** The parents sent their daughter to study in Kharkiv.
See **навча́ння.** *Also see* **майсте́рня 3**

науко́в|ець, *m.*, **~ця; ~иця**, *f.*
scientist, scholar
adj. **авторите́тний** respected, **блиску́чий** brilliant, **вели́кий** great ◊ **портре́ти вели́ких ~ів** pictures of great scholars; **видатни́й** outstanding, **ви́знаний** recognized, **відо́мий** well-known, **впливо́вий** influential, **відмі́нний** excellent, **до́брий** good, **геніа́льний** brilliant, **зна́ний** well-known, **провідни́й** leading, **славе́тний** famous, **чоло́вий** top ◊ **Тут виклада́є кі́лька чоло́вих ~ів га́лузі.** Several top scientists of the discipline teach here. **шано́ваний** respected; **диплómований** trained, **професі́йний** professional, **серйо́зний** serious; **незале́жний** independent ◊ **Систе́ма виключа́є саму́ можли́вість для ~ця бу́ти незале́жним.** The system rules out the very possibility for a scientist to be independent. **головни́й** chief, **ста́рший** senior; **моло́дший** junior; **правди́вий** true, **спра́вжній** genuine; **контроверсі́йний** controversial, **сканда́льний** scandalous; **америка́нський** American, **украї́нський** Ukrainian, **япо́нський** Japanese, *etc.*; **досві́дчений** experienced; **молоди́й** young; **суча́сний** contemporary, modern; **консервати́вний** conservative, **ліберá льний** liberal; **об'єкти́вний** objective; **політи́чно заанґажо́ваний** politically engaged, **суб'єкти́вний** subjective, **упере́джений** biased
v. + **н. інтриґува́ти ~ця** intrigue a scientist ◊ **Іде́я життя́ на і́нших плане́тах інтригу́є ~ців.** The idea of life on other planets intrigues scientists. (**прива́блювати** attract, **спантели́чувати** baffle, **ціка́вити** interest) ◊ **~ця ціка́вить альтернати́вна енерге́тика.** The scientist is interested in alternative energy generation. **бу́ти ~цем** be a scientist (**вважа́ти** + *A.* consider sb ◊ **Його́ вважа́ли правди́вим ~им.** He was considered to be a true scholar. **працюва́ти** work as ◊ **Він волі́є працюва́ти виклада́чем, як науко́вцем-дослі́дником.** He prefers working as an instructor rather than a research scientist. **става́ти** become)
Also see **вче́ний**[2]

науко́в|ий, *adj.*
academic, scientific, scholarly
adv. **винятко́во** exclusively ◊ **Дослі́дники застосо́вують винятко́во ~і мéтоди.** The researchers use exclusively academic methods. ♦ **високонауко́вий** highly academic, **і́стинно** truly, **спра́вді** really, **стро́го** strictly, **чи́сто** purely, **цілко́м** entirely, **я́вно** clearly; **ма́йже** almost, ♦ **квазинауко́вий** quasi-scientific, ♦ **псе́вдонауко́вий** pseudo-scientific, **не ду́же** not very, **не цілко́м** not entirely
н. + *n.* **н. авторите́т** an academic authority (**ві́сник** herald *usu in journal titles* ◊ **«Н. ві́сник Націона́льного університе́ту ім. Іва́на Франка́»** *The Academic Herald of the National Ivan Franko University*; **журна́л** journal, **збі́рник** collection, **керівни́к** advisor ♦ **н. керівни́к дисерта́ції** a dissertation advisor; **ме́тод** method, **підхі́д** approach, **по́гляд** view, **рі́вень** level), ◊ **н. працівни́к** a research associate; **~а диску́сія** an academic discussion (**ду́мка** thought, **методоло́гія** methodology, publication, **пре́са** press, **стаття́** article), ♦ **~а фанта́стика** science fiction; **~е дослі́дження** an academic study (**життя́** life, **товари́ство** society) ◊ **~е і́мени Шевче́нка (НТШ)** the Shevchenko Scientific Society; ◊ **~і да́ні** scientific data
v. + **н. бу́ти ~им** be scientific ◊ **Ана́ліз зі́браного матерія́лу має́ бу́ти стро́го ~им.** The analysis of the collected material must be strictly academic. (**вважа́ти** + *A.* consider sth, **здава́тися** + *D.* seem to sb, **оголо́шувати** + *A.* pronounce sth ◊ **Рецензе́нт оголоси́в нову́ тео́рію псевдонауко́вою.** The reviewer declared the new theory pseudo-scientific. **роби́ти** + *A.* make sth, **става́ти** become)
Cf. **вче́ний**[1] **1**

на́фт|а, *f.*
oil, petroleum
adj. **важка́** heavy; **легка́** light; **загу́щена** condensed; **мінера́льна** mineral; **перео́блена** refined; **сира́** crude; **чи́ста** clean
n. + **н. запа́си ~и** oil reserves (**ви́добуток** extraction; **ви́лив** spillage ◊ **До́сі їм вдава́лося уника́ти ви́ливів ~и.** They managed to avoid oil spillages so far. **виробни́цтво** production, **по́клади** deposits, **ри́нок** market, **родо́вище** field, **свердлови́на** well, **спожива́ння** consumption ◊ **Уряд скоро́чує спожива́ння ~и.** The government is reducing its oil consumption. **ціна́** price) ◊ **Ціна́ ~и лиша́ється тіє́ю ж.** The oil price remains the same.
v. + **н. видобува́ти ~у** extract oil (**вивози́ти** *or* **експортува́ти** export ◊ **Зна́йдені по́клади дозво́лять краї́ні експортува́ти ~у.** The deposits found will allow the country to export oil. **вво́зити** *or* **імпорту́вати** import; **знахо́дити** find, **отри́мувати** obtain; **переробля́ти** refine ◊ **Тут сиру́ ~у переробля́ють на бензи́н.** Here, crude oil is refined into gasoline. **помпува́ти** pump, **продукува́ти** produce)

на́фтов|ий, *adj.*
oil, petro, of or pertaining to oil
н. + *n.* **н. бі́знес** oil business (**карте́ль** cartel; **по́клад** deposit, **ри́нок** market), ♦ **н. заво́д** an oil refinery; **~а компа́нія** an oil company (**кри́за** crisis; **монопо́лія** monopoly, **га́лузь** *and* **промисло́вість** industry ◊ **~а промисло́вість го́стро потребу́є модерніза́ції.** The oil industry badly needs modernization. **свердлови́на** well)

наха́б|а, *m. and f.*
brazen person
adj. **безсоро́мний** shameless ◊ **Прийти́ без запро́шення міг ті́льки безсоро́мний н.** Only a shamelessly brazen man could come without an

invitation. **велúкий** big, **небáчений** unequaled, **рíдкісний** rare, **страшнúй** terrible ◊ **Вонá булá страшнóю ~ою.** She was terribly brazen. **нестéрпний** insufferable
v. + **н. бýти ~ою** be brazen ◊ **Тут трéба бýти ~ою, щоб домогтúся свогó.** Here one needs to be brazen to get what one wants. (**виявля́тися** turn out ◊ **Він вúявився рíдкісним ~ою.** He turned out to be a rare kind of brazen man. **лишáтися** remain; **ставáти** become)

нахáбн|ість, *f.*, **~ости**, *only sg.*

brazenness, impudence, insolence
adj. **безсорóмна** shameless, **велúка** great, **винятќова** exceptional, **жахлúва** horrible, **нечýвана** unheard-of, **рíдкісна** rare, **страшнá** terrible, **типóва** typical ◊ **Вонá дíяла з типóвою ~істю.** She acted with typical brazenness.
v. + **н. виявля́ти н.** show brazenness ◊ **Вонá вúявила винятќову н., іґнорýючи чéргу.** She showed exceptional brazenness, ignoring the line.

нáхил, *m.*, **~у**

1 inclination, propensity, proclivity, bent, talent ◊ **Виклáдач помíтив велúкий н. Олéни до матемáтики.** The instructor noticed Olena's great propensity for math. ◊ **Він усіля́ко розвивáє своï прирóджені худóжні ~и.** He develops his inborn artistic talents in every way.
See **схúльність 1.** *Also see* **жúлка 3, тендéнція 2**
2 *usu pl.* trait, feature, quality ◊ **лю́ди з рíзними ~ами** people of various traits
See **рúса 1**
3 incline, slope, gradient, pitch, angle
adj. **велúкий** steep ◊ **Велúкий н. не дозволя́в їй вúïхати на пáгорб велосипéдом.** The steep incline did not allow her to get atop the hill by bicycle. **вирáзний** distinct, **значнúй** significant, **помíтний** noticeable; **дéякий** *and* **пéвний** certain; **невелúкий** small, **поступóвий** gradual; **крутúй** steep, **рíзкúй** sharp
v. + **н. стáвити** + *A.* **під ~ом** set sth at an angle ◊ **Дах збудóвано під ~ом.** The roof is built at an angle.
Also see **кут 1, схил**

націоналізáці|я, *f.*, **~ї**

nationalization
adj. **загáльна** general, **мáсова** mass, **пóвна** total, **цілковúта** complete; **вибірќова** selective, **частќова** partial; **необхíдна** necessary; **обíцяна** promised ◊ **Обíцяна н. авіялíнії відкладáлася.** The promised nationalization of the airline was being postponed.
v. + **н. провóдити ~ю** carry out nationalization ◊ **Він вимагáв провестú загáльну ~ю гáлузі.** He demanded to carry out a general nationalization of the sector. (**виступáти за** champion, **підтрúмувати** support); **бýти прóти ~ї** be against nationalization (**виступáти прóти** oppose) ◊ **Пáртія виступáє прóти ~ї бáнків.** The party opposes the nationalization of banks. **запобігáти ~ї** prevent nationalization (**перешкоджáти** be in the way of)
Cf. **модернізáція.** *Ant.* **приватизáція**

націоналíзм, *m.*, **~у**

1 nationalism *(ideology)*
adj. **антиколініяльний** anti-colonial, **визвóльний** liberation ◊ **Він – прибíчник визвóльного ~у.** He is a supporter of liberation nationalism. **інтеґрáльний** integral, **скрáйній** extreme; **ліберáльний** liberal, **помірќований** moderate; **америкáнський** American, **англíйський** English, **росíйський** Russian, *etc.*
v. + **н. поширювати н.** spread nationalism ◊ **Рáдіо поширює скрáйній н.** The radio spreads extreme nationalism. (**використóвувати** exploit ◊ **Президéнт використóвує н. із політúчною метóю.** The president exploits nationalism for political purposes. **підтрúмувати** support)
Cf. **патріотúзм 1**
2 nationalism *(sentiment)* ◊ **Висóке безробíття розпáлювало у країні н.** High unemployment fueled nationalism in the country.
v. + **н. провокувáти н.** provoke nationalism ◊ **Вúступи демогóга провокувáли сéред слухачíв н.** The demagogue's speeches provoked nationalism among listeners. (**посúлювати** strengthen, **розпáлювати** fuel; **послáблювати** weaken)
Cf. **патріотúзм 2**

націоналізу|вáти, **~ють;** *same, tran.*

to nationalize
adv. **ґвалтóвно** abruptly, **негáйно** immediately ◊ **Профспíлки вимагáли від ýряду н. вýгільну промислóвість.** The trade unions demanded that the government nationalize the coal-mining industry. **несподíвано** unexpectedly, **одрáзу** at once, **швúдко** quickly; **крок за крóком** step by step, **мáсово** massively, **нарéшті** finally, **неунúкно** inevitably, **поступóво** gradually
v. + **н. бýти необхíдно** be necessary to ◊ **Необхíдно н. охорóну здорóв'я.** It is necessary to nationalize health care. **вимагáти** demand to; **мáти нáмір** have the intention to; **намагáтися** try to; **відмовля́тися** refuse to
pa. pple. **націоналізóваний** nationalized
націоналізýй!
Cf. **модернізувáти**

націоналíст, *m.*; **~ка**, *f.*

nationalist
adj. **велúкий** great, **войовнúчий** militant, **затя́тий** dyed-in-the-wool, **консерватúвний** conservative, **кривáвий** bloody, **кровожéрний** blood-thirsty, **невипрáвний** incorrigible, **прúстрасний** passionate; **ліберáльний** liberal ◊ **Він вважáв себе ліберáльним ~ом.** He considered himself to be a liberal nationalist. **помірќований** moderate, **проґресúвний** progressive; **буржуáзний** bourgeois; **новоспéчений** brand-new; **прихóваний** hidden ◊ **За йогó інтернаціонáльною ритóрикою був прихóваний н.** A nationalist was hiding behind the internationalist rhetoric. **свідóмий** conscientious; **лíвий** left-wing, **прáвий** right-wing; **англíйський** English, **чечéнський** Chechen, **росíйський** Russian, **українськúй** Ukrainian
v. + **н. перетвóрюватися на ~а** turn into a nationalist ◊ **Він перетворúвся на затя́того ~а.** He turned into a dyed-in-the-wool nationalist. **бýти ~ом** be a nationalist (**вважáти** + *A.* consider sb, **називáти** + *A.* call sb ◊ **Йогó називáли буржуáзним ~ом.** He was called a bourgeois nationalist. **вихóвувати** + *A.* bring sb up as ◊ **Систéма освíти у країні вихóвує дітéй ~ами.** The educational system in the country brings the children up as nationalists. **виявля́тися** turn out, **здавáтися** + *D.* seem to sb, **лишáтися** remain, **робúти** + *A.* make sb ◊ **Дискримінáція зробúла йогó свідóмим ~ом.** Discrimination made him a conscientious nationalist. **ставáти** become)
Cf. **патріóт**

націонáльн|ий, *adj.*

1 national, of or pertaining to a nation ◊ **Кúївський н. університéт íмени Тарáса Шевчéнка** Kyiv Taras Shevchenko National University
н. + *n.* **н. вúборець** a national voter (**кінематóграф** filmmaking; **проéкт** project; **стандáрт** standard; **кóнкурс** competition, **чемпіонáт** championship); **~а ідéя** a national idea (**культýра** culture, **літератýра** literature; **дружúна** team ◊ **Вонá змагáлася в ~ій дружúні з гімнáстики.** She competed on the national gymnastics team. **меншúна** minority; **мóва** language; **прéмія** prize), ♦ **~а держáва** a nation state; **~е питáння** the national issue
Cf. **етнíчний**
2 national *(as opposed to private)*, domestic, state, government
н. + *n.* **н. бюджéт** a national budget (**продýкт** product); **~а полíтика** state policy (**освíта** education, **промислóвість** industry)

націонáльн|ість, *f.*, **~ости**

nationality, ethnicity ◊ **Зі Світлáною навчáлися лю́ди рíзних ~ей.** People of different ethnicities studied with Svitlana.
adj. **екзотúчна** exotic ◊ **Сéред них булú нáвіть такí екзотúчні для цих країв ~ості, як бáски.** Among them, there were even such exotic nationalities for these lands as the Basques. **мíшана** mixed, **незрозумíла** unclear, **подвíйна** dual, **сумнíвна** questionable ◊ **стрáва сумнíвної ~ости** *fig.* a dish of questionable nationality
v. + **н. бýти ~ости** be of a nationality ◊ **Якóї ~ости був йогó дід.** What was the nationality of his grandfather?
Cf. **громадя́нство**

нáці|я, *f.*, **~ї**

nation
adj. **велúка** large, great, **дýжа** *and* **потýжна** powerful, **могýтня** mighty; **малá** *and* **невелúка** small; **провіднá** leading; **дáвня** ancient; **молодá** young; **вся** entire; **азіáтська** Asian, **гермáнська** Germanic, **європéйська** European, **ромáнська** Romance, **слов'я́нська** Slavic, *etc.* ◊ **Ця слов'я́нська н. нарахóвує п'ять мільйóнів.** The Slavic nation counts five million. **бездержáвна** stateless; **держáвна** state; **культýрна** cultured; **сучáсна** modern; **цивілізóвана** civilized; **вiдвáжна** brave; **волелю́бна** freedom-loving; **кориннá** indigenous; **імпéрська** imperial, **панівнá** dominant; **визúскувана** exploited, **гнóблена** oppressed, **дискримінóвана** discriminated against, **переслíдувана** persecuted, **поневóлена** captive
n. + **н. нарóдження ~ї** the birth of a nation ◊ **Подíї тієї óсени привелú до нарóдження новóї ~ї.** The events of that fall led to the birth of a new nation. (**ствóрення** creation; **життя́** life; **інтерéси** interests); ◊ **н. взагалí** the nation in general, ◊ **н. як цíлість** the nation as a whole; ◊ **н. як такá** the nation as such
v. + **н. ствóрювати ~ю** create a nation (**консолідувáти** consolidate, **розбудóвувати** build; **заклúкати** call on ◊ **Вонá заклúкала ~ю повстáти.** She called on the nation to rise up. **очóлювати** lead, **об'єднувати** unite; **розділя́ти** divide, **розкóлювати** split; **боронúти** defend, **захищáти** protect; **шокувáти** shock; **асимілювáти** + *A.* **в** assimilate sb into) ◊ **Меншúни асимілювáли в однý ~ю.** The minorities were assimilated into one nation. **служúти ~ї** serve a nation ◊ **Кóжен самовíддано слýжить своїй ~ї.** Everyone is selflessly serving his nation. **управля́ти ~єю** govern a nation (**пишáтися** be proud of) ◊ **Числó українців, що пишáються своєю ~єю, зрослó.** The number of Ukrainians who are proud of their nation increased.
н. + *v.* **нарóджуватися** be born, **поставáти** arise, **відрóджуватися** revive ◊ **Завдякú збережéній мóві й культýрі н. відродúлася.** The nation revived thanks to the preservation of its language and culture. **зникáти** disappear, **асимілювáтися в** + *L.* assimilate in sth, **розчиня́тися в** + *L.* dissolve in
Cf. **нарóд**

начин|úти, *pf.*, *see* **начиня́ти**

to stuff ◊ **Марýся ~úла зáйця на брáтові урóдини.** Marusia stuffed a hare for her brother's birthday.

начиня́|ти, **~ють; начин|úти**, **~ять**, *tran.*

to stuff + *I.* with sth ◊ **На святќову вечéрю бáтько начинúв кáчку рúсом і я́блуками.** For

the festive dinner, father stuffed a duck with rice and apples.
adv. **вмíло** skillfully, **майстéрно** masterfully; **швидко** quickly
н. + *n.* **н. индика** stuff a turkey (**зайця** hare, **кáчку** duck, **кроля** rabbit, **кýрку** chicken, **рибу** fish, **щýку** pike, *etc.*) ◊ **Микола навчився майстéрно н. щýку.** Mykola learned to stuff a pike masterfully.
Cf. **шпигувáти**[2]

начитан|ий, *adj.*
well-read, knowledgeable, erudite ◊ **Вонá шукáла ~ого товариства.** She was looking for a well-read company.
adj. **винятковo** exceptionally, **дóбре** fairly, **дýже** very, **надзвичáйно** extremely; **на диво** amazingly, **прекрáсно** superbly; **дóсить** sufficiently; **несподíвано** unexpectedly
v. + **н. бýти ~им** be well-read (**вважáти** + *A.* consider sb, **вважáтися** be considered, **виявлятися** turn out ◊ **Петрó виявився несподíвано ~им юнакóм.** Petro turned out to be an unexpectedly well-read youth. **здавáтися** + *D.* seem to sb, **ставáти** become)
prep. **н. в** + *A.* well-read in sth ◊ **Мóтря надзвичáйно ~а в архітектýрі стародáвніх Атéн.** Motria is extremely well-read in the architecture of Ancient Athens. **н. з** + *G.* well-read in sth ◊ **Дівчáта стáли солíдно ~ими з цієї гáлузі біолóгії.** The girls became thoroughly well-read in this branch of biology.
Also see **освíчений**[1]

нашпигу|вáти, *pf., see* шпигувáти[2]
to season, spice ◊ **Він ~вáв великий шматóк яловичини пéрцем і сíллю.** He seasoned a large piece of beef with pepper and salt.

наштовхнý|тися, *pf., see* наштóвхуватися
to stumble over, bump into, *etc.* ◊ **Дослíдник випадкóво ~вся на загадкóвий лист у архíві письмéнниці.** The researcher accidentally stumbled across a mysterious letter in the (female) writer's archive.

наштóвху|ватися, ~ються; наштовхн|ýтися, ~ться, *intr.*
1 to stumble over *(a physical obstacle)*, stumble across, bump into
adj. **весь час** all the time, **зáвжди** always, **инóді** sometimes, **раз у рáз** time and again ◊ **У тéмряві він раз у рáз ~вався на якíсь предмéти.** Time and again he stumbled over some objects in the darkness. **щорáзу** every time; **випадкóво** accidentally, **несподíвано** unexpectedly, **рáптом** suddenly
v. + **н. намагáтися не** try not to ◊ **Він ішóв повíльно, намагáючись ні на що не наштовхнýтися.** He walked slowly, trying not to stumble over anything.
prep. **н. на** + *A.* stumble across sb/sth ◊ **Марíя чáсто ~валася на незнайóмі словá у тéксті.** Maria often stumbled across unfamiliar words in the text.
See **знахóдити 1.** *Also see* **зустрічáтися 2, наглядáти 3, нападáти 4, натрапляти 2**
2 *fig.* to come across *(a hurdle)*, run into, encounter, experience ◊ **Він наштовхнýвся на відвéрту ворóжість.** He encountered open hostility. ♦ **н. на відмóву** to be turned down ◊ **Він наштовхнýвся на відмóву.** He was turned down.
See **зустрічáти 1**
наштóвхуйся! наштовхнися!

нащáд|ок, *m.*, ~ка
1 descendant, successor
adj. **близький** close ◊ **Священник був близьким ~ком Симóна Петлюри.** The priest was a close descendant of Symon Petliura. **прямий** direct; **далéкий** distant; **великий** great, **видатний** outstanding, **відóмий** well-known, **талановитий** talented; **духóвний** spiritual, **ідéйний** philosophical; **живий** living; **ганéбний** despicable, **жалюгíдний** pathetic; **невідóмий** unknown, **таємничий** mysterious
v. + **н. бýти ~ком** be a descendant (**вважáти** + *A.* consider sb ◊ **Критики вважáють йогó ідéйним ~ком Драгомáнова.** Critics consider him to be Drahomanov's philosophical descendant. **виявлятися** turn out, **лишáтися** remain ◊ **Він лишáвся духóвним ~ком професóра.** He remained the professor's spiritual descendant. **ставáти** become) ◊ **Так він став єдиним ~ом цьогó шляхéтного рóду.** Thus, he became the only descendant of this noble family.
Cf. **настýпник.** *Also see* **син 2**
2 *only pl.* later generations, posterity ◊ **Йогó слáва живé в пáм'яті ~ків.** His glory lives on in the memory of the later generations.
3 *colloq.* son, heir ◊ **Богдáн сувóро поглянув на ~ка.** Bohdan looked sternly at his heir.
See **син 1**
4 *colloq.* inheritance, legacy; ♦ **у н.** as inheritance ◊ **Вони лишили дíтям у н. самí боргú.** They left their children nothing but debts as inheritance.
See **спáдщина**

нáщо, *var.* навíщо, *adv., conj.*
1 *adv.* what for, why ◊ **Н. він брéше?** Why is he lying? ◊ **Н. це їм?** What do they need it for? ◊ **Лев не знáв, н. він це зробив.** Lev did not know why he had done it.
2 *conj.* despite, inspite of, however ◊ **Н. Петрó був смíливий, він теж злякáвся.** However brave Petro was, he too got scared.
See **незважáючи**

нáщось, *var.* навíщось, *adv.*
for some reason, for one reason or another ◊ **Вáля н. подарувáла йомý дивну íграшку.** For some reason Valia gave him a strange toy. ◊ **Він стáвив це питáння н.** He was asking the question for a reason.

наявн|ий, *adj.*
available, present, at one's disposal ◊ **Щоб купити будинок, ~их грóшей недостáтньо.** The available money is not enough to buy the house. ◊ **Слíдчий просив інформáцію про ~і активи.** The detective was asking for the information on the available assets.
v. + **в. бýти ~им** be available ◊ **У спрáві були ~ими всі дóкази.** All evidence was available in the case. (**вважáти** + *A.* consider sth, **виявлятися** turn out; **лишáтися** remain; **ставáти** become) ◊ **Чéрез п'ять рóків усі йогó архíви стáнуть ~ими для дослíдників.** In five years, all his archives will become available for researchers.
See **присýтній.** *Ant.* **відсýтній 1**

не, *neg. part.*
1 not, no *(used before a word to negate it)* ◊ **Я н. знáю.** I don't know. ◊ **Ми пишемо н. лист, а запискý.** We are writing not a letter but a note. ◊ **Хáта н. новá, а старá.** The house is not new but old.
2 no ◊ **Н. палити!** No smoking! ◊ **Сьогóдні спрáви н. крáщі.** Things are no better today. ◊ **Вони не мáють чáсу.** They have no time.
3 ♦ **н. .., н. ...** neither .., nor... ◊ **Це н. водá і н. сік.** This is neither water nor juice.
4 *(to express question, supposition, or request)* **чи** + **н.** *(question)* ◊ **Чи н. бáчив ти тут Гáнни?** Did you see Hanna here? *(supposition)* ◊ **Чи н. Ромáн дзвонив до тéбе?** Was it Roman who called you? *(request)* ◊ **Чи н. дозвóлите менí сьогóдні пíти додóму ранíше?** Could you let me to go home earlier today?
5 *(intensifier with interrogative pr.)* ♦ **де б н.** no matter where, wherever ◊ **Остáпенко нíколи не забувáв рíдного мíста, де б він н. жив.** Ostapenko never forgot his hometown, no matter where he lived. ♦ **коли б н.** no matter when, when ◊ **Я допоможý тобí, коли б ти н. попросив.** I will help you whenever you ask. ♦ **що б н.** no matter what, whatever ◊ **Вони н. вíрили Галині, що б вонá н. казáла.** They did not believe Halyna no matter what she said. ♦ **хто б н.** no matter who, whoever ◊ **Не кажи нікóму про це, хто б тебé н. питáв.** Don't tell anybody about it, whoever may ask you. ♦ **мáло н.** almost, all but ◊ **Богдáн мáло н. розбив автомобíля.** Bohdan nearly crashed the car.
Cf. **мáйже**

неабияк|ий, *adj.*
1 big, great, major, considerable, quite some ◊ **Її дýмка мáє ~у вагý.** Her opinion has considerable weight. ◊ **Надíя мáла н. дóсвід.** Nadiia had considerable experience. ◊ **Шлюб став ~ою сенсáцією.** The marriage became a major sensation.
See **великий 3, значний** 1
2 outstanding, superlative ◊ **У юності вонá булá ~ою спортсмéнкою.** In youth she was an outstanding athlete.
See **видатний 1.** *Also see* **великий 4**
3 extraordinary, exceptional, unusual, remarkable ◊ **~е досягнення** an extraordinary achievement
See **надзвичáйний.** *Also see* **небувáлий 1**
4 not just any, uncommon ◊ **Гончарýк – н. простáк. Він – психóлог.** Honcharuk is not just any simpleton. He is a psychologist.
See **бýдь-який**

неадеквáтн|ий, *adj.*
inadequate
adv. **абсолютно** absolutely, **винятковo** exceptionally, **дýже** highly, **цілкóм** completely, **дéщо** somewhat ◊ **Її реáкція дéщо ~а.** Her reaction is somewhat inadequate. **дóсить** fairly; **мáйже** almost; **трóхи** a little; **дивно** strangely, **підозрíло** suspiciously, **явно** clearly
v. + **н: бýти ~им** be inadequate (**виглядáти** look, **виявлятися** turn out, **здавáтися** + *D.* seem to sb, **ставáти** become) ◊ **Як фахівéць, він давнó став ~им.** As an expert he became inadequate long ago.

небагáто[1], *adv.*
1 not much, not many, little, a little, few + *G.* ◊ **У неї лишáється н. чáсу.** She has little time left.
adv. **геть** *and* **зóвсім** at all ◊ **Ярина геть н. знáла про поéта.** Yaryna did not know much at all about the poet. **дíйсно** really ◊ **Вони пробули там дíйсно н.** They really did not stay there for long.
See **мáло 1**
2 not richly, moderately, modestly ◊ **Інтер'єр цéркви н. оздóбленим.** The church interior is not richly decorated.
Ant. **багáто 2**

небагáт|о[2], *card., n.*, ~ьóх
1 *card.* a few, not many, several ◊ **Новá п'єса здалася цікáвою ~ьóм глядачáм.** The new play seemed interesting to few viewers.
2 *n., sg.* few, not many people, few people ◊ **Такí пригóди трапляються з ~ьмá.** Such adventures happen to few people.
D. **~ьóм**, *A.* **~ьóх** *or inanim.* **б.**, *I.* **~ьмá**, *L.* **на ~ьóх**
Cf. **багáто 4**

небезпé|ка, *f.*
danger + *G.* ◊ **Населення регіону знáло про ~у землетрýсу.** The population of the region knew about the danger of an earthquake.
adj. **великá** great, **грíзна** grave, **жахлива** horrible ◊ **жахлива н. загибелі** a horrible danger of death; **значнá** significant, **неабияка** considerable, **неуникна** inevitable, **реáльна** *and* **спрáвжня** real, **серйóзна** serious,

страшна́ terrible, **смерте́льна** mortal, **я́вна** clear; **мініма́льна** minimal ◊ **Тут н. по́вені мініма́льна.** Here, the danger of flooding is minimal. **невели́ка** small, **незначна́** insignificant; **пості́йна** constant, **трива́ла** long-term; **прихо́вана** hidden; **можли́ва** possible, **потенці́йна** potential; **особи́ста** personal
v. + **н. відчува́ти ~ку** sense danger ◊ **Він відчува́в ~ку.** He sensed danger. (**ба́чити** see, **впізнава́ти** recognize, **розумі́ти** understand, **усвідо́млювати** be aware of, **чу́ти** feel; **недооці́нювати** underestimate; **наража́тися на** run ◊ **Він наража́ється на н. банкру́тства.** He is running the danger of bankruptcy. **представля́ти** present, **станови́ти** pose, **створю́вати** create; **відверта́ти** avert, **зме́ншувати** reduce, **мінімалізува́ти** minimize; **збі́льшувати** add to, **поси́лювати** increase) ◊ **Дощі́ поси́лювали ~ку епіде́мії.** Rains increased the danger of an epidemic. **уника́ти ~ки** avoid danger (**боя́тися** be afraid of; **втіка́ти від** flee from) ◊ **Вони́ втіка́ли від ~ки мароде́рства.** They were fleeing from the danger of looting. **запобіга́ти ~ці** prevent danger. **бу́ти в ~ці** be in danger (**опиня́тися в** find oneself in) ◊ **Вони́ опини́лися у серйо́зній ~ці.** They found themselves in serious danger.
н. + *v.* **існува́ти** exist, be; **чига́ти** lurk, lie in wait ◊ **Тут скрізь чига́є н.** Danger lurks everywhere here. **прохо́дити** pass
Also see **загро́за 1, ри́зик.** *Ant.* **безпе́ка**

небезпе́чн|ий, *adj.*
dangerous
adv. ♦ **ви́сокoнебезпе́чний** highly dangerous, **вкрай** extremely, **до́сить** quite, **доста́тньо** sufficiently, **ду́же** very, **особли́во** especially; **деда́лі бі́льш** increasingly; **жахли́во** horribly, **страше́нно** terribly; **неймові́рно** incredibly; **очеви́дно** evidently, **я́вно** clearly; **потенці́йно** potentially; **за ви́значенням** by definition; **несподі́вано** unexpectedly; **економі́чно** economically, **політи́чно** politically, **фіна́нсово** financially
v. + **р. бу́ти ~им** be dangerous (**вважа́ти** + *A.* consider sb/sth ◊ **Ніхто́ не вважа́в рі́чку особли́во ~ою.** Nobody considered the river particularly dangerous. **вигляда́ти** look, **виявля́тися** prove ◊ **Її завда́ння ви́явилося ~им.** Her assignment proved to be dangerous. **здава́тися** + *D.* seem to sb ◊ **Га́лин на́мір здава́вся їм ду́же ~им.** Halia's intention seemed very dangerous to them. **лиша́тися** remain; **роби́ти** + *A.* make sth ◊ **Дощ роби́в їзду́ додатко́во ~ою.** The rain made the driving additionally dangerous.
prep. **н. для** + *G.* dangerous to sb ◊ **Стара́ фа́брика лиша́ється ~ою для середо́вища.** The old factory remains dangerous to the environment.
See **ризико́ваний.** *Also see* **злоя́кісний.** *Ant.* **безпе́чний, неви́нний 4**

небе́сн|ий, *adj.*
1 celestial; divine ◊ **н. я́нгол** a heavenly angel; **~е ті́ло** a celestial body; ♦ **ма́нна ~а** manna from heaven
Ant. **земни́й 1**
2 azure, light blue ◊ **Тло карти́ни ~ого ко́льору.** The background of the painting is azure.
See **блаки́тний 1**
3 *fig.* wonderful, heavenly, elevated ◊ **~а краса́** heavenly beauty

не́б|іж, *m.*, **~ожа; ~о́га,** *f.*
nephew ◊ **Його́ н. Миха́йло і́ноді відві́дував Окса́ну.** His nephew Mykhailo sometimes visited Oksana.
adj. **двою́рідний** once removed ◊ **Яре́ма їй – двою́рідний н.** To her, Yarema is a nephew once removed. **трою́рідний** twice removed; **улю́блений** favorite
v. + **н. дово́дитися** + *D.* **~ожем** be sb's nephew ◊ **Сергі́й дово́дився трою́рідним ~ожем Ні́ні.** Serhii was Nina's nephew twice removed.
N. pl. **~ожі**

не́б|о, *nt.*
sky
adj. **безхма́рне** cloudless; **бездо́нне** bottomless, **безкра́є** boundless, **вели́ке** big, **величе́зне** huge, **відкри́те** open, **чи́сте** clear ◊ **чи́сте н.** clear sky; **широ́ке** wide, **висо́ке** high; **блаки́тне** azure, **си́нє** blue; **зо́ряне** starry, **мі́сячне** moonlit, **со́нячне** sunny; **імли́сте** hazy, **зади́млене** smoky, **сі́ре** gray, **похму́ре** overcast, **олов'я́не** leaden, **те́мне** dark; **ранко́ве** morning, **вечі́рнє** evening, **нічне́** night ◊ **На нічно́му ~і а́ні хмари́нки.** There is not a cloud in the night sky. **зимо́ве** winter, **весня́не** spring, **лі́тнє** summer, **осі́ннє** autumn; **квітне́ве** April, **грудне́ве** December, *etc.*
v. + **н. диви́тися на н.** look at the sky ◊ **Вона́ диви́лася на зо́ряне н.** ◊ She was looking at the starry sky. (**закрива́ти** block ◊ **Стіна́ ціл́ком закрива́ла н.** The wall completely blocked the sky. **освітлюва́ти** illuminate ◊ **Мі́сяць осві́тлював липне́ве н.** The moon illuminated the July sky. **підкоря́ти** *fig.* conquer); ♦ **бу́ти на сьо́мому ~і** to be in seventh heaven, to be on cloud nine ◊ **Ви́гравши пе́ршу пре́мію, Пили́п на сьо́мому ~і.** Pylyp is on cloud nine after winning the first prize.
н. + *v.* **проя́снюватися** lighten up; **захма́рюватися** turn cloudy, **сірі́ти** turn gray ◊ **Н. посірі́ло.** The sky turned gray. **темні́ти** darken
prep. **в ~і** in the sky ◊ **Гелі́коптер ширя́в ви́соко в ~і.** A helicopter hovered high in the sky. **з ~а** from the sky ◊ **Із захма́реного ~а пішо́в дощ.** Rain started falling from the cloudy sky. **на н.** *dir.* to the sky ◊ **У думка́х вона́ ча́сто літа́є на н.** In her thoughts she often flies to the sky. **на ~і** *posn.* in the sky; **під ~ом** under the sky; **по ~у** across the sky ◊ **Важкі́ хма́ри ру́халися по ~у.** Heavy clouds were moving across the sky. **про́сто ~а** outdoors, outdoors ◊ **Було́ до́сить те́пло, щоби спа́ти п. ~а.** It was warm enough to sleep outdoors. ◊ **музе́й про́сто ~а** an open-air museum

невда́л|ий, *adj.*
1 unsuccessful, failed, ineffective
adv. **геть** totally, **ціл́ком** completely; **вира́зно** distinctly ◊ **Полюва́ння було́ вира́зно ~им.** The hunt was distinctly unsuccessful. **однозна́чно** unequivocally, **я́вно** clearly; **ді́йсно** really, **спра́вді** truly; **до́сить** rather, **про́сто** simply; **трагі́чно** tragically
н. + *n.* **н. експериме́нт** a failed experiment (**прое́кт** project); **~а спро́ба** a failed attempt (**ідея́** idea)
v. + **н. бу́ти ~им** be unsuccessful (**вважа́ти** + *A.* consider sth, **вважа́тися** be considered, **виявля́тися** turn out ◊ **Лікува́ння ви́явилася ~им.** The treatment turned out to be unsuccessful. **здава́тися** + *D.* seem to sb)
Ant. **успі́шний**
2 unsatisfactory, poor, inadequate
н. + *n.* **н. конце́рт** an unsatisfactory concert (**ви́ступ** performance, **рома́н** novel, **твір** creation, **фільм** film) ◊ **Її пе́рші фі́льми вважа́ють до́сить ~ими.** Her first films are considered to be rather poor.
3 *colloq.* unattractive *(of a person)*, homely, unsightly ◊ **Він був ~им з обли́ччя.** He had an unattractive face.

невда́|ха, *m. and f.*
loser, ne'er-do-well, failure
adj. **безнаді́йний** hopeless ◊ **Олекса́ндер – не таки́й безнаді́йний н., як ду́мають.** Oleksander is not such a hopeless loser, as they think. **вели́кий** great, **ві́чний** perennial, **жалюгі́дний** pathetic, **звича́йний** common, **остато́чний** ultimate, **приро́джений** born, **рі́дкісний** rare, **цілкови́тий** total, **я́вний** clear
v. + **н. бу́ти ~хою** be a loser (**вважа́ти** + *A.* consider sb ◊ **Павла́ вважа́ли уро́дженим ~ою.** Pavlo was considered a born loser. **виявля́тися** turn out, **назива́ти** + *A.* call sb ◊ **У шко́лі Ні́ну назива́ли ~хою.** In school, Nina was called a loser. **таврува́ти** + *A.* brand sb as, **ставáти** become) ◊ **Коли́ це він став таки́м ~хою?** When did he become such a loser?
L. **на ~сі**

невда́ч|а, *f.*, **~і**
failure, fiasco, debacle
adj. **абсолю́тна** absolute, **вели́ка** great ◊ **Ко́жна н. була́ для Ля́ни нау́кою.** Every failure was a lesson to Liana. **величе́зна** enormous, **жахли́ва** awful, **страшна́** terrible; **колекти́вна** collective, **особи́ста** personal; **неуни́кна** inevitable, **немину́ча** unavoidable; **несподі́вана** unexpected, **раптова** sudden; **ґаранто́вана** guaranteed, **пе́вна** sure; **перві́сна** original, **пе́рша** first ◊ **Він забу́в пе́ршу ~у.** He forgot his first failure. **початко́ва** initial; **бо́лісна** painful, **жалюгі́дна** miserable, **нестéрпна** unbearable, **прини́злива** humiliating; **військо́ва** military, **мора́льна** moral, **науко́ва** scientific, **фіна́нсова** financial
v. + **н. визнава́ти ~у** admit to a failure (**прийма́ти** accept, **поя́снювати** + *I.* explain by sth ◊ **Таку́ ~у ва́жко поясни́ти одніє́ю причи́ною.** Such a fiasco is hard to explain by one reason. **опла́кувати** lament ◊ **Він не збира́вся опла́кувати ~у.** He was not going to lament his fiasco. **очі́кувати** anticipate; **бу́ти прире́ченим на** be doomed to) ◊ **Її план прире́чений на ~у.** Her plan is doomed to failure. ♦ **терпі́ти ~у** to be a failure ◊ **По́шуки допомо́ги потерпі́ли ~у.** The search for help was a failure. **боя́тися ~і** fear failure (**очі́кувати** anticipate; **уника́ти** avoid ◊ **Завдяки́ її пора́дам Оле́кса уни́кнув ~і.** Thanks to her advice, Oleksa avoided failure. **призво́дити до** lead to; **рятува́ти** + *A.* **від** save sb from) ◊ **Обере́жність урятува́ла Павла́ від ~і.** Caution saved Pavlo from failure. **запобіга́ти ~і** prevent a failure; **закі́нчуватися ~ею** end in failure (**примиря́тися з** reconcile oneself to) ◊ **Вони́ примири́лися з ~ею.** They reconciled themselves to their failure.
Also see **пора́зка, прова́л 3**

невдово́лен|ий, *adj.*
unhappy, displeased, dissatisfied + *I.* about/with/over ◊ **Вона́ ~а поворо́том поді́й.** She is unhappy about the turn of events.
adv. **вкрай** extremely ◊ **Васили́на ма́ла вкрай н. ви́гляд.** Vasylyna had an extremely unhappy look. **деда́лі бі́льше** increasingly, **геть** totally, **глибо́ко** deeply, **ду́же** very, **страше́нно** terribly; **де́що** somewhat, **до́сить** rather; **одна́ково** equally; **ви́димо** visibly, **помі́тно** noticeably, **я́вно** clearly
v. + **н. бу́ти ~им** be unhappy ◊ **Батьки́ ~і її ста́вленням до нау́ки.** Her parents are unhappy about her attitude to studies. (**вигляда́ти** look, **виявля́тися** turn out, **звуча́ти** sound ◊ **Він звуча́в чи́мось ~им.** He sounded unhappy about something. **здава́тися** + *D.* seem to sb; **лиша́тися** remain; **ставáти** become)
Cf. **серди́тий 1.** *Ant.* **задово́лений**

невезі́нн|я, *nt., only sg.*
bad luck, misfortune
adj. **безпере́рвне** uninterrupted, **пості́йне** constant; **вели́ке** great, **жахли́ве** horrible, **фата́льне** fatal; **звича́йне** ordinary, **про́сте** simple; ♦ **смуга́ н.** a streak of bad luck
v. + **н. відверта́ти н.** avert bad luck (**проклина́ти** curse, **наріка́ти на** *or* **ска́ржитися на** complain of) ◊ **Вона́ ска́ржиться на н.** She complains about her bad luck. **поя́снювати** + *A.* **~ям** attribute sth to bad luck ◊ **Усі́ поя́снювали**

пора́зку звича́йним ~ям. Everybody attributed the defeat to just bad luck.
н. + *v.* **переслі́дувати** + *A.* dog sb ◊ **Жахли́ве н. переслі́дувало їх на ко́жному кро́ці.** Horrible bad luck dogged them every step of the way. **спітка́ти** + *A. pf.* befall sb ◊ **Йо́сипа спітка́ло н.** Bad luck befell Yosyp.
Cf. **нещáстя**

невже́, *part.*
1 *(used to form a yes/no-question with a shade of doubt, surprise or distrust)* ◊ **Н. ти не ба́чив фі́льму?** Haven't you seen the film? ◊ **Н. він зра́дить Оре́ста?** Will he really betray Orest?
Also see **хіба́ 4**
2 *(used as equivalent of yes/no-question, implying doubt, surprise or distrust)* really? is that so? is that right? ◊ **Він переписа́в ха́ту на сі́льську шко́лу. – Н.?** He signed his house over to the village school. – Did he, really? ♦ **Н.!** No way!
Also see **хіба́ 3, спра́вді 3, як³ 3**

невиба́глив|ий, *adj.*
1 unpretentious, indiscriminate, simple, plain, easygoing
adv. **абсолю́тно** absolutely, **геть** totally, **ду́же** very, **зо́всім** utterly, **цілко́м** completely; **де́що** somewhat, **до́сить** fairly; **я́вно** clearly
v. + **н. бу́ти ~им** be simple ◊ **Він н. у ї́жі.** He is not picky about food. (**виявля́тися** turn out, **здава́тися** + *D.* seem to sb, **лиша́тися** remain; **роби́ти** + *A.* make sb ◊ **П'ять ро́ків у ві́йську зроби́ли її ~ою.** Five years in the army made her undemanding. **става́ти** become)
prep. **н. в** + *L. or* **що́до** + *G.* indiscriminate with sb/sth ◊ **Ната́ля ви́явилася ~ою що́до тих, кому́ вона́ довіря́лася.** Natalia turned out to be indiscriminate with the people she confided in.
2 low-maintenance, tenatious ◊ **~аросли́на** a low-maintenance plant

неви́нн|ий, *adj., var.* **неви́нен**
1 innocent, not guilty
adv. **абсолю́тно** absolutely, **геть** totally, **доказо́во** provably, **зо́всім** not at all, **ніскі́льки** not a bit, **по́вністю** entirely, **цілко́м** completely, **я́вно** clearly
v. + **н. бу́ти ~им** be innocent ◊ **Заарешто́ваний був абсолю́тно ~им.** The arrested person was absolutely innocent. (**вважа́ти** + *A.* consider sb, **визнава́ти себе́** plead ◊ **На суді́ вона́ ви́знала себе́ ~ою.** At the trial, she pleaded not guilty. **виявля́тися** turn out ◊ **Чолові́к ви́явився цілко́м ~им.** The man turned out to be completely innocent. **здава́тися** + *D.* seem to sb, **оголо́шувати** + *A.* declare sb)
prep. **н. у** + *L.* innocent of sth ◊ **Вона́ ~а в отру́єнні чолові́ка.** She is innocent of poisoning her husband.
Also see **пови́нний 2.** *Ant.* **ви́нний**
2 virtuous, moral, impeccable, pure ◊ **Лі́ля коха́ла його́ всім сво́їм ~им се́рцем.** Lilia loved him with all her innocent heart.
Also see **че́сний 5, цнотли́вий 1, чи́стий 9.** *Ant.* **амора́льний**
3 naive, ingenuous, unworldly
adv. **безме́жно** *and* **вкрай** extremely; **ду́же** very; **на ди́во** surprisingly; **ома́нливо** deceptively; **со́лодко** sweetly, **таки́й** so; **де́що** somewhat, **до́сить** fairly, **доста́тньо** quite
v. + **н. бу́ти ~им** be innocent (**вигляда́ти** look ◊ **Вона́ вигляда́ла ома́нливо ~ою.** She looked deceptively innocent. **здава́тися** + *D.* seem to sb, **прикида́тися** pretend to be); **удава́ти ~ого** act naive ◊ **Він удава́в со́лодко ~ого новака́.** He acted like a sweetly naive novice.
See **наї́вний.** *Ant.* **бува́лий, досві́дчений**
4 innocuous, harmless
adv. **абсолю́тно** absolutely, **весь** all, **геть** totally, **ду́же** very; **пози́рно** seemingly
v. + **н. вигляда́ти ~им** look innocuous (**видава́тися** + *D.* appear to sb ◊ **Пропози́ція видава́лася їм геть ~ою.** The offer appeared to them to be totally innocuous. **звуча́ти** sound, **здава́тися** + *D.* seem to sb, **прикида́тися** pretend)
Also see **безпе́чний.** *Ant.* **небезпе́чний, шкідли́вий**

невипра́вн|ий, *adj.*
incorrigible ◊ **У дити́нстві він був ~им бешке́тником.** When a child, he was an incorrigible troublemaker.
adv. **абсолю́тно** absolutely, **безнаді́йно** hopelessly, **геть** totally, **ма́йже** almost, **по́вністю** utterly, **цілко́м** completely ◊ **Як брехуха, Оле́на ста́ла цілко́м ~ою.** As a liar, Olena became completely incorrigible. **я́вно** clearly
н. + *n.* **н. мрі́йник** *fig.* an incorrigible dreamer (**оптимі́ст** optimist, **песимі́ст** pessimist; **рома́нтик** romantic; **плітка́р** gossip; **п'яни́ця** drunkard); **~а мрі́йниця** an incorrigible (female) dreamer ◊ **Марі́я – ~а мрі́йниця.** Maria is an incorrigible dreamer.
v. + **н. бу́ти ~им** be incorrigible (**вважа́ти** + *A.* consider sb ◊ **Його́ вважа́ли ~им хвалько́м.** He was considered an incorrigible braggard. **вважа́тися** be considered, **здава́тися** + *D.* seem to sb; **става́ти** become)

неві́глас, *adj.*; **~ка**, *f.*
know-nothing, ignoramus
adj. **абсолю́тний** absolute ◊ **Таке́ мо́же каза́ти лише́ абсолю́тний н.** Only an absolute know-nothing can say such a thing. **безнаді́йний** hopeless, **вели́кий** great, **жалюгі́дний** pathetic, **оста́нній** ultimate ◊ **У кіні́ Сашко́ є оста́ннім ~ом.** As to cinema, Sashko is the ultimate know-nothing. **по́вний** utter, **цілкови́тий** complete; **яки́йсь** some kind of
v. + **н. бу́ти ~ом** be a know-nothing (**виявля́тися** prove ◊ **Нови́й виклада́ч ви́явився безнаді́йним ~ом.** The new instructor proved to be a hopeless know-nothing. **здава́тися** + *D.* seem to sb, **лиша́тися** remain, **става́ти** become) ◊ **Він відчува́в, що стає в ці́й шко́лі ~ом.** He felt he was becoming a know-nothing at this school.

неві́гластв|о, *nt., only sg.*
ignorance
adj. **абсолю́тне** absolute, **винятко́ве** exceptional, **глибо́ке** profound, **по́вне** utter, **тота́льне** total, **цілкови́те** complete; **гніту́че** depressing; **ганéбне** shameful, **жахли́ве** dreadful, **страхітли́ве** horrible; **дивови́жне** amazing; **зага́льне** general; **типо́ве** typical; **зуми́сне** willful, **пиха́те** arrogant ◊ **Вона́ пи́шається пиха́тим ~ом в істо́рії.** She takes pride in her arrogant ignorance of history. **свя́те** blissful
v. + **н. виявля́ти н.** display ignorance ◊ **Вчи́тель ви́явив дивови́жне н.** The teacher displayed amazing ignorance. (**демонструва́ти** demonstrate, **зра́джувати** betray ◊ **Заува́ження репорте́ра зра́джувало н. стосо́вно предме́ту.** The reporter's remark betrayed his ignorance of the subject. **пока́зувати** show; **визнава́ти** admit; **вдава́ти** feign ◊ **Володи́мир про́бував вдава́ти н.** Volodymyr attempted to feign ignorance. **поклика́тися на** plead) ◊ **Покли́кавшись на н., вона́ відмо́вилася коментува́ти.** Having pleaded ignorance, she refused to comment. **боро́тися з ~ом** fight ignorance; **жи́ти в ~і** live in ignorance ◊ **Вони́ волі́ли жи́ти у ~і, як чита́ти жахли́ві нови́ни.** They preferred living in ignorance rather than reading dreadful news. (**засно́вуватися на** be based on ◊ **Його́ оці́нки засно́вуються на ~і та забобо́нах.** His assessments are based on ignorance and prejudice. **лиша́тися в** stay in, **перебува́ти в** remain in; **трима́ти** + *A.* **в** keep sb in) ◊ **Їх трима́ли в ~і.** They were kept in ignorance.
prep. **в ~і** in ignorance; **че́рез н.** due to ignorance; **н. стосо́вно** + *G.* ignorance concerning/of sth, **н. в** + *L. or* **що́до** + *G.* ignorance of sth ◊ **н. що́до причи́н авіатро́щі** ignorance of the causes of the airplane crash

невідкла́дн|ий, *adj.*
urgent, pressing, exigent
adv. **абсолю́тно** absolutely, **вкрай** extremely, **го́стро** acutely, **ду́же** very, **осо́бли́во** particularly, **про́сто** simply, **цілко́м** completely; **до́сить** fairly, rather
v. + **н. бу́ти ~им** be urgent ◊ **Купі́вля вакци́ни – спра́ва ~а.** The purchase of the vaccine is a pressing matter. (**вважа́ти** + *A.* consider sth; **здава́тися** + *D.* seem to sb ◊ **Пе́рше пита́ння здава́лася ~им.** The first issue seemed urgent. **става́ти** become) ◊ **Обгово́рення пода́льших дій става́ло го́стро ~им.** Discussion of further actions was becoming acutely urgent.
See **нага́льний, терміно́вий.** *Also see* **пи́льний**

невідо́м|ий, *adj., n.*
1 *adj.* unknown
adv. **абсолю́тно** absolutely, **взагалі́** utterly, **геть** totally, **до́сить** quite, **ма́йже** almost, **практи́чно** practically ◊ **Ця істори́чна па́м'ятка лиша́ється практи́чно ~ою.** The historical monument remains practically unknown. **про́сто** simply, **тро́хи** a little, **факти́чно** virtually, **цілко́м** completely, **я́вно** clearly; **го́ловно** mostly, **в осно́вному** mainly; **відно́сно** relatively, **порі́вняно** comparatively, **все ще** still, **до́сі** till now, **за́раз** now, **коли́сь** once, **рані́ше** earlier ◊ **Дослі́дниця поклика́ється на рані́ше ~і джере́ла.** The (female) researcher refers to some earlier unknown sources.
v. + **н. бу́ти ~им** be unknown (**виявля́тися** turn out ◊ **Похо́дження пі́сні виявля́ється ~им.** The origin of the song turns out to be unknown. **здава́тися** + *D.* seem to sb, **лиша́тися** remain, **става́ти** become) ◊ **Його́ відкриття́ забу́лося і ста́ло ~им.** His discovery was forgotten and became unknown.
prep. **н. для** + *G. or* **н.** + *D.* unknown for/to sb ◊ **Цей факт н. їй** *or* **для не́ї.** The fact is unknown to her.
Also see **незнайо́мий.** *Ant.* **відо́мий, знайо́мий 1**
2 *n.* stranger ◊ **Про них пита́в яки́йсь н.** A stranger was asking about them.
See **незнайо́мець, чужи́нець.** *Ant.* **знайо́мий 2**
3 *n., nt., math.* **~е** unknown ◊ **рівня́ння з двома́ ~ими** an equation with two unknowns

невідо́м|ість, *f.*, **~ости**, *only sg.*
obscurity, the unknown, the dark ◊ **Н. ляка́ла Оле́ся.** The unknown scared Oles more than anything.
adj. **вели́ка** great, **по́вна** utter, **цілкови́та** complete; **нестерпна** unbearable, **страшна́** terrifying
v. + **н. боя́тися ~ости** fear the unknown ◊ **Вона́ бо́їться ~ости.** She fears the unknown. **бу́ти** *or* **перебува́ти в ~ості** be in the dark ◊ **Батьки́ перебува́ли в ~і що́до до́лі до́чки.** The parents were in the dark about their daughter's fate. (**трима́ти** + *A.* **в** keep sb in)
prep. **н. що́до** + *G.* the uknown as to sth

неві́рн|ий, *adj.*
unfaithful, disloyal + *D.* ◊ **Якщо́ вона́ це зро́бить, то бу́де ~ою своє́му покли́канню.** If she acts this way she will be unfaithful to her vocation.
adv. **вкрай** extremely ◊ **вкрай ~а і двули́чна осо́ба** an extremely disloyal and duplicitous person; **в усьо́му** in everything, **до кінця́** to the end; **за́вжди́** always; **очеви́дно** obviously, **я́вно** clearly

v. + **н. бу́ти ~им** be unfaithful (**виявля́тися** turn out ◊ **Він ви́явився ~им чолові́ком.** He turned out to be an unfaithful husband. **здава́тися** + *D.* seem to sb; **лиша́тися** remain ◊ **Вона́ лиша́ється ~ою да́ному сло́ву.** She remains unfaithful to the promise she made. **става́ти** become) ◊ **Він став ~им вла́сному наро́дові.** He became disloyal to his own people.
Also see **зрадли́вий 2.** *Ant.* **ві́дданий, ві́рний**

невірогі́дн|ий, *adj.*
improbable, unlikely, dubious, incredible
adv. **вкрай** extremely ◊ **Повідо́млення репорте́ра здава́лися вкрай ~ими.** The reporter's dispatches seemed extremely improbable. **геть** totally, **до́сить** rather, **доста́тньо** quite ◊ **доста́тньо ~а істо́рія** a quite improbable story; **геть** totally, **ду́же** very, **зо́всім** utterly, **ма́йже** almost, **очеви́дно** evidently, **цілко́м** completely, **я́вно** clearly
v. + **н. бу́ти ~им** be improbable (**вважа́ти** + *A.* consider sth, **вигляда́ти** look ◊ **Пропози́ція вигляда́ла ~ою.** The offer looked improbable. **виявля́тися** turn out, **здава́тися** + *D.* seem to sb ◊ **Тве́рдження, що у́ряд торгу́є нелега́льною збро́єю здава́лося геть ~им.** The claim that the government traded in illegal weapons seemed totally improbable. **лиша́тися** remain)
Also see **неймові́рний 1**

неві́ст|ка, *f.*
daughter-in-law
adj. **до́бра** good, **ла́гідна** gentle, **приві́тна** cheerful; **працьови́та** hard-working; **слухня́на** obedient, **ува́жна** attentive ◊ **Н. була́ ува́жною до всіх її́ потре́б.** The daughter-in-law was attentive to all her needs. **улю́блена** favorite; **нена́висна** hateful, **неслухня́на** disobedient, **пога́на** bad, **сварли́ва** quarrelsome, **серди́та** angry, **упе́рта** stubborn
L. **на ~ці**, *G. pl.* **~ок**
Also see **зять**

невмі́л|ий, *adj.*
inept, unskilled, inexperienced; clumsy ◊ **Ви́борці гото́ві дарува́ти своє́му ~ому представни́кові бага́то чого́.** Voters are ready to forgive their inept representative many things.
adv. **ду́же** very, **жалюгі́дно** pathetically ◊ **Де вони́ знайшли́ тако́го жалюгі́дно ~ого перекладача́!** Where did they find such a pathetically inept translator! **зо́всім** utterly, **цілко́м** completely; **де́що** somewhat, **до́сить** rather, **тро́хи** a little; **очеви́дно** evidently, **я́вно** clearly; **несподі́вано** unexpectedly
v. + **н. бу́ти ~им** be inept ◊ **Він – до́сить н. бреху́н.** He is a rather inept liar. (**вважа́ти** + *A.* consider sb, **виявля́тися** turn out ◊ **Мака́р ви́явився ~им помічнико́м.** Makar turned out to be a clumsy assistant. **здава́тися** + *D.* seem to sb, **лиша́тися** remain)
Ant. **майсте́рний 1**

невпізна́нн|ий, *adj.*
unrecognizable
adv. **абсолю́тно** absolutely, **геть** totally, **зо́всім** utterly, **цілко́м** completely; **ма́йже** almost
v. + **н. бу́ти ~им** be unrecognizable ◊ **На світли́ні Юлья́н абсолю́тно н.** In the picture, Yuliian is absolutely unrecognizable. (**вигляда́ти** look, **виявля́тися** turn out, **здава́тися** + *D.* seem to sb, **роби́ти** + *A.* make sb ◊ **Зачі́ска зроби́ла Га́нну ~ою.** The hairdo made Hanna unrecognizable. **става́ти** become) ◊ **Кі́лька мазкі́в пе́нзля – і його́ обли́ччя стає ~им.** A few brushstrokes and his face becomes unrecognizable.

невті́шн|ий, *adj.*
1 disappointing, discouraging, disheartening, sad
adv. **абсолю́тно** absolutely, **вира́зно** distinctly, **вкрай** extremely ◊ **Украй н. ді́агноз не позба́вив Га́лю ві́ри.** The extremely disappointing diagnosis did not take away Halia's faith. **геть** totally, **ду́же** very, **зо́всім** utterly, **цілко́м** completely; **очеви́дно** evidently, **я́вно** clearly; **де́що** somewhat, **до́сить** quite
н. + *n.* **н. ді́агноз** a disappointing diagnosis (**на́слідок** consequence, **прогно́з** prognosis, **результа́т** result, **реко́рд** *iron.* record ◊ **Мі́сто встанови́ло н. реко́рд за кі́лькістю хво́рих на СНІД.** The city set a sad record in the number of people sick with AIDS. **ре́йтинг** rating, **стан** condition)
v. + **н. бу́ти ~им** be disappointing ◊ **Економі́чні прогно́зи вира́зно ~і.** The economic projections are distinctly disappointing. (**вважа́ти** + *A.* consider sth, **вигляда́ти** look, **виявля́тися** turn out, **здава́тися** + *D.* seem to sb, **лиша́тися** remain ◊ **Стан хво́рого лиша́вся ~им дві до́би.** The patient's condition remained disappointing for two days. **става́ти** become) ◊ **Її́ результа́ти ста́ли зо́всім ~ими.** Her results became utterly disappointing.
See **пога́ний 3.** *Also see* **нега́рний 4**
2 inconsolable, heartbroken; great *(of grief, etc.)* ◊ **~а ма́ти пла́кала.** The inconsolable mother was crying. ◊ **Ва́ля була́ ~а пі́сля то́го, як порва́ла з хло́пцем.** Valia was inconsolable after her the breakup with her boyfriend.
н. + *n.* **н. ба́тько** an inconsolable father; **~а втра́та** a great loss; **~е го́ре** inconsolable grief (**се́рце** heart)

невто́мн|ий, *adj.*
tireless, untiring, indefatigable ◊ **Стано́вище могла́ покра́щити ~а пра́ця.** The situation could be improved by tireless work.
adv. **абсолю́тно** absolutely ◊ **абсолю́тно ~а дослі́дник** an absolutely indefatigable researcher; **ду́же** very, **зо́всім** utterly, **на ди́во** surprisingly, **про́сто** simply, **цілко́м** completely; **до́сить** fairly
v. + **н. бу́ти ~им** be tireless ◊ **Олекса́ндра – ~а активі́стка.** Oleksandra is a tireless activist. (**вважа́ти** + *A.* consider sb, **виявля́тися** turn out, **зарекомендува́ти себе́** prove oneself as ◊ **Петро́ зарекомендува́в се́бе ~им реда́ктором.** Petro has proven himself as a tireless editor. **здава́тися** + *D.* seem to sb; **лиша́тися** remain, **роби́ти** + *A.* make sb ◊ **Бажа́ння потра́пити до націона́льної збі́рної роби́ло їх ~ими у спортза́лі.** The desire to make the national team made them tireless in the gym. **става́ти** become)
Cf. **працьови́тий**

невтраліза́ці|я, *f.*, **~ї**
neutralization
adj. **блискави́чна** instant, **нега́йна** immediate, **операти́вна** prompt, **термі́нова** urgent, **швидка́** swift ◊ **за́сіб швидко́ї ~ї змії́ної отру́ти** a means of swift neutralization of snake poison; **ефекти́вна** efficient, **остато́чна** ultimate, **по́вна** full, **цілкови́та** complete; **послідо́вна** consistent, **посту́пова** gradual, **частко́ва** partial; **факти́чна** effective
v. + **н. пришви́дшувати ~ю** accelerate neutralization ◊ **Тре́ба пришви́дшити н. радіоакти́вних за́лишків.** The neutralization of radioactive residue needs to be accelerated. (**припиня́ти** stop; **уможли́влювати** make possible); **допомага́ти ~ї** facilitate neutralization ◊ **Речовина́ допомага́є ~ї шкідли́вих ві́русів у воді́.** The substance facilitates the neutralization of harmful viruses in water.

невтралізу|ва́ти, **~ють; з~**, *tran.*
to neutralize
adv. **блискави́чно** in a flash, **нега́йно** immediately, **операти́вно** promptly, **термі́ново** urgently, **шви́дко** quickly; **посту́пово** gradually; **зна́чно** significantly ◊ **Атмосфе́ра зна́чно ~є згу́бну космі́чну радія́цію.** The atmosphere significantly neutralizes harmful space radiation. **остато́чно** ultimately; **факти́чно** effectively; **тимчасо́во** temporarily; **частко́во** in part; **по́вністю** fully, **цілко́м** completely
v. + **н. бу́ти ва́жко** be difficult to ◊ **Ва́жко цілко́м з~ вплив середо́вища на чутли́ві прила́ди.** It is difficult to neutralize completely the influence of the environment on sensitive instruments. **бу́ти неможли́во** be impossible to; **бу́ти в ста́ні** be capable of; **бу́ти тре́ба** + *D.* need to ◊ **Їм тре́ба операти́вно з~ артиле́рію во́рога.** They needed to promptly neutralize the enemy artillery. **вдава́тися** *pf.* manage to, **змогти́** *pf.* succeed in; **могти́** can; **намага́тися** try to ◊ **Уряд і не намага́вся з~ інформаці́йну агре́сію.** The government did not even try to neutralize the information aggression.
pa. pple. **(з)невтралізо́ваний** neutralized
невтралізу́й!

невтра́льн|ий, *adj.*
neutral
adj. **абсолю́тно** absolutely ◊ **Абсолю́тно ~а пози́ція краї́ни не всім подо́балася.** Not everybody liked the nation's absolutely neutral stance. **геть** totally, **послідо́вно** consistently ◊ **Фра́нція лиша́лася послідо́вно ~ою в конфлі́кті.** France stayed consistently neutral in the conflict. **стро́го** strictly, **цілко́м** completely; **ма́йже** almost, **частко́во** partially
v. + **н. бу́ти ~им** be neutral ◊ **У ї́хній супере́чці дире́ктор був ~им.** The director was neutral in their argument. (**вважа́ти** + *A.* consider sb/sth, **виявля́тися** turn out, **лиша́тися** remain, **става́ти** become) ◊ **Пі́сля війни́ А́встрія ста́ла ~ою краї́ною.** After the war, Austria became a neutral country.

нега́йн|ий, *adj.*
immediate, instant, instantaneous
adv. **ма́йже** almost ◊ **Реа́кція міністе́рства оборо́ни була́ ма́йже ~ою.** The defense ministry's reaction was almost instant. **спра́вді** really, **факти́чно** virtually ◊ **Смерть від отру́ти факти́чно ~а.** Death from the poison is virtually instant.
v. + **н. бу́ти ~им** be immediate (**виявля́тися** prove ◊ **Ефе́кт нови́х лі́ків ви́явився ~им.** The new medicine proved to have an instantaneous effect. **здава́тися** + *D.* seem to sb)

нега́рн|ий, *adj.*
1 unattractive, unsightly, ugly, hideous
adv. **абсолю́тно** absolutely, **вкрай** extremely ◊ **Він не міг зви́кнути до цього́ вкрай ~ого буди́нку.** He could not get used to this extremely unsightly building. **ду́же** very, **страше́нно** terribly; **до́сить** rather, **доста́тньо** quite, **на́дто** too; **безнаді́йно** hopelessly; **виняткóво** exceptionally, **на рі́дкість** exceptionally; **на ди́во** surprisingly, **невірогі́дно** unbelievably, **неймові́рно** improbably, **неправдоподі́бно** incredibly; **однозна́чно** unequivocally, **про́сто** simply; **напра́вду** truly, **спра́вді** really; **особли́во** especially
н. + *n.* **н. ви́гляд** an unattractive appearance (**костю́м** suit, **юна́к** youth); **~а ді́вчина** an unattractive girl (**су́кня** dress); **~е обли́ччя** an unattractive face
v. + **н. бу́ти ~им** be unattractive ◊ **Він н. на ви́гляд.** He is unattractive in appearance. (**вважа́ти** + *A.* consider sth, **вигляда́ти** look, **вихо́дити** prove ◊ **Портре́т ви́йшов ~им.** The portrait proved to be unsightly. **виявля́тися** turn out, **лиша́тися** remain; **роби́ти** + *A.* make sb/sth ◊ **Сльо́зи роби́ли Оле́ну ~ою.** Tears made Olena unattractive. **става́ти** become)
Also see **паску́дний 3, потво́рний 1, пога́ний 5**
2 bad, poor, inferior ◊ **Нова́ поста́ва п'є́си здала́ся кри́тикові однозна́чно ~ою.** The new

production of the play seemed unequivocally bad to the critic.
See **поганий 1**
3 evil, wicked, immoral, bad ◊ **н. вчинок** a bad deed, ◊ **Він виявився ~ою людиною.** He turned out to be a bad person; ◊ **~і слова** evil words
See **лихий 1.** *Also see* **поганий 4**
4 unpleasant, sad, unfortunate, disagreeable, bad ◊ **Івгу переслідував один і той же н. сон.** Yivha was haunted by one and the same bad dream.
See **паскудний 3, поганий 3**

негідник, *m.*; **негідниця**, *f.*
villain, scoundrel, rogue ◊ **Його ролі включають героїв і ~ів.** His roles include heroes and villains.
adj. **великий** great, **винятковий** exceptional, **довершений** accomplished, **жахливий** horrible; **класичний** classic ◊ **Автор робить Антоніо Сальєрі класичним ~ом.** The author makes Antonio Salieri a classic villain. **нечуваний** unheard-of, **останній** downright, **остаточний** ultimate, **повний** utter, **рідкісний** rare, **цілковитий** complete ◊ **Цей чоловік – просто цілковитий н.** The man is simply a complete scoundrel. **лицемірний** hypocritical, **підлий** base, **підступний** underhanded; **винахідливий** resourceful, **головатий** *fig.* clever, **спритний** shrewd, **талановитий** talented, **хитрий** sly
v. + **н. бути ~ом** be a villain (**виглядати** look ◊ **Він виглядав підступним ~ом.** He looked an underhanded villain. **виявлятися** turn out ◊ **Інспектор виявився спритним ~ом.** The inspector turned out to be a shrewd villain. **здаватися** + *D.* seem to sb; **лишатися** remain; **ставати** become) ◊ **Працюючи в уряді, Богдан став повним ~ом.** Working for the government, Bohdan became an utter scoundrel.
Also see **шкура 4.** *Ant.* **герой 2**

негод|а, *f.*
1 bad weather
adj. **безкінечна** endless, **велика** major, **понура** grim ◊ **Понура н. тривала два довгі дні.** The grim bad weather lasted for two long days. **сіра** gray; **страшна** terrible, **фатальна** fatal, **хмура** gloomy; **тривала** lengthy
See **погода 1.** *Ant.* **погода 2**
2 *fig., usu pl.* misfortune, adversity ◊ **~и життя** adversities of life
See **біда.** *Also see* **зло**[1] **2, нещастя 1**

неґатив, *m.*, **~у**
1 *techn.* negative *(in photography)* ◊ **Він зберіг н. фільму.** He kept the negative of the movie.
adj. **добрий** good, **чудовий** excellent, **якісний** high-quality; **бракований** defective, **кепський** poor, **неякісний** low-quality, **поганий** bad ◊ **Поганий н. не дозволяв друкувати якісні світлини.** The bad negative did not allow printing high-quality photographs.
v. + **проявляти н.** develop a negative ◊ **Він навчився сам проявляти ~и.** He learned to develop negatives himself. (**зберігати** keep ◊ **Архів зберігає старі ~и.** The archive keeps old negatives. **знищувати** destroy, **палити** burn) ◊ **Він спалив єдиний н.** He burned the only negative.
2 *colloq.* drawback, fault ◊ **Паління було її єдиним ~ом.** Smoking was her only drawback.
See **вада, недолік.** *Also see* **мінус 3, провина 3, слабість 3.** *Ant.* **плюс 3, позитив**

неґативн|ий, *adj.*
1 negative, harmful, bad
н. + *n.* **н. вплив** a negative influence (**образ** image, **персонаж** character ◊ **Вона добре грає ~і персонажі.** She is good at playing negative characters. **прогноз** forecast, **результат** result); **~а оцінка** a negative assessment ◊ **~а оцінка її праці стала для Ори несподіванкою.** The negative assessment of her work became a surprise to Oresta. (**відповідь** response, **реакція** reaction; **риса** trait, **роль** role)
See **поганий 2.** *Ant.* **позитивний 1**
2 *phys.* negative ◊ **н. заряд** a negative charge
Ant. **позитивний 2**

недавн|ій, *adj., n.*
1 *adj.* recent, previous, preceding
adv. **досить** fairly, **достатньо** quite; **відносно** relatively ◊ **відносно ~я програма** a relatively recent show; **порівняно** comparatively; **дуже** very, **зовсім** entirely, **цілком** completely; **ще** still; **явно** clearly ◊ **Відбитки пальців виглядають явно ~іми.** The finger prints look clearly recent. ♦ **до ~ього часу** until recently ◊ **Вони контактували до ~ього часу.** They have been in contact until recently. ◊ **~є минуле** the recent past
v. + **н. бути ~ім** be recent ◊ **Це відносно ~я подія.** This is a relatively recent event. (**виявлятися** turn out, **здаватися** + *D.* seem to sb) ◊ **Він здавався ~ім доповненням до робочої групи.** He seemed to be a recent addition to their working group.
Also see **свіжий 6.** *Cf.* **новий**
2 *n., nt.* recent past, immediate past ◊ **Ярина розказала їм, що з нею сталося в ~ьому.** Yaryna told them what had happened to her in the recent past.
See **минуле**

недалек|ий, *adj.*
1 close, nearby, near, not distant
adv. **відносно** relatively ◊ **Це відносно ~а зірка.** It is a relatively close star. **досить** fairly, **достатньо** quite, **дуже** very, **зовсім** quite, **порівняно** comparatively, **такий** such, **цілком** completely, **явно** obviously
v. + **н. бути ~им** be close ◊ **Ольга була їм ~ою родиною.** Olha was their not so distant relative. (**виявлятися** turn out; **здаватися** + *D.* seem to sb) ◊ **На мапі бібліотека здається досить ~ою від вокзалу.** On the map, the library seems fairly close to the station.
See **близький 1.** *Ant.* **далекий 1, довгий 1**
2 *fig.* narrow-minded
adv. **абсолютно** absolutely, **дуже** very ◊ **Він дуже ~а людина.** He is a very narrow-minded person. **зовсім** utterly; **гнітюче** depressingly
See **обмежений 2.** *Also see* **вузький 5, дріб'язковий 1, мілкий 2**

недалеко, *adv., prep.*
1 *adv.* not far, nearby, near ◊ **Ярина живе зовсім н.** Yaryna lives quite nearby. ◊ **Вона їздила н.** She did not travel far.
See **близько, недалекий**
2 *prep. with* **від** + *G.* not far from sb/sth ◊ **Н. від села було аж три мальовничих озера.** There were as many as three picturesque lakes not far from the village.

недбал|ий, *adj.*
1 careless *(of person)*, negligent, indifferent
adv. **абсолютно** absolutely, **геть** totally, **цілком** completely; **на диво** surprisingly ◊ **За дітей відповідала на диво ~а людина.** A surprisingly careless individual took care of the children. **злочинно** criminally, **обурливо** outrageously, **скандально** scandalously; **намірено** intentionally, **свідомо** knowingly; **явно** clearly; **типово** typically; **дещо** somewhat, **досить** rather
н. + *n.* **н. дослідник** a negligent researcher (**журналіст** journalist, **лікар** doctor ◊ **Дитина померла через злочинно ~ого лікаря.** The child died because of a criminally negligent doctor. **менеджер** manager, **працівник** worker; **чоловік** husband); **~а бухгалтерка** a careless accountant (**мати** mother, **офіціянтка** waitress, **професорка** professor, **працівниця** associate)
v. + **н. бути ~им** be careless ◊ **Медсестра була явно ~ою до своїх обов'язків.** The (female) nurse was clearly negligent of her responsibilities. (**виявлятися** turn out ◊ **Павло виявився досить ~им перекладачем.** Pavlo turned out to be a rather careless translator. **здаватися** + *A.* seem to sb, **лишатися** remain; **робитися** *or* **ставати** become) ◊ **Він став ~им у роботі.** He became careless in his work.
prep. **н. в** + *L.* negligent in sth ◊ **Він зробився ~им у роботі.** He became negligent in work.
2 shoddy *(of work, etc.)*, slapshod, negligent ◊ **Рукопис був ~им.** The manuscript was shoddy.
3 inattentive, offhand, casual, unthinking ◊ **Тарас не чекав, що його ~е зауваження когось образить.** Taras did not expect his casual remark to insult anybody.
н. + *n.* **н. одяг** casual clothes (**жест** gesture, **рух** motion); **~а манера** a careless way ◊ **Її ~а манера розмови зраджувала брак зацікавлености.** Her offhand way of talking betrayed a lack of interest. (**мова** speech, **поведінка** conduct; **хода** gait)
4 contemptuous, disdainful, disrespectful
н. + *n.* **н. погляд** a disdainful glance (**тон** tone); **~е ставлення** a disrespectful attitude
See **презирливий.** *Also see* **зневажливий**

недвозначн|ий, *adj.*
unequivocal, clear, unambiguous
adv. **абсолютно** absolutely, **геть** totally, **зовсім** entirely, **цілком** completely; **досить** quite, **майже** almost; **виразно** distinctly, **явно** clearly
н. + *n.* **н. натяк** an unequivocal hint (**дозвіл** permission ◊ **Вони мали н. дозвіл зайняти кімнату.** They had an unequivocal permission to occupy the room. **результат** result, **сиґнал** signal); **~е тлумачення** an unequivocal interpretation ◊ **Він запропонував ~е тлумачення тексту.** He offered an unambiguous interpretation of the text.
v. + **н. бути ~им** be unequivocal ◊ **Наказ був ~им.** The order was unequivocal. (**вважати** + *A.* consider sth, **здаватися** + *D.* seem to sb, **лишатися** remain; **робити** + *A.* make sth) ◊ **Він зробив це формулювання абсолютно ~им.** He made the wording absolutely unequivocal.
Also see **однозначний 2, очевидний, самоочевидний, ясний 7.** *Ant.* **двозначний 2**

недійсн|ий, *adj.*
invalid *(of document, law, etc.)*, void, null and void ◊ **На стіні ресторану висіла ~а ліцензія на продаж алкоголю.** There was an invalid alcohol license on the restaurant wall.
adv. **абсолютно** absolutely, **зовсім** entirely, **цілком** quite; **вже** already, **давно** long; **явно** clearly ◊ **Банкнота явно ~а.** The banknote is clearly invalid. **фактично** effectively, **формально** formally, **юридично** legally
v. + **н. бути ~им** be invalid ◊ **Посвідчення давно було ~им.** The ID has been invalid for a long time. (**вважати** + *A.* hold sth, **вважатися** be considered, **визнавати** + *A.* recognize sth as, **виявлятися** turn out ◊ **Угода виявилася ~ою.** The contract turned out to be null and void. **оголошувати** + *A.* declare sth), ♦ **робити** + *A.* **~им** to invalidate sth ◊ **Печатка інспектора робила посвідку ~ою.** The inspector's stamp invalidated the certificate.
Ant. **дійсний 1, чинний 1**

недільн|ий, *adj.*
Sunday, of or pertaining to Sunday, occurring on Sunday
н. + *n.* **н. відпочинок** a Sunday rest (**візит** visit; **ранок** morning, **снобід** brunch) ◊ **Група старих шкільних друзів домовилася зійтися на н. снобід.** A group of old school friends agreed to get together for Sunday brunch. **~а проповідь** a Sunday sermon (**служба** service; **зустріч** meeting, **прогулянка** walk; **програма** program)

неділ|я, *f.*
Sunday
adj. **минýла** last ◊ **Минýлої ~і вони́ знайшли́ час на кáву.** Last Sunday, they found some time for coffee. **остáння** last *(in a month)* ◊ **остáння н. мі́сяця** the last Sunday of the month; **та** *colloq.* past; **настýпна** next, **ця** this; **Великóдня** Easter, ♦ **Вéрбна н.** Palm Sunday, ♦ **Зелéна н.** Pentecost Sunday; **довгождáна** long-awaited; **пéрша** first
н. + *v.* **наставáти** come, **прохóдити** pass ◊ **Н. швидко минýла.** Sunday passed quickly.
prep. **в ~ю** on Sunday ◊ **Вони́ побáчаться в ~ю.** They will meet on Sunday. **від ~і** from/since Sunday; ♦ **від ~і до ~і** for the entire week; **з ~і** next week, next Monday ◊ **Вонá починáє працювáти з ~і.** She starts working next Monday. **на ~ю** for/on Sunday ◊ **Цьогорі́ч її́ урóдини припадáли на ~ю.** This year, her birthday fell on a Sunday. **під ~ю** *or* **прóти ~і** before Sunday
See **день**

недóбре, *adv., pred.*
1 *adv.* badly, poorly, ill; unjustly, unfairly ◊ **Олéкса н. дýмав про нéї.** Oleksa thought badlyw of her.
See **погáно 1**
2 *adv.* ominously, menacingly ◊ **Незнайóмець н. диви́вся на Левкá.** The stranger was menacingly looking at Levko.
3 *pred.* not well, not right, not all right, wrong ◊ **У них у сім'ї́ щось булó н.** Something was not right in their family.
4 *pred.* sick, ill; nauseous
adv. **дýже** very, **зóвсім** badly, **геть** totally; **дéщо** somewhat, **трóхи** a little; **ужé** already
v + **н. бýти н.** + *D.* be sick ◊ **Дити́ні й дáлі бýло дýже н.** The child kept being very sick. (**почувáтися** feel ◊ **Вонá почувáлася зóвсім н.** She was feeling badly sick. **ставáти** start to feel) ◊ **Хвóрому стáло н.** The patient felt nauseous.
Also see **нýдити 2, погáно 4**

недóбр|ий, *adj.*
1 evil, wicked, nasty, mean, hostile ◊ **Вонá стéжила за кóжним рýхом хлóпця ~ими очи́ма.** She watched the boy's every move with hostile eyes. ◊ **~а пóсмішка на йогó обли́ччі булá нещасли́вим знáком.** The nasty smile on his face was an unfortunate sign.
н. + *n.* **н. ви́раз** nasty expression ◊ **Він казáв це з ~им ви́разом на обли́ччі.** He was saying it with an evil expression on his face. (**нáмір** intention, **пóгляд** look, **сміх** laughter) ◊ **Івзі булó мóторошно від тóго ~ого смíху.** Yivha felt creepy from that nasty laughter. **~а компáнія** a bad company (**люди́на** person ◊ **Він ви́явився ~ою люди́ною.** He turned out to be a nasty person. **пóсмішка** smile; **спрáва** business) ◊ **Він знав, що займáється дýже ~ою спрáвою.** He knew he was involved in a very nasty business. **~е лицé** a nasty face (**побажáння** wish, **почуттÿ** feeling) ◊ **Її́ охопи́ло ~е почуттÿ зáздрости.** She was seized by a nasty feeling of envy. **~і лю́ди** evil people (**óчі** eyes)
See **злий 1.** *Also see* **лихи́й 1**
2 bad, ill, terrible, ◊ **Він прийшóв із ~ою нови́нóю.** He came with a bad piece of news.
н. + *n.* **н. сон** a bad dream (**час** time) ◊ **У н. час вони́ почали́ цю спрáву.** They started the thing at a bad time. **~а чýтка** a bad rumor (**вíстка** news, **порáда** advice, **слáва** fame) ◊ **Ромáна знáла про ~у слáву суддí.** Romana knew about the judge's bad repute.
See **погáний 4**

недовíр|а, *f., only sg.*
distrust, mistrust
adj. **вели́ка** great ◊ **Він мáє вели́ку ~у до корпорати́вної прéси.** He has a great distrust of corporate media. **величéзна** enormous, **дедáлі бíльша** growing, **глибóка** deep, **глибóко вкорíнена** deep-seated; **дáвня** ancient, **старá** old; **здорóва** healthy ◊ **Вони́ відчувáли здорóву ~у до заÿв ÿряду.** They felt a healthy distrust of the government's declarations. **пéвна** certain; **вирáзна** distinct, **ÿвна** clear; **взаємна** mutual ◊ **Стóрони виявлÿли взаємну ~у.** The parties showed mutual distrust. **публíчна** public, **ширóка** widespread ◊ **Óпити громáдської дýмки свíдчать про ширóку ~у до полíтиків.** The public opinion polls indicate a widespread distrust of politicians.
n. + **н. атмосфéра ~и** an atmosphere of mistrust ◊ **Зýстріч почалáся в атмосфéрі ÿвної ~и.** The meeting began in an atmosphere of clear mistrust. (**відчуттÿ** sense, **клíмат** climate)
v. + **н. відчувáти ~у** feel mistrust (**вислóвлювати** + *D.* voice to sb ◊ **Вони́ ви́словили депутáтові ~у прóсто в óчі.** They voiced their distrust straight to the parliament member's face. **виявлÿти** show, **виражáти** express ◊ **Кóжне її́ слóво виражáло глибóку ~у до них.** Her every word expressed her deep distrust of them. **мáти** have; **підігрівáти** fuel, **порóджувати** create; **долáти** overcome) ◊ **У кампáнії залишáлося достáтньо чáсу, щоб подолáти ~у людéй.** The campaign had enough time left, in order to overcome people's distrust. ♦ **вислóвлювати вóтум ~и** + *D.* to vote no confidence ◊ **Парлáмент ви́словив вóтум ~и ÿрядові.** The parliament voted no confidence in the government.
н. + *v.* **виникáти** arise, **зарóджуватися** crop up, **існувáти** be; **зникáти** disappear ◊ **У них поступóво зникáла н. до вакци́ни.** Their mistrust of the vaccine was gradually disappearing.
prep. **н. до** + *G.* distrust of sb/sth; **н. між** + *I.* mistrust between sb ◊ **Між ни́ми існувáла глибóка н.** There was a deep mistrust between them.
Ant. **довíра**

недовíрлив|ий, *adj.*
distrustful, suspicious
adv. **винятко́во** exceptionally, **вкрáй** extremely ◊ **Тÿжко знайти́ спíльну мóву з таки́м украй ~им партнéром.** It is difficult to find common ground with such an extremely distrustful partner. **дýже** very, **цілкóм** completely; **зрозумíло** understandably, **осóбли́во** especially; **ÿвно** clearly
v. + **н. бýти ~им** be distrustful (**виявлÿтися** turn out ◊ **Вонá ви́явилася дýже ~ою.** She turned out to be very distrustful. **лишáтися** remain, **роби́ти** + *A.* make sb ◊ **Поперéдній дóсвід зроби́в Кили́ну зрозумíло ~ою до них.** Her previous experience made Kylyna understandably distrustful of them. **ставáти** become)
prep. **н. до** + *G.* distrustful of sb/sth

недокóнан|ий, *adj.*
1 unfinished, incomplete, unrealized ◊ **У Донéцьку в ньóго є однá ~а спрáва.** He has some unfinished business in Donetsk.
adv. **все ще** still, **дóсі** still now; **часткóво** in part, **цілкóм** completely
н. + *n.* **н. процéс** an incomplete process (**нáмір** intention ◊ **Йогó нáмір лиши́вся назáвжди́ ~им.** His intention remained forever unrealized. **план** plan, **факт** fact)
Ant. **докóнаний 1**
2 *ling.* imperfective ◊ **н. вид** the imperfective aspect (**час** tense) ◊ **майбýтній н. час** the future imperfect tense
Ant. **докóнаний 3**

недóлік, *m.*, **~у**
flaw, shortcoming, defect, drawback
adj. **вели́кий** great, **величéзний** enormous, **значни́й** significant, **небезпéчний** dangerous, **серйóзний** serious ◊ **Він вважáв тютюнóву залéжність своїм єди́ним серйóзним ~ом.** He considered his tobacco dependence to be his only serious flaw. **повáжний** bad, **систéмний** systemic ◊ **Загáльна корýпція ви́явилася систéмним ~ом нової демокрáтії.** General corruption proved to be a systemic flaw of the new democracy. **фатáльний** fatal, **хронíчний** chronic, **шкідли́вий** harmful; **жахли́вий** awful, **страшни́й** terrible; **дрібни́й** petty, **невели́кий** small, **мінімáльний** minimal, **незначни́й** insignificant
v. + **н. мáти н.** have a flaw ◊ **Кóжен із них мáє ~и.** Each of them has his flaws. (**виявлÿти** reveal, **вкáзувати на** point to, **усувáти** remove); **позбувáтися ~у** get rid of a flaw ◊ **Вонá позбýдеться всіх ~ів у тéксті.** She will get rid of all the flaws in the text.
See **вáда.** *Also see* **мíнус 3, неґати́в 2, прови́на 3, слáбість 3.** *Ant.* **перевáга 1, плюс 3**

недорозви́нен|ий, *var.* **недорозви́нутий**, *adj.*
underdeveloped
adv. **взагалí** utterly, **вирáзно** distinctly, **геть** totally, **дýже** badly ◊ **Кóжна четвéрта дити́на булá в дýже ~ому стáні.** Every fourth baby was in a badly underdeveloped condition. **цілкóм** completely; **часткóво** in part; **хронíчно** chronically; **дóсить** quite; **очеви́дно** obviously ◊ **очеви́дно н. реґіóн свíту** an obviously underdeveloped region of the world; **ÿвно** clearly; **економíчно** economically, **культýрно** culturally, **політи́чно** politically, **розумóво** mentally, **суспíльно** socially; **емоцíйно** emotionally, **психологíчно** psychologically, **статéво** sexually, **фізи́чно** physically
v. + **н. бýти ~им** be underdeveloped ◊ **Південь краї́ни був економíчно ~им.** The south of the country was economically underdeveloped. (**виявлÿтися** turn out, **здавáтися** + *D.* seem to sb ◊ **Чéрез дефéкт мóви він міг здáтися розумóво ~им.** Because of a speech impediment he could seem to be mentally underdeveloped. **лишáтися** remain)
Also see **відстáлий.** *Ant.* **розви́нений**

недосвíдчен|ий, *adj.*
inexperienced, inexpert
adv. **взагалí** utterly, **вкрай** extremely, **геть** totally, **дýже** very, **цілкóм** completely; **факти́чно** virtually ◊ **Тÿжко поклáстися на економíстку факти́чно ~у в фінáнсах.** It is difficult to rely on an (female) economist who is virtually inexperienced in finance. **дóсить** quite, **трóхи** a little; **вирáзно** distinctly, **ÿвно** clearly
v. + **н. бýти ~им** be inexperienced ◊ **Хомéнко – узагалí н. керівни́к.** Khomenko is an utterly inexperienced director. (**вважáти** + *A.* consider sb, **вважáтися** be considered; **виявлÿтися** turn out, **здавáтися** + *D.* seem to sb; **лишáтися** remain) ◊ **Вонá лишáється вкрай ~ою як організáтор.** She remains extremely inexperienced as an organizer.
prep. **н. в** + *L.* inexperienced in sth
Also see **зелéний 4, молоди́й[1] 2.** *Ant.* **досвíдчений, зрíлий 3**

недостýпн|ий, *adj.*
1 inaccessible, unreachable, unapproachable
adv. **взагалí** utterly, **дýже** very, **геть** totally, **зóвсім** completely, **надзвичáйно** extremely; **віднóсно** relatively, **порíвняно** comparatively; **дóсить** enough, **мáйже** almost ◊ **Пляж був мáйже ~им із суходóлу.** The beach was almost inaccessible from the land. **неймовíрно** incredibly, **дивови́жно** *or* **навдиви́жу** amazingly, **на ди́во** surprisingly, **неправдоподíбно** implausibly; **несподíвано** unexpectedly; **позíрно** seemingly, **ома́нливо** deceptively
v. + **н. бýти ~им** be inaccessible (**виявлÿтися** turn out, **здавáтися** + *D.* seem to sb ◊ **Зáмок здавáвся геть ~им для напáдників.** The castle seemed totally unapproachable to invaders.

роби́ти + *A.* make sth ◊ **Болота́ навко́ло роби́ли ху́тір позі́рно ~и́м.** The swamps made the homestead seemingly inaccessible. **роби́тися** get, **става́ти** become)
prep. **н. для** + *G. or* + *D.* inaccessible to sb ◊ **Ки́сень у вкри́тому кри́гою о́зері став ~им для ри́би.** The oxygen in the lake covered with ice became inaccessible to fish.
Ant. **досту́пний 1**
2 *fig.* impenetrable, inscrutable, incomprehensible
prep. **н. для** + *G.* impenetrable to sb ◊ **Руко́пис ви́явився ~им для дослі́дників.** The manuscript turned out to be inscrutable for researchers.
Also see **незбагне́нний 1.** *Ant.* **досту́пний 3, легки́й 2, прости́й 1**
3 *fig.* aloof, distant, standoffish, unapproachable
prep. **н. для** + *G.* unapproachable to sb ◊ **Він н. для студе́нтів.** He is unapproachable to students.
4 *fig.* unsusceptible to, above, beyond, outside
prep. **н. для** + *G.* unsusceptible to sth ◊ **Він вважа́є, що ніхто́ не мо́же бу́ти ~им для кри́тики.** He thinks that nobody can be above criticism.

нежив|и́й, *adj.*
1 dead
adv. **вже** already ◊ **Коли́ приї́хала швидка́, жі́нка була́ вже ~о́ю.** When the ambulance arrived, the woman was already dead. **геть** totally, **зо́всім** utterly, **про́сто** simply, **спра́вді** really, **цілко́м** completely; **ма́йже** almost; **на́че** as if ◊ **Чолові́к лежа́в, на́че н.** The man lay as if he were dead. ♦ **мов** *or* **як, ні́би н.** *as adv.* 1) very slowly ◊ **Вона́ чита́є, як ~а́.** She is reading very slowly. 2) still, motionlessly ◊ **Солда́ти завме́рли, мов ~і́.** The soldiers stopped dead in their tracks.
v. + **н. бу́ти ~и́м** be dead (**знахо́дити** + *A.* find sb ◊ **Його́ знайшли́ ~и́м.** He was found dead. **лежа́ти** lie **па́дати** fall)
See **ме́ртвий 1.** *Ant.* **живи́й 1**
2 *fig.* lifeless, inanimate, apathetic ◊ **Студе́нт чита́в текст яки́мось ~и́м го́лосом.** The student was reading the text in a kind of lifeless voice.
3 *fig.* dead, empty, devoided of people, abandoned ◊ **н. місько́й майда́н** a dead city square; ◊ **На пі́вніч лежа́ли давно́ ~і́ кварта́ли.** There were long abandoned city blocks to the north.
4 *ling.* inanimate ◊ **закі́нчення ~и́х іме́нників чолові́чого ро́ду** an ending of inanimate masculine nouns

не́жит|ь, *m.*, **~ю**, *only sg.*
runny nose, catarrh
adj. **впе́ртий** persistent ◊ **Вона́ тре́тій день не могла́ позбу́тися впе́ртого ~ю.** For the third day, she could not kick her persistent catarrh. **невідсту́пний** relentless, **паску́дний** *colloq.* nasty; **го́стрий** acute, **си́льний** bad ◊ **У ньо́го два дні си́льний н.** He's had a bad catarrh for two days. **легки́й** slight; **звича́йний** common, **несподі́ваний** unexpected
v. + **н. ма́ти н.** have a runny nose (**лікува́ти** treat, **підхо́плювати** *colloq.* catch ◊ **Він підхопи́в н.** He caught a catarrh. **вилі́ковувати** cure); **потерпа́ти від ~ю** suffer from a cold (**позбува́тися** get rid of; **помага́ти від** be good for) ◊ **За́сіб чудо́во помага́є від ~ю.** The remedy is very good good for a runny nose.
See **хворо́ба.** *Also see* **пересту́да**

незаба́ром, *adv.*
soon, before long, a little later ◊ **Н. бу́де лі́то.** It'll be summer soon. ♦ **н.** coming soon *(of film, etc.)* ◊ **Н. – нова́ украї́нська коме́дія «Коро́ль Лі́тр».** Coming soon a new Ukrainian comedy *King Liter.*
prep. **н. пі́сля то́го, як** soon after ◊ **Аспіра́нти зустрі́лися н. пі́сля то́го, як закі́нчилися заня́ття.** The the Ph.D. students met soon after the classes were over.
See **ско́ро**[1] **1**

незабу́тн|ій, *adj.*
unforgettable
adv. **абсолю́тно** absolutely ◊ **У її́ фі́льмі є кі́лька абсолю́тно ~іх епізо́дів.** There are a few absolutely unforgettable episodes in her film. **ді́йсно** really, **про́сто** simply, **спра́вді** truly ◊ **спра́вді ~і вра́ження** truly unforgettable impressions
v. + **н. бу́ти ~ім** be unforgettable (**лиша́тися** remain ◊ **Пе́рша по́дорож до Кри́му лиша́ється для ньо́го назавжди́ ~ьою.** His first trip to the Crimea remains forever unforgettable for him. **става́ти** become)
prep. **н. для** + *G.* unforgettable for/to sb

незадові́льн|ий, *adj.*
unsatisfactory, inadequate
adv. **абсолю́тно** absolutely ◊ **Комі́сія ви́снувала, що ці за́ходи абсолю́тно ~і.** The committee concluded that the measures were absolutely unsatisfactory. **геть** totally, **ду́же** highly, **жахли́во** awfully; **загало́м** generally; **про́сто** simply; **ді́йсно** really, **спра́вді** truly, **цілко́м** completely; **вира́зно** distinctly, **я́вно** clearly
v. + **з. бу́ти ~им** be unsatisfactory (**вважа́ти** + *A.* consider sth, **вигляда́ти** look ◊ **Законопро́єкт вигляда́є ~им із ря́ду пози́цій.** The bill looks inadequate on a number of points. **виявля́тися** prove, **здава́тися** + *D.* seem to sb; **лиша́тися** remain; **става́ти** become) ◊ **Її́ оці́нки з матема́тики ста́ли ~ими.** Her grades in math became unsatisfactory.
Also see **неадеква́тний, пога́ний 1.** *Cf.* **незадово́лений.** *Ant.* **задові́льний**

незадово́лен|ий, *adj.*
dissatisfied, unhappy + *I.* with/at/about
adv. **вкрай** extremely, **геть** totally, **глибо́ко** deeply, **ду́же** very, **жахли́во** awfully, **цілко́м** completely; **загало́м** generally; **деда́лі бі́льше** increasingly ◊ **Вони́ става́ли деда́лі бі́льше ~ими цим партне́рством.** They were becoming increasingly unhappy about the partnership. **ді́йсно** really, **спра́вді** truly; **одна́ково** equally; **про́сто** simply; **де́що** somewhat, **до́сить** rather, **тро́хи** a little; **вира́зно** distinctly, **однозна́чно** unequivocally, **я́вно** clearly
v. + **н. бу́ти** be unhappy ◊ **Він н. результа́том.** He is dissatisfied with the result. (**вигляда́ти** look, **виявля́тися** prove, **звуча́ти** sound ◊ **Ка́тря звуча́ла я́вно ~ою, наві́ть роздрато́ваною.** Katria sounded clearly unhappy, even irritated. **здава́тися** + *D.* seem to sb, **почува́тися** feel ◊ **Ко́жен із них почува́вся одна́ково ~им.** Each of them felt equally dissatisfied. **става́ти** become)
Ant. **задово́лений.** *Cf.* **незадові́льний**

незадово́ленн|я, *nt.*, *only sg.*
dissatisfaction, displeasure, unhappiness + *I.* about/with ◊ **Його́ обли́ччя виража́ло я́вне н.** His face expressed clear displeasure.
adj. **вели́ке** great ◊ **Оголо́шення ви́кликало у студе́нтів вели́ке н.** The announcement caused great dissatisfaction among students. **глибо́ке** deep, **го́стре** acute, **надзвича́йне** extraordinary, **найбі́льше** greatest; **ви́правдане** warranted, **заслу́жене** well-deserved, **справедли́ве** justified; **зага́льне** overall; **нечу́ване** unheard-of, **неймові́рне** unbelievable; **види́ме** visible, **вира́зне** distinct, **я́вне** obvious; **позі́рне** seeming
n. + **н. джерело́ н.** a source of dissatisfaction ◊ **Джерело́м н. кліє́нтів була́ ке́пська я́кість по́слуг.** The source of customers' dissatisfaction was the poor quality of services. (**грима́са** grimace, **почуття́** feeling)
v. + **н. виклика́ти н. в** + *L.* cause sb's displeasure ◊ **Пра́вила ви́кликали н. у спо́нсорів.** The rules caused the sponsors' displeasure. (**відчува́ти** feel, **висло́влювати** voice ◊ **Вона́ висло́влювала н., якщо́ вважа́ла його́ справедли́вим.** She voiced her displeasure if she thought it to be justified. **виража́ти** express)
prep. **з ~ям** with displeasure ◊ **Миро́н погоди́вся на її́ умо́ви, хоч і з ~ям.** Myron agreed to her terms though with displeasure. **н. від** + *G.* dissatisfaction about/at/with sth ◊ **н. від результа́тів ко́нкурсу** dissatisfaction with competition results; **н., що** + *clause* a displeasure at sth ◊ **Ната́лине н., що їй не дали́ зроби́ти по-сво́єму, не ма́ло меж.** Natalia's displeasure at the fact that she was not allowed to act her own way had no limits.
Also see **прете́нзія 2.** *Ant.* **задово́лення**

незако́нн|ий, *adj.*
illegal, unlawful, illegitimate
adv. **абсолю́тно** absolutely ◊ **Поліція́нт ви́сунув абсолю́тно ~у вимо́гу.** The policeman made an absolutely illegal demand. **відве́рто** patently, **геть** totally, **очеви́дно** obviously, **цілко́м** completely; **можли́во** possibly, **на́чебто** *or* **ні́бито** allegedly, **потенці́йно** potentially; **техні́чно** technically ◊ **Його́ прису́тність на нара́ді була́ техні́чно ~ою.** His presence at the conference was technically illegal.
н. + *n.* **н. вчи́нок** an illegal action (**про́даж** sale; **режи́м** regime, **у́ряд** government; **чолові́к** husband, **шлюб** marriage); **~а вимо́га** an illegal demand (**вла́да** authorities, **окупа́ція** occupation; **умо́ва** condition; **дити́на** child ◊ **Поня́ття ~ої дити́ни стає анахроні́змом.** The concept of an illegitimate child is becoming an anachronism. **дружи́на** wife); **~е затри́мання** an illegal detention (**позба́влення во́лі** incarceration; **призна́чення** appointment, **присво́єння майна́** property appropriation, **рі́шення** decision)
v. + **н. заборони́ти як н.** prohibit sth as illegal ◊ **У́ряд заборони́в прива́тні збро́йні формува́ння як ~і.** The government banned private armed units as illegal. **бу́ти ~им** be illegal (**вважа́ти** + *A.* consider sth ◊ **Вони́ вважа́ли ді́ї слу́жби безпе́ки ~ими.** They considered the actions of the security services illegal. **лиша́тися** remain ◊ **Те рі́шення місько́ї ра́ди лиша́ється ~им.** That city council decision remains illegal. **оголо́шувати** + *A.* declare sth **става́ти** become) ◊ **«Коли́ це чи́нний у́ряд став ~им?» – запита́ла журналі́стка.** "When did the current government become illegitimate?" the (female) journalist asked.

незале́жн|ий, *adj.*
independent
adv. **абсолю́тно** absolutely, **деда́л бі́льше** increasingly, **геть** totally, **ду́же** very, **цілко́м** completely, **шале́но** fiercely; **одна́ково** equally ◊ **Вона́ одна́ково ~а від ма́тері й від ба́тька.** She is equally independent from her mother and her father. **про́сто** simply; **ді́йсно** really, **спра́вді** truly; **до́сить** fairly, **ма́йже** almost, **тро́хи** a little; **вира́зно** distinctly, **однозна́чно** singularly, **я́вно** clearly; **економі́чно** economically, **культу́рно** culturally, **організаці́йно** organizationally **політи́чно** politically, **фіна́нсово** financially, *etc.*; **емоці́йно** emotionally, **психологі́чно** psychologically
н. + *n.* **~а люди́на** an independent person (**поведі́нка** behavior; **краї́на** nation; **інститу́ція** institution, **це́рква** church)
v. + **н. бу́ти ~им** be independent ◊ **Як інститу́ція, університе́т є ~им від у́ряду.** As an institution, the university is independent from the government. (**вважа́ти** + *A.* consider sb, **виявля́тися** prove ◊ **Ма́рченко ви́явився шале́но ~им журналі́стом.** Marchenko proved a fiercely independent journalist. **здава́тися** + *D.* seem to sb, **лиша́тися** remain; **почува́тися** feel; **става́ти** become) ◊ **Агре́сія змуси́ла молоду́ краї́ну ста́ти економі́чно незале́жною від коли́шньої імпе́рії.** The aggression forced the young nation to become

economically independent from the former empire.
prep. **н. в** + *L.* independent in sth ◊ **Су́дді ~і у ді́ях.** Judges are independent in their actions. **н. від** + *G.* independent from sb/sth
Also see **самості́йний.** *Cf.* **сувере́нний**

незале́жн|ість, *f.*, **~ости**, *only sg.*
independence
adj. **абсолю́тна** absolute ◊ **Вони́ пого́джувалися ті́льки на абсолю́тну н.** They agreed only to absolute independence. **вели́ка** great, **по́вна** full, **тота́льна** total, **цілкови́та** complete, **шале́на** fierce ◊ **Він вирізня́вся шале́ною ~істю су́джень.** He stood out by his fiercely independent of judgment. **де́яка** certain, **відно́сна** relative, **декорати́вна** decorative, **ефеме́рна** ephemeral, **обме́жена** limited, **показо́ва** affected, **символі́чна** symbolic, **фікти́вна** fictitious, **частко́ва** partial; **ді́йсна** true, **реа́льна** real, **правди́ва** genuine ◊ **Н. краї́ни була́ ра́дше декорати́вною, як правди́вою.** The nation's independence was decorative rather than genuine. **спра́вжня** veritable, **факти́чна** effective; **здобу́та** gained; **націона́льна** national; **економі́чна** economic, **інституці́йна** institutional, **інформаці́йна** informational, **культу́рна** cultural, **організаці́йна** organizational, **політи́чна** political, **релігі́йна** religious, **фіна́нсова** financial, *etc.*; **емоці́йна** emotional, **ідентифікаці́йна** identificational, **мента́льна** mental, **психологі́чна** psychological
n. + **н. дух ~ости** the spirit of independence (**проголо́шення** declaration, **свя́то** holiday, **тради́ція** tradition), ◊ **День ~ости** Independence Day (**ву́лиця** street, **майда́н** square)
v. + **н. ма́ти н.** have independence (**відвойо́вувати** win back, **здобува́ти** gain ◊ **Тепе́р тре́ба здобу́ти інформаці́йну н.** Now informational independence needs to be gained. **зміцнювати** strengthen, **зберіга́ти** preserve, **виявля́ти** display; **ґарантува́ти** guarantee, **забезпе́чувати** + *D.* ensure to sb ◊ **Він має забезпе́чити аґе́нції інституці́йну н.** He has to ensure institutional independence to the agency. **борони́ти** *and* **захища́ти** defend ◊ **Вони́ готові борони́ти політи́чну н. країни всіма́ за́собами.** They are ready to defend the country's political independence by all means. **охороня́ти** protect, **проголо́шувати** declare; **святкува́ти** celebrate, **цінува́ти** value; **втрача́ти** lose ◊ **Краї́на ризику́є втра́тити ра́зом із культу́рною і вся́ку і́ншу н.** The country risks losing all kinds of other independence together with its cultural one. **підрива́ти** undermine ◊ **Бездія́льність у́ряду підрива́ла націона́льну н.** The government's inaction undermined national independence. **посла́блювати** weaken; **боро́тися за** fight for)
prep. **н. в** + *L.* independence in sth ◊ **н. у рі́шеннях** independence in decision-making; **н. від** + *G.* independence from sb/sth ◊ **економі́чна н. діте́й від батькі́в** children's economic independence from their parents
Also see **автоно́мія, самості́йність.** *Cf.* **суверені́тет**

незамі́жн|я, *adj.*
unmarried *(of a woman)*, single ◊ **Н. жі́нка ра́птом одружи́лася.** The single woman suddenly got married.
adv. **все життя́** all one's life, **все ще** still, **до́сі** until now, **попере́дньо** previously, **рані́ше** earlier, **ще** yet; **за́вжди́** always
v. + **н. бу́ти ~ьою** be unmarried ◊ **Лі́дія була́ ~ьою.** Lidiia was unmarried. (**виявля́тися** turn out, **лиша́тися** remain) ◊ **Мину́ло сім ро́ків, а вона́ лиша́ється ~ьою.** Seven years passed and she remains unmarried.

незбагне́нн|ий, *adj.*
1 incomprehensible, inscrutable, unfathomable
adv. **абсолю́тно** absolutely, **взагалі́** utterly, **геть** totally, **ду́же** highly, **про́сто** simply, **цілко́м** completely; **до́сить** quite, **ма́йже** almost; **наза́вжди** forever
v. + **н. бу́ти ~им** be unfathomable ◊ **Стати́стика була́ для ньо́го до́вгий час абсолю́тно ~ою дисциплі́ною.** For a long time, statistics has been an absolutely incomprehensible discipline to him. (**виявля́тися** turn out, **лиша́тися** remain) ◊ **Па́влові слова́ лиши́лися для них наза́вжди́ ~ими.** Pavlo's words remained forever inscrutable for them.
prep. **н. для** + *G* incomprehensible to sb
Also see **недосту́пний 2**
2 *fig.* great, unthinkable, unbelievable ◊ **~а си́ла** an unthinkable force
See **вели́кий 3.** *Also see* **неймові́рний 2, несамови́тий 3, шале́ний 2, 3**

незважа́ючи, *prep.*
despite sb/sth, in spite of sth/sth + *A. (followed by prep.* **на***)* ◊ **Оле́на продо́вжувала працюва́ти, н. на галасли́вих госте́й.** Olena went on working in spite of the noisy guests. ◊ **Він хо́дить ле́гко вбра́ним, н. на хо́лод.** He walks lightly dressed in spite of the cold.
Also see **на́що 2, наперекі́р 2**

незго́д|а, *f.*
1 disagreement, discord
adj. **глибо́ка** deep ◊ **Їх розділя́ла глибо́ка н.** They were divided by a deep disagreement. **го́стра** sharp, **затя́та** bitter, **лю́та** fierce, **си́льна** strong, **серйо́зна** serious, **цілкови́та** total; **відчу́тна** noticeable, **значна́** significant; **невели́ка** small, **незначна́** insignificant, **пе́вна** certain; **засадни́ча** basic, **принципо́ва** principled, **су́ттєва** essential, **фундамента́льна** fundamental; **відве́рта** frank, **щи́ра** sincere; **вну́трішня** internal; **ідеологі́чна** ideological, **мора́льна** moral, **програмо́ва** programmatic, **світо́глядна** philosophical, *etc.*
v. + **н. ма́ти ~у** have a disagreement (**виража́ти** express, **висло́влювати** voice ◊ **Він ви́словив ~у з ї́хньою пози́цією.** He voiced his disagreement with their position. **пока́зувати** show; **виклика́ти** cause, **провокува́ти** provoke; **вирі́шувати** solve, **уреґульо́вувати** settle, **усува́ти** remove); **призво́дити до ~и** lead to a disagreement (**уника́ти** avoid) ◊ **Він уника́є найме́ншої ~и з жі́нкою.** He avoids the smallest disagreement with his wife. **бу́ти в ~і** be in disagreement ◊ **Брати́ ча́сто між собо́ю в ~і.** The brothers are often in disagreement with each other.
prep. **н. з** + *I.* a disagreement with sb/sth; **н. навко́ло** + *G.* a disagreement over/about/as to sth ◊ **Це призвело́ до ~и навко́ло то́го, хто пі́де пе́ршим.** This led to the disagreement over who would go first. **н. що́до** + *G.* a disagreement as to sth ◊ **н. що́до ціни́ кварти́ри** disagreement as to the price of the apartment
2 *usu pl.* trouble, difficulties, setbacks
adj. **вели́кі** great, **нечу́вані** unheard-of, **серйо́зні** serious ◊ **У по́дорожі їх спітка́ли серйо́зні ~и.** Serious difficulties befell them during the trip. **страшні́** terrible
See **кло́піт 1, пробле́ма**

незґра́бн|ий, *adj.*
clumsy, awkward, ungainly, unwieldy
adv. **винятко́во** exceptionally, **геть** totally, **ду́же** very, **цілко́м** completely; **де́що** somewhat ◊ **Степа́нові де́що ~і мане́ри подо́бalися ї́й.** She liked Stepan's somewhat clumsy ways. **до́сить** rather, **помі́тно** noticeably, **тро́хи** a little; **жалюгі́дно** pathetically, **звору́шливо** movingly
v. + **н. бу́ти ~им** be clumsy (**вважа́ти** + *A.* consider sb, **вигляда́ти** look, **виявля́тися** turn out, **звуча́ти** sound ◊ **Його́ поя́снення звуча́ли жалюгі́дно ~ими.** His explanations sounded pathetically clumsy. **здава́тися** + *D.* seem to sb, **лиша́тися** remain, **става́ти** become) ◊ **Він погла́дшав, став тро́хи ~им.** He put on weight, became a little clumsy.
prep. **н. в** + *L.* clumsy about/in sth ◊ **Васи́ль звору́шливо н. у залиця́ннях до не́ї.** Vasyl is movingly clumsy in his efforts to win her love.
Also see **незру́чний 3, неспра́вний 2**

незда́тн|ий, *adj.*
incapable, unable, inept
adv. **абсолю́тно** absolutely, **взагалі́** utterly, **геть** totally ◊ **Вона́ геть ~а до куха́рства.** She is totally incapable of cooking. **цілко́м** completely; **до́сить** quite, **ма́йже** almost; **про́сто** simply; **я́вно** clearly; **у при́нципі** in principle, **засадни́чо** basically; **емоці́йно** emotionally, **мора́льно** morally, **розумо́во** mentally, **фізи́чно** physically ◊ **фізи́чно н. підня́ти таку́ вагу́** physically unable to lift such weight
v. + **н. бу́ти ~им** be incapable (**вважа́ти** + *A.* consider sb; **вигляда́ти** look; **виявля́тися** turn out, **здава́тися** + *D.* seem to sb ◊ **Іва́н здава́вся ~им до та́нцю.** Ivan seemed unable to dance. **лиша́тися** remain; **почува́тися** feel ◊ **Ві́ктор почува́вся ~им до протистоя́ння з не́ю.** Viktor felt incapable of opposing her. **роби́ти** + *A.* make sb ◊ **Артри́т зроби́в її ~ою бі́гати.** Arthritis made her incapable of jogging. **роби́тися** *and* **става́ти** become) ◊ **Він став ~им до́бре писа́ти.** He became incapable of writing well.
prep. **н. на** + *A. or* **до** + *G.* incapable of sth ◊ **Вони́ ~і на до́бру заба́ву.** They are incapable of having a good time.

нездоро́в|ий, *adj.*
1 unhealthy; sick ◊ **Вона́ ~а се́рцем.** She has a sick heart.
adv. **винятко́во** exceptionally ◊ **Того́ дня вона́ ма́ла винятко́во н. ви́гляд.** She looked exceptionally unhealthy that day. **взагалі́** utterly, **геть** totally, **ду́же** very, **цілко́м** completely; **до́сить** quite, **тро́хи** a little; **види́мо** visibly ◊ **види́мо ~е обли́ччя** a visibly unhealthy face; **очеви́дно** obviously, **я́вно** clearly
н. + *n.* **н. ви́гляд** an unhealthy appearance (**ко́лір** color); **~е обли́ччя** a sickly face
v. + **н. бу́ти ~им** be unhealthy (**вважа́ти** + *A.* consider sb/sth, **вигляда́ти** look ◊ **Рома́н вигляда́є тро́хи ~им сього́дні.** Roman looks a little sick today. **виявля́тися** turn out, **здава́тися** + *D.* seem to sb, **лиша́тися** remain, **почува́тися** feel, **роби́ти** + *A.* make sb; **става́ти** become)
2 harmful, detrimental, unhealthy, bad
н. + *n.* **н. вплив** a harmful influence (**клі́мат** climate; **по́тяг** attraction), **н. інтере́с** morbid curiosity; **~а зви́чка** a bad habit
See **згу́бний, шкідли́вий**

незнайо́м|ець, *m.*, **~ця; ~ка**, *f.*
stranger
adj. **вродли́вий** good-looking ◊ **Він десь ба́чив цьо́го вродли́вого ~ця.** He saw this good-looking stranger somewhere. **га́рний** beautiful, handsome, **прива́бливий** attractive; **абсолю́тний** absolute ◊ **До Андрі́я писа́в абсолю́тний н.** An absolute stranger was writing to Andrii. **по́вний** complete, **цілкови́тий** utter, **факти́чний** actual; **таємни́чий** mysterious; **похму́рий** grim
Also see **невідо́мий 2, чужи́нець.** *Ant.* **знайо́мий 2**

незнайо́м|ий, *adj.*
unfamiliar, unknown ◊ **Її́ уя́ву захопи́ла яка́сь ~а мело́дія.** An unfamiliar tune captivated her imagination.
adv. **абсолю́тно** absolutely, **взагалі́** utterly ◊ **взагалі́ н. чолові́к** an utter stranger; **геть** totally, **цілко́м** completely; **ма́йже** almost ◊ **Схі́дна части́на мі́ста лиша́лася ма́йже ~ою ї́м.** The eastern part of the city remained almost unknown to them. **практи́чно** practically, **про́сто** simply, **факти́чно** virtually; **я́вно** clearly
v. + **н. бу́ти ~им** be unfamiliar ◊ **Нова́**

статистика була для них ~ою. The new statistics were unfamiliar to them. (**виглядати** look, **виявлятися** turn out, **звучати** sound, **здаватися** + *A.* seem to sb ◊ **Околиця здалася Ганні ~ою.** The neighborhood seemed unfamiliar to Hanna. **лишатися** remain) ◊ **~а мова** an unknown language, **~а країна** a strange country
prep. **н. для** + *G.* for *or* + *D.* unfamiliar to sb
Also see **невідомий.** *Ant.* **знайомий, відомий**

незручн|ий, *adj.*
1 uncomfortable, unfit, unsuitable ◊ **Їм дали особливо ~у кімнату.** They were given a particularly uncomfortable room.
adv. **вкрай** extremely, **геть** totally, **дуже** very, **неймовірно** incredibly, **просто** simply, **страшенно** terribly, **цілком** completely; **дещо** somewhat, **досить** quite, **трохи** a little ◊ **Його нове ліжко було трохи ~им.** His new bed was a little uncomfortable.
н. + *n.* **~а канапа** an uncomfortable couch (**поза** pose); **~е положення** an uncomfortable posture ◊ **Пасажир не міг довго зберігати таке ~е положення.** The passenger could not maintain such an uncomfortable posture for long.
v. + **н. бути ~им** be uncomfortable ◊ **У перший день нові туфлі були до болю ~ими.** The first day, the new shoes were painfully uncomfortable. (**виглядати** look ◊ **Фотель виглядає ~им для читання.** The armchair looks unsuitable for reading. **виявлятися** turn out; **здаватися** + *D.* seem to sb, **ставати** become)
prep. **н. для** + *G.* unsuitable for sb/sth ◊ **Нова студія ~а для запису.** The new studio is unsuitable for recording.
Ant. **зручний**
2 inconvenient, awkward ◊ **Він вибрав дуже н. момент для дзвінка.** He chose a very inconvenient moment for a phone call.
н. + *n.* **н. графік** an inconvenient schedule (**час** time) ◊ **Для Петра ранок – н. час для зустрічі.** Morning is an inconvenient time to meet for Petro. **~а мовчанка** an awkward silence (**ситуація** situation); **~е зауваження** an awkward remark; ♦ **опинятися в ~ому становищі** to find oneself in an awkward situation
v. + **н. бути ~им** be inconvenient (**вважати** + *A.* consider sth ◊ **Вона вважала ~им нагадувати Миколі про його лист.** She found it awkward to remind Mykola about his letter. **виявлятися** turn out; **робити** + *A.* make sth ◊ **Присутність Олесі робила розмову до болю ~ою.** Olesia's presence made the conversation painfully awkward. **ставати** become) ◊ **Подальші контакти між ними стали ~ими.** Further contacts between them became inconvenient.
prep. **н. для** + *G.* awkward for sb/sth
3 cumbersome, unwieldy, unhandy; clumsy ◊ **н. портфель** an unwieldy briefcase, ◊ **~а виделка** unhandy fork; **~і рухи** clumsy movements
See **незґрабний**

незручно, *adv., pred.*
1 *adv.* inconveniently, uncomfortably, awkwardly ◊ **Актор н. стояв посеред сцени.** The actor stood awkwardly in the middle of the stage. ◊ **Він н. сидів на ліжку.** He was sitting uncomfortably on the bed.
2 *pred.* inconvenient, uncomfortable, awkward + *D.*
н. + *v.* **відпочивати** to rest ◊ **Відпочивати в такому оточенні мало бути досить н.** It must have been quite uncomfortable to vacation in such a setting. **їсти** to eat, **лежати** to lie, **сидіти** to sit, **читати** to read, *etc.* ◊ **При такому світлі було н. довго читати.** It was difficult to read for a long time by such light.
v. + **н. бути н.** be awkward ◊ **Орисі н. працювати по ночах.** It is inconvenient for Orysia to work the nights. (**почуватися** feel ◊ **Іванна почувалася дуже н.** Ivanna felt very awkward. **ставати** start feeling)
3 *pred.* improper, incorrect, awkward, not done + *D.* ◊ **Нам було трохи н. питати про це.** We felt a little awkward asking about it. ◊ **Лізі стало н. лишатися в них.** Liza started to feel awkward staying at their place. ◊ **Н. приходити до дітей без гостинця.** Coming to see children without a gift is not done.

неймовірн|ий, *adj.*
1 incredible, unbelievable, beyond belief
adv. **абсолютно** absolutely, **взагалі** utterly, **геть** totally, **просто** simply, **цілком** completely; **майже** almost, **особливо** particularly ◊ **Особливо ~им здавалося те, що він усе зробив сам.** It seemed particularly incredible that he did everything single-handedly.
v. + **н. бути ~им** be unbelievable (**вважати** + *A.* consider sth, **виглядати** look, **здаватися** + *D.* seem to sb) ◊ **Таке припущення здавалося цілком ~им.** Such an assumption seemed completely unbelievable.
Also see **невірогідний**
2 *fig.* magnificent, spectacular, marvelous ◊ **країна ~ої краси** a country of magnificent beauty
Also see **несамовитий 3, шалений 2, 3**

некроло́|г, *m.*, **~га**
obituary ◊ **Пан К. полюбляв читати ~ги.** Mr. K. was fond of reading obituaries.
adj. **зворушливий** moving; **офіційний** official; **короткий** brief, **сухий** dry; **розлогий** lengthy; **збалансований** balanced, **об'єктивний** objective
v. + **н. писати н.** write an obituary ◊ **Вона написала розлогий н. великому драматургові.** She wrote a lengthy obituary for the great playwright. (**друкувати** print, **публікувати** publish, **складати** put together ◊ **Вона складала ~ги відомих людей.** She put together obituaries of well-known people. **читати** read)
prep. **в ~зі** in an obituary ◊ **У її ~зі є цікаві факти.** There are interesting facts in her obituary.

нема́, *var.* **немає;** *fut.* **не буде;** *pa.* **не було**, *pred.*
1 there is/are no + *G.* ◊ **Тут н. готелів.** There are no hotels here. ◊ **В аптеці н. антибіотиків.** There are no antibiotics in the pharmacy. ◊ **На підвіконнику не було жодних квітів.** There were no flowers on the window sill. ◊ **У середу Левка не буде на роботі.** On Wednesday, Levko will not be at work. ♦ **де н.** + *G.* to be everywhere ◊ **Де у світі н. наших людей.** Our people are everywhere in the world. ♦ **н. кінця-краю** *or* **краю, ліку, числа** + *D.* there is no end to sb/sth ◊ **Скаргам клієнтів не було кінця-краю.** There was no end to customers' complaints.
2 not to have *with* **в** + *G.* ◊ **В Андрія не було жодного досвіду.** Andrii did not have any experience.
See **мати**[2] **1**
3 to be dead *(of a person)*, be no more + *G.* ◊ **Н. вже їхнього діда Йосипа.** Their Grandad Yosyp is no more. ♦ **н. на світі** + *G.* to be no more ◊ **Її подруги не було на світі.** Her (female) friend was no more.
4 *(absence of possibility)* cannot, not to be able to ♦ **н. де** + *D.* + *inf.* nowhere ◊ **Ользі н. де працювати.** There is nowhere for Olha to work. ♦ **н. кому** + *D.* + *inf.* no one, nobody ◊ **Дитині н. кому поскаржитися.** The child has no one to complain to. ♦ **н. куди** + *D.* + *inf.* nowhere ◊ **Цим людям н. куди звернутися по допомогу.** These people have nowhere to turn to for help. ♦ **н. що** + *D.* + *inf.* nothing ◊ **Тобі н. що сказати.** There is nothing you can say. ♦ **н. як** + *D.* + *inf.* no way ◊ **Хлопцям н. як знайти тренера.** The boys have no way to find the coach.

неминуч|ий, *adj.*
inevitable, unavoidable, destined
adv. **абсолютно** absolutely ◊ **Зіткнення здавалося абсолютно ~им.** The collision seemed absolutely inevitable. **історично** historically, **об'єктивно** objectively, **позірно** seemingly, **просто** simply, **цілком** completely; **очевидно** obviously, **явно** clearly; **майже** almost
v. + **н. бути ~им** be inevitable (**вважати** + *D.* consider sth ◊ **Після публікації його відставку вважають ~ою.** After the publication, his resignation is considered inevitable. **виглядати** look, **виявлятися** turn out, **здаватися** + *D.* seem to sb, **робити** + *A.* make sth, **ставати** become) ◊ **Зміна підсоння стала ~ою.** Climate change has become inevitable.

немовля́, *nt.*, **~ти**
baby, newborn, infant
adj. **крихітне** tiny ◊ **Вона тримала крихітне н.** She was holding a tiny baby. **мале** little, **маленьке** *dim.* small; **новонароджене** newborn; **доношене** full-term, **недоношене** premature ◊ **Н. було місяць недоношеним.** The baby was a month premature. **дводенне** two-day old, **тритижневе** three-week old, **двомісячне** two-month old, *etc.*; **бездоганне** impeccable, **досконале** perfect, **гарне** beautiful, **гарненьке** cute ◊ **У колисці лежало неймовірно гарненьке н.** An incredibly cute baby lay in the cradle. **худеньке** *dim.* thin, **повненьке** *dim.* plump, **повнощоке** chubby-cheeked; **здорове** healthy, **нормальне** normal; **грудне** breastfed; **покинуте** abandoned ◊ **Покинуте н. голосно плакало.** The abandoned baby was crying loudly.
v. + **н. народжувати н.** give birth to a baby (**годувати** feed, breastfeed ◊ **Вона годувала своє новонароджене н.** She breastfed her newborn baby. **відучати від грудей** wean; **вчити** teach ◊ **Батьки рано почали вчити н. ходити.** The parents started teaching their infant to walk early. **класти спати** put to sleep, **купати** bathe, **колисати** rock, **пестити** pamper, **підіймати** pick up, **пригортати** cuddle, **тримати** hold); **доглядати за ~м** look after a baby ◊ **Того вечора за ~м доглядала його сестра.** That evening, his sister looked after the baby. (**бавитися з** play with) ◊ **Дід бавився із ~ям.** Grandad was playing with the baby.
G. **~ти**, *D.* **~ті**, *N. pl.* **~та**, *G. pl.* **~т**, *D. pl.* **~там**
See **дитина.** *Also see* **малий 7, маля**

ненави́д|іти, **~жу**, **~ять; з~**, *tran.*
to hate, detest, loathe; *pf.* to come to hate
adv. **абсолютно** absolutely ◊ **Він абсолютно ~ів телесеріяли.** He absolutely detested TV series. **всé ще** still, **глибоко** deeply, **пристрасно** passionately; **завжди** always, **зокрема** in particular, **особливо** especially ◊ **Марина особливо ~ить, коли нарікають на обставини.** Maryna especially hates when people complain of circumstances. **справді** really; ◊ **Марта ~іла рано вставати.** Marta hated getting up early.
v. + **н. починати** begin to, **стати** *pf.* come to ◊ **Він став н. футбол.** He came to hate soccer. **перестати** stop ◊ **Поступово діти перестали н. садочок.** The children gradually stopped hating their preschool.
prep. **н. за** + *A.* hate for sth ◊ **Олена зненавиділа цю жінку за її пиху.** Olena came to hate the woman for her arrogance.
pa. pple. rare **зненавиджений** hated; *usu* **ненависний** hated, hateful
Also see **ламати 3.** *Cf.* **ворогувати**

ненависн|ий, *adj.*
hateful, loathsome, detestable, odious ◊ **Думка про працю з окупантами була для них ~ою.** The thought of working with occupiers was odious to them.
adv. **абсолютно** absolutely, **глибоко** deeply, **дивовижно** amazingly ◊ **дивовижно н. політик** an amazingly hateful politician; **просто** simply,

спра́вді really, **таки́й** so, **цілко́м** utterly
v. + **н. бу́ти ~им** be odious ◊ **Його́ іде́я гли́бо́ко ~а їй.** His idea is deeply odious to her. (**виявля́тися** prove ◊ **Виклада́ч ви́явився абсолю́тно ~им ти́пом.** The instructor proved to be an absolutely loathsome type. **лиша́тися** remain; **става́ти** become)
prep. **н. для** + *G.* hateful to sb
Ant. **дороги́й 2**

нена́вист|ь, *f.*, **~и**, *only sg.*
hate, hatred, loathing ◊ **У її оча́х не було́ ~и.** There was no hatred in her eyes.
adj. **абсолю́тна** absolute, **гли́бока** deep, **ди́ка** savage, **лю́та** bitter ◊ **Її охопи́ла лю́та н.** She was overtaken by bitter hatred. **невблага́нна** implacable, **нераціона́льна** irrational, **сліпа́** blind, **чи́ста** pure ◊ **Не́ю опанува́ла чи́ста н.** She was overtaken with pure hatred. **етні́чна** ethnic, **міжетні́чна** interethnic, **кла́сова** class, **ра́сова** race, **релігі́йна** religious
v. + **н. відчува́ти н.** feel hatred (**ма́ти** have ◊ **Він ні до ко́го не мав ~и.** He did not have hatred for anybody. **прихо́вувати** conceal, hide ◊ **Вона́ ле́две прихо́вувала свою́ н. до коли́шнього коха́нця.** She was barely hiding hatred for her former lover. **пошир́ювати** spread, **пропові́дувати** preach, **провокува́ти** incite, provoke, **розпа́лювати** fuel ◊ **Уряд розпа́лює міжетні́чну н. у краї́ні.** The government is fueling interethnic hatred in the country. **стри́мувати** hold back; **виража́ти** express); **бу́ти спо́вненим ~и** be filled with hatred
н. + *v.* **існува́ти** exist, **погли́блюватися** deepen ◊ **Релігі́йна н. між мусульма́нами і юде́ями погли́билася.** Religious hatred between Muslims and Jews deepened. **поши́рюватися** spread; **вибуха́ти** erupt, **розпа́люватися** flare up
prep. **н. до** + *G.* hatred for/to sb/sth; **н. між** + *I.* hatred between sb
Ant. **любо́в 1, прихи́льність**

ненаро́ком, *adv.*
accidentally, unintentionally, by accident
adv. **абсолю́тно** absolutely ◊ **Вона́ розлила́ во́ду абсолю́тно н.** She spilled the water absolutely by accident. **геть** totally, **цілко́м** completely; **на́че** as if, **ні́би** as though ◊ **Він ні́би н. торкну́в її за ру́ку.** He touched her hand as though by accident. **спра́вді** truly; **я́вно** clearly, **я́кось** somehow

нена́че, *var.* **на́че**, *conj.*
1 as if, as though ◊ **Наза́р зі́гнорував ді́вчи́ну, н. не впізна́в.** Nazar ignored the girl as though he had not recognized her. ◊ **Вона́ зблі́дла, н. поба́чила при́вида.** She turned pale as though she had seen a ghost.
Also see **мов**[1], **ні́би**
2 *comp.* like ◊ **гу́би, н. черво́на троя́нда** lips like a red rose; ◊ **Двір зелені́в, н. лу́ка навесні́.** The yard was green like a meadow in spring.
See **як**[2] **1**

нень|ка, *f.*, *dim.*
mommy *(affectionate)*, mom
adj. **дорога́** dear, **єди́на** the only one, **коха́на** beloved, **ла́гідна** kind, **ні́жна** tender, **незабу́тня** unforgettable, **рі́дна** one's own, **стара́** old, **ста́ренька** *dim.* old; ♦ **н.-Украї́на** *or* **Украї́на-н.** Mother Ukraine
L. **на ~ці**, *G. pl.* **~ок**
See **ма́ти**[1]

необхі́дн|ий, *adj.*, *n.*
1 *adj.* necessary, needed
adv. **абсолю́тно** absolutely ◊ **Вода́ була́ абсолю́тно ~ою.** Water was absolutely necessary. **вкрай** extremely, **го́стро** acutely ◊ **го́стро необхі́дна вакци́на** an acutely needed vaccine; **ді́йсно** really, **ду́же** very, much ◊ **ду́же ~і практи́чні пора́ди** much needed practical advice; **категори́чно** categorically, **терміно́во** uregently; **спра́вді** truly; **ле́две** hardly, **навря́д (чи)** scarcely, **да́лі** further, **ще** still; **логі́чно** logically, **меди́чно** medically; ◊ **~а умо́ва** a necessary condition
v. + **н. бу́ти ~им** be necessary ◊ **Допомо́га вкрай ~а для гру́пи.** Help is extremely needed for the group. (**вважа́ти** + *A.* consider sb/sth, **виявля́тися** turn out, **здава́тися** + *D.* seem to sb, **лиша́тися** remain, **почува́тися** feel ◊ **Вона́ бі́льше не почува́лася ~ою для си́на.** She no longer felt needed by her son. **роби́ти** + *A.* make sb/sth, **става́ти** become) ◊ **Зна́ння лати́ни става́ло логі́чно ~им.** Knowledge of Latin was becoming logically necessary.
prep. **н. для** + *G.* necessary for sb/sth
Also see **потрі́бний**
2 *n.*, *nt.* necessary thing ◊ **Вони́ ма́ли все ~е, щоб успі́шно закі́нчити спра́ву.** They had everything necessary to complete the case successfully.

необхі́дно, *pred.*
necessary + *D.* ♦ **бу́ти н.** be necessary ◊ **Їй абсолю́тно н. діста́ти докуме́нт.** It is absolutely necessary for her to procure the document.
adv. **абсолю́тно** absolutely, **категори́чно** categorically, **вкрай** extremely, **го́стро** acutely, **ді́йсно** really, **ду́же** very, **ко́нче** immensely, **спра́вді** truly, **терміно́во** urgently; **навря́д (чи)** scarcely; **все́-таки** nevertheless
Also see **потрі́бно, тре́ба**

неодмі́нно, *adv.*
certainly, for sure, definitely ◊ **Ді́ти н. побува́ють на мо́рі.** The children will definitely go to the sea. ◊ **Я н. напишу́.** I'll write for sure.
Also see **напе́вно 1**

неодру́жен|ий, *adj.*
unmarried, single ◊ **Бори́с усе́ життя́ н.** All his life, Borys has been single.
See **незамі́жня, па́рубок 2.** *Ant.* **одру́жений, шлю́бний 2**

неписьме́нн|ий, *adj.*
illiterate
adv. **абсолю́тно** absolutely ◊ **Його́ праба́ба була́ ~ою.** His great gandmother was illiterate. **геть** totally, **зо́всім** utterly, **практи́чно** practically, **цілко́м** completely; **ма́йже** almost
v. + **н. бу́ти ~им** be illiterate (**виявля́тися** turn out; **лиша́тися** remain ◊ **Части́на насе́лення лиша́лася ~ою.** A part of the population remained illiterate. **прикида́тися** pretend)
Ant. **осві́чений**[1]

непиту́щ|ий, *adj.*
abstemious, teetotal, one who does not drink
adv. **абсолю́тно** absolutely, **геть** totally, **зо́всім** utterly, **цілко́м** completely; **ма́йже** almost
v. + **н. бу́ти ~им** be abstemious ◊ **Хто би поду́мав, що він геть н.!** Who would think he is totally abstemious! (**вважа́тися** be considered, **виявля́тися** turn out, **лиша́тися** stay ◊ **Він лиша́вся ~им.** He stayed abstemious. **прикида́тися** pretend, **роби́ти** + *A.* make sb, **става́ти** become) ◊ **Він ки́нув пали́ти і став ~им.** He quit smoking and became a teetotaler.

непідхо́ж|ий, *adj.*
unsuitable
adv. **абсолю́тно** absolutely, **ду́же** very, **геть** totally, **зо́всім** utterly, **цілко́м** completely; **м'я́ко ка́жучи** to put it mildly; **я́вно** clearly
v. + **н. бу́ти ~им** be unsuitable ◊ **Му́зика була́, м'я́ко ка́жучи, ~ою до ока́зії.** The music was, to put it mildly, unsuitable for the occasion. (**вважа́ти** + *A.* consider sth, **вигляда́ти** look, **виявля́тися** turn out, **здава́тися** + *D.* seem to sb ◊ **На́зва кав'я́рні здава́лася багатьо́м ~ою.** The name of the coffeehouse seemed unsuitable to many. **лиша́тися** stay, **роби́ти** + *A.* make sb/sth, **става́ти** become)
prep. **н. для** + *G. or* + *D.* unsuitable for sb ◊ **Із ча́сом їхні умо́ви ста́ли ~ими Андрі́єві** *or* **для Андрі́я.** With time, their conditions became unsuitable for Andrii.

непова́|га, *f.*, *only sg.*
disrespect
adj. **абсолю́тна** absolute, **відкри́та** open, **кричу́ща** blatant, **очеви́дна** evident, **по́вна** utter, **цілкови́та** complete; **я́вна** obvious; **здоро́ва** healthy ◊ **Молоді́ лю́ди ма́ли здоро́ву ~гу до вла́ди.** Young people had a healthy disrespect for authorities.
v. + **н. виявля́ти ~гу** show disrespect ◊ **Вони́ не хоті́ли ви́явити ~гу до господа́ря.** They did not want to show disrespect for the host. (**виража́ти** express, **пока́зувати** show; **ма́ти** have; **терпі́ти** tolerate) ◊ **Він не міг стерпі́ти ~ги.** He could not tolerate disrespect.
prep. **з ~гою** with disrespect ◊ **Виклада́чка ста́вилася до Марка́ з я́вною ~гою.** The (female) instructor treated Marko with obvious disrespect. **н. до** *G.* + disrespect for sb/sth
L. **в ~зі**
Also see **знева́га.** *Ant.* **пова́га**

непо́вн|ий, *adj.*
incomplete, not full ◊ **~а збі́рка за́писів співака́** an incomplete collection of the singer's recordings
adv. **вже** already; **дале́ко** far from, **зо́всім** entirely; **де́що** somewhat; **я́вно** obviously ◊ **Пля́шка була́ я́вно ~ою.** The bottle was obviously not full. ◊ **П'ять мі́сяців фа́брика працюва́ла на ~у поту́жність.** For five months, the factory had worked below capacity.
v. + **н. бу́ти ~им** be incomplete (**вважа́ти** + *A.* consider sth ◊ **Вона́ вважа́є звіт ~им.** She considers the report incomplete. **вигляда́ти** look, **виявля́тися** turn out, **здава́тися** + *D.* seem to sb, **лиша́ти** + *A.* leave sth ◊ **Він лиши́в я́вно ~им о́пис свого́ відкриття́.** He left behind an obviously incomplete description of his discovery. **лиша́тися** stay, **роби́ти** + *A.* make sth, **става́ти** become) ◊ **Її спи́сок став ~им.** Her list became incomplete.
Ant. **по́вний 1**

неповнолі́тн|ій, *adj.*, *n.*
1 *adj.* underage, adolescent, teenage, minor
adv. **по́ки що** still, **ще** yet ◊ **Вона́ привела́ з собо́ю ще ~ю ді́вчи́ну.** She brought along a girl who was underage yet. **геть** totally, **цілко́м** completely
v. + **н. бу́ти ~ім** be underage (**вважа́ти** + *A.* consider sb, **вважа́тися** be considered, **вигляда́ти** look ◊ **Він вигляда́є геть ~ім.** He looks completely adolescent. **виявля́тися** turn out ◊ **Його́ коха́нка ви́явилася ~ьою.** His (female) lover turned out to be underage. **здава́тися** + *D.* seem to sb, **зна́ти** + *A.* know sb) ◊ **Він знав Петра́ ~ім хло́пчиком.** He knew Petro as an adolescent boy.
2 *n.* minor, juvenile, adolescent ◊ **У гру́пі був оди́н н.** There was one minor in the group.

неповноці́нн|ий, *adj.*
inadequate, inferior, defective, deficient, flawed
adv. **безнаді́йно** hopelessly ◊ **Проду́кт безнаді́йно н.** The product is hopelessly inadequate. **геть** totally, **гли́бо́ко** deeply, **ду́же** highly, **жахли́во** horribly, **зо́всім** quite, **помі́тно** noticeably, **рішу́че** decidedly, **фата́льно** fatally, **цілко́м** completely; **де́що** somewhat; **я́вно** obviously; **інтелектуа́льно** intellectually, **культу́рно** culturally, **мо́вно** linguistically, **мора́льно** morally, **професі́йно** *or* **фа́хово** professionally, **розумо́во** mentally, *etc.*
v. + **н. бу́ти ~им** be deficient ◊ **Їхній шлюб**

був ~им. Their marriage was flawed. (**вважа́ти** + *A.* consider sb, **вважа́тися** be considered, **вигляда́ти** look, **виявля́тися** turn out, **здава́тися** + *D.* seem to sb ◊ **Розмовля́ючи су́ржиком, він здава́вся мо́вно ~им.** Speaking in surzhyk, he seemed to be linguistically deficient. **лиша́тися** stay, **почува́тися** feel ◊ **Він почува́вся ~им.** He felt inferior. **роби́ти** + *A.* make sb/sth, **става́ти** become)

неповноці́нн|ість, *f.*, **~ости**, *only sg.*
inadequacy, inferiority, deficiency
adj. **абсолю́тна** absolute, **безнаді́йна** hopeless, **вели́ка** great, **глибо́ка** profound, **зага́льна** general, **цілкови́та** complete; **де́яка** some, **пе́вна** certain; **я́вна** obvious; **інтелектуа́льна** intellectual, **культу́рна** cultural, **мо́вна** linguistic, **мора́льна** moral, **розумо́ва** mental, **ра́сова** racial, **фахова́** professional ◊ **Вона́ відчува́ла фахову́ н.** She felt her professional inadequacy.
n. + **н. ко́мплекс ~ости** an inferiority complex ◊ **Так мо́гла каза́ти лише́ люди́на з ко́мплексом ~ости.** Only a person with an inferiority complex could say such things. (**почуття́** feeling, **симпто́м** symptom)
v. + **н. відчува́ти н.** feel inferiority ◊ **Він відчува́в інтелектуа́льну н. на ко́жному кро́ці.** He felt his intellectual inferiority every step of the way. (**виявля́ти** reveal, **пока́зувати** show)
prep. **н. пе́ред** + *I.* inferiority to sb ◊ **фахова́ н. пе́ред ма́йстром** a professional inferiority to the master

неповто́рн|ий, *adj.*
inimitable, unique, incomparable
adv. **абсолю́тно** absolutely ◊ **Вона́ абсолю́тно ~а в ро́лі Джулье́тти.** She is absolutely inimitable in the part of Juliet. **зо́всім** utterly, **цілко́м** completely; **спра́вді** truly
н. + *n.* **н. до́свід** a unique experience; **~а краса́** an inimitable beauty
v. + **н. бу́ти ~им** be inimitable (**вважа́ти** + *A.* consider sth, **здава́тися** + *D.* seem to sb, **лиша́тися** stay, **роби́ти** + *A.* make sth ◊ **Його́ прису́тність зроби́ла день спра́вді ~им для Лари́си.** His presence made the day truly unique for Larysa. **става́ти** become)

непога́н|ий, *adj.*
1 not bad, good, decent
adv. **до́сить** fairly ◊ **Вона́ до́сить ~а ра́дниця.** She is a fairly good adviser. **зо́всім** quite, **спра́вді** truly, **цілко́м** completely; **відно́сно** relatively, **порі́вняно** comparatively
See **до́брий 3.** *Also see* **задові́льний.** *Ant.* **ке́пський, пога́ний**
2 good-looking, pretty ◊ **Богда́н був ~им з обли́ччя.** Bohdan had a fairly good-looking face.

непога́но, *adv., pred.*
1 *adv.* not bad, well, OK, fine
adv. **зо́всім** fairly, **спра́вді** truly, **цілко́м** completely; **відно́сно** relatively ◊ **Він відно́сно н. співа́є.** He is a relatively good singer. **порі́вняно** comparatively
2 *pred.* ◊ **В Жито́мирі їм було́ порі́вняно н.** They did comparatively fine in Zhytomyr.
See **до́бре.** *Ant.* **ке́псько, пога́но**

неподалі́к, *adv., prep.*
1 *adv.* not far, nearby, near
adv. **геть** right ◊ **Ста́нція геть н.** The station is right near. **зо́всім** at all, **ма́йже** almost ◊ **Банк ви́явився ма́йже н.** The bank turned out to be almost near.
See **бли́зько 1, поблизу́ 1**
2 *prep.* not far from sb/sth, nearby + *G.* ◊ **Косте́л стоя́в н. па́рку.** The Catholic church was not far from the park. ♦ **н. від** + *G.* not far from sth ◊ **Автомобі́ль зупини́вся н. від перехре́стя.** The car stopped not far from the intersection.
See **бі́ля, бли́зько 2**

непоко́|їти, ~ять; за~, *tran.*
to worry, concern, bother ◊ **Макси́ма ду́же ~їла ди́вна поведі́нка нача́льника.** Maksym was much concerned about his boss's strange behavior.
pa. pple. **занепоко́єний** worried
(за)непоко́й!
See **жури́ти 2, турбува́ти**

непоко́|їтися; за~, *intr.*
to worry, feel anxious + *I.* about ◊ **Оле́на ви́разно ~їлася бра́том.** Olena was distinctly worried about her brother.
See **жури́тися 2.** *Also see* **клопота́тися 4, ляка́тися 2, пережива́ти 4, турбува́тися 1, хвилюва́тися 1**

непомі́тн|ий, *adj.*
1 unnoticeable, imperceptible
adv. **абсолю́тно** absolutely, **геть** totally, **деда́лі бі́льше** increasingly more, **зо́всім** utterly, **цілко́м** completely; **ма́йже** almost
v. + **н. бу́ти ~им** be unnoticeable ◊ **Пі́сля сва́рки Рома́н став для них ~им.** After the fight, Roman became unnoticeable to them. (**здава́тися** + *D.* seem to sb, **лиша́тися** remain, **роби́ти** + *A.* make sb ◊ **Сі́рий ко́лір роби́в її ~ою в осі́нньому лі́сі.** Gray color made her imperceptible in the autumn forest. **става́ти** become) ◊ **Він відчува́в, що з ві́ком стає все бі́льш ~им.** He felt that he was becoming increasingly more unnoticeable with age.
2 inconspicuous, unremarkable, unassuming
v. + **н. бу́ти ~им** be inconspicuous (**ви́глядати** look, **здава́тися** + *D.* seem to sb, **лиша́тися** remain, **роби́ти** + *A.* make sb/sth) ◊ **Скро́мний ви́гляд роби́в її ~ою.** Her modest appearance made her inconspicuous.

непорозумі́н|ня, *nt.*
misunderstanding
adj. **вели́ке** big, **зага́льне** general, **засадни́че** basic, **по́вне** utter, **серйо́зне** serious, **страшне́** terrible, **фундамента́льне** fundamental, **цілкови́те** complete; **взає́мне** mutual, **звича́йне** common, **при́кре** unfortunate, **сумне́** sad; **можли́ве** possible; **бана́льне** banal, **про́сте́** simple; **яке́сь** some kind of; **мале́ньке** slight, **невели́ке** little
v. + **н. ма́ти н.** have a misunderstanding ◊ **Вони́ мали́ засадни́че н. із замо́вником що́до о́бсягів робо́ти.** They had a basic misunderstanding with the customer about the amount of work. (**виправля́ти** correct, **виявля́ти** reveal, **з'ясо́вувати** clear up ◊ **Ми ма́ємо з'ясува́ти це страшне́ н.** We need to clear up this horrible misunderstanding. **усува́ти** eliminate, **вка́зувати на** point out) ◊ **Він указа́в на кі́лька серйо́зних ~ь між сторо́нами.** He pointed to several serious misunderstandings between the parties. **вести́ до н.** lead to a misunderstanding (**призво́дити до** cause; **уника́ти** avoid) ◊ **Поясні́ть ще раз, щоб уни́кнути н.** Explain again to avoid any misunderstanding. **запобіга́ти ~ню** prevent a misunderstanding
н. + *v.* **виника́ти** arise, **засно́вуватися на** + *L.* be based on sth ◊ **Н. засно́вувалося на рі́зних да́них, які́ ма́ли сто́рони.** The misunderstanding was based on different data the parties had. **причиня́тися до** + *G.* cause sth, **вести́ до** + *G.* lead to sth, **става́ти причи́ною** + *G.* give rise to sth ◊ **Причи́ною сва́рки ста́ло н.** A misunderstanding gave rise to a quarrel.
prep. **н. з** + *I.* a misunderstanding with sb; **н. з бо́ку** + *G.* a misunderstanding on the part of sb ◊ **Тут ви́никло я́вне н. з бо́ку підря́дника.** There has arisen a clear misunderstanding on the part of the contractor here. **н. між** + *I.* a misunderstanding between/among sb ◊ **Це лише́ мале́ньке н. між Ори́сею і Та́нею.** This is but a little misunderstanding between Orysia and Tania. **н. що́до** + *G.* about/as to/over sth
Cf. **по́милка**

непра́вильн|ий, *adj.*
1 incorrect, wrong, erroneous ◊ **Вона́ навела́ при́клади пра́вильної і ~ої ві́дповідей.** She gave examples of correct and wrong answer.
adv. **безнаді́йно** hopelessly ◊ **Вони́ користу́ються безнаді́йно ~ими показника́ми.** They use hopelessly incorrect indicators. **геть** totally, **ду́же** very ◊ **Вона́ скла́ла ду́же ~е уя́влення про ново́го знайо́мого.** She formed a very wrong idea of her new acquaintance. **засадни́чо** basically, **про́сто** simply, **прості́сінько** plainly, **серйо́зно** seriously, **фундамента́льно** fundamentally, **цілко́м** utterly; **трагі́чно** tragically ◊ **Вони́ ста́ли на трагі́чно н. курс.** They embarked on a tragically wrong course. **я́вно** obviously; **ети́чно** ethically, **математи́чно** mathematically, **методологі́чно** methodologically, **мора́льно** morally
v. + **н. бу́ти ~им** be incorrect ◊ **Така́ реа́кція була́ цілко́м ~ою.** Such a reaction was utterly wrong. (**вважа́ти** consider, **вважа́тися** be considered, **виявля́тися** prove ◊ **Нови́й пі́дхі́д ви́явився ~им.** The new approach proved to be wrong. **здава́тися** + *D.* seem to sb, **оголо́шувати** + *A.* declare sth) ◊ **Він оголоси́в результа́ти експериме́нту засадни́чо ~ими.** He declared the results of the experiment basically incorrect.
2 irregular, anomalous
adv. **де́що** somewhat, **до́сить** fairly, **зо́всім** completely, **тро́хи** a little; ♦ **н. дріб** *math.* an improper fraction; ♦ **~е дієсло́во** *ling.* an irregular verb

неприто́мн|ий, *adj.*
1 unconscious, senseless ◊ **Наза́р проле́жав годи́ну ~им.** Nazar lay unconscious for an hour.
adv. **геть** totally, **зо́всім** utterly, **цілко́м** completely; **ма́йже** almost ◊ **Ма́йже н. від стра́ху, він не міг нічо́го сказа́ти.** He could not say anything, being almost unconscious with fear. **пози́рно** seemingly; **я́вно** obviously
v. + **н. бу́ти ~им** be unconscious ◊ **Хло́пчик був зо́всім ~им.** The little boy was utterly unconscious. (**виявля́тися** turn out; **здава́тися** + *D.* seem to sb; **лежа́ти** lie, **лиша́тися** remain ◊ **Вона́ лиша́лася ~ою два дні.** She remained unconscious for two days. **прикида́тися** pretend to be) ◊ **Він прики́нувся ~им.** He pretended to be unconscious. **удава́ти ~ого** pretend to be unconscious
Cf. **ме́ртвий.** *Ant.* **прито́мний 1, свідо́мий 1**
2 *fig.* dazed, befuddled, confused ◊ **Іва́н хо́дить ха́тою цілко́м н.** Ivan has been walking around the house completely dazed.

неприто́мні|ти, ~ють; з~, *intr.*
to faint, pass out, lose consciousness
adv. **геть** totally, **зо́всім** entirely, **цілко́м** completely; **ма́йже** almost, **ма́ло не** all but, **тро́хи не** nearly ◊ **Марі́я тро́хи не знеприто́мніла.** Maria nearly fainted. **я́вно** obviously; **от-о́т** at any moment ◊ **Він вигляда́в таки́м бліди́м, на́че мав от-о́т з~.** He looked so pale as though he was about to pass out at any moment. **ра́птом** suddenly
v. + **н. відчува́ти, що** feel that ◊ **Він відчува́в, що ~є від висна́ження.** He felt he was losing consciousness from exhaustion. **ду́мати, що** think that; **могти́** can ◊ **Він міг з~ від шо́ку.** He could pass out from shock. **не дава́ти** + *D.* not let sb ◊ **Він підні́с дівчи́ні до но́са амія́к, щоб не да́ти їй з~.** He put ammonia inhalants to the girl's nose not to let her pass out.
prep. **н. від** + *G.* faint with/from sth ◊ **Він знеприто́мнів від жа́ху.** He fainted from horror.
Also see **мли́ти 1**

нерв, *m.*, **~а**
1 *anat.* nerve
adj. **живи́й** live, **ого́лений** bare; **заще́млений** pinched ◊ **Заще́млений н. завдава́в їй бо́лю.** A pinched nerve gave her pain. **пошко́джений** damaged, **чутли́вий** sensitive; **зорови́й** optical, **зубни́й** tooth, **лицеви́й** facial, **периферíйний** peripheral, **сідни́чий** sciatic, **спинномозкови́й** spinal, **чуттє́вий** sensory
v. + **н. пошко́джувати н.** damage a nerve ◊ **Він пошко́див н. у ступні́.** He damaged a nerve in his foot. (**защемля́ти** pinch, **рва́ти** sever; **стимулюва́ти** + *I.* stimulate with sth) ◊ **Їй стимулюва́ли зорови́й н. електростру́мом.** They stimulated her optic nerve with electric current.
н. + *v.* **передава́ти** + *A.* transmit sth, **забезпе́чувати** + *A.* supply sth; **відмира́ти** die; **реґенерува́тися** regenerate ◊ **Відо́мо, що ме́ртві ~и не реґенеру́ються.** Dead nerves are known not to regenerate.
2 *fig. only pl.* nerves, anxiety, tension ◊ **Зважа́ючи на його́ слабкі́ ~и, вона́ прихова́ла невті́шну нови́ну.** Taking into account his frayed nerves, she concealed the sad news from him.
adj. **витрива́лі** enduring, **міцні́** strong, **залі́зні** *or* **сталеві́** *fig.* of steel ◊ **Тре́ба ма́ти залі́зні ~и, щоби знести́ її.** One needs nerves of steel to be able to bear her. **ке́пські** poor, **пога́ні** bad, **поша́рпані** frayed, **слабкі́** frayed
v. + **н. заспоко́ювати ~и** + *D.* calm sb's nerves ◊ **Ти́ша заспоко́ює йому́ ~и.** Silence calms his nerves. (**ді́яти на** + *D.* get on), ♦ **псува́ти ~и** + *D.* to give sb grief ◊ **Вона́ попсува́ла бага́то ~ів своє́му виклада́чеві того́ ро́ку.** She gave her instructor a lot of grief that year. ♦ **гра́ти на ~ах** to drive sb crazy ◊ **Він люби́в гра́ти вчи́телеві на ~ах.** He liked to drive his teacher crazy.
3 *fig.* center, core, heart ◊ **Гру́па активі́стів ста́ла ~ом стра́йку.** A group of activists became the heart of the strike.
Also see **центр 1**

нерво́в|ий, *adj.*
1 anxious, nervous, edgy, tense, irritable
adv. **ду́же** very, **геть** totally, **жахли́во** dreadfully, **страше́нно** terribly; **види́мо** visibly, **вира́зно** distinctly ◊ **Богда́ну видава́ла її види́мо ~а поведі́нка.** Her visibly anxious behavior gave Bohdana away. **очеви́дно** obviously, **помі́тно** markedly, **я́вно** clearly; **де́що** somewhat, **до́сить** fairly, **ле́две** hardly, **тро́хи** a little
v. + **н. бу́ти ~им** be anxious (**вважа́ти** + *A.* consider sb, **вигляда́ти** look, **виявля́тися** turn out, **здава́тися** + *D.* seem to sb ◊ **Пілóт зда́вся їм де́що ~им.** The pilot seemed to them to be somewhat nervous. **почува́тися** feel ◊ **Він почува́вся ~им у прису́тності незнайо́мця.** He felt anxious in the presence of the stranger. **роби́ти** + *A.* make sb, **става́ти** become) ◊ **Левко́ став ~им.** Levko became irritable.
Cf. **дратівли́вий, напру́жений 1**
2 nerve-wracking, stressful ◊ **Робо́ту в лікáрні вважа́ють укра́й ~ою.** Working at a hospital is considered to be extremely nerve-wracking.
3 *med.* neural, nerve, nervous, of or pertaining to nerves
н. + *n.* **н. пучо́к** a nerve bundle (**біль** pain; **газ** gas ◊ **Полі́ція застосува́ла н. газ.** The police used nerve gas. **пара́ліч** paralysis; **сиґна́л** signal); **~а систе́ма** a nervous system, **~а клі́тина** a nerve cell ◊ **Він вивча́в ~і клі́тини.** He studied nerve cells. (**ткани́на** tissue, **фу́нкція** function, **хворо́ба** disease) ◊ **Жі́нка потерпа́є від ~ої хворо́би.** The woman suffers from a nerve disease.

нерву|ва́ти, ~ють; *no pf., intr. and tran.*
1 *intr.* to be worried, be nervous; **за~** *pf.* to start being anxious
adv. **ду́же** very, **геть** totally, **жахли́во** dreadfully, **на́дто** too, **страше́нно** terribly; **види́мо** visibly ◊ **Він види́мо ~є.** He is visibly nervous. **вира́зно** distinctly, **очеви́дно** obviously, **помі́тно** noticeably, **я́вно** clearly; **де́що** somewhat; **зо́всім не** not at all ◊ **На до́питі він зо́всім не ~ва́в.** At the interrogation, he did not lose his calm at all. **ле́две** hardly, **тро́хи** a little ◊ **Вони́ тро́хи ~ють.** They are a little anxious.
2 *tran.* to worry, disturb, upset ◊ **Його́ ду́же ~ва́ла ї́хня нері́шу́чість.** Their indecisiveness upset him very much.
нерву́й!
See **дратува́ти 1.** *Also see* **роздрато́вувати, дошкуля́ти, се́рдити**

нерухо́м|ий, *adj.*
motionless, still, unmoving
adv. **абсолю́тно** absolutely ◊ **Для зйо́мок потрі́бно абсолю́тно ~у платфо́рму.** An absolutely motionless platform is needed for the filming. **безнаді́йно** hopelessly ◊ **Хво́рий боя́вся ста́ти безнаді́йно ~им.** The patient was afraid of becoming hopelessly motionless. **геть** totally, **зо́всім** utterly, **цілко́м** completely; **ма́йже** almost
v. + **н. бу́ти ~им** be motionless (**вважа́ти** + *A.* consider sth, **вважа́тися** be considered ◊ **У ті часи́ Зе́мля вважа́лася цілко́м ~ою.** In those times, the Earth was considered to be completely motionless. **вигляда́ти** look, **здава́тися** + *D.* seem to sb, **лиша́тися** remain; **роби́ти** + *A.* make sb/sth; **става́ти** become)
Also see **скляни́й 3**

нерухо́м|ість[1], *f.*, **~ости**, *only sg.*
immobility, motionlessness, stasis
adj. **абсолю́тна** absolute, **по́вна** full, **цілкови́та** complete ◊ **Йому́ загро́жувала цілкови́та н.** He was in danger of full immobility. **частко́ва** partial; **пості́йна** constant; **тимчасо́ва** temporary; **безнаді́йна** hopeless, **трагі́чна** tragic

нерухо́м|ість[2], *f.*, **~ости**, *only sg.*
real estate, immovable property, realty, immovables
adj. **деше́ва** cheap ◊ **Аґе́нція пропонува́ла деше́ву н.** The agency offered cheap real estate. **дорога́** expensive; **жада́на** coveted, **ці́нна** valuable; ◊ **Ри́нок ~ости вже п'ять ро́ків у засто́ї.** The real estate market has been stagnant for five years.
v. + **n. ма́ти н.** have real estate (**купува́ти** buy, **продава́ти** sell; **шука́ти** look for); **позбува́тися ~ости** get rid of real estate; **володі́ти ~істю** own real estate (**спекулюва́ти** speculate in) ◊ **Він заробі́в мільйо́ни, спекулю́ючи ~істю.** He earned millions speculating in real estate.

несамови́т|ий, *adj.*
1 unruly, crazy, unhinged, frenzied, raving
adv. **абсолю́тно** absolutely, **геть** utterly, **про́сто** simply
н. + *n.* **н. бо́вдур** a raving fool (**гомофо́б** homophobe, **демаго́г** demagogue, **популі́ст** populist, **раси́ст** racist ◊ **су́дження ~ого раси́ста** judgments of a frenzied racist; **чолові́к** man, **тип** *colloq.* character; **ви́гляд** appearance, **по́гляд** look, *etc.*) ◊ **Лі́да здригну́лася від його́ ~ого по́гляду.** Lida shuddered from his crazy look.
2 intense, powerful, wild, fierce, passionate, ardent
н. + *n.* **н. крик** a wild scream (**ре́гіт** laughter; **по́пит** demand ◊ **Нови́й альбо́м ті́шився ~им по́питом.** The new album enjoyed fierce demand. **тиск** pressure) ◊ **Вони́ не схиля́лися пе́ред ~им ти́ском адміністра́ції.** They did not give in to the intense pressure from the administration. **~а відра́за** intense repugnance (**зацікá вленість** interest, **популя́рність** popularity; **лють** rage, **нена́висть** hate, **при́страсть** passion); **~е захо́плення** passionate fascination (**коха́ння** love)
See **інтенси́вний.** *Also see* **божеві́льний 3, наві́жений 3, шале́ний 2, 3**
3 *fig.* amazing, astounding, stunning, incredible ◊ **Яка́ ~а істо́рія!** What an amazing story!
See **неймові́рний 2, шале́ний 2, 3**

несподі́ван|ий, *adj.*
unexpected, unanticipated, surprise
adv. **абсолю́тно** absolutely ◊ **абсолю́тно н. у́спіх кни́жки** the book's absolutely unexpected success; **вкрай** extremely, **геть** totally, **ду́же** very, **зо́всім** utterly, **цілко́м** completely; **до́сить** fairly, **тро́хи** a little; **не зо́всім** not entirely; **я́вно** clearly
н. + *n.* **н. гість** an unexpected guest (**візи́т** visit, **приї́зд** arrival; **бойови́к** hit; **ві́дступ** retreat, **на́пад** attack; **перемо́жець** winner, **претенде́нт** contender); **~а ду́мка** an unexpected thought (**іде́я** idea; **поя́ва** appearance; **перемо́га** victory; **капітуля́ція** capitulation, **по́разка** defeat; **пропози́ція** offer); **~е оголо́шення** a surprise announcement (**прийня́ття** party; **проха́ння** request, **розчарува́ння** disappointment)
v. + **н. бу́ти ~им** be unexpected ◊ **Зо́їне проха́ння було́ для них цілко́м ~им.** Zoya's request was a complete surprise to them. (**вважа́ти** + *A.* consider sth, **вигляда́ти** look ◊ **Сце́на ї́хнього прими́рення вигляда́ла тро́хи ~ою.** The scene of their reconciliation looked a little unexpected. **здава́тися** + *D.* seem to sb, **става́ти** become)
prep. **н. для** + *G.* unexpected for/to sb ◊ **Капітуля́ція була́ ~ою для всіх.** The capitulation was unexpected for everybody.
Also see **круті́й 2, раптóвий.** *Cf.* **здиво́ваний**

несподі́ван|ка, *f.*
surprise ◊ **Вона́ здебі́льшого не люби́ла ~ок.** For the most part, she did not like surprises.
adj. **абсолю́тна** absolute ◊ **Її золота́ меда́ль ста́ла абсолю́тною ~кою для всіх.** Her gold medal became an absolute surprise to everybody. **вели́ка** great, **величе́зна** huge, **колоса́льна** colossal, **по́вна** utter, **цілкови́та** complete; **мале́нька** *dim.* little, **невели́ка** little ◊ **В Оле́ся для вас невели́ка н.** Oles has a little surprise for you. **ді́йсна** real, **правди́ва** genuine; **пе́вна** certain; **прие́мна** pleasant, **ра́дісна** happy; **жорсто́ка** cruel ◊ **Рі́шення адміністра́ції було́ для Прихо́дька жорсто́кою ~кою.** The administration's decision was a cruel surprise for Prykhodko. **неприє́мна** unpleasant, **сумна́** sad
v. + **н. влашто́вувати ~ку** prepare a surprise ◊ **З наго́ди Оле́нчиних уроди́н коле́ґи влаштува́ли їй ~ку.** On the occasion of Olenka's birthday, her colleagues prepared a surprise for her. (**прино́сити** bring) ◊ **Неді́ля принесла́ ще одну́ неприє́мну ~ку.** Sunday brought another unpleasant surprise. **бу́ти ~кою** be a surprise (**става́ти** become)
prep. **н. для** + *G.* a surprise for/to sb
L. **в ~ці**, *G. pl.* **~ок**
Cf. **здивува́ння**

неспо́к|ій, *m.*, **~ою**, *only sg.*
restlessness, anxiety, disquiet
adj. **вели́кий** great, **глибо́кий** deep, **надзвича́йний** extreme, **страшни́й** terrible; **зага́льний** general; **пості́йний** constant, **трива́лий** lengthy; **емоці́йний** emotional, **психі́чний** psychological, **тво́рчий** creative
v. + **н. виклика́ти н.** cause anxiety ◊ **Нови́ни виклика́ли в не́ї страшни́й н.** The news caused terrible anxiety in her. (**поро́джувати** create, **прино́сити** bring, **провокува́ти** provoke; **відчува́ти** feel; **дола́ти** overcome, **зме́ншувати** lessen, **поле́гшувати** assuage; **поглиблюва́ти** heighten, **поси́лювати** increase ◊ **Безкіне́чні речинці́ ті́льки поси́лювали зага́льний н. се́ред дослі́дників.** Endless deadlines only heightened general anxiety among the researchers. **погі́ршувати** exacerbate); **причиня́тися до ~ою** cause restlessness (**призво́дити до** lead to; **страждáти від** suffer from) ◊ **Тими́ш страждáє від пості́йного ~ою.**

Tymish suffers from constant anxiety.
н. + *v.* **охо́плювати** + *A.* overtake sb ◊ **Чле́нів гру́пи охопи́ли су́мніви і н.** Doubts and anxiety overtook the members of the group. **зроста́ти** grow, **зме́ншуватися** wane ◊ **На селі́ її н. тро́хи зме́ншився.** In the country, her anxiety waned a little.
See **триво́га, 1, 3.** *Also see* **занепоко́єність, турбо́та.** *Opp.* **спо́кій 2**

неспокі́йн|ий, *adj.*
restless, anxious, uneasy, fidgety
adv. **вкрай** extremely ◊ **О́льжин укра́й н. стан вплива́в на і́нших.** Olha's extremely restless condition was affecting others. **ду́же** very, **зо́всім** completely, **надзвича́йно** extraordinarily, **не в мі́ру** unduly; **пості́йно** constantly; **де́що** somewhat, **до́сить** fairly, **тро́хи** a little; **ви́димо** visibly, **помі́тно** markedly, **я́вно** clearly
н. + *n.* **н. по́гляд** an anxious look, **н. сон** a troubled sleep
v. + **н. бу́ти ~им** be restless (**вигляда́ти** look, **здава́тися** + *D.* seem to sb, **лиша́тися** stay, **роби́ти** + *A.* make sb, **става́ти** grow) ◊ **Її о́чі ста́ли ~ими, спо́вненими триво́ги.** Her eyes became restless, filled with anxiety.
Also see **збу́джений 2, схвильо́ваний, триво́жний.** *Ant.* **спокі́йний 1, ти́хий 1**

нespра́вн|ий, *adj.*
1 broken, out of order, in disrepair, faulty ◊ **У кутку́ ґаража́ стоя́в н. велосипе́д.** A broken bicycle stood in the garage corner.
adv. **безнаді́йно** hopelessly ◊ **Вентиля́тор був безнаді́йно ~им.** The ventilator was hopelessly broken. **непопра́вно** irreparably; **геть** totally, **зо́всім** completely; **пості́йно** constantly; **частко́во** partially; **я́вно** clearly
н. + *n.* **н. двигу́н** a broken engine (**велосипе́д** bicycle, **комп'ю́тер** computer, **механі́зм** device, **тра́ктор** tractor, *etc.*)
v. + **н. бу́ти ~им** be in disrepair (**вважа́ти** + *A.* consider sth, **вигляда́ти** look ◊ **Замо́к вигляда́є ~им.** The lock looks out of order. **виявля́тися** prove ◊ **Ко́жне дру́ге вікно́ у ваго́ні ви́явилося ~им і не відчиня́лося.** Every other window in the train car proved to be broken and would not open. **здава́тися** + *D.* seem to sb, **лиша́тися** remain) ◊ **Пра́льна маши́на лиша́ється ~ою тре́тій ти́ждень.** The washing machine has remained broken for the third week.
Also see **зіпсо́ваний 1.** *Ant.* **спра́вний 1**
2 inept *(of a person)*, careless, sloppy ◊ **н. солда́т** an inept soldier
Also see **незгра́бний**

несприя́тлив|ий, *adj.*
unfavorable
adv. **винятко́во** exceptionally ◊ **День винятко́во с. для риба́лки.** The day is exceptionally unfavorable for fishing. **вкрай** extremely, **геть** totally, **зо́всім** utterly, **ціл́ком** completely; **осо́бли́во** especially; **за́вжди́** always, **пості́йно** constantly; **я́вно** clearly
н. + *n.* **н. моме́нт** an unfavorable moment (**час** time); **~е підсо́ння** unfavorable climate ◊ **Місце́ве підсо́ння ~е для виро́щування васильків.** The local climate is unfavorable for growing basil. **~і умо́ви** unfavorable conditions
v. + **н. бу́ти ~им** be unfavorable (**вважа́ти** + *A.* consider sth ◊ **Анал́ітик вважа́є культу́ру краї́ни ~ою для демокра́тії.** The analyst considers the nation's culture to be unfavorable to democracy. **вигляда́ти** look, **виявля́тися** prove, **роби́ти** + *A.* make sth, **става́ти** grow)
prep. **н. для** + *G.* unfavorable for/to sb/sth

неста́ч|а, *f., only sg.*
deficit, lack, dearth, shortage
adj. **вели́ка** big, **величе́зна** huge, **деда́лі бі́льша** increasing, **по́вна** complete, **серйо́зна** serious; **пості́йна** constant, **хроні́чна** chronic; **пе́вна** certain; **фата́льна** fatal ◊ **Че́рез фата́льну ~у о́падів заги́нула вся пшени́ця.** The whole wheat crop was lost because of the fatal lack of rain.
v. + **н. ма́ти ~у** have a shortage ◊ **Заво́д ма́є ~у робітникі́в.** The plant has a shortage of workers. (**виявля́ти** reveal; **дола́ти** overcome, **зме́ншувати** reduce, **компенсува́ти** compensate for, **ліквідува́ти** eliminate) ◊ **Їм вдало́ся ліквідува́ти ~у па́льного.** They managed to eliminate the fuel shortage.
See **брак**[1]. *Also see* **го́лод 2, дефіци́т 2.** *Ant.* **на́длишок, на́дмір**

нестéрпн|ий, *adj.*
unbearable, intolerable, insufferable
adv. **абсолю́тно** absolutely ◊ **Її прису́тність була́ для Андрі́я абсолю́тно ~ою.** Her presence was absolutely unbearable to Andrii. **вкрай** extremely, **геть** totally, **ду́же** highly, **зо́всім** utterly, **ціл́ком** completely; **до́сить** fairly, **майже** almost; **я́вно** clearly
н. + *n.* **н. смо́рід** unbearable stench ◊ **Вони́ потерпа́ли від ~ого смо́роду.** They were suffering from the unbearable stench. (**біль** pain) ◊ **Її обли́ччя скриви́лося від ~ого бо́лю.** Her face contorted with unbearable pain. **~а люди́на** an unbearable person (**му́ка** torture, **обра́за** insult; **поведі́нка** behavior); **~і умо́ви** unbearable conditions (**прини́ження** humiliation, **стражда́ння** sufferings)
v. + **н. бу́ти ~им** be unbearable (**вважа́ти** + *A.* consider sb/sth ◊ **Його́ вважа́ли ~им ха́мом.** He was considered an insufferable brute. **вважа́тися** be considered, **виявля́тися** prove, **здава́тися** + *D.* seem to sb, **лиша́тися** stay, **роби́ти** + *A.* make sb/sth, **става́ти** grow) ◊ **Чека́ння става́ло ма́йже ~им.** Waiting was growing almost unbearable.
prep. **н. для** + *G.* unbearable to sb
Also see **пеке́льний 2.** *Ant.* **терпи́мий 1**

нес|ти́, ~у́ть; за~, по~; *pa. m.* **ніс**, *pl.* **несли́**, *uni., tran.*
1 to carry, bring along, take *(on foot as opposed to* **везти́** *carry by a vehicle)*
adv. **за́раз** now, **сього́дні** today ◊ **Сього́дні він ~е́ додо́му кві́ти.** Today, he is carrying flowers home. **те́пер** now, **у цей моме́нт** at this moment; **про́сто** straight; **ви́соко** high, **ни́зько** low; **ле́гко** easily, **ле́две** hardly, **наси́лу** scarcely; **беззву́чно** silently, **ти́хо** quietly; **пові́льно** slowly; **бігом** running, *fig.* right away ◊ **Бігом занеси́ ці папе́ри на пі́дпис.** Take the papers to be signed right away. **шви́дко** quickly; **впе́рто** stubbornly; **на рука́х** in one's arms, **на плеча́х** on one's shoulders; **обере́жно** carefully ◊ **На́стя ~ла́ дити́ну обере́жно, щоб не розбуди́ти.** Nastia was carrying the child carefully so as not to wake it up. ♦ **н. хрест** *fig.* to carry the cross ◊ **Вона́ де́сять ро́ків ~е́ цей хрест.** *fig.* She has been carrying this cross for ten years.
v. + **в. бу́ти мо́жна** be possible to, can ◊ **Кни́жки́ мо́жна за~ до кабіне́ту.** The books can be taken to the office. **бу́ти тре́ба** + *D.* need to ◊ **Ле́вові тре́ба за~ хло́пчика до лі́каря на обсте́ження.** Lev needs to carry the little boy to the doctor's for checkup. **бра́тися** volunteer ◊ **Володи́мир узя́вся за~ дві парасо́лі на пляж.** Volodymyr volunteered to carry the two umbrella to the beach. **пропонува́ти** + *A.* offer sb to; **встига́ти** have the time to ◊ **Він устиг за~ замо́влення до фотоательє́.** He had the time to take the order to the photo studio. **допомага́ти** + *D.* help sb (to); **намага́тися** try to, **про́бувати** attempt to; **проси́ти** + *A.* ask sb to
Cf. **носи́ти 1, везти́ 1**
2 to carry, transport, move *(with great speed)* ◊ **По́тяг ніс їх до мо́ря.** The train was carrying them to the seashore. ♦ **Куди́ тебе́ ~е́?** Where do you think you're going?
Also see **везти́ 1, зано́сити 1, захо́плювати 3**
3 *fig.* to carry *(duty, etc.)*, bear ♦ **н. відповіда́льність** to bear responsibility; ♦ **н. слу́жбу** to do one's service ◊ **Він ~е́ військо́ву слу́жбу на пі́вдні.** He is doing his military service in the south. ♦ **н. ка́ру** to take punishment ◊ **Він ніс ка́ру за і́нших.** He took punishment for the others. ♦ **н. поку́ту** to do penitence
4 *impers., only 3rd pers. sg.* to smell, reek, stink; emit; **по~** *pf.* start smelling; *also fig.*
prep. **н. від** *or* **з** + *G.* + *I.* smell from sb/sth of sth ◊ **Від ньо́го ~ло́ алкого́лем.** He reeked of alcohol. ◊ **Із ку́хні ~ло́ па́хощами голубці́в.** The fragrance of cabbage rolls was coming from the kitchen. ◊ **Від його́ слів ~ло брехне́ю.** *fig.* His words reeked of lies.
See **па́хнути 1, 4**
5 to lay *(eggs)*, *pf.* **з~** ◊ **Ку́рка знесла́ золоте́ яйце́.** The hen has laid a golden egg.
6 *colloq., fig.* to speak nonsense, blabber ◊ **Він напи́вся і став н. нісені́тницю.** He got drunk and started blabbering nonsense. ♦ **н. баляндра́си** to chatter happily
pa. pple. **не́сений** carried
(за)неси́!

неха́й, *var.* **хай**, **нех**, *colloq., part.*
1 *(forms imper. of 3rd pers. sg. and pl.)* let + *pres. or fut.* ◊ **Н. ро́бить все сам.** Let him do it all alone. ◊ **Н. напи́шуть нам, як приї́дуть до Ки́єва.** Let them write to us once they arrive in Kyiv.
2 fine, OK, it's all right ◊ **Вам помогти́? Н., я дам ра́ду.** Do you need help? It's fine, I'll manage.
3 even if, even though, never mind ◊ **Н. дощ чи сніг, а вони́ продо́вжують іти́.** Never mind the rain or snow, they keep on walking.

не́хту|вати, ~ють; з~, *tran.*
to ignore, neglect, pay no attention to + *I. or* + *A.*
adv. **абсолю́тно** absolutely, **гру́бо** grossly ◊ **Він гру́бо ~є заса́дами диску́сії.** He grossly disregards the principles of discussion. **серйо́зно** seriously, **ціл́ком** completely, **частко́во** in part; **голо́вно** mainly ◊ **Вона́ голо́вно ~ла потре́бами і́нших.** She mainly ignored the needs of others. **загало́м** generally; **я́вно** clearly; **навми́сне** deliberately, **сві́до́мо** consciously; **наха́бно** brazenly; **за́вжди́** always, **іно́ді** sometimes, **час від ча́су** from time to time ◊ **Час від ча́су вони́ ~ють тради́цію і не святку́ють кінця́ семе́стру.** From time to time, they ignore the tradition and do not celebrate the end of semester. **до́сі** so far, **рані́ше** earlier
н. + *n.* **н. ду́мку** neglect sb's opinion (**здоро́в'я** health ◊ **Вам не слід так н. вла́сне з.** You should not neglect your own health so. (**небезпе́ку** danger, **попере́дження** warning)
pa. pple. **зне́хтуваний** ignored, disregarded
(з)не́хтуй!
See **іґнорува́ти 2.** *Also see* **зневажа́ти 3, мина́ти 2**

нецензу́рн|ий, *adj.*
1 unprintable, obscene, X-rated
adv. **абсолю́тно** absolutely, **геть** totally, **зо́всім** utterly, **про́сто** simply, **ціл́ком** completely; **ма́йже** almost; **я́вно** clearly ◊ **Реда́ктор викре́слив я́вно ~і слова́.** The editor crossed out clearly unprintable words.
н. + *n.* **н. анекдо́т** an obscene anecdote (**ви́раз** expression, **жарт** joke); **~а ла́йка** *coll.* swear words ◊ **У цих сті́нах заборо́нено ~у ла́йку.** Swear words are banned within these walls.
v. + **н. бу́ти ~им** be obscene (**вважа́ти** + *A.* consider sth ◊ **Бага́то його́ тво́рів вважа́ють ~ими.** Many of his writings are considered to be obscene. **виявля́тися** prove, **здава́тися** + *D.* seem to sb ◊ **У той час його́ рома́н здава́вся ~им.** At the time, his novel seemed to be obscene. **лиша́тися** stay ◊ **Пройшли́ ро́ки́, а п'є́са лиша́ється офіці́йно ~ою.** Years have passed,

but the play remains officially X-rated. **робúти** + *A.* make sth, **ставáти** grow)
2 banned by censorship ◊ **Бібліотéка мáла окрéму кімнáту для книжóк, оголóшених ~ими.** The library had a separate room for the books declared banned by censorship.
See **заборóнений**

нечéсн|ий, *adj.*
dishonest, deceitful; unfair
adv. **абсолю́тно** absolutely ◊ **Вонú вдаю́ться до абсолю́тно ~их спóсобів заробля́ти грóші.** They resort to absolutely dishonest ways of making money. **вкрай** extremely, **геть** totally, **глибóко** deeply, **дýже** very, **засаднúчо** fundamentally, **зóвсім** utterly, **прóсто** simply, **цілкóм** completely, **я́вно** clearly; **інтелектуáльно** intellectually
н. + *n.* **н. вчúнок** a dishonest deed (**бíзнес** business; **адвокáт** lawyer, **суддя́** judge; **репортéр** reporter); **~а людúна** a deceitful person; **~а гра** an unfair game
v. + **н. бýти ~им** be dishonest ◊ **Її поведíнка булá засаднúчо ~ою.** Her behavior was fundamentally dishonest. (**вважáти** + *A.* consider sb ◊ **Комітéт вважáє журналíста ~им.** The committee considers the journalist to be dishonest. **виявля́тися** prove, **здавáтися** + *D.* seem to sb; **оголóшувати** + *A.* declare sb; **ставáти** become ◊ **Рáно чи пíзно він мýсив абó кúнути все, абó стáти такúм же ~им, як íнші.** Sooner or later he had either to quit or become as dishonest as the rest of them.
Also see **низькúй 3, пíдлий.** *Ant.* **шляхéтний**

нещáсн|ий, *adj.*
miserable, unfortunate, hapless, wretched
adv. **вкрай** extremely, **геть** totally, **глибóко** deeply, **дýже** very, **жахлúво** terribly, **зóвсім** utterly, **прóсто** simply, **цілкóм** completely; ♦ **н. вúпадок** an accident ◊ **Він став жéртвою ~ого вúпадку.** He became victim of an accident.
v. + **н. бýти ~им** be miserable (**вважáти** + *A.* consider sb, **вигля́дáти** look ◊ **Пíсля гри вся дружúна виглядáла ~ою.** After the match, the entire team looked miserable. **здавáтися** + *D.* seem to sb, **звучáти** sound ◊ **Він звучáв ~ою по телефóну.** He sounded miserable over the phone. **лишáтися** stay; **почувáтися** feel ◊ **Вонá зóвсім не почувáлася ~ою.** She did not at all feel unfortunate. **робúти** + *A.* make sb ◊ **Шлюб зробúв їх обóх глибóко ~ими.** Marriage made them both deeply miserable.
Also see **бíдний 2, жалюгíдний 1**

нещáст|я, *nt.*
1 misfortune, adversity, bad luck, calamity
adj. **велúке** great, **величéзне** enormous, **жахлúве** awful, **страшнé** horrible; **ще бíльше** even greater; **особúсте** personal, **родúнне** family ◊ **Він вигля́дає так, нáче в ньóго стáлося родúнне н.** He looks as if he had had a misfortune in the family.
н. + *v.* **мáти н.** have a misfortune ◊ **Він мáє н. знáти цю людúну.** He has the misfortune of knowing the person. (**пізнавáти** experience); **зазнавáти н.** suffer a calamity (**уникáти** avoid) ◊ **Євгéн унúкнув велúкого н.** Yevhen avoided a great calamity. **запобігáти ~ю** prevent a calamity ◊ **Інформáція допомоглá їм запобігти ще бíльшому ~ю.** The information helped them to prevent still a greater calamity. ♦ **як на н.** to make things worse ◊ **У кімнáті мáло мíсця, і, як на н., прийшлó ще сéмеро осíб.** There is little space in the room, to make things worse, seven more people came.
See **бідá.** *Also see* **зло**[1] **2, негóда 2.** *Cf.* **невезíння.** *Ant.* **удáча, щáстя**
2 *pejor.* moron, idiot ◊ **Що це н. хотíло від тéбе вчóра?** What did this idiot want from you yesterday? ◊ **Цей тип не юрúст, а н. якéсь.** This character is a disaster of a lawyer.
See **дýрень.** *Also see* **жлоб 1, стовп 3, тумáн 3**

нея́в|ка, *f.*
non-appearance, failure to appear ◊ **Суд скасувáли з óгляду на ~ку свíдка.** The trial was canceled in view of the non-appearance of the witness. ♦ **н. до сýду** *leg.* default, contumacy
prep. **чéрез ~ку** due to non-appearance
L. **в ~ці**, *G. pl.* **~ок**
See **відсýтність**

нúжн|ій, *adj.*
1 lower; under *(of clothes)*
н. + *n.* **н. діапазóн** a lower range ◊ **Рáдіо гíрше приймáє в ~ьому діапазóні.** The radio has a poorer reception in the lower wave band. (**пóверх** floor, **шар** layer, **я́рус** tier); **~я губá** a lower lip (**полúця** shelf, **частúна** part, **шухля́да** drawer, **щелéпа** jaw); ♦ **~я палáта** the lower chamber ◊ **Він – член ~ьої палáти парлáменту.** He is a member of the lower chamber of parliament. **~я течія́ рíчки** the lower reaches of the river, ♦ **~я білúзна** underwear ◊ **Вонá змóкла до ~ьої білúзни.** She got wet to her underwear. ♦ **~я сорóчка** an undershirt; **~є вітрúло** a lower sail (**крúло** wing; **мíсто** city)
Ant. **вéрхній, горíшній**
2 inferior *(of rank)*, lower, subordinate ◊ **Войтéнко був ~ім за чúном.** Voitenko had a lower rank.
See **нúжчий.** *Ant.* **вúщий**

нúжче, *adv., prep., comp. of* **нúзько**
1 *adv.* lower, at a lower level
adv. **вирáзно** distinctly, **знáчно** significantly, **кудú** *colloq.* way, **нáвіть** even, **помíтно** noticeably; **віднóсно** relatively, **порíвняно** comparatively; **трóхи** a little, **ще** even, still
v. + **н. бýти розташóваним н.** be located lower ◊ **Будúнки, розташóвані н., опинúлися під водóю.** The houses located lower ended up under the water. (**спускáтися** descend, **схóдити** go down, **пáдати** fall, **летíти** fly) ◊ **Ракéта здáтна летíти н., бíля самóї повéрхні землí.** The missile is capable of flying lower, very close to the earth surface.
Ant. **вúще 1**
2 *adv.* below *(in a text)*, hereinafter ◊ **Статúстика подаéться н.** The statistics are given below.
Ant. **вúще 2**
3 *prep.* below, beneath, underneath + *G.* ◊ **Запорíжжя знáчить «мíсто, розташóване н. від порóгів».** Zaporizhzhia means "the city located beneath the rapids." ♦ **н. нуля́** below zero; ◊ **Температýра нíколи не пáдає н. плюс шістнáдцяти грáдусів.** The temperature never drops below +16°C. ♦ **н. гíдности** below dignity ◊ **Повóдитися так – це н. гíдности.** Behaving in such a way is below dignity.
prep. **н. за** + *A. or* **н. від** + *G. or* **н., ніж** *or* **як** + *N.* lower than sb/sth
Also see **під 1.** *Ant.* **вúще 3**

нúжч|ий, *adj., comp. of* **низькúй**
1 lower, shorter
adv. **вирáзно** distinctly, **знáчно** significantly, **кудú** *colloq.* way, **нáвіть** even, **наполовúну** by half, **помíтно** noticeably ◊ **Вонá помíтно ~а за брáта.** She is noticeably shorter than her brother. **віднóсно** relatively, **порíвняно** comparatively; **трóхи** a little, **ще** still, even
v. + **н. бýти ~им** be lower (**виявля́тися** turn out; **здавáтися** + *D.* seem to sb ◊ **Брат здавáвся Óльзі ~им за сестрý.** It seemed to Olha that the brother was shorter than his sister. **лишáтися** remain; **ставáти** become)
prep. **н. за** + *A. or* **від** + *G. or* **н., ніж** *or* **як** + *N.* lower than sb/sth ◊ **Старúй кóрпус був знáчно ~им від нóвого.** The old building was significantly lower than the new one. **н. на** + *A.* lower *(measure)* ◊ **Тепéр він н. на три сантимéтри.** Now he is three centimeters shorter.
Ant. **вúщий 1**
2 elementary *(of school)*, primary ◊ **Її прáдід мав ~у освíту.** Her great grandfather had an elementary education.
Ant. **вúщий 2**
3 subaltern *(of social status)*, lower strata, subordinate ◊ **~і вéрстви суспíльства** lower walks of life; ◊ **Він був ~им за чúном від лейтенáнта.** He was lower by rank than lieutenant.
4 primitive *(of organism)* ◊ **Лишé ~і органíзми мóжуть жúти в такóму сувóрому середóвищі.** Only primitive organisms can live in such a harsh environment.

низ, *m.*, **~у**
1 base, bottom, lowest part ◊ **Полíція взялáся обшукóвувати будúнок із самóго ~у.** The police set about searching the building from the very bottom.
prep. **від ~у** from the lower part ◊ **Він почáв мíряти від ~у стінú.** He began measuring from the lower part of the wall. **з ~у** *usu* **знúзу** + *G.* from the bottom of sth; **на ~ý** + *G.* at the bottom of sth ◊ **Він знайшóв пóсвідку на самóму ~ý стóсу папéрів.** He found the certificate at the very bottom of the paper stack. **під ~ом** + *G.* under the bottom of sth ◊ **під ~ом колóни** under the lower part of the column
Ant. **верх 1**
2 reverse side *(of clothes)*, inside ◊ **Н. сорóчки не рíзнúвся від лицевóї сторонú.** The reverse of the shirt was no different from the front.
Also see **вúворіт.** *Ant.* **лицé 2**
3 lowland, low place, lower reaches of a river ◊ **Тумáн ховáвся по ~áх.** The fog was hiding in the lowlands.
4 *only pl.* lower classes, underclass, masses ◊ **Ненáвисть до нóвого правúтеля шúрилося міськúми ~áми.** Hatred for the new ruler spread through the urban underclass.
Ant. **верх 4**

нúз|ка, *f.*
string, file, chain, row ◊ **У тéмряві блищáла бíла н. її зубíв.** The white row of her teeth shone in the dark.
adj. **велúка** big ◊ **велúка н. сýшених грибíв** a big string of dried mushrooms; **дóвга** long; **корóтка** short, **малéнька** *dim.* small, **невелúка** little; **гáрна** nice ◊ **Гáрна н. пéрлів булá подарýнком від Андрíя.** The nice string of pearls was a gift from Andrii.
See **ряд 1**
2 *fig.* a number of, series, host
adj. **безперéрвна** uninterrupted, **велúка** big, **цíла** whole ◊ **Він вúсловив цíлу ~ку оригінáльних дýмок.** He expressed a whole number of original ideas.
Also see **ґалерéя 4, ряд 3**
L. **у ~ці**, *N. pl.* **нúзкú**, *G. pl.* **нúзóк**

низьк|úй, *adj.*
1 low *(of height, amount, intensity, etc.)*, short, small
adv. **виняткóво** exceptionally ◊ **виняткóво н. умíст токсúнів** an exceptionally low toxin content; **вкрай** extremely, **геть** totally, **дýже** very, **надзвичáйно** extraordinarily, **нáдто** too, **небезпéчно** dangerously; **дóсить** fairly, **достáтньо** sufficiently, ♦ **н. на зрíст** of short height ◊ **Її хлóпець н. на зрíст.** Her boyfriend is short in height.
н. + *n.* **н. паркáн** a low fence (**лоб** forehead, **міст** bridge, **рíвень** level, **стіл** table); **~á температýра** low temperature (**швúдкість** speed)
v. + **н. бýти ~úм** be low (**вважáти** + *A.* consider sb/sth, **вважáтися** be considered ◊ **Міст вважáється небезпéчно ~им для велúких вантажíвок.** The bridge is considered

dangerously low for big trucks. **виявля́тися** prove, **здава́тися** + *D.* seem to sb, **лиша́тися** stay, **роби́ти** + *A.* make sth, **става́ти** grow)
Ant. **висо́кий 1**
2 poor *(of quality, value)*, bad, substandard, low
н. + *n.* **н. урожа́й** a poor harvest ◊ **Ще оди́н таки́й н. урожа́й, і вони́ голодува́тимуть.** Another such poor harvest and they will starve. (**проце́нт** percentage, **тиск** pressure); ♦ **н. бал** a low grade; **~á ва́ртість** a low value (**дисциплі́на** discipline; **продукти́вність** productivity, **я́кість** quality)
3 base, mean, unethical, ignoble ◊ **Її н. учи́нок ви́кликав зага́льний о́суд.** Her mean deed provoked general condemnation.
Also see **мерзе́нний, нече́сний, пі́длий.** *Ant.* **шляхе́тний 2**
4 deep *(of sound)*, bass, low-pitched ◊ **Він ма́є приє́мний н. го́лос.** He has a pleasant deep voice.
adv. **вкрай** extremely, **геть** totally, **ду́же** very, **надзвича́йно** extraordinarily, **на́дто** too; **неприро́дно** unnaturally; **типо́во** typically; **до́сить** fairly, **доста́тньо** sufficiently
Also see **товсти́й 3.** *Ant.* **висо́кий 3, тонки́й 5**
comp. **ни́жчий**

ни́р|ка, *f., anat.*
kidney
adj. **лі́ва** left, **пра́ва** right; **здоро́ва** healthy, **хво́ра** sick, bad ◊ **Вона́ ма́є хво́ру ~ку.** She has a sick kidney. **до́норська** donor's, **переса́джена** *or* **транспланто́вана** transplanted
n. + **н.** ♦ **запа́лення ~ок** *med.* nephritis ◊ **Ді́вчину лі́кують від запа́лення ~ок.** The girl is being treated for nephritis. **некро́з ~ки** kidney necrosis (**переса́дка** transplant)
prep. **у ~ці** *posn.* in a kidney
See **орга́н**

ни́т|ка, *f.*
thread
adj. **делікa̍тна** delicate ◊ **Н. зана́дто делікa̍тна.** The thread is too delicate. **міцна́** strong; **тонка́** thin; **баво́вняна** cotton, **во́вняна** woolen, **лляна́** linen, **синтети́чна** synthetic, **шовко́ва** silk; **золота́** golden
v. + **н. рва́ти ~ку** tear a thread ◊ **~ку було́ ле́гко порва́ти.** It was easy to tear the thread. (**зв'я́зувати** tie; **мота́ти** spin, **заволіка́ти** thread) ◊ **Він без окуля́рів заволі́к ~ку.** He threaded the needle without glasses. **вишива́ти ~кою** embroider with thread ◊ **Карти́на була́ ви́шита золото́ю ~кою.** The picture was embroidered with golden thread (**ши́ти** sew) ◊ **Вона́ звича́йно шиє чо́рними ~ка́ми.** She usually sews with black thread. ♦ **бу́ти ши́тим бі́лими ~ка́ми** *fig.* to be sloppily done; be a fraud ◊ **Спра́ва ши́та бі́лими ~ка́ми.** The case is a fraud. ♦ **змо́кнути до ~ки** *pf.* to soak to the bone ◊ **Була́ зли́ва, і вони́ змо́кли до ~ки.** There was a downpour, and they soaked to the bone. ♦ **до ~ки** completely, to the last bit
L. **у ~ці**, *N.* **~ки́**, *G. pl.* **~о́к**

ни́щ|ити, ~ать; з~, *tran.*
to destroy, ruin, annihilate
adv. **абсолю́тно** absolutely, **вщент** utterly, **геть** totally, **зо́всім** entirely, **по́вністю** fully, **цілко́м** completely ◊ **Во́рог цілко́м зни́щив мости́ че́рез рі́чку.** The enemy completely destroyed the bridges across the river. **частко́во** in part; **зага́лом** largely, **практи́чно** practically, **факти́чно** effectively; **остато́чно** ultimately; **ма́йже** almost; **навми́сне** deliberately, **намі́рено** intentionally; **послідо́вно** consistently, **пості́йно** permanently, **системати́чно** systematically; **наза́вжди́** forever; **підсту́пно** treacherously, **свідо́мо** on purpose ◊ **Сове́тський режи́м свідо́мо ~ив украї́нську культу́рну спа́дщину.** The Soviet regime destroyed Ukrainian cultural heritage on purpose. **пові́льно** slowly ◊ **Хворо́ба пові́льно ~ила його́ ті́ло.** The disease was slowly destroying his body. **поступо́во** gradually; **непомі́тно** unnoticeably; ♦ **н. до ноги́** not to leave a living soul ◊ **Напа́дники зни́щили три села́ до ноги́.** The invaders left no living soul in three villages.
v. + **н. вдава́тися** + *D.* succeed in, **змогти́** *pf.* manage to, **могти́** can; **ма́ти на́мір** have the intention of; **намага́тися** try to ◊ **Він намага́вся з~ сліди́ зло́чину.** He tried to destroy the traces of the crime. **хоті́ти** want to; **не дава́ти** + *D.* not allow sb to
pa. pple. **зни́щений** destroyed
(з)нищи!
Also see **вбива́ти 1, зни́щувати 1, руйнува́ти**

ні, *part.*
1 no *(used as a negative answer to question, opposite of* **так** *yes)* ◊ **Ти зна́єш? Н., не зна́ю.** Do you know it? No, I don't. ◊ **так чи н.** yes or no.
2 yes *(in affirmative answer to a negative question/ statement)* ◊ **Він не лю́бить сперечa̍тися. Н., лю́бить.** He does not like to argue. Yes, he does.
3 not ◊ **На раху́нку не лиши́лося н. одніє́ї гри́вні.** There was not a single hryvnia left in the account. ◊ **Чому́ н.?** Why not?
4 nobody, nothing *(when followed by* **хто** *or* **що***)* ◊ **Він н. від ко́го не зале́жить.** He depends on nobody. ◊ **Ці́лу годи́ну вони́ говори́ли н. про що.** For an entire hour they spoke about nothing.
5 *as conj.* **н. .., н..,** neither ... nor ... ◊ **Я не купи́в н. молока́, н. хлі́ба.** I bought neither milk nor bread.

ні́би, *var.* **ні́бито**, *conj., part.*
1 *conj.* as if, as though, as it were ◊ **Він говори́в (так), н. нічо́го не ста́лося.** He spoke as if nothing had happened.
Also see **мов**[1]
2 *conj.* allegedly ◊ **Він – н. її спра́вжній ба́тько.** He is allegedly her real father.
Also see **мов**[2], **мовля́в 1, ні́бито**
3 *part.* perhaps, maybe, probably ◊ **Не зна́ю, це був н. Іва́н.** I don't know, it was probably Ivan.
Also see **нена́че**

ні́г|оть, *m.*, **~тя**
nail, fingernail, toenail
adj. **га́рний** nice, **до́вгий** long ◊ **Зоря́на зверну́ла ува́гу на його́ до́вгі ~ті.** Zoriana paid attention to his long nails. **коро́ткий** short; **го́стрий** sharp; **здоро́вий** healthy, **хво́рий** bad, sick; **міцни́й** strong; **кри́хкий** brittle, **зла́маний** broken: **акри́ловий** acrylic, **фальши́вий** false, **шту́чний** artificial; **лако́ваний** polished, **фарбо́ваний** painted
v. + **н. відро́щувати ~ті** grow nails ◊ **Раї́са відро́щує ~ті.** Raisa is growing her fingernails. (**лама́ти** break, **обтина́ти** clip; **лакува́ти** polish; **гри́зти** chew ◊ **Коли́ Оре́ст хвилюва́вся, він гриз ~ті.** When Orest was nervous, he would chew his nails. **куса́ти** bite; **запуска́ти** sink) ◊ **Жі́нка запусти́ла ~ті напа́дникові в обли́ччя.** The woman sank her nails into her assailant's face. **дря́пати** + *A.* **~тями** scratch sth with nails (**сту́кати** + *A.* tap sth with) ◊ **Він сту́кав ~тями по кла́вішах.** He tapped his nails on the keys.
н. + *v.* **рости́** grow ◊ **У Миха́йла до́сить пові́льно росту́ть ~ті.** Mykhailo's nails grow rather slowly. **лама́тися** break, **впива́тися в** + *A.* dig into sth ◊ **~ті паціє́нта впи́лися в бі́льця крі́сла.** The patient's nails dug into the armrests of the chair. **шкря́бати** + *A.* scratch sth

ні́де, *pred.*
no place, nowhere ◊ **Плі́вки н. зберіга́ти.** There is no place to keep the films.
adv. **абсолю́тно** absolutely, **геть** totally, **зо́всім** at all, **цілко́м** entirely
v. + **н.** ♦ **бу́ти н.** + *D.* + *inf.* to be/have nowhere to do sth ◊ **Рома́нові н. було́ схова́тися.** Roman had nowhere to hide. (**зберіга́ти** *or* **трима́ти** keep; **кла́сти** put, **схова́ти** *pf.* hide)
Cf. **ні́куди**

ніде́, *adv., posn.*
nowhere, anywhere ◊ **Кві́тів н. не продава́ли.** Flowers were not sold anywhere. ♦ **н. бі́льше** nowhere (anywhere) else ◊ **Ви н. бі́льше цього́ не змо́жете поба́чити.** You won't be able to see it anywhere else. ♦ **ма́йже н.** hardly anywhere
Cf. **ні́куди**

н|іж[1], *m.*, **~ожа́**
knife
adj. **вели́кий** big, **до́вгий** long; **коро́ткий** short; **го́стрий** sharp, **наго́стрений** sharpened; **тупи́й** blunt; **ржа́вий** rusty; **пластма́совий** plastic, **срі́бний** silver, **стале́вий** steel; **кишенько́вий** pocket, **кухо́нний** kitchen, **мисли́вський** hunting, **столо́вий** table
n. + **н. ле́зо ~ожа́** the blade of a knife (**ві́стря** point, **ру́чка** handle, **руко́ятка** hilt)
v. + **н. бра́ти н.** *or* **ножа́** take a knife (**виймa̍ти** draw, **витяга́ти** pull out, **встромля́ти в** + *A.* stick into sth ◊ **Вона́ встроми́ла ~ожа́ в бу́ха́нку.** She stuck the knife into the loaf. **кла́сти** put down; **гостри́ти** sharpen, **точи́ти** hone; **ки́дати** throw, **лама́ти** break, **трима́ти** hold) ◊ **Він трима́в ржа́вого ~ожа́.** He was holding a rusty knife. ♦ **приставля́ти** + *D.* **н.** *or* **~ожа́ до го́рла** to put a knife to sb's throat; **кра́яти** + *A.* **~оже́м** cut sth with a knife (**бу́ти озбро́єним** be armed with ◊ **Він озбро́єний ~оже́м.** He is armed with a knife. **відкра́ювати** + *A.* cut sth off with, **ки́датися на** + *A.* **з** spring at sb with ◊ **Він ки́нувся на охоро́нця з ~оже́м.** He sprang with a knife at the guard. **користува́тися** use, **маха́ти** brandish, **напада́ти на** + *A.* **з** attack sb with ◊ **Невідо́мі напа́ли на них із ~ожа́ми.** The strangers attacked them with knives. **погро́жувати** + *D.* threaten sb with, **уда́рити** + *A. pf.* stab sb with) ◊ **Же́ртву вда́рили ~оже́м у плече́.** The victim was stabbed with a knife on the shoulder. ♦ **бу́ти, як н. у се́рце** + *D.* to be like death to sb ◊ **Лі́зин шлюб був для них, як н. у се́рце.** Liza's marriage was like death to them.
н. + *v.* **рі́зати** + *A.* cut sth ◊ **Стари́й н. до́бре рі́же цибу́лю.** The old knife cuts onions well. **простро́млювати** + *A.* pierce sth; **тупи́тися** become blunt, **лама́тися** break, **надще́рблюватися** chip
prep. **н. для** + *G.* a knife for sth ◊ **н. для ма́сла** a butter knife (**ри́би** fish, **сте́йка** steak) ◊ **У набо́рі було́ шість ~ожі́в для сте́йка.** There were six stake knives in the set.
N. pl. **~ожі**
Also see **жа́ло 2**

ніж[2], *conj.*
than + *N. (in comparison)* ◊ **Він працю́є бі́льше, н. вона́.** He works more than she does. ◊ **Стари́й шлях зна́чно до́вший, н. нови́й.** The old road is considerably longer than the new one.
Also see **від 8, за 26, як**[2] **2**

ні́жн|ий, *adj.*
1 tender, caring, kind
adv. **ду́же** very, **надзвича́йно** extraordinarily, **неймові́рно** incredibly, **немo̍жливо** impossibly, **особли́во** particularly; **не зо́всім** not quite
н. + *n.* **н. го́лос** a tender voice (**ше́піт** whisper; **до́гляд** care, **до́тик** touch, **по́гляд** look, **поціл́унок** kiss; **коха́нець** lover), **~а ува́га** tender attention (**ма́ти** mother); **~е сло́во** a kind word
v. + **н. бу́ти ~им** be tender (**виявля́тися** turn out, **здава́тися** + *D.* seem to sb ◊ **Його́ оста́нній до́тик здався особли́во ~им.** His last touch seemed particularly tender. **лиша́тися** remain, **става́ти** become) ◊ **Її суво́рий го́лос став ду́же ~им.** Her stern voice became very tender.
prep. **н. до** + *G.* tender toward sb ◊ **Богда́н став неймові́рно н. до ді́вчини.** Bohdan

became incredibly tender toward the girl.
Also see **любо́вний 2, м'який 3, серде́чний 1**
2 soft, gentle, smooth, delicate
н. + *n.* **н. ле́гіт** a gentle breeze (**шовк** silk); **~а шкі́ра** delicate skin; **~і ри́си** delicate features (**уста́** lips)
Also see **чутли́вий 2**
3 fragile, delicate, sensitive ◊ **Із ним тре́ба бу́ти, як із ~ою росли́ною.** He needs to be treated like a delicate plant.
adv. **винятко́во** exceptionally, **вкрай** extremely, **ду́же** very ◊ **ду́же ~а шкі́ра** very sensitive skin; **неймові́рно** incredibly
See **делікáтний 4**
4 tender *(of age)*, young, youthful ◊ **Він був юнако́м ~ого ві́ку.** He was a youth of tender age.
See **молоди́й**[1] **1, ю́ний**
5 tender *(of meat)*, soft, chewable ◊ **~а качи́на груди́нка** a tender duck breast
See **м'який 1**
6 sweet *(of smell, aroma, etc)*, fragrant, delicate ◊ **Кімна́ту напо́внив н. за́пах троя́нд.** The delicate scent of roses filled the room.
Also see **м'який 2**

ні́жн|ість, *f.*, **~ости**, *only sg.*
tenderness, affection, fondness
adj. **вели́ка** great, **величе́зна** immense, **глибо́ка** profound, **надзвича́йна** extraordinary; **матери́нська** motherly; **неприхо́вана** undisguised ◊ **Вона́ диви́лася на Лукаша́ з неприхо́ваною ~істю.** She was looking at Lukash with undisguised tenderness. **прихо́вана** hidden; **несподі́вана** surprising; **правди́ва** genuine, **спра́вжня** true
v. + **н. відчува́ти н.** feel tenderness ◊ **Рома́н став відчува́ти до ньо́го несподі́вану н.** Roman began to feel unexpected tenderness for him. (**ма́ти** have; **виявля́ти** reveal, **пока́зувати** show, **прихо́вувати** hide)
prep. **з ~істю** ◊ **Марі́я ста́вилася до діте́й з ~істю.** Maria treated the children with tenderness. **н. до** + *G.* tenderness for/toward sb
Also see **ла́ска 2, любо́в**

ніза́що, *adv.*
1 under no conditions, in no circumstances, never, no way ◊ **Він н. не дасть нам ма́пи.** There is no way he will give us the map. ♦ **н. у** *or* **на сві́ті** not for love or money ◊ **Вона́ н. у сві́ті не розста́неться зі своїм кото́м.** She will not part with her cat for love or money.
2 for no reason, for nothing ◊ **Її покара́ли н.** She was punished for no reason.
See **даре́мно 2, дарма́ 4**

нізві́дки, *var.* **нізві́дкіль, нізвідкіля́**, *adv., dir.*
from nowhere, from anywhere *(with negation)* ◊ **Докуме́нти з'яви́лися н.** The documents appeared from nowhere. ◊ **Солда́ти н. не чека́ли допомо́ги.** The soldiers did not expect help from anywhere.

ні́здр|я, *f.*
nostril
adj. **ко́жна** every, **оби́дві** *only pl.* both; **лі́ва** left, **пра́ва** right; **вели́ка** big; **вузька́** narrow, **широ́ка** wide
v. + **н. лоскота́ти ~і** tickle the nostrils ◊ **За́пах хро́ну лоскота́в йому́ ~і.** The smell of horseradish tickled his nostrils. (**запо́внювати** fill); **би́ти по ~ях** hit the nostrils
prep. **в ~ях** in one's nostrils ◊ **Смо́рід ще лиша́вся в його́ ~ях.** The stench still lingered in his nostrils. **че́рез ~і** through the nostrils
G. pl. **~ів**

ні́коли, *pred.*
no time ◊ **Ва́гатись н., ході́мо.** There's no time to hesitate, let's go.
adv. **абсолю́тно** absolutely, **геть** totally, **зо́всім** at all, **цілко́м** entirely; **трагі́чно** tragically; **хроні́чно** chronically
v. + **н. бу́ти н.** + *D.* + *inf.* have no time to do sth ◊ **Їм зо́всім н. ходи́ти до теа́тру.** They have no time at all to go to the theater. ♦ **вго́ру гля́нути бу́ти н.** to have no time to come up for air ◊ **Робо́ти сті́льки, що Ле́сі уго́ру гля́нути н.** There is so much work that Lesia has no time to come up for air.

ніко́ли, *adv.*
never, ever ◊ **Кра́ще н. не ма́ти спра́ви з лікаря́ми.** It is better never to deal with doctors.
adv. **абсолю́тно** absolutely, **бі́льше** again ◊ **Вона́ н. бі́льше не ї́ла нічо́го поді́бного.** She never again ate anything of the kind. **геть** totally, **зо́всім** at all, **ма́йже** almost ◊ **Він ма́йже н. не їв м'я́са.** He almost never ate meat. ♦ **кра́ще пі́зно, ніж н.** better late than never; ♦ **н. у сві́ті** never in the world

ні́кому, *pred.*
nobody *in:* **бу́ти н.** + *D.* + *inf.* nobody, no one to do sth ◊ **Н. догляда́ти за ді́тьми, коли́ батьки́ працю́ють.** There is nobody to look after the children when their parents work.
adv. **абсолю́тно** absolutely ◊ **Тама́рі абсолю́тно н. дові́ритися.** There is absolutely nobody Tamara can confide in. **геть** totally, **зо́всім** at all, **трагі́чно** tragically, **цілко́м** entirely; **ма́йже** almost

ні́куди, *pred.*
nowhere, no place
adv. **абсолю́тно** absolutely, **геть** totally, **зо́всім** at all, **цілко́м** entirely; **ма́йже** almost ◊ **Відсту́пати було́ ма́йже н.** There was almost no place to retreat to.
v. + **н. бу́ти н.** + *D.* + *inf.* to have no place for sth *or* to do sth ◊ **Їй н. схова́ти заоща́дження.** There is nowhere she can hide her savings. ♦ **да́лі н.** completely, to the full ◊ **Він заванта́жив авті́вку реча́ми так, що да́лі н.** He loaded the car with his things to the full.
Cf. **ні́де**

ніку́ди, *adv., dir.*
nowhere, to no place, anywhere, to anywhere ◊ **Га́нна ще н. не дзвони́ла.** Hanna did not call anywhere.
adv. **абсолю́тно** absolutely, **геть** totally, **зо́всім** at all ◊ **Того́ ве́чора вони́ зо́всім н. не ходи́ли.** That evening, they did not go anywhere at all. **цілко́м** entirely; ♦ **н. не годи́тися** to be no good, to be past hope ◊ **Ваш план н. не годи́ться.** Your plan is no good.
Cf. **ніде́**

нім|и́й, *adj.*
1 mute *(of person)*, dumb
adv. **абсолю́тно** absolutely, **геть** *and* **зо́всім** totally, **цілко́м** completely; **я́вно** clearly; **від наро́дження** from birth
н. + *n.* **н. хло́пець** a mute boy; **~а́ люди́на** a mute person; ♦ **н., як ри́ба** as silent as the grave ◊ **Ні́на стоя́ла ~а́, як ри́ба.** Nina stood as silent as the grave.
v. + **н. бу́ти ~и́м** be mute ◊ **Він н. від наро́дження.** He is mute from birth. (**вважа́ти** + *A.* consider sb, **виявля́тися** prove, **здава́тися** + *D.* seem to sb ◊ **Іра лише́ здава́лася ~о́ю.** Ira only seemed to be mute. **лиша́тися** stay)
2 *fig.* silent, wordless, speechless, tacit ◊ **На його́ обли́ччі був н. до́кір.** There was a silent reproach on his face.
н. + *n.* **н. до́кір** a silent reproach (**сві́док** witness); **н. фільм** a silent film; ♦ **~а́ сце́на** a dumbshow; **~а́ а́збука** a deaf-mute alphabet. **~е́ пита́ння** a silent question ◊ **В її оча́х ~е́ пита́ння.** There is a silent question in her eyes.
3 *ling.* silent *(of sound)*, mute ◊ **н. при́голосний** a silent consonant

ні́мі|ти, **~ють; за~, о~**, *intr.*
1 to become dumb, grow dumb
adv. **абсолю́тно** absolutely, **геть** totally, **зо́всім** utterly, **цілко́м** completely; **вмить** instantly, **ґвалто́вно** abruptly, **несподі́вано** unexpectedly, **ра́птом** suddenly; **від жа́ху** with terror ◊ **Ді́ти заніміли від жа́ху.** The children grew dumb with horror. **від здивува́ння** with astonishment, **від несподі́ванки** with surprise, **з переля́ку** with fright, **зі стра́ху** with fear
2 *fig.* to become quiet, grow silent ◊ **Ліс заніми́в, на́че пе́ред бу́рею.** The forest became silent as if before a storm.
3 *fig.* to become numb, grow numb
adv. **пові́льно** slowly, **поступо́во** gradually; **вмить** instantly, **ґвалто́вно** abruptly, **несподі́вано** unexpectedly, **ра́птом** suddenly; **геть** totally, **зо́всім** utterly, **цілко́м** completely; **ле́гко** slightly, **тро́хи** a little; **небезпе́чно** dangerously, **підозрі́ло** suspiciously; **і́ноді** sometimes, **ча́сто** often
v. + **н. почина́ти** begin to, **ста́ти** *pf.* start ◊ **У не́ї ста́ла н. рука́.** Her hand started growing numb. **перестава́ти** stop
prep. **н. від** + *G.* go numb from *or* fall asleep from ◊ **Від до́вгого сидіння в Ната́лі заніміли но́ги.** Natalia's feet went numb from sitting for a long time.
Also see **млі́ти 3, те́рпнути**
(за)німи́й!

німот|а́, *f.*, *only sg.*
muteness, dumbness, speechlessness
adj. **абсолю́тна** absolute, **по́вна** utter, **цілкови́та** complete; **набу́та** acquired ◊ **Його́ н. набу́та унаслі́док конту́зії.** His muteness is acquired as a result of concussion. **невиліко́вна** incurable, **приро́джена** inborn

н|іс, *m.*, **~о́са**
1 nose
adj. **вели́кий** big, **величе́зний** huge, **до́вгий** long, **коро́ткий** short; **вузьки́й** narrow, **широ́кий** wide; **мале́нький** *dim.* small ◊ **Її мале́нький н. став пурпуро́вим від лю́ті.** Her small nose went purple with rage. **мали́й** small; **орли́ний** aquiline, **прями́й** straight, **гре́цький** Greek, **ри́мський** Roman; **аристократи́чний** aristocratic; **бездога́нний** impeccable, **доскона́лий** perfect; **го́стрий** sharp, **кирпа́тий** snub ◊ **Сашко́ві подо́бався її кирпа́тий н.** Sashko liked her snub nose. **криви́й** crooked, **плеска́тий** flat, **сплю́щений** pug ◊ **У шко́лі її дражни́ли за сплю́щений н.** In school, she was taunted over her pug nose. **товсти́й** fat; **закла́дений** blocked, **мо́крий** wet, **смарка́тий** snotty; **холо́дний** cold ◊ **Пес ткну́вся йому́ в обли́ччя холо́дним ~о́сом.** The dog poked his cold nose into his face. **закрива́влений** bloodied, **переби́тий** broken, **пора́нений** hurt, **розпу́хлий** swollen, **ушко́джений** damaged; **чутли́вий** sensitive; **нечутли́вий** insensitive; **проко́лотий** pierced; **фальши́вий** phony, **шту́чний** artificial
n. + **н. кі́нчик ~о́са** the tip of the nose (**перені́сся** bridge)
v. + **н. шмо́ркати** *or* **сяка́ти н.** *or* **~о́са** blow one's nose ◊ **Він го́лосно шмо́ркав ~о́са.** He was loudly blowing his nose. (**витира́ти** wipe; **мо́рщити** wrinkle, **те́рти** rub; **дря́пати** scratch, **розбива́ти** break; **говори́ти в** speak through ◊ **Посере́дині сце́ни вона́ гово́рить у н.** In the middle of the scene, she speaks through her nose. **ди́хати че́рез** breathe through; **щипа́ти за** pinch) ◊ **Хтось ущипну́в його́ за ~о́са.** Somebody pinched his nose. ♦ **верну́ти ~о́са від** + *G.* to thumb one's nose at sb ◊ **Тепе́р вона́ ве́рне ~о́са від стари́х дру́зів.** Now she thumbs her nose at old friends. ♦ **Не пха́й ~о́са до чужо́го про́са.** Don't poke your nose into other people's business. ♦ **не ба́чити да́лі сво́го ~о́са** not to see beyond one's nose; ♦ **лиша́ти** + *A.* **з ~о́сом**

to take sb for a ride ◊ **Марíю щóйно лиши́ли з вели́ким ~óсом.** Maria has just been taken for a big ride. **колупáти(ся) в ~óсі** pick one's nose
prep. **з-під ~óса** from under sb's nose ◊ **Вонá втеклá в ньóго з-під ~óса.** She escaped from under his nose. **на н.** *dir.* on/to a nose ◊ **Їй на н. сів комáр.** A mosquito landed on her nose. **на ~óсі** *posn.* on sb's nose ◊ **У нéї на ~óсі був прищ.** There was a pimple on her nose. **під ~óсом** under a nose, ♦ **під (самíсіньким) ~óсом** *fig.* under one's very nose ◊ **Злóчин вчи́нено під ~óсом у поліції.** The crime was committed under the police's nose.
2 beak *(in birds)*, bill ◊ **кáчка з широ́ким ~ом** a duck with a wide beak
See **дзьоб**
3 prow *(of ship)*, bow; nose *(aircraft)* ◊ **На ~і кораблá булó написано «Провиді́ння».** "Providence" was inscribed on the ship's bow.
prep. **об н.** against a prow ◊ **Об н. нóвого кораблá розби́ли пля́шку шампáна.** A champaign bottle was smashed against the new ship's prow.
N. pl. **~оси́**

нісені́тниц|я, *f.*
nonsense
adj. **абсолю́тна** absolute, **вели́ка** a load of, **винятко́ва** exceptional, **вся́ка** all kinds of, **жахли́ва** dreadful, **очеви́дна** obvious, **пóвна** utter ◊ **Усé це – пóвна н.** All this is utter nonsense. **рíдкісна** rare, **цілкови́та** complete, **чи́ста** pure, **я́вна** clear
v. + **н. верзти́** *or* **горо́дити, плести́ ~ю** *or* **~і** spout nonsense ◊ **Він булó нап'ється і верзé вся́ку ~ю.** He would get drunk and spout all kinds of nonsense. (**говори́ти** talk; **слу́хати** listen to)

ніскі́льки, *adv., pr.*
1 *adv.* not at all, not a bit, not in the least ◊ **Вони́ були́ н. не стóмлені.** They were not at all tired. ◊ **Такí рéчі н. не цікáвлять йогó.** Such things do not interest him a bit. ♦ **н. не мéнше** nonetheless
2 *pr.* none, nothing ◊ **Скі́льки в тéбе чáсу? – Н.** How much time do you have? – None.

ніхтó, *pr.*, **нік|óго**
nobody, no one; anybody, anyone ◊ **Цьогó н. ніко́ли не роби́в.** Nobody has ever done it. ◊ **Вонá ~óму про це не розкáзувала.** She did not tell anyone about it. ◊ **Він ти́ждень із ~и́м** *or* **ні з ким не бáчився.** He has not seen anybody for a week.
Also see **хуй 4**

н|іч, *f.*, **~óчі**
night
adj. **вся** all ◊ **Він не міг спáти всі ці ~óчі.** He could not sleep all these nights. **ціла** all, entire ♦ **ці́лу н.** all night long ◊ **Вони́ ці́лу ніч кохáлися.** They made love all night long. **мину́ла** last, **сьогóднішня** today's ◊ **Сьогóднішньої ~óчі все мáє розв'язáтися.** Tonight everything ought to come to its resolution. **зáвтрашня** tomorrow, **насту́пна** next; **попере́дня** previous; **рáння** early, **глу́па** late; **дóвга** long, **нескінчéнна** endless; **корóтка** short ◊ **Груднéва н. ще ніко́ли не булá такóю корóткою.** A December night has never yet been so short. **зимóва** winter, **лíтня** summer; **погáна** bad; **безсóнна** sleepless, **неспокíйна** restless, **страшнá** horrible, **тривóжна** fitful ◊ **Вонá провелá не однý тривóжну н. в очíкуванні.** She spent more than one fitful night waiting. **самóтня** lonely; **непрогля́дна** pitch-black ◊ **Непрогля́дна н. опусти́лася на мíсто.** A pitch-black night fell upon the city. **тéмна** dark, **чóрна** black; **горобина** stormy, **дощовá** rainy, **снíжна** snowy; **хмáрна** cloudy; **морóзна** frosty, **прохолóдна** cool, **холóдна** cold; **вологá** humid, **тумáнна** foggy; **тéпла** warm; **бíла** white, **зóряна** starry, **мíсячна** moonlit, **поля́рна** polar, **я́сна** clear; **чудóва** beautiful; **шлю́бна** wedding; ♦ **Дóброї ~óчі!** Good night!
v. + **н. прово́дити н.** spend a night (**лишáтися нá** stay for) ◊ **Чéрез хуртови́ну вони́ лиши́лися нá н. у готéлі.** Because of the blizzard, they stayed for the night at a hotel.
н. + *v.* **наставáти** *or* **прихóдити** come ◊ **Настáла н., і все зати́хло.** The night came and everything went quiet. **опускáтися на** + *A.* fall upon sth, **огортáти** + *A.* envelop sth ◊ **Óзеро огорну́ла мíсячна н.** A moonlit night enveloped the lake. ♦ **під покрóвом ~óчі** under the cover of night; ♦ **~óчáми** by night ◊ **Вонá працю́є ~óчáми.** She works by night.
prep. **нá н.** for the night; **прóти ~óчі** before the night, late in the evening; **прóтягом ~óчі** during a night
I. **~íччю** night, *G. pl.* **~очéй**, *D. pl.* **~óчáм**
Ant. **день**

нічи|я́, *f.*, **~є́ї**
draw, tie
adj. **ганéбна** shameful; **жáдана** desirable; **несподíвана** unexpected ◊ **Для них несподíвана н. – перемóга.** The unexpected draw is a win for them. **очíкувана** anticipated, **сподíвана** expected; **почéсна** honorable; **при́крa** disappointing; **сухá** scoreless; ♦ **н. оди́н-оди́н** a one-all draw (**два-двá** two-all, **три-три́** three-all, *etc.*)
v. + **н. закíнчуватися ~є́ю** end in a draw ◊ **Гра закíнчилася ~є́ю.** The game ended in a draw. **здобувáти ~ю** earn a draw (**забезпéчувати** secure) ◊ **Дружи́на забезпéчила собí ~ю.** The team secured a draw. **домагáтися ~є́ї** force a draw ◊ **Вони́ домогли́ся ~є́ї.** They forced a draw.

нí́чого, *pred.*
nothing, anything; not to be worth doing sth, there is/was no reason to do sth, one should not ◊ **Іди́ дóмів, н. тут вéштатися!** Go home, you have no business hanging around here!
adv. **абсолю́тно** absolutely, **бíльше** more, **геть** totally, **зóвсім** at all, **мáйже** almost, **цілкóм** entirely ◊ **Óлі цілкóм н. жу́ритися про це.** Olia has entirely no reason to worry about it. ♦ **н. казáти** without doubt, indeed ◊ **Він – надíйний чоловíк, н. казáти.** He is, no doubt, a dependable man. ♦ **н. прáвди кри́ти** to tell (you) the truth ◊ **Він – дóбрий вчи́тель, н. прáвди кри́ти.** To tell you the truth, he is a good teacher.
v. + **н. бу́ти н.** + *D.* + *inf.* to have nothing to, have no reason to ◊ **Їм зóвсім н. боя́тися.** They have nothing at all to be afraid of. (**вагáтися** hesitate ◊ **Їм н. вагáтися.** They have no reason to hesitate. **втрачáти** lose ◊ **Крім влáсних кайдáнів, цим лю́дям н. втрачáти.** These people have nothing to lose besides their own shackles. **ду́мати** think ◊ **Тут н. булó ду́мати.** There was nothing to think about here. **казáти** say, **критикувáти** criticize; **плáкати** cry; **роби́ти** do, *etc.*)
Also see **вáрто 2**

нічóго, *pr., adj., adv.*
1 *pr., G. of* **ніщó** nothing, anything ◊ **Вони́ н. нікóму не ви́нні.** They don't owe anybody anything.
adv. **абсолю́тно** absolutely ◊ **Чоловíк не розумíє абсолю́тно н.** The man understands absolutely nothing. **геть** totally, **зóвсім** at all; **мáйже** almost ◊ **Він мáйже н. не мáє.** He has almost nothing. ♦ **Н. подíбного** Nothing of the kind; ♦ **Н. собí!** *interj.* Imagine it! ♦ **Н.!** *interj.* Never mind!
See **ніщó**
2 *adj., colloq.* good, decent ◊ **Івáнна – цілкóм н. студéнтка.** Ivanna is an entirely decent student.
See **дóбрий**
3 *adv.* well, not bad, decently ◊ **На нóвій робóті Святослáв зóвсім так н. заробля́є.** At his new job, Sviatoslav makes quite some decent money.
See **дóбре**

ніщó, *pr., n.*, **нічо|óго**
1 *pr.* nothing; ♦ **~óго собí!** Imagine that! ◊ **Я ~óго не знáю.** I know nothing. ♦ **~óго не зрóбиш** nothing doing
Also see **хуй 3**
2 *n., only nt.* nothing, nothingness, nonentity, zero
adj. **абсолю́тне** absolute ◊ **Для нéї Орéст – абсолю́тне н.** Orest is an absolute nothing to her. **вели́ке** great, **пóвне** utter, **цілкови́те** complete; ♦ **бу́ти н. порíвняно з** + *I.* to be nothing compared to sth ◊ **Це ще н. в порíвнянні з тим, що моглó бу́ти.** This is nothing, compared to what could be.

ні́як, *pred.*
impossible, no way
adv. **геть** totally, **зóвсім** at all, **мáйже** almost, **цілкóм** entirely.
v. + **н. бу́ти н.** + *D.* + *inf.* be impossible for sb to ◊ **Їй н. поясни́ти свої́ моти́ви.** There is no way she can explain her motives. (**допомагáти** + *D.* help sb, **лишáтися** stay, **плати́ти** pay, **роби́ти** do) ◊ **Олéні н. булó зроби́ти завдáння на реченéць.** There was no way Olena could do the assignment by the deadline. **ставáти н.** + *D.* + *inf.* become impossible to ◊ **Хлóпцям стáло н. жи́ти в мíсті.** It became impossible for the boys to live in the city.

ні́як, *adv.*
1 (in) no way, (in) any way, impossible ◊ **Дáна н. не моглá знайти́ ключí.** Dana could not find the keys in any way.
2 impossible, no way + *D. in* ♦ **н. не мóжна (бу́ти)** not possible, impossible ◊ **Йому́ н. не мóжна булó лишáтися там.** It was impossible for him to stay there.

нія́к|ий, *pr., adj.* **~ого**
1 *pr.* none, not any, no
adv. **абсолю́тно** absolutely ◊ **Ю́шка абсолю́тно ~а на смак.** The soup has absolutely no taste. **бíльше** more ◊ **Він не зали́шив бíльше ~их слíдів.** He left no more traces. **геть** totally, **зóвсім** at all, **цілкóм** entirely; **мáйже** almost ◊ **У них немáє мáйже ~их світли́н із тогó чáсу.** They have almost no photos left from that time.
Also see **жóдний**
2 *adj. colloq. usu after n.* bad, poor, worthless, not much of ◊ **Редáктор він був н.** He was a poor editor. ◊ **Без óсвіти економíстка з нéї ~а.** Without the training, she is not much of an economist.
Also see **кéпський, погáний 1**

новáк, *var.* **новачóк**, *m.*, **~á; новáчка**, *f.*
novice, newcomer, beginner
adj. **абсолю́тний** absolute ◊ **Архітéктор ви́явився абсолю́тним ~óм.** The architect turned out to be an absolute novice. **пóвний** utter, **цілкови́тий** total, **ще** still, **я́вний** obvious; **молоди́й** young; **політи́чний** political
v. + **н. бу́ти ~óм** be a novice ◊ **Він був усé ще ~óм.** He was still a novice. (**вважáти** + *A.* consider sb, **вигля́дати** look, **виявля́тися** turn out, **здавáтися** + *D.* seem to sb) ◊ **Він здавáвся ~óм.** He seemed to be a novice.

новáтор, *m.*, **~а; ~ка**, *f.*
innovator
adj. **вели́кий** great, **генія́льний** brilliant, **талановитий** talented; **смíли́вий** audacious; **відóмий** *or* **знáний** well-known, **слáветний** famous; **неабия́кий** quite some, **оригінáльний** original
v. + **н. бу́ти ~ом** be an innovator (**вважáти** + *A.* consider sb ◊ **Йогó вважáють генія́льним ~ом.** He is considered to be a brilliant innovator. **виявля́тися** turn out, **ставáти** become)
prep. **н. в** + *L.* an innovator in sth ◊ **Він – н. у медици́ні.** He is an innovator in medicine.

новáці|я, *f.*, **~ї**
innovation
adj. **важлúва** important ◊ **Вонá – áвторка двох важлúвих ~ій.** She is the author of two important innovations. **велúка** great, **геніáльна** brilliant, **значнá** significant, **революцíйна** breakthrough; **спрáвжня** genuine; **успíшна** successful; **постíйна** constant ◊ **Успíшна компáнія вимагáє постíйних ~ій.** A successful company requires constant innovations. **найновíша** latest, **нещодáвня** recent, **остáння** last; **наукóва** scientific, **технíчна** technological; **методологíчна** methodological; **стилістúчна** stylistic; **архітектýрна** architectural, **літератýрна** literary, **музúчна** music, **педагогíчна** pedagogical, **театрáльна** theater, **худóжня** artistic, *etc.*
v. + **н. впровáджувати ~ю** introduce an innovation ◊ **Вонú впровáдили кíлька ~й.** They introduced a few innovations. (**заохóчувати** encourage, **пришвúдшувати** accelerate, **стимулювáти** stimulate; **душúти** stifle; **пропонувáти** come up with) ◊ **Він запропонувáв ~ю.** He came up with an innovation. **спрúяти ~ям** facilitate innovations (**запобігáти** prevent, **перешкоджáти** be in the way of) ◊ **Старí кáдри перешкоджáли ~ям.** The old personnel were in the way of innovations.
prep. **н. в** + *L.* an innovation in sth ◊ **~ї в усíх гáлузях виробнúцтва** innovations in all spheres of production

новизн|á, *f., only sg.*
novelty, newness, freshness
adj. **абсолю́тна** absolute, **велúка** great; **вся** whole ◊ **Н. мéтоду полягáла у використáнні титáну.** The novelty of the method consisted in the use of titanium. **очевúдна** obvious, **цілковúта** complete; **незаперéчна** undeniable, **я́вна** clear; **сумнíвна** doubtful
v. + **н. визнавáти ~ý** recognize novelty ◊ **Наукóвий світ вúзнав ~ý йогó мéтоду.** The scientific world recognized the novelty of his method. (**приймáти** accept; **відкидáти** reject, **заперéчувати** deny)
н. + *v.* **з'являтися** appear ◊ **У ї́хніх стосýнках з'явúлася н. почуттíв.** Freshness of feelings appeared in their relationship. **відчувáтися** be felt, **вивітрюватися** wear off

нов|úй, *adj.*
new
adv. **абсолю́тно** absolutely, **геть** totally, **докорíнно** radically, **дýже** very, **засаднúчо** basically, **зóвсім** utterly, **суттєво** essentially, **фундаментáльно** fundamentally, **цілкóм** entirely; **вирáзно** distinctly, **я́вно** clearly; **дíйсно** really, **спрáвді** truly; **віднóсно** relatively ◊ **Вонú купúли віднóсно ~ý автíвку.** They bought a relatively new car. **порíвняно** comparatively, **дóсить** fairly, **достáтньо** sufficiently; **мáйже** almost ◊ **мáйже ~á сýкня** an almost new dress
н. + *n.* **н. будúнок** a new house (**музéй** museum; **велосипéд** bicycle; **костю́м** suit; **день** day, **рік** year ◊ **Н. рік** the New Year; ♦ **Щаслúвого ~óго рóку!** A Happy New Year! **ромáн** novel, **фільм** film; **студéнт** student; **дух** spirit, **нáстрій** mood, **підхíд** approach)
v. + **н. бýти ~úм** be new (**вважáти** + *A.* consider sb/sth; **виглядáти** look ◊ **Помéшкання виглядáє ~úм.** The apartment looks new. **виявлятися** turn out, **здавáтися** + *D.* seem to sb; **робúти** + *A.* make sth, **ставáти** grow); ♦ **н. украї́нець** *pejor.* a new Ukrainian, nouveau riche, parvenu, rich and vulgar Ukrainian
Also see **недáвній 1, свíжий 6**

новин|á, *f.*
1 piece of news, news
adj. **бáжана** welcome, **велúка** great, **дóбра** good ◊ **У мéне дóбра н.** I have good news. **прекрáсна** marvelous, **рáдісна** happy, **фантастúчна** fantastic, **чудóва** wonderful; **жахлúва** horrible, **невтíшна** disappointing, **погáна** bad, **сумнá** sad, **страшнá** terrible, **шокýюча** shocking; **недáвня** recent, **остáння** latest, **свíжа** breaking; **вчорáшня** yesterday's, **задáвнена** belated, **старá** old; **сьогóднішня** today's; **міськá** city, **місцéва** local ◊ **Сторíнка присвя́чена місцéвим ~ам.** The page covers local news. **реґіонáльна** regional ◊ **Газéта висвíтлює міськí та реґіонáльні ~и.** The newspaper covers city and regional news. **сільськá** provincial, village; **національна** national, **міжнарóдна** international; **бізнесóва** business, **економíчна** economic, **культýрна** cultural, **політúчна** political, **спортúвна** sports ◊ **Він не читáє спортúвних новúн.** He does not read sports news. **телевізíйна** television, **фінáнсова** financial, **футбóльна** soccer
n. + **н. вúпуск новúн** a news release (**передáча** broadcast, **прогрáма** program, **підсумок** summary, **вúсвітлення** coverage; **аґéнція** agency ◊ **Він працю́є у відóмій аґéнції новúн.** He works for a well-known news agency. **канáл** channel, **слýжба** service) ◊ **Вонú рáзом дúвляться телевізíйну слýжбу новúн.** They watch the TV news service together.
v. + **н. висвíтлювати ~и** cover the news (**вивíшувати** post ◊ **Вонú вивíшують важлúві ~и в інтернéті.** They post important news on the Internet. **випускáти** release; **дивúтися** watch, **мáти** have ◊ **Він мав сумнý ~ý.** He had a sad piece of news. **оголóшувати** announce; **отрúмувати** receive; **передавáти** broadcast, **перекáзувати** relay, **принóсити** bring, **публікувáти** publish, **розкáзувати** tell; **слýхати** listen to ◊ **Він слýхає ~и, готýючи вечéрю.** He listens to the news, preparing dinner. **читáти** read, **чýти** hear ◊ **Він чув ~ý в мíсті.** He heard the news in town. **очíкувати** await, **передбачáти** anticipate, **чекáти** expect ◊ **Я чекáтиму від вас новúн.** I will be expecting news from you. **перетрáвлювати** digest, **сприймáти** take ◊ **Вонú погáно сприйнялú ~ý про початóк стрáйку.** They took the news of the beginning of the strike badly. **реаґувáти на** react to); **ділúтися ~ами** share the news (**слідкувáти за** follow) ◊ **Він перестáв слідкувáти за ~ами.** He stopped following the news.
Also see **повідóмлення 1**

н|огá, *f.*
1 leg, foot
adj. **ліва** left ♦ **вставáти з лíвої ~óги** to get out of bed on the wrong side; **прáва** right; **перéдня** front, **зáдня** hind; **велúка** large, **величéзна** enormous, **малá** small, **малéнька** *dim.* little, **крúхітна** tiny ◊ **крúхітні дитя́чі ~óги** tiny baby feet; **дóвга** long, **корóтка** short; **вузькá** narrow, **широкá** wide; **прямá** straight; **товстá** thick, **тонкá** slender, **худá** thin, **сухá** skinny; **волохáта** hairy, **безволóса** hairless, **гóла** bare, **поголена** shaven; **гáрна** beautiful, **досконáла** perfect ◊ **Вонá мáє мáйже досконáлі ~óги.** She has almost perfect legs. **жúлава** sinewy, **м'язúста** muscular, **сúльна** strong; **здорóва** good ◊ **Він ступáє на здорóву ~óгу.** He walks on his good leg. **злáмана** broken, **кульгáва** lame, **порáнена** injured, **спýхла** swollen, **хвóра** sick; **бруднá** dirty, **немúта** unwashed; **воню́ча** stinky, **смердя́ча** smelly; **ампутóвана** amputated; **дерев'я́на** wooden, **протéзована** prosthetic, **штýчна** artificial
v. + **н. згинáти ~óгу** bend a leg (**випрямля́ти** *or* **випростóвувати** straighten ◊ **Вона встáла, щоб вúпростати ~óги.** She stood up to stretch her legs. **витя́гувати** extend; **клáсти** put ◊ **Він сів на стілець і, як американець, поклáв ~óги на стіл.** He sat on the chair and, like an American, put his feet on the table. **схрéщувати** cross, **розставля́ти** spread, **розчепíрювати** splay out ◊ **Чоловік розчепíрив ~óги.** The man splayed out his legs. **піднімáти** lift; **опускáти** lower; **підгинáти** tuck under; **сплітáти** entwine; **ламáти** break ◊ **Новáк тут мóже лéгко зламáти ~óгу.** A beginner can easily break his leg here. **рáнити** injure; **втрачáти** lose ◊ **Йогó син втрáтив ~óгу на війнí.** His son lost a leg *or* foot in the war. **ампутувáти** amputate; **голúти** shave) ◊ **Вонá перестáла голúти ~óги.** She stopped shaving her legs. ♦ **підстáвити ~óгу** + *D.* to trip sb up; **гойдáти ~огáми** swing one's legs, **кóпати** + *A.* **~óгою** kick sth with one's foot ◊ **Він кóпнув двéрі лíвою ~óгою.** He kicked the door with his left foot. (**охóплювати** + *A.* wrap sth; **рухáти** move, **ставáти** plant ◊ **Вонá стáла ~огáми на табурéтку.** She planted her feet on the stool. **ступáти** step ◊ **Вонá ступúла бóсими ~огáми в тéплу калю́жу.** She stepped barefoot into the warm puddle. **гýпати** stamp, **гатúти** pound, **тýпати** stomp ◊ **Він тýпав ~огáми.** He was stomping his feet. **постýкувати** tap, **сóвати** shuffle) ◊ **Він незґрáбно сóвав ~огáми.** He shuffled her feet clumsily.
н. + *v.* **згинáтися** bend, **підгинáтися** buckle; **випрямля́тися** *or* **випростóвуватися** straighten; **гойдáтися** swing, **рýхатися** move; **тремтíти** tremble, **трусúтися** shake; **вúсіти** hang, **звисáти** dangle; **болíти** hurt ◊ **Ї́ї дýже болíли ~óги.** Her feet hurt badly. **гóїтися** heal
prep. **в ~óгу** in the leg ◊ **Йогó порáнило в ~óгу.** *impers.* He was wounded in the leg. ♦ **ітú в ~óгу** to keep step, walk in step ◊ **Вонú тренýються ходúти в ~óгу.** They practice walking in step. **між ~óги** *dir.* between legs ◊ **Він постáвив пля́шку між ~óги.** He put the bottle between his legs. **між ~огáми** *posn.* between legs (feet) ◊ **Він затúснув м'ячá між ~огáми** He clutched the ball between his legs. **на ~óгу** *dir.* on/to one's foot ◊ **Я́рка взувáє кросíвки дитúні на ~óги.** Yarka puts the sneakers on the child's feet. ♦ **стáвити** + *A.* **на ~óги** to set sb back on her feet ◊ **Лíкар швúдко постáвив ї́ї на ~óги.** The doctor quickly set her back on her feet. **на ~озí** *posn.* on one's foot *or* leg ◊ **Що це ти нóсиш на ~озí?** What is it you're wearing on your foot? **під ~óги** *dir.* under one's feet ◊ **Тут слід дивúтися під ~óги.** Here you should watch your step. **під ~огáми** *posn.* under feet ◊ **Лúстя шелестíло ї́м під ~огáми.** Leaves rustled under their feet. ♦ **з головú до ~íг** from head to toe
Cf. **лáпа, стопá**
2 leg *(in furniture)* ◊ **стіл на трьóх ~огáх** a table on three legs

нóжиці|і, *only pl.*
1 scissors
adj. **великí** big, **малí** small; **гóстрі** sharp, **тупí** blunt; **кухóнні** kitchen, **манікю́рні** nail, **перукáрські** hair; ♦ **садóві н.** garden clippers; ♦ **пáра ~ь** a pair of scissors ◊ **На столí лежáло три пáри перукáрських ~ь.** There were three pairs of hair scissors on the table.
v. + **н. користувáтися ~ями** use scissors ◊ **Вонá впрáвно користýється кухóнними ~ями.** She skillfully uses kitchen scissors. (**рíзати** + *A.* cut sth with) ◊ **Мотýзка загрýба, щоб перерíзати ї́ї ~ями.** The rope is too thick to cut it with scissors.
2 *fig.* discrepancy, scissors ◊ **н. цін** *or* **цінові н.** price discrepancy

нóмер, *m.*, **~а**
1 number *(identity, address, phone, etc.)*
adj. **ідентифікаційний** identification ◊ **Атлéти отрúмали ідентифікаційні ~и.** The athletes received identification numbers. **реєстраційний** registration, **серíйний** serial; **безкоштóвний** free, **додаткóвий** extension; **непрáвильний** wrong, **прáвильний** correct; **легкúй** easy; **дóвгий** long, **корóткий** short, **новúй** new; **старúй** old, **колúшній** former, **попередній** previous
н. + *n.* **н. будúнку** a house number (**водíйських прав** driver's license; **замóвлення** reservation; **квартúри** apartment, **кíмнати** room,

кредúтної кáртки credit card, **модéлі** model, **пáспорта** passport, **посвíдчення** ID, **рахýнку** account, **рéйсу** flight, **сторíнки** page, **телефóну** phone, *etc.*)

v. + **н. набирáти н.** dial a number ◊ **Марíя набрáла н. сестрí.** Maria dialed her sister's number. (**активувáти** activate; **запúсувати** write down, **стирáти** delete; **запам'ятóвувати** memorize, **забувáти** forget; **давáти** + *D.* assign *or* give sb/sth ◊ **Дáйте менí н. замóвлення.** Give me the order number. **отрúмувати** receive); **дзвонúти** + *D.* **за ~ом** call sb's number ◊ **Я дзвонúв йомý за новúм ~ом.** I called his new number.

н. + *v.* **бýти зáйнятим** be busy ◊ **Її нóмер був ~им.** Her number was busy. **бýти відíмкнутим** be disconnected; **не відповідáти** not to answer

Cf. **чиcлó**

2 hotel room ◊ **«Стир» – сiмéйний готéлик на вíсім ~ів.** The Styr is a family hotel of eight rooms.

adj. **вíльний н.** a vacant room (**зáйнятий** occupied; **замóвлений** booked)

See **кімнáта**

3 issue *(of newspaper, etc.)*, number

adj. **новúй** new, **свíжий** fresh; **остáнній** current; **старúй** back; **сьогóднішній** today's; **ювілéйний** anniversary; **святкóвий** holiday, **вихіднúй** weekend; **спеціяльний** special; **недíльний** Sunday, **субóтній** Saturday

See **газéта**

4 number *(performance)*, piece, routine ◊ **Він вúконав н. бездогáнно.** He performed his number flawlessly.

adj. **блискýчий** brilliant, **дóбрий** good, **найкрáщий** best, **оригінáльний** original, **пáм'ятний** memorable, **цікáвий** interesting, **чудóвий** great; **індивідуáльний** individual, **груповúй** group; **музúчний** music ◊ **Вонú постáвили кíлька музúчних ~ів.** They produced a few music numbers. **цирковúй** circus

v. + **н. викóнувати н.** perform a number (**починáти** begin ◊ **Він потýжно почáв свій цирковúй н.** He began his circus routine powerfully. **закíнчувати** finish; **продóвжувати** continue; **стáвити** produce) ◊ **Вонú рáзом постáвили складнúй н.** They produced the complicated number together.

5 size *(of clothes, etc.)* ◊ **Якúй н. взуттá ти нóсиш?** What shoe size do you wear?

See **рóзмір 2**

6 plate number *(of car)*, license number ◊ **Він устúг записáти н. грабíжника.** He managed to write down the robber's plate number.

7 *colloq.* trick, prank ♦ **викидáти** + *D.* **н.** to play a trick on sb ◊ **Хто міг подýмати, що вонá вúкине їм такúй н.** Who could have thought that she would play such a trick on them.

нóрм|а, *f.*

1 norm, standard

adj. **абсолю́тна** absolute ◊ **Для кóжної кав'ярні безплáтний дóступ до meréжі став абсолю́тною ~ою.** For every coffeehouse, free Internet access has become an absolute norm. **встанóвлена** established, **загáльна** general, **прúйнята** accepted; **новá** new; **старá** old; **етúчна** ethical, **морáльна** moral, **культýрна** cultural, **літературна** literary ◊ **Сýржик порýшує літератýрну нóрму.** Sourzhyk violates the literary norms. **суспíльна** social, **родовá** gender; **граматúчна** grammatical, **мóвна** language, **ортоепíчна** orthopedic, **орфографíчна** spelling, **стилістúчна** stylistic

v. + **н. встанóвлювати ~у** establish a norm (**порýшувати** violate, **підвáжувати** challenge, **стáвити під сýмнів** question; **являти собóю** constitute) ♦ **вхóдити у ~у** regain one's form ◊ **Пíсля хворóби вонá рік ухóдила у ~у.** After the sickness, it took her a year to regain her form. **дотрúмуватися ~и** follow to the norm (**відрізнятися від** differ from, **відхилятися від** deviate from) ◊ **Йогó дíї відхиляються від загáльних норм поведíнки.** His actions deviate from the general norms of conduct. **бýти ~ою** be the norm (**лишáтися** remain, **оголóшувати** + *A.* declare sth; **робúти** + *A.* make sth; **ставáти** become)

prep. **в ~у** *dir.* in/to the norm; **в ~і** *posn.* in/within the norm ◊ **Її пульс у ~і.** Her pulse is within the norm. **н. для** + *G.* the norm for sb/sth ◊ **Скрóмний óдяг був ~ою для ýчнів.** Modest dress was the norm for school students.

See **стандáрт.** *Also see* **еталóн 1**

2 quota, rate ◊ **Кóжен працівнúк отрúмував на почáтку дня дéнну ~у огíрків, які́ належáло зíбрати.** At the beginning of the day, each worker received his daily quota of cucumbers to pick.

adj. **годúнна** hourly, **дéнна** daily, **мíсячна** monthly, **тижнéва** weekly; **висóка** high, **низькá** low; **реалістúчна** realistic; **неможлúва** impossible, **нереалістúчна** unrealistic; **драконíвська** draconian; ◊ **н. виробнúцтва** a production quota

prep. **вúще (від) ~и** above the norm ◊ **Вонá мáє робóче навантáження вúще ~и.** She has a work load above the norm. **(пó)над ~у** over the norm; **нúжче (від) ~и** below the norm

нормалізу|вáти, **~ють;** *same, tran.*

normalize

adv. **ефектúвно** effectively; **вже** already, **врéшті-рéшт** eventually, **зрéштою** ultimately; **одрáзу** immediately, **швúдко** quickly ◊ **Прилáд швúдко ~є серцебúття.** The device quickly normalizes the heartbeat. **повíльно** slowly, **поступóво** gradually; **часткóво** partially; **цілкóм** completely; **якóсь** somehow

v. + **н. бýти необхíдно** be necessary to, **бýти трéба** + *D.* need to ◊ **Станóвище трéба швúдко н.** The situation needs to be quickly normalized. **вдавáтися** + *D.* succeed in ◊ **Лíкареві вдалóся н. тиск хвóрого.** The doctor succeeded in normalizing the patient's blood pressure. **змогтú** *pf.* manage to; **намагáтися** try to, **старáтися** do one's best to, **хотíти** want to

pa. pple. **нормалізóваний** normalized

нормалізýй!

нормáльн|ий, *adj.*

1 normal, typical, average

adv. **абсолю́тно** absolutely, **геть** totally, **пóвністю** entirely, **цілкóм** completely; **навдивовúжу** amazingly; **несподíвано** unexpectedly; **гóловно** mainly, **загалóм** generally; **дóсить** fairly, **достáтньо** sufficiently, **мáйже** almost; **я́вно** obviously; **не зóвсім** not quite

v. + **н. бýти ~им** be normal (**вважáти** + *A.* consider sth, **вважáтися** be considered, **виглядáти** look, **виявлятися** turn out, **здавáтися** + *D.* seem to sb ◊ **Він здавáвся цілкóм ~им.** He seemed totally normal. **лишáтися** remain ◊ **За такúх умóв прáці тя́жко лишáтися ~ою людúною.** It is hard to remain a normal person under such work conditions. **робúти** + *A.* make sth, **ставáти** grow)

Also see **звичáйний 2, посерéдній 1**

2 *med.* sane, of sound mind, compos mentis ◊ **Вонá не зóвсім ~а.** She is not quite sane.

нос|úти, **ношý**, **~ять; по~**, *multi., tran.*

1 to carry *(repeatedly, there and back)*, bring along *(on foot as opposed to* **возúти**) ◊ **Івáнка звúкла н. готíвку.** Ivanka is used to carrying cash.

adv. **безперестáнку** nonstop, **весь час** all the time, **зáвждú** always ◊ **Вíктор зáвждú ~ить квíти дружúні.** Victor always brings flowers for his wife. **звичáйно** usually, **íноді** sometimes, **постíйно** constantly, **рíдко** rarely, **традиці́йно** traditionally, **час від чáсу** from time to time, **чáсто** often, **як зáвждú** as always; **на рукáх** in one's arms ◊ **Вонú ~ять немовля́ на рукáх абó ж вóзять у візкý.** They carry the baby around in their arms or in a baby carriage. **на плечáх** on one's shoulders, **тудú й сюдú** here and there, **тудú й назáд** here and back ◊ **Вíтер тудú й назáд ~ив по пóлю стовпú кýряви.** The wind carried columns of dust around the field here and back.

v. + **н. бýти змýшеним** be forced to, **бýти трéба** + *D.* need to ◊ **Цíлий тúждень йомý трéба н. дитúні обíди.** For an entire week, he has to bring lunch for the child. **брáти за звúчку** make it a habit to ◊ **Він узя́в за звúчку н. до óфісу цукéрки.** He made it a habit to bring sweets to the office. **звикáти** get used to; **змýшувати** + *A.* force sb to

prep. **н. до** + *G.* carry to *(a place)* ◊ **Цíлий день вонú ~или дрóва до хлівá.** They carried firewood to the barn all day long. **н. з** + *G.* carry from *(a place)* ◊ **Дíти ~ять із лíсу вíдра ягíд.** Children bring bucketfuls of berries from the forest. **н. навкóло** *or* **довкóла** + *G.* carry around *(a place)* ◊ **Під час відпрáви парафія́ни ~или корогвú навкóло цéркви.** During the service, the parishioners carried banners around the church.

Cf. **нестú 1, возúти 1**

2 to wear *(clothes, hairdo, etc.)*

adj. **зáвждú** always, **нíколи** never; **гóрдо** proudly ◊ **Він гóрдо ~ить нагорóду.** He proudly wears the award. **з приє́мністю** with pleasure, **залюбкú** gladly; **зрýчно** comfortably; **недбáло** carelessly, **неохóче** reluctantly

н. + *n.* **н. джúнси** wear jeans ◊ **Орéст лю́бить н. джúнси.** Orest likes wearing jeans. (**капелю́х** *or* **капелю́ха** hat, **костю́м** suit, **маринáрку** *or* **піджáк** jacket, **сорóчку** shirt, **штанú** pants; **тýфлі** shoes, **черевúки** boots; **стрúжку** haircut) ◊ **Óля ~ила корóтку стрúжку.** Olia wore a short haircut.

v. + **н. змýшувати** + *A.* make sb, **перекóнувати** + *A.* persuade sb to; **любúти** like to; **мáти звúчку** be in the habit of ◊ **Ярéма мав звúчку н. чóрне в поє́днанні з червóним.** Yarema was in the habit of wearing black in combination with red.

See **вдягáтися.** *Also see* **вбирáтися[1] 2, ходúти 10**

3 to have a name, be named, be called ◊ **П'є́са ~ить дúвну нáзву «Мітотрóн».** The play has a strange title of *Mitotron.* ◊ **Пíсля розлýчення батькíв він вирішúв н. дівóче прíзвище мáтері.** After his parents' divorce, he decided to take his mother's maiden name.

4 *only pf.* to carry everything, finish moving ◊ **Вонú поносúли всі кнúжки до бíчної кíмнати.** They moved all the books to the side room. ◊ **Робітникú встúгли по~ я́щики до склáду.** The workers had enough time to move the boxes to the warehouse.

pa. pple. **понóшений** worn out

(по)носú!

нос|úтися; з~, *intr.*

1 to wear *(of clothes)*

adv. **дóбре** well ◊ **Штанú дóбре ~яться.** The pants wear well. **чудóво** splendidly; **пóгано** badly; **дóвго** (for) long

2 *fig.* to run around, fly around + *I. or* **по** + *L.* ◊ **Він, як божевíльний, ~úвся хáтою** *or* **по хáті.** He ran around the house like crazy.

See **бíгати**

3 *fig., only with prep.* to fawn over, venerate, cherish ◊ **Вонú нáдто ~úлися з дíтьми, а тепéр шкодýють про це.** They fawned over their children too much, and are now regretting it.

нóт|а, *f.*

1 note *(in music)*

adj. **висóка** high, **низькá** low; **прáвильна** right; **непрáвильна** wrong, **фальшúва** dissonant; **музúчна** musical; **цíла** whole, **половúнна** half, **четвертнá** quarter, **вóсьма** eighth

v. + **н. брáти ~у** pitch a note ◊ **Він узя́в висóку ~у.** He pitched a high a note. (**грáти** play, **співáти** sing, **тримáти** hold) ◊ **Вонá дóвго тримáла ~у.** She held the note for a long time.

2 *only pl.* music *(written)*, score
adj: **вока́льні** vocal, **музи́чні** musical, **оркестро́ві** orchestral; **по́вні** pitch full ◊ **Він ма́є по́вні ~и конце́рту.** He has a complete score of the concerto. ♦ **як по ~ах** without a hitch, easily ◊ **Він склав іспит, як по ~ах.** He passed his exam without a hitch.
3 tone *(feeling)*, element, intonation
adj. **бадьо́ра** upbeat ◊ **Він опові́дав із бадьо́рою ~ою.** He was narrating in an upbeat tone. **весе́ла** cheerful, **оптимісти́чна** optimistic, **позити́вна** positive, **ра́дісна** happy, **сві́тла** bright; **жа́лібна** plaintive, **пова́жна** serious, **песимісти́чна** pessimistic, **розпа́члива** desperate, **сумна́** sad, **фальши́ва** false, **урочи́ста** solemn ◊ **У її го́лосі була́ урочи́ста н.** There was a solemn tone in her voice.
v. + **н. відчува́ти ~у** sense a tone (**чу́ти** hear, **розпізнава́ти** detect); **закі́нчувати на ~і** end in a tone ◊ **Він закі́нчив на весе́лій ~і.** He ended in a cheerful tone.
н. + *v.* **звуча́ти** sound, **луна́ти** resonate, **чу́тися** be heard, **закрада́тися в** + *A.* creep into sth ◊ **У його́ го́лос закра́лася розпа́члива н.** A desperate note crept into his voice.

нота́т|ка, *f.*
1 note, brief comment; *often pl.*
adj. **вступна́** introductory ◊ **Профе́сорка написа́ла вступну́ ~ку до ле́кції.** The (female) professor wrote an introductory note to the lecture. **заключна́** concluding; **до́вга** long, **докла́дна** detailed, **поши́рена** extended; **коро́тка** short, **сти́сла** brief; **робо́ча** working
v. + **н. вести́ ~ки** keep notes ◊ **Лі́кар вів докла́дні ~ки ко́жного ви́падку хворо́би.** The doctor kept detailed notes of every case of the disease. (**писа́ти** write, **роби́ти** make; **перебира́ти** go through, **перегляда́ти** look through, **чита́ти** read; **зіставля́ти** compare) ◊ **Вони́ зіста́вили ~ки інтерв'ю́.** They compared the notes of the interview.
prep. **в ~ці** in a note ◊ **Він знайшо́в ціка́ві фа́кти у дру́гій ~ці.** He found interesting facts in the second note.
See **за́пис 1**
2 paragraph *(in newspaper)*, write-up ◊ **Вона́ пи́ше для газе́ти по п'ять ~ок на ти́ждень.** She writes five write-ups a week for the newspaper.
See **стаття́ 1.** *Also see* **замі́тка 1, кореспонде́нція 2, матерія́л 3, редакці́йна, репорта́ж**

ночу|ва́ти, ~ють; пере~, *intr.*
to spend a night, to stay for a night, sleep ◊ **Вони́ ~ва́ли про́сто у степу́.** The spent the night right in the steppe.
adv. **весь час** all the time, **за́вжди́** always, **ча́сто** frequently; **від ча́су до ча́су** from time to time, **и́ноді** sometimes, **рі́дко** rarely; **зру́чно** comfortably ◊ **Тут за́вжди́ зру́чно н.** One can always spend a comfortable night here. **ніко́ли не** never ◊ **Вона́ ніко́ли не ~ва́ла в монастирі́.** She has never stayed for the night in a monastery. **одну́ ніч** for one night, **дві но́чі** two nights ◊ **Мандрівники́ ви́рішили пере~ там дві но́чі.** The travelers decided to stay there for two nights.
v. + **н. бу́ти зму́шеним** be forced to, **ви́рішувати** decide to; **готува́тися** get ready to; **збира́тися** be going to, **ма́ти** be supposed to ◊ **моте́ль, де вони́ ма́ють н.** the motel where they are supposed to sleep; **планува́ти** plan to; **люби́ти** like to, **хоті́ти** want to; **дозволя́ти** + *A.* allow sb to
Cf. **спа́ти 1**

ну́д|ити, ~жу, ~иш, ~ять; з~, *tran.*
1 to bore ◊ **До́вгий відпочи́нок ~ить її́.** A long rest bores her.
adv. **гли́бо́ко** deeply, **до божеві́лля** out of one's mind, **до сме́рти** to death, **ду́же** stiff, **страше́нно** dreadfully, **я́вно** obviously; **до́сить** fairly, **тро́хи** a little; **за́вжди́** always ◊ **Ця те́ма за́вжди́ ~ила Пили́па до сме́рти.** The subject has always bored Pylyp to death. **зо́всім не** not at all, **ніко́ли не** never, **ніскі́льки не** not in the least ♦ **н. сві́том** 1) to be apathetic, do nothing ◊ **Він ці́лий день ~ив сві́том.** He has done nothing for a whole day. 2) to be restless, be anxious ◊ **Без те́бе я ~жу сві́том.** I am restless without you. 3) to be bored, languish ◊ **Тепе́р вони́ ~ять сві́том у в'язни́ці.** Now they are languishing in jail.
Also see **набрида́ти 1, сто́млювати 2**
2 *impers., only 3rd pers. sg.* to feel nauseous, feel like vomiting; *fig.* feel sick + *A.* ◊ **У літаку́ її за́вжди́ ~ить.** She feels always nauseous on the plane.
adv. **ду́же** very, **несте́рпно** unbearably ◊ **Мико́лу несте́рпно ~ило.** Mykola felt unbearably nauseous. **ра́птом** suddenly, **си́льно** badly
prep. **н. від** + *G.* feel sick of sb/sth ◊ **О́лю ~ить від цьо́го чолові́ка.** Olia feels sick of the man.
Also see **недо́бре 4, пога́но 4**
3 *impers., only pf.* to vomit, throw up + *A.*
adv. **ґвалто́вно** abruptly, **несподі́вано** all of a sudden, **ра́птом** suddenly ◊ **Ді́вчи́ну ра́птом зну́дило.** The girl suddenly threw up.
See **блюва́ти.** *Also see* **верта́ти 3**
pa. pple. **зну́джений** bored
(з)нудь!

ну́ди|тися; *no pf., intr.*
to be bored, languish ◊ **Ти́ждень риба́лки ~лися без робо́ти.** For a week, the fishermen had languished without work. ♦ **н. сві́том** *same as* **ну́дити сві́том**
prep. **н. без** + *G.* languish without sb/sth ◊ **Він ~вся без до́брого товари́ства.** He feels bored without good company.
Also see **нудьгува́ти 1**

нудн|и́й, *adj.*
boring, tedious, dull
adv. **вкрай** extremely ◊ **вкрай ~а́ кни́жка** an extremely tedious book; **ду́же** very, **геть** totally, **зо́всім** completely, **надзвича́йно** in the extreme, **несте́рпно** unbearably, **страше́нно** terribly; **де́що** somewhat, **до́сить** rather, **доста́тньо** enough, **тро́хи** a little; **не зо́всім** not quite
v. + **н. бу́ти ~и́м** be boring (**вважа́ти** + *A.* consider sb/sth ◊ **Його́ вважа́ли ~и́м опові́дачем.** He was considered to be a boring storyteller. **виявля́тися** turn out ◊ **Фільм ви́явився ~и́м.** The film turned out to be boring. **здава́тися** + *D.* seem to sb, **роби́ти** + *A.* make sth, **става́ти** grow) ◊ **Під кіне́ць ле́кція ста́ла ~ою.** Towards the end, the lecture grew boring.
Also see **моното́нний 2, набри́дливий, пісни́й 5, пре́сний 2, си́рий 4, сухи́й 6**

ну́дно, *adv., pred.*
1 *adv.* boringly, tediously, in a boring way ◊ **Він до́сить н. говори́ть.** He is a rather boring speaker.
2 *pred.* boring, tedious + *D.* ◊ **Тут так н.** It's so boring here. ◊ **Їм ста́ло н. на семіна́рі.** They grew bored with the seminar.
2 *pred., mod.* to feel sick, feel nauseous + *D.* ◊ **Йому́ ста́ло н. від соло́дкого** He started feeling sick from the dessert.

нудь|га́, *f., only sg.*
1 tedium, dullness, boredom
adj. **безме́жна** boundless ◊ **В її оча́х безме́жна н.** There is boundless boredom in her eyes. **вели́ка** great, **глибо́ка** deep, **несте́рпна** unbearable, **по́вна** utter, **смерте́льна** terminal, **страшна́** dreadful, **цілкови́та** complete, **чи́ста** sheer
v. + **н. божево́літи від ~ги́** go mad with boredom (**вмира́ти від** be dying of, **вті́кати від** escape from, **хова́тися від** hide from) ◊ **Їм ні́де схова́тися від ~ги́.** They have nowhere to hide from boredom. **запобіга́ти ~зі** prevent boredom; **боро́тися з ~го́ю** combat boredom ◊ **Гра́ючи в комп'ю́терні і́гри, вони́ бо́рються з ~го́ю.** By playing computer games, they combat the boredom.
н. + *v.* **бра́ти** + *A.* overcome sb ◊ **Її взяла́ н.** She was overcome by boredom. **дошкуля́ти** + *D.* bedevil sb, **охо́плювати** + *A.* overwhelm sb, **переслі́дувати** + *A.* haunt sb
Also see **апа́тія**
2 anxiety, angst, disquietude, apathy
adj. **вели́ка** great, **глибо́ка** deep, **го́стра** acute ◊ **На її обли́ччі го́стра н.** There is acute anxiety on her face. **несте́рпна** unbearable, **страшна́** dreadful; **екзистенці́йна** existential; **ґвалто́вна** abrupt, **несподі́вана** unexpected, **рапто́ва** sudden
See **ту́га**

нудьгу|ва́ти, ~ють; за~, *intr.*
1 *only impf.* to be bored, feel bored
adv. **весь час** all the time, **за́вжди́** always, **ча́сто** often; **від ча́су до ча́су** from time to time, **рі́дко** seldom; **ніко́ли не** never ◊ **У табо́рі ніхто́ ніко́ли не ~ва́в.** In the camp, nobody was ever bored. **ці́лий день** all day long; **ду́же** very, **несте́рпно** unbearably; **ви́димо** visibly, **я́вно** clearly ◊ **Він я́вно ~є.** He is clearly bored.
v. + **н. почина́ти** begin to; **ста́ти** *pf.* start ◊ **Фільм ле́две поча́вся, а пу́бліка вже ста́ла н.** The movie had scarcely begun when the viewers started being bored.
Also see **ну́дитися**
2 *pf.* to start feeling bored ◊ **Він занудьгува́в.** He started feeling bored.
3 to miss, yearn for, pine for, be homesick
adv. **гли́бо́ко** deeply, **го́стро** acutely, **ду́же** very, a lot ◊ **Він ду́же ~ва́в за сім'є́ю.** He missed his family a lot. **несте́рпно** unbearably, **страше́нно** horribly, **так** so; **тро́хи** a little; **зо́всім не** not at all, **ніскі́льки** not in the least ◊ **Я ніскі́льки за ним не ~ю.** I do not miss him in the least.
v. + **н. почина́ти** begin to, **ста́ти** *pf.* start ◊ **Лев став н. за сестро́ю.** Lev started missing his sister.
prep. **н. за** + *I.* yearn for sb/sth; **н. по** + *L.* yearn for sb ◊ **Він не з тих, хто лю́бить н. по свої́й мо́лодості.** He is not one of those who like to yearn for their youth.
See **сумува́ти 2.** *Also see* **бракува́ти¹ 2, жури́тися 3, тужи́ти 2**
4 *pf.* to start missing sb/sth ◊ **О́ля занудьгува́ла за стари́ми часа́ми.** Olia started missing the good old times.
(за)нудьгу́й!

нул|ь, *m.*, ~я́
1 zero, nil
adj. **абсолю́тний** absolute, **по́вний** full, **цілкови́тий** complete; ◊ **н. ува́ги** zero attention ◊ **Він зверта́є на них н. ува́ги.** He paid zero attention to them. ♦ **раху́нок н.-н.** there is no score ◊ **Вони́ зігра́ли матч із раху́нком н.-н.** They finished the game with no score.
v. + **н. дорі́внювати ~ю́** *or* **~е́ві** equal zero ◊ **Його́ до́свід на фо́ндовій бі́ржі дорі́внює ~е́ві.** His experience on the stock exchange equals zero. **зво́дити** + *A.* **до ~я́** reduce sth to zero; **почина́ти з ~я́** start sth from scratch ◊ **Три́чі в житті́ він почина́в із ~я́.** He started from scratch three times in his life . **бу́ти на ~і́** *colloq.* be completely out of sth ◊ **Що стосу́ється гро́шей, то дру́зі були́ на по́вному ~і́.** As for money, the friends had completely nothing.
prep. **ви́ще (від) ~я́** above zero ◊ **10° ви́ще ~я́** 10° above zero; **ни́жче (від) ~я́** below zero ◊ **40° ни́жче ~я́** 40° below zero; **на ~і́** (*or* **~ю́**) at zero ◊ **Стрі́лка ко́мпаса зупини́лася рі́вно на ~і́.** The compass needle stopped exactly at zero.
2 *fig.* nothing, naught, nobody
v. + **н. бу́ти ~е́м** be a nobody *or* nothing ◊ **Він для неї́ був по́вним ~е́м.** He was a complete nobody to her. (**виявля́тися** turn out, **лиша́тися** remain; **роби́ти** + *A.* make sb/sth, **става́ти** become)
Also see **ніхто́, ніщо́**

нюх, *m.*, **~у**
1 sense of smell, smell, olfaction
adj. **винятко́вий** exceptional, **відмі́нний** excellent, **го́стрий** acute ◊ **Він має го́стрий н.** He has an acute sense of smell. **до́брий** good, **заго́стрений** heightened, **чудо́вий** great; **ке́пський** poor, **нерозви́нений** undeveloped, **пога́ний** bad, **посла́блений** weakened, **слабки́й** weak; ♦ **о́ргани ~у** olfactory organs
v. + **н. ма́ти н.** have a sense of smell (**витрача́ти** lose) ◊ **Він утра́тив н.** He lost his sense of smell.
prep. **на н.** by smell ◊ **Пес упізна́в господаря на н.** The dog recognized his master by smell.
2 *colloq.* nose, nostrils ◊ **За́пах тютюну́ дратува́в йому́ н.** The smell of tobacco irritated his nose.
See **ніс 1**
3 *colloq., fig.* hunch, intuition, instinct ♦ **чу́ти ~ом** to have a hunch, to intuit ◊ **Він чув ~ом, що щось тут не так.** He had a hunch something was not right there.

ня́вка|ти, **~ють; за~**, *intr.*
to meow; *pf.* **за~** to start meowing ◊ **Десь заня́вкав кіт.** Somewhere a cat started meowing.
adv. **го́лосно** loudly, **ду́же** much, **прони́зливо** shrilly, **си́льно** a lot, **стра́шно** terribly; **мо́торошно** ghastly, in a macabre way; **пості́йно** constantly; **жа́лібно** plaintively; **ти́хо** quietly ◊ **Кошеня́та ти́хо ~ли.** The kittens quietly meowed.
v. + **н. почина́ти** begin to, **ста́ти** *pf.* start; **продо́вжувати** continue to; **перестава́ти** stop ◊ **Кіт переста́в н.** The cat stopped meowing.
(за)ня́вкай!
Cf. **га́вкати 1**

ня́вкну|ти, *pf., see* **ня́вкати**
to gibe a meow *(once)* ◊ **Кі́шка ~ла і замо́вкла.** The she-cat gave a meow and fell silent.

ня́н|я, *var.* **ня́нька**, *f.*
nanny, babysitter ◊ **Він порекомендува́в їм ~ю.** He recommended a babysitter to them.
adj. **до́бра** good, **ла́гідна** gentle, **ува́жна** attentive; **нова́** new; **впра́вна** skillful, **досві́дчена** experienced, **професі́йна** professional; **ке́пська** poor, **невпра́вна** inept, **недба́ла** careless, **пога́на** bad
v. + **н. знахо́дити ~ю** find a babysitter (**шука́ти** look for; **рекомендува́ти** + *D.* recommend to sb); **бу́ти ~ею** be a nanny ◊ **Його́ ~ею була́ па́ні Ма́рта.** His babysitter was Mrs. Marta. (**лиша́тися** stay, **найма́ти** + *A.* hire sb as, **працюва́ти** work as ◊ **Вона́ працю́є ~ею.** She works as a babysitter. **става́ти** become); ♦ **У семи́ ~ь дитя́ без о́ка.** Too many cooks spoil the broth.

О

о[1], *prep., var.* **об** *(before vowels)*
1 *(exact hour)* at + *L.* ◊ **о пе́ршій годи́ні** at one o'clock; ◊ **Вінляга́є об одина́дцятій.** He goes to bed at eleven. ♦ **о пів на** + *A. (of next hour)* at half past *(of passed hour)* ◊ **Вони́ зустрі́лися о пів на сьо́му.** They met at half past six.
Also see **об 1**
2 at, during + *A. or* + *L.* ◊ **О цю пі́зню по́ру** *or* **о ці́й пі́зній порі́ спе́ка спа́ла.** At this late hour, the heat subsided.
Also see **об 2**

о[2], *interj.*
1 *(despair, fascination, wonder, etc.)* oh! ◊ **О Бо́же!** Oh, God! ◊ **О, що це за краса́!** Oh what a beauty this is!
2 *dem. part.* **така́-о вели́ка су́мка** that big a bag
3 *(as part of address)* oh ◊ **О лю́ба О́ксано!** Oh dear Oksana!

об, *prep.*
1 *before vowel* at *(exact hour)* + *L.* ◊ **о. одина́дцятій** at eleven o'clock
See **о**[1] **1**
2 at, during + *A. or* + *L.* ◊ **О. цю по́ру** *or* **ці́й порі́ вона́ ї́де на пра́цю.** She travels to work at this time.
See **о**[1] **2**
3 against sth, on sth + *A.* ◊ **би́ти о. стіл** to hit against a table; ◊ **Він спе́рся о. две́рі.** He leaned against the door. ◊ **Ва́ля порі́залася о. го́стрий ка́мінь.** Valia cut herself on a sharp stone.
Also see **на 4**

обвинува́ти|ти, *pf., see* **обвинува́чувати**
to accuse ◊ **Боксе́ра ~ли в використа́нні стеро́їдів.** The boxer was accused of using steroids.

обвинува́чен|ня, *nt.*
1 accusation, charge
adv. **безапеляці́йне** point-blank, **безглу́зде** senseless, **безпідста́вне** baseless, **божеві́льне** insane, **категори́чне** categorical, **кри́вдне** wrongful, **незаслу́жене** undeserved, **несподі́ване** unexpected, **несправедли́ве** unfair, **офіці́йне** official ◊ **Прокуро́р наре́шті оголоси́в ни́зку офіці́йних ~ь про́ти мі́ністра.** The prosecutor finally announced a number of official charges against the minister. **серйо́зне** serious, **страшне́** horrible, **суво́ре** stern
prep. **о. в** + *L.* accusation of sth ◊ **о. в підпа́лі** an accusation of arson
See **звинува́чення**
2 prosecution *(in court)* ◊ **Ко́валь бу́в головни́м сві́дком о.** Koval was the main witness for the prosecution.
о. + *v.* **виклика́ти** + *A.* call sb, **вимага́ти** + *A.* demand sth, **дово́дити** + *A.* prove sth ◊ **О. довело́ її прови́ну.** The prosecution proved her guilt. **представля́ти** + *A.* present sth, **стве́рджувати** + *A.* claim sth; **домага́тися** + *G. or inf.* press for sth ◊ **О. домага́лося суди́ти його́ як доро́слого.** The prosecution pressed for trying him as an adult.

обвинува́чу|вати, **~ють; обвинува́т|ити, обвинува́чу**, **~ять**, *tran.*
1 to accuse, blame ◊ **Він ~вав мі́сцеву вла́ду у зни́щенні довкі́лля.** He was accusing the local authorities of destroying the environment.
prep. **о. в** + *L.* accuse of sth
See **звинува́чувати.** *Cf.* **вини́ти**
2 *leg.* to prosecute, indict, charge ◊ **Полко́вника ~ють у співпра́ці з во́рогом.** The colonel is being accused of collaboration with the enemy.
pa. pple. **обвинува́чений** accused
обвинува́чуй! обвинува́ть!

обговóрен|ня, *nt.*
discussion, deliberation, debate
adj. **вду́мливе** thoughtful ◊ **Пита́ння потребу́є вду́мливого о.** The issue requires a thoughtful discussion. **вичéрпне** exhaustive, **всеохо́пне** all-inclusive, **вни́кливе** insightful, **всебі́чне** comprehensive, **глибо́ке** deep, **дета́льне** detailed, **докла́дне** meticulous, **інтенси́вне** intensive, **крити́чне** critical, **принципо́ве** principled, **прискі́пливе** rigorous, **рете́льне** thorough, **серйо́зне** serious; **до́вге** long; **коро́тке** brief, **трива́ле** lengthy, **попере́днє** preliminary ◊ **Попере́днє о. кандидату́ри ма́ло що проясни́ло.** The preliminary discussion of the candidate clarified little. **пода́льше** further; **зага́льне** general, **публі́чне** public, **форма́льне** formal, **неформа́льне** informal; **двосторо́ннє** bilateral, **багатосторо́ннє** multilateral ◊ **О. ма́ло бу́ти багатосторо́ннім.** The discussion had to be multilateral. **відкри́те** open, **широ́ке** broad; **закри́те** closed; **захо́пливе** fascinating, **конструкти́вне** constructive, **ко́рисне** useful, **потрі́бне** necessary, **ціка́ве** interesting; **відве́рте** frank, **щи́ре** sincere; **безла́дне** messy, **гаря́че** heated, **гучне́** noisy, **жва́ве** lively, **збу́джене** excited, **хаоти́чне** chaotic; **науко́ве** scholarly
n. + **о. мета́ о.** the purpose of discussion (**предме́т** subject; **результа́ти** outcome, **те́ма** theme; **уча́сники** participants); **осно́ва для о.** a basis for discussion ◊ **Докуме́нт пропону́ють як осно́ву для о. ши́ршого пере́ліку пробле́м.** The document is proposed as a basis for the discussion of a wider range of problems. (**наго́да для** occasion for; **платфо́рма для** platform for, **фо́рум для** forum for)
v. + **о. прово́дити о.** hold a discussion ◊ **Що́йно провели́ коро́тке о. програ́ми.** A brief discussion of the program has just been held. (**організо́вувати** organize; **почина́ти** start, **перерива́ти** interrupt, **продо́вжувати** continue ◊ **Пі́сля її зая́ви ва́рто продо́вжувати о.** After her statement, it is worth continuing the discussion. **відклада́ти** put off, **закі́нчувати** finish, **заслуго́вувати на** merit ◊ **Кри́за заслуго́вує на докла́дніше о.** The crisis merits a more detailed discussion. **збира́тися на** gather for) ◊ **Вони́ зібра́лися на о. пода́льших дій.** They gathered for a discussion of further actions. **бра́ти у́часть в ~ні** take part in a discussion
о. + *v.* **відбува́тися** take place ◊ **Тут відбу́деться публі́чне о. конце́пції музе́ю.** The public discussion of the museum concept will take place here. **прохо́дити** occur, be underway, **почина́тися** start, **продо́вжуватися** *and* **трива́ти** continue, **закі́нчуватися** end, **зосере́джуватися на** + *L.* focus on sth, **стосува́тися** + *G.* concern sth ◊ **О. стосу́ється підви́щення заробі́тку.** The discussion concerns a salary raise.
prep. **в ~ні** in a discussion; **для о.** for discussion ◊ **Пита́ння лиши́ли для пода́льшого о.** They left the issue for further discussion. **пе́ред ~ням** before a discussion; **під час о.** during a discussion; **о. між** + *I.* a discussion between/among sb; **о.** + *G.* a discussion of sth ◊ **Прохо́дить о. ново́ї систе́ми тестува́ння.** The discussion of the new testing system is underway.
Also see **чита́ння 5.** *Cf.* **диску́сія**

обговори́|ти, *pf., see* **обгово́рювати**
to discuss, debate ◊ **Про́від па́ртії ~в нову́ ви́борчу платфо́рму.** The party leadership discussed the new electoral platform.

обгово́рю|вати, **~ють; обговор|и́ти**, **~ю́, ~ять**, *tran.*
to discuss, debate
adv. **без кінця́** endlessly ◊ **Вони́ без кінця́ щось ~вали.** They discussed something endlessly. **до́вго** at length, long; **ко́ротко** briefly, **шви́дко** quickly; **дета́льно** in detail, **докла́дно** in depth; **вду́мливо** thoughtfully, **вичéрпно** exhaustively, **ві́льно** freely, **вни́кливо** insightfully, **всебі́чно** comprehensively, **глибо́ко** deeply, **інтенси́вно** intensively, **крити́чно** critically, **рете́льно** thoroughly ◊ **Він рете́льно ~є стаття́ю з науко́вим кері́вником.** He is thoroughly discussing the article with his academic advisor. **серйо́зно** seriously, **цілко́м** completely; **пе́рвісно** initially, **попере́дньо** preliminarily ◊ **Уча́сники семіна́ру ~вали завда́ння лише́ попере́дньо.** The seminar participants discussed the task only preliminarily. **за зачи́неними двери́ма** behind closed doors; **публі́чно** publicly; **неформа́льно** informally, **форма́льно** formally; **віч-на́-віч** face-to-face; **відкри́то** openly, **широ́ко** widely, extensively; **конструкти́вно** constructively; **відве́рто** frankly, **щи́ро** sincerely; **безла́дно** in a disorderly manner, **гаря́чé** heatedly, **гу́чно** noisily, **жва́во** in a lively manner, **збу́джено** excitedly ◊ **Що це вони́ так збу́джено ~ють?** What is it they are discussing with such excitement? **хаоти́чно** chaotically

v. + **о. бажа́ти** wish to, **бу́ти гото́вим** be ready to ◊ **Він гото́вий обговори́ти це тепе́р.** He is ready to discuss it now. **хоті́ти** want to; **відмовля́тися** refuse to ◊ **Він відмовля́ється о. бюдже́т.** He refuses to discuss the budget. **бу́ти тре́ба** + *D.* be needed ◊ **Компенса́цію за зби́тки тре́ба було́ о. ра́ніше.** The compensation for damages needed to be discussed earlier. **могти́** can; **запро́шувати** + *A.* invite sb to, **пропонува́ти** + *D.* offer sb to ◊ **Вона́ запропонува́ла сторона́м обговори́ти спра́ву віч-на́-віч.** She offered for the parties to discuss the matter face-to-face.

prep. **о. з** + *I.* discuss with sb ◊ **Вона́ хо́че обговори́ти це з дру́зями.** She wants to discuss it with her friends.

pa. pple. **обгово́рений** discussed

обгово́рюй! обговори́!

Also see **розгляда́ти 2**

обґрунто́ву|вати, ~ють; обґрунту|ва́ти, ~ють, *tran.*

1 to substantiate, justify, prove, argue

adv. **блиску́че** brilliantly, **всебі́чно** comprehensively, **до́бре** well, **доста́тньо** sufficiently, **глибо́ко** profoundly, **кра́ще** better, **переко́нливо** convincingly, **рете́льно** thoroughly, **солі́дно** solidly; **ке́псько** poorly, **ле́две** scarcely, **пога́но** badly, **сла́бо** weakly

о. + *n.* **о. ду́мку** substantiate an opinion ◊ **Він ~є свою́ ду́мку.** He substantiates his opinion. (**підо́зру** suspicion, **пози́цію** stance, **то́чку зо́ру** point of view, **те́зу** argument, **тео́рію** theory)

v. + **о. вимага́ти в** + G. demand from sb ◊ **Вона́ вимага́є у студе́нта кра́ще обґрунтува́ти те́зу.** She demands that the student better substantiate the argument. **проси́ти** + *A.* ask sb to; **змогти́** *pf.* manage to ◊ **Він зміг обґрунтува́ти гіпо́тезу.** He managed to substantiate the hypothesis. **намага́тися** try to

2 to explain, justify, motivate + *I.* with/by sth

о. + *n.* **о. вчи́нок** justify an action (**нетерпі́ння** impatience, **поведі́нку** behavior, **рі́шення** decision; **зра́ду** betrayal; **страх** fear) ◊ **Він ~вав свій страх сме́ртельною небезпе́кою.** He justified his fear with a mortal danger.

See **виправдо́вувати 1**

pa. pple. **обґрунто́ваний** substantiated

обґрунто́вуй! обґрунту́й!

обґрунтува́н|ня, *nt.*

argumentation, substantiation, reasoning, rationale

adj. **блиску́че** brilliant, **всебі́чне** comprehensive, **до́бре** good, **доста́тнє** sufficient, **глибо́ке** profound, **переко́нливе** convincing ◊ **О. здава́лося не зо́всім переко́нливим.** The substantiation seemed not quite convincing. **рете́льне** thorough, **солі́дне** solid; **ке́пське** poor, **пога́не** bad, **слабке́** weak

v. + **о. дава́ти о.** give a reasoning ◊ **Він дав слабке́ о. сво́го рі́шення.** He gave a weak reasoning for his decision. (**пропонува́ти** + *D.* offer sb; **ста́вити під су́мнів** question) ◊ **Він поста́вив під су́мнів ї́хнє о. ґра́нту.** He questioned their argumentation for the grant.

G. pl. **~ь**

обґрунтува́|ти, *pf., see* **обґрунто́вувати**

to substantiate, *etc.* ◊ **Бі́женець переко́нливо ~в пода́ння на фіна́нсову підтри́мку.** The refugee substantiated his application for financial support in a convincing manner.

обдаро́ван|ий, *adj.*

gifted, talented ◊ **Се́ред його́ студе́нтів було́ двоє́ особли́во ~их.** Among his students, there were two particularly gifted ones.

adv. **винятко́во** exceptionally, **вкрай** extremely, **ду́же** very, **надзвича́йно** extraordinarily; **на рі́дкість** exceptionally, **уніка́льно** uniquely; **доста́тньо** sufficiently; **від приро́ди** naturally; **естети́чно** esthetically, **музи́чно** musically, **розумо́во** intellectually, **фізи́чно** physically

v. + **о. бу́ти ~им** be gifted ◊ **Вона́ – ~а піані́стка.** She is a gifted paino-player. (**вважа́ти** + *A.* consider sb, **виявля́тися** turn out, **здава́тися** + *A.* seem to sb) ◊ **Він зда́вся виклада́чеві ~им від приро́ди.** He seemed naturally gifted to the instructor.

See **зді́бний.** *Also see* **зда́тний 2, талано́витий 1**

обду́ма|ти, *pf., see* **обду́мувати**

to think over, *etc.* ◊ **Інжене́ри ~ли ко́жну дета́ль констру́кції моста́.** The engineers thought through every detail of the bridge design.

обду́му|вати, ~ють; обду́ма|ти; ~ють, *tran.*

1 to think over, ponder, consider, weigh

adv. **всебі́чно** comprehensively, **гли́боко** deeply, **до́бре** well, **докла́дно** in detail, **рете́льно** thoroughly, **ува́жно** carefully, **цілко́м** completely; **до́вго** for a long time ◊ **Він до́вго ~вав, що роби́ти.** He thought over what to do for a long time. **покваْпно** hastily, **шви́дко** quickly ◊ **Змо́вники шви́дко обду́мали всі варія́нти дій.** The plotters quickly weighed all their options.

о. + *n.* **о. план** think over a plan (**ви́ступ** speech, **ві́дповідь** response, **до́повідь** presentation, **ска́зане** what has been said, **слова́** words; **пропози́цію** offer, proposal, *etc.*), ♦ **о. ко́жне сло́во** to choose carefully one's every word ◊ **Вона́ говори́ла пові́льно, ~ючи ко́жне сло́во.** She spoke slowly, carefully choosing her every word.

Also see **розмірко́вувати 2**

2 to conceive, think up, devise, formulate

о. + *n.* **о. нови́й рома́н** conceive a new novel (**сцена́рій** script ◊ **Він вже всти́г обду́мати сцена́рій.** He has already managed to think up a script. **п'є́су** play, **постано́вку** production)

v. + **о. бра́тися** get down to ◊ **Він узя́вся о. програ́му фестива́лю.** He got down to devising the festival program. **почина́ти** begin, **ста́ти** *pf.* start; **продо́вжувати** continue to

Also see **ду́мати 1, заду́мувати 1**

pa. pple. **обду́маний** considered, weighed

обду́муй! обду́май!

обере́жн|ий, *adj.*

1 careful, cautious

adv. **винятко́во** exceptionally ◊ **Про́тягом розмо́ви вона́ була́ винятко́во ~ою.** She was exceptionally careful throughout the conversation. **вкрай** extremely, **ду́же** very, **надзвича́йно** extraordinarily; **до́сить** rather, **доста́тньо** sufficiently; **надмі́ру** excessively, **(за)на́дто** too, **особли́во** especially; **страше́нно** awfully

v. + **о. бу́ти ~им** be careful ◊ **Її́ ру́хи були́ ~ими.** She was careful in her movements. (**вважа́ти** + *A.* consider sb, **виявля́тися** turn out ◊ **Як інве́сторка, вона́ ви́явилася страше́нно ~ою.** As an investor, she turned out to be awfully cautious. **здава́тися** + *A.* seem to sb; **лиша́тися** remain, **роби́ти** + *A.* make sb; **става́ти** become) ◊ **Він став ~им у су́дженнях.** He became cautious in his judgment. ♦ **~о!** *or* **Бу́дьте ~і!** Watch out!

prep. **о. в** + *L.* careful about/in sth ◊ **Він о. у ви́борі дру́зів.** He is careful about the friends he chooses. **о. з** + *I.* with sb/sth ◊ **Будь ~им із вогне́м.** Be careful with fire.

Also see **консервати́вний 2**

2 discreet, prudent ◊ **Він о. у висно́вках.** He is prudent in conclusions.

Also see **розсу́дливий**

3 frugal, thrifty, economizing ◊ **Про́тягом по́буту в Іта́лії він лиша́вся вкрай ~им із вида́тками.** During his stay in Italy, he remained extremely frugal about his expenditures.

обере́жн|ість, *f.*, **~ости,** *only sg.*

caution, prudence, discretion, care

adj. **вели́ка** great ◊ **Він ру́хався з вели́кою ~істю.** He moved with great caution. **величе́зна** enormous, **винятко́ва** exceptional, **дивови́жна** amazing, **додатко́ва** additional, **за́йва** extra ◊ **У чужі́й краї́ні за́йва о. – імпера́тив.** In a strange country, extra caution is imperative. **скра́йня** extreme, **цілкови́та** complete; **надмі́рна** excessive; **нале́жна** due; **уся́ка** all, any

v. + **о. виявля́ти о.** exercise caution (**відкида́ти** throw to the wind) ◊ **Він відки́нув уся́ку обере́жність.** He threw out all caution to the wind. **вимага́ти ~ости** require caution ◊ **Завда́ння вимага́ло ~ости.** The task required caution. **ді́яти з ~істю** act with caution (**ста́витися до** + *G.* **з** + *I.* treat sb/sth with) ◊ **На ва́шому мі́сці, я ста́вився б до тако́ї інформа́ції з ~істю.** If I were you, I'd treat such information with caution.

об'є́днан|ий, *adj.*

united

adv. **абсолю́тно** absolutely ◊ **Наро́д абсолю́тно о. пе́ред лице́м агре́сора.** The nation is absolutely united in the face of the aggressor. **ті́сно** closely, **тве́рдо** firmly, **однозна́чно** unequivocally, **по́вністю** fully, **цілко́м** completely; **загало́м** largely; **зако́нно** legally; **духо́вно** spiritually, **економі́чно** economically, **культу́рно** culturally, **політи́чно** politically, *etc.*; ♦ **Організа́ція ~их На́цій** the United Nations Organization

v. + **о. бу́ти ~им** be united ◊ **Ми ~і одніє́ю мето́ю.** We are united by a single purpose. (**здава́тися** + *D.* seem to sb, **виявля́тися** turn out; **лиша́тися** remain; **става́ти** become) ◊ **За кі́лька ро́ків терито́рія ста́ла економі́чно та політи́чно ~ою із ре́штою краї́ни.** Within several years, the territory became economically and politically united with the rest of the country.

prep. **о. в** + *A.* united into sth ◊ **Робітники́ ~і у профспі́лку.** The workers are united into a trade union. **о. з** + *I.* united with sth; **о. про́ти** + *G.* united against sb/sth ◊ **Лю́ди ви́явилися ~ими про́ти спі́льного во́рога.** People proved to be united against the common enemy.

2 joint ◊ **~е засі́дання** a joint meeting (**кома́ндування** command); **~і зуси́лля** joint efforts

See **спі́льний.** *Also see* **єди́ний 3, сумі́сний 1**

об'є́днан|ня, *nt.*

association, union, society + *G.* of/for

adj. **грома́дське** community, non-government ◊ **Вона́ – чле́нка двох грома́дських ~ь.** She is a member of two community associations. **етні́чне** ethnic, **культу́рне** cultural, **літерату́рне** literary, **мисте́цьке** arts, **професі́йне** professional, **робітни́че** workers', **селя́нське** peasants', **студе́нтське** student, **суспі́льне** social, public, **політи́чне** political, **релігі́йне** religious; **всеукраї́нське** All-Ukrainian, **міжнаро́дне** international, **місце́ве** local, **націона́льне** national ◊ **націона́льне о. виклада́чів украї́нської мо́ви** the national association for Ukrainian language teachers; **реґіона́льне** regional

See **організа́ція 1**

об'єдна́|ти, *pf., see* **єдна́ти**

to unite, *etc.* ◊ **Їх ~ло бажа́ння позбу́тися корупції.** The desire to get rid of corruption united them.

об'єдна́|тися, *pf., see* **єдна́тися**

to unite, come together, *etc.* ◊ **Опози́ція по́ки що не ~лася.** The opposition has not yet united.

об'є́кт, *m.*, **~а**

1 object, item, thing ◊ **На екра́ні рада́ра з'яви́вся невідо́мий о.** An unknown object appeared on the radar screen.

adj. **вели́кий** large, **величе́зний** enormous; **мали́й** small, **невели́кий** little; **відда́лений** remote, **набли́жений** near; **приро́дний**

natural, штýчний man-made; відóмий known, знайóмий familiar; невідóмий unknown, незнайóмий unfamiliar; дúвний strange, підозрíлий suspicious, сторóнній foreign ◊ **У кóжному мішкý знáйдено сторóнні ~и.** Strange items were found in every bag. **замаскóваний** camouflaged; **летючий** flying, **рухóмий** moving; **нерухóмий** stationary; **матеріяльний** material, **фізичний** physical
See **предмéт 1, тíло 2**
2 object, target, purpose
о. + *n.* **о. анáлізу** the object of analysis (**вивчення** studies, **дослíдження** research, **зацікáвлености** interest, **цікáвости** curiosity; **мрíй** dreams, **кохáння** love, **прúстрасти** passion, *etc.*)
v. + **о. бýти ~ом** be an object (**лишáтися** remain ◊ **Ярина ще лишáлася ~ом йогó уяви.** Yaryna still remained an object of his imagination. **робити** + *A.* make sb/sth, **ставáти** become) ◊ **Гіпóтеза стáла ~ом анáлізу цíлих дослíдницьких інститýтів.** The hypothesis became the object of analysis of entire research institutions. **перетвóрювати** + *A.* **на о.** turn sb/sth into an object ◊ **Жінку перетворили на о. експлуатáції.** The woman was turned into an object of exploitation.
3 unit, building, structure, site, facility ◊ **висóтний о.** a highrise unit; ◊ **будівéльний о.** a construction site, ◊ **промислóвий о.** an industrial building; ◊ **Óбстріл пошкóдив цивíльні ~и.** The shelling damaged civilian facilities.
See **будинок 1**

об'єктивн|ий, *adj.*

1 objective ◊ **о. дóсвід** objective experience, **~а дійсність** objective reality
2 objective, impartial, unbiased, neutral ◊ **Він перекóнаний, що репортéр мáє бýти ~им.** He is convinced that a reporter must be objective.
adv. **абсолютно** absolutely, **винятково** exceptionally, **геть** totally, **надзвичáйно** extremely, **цілкóм** completely; **дедáлі бíльш** more and more; **менш** less; **несподівано** unexpectedly; **на рідкість** exceptionally ◊ **Вонá пúше на рідкість ~і матеріяли.** She writes exceptionally objective stories. **навдивовижу** amazingly, **спрáвді** truly; **дóсить** fairly, **загалóм** generally, **мáйже** almost; **не зóвсім** not quite, **ніяк не** in no way
v. + **о. бýти ~им** be objective ◊ **Емоційній осóбі вáжко бýти ~ою.** It is difficult for an emotional person to be objective. (**вважáти** + *A.* consider sb ◊ **Йогó вважáють ~им аналітиком.** He is considered to be an objective analyst. **виявлятися** turn out ◊ **Він вúявився не зóвсім ~им спостерігачéм.** He turned out to be not quite an objective observer. **здавáтися** + *D.* seem to sb; **лишáтися** remain; **ставáти** become)
prep. **о. в** + *L.* objective in sth ◊ **Остáп о. у стáвленні до íнших.** Ostap is objective in his treatment of others. **о. до** + *G.* objective to/toward sb/sth ◊ **Вонá намагáється бýти ~ою до студéнтів.** She does her best to be objective towards her students.

об'єктивн|ість, *f.*, ~ости, *only sg.*

objectivity, impartiality
adv. **абсолютна** absolute ◊ **Абсолютна о. – це міт.** Absolute objectivity is a myth. **велика** great, **максимáльна** maximal, **пóвна** complete, **цілковита** utter; **виняткóва** exceptional; **дивовижна** amazing; **надзвичáйна** extreme; **рідкісна** rare; **спрáвжня** true; **несподівана** unexpected; **достáтня** sufficient; **загáльна** general ◊ **Він любить цю газéту за загáльну о.** He likes the paper for its general objectivity.
v. + **о. виявляти о.** display impartiality ◊ **Прокурóр виявляв пóвну о.** The prosecutor displayed complete impartiality. (**демонструвáти** demonstrate, **покáзувати** show); **вимагáти ~ости** require impartiality
prep. **о. до** + *G.* objectivity to/toward sb/sth ◊ **Наýка вимагáє ~ости до предмéта дослíдження.** Science requires objectivity towards the research subject.

об'є́м, *m.*, ~у

volume, size, capacity ◊ **Він тóчно обчúслює о. будь-якóї посýдини.** He calculates the exact volume of any vessel.
adj. **бíльший** greater, **великий** large ◊ **цистéрна великого ~у** a tank of large capacity, **величéзний** huge, **значний** considerable ◊ **порожнина значнóго ~у** the cavity of considerable size; **максимáльний** maximal, **надзвичáйний** extraordinary; **жалюгідний** pathetic, **крихітний** tiny, **малий** *and* **невеликий** small, **мізéрний** paltry, **мінімáльний** minimal, **обмéжений** limited; **загáльний** overall; **серéдній** average
о. + *n.* **о. води** the volume of water (**кóнуса** cone, **кýба** cube, **кýлі** sphere, **цилíндра** cylinder; **повітря** air, **легéнів** lungs), ◊ **о. комп'ютерної пáм'яті** *techn.* a computer memory capacity
v. + **о. збíльшувати о.** increase volume (**змéншувати** decrease, **скорóчувати** reduce; **подвóювати** double ◊ **Він подвóїв о. бáка.** He doubled the tank volume. **потрóювати** triple; **визначáти** determine, **обчúслювати** calculate, **встанóвлювати** establish)
Also see **містkість 2**

об'є́мн|ий, *adj.*

1 capacious, roomy, spacious, sizable, voluminous
adv. **віднóсно** relatively, **порівняно** comparatively; **дóсить** quite ◊ **Ромáн вúявився дóсить ~им.** The novel turned out to be quite voluminous. **достáтньо** sufficiently; **дýже** very; **несподівано** unexpectedly
v. + **о. бýти ~им** be spacious ◊ **Вантажíвка булá дýже ~ою.** The truck was very spacious. (**виглядáти** look, **виявлятися** turn out, **здавáтися** + *D.* seem to sb, **робити** + *A.* make sth; **ставáти** become)
See **великий 1, місткий**
2 volumetric ◊ *chem.* **о. анáліз** a volumetric analysis
3 three-dimensional ◊ **~е зобрáження** a 3-D image; **~а технолóгія** 3-D technology

обивáтел|ь, *m.*; ~ька, *f.*

1 *pejor.* philistine, narrow-minded, uncultured person
adj. **вузьколóбий** narrow-minded, **жалюгідний** pathetic, **страшний** terrible; **невипрáвний** incorrigible; **типóвий** typical ◊ **За світóглядом він – типóвий о.** In his worldview, he is a typical philistine.
v. + **о. нагáдувати ~я** resemble a philistine ◊ **Íгор нагáдував типóвого одéського ~я.** Ihor resembled a typical Odesa philistine. (**перетвóрюватися на** transform into, **бýти подíбним на** be like); **бýти ~ем** be a philistine (**вважáти** + *A.* consider sb, **виявлятися** turn out, **здавáтися** + *D.* seem to sb; **лишáтися** remain; **оголóшувати** + *A.* declare sb; **ставáти** become) ◊ **Він став жалюгідним ~ем.** He became a pathetic philistine. **дýмати як** think like a philistine (**повóдитися як** behave like) ◊ **Хто повóдиться як о., мýсить ним бýти.** One who behaves like a philistine must be one.
2 average person, man in the street ◊ **Їх цікáвить, що дýмає посполитий о.** They are interested in what a common man thinks.
See **людина**

обидв|а, *pr.*, *m. and nt.*, обóх

both + *N. pl. (with stress of G. sg.)* ◊ **О. брáти вдóма.** Both brothers are home. **о. гóсті** both guests; ◊ **Він написáв до обóх дрýзів.** He wrote to his both friends. ♦ **квитóк в о. бóки** *or* **кінці** a round-trip ticket; ♦ **по ~і рукú** on both sides
Cf. **обóє**

обидв|і, *pr.*, *f.*, обóх

both + *N. pl.* ◊ **Марину болíли о. рýки.** Both Maryna's hands were hurting. ◊ **Слухачáм сподóбалися о. істóрії.** The listeners liked both stories.
Cf. **обидва, обóє**

обирá|ти, ~ють; обрáти, обер|ýть, *tran.*

1 to elect, vote for + *I.* ◊ **Пáні Климéнко вдрýге ~ють головóю комітéту.** Mrs. Klymenko has been elected the committee chair for the second time.
adv. **відкрúто** openly, **поімéнно** by a roll call, **таємно** by a secret ballot; **вíльно** freely, **демократúчно** democratically, **незалéжно** independently, **самостíйно** on one's own; **закóнно** lawfully, **леґітúмно** legitimately; **недемократúчно** undemocratically, **незакóнно** unlawfully, **нелеґітúмно** illegitimately, **з порýшенням реґлáменту** in violation of the rules; **індивідуáльно** individually, **колектúвно** collectively; **дóвго** for a long time; **вже** already, **нарéшті** finally ◊ **Тúждень депутáти ~ли спíкера і нарéшті обрáли.** Members of parliament had been electing the speaker for a week, and finally elected one. **тýпо** stupidly
v. + **о. мáти прáво** have the right to, **бýти вíльним** be free to, **могтú** be able to; **намовляти** + *A.* talk sb into ◊ **Не трéба намовляти їх, кого о.** Don't talk them into who to vote for. **перекóнувати** + *A.* persuade sb to
prep. **о. на** + *A.* elect sb as sth ◊ **Йогó обрáли на застýпника головú.** He was elected the deputy chair.
Also see **вибирáти 2, голосувáти 1**
2 to choose, select, + *I.* ◊ **Дирéктор обрáв Підмогильну собí консультáнткою** *or* **за консультáнтку.** The director chose Pidmohylna as his consultant.
See **вибирáти 1.** *Also see* **відбирáти 4, підбирáти 2**

óбіг, *m.*, ~у

circulation, turnover, distribution; usage; *also fig.*
adj. **вíльний** free, **відкрúтий** open, **загáльний** general; **закрúтий** closed, **обмéжений** restricted; **ширóкий** wide, **шúрший** wider ◊ **Видáння мóжна знайтú в шúршому ~у.** The publication can be found in a wider circulation. **валютний** currency ◊ **Монéта вúйшла з валютного ~у.** The coin went out of the currency circulation. **грошовúй** money, **товáрний** merchandise; **наукóвий** scholarly, **суспíльний** social
v. + **о. покрáщувати о.** improve circulation (**розширювати** widen; **обмéжувати** restrict, **скорóчувати** reduce; **погíршувати** worsen; **запускáти** + *A.* **в** put sth into) ◊ **Тяжко сказáти, хто запустúв в о. цей вúраз.** It is hard to say who put this expression into circulation. **вилучáти** + *A.* **з ~у** withdraw sth from circulation (**вихóдити з** get out of, **випадáти з** drop out of) ◊ **Він зник, вúпав із суспíльного ~у.** He vanished, dropped out of social circulation. **бýти в ~у** be in circulation (**лишáтися в** remain in) ◊ **Слóво лишáється в ~у захóду країни.** The word remains current in the west of the country.
prep. **в ~у** in circulation; **з ~у** out of circulation; **пóза ~ом** out of circulation ◊ **Він на п'ять рóків опинúвся пóза наукóвим ~ом.** He ended up being out of scholarly circulation for five years.

обíд, *m.*, ~у

1 lunch, dinner
adj. **апетúтний** appetizing ◊ **На столí стоя́в апетúтний о.** An appetizing lunch was on the table. **дóбрий** *or* **смачнúй** tasty, **смачнючий** delicious, **смаковúтий** delectable; **запáморочливий** dizzying, **пúшний** sumptuous, **чудóвий** lovely; **багáтий** rich; **гаря́чий** hot, **холóдний** cold; **легкúй** light, **сúтний** filling; **веґетаріянський** vegetarian, **піснúй** lean; **пíзній** late, **рáнній** early; **ділóвий** business, **робóчий** working, **шкíльний** school; **щорíчний**

annual; **офіційний** official, **формальний** formal; **неформальний** informal; **традиційний** traditional; **святковий** holiday, **уродинний** birthday, **ювілейний** anniversary; **доброчинний** fundraising; ♦ **званий о.** a dinner party ◊ **Левчуки дають званий о.** The Levchuks are giving a dinner party. ♦ **о. навиніс** a takeout lunch

v. + **о. готувати о.** prepare lunch (**варити** cook ◊ **Хто варитиме о.?** Who will be cooking lunch? **подавати** + *D.* serve sb, **влаштовувати** arrange, **ставити** *colloq.* buy ◊ **Ніна сказала, що за цю послугу поставить йому о.** Nina said she would buy him lunch for this favor. **замовляти** order, **пропускати** skip ◊ **Краще пропустити вечерю, як о.** It's better to skip dinner rather than lunch. **купувати** buy ◊ **Тут можна купити о. на виніс.** Here one can buy a take-out lunch. **приносити** bring; **запрошувати** + *A.* **на о.** invite sb to lunch; **приходити на** come to, **приносити** + *A.* **на** bring sth for ◊ **Вона принесла печену курку на о.** She brought a roast chicken for lunch. **запізнюватися на** be late for); **частувати** + *A.* **~ом** treat sb to lunch ◊ **Пані Савчак почастувала їх смаковитим ~ом.** Mrs. Savchak treated them to a delectable lunch.

prep. **без ~у** without lunch ◊ **Він може обійтися без ~у.** He can do without lunch. **за ~ом** over lunch ◊ **Вони обмінялися поглядами за ~ом.** They exchanged views over lunch. **на о.** *dir.* for/to lunch ◊ **Що ти їв на о.?** What did you have for lunch? **на ~і** *posn.* at lunch ◊ **О цій порі всі на ~і.** At this time, everybody is at lunch. ◊ **Вона ходить на о. домів.** She goes home for lunch. **о. із двох (трьох, чотирьох) страв** a two-course (three-course, four-course) lunch

Also see **полудень 2.** *Cf.* **вечеря, сніданок**

2 *colloq.* afternoon ◊ **після ~у** *or* **по ~і** in the afternoon

See **полудень 1.** *Also see* **південь 1**

обіда|ти, ~ють; по~, *intr.*

to have lunch, dine

adv. **апетитно** with appetite ◊ **Сім'я апетитно пообідала.** The family ate their lunch with appetite. **добре** good ◊ **Тут можна добре по~.** One can have a good lunch here. **ситно** heartily, **смачно** tasty, **швидко** quickly; **разом** together; **пізно** late ◊ **Ми ~ли пізно.** We had a late lunch. **рано** early

v. + **о. бути пора** *or* **час** be time to ◊ **Пора була о.** It was time to have lunch. ♦ **варити о.** to make lunch ◊ **У цей час він звичайно варить о.** At this time, he usually makes lunch.

prep. **о. о** + *L.* have lunch at *(hour)* ◊ **Вона ~є о першій годині.** She has lunch at one o'clock.

(по)обідай!

Cf. **вечеряти, снідати**

обідн|ій, *adj.*

lunch, of or pertaining to lunch, lunchtime, noontime

о. + *n.* **о. ґарнітур** a lunch set (**сон** nap, **стіл** table ◊ **На ~ьому столі стояла миска борщу.** There was a bowl of borshch on the lunch table. **час** time) ◊ **Перша година – тут о. час.** One o'clock is lunchtime here. **~я година** the lunch hour (**зустріч** meeting, **нарада** conference, **перерва** break) ◊ **Вони забули за ~ю перерву.** They forgot about lunch break. **~я спека** the noon heat

обійма|ти, ~ють; обійняти, ~у́, обійм|уть, *tran.*

1 to embrace, hug; *pf.* to give a hug ◊ **Він стояв, ~ючи дуба.** He stood, hugging an oak.

adv. **міцно** tightly; **ніжно** tenderly, **пристрасно** passionately, **тепло** warmly; **незґрабно** clumsily; **раптом** suddenly ◊ **Оксана раптом обійняла хлопця за плечі.** Suddenly Oksana hugged the boy by the shoulders. ♦ **о. очима** *fig.* to scrutinize ◊ **Він ~в очима місцевість.** He was scrutinizing the terrain.

v. + **о. відчувати бажання** feel the desire to ◊ **Вона відчула бажання обійняти цю жінку.** She felt the desire to hug the woman. **мати бажання** have a desire to, **намагатися** try to, **хотіти** want to; **дозволяти** + *D.* allow sb to; **не давати** + *D.* not allow sb to ◊ **Соля не дала йому обійняти себе.** Solia did not allow him to hug her.

prep. **о. за** + *A.* embrace sth ◊ **Анатолій міцно обійняв себе за коліна.** Anatolii hugged his knees tight.

Also see **стискати 2**

2 to take over, envelop, engulf

adv. **миттєво** instantly, **раптом** suddenly ◊ **Симона раптом обійняло бажання побачити батьків.** Symon was suddenly taken over by the desire to see his parents. **швидко** quickly ◊ **Пожежа швидко обійняла будинок.** The fire quickly engulfed the building.

3 *fig.* to comprise, consist of, include ◊ **Асоціяція ~є тисячі членів.** The association comprises thousands of members.

4 to hug *(of clothes, etc.)* ◊ **Сорочка тісно ~ла її груди.** The shirt hugged her breasts tightly.

5 hold *(position)*, occupy, take ◊ **Тепер вона ~є посаду головної економістки.** Now she holds the post of the chief economist.

pa. pple. **обійнятий** embraced, hugged

обіймай! обійми!

обійма|тися; обнятися, *intr.*

to embrace (each other), hug ◊ **Вони по черзі ~лися з кожним гостем.** They took turns hugging every guest.

Also see **стискатися 3**

обійня|ти, *var.* обняти, *pf., see* обіймати

to embrace, take over, *etc.* ◊ **Марія ~ла коня за шию.** Maria hugged the horse by the neck.

обійня|тися, *var.* обнятися, *pf., see* обійматися

to embrace, hug ◊ **Вони ~лися.** They hugged.

обійм|и, *only pl.*

embrace, arms; *also fig.*

adj. **батьківські** father's, **материнські** mother's ◊ **Надія швидко заспокоїлася в материнських ~ах.** Nadiia calmed down quickly in her mother's arms. **братські** fraternal, brotherly; **дружні** friendly; **гарячі** warm, **любовні** love, **ніжні** tender, **пристрасні** passionate ◊ **Лариса не могла забути його пристрасні о.** Larysa could not forget his passionate embrace. **солодкі** sweet; **сатанинські** satanic, **смертельні** deadly

v. + **о. відчувати о.** feel the embrace ◊ **Він став відчувати о. невідступного голоду.** *fig.* He started feeling the embrace of relentless hunger. (**розкривати** open) ◊ **Вона розкрила о., побачивши Павла.** She opened her arms at the sight of Pavlo. **хапати** + *A.* **в о.** seize sb in one's arms, **кидатися в о.** + *D.* fling oneself into sb's arms ◊ **Він кинувся братові в о.** He flung himself into his brother's arms. ♦ **потрапляти в о.** to be engulfed *or* seized by sth ◊ **Країна потрапила в о. глибокої кризи.** The country was seized by a deep crisis. ♦ **зустрічати** + *A.* **із розкритими ~ами** to meet sb with open arms ◊ **У Рівному гостей із зустріли з розкритими ~ами.** In Rivne, the guests were met with open arms. **тримати** *or* **держати** + *A.* **в ~ах** hold sb in one's arms ◊ **Він тримав дитину в ~ах.** He held the child in his arms.

обіцян|ка, *f.*

promise, pledge + *inf.* ◊ **Він дав їм ~ку розказати правду.** He gave them a promise to tell the truth.

adj. **велика** big, **мила** sweet ◊ **Не слід було давати милих ~ок, яких ти не в стані виконати.** You should not have made the sweet promises that you were unable to keep. **тверда** firm, **священна** sacred, **урочиста** solemn; **зламана** broken, **невиконана** unfulfilled, **поспішна** rash, **порожня** empty, **пуста** hollow, **фальшива** false; **туманна** vague; **виборча** election ◊ **Потрапивши до парламенту, він забув свої виборчі ~ки.** After getting into the parliament, he forgot his election pledges.

v. + **о. давати** + *D.* **~ку** give sb a promise (**виконувати** keep; **ламати** break, **порушувати** go back on ◊ **Вона порушила ~ку.** She went back on her promise. **брати назад** take back); **зраджувати ~ці** betray a promise; ♦ **о.-цяцянка** promises, promises

Also see **слово 3**

обіця|ти, ~ють; по~, *tran.*

to promise to sb, pledge, vow + *D.* ◊ **Тарас завжди щось комусь ~є.** Taras always promises somebody something.

adv. **вже** already, **нарешті** finally, **неохоче** reluctantly ◊ **Вона неохоче пообіцяла редакторові написати рецензію на книжку.** She promised the editor reluctantly to write a review of the book. **охоче** willingly, **радо** gladly, **твердо** firmly, **урочисто** solemnly; **туманно** vaguely ◊ **Він туманно пообіцяв, що подзвонить батькові.** He vaguely promised he would call his father. ♦ **о. золоті гори** to promise the earth ◊ **Він – брехун і наобіцяє тобі золоті гори.** He is a liar and will promise you the earth.

v. + **о. бути готовим** be ready to; **змушувати** + *A.* make sb ◊ **Галя змусила хлопця по~ їй, що він одружиться на ній.** Halia made the boy promise her that he would marry her. **просити** + *A.* ask sb to; **відмовлятися** refuse to

pa. pple. **(по)обіцяний** promised

(по)обіцяй!

об'їжджа|ти, ~ють; об'їхати, об'їд|уть, *tran.*

1 to drive around, go around *(by vehicle)*, travel around ◊ **Вони об'їхали перепускний пункт.** They drove around the checkpoint.

adv. **вже** already ◊ **Вони вже об'їхали всю країну.** They have already traveled around the whole country. **згодом** eventually, **нарешті** finally; **обережно** carefully; **повільно** slowly, **скоро** quickly, **швидко** rapidly ◊ **Олена швидко об'їхала велику вибоїну на дорозі.** Olena quickly drove around a big pothole in the road.

2 to pass *(driving)*, pass, leave behind, overtake ◊ **Таким автомобілем будь-кого легко об'їхати.** It is easy to pass anybody by such a car.

See **переганяти 1**

3 *fig., colloq.* to cheat ◊ **Він не сподівався, що так легко об'їде ревізорів.** He did not expect he would cheat the auditors so easily.

See **дурити.** *Also see* **грабувати 2, нагрівати 2, надувати 2, проводити 10**

pa. pple. **об'їханий** driven around

об'їжджай! об'їдь!

об'їзд, *m.*, ~у

detour, bypass

adj. **довгий** long, **тривалий** lengthy; **короткий** short, **невеликий** small, **незначний** slight; **несподіваний** unexpected; **вимушений** forced; **новий** new, **ще один** another; **семикілометровий** seven-kilometer

v. + **о. робити о.** make a detour ◊ **Щоб побачити замок, нам треба робити о.** In order to see the castle we need to make a detour. (**їхати в** take ◊ **Вони поїхали в о.** They took a detour. **іґнорувати** ignore)

prep. **о. навколо** + *G.* detour around *(a place)* ◊ **о. навколо зруйнованої ділянки дороги** a detour around a destroyed part of the road; **о. через** + *A.* detour through *(a place)* ◊ **О. був через далекі села.** The detour was through distant villages.

об'ї́ха|ти, *pf., see* **об'їжджа́ти**
to go around, drive around, *etc.* ◊ **Вона́ ~ла всі крамни́ці в око́лиці, але́ не знайшла́ потрі́бної запчасти́ни.** She drove around to all the stores in the neighborhood, but did not find the necessary spare part.

обкла́дин|ка, *f.*
cover *(of book, etc.)*
adj. **журна́льна** magazine, **книжко́ва** book; **гля́нцева** glossy; **м'яка́** soft ◊ **Кни́жка ви́йшла в м'які́й ~ці.** The book came out in a soft cover. **тверда́** hard
prep. **на ~ці** on a cover ◊ **На ~ці підру́чника був со́няшник.** There was a sunflower on the textbook cover. **під ~кою** under a cover ◊ **Під ~кою журна́лу кри́лася примiти́вна пропага́нда.** Primitive propaganda hid under the magazine cover.
G. pl. **~ок**

обла́днанн|я, *nt., only sg.*
1 equipment
adj. **високотехнологі́чне** high-tech, **моде́рне** modern, **найнові́ше** state-of-the-art ◊ **Вони́ працю́ють із найнові́шим ~ям.** They work with state-of-the-art equipment. **нове́** new, **суча́сне** contemporary; **найкра́ще** best, **хоро́ше** good; **архаї́чне** archaic, **застарі́ле** outdated, **старе́** old; **електри́чне** electrical, **електро́нне** electronic, **комп'ю́терне** computer, **техні́чне** technical, **цифрове́** digital; **дороге́** expensive; **і́мпортне** foreign; **складне́** sophisticated, **чутли́ве** sensitive; **важке́** heavy; **портати́вне** portable; **ба́зове** basic, **необхі́дне** indispensible, **потрі́бне** necessary, **станда́ртне** standard, **спеція́льне** special, **спеціялізо́ване** specialized; **дефекти́вне** defective, **неспра́вне** faulty, **пошко́джене** damaged ◊ **Полови́на о. пошко́джена.** Half of the equipment is damaged. **зніма́льне** filming; **військо́ве** military, **лаборато́рне** laboratory, **комунікаці́йне** communication; **кухо́нне** kitchen, **меди́чне** medical; **спорти́вне** sports, **фотографі́чне** photographic ◊ **Він ма́є до́бре фотографі́чне о.** He has good photographic equipment.
v. + **о. використо́вувати о.** use equipment ◊ **Вони́ використо́вували архаї́чне о.** They used archaic equipment. (**встано́влювати** install; **дістава́ти** obtain ◊ **Університе́т діста́в цифрове́ о. для бібліоте́ки.** The university obtained digital equipment for its library. **закупо́вувати** purchase, **купува́ти** buy; **надава́ти** + *D.* provide to sb, **продава́ти** + *D.* sell sb; **потребува́ти** need; **модернізува́ти** modernize) ◊ **Реабілітаці́йне о. слід модернізува́ти.** The rehabilitation equipment should be modernized. **забезпе́чувати** + *A.* **~ям** supply sb with equipment ◊ **Мецена́т забезпе́чив кіносту́дію зніма́льним ~ям.** A benefactor provided the film studio with filming equipment. (**користува́тися** use; **працюва́ти з** work with) ◊ **Їм дово́диться працюва́ти з рі́зним ~ям.** They have to work with different equipment. **працюва́ти на ~і** operate kinds of equipment
о. + *v.* **працюва́ти** operate ◊ **О. працю́є нале́жним чи́ном.** The equipment operates in a proper way. **псува́тися** break down ◊ **Нове́ о. ча́сто псу́ється.** The new equipment often breaks down. **склада́тися з** + *G.* consist of sth ◊ **О. склада́ється із двох мо́дулів.** The equipment consists of two units. **включа́ти** + *A.* include sth
Also see **апарату́ра, електро́ніка 2, озбро́єння 2, те́хніка 2**
2 furnishing, outfit ◊ **О. кабіне́ту міні́стра було́ до́сить вульга́рне.** The furnishing of the minister's office was rather vulgar.
Also see **ме́блі**

обладна́|ти, *pf., see* **обла́днувати**
equip ◊ **Бібліоте́ку ~ли комп'ю́терами.** The library was equipped with computers.

обла́дну|вати, ~ють; обладна́|ти, ~ють, *tran.*
to equip, outfit, set up, furnish + *I.* with sth ◊ **Майсте́рню обладна́ли ново́ю те́хнікою.** The workshop was equipped with new technology.
adv. **бага́то** richly, **га́рно** nicely, **до́бре** well, **зі смако́м** tastefully ◊ **Вони́ обладна́ли фоє́ зі смако́м.** They tastefully furnished the lobby. **нале́жно** properly, **оригіна́льно** unconventionally, **пи́шно** sumptuously, **розкі́шно** luxuriously, **спеція́льно** specially ◊ **За́лу обладна́ли спеція́льно для по́казу мо́ди.** The hall was equipped specially for a fashion show. **цілко́м** fully, **як слід** suitably; **жахли́во** awfully, **ке́псько** poorly, **недба́ло** carelessly, **пога́но** badly
v. + **о: бу́ти тре́ба** + *D.* need to, **дозволя́ти** + *D.* allow sb to ◊ **Гро́ші дозво́лили їм обладна́ти теа́тр розкі́шно.** The money allowed them to outfit the theater luxuriously. **змогти́** *pf.* manage to, **планува́ти** plan to ◊ **Він плану́є обладна́ти сту́дію.** He plans to equip the studio. **намага́тися.** try to, **стара́тися** do one's best to, **хоті́ти** want to
prep. **о. для** *or* **до** + *G.* equip for sth ◊ **За́лу ~ють для кінопо́казів.** The auditorium is being equipped for film screenings. ◊ **Він ~є кімна́ту до зйо́мки.** He is furnishing the room for a shoot.
pa. pple. **обла́днаний** equipped
обла́днуй! обладна́й!

о́бласт|ь, *f.*, **~и**
province *(in Ukraine, an administrative unit, one of twenty-four provinces of the nation)*
adj. **за́хідна** western, **півні́чна** northern, **центра́льна** central, *etc.*; **прикордо́нна** frontier, **примо́рська** coastal; **відда́лена** remote; **автоно́мна** autonomous; ◊ **Ха́рківська о.** the Kharkiv Province; ◊ **Украї́на склада́ється із двадцятí п'ятí ~е́й.** Ukraine consists of twenty-five provinces. **зві́льнена** liberated; **зруйно́вана** ruined, **окупо́вана** occupied, **спусто́шена** devastated
prep. **в о.** *dir.* in/to a province ◊ **Вони́ поїхали в Жито́мирську о.** They went to the Zhytomyr Province. **в ~і** *posn.* in a province ◊ **Мі́сто Бро́ди у Льві́вській ~і.** The City of Brody is in the Lviv Province.
Cf. **райо́н 3**

обли́ч|чя, *nt.*
face
adj. **вродли́ве** good-looking ◊ **Із таки́м вродли́вим ~чям мо́жна зніма́тися в рекла́мах.** With such a good-looking face, one can make commercials. **га́рне** beautiful, **гарне́ньке** pretty, **доскона́ле** perfect, **краси́ве** handsome, **приє́мне** pleasant ◊ **молода́ па́ні з приє́мним ~чям** a young lady with a pleasant face, **чудо́ве** lovely; **соло́дке** sweet; **весе́ле** cheerful, **ра́дісне** happy, **усмі́хнене** smiling ◊ **По його́ усмі́хненому ~чю промайну́ла хма́рка занепоко́єння.** A little cloud of anxiety fleeted across his smiling face. **щасли́ве** joyful, **жахли́ве** awful, **нега́рне** ugly, **потво́рне** hideous; **я́нгольське** angelic; **дитя́че** baby, **молоде́** young, **юна́цьке** youthful ◊ **Її надихали юна́цькі о.** She got inspiration from youthful faces. **лю́дське** human; **звича́йне** *and* **про́сте́** plain; **знайо́ме** familiar; **безба́рвне** colorless, **сі́ре** gray; **бі́ле** white, **блі́де** pale, **жо́вте** sallow, **засма́гле** tanned, **пурпу́рне** *or* **пурпуро́ве** purple ◊ **Її о. ста́ло пурпуро́вим зі зло́сти.** Her face became purple with anger. **рум'я́не** ruddy, **черво́не** red; **запла́кане** tear-stained, **пону́ре** gloomy, **похму́ре** grim; **ви́довжене** elongated ◊ **Лю́ди на поло́тнах маляра́ ма́ють ви́довжені о.** People in the painter's canvasses have elongated faces. **квадра́тне** square, **кру́гле** round, **ова́льне** oval, **пло́ске** flat; **борода́те** bearded; **гладе́ньке** smooth, **ви́голене** clean-shaven; **нео́голене** unshaven; **грубува́те** craggy ◊ **Лі́ну прива́блює його́ грубува́те о.** His craggy face attracts Lina. **ви́снажене** haggard, **вто́млене** tired; **зморшкува́те** wrinkled, **ласта́те** *colloq.* freckled, **подзьо́бане** pock-marked, **постарі́ле** wizened; **прищува́те** pimply; **товсте́** fat; **худе́** thin ◊ **Худе́ о. свято́го промені́лося ро́зумом.** The saint's thin face emenated wisdom.
v. + **ма́ти о.** have a face ◊ **Він мав юна́цьке о.** He had a youthful face. (**закрива́ти** + *I.* cover with sth ◊ **Вона́ закри́ла о. капелю́хом.** She covered her face with a hat. **криви́ти** contort ◊ **Вона́ мовча́ла, у прези́рстві скриви́вши я́нгольське о.** She was silent, her angelic face contorted in disdain. **нахиля́ти** tilt, **поверта́ти** turn ◊ **Він поверну́в о. від со́нця.** He turned his face away from the sun. **хова́ти в** + *A. or L.* bury in sth ◊ **Він схова́в о. в ша́лик** *or* **ша́лику.** He buried his face in the scarf. **диви́тися в** look into) ◊ **Вона́ подиви́лася йому́ в о.** She looked into his face. ♦ **пока́зувати спра́вжнє о.** to show one's true colors; **стоя́ти ~чям до** + *G.* face sth/sb ◊ **Вони стоя́ли ~чями до о́зера.** They were facing the lake.
о. + *v.* **виража́ти** + *A.* express sth ◊ **Дитя́чі о. виража́ли гірке́ розчарува́ння.** The children's faces expressed bitter disappointment. **мо́рщитися** wrinkle ◊ **Від не́смаку його́ о. змо́рщилося.** His face wrinkled with distaste. **старі́ти** age; **су́питися** frown
prep. **в о.** *dir.* in/to a face ◊ **Він подиви́вся хло́пцеві в о.** He looked the boy in the face. ♦ **зна́ти** + *A.* **в** *or* **на о.** to know sb by sight ◊ **Вона́ не зна́ла Тетя́ни в о.** She did not know Tetiana by sight. **в ~чі** *posn.* in sb's face ◊ **Він шука́в у її ~чі хоч щось приє́мне.** He was looking for at least one pleasant thing in her face. **на о.** *dir.* on/to a face ◊ **Покла́вши собі на о. газе́ту, він задріма́в.** Having put a newspaper on his face, he dozed off. **на ~чі** *posn.* on a face ◊ **На її ~чі з'яви́лися змо́ршки.** Wrinkles appeared on her face. **по ~чю** across/in/on a face ◊ **Вона́ ля́снула хло́пця по ~чю.** She slapped the boy on the face.
G. pl. **обли́ч**
Also see **лице́ 1, ри́са 2**

обма́н, *m.*, **~у**
1 deception, deceit, fraud, lies
adj. **жорсто́кий** cruel ◊ **Він – же́ртва жорсто́кого ~у.** He is a victim of cruel deception. **нави́сний** intentional, **свідо́мий** conscious, **по́вний** utter, **цілкови́тий** complete; **очеви́дний** obvious, **я́вний** clear
v. + **о. використо́вувати о.** use deception (**відчува́ти** sense, **розпізнава́ти** detect) ◊ **У ї́хньому пла́ні вона́ відчува́ла я́вний о.** She sensed clear deception in their plan. **вдава́тися до ~у** resort to deception ◊ **Щоб добу́ти потрі́бну інформа́цію, вони́ вдали́ся до нави́сного ~у.** In order to get the necessary information they resorted to intentional deception. **домага́тися** + *G.* **~ом** get sth by deception ◊ **Вона́ не хоті́ла домага́тися підтри́мки ~ом.** She did not want to get support by deception.
Also see **брехня́ 1, фо́кус[2] 2**
2 illusion, trompe l'oeil ◊ **Це – не спра́вжня арка́да, а опти́чний о.** This is not a real arcade but a trompe l'oeil.

обману́|ти, *pf., see* **обма́нювати**
to lie to, deceive ◊ **Га́нна зрозумі́ла, що її ~ли.** Hanna understood that she had been deceived.

обма́ню|вати, ~ють; обман|у́ти, ~у́ть, *tran. and intr.*
to lie to, deceive; tell lies ◊ **О. нега́рно.** It's bad to lie.
adv. **жорсто́ко** cruelly ◊ **Тури́стів жорсто́ко обману́ли.** The tourists were cruelly deceived. **нави́сно** intentionally, **свідо́мо** consciously ◊ **Він свідо́мо ~є роди́ну і дру́зів.** He is

consciously lying to his family and friends. **геть** totally **цілкóм** completely; **вочевúдь** obviously, **я́вно** clearly

v. + **о. бýти змýшеним** be forced to ◊ **Вонá змýшена о. чоловíка.** She is forced to lie to her husband. **бýти лéгко** be easy to ◊ **Степáна дóсить лéгко обманýти.** Stepan is rather easy to deceive. **бýти можлúво** be possible to; **бýти вáжко** be hard to, **бýти неможлúво** be impossible to ◊ **Неможлúво о. всіх увéсь час.** It's impossible to lie to everybody all the time. **вдавáтися** + *D.* succeed in ◊ **Йомý вдалóся обманýти вáрту.** He succeeded in deceiving the guards. **змогтú** *pf.* manage to, **ухитрúтися** *pf.* contrive to ◊ **Ще ніхтó не ухитрúвся обманýти її.** Nobody yet contrived to cheat her. **намагáтися** try to ◊ **Не намагáйся нас о.!** Don't try to deceive us! **прóбувати** attempt to, **хотíти** want to

pa. pple. **обмáнутий** deceived

обмáнюй! обманú!

Cf. **брехáти 1**

обмéжен|ий, *adj.*

1 limited, restricted

adv. **вкрай** extremely, **геть** totally, **дýже** very ◊ **Їм далú дýже ~у кíлькість місць.** They were given a very limited number of seats. **серйóзно** seriously, **стрóго** strictly, **сувóро** severely ◊ **Дóступ до архíву вúявився сувóро ~им.** The access to the archive turned out to be severely restricted. **цілкóм** completely; **чasткóво** in part; **дéщо** somewhat, **дóсить** fairly, **достáтньо** sufficiently; **трóхи** a little; **дедáлі бíльше** increasingly, **дедáлі мéнше** less and less; **неминýче** inevitably; **віднóсно** relatively, **порíвняно** comparatively ◊ **Вонú диспонувáли порíвняно ~ими ресýрсами.** They commanded comparatively limited resources. **вирáзно** distinctly, **я́вно** clearly

v. + **о. бýти ~им** be limited ◊ **Нáші можлúвості ~і.** Our opportunities are limited. (**вважáти** + *A.* consider sb/sth, **виявля́тися** turn out, **здавáтися** + *D.* seem to sb; **лишáтися** remain; **ставáти** become)

prep. **о. до** + *G.* limited to *or* + *I.* by *(value)* ◊ **Її вакáції ~і двомá тúжнями** *or* **до двох тúжнів.** Her vacation is limited to two weeks.

Also see **вузькúй 4**

2 *fig.* narrow-minded *(of person)*, small-minded, parochial

adv. **абсолю́тно** absolutely, **геть** totally, **жахлúво** awfully ◊ **Її вважáли жахлúво ~ою людúною.** She was considered to be an awfully narrow-minded person. **неможлúво** impossibly, **неймовíрно** incredibly, **страшéнно** terribly

Also see **вузькúй 5, дріб'язкóвий 1, мілкúй 2**

обмéжен|ня, *nt., often pl.*

limitation, restriction

adj. **важлúве** important, **велúке** great, **засаднúче** basic, **значнé** considerable, **серйóзне** serious, **сувóре** strict, **суттєве** essential; **драконíвське** draconian; **безглýзде** senseless; **непотрíбне** needless; **вúмушене** forced; **обов'язкóве** mandatory; **бюджéтне** budgetary, **фінáнсове** financial, **часовé** time; ◊ **о. озбрóєнь** arms limitation; ♦ **о. швúдкости** a speed limit ◊ **Тут діє о. швúдкости.** A speed limit is in force here.

v. + **о. наклáдати о. на** + *A.* impose a restriction on sb/sth ◊ **Уряд наклáв о. на вúвіз збíжжя.** The government imposed restrictions on grain exports. (**ствóрювати** create; **відкидáти** reject, **знімáти** lift; **долáти** overcome, **ігнорувáти** ignore, **усувáти** remove; **обхóдити** circumvent ◊ **Вонú обхóдили о. на пальнé.** They circumvented the fuel restrictions. **знáти** know, **визнавáти** recognize ◊ **Надії нелéгко вúзнати влáсні о.** It is not easy for Nadiia to admit her own limitations. **приймáти** accept, **розумíти** understand, **усвідóмлювати** realize; **визначáти** determine, **виявля́ти** reveal ◊ **Випрóбування вúявили суттєві о. нових ліків.** The tests revealed essential limitations of the new drug. **демонструвáти** show, **вкáзувати на** point to; **зважáти на** take into account) ◊ **Вонá мýсить зважáти на рíзні о.** She has to take into account various restrictions. **погóджуватися з ~ням** agree with a restriction ◊ **Він не міг погóдитися з ~нями свобóди слóва.** He could not agree with restrictions on freedom of speech.

prep. **без ~ь** without restriction ◊ **Кóжен відвíдує бібліотéку без ~ь.** Everyone visits the library without restriction. **незважáючи на о.** in spite of restrictions ◊ **Рúнок процвітáв, незважáючи на о. ýряду.** The market flourished despite the government restrictions. **о. на** + *A.* a limitation on sb/sth ◊ **о. на пóдорожі** travel restrictions

обмéж|ити, *pf., see* обмéжувати

to limit, restrict ◊ **Міськá рáда ~ла прóдаж алкогóлю.** The City Council imposed restrictions on alcohol sales.

обмéжи|тися, *pf., see* обмéжуватися

to be limited, be restricted; confine oneself to ◊ **Злóдій не ~вся двомá крадíжками.** The thief did not limit himself to two thefts.

обмéжу|вати, ~ють; обмéж|ити, ~ать, *tran.*

to limit, restrict, impose restrictions

adv. **вкрай** extremely, to the extreme ◊ **Крúза вкрай обмéжила спожувáння енéргії.** The crisis limited power consumption. **геть** totally, **ґвалтóвно** abruptly, **дýже** very much, **максимáльно** to the maximum, **рíзко** sharply, **серйóзно** seriously, **страшéнно** terribly, **сувóро** severely, **цілкóм** completely; **мінімáльно** minimally; **дéщо** somewhat, **дóсить** rather; **несподíвано** unexpectedly, **рáптом** suddenly ◊ **Режúм рáптом обмéжив дóступ до інтернéту.** The regime suddenly restricted Internet access. **знáчно** significantly, **помíрно** moderately, **помíтно** noticeably, **суттєво** essentially; **трóхи** a little; **фактúчно** effectively; **незакóнно** illegally, **свавíльно** arbitrarily

v. + **о. намагáтися** seek to ◊ **Вонá намагáлася обмéжити можлúвість провáлу.** She sought to limit the possibilities of a failure. (**прóбувати** attempt to, **старáтися** try to, **хотíти** want to; **погóджуватися** agree to ◊ **Він погóдився обмéжити частотý публíчних вúступів.** He agreed to limit the frequency of his public appearances. **бýти готóвим** be ready to; **відмовля́тися** refuse to; **вдавáтися до крóків, щоб** + *pf. inf.* take steps to) ◊ **Уряд удáвся до крóків, щоб обмéжити незалéжність судíв.** The government took steps to limit the independence of the courts. **вдавáтися** *pf.* manage to ◊ **Їм удаєтться о. забрýднення середóвища.** They manage to limit environmental pollution. **бýти лéгко** be easy to, **бýти можлúво** be possible to; **бýти вáжко** be hard to, **бýти неможлúво** be impossible to ◊ **При вíтрі пожéжу неможлúво обмéжити.** The wind made it impossible to limit the spread of the fire.

pa. pple. **обмéжений** limited

обмéжуй! обмéж!

Also **в'язáти 3, гальмувáти 2, звýжувати 3, зв'я́зувати 2.** *Ant.* **розшúрювати**

обмéжу|ватися; обмéжитися, *intr.*

1 *pass.* to be limited, be restricted + *I.* ◊ **Її знáння не ~валися трьомá мóвами.** Her knowledge was not limited to three languages.

2 to confine oneself to, limit oneself + *I.* ◊ **Він не ~вався ні в чóму.** He did not limit himself in anything.

prep. **о. до** + *G.* confine oneself to sth ◊ **Він ~ється до гóлого мíнімуму.** He confines himself to a bare minimum.

óбмін, *m.*, ~у

exchange, interchange, barter

adj. **взаємний** mutual ◊ **Вонú почалú взаємний о. публікáціями.** They began a mutual exchange of publications. **двосторóнній** bilateral, **багатосторóнній** multilateral; **масштáбний** large-scale; **обмéжений** limited; **вíльний** free; **жвáвий** lively, **інтенсúвний** intensive; **постíйний** constant, **реґуля́рний** regular; **спорадúчний** sporadic; **інформацíйний** information, **наукóвий** scholarly, **торгóвий** commercial; ♦ **бáртерний о.** barter ◊ **Частúна еконóміки заснóвується на бáртерному ~і.** Part of the economy is based on barter.

о. + *n.* **о. валю́ти** currency exchange ◊ **кіóск ~у валю́ти** a currency exchange booth; ◊ **о. полонéними** an exchange of captives, **о. дýмками** an exchange of opinions; ♦ **о. речовúн** metabolism ◊ **Вонá мáє дóбрий о. речовúн.** She has good metabolism.

v. + **о. організóвувати о.** organize an exchange ◊ **Він організувáв о. фахівця́ми.** He organized an exchange of experts. (**провóдити** hold; **починáти** start ◊ **Краї́ни почалú о. студéнтами.** The countries began a student exchange. **продóвжувати** continue, **припиня́ти** stop) ◊ **Уряд припинúв наукóві ~и.** The government stopped scientific exchanges.

prep. **в о. на** + *A.* in exchange for sth ◊ **інформáція в о. на грóші** information in exchange for money; **о. з** + *I.* exchange with sb/sth ◊ **о. дáними з партнéрами** a data exchange with partners; **о. між** + *I.* an exchange between/among sb/sth ◊ **о. дýмками між учáсниками панéлі** an exchange of opinions among the panel participants

обмíню|вати, ~ють; обміня́|ти, ~ють, *tran.*

to exchange, change, trade, swap

adv. **без проблéм** without problem; **вже** already, **врéшті-рéшт** ultimately, **згóдом** eventually ◊ **Згóдом вонú обміня́ли дві квартúри в цéнтрі мíста на окрéмий будúнок.** Eventually they traded two apartments downtown for a separate house. **нарéшті** finally; **я́кось** somehow ◊ **Він я́кось обміня́в діямáнтовий пéрстень на готíвку.** He somehow traded the diamond ring for cash. **мерщíй** instantly, **швúдко** quickly; **крадькомá** stealthily, **непомíтно** discreetly, **таємно** secretly

v. + **о. бýти трéба** + *D.* need to ◊ **Їм трéба о. валю́ту.** They need to exchange currency. **вдавáтися** + *D.* succeed in, **змогтú** *pf.* manage to; **хотíти** want to; **пропонувáти** + *D.* offer sb to ◊ **Лíда пропонýє їм обміня́ти кнúжку на альбóм фотогрáфій.** Lida offers them to exchange the book for the picture album.

prep. **о. на** + *A.* exchange for sth ◊ **о. дóлари на грúвні** exchange dollars for hryvnias

pa. pple. **обмíняний** exchanged

обмíнюй! обміня́й!

Also see **міня́ти 2, розбивáти 8**

обмíнюва|тися; обміня́тися, *intr.*

1 *pass., only impf.* to be exchanged, be traded ◊ **Тут персонáльні чéки ~лися на готíвку.** Here personal checks were exchanged for cash.

2 to exchange, trade, swap + *I.*

о. + *n.* **о. адрéсами** exchange addresses (**дáними** data, **дýмкáми** opinions, **ідéями** ideas, **інформáцією** information, **новúнами** news; **пóглядами** glances, views; **комплімéнтами** compliments, **люб'я́зностями** courtesies, **пóсмішками** smiles; **подарýнками** presents, **світлúнами** photographs, *etc.*)

Also see **міня́тися 1**

обміня́|ти, *pf., see* обмíнювати

tran. to exchange ◊ **Соломíя ~ла на грúвні сто дóларів.** Solomia exchanged $100 for hryvnias.

обміня|тися, *pf., see* **обмінюватися**
intr. to exchange, *etc.* ◊ **Двоє друзів крадькома ~лися змовницькими поглядами.** The two friends stealthily exchanged conspiratorial looks.

обня|ти, *pf., see* **обіймати**
to embrace, hug ◊ **Олекса ~в її за талію.** Oleksa embraced her waist.

обня|тися, *pf., see* **обійнятися**
to embrace each other, hugged each other ◊ **Вони міцно ~лися.** They hugged each other tight.

обов'язков|ий, *adj.*
1 obligatory, compulsory, mandatory ◊ **Він вимагає скасувати ~у військову службу.** He demands to abolish the compulsory military service.
adv. **абсолютно** absolutely, **цілком** completely ◊ **Ваша участь у журі є цілком ~ою.** Your participation in the jury is absolutely compulsory. **безумовно** unconditionally
v. + **о. бути ~им** be obligatory ◊ **Нова умова є ~ою.** The new condition is obligatory. (**вважати** + *A.* consider sth; **лишатися** remain; **оголошувати** + *A.* declare sth; **робити** + *A.* make sth, **ставати** become)
prep. **о. для** + *G.* mandatory for sb/sth ◊ **Володіння державною мовою лишається ~им для всіх урядових службовців.** The command of the official language remains mandatory for all civil servants.
2 *fig.* typical, customary, obligatory ◊ **На Яремі джинси й ~а вишиванка.** Yarema has blue jeans and the obligatory embroidered shirt on.

обов'яз|ок, *m.*, **~у**
duty, obligation, responsibility
adj. **важливий** important, **неуникний** unavoidable, **святий** sacred ◊ **Назар вважав своїм святим ~ком навчити сина таємницям ремесла.** Nazar considered it to be his sacred duty to teach his son the secrets of the craft. **урочистий** solemn; **радісний** joyful; **сумний** sad, **трагічний** tragic; **етичний** ethical, **людський** human, **моральний** moral ◊ **Зробити це – його моральний о. перед нащадками.** To do it is his moral obligation to his progeny. **почесний** honorable, **релігійний** religious; **християнський** Christian; **громадський** public, **громадянський** civic, **конституційний** constitutional, **патріотичний** patriotic; **батьківський** paternal, parental, **материнський** maternal, **родинний** family, **синівський** filial; ♦ **почуття ~ку** a sense of duty; ♦ **права й ~ки** rights and responsibilities
v. + **о. мати о.** have an obligation ◊ **Він мав о. доглядати за батьками.** He had a duty to look after his parents. (**виконувати** carry out ◊ **Він виконує ~ки директора.** He carries out director's responsibilities. **знати** know ◊ **Суддя знав свої ~ки.** The judge knew his duties. **усвідомлювати** be aware of; **порушувати** breach); **уникати ~ків** shirk one's duties; **нехтувати ~ками** neglect one's duties
prep. **о. перед** + *I.* an obligation to sb/sth
Also see **зобов'язання, навантаження 3**

обо|є, *card., coll.*, **~х**
1 both *(for m. and f.)* ◊ **Брат, і сестра – о. казали нам про те, якої небезпеки вони уникнули.** The brother and sister both told us about the danger they had avoided.
Cf. **обидва, обидві**
2 both *(for nt. and baby animals)* ◊ **Це їхні немовлята. О. вже починають говорити.** These are their babies. Both are already beginning to talk.
3 both *(for two n. of same gender)* ◊ **Ярина та Оля о. люблять оперу.** Both Yaryna and Olia like opera.
4 both *(for pl. only or coupled n.)* ◊ **о. очей** both eyes; ◊ **о. дверей** both doors

оборон|а, *f., only sg.*
1 defense
adj. **ефективна** effective, **неприступна** impregnable ◊ **Ворог створив навколо міста неприступну ~у.** The enemy created an impregnable defense around the city. **сильна** strong; **національна** national; **морська** sea, **прибережна** coastal; **повітряна** air, **протиракетна** anti-missile ◊ **Повстанці не мали протиракетної ~и.** The insurgents had no anti-missile defense. **територіяльна** territorial ◊ **Йому доручили організувати територіяльну ~у.** He was charged with organizing territorial defense. ♦ **лінія ~и** a line of defense
v. + **о. влаштовувати ~у** arrange the defense (**займати** take up ◊ **Сотня зайняла оборону біля мосту** *or* **моста.** The company took up a defense position near the bridge. **будувати** build, **організовувати** organize; **зміцнювати** strengthen, **покращувати** improve, **посилювати** bolster, **послаблювати** weaken; **відновлювати** rebuild, **знищувати** destroy ◊ **Бомбардування знищило ~у ворога.** The bombardment has destroyed the enemy defenses. **долати** overcome, **підривати** undermine; **проривати** breach); **брати** + *A.* **під** take sth under, **ставити** + *A.* **на** put sb in defense ◊ **Полковник поставив два підрозділи на ~у позиції.** The colonel put two detachments in defense of the position. **кидатися на** rush to) ◊ **На ~у прав людини кинулося все громадянське суспільство.** The entire civil society rushed to the defense of human rights.
prep. **о. проти** + *G.* a defense against sb/sth
Also see **самозахист.** *Cf.* **охорона 2**
2 protection, shelter, refuge ◊ **о. від переслідування** protection from persecution
3 *leg.* defense ◊ **Вона погодилася бути свідком ~и.** She agreed to be a defense witness. ♦ **брати на себе ~у** to take up sb's defense
4 *sport* defense ◊ **Мар'яна грала в ~і.** Mar'yana played on defense.
adj. **добра** good, **непроникна** impenetrable, **потужна** robust, **сильна** strong, **солідна** solid
v. + **з. організовувати ~у** organize a defense ◊ **Він зорганізував непроникну ~у.** He organized an impenetrable defense. (**покращувати** improve, **посилювати** strengthen, **реорганізовувати** reorganize; **проривати** breach) ◊ **Нападник постійно проривав ~у дружини суперника.** The forward constantly breached the opposing team's defense. **грати в ~і** play the defense ◊ **Тепер в ~і гратиме четверо футболістів.** Now four soccer players will be playing the defense.
prep. **в ~і** in/on defense ◊ **Вона знайшла слабке місце в ~і суперника.** She found a weak spot in the rival's defense.

оборон|ець, *m.*, **~á**; **~ка**, *f.*
1 defender, protector ◊ **Крем рекламували як дієвий о. шкіри від сонця.** The cream was advertised as an effective protector of skin against the sun.
adj. **відданий** devoted, **вірний** loyal, **дієвий** effective, **надійний** reliable
Also see **заступник 2**
2 *leg.* defense attorney, counsel for the defense ◊ **Зіна не мала грошей, щоб оплатити послуги доброго ~я.** Zina did not have the money to pay for the services of a good defense attorney.
See **адвокат, правник, спеціяліст, юрист**
3 *sport* back ◊ **Два ~і перехопили нападника суперників.** Two backs intercepted their rivals' forward.
adj. **лівий** left, **правий** right, **центральний** center; ◊ **півоборонець** a halfback
L. **на ~еві**

оборони|ти, *pf., see* **обороняти**
to defend ◊ **Якщо виникне така ситуація, ніхто не зможе о. місто.** If such a situation arises, nobody will be able to defend the city.

обороня|ти, **~ють**; **оборон|ити**, **~ю**, **~ять**, *tran.*
1 to defend, protect
adv. **активно** actively, **вперто** obstinately, **добре** well, **енергійно** vigorously ◊ **Часопис енергійно ~в драматурга від нападів критики.** The magazine vigorously defended the playwright against attacks by the critics. **невтомно** tirelessly; **безстрашно** fearlessly ◊ **Вони безстрашно ~ли місто.** They fearlessly defended the city. **відважно** valiantly, **героїчно** heroically, **сміливо** courageously; **вірно** faithfully, **непохитно** unwaveringly, **самовіддано** selflessly
v. + **о. починати** begin to, **продовжувати** continue to, **переставати** stop ◊ **Вояки перестали о. міст.** The soldiers stopped defending the bridge. **кидатися** rush to ◊ **Усі кинулися о. її від звинувачень.** Everybody rushed to defend her from accusations.
prep. **о. від** + *G.* protect from sb/sth; **о. проти** + *G.* protect against sb/sth
Also see **застраховувати 2, охороняти**
2 *leg., only impf.* to defend *(in court of law)*
adv. **безкоштовно** pro bono; **блискуче** brilliantly, **вміло** skillfully, **майстерно** masterfully, **професійно** professionally, **спритно** smartly ◊ **Німчука спритно ~в адвокат.** A lawyer was putting up a smart defense for Nimchuk.
v. + **о. братися** take it upon oneself to, **кидатися** rush to; **погоджуватися** agree to, **пропонувати** + *D.* offer sb to ◊ **Адвокат запропонував о. її задарма.** The lawyer offered her to defend her for free. **відмовлятися** refuse to
pa. pple. **оборонений** defended
обороняй! борони!

обороня|тися; оборонитися, *intr.*
to defend oneself ◊ **Скляренко ~вся до самого кінця.** Skliarenko defended himself to the very end. ◊ **Він уперто ~вся від звинувачень.** He stubbornly defended himself against the accusations.

обража|ти, **~ють**; **образ|ити**, **ображу**, **~ять**, *tran.*
to insult, offend, hurt + *I.* by sb
adv. **глибоко** deeply ◊ **Зауваження глибоко образило його.** The remark deeply insulted him. **дуже** very much, **кревно**, *colloq. or* **кровно** gravely, **серйозно** seriously, **сильно** badly, **смертельно** mortally ◊ **Його ставлення до праці смертельно ~ло Петра.** His attitude toward work was a mortal insult to Petro. **навмисно** deliberately ◊ **Він навмисно образив суперника, щоби спровокувати бійку.** He deliberately insulted his opponent to provoke a fight. **привселюдно** for all to see, **публічно** publicly
pa. pple. **ображений** insulted
ображай! образь!

ображá|тися; образитися, *intr.*
to take offense, get offended; be angry with ◊ **Вона ще довго ~лася на колегу.** She kept being angry with her colleague for a long time.
prep. **о. на** + *A.* take offense at sb/sth; **о. за** + *A.* take offense for sb/sth ◊ **Марія дуже образилася на Петра за жарт.** Maria took a great offense at Petro for the joke.

óбраз, *m.*, **~у**
1 image; metaphor, simile
adj. **біблійний** biblical ◊ **Він надуживає біблійними ~ами.** He uses biblical images to excess. **мітичний** mythical, **мітологічний** mythological, **поетичний** poetic; **звуковий** sound, **зоровий** visual, **ментальний** mental, **уявний** imaginary; **разючий** striking, **потужний** powerful; **новий** new ◊ **Це не просто разючий,**

а нови́й о. This is not simply a striking image but a new one. несподі́ваний sudden, оригіна́льний unconventional, сві́жий fresh; позити́вний positive; нега́тивний negative; страхітли́вий horrifying, шоку́ючий shocking
v. + о. ство́рювати о. create an image (буди́ти bring to mind, виклика́ти evoke, прига́дувати recall, формува́ти form ◊ Літопи́сець формує нега́тивний о. ге́тьмана Дем'я́на Ігнато́вича. The chronicler forms a negative image of Hetman Dem'yan Ihnatovych. використо́вувати use, запози́чати borrow ◊ Вона́ запози́чила о. у Верґі́лія. She borrowed the image from Virgil. поси́лювати reinforce); ♦ ми́слити ~ами to think in images ◊ Худо́жник ми́слить зорови́ми ~ами. An artist thinks in visual images.
2 likeness, resemblance, image; reflection
adj. боже́ственний divine, Бо́жий God's, людськи́й human; ба́тьківський paternal, матери́нський maternal; незабу́тній unforgettable, па́м'ятний memorable; ося́йний radiant, сві́тлий luminous, яскра́вий vivid; ви́капаний spitting, ві́рний genuine, докла́дний *and* то́чний exact
v. + о. бу́ти ~ом be sb's likeness ◊ Лев – ви́капаний о. ба́тька. Lev is the spitting image of his father. прийма́ти о. + *G.* assume the image of sb; постава́ти в ~і + *G.* appear in the image of sb ◊ Він поста́є в ~і при́вида. He appears in the image of a ghost.
prep. ♦ в ~і + *G.* as sb, in the form of sb
Also see подо́ба 1
3 type, character, persona
adj. геро́їчний heroic, драмати́чний dramatic, комеді́йний comedic, комі́чний comical, літерату́рний literary, трагі́чний tragic, трагікомі́чний tragicomic; жіно́чий female, чолові́чий male; бунта́рський rebellious; екра́нний screen, сцені́чний stage; узага́льнений archetypical ◊ Ва́щенко – узага́льнений о. доброво́льця. Vashchenko is the archetype of a volunteer.
v. + о. вті́лювати о. portray a character ◊ У п'є́сі він уті́лює о. лихваря́. In the play, he portrays the character of a usurer. (персоніфікува́ти personify, представля́ти represent, ство́рювати create) ◊ Він створи́в незабу́тні екра́нні ~и. He created unforgettable screen characters.
Also see по́стать 3
4 *rel.* icon ◊ о. Богоро́диці an icon of the Mother of God; ◊ У кутку́ кімна́ти ви́сів стари́й о. There hung an old icon in the corner of the room.
See іко́на 1

обра́з|а, *f.*
insult, offense
adj. вели́ка great, глибо́ка deep, кре́вна, *colloq. or* кро́вна grave ◊ Марі́їні слова́ були́ кре́вною ~ою для Хоми́. Maria's words were a grave insult to Khoma. найтя́жча worst, невиго́йна festering, нестерпна unbearable, остато́чна ultimate ◊ Таке́ озна́чення – остато́чна о. для ко́жного півде́нця. Such a description is the ultimate insult for every southerner. пряма́ direct, серйо́зна serious, страшна́ horrible, тяжка́ bad; особи́ста personal, публі́чна public
v. + о. терпі́ти ~у endure an insult ◊ Він мо́вчки терпі́в ~и нача́льника. He silently endured his boss's insults. (зно́сити suffer; жбурля́ти hurl, ки́дати throw; вигу́кувати shout ◊ На́товп вигу́кував ~и. The mob shouted insults. пам'ята́ти remember; мсти́тися за avenge) ◊ Він вичі́кує наго́ди помсти́тися за ~у. He is waiting for a chance to avenge the insult. зазнава́ти ~и suffer an insult ◊ Оста́п зазна́в тяжко́ї ~и від не́ї. Ostap suffered a bad insult from her. обмі́нюватися ~ами trade insults ◊ Вони́ обміня́лися ~ами. They traded insults. (ки́датися throw, жбурля́тися hurl) ◊ Вам не слід жбурля́тися ~ами. You should not hurl insults. ♦ не дава́ти + *A.* в ~у + *D.* to stand up for sb ◊ Іва́н ніко́му не дава́в бра́та в ~у. Ivan would not let anybody mistreat his brother. ♦ не дава́тися в ~у to stand up for oneself
Also see кри́вда 2

обра́зи|ти, *pf., see* **обража́ти**
to insult, offend ◊ Наза́р ніко́ли ~ть її. Nazar will never hurt her. ◊ Він ~в опоне́нта, публі́чно критику́ючи його́ роди́ну. He insulted his opponent by criticizing his family publicly.

обра́зи|тися, *pf., see* **обража́тися**
to take offense ◊ Гали́на ~лася на Я́рку за її жарт. Halyna took offense with Yarka for her joke.

обра́злив|ий, *adj.*
1 insulting, offensive, hurtful
adv. бо́лісно painfully, вкрай extremely, глибо́ко deeply, до́сить fairly, ду́же very, надзвича́йно excessively, несте́рпно unbearably; навми́сно deliberately ◊ навми́сно о. тон a deliberately offensive tone; свідо́мо consciously; ні тро́хи не not in the least, ніскі́льки не not a bit
v. + о. бу́ти ~им be insulting ◊ Для Ле́ва її комента́р був ~им. For Lev, her comment was insulting. (вважа́ти + *A.* consider sth ◊ Це сло́во вважа́ють ~им. The word is considered to be offensive. виявля́тися turn out, звуча́ти sound, здава́тися + *D.* seem to sb, лиша́тися remain, става́ти become)
prep. о. для + *G.* insulting for sb
Also see вразли́вий 2
2 easily offended, touchy, sensitive
adv. абсу́рдно absurdly, вкрай extremely, ду́же very ◊ Лев ви́явився ду́же ~им. Lev turned out to be very easily offended. до́сить rather, таки́й such
See вразли́вий 1, чутли́вий 1

о́бразн|ий, *adj.*
1 figurative ◊ в ~ій фо́рмі in a figurative form
2 expressive, vivid, eloquent
adv. винятко́во exceptionally, вкрай extremely, глибо́ко deeply, ду́же very, надзвича́йно extraordinarily, особли́во particularly; дивови́жно amazingly, разю́че strikingly; до́сить fairly; ма́йже almost; не доста́тньо insufficiently
v. + о. бу́ти ~им be expressive (вважа́ти + *A.* consider sth, здава́тися + *D.* seem to sb, лиша́тися remain, става́ти become) ◊ Його́ мо́ва става́ла ду́же ~ою. His language was becoming very expressive.
See експреси́вний. *Also see* яскра́вий 4

о́бран|ий, *adj.*
1 chosen, selected, select ◊ Він вивча́є о. прое́кт. He is studying the selected project.
Also see ви́браний
2 elected
adv. відкри́то openly, та́ємно by a secret ballot; ві́льно freely, демократи́чно democratically, зако́нно lawfully, леґіти́мно legitimately; недемократи́чно undemocratically, незако́нно unlawfully, нелеґіти́мно illegitimately
v. + бу́ти ~им + *I.* be elected as sb ◊ Вона́ ~а голово́ю асоціа́ції. She is elected as president of the association.
prep. о. до + *G.* elected to *(a body)* ◊ о. до місько́ї ра́ди elected to the city council; о. на + *A.* elected as sb ◊ Шкляр був о. на засту́пника ме́ра. Shkliar was elected as deputy mayor.
3 *as n.* the chosen one ◊ За ро́зумом він нале́жав до небагатьо́х ~их. By his intellect, he belonged to a few chosen ones.

обра́|ти, *pf., see* **обира́ти**
to choose, select ◊ З якоїсь невідо́мої причи́ни Лі́дія ~ла найбі́льш ризико́вий план дій. For some unknown reason, Lidiia chose the most risky plan of action.

о́брі|й, *m.*, **~ю**
1 horizon, skyline
adj. дале́кий distant; си́ній blue, те́мний dark; вечі́рній evening; за́хідний western, півде́нний southern, *etc.*
v. + о. диви́тися на о. look at the horizon (огляда́ти scan) ◊ Моряки́ із триво́гою огляда́ли о. The sailors anxiously scanned the horizon. зника́ти з ~ю disappear from the horizon (щеза́ти vanish); з'явля́тися на ~ї appear on the horizon ◊ На дале́кому ~ї з'яви́лися невира́зні о́брис о́строва. Vague outlines of an island appeared on the distant horizon.
prep. до ~ю to the horizon ◊ Лі́си́ тягну́лися до само́го ~ю. The forests stretched to the very horizon. за о. *dir.* below the horizon ◊ Со́нце сі́ло за о. The sun set below the horizon. за ~єм *posn.* beyond the horizon ◊ Рі́вне залиши́лося за ~єм. Rivne remained beyond the horizon. на о. *dir.* at the horizon ◊ Усі́ пи́льно диви́лися на о. Everybody was looking intently at the horizon. на ~ї *posn.* on the horizon ◊ На ~ї з'яви́лися хма́ри. Clouds appeared on the horizon.
2 *fig.* width, breadth
adj. безме́жний boundless, широ́кий wide ◊ широ́кий о. тво́рчої уя́ви a wide breadth of creative imagination; неба́чений unprecedented
See ширина́
3 *fig., usu pl.* possibilities, opportunities, horizons ◊ Осві́та відкри́ла пе́ред ним неба́чені ~ї. Education opened up unprecedented opportunities for him.
See можли́вість

о́брус, *m.*, **~а**
tablecloth
adj. бав́овня́ний cotton, лляни́й linen; вишива́ний embroidered, тка́ний woven; одноразо́вий disposable, папе́ро́вий paper; бабу́син grandma's; барви́стий colorful, білосні́жний snow-white, сві́жий fresh, чи́стий clean; га́рний beautiful; бу́де́нний everyday; святко́вий holiday; ви́прасуваний pressed, накрохма́лений starched; брудни́й dirty, заплямо́ваний stained, пом'я́тий creased, по́рваний torn; стари́й old
v. + о. застеля́ти о. spread out a tablecloth ◊ Вона́ застели́ла на стіл лляни́й о. She spread a linen tablecloth on the table. (зніма́ти take off, склада́ти fold; міня́ти change; ма́зати soil, плямува́ти stain; пра́ти wash, прасува́ти iron); користува́тися ~ом use a tablecloth ◊ У рестора́ні кори́сту́ються папе́ро́вими ~ами. They use paper tablecloths in the restaurant.

обру́ч|ка, *f.*
wedding ring
adj. дорога́ expensive; стара́ old; золота́ gold, мі́дна copper, срі́бна silver; деше́ва cheap; завели́ка too big, замала́ too small
v. + о. одяга́ти ~ку put on a wedding ring (зніма́ти take off; хова́ти hide; дарува́ти + *D.* give sb ◊ Нарече́ний подарува́в їй золоту́ ~ку. The groom gave her a gold wedding ring. купува́ти buy; губи́ти lose, допасо́вувати fit) ◊ Її ~ку тре́ба допасува́ти. Her wedding ring needs some fitting.
L. на ~ці, *G. pl.* ~ок

обря́д, *m.*, **~у**
ritual, ceremony, rite
adj. да́вній age-old, стари́й old, старода́вній ancient; нови́й new; приміти́вний primitive, про́стий simple; традиці́йний traditional; щоде́нний daily, щорі́чний annual, неді́льний Sunday, *etc.* сіме́йний family, наро́дний folk, націона́льний national, племі́нний tribal; помпе́зний pompous, урочи́стий solemn; хитрому́дрий sophisticated; дива́цький bizarre ◊ Ко́жен нова́к прохо́дить цей дива́цький о. Every novice undergoes the bizarre ritual.

ди́вний strange; **магі́чний** magical; **похму́рий** grim, **тає́мний** secret, **таємни́чий** mysterious; **релігі́йний** religious, **свяще́нний** sacred; **католи́цький** Catholic, **правосла́вний** Orthodox, **християнський** Christian, **юде́йський** Jewish; **сатани́нський** satanic, **шама́нський** shamanic, **язи́чницький** pagan; **весі́льний** wedding ◊ **Вони́ впе́рше ба́чили весі́льний о.** They saw the wedding ceremony for the first time. **шлю́бний** matrimonial; **похова́льний** funeral

v. + **о. вико́нувати о.** perform a ceremony ◊ **Шлю́бний о. вико́нував ра́бин.** The matrimonial ceremony was performed by a rabbi. (**зді́йснювати** do, **прово́дити** conduct; **почина́ти** begin; **перерива́ти** interrupt, **продо́вжувати** continue; **закі́нчувати** complete, **прохо́дити** undergo, go through **пору́шувати** violate); **ро́бити з** + *G.* **о.** make a ritual of sth ◊ **Ю́рко ро́бить із готува́ння ї́жі яки́йсь таємни́чий о.** Yurko makes some mysterious ritual of cooking food. **дотри́муватися ~у** observe a ritual; **йти за ~ом** follow a ritual ◊ **Весі́лля йшло за наро́дним ~ом.** The wedding followed a folk ritual.

о. + *v.* **відбува́тися** occur, take place; **зберіга́тися** survive ◊ **У півні́чній части́ні краї́ни зберегли́ся де́які старови́нні ~и.** Some ancient rituals have survived in the northern part of the country.

обслуго́вуванн|я, *nt., only sg.*

service

adj. **бездога́нне** impeccable, **винятко́ве** exceptional, **відмі́нне** excellent, **до́бре** good, **доскона́ле** perfect, **ефекти́вне** efficient, **першокла́сне** first-class, **поря́дне** decent, **професі́йне** professional, **фахове́** competent, **чудо́ве** great, **швидке́** quick, **я́кісне** quality; **ке́пське** poor, **негодя́ще** shoddy, **жахли́ве** dreadful, **паску́дне** *colloq.* lousy, **пога́не** bad, **пові́льне** slow, **посере́днє** mediocre, **таке́ собі́** so-so; **пові́льне** slow; **швидке́** quick, ♦ **ресторан швидко́го о.** a fast food restaurant; ♦ **меди́чне о.** health service; ♦ **техні́чне о.** servicing

v. + **о. надава́ти** + *D.* **о.** deliver service to sb ◊ **Фі́рма надає́ абоне́нтам інформаці́йне о.** The firm delivers information service to its subscribers. (**забезпе́чувати** + *D.* provide to sb, **пропонува́ти** + *D.* offer sb ◊ **Банк пропону́є фахове́ о.** The bank offers competent service. **вдоскона́лювати** perfect, **покра́щувати** improve; **отри́мувати** receive; **ґарантува́ти** + *D.* guarantee to sb; **нарі́кати** *or* **ска́ржитися на** complain of ◊ **Кліє́нти нарікають на о. в готе́лі.** Customers complain about the service at the hotel.

Also see **самообслуго́вування, слу́жба 3.** *Cf.* **по́слуга**

обслуго́ву|вати, ~ють; обслуж|и́ти, ~у́, ~ать, *tran.*

to service, serve, cater ◊ **Вони́ ~ють сере́дні шко́ли.** They cater to secondary schools.

adv. **бездога́нно** impeccably, **винятко́во** exceptionally ◊ **У бібліоте́ці ~ють про́сто винятко́во.** The service is simply exceptional in the library. **відмі́нно** excellently, **до́бре** well, **доскона́ло** perfectly, **ефекти́вно** efficiently, **першокла́сно** at first-class level, **професі́йно** professionally, **фа́хово** competently, **чудо́во** superbly, **я́кісно** with high quality; **ке́псько** poorly, **жахли́во** dreadfully, **паску́дно** *colloq.* lousily, **пога́но** badly, **так собі́** so-so; **пові́льно** slowly ◊ **У тураге́нції пові́льно ~ють.** The service is slow at the travel agency. **шви́дко** quickly

v. + **о. бу́ти гото́вим** be ready to; **вдава́тися** succeed in, **змогти́** *pf.* manage to; **бу́ти не в змо́зі** be unable to ◊ **Вони́ не в змо́зі обслужи́ти вели́ку кі́лькість кліє́нтів.** They are unable to serve a large number of customers. **відмовля́тися** refuse to ◊ **У крамни́ці відмо́вилися її о.** They refused to serve her at the store. **могти́** can; **проси́ти** + *A.* ask sb to ◊ **Він попроси́в офіціа́нта обслужи́ти ї́х якнайшви́дше.** He asked the waiter to serve them as quickly as possible.

pa. pple. **обслу́жений** serviced

обслуго́вуй! обслужи́!

обслужи́|ти, *pf., see* обслуго́вувати

to service, serve ◊ **Тури́стів шви́дко ~ли.** The tourists were quickly served.

обста́вин|а, *f.*

1 circumstance, condition, fact; *often pl.* ◊ **Він прихова́в кі́лька деліка́тних обста́вин.** He concealed a few delicate facts.

adj. **вагома** weighty ◊ **Він поḯхав із мі́ста че́рез пе́вну вагому ~у.** He had left town because of certain weighty circumstances. **важка́** difficult, **тяжка́** dire, **важли́ва** important, **екстрема́льна** extreme ◊ **Він зберіга́в холо́дний ро́зум на́віть в екстрема́льних ~ах.** He kept a cold head even in extreme circumstances. **надзвича́йна** extraordinary, **неви́гідна** adverse, **незвича́йна** unusual, **особли́ва** special; **звича́йна** usual, **норма́льна** normal; **несприя́тлива** unfavorable, **складна́** tough, **трагі́чна** tragic; **сприя́тлива** favorable; **підозрі́ла** suspicious, **таємни́ча** mysterious; **пом'я́кшувальна** mitigating; **мінли́ва** changing, **неуни́кна** unavoidable; **непередба́чувана** unforeseen; **економі́чна** economic, **істори́чна** historical, **культу́рна** cultural, **політи́чна** political, **суспі́льна** social, **фіна́нсова** financial; **пе́вна** certain, **конкре́тна** specific, **тепе́рішна** current, **нале́жна** right ◊ **Це мо́жна зроби́ти в нале́жних ~ах.** This can be done under the right circumstances. **життє́ва** life

v. + **о. врахо́вувати ~у** take circumstances into account ◊ **Слід врахо́вувати ко́жну економі́чну ~у.** One needs to take into account each economic condition. (**зважа́ти на** consider; **іґнорува́ти** ignore ◊ **Нерозу́мно іґнорува́ти тепе́рішні ~и.** It is ill-advised to ignore the current situation. **аналізува́ти** analyze, **розсте́жувати** investigate) ◊ **Вона́ розсте́жує ~и вбивства.** She is investigating the circumstances of the murder.

о. + *v.* **склада́тися** arise, be ◊ **Скла́лися несприя́тливі ~и.** The circumstances were unfavorable. **сприя́ти** + *D.* favor sb/sth ◊ **Фіна́нсові ~и сприя́ли ї́м.** The financial conditions favored them. **перешко́джа́ти** + *D.* be in sb's way ◊ **Політи́чні ~и перешкоджа́ли ї́хньому сою́зу.** The political circumstances were in the way of their alliance. **вимага́ти** + *A. or inf. or* **щоб** require sth *or clause* ◊ **~и вимага́ють відмо́витися від ва́ших пла́нів.** The circumstances require that you give up your plans. **диктува́ти** + *A.* dictate sth; **виправдо́вувати** + *A.* justify sth ◊ **~и виправдо́вували скра́йні дії.** The circumstance justified extreme actions. **пом'я́кшувати** + *A.* extenuate sth, **поя́снювати** + *A.* explain sth; **міня́тися** change, **змушувати** + *A.* force sb, **дозволя́ти** + *D.* allow sb

prep. **за обста́вин** under circumstances; **за жо́дних обста́вин** under no circumstances ◊ **Не робі́ть цього́ за жо́дних обста́вин.** Don't do it under any circumstances. ◊ **за цих обста́вин** under these circumstances; **зале́жно від обста́вин** depending on circumstance; **зважа́ючи на ~и** in view of the circumstance; **згі́дно з ~ами** according to circumstance ◊ **Ми ді́ятимемо згі́дно з ~ами.** We shall act according to circumstances. **че́рез обста́вини** because of the circumstances ◊ **Він скасува́в по́дорож че́рез роди́нні ~и.** He cancelled his trip for family reasons. ♦ **си́лою обста́вин** by force of circumstances; **непідвла́дні** + *D.* **~и** circumstances beyond sb's control ◊ **Зупи́нка ста́лася за непідвла́дних ї́м обста́вин.** The stop was due to circumstances beyond their control. ♦ **же́ртва обста́вин** a victim of circumstance

2 *ling.* adverbial modifier ◊ **о. ча́су** an adverbial modifier of time (**мети́** purpose, **мі́сця** place, **спо́собу дії** manner, *etc.*)

обстано́в|ка, *f., only sg.*

1 furnishings, furniture

adj. **бага́та** rich ◊ **Їх вра́зила бага́та о. резиде́нції.** The rich furnishings of the residence impressed them. **дорога́** expensive; **суча́сна** contemporary; **мо́дна** fashionable; **про́ста** simple, **скро́мна** modest; **автенти́чна** authentic ◊ **Автенти́чна о. поме́шкання письме́нника збереглася з XIX ст.** The authentic furnishings of the writer's residence survived since the 19th century. **пе́рвісна** original; **спра́вжня** genuine

о. + *n.* **о. віта́льні** living room furnishings (**готе́лю** hotel, **житла́** dwelling, **кварти́ри** *and* **поме́шкання** apartment, **спа́льні** bedroom; **бібліоте́ки** library, **кабіне́ту** study; **епо́хи** period)

v. + **о. змі́нювати ~ку** change the furnishings ◊ **Вона́ змі́нила ~ку кімна́ти.** She changed the furnishings of the room. (**відтво́рювати** reproduce, **іміту́вати** imitate; **нага́дувати** resemble ◊ **Кімна́та ма́ла нага́дувати ~ку поме́шкання худо́жника.** The room was supposed to resemble the furnishings of the artist's apartment. **осуча́снювати** modernize)

See **ме́блі**

2 *fig.* feel, ambience

adj. **невиба́глива** unpretentious, **скро́мна** modest; **га́рна** nice, **за́тишна** cozy, **приє́мна** pleasant; **неповто́рна** inimitable, **своєрі́дна** nonconventional; **дома́шня** homelike

v. + **о. роби́ти ~ку** make the ambience ◊ **Ремо́нт зроби́в ~ку поме́шкання ха́тньою.** The renovation made the ambience of the apartment homelike. (**нага́дувати** resemble, **ство́рювати** create; **псува́ти** spoil, **руйнува́ти** ruin)

3 conditions, situation ◊ **Ва́жко працюва́ти в ~ці пості́йного стре́су.** It is hard to work under conditions of constant stress.

See **ситуа́ція, умо́ва 2.** *Also see* **кон'юнкту́ра, стан[1] 2, стано́вище 1**

4 stage set ◊ **Худо́жник створи́в своєрі́дну ~ку для п'є́си.** The artist created an unconventional set for the play.

See **декора́ція 1**

обсте́жен|ня, *nt.*

1 medical examination, medical checkup

adj. **меди́чне** medical, **лі́карське** doctor's, **післяопераці́йне** postoperative, **психіатри́чне** psychiatric, **фізи́чне** physical; **насту́пне** next, **оста́ннє** last, **періоди́чне** periodic, **пе́рвісне** initial, **попере́днє** preliminary, **пода́льше** further, **щорі́чне** annual ◊ **Юрі́й пройшо́в щорі́чне о.** Yurii underwent his annual medical. **обов'язко́ве** mandatory; **зага́льне** general, **пла́нове** routine; **профілакти́чне** prophylactic ◊ **О. було́ профілакти́чним.** The medical was prophylactic. **глибо́ке** in-depth, **докла́дне** detailed, **по́вне** complete, **приски́пливе** rigorous, **рете́льне** thorough, **системати́чне** systematic, **ува́жне** careful; **трива́ле** lengthy; **професі́йне** professional, **фахове́** competent; **коро́тке** brief, **побі́жне** cursory, **поверхо́ве** superficial; **недба́ле** shoddy, **пога́не** bad, **непрофесі́йне** unprofessional

о. + *n.* **о. се́рця** a heart checkup ◊ **Ї́й зроби́ли о. се́рця.** She was given a heart checkup. (**леге́нів** lungs, **мо́зку** brain, **печі́нки** liver, **хребта́** spine)

v. + **о. ма́ти о.** have an examination ◊ **За мі́сяць він ма́тиме о.** In a month, he will have his medical. (**прово́дити** carry out ◊ **Він прові́в післяопераці́йне о.** He carried out a postoperative examination. **вико́нувати** conduct, **дозволя́ти** allow, **прохо́дити** undergo; **роби́ти** + *D.* give sb; **записуватися на** register for, **ляга́ти на** come under) ◊ **Вона́ лягла́ на о. мо́зку.** She came under a brain checkup. **вимага́ти о.** require

an examination ◊ **Її стан вимага́є меди́чного о.** Her condition requires a medical examiniation. (**потребува́ти** need; **ухиля́тися від** evade); **піддава́ти** + *A.* **~ню** subject sb to a medical
prep. **о. на** + *A.* examination for *(sickness)* ◊ **о. на СНІД** an AIDS checkup (**рак** *or* **ра́ка** cancer, **главко́му** glaucoma, *etc.*)
Also see **о́гляд 2**
2 inspection, visual examination, scrutiny, survey ◊ **о. терито́рії** a terrain inspection
Cf. **вивчення, дослі́дження, о́гляд 2**

обсте́жи|ти, *pf., see* обсте́жувати

to examine, inspect, *etc.* ◊ **Слі́дчий ~в мі́сце зло́чину.** The detective examined the crime site.

обсте́жу|вати, ~ють; обсте́ж|ити, ~ать, *tran.*

1 to examine, inspect, scrutinize, look at, survey
adv. **до́вго** for a long time ◊ **Він до́вго ~вав о́брій у біно́кль.** He inspected the horizon through his binoculars for a long time. **рете́льно** thoroughly, **скрупульо́зно** scrupulously, **стара́нно** meticulously, **ува́жно** carefully
о. + *n.* **о. бе́рег** survey a coast (**корабе́ль** ship, **літа́к** aircraft, **мі́сце** venue, **місце́вість** terrain, **об'є́кт** site, **рі́чку** river, **терито́рію** territory)
v. + **о. намага́тися** seek to, **про́бувати** attempt to, **хоті́ти** want to, **пропонува́ти** + *D.* offer sb to; **почина́ти** begin to; **продо́вжувати** continue to; **закі́нчувати** finish ◊ **Комі́сія закі́нчить о. ула́мки літака́ за два дні.** The commission will finish examining the aircraft wreckage in two days. **припиня́ти** stop
Cf. **вивча́ти, огляда́ти 2**
2 *med.* to examine, give a checkup
adv. **докла́дно** in detail, **по́вністю** completely, **прискі́пливо** rigorously, **рете́льно** thoroughly ◊ **Онко́лог рете́льно обсте́жив пухли́ну.** The oncologist examined the tumor thoroughly. **професі́йно** professionally, **фа́хово** competently; **ко́ротко** briefly, **побі́жно** cursorily, **поверхо́во** superficially, **шви́дко** quickly; **недба́ло** carelessly, **пога́но** badly; **окре́мо** separately ◊ **Лі́кар ~ватиме ко́жного хво́рого окре́мо.** The doctor will be examining every patient separately.
о. + *n.* **о. го́рло** examine a throat (**леге́ні** lungs, **се́рце** heart, **хребе́т** spine, **ши́ю** neck, *etc.*)
v. + **о. бу́ти потрі́бно** be necessary to ◊ **Потрі́бно обсте́жити йому́ се́рце.** It is necessary to examine his heart. **бу́ти тре́ба** + *D.* need to; **вдава́тися** succeed in; **змогти́** *pf.* manage to, **збира́тися** be going to, **планува́ти** plan to; **хоті́ти** want to
Also see **огляда́ти 3**
pa. pple. **обсте́жений** examined
обсте́жуй! обсте́ж!

о́бся|г, *m.*, ~у

1 scope, extent, amount, size
adj. **вели́кий** large, **величе́зний** enormous, **значни́й** considerable, **неба́чений** unheard-of, **помі́тний** noticeable, **серйо́зний** serious; **мали́й** *and* **невели́кий** small, **мізе́рний** negligible, **обме́жений** limited; **де́нний** daily, **тижне́вий** weekly, **мі́сячний** monthly, **кварта́льний** quarterly, **рі́чни́й** annual
v. + **о. визнача́ти о.** determine a scope ◊ **Вони́ му́сили ви́значити о. про́дажів.** They had to determine the sales scope. (**збі́льшувати** increase; **зме́ншувати** diminish, **обме́жувати** limit)
prep. **в ~зі** on a scale ◊ **в мало́му ~зі** on a small scale, ♦ **в по́вному ~зі** completely, in full ◊ **Вони́ пройшли́ фоноло́гію у по́вному ~зі.** They covered phonology in full. **за ~гом** in size ◊ **вели́ка за ~гом ревізі́я** a large-scale audit; ♦ **бу́ти ~гом у** + *A.* to have the size (length) of *(value)* ◊ **Оповіда́ння ~гом у ти́сячу слів.** The story is a thousand-words long.
See **величина́ 1, масшта́б 2, ро́змір 1**
2 limits, boundaries ◊ **Він існува́в по́за ~гом сво́го звича́йного середо́вища.** He existed outside the boundaries of his usual environment.
See **межа́ 1**

обу́рен|ий, *adj.*

outraged, scandalized, indignant + *I.* by
adj. **ви́ди́мо** visibly ◊ **Він ви́ди́мо о. відпові́ддю.** He is visibly scandalized by the response. **вкрай** extremely, **ду́же** very, **до́сить** fairly, **помі́тно** noticeably; **де́що** somewhat, **тро́хи** a little; **ви́правдано** justifiably
v. + **о. бу́ти ~им** be outraged (**вигляда́ти** look ◊ **Він вигляда́в я́вно ~им.** He looked clearly outraged. **здава́тися** + *D.* seem to sb)
prep. **о. за** + *A.* indignant over/for sth; **о. на** + *A.* indignant with sb ◊ **Іва́н о. на не́ї за зра́ду.** Ivan is indignant with her over her betrayal.

обу́ренн|я, *nt., only sg.*

indignation, resentment, outrage
adj. **вели́ке** great, **глибо́ке** deep, **широ́ке** widespread ◊ **Акція спровокува́ла широ́ке о. се́ред студе́нтів.** The action provoked a widespread outrage among students. **спра́вжнє** genuine, **страшне́** horrible; **грома́дське** public, **зага́льне** general, **наро́дне** popular, **міжнаро́дне** international, **односта́йне** unanimous; **мора́льне** moral; **де́яке** some, **помі́тне** noticeable; **недовготрива́ле** short-lived; **показне́** affected, **ро́блене** *or* **уда́ване** feigned
v. + **о. виклика́ти о.** cause indignation ◊ **Зая́ва ви́кликала зага́льне о.** The statement caused general indignation. (**відчува́ти** feel; **провокува́ти** provoke; **висло́влювати** voice, **виража́ти** express; **іґнорува́ти** ignore); **бу́ти спо́вненим о.** be full of indignation (**затина́тися від** stammer with, **пала́ти від** burn with, **трясти́ся від** shudder with) ◊ **Він тря́сся від о.** He was shuddering with indignation.
prep. **від о.** with indignation; **з ~ям** with indignation ◊ **Він з ~ям відки́нув пропози́цію.** He rejected the offer with indignation. **о. з при́воду** + *G.* indignation over (the fact that) ◊ **Ре́чник ви́словив о. з при́воду на́паду на диплома́та.** The spokesman expressed indignation over the attack at the diplomat. **о. на** + *A.* indignation against sb ◊ **наро́дне о. на вла́ду** popular indignation against the authorities

обу́ри|ти, *pf., see* обу́рювати

to outrage, *etc.* ◊ **Зая́ва ~ла диплома́тів.** The statement outraged the diplomats.

обу́ри|тися, *pf., see* обу́рюватися

to get outraged, *etc.* ◊ **Відві́дувачка ~лася на офіціа́нта.** The (female) customer got outraged with the waiter.

обу́рлив|ий, *adj.*

outrageous, scandalizing
adv. **абсолю́тно** absolutely, **вкрай** extremely, **геть** totally, **цілко́м** completely ◊ **цілко́м ~а знева́га до норм мора́лі** completely outrageous contempt for moral standards
v. + **о. бу́ти ~им** be outrageous (**вважа́ти** + *A.* consider sth, **здава́тися** + *D.* seem to sb) ◊ **Його́ комента́рі здава́лися всім ~ими.** His comments seemed outrageous to everybody.

обу́рю|вати, ~ють; обу́р|ити, ~ять, *tran.*

to outrage, cause indignation, scandalize + *I.* with ◊ **Він обу́рив профе́сора недба́льством.** He scandalized the professor with his negligence.
adv. **вкрай** extremely, **глибо́ко** deeply ◊ **Її глибо́ко ~вало ста́влення полі́тика до вибо́рців.** She was deeply outraged by the politician's treatment of voters. **ду́же** very, **спра́вді** genuinely, **як ніко́ли** like never before; **ви́ди́мо** visibly, **помі́тно** noticeably, **я́вно** obviously
pa. pple. **обу́рений** outraged
обу́рюй! обу́р!

обу́рю|ватися; обу́ритися, *intr.*

1 to be indignant
prep. **о. за** + *A.* be indignant for sth. **о. на** + *A.* be indignant at sb/sth ◊ **Він ~ється на полі́цію за о́бшук.** He is indignant at the police for the search.
2 to complain, protest
adv. **відкри́то** openly, **го́лосно** loudly ◊ **Покупе́ць го́лосно ~вався.** The customer was complaining loudly. **про се́бе** to oneself, **ти́хо** quietly
See **протестува́ти**

обхо́д|ити, ~жу, ~ять; обійти́, ~у́, обі́йд|уть, *tran.*

1 to go around, walk around
adv. **зза́ду** from behind, **спе́реду** from the front; **лі́воруч** on the left, **пра́воруч** on the right; **круго́м** *or* **навко́ло** around ◊ **Вони́ обійшли́ пло́щу навко́ло.** The went around the square. **зра́зу** at once, **шви́дко** quickly; **пові́льно** slowly; **ле́гко** easily, **обере́жно** carefully; **навми́сно** deliberately, **свідо́мо** consciously; **непомі́тно** unnoticed ◊ **Він непомі́тно обійшо́в буди́нок ізза́ду.** He walked around the house from behind unnoticed.
2 *mil.* to flank ◊ **о. воро́жі пози́ції злі́ва** to flank the enemy's positions on the left
3 to make one's rounds, visit *(several places)* ◊ **Під час кампа́нії кандида́т ~ив ко́жне поме́шкання в о́крузі.** During the campaign, the candidate would visit every apartment in the constituency.
4 to spread *(of news, etc.)*, circulate ◊ **Чу́тка обійшла́ село́.** The rumor spread through the village.
5 to bypass, keep away from, avoid ◊ **Вони́ ру́халися вночі́, ~ячи посе́лення.** They moved at night, bypassing settlements. ♦ **о.** + *A.* **деся́тою доро́гою** to keep as far away as possible from sb/sth ◊ **Га́ля ~ить парк деся́тою доро́гою.** Halia keeps as far away from the park as possible. ♦ **о.** + *A.* **стороно́ю** to avoid sb/sth ◊ **У до́повіді він обійшо́в стороно́ю змі́ну підсо́ння.** In the report, he avoided mentioning climate change.
See **уника́ти.** *Also see* **ухиля́тися 2**
6 to ignore, take no notice, snub, pass over ◊ **Його́ обійшли́ у підви́щенні платні́.** He was passed over for a salary raise.
Alse see **мина́ти 2**
7 *only impf.* to interest, matter to
adv. **все-таки́** still, **ду́же** very much, **неаби́як** really ◊ **Окса́ну неаби́як ~ить здоро́в'я батькі́в.** Oksana really cares for her parents' health. **серйо́зно** seriously; **зо́всім не** not at all ◊ **Ва́ші на́міри мене́ зо́всім не ~ять.** Your intentions are of no interest to me at all. **нітро́хи не** not in the least ◊ **Неве́жe вас нітро́хи не ~ить, як закі́нчиться матч?** Don't you care in the least for how the match ends?
See **ціка́вити 1**
pa. pple. **обі́йдений** bypassed
обхо́дь! обійди́!

обхо́д|итися; обійти́ся, *intr.*

1 to do without, manage ◊ **Він му́сив о. вла́сними си́лами.** He had to manage on his own.
adv. **все** *colloq.* all the time, **ле́две** scarcely, **наси́лу** hardly, **ле́гко** easily ◊ **Оле́на ле́гко обійшла́ся без його́ пора́д.** Olena easily did without his advice. **цілко́м** completely, **я́кось** somehow
prep. **о. без** + *G.* do without sb/sth ◊ **Він обійшо́вся без допомо́ги.** He has managed without help.
2 to cost + *D.* to sb ◊ **Змі́на па́м'яті обійшла́ся їй у ти́сячу гри́вень.** Memory replacement cost her ₴1,000.
See **ко́штувати.** *Also see* **вартува́ти**[1]
3 to treat, behave toward
adv. **ввічливо** respectfully, **га́рно** nicely, **ґре́чно** courteously ◊ **Він ґре́чно ~ився зі студе́нтами.**

He treated students with courtesy. **до́бре** well, **люб'я́зно** kindly, **поря́дно** decently, **співчу́тливо** with sympathy, **справедли́во** justly, **че́мно** politely, **че́сно** fairly; **ви́клично** defiantly, **гру́бо** rudely, **жахли́во** terribly, **ке́псько** poorly, **наха́бно** brazenly, **пога́но** badly, **поха́мськи** boorishly; **відпові́дно** accordingly, **нале́жно** properly ◊ **Він ~иться нале́жно з ко́жним відві́дувачем.** He treats every visitor properly.
prep. **о. з** + *I.* treat sb
See **пово́дитися.** *Also see* **трима́тися 4**
4 *colloq.* to work out, turn out, end ◊ **Усе́ обійшло́ся.** Everything worked out fine.
adv. **гара́зд** all right, **до́бре** fine, **чудо́во** superbly, **я́кось** somehow ◊ **Вони́ журили́ся, що бу́дуть пробле́ми, але́ все я́кось обійшло́ся.** They worried there would be problems, but it all worked out somehow.

о́бшук, *m.*, **~у**
search *(by police)*
adj. **вели́кий** major, **ви́черпний** exhaustive, **ретéльний** thorough ◊ **Рете́льний о. підо́зрюваного став для полі́ції розчарува́нням.** The thorough search of the suspect became a disappointment for the police. **ма́рний** futile; **несподі́ваний** sudden; **безпідста́вний** unreasonable ◊ **Конститу́ція забороня́є безпідста́вні ~и.** The constitution prohibits unreasonable searches. **незако́нний** illegal, **сваві́льний** arbitrary; **безпере́рвний** nonstop ◊ **Безпере́рвні ~и у в'язни́ці трива́ли мі́сяць.** The nonstop searches in the prison lasted for a month. **пості́йний** constant, **системати́чний** systematic; **полі́ційний** police
v. + **о. провокува́ти о.** provoke a search ◊ **Оди́н необа́чний крок міг спрово́кувати о. у ка́мері.** One indiscreet step could provoke a search in the cell.(**дозволя́ти** + *D.* allow sb, **санкціонува́ти** authorize) ◊ **Суддя́ санкціонува́в о.** The judge authorized the search. **піддава́ти** + *A.* **~у** subject sb to a search ◊ **Ва́рта піддала́ їх незако́нному ~у.** The guards subjected them to an illegal search.
о. + *v.* **відбува́тися** take place, **прохо́дити** be underway ◊ **У її ха́ті прохо́див полі́ційний о.** A police search was underway in her house. **закі́нчуватися** end ◊ **О. закі́нчився без результа́тів.** The search ended without results.
prep. **вна́слідок ~у** as a result of the search ◊ **Унa̒слідок ~у ви́лучено два кілогра́ми кокаї́ни.** As a result of the search, 2 kg of cocaine were seized. **під час ~у** during a search; ♦ **о́рдер на о.** a search warrant

обшука́|ти, *pf., see* **обшу́кувати**
to search ◊ **У полі́ційному ві́дділку Мар'я́ну ~ли.** At the police precinct, Mariiana was searched.

обшу́ку|вати, **~ють; обшука́|ти**, **~ють**, *tran.*
1 to search, frisk, examine
adv. **рете́льно** thoroughly; **ма́рно** in vain ◊ **Шпигуна́ ма́рно ~вали.** They searched the spy in vain. **несподі́вано** suddenly; **незако́нно** illegally, **свaві́льно** arbitrarily ◊ **Він свaві́льно ~вав ко́жного, хто йому́ неподо́бався.** He searched arbitrarily everyone he did not like. **пості́йно** constantly, **системати́чно** systematically.
Also see **трясти́ 3**
2 to look for, forage for, go through ◊ **Вона́ обшука́ла чима́ло мере́жевих ресу́рсів, щоб установи́ти а́втора ви́слову.** She went through a great number of Internet resources to identify the author of the quote.
See **шука́ти 1.** *Also see* **нагляда́ти 3, ри́тися, розшу́кувати 1**

ова́л, *m.*, **~а**
oval ◊ **доскона́лий о. її обли́ччя** the perfect oval of her face; ◊ **Ра́ма портре́ту ви́конана у фо́рмі ~а.** The portrait frame is executed in the shape of an oval.
Cf. **круг**[1] **2**

ове́ч|ий, *adj.*
1 sheep, ovine, of or relating to sheep
о. + *n.* **о. кожу́х** a sheep-skin coat; **о. сир** sheep cheese; **~а во́вна** sheep wool (**фе́рма** farm; **шку́ра** skin) ♦ **вовк в ~ій шку́рі** a wolf in sheep's clothing ◊ **Він пово́диться, як вовк в ~ій шку́рі.** He behaves like a wolf in sheep's clothing.
~е бе́кання sheep bleating (**копи́то** hoof; **молоко́** milk, **м'я́со** meat; **пасови́сько** pasture)
Cf. **вівця́**
2 *fig.* obedient, docile, meek, sheeplike ◊ **Його́ ~а нату́ра дратува́ла Оле́ксу.** His meek nature irritated Oleksa.
See **пока́рний.** *Also see* **сві́йський 2, слухня́ний**

оволоді|ва́|ти, **~ють; оволоді́|ти**, **~ють**, *intr.*
1 to seize, capture, take possession of + *I.* ◊ **Чолові́к спро́бував оволоді́ти не́ю си́лою.** The man made an attempt to take her by force.
adv. **блискави́чно** in a flash, **ґвалто́вно** abruptly, **зра́зу** instantly, **нега́йно** immediately ◊ **Вони́ ма́ли завда́ння нега́йно оволоді́ти мосто́м.** They had the task of capturing the bridge immediately. **несподі́вано** unexpectedly, **ра́птом** suddenly, **тут же** right away, **шви́дко** quickly; **пі́дступом** by subterfuge, **си́лою** by force, **хи́трістю** by a ruse ◊ **Во́рог міг оволоді́ти за́мком лише́ хи́трістю.** The enemy could capture the castle only by a ruse.
о. + *n.* **о. пози́цією** seize a position (**бага́тством** wealth, **мі́стом** city, **село́м** village, **плацда́рмом** bridgehead) ◊ **Вояки́ оволоді́ли плацда́рмом на протиле́жному бе́резі рі́чки.** The soldiers captured the bridgehead on the opposite bank of the river.
Also see **опано́вувати 1**
2 to overcome *(of emotions, etc.)*, seize + *I.* ◊ **Рома́ном оволоді́ла жадо́ба по́мсти.** A thirst for vengeance overtook Roman. ♦ **о. собо́ю** to get a grip on oneself ◊ **Перш як відповісти́, вона́ му́сила оволоді́ти собо́ю.** Prior to responding, she had to get a grip on herself. ♦ **о. ува́гою слухачі́в** to capture the audience's attention
adv. **ґвалто́вно** abruptly, **несподі́вано** unexpectedly, **ра́птом** suddenly, **тут же** right away, **шви́дко** quickly; **пові́льно** slowly ◊ **За́здрість пові́льно ~ла не́ю.** Envy was slowly overcoming her. **поступо́во** gradually; **неуни́кно** inevitably; **чому́сь** for some reason
v. + **о. почина́ти** begin to ◊ **Ле́вом почала́ о. па́ніка.** Panic began to overcome Lev. **ста́ти** *pf.* start to
Also see **забира́ти 4, завойо́вувати 2, захо́плювати 7, опано́вувати 2, 3, охо́плювати 4, розбира́ти 6**
оволодіва́й! оволоді́й!

оволоді́|ти, *pf., see* **оволодіва́ти**
to seize, take possession, *etc.* ◊ **Вони́ ~ли мосто́м уночі́.** They captured the bridge at night.

о́воч, *m.*, **~а**
1 vegetable ◊ **Вони́ намага́ються ї́сти бі́льше ~ів та фру́ктів.** They try to eat more vegetables and fruits.
See **горо́дина 1, 2**
2 fruit ◊ **Він зірва́в із я́блуні зеле́ний о.** He picked a green fruit from the apple tree.
♦ **зака́заний о.** the forbidden fruit ◊ **Ка́жуть, що зака́заний о. найсоло́дший.** They say that the forbidden fruit is the sweetest.
See **плід 1, фрукт 1**
3 *coll., sg.* fruit ◊ **На десе́рт подава́ли вся́кий о.** All kinds of fruit were served for dessert.
N. pl. **~і**

овоче́в|ий, *adj.*
vegetable, of or pertaining to vegetables
о. + *n.* **о. сала́т** a vegetable salad (**барвни́к** dye; **ві́дділ** department, **ри́нок** market; **сік** juice); **~а крамни́ця** a vegetable store (**я́тка** stall ◊ **Вона́ ма́ла ~у я́тку на ри́нку.** She had a vegetable stall at the market. **гря́дка** plot; **олі́я** oil; **стра́ва** dish, **ю́шка** soup)

оги́д|а, *f., only sg.*
disgust, revulsion, aversion
adj. **вели́ка** great, **величе́зна** enormous, **глибо́ка** profound, **непере́бо́рна** insuperable, **си́льна** strong, **по́вна** utter, **цілкови́та** complete; **мора́льна** moral; ◊ **відчуття́ ~и** a feeling of revulsion
v. + **о. відчува́ти ~у** feel revulsion ◊ **Він відчу́в ~у до ціє́ї люди́ни.** He felt revulsion for this individual. (**виклика́ти в** + *G.* arouse sb's; **дола́ти** overcome; **висло́влювати** voice, **виража́ти** express; **ма́ти** have); **бу́ти спо́вненим ~и** be filled with revulsion
prep. **з ~ою** with revulsion ◊ **Вона́ погля́нула на Лаврі́на з ~ою.** She looked at Lavrin with revulsion.
prep. **о. до** + *G.* aversion to/for sb/sth ◊ **Він ма́є ~у до щурі́в.** He has an aversion for rats.

оги́дн|ий, *adj.*
disgusting, loathsome, revolting
adv. **вира́зно** distinctly, **винятко́во** exceptionally ◊ **Геро́й мав винятко́во ~у мане́ру говори́ти.** The character had an exceptionally disgusting way of speaking. **вкрай** extremely, **геть** totally, **глибо́ко** deeply, **цілко́м** utterly; **на рі́дкість** extraordinarily; **однозна́чно** unambiguously, downright, ◊ **о. на ви́гляд** of disgusting appearance
v. + **о. бу́ти ~им** be disgusting (**вважа́ти** + *A.* consider sb/sth, **вихо́дити** end up ◊ **Те, що він вари́в, ви́йшло цілко́м ~им на ви́гляд.** What he was cooking ended up being utterly disgusting in appearance. **виявля́тися** turn out, **здава́тися** + *D.* seem to sb, **става́ти** become)
Also see **гидки́й 1, мерзе́нний 1, парши́вий 2, потво́рний 2**

оги́дно, *adv., pred.*
1 *adv.* in a disgusting manner ◊ **Він о. хихи́кав.** He was giggling in a disgusting way.
2 *pred.* disgusting, disgusted
v. + **о. бу́ти о.** + *D.* be disgusting to do sth ◊ **Лі́ні ~о зга́дувати цей ви́падок.** Lina feels disgusted when she recalls the accident. (**почува́тися** *or* **става́ти** feel) ◊ **Що до́вше він слу́хав, то бі́льш о. йому́ става́ло.** The longer he listened the more disgusted he felt.

о́гляд, *m.*, **~у**
1 overview, viewing ◊ **Він зроби́в віко́нце у сті́ні для ~у дво́ру.** He made a small window in the wall for viewing the yard.
prep. **з ~у на** + *A.* in view of sth, because of sth ◊ **Гру скасува́ли з ~у на лю́тий моро́з.** The game was canceled in view of bitter cold. ♦ **ні під яки́м ~ом** under no condition ◊ **Ні під яки́м ~ом не підпи́суй жо́дних докуме́нтів.** Under no condition should you sign any documents.
2 inspection, examination
adj. **меди́чний** medical; **ми́тний** customs; **періоди́чний** periodic, **пла́новий** routine ◊ **пла́новий ми́тний о.** a routine customs inspection; **саніта́рний** sanitation; **техні́чний** technical, **форма́льний** formal; **докла́дний** detailed, **педанти́чний** pedantic, **по́вний** full, **рете́льний** thorough, **скрупульо́зний** scrupulous, **стара́нний** meticulous, **сумлі́нний** conscientious, **ува́жний** careful; **частко́вий** partial; **коро́ткий** brief, **побі́жний** cursory, **поверхо́вий** superficial; **несподі́ваний** unexpected; **трива́лий** lengthy

v. + **о. провóдити о.** carry out an inspection (**робúти** do; **дозволя́ти** allow, **прохóдити** undergo) ◊ **Автíвка прохóдить о.** The car is undergoing an inspection. **вимагáти ~у** require an inspection (**потребувáти** need, **ухиля́тися від** evade)
Also see **обстéження 1, 2**
3 review, overview, survey, analysis
adj. **аналітúчний** analytical ◊ **Передáча новúн закінчúлася аналітúчним ~ом дня.** The news show ended in an analytical review of the day. **критúчний** critical; **вечíрній** evening, **щодéнний** daily, **тижнéвий** weekly; **доклáдний** detailed, **корóткий** brief
о. + *n.* **о. новúн** a news survey ◊ **Олексáндер любúв читáти тижнéвий о. новúн.** Oleksander liked to read the weekly news analysis. (**мерéжі** Internet, **публікáцій** publications, **подíй** events, **прéси** press)
4. *mil.* review ◊ **Сóлдати готýються до щодéнного ~у.** The soldiers are getting ready for their daily review.

оглядá|ти, ~ють; огля́н|ути, ~уть, *tran.*
1 to examine, scrutinize
adv. **дóвго** for a long time, **скрупульóзно** scrupulously, **старáнно** meticulously, **увáжно** carefully ◊ **Івáн увáжно огля́нув умíст валíзи.** Ivan carefully examined the contents of the suitcase. **кóротко** briefly, **побíжно** cursorily, **поверхóво** superficially, **пóспіхом** hastily, **крадькомá** stealthily; **швúдко** quickly
See **розглядáти 1.** *Also see* **вивчáти 3**
2 to view, look over, review, look through
adv. **блúзько** closely; **із задовóленням** with pleasure, **із зацікáвленням** with interest, **з насолóдою** with relish, **рáдо** gladly
о. + *n.* **о. альбóм** view an album (**світлúни** photos, **вúставку** exhibition, **ґалерéю** gallery, **музéй** museum ◊ **Вонú огля́нули музéй за дві годúни.** They viewed the museum in two hours. **експозúцію** display; **будúнок** house, **квартúру** apartment); ♦ **о. пáм'ятки** to do the sights ◊ **Хлóпці огля́нули пáм'ятки Лýцька.** The boys did the sights of Lutsk.
v. + **о. намагáтися** seek to, **прóбувати** attempt to, **старáтися** try to, **хотíти** want to; **пропонувáти** + *D.* suggest ◊ **Остáп запропонувáв нам огля́нути світлúни рáзом.** Ostap suggested that we look through the photos together. **починáти** begin to, **продóвжувати** continue, **припиня́ти** stop, **закíнчувати** finish
Cf. **обстéжувати 1**
3 to examine *(of doctor, etc.)*, to give a medical examination ◊ **Лíкар огля́не вас зáвтра.** The doctor will examine you tomorrow.
See **обстéжувати 2**
pa. pple. **огля́нутий** *or* **огля́нений** examined
оглядáй! огля́нь!

оглядá|тися; огля́нутися, *intr.*
1 to look back ◊ **Вонá йшлá не ~ючись.** She was walking without looking back.
adv. **ґвалтóвно** abruptly ◊ **Почýвши це, Вíра ґвалтóвно огля́нулася.** Having heard this, Vira abruptly looked back. **несподíвано** unexpectedly, **рáптом** suddenly, **тут же** right away; **все** *colloq.* all the time, **час від чáсу** from time to time ◊ **Орéст їхав, час від чáсу ~ючись.** Orest drove, looking back from time to time. ♦ **не встúгнути й огля́нутися** in a flash, before you know it ◊ **Юність пролетúть, не встúгнеш і огля́нутися.** Your youth will pass before you know it.
prep. **о. на** + *A.* look back at sb/sth ◊ **Вонá востáннє огля́нулася на мíсто.** She looked back at the city for the last time.
2 to look around, *also pf., colloq.* **оглéдітися**
adv. **кругóм** *or* **довкóла, навкóло** around ◊ **Воякú пúльно огля́нулися** (*colloq.* **оглéділися**) **навкóло.** The soldiers looked around carefully. **на всі бóки** everywhere

огля́дач, *m.*, **~á; ~ка,** *f.*
reviewer, commentator, analyst
adj. ♦ **кінооглядáч** a film reviewer; **літератýрний** literary, **мистéцький** arts, ♦ **політúчний о.** a political analyst, political pundit; **театрáльний** theater ◊ **Він став працювáти театрáльним ~éм журнáлу.** He started working as a theater reviewer of the magazine.

огля́ну|ти, *pf., see* **оглядáти**
to inspect, *etc.* ◊ **Механік увáжно ~в двигýн.** The mechanic carefully inspected the engine.

огля́ну|тися, *pf., see* **оглядáтися**
to look back ◊ **Перш як сідáти в літáк, Дáна ~лася.** Before boarding the airplane, Dana looked back.

огóвта|тися, *pf., see* **огóвтуватися**
to recover, *etc.* ◊ **Лéся так нíколи психологíчно й не ~лася пíсля автомобíльної авáрії.** Lesia never recovered psychologically after the car accident.

огóвту|ватися, ~ються; огóвта|тися, ~ються, *intr., colloq.*
1 to recover, regain the presence of mind; get over, recuperate
adv. **блискавúчно** in a flash ◊ **Валентúн блискавúчно огóвтався від шóку.** Valentyn recovered from his shock in a flash. **негáйно** immediately, **зáраз же** right away, **скóро** *or* **швúдко** quickly; **лéдве** scarcely, **насúлу** barely; **мáйже** almost; **вже** already, **врéшті-рéшт** eventually, **нарéшті** finally; **до кінця́** fully, **остатóчно** definitively, **цілкóм** completely; **частkóво** partially; **дóвго** long, **повíльно** slowly, **тя́жко** hard ◊ **Він тя́жко ~вався від звíстки.** He had a hard time recovering from the news. **зóвсім не** not at all, **ніяк не** in no way, **ще не** not yet
о. + *n.* **о. від бóлю** recover from pain (**здивувáння** amazement, **несподíванки** surprise, **новинú** news, **розчарувáння** disappointment, **шóку** shock; **бóлю** pain, **втрáти пáм'яті** memory loss, **хворóби** disease) ◊ **Він ще не огóвтався від хворóби.** He has not yet recovered from the disease.
v. + **о. вдавáтися** + *D.* succeed in ◊ **Їй вдалóся скóро огóвтатися від несподíванки.** She succeeded in quickly recovering from the surprise. **намагáтися** try to, **змогтú** *pf.* manage to ◊ **Він зміг огóвтатися пíсля інсýльту.** He managed to recover after the stroke. **почáти** begin to
prep. **о. від** + *G.* recover from sth; **о. з** + *G.* recover from sth ◊ **Лéся ~валася з пóдорожі.** Lesia was recovering from the trip. **о. пíсля** + *G.* recover after sth
Also see **відхóдити 8, отя́млюватися**
2 to get used to, get accustomed to
prep. **о. з** + *I.* get accustomed to sb/sth ◊ **Вонá огóвталася з новим помéшканням.** She got used to her new apartment.
See **звикáти**
огóвтуйся! огóвтайся!

оголосú|ти, *pf., see* **оголóшувати**
to announce, proclaim, declare ◊ **У відповідь на аґрéсію ýряд ~в загáльну мобілізáцію.** In response to the aggression, the government announced a general mobilization.

оголóшен|ня, *nt.*
announcement, declaration, proclamation, notice
adj. **вáжливе** important; **офіцíйне** official ◊ **Офіцíйне о. про закриття́ компáнії вúкликало комента́рі у прéсі.** The official announcement about the closure of the company caused comments in the press. **формáльне** formal, **публíчне** public, **урядóве** government; **безглýзде** nonsensical, **дúвне** strange, **загáдкове** enigmatic; **несподíване** unexpected, **неочíкуване** unanticipated; ◊ **дóшка ~ь** a notice board
v. + **о. робúти о.** make an announcement ◊ **Перед грóю вонá зробúла о. для прéси.** Before the game, she made an announcement to the press. (**давáти** issue, **оприлюднювати** make public, **поширювати** spread, **передавáти** broadcast; **вíшати** put up; **очíкувати на** expect, await ◊ **Ми очíкуємо на о. із хвилúни на хвилúну.** We expect the announcement any minute now. **чекáти** expect; **слýхати** listen to, **читáти** read; **вітáти** greet); **зволікáти з ~ням** delay an announcement ◊ **Вонá зволікáє з важлúвим ~ням.** She delays an important announcement.
о. + *v.* **інформувáти про** + *A.* inform about sth, **повідомля́тися** state ◊ **В ~ні повідомля́лося про звíльнення мінíстра трáнспорту.** The announcement stated that the transportation minister had been dismissed. **казáтися** say, **йтúся** be about ◊ **В ~ні йдéться про цíни на елéктрику.** The announcement is about electricity prices. **вúсіти** hang ◊ **На стінí вúсіло богáто ~ь.** There were many notices hanging on the wall.
prep. **в ~ні** in an announcement; **о. про** + *A.* an announcement about sth ◊ **О. про шлюб далú у газéті.** The wedding announcement was published in the paper. **о.** + *G.* an announcement of sth ◊ **Грóмадськість вітáла о. результáтів голосувáння.** The public greeted the announcement of the voting results.

оголóшу|вати, ~ють; оголосúти, оголошý, оголóс|ять, *tran.*
1 to announce, declare + *D.* to sb ◊ **Óля оголосúла батькáм, що збирáється стáти лíкаркою.** Olia announced to her parents that she was going to become a doctor.
adv. **відкрúто** openly, **гóлосно** loudly, **офіцíйно** officially, **публíчно** publicly, **широко** widely; **перемóжно** victoriously, **тріюмфáльно** triumphantly ◊ **Кандидáтка тріюмфáльно оголосúла про перемóгу на вúборах.** The (female) candidate announced triumphantly about her win in the election. **з гóрдістю** proudly, **з готóвністю** readily, **з рáдістю** happily
о. + *n.* **о. результáт** announce a result (**перемóжця** winner; **вúрок** verdict, **воéнний стан** martial law, **перемúр'я** armistice, **стрáйк** strike; **вóлю** sb's will; **пéрерву** recess) ◊ **Головá оголосúв пéрерву.** The chair called a recess. **о. вíйнý** + *D.* declare war against sb ◊ **Тíльки парлáмент мóже о. вíйнý.** Only parliament can declare war.
Also see **озвýчувати 2, проголóшувати**
2 to pronounce, declare + *I.* ◊ **Совéтські лíкарі оголосúли її божевíльною.** Soviet doctors pronounced her insane.
3 to issue *(decision, etc.)*, announce, give *(citation)*
о. + *n.* **о. догáну** + *D.* give sb a reprimand ◊ **За три запíзнення пóспіль їй оголосúли догáну.** She was given a reprimand for being late three times in a row. (**подя́ку** commendation ◊ **Кóмандувач оголосúв Лукашукóві подя́ку за відвáгу.** The commander gave Lukashuk a citation for gallantry. **попереджéння** warning)
pa. pple. **оголóшений** announced
оголóшуй! оголосú!

огорóж|а, *f.*, **~і**
fence, barrier ◊ **Він пролíз у двір чéрез прогáлину в ~і.** He got into the yard through a gap in the fence.
adj. **висóка** high, **низькá** low ◊ **Тя́жко ховáтися за низькóю ~ею.** It is hard to hide behind a low fence. **міцнá** strong, **надíйна** reliable, **солíдна** sturdy; **бетóнна** concrete, **дерев'я́на** wooden, **залíзна** iron, **кам'янá** stone ◊ **Між мáєтком і дорóгою збудувáли кам'янý ~у.** A stone fence was built between the estate and the road. ♦ **живá о.** a hedge
v. + **о. стáвити ~у** set up a fence (**будувáти** build; **направля́ти** mend; **вилáзити на** climb

◊ **Він ви́ліз на ~у.** He climbed the fence. **перела́зити** climb over ◊ **Вони́ перелі́зли че́рез ~у.** They climbed over the fence. **виска́кувати на** jump on, **переска́кувати** jump over; **зніма́ти** remove ◊ **Уряд зняв залі́зну ~у навко́ло парла́менту.** The government removed the iron fence around the parliament. **розва́лювати** destroy, **руйнува́ти** ruin)
prep. **че́рез ~у** over a fence ◊ **Він ки́нув запи́ску че́рез ~у.** He threw a note over the fence. **о. навко́ло** + *G.* a fence around sth
Also see **живопліт, загі́н**[2]

оде́ржа|ти, *pf., see* **оде́ржувати**
to receive, get ◊ **Вона́ ~ла два́дцять поздоро́влень з уроди́нами.** She received twenty birthday greetings.

одержи́м|ий, *adj.*
obsessed, possessed + *I.* with sb/sth
adv. **абсолю́тно** absolutely, **геть** totally, **ма́йже** almost, **небезпе́чно** dangerously, **про́сто** simply, **ціл́ко́м** completely; **види́мо** visibly, **я́вно** obviously
v. + **о. бу́ти ~им** be obsessed ◊ **Він о. іде́єю заснува́ти театра́льну тру́пу.** He is obsessed with the idea of establishing a theater company. (**вважа́ти** + *A.* consider sb, **виявля́тися** turn out, **здава́тися** + *D.* seem to sb, **става́ти** become) ◊ **Ярка ста́ла ~ою кінома́нкою.** Yarka became an obsessed movie buff.
Also see **заци́клений**

одержи́м|ість, *f.*, **~ости**, *only sg.*
obsession, fixation + *I.* with sb/sth
adj. **всепоглина́юча** all-consuming, **ди́вна** strange, **небезпе́чна** dangerous, **непербо́рна** insuperable, **спра́вжня** genuine, **упе́рта** stubborn; **нова́** new, **націона́льна** national
v. + **о. ма́ти о.** have an obsession ◊ **Оле́на ма́є о. – нови́й планше́т.** Now Olena has an obsession – her new tablet. **става́ти ~істю для** + *G.* become an obsession for sb ◊ **Фі́льми англі́йської нові́ї хви́лі ста́ли для них спра́вжньою ~істю.** The English New Wave films became a genuine obsession for them.
Also see **іде́я фікс, ма́нія 2, при́страсть 3**

оде́ржу|вати, **~ють; оде́рж|ати**, **~ать**, *tran.*
to receive, get, obtain
adv. **вже** already, yet ◊ **Чи ти вже оде́ржав поя́снення від не́ї?** Have you received an explanation from her yet? **вре́шті-ре́шт** eventually, **наре́шті** finally, **що́йно** just; **від ча́су до ча́су** from time to time, **періоди́чно** periodically, **ре́гуля́рно** regularly, **щодня́** every day ◊ **Він що́дня ~є непро́хану рекла́му.** Everyday he gets unsolicited commercials. **автомати́чно** automatically; **нещода́вно** recently; **з вдя́чністю** gratefully, **ра́до** gladly
о. + *n.* **о. до́звіл** get a permission (**лист** *or* **листа́** letter, **нагоро́ду** award, **нака́з** order, **оці́нку** grade ◊ **Він оде́ржав задові́льну оці́нку з істо́рії.** He got a passable grade in history. **запе́внення** assurances, **задово́лення** satisfaction, **насоло́ду** pleasure ◊ **Ми за́вжди́ ~вали насоло́ду від її ле́кцій.** We always got pleasure from her lectures. **газе́ти** newspapers, **кореспонде́нцію** correspondence, **нови́ну** news; **платню́** payment) ◊ **Він ~є платню́ готі́вкою.** He collects his pay in cash.
pa. pple. **оде́ржаний** received
оде́ржуй! оде́ржи!
See **отри́мувати.** *Also see* **дістава́ти 4, попада́ти 5**

од|и́н, *card., m.*, **~ного**
1 one ◊ **о. квито́к** one ticket; ◊ **Він ма́є ~не́ бажа́ння.** He has one desire. ♦ **не о.** more than one, several, a few, many ◊ **Не ~не мі́сто лежа́ло в руї́нах.** More than one city lay in ruins.
2 alone, ♦ **о. на о.** one-on-one; confidentially, face-to-face ◊ **Вони́ ма́ли зу́стріч о. на о.** They had a face-to-face meeting. ♦ **всі до одного́** all to a man ◊ **Га́лині дру́зі всі до ~ного́ ста́ли на її бік.** Halia's friends all to a man took her side.
Cf. **сам 2**
3 same, identical, one and the same ◊ **Вони́ про це ~ні́єї ду́мки.** They are of the same opinion about it. ♦ **говори́ти в о. го́лос** to speak in one voice; ♦ **о. і той же** one and the same ◊ **Це – о. і той же текст.** It is one and the same text. ◊ **Вони́ ма́ли на ува́зі одну́ й ту ж п'є́су.** They meant one and the same play.
4 certain, some ◊ **Вас шука́ли ~ні́ чолові́ки.** Some men were looking for you. ♦ **~ого́ лі́та** one summer; ♦ **~ого́ дня** one day (**ра́нку** morning, **ве́чора** evening) ◊ **~ні́єї но́чі І́гор ба́чив її на майда́ні.** One night Ihor saw her on the square. ♦ **~ого́ ра́зу** once; ♦ **Що це за о.?** Who is he? **Що це за ~ні́?** Who are they?

одини́ц|я, *f.*
1 one, *math* unity ◊ **Число́ закі́нчувалося на ~ю.** The number ended in one.
2 unit ◊ **У краї́ні користува́лися архаї́чними ~ями вимі́рювання.** They used archaic measurement units in the country.
adj. **вели́ка** large, **мала́** small, **ба́зова** basic, **засадни́ча** fundamental, **складова́** component, **окре́ма** separate; **адміністрати́вна** administrative, **бойова́** combat, **військо́ва** military, **грошова́** monetary ◊ **Тоді́ грошово́ю ~ею була́ песе́та.** Peseta was the monetary unit at the time.
о. + *n.* **о. ана́лізу** a unit of analysis (**ваги́** weight, **вимі́рювання** measurement, **довжини́** length, **поту́жности** power)
v. + **о. ділити** + *A.* **на ~і** divide sth into units (**розбива́ти на** break up into) ◊ **Загі́н розби́ли на ме́нші ~і.** The detachment was broken up into smaller units.
3 individual, person; *pl.* few, few people ◊ **Лише́ ~і зда́тні зроби́ти це.** Only few are able to do it. ◊ **Вона́ почува́ється тут ~ею, що ні́чого не зна́чить.** Here she feels like someone who matters nothing.
See **осо́ба 1**

одино́к|ий, *adj.*
1 lonely, lone, solitary
adv. **абсолю́тно** absolutely, **вкрай** extremely, **глибо́ко** deeply, **ду́же** very, **ціл́ко́м** completely; **жахли́во** dreadfully, **неймові́рно** incredibly; **відчайду́шно** desperately, **нестерпно** unbearably, **страше́нно** terribly; **за́вжди́** always
v. + **о. бу́ти ~им** be lonely (**вигляда́ти** look ◊ **Село́ вигляда́є зане́дбаним і ~им.** The village looks neglected and lonely. **виявля́тися** turn out, **здава́тися** + *D.* seem to sb ◊ **Ода́рка здава́лася йому́ відчайду́шно ~ою.** Odarka seemed desperately lonely to him. **лиша́тися** remain, **почува́тися** feel ◊ **Він почу́вся ~им.** He felt lonely. **става́ти** become)
Also see **малолю́дний, само́тній**
2 single, unmarried ♦ **~а ма́ти** a single mother ◊ **Їх вихо́вувала ~а ма́ти.** They were brought up by a single mother.
3 only, only one ◊ **Се́ред них о. Лев міг чита́ти лати́ною.** Among them, only Lev could read Latin.
See **єди́ний 1**

одна́к, *conj., adv.*
1 *conj.* but, however, yet, still, though ◊ **Фільм ціка́вий, о. не таки́й, як вона́ уявля́ла.** The film is interesting, yet not the way she imagined. ◊ **Він замо́вк, о. не надо́вго.** He fell silent, but not for long.
Also see **але́, проте́**
2 *adv.* anyway, anyhow, at any rate ◊ **Ві́ктор пішо́в додо́му, о. ніякої робо́ти не було́.** Viktor went home, there was no work anyway.
Also see **але́**

одна́ков|ий, *adj.*
1 same, identical
adv. **абсолю́тно** absolutely ◊ **Для рівнова́ги тре́ба два абсолю́тно ~і за ваго́ю вантажі́.** Two loads that are absolutely identical in weight are needed for balance. **геть** totally, **по́вністю** fully, **точні́сінько** *colloq.* exactly, **ціл́ко́м** completely ◊ **Він диви́вся на дві ціл́ко́м ~і світли́ни.** He was looking at two completely identical photographs. **бі́льш-ме́нш** more or less, **го́ловно** largely, **до́сить** fairly, **загало́м** generally, **засадни́чо** basically, **по су́ті** essentially ◊ **по су́ті ~і ви́падки інфе́кції** essentially identical cases of infection; **практи́чно** practically, **факти́чно** in fact; **ідеологі́чно** ideologically ◊ **політики з ідеологі́чно ~ими перекона́ннями** politicians with ideologically identical convictions, **структу́рно** structurally, **хемі́чно** chemically, **функціона́льно** functionally; **ле́две** hardly, **ма́йже** almost, **не зо́всім** not quite, **необов'язко́во** not necessarily; **ома́нливо** deceptively, **позі́рно** seemingly
v. + **о. бу́ти ~им** be the same (**вважа́ти** + *A.* consider sth ◊ **Він вважа́є проду́кти реа́кцій хемі́чно ~ими.** He considers the products of the reactions to be chemically the same. **вигляда́ти** look ◊ **Ко́пії лише́ вигляда́ють ~ими.** The copies only look the same. **виявля́тися** turn out, **здава́тися** + *D.* seem to sb ◊ **Кімна́ти зда́ються їй ~ими.** The rooms seem the same to her. ◊ **за ~у ціну́** at the same price. **лиша́тися** remain, **роби́ти** + *A.* make sth, **става́ти** become)
prep. **о. з** + *I.* identical to/with sb/sth ◊ **По́черк а́втора ле́две о. з Ле́вовим.** The author's handwriting is hardly identical to that of Lev. **о. за** + *I.* same in sth ◊ **Авті́вки зда́ються ~ими за ро́зміром.** The cars seem the same in size.
Also see **односта́йний 2, пара́лельний 2, рі́вний 4.** *Ant.* **відмі́нний 1**
2 equal ♦ **~ою мі́рою** *or* **в ~ій мі́рі** in equal measure, equally ◊ **Він ~ою мі́рою воло́діє гре́цькою й че́ською.** He is equally proficient in Greek and Czech.

однозна́чн|ий, *adj.*
1 identical *(in meaning)*, synonymous ◊ **Він шука́в ви́раз, о. із тим, що вжи́тий у те́ксті.** He was looking for an expression, identical to the one used in the text.
adv. **абсолю́тно** absolutely ◊ **Закі́нчення абсолю́тно ~і.** The endings are absolutely identical. **ціл́ко́м** completely; **ма́йже** almost; **практи́чно** practically, **факти́чно** effectively; **семанти́чно** semantically, **стилісти́чно** stylistically
v. + **о. бу́ти ~им** be synonymous ◊ **Оби́два сло́ва ~і.** Both words are identical. (**вважа́ти** + *A.* consider sth, **виявля́тися** turn out, **здава́тися** + *D.* seem to sb, **лиша́тися** remain; **става́ти** become)
2 unequivocal, clear, explicit ◊ **~а заборо́на стра́йків** an unequivocal ban on strikes
See **недвозна́чний.** *Also see* **очеви́дний, я́сний 7**
3 *ling.* monosemantic ◊ **О. ви́раз стає багатозна́чним.** A monosemantic expression becomes polysemantic.
4 *math* simple, single-valued, univalent ◊ **~е число́** simple number

однопарті́йн|ий, *adj.*
one-party
adv. **винятко́во** exceptionally, **де-фа́кто** de facto ◊ **При всій вели́кій кі́лькості політи́чних па́ртій у краї́ні ді́яла де-фа́кто ~а систе́ма.** With all the great number of political parties, there was de facto a one-party system in the country. **практи́чно** practically, **програмо́во** programmatically, **факти́чно** in fact
v. + **о. бу́ти ~им** be one-party ◊ **Будь-які́ ~і ви́бори є паро́дією на демокра́тію.** Any

one-party election is a travesty of democracy. (**виявля́тися** turn out, **лиша́тися** remain, **става́ти** become)
Ant. **багатопарті́йний**

одноразóв|ий, *adj.*
1 disposable
о. + *n.* **о. óбрус** a disposable tablecloth (**пóсуд** dishes, **хала́т** robe ◊ **Пацієнт був в ~ому бі́лому хала́ті.** The patient had a disposable white robe on. **шприц** syringe); **~а гóлка** a disposable needle
2 one-time
о. + *n.* **о. дóзвіл** a one-time permission (**парóль** password, **патéнт** patent)

однорі́дн|ий, *adj.*
1 uniform, identical, matching ◊ **Кóлір паркáну** *or* **паркана́ був ~им.** The color of the fence was uniform.
adv. **абсолю́тно** absolutely, **цілкóм** completely, **практи́чно** practically, **факти́чно** effectively, in fact; **майже** almost
v. + **о. бу́ти ~им** be uniform (**виглядáти** look ◊ **Нáтовп виглядáв ~ою сíрою мáсою.** The crowd looked like a uniform gray mass. **виявля́тися** turn out, **здавáтися** + *D.* seem to sb; **лишáтися** remain; **роби́ти** + *A.* make sth; **ставáти** become)
prep. **о. за** + *I.* uniform in *(content, thickness, etc.)* ◊ **Су́міш слід розмішáти так, щоб вонá стáла ~ою за густинóю.** The mixture should be blended so that it becomes uniform in thickness.
2 *ling.* homogeneous ◊ **~і означéння** homogeneous attributes (**члéни рéчення** sentence members)

однорі́чн|ий, *adj.*
1 one-year, year-old
о. + *n.* **о. план** a one-year plan (**контрáкт** contract ◊ **Їй запропонувáли о. контрáкт.** She was offered a one-year contract. **тéрмін** period); **~а ґарáнтія** a one-year warranty ◊ **Телефóн мáє ~у ґарáнтію.** The phone has a one-year warranty. ◊ **о. хлóпчик** a year-old boy
2 *bot.* annual ◊ **Росли́на ви́явилася ~ою.** The plant turned out to be annual.
Ant. **багаторі́чний**

одностáйн|ий, *adj.*
1 unanimous, united ◊ **Глядачí ви́бухнули ~им смíхом.** The audience exploded in unanimous laughter.
adv. **абсолю́тно** absolutely, **цілкóм** completely; **мáйже** almost; **несподíвано** unexpectedly; **практи́чно** practically, **факти́чно** effectively
v. + **о. бу́ти ~им** be unanimous ◊ **Голосувáння булó ~им.** The voting was unanimous. (**виявля́тися** turn out, **здавáтися** + *D.* seem to sb ◊ **Пáртія лишé здавáлася ~ою, а наспрáвді її розривáли внутрішні суперéчності.** The party only seemed unanimous while in reality it was torn apart by internal conflicts. **лишáтися** remain; **ставáти** become)
prep. **о. в** + *L.* unanimous in sth ◊ **Комітéт о. у рíшенні чини́ти óпір рéйдерам.** The committee is unanimous in its decision to resist the raiders.
Also see **єди́ний 4**
2 same, monotonous ◊ **Життя́ без ри́зику здавáлося б йомý ~им, як осíнній дощ.** A life without risk-taking would seem monotonous like autumn rain to him.
Also see **однáковий 1**

одностатéв|ий, *adj.*
same-sex
о. + *n.* **о. зв'язóк** a same-sex liaison (**секс** sex, **шлюб** marriage) ◊ **Вони́ дéсять рокíв у ~ому шлю́бі.** They have been in a same-sex marriage for ten years. **~а пáра** a same-sex couple (**партнéрка** partner, **сім'я** family); **~е весíлля** a same-sex wedding (**зґвалтувáння** rape; **кохáння** love, **партнéрство** partnership; **розлу́чення** divorce; **усинóвлення** adoption *(of a boy)*, **удочерíння** adoption *(of a girl)*); **~і батьки́** same-sex parents (**взаємини** relationship; **домагáння** harassment)
Also see **гомосексуáльний, ґей 2**

одностóронн|ій, *adj.*
1 one-sided, one-way *(of street, etc.)* ◊ **о. рух** one-way traffic, ◊ **~я ву́лиця** a one-way street, ◊ **Крамни́ця продає, як ~і так і двосторóнні килими́.** The store sells both one- and two-sided carpets.
2 unilateral ◊ **~і зобов'я́зання** unilateral obligations (**обмéження** restrictions)
3 *fig.* one-sided, uneven, biased ◊ **Він – не прихи́льник ~іх підхóдів.** He is not a supporter of one-sided approaches.
adj. **винятко́во** exceptionally, **геть** totally, **ду́же** very ◊ **Він мáє ду́же ~і пóгляди на шлюб.** He has very biased views on marriage. **цілкóм** completely; **нáдто** too; **дéщо** somewhat, **дóсить** rather; **вирáзно** distinctly, **я́вно** clearly
v. + **о. бу́ти ~ім** be one-sided ◊ **Йогó анáліз я́вно о.** His analysis is clearly one-sided. (**виявля́тися** turn out, **здавáтися** + *D.* seem to sb ◊ **Їхні взаємини здавáлися ~іми.** Their relationship seemed to be one-sided. **лишáтися** remain; **ставáти** become)

одночáсн|ий, *adj.*
simultaneous, synchronous
adv. **доскона́ло** perfectly, **ідеáльно** ideally, **пóвністю** fully, **цілкóм** completely; **більш-мéнш** more or less, **мáйже** almost; **лéдве** scarcely; **далéко не** far from, **не зóвсім** not quite
о + *n.* **о. вступ** a simultaneous entry (**нáступ** attack; **оргáзм** orgasm; **перéклад** translation ◊ **Йосипéнка найняли́ для ~ого перéкладу перемóвин.** Yosypenko was hired to do a simultaneous translation of the talks. **сиґнáл** signal; **фíніш** finish)
v. + **о. бу́ти ~им** be simultaneous (**виглядáти** look; **здавáтися** + *D.* seem to sb ◊ **Кри́ки здавáлися йомý ~ими.** The shouts seemed simultaneous to him. **ставáти** become)
Also see **синхрóнний**

одрáзу, *var.* **відрáзу**, *adv.*
at once, immediately, instantly ◊ **Я о. все зрозумíв.** I understood everything at once. ◊ **Вонá відчини́ла вікнó, і в кімнáті о. стáло прохолóдно.** She opened the window and it became immediately cool in the room.
Also see **зарáз, рáзом 3**

одру́жен|ий, *adj.*
married
adv. **вже** already, **давнó** long, **нещодáвно** recently, **щóйно** just; **знóву** again, **попередньо** previously, **рaнíше** earlier; **впéрше** for the first time, **вдру́ге** for the second time, **втрéтє** for the third time, *etc.*; **закóнно** lawfully, **офіці́йно** officially, **щасли́во** happily ◊ **Вони́ давнó і щасли́во ~і.** They have been long and happily married. **нещасли́во** unhappily
v.+ **о. бу́ти ~им** be married (**виявля́тися** turn out; **лишáтися** remain) ◊ **Він недóвго лишáвся ~им.** He did not stay married for long.
prep. **о. з** + *I. or* **на** + *L.* married to sb ◊ **Вонá ~а із влáсним кузи́ном.** She is married to her own cousin. ◊ **Він щасли́во о. на жíнці з банкíрської роди́ни.** He is happily married to a woman from a banker's family.
Also see **шлю́бний 2.** *Ant.* **неодру́жений, пáрубок 2**

одру́жен|ня, *nt.*
marriage; getting married
adj. **бáжане** desirable, **жадáне** desired; **щасли́ве** happy ◊ **Вонá бáчила богáто щасли́вих ~ь.** She saw many happy marriages. **ґвалтóвне** abrupt ◊ **Її ґвалтóвне о. ви́кликало рíжні поголóски.** Her abrupt marriage caused all manner of rumors. **негáйне** immediate, **несподíване** unexpected, **поквáпне** hasty, **раптóве** sudden; **неоголóшене** unannounced, **неуни́кне** inevitable ◊ **Вонá булá вагíтною, і їхнє о. здавáлося неуни́кним.** She was pregnant and their marriage seemed inevitable. **панíчне** panicky
v. + **о. влашто́вувати о.** arrange a marriage ◊ **Її бáтько влаштувáв їм швидкé о.** Her father arranged them a hasty marriage. (**відкладáти** postpone, **ду́мати про** think of)
prep. **о. з** + *I.* a marriage to sb ◊ **о. Івáна з Мáртою** Ivan's marriage to Marta
See **шлюб.** *Also see* **замíжжя**

одружи́|ти, *pf., see* **одру́жувати**
to marry sb to sb, give *(son or daughter)* in marriage ◊ **Васи́лів ~в дочку́ на си́нові при́ятеля.** Vasyliv married his daughter to his friend's son.

одружи́|тися, *pf., see* **одру́жуватися**
to marry, get married to ◊ **Вони́ ~лися у протестáнтській цéркві.** They got married in a Protestant church.

одру́жу|вати, ~ють; одруж|и́ти, ~у́, ~ать, *tran.*
to marry off, give in marriage
adv. ♦ **вдáло** *and* **ви́гідно о.** to find sb a good match; **дóбре** well ◊ **Він дóбре одружи́в дочку́.** He married his daughter off well. **щасли́во** happily ◊ **Вони́ хóчуть щасли́во одружи́ти єди́ного си́на.** They want to marry their only son off happily. **недóбре** poorly, **невдáло** infelicitously, **нещасли́во** unhappily, **погáно** badly; **лéдве** scarcely, **нарéшті** finally, **одрáзу** at once, **тут же** right away, **шви́дко** quickly; **під при́мусом** under compulsion, **силóміць** by force
v. + **о. збирáтися** be going to, **планувáти** plan to; **надíятися** hope to, **сподівáтися** expect to; **хотíти** want to
prep. **о. з** + *I. or* **на** + *L.* marry to sb ◊ **Дíвчи́ну одружи́ли на знáчно стáршому чоловíкові.** The girl was married to a significantly older man.
pa. pple. **одру́жений** married
одру́жуй! одружи́!

одру́жу|ватися; одружи́|тися, *intr.*
to marry, get married to ◊ **Марíя ще не збирáється о.** Maria is not yet going to get married.
adv. **вдáло** lucratively, **дóбре** well, **по кохáнню** for love, **щасли́во** happily, **успíшно** successfully; **з розраху́нку** for convenience ◊ **Він одружи́вся з розраху́нку.** He married for convenience.
v. + **о. ду́мати** intend to, **збирáтися** be going to, **надíятися** hope to, **хотíти** want to; **обіця́ти** + *D.* promise sb to; **проси́ти** + *A.* ask sb to; **дозволя́ти** + *D.* allow sb to; **забороня́ти** + *D.* forbid sb to
prep. **о. з** + *I. or* **на** + *A.* marry sb ◊ **Вонá ~ється на Івáнові** *or* **з Івáном.** She is getting married to Ivan.
Also see **брáтися 4, ітú 8, реєструвáтися 3, розпи́суватися 3**

оду́жа|ти, *pf., see* **оду́жувати**
to get well, *etc.* ◊ **За ти́ждень Сóфія цілкóм ~ла.** In a week, Sofiia completely recovered.

оду́жу|вати, ~ють; оду́жа|ти, ~ють, *intr.*
to get well, recover *(from illness)*, recuperate
adv. **вже** already, **нарéшті** finally; **геть** totally, **зóвсім** fully, **до кінця́** *and* **остатóчно** definitively, **цілкóм** completely; **ди́вом** *or* **чу́дом** miraculously; **дóсить** enough ◊ **Яринá ще дóсить не оду́жала від перестýди.**

Yaryna has not yet gotten well enough from her cold. **достатньо** sufficiently, **ледве** scarcely, **насилу** barely; **майже** almost, **частково** in part; **поступово** gradually; **скоро** soon, **швидко** quickly; **довго** long; **так і не** never, **не зовсім** not quite ◊ **Не зовсім одужавши, Стефан пішов на роботу.** Not having quite recovered, Stefan went to work.

v. + **о. допомагати** + *D.* help sb (to) ◊ **Нова терапія допомогла Антонові швидко одужати.** The new therapy helped Antin to recuperate quickly. **змогти** *pf.* manage to, **могти** can ◊ **Лікар уважає, що хвора цілком може одужати.** The doctor believes that the (female) patient is quite capable of recovering. **починати** begin to, **стати** *pf.* start to; **продовжувати** continue to; **робити все, щоб** do everything to ◊ **Вона робила все, щоб скоро одужати.** She did everything to get well soon.

prep. **о. від** + *G.* recuperate from sth; **о. після** + *G.* recover after ◊ **Він остаточно одужав після операції.** He definitively recovered after his surgery.

одужуй! одужай!

одя|г, *m.*, **~гу**, *only sg.*

clothes

adj. **гарний** nice, **елегантний** *or* **ошатний** elegant ◊ **Вона в чорному ошатному ~зі.** She has elegant black clothes on. **нарядний** dashing; **модний** fashionable, **стильний** stylish; **стрійний** *colloq.* modish; **чудовий** wonderful; **новий** new, **старий** old; **чистий** clean ◊ **Він мав зміну чистого ~гу.** He had a change of clean clothes. **свіжий** fresh, **виправний** washed; **брудний** dirty, **вимазаний** soiled, **задрипаний** grubby, **замащений** stained, **засмальцьований** greasy, **невипраний** unwashed, **смердячий** stinky; **дрантивий** ripped, **ношений** used, **обдертий** tattered, **поношений** worn, **порваний** torn, **потертий** shabby, **пошарпаний** ragged ◊ **На ній брудний і пошарпаний о.** She has dirty and ragged clothes on. **зіжмаканий** creased ◊ **Зіжмаканий о. був новою модою.** Creased clothed were a new fashion. **пожмаканий** crumpled, **пом'ятий** wrinkled; **дешевий** cheap, **дорогий** expensive; **скупий** scanty; **бахматий** *colloq.* loose, **обвислий** dangling, **мішкуватий** baggy; **тісний** tight; **неоковирний** unsightly; **літній** summer, **зимовий** winter; **теплий** warm ◊ **В Іванни немає літнього ~гу.** Ivanna has no summer clothes. **буденний** everyday, **звичайний** *or* **нормальний** casual, **невибагливий** unpretentious, **простий** simple; **зручний** comfortable ◊ **Меланія воліє носити простий, але зручний о.** Melania prefers to wear simple, but comfortable clothes. **вихідний** holiday, **святковий** festive; **найкращий** best, ♦ **парадний о.** full dress ◊ **Офіцери в парадному ~зі.** The officers are in full dress. **формальний** formal; **дивний** strange, **чудернацький** weird, **скандальний** outrageous; **військовий** military, **цивільний** civilian, **штатський** plain ◊ **офіцер служби безпеки у штатському ~зі** a security service officer in plain clothes; **робочий** work; **дитячий** children's, **підлітковий** teenage; **жіночий** women's, **чоловічий** men's; **шкільний** school; **жалобний** mourning; **вечірній** evening; **спортивний** *or* **спортовий** sports ◊ **крамниця спортового ~гу** a sports clothes store; **верхній** outer, ♦ **спідній о.** underclothes

n. + **о. зміна ~гу** a change of clothes (**комплект** set, **відділ** department) ◊ **Вона застряла в відділі ~гу.** She got stuck in the clothes department. **крамниця** store; **ремонт** mending, **пошиття** tailoring, **чищення** cleaning, **модельєр** designer) ◊ **Він вчився на модельєра ~гу.** He was trained to be a clothes designer.

v. + **о. носити о.** wear clothes (**купувати** buy, **одягати** put on, **накладати** *colloq.* put on, **натягувати** pull on ◊ **Він натягнув якийсь дивний о.** He pulled some strange clothes on. **знімати** take off, **скидати** shed, **стягувати** pull off; **вибирати** choose, **підбирати** select; **прасувати** iron, **прати** wash, **сушити** dry, **чистити** clean; **відкладати** put away, **складати** fold ◊ **Олесь акуратно склав зимовий о.** Oles neatly folded his winter clothes. **пакувати** pack, **розпаковувати** unpack; **позичати** borrow *and* lend; **шити** make ◊ **Вона заробляє тим, що шиє о. на замовлення.** She earns her living by making bespoke clothes. **латати** mend, **рвати** tear; **мазати** soil, **псувати** ruin) ◊ **Цвіль зіпсувала її найкращий о.** Mold ruined her best clothes.

prep. **в о.** *dir.* into clothes ◊ **Він перебрався в сухий о.** He changed into dry clothes. **в ~зі** *posn.* in clothes ◊ **Його ніхто впізнав у новому ~зі.** Nobody recognized him in his new clothes. **для ~гу** for clothes ◊ **валіза для ~гу** a suitcase for clothes

Also see **гардероб, стрій**[2]

озброєн|ий, *adj.*

armed + *I.* with ◊ **На них напали ~і ножами люди.** They were attacked by people armed with knives.

adv. **важко** heavily, **добре** well, **цілком** fully; **достатньо** sufficiently; **кепсько** poorly, **ледве** barely, **недостатньо** insufficiently, **погано** badly; ♦ **о. до зубів** armed to the teeth

v. + **о. бути ~им** be armed ◊ **Партизани були ~ими старими рушницями.** The guerrillas were armed with old rifles. (**виявлятися** turn out ◊ **Наркоторговці виявилися ~ими до зубів.** The drug-traffickers turned out to be armed to the teeth. **лишатися** remain; **ставати** become)

озброєн|ня, *nt.*

1 *usu pl.* armaments, weapons, arms

adj. **звичайні** conventional, **наступальні** offensive, **стратегічні** strategic, **ядерні** nuclear

n. + **о. гонка ~ь** an arms race (**збільшення** increase; **обмеження** limitations; **скорочення** reduction)

v. + **о. мати о.** have arms (**забороняти** ban, **обмежувати** limit, **скорочувати** reduce ◊ **Вони не збиралися скорочувати о.** They were not going to reduce their armaments. **контролювати** control; **купувати** purchase, **постачати** supply, **продавати** sell; **накопичувати** stockpile ◊ **Країна накопичує ядерні о.** The country stockpiles nuclear arms. **позбуватися ~ь** get rid of arms ◊ **Вони позбулися ядерних ~ь.** They got rid of nuclear arms.

See **зброя 1**

2 *fig.* equipping, stocking; arming + *I.* with; ♦ **брати на о.** *fig.* to use, adopt ◊ **Дослідники взяли на о. найновіше обладнання.** The researchers adopted state-of-the-art equipment. ♦ **мати** + *A.* **на ~ні** to be equipped with sth, have sth at one's disposal ◊ **Вона мала на ~ні великий досвід.** She had great experience at her disposal.

See **обладнання 1.** *Also see* **техніка 2**

озброї|ти, *pf.*, *see* **озброювати**

to arm, equip, provide with weapons ◊ **Союзники ~ли країну на випадок агресії.** The allies armed the country in case of aggression.

озброї|тися, *pf.*, *see* **озброюватися**

to arm oneself, equip oneself ◊ **Вони ~лися до зубів.** They armed themselves to the teeth.

озброю|вати, ~ють; озбро|їти, ~ять, *tran.*

1 to arm, provide with weapons + *I.* with

adv. **відповідно** respectively, **добре** well, **достатньо** sufficiently, **до зубів** to the teeth ◊ **Він до зубів озброїв власну охорону.** He armed his bodyguards to the teeth. **кепсько** poorly, **ледве** scarcely, **насилу** barely, **недостатньо** insufficiently, **погано** badly, poorly ◊ **Уряд кепсько озброїв військо.** The government armed the army poorly.

v. + **о. бути необхідно** be necessary, **бути треба** + *D.* need to; **вирішувати** decide to; **змогти** *pf.* manage to; **мати намір** have the intention to, **обіцяти** + *D.* promise sb to; **просити** + *A.* ask sb to ◊ **Повстанці просили ЦРУ належно озброїти їх.** The rebels asked the CIA to arm them properly.

2 *fig.* to provide with, equip with

о. + *n.* **о. знаннями** provide with knowledge ◊ **Школа озброїла їх засадничими знаннями.** The school provided them with basic knowledge. (**даними** data, **досвідом** experience, **матеріялом** materials, **освітою** education, **підготовкою** preparation, training) ◊ **Курси озброїли їх солідною підготовкою.** The courses provided them with solid training.

See **забезпечувати 1**

pa. pple. **озброєний** armed

озброюй! озброй!

озброю|ватися; озброїтися, *intr.*

to arm oneself, equip oneself ◊ **Кожен із них озброївся ножем, рушницею і біноклем.** Each of them armed himself with a knife, rifle, and binoculars.

озвучи|ти, *pf.*, *see* **озвучувати**

to dub, *etc.* ◊ **Фільм ~ли українською дуже професійно.** The film was voiced over in Ukrainian in a very professional manner.

озвучу|вати, ~ють; озвуч|ити, ~ать, *tran.*

1 to dub *(film)*, voice over

adv. **бездоганно** impeccably, **добре** well, **досконало** perfectly, **майстерно** masterfully, **професійно** professionally; **кепсько** poorly, **погано** badly; **за законом** by law ◊ **За законом, кожен чужий фільм мають озвучити.** By law, every foreign film must be dubbed. **обов'язково** definitely; **українською** in Ukrainian ◊ **Серіял озвучили українською.** The series was dubbed in Ukrainian.

2 *fig.* to announce, voice, make public ◊ **Прем'єр озвучив позицію уряду у справі європейської інтеґрації.** The premier announced the government stand in the issue of European integration.

See **оголошувати 1**

pa. pple. **озвучений** dubbed, voiced-over

озвучуй! озвуч!

оздоб|а, *f.*

1 *often pl.* decoration, embellishment, adornment

adj. **багата** rich, **барвиста** colorful, **блискуча** glittering, **дорога** expensive, **коштовна** precious, **сліпуча** blinding, **різнокольорова** multicolored; **гарна** beautiful, **красива** pretty, **коштовна** costly, **пишна** lavish; **своєрідна** unconventional, **хитромудра** fanciful; **весільна** wedding, **різдвяна** Christmas, **святкова** holiday, **ялинкова** Christmas-tree; **жіноча** female ◊ **Крамниця пропонує цікавий вибір жіночих оздоб.** The store offers an interesting choice of female accessories. **архітектурна** architectural

v. + **о. вішати ~у** hang a decoration (**знімати** take down, **ховати** put away ◊ **Після свят він знімав різдвяні ~и і ховав їх до наступного року.** After the holidays, he would take down the Christmas decorations and put them away till next year. **продавати** sell); **прикрашати** + *A.* **~ами** embellish sth with decorations

о. + *v.* **висіти** hang; **вражати** + *A.* impress sb ◊ **Пишні ~и палацу вражають відвідувачів.** The lavish decoration of the palace impresses visitors. **оздоблювати** + *A.* adorn sth ◊ **Залу оздоблювали барвисті ~и.** Colorful decorations adorned the hall.

prep. **без оздоб** *fig.* without embellishment, as is, ♦ **зображувати** + *A.* **без оздоб** to paint

sth in its true colors ◊ **Автор зобразив героїв без оздóб.** The author portrayed his characters in their true colors. **о. для** + *G.* a decoration for sb/sth; **о. на** + *A.* a decoration for sth ◊ **~и на весілля** wedding decorations
2 *fig.* best, gem, prize ◊ **~ою збірки музéю є полотнó Джан-Батúсти Т'єпола.** The gem of the museum's collection is a canvas by Gian-Battista Tiepolo.

оздóби|ти, *pf., see* **оздóблювати**
to decorate, embellish, *etc.* ◊ **Вонá ~ла торт крéмовими трояндами.** She decorated the cake with cream roses.

оздóблю|вати, ~ють; оздóб|ити, ~лю, ~иш, ~лять, *tran.*
to decorate, embellish
adv. **багáто** richly, **барвúсто** colorfully ◊ **Тетяна барвúсто оздóбила ялúнку.** Tetiana decorated the Christmas tree colorfully. **гáрно** beautifully, **пúшно** lavishly; **по-святкóвому** festively; **зі смакóм** tastefully; **належно** properly; **бíдно** scantily, **жалюгíдно** pathetically, **кéпсько** poorly, **погáно** badly; **скрóмно** modestly ◊ **Весíльний торт оздóбили скрóмно.** The wedding cake was modestly decorated.
v. + **п. вирíшувати** decide to; **вмíти** be able to ◊ **Ярка вміє гáрно о. помéшкання.** Yarka is able to decorate a dwelling beautifully. **могтú** can; **любúти** like to; **намагáтися** try to, **хотíти** want to; **пропонувáти** + *D.* offer sb to; **наймáти** + *A.* hire sb to ◊ **Олéну найняли оздóбити вúставку.** Olena was hired to decorate the exhibition. **просúти** + *A.* ask sb to
prep. **о. до** + *G. or* **на** + *A.* decorate sth for *(occasion)* ◊ **Вонú ~ють квартúру до свята** *or* **на свято.** They are decorating the apartment for the holiday.
pa. pple. **оздóблений** decorated
оздóблюй! оздóб!
Also see **прибирáти 2, лакувáти 2**

óзер|о, *nt.*
lake ◊ **Свíтязь – найбíльше о. в Украї́ні.** Svitiaz is the biggest lake in Ukraine.
adj. **безкрáє** boundless, **велúке** big, **величéзне** huge; **малé** small, **мелéньке** *dim.* small; **глибóке** deep ◊ **Малéньке о. вúявилося глибóким.** The small lake turned out to be deep. **мілкé** *and* **плиткé** shallow; **гáрне** beautiful, **мальовнúче** picturesque; **прозóре** clear, **чúсте** clean; **сúнє** blue; **тúхе** quiet; **прíсне** *and* **прісновóдне** freshwater, **солóне** salt; **замéрзле** frozen, **покрúте крúгою** ice-covered; **прирóдне** natural, **штýчне** man-made; **гірськé** mountain
n. + **о. бéрег ~а** the shore of a lake (**днó** bottom, **край** edge, **повéрхня** surface ◊ **Повéрхня ~а спокíйна.** The surface of the lake is calm. **середúна** middle)
v. + **о. перепливáти о.** cross, swim across a lake ◊ **Вонá перепливлá о.** She swam across the lake. (**викóпувати** dig ◊ **Вонú вúкопали невелúке о. бíля хáти.** They dug a small lake near their house. **осýшувати** drain; **вихóдити на** give onto, face) ◊ **Простóра кімнáта вихóдила на мальовнúче о.** The spacious room gave onto a picturesque lake.
prep. **бíля ~а** near a lake ◊ **Намéт постáвили бíля ~а.** The tent was pitched near the lake. **в о.** *dir.* into a lake ◊ **Вонá зайшлá в о.** She waded into the lake. **в ~і** *posn.* in a lake ◊ **В ~і багáто рúби.** There are a lot of fish in the lake. **край ~а** by the side of a lake ◊ **Вонú стáли край ~а.** They stopped by the side of the lake. **на о.** *dir.* on/to a lake ◊ **Вонú поїхали на о.** They went to the lake. **на ~і** *posn.* by/on a lake ◊ **Вонú відпочивáють на ~і.** They vacation by the lake. ◊ **хатúна на ~і** a cabin on the lake; **навкóло ~а** around a lake ◊ **У лíсі навкóло ~а мóжна збирáти я́годи.** One can pick berries in the forest around the lake. **над ~ом** by a lake ◊ **Ярéма мáє хатúну над ~ом.** Yarema has a cabin by the lake. **чéрез о.** across a lake
N. pl. **озéра**

ознайóми|ти, *pf., see* **ознайóмлювати**
to familiarize, *etc.* ◊ **Орúся ~ть ýчнів із новúм застосýнком.** Orysia will familiarize the students with the new application.

ознайóми|тися, *pf., see* **ознайóмлюватися**
to familiarize oneself with, get familiar with, *etc.* ◊ **Вíктор ~ться зі сценáрієм при пéршій нагóді.** Viktor will familiarize himself with the script at the first opportunity.

ознайóмлю|вати, ~ють; ознайóм|ити, ~лю, ~иш, ~лять, *tran.*
to acquaint, familiarize, make sb acquainted with, show
adv. **вичéрпно** exhaustively, **ґрунтóвно** thoroughly ◊ **Він ґрунтóвно ознайóмив колéґу з систéмою контрóлю.** He familiarized his colleague thoroughly with the monitoring system. **глибóко** profoundly, **дóбре** well, **доклáдно** in detail; **із приéмністю** with pleasure, **рáдо** gladly; **недбáло** carelessly, **неохóче** reluctantly, **побíжно** cursorily, **поверхóво** superficially, **погáно** badly, **пóспіхом** hastily, **сяк-тáк** sloppily; **скóро** *or* **швúдко** quickly ◊ **Головá комітéту швúдко ~ла їх із тéзами дóповіді.** The (female) committee chair quickly familiarized them with the points of her presentation.
о. + *n.* **о. з архíвом** familiarize with an archive (**закóном** law, **засáдами** fundamentals, **прáвилами** rules, **прогрáмою** program; **мíстом** city, **музéєм** museum, **пáм'ятками** sights, *etc.*)
v. + **о. просúти** + *A.* ask sb to ◊ **Дослíдник попросúв архівíста ознайóмити йогó з документáми.** The researcher asked the archivist to show him the documents. **пропонувáти** offer to ◊ **Він запропонувáв ознайóмити Федóру з Чернíговом.** He offered to show Fedora Chernihiv. **хотíти** want to; **намагáтися** try to
prep. **о. з** + *I.* familiarize with sth
pa. pple. **ознайóмлений** acquainted
ознайóмлюй! ознайóм!
Also see **знайóмити 2**

ознайóмлю|ватися; ознайóмитися, *intr.*
to familiarize oneself with, acquaint oneself with ◊ **Слíдчий ~ється з фáктами кримінáльної спрáви.** The detective is familiarizing himself with the facts of the criminal case.
Also see **знайóмитися**

ознá|ка, *f.*
1 sign, attribute, feature, characteristic
adj. **бáжана** desirable; **вáртісна** valued; **відмíнна** distinctive; **загáльна** general, **спíльна** common; **типóва** typical, **характéрна** characteristic; **кóрисна** useful; **вážлива** important, **визначáльна** defining, **головнá** main, **засаднúча** basic, **істóтна** essential, **ключовá** key, **необхíдна** necessary; **жінóча** feminine, **людськá** human, **чоловíча** masculine; **особúста** personal; **культýрна** cultural, **мóвна** linguistic, **релігíйна** religious, **фізúчна** physical; ♦ **за всімá ~ками** by/to all appearances ◊ **За всімá ~ками вонá – півдéнка.** By all appearances, she is a southerner.
v. + **о. мáти ~ку** have an attribute ◊ **Зарóдок мав усí ~ки здорóвого рóзвитку.** The embryo had all signs of healthy development. (**виявля́ти** reveal ◊ **Анáлізи крóви вúявили однý характéрну ~ку цукрúці.** The blood tests revealed one characteristic sign of diabetes. **помічáти** notice, **розпізнавáти** recognize) ◊ **Лíкар розпізнáв у хвóрого рáнні ~ки СНІДу.** The doctor recognized early signs of AIDS in the patient. **шукáти** look for); **набувáти ~ки** acquire a characteristic
See **рúса 1, симптóм 2.** *Also see* **бік 3, власти́вість, гéній 1, знак 3, нáхил 2, струнá 2, характерúстика 1, я́кість 2**
2 omen, sign, token ◊ **Капітáн дивúвся на нéбо, шукáючи ~к штóрму.** The captain scrutinized the sky, looking for signs of a storm.
adj. **дóбра** good, **щаслúва** happy; **погáна** ill, **понýра** grim, **нещаслúва** unhappy, **нефортýнна** unfortunate; **вирáзна** distinct, **вíрна** sure, **чіткá** clear
v. + **о. бýти ~кою** be a sign ◊ **Хмáри є бáжаною ~кою змíни погóди.** Clouds are a desirable sign of weather change. (**вважáти** + *A.* consider sth ◊ **Це вважáли вíрною ~кою сувóрої зимú.** This was considered to be a sure sign of severe winter. **виглядáти** look, **оголóшувати** + *A.* announce sth; **ставáти** become); **брáти** + *A. or* **сприймáти** + *A.* **за ~ку** take sth as a sign
Also see **знак**
L. **в ~ці**

океáн, *m.*, **~у**
1 ocean
adj. **Атлантúчний** Atlantic ◊ **Вонá двíчі на рік літáє чéрез Атлантúчний о.** She flies over the Atlantic Ocean twice a year. **Індíйський** Indian, **Льодовúтий** Arctic, **Тúхий** Pacific, **Світовúй** World
See **мóре 1**
2 *fig.* ocean, sea, a lot, a great deal + *G.* ◊ **о. червóних мáків** an ocean of red poppies
See **багáто 1, кýпа 3, мóре 2, хмáра 3**

ó|ко, *nt.*, **~ка**
eye, *often pl.*
adj. **лíве** left, **прáве** right ◊ **Він заплющив лíве о., а тодí прáве.** He closed his left and then his right eye. **здорóве** healthy; **незря́че** unseeing, **хвóре** bad, sick; **неозбрóєне о.** the naked eye ◊ **Зíрку мóжна бáчити неозбрóєним ~ком.** The star can be seen with the naked eye. **пúльне** watchful, **увáжне** attentive; **ворóже** hostile; **досвíдчене** experienced, practiced ◊ **На це слід дивúтися досвíдченим ~ком.** This should be looked at with an experienced eye. *usu pl.* **велúкі** big, **величéзні** huge, **широкí** wide; **вузькí** narrow, **малí** small; **безбáрвні** colorless, **буршти́нові** amber, **блакúтні** sky-blue, **волошкóві** azure, **зелéні** green, **кáрі** brown, **сúні** blue, **сíрі** gray, **чóрні** dark, **я́сно-кáрі** hazel; **відкрúті** *and* **розплю́щені** open; **закрúті** *and* **заплю́щені** closed, **примрýжені** squinted; **налúті крóв'ю** bloodshot; **сóнні** sleepy ◊ **Катрýся потéрла кулакáми сóнні ~чі.** Katrusia rubbed her sleepy eyes with her fists. **стóмлені** tired; **блискотлúві** twinkling, **блискýчі** shining, **іскрúсті** sparkling, **променúсті** luminous ◊ **Її ~чі здавáлися променúстими від рáдости.** Her eyes seemed luminous with joy. **яскрáві** bright; **водянúсті** watery, **волóгі** moist, **мýтні** misty; **вýзько посáджені** close-set, **ширóко посáджені** wide-set, **глибóко посáджені** deep-set; **дóбрі** kind, **лáгідні** gentle, **м'які** soft, **тéплі** warm; **жáлібні** pitiful, **заплáкані** tearful, **сумнí** sad; **божевíльні** crazy; **вúтріщені** gawking, **шалéні** insane; **голóдні** hungry, **жáдібні** greedy ◊ **Олéкса дивúвся на стіл жáдібними ~чúма.** Oleksa was looking at the table with greedy eyes. **заздрíсні** envious, **ревнúві** jealous; **колю́чі** prickly, **пронúзливі** piercing ◊ **Івáнці стáло нíяково від цих пронúзливих ~чéй.** Ivanka felt ill at ease from those piercing eyes. **сувóрі** stern; **лю́ті** furious, **похмýрі** gloomy, **понýрі** grim, **сердúті** angry; **відсýтні** vacant, **байдýжі** indifferent, **порóжні** hollow; **зрадлúві** treacherous, **хúтрі** sly; **склянí** glassy, **холóдні** cold ◊ **В холóдних ~чáх незнайóмки не булó спíвчуття.** There was no sympathy in the (female) stranger's cold eyes. **допитлúві** curious, inquisitive ◊ **Допитлúві дитя́чі ~чі надихáли йогó.** The children's inquisitive eyes inspired him. **мýдрі** wise, **розýмні** intelligent

v. + **о. відкривáти** *and* **розплю́щувати ~чі** open one's eyes ◊ **Він розплю́щив ~чі.** He opened his eyes. (**закривáти** shut, **заплю́щувати** close, **мру́жити** squint ◊ **Яскрáве світло змýсило йогó примрýжити ~чі.** The bright light made him squint his eyes. **піднімáти** raise ◊ **Нéля підня́ла на нéї понýрі ~чі.** Nelia raised her grim eyes at her. **опускáти** lower ◊ **Васи́ль опусти́в ~чі.** Vasyl lowered his eyes. **зосерéджувати** focus, **напрýжувати** strain; **відвóдити** avert ◊ **Він відвів ~чі.** He averted his eyes. **захищáти** protect, **прикривáти** cover; **витирáти** wipe, **тéрти** rub; **впадáти в** catch ◊ **Кни́жка одрáзу впáла їй в ~чі.** The book immediately caught her eye. **диви́тися** + *D.* **в** look sb in the eyes) ◊ **Він не диви́вся співрозмóвникові в ~чі.** He did not look his interlocutor in the eyes. ♦ **бáчити** + *A.* **на влáсні ~чі** to see sth with one's own eyes ◊ **Сóля бáчила документ на влáсні ~чі.** Solia saw the document with her own eyes. ♦ **відкривáти** + *D.* **~чі на** + *A.* to open sb's eyes on sth ◊ **Софíя відкри́ла Хомі ~чі на прáвду: ці лю́ди використóвували йогó.** Sofiia opened Khoma's eyes to the truth; those people had been using him. ♦ **закривáти** *or* **заплю́щувати ~чі на** + *A. fig.* to close one's eyes to sth, ignore sth ◊ **Вонá не мóже заплю́щувати ~чі на очеви́дні рéчі.** She cannot close her eyes to obvious things. ♦ **не могти́ відвести́ ~чéй від** + *G.* not to be able to take one's eyes off sb/sth ◊ **Богдáн не міг відвести́ від нéї ~чéй.** Bohdan could not take his eyes off her. **кліпати ~и́ма** blink one's eyes ◊ **Він мовчáв, безпорáдно кліпаючи ~чи́ма.** He was silent, blinking his eyes helplessly. (**зустрічáтися з** + *I.* meet sb's eyes ◊ **Павлó на мить зустрівся з нéю ~чи́ма.** Pavlo met her eyes for an instant. **ки́дати по** + *L.* cast around) ◊ **Він ки́нув ~чи́ма по кімнáті.** He cast his eyes around the room.

о. + *v.* **відкривáтися** *and* **розплю́щуватися** open ◊ **Її хвóре о. спочáтку не хотíло розплю́щуватися.** Initially her bad eye would not open. **розширя́тися** widen, **закривáтися** shut, **заплю́щуватися** close, **мрýжитися** squint; **окрýглюватися** round ◊ **Що дóвше він слýхав, то бíльше окрýглювалися від здивувáння йогó ~чі.** The more he listened, the more his eyes rounded with surprise. **сльози́тися** stream ◊ **У ньóго сльозя́ться ~чі.** His eyes are streaming. **горíти** + *I.* burn with *(curiosity, etc.)*, **палáти** + *I.* blaze with sth ◊ **Йогó ~чі палáли бажáнням.** His eyes blazed with desire. **блищáти від** + *G.* glitter with sth ◊ **Її чóрні ~чі заблищáли від збýдження.** Her black eyes started glittering with excitement. **іскри́тися** + *I.* sparkle with, **ся́яти** + *I.* shine with sth; **віддзеркáлювати** + *A.* reflect sth ◊ **~чі дити́ни віддзеркáлювали всі її емóції.** The child's eyes reflected all its emotions. **сповнювáтися** + *I.* fill with *(emotion)*, **тьмяніти від** + *G.* dull from sth, **склянíти від** + *G.* glaze over with ◊ **Натáлині ~чі посклянíли від нудьги́.** Natalia's eyes glazed over with boredom. **соловíти від** + *G.* dim with sth ◊ **Від спожи́тої горíлки ~чі в Палія́ посоловíли.** Palii's eyes dimmed with the vodka he had consumed. **кліпати** blink, **сíпатися** twitch ◊ **У нéї нервóво засíпалося ~ко.** Her eye started twitching neurotically. **мрýжитися** squint; **звикáти до** + *G.* get used to sth ◊ **Йóсипові ~чі дóвго звикáли до тéмряви.** It took Yosyp's eyes a long time to get used to the darkness.

prep. **в о.** *dir.* in/to sb's eye ◊ **Петрóві щось попáло в о.** Something got in Petro's right eye. **в ~чі** *dir.* in/to sb's eyes; ♦ **в ~чі** *or* **у вíчі** + *D.* to sb's face ◊ **Вонá не вагáлася казáти прáвду начáльникові у вíчі.** She did not hesitate to tell the truth to her boss's face. **в ~ці** *posn.* in/on sb's eye ◊ **Він носи́в монóкль у прáвому ~ці.** He wore a monocle on his right eye. **в ~чáх** *posn.* in sb's eye's ◊ **У йогó ~чáх був ти́хий дóкір.** There was a silent reproach in his eyes. ♦ **на ~чáх** before sb's eyes ◊ **Усé відбувáлося в них на ~чáх.** Everything was happening before their eyes. ♦ **під пи́льним ~ком** under sb's watchful eye ◊ **Вони́ почувáлися безпéчно під пи́льним ~ком полíції.** They felt safe under the watchful eye of the police. ♦ **о. за о., зуб за зуб** an eye for an eye and a tooth for a tooth

Cf. **зір**

окóлиц|я, *f.*

1 neighborhood, vicinity, quarter

adj. **вся** whole, **цíла** entire; **найбли́жча** immediate, **прилéгла** surrounding ◊ **Під водóю опини́лася прилéгла о.** The surrounding neighborhood ended up under water. **безпéчна** safe ◊ **Коли́сь о. булá безпéчною.** There was a time when the neighborhood was safe. **гáрна** nice, **мальовни́ча** picturesque, **приємна** pleasant, **чудóва** great ◊ **Вони́ жили́ в чудóвій ~і.** They lived in a great neighborhood. **ти́ха** quiet, **чепурнá** tidy, **чи́ста** clean; **багáта** rich, **замóжна** wealthy; **видзиґóрна** *colloq.* chichi, **мóдна** fashionable, **респектáбельна** respectable; **жвáва** vibrant, **живá** lively; **бруднá** dirty, **жахли́ва** terrible, **небезпéчна** dangerous, **погáна** bad, **страшнá** scary; **біднá** poor, **дешéва** inexpensive, cheap ◊ **Перевáга ціє́ї бруднóї ~і для студéнтів полягáла в тóму, що вонá дýже дешéва.** The merit of this dirty neighborhood for students was that it was very cheap. **занéдбана** neglected, **обшáрпана** tattered; **богéмна** artistic, **елíтна** elite, **іміґрáнтська** immigrant ◊ **Мíсто має іміґрáнтську ~ю.** The city has an immigrant neighborhood. **музéйна** museum, **портóва** port, **промислóва** industrial, **рибáльська** fishing, **робітни́ча** working-class, **студéнтська** student, **торгóва** commercial, **університéтська** university, **фабри́чна** factory; **міськá** city, **приміськá** suburban, **сільськá** village; **зáхідна** western, **схíдна** eastern, **півдéнна** southern, **півнíчна** northern; **знайóма** familiar, **незнайóма** unfamiliar

v. + **о. будувáти ~ю** build a neighborhood (**ствóрювати** create; **вибирáти** choose, **населя́ти** populate ◊ **Зáхідну ~ю традиці́йно населя́ли ци́гáни.** The western quarter was traditionally populated by Gypsies. **ки́дати** abandon ◊ **Вони́ врéшті-рéшт ки́нули небезпéчну ~ю.** Eventually they abandoned the dangerous neighborhood. **занéдбувати** neglect; **відвíдувати** visit ◊ **Гóсті відвíдали ~ю монастиря́.** The guests visited the vicinity of the monastery. **оглядáти** see; **перетвóрювати на** + *A.* transform into sth, **покрáщувати** improve, **повертáти до життя́** revitalize; **знóсити** demolish, **зрíвнювати із землéю** raze to the ground, **руйнувáти** destroy; **охороня́ти** protect, **патрулювáти** patrol); **переселя́тися до ~і** move to a neighborhood ◊ **Вони́ переселя́ються до інші́ї ~і.** They are moving to a different neighborhood. **блукáти ~ею** roam a neighborhood ◊ **Вони́ блукáли музéйною ~ею мíста.** They roamed the museum quarter of the city. (**ходи́ти** walk around); **поселя́тися в ~і** settle in a neighborhood ◊ **У схíдній ~і мíста поселя́ються перевáжно бíдні студéнти.** Mostly poor students settle in the eastern neighborhood of the city.

о. + *v.* **лежáти** lie ◊ **На зáхід від майдáну лежи́ть торгóва о.** A commercial quarter lies to the west of the square. **простягáтися на** + *A.* stretch for *(distance)* ◊ **Рибáльська о. простягáється на дéсять кварталів.** The fishing neighborhood stretches for ten blocks. **тягнýтися на** + *A.* extend for *(distance)*; **бýти розташóваною** be located ◊ **Навкóло собóру розташóвана вірмéнська о.** The Armenian quarter is located around the cathedral. **розташóвуватися** be situated; **занепадáти** decline, **процвітáти** flourish, **розвивáтися** develop

prep. **в ~ю** *dir.* in/to a neighborhood ◊ **Він ненарóком потрáпив у незнайóму ~ю мíста.** He inadvertently got into an unfamiliar city neighborhood. **в ~ці** *posn.* in a neighborhood ◊ **У цій ~ці цікáво погуля́ти.** It is interesting to take a walk in this neighborhood. **на ~ю** *dir.* 1) to a neighborhood ◊ **Вони́ заї́хали на далéку ~ю.** They drove to a distant quarter. 2) to the outskirts ◊ **Вони́ ви́йшли на ~ю університéтського містéчка.** They reached the outskirts of the campus. **на ~і** on the outskirts ◊ **Цéрква на ~ці мíста.** The church is on the city outskirts. **по ~і** around a neighborhood ◊ **Вонá катáлася велосипéдом по ~і.** She rode a bicycle around the neighborhood.

Also see **дíльниця 1, окраї́на 3, части́на 1**

2 district, area, region ◊ **Пóвінь врáзила півнíчні ~і Волі́ні.** The flood affected the northern areas of Volyn.

Also see **райóн 1, части́на 1**

3 ~ею *as adv.* indirectly, in a roundabout way ◊ **Вони́ розмовля́ли з місцéвими, намагáючись ~ею дізнáтися про поді́ї.** They talked with the locals, trying to find out about the events in a roundabout way.

окраї́н|а, *f.*

1 outskirts, borderland, rim ◊ **Пожéжа охопи́ла півдéнну ~у селá.** The fire engulfed the southern outskirts of the village.

adj. **міськá** city, **сільськá** village; **півнíчна** northern, **зáхідна** western, *etc.*; **прибережна** coastal

v. + **о. досягнýти ~и** reach the outskirts ◊ **Вони́ досягнýли ~и мíста за чвéрть годи́ни.** They reached the city outskirts in a quarter hour.

prep. **на ~у** *dir.* to the outskirts ◊ **Василéнки переї́хали на ~у.** The Vasylenkos moved to the outskirts. **на ~і** *posn.* in/on the outskirts ◊ **Вони́ купи́ли буди́нок на ~і Ýмані.** They bought a house on the outskirts of Uman.

2 *fig.* backwater ◊ **Країна булá забýтою Бóгом ~ою імпéрії.** The country was a godforsaken backwater of the empire.

Also see **дірá 2, провíнція 2, селó 2**

3 neighborhood ◊ **реміснича о.** an artisan neighborhood

See **окóлиця 1**

окрéм|ий, *adj.*

1 separate, individual

adv. **абсолю́тно** absolutely ◊ **Вони́ у двох абсолю́тно ~их части́нах готéлю.** They are in two absolutely separate parts of the hotel. **геть** totally, **зóвсім** quite, **пóвністю** entirely, **цілкóм** completely; **ви́разно** distinctly, **я́вно** clearly

о.+ *n.* **о. вхід** a separate entrance (**кóнкурс** competition ◊ **Фестивáль проведé о. кóнкурс украї́нських фíльмів.** The festival will hold a separate Ukrainian film competition. **фонд** fund), ♦ **у кóжному ~ому ви́падку** in each individual case ◊ **Вкáзівки давáтимуть у кóжному ~ому ви́падку.** Instructions will be given in each individual case. **~а кімнáта** a separate room (**пáпка** folder), **~е крилó** a separate wing (**помéшкання** apartment; **засідáння** meeting; **питáння** question, issue, **рíшення** decision)

v. + **о. бýти ~им** be separate (**вважáти** + *A.* consider sth ◊ **Цю спрáву вони́ вважáли зóвсім ~ою від рéшти.** They considered the case to be quite separate from the rest. **виявля́тися** turn out, **здавáтися** + *D.* seem to sb; **лишáтися** remain; **роби́ти** + *A.* make sth; **ставáти** become) ◊ **Він хотíв зроби́ти спáльню ~ою.** He wanted to make the bedroom separate.

prep. **о. від** + *G.* separate from sb/sth

Also see **індивідуáльний.** *Cf.* **ізольóваний.**

Ant. **загáльний, спíльний**

2 *usu with pl.* some, certain ◊ **В ~их ситуáціях він використóвував резéрви пáльного.** In some situations, he used fuel reserves.

See **деякий 2**
3 *mil.* special ◊ **о. відділ** a special division (**літак** aircraft, **підрозділ** unit ◊ **Урядові заклади охороняв о. військовий підрозділ.** A special military unit guarded government institutions. **полк** regiment)
Also see **особливий 2**

окру|г, *m.*, **~гу**
district, ward *(electoral)*, constituency
adj. **виборчий** electoral ◊ **Він – спостерігач у третьому виборчому ~зі.** He is an observer in electoral ward No. 3. **військовий** military ◊ **Країна розділена на чотири військові ~ги.** The country is divided into four military districts. **міський** urban, **сільський** rural, **північний** northern, **східний** eastern, **центральний** central; **національний** national
v. + **о. вибиратися** *or* **балотуватися по ~гу** to run in a district ◊ **Він балотується по іншому ~гу.** He is running in a different ward.
prep. **в ~зі** in a district ◊ **У її ~зі виборці консервативні.** Voters are conservative in her ward. **поза ~гом** outside a district; **у межах ~гу** within a district

окуляр|и, *only pl.*, **~ів**
eyeglasses, glasses, spectacles
adj. **затемнені** tinted, **темні** dark ◊ **Її тяжко впізнати в темних ~ах.** She is hard to recognize in dark glasses. **квадратні** rectangular, **круглі** round; **важкі** heavy, **легкі** light, **невагомі** weightless; **модні** fashionable, **стильні** stylish, **старомодні** old-fashioned; **дорогі** expensive; **дешеві** cheap; **читальні** reading; ♦ **сонячні о.** sunglasses ◊ **Він загубив сонячні о.** He lost his sunglasses.
n. + **о. пара ~ів** a pair of glasses ◊ **Вона має дві пари ~ів.** She has two pairs of glasses.
v. + **о. виписувати** + *D.* **о.** prescribe sb glasses ◊ **Лікар виписав їй читальні о.** The doctor prescribed her reading glasses. (**ламати** break; **носити** wear ◊ **Він часом носить о.** He sometimes wears glasses. **одягати** put on, **накладати** *colloq.* put on ◊ **Валя наклала сонячні о. і пішла на пляж.** Valia put on her sunglasses and went to the beach. **знімати** take off; **підганяти** adjust; **потребувати** need ◊ **Вона потребує сильніші о.** She needs stronger glasses. **дивитися на** + *A.* **крізь** look at sth through) ◊ **Вона дивилася на нього крізь о.** She was looking at him through her glasses. **користуватися ~ами** use glasses ◊ **Він неохоче користується ~ами.** He uses his glasses reluctantly. **обходитися без ~ів** do without glasses ◊ **У п'ятдесят вісім він обходиться без ~ів.** At the age of fifty-eight, he does without glasses.
о. + *v.* **висіти** perch ◊ **Великі о. висіли в нього на кінчику носа.** Big glasses perched at the end of his nose. **сповзати** slide down; **ламатися** break ◊ **Його дорогі о. зламалися.** His expensive glasses broke.
prep. **за ~ами** behind glasses ◊ **Він ховав очі за темними ~ами.** He hid his eyes behind the dark glasses. **через о.** through glasses ♦ **дивитися на** + *A.* **крізь рожеві о.** to look at sth through rose-colored glasses ◊ **Вона дивиться на світ крізь рожеві о.** She looks at the world through rose-colored glasses. **поверх ~ів** over glasses; ♦ **о. в золотій оправі** gold-rimmed glasses (**в роговій** horn-, **в металевій** steel- ◊ **Вона купила ~и в металевій ~і.** She bought steel-rimmed glasses. **дротяній** wire-); **о. без оправи** rimless glasses
2 *fig.* black eye ♦ **підставляти** *or* **ставити** + *D.* (**на очі**) **о.** to give sb a black eye ◊ **Хтось поставив** *or* **попідставляв Антонові о.** Somebody gave Antin a black eye.

окупаційн|ий, *adj.*
occupying, occupation, of or pertaining to occupation
о. + *n.* **о. режим** an occupation regime (**суд** court); **~а адміністрація** an occupation administration (**армія** army, **влада** authorities; **зона** zone); **~і війська** occupation troops (**сили** forces)

окупаці|я, *f.*, **~ї**
occupation
adj. **військова** military, **воєнна** wartime; **ворожа** enemy, **чужоземна** foreign; **союзницька** allied; **коротка** brief, **короткочасна** short-term; **тривала** lengthy; **колоніяльна** colonial ◊ **землі під німецькою ~єю** the lands under the German occupation; **брутальна** brutal, **злочинна** criminal, **незаконна** unlawful; **наступна** subsequent
v. + **о. починати ~ю** start occupation (**закінчувати** end, **припиняти** stop, **продовжувати** continue; **готувати** prepare) ◊ **Підривні заходи готували наступну ~ю реґіону.** The subversive measures prepared the subsequent occupation of the region. **виступати проти ~ї** oppose occupation (**протестувати проти** protest) ◊ **Прага протестувала проти ~ї Судетів.** Prague protested the occupation of Sudetenland. **класти край ~ї** put an end to an occupation ◊ **Договір поклав край ~ї міста.** The treaty put an end to the city's occupation. (**чинити опір** resist an occupation); **боротися з ~єю** fight occupation ◊ **Усе життя він боровся із совєтською ~єю рідної країни.** He fought the Soviet occupation of his homeland all his life.
prep. **під ~єю** under occupation; **під час ~ї** during occupation
Also see **захоплення 1**

окупу|вати, **~ють;** *same, tran.*
to occupy, capture, seize, take possession of
adv. **вже** already, **зразу** at once, **швидко** quickly **Німці швидко ~вали північ Франції.** The Germans quickly occupied the north of France. **віроломно** treacherously, **незаконно** unlawfully; **коротко** briefly, **надовго** for a long time; **з порушенням міжнародного права** in violation of the international law
о. + *n.* **о. країну** occupy a country (**місто** city, **півострів** peninsula, **плацдарм** beachhead, **село** village, **територію** territory ◊ **Під час Другої світової війни кілька країн ~вали територію України.** During World War Two, several countries occupied the territory of Ukraine.
v. + **о. бути треба** + *D.* need to, **вдаватися** succeed in, **змогти** *pf.* manage to ◊ **Вони змогли о. місто без жодного пострілу.** They managed to occupy the city without a single shot. **могти** can, **намагатися** try to, **робити спробу** make an attempt to ◊ **Вони зробили спробу о. цитадель.** They made an attempt to occupy the citadel. **хотіти** want to; **допомагати** + *D.* help sb to; **погрожувати** + *D.* threaten sb to; **не дозволяти** + *D.* not to allow sb to
pa. pple. **окупований** occupied
окупуй!
Also see **займати 3**

олів|ець, *m.*, **~ця**
pencil
adj. **кольоровий** colored ◊ **набір кольорових ~ців** a set of colored pencils. **простий** ordinary lead; **гострий** sharp, **загострений** sharpened, **тупий** blunt ◊ **Він підстругав тупий олівець.** He sharpened the blunt pencil. **тонкий** thin, **зламаний** broken; **косметичний** cosmetic ◊ **Наслинивши косметичний о., вона підвела брови.** Having wetted a cosmetic pencil, she outlined her brows.
v. + **о. брати о.** *or* **~ця** take a pencil ◊ **Вона взяла ~ця і намалювала план кімнати.** She took a pencil and drew a plan of the room. **хапати** grab; **позичати** borrow, lend) ◊ **Можна позичити о. на хвилинку?** Can I borrow your pencil for a second? **користуватися ~цем** use a pencil (**писати** + *A.* write sth with ◊ **Він пише статті ~цем.** He writes his articles with a pencil. **малювати** + *A.* draw sth with; **виділяти** + *A.* highlight sth with, **підкреслювати** + *A.* underline sth with, **позначати** + *A.* mark sth with; **стукати** tap)

олі|я, *f.*, **~ї**
oil *(food)*
adj. **авокадова** avocado, **арахісова** peanut, **кокосова** coconut, **конопляна** hempseed, **кукурудзяна** corn, **кунжутова** sesame, **оливкова** olive, **пальмова** palm, **ріпакова** rapeseed, **рослинна** vegetable, **соєва** soy, **соняшникова** sunflower; **мінеральна** mineral
v. + **о. користуватися ~єю** use oil ◊ **Він часто користується рослинною ~єю.** He often uses vegetable oil. (**прискати** + *A.* drizzle sth with), **споживати ~ю** consume oil ◊ **Вони споживають багато оливкової ~ї.** They consume a lot of olive oil. **наливати ~ї** pour some oil; **смажити** + *A.* **на ~ї** fry sth in oil ◊ **Він посмажив рибу на ~ї.** He fried the fish in oil.
Cf. **жир 2**

онук, *var.* **внук**, *m.*; **~а**, *var.* **внука**, *f.*
1 grandson, grandchild
adj. **єдиний** only; **коханий** beloved, **улюблений** favorite; **молодший** younger, **старший** elder
v. + **о. доглядати ~а** look after a grandson ◊ **Його батьки не хотіли доглядати ~а.** His parents did not want to look after their grandson. (**пестити** pamper, **псувати** spoil); **доводитися** + *D.* **~ом** be sb's grandson ◊ **Хома доводився йому не сином, а ~ом.** Khoma was not his son but his grandson.
2 *only pl.* grandchildren ◊ **Нарешті вони мають власних ~ів.** Finally they have their own grandchildren.

опали|ти, *pf.*, *see* **опалювати**
to heat, *etc.* ◊ **Груба швидко ~ла вітальню.** The stove quickly heated the living room.

опалю|вати, **~ють; опал|ити**, **~ять**, *tran.*
to heat + *I.* with
adv. **добре** well, **надмірно** excessively ◊ **Квартиру надмірно ~вали.** The apartment was excessively heated. **достатньо** well enough; **повільно** slowly, **швидко** quickly; **ледве** hardly, **насилу** barely, **трохи** a little, **так-сяк** so-so
pa. pple. **опалений** heated
опалюй! опали!
Cf. **нагрівати 1**

опанову|вати, **~ють; опану|вати**, **~ють**, *tran.*
1 to master + *A. or I.*
adv. **добре** well, **повністю** fully, **цілком** completely; **посправжньому** truly, **справді** really; **майже** almost; **ледве** scarcely, **насилу** barely; **скоро** *or* **швидко** quickly ◊ **Він скоро опанував елементарну німецьку.** He quickly mastered elementary German. **крок за кроком** step by step, **повільно** slowly, **послідовно** consistently, **поступово** gradually; **вперто** doggedly, **наполегливо** persistently, **невідступно** relentlessly, **систематично** systematically
о. + *n.* **о. мистецтво** *or* **мистецтвом** master an art ◊ **Вона прагнула опанувати мистецтво фотографії.** She strove to master the art of photography. (**знання** *or* **знаннями** knowledge, **мову** *or* **мовою** language, **мудрість** *or* **мудрістю** wisdom, **основи** *or* **основами** basics, **теорію** *or* **теорією** theory, *etc.*)
v. + **о. братися** set about ◊ **Він узявся о. засади математичного аналізу.** He set about mastering the basics of math analysis. **бути у стані** be capable of, **вдаватися** + *D.* succeed in ◊ **За кілька днів їй вдалося опанувати секретами водіння.** In several days, she succeeded in mastering the secrets of driving.

могти́ can; вирі́шувати decide to; почина́ти begin, ста́ти *pf.* start; продо́вжувати continue to ◊ **Вона́ продо́вжувала о. мисте́цтвом йо́ґи.** She continued to master the art of yoga. **пра́гнути** strive to, **хоті́ти** want to; **обіця́ти** + *D.* promise sb to
pa. pple. **опано́ваний** mastered
Also see **виввча́ти 1**
2 take control of, subordinate + *A. or I.*
о. + *n.* **о. ситуа́цію** *or* **ситуа́цією** take control of a situation (**емо́ції** *or* **емо́ціями** emotions, **хвилюва́ння** *or* **хвилюва́нням** excitement, **хао́с** *or* **хао́сом** chaos); ♦ **о. себе́** *or* **собо́ю** to pull oneself together ◊ **Вона́ намага́лася опанува́ти собо́ю.** She was struggling to pull herself together.
Also see **оволодіва́ти 2**
3 *fig.* to seize *(of feelings, thoughts, etc.)*, overtake, overcome+ *A. or I.* ◊ **Триво́га і су́мніви опанува́ли Йо́сипа** *or* **Йо́сипом.** Anxiety and doubts overtook Yosyp.
See **оволодіва́ти 2.** *Also see* **забира́ти 4, охо́плювати 4, розбира́ти 6**
опано́вуй! опану́й!

опанува́|ти, *pf., see* **опано́вувати**
to master, *etc.* ◊ **Вона́ ~ла страх.** She took control of her fear.

о́пер|а, *f.*
1 opera ◊ **О. склада́лася із трьох а́ктів.** The opera consisted of three acts.
adj. **аванґа́рдова** avant-garde, **класи́чна** classic; **легка́** light, **komі́чна** comic; **дитя́ча** children's ◊ **Тру́па впе́рше поста́вила дитя́чу ~у.** The company produced a children's opera for the first time. **націона́льна** national; **улю́блена** favorite; **італі́йська** Italian, **францу́зька** French ◊ **«Карме́н» – найпопуля́рніша францу́зька о.** *Carmen* is the most popular French opera. **украї́нська** Ukrainian ◊ **украї́нська о. під на́звою «Мойсе́й»** the Ukrainian opera entitled *Moses*
v. + **о. писа́ти ~у** write an opera ◊ **Цю класи́чну ~у написа́в Мико́ла Ли́сенко.** Mykola Lysenko wrote this classic opera. (**компонува́ти** compose; **вико́нувати** perform, **співа́ти** sing, **ста́вити** produce; **слу́хати** listen to, **йти** *or* **ходи́ти на** go to) ◊ **Вони́ і́ноді хо́дять на ~у.** Sometimes they go to the opera. ♦ **бу́ти з і́ншої ~и** to have nothing to do with sth, be sth different ◊ **Те, про що ви пита́єте, є зо́всім з і́ншої ~и.** What you are asking about concerns an entirely different matter.
See **п'є́са 1**
2 *only sg.* opera *(genre of music)* ◊ **Їй ніко́ли не подо́балася о.** She has never liked opera.
3 opera house, opera ◊ **Льві́вську ~у збудува́ли по́над сто ро́ків тому́.** The Lviv Opera House was built more than a hundred years ago.
adj. **баро́кова** baroque; **га́рна** beautiful; **нова́** new, **відреставро́вана** restored; **мі́ська** municipal, city ◊ **Нова́ мі́ська́ о. ви́кликала гаря́чі супере́чки.** The new municipal opera caused heated debates.
See **буди́нок 1**

опера́тор, *m.*, **~а; ~ка**, *f.*
1 operator ◊ **Він працю́є ~ом зв'язку́.** He works as a communication operator.
adj. **до́брий** good, **досві́дчений** experienced, **компете́нтний** competent, **професі́йний** professional, **спри́тний** agile; **ке́пський** poor, **пога́ний** bad, **пові́льний** slow
See **спеціалі́ст**
2 cameraman, cinematographer; ♦ **о.-постано́вник** director of photography ◊ **Дани́ло Дему́цький був геніа́льним ~ом.** Danylo Demutsky was a brilliant cinematographer.

опера́ці|я, *f.*, **~ї**
1 *med.* operation, surgery
adj. **важли́ва** major, **вели́ка** big; **висна́жлива** exhausting ◊ **Він передбача́в висна́жливу ~ю.** He anticipated an exhausting surgery. **трива́ла** lengthy; **коро́тка** short, **невели́ка** small; **деліка́тна** delicate, **складна́** complicated; **бана́льна** regular, **звича́йна** routine; **вда́ла** *or* **успі́шна** successful; **невда́ла** unsuccessful; **ма́рна** futile ◊ **Лі́кар уважа́в ~ю ма́рною.** The doctor considered the surgery to be futile. **непотрі́бна** unnecessary; **фата́льна** fatal; **нега́йна** immediate, **терміно́ва** emergency, **урге́нтна** urgent; **косметі́чна** cosmetic; **хірургі́чна** surgical
о. + *n.* **о. на мо́зку** a brain surgery (**колі́ні** knee, **ни́рці** kidney, **се́рці** heart, **шлу́нку** stomach, *etc.*) ◊ **Вона́ потребува́ла ~ї на шлу́нку.** She needed stomach surgery.
v. + **о. роби́ти ~ю** do a surgery ◊ **~ю на се́рці роби́в досві́дчений хіру́рг.** An experienced surgeon did the heart surgery. (**вико́нувати** perform; **ма́ти** have, **пережива́ти** survive, **пройти́** go through, undergo)
prep. **для ~ї** for a surgery; **на ~ї** at a surgery; **під час ~ї** during a surgery
2 operation *(activity)*
adj. **військо́ва** military, **деса́нтна** landing, **наступа́льна** offensive, **спі́льна** joint, **підривна́** subversive ◊ **Полі́ція попере́дила підривну́ ~ю сепарати́стів.** The police preempted a separatist subversive operation. **розві́дувальна** reconnaissance
v. + **о. організо́вувати ~ю** organize an operation ◊ **Він організува́ла кі́лька розві́дувальних ~ій.** He organized several reconnaissance operations. (**прово́дити** conduct ◊ **Вони́ провели́ дві ~ї, щоби зліквідува́ти ба́нду.** They conducted two operations to eliminate the gang. **підтри́мувати** support; **почина́ти** begin, **продо́вжувати** continue; **зупиня́ти** stop ◊ **Він зупини́в ~ю.** He stopped the operation. **закі́нчувати** finish; **відклада́ти** put off; **заду́мувати** conceive, **обду́мувати** think over) ◊ **Він обду́мує ~ю.** He is thinking the operation over. **планува́ти** plan; **відмовля́тися від ~ї** give up an operation; **запобіга́ти ~ї** prevent an operation (**перешкоджа́ти** stand in the way of, **спри́яти** facilitate ◊ **Што́рм не спри́яв деса́нтній ~ї.** The storm did not facilitate the landing operation. **допомага́ти** help, assist)
3 transaction *(in banking)*
adj. **ба́нківська** banking, **ділова́** business, **торго́ва** commercial, **фіна́нсова** financial ◊ **Банк ро́бить рі́жні ви́ди ~ій.** The bank does various types of transactions.
4 *colloq.* procedure, action, experience ◊ **Уве́чері Оле́ну чека́ла о. приготува́ння деру́нів.** In the evening, the experience of cooking potato pancakes awaited Olena.
adj. **приє́мна** pleasant, **ціка́ва** interesting; **небезпе́чна** dangerous, **ризико́ва** risky, **неприє́мна** unpleasant, **нудна́** boring, **непотрі́бна** unnecessary
See **заня́ття**

оперо́в|ий, *var.* **о́перний**, *adj.*
operatic, opera, of or pertaining to opera
о. + *n.* **о. теа́тр** an opera house (**го́лос** voice ◊ **Він ма́є пра́вдивий о. го́лос.** He has a truly operatic voice. **співа́к** singer, **сезо́н** season); **~а а́рія** an opera aria (**виста́ва** performance, **поста́ва** production) ◊ **У цьому́ сезо́ні теа́тр ма́є аж три нові́ ~і поста́ви.** The theater has as many as three new opera productions this season.

оперу|ва́ти, **~ють; про~**, *tran. and intr.*
1 *tran. and intr.* to operate on, do surgery ◊ **Вона́ прооперува́ла трьох хво́рих за змі́ну.** She operated on three patients in her shift.
adv. **до́бре** well, **вда́ло** *and* **успі́шно** successfully ◊ **Він успі́шно ~є на відкри́тому се́рці.** He is successfully operating on an open heart. **майсте́рно** skillfully, **фа́хово** professionally; **шви́дко** quickly
prep. **о. на** + *L.* operate on sb/sth ◊ **єди́ний нейрохіру́рг, що ~є на мо́зку** the only neurosurgeon who operates on the brain
pa. pple. **прооперо́ваний** operated upon
2 *intr., only impf., mil.* to operate, conduct military operations ◊ **Партиза́ни му́сили о. одра́зу про́ти двох воро́жих а́рмій.** The partisans had to operate at once against two enemy armies.
3 *intr., only impf.* to use, deal with, manipulate, handle; operate, act + *I.* with ◊ **Кіно́ ~є зорови́ми та звукови́ми о́бразами.** Filmmaking uses visual and sound images.
adv. **акти́вно** actively, **ві́льно** freely ◊ **Це дасть ба́нку можли́вість ві́льно о. на ри́нку нерухо́мости.** This will give the bank an opportunity to operate freely on the real estate market. **впра́вно** skillfully, **ефекти́вно** efficiently, **майсте́рно** masterfully; **блиску́че** brilliantly ◊ **Молоди́й економі́ст блиску́че ~є ци́фрами.** The young economist brilliantly handles numbers. **чудо́во** wonderfully; **факти́чно** effectively, in fact; **невмі́ло** ineptly, **незґра́бно** clumsily; **ле́две** scarcely, **наси́лу** barely
See **використо́вувати 1.** *Also see* **експлуатува́ти 2, застосо́вувати, розпоряджа́тися 3, спожива́ти 2**
(про)оперу́й!

опини́|тися, *pf., see* **опиня́тися**
to end up *(someplace)*, find oneself ◊ **За пів годи́ни ді́вчата ~лися на і́ншому кінці́ мі́ста.** In half an hour, the girls ended up on the other side of the city.

опиня́|тися, **~ються; опин|и́тися**, **~ю́ся**, **~яться**, *intr.*
to end up *(someplace)*, find oneself *(someplace)*
adv. **несподі́вано** unexpectedly, **ні сі́ло ні впа́ло** *colloq.* out of the blue, **ра́птом** suddenly ◊ **Вони́ ра́птом опини́лися на поро́зі адвока́тської конто́ри.** They suddenly found themselves on the doorstep of the lawyer's office. **вмить** in an instant, **за́раз же,** right away, **шви́дко** quickly; **вре́шті-ре́шт** eventually; **віч-на-ві́ч** face to face; **ле́гко** easily
v. + **о. бу́ти мо́жна** be possible to, **могти́** can ◊ **Він міг опини́тися без за́собів існува́ння.** He could end up without his livelihood. **не очі́кувати** not anticipate to, **не сподіва́тися** not expect to ◊ **Вони́ не сподіва́лися опини́тися в одно́му табо́рі з ци́ми людьми́.** They did not expect to find themselves in the same camp with those people.
prep. **о. в** + *L.* end up in/at *(a place)* ◊ **Яре́ма опини́вся в те́мряві.** Yarema ended up in darkness. **о. між** + *I.* end up between sth ◊ **Вона́ опини́лася між Сци́лою і Хари́бдою.** She ended up between Scylla and Charybdis. **о. на** + *L.* end up at/on *(place, event)* ◊ **Вони́ опини́лися на вечі́рці.** They found themselves at a party.
опиня́йся! опини́ся!
See **потрапля́ти 2.** *Also see* **залиша́тися 3, попада́ти 3**

опира́|тися, **~ються; опе́ртися, опр|у́ться;** *pa. pf., m.* **опе́рся**, *pl.* **опе́рлися**, *intr.*
1 to lean on ◊ **Він опе́рся лі́ктем на бі́льце кана́пи.** He leaned his elbow on the armrest of the sofa.
See **спира́тися 1**
2 to rely, be based on, lean on ◊ **Дослі́дження ~ється на бага́тий емпіри́чний матеріа́л.** The study is based on rich empirical material.
prep. **о. на** + *A.* rely on sth ◊ **Зі́на мо́же о. на його́ оба́чність.** Zina can rely on his discretion.
See **спира́тися 2**
3 *usu impf.* resist
adv. **акти́вно** actively, **відчайду́шно** desperately, **впе́рто** stubbornly, **енергі́йно** vigorously, **запе́кло** fiercely, **затя́то** staunchly, **рішу́че** resolutely,

тве́рдо firmly; **до́вго** for a long time; **успі́шно** successfully; **особли́во** particularly ◊ **Він особли́во не ~вся Ма́ртиним поцілу́нкам.** He did not particularly resist Marta's kisses. **спочá́тку** at first; **ле́две** scarcely, **тро́хи** a little
 о + *n.* **о. наси́льству** resist violence (**поту́зі** might, **при́мусу** coercion, **си́лі** force, **шантажу́** blackmail ◊ **Він не зміг о. шантажу́.** He could not resist the blackmail. **бажа́нню** desire, **споку́сі** temptation ◊ **Найкра́щий спо́сіб о. споку́сі – це підда́тися їй.** The best way to resist a temptation is to yield to it. **ча́рам** charm)
 v. + **о. бу́ти безси́лим** be powerless to ◊ **Тара́с був безси́лим о. ча́рам ціє́ї жі́нки.** Taras was powerless to resist this woman's charms. **бу́ти ва́жко** + *D.* be hard to, **бу́ти неможли́во** be impossible to ◊ **Тако́й вели́кій поту́зі неможли́во о.** It is impossible to resist such a great might. **не могти́** cannot, **не намага́тися** not try to ◊ **Оле́г не намага́вся о.** Oleh did not try to resist. **хоті́ти** want to ◊ **Він хоті́в тро́хи о., і лише́ тоді́ пого́дитися.** He wanted to resist a little and only then to agree.
 Also see **пруча́тися**

о́пис, *m.*, **~у**
1 description, portrayal
 adj. **до́брий** good, **доскона́лий** perfect ◊ **доскона́лий о. пала́цу** a perfect description of the palace; **бездога́нний** impeccable, **чудо́вий** great; **вичéрпний** exhaustive, **докла́дний** *and* **дета́льний** detailed, **то́чний** exact, **по́вний** full ◊ **Він дає по́вний о. ритуа́лу до найме́нших подро́биць.** He gives a full description of the ceremony down to the smallest details. **чітки́й** clear, **яскра́вий** vivid; **до́вгий** long, **коро́ткий** short, **сти́слий** brief; **зага́льний** general, **прости́й** simple; **безсторо́нній** impartial, **об'єкти́вний** objective; **письмо́вий** written, **у́сний** verbal ◊ **Його́ влашто́вує у́сний о. поді́ї.** A verbal description of the event is good enough for him.
 v. + **о. дава́ти** + *D.* give sb a description (**видава́ти** issue ◊ **Помі́ція ви́дала о. злóдія.** The police issued the thief's description. **оприлю́днювати** make public; **ба́чити** see, **вивча́ти** study, **чита́ти** read); **відповіда́ти ~ові** fit a description ◊ **Цей тип відповіда́в ~ові полі́ції.** The character fit the police description. (**не піддава́тися** defy) ◊ **Його́ о́дяг не піддава́вся ~ові.** His clothing defied description.
 Also see **портре́т 3, характери́стика 2**
2 inventory, list, check list ◊ **Він ма́є о. бібліоте́ки в комп'ю́тері.** He has the inventory of the library in his computer.
 adj. **докла́дний** *and* **дета́льний** detailed, **по́вний** complete, **то́чний** exact; **коро́ткий** brief, **непо́вний** incomplete ◊ **О. конфіско́ваної вла́сности непо́вний.** The inventory of the seized property is incomplete. **частко́вий** partial
 v. + **о. роби́ти о.** make an inventory ◊ **Він зроби́в докла́дний о. коле́кції музе́ю.** He made a detailed inventory of the museum collection. (**склада́ти** put together ◊ **Вони́ скла́ли о. вмі́сту валі́зи.** They put together an inventory of the suitcase contents. **перевіря́ти** check, **перегляда́ти** look through, **чита́ти** read; **підтве́рджувати** confirm; **бра́ти до ві́дома** take into account) ♦ **о. майна́ за борги́** *leg.* distraint ◊ **Їм загро́жує о. майна́ за борги́.** They are under the threat of a distraint.
 See **спи́сок**

опи́су|вати, ~ють; описа́ти, ~у́, опи́ш|уть, *tran.*
1 to describe, depict, portray, paint
 adv. **до́бре** well, **чудо́во** superbly; **докла́дно** *and* **дета́льно** in detail, **то́чно** exactly, **по́вністю** fully; **вмі́ло** aptly, **майсте́рно** skillfully, **професі́йно** professionally; **чі́тко** clearly, **яскра́во** vividly; **до́вго** at length; **кілько́ма слова́ми** in a few words, **кілько́ма штриха́ми** in a few strokes ◊ **Кілько́ма яскра́вими штриха́ми він описа́в уте́чу.** In a few vivid strokes, he painted the escape. **ко́ротко** in short, **лаконі́чно** laconically, **сти́сло** briefly; **зага́льно** in general; **про́сто** simply, **безсторо́нньо** impartially, **об'єкти́вно** objectively; **заплу́тано** in a tangled manner, **невмі́ло** ineptly, **незгра́бно** clumsily, **тума́нно** vaguely ◊ **Ната́ля тума́нно ~увала все, що ста́лося на збо́рах.** Natalia was giving a vague description of what had happened at the meeting.
 Also see **виво́дити 5**
2 to inventory, list ◊ **Він описа́в найпопуля́рніші пошукови́ки.** He listed the most popular search engines.
3 *leg.* to distrain *(of property, etc.)*, arrest ◊ **Майно́ готе́лю описа́ли за борги́.** The hotel property was distrained.
4 to describe *(of moving object)*
 о. + *n.* **о. дугу́** describe an arc ◊ **Описа́вши дугу́, ка́мінь упа́в в о́зеро.** Having described an arc, the stone fell into the lake. (**ко́ло** circle, **криву́** curve, **петлю́** loop)
 pa. pple. **опи́саний** described
 опи́суй! опиши́!

о́пит, *m.*, **~у**
poll, survey, canvass
 adj. **соціологі́чний** sociological ◊ **Результа́ти соціологі́чних ~ів заско́чили багатьо́х.** The results of the sociological polls were a surprise to many. **вихідни́й** exit, **передвибо́рчий** pre-election; **неформа́льний** informal; **спі́льний** joint; **оста́нній** latest; **мере́жевий** online, **телефо́нний** telephone; **всеміськи́й** citywide, **загальнонаціона́льний** nationwide, **місце́вий** local, **націона́льний** national, **обласни́й** provincewide, **реґіона́льний** regional; **періоди́чний** periodic, **реґуля́рний** regular, **річни́й** annual; ◊ **о. грома́дської ду́мки** a public opinion poll
 v. + **о. організо́вувати о.** organize a poll (**прово́дити** conduct ◊ **Інститу́т прові́в черговий о.** The institute conducted another poll. **роби́ти** do; **замовля́ти** commission ◊ **Па́ртія замо́вила соціологі́чний о.** The party commissioned a sociological survey. **спонсорува́ти** sponsor; **аналізува́ти** analyze; **коментува́ти** comment on; **оприлю́днювати** release, **публікува́ти** publish ◊ **Газе́та публіку́є періоди́чні ~и свої́х чита́чів.** The paper publishes periodic polls of its readers. **чита́ти** read); **вести пере́д в ~і** lead in a poll ◊ **У реґіона́льному ~і пере́д веде́ невідо́мий полі́тик.** An unknown politician leads in the regional poll.
 о. + *v.* **виявля́ти** + *A.* reveal sth, **пока́зувати** + *A.* show sth, **підтве́рджувати** + *A.* confirm sth, **спросто́вувати** + *A.* disprove sth, **ста́вити** + *A.* **під су́мнів** question sth ◊ **Оста́нній о. ста́вить під су́мнів прогно́зи аналі́тиків.** The last poll questions the prognoses of pundits.

опи́ту|вати, ~ють; опита́|ти, ~ють, *tran.*
1 to question, interview, ask
 adv. **вмі́ло** aptly, **до́бре** well, **докла́дно** *and* **дета́льно** in detail ◊ **Йо́сип хоті́в докла́дно опита́ти очеви́дців напа́ду.** Yosyp wanted to interview the eyewitnesses of the assault in detail. **по́вністю** fully, **рете́льно** thoroughly, **то́чно** exactly; **ле́две** scarcely ◊ **За коро́ткий час вони́ ле́две опита́ють усі́х.** In the short time, they will scarcely interview everybody. **наси́лу** barely; **нео́хоче** reluctantly; **я́кось** somehow; **до́вго** at length, **ко́ротко** for a short time, **сти́сло** briefly
 v. + **о. бу́ти тре́ба** + *D.* need to ◊ **Дари́ні тре́ба опита́ти цю люди́ну.** Daryna needs to question this individual. **збира́тися** be going to, **ма́ти на́мір** have an intention to; **вдава́тися** + *D.* succeed in, **змогти́** *pf.* manage to, **намага́тися** try to, **хоті́ти** want to ◊ **Полі́ція хоті́ла опита́ти сусі́дів заявника́.** The police wanted to question the claimant's neighbors.
 prep. **о. про** + *A.* interview sb about sth ◊ **Слі́дчий ~а́в па́на М. про обста́вини цього́ знайо́мства.** The detective was interviewing Mr. M. about the circumstances of the acquaintance.
2 to poll, conduct a survey ◊ **Вони́ ~ують за особли́вою методоло́гією.** They do the polling by a special methodology.
3 to test *(in oral examination)*, quiz ◊ **На поча́тку заня́ття вчи́тель опита́в п'я́теро у́чнів.** At the beginning of the class, the teacher tested five pupils.
 pa. pple. **опи́таний** interviewed, quizzed
 опи́туй! опита́й!

о́пік, *m.*, **~у**
burn *(of skin)*, scald
 adj. **вели́кий** big ◊ **Він мав вели́кий о. на спи́ні.** He had a big burn on his back. **маси́вний** massive, **си́льний** severe; **жахли́вий** horrific, **страшни́й** terrible; **смерте́льний** deadly, **фата́льний** fatal ◊ **си́льний, але́ не фата́льний о.** a severe but not fatal burn; **невели́кий** small, **незначни́й** minor, **слабки́й** slight; **сигаре́тний** cigarette, **хемі́чний** chemical; ♦ **со́нячний о.** a sunburn, ♦ **моро́зний о.** frostbite, ◊ **о. пе́ршого сту́пеня** a first-degree burn (**дру́гого** second-, **тре́тього** third-, *etc.*)
 v. + **о. отри́мати о.** get a burn ◊ **Він отри́мав о. руки́ дру́гого сту́пеня.** He got a second-degree burn of the hand. (**лікува́ти** treat); **зазнава́ти ~у** suffer a burn (**захища́ти** + *A.* **від** protect sth from, **вмира́ти від** die of) ◊ **Поже́жник уме́р від ~ів.** The firefighter died of burns. **запобіга́ти ~ові** prevent a burn ◊ **Рукави́ці запобіга́ють ~ам шкі́ри.** The mittens prevent skin burns.

опі́|ка, *f.*
1 care
 adj. **ба́тьківська** paternal *and* parental, **матери́нська** maternal; **духо́вна** spiritual, **пасти́рська** pastoral; **меди́чна** medical, health; **публі́чна** public; **до́бра** good, **нале́жна** proper; **любо́вна** loving ◊ **Під любо́вною ~кою батькі́в вони́ почува́лися у безпе́ці.** They felt secure under their parents' loving care. **ні́жна** tender, **ува́жна** attentive, **чу́йна** caring; **непосла́бна** unflagging; **короткотрива́ла** short-term, **тимчасо́ва** temporary; **безпере́рвна** uninterrupted, **пості́йна** constant, **трива́ла** long-term, **щоде́нна** daily
 v. + **о. дава́ти ~ку** take care of sb ◊ **Вони́ даю́ть дити́ні до́бру ~ку.** They take good care of child. (**ґарантува́ти** + *D.* guarantee to sb, **забезпе́чувати** + *D.* provide sb with; **пропонува́ти** + *D.* offer sb; **бра́ти** + *A.* **під** take sb under); **вимага́ти ~ки** require care (**потребува́ти** need) ◊ **Хво́рий вимага́в безпере́рвної ~ки.** The patient required constant care. **ма́ти** + *A.* **в ~ці** have sb in one's care ◊ **Вона́ ма́є в ~ці тро́є діте́й.** She has three children in her care.
 prep. **о. над** + *I.* care of sb ◊ **меди́чна о. над хво́рим** medical care of a patient
 Cf. **до́гляд 1**
2 *leg.* custody *(of minors)*, guardianship
 adj. **винятко́ва** exclusive; **зако́нна** lawful; **ба́тьківська** paternal, **індивідуа́льна** individual, **матери́нська** maternal, **осо́биста** personal, **по́вна** full, **спі́льна** joint
 v. + **о. бра́ти ~ку** take custody (**вигравá́ти** win; **дістава́ти** *and* **отри́мувати** get, receive ◊ **Пі́сля сме́рти бра́та Лев отри́мав ~ку над його́ дочко́ю.** After his brother's death, Lev received full custody of his daughter. **ма́ти** have; **дава́ти** + *D.* grant sb ◊ **Їм да́ли спі́льну ~ку над ді́тьми.** They were given joint custody of the children. **передава́ти** + *D.* transfer to sb; **втрача́ти** lose ◊ **Він утра́тив ~ку над си́ном.** He lost custody of his son. **домага́тися ~ки** seek custody ◊ **Ні́на домага́лася винятко́вої ~ки над дити́ною.** Nina sought exclusive custody of the child. (**позбавля́ти** + *A.* deprive sb of)

prep. **без ~ки** without custody; **під ~кою** in sb's custody ◊ **До вісімнадцяти років вона була під ~кою дядька.** Till the age of eighteen, she had been in her uncle's custody.

опіка|ти, ~ють; *no pf., tran.*
1 to take care of, watch over ◊ **Вона пильно ~є юнака.** She takes watchful care of the youth.
See **доглядати 2**
2 control, monitor ◊ **Він ~є Ларису у всьому.** He controls Larysa in everything.
See **контролювати.** *Also see* **стежити**
3 *leg.* to have custody of ◊ **Вони ~ють двійко прибраних дітей.** They have custody of two adopted children.
adv. **законно** legally, **на законних підставах** on legal grounds, **фактично** in fact; **тимчасово** temporarily
v. + **о. дозволяти** + *D.* authorize sb to, **доручати** + *D.* charge sb ◊ **Йому доручили о. дитину.** He was charged with custody of the child. **просити** + *A.* ask sb to
опікай!

опікун, *m.,* **~а; ~ка,** *f.*
1 guardian, protector, defender; patron
adj. **добрий** good, **надійний** dependable, **сумлінний** conscientious; **духовний** spiritual ◊ **Для неї священник був духовним ~ом.** To her, the priest was a spiritual guardian.
v. + **о. бути ~ом** be a guardian (**вважати** + *A.* consider sb ◊ **Святого Христофора вважають ~ом мандрівників.** St. Christopher is considered to be the patron of travelers. **лишатися** remain; **робити** + *A.* make sb; **ставати** become)
♦ **напрошуватися в ~й до** + *G.* to force oneself upon sb as a guardian
2 *leg.* guardian ◊ **Пан Бондар – їхній о., а не батько.** Mr. Bondar is their guardian, not father.
adv. **законний** legal, **фактичний** effective; **тимчасовий** temporary; **добрий** good
v. + **о. призначати ~а** appoint a guardian (**знаходити** find, **шукати** look for) ◊ **Вони шукають ~а для дитини.** They are looking for a guardian for the child. **бути ~ом** be a guardian (**виявлятися** turn out, **лишатися** remain ◊ **Він лишається законним ~ом підлітка.** He remains the teenager's legal guardian. **ставати** become)

опір, *m.,* **~ору**
1 resistance, opposition + *D.* to sb/sth ◊ **Він відчув о. намаганням щось змінити у фірмі.** He felt resistance to his efforts to change something in the firm.
adj. **активний** active, **великий** great, **героїчний** heroic, **дієвий** effective, **значний** considerable, **масивний** massive, **масовий** mass, **серйозний** serious, **сильний** strong, **суттєвий** substantial, **упертий** stubborn, **шалений** fierce, **широкий** widespread; **невеликий** little, **символічний** token; **неіснуючий** non-existent; **пасивний** passive; **колективний** collective, **організований** organized, **скоординований** concerted; **стихійний** spontaneous; **збройний** armed, **військовий** military, **насильницький** violent, **партизанський** guerrilla; **ненасильницький** non-violent; **громадський** public, **народний** popular, **політичний** political; **антикомуністичний** anti-communist, **антисовєтський** anti-Soviet ◊ **Тут багато років діяв антисовєтський о.** There was the anti-Soviet resistance here for many years.
♦ **о. матеріялів** *phys.* strength of materials
n. + **о. рух ~ору** a resistance movement ◊ **Рух ~ору в країні – радше міт, як реальність.** The resistance movement in the country is a myth rather than reality. (**вояк** fighter, **група** group; **сили** forces)
v. + **о. чинити о.** put up resistance ◊ **Селяни чинили о. колективізації.** Peasants put up resistance to collectivization. (**координувати** coordinate, **організовувати** organize, **ставити** mount; **зустрічати** meet with, **натикатися** *or* **наштовхуватися на** run into ◊ **Уряд наткнувся на о. опозиції.** The government ran into resistance from the opposition. **долати** overcome, **знищувати** crush, **ліквідовувати** eliminate); **не чинити ~ору** + *D.* offer no resistance to sb/sth ◊ **Учителі не чинили ~ору директорові.** The teachers offered no resistance to the principal. ♦ **йти шляхом найменшого ~ору** to take the line of least resistance ◊ **Йти шляхом найменшого ~ору – її кредо.** Taking the line of least resistance is her credo.
о. + *v.* **бути марним** be futile, **посилюватися** stiffen ◊ **О. загарбникам посилювався.** The resistance to the invaders was becoming stiffer. **послаблюватися** weaken, **зникати** disappear
prep. **без ~ору** without resistance ◊ **Вони не здадуться без ~ору.** They will not give up without resistance. **незважаючи на о.** despite resistance ◊ **Група йшла вперед, незважаючи на о. стихії.** The group pressed ahead despite the resistance of the elements.
Cf. **опозиція**
2 *techn.* resistance; resistor

оплеск|и, ~ів, *ony pl.*
applause
adj. **бурхливі** tumultuous, **громові** thunderous, **гучні** loud, **оглушливі** deafening; **захоплені** rapturous ◊ **Її слова потонули в захоплених ~ах.** Her words were drowned in rapturous applause. **радісні** enthusiastic, **спонтанні** spontaneous, **теплі** warm, **шалені** wild; **тривалі** prolonged; **короткі** brief; **приглушені** muted, **скупі** scarce, **стримані** restrained; **чемні** polite; ♦ **О., будь ласка!** Give him (her, them) a round of applause!
n. + **о. буря ~ів** a storm of applause (**вибух** burst)
v. + **о. викликати о.** to draw applause (**заслуговувати** earn ◊ **Режисер заслужив шалені о.** The director earned wild applause. **отримувати** receive; **чути** hear, **дякувати за** acknowledge, **заслуговувати на** deserve) ◊ **Постава заслуговує на о.** The production deserves applause. **вітати** + *A.* **~ами** greet sb/sth with applause, **вибухати ~ами** burst into applause ◊ **Зала вибухнула гучними ~ами.** The auditorium burst into loud applause.
о. + *v.* **вибухати** burst, **чутися** be heard, **вітати** + *A.* greet sb/sth, **наростати** grow, **тихшати** subside, **влягатися** die away ◊ **О. не влягалися п'ять хвилин.** The applause would not die away for five minutes.
prep. **під о.** to applause ◊ **Актори залишали сцену під громові о.** The actors were leaving the stage to thunderous applause.

оповідан|ня, *nt.*
1 story, narrative ◊ **Кожного разу, як він говорив, виходило ціле яскраве о.** Every time he spoke, an entire vivid story would emerge.
v. + **о. писати о.** write stories ◊ **Лесь – майстер писати о.** Les is a master of writing stories. (**перекладати** translate, **розказувати** tell)
prep. **о. про** + *A.* a story about sb/sth ◊ **Іван любив страшні о. про відьом.** Ivan liked scary stories about witches.
See **історія 1.** *Also see* **епопея 1, жарт 2**
2 storytelling *(action)*, narration, narrative ◊ **Вона володіє мистецтвом о.** She has a command of the art of storytelling.
3 short story *(genre)* ◊ **Він більше любить о., ніж романи.** He likes short stories more than novels.
See **роман 1**

оповідач, *m.,* **оповідач|а; оповідачка,** *f.*
storyteller, narrator
adj. **блискучий** brilliant, **винятковий** exceptional ◊ **Він – винятковий о.** Roman is an exceptional storyteller. **відмінний** excellent, **вроджений** natural, **добрий** good, **неперевершений** unsurpassed, **фаховий** professional ◊ **Провідник музеєм має бути фаховим ~ем.** A museum guide must be a professional storyteller. **цікавий** interesting, **чудовий** wonderful; **безнадійний** hopeless, **жахливий** terrible ◊ **Відомий актор виявився жахливим ~ем.** The well-known actor turned out to be a terrible storyteller. **кепський** poor, **нудний** boring, **поганий** bad, **посередній** mediocre
v. + **о. знати** + *A.* **як ~а** know sb as a storyteller ◊ **Її знають як вроджену ~ку.** She is known as a natural storyteller. **бути ~ем** be a storyteller (**вважати** + *A.* consider sb, **виявлятися** prove; **лишатися** remain; **ставати** become)

опозиційн|ий, *adj.*
opposition, of or related to opposition ◊ **Вони консолідували ~і сили.** They consolidated the opposition forces.
о. + *n.* **о. елемент** an opposition element (**політик** politician; **рух** movement; **телеканал** TV channel); **~а газета** an opposition paper ◊ **Вона писала для ~ої газети.** She wrote for an opposition paper. (**група** group, **діяльність** activity, **партія** party, **платформа** platform, **сила** force, **фракція** faction)

опозиціонер, *m.,* **~а; ~ка,** *f.*
oppositionist, member of opposition
adj. **авторитетний** respected, **видний** prominent, **відомий** well-known, **впливовий** influential, **знаний** known, **провідний** leading ◊ **Гостями посла були провідні ~и країни.** The leading members of the nation's opposition were the ambassador's guests. **затятий** diehard, **непримиренний** irreconcilable, **переконаний** convinced
v. + **о. бути ~ом** be an oppositionist (**вважати** + *A.* consider sb ◊ **Пана К. вважають ~ом безпідставно.** They consider Mr. K. an oppositionist for no reason. **виявлятися** prove, **лишатися** remain, **робити** + *A.* make sb ◊ **Одна зустріч із прем'єром зробила його непримиренним ~ом.** One meeting with the premier made him an irreconcilable oppositionist. **ставати** become) ◊ **Васили́в став затятим ~ом.** Vasyliv became a diehard member of the opposition.
Cf. **опонент**

опозиці|я, *f.,* **~ї**
1 opposition, resistance, disagreement ◊ **О. до президента компанії посилювалася.** The opposition to the company president was strengthening.
adj. **відкрита** open, **відчайдушна** desperate, **гучна** vocal, **запекла** fierce, **затята** relentless, **могутня** mighty, **нездоланна** insurmountable **потужна** powerful, **рішуча** determined, **сильна** strong; **значна** significant; **недвозначна** unequivocal; **організована** organized; **несподівана** unexpected; **загальна** general, **широка** widespread; **громадська** public, **політична** political; **партійна** party
v. + **о. виражати ~ю** express one's opposition (**висловлювати** voice ◊ **Михайлів висловив недвозначну ~ю до законопроєкту.** Mykhailiv voiced his unequivocal opposition to the bill. **організовувати** organize, **очолювати** lead, head ◊ **Вона очолила екологічну ~ю.** She headed the environmental opposition. **зміцнювати** strengthen, **посилювати** make stronger; **деморалізувати** demoralize, **підривати** undermine, **послаблювати** weaken; **долати** overcome, **перемагати** defeat, **придушувати** stifle; **наштовхуватися на** run into ◊ **Його план наштовхнувся на громадську ~ю.** His plan ran into public opposition. **терпіти** brook) ◊ **Вони не збиралися терпіти найменшу ~ю.** They were not going to brook the smallest opposition. **бути в ~ї до** + *G.* be in opposition to sth, oppose sth ◊ **Кілька учених є в ~ї до будівництва заводу.**

Several scientists oppose the plant construction. (**виявля́тися в** turn out to be in) ◊ **В ~ї до захо́дів еконо́мії ви́явилася менши́на депута́тів.** A minority of parliament members turned out to be in opposition to the austerity measures.

prep. **в ~ї до** + *G.* in opposition to sb/sth; **назважа́ючи на ~ю** despite opposition; **пе́ред лице́м ~ї** in the face of opposition; **о. з бо́ку** + *G.* opposition from sb ◊ **~я з бо́ку профспіло́к** the opposition from the trade unions; **о. про́ти** + *G.* opposition to sb/sth

Cf. **о́пір**

2 opposition *(in parliament)*, opposing side ◊ **Вони́ мо́жуть у будь-яки́й моме́нт ста́ти ~єю.** They can become the opposition any moment.

adj. **демократи́чна** democratic, **комуністи́чна** communist, **лоя́льна** loyal, **націоналісти́чна** nationalist, **консервати́вна** conservative, **парла́ментська** parliamentary; ◊ **очі́льник** *or* **провідни́к ~ї** an opposition leader (**перемо́га** victory, **тріу́мф** triumph, **у́спіх** success; **платфо́рма** platform, **програ́ма** program)

опоне́нт, *m.*; ~ка, *f.*

opponent

adj. **впе́ртий** stubborn, **головни́й** main, **запе́клий** fierce, **затя́тий** diehard, **могу́тній** powerful ◊ **Вона́ перехитри́ла могу́тнього ~а.** She outwitted a powerful opponent. **небезпе́чний** dangerous, **нездола́нний** insurmountable, **серйо́зний** serious, **си́льний** strong; **досто́йний** worthy ◊ **Вона́ не має досто́йних ~ів.** She does not have worthy opponents. **політи́чний** political; ♦ **офіці́йний о.** *(at dissertation defense)* an official opponent

v. + **о. атакува́ти ~а** attack an opponent ◊ **Вона́ заатакува́ла небезпе́чного ~а.** She attacked a dangerous opponent. (**ма́ти** have; **перекона́ти** convince ◊ **Він знайшо́в спо́сіб перекона́ти на́віть затя́того ~а.** He found a way to convince even a diehard opponent. **напада́ти на** attack; **би́ти** hit, beat, **збива́ти** knock down) ◊ **Вона́ пе́ршим же пита́нням зби́ла ~а.** She knocked her opponent down with her very first question. **завдава́ти пора́зки ~ові** defeat an opponent; **бу́ти ~ом** be an opponent (**вважа́ти** + *A.* consider sb ◊ **Полі́тика вважа́ли послідо́вним ~ом у́ряду.** The politician was considered to be a consistent government opponent. **виступа́ти** act as ◊ **Він ви́ступив ~ом на обгово́ренні до́повіді.** He acted as an opponent in the discussion of the presentation. **признача́ти** + *A.* appoint sb as ◊ **Офіці́йним ~ом призна́чили профе́сора Ти́мченка.** Professor Tymchenko was appointed the official opponent. **става́ти** become)

Also see **кри́тик 1**. *Cf.* **во́рог, опозиціоне́р**

оптимі́ст, *m.*; ~ка, *f.*

optimist

adj. **вели́кий** great; **ві́чний** eternal ◊ **Йому́ набри́дло бу́ти ві́чним ~ом.** He was tired of being an eternal optimist. **невипра́вний** incorrigible; **бі́дний** poor; **наї́вний** naive; **ке́пський** lousy, **пога́ний** bad; ♦ **євроо́птимі́ст** a euro-optimist

v. + **о. бу́ти ~ом** be an optimist ◊ **Петро́ – ке́пський о.** Petro is a lousy optimist. (**вважа́ти** + *A.* consider sb, **виявля́тися** prove ◊ **Він ви́явився вели́ким ~ом.** He proved to be a great optimist. **здава́тися** + *D.* seem to sb; **лиша́тися** remain; **роби́ти** + *A.* make sb; **става́ти** become) ◊ **Коли́ це ти став таки́м ~ом?** When did you become such an optimist?

Ant. **песимі́ст**

оптимісти́чн|ий, *adj.*

optimistic

adv. **вкрай** extremely ◊ **Її́ вкрай ~а настано́ва небезпідста́вна.** Her extremely optimistic attitude is not without grounds. **ду́же** very, **надмі́ру** excessively, **на́дто** too, **шале́но** wildly; **де́що** somewhat, **до́сить** fairly, **доста́тньо** sufficiently, **тро́хи** a little; **загало́м** generally, **несподі́вано** unexpectedly; **обере́жно** cautiously, **помі́рно** moderately

v. + **о. бу́ти ~им** be optimistic (**вважа́ти** + *A.* consider sb/sth ◊ **Прогно́з вважа́ють помі́рно ~им.** The prognosis is considered to be moderately optimistic. **вигляда́ти** appear, **здава́тися** + *D.* seem to sb, **лиша́тися** remain; **става́ти** become)

Ant. **песимісти́чний**

опублі́кован|ий, *adj.*

published ◊ **пе́рша ~а збі́рка поéтки** the poetess's first published collection

adv. **вже** already, **наре́шті** finally, **що́йно** just; **давно́** long since ◊ **Ціє́ї давно́ ~ої кни́жки не мо́жна купи́ти.** This long since published book is impossible to buy. **пе́рвісно** originally ◊ **тракта́т, пе́рвісно о. за кордо́ном** a treatise, originally published abroad; **широ́ко** widely; **анонíмно** anonymously ◊ **а́втор анонíмно ~ого рома́ну** the author of the anonymously published novel; **посме́ртно** posthumously

v. + **о. бу́ти ~им** be published ◊ **Збі́рка була́ ~ою в Черні́гові.** The collection was published in Chenihiv.

опублікува́|ти, *pf., see* публікува́ти

to publish, *etc.* ◊ **Він ~в кни́жку вла́сним ко́штом.** He published the book at his own expense.

опуска́|ти, ~ють; опусти́ти, опущу́, опу́ст|ять, *tran.*

1 to lower, take down, move down

adv. **безпора́дно** helplessly ◊ **Миро́н безпора́дно опусти́в ру́ки.** Myron lowered his hands helplessly. **безси́ло** powerlessly, **у ві́дчаї** in despair; **додо́лу** down, **бі́льше** *and* **ни́жче** more ◊ **Він ни́жче опусти́в підборі́ддя.** He lowered his chin more. **вже** already, **наре́шті** finally; **обере́жно** carefully, **пові́льно** slowly, **поступо́во** gradually

о. + *n.* **о. го́лову** lower one's head (**о́чі** eyes ◊ **Вона́ опусти́ла о́чі.** She lowered her eyes. **по́гляд** sight; **підборі́ддя** chin; **но́гу** foot, **ру́ку** hand; **вантáж** load, **відро́** bucket ◊ **Жі́нка ~ла поро́жнє відро́ у крини́цю.** The woman was lowering the empty bucket into the well. **заві́су** curtain); ♦ **о. но́са** to be down in/at the mouth ◊ **Миха́йло рі́дко ~в но́са.** Mykhailo was rarely down in the mouth. ♦ **о. ру́ки** to cave in, give up ◊ **По́при пора́зку, Катери́на не ~ла рук.** Despite her failure, Kateryna did not give up.

prep. **о. в** + *A.* lower into sth; **о. на** + *A.* lower onto sth ◊ **Вона ~є ру́ки на колі́на.** She lowers her hands onto her lap.

Cf. **спуска́ти 1**

2 to drop, lower ◊ **Си́мон опусти́в листа́ до пошто́вої скри́ньки.** Symon dropped the letter into the mailbox. ◊ **Моряки́ ~ли трап.** The sailors were lowering the gangway.

See **ки́дати 3**

pa. pple. **опу́щений** lowered

опуска́й! опусти́!

опуска́|тися; опусти́тися, *intr.*

to go down, come down, sink, descend ◊ **Іва́н опусти́вся у фоте́ль.** Ivan sank into the armchair. ◊ **Со́нце ~лося у крижане́ мо́ре.** The sun was setting into the icy sea. ♦ **о. на колі́на** *or* **навко́лішки** to kneel ◊ **Да́на ~ється навко́лішки і мо́литься.** Dana kneels down and prays. ♦ **о. навпо́чіпки** to squat, crouch ◊ **Маркія́н опусти́вся навпо́чіпки.** Markiian crouched.

Cf. **спуска́тися 1, 2**

опусти́|ти, *pf., see* опуска́ти

to lower, *etc.* ◊ **Затри́мана ~ла по́гляд.** The (female) detainee lowered her gaze.

опусти́|тися, *pf., see* опуска́тися

to go down, come down, sink ◊ **Субмари́на ~лася на дно океа́ну.** The submarine went down to the bottom of the ocean.

опуха́|ти, ~ють; опу́хн|ути, ~уть; *pa. m.* опу́х *or* опу́хнув, *pl.* опу́хли *or* опу́хнули, *intr.*

to swell, expand, bulge ◊ **Його́ обли́ччя опу́хло від уку́су осі́.** His face swelled from the wasp sting.

adv. **ду́же** badly, **страше́нно** horribly; **ле́гко** slightly, **ле́две** scarcely, **тро́хи** a little; **помі́тно** noticeably ◊ **Від соло́ної води́ в не́ї помі́тно опу́хли ру́ки.** Her hands noticeably swelled with salt water.

v. + **о. могти́** can **почина́ти** begin to, **ста́ти** *pf.* start ◊ **Ді́ти ста́ли о. від** *or* **з го́лоду.** The children started swelling from hunger.

prep. **о. від** *or* **з** + *G.* swell from/with sth

опуха́й! опу́хни!

опу́хну|ти, *pf., see* опуха́ти

to swell, *etc.* ◊ **Ве́рхня части́на руки́ ду́же ~ла.** The upper part of the arm is badly swollen.

ор|а́ти, ~ю́ть; з~, *tran.*

to plow

adv. **глибо́ко** deep, **до́бре** well; **за́вжди́** always, **звича́йно** usually, **реґуля́рно** regularly, **як пра́вило** as a rule; **до́вго** for a long time; **шви́дко** quickly; **ле́две** barely; **вже** already, **наре́шті** finally; **ще не** not yet ◊ **Діля́нки ще не зора́ли.** The plot has not been plowed yet. **я́кось** somehow; **коне́м** by horse, **тра́ктором** by tractor ◊ **Зе́млю зора́ли тра́ктором.** The soil was plowed by tractor.

v. + **о. бу́ти тре́ба** + *D.* need to ◊ **Їм тре́ба з~ по́ле.** They need to plow the field. **встига́ти** have the time to, **змогти́** *pf.* manage to, **могти́** can; **планува́ти** plan to; **проси́ти** + *A.* ask sb to

pa. pple. **зо́раний** plowed

(з)орі́!

орбі́т|а, *f.*

orbit

adj. **висо́ка** high, **низька́** low; **ексцентри́чна** eccentric ◊ **Астро́ном стве́рджує, що Сату́рн ма́є ексцентри́чну ~у.** The astronomer maintains that Saturn has an eccentric orbit. **еліпти́чна** elliptical, **кругова́** circular; **геосинхро́нна** geosynchronous, **геостаціона́рна** geostationary

v. + **о. ма́ти ~у** have an orbit (**лиша́ти** leave; **виво́дити** + *A.* **на** put sth into ◊ **Раке́та ви́веде сателі́т на еліпти́чну ~у.** The rocket will put the satellite into an elliptical orbit. **вихо́дити на** reach) ◊ **Апара́т ви́йде на ~у плане́ти Юпі́тер за три мі́сяці.** The probe will reach planet Jupiter's orbit in three months. **досяга́ти ~и** reach an orbit.

prep. **на ~у** *dir.* into orbit; **на ~і** *posn.* in orbit ◊ **Ста́нція пробула́ на ~і Землі́ де́сять ро́ків.** The station was in the orbit of the Earth for ten years.

Cf. **трає́кто́рія**

о́рган, *m.*, ~а *and* ~у

1 ~а *anat.* organ

adj. **важли́вий** important, **життє́вий** vital; **вну́трішній** internal ◊ **Вра́женими ви́явилися важли́ві вну́трішні ~и.** Important internal organs turned out to be affected. **зо́внішній** external; **до́норський** donor; **лю́дський** human, **твари́нний** animal; **ди́хальний** respiratory, **репродукти́вний** reproductive, **стате́вий** sexual, **травни́й** digestive; **здоро́вий** healthy; **вра́жений** affected, **недорозви́нений** *or* **недорозви́нутий** underdeveloped, **ненорма́льний** abnormal, **хво́рий** sick, diseased; **збі́льшений** enlarged

v. + **о. дава́ти о.** donate an organ (**переса́джувати** transplant; **лікува́ти** treat ◊ **Терапі́я лі́кує ці́лий ряд ~ів.** The therapy

treats a whole number of organs. **вража́ти** affect, **пошко́джувати** damage; **вплива́ти на** affect) ◊ **Особли́во згу́бно тютю́н вплива́є на ди́хальні ~и.** Tobacco has a particularly detrimental effect on respiratory organs.
о. + v. **функціонува́ти** function ◊ **Життє́ві ~и дитя́ти функціону́ють норма́льно.** The baby's vital organs function in a normal way. **болі́ти** hurt ◊ **Хво́рий не міг то́чно сказа́ти, яки́й о. його́ боли́ть.** The patient could not say for sure which organ was hurting him. **докуча́ти** + *D.* bother sb
Also see **геніта́лії, леге́ня, мо́зок 2, ни́рка, печі́нка**
2 ~у organ, body, agency
adj. **адміністрати́вний** administrative, **викона́вчий** executive, **конституці́йний** constitutional, **політи́чний** political, **судови́й** judicial, **ревізі́йний** auditing; ◊ **правоохоро́нні ~и** law-enforcement agencies; ◊ **~и безпе́ки** security agencies
v. + **о. створювати о.** create an organ ◊ **Президе́нт не мо́же одноосі́бно ство́рювати нові́ ~и на рі́вні міні́сте́рства.** The president cannot create new agencies at the level of ministry singlehandedly. (**засно́вувати** found; **ліквідува́ти** eliminate, **реформува́ти** reform)
Also see **устано́ва, ті́ло 4**
3 ~у organ, periodical publication, newspaper
adj. **офіці́йний** official ◊ **Стаття́ ви́йшла в офіці́йному ~і у́ряду.** The article came out in the official government newspaper. **неофіці́йний** unofficial; **парті́йний** party, **центра́льний** central; **коли́шній** former
See **газе́та, журна́л 1**

організа́тор, *m.*, **~а; ~ка**, *f.*
organizer
adj. **блиску́чий** brilliant ◊ **Його́ зна́ють як блиску́чого ~а.** He is known as a brilliant organizer. **впра́вний** apt, **до́брий** good, **енергі́йний** dynamic, **таланови́тий** talented; **ке́пський** poor, **пога́ний** bad, **посере́дній** mediocre; **парті́йний** party, **профспілко́вий** union, **студе́нтський** student
v. + **о. бу́ти ~ом** be an organizer ◊ **Він був ~ом пе́рших профспіло́к у га́лузі.** He was an organizer of the first trade unions in the industry. (**вважа́ти** + *A.* consider sb; **виявля́тися** prove; **лиша́тися** remain; **става́ти** become) ◊ **Він став до́брим ~ом.** He became a good organizer.
Also see **голова́ 3, очі́льник, провідни́к 3**

організа́ці|я, *f.*, **~ї**
1 organization *(institution)*
adj. **вели́ка** big, **ма́сова** mass; **невели́ка** *and* **мала́** small; **важли́ва** important, **впливо́ва** influential; **грома́дська** community, public, **мíська́** city, **місце́ва** local; **міжнаро́дна** international, **націона́льна** national; **держа́вна** state, **урядо́ва** government ◊ **У буди́нку працю́ють урядо́ві ~ї.** Government organizations work in the building. **дослі́дницька** research, **науко́ва** scientific, **осві́тня** educational, **офіці́йна** official, **парті́йна** party, **політи́чна** political, **професі́йна** professional, **профспілко́ва** trade-union, **релігі́йна** religious, **робітни́ча** worker, **студе́нтська** student, **фабри́чна** factory; **неприбутко́ва** nonprofit ◊ **Клу́б є неприбутко́вою ~єю.** The club is a nonprofit organization. **неурядо́ва** nongovernmental; **доброчи́нна** charity, **філантропі́чна** philanthropic; **доброві́льна** volunteer, **допомо́гова** relief; **прива́тна** private; **бізнесо́ва** business, **комерці́йна** commercial; **жіно́ча** women's, **молоде́ча** *and* **юна́цька** youth; **підривна́** subversive, **сепаратистська** separatist, **терористи́чна** terrorist; ♦ **О. Об'є́днаних На́цій** the United Nations Organization
v. + **о. очо́лювати ~ю** head an organization ◊ **Її запроси́ли очо́лити нову́ ~ю.** She was invited to head the new organization. (**засно́вувати** found, **ство́рювати** set up, **формува́ти** form; **зміцнювати** strengthen, **розбудо́вувати** build up; **реформува́ти** reform; **зни́щувати** destroy, **ліквідо́вувати** eliminate, **розпуска́ти** dissolve ◊ **~ю розпусти́ли.** The organization was dissolved. **руйнува́ти** ruin; **підрива́ти** undermine, **посла́блювати** weaken) ◊ **Цей крок посла́бить парті́йну ~ю.** This step will weaken the party organization. **вступа́ти до ~ї** join an organization (**вихо́дити з** leave ◊ **Вона́ ви́йшла з ~ї.** She left the organization. **става́ти чле́ном** become a member of); **керува́ти ~єю** run an organization ◊ **Вона́ керу́є вели́кою ~єю.** She runs a big organization.
Also see **асоція́ція 1, компа́нія 2, корпора́ція, об'є́днання, па́ртія, товари́ство 3**
2 organization *(arrangement)*, organizing ◊ **Секре́т у́спіху фі́рми поляга́є в до́брій ~ї робо́ти.** The secret of the firm's success lies in good organization of its work.
adj. **блиску́ча** brilliant, **виняткова** exceptional, **відмі́нна** excellent, **ді́єва** efficient, **до́бра** good, **ефекти́вна** effective, **нале́жна** proper, **першокла́сна** first-rate, **чудо́ва** superb; **безнаді́йна** hopeless, **жахли́ва** terrible, **ке́пська** poor, **пога́на** bad, **посере́дня** mediocre
n. + **о. брак ~ї** lack of organization ◊ **брак нале́жної ~ї** a lack of proper organization (**ефекти́вність** efficiency, **рі́вень** degree, **у́спіх** success; **по́разка** defeat, **прова́л** failure)
v. + **о. вдоскона́лювати ~ю** perfect organization (**покра́щувати** improve ◊ **Він покра́щив ~ю кампа́нії.** He improved the campaign organization. **спро́щувати** simplify, streamline ◊ **Слід спрости́ти ~ю інститу́ту.** The institute's organization needs to be streamlined. **змі́нювати** change); **бракува́ти ~ї** lack organization ◊ **Кампа́нії бракува́ло нале́жної ~ї.** The campaign lacked proper organization. (**потребува́ти** be in need of)
3 makeup *(of person)*, character, nature
adj. **духо́вна** spiritual, **емоці́йна** emotional, **психі́чна** psychic, **психологі́чна** psychological, **фізи́чна** physical; **ви́тончена** refined, **делі́катна** delicate, **крихка́** fragile, **тонка́** subtle ◊ **люди́на з тонко́ю емоці́йною ~єю** a person of subtle emotional makeup.
See **вда́ча, нату́ра 1, хара́ктер 1.** *Also see* **душа́ 2, приро́да 2, склад[2] 2**
4 organization, order, structure
adj. **висо́ка** high, **складна́** complex; **низька́** low, **примітивна** primitive, **про́ста́** simple
v. + **о. ма́ти ~ю** have an organization ◊ **Аме́ба має про́сту ~ю.** Amoeba has a simple organization.
See **будо́ва 3, структу́ра.** *Also see* **архітекту́ра 2, організм 3, склад[1] 2, хе́мія 2**

орга́зм, *m.*, **~у**
orgasm; *also fig.*
adj. **жіно́чий** female, **чоловічий** male; **багаторазо́вий** multiple, **одноча́сний** simultaneous; **повноці́нний** proper, **си́льний** powerful ◊ **Від си́льного ~у він ма́ло не знеприто́мнів.** He all but fainted from a strong orgasm. **слабки́й** weak; **симульо́ваний** simulated; **кулі́на́рний** *fig.* culinary ◊ **не борщ, а кулі́на́рний о.** a culinary orgasm of borshch
v. + **о. ма́ти о.** have an orgasm ◊ **Вона́ рі́дко ма́є повноці́нний о.** She rarely has a proper orgasm. (**пережи́ти** experience, **симулюва́ти** simulate) ◊ **Вона́ не му́сила симулюва́ти о.** She did not have to simulate an orgasm. **досяга́ти ~у** reach an orgasm (**призво́дити до** lead to)
Also see **кі́нча́ти 3, спуска́ти 9**

органі́зм, *m.*, **~у**
1 organism ◊ **У ро́зчині з'яви́лися примі́ти́вні ~и.** Primitive organisms appeared in the solution.
adj. **живи́й** living; **молоди́й** young; **ни́жчий** lower, **про́сти́й** simple, **примітивний** primitive; **ви́щий** higher, **складни́й** complex; **біологі́чний** biological, **мікроскопі́чний** microscopic; **водяни́й** aquatic, **морськи́й** marine; **багатоклі́ти́нний** multi-celled, **одноклі́ти́нний** single-celled; ◊ **о., що розвива́ється** a developing organism
2 body *(human, animal)*
о. + n. **о. люди́ни** a human body (**твари́ни** animal, **коня́** horse's, **коро́ви** cow's, **кота́** cat's, **ри́би** fish's, **соба́ки** dog's, *etc.*)
See **ті́ло 1**
3 *fig.* organism, entity, structure, organization ◊ **живи́й суспі́льний о.** a living social organism; ♦ **політи́чний о.** body politic
See **організа́ція 4, структу́ра**

організо́ван|ий, *adj.*
organized
adv. ♦ **високоорганізо́ваний** highly organized, **до́бре** well, **чудо́во** superbly ◊ **Вони́ пиша́лися чудо́во ~им фестива́лем.** They were proud of the superbly organized festival. **до́сить** fairly, **ле́две** scarcely; **ке́псько** poorly, **пога́но** badly
v. + **о. бу́ти ~им** be organized ◊ **Пі́дбір кандида́тів о. ду́же до́бре.** The candidates selection is organized very well. (**виявля́тися** turn out; **здава́тися** + *D.* seem to sb ◊ **Пара́д здава́вся до́сить ~им.** The parade seemed fairly organized. **роби́ти** + *A.* make sth ◊ **За мі́сяць він зроби́в фра́кцію дисципліно́ваною й ~ою.** In a month, he made the faction disciplined and organized. **става́ти** become)

організо́ву|вати, ~ють; (з)організу|ва́ти, ~ю́ть, *tran.*
1 to organize, set up, create
adv. **блиску́че** brilliantly ◊ **За́хід зорганізува́ли блиску́че.** The event was organized brilliantly. **га́рно** nicely, **до́бре** well, **ефекти́вно** efficiently, **нале́жно** properly, **рете́льно** thoroughly, **успі́шно** successfully, **чудо́во** superbly; **завча́сно** in advance; **практи́чно** practically, **факти́чно** effectively; **блискави́чно** in a flash, **шви́дко** quickly; **безда́рно** ineptly, **ке́псько** poorly, **пога́но** badly; **незале́жно** independently, **одноосі́бно** single-handedly; **окре́мо** separately, **прива́тно** privately; **ра́зом** together, **спі́льно** jointly
v. + **о. бу́ти ле́гко** be easy to; **бу́ти неможли́во** be impossible to ◊ **За мі́сяць неможли́во зорганізува́ти ефекти́вну кампа́нію.** It is impossible to organize an effective campaign in a month. **бу́ти тре́ба** + *D.* need to ◊ **Їм тре́ба з зорганізува́ти збір ко́штів.** They need to organize a fundraiser. **виріша́ти** decide to; **вдава́тися** + *D.* succeed in, **змогти́** *pf.* manage to, **могти́** can; **намага́тися** try to; **хоті́ти** want to
Also see **влашто́вувати 1, формува́ти 2**
2 arrange, orchestrate
v. + **о. вдава́тися** + *D.* succeed in ◊ **Їй вдало́ся з зорганізува́ти публіка́цію кни́жки.** She succeeded in orchestrating the publication of the book. **змогти́** *pf.* manage to, **(до)помага́ти** help (to), **могти́** can, **намага́тися** try to, **про́бувати** attempt to, **спромогти́ся** *pf.* contrive to; **бу́ти ле́гко** be easy to ◊ **Семіна́р ле́гко зорганізува́ти.** It is easy to organize a seminar. **бу́ти ва́жко** be difficult to, **бу́ти можли́во** be possible to, **бу́ти слід** should
prep. **о. в** + *A.* organize into *(a unit)* ◊ **Хло́пців зорганізу́ють у гру́пи.** The boys will be organized into groups.
Also see **влашто́вувати 1**
3 *colloq.* to obtain, procure, get ◊ **Вона́ зорганізува́ла ї́жу і напо́ї.** She has procured food and drinks.
See **дістава́ти 2**
pa. pple. **зорганізо́ваний** organized
організо́вуй! зорганізу́й!

організува́|ти, *pf.*, *see* **організо́вувати**
to organize, arrange, *etc.* ◊ **Молоди́й команди́р блиску́че ~в масшта́бний на́ступ.** The young commander has organized the large-scale offensive brilliantly.

органі́чн|ий, *adj.*
organic
adj. **винятко́во** exceptionally ◊ **Вони́ ї́дять винятко́во ~і проду́кти.** They eat exceptionally organic food. **доказо́во** provably, **по́вністю** fully, **цілко́м** completely; **не зо́всім** not entirely
v. + **о. бу́ти ~им** be organic ◊ **Молоко́ не зо́всім ~е.** The milk is not entirely organic. (**вважа́ти** + *A.* consider sth; **роби́ти** + *A.* make sth, **става́ти** become) ◊ **О́вочі у крамни́ці ста́ли тепе́р ~ими.** The vegetables in the store became organic now.

о́рдер, *m.*, **~а**
1 warrant, authorization, title
adj. **зако́нний** legal, **незако́нний** illegal; **судови́й** judicial; **письмо́вий** written
v. + **о. видава́ти** + *D.* **о.** issue sb a warrant ◊ **Суддя́ ви́дав їм о. на аре́шт.** The judge issued them an arrest warrant. (**пока́зувати** + *D.* show sb ◊ **Полі́ція показа́ла їй о.** The police showed her the warrant. **вико́нувати** execute; **анулюва́ти** annul, **унева́жнювати** invalidate) ◊ **Вона́ унева́жнила о. на поме́шкання.** She invalidated the title to the apartment.
prep. **о. на** + *A.* warrant for sth, ◊ **о. на аре́шт** an arrest warrant (**о́бшук** search) ◊ **Він вимага́в о. на о́бшук.** He demanded the search warrant. ◊ **о. на кварти́ру** a title to an apartment
See **до́звіл 1**
2 order *(in architecture)*
adj. **дори́чний** Doric, **йоні́чний** Ionic, **кори́нтський** Corinthian, **компози́тний** Composite, **тоска́нський** Tuscan
v. + **о. бу́ти в ~і** be in the order ◊ **Коло́ни були́ в розкі́шному кори́нтському ~і.** The columns were in a luxurious Corinthian order. (**будува́ти в** build in ◊ **Храм збудува́ли в суво́рому дори́чному ~і.** The temple was build in a stern Doric order. **вико́нувати** + *A.* **в** execute sth in, **роби́ти** + *A.* **в** make sth in)

ор|е́л, *m.*, **~ла́**
1 eagle ◊ **У націона́льному па́рку во́дяться рі́дкісні ви́ди ~лі́в.** Rare species of eagles occur in the national park.
adj. **африка́нський** African, **гірськи́й** mountain, **ли́сий** bald, **степови́й** steppe, **хи́жий** predatory; **двоголо́вий** two-headed; **золоти́й** golden
See **птах 1**
2 heads *(of a coin)* ◊ **о. чи ре́шка?** Heads or tails?

ориґіна́л, *m.*, **~у** *or* **~а**
1 ~у original ◊ **ко́пія ~у** a copy of the original; ◊ **Це о. чи ко́пія?** Is this the original or a replica?
v. + **о. видава́ти** + *A.* **за о.** pass sth off as the original ◊ **Ко́пію Рафае́ля намага́лися ви́дати за о.** They tried to pass off the copy of Raphael for the original.
prep. **в ~і** in the original ◊ **Ро́берт чита́є пое́зію Анто́нича в ~і.** Robert reads Antonych's poetry in the original; **з ~у** from the original ◊ **Перекла́д зро́блено з ~у.** The translation was done from the original.
2 ~а *colloq.* maverick, character, oddball
adj. **вели́кий** great, **винятко́вий** exceptional, **неперевéршений** unsurpassed, **рі́дкісний** rare, **спра́вжній** true ◊ **Він має репута́цію спра́вжнього ~а.** He has the reputation of a true maverick.
v. + **о. бу́ти ~ом** be an oddball (**вважа́ти** + *A.* consider sb ◊ **Його́ вважа́ють рі́дкісним ~ом.** He is considered to be a rare kind of an oddball. **виявля́тися** prove, **здава́тися** + *D.* seem to sb, **лиша́тися** remain)
Also see **дива́к**

ориґіна́льн|ий, *adj.*
1 original, authentic
adv. **абсолю́тно** absolutely ◊ **Його́ ціка́влять абсолю́тно ~і робо́ти.** He takes interest in absolutely original works. **цілко́м** entirely ◊ **цілко́м о. єги́петський папі́рус** an entirely original Egyptian papyrus. **ви́разно** distinctly, **я́вно** obviously; **ле́две** scarcely, **навря́д чи** hardly
v. + **о. бу́ти ~им** be original (**вигляда́ти** look ◊ **Оббі́вка вигляда́ла ~ою.** The upholstering looked original. **виявля́тися** turn out, **здава́тися** + *D.* seem to sb) ◊ **На́пис на ва́зі здава́вся ~им етру́ським те́кстом.** The inscription on the vase seemed an original Etruscan text.
2 original, innovative, unconventional, creative
adv. **винятко́во** exceptionally ◊ **винятко́во о. викона́вець** an exceptionally creative performer; ♦ **високоориґіна́льний** highly original, **вкрай** extremely, **дивови́жно** amazingly, **ду́же** very, **надзвича́йно** extraordinarily, **на рі́дкість** uniquely, **неймові́рно** incredibly; **спра́вді** truly
Also see **своєрі́дний 1.** *Ant.* **тривія́льний**

орієнта́ці|я, *f.*, **~ї**
1 orientation, attitude, inclination
adj. **ідеологі́чна** ideological, **політи́чна** political, **релігі́йна** religious, **феміні́стська** feminist, **філосо́фська** philosophical; **консервати́вна** conservative, **лібера́льна** liberal ◊ **Її ді́ї мотиву́є лібера́льна о.** Her actions are motivated by her liberal orientation. **гетеросексуа́льна** heterosexual, ◊ **юна́к гетеросексуа́льної ~ї** a youth of heterosexual orientation, **гомосексуа́льна** homosexual, **стате́ва** sexual
v. + **о. виявля́ти ~ю** display an orientation (**ма́ти** have) ◊ **Ма́рта має нетрадиці́йну, як для студе́нтки, політи́чну ~ю.** Marta has a nontraditional political orientation for a student.
Also see **настано́ва 2, ста́влення**
2 orientation, positioning, sense of bearings ◊ **до́бра о. у про́сторі** a good sense of direction
adj. **відмі́нна** excellent, **до́бра** good, **кра́ща** better, **легка́** easy; **блискави́чна** instant, **швидка́** quick; **складна́** complicated ◊ **Густи́й ліс роби́в ~ю в ньо́му до́сить складно́ю.** The thick forest made it rather difficult to find one's bearings in it.
v. + **о. ма́ти ~ю** have orientation (**покра́щувати** improve; **ускла́днювати** complicate) ◊ **Вузькі ву́лиці ускла́днювали ї́хню ~ю у старо́му мі́сті.** Narrow streets complicated their orientation in the old city. **набува́ти ~ї** acquire orientation ◊ **Лі́да набула́ до́брої ~ї на місце́вості.** Lida acquired good orientation skills on the terrain.
prep. **о. в** + *L.* orientation in/within *(a place)* ◊ **о. в музе́ї** orientation in a museum; **о. на** + *L.* orientation on *(a place)* ◊ **о. на ка́мпусі** orientation on campus

орієнти́р, *m.*, **~а**
landmark, indicator, marker
adj. **до́брий** good, **зру́чний** convenient ◊ **Висо́ка ве́жа – зру́чний о. для тури́стів.** The high tower is a convenient landmark for tourists. **однозна́чний** unambiguous, **помі́тний** conspicuous; **необхі́дний** indispensible, **потрі́бний** necessary
v. + **о. використо́вувати** + *A.* **як о.** use sth as a landmark ◊ **Кораблі́ використо́вують мая́к як о.** Ships use the ligthouse as a landmark. (**ма́ти** + *A.* **за** have sth as) ◊ **Він мав дзвінни́цю за необхі́дний о.** He had the belfry as a necessary landmark. **бу́ти ~ом** be a marker (**служи́ти** + *D.* serve sb as) ◊ **Само́тня ли́па служи́ла їм ~ом.** The lonely linden served them as a landmark.
Cf. **орієнта́ція 2**

орієнту|ва́ти, **~ють; з~**, *tran.*
1 to orient, orientate, guide, direct ◊ **Він по телефо́ну ~вав і́нших, як потра́пити до буди́нку.** He guided others by phone how to find their way to the building.
adv. **ефекти́вно** efficiently, **ле́гко** easily, **одра́зу** at once, **за́раз же** right away, **шви́дко** quickly; **періоди́чно** periodically, **пості́йно** constantly, **час від ча́су** from time to time
v. + **о. бу́ти тре́ба** + *D.* need to ◊ **Ка́меру тре́ба пра́вильно з~.** The camera needs to be correctly oriented. **ма́ти завда́ння** have the task to; **могти́** can; **намага́тися** try to; **проси́ти** + *A.* ask sb to
Also see **вести́ 1**
2 *fig.* to tell, inform, notify ◊ **Зорієнту́йте нас, як це зроби́ти.** Tell us how to do it. ◊ **Вона́ ~є берегову́ охоро́ну про розташу́вання корабля́.** She informs the coastal guard about the ship's location.
See **інформува́ти, каза́ти 1, повідомля́ти 1, 2**
pa. pple. **зорієнто́ваний** oriented
(з)орієнту́й!

орієнту|ва́тися; з~, *intr.*
1 to orient oneself, find one's bearings
adv. **до́бре** well ◊ **Оле́на до́бре ~ється в лабіри́нті ву́лиць.** Olena finds her bearings well in the maze of streets. **ле́гко** easily; **одра́зу** at once, **за́раз же** right away, **шви́дко** quickly
v. + **о. вдава́тися** + *D.* succeed in, **спромага́тися** contrive to ◊ **У крити́чний моме́нт вони́ спромогли́ся з~.** At a critical moment, they contrived to find their bearings. **вмі́ти** be able to; **вчи́тися** learn to ◊ **Він начи́вся о. на місце́вості.** He learned to orient himself on terrain. **змогти́** *pf.* manage to, **могти́** can
2 to know well, be knowledgeable in ◊ **Він ~ється в полі́тиці.** He knows politics well. ◊ **Він до́сить сла́бо ~вався в істо́рії й культу́рі краї́ни.** His knowledge of the country's history and culture was rather poor.
See **зна́ти 1, розбира́тися 2**

орке́стр|а, **~и**, *var.* **орке́стр**, *f.*, **~у**
1 orchestra
adj. **вели́ка** large, **величе́зна** enormous; **по́вна** full, **першокла́сна** first-rate, **першоря́дна** top; **жива́** live; **ама́торська** amateur, **професі́йна** professional; **джа́зова** jazz ◊ **О́льга слу́хала джа́зову ~у.** Olha was listening to a jazz orchestra. **духова́** brass, **ка́мерна** chamber, **симфоні́чна** symphony, **стру́нна** string; **шкі́льна** school, **юна́цька** youth; ♦ **о. наро́дних інструме́нтів** a folk-instrument orchestra
v. + **о. засно́вувати ~у** found an orchestra (**збира́ти** put together, **організо́вувати** organize; **спонсорува́ти** sponsor; **слу́хати** listen to); **дириґува́ти ~ою** conduct an orchestra ◊ **Вона́ дириґу́є шкі́льною ~ою.** She conducts the school orchestra. (**керува́ти** lead); **гра́ти в ~і** play in an orchestra ◊ **Коли́сь Юрі́й було́ грав в ~і наро́дних інструме́нтів.** Once Yurii used to play in a folk-instrument orchestra.
о. + *v.* **виступа́ти** perform ◊ **Симфоні́чна о. виступа́є в мі́сті щоро́ку.** The symphony orchestra performs in the city every year. **вико́нувати** perform sth ◊ **О. ви́конала конце́рт Ско́рика.** The orchestra performed a Skoryk concerto. **гра́ти** play; **настро́юватися** tune up ◊ **О. настро́ювалася.** The orchestra was tuning up.
prep. **в ~і** in an orchestra; **в скла́ді ~и** as member of an orchestra ◊ **Тепе́р вона́ грає в скла́ді і́ншої ~и.** Now she plays as a member of a different orchestra. **з ~ою** with an orchestra ◊ **Вона́ співа́тиме з ~ою.** She will be singing with an orchestra.
2 orchestra pit ◊ **Музика́нти почали́ займа́ти ~у.** The musicians began to occupy the orchestra pit.

осві́т|а, *f.*
education
adj. **блиску́ча** brilliant, **винятко́ва** exceptional, **високоя́кісна** high-quality, **відмі́нна** excellent; **всебі́чна** well-rounded, **до́бра** good, **першокла́сна** first-rate, **присто́йна** decent, **я́кісна** quality; **ви́ща** higher, **зага́льна** comprehensive, **початко́ва** elementary, **сере́дня** secondary ◊ **Він отри́мав сере́дню ~у.** He received a secondary education. **університе́тська**

university; **богосло́вська** theological, **релігі́йна** religious; **військо́ва** military, **вчи́тельська** teacher, **меди́чна** medical, **місте́цька** art, **музи́чна** music, **науко́ва** science, **юриди́чна** legal; **класи́чна** classical, **професі́йна** vocational ◊ **Пан Ш. очо́лював за́клад професі́йної ~и.** Mr. Sh. directed an establishment of vocational education. **спеціа́льна** specialized, **техні́чна** technical, **традиці́йна** traditional, **форма́льна** formal ◊ **Він – фахіве́ць із мініма́льною форма́льною ~ою.** He is a specialist with a minimal formal education. **дистанці́йна** distance, online, **зао́чна** by correspondence, **стаціона́рна** full-time; **відпові́дна** adequate ◊ **Її о. відпові́дна для ново́ї поса́ди.** Her education is adequate for the new post. **по́вна** complete, **частко́ва** partial, **незакі́нчена** incomplete; **ке́пська** poor, **парши́ва** *colloq.* lousy, **пога́на** bad
v. + **о. здобу́вати ~у** acquire education ◊ **Ви́щу ~у вона́ здобула́ у меди́чному університе́ті.** She acquired her higher education at a school of medicine. (**ма́ти** have ◊ **Всі робітники́ малі́ сере́дню ~у.** All the workers had secondary education. **дістава́ти** get, **отри́мувати** receive; **ґарантува́ти** + *D.* guarantee sb ◊ **Навча́ння тут ще не ґарантува́ло їй присто́йної ~и.** Studying here did not yet guarantee her a decent education. **дава́ти** + *D.* give sb, **допо́внювати** supplement; **покра́щувати** improve, **реформува́ти** reform; **фінансува́ти** finance); **забезпе́чувати** + *A.* **~ою** provide sb with education ◊ **Батьки́ забезпе́чили їх нале́жною ~ю.** Their parents provided them with an appropriate education. (**не́хтувати** neglect) ◊ **Він непрости́мо зне́хтував вла́сною ~ою.** He has unforgivably neglected his own education.
Also see **вихова́ння, гра́мота 1, нау́ка 3, письме́нність 1.** *Cf.* **навча́ння**

освіти́|ти, *pf., see* **осві́тлювати**
to illuminate, *etc.* ◊ **Журналі́стка ~ла ситуа́цію, що скла́лася.** The (female) journalist covered the situation that had arisen.

осві́тлен|ий, *adj.*
lighted, lit, illuminated + *I.* by
adv. **га́рно** nicely, **до́бре** well, **яскра́во** brightly ◊ **Майда́н був яскра́во о. поже́жею.** The square was brightly lit by the fire. **доста́тньо** sufficiently; **ле́две** scarcely, **ке́псько** poorly, **пога́но** badly; ◊ **о. со́нцем** sunlit (**мі́сяцем** moonlit)
v. + **о. бу́ти ~им** be illuminated (**виявля́тися** turn out ◊ **Прохі́д ви́явився ле́две ~им.** The passage turned out to be scarcely illuminated. **здава́тися** + *D.* seem to sb; **лиша́тися** remain)
Also see **осві́чений**[2]

осві́тленн|я, *nt., only sg.*
1 lighting, light, illumination
adj. **га́рне** nice ◊ **Кімна́та ма́ла га́рне о.** The room had nice lighting. **до́бре** good, **поту́жне** strong, **яскра́ве** bright; **доста́тнє** sufficient, **нале́жне** proper; **ке́пське** poor ◊ **Із таки́м ке́пським ~ям вона́ не могла́ чита́ти.** She could not read with such poor lighting. **пога́не** bad; **га́зове** gas, **електри́чне** electric, **нео́нове** neon, **приро́дне** natural, **шту́чне** artificial; ◊ **рі́вень о.** the level of illumination
v. + **о. дава́ти о.** provide lighting ◊ **Приза́хідне со́нце не дава́ло доста́тнього о.** The setting sun did not provide sufficient light.
2 *fig.* coverage *(of news, etc.)*, reporting, treatment
adj. **бездога́нне** impeccable, **ви́важене** weighed, **відмі́нне** excellent ◊ **Газе́та пропону́є відмі́нне о. поді́й.** The paper offers excellent coverage of events. **докла́дне** detailed, **зрівнова́жене** balanced, **об'єкти́вне** objective, **періоди́чне** periodical, **реґуля́рне** regular; **однобо́ке** one-sided, **упере́джене** biased
v. + **о. забезпе́чувати о.** provide coverage (**пропонува́ти** + *D.* offer sb); **вирізня́тися ~ям** stand out for its coverage ◊ **«Фо́кус» вирізня́ється зрівнова́женим ~ям полі́тики.** The *Focus* stands out for its balanced coverage of politics.

осві́тлю|вати, ~ють; осві́т|ити, освічу́, ~ять, *tran.*
1 to light, illuminate, provide light + *I.* with/by ◊ **Тоді́ мі́сто ~вали га́зовими ліхтаря́ми.** Then the city was lit with gas lamps.
adv. **га́рно** nicely, **до́бре** well, **поту́жно** powerfully, **яскра́во** brightly; **доста́тньо** sufficiently; **нале́жно** properly, **враз** instantly, **несподі́вано** unexpectedly, **ра́птом** suddenly; **ле́две** scarcely, **наси́лу** barely, **ке́псько** poorly, **пога́но** badly; **м'я́ко** softly ◊ **Мі́сяць м'я́ко ~вав по́ле холо́дним сві́тлом.** The moon illuminated the field softly with its cold light. **сла́бо** faintly, **тро́хи** a little, **тьмя́но** dimly; **по́вністю** fully, **ціль́ко́м** completely; **частко́во** partially; **приро́дно** naturally, **шту́чно** artificially
2 *fig.* to cover *(news, etc.)*, report, write about
adv. **бездога́нно** impeccably, **блиску́че** brilliantly, **до́бре** well ◊ **Газе́та до́бре ~вала парла́ментські ви́бори.** The newspaper covered the parliamentary election well. **доста́тньо** sufficiently; **зва́жено** in a balanced manner, **об'єкти́вно** objectively, **професі́йно** professionally, **твере́зо** soberly; **періоди́чно** periodically, **реґуля́рно** regularly, **час від ча́су** from time to time; **ле́две** scarcely, **наси́лу** barely, **ніко́ли не** never ◊ **Програ́ма ніко́ли не ~є спорти́вні нови́ни.** The show never covers sports news. **однобо́ко** *and* **односторо́нньо** one-sidedly, **упере́джено** with a bias
v. + **о. бра́тися** set about ◊ **Він узя́вся о. суди́.** He set about covering the courts. **доруча́ти** + *D.* charge sb with; **ма́ти** be supposed to, **ма́ти завда́ння** have the assignment to; **збира́тися** be going to, **ма́ти на́мір** have the intention of, **почина́ти** begin to, **ста́ти** *pf.* start, **переста́ти** *pf.* stop ◊ **Вона́ переста́ла о. нови́ни медици́ни.** She stopped covering medical news.
Also see **писа́ти 1**
3 *fig.* to lighten up, animate ◊ **Ра́дість освіти́ла його́ обли́ччя.** Joy lightened up his face.
4 *fig.* to elucidate, illuminate, shed light on ◊ **У дру́гому ро́зділі а́втор ~є моти́ви геро́я.** In the second chapter, the author elucidates the protagonist's motives.
pa. pple. **осві́тлений** illuminated; covered, *etc.*
осві́тлюй! освіти́!

осві́тн|ій, *adj.*
educational, of or pertaining to education
о. + *n.* **о. за́клад** an educational institution (**порта́л** portal, **центр** center; **ценз** qualification); **~я мере́жа** an educational network (**полі́тика** policy, **програ́ма** program, **рефо́рма** reform, **систе́ма** system)

осві́чен|ий[1], *adj.*
educated, trained, enlightened
adv. ♦ **високоосві́чений** highly educated, **до́бре** well, **прекра́сно** superbly, **присто́йно** decently; **професі́йно** professionally, **ціль́ко́м** quite; **до́сить** fairly, **доста́тньо** sufficiently; **ке́псько** poorly, **ле́две** scarcely, **пога́но** badly, **сяк-та́к** haphazardly, **тро́хи** a little; **зо́всім не** not at all
v. + **о. бу́ти ~им** be educated (**вважа́ти** + *A.* consider sb ◊ **У ті часи́ ко́жного, хто вмів чита́ти, вважа́ли ~им.** In those days, everyone who could read was considered to be educated. **вигляда́ти** look; **виявля́тися** turn out ◊ **Її провідни́к ви́явився не зо́всім ~им.** Her guide turned out to be not quite educated. **здава́тися** + *D.* seem to sb; **става́ти** become)
prep. **о. в** + *L.* educated in sth ◊ **Він о. в еконо́міці.** He is educated in economics.
Also see **ви́вчений 2, вче́ний**[1] **2, на́вчений, начи́таний.** *Ant.* **неписьме́нний**

осві́чен|ий[2], *adj., var.*
lighted, lit, illuminated ◊ **У тьмя́но ~ій за́лі зберіга́ли бі́льшу части́ну коле́кції.** They kept a greater part of the collection in the dimly lit hall.
See **осві́тлений**

осі́нн|ій, *adj.*
fall, autumn, of or pertaining to autumn
о. + *n.* **о. день** an autumn day (**дощ** rain, **моро́з** frost; **на́стрій** mood; **краєви́д** landscape, **парк** park; **семе́стр** semester); **~я пого́да** autumn weather (**ву́лиця** street; **коле́кція** collection ◊ **Вона́ пока́же ~ю коле́кцію мо́ди в неді́лю.** She will show the fall fashion collection on Sunday. **мело́дія** melody); **~є не́бо** autumn sky (**ли́стя** leaves; **рівноде́ння** equinox, **со́нце** sun)

о́сі|нь, *f.*, **~ени**
fall, autumn
adj. **ра́ння** early, **пі́зня** late; **дощова́** rainy, **мо́кра** wet, **суха́** dry; **те́пла** warm, **холо́дна** cold; **ця** this ◊ **Ціє́ї ~ени вони́ переї́дуть на нове́ поме́шкання.** This fall, they will move to a new apartment. **мину́ла** past, **торі́шня** last year's, **насту́пна** next
See **весна́, зима́, лі́то**

оскажені́|ти, *pf., see* **скажені́ти**
to go crazy, become furious; *med.* become affected with rabies ◊ **Миха́йло ~в від зло́сти.** Mykhailo went crazy with anger. ◊ **Зачу́вши кров, аку́ли чи́сто ~ли.** Having sensed blood, the sharks went utterly crazy.

оскі́льки, *conj.*
1 because, for, since ◊ **Заня́ття скасува́ли, о. мі́сто паралізува́в зимо́вий шторм.** Classes were cancelled because a winter storm had paralyzed the city.
See **тому́ що**
2 as far as, as much as, to the extent that ◊ **Я поможу́ вам, о. це мені́ під си́лу.** I will help you to the extent it is within my capacity. ♦ **о. ...ості́льки ...** *and* **ості́льки ... о. ...** as... as ... ◊ **Ві́дповідь о. несподі́вана,ості́льки ди́вна.** The response is as unexpected as it is strange.
See **наскі́льки 2**

осно́в|а, *f.*
1 base, foot, support, foundation
adj. **глибо́ка** deep, **міцна́** strong, **солі́дна** sound, **тверда́** firm; **вузька́** narrow, **широ́ка** broad; **бето́нна** concrete ◊ **Буди́нок стоя́в на бето́нній осно́ві.** The building rested on a concrete foundation. **дерев'я́на** wood, **залі́зна** iron, **залізобето́нна** reinforced concrete, **кам'яна́** stone; ◊ **від вершка́ до ~и** from top to bottom
v. + **о. будува́ти ~у** build a base (**заклада́ти** lay ◊ **Під хмарося́г закла́ли залізобето́нну ~у.** A reinforced concrete foot was laid for the skyscraper. **ство́рювати** create, **ма́ти** + *A.* **за** have sth (as) ◊ **За ~у за́мок ма́є скеля́сту поро́ду.** The castle has a rock formation as its base. **розхи́тувати** shake, **руйнува́ти** ruin; **відно́влювати** renew; **заміня́ти** replace)
Also see **ба́за 1, ґрунт 2, фунда́мент 1**
2 *fig., often pl.* basis, foundation, core ◊ **Ві́ра була́ мора́льною ~ою її життя́.** Faith was the moral foundation of her life.
adj. **головна́** main, **залі́зна** ironclad, **непору́шна** unshakable; **демократи́чна** democratic, **духо́вна** spiritual, **економі́чна** economic, **зако́нна** legitimate, **ідеологі́чна** ideological, **інтелектуа́льна** intellectual, **методологі́чна** methodological, **політи́чна** political; **епістемологі́чна** epistemological, **науко́ва** scientific, **раціона́льна** rational, **фактологі́чна** factual, **філосо́фська** philosophical, *etc.*
v. + **о. забезпе́чувати ~у** provide a foundation (**утво́рювати** form, **ляга́ти в** form ◊ **Пова́га до прав люди́ни лягла́ в ~у політи́чної**

системи країни. Respect for human rights formed the foundation of the nation's political system. **зміцнювати** strengthen; **підривати** undermine, **послаблювати** weaken, **хитати** rock); ♦ **потрясати** + *A.* **до основ** shake sth to its foundations; ♦ **розхитувати** + *A.* **до основ** rock sth to its foundations; **загрожувати ~ам** threaten the foundations
prep. **на ~і** + *G.* on a basis of sth ◊ **Він виснував це на ~і дослідів.** He concluded it on the basis of tests.
Also see **база 1, підстава, принцип, стрижень 3, фундамент 2, хребет 3**
3 *only pl.* fundamentals, essentials
о. + *n.* **~и граматики** essentials of grammar (**фізики** physics, **політичної економії** political economy); ♦ **о. основ** + *G.* the very essence of sth
v. + **о. вивчати ~и** study fundamentals (**засвоювати** acquire; **освіжати** refresh, brush up, **повторювати** review; **викладати** teach, **окреслювати** outline **критикувати** critique)
4 *ling.* stem
adj. **вільна** free, **зв'язана** bound; **змішана** mixed, **м'яка** soft ◊ **закінчення м'якої ~и** a soft stem ending; **тверда** hard
v. + **о. складати ~у** form a stem ◊ **Приросток, корінь та наросток складають ~у слова.** Prefix, root, and suffix form the word stem. (**аналізувати** analyze, **визначати** determine, **класифікувати** classify, **описувати** describe)
Cf. **закінчення, корінь 4**
5 *chem.* base ◊ **О. – це речовина, здатна вступати в реакцію з кислотою і продукувати сіль чи воду.** A base is a substance capable of reacting with an acid to form a salt or water.
6 *math.* base ◊ **основа трикутника** the base of a triangle (**квадрата** square, **куба** cube, *etc.*)

основн|ий, *adj.*
1 principal, main, basic, primary
о. + *n.* **о. недолік** the principal drawback (**напрямок** direction), **о. колір** a primary color; **~а дисципліна** a main subject (**ознака** trait; **перевага** advantage; **різниця** difference; **теза** argument, **тема** topic, **частина** part), **~а галузь** the main branch; **~е значення слова** the primary meaning of a word; **~і запаси** the main reserves (**зусилля** efforts, **ресурси** resources), ♦ **в ~ому** mainly ◊ **в ~ому підлітки** mainly teenagers.
v. + **о. бути ~им** be principal (**вважати** + *A.* consider sth/sb; **виявлятися** turn out, **здаватися** + *D.* seem to sb) ◊ **У переліку предметів математика здавалася їй ~ою.** In the list of subjects, math seemed to her to be the principal one.
Also see **головний 1**
2 overwhelming, prevailing, prevalent ♦ **в ~ій масі** in the overwhelming majority

ос|оба, *f.*
1 person, individual
adj. **молода** young, **юна** youthful; **доросла** adult, **літня** aged, **старша** elderly, **стара** old; **обдарована** gifted, **талановита** talented; **важлива** important, **видатна** outstanding, **високопоставлена** highly-placed, **впливова** influential, **могутня** powerful; **незалежна** independent; **незвичайна** unusual, **непересічна** uncommon, **оригінальна** unconventional, **унікальна** unique; **конкретна** specific, **певна** certain; **приватна** private, **публічна** public ◊ **Він став публічною ~обою.** He became a public person. **цікава** interesting; **звичайна** ordinary, **непримітна** unremarkable ◊ **Павлів – о. непримітна.** Pavliv is an unremarkable individual. **нормальна** normal, **середньостатистична** average, statistical ♦ **відповідальна о.** a person in charge; ♦ **власна** *or* **своя о.** oneself, one's own self ◊ **Марія не пов'язувала його натяки зі своєю ~обою.** Maria did not relate his intimations to herself. ♦ **власною ~ою** in person ◊ **Ось Марта власною ~обою.** Here is Marta in person.
♦ **дійова о.** 1) participant *(of events)*; 2) character *(in a play, etc.)* ◊ **дійові ~оби п'єси** the dramatis personae of the play; ♦ **довірена о.** *leg.* fiduciary, confidant; ♦ **небажана о.** persona non grata; ♦ **посадова о.** an official; ♦ **фізична о.** a natural person; ♦ **цивільна о.** a civilian; ♦ **юридична о.** a legal person/entity; ♦ **дуже важлива о.** a VIP; ♦ **культ ~оби** a personality cult
prep. **в ~обі** + *G.* in the person of sb ◊ **В ~обі Лісняка вони мають союзника.** They have an ally in Lisniak. **від ~оби до ~оби** from person to person ◊ **Смаки міняються від ~оби до ~оби.** Tastes vary from person to person.
See **людина 1, персона, фігура 4.** *Also see* **душа 3, одиниця 3**
2 *ling.* person
adj. **перша** first, **друга** second, **третя** third ◊ **форма третьої ~и множини дієслова теперішнього часу** the third person plural verb form of the present tense

особист|ий, *adj.*
personal, private, intimate
adv. **абсолютно** absolutely ◊ **абсолютно ~а думка** an absolutely personal opinion; **винятково** exceptionally, **глибоко** deeply ◊ **глибоко ~е переконання** a deeply personal conviction; **дуже** very, **строго** strictly, **чисто** purely; **досить** fairly, **ледве** hardly; **явно** obviously; ♦ **~і рахунки** personal relationship ◊ **Він не хотів, щоб це вплинуло на їхні ~і рахунки.** He did not want this to affect their personal relationship. ♦ **~а справа** a personal (one's own) matter
о. + *n.* **о. автомобіль** a personal car (**водій** driver; **девіз** motto; **одяг** clothes; **підпис** signature; **характер** nature); **~а власність** personal property (**образа** insult; **охорона** guards; **симпатія** liking); **~е місце** a personal seat (**завдання** task, **прохання** request); **~і нахили** personal proclivities (**речі** effects)
v. + **о. бути ~им** be personal (**вважати** + *A.* consider sth; **виявлятися** turn out, **здаватися** + *D.* seem to sb; **лишатися** remain; **робити** + *D.* make sth; **ставати** become) ◊ **Взаємини між ними стали ~ими.** The relationship between them became personal.
Also see **приватний 2.** *Cf.* **особовий.** *Ant.* **громадський, колективний, публічний**

особлив|ий, *adj.*
1 special, peculiar, particular
adv. **дещо** somewhat ◊ **Вона має дещо о. смак на чоловіків.** Hers is a somewhat peculiar taste for men. **досить** fairly; **дуже** very; **трохи** a little; **виразно** distinctly, **незаперечно** undeniably, **явно** obviously
о. + *n.* **о. акцент** a peculiar accent (**запах** smell, **смак** taste, **підхід** approach), **о. гість** a special guest (**смисл** meaning, **символізм** symbolism ◊ **Дата мала о. символізм.** The date had special symbolism. **статус** status); **~а людина** a special person ◊ **Для неї Роман – людина ~а.** For her, Roman is a special person. (**кава** coffee; **увага** attention); **~е значення** a particular significance
v. + **о. бути ~им** be special (**вважати** + *A.* consider sb/sth; **виявлятися** turn out, **здаватися** + *D.* seem to sb, **робити** + *A.* make sth ◊ **Дзвінок від Ольги зробив ~им весь його день.** The call from Olha made his entire day special. **ставати** become)
2 *euph.* secret ◊ **За совєтів він очолював так званий о. відділ.** Under the Soviets, he headed the so-called Special Office.
Also see **окремий 3**

особливо, *adv.*
1 particularly, especially, in particular; ◊ **Їй о. подобається подорожувати.** She is especially fond of traveling.
Also see **надто 2**
2 primarily, above all, first of all ◊ **Він любить тварин, о. собак і котів.** He likes animals, above all, dogs and cats.

особов|ий, *adj.*
1 personal
о. + *n.* **о. рахунок** *(in bank)* a personal account; ♦ **о. склад** personnel; **~а справа** a personal file ◊ **Вони не можуть знайти її ~у справу.** They cannot locate her personal file. **~е посвідчення** a personal ID
Cf. **особистий**
2 *ling.* personal ◊ **о. займенник** a personal pronoun; ◊ **~е закінчення** a personal ending ◊ **Він сплутав ~е закінчення із наростком.** He confused the personal ending with a suffix. (**речення** sentence) ◊ **~е речення має підмет.** A personal sentence has a subject.

останн|ій, *adj.*
1 last
adv. **абсолютно** absolutely ◊ **Це була її абсолютно ~я в житті сиґарета.** This was her absolutely last cigarette in life. **майже** almost; **тільки** only; **явно** clearly; ♦ **останній раз** (for) the last time ◊ **Він о. раз обнявся з подругою.** He hugged his (female) friend for the last time. ♦ **~ім часом** lately, recently
v. + **о. бути ~ім** be the last (**вважати** + *A* consider sb/sth ◊ **Його вважали ~ім у княжій династії.** He was considered to be the last in the princely dynasty. **виявлятися** turn out, **здаватися** + *D.* seem to sb, **ставати** become) ♦ **до ~ього** to the bitter end ◊ **Вони билися до ~ього.** They fought to the bitter end.
Also see **крайній 1**
2 final, ultimate, decisive ◊ **Криза вступила в ~ю стадію.** The crisis entered its final stage. ♦ **бути на ~ій дорозі** to be about to die; ♦ **бути на ~іх днях** to be about to give birth ◊ **Марія була на ~іх днях.** Maria was about to have a baby.
♦ **проводжати** + *A.* **в ~ю путь** to bid sb a final farewell *(to a deceased)*
3 newest, latest ◊ **~і новини** the latest news; ♦ **о. крик моди** the latest scream of fashion
4 bad, worst; obscene *(of language)*, dirty ◊ **Він був далеко не ~ім музикою.** He was by far not the worst musician.
5 *as n.* latter ◊ **Жінка благала Симона, доки о. не піддався.** The woman beseeched Symona till the latter gave in. ♦ **перше ... ~є** the former ... the latter ◊ **Перше він рекомендує, а від останнього застерігає.** He recommends the former and warns against the latter.

остаточн|ий, *adj.*
final, conclusive, definitive, ultimate
adv. **абсолютно** absolutely, **категорично** categorically, **цілком** completely
о. + *n.* **о. вирок** the final verdict (**висновок** conclusion, **результат** result); **~а версія** the final version (**редакція** redaction), **~а перемога** a conclusive victory (**поразка** defeat); **~е рішення** the final decision (**звільнення** liberation, **припинення** cessation) ◊ **Вони погодилися на ~е припинення бойових дій.** They agreed on the definitive cessation of hostilities.
v. + **о. бути ~им** be final (**вважати** + *A.* consider sth; **виявлятися** turn out, **здаватися** + *D.* seem to sb, **оголошувати** + *A.* declare sth ◊ **Рішення оголосили ~им.** The decision was declared to be final. **ставати** become)

остаточно, *adv.*
1 finally, completely, fully ◊ **Становище о. змінилося.** The situation completely changed.
See **нарешті 2**
2 irrevocably, irreversibly ultimately, for good ◊ **Мирослава кинула палити о.** Myroslava quit smoking for good.

остíльки, *adv.*
to such an extent that, so, in so far as ◊ **Його́ шко́ла здава́лася о. незнайо́мою, ні́би він там ніко́ли не вчи́вся.** His school seemed so unfamilair, as though he had never studied there.
♦ **о. .., оскі́льки** to the extent that ◊ **Ва́лик о. розумі́в Ле́сю, оскі́льки вона́ йому́ дозволя́ла.** Valyk understood Lesia to the extent she allowed him to.
Cf. **оскі́льки**

о́стр|ів, *m.*, **~ова**
1 island, isle
adj. **вели́кий** big, **мали́й** *and* **невели́кий** small; **безлю́дний** uninhabited, **дале́кий** remote, **ди́кий** wild; **вулкані́чний** volcanic, **ґрані́тний** granite, **кам'яни́й** rocky, **кора́ловий** coral, **пусти́нний** desert, **тропі́чний** tropical; **зеле́ний** green, **мальовни́чий** picturesque, **ра́йський** paradise; **прибере́жний** offshore ◊ **На Дніпрі́ бага́то ~ові́в.** There are many islands on the Dnipro.
n. + **о. архіпела́г ~ові́в** an archipelogo of islands ◊ **Цей архіпела́г ~ові́в назива́ється Циклáдами.** The archipelago of islands is called the Cyclades. (**гру́па** group, **гряда́** chain)
о. + *v.* **лежа́ти в** + *L.* lie in *(a sea)* ◊ **О. лежи́ть у Чо́рному мо́рі.** The island lies in the Black Sea. **бу́ти розташо́ваним в** + *L.* be situated in *(a sea)*, **розташо́вуватися в** + *L.* be located in *(a sea)* ◊ **~ови́ розташо́вуються в Сарґа́совому мо́рі.** The islands are located in the Sargasso Sea.
prep. **на о.** *dir.* on/to an island ◊ **Екіпа́ж корабля́ ви́садився на о.** The ship's crew made a landing on the island. **на ~ові́** *posn.* on an island ◊ **На ~ові́ коли́сь цвіла́ цивіліза́ція.** Once civilization used to flourish on the island.
2 *fig.* island, enclave ◊ **зеле́ний лісови́й о. се́ред сте́пу** a green forest island in the middle of the steppe

ось, *part.*
1 *dem.* here, there ◊ **О. моя́ сестра́.** Here's my sister. ◊ **О. карти́на, яку́ Оле́сь подарува́в.** Here is the picture Oles gave.
2 *(in narration or description)* so, and so, thus ◊ **О. прихо́дить він до жі́нки й ка́же.** And so he comes to his wife and says.
3 right *(with pr. and adv.)*, that's, so ♦ **о. як** so much ◊ **Я це о. як люблю́ роби́ти.** I like doing it so much. ♦ **о. коли́** right then ◊ **Лише́ о. коли́ Тара́с відпові́в їм.** Only then did Taras answer them. ♦ **о. куди́** that's where ◊ **Вона́ схова́ла ключ о. куди́.** That's where she hid the key. ♦ **о. скі́льки** that's how much (many) ◊ **О. скі́льки ми встигли зроби́ти.** That's how much we managed to do. ♦ **О. воно́ що!** *or* **О. воно́ як!** That's what it is!
Also see **от 3**
4 once, soon, as soon as, when ◊ **О. розта́не сніг, і ми поса́димо я́блуню.** Once the snow melts, we'll plant an apple tree.
See **коли́ 4.** *Also see* **от 4**
5 finally, at last ◊ **О. ми й удо́ма.** Finally we are at home. ◊ **Вони́ сперечáлися і о. пого́дилися.** They argued and finally came to an agreement.
6 *in* ♦ **аж о.** 1) suddenly, all of a sudden ◊ **Аж о. буди́нок захита́вся.** Suddenly the building started shaking. 2) finally, at last ◊ **Удалині́ аж о. з'яви́лися ба́ні і шпилі́ мі́ста.** The domes and steeples of the city finally appeared in the distance.

от, *dem. part.*
1 here, there ◊ **О. головна́ бра́ма університе́ту.** Here is the main gate of the university.
2 *(in narration or description)* so, and so, thus ◊ **О. Я́рка знайшла́ нови́х дру́зів, а стари́х забу́ла.** So Yarka found new friends and forgot the old ones. ◊ **О. я́кось ра́нньої о́сени зібра́лися вони́ йти до лі́су.** So once in early fall, they decided to go to the forest.
3 right *(with pr. and adv.)*, that's, so ◊ **О. хто ви́явився а́втором сканда́льного те́ксту.** That's who the author of the scandalous text turned out to be. ◊ **О. як вона́ відповіда́є на по́слугу.** That's how she returns a favor.
See **ось 3**
4 once, soon, as soon as, when ◊ **О. заспоко́їться о́зеро, і мо́жна бу́де йти на ри́бу.** Once the lake comes down, we will be able to go fishing. ◊ **О. викона́єш обі́цянку, тоді́ й поговори́мо.** We'll talk once you keep your promise.
See **коли́ 4.** *Also see* **ось 4**

о́тже, *part., conj.*
1 *part.* so, and so, well ◊ **О., зро́бимо це таки́м чи́ном.** So that's the way we'll do it. ◊ **О. бажа́ю вам уда́чі.** And so I wish you luck.
2 *conj.* therefore, thus, that's why, so ◊ **Оле́на усміхну́лася, о. вона́ не се́рдиться.** Olena smiled, therefore she is not angry.

ото́ченн|я, *nt., only sg.*
1 surroundings, surrounds, environment, setting
adj. **га́рне** beautiful ◊ **Га́рне о. налашто́вувало її до тво́рчости.** The beautiful environment inspired her creativity. **еле́ґантне** elegant, **мальовни́че** picturesque, **ідилі́чне** idyllic, **пастора́льне** pastoral, **приє́мне** pleasant, **чарі́вне** charming, **чудо́ве** wonderful; **зру́чне** comfortable, **пи́шне** opulent, **розкі́шне** luxurious; **ми́рне** peaceful, **спокі́йне** calm, **ти́хе** quiet; **звича́йне** usual, **старе́** old, **нове́** new; **ди́вне** strange, **незнайо́ме** unfamiliar, **не те́** wrong ◊ **Вони́ потра́пили не в те о.** They found themselves in the wrong environment. **емоці́йне** emotional, **інтелектуа́льне** intellectual, **культу́рне** cultural, **приро́дне** natural, **фізи́чне** physical; **найбли́жче** immediate; **мíське́** urban, **сі́льське́** rural
v. + **о. відтво́рювати о.** reproduce an environment ◊ **Він правди́во відтвори́в фізи́чне о. сироти́нця.** He faithfully reproduced the physical environment of the orphanage. (**створю́вати** create; **мі́няти** change, **шука́ти** look for) ◊ **Режисе́р шука́в для фі́льму сі́льське о.** The director was looking for a rural setting for his film. **пристосо́вуватися до о.** adapt to surroundings ◊ **Він шви́дко пристосува́вся до ново́го о.** He quickly adapted to the new environment. (**підхо́дити до** fit; **шука́ти** look for); **гармоніюва́ти з ~ям** be in harmony with surroundings ◊ **Па́м'ятник не гармоніюва́в з ~ям.** The monument was out of harmony with its surrounding. (**конфліктува́ти з** clash with; **злива́тися з** blend with ◊ **О́дяг дозволя́є їм злива́тися із ~ям.** Their clothes allow them to blend with their surroundings.
prep. ♦ **в ~і** in the midst of, surrounded by ◊ **Воло́дя виро́став в ~і діте́й, ста́рших за ньо́го.** Volodia grew up surrounded by children older than he was.
Also see **довкі́лля, середо́вище 1**
2 *mil.* encirclement, encircling
v. + **о. потрапля́ти в о.** find oneself in an encirclement; **вирива́тися з о.** break out of an encirclement ◊ **Вояки́ не втрача́ли наді́ї ви́рватися із о.** The soldiers did not lose hope to break out of the encirclement.

оточи́|ти, *pf., see* **ото́чувати**
to surround, encircle ◊ **На́товп ~в маши́ну полі́тика зусі́біч.** The mob surrounded the politician's car on all sides.

ото́чу|вати, **~ють; оточ|и́ти**, **~у́**, **~ать**, *tran.*
to surround, encircle + *I.* with ◊ **За́мок оточи́ли ро́вом.** The castle was surrounded by a moat.
adv. **звідусі́ль** on all sides ◊ **В'язни́цю звідусі́ль ~є колю́чий дріт.** Barbed wire surrounds the prison on all sides. **крадькома́** stealthily, **поступо́во** gradually, **таємно** secretly; **ґвалто́вно** abruptly, **несподі́вано** unexpectedly, **ра́птом** suddenly, **шви́дко** quickly, **щі́льно** tightly ◊ **Село́ щі́льно ~ють боло́та.** Marshes surround the village tightly. **геть** entirely, **цілко́м** completely
v. + **о. бу́ти тре́ба** + *D.* need to; **вдава́тися** + *D.* succeed in ◊ **Їм удало́ся шви́дко оточи́ти поже́жу.** They succeeded in surrounding the fire quickly. **змогти́** *pf.* manage to; **намага́тися** try to; **поспіша́ти** be in a hurry to; **нака́зувати** + *D.* order sb to; **не дава́ти** not allow sb to; **не змогти́** fail to
Also see **замика́ти 3**
pa. pple. **ото́чений** surrounded
ото́чуй! оточи́!

отри́ма|ти, *pf., see* **отри́мувати**
to receive, get ◊ **Не́ля ~ла його́ лист два ти́жні тому́.** Nelia received his letter two weeks ago.

отри́му|вати, **~ють; отри́ма|ти**, **~ють**, *tran.*
to get, receive, obtain
adv. **автомати́чно** automatically, **весь час** all the time, **за́вжди́** always, **пості́йно** constantly, **реґуля́рно** regularly; **іноді́** sometimes, **рі́дко** rarely, **час від ча́су** from time to time; **вже** already, **наре́шті** finally ◊ **Коли́ він наре́шті отри́мав нови́ну?** When did he finally receive the news? **несподі́вано** unexpectedly; **ніко́ли не** never; **із вдя́чністю** gratefully, **ра́до** gladly
о. + *n.* **о. відмо́ву** get a refusal (**гро́ші** money, **платню́** payment; **до́звіл** permission, **запро́шення** invitation, **подя́ку** thanks; **лист** letter, **нови́ни** news, **підтри́мку** support, **повідо́млення** notification) ◊ **Повідо́млення він ~є автомати́чно.** He receives notifications automatically.
v. + **о. вдава́тися** succeed in ◊ **Їм удало́ся отри́мати до́звіл на збо́ри.** They succeeded in obtaining permission for the meeting. **змогти́** *pf.* manage to, **намага́тися** seek to, **сподіва́тися** expect to ◊ **Ми сподіва́ємося отри́мати ві́дповідь за ти́ждень.** We expect to get a response in a week. **ма́ти пра́во** have the right to ◊ **Вони́ ма́ють пра́во о. пе́нсію.** They have the right to receive a pension.
pa. pple. **отри́маний** received
отри́муй! отри́май!
See **діставáти 4, оде́ржувати.** *Also see* **попада́ти 5**

отру́єнн|я, *nt.*
poisoning, food poisoning + *I.* with
adj. **го́стре** acute, **смерте́льне** fatal, **си́льне** severe, **тяжке́** bad, **хроні́чне** chronic; **легке́** light; **випадко́ве** accidental ◊ **Він поме́р від випадко́вого о.** He died of accidental poisoning. **нави́мисне** deliberate; **ма́сове** mass; **підозрі́ле** suspicious
v. + **о. ма́ти о.** have poisoning ◊ **Оста́п мав го́стре о.** Ostap had acute poisoning. (**дістава́ти** get ◊ **Він діста́в о. моноокси́дом вуглецю́.** He got carbon monoxide poisoning. **отри́мувати** get); **вмира́ти** *or* **помира́ти від о.** die of poisoning (**уника́ти** avoid; **причиня́тися до** cause) ◊ **До о. причини́лися токси́чні ви́пари.** Toxic vapors caused the poisoning. **запобіга́ти ~ню** prevent poisoning
G. pl. **~ь**
Cf. **зара́ження**

отру́ї|ти, *pf., see* **отру́ювати**
to poison, *etc.* ◊ **Наре́шті за́здрість ~ла ї́хню дру́жбу.** Finally envy poisoned their friendship.

отру́ї|тися, *pf., see* **отру́юватися**
to poison oneself, get poisoned ◊ **Вона́ ~лася ри́бою.** She got food poisoning from fish.

отру́йн|ий, *adj.*
poisonous, toxic
adv. **вкрай** extremely, **ду́же** very, **небезпе́чно** dangerously, **надзвича́йно** highly, **про́сто** simply,

смертéльно deadly ◊ **Ціяни́стий кáльцій – смертéльно ~а речовинá.** Calcium cyanide is a deadly poisonous substance. **дóсить** rather; **на рíдкість** exceptionally
о. + n. **~а пігýлка** a poison pill (**стрілá** arrow, **сýміш** mixture); ♦ **~а гадю́ка** a venomous snake ◊ **Болóто кишíло ~ими гадю́ками.** The swamp crawled with poisonous snakes. ♦ **~а речовинá** *mil.* a toxic agent
v. + **о. бýти ~им** be poisonous (**виявля́тися** turn out, **здавáтися** + *D.* seem to sb, **ставáти** become) ◊ **М'я́со стáло ~им.** The meat became poisonous.
Also see **токси́чний.** *Cf.* **зарáзний.** *Ant.* **їстівни́й 1**

отрýт|а, *f.*
1 poison, venom, toxin
adj. **потýжна** powerful, **си́льна** strong, **смертéльна** deadly, **чи́ста** pure; **прирóдна** natural, **хемíчна** chemical ◊ **У кровí жéртви знайшли́ слíди́ хемíчної ~и.** Traces of chemical poison were found in the victim's blood. **спрáвжня** real, **чи́ста** pure
v. + **о. давáти** + *D.* **~у** give sb poison ◊ **Замíсть лíків ïй дали́ ~у.** Instead of medicine, they gave her poison. (**впóрскувати** inject; **підмíшувати до** + *G.* lace sth with ◊ **Хтось підмішáв до молокá ~у.** Somebody laced the milk with poison. **підсипáти** put in; **ковтáти** swallow, **пи́ти** drink, **приймáти** take) ◊ **Вонá прийнялá ~у.** She took poison.
2 *fig.* venom, malice, hate ◊ **З її вуст лилáся чи́ста о.** Pure venom was flowing from her lips.
v. + **о. розливáти ~у** pour out venom; **напóвнювати** + *A.* **~ою** fill sth with poison

отрýю|вати, **~ють; отру|ї́ти**, **~ю́**, **~ять**, *tran.*
1 to poison + *I.* with
adv. **випадкóво** accidentally; **навми́сно** deliberately ◊ **Злóдій навми́сно отруї́в псá.** The thief poisoned the dog deliberately. **намíрено** intentionally; **си́льно** badly, **смертéльно** deadly, **фатáльно** fatally
v. + **о. бýти лéгко** be easy to ◊ **Став лéгко отруї́ти хемікáліями.** It is easy to poison the pond with chemicals. **бýти неможли́во** be impossible to ◊ **З таки́м нáглядом йогó неможли́во отруї́ти.** With such protection, it is impossible to poison him. **намагáтися** try to, **роби́ти спрóбу** attempt to; **не давáти** + *D.* not allow sb to
2 *fig.* to poison, spoil, corrupt ◊ **Він не відмóвив собí у приє́мності отруї́ти всім свя́то.** He did not refuse himself the pleasure of poisoning the holiday for everybody.
о. + n. о. думки́ poison sb's thoughts (**дýшу** soul, **життя́** life ◊ **Її нарікáння отрýювали Лéвові життя́.** Her complaints poisoned Lev's life. **рáдість** joy, **рóзум** mind, **свідóмість** mind, **стáрість** old age; **взаємини** relationship)
v. + **о. вирíшувати** decide to; **намагáтися** try to; **не хотíти** not want to ◊ **Я не хóчу о. вам нáстрою.** I don't want to spoil your mood.
See **псувáти**
pa. pple. **отрýєний** poisoned
отрýюй! отруї́!

отрýю|ватися; отруї́тися, *refl.*
to poison oneself, get poisoned + *I.* with ◊ **Терéнтій отруї́вся.** Terentii has food poisoning.
о. + n. о. гáзом get poisoned with gas (**грибáми** mushrooms ◊ **Вонá боїться отруї́тися грибáми.** She is afraid of getting poisoned with mushrooms. **ри́бою** fish, **ціяни́стим кáлієм** calcium cyanide)

офіцéр, *m.*, **~а; ~ка**, *f.*
officer
adj. **кáдровий** career ◊ **Всі чоловіки́ в сім'ї́ були́ кáдровими ~ами.** All the men in the family were career officers. **стройови́й** line; **вáхтовий** watch, **чергови́й** duty; **молóдший** junior ◊ **Юрчýк у рáнзі молóдшого ~а.** Yurchuk is in the rank of junior officer. **ви́щий** high-ranking, **стáрший** senior; **молоди́й** young; **недосвíдчений** inexperienced; **бувáлий** seasoned, **досвíдчений** experienced
о. + n. о. áрмії an army officer (**військóво-повíтряних сил** air-force, **флóту** naval; **зв'язкý** liaison)
v. + **о. нагорóджувати ~а** award an officer (**підви́щувати** promote ◊ **~а підви́щили до майóра.** The officer was promoted to major. **пони́жувати** demote); **служи́ти ~ом** serve as an officer ◊ **Він три рóки слýжить ~ом зв'язкý.** He has served as a liaison officer for three years. (**виявля́тися** turn out, **ставáти** become); **накáзувати ~ові** order an officer ◊ **Кóжному ~ові наказáли взя́ти з собóю збрóю.** Every officer was ordered to bring arms.
Also see **лейтенáнт, майóр, поліція́нт**; *Cf.* **солдáт**

офіці́йн|ий, *adj.*
1 official, authorized, formal
о. + n. о. дóзвіл an official permission (**доку́мент** document, **зáпит** inquiry, **накáз** order); **~а вéрсія** an official version (**доктри́на** doctrine; **зýстріч** meeting, **історіогрáфія** historiography) ◊ **У навчáльній прогрáмі ~ій історіогрáфії надавáли мíнімум знáчення.** Minimal importance was given to official historiography in the curriculum.
Also see **формáльний 3**
2 *fig.* formal, stiff, prim
о. + n. о. гóлос a formal voice ◊ **Йогó гóлос став ~им, майже ворóжим.** His voice became formal, almost hostile. (**тон** tone) ◊ **Усé це булó скáзано ~им тóном.** All this was uttered in a formal tone. **~а манéра** a formal manner (**поведíнка** behavior)

офіція́нт, *m.*; **~ка**, *f.*
waiter; waitress
adj. **ввíчливий** polite, **обхíдливий** solicitous, **привíтний** friendly, affable, **приє́мний** pleasant, **увáжний** attentive, **чéмний** courteous; **досвíдчений** experienced; **метки́й** nimble, **швидки́й** quick; **незґрáбний** clumsy ◊ **Незґрáбний о. проли́в Катери́ні на сýкню борщ.** A clumsy waiter spilled borshch on Kateryna's dress. **неувáжний** inattentive, **повíльний** slow; **грýбий** rude, **нахáбний** brazen, **хáмський** caddish, **шахраювáтий** cheating
v. + **о. кли́кати ~а** call a waiter (**проси́ти** ask) ◊ **Він попроси́в ~а принести́ десéртне меню́.** He asked the waiter to bring the dessert menu. **кивáти ~ові** beckon to a waiter ◊ **Він кивнýв ~ові, щоб той принíс рахýнок.** He beckoned to the waiter to bring the check. ♦ **давáти ~ові на чай** to tip a waiter ◊ **Вонá давáла ~ові на чай, тíльки якщó її гáрно обслужи́ли.** She tipped a waiter only if she was nicely served.
о. + v. обслугóвувати wait on sb ◊ **Їх обслугóвував приє́мний о.** A pleasant waiter waited on them. **брáти замóвлення в** + *G.* take an order ◊ **О. узя́в у них замóвлення.** The waiter took their orders. **подавáти** + *A.* serve sth ◊ **О. подáв напóї.** The waiter served drinks. **принóсити** + *A.* bring sth ◊ **О. принíс їм кáву.** The waiter brought them coffee. **забирáти** + *A.* take sth away ◊ **О. забрáв у Лáди тарíлку, не спитáвши, чи вонá доїла.** The waiter took Lada's plate away, without asking whether or not she had finished eating.

охолóдженн|я, *nt., only sg.*
1 cooling *(process)*, chilling, refrigeration ◊ **О. двигунá займé пів годи́ни.** The cooling of the engine will take a half hour.
adj. **водянé** water, **повітрянé** air, **прирóдне** natural ◊ **Він користýється прирóдним ~ям – вíкнами.** He uses natural cooling – the windows.
2 air-conditioning
adj. **дóбре** good, **ефекти́вне** efficient, **потýжне** powerful, **си́льне** strong; **кéпське** poor, **неспрáвне** broken, faulty, **парши́ве** *colloq.* lousy, **погáне** bad; **автомати́чне** automatic
v. + **о. вмикáти о.** turn on air-conditioning ◊ **Вонá вмикáє о. в остáнній момéнт.** She turns the air-conditioning on as the last resort. (**вимикáти** turn off; **встанóвлювати** install; **купувáти** buy, **мáти** have ◊ **Він мáє старé о., що лéдве працю́є.** He has old air-conditioning that barely functions. **міня́ти** have replaced) ◊ **Вони́ поміня́ли неспрáвне о.** They had the faulty air-conditioning replaced. **користувáтися ~ям** use air-conditioning ◊ **Вони́ не користýються ~ям.** They do not use air-conditioning.

охолóджу|вати, **~ють; охолод|и́ти**, **~ять**, *tran.*
1 to cool, chill
adv. **дóбре** well, **дýже** a lot, **геть** totally, **пóвністю** fully, **цілкóм** completely; **приє́мно** pleasantly ◊ **Вечíрній лéгіт приє́мно ~вáв обли́ччя.** The evening breeze pleasantly cooled the face. **повíльно** slowly, **поступóво** gradually, **шви́дко** quickly; **знáчно** considerably; **лéдве** scarcely, **наси́лу** barely, **трóхи** a little; **кéпсько** poorly, **погáно** badly, **так собí** so-so
v. + **о. бýти трéба** + *D.* need to ◊ **Рóзчин трéба трóхи охолоди́ти.** The solution needs to be cooled a little. **могти́** can, **намагáтися** try to; **проси́ти** + *A.* ask sb to ◊ **Вони́ попроси́ли офіція́нта охолоди́ти винó.** They asked the waiter to chill the wine.
Also see **холоди́ти 1**
2 *fig.* to cool *(emotions, etc.)*, dampen, diminish ◊ **Її словá охолоди́ли Пéтрів зáпал.** Her words cooled Petro's fervor.
See **змéншувати**
pa. pple. **охолóджений** cooled
охолóджуй! охолоди́!

охолоди́|ти, *pf., see* **охолóджувати**
to cool, chill, *etc.* ◊ **Він ~в би сік, якби́ мав кри́гу.** He would cool the juice if he had some ice.

охолóну|ти, *pf., see* **холóнути**
to cool down, chill ◊ **Андрієва при́страсть до meréжі ~ла так сáмо шви́дко, як і з'яви́лася.** Andrii's passion for the Internet cooled down as quickly as it appeared.

охопи́|ти, *pf., see* **охóплювати**
to grab, hug, *etc.* ◊ **Він нездáтен о. цю теóрію.** He is incapable of grasping this theory.

охóплю|вати, **~ють; охоп|и́ти**, **~лю́**, **~иш**, **~лять**, *tran.*
1 to grab, hug, enfold
adv. **дóбре** nicely, **мíцно** firmly ◊ **Маркó мíцно охопи́в колóду.** Marko firmly hugged the log. **тíсно** tightly; **щоси́ли** with all one's strength; **ззáду** from behind, **зусíбіч** from all sides, **спéреду** from the front
о. + n. о. гóлову grab one's head (**колíна** knees, **плéчі** shoulders, **стан** body, **тáлію** waist ◊ **Павлó нíжно охопи́в тонкý тáлію Меланíї.** Pavlo tenderly hugged Melania's thin waist. **ши́ю** neck; **дéрево** tree, **стовп** pole)
prep. **о. за** + *A.* grab sb/sth by sth ◊ **Си́мон охопи́в її за плéчі.** Symon grabbed her by the shoulders.
See **хапáти 1**
2 to encompass, envelop, encircle
adv. **геть** totally, **зусíбіч** from all sides, **пóвністю** fully, **цілкóм** completely; **почáсти** in part, **частко́во** partially
3 *only 3rd pers.* to enfold, engulf ◊ **Пóлум'я охопи́ло лíве кри́лó лікáрні.** The flames engulfed the left wing of the hospital.
4 *fig.* seize *(of emotion, etc.)*, grip ◊ **Йогó**

охопи́ла ту́га. He was gripped by longing.
See **оволоді́вати 2.** *Also see* **забира́ти 4, запо́внювати 4, захо́плювати 7, напо́внювати 2, опано́вувати 3, розбира́ти 6**
5 *only 3rd pers.* to include, cover, encompass ◊ **Полі́сся ~є всю пі́вніч Украї́ни.** Polissia includes the entire north of Ukraine.
6 *fig.* to grasp, comprehend ◊ **Він намага́вся охопи́ти суть того́, що відбува́лося.** He was trying to grasp the meaning of what was going on.
See **розумі́ти 1**
pa. pple. **охо́плений** encompassed
охо́плюй! охопи́!

охоро́н|а, *f., only sg.*
1 *coll.* guards, security, warden
adj. **додатко́ва** additional, **мініма́льна** minimal, **невели́ка** small; **озбро́єна** armed ◊ **По пери́метру скла́ду чергува́ла озбро́єна до зу́бів о.** Armed to the teeth guards were on duty along the warehouse perimeter. **поси́лена** beefed up; **ві́рна** loyal, **наді́йна** reliable, **непідку́пна** incorruptible; **пи́льна** vigilant
v. + **о. виклика́ти ~у** call out the guards ◊ **Він ви́кликав ~у.** He called out the guards. (**зніма́ти** dismiss, **міня́ти** change, **ста́вити** post ◊ **При вхо́ді поста́вили додатко́ву ~у.** Tthey posted additional guards at the entrance. **відволіка́ти** distract; **споло́хувати** alarm; **вбива́ти** kill, **ліквідува́ти** eliminate, **невтралізува́ти** neutralize)
о. + *v.* **борони́ти** *or* **захища́ти** + *A.* defend sb/sth, **охороня́ти** + *A.* protect sb/sth, **патрулюва́ти** + *A.* patrol sth, **супрово́джувати** + *A.* escort sb/sth ◊ **Генера́ла супрово́джувала поси́лена о.** The general was escorted by beefed up security guards. **чергува́ти** be on duty; **втіка́ти** flee, **зра́джувати** + *A.* betray sb
2 protection, security, preservation, conservation
adj. **до́бра** good, **доста́тня** sufficient, **ефекти́вна** efficient, **максима́льна** maximal, **нале́жна** proper ◊ **Коле́кція під нале́жною ~ою.** The collection is under proper protection. **по́вна** full, **поси́лена** extra, **чудо́ва** great, **спеція́льна** special; **недоста́тня** insufficient, **неефекти́вна** ineffective, **символі́чна** token
о. + *n.* **о. довкі́лля** environmental protection (**па́м'яток істо́рії та культу́ри,** monuments of history and culture, **пра́ці** labor, **приро́ди** nature) ◊ **О. приро́ди у краї́ні мініма́льна.** The nature protection in the country is minimal. ♦ **о. здоро́в'я** health care
v. + **о. забезпе́чувати ~у** + *D.* provide protection to sb (**ґарантува́ти** + *D.* guarantee to sb, **надава́ти** + *D.* give sb/sth, **поси́лювати** strengthen) ◊ **За́ходи поси́лять ~у істори́чних па́м'яток.** The measures will strengthen the protection of historical monuments. **потребува́ти ~и** need protection ◊ **Націона́льний запові́дник потребу́є до́брої ~и.** The national park needs good protection. (**шука́ти** seek)
prep. **без ~и** without protection ◊ **Праві́чний ліс лиши́ли без ~и.** An age-old forest has been left without protection. **під ~ою** under protection ◊ **під ~ою держа́ви** under state protection
Also see **безпе́ка.** *Cf.* **за́хист 1, збере́ження, оборо́на 1**

охорони́|ти, *pf., see* **охороня́ти**
to protect ◊ **Доброво́льці ~ли село́ від грабі́жників.** The volunteers protected the village from robbers.

охороня́|ти, ~ють; охорон|и́ти, ~ю́, ~ять, *tran.*
to guard, protect
adv. **безпере́рвно** nonstop, **весь час** all the time, **день і ніч** day and night, **цілодобо́во** around-the-clock; **дбайли́во** painstakingly, **до́бре** well, **невси́пно** vigilantly; **ві́рно** faithfully, **невідсту́пно** relentlessly, **невто́мно** tirelessly, **пи́льно** closely, **поси́лено** heavily, **рві́йно** assiduously, **ре́вно** jealously, **рете́льно** thoroughly, **самові́ддано** selflessly, **ста́ранно** diligently, **сумлі́нно** diligently, **ува́жно** carefully; **по́вністю** fully, **цілко́м** completely
v. + **о. бра́тися** get down to ◊ **Він узя́вся о. горо́д від птахі́в.** He got down to protecting the vegetable garden from birds. **ви́рішувати** decide to; **намага́тися** try to, **стара́тися** do one's best to; **почина́ти** begin to, **ста́ти** *pf.* start; **продо́вжувати** continue; **перестава́ти** stop
prep. **о. від** + *G.* guard from sb/sth ◊ **Вони́ ~ють буди́нок від зло́діїв.** They guard the building from thieves.
pa. pple. **охоро́нений** guarded
охороня́й! охорони́!
Also see **вартува́ти**[2]. *Cf.* **захища́ти, обороня́ти**

охо́т|а, *f., only sg.*
1 desire, inclination, mood
adj. **вели́ка** great, **надзвича́йна** extreme, **неаби́яка** uncommon, **непоборна** insuperable, **рі́дкісна** rare, **си́льна** strong; **значна́** considerable, **помі́тна** noticeable; **ди́вна** strange; ♦ **(сво́єю) ~ою** of one's own free will, voluntarily ◊ **Святосла́в пішо́в до ві́йська сво́єю ~ою.** Sviatoslav joined up the military voluntarily.
v. + **о.** ♦ **відчува́ти ~у** to feel like doing sth ◊ **Я́рка відчува́ла ~у побі́гати па́рком.** Yarka felt like taking a jog in the park. **виклика́ти ~у** arouse a desire (**підігріва́ти** fuel; **висло́влювати** express), ♦ **ма́ти ~у** to be in the mood for, to feel like ◊ **Іва́н мав ~у ви́пити молока́.** Ivan felt like having some milk.
о. + *v.* **нахо́дити на** + *A.* overtake sb ◊ **На Лі́дію найшла́ о. поїхати до Ло́ндону.** A desire to go to London overtook Lidiia.
prep. ♦ **в ~у** with pleasure ◊ **Того́ ве́чора вона́ в ~у потанцюва́ла.** That evening, she danced to her heart's pleasure. **о. на** + *A.* or + *inf.* a desire for *or* to do sth ◊ **о. на моро́зиво** a desire for ice cream
See **бажа́ння 1**
2 *as pred.* to want to, feel like doing sth + *D. in:* **бу́ти о.** ◊ **Кому́ о. ма́ти спра́ву із брехуно́м?** Who would like to have anything to do with a liar? ◊ **О́лі о. подиви́тися цю поста́ву.** Olia feels like watching this production. ♦ **о. тобі́ (вам, йому́, їй)** + *inf.* why, what's the point of ◊ **О. їм сперечáтися?** What's the point for them to argue?
Also see **хоті́тися.** *Cf.* **лінь 2**

охо́ч|ий, *adj.*
willing, ready
adv. **бі́льш як** more than ◊ **Вони́ бі́льш як ~і тро́хи відпочи́ти.** They are more than willing to rest a little. **геть** totally, **ду́же** very, **ді́йсно** really, **спра́вді** truly, **цілко́м** completely; **вира́зно** distinctly, **я́вно** clearly; **до́сить** quite, **доста́тньо** sufficiently; **ле́две** scarcely, **ма́йже** almost, **не ду́же** not very
v. + **о. бу́ти ~им** be willing (**виявля́тися** prove ◊ **Бага́то студе́нтів ви́явилося ~ими до її ку́рсу.** Many students proved willing to enroll in her course. **здава́тися** + *D.* seem to sb, **лиша́тися** remain; **става́ти** become)
prep. **о. до** + *G. or inf.* willing to sth *or* do sth ◊ **Вона́ за́вжди́ ~а до знайо́мств.** She is always willing to meet people.
See **гото́вий 2**

оце́, *part.*
1 here, there, this ◊ **О. той музи́ка, що так до́бре грає.** This is the musician who plays so well.
See **це 1**
2 *(in narration)* so, and so, thus ◊ **Написа́в він о. ска́ргу, та й чека́є тепе́р відповіді.** And so he wrote a complaint and is now waiting a for response.
3 *(for emphasis)* so, really, truly ◊ **До́бре о., що ви теж прийшли́.** It is so good that you too have come.

о́ц|ет, *m.*, **~ту**
vinegar
adj. **бальзамі́чний** balsamic, **ви́нний** wine; **бі́лий** white, **ри́совий** rice, **черво́ний** red, **я́блучний** apple
v. + **о. додава́ти ~ту** add vinegar; **кропи́ти** + *A.* **~том** drizzle sth with vinegar ◊ **Вона́ покропи́ла сала́ту ~том і олі́єю.** She drizzled the salad with some vinegar and oil.
Also see **олі́я**

оці́ни́|ти, *pf., see* **оці́нювати**
to price, value, assess; grade ◊ **У ломба́рді її пе́рстень ~ли зана́дто ни́зько.** Her ring was priced too low at the pawn store.

оці́н|ка, *f.*
1 assessment, evaluation
adj. **адеква́тна** adequate, **висо́ка** high ◊ **Програ́ма має висо́кі ~ки фахівці́в.** The program has high expert evaluations. **до́бра** good, **зва́жена** balanced, **крити́чна** critical, **нале́жна** proper, **незале́жна** independent, **об'єкти́вна** objective; **рете́льна** thorough, **твере́за** sober, **че́сна** honest, **я́кісна** quality; **дета́льна** detailed, **докла́дна** accurate, **то́чна** exact; **всеохо́пна** comprehensive, **зага́льна** general, **широ́ка** wide; **індивідуа́льна** individual, **осо́биста** personal; **суб'єкти́вна** subjective; **кі́лькісна** quantitative, **я́кісна** qualitative; **систе́мна** systemic ◊ **Вона́ веде́ систе́мну ~ку виробни́цтва.** She conducts a systemic production assessment. **безпере́рвна** continuous, **пості́йна** constant, **трива́ла** long-term; **операти́вна** prompt, **швидка́** quick; **вну́трішня** internal, **зо́внішня** external; **пе́рвісна** initial; **насту́пна** follow-up, **оста́то́чна** ultimate, **прикінце́ва** final; **обере́жна** cautious, **оптимісти́чна** optimistic, **песимісти́чна** pessimistic; **економі́чна** economic, **клі́нічна** clinical, **меди́чна** medical, **мора́льна** moral, **осві́тня** educational, **політи́чна** political, **психіатри́чна** psychiatric ◊ **Його́ висло́влювання вимага́ли психіатри́чної ~ки.** His pronouncements required a psychiatric assessment. **психологі́чна** psychological, **фіна́нсова** financial
n. + **о. знаря́ддя ~ки** assessment tools (**крите́рій** criterion, **ме́тод** method, **процеду́ра** procedure, **проце́с** process, **рі́вень** level, **те́хніка** technique; **адеква́тність** adequacy, **наді́йність** reliability, **пра́вильність** correctness, **то́чність** accuracy)
v. + **о. дава́ти** + *D.* **~ку** give sb/sth an assessment ◊ **Він дав політи́чну ~ку зая́ві опози́ції.** He gave a political assessment of the opposition statement. (**закі́нчувати** complete ◊ **Че́рез два дні лі́кар закі́нчить ~ку хво́рого.** In two days, the doctor will complete the patient's assessment. **зді́йснювати** do, **прово́дити** conduct, **роби́ти** make ◊ **Вони́ ро́блять фіна́нсову ~ку провідно́го ба́нку краї́ни.** They are doing financial assessment of the nation's leading bank. **пропонува́ти** + *D.* offer sb; **забезпе́чувати** provide; **відкида́ти** reject, **іґнорува́ти** ignore, **критикува́ти** criticize, **піддава́ти су́мніву** question)
Also see **суд 4**
2 grade, score, mark ◊ **Із таки́ми ~ками вона́ всту́пить до будь-яко́го університе́ту.** With such grades, she will be admitted to any university.
adj. **відмі́нна** excellent ◊ **З украї́нської Іва́н має відмі́нні ~ки.** Ivan has excellent grades in Ukrainian. **до́бра** good, **задові́льна** satisfactory, **незадові́льна** unsatisfactory; **висо́ка** high; **ке́пська** poor, **низька́** low, **пога́на** bad; ♦ **се́редня о.** grade average ◊ **Його́ се́редня о. з матема́тики до́сить висо́ка.** His grade average in math is fairly high.
v. + **о. ста́вити** + *D.* **~ку** give sb a grade ◊ **Вчи́тель поста́вив Марчуко́ві зави́соку ~ку.** The teacher gave Marchuk too high a grade.

(**заробляти** earn, **міняти** change, **покращувати** improve; **завищувати** inflate)
prep. **о. з** + *G.* a grade in *(discipline)* ◊ **послідовно погані ~ки з хемії** consistently bad grades in chemistry; **о. за** + *A.* a grade for *(test, etc.)* ◊ **задовільна о. за письмовий переклад** a satisfactory grade for the written translation
Also see **пара**[2] **4, погано 5. трійка 3**

оціню|вати, **~ють; оцін|ити**, **~ю**, **~ять**, *tran.*
1 to assess, evaluate, appraise, appreciate
adv. **адекватно** adequately, **високо** highly, **добре** well, **зважено** in a balanced manner, **критично** critically, **належно** properly; **незалежно** independently, **об'єктивно** objectively, **реалістично** realistically, **ретельно** thoroughly, **тверезо** soberly, **чесно** honestly, **якісно** qualitatively; **всеохопно** comprehensively, **загально** generally, **широко** widely; **детально** in detail, **докладно** accurately, **точно** exactly; **індивідуально** individually, **особисто** personally, **суб'єктивно** subjectively; **кількісно** quantitatively, **якісно** qualitatively; **систематично** systematically, **системно** systemically; **постійно** constantly; **оперативно** promptly, **швидко** quickly; **остаточно** ultimately
v. + **о. бути важко** be hard to ◊ **Левові важко оцінити складність становища.** It is hard for Lev to appreciate the complexity of the situation. **бути треба** + *D.* need to; **змогти** *pf.* manage to, **могти** can; **намагатися** try to; **просити** + *A.* ask sb to, **допомагати** + *D.* help sb to
Also see **аналізувати, зважувати 2, розцінювати 1, цінити 1**
2 to grade ◊ **Шевченкові знання з хемії оцінили справедливо.** Shevchenko's knowledge of chemistry was fairly graded.
See **перевіряти 2**
pa. pple. **оцінений** evaluated
оцінюй! оціни!

очевидн|ий, *adj.*
obvious, evident, clear
adv. **абсолютно** absolutely ◊ **абсолютно ~а перемога** an absolutely obvious victory; **дедалі більш** increasingly ◊ **все більш ~а неохіть** increasingly evident reluctance; **дуже** very, **зовсім** totally, **цілком** completely; **досить** fairly, **достатньо** sufficiently; **однаково** equally, **просто** simply; **однозначно** unambiguously, **явно** obviously; **ледве** hardly; **майже** almost
v. + **о. бути ~им** be evident (**вважати** + *A.* consider sth ◊ **Причетність жінки до вбивства вважали ~ою.** The woman's complicity in the murder was considered obvious. **виглядати** + *D.* look to sb, **звучати** sound, **здаватися** + *D.* seem to sb; **лишатися** remain, **робити** + *A.* make sth; **ставати** become)
prep. **о. для** + *G.* obvious for/to sb ◊ **Пояснення було ~им для всіх.** The explanation was obvious to everybody.
Also see **недвозначний, однозначний, самоочевидний, ясний 7**

очевидно, *adv., pred.*
1 *adv.* obviously, evidently, clearly ◊ **Банкрутство цілком о. загрожує банкові.** The bank is quite obviously threatened with bankruptcy.
2 probably, apparently, to all appearances ◊ **Лев, о., мав свою версію подій.** To all appearances, Lev had his own version of events. ◊ **Вони, о., запізняться.** They will probably be late.
3 *pred.* obvious, clear
v. + **о. бути о.** be obvious ◊ **Було о., що вони заблудилися.** It was obvious that they had gotten lost. **ставати** become

очисти|ти, *pf., see* **очищати**
to clean, *etc.* ◊ **Наталка ~ла шухляду від мотлоху.** Natalka cleared the drawer of junk.

очища|ти, **~ють; очист|ити**, **очищу**, **~ять**, *tran.*
1 to clean, cleanse, clear
adv. **вже** already, **нарешті** finally; **добре** well ◊ **Вона добре очистила сходи від бруду.** She cleaned the steps well from mud. **легко** easily, **ретельно** thoroughly, **старанно** diligently, **сумлінно** conscientiously, **уважно** carefully; **повністю** fully, **цілком** completely; **оперативно** promptly, **швидко** quickly; **крок за кроком** step by step, **повільно** slowly, **поступово** gradually
о. + *n.* **о. від бруду** cleanse from dirt (**відходів** waste, **завалів** debris, **іржі** rust, **листя** leaves, **сміття** trash, **снігу** snow; **гріхів** sins, **злочинності** crime ◊ **Новий міський голова почав о. місто від злочинності.** The new mayor began to cleanse the city from crime. **наркотиків** drugs, **проституції** prostitution)
v. + **о. братися** set about ◊ **Петро узявся о. заїзд від снігу.** Petro set about clearing the driveway of snow. **починати** begin to; **продовжувати** continue; **переставати** stop; **давати** + *D.* **завдання** give sb the task to, **наказувати** + *D.* order sb to, **просити** + *A.* ask sb to; **зобов'язуватися** take an obligation to; **обіцяти** + *D.* promise sb to
prep. **о. від** + *G.* clean from sth
Also see **чистити 1**
2 *chem.* to refine, purify, rectify ◊ **о. воду від осаду** purify water from sediment
3 peel ◊ **Симон очистив дві морквини на суп.** Symon peeled two carrots for the soup.
о. + *n.* ◊ **о. картоплю** peel potatoes (**цибулю** onions, **часник** garlic, **яблуко** apple, *etc.*)
Also see **чистити 4**
4 *colloq.* to rob ◊ **Повернувшись домів, Юльян зрозумів, що його очистили.** On his return home, Yulian realized that he had been robbed.
See **грабувати 1**
pa. pple. **очищений** cleaned
очищуй! очисти!

очікуван|ий, *adj.*
awaited, expected, anticipated
adv. **гаряче** eagerly, **давно** *and* **довго** long, **дуже** very much, **з нетерпінням** impatiently ◊ **з нетерпінням о. фільм** an impatiently awaited movie; **ревно** zealously; **цілком** entirely; **ледве** scarcely
v. + **о. бути ~им** be expected ◊ **Її реакція цілком ~а.** Her reaction is entirely anticipated. (**виявлятися** turn out) ◊ **Його поява виявилася ~ою з боку поліції.** His emergence turned out to be anticipated by the police)

очікуван|ня, *nt., only sg.*
waiting, expectation, *often pl.*
adj. **безкінечне** endless ◊ **Олеся втомилася від безкінечного о. новин.** Olesia is tired of her endless waiting for news. **вічне** eternal, **довге** long; **коротке** short, **марне** futile; **вперте** stubborn; **нестерпне** unbearable, **стоїчне** stoic, **терпляче** patient
о. + *n.* **о. відповіді** waiting for a response ◊ **Його о. відповіді нічого не вирішувало.** His waiting for a response did not solve anything. (**візи** visa, **дзвінка** phone call, **кінця** end, **приїзду** arrival, **результатів** results, **рішення** decision, **смерти** death)
n. + **о. зала о.** a passenger lounge; ♦ **режим о.** a stand-by mode, ♦ **час о.** waiting time ◊ **Час о. – п'ять хвилин.** The waiting time is five minutes.

очільник, *m.*; **очільниця**, *f.*
head, director, chief, leader + *G.* of
adj. **колишній** former, **екс-** ex-, **новий** new, **теперішній** current, **щойно призначений** just appointed; **звільнений** dismissed
о. + *n.* **о. департаменту** the head of a department (**міністерства** ministry, **організації** organization, **партії** party, **поліції** police, **служби безпеки** security service, **уряду** government); **о. міста** the mayor of a city, **о. области** the governor of the province; **о. університету** the university president
v. + **о. вибирати** + *A.* **~ом** elect sb as the head ◊ **~ом партії вибрали тридцятилітнього економіста.** A thirty-year old economist was elected as the head of the party. (**бути** be, **вважати** + *A.* consider sb; **лишатися** remain, **призначати** + *A.* appoint sb as, **робити** + *A.* make sb; **ставати** become)
Also see **голова 3, директор, організатор, президент 2, провідник 3**

очоли|ти, *pf., see* **очолювати**
to head, *etc.* ◊ **Він ~в програму боротьби з еболою.** He headed the program to fight ebola.

очолю|вати, **~ють; очол|ити**, **~ять**, *tran.*
to head, preside over, lead, direct
adv. **вперше** for the first time; **безперервно** without interruption, **завжди** always, **незмінно** invariably; **вміло** aptly, **ефективно** efficiently, **успішно** successfully
v. + **о. наказувати** + *D.* order sb to ◊ **Олені Приходько наказали очолити слідство.** Olena Prykhodko was ordered to lead the investigation. **призначати** + *A.* appoint sb to, **просити** + *A.* ask sb to, **переконувати** + *A.* convince sb to, **погоджуватися** agree to
pa. pple. **очолений** headed
очолюй! очоль!
See **керувати 2.** *Also see* **вести 4**

ошатн|ий, *adj.*
1 well-dressed *(of people)*, elegantly dressed
adv. **винятково** exceptionally, **досить** fairly, **дуже** very, **надзвичайно** extremely, **чарівно** charmingly; **класично** classically, **несподівано** unexpectedly, **особливо** especially, **як завжди** as always ◊ **Симон як завжди о.** Symon is as always well-dressed.
v. + **о. бути ~им** be well-dressed (**виглядати** look, **здаватися** + *D.* seem to sb, **лишатися** remain; **робити** + *A.* make sb ◊ **Нова сукня робила Ольгу ~ою.** The new dress made Olha elegant. **ставати** become)
Also see **елегантний**
2 beautiful *(of clothes, etc.)*, elegant ◊ **о. костюм** an elegant suit (**піджак** jacket; **інтер'єр** interior); ◊ **~і меблі** elegant furniture
Also see **елегантний, святковий 2, хороший 4.**
Ant. **буденний 2**

ощадлив|ий, *adj.*
economical, frugal, sparing, thrifty
adv. **винятково** exceptionally, **вкрай** extremely, ♦ **високоощадливий** highly economical, **дуже** very, **надзвичайно** extraordinarily, **(за)надто** too, **напрочуд** amazingly; **досить** fairly; **непотрібно** needlessly; **особливо** especially; **похвально** praiseworthily, **як завжди** as always
v. + **о. бути ~им** be economical ◊ **Її батьки вкрай ~і.** Her parents are extremely frugal. (**вважати** + *A.* consider sb, **виявлятися** turn out; **здаватися** + *D.* seem to sb, **лишатися** remain; **робити** + *A.* make sb/sth ◊ **Життя зробило Івана ~им.** Life made Ivan frugal. **ставати** become)
prep. **о. з** + *I.* frugal with sth ◊ **Він приємно о. зі словами.** *fig.* He is pleasantly frugal with words. **о. у** + *L.* frugal in sth ◊ **Дана ~а в усьому.** Dana is frugal in everything.
Also see **економний, ощадний 2**

П

пáвз|а, *f.*
pause
adj. **корóтка** brief, **малéнька** small, **невели́ка** little; **безкінéчна** endless, **вели́ка** big, **дóвга** long, **тривáла** lengthy; **періоди́чна** periodic, **чáста** *only pl.* frequent ◊ **~и в їхній робóті стáли нáдто чáстими.** Pauses in their work became all too frequent. **важкá** heavy, **незрýчна** uncomfortable, **нестéрпна** unbearable, **ні́якова** awkward; **драмати́чна** dramatic; **глибокодýмна** thoughtful; **секýндна** momentary; **несподі́вана** unexpected, **раптóва** sudden; **необхі́дна** indispensible, **обов'язкóва** obligatory, **потрі́бна** necessary ◊ **потрі́бна п.** a necessary pause
v. + **п. брáти ~у** take a pause ◊ **Оркéстра взялá несподі́вану ~у.** The orchestra took an unexpected pause.
п. + *v.* **наставáти** ensue, follow ◊ **Настáла ні́якова п.** An awkward pause ensued. **тривáти** + *A.* last for ◊ **П. тривáла ві́чність.** The pause lasted for an eternity.
prep. **без ~и** without a pause ◊ **Діялóг прочитáли без жóдної ~и.** The dialogue was read without a single pause. **з ~ами** with pauses ◊ **Він говори́в пові́льно і з дóвгими ~ами.** He spoke slowly and with long pauses. **між ~ами** between pauses; **пéред ~ою** before a pause; **пі́сля ~и** after a pause; **в ~і** in a pause ◊ **Петрó чув зневáгу в кóжній ~і.** Petro sensed disdain in each pause.
Cf. **перéрва 1**

павýк, *m.*, **~á**
spider ◊ **Тóня пані́чно боя́лася ~і́в.** Tonia had a panicky fear of spiders.
adj. **вели́кий** big, **величéзний** huge, **гігáнтський** giant; **волохáтий** hairy, **довгонóгий** long-legged; **отрýйний** poisonous ◊ **У пусте́лі вóдяться отрýйні ~и́.** Poisonous spiders are found in the desert.
п. + *v.* **плести́ павути́ну** weave a web ◊ **Як павýк, він старáнно плів павути́ну інтри́ґ.** *fig.* Like a spider, he meticulously wove a web of intrigue. **кусáти** + *A.* bite sb, **лови́ти** + *A.* catch sth ◊ **П. злови́в мýху.** The spider caught a fly. **пóвзати** crawl

пáда|ти, ~ють; впáсти, впад|ýть; *pa. pf., m.* **впав**, *pl.* **~ли**, *intr.*
1 to fall, drop, go down, tumble
adv. **безвлáдно** limply ◊ **Лéсина рукá безвлáдно впáла на колі́на.** Lesia's hand fell limply onto her lap. **беззвýчно** silently ◊ **Сніг беззвýчно ~в на мі́сто.** The snow was falling silently on the city. **вáжко** heavily ◊ **Мішóк із картóплею вáжко впав на підлóгу.** The sack of potatoes fell heavily onto the floor. **ві́льно** freely; **додóлу** down, **за борт** overboard; **пові́льно** slowly ◊ **Температýра пові́льно ~ла.** The temperature was slowly falling. **поступóво** gradually, **рівномі́рно** steadily; **ґвалтóвно** abruptly ◊ **Ці́ни на нáфту ґвалтóвно впáли.** Oil prices dropped abruptly. **несподі́вано** unexpectedly, **рáптом** suddenly, **рі́зко** precipitously; ♦ **п.** + *D.* **в обі́йми** to fall into sb's arms; ♦ **п.** + *D.* **в óчі** to catch sb's eye ◊ **Олéна впáла йомý в óчі.** Olena caught his eye. ♦ **п. дýхом** to lose faith, hope, confidence ◊ **Вони́ ~ють дýхом.** They are losing hope. ♦ **п. навкóлішки** to drop to one's knees; ♦ **п.** + *D.* **на гóлову** to befall sb ◊ **Маркóві на гóлову впáли тяжкі́ випробувáння.** Difficult trials befell Marko.
prep. **п. в** + *A.* fall in/to sth ◊ **Вантажі́вка впáла у глибóку ущéлину.** The truck fell into a deep gorge. **п. за** + *A.* fall behind sth ◊ **Я́блуко покоти́лося і ~ло за стілéць.** The apple rolled and fell behind the chair. **п. між** + *A.* fall between sth; **п. під** + *A.* fall under sth ◊ **Її пáспорт упáв під лі́жко.** Her passport fell under the bed.
Also see **випадáти 1, 2, западáти 1, лягáти 4, спадáти 1**
2 to die *(in combat)*, fall ◊ **Ти́сячі впáли в боротьбі́ за свобóду.** Thousands fell in the struggle for freedom.
See **вмирáти 1, ги́нути 1.** *Also see* **лягáти 3**
3 to fall *(of government, etc.)*, collapse ◊ **Без підтри́мки пáртії тепері́шній ýряд неуни́кно впадé.** Without the party's support, the current government will inevitably fall.
4 to die *(of animals)* ◊ **Худóба мáсово ~ла від невідóмої хворóби.** The cattle died en masse of an unknown disease.
пáдай! впади́!

пакéт, *m.*, **~а**
1 package, packet, parcel
adj. **вели́кий** large ◊ **Під двери́ма на нéї очі́кував вели́кий п.** A large package was waiting for her at the door. **мали́й** *and* **невели́кий** small; **запечáтаний** sealed, **розпечáтаний** unsealed; **термінóвий** urgent
v. + **п. висилáти п.** send out a parcel (**відсилáти** + *D.* send sb ◊ **Я ще не відісла́в їй п. із лі́ками.** I have not yet sent her the package with the medicine. **відправля́ти** dispatch, **надсилáти** *or* **посилáти** mail; **доставля́ти** deliver; **діставáти** get, **отри́мувати** receive; **загортáти** wrap, **запечáтувати** seal ◊ **На пóшті п. загорнýли в цупки́й папі́р і запечáтали.** At the post office, they wrapped the package in heavy paper and sealed it. **відкривáти** open, **розгортáти** unwrap, **розпакóвувати** unpack, **розпечáтувати** unseal)
prep. **п. з** + *I.* a package with sth
Also see **пакýнок, пáчка 1, поси́лка 2**
2 bag, sack, pouch
adj. **паперóвий** paper ◊ **канáпка в паперóвому ~і** a sandwich in a paper bag; **поліетилéновий** *and* **целофáновий** plastic; **подарункóвий** gift-wrap; **барви́стий** colorful, **гáрний** nice, **яскрáвий** bright; **брунáтний** brown, **сі́рий** gray, **червóний** red, *etc.* ◊ **На підвікóнні лежáв червóний п.** A red bag lay on the windowsill.
v. + **п. загортáти** + *A.* **в п.** wrap sth in a bag ◊ **М'я́со тут загортáють в окрéмі ~и.** They wrap meat in separate bags here. (**клáсти** + *A.* **в** put sth in); **виймáти** + *A.* **з ~а** take sth out of a bag (**клáсти** + *A.* **до** put sth into) ◊ **Продавчи́ня поклáла сýкню до ~а.** The saleswoman put the dress into a bag.
3 kit, set, package
adj. **індивідуáльний** individual; **макія́жний** make-up; **перев'я́зувальний** wound dressing, **санітáрний** first-aid; **інформаці́йний** information ◊ **Журналі́стам роздали́ інформаці́йні ~и.** Information kits were distributed to the reporters.
♦ **преспакéт** press kit
Cf. **набі́р 1**

паку|вáти, ~ють; с~, *tran.*
to pack, pack up; wrap up
adv. **акурáтно** neatly, **оберéжно** carefully ◊ **Пили́п оберéжно спакувáв скля́нки в папі́р.** Pylyp carefully packed the glasses up in paper. **операти́вно** promptly, **пóспіхом** hastily, **шви́дко** quickly; **недбáло** carelessly, **хаоти́чно** chaotically, **я́к-небýдь** sloppily; **щі́льно** tightly ◊ **Він щі́льно ~вав валі́зу.** He packed his suitcase tightly.
v. + **п. брáтися** get down to ◊ **Ні́на взялáся п. сýмки́.** Nina got down to packing her bags. **бýти трéба** + *D.* need to ◊ **Йомý трéба с~ рéчі в корóбку.** He needs to pack the things into the box. **намагáтися** try to, **старáтися** do one's best to; **поспішáти** be in a hurry to
pa. pple. **спакóваний** packed
(с)пакýй!

пакувá|тися; с~, *intr.*
1 *pass., only impf.* to be packed ◊ **Валі́зи, як прáвило, ~лися у віта́льні.** As a rule, the suitcases were packed in the living room.
2 to pack *(for a trip, etc.)*; pack up ◊ **Хлóпці вже ~лися.** The boys were already packing.
adv. **дóвго** for a long time ◊ **Вонá дóвго ~лася.** She took a long time to pack. **пові́льно** slowly, **не поспішáючи** without haste; **блискави́чно** in a flash, **операти́вно** promptly, **пóспіхом** hastily, **шви́дко** quickly; **методи́чно** methodically, **ретéльно** painstakingly, thoroughly; **заздалегі́дь** *and* **напері́д** in advance; **недбáло** carelessly, **хаоти́чно** chaotically, **я́к-небýдь** sloppily
v. + **п. брáтися** get down to; **бýти трéба** + *D.* need to ◊ **Дем'я́нові трéба булó с~ за пів годи́ни.** Dem'yan needed to pack in half an hour. **встигáти** have the time to, **змогти́** *pf.* manage to, **могти́** can ◊ **Михáйло мóже с~ без сторóнньої допомóги.** Mykhailo can pack up without outside help. **люби́ти** like to ◊ **Антін лю́бить п. заздалегі́дь.** Antin likes to pack in advance. **ненáвидіти** hate to; **починáти** begin, **стáти** *pf.* start; **закі́нчувати** finish ◊ **Вонá закінчи́ла п. настýпного дня.** She finished packing the following day. **квáпитися** *or* **поспішáти** be in a hurry to ◊ **Вони́ поспішáли с~ у дорóгу.** They were in a hurry to pack for the road.
Also see **збирáтися 4**

пакýн|ок, *m.*, **~ка**
package, packet, bundle
adj. **вели́кий** big, **величéнький** *colloq.* biggish ◊ **П. ви́явився величéньким.** The package turned out to be biggish. **дóбрий** *colloq.* sizable, **громіздки́й** bulky; **мали́й** *and* **невели́кий** small; **загóрнутий** wrapped; **компáктний** compact, **щі́льний** tight; **підозрі́лий** suspicious, **таємни́чий** mysterious
v. + **п. відкривáти п.** open a package (**роби́ти** put together ◊ **Мáти зроби́ла йомý мали́й п. з ї́жею у дорóгу.** Mother put together a small food package for him for the road. **передавáти** + *D.* pass to sb, **посилáти** + *D.* send sb; **отри́мувати від** + *G.* get from sb; **розпи́суватися за** sign for) ◊ **Ви мáєте розписáтися за п.** You are to sign for the package.
п. + *v.* **губи́тися** get lost ◊ **П. із дарýнком згуби́вся десь.** The package with the present got lost somewhere. **зникáти** disappear, **прихóдити** arrive ◊ **Ваш п. із кни́жками так і не прийшóв.** Your package of books never arrived. **мі́стити** + *A.* contain sth
prep. **в ~ку** *or* **~ові** in a package ◊ **Ніхтó не знає, що в ~ку.** Nobody knows what's in the package. **з ~ка** from a package; **п. з** + *I.* a package of/with sth
Also see **пакéт 1, поси́лка 2**

палá|ти, ~ють; за~, *intr.*
1 *only impf.* to blaze *(of fire, etc.)*, be in flames, be on fire; be ablaze; glow; *also fig.* to burst into flames
adv. **дослі́вно** literally ◊ **Її обли́ччя дослі́вно ~ло від сóрому.** *fig.* Her face was literally glowing with shame. **прóсто** simply ◊ **Майдáн прóсто ~є вогня́ми.** The square is simply ablaze with lights. **нестри́мно** uncontrollably
Also see **горі́ти 1**
2 *only pf., also fig.* to start burning, catch fire ◊ **Солóма яскрáво запалáла.** The straw started burning brightly.
adv. **ґвалтóвно** abruptly, **несподі́вано** unexpectedly, **рáптом** suddenly, **зáраз же** right away; **на пóвну си́лу** with full force; **оди́н за óдним** one by one ◊ **Однé за óдним запалáли всі дéрева навкóло.** One by one, all the trees around started burning.
3 *fig.* to radiate *(of emotions, etc.)*, show; glow with, be aflame with + *I.*
adv. **ди́ко** wildly, **жахли́во** horribly, **лю́то** furiously ◊ **Її óчі лю́то ~ли нéнавистю.** Her eyes

were aflame with furious hatred. **несамовúто** fiercely
4 *fig.* be consumed with *(desire, etc.)*, desire, crave + *I.* ◊ **Гáля палáла бажáнням помстúтися.** Halia was burning with the desire to take vengeance.
prep. **п. від** + *G.* be consumed with *(emotion)* ◊ **Він ~в від прúстрасти.** He was consumed with passion.
Also see **горíти 3**
5 *only impf., fig.* to rage *(of battle, war, etc.)* ◊ **Бúтва ~ла три годúни.** The battle raged for three hours.
Also see **точúтися**[1] **1**
(за)палáй!

палáц, *m.*, **~у**
1 palace
adj. **велúкий** large, **величéзний** huge ◊ **Бíля стáву був величéзний п.** There was a huge palace near the pond. **невелúкий** small; **старúй** old, **старовúнний** ancient; **імперáторський** imperial, **княжúй** princely ◊ **княжúй п. Розумóвських у Батýрині** the Rozumovskys' princely palace at Baturyn; **королíвський** royal, **пáпський** papal, **президéнтський** presidential, **цáрський** tsar's; **багáтий** rich, **бучнúй** splendid, **велúчний** grand, **гáрний** beautiful, **ґрандіóзний** grandious, **казкóвий** fairy-tale, **пúшний** opulent, **розкíшний** luxurious, **чудóвий** wonderful, **шикáрний** swank; **лíтній** summer
v. + **п. будувáти п.** build a palace ◊ **Тут князь Острóзький збудувáв велúчний п.** Here, the Prince of Ostrih built a grand palace. (**спорýджувати** construct; **успадкóвувати** inherit); **жúти в ~і** live in a palace
See **будúнок 1**
2 *fig.* palace, impressive building
adj. **велúчний** grand, **монументáльний** monumental; **спрáвжній** real ◊ **Він збудувáв не хáту, а спрáвжній п.** He built not a house, but a real palace. **цíлий** entire
п. + *n.* **п. культýри** *old* a palace of culture ◊ **П. культýри «Украї́на»** the *Ukraina* Palace of Culture. (**мистéцтв** arts, **мóлоді** youth, **наýки** science, **спóрту** sport)
See **храм 2**

пáл|ець, *m.*, **~ьця**
digit, finger, toe
adj. **вказівнúй** index ◊ **Йогó вказівнúй п. кривúй.** His index finger is crooked. **серéдній** middle, **безімéнний** *or* **підмізúнний** fourth, **обручáльний** ring, ♦ **велúкий п.** a thumb, ♦ **мáленький п.** a pinky; **відрíзаний** severed, **звúхнутий** dislocated, **злáманий** broken, **порáнений** injured, **порíзаний** cut; **аристократúчний** aristocratic; **делікáтний** delicate; **дóвгий** long ◊ **Вонá милувáлася йогó дóвгими ~ьцями.** She admired his long fingers. **корóткий** short; **мозóлистий** calloused; **тонкúй** thin, **товстúй** thick, **кістлявий** bony, **худúй** skinny; **відморóжений** frozen off, **крижанúй** icy, **холóдний** cold; **занімíлий** numb; **бруднúй** *or* **грязний** dirty, **липкúй** sticky; ◊ **відбиток ~ця** a fingerprint; ♦ **одúн, як п.** all alone ◊ **Він лишúвся одúн, як п.** He remained all alone.
v. + **п. вставляти п.** *or* **~ця** insert a finger ◊ **Він устáвив п.** *or* **~ця в óтвір.** He inserted his finger in the opening. (**пхáти** poke, **сýнути** stick; **підіймáти** raise; **вмочáти** dip; **облúзувати** lick ◊ **Íгор вмочúв вказівнúй п. у шоколáд і облизáв йогó.** Ihor dipped his index finger in the chocolate and licked it. **звихнýти** *pf.* dislocate, **ламáти** break, **рíзати** cut, **прищéмлювати** catch ◊ **Він бóляче прищемúв п. у двéрях.** He painfully caught his finger in the door. **стискáти ~ьці** clench one's fingers (**підібгáти** *pf.* curl one's toes ◊ **Вонá стоя́ла, підібгáвши ~ьці.** She stood, curling her toes. **сплітáти** interlace; **розставляти** spread, **розчепíрювати** *colloq.* spread; **наступáти** + *D.* **на** step on ◊ **У тéмряві лéгко наступúти комýсь на ~ьці.** In the darkness, it is easy to step on somebody's toes. **ставáти на** stand on) ◊ **Намагáючись узяти кнúжку з полúці, він став на ~ьці.** Trying to take a book from the shelf, he stood on his toes. ♦ **дивúтися крізь ~ьці на** + *A.* to ignore sth ◊ **Вонú дúвляться крізь ~ьці на всі вáші прáвила.** They ignore all your rules. ♦ **знáти** + *A.*, **як свої́ п'ять ~ьців** to know sth like the palm of one's hand ◊ **Вонá знáє мíсто, як свої́ п'ять ~ьців.** She knows the city like the palm of her hand. ♦ **п. об п. не вдáрити** *pf.* not to move a finger, do nothing ◊ **Вонú п. об п. не вдáрили, щоб дописáти текст.** They did not move a finger to finish writing the text. ♦ **подорожувáти на п.** *or* **~ьця** *colloq.* to hitchhike; ♦ **тримáти п. на пýльсі** to keep one's finger on the pulse; ♦ **обвестú** + *A.* **навкóло ~ьця** *pf.* to take sb for a ride, cheat sb ◊ **Її́ не так лéгко обвестú навкóло ~ьця.** She is not so easily cheated. **вкáзувати ~ьцем на** + *A.* point a finger at sb/sth ◊ **Не вкáзуйте ~ьцем на íнших.** Don't point your finger at others. (**провóдити** draw ◊ **Олéкса нíчого не сказáв, лишé провíв собí ~ьцем по гóрлу.** Oleksa did not say anything, he just drew his finger across his throat. **ворушúти** move, **кивáти** wag, **манúти** beckon ◊ **Вонá поманúла Петрá ~ьцем.** She beckoned Petro with her finger. **тúкати** *and* **штрикáти** shove; **клáцати** snap, **стýкати** tap, **тарабáнити** drum) ◊ **Він нервóво тарабáнив ~ьцями.** He drummed his fingers nervously.
prep. **на ~ьці** on a finger *or* toe ◊ **Вонá носúла на безімéнному ~ьці пéрстень.** She wore a ring on her fourth finger; **між ~ьцями** between fingers ◊ **У ньóго між ~ьцями проступúла кров.** Blood seeped from between his fingers. **навкóло ~ьця** around a finger

пáлив|о, *nt.*, *only sg.*
fuel
adj. **дúзельне** diesel ◊ **Двигýн працю́є на дúзельному ~і.** The engine runs on diesel fuel. **неетилóване** unleaded; **викопнé** fossil, **рíдкé** liquid, **твердé** solid, **я́дерне** nuclear; **органíчне** organic, **прирóдне** natural, **синтетúчне** synthetic; **бездúмне** smokeless, **чúсте** clean; **бруднé** dirty, **відпрацьóване** spent; **авіяцíйне** aviation, **ракéтне** rocket, **реактúвне** jet; **альтернатúвне** alternative, **віднóвлюване** renewable, **невіднóвлюване** non-renewable; **готóве** ready; **безплáтне** free, **дешéве** cheap ◊ **джерéла дешéвого ~а** sources of cheap fuel; **дорогé** expensive, **дорогоцíнне** precious
n. + **п. запáси ~а** fuel reserves ◊ **обмéжені запáси викопнóго ~а** limited resources of fossil fuel (**вáртість** cost; **економíя** economy, **ефектúвність** efficiency; **постачáння** supply ◊ **Уря́д забезпéчив постачáння авіяцíйного ~а.** The government secured its supply of aviation fuel. **спожúвання** consumption); ♦ **цíни на п.** fuel prices
v. + **п. виробляти** *or* **продукувáти п.** produce fuel (**діставáти** procure ◊ **Він дістáв дешéве п.** He procured cheap fuel. **купувáти** buy; **поставляти** supply, **використóвувати** use, **витрачáти** spend, **споживáти** consume; **еконóмити** conserve, **заощáджувати** save ◊ **Нова технолóгія дозволя́є заощáджувати п.** The new technology makes it possible to save fuel. **переробляти** process, **марнувáти** waste) ◊ **Вонá марнýє дорогоцíнне п.** She is wasting precious fuel. **запасáтися ~ом** stockpile fuel ◊ **Вонú запаслúся ~ом на всю зúму.** They stockpiled fuel to last them through the winter. (**забезпéчувати** + *A.* provide sb/sth with) ◊ **Компáнія забезпéчує мíсто рíдким ~ом.** The company provides the city with liquid fuel.

пал|úти, **~ю́**, **~ять; с~**, *tran.*
1 to burn, set fire to, set alight; *pf.* to burn down
adv. **вже** already, **нарéшті** finally; **дощéнту** to ashes ◊ **Вандáли спалúли будúнок дощéнту.** Vandals burned the house down to ashes. **пóвністю** fully, **цілкóм** completely ◊ **Він цілкóм спалúв свої́ нотáтки.** He burned his notes completely. ♦ *only impf.* **п. багáття** burn a campfire (**вогóнь** fire) ♦ **п. свíтло** to have the light on ◊ **Вонá не ~ить свíтла без потрéби.** She does not have the lights on needlessly.
Also see **підпáлювати, спáлювати**
2 to scorch *(of sun, etc.)*, parch
adv. **безжáльно** ruthlessly, **дýже** badly, **немилосéрдно** mercilessly ◊ **Сóнце немилосéрдно ~ло зéмлю.** The sun was mercilessly scorching the earth. **нестéрпно** unbearably; **сúльно** severely, **серйóзно** seriously; **весь час** all the time, **безперестáнку** nonstop
See **пектú 2.** *Also see* **пря́жити 2, смáжити 2**
3 *fig., only impf.* to torment *(of sensation, etc.)*, sear ◊ **Гнів ~в її́ свідóмість.** Anger seared her mind. ◊ **Згáга ~ла Олéні гóрло.** Heartburn seared Olena's throat.
4 to heat up *(a stove, etc.)*; *pf.* **на~** ◊ **Йогó обóв'язком булó на~ в хáті.** It was his responsibility to heat up the house.
5 to smoke *(tobacco)*; *pf.* **за~** to light up *(a cigarette)* ◊ **Він кúнув п. дéв'ять рóків тóму.** He quit smoking nine years ago. ◊ **Світлáна запалúла цигáрку.** Svitlana lit up a cigarette. ♦ **Не п.!** No smoking!
See **курúти 1, 2, смердíти 3**
pa. pple. **спáлений** burned, torched
(с)палú!

палк|úй, *adj.*
1 hot, searing, scorching ◊ **Вéчір був ~úм і задýшливим.** The evening was hot and suffocating.
п.+ *n.* **п. день** a searing day (**вогóнь** fire); ♦ **п. морóз** bitter cold; **~é пóлум'я** scorching flame (**сóнце** sun)
See **гаря́чий**
2 *fig.* ardent, fervent, passionate; fierce
adv. **дýже** very, **зворýшливо** movingly, **надзвичáйно** extraordinarily, **страшéнно** terribly; **спрáвді** truly
п. + *n.* **п. друг** an ardent friend (**захиснúк** defender, **прибíчник** supporter, **побóрник** champion, **послідóвник** disciple, **ýчень** pupil; **шéпіт** whisper ◊ **Він млів від її́ ~óго шéпоту.** He was swooning from her passionate whisper. **~á ненáвисть** passionate hatred (**прúстрасть** obsession) ◊ **Теáтр став йогó ~ою прúстрастю.** Theater became his ardent passion. **~é бажáння** an ardent desire (**кохáння** love, **почуття́** feeling, **презúрство** disdain); **~і сльóзи** scalding tears
See **запéклий 2**
3 lively, spirited, exuberant ◊ **~а молодá жíнка** a lively young woman
4 emotional, excitable, temperamental ◊ **Борúс – надмíру ~á людúна.** Borys is an excessively excitable person.
Also see **емоцíйний 3**

пальт|ó, *nt.*, **~á**
coat
adj. **новé** new, **новéньке** brand-new ◊ **Вонá в новéнькому ~і.** She is in her brand-new coat. **нóшене** worn, **старé** old; **дитя́че** children's, **жінóче** women's **чоловíче** men's; **важкé** heavy, **легкé** light; **грубé** thick, **тонкé** thin; **тéпле** warm; **дóвге** long, **корóтке** short; **гáрне** nice, **мóдне** fashionable, **стúльне** stylish; **зимóве** winter, **демісезóнне** spring/autumn, **осíннє** autumn
v. + **п. вдягáти** *or* **одягáти п.** put on a coat (**накидáти** throw on, **накладáти** *colloq.* put on, **натя́гувати** pull on; **носúти** wear ◊ **Він нóсить кашмíрові ~а.** He wears cashmere coats. **знімáти** take off, **скидáти** drop ◊ **Тамáра скúнула п. на канáпу.** Tamara dropped her coat onto the sofa. **стя́гувати** pull off; **застібáти** button up, **розстібáти** unbutton; **вíшати** hang ◊ **Мóжете повíсити п. в комíрці.** You can hang

your coat in the closet. **брáти** take, **нести́** carry ◊ **Тарáс ніс п. в торби́нці.** Taras was carrying his coat in a bag. **ши́ти** sew, make) ◊ **Тáня ши́є гáрні ~а.** Tania makes nice coats.
Also see **шýба**

пам'ятá|ти, ~ють; за~, *tran.*
to remember, keep in one's memory; *pf.* memorize
adv. **вирáзно** distinctly, **дóбре** well, **прекрáсно** perfectly, **чíтко** clearly, **пóвністю** fully, **цілкóм** completely, **яскрáво** vividly ◊ **Він яскрáво ~є пéршу пóдорож.** He vividly remembers his first trip. **дóвго** long, **рокáми** for years; ♦ **п. до нови́х вíників** to remember for a very long time ◊ **Він пам'ятáтиме цей ви́падок до нови́х вíників.** He will remember this incident for a very long time. **вибірко́во** selectively, **лéдве** scarcely, **наси́лу** barely; **мáло** little, **тумáнно** *and* **тьмя́но** dimly, **трóхи** a little, **почáсти** in part; **вже не** not any more ◊ **Вонá вже не ~ла, що булó в тих папéрах.** She did not remember any more what was in those papers. **зóвсім не** not at all; ♦ **наскíльки я ~ю** as far as I remember; ♦ **не п. (самóго) себé від** + *G.* to be beside oneself with *(emotion)* ◊ **Марчýк не ~в сам себé від рáдости.** Marchuk was beside himself with joy.
prep. **п. про** *or* **за** + *A.* remember sb/sth ◊ **Вони́ ~ли про небезпéки вiйни́.** They remembered the dangers of war. **п.** + *A. or* **прóтягом** + *G.* remember for *(time period)* ◊ **Вонá ~ла це почуттяя́ все життя́** *or* **прóтягом всьóго життя́** She remembered the feeling all her life.
no pa. pple.
(за)пам'ятáй!

пáм'ят|ка, *f.*
1 monument, sight; testament + *G.* of/to ◊ **відóма п. архітектýри** a well-known monument of architecture
adj. **доісторúчна** prehistoric, **дáвня** ancient, **пéрша** first, **прадáвня** age-old, **рáння** early, **старá** old; **безцíнна** priceless, **рíдкісна** rare, **унікáльна** unique ◊ **Цéрква є унікáльною ~ою візантíйської архітектýри.** The church is a unique monument of Byzantine architecture. **архітектýрна** architectural ◊ **Він покáже їм архітектýрні ~ки míста.** He will show them the architectural sights of the city. **духóвна** spiritual, **істори́чна** historical, **літературна** literary, **музи́чна** musical, **релігíйна** religious, **тéкстова** textual; **віднóвлена** renovated, **врятóвана** rescued, **реставрóвана** restored; **знáйдена** discovered; **славéтна** famous ◊ **Розéтський кáмінь – славéтна тéкстова п. Стародáвнього Єги́пту.** The Rosetta Stone is a famous textual testament of Ancient Egypt.
п. + *n.* **п. архітектýри** a monument of architecture (**істóрії** history, **літератýри** literature, **мистéцтва** art, **писéмности** writing, **старовини́** past) ◊ **У míсті мáйже не лиши́лося ~ок старовини́.** There are almost no monuments of the past have left in the city.
v. + **п. знáти ~ку** know a monument (**переклaдáти** translate, **тлумáчити** interpret, **читáти** read ◊ **Він пéршим прочитáв старý ~ку.** He was the first to read the old monument. **зберігáти** preserve, **реставрувáти** restore) ◊ **Тут реставрýють ~ки літератýри.** They restore monuments of literature here.
prep. **на ~ці** *posn.* on a monument
2 remembrance, memento, reminder, keepsake
adj. **весíльна** wedding, **роди́нна** *or* **сімéйна** family ◊ **Світли́ну вважáли роди́нною ~ою.** The photograph was considered a family memento. **гáрна** nice, **дóбра** good, **найкрáща** best, **приéмна** pleasant
v. + **п. давáти** + *D.* + *A.* **на ~ку** give sb sth as a memento (**лишáти** + *D.* + *A.* **на** leave) ◊ **Óрися лиши́ла йомý трóянду на ~ку про сéбе.** Orysia left him a rose as a keepsake of herself.
Cf. **пáм'ять 2**

3 leaflet, pamphlet, instruction, memorandum ◊ **На з'їзд ви́друкувано спецiáльну ~ку.** For the congress, a special pamphlet was printed.

пáм'ятник, *m.*, **~а**
1 monument + *D.* to sb *or* + *G.* of sb ◊ **п. Си́монові Петлю́рі** a monument to Symon Petliura, ◊ **п. Ромáна Шухéвича** a Roman Shukhevych monument
adj. **нови́й** new, **стари́й** old; **істори́чний** historical, **культýрний** cultural, **релігíйний** religious, **націонáльний** national; **важли́вий** important; **вели́чний** magnificent, **разю́чий** striking, **чудóвий** great; **достóйний** fitting, **гíдний** appropriate; **безли́кий** faceless ◊ **безли́кі ~и комуністи́чної дóби́** faceless monuments of the communist era; **помпéзний** pompous, **вульґáрний** vulgar, **кíчуватий** *colloq.* tacky, **недолáдний** unsightly
v. + **м. будувáти п.** build a monument ◊ **Він вважáв, що крáще вивчáти цьогó філóсофа, як будувáти йомý ~и.** He believed it was better to study the philosopher than build monuments to him. (**встанóвлювати** erect, **стáвити** put up, **ствóрювати** create; **відкривáти** open, **відслоня́ти** unveil ◊ **На майдáні мáють відслони́ти п. Івáнові Мазéпі.** A monument to Ivan Mazepa is supposed to be unveiled on the square. **демонтувáти** remove, **руйнувáти** ruin; **вандалізувáти** vandalize, **осквернáти** desecrate)
prep. **бíля ~а** near a monument ◊ **Зустрíньмося бíля ~а Шевчéнкові.** Let's meet near the Shevchenko monument. **пéред ~ом** in front of a monument ◊ **пéред ~ом Лéсі Украї́нки** in front of the Lesia Ukraïnka monument
Also see **меморія́л, монумéнт 1**
2 tombstone, gravestone ◊ **Моги́лу прикрашáє скрóмний п.** A modest tombstone adorns the grave.
See **монумéнт 2, надгрóбок**

пáм'ят|ь, *f.*, **~і**, *only sg.*
1 memory
adj. **бездогáнна** impeccable, **винятко́ва** exceptional, **відмíнна** excellent, **дóбра** good, **доскона́ла** perfect, **чіпкá** retentive; **жахли́ва** terrible, **кéпська** poor, **корóтка** short, ♦ **кýряча** *or* **ледáча, старéча** *colloq.* short; **парши́ва** *colloq.* lousy, **погáна** bad, **препогáна** *colloq.* rotten; **короткотермінóва** short-term, **довготермінóва** long-term; **інституцíйна** institutional, **істори́чна** historical, **колекти́вна** collective, **культýрна** cultural, **націонáльна** national; **зоровá** visual, **слуховá** aural, **фотографíчна** photographic ◊ **люди́на з фотографíчною ~тю** a person with a photographic memory
v. + **п. віднóвлювати п.** recover one's memory (**освіжáти** refresh, **покрáщувати** improve; **втрачáти** lose; **врíзатися в** get imprinted in ◊ **Її обли́ччя врíзалося Лукашéві в п.** Her face was imprinted in Lukash's memory. **западáти в** become engrained in); **вилітáти з ~і** escape one's memory ◊ **Дáта би́тви ви́летіла Зéні з ~і.** The date of the battle escaped Zenia' memory. **залишáтися в ~і** stay in sb's memory ♦ **Якщó менí не зрáджує п.** If my memory serves me right.
2 recollection, remembrance
prep. **в п. про** + *A.* in memory of ◊ **фільм у п. про добровóльців** a film in memory of volunteers; ♦ **за моєї (твоєї, йогó) ~і** in my (your, his, *etc.*) lifetime ◊ **За її ~і в цéнтрі містéчка ріс стари́й дуб.** In her lifetime, an old oak grew in the center of the town. **з** *or* **по ~і** from memory ◊ **Він відтвори́в послідóвність подíй з ~і** *or* **по ~і.** He reconstructed the sequence of events from memory.
Also see **згáдка 2, спóгад 1.** *Cf.* **пáм'ятка 2**
3 mind, consciousness
v. + **п.** ♦ **бýти при ~і** to be of sound mind ◊ **Він не зóвсім при ~і.** He is not quite of sound mind. **прихóдити до ~і** 1) regain consciousness ◊ **Хвóрий урéшті прийшóв до ~і й заговори́в.** The patient finally regained consciousness and started talking. 2) calm down, compose oneself, pull oneself together ◊ **Пíсля гри вони́ дóвго прихóдили до ~і.** After the game, they took a long time to regain their calm.
prep. ♦ **без ~і** 1) much, intensely ◊ **Зóя кохáла йогó без ~і.** Zoya loved him to distraction. 2) unconscious, senseless, stunned ◊ **Вонá лежáла без ~і.** She lay unconscious.
4 memory *(of computer)*, store, RAM
adj. **вели́ка** extensive, **недостáтня** insufficient, **обмéжена** limited; **додаткóва** additional; **комп'ю́терна** computer, **операцíйна** working
v. + **п. збíльшувати п.** upgrade memory ◊ **Він збíльшив п. комп'ю́тера.** He upgraded the computer's memory. (**займáти** take up) ◊ **Прогрáма займáє нáдто багáто ~і.** The software takes up too much memory.

пан, *m.*, **~а**
1 mister, Mr., Sir *(form of address or polite reference to a man used with family name or, less formally, with first name)* ◊ **П. Петрéнко вже це знáє.** Mr. Petrenko already knows it. ◊ **Рáда вас бáчити, ~е Івáне.** Glad to see you, Mr. Ivan.
2 gentleman, man ◊ **Цей п. питáв про вас.** This gentleman asked about you.
See **чоловíк 1.** *Also see* **дя́дько 2, хлóпець 3**
3 master ♦ **абó (чи, хоч) п., абó (чи, хоч) пропáв** it's neck or nothing; ♦ **бýти сами́м собí ~ом** to be one's own man; ♦ **бýти (ставáти) ~ом станóвища** to be (become) master of a situation; ♦ **бýти ~ом над ~áми** be at the top of the world ◊ **Вíктор почувáвся ~ом над ~áми!** Viktor felt like the world was his oyster!
V. **~е!** *N. pl.* **~и́** *or* **~óве**

пáн|і, *f.*
1 Mrs., ma'am *(form of address to a woman used with family name or, less formally, with first name)* ◊ **Я подзвоню́ п. Лíсовій.** I'll ring up Mrs. Lisova. ◊ **Він чекáв на п. Марýсю.** He was waiting for Mrs. Marusia.
Cf. **пáнна 1**
2 lady, woman ◊ **Для вас лист від якóїсь п.** There's a letter for you from some woman.
See **жíнка 1**
3 mistress, woman in control; *fig.* master ◊ **Івáнна знáла, як бýти ~ею ситуáції.** Ivanna knew how to be the master of the situation.
V. sg. **п.!** *N. pl.* **~і** *or* **~ії**, *G. pl.* **~ь**, *D. pl.* **~ям**, *A. pl.* **~ь**, *I. pl.* **~ями**, *V. pl.* **пані!** ♦ **Пáні та панóве!** Ladies and gentlemen!

панівн|и́й, *adj.*
1 dominant, ruling, commanding, controlling
adv. **економíчно** economically, **культýрно** culturally, **полiти́чно** politically, **суспíльно** socially, *etc.*
п. + *n.* **п. клас** a dominant class (**олігáрх** oligarch, **прóшарок** stratum); **~á елíта** a ruling elite (**грýпа** group, **кáста** caste; **ідеолóгія** ideology, **культýра** culture, **мóва** language, **релíгія** religion, **філóсóфія** philosophy); **~é станóвище** a dominant position
v. + **п. бýти ~и́м** be dominant (**вважáти** + *A.* consider sb/sth ◊ **Соціóлог вважáє росія́н політи́чно ~óю грýпою в Білорýсі.** The sociologist considers Russians to be a politically dominant group in Belarus. **виявля́тися** turn out, **здавáтися** + *D.* seem to sb, **роби́ти** + *A.* make sb, **ставáти** become) ◊ **Компáнія стáла незапере́чно ~óю на ри́нку.** The company became undeniably dominant on the market.
2 predominant, prevailing, prevalent, widespread
adv. **абсолю́тно** absolutely, **дýже** very, **незаперéчно** undeniably, **однознáчно** unambiguously; **вирáзно** distinctly, **я́вно** obviously; **мáйже** almost
п. + *n.* **п. пíдхíд** a prevailing approach

(**при́нцип** principle); **~á мóда** a prevalent fashion (**настанóва** attitude, **орієнтáція** orientation); **~і ціннóсті** prevailing values

prep. **п. сéред** + *G.* dominant among sb ◊ **ду́мка, ~á сéред фахівців** the opinion, prevalent among specialists

Also see **поши́рений 2**

пáнн|а, *f.*

1 Ms., miss *(form of address to an unmarried woman used with family name or, less formally, with first name)* ◊ **йогó студéнтка, п. Кульчи́цька** his student Ms. Kulchytska. ◊ **Якóї ду́мки про фільм п. Світли́чна?** What is Ms. Svitlychna's opinion about the film?

Cf. **пáні 1**

2 young lady, girl ◊ **Нам допомогли́ які́сь гáрні ~и.** Some nice young ladies helped us.

♦ **старá п.** a spinster ◊ **Ніхтó не смів назива́ти її старóю ~ою.** Nobody dared call her a spinster.

V. **~о!** *G. pl.* **панн**

See **дівчи́на 1**

пантели́к, *m.*, **~у**

only in the expression ♦ **збивáти** + *A.* **з ~у** to confuse sb, baffle sb ◊ **Своїми питáннями вонá намагáлася збити Олéся з ~у.** She was trying to confuse Oles with her questions. ♦ **збивáтися з ~у** to get confused ◊ **У всіх цих інстру́кціях лéгко булó зби́тися з ~у.** It was easy to get confused in all those instructions; **зби́тий із ~у** confused, baffled

Also see **плу́тати 2, спантели́чувати**

панч|óха, *f.*

stocking, hose

adj. **гру́ба** thick, **тонкá** thin, **найтóнша** thinnest; **тéпла** warm; **капрóнова** nylon, **шовкóва** silk; **бíла** white, **чóрна** black; ◊ **пáра ~іх** a pair of stockings

v. + **п. натя́гувати ~óху** pull on a stocking (**одягáти** put on ◊ **Гáнна одягну́ла шовкóві ~óхи.** Hanna put on silk stockings. **знімáти** take off, **стя́гувати** pull off; **носи́ти** wear; **рвáти** rip ◊ **Вонá порвáла ~óху.** She ripped her stocking.

L. **у ~óсі**

паперóв|ий, *adj.*

1 paper, made of paper, of or pertaining to paper

п. + *n.* **п. пакéт** a paper package (**капелю́х** hat, **літачóк** airplane, **ліхтáрик** lantern; **рулóн** roll, **рушничóк** towel; **я́нгол** angel); **~а вéрсія** a paper version (**квíтка** flower, **кóпія** copy, **сервéтка** napkin, **стрíчка** strip, **тарíлка** dish, **торби́нка** bag, **фáбрика** mill); **~і грóші** paper money

2 *fig.* bureaucratic ◊ **Він закíнчи́в ку́пу ~их справ.** He finished a lot of bureaucratic cases.

3 *fig.* on paper, fictitious, fake ◊ **Самоврядувáння тут рáдше ~е, як спрáвжнє.** Self-government is more on paper than in reality here.

пап|íр, *m.*, **~éру**

1 paper

adj. **гру́бий** thick, **цупки́й** heavy, **шорстки́й** rough ◊ **По шорсткóму ~éрі вáжко писáти.** It's hard to write on rough paper. **гладéнький** smooth, **тонки́й** thin; **барви́стий** colorful; **воскóваний** waxed, **ґля́нцевий** glossy; **зіжмáканий** crumpled, **склáдений** folded; **чи́стий** blank; **я́кісний** high-quality; **газéтний** newsprint, **креслярськи́й** drafting, **обгóртковий** wrapping, **пакувáльний** packing, **письмóвий** writing, **промокáльний** blotting, **туалéтний** toilet, **цигаркóвий** rolling; **звичáйний** plain, **кольорóвий** colored; **в клíти́нку** squared, **в лінíйку** lined ◊ **Валенти́н кори́стується ~éром у лінíйку.** Valentyn uses lined paper. **лáкмусовий** litmus; **перерóблений** recycled; **фільтрувáльний** filter, ♦ **наждáчний п.** sandpaper ◊ **Тут не мóжна обійти́ся без наждáчного ~éру.** One cannot do without sandpaper here. ◊ **фотопапíр** photopaper

n. + **п. áркуш ~éру** a sheet of paper ◊ **кíлька чи́стих áркушів ~éру** several blank sheets of paper (**обри́вок** shred, **рулóн** roll ◊ **У неї рулóн туалéтного ~éру.** She has a roll of toilet paper. **сму́жка** strip, **шматóк** piece)

v. + **п. згортáти п.** fold paper ◊ **Вонá двíчі згорну́ла п.** She folded the paper twice. (**розгортáти** unfold ◊ **Íгор розгорну́в обгóртковий п.** Ihor unfolded the wrapping paper. **рвáти** tear, **шматувáти** rip up ◊ **Яри́на пошматувáла п. на кавáлки.** Yaryna ripped the paper into bits. **м'яти́** *and* **жмáкати** crumple up ◊ **Він зім'я́в п. і ки́ну́в ним у ши́бу.** He crumpled up the paper and threw it at the pane. **переробля́ти** recycle) ◊ **Ви́користаний п. переробля́ють на картóн.** Used paper is recycled into cardboard. ♦ **перевóдити** *or* **витрачáти, трáтити п.** *fig.* to waste paper, to write needlessly ◊ **Не пишíть ніяки́х звéрнень, не перевóдьте ~éру.** Do not write any appeals; do not waste paper.

prep. **на п.** *dir.* on/to paper ◊ **Вонá ви́лила свої почуття́ на п.** *fig.* She poured her emotions out onto the paper. **на ~éрі** *posn.* 1) on paper ◊ **На ~éрі були́ пля́ми.** There were blots on the paper. 2) *fig.* in writing

2 *also* **~éра,** *colloq., usu pl.* documents ◊ **У ї́хній спрáві бракýє важли́вого ~éра.** An important document is missing from their case.

adj. **необхíдні** necessary ◊ **Вони́ мáють усí необхíдні ~éри.** They have all the necessary papers. **офіцíйні** official, **судóві** court, **юриди́чні** legal; **ідентифікацíйні** identity, **особи́сті** personal, **привáтні** private

n. + **п. стос ~éрів** a pile of papers (**горá** mountain, **зв'я́зка** bundle, **ку́па** heap, a lot of) ◊ **Вонá знайшлá ку́пу цікáвих ~ів у сéйфі.** She found a lot of interesting documents in the safe.

See **доку́мент 1, 2**

пáп|ка, *f.*

1 file, folder

adj. **гру́ба** *and* **товстá** thick, **громіздкá** bulky; **малéнька** *dim.* small, **тонкá** thin; **картóнна** cardboard, **паперóва** paper, **шкірянá** leather; **офіцíйна** official; **особи́ста** personal ◊ **У сéйфі тримáли особи́сті ~ки працівникíв фíрми.** The personal files of the firm's employees were kept in the safe. **конфіденцíйна** confidential, **секрéтна** secret

n. + **п. стос ~ок** a pile of files ◊ **Йогó бю́рко похóване під стóсами гру́бих ~ок.** His desk is buried under piles of thick files. (**горá** mound, **зв'я́зка** bundle, **ку́па** heap, **мáса** masses) ◊ **Вонá перегля́нула мáсу ~ок.** She looked through masses of folders.

v. + **п. вести́ ~ку** maintain a file ◊ **Він вéде секрéтні ~ки на працівникíв лаборатóрії.** He maintains secret files on the lab employees. (**завóдити** start ◊ **Слíдчий завíв ~ку ви́правдувальних дóказів.** The detective started a file of exculpatory evidence. **збирáти** compile, **складáти** put together; **відкривáти** open, **закривáти** close; **мáти** have, **тримáти** keep; **готувáти** prepare ◊ **Нíна підготувáла ~ку пресматеріáлів.** Nina has prepared a folder of press materials. **вивчáти** study, **перевіря́ти** check, **переглядáти** go through, **передивля́тися** look through ◊ **Вонá передиви́лася всі ~ки.** She looked through all the files. **допóвнювати** supplement, **обновля́ти** update ◊ **~ку слід обнови́ти остáнніми дáними.** The file needs to be updated with the latest data. **вибирáти** select, **виймáти** pull out, **забирáти** remove; **викрадáти** steal, **зни́щувати** destroy ◊ **Він зни́щив ~ку з номерáми раху́нків.** He destroyed the file with the account numbers. **пали́ти** burn); **долучáти** + *A.* **до ~ки** enter sth into a file ◊ **Ви́різки долучи́ли до її особи́стої ~ки.** The clippings were entered into her personal file. **зберігáти** + *A.* **в ~ці** keep sth in a file

п. + *v.* **включáти** + *A.* include sth, **місти́ти** + *A.* contain sth ◊ **П. місти́ла вибухóві докумéнти.** The folder contained exposive documents. **губи́тися** be lost, **зникáти** disappear, **пропадáти** vanish

prep. **в ~ку** *dir.* in/to a file ◊ **Він поклáв дóкази в ~ку.** He put the evidence in the file. **в ~ці** *posn.* in a file ◊ **Блáнки були́ в брунáтній ~ці.** The blanks were in the brown file. **до ~ки** to a file; **з ~ки** from a file ◊ **Із ~ки ви́пав яки́йсь папíр.** A paper fell out of the file.

2 *comp.* file, folder ◊ **Він завíв ~ку під нáзвою «Сценáрії».** He started a file titled "Scripts."

adj. **вели́ка** large, **поє́мна** voluminous, **невели́ка** small, **електрóнна** electronic, **комп'ю́терна** computer, **цифровá** digital; ♦ **відеопáпка** a video file, **звуковá** sound, **музи́чна** music, **мультимеді́йна** multimedia; **резéрвна** backup, **скомпресóвана** compressed; **інфікóвана** infected

n. + **п. набíр ~ок** a set of files (**перéлік** inventory, **спи́сок** list); **нáзва ~ки** a file name (**рóзмір** size, **формáт** format)

v. + **п. ствóрювати ~ку** create a file ◊ **Комп'ю́тер автомати́чно ствóрював резéрвну ~ку.** The computer automatically created a backup file. (**завантáжувати** download, **завóдити** start, **стирáти** delete ◊ **Він стер ~ки з особи́стою інформáцією.** He deleted the files with personal information. **відкривáти** open, **закривáти** close, **зберігáти** save; **встанóвлювати** install; **втрачáти** lose; **диви́тися** view, **редаґувáти** edit, **читáти** read; **дублювáти** duplicate, **копіювáти** copy; **змíнювати** modify, **назвивáти** name, **перейменóвувати** rename, **віднóвлювати** recover ◊ **Він віднови́в стéрті ~ки.** He recovered deleted files. **обновля́ти** update; **зберігáти** store; **експортувáти** export, **імпортувáти** import, **залучáти** *and* **долучáти** attach ◊ **Він залучи́в до листá ~ку з докумéнтами.** He attached a document folder to the letter. **посилáти** + *D.* send sb, **перевóдити** transfer; **компресувáти** compress) ◊ **Скомпресувáвши ~ку, Лев послáв її сестрí.** Having compressed the file, Lev sent it to his sister. **тримáти** + *A.* **в ~ці** keep sth in a file ◊ **Свої тéксти вонá тримáє в окремíй ~ці.** She keeps her texts in a separate file.

пáр|а[1], *f.*

steam, vapor

adj. **гаря́ча** hot, **холóдна** cold; **мóкра** wet, **сухá** dry; **наси́чена** saturated, **перегрíта** overheated, **спрацьóвана** waste

n. + **п. клуб ~и** a puff of steam (**хмáра** cloud, **стру́мінь** jet); ♦ **ні ~и з вуст** 1) without saying a word, completely silent ◊ **Він сидíв і ні ~и з вуст.** He sat without saying a word. 2) *im.* don't say a word!

v. + **п. давáти ~у** generate steam ◊ **При́стрій дає суху́ ~у для лáзні.** The device generates dry steam for the bath. (**випускáти** 1) release ◊ **Час від чáсу котéл випускáв ~у.** The boiler released steam every now and then. 2) *fig.* let off steam) ◊ **Пíсля важкóго дня хлóпцям хотíлося ви́пустити ~у в бáрі.** After a hard day, the boys wanted to let off steam at a bar. ♦ **брáтися ~ою** to evaporate ◊ **Пáдаючи на гаря́че кáміння, водá брáлася ~ою.** Falling on hot rocks, the water evaporated. ♦ **мчáтися на всіх ~áх** to go full speed ◊ **Пóтяг мчáвся на всіх ~áх.** The train was going full steam.

п. + *v.* **вихóдити з** + *G.* come out of sth ◊ **Із вікнá вихóдила п.** Steam was coming out of the window. **вирувáтися з** + *G.* escape from sth, **підіймáтися** rise, **осідáти на** + *A.* condense on sth ◊ **Густá п. осідáла на вікóнних ши́бах.** Thick steam was condensing on the window panes. **рухáти** + *A.* drive sth

Also see **росá 2**

па́р|а[2], *f.*
1 pair
adj. **іденти́чна** identical, **одна́кова** same; **додатко́ва** additional, **за́йва** extra, **запасна́** spare; **підхо́жа** matching; **га́рна** nice; **нова́** new ◊ **нова́ п. шкарпе́ток** a new pair of socks
п. + *n.* **п. но́жиць** a pair of scissors (**окуля́рів** glasses ◊ **запасна́ п. окуля́рів** a spare pair of glasses; **шкарпе́ток** socks, **череви́ків** boots, **штані́в** pants; **ко́ней** horses, **ле́бедів** swans; **оче́й** eyes); ♦ **бу́ти два чо́боти п.** to be well worth each other
v. + **п. склада́ти ~у** make a pair ◊ **Кана́па склада́є га́рну ~у з журна́льним сто́ликом.** The couch and coffee table make a nice pair. **бу́ти ~ою** be a pair, be a set ◊ **Пі́джак і штани́ є ~ою.** The blazer and pants are a set.
prep. **в ~і** in a pair ◊ **У ко́жній ~і ві́дповідей позна́чте пра́вильну.** In each pair of responses, mark the correct one. **до ~и** to match ◊ **Лука́ш но́сить джи́нси до ~и з виши́ванкою.** Lukash wears jeans to match his embroidered shirt. **на ~и** into pairs ◊ **Він розділи́в гру́пу на ~и.** He divided the group into pairs. ♦ **на ~і вла́сних** on foot ◊ **Пі́демо на ~і вла́сних.** We'll go on foot. **по ~ах** in pairs ◊ **Учні праціюва́ли по ~ах.** The students worked in pairs; ♦ **~ами** in pairs ◊ **Сере́жки продаю́ться ~ами.** The earrings are sold in pairs.
2 couple; husband and wife, partners; partner, spouse ◊ **Вона́ була́ на вечі́рці без своє́ї ~и.** At the party, she was without her partner.
adj. **га́рна** nice ◊ **Із них би була́ га́рна п.** They would make a nice couple. **гарне́нька** cute, **дола́дна** fine, **краси́ва** beautiful, **прива́блива** attractive, **присто́йна** decent, **сла́вна** *colloq.* lovely, **чарі́вна** charming, **чудо́ва** wonderful; **щасли́ва** happy; **лі́тня** elderly, **стара́** old, **молода́** young; **одру́жена** married, **подру́жня** wedded, **неодру́жена** unmarried; **безді́тна** childless, **безплі́дна** infertile; **ди́вна** strange, **ексцентри́чна** eccentric; **гетеросексуа́льна** heterosexual, **гомосексуа́льна** homosexual, **лезбі́йська** lesbian
v. + **п. склада́ти ~у** make a couple ◊ **На́дя й Андрі́й склада́ють сла́вну ~у.** Nadia and Andrii make a lovely couple. **бу́ти ~ою** be a couple (**здава́тися** + *D.* seem to sb ◊ **Вони́ здава́лися тако́ю щасли́вою ~ою.** They seemed like such a happy couple. **залиша́тися** remain, **става́ти** become)
Cf. **подру́жжя 1, 2, 3**
3 *as num.* several, a few, couple ◊ **Олекса́ндер дав бра́тові ~у пора́д.** Oleksander gave his brother a few pieces of advice.
See **кі́лька**
4 *colloq.* failing grade, an F ◊ **Вона́ діста́ла ~у з контро́льної.** She got an F on her test.
See **оці́нка 2**
5 *colloq.* class *(only at university)* ◊ **Вони́ спізни́лися на ~у.** They were late to class.
See **заня́ття**. *Also see* **ле́кція 1, семіна́р, уро́к 1**

парале́л|ь, *f.*
1 *geom.* parallel ◊ **Він накре́слив дві доскона́лі ~і до лі́вої сторони́ піра́міди.** He drew two perfect parallels to the left side of the pyramid. ◊ **Ки́їв лежи́ть на п'ятдеся́тій ~і півні́чної широти́.** Kyiv lies on the fiftieth parallel of northern latitude.
2 *fig.* parallel, similarity, likeness
adj. **абсолю́тна** absolute, **по́вна** total, **пряма́** direct, **то́чна** exact; **близька́** close, **набли́зна** approximate; **несподі́вана** unexpected, **оригіна́льна** original, **ціка́ва** interesting; **важли́ва** important; **очеви́дна** obvious; **істори́чна** historical, **культу́рна** cultural; **проблемати́чна** problematic, **сумні́вна** questionable
v. + **п. прово́дити п.** draw a parallel ◊ **Він прові́в п. між двома́ наро́дами.** He drew a parallel between the two peoples. (**зауважува́ти** note, **знахо́дити** find; **ма́ти** have ◊ **Це я́вище не ма́є ~ей в і́нших культу́рах.** The phenomenon has no parallel in other cultures. **пропонува́ти** + *D.* offer sb, **пока́зувати** show; **вка́зувати на** point out to)
п. + *v.* **існува́ти** exist ◊ **В А́встрії існува́ла п. із моде́рні́змом під на́звою «сеце́сія».** There existed a parallel to Modernism n Austria called *Sezession*.
prep. **п. з** + *I.* a parallel to sb/sth; **п. між** + *I.* a parallel between sb/sth
Also see **анало́гія**, **сино́нім 2**

парале́льн|ий, *adj.*
1 parallel, aligned, collateral
adv. **абсолю́тно** absolutely, **ма́йже** almost, **практи́чно** practically, **прибли́зно** approximately, **сливе́** *colloq.* nearly; **не зо́всім** not quite; ♦ **~е сполу́чення** *phys.* a parallel circuit
v. + **п. бу́ти ~им** + *D.* be parallel to sth ◊ **Оби́дві лі́нії ~і одна́ о́дній.** Both lines are parallel to each other. (**вигляда́ти** look, **виявля́тися** turn out, **здава́тися** + *D.* seem to sb, **лиша́тися** remain); ♦ **йти ~им ку́рсом** to follow a parallel course
prep. **п. до** + *G.* parallel to sth ◊ **Протя́гом трьох кіломе́трів залізни́ця лиша́лася сливе́ ~ою до морсько́го бе́рега.** For 3 km, the railroad remained nearly parallel to the seashore.
2 *fig.* identical, same, similar, simultaneous ◊ **~а програ́ма** a parallel program; ◊ **~і закі́нчення** *ling.* parallel endings, ◊ **три ~і за́ходи** three simultaneous events
See **аналогі́чний, одна́ковий 1, поді́бний 1, схо́жий 1**

парасо́ль|ка, *f.*
umbrella, parasol ◊ **Пішо́в дощ, і перехо́жі повідкрива́ли ~ки.** It started raining, and the passersby opened their umbrellas.
adj. **вели́ка** large ◊ **Іра віддає перева́гу вели́ким ~кам.** Ira gives preference to large umbrellas. **величе́зна** enormous, **широ́ка** wide; **крихі́тна** tiny, **невели́ка** small; **деше́ва** cheap; **міцна́** strong; **захисна́** protective, **пля́жна** beach, **складна́** folding; **жо́вта** yellow, **си́ня** blue, **черво́на** red, **чо́рна** black, *etc.*; **дитя́ча** kid's, **жіно́ча** woman's, **чолові́ча** man's
v. + **п. розкрива́ти ~ку** open an umbrella (**згорта́ти** *or* **склада́ти** fold; **нести́** *and* **носи́ти** carry ◊ **Він за́вжди́ но́сить ~ку.** He always carries an umbrella. **лама́ти** break; **ремонтува́ти** fix; **трима́ти** hold; **хова́ти** put away) ◊ **Скла́вши ~ку, Лі́на схова́ла її до су́мочки.** Having folded her umbrella, Lina put it away in her handbag.
п. + *v.* **закрива́тися** close, **згорта́тися** fold ◊ **Нова́ п. ле́гко згорта́ється.** The new umbrella folds easily. **розкрива́тися** open ◊ **Не всі ~ки розкрива́ються автомати́чно.** Not all umbrellas open automatically. **захища́ти** + *A.* protect sb/sth; **лама́тися** break, **псува́тися** break ◊ **Її п. зіпсува́лася в пе́ршу зли́ву.** Her umbrella broke in the first downpour.
prep. **під ~кою** under an umbrella; **п. від со́нця** an umbrella for the sun (**дощу́** rain)
L. **на ~ці**, *G. pl.* **~ок**

парк, *m.*, **~у**
1 park
adj. **вели́кий** big ◊ **О́ля перейшла́ вели́кий п.** Olia crossed a big park. **ма́лий** small; **стари́й** old; **місце́вий** local, **мі́ський** city, **націона́льний** national; **га́рний** beautiful, **мальовни́чий** picturesque; **зане́дбаний** neglected ◊ **Стари́й п. стоя́в зане́дбаний.** The old park stood neglected. **пусти́нний** deserted ◊ **Ура́нці п. зазвича́й пусти́нний.** In the morning, the park is usually deserted. **зимо́вий** winter, **засні́жений** snowed in, **лі́тній** summer, **осі́нній** autumn, *etc.*
v. + **п. сади́ти п.** plant a park ◊ **Учні шко́ли посади́ли ці́лий п.** The school students planted an entire park. (**проєктува́ти** design, **розбива́ти** lay out ◊ **Навко́ло музе́ю розби́ли п.** A park was laid out around the museum. **створюва́ти** create; **відві́дувати** visit ◊ **Вона́ лю́бить відві́дувати мі́ський п.** She is fond of visiting the city park. **вихо́дити на** face sth) ◊ **Спа́льня вихо́дила на п.** The bedroom faceed a park. **йти** *and* **ходи́ти до ~у** go to a park ◊ **Вони́ хо́дять до Голосі́ївського ~у.** They go to Holosiivsky Park. **догляда́ти за ~ом** take care of a park (**йти** *and* **ходи́ти** walk around/in/through ◊ **Сашко́ боя́вся ходи́ти цим ~ом.** Sashko was afraid of walking in this park. **гуля́ти** walk around/through)
prep. **в п.** *dir.* to a park ◊ **Вона́ побі́гла в п.** She ran to the park. **в ~у** *posn.* in a park ◊ **її улю́блене мі́сце в ~у** her favorite place in the park; **посе́ред ~у** in the middle of a park ◊ **Посе́ред па́рку лі́тній теа́тр.** There is a summer theater in the middle of the park.
2 depot, yard, terminal
adj. **авто́бусний** bus, **трамва́йний** streetcar, **троле́йбусний** trolleybus; ♦ **метропа́рк** a subway depot, ♦ **таксопа́рк** a taxi depot ◊ **Він заї́хав аж до таксопа́рку.** He traveled as far as the taxi depot.
3 fleet *(of transportation vehicles)*, stock
adj. **авто́бусний** bus ◊ **Авто́бусний п. мі́ста налі́чує по́над три́ста маши́н.** The city bus fleet has more than 300 vehicles. **велосипе́дний** bicycle, **тра́кторний** tractor; ♦ **ваго́нний п.** a rolling stock, ♦ **автопа́рк** a car fleet, ♦ **метропа́рк** subway fleet, ♦ **таксопа́рк** a taxi fleet

па́ркінг, *m.*, **~у**
parking lot; parking ◊ **Де тут п.?** Where's the parking lot here?
adj. **вели́кий** large, **просто́рий** spacious; **невели́кий** small; **зру́чний** convenient; **безпла́тний** *or* **дарови́й** free, **пла́тний** paid; **прива́тний** private; **незако́нний** unlawful; **багатоя́русний** multistory, **ву́личний** street, **підзе́мний** underground ◊ **У буди́нку підзе́мний п.** There is underground parking lot in the building. **довготрива́лий** long-term, **короткотрива́лий** short-term, **погоди́нний** hourly, **де́нний** daily
v. + **п. надава́ти** + *D.* **п.** provide sb with parking ◊ **Готе́ль надає го́стям п.** The hotel provides its guests with parking. (**опла́чувати** pay for; **знахо́дити** find; **шука́ти** look for) ◊ **Оле́сь шука́є п.** Oles is looking for a parking lot.
prep. **на ~у** *posn.* in a parking lot ◊ **Вона́ залиши́ла маши́ну на ~у.** She left her car in a parking lot. **п. для** + *G.* parking for sb ◊ **Тут до́сить ~у для всіх.** There is enough parking for everyone here. **п. на** + *A.* parking for sth ◊ **п. на три авті́вки** parking for three cars

парку|ва́ти, **~ють; за~**, *tran.*
to park ◊ **Тут мо́жна за~ мотоци́кл?** Can one park a motorcycle nearby?
adv. **акура́тно** neatly, **бездога́нно** impeccably, **вмі́ло** skillfully, **до́бре** well, **обере́жно** carefully; **шви́дко** quickly; **задарма́** *colloq.* for free; **недба́ло** carelessly, **нелега́льно** illegally; **пога́но** badly
v + **п. бу́ти ва́жко** be difficult to, **бу́ти неможли́во** be impossible to ◊ **Тут неможли́во п.** It is impossible to park here. **бу́ти тре́ба** + *D.* need to ◊ **Ва́рці тре́ба десь за~ авті́вку.** Varka needs to park her car somewhere. **вмі́ти** be able to ◊ **Вона́ вмі́є шви́дко п. вантажі́вку.** She is able to park a truck quickly. **вчи́ти** + *A.* teach sb to, **вчи́тися** learn to ◊ **Він навчи́вся до́бре п.** He learned to park well. **зна́ти як** know how to; **вдава́тися** succeed in, **змогти́** *pf.* manage to, **могти́** can; **намага́тися** try to
pa. pple. **запарко́ваний** parked
(за)парку́й!

парла́мент, *m.*, **~у**
parliament
adj. **двопала́тний** bicameral, **однопала́тний** unicameral; **нови́й** new ◊ **Нови́й парла́мент**

обира́тимуть насту́пної о́сени. A new parliament will be elected next fall. **тепе́рішній** present; **стари́й** old; **о́браний** elected; **націона́льний** national ◊ **Націона́льний п. Украї́ни назива́ється Верхо́вною Ра́дою.** The national parliament of Ukraine is called the Verkhovna Rada. **провінці́йний** provincial, **федера́льний** federal

v. + **п. обира́ти п.** elect a parliament (**розпуска́ти** dissolve; **склика́ти** convene; **заклика́ти** call on ◊ **Він закли́кав п. прийня́ти зако́н.** He called on parliament to pass the law. **контролюва́ти** control, **лобіюва́ти** lobby, **ти́снути на** pressure; **прохо́дити че́рез** pass through) ◊ **Законопроє́кт пройшо́в че́рез п.** The bill has passed through parliament. **обира́тися до ~у** *only impf.* stand for parliament ◊ **Вона́ вдру́ге обира́ється до ~у.** She stands for parliament for the second time. (**потрапля́ти до** get to, **переобира́ти** + *A.* **до** return sb to) ◊ **Її́ переобра́ли до ~у.** She was returned to parliament. **звітува́ти(ся) пе́ред ~ом** report to parliament ◊ **Ко́жен член кабіне́ту періоди́чно звіту́є пе́ред ~ом.** Every cabinet member periodically reports to parliament. **представля́ти** + *A.* **в ~і** present sth to parliament (**виступа́ти в** address ◊ **Він ви́ступить у ~і.** He will address the parliament. **панува́ти в** dominate) ◊ **У ~і пану́ють олігархі́чні па́ртії.** Oligarchic parties dominate the parliament.

п. + *v.* **вво́дити** + *A.* **в ді́ю** enact sth, **визнача́ти** + *A.* lay sth down ◊ **П. ви́значив процеду́ру імпі́чменту.** Parliament laid down the impeachment procedure. **голосува́ти** + *A.* vote (on) sth ◊ **П. голосува́тиме попра́вку в четве́р.** Parliament will vote on the amendment on Thursday. **дебатува́ти** + *A.* debate sth, **обгово́рювати** + *A.* discuss sth, **прийма́ти** + *A.* adopt sth, **ратифікува́ти** + *A.* ratify sth, **схва́лювати** + *A.* approve sth; **відкида́ти** + *A.* reject sth, **денонсува́ти** + *A.* renounce *(a treaty)* ◊ **П. денонсува́в уго́ду.** The parliament has renounced the agreement. **засіда́ти** sit, **збира́тися** convene, **працюва́ти** be in session ◊ **П. працюва́тиме до кінця́ ли́пня.** The parliament will be in session till the end of July. **схо́дитися** meet

парла́ментськ|ий, *adj.*

parliamentary, of or pertaining to parliament

п. + *n.* **п. бюлете́нь** a parliamentary bulletin (**коміте́т** committee; **контро́ль** control; **на́гляд** oversight, **телекана́л** TV channel); **~а асамбле́я** a parliamentary assembly (**бібліоте́ка** library, **бі́льшість** majority; **буді́вля** building; **газе́та** newspaper; **демокра́тія** democracy, **ініціати́ва** initiative; **кри́за** crisis; **респу́бліка** republic, **рефо́рма** reform; **се́сія** session); **~і ви́бори** a parliamentary election (**ві́сті** *and* **нови́ни** news, **деба́ти** debates, **слу́хання** hearings)

па́рн|ий, *adj.*

1 of or pertaining to pair, in pairs, paired, twin

п. + *n.* **п. екіпа́ж** a two-horse carriage, **п. те́ніс** doubles tennis; **~а гре́бля** pair rowing (**робо́та** work); ♦ **~а фу́нкція** *math* parity function; **~е ката́ння** pair skating; **~і о́ргани** paired organs (**череви́ки** boots, **шкарпе́тки** socks)

2 even *(of numbers)* ◊ **~а сторі́нка** an even-numbered page ◊ **Вона́ позначи́ла ~і сторі́нки руко́пису.** She marked even-numbered manuscript pages. **~е число́** an even number ◊ **по ~их чи́слах** on even-numbered days

Ant. **непа́рний**

паро́ді|я, *f.*, ~ї

1 parody

adj. **блиску́ча** brilliant, **доте́пна** clever, **куме́дна** funny, **таланови́та** talented; **вби́вча** killer, **дошку́льна** scathing, **жорсто́ка** cruel, **неща́дна** ruthless, **нищівна́** devastating; **музи́чна** musical, **пі́сенна** song ◊ **Він – ма́йстер пі́сенних ~й.** He is a master of song parodies.

v. + **п. вико́нувати ~ю** do a parody (**декламува́ти** recite ◊ **Він декламува́в ~ю на яку́сь трагéдію.** He was reciting a parody of some tragedy. **писа́ти** write, **ство́рювати** create)

prep. **п. на** + *L.* parody of sb/sth

2 *fig.* distortion, travesty, parody, caricature

adj. **ґроте́скна** grotesque, **жалюгі́дна** pathetic ◊ **Статтю́ – жалюгі́дна п. на нау́ку.** The article is a pathetic parody of scholarship. **ке́пська** poor, **паску́дна** *colloq.* lousy

Also see **карикату́ра 2, комéдія 2, маскара́д 2, профана́ція 2**

паро́л|ь, *m.*, ~я

password

adj. **ді́йсний** valid; **неді́йсний** invalid; **непра́вильний** incorrect, **пра́вильний** correct; **нови́й** new, **стари́й** old; **секре́тний** secret; **безпе́чний** secure ◊ **Програ́ма допомага́є ви́брати безпе́чний п.** The software helps to choose a secure password.

v. + **п. вво́дити п.** enter a password ◊ **Ва́ля ввела́ непра́вильний п.** Valia entered the wrong password. (**вибира́ти** choose; **зна́ти** know, **пам'ята́ти** remember; **губи́ти** lose, **забува́ти** forget; **дава́ти** + *D.* give sb, **надава́ти** + *D.* provide sb with, **присила́ти** + *D.* send sb; **міня́ти** change ◊ **П. слід міня́ти щопі́в ро́ку.** The password should be changed every six months. **вичисля́ти** *colloq.* crack, **відга́дувати** guess

prep. **п. до** + *G.* a password for sth ◊ **Злоді́й відгада́в її́ п. до ба́нкового раху́нку.** The thief guessed her bank account password.

парті́йн|ий, *adj.*

1 party, of or pertaining to a political party; partisan

adv. **винятко́во** exceptionally, **ті́льки** only; **ви́разно** distinctly ◊ **Думки́ поділи́лися за ви́разно ~ою лі́нією.** Opinions were distinctly divided along party lines. **су́то** essentially, **чи́сто** purely, **я́вно** clearly

п. + *n.* **п. активі́ст** a party operative (**дія́ч** figure; **докуме́нт** document, **з'ї́зд** congress, convention, **коміте́т** committee, **о́рган** organ, body, **осере́док** cell, **про́від** leadership; **конфлі́кт** conflict; **підхі́д** approach) ◊ **Їх не ціка́вив п. підхі́д до пита́ння.** They were not interested in a partisan approach to the issue. ♦ **п. квито́к** a party membership card; **~а конфере́нція** a party conference (**організа́ція** organization; **платфо́рма** platform, **програ́ма** program, **рефо́рма** reform, **фра́кція** faction)

2 *as n.* party member

v. + **п. бу́ти ~им** be a party member (**лиша́тися** remain ◊ **Петро́ лиша́ється ~им.** Petro remains a party member. **става́ти** become)

па́рті|я, *f.*, ~ї

1 party *(political)*

adj. **політи́чна** political; **лі́ва** left-wing, **пра́ва** right-wing, **центри́стська** centrist ◊ **У краї́ні не лиши́лося центри́стських ~й.** There are no centrist parties left in the country. **правоцентри́стська** center-right, **наци́стська** Nazi, **націоналісти́чна** nationalist, **парла́ментська** parliamentary, **популі́стська** populist, **фаши́стська** fascist ◊ **наполови́ну популі́стська, наполови́ну фаши́стська п.** a half populist, half fascist party; **зеле́на** green; **соція́л-демократи́чна** social democratic, **соціялісти́чна** socialist; **опозиці́йна** opposition, **пра́вляча** ruling; **демократи́чна** Democratic, **комуністи́чна** Communist, **консервати́вна** Conservative, **лейбори́стська** Labor, **ліберальна** Liberal, **республіка́нська** Republican ◊ **член республіка́нської ~ї** a member of the Republican Party

n. + **п. голова́ ~ї** the head of a party (**очі́льник** *or* **провідни́к** leader, **секрета́р** secretary, **член** member; **лі́ве крило́** left wing, **пра́ве крило́** right wing, **центр** center; **пози́ція** stand **полі́тика** policy)

v. + **п. засно́вувати ~ю** found a party ◊ **Коли́шні в'я́зні заснува́ли свою́ ~ю .** Former prisoners founded their party. (**ство́рювати** establish, **утво́рювати** form; **змі́цнювати** strengthen, **об'є́днувати** unite, **розбудо́вувати** build up; **вести́** lead, **очо́лювати** head ◊ **Соціялісти́чну ~ю очо́лює жі́нка.** A woman heads the Socialist Party. **забороня́ти** ban, **розпуска́ти** dissolve ◊ **Парла́мент розпусти́в комуністи́чну ~ію як злочи́нну організа́цію.** Parliament dissolved the Communist Party as a criminal organization. **посла́блювати** weaken, **розко́лювати** split; **підтри́мувати** support, **голосува́ти за** vote for) ◊ **Тут усі́ голосу́ють за консервати́вну ~ю.** Here everyone votes for the Conservative Party. **вступа́ти до ~ї** join a party (**нале́жати до** belong to ◊ **За своє́ життя́ вона́ нале́жала до кілько́х ~ій.** In her lifetime, she belonged to several parties. **виключа́ти** + *A.* **з** expel sb from ◊ **Його́ ви́ключили з ~ї за несплату внéсків.** He was expelled from the party for not paying his membership dues. **вихо́дити з** leave) ◊ **Вони́ ви́йшли з ~ї.** They left the party.

п. + *v.* **захо́плювати вла́ду** seize power, **прихо́дити до вла́ди** come to power; **контролюва́ти** + *A.* control sth, **панува́ти в** + *L.* dominate sth ◊ **Ліберальна п. пану́є в парла́менті сім ро́ків.** The Liberal Party has dominated parliament for seven years. **втрача́ти вла́ду** lose power, **виступа́ти за** + *A.* stand for sth ◊ **Зеле́на п. виступа́є за заборо́ну ви́добутку вугі́лля.** The Green Party stands for banning coal mining. **постава́ти** emerge

Also see **блок 1, ліви́ця 2, прави́ця 2, угрупо́вання 1**

2 party, group, company

adj. **буді́вельна** construction, **дослі́дницька** research, **мандрівна́** traveling, **мисли́вська** hunting, **розві́дувальна** reconnaissance, **рятува́льна** rescue

v. + **п. формува́ти ~ю** form a group ◊ **Вони́ утвори́ли три мисли́вські ~ї.** They formed three hunting parties. (**виклика́ти** summon, **посила́ти** dispatch, **посила́ти по** send for) ◊ **рятува́льна п.** a rescue party

3 consignment *(of goods, etc.)*, shipment, load

adj. **вели́ка** large ◊ **Він замо́вив вели́ку ~ю до́брив.** He ordered a large consignment of fertilizers. **значна́** sizable, **маси́вна** massive; **мала́** *and* **невели́ка** small; **незако́нна** illegal

п. + *n.* **п. віта́мінів** a shipment of vitamins (**вакци́ни** vaccine, **до́норської кро́ви** donor blood, **збро́ї** weapons, **медикаме́нтів** medicine, **продово́льства** provisions, **това́рів** goods)

v. + **п. доставля́ти ~ю** deliver a shipment (**отри́мувати від** + *G.* receive from sb; **посила́ти** + *D.* send sb; **перехо́плювати** intercept, **супрово́джувати** escort; **вилуча́ти** seize ◊ **Ми́тниця ви́лучила ~ю контраба́ндних цигаро́к.** The customs seized a load of contraband cigarettes.

Also see **тра́нспорт 2**

4 *sport* game, set

adj. **пе́рша** first ◊ **Вона́ ви́грала пе́ршу ~ю.** She won the first set. **оста́ння** last; **коро́тка** short, **трива́ла** lengthy

v. + **п. гра́ти ~ю** play a set ◊ **Вони́ зігра́ли одну́ ~ю в ша́хи.** They played one game of chess. (**вигрaва́ти** win, **програва́ти** lose)

prep. **п. в ка́рти** a game of cards (**те́ніс** tennis, **ша́хи** chess)

5 *mus.* part

adj. **пе́рша** lead ◊ **Він грав пе́ршу́ ~ю.** He played the lead part. **про́ста́** simple, **складна́** difficult; **ба́сова** bass, **вока́льна** vocal, **скрипкова́** violin

v. + **п. вико́нувати ~ю** perform a part (**гра́ти** play, **співа́ти** sing ◊ **Він співа́в ~ю До́на Хосе́.** He sings the part of Don José. **вести́** carry; **вивча́ти** learn) ◊ **Він не встиг ви́вчити ~ю.** He did not have time to learn the part.

пáруб|ок, *m.*, **~ка**
1 young man
adj. **гáрний** handsome ◊ **Він пам'ятáє Павлá як гáрного ~ка.** He remembers Pavlo as a handsome young man. **мотóрний** spirited, **привáбливий** attractive, **приємний** pleasant, **прúстрасний** passionate, **розýмний** intelligent; **хúтрий** sly; **чéмний** polite; **відвáжний** brave, **смілúвий** courageous
Also see **молодéць 2, юнáк**
2 bachelor; single man
adj. **безнадíйний** hopeless, **затя́тий** diehard, **невиправний** incorrigible, **переконаний** confirmed ◊ **Щóйно одружúвся ще одúн переконаний п.** Another confirmed bachelor has just gotten married. **рíдкісний** rare; ♦ **старúй п.** an old bachelor; ◊ **одружений чи п.** married or single
v. + **п. бýти ~ком** be a bachelor (**вважáти** + *A.* consider sb, **виявля́тися** turn out, **лишáтися** remain ◊ **Головкó лишáвся невиправним ~ком.** Holovko remained an incorrigible bachelor. **прикидáтися** pretend to be) ◊ **Він прикúнувся ~ком.** He pretended to be a bachelor.
Also see **молодéць 1, неодрýжений.** *Ant.* **одрýжений, шлю́бний 2**

парфýм|и, *only pl.*
perfume, fragrance
adj. **вишукані** refined, **дорогí** expensive, **дешéві** cheap, **екзотúчні** exotic; **міцні** strong, **слабкí** weak; **мóдні** fashionable; **тонкí** delicate; **америкáнські** American, **арáбські** Arabic, **італíйські** Italian, **францýзькі** French, *etc.*; **гóстрі** sharp, **солодкáві** sweetish, **терпкí** pungent; **жінóчі** women's, **чоловíчі** men's
n. + **п. флакóн ~ів** a bottle of perfume (**зáпах** smell; **цінá** price)
v. + **п. вживáти п.** use fragrance ◊ **Він уживáє п.** He uses fragrance. (**носúти** wear; **нюхати** smell; **прúскати** spray); **користувáтися ~ами** use fragrance (**прúскати на** + *A.* spray sth with) ◊ **Вонá попрúскала на хустúну ~ами.** She sprayed her handkerchief with perfume.

паршúв|ий, *adj., colloq.*
1 lousy, terrible, atrocious, appalling ◊ **Мусíй був ~им студéнтом.** Musii was a lousy student.
See **паскýдний 1, погáний 1.** *Also see* **дурнúй 3, кéпський, незадовíльний, ніякий 2**
2 disgusting, repulsive, pathetic ◊ **Що за п. брехýн цей чоловíк!** What a repulsive liar this man is!
v. + **п. називáти** + *A.* **~им** call sb disgusting ◊ **Дíвчина називáла Орéста ~им хлопчúськом.** The girl called Orest a disgusting naughty boy.
See **огúдний**

пас, *m.*, **~а**
1 belt
adj. **вузькúй** narrow ◊ **Йогó штанú тримáв вузькúй п.** A narrow belt held up his pants. **ширóкий** wide; **грýбий** thick; **тонкúй** thin; **міцнúй** strong; **дóвгий** long; **шкірянúй** leather; **нóвий** new, **старúй** old; **гáрний** nice, **мóдний** fashionable; **брунáтний** brown, **чóрний** black; ♦ **п. безпéки** a seat belt ◊ **Водíй затягнýв п. безпéки.** The driver tightened his seat belt.
v. + **п. зав'язувати п.** *or* **~а** fasten a belt ◊ **Вонá зав'язáла п.** She fastened the belt. (**заперéзувати** *or* **підперéзувати** do up, **затя́гувати** tighten; **поправля́ти** adjust; **послáблювати** loosen; **відперéзувати** *or* **розперéзувати** undo, **розв'язувати** unfasten) ◊ **Вонá розв'язáла п.** She unfastened her belt. **зав'язувати** + *A.* **~ом** tie sth with a belt; (**заперéзуватися** fasten one's seat belt) ◊ **Пасажúри заперезáлися ~ами безпéки.** The passengers fastened their seat belts.
п. + *v.* **застібáтися** buckle ◊ **П. нíяк не застібáвся.** The strap would not buckle. **розстібáтися** unbuckle
Also see **пóяс 1, стрíчка 3**
2 strap, band
v. + **п. зшивáти п.** *or* **~а** sew up a strap (**направля́ти** *or* **ремонтувáти** mend; **рвáти** tear); ♦ **дéрти** *or* **рíзати ~и з** + *G.* to torture sb ◊ **Люди так ненáвиділи її, що булú вáрті з неї ~и дéрти.** People hated her so much they were ready to cut her to pieces.

пасажúр, *m.*, **~а; ~ка**, *f.*
passenger ◊ **Вонá ділúла купé ще з однúм ~ом.** She shared the compartment with one more passenger.
adj. **балакýчий** talkative, **мовчазнúй** silent; **безквиткóвий** ticketless; **збýджений** excited, **нервóвий** nervous, **переля́каний** frightened; **агресúвний** agressive, **нечéмний** impolite, **п'я́ний** drunk, **сóнний** sleepy, **травмóваний** injured; **товстúй** fat
п. + *n.* **п. автóбуса** a bus passenger (**літакá** airplane, **машúни** car, **пóтяга** train, **трамвáя** streetcar, **тролéйбуса** trolleybus, *etc.*)
v. + **п. перевóзити ~ів** ferry passengers ◊ **Автóбус перевóзить сóрок ~ів.** The bus ferries forty passengers. (**підбирáти** pick up ◊ **Він зупинúвся, щоб підібрáти ~ів.** He stopped to pick up passengers. **транспортувáти** transport, **випускáти** let out, **перевіря́ти** screen ◊ **На летóвищі ~ів перевіря́ють навмáння.** At the airport, passengers are screened randomly. **вміщáти** seat, take ◊ **Літáк уміщáє сто ~ів.** The aircraft takes 100 passengers. **реєструвáти** check in; **евакуювáти** evacuate
п. + *v.* **прибувáти** come ◊ **~и прибулú з Полтáви.** The passengers came from Poltava. **приїжджáти** arrive, **подорожувáти** travel; **реєструвáтися** check in, **сідáти на** + *A.* board sth ◊ **~и вже сíли на літáк.** Passengers have already boarded the airplane. **запíзнюватися на** + *A.* be late for sth, **пересідáти на** + *A.* transfer to sth ◊ **Сім ~ів пересідáло на íнший рейс.** Seven passengers were transferring to a different flight. **чекáти** + *G.* wait sb/sth ◊ **~и чекáли оголóшення посáдки.** Passengers waited for the boarding to be announced.
prep. **п. на** + *A.* passenger bound for sth ◊ **всі ~и на Стамбýл** all passengers bound for Istanbul

пасажúрськ|ий, *adj.*
passenger, of or pertaining to passengers
п. + *n.* **п. автóбус** a passenger bus (**вагóн** train car, **корабéль** ship, **літáк** airplane, **пóтяг** train, **поpóм** ferry, **трáнспорт** transportation); **~а кабíна** a passenger cabin (**лíнія** line, **навігáція** navigation ◊ **~а навігáція по рíчці тривáє цíлий рік.** Passenger navigation on the river lasts the whole year. **платфóрма** platform, **слýжба** service, **стáнція** station); **~е вікнó** a passenger window (**купé** compartment, **мíсце** seat)

пасúвн|ий, *adj.*
1 passive
adv. **абсолю́тно** absolutely ◊ **Абсолю́тно ~им вúборцем лéгше маніпулювáти.** An absolutely passive voter is easier to manipulate. **винятковó** exceptionally, **геть** totally, **дýже** very, **пóвністю** fully, **цілкóм** completely ◊ **цілкóм ~а дитúна** a completely passive child; **дивовúжно** amazingly, **на дúво** surprisingly, **несподíвано** unexpectedly; **віднóсно** relatively, **порíвняно** comparatively; **дéщо** somewhat, **дóсить** rather
п. + *n.* **п. зáхист** passive protection (**óпір** resistance; **словнúк** wordstock; **спостерігáч** observer ◊ **Він залишáється ~им спостерігачéм.** He remains a passive observer. **учáсник** participant; **харáктер** nature); ♦ **п. балáнс** *econ.* an unfavorable balance; **~а жéртва** a passive victim (**лéксика** vocabulary, **оборóна** defense, **рóля** role)
v. + **п. бýти ~им** be passive ◊ **Слýхати рáдіо – це ~е занятя.** Listening to the radio is a passive activity. (**вважáти** + *A.* consider sb ◊ **Йогó помилкóво вважáли ~ою жéртвою.** They mistakenly considered him a passive victim. **виглядáти** look, **виявля́тися** turn out, **лишáтися** remain; **ставáти** become) ◊ **Він став ~им у громáдському життí.** He became passive in public life.
Ant. **актúвний 1**
2 *ling.* passive ◊ **п. дієприкмéтник** a passive participle (**стан дієслóва** voice of the verb); **~а констрýкція** a passive construction (**фóрма** form)
Ant. **актúвний**

пасúвн|ість, *f.*, **~ости**, *only sg.*
passivity, inaction, apathy
adj. **велúка** great, **пóвна** full, **цілковúта** complete; **часткóва** partial; **дéяка** certain, **загáльна** general; **дúвна** strange, **несподíвана** unexpected, **нехарактéрна** uncharacteristic, **підозрíла** suspicious ◊ **Її п. здавáлася підозрíлою.** Her inaction seemed suspicious. **типóва** typical; **я́вна** obvious; **навмúсна** deliberate, **свідóма** conscious; **вúборча** voter, **громáдська** public, **політúчна** political, **соціáльна** social; **особúста** personal
v. + **п. виявля́ти п.** display passivity ◊ **Вонú вúявили дúвну п. на вúборах.** They displayed strange passivity in the election. **вирізня́тися ~істю** stand out by one's apathy; **звинувáчувати** + *A* **в ~ості** accuse sb of passivity ◊ **Їх звинувáтили у політúчній ~ості.** They were accused of political passivity. (**підóзрювати** + *A.* **в** suspect sb of)
п. + *v.* **оволодівáти** + *I.* overcome sb, **охóплювати** + *A.* seize sb ◊ **Óлю охопúла глибóка п.** ◊ Olia was seized by deep apathy.
prep. **п. в** + *L.* passivity in sth ◊ **п. у громáдському життí** inactivity in public life
Also see **апáтія.** *Ant.* **актúвність**

паскýдн|ий, *adj., colloq.*
1 bad, poor, lousy, crummy, terrible
adv. **абсолю́тно** absolutely, **винятковó** exceptionally, **геть** utterly, **страшéнно** awfully; **дóсить** rather
п. + *n.* **п. апетúт** a lousy appetite (**нáстрій** mood; **харáктер** character; **музикáнт** musician; **кáшель** cough); **~а вúтівка** a lousy trick (**звúчка** habit ◊ **У неї ~а звúчка колупáтися в зубáх.** She has a lousy habit of picking her teeth. **інфéкція** infection, **їжа** food, **платня́** pay, **погóда** weather); **~е врáження** a lousy impression (**обслугóвування** service); **~і манéри** terrible manners (**ýмови** conditions)
v. + **п. бýти ~им** be lousy (**вважáти** + *A.* consider sb, **виявля́тися** turn out ◊ **Він вúявився дóсить ~ою істóтою.** He proved to be a rather lousy creature. **здавáтися** + *D.* seem to sb)
See **погáний 1.** *Also see* **дурнúй 3, кéпський 1, незадовíльний, нíякий 2, паршúвий 1**
2 obscene, dirty, salacious, indecent, filthy ◊ **п. анекдóт** an obscene joke (**нáтяк** allusion); **~а спрáва** *fig.* a sticky business; **~е слóво** an obscene word; **~і рýки** dirty hands
Also see **гидкúй 2**
3 *fig.* ugly, unattractive, hideous ◊ **винятковó п. на вúгляд юнáк** a youth of exceptionally ugly appearance
See **негáрний 1, потвóрний 1, погáний 5**
4 *fig.* despicable, contemptible, loathsome ◊ **п. боягýз** a loathsome coward (**зрáдник** traitor, **лихвáр** usurer, **шахрáй** swindler)
See **огúдний 1.** *Also see* **гидкúй 1**

пáспорт, *m.*, **~а**
passport
adj. **біометрúчний** biometric ◊ **Із біометрúчним ~ом мóжна без вíзи подорожувáти всією Еврóпою.** With a biometric passport, one can travel all around Europe without a visa. **дíйсний** valid ◊ **п. дíйсний до 2030 рóку** a passport valid till 2030, **спрáвжній** genuine; **вúгаслий** expired,

недíйсний invalid, унева́жнений canceled; ли́повий *colloq.* phony, підро́блений forged, фальши́вий fake, fraudulent; вну́трішній internal, диплома́тичний diplomatic, закордо́нний foreign; америка́нський US, кана́дський Canadian, украї́нський Ukrainian, *etc.*

v. + п. ма́ти п. have a passport ◊ **Він ма́в два ~и: украї́нський та брита́нський.** He had two passports: Ukrainian and British. (**діставáти** get, **отри́мувати** receive; **поно́влювати** renew, **продо́вжувати** extend, **зверта́тися по** apply for ◊ **Вам слід зверну́тися по нови́й п. до ко́нсульства.** You should apply to the consulate for a new passport. **дава́ти** + *D.* give sb, **видава́ти** + *D.* issue sb, **віддава́ти** + *D.* hand back to sb; **вруча́ти** + *D.* hand sb ◊ **Дівчи́ні вручи́ли украї́нський п.** They handed the girl a Ukrainian passport. **передава́ти** + *D.* hand over to sb; **пока́зувати** + *D.* show sb; **перевіря́ти** check, **штампува́ти** stamp ◊ **Урядо́вець проштампува́в п. як ви́гаслий.** The official stamped the passport as expired. **скасо́вувати** cancel, **унева́жнювати** invalidate; **вилуча́ти** seize, **конфіско́вувати** confiscate; **губи́ти** lose; **здава́ти** surrender ◊ **Пе́ред ви́їздом із краї́ни вона́ здала́ п.** Before leaving the country, she surrendered her passport. **кра́сти** steal; **підробля́ти** forge

п. + *v.* **вигаса́ти** expire ◊ **Його́ п. вигаса́є че́рез мі́сяць.** His passport expires in a month. **губи́тися** get lost, **зника́ти** vanish, **знайти́ся** *only pf.* be found ◊ **П. знайшо́вся під лі́жком.** The passport was found under the bed.

Also see **посві́дчення**

пáст|ка, *f.*

1 trap

adj. **ведме́жа** bear, **лиси́ча** fox, **ми́шача** mouse, **щуря́ча** rat

v. + п. **ста́вити ~ку** set a trap ◊ **На сте́жці він поста́вив ведме́жу ~ку.** He set a bear trap on the path. (**перевіря́ти** check, **прийма́ти** remove; **потрапля́ти в** fall into) ◊ **У ~ку потра́пив єно́т.** A racoon fell into the trap. **уника́ти ~ки** avoid a trap ◊ **Ведмі́дь унива́в ~ки два ти́жні.** The bear had avoided the trap for two weeks. (**вирива́тися з** free oneself from ◊ **Лиси́ця ви́рвалася з ~ки.** The fox freed itself from the trap. **потрапля́ти до** fall into); **лови́тися в ~ці** get caught in a trap ◊ **У ~ці злови́вся за́єць.** A hare got caught in the trap.

prep. **в ~ку** *dir.* in/to a trap; **в ~ці** *posn.* in a trap; **до ~ки** in/to a trap; **п. на** + *A.* a trap for *(an animal)* ♦ **п. на звíра** an animal trap (**во́вка** wolf, **го́луба** pigeon, **мише́й** mouse, **щура́** rat, *etc.*)

Cf. **мишоло́вка**

2 *fig.* trap, ambush, ruse ◊ **Полі́ція замани́ла її до хи́тро влашто́ваної ~ки.** The police lured her into a craftily set trap.

adj. **небезпе́чна** dangerous, **підсту́пна** sneaky, **смерте́льна** deadly; **складна́** elaborate, **хитрому́дра** sophisticated; **неуни́кна** inevitable; **прихо́вана** hidden; **я́вна** obvious

v. + п. **влашто́вувати ~ку** lay a trap ◊ **У готе́лі йому́ влаштува́ли ~ку.** They laid a trap for him in the hotel. (**ста́вити** set); **зама́нювати** + *A.* **до ~ки** lure sb into a trap (**втіка́ти з** escape from, **уника́ти** avoid; **вислиза́ти з** slip out of) ◊ **Він ви́слизнув зі смерте́льної ~ки.** He slipped out of the deadly trap.

N. pl. **~ки́**, *G. pl.* **~о́к**

пасу|ва́ти, ~ють; *no pf., intr.*

to fit, suit, match + *D.*

adv. **бездога́нно** seamlessly ◊ **Буке́т бі́лих троя́нд бездога́нно ~ва́тиме до ціє́ї наго́ди.** A bunch of white roses will seamlessly suit this occasion. **до́бре** well, **доскона́ло** perfectly, **ідеа́льно** ideally, **найкра́ще** best, **приє́мно** pleasantly; **зо́всім не** not at all ◊ **Мені́ зо́всім не ~є ї́хати в таку́ спе́ку.** Traveling in such heat does not suit me at all. **пога́но** poorly ◊ **Крава́тка пога́но ~ла його́ костю́мові.** The tie poorly fit his suit.

prep. **п. до** + *G.* fit sth ◊ **Жо́втий мете́лик доскона́ло ~ва́в до сі́рої соро́чки.** A yellow bow tie was a perfect fit for a gray shirt.

Also see **іти́ 15, сиді́ти 7.** *Cf.* **влашто́вувати 2**

патріо́т, *m.,* ~а; ~ка, *f.*

patriot

adj. **вели́кий** great, **ві́дданий** devoted, **найбі́льший** greatest, **самові́дданий** selfless; **правди́вий** true, **спра́вжній** real, **щи́рий** genuine

v. + п. **видава́ти себе за ~а** pass oneself off as a patriot ◊ **Пан В., як міг, видава́в себе́ за ~а.** Mr. V. passed himself off as a patriot as best he could. **бу́ти ~ом** be a patriot (**вважа́ти** + *A.* consider sb ◊ **Його́ вважа́ли вели́ким ~ом.** He was considered a great patriot. **здава́тися** + *D.* seem to sb, **назива́ти** + *A.* call sb; **лиша́тися** remain, **прикида́тися** pretend, **става́ти** become) ◊ **Він не одра́зу став ~ом своє́ї краї́ни.** He did not become a patriot of his country at once.

Cf. **націоналі́ст**

патріоти́зм, *m.,* ~у, *only sg.*

1 patriotism *(ideology)* ◊ **Він розумі́є п. як любо́в до сво́го наро́ду і краї́ни.** He understands patriotism as love for one's people and country.

adj. **ліберáльний** liberal ◊ **Полі́тик сповіду́вав ліберáльний п.** The politician professed liberal patriotism. **помірко́ваний** moderate; **радика́льний** radical, **шовіністи́чний** chauvinist; **італі́йський** Italian, **кана́дський** Canadian, **украї́нський** Ukrainian, *etc.*

v. + п. **вихо́вувати п. в** + *G.* cultivate patriotism in sb ◊ **Шко́ла вихо́вує в ді́тей п.** School cultivates patriotism in children. (**плека́ти** foster, **сповіду́вати** profess; **відсто́ювати** advocate, **підтри́мувати** support)

Cf. **націоналі́зм 1**

2 patriotism *(sentiment)* ◊ **Ни́ми ру́хало почуття́ вели́кого ~у.** They were driven by a sense of great patriotism.

adj. **вели́кий** great, **гаря́чий** ardent, **жагу́чий** vehement, **палки́й** fervid, **при́страсний** passionate, **самові́дданий** selfless ◊ **Її самові́дданий п. виклика́в пова́гу.** Her selfless patriotism inspired respect.

v. + н. **виклика́ти п.** stir patriotism ◊ **Промо́ва ви́кликала у слухачі́в гаря́чий п.** The speech stirred ardent patriotism in the audience. (**провокува́ти** provoke; **посі́лювати** strengthen ◊ **Чужозе́мна аґре́сія посі́лила п. се́ред люде́й.** The foreign aggression strengthened patriotism among the people. **розпа́лювати** fuel; **посла́блювати** weaken; **ста́вити під су́мнів** question)

Cf. **націоналі́зм 2**

патріоти́чн|ий, *adj.*

patriotic

adv. **ду́же** very, **запе́кло** fiercely, **надзвича́йно** extremely, **при́страсно** passionately, **самові́ддано** selflessly, **шале́но** vehemently; **спра́вді** truly; **до́сить** fairly; **несподі́вано** unexpectedly

v. + п. **бу́ти ~им** be patriotic ◊ **На́строї в мі́сті були́ ду́же ~ими.** The mood was very patriotic in the city. (**здава́тися** + *D.* seem to sb; **става́ти** become) ◊ **Йо́сип став самові́ддано ~им.** Yosyp became selflessly patriotic.

Cf. **націоналісти́чний**

па́уза, *var., see* па́вза

па́хн|ути, ~уть; за~; *pa. pf., m.* пах *and* па́хнув, *pl.* па́хли *and* па́хнули, *intr.*

1 to smell + *I.* of; give off *(an odor)*; *also impers.* ◊ **У коридо́рі па́хло фа́рбою.** *impers.* It smelled of paint in the corridor.

adv. **ду́же** heavily ◊ **Дід ду́же пах тютюно́м.** The old man smelled heavily of tobacco. **безпоми́лково** unmistakably, **нестéрпно** unbearably, **помі́тно** noticeably, **си́льно** strongly, **страше́нно** terribly; **ле́гко** slightly, **ле́две** hardly, **тро́хи** a little; **боже́ственно** divinely, **га́рно** nicely, **приє́мно** pleasantly ◊ **Кі́мната приє́мно па́хла** *or* **~ула польови́ми кві́тами.** The room smelled pleasantly of wild flowers. **все́ ще** still, **да́лі** further

prep. **п. від** + *G.* smell from/of *(a person, etc.)* ◊ **Від коро́ви па́хло** *or* **~уло молоко́м і гно́єм.** The cow smelled of milk and manure. **п. з** + *G.* smell from *(a place, etc.)* ◊ **З ку́хні со́лодко ~е мигда́льний пирі́г.** There is a sweet smell of an almond pie coming from the kitchen.

Also see **віддава́ти 8, нести́ 4.** *Ant.* **смерді́ти 1**

2 *only pf., also impers.* to start smelling ◊ **Запа́хло грозо́ю.** It started smelling of a thunderstorm.

adv. **вже** already, **зві́дкись** from somewhere; **нестéрпно** unbearably, **си́льно** heavily; **несподі́вано** unexpectedly, **ра́птом** suddenly ◊ **Ра́птом запа́хло горі́лою ґу́мою.** *impers.* Suddenly there was a smell of burned rubber.

3 *fig.* to smell, smack of, seem like, have the air of ◊ **Її істо́рія ~ула брехне́ю.** Her story smacked of lies.

4 *fig.* to be pregnant with, smell of ◊ **Спра́ва ~е сканда́лом.** The matter smells of scandal.

Also see **нести́ 4**

паціє́нт, *m.,* ~а; ~ка, *f.*

patient ◊ **Лі́кар огля́нув ~а і ви́писав його́ з лі́ка́рні.** The doctor examined the patient and discharged him from the hospital.

adj. **го́стро хво́рий** severely sick, **серйо́зно хво́рий** seriously sick, **смерте́льно хво́рий** terminally sick, **хроні́чно хво́рий** chronically sick ◊ **Він – сьо́мий хроні́чно хво́рий п. за оста́нній ти́ждень.** He is the seventh chronically sick patient over the last week. **психі́чно хво́рий** mentally sick

See **хво́рий 3.** *Also see* **нарко́ман, слаби́й 2**

па́ч|ка, *f.*

1 pack, package, batch, stack ◊ **Він кури́в ~ку цигаро́к на день.** He smoked a pack of cigarettes a day.

adj. **акура́тна** neat; **важка́** heavy, **вели́ка** large, **гру́ба** thick, **по́вна** full, **товста́** fat ◊ **Він прийшо́в із товсто́ю ~кою папе́рів.** He came with a fat stack of papers. **ці́ла** whole; **нова́** new, **сві́жа** fresh

п. + *n.* **п. банкно́т** a wad of bank notes (**гро́шей** money; **докуме́нтів** documents, **папе́ру** paper; **світли́н** photographs, *etc.*)

Also see **паке́т 1, паку́нок**

2 box ◊ **У ньо́го залиша́лася п. сі́рникі́в** He had a box of matches left.

adj. **зав'я́зана** tied up, **запако́вана** packed up, **розпако́вана** unpacked, **ро́зірвана** torn; **паперо́ва** paper

See **коро́бка 1**

3 *as adv. only I. pl.* in batches, in droves, in groups ◊ **Глядачі́ ~ка́ми йшли́ з виста́ви.** The spectators were leaving the show in droves.

4 tutu *(in ballet)* ◊ **Балери́ни були́ в чо́рних ~ка́х.** The ballerinas were wearing black tutus.

See **спідни́ця**

N. pl. **~ки́**, *G. pl.* **~о́к**

пе́вн|ий, *adj.*

1 certain, definite, some

п. + *n.* **п. моме́нт** a certain moment (**на́стрій** mood; **по́ступ** progress ◊ **У перемо́винах був п. по́ступ.** There was some progress in the negotiations. **сенс** sense; **те́рмін** period, **час** time) **~а ві́дстань** a certain distance (**ві́рогі́дність** probability, **кореля́ція** correlation; **обста́вина** circumstance, **пробле́ма** problem, **умо́ва** condition, **частота́** frequency); **~е завда́ння** a certain task (**застере́ження** reservation, **пра́вило**

rule); **~і тру́днощі** certain difficulties ◊ **Вони́ зіткну́лися з ~ими тру́днощами.** They encountered certain difficulties. ♦ **до ~ої мі́ри** to a certain extent; ♦ **~а річ** of course, certainly ◊ **Григо́рій, ~а річ, нічо́го не знає.** Hryhorii, of course, does not know anything.
2 sure, certain, confident, convinced
adv. **абсолю́тно** absolutely, **геть** totally, **ду́же** very, **по́вністю** fully, **цілко́м** completely ◊ **Вона цілко́м ~а, що діста́не контра́кт.** She is completely certain she will land the contract. **до́сить** fairly; **ма́йже** almost; **не зо́всім** not quite; ♦ **будь п.** *or* **бу́дьте ~і**, *pl.* rest assured ◊ **Бу́дьте ~і, вони́ не підведу́ть.** Rest assured they won't let you down. ♦ **ма́ти ~е о́ко** to be a good shot
prep. **п. у** + *L.* sure of sth/sb ◊ **Він здава́вся не зо́всім ~им у собі́.** He seemed to be not quite sure of himself.
See **впе́внений.** *Ant.* **дискусі́йний 2, сумні́вний**
3 confident, self-assured, firm
adv. **вира́зно** distinctly, **до́сить** fairly, **ду́же** very, **ма́йже** almost, **по́вністю** fully, **цілко́м** completely, **я́вно** obviously
п. + *n.* **п. го́лос** a firm voice (**крок** step, **тон** tone); **~а пове́дінка** self-assured conduct ◊ **Її мо́ва була́ лаконі́чною, а пове́дінка ~ою.** Her language was laconic and her conduct self-assured.
See **самовпе́внений 2.** *Also see* **впе́внений**
4 certain, inevitable, unavoidable ♦ **~а смерть** certain death
5 certain, some, indefinite, indeterminate ◊ **П. час Марко́ хова́вся.** Marko was in hiding for some time.
See **де́який 1**
6 real, right, accurate
adv. **абсолю́тно** absolutely, **найбі́льш** most, **цілко́м** completely ◊ **Мене́ ціка́влять цілко́м ~і фа́кти, а не гіпо́тези.** I am interested in completely real facts, not hypotheses.
See **пра́вильний 1, реа́льний 1**

педагогі́чн|ий, *adj.*
pedagogic(al), of or pertaining to teaching, teacher's
п. + *n.* **п. до́свід** teaching experience (**інститу́т** institute, **університе́т** university, **факульте́т** department ◊ **Їхній п. факульте́т – оди́н з найпрести́жніших у краї́ні.** Their Teachers' Department is one of the most prestigious in the country. **ме́тод** method); **~а пра́ктика** teaching internship (**психоло́гія** psychology, **спільно́та** community)

пеке́льн|ий, *adj.*
1 infernal, hellish, of hell ◊ **Його́ карти́ни населя́ють рі́жні ~і істо́ти.** Various infernal creatures populate his paintings. ◊ **Ма́рту переслі́дували ди́вні ~і ви́дива.** Marta was haunted by strange hellish visions.
2 *fig.* infernal, terrible, unbearable, intolerable ◊ **Як мо́жна щось роби́ти в такі́й ~ій спе́ці!** How can one do anything in such infernal heat! ◊ **~а пра́ця** a terrible toil; **~е життя́** an infernal life (**існува́ння** existence)
See **несте́рпний**
3 *fig.* wicked, evil, satanic, fiendish ◊ **п. план** a wicked plan

пе́кл|о, *nt., only sg.*
1 hell, the Inferno, Gehenna ◊ **Зе́ня ві́рила в існува́ння ~а.** Zenia believed that the Inferno existed.
2 *fig.* hell, suffering, misery, adversity
v. + **п. пережива́ти п.** go through hell (**влашто́вувати** + *D.* put sb through hell ◊ **Дире́ктор влаштува́в їй спра́вжнє п.** The director put her through real hell. **пізнава́ти** experience); **опиня́тися в ~і** find oneself in hell; ♦ **товкти́ся, як Ма́рко в ~і** make a lot of fuss (noise), wreak havoc ◊ **Вона́ товче́ться на ку́хні, як Ма́рко в ~і.** She wreaks havoc in the kitchen.

3 *fig.* heat ♦ **ди́хати на** + *A.* **~ом** to be furious with sb ◊ **Ні́на ди́хала на юнака́ ~ом.** Nina was furious with the young man.
See **спе́ка**

пекти́, печ|у́ть; с~, *tran. and intr.*
1 *tran.* to bake, roast
adv. **за́вжди́** always, **и́ноді** sometimes, **рі́дко** rarely, **традиці́йно** traditionally; **шви́дко** quickly
п. + *n.* **п. карто́плю** bake potatoes (**пирі́г** pie, **хліб** bread; **гу́ску** goose, **инди́ка** turkey, **ка́чку** duck, **ковбасу́** sausage, **ку́рку** chicken, **м'я́со** meat, **ши́нку** ham, *etc.*) ◊ **На Вели́кдень ма́ти ~е ши́нку.** For Easter, mother roasts ham.
pa. pple. **спе́чений** baked
See **сма́жити 1.** *Also see* **пря́жити 1.** *Cf.* **вари́ти 1, готува́ти 3**
2 *tran., fig., only impf.* to scorch *(of sun, etc.)*, burn, sear
adv. **го́стро** sharply, **ду́же** much, **інтенси́вно** intensely, **немилосе́рдно** inclemently, **несте́рпно** unbearably, **неща́дно** mercilessly ◊ **Полудне́ве со́нце неща́дно пекло́ зе́млю.** The midday sun was scorching the earth mercilessly. **пеке́льно** infernally, **серйо́зно** seriously, **си́льно** badly, **страше́нно** terribly
Also see **пали́ти 2, пря́жити 2, сма́жити 2**
3 *intr.* to burn *(of pain, wound, spices, etc.)*, hurt, cause a sharp pain ◊ **Мозолі́ на нога́х несте́рпно пекли́ її́.** The calluses on her feet hurt her unbearably. *pf.* **за~** to start burning (hurting) ◊ **Від за́паху аміа́ку в Окса́ни запекло́ в ні́здрях.** Oksana's nostrils started burning from the smell of ammonia.
Also see **ї́сти 3, куса́ти 3**
(с)пе́чи!

пе́нз|ель, *m.*, **~ля**
brush *(only for painting, makeup, etc.)*
adj. **акваре́льний** watercolor ◊ **Він подарува́в Катру́сі набі́р акваре́льних ~лів.** He gave Katrusia a set of watercolors brushes. **акри́ловий** acrylic, **олі́йний** oilpainting; **м'яки́й** soft, **вузьки́й** narrow, **тонки́й** fine; **гру́бий** thick, **пло́ский** flat, **широ́кий** broad; **волосяни́й** hair, **натура́льний** natural, **капро́новий** nylon, **синтети́чний** synthetic; **гримува́льний** makeup, **декора́торський** decorator's, **маля́рський** artist's
n. + **п. мазо́к ~ля** a brush stroke (**ро́змір** size, **фо́рма** shape; **щети́на** bristle) ◊ **Щети́на маля́рського ~ля мо́же бу́ти натура́льною чи синтети́чною.** The artist's paintbrush bristle can be natural or synthetic.
v. + **п. ми́ти п.** wash a brush ◊ **Він забу́в поми́ти ~лі, і тепе́р їх мо́жна було́ ви́кинути.** He forgot to wash the brushes and now they could be thrown away. (**суши́ти** dry); **малюва́ти** + *A.* **~лем** draw sth with a brush ◊ **Він намалюва́в по́стать тонки́м акри́ловим ~лем.** He drew the figure with a fine acrylic brush. (**нано́сити** + *A.* apply sth with ◊ **Фа́рбу слід нано́сити широ́ким ~лем.** The paint should be applied with a broad brush. **фарбува́ти** + *A.* paint sth with ◊ **Вона́ фарбува́ла тло плоски́м ~лем.** She painted the background with a flat brush.
Cf. **щі́тка**

пе́нсі|я, *f.*, **~ї**
1 pension
adj. **до́бра** good, **вели́ка** big, **значна́** considerable, **непога́на** fair ◊ **Він дістає непога́ну ~ю.** He gets a fair pension. **ще́дра** generous; **доста́тня** sufficient, **нале́жна** proper, **поря́дна** decent; **жалюгі́дна** meager, **мала́** *and* **мале́нька** small, **мініма́льна** minimal, **невідпові́дна** inadequate, **недоста́тня** insufficient, **парши́ва** *colloq.* lousy, **пога́на** bad, **скро́мна** modest; **держа́вна** state, **персона́льна** personal, **прива́тна** private; **ґаранто́вана** guaranteed, **індексо́вана** index-linked; **мі́сячна** monthly, **рі́чна́** annual, **тижне́ва** weekly

v. + **п. дістава́ти ~ю** get a pension (**ма́ти** have, enjoy ◊ **Робітники́ компа́нії ма́ли ґаранто́вану ~ю.** The company workers enjoyed a guaranteed pension. **отри́мувати** receive; **признача́ти** + *D.* award sb, **ґарантува́ти** + *D.* guarantee sb ◊ **План ґарантува́в їй поря́дну ~ю.** The plan guaranteed her a decent pension. **дава́ти** + *D.* give sb, **випла́чувати** *and* **плати́ти** + *D.* pay sb ◊ **Коли́шнім працівника́м заво́ду випла́чують нале́жні ~ї.** The former employees of the plant are paid proper pensions. **збі́льшувати** increase, **підви́щувати** raise ◊ **Наза́р сподіва́вся, що йому́ підви́щать ~ю.** Nazar hoped that his pension would be raised. **зме́ншувати** reduce, **скоро́чувати** cut; **втрача́ти** lose); **домага́тися ~ї** claim a pension (**жи́ти з** live on) ◊ **Із тако́ї мало́ї ~ї не мо́жна жи́ти.** One cannot live on such a small pension. **забезпе́чувати** + *A.* **~єю** provide sb with a pension
2 *fig.* retirement
v. + **п.** ♦ **бу́ти на ~ї** to be retired ◊ **Вона́ п'ять ро́ків як на ~ї.** She has been retired for five years. ♦ **йти на ~ю** to retire ◊ **Він пішо́в на ~ю.** He retired.
prep. **до ~ї** until retirement ◊ **Бори́с працюва́в інжене́ром до само́ї ~ї.** Borys worked as an engineer until his very retirement. **пе́ред ~єю** before retirement; **пі́сля ~ї** after retirement; **на ~ю** for retirement ◊ **Він відклада́є гро́ші на ~ю.** He puts money aside for his retirement.

перебива́|ти, ~ють; переби́ти, переб'|ю́ть, *tran.*
1 to interrupt, cut in
adj. **безцеремо́нно** unceremoniously ◊ **Мико́ла до́сить безцеремо́нно ~в її́.** Mykola interrupted her rather unceremoniously. **гру́бо** rudely, **наха́бно** brazenly, **несподі́вано** unexpectedly, **нетерпля́че** impatiently, **ра́птом** suddenly, **рі́зко** abruptly, **серди́то** angrily; **весь час** all the time ◊ **Його́ промо́ву весь час ~ли ви́гуки «ганьба́!».** All the time, his speech was interrupted by shouts of "Shame!" **за́вжди́** always, **неоднора́зо́во** repeatedly, **пості́йно** constantly, **ча́сто** often, **и́ноді** sometimes, **періоди́чно** periodically, **ча́сом** occasionally
v. + **п. бу́ти зму́шеним** have to ◊ **Я зму́шений переби́ти вас на хвили́ну.** I have to interrupt you for a moment. **нава́жуватися** dare, **не нава́жуватися** not dare ◊ **Софі́я до́вго говори́ла, але́ ніхто́ не нава́жувався її п.** Sofia spoke for a long time but nobody dared interrupt her. **не дава́ти** + *D.* not allow sb to; **намага́тися** try to, **хоті́ти** want to
Also see **перерива́ти 2, пору́шувати 2, розбива́ти 4**
2 to ruin *(of desire, sleep, etc.)*, spoil ◊ **Десе́рт пе́ред обі́дом переби́в йому́ апети́т.** The dessert before dinner spoiled his appetite.
Also see **руйнува́ти 2, псува́ти 2**
3 *intr.* to disturb, be in the way, intrude on + *inf.* ◊ **Гучни́й сміх ~в їм пере́гляд фі́льму.** Loud laughter disturbed their watching of the movie. ◊ **Вони́ ду́мали погуля́ти в па́рку, але́ дощ переби́в.** They were going to take a walk in the park, but the rain got in their way.
4 to overpower *(of smell, taste, etc.)*, prevail, suppress ◊ **Припра́ва цілко́м ~ла смак спа́ржі.** The seasoning completely overpowered the taste of the asparagus.
pa. pple. **переби́тий** interrupted
перебива́й! переби́й!

перебира́|ти, ~ють; перебра́ти, пербер|у́ть, *tran. and intr.*
1 *tran.* to sift through, look through, search through, examine
adv. **дета́льно** *or* **докла́дно** in detail, **методи́чно** methodically ◊ **Ці́лий день він методи́чно ~в ста́рі газе́ти.** All day long, he methodically sifted through old newspapers.

пові́льно slowly, **по одно́му** (**по одні́й**, *f.*) one by one, **рете́льно** thoroughly, **скрупульо́зно** scrupulously ◊ **Вона́ скрупульо́зно ~ла насі́ння.** She was sifting through the seeds scrupulously. **ува́жно** carefully, **цілко́м** completely; **недба́ло** carelessly, **неохо́че** reluctantly, **по́спіхом** hastily, **сяк-та́к** sloppily

2 *tran.* to sort out ◊ **Марі́я ~ла гре́чку, перш як вари́ти її.** Maria sorted the buckwheat out before cooking it.

3 *tran.* to finger, play with, fiddle with

adv. **машина́льно** mechanically, **не́рво́во** nervously ◊ **Оре́ста нерво́во ~ла нами́сто на гру́дях.** Oresta was nervously fiddling with the beads on her chest.

4 *intr., only impf.* to be capricious, be picky + *I.* about ◊ **На ї́хньому мі́сці я б аж так не ~в.** If I were them, I would not be quite so picky.

adv. **за́вжди́** always ◊ **Він завжди́ ~в харча́ми.** He was always picky about food. **іно́ді** sometimes, **ча́сом** occasionally; **зо́всім не** not at all, **ні́коли не** never

5 *tran., colloq.* to go overboard, overdo, go too far; drink too much

adv. **ви́разно** distinctly, **до́сить** quite, **ду́же** (very) much ◊ **Він ду́же перебра́в із компліме́нтами.** He went much too far with his compliments. **ма́йже** almost, **тро́хи** a little; **помі́тно** noticeably, **я́вно** clearly; ♦ **п. (че́рез) мі́ру** *or* **край** 1) to be too blunt, go overboard; 2) to get drunk ◊ **Він рі́дко коли́ ~в че́рез край.** He rarely ever drank too much.

Also see **передава́ти 5**

6 *tran.* to assume *(duties, etc.)*, take over, *often with* **на се́бе** ◊ **Він перебра́в (на се́бе) обо́в'язки спостеріга́ча́.** He assumed the responsibilities of an observer.

See **бра́ти 1**

7 *tran., colloq.* to change sb's clothes, dress sb as, disguise sb as ◊ **Він перебра́в немовля́.** He changed the baby's clothes.

prep. **п. в** + *A.* dress in sth ◊ **Вона́ перебра́ла хло́пчика в лі́тній костю́м.** She dressed the litte boy in a summer suit. **п. на** *or* **за** + *A.* to dress sb as sb/sth ◊ **Оле́нку перебра́ли на піра́та.** They dressed Olenka as a pirate.

pa. pple. **пере́браний** dressed as ◊ **Куме́дно ба́чити Петра́ пере́браним на бла́зня.** It is funny to see Petro dressed as a clown.

See **перевдяга́ти 1, 2**

перебира́й! переберí!

перебира́|тися; перебра́тися, *intr.*

1 to cross over, get across/over, go across ◊ **Вояки́ три годи́ни ~лися че́рез боло́то.** The soldiers took three hours to get across the swamp.

prep. **п. че́рез** + *A.* go across sth ◊ **Гру́па перебра́лася че́рез рі́чку.** The group got across the river.

Also see **перехо́дити 1**

2 move to

adv. **до́вго** for a long time, **три дні** for three days, **ти́ждень** for a week ◊ **Лісо́вські ~лися на нову́ кварти́ру ці́лий ти́ждень.** It took the Lisovskys a whole week to move to a new apartment. **зго́дом** eventually, **ма́йже** almost, **наре́шті** finally; **незаба́ром** soon, **шви́дко** quickly

prep. **п. з** + *G.* **до** *G.* to move from *(a place)* to *(a place)* ◊ **Торі́к Оле́сь перебра́вся з Жито́мира до Черка́с.** Last year, Oles moved from Zhytomyr to Cherkasy. **п. на** + *A.* to *(a place)* ◊ **Вони́ хо́чуть п. на Поді́л.** They want to move to the Podil *(district of Kyiv)*.

See **переї́жджа́ти 2**

3 to change *(clothes)*

prep. **в** + *A.* change into sth ◊ **Анато́лій перебра́вся у ро́бо́чий о́дяг.** Anatolii changed into his work clothes. **п. на** *or* **за** + *A.* dress as sb, disguise as sb ◊ **На маскара́д вона́ перебра́лася за** *or* **на черни́цю.** She dressed as a nun for the masquerade.

See **перевдяга́тися 2**

переби́|ти, *pf., see* **перебива́ти**

to interrupt ◊ **Тепе́р Іри́на ~ла сестру́ втре́тє.** Now Iryna interrupted her sister for the third time.

пере́біг, *m.*, ~у, *only sg.*

course *(of events)*, progression, flow, succession

adj. **блискави́чний** precipitous ◊ **блискави́чний п. поді́й** a precipitous course of developments; **карколо́мний** breakneck, **швидки́й** quick; **неочі́куваний** unanticipated, **непередба́чуваний** unforeseen, **несподі́ваний** unexpected, **рапто́вий** sudden; **звича́йний** usual; **пові́льний** slow, **розмі́рений** measured; **пода́льший** further

п. + *n.* **п. бо́ю** the course of a battle (**війни́** war, **во́єнних дій** hostilities; **поді́й** developments, **повста́ння** uprising; **ду́мок** thinking ◊ **Мела́нія не розумі́ла п. його́ ду́мо́к.** Melaniia did not understand the course his thinking took. **зу́стрічі** meeting ◊ **Нічо́го тако́го в ~у зу́стрічі не ста́лося.** Nothing special happened in the course of the meeting. **навча́ння** studies, **перемо́вин** negotiations; **лікува́ння** treatment, **хворо́би** illness)

v. + **п. визнача́ти п.** determine a course ◊ **Сканда́л ви́значив п. ви́борчої кампа́нії.** The scandal determined the course of the election campaign. (**виріша́вати** decide, **диктува́ти** dictate, **змі́нювати** change ◊ **Поді́я зміни́ла п. політи́чних проце́сів в краї́ні.** The event changed the course of the political processes in the country. **поверта́ти вспак** reverse ◊ **Дикта́тор сподіва́вся поверну́ти вспак п. істо́рії.** The dictator hoped to reverse the course of history. **скеро́вувати** direct; **вплива́ти на** influence) ◊ **Вони́ нама́галися впли́нути на п. розсте́ження.** They tried to influence the course of the investigation. **іти́ за ~ом** follow a course ◊ **За́мість то́го, щоб іти́ за ~ом поді́й, він волі́в визнача́ти його́.** Instead of following the course of events, he preferred to determine it.

prep. **в ~у** + *G.* in the course of sth ◊ **Вона́ знайшла́ ці́нні докуме́нти у ~у дослі́джень.** She found valuable documents in the course of her research.

Also see **хід 5**

перебі́льшен|ня, *nt.*

exaggeration ◊ **У її ве́рсії поді́й було́ пе́вне п. ро́лі студе́нтів.** There was a certain exaggeration of the students' role in her account of events.

adj. **вели́ке** great, **величе́зне** huge, **ґроте́скне** grotesque, **гру́бе** gross, **надмі́рне** excessive, **цілкови́те** complete; **зуми́сне** *and* **навми́сне** deliberate; **наха́бне** brazen; **очеви́дне** obvious, **я́вне** clear; **зрозумі́ле** understandable; **неви́нне** innocent ◊ **П. здава́лося Ната́лі цілко́м неви́нним.** The exaggeration seemed entirely innocent to Natalia. **де́яке** *and* **пе́вне** certain, **мале́ньке** little, **невели́ке** slight

v. + **п. бу́ти схи́льним до п.** be prone to exaggeration ◊ **Він схи́льний до ~ь.** He is prone to exaggeration. (**вдава́тися до** resort to)

prep. **без п.** without exaggeration; ♦ **не бу́де ~ням сказа́ти, що** it is no exaggeration to say that ◊ **Не бу́де ~ням сказа́ти, що ця кни́жка ста́ла для них відкриття́м.** It is no exaggeration to say that the book became a discovery for them.

перебі́льши|ти, *pf., see* **перебі́льшувати**

to exaggerate, inflate ◊ **Кремль я́вно ~в число́ свої́х я́дерних боєголо́вок.** The Kremlin obviously exaggerated the number of its nuclear warheads.

перебі́льшу|вати, ~ють; перебі́льш|ити, ~ать, *tran.*

1 to exaggerate

adv. **гру́бо** grossly, **ду́же** greatly ◊ **Він ду́же ~є.** He is greatly exaggerating. **цілкови́то** completely; **зуми́сно** *and* **навми́сно** deliberately, **свідо́мо** consciously ◊ **Вони́ свідо́мо перебі́льшили показники́.** They inflated the indicators consciously. **наха́бно** brazenly; **очеви́дно** obviously, **я́вно** clearly; **де́що** somewhat, **трі́шки** slightly, **тро́хи** a little

v. + **п. бу́ти ле́гко** be easy to ◊ **Зна́чення поді́ї ле́гко перебі́льшити.** It is easy to exaggerate the significance of the event. **люби́ти** like to; **нама́гатися** try to ◊ **Він говори́в про ава́рію, мага́ючись не п.** He spoke of the accident, trying not to exaggerate.

2 to surpass, exceed

adv. **дале́ко** far ◊ **Га́ннина коле́кція дале́ко перебі́льшила ї́хні сподіва́ння.** Hanna's collection far exceeded their expectations. **ду́же** greatly, **зна́чно** considerably, **цілко́м** completely; **де́що** somewhat

See **переви́щувати**

pa. pple. **перебі́льшений** exaggerated

перебі́льшуй! перебі́льш!

перебра́|ти, *pf., see* **перебира́ти**

to sift through; take over, *etc.* ◊ **У ду́мка́х генера́л ~в усі́ можли́ві причи́ни пора́зки.** In his thoughts, the general sifted through all possible reasons for the defeat.

перебра́|тися, *pf., see* **пребира́тися**

to cross over; move to, *etc.* ◊ **Ка́тря ~лася на нове́ поме́шкання.** Katria moved into a new apartment. ◊ **Прийшо́вши зі шко́ли, Юрко́ шви́дко ~вся до вече́рі.** On returning from school, Yurko quickly changed for dinner.

перебува́нн|я, *nt., only sg.*

1 being, stay, staying ◊ **п. в в'язни́ці** incarceration, ◊ **п. в університе́ті** university studies, university work, ◊ **п. за кордо́ном** stay abroad, ◊ **п. під на́глядомполі́ції** being under police surveillance

2 stay *(in a city, country)*, visit, stop-over

adj. **все** entire, **коро́тке** brief, **тимчасо́ве** temporary; **неви́значене** indefinite; **до́вге** long, **трива́ле** lengthy; **дводе́нне** two-day, **тижне́ве** week-long, **мі́сячне** month-long; **випадко́ве** accidental, **незаплано́ване** unplanned; **захо́пливе** exciting, **прие́мне** pleasant; **незабу́тнє** unforgettable, **па́м'ятне** memorable

v. + **п. продо́вжувати п.** extend one's stay ◊ **Васи́ль продо́вжив п. в Жито́мирі ще на день.** Vasyl extended his stay in Zhytomyr for another day. (**скоро́чувати** shorten, **перерива́ти** interrupt) ◊ **Че́рез роди́нні обста́вини Лари́са перерва́ла п. у Гре́ції.** For family reasons, Larysa interrupted her stay in Greece. **насоло́джуватися ~ям** enjoy one's stay

prep. **під час** *or* **про́тягом п.** during stay ◊ **Про́тягом п. за кордо́ном вони́ листува́лися.** They corresponded during their stay abroad.

перебува́|ти[1], ~ють; *no impf., intr.*

1 to be, be situated, find oneself ◊ **Він ~в у батькі́в.** He was at his parents'. ♦ **п. у ста́ні** + *G.* be in a state of *(emotion)* ◊ **Вона́ ~ла у ста́ні ейфо́рії.** She was in a state of euphoria.

See **бу́ти 1, розташо́вуватися 1.** *Also see* **знахо́дитися 3, пиша́тися 4, пробува́ти 1, розміща́тися 2, стоя́ти 2**

2 to stay, remain ◊ **У яко́му готе́лі ~є Іва́н?** What hotel is Ivan staying at?

Also see **пробува́ти 1.** *Cf.* **зупиня́тися 2**

перебува́й!

перебува́|ти[2], ~ють; перебу́ти, перебу́д|уть, *tran.*

to visit *(many places, cities, etc.)* ◊ **За два ти́жні Миха́йло перебу́в у десятьо́х міста́х пі́вдня Украї́ни.** Over two weeks, Mykhailo visited ten cities in the south of Ukraine.

See **відві́дувати 1**

перебува́|ти[3], **~ють; перебу́ти, перебу́д|уть**, *tran.*
to pull through, weather, ride out ◊ **Мандрівники́ перебули́ зли́ву в печéрі.** The travelers weathered the downpour in a cave.
adv. **ле́две** scarcely, **наси́лу** barely; **ле́гко** easily, **ди́вом** *or* **чу́дом** miraculously; **невідо́мо як** nobody knows how, **я́кось** somehow
п. + *n.* **п. бу́рю** weather a storm (**дощ** rain, **зли́ву** downpour, **него́ду** bad weather, **сніг** snow, **хо́лод** cold; **епіде́мію** epidemic; **війну́** war) ◊ **Вони́ перебули́ війну́ за кордо́ном.** They rode the war out abroad.

перебу́|ти[1], *pf., see* **пребува́ти**[2]
to visit *(many places)*, stay in, tour ◊ **У Галичи́ні так бага́то ціка́вих мiсте́чок, що треба́ мі́сяць, щоб п. в усі́х.** There are so many interesting towns in Galicia that one needs a month to visit all of them.

перебу́|ти[2], *pf., see* **пребува́ти**[3]
to weather, *etc.* ◊ **У них доста́тньо води́, щоб п. посу́ху.** They have enough water to pull through the drought.

перева́|га, *f.*
1 advantage, asset, strong point, plus
adj. **абсолю́тна** absolute ◊ **Він мав абсолю́тну ~гу над супе́рниками.** He had an absolute advantage over his rivals. **важли́ва** important, **вели́ка** big, **величе́зна** enormous, **виріша́льна** decisive, **значна́** considerable, **серйо́зна** serious, **цілкови́та** complete; **дрібна́** slight, **мале́нька** *or* **невели́ка** small, **незначна́** insignificant, **непомі́тна** unnoticeable; **вира́зна** distinct, **помі́тна** noticeable, **незапере́чна** undeniable, **очеви́дна** obvious, **я́вна** clear; **несправедли́ва** unfair, **сумні́вна** dubious; **тимчасо́ва** temporary; **відно́сна** relative, **порі́вняна** comparative; **додатко́ва** additional, **особли́ва** special, **потенці́йна** potential; **реа́льна** real; **спі́льна** mutual ◊ **Єди́ний ри́нок став для цих краї́н спі́льною ~гою.** The common market became a mutual advantage for these countries. **особи́ста** personal; **практи́чна** practical, **теорети́чна** theoretical; **ви́борча** electoral ◊ **Підтри́мка профспіло́к дава́ла їй ви́борчу ~у над супе́рником.** The trade union support gave her electoral advantage over her rival. **військо́ва** military, **економі́чна** economic, **мора́льна** moral, **осві́тня** educational, **політи́чна** political, **психологі́чна** psychological, **техні́чна** technical, **технологі́чна** technological, **фіна́нсова** financial ◊ **Нова́ валю́та ма́ла фіна́нсову ~гу над старо́ю.** The new currency had financial advantage over the old one.
v. + **п. ма́ти ~гу** have an advantage (**дава́ти** + *D.* give sb; **здобува́ти** gain ◊ **Фі́рма здобула́ економі́чну ~гу на ри́нку.** The firm gained an economic advantage on the market. **дістава́ти** get, **отри́мувати** get)
prep. **п. над** + *I.* advantage over sb/sth ◊ **вели́ка п. над конкуре́нтами** a great advantage over competitors
Also see **дивіде́нд 2, плюс 2, пози́тив 2.** *Ant.* **ва́да, мі́нус 3, недо́лік, нега́тив 2**
2 superiority ◊ **Він говори́в із відчуття́м ба́тьківської ~ги.** He was speaking with a feeling of paternal superiority.
3 preference ♦ **віддава́ти ~гу** + *D.* to give sb/sth preference, prefer sth ◊ **В о́пері він віддава́в ~гу Берліо́зові.** When it came to opera, he gave preference to Berlioz.
Also see **воли́ти 1**

перевдяга́|ти, ~ють; перевдягн|у́ти, *var.* **перевдягти́, ~у́ть**, *tran.*
1 to change sb's clothes
adv. **крадькома́** stealthily; **нега́йно** immediately, **за́раз же** at once; **ча́сто** often ◊ **Вона́ ча́сто ~є хво́рого в чи́сту біли́зну.** She often changes the patient's underwear. **шви́дко** quickly
prep. **п. в** + *L.* change into sth
2 to disguise sb as, dress sb as + *I.* ◊ **Оле́ну перевдягну́ли хло́пцем.** They dressed Olena as a boy.
adv. **крадькома́** stealthily; **майсте́рно** skillfully; **навми́сне** deliberately, **спеція́льно** especially
prep. **п. за** *or* **на** + *A.* dress sb as sb/sth ◊ **Ю́рка перевдягну́ли на лі́каря.** They dressed Yurko as a doctor.
pa. pple. **перевдя́гнений**, *var.* **перевдя́гнутий** dressed
перевдяга́й! перевдягни́!
Also see **перебира́ти 7**

перевдяга́|тися; перевдягну́тися, *var.* **перевдягти́ся**, *intr.*
1 to change *(clothes)*
prep. **п. в** + *L.* change into sth ◊ **Пі́сля робо́ти він ~вся в буде́нний о́дяг.** After work, he changed into casual clothes.
2 to dress as, disguise as + *I.* ◊ **Що́би злякáти його́, О́ля перевдягну́лася упирéм.** To scare him, Olia dressed as a vampire.
v. + **п. бу́ти тре́ба** + *D.* need to ◊ **На бал Лю́ді тре́ба перевдягну́тися в костю́м.** Liuda needs to dress in a costume for the ball. **виріша́ти** decide to, **збира́тися** be going to, **ма́ти на́мір** have the intention to; **ма́ти** have to, be supposed to; **хоті́ти** want to; **змушувати** + *A.* make sb, **каза́ти** + *D.* tell sb to ◊ **Ма́ти сказа́ла їм перевдягну́тися.** Mother told them to change. **проси́ти** + *A.* ask sb to
prep. **п. в** + *A.* change into sth; **п. за** *or* **на** + *A.* ◊ **На вечі́рку го́сті ма́ли перевдягну́тися за геро́їв Ви́шні.** The guests were supposed to dress as Vyshnia's characters for the party.
Also see **перебира́тися 3**

перевдягну́|ти, *pf., see* **перевдяга́ти**
to change sb's clothes, *etc.* ◊ **Тама́ру ~ли принце́сою.** They dressed Tamara as a princess.

перевдягну́|тися, *pf., see* **перевдяга́тися**
to change one's clothes, *etc.* ◊ **О́ля була́ така́ сто́млена, що ле́две змогла́ п. в хала́т.** Olia was so tired she could barely change into a bathrobe.

перевез|ти́, *pf., see* **перево́зити**
to transport, *etc.* ◊ **Робітники́ ~у́ть ме́блі в понеді́лок.** The workers will move the furniture on Monday.

переве|сти́, *pf., see* **перево́дити**
to take across, *etc.* ◊ **Хло́пець переві́в незря́чого че́рез ву́лицю.** The boy took the blind man across the street.

переви́щи|ти, *pf., see* **переви́щувати**
to exceed, *etc.* ◊ **Температу́ра ~ла сто гра́дусів.** The temperature exceeded a hundred degrees.

переви́щу|вати, ~ють; переви́щ|ити, ~ать, *tran.*
to exceed, surpass
adv. **дале́ко** far, **ду́же** greatly, **зна́чно** considerably, **куди́** *colloq.* far, **су́ттєво** substantially, **цілко́м** completely; **вдво́є** *or* **вдві́чі** two times, **втро́є** *or* **втри́чі** three times, **вп'я́теро** *or* **у п'ять разі́в** five times ◊ **(За) терито́рією мі́сто Вара́ш у п'ять разі́в ~є село́ Жолу́дськ.** The territory of the city of Varash exceeds the village of Zholudsk five times. **де́що** somewhat, **дещи́цю** *colloq.* slightly, **тро́хи** a little; **весь час** all the time; **загало́м** generally; **звича́йно** usually, **послідо́вно** consistently, **регуля́рно** regularly, **типо́во** typically, **ча́сто** often; **і́ноді** sometimes, **рі́дко** rarely; **зо́всім не** not at all, **ніко́ли не** never, **нія́к не** in no way; **несподі́вано** unexpectedly, **ра́птом** suddenly ◊ **На́дя ра́птом переви́щила дозво́лену шви́дкість.** Nadia suddenly exceeded the speed limit.
п. + *n.* **п. ви́могу** exceed a requirement (**вла́ду** authority, **но́рму** norm, **рі́вень** level, **сподіва́ння** expectations, **супе́рника** rival
prep. **п.** + *I. or* **за** + *I.* exceed in sth ◊ **Він ~є супе́рників за тала́нтом.** *or* **Він ~є супе́рників тала́нтом.** He exceeds his rivals in talent.
pa. pple. **переви́щений** surpassed
переви́щуй! переви́щи!
Also see **перехо́дити 7**

переві́ри|ти, *pf., see* **перевіря́ти**
to verify, *etc.* ◊ **Пе́ред польо́том піло́тів ~ли на алкого́ль у кро́ві.** Before the flight, the pilots were checked for alcohol in their blood.

переві́ри|тися, *pf., see* **перевіря́тися**
to get verified, *etc.* ◊ **Вона́ ~лася на відхи́лення зо́ру.** She got tested for vision abnormalities.

переві́р|ка, *f.*
1 verification, inspection, checkup; audit
adj. **додатко́ва** additional, **звича́йна** ordinary, **незале́жна** independent, **об'єкти́вна** objective, **форма́льна** formal; **докла́дна** detailed, **рете́льна** thorough ◊ **Рете́льна п. шко́ли не ви́явила пору́шень.** The thorough inspection of the school failed to reveal violations. **суво́ра** strict; **вичерпна** exhaustive, **всеохо́пна** comprehensive, **зага́льна** general, **масшта́бна** extensive, **по́вна** full, **цілкови́та** complete, **я́кісна** high-quality; **коро́тка** brief, **побі́жна** cursory, **поверхо́ва** superficial; **несподі́вана** unexpected; **обов'язко́ва** mandatory; **кварта́льна** quarterly, **періоди́чна** periodic, **поета́пна** step-by-step ◊ **Поета́пна п. фі́рми зайняла́ мі́сяць.** The step-by-step audit of the firm took up a month. **пості́йна** constant, **регуля́рна** regular, **річна́** yearly, **рути́нна** routine, **щоде́нна** daily, **щотижне́ва** weekly, **щомі́сячна** monthly, **щорі́чна** annual; **відпові́дна** adequate, **задові́льна** satisfactory; **ке́пська** poor, **пога́на** bad, **фікти́вна** fake, fictitious; **експеримента́льна** experimental, **емпіри́чна** empirical; **ба́нкова** bank, **податко́ва** tax, **фіна́нсова** financial; **науко́ва** scientific, **практи́чна** practical
п. + *n.* **п. да́них** verification of data (**бага́жу** baggage, **докуме́нтів** documents ◊ **п. докуме́нтів** a verification of documents; **результа́тів** results, **робо́ти** work, **фа́ктів** facts); ♦ **п. раху́нків** audit, review of accounts
v. + **п. організо́вувати ~ку** organize an inspection (**прово́дити** carry out ◊ **Гру́па провела́ ~ку компа́нії.** The group carried out an audit of the company. **роби́ти** make ◊ **Він ро́бить періоди́чні ~ки.** He makes periodic inspections. **почина́ти** start; **продо́вжувати** continue; **закі́нчувати** complete; **прохо́дити** undergo ◊ **Він пройшо́в рути́нни ~ку.** He underwent a routine checkup. **віддава́ти на** submit for) ◊ **Да́ні відда́ли на ~ку.** The data was submitted for verification. **вимага́ти ~ки** require inspection (**потребува́ти** need, **зазнава́ти** be subjected to, **чека́ти** expect; **готува́тися до** prepare for) ◊ **Фі́рма готу́ється до ~ки.** The firm is preparing for an audit. **піддава́ти** + *A.* **~ці** subject sth to verification ◊ **Компа́нію пі́ддали́ незале́жній ~ці.** The company was subjected to an independent audit.
2 roll call
adj. **вечі́рня** evening, **звича́йна** usual, **рути́нна** routine
v. + **роби́ти ~ку** do a roll call ◊ **На поча́тку ле́кції виклада́ч зроби́в ~ку студе́нтів.** At the start of the lecture, the instructor did a student roll call. (**встига́ти на** make it to, **запі́знюватися на** be late for ◊ **Він запізни́вся на вечі́рню ~ку.** He was late for the evening roll call. **пропуска́ти** miss)

перевіря́|ти, **~ють; переві́р|ити, ~ять**, *tran.*
1 to verify, check, examine. inspect; make sure
adv. **до́бре** well ◊ **Вона́ до́бре переві́рила, чи за́мкнені ві́кна і две́рі.** She checked well that the windows and doors are locked. **додатко́во** additionally, **методи́чно** methodically, **об'єкти́вно** objectively, **рете́льно** thoroughly, **скрупульо́зно** scrupulously, **суво́ро** strictly, **сумлі́нно** diligently, **ува́жно** carefully ◊ **Рома́н ува́жно переві́рив умі́ст валі́зи.** Roman carefully checked the contents of the suitcase. **за́вжди** always; **поета́пно** step-by-step, **пості́йно** constantly, **реґуля́рно** regularly; **ле́гко** easily, **про́сто** simply; **щодня́** daily, **щоти́жня** weekly, **щомі́сяця** monthly, **щоро́ку** annually; **нале́жно** adequately; **задові́льно** satisfactorily; **ке́псько** poorly, **пога́но** badly; **форма́льно** formally; **експеримента́льно** experimentally, **емпі́рично** empirically, **науко́во** scientifically, **практи́чно** practically
v. + **п. бу́ти ва́рто** be worth ◊ **Ва́рто переві́рити її тве́рдження.** It is worth verifying her assertions. **бу́ти слід** + *D.* should, **бу́ти тре́ба** + *D.* need to ◊ **Їм тре́ба переві́рити її кваліфіка́цію.** They need to verify her credentials.
2 to grade *(written assignments, etc.)*, mark, assess, correct ◊ **Він нена́видів п. студе́нтські і́спити.** He hated grading students' exams.
adv. **вже** already, **наре́шті** finally; **недба́ло** negligently, **по́спіхом** hastily; **рете́льно** thoroughly, **пові́льно** slowly, **шви́дко** quickly
v. + **п. бу́ти тре́ба** + *D.* need to ◊ **Їй тре́ба п. впра́ви.** She needs to grade exercises. **встига́ти** have the time to ◊ **Він усти́г переві́рити всі те́сти.** He had time to grade all the tests. **поспіша́ти** be in a hurry to; **почина́ти** begin, **закі́нчувати** finish ◊ **Він закінчи́в все п.** He finished grading everything.
Also see **оці́нювати 2**
3 to test for, analyze for, probe for
prep. **п. на** + *A.* test for sth ◊ **Лаборато́рія пості́йно ~є во́ду на токси́ни.** The laboratory constantly tests the water for toxins.
pa. pple. **переві́рений** checked, tested, graded
перевіря́й! переві́р!

перево́д|ити, **~ять; перевести́, переведу́ть**, *tran.*
1 to take across, lead across ◊ **Вона́ чека́ла, щоби хтось її переві́в.** She waited for somebody to walk her across.
adv. **обере́жно** carefully, **пові́льно** slowly, **поква́пно** hurriedly, **шви́дко** quickly
prep. **п. че́рез** + *A.* take across sth ◊ **Ста́рший пан попроси́в її перевести́ його́ че́рез ву́лицю.** An elderly gentleman asked her to take him across the street.
2 switch to *(mechanism, etc.)*, change to, reset
prep. **п. на** + *A.* switch to sth ◊ **Він забу́в перевести́ годи́нник на лі́тній час.** He forgot to reset the clock to the daylight savings time.
♦ **п. дух** *or* **по́дих** 1) to catch one's breath ◊ **Вона́ зупини́лася, щоб перевести́ дух.** She stopped to catch her breath. 2) to take a short break; ♦ **не п. ду́ху** *or* **по́диху** with all one's force, without stopping ◊ **Лев жа́дібно їв, не ~ячи по́диху.** Lev ate greedily without stopping.
3 to transfer, move, transplant ◊ **Їх незаба́ром переведу́ть до військо́вого шпита́лю.** They will soon be transferred to a military hospital.
adv. **ле́гко** easily; **вре́шті-ре́шт** eventually, **наре́шті** finally ◊ **Ма́рченка наре́шті перевели́ на нове́ мі́сце пра́ці.** Marchenko was finally transferred to a new place of work. **остато́чно** ultimately; **наси́лу** barely; **нега́йно** immediately, **тут же** right away, **ско́ро** *or* **шви́дко** quickly; **обере́жно** carefully; **про́сто** simply; **поступо́во** gradually; **пря́мо** directly; **тимчасо́во** temporarily, **успі́шно** successfully
prep. **п. на** + *A.* transfer to sth ◊ **Він переві́в малю́нок із папе́ру на ткани́ну.** He transferred the drawing from paper to fabric.
4 to switch to *(attention, etc.)*, direct to, shift to ◊ **Гриць зроби́в спро́бу перевести́ обгово́рення на пита́ння, які́ ціка́вили його́.** Hryts made an attempt to shift the discussion to issues that were of interest to him. ♦ **п. на жарт(и)** to laugh sth off ◊ **Вона́ хоті́ла перевести́ на жарт необа́чно ки́нуте заува́ження.** She wanted to laugh off the carelessly dropped remark.
Also see **зверта́ти 4**
5 to waste, squander, throw away
adv. **безрезульта́тно** fruitlessly, **безповоро́тно** irrevocably, **без то́лку** *colloq.* pointlessly, **дарма́** *and* **даре́мно** in vain ◊ **Він даре́мно ~ив гро́ші в кази́ні, нічо́го не виграючи́.** He was squandering money at the casino without winning anything. **ма́рно** uselessly, ♦ **п. життя́** to wreck one's life ◊ **Цей шлюб переві́в їй усе́ життя́.** This marriage wrecked her whole life.
6 to remit *(money)*, send, transfer + *D.*
prep. **п. на** + *A.* transfer to *(account)* ◊ **Він переві́в на раху́нок шістсо́т ти́сяч гри́вень.** He transferred ₴600,000 to the account.
Also see **перека́зувати 3**
pa. pple. **переве́дений** transferred
перево́дь! переведи́!

перево́з|ити, **перево́жу, ~ять; перевез|ти́, ~у́ть**, *tran.*
to transport, take over, take across, ferry, haul, move ◊ **Тиміш заробля́є тим, що ~ить ме́блі.** Tymish makes his living by hauling furniture.
adv. **вже** already, **наре́шті** finally ◊ **Соше́нки наре́шті перевезли́ свої́ ре́чі на нове́ поме́шкання.** The Soshenkos finally moved their things to the new apartment. **майже** almost, **наси́лу** barely; **нелеґа́льно** illegally ◊ **Він ~ить чужи́нців че́рез кордо́н нелега́льно.** He transports foreigners across the border illegally. **обере́жно** carefully; **до́вго** long, **пові́льно** slowly; **поква́пно** hurriedly, **шви́дко** quickly, **я́кось** somehow
prep. **п. че́рез** + *A.* transport across *(space)* ◊ **Поро́м перевезе́ вас че́рез прото́ку.** The ferry will take you across the strait.
pa. pple. **переве́зений** transported
перево́зь! перевези́!
Cf. **перено́сити 1**

переганя́|ти, **~ють; перегна́ти, пережен|у́ть**, *tran.*
1 to pass, leave behind, outrun, surpass
adv. **шви́дко** quickly ◊ **Він шви́дко перегна́в супе́рника.** He quickly passed his rival. **поступо́во** gradually; **майсте́рно** skillfully; **вже** already, **вре́шті-ре́шт** eventually, **наре́шті** finally; **пості́йно** constantly ◊ **Доро́гою до Лу́цька їх пості́йно ~ли і́нші маши́ни.** On the way to Lutsk, they were constantly passed by other cars. **щохвили́ни** every minute; **ніко́ли не** never, **нія́к не** in no way
Also see **об'їжджа́ти 2.** *Ant.* **відстава́ти 1**
2 to drive over, herd, corral
prep. **п. до** + *G.* drive over to *(a space)* ◊ **Ове́ць перегна́ли до заго́ну.** The sheep were herded over to the pen. **п. на** + *A.* drive to *(a space)* ◊ **Пасту́х перегна́в корі́в на нову́ лу́ку.** The shepherd drove the cows to a new meadow. **п. че́рез** + *A.* drive across sth
3 to pump *(liquid, etc.)*, force through, drive ◊ **Се́рце ~є жи́лами кров.** The heart pumps blood through arteries.
4 to distill, refine, purify ◊ **Горі́лку тут ~ли із зерна́.** Vodka was distilled from grain here.
pa. pple. **пере́гнаний** driven over; distilled
переганя́й! пережени́!

пере́гляд, *m.*, **~у**
1 examination, scrutiny, review, perusal
adj. **докла́дний** detailed, **методи́чний** methodical, **рете́льний** thorough, **ува́жний** careful; **побі́жний** cursory, **поверхо́вий** superficial, **форма́льний** formal, **шви́дки́й** quick
п. + *n.* **п. газе́т** a perusal of newspapers (**запро́шень** invitations, **кореспонде́нції** correspondence, **по́шти** mail) ◊ **П. по́шти зайня́в годи́ну.** The perusal of mail took an hour.
v. + **п. почина́ти п.** begin a review (**продо́вжувати** continue; **зупиня́ти** stop, **перерива́ти** interrupt; **закі́нчувати** finish) ◊ **Інспе́ктор закінчи́в п. докуме́нтів.** The inspector finished the examination of the documents.
2 viewing, screening
adj. **закри́тий** closed, **пе́рший** first, **прива́тний** private ◊ **Вони́ ходи́ли на прива́тний п. ново́ї карти́ни Бондарчука́.** They went to a private screening of Bondarchuk's new film. **ко́нкурсний** competition, **театра́льний** theatrical, **фестива́льний** festival, **відкри́тий** open, **публі́чний** public;
п. + *n.* **п. кінофі́льму** the viewing of a film (**ви́ставки** exhibition, **поста́ви** production, **виста́вки** performance)
v. + **п. влашто́вувати п.** arrange a viewing ◊ **Для них влаштува́ли окре́мий п.** A separate viewing was arranged for them. (**організо́вувати** organize, **прово́дити** hold ◊ **Фестива́льні ~и прово́дитимуть у мультипле́ксі.** The festival screenings will be held in a multiplex. **запро́шувати** + *A.* **на** invite sb to) ◊ **Режисе́р запроси́в її на закри́тий п. фі́льму.** The director invited her to the closed screening of his film.
3 revision, reassessment, change
adj. **зага́льний** general, **всеохо́пний** comprehensive; **серйо́зний** serious, **докорі́нний** radical; **терміно́вий** urgent
п. + *n.* **п. ви́сновків** a revision of conclusions (**до́говору** agreement, **зобов'я́зань** responsibilities, **результа́тів** results, **умо́в** terms)
v. + **п. піддава́ти** + *A.* **~у** subject sth to a revision ◊ **Він вимага́в підда́ти уго́ду ~у.** He demanded that the agreement be subjected to a revision.

перегляда́|ти, **~ють; перегля́н|ути, ~уть**, *tran.*
1 to look through, look over, go through ◊ **Пе́ред ле́кцією він рете́льно перегля́нув свої́ за́писи.** Before the lecture, he thoroughly looked through his notes.
See **передивля́тися 1**
2 to see *(film, etc.)*, watch ◊ **Го́сті перегля́нули програ́му із заціка́вленням.** The guests watched the program with interest.
See **диви́тися 1, передивля́тися 2**
3 to review, revise
adv. **докла́дно** in detail, **пи́льно** closely, **рете́льно** thoroughly, **стара́нно** assiduously, **сумлі́нно** diligently, **ува́жно** carefully ◊ **О́льга ува́жно ~є текст.** Olha is carefully reviewing the text.
4 to reassess, re-evaluate, change
adv. **всеохо́пно** comprehensively, **загало́м** in general ◊ **Вони́ загало́м ~ють чи́нні підхо́ди до набо́ру ка́дрів.** They reassess the current approaches to personnel recruitment in general. **неуни́кно** inevitably, **обов'язко́во** definitely; **глибо́ко** profoundly, **докорі́нно** radically, **серйо́зно** seriously, **фундамента́льно** fundamentally; **нега́йно** immediately, **терміно́во** urgently
п. + *n.* **п. ви́сновки** revise conclusions (**до́говір** agreement, **зобов'я́зання** responsibilities, **по́гляди** views, **при́нципи** principles, **результа́ти** results, **умо́ви** terms)
v. + **п. бу́ти тре́ба** + *D.* need to, **бу́ти слід** should ◊ **Ви́сновки слід серйо́зно перегля́нути.** The conclusions should be seriously revised. **збира́тися** be going to, **планува́ти** plan to; **почина́ти** begin to, **ста́ти** *pf.* start ◊ **Ткач став**

п. свої́ переконáння. Tkach started reassessing his convictions. **продóвжувати** continue to; **закíнчувати** finish, **переставáти** stop; **намагáтися** try to; **пропонувáти** + *D.* suggest that sb; **хотíти** want to
pa. pple. **перегля́нутий** reviewed, *etc.*
переглядáй! перегля́нь!

перегля́ну|ти, *pf., see* переглядáти
to look through, *etc.* ◊ **Вонá ~ла свою настанóву до людськóї сексуáльности.** She revised her attitude to human sexuality.

перегнá|ти, *pf., see* переганя́ти
to pass, surpass; drive over, *etc.* ◊ **Микóла лéгко ~в Остáпа.** Mykola easily passed Ostap.

переговóр|и, ~ів, *only pl.*
1 negotiation(s), talks
adj. **дóвгі** long, **затяжнí** protracted, **тривáлі** lengthy; **вáжкі** difficult, **делікáтні** delicate, **нелегкí** tough, **складнí** complex; **інтенсúвні** intense; **серйóзні** serious; **завершáльні** concluding, **постíйні** constant, **прикінцéві** final, **прямí** direct, **тепéрішні** current; **вдáлі** *and* **успíшні** successful; **безплíдні** fruitless, **мáрні** futile, **невдáлі** unsuccessful; **закулíсні** behind-the-scenes ◊ **Прéса нíчóго не знáла про закулíсні п. між двомá ýрядами.** The press knew nothing about the behind-the-scenes talks between the two governments. **конфіденційні** confidential, **таємні** secret; **двосторóнні** bilateral, **багатосторóнні** multilateral, **міжнарóдні** international; **мúрні** peace, **торгóві** trade; **дипломатúчні** diplomatic, **політúчні** political
v. + **п. вестú п.** conduct negotiations ◊ **Мінíстр вів делікáтні п.** The minister conducted delicate talks. (**очóлювати** lead; **ініціювáти** initiate, **починáти** start; **віднóвлювати** resume, **продóвжити** *only pf.* restart, **продóвжувати** continue; **зупиня́ти** stop, **перериáти** interrupt; **закíнчувати** conclude; **відкладáти** put off, **затя́гувати** delay; **унеможлúвлювати** make impossible, **усклáднювати** complicate; **підтрúмувати** support ◊ **Кúїв підтрúмує п. між двóма краї́нами.** Kyiv supports the talks between the two countries. **вступáти в** enter; **погóджуватися на** agree to) ◊ **Він погóдився на п. з вóрогом.** He agreed to a negotiation with the enemy. **запобігáти ~ам** prevent a negotiation (**перешкоджáти** be in the way of ◊ **Передумóви перешкоджáють успíшним ~ам.** Preconditions are in the way of successful negotiations. **сприя́ти** promote); **брáти ýчасть у ~ах** take part in a negotiation
п. + *v.* **відбувáтися** take place ◊ **П. відбулúся у трéтій краї́ні.** The talks took place in a third country. **починáтися** start, **продóвжуватися** continue; **зупиня́тися** stop, **перериáтися** be interrupted, **віднóвлюватися** resume, **закíнчуватися** conclude; **провáлюватися** fail ◊ **П. провалúлися.** The talks failed. **бýти успíшними** be a success
prep. **в** *and* **на ~ах** in negotiations ◊ **Вонá зáраз на ~ах.** She is now in negotiations. **під час ~ів** during negotiations; **шляхóм ~ів** through negotiations ◊ **Конфлíкт розв'язáли шляхóм ~ів.** The conflict was solved through negotiations. **п. з** + *I.* talks with sb; **п. між** + *I.* talks between sb ◊ **складнí п. між Брюсéлем і Лóндоном** tough talks between Brussels and London; **п. навкóло** + *G.* talks on sth ◊ **п. навкóло умóв пóзики** talks on the terms of the loan; **п. про** + *A.* talks about sth ◊ **п. про скорóчення наступáльних озбрóєнь** the offensive arms reduction talks
2 conversation, talk, phone call ◊ **телефóнні п.** a phone conversation; ◊ **У ті часú переговóри з Канáдою трéба булó замовля́ти заздалегíдь.** In those days, one needed to book a phone call to Canada ahead of time.
See **розмóва**

перегóн|и, ~ів, *only pl.*
race, competition, contest
adj. **велúкі** big, **вáжкі** hard, **виснáжливі** grueling; **жінóчі** women's, **чоловíчі** men's; ♦ **марафóнські п.** a marathon; **автомобíльні** car, **велосипéдні** bicycle, **кíнні** horse, **мотоциклéтні** motorbike, **собáчі** dog
v. + **п. влаштóвувати п.** arrange a race ◊ **Вонú влаштувáли велосипéдні п.** They arranged a bicycle race. (**організóвувати** organize, **провóдити** hold; **вигравáти** win ◊ **Дружúна вúграла п'ять виснáжливих ~ів.** The team won five grueling races. **програвáти** lose); **брáти ýчасть у ~ах** take part in a race ◊ **У ~ах взялó ýчасть двáдцять автомобíлів.** Twenty cars took part in the race.
prep. **на ~ах** in a race; **п. на** + *A.* a race *(of a certain distance, etc.)* ◊ **п. на велúку дистáнцію** a long-distance race; ◊ **п. на дéсять кілометрів** a 10-km race; **п. на** + *L.* a race *(by means of transportation)* ◊ **п. на собáках** a sled dog race (**верблю́дах** camel ◊ **Вонú бáчили п. на верблю́дах.** They saw a camel race. **кóнях** horse, **машúнах** car, *etc.*); ◊ **п. на Кýбок Єврóпи** a European Cup race

пéред, *var.* пéреді *(only before* мнóю*), prep.*
1 *(relations of place)* in front of sb/sth, before sb/sth + *I., rarely* + *A.* ◊ **П. хáтою є парк.** There is a park in front of the house. ◊ **Усíм скáзано постáти п. суддéю.** Everybody is told to appear before the judge. ♦ **п. нóсом в** + *G.* under sb's nose ◊ **Кажáн пролетíв у ньóго п. нóсом.** The bat flew right under his nose.
Also see **попередý 5**
2 to sb + *I.* ◊ **Вíктор скáржиться п. брáтом.** Viktor complains to his brother; **сповідáтися** *or* **признавáтися п.** + *I.* to confess to sb; ◊ **Він звітýє п. вибóрцями.** He reports to his electorate.
3 *(relations of time)* ahead of sb/sth, in store for sb + *I.* ◊ **П. юнакóм булó велúке майбýтнє.** A great future lay in store for the youth.
4 compared to sb/sth, against the backdrop of sb/sth + *I.* ◊ **Він безпорáдний п. такóю потýгою.** He is helpless in the face of such might.
5 *(priority in time)* before sb/sth, prior to sb/sth, earlier than sb ◊ **Ми приї́хали п. нúми.** We arrived before them. ◊ **Він повторúв весь матеріял п. íспитом.** He reviewed all the material before the exam. ♦ **п. тим** earlier ◊ **Він бувáв у цьóму селí п. тим.** He had been to the village earlier.
Also see **над 6**
6 *as past time indication* ago + *I.* ◊ **Він п. годúною бáчив цю жíнку на рúнку.** He saw the woman in the market an hour ago.
Also see **напередóдні 2**

пéрéд, *m.,* ~у
front, fore, forepart ◊ **Будúнок стоя́в ~ом до пáрку, а зáдом до вýлиці.** The building stood with its front to the park and its back to the street.
п. + *n.* **п. будúнку** the front of a house (**кíмнáти** room; **коня́** horse, **людúни** person; **скульптýри** sculpture; **фотéлю** armchair, **шáфи** wardrobe; **автóбуса** bus, **лíтакá** airplane, **пóтяга** train); ♦ **на самóму** *or* **самíм ~і** at the very front; ♦ **вестú п.** 1) to lead ◊ **Фíрма ведé п. у нових технолóгіях.** The firm is leading in new technologies. 2) to prevail, win ◊ **Він вів п.** He was winning. ♦ **повертáтися ~ом до** + *G.* to turn one's front to sb/sth ◊ **Тоді актóр повертáється ~ом до глядачá.** Then the actor turns his front to the spectator.
Ant. **зад 1, 2, тил 1**

переда|вáти, ~ю́ть; ~ти, ~м, ~сú, ~сть, ~мó, ~стé, ~дýть, *tran.*
1 to hand over, transfer, pass on, turn over; send, consign; hand in
adv. **прямо** directly; **вже** already, **нарéшті** finally; **лéгко** easily; **мáйже** almost; **негáйно** immediately, **зáраз же** right away ◊ **Кур'éр зáраз же ~в йомý накáз.** The courier handed him the order right away. **швúдко** quickly; **обережно** carefully ◊ **Він обережно ~в Олéні склянку винá.** He carefully handed a glass of wine over to Olena. **остатóчно** conclusively, **поступóво** gradually; **прóсто** simply; **тимчасóво** temporarily ◊ **Вонá тимчасóво ~сть обóв'язки заступникові.** She will temporarily turn her responsibilities over to her deputy. **успíшно** successfully; **формáльно** formally; **частúнно** in part, **цілкóм** completely; ♦ **п.** + *D.* **у спáдщину** to bequeath to sb ◊ **Він ~в будúнок у спáдщину сестрí.** He bequeathed his house to his sister.
2 to communicate, convey, tell, relay ◊ **Олéкса мав ~ти ї́м новинý.** Oleksa was to communicate the news to them. ♦ **п. вітáння** *or* **привíт** + *D.* **від** + *G.* to give one's regards to sb ◊ **~вáй від мéне вітáння батькáм.** Give my regards to your parents.
3 to transmit, broadcast, air
adv. **автоматúчно** automatically, **електрóнно** electronically ◊ **Сигнáл ~ють електрóнно.** The signal is transmitted electronically. **за кордóн** abroad; **постíйно** constantly, **реґулярно** regularly, **чáсто** often; **інóді** sometimes, **час від чáсу** from time to time
п. + *n.* **п. дáні** transmit data (**інфóрмáцію** information; **концéрт** concert, **мýзику** music ◊ **Стáнція ~є мýзику.** The station airs music. **новúни** news, **передáчу** show, **прогнóз погóди** weather forecast, **прогрáму** program)
4 to reproduce, recreate, copy; express
adv. **достовíрно** truthfully, **перекóнливо** convincingly, **реалістúчно** realistically; **впрáвно** aptly, **дóбре** well, **майстéрно** masterfully ◊ **Картúна майстéрно ~є атмосфéру подíї.** The painting masterfully reproduces the atmosphere of the event. **доклáдно** in detail, **тóчно** accurately ◊ **Йогó перéклад тóчно ~є двознáчність оригінáлу.** His translation accurately reproduces the ambiguity of the original.
See **виражáти.** *Also see* **відображáти 1**
5 to overdo, go overboard ◊ **Що стосýється емóцій, то Петрó я́вно ~в.** In what concerns emotions, Petro clearly went overboard.
See **перебирáти 5**
pa. pple. **пéреданий** transmitted, handed over
передавáй! передáй!

передá|ти, *pf., see* передавáти
to hand over, *etc.* ◊ **На час відпýстки керівнúк аґéнції ~в повновáження заступниці.** For the duration of his vacation, the agency director handed his authority over to his (female) deputy.

передáч|а, *f.,* ~і
1 transfer, handing over, transferral ◊ **П. землí селя́нам відкладáлася.** The transfer of land to peasants was being postponed.
adj. **оперативна** prompt, **швидкá** quick; **повíльна** slow, **поступóва** gradual; **пóвна** full, **часткóва** partial; **тимчасóва** temporary, **формáльна** formal
v. + **п. здíйснювати ~у** conduct a transfer ◊ **~у збíжжя здíйснювали у три етáпи.** The grain transfer was conducted in three stages. (**організóвувати** organize, **провóдити** carry out)
2 broadcast *(TV, radio)*, transmission, show
adj. **аналітúчна** analytical, **дитя́ча** children's, **інформаційна** information, news, **культýрна** culture, **літератýрна** literary, **мистéцька** arts, **музúчна** music, **політúчна** political, **релігíйна** religious, **театрáльна** theater; **мерéжева** Internet; **постíйна** constant, **реґуля́рна** regular, **щодéнна** daily, **щотижнéва** weekly; **ранкóва** morning, **дéнна** afternoon, **вечíрня** evening; **захóплива** captivating, **популя́рна** popular, **улю́блена** favorite; **нецікáва** dull, **нуднá** boring; **цікáва** interesting; ♦ **рáдіопередáча** a radio show, ♦ **тéлепередáча** a TV show ♦ **п. у пря́мому етéрі** a live broadcast
v. + **п. дивúтися ~у** watch a show (**слýхати**

listen to ◊ **Вонá слýхала ранкóву ~у новúн.** She listened to the morning newscast. **робúти** do, **знімáти** film, **запúсувати** record; **приймáти** receive; **глушúти** jam; **накрýчувати** *colloq.* shoot, **робúти** make, **ствóрювати** create, **фільмувáти** film; **вестú** *and* **провáдити** host, **передавáти** air, **транслювáти** broadcast ◊ **~у транслювáтимуть нажúво.** The program will be broadcast live. **покáзувати** show, **представля́ти** *or* **презентувáти** present; **згортáти** scrap, **скасóвувати** cancel ◊ **Новý ~у скасувáли.** The new program was canceled. **спонсорувáти** sponsor) ◊ **~у спонсорýє Спілка новинарів.** The program is sponsored by the Association of Journalists.
prep. **в ~і** in a broadcast ◊ **У ~і два інтерв'ю.** There are two interviews in the show. **п. про** + *A.* a broadcast on sth ◊ **п. про результáти вúборів** a broadcast on the election results
Also see **вúпуск 3, прогрáма 2**
3 parcel, package *(usu of food, clothes, etc.)* ◊ **Я мáю для вас ~у з Кúєва.** I have a package from Kyiv for you.
4 *techn.* transmission, drivetrain, powertrain, gearing ◊ **зубчáста п.** a tooth gearing, ◊ **ланцюгóва п.** a chain drive, ◊ **пáсова п.** a belt drive gearing
v. + **п. перемикáти ~у** shift gears ◊ **Інстрýктор навчúв її перемикáти ~і.** The instructor taught her to shift gears.

передбачá|ти, ~ють; передбáч|ити, ~ать, *tran.*

1 to predict, foresee; anticipate, expect
adv. **вірогíдно** plausibly ◊ **Новúй алгорúтм дозволя́є вірогíдно п. погóду на мíсяць.** The new algorithm allows one to predict the weather plausibly for a month. **надíйно** reliably, **прáвильно** correctly, **успíшно** successfully; **геніáльно** brilliantly ◊ **Він геніáльно передбáчив крúзу.** He brilliantly predicted the crisis. **лéгко** easily; **далéко наперéд** well in advance; **доклáдно** accurately, **тóчно** precisely; **неправильно** incorrectly, **хúбно** wrongly; **наукóво** scientifically, **резóнно** reasonably, **я́сно** clearly
п. + *v.* **бýти неможлúво** be impossible to, **бýти тя́жко** be difficult to ◊ **Її реáкцію тя́жко передбáчити.** Her reaction is difficult to anticipate. **бýти мóжливо** be possible to; **бýти в змóзі** be capable of ◊ **Вонú у змóзі п. грóзи далéко наперéд.** They are capable of predicting thunderstorms well in advance. **бýти у стáні** be able to, **могтú** can; **намагáтися** try to, **прáгнути** strive to, **робúти спрóбу** attempt to; **дозволя́ти** + *D.* allow sb to, **допомагáти** + *D.* help sb to ◊ **Дáні допомоглú передбáчити епідéмії.** The data helped them predict the epidemic.
Also see **гадáти**[2]
2 *only impf.* to depend on, be contingent on, be conditional on ◊ **Успíх ініціятúви ~в підтрúмку громáди.** The success of the initiative was contingent on community support.
See **залéжати**
pa. pple. **передбáчений** foreseen
передбачáй! передбáч!

передбáчен|ня, *nt.*

prediction, forecast, prognosis, projection
adj. **вдáле** *and* **успíшне** successful, **дóбре** good, **надíйне** reliable, **обґрунтóване** well-grounded, **оптимістúчне** optimistic; **впéвнене** confident, **ризикóве** risky, **смілúве** bold; **прáвильне** correct, **тóчне** accurate; **конкрéтне** specific, **наукóве** scientific, **поінформóване** informed, **твердé** firm; **безпідстáвне** groundless ◊ **Вонá не звертáє увáги на безпідстáвні п. черговóї крúзи.** She pays no attention to groundless predictions of another crisis. **непрáвильне** incorrect, **хúбне** wrong; **невтíшне** disheartening, **погáне** bad, **понýре** grim, **похмýре** gloomy, **страшнé** terrible, **сумнé** sad
v. + **п. робúти п.** make a prediction (**пропонувáти** + *D.* offer sb ◊ **Математúк пропонýє наукóві п.** The mathematician offers scientific prognoses. **підтвéрджувати** confirm; **висмíювати** ridicule; **відкидáти** reject, **спростóвувати** repudiate, **стáвити під сýмнів** question) ◊ **Слід постáвити під серйóзний сýмнів п. цьóго аналíтика.** This analyst's predictions should be seriously questioned.
п. + *v.* **збувáтися** come true ◊ **Її ~ь так і не збулúся.** Her predictions never came true.
prep. **всýпереч ~ням** contrary to predictions; **незважáючи на п.** despite predictions; **сéред ~ь** amid predictions ◊ **Заснóвники починáли спрáву сéред ~ь неунúкного банкрýтства.** The founders were starting the business amid predictions of unavoidable bankrupcy.
Also see **прогнóз**

передбáчи|ти, *pf., see* передбачáти

to predict, *etc.* ◊ **Такóго поворóту подíй ніхтó не ~в.** Nobody foresaw such a turn of events.

передивú|тися, *pf., see* передивля́тися

to look through, go through, *etc.* ◊ **Готуючись до семінáру, викладáчка ~лася свої попередні нотáтки.** Preparing for the seminar, the (female) instructor looked through her previous notes.

передивля́|тися, ~ються; передив|úтися, ~люся, ~ишся, ~ляться, *tran.*

1 to look through, go through, leaf through
adv. **пúльно** studiously, **ретéльно** thoroughly, **старáнно** assiduously, **увáжно** carefully ◊ **Він увáжно ~вся старí мáпи.** He was carefully looking through the old maps. **повíльно** slowly, **швúдко** quickly; **недбáло** carelessly, **неохóче** reluctantly, **побíжно** cursorily, **поверхóво** superficially
v. + **п. бýти необхíдно** be necessary to, **бýти трéба** + *D.* need to ◊ **Їй трéба за день передивúтися всі заяви.** She needs to go through all the applications in one day. **встигáти** have the time to, **змогтú** *pf.* manage to, **могтú** can, **спромагáтися** contrive to; **дýмати** intend to ◊ **Павлó думáв швúдко передивúтися пóшту і пітú спáти.** Pavlo intended to quickly look through his mail and go to bed. **намагáтися** try to; **починáти** begin; **продóвжувати** continue; **закíнчувати** finish) ◊ **Вонá закінчúла п. папéри настýпного дня.** She finished going through the papers the following day.
Also see **переглядáти 1**
2 to see, view, watch *(a great deal of sth)* look through ◊ **Вонú ~ються десятки фíльмів.** They watch dozens of films. ◊ **Він передúвиться всі папéри.** He will look through all the papers.

перéдн|ій, *adj.*

front, leading, first
п. + *n.* **п. бік** the front side (**край** edge, **ряд** row); ♦ **п. край оборóни** *mil.* the first line of defense; ♦ **п. план** a foreground, forefront ◊ **П. план її композúції фактúчно порóжній.** The foreground of her composition is effectively empty. **~я пáрта** a front desk ◊ **Марýся сидíла за ~ьою пáртою.** Marusia sat at the front desk. (**половúна** half, **стінá** wall); **~є сидíння** a front seat; ♦ **~є слóво** a preface, introduction; **~і двéрі** front door; **~і нóги** forelegs
Ant. **зáдній 1, 2**

передплáт|а, *f.*

1 subscription
adj. **квартáльна** quarterly, **мíсячна** monthly, **рíчнá** yearly, **шестимíсячна** six-month; **безкоштóвна** free, **оплáчена** paid; **прóбна** trial ◊ **двотижнéва безкоштóвна прóбна п.** a two-week free trial subscription; **газéтна** newspaper, **журнáльна** magazine, **мерéжева** Internet; **індивідуáльна** individual, **інституцíйна** institutional, **колектúвна** group ◊ **знúжка на колектúвну ~у** a discount for a group subscription
v. + **п. оплáчувати ~у** pay for a subscription ◊ **Усí їхні журнáльні та газéтні ~и оплáчуватиме компáнія.** All their magazine and newspaper subscriptions will be paid for by the company. (**дарувáти** + *D.* give sb ◊ **Дрýзі подарувáли їй рíчну ~у на «Кíно-Кóло».** Her friends gave her a one-year subscription to *Kino-Kolo*. **пропонувáти** + *D.* offer sb, **діставáти** get, **отрúмувати** receive; **понóвлювати** renew; **заморóжувати** suspend, **припиня́ти** stop, **скасóвувати** cancel) ◊ **Лíда скасувáла ~у газéти.** Lida canceled her newspaper subscription. **вимагáти ~и** require a subscription.
prep. **п. на** + *A.* a subscription to/for sth ◊ **п. на «Кур'єр»** a subscription to the *Courier*
2 advance payment ◊ **Кнúжку мóжна купúти за ~ою.** The book can be purchased by advanced payment.
See **авáнс.** *Also see* **оплáта, плáта**

передплатú|ти, *pf., see* передплáчувати

to subscribe, *etc.* ◊ **Михáйло ~ть новý літератýрну сéрію.** Mykhailo will subscribe to the new literary series.

передплáтник, *m.*; передплáтниця, *f.*

subscriber
adj. **новúй** new; **дáвній** long-time, **постíйний** constant, **реґуля́рний** regular; **вíдданий** devoted; **випадкóвий** accidental
п. + *n.* **п. газéти** a newspaper subscriber (**журнáлу** magazine, **канáлу** channel, **пóслуги** service, **часóпису** periodical)
v. + **п. бýти ~ом** be a subscriber (**виявля́тися** turn out; **лишáтися** remain ◊ **Сім рóків Олéкса лишáється вíдданим ~ом часóпису.** Oleksa remains a devoted subscriber to the periodical for seven years. **ставáти** become)

передплáчу|вати, ~ють; передплат|úти, передплачý, ~ять, *tran.*

to subscribe to
adv. **зáвждú** always, **звичáйно** usually, **реґуля́рно** regularly, **традицíйно** traditionally, **щорóку** every year ◊ **Давúд щорóку ~є два журнáли.** Davyd subscribes to two magazines every year. **вже** already; **негáйно** immediately; **залюбкú** gladly; **неохóче** reluctantly
v. + **п. бýти трéба** + *D.* need to ◊ **Йомý трéба передплатúти телеканáл з новúнами.** He needs to subscribe to a TV news channel. **збирáтися** be going to, **мáти нáмір** have an intention to, **хотíти** want to; **рáдити** + *D.* advise sb to; **починáти** begin to; **продóвжувати** go on; **переставáти** stop
prep. **п. на** + *A.* subscribe for *(time period)* ◊ **Лев передплатúв пóслугу на шість мíсяців.** Lev subscribed to the service for six months.

передчáсн|ий, *adj.*

1 premature, preterm, untimely
п. + *n.* **~а вíдставка** a premature resignation (**дитúна** baby, **смерть** death) ◊ **Йогó ~а смерть стáла шóком для багатьóх.** His untimely death became a shock to many.
Also see **завчáсний 1**
2 *fig.* rash, hasty, ill-considered, impulsive ◊ **п. вúсновок** a hasty conclusion; ◊ **~е рíшення** a premature decision
adv. **вирáзно** distinctly, **дóсить** fairly, **цілкóм** completely, **я́вно** clearly ◊ **Такúй крок здавáвся йомý я́вно ~им.** Such a step seemed to him to be clearly hasty.

передчáсно, *adv.*

1 prematurely ◊ **Дитúна народúлася трóхи п.** The baby was a little premature.
Also see **завчáсно 1**

2 *fig.* rashly, impulsively ◊ **Дипломати́чні відно́сини було́ розі́рвано п.** The diplomatic relations were broken rashly.

передчува́|ти, ~ють; передчу́|ти, ~ють, *tran.*
to have a presentiment, forebode, have misgivings; anticipate
adv. **ви́разно** distinctly ◊ **Тимі́ш ви́разно ~в, що має́ тра́питися щось пога́не.** Tymish had a distinct presentiment that something bad was about to happen. **я́сно** clearly; **пра́вильно** correctly; **нія́к не** in any/no way
п. + *n.* **п. ава́рію** have a presentiment of an accident (**авіятро́щу** aircrash, **біду́** misfortune ◊ **Да́на ~ла біду́.** Dana foreboded a misfortune. **катастро́фу** disaster, **невда́чу** failure, **фія́ско** fiasco, **щось не те** something wrong, **щось пога́не** something bad; **ві́дповідь** response, **запере́чення** objection, **реа́кцію** reaction) ◊ **На́дя пра́вильно передчу́ла його́ реа́кцію.** Nadia correctly anticipated his reaction.
v. + **п. могти́** can; **почина́ти** begin ◊ **Він поча́в п. щось не те.** He began to feel that something was wrong.
Also see **чу́ти 4**

передчу́|ти, *pf., see* **передчува́ти**
to have a presentiment, *etc.* ◊ **Ві́ра ~ла сумни́й кіне́ць ціє́ї істо́рії.** Vira anticipated the sad finale of this story.

передчут|тя́, *nt.*
presentiment, foreboding, misgiving; anticipation
adj. **ви́разне** distinct ◊ **Він мав ви́разне п., що план прова́литься.** He had distinct misgivings that the plan would be a failure. **вперте** stubborn, **глибо́ке** deep, **невідсту́пне** relentless, **си́льне** strong; **жахли́ве** horrible, **мо́торошне** macabre, **найгі́рше** worst, **неприє́мне** unpleasant, **пога́не** bad, **похму́ре** grim, **страшне́** terrible, **те́мне** dark ◊ **Ка́трю пересліду́вали те́мні п.** Katria had been haunted by dark forebodings.
v. + **п. ма́ти п.** have a foreboding; **позбува́тися п.** get rid of a foreboding ◊ **Вона́ не могла́ позбу́тися си́льного п., що її обійшли́.** She could not get rid of a strong foreboding that she had been overlooked. **керуватися ~тя́м** be driven by a foreboding ◊ **Він не міг дозво́лити собі́ керува́тися ~тями.** He could not allow himself to be driven by premonitions.
п. + *v.* **збува́тися** come true ◊ **Збува́лися його́ найгі́рші п.** His worst misgivings were coming true. **не покида́ти** + *A.* not to leave sb ◊ **Зі́ну не покида́ло похму́ре п., що вони́ не поба́чаться бі́льше.** A grim presentiment that they would not see each other again would not leave Zina. **пересліду́вати** + *A.* haunt sb
G. pl. **~ті́в**

пережива́н|ня, *nt.*
1 experience, experiencing
adj. **естети́чне** esthetic ◊ **До́брий акто́р пови́нен посіда́ти зда́тність до естети́чного п. своє́ї ро́лі.** A good actor has to possess the capacity of experiencing his part in an esthetic way. **катарти́чне** cathartic, **худо́жнє** artistic
2 *usu pl.* feeling, sensation, emotion ◊ **Кни́жка ви́кликала в Марка́ вир супере́чливих ~ь.** The book provoked a whirlwind of contradictory emotions in Marko.
adj. **незабу́тні** unforgettable, **незнайо́мі** unfamiliar, **нові́** new; **глибо́кі** profound ◊ **Гра Бу́чми виклика́ла в них глибо́кі п.** Buchma's acting provoked profound emotions in them. **го́стрі** acute, **поту́жні** powerful, **си́льні** strong, **травмати́чні** traumatic, **тяжкі́** heavy
п. + *v.* **оволоді́вати** + *I.* take a hold of sb, **охо́плювати** + *A.* grip sb ◊ **Іва́на охопи́ли го́стрі п.** Ivan was gripped by acute emotions.
See **емо́ція, почуття́ 1, при́страсть 1**

пережива́|ти, ~ють; пережи́ти, пережив|у́ть, *tran.*
1 to outlive, live longer than, outlast ◊ **Вона́ пережила́ трьох чолові́ків.** She outlived three husbands.
adv. **зна́чно** significantly, **набага́то** much ◊ **Її поколі́ння набага́то пережило́ Сове́тський Сою́з.** Her generation has lived much longer than the Soviet Union. **надо́вго** for a long time
2 to last through, survive, endure ◊ **Він пережи́в важку́ тра́вму.** He survived a severe trauma.
adv. **ва́жко** badly ◊ **Вона́ ду́же ва́жко ~ла каранти́н.** She had a very hard time enduring the quarantine. **ле́гко** easily; **все-таки́** still, **ди́вом** *or* **чу́дом** miraculously, **одна́к** nevertheless, **я́кось** somehow ◊ **Вона́ я́кось пережила́ дві ві́йни.** She somehow survived two wars.
See **вижива́ти 1**
3 to experience, undergo, live through, go through; suffer ◊ **Здава́лося, що вони́ пережили́ яки́йсь групови́й екста́з.** They seemed to have experienced some kind of group ecstasy.
п. + *n.* **п. відчуття́** experience a sensation (**втра́ту** loss ◊ **Оре́ста стра́шно ~ла втра́ту дру́га.** Oresta suffered terribly from the loss of her friend. **дра́му** drama, **екста́з** ecstasy, **потрясі́ння** shock, **прозрі́ння** epiphany, **страх** fear, **траге́дію** tragedy; **еволю́цію** evolution, **змі́ну** change, **пері́од** period ◊ **У XVIII ст. мі́сто пережило́ зане́пад.** In the 18th century, the city went through decline. **револю́цію** revolution; **зане́пад** decline, **золоти́й вік** golden age
See **зазнава́ти 2.** *Also see* **дові́дуватися 3, куштува́ти 2, перено́сити 6, пізнава́ти 2**
4 to worry, be concerned
prep. **п. за** + *A.* worry about sb/sth ◊ **Найбі́льше він ~в за си́на.** He worried about his son the most.
See **жури́тися 2.** *Also see* **клопота́тися 4, непоко́їтися, турбува́тися 1, хвилюва́тися 1**
5 to relive, experience again
adv. **в уя́ві** in one's imagination, **зно́ву** again ◊ **В уя́ві Оле́г зно́ву ~в жах того́ на́паду.** In his imagination, Oleh relived again the horror of that attack. **поново́му** in a new way, **ще раз** once more
pa. pple. **пережи́тий** experienced
пережива́й! пережи́й!

пережи́|ти, *pf., see* **пережива́ти**
to outlive, *etc.* ◊ **Він ~ве́ росі́йську окупа́цію й забу́де її, як кошма́р.** He will outlive the Russian occupation and forget it like a nightmare.

переї́жджа́|ти, ~ють; переї́хати, переї́д|уть, *tran. and intr.*
1 *tran.* to go over/through *(by vehicle)*, drive over/through, get over/through, cross
adv. **вже** already, **вре́шті-ре́шт** eventually, **наре́шті** finally; **нега́йно** immediately, **операти́вно** promptly, **за́раз же** right away, **шви́дко** quickly ◊ **Вони́ шви́дко переї́хали на лі́вий бе́рег Дніпра́.** They quickly drove over to the left bank of the Dnipro. **неква́пно** without haste, **пові́льно** slowly; **ма́йже** almost
v. + **п. ква́питися** be in a hurry to ◊ **Рома́н ква́пився переї́хати мі́сто до годи́ни пік.** Roman was in a hurry to get across the city before the rush hour. **змогти́** *pf.* manage to ◊ **Вони́ змогли́ переї́хати го́ри за три годи́ни.** They managed to cross the mountains in three hours. **могти́** can, **намага́тися** try to, **про́бувати** attempt to
prep. **п. че́рез** + *A.* drive across sth ◊ **Вони́ переї́хали че́рез пусте́лю.** They drove across a desert.
Also see **пересіка́ти 1, перетина́ти 2, проїжджа́ти 1, прони́зувати 2.** *Cf.* **перехо́дити 1**
2 *intr.* to move, relocate ◊ **Павлюки́ давно́ переї́хали.** The Pavliuks relocated long ago.
adv. **вже** already, **зго́дом** eventually, **наре́шті** finally; **незаба́ром** soon; **поета́пно** in stages ◊ **Не ма́ючи фурго́на, він му́сив п. поета́пно.** Not having a van, he had to move in stages. **поступо́во** gradually; **нега́йно** immediately, **шви́дко** quickly; **неохо́че** reluctantly
v + **п. бу́ти змúшеним** be forced to ◊ **Він зму́шений п.** He is forced to relocate. **бу́ти тре́ба** + *D.* need to, **му́сити** have to; **виріша́вати** decide to, **збира́тися** be going to, **плануа́ти** plan to, **хоті́ти** want to; **переко́нувати** + *A.* persuade sb to
prep. **п. в** + *A.* move to *(a city, house)* ◊ **Шко́ла переї́хала в нове́ приміщення.** The school moved to a new building. **п. з** + *G.* **до** + *G.* move from *(a place)* to *(a place)* ◊ **Че́рез робо́ту Миро́н ча́сто ~є з мі́ста до мі́ста.** Because of his work, Myron often moves from city to city. **п. на** + *A.* move to *(a place)* ◊ **Вони́ ~ють на нову́ кварти́ру.** They are moving to a new apartment.
Also see **перебира́тися 2**
3 *tran., colloq.* to run over *(of a car, etc.)* ◊ **Її ма́ло не переї́хав яки́йсь божеві́льний.** Some kind of madman almost ran her over.
переїжджа́й! переї́дь!

пере́їзд, *m.,* **~у**
crossing *(for vehicles)*, railroad crossing
adj. **відкри́тий** open, **заблоко́ваний** blocked, **закри́тий** closed; **залізни́чний** railroad ◊ **За ма́пою, тут мав бу́ти залізни́чний п.** According to the map, there was supposed to be a railroad crossing here.

пере́їзд, *m.,* **~у**
1 passage, transit, movement, crossing
adj. **важки́й** difficult, **висна́жливий** grueling, **небезпе́чний** dangerous; **легки́й** easy; **безконе́чний** endless, **до́вгий** long, **трива́лий** lengthy; **пові́льний** slow, **швидки́й** quick; **нічни́й** night; ◊ **Нічни́й п. че́рез степ ви́явився швидки́м.** The night passage through the steppe proved quick. ♦ **бу́ти** *and* **бува́ти ~ом** to pass through *(a city)* ◊ **Він бува́в у Ві́дні лише́ ~ом.** He was in Vienna only in transit.
Cf. **пере́хід 2**
2 move *(to a new apartment)*, relocation ◊ **Він готува́вся до ~у на нове́ поме́шкання.** He was getting ready for his move to a new apartment.

переї́ха|ти, *pf., see* **переїжджа́ти**
to move, relocate, *etc.* ◊ **Торі́к вони́ ~ли до Глу́хова.** Last year, they moved to Hlukhiv.

перей|ти́, *pf., see* **перехо́дити**
to go across, walk across, cross, *etc.* ◊ **Військá ~шли́ рі́чку.** The troops have crossed the river.

пере́каз, *m.,* **~у**
1 rendition, account, narration *(oral)*
adj. **да́вній** age-old, **стари́й** old; **докла́дний** detailed, **істори́чний** historical ◊ **Ми зна́ємо про це пле́м'я з істори́чних ~ів.** We know about this tribe from historical accounts. **правди́вий** faithful, **послідо́вний** sequential, **хронологі́чний** chronological; **ненаді́йний** unreliable, **спотво́рений** distorted, **сумні́вний** questionable; **епі́чний** epic, **наро́дний** popular; ♦ **п. від пе́ршої (тре́тьої) осо́би** a first- (third-) person account; ♦ **відо́мий із ~ів** known from accounts ◊ **Мітологі́чний геро́й відо́мий з епі́чних ~ів.** The mythological character is known from epic accounts.
v. + **п. вивча́ти ~и** study accounts (**збира́ти** collect, **зна́ти** know, **чу́ти** hear) ◊ **Вона́ вже чу́ла п. тих поді́й.** She already heard an account of those events.
2 legend, tale, story, ♦ **за ~ами, ...** it is said that ◊ **За ~ами, апо́стол Андрі́й благослови́в це мі́сце.** Apostle Andrew is said to have blessed the place.
3 remittance, money order ◊ **пошто́вий п.** a postal order
prep. **п. в** *or* **на** + *A.* a remittance of *(sum)*;

п. від + *G.* a remittance from sb ◊ **Він отри́мав від батькі́в п. у** *or* **на ти́сячу гри́вень.** He got a remittance of ₴1,000 from his parents.
4 paraphrase *(of text, etc.)*, recap ◊ **Він загадáв студентáм підготувáти п. тéксту.** He assigned the students to prepare a recap of the text.

переказá|ти, *pf., see* **перекáзувати**
to recount, relate, narrate, recap ◊ **Тамáра ~ла їм зміст листá з** *or* **по пáм'яті.** Tamara recounted the content of the letter from memory to them.

перекáз|увати, **~ють; переказáти**, **~ý**, **перекáж|уть**, *tran.*
1 to convey *(information, sb's words, etc.)*, pass on, relay, communicate, tell ◊ **Войтéнко перекáже вам нові умóви кóнкурсу.** Voitenko will relay to you the new terms of the competition.
adv. **детáльно** in detail; **кóротко** briefly, **сти́сло** succinctly; **непомíтно** unnoticeably, **таємно** secretly; **шви́дко** quickly, **я́кось** somehow
v. + **п. змогти́** *pf.* manage to ◊ **Він не зміг переказáти воякáм нака́з.** He did not manage to communicate the order to the soldiers. **забувáтися** forget to, **мáти** have to, be supposed to; **могти́** can, **намагáтися** try to, **проси́ти** + *A.* ask sb to ◊ **Вíктор проси́в менé переказáти вам, що конферéнцію відклáли.** Viktor asked me to tell you that the conference was postponed. ♦ **п.** + *D.* **вітáння** to give sb one's regards ◊ **Вам перекáзує вітáння Петрó.** Petro sends you his regards. ♦ **п. на словáх** to tell ◊ **Лéся переказáла йому́ вкáзівки на словáх.** Lesia told him the instructions. ♦ **п. своїми словáми** to put sth in one's own words ◊ **Ви мóжете переказáти дóповідь своїми словáми?** Can you recap the report in your own words?
2 to retell, tell over again, recap ◊ **Студéнти мáли переказáти текст у трьох ýступах.** The students were supposed to recap the text in three paragraphs.
adv. **детáльно** in detail; **кóротко** briefly, **сти́сло** succinctly; **своїми словáми** in one's own words; **зáраз же** right away
v. + **п. бýти готóвим** be prepared to, **бýти трéба** + *D.* need to; **люби́ти** like to; **знáти, як** know how to ◊ **Фáня знáє, як цікáво переказáти істóрію.** Fania knows how to retell a story in an interesting way. **проси́ти** + *A.* ask sb to
3 to transfer *(money)*, wire, remit + *D.* to sb
adv. **вже** already, **нарéшті** finally; **невідклáдно** without delay, **негáйно** immediately, **терміно́во** urgently, **зáраз же** right away, **шви́дко** quickly; **раз на ти́ждень** once a week, **реґуля́рно** regularly; **врядиго́ди** every now and then, **и́ноді** sometimes, **чáсом** at times
v. + **п. квáпитися** be in a hurry to; **мáти** be supposed to ◊ **Помічни́к мав п. їй потрíбну сýму грóшей.** The assistant was supposed to transfer the required sum of money to her. **могти́** can, **обіця́ти** + *D.* promise sb to; **вимагáти** demand to ◊ **Áвтор вимагáє зáраз же переказáти йому́ гонорáр.** The author demands that the royalty be transferred to him right away. **доручáти** + *D.* charge sb with ◊ **Їй доручи́ли переказáти грóші до бáнку.** She was charged with transferring the money to the bank. **проси́ти** + *A* ask sb to
prep. **п. до** + *G.* transfer to sb/sth
Also see **перевóдити 6**
pa. pple. **перекáзаний** communicated; remitted
перекáзуй! перекажи́!

перéклад, *m.*, **~у**
translation, interpretation
adj. **адеквáтний** adequate, **неадеквáтний** inadequate; **еквівалéнтний** equivalent, **нееквівалéнтний** non-equivalent ◊ **П. ідіóм чáсто вихóдить нееквівалéнтним.** Translation of idioms often turns out to be non-equivalent. **буквáльний** verbatim, **дослíвний** literal; **бездогáнний** flawless, **блискýчий** brilliant, **дóбрий** *and* **хорóший** good, **досконáлий** perfect, **ідеáльний** ideal ◊ **Нóвий п. «Одисéї» мáйже ідеáльний.** The new translation of the *Odyssey* is almost ideal. **прáвильний** correct, **тóчний** accurate; **вíльний** free, **грýбий** rough, **прибли́зний** approximate; **жахли́вий** horrible, **кéпський** *and* **погáний** bad, **страшни́й** terrible; **віршóваний** versified, **літератýрний** literary, **поети́чний** poetic, **прозóвий** prose; **послідóвний** consecutive, **синхрóнний** simultaneous ◊ **Синхрóнний п. вимагáє ви́щого вмíння, як послідóвний.** Simultaneous interpretation requires greater skills than the simultaneous one. **письмóвий** written; ♦ **ýсний п.** interpretation; **маши́нний** machine; **англíйський** English, **еспáнський** Spanish, **украї́нський** Ukrainian
v. + **п. викóнувати п.** do a translation ◊ **Маши́на ще не мóже викóнувати дóбрий п.** A machine cannot yet do a good translation. (**забезпéчувати** provide, **виправля́ти** correct, **покрáщувати** improve ◊ **Її редаґувáння знáчно покрáщило п.** Her edits improved the translation considerably. **редаґувáти** edit; **роби́ти** make) ◊ **Словни́к робúв п. лéгшим.** The dictionary made translation easier. **працювáти над ~ом** work on translation
п. + *v.* **звучáти** sound, **сприймáтися** be perceived, **читáтися** read ◊ **Йогó п. читáється набагáто вáжче, як ориґінáл.** His translation reads much worse than the original.
prep. **в ~і** in a translation ◊ **Він читáв Жáна Женé в ~і украї́нською.** He read Jean Genet in a Ukrainian translation. **п. з** + *G.* translation from sth ◊ **п. з чéської** a translation from Czech; **п.** + *I.* a translation into *(a language)* ◊ **дóбрий п. ромáну украї́нською** a good translation of the novel into Ukrainian

перекладá|ти, **~ють; переклáсти**, **перекладу́|ть**; *pa. pf., m.* **переклáв**, *pl.* **переклáли**, *tran.*
1 to put *(to a different place, position, etc.)*, lay away, shift, move ◊ **Вонá переклáла пáспорт до сéйфа.** She removed her passport to the safe.
adv. **вже** already, **нарéшті** finally; **рáзом** together; **негáйно** immediately ◊ **Вонá негáйно переклáла папéри на и́нший стіл.** She immediately moved the papers to another table. **оперативно** promptly, **зáраз же** right away, **шви́дко** quickly ◊ **Вони́ шви́дко ~ли кýпу дéрева під брáму.** They were quickly shifting a pile of lumber to the gate. **повíльно** slowly; **я́кось** somehow.
prep. **п. з** + *G.* **до** + *G.* put from *(a place)* to *(a place)*, move ◊ **Він переклáв нáбіл із сýмки до холоди́льника.** He moved the dairy from the bag to the refrigerator.
See **клáсти 1**
2 to interlay + *I.* with sth ◊ **Марíя ~ла порцеля́ну папéром.** Maria interlaid the china with paper.
3 to translate, interpret
adv. **адеквáтно** adequately ◊ **Епíграф не мóжна переклáсти адеквáтно пóза контéкстом.** The epigraph cannot be adequately translated outside the context. **неадеквáтно** inadequately; **буквáльно** verbatim, **дослíвно** literally; **бездогáнно** flawlessly, **блискýче** brilliantly, **дóбре** well ◊ **Вонá переклáла Апдáйка не прóсто дóбре, а блискýче.** She translated Updike not merely well, but brilliantly. **досконáло** perfectly; **задовíльно** satisfactorily; **пристóйно** decently, **стéрпно** bearably; **вмíло** skillfully, **майстéрно** masterfully, **професи́йно** professionally; **прáвильно** correctly, **тóчно** accurately; **вíльно** freely, **грýбо** roughly, **прибли́зно** approximately; **кéпсько** poorly, **погáно** badly; **жахли́во** horribly; **послідóвно** consecutively, **синхрóнно** simultaneously; **слóво в слóво** word for word; **шви́дко** quickly
v. + **п. бýти спромóжним** be capable of ◊ **Вонá цілкóм спромóжна п. синхрóнно.** She is entirely capable of interpreting simultaneously. **вмíти** know how to, **могти́** can; **мáти** have to, be supposed to ◊ **Вонá мáє переклáсти інстрýкцію на понедíлок.** She is supposed to translate the instruction by Monday. **намагáтися** do one's best to, **роби́ти спрóбу** make an attempt to; **бýти вáжко** + *D.* be difficult to, **бýти неможли́во** be impossible to ◊ **Шевчéнка неможли́во дóбре переклáсти росíйською.** It is impossible to do a good translation of Shevchenko into Russian. **бýти трéба** + *D.* need to; **давáти** + *D.* **завдáння** give sb an assignment to, **проси́ти** + *A.* ask sb to
prep. **п. з** + *G.* translate from *(a language)* ◊ **п. із грузи́нської** translate from Georgian; **п.** + *I.* translate into *(a language)* ◊ **Текст переклáли трьомá мóвами.** The text was translated into three languages. **п. на** + *A.* translate into *(a language)* ◊ **Він підсвідóмо ~в усé з однієї мóви на и́ншу.** He interpreted everything from one language into another subconsciously. **п. як** translate as sth ◊ **Нáзву фíльму ~ють як «Відлетíло з вітром».** The title of the movie is translated as *Gone with the Wind*.
Cf. **дублювáти 3**
4 *mus.* to set to music, transcribe, transpose *(to a tonality)* ◊ **Цей композúтор перекладé її вірш на мýзику.** The composer will set her poem to music.
5 *fig.* shift *(responsibility, etc.)*, transfer
prep. **п. на** + *A.* shift to sb ◊ **Трéнер переклáв вину́ за порáзку на гравцíв.** The coach shifted the blame for the defeat onto the players.
6 to rearrange *(luggage, etc.)*, rebuild, relay *(a wall, etc.)*, reassemble, repave ◊ **Хідни́к переклáли.** The sidewalk has been repaved.
pa. pple. **переклáдений** moved; translated, *etc.*
перекладáй! переклади́!

перекладáч, *m.*, **~á**; **~ка**, *f.*
translator, interpreter
adj. **блискýчий** brilliant, **впрáвний** apt, **досвíдчений** experienced ◊ **Він – досвíдчений п.** He is an experienced translator. **досконáлий** perfect, **найкрáщий** best, **неперевéршений** unsurpassed; **професíйний** professional; **жалюгíдний** pathetic, **кéпський** poor, **непрофесíйний** unprofessional, **погáний** bad, **посерéдній** mediocre, **такий собí** so-so; **дáнський** Danish, **пóльський** Polish, **украї́нський** Ukrainian, *etc.*
See **спеціалíст**

переклá|сти, *pf., see* **перекладáти**
to put away; translate, *etc.* ◊ **Хтось ~в Óльжині докумéнти в и́нше мíсце.** Somebody put Olha's documents in a different place.

перекóнан|ий, *adj.*
1 convinced, sure, certain
adv. **абсолю́тно** absolutely, **все бíльше** increasingly, **геть** totally, **глибóко** deeply ◊ **Гáля глибóко ~а, що її улю́блений аналíтик завжди́ мáє рáцію.** Halia is deeply convinced that her favorite analyst is always right. **пóвністю** fully, **твéрдо** firmly, **цілкóм** completely; **я́вно** clearly; **дóсить** fairly, **достáтньо** sufficiently, **мáйже** almost; **нíяк не** not at all, **ні трíшки не** not a bit
v. + **п. бýти ~им** be convinced ◊ **Маркó п., що Ромáн брéше.** Marko is sure that Roman is lying. (**здавáтися** + *D.* seem to sb ◊ **Він здавáвся Мáрті ~им лібéралом.** He seemed to be a convinced liberal to Marta. **звучáти** sound, **лишáтися** remain; **ставáти** become) ◊ **Вони́ стáли ~ими атеї́стами.** They became convinced atheists.
prep. **п. у** + *L.* convinced of sth ◊ **Усí ~і в тóму, що мéтод досконáлий.** Everybody is convinced that the method is perfect.
2 staunch, steadfast, confirmed, inveterate ◊ **Назáр став ~им пáрубком.** Nazar became

a confirmed bachelor. **Олексáндру знáють як ~у фемініcтку.** Oleksandra is known as an inveterate feminist.

переконáн|ня, *nt.*
conviction, views *usu pl.*, certainty ◊ **Вонá мáє глибóкі п. в тóму, що стосýється причúни конфлíкту.** She has deep convictions as to the cause for the conflict.
adj. **абсолю́тне** absolute ◊ **абсолю́тне п. в тóму, що влáда корумпýє** the absolute conviction that power corrupts; **велúке** great, **все бíльше** growing, **глибóке** deep, **засаднúче** fundamental, **непорýшне** unshakable, **прúстрасне** passionate, **сúльне** strong, **спрáвжнє** real, **твердé** firm, **цілковúте** total, complete; **внýтрішнє** inner; **особúсте** personal; **морáльне** moral ◊ **Вонá не мíняє морáльних ~ь.** She does not change her moral convictions. **політúчне** political, **релігíйне** religious
v. + **п. мáти п.** have a conviction (**поділя́ти** share ◊ **Вонú поділя́ли політúчні п.** They shared their political convictions. **відстóювати** defend; **заснóвувати на** + *L.* base on sth; **піддавáти крúтиці** subject to criticism; **прихóвувати** conceal, **тримáти в таємнúці** keep secret) ◊ **Він тримáв свої п. в таємнúці.** He kept his convictions secret. **прихóдити до п.** come to a conviction (**відмовля́тися від** renounce) ◊ **Він не збирáвся відмовля́тися від своїх релігíйних ~ь.** He was not about to renounce his religious convictions.
prep. ♦ **з ~ням** with confidence ◊ **Вонá говорúла з глибóким ~ням.** She was speaking with a deep conviction.
See **пóгляд 3, понят́тя 2.** *Also see* **вíра 1**

переконá|ти, *pf., see* **перекóнувати**
to convince, persuade ◊ **Вона не ~ла чоловíка лишúтися вдóма.** She failed to persuade her husband to stay at home.

переконá|тися, *pf., see* **перекóнуватися**
to make sure, *etc.* ◊ **Ромáна ~лася, що він дотрúмав слóва.** Romana made sure he had kept his word.

перекóнлив|ий, *adj.*
convincing, persuasive
adv. **вкрай** extremely, **геть** totally, **дýже** very, **пóвністю** fully, **цілкóм** completely; **дóсить** fairly, **достáтньо** sufficiently ◊ **Її арґумéнти виглядáли достáтньо ~ими.** Her arguments looked sufficiently convincing. **мáйже** almost; **лéдве** hardly, **навря́д чи** scarcely, **насúлу** barely; **не зóвсім** not entirely ◊ **Дóкази здавáлися не зóвсім ~ими.** The evidence seemed not entirely convincing.
v. + **п. бýти ~им** be convincing ◊ **Михáйло мóже бýти дýже ~им.** Mykhailo can be very persuasive. (**вважáти** + *A.* consider sb/sth, **виглядáти** look, **видавáтися** + *D.* appear to sb, **здавáтися** + *D.* seem to sb, **звучáти** sound, **знахóдити** + *A.* find sb/sth ◊ **Суддя́ знайшóв її істóрію ~ою.** The judge found her story convincing. **лишáтися** remain; **робúти** + *A.* make sb/sth; **ставáти** become)
Also see **ґрунтóвний 1, солíдний 3**

перекóну|вати, ~ють; переконá|ти, ~ють, *tran.*
to convince, persuade
adv. **вже** already, **мáйже** almost; **успíшно** successfully; **дýже** greatly, **інтенсúвно** intensely; **делікáтно** delicately, **лáгідно** gently, **тактóвно** tactfully;**лéгко** easily; **швúдко** quickly; **поступóво** gradually ◊ **Килúна поступóво переконáла їх залишúтися.** Kylyna gradually persuaded them to stay. **насúлу** barely; **я́кось** somehow
v. + **п. бýти вáжко** be difficult to, **бýти лéгко** be easy to ◊ **Йогó лéгко переконáти.** He is easily convinced. **бýти мóжлúво** be possible to, **бýти трéба** need to ◊ **Їх не трéба п.** They need no persuading. **допомагáти** + *D.* help sb (to); **могтú** be able to, **надíятися** hope to ◊ **Він надíявся переконáти робітникíв припинúти страйк.** He hoped to persuade the workers to stop their strike. **намагáтися** try to ◊ **Прем'єр намагáвся переконáти їх лишáтися невтрáльними.** The prime minister tried to persuade them to remain neutral. **прóбувати** make an attempt to; ♦ **п. себé** to convince oneself, prove sth to oneself
prep. **п. в** + *L.* convince of sth
pa. pple. **перекóнаний** convinced, persuaded
перекóнуй! переконáй!
Also see **відмовля́ти 3, схиля́ти 3.** *Cf.* **вмовля́ти**

перекóну|ватися; переконáтися, *intr.*
1 to become sure of, make sure, check
prep. **п. в** + *L.* make sure that ◊ **Лев переконáвся в тóму, що вíкна зачúнені.** Lev made sure that the windows were shut.
2 to get convinced ◊ **Згóдом всі переконáлися в ефектúвності нóвого підхóду.** Later everybody got convinced that the new approach was efficient.

перекусú|ти, *pf., see* **перекýшувати**
to bite through, bite into two, *etc.* ◊ **Кáбель ~в якúйсь гризýн.** A rodent bit through the cable.

перéкус|ка, *f.*
snack, a bite (of food)
adj. **легкá** light, **малéнька** small, **невелúка** little; **швидкá** quick; **здорóва** healthy, **пожúвна** nutritious; **апетúтна** appetizing, **дóбра** *or* **смачнá** tasty, **смаковúта** savory; **гаря́ча** hot, **холóдна** cold; **обíдня** lunch-time, **вечíрня** evening, **нічнá** late-night; ♦ **~ки** light snacks; ♦ **на ~ку** for snack ◊ **канáпки на ~ку** sandwiches for snack
v. + **п. íсти ~ку** eat a snack (**мáти** have ◊ **Вонú мáли багáжнику легкý ~ку.** They had a light snack in the trunk. **готувáти** prepare, **подавáти** + *D.* serve sb ◊ **Пéред перéглядом їм подалú смаковúті ~ки.** They were served some savory snacks before the screening. **пропонувáти** + *D.* offer sb)
L. **в ~ці**, *G. pl.* **~ок**

перекýшу|вати, ~ють; перекусúти, перекушý, перекýс|ять, *tran. and intr.*
1 *tran.* to bite through, bite in half ◊ **Він перекусúв стеблúну надвóє.** He bit the stem in half.
2 *intr.* to have a snack, have a bite + *I.* ◊ **Він ~вáв сúром.** He had some cheese for a snack.
adv. **лéгко** lightly, **трóхи** a little; **швúдко** quickly; **апетúтно** deliciously, **дóбре** well, **смáчно** tastily ◊ **У Нíни ми смáчно перекусúли.** We had a tasty snack at Nina's place.
pa. pple. **перекýшений** bitten in half
перекýшуй! перекусú!

перелетí|ти, *pf., see* **перелітáти**
to fly across, *etc.* ◊ **Вонú ~ли мóре за годúну.** They flew across the sea in an hour.

перелітá|ти, ~ють; перелет|íти, перелечý, ~я́ть, *intr.*
1 to fly across, cross by flying
adv. **безпéчно** safely ◊ **Повітря́на кýля – не найкрáщий спóсіб безпéчно п. (чéрез) мóре.** A hot air balloon is not the best way to cross the sea safely. **вже** already, **нарéшті** finally; **швúдко** quickly
v. + **п. дýмати** plan to; **змогтú** *pf.* manage to, **прóбувати** attempt to ◊ **Він ще не прóбував перелетíти материк.** He has not yet attempted to fly across the continent. **хотíти** want to
prep. **п. до** + *G.* to fly to *(a place)*, **п. з** + *G.* fly from *(a place)* ◊ **Він перелетíв зі Львóва до Торóнта без зупúнок.** He flew from Lviv to Toronto without stops. **п. з** + *G.* **на** + *A.* fly from *(a place)* to *(a place)* ◊ **Бджолúний рій ~в із садкá в садóк.** The bee swarm flew from orchard to orchard. **п. над** + *I.* fly above sth ◊ **Лáйнер ~є над Карпáтами.** The liner is flying over the Carpathians.
2 to migrate *(of birds)* ◊ **У вéресні лелéки ~ють на пíвдень.** In September, storks migrate south.
prep. **п. чéрез** + *A.* fly across sth ◊ **Рíзні вúди птахíв ~ють чéрез материк.** Various species of birds migrate across the continent.
3 to overshoot *(of missile, etc.)*, fly too far ◊ **Стрілá перелетíла мішéнь й упáла в óзеро.** The arrow overshot the target and fell into the lake.
перелітáй! перелетú!

перелóм, *m.*, **~у**
1 *med.* fracture
adj. **відкрúтий** open, **закрúтий** closed; **множúнний** multiple, **прóстúй** simple
п. + *n.* **п. ключúці** a collarbone fracture (**ногú** leg, **ребрá** rib, **рукú** arm, **стегнá** *or* **клýба** hip, **хребтá** spine, **чéрепа** skull, **щелéпи** jaw)
v. + **п. мáти п.** have a fracture ◊ **Íгор мав п. клýба.** Ihor had a hip fracture. (**діставáти** *and* **отрúмувати** get; **лікувáти** treat) ◊ **Лікувáти відкрúтий п. вáжче, як закрúтий.** Treating an open fracture is more difficult than a closed one. **зазнавáти ~у** suffer a fracture
2 *fig.* change, breakthrough, turning point
adj. **велúкий** great ◊ **рік велúкого ~у** the year of a great breakthrough; **глибóкий** profound ◊ **Подíї спровокувáли глибóкий п. у свідóмості людéй.** The events provoked a profound change in people's consciousness. **докорíнний** radical, **крутúй** precipitous; **загáльний** general; **несподíваний** unexpected, **раптóвий** sudden
See **змíна 1**

переля́к, *m.*, **~у**
fright, scare
adj. **божевíльний** insane, **велúкий** great, **вúдимий** visible, **відчýтний** discernible, **значнúй** considerable, **неабúякий** quite some, **сúльний** intense, **страшнúй** terrible ◊ **Хлóпчик не міг оговтатися від страшнóго ~у.** The little boy could not recover from a terrible fright. **легкúй** slight, **мінімáльний** minimal
v. + **п. виклúкати п.** cause a fright ◊ **Вíстка вúкликала неабúякий п. у мíсті.** The news caused quite some fright in the city. (**відчувáти** feel; **контролювáти** control, **потамóвувати** suppress, **прихóвувати** conceal) ◊ **Він намагáвся приховáти свій п.** He tried to conceal he was frightened. **тремтíти від ~у** be trembling with fright
п. + *v.* **охóплювати** + *A.* grip sb ◊ **Дмитрá охопúв п.** Dmytro was gripped with fright. **паралізóвувати** + *A.* paralyze sb
prep. ♦ **з ~у** in *or* with fright ◊ **Вонú закричáли з ~у.** They screamed with fright. **п. від** + *G.* a fright caused by sth ◊ **п. від фíльму жáхів** a fright caused by a horror film
Cf. **страх 1**

переляка́|ти, *pf., see* **лякáти**
to scare, *etc.* ◊ **Стук у вікнó ~в дітéй.** The knock on the window gave the children a scare.

переляка́|тися, *pf., see* **лякáтися**
to get scared, *etc.* ◊ **Він поглянув у дзéркало і ~вся від тóго, що побáчив.** He took a look in the mirror and got scared by what he saw.

перемагá|ти, ~ють; перемогтú, перемóж|уть; *pa. pf., m.* **перемíг**, *pl.* **перемоглú**, *tran.*
1 to win, defeat, take *(a race)*, beat, be a victor
adv. **впéвнено** convincingly ◊ **Він упéвнено перемíг у перегóнах.** He took the race

convincingly. **лéгко** easily ◊ **Нáша футбóльна дружи́на лéгко перемоглá супéрника.** Our soccer team easily beat its rival. **рíшуче** decisively, **цілкóм** completely, **шви́дко** quickly; **несподíвано** unexpectedly, **рáптом** suddenly; **вже** already, **нарéшті** finally, **остатóчно** conclusively; **лéдве** scarcely, **наси́лу** barely; **зáвжди́** always, **чáсто** often, **рíдко** rarely; **нікóли не** never, **нія́к не** in no way

v. + **п. бу́ти необхíдно** be imperative to, **бу́ти трéба** + *D.* need to ◊ **Ім трéба перемогти́.** They need to win. **допомагáти** + *D.* help sb (to); **надíятися** hope to, **намагáтися** try to, **сподівáтися** expect to, **хотíти** want to ◊ **Вони́ ду́же хотíли перемогти́.** They very much wanted to win. **змогти́** *pf.* manage to, **пощасти́ти** + *D. pf.* be lucky enough to ◊ **Ім пощасти́ло перемогти́.** They were lucky enough to win.

prep. **п. в** + *L.* win in sth ◊ **Він перемíг у тяжкóму поєди́нку.** He won in a tough showdown.

Also see **би́ти 3, вигравáти 1, долáти 1, завойóвувати 1, нагрівáти 3, розбивáти 2, справля́тися 3**

2 to overcome *(difficulty, etc.)*, prevail over

п. + *n.* **п. відстань** cover a distance; **п. гóлод** overcome hunger; **п. тéчію** prevail over a current ◊ **Вонá веслувáла, ~ючи тéчію.** She was paddling, overcoming the current. ♦ **п. смерть** to vanquish death

Also see **долáти 2, справля́тися 3**

3 to subdue *(fear, disgust, etc.)*, curb, get the better of, overcome

п. + *n.* **п. біль** overcome one's pain ◊ **Ори́ся сказáла це, лéдве перемагáючи біль.** Orysia said it, barely overcoming her pain. (**вагáння** hesitation, **гнів** anger, **відрáзу** revulsion, **лють** fury, **нерішу́чість** indecision, **обу́рення** indignation, **страх** fear)

Also see **справля́тися 3**

pa. pple. **перемóжений** vanquished

перемагáй! переможи́!

перемó|га, *f.*
victory, win

adj. **блиску́ча** brilliant ◊ **Він мав на раху́нку десятóк блиску́чих ~г.** He had a dozen brilliant wins under his belt. **важли́ва** important, **вели́ка** great, **величéзна** huge, **видатнá** remarkable, **разю́ча** impressive, **істори́чна** historic, **леґендáрна** legendary, **сенсаційна** sensational, **слáвна** *collog.* fine, **чудóва** wonderful; **легкá** easy, **нелегкá** tough; **неочíкувана** unanticipated, **несподíвана** unexpected, **раптóва** sudden; **загáльна** general, **остатóчна** conclusive, **пóвна** full, **тотáльна** total, **цілкови́та** complete; **безсумнíвна** unquestionable, **вирáзна** distinct, **чи́ста** clear, **я́вна** obvious; **рíшуча** decisive, **перекóнлива** convincing; **заслу́жена** well-deserved ◊ **Це булá цілкóм заслу́жена п.** It was an entirely well-deserved victory. **Пíрова** Pyrrhic, **позíрна** seeming, **порóжня** hollow, **сумнíвна** doubtful; **тимчасóва** temporary; **часткóва** partial; **символíчна** symbolic; **ви́борча** electoral, **військóва** military, **законодáвча** legislative, **морáльна** moral, **політи́чна** political, **стратегíчна** strategic, **тактична** tactical ◊ **Тактична п. мóже бу́ти стратегíчною порáзкою.** A tactical victory can be a strategic defeat.

v. + **п. ґарантувáти** + *D.* **~гу** guarantee sb a victory ◊ **Грóші не обов'язкóво ґарантувáли їй ~гу на ви́борах.** Money did not necessarily guarantee her a victory in the election. (**виривáти** snatch ◊ **Слáбша дружи́на ви́рвала жадáну ~гу в сáмий остáнній момéнт.** The weaker team snatched the coveted victory at the very last moment. **забезпéчувати** + *D.* secure sb, **прино́сити** + *D.* bring sb; **здобувáти** gain, **отри́мувати** get; **заслугóвувати (на)** deserve ◊ **Він цілкóм заслугóвує на цю перемóгу.** He fully deserves this victory. **оголóшувати** declare ◊ **Суддя́ оголоси́в ~гу украї́нського боксéра.** The referee declared the victory of the Ukrainian boxer. **відзначáти** mark, **святкувáти** celebrate ◊ **Вони́ передчáсно святкували ~гу.** They celebrated the victory prematurely. **смакувáти** relish ◊ **Вонá смаку́є ~гу.** She is relishing her victory. **вітáти** hail) ◊ **Президéнт краї́ни привітáв ~гу націонáльної збíрної з футбóлу.** The nation's president hailed the national soccer team's victory. **досягáти ~ги** achieve a victory; **закíнчуватися ~гою** end in a victory (**вінчáтися** be crowned with; **насолóджуватися** enjoy ◊ **Він ви́димо насолóджувався своєю несподíваною ~гою.** He was visibly enjoying his unexpected victory. **пиша́тися** be proud of, **вітáти** + *A.* **з** congratulate sb on) ◊ **Ми привітáли дівчáт із ~гою.** We congratulated the girls on their victory.

prep. **п. в** + *L.* a victory in sth ◊ **остатóчна п. у війнí** the ultimate victory in the war; **п. над** + *I.* a victory over sb/sth ◊ **п. над епідéмією** a victory over an epidemic; **за ~гу** for a victory ◊ **трофéй за ~гу в ли́жних перегóнах** the trophy for the victory in a ski race

L. **в ~зі**

Also see **завою́вання 1, 2**

перемог|ти́, *pf., see* **перемагáти**
to win, *etc.* ◊ **Зуси́ллям вóлі вонá ~лá страх.** She overcame her fear by the exertion of will.

перемóж|ець, *m.*, **~ця; ~ниця**, *f.*
winner

adj. **безсумнíвний** unquestionable, **вели́кий** big; **достóйний** worthy, **слáвний** glorious; **спрáвжній** real; **пóвний** total, **цілкови́тий** complete, **я́вний** clear, **щасли́вий** lucky; **можли́вий** likely ◊ **Кóжен намагáвся вгадáти ім'я́ можли́вого ~ця.** Everybody was trying to guess the name of the likely winner. **потенцíйний** potential; **малоймовíрний** unlikely ◊ **З усíх потенцíйних ~ів кóнкурсу вонá вважáла Ґóнту найбíльш малоймовíрним.** Of all potential winners of the contest, she regarded Gonta to be the most unlikely. **невірогíдний** inconceivable, **неочíкуваний** unanticipated, **несподíваний** unexpected; **анонíмний** anonymous, **безімéнний** nameless, **невідóмий** unknown

п. + *n.* **п. бóю** the winner of a fight (**змагáння** competition, **кóнкурсу** contest, **ку́бка** cup, **лотерéї** lottery ◊ **Щасли́вий п. лотерéї побажáв зали́шитися безімéнним.** The lucky lottery winner wished to remain nameless. **перегóнів** race, **турнíру** tournament, **чемпіонáту** championship)

v. + **п. бу́ти ~цем** be a winner (**виявля́тися** prove to be, **оголóшувати** + *A.* declare sb, **ставáти** become) ◊ **Франчу́к став ~цем націонáльного чемпіонáту.** Franchuk became the winner of the national championship. **вибирáти ~ця** choose the winner (**визначáти** determine; **вітáти** hail) ◊ **Лю́ди ви́йшли на ву́лиці привітáти слáвних ~ців ку́бка з футбóлу.** People went out on the streets to hail the glorious winners of the soccer cup.

п. + *v.* **завойóвувати** + *A.* garner sth ◊ **Рáзом із медáллю п. завою́є грошову́ прéмію.** Together with the medal the winner will garner a money prize. **здобувáти** + *A.* gain sth, **отри́мувати** + *A.* receive sth

prep. **п. в** + *L.* a winner in sth ◊ **Йогó вшанóвували як ~ця в турнíрі.** He was being honored as the winner in the tournament. **п. над** + *I.* a winner over sb/sth ◊ **п. над грíзним супéрником** the winner over a formidable rival

перенес|ти́, *pf., see* **перенóсити**
to carry over, transfer, shift, *etc.* ◊ **Уся́ ї́хня роди́на ~лá страшнí випрóбування.** Their entire family endured terrible trials.

перенóс|ити, **перенóшу**, **~ять; перенес|ти́**, **~у́ть;** *pa. pf., m.* **перенíс**, *pl.* **перенесли́**, *tran.*

1 to carry over/across/through, transfer, shift

adv. **одрáзу** at once ◊ **Вонá одрáзу перенеслá валíзи на гору́.** She carried her suitcases to the attic at once. **поступóво** gradually, **части́нами** *or* **по части́нах** piecemeal; **обережно** carefully, **повíльно** slowly; **поквáпно** hurriedly, **шви́дко** quickly

prep. **п. чéрез** + *A.* carry across sth ◊ **Він перенíс дівчину чéрез калю́жу.** He carried the girl across the puddle.

Cf. **перевóзити**

2 to move, relocate ◊ **Совéти перенесли́ столи́цю Украї́ни до Хáркова.** The Soviets moved the capital of Ukraine to Kharkiv.

3 to shift *(focus, etc.)*, transfer, switch ◊ **Полкóвник наказáв перенести́ артилерíйський вогóнь на міст.** The colonel ordered to shift the artillery fire onto the bridge. ◊ **п. увáгу** shift one's attention

4 to bear *(pain, etc.)*, endure, tolerate, put up with

adv. **дóбре** well, **дóвго** for a long time, **лéгко** easily ◊ **Юркó мóже лéгко в. монотóнний шум.** Yurko can easily put up with monotonous noise. **жахли́во** horribly, **лéдве** hardly, **кéпсько** poorly, **наси́лу** barely, **поганó** badly; **герої́чно** heroically, **стоїчно** stoically; **психíчно** psychologically ◊ **Вонá не моглá п. Олíйника психíчно.** She could not stomach Oliynyk psychologically. **фізи́чно** physically

See **терпíти 1.** *Also see* **винóсити 6, витри́мувати 2, мири́тися 3**

5 to put off, postpone, reschedule, delay, move

adv. **безкінéчно** endlessly ◊ **Засíдання безкінéчно ~или на íншу дáту.** The meeting was endlessly put off until a later date. **зáвжди́** always, **знóву** again, **íноді** sometimes, **нікóли не** never, **постíйно** constantly, **рíдко** seldom, **реґуля́рно** regularly; **чому́сь** for some reason, **як прáвило** as a rule

prep. **п. з** + *G.* move from *(a date)*; **п. на** + *A.* move for *(a date)* ◊ **Семінáр перенесли́ із середи́ на четвéр.** The seminar was moved from Wednesday to Thursday.

6 to endure *(ordeal, illness, etc.)*, undergo, live through; suffer ◊ **Вонá перенеслá втрáту дорогóї люди́ни.** She endured the loss of a dear one.

п. + *n.* **п. дрáму** suffer a drama (**потрясíння** shock, **страх** fear, **трагéдію** tragedy; **морóз** frost, **умóви** conditions, **хóлод** cold) ◊ **Ця росли́на здáтна п. хóлод.** The plant is able to endure cold.

See **переживáти 3.** *Also see* **довíдуватися 3, зазнавáти 2, пізнавáти 2**

7 to transfer *(image, etc.)* ◊ **Маля́р перенíс на полотнó обли́ччя жíнки в усíх детáлях.** The artist transferred the woman's face onto the canvas in great detail.

8 to carry over *(a word)*, split ◊ **Існу́ють прáвила, як п. слóва з одногó рядкá на íнший.** There are rules of how to carry words from one line over to another.

pa. pple. **перенéсений** endured; shifted, *etc.*

перенóсь! перенеси́!

переночу|вáти, *pf., see* **ночувáти**
to spend a night, stay overnight ◊ **Вони́ ~ють у Мáрти.** They will spend the night at Marta's.

переоціни́|ти, *pf., see* **переоцíнювати**
to overestimate, *etc.* ◊ **Уряд ~в свою здáтність контролювáти інфля́цію.** The government overestimated its capacity to control inflation.

переоцíню|вати, **~ють; переоцін|и́ти**, **~ю́**, **~ять**, *tran.*

1 to reassess, re-evaluate

adv. **бóлісно** painfully ◊ **Тепéр вонá бóлісно ~вала життя́.** Now she was painfully reassessing her life. **неохо́че** reluctantly; **вре́шті-ре́шт** eventually; **наре́шті** finally; **ко́мплексно** comprehensively; **крок за кро́ком** step by step; **ґрунто́вно** fundamentally, **докорі́нно** radically, **крити́чно** critically ◊ **Їм нале́жало крити́чно переоціни́ти спа́дщину комуні́зму.** They needed to critically reassess the legacy of communism. **серйо́зно** seriously, **че́сно** honestly

v. + **п. бу́ти змý́шеним** be forced to, **змýшувати** + *A.* force sb to ◊ **Розмо́ва зму́сила Не́лю переоціни́ти ста́влення до ціє́ї люди́ни.** The conversation forced Nelia to re-evaluate her attitude to this individual. **му́сити** have to; **відмовля́тися** refuse to, **не збира́тися** not be going to ◊ **Незважа́ючи ні на що, вони́ не збира́лися п. мину́ле.** Despite everything, they were not going to reassess the past. **не хоті́ти** be reluctant to

2 to overestimate, overrate; overstate

adv. **ду́же** greatly, **на́дто** exceedingly, **ле́две** scarcely, **цілко́м** completely, **я́вно** clearly ◊ **Він я́вно ~є її продукти́вність.** He clearly overrates her productivity.

v. + **п. бу́ти ле́гко** be easy to, **бу́ти тя́жко** be difficult to ◊ **Зна́чення доби́ баро́ка для украї́нської культу́ри тя́жко п.** It is difficult to overstate the significance of the Baroque period for the Ukrainian culture.

pa. pple. **переоці́нений** re-evaluated; overrated

переоці́нюй! переоціни́!

пере́пис, *m.*, ~у

census

adj. **майбу́тній** future, **насту́пний** next, **нещода́вній** recent, **оста́нній** last, **попере́дній** previous; **держа́вний** state, **націона́льний** national, **офіці́йний** official; **по́вний** complete; ♦ **п. насе́лення** a census ◊ **Че́рез війну́ п. насе́лення відкла́ли.** Because of the war, the census was put off.

v. + **п. здійснювати п.** conduct a census (**організо́вувати** organize, **прово́дити** hold ◊ **Оста́нній націона́льний п. прово́дили п'ять ро́ків тому́.** The last national census was held five years ago. **іґнорува́ти** ignore, **саботува́ти** sabotage, **фальсифікува́ти** falsify)

п. + *v.* **виявля́ти** + *A.* reveal sth, **встано́влювати** + *A.* establish sth, **пока́зувати** + *A.* indicate sth, **сві́дчити про** + *A.* testify to sth ◊ **П. сві́дчить про зме́ншення насе́лення краї́ни.** The census testifies to a drop in the country's population.

переплива́|ти, ~ють; перепли́в|ти́, *var.* **перепли́сти́, ~уть,** *tran.*

to swim across, sail across, row across, float across

adv. **ле́гко** easily ◊ **Ні́на ле́гко ~ла струмо́к.** Nina easily swam across the stream. **успі́шно** successfully; **пові́льно** gradually, **шви́дко** quickly; **ле́две** hardly, **наси́лу** barely, **я́кось** somehow; **вже** already, **наре́шті** finally

v. + **п. бу́ти ле́гко** be easy to ◊ **Став ле́гко перепли́сти́.** The pond is easy to swim across. **бу́ти ва́жко** be difficult to, **бу́ти неможли́во** be impossible to; **бу́ти тре́ба** + *D.* need to ◊ **Їм тре́ба перепливти́ на протиле́жний бе́рег.** They need to swim to the opposite bank. **готува́тися** prepare to, **збира́тися** be going to; **змогти́** *pf.* manage to, **нама́гатися** try to, **про́бувати** attempt to, **хоті́ти** want to

prep. **п. че́рез** + *A.* swim across sth ◊ **Він дві́чі ~в че́рез прото́ку.** He swam across the strait twice.

перепли́в|ти́, *pf., see* **переплива́ти**

to swim across, sail across, row across ◊ **Вони́ ~ли на і́нший бік о́зера.** They sailed across to the other side of the lake.

перепроси́|ти, *pf., see* **перепро́шувати**

to apologize, *etc.* ◊ **~вши за запі́знення, студе́нт сів на своє́ мі́сце.** Having apologized for being late, the student took his seat.

перепро́шу|вати, ~ють; перепрос|и́ти, перепрошу́, ~ять, *tran.*

1 to apologize, say sorry, be sorry, beg sb's pardon

adv. **ду́же** a lot, very ◊ **Я ду́же ~ю за наха́бство.** I am very sorry for my brazenness. **страше́нно** terribly ◊ **Він страше́нно ~вав за обмо́вку.** He was terribly sorry for his slip of the tongue. **тя́жко** *colloq.* profusely ◊ **Як у нас ка́жуть, тя́жко ~ю за запі́знення.** As local people say, I profusely apologize for being late. **щи́ро** sincerely; **неохо́че** reluctantly, **несмілúво** sheepishly, **покі́рно** humbly, **смире́нно** humbly; **вже** already, **за́раз же** right away, **наре́шті** finally, **нега́йно** immediately, **одра́зу** at once, **по́спіхом** *or* **поспі́шно** hastily, **шви́дко** quickly; **осо́бисто** personally, **офіці́йно** officialy, **публі́чно** publicly ◊ **Полі́тик публі́чно ви́бачився за ненавми́сну обра́зу.** The politician publicly apologized for his unintended insult. **форма́льно** formally; **ра́до** gladly; **до́вго** for a long time

v. + **п. бу́ти змý́шеним** be forced to, **ма́ти** have to, be obliged to ◊ **Вони́ ма́ють перепроси́ти госпо́даря.** They have to apolgize to the host. **бу́ти слід** + *D.* should ◊ **Йому́ слід перепроси́ти.** He should apologize. **бу́ти тре́ба** + *D.* need to, **му́сити** have to ◊ **Му́шу перепроси́ти вас.** I must apologize to you. **писа́ти, щоб** write to ◊ **Я пишу́, щоб перепроси́ти вас.** I am writing to apologize to you. **хоті́ти** want to; **відмовля́тися** refuse to ◊ **Вона́ відмо́вилася п. Бо́йчука.** She refused to apologize to Boichuk. **не бажа́ти** not to wish to; **прийти́** *pf.* come to ◊ **Він прийшо́в перепроси́ти.** He came to apologize. **почина́ти** begin to, **ста́ти** *pf.* start to; **перестава́ти** *or* **припиня́ти** stop ◊ **Припині́ть п.!** Stop apologizing!

prep. **п. за** + *A.* apologize for sb/sth

Also see **пробача́тися 1**

2 *colloq.* to ask ♦ **проси́ти та п.** to plead ◊ **Батьки́ ста́ли проси́ти та п. си́на лиши́тися.** The parents started pleading with their son to stay.

See **проси́ти 1**

пере́пуст|ка, *f.*

pass, permit

adj. **де́нна** daily, **мі́сячна** monthly, **рі́чна́** yearly, **тижне́ва** weekly; **дводе́нна** two-day, **триде́нна** three-day, **чотириде́нна** four-day, *etc.*; **разо́ва́** one-time, **багаторазо́ва** multiple; **безкошто́вна** free; **ви́гасла** expired, **неді́йсна** invalid; **підро́блена** counterfeit, **ли́пова** *colloq.* fake

v. + **п. дава́ти** + *D.* **~ку** give sb a pass (**випи́сувати** + *D.* issue sb ◊ **Юрчи́шинові ви́писали одноразо́ву ~ку.** A one-time pass was issued to Yurchyshyn. **ма́ти** have, **пока́зувати** + *D.* show sb)

prep. **п. в** + *A.* pass into sth ◊ **Ця кни́жка ста́ла для не́ї ~кою у світ Старода́вньої істо́рії.** *fig.* The book opened up the world of ancient history for her. **п. до** + *G.* pass to *(building, institution)* ◊ **п. до університе́ту** a university pass (**лаборато́рії** laboratory, **музе́ю** museum, **спортза́ли** gym, **теа́тру** theater) ◊ **Він не зміг показа́ти ~ку до гурто́житку.** He could not show a dormitory pass. **п. на** + *A.* pass to *(event)* ◊ **п. на ви́ставку** a pass to an exhibition (**ле́кцію** lecture, **конце́рт** concert) ◊ **Кура́тор дав їм тижне́ву ~ку на ви́ставку.** The curator gave them a weekly pass to the exhibition. ♦ **п. на заво́д** a pass to the plant (**по́шту** post office, **фа́брику** factory)

L. **в ~ці**, *G. pl.* **~ок**

Cf. **па́спорт**

пере́рв|а, *f.*

1 break, intermission, recess

adj. **вели́ка** large, **до́вга** long, **продо́вжена** extended, **трива́ла** lengthy; **коро́тка** brief, **мала́** small, **невели́ка** brief, **скоро́чена** shortened; **закоро́тка** too short, **задо́вга** too long; **додатко́ва** additional, **незаплано́вана** unplanned, **пла́нова** planned; **несподі́вана** sudden; **десятихвили́нна** ten-minute, **п'ятнадцятихвили́нна** fifteen-minute; **насту́пна** next

v. + **п. оголо́шувати ~у** announce a break (**роби́ти** take, **йти на** have; **скасо́вувати** cancel ◊ **Дире́ктор скасува́в усі́ ~и.** The director canceled all the breaks. **продо́вжувати** extend, **скоро́чувати** shorten) ◊ **Вели́ку ~у скороти́ли на п'ять хвили́н.** The large break was shortened by five minutes. **вимага́ти ~и** demand a break (**потребува́ти** need; **чека́ти** wait for)

п. + *v.* **почина́тися** begin, **продовжуватися** go on ◊ **П. продо́вжувалася де́сять хвили́н.** The break went on for ten minutes. **трива́ти** + *A.* last for *(a period of time)*, **закі́нчуватися** end ◊ **П. на ка́ву шви́дко закі́нчилася.** The coffee break quickly ended.

prep. **без ~и** without a break, nonstop ◊ **Вони́ працю́ють без жо́дної ~и.** They have worked without a single break. **на ~і** at/during a break, **під час ~и** during a break; **пі́сля ~и** after a break; **п. між** + *I.* a break between ◊ **Вони́ перекуси́ли в ~і між дру́гою та тре́тьою ді́ями** They had a bite to eat in the intermission between the second and third acts. **п. на** + *A.* a break for sth ◊ **п. на ка́ву** a coffee break (**обі́д** lunch, **пе́рекуску** snack; **туале́т** bathroom)

Also see **антра́кт, зупи́нка 1.** *Cf.* **па́вза**

2 interruption, stoppage, disruption; vacation ◊ **Че́рга тягну́лася без ~и.** The line extended without interruption.

adj. **весня́на́** spring, **лі́тня** summer; **десятиде́нна** ten-day, **мі́сячна** month-long

Also see **пору́шення 3**

перерва́|ти, *pf., see* **перерива́ти**

to rend, tear apart, rip apart; interrupt ◊ **Оре́стину о́повідь ~в стук у две́рі.** Oresta's story was interrupted by a knock on the door.

перерива́|ти, ~ють; перерв|а́ти, ~у́ть, *tran.*

1 to rend, tear apart, rip apart ◊ **Жи́лка заплу́талася, і він му́сив перерва́ти її́.** The fishing line got tangled and he had to tear it off.

adv. **вже** already, **наре́шті** finally; **геть** totally, **цілко́м** completely; **ма́йже** almost; **я́кось** somehow

п. + *n.* **п. ланцю́г** tear a chain (**моту́зку** rope, **ни́тку** thread, *etc.*); ♦ **п.** + *D.* **горля́нку** to tear sb to pieces ◊ **За Яри́ну він перерве́ будь-кому́ горля́нку.** For Yaryna's sake, he will tear anybody to pieces.

See **рва́ти 1.** *Also see* **розрива́ти 1**

2 *fig.* interrupt, break in, cut in ◊ **Йо́сипа пості́йно ~ли.** Yosyp was constantly interrupted.

adv. **безцеремо́нно** unceremoniously, **гру́бо** rudely ◊ **Не слід так гру́бо п. коле́гу.** You should not interrupt your colleague so rudely. **нетерпля́че** impatiently, **наха́бно** brazenly; **поспі́шно** hastily, **ґвалто́вно** *or* **рі́зко** abruptly, **шви́дко** quickly; **серди́то** angrily; **несподі́вано** unexpectedly, **ра́птом** suddenly; **і́ноді** sometimes, **рі́дко** rarely, **ча́сом** sometimes, **час від ча́су** from time to time; **безпереста́нку** nonstop, **неоднора́зово** repeatedly, **періоди́чно** periodically ◊ **Його́ промо́ву періоди́чно ~ли о́плесками.** His speech was periodically interrupted with applause. **пості́йно** constantly, **ча́сто** often

п. + *n.* **п. взаємини** interrupt a relationship (**зв'язо́к** connection, **дру́жбу** friendship, **конта́кт** contact, **листува́ння** correspondence) ◊ **Дру́зі на яки́йсь час перерва́ли листува́ння.** The friends broke off their correspondence for some time.

v. + **п. не нава́жуватися** not dare ◊ **Ніхто́ не нава́жувався перерва́ти Пили́па.** Nobody dared interrupt Pylyp. **не хоті́ти** not want to; **бу́ти змý́шеним** be compelled to, **му́сити** have to

See **перебива́ти 1.** *Also see* **пору́шувати 2.**

Ant. **зав'язувати 2**
pa. pple. **перéрваний** interrupted
переривáй! перерви́!

пересáд|ка, *f.*
1 change *(from one train, bus, etc. to another)*, transfer, connection
adj. **зрýчна** convenient, **спрóщена** simplified, **швидкá** quick; **дóвга** long, **затя́гнута** protracted, **незрýчна** inconvenient, **складнá** complicated; **небáжана** undesirable, **неуни́кна** unavoidable ◊ **Неуни́кна п. в Атéнах затягнулася.** The unavoidable transfer in Athens became protracted.
v. + **п. мáти ~ку** have a transfer ◊ **Вонá мáє дві ~ки.** She has two transfers. (**запізни́тися на** miss) ◊ **Він запізни́вся на ~ку.** He missed his connection. **уникáти ~ки** avoid a transfer (**чекáти** wait for, **обхóдитися без** do without)
prep. **п. з** + *G.* **на** + *A.* a transfer from ... to ... ◊ **п. з одногó рéйсу на íнший** a transfer from one flight (bus, train, boat) to another; ♦ **без ~ки** nonstop ◊ **Чи мóжна доїхати до Хáркова без ~ки?** Can one get to Kharkiv nonstop?
2 transplantation *(of tree, etc.)*, replanting ◊ **П. дýба кóштує грóшей.** Replanting of the oak costs money.
3 *med.* transplant, transplantation, graft ◊ **У клíніці рóблять ~ки ни́рок.** They do kidney transplants at the clinic.
adj. **вдáла** *and* **успíшна** successful; **невдáла** failed; **негáйна** immediate; **необхíдна** necessary
п. + *n.* **п. кістнóго мóзку** a bone marrow transplant (**ни́рки** kidney, **печíнки** liver, **сéрця** heart), ♦ **п. шкíри** a skin graft ◊ **Необхíдну ~ку ткани́ни ви́конає хірýрг.** A surgeon will perform the necessary skin graft.
v. + **п. викóнувати ~ку** perform a transplant (**роби́ти** + *D.* do sb); **потребувáти ~ки** need a transplant ◊ **Він потребýє ~ки легéні.** He needs a lung transplantation. (**обхóдитися без** do without) ◊ **Він обійшóвся без ~ки кісткóвого мóзку.** He did without a bone marrow transplant.
L. **на ~ці**, *G. pl.* **~ок**

пересідá|ти, ~ють; пересíсти, пересяд|уть, *intr.*
1 to change seats ◊ **Тут нічóго не мóжна побáчити, пересядьмо.** I can't see anything here, let's change seats.
adv. **нарéшті** finally ◊ **Двóє пасажи́рів ви́йшли, і Петрó нарéшті пересíв.** Two passengers got off and Petro finally changed seats. **одрáзу** at once, **рáптом** suddenly, **зáраз же** right away, **шви́дко** quickly
v + **п. дозволя́ти** + *A.* allow sb to ◊ **Стюардéса дозвóлила їм пересíсти.** The air hostess allowed them to change seats. **змогти́** *pf.* manage to, **могти́** can; **квáпитися** haste to ◊ **Побáчивши порóжній ряд, вонá поквáпилася пересíсти.** When she saw an empty row, she hastened to change seats. **прóбувати** try to ◊ **Вони́ прóбували пересíсти.** They were trying to change seats. **хотíти** want to; **відмовля́тися** refuse to; **проси́ти** + *A.* ask sb to
prep. **п. з** + *G.* **на** + *A.* change from *(a seat)* to *(a seat)* ◊ **За вéчір вони́ трíчі ~ли з мíсця на мíсце.** Over the evening, they changed seats three times.
2 to transfer, change from *(bus, train, flight, etc.)*, make a connection
adv. **без проблéм** without a problem ◊ **У Берлíні він без проблéм пересíв.** In Berlin, he made his connection without a problem. **зрýчно** conveniently, **шви́дко** quickly; **я́кось** somehow
v. + **п. бýти трéба** + *D.* need to ◊ **Їм трéба п. в Херсóні.** They need to change trains in Kherson. **вдавáтися** + *D.* succeed in, **встигáти** have the time to ◊ **За пів годи́ни вони́ ле́две встигáли пересíсти.** They barely had the time to make their connection in half an hour. **змогти́** *pf.* manage to, **спромогти́ся** *pf.* contrive to
prep. **п. з** + *G.* **на** + *A.* transfer from sth to sth ◊ **Він ~в із пóтяга «Вíдень-Львів» на пóтяг «Львів-Ки́їв».** He was changing from the Vienna-Lviv train to the Lviv-Kyiv one.
пересідáй! пересядь!

пересікá|ти, ~ють; пересікти́, пересіч|уть; *pa. pf., m.* **пересíк**, *pl.* **пересíкли́**, *tran.*
1 to cross *(a street, field, etc.)*, intersect, traverse
adv. **безпéчно** safely, **обережно** carefully; **повóлі** slowly; **поквáпно** hastily, **шви́дко** quickly; **успíшно** successfully; **вздóвж** lengthwise, **вздóвж і впóперек** up and down ◊ **Десяток стежóк ~в яр уздóвж і впóперек.** A dozen paths traversed the ravine up and down. **нáскіс** slantwise, **пря́мо** directly, **під прями́м кутóм** at the right angle ◊ **Вýлиця ~є бульвáр під прями́м кутóм.** The street crosses the boulevard at the right angle. **з півночі на пíвдень** from north to south, **із зáходу на схід** from west to east ◊ **Вони́ пересíкли́ доли́ну із зáходу на схід.** They crossed the valley from west to east. **автíвкою** by car, **автóбусом** by bus, **вéрхи** on horseback, **пíшки** on foot
Also see **переїжджáти 1, перетинáти 2, перехóдити 1, розрíзувати 2**
2 to cut, chop; pierce
adv. **нáвпіл** *and* **надвóє** in half ◊ **Він пересíк ди́ню нáвпіл.** He cut the melon in half. **нáскрізь** throughout ◊ **Кýля нáскрізь пересíклá йомý тíло.** The bullet pierced his body (throughout).
See **рíзати 1.** *Also see* **крáяти, перетинáти 1, розрíзувати 1, тя́ти**
pa. pple. **пересíчений** traversed
пересікáй! пересічи́!

пересікá|тися; пересíктися, *intr.*
to intersect *(of lines, etc.)*, crisscross ◊ **На перехрéсті ~ються п'ять вýлиць.** Five streets intersect at the crossroads.

пересік|ти́, *pf., see* **пересікáти**
to cross, *etc.* ◊ **Селя́ни ~ли́ пóле і ви́йшли на дорóгу до мíста.** The peasants crossed the field and got on the road to the city.

перес|íсти, *pf., see* **пересідáти**
to change seats; transfer ◊ **У Лóндоні Саєнки ~ли з канáдської авіалíнії на украї́нський лíтáк.** In London, the Saienkos transferred from a Canadian airline to a Ukrainian plane.

переслíдуван|ня, *nt.*
1 *only sg.* pursuit, chase
adj. **вперте** persistent, **насти́рливе** dogged, **невідстýпне** relentless; **дóвге** long; **драмати́чне** dramatic
v. + **п. організóвувати п.** organize a pursuit (**продóвжувати** continue; **припини́ти** stop); **втікáти від п.** baffle pursuit ◊ **У тумáні грабíжники втеклú від п. полíції.** In the fog, the robbers baffled their pursuit by the police.
Also see **полювáння 2**
2 *often pl.* persecution, oppression, victimization
adj. **брутáльні** brutal, **жорстóкі** harsh, **лю́ті** fierce, **невідстýпні** relentless; **мáсові** mass; **постíйні** constant, **системати́чні** systematic; **політи́чні** political ◊ **Суд був відкри́тим політи́чним ~ням опози́ції.** The trial was an open political persecution of the opposition. **рáсові** racial, **релігíйні** religious
v. + **п. зазнавáти ~ь** suffer persecution ◊ **Украї́нці в Росії зазнають постíйних ~ь на мóвному ґрýнті.** Ukrainians in Russia suffer constant persecution on the language grounds. (**побóюватися** fear ◊ **Катóлики мáють підстáви побóюватися релігíйних ~ь у цій країні.** Catholics have reasons to fear religious persecution in this country. **уникáти** avoid ◊ **Кри́мські татáри не змогли́ уни́кнути ~ь від окупацíйної влáди.** Crimean Tatars could not avoid persecution by the occupation authorities. **втікáти від** escape from, **потерпáти від** suffer from); **піддавáти** + *A.* **~ням** subject sb to persecution ◊ **Учасникíв протéстів піддають політи́чним ~ням.** The protest participants are subjected to political persecution.
prep. **п. за** + *A.* persecution for sth ◊ **п. за кри́тику ýряду** persecution for criticizing the government
See **репрéсія.** *Also see* **терóр**
3 prosecution; investigation, case *(criminal)* ◊ **кáрне п.** *leg.* criminal investigation
v. + **п. порýшувати п.** open an investigation ◊ **Прокурóр порýшив п.** The prosecutor opened a case.
prep. **п. прóти** + *G.* an investigation against sb ◊ **п. прóти дисидéнтів** investigation against dissidents
See **розстéження, спрáва 4.** *Also see* **розслíдування**

переслíду|вати, ~ють; *no pf., tran.*
1 to pursue, chase, run after, give pursuit ◊ **Перемóжці ки́нулися п. вóрога.** The winners rushed to chase the enemy.
adv. **впéрто** doggedly, **невідстýпно** relentlessly, **невпи́нно** incessantly
v. + **п. ки́датися** rush to; **починáти** begin to, **стáти** *pf.* start to; **продóвжувати** continue to; **відмовля́тися** refuse to ◊ **Вони́ відмóвилися п. втікачíв.** They refused to chase the escapees.
Also see **гнáти 5.** *Cf.* **полювáти 2**
2 *fig.* to haunt *(of a thought, etc.)*, torment, plague
adv. **безперестáнку** nonstop, **все ще** still, **дáлі** further, **впéрто** doggedly, **невідстýпно** relentlessly, **невпи́нно** incessantly; **знóву** again
n. + **п. відчуття́** feeling ◊ **Відчуття́ мáрности її зуси́ль ~вало жíнку.** The woman was plagued by the feeling that her efforts were futile. **дýмка** thought, **згáдка** recollection, **ідéя** idea, **óбраз** image, **страх** fear ◊ **Петрá ~вав страх невдáчі.** Petro was haunted by the fear of failure.
Also see **точи́ти**[1] **4**
3 *fig.* to persecute, oppress, victimize, abuse
adv. **брутáльно** brutally, **жорстóко** viciously, **лю́то** savagely, **немилосéрдно** ruthlessly; **аґреси́вно** aggressively, **акти́вно** actively, **невідстýпно** relentlessly, **незмíнно** invariably ◊ **Уряд незмíнно ~вав бýдь-якé инакодýмство.** The government invariably persecuted any kind of dissent. **несправедли́во** unfairly; **дáлі** further
v. + **п. брáтися** set about ◊ **Слýжба безпéки взялáся п. члéнів опози́ції.** The security service set about persecuting the opposition members. **починáти** begin to, **стáти** *pf.* start; **продóвжувати** continue to, **перестáвати** stop
prep. **п. за** + *A.* persecute for sth ◊ **Йогó ~ють за переконáння.** He is persecuted for his convictions.

переста|вáти, ~ють; перестáти, перестáн|уть, *intr.*
1 to stop doing sth, cease doing sth, give up *always with impf. inf.; cannot be followed by n.)*
adv. **вже** already, **врéшті-рéшт** eventually, **давнó** long ago, **нарéшті** finally, **остатóчно** ultimately; **мáйже** almost ◊ **Він мáйже перестáв ходи́ти на пляж.** He almost stopped going to the beach. **на мить** for a moment, **негáйно** immediately, **несподíвано** unexpectedly, **одночáсно** at the same time, **рáптом** suddenly, **зáраз же** right away; **цілкóм** completely; **чомýсь** for some reason; **на якúйсь час** for some time ◊ **Ярéма мýсив на якúйсь час перестáти бáчитися з нéю.** Yarema had to stop seeing her for some time. **тимчасóво** temporarily; **неохóче** reluctantly
v. + **п. бýти порá** be time to ◊ **Порá перестáти скáржитися.** It's time to stop complaining. **бýти слід** + *D.* should ◊ **Вам слід перестáти ходи́ти на ці збóри.** You should stop going to those meetings. **бýти трéба** + *D.* need to ◊ **Вíкторові**

трéба перестáти ї́сти м'я́со. Viktor needs to stop eating meat. змогти́ *pf.* manage to ◊ Вонá врéшті змоглá перестáти пи́ти. She finally managed to stop drinking. могти́ can; намагáтися try to, хотíти want to; не хотíти not want to ◊ Вонá не хотíла п. She did not want to stop.
Also see закидáти[2] 3, закривáти 6, ки́дати 6, покидáти 2. *Cf.* припиня́ти
2 to die down/away *(of sound, etc.)*, stop, come to an end ◊ Гáлас на ву́лиці не ~вáв цíлий день. The racket outside would not stop all day.
перестава́й! перестáнь!

перестá|ти, *pf., see* **переставáти**
to stop, cease, *etc.* ◊ Пíсля тієї розмóви Олéна ~ла докучáти йомý дзвінкáми. After that conversation, Olena stopped pestering him with calls.

перестýд|а, *f.*
med. cold
adj. важкá bad ◊ Він зліг від особли́во важкóї ~и. He came down with a particularly bad cold. впéрта stubborn, гóстра acute, серйóзна serious, тривáла lengthy; легкá slight, невели́ка mild; банáльна banal, звичáйна common
v. + п. діставáти ~у get a cold (мáти have, підхóплювати *colloq.* catch ◊ Сергíй підхопи́в гóстру ~у. Serhii caught an acute cold. захворíти на *pf.* catch); виду́жувати *or* оду́жувати від ~и get over a cold (злягáти від come down with; лікувáтися від nurse) ◊ Лéся лиши́лася вдóма лікувáтися від ~и. Lesia stayed home to nurse her cold.
See хворóба. *Also see* нéжить

перестýджу|вати, ~ють; перестуд|и́ти, ~жý, ~иш, ~ять, *tran.*
nonequiv. to give a cold *(to one's throat, etc.)*, get an infection to *(organ of body through exposure to cold temperature)*, cause an infection, inflammation
adv. дýже badly ◊ Нíна дýже перестуди́ла гóрло. Nina got a bad throat infection. серйóзно seriously, си́льно severely; рáптом suddenly; дéщо little, трóхи slightly; зáвжди́ always, постíйно constantly, хронíчно chronically, чáсто often
п. + *n.* п. вýхо cause an ear infection (гóлову head, гóрло throat, легéні lungs, ни́рку kidney, спи́ну back, ши́ю neck)
v. + п. боя́тися fear ◊ Він боя́вся п. вýха в холóдній воді́. He feared getting an ear inflammation in cold water. намагáтися не try not to; встигáти *iron.* manage to, вмудря́тися *iron.* contrive to ◊ Вонá умудри́лася перестуди́ти ни́рки сéред лíта. She contrived to cause her kidneys a cold infection in the middle of the summer.
pa. pple. перестýджений inflamed
перестýджуй! перестуди́!

перестýджу|ватися, ~ються; перестуд|и́тися, ~жýся, ~ишся, ~яться, *intr.*
to catch a cold
adv. ♦ дýже п. to catch a bad cold (серйóзно serious ◊ Валенти́на серйóзно перестуди́лася. Valentyna caught a serious cold. си́льно severe, рáптом sudden; дéщо mild, трóхи slight ◊ Васи́ль трóхи перестуди́вся. Vasyl caught a slight cold. знóву again, постíйно constantly)

перестуди́|ти, *pf., see* **перестýджувати**
to cause a cold *(in a body organ)* ◊ Ярослáва знóву ~ла собí гóрло. Yaroslava got a sore throat yet again.

перестуди́|тися, *pf., see* **перестýджуватися**
to catch a cold ◊ Гáнна вбрáла пухóву кýртку, щоб не п. Hanna put on her down jacket so as not to catch a cold.

перетвóрен|ня, *nt.*
transformation
adj. важли́ве important ◊ Її присýтність призвелá до важли́вого п. в сім'ї́. Her presence led to an important transformation in the family. вели́ке great, глибóке deep, докорíнне radical, драмати́чне dramatic, значнé significant, масштáбне large-scale, революцíйне revolutionary; позити́вне positive; ґвалтóвне abrupt, несподíване unexpected, раптóве sudden, рíзкé sharp; повíльне slow, поступóве gradual; дивови́жне amazing ◊ напрáвду дивови́жне п. a truly amazing transformation; магíчне magic, чудéсне miraculous; неймовíрне unbelievable; непомíтне unnoticeable; пóвне total, цілкови́те complete; часткóве partial; духóвне spiritual, економíчне economic, культýрне cultural, політи́чне political, суспíльне social, фізи́чне physical
v. + п. здíйснювати п. carry out a transformation ◊ Щóби здíйсни́ти п., трéба чáсу і грóшей. It takes time and money to carry out the transformations. (провóдити make, прискóрювати accelerate ◊ Президéнт намагáвся прискóрити економíчне п. країни. The president did his best to accelerate the economic transformation of the country. гальмувáти hamper, сповільнювати slow down; ініціювáти initiate, починáти begin, продóвжувати continue; зупиня́ти stop; закíнчувати complete); зазнавáти п. suffer a transformation ◊ Центрáльний майдáн зазнáв радикáльного п. The central square has suffered a radical transformation. (бýти свíдком witness ◊ Журналíст був свíдком революцíйних ~ь. The journalist witnessed revolutionary transformations. призвóдити до lead to, причиня́тися до bring about); опирáтися *or* чини́ти óпір ~ню resist a transformation ◊ Лю́ди совєтського менталітéту чини́ли óпір політи́чним ~ням. People of Soviet mentality resisted any political transformations. (перешкоджáти hamper; спри́яти facilitate)
п. + *v.* відбувáтися occur, take place, ставáтися happen; починáтися begin
prep. п. в + *L.* a transformation in sth ◊ п. в культýрі transformations in culture; п. з + *G.* на + *A.* a transformation from sth into sth ◊ п. країни з колóнії на ві́льну країну the country's transformation from a colony into a free nation
Cf. see змíна 1, перехíд 5

перетвори́|ти, *pf., see* **перетвóрювати**
to transform, *etc.* ◊ Гóлод ~в Назáра на лю́дську тінь. Hunger turned Nazar into a human shadow.

перетвори́|тися, *pf., see* **перетвóрюватися**
to transform into, *etc.* ◊ За годи́ну хуртови́ни степ ~вся на бíлу пустéлю. An hour-long blizzard the steppe turned into a white desert.

перетвóрю|вати, ~ють; перетвор|и́ти, ~ю́, ~ять, *tran.*
to transform, turn into
adv. ґвалтóвно abruptly, докорíнно radically, драмати́чно dramatically; несподíвано unexpectedly, раптóво suddenly, рíзко sharply, шви́дко rapidly; непомíтно unnoticeably, повíльно slowly, поступóво gradually; магíчно magically; до невпізнáння beyond recognition ◊ День на передовíй перетвори́в журналíста до невпізнáння. A day on the frontline transformed the journalist beyond recognition. геть totally, цілкови́то completely ◊ Зýстріч цілкови́то перетвори́ла її життя́. The encounter completely changed her life. дýховно spiritually, економíчно economically, культýрно culturally, політи́чно politically, суспíльно socially, фізи́чно physically, *etc.*

v. + п. вдавáтися + *D.* succeed in ◊ За рік учи́телеві вдалóся перетвори́ти йогó на відмíнника. In a year, the teacher succeeded in transforming him into a valedictorian. могти́ be able to, намагáтися strive, прóбувати attempt to, хотíти want to; обіця́ти + *D.* promise sb to
prep. п. на + *A.* transform into sth ◊ Вони́ перетвори́ли на пóпіл ворóжу фортéцю. They burned the enemy fortress to ashes.
pa. pple. перетвóрений transformed
перетвóрюй! перетвори́!
Cf. змíнювати 1. *Also see* роби́ти 4

перетвóрю|ватися; перетвори́тися, *intr.*
to transform into, turn into ◊ Розмóва поступóво ~ється на конфлíкт. The conversation gradually turns into a conflict.
adv. вже already, врéшті-рéшт eventually, нарéшті finally; плáвно smoothly, повíльно slowly, поступóво gradually; ґвалтóвно abruptly, несподíвано unexpectedly, рáптом suddenly, рíзко precipitously, шви́дко quickly; неуни́кно inevitably
v. + п. мáти схи́льність be prone to, мáти тендéнцію have the tendency to; починáти begin to; продóвжувати continue to; хотíти want to; змогти́ *pf.* manage to, могти́ can
prep. п. з + *G.* на + *A.* turn from sb/sth into sb/sth ◊ Надíя перетвори́лася з наївної дівчи́ни на цинíчного політика. Nadiia turned from a naive girl into a cynical politician.
Also see переходи́ти 8. *Cf.* змíнюватися

перетинá|ти, ~ють; перетн|ýти, *var.* **перетя́ти, ~ýть**, *tran.*
1 to cut, slash ◊ Цієї мотýзки звичáйним ножéм не перетнéш. You won't cut the rope with an ordinary knife.
See рíзати 1. *Also see* крáяти, пересікáти 2, розрíзувати 1, тя́ти
2 to cross *(street, city, etc.)*, intersect, traverse ◊ Загíн перетнýв селó і зник у лíсі. The detachment crossed the village and disappeared in the woods.
See переї́жджáти 1, пересікáти 1, прони́зувати 2, прохóдити 3
3 to block *(passage, etc.)*, hinder, hamper
adv. пóвністю fully, цілкóм completely ◊ Грéбля ~є рíчку цілкóм. The dam blocks the river completely. несподíвано unexpectedly, рáптом suddenly; мáйже almost; ♦ п. + *D.* дорóгу to block sb's way (підхíд approach, стéжку path, шлях road) ◊ Висóкий замéт перетя́в їм дорóгу. A deep snowdrift blocked their way.
pa. pple. перетнýтий, *var.* перетя́тий crossed
перетинáй! перетни́!

перетинá|тися; перетнýтися, *intr.*
1 to cross, intersect, crisscross ◊ На лісовíй галя́вині ~ється багáто стежи́н. Many paths intersect in the forest glade.
prep. п. з + *I.* intersect with sth ◊ Дорóга ~лася із залізни́цею. The road crossed the railroad.
2 *pass., only impf.* to be crossed by, be intersected by + *I.* ◊ Парк ~ється канáлом. The park is crossed by a canal.
3 *fig.* to stop, end, cease, come to an end ◊ Розмóва несподíвано перетнýлася. The conversation stopped unexpectedly.
See закíнчуватися

перетнý|ти, *pf., see* **перетинáти**
to cut, slash; cross, traverse ◊ Хри́стя ~ла бухáнку нáвпіл. Khrystia cut the loaf in half.

перех|íд, *m.*, **~óду**
1 crossing, crossing over, switching over, transition ◊ Він – прихи́льник ґвалтóвного ~óду на нóві прáвила. He is in favor of an abrupt transition to the new rules.
adj. обережни́й cautious, повíльний slow,

поступо́вий gradual; **ґвалто́вний** abrupt, **різки́й** precipitous, **рішу́чий** resolute, **швидки́й** swift; **успі́шний** successful; **плови́нчастий** half-hearted
prep. **п. до** + *G.* transition to sth ◊ **п. до ри́нкової еконо́міки** the transition to a market economy; **п. на** + *A.* a transition to sth
See **змі́на 1.** *Also see* **перело́м 2, перетво́рення**
2 passage, transit, travel, crossing + *I.* ◊ **Вони готува́лися до ~о́ду пусте́лею.** They were preparing for the passage across the desert.
adj. **важки́й** tough, **висна́жливий** exhausting, **вто́мливий** tiring, **неможли́вий** impossible; **безконе́чний** endless, **до́вгий** long, **трива́лий** lengthy; **коро́ткий** short, **швидки́й** swift; **вда́лий** *and* **успі́шний** successful; ◊ **п. мо́рем** *or* **че́рез мо́ре** a sea passage
prep. **п. че́рез** + *A.* a passage across sth ◊ **П. че́рез го́ри трива́в два дні.** The passage across the mountains lasted two days.
Cf. **переї́зд 1**
3 crossing ♦ **підзе́мний п.** an underpass; ◊ **Ко́жен пішохі́дний п. чі́тко позна́чений.** Each pedestrian crossing is clearly marked.
4 passageway *(in building)*, walkway, passage ◊ **До півде́нного крила́ ліка́рні мо́жна потра́пити че́рез п.** One can get to the hospital southern wing through a walkway.
adj. **вели́кий** big, **до́вгий** long, **просто́рий** spacious, **широ́кий** wide; **коро́ткий** short, **мали́й** small, **тісни́й** cramped; **скляни́й** glass; **підзе́мний** underground, **прихо́ваний** hidden, **та́ємний** secret ◊ **Від пала́цу до рі́чки вів та́ємний п.** A secret passageway led from the palace to the river.
5 transition, transformation ◊ **поступо́вий п. води́ в па́ру** a gradual transformation of water to steam
prep. **п. з** + *G.* **до** + *G.* a transformation from sth to sth ◊ **п. із твердо́го до рідко́го ста́ну** the transition from a solid to liquid state; ◊ **Ґвалто́вний п. від те́мряви до сві́тла осліпи́в чолові́ка.** The abrupt transition from darkness to light blinded the man.
See **перетво́рення**
6 conversion *(of religion)*
prep. **п. в** + *A.* a conversion to *(a religion)* ◊ **п. у християнство** a conversion to Christianity

перехідн|и́й, *adj.*

1 transitional, transitory; passing ◊ **~á ста́дія** a passing stage; ♦ **п. ку́бок** *sport* a challenge cup; ♦ **п. пері́од** 1) puberty ◊ **У підлі́тка почина́вся п. пері́од.** The teenager was entering his puberty. 2) transition period
2 *ling.* transitive ◊ **~é дієсло́во ма́йже за́вжди керу́є знахі́дним відмі́нком.** A transitive verb almost always governs the accusative case.

перехо́д|ити, ~жу, ~ять; перейти́, перейд|у́ть, *tran. and intr.*

1 *tran.* to cross *(of people)*, walk across, traverse *(street, etc.)* + *I.* ◊ **Лю́ба вже перейшла́ ри́нком, як її хто́сь гукну́в.** Liuba had already crossed the market when somebody called her.
adv. **вже** already, **ма́йже** almost, **наре́шті** finally; **крадькома́** stealthily, **навшпи́ньках** on one's tiptoes ◊ **Щоб не збуди́ти дитя́, він перейшо́в кімна́ту навшпи́ньках.** In order not to wake up the baby, he crossed the room on tiptoes. **обере́жно** with caution ◊ **Ву́лицю слід п. обере́жно.** You should cross the street with caution. **ти́хо** quietly; **пові́льно** slowly; **за́раз же** right away, **шви́дко** quickly
v. + **п.ква́питися** be in a hurry to; **могти́** can, **намага́тися** attempt to, **про́бувати** try to, **спромогти́ся** *pf.* manage to; **бу́ти ва́жко** be difficult to, **бу́ти неможли́во** be impossible to; **бу́ти тре́ба** + *D.* need to ◊ **Їм тре́ба перейти́ мі́сто.** They need to cross the city.
prep. **п. на** + *A.* walk over to sth ◊ **Вони́ перейшли́ на і́нший бік ву́лиці.** They walked over to the other side of the street. **п. че́рез** + *A.* walk across sth ◊ **Він ква́пився перейти́ че́рез ліс.** He was in a hurry to get across the forest.
Also see **перебира́тися 1.** *Cf.* **переї́жджа́ти 1**
2 *intr.* to pass by
prep. **п. бі́ля** + *G.* pass by sth ◊ **Щодня́ Си́мон ~ить бі́ля цьо́го буди́нку.** Every day Symon passes by this building.
See **мина́ти 1**
3 to move *(from place to place)*
prep. **п. від** + *G.* **до** + *G.* move from sb/sth to sb/sth ◊ **Відві́дувачі ~или від одніє́ї за́ли до і́ншої.** The visitors were moving from one room to the other. ♦ **п. з рук у ру́ки** to change hands ◊ **Село́ кі́лька раз ~ило з рук у ру́ки.** The village changed hands several times.
4 *intr.* to switch to
prep. **п. на** + *A.* switch to *(routine, etc.)* ◊ **Коли́ в Украї́ні ~ять на лі́тній час?** When do they switch to the summer time in Ukraine? ◊ **Вона́ ~ить на і́ншу робо́ту.** She is switching jobs.
5 *intr.* to switch to *(a religion, etc.)*, convert, adopt
prep. **п. в** + *A.* convert to sth ◊ **Вони́ ~ять у правосла́в'я.** They are converting to the Orthodox faith.
6 *intr.* to stop *(of rain, etc.)*, end, cease ◊ **Гроза́ що́йно перейшла́.** The thunderstorm has just ended.
See **закі́нчуватися**
7 *tran.* to exceed, go beyond, be greater than ◊ **Спе́ка перейшла́ со́рок гра́дусів.** The heat exceeded forty degrees. *also intr.*
prep. **п. за** *or* **че́рез** + *A.* go beyond sth ◊ **Тиск пові́тря не пови́нен п. за встано́влений максиму́м.** The air pressure must not go beyond the established maximum. ♦ **п. межу́** *or* **мі́ру, че́рез край** to cross the line ◊ **У своїй фамілья́рності він перейшо́в че́рез край.** He crossed the line with his familiarity.
See **переви́щувати**
8 *intr.* to transform into, turn into, morph
adv. **крок за кро́ком** step by step, **пла́вно** smoothly ◊ **Жо́втий ко́лір пла́вно ~ив у зеле́ний.** The yellow color smoothly morphed into green. **пові́льно** slowly, **поступо́во** gradually; **ґвалто́вно** abruptly, **несподі́вано** unexpectedly, **ра́птом** suddenly, **рі́зко** precipitously
prep. **п. в** + *A.* morph into sth
See **перетво́рюватися**
pa. pple. **пере́йдений** crossed over
перехо́дь! перейди́!

перехре́ст|я, *nt.*

crossroads, crossing, intersection; *also fig.*
adj. **важли́ве** important, **головне́** main, **центра́льне** central; **лю́дне** busy *(with people)*, **пусти́нне** deserted; **крити́чне** *fig.* critical
v. + **п. досяга́ти п.** reach a crossroads ◊ **Він досягну́в крити́чного п. в житті́.** *fig.* He reached a critical crossroads in his life. (**дохо́дити до** come to); **сто́яти на ~і** stand on a crossroads ◊ **Готе́ль стої́ть на ~і ву́лиць Підва́льної і Мазе́пи.** The hotel stands on the intersection of Pidvalna and Mazepa Streets.
prep. **до п.** to an intersection ◊ **До п. лиша́лося сто ме́трів.** 100 m remained to the intersection. **на п.** *dir.* on/to an intersection ◊ **Ля́на ви́йшла на п.** Liana came out on the intersection. **на ~і** *posn.* at an intersection
Also see **ріг 3, розв'я́зка 3**

пе́р|ець, *m.*, ~цю

1 *usu sg.* pepper *(both plant and fruit)*, capsicum
adj. **го́стрий** spicy, **пеку́чий** hot, **соло́дкий** sweet ◊ **Вона́ марину́є як соло́дкий, так і пеку́чий п.** She pickles both sweet and hot peppers. **зеле́ний** green, **жо́втий** yellow, **черво́ний** red; **начи́нений** stuffed
v. + **п. виро́щувати п.** grow peppers (**маринува́ти** pickle; **начиня́ти** stuff ◊ **Лука́ш начини́в п. гре́чкою з гриба́ми.** Lukash stuffed peppers with buckwheat and mushrooms. **рі́зати** cut, **сі́кти́** chop, **шаткува́ти** slice; **ґрилюва́ти** grill, **пекти́** roast, **сма́жити** fry, **тушкува́ти** stew
2 *only sg.* pepper *(spice)*
adj. **(з)ме́лений** ground ◊ **сві́жо зме́лений п.** freshly ground pepper; **бі́лий** white, **чо́рний** black ◊ **щі́пка чо́рного ~цю** a pinch of black pepper (**ка́почка** *colloq.* tad)
v. + **п. моло́ти п.** grind pepper; **додава́ти ~цю до** + *G.* add pepper to sth ◊ **До стра́ви слід дода́ти ~цю.** Some black pepper should be added to the dish. **посипа́ти** + *A.* **~цем** sprinkle sth with pepper; ♦ **завдава́ти** + *D.* **~цю** to let sb have it
Also see **припра́ва**

перешко́д|а, *f.*

obstacle, barrier, hurdle
adj. **вели́ка** big, **величе́зна** huge, **гро́зна** formidable, **найбі́льша** biggest; **головна** main, **основна́** principal ◊ **Основно́ю ~ою для шлю́бу були́ запере́чення ї́хніх батькі́в.** The principal obstacle for the marriage was their parents' objections. **значна́** significant, **неаби́яка** extraordinary, **нездола́нна** insuperable, **пова́жна** grave, **серйо́зна** serious; **несподі́вана** unanticipated, **несподі́вана** unexpected; **бюрократи́чна** bureaucratic, **політи́чна** political, **юриди́чна** legal
v. + **п. долати ~у** overcome an obstacle (**усува́ти** remove; **станови́ти** present ◊ **Низька́ ви́димість переста́ла станови́ти ~у для літакі́в.** Low visibility stopped presenting an obstacle for aircraft. **ста́вити** + *D.* put for sb/sth, **ство́рювати** + *D.* create for sb) ◊ **Він навми́сне ство́рював коле́зі ~и.** He deliberately created obstacles for his colleague. **бу́ти ~ою** be an obstacle (**виявля́тися** turn out, **лиша́тися** remain, **ставати** become; **стика́тися з** come across) ◊ **Вони́ зіткну́лися з серйо́зними ~ами.** They came across serious obstacles. ♦ **бу́ти** *or* **стоя́ти** + *D.* **на ~і** to be in sb's way, hamper sb ◊ **Незакі́нчена осві́та не ста́ла на ~і Гри́цевої кар'є́ри.** Hryts' unfinished education was not in the way of his career.
prep. ♦ **без перешко́д** freely, unimpeded, without problems ◊ **Пові́тря без перешко́д циркулюва́ло по ха́ті.** The air freely circulated around the house. **п. для** + *G.* an obstacle for/to sb/sth ◊ **п. для ро́звитку бі́знесу** an obstacle to business development
Also see **гальмо́ 2**

перешкоджа́|ти, ~ють; перешко́д|ити, ~жу, ~ять, *intr.*

1 to obstruct, encumber, prevent from, be in the way + *D. or inf.* ◊ **Тума́н перешко́див полі́ції злови́ти злочи́нця.** The fog prevented the police from capturing the criminal. ◊ **Ви ~єте мені́.** You are in my way.
adv. **безпереста́нку** nonstop, **весь час** all the time, **іноді** sometimes ◊ **І́ноді дити́на ~ла її́ писа́ти.** Sometimes the child would prevent her from writing. **рі́дко** seldom; **ду́же** greatly, **надзвича́йно** extremely, **серйо́зно** seriously; **за́вжди́** always, **послідо́вно** consistently; **навми́сне** deliberately ◊ **Він навми́сне перешко́див опера́торові зня́ти цю сце́ну.** He deliberately prevented the cameraman from shooting the scene. **сві́до́мо** consciously
v. + **п. намага́тися** try to ◊ **Вона́ намага́лася п. Зі́ні.** She tried to obstruct Zina. **роби́ти спро́бу** make an attempt to, **хоті́ти** want to
Also see **гальмува́ти 3, заважа́ти 1**
2 to disturb, distract + *D.* ◊ **Ви́бачте, якщо́ я вам ~ю.** Excuse me if I am disturbing you.
adv. **безпереста́нку** nonstop, **весь час** all the time, **і́ноді** sometimes, **рі́дко** seldom; **ні́коли не** never, **ніяк не** in no way
Also see **заважа́ти 2**
перешкоджа́й! перешко́дь!

перешко́ди|ти, *pf., see* **перешкоджа́ти** to obstruct, *etc.* ◊ **Гру́па аґреси́вних молоди́ків ~ла студе́нтам провести́ демонстра́цію.** A group of aggressive youths prevented the students from holding their demonstration.

перифері́|я, *f.*, **~ї**
1 periphery, circumference
adj. **близька́** close, **відда́лена** remote, **дале́ка** distant
v. + **п. бу́ти на ~ї** be on the periphery (**бу́ти розташо́ваним на** *or* **розташо́вуватися на** be located on, **виявля́тися на** turn out to be on) ◊ **То́чка А ви́явилася на дале́кій ~ї ко́ла.** Point A turned out to be on the distant periphery of the circle.
2 *fig.* outlands, the provinces, countryside, backcountry ◊ **Валер'я́н приї́хав до столи́ці з дале́кої ~ї.** Valerian came to the capital from distant outlands.
Also see **діра́ 2, мі́сце 3, окраї́на 2, прові́нція 2, село́ 2**

пері́од, *m.*, **~у**
1 period, stage, age
adj. **безконе́чний** endless ◊ **Безконе́чний п. пра́ці з неціка́вими людьми́ поза́ду.** The endless period of work with boring people is over. **до́вгий** long, **значни́й** significant, **розтя́гнутий** stretched, **трива́лий** lengthy; **коро́ткий** short, **обме́жений** limited; **десятиде́нний** ten-day, **тижне́вий** weekly, **двотижне́вий** two-week, **мі́сячний** monthly, **тримі́сячний** three-month, *etc.* **ви́значений** defined, **встано́влений** set, **конкре́тний** specific, **окре́слений** specified; **пе́рвісний** initial, **початко́вий** opening, **ра́нній** early; **перехі́дний** transitional, **промі́жни́й** intermediate; **заверша́льний** final, **пі́зній** late, **прикінце́вий** final; **важли́вий** important, **виріша́льний** decisive ◊ **Оста́нні ро́ки шко́ли ста́ли для Катери́ни виріша́льним ~ом життя́.** The last years of school became the decisive period of Kateryna's life. **важки́й** difficult, **висна́жливий** exhausting, **складни́й** complicated; **драмати́чний** dramatic, **похму́рий** gloomy, **те́мний** dark; **воє́нний** war, **міжвоє́нний** interwar, **передвоє́нний** prewar, **післявоє́нний** postwar; **веґетати́вний** vegetative, **інкубаці́йний** incubation, **очі́кувальний** waiting
v. + **п. відкрива́ти п.** start a period (**познача́ти** mark ◊ **П. засто́ю позначи́ла культу́рна кри́за.** The stagnation period was marked by a cultural crisis. **почина́ти** begin; **закі́нчувати** end; **охо́плювати** span ◊ **Лі́топис охо́плює сторі́чний п.** The chronicle spans a hundred-year period. **покрива́ти** cover; **пережива́ти** undergo ◊ **Сім'я́ пережила́ драмати́чний п.** The family underwent a dramatic period; **продо́вжувати** prolong, **розтя́гувати** extend, **скоро́чувати** shorten ◊ **Лі́ки скоро́тять реабілітаці́йний п.** The medicine will shorten the rehabilitation period. **вступа́ти в** enter) ◊ **Краї́на вступи́ла в п. зане́паду.** The country entered a period of decline. **відно́ситися до ~у** date back to a period ◊ **Це́рква відно́ситься до ~у Ки́ївської Ру́си.** The church dates back to the Kyivan Rus period.
п. + *v.* **добіга́ти кінця́** come to an end ◊ **П. засто́ю добі́г кінця́.** The stagnation period came to an end. **закі́нчуватися** end, **почина́тися** begin, **трива́ти** last
prep. **в п.** + *G.* in the period of ◊ **Він пра́вив у п. Руї́ни.** He governed in the period of Ruin. **в ме́жах ~у** within a period; **до ~у** prior to a period; **за п.** over a period ◊ **За коро́ткий п. стан хво́рого покра́щився.** Over a short period, the patient's condition has improved. **на п.** for a period ◊ **Реві́зія заплано́вана на п'ятиде́нний п.** The audit is planned for a five-day period. **пі́сля ~у** after a period; **про́тягом ~у** during a period ◊ **Навча́ння прохо́дитиме про́тягом встано́вленого ~у ча́су.** The training will be taking place during a fixed period of time.
Also see **вік 2, доба́ 3, епо́ха, е́ра 2, 3, ета́п 1, моме́нт 2, промі́жок 1, сму́га 4.** *Cf.* **про́тяг 2, ста́дія, сту́пінь 3, фа́за, цикл 1, час 2, 5**
2 *geol.* age, eon
adj. **льодовико́вий** glacial, **пе́рмський** Perm, **ю́рський** Jurassic, *etc.*

періоди́чн|ий, *adj.*
periodic(al), recurrent, recurring
п. + *n.* **п. дріб** *math.* a recurring decimal, **п. на́пад** a recurrent attack ◊ **Да́рка вже не зазнає́ ~их на́падів па́ніки.** Darka does not experience recurrent panic attacks any more. ♦ **~а пре́са** the press, periodicals; ♦ **~а кри́за** a recurrent crisis, ♦ **~а систе́ма елеме́нтів** *chem.* the periodic system of elements; **~е вида́ння** a periodic publication; **~і дощі́** recurrent rains (**по́вені** floods; **посу́хи** droughts) ◊ **За́хід краї́ни вража́ють ~і посу́хи.** The west of the country is afflicted with periodic droughts.
v. + **п. бу́ти ~им** be periodic (**виявля́тися** turn out; **роби́ти** + *A.* make sth ◊ **Він зроби́в вида́ння ~им.** He made the publication periodical. **става́ти** become)
See **пості́йний 1, реґуля́рний 1.** *Also see* **системати́чний 2**

пер|о́, *nt.*
1 pen
adj. **ґе́леве** gel, **ку́лькове** ballpoint, **чорни́льне** ink, **цифрове́** digital; ♦ **ро́зчерком ~а́** with a stroke of a pen ◊ **Ця люди́на зруйнува́ла йому́ життя́ ро́зчерком ~а́.** This person ruined his life with a stroke of a pen. ◊ **гу́сяче п.** a goose quill
v. + **п. виймати п.** take out a pen ◊ **О́ля ви́йняла із су́мки ку́лькове п.** Olia took a ballpoint pen out of her bag. (**відкрива́ти** uncap, **закрива́ти** cap; **носи́ти** carry, **позича́ти в** + *G.* borrow from sb *and* + *D.* lend to sb, **хова́ти** put away; **хапа́ти** grab) ◊ **Вона́ схопи́ла п. і ста́ла писа́ти.** She grabbed a pen and started writing. **кори́стува́тися ~о́м** use a pen (**писа́ти** write with) ◊ **Лев пи́ше чорни́льним ~о́м.** Lev writes with an ink pen. ♦ **бра́тися за п.** to start writing ◊ **Він узя́вся за п. на пе́нсії.** He began to write in his retirement. ♦ **майсте́рно володі́ти ~о́м** to wield a skillful pen
Also see **авторучка, ру́чка 2**
2 feather, quill
adj. **вели́ке** big, **до́вге** long, **мале́ньке**, *dim. and* **невели́ке** small; **зла́мане** broken; **гу́сяче** goose, **инди́че** turkey, **качи́не** duck, **ку́ряче** chicken, **лебеди́не** swan, **павиче́ве** peacock, **страуси́не** ostrich
v. + **п. висми́кувати п.** pull out a feather ◊ **Вона́ ви́смикнула п. в гусака́.** She pulled out a feather from the gander.
Also see **пі́р'я**
3 nib ◊ **Пое́т кори́стува́вся ру́чкою із золоти́м ~о́м.** The poet used a pen with a golden nib.
N. pl. **~а**

персо́н|а, *f., form. or iron.*
person, individual ♦ **вла́сною ~ою** in person, personally ◊ **Пан Гребі́нка вла́сною ~ою з'яви́вся на цей за́хід.** Mr. Hrebinka in person showed up for the event. ♦ **ду́же пова́жна п.** a very important person; ♦ **п. (нон-)ґра́та** a persona (non) grata
See **осо́ба**

персона́ж, *m.*, **~а**
1 character, personage
adj. **важли́вий** important, **головни́й** main, **провідни́й** leading, **центра́льний** central; **другоря́дний** minor; **ви́гаданий** fictional ◊ **Усі́ ~і фі́льму ви́гадані.** All the characters of the movie are fictional. **реа́льний** real-life; **переко́нливий** convincing, **реалісти́чний** realistic, **фальши́вий** phony; **геро́їчний** heroic, **епі́чний** epic, **комі́чний** comic, **трагі́чний** tragic; **неґати́вний** negative ◊ **Йому́ ціка́віше гра́ти неґати́вних ~ів.** It is more interesting for him to play negative characters. **несимпати́чний** disagreeable, **позити́вний** positive, **симпати́чний** likable; **бі́блійний** biblical, **казко́вий** fairy tale
п. + *n.* **п. істо́рії** a character of a story (**оповіда́ння** short story, **рома́ну** novel, **фі́льму** film) ◊ **провідни́й п. фі́льму** the lead character of the film
v. + **п. гра́ти п.** play a character ◊ **Вона́ гра́є провідно́го ~а.** She plays the leading character. (**зма́льо́вувати** portray, **зобража́ти** depict, **ство́рювати** create ◊ **Кві́тка створи́в незабу́тні ~і.** Kvitka created unforgettable characters. **вига́дувати** invent; **тлума́чити** interpret) ◊ **Ле́ся оригіна́льно тлума́чить ~а опові́ді.** Lesia interprets the story's character in an original way.
Also see **геро́й 1, фігу́ра 4**
2 *colloq., iron.* character, customer, type ◊ **Хло́пець ви́явився дивакува́тим ~ем.** The guy turned out to be a weird customer.

персона́л, *m.*, **~у**, *coll., only sg.*
personnel, staff
adj. **бува́лий** seasoned, **ви́пробуваний** tested ◊ **Він мав спра́ву з ви́пробуваним ~ом.** He dealt with tested staff. **дос́відчений** experienced, **загарто́ваний** hardened, **кваліфіко́ваний** qualified, **підгото́ваний** trained, **профес́ійний** professional; **ві́дданий** dedicated, **чудо́вий** wonderful; **ключови́й** essential, **допомі́жни́й** auxiliary, **другоря́дний** non-essential ◊ **Компа́нія зму́шена звільни́ти весь другоря́дний п.** The company has to let go all the non-essential personnel. **байду́жий** indifferent, **гру́бий** rude, **жахли́вий** horrible, **ха́мський** boorish; **моло́дший** junior, **ста́рший** senior; **адміністрати́вний** administrative, **бібліоте́чний** library, **готе́левий** hotel, **лікарня́ний** hospital, **меди́чний** medical, **сере́дній меди́чний** nursing, **музе́йний** museum, **науко́вий** academic, **обслуго́вуючий** maintenance, **редакці́йний** editorial, **техні́чний** technical, **уповнова́жений** authorized ◊ **В архі́ві працю́є ті́льки уповнова́жений п.** Only authorized personnel work in the archive. **управлі́нський** management, **циві́льний** civilian, **шкі́льний** school; **військо́вий** military, **меди́чний** medical, **поже́жний** fire, **рятува́льний** emergency
n. + **п. брак** *or* **неста́ча ~у** staff shortage ◊ **Брак ~у гальму́є ро́звиток компа́нії.** The personnel shortage holds back the development of the company. (**зарплатня́** wages, **збо́ри** meeting ◊ **оголо́шення про збо́ри ~у** a notice of the staff meeting, **підгото́вка** training, **ресу́рси** resources, **скоро́чення** cuts; **чисе́льність** number), ◊ **управлі́ння ~ом** personnel management
Also see **штат**[1]**; медперсона́л**

перспекти́в|а, *f.*
1 perspective, view, vista
adj. **вертика́льна** vertical, **горизонта́льна** horizontal, **ліні́йна** linear, **пло́ска** flat; **близька́** close, **дале́ка** distant; **спотво́рена** distorted; **істори́чна** historical
v. + **п. бу́ти в ~і** be in perspective ◊ **Мая́к був у дале́кій ~і.** The lighthouse was in a distant perspective. (**лиша́тися в** remain in; **ба́чити** + *A.* **в** see sth in, **диви́тися на** + *A.* **в** look at sth in ◊ **Диза́йнер ди́виться на па́м'ятник у ліні́йній ~і.** The designer is looking at the monument in a linear perspective. **трима́ти** + *A.* **в** keep sth in)
prep. **в ~і** 1) in a perspective ◊ **Поді́ї слід подава́ти в істори́чній ~і.** The events should be presented in a historical perspective. 2) in the future ◊ **У ~і оби́дві па́ртії ма́ли зли́тися.** In the future, both parties had to merge. **з ~и** + *G.* from

the perspective of sth ◊ **Він ди́виться на спра́ву з ~и свого́ до́свіду.** He looks at the matter from the perspective of his experience.
2 prospect(s), outlook, potential, promise, possibility
adj. **блиску́ча** brilliant ◊ **Пе́ред не́ю блиску́ча п. отри́мати найкра́щу осві́ту.** She has before her a brilliant prospect of getting the best education. **вели́ка** great, **відмі́нна** excellent, **до́бра** good, **захо́плива** exciting, **надзвича́йна** extraordinary, **прива́блива** attractive, **реалісти́чна** realistic, **серйо́зна** serious; **жалюгі́дна** pathetic, **ке́пська** poor, **пога́на** bad, **сумна́** sad; **довготерміно́ва** long-term, **майбу́тня** future
v. + **п. відкрива́ти ~у** open prospects ◊ **Зли́ття́ відкри́є для фі́рми реа́льні ~и подола́ти кри́зу.** The merger will open real prospects of overcoming the crisis for the firm. (**дава́ти** + *D.* give sb; **ма́ти** have, **пропонува́ти** + *D.* offer sb; **виключа́ти** rule out ◊ **Його́ крок виключа́є вся́ку ~у приміре́ння.** His move rules out any prospect of reconciliation. **покра́щувати** improve; **погі́ршувати** diminish, **руйнува́ти** ruin; **аналізува́ти** analyze, **оці́нювати** assess ◊ **~и програ́ми ще нале́жить оціни́ти.** The potential of the program is still to be assessed. **здрига́тися від ~и** shudder at the prospect ◊ **І́гор здригався від ~и втра́тити пра́цю.** Ihor shuddered at the prospect of losing his job. **стоя́ти пе́ред ~ою** be faced with the prospect ◊ **Шко́ла стоя́ла пе́ред ~ою втра́тити фінансува́ння.** The school was faced with the prospect of losing its funding.

пе́рс|тень, *m.*, **~ня**
ring, band
adj. **дія́мантовий** diamond ◊ **бабу́син дія́мантовий п.** grandma's diamond ring; **золоти́й** gold, **пла́тиновий** platinum, **срі́бний** silver; **обруча́льний** engagement, **шлю́бний** wedding; **деше́вий** cheap; **безці́нний** priceless, **дороги́й** expensive, **кошто́вний** precious
v. + **п. вдяга́ти п.** put on a ring (**зніма́ти** take off, **ма́ти** have, **носи́ти** wear ◊ **Оре́ста но́сить обруча́льний п.** Oresta wears her engagement ring. **хова́ти** hide; **цілува́ти** kiss) ◊ **Він не збира́вся цілува́ти нача́льникові п.** He was not about to kiss his boss's ring. **обмі́нюватися ~ня́ми** exchange rings

перука́р, *m.*, **~я́; ~ка**, *f.*
hairdresser, stylist, barber
adj. **дитя́чий** children's, **жіно́чий** women's, **чолові́чий** men's; **впра́вний** skillful, **досві́дчений** experienced, **майсте́рний** masterful, **неперевéршений** unmatched, **чудо́вий** great
v + **п. ходи́ти до ~я́** go to a hairdresser's ◊ **Він хо́дить до ~я́ щомі́сяця.** He goes to the hairdresser's once a month. **працюва́ти ~е́м** work as a hairdresser
See **спеціяліст**

перч|и́ти, ~а́ть; по~, *tran.*
to pepper, sprinkle with pepper
adv. **бага́то** much, **до́бре** a lot, **надмі́рно** to excess, **на́дто** too much, **ще́дро** generously; **ле́две** scarcely, **мало́** little, **тро́хи** a little; **зо́всім не** not at all, **ніко́ли не** never; ♦ **до смаку́** to taste ◊ **Ю́шку слід посоли́ти та по~ до смаку́.** The soup should be salted and peppered to taste.
pa. pple. **попе́рчений** peppered
(по)перчи́!

пе́рш, *adv.*
1 first, first of all, to begin with ◊ **П. пода́ли борщ, тоді́ ши́нку.** First they served borshch and then the ham. ♦ **п. за все** first of all ◊ **Ле́ва п. за все ціка́вила нова́ кни́жка І́здрика.** Lev was first of all interested in Izdryk's new book. ♦ **п. як** *or* **ніж** *as conj.* before ◊ **П. як ви́рішити, вони́ з усіма́ пора́дилися.** Before making the decision they consulted everybody.
2 earlier, once, before ◊ **Слі́дчий хоті́в зна́ти, де Мака́р був п.** The detective wanted to know where Makar was before.

пе́рш|ий, *ord. and n.*
1 *ord.* first; ♦ **~а допомо́га** first aid; ◊ **п. раз** (for) the first time, ♦ **на ~их пора́х** *or* **поча́тках** at the beginning, at first; ♦ **на п. по́гляд** *or* **з ~ого по́гляду** at first glance; ♦ **коха́ння з ~ого по́гляду** love at first sight; ♦ **не п. день** *or* **рік** for quite some time ◊ **Він працю́є лі́карем не п. рік.** He has worked as a physician for quite some time.
v. + **п. бу́ти ~им** be the first (**йти** go ◊ **Рома́н ~им піше́в на фронт.** Roman was the first to go to the front. **закі́нчувати** finish, **почина́ти** begin; **лиша́тися** remain, **прихо́дити** come ◊ **На оста́нніх перего́нах кінь прийшо́в ~им.** In the last race, the horse came first. **става́ти** become) ◊ **За продукти́вністю компа́нія ста́ла ~ою в га́лузі.** By productivity, the company became the first one in the industry. ♦ **п.-лі́пший** any, whichever, no matter which ◊ **Кни́жку мо́жна придба́ти в пе́ршій-лі́пшій книга́рні.** The book can be acquired in any bookstore.
2 *n., only f.* one o'clock ◊ **Інтерв'ю́ бу́де о ~ій рі́вно.** The interview will be at exactly one o'clock.
3 *as n.* former ♦ **п. ... дру́гий** the former ... the latter ◊ **Що́до гір і мо́ря, то ~і бі́льше ва́били її́, як дру́ге.** As to mountains versus sea, the former attracted her more that the latter.
4 *as n., only nt.* the first course (dish) ◊ **Що ви замо́вили на ~е?** What have you ordered for the first course?

п|ес, *m.*, **~са**
dog
adj. **дома́шній** domestic; **безприту́льний** homeless, **ди́кий** wild, **приблу́дний** stray; **поро́дистий** pedigree, **чистокро́вний** pure-bred; **ві́дданий** devoted, **ві́рний** faithful ◊ **Де́сять ро́ків О́рик був ї́хнім ві́рним ~сом.** For ten years Oryk had been their faithful dog. **до́брий** good, **лагі́дний** friendly; **трено́ваний** well-trained; **розу́мний** intelligent, **че́мний** well-behaved; **зли́й** vicious, **лю́тий** fierce, **небезпе́чний** dangerous, **пога́ний** bad, **скаже́ний** rabid, **шолуди́вий** mangy; **бойови́й** fighting, **мисли́вський** hunting, **поліці́йний** police, **вартови́й** *or* **сторожови́й** guard
v. + **п. ма́ти ~са** have a dog ◊ **Він має ~са.** He has a dog. (**вигу́лювати** walk, **годува́ти** feed ◊ **Щодня́ Да́рка году́є й вигу́лює сусі́дового ~са.** Every day, Darka feeds and walks her neighbor's dog. **гла́дити** stroke, **ко́ськати** *colloq.* pet, **пе́стити** pet ◊ **І́нна не дозволя́ла перехо́жим ко́ськати свого́ ~са.** Inna did not allow passersby to pet her dog. **розво́дити** breed, **тренува́ти** train, **трима́ти** keep; **каструва́ти** neuter; **вбива́ти** kill, **зни́щувати** destroy, **усипля́ти** put to sleep ◊ **Ветерина́р пора́див Тетя́ні усипи́ти її́ хво́рого ~са.** The veterinarian advised Tetiana to put her sick dog to sleep. ♦ **схо́дити на ~си** *fig.* to go to the dogs ◊ **Уся́ ї́хня тяжка́ пра́ця зійшла́ на ~си.** All their hard work has gone to the dogs.
п. + *v.* **бреха́ти** bay ◊ **На і́ншому кінці́ села́ бреха́в п.** A dog was baying at the other end of the village. **ви́ти** howl, **га́вкати** bark, **гарча́ти** snarl, **дзя́вкати** yap, **річа́ти** growl, **скигли́ти** whine; **блука́ти** *and* **броди́ти** wander ◊ **Майда́ном блука́ли приблу́дні ~си.** Stray dogs were wandering around the square. **атакува́ти** + *A.* attack sb, **вину́хувати** sniff around ◊ **Поліці́йний п. вину́хував ко́жну валі́зу.** A police dog was sniffing around every suitcase. **гризти́** + *A.* gnaw sth, **дря́пати** + *A.* scratch sth, **жува́ти** + *A.* chew sth, **куса́ти** + *A.* bite sb ◊ **Її́ вкуси́в скаже́ний п.** She was bitten by a rabid dog. **ла́щитися** fawn, **лиза́ти** + *A.* lick sb/sth; **маха́ти хвосто́м** wag one's tail, **напада́ти на** + *A.* go for sb, **насторо́жувати ву́ха** prick one's ears
Also see **соба́ка**

песимі́ст, *m.*; **~ка**, *f.*
pessimist
adj. **абсолю́тний** absolute, **безнаді́йний** hopeless, **вели́кий** great, **невипра́вний** incorrigible, **по́вний** full, **цілкови́тий** complete; **я́вний** obvious
v. + **п. перетво́рюватися на ~а** turn into a pessimist ◊ **Си́мон перетвори́вся з оптимі́ста на ~а.** Symon turned from an optimist into a pessimist. **бу́ти ~ом** be a pessimist ◊ **Він був вели́ким ~ом.** He was a great pessimist. (**вважа́ти** + *A.* consider sb ◊ **Дру́зі вва́жали Миха́йла безнаді́йним ~ом.** His friends considered Mykhailo to be a hopeless pessimist. **виявля́тися** turn out, **здава́тися** + *D.* seem to sb, **лиша́тися** remain, **роби́ти** + *A.* make sb; **става́ти** become)
Ant. **оптимі́ст**

песимісти́чн|ий, *adj.*
pessimistic
adv. **вкрай** extremely, **дові́лі** rather, **до́сить** fairly, **доста́тньо** sufficiently, **ду́же** very; **безнаді́йно** hopelessly, **надмі́ру** excessively, **на́дто** too; **зрозумі́ло** understandably, **страше́нно** terribly; **де́що** somewhat; **загало́м** generally, **несподі́вано** unexpectedly, **тро́хи** a little
v. + **п. бу́ти ~им** be pessimistic (**вважа́ти** + *A.* consider sb, **здава́тися** + *D.* seem to sb, **лиша́тися** remain; **става́ти** become) ◊ **Сергі́їв по́гляд на ї́хні перспекти́ви став ~им.** Serhii's outlook on their prospects became pessimistic.
Ant. **оптимісти́чний**

пе́чив|о, *nt.*
pastry, cookie
adj. **гото́ве** ready-made, **дома́шнє** homemade; **імби́рне** ginger, **мигдале́ве** almond, macaroon, **соло́дке** sweet; **крихке́** *and* **крухе́** crisp, ♦ **сухе́ п.** crackers
v. + **п. ї́сти п.** eat pastry (**куштува́ти** taste; **пекти́** bake ◊ **Ма́рта спекла́ мигдале́ве п.** Marta baked some almond pastry. **роби́ти** make; **купува́ти** buy, **продава́ти** sell)

печі́н|ка, *f.*
1 *anat.* liver
adj. **здоро́ва** healthy, **норма́льна** normal; **вра́жена** affected, **збі́льшена** enlarged, **ожирі́ла** fatty, **хво́ра** diseased; **до́норська** donor ◊ **Їй термі́ново потрі́бна до́норська п.** She is in urgent need of a donor liver.
n. + **п. пошко́дження ~ки** liver damage (**рак** cancer, **хворо́ба** disease, **циро́з** cirrhosis, **біо́псія** biopsy, **переса́дка** *or* **транспланта́ція** transplant, **ткани́на** tissue, **фу́нкція** function)
v. + **п. лікува́ти ~ку** treat a liver (**переса́джувати** *or* **транспланту́вати** transplant, **пошко́джувати** damage)
2 liver (*as food*)
adj. **гу́сяча** goose, **качи́на** duck, **ку́ряча** chicken, **свиня́ча** pig, **теля́ча** calf
v. + **п. готува́ти ~ку** cook liver (**пря́жити** *or* **сма́жити** fry ◊ **Вона́ засма́жила на обі́д свиня́чу ~ку.** She fried some pork liver for lunch. **тушкува́ти** stew)
3 *only pl., colloq.* bowels, guts, insides ◊ **Від оги́ди їй усі́ ~ки вивертáло.** Her guts turned inside out with disgust. ♦ **бра́ти** + *A.* **за ~ки́** to hurt badly ◊ **Оре́ста до́бре взяло́ за ~ки́.** *impers.* Orest was hurting badly. ♦ **сиді́ти** + *D.* **в ~ка́х** to be a pain in the neck ◊ **Її́ пості́йні розпи́тування сиді́ли Марко́ві в ~ка́х.** Her constant inquiries were a pain in Marko's neck.
L. **в ~ці**, *G. pl.* **~о́к**

печі|я́, *f.*, **~ї́**, *only sg.*
heartburn
adj. **го́стра** acute, **нестéрпна** unbearable, **паску́дна** *colloq.* nasty, **страшна́** horrible; **періоди́чна** periodic, **пості́йна** constant,

хроні́чна chronic, **ча́ста** frequent
v. + **п. ма́ти ~ю** have heartburn (**лікува́ти** treat) ◊ **Вона́ успі́шно лікує ~ю спеціяльною діє́тою.** She successfully treats heartburn with a special diet. **потерпа́ти від ~ї** suffer from heartburn (**позбува́тися** get rid of) ◊ **Він позбу́вся хроні́чної ~ї, ки́нувши пали́ти.** He got rid of his chronic heartburn by quitting smoking.
п. + *v.* **му́чити** + *A.* torment sb ◊ **Уночі́ його́ му́чить паску́дна п.** At night, a nasty heartburn torments him. **пекти́** + *A.* burn sb

п'є́с|а, *f.*
1 play *(in theater)*
adj. **вели́ка** great, **генія́льна** brilliant, **захо́плива** captivating, **ціка́ва** interesting, **чудо́ва** wonderful; **класи́чна** classical; **до́вга** long, **коро́тка** short, **одноа́ктова** one-act, **двоха́ктова** two-act, **трьоха́ктова** three-act; **драмати́чна** dramatic, **комі́чна** comic, **музи́чна** musical, ♦ **радіоп'є́са** a radio play, **телевізі́йна** TV; **шкільна́** school
v. + **п. гра́ти ~у** play a play ◊ **Тру́па чудо́во зігра́ла ~у.** The company played the play superbly. (**писа́ти** write; **пока́зувати** show, **ста́вити** stage ◊ **~у поста́вили в теа́трі «Березі́ль».** The play was staged at the Berezil Theater. **тренува́ти** rehearse, **чита́ти** read; **диви́тися** watch, **ходи́ти на** go to) ◊ **Він ходи́в на нову́ ~у Ірванця́.** He went to see Irvanets' new play. **гра́ти в ~і** act in a play ◊ **Він грає в ~і «Наза́р Стодо́ля».** He acts in the play titled *Nazar Stodolia*.
prep. **в ~і** in a play; **за ~ою** after a play, inspired by a play ◊ **Фі́льм за однойме́нною ~ою Куліша́.** The film was inspired by the eponymous Kulish's play. **п. за** + *I.* a play based on sth ◊ **Він написа́в ~у за наро́дними леґе́ндами.** He wrote a play based on folk legends. **п. про** + *A.* play about sb/sth ◊ **п. про нерозді́лене коха́ння** a play about an unrequited love
Also see **виста́ва 1, дра́ма 1, комéдія 1, мелодра́ма, о́пера 1, прем'є́ра, спекта́кль, траге́дія 2**
2 *mus.* piece
adj. **блиску́ча** brilliant, **разю́ча** impressive, **доскона́ла** perfect, **знамени́та** *colloq.* superb, **чудо́ва** great; **поту́жна** powerful, **си́льна** strong; **оригіна́льна** original, **своєрі́дна** unconventional, **улю́блена** favorite, **ціка́ва** interesting; **коро́тка** short; **закі́нчена** finished, **незакі́нчена** unfinished; **хорова́** choral, **оркестро́ва** orchestral, **скрипкова́** violin, **фортеп'я́нова** piano
v. + **п. вико́нувати ~у** perform a piece ◊ **Він вико́нує цю ~у доскона́ло.** He plays this piece perfectly. (**гра́ти** play; **замовля́ти** commission; **компонува́ти** compose, **писа́ти** write ◊ **Вона́ написа́ла своєрі́дну ~у.** She wrote an unconventional piece. **слу́хати** listen to)
prep. **п. для** + *G.* a piece for *(instrument, etc.)* ◊ **п. для саксофо́на** a piece for saxophone (**скри́пки** violin, **флє́йти** flute, **фортеп'я́на** piano, *etc.*) ◊ **збі́рник п'єс для скри́пки** a collection of pieces for violin
Also see **компози́ція 2, твір 1**

пи́в|о, *nt.*
beer
adj. **до́бре** good, **смачне́** tasty; **сла́вне** *colloq.* excellent, **фа́йне** *colloq.* fine, **хоро́ше** fine, **чудо́ве** wonderful; **гірке́** bitter, **ки́сле** sour, **солодка́ве** sweetish; **золоте́** golden, **сві́тле** pale, **те́мне** *and* **чо́рне** dark; **му́тне** cloudy, **чи́сте** clear; **безалкого́льне** nonalcoholic, **слабоалкого́льне** light, **міцне́** strong; **крижане́** ice-cold, **прохоло́дне** cool, **холо́дне** cold; **лі́тнє** lukewarm, **те́пле** warm, **теплува́те** warmish; **жахли́ве** awful, **ке́пське** poor, **несві́же** stale, **оги́дне** disgusting, **пога́не** bad, **проки́сле** skunky; **бочкове́** keg ◊ **Він віддає перева́гу бочково́му ~у.** He prefers keg beer. **пляшкове́** bottled; **місце́ве** local, **націона́льне** domestic, **імпорто́ване** imported; **бельгі́йське** Belgian, **німе́цьке** German, **украї́нське** Ukrainian, **че́ське** Czech; **льві́вське** Lviv, *etc.*
n. + **п. бари́ло** *and* **бо́чка ~а** a barrel of beer (**га́льба** *colloq.* mug, **глек** *and* **дзбан** pitcher, **ку́холь** mug, **пля́шка** bottle, **скля́нка** glass, **я́щик** case; **ковто́к** gulp)
v. + **п. вари́ти** brew ◊ **Тут ва́рять вла́сне пи́во – сві́тле й те́мне.** They brew their own beer here: pale and dark. (**купува́ти** buy, **замовля́ти** order, **ста́вити** + *D.* buy sb ◊ **З наго́ди свої́х уроди́н Петро́ поста́вив дру́зям два я́щики ~а.** On the occasion of his birthday, Petro bought his friends two cases of beer. **налива́ти** pour, **подава́ти** serve, **точи́ти** draw ◊ **Ба́рмен наточи́в го́стям глек холо́дного ~а.** The bartender drew a pitcher of cold beer for the guests. **вихиля́ти** *and* **глита́ти** down ◊ **Тама́ра ви́хилила** *and* **глитну́ла одну́ за о́дною дві га́льби пи́ва.** Tamara downed two mugs of beer, one after another. **ду́длити** swill, **ду́ти** *colloq.* chug, **ковта́ти** gulp; **жлу́ктити** guzzle ◊ **Франк жлу́ктив п., наві́ть не смаку́ючи його́.** Frank guzzled beer without event tasting it. **пи́ти** drink ◊ **Юрко́ рі́дко колі́ пив п.** Yurko rarely ever drank beer. **попива́ти** sip, **сьо́рбати** *colloq.* sip, **цму́лити** *colloq.* sip) ◊ **Вони́ мо́вчки цму́лили п.** They were silently sipping beer. **впива́тися ~ом** get drunk with beer (**насоло́джуватися** relish, **смакува́ти** savor; **сла́витися** be famous for) ◊ **На́віть у найгі́рші часи́ Льві́в сла́вився свої́м місце́вим ~ом.** Even in the worst of times, Lviv was famous for its local beer.
п. + *v.* **охоло́джуватися** *and* **холо́нути** chill ◊ **Він поста́вив п. до холодника́, щоб охоло́ло.** He put the beer in the refrigerator to chill. **ли́тися** pour, **пролива́тися** spill; **видиха́тися** go flat; **бу́ти до впо́доби** *and* **смакува́ти** + *D.* be liked by sb ◊ **Гали́ні смакує** *and* **до впо́доби рі́вненське п.** Halyna likes Rivne beer.
See **напі́й**

пизд|а́, *f., vulg.*
1 cunt ◊ **Зда́ється, що його́ ціка́влять ті́льки ~и і ци́цьки.** It seems he takes interest only in cunts and tits. ♦ **п. бу́ду** no shit, I swear, really ◊ **Фільм класню́чий, п. бу́ду!** The movie is super. No shit!
v. + **п.** ♦ **дава́ти** + *D.* **~и́** to give sb a beating, beat sb up ◊ **Вали́ зві́дси, по́ки тобі́ хтось не дав ~и́.** Scram, before somebody gives you a beating. ♦ **діста́вати** *or* **заробля́ти, отри́мувати ~и́** to get whacked ◊ **Він переста́в сперечáтися, відчу́вши, що мо́же діста́ти ~и́.** He stopped arguing, sensing he could get whacked. ♦ **накрива́тися ~о́ю** to flop, be a failure, bomb, go south ◊ **Його́ бі́знес накри́вся ~о́ю.** His business went south.
prep. ♦ **без ~и́** no shit ◊ **Це зроби́в Іва́н Юхи́мович, без ~и́.** It was Ivan Yukhymovych who did it, no shit. **в ~у́** *or* **до ~и́** to hell, fuck ◊ **До ~и́ всі ці промо́ви, я все одно́ зроблю́ по-сво́єму.** Fuck all the speechifying, all the same I'll do things my way. ♦ **бу́ти тре́ба, як до ~и́ две́рці** to be needed like a hole in the head ◊ **Воно́ оце́ мені́ тре́ба, геть як до ~и́ две́рці.** I need it exactly like I need a hole in the head.
See **геніта́лії, орга́н 1.** *Cf.* **хуй 1**
2 *fig., pejor.* woman, cunt; bitch ◊ **Обізва́вши виклада́чку «~о́ю», він ви́біг із кла́су.** Having called the instructor a cunt, he stormed out of the classroom.
adj. **дурна́** stupid, **тупа́** dumb, **стара́** old ◊ **Що ти слу́хаєш цю стару́ ~у́.** Don't listen to this old cunt. **рі́дкісна** rare; **спра́вжня** real ◊ **Нача́льниця ви́явилася спра́вжньою ~о́ю – все їй не подо́балося.** The boss turned out to be a real cunt. She had a problem with everything.
Also see **ку́рва 2.** *Cf.* **жі́нка 1; хуй 2**

пил, *m.*, **~у**, *only sg.*
dust
adj. **дрібни́й** fine, **неви́димий** invisible; **бі́лий** white, **сі́рий** gray, **чо́рний** black; **гру́бий** *and* **товсти́й** thick ◊ **Підло́гу покрива́в товсти́й п.** Thick dust covered the floor. **густи́й** dense; **побуто́вий** household; **отру́йний** poisonous, **радіоакти́вний** radioactive, **токси́чний** toxic; **зо́ряний** star, **космі́чний** cosmic, **мі́сячний** moon; **боро́шняний** flour, **ву́гільний** coal, **крейдяни́й** chalk, **пусте́льний** desert, **цеге́льний** brick
n. + **п. пороши́на ~у** a speck of dust (**хма́ра** cloud ◊ **Над по́лем зняла́ся хма́ра ~у.** A cloud of dust went up over the field. **части́нка** particle, **шар** layer)
v. + **п. витира́ти п.** wipe dust (**гна́ти** blow ◊ **Ві́тер гнав ву́лицями пусте́льний п.** The wind was blowing desert dust through the streets. **збира́ти** gather; **здму́хувати** blow off, **зміта́ти** sweep, **зчища́ти** brush, **стру́шувати** shake) ◊ **Леоні́д доло́нею зчи́стив п. із піджака́.** Leonid brushed dust off the jacket with his palm. **покрива́тися ~ом** get covered with dust (**припада́ти** gather) ◊ **Стаття́ лежа́ла на столі́, припада́ючи ~ом.** The article lay on the table, gathering dust.
п. + *v.* **души́ти** + *A.* choke sb ◊ **Його́ души́в густи́й п.** The thick dust was choking him. **збира́тися** gather ◊ **По за́кутках кі́мнати зібра́лося бага́то ~у.** A lot of dust gathered in the nooks of the room. **лежа́ти на** + *L.* lie on sth, **покрива́ти** + *A.* cover sth; **вляга́тися** settle ◊ **П. влі́гся, і Ка́тря поба́чила пе́ред собо́ю незнайо́мця.** The dust had settled and Katria saw a stranger right in front of her. **здійма́тися** rise; **запо́внювати** + *A.* fill sth, **літа́ти** fly, **носи́тися** + *I.* float around sth ◊ **Дворо́м носи́вся дрібни́й п.** Fine dust floated around the yard.

пи́льн|ий, *adj.*
1 attentive, watchful, vigilant, alert ◊ **Нічо́го не уника́є її ~ого по́гляду.** Nothing escapes her watchful gaze.
See **ува́жний 1**
2 keen, intense, acute, perceptive
п. + *n.* **п. інтере́с** a keen interest (**по́гляд** look) ◊ **Йому́ ста́ло ні́яково під Яри́нининим ~им по́глядом.** He felt awkward under Yaryna's intense look. **~а ува́га** an acute attention; **~е ву́хо** a perceptive ear ◊ **Найме́нший звук не міг уни́кнути її ~ого ву́ха.** The smallest sound could not avoid her perceptive ear. (**о́ко** eye)
See **го́стрий 5**
3 urgent, pressing
п. + *n.* **~а допомо́га** an urgent aid (**опера́ція** operation, **потре́ба** need, **робо́та** work, **спра́ва** business); **~е проха́ння** an urgent request ◊ **Проха́ння було́ ~им.** The request was urgent.
See **нага́льний, терміно́вий.** *Also see* **невідкла́дний**
4 industrious, hard-working, caring ◊ **~а рука́** a caring hand, ◊ **п. у́чень** a hard-working pupil
See **працьови́тий, стара́нний, сумлі́нний**

пи́льн|ість, *f.*, **~ости**, *only sg.*
watchfulness, vigilance, attention, attentiveness
adj. **вели́ка** close, **винятко́ва** exceptional ◊ **Їх могла́ врятува́ти винятко́ва п.** Exceptional vigilance could save them. **го́стра** acute, **надмі́рна** excessive, **неаби́яка** uncommon, **особли́ва** particular, **скра́йня** extreme; **неосла́бна** unabated, **пості́йна** constant
v. + **п. виявля́ти п.** show watchfulness ◊ **Пості́йно сте́жачи за ру́хом во́рога, розві́дники ви́явили неаби́яку п.** Constantly tracking the enemy movements the scouts demonstrated uncommon vigilance. **вимага́ти ~ости** require vigilance ◊ **Охоро́на кордо́ну вимага́ла особли́вої ~ости.** Protection of the border required particular vigilance. (**потребува́ти** need) ◊ **Редаґува́ння пере́кладу потребує вели́кої ~ости.** Translation editing needs close attention.
prep. **п. до** + *G.* watchfulness for sth ◊ **го́стра п. до подро́биць** acute attention to detail
Also see **ува́га 1**

пи́сан|ка, *f.*
1 *nonequiv.* pysanka *(painted Easter egg; traditional Ukrainian folk art)*
adj. **дерев'я́на** wooden, **спра́вжня** genuine, **суча́сна** modern, **традиці́йна** traditional; **воли́нська** Volhynian, **гуцу́льська** Hutsul, **ле́мківська** Lemko, *etc.*
v. + **п. малюва́ти ~ку** paint a pysanka (**роби́ти** make ◊ **Він ро́бить оригіна́льні ~ки́.** He makes unconventional pysankas. **розпи́сувати** decorate)
2 *fig.* beauty, loveliness, charm ◊ **У них не ха́та, а п.** They have a beauty of a house. ♦ **бу́ти, як** *or* **мов, на́че п.** to be beautiful, to be a feast to the eye ◊ **Село́ було́, мов п.** The village was a feast to the eye.
See **краса́**
3 *fig.* belle, goddess, beauty ◊ **Сергі́єва жі́нка – правди́ва п.** Serhii's wife is a true beauty.
See **красу́ня 1**
L. **на ~ці**, *G. pl.* **~о́к**

писа́ти, ~у́, пи́ш|уть; на~, *tran. and intr.*
1 *tran. and intr.* to write
adv. **генія́льно** brilliantly, **до́бре** well, **еле́гантно** elegantly, **красномо́вно** eloquently ◊ **Він красномо́вно ~е.** He is an eloquent writer. **ле́гко** easily, **прони́кливо** with insight, **розу́мно** intelligently, **ціка́во** in a captivating manner; **акура́тно** neatly, **зрозумі́ло** understandably, **каліграфі́чно** caligraphically ◊ **Його поколі́ння вчи́ли каліграфі́чно п.** His generation was taught to write caligraphically. **прозо́ро** transparently, **про́сто** plainly, **розбі́рливо** intelligibly, **чі́тко** distinctly,**я́сно** clearly; **від руки́** by hand, **курси́вом** in cursive; **ке́псько** poorly, **пога́но** badly, **сяк-та́к** so-so, ♦ **п., як ку́рка ла́пою** to have chicken scratch writing ◊ **Він ~е, як ку́рка ла́пою.** He has a chicken scratch writing. **заплу́тано** in a tangled manner, **незрозумі́ло** unintelligibly, **тума́нно** murkily; **вряди́-годи́** seldom, **і́ноді** sometimes, **рі́дко** rarely; **незмі́нно** invariably, **пості́йно** constantly, **реґуля́рно** regularly, **ча́сто** often, **щодня́** every day, **щоти́жня** every week ◊ **Яре́ма ~е її щоти́жня.** Yarema writes her every week. **аноні́мно** anonymously, **під псевдоні́мом** under a pen name ◊ **Від писа́в під псевдоні́мом Лука́ш Пентя́р.** He wrote under the pen name of Lukash Pentiar.
п. + *v.* **п. бу́кви** *or* **лі́тери** write letters (**ієро́гліфи** hieroglyphs ◊ **Лі́ля написа́ла кі́лька кита́йських ієро́гліфів.** Lilia wrote several Chinese hieroglyphs. **но́ти** scores, **ре́чення** sentences, **слова́** words, **текст** text; **вірш** poem, **дра́му** drama, **істо́рію** history, story, **комі́дію** comedy, **оповіда́ння** short story, **п'є́су** play, **пое́зію** poetry, **про́зу** prose, **рома́н** novel, **сцена́рій** script ◊ **Вона́ ~е сцена́рій.** She is writing a script. **траге́дію** tragedy); **п. вугі́ллям** write in/with charcoal (**кре́йдою** chalk, **олівце́м** pencil, **перо́м** pen, quill, **ру́чкою** pen; **кро́в'ю** blood, **молоко́м** milk, **ту́шшю** Indian ink, **чорни́лом** ink); ♦ **п. вла́сною руко́ю** to write in one's own hand
v. + **п. бу́ти ва́жко** + *D.* be difficult to ◊ **Йо́сипові ва́жко п. про це.** It is difficult for Yosyp to write about it. **бу́ти ле́гко** be easy to; **бу́ти слід** + *D.* should ◊ **Вам слід на~ сцена́рій фі́льму.** You should write a film script. **бу́ти тре́ба** + *D.* need to ◊ **Михайли́ні тре́ба на~ хоч сторі́нку.** Mykhailyna needs to write at least a page. **вдава́тися** + *D.* succeed in ◊ **Петро́ві вдало́ся на~ все, що він запланува́в.** Petro succeeded in writing everything he had planned. **вмі́ти** know how to, **могти́** can, **спромогти́ся** *pf.* manage to; **навча́тися** learn to; **намага́тися** try to, **про́бувати** attempt to, **стара́тися** do one's best to; **обіця́ти** + *D.* promise sb to ◊ **Ва́ля пообіця́ла йому́ п. раз на ти́ждень.** Valia promised him to write once a week. **бра́тися** set about, **почина́ти** begin to; **відмовля́тися** refuse to, **ки́дати** give up ◊ **Він ки́нув п.** He gave up writing. **перестава́ти** stop; **люби́ти** like to
prep. **п. на** + *L.* write on sth ◊ **п. на папе́рі** write on paper (**папі́русі** papyrus, **перга́менті** vellum, parchment, **стіні́** wall, **табли́ці** tablet ◊ **Шуме́ри писа́ли на гли́няних табли́цях.** Sumerians wrote on clay tablets. **друка́рській маши́нці** typewriter, **комп'ю́тері** computer) ◊ **Він навчи́вся п. на комп'ю́тері.** He learned to write on a computer. ♦ **~и́ (все) пропа́ло** consider it as good as lost ◊ **Якщо́ ти дові́ришся йому́, ~и́ пропа́ло.** If you confide in him, all is as good as lost.
Also see **документува́ти, заво́дити 7, зазнача́ти 2, запи́сувати 1, осві́тлювати 2, розпи́сувати 1, ста́вити 4**
2 *intr., colloq., impers.* to be about ◊ **У те́ксті ~е про пого́ду.** The text is about the weather. ◊ **У статті́ писа́ло про колумбі́йську про́зу.** The article was about Colombian prose.
3 *tran. and intr.* to paint *(a picture, etc.)* ◊ **Він го́ловно писа́в портре́ти шля́хти.** He painted mainly portraits of the nobility. ◊ **Оста́ннім ча́сом маля́рка бага́то ~е.** Lately the (female) artist has painted a lot.
See **малюва́ти 1.** *Also see* **розпи́сувати 3**
pa. pple. **напи́саний** written
(на)пиши́!

письме́нник, *m.*; **письме́нниця**, *f.*
writer, man of letters
adj. **авторите́тний** respected, **важли́вий** important, **вели́кий** great, **ви́знаний** recognized, **відо́мий** well-known, **до́брий** *and* **хоро́ший** good, **генія́льний** brilliant, **неаби́який** remarkable, **неперевє́ршений** unsurpassed, **славе́тний** famous, **усла́влений** celebrated; **улю́блений** favorite; **успі́шний** successful; **ке́пський** poor, **нудни́й** boring, **пога́ний** bad, **посере́дній** mediocre, **таки́й собі́** so-so; **комерці́йний** commercial; **маловідо́мий** little-known, **невідо́мий** unknown, **популя́рний** popular; **нова́торський** innovative, **оригіна́льний** original, **своєрі́дний** unconventional, **тонки́й** subtle; **досві́дчений** experienced, **професі́йний** professional, **сформо́ваний** mature; **суча́сний** contemporary; **обдаро́ваний** gifted, **плі́дний** fruitful, **таланови́тий** talented ◊ **Часо́пис шука́в таланови́тих ~ів.** The magazine was seeking out talented writers. **ціка́вий** interesting; **націона́льний** national, **украї́нський** Ukrainian, **францу́зький** French, **япо́нський** Japanese, *etc.*; ♦ **п.-кла́сик** a classic writer
v. + **п. зна́ти ~а** know a writer (**люби́ти** like; **публікува́ти** publish ◊ **Ні́хто не хоті́в публікува́ти невідо́мого ~а.** Nobody wanted to publish an unknown writer. **чита́ти** read; **рекомендува́ти** recommend; **вчи́тися на** train to be); **бу́ти ~ом** be a writer (**працюва́ти** work as ◊ **Мартиню́к працю́є ~ом.** Martyniuk works as a writer. **роби́ти** + *A.* make sb, **става́ти** become, **сліду́вати за** follow)
п. + *v.* **писа́ти** + *A.* write sth, **публікува́ти** + *A.* publish sth ◊ **Свій пе́рший рома́н п. опублікува́в у ві́ці двадцяти́ ро́ків.** The writer published his first novel at the age of twenty. **вка́зувати** + *A.* point out sth, **дово́дити, що** argue that, **змальо́вувати** + *A.* depict sth, **опи́сувати** + *A.* describe sth ◊ **П. прони́кливо опи́сує психоло́гію свої́х геро́їв.** The writer gives an insightful description of his characters' psychology.
Also see **а́втор, есеї́ст, романі́ст.** *Cf.* **спеціялі́ст**

письме́нн|ість, *f.*, **~ости**, *only sg.*
1 literacy, ability to read and write; schooling, education
adj. **елемента́рна** elementary ◊ **Юнако́ві брaку́є елемента́рної ~ости.** The youth lacks elementary literacy. **засадни́ча** basic, **про́ста́** simple; **всезага́льна** universal ◊ **Мета́ кампа́нії – всезага́льна п.** The goal of the campaign is universal literacy. **зага́льна** general, **ма́сова** mass, **по́вна** complete, **стовідсотко́ва** 100-percent; **мініма́льна** minimal; **інформаці́йна** information, **комп'ю́терна** computer, **культу́рна** cultural, **науко́ва** scientific, **політи́чна** political, **техні́чна** technological, **фіна́нсова** financial
n. + **п. занятт́я ~ости** a literacy class (**кампа́нія** campaign; **на́вички** skills, **рі́вень** level, **ро́звиток** development; **програ́ма** program; **навча́ння** instruction) ◊ **Вечора́ми прово́дять навча́ння ~ости.** Literacy instruction is held in the evenings.
v. + **п. здобува́ти п.** acquire literacy (**збі́льшувати** increase, **підно́сити** raise, **покра́щувати** improve, **розвива́ти** develop) ◊ **За́ходи покли́кані розвива́ти комп'ю́терну п. се́ред шкі́льної мо́лоді.** The measures are designed to further computer literacy among school youth. **досяга́ти ~ости** achieve literacy (**набува́ти** gain) ◊ **За семе́стр ко́жен студе́нт набу́в мініма́льної фіна́нсової ~ости.** In a semester, every student gained minimal financial literacy. **навча́ти** + *A.* **~ості** teach sb literacy (**сприя́ти** promote)
prep. **з ~ости** in literacy ◊ **і́спит з ~ости** a literacy test; **п. се́ред** + *G.* literacy among sb ◊ **Парафія́льні шко́ли підно́сили п. се́ред селя́нства.** Parochial schools were raising literacy among the peasantry.
Also see **гра́мота 1, нау́ка 3, осві́та**
2 written language ◊ **Архео́логи знайшли́ за́лишки забу́тої ~ости.** The archeologists found remnants of a forgotten written language.
See **мо́ва**

письмо́в|ий, *adj.*
1 written ◊ **п. до́звіл** a written permission; ◊ **І́спити бу́дуть ~ими.** The exams will be in writting. **вели́ке ~е завда́ння** a large written assignment
Ant. **у́сний**
2 writing, used for writing ◊ **Бі́ля вікна́ стоя́в п. стіл.** There stood a writing desk near the window. ♦ **~е прила́ддя** pen and ink

пита́льн|ий, *adj.*
interrogative
п. + *n.* **п. за́йменник** *ling.* an interrogative pronoun (**ви́раз обли́ччя** countenance; **тон** tone); **~а інтона́ція** an interrogative intonation (**мода́льність** modality, **фо́рма** form); **~е ре́чення** *ling.* an interrogative sentence (**сло́во** word)

пита́н|ня, *nt.*
1 question
adj. **відкри́те** open, **гіпотети́чне** hypothetical, **навідне́** leading, **небезпе́чне** dangerous, **незру́чне** embarrassing, **підсту́пне** treacherous, **провокаці́йне** incendiary, provocative ◊ **За старо́ю сові́тською тради́цією, полі́тик назива́в провокаці́йним ко́жне п., що не подо́балося йому́.** In the old Soviet tradition, the politician called incendiary each question he did not like. **ритори́чне** rhetorical; **ваго́ме** weighty, **серйо́зне** serious; **в'ї́дливе** biting, **дошку́льне** scathing, **знуща́льне** derisive, **нетакто́вне** tactless, **обра́зливе** insulting, **саркасти́чне** sarcastic; **багатозна́чне** ambiguous, **двозна́чне** equivocal, **загадко́ве** enigmatic, **незрозумі́ле** incomprehensible; **експліци́тне** explicit, **конкре́тне** specific, **недвозна́чне** unequivocal, **однозна́чне** straightforward, **про́сте́** simple, **то́чне** exact, **ясне́** clear; **такто́вне** tactful, **че́мне** polite; **важке́** hard, **непро́сте́** tough, **складне́** complicated; **влу́чне** apt, **му́дре** wise, **поінформо́ване** informed, **резо́нне** reasonable, **розу́мне** clever, **слу́шне** good ◊ **Це ду́же слу́шне п.** It's a very good question. **спри́тне** smart, **ціка́ве** interesting; **боже́вільне** crazy, **безглу́зде** senseless, **глу́пе** silly, **дурне́** stupid ◊ **Він каза́в, що нема́є дурни́х ~ь, є ли́ше дурні́ відпові́ді.** He said there were no stupid questions, there

were only stupid answers. **дурнува́те** *colloq.* nutty, **ідіо́тське** idiotic, **тупе́** dumb; **головне́** principal, **засадни́че** basic, **ключове́** key, **фундамента́льне** fundamental, **центра́льне** central; **доре́чне** pertinent, **посу́тнє** to the point, **релева́нтне** relevant, **своєча́сне** timely; **альтернати́вне** *ling.* alternative, **зага́льне** *ling.* general, **розділо́ве** *ling.* disjunctive, **спеці́яльне** *ling.* special; **непряме́** *ling.* indirect, **пряме́** *ling.* direct; ♦ **знак п.** a question mark ◊ **Ле́вова кар'є́ра тепе́р під зна́ком п.** *fig.* There is now a question mark over Lev's career.

v. + **п. ста́вити п.** pose a question (**пору́шувати** raise; **ма́ти** have, **скеро́вувати до** + *G.* address to sb, **формулюва́ти** phrase, **відповіда́ти на** answer ◊ **Свідок не зра́зу відпові́в на п.** The witness did not answer the question immediately. **іґнорува́ти** ignore) ◊ **Вони́ не могли́ про́сто зіґнорува́ти її підсту́пне п.** They could not simply ignore her treacherous question. **уника́ти п.** avoid a question (**ухиля́тися від** dodge ◊ **Йому́ не слід ухиля́тися від ~ь опоне́нтів.** He should not dodge his opponents' questions. **зверта́тися до** + *G.* **з ~ням** turn to sb with a question) ◊ **Якийсь слуха́ч зверну́вся до а́втора з ~ням.** A listener turned to the author with a question. **засипа́ти** + *A.* **~нями** bombard sb with questions ◊ **Ма́рту засипали ~нями.** Marta was bombarded with questions.

prep. **п. про** + *A.* a question about sth; **п. що́до** + *G.* a question concerning sb/sth ◊ **доре́чне п. що́до америка́нських са́нкцій про́ти Кремля́** a pertinent question concerning the US sanctions against the Kremlin; **п. стосо́вно** + *G.* a question regarding sb/sth

2 issue, problem

adj. **актуа́льне** pressing, **ваго́ме** weighty, **важли́ве** important, **ґлоба́льне** global, **ключове́** key, **невідкла́дне** exigent, **су́ттєве** essential, **терміно́ве** urgent; **бо́лісне** hurtful, **болю́че** painful, **го́стре** burning, **гризу́че** upsetting, **дражли́ве** tricky, **життє́ве** vital, **злободе́нне** compelling, **пеку́че** burning; **деліка́тне** delicate, **заплу́тане** tangled, **конфлі́ктне** contentious, **нерозв'я́зане** unresolved, **проблемати́чне** problematic, **складне́** complicated, **спі́рне** moot, **супере́чливе** controversial, **чутли́ве** sensitive; **академі́чне** academic, **богосло́вське** theological, **духо́вне** spiritual, **економі́чне** economic, **ети́чне** ethical, **мора́льне** moral, **науко́ве** scientific, **політи́чне** political, **релігі́йне** religious, **суспі́льне** social, **техні́чне** technical, **філосо́фське** philosophical, **юриди́чне** legal; ♦ **житлове́ п.** a housing problem; ◊ **мо́вне п.** a language issue; ♦ **п. життя́ і сме́рти** a life-and-death issue ◊ **Питна́ вода́ ста́ла ~ням життя́ і сме́рти для мі́ста.** Potable water became a life-and-death issue for the city.

v. + **п. аналізува́ти п.** analyze an issue (**вивча́ти** study, **дослі́джувати** explore, **зва́жувати** weigh, **оці́нювати** assess; **обгово́рювати** discuss; **підніма́ти** raise, **пору́шувати** bring up, **розгляда́ти** consider, **ста́вити** pose; **заго́стрювати** exacerbate ◊ **Така́ рито́рика загострювала п. іміґра́ції.** Such rhetoric exacerbated the immigration issue. **ви́рішувати** decide, **вреґульо́вувати** settle, **розв'я́зувати** solve ◊ **Нова́ техноло́гія розв'я́же п. перербо́ки відхо́дів.** The new technology will solve the problem of waste recycling. **включа́ти** include, **додава́ти** add; **виключа́ти** exclude, **зніма́ти** remove) ◊ **Фра́кція зажада́ла зня́ти п. з поря́дку де́нного.** The faction demanded that the item be removed from the agenda. **не́хтувати ~ням** neglect an issue (**міркува́ти над** ponder, **розду́мувати над** reflect on, **постава́ти пе́ред** be faced with) ◊ **Мі́сто поста́ло пе́ред ~ням дефіци́ту бюдже́ту.** The city is faced with the budget deficit problem.

п. + *v.* **лиша́тися** remain ◊ **Ряд ~ь лиша́ються нерозв'я́заними.** A number of issues remain unresolved. **виника́ти** emerge, **постава́ти** arise, **стоя́ти пе́ред** + *I.* be faced with ◊ **Пе́ред у́рядом стої́ть житлове́ п.** The government is faced with a housing problem. **лиша́тися без відпові́ді** remain unanswered

prep. **п. стосо́вно** + *G.* an issue concerning sth/sb

Also see **пробле́ма, спра́ва 1.** *Also see* **кло́піт 2**

пита́|ти, ~ють; за~, *tran.*

to ask, put a question, inquire

adv. **безпереста́нку** nonstop, **все** *colloq.* all the time ◊ **Ді́вчинка все ~є ма́му** *or* **в ма́ми як не одне́, то і́нше.** The little girl asks her mother all the time if not one thing then the other. **весь час** all the time, **за́вжди́** always, **незмі́нно** invariably, **постійно** constantly, **ча́сто** often; **іно́ді** sometimes, **рі́дко** rarely, **час від ча́су** from time to time; **дружелю́бно** amicably, **ла́гідно** gently, **м'я́ко** softly, **со́лодко** sweetly ◊ **«Ви задово́лені?» – со́лодко запита́в адміністра́тор.** "Are you satisfied?" the receptionist asked sweetly. **вкра́дливо** creepily, **крадькома́** stealthily, **ти́хо** quietly; **ввічли́во** *and* **че́мно** politely, **ґре́чно** courteously; **дипломати́чно** diplomatically ◊ **Він намага́вся дипломати́чно за~ у профе́сора про результа́т нара́ди.** He tried to ask the professor about the results of the meeting diplomatically. **обере́жно** cautiously, **спокі́йно** calmly, **такто́вно** tactfully; **пиха́то** haughtily, **зве́рхньо** patronizingly, **знева́жливо** disdainfully, **побла́жливо** condescendingly, **прези́рливо** scornfully, **прохоло́дно** cooly, **су́хо** drily, **хо́лодно** coldly; **знуща́льно** mockingly, **іроні́чно** ironically, **саркасти́чно** sarcastically, **скепти́чно** skeptically; **збу́джено** excitedly, **лю́то** furiously, **обу́рено** indignantly, **роздрато́вано** irritably, **серди́то** angrily; **вага́ючись** hesitantly ◊ **Лі́да, вага́ючись, запита́ла перехо́жого доро́гу до ста́нції.** Lida hesitantly asked a passerby the way to the station. **недові́рливо** incredulously, **нерво́во** nervously, **несміли́во** timidly, **перелякано** fearfully, **підозрі́ло** suspiciously, **соромли́во** *or* **сором'язли́во** shyly, **триво́жно** anxiously; **ве́село** merrily, **грайли́во** playfully, **жартома́** jokingly; **байду́же** with indifference, **неви́нно** innocently, **недба́ло** casually, **нехо́че** reluctantly, **со́нно** sleepily, **сто́млено** tiredly

v. + **п. бу́ти мо́жна** be possible to, **могти́** can ◊ **Вони́ мо́жуть за~ про це в ко́жного.** They can ask anybody about it. **корті́ти** *colloq.* + *A.* itch ◊ **Петра́ корті́ло за~ бра́та чому́.** Petro was itching to ask his brother why. **нава́жуватися** dare, **хоті́ти** want to ◊ **Іва́н ду́же хотів, але́ не нава́жувався за~ її ім'я́.** Ivan very much wanted to ask her name but didn't dare. **дава́й** *colloq.* start ◊ **Ді́ти оточи́ли го́стя і дава́й п. його про по́дорож.** The children surrounded the guest and started asking him about the trip. **почина́ти** begin to, **ста́ти** *pf.* start; **продо́вжувати** continue to; **перестава́ти** stop

prep. **п. в** + *G.* ask sb; **п. про** *or* **за** + *A.* ask about sb/sth ◊ **Не забу́дь за~ в Олекса́ндри про** *or* **за нови́ни.** Be sure to ask Oleksandra about the news.

pa. pple. **запи́таний** asked; requested; in demand, sought after ◊ **Він – люди́на запи́тана.** He is a sought after person.

(за)пита́й!

Also see **дізнава́тися 2, ціка́витися 2.** *Cf.* **проси́ти 1**

пи́ти, п'|ють; ви́~, *tran. and intr.*

1 *tran. and intr.* to drink ◊ **Вона́ лю́бить п. во́ду з коло́дязя.** She likes to drink well water.

adv. **бага́то** a lot, **весь час** all the time ◊ **У таку́ спе́ку Тимі́ш намага́вся весь час п. рі́дину.** In such heat, Tymish tried to drink liquid all the time. **жагу́че** ravenously, **жа́дібно** greedily ◊ **Він нахили́в відро́ і поча́в жа́дібно п.** He tilted the bucket and began to drink greedily. **спра́гло** thirstily; **безпереста́нку** nonstop; **за́вжди́** always, **незмі́нно** invariably, **постійно** constantly ◊ **Га́ля постійно щось пила́.** Halia drank something constantly. **ча́сто** often; **іно́ді** sometimes, **рі́дко** rarely, **час від ча́су** from time to time; **ча́сом** sometimes ◊ **Яре́ма ча́сом ~є вино́ до вече́рі.** Yarema sometimes drinks wine with his dinner. **неба́гато** not much, **тро́хи** a little

v. + **п. дава́ти** + *D.* give sb sth to drink, water *(animals)* ◊ **Не забу́дьте да́ти ко́ням п.** Don't forget to water the horses. **запро́шувати** + *A.* invite sb to drink, **пропонува́ти** + *D.* offer sb to drink; **проси́ти в** + *G.* ask sb ◊ **Хво́рий попроси́в у сестри́ п.** The patient asked the nurse for a drink of water. **не дава́ти** + *D.* not allow sb to drink ◊ **Йому́ день не дава́ли п.** He was not allowed to drink for one day. ♦ **хоті́ти п.** be thirsty ◊ **Ори́ся хоті́ла п.** Orysia was thirsty.

prep. **п. без** + *G.* drink without sth ◊ **Він ~є ка́ву без цу́кру.** He drinks coffee without sugar. **п. з** + *I.* drink with sth ◊ **п. сік із кри́гою** drink juice with ice; ♦ **як п. да́ти** certainly, definitely ◊ **Мико́ла сво́го доб'є́ться, як п. да́ти.** Mykola will certainly get what he wants.

Also see **ковта́ти 1, прийма́ти 3, спожива́ти 1, тягну́ти 9**

2 *intr.* to drink alcohol, abuse alcohol ◊ **Це пра́вда, що він коли́сь пив?** Is it true that he was a drunk once?

adv. **бага́то** heavily ◊ **Ю́рій бага́то не п'є.** Yurii does not drink much. **без мі́ри** beyond measure, **зана́дто** too much, **надмі́рно** excessively, **хроні́чно** chronically ◊ **Він став хроні́чно п.** He became a chronical drinker. ♦ **як пе́ред лихи́м кінце́м** *colloq.* as if there was no tomorrow ◊ **Того́ ве́чора Ма́рта пила́, як пе́ред лихи́м кінце́м.** That evening, Marta drank as if there was no tomorrow. **безпереста́нку** nonstop, **за́вжди́** always; ♦ **п. запо́єм** to be on a binge; **реґуля́рно** regularly, **традиці́йно** traditionally; **на само́ті** alone; **відповіда́льно** responsibly, **оба́чно** prudently, **помі́рно** moderately, **стри́мано** with self-restraint ◊ **Окса́на пила́ стри́мано.** Oksana drank with self-restraint.

v. + **п. бу́ти схи́льним** be inclined to ◊ **Він схи́льний п. помі́рно.** He is inclined to drink moderately. **ма́ти зви́чку** be in a habit of ◊ **Він ма́є зви́чку п. вра́нці.** He is in the habit of drinking in the morning. **люби́ти** like to, **почина́ти** begin to, **ста́ти** *pf.* start; **ки́дати** quit ◊ **Він сам ки́нув п.** He quit drinking on his own. **припиня́ти** stop; **дозволя́ти** + *D.* allow sb to ◊ **Тут дозволя́ють п. з вісімна́дцяти ро́ків.** It is allowed to drink here from the age of 18. **забороня́ти** + *D.* forbid sb to ◊ **Пі́лотам забороня́ють п.** Pilots are forbidden to drink.

prep. **п. за** + *A.* drink to sb/sth ◊ **Вип'ємо за здоро́в'я молодя́т!** Let's drink to the newlyweds' health!

Also see **нажира́тися 2, напива́тися 2, тягти́ 9**

pa. pple. **ви́питий** drunk, consumed

(ви́)пий!

пи|ха́, *f., only sg.*

arrogance, haughtiness, conceipt ◊ **За ~хо́ю па́на М. кри́лося звича́йне неві́гластво.** There was common ignorance hiding behind Mr. M.'s arrogance.

adj. **вели́ка** great ◊ **Він говори́в із вели́кою ~хо́ю.** He spoke with great arrogance. **відве́рта** open ◊ **На її обли́ччі була́ відве́рта п.** There was open arrogance on her face. **неприхо́вана** unconcealed; **надзвича́йна** extraordinary, **неба́чена** unparalleled, **скра́йня** extreme, **чи́ста** sheer; **напускна́** feigned, **ро́блена** simulated; **кла́сова** class, **приро́джена** born; **раси́стська** racist; **знайо́ма** familiar, **типо́ва** typical ◊ **«Це ви серйо́зно, чи по-украї́нському?» – сказа́ла вона́ з типо́вою для сво́го кла́су ~хо́ю.** "Are you saying this in earnest or the Ukrainian way?" she asked with the arrogance typical of her class.

v. + **п. виявля́ти ~ху́** display arrogance ◊ **Він виявля́є типо́ву для скоробагáтька ~ху́.** He displays an arrogance that is typical of a nouveau riche. (**мáти** have ◊ **Трéба мáти надзвичáйну ~ху́, щоб так пово́дитися.** One needs to have extraordinary arrogance to behave in such a way. **покáзувати** + *D.* show sb; **терпíти** bear, endure) ◊ **Секретáрка щодня́ терпíла ~ху́ начáльника.** The secretary endured her boss's arrogance every day. **бу́ти спо́вненим ~хи́** be full of arrogance ◊ **Го́лос жíнки був спо́внений ~хи́.** The woman's voice was full of arrogance.

prep. **без ~хи́** without arrogance ◊ **Аналíтик коментувáв це без наймéншої ~хи́.** The analyst was commenting on that without the smallest arrogance. **в ~сí** about/in sb's arrogance ◊ **У її раси́стському ~сí було́ щось жалюгíдне.** There was something pathetic about her racist arrogance. **з ~хо́ю** with arrogance ◊ **Мирослáва розглядáла чоловíка з неприхо́ваною ~хо́ю.** Myroslava was examining the man with unconcealed arrogance.

Also see **го́рдість 4**

пихáт|ий, *adj.*
arrogant, haughty, snobbish ◊ **Він помíтив, що ~а люди́на чáсто тáкож вузьколо́ба.** He noticed that an arrogant person is often narrow-minded as well.

adv. **винятко́во** exceptionally, **відвéрто** openly, **вкрай** extremely, **ду́же** very, **обу́рливо** outrageously ◊ **обу́рливо ~е су́дження** an outrageously arrogant pronouncement; **страшéнно** terribly; **дéщо** somewhat, **до́сить** rather, **тро́хи** a little ◊ **Нови́й профéсор філосо́фії ви́явився тро́хи ~им.** The new philosophy professor proved to be a little snobbish. **лéдве** barely; **зуми́сно** deliberately, **намíрено** intentionally, **підкрéслено** emphatically, **свідо́мо** consciously

v. + **п. бу́ти ~им** be haughty ◊ **Він був свідо́мо ~им.** He was consciously arrogant. (**вважáти** + *A.* consider sb ◊ **Багáто людéй вважáють її ~ою.** Many people consider her arrogant. **вигляда́ти** look, **виявля́тися** prove, **здавáтися** + *D.* seem to sb ◊ **Нови́й дирéктор здáвся йому́ дéщо ~им.** The new director seem to him to be somewhat haughty. **лишáтися** remain, **ставáти** become) ◊ **Дістáвши підви́щення, він став ~им.** Having gotten his promotion, he became arrogant.

prep. **п. з** + *I.* arrogant with sb ◊ **Він до́сить п. із підлéглими.** He is rather arrogant with his subordinates.

Also see **го́рдий 3, елітáрний 2**

пишá|тися, **~ються; за~**, *intr.*
1 to be proud of, take pride in + *I.*

adv. **відкри́то** openly, **глибо́ко** deeply ◊ **Вони́ глибо́ко ~ються стáршим си́ном.** They are deeply proud of their elder son. **ду́же** very, **дíйсно** really, **спрáвді** truly; **зáвжди́** always, **незмíнно** invariably, **традицíйно** traditionally ◊ **Тут традицíйно ~ються місцéвою ку́хнею.** Here they traditionally take pride in their local cuisine.

v. + **п. бу́ти слід** + *D.* should; **мáти прáво** have the right to, **могти́** can ◊ **Ви мо́жете п. собо́ю.** You can be proud of yourself. **починáти** begin to, *pf.* **стáти** start, **продо́вжувати** continue, **переставáти** stop

Cf. **го́рдий 1**

2 *fig.* to flourish, thrive, grow intensely ◊ **Навко́ло буди́нку ~вся дубо́вий гай.** An oak grove throve around the house.

See **рости́ 1**

3 to boast *(beauty, energy, health, etc.)*, have, possess stand out + *I.*

п. + *n.* **п. енéргією** boast vigor (**си́лою** strength; **здоро́в'ям** good health ◊ **Ко́жен із них пишáється здоро́в'ям.** Each of them boasts good health, **вро́дою** good looks, **красо́ю** beauty) ◊ **Марíя ~ється яко́юсь маґнети́чною красо́ю.** Maria possesses some kind of magnetic beauty.

See **мáти 1**

4 to stand out, please the eye, grace ◊ **На вершку́ горí ~лася старови́нна вéжа.** An ancient tower graced the top of the hill.

See **бу́ти 1, стоя́ти 2, розташо́вуватися 1.** *Also see* **знахо́дитися 3, перебувáти 1, пробувáти 1, розміщáтися 2**

пия́к, *m.*, **~á**, *colloq.*; **пия́чка**, *f.*
drunk, drunkard, boozer, drinker

adj. **безнадíйний** hopeless, **вели́кий** heavy, **гірки́й** hard, **доскона́лий** *iron.* accomplished ◊ **Його́ сусíд – досконáлий п.** His neighbor is an accomplished boozer. **найгíрший** worst, **невилíко́вний** incurable, **неперевéршений** unrivaled, **страшни́й** terrible, **хронíчний** chronic; **місцéвий** neighborhood ◊ **У пáрку збирáються місцéві ~и́.** Neighborhood drunks gather in the park. **мíськи́й** urban, **сíльськи́й** village

v. + **п. бу́ти ~о́м** be a boozer ◊ **Він був поéтом, вчéним, ~о́м і волоцю́гою.** He was a poet, scholar, boozer, and a vagabond. (**вважáти** + *A.* consider sb ◊ **Це ще не причи́на вважáти Ромáна ~о́м.** There is yet no reason to consider Roman a drunk. **вважáти себé** consider oneself, **виявля́тися** turn out, **лишáтися** remain, **роби́тися** come to be ◊ **Він зроби́вся ще гíршим ~о́м, як був.** He came to be even a worse drunkard than he had been. **ставáти** become)

Cf. **алкого́лік**

пів, *card.*, *indecl.*
1 half *(in time by clock)*, thirty minutes *only with prep.* ◊ **Вáля подиви́лася на годи́нник. Було́ п. до пéршої.** Valia looked at her watch. It was half past twelve.

prep. **за п. до** + *G. or* **на** + *A.* at half past *(the previous hour)* ◊ **Авто́бус при́їхав за п. на десяту годи́ну вéчора.** The bus arrived at half past nine o'clock in the evening. **о п. до** + *G. or* **на** + *A.* at half past *(the previous hour)* ◊ **Телефо́н задзвони́в рíвно о п. до трéтьої.** The phone rang at exactly half past two. **п. до** + *G. or* **на** + *A.* half past *(the previous hour)* ◊ **Зáраз ужé п. до сьо́мої** *or* **на сьо́му.** It is already half past six now.

See **полови́на**

2 half, semi~ + *G.* ◊ **Здавáлося, що на майдáні зібрáлося п. мíста.** Half the city seemed to gather on the square.

п. + *n.* **п. годи́ни** half an hour (**хвили́ни** minute, **секу́нди** second, **дня** day, **мíсяця** month, **ро́ку** year; **мéтра** meter, **ми́лі** mile; **лíтра** liter, **то́ни** ton; **ко́ла** circle; **баняка́** pot, **бари́ла** barrel, **відра́** bucket, **ми́ски** bowl) ◊ **На столí стоя́ло п. ми́ски холо́дної ю́шки.** Half a bowl of cold soup stood on the table.

See **полови́на.** *Also see* **півтора́, півтори́**

півде́нн|ий, *adj.*
1 noon, of or pertaining to noon, noonday ◊ **~а годи́на** the noon hour; ◊ **Він прополо́в квітни́к до ~ої спéки.** He weeded the flower bed before the noonday heat.

2 southern, of or pertaining to the south ◊ **п. вíтер** a southern wind (**клíмат** climate; **вокзáл** station, **міст** bridge; **нáпрям** direction; **темперáмент** temperament, **харáктер** character), ♦ **П. по́люс** the South Pole; **~а зли́ва** a southern downpour (**півку́ля** hemisphere, **приро́да** nature, **рíчка** river, **широта́** latitude); **~е мíсто** a southern city (**мо́ре** sea)

Ant. **півнíчний**

пíвд|ень, *m.*, **~ня**, *only sg.*
1 noon, midday, noon hour

prep. **бíля** *or* **ко́ло ~ня** close to noon ◊ **Бíля** *or* **ко́ло ~ня похолодáло.** It became cold close to noon. **до ~ня** before/by/till noon ◊ **Трéба все зроби́ти до ~ня.** Everything needs to be done by noon. ◊ **Го́сті чекáли до ~ня.** The guests waited up until the noon hour. **за п.** past noon ◊ **Було́ далéко за п.** It was well past noon. **пéред ~нем** before noon, **пíсля ~ня** after noon

Also see **обíд 2, по́лудень 1.** *Opp.* **пíвніч 1**

2 south

adj. **далéкий** distant, **екзоти́чний** exotic; **крáйній** extreme, **тропíчний** tropical; **гаря́чий** hot, **спеко́тний** scorching

prep. **на п. від** + *G. dir.* to the south of sth ◊ **Цього́рíч вони́ відпочивáли на п. від Я́лти.** This year, they vacationed to the south of Yalta. **на ~і** + *G. posn.* in the south of sth ◊ **На ~і вже ти́ждень дощí.** It has already been raining for a week in the south.

Also see **и́рій, по́лудень 3.** *Opp.* **пíвніч 2**

пíв|ень, *m.*, **~ня**
rooster, cock ◊ **У тéмряві но́чі заспівáв п.** A rooster crowed in the dark of the night. ♦ **вставáти з ~ня́ми** to rise with the lark ◊ **Він устає з ~ня́ми.** He rises with the lark. ♦ **до (пéрших) ~нів** till midnight ◊ **Вони́ грáли до пéрших ~нів.** They played till midnight. ♦ **до трéтіх ~нів** till dawn; ♦ **бій ~нів** a cockfight, ♦ **бойови́й п.** a gamecock; ♦ **червóний п.** *fig.* fire, blaze

Also see **ку́рка 1**

пíвн|іч, *f.*, **~очі**, *only sg.*
1 midnight

prep. **бíля** *or* **ко́ло ~очі** close to/around midnight ◊ **Ю́рій був удо́ма ко́ло ~очі.** Yurii was home close to midnight. **до ~очі** before midnight *or* till midnight ◊ **Квитки́ продали́ ще до ~очі.** The tickets sold out before midnight. ◊ **О́пера тривáла до сáмої ~очі.** The opera lasted all the way till midnight. **за п.** past midnight ◊ **Вони́ полягáли далéко за п.** They went to bed well past midnight. **о ~очі** at midnight; **пéред ~íччю** before midnight, **пíсля ~очі** after midnight.

Ant. **пíвдень 1**

2 north

adj. **далéка** distant, **заснíжена** snowy, **крижанá** icy, **неприві́тна** inhospitable, **пону́ра** gloomy, **суво́ра** severe, **холо́дна** cold; **дíйсна** true, **маґнíтна** *geogr.* magnetic ◊ **Стрíлка вкáзує на маґнíтну п.** The needle points to the magnetic north. **скрáйня** extreme

prep. **на п. від** + *G. dir.* to the north of sth ◊ **На п. від о́зера болота́.** There are swamps to the north of the lake. **на ~очі** + *G. posn.* in the north of sth ◊ **На ~і Євро́пи заповідáють снíговії.** Blizzards are forecast in the north of Europe.

Ant. **пíвдень 2**

I. **~íччю**

пíвнíчн|ий, *adj.*
1 midnight, pertaining to or occurring at midnight ◊ **~а годи́на** a midnight hour ◊ **Їй стрáшно вихо́дити надвір у ~у годи́ну.** She is afraid of going outside at the midnight hour.

Ant. **півдéнний 1**

2 northern, of or pertaining to the north ◊ **п. бéрег** a northern coast (**день** day, **краєви́д** landscape, **фронт** front, **хо́лод** cold; **зáхід** west, **схід** east) ◊ **Вони́ пішли́ на п. схід.** They went north east. ♦ **П. по́люс** *geogr.* North Pole; **~а земля́** a northern land (**ніч** night ◊ **~і но́чі особли́во тéмні тепéр.** Northern nights are particularly dark now. **півку́ля** hemisphere; **соснá** pine; **течія́** current, **широта́** latitude); **~е лíто** northern summer (**мо́ре** sea, **узбережжя** seaboard), ♦ **п. ся́йво** aurora borealis; **півнíчно-схíдний** northeastern ◊ **На півнíчно-схíдне узбере́жжя краї́ни налетíв буреві́й.** The northeastern seaboard of the country was hit by a hurricane.

Ant. **півдéнний 2**

півтора́, *card.*, *m. and nt.*, *indecl.*
one and a half + *G. sg.* ◊ **У нéї лишáється п. кілогрáма бо́рошна.** She has some 1.5 kg of flour left.

п. + *n.* **п. лíтра** one and a half liters (**мéтра**

meters, **дня** days, **місяця** months, **року** years); **п. століття** a century and a half (**мільйона** million, *etc.*) ◊ **Їм бракує п. мільйона гривень.** They are ₴1,500,000 short.
Also see **пів 2.** *Cf.* **півтори**

півтори, *card., f., indecl.*
one and a half + *G. sg.* ◊ **п. години** one and a half hours (**доби** days, **хвилини** minutes; **банки** jars, **жмені** fistfuls, **кварти** mugs ◊ **Кожен випив по п. кварти пива.** Each drank one and a half mugs of beer. **пляшки** bottles)
Also see **пів 2.** *Cf.* **півтора**

під, *var.* **піді** *and* **підо** *before* **мною**, *prep.*
relations of space
1 *posn.* under, below, beneath + *I.* ◊ **Кіт лежить п. столом.** The cat is lying under the table. ◊ **За добу пів міста було п. водою.** A day later, half of the city was under water. ♦ **п. кутом у** + *A.* at an angle of sth ◊ **Дороги пересікалися п. кутом у сорок п'ять градусів.** The roads intersected at a 45-degree angle. ♦ **бути п. рукою** to be within reach, be close by, be handy
Also see **нижче 3**
2 *dir.* under, below, beneath + *A.* ◊ **Кіт сховався п. стіл.** The cat hid under the table. ◊ **Місто поступово занурювалося п. воду.** The city was gradually submerging under water. ♦ **йти п. гору** to go uphill ◊ **Стежка йде п. гору.** The path goes uphill. ♦ **робити п. п'яну руку** to do sth while drunk ◊ **Він п. п'яну руку попав в автовипадок.** He had a car accident while drunk.
3 *posn.* near + *I.* ◊ **Вони живуть п. Луцьком.** They live near Lutsk. ◊ **Його хата була п. лісом.** His house was near the woods. ◊ **битва п. Конотопом** the Battle of Konotop
4 *dir.* close to + *A.* ◊ **Вони заїхали п. самий Луцьк.** They arrived very close to Lutsk.
relations of circumstances
5 under + *I.* ◊ **бути п. арештом** be under arrest; ◊ **п. впливом** under the influence; ◊ **п. враженням** under the impression ◊ **Хлопці лишаються п. враженням від почутого.** The boys remain under the impression of what they have heard. ◊ **п. конвоєм** under guard; ♦ **п. орудою** + *G.* under sb's leadership ◊ **Це п. його орудою компанія розвалилася.** It was under his leadership that the company fell apart. ♦ **п. наглядом** under surveillance ◊ **Завод перебуває п. наглядом поліції.** The factory is under police surveillance.
6 *(designation)* as, for + *A.* ◊ **Цю кімнату призначено п. комору.** The room is designated as a pantry. ◊ **вагон п. зерно** a railcar for grain
7 to + *A.* ◊ **Вони танцювали п. духову оркестру.** They danced to a brass band. ◊ **засипати п. спів солов'я** to fall asleep to a nightingale
8 on + *A.* ◊ **Вони вимагали віддати його п. суд.** They demanded to put him on trial.
9 faux, imitation of + *A.* ◊ **стіл, зроблений п. дуб** a faux oak table, ◊ **шинквас п. чорний мармур** a faux black marble counter
quantitative relations
10 *(approximation)* about, some ◊ **На вигляд Олені під тридцять років.** Olena looks about thirty years old.
11 *(of time)* close to, towards, on the eve of, by ◊ **Це стало відомо п. кінець місяця.** This became known by the end of the month. ♦ **п. ранок** close to morning, towards morning ◊ **П. ранок стало холодно.** It got cold towards morning. ◊ **п. Різдво** on Christmas Eve

підбира|ти, ~ють; підібрати, підбер|уть, *tran.*
1 to pick up, take up, collect
adv. **вже** already, **зразу** *or* **одразу** at once, **зараз же** right away, **швидко** quickly; **крадькома** stealthily, **нервово** nervously, **похапцем** hastily; **ліниво** lazily, **неохоче** reluctantly, **повільно** slowly
v. + **п. братися** get down to ◊ **Чоловік узявся похапцем п. розкидані речі.** The man got down to hastily picking up the scattered things. **кидатися** rush to, **починати** begin to, **переставати** stop; **намагатися** try to, **обіцяти** + *D.* promise sb to ◊ **Леся обіцяла їм підібрати дітей зі школи.** Lesia promised them to pick up the children from school.
Also see **збирати 1.** *Ant.* **розкидати 1**
2 to select, choose; cast *(actors)*
adv. **вдало** aptly ◊ **Режисер дуже вдало підібрав акторів.** The director cast his actors very aptly. **добре** well, **ретельно** thoroughly, **скрупульозно** scrupulously ◊ **Вона скрупульозно ~ла кожну ілюстрацію.** She was scrupulously selecting every illustration. **уважно** carefully; **недбало** carelessly, **невдало** inaptly, **неохоче** reluctantly, **погано** poorly, **поквапно** hastily
v. + **п. бажати** wish to ◊ **Вона бажала сама підібрати туфлі до сукні.** She wished to choose the shoes for her dress herself. **бути треба** + *D.* need to; **вдаватися** + *D.* succeed in ◊ **Їм удалося підібрати гарну дружину.** They succeeded in selecting a good team. **змогти** *pf.* manage to; **могти** can, be able to, **мусити** have to; **починати** begin to ◊ **Він почав п. фарби.** He began to select the paints. **стати** *pf.* start, **продовжувати** continue
Also see **вибирати 1, обирати 2**
pa. pple. **підібраний** selected
підбирай! підбери!

підбіга|ти, ~ють; підбігти, підбіж|ать; *pa. pf., m.* **підбіг**, *pl.* **підбігли**, *intr.*
to run up to ◊ **Христя підбігла до вікна.** Khrystia ran up to the window.
adv. **зразу** *or* **одразу** at once, **несподівано** unexpectedly ◊ **До автівки несподівано підбігла жінка.** A woman unexpectedly ran up to the car. **прожогом** in a flash, **раптом** suddenly, **зараз же** right away, **швидко** quickly; **крадькома** stealthily, **нервово** nervously, **похапцем** hastily; **слухняно** obediently, **услужливо** subserviently ◊ **Порт'є услужливо підбіг до таксівки з клієнтами.** The doorman ran up to the cab with the customers subserviently.
prep. **п. до** + *G.* run up to sb/sth
Cf. **підходити 1**

підб|ір, *m.*, **~ору**, *only sg.*
selection, choosing, selecting; casting *(of actors)*
adj. **бездоганний** impeccable, **вмілий** apt, deft, **добрий** good, **зважений** balanced, **обережний** cautious, **прискіпливий** punctilious, **продуманий** judicious, **ретельний** thorough, **розумний** wise, **скрупульозний** scrupulous, **уважний** careful, **якісний** high-quality ◊ **П. учасників програми був якісним.** The program participants selection was of high quality. **абиякий** poor, **недбалий** careless, **поганий** bad, **поспішний** hasty; **довільний** random, **остаточний** final, **первісний** initial
п. + *n.* **п. бібліографії** a bibliography selection (**кадрів** personnel, **літератури** literature, **натури** location; **складників** ingredients; **кольорів** color, **фарб** paint); ♦ **(як) на п.** as if sb was/were hand-picked ◊ **Дівчата високі, як на п.** The girls are tall as if they were hand-picked.
v. + **п. проводити п.** conduct a selection ◊ **Комісія провела первісний п. сценаріїв.** The committee conducted the initial screenplay selection. (**робити** make)
See **вибір**

підбор, *m.*, **~а**
heel *(of shoe)*
adj. **високий** high, **маленький** *dim.* small, **невеликий** small, **низький** low; **товстий** thick, **тонкий** thin; ♦ **п.-шпилька**, *usu* **шпилька** a stiletto heel
v. + **п. мати п.** have a heel ◊ **Нові черевики мали невеликі ~и.** The new boots had small heels. (**ламати** break; **лагодити** fix, **направляти** repair ◊ **Зламаний п. треба направити.** The broken heel needs repairing. **крутитися на ~і** turn on one's heel (**хитатися на** swing on); **клацати ~ами** click one's heels together; **чіплятися ~ом за** catch one's heel on ◊ **Соля зачепилася ~ом за східцю і трохи не впала.** Solia caught her heel on a step and almost fell.
prep. ♦ **на високому ~і** high-heeled ◊ **італійські туфлі на високих ~ах** Italian high-heeled shoes, ♦ **на низькому ~і** low-heeled; ♦ **бути під ~ом** to be under sb's thumb, ♦ **тримати** + *A.* **в себе під ~ом** to keep sb under one's thumb ◊ **Ганна міцно тримала чоловіка в себе під ~ом.** Hanna firmly kept her husband under her thumb.

підборі|д|дя, *nt.*
chin
adj. **велике** large, **гостре** pointy ◊ **Чоловік на портреті мав гостре п.** The man in the portrait had a pointy chin. **загострене** pointed, **квадратне** square; **маленьке** small; **подвійне** double, **роздвоєне** cleft; **відсутнє** non-existent, **слабке** weak, **спадаюче** receding; **виголене** clean-shaven, **гладеньке** smooth, **ніжне** tender, **поголене** shaven; **гладке** *or* **товсте** fat, **масне** greasy; **худе** lean; **заросле** bearded, **неголене** unshaven, **щетинисте** stubbly; **вольове** strong-willed ◊ **Він милувався вольовим жіночим ~дям.** He was admiring the strong-willed female chin. **вперте** stubborn, **міцне** strong, **рішуче** determined, **тверде** firm
v. + **п. виставляти п.** jut out one's chin (**гладити** stroke ◊ **Вона гладила п.** She was stroking her chin. **задирати догори** tip up ◊ **Хлопець від цікавости задер догори п.** The boy tipped his chin up with curiosity. **мацати** feel, touch ◊ **Орест обережно помацав п.** Orest cautiously felt his chin. **опускати** lower, **піднімати** lift, **підпирати** prop up, **потирати** rub, **чухати** scratch; **класти** rest ◊ **Карпо поклав п. їй на плече.** Karpo rested his chin on her shoulder.
п. + *v.* **дрижати** tremble, **сіпатися** jerk, **тремтіти** quiver ◊ **У Макара від зворушення затремтіло п.** Makar's chin started quivering with emotion.
prep. **на ~ді** on a chin ◊ **У Тамари на ~ді лишався грим.** Makeup remained on Tamara's chin. **по ~дю** down a chin ◊ **По ~дю дитини текло молоко.** Milk dribbled down the child's chin. **над ~дям** above sb's chin; **під ~дям** under sb's chin ◊ **Її легко пізнати по родимці під ~дям.** She is easily recognized by the mole under her chin.
G. pl. **~ь**

підвез|ти, *pf., see* **підвозити**
to bring, *etc.* ◊ **Марія ~ла своїх знайомих до музею.** Maria gave her acquaintances a lift to the museum.

підвести, *pf., see* **підводити**
to lead to, bring to, *etc.* ◊ **Поводир підвів їх до самої брами замку.** The guide led them right to the castle gate.

підвищен|ий, *adj.*
1 elevated, raised
adv. **дещо** somewhat, ◊ **наполовину п.** half-elevated, **помітно** noticeably; **ледве** barely ◊ **ледве ~а платформа** a barely elevated platform; **трохи** a little
v. + **п. будувати** + *A* **~им** build sth elevated ◊ **Підмурок збудували значно ~им над рівнем ґрунту.** The foundation was built considerably elevated above the ground level. (**бути** be, **виглядати** look, **здаватися** + *D.* seem to sb ◊ **Веранда здавалася дещо ~ою відносно решти будинку.** The veranda seemed somewhat elevated relative to the rest of the house. **лишати** + *A.* leave sth, **робити** + *A.* make sth)

prep. **п. до** + *G.* elevated to sth ◊ **п. до підвіко́нника** raised to the windowsill; **п. над** + *I.* elevated above sth; **п. порі́вняно з** + *I.* raised compared to sth
2 increased, heightened, above the norm ◊ **п. умі́ст радіоакти́вного стро́нцію** a heightened radioactive strontium content
adv. **ду́же** much, **зна́чно** significantly, **помі́тно** noticeably; **відно́сно** relatively, **порі́вняно** comparatively; **ле́гко** slightly, **мініма́льно** minimally, **тро́хи** a little; **загро́зливо** menacingly, **небезпе́чно** dangerously, **ненорма́льно** abnormally
п. + *n.* **п. ри́зик** a heightened risk ◊ **п. ри́зик поже́жі** a heightened risk of fire (**тиск** pressure); **~а загро́за** a heightened danger ◊ **Існу́є ~а загро́за епіде́мії.** There exists a heightened danger of epidemic. (**платня́** salary ◊ **Їх не задовольня́ла мініма́льно ~а платня́.** The minimally increased salary did not satisfy them. **ста́вка** rate, **температу́ра** temperature, **ча́стка** proportion, **чутли́вість** senstitivity)
v. + **п. бу́ти ~им** be elevated (**вважа́ти** + *A.* consider sth, **виявля́тися** prove, **здава́тися** + *D.* seem to sb, **лиша́тися** remain ◊ **Про́тягом ти́жня тиск у хво́рого лиша́вся ~им.** For a week, the patient's blood pressure remained above the norm. **става́ти** become)
3 promoted
prep. **п. на** + *A.* promoted to sth ◊ **п. на кра́ще опла́чувану поса́ду** promoted to a better-paid position

підви́щен|ня, *nt.*
1 rise, increase, raise
adj. **вели́ке** big, **величе́зне** huge, **драмати́чне** dramatic, **ґвалто́вне** abrupt, **значне́** significant, **надмі́рне** excessive, **помі́тне** noticeable, **си́льне** strong, **суттє́ве** essential; **вибухо́ве** explosive ◊ **Емі́сія гро́шей спровокува́ла вибухо́ве п. інфля́ції.** The money emission provoked an exposive rise in inflation. **круте́** steep, **рапто́ве** sudden, **різке́** sharp, **стрімке́** precipitate, **швидке́** rapid; **подві́йне** twofold, **потрі́йне** threefold, **чотирикра́тне** fourfold, **п'ятикра́тне** fivefold, *etc.* ◊ **На́слідки п'ятикра́тного п. вмі́сту азо́ту в атмосфе́рі го́ді передба́чити.** It is impossible to predict the consequences of a fivefold increase of nitrogen in the atmosphere. **жалюгі́дне** pitiable, **мале́** small, **невели́ке** little, **непомі́тне** unnoticeable, **помі́рне** moderate, **скро́мне** modest; **загро́зливе** menacing, **триво́жне** alarming; **відпові́дне** corresponding ◊ **Вона́ вимага́ла відпові́дного п. соція́льної допомо́ги.** She demanded a corresponding increase in social assistance. **здобу́те** gained, **обі́цяне** promised, **очі́куване** anticipated, **черго́ве** another; **необхі́дне** indispensible, **потрі́бне** necessary; **невідворо́тне** inexorable, **неуни́кне** inevitable, **неухи́льне** unavoidable, **пові́льне** slow, **пості́йне** constant, **поступо́ве** gradual; **всесві́тнє** worldwide, **ґлоба́льне** global, **зага́льне** general, **суці́льне** overall, **тота́льне** total; **щомі́сячне** monthly, **щорі́чне** yearly
п. + *n.* **п. акти́вності** a rise in activity (**загро́зи** threat, **небезпе́ки** danger; **опла́ти** pay, **пла́тні** wage, **продукти́вності** productivity; **рі́вня** level, **температу́ри** temperature, **чутли́вості** sensitivity, **я́кості** quality) ◊ **Значне́ п. я́кості виклада́ння – її́ голо́вна мета́.** Her main goal is to raise the quality of teaching significantly.
v. + **п. дава́ти** + *D.* **п.** give sb a raise ◊ **Їм дали́ вели́ке п. пла́тні.** They were given a great raise. (**ґарантува́ти** guarantee, **забезпе́чувати** + *D.* provide sb with, **обіця́ти** + *D.* promise sb; **зупиня́ти** stop); **вимага́ти п.** demand a raise ◊ **Робітники́ вимага́ли п. безпе́ки пра́ці.** The workers demanded to improve their work safety. (**призво́дити до** result in, **причиня́тися до** cause) ◊ **Нове́ обла́днання причини́лося до п. продукти́вности.** The new equipment caused an increase in productivity. **запобіга́ти ~ню** prevent a rise ◊ **Тре́ба було́ за вся́ку ці́ну запобі́гти ~ню рі́вня радія́ції.** It was necessary to prevent a rise in the radioactivity level at all costs (**перешкоджа́ти** impede)
prep. **п. від** + *G.* **до** + *G.* a increase from *(a value)* to *(a value)* ◊ **ґвалто́вне п. температу́ри від семи́ до ста гра́дусів** an abrupt temperature rise from 7° to 100°.
Also see **зріст 2, збі́льшення, підйо́м 2, стрибо́к 3.** *Ant.* **зме́ншення**
2 platform, elevation
adj. **вели́ке** big, **мале́ньке**, *dim.* small, **невели́ке** small ◊ **Він ви́ліз на невели́ке п.** He climbed a small platform. **непомі́тне** unnoticeable; **дерев'я́не** wooden
v. + **п. влашто́вувати** put together a platform ◊ **Для промо́вців влаштува́ли тимчасо́ве п.** A makeshift platform for the speakers was put together. (**збира́ти** put together, **імпровізува́ти** improvise, **роби́ти** make; **розбира́ти** dismantle)
3 promotion *(in position)*, elevation
adj. **заслу́жене** well-deserved, **карколо́мне** breath-taking, **рапто́ве** sudden; **обі́цяне** promised, **рекомендо́ване** recommended, **споді́ване** hoped-for ◊ **Він да́лі чека́є довгосподі́ваного п.** He goes on waiting for his long hoped-for promotion.
v. + **п. дава́ти** + *D.* give sb a promotion (**обіця́ти** + *D.* promise sb, **рекомендува́ти** recommend; **заслуго́вувати на** deserve ◊ **Матві́йчук давно́ заслуго́вує на п.** Matviichuk has long deserved a promotion. **дістава́ти** get, **ма́ти** have, **отри́мувати** receive); **домага́тися п.** seek a promotion (**домогти́ся** *pf.* win) ◊ **Два ро́ки Іва́нна домага́лася п. і наре́шті домогла́ся.** For two years, Ivanna sought a promotion, and she finally won it.
prep. **п. за поса́дою** promotion *(to a higher post)*; **п. від** + *G.* **до** + *G.* a promotion from *(a rank)* to *(a rank)* ◊ **п. від капіта́на до майо́ра** promotion from captain to major
G. pl. **~ь**

підви́щи|ти, *pf., see* **підви́щувати**
to raise, *etc.* ◊ **Заві́дувач кате́дри ~в Мари́ні заробі́тну пла́ту.** The department chair gave Maryna a raise.

підви́щу|вати, **~ють; підви́щ|ити**, **~ать**, *tran.*
1 to raise, elevate, make higher ◊ **Вони́ підви́щили парка́н на пів ме́тра.** They raised the fence by 0.5 m.
adv. **ду́же** greatly, **наполови́ну** by half, **помі́тно** noticeably, **рі́зко** abruptly; **удві́чі** twofold, **утри́чі** threefold; **де́що** somewhat, **ле́две** barely, **тро́хи** a little
п. + *n.* **п. дах** raise a roof (**перегоро́дку** partition, **сте́лю** ceiling, **сті́ну** wall; **рі́вень води́** water level) ◊ **Зли́ви підви́щили рі́вень води́ у ставку́.** The showers raised the water level in the pond.
v. + **п. бра́тися** get down to ◊ **Він узя́вся п. ефекти́вність радара.** He got down to raising the radar's efficiency. **почина́ти** begin to; **продо́вжувати** continue to; **бу́ти тре́ба** + *D.* need to; **вимага́ти** demand to; **viрі́шувати** decide to, **збира́тися** be going to, **планува́ти** plan to
prep. **п. на** + *A.* raise by *(a value)* ◊ **Гре́блю тре́ба підви́щити на два ме́три.** The dam needs to be raised by 2 m.
2 to increase, raise, augment, intensify, strengthen
adv. **ду́же** greatly, **зна́чно** significantly, **помі́тно** noticeably; **несподі́вано** unexpectedly, **одра́зу** immediately, **за́раз же** right away, **ґвалто́вно** abruptly, **ра́птом** suddenly, **рі́зко** sharply, **шви́дко** quickly; **відно́сно** relatively, **порі́вняно** comparatively; **ле́гко** slightly, **тро́хи** a little; **загро́зливо** menacingly, **небезпе́чно** dangerously, **ненорма́льно** abnormally; **безпереста́нку** nonstop, **все бі́льше** progressively, **пові́льно** slowly, **пості́йно** constantly, **поступо́во** gradually
п. + *n.* **п. кі́лькість** increase the quantity (**о́бсяг** volume, **су́му** sum, **температу́ру** temperature, **ці́ну** price ◊ **Авіялі́нія підви́щила ці́ну на квитки́.** The airline increased the ticket price. **шви́дкість** speed)
See **збі́льшувати**
3 to promote, elevate
adj. **вже** already, **наре́шті** finally; **заслу́жено** deservedly; **факти́чно** effectively; **несподі́вано** unexpectedly, **одра́зу** immediately, **ра́птом** suddenly, **за́раз же** right away, **шви́дко** quickly ◊ **Ханенка до́сить шви́дко ~вали.** Khanenko was being promoted fairly quickly.
v. + **п. бу́ти слід** should ◊ **Ю́рія слід було́ давно́ підви́щити.** Yuri should have been promoted long ago. **бу́ти тре́ба** + *D.* need to; **viрі́шувати** decide to ◊ **Він ви́рішив не п. Са́вченка.** He decided not to promote Savchenko. **могти́** can; **вимага́ти, щоб** demand to ◊ **О́ля вимага́є, щоб її́ підви́щили.** Olia demands to be promoted. **домага́тися, щоб** press to; **відмовля́тися** refuse to
prep. **п. від** + *G.* **до** + *G.* promote from *(a rank)* to *(a rank)* ◊ **Марчука́ підви́щили від асисте́нта до виклада́ча.** Marchuk was promoted from assistant to instructor. ♦ **п. за поса́дою** promote in position ◊ **І́нну підви́щили за поса́дою цілко́м заслу́жено.** Inna was promoted in her position quite deservedly.
4 to improve
п. + *n.* **п. ви́димість** improve visibility ◊ **При́лад ~вав нічну́ в.** The device improved the night visibility. (**на́стрій** spirits ◊ **Скля́нка вина́ підви́щила її́ на́стрій.** A glass of wine lifted her spirits. **оці́нку** grade, **пока́зник** indicator, **продукти́вність** productivity; **наро́джуваність** birth rate, **трива́лість життя́** life expectancy, **я́кість** quality, *etc.*)
See **покра́щувати**
pa. pple. **підви́щений** increased, raised
підви́щуй! підви́щи!

підвіко́нник, *m.*, **~а**, *var.* **підвіко́н|ня**, *nt.*
windowsill
adj. **вузьки́й** narrow, **до́вгий** long, **невели́кий** small, **широ́кий** wide
v. + **п. витира́ти п.** wipe a windowsill (**ми́ти** wash, **фарбува́ти** paint ◊ **Перш ніж фарбува́ти п., Оста́п поми́в його́.** Before painting the windowsill, Ostap washed it. **кла́сти** *and* **ста́вити** + *A.* **на** put sth on, **спира́тися на** lean on) ◊ **Спе́ршись на п., вона́ ви́глянула надві́р.** Leaning on the windowsill, she looked outside.

підво́д|ити, **~жу**, **~иш**, **~ять**; **підвести́**, **підвед|у́ть**; *pa. pf., m.* **підві́в**, *pl.* **підвели́**, *tran.*
1 to lead to, bring to, take to; *fig.* create ◊ **Провідни́к ~ив гру́пу до ко́жного експона́та.** The guide took the group to each exhibit. ◊ **Він підві́в осно́ву для розмо́ви.** *fig.* He created the foundation for discussion.
adv. **бли́жче** closer, **бли́зько** closely, **впри́ту́л до** + *G.* close up to sb/sth; **наре́шті** finally; **неохо́че** reluctantly; **поступо́во** gradually ◊ **Поступо́во Мо́тря ~ла́ його́ впри́ту́л до те́ми шлю́бу.** Gradually, Motria was bringing him close to the subject of marriage. **вручну́** manually, **за ру́ку** by the hand, **за вузде́чку** by a halter ◊ **Він за вузде́чку підві́в коня́ до рі́чки.** He led the horse by the halter to the river. **за моту́зку** by a rope; **обере́жно** carefully ◊ **Меха́нік обере́жно підві́в пра́ву ру́ку до отво́ру.** The mechanic carefully brought his right hand to the opening. **пові́льно** slowly, **уро́чисто** solemnly ◊ **Ба́тько уро́чисто підві́в наре́чену до наре́ченого.** The father solemnly led the bride to the bridegroom. **церемоні́йно** ceremoniously; ♦ **п. пі́дсумок** + *D.* to sum sth up ◊ **Він узя́в сло́во, щоб підвести́ пі́дсумок обгово́ренню.** He took the

floor to sum up the discussion.
prep. **п. до** + *G.* bring sth to sth/sb
Cf. **підно́сити 1**
2 to let down, fail, disappoint
adv. **гане́бно** shamefully ◊ **Він гане́бно всіх підві́в.** He shamefully let everybody down. **пі́дло** wickedly, **підсту́пно** treacherously; **ду́же** badly, **страше́нно** terribly; **навми́сне** deliberately, **свідо́мо** consciously; **несподі́вано** unexpectedly, **ра́птом** suddenly; **безнаді́йно** hopelessly ◊ **Її безнаді́йно ~ив слух.** Her hearing was hopelessly failing her. **де́що** somewhat, **тро́хи** a little; **помі́тно** noticeably, **вира́зно** distinctly, **я́вно** clearly ◊ **Відчуття́ мі́ри я́вно підвело́ Бори́са.** Borys's sense of measure clearly let him down.
Also see **відмовля́ти 4**
3 to raise, lift, hold up
п. + *n.* **п. го́лову** raise one's head ◊ **Він був таки́й сто́млений, що не міг го́лову підвести́.** He was so tired he could not hold his head up. (**но́гу** foot, **па́льця** finger, **ру́ку** hand ◊ **Степа́н підві́в ру́ку.** Stepan raised his hand. **о́чі** (**зір** *or* **по́гляд** eyes) ◊ **Вона́ пові́льно підвела́ по́гляд на Петра́.** She slowly raised her eyes at Petro.
♦ **п. з руї́н** to raise sth from ruins
See **підніма́ти 1, підно́сити 2.** *Also see* **зано́сити 5.** *Ant.* **опуска́ти**
pa. pple. **підве́дений** brought, raised, let down
підводь! підведи́!

підво́з|ити, ~ять; підвез|ти́, ~у́ть, *tran.*
to bring *(only by a vehicle)*, carry, deliver, take, give a lift ◊ **Проду́кти ~ять до рестора́ну вра́нці.** The produce is delivered to the restaurant in the morning.
adv. **авто́бусом** bus, **автомобі́лем** car, **вантажі́вкою** truck ◊ **Сусі́д підві́з вантажі́вкою його́ пожи́тки на нову́ кварти́ру.** His neighbor took his belongings to the new apartment by truck. **велосипе́дом** bicycle, **во́зом** wagon, **мотоци́клом** motorcycle, *etc.*; **вже** already, **зго́дом** eventually ◊ **Зна́йдений ба́ґаж зго́дом підвезли́ Ле́вченкові.** The found luggage was eventually delivered to Levchenko. **наре́шті** finally, **одра́зу** immediately, **за́раз же** right away, **шви́дко** quickly, **я́кось** somehow
v. + **п. бу́ти тре́ба** + *D.* need to, **виклика́тися** *and* **зголо́шуватися** volunteer to ◊ **Іре́на зголоси́лася підвезти́ їх до вокза́лу.** Irena volunteered to give them a lift to the station. **ма́ти** be supposed to, **му́сити** have to; **могти́** can; **проси́ти** + *A.* ask sb to ◊ **Він попроси́в Тетя́ну підвезти́ його́ до заво́ду.** He asked Tetiana to give him a lift to the plant. **обіця́ти** + *D.* promise sb to, **пого́джуватися** agree to, **пропонува́ти** + *D.* offer sb to
prep. **п. до** + *G.* deliver sth to *(a place)*
pa. pple. **підве́зений** delivered
підвозь! підвези́!
Cf. **підно́сити**

підгляда́|ти, ~ють; підгля́н|ути, ~уть, *intr. and tran.*
to spy after, to watch *(stealthily)*, keep an eye on, peep ◊ **Вона́ ма́ла відчуття́, що хтось ~є за не́ю.** She had the feeling that somebody was watching her.
adv. **крадькома́** stealthily ◊ **Він крадькома́ ~в за ко́жним ру́хом супе́рника.** He stealthily watched his rival's every move. **непомі́тно** unnoticed, **потихе́ньку** quietly; **весь час** all the time, **постійно** constantly, **реґуля́рно** regularly
prep. **п. за** + *I.* spy after sb
підглядай! підглянь!

підгото́ван|ий, *adj.*
prepared
adv. **бездога́нно** flawlessly ◊ **Слухача́м сподо́балася її бездога́нно ~а презента́ція.** The audience liked her flawlessly prepared presentation. **дивови́жно** amazingly, **до́бре** well, **до́сить** fairly, **доскона́ло** perfectly, **доста́тньо** sufficiently, **ду́же до́бре** very well, **нале́жно** adequately, **солі́дно** solidly, **стара́нно** meticulously, **чудо́во** superbly; **абия́к** shoddily, **відно́сно** relatively; **зо́всім не** not at all, **ке́псько** poorly, **ле́две** hardly, **недоста́тньо** insufficiently, **пога́но** badly, **сяк-та́к** so-so
v. + **п. бу́ти ~им** be prepared ◊ **Акто́р до́бре п. гра́ти цю ро́лю.** The actor is well-prepared to play the part. (**вважа́ти** + *A.* consider sb ◊ **Він уважа́в Зі́ну нале́жно ~ою до робо́ти.** He considered Zina to be adequately prepared for work. **вигляда́ти** look, **виявля́тися** turn out, **почува́тися** feel; **става́ти** become)
prep. **п. до** + *G.* prepared for sth ◊ **Вони́ ви́явилися чудо́во ~ими до чемпіона́ту.** They turned out to be superbly prepared for the championship. **п., щоб** prepared in order to do sth ◊ **Вона́ доста́тньо ~а, щоб скла́сти і́спити.** She felt sufficiently prepared to pass exams.
See **готува́тися**

підгото́в|ка, *f., only sg.*
preparations, training
adj. **бездога́нна** flawless, **відмі́нна** excellent, **відпові́дна** adequate, **до́бра** good, **доскона́ла** perfect, **доста́тня** sufficient ◊ **Він має доста́тню водíйську ~ку.** He has a sufficient driver's training. **інтенси́вна** intensive, **нале́жна** proper, **неймові́рна** unbelievable, **солі́дна** solid, **стара́нна** meticulous, **чудо́ва** wonderful; **абия́ка** shoddy, **ке́пська** poor, **недоста́тня** insufficient, **паску́дна** *colloq.* crummy, **пога́на** bad, **сяка́-така́** so-so; **попере́дня** preliminary; **військо́ва** military, **ідеологі́чна** ideological, **меди́чна** medical, **науко́ва** scientific, **осві́тня** educational, **переклада́цька** translator's, **спорти́вна** sports, **політи́чна** political, **фізи́чна** physical; **практи́чна** practical, **теорети́чна** theoretical
v. + **п. організо́вувати ~ку** organize preparations (**прово́дити** carry out ◊ **~ку кома́нди до турні́ру прово́дитиме досві́дчений тре́нер.** An experienced coach will carry out the team's preparations for the tournament. **перерива́ти** interrupt, **почина́ти** begin, **продо́вжити** *only pf.* resume ◊ **Пі́сля пере́рви вона́ продо́вжила ~ку.** She resumed her preparations after a break. **продо́вжувати** continue, **закі́нчувати** finish; **прохо́дити** undergo); **вимага́ти ~ки** require preparations ◊ **Робо́та вимага́є теорети́чної ~ки.** The work requires a theoretical preparation. (**потребува́ти** need; **обхо́дитися без** do without) ◊ **Він обі́йдеться без ~ки до по́дорожі.** He will do without preparations for the journey. **перешкоджа́ти ~ці** impede preparations (**сприя́ти** facilitate)
prep. **без ~ки** without preparations; **п. до** + *G.* preparations for sth
L. **в ~ці**
Also see **тренува́ння**

підда|ва́ти, ~ю́ть; ~ти, ~м, ~си́, ~сть, ~ду́ть, *tran.*
1 to subject to sth + *D.*, put through ◊ **Пластма́су ~ють висо́кому ти́скові.** They subject the plastic to high pressure.
adv. **реґуля́рно** regularly, **ча́сто** often; **пря́мо** directly, **опосередко́вано** indirectly; **безжа́льно** mercilessly, **жорсто́ко** cruelly; **навми́сно** deliberately, **свідо́мо** consciously
п. + *n.* **п. випро́буванню** subject to a trial (**му́кам** torments, **наси́льству** violence, **торту́рі** torture; **го́лоду** starvation, **хо́лоду** cold; **аре́шту** arrest, **до́питу** interrogation ◊ **Його́ не раз ~ва́ли аре́штам і до́питам.** More than once, he was subjected to arrests and interrogations. **ізоля́ції** isolation, **на́паду** attack; **ана́лізу** analysis, **ви́вченню** study, **обсте́женню** examination),
♦ **п. су́мніву** call into question
◊ **Автор ~є су́мніву похо́дження маляра́.** The author calls into question the artist's origin.
2 to add, increase, reinforce ◊ **Він ~в дро́в у гру́бу.** He put more wood in the stove. ♦ **п. га́зу** *or* **хо́ду** to accelerate, speed up, go faster ◊ **Почу́вши га́вкіт, вони́ ~ли́ хо́ду.** Having heard the barking they sped up.
See **додава́ти 1**

підда|ва́тися; підда́тися, *intr.*
1 to give way to, give in, submit to, yield to + *D.*
adv. **зго́дом** eventually, **наре́шті** finally; **ле́гко** easily ◊ **Марти́н налі́г на две́рі, і вони́ ле́гко ~ли́ся.** Martyn leaned on the door and it easily gave way. **одра́зу** at once; **наси́лу** barely, **неохо́че** reluctantly; **от-о́т** any moment, **ра́птом** suddenly
п. + *n.* **п. арґуме́нтам** yield to arguments (**блага́нням** supplications, **вимо́зі** demand, **заохо́ченню** encouragement, **погро́зі** threat, **си́лі** force, **ти́ску** pressure, **умовля́нню** exhortation) ◊ **Він ~вся умовля́нням ма́тері і лиши́вся вдо́ма.** He yielded to his mother's exhortations and stayed at home.
prep. **п. на** + *A.* yield to sth ◊ **Аре́што́ваний не ~ва́вся на заохо́чення слі́дчого і мовча́в.** The detainee would not yield to the detective's encouragements and kept silent.
2 to be subjected to + *D.* ◊ **Він неоднора́зово ~ва́вся шантаже́ві.** More than once, he was subjected to blackmail.
See **зазнава́ти 3**
3 to surrender, give in ◊ **Вони́ гото́ві заги́нути, лиш би не ~ти́ся во́рогові.** They are ready to perish but not surrender to the enemy.
See **здава́тися[2]**
піддава́йся! підда́йся!

пidжа́к, *m.* **~а́**
jacket *(men's)*, blazer
adj. **ві́льний** loose, **бахма́тий** *or* **мішкува́тий** *colloq.* baggy, **тісни́й** tight; **важки́й** heavy, **гру́бий** thick; **легки́й** light, **тонки́й** thin ◊ **Він прі́в у тонко́му ~у́.** He was sweating in his thin jacket. **двобо́ртний** double-breasted, **однобо́ртний** single-breasted; **піді́гнаний** fitted, **скро́єний** tailored ◊ **га́рно скро́єний п.** a nicely tailored jacket; **карта́тий** checked, **смуга́стий** striped; **баво́вняний** cotton, **вельве́товий** corduroy, **во́вняний** *or* **шерстяни́й** woolen, **джи́нсовий** denim, **за́мшевий** suede, **лляни́й** linen, **тві́довий** tweed, **шкіряни́й** leather
п. + *n.* **п. на замку́** a zip-up jacket, **п. під па́сок** a belted jacket; **п. від костю́ма** a suit jacket, **п. від уніфо́рми** *or* **одностро́ю** a uniform jacket
v. + **п. вбира́ти** *or* **наклада́ти** *colloq. or* **одяга́ти п.** put on a jacket (**накида́ти** throw on ◊ **Марко́ наки́нув їй на пле́чі свій баво́вняний п.** Marko threw his cotton jacket on her shoulders. **зніма́ти** *or* **скида́ти** take off, **ві́шати** hang (up) ◊ **Зня́вши п., Оле́сь пові́сив його́ на спи́нку крі́сла.** Having taken off his jacket, Oles hung it on the back of the chair. **згорта́ти** fold, **кла́сти** put; **чи́стити** clean; **застіба́ти** button, **розстіба́ти** unbutton) ◊ **Іва́н розстібну́в п.** Ivan unbuttoned his jacket.
п. + *v.* **ви́сіти** hang, **м'я́тися** crease ◊ **Його́ п. не мне́ться.** His blazer does not crease.
See **о́дяг.** *Cf.* **жаке́т**

підзе́мн|ий, *adj.*
underground
п. + *n.* **п. ґара́ж** an underground garage (**перехі́д** crossing, **рі́вень** level, **хід** passage); **~а залізни́ця** an underground railroad (**рі́чка** river, **зупи́нка** stop); **~е летови́ще** an underground airfield (**мі́сто** city, **о́зеро** lake, **схо́вище** depot) ◊ **~е схо́вище** an underground depot
Cf. **підпі́льний**

піді́й|ти́, *pf., see* **підхо́дити**
to come to, *etc.* ◊ **Соро́чка не ~шла́ Тама́рі.** The shirt did not suit Tamara.

підірва́|ти, *pf., see* **підрива́ти**
to detonate, explode, *etc.* ◊ **Спізнення на співбе́сіду ~ло її шанси отри́мати поса́ду.** Her coming late to the interview subverted her chances to land the position.

під'їжджа́|ти, **~ють; під'ї́хати, під'ї́д|уть**, *intr.*
to drive up to, come up to *(only be vehicle)*, arrive at
adv. **вча́сно** on time ◊ **Оле́кса вча́сно під'ї́хав на зу́стріч.** Oleksa arrived at the meeting on time. **наре́шті** finally; **нега́йно** immediately, **несподі́вано** unexpectedly, **ра́птом** suddenly ◊ **Ра́птом до них ~є швидка́.** Suddenly an ambulance comes up to them. **за́раз же** right away, **шви́дко** quickly, **якра́з** just ◊ **Го́сті якра́з під'ї́хали.** The guests have just arrived.
prep. **п. до** + *G.* come up to sb/sth; **п. на** + *A.* arrive at *(an event)*
під'їжджа́й! під'ї́дь!
Cf. **підхо́дити**

під'ї́зд, *m.*, **~у**
1 entryway, entrance *(usu in a multistoried building)* ◊ **Буди́нок ма́є ві́сім ~ів.** The building has eight entrances.
adj. **бокови́й** side, **головни́й** *or* **пара́дний** main, **за́дній** back, **центра́льний** central; **пе́рший** first, **дру́гий** second, **тре́тій** third, *etc.*, **оста́нній** last
prep. **до ~у** to an entryway; **пе́ред ~ом** in front of an entryway; **че́рез п.** through an entrance ◊ **Їм довело́ся захо́дити че́рез за́дній п.** They had to get in through the back entrance. **у п.** *dir.* in/to an entryway ◊ **Вона́ забі́гла в оста́нній п.** She ran into the last entryway. **у ~і** *posn.* in an entryway ◊ **О́льжина кварти́ра у тре́тьому ~і буди́нку.** Olha's apartment is in the third entryway of the building.
2 approach, driveway, access road ◊ **Полі́ція заблокува́ла всі ~и до пло́щі.** The police blocked all the access roads to the square.
adj. **автомобі́льний** automobile; **запасни́й** emergency, **зру́чний** convenient, **коро́ткий** short; **прихо́ваний** hidden
prep. ♦ **на ~і** on approach ◊ **Грабі́жників затри́мали на ~і до ба́нку.** The robbers were arrested on approach to the bank. **п. до** + *G.* approach to sth ◊ **запасни́й п. до по́рту** an emergency access road to the port
Also see **підхі́д 2**

підйо́м, *m.*, **~у**
1 rise, ascent, climb; rising *(from bed)*
adj. **важки́й** difficult, **небезпе́чний** dangerous, **складни́й** complicated; **до́вгий** long, **трива́лий** lengthy; **раптови́й** sudden ◊ **раптови́й п. інтона́ції** a sudden intonation rise; **вча́сний** timely, **пі́зній** late, **ра́нній** early
v. + **п. організо́вувати п.** arrange an ascent ◊ **П. на пік організу́є тураге́нція.** The travel agency will arrange the climb of the peak. (**планува́ти** plan); ♦ **гра́ти п.** to sound reveille ◊ **У непі́лю п. у та́борі гра́ють о сьо́мій.** On Sunday, the reveille in the camp is sounded at seven.
prep. **п. до** + *G.* rise before sth ◊ **п. до схо́ду со́нця** getting up before the sunrise; **п. на** + *A.* ascent on/to *(a peak)* ◊ **П. на верши́ну гори́ був трива́лим і небезпе́чним.** The ascent to the mountain top was lengthy and dangerous.
2 rise, improvement, upsurge ◊ **Нови́на ви́кликала п. ентузія́зму се́ред студе́нтів.** The news caused an upsurge of enthusiasm among the students.
adj. **вели́кий** great; **поступо́вий** gradual, **рі́зкий** sharp, **швидки́й** quick; **коро́ткий** brief, **короткоча́сний** short-lived, **тимчасо́вий** temporary; **до́вгий** long, **трива́лий** lengthy; **ґвалто́вний** abrupt, **несподі́ваний** unexpected, **раптови́й** sudden; **безпрецеде́нтний** unprecedented, **надзвича́йний** extraordinary, **нечу́ваний** unheard-of; **очі́куваний** anticipated, **плано́ваний** preplanned, **прогнозо́ваний** forecast; **економі́чний** economic, **культу́рний** cultural, **суспі́льний** social; **істори́чний** historic
п. + *n.* **п. зарплатні́** wages rise (**наро́джуваности** birth rate; **продукти́вности** productivity; **рі́вня життя́** living standards)
v. + **п. забезпе́чувати п.** secure a rise (**пережива́ти** enjoy) ◊ **Краї́на пережила́ неба́чений економі́чний п.** The country enjoyed an unheard-of economic upturn.
See **збі́льшення.** *Also see* **зріст 2, зроста́ння, підви́щення 1, стрибо́к 3**
3 uphill, upward slope ◊ **П. става́в крути́м і небезпе́чним.** The upward slope was becoming steep and dangerous.
adj. **крути́й** steep, **стрімки́й** precipitous, **невели́кий** small, **поло́гий** gentle, **поступо́вий** gradual; **до́вгий** long, **коро́ткий** short; **небезпе́чний** dangerous, **підсту́пний** treacherous
v. + **п. дола́ти п.** conquer a slope ◊ **Не ко́жен із них подола́в крути́й п. і діста́вся вершка́.** Not everyone of them conquered the steep slope and reached the top. **здира́тися ~ом** scramble up a slope ◊ **Експеди́ція здира́лася до́вгим ~ом.** The expedition was scrambling up the long slope. (**лі́зти** climb up) ◊ **Він ліз небезпе́чним ~ом.** He was climbing a dangerous slope.
4 instep *(in a shoe and foot)*
adj. **висо́кий** high ◊ **ту́флі з висо́ким ~ом** shoes with a high instep, **низьки́й** low; **га́рний** nice, **ґраці́йний** graceful ◊ **Вони́ милува́лися ґраці́йним підйо́мом А́ллиної ступні́.** They were admiring the graceful instep of Alla's foot. **еле́ґантний** elegant
5 lifting device, winch ◊ **Вантаж ~ом доста́вили на ве́рхній по́верх.** The load was delivered to the upper floor by a winch.

підказа́|ти, *pf., see* **підка́зувати**
to prompt; urge; tell ◊ **Оле́на ~ла йому́ пра́вильну ві́дповідь.** Olena helped him out with the correct answer.

підка́зу|вати, **~ють; підказа́ти, ~у́, підка́ж|уть**, *tran.*
1 to prompt sb + *D.*, help sb out ◊ **Із-за курлі́с Лев ~вав акто́рам слова́.** Lev was helping the actors out with their lines from behind the wings,.
adv. **весь час** all the time; **спри́тно** nimbly ◊ **Він спри́тно ~вав Си́монові пра́вильні ві́дповіді.** He was nimbly helping Symon out with the correct answers. **крадькома́** stealthily, **ти́хо** quietly, **шви́дко** quickly; **непомі́тно** unnoticed; **я́кось** somehow
v. + **п. бу́ти заборо́нено** be forbidden to ◊ **П. і́ншим на занятті заборо́нено.** It is forbidden to help others in class. **не дозволя́ти** + *D.* not allow sb to, **вдава́тися** + *D.* succeed in, **змогти́** *pf.* manage to; **спромогти́ся** contrive to, **намага́тися** try to, **про́бувати** attempt to; **проси́ти** + *A.* ask sb to ◊ **То́лик очи́ма проси́в коле́ґу підказа́ти йому́ фо́рмулу.** Tolyk was asking his colleague with his eyes to prompt him what the formula was. **відмовля́тися** refuse to, **не хоті́ти** be reluctant to
2 *fig.* to urge, tell, command ◊ **Со́вість ~вала Павли́ні сказа́ти пра́вду.** Her conscience was urging Pavlyna to tell the truth.
pa. pple. **підка́заний** prompted
підка́зуй! підкажи́!

підключа́|ти, **~ють; підключ|и́ти, ~у́, ~ать**, *tran.*
1 to connect, link
adv. **електро́нно** electronically; **парале́льно** in parallel, **послідо́вно** in series ◊ **Три при́строї мо́жна було́ підключи́ти оди́н до о́дного лише́ послідо́вно.** The three devices could be connected to one another only in series. **леґа́льно** legally; **нега́йно** immediately, **операти́вно** promptly, **шви́дко** quickly
v. + **п. бу́ти мо́жна** be possible to, can be, **бу́ти тре́ба** + *D.* need to ◊ **Їй тре́ба підключи́ти комп'ю́тер до се́рвера.** She needs to connect the computer to the server. **змогти́** *pf.* manage to, **могти́** can; **намага́тися** try to, **хоті́ти** want to; **не дава́ти** + *D.* not let sb, **не дозволя́ти** + *D.* not allow sb to ◊ **Пра́вила не дозволя́ють п. фа́брику до місько́ї каналіза́ції.** The rules do not allow to connect the factory to the city sewer. **перешкоджа́ти** + *D.* prevent sb from ◊ **Ні́чого не перешкоджа́є їм підключи́ти буди́нок до систе́ми постача́ння води́.** Nothing prevents them from connecting the building to the water supply system.
prep. **п. до** + *G.* connect to sth
Ant. **відключа́ти**
2 *fig.* to get sb involved ◊ **Він підключи́в до кампа́нії мо́лодь.** He got young people involved in the campaign.
pa. pple. **підклю́чений** connected; involved
підключа́й! підключи́!

підключи́|ти, *pf., see* **підключа́ти**
to connect, *etc.* ◊ **Буди́нок ~ли до мере́жі.** The building was connected to the grid.

підкоря́|тися, **~ються; підкор|и́тися, ~яться**, *intr.*
to obey, submit to + *D.* ◊ **Спортсме́н підкори́вся вимо́зі тре́нера.** The athlete obeyed the coach's demand.
adv. **покі́рно** meekly ◊ **Лев покі́рно підкори́вся.** Lev meekly obeyed. **слі́по** blindly, **нега́йно** immediately, **одра́зу** instantly, **за́раз же** right away, **шви́дко** quickly; **без вага́нь** without hesitation, **без розмо́в** without question; **неохо́че** reluctantly ◊ **Він неохо́че підкори́вся розпоря́дженню.** He reluctantly obeyed the directive.
п. + *n.* **п. вимо́зі** obey a demand (**зако́ну** law, **нака́зові** order ◊ **Він неви́нний, бо всього́ лише́ ~вся нака́зам.** He is innocent, for he was only obeying orders. **пра́вилам** rules, **розпоря́дженню** directive; **ба́тькові** father, **ма́тері** mother; **дире́кторові** director, **команди́рові** commander, **нача́льникові** boss, **тре́нерові** coach, *etc.*)
v. + **п. бу́ти гото́вим** be ready to ◊ **Вони́ гото́ві підкори́тися умо́вам припи́нення вогню́.** They are ready to submit to the terms of the ceasefire. **бу́ти зму́шеним** be forced to, **бу́ти зобов'я́заним** be obliged to, **бу́ти слід** + *D.* should ◊ **Їм слід п. пра́вилам.** They should obey the rules. **дово́дитися** + *D. and* **му́сити** have to, be compelled to ◊ **Уре́шті-ре́шт вона́ му́сила підкори́тися.** Eventually she was compelled to obey. **відмовля́тися** refuse to ◊ **Повста́лі відмовля́ються п.** The rebels refuse to obey. **не бажа́ти** be unwilling to, **не хоті́ти** be reluctant to
Also see **слу́хати 4, слу́хатися 2**

підкра́|стися, *pf., see* **кра́стися**
to sneak up, creep up ◊ **Грабі́жники ти́хо ~лися до за́дніх двере́й буди́нку.** The robbers quietly sneaked up to the back door of the house.

підкре́сли|ти, *pf., see* **підкре́слювати**
to underline, *etc.* ◊ **Він ~в черво́ним пе́ршу лі́теру в усі́х слова́х.** He underlined in red the initial letter in all the words.

підкре́слю|вати, **~ють; підкре́сл|ити, ~ять**, *tran.*
1 to underline, underscore ◊ **Чита́ючи, Ма́рта ~є незнайо́мі слова́.** While reading, Marta underlines unfamiliar words.
adv. **вира́зно** clearly, **жи́рно** heavily, **черво́ним** in red ◊ **Він підкре́слив ре́чення черво́ним.** He underlined the sentence in red.
2 *fig.* to emphasize, stress
adv. **вже** already ◊ **Виклада́чка вже ~вала цей**

факт. The (female) instructor already emphasized that fact. **нарéшті** finally; **всьогó-нá-всього** merely, **прóсто** simply, **тíльки** only; **категори́чно** categorically; **вирáзно** distinctly, **неоднознáчно** unequivocally, **я́сно** clearly

v. + **п. люби́ти** like to ◊ **Він люби́в п. своє́ шляхéтне похóдження.** He liked to emphasize his noble origin. **починáти** begin to, **продóвжувати** continue to, **переставáти** stop; **хотíти** want to ◊ **Я хотíв би знóву підкреслити цю важли́ву ідéю.** I'd like to emphasize this important idea again.

Also see **виділя́ти 2, наголóшувати 2**

3 *fig.* to enhance, intensify, amplify ◊ **Тон юнакá ~вав йогó зневáгу.** The youth's tone amplified his contempt.

Also see **виділя́ти 2**

pa. pple. **підкрéслений** underlined, emphasized

підкрéслюй! підкрéсли!

пíдл|ий, *adj.*
wicked, odious, contemptible, ignoble, base

adv. **абсолю́тно** absolutely ◊ **абсолю́тно п. полíтик** an absolutely wicked politician; **ганéбно** shamefully, **ду́же** very, **прóсто** simply, **страшéнно** terribly

п. + *n.* **п. вчи́нок** a despicable deed ◊ **Мáло хто сподівáвся від Фрáнка такóго ~ого вчи́нку.** Few expected such a wicked deed from Frank. (**злóчин** crime; **лихвáр** usurer, **провокáтор** agent provocateur, **шахрáй** swindler); **~а брехня́** a wicked lie (**зрáда** betrayal ◊ **Він не здáтен на таку́ ~у зрáду.** He is incapable of such an ignoble betrayal. **люди́на** person, **поведíнка** behavior); **~е створíння** a wicked creature

v. + **п. бу́ти ~им** be wicked (**ви́явитися** turn out ◊ **Він ви́явився ~им створíнням.** He turned out to be a wicked creature. **назувáти** + *A.* call sb) ◊ **Він назвáв дíї слíдчого ~ими.** He called the detective's actions wicked.

Also see **мерзéнний 2, нечéсний, низьки́й 3.**
Ant. **шляхéтний 2**

пíдл|ість, *f.*, **~ости**, *only sg.*
wiles, mean trick, wickedness ◊ **Вонá готувáла дíвчи́ні ще однý п.** She was plotting yet another mean trick for the girl.

adj. **вели́ка** great, **величéзна** huge, **жахли́ва** horrible, **найбíльша** greatest ◊ **Начувáйся, бо він здáтен на найбíльшу п.** Watch out, for he is capable of the greatest wiles. **остáння** ultimate, **страшнá** terrible; **дрібнá** petty, **малéнька** small; **навми́сна** intentional, **свідóма** conscious, **сплановáна** planned; **кóжна** every

v. + **п. влаштóвувати** + *D.* **п.** orchestrate a mean trick for sb ◊ **Він не мíг відмóвити собí у приéмності влаштувáти Гáнні малéньку п.** He could not deny himself the pleasure of orchestrating a small mean trick for Hanna. (**роби́ти** + *D.* pull on sb)

пíдліт|ок, *m.*, **~ка**
adolescent *(12-16 years of age)*, youth, teenager; *fig.* immature person

adj. **імпульси́вний** impulsive ◊ **Він бíльше нагáдує імпульси́вного ~ка, як дорóслу люди́ну.** He resembles an impulsive teenager rather than an adult person. **наївний** naive, **недосвíдчений** inexperienced, **нерозу́мний** unwise; **безнадíйний** hopeless, **вíчний** eternal, **невиправний** incorrigible; **звичáйний** regular, **типóвий** typical

v. + **п. бу́ти, як п.** be like an adolescent (**повóдитися, як** behave like) ◊ **Малá Катру́ся – ще дити́на, а повóдиться вже як п.** Little Katrusia is still a child, but she already behaves like an adolescent. **бу́ти ~ом** be an adolescent (**виявля́тися** turn out, **лишáтися** remain ◊ **У свої́ сóрок Карпó лишáється ~ом.** *fig.* In his forties, Karpo remains a teenager. **ставáти** become)

Cf. **дорóслий 2**

підлó|га, *f.*
floor *(of a room)*

adj. **дерев'я́на** wooden, **дубóва** oak, **паркéтна** hardwood, **соснóва** pinewood; **бетóнна** concrete, **гли́няна** clay ◊ **Марíя й Олéкса виростáли в хáті із гли́няною ~гою.** Maria and Oleksa grew up in a house with a clay floor. **земля́нá** dirt, **цемéнтна** cement; **ґранíтна** granite, **кам'янá** stone, **мармурóва** marble; **бруднá** dirty, **курнá** dusty; **чи́ста** clean, **підмéтена** swept, **поми́та** washed; **гладéнька** smooth, **полірóвана** polished; **волóга** damp, **мóкра** wet ◊ **Він посковзну́вся на мóкрій ~зі.** He slipped on a wet floor. **гóла** bare; **твердá** hard, **холóдна** cold

v. + **п. замітáти ~гу** sweep a floor (**ми́ти** wash ◊ **По субóтах Нéля ми́є ~гу в помéшканні.** On Saturdays, Nelia washes the floor in the apartment. **натирáти** wax, **полірувáти** polish, **протирáти** mop; **застеля́ти** + *I.* cover with sth) ◊ **~гу застели́ли газéтами.** They covered the floor with newspapers. **клáсти** + *A.* **на ~гу** put sth on a floor ◊ **На ~гу поклáли ки́лим.** A carpet was put on the floor. (**ляѓáти на** lie down on ◊ **Лíжка не булó, і вони́ ляглú на ~гу.** There was no bed, so they lay down on the floor. **сідáти на** sit down on, **пáдати на** fall on); **сягáти ~ги** reach the floor ◊ **Йогó плащ сягáв ~ги.** His raincoat reached the floor. (**торкáтися** touch); **качáтися по ~зі** roll on the floor

prep. **на ~гу** *dir.* on/to a floor ◊ **Він постáвив хлóпця на ~гу.** He stood the boy on the floor. **на ~зі** *posn.* on a floor ◊ **На мармурóвій ~зі мозáїка.** There is a mosaic on the marble floor. **під ~гою** under a floor ◊ **Під ~гою булá кри́ївка.** There was a hideout under the floor.

піднебíн|ня, *nt.*
palate

adj. **м'якé** soft, **твердé** hard; **запáлене** inflamed, **червóне** red; **чи́сте** clean; **розщéплене** *med.* cleft

v. + **п. торкáтися п.** touch a palate ◊ **Язи́к мáє торкáтися твердóго п.** The tongue should touch the hard palate. (**прилипáти до** stick to) ◊ **Цукéрка прили́пла до п.** The candy stuck to the palate.

G. pl. **~ь**

піднес|ти́, *pf., see* **піднóсити**
to lift, raise; bring, *etc.* ◊ **Дóбриво ~é родю́чість ґру́нту.** The fertilizer will boost the soil fertility.

піднес|ти́ся, *pf., see* **піднóситися**
to rise, *etc.* ◊ **Літáк піднíсся ви́соко над пóлем.** The airplane rose high above the field.

піднімá|ти, *var.* **підіймáти**, **~ють; підня́ти**, *var.* **підійня́ти**, **піднім|уть**, *tran.*
1 to raise, lift, elevate; pick up; carry *(of aircraft)*

adv. **лéгко** easily ◊ **Літáк лéгко ~є сто пасажи́рів.** The airplane easily carries a hundred passengers. **обережно** carefully, **повíльно** slowly; **миттєво** instantly, **рáптом** suddenly, **рíзко** sharply ◊ **Він рíзко підня́в підборíддя.** He lifted his chin sharply. **шви́дко** quickly; **лéдве** hardly, **наси́лу** barely, **наполови́ну** half ◊ **Він наполови́ну підня́в каналізацíйний люк.** He half raised the sewer manhole cover. **трóхи** a little

п. + *n.* **п. гóлову** raise one's head, **зір** *or* **óчі** *or* **пóгляд** eyes ◊ **Надíя підня́лá óчі на брáта.** Nadiia raised her eyes onto her brother. **вітри́ло** sail, **завíсу** curtain, **кóмір** collar, **ру́ку** hand ◊ **Усí, хто були́ «за», підняли́ ру́ки.** All those in favor raised their hands. **нáстрій** spirits ◊ **Весéла му́зика ~ла Хомí нáстрій.** Cheerful music raised Khoma's spirits. **цíну́** price; **рíвень** level, **температу́ру** temperature ◊ **Підігрівáч дозволя́в п. температу́ру до двадцяти́ грáдусів.** The heater made it possible to raise the temperature to +20°. **тиск** pressure); ♦ **п. кéлих за** + *A.* to raise a glass to sb ◊ **Вони́ підняли́ кéлихи за молоду́ пáру.** They raised their glasses to the young couple. (**ку́холь** mug, **чáрку** shot glass); ♦ **п. кíтву́** *or* **кíтви́цю** to weigh an anchor; ♦ **п. нóса** to put on airs; ♦ **п. ру́ку на** + *A.* to raise one's hand to sb ◊ **Бáтько не руки́ ~в на дітéй.** Father did not raise his hand to his children. **п. авторитéт** bolster reputation (**вплив** influence, **прести́ж** prestige)

v. + **п. бу́ти вáжко** be difficult to, **бу́ти неможли́во** be impossible to; **бу́ти мóжна** can, be possible to ◊ **Валíзу лéдве мóжна підня́ти.** The trunk can hardly be lifted. **змогти́** *pf.* manage to, **могти́** can, **намагáтися** try to, **хотíти** want to; **допомагáти** *or* **помагáти** + *D.* help sb to ◊ **Якúйсь чоловíк допомíг Марíї підня́ти візóк із дити́ною в автóбус.** A man helped Maria to get the stroller with her baby into the bus.

prep. **п. до** + *G.* lift to *(a level)* ◊ **Тарáс підня́в її до стéлі.** Taras lifted her to the ceiling. **п. з** + *G.* lift from sth ◊ **Він спри́тно підня́в грóші із землí.** He picked the money up from the ground agilely. **п. на** + *A.* lift on/to sth ◊ **Безпéку трéба п. на ви́щий рíвень.** Safety needs to be raised to a higher level. ♦ **п.** + *A.* **на смíх** to ridicule, make fun of, laugh at ◊ **Йогó ініціати́ву підняли́ на смíх.** His initiative was ridiculed.

Also see **занóсити 5, знімáти 9, підвóдити 3, піднóсити 2**

2 to wake up, awaken ◊ **Своїм вéреском вони́ підняли́ цíлу ву́лицю.** They woke up the entire street with their yelling.

See **буди́ти 1, збу́джувати 1**

3 to cause, provoke, start ◊ **п. вéреск** start a racket (**крик** shouting, **рéгіт** laughter, **скандáл** scandal; **бéзлад** mayhem, **хаóс** chaos; **стрілянину́** shooting) ◊ **Грабíжники підняли́ стрілянину́ сéред мíста.** The robbers started a shooting in the middle of the city.

See **призвóдити.** *Also see* **збу́джувати 2**

4 *fig.* to touch upon, raise

п. + *n.* **п. питáння** raise an issue ◊ **Автори́ відóзви ~ли мóвне питáння.** The authors of the petition raised the language issue. (**проблéму** problem, **тéму** subject) ◊ **Вонá відчувáла, що цю тéму крáще не п.** She sensed she was better off not raising the subject.

See **торкáтися 3.** *Also see* **порушувати 4**

pa. pple. **підня́тий** raised, elevated, lifted

піднімáй! підніми́!

піднімá|тися; підня́тися, *intr.*
1 to rise, go up, move up, ascend, increase, climb + *I.* ◊ **Вони́ ~лися схóдами.** They were going up the stairs.

adv. **вгóру** upwards, **ви́соко** high up, **нагóру** upstairs ◊ **Лíля обережно піднялáся нагóру.** Lilia carefully went upstairs. **лéгко** easily, **обережно** carefully, **повíльно** slowly ◊ **Сóнце повíльно ~лося над óбрієм.** The sun was slowly rising above the horizon. **миттєво** instantly, **рáптом** suddenly, **рíзко** sharply ◊ **У хвóрого рíзко підня́вся тиск.** The patient's blood pressure went sharply up. **спри́тно** agilely, **шви́дко** quickly; **лéдве** *or* **наси́лу** barely, **мáйже** almost, **трóхи** a little ◊ **Рíвень трóхи підня́вся.** The level went up a little.

v. + **п. бу́ти вáжко** be difficult to ◊ **Вáжко п. схи́лом горí.** It is difficult to climb the slope of the mountain. **бу́ти неможли́во** be impossible to; **змогти́** *pf.* manage to, **могти́** can, **намагáтися** try to; **вирíшувати** decide to; **поспішáти** be in a hurry to; **хотíти** want to; **починáти** begin to ◊ **Стéжка почалá п. вгóру.** The path began to go uphill. **продóвжувати** continue to; **закíнчувати** stop to, **переставáти** cease to

prep. **п. до** + *G.* rise to ◊ **Ліфт підня́вся до полови́ни хмарося́га.** The elevator rose to the middle of the skyscraper. **п. з** + *G.* rise from sth ◊ **Гаря́че повíтря ~лося з óтвору в землí.** Hot air was rising from the opening in the ground. **п. на** + *A.* go up to sth ◊ **Вони́ піднялúся**

на найви́щу го́ру. They climbed the highest mountain. **п. над** + *I.* rise over sth ◊ **Густи́й чо́рний дим ~вся ви́соко над лі́сом.** Thick black smoke was rising high over the forest.
п. по + *L.* rise up sth ◊ **Па́ра пові́льно ~лася по сті́ні.** The steam slowly rose up the wall.
Also see **встава́ти 4, досяга́ти 4, зніма́тися 4, підно́ситися 1, підхо́дити 5**
2 to stand up, rise, get to one's feet ◊ **Увійшо́в учи́тель, і у́чні підняли́ся.** The teacher entered and the students rose. ♦ **п. на за́хист** + *G.* to rise to the defense of sb/sth ◊ **Усі́ підняли́ся на за́хист мі́ста.** Everybody rose to the defense of the city. ◊ **Вона́ підняла́ся з піску́.** She rose from the sand.
See **встава́ти 1, підно́ситися 2**
3 to take off *(of aircraft, etc.)*, go up, climb ◊ **Змій підня́вся над по́лем.** The kite went up above the field.
prep. **п. з** + *G.* take off from sth ◊ **Літаку́ тя́жко п. з коро́ткої смуги́.** It is difficult for an airplane to take off from a short strip.
Also see **зніма́тися 3, підно́ситися 3**
4 to start, come about, arise, erupt ◊ **Навко́ло спра́ви підня́вся сканда́л.** A scandal erupted around the matter.
See **почина́тися.** *Also see* **вибуха́ти 2, заво́дитися 2, розпочина́тися, спала́хувати 3.** *Ant.* **закі́нчуватися**
5 *pass.* to be raised by, be lifted by, be elevated by + *I.* ◊ **Вони́ диви́лися на хма́ру пи́лу, що підняла́ся ві́тром.** They watched a dust cloud raised by the wind.

підно́с|ити, підно́шу, ~ять; піднес|ти́, ~у́ть; *pa. pf., m.* **підні́с,** *pl.* **піднесли́,** *tran.*
1 to bring *(on foot)*, carry *(on foot)* ◊ **Матві́й має піднести́ йому́ сього́днішні газе́ти.** Matvii is supposed to bring him today's newspapers.
adv. **вже** already, **згодом** eventually, **наре́шті** finally, **одра́зу** immediately, **за́раз же** right away, **шви́дко** quickly; **періоди́чно** periodically, **час від ча́су** from time to time, ◊ **Івга час від ча́су ~ила їм води́.** From time to time, Yivha would bring them water. **ча́сто** often
v. + **п. бу́ти тре́ба** + *D.* need to ◊ **Дем'я́нові тре́ба піднести́ до ха́ти дров.** Dem'yan needs to bring firewood into the house. **ма́ти** have to, be supposed to; **могти́** can; **пропонува́ти** + *D.* offer sb to; **проси́ти** + *A.* ask sb to; **хоті́ти** want to ◊ **Вона́ хоті́ла піднести́ їм щось пої́сти.** She wanted to bring them something to eat.
Cf. **підво́дити 1**
2 to raise, lift, elevate; increase, boost
adv. **ле́две** hardly ◊ **Рома́н ле́две міг піднести́ го́лову.** Roman could hardly lift his head. **майже** almost, **наси́лу** barely ◊ **Вона́ наси́лу ~ила я́щик.** She barely lifted the box. **я́кось** somehow
п. + *n.* **п. ке́лих** raise a glass (**тост** toast; **дух** morale, **на́стрій** spirits ◊ **Тре́нерові тре́ба піднести́ на́стрій свої́х гравці́в.** The coach needs to boost his players' spirits; **пра́пор** flag; **го́лову** head, **кула́к** fist, **ру́ку** hand; **о́чі** *or* **по́гляд** eyes ◊ **Він здиво́вано підні́с о́чі на Марі́ю.** He raised his eyes on Maria in surprise. **авторите́т** stature, **популя́рність** popularity, **прести́ж** prestige, **репута́цію** reputation; **продукти́вність** productivity, **рі́вень життя́** living standard; ♦ **п. го́лос** 1) to speak, start speaking ◊ **Він ~ить го́лос на за́хист покри́вджених.** He speaks in defense of those wronged. 2) to speak loudly, raise one's voice ◊ **Він ніко́ли не ~ить го́лосу.** He never raises his voice.
v. + **п. пропонува́ти** + *D.* offer sb to; **проси́ти** + *A.* ask sb to; **хоті́ти** want to ◊ **Я хо́чу піднести́ ке́лих за дру́зів.** I want to raise the glass to friends.
Also see **підво́дити 3, підніма́ти 1; зано́сити 5**
3 to serve *(food, etc.)*, offer ◊ **Відві́дувачі попроси́ли піднести́ місце́вого пи́ва.** The patrons asked to serve them some local beer.
See **подава́ти 2**
4 to present, give as a present; *colloq.* give as a bribe ◊ **Посо́л підні́с кня́зеві дорогі́ подару́нки.** The ambassador presented the prince with expensive gifts.
See **дарува́ти 1**
5 *fig.* to extol, praise, eulogize ♦ **п.** + *A.* **до небе́с** to extol sb to the skies ◊ **Аге́нт ~ив до небе́с перева́ги буди́нку, яки́й хоті́в прода́ти.** The agent extolled to the skies the merits of the house he wanted to sell.
6 *math* to raise to power ♦ **п. до квадра́та (ку́ба)** to square (cube) ◊ **Отри́ману ци́фру слід піднести́ до квадра́та.** The resulting number should be squared.
pa. pple. **підне́сений** brought, raised, presented
підно́сь! піднеси́!

підно́с|итися; піднести́ся, *intr.*
1 to rise, go up, move up, ascend, increase ◊ **Чо́вен підні́сся на хви́лі, і лю́ди поба́чили зе́млю.** The boat rose on a wave and the people saw land.
See **підніма́тися 1**
2 *colloq.* to stand up, rise, get up, get to one's feet ◊ **Ілля́ підні́сся з-за сто́лу.** Illia got up from behind the table.
See **підніма́тися 2**
3 to take off *(of aircraft)*, go up, climb ◊ **За хвили́ну літа́к ~иться до двокілометро́вої висоти́.** In a minute, the aircraft climbs to a two-kilometer altitude.
See **підніма́тися 3**
4 *fig.* tower over, soar, rise, dominate
prep. **п. над** + *I.* tower over sth ◊ **Хмарося́г ~иться над середмі́стям.** The skyscraper towers over downtown.

підня́|ти, *pf., see* **підніма́ти**
to raise, lift, *etc.* ◊ **То́лик ~в кри́шку баняка́.** Tolyk lifted the pot cover.

підня́т|ий, *adj.*
1 raised, elevated, lifted
adv. **ви́соко** highly, **зна́чно** considerably; **де́що** somewhat, **ле́гко** slightly, **тро́хи** a little; **го́рдо** proudly, **ви́клично** defiantly ◊ **Він ішо́в із ви́клично ~ою голово́ю.** He walked with his head defiantly raised.
2 picked up ◊ **Він вивча́в ~у з землі́ листі́вку.** He was examining the leaflet picked up from the ground.
3 hoisted *(of flag, etc.)*, raised ◊ **Над чорномо́рським фло́том був п. жо́вто-блаки́тний пра́пор.** The yellow-and-blue flag was hoisted over the Black Sea Fleet.

підня́|тися, *pf., see* **підніма́тися**
to rise, *etc.* ◊ **Вони́ ~ли́ся о шо́стій.** They rose at six.

підо́зр|а, *f.*
suspicion
adj. **безпідста́вна** unfounded, **ма́рна** futile, **поро́жня** empty; **все бі́льша** growing, **вели́ка** great, **відкри́та** open, **глибо́ка** deep, **жахли́ва** terrible ◊ **Ні́ну переслі́дувала жахли́ва п., що лист написа́в він.** Nina was haunted by the terrible suspicion that it was him who had written the letter. **лиха́** nasty, **найгі́рша** worst, **серйо́зна** serious, **си́льна** strong; **впе́рта** persistent, **насті́рна** relentless, **невідсту́пна** nagging, **пості́йна** constant; **найме́нша** slightest, **невели́ка** small, **нея́сна** vague, **тума́нна** dim; **взає́мна** mutual, **зрозумі́ла** understandable
v. + **п. виклика́ти ~у** arouse a suspicion ◊ **Ба́ґаж ви́кликав підо́зри охоро́ни.** The luggage aroused the suspicions of the guards. (**кри́ти** harbor ◊ **Фе́дір не крив про́ти не́ї підо́зр.** Fedir did not harbor suspicions against her. **ма́ти** have; **виража́ти** express, **висло́влювати** voice; **живи́ти** fuel ◊ **Зни́кнення до́казів живи́ло лихі́ ~и.** The disappearance of the evidence fueled nasty suspicions. **виправдо́вувати** justify, **поя́снювати** explain; **підве́рджувати** confirm, **поси́лювати** heighten; **поділя́ти** share ◊ **Іва́нові батьки́ поділя́ли ~и вчи́теля.** Ivan's parents shared his teacher's suspicions. **розві́ювати** dispell ◊ **Лист розві́ював ~у, що вона́ одру́жувалася з розраху́нку.** The letter dispelled the suspicion that she was marrying for convenience. **спросто́вувати** refute; **потрапля́ти під** fall under; **ста́вити** + *A.* **під** put sb under) ◊ **Цей у́ступ ста́вить а́втора під ~у в плагія́ті.** The paragraph puts the author under suspicion of plagiarism. **бу́ти під ~ою** be under suspicion (**виявля́тися під** turn out under, **жи́ти під** live under, **лиша́тися під** remain under) ◊ **Незважа́ючи на ви́правдальний ви́рок, він лиша́вся під ~ою.** Despite his acquittal, he remained under suspicion.
п. + *v.* **виника́ти** arise, **закрада́тися** creep in ◊ **Їй у се́рце закра́лася п., що все зро́блено зуми́сно.** The suspicion that everything had been done on purpose crept into her heart. **з'явля́тися** emerge; **залиша́тися** remain, **зроста́ти** grow, **існува́ти** exist, **па́дати на** + *A.* fall on sb; **зника́ти** disappear ◊ **~и, що він злив мемора́ндум, зни́кли.** The suspicions that he had leaked the memorandum disappeared.
prep. **з ~ою** with suspicion ◊ **Вони́ поста́вилися до запро́шення з ~ою.** They treated the invitation with suspicion. **за ~ою в** + *L.* on suspicion of sth ◊ **Її заарешува́ли за ~ою у зра́ді.** She was arrested on suspicion of treason. **під ~ою** under suspicion; **по́за (вся́кою) ~ою** beyond (any) suspicion ◊ **Дя́чук по́за вся́кою ~ою.** Diachuk is beyond any suspicion. **п. в** + *L.* a suspicion of sth ◊ **п. в убивстві** a suspicion of murder (**змо́ві** conspiracy, **зра́ді** treason, **нече́сності** dishonesty, **лжесві́дченні** perjury, **отру́єнні** poisoning, **підпа́лі** arson, **сте́женні** surveillance, **шпигу́нстві** spying)

підозрі́л|ий, *adj.*
1 suspicious, arousing suspicion, questionable
adv. **вкрай** extremely, **до́сить** rather ◊ **По́свідка ма́ла до́сить п. ви́гляд.** The certificate had a rather suspicious appearance. **доста́тньо** sufficiently, **ду́же** very, **страше́нно** terribly; **де́що** somewhat, **тро́хи** a little
v. + **п. бу́ти ~им** be suspicious (**вважа́ти** + *A.* consider sb/sth, **вигляда́ти** look ◊ **Ти́ша на фо́ндовій бі́ржі вигляда́ла вкрай ~ою.** The calm on the stock exchange looked extremely suspicious. **звуча́ти** sound, **здава́тися** + *D.* seem to sb)
2 mistrustful, doubtful, wary, suspicious ◊ **Оле́гове обли́ччя ставало все бі́льше ~им.** Oleh's face was becoming increasingly more suspicious.

підо́зрю|вати, ~ють; запідо́зр|ити, ~ять, *tran.*
1 to suspect
adv. **обґрунто́вано** justifiably, **серйо́зно** seriously, **си́льно** strongly, **я́вно** clearly; **безпідста́вно** for no good reason ◊ **Її ~вали безпідста́вно.** She was suspected for no good reason. **ві́чно** forever, **за́вжди́** always, **пості́йно** constantly; **одра́зу** immediately, **за́раз же** right away ◊ **Вони́ за́раз же запідо́зрили, що в ці́й істо́рії щось не те.** They suspected right away that something was amiss in the story. **зо́всім не** not at all ◊ **Павло́ зо́всім не ~ва́в, що вона́ – зра́дниця.** Pavlo did not suspect at all she was a traitor. **на́віть не** not even, **ніко́ли не** never, **ніт́рохи не** not in the least
v. + **п. бу́ти схи́льним** be inclined to, **почина́ти** begin to, **ста́ти** *pf.* start ◊ **Прокуро́р став п. її у брехні́.** The prosecutor started suspecting her of lying. **ма́ти підста́ву** have reason to
prep. **п. в** + *L.* suspect of sth ◊ **п. у вби́встві** suspect of murder (**змо́ві** conspiracy, **зра́ді**

treason, **нече́сності** dishonesty, **обма́ні** lying, **отру́єнні** poisoning, **підпа́лі** arson, **сте́женні** surveillance, **шпигу́нстві** spying); **п. в то́му, що** *or* **п., що** suspect that ◊ **Її підо́зрюють у то́му, що вона́ отру́їла вла́сного чолові́ка.** They suspect her of having poisoned her own husband.
2 *usu impf.* to think, suppose, believe, imagine, anticipate ◊ **Лука́ш не ~вав, що це так бага́то ва́жить для не́ї.** Lukash did not imagine it mattered so much to her.
See **ду́мати 1**
pa. pple. **запідо́зрений** suspected
підо́зрюй! запідо́зри!

підпали́|ти, *pf., see* **підпа́лювати**
to set on fire ◊ **Пе́ред відхо́дом вони́ ~ли мі́сто.** Before retreating, they set the city on fire.

підпа́лю|вати, ~ють; підпал|и́ти, ~ю́, ~ять, *tran.*
to set on fire, set fire to
adv. **зуми́сне** *or* **навми́сне** intentionally ◊ **Він зуми́сне підпали́в буди́нок, щоб отри́мати страхува́ння.** He intentionally set fire to his house to collect the insurance. **спеція́льно** on purpose; **ненаро́ком** accidentally, **я́кось** somehow
v. + **п. почина́ти** begin to, **ста́ти** *pf.* start ◊ **Він ви́йняв із кише́ні сірники́ і став п. ку́пу ли́стя.** He took matches out of his pocket and started setting a pile of leaves on fire. **намага́тися** try to, **хоті́ти** want to; **нака́зувати** + *D.* order sb to
pa. pple. **підпа́лений** set on fire
підпа́люй! підпали́!
See **пали́ти 1.** *Also see* **спа́лювати**

пі́дпис, *m.*, **~у**
1 signature; signing
adj. **елега́нтний** elegant, **розбі́рливий** legible, **чітки́й** clear; **невира́зний** unclear, **незгра́бний** clumsy, **нерозбі́рливий** illegible ◊ **Під зая́вою стоя́в нерозбі́рливий п.** There was an illegible signature under the application. **ді́йсний** valid; **ли́повий** *colloq.* phony, **підро́блений** forged; **особи́стий** personal; **електро́нний** electronic, **цифрови́й** digital ◊ **Для бухгалте́рії університе́ту прийня́тний електро́нний п.** An electronic signature is acceptible for the university accounting office.
v. + **п. ста́вити п.** put one's signature ◊ **Поспіша́ючи, Андрі́й геть забу́в поста́вити п. на че́кові.** Being in a hurry, Andrii totally forgot to put his signature on the check. (**додава́ти** add, **долуча́ти** affix; **засві́дчувати** witness ◊ **Його́ попроси́ли засві́дчити п. жі́нки.** He was asked to witness his wife's signature. **впізнава́ти** recognize, **перевіря́ти** check, **спра́вджувати** verify; **збира́ти** collect ◊ **Йому́ тре́ба зібра́ти сто ~ів.** He needs to collect a hundred signatures. **дістава́ти** obtain, **отри́мувати** get; **вимага́ти** demand, **потребува́ти** require; **підробля́ти** forge) ◊ **Її п. тя́жко підроби́ти.** Her signature is difficult to forge.
prep. **для ~у** for signing ◊ **У па́пці лежа́ли папе́ри для ~у.** There were papers for signature in the file. **за ~ом** + *G.* bearing sb's signature ◊ **Пере́пустка була́ за ~ом полко́вника.** The pass bore the colonel's signature. **на п.** for signing ◊ **контра́кт на п.** a contract for signature
2 inscription ◊ **На зворо́ті карти́ни до́вгий п.** There is a long inscription on the reverse of the picture.
See **на́пис**

підписа́|ти, *pf., see* **підпи́сувати**
to sign ◊ **Вона́ вре́шті ~ла уповнова́ження.** Finally, she signed the power of attoney.

підписа́|тися, *pf., see* **підпи́суватися**
to sign, put one's signature ◊ **Він недба́ло ~вся під те́кстом.** He put a careless signature under the text.

підпи́с|ка, *f.*
written promise, written obligation
v. + **п. дава́ти** + *D.* **~у** give sb a written promise ◊ **Він дав полі́ції ~ку про неви́їзд.** He gave the police a written promise not to leave town (*or* country). (**вимага́ти від** + *G.* demand from sb, **поно́влювати** renew, **продо́вжувати** extend)
L. **в ~ці**, *G. pl.* **~ок**

підпи́су|вати, ~ють; підписа́ти, ~у́, підпи́ш|уть, *tran.*
1 to sign
adv. **розбі́рливо** legibly, **чі́тко** clearly; **недба́ло** carelessly, **нерозбі́рливо** illegibly, **шви́дко** quickly; **нале́жним чи́ном** duly ◊ **Дире́кторка нале́жним чи́ном підписа́ла папе́ри.** The (female) director duly signed the papers. **особи́сто** personally, **офіці́йно** officially; **із задово́ленням** with pleasure, **ра́до** gladly; **нега́йно** immediately, **за́раз же** right away; **наре́шті** finally, **неохо́че** reluctantly
v. + **п. бу́ти тре́ба** + *D.* need to ◊ **Ко́жному з них тре́ба підписа́ти зве́рнення.** Each of them needs to sign the appeal. **бу́ти слід** + *D.* should ◊ **Вам слід підписа́ти свої́ сві́дчення.** You should sign your testimony. **вимага́ти в** *or* **від** + *G.* demand that sb, **переко́нувати** + *A.* persuade sb to, **проси́ти** + *A.* ask sb to; **відмовля́тися** refuse to ◊ **Він відмо́вився що-не́будь п.** He refused to sign anything.
Also see **підпи́суватися 1, розпи́суватися 1.** *Cf.* **писа́ти 1**
2 to inscribe, sign, give a caption ◊ **Її завда́ння –доте́пно підписа́ти малю́нок.** Her assignment is to give the drawing a witty caption.
pa. pple. **підпи́саний** signed
підпи́суй! підпиши́!

підпи́су|ватися; підписа́тися, *intr.*
1 to sign, put one's signature ◊ **Її попроси́ли підписа́тися за па́спорт.** She was asked to sign for the passport.
v. + **п. бу́ти тре́ба** + *D.* need to; **вимага́ти в** *or* **від** + *G.* demand that sb ◊ **У ко́жного** *or* **від ко́жного з них вимага́ли підписа́тися під зобов'я́занням.** They demanded that each of them sign the obligation. **переко́нувати** + *A.* persuade sb to, **проси́ти** + *A.* ask sb to; **відмовля́тися** refuse to
prep. **п. за** + *A.* sign for sb ◊ **Ону́к підписа́вся за ді́да.** The grandson signed for his grandfather. **п. під** + *I.* sign sth ◊ **Під те́кстом хтось нерозбі́рливо підписа́вся.** Somebody signed the text ineligibly.
See **підпи́сувати 1, розпи́суватися 1.** *Cf.* **писа́ти 1**
2 *pass., only impf.* to be signed ◊ **За цим столо́м ~валося бага́то істори́чних уго́д.** Many historic agreements were signed on the table.
See **підпи́сувати 1**

підпі́льн|ий, *adj.*
underground, clandestine, secret
adv. **перви́нно** initially ◊ **Перви́нно гру́па була́ ~ою.** Initially the group was clandestine. **спра́вді** truly, **суво́ро** strictly, **факти́чно** effectively
п. + *n.* **п. бі́знес** an underground business (**клуб** club, **коміте́т** committee, **рух** movement, **склад** warehouse, **цех** shop *(in factory)*; **~а друка́рня** an underground printshop (**організа́ція** organization, **па́ртія** party, **устано́ва** institution)
v. + **п. бу́ти ~им** be clandestine (**виявля́тися** turn out, **лиша́тися** remain, **става́ти** become) ◊ **Пі́сля аре́штів па́ртія ста́ла суво́ро ~ою.** After the arrests, the party became strictly clandestine.
Cf. **підзе́мний**

підприє́м|ець, *m.*, **~ця; ~ка**, *f.*
businessman, entrepreneur
adj. **вели́кий** great, **неаби́який** remarkable ◊ **Про нього́ гово́рять як про неаби́якого ~ця.** He is spoken of as a remarkable businessman. **дрібни́й** small, **мали́й** small; **впливо́вий** influential, **провідни́й** leading; **до́брий** good, **хоро́ший** fine; **успі́шний** successful ◊ **Він став успі́шним ~цем.** He became a successful entrepreneur. **незале́жний** independent, **екологі́чно свідо́мий** ecologically conscious, **суспі́льно заанґажо́ваний** socially engaged, **суспі́льно свідо́мий** socially conscious; **тво́рчий** creative; **прива́тний** private ◊ **Будівни́цтво фінансу́є гру́па прива́тних ~ів.** A group of private entrepreneurs finances the construction. **досві́дчений** experienced; **винахі́дливий** inventive, **розу́мний** smart, **спри́тний** smart, **тяму́чий** *or* **тяму́щий** shrewd, **тямови́тий** astute, **хи́трий** cunning
Also see **бізнесме́н, спеція́ліст**

підприє́мництв|о, *nt., only sg.*
entrepreneurship, business, enterprise ◊ **У Льво́ві розвива́ється дрібне́ п.** Small business is developing in Lviv.
adj. **ві́льне** free, **незале́жне** independent, **екологі́чно свідо́ме** ecologically conscious, **суспі́льно заанґажо́ване** socially engaged, **суспі́льно свідо́ме** socially conscious; **держа́вне** public, **колекти́вне** collective, **прива́тне** private; **економі́чне** economic, **соція́льне** social, **торго́ве** commercial, **фікти́вне** fictitious; **успі́шне** successful
v. + **п. заохо́чувати п.** encourage entrepreneurship ◊ **Мініма́льні пода́тки заохо́чували п.** Minimal taxes encouraged entrepreneurship. (**підтри́мувати** support, **розвива́ти** develop, **стимулюва́ти** stimulate ◊ **Місьќий голова́ стимулю́є екологі́чно свідо́ме п.** The mayor stimulates ecologically conscious entrepreneurship. **души́ти** stifle, **зни́щувати** destroy, **руйнува́ти** ruin) ◊ **Монопо́лії руйну́ють незале́жне п.** Monopolies are ruining independent entrepreneurship. **перешкоджа́ти ~у** hamper entrepreneurship ◊ **Кору́пція перешкоджа́є ~у.** Corruption hampers enterprise. (**сприя́ти** promote); **займа́тися ~ом** engage in entrepreneurship
See **бі́знес 1**

підприє́мств|о, *nt.*
enterprise, business, company, undertaking
adj. **вели́ке** big, **масшта́бне** large-scale; **мале́** *and* **невели́ке** small, **сере́днє** medium-size; **чи́нне** operating; **дочі́рнє** subsidiary; **аґропромисло́ве** agro-industrial, **виробни́че** manufacturing, **кооперати́вне** cooperative, **посере́дницьке** intermediary, **промисло́ве** industrial, **сільськогоспода́рське** agricultural, **страхове́** insurance, **фіна́нсове** financial; **держа́вне** state-owned, **колекти́вне** collective, **прива́тне** private, **сіме́йне** family-owned; **високорента́бельне** highly profitable, **прибутко́ве** profitable, **успі́шне** successful; **збитко́ве** money-losing, **неплатоспромо́жне** insolvent ◊ **Він перетвори́в неплатоспромо́жне п. на прибутко́ве.** He turned an insolvent business into a profitable one.
♦ **спі́льне п.** a joint venture
v. + **п. засно́вувати п.** set up an enterprise ◊ **Чоти́ри партне́ри заснува́ли окре́ме посере́дницьке п.** Four partners set up a separate intermediary business. (**ство́рювати** create, **модернізува́ти** modernize, **розбудо́вувати** build up, **розши́рювати** expand; **націоналізо́вувати** nationalize, **приватизува́ти** privatize); **керува́ти ~ом** direct an enterprise (**управля́ти** run) ◊ **Вона́ управля́є вели́ким ~ом.** She runs a big enterprise.
See **бі́знес 2.** *Also see* **заво́д 1, фа́брика**

підрахува́|ти, *pf., see* **рахо́вувати**
to count, *etc.* ◊ **За три годи́ни ~ли всі голосі́.** In three hours, all the votes were tallied.

підраху́н|ок, *m.*, **~ку**
1 counting, calculating, computation ◊ **У цій спра́ві тре́ба то́чного ~у.** The matter requires accurate computation. ◊ **Його́ компа́нії доручи́ли провести́ п. усі́х вида́тків.** His company was commissioned to calculate all the expenditures.
See **раху́нок 1**
2 *usu pl.* estimate, calculation
adj. **наді́йний** reliable, **остато́чний** final, **повто́рний** repeated, **попере́дній** preliminary
v. + **п. відкида́ти ~ки** reject calculations ◊ **Еконо́міст відки́нув його́ ~ки як хи́бні.** The economist rejected his calculations as erroneous. (**переві́ряти** verify ◊ **Він зно́ву переві́рив ~ки.** He verified the calculations again. **спра́вджувати** check; **прово́дити** conduct; **роби́ти** do) ◊ **Ада́м зму́шений зроби́ти повто́рні ~ки.** Adam is forced to do repeated calculations.
prep. **за ~ками** according to estimate ◊ **За ~ками експе́ртів, засті́й трива́тиме два ро́ки.** According to the experts' estimates, the stagnation will last for two years.
Also see **розраху́нок**

підрива́|ти, ~ють; підірв|а́ти, ~у́ть, *tran.*
1 to detonate, explode, set off, blow up + *I.* by sth ◊ **Танк мо́жна підірва́ти особли́во поту́жною мі́ною.** The tank can be blown up by an especially powerful mine.
adv. **випадко́во** accidentally, **ненаро́ком** inadvertently ◊ **Цисте́рну підірва́ли ненаро́ком.** The canister was blown up inadvertently. **одноча́сно** simultaneously, **послідо́вно** consecutively; **передча́сно** prematurely
v. + **п. бу́ти ле́гко** be easy to; **вдава́тися** + *D.* succeed in ◊ **Партиза́нам удало́ся підірва́ти міст.** The guerrillas succeeded in blowing up the bridge. **змогти́** *pf.* manage to; **ма́ти завда́ння** have the task of ◊ **Вони́ ма́ють завда́ння підірва́ти скла́д із боєприпа́сами.** They have the task of blowing up the munition depot. **намага́тися** try to; **не дава́ти** + *D.* not let sb ◊ **Вони́ не дали́ во́рогові підірва́ти стадіо́н.** They did not let the enemy blow up the stadium.
Also see **рва́ти 4**
2 to undermine, subvert, compromise
adv. **ду́же** greatly ◊ **Сканда́л підірва́в популя́рність кандида́та.** The scandal undermined the candidate's popularity. **зна́чно** significantly, **непопра́вно** irreparably, **остато́чно** ultimately, **помі́тно** noticeably, **по́вністю** totally, **серйо́зно** seriously, **фата́льно** fatally, **цілко́м** completely; **я́вно** clearly; **акти́вно** actively, **безнаді́йно** hopelessly, **все бі́льше** increasingly, **да́лі** further, **пості́йно** constantly, **системати́чно** systematically, **ще бі́льше** even more
v. + **п. п. авторите́т** undermine sb's stature ◊ **До́пис загро́жував підірва́ти її авторите́т.** The post threatened to undermine her stature. (**репута́цію** reputation; **ві́ру** faith, **дисциплі́ну** discipline, **дух** morale, **здоро́в'я** health, **си́ли** strength) ◊ **Висна́жлива пра́ця серйо́зно ~ла його́ здоро́в'я.** The grueling work was seriously undermining his health. **демокра́тію** democracy, **правопоря́док** rule of law, **суверені́тет** sovereignty)
v. + **п. загро́жувати** threaten to, **ма́ти** be supposed to, **ма́ти на меті́** be designed to ◊ **Дії Кремля́ ма́ли на меті́ підірва́ти суверені́тет Гру́зії.** The Kremlin's actions were designed to undermine Georgia's sovereignty. **могти́** can; **змогти́** *only pf.* manage to, **намага́тися** go out of one's way to ◊ **Проурядо́ва пре́са намага́лася підірва́ти дух страйка́рів.** The pro-government media were going out of their way in order to undermine the strikers' morale. **про́бувати** attempt to, **стара́тися** try to
Also see **зме́ншувати, посла́блювати 1, псува́ти 3, руйнува́ти 2.** *Ant.* **поси́лювати**
pa. pple. **піді́рваний** undermined
підрива́й! підірви́!

підро́б|ка, *f.*
1 forgery, fabrication, counterfeit, sham, falsification
adj. **бездა́рна** inept, **жалюгі́дна** pathetic, **незґра́бна** clumsy; **відве́рта** blatant ◊ **відве́рта п. ви́борів** a blatant election rigging; **я́вна** obvious; **бездога́нна** impeccable, **блиску́ча** brilliant, **до́бра** good, **доскона́ла** perfect, **присто́йна** decent, **професі́йна** professional, **тонка́** fine, **я́кісна** skillful ◊ **П. ви́явилася тако́ю я́кісною, що її не мо́жна було́ відрізни́ти від оригіна́лу.** The forgery was so skillful it could not be told from the original.
v. + **п. роби́ти ~ку** make a forgery (**дава́ти** + *D.* give sb; **підсо́вувати** + *D.* slip sb ◊ **Їй підсу́нули я́вну ~ку.** They slipped her an obvious forgery. **прийма́ти** accept; **виявля́ти** uncover ◊ **За своє життя́ вона́ ви́явила бага́то ~ок.** She uncovered many forgeries in her lifetime. **впізнава́ти** recognize) ◊ **Фахіве́ць упізнає в банкно́ті професі́йно ви́конану ~ку.** An expert will recognize a professionally executed forgery in the banknote. **виявля́тися ~кою** turn out forgery (**здава́тися** + *D.* seem to sb) ◊ **Карти́на здає́ться їй до́брою ~кою.** The painting seems a good forgery to her.
prep. **в ~ці** in a forgery ◊ **У~ці була́ одна́ ри́са, що видава́ла її.** There was one feature in the forgery that betrayed it.
See **фальши́вка.** *Also see* **ли́па 2**

підро́блен|ий, *adj.*
forged, counterfeit, faked, false
adv. **бездога́нно** impeccably ◊ **бездога́нно п. па́спорт** an impeccably forged passport; **блиску́че** brilliantly, **професі́йно** professionally, **рете́льно** meticulously, **я́вно** clearly; **ке́псько** poorly, **пога́но** badly
v. + **п. бу́ти ~им** be forged ◊ **Сві́доцтво було́ ~им ке́псько.** The certificate was poorly forged. (**вважа́ти** + *A.* consider sth, **вигляда́ти** look, **виявля́тися** prove ◊ **Його́ дипло́м ви́явився ~им.** His diploma proved a forgery. **здава́тися** + *D.* seem to sb)
Also see **ли́повий 2, лі́вий 3, фальши́вий 1**

підробля́|ти, ~ють; підроб|и́ти, ~лю́, ~иш, ~лять, *tran.*
1 to fabricate, falsify, forge
adv. **бездога́нно** impeccably ◊ **Відо́мий шеде́вр підроби́ли бездога́нно.** The well-known masterpiece was falsified impeccably. **блиску́че** brilliantly, **до́бре** well, **професі́йно** professionally, **рете́льно** meticulously; **очеви́дно** obviously, **я́вно** clearly; **ке́псько** poorly, **пога́но** badly
п. + *n.* **п. банкно́ту** forge a banknote (**гро́ші** money, **докуме́нт** document, **па́спорт** passport ◊ **Па́спорт я́вно підроби́ли.** The passport was clearly falsified. **по́свідку** certificate, **посві́дчення** identification; **до́кази** evidence; **звіт** report, *etc.*)
v. + **п. бу́ти ле́гко** be easy to; **бу́ти ва́жко** be difficult to, **бу́ти неможли́во** be impossible to ◊ **Нові́ банкно́ти неможли́во підроби́ти.** The new banknotes are impossible to forge. **бу́ти тре́ба** + *D.* need to ◊ **Їй тре́ба підроби́ти да́ти у ві́зі.** She needs to falsify the dates in her visa. **вмі́ти** know how to, **змогти́** *pf.* manage to, **могти́** can; **навчи́тися** learn to ◊ **Вона́ навчи́лася п. підписи.** She learned to forge signatures.
2 to imitate, ape, copy ◊ **Він для сміху ча́сом ~є мане́ри свої́х дру́зів.** For laughs, he sometimes imitates his friends' manners.
See **насл́ідувати 1.** *Also see* **копіюва́ти 2**
3 *colloq., only impf.* to moonlight ◊ **Йо́сипові так ма́ло пла́тять, що він му́сить п.** Yosyp is paid so little that he is forced to moonlight. ◊ **Бага́то поліція́нтів ~ють прива́тними охоро́нцями.** Many policemen moonlight as private bodyguards.
See **працюва́ти 1.** *Cf.* **роби́ти 7**
4 *colloq.* to make more of sth ◊ **У нас закі́нчуються варе́ники, тре́ба підроби́ти ще.** We are running out of dumplings; we need to make some more.
pa. pple. **підро́блений** falsified
підробля́й! підроби́!

підро́зділ, *m.*, **~у**
1 subchapter *(in book, etc.)*, chapter, smaller chapter ◊ **Ро́зділ склада́ється із трьох ~ів.** The chapter consists of three subchapters.
adj. **бібліографі́чний** bibliographic, **всту́пний** introductory ◊ **Він пи́ше всту́пний п.** He is writing an introductory chapter. **огля́довий** overview, **прикінце́вий** final, **темати́чний** thematic, **теорети́чний** theoretical
See **ро́зділ 1.** *Also see* **ле́кція 2, ру́брика, стаття́ 2**
2 subdivision, component, branch ◊ **Ві́дділ мав три ~и.** The department had three subdivisions.
adj. **адміністрати́вний** administrative, **архі́вний** archival, **бібліоте́чний** library, **дослі́дницький** research, **економі́чний** economic, **навча́льний** training ◊ **У лі́вому крилі́ розташо́вувався навча́льний п. фі́рми.** The firm's training subdivision was located in the left wing. **уря́довий** government
Also see **ві́дділ 2, відді́лення 1, управлі́ння 2, фі́лія, части́на 3**
3 *mil.* unit ◊ **До них відряди́ли два військо́ві ~и.** Two military units were dispatched to them.
adj. **армі́йський** army, **бойови́й** combat, **військо́вий** military, **пі́хотний** infantry, **розві́дувальний** intelligence; **поліці́йний** police; **вели́кий** big, **мале́нький** *dim. or* **невели́кий** small ◊ **Вона́ кома́ндує невели́ким поліці́йним ~ом.** She commands a small police unit. **воро́жий** enemy
n. + **п. команди́р ~у** a unit commander (**склад** composition, **структу́ра** structure)

підру́чник, *m.*, **~а**
textbook
adj. **ба́зовий** basic, **головни́й** principal, **додатко́вий** supplementary, **зага́льний** general, **обов'язко́вий** required, **станда́ртний** standard, **популя́рний** popular, **провідни́й** leading; **нови́й** new, **стари́й** old, **застарі́лий** obsolete; **університе́тський** university, **шкільни́й** school
п. + *n.* **п. з істо́рії** a history textbook ◊ **Вона́ написа́ла п. з істо́рії Старода́внього сві́ту.** She wrote an Ancient World history textbook. (**матема́тики** mathematics, **літерату́ри** literature, **мо́ви** language, *etc.*); ♦ **п. для початкі́вців** a beginner's textbook
v. + **п. користува́тися ~ом** use a textbook ◊ **Вони́ користу́ються нови́м ~ом.** They use a new textbook. **перехо́дити на п.** switch to a textbook
See **кни́жка 1.** *Also see* **грама́тика 2**

підсо́ння, *nt.*, *only sg.*
1 climate ◊ **Олі бі́льше подо́бається півні́чне п.** Olia likes the northern climate better.
adj. **безво́дне** arid, **пусте́льне** desert, **сухе́** dry; **воло́ге** humid, **мо́кре** wet; **ґлоба́льне** global; **екстрема́льне** extreme, **жарке́** hot; **м'яке́** mild, **те́пле** warm ◊ **Лі́кар ра́дить їй те́пле п.** The doctor recommends a warm climate for her. **суво́ре** severe, **холо́дне** cold; **півде́нне** southern, **півні́чне** northern; **континента́льне** continental, **морське́** maritime, **помі́рне** temperate, **субтропі́чне** subtropical ◊ **Окре́мі части́ни краї́ни ма́ють субтропі́чне п.** Separate parts of the country have a subtropical climate. **тропі́чне** tropical
n. + **п. дослі́дження п.** a climate study (**змі́на** change ◊ **Незворо́тна змі́на п. мо́же покла́сти край цивіліза́ції.** An irreversible climate change can put an end to the civilization. **умо́ви** conditions)
v. + **п. визнача́ти п.** determine the climate

◊ **Бли́зькість до океа́ну визнача́є п. реґіо́ну.** The proximity to the ocean determines the climate of the region. (**змі́нювати** change, **ма́ти** have; **вплива́ти на** affect) ◊ **Дія́льність люди́ни шкідли́во впли́ває на п.** Human activity has a detrimental effect on the climate.

підста́в|а, *f.*
reason, grounds, basis, cause, excuse ◊ **Лі́да не ма́ла підста́в уника́ти її.** Lida had no reason to avoid her.
adj. **ді́йсна** valid, **доста́тня** sufficient, **найме́нша** slightest, **необхі́дна** necessary, **пова́жна** good ◊ **Він не мо́же заборони́ти ді́тям гуля́ти па́рком без пова́жної ~и.** He cannot forbid the children to walk in the park without good reason. **серйо́зна** serious; **економі́чна** economic, **ети́чна** ethical, **зако́нна** legitimate, **ідеологі́чна** ideological, **мора́льна** moral, **політи́чна** political, **юриди́чна** legal, *etc.*
v. + **п. дава́ти** + *D.* **~у** give sb a reason ◊ **Це дало́ їм ~у анулюва́ти результа́ти голосува́ння.** This gave them a reason to annul the voting results. (**ма́ти** have, **потребува́ти** need, **шука́ти** look for) ◊ **Дире́ктор шука́є ~у, щоб звільни́ти її.** The director is looking for an excuse to let her go. **бу́ти ~ою** be a reason (**ста́ти** become) ◊ **Ви́ступ Підлі́сної на телеба́ченні став ~ою ви́ключити її з фра́кції.** Pidlisna's appearance on TV became the grounds for her expulsion from the faction.
prep. ♦ **без підста́в** for no reason ◊ **Її підо́зрюють без уся́ких підста́в.** She is being suspected for no good reason. **на ~і** + *G.* on the basis of sth ◊ **На ~і яки́х фа́ктів він це стве́рджує?** On the basis of what facts is he claiming this?
See **ба́за 1, осно́ва 2.** *Also see* **ви́правдання 3, ґрунт 2**

підсу́дн|ий, *m.,* **~ого; ~на**, *f.*
defendant, accused ◊ **Вона́ опини́лася в ро́лі ка́рної ~ої.** She found herself in the role of a criminal defendant.
v. + **п. звинува́чувати ~ого** accuse a defendant ◊ **~ого звинува́чують у тому́, що той зни́щив до́кази.** The defendant is accused of destroying evidence. (**визнава́ти ви́нним** find guilty ◊ **Прися́жні ви́знали ~ого́ ви́нним.** The jury found the defendant guilty. **засу́джувати** convict, **оска́ржувати** charge ◊ **~ого оска́ржують у навми́сному вби́встві.** The defendant is being charged with premeditated murder. **переслі́дувати в суді́** prosecute; **визнава́ти неви́нним** find not guilty, **виправдо́вувати** acquit, **звільня́ти** release) ◊ **Суддя́ ви́знав ~ого неви́нним і за́раз же звільни́в її.** The judge found the defendant not guilty and released him right away.
п. + *v.* **визнава́ти себе́ ви́нним** plead guilty ◊ **П. ви́знав себе́ ви́нним.** The defendant pleaded guilty. **визнава́ти себе́ неви́нним** plead not guilty
prep. **на ко́ристь ~ого** for a defendant ◊ **Оби́два свідки ви́ступили на ко́ристь ~ого.** Both witnesses spoke for the defendant. **про́ти ~ого** against a defendant ◊ **тве́рдження позивача́ про́ти ~ого** the plaintiff's claims against the defendant; **п. в** + *L.* a defendant in *(a case)* ◊ **п. у спра́ві про здирни́цтво** a defendent in an extortion case

підсумо́ву|вати, ~ють; підсуму|ва́ти, ~ю́ть, *tran.*
to sum up, summarize, tally; *also fig.* ◊ **Переклада́ч підсумува́в промо́ву го́стя.** The interpreter summarized the guest's speech.
adv. **акура́тно** neatly, **влу́чно** aptly ◊ **Фра́за влу́чно ~є її життєву філосо́фію.** The phrase aptly sums up her life philosophy. **докла́дно** accurately, **доскона́ло** perfectly, **загало́м** in general, **операти́вно** promptly ◊ **Вона́ операти́вно ~вала статисти́чні да́ні.** She was promptly tallying the statistical data. **ко́ротко** concisely, **сти́сло** succinctly ◊ **«Ми ви́грали,» – сти́сло підсумува́в Кири́ло.** "We won," Kyrylo succinctly summed up. **в су́тності** essentially ◊ **Це в су́тності ~є розмо́ву.** This essentially sums up the conversation.
v. + **п. бу́ти ва́жко** be hard ◊ **Ва́жко підсумува́ти рома́н одни́м у́ступом.** It is hard to sum up the novel in a paragraph. **бу́ти тре́ба** + *D.* need to; **ма́ти** have to; **зголо́шуватися** volunteer to ◊ **Він зголоси́вся п. те, про що йде́ться на зу́трічі.** He volunteered to sum up what was being said at the meeting. **намага́тися** attempt to, **стара́тися** try to; **проси́ти** + *A.* ask sb to
pa. pple. **підсумо́ваний** summed up
підсумо́вуй! підсуму́й!

пі́дсум|ок, *m.,* **~ку**
1 sum, tally, total
adj. **пра́вильний** correct, **то́чний** accurate, **чи́стий** neat; **гру́бий** rough, **приблі́зний** approximate; **очі́куваний** anticipated, **прогнозо́ваний** forecast, **спо́діваний** anticipated
v. + **п. знахо́дити п.** find the sum (**обчи́слювати** calculate) ◊ **Вона́ обчи́слювала п. по-старомо́дному з олівце́м у руці́.** She calculated the tally in an old-fashioned way, with a pencil in hand.
See **су́ма 1**
2 *fig.* result, outcome, summary
adj. **головни́й** principal, **зага́льний** general, **коро́ткий** brief, **сти́слий** succinct
v. + **п. підбива́ти** *or* **підво́дити п.** sum up the result ◊ **Дослі́дник підби́в ~и експериме́нту.** The researcher summed up the results of the experiment.
See **результа́т.** *Also see* **пока́зник 2**

підтве́рджу|вати, ~ють; підтве́рд|ити, ~жу, ~ять, *tran.*
to confirm, corroborate, prove + *I.* with sth
adv. **всього́-на́-всього́** merely ◊ **Докуме́нт всього́-на́-всього́ ~є підо́зру.** The document merely confirms the suspicion. **додатко́во** additionally, **лише́** *or* **ті́льки** only; **односта́йно** unanimously, **остато́чно** conclusively, **офіці́йно** officially, **переко́нливо** convincingly ◊ **Вона́ переко́нливо підтве́рдила своє́ а́лібі.** She convincingly proved her alibi. **про́сто** simply, **шви́дко** quickly; **експеримента́льно** experimentally ◊ **Дослі́ди підтве́рдили тео́рію експеримента́льно.** The tests corroborated the theory experimentally. **незале́жно** independently, **однозна́чно** unequivocally
v. + **п. бу́ти ва́жко** be difficult to, **бу́ти неможли́во** be impossible to; **бу́ти ле́гко** be easy to; **бу́ти тре́ба** + *D.* need to; **вдава́тися** + *D.* succeed in ◊ **Йому́ вдало́ся підтве́рдити всі розраху́нки.** He succeeded in confirming all the calculations. **вимага́ти** demand to, **допомага́ти** + *D.* help sb to ◊ **Нови́й ме́тод допомага́є полі́ції підтве́рдити тото́жність підо́зрюваного.** The new method helps the police to confirm a suspect's identity. **могти́** be able to, **намага́тися** attempt to, **стара́тися** try to; **відмовля́тися** refuse to
pa. pple. **підтве́рджений** confirmed
підтве́рджуй! підтве́рдь!
Also see **посві́дчувати 1, стве́рджувати 2**

підтри́ма|ти, *pf., see* **підтри́мувати**
to support ◊ **Га́ля ~ла його́ на́мір навча́тися за кордо́ном.** Halia supported his intention to study abroad.

підтри́м|ка, *f., only sg.*
support, backing, assistance
adj. **акти́вна** active, **захо́плена** enthusiastic; **доста́тня** sufficient, **нале́жна** adequate, **односта́йна** unanimous ◊ **односта́йна п. в парла́менті** a unanimous support in parliament; **пряма́** direct; **вели́ка** great, **величе́зна** enormous, **відчу́тна** considerable, **довготрива́ла** long-term, **зага́льна** general, **значна́** significant, **максима́льна** maximal, **масшта́бна** large-scale, **неаби́яка** extraordinary, **широ́ка** wide, **ще́дра** generous ◊ **Програ́ма існу́є завдяки́ ще́дрій ~ці жертвода́вців.** The program exists thanks to a generous donor support. **неоці́нена** invaluable; **серйо́зна** serious, **сутт́єва** substantial; **тверда́** firm; **беззастере́жна** unqualified, **безумо́вна** unconditional, **несхи́тна** unwavering, **пості́йна** constant, **стійка́** steady; **необме́жена** unlimited, **по́вна** full, **тота́льна** total, **цілкови́та** complete; **все бі́льша** increasing ◊ **Па́ртія ті́шилася все бі́льшою ~кою се́ред ви́борців.** The party enjoyed an increasing support among the voters. **в'я́ла** lukewarm, **мініма́льна** minimal, **невели́ка** little, **недоста́тня** insufficient, **непряма́** indirect, **обме́жена** limited, **слабка́** weak; **ба́тьківська** parental; **особи́ста** personal; **грома́дська** public, **наро́дна** popular, **суспі́льна** social; **адміністрати́вна** administrative, **ви́борча** electoral, **економі́чна** economic, **інституці́йна** institutional, **політи́чна** political, **стратегі́чна** strategic, **такти́чна** tactical, **фіна́нсова** financial, **юриди́чна** legal; **емоці́йна** emotional, **мора́льна** moral, **психологі́чна** psychological; **держа́вна** state ◊ **Протя́гом десятилі́ть украї́нська мо́ва була́ позба́влена держа́вної ~ки.** For decades, the Ukrainian language was deprived of state support. **обласна́** regional, provincial, **офіці́йна** official, **райо́нна** district ◊ **Ініціати́ва закри́ти шкідли́ве виробни́цтво отри́мала як райо́нну, так і обласну́ ~ку.** The initiative to close down the hazardous production received support on both the district and regional levels. **урядо́ва** government; **міжнаро́дна** international; **військо́ва** military, **військо́во-морська́** naval ◊ **Опера́ції бракува́ло військо́во-морсько́ї ~ки.** The operation lacked naval support. **розві́дувальна** intelligence, **пові́тряна** air, **техні́чна** technical
n. + **п. ба́за ~ки** a support base ◊ **Кандида́т ма́є обме́жену ба́зу ~ки на пі́вдні краї́ни.** The candidate has a limited support base in the south of the country. (**ві́дділ** department, **гру́па** group, **мере́жа** network, **персона́л** personnel, **підро́зділ** unit, **систе́ма** system, **слу́жба** service); **брак ~ки** a lack of support (**ви́раз** expression, **жест** gesture) ◊ **ду́же потрі́бний жест ~ки** a badly needed gesture of support
v. + **п. дава́ти** + *D.* **~ку** give sb support ◊ **У 1991 ро́ці По́льща дала́ Украї́ні важли́ву диплома́ти́чну ~ку.** In 1991, Poland gave Ukraine important diplomatic support. (**надава́ти** + *D.* provide to sb, **обіця́ти** + *D.* promise sb, **пропонува́ти** + *D.* offer sb; **мобілізува́ти** mobilize, **організо́вувати** organize; **ґарантува́ти** + *D.* guarantee sb, **забезпе́чувати** + *D.* secure sb ◊ **Лаборато́рія пови́нна забезпе́чити собі́ фіна́нсову ~ку.** The lab has to secure its financial support. **збі́льшувати** increase, **поси́лювати** strengthen; **дістава́ти** get, **отри́мувати** receive, **здобува́ти** win ◊ **Заборо́на кури́ти у грома́дських місця́х здобула́ ~ку в мі́сті.** The ban on smoking in public places won support in the city. **знахо́дити** find, **ма́ти** have; **виража́ти** express, **висло́влювати** voice, **оголо́шувати про** announce; **заслуго́вувати на** deserve ◊ **Її ви́нахід заслуго́вує на ~ку.** Her invention deserves support. **розрахо́вувати на** count on) ◊ **Дружи́на не розрахо́вувала на таку́ захо́плену ~ку вболіва́льників.** The team did not count on such enthusiastic support from its fans. **вимага́ти ~ки** demand support (**домага́тися** press for); **заруча́тися ~кою** enlist the support (**користува́тися** use, **ті́шитися** enjoy) ◊ **Такі́ по́гляди ті́шаться ~кою міні́стра осві́ти.** Such views enjoy the education minister's support. **відмовля́ти** + *D.* **в ~ці** refuse to support

sb ◊ **Марко́ не міг відмо́вити їй у ~ці.** Marko could not refuse to support Olha.

п. + *v.* **зроста́ти** grow, rise ◊ **П. у́ряду зросла́ до сорока́ відсо́тків.** The support for the government has risen to 40%. **поси́люватися** rise; **зме́ншуватися** diminish, descrease, **спада́ти** fall; **надхо́дити від** *or* **з** + *G.* come from sb *or* sth ◊ **Фіна́нсова п. надхо́дить із місько́ї скарбни́ці.** The financial support comes from the municipal treasury.

prep. **без ~ки** without support ◊ **Бібліоте́ку ремонту́ють без зо́внішньої ~ки.** The library is being renovated without outside support. **за ~ки** + *G.* with support of sb ◊ **за ~ки жертвода́вців** with the support of donors; **завдяки́ ~ці** + *G.* thanks to support of sb; **на ~ку** + *G.* in support of sb/sth ◊ **Прем'є́р ви́словився на ~ку одностате́вих шлю́бів.** The premier spoke in support of same-sex marriages. **п. від** + *G.* a support from sb; **п. про́ти** + *G.* support against sb/sth; **п. се́ред** + *G.* support among sb

Also see **допомо́га, забезпе́чення 3, заохо́чення, стовп 2.** *Cf.* **спо́нсорство**

підтри́му|вати, ~ють; підтри́ма|ти, ~ють, *tran.*

1 to support, back, uphold

adv. **акти́вно** actively, **всім се́рцем** wholeheartedly, **гаря́че** fervently, **енергі́йно** vigorously, **залюбки́** gladly, **захо́плено** enthusiastically, **при́страсно** passionately; **відкри́то** openly ◊ **Він відкри́то ~є рі́вність ста́тей.** He openly supports gender equality. **доста́тньо** sufficiently, **ду́же** greatly, **нале́жно** properly, **односта́йно** unanimously, **пря́мо** directly, **публі́чно** publicly; **до́вго** for a long time, **загало́м** in general; **ще́дро** generously; **серйо́зно** seriously, **сутте́во** substantially; **солі́дно** solidly, **тве́рдо** firmly ◊ **Вона́ тве́рдо ~є рефо́рму антимонопо́льного законода́вства.** She firmly supports the antitrust legislation reform. **безумо́вно** unconditionally, **несхи́тно** unwaveringly, **послідо́вно** consistently, **пості́йно** constantly, **сті́йко** steadily; **по́вністю** fully ◊ **Він по́вністю підтри́мує мето́дику дослі́дження.** He fully supports the research methodology. **цілкови́то** completely; **все бі́льше** increasingly; **недоста́тньо** insufficiently, **неохо́че** reluctantly, **сла́бо** weakly; **незако́нно** unlawfully ◊ **Компа́нія незако́нно ~є раси́стські гру́пи.** The company unlawfully supports racist groups. **нелега́льно** illegally, **підпі́льно** clandestinely, **таємно** secretly, **ти́хо** tacitly; **особи́сто** personally; **адміністрати́вно** administratively, **економі́чно** economically, **інституці́йно** institutionally, **матеріа́льно** materially, **політи́чно** politically, **стратегі́чно** strategically, **такти́чно** tactically, **фіна́нсово** financially, **юриди́чно** legally; **емоці́йно** emotionally, **мора́льно** morally ◊ **Про́тягом навча́ння батьки́ ~вали Іва́на мора́льно і матеріа́льно.** Throughout his studies, his parents gave Ivan moral and material support. **психологі́чно** psychologically

v. + **п. бу́ти гото́вим** be ready to, **ма́ти бажа́ння** be willing to, **могти́** can, be able to ◊ **Дя́дько мо́же п. її.** Her uncle can support her. **обіця́ти** + *D.* promise sb to, **пого́джуватися** agree to, **хоті́ти** want to; **бу́ти тре́ба** + *D.* need to; **відмовля́тися** refuse to ◊ **Фра́кція відмо́вилася підтри́мати законопрое́кт.** The faction refused to support the bill.

prep. **п. в** + *L.* support in sth ◊ **Він ~вав Ю́лію в її почина́нні.** He supported Yuliia in her initiatives.

Also see **живи́ти 2, заохо́чувати, лобіюва́ти, співчува́ти 2**

2 to hold up, prop up ◊ **Тимі́ш зроби́в крок упере́д, щоб підтри́мати Ні́ну.** Tymish took a step forward to hold Nina up.

prep. **п. під** *or* **по́-під** + *A.* hold sb up by sth ◊ **Дитя́ тре́ба п. під ру́ки, іна́кше воно́ впа́де.** The baby needs to be supported under its arms, otherwise it will fall.

3 to sustain, carry on, keep up, maintain ◊ **Він як міг ~вав розмо́ву.** He was doing his best to sustain the conversation.

п. + *n.* **п. зв'язо́к** maintain ties ◊ **Вони́ домо́вилися п. зв'язо́к.** They agreed to maintain ties. (**знайо́мство** acquaintance; **здоро́в'я** health, **мора́льний дух** morale, **наді́ю** hope, **о́бмін** exchange; **вого́нь** fire ◊ **Він лиши́вся в та́борі п. вого́нь.** He stayed in the camp to maintain the fire. **тиск** pressure, **чистоту́** tidiness)

pa. pple. **підтри́маний** supported, backed

підтри́муй! підтри́май!

підх|і́д, *m.*, ~о́ду

1 advance, coming, nearing, arrival ◊ **Він спостеріга́в за ~о́дом піхо́ти.** He was observing the arrival of the infantry.

adj. **заплано́ваний** planned, **очі́куваний** anticipated, **неочі́куваний** unanticipated, **несподі́ваний** unexpected, **рапто́вий** sudden ◊ **Рапто́вий п. та́нків спричини́вся до неаби́якої па́ніки в селі́.** The sudden arrival of tanks caused quite a panic in the village. **швидки́й** swift

2 approach, access road, avenue

adj. **ве́рхній** upper, **ни́жній** *or* **низови́й** lower ◊ **Загі́н ішо́в ни́жнім ~о́дом до мо́сту.** The unit followed the lower approach to the bridge.

Also see **під'ї́зд 2.** *Cf.* **прохі́д 2**

3 *fig.* approach, method

adj. **зага́льний** general, **засадни́чий** basic, **звича́йний** common, **особли́вий** particular, **ортодокса́льний** orthodox, **прийня́тий** conventional, **прийня́тний** acceptable, **традиці́йний** traditional, **ці́лісний** holistic; **альтернати́вний** alternative, **відмі́нний** different, **і́нший** other; **неортодокса́льний** unorthodox, **нова́торський** innovative, **нови́й** new, **сві́жий** fresh, **тво́рчий** creative; **консервати́вний** conservative ◊ **Він ви́брав до́сить консервати́вний п.** He chose a fairly conservative approach. **обере́жний** cautious; **гнучки́й** flexible; **зрівнова́жений** balanced; **ко́рисний** useful, **переві́рений** tested, **прагмати́чний** pragmatic, **практи́чний** practical, **раціона́льний** rational, **розу́мний** wise, **спро́щений** simplified; **агреси́вний** aggressive ◊ **Тут потрі́бний агреси́вний п.** An aggressive approach is needed here. **нефома́льний** informal, **форма́льний** formal; **пра́вильний** correct; **хи́бний** wrong, **шкідли́вий** harmful; **аналіти́чний** analytical, **інтегро́ваний** integrated, **ко́мплексний** comprehensive, **методологі́чний** methodological, **науко́вий** scientific, **системати́чний** systematic, **структу́рний** structural, **теорети́чний** theoretical; **багатодисциплі́нарний** multidisciplinary, **міждисциплі́нарний** interdisciplinary; **архаї́чний** archaic, **заста́рілий** obsolete

v. + **п. бра́ти п.** take an approach ◊ **Вона́ взяла́ неортодокса́льний п. у дослі́дженні руко́писів.** She took an unorthodox approach in the study of the manuscripts. (**ма́ти** have, **засво́ювати** appropriate, **застосо́вувати** apply, **прийма́ти** adopt, **про́бувати** try ◊ **Він спро́бував нови́й п. до спра́ви.** He tried a new approach to the matter. **пропонува́ти** + *D.* offer sb; **відсто́ювати** advocate; **змі́нювати** change, **модифікува́ти** modify, **переосми́слювати** rethink; **пристосо́вувати** adjust; **випробо́вувати** test, **окре́слювати** outline, **оці́нювати** evaluate, **поши́рювати на** + *A.* extend to sth ◊ **Лі́кар поши́рив нова́торський п. на діагно́стику і́нших хворо́б.** The doctor extended his innovative approach to the diagnostics of other diseases. **відкида́ти** reject, **забороня́ти** ban) ◊ **П. заборони́ли як ненауко́вий.** The method was banned as unscientific. **відмовля́тися від ~о́ду** give up an approach

п. + *v.* **вимага́ти** + *A.* require sth, **дава́ти** + *D.* **можли́вість** give sb an opportunity ◊ **Ко́мплексний п. дає́ дослі́дникові можли́вість отри́мати ба́жаний результа́т.** Acomprehensive approach gives a researcher the oppportunity to get the desired result. **дозволя́ти** + *D.* allow sb to, **передбача́ти** + *A.* envisage sth, **уможли́влювати** + *A.* make sth possible ◊ **Цей п. уможли́влює транспланта́цію.** This approach makes the transplant possible.

prep. **п. до** + *G.* approach to sth ◊ **систе́мний п. до пробле́ми** a systemic approach to the problem

Also see **ме́тод**

підхо́д|ити, ~жу, ~ять; підійти́, піді́йд|уть; *pa. pf., m.* **підійшо́в**, *pl.* **підійшли́**, *intr.*

1 to come near, draw near, move toward, approach, arrive ◊ **~ли пе́рші рятува́льники.** The first rescuers were arriving.

adv. **оба́чно** cautiously, **обере́жно** carefully ◊ **Він обере́жно ~ить до кра́ю прі́рви.** He carefully approaches the edge of the precipice. **крок за кро́ком** step by step, **пові́льно** slowly; **поква́пно** hurriedly, **по́спіхом** hastily ◊ **Хло́пці по́спіхом підійшли́ до ка́си.** The boys hastily came up to the ticket office. **шви́дко** quickly; **бли́зько** closely; **нечу́тно** silently, **ти́хо** quietly

prep. **п. до** + *G.* come near sb/sth

Cf. **підбіга́ти**

2 to come, arrive, approach ◊ **Зима́ шви́дко ~ила.** Winter was quickly coming.

prep. **п. до** + *G.* come to *(place)* ◊ **Наре́шті всі підійшли́ до теа́тру.** Finally everybody arrived at the theater. **п. з** + *G.* move from *(a place)* ◊ **Допомо́га підійшла́ із за́ходу.** Help came from the west. **п. на** + *A.* come to *(event)* ◊ **Ще про́тягом десяти́ хвили́н лю́ди ~ли на виста́ву.** People kept coming to the play for ten more minutes.

3 to approach *(a problem, etc.)*, tackle, address oneself to, treat

adv. **адміністрати́вно** administratively, **вимо́гливо** rigorously, **емоці́йно** emotionally, **з холо́дним се́рцем** cold-bloodedly, **незвору́шно** dispassionately, **обере́жно** carefully ◊ **Кра́вченко обере́жно ~ить до всьо́го, що пов'я́зане з ві́рою.** Kravchenko carefully approaches all things connected to faith. **об'єкти́вно** objectively, **суб'єкти́вно** subjectively, **суво́ро** strictly ◊ **Він суво́ро ~ив до вихова́ння си́на.** He took a strict approach to the upbringing of his son. **не вага́ючись** without hesitation, **пря́мо** directly, **smілúво** courageously, **форма́льно** formally ◊ **Комі́сія підійшла́ до проха́ння форма́льно.** The committee treated the request in a formal manner.

prep. **п. до** + *G.* treat sth

4 to suit, fit, become, match + *D.*

adv. **до́бре** well ◊ **Сере́дній ро́змір ду́же до́бре ~ив Марти́нові.** A medium size fit Martyn very well. **до́сить** rather, **доскона́ло** perfectly, **ідеа́льно** ideally, **чудо́во** superbly; **ле́две** scarcely, **наси́лу** barely; **майже** almost; **зо́всім не** not at all, **ні́як не** in no way

prep. **п. до** + *G.* suit sb/sth ◊ **Ві́рш чудо́во ~ив до ново́ї збі́рки пое́зій.** The poem superbly fit the new poetry collection.

Also see **влашто́вувати 2**

5 to go up *(of water, etc.)*, rise

adv. **все** *colloq.* all the time, **невпи́нно** incessantly, **пові́льно** slowly ◊ **Вода́ пові́льно ~ила і сягну́ла ві́кон.** The water was slowly rising and reached the windows. **пості́йно** continuously, **шви́дко** quickly

See **підніма́тися 1**

підхо́дь! піді́йди!

підхо́ж|ий, *adj.*

suitable, fitting, appropriate, suited ◊ **Вони́ шука́ли мі́сце, мініма́льно ~е для інтерв'ю.**

They were looking for a place that was minimally suitable for the interview.
adv. **абсолютно** absolutely, **винятково** exceptionally, **геть** totally, **дуже** very, **цілком** entirely; **однаково** equally; **явно** clearly; **майже** almost; **досить** fairly, **ледве** scarcely, **мінімально** minimally; **не зовсім** not quite ◊ **Клімат тут не зовсім п. для помідорів.** The climate is not quite suitable for tomatoes here.
v. + **п. бути ~им** be suitable (**вважати** + *A.* consider sth, **виглядати** look ◊ **Кімната виглядала цілком ~ою для занять.** The room looked entirely suitable for classes. **виявлятися** prove, **здаватися** + *D.* seem to sb ◊ **Матеріял здавався Марті ~им для ділового костюма.** The fabric seemed to Marta to be suitable for a business suit. **робити** + *A.* make sth, **ставати** become)
prep. **п. для** + *G.* suitable for sth; **п. на** + *A.* suitable for sth ◊ **Марія абсолютно ~а на посаду заступниці.** Maria is absolutely suitable for the position of a deputy.

пізна|вати, ~ють; пізна|ти, ~ють, *tran.*
1 to learn, get to know, get the knowledge of
adv. **вичерпно** exhaustively, **всесторонньо** comprehensively, **добре** well, **досконало** perfectly, **достатньо** sufficiently, **глибоко** deeply ◊ **Вона хоче глибоко пізнати закони фізики.** She wants to get a deep knowledge of the laws of physics. **краще** better, **повністю** fully, **цілком** completely, **до кінця** to the end; **самостійно** on one's own; **безперестанку** nonstop, **весь час** all the time, **далі** further
п. + *n.* **п. життя** get the knowledge of life (**науку** science, **природу** nature, **людську психіку** human psychology, **таємниці буття** mysteries of existence; ♦ **п. один одного** to get to know one another ◊ **Із кожним днем Ніна й Ганна краще ~вали одна одну.** Nina and Hanna were getting to know each other better by the day.
v. + **п. бути треба** + *D.* need to; **встигати** have the time to, **змогти** *pf.* manage to; **могти** can ◊ **Людина не може цілком пізнати світ.** A person cannot get to know the world completely. **мати намір** have the intention to, **намагатися** do one's best to, **старатися** try to, **хотіти** want to; **починати** begin to, **продовжувати** continue to ◊ **Він продовжує п. таємниці кухарства.** He continues to learn the secrets of cooking.
Cf. **вивчати 1**
2 to experience, get the taste of
adv. **прямо** directly, **на собі** *or* **особисто** personally ◊ **Тиміш на собі пізнав радість перемоги.** Tymish personally experienced the joy of victory. **до кінця** to the end, **повністю** fully, **цілком** completely; **запізно** too late, **зарано** too early ◊ **Вона зарано пізнала важку невдячну працю.** She got the experience of hard and thankless labor too early.
See **переживати 3.** *Also see* **довідуватися 3, переносити 6**
3 to recognize, identify
adv. **легко** easily, **одразу** at once, **зараз же** right away; **безпомилково** unmistakably, **правильно** correctly; **ледве** scarcely, **насилу** barely ◊ **Марія насилу пізнала в цьому старому чоловікові забутого друга дитинства.** Maria barely recognized a forgotten childhood friend in this old man. **геть не** not at all ◊ **У темряві ночі вартовий геть не пізнав майора.** The sentinel did not recognize the major at all in the dark of night.
See **впізнавати.** *Also see* **взнавати 2, розпізнавати 2**
pa. pple. **пізнаний** recognized, learned
пізнавай! пізнай!

пізна|ти, *pf., see* **пізнавати**
to learn, get to know, *etc.* ◊ **Він ~в кохання.** He experienced love.

пізн|ій, *adj.*
late, belated, delayed ◊ **Ми розмовляли до ~ього вечора.** We talked late into the evening.
adv. **вкрай** extremely, **досить** fairly ◊ **досить ~я реакція** a fairly belated reaction; **дуже** very ◊ **Даруйте за дуже ~ю відповідь.** Forgive me for the very belated response. **несподівано** unexpectedly, **відносно** relatively ◊ **У нас цьогоріч відносно ~я весна.** We have a relatively late spring this year. **порівняно** comparatively; **надто** too; ♦ **до ~ьої ночі** late into the night
п. + *n.* ◊ **~ього літа** late in the summer ◊ **Ці яблука стигнуть ~ього літа.** These apples ripen late in the summer. **~ої весни** late spring (**зими** winter, **осени** fall) ◊ **Фестиваль відбувається ~ьої осени.** The festival takes place late fall.
v. + **п. бути ~ім** be late ◊ **Єдиний рейс на Київ занадто п.** The only Kyiv-bound flight is too late at night. (**виявлятися** turn out)
Ant. **ранній**

пізно, *adv., pred.*
1 *adv.* late ◊ **Орися зрозуміла свою помилку надто п.** Orysia realized her mistaked too late.
adv. **безнадійно** hopelessly ◊ **Роботу відновили безнадійно п.** The work was resumed hopelessly late. **вкрай** extremely, **досить** fairly, **дуже** very, **непоправно** irreparably; **відносно** relatively ◊ **Літо настало відносно п. торік.** Last year, summer arrived relatively late. **(за)надто** too
п. + *adv.* **п. ввечері** late in the evening (**вночі** at night, **вранці** in the morning) ◊ **Вони прокинулися п. вранці.** They woke up late in the morning.
v. + **п. лягати п.** go to bed late (**починати** begin, **працювати** work ◊ **Він любив п. працювати.** He liked working late. **вставати** rise, **приходити** come, **прокидатися** wake up) ◊ **Тепер сонце вставало п., а заходило рано.** Now the sun rose late and set early. ♦ **рано чи п.** sooner or later ◊ **Іван дізнається про все рано чи п.** Ivan will find out everything sooner of later.
2 *pred.* late, **бути ~о** be late ◊ **Тепер надто п. рятувати становище.** It is too late to save the situation now. ♦ **Краще п., ніж ніколи.** Better late than never.
Ant. **рано**

пійма|ти, ~ють, *pf.; no impf.*, **ловити** *is used for impf., tran.*
1 to catch, capture, seize
adv. **блискавично** in a flash, **вмить** instantly, **вправно** dexterously, **проворно** nimbly, **спритно** deftly; **легко** easily; **оперативно** promptly, **швидко** quickly, **якнайшвидше** as quickly as possible; **врешті-решт** eventually ◊ **Утікачів урешті-решт ~ли.** The runaways were eventually captured.
п. + *n.* **п. зайця** catch a hare (**лисицю** fox, **птаха** bird, **рибу** fish; **втікача** runaway, **злодія** thief, **злочинця** criminal) ◊ **Поліція мала якнайшвидше п. ще одного злочинця.**The police were obliged to catch another criminal as quickly as possible. ♦ **п. облизня** to get nothing for one's pains
v. + **п. змогти** *pf.* manage to, **спромагатися** contrive to ◊ **Він спромігся п. лише дві малі рибини.** He contrived to catch but two small fish. **намагатися** *and* **старатися** try to, **пробувати** attempt to, **хотіти** want to; **поспішати** be in a hurry to
prep. **п. за** + *A.* seize by sth ◊ **п. за волосся** seize by the hair (**вухо** ear, **руку** hand; **комір** collar, **рукав** sleeve) ◊ **Хлопець ~в Любомира за рукав.** The boy seized Liubomyr by the sleeve. **п. на** + *L.* catch sb doing sth ◊ **п. на брехні** *colloq.* catch lying (**крадіжці** stealing, **фальшуванні грошей** forging money) ◊ **Пані М. двічі ~ли на фальшуванні грошей.** Mrs. M. was caught twice forging money. ♦ **п. на гарячому** to catch red-handed
Also see **ловити 1**
2 *fig.* to exploit *(moment, opportunity, etc.)*, profit from, seize *(opportunity, etc.)*
п. + *n.* **п. можливість** seize an opportunity (**нагоду** occasion; **мить** *or* **момент** moment, **час** time) ◊ **Він хоче п. момент, коли в хаті нікого не буде.** He wants to seize the moment when there is nobody home.
Also see **ловити 1**
pa. pple. **пійманий** caught
піймай!

пік, *m.*, **~а**
1 peak
adj. **високий** tall, **найвищий** highest ◊ **Він мріє піднятися на найвищий п. Европи.** He dreams of climbing the highest peak of Europe. **гірський** mountain; **далекий** distant; **вкритий снігом** snow-covered, **засніжений** snowy; **грізний** formidable, **небезпечний** dangerous, **недосяжний** unreachable; **осяйний** *fig.* shining; **гострий** sharp, **скелястий** rocky
v. + **п. долати п.** mount a peak (**завойовувати** *or* **підкоряти** conquer ◊ **Вони першими підкорили небезпечний п.** They were the first to conquer the dangerous peak. **видиратися на** scale, **підніматися на** climb, **сходити на** ascend); **досягати ~а** reach a peak ◊ **Вони досягли ~а за п'ять годин.** They reached the peak in five hours.
п. + *v.* **височіти над** + *I.* tower over sth, **підійматися** *or* **підніматися до** + *G.* rise to *(height)* ◊ **П. підіймається до висоти трьох кілометрів.** The peak rises to the height of 5 km. **виднітися** loom ◊ **Удалині виднілися засніжені ~и Альп.** Snowy peaks of the Alps loomed in the distance.
prep. **до ~а** to a peak ◊ **До ~а залишалося п'ятсот метрів.** There were 500 m remaining to the peak. **на п.** *dir.* at a peak ◊ **Вона поглядала на п. гори.** She gazed at the mountain peak. **на ~у** *posn.* on a peak ◊ **На ~у гори Говерли встановлено національний прапор.** The national flag was installed on the peak of the Hoverla Mountain. **над ~ом** above a peak
Also see **вершина 1**
2 *fig.* high point, high, pinnacle, peak, summit
adj. **рекордний** all-time, **сезонний** seasonal ◊ **Серпень вважають сезонним ~ом.** August is considered to be the seasonal peak. **літній** summer, **зимовий** winter; ♦ **година п.** rush hour ◊ **Він хотів уникнути години п.** He wanted to avoid the rush hour.
v. + **п. проходити п.** pass a peak; **наближатися до ~а** approach a high ◊ **Спекулятивна активність наближалася до рекордного ~а.** Speculative activity was approaching its all-time high. **(до)сягати** reach)
Also see **верх 2, вершина 2, висота 4, зеніт 2, кульмінація**

пілот, *m.*, **~а; ~ка,** *f.*
pilot
adj. **блискучий** brilliant ◊ **Такого блискучого ~а нелегко знайти.** It is not easy to find such a brilliant pilot. **досвідчений** experienced, **кваліфікований** qualified, **ліцензований** licensed, **навчений** trained, **професійний** professional; **збитий** downed; ♦ **другий п.** a copilot; ♦ **автопілот** *techn.* autopilot ◊ **Вони летіли на автопілоті.** They were flying on autopilot.
п. + *n.* **п. літака** an aircraft pilot (**винищувача** fighter, **бомбардувальника** bomber, **гелікоптера** *or* **вертольота** helicopter, **планера** glider)
v. + **п. навчати ~а** train a pilot (**вчитися на** train to be) ◊ **Він уже рік як вчиться на ~а винищувача.** It is a year now that he has trained to be a fighter pilot.
п. + *v.* **літати на** + *L.* fly sth ◊ **Усі ~и тут літають лише на гелікоптерах.** All the pilots

here fly only helicopters. **розбива́ти** + *A.* crash sth, **розбива́тися** crash; **вижива́ти** survive, **рятува́тися** save oneself; **катапультува́тися** eject, ♦ **вистри́бувати з парашу́том** bail out ◊ **Оби́два ~и ви́стрибнули з парашу́тами.** Both pilots bailed out.
Also see **льо́тчик**

пі́льг|а, *f.*
benefit, preference, privilege, *often pl.*
adj. **вели́ка** great ◊ **Поса́да дава́ла їй вели́кі ~ги.** The post gave her great benefits. **величе́зна** huge, **відчу́тна** tangible, **значна́** significant, **реа́льна** real, **суттє́ва** substantial, **широ́ка** wide, **ще́дра** generous; **мала́** *and* **невели́ка** small, **обме́жена** limited, **скро́мна** modest; **додатко́ва** additional; **надмі́рна** excessive, **незаслу́жена** ill-deserved; **непряма́** indirect, **пряма́** direct; **довготермінова** long-term, **короткотерміно́ва** short-term; **держа́вна** state, **ґаранто́вана** guaranteed; **економі́чна** economic, **податко́ва** tax, **фіна́нсова** financial ◊ **Уря́д забезпе́чує фіна́нсові ~ги для багатоді́тних роди́н.** The government provides financial benefits to families with many children.
п. + *n.* **п. з безробі́ття** an unemployment benefit ◊ **Він користу́ється ~гами з безробі́ття.** He enjoys an unemployment benefit. (**інвалі́дности** disability, **хворо́би** sickness); **п. для ветера́нів ві́йни** a war veteran benefit (**само́тніх матері́в** a single mother)
v. + **п. надава́ти** + *D.* **~гу** give sb benefits (**ма́ти** have ◊ **Він ма́є ~ги з інвалі́дности.** He has disability benefits. **дістава́ти** get, **отри́мувати** receive; **пропонува́ти** + *D.* offer sb); **домага́тися ~ги** claim benefits ◊ **Він домага́ється ~г як ліквіда́тор чорно́бильської ава́рії.** He is claiming benefits as a Chornobyl accident liquidator. **позбавля́ти** + *A.* deprive sb of) **забезпе́чувати** + *A.* **~гою** provide sb with benefits) ◊ **Фа́брика забезпе́чує її додатко́вою пенсі́йною ~гою.** The factory provides her with additional pension benefits.
prep. **п. для** + *G.* benefits for sb ◊ **п. для сіме́й вояків, заги́блих на слу́жбі** benefits for the families of soldiers who died in the line of duty
L. **в ~зі**

пі́р'|я, *nt., coll., only sg.*
plumage, feathers
adj. **барви́сте** colorful ◊ **Пта́шка ма́є барви́сте п.** The bird has colorful plumage. **бі́ле** white, **сі́ре** grey, **чо́рне** black; **густе́** thick, **до́вге** long, **коро́тке** short, **м'яке́** soft, **рідке́** thin, **те́пле** warm; **гу́сяче** goose, **качи́не** duck, **ку́ряче** chicken, **лебеди́не** swan, *etc.*
v. + **п. висми́кувати п.** pull out feathers (**настовбу́рчувати** ruffle ◊ **Поба́чивши кота́, кво́чка настовбу́рчила п.** Seeing the cat, the brooding hen ruffled its feathers. **пригла́джувати** smooth, **чи́стити** preen); **напиха́ти** + *A.* **~ям** stuff sth with feathers ◊ **Полі́на напха́ла поду́шку гу́сячим ~ям.** Polina stuffed the pillow with goose feathers.
See **перо́ 2, пух**

пісков|и́й, *adj.*
sandy, composed of sand, consisting of sand
п. + *n.* **п. бе́рег** a sand shore (**па́горб** hill), ♦ **п. годи́нник** an hourglass; **~а́ дю́на** a sand dune ◊ **Жо́вті ~і дю́ни тягну́лися до са́мого о́брію.** Yellow sand dunes stretched all the way to the horizon. (**земля́** soil, **пля́жа** beach, **пусте́ля** desert, **хуртови́на** blizzard); **~е́ дно** a sand bottom ◊ **рі́вне ~е́ дно мо́ря** the flat sand bottom of the sea

пі́сля, *var.* **опі́сля**, *adv., prep.*
1 *adv.* after, afterwards, then ◊ **Спочáтку пока́жемо фільм, а п. обгово́римо його́.** First we'll show the movie and then we'll discuss it.
2 *prep.* after, past + *G.* ◊ **п. вас** after you; ◊ **По́вний мі́сяць з'я́виться п. деся́тої ве́чора.** The full moon will come out past 10:00 p.m. ◊ **Спе́ка наста́ла одра́зу п. Вели́кодня.** The heatwave arrived right after Easter. ◊ **П. університе́ту Йоси́па три мі́сяці шука́ла пра́цю.** Yosypa looked for work for three months after university. ♦ **П. нас хоч пото́п.** After us the deluge.

післявоє́нн|ий, *adj.*
postwar ◊ **п. го́лод** a postwar famine (**періо́д** period, **час** time); **~а відбудо́ва** a postwar reconstruction (**ді́йсність** reality, **істо́рія** history, **кри́за** crisis, **про́за** prose; **Украї́на** Ukraine); **~е відро́дження** a postwar revival (**вреґулюва́ння** settlement, **життя́** life, **поколі́ння** generation)

пісн|и́й, *adj.*
1 lenten, meatless, of or pertaining to fasting ◊ **На Різдвя́ний ве́чір гото́ють двана́дцять ~и́х страв.** Twelve meatless dishes are prepared for Christmas Eve.
2 meatless *(of food)*, containing no dairy or meat ◊ **п. борщ** a meatless borshch (**плов** pilaf); ◊ **Лі́кар порекомендува́в Вла́сові перейти́ на ~у́ діє́ту.** The doctor recommended Vlas to switch to a meatless diet.
Ant. **м'ясни́й**
3 lean *(of meat, food)* **~а́ бара́нина** lean mutton (**свини́на** pork, **ши́нка** ham, **я́ловичина** beef) ◊ **Вона́ ви́брала ~у́ я́ловичину.** She selected lean beef.
Ant. **жи́рний 1**
4 *fig.* barren, infertile ◊ **Навко́лишні ґрунти́ були́ перева́жно ~и́ми.** The surrounding soils were mostly barren. **~е́ по́ле** a barren field
5 *fig., colloq.* boring, dull, tedious ◊ **Він ви́явився ~и́м співрозмо́вником.** He turned out to be a dull interlocutor.
See **нудни́й.** *Also see* **моното́нний 2, набри́дливий, сі́рий 4, сухи́й 6**

пі́с|ня, *f.*
song ◊ **Вона́ зна́є бага́то весі́льних ~ень.** She knows many wedding songs.
adj. **бадьо́ра** cheerful, **весе́ла** happy ◊ **Вона́ хоті́ла підбадьо́рити їх весе́лою ~нею.** She wanted to cheer them with a happy song. **га́рна** beautiful, **мелоді́йна** melodious, **прекра́сна** great, **хоро́ша** good, **чарівна́** charming, **чудо́ва** wonderful; **гучна́** loud, **дзвінка́** vibrant; **до́вга** long ♦ **Це до́вга п.** It's a long story. ♦ **До́вгий, як соба́ча п.** *colloq.* endless and dull ◊ **Свяще́нник ви́голосив до́вгу, як соба́ча п., про́повідь.** The priest delivered an endless and dull homily. **нескінче́нна** endless; **коро́тка** short; **повільна** slow, **ти́ха** quiet, **урочи́ста** solemn; **безра́дісна** joyless, **жа́лібна** mournful, **жало́бна** mourning, **меланхолі́йна** melancholic, **сумна́** sad, **тужли́ва** sorrowful; **лебеди́на** *fig.* swan; **відо́ма** well-known, **славе́тна** famous; **патріоти́чна** patriotic, **революці́йна** revolutionary, **релігі́йна** religious; **популя́рна** popular, **улю́блена** favorite; ♦ **і́нша п.** *fig.* a different matter ◊ **Так це ж зо́всім і́нша п.** Well, this is an entirely different matter. **дитя́ча** children's ◊ **Вона́ написа́ла кі́лька дитя́чих ~ень.** She wrote several children's songs. ♦ **колиско́ва (п.)** a lullaby ◊ **улю́блена колиско́ва** a favorite lullaby; **пластова́** Plast *(Boy Scout)*; **класи́чна** classic, **наро́дна** folk, **старови́нна** ancient, **традиці́йна** traditional; **весі́льна** wedding, **засті́льна** drinking ◊ **засті́льна п. з о́пери «Травія́та»** the drinking song from the opera *La Traviata*, **любо́вна** love
n. + **п. а́втор ~ні** the writer of a song ◊ **А́втор ~ні лиша́ється невідо́мим.** The writer of the song remains unknown. (**викона́вець** performer, **викона́ння** performance; **на́зва** title, **партиту́ра** score, **слова́** lyrics)
v. + **п. аранжува́ти ~ню** arrange a song ◊ **Вона́ аранжу́є наро́дні ~ні для гіта́ри.** She makes folk song arrangements for guitar. (**вико́нувати** perform, **гра́ти** play ◊ **Ві́ра грає суча́сні ~ні.** Vira plays contemporary songs. **зна́ти** know ◊ **Він зна́є бага́то засті́льних ~ень.** He knows many drinking songs. **мугика́ти** hum, **співа́ти** sing; **компонува́ти** compose, **склада́ти** make ◊ **Лю́ди скла́ли на ці слова́ ~ню.** People made a song to these lyrics. ♦ **співа́ти одну́ й ту ж ~ню** *fig.* to harp on one string ◊ **Мо́же, вже до́сить вам співа́ти одну́ й ту ж ~ню!** Maybe it's time you stopped harping on one string already! **забува́ти** forget, **приґа́дувати** recall; **заванта́жувати** *or* **званта́жувати** download ◊ **Цю популя́рну ~ню мо́жна званта́жити з мере́жі.** The popular song can be downloaded from the Web. **запи́сувати** record ◊ **Вона́ записа́ла нову́ ~ню.** She recorded a new song. **слу́хати** listen to) ◊ **Він з слу́хав ~ні «Бра́тів Гадю́кіних».** He listened to the Hadiukiny Brothers' songs.
п. + *v.* **звуча́ти** *or* **луна́ти** come, be heard ◊ **Ці́лий ве́чір із ха́ти луна́ли ~ні.** The sounds of songs were heard from the house all evening long. **співа́тися про** + *A.* be about ◊ **У старови́нній ~ні співа́ється про коза́цьку сла́ву.** The ancient song is about the Cossack glory. **назива́тися** be called ◊ **Вона́ ви́конає ~ню, що назива́ється «Ві́ють ві́три».** She will perform the song called "The Winds Are Blowing."
prep. **в ~ні** in a song ◊ **У ~і зга́дано ряд істори́чних поді́й.** A number of historical events are mentioned in the song. **п. про** + *A.* a song about/of sb/sth ◊ **п. про коха́ння і зра́ду** a song of love and betrayal
Also see **ду́ма 1**

піс|о́к, *m.*, **~ку́**
sand ◊ **Я́щірка схова́лася в п.** The lizard hid in the sand.
adj. **гру́бий** coarse, **жорстки́й** rough; **дрібни́й** fine, **м'яки́й** soft; **воло́гий** moist, **мо́крий** wet ◊ **П. під її нога́ми був м'яки́м і мо́крим.** The sand under her feet was soft and wet. **сухи́й** dry; **гаря́чий** hot, **пеку́чий** burning, **прохоло́дний** cool, **те́плий** warm; **пля́жний** beach, **прибере́жний** coastal; ♦ **золоти́й п.** gold dust; **бі́лий** white, **бруна́тний,** brown, **жо́втий** yellow, **золоти́стий** golden, **сріблі́стий** silver, **чо́рний** black; ♦ **сипу́чий п.** quicksand
n. + **п. відро́ ~ку́** a bucket of sand (**жме́ня** handful, **ку́па** pile, **при́горшня** double handful ◊ **Він дода́в до су́міші три при́горшні гру́бого ~ку́.** He added three double handfuls of coarse sand to the mixture. **сму́га** stretch, **хма́ра** cloud, **шар** layer) ◊ **тонки́й шар ~ку́** a thin layer of sand; ♦ **цу́кор-п.** granulated sugar
v. + **п. си́пати п.** pour sand ◊ **Ві́ктор си́пав те́плий пісо́к собі́ на гру́ди.** Viktor poured warm sand on his chest. (**здму́хувати** blow off, **зчища́ти** brush off); ♦ **будува́ти** + *A.* **на ~ку́** *fig.* build sth on sand ◊ **Як шви́дко ви́явилося, банк збудува́ли на ~ку.** *fig.* As it quickly became clear, the bank had been built on sand.
п. + *v.* **леті́ти** fly, **заси́пати** + *A.* blanket sth ◊ **П. заси́пав паркі́вку.** The sand blanketed the parking lot. **покрива́ти** + *A.* cover sth, **проника́ти в** + *A.* get into sth ◊ **Дрібни́й п. прони́к у ко́жну шпари́нку підло́ги.** Fine sand got into every crack of the floor. **си́патися** pour ◊ **Зі старо́ї сті́ни́ си́пався п.** Sand poured from the old wall.
prep. **в п.** *dir.* in/to sand ◊ **Струсь хова́є го́лову в п.** An ostrich buries its head in sand. **в ~ку́** *posn.* in sand ◊ **О́брус був у ~ку́.** The tablecloth was in sand. **на п.** *dir.* on/to sand ◊ **Він сів на п.** He sat down on the sand. **на ~ку́** *posn.* on sand

пістоле́т, *m.*, **~а**
pistol, handgun, gun ◊ **Вона́ носи́ла в су́мочці п.** She carried a gun in her purse.
adj. **автомати́чний** automatic, **напівавтомати́чний** semi-automatic; **водяни́й** water, **пневмати́чний** pneumatic, **повітря́ний**

air; **заря́джений** loaded; **іграшко́вий** toy ◊ **Дива́к з іграшко́вим ~ом намага́вся пограбува́ти банк.** A weirdo with a toy gun tried to rob the bank. **кишенько́вий** pocket, **мале́нький** *dim.* small, **невели́кий** small; **службо́вий** *or* **та́бельний, шта́тний** service ◊ **Вона́ ма́ла при собі́ шта́тний п.** She had her service handgun on her. **спорти́вний** sport, **ста́ртовий** starting, **тренува́льний** target; ♦ **зва́рювальний п.** a welding gun; ♦ **раке́тний п.** a flare gun

v. + **п. заряджа́ти п.** load a gun (**перезаряджа́ти** reload ◊ **Він перезаряди́в п.** He reloaded his gun. **розряджа́ти** disarm; **виймати з** + *G.* pull out of sth ◊ **Га́ля ви́йняла п. із кобу́ри.** Halia pulled the gun out of the holster. **витя́гувати з** + *G.* draw from sth; **наставля́ти на** + *A.* point at sb/sth, **наці́лювати** + *A.* aim at sb/sth; **підніма́ти** raise; **но́сити** carry ◊ **Він таємно но́сить п.** He secretly carries a gun. **зво́дити** cock ◊ **Вона́ звела́ п.** She cocked the gun. **збира́ти** assemble, **розбира́ти** take apart) ◊ **Пили́п розбира́є і збира́є п. у лі́чені секу́нди.** Pylyp takes apart and assembles the gun in mere seconds. **стріля́ти з ~а** fire a gun ◊ **І́нна перезаряди́ла п. і дві́чі ви́стрілила з нього.** Inna reloaded the handgun and fired it twice. **погро́жувати** + *D.* **~ом** threaten sb with a gun (**ба́витися** play with, **розма́хувати пе́ред** + *I.* brandish in front of sb with) ◊ **Йому́ не слід було́ розма́хувати пе́ред жі́нкою ~ом.** He should not have brandished a gun in front of his wife.

Cf. **рушни́ця**

пі́ся|ти, ~ють; на~, по~, *intr.*

to pee, take a pee ◊ **Він відійшо́в по~.** He stepped away to take a pee.

adv. **го́лосно** loudly; **не крию́чись** without hiding; **реґуля́рно** regularly, **рі́дко** rarely, **ча́сто** often

v. + **п. бу́ти тре́ба** + *D.* need to ◊ **Ді́тям тре́ба по~.** The children need to pee. **бу́ти мо́жна** can, be allowed to ◊ **Він не знав, де мо́жна по~.** He did not know where one could pee. **хоті́тися** + *D.* want to ◊ **Павло́ві ду́же хоті́лося п.** Pavlo badly wanted to pee. ♦ **на~ в штани́** to wet oneself ◊ **Із переля́ку вони́ ма́ло не напі́сяли в штани́.** They nearly wetted themselves with fright.

(по)пі́сяй!

Also see **мочи́тися 2, сця́ти 1**

п|іт, *m.*, ~о́ту

sweat, perspiration

adj. **лю́дський** human; **легки́й** light; **густи́й** heavy, **рясни́й** profuse; **холо́дний** cold; **смердю́чий** stinky; **липки́й** sticky, **слизьки́й** clammy

n. + **п. за́пах ~о́ту** a smell of sweat ◊ **У спортза́лі чу́ти за́пах ~о́ту.** There is a smell of sweat in the gym. (**кра́пля** drop, **крапли́на** bead, **струмо́к** stream, **ці́вка** trickle)

v. + **п. витира́ти п. з** + *G.* wipe the sweat off sth ◊ **Оре́ст ви́тер з чола́ п.** Orest wiped the sweat off his forehead. (**ки́дати** + *A.* **в** make sb break out in) ◊ **Ду́мка про неба́жану дити́ну кида́ла його́ в холо́дний п.** The thought of an unwanted baby made him break out in cold sweat. **вмива́тися ~о́том** bathe in sweat ◊ **Він працюва́в, вмива́ючись ~о́том.** He worked, bathing in sweat. (**облива́тися** drip wet with; **покрива́тися** be covered in, **просяка́ти** be drenched in) ◊ **Анато́лієва соро́чка геть просякла ~о́том.** Anatolii's shirt was totally drenched in sweat.

п. + *v.* **блища́ти** *or* **блисті́ти** glisten ◊ **На його́ карку́ блища́в п.** Sweat glistened on his nape. **виступа́ти** come out ◊ **У ньо́го над губо́ю ви́ступили крапли́ни ~о́ту.** Beads of sweat came out above his lip. **з'явля́тися** appear, **ли́тися з** + *G.* pour from sth; **просяка́ти** + *A.* soak sth ◊ **П. просякну́в йому́ хусти́нку.** His handkerchief was soaked in sweat. **стіка́ти по** + *L.* run down sth ◊ **Струмки́ ~о́ту стіка́ли йому́ по спи́ні.** Streams of sweat were running down his back.

prep. **в ~о́ті** in a sweat ◊ **Мо́тря проки́нулася в холо́дному ~о́ті.** Motria woke up in a cold sweat. ♦ **в ~о́ті чола́** by the sweat of one's brow ◊ **Він у ~о́ті чола́ заробля́в на навча́ння.** He was earning money for his education by the sweat of his brow.

Also see **роса́ 2**

піти́, *pf., see* **іти́**

1 to start *(going)*, set off *(moving)*

adv. **наме́том** in a gallop, **підтюпце́м** in a slow trot, **клу́сом** *or* **клу́са** in a trot ◊ **Ко́ні ви́їхали з лі́су і пішли́ клу́сом** *or* **клу́са.** The horses emerged for the forest and set off in a trot. **зиґза́ґами** in zigzags, **ліво́руч** to the left ◊ **Вона́ пішла́ ліво́руч.** She went to the left. **право́руч** to the right, **про́сто** straight; **да́лі** farther, **наза́д** backward, **убі́к** to the side, **упере́д** forward

See **іти́ 1-18**

2 to go, leave for, depart *(often with a purpose)*

adv. **вже** already, **годи́ну тому́** an hour ago ◊ **Авто́бус на Луцьк пішо́в годи́ну тому́.** The Lutsk-bound bus left an hour ago. **наре́шті** finally, **нега́йно** at once, **незаба́ром** soon, **одра́зу** immediately, **за́раз же** right away ◊ **Мики́та за́раз же пішо́в до ба́нку і зняв гро́ші.** Mykyta right away went to the bank and withdrew the money. ♦ **п. ди́мом** to go up in smoke ◊ **За мі́сяць ї́хній бі́знес пішо́в ди́мом.** Their business went up in smoke in a month. ♦ **п. за ві́тром** to vanish into thin air; ♦ **п. світ за о́чі** to go far away

п. + *v.* **відпочива́ти** to get rest ◊ **Сергі́й пішо́в відпочива́ти.** Serhii went to get some rest. **диви́тися телеві́зор** to watch TV ◊ **Ле́ся пішла́ диви́тися телеві́зор.** Lesia went to watch TV. **працюва́ти** to work; **пла́вати** swimming, **танцюва́ти** dancing; ♦ **п. спа́ти** to go to bed; **обі́дати** to have lunch ◊ **Вони́ піду́ть обі́дати до рестора́ну.** They will go for lunch to a restaurant.

prep. **п. до** + *G.* go to *(a place)* ◊ **п. до шко́ли** go to school; **п. на** + *A.* go for/to *(an event)* ◊ **п. на ка́ву** go for coffee; ♦ **п. на пе́нсію** to retire ◊ **Петре́нка змуси́ли п. на пе́нсію.** Petrenko was made to retire. **п. по** + *A.* go for sth *or* to get/buy sth ◊ **Він пішо́в по допомо́гу до сусі́дів.** He went to his neighbors for help. ♦ **п. у відпу́стку** to go on a holiday/vacation

3 to start flowing *(of water, rain, etc.)*, start falling ◊ **Дощ пі́де вночі́.** It will start raining at night. ◊ **Пішо́в густи́й сніг.** Thick snow started falling.

4 to follow, ensue ◊ **Пі́сля і́спитів пішли́ вака́ції.** The exams were followed by a vacation.

prep. **п. за** + *I.* go after sth, follow ◊ **За лі́сом пішо́в степ.** The forest was followed by the steppe.

5 to originate from, start

prep. **п. від** + *G.* originate from sth ◊ **Від ціє́ї роди́ни пішло́ кі́лька поколі́нь маля́рів.** Several generations of artists originated in this family.

6 to resemble *(of children)*, take after

prep. **п. в** + *A.* take after sb ◊ **Він пішо́в у дя́дька Наза́ра.** He takes after her Uncle Nazar.

7 to start *(doing sth)*, begin

п. + *v.* **говори́ти** speak ◊ **Її́ брат як пі́де говори́ти, то на три годи́ни безпереста́нку.** Once her brother starts talking, it is for three hours nonstop. **гуля́ти** revel, **пи́ти** drink, **поя́снювати** explain, **розка́зувати** tell, **розпи́тувати** inquire, **ска́ржитися** complain

See **почина́ти**

8 to play *(a card)*

prep. **п. з** + *G.* play sth ◊ **Він пішо́в із дзвінко́вого ни́жника.** He played a jack of clubs.

пітні́|ти, ~ють; с~, *intr.*

1 to sweat, perspire; *pf.* break a sweat ◊ **Він спітні́в на ло́бі.** He broke sweat on the forehead

adv. **бага́то** *and* **ду́же** a lot ◊ **У таку́ спе́ку всі ду́же ~ють.** In such heat, everybody sweats a lot. **ря́сно** profusely, **си́льно** heavily; **весь час** all the time, **за́вжди́** always; **ле́две** scarcely ◊ **Вона́ побі́гала пів годи́ни, але́ ле́две спітні́ла.** She jogged for half an hour and scarcely broke a sweat. **ле́гко** slightly, **ма́ло** little, **тро́хи** a little ◊ **Його́ обли́ччя лише́ тро́хи спітні́ло.** His face got only a little sweaty.

v. + **п. почина́ти** begin to, **ста́ти** *pf.* start ◊ **Пі́сля п'яти́ хвили́н у парні́й чолові́ки ста́ли ря́сно п.** After five minutes in the steam bath, the men started sweating profusely. **перестава́ти** stop ◊ **Він переста́в весь час п.** He stopped sweating all the time.

2 *fig.* to fog up, mist over, steam up; *pf.* **за~**

adv. **гу́сто** thickly ◊ **Ві́кна гу́сто запітні́ли.** The windows misted over thickly. **ле́гко** lightly, **рі́дко** rarely, **тро́хи** a little; **за́раз же** right away, **шви́дко** quickly; **ні́коли не** never ◊ **Вітрове́ скло ні́коли не ~ло.** The windshield never fogged up.

pa. pple. **спітні́лий**

(с)пітні́й!

п|іч, *f.*, ~е́чі

1 stove, oven

adj. **селя́нська** peasant, **традиці́йна** traditional; **гаря́ча** hot, **те́пла** warm, **холо́дна** cold; **га́зова** gas, **дров'яна́** wood-burning, **електри́чна** electric, **мікрохвильова́** microwave; **залі́зна** iron, **чаву́нна** cast-iron, **цегляна́** brick

v. + **п. вмика́ти п.** turn on a stove (**розпа́лювати** fire ◊ **Він розпали́в п.** He fired the oven. **вимика́ти** switch off, **гаси́ти** turn off; **ста́вити** + *A.* **в** put sth in) ◊ **Він поста́вив свиня́чу пече́ню в п.** He put the pork roast in the oven. **вийма́ти** + *A.* **з ~е́чі** take sth out of an oven (**грі́тися бі́ля** warm oneself by); **вари́ти** + *A.* **в ~е́чі** cook sth in an oven ◊ **Ї́жа особли́во до́бра, коли́ її́ ва́рять у ~е́чі, а не на плиті́.** Food is particularly tasty, when it is cooked in an oven rather than on stovetop. (**пекти́** + *A.* **в** bake *or* roast sth in) ◊ **Хліб пекли́ у ~е́чі.** The bread was baked in an oven. ♦ **пали́ти** *or* **топи́ти в ~е́чі** 1) to make a fire in a stove; 2) to heat a room

п. + *v.* **грі́тися** heat, **нагріва́тися** heat up ◊ **Га́зова п. нагріва́ється момента́льно.** The gas oven heats up instantaneously. **вистига́ти** cool, **холо́нути** cool down ◊ **П. тро́хи охоло́ла.** The oven cooled down a little.

prep. **в п.** *dir.* in/to an oven ◊ **Кошеня́ схова́лося в п.** The kitten hid in the oven. **в ~е́чі** *posn.* in an oven; **на п.** *dir.* on/to a stove ◊ **Вона́ поста́вила баня́к на п.** She put the pot on the stove. **на ~е́чі** *posn.* on a stove ◊ **У старі́й ха́ті спа́ли на ~е́чі.** In the old house, they slept on the stove.

Cf. **духо́вка**

2 furnace, kiln, oven

adj. **дугова́** arc, **кремаці́йна** incinerator; **вогне́нна** fiery, **пала́юча** blazing, **розжа́рена** hot-red; **ву́гільна** coal, **га́зова** gas, **електри́чна** electric, **мазу́тна** oil; ♦ **вапняна́ п.** a kiln, lime kiln; ♦ **випа́лювальна п.** a glazing oven, ♦ **до́менна п.** a blast-furnace, ♦ **суши́льна п.** a drying stove

v. + **п. запа́лювати п.** ignite, fire a furnace (**гаси́ти** extinguish)

п. + *v.* **горі́ти** burn, **пала́ти** blaze; **нагріва́ти** + *A.* heat sth, **пла́вити** melt ◊ **Ця до́менна п. пла́вить ти́сячі тон залі́зної руди́ за добу́.** This blast-furnace melts thousands of tons of iron ore a day.

Cf. **духо́вка**

пі́шки, *adv.*

on foot ◊ **Від зупи́нки троле́йбуса до худо́жнього музе́ю де́сять хвили́н п.** The art museum is a ten-minute walk from the trolley-bus stop. **ходи́ти п.** to go on foot, walk ◊ **Левко́ хо́дить на пра́цю п.** Levko walks to work. ♦ **під стіл п. ходи́ти** be a baby ◊ **У дві ти́сячі четве́ртому ро́ці Лю́бко під стіл п. ходи́в.** In 2004, Liubko was still a baby.

плáван|ня, *nt., only sg.*
1 *only sg.* swimming
adj. **вправне** adept; **майстéрне** masterful, **швидкé** quick; **підвóдне** underwater; **грузи́нське** Georgian, **синхрóнне** synchronized; **професíйне** professional, **спорти́вне** sport; **зимóве** winter; ♦ **кóмплексне п.** an individual medley
n. + **п. стиль п.** a swimming style (**шкóла** school) ◊ **Він три рóки хóдить до шкóли п.** He has attended a swimming school for three years. ♦ **басéйн для п.** a swimming pool; **змагáння з п.** a swimming competition (**трéнер з** coach ◊ **Він працю́є трéнером із п.** He works as a swimming coach. **тренувáння з** training, **турнíр з** tournament, **чемпіонáт з** championship) ◊ **Вонá берé у́часть у чемпіонáті із п.** She is taking part in a swimming championship.
v. + **п. займáтися ~ням** go swimming ◊ **Дáна займáється синхрóнним ~ням.** Dana goes synchronized swimming.
2 navigation, sailing, boating ◊ **Вони́ готу́ються до зимóвого п.** They are getting ready for the winter navigation.
adj. **важкé** difficult, **дóвге** long, **тривáле** lengthy; **корóтке** short; **далéке** long-distance; **у́спішне** successful; **каботáжне** inland, ♦ **прóбне п.** a trial trip
v. + **п. іти́ в п.** go on a sea voyage, ♦ **пускáтися в п.** to put to sea ◊ **Нарéшті вони́ могли́ пускáтися в п.** They could finally put to sea. **бу́ти придáтним для п.** be seaworthy ◊ **Корабéль був цілкóм придáтний для п.** The ship was quite seaworthy.
prep. **п. навкóло** + *G.* a sailing around sth; **п. по** + *L.* a sailing on sth ◊ **її пéрше п. по мóрю** her first sailing on the sea (**óзеру** lake, **рíчці** river)
G. pl. **~ь**

плáва|ти, ~ють; *no pf., multi., intr.*
1 to swim
adv. **впрáвно** adeptly ◊ **Лíда впрáвно ~є.** Lida is an adept swimmer. **дóбре** well, **енергíйно** vigorously, **майстéрно** masterfully; **хýтко** rapidly, **шви́дко** quickly; **кéпсько** poorly, **погáно** badly, **сяк-тáк** so-so; **повíльно** slowly; **туди́ й назáд** there and back; **батерфля́єм** butterfly, **брáсом** breaststroke ◊ **Він лю́бить п. брáсом.** He likes to swim breaststroke. **вíльним сти́лем** free style, **кролéм** (front) crawl, **кролéм на спи́ні** back crawl
v. + **п. вчи́ти** + *A.* teach sb to, **вчи́тися** learn to ◊ **Він сам навчи́вся п.** He learned to swim on his own. **вмíти** know how to; **люби́ти** like to; **ходи́ти** go ◊ **Щорáнку він хóдить п. в мóрі.** Every morning, he goes swimming in the sea.
prep. **п. в** + *L.* swim in sth ♦ **п. в калю́жі крóви** to welter in one's own blood; **п. до** + *G.* swim, *etc.* to sth ◊ **Мирослáва чáсто ~ла аж до середи́ни затóки і назáд.** Myroslava often swam all the way to the middle of the harbor and back. **п. навкóло** + *G.* swim around sth ◊ **Хлóпці не раз ~ли навкóло цьогó бýя.** The boys swam around the buoy more than once. **п. чéрез** + *A.* swim across sth
2 sail, navigate
adv. **чáсто** often, **весь час** all the time, **зáвжди́** always ◊ **Ви зáвжди́ ~єте на почáтку трáвня?** Do you always sail in early May? **звичáйно** usually, **як прáвило** as a rule, **постíйно** constantly; **рíдко** seldom; **нíколи не** never; **безпéчно** safely, **обережно** carefully; **дóбре** well, **майстéрно** masterfully; **шви́дко** quickly; **кéпсько** poorly, **погáно** badly, **сяк-тáк** so-so; **повíльно** slowly; **далéко** far ◊ **Як далéко ~ли курсáнти?** How far did the cadets sail?
v. + **п. вчи́ти** + *A.* teach sb to, **вчи́тися** learn to; **вмíти** can ◊ **Андрíй умíє дóбре п. човнóм.** Andrii is good at boating.
prep. **п.** + *I. or* **на** + *L.* sail by *(boat, etc.)* ◊ **Він ~є я́хтою** *or* **на я́хті.** He sails a yacht.
3 to float, *also fig.* ◊ **Бíля бéрега рíчки ~ла колóда.** A log floated near the river bank. ◊ **Осíнній парк ~в у бíлому тумáні.** *fig.* The autumn park was floating in white fog.
4 *fig.* to be a dabbler in sth, be out of one's depth
adv. **ви́разно** distinctly, **жалюгíдно** pathetically, **очеви́дно** evidently, **я́вно** clearly ◊ **У цьому́ питáнні Антíн я́вно ~в.** Antin was clearly out of his depth in this issue.
плáвай!
Also see uni. **пливти́ 1-3**

плáв|ити, ~лю, ~иш, ~лять; роз~, *tran.*
to melt, melt down ◊ **Брóнзові стáтуї ~или, а з металу вилива́ли гармáти.** Bronze statues were melted and cannons were cast in the metal.
adv. **вже** already, **нарéшті** finally; **повíльно** slowly, **поступóво** gradually, **шви́дко** quickly ◊ **Вогóнь шви́дко ~ив вíск.** The fire quickly melted the wax. **лéдве** barely, **мáйже** almost
п. + *n.* **п. брóнзу** melt bronze (**залíзо** iron, **зóлото** gold, **метáл** metal, **пісóк** sand; **вíск** wax; **кри́гу** ice, **снíг** snow) ◊ **Сóнце розплáвить снíг на дахý.** The sun will melt the snow on the roof.
pa. pple. **розплáвлений** melted
(роз)плав!
Cf. **топи́ти**[2]

плáв|итися; розплáвитися, *intr.*
to melt, become liquid, fuse; *also fig.* ◊ *fig.* **Від нестéрпної спéки в Севери́на, здавáлося, розплáвиться мóзок.** It seemed Severyn's brain would melt from an unbearable heat.
adv. **все бíльше** increasingly, **лéгко** easily, **повíльно** slowly, **поступóво** gradually ◊ **Асфáльт поступóво ~ився під сóнцем.** The asphalt was gradually melting in the sun. **шви́дко** quickly
Cf. **топи́тися**[2]

плаґія́т, *m.*, **~у**, *only sg.*
plagiarism
adj. **відвéртий** downright, **доказóвий** provable, **нахáбний** brazen, **я́вний** obvious; **ганéбний** shameful, **жалюгíдний** pathetic; **маси́вний** massive; **примíти́вний** primitive; **звичáйний** common, **поши́рений** widespread; **несвідóмий** unconscious ◊ **Те, що вонá вважáла влáсною ідéєю, ви́явилося несвідóмим ~ом.** What she regarded as her own idea proved to be subconscious plagiarism.
v. + **п. виявля́ти п.** reveal plagiarism ◊ **Профéсор ви́явив п. у її курсовíй.** The professor revealed plagiarism in her course paper. (**викривáти** expose, **впізнавáти** recognize; **виглядáти як** look like ◊ **Текст виглядáє як п.** The text looks as if it was plagiarized. **відкидáти** + *A.* **як** reject sth as; **закривáти óчі на** close one's eyes to ◊ **Він закри́в óчі на очеви́дний п.** He closed his eyes to obvious plagiarism. **карáти** + *A.* **за** punish sb for); **вдавáтися до ~у** resort to plagiarism ◊ **Навíщо вдавáтися до ~у?** Why resort to plagiarism?

плáкати, ~у, ~еш, плáч|уть; за~, *intr.*
to weep, cry, shed tears; *pf.* to begin crying
adv. **багáто** a lot ◊ **Мали́й Пéтрик багáто плáкав.** Little Petryk cried a lot. **гíрко** bitterly, **дýже** hard; **беззвýчно** silently, **ти́хо** quietly ◊ **Мáрта сховáлася в кутóк і ти́хо плáкала.** Marta hid in the corner and cried quietly. **самóтньо** alone; **гóлосно** loudly, **істери́чно** hysterically, **невтíшно** inconsolably, **неконтрольóвано** uncontrollably; **мáйже** almost, all but ◊ **Вони́ мáйже плáкали від розчарувáння.** They were almost crying with disappointment. **зáвжди́** always, **постíйно** constantly, **чáсто** often; **нíколи не** never ◊ **Олéна нíколи не ~е.** Olena never cries. **рíдко** seldom
v. + **п. збирáтися** be about to ◊ **Марíя не збирáлася п. над розби́тим сéрцем.** Maria was not about to cry over her broken heart. **починáти** begin to; **стáти** *pf.* start ◊ **Він став гíрко п.** He started crying bitterly. **змýшувати** + *A.* make sb; **хотíти** want; **намагáтися не** try not to
prep. **п. від** + *G.* cry with *(emotion)* ◊ **п. від бóлю** cry with pain (**рáдості** joy, **щáстя** happiness; **гнíву** anger, **лю́ті** rage; **розчарувáння** disappointment, *etc.*); **п. з** + *G.* cry with *(emotion)* ◊ **п. з гóря** cry with grief (**рáдости** joy; **розпýки** despair, *etc.*); **п. за** + *I.* cry for sb/sth ◊ **Вонá ~е за втрáченою нагóдою.** She is crying for the lost opportunity. **п. над** + *I.* cry over sb/sth
pa. pple. **заплáканий**
(за)плáч!

план, *m.*, **~у**
1 plan
adj. **амбíтний** ambitious, **вели́кий** big, **ґрандіóзний** grandious, **дóбрий** fine, **хорóший** good; **кéпський** poor, **погáний** bad; **всеохóпний** comprehensive, **доклáдний** detailed, **продýманий** well-thought-out, **ретéльний** thorough; **бездогáнний** impeccable, **геніáльний** brilliant, **довéршений** accomplished, **досконáлий** perfect; **підстýпний** cunning ◊ **Íнна мáла підстýпний п.** Inna had a cunning plan. **спри́тний** smart, **таємний** secret, **хи́трий** clever; **майбýтній** future; **довготермінóвий** long-term, **короткотермінóвий** short-term, **проміжкóвий** intermediate; **рíчни́й** yearly, **дворíчний** two-year, **трирíчний** three-year; **нови́й** new, **оригінáльний** original; **запасни́й** contingency, **окрéслений** definite, **реалісти́чний** realistic ◊ **Її п. не виглядáв реалісти́чним.** Her plan did not sound realistic. **серйóзний** serious, **солíдний** sound; **сміли́вий** audacious; **стратегíчний** strategic, **такти́чний** tactical; **бюджéтний** budget, **економíчний** economic, **фінáнсовий** financial
п. + *n.* **п. будівни́цтва** a construction plan ◊ **Вонá опрацювáла п. будівни́цтва.** She developed a construction plan. (**відбудóви** reconstruction, **дíй** action ◊ **Кóжен мав п. дíй.** Each had an action plan. **евакуáції** evacuation, **лéкції** lecture, **лíкувáння** treatment, **модернізáції** modernization, **польóту** flight, **пóдорожі** trip, **рóзвитку** development, **розши́рення** expansion, **тренувáння** training) ◊ **Дружи́на сувóро тримáлася ~у тренувáння.** The team strictly adhered to its training plan.
v. + **п. готувáти п.** prepare a plan ◊ **Він готýє п. лікувáння.** He is preparing a treatment plan. (**давáти** + *D.* give sb, **деталізувáти** detail, **накрéслювати** draw up, **опрацьóвувати** develop, **представля́ти** present, **пропонувáти** + *D.* propose sb; **складáти** put together, **створювати** create; **обговóрювати** discuss, **розглядáти** consider; **діставáти** get ◊ **Ось п., яки́й вони́ дістáли від дирéктора.** Here is the plan they got from the director. **мáти** have, **отри́мувати** receive; **затвéрджувати** confirm, **підтри́мувати** support, **приймáти** adopt, **схвáлювати** endorse, approve ◊ **Вони́ схвали́ли п. похóду.** They approved the plan of the march. **відкидáти** reject, **критикувáти** criticize, **скасóвувати** cancel; **змíнювати** change, **переглядáти** revise; **впровáджувати** implement, **запускáти** launch, **здíйснювати** carry out, **реалізувáти** realize ◊ **Вони́ реалізóвують сміли́вий п.** They are realizing an audacious plan. **оголóшувати** announce, **оприлю́днювати** make public, **рекламувáти** promote, **розсекрéчувати** declassify; **засекрéчувати** classify); **відмовля́тися від ~у** give up a plan (**виступáти прóти** oppose ◊ **Вони́ виступáли прóти ~у будівни́цтва супермáркету.** They opposed the supermarket construction plan. **притри́муватися** *or* **тримáтися** adhere to) ◊ **Гáнна не зáвжди́ тримáлася ~у.** Hanna did not always adhere to the plan.
п. + *v.* **включáти** + *A.* include sth, **місти́ти** + *A.* contain sth, **складáтися з** + *G.* consist of sth ◊ **Рíчни́й п. складáється з шести́ части́н.** The yearly plan consists of six parts. **мáти за метý** be

aimed at ◊ **П. у́ряду мав за мету́ унезале́жнити краї́ну від зо́внішніх джере́л ене́ргії.** The government's plan was aimed at making the country independent from external sources of energy. **окре́слювати** + *A.* outline sth, **передбача́ти** + *A.* envisage sth; **ви́зрівати** take shape ◊ **У її́ голові́ ви́зрів божеві́льний п. втечі.** A crazy escape plan took shape in her mind. **ма́ти у́спіх** succeed, **спрацьо́вувати** work; **зазнава́ти пора́зки** suffer a defeat, **прова́люватися** fail ◊ **Їхній п. ганебно провали́вся.** Their plan shamefully failed.
prep. **без ~у** without a plan ◊ **Вони́ ді́яли без будь-яко́го ~у.** They were acting without any plan. **в ~і** in a plan ◊ **Усі́ головні́ показники́ є у ~і.** All the principal indicators are in the plan. **всу́переч ~ові** contrary to a plan; **за ~ом** according to plan ◊ **Усе́ йшло́ за ~ом.** Everything was going according to plan. **по́над п.** in excess to a plan ◊ **На́фти добу́то по́над п.** Oil was extracted in excess of the plan.
Also see **ду́мка 3, за́дум, програ́ма 1, прое́кт, сцена́рій 2.** *Cf.* **схе́ма 1**
2 plane, position
adj. ♦ **вели́кий п.** *(in filming)* a close-up ◊ **Режисе́р зловжива́в вели́ким ~ом.** The director was overdoing close-ups. ♦ **зага́льний п.** *(in filming)* a long shot, ♦ **сере́дній п.** *(in filming)* a medium shot, ♦ **за́дній п.** *(in theater)* a background ♦ **пере́дній п.** *(in theater)* a foreground, ♦ **сере́дній п.** *(in theater)* a middleground
v. + **п. відсува́ти** + *A.* **на за́дній п.** relegate sb/sth to the background (**відхо́дити на** recede into ◊ **Із ча́сом його́ пра́гнення сподо́батися всім віді́йшло́ на за́дній п.** Eventually, his desire to be liked by everybody receded into the background. ♦ **ста́вити** + *A.* **на пере́дній п.** to foreground sb/sth ◊ **Авто́р ста́вить моти́ви персона́жа на пере́дній п.** The author foregrounds the character's motives. ♦ **зніма́ти вели́ким ~ом** use a close-up (**сере́днім** medium shot, **зага́льним** long shot) ◊ **Сце́на знята зага́льним ~ом.** The scene is in a long shot.
3 map, street plan, city plan ◊ **Він блука́в Оде́сою, не кори́стуючися жо́дним ~ом мі́ста.** He roamed Odesa without using any city plan.
See **ка́рта 1, ма́па**

плане́т|а, *f.*
planet ◊ **Ми живемо́ на ~і Земля́.** We live on planet Earth.
adj. **вели́ка** big, **найбі́льша** biggest ◊ **Юпі́тер – найбі́льша п. Со́нячної систе́ми.** Jupiter is the biggest planet of the Solar System. **мала́** small, **сере́дня** medium; **дале́ка** distant, **сусі́дня** neighboring; **і́нша** another ◊ **Він вигляда́в, як істо́та з і́ншої ~и.** He looked like a creature from another planet. **нова́** new; **невідо́ма** unknown, **таємни́ча** mysterious, **чужа́** alien; **кам'яни́ста** rocky; **ка́рликова** dwarf
v. + **п. ба́чити ~у** see a planet (**дослі́джувати** explore; **назива́ти** name ◊ **~у назва́ли Вене́рою.** The planet was named Venus. **облі́тати** orbit, **сіда́ти на** land on ◊ **Космі́чний апара́т дві́чі облеті́в ~у, перш як сі́сти на не́ї.** The spacecraft orbited the planet twice, prior to landing on it. **зберіга́ти** preserve, **рятува́ти** save; **зни́щувати** destroy) ◊ **Люди́на здатна зни́щити на́шу ~у.** Man is capable of destroying our planet.
п. + *v.* **віддаля́тися від** + *G.* move away from sth; **наближа́тися до** + *G.* approach sth ◊ **При кінці́ мі́сяця ка́рликова п. максима́льно набли́зиться до Юпі́тера.** By the end of the month, the dwarf planet will maximally approach Jupiter. **ру́хатися навко́ло** + *G.* orbit sth ◊ **У той час вважа́ли, що навко́ло Со́нця ру́хається лише́ сім плане́т.** It was believed at the time that only seven planets orbited the Sun.
prep. **з ~и** from a planet ◊ **Із яко́ї ~и вона́ прилеті́ла?** What planet has she come from? **на ~у** *dir.* on/to a planet ◊ **експеди́ція на ~у** an expedition to a planet; **на ~і** *posn.* on a planet ◊ **імові́рність життя́ на ~і** the probability of life on the planet
Also see **земля́ 1**

плану|ва́ти, **~ють; за~, с~**, *tran.*
1 to plan, organize, arrange, schedule
adv. **завча́сно** *or* **заздалегі́дь** ahead of time ◊ **Візи́т запланува́ли завча́сно.** The visit was planned ahead of time. **напере́д** in advance, **дета́льно** *and* **докла́дно** in detail; **до́бре** well ◊ **Конфере́нцію до́бре спланува́ли.** The conference was well planned. **ре́тельно** meticulously, **пе́рвісно** originally ◊ **Це не те, що пе́рвісно ~ва́ли.** This is not what was originally planned. **спочатку** initially
v. + **п. бу́ти тре́ба** + *D.* need to ◊ **Да́ні тре́ба докла́дно п. всі заняття́.** Dana needs to plan all classes in detail. **ма́ти** be supposed to, **му́сити** have to ◊ **Вони́ му́сили за~ кі́лька за́ходів.** They had to plan several events.
prep. **п. на** + *A.* plan for sth ◊ **Рома́на запланува́ла матеріа́л на поча́ток жо́втня.** Romana planned the story for early October.
2 to plan, intend, be going to ◊ **Дем'я́н ~є описа́ти все, що він пережи́в на схо́ді.** Dem'yan plans to describe everything he experienced in the east.
See **збира́тися 3, намі́рятися 1.** *Also see* **ду́мати 3, заду́мувати 2, мрі́яти 2, розрахо́вувати 6**
3 to plan, design, draw up; *pf.* **с~** ◊ **Гру́па архіте́кторів спланува́ла моде́рну прибудо́ву до музе́ю.** A group of architects designed a modern annex to the museum.
See **проєктува́ти**

пла́т|а, *f., only sg.*
pay, payment
adj. **вели́ка** big, **висо́ка** high, **га́рна** nice, **до́бра** good, **значна́** considerable, **неаби́яка** extraordinary ◊ **Їм пообіця́ли неаби́яку ~у за цю по́слугу.** They were promised an extraordinary pay for the service. **поря́дна** decent, **присто́йна** fair; **відпові́дна** respective; **додатко́ва** extra; **прийня́тна** acceptable; **чимала́** substantial; **ке́пська** poor, **низька́** low, **паску́дна** *colloq.* terrible, **пога́на** bad; **пе́вна** certain; **по́вна** full, **нега́йна** immediate; **попере́дня** advance, **ра́ння** early; **ще́дра** generous; **міні́мальна** minimal, **максима́льна** maximal; **рі́вна** equal; **сере́дня** average; **кра́ща** better, **гі́рша** worse; **по́вна** full, **частко́ва** partial, **скоро́чена** reduced ◊ **Він пого́дився на скоро́чену ~у.** He accepted a reduced pay. **де́нна** daily, **мі́сячна** monthly, **погоди́нна** hourly, **тижне́ва** weekly; ♦ **поде́нна о.** pay by the day; ♦ **кварти́рна п.** an apartment rent
п. + *n.* **п. вне́сками** a payment in installments (**готі́вкою** in cash, **креди́тною ка́рткою** by credit card, **зо́лотом** in gold, **нату́рою** in kind, **конверто́ваною валю́тою** in convertible currency, **че́ком** by check)
n. + **п. гра́фік ~и** a payment schedule ◊ **тижне́вий гра́фік ~и** a weekly payment schedule (**план** plan, **те́рмін** term, **умо́ви** terms)
v. + **п. бра́ти ~у** take a payment ◊ **Ві́ктор узя́в за робо́ту ~у готі́вкою.** Viktor took a cash payment for his work. (**дістава́ти** get, **заробля́ти** earn, **ма́ти** have ◊ **На старо́му мі́сці пра́ці вона́ ма́ла кра́щу ~у.** In her old workplace, she had better pay. **отри́мувати** receive, **прийма́ти** accept; **вимага́ти** demand, **ґарантува́ти** guarantee ◊ **Він ґаранту́є по́вну ~у.** He guarantees full pay. **вно́сити** make ◊ **Потрі́бну ~у мо́жна внести́ особи́стим че́ком.** The required payment can be made by a personal check. **дава́ти** + *D.* give sb, **пропонува́ти** + *D.* offer sb; **збі́льшувати** increase, **підійма́ти** *and* **підно́сити** raise, **подво́ювати** double; **зме́ншувати** *and* **скоро́чувати** cut; **роби́ти** make ◊ **Фі́рма роби́ла ~у за по́слуги че́рез банк.** The firm made payments for services through the bank. **заві́шувати** + *D.* suspend ◊ **Адміністра́ція заві́сила їм ~у до то́го, як бу́дуть ви́конані умо́ви контра́кту.** The administration suspended their payment till the terms of the contract are met. **заморо́жувати** freeze, **затри́мувати** delay ◊ **Адміністра́ція затри́мувала ~у.** The administration delayed payment. **припиня́ти** stop, **утри́мувати** withhold; **дозволя́ти** allow, **уповнова́жувати** authorize; **домовля́тися про** agree on ◊ **Працеда́вець домо́вився з ни́ми про взаємно прийня́тну ~у.** The employer came to an agreement with them on a mutually acceptable pay. **пого́джуватися на** accept)
prep. **в ~у за** + *A.* in payment for sth; ♦ **п. з клі́рингу** a clearing payment; **п. за** + *A.* payment for sth ◊ **Він отрима́в сім ти́сяч гри́вень у ~у за по́слуги.** He received ₴7,000 in payment for his services.
Also see **ава́нс, передпла́та 2, розпла́та 1**

плат|и́ти, **плачу́, ~ять; за~**, *intr. and tran.*
1 *intr.* to pay sb sth + *D.* ◊ **Їм ~ять при кінці́ ти́жня.** They are paid at the end of the week.
adv. **бага́то** a lot, **відпові́дно** respectively, **га́рно** *colloq.* handsomely ◊ **Євге́нові тут га́рно ~или.** Yevhen was handsomely paid here. **до́бре** well, **до́рого** dearly, **чима́ло** substantially; **по́вністю** fully, **частко́во** in part; **вча́сно** on time, **із запі́зненням** late; **нега́йно** immediately; **напере́д** in advance; **ра́до** gladly, **ще́дро** generously; **ма́ло** little, **пога́но** badly, **тро́хи** a little
п. + *n.* **п. за ви́трати** pay for expenses ◊ **Безіме́нний доброчи́нець ~в за їхні ви́трати.** An unknown benefactor paid (for) their expenses. (**зби́тки** damages, **навча́ння** studies ◊ **Кова́ль ~ить за її́ навча́ння.** Koval is paying for her studies. **осві́ту** education, **по́слуги** services, **раху́нок** account, **робо́ту** work, **харчі́** food, *etc.*); **п. готі́вкою** pay in cash ◊ **Він волі́в за~ за вече́рю готі́вкою.** He preferred paying for dinner in cash. (**креди́тною ка́рткою** by credit card, **зо́лотом** in gold, **твердо́ю валю́тою** in hard currency, **че́ком** with check) ◊ **Чи мо́жна за~ че́ком?** Can I pay by check? ♦ **п. нату́рою** 1) to pay in kind ◊ **Селя́ни ~или па́нові нату́рою, здебі́льшого збі́жжям.** Peasants paid their landlord in kind, mostly in grain. 2) *euph.* to pay with sex ◊ **Вона́ плати́ла адвока́тові нату́рою за по́слуги.** She paid the lawyer for his services with sex. ♦ **п.** + *D.* **ті́єю ж моне́тою** to pay someone in their own coin
v. + **п. бу́ти спромо́жним** be capable of, be in a position to ◊ **Миросла́ва спромо́жна за~ цілко́м.** Myroslava is in a position to pay in full. **могти́** be able to; **бу́ти зму́шеним** be forced to, **му́сити** have to; **нака́зувати** + *D.* order sb to ◊ **Суддя́ наказа́в фі́рмі за~ за всі юриди́чні ви́трати.** The judge ordered the firm to pay for all the legal expenses. **вимага́ти** demand to; **проси́ти** + *A.* ask sb to, **обіця́ти** + *D.* promise sb to; **відмовля́тися** refuse to; **переко́нувати** + *A.* convince sb to; **пого́джуватися** agree to, **пропонува́ти** + *D.* offer sb to ◊ **Пан Кулі́ш запропонува́в їхній роди́ні п. за осві́ту до́чки.** Mr. Kulish offered their family to pay for their daughter's education.
prep. **п. за** + *A.* pay for sth ◊ **Де тут ~ять за поку́пки?** Where do they pay for purchases here?
Also see **спонсорува́ти**
2 *tran.* to pay, pay off, discharge ◊ **Кра́вченки планува́ли за~ за іпоте́ку про́тягом двана́дцяти ро́ків.** The Kravchenkos planned to pay off their mortgage within twelve years.
п. + *n.* **п. борг** pay off a debt (**гро́ші** money ◊ **Вони́ гото́ві за~ чималі́ гро́ші за пора́ди до́брого юри́ста.** They are ready to pay a great deal of money for the advice of a good lawyer. **ми́то** duty, **пода́ток** tax, **тари́ф** tariff)
Also see **покрива́ти 2, розпла́чуватися 1**
pa. pple. **запла́чений** paid for
(за)плати́!

пла́тн|ий, *adj.*
paid, for pay ◊ **п. в'їзд** a paid entry (**вступ** *or* **вхід** admission ◊ **Вхід до музе́ю п.** You have to pay for the museum admission. **до́ступ** access, ♦ **п. міст** a toll bridge (**па́ркінг** parking, **прої́зд** commute); **~а бібліоте́ка** a paid library (**до́відка** information, **робо́та** work), ♦ **п. автостра́да** a toll road; **~е оголо́шення** a paid announcement
v. + **п. бу́ти ~им** be for pay ◊ **Вхід на ви́ставку був ~им.** There was an admission fee to the exhibit. (**виявля́тися** turn out; **лиша́тися** remain, **роби́ти** + *A.* make sth ◊ **В'їзд до середмі́стя пропону́ють зроби́ти ~им.** They propose charging an entry fee to the city center. **става́ти** become)

плач, *m.*, **~у** *or* **~у́**
crying, weeping, lamentation
adj. **гучни́й** loud, **істери́чний** hysterical, **невті́шний** inconsolable, **неконтрольо́ваний** uncontrollable, **ти́хий** quiet; **дитя́чий** child's
v. + **п. чу́ти п.** hear a crying ◊ **Вона́ чу́ла ти́хий дитя́чий п.** She heard a child's quiet crying. (**вда́ритися у** *pf.* break out crying ◊ **Почу́вши таке́, він уда́рився у п.** On hearing such a thing, he broke out crying. **захо́дитися ~ем** *or* **~е́м** start crying ◊ **Ні́на заходи́лася гучни́м ~е́м.** Nina started crying loudly. ♦ **~ем** *or* **~е́м го́рю не зара́диш.** It's no use crying over spilled milk.
L. **на пла́чі** *or* **на плачу́**, *N. pl.* **~і**

плащ, *m.*, **~а́**
1 raincoat ◊ **Він лю́бить носи́ти ~і.** He likes to wear raincoats.
adj. **легки́й** light; **міцни́й** strong; **ґу́мовий** rubberized, **непромока́льний** waterproof
See **о́дяг**
2 cloak
adj. **важки́й** heavy, **гру́бий** thick, **до́вгий** long ◊ **Загорну́вшись у до́вгий п., вона́ ви́йшла на вера́нду.** Having wrapped herself in a long cloak, she went out on the porch. **коро́ткий** short, **тонки́й** thin; **во́вняний** woolen, **оксами́товий** velvet
I. **~е́м**, *N. pl.* **~і**
See **пальто́**

плебе́|й, *m.*; **~ка**, *f.*
plebeian, pleb; *also fig.* commoner ◊ **Президе́нт краї́ни вияви́вся звича́йним ~єм.** The president of the country turned out to be a regular pleb.
adj. **го́рдий** proud, **незла́мний** indomitable; **бі́дний** poor, **вульга́рний** vulgar, **жалюгі́дний** pathetic, **звича́йний** regular, **неща́сний** miserable
v. + **п. ма́ти** + *A.* **за ~я** take sb for a commoner ◊ **Пінчука́ зага́лом ма́ли за вульга́рного ~я.** Pinchuk was generally taken for a vulgar plebeian. **бу́ти ~єм** be a plebeian (**вважа́ти** + *A.* consider sb, **виявля́тися** turn out, **лиша́тися** remain; **назива́ти** + *A.* call sb; **пока́зувати себе́** prove to be) ◊ **У смака́х пан показа́в себе́ ~єм.** The gentleman proved to have plebian tastes.
Ant. **аристокра́т**

пле́м|'я, *nt.*, **~ени**
1 tribe
adj. **ва́рварське** barbaric, **приміти́вне** primitive; **да́внє** ancient; **корінне́** indigenous, **місце́ве** local; **сусі́днє** neighboring; **воро́же** hostile; **войовни́че** belligerent; **кочове́** nomadic, **осі́дле** sedentary, **скота́рське** cattle-breeding; **ара́бське** Arabic, **герма́нське** Germanic, **ке́льтське** Celtic, **скандина́вське** Scandinavian, **слов'я́нське** Slavic, *etc.*
v. + **п. нале́жати до ~ени** belong to a tribe
2 *fig.* generation, family ◊ **Світли́чні похо́дять із бунта́рського ~ени 1960-х ро́ків.** The Svitlyshnys come from the rebellious generation of the 1960s. ♦ **лю́дське п.** the human race; ♦ **бу́ти без ро́ду й ~ени** to have no kin or kith
I. **~ям**, *N. pl.* **~ена́**, *G. pl.* **~е́н**, *I. pl.* **~ена́ми**

плеч|е́, *nt.* **~а́**
1 shoulder *(part of the body)*
adj. **лі́ве** left, **пра́ве** right; ♦ **лі́ве (пра́ве) п., впере́д!** *(command)* left (right) wheel! **ви́вихнуте** *or* **ви́вихнене** dislocated, **зла́мане** broken, **пора́нене** wounded, **пошко́джене** injured, **хво́ре** sore, bad
n. + **п. зв'я́зка ~а́** a shoulder tendon (**кі́стка** bone, **м'яз** muscle, **сугло́б** joint; **ви́вих** dislocation, **перело́м** fracture, **ра́на** wound, **тра́вма** trauma, **ушко́дження** injury; **лікува́ння** treatment, **маса́ж** massage)
v. + **п. ви́вихнути п.** *pf.* dislocate a shoulder (**лама́ти** break, **ра́нити** injure, **пошко́джувати** *or* **ушко́джувати** hurt ◊ **Ката́ючись на ли́жах, Інна ушко́дила п.** While skiing, Inna hurt her shoulder. **бинтува́ти** dress, **вправля́ти** fix ◊ **Лі́кар упра́вив їй ви́вихнуте п.** The doctor fixed her dislocated shoulder. **лікува́ти** treat, **масажува́ти** massage); **влуча́ти** + *A.* **в п.** hit sb in the shoulder ◊ **Ку́ля влу́чила його́ в пра́ве п.** The bullet hit him in the right shoulder. (**ра́нити** + *A.* **в** injure sb in); **пле́скати** + *A.* **по ~у́** pat sb on the shoulder ◊ **Він попле́скав Андрі́я по ~у́.** He patted Andrii on the shoulder. **підпира́ти** + *A.* **~е́м** prop sth with one's shoulder, shoulder sth ◊ **Він підпе́р две́рі ~е́м.** He propped the door with his shoulder.
п. + *v.* **болі́ти** hurt, **ни́ти** ache, **ні́міти** go numb ◊ **У ньо́го зані́міли ~і.** His shoulders went numb. **гої́тися** heal
prep. **в п.** in a shoulder ◊ **Він ти́цьнув Іва́нку у п.** He poked Ivanka in the shoulder. ♦ **п. в п.** *or* **п. до ~а́** *or* **~е́м до ~а́** 1) shoulder to shoulder, side by side ◊ **Вояки́ розтягну́лися в лі́нію, п. до ~а́.** The soldiers stretched in a line shoulder to shoulder. 2) *fig.* as one, unanimously ◊ **Вони́ ~е́м до ~а́ ви́йшли на страйк.** They went on strike as one. **на п.** *dir.* on/to a shoulder ◊ **Він повісив рушни́цю на п.** He hung the rifle on his shoulder. **на ~і** *posn.* on a shoulder ◊ **У не́ї на ~і ви́сіла су́мка.** There was a bag hanging on her shoulder. **з-за ~а́** 1) from behind a shoulder; 2) *fig.* without thinking, hastily ♦ **руба́ти з-за ~а́** to act rashly; **че́рез п.** over a shoulder ◊ **Вона́ переки́нула напрі́чник че́рез п.** She slung the backpack over her shoulder.
2 shoulders, *pl.*
adj. **вузькі́** narrow, **міцні́** strong ◊ **Га́ля ма́ла міцні́ ~і.** Halia had strong shoulders. **могу́тні** powerful, **м'язи́сті** muscular, **широ́кі** wide; **деліка́тні** delicate, **тенді́тні** fragile; **го́лі** bare; **кістля́ві** bony, **кощаві́** skeletal, **окру́глі** round, **похи́лі** bowed; **сухі́** skinny, **худі́** thin; **напру́жені** tense
v. + **п. розправля́ти ~і** straighten one's shoulders ◊ **Він міг ви́братися з-за керма́ і розпра́вити ~і.** He could get out from behind the wheel and straighten his shoulders. **зни́зувати** *or* **стена́ти ~има** shrug one's shoulders ◊ **Вона́ нічо́го не сказа́ла, лише́ зни́зала** *or* **стену́ла ~има.** She said nothing, only shrugged her shoulders.
п. + *v.* **напру́жуватися** tense up, **обвиса́ти** sag ◊ **Його́ ~і обви́сли.** His shoulders sagged. **опуска́тися** drop, **підніма́тися** lift; **сі́патися** twitch ◊ **Його́ ~і сі́палися від сmі́ху.** His shoulders twitched with laughter.
prep. **на ~і** *dir.* on/to shoulders ◊ **Хло́пчик ви́ліз ба́тькові на ~і.** The little boy climbed on his father's shoulders. **на ~а́х** *posn.* on shoulders ◊ **Хло́пчик сиді́в у ба́тька на ~а́х.** The little boy sat on his father's shoulders. ♦ **ма́ти го́лову на ~а́х** to have a good head on one's shoulders
G. pl. **~е́й**, *var.* **пліч**

плив|ти́, **~у́ть; по~**, *uni., intr.*
1 to swim; *pf.* to swim away ◊ **Вона́ стрибну́ла у во́ду й поплила́ до протиле́жного бе́рега.** She jumped into the water and swam to the opposite bank.
adv. **неква́пно** unhurriedly, **пові́льно** *or* **пово́лі** slowly ◊ **Спортсме́н пово́лі плив у на́прямі пі́рсу.** The athlete was slowly swimming in the direction of the pier. **пома́лу** leisurely; **стрі́мко** swiftly, **ху́тко** rapidly, **шви́дко** quickly; **безшу́мно** silently, **ти́хо** quietly; **вниз** downwards, **вниз за течі́єю** downstream, **надоли́ну** down; **вверх** up, **вго́ру** upwards, **вго́ру за течі́єю** upstream; **геть** away ◊ **Ната́лка поплила́ геть.** Natalka swam away. **дале́ко** far; **зиґза́ґами** in zigzags, **про́сто** straight; ♦ **п. пла́вом** *fig. (of a crowd, etc.)* pour, flood, stream ◊ **Вели́кий на́товп пла́вом плив до головно́го майда́ну мі́ста.** A large crowd was streaming to the main city square.
prep. **п. до** + *G.* swim to sth; **п. за** + *I.* swim with sth ◊ **Сла́вко стрі́мко плив за течі́єю.** Slavko swam swiftly with the current. **п. про́ти** + *G.* swim against sth ◊ **Вона́ ~ла́ про́ти течі́ї.** She was swimming against the current. **п. че́рез** + *A.* swim across sth ◊ **п. че́рез прото́ку** to swim across a strait
2 sail, float
adv. **пові́льно** slowly; **стрі́мко** swiftly, **шви́дко** quickly; **ти́хо** quietly; **вниз** down, **вниз за течі́єю** downstream ◊ **Вниз за течі́єю плив вели́кий сто́вбур ду́ба.** A large oak trunk floated downstream. **вго́ру** upwards, **вго́ру за течі́єю** upstream ◊ **Щоро́ку згра́ї лосо́ся ~у́ть угго́ру за течі́єю на не́рест.** Every year, schools of salmon swim upstream to spawn. **геть** away, **дале́ко** far; **про́сто** straight ◊ **Чо́вен плив про́сто до бе́рега.** The boat sailed straight to the shore.
prep. **п. до** + *G.* sail to sth; **п. за** + *I.* sail with sth ◊ **Я́хта ~ла́ за ві́тром.** The yacht sailed with the wind. **п. на** + *L.* sail on sth ◊ **Утіка́чі ~ли́ на плоті́.** The fugitives sailed on a raft. **п. по** + *L.* sail across/along/down sth ◊ **Вони́ ~ли́ по Чо́рному мо́рю** *or* **Чо́рним мо́рем.** They sailed across the Black Sea. **п. про́ти** + *G.* sail against sth ◊ **Він не знав, як п. про́ти ві́тру.** He did not know how to sail against the wind.
3 to flow, run; spread; pass; sound; *also fig.* ◊ **Його́ ті́лом ~ла́ невимо́вна насоло́да.** *fig.* Inexpressible pleasure flowed through his body.
adv. **неква́пно** unhurriedly, **пла́вно** smoothly, **пові́льно** *or* **пово́лі** slowly, **пома́лу** leisurely; **безшу́мно** silently, **спокі́йно** calmly, **ти́хо** quietly ◊ **З її руки́ ти́хо ~ла кров.** Blood was quietly running from her arm. **стрі́мко** swiftly, **ху́тко** rapidly, **шви́дко** quickly
n. + **п. во́да** water, **кров** blood, **поті́к** stream, **рі́чка** river ◊ **В цьо́му мі́сці Дніпро́ ~е́ особли́во велично.** In this spot, the flow of the Dnipro is particularly magnificent. **струмо́к** creek; **розсла́блення** relaxation, **спо́кій** calm, *etc.* **о́повідь** story ◊ **Його́ о́повідь ~ла́ похму́ро, як стра́шна ка́зка.** *fig.* His story flowed grimly like a terrible fairy tale. **дити́нство** childhood, **життя́** life ◊ **Життя́ ~ло́ у щоде́нних кло́потах.** Life was passing in everyday chores. **час** time
See **звуча́ти, мина́ти 3, 4, текти́ 1-3.** *Also see* **пла́вати 1-4**
(по)пливи́!

плит|а́, *f.*
1 plate, slab, panel, platform; headstone ◊ **На важкі́й мармуро́вій ~і був на́пис.** There was an inscription on the heavy marble slab.
adj. **вели́ка** large, **величе́зна** enormous; **важка́** heavy, **маси́вна** massive; **гладка́** smooth; **пло́ска** flat, **товста́** thick; **бето́нна** concrete, **бро́нзова** bronze, **ґрані́тна** granite, **залі́зна** iron, **камі́нна** *or* **кам'яна́** stone, **мармуро́ва** marble, **чаву́нна** cast-iron; **хіднико́ва** paving; **літосфе́рна** *geol.* lithospheric, **тектоні́чна** *geol.* tectonic; ♦ **моги́льна** *or* **надгро́бна п.** a gravestone, ♦ **меморія́льна п.** a memorial plaque
v. + **п. виготовля́ти ~у́** manufacture a plate (**встано́влювати** install, **кла́сти** put; **прикріпля́ти до** + *G.* attach to sth; **розбива́ти** break, **трощи́ти** smash; **полірува́ти** polish,

шліфувати buff ◊ **Гранітні ~и вишліфували.** The granite plates were buffed. **досліджувати** study ◊ **Він досліджує тектонічні ~и.** He studies tectonic plates.
prep. **між ~ами** between plates; **на ~і** *posn.* on a plate ◊ **Землетруси частіше трапляються не на тектонічних ~ах, а між ними.** Earthquakes tend to occur not on tectonic plates, but between them.
2 range, cooking-range, kitchen-range, stove
adj. **електрична** electric, **газова** gas; **гаряча** hot, **тепла** warm, **холодна** cold; **залізна** iron, **чавунна** cast-iron ◊ **Чавунна п. одразу привертає увагу.** The cast-iron cooking-range immediately catches attention.
v. + **п. вмикати ~у** turn on a range (**розпалювати** fire ◊ **Вона принесла дров і розпалила ~у.** She brought in the firewood and fired the cooking-range. **вимикати** switch off, **гасити** turn off; **витирати** wipe, **мити** clean ◊ **Щосуботи вона мила ~у.** Every Saturday, she would clean the range. **направляти** fix ◊ **Стару ~у ніхто не міг направити.** Nobody could fix the old range. **ремонтувати** repair; **ставити** + *A.* **на** put sth on) ◊ **Катря поставила чайника на ~у.** Katria put the kettle on the range. **знімати** + *A.* **з ~й** take sth off a range; **варити** + *A.* **на ~і** cook sth on a stove ◊ **Володимир довго звикав варити на електричній ~і.** It took Volodymyr long to get used to cooking on an electric stove. (**розпалювати в** fire) ◊ **Він розпалив у ~і.** He fired the stove.
п. + *v.* **працювати** operate ◊ **П. добре працює.** The stove operates well. **псуватися** break down
prep. **на ~у** *dir.* on a stove

пл|ід, *m.*, ~оду *and* ~ода
1 ~оду *or* **~ода**, fruit; *also fig.*
adj. **важкий** heavy ◊ **Від важких ~одів гілки яблуні гнулися до землі.** The apple-tree branches bent to the ground under the heavy weight of the fruit. **великий** big, **величезний** huge; **запашний** fragrant ◊ **кошик запашних ~одів** a basketful of fragrant fruits; **м'ясистий** meaty, **соковитий** juicy; **зелений** green, **недоспілий** *or* **нестиглий** unripe, **спілий** *or* **стиглий** ripe; **гнилий** rotten, **перестиглий** overripe; **гіркий** bitter, **кислий** sour, **солодкий** sweet, **терпкий** tart; **екзотичний** exotic, **тропічний** tropical; **отруйний** poisonous; **заборонений** *fig.* forbidden
v. + **п. їсти п.** eat a fruit (**споживати** consume; **збирати** gather; **чистити** peel; **вирощувати** grow ◊ **На півдні вирощують екзотичні ~оди та городину.** Exotic fruits and vegetables are grown in the south. **давати** yield ◊ **Яблуня дає ~один раз на два роки.** The apple tree yields fruits once every two years. **рвати** pick); **ласувати ~одом** relish a fruit
п. + *v.* **гнити** rot, **падати** fall, **рости** grow, **стигнути** ripen
Also see **полуниця, яблуко; овоч 2, фрукт 1**
2 ~ода, embryo, fetus ◊ **людський п.** a human embryo; ◊ **Щоразу, як у її лоні рухався п., Мартине серце завмирало.** Every time the fetus moved in her womb, Marta's heart skipped a beat.
See **зародок 1**
3 ~ода, *fig.* fruit, result, outcome, consequence
п. + *n.* **п. діяльности** a fruit of activity (**землі** earth, **праці** labor, **уяви** imagination) ◊ **Перед ними стояв справжній замок, а не п. чиєсь романтичної уяви.** There was, in front of them, a genuine castle and not a figment of somebody's romantic imagination.
See **наслідок, результат.** *Also see* **зародок 2**

плІт|ка, *f.*
gossip, *often pl.*
adj. **бабська** *pejor.* woman's; **звичайна** common, **остання** latest, **чергова** another; **злісна** malicious, **пустопорожня** idle, **скандальна** scandalous, **соковита** juicy; **явна** obvious
v. + **п. любити ~ки** be fond of gossip (**розпускати** spread; **смакувати** savor ◊ **Він нічого так не любив, як смакувати черговою ~кою.** He was fond of nothing more than savoring another piece of gossip. **слухати** listen to, **чути** hear) ◊ **У такому середовищі нічого, крім пустопорожніх ~ок, не почуєш.** One will hear nothing but idle gossip in such an environment. ♦ **плести ~ки** to gossip ◊ **Іванна не плете ~ок сама й іншим не дозволяє.** Ivanna neither gossips herself nor allows others. **обмінюватися ~ками** exchange gossip ◊ **Хлопці обмінювалися останніми ~ками по телефону.** The boys exchanged the latest gossip over the phone.
п. + *v.* **поширюватися** spread ◊ **Злісна п. швидко поширилася університетом.** The malicious gossip quickly spread through the university. **розходитися** go around
prep. **п. про** + *A.* gossip about sb/sth ◊ **П. про його шлюб розійшлася містом.** The gossip about his marriage went around town.
L. **в ~ці**
Also see **брехня 2, слух 2**

плоск|ий, *var.* пласкИй, *adj.*
1 flat, level, plane
adv. **абсолютно** absolutely ◊ **Поверхня ігрового майданчика має бути абсолютно ~ою.** The playground surface must be absolutely flat. **геть** totally, **дуже** very, **надзвичайно** extremely, **цілком** completely; **досить** fairly; **майже** almost
п. + *n.* **п. берег** a flat coast (**дах** roof, **острів** island, **терен** terrain); **~а дошка** a flat board (**підлога** floor, **поверхня** surface); **~е дно** a flat bottom (**обличчя** face) ◊ **Обличчя святих на іконах були ~ими.** The saints' faces in the icons were flat.
v. + **п. бути ~им** be flat (**виглядати** look ◊ **Знизу стела виглядала ~ою.** From below, the stela looked flat. **виявлятися** turn out, **здаватися** + *D.* seem to sb, **робити** + *A.* make sth) ◊ **Скульптор зробив постаті воїнів видовженими й цілком ~ими.** The sculptor made the warriors' figures elongated and completely flat.
2 flat, shallow, low-sided
п. + *n.* **~а коробка** a flat box (**миска** plate, **тарілка** dish, **філіжанка** cup) ◊ **Він подавав чай у ~их філіжанках.** He served tea in shallow cups.
3 *fig.* banal, trite, flat, tired ◊ **Він має звичку розказувати ~і анекдоти.** He has the habit of telling trite jokes.

площ|а, *f.*, ~і
1 *math.* area
adj. **вся** entire, **загальна** total, **приблизна** approximate ◊ **Приблизна п. дитинця – сорок квадратних метрів.** The approximate area of the patio is 40 sq. m. **велика** large; **мала** little, **невелика** small
v. + **п. визначати ~у** determine the area (**вимірювати** measure, **мати** have, **обчислювати** calculate ◊ **Знаючи довжину і ширину земельної ділянки, неважко обчислити її загальну ~у.** Knowing the length and width of a land plot, it is not hard to calculate its total area. **покривати** cover)
prep. **п. в** + *L.* an area of *(measure)* ◊ **Павільйон покриває ~у в один гектар.** The pavilion covers the area of 1 ha.
2 square ◊ **Вони знайшли помешкання неподалік від Львівської ~і.** They found an apartment not far from Lvivska Square. ♦ **базарна п.** a market place
prep. **на ~і** in/on a square ◊ **На ~і було тихо.** It was quiet in the square.
See **майдан 1.** *Also see* **форум 1**
3 area, space, room, place
adj. **велика** large, **величезна** huge, **ґрандіозна** grandious, **здоровенна** *colloq.* massive, **значна** significant, **колосальна** colossal, **неабияка** sizable, **незмірна** immeasurable, **обширна** extensive, **чимала** sizable, **широка** wide; **мала** little, **мізерна** negligible, **невелика** small; **корисна** useful; **вільна** free ◊ **На п'ятому поверсі багато вільної ~і.** There is much free space on the fifth floor. ♦ **житлова п.** living space; **засівна п.** an area under crop
v. + **п. виділяти** + *D.* **~у** allocate sb space ◊ **Школа виділила їй житлову ~у.** The school allocated her the living space. (**давати** *or* **надавати** + *D.* give sb, **призначати** designate; **мати** have; **збільшувати** increase; **забирати** take away, **скорочувати** reduce; **пропонувати** + *D.* offer sb); **позбавляти** + *A.* **~і** deprive sb/sth of space
prep. **п. під** + *A.* space for sth ◊ **Уся п. буде під спортзалу.** All the space will be for the gym.
See **простір**

плута|ти, ~ють; за~, *tran.*
1 to tangle, enmesh, muddle
adv. **п.** + *n.* **п. бороду** tangle a beard ◊ **Хлопчик сидів у діда на колінах і ~в йому бороду.** The little boy was sitting on his grandad's lap and tangling his beard. (**волосся** hair; **нитки** yarn)
Also see **заплутувати 1**
2 to confuse, baffle, puzzle ◊ **Він більше ~вав, як прояснював справу.** He was confusing the matter rather than clarifying. ◊ **Його пояснення цілком заплутало авдиторію.** His explanation completely confused the audience.
See **спантеличувати.** *Also see* **заплутувати 2**
3 to confuse with, mistake for, take for sb else; mix up; *pf.* **с~** *or* **пере~** ◊ **У критичний момент актор переплутав слова.** At a critical moment, the actor got his lines mixed up.
adv. **легко** easily ◊ **Обидва брати такі подібні, що їх легко ~ють.** Both brothers are so much alike that they are easily confused. **випадково** accidentally, **ненароком** inadvertently; **чомусь** for some reason, **якось** somehow; **весь час** all the time, **постійно** constantly
prep. **п. з** + *I.* mistake sb/sth for sb/sth ◊ **Він постійно ~є етику з естетикою.** He constantly confuses ethic with esthetic.
Also see **змішувати 2**
4 *colloq.* to mumble; *fig.* to say nonsense; *pf.* **на~**
adv. **дуже** much; **навмисно** on purpose; **помітно** noticeably, **страшенно** terribly ◊ **На іспиті він запинався і страшенно все ~в.** At the exam, he stammered and mumbled horribly. ◊ **Він тут такого наплутав!** He said such a pile of nonsense here!
pa. pple. **заплутаний** confused
(за)плутай!

плю|вати, ~ють; плюн|ути, ~уть, *intr.*
1 to spit + *I.* with ◊ **Він ~вав кров'ю.** He spat blood.
adv. **вбік** aside, **виклично** defiantly ◊ **Він поглянув на суперника і виклично ~нув.** He looked at his rival and spat defiantly. **голосно** loudly; **двічі** twice, **тричі** three times
prep. **п. в** + *A.* spit in sth ◊ **~нувши в долоні, він ухопив сокиру.** Having spat in his palms, he grabbed the ax. **п. на** + *A.* spit upon sth ◊ **Він плюнув на підлогу.** He spat on the floor.
2 *colloq., fig.* to spit, disdain, scorn, not care about, *only with prep.* **на**
adv. **абсолютно** absolutely, **відкрито** openly ◊ **Вони відкрито ~ють на те, що думає громада.** They openly show their disdain for what the community thinks. **нахабно** brazenly; ♦ **п.** + *D.* **в душу** to insult sb; ♦ **п.** + *D.* **в обличчя** to spit sb in the face ◊ **Цими словами вона ~нула всім в обличчя.** *fig.* She spat everybody in the face with those words. ♦ **п.** + *D.* **в очі** to spit sb in the eye; **п. на** + *A. with D.* ♦ not to give a damn about sb/sth ◊ **Їм п. на всі небезпеки світу.** They do not give a damn about all the dangers of the world. ◊ **П. вона хотіла на його почуття.** She doesn't give a damn about his feelings.
Also see **чхати 2**
плюй! плюнь! ♦ **не плюй у криницю:**

пригоди́ться води́ напи́ться cast no dirt into the well that gives you water

плюс, *m.*, **~а**
1 *math.* plus ◊ **знак п.** the plus sign; ◊ **Вода́ ма́ла температу́ру п. де́сять гра́дусів Це́льсія.** The water had a temperature of +10° C.
Ant. **мі́нус 1**
2 *indecl.* plus *(in math equations)* ◊ **Шість п. три дорі́внює де́в'ять.** Six plus three makes nine.
See **додава́ти 3.** *Ant.* **мі́нус 2**
3 *fig. colloq.* benefit, advantage, merit
adj. **вели́кий** big, **незапере́чний** undeniable, **очеви́дний** obvious; **серйо́зний** serious ◊ **План має як серйо́зні ~и́, так і незапере́чні мі́нуси.** The plan has both serious pluses and undeniable minuses.
See **перева́га.** *Also see* **дивіде́нд 2, позити́в 2.** *Ant.* **ва́да, недо́лік, мі́нус 3, хи́ба**

пляж, *m.*, **~у**, *var.* **пля́ж|а**, *f.*, **~і**
beach
adj. **вели́кий** large ◊ **Вели́кий п. був поро́жнім.** The large beach was empty. **вузьки́й** narrow, **до́вгий** long, **невели́кий** small; **га́рний** *and* **краси́вий** beautiful, **казко́вий** fabulous, **мальовни́чий** picturesque, **розкі́шний** luxurious, **чарівни́й** charming, **чудо́вий** wonderful; **со́нячний** sunny; **тропі́чний** tropical; **га́льковий** *or* **ґра́війний** pebble ◊ **невели́кий га́льковий п.** a small pebble beach; **кам'яни́стий** rocky, **піскови́й** *or* **піща́ний** sandy ◊ **За по́ртом ішла́ сму́га піскового́ ~у.** After the port, there was a stretch of sandy beach. **закри́тий** closed, **прива́тний** private; **відкри́тий** open, **публі́чний** public; **нуди́стський** nudist; **поки́нутий** abandoned, **поро́жній** empty, **само́тній** secluded; **нечі́паний** unspoiled; **брудни́й** dirty
v. + **п. ї́здити на п.** go to a beach *(by vehicle)* ◊ **Ми ча́сто ї́здимо на п.** We often go to the beach. (**ходи́ти на** go *(on foot)* to); **відпочива́ти на ~і** relax on a beach ◊ **Вони́ ти́ждень відпочива́ють на ~і.** They have relaxed on the beach for a week. (**засмага́ти на** get suntanned on; **лежа́ти на** lie on)
prep. **на п.** *dir.* to a beach; **на ~і** *posn.* on a beach

пля́м|а, *f.*
1 stain, spot, blot
adj. **вели́ка** big; **мале́нька** small; **жо́вта** yellow, **зеле́на** green, **крива́ва** bloody, **черво́на** red, **чо́рна** black, **чорни́льна** ink ◊ **Її па́льці були́ в чорни́льних ~ах.** Her fingers were in ink blots. *etc.* **масна́** greasy; **помі́тна** noticeable; **те́мна** dark, **сві́тла** light, **яскра́ва** bright; ♦ **со́нячна п.** *astr.* a sun-spot; ♦ **бі́ла п.** *fig.* a blank spot ◊ **Півні́чний реґіо́н до́вго лиша́вся для етно́графів бі́лою ~ою.** For a long time the northern region has remained a blank spot for ethnographers. ♦ **сліпа́ пля́ма** a blind spot ◊ **Дзе́ркало за́днього о́гляду ма́ло сліпу́ ~у.** The rear-view mirror had a blind spot.
v. + **п. виво́дити ~у** remove a stain ◊ **Нови́й ми́йний за́сіб виво́дить майже будь-які́ ~и.** The new detergent removes almost any stains. (**лиша́ти** leave, **ста́вити** put ◊ **Він поста́вив собі́ масну́ ~у на соро́чку.** He put a greasy stain on his shirt. **поміча́ти** notice) ◊ **Лі́кар помі́тив у не́ї на сітківці мале́ньку ~у.** The doctor noticed a small spot on her retina. **позбува́тися ~и** get rid of a stain
п. + *v.* **зника́ти** disappear ◊ **Згодом п. на її́ спи́ні зни́кла.** The spot on her back disappeared after a while. **з'явля́тися** appear; **розхо́дитися** spread ◊ **Крива́ва п. розхо́дилася по всі́й соро́чці.** The bloody stain was spreading over the whole shirt.
prep. **п. від** + *G.* a stain of sth ◊ **п. від вина́** a wine stain (**жи́ру** grease, **ка́ви** coffee, **кро́ви** blood); **п. на**+ *L.* stain on sth ◊ **брунáтна п. на крава́тці** a brown stain on the necktie
Also see **ця́тка 1**
2 *fig.* stain, blemish, taint, tarnish, smear
adj. **ганебна** shameful, **жахли́ва** horrible, **незми́вна** indelible; **незначна́** minor; **пості́йна** permanent ◊ **Аре́шт став пості́йною ~ою на її́ біогра́фії.** The arrest became a permanent stain on her biography.
v. + **п. ки́дати** *or* **кла́сти, ста́вити ~у на** + *A.* cast a stain on sb ◊ **Співпра́ця з окупа́нтами ки́дала на не́ї ~у.** Collaboration with occupiers cast a stain on her.

пля́ш|ка, *f.*
bottle
adj. **вели́ка** big; **лі́трова** one-liter, **півлітро́ва** half-a-liter; **по́вна** full; **поро́жня** empty; **розби́та** broken; **чи́ста** clean, **брудна́** dirty, **масна́** greasy; **алюмі́нієва** aluminum, **скляна́** glass, **пла́стикова** *or* **пластма́сова** plastic; **ви́нна** wine, **моло́чна** milk, **пивна́** beer; **відкорко́вана** uncorked, **відкри́та** opened; **закорко́вана** corked
п. + *n.* **п. води́** a bottle of water (**молока́** milk, **со́ку** juice; **олі́ї** oil, **о́цту** vinegar; **вина́** wine, **ві́скі** whisky, **горі́лки** vodka, **пи́ва** beer, *etc.)*
v. + **п. відкоркóвувати ~ку** uncork a bottle ◊ **Він не мав чим відкоркува́ти ~ку.** He had nothing to uncork the bottle with. (**відкрива́ти** open; **закорко́вувати** cork; **випива́ти** drink, **випорожня́ти** empty; **виставля́ти** + *D. fig.* treat sb to *(drinks)* ◊ **Гна́тів ви́ставив їм ~ку з наго́ди свої́х зару́чин.** Hnativ treated them to drinks on the occasion of his engagement. **прино́сити** bring ◊ **Павло́ прині́с ~ку до́брого вина́.** Pavlo brought a bottle of fine wine. **розпива́ти** share with sb ◊ **Вони́ розпили́ ~ку еспа́нського вина́.** They shared a bottle of Spanish wine. **розбива́ти** break)
prep. **у ~ку** *dir.* in/to a bottle ◊ **У ~ку залі́з паву́к.** A spider made his way into the bottle. **в ~ці** *posn.* in a bottle ◊ **У ~ці ще лиша́лося тро́хи со́ку.** There was still some juice remaining in the bottle. ♦ **за ~кою** over drinks ◊ **Вони обгово́рять спра́ви за ~кою.** They will discuss business over drinks.
N. pl. **~ки́**, *G. pl.* **~о́к**
Cf. **слоїк**

по, *prep.*
relations of space
1 *(motion within a space or on a surface)* on, along, around, up, down + *L.* ◊ **Він ходи́в п. мо́крій підло́зі.** He walked on a wet floor. ◊ **Мотоци́кл ї́хав п. ву́лиці.** A motorcycle drove down the street. ◊ **Епіде́мія шири́лася п. мі́сту.** The epidemic spread around the city. ◊ **Лю́ди гуля́ли п. па́рку.** People were walking in/around the park. ◊ **Вони́ сели́лися на пі́вдень п. Дніпру́.** They settled in the south along the Dnipro (river).
2 *(the object at which action is directed)* + *L.* on, in ◊ **Він гла́див си́на п. голові́.** He caressed his son on the head; ◊ **би́ти п. обли́ччю** to hit sb in the face
3 *only with L. pl. (similar venues where action takes place)* ◊ **Вони́ пішли́ п. сусі́дах шука́ти допомо́ги.** They went from neighbor to neighbor in search of help. ◊ **І́гор по́рпався п. кише́нях.** Ihor rummaged in his pockets. ◊ **Він пода́вся п. ба́рах.** He hit the bars. ◊ **ходи́ти п. музе́ях** to go from one museum to another
4 *(indicates direction of motion or static position)* on + *A.* ◊ **Голоси́ чу́лися п. пра́вий бік о́зера.** The voices were heard on the right side of the lake.
5 *(the limit of action)* till, until, to, up to + *A.* ◊ **Авті́вка була́ п. ві́кна в воді́.** The car was in the water up to its windows.
6 *(a goal, reason)* for + *A.* ◊ **іти́ п. молоко́** to go for milk; ◊ **П. ко́му це суму́є дзвін?** *poet.* For whom does the bell toll? ♦ **п. спра́вах** *or* **ді́лу** on business ◊ **Ві́та приї́хала п. спра́вах.** Vita came on business.
relations of time
7 *(point after which action occurs)* after, on, upon + *L.* ◊ **У сім'ї́ ма́ло що зміни́лося п. його́ пове́рненню.** Little has changed in the family upon his return. ◊ **п. і́спитах** after exams; ◊ **п. пі́вночі** after midnight
8 *with L. pl. (frequency of action)* every, on ◊ **Вони́ ба́чилися п. субо́тах.** They met on Saturdays. ◊ **п. робо́чих днях** on working days; ◊ **п. вечора́х** every evening
9 *(time limit)* till, until + *A.* ◊ **Ві́ктор пам'ята́тиме про не́ї п. смерть.** Viktor will remember her till the day he dies. ♦ **від** + *G.* **п.** + *A.* from *(a moment)* till *(a moment)* ◊ **Вони́ жили́ в Оде́сі від жо́втня п. че́рвень.** They lived in Odesa from October to June.
10 *(order or sequence of things)* after + *L.* ◊ **Він перегляда́в папе́ри сторі́нка п. сторі́нці.** He was examining the documents, page after page.
relations of manner and circumstance
11 *(manner of action)* by, in + *L.* ◊ **Вона́ назва́ла Масе́нка п. і́мені.** She called Masenko by his first name. **п. поря́дку** in turn, in order; ◊ **Голова́ надава́в сло́во ко́жному промо́вцеві п. че́рзі.** The chair gave every speaker the floor in turn.
12 *(medium of action)* via, through, over, on + *L.* ◊ **Вони́ говори́ли п. телефо́ну.** They talked on the phone. ◊ **дзвони́ти п. комп'ю́теру** to phone via a computer; ◊ **П. ра́діо передава́ли його́ улю́блену програ́му.** His favorite show was broadcast on the radio.
13 *(action based on a trait)* by, from, in, according + *A.* ◊ **Він впізна́в Марі́ю п. го́лосу.** He recognized Maria by her voice. ◊ **Було́ ви́дно п. оча́х, що він бре́ше.** One could see it in his eyes that he was lying.
14 *(in quantification, price indication)* for ◊ **Сіль продава́ли п. сім гри́вень за кілогра́м.** The salt was sold at ₴7.00 a kg.
15 *(distribution of objects)* each, apiece, per item, respectively ◊ **три гру́пи, п. де́сять осі́б у ко́жній** three groups, ten men in each; ◊ **Він дав музи́кам п. три́ста гри́вень.** He gave the musicians ₴300.00 apiece.

побажа́н|ня, *nt., usu. pl.*
1 wish(es), greeting, regards ◊ **Да́ні прие́мно отри́мати ка́ртку з те́плими ~нями при́ятеля.** Dana is glad to receive a card with warm wishes from her friend.
adj. **дру́жні** friendly, **найкра́щі** best, **серде́чні** heartfelt, **те́плі** warm, **чудо́ві** wonderful, **щи́рі** sincere; **новорі́чні** New-Year, **різдвя́ні** Christmas, **наро́ди́нні** *or* **уроди́нні** birthday, **ювіле́йні** anniversary
v. + **п. переказу́вати** + *D.* **п.** give sb one's regards ◊ **Перека́зуйте мої́ найкра́щі п. дружи́ні.** Give my best regards to your wife. (**посила́ти** + *D.* send sb; **отри́мувати** get, receive ◊ **Тама́ра ніко́ли не отри́мувала сті́льки уроди́нних ~ь.** Tamara had never received so many birthday greetings. **прийма́ти** accept; **дя́кувати** + *D.* **за** thank sb for) ◊ **Дя́кую тобі́ за чудо́ві різдвя́ні п.** Thank you for your wonderful Christmas wishes.
prep. **п. на** + *A.* wishes for *(an occasion)* ◊ **п. на Вели́кдень** Easter wishes (**Нови́й Рік** New Year, **Різдво́** Christmas, **свя́то** holiday, **наро́ди́ни** *or* **уроди́ни** birthday)
Cf. **бажа́ння 1**
2 wish, demand ◊ **Він ви́словив п. ї́хати із гру́пою.** He voiced a demand to go with the group.
See **бажа́ння 1.** *Also see* **во́ля 2, гото́вність 2, жага́ 2, жада́ння 2, жадо́ба 1, зга́га 3, охо́та 1, пра́гнення, снага́ 3, споку́са, спра́га 2**

побажа́|ти, *pf., see* **ба́жати**
to wish ◊ **Оле́ся ~ла їй до́брого здоро́в'я.** Olesia wished her good health.

по ба́тькові, *used as nt. n.*
patronymic, middle name ◊ **Як вас** *or* **ва́ше п.**? What's your patronymic? ◊ **Тут не користу́ються**

п. Patronymics are not used here.
adj. **дивне** strange, **екзотичне** exotic, **рідкісне** rare, **типове** typical ◊ **Більш типового п., як Іванович, тяжко уявити.** It is hard to imagine a more typical patronymic than Ivanovych.
Cf. **ім'я, прізвище**

побачен|ня, *nt.*
1 meeting, get-together, rendezvous ◊ **Наступне п. цієї середи.** The next meeting is this Wednesday.
adj. **ділове** business ◊ **чисто ділове п.** a purely business meeting; **формальне** formal; **додаткове** additional, **ще одне** another; **заплановане** planned, **очікуване** anticipated; **випадкове** accidental, **несподіване** unexpected; **коротке** brief, **швидке** quick; **довге** long, **тривале** lengthy; **емоційне** emotional, **зворушливе** moving
v. + **п. скасовувати п.** cancel a meeting ◊ **Гроза змусила їх скасувати п.** The thunderstorm made them cancel the meeting. (**переносити** put off; **мати** have; **призначати** schedule ◊ **Він призначив п. зі студентом на третю.** He scheduled a meeting with the student for 3:00. **йти на п.** go to a meeting; **домовитися про** arrange for, **просити про** request) ◊ **Він просить про п. з адвокатом.** He is requesting a meeting with the lawyer. **домагатися п.** push for a meeting (**повертатися з** return from)
prep. **п. з** a meeting with sb; **на п.** *dir.* to a meeting ◊ **На своє п. з Ганною вона принесла світлини з подорожі.** She brought photos from the trip to her meeting with Hanna. **на ~ні** *posn.* at a meeting ◊ **На їхньому ~ні було ще два експерти.** There were two more experts at their meeting. **при ~ні** at a meeting ◊ **Я розкажу решту при ~ні.** I'll tell you the rest when I see you. ♦ **До п.!** Goodbye! ♦ **До скорого п.!** See you soon!
Also see **зустріч 1**
2 date ◊ **Вона запізнилася на їхнє перше п.** She was late for their first date.
adj. **довгоочікуване** long-awaited, **жадане** desired, **романтичне** romantic; **незабутнє** unforgettable, **пам'ятне** memorable; ♦ **любовне п.** a love tryst ◊ **Любовні п. між ними відбувалися в готелі.** Love trysts between them took place at a hotel.
v. + **п. наряджатися на п.** dress up for a date; **чекати п.** wait for a date ◊ **Вона чекала п. з Назаром.** She waited for the date with Nazar.

побачи|ти, *pf., see* **бачити**
to see, *etc.* ◊ **Оксана не одразу ~ла друзів.** Oksana did not see her friends right away.

побіг|ти, *pf., see* **бігти**
to run, *etc.* ◊ **Дівчина ~ла до аптеки по ліки.** The girl ran to the pharmacy for medicine.

поблизу, *adv., prep.*
1 *adv.* nearby, near, not far, close by ◊ **Чи тут п. можна повечеряти?** Can one have dinner nearby?
adv. **зовсім** quite ◊ **Він працював зовсім п.** He worked quite nearby. **майже** almost; **не зовсім** not quite
Also see **біля, близько 1, неподалік, поруч 1, поряд 1**
2 *prep.* near, by, not far from + *G.* ◊ **Її будинок п. озера.** Her house is near the lake.
See **біля, близько 2, поруч 2, поряд 2**

побува|ти, *pf., see* **бувати**
to visit ◊ **Цьогоріч Джон ~в в Україні.** This year John visited Ukraine.

побут, *m.*, **~у**, *only sg.*
nonequiv. way of life, life, everyday life ◊ **Нові археологічні знахідки доповнюють наші знання ~у стародавніх вавилонців.** The new archeological finds complement our knowledge of the ancient Babylonians' everyday life.
adj. **новий** new, **сучасний** contemporary; **давній** ancient, **старий** old; **громадський** community, public, **особистий** personal, **робітничий** workers', **селянський** peasant; **кочовий** nomadic ◊ **За п'ять поколінь кочова культура та п. мало змінилися.** Over five generations, nomadic culture and life have changed little. **мандрівний** itinerant; **домашній** domestic, **міський** urban, **народний** folk, **родинний** family, **сільський** rural; **аскетичний** ascetic, **суворий** austere; **непретензійний** unpretentious, **простий** simple, **скромний** modest
v. + **п. мати п.** have a way of life ◊ **Монахи мали аскетичний п.** The monks had an ascetic way of life. (**покращувати** improve; **погіршувати** worsen); ♦ **входити в п.** to become part of everyday life ◊ **Інтернет увійшов у п. кожного.** The Internet became part of everybody's life. ♦ **праця і п.** work and everyday life
prep. **в ~і** in everyday life ◊ **Вона вкрай проста в ~і.** She has an extremely simple way of life.
See **життя 1**

пова|га, *f., only sg.*
respect
adj. **велика** great, **величезна** immense, **висока** high ◊ **Автори збірки хотіли виявити високу повагу до вченого.** The collection's authors wished to show their high respect for the scholar. **все більша** growing, **глибока** deep, **неабияка** remarkable, **особлива** particular, **певна** certain; **взаємна** mutual, **загальна** general; **справжня** genuine, **щира** sincere
n. + **п. брак ~ги** a lack of respect (**жест** gesture ◊ **Володимир сприймав запрошення як жест ~ги колег.** Volodymyr perceived the invitation as a gesture of his peers' respect. **знак** sign, **свідчення** token)
v. + **п. викликати ~гу** command respect ◊ **Його скромність викликає ~гу в людей.** His modesty commands respect among people. (**виявляти** show, **віддавати** + *D.* pay sb, **мати** have; **заслуговувати (на)** earn ◊ **Цього недостатньо, щоб заслужити (на) його ~гу.** This is not enough to earn his respect. **здобувати** gain; **почувати** feel ◊ **Вони почували все більшу ~гу до вчителя.** They felt growing respect for their teacher. **втрачати** lose) ◊ **Ведучий програми ризикує втратити ~гу авдиторії.** The show host risks losing the audience's respect. **вимагати ~ги** demand respect; **користуватися ~гою** have respect (**тішитися** enjoy ◊ **Він не тішиться особливою ~гою серед студентів.** He does not enjoy particular respect among students. **ставитися до** + *G.* **з** + *I.* treat sb with) ◊ **Оля ставиться до дядька з глибокою ~гою.** Olia treats her uncle with deep respect.
prep. **п. до** + *G.* respect for sb/sth; **з ~ги до** + *G.* out of respect for sb ◊ **Він робить це з поваги до їхніх почуттів.** He does it out of respect for their feelings. ♦ **з ~гою** 1) respectfully, courteously; 2) seriously, with gravity; 3) slowly, without haste ◊ **Він з ~гою гортав справу.** He slowly leafed through the case.
L. **у ~зі**
Also see **авторитет 1, самоповага.** *Ant.* **зневага, неповага**

поважан|ий, *adj.*
respected *(of sb)*, reputable, of good repute ◊ **Комісія складається з трьох ~их експертів.** The committee consists of three reputable experts.
adv. ♦ **високоповажаний** highly respected ◊ **високоповажаний авторитет у галузі** a highly respected authority in the field; **дуже** very, **надзвичайно** extremely, **цілком** entirely; **досить** fairly; **загально** generally
v. + **п. бути ~им** be respected (**вважати** + *A.* consider sb; **лишатися** remain; **ставати** become) ◊ **Він проґавив нагоду стати ~им членом уряду.** He missed the opportunity to become a respected member of the government.
prep. **п. за** + *A.* respected for sth ◊ **У місті їхня родина ~а за доброчинність.** In the city, their family is respected for their philanthropy. **п. серед** + *G.* respected among sb; **п. як** + *N.* respected as sb ◊ **Гончарук п. як блискучий хірург.** Honcharuk is respected as a brilliant surgeon.
Also see **поважний 1**

поважа|ти, **~ють;** *no pf., tran.*
1 to respect, have respect for; *pf.* **за~** to start respecting ◊ **Після публікації його всі заповажали.** After the publication, everybody began to respect him.
adv. **високо** highly, **все більше** increasingly, **глибоко** deeply, **дуже** greatly ◊ **Вчительку дуже ~ють як діти, так і батьки.** Both children and parents had a great respect the (female) teacher. **особливо** particularly, **широко** widely; **дійсно** really, **справді** genuinely, **щиро** truly
v. + **п. бути важко** be difficult to ◊ **Адамові було важко п. цю людину.** It was difficult for Adam to respect this individual. **могти** can; **не могти** cannot; **почина́ти** begin to ◊ **Виборці почали п. політика за небачену сміливість.** Voters began to respect the politician for his unheard-of courage. **стати** *pf.* start to; **переставати** stop ◊ **Його перестали п.** They stopped respecting him.
prep. **п. за** + *A.* respect for sth; **п. як** + *A.* respect as sb/sth ◊ **Колеги ~ють Столяра як організатора.** Colleagues respect Stoliar as an organizer.
Also see **рахуватися 2.** *Ant.* **зневажати 1**
2 to value, think highly of ◊ **Забілик високо ~є її ранню поезію.** Zabilyk thinks highly of her early poetry.
See **цінувати.** *Also see* **цінити 2**
поважай!

поважн|ий, *adj.*
1 respectable, reputable, upright
adv. **абсолютно** absolutely, ♦ **високоповажний** highly respected ◊ **Вони зібрали високоповажних громадян.** They gathered highly respected citizens. **дуже** very, **надзвичайно** extremely, **цілком** entirely; **досить** fairly, **достатньо** sufficiently
v. + **п. бути ~им** be respectable (**виглядати** look, **здаватися** + *D.* seem to sb ◊ **Пані М. здавалася всім надзвичайно ~ою.** Mrs. M. seemed to everybody to be extremely respectable. **робитися** grow, **ставати** become) ◊ **Він став ~им підприємцем.** He became a respectable businessman.
See **поважаний**
2 elderly, aged, advanced in years ◊ **особа ~ого віку** an elderly person
See **літній 2, старий**
3 serious, grave, solemn, earnest ◊ **Із легковажної дівчинки Надія перетворилася на ~у і також поважану жінку.** Nadiia turned rom a frivolous little girl into a serious as well as respected woman.
п. + *n.* **п. вираз** a serious expression (**наслідок** consequence ◊ **Рішення може мати ~і наслідки.** The decision can have serious consequences. **тон** tone); **~а людина** a serious person (**міна** countenance; **проблема** problem, **розмова** conversation, **справа** matter); **~е доповнення** a serious addition (**завдання** task, **заперечення** objection, **питання** issue; **почуття** feeling)
See **серйозний 1.** *Also see* **суворий 5.** *Ant.* **легковажний 1**
4 important, weighty, significant
adv. **абсолютно** absolutely, **досить** fairly, **достатньо** sufficiently, **дуже** very ◊ **Вони не закінчили роботи з дуже ~ої причини.** They have not finished work for a very weighty reason. **надзвичайно** extremely, **особливо** especially,

цілко́м wholly; ле́две scarcely, ма́йже almost; ♦ бу́ти в ~ому ста́ні *euph.* to be pregnant, to be in the family way ◊ **Вона́ у ~ому ста́ні.** She is pregnant.
See **важли́вий.** *Also see* **вагóмий 2, значни́й 2, серйо́зний 3**

поведі́н|ка, *f., only sg.*
behavior, conduct, actions
adj. **відмі́нна** excellent, **зразко́ва** exemplary, **коре́ктна** correct, **хоро́ша** good, **че́мна** polite; **норма́льна** normal, **прийня́тна** acceptable; **ві́льна** frivolous; **дивакува́та** bizarre ◊ **Хло́пець вирізня́вся дивакува́тою ~кою.** The boy stood out by his bizarre behavior. **ди́вна** strange, **ди́ка** wacky, **ексцентри́чна** eccentric, **істери́чна** hysterical, **необду́мана** rash; **підозрі́ла** suspicious, **чудна́** weird; **асоція́льна** antisocial, **ви́клична** defiant, **наха́бна** brazen, **неприйня́тна** unacceptable, **обра́злива** insulting, **пога́на** bad, **сканда́льна** scandalous ◊ **Жо́вта пре́са заохо́чувала сканда́льну ~ку полі́тика.** The tabloid press encouraged the politician's scandalous behavior. **ха́мська** crass; **аґреси́вна** aggressive; **злочи́нна** criminal, **наси́льницька** violent; **саморуйні́вна́** self-destructive, **самогу́бча** suicidal; **дитя́ча** infantile, **доро́сла** adult, **підлітко́ва** adolescent; **соціа́льна** social, **стате́ва** sexual; **лю́дська́** human, **твари́нна** animal ◊ **Він відкрива́в бага́то спі́льного між лю́дською і твари́нною ~кою.** He was discovering a great deal in common between human and animal behavior.
n. + **п. змі́на ~ки** a change of behavior (**моде́ль** pattern, **но́рма** norm, **пра́вило** rules; **пита́ння** issue, **пробле́ма** problem, **станда́рт** standard) ◊ **Ніко́му не дозво́лено пору́шувати станда́рти ~ки.** Nobody is allowed to violate the standards of conduct.
v. + **п. адаптува́ти ~ку** adapt one's behavior ◊ **Кома́хи адапту́ють ~ку до життє́вих умо́в.** Insects adapts their behavior to their life conditions. (**пристосо́вувати** attune; **змі́нювати** change, **модифікува́ти** modify; **виявля́ти** exhibit, **демонструва́ти** display; **контролюва́ти** control, **реґулюва́ти** regulate, **формува́ти** shape ◊ **Ото́чення форму́є ~ку ко́жної твари́ни.** The environment shapes each animal's behavior. **винагоро́джувати** reward, **заохо́чувати** encourage; **імітува́ти** imitate, **насліду́вати** mimic ◊ **Ді́ти насліду́ють ~ку батькі́в.** Children mimic their parents' behavior, **аналізува́ти** analyze, **вивча́ти** study, **дослі́джувати** explore; **вплива́ти на** influence; **кара́ти за** punish) ◊ **В ідеа́лі, пра́вила ма́ють винагоро́джувати за хоро́шу і кара́ти за пога́ну ~ку.** Ideally, the rules are to reward good and punish bad behavior. **слі́дкува́ти за ~кою** monitor sb's behavior (**спостеріга́ти за** observe) ◊ **Вони́ спостеріга́ли за стате́вою ~кою гори́л.** They observed the sexual behavior of gorillas.
prep. **п. з** + *I.* behavior with sb ◊ **Маркова п. зі ста́ршими була́ стри́мана.** Marko's behavior with his seniors was reserved.
L. **в ~ці**

повез|ти́, *pf., see* везти́
to drive, take *(by vehicle)* ◊ **Лі́да ~ла́ їх до мо́ря, а тоді́ на ста́нцію.** Lida drove them to the sea and then to the station.

пове́рнен|ня, *nt.*
1 return, comeback
adj. **довгожда́не** long-awaited ◊ **Довгожда́не п. астрона́втів відклада́лося.** The astronauts' long-awaited return was being put off. **жада́не** desired, **несподі́ване** unexpected, **рапто́ве** sudden; **неуни́кне** inevitable; **пові́льне** slow, **поступо́ве** gradual; **хутке́** rapid, **швидке́** speedy ◊ **Вони́ побажа́ли Христи́ні швидко́го п.** They wished Khrystyna a speedy return. **благополу́чне** safe, **ра́дісне** joyful, **щасли́ве** happy; **чуде́сне** miraculous; **звитя́жне** *poet.* victorious, **перемо́жне** victorious, **тріюмфа́льне** triumphant; **по́вне** full, **цілкови́те** complete; **вча́сне** timely; **гіпотети́чне** hypothetical, **імові́рне** probable, **можли́ве** possible
v. + **п. віщува́ти п.** herald a return (**передбача́ти** predict ◊ **Лікарі́ передбача́ють її цілкови́те п. до здоро́в'я.** Doctors predict her complete return to health. **передчува́ти** anticipate, **пророкува́ти** prophesy; **віта́ти** welcome ◊ **Мі́сто віта́ло п. націона́льної збі́рної.** The city welcomed the return of the national team. **святкува́ти** celebrate; **затри́мувати** delay; **приско́рювати** speed up, **чека́ти на** wait for)
prep. **п. до** + *G.* return to *(a place)* ◊ **щасли́ве п. мандрівникі́в до та́бору** the travelers' happy return to the camp; **п. з** + *G.* return from *(a place)* ◊ **ї́хнє п. з по́дорожі** their return from the journey; **пі́сля п.** upon/after return ◊ **Вони́ зустрі́лися пі́сля п. Іва́на.** They met after Ivan's return.
2 return, giving back, restitution; repayment
adj. **несподі́ване** unexpected, **рапто́ве** sudden; **неуни́кне** inevitable; **пові́льне** slow, **поступо́ве** gradual; **хутке́** rapid, **швидке́** speedy; **по́вне** full, **цілкови́те** complete; **вча́сне** timely; **ви́мушене** forced, **неохо́че** reluctant
v. + **п. ґарантува́ти п.** guarantee the return ◊ **Вона́ ґарантува́ла вча́сне п. по́зики.** She guaranteed the timely repayment of the loan. **домага́тися п.** press for a return ◊ **Він домага́ється п. обла́днання.** He demanded the return of the equipment. (**чека́ти** await)
Also see **зворо́т 4, поворо́т 5**

поверну́|ти, *pf., see* поверта́ти
to return, *etc.* ◊ **Пінчу́к ~в по́зику че́рез три мі́сяці.** Pinchuk repaid the loan three months later.

поверну́|тися, *pf., see* поверта́тися
to return, *etc.* ◊ **Вона́ ніко́ли в житті́ не поверне́ться в це мі́сто.** She will not come back to the city ever in her life. ◊ **Він ~вся рані́ше.** He returned earlier.

поверта́|ти, ~ють; поверн|у́ти, ~уть, *tran. and intr.*
1 *tran.* to turn, rotate; move
adv. **злеѓка** gently, **обере́жно** carefully ◊ **Хтось обере́жно ~в ключ у замку́.** Somebody was carefully turning the key in the lock. **пові́льно** *or* **пово́лі** slow, **потро́ху** *colloq.* a little, **ти́хо** quietly; **шви́дко** quickly; **лі́воруч** left, **пра́воруч** right, **туди́ й сюди́** back and forth; **навспа́к** *or* **наза́д** backwards, around ◊ **п. навспа́к проце́с демократиза́ції** turn around the process of democratization; **напере́д** to the front ◊ **Він поверну́в кашке́т козирко́м напере́д.** He turned the bill of his cap to the front.
п. + *n.* **п. го́лову** *and* **голово́ю** turn one's head (**о́чі** *and* **очи́ма** eyes, **обли́ччя** face, **ши́ю** neck; **язика́** *and* **язико́м** tongue ◊ **Вона́ така́ змý́чена, що ле́две ~є язико́м.** She is so tired she can hardly move her tongue. ♦ **п. мо́зком** *or* **ро́зумом** to think, rack one's brain
prep. **п. до** + *G.* turn towards sb/sth ◊ **Вона́ поверну́ла обли́ччя до со́нця.** She turned her face towards the sun. **п. на** + *A.* turn towards/at *(direction)* ◊ **Анте́ну поверну́ли на за́хід.** The antenna was turned westwards.
Also see **крути́ти 1**
2 *intr.* to turn, turn around, change course ◊ **Літа́к поверну́в на пі́вдень.** The airplane turned south.
adv. **лі́воруч** left, **пра́воруч** right; **ґвалто́вно** abruptly, **несподі́вано** unexpectedly, **ра́птом** suddenly, **рі́зко** sharply ◊ **Маши́на рі́зко поверну́ла пра́воруч.** The car turned sharply left. **шви́дко** quickly; **пові́льно** slowly; ♦ **п. за ріг** to turn a corner; **навспа́к** back
v. + **п. бу́ти тре́ба** + *D.* need to ◊ **На перехре́сті вам тре́ба поверну́ти лі́воруч.** At the intersection, you need to turn left. **бу́ти слід** + *D.* should; **намага́тися** try to, **хоті́ти** want to; **забува́ти(ся)** forget to ◊ **Він забу́в поверну́ти на світлофо́рі.** He forgot to make a turn at the traffic lights.
prep. **п. до** + *G.* to drop by, swing by ◊ **Доро́гою додо́му вони́ поверну́ли до Ні́ни на заба́ву.** On the way home, they dropped by Nina's place for a party.
Also see **заверта́ти 1, зверта́ти 1.** *Cf.* **забира́ти 6**
3 *intr.* to bend, curve, turn ◊ **Пото́м сте́жка пла́вно ~ла лі́воруч.** Then the path gently bent left.
Also see **заверта́ти 1**
4 *intr.* to return, come back, go back
adv. **додо́му** home, **домі́в** *colloq.* home, **навспа́к** *or* **наза́д** back ◊ **Нови́на зму́шувала ї́х п. додо́му рані́ше заплано́ваного.** The news compelled them to go back home earlier than planned.
Also see **верта́ти 2 поверта́тися 2**
5 *tran.* to return, give back to sb, repay sb ◊ **Уве́чері Андрі́й поверну́в сусі́дці велосипе́д.** In the evening, Andrii returned the bicycle to his (female) neighbor.
adv. **вже** already, **наре́шті** finally; **до́вго** long ◊ **Вони́ до́вго ~ли Га́нні пози́чені гро́ші.** It took them long to return Hanna the borrowed money. **неохо́че** reluctantly; **нега́йно** immediately, **одра́зу** at once; **ра́до** gladly; **при пе́ршій наго́ді** at the first opportunity ◊ **Він обіця́в поверну́ти кни́жку при пе́ршій наго́ді.** He promised to return the book at the first opportunity.
Also see **верта́ти 1, віддава́ти 2**
5 *tran.* to restore to sb, give back to sb
п. + *n.* **п. авторите́т** restore reputation ◊ **Нова́ кни́жка поверну́ла а́второві авторите́т.** The new book restored the author's stature. (**ві́ру** faith, **наді́ю** hope, **на́стрій** high spirits, **пова́гу** respect; **апети́т** appetite, **здоро́в'я** health, **зір** sight, **слух** hearing)
prep. **п. до** + *G.* return back to sth; ♦ **п.** + *A.* **до життя́** to bring sb back to life ◊ **Насті́й поверну́в Іва́на до життя́.** The infusion brought Ivan back to life. ♦ **п.** + *A.* **до здоро́в'я** to restore sb to good health ◊ **Впра́ви та ді́єта поверну́ли Ма́рту до здоро́в'я.** Exercise and diet restored Marta to good health.
See **відно́влювати 1**
pa. pple. **пове́рнутий** *or* **пове́рнений** turned, returned
поверта́й! поверни́!

поверта́|тися; поверну́тися, *intr.*
1 to turn, rotate, revolve, go around
adv. **безпереста́нку** nonstop ◊ **Гло́бус на даху́ безпереста́нку ~вся.** The globe on the roof rotated nonstop. **весь час** all the time, **пості́йно** constantly; **ва́жко** with difficulty ◊ **Две́рна ру́чка заржа́віла і ва́жко ~лася.** The doorknob rusted and was hard to turn. **ле́гко** easily; **пові́льно** slowly; **шви́дко** quickly; **лі́воруч** left, **пра́воруч** right; **з бо́ку на бік** from side to side, **туди́ й сюди́** back and forth; **наполови́ну** halfway ◊ **Болт поверта́вся лише́ наполови́ну.** The screw turned only halfway. **пла́вно** gently, **пові́льно** slowly, **поступо́во** gradually; **ґвалто́вно** suddenly, **ра́птом** all of a sudden, **рі́зко** abruptly ◊ **Лари́са рі́зко поверну́лася.** Larysa turned abruptly. ♦ **куди́ не поверни́сь** *or* **поверне́шся** everywhere ◊ **У кімна́ті, куди́ не поверне́шся, лежа́ть го́ри папе́рів.** Heaps of papers lie everywhere in the room.
п. + *n.* **п. бо́ком до** + *G.* turn one's side to sb ◊ **Кінь поверну́вся бо́ком до ме́не.** The horse turned his side to me. (**обли́ччям** *or* **пе́редом** face, **спи́ною** *or* **ті́лом, за́дом** back ◊ **Вона́ поверну́лася обли́ччям до со́нця, а спи́ною до гір.** She turned her face to the sun and her back to the mountains. **плечи́ма** shoulders); ♦ **п. у про́філь** to turn one's profile

prep. **п. до** + *G.* turn to sb/sth; **п. на** + *A.* turn to *(part of body)* ◊ **Лікар попроси́в його́ поверну́тися на пра́вий бік.** The doctor asked him to turn onto the right side. (**живі́т** stomach, **спи́ну** back)
2 to return, come back, go back, be back
adv. **обов'язко́во** definitely; **незаба́ром** shortly, **ско́ро** soon; **пі́зно** late; **ра́но** early; **додо́му** home ◊ **Вони́ поверну́лися додо́му пі́зно.** They were back home late. **домі́в** *colloq.* home, **навспа́к** *or* **наза́д** back
prep. **п. до** + *G.* return to sb/sth ♦ **п. до життя́** to come back to life; **п. з** + *G.* return from *(a place)* ◊ **Ді́ти поверну́ться з по́дорожі за ти́ждень.** The children will be back from their trip in a week.
Also see **верта́тися, поверта́ти 4**
3 to resume, continue, revisit, revert to sth, *only with* **до** + *G.* ◊ **Валенти́на поверну́лася до робо́ти пі́сля відпочи́нку.** Valentyna resumed working after a rest. ◊ **Він не ~вся до ціє́ї те́ми.** He did not revisit the subject. ♦ **п. до стари́х зви́чок** to revert to one's old ways
See **відно́влювати 2.** *Also see* **продо́вжувати 3**
поверта́йся! поверни́ся!

по́вер|х, *m.*, **~ху**
floor, story
adj. **ве́рхній** *or* **горі́шній** upper, **долі́шній** *or* **ни́жній** lower; **додатко́вий** additional; **пе́рший** first, **дру́гий** second, **тре́тій** third, *etc.*
v. + **п. добудо́вувати п.** add a floor (**займа́ти** occupy); **жи́ти на ~сі** live, reside on a floor (**розташо́вуватися на** be located on) ◊ **Аге́нція розташо́вується на четве́ртому ~сі.** The agency is located on the fourth floor.
prep. **до ~ху** to a floor ◊ **Він не знав, як діста́тися до горі́шнього ~ху буди́нку.** He did not know how to get to the upper floor of the building. **з ~ху** from a floor ◊ **Із п'я́того ~ху було́ ви́дно весь майда́н.** One could see the entire square from the fifth floor. **на п.** *dir.* to a floor ◊ **Прийма́льню перенесли́ на дру́гий п.** The reception was moved to the second floor. **на ~сі** *posn.* on a floor ◊ **Вони́ живу́ть на деся́тому ~сі.** They live on the tenth floor. ♦ **буди́нок на два ~хи** a two-story building (**три** three-, **чоти́ри** four, **три́дцять** thirty-, *etc.*)

пове́рх, *prep., adv.*
1 *adv.* above, over, on top ◊ **Яри́на вбра́ла вечі́рню су́кню, а п. – розкі́шне манто́.** Yaryna put her night dress on and a splendid manteau on top.
See **зве́рху 1**
2 *prep.* + *G.* above sth, over sth; on top of sth ◊ **Згра́я воро́н знялася́ п. дере́в.** A flock of ravens went up above the trees. ◊ **Ві́ктор ліг п. копи́ці сі́на.** Viktor lay on top of the haystack.
See **над 1**

поверхне́в|ий, *adj.*
surface, of or pertaining to surface; shallow
п. + *n.* **п. дрена́ж** a surface drainage (**рі́вень** level, **на́тяг** tension, **шар** layer); **~а акти́вність** surface activity (**ді́лянка** area, **ене́ргія** energy, **зо́на** zone, **прові́дність** conductivity); **~і во́ди** surface waters
Also see **поверхо́вий 3**

пове́рх|ня, *f.*
surface
adj. **гладка́** smooth, **пласка́** flat, **плеска́та** plane, **рі́вна** even ◊ **Роя́ль мав гладку́ і рі́вну ~ню.** The grand piano had a smooth and even surface. **жорстка́** rough, **поше́рхла** scaly, **шорстка́** coarse, **нері́вна** uneven; **міцна́** strong, **тверда́** firm; **заме́рзла** frozen ◊ **По заме́рзлій ~ні ставка́ ко́взалися ді́ти.** Children were skating on the frozen surface of the pond. **м'яка́** soft; **слизька́** slippery; **ви́гнута** curved, **деформо́вана** deformed, **крива́** warped, **окру́гла** round; **спокі́йна** calm, **ти́ха** quiet ◊ **ти́ха п. зато́ки** a calm surface of the bay; **блиску́ча** shiny, **ґля́нцева** glossy, **масна́** oily, **відшліфо́вана** polished; **вну́трішня** interior, **зо́внішня** exterior; **захисна́** protective
п. + *n.* **п. ґру́нту** the ground surface (**да́ху** roof, **доро́ги** road, **землі́** land, **мо́ря** sea, **о́зера** lake, **океа́ну** ocean, **підло́ги** floor)
v. + **п. дря́пати ~ню** scratch the surface ◊ **Хтось подря́пав блиску́чу ~ню авті́вки.** Somebody scratched the shiny surface of the car. (**лакува́ти** varnish, **ми́ти** wash, **фарбува́ти** paint ◊ **Фарбува́ти тре́ба було́ лише́ полови́ну ~ні підло́ги.** Only a half of the floor surface needed to be painted. **шліфува́ти** polish; **ма́цати** feel; **підніма́ти** + *A.* **на** bring sth to ◊ **Зато́нулий корабе́ль підні́муть на ~ню.** The sunken ship will be brought to the surface. **проника́ти в/крізь/ під** penetrate) ◊ **Сві́тло проника́є під ~ню листка́, призво́дячи до фотоси́нтезу.** Light penetrates the leaf's surface giving rise to photosynthesis. **досяга́ти ~ні** reach the surface (**торка́тися** touch) ◊ **Він торкну́вся ~ні стола́.** He touched the surface of the table.
prep. **з ~ні** from the surface; **на ~ню** *dir.* on/to a surface ◊ **Газ вихо́див на ~ню о́зера.** Gas was coming to the surface of the lake. **на ~ні** *posn.* on a surface ◊ **На ма́рмуровій ~ні саркофа́га ви́дно трі́щини.** Cracks are visible on the marble surface of the sarcophagus. **над ~нею** above a surface; **під ~нею** below/under a surface ◊ **Субмари́на шви́дко зни́кла під свинце́вою ~нею мо́ря.** The submarine quickly vanished under the leaden sea surface. **по ~ні** on/along the surface ◊ **Він спри́тно ко́взався по заме́рзлій ~ні рі́чки.** He deftly skated along the frozen river surface.
G. pl. **~онь**
Also see **дзе́ркало 2**

поверхо́в|ий, *adj.*
1 superficial, shallow ◊ **Вона́ відкида́є запропоно́ваний підхі́д як п.** She rejects the proposed approach as superficial.
adv. **безнаді́йно** hopelessly, **вкрай** extremely ◊ **вкрай п. по́гляд на ре́чі** an extremely superficial view of things; **геть** totally, **ду́же** very, **цілко́м** completely; **до́сить** fairly; **я́вно** clearly
v. + **п. бу́ти ~им** be superficial (**вважа́ти** + *A.* consider sb/sth ◊ **Його́ вважа́ли поверхо́вим аналі́тиком.** He was considered to be a superficial analyst. **виявля́тися** turn out ◊ **Пе́рше вра́ження від люди́ни ча́сто виявля́ється ~им.** The first impression of a person often turns out to be superficial. **вигляда́ти** look, **здава́тися** + *D.* seem to sb, **лиша́тися** remain ◊ **У су́дженнях Тимі́ш лиша́вся ~им, як і ра́ніше.** Tymish remained as superficial in his pronouncements as before. **става́ти** become)
Also see **форма́льний 2.** *Ant.* **глибо́кий 4, радика́льний 2**
2 multistory *(of building, etc.)*, multistoried ◊ **У старо́му мі́сті забороня́лося зво́дити ~і буди́нки.** It was forbidden to construct multistory buildings in the old city.
Also see **багатоповерхо́вий.** *Ant.* **одноповерхо́вий**
3 surface, of or pertaining to surface ◊ **~і во́ди** surface waters
See **поверхне́вий**

пов|ести́, *pf., see* **води́ти**
to lead, guide, take, *etc.* ◊ **Га́нна ~ела́ до́чку до істори́чного музе́ю.** Hanna took her daughter to the history museum. ◊ **Ба́тько ~ів діте́й до басе́йну.** Father took the children to the swimming pool.

повече́ря|ти, *pf., see* **вече́ряти**
to have dinner, *etc.* ◊ **Дем'я́н ~є пі́сля зу́стрічі з керівнико́м.** Dem'yan will have dinner after the meeting with his advisor.

повз, *adv., prep.*
1 *adv.* past, by ◊ **Вона́ поба́чила Тара́са в кав'я́рні і пройшла́ п.** She saw Taras in the café and passed by. ◊ **Зупині́ться, не прохо́дьте п.!** Stop, do not pass by!
2 *prep.* by sth, past sth + *A.* ◊ **Вони́ прої́хали п. Січесла́в пря́мо на Маріу́поль.** They traveled by Sicheslav straight to Mariupol.
3 *prep.* close to sth + *A.* ◊ **Ку́ля пролеті́ла п. його́ плече́ і влу́чила у ва́зу.** A bullet flew close to his shoulder and hit the vase.

по́вза|ти, **~ють;** *no pf., multi., intr.*
1 to crawl, creep
adv. **круго́м** around ◊ **Круго́м ~ло по́вно мура́х.** Loads of ants were crawling around. **навко́ло** about, **в усі́х на́прямках** in all directions, **скрізь** everywhere, all around ◊ **Хло́пчик ~в скрізь по підло́зі.** The little boy crawled all around the floor. **тут і там** here and there
v. + **п. вмі́ти** be able to ◊ **Бойови́й пес ма́є вмі́ти п.** A combat dog is supposed to be able to crawl. **вчи́ти** + *A.* teach sb; **могти́** can
prep. **п. навко́ло** + *G.* crawl around sth; **п. по** + *L.* crawl around/on sth
2 *fig., pejor.* to grovel to, cringe, abase oneself to
adv. **безсоро́мно** shamelessly, **ганéбно** shamefully, **запопа́дливо** obsequiously ◊ **Ги́дко ба́чити, як люди́на так запопа́дливо ~є.** It's disgusting to see a person grovel so obsequiously.
prep. **п. пе́ред** + *I.* grovel to sb ◊ **Севери́н не збира́вся п. пе́ред ше́фом зара́ди підви́щення.** Severyn was not about to grovel to his boss for the sake of a promotion. ♦ **п. у грязю́ці** to grovel in the dirt
по́взай!
Cf. uni. **повзти́**

повз|ти́, **~у́ть; по~;** *pa. m.* **повз**, *pl.* **~ли́**, *intr., uni.*
1 to crawl
adv. **впере́д** forward, **навспа́к** *or* **наза́д** backward, **про́сто** *or* **пря́мо** straight ◊ **Вони́ ~ли́ про́сто до схро́ну.** They were crawling straight to their hideout. **вго́ру** upward ◊ **Паву́к повз уго́ру їй по спи́ні.** The spider was crawling up her back. **вниз** downward; **повз** past; **на колі́нах** *or* **ра́чки** on one's knees; **впра́вно** deftly, **прово́рно** nimbly, **спри́тно** agilely
v. + **п. намага́тися** try to ◊ **Не у змо́зі йти, Оле́г намага́вся п.** Unable to walk, Oleh tried to crawl. **про́бувати** attempt to; **почина́ти** begin to, **ста́ти** *pf.* start ◊ **Він став п. до хліва́.** He started crawling to the barn.
Also see **лі́зти 1**
2 *fig.* to creep, steal, sneak
adv. **крадькома́** stealthily, **обере́жно** cautiously, **помі́льно** slowly ◊ **Чутки́ про евакуа́цію пові́льно ~ли́ мі́стом.** Rumors of evacuation were slowly creeping through the city. **ти́хо** quietly; **геть** away
3 *colloq. fig.* walk slowly, drag one's feet, creep along, slowly pass *(of time, etc.)*
adv. **ле́две** scarcely, **ліни́во** lazily ◊ **До́вгий день ліни́во повз до ве́чора.** The long day dragged lazily on to the evening. **наси́лу** barely ◊ **Він наси́лу повз, перечі́плюючися на рі́вному мі́сці.** He barely dragged his feet stumbling on even ground.
4 *colloq.* to slide, sink, fall ◊ **Краї́на ~ла́ додо́лу у ще оди́н спад.** The country was sliding down into yet another recession.
(по)повзи́!
Cf. multi. **по́взати**

пови́нн|ий, *var.* **пови́нен**, *pred.*
1 *(obligation) in:* **бу́ти ~им** to be obliged, be obligated, must ◊ **Яре́ма п. інформува́ти реда́кцію про пере́біг поді́й.** Yarema is obliged to inform the editorial board about the course of

events. ◊ **Кожна заявниця ~а володіти трьома мовами.** Every (female) applicant is to have a command of three languages. ◊ **Гості будуть ~і від'їхати на наступний день.** The guests will have to leave next day. ◊ **Учні ~і слухатися вчителя.** Students must obey their teacher.
2 *colloq.* guilty, culpable, to blame, at fault, *usu. with negation as in* ♦ **ні в чому не п.** completely innocent ◊ **Вона знала, що Миколайчук ні в чому не п.** She knew that Mykolaichuk was completely innocent.
See **винний 1, невинний 1**
3 *as n., only f.* admission of guilt ♦ **приходити з ~ою** to turn oneself in ◊ **Повстанці не поспішали йти до совєтів із ~ою.** The insurgents were not in a hurry to turn themselves in to the Soviets. ♦ **принести ~у** *pf.* to admit one's guilt ◊ **Він приніс ~у.** He came with admission of guilt.
prep. **~а за** + *A. or* **в** + *L.* an admission of guilt for sth ◊ **Це була його ~а за всі гріхи** *or* **в усіх гріхах.** This was his admission of guilt for all sins.

повідомлен|ня, *nt.*

1 message, announcement, notice, notification
adj. **важливе** important ◊ **На Лесю чекає важливе п.** There is an important message for Lesia. **термінове** urgent; **коротке** short, **стисле** brief; **закодоване** coded, **зашифроване** encrypted, **секретне** *or* **таємне** secret; **письмове** written, **усне** oral; **блискавичне** instant, **голосове** voice, **електронне** electronic, **записане** taped, **мережеве** Internet, ♦ **СМС-п.** an SMS message, ♦ **радіоповідомлення** a radio message, **телефонне** phone, **текстове** text; **анонімне** anonymous, **непрошене** unsolicited; **офіційне** official, **урядове** government
v. + **п. доставляти п.** deliver a message ◊ **Він доставив п. особисто.** He delivered the message personally. (**лишати** + *D.* leave for sb ◊ **Вам залишили п.** Somebody left a message for you. **переказувати** + *D.* convey to sb, **передавати** + *D.* pass on to sb, **робити** make, **записувати** write down; **діставати** get, **отримувати** receive; **приймати** accept, **переправляти** forward, **читати** read, **закодовувати** encode, **зашифровувати** encrypt; **розкодовувати** decode, **розшифровувати** decrypt ◊ **П. розшифрували.** The message was decrypted. **стирати** delete; **зберігати** save; **архівувати** archive; **красти** steal, **перехоплювати** intercept) ◊ **Дипломатичні п. перехоплювали.** Diplomatic messages were being intercepted.
п. + *v.* **губитися** get lost ◊ **Її п. десь загубилося.** Her message got lost somewhere. **з'являтися** appear; **включати** + *A.* include sth, **містити** + *A.* contain sth ◊ **П. містило попередження про буревій.** The notification contained a warning about the hurricane. **приходити** come ◊ **П. прийшло в останню хвилину.** The notification came at the last moment.
prep. **у ~ні** in a message ◊ **У ~ні йдеться про правила безпеки.** The message is about safety rules. **п. від** + *G.* message from sb ◊ **Він дістав електронне п. від брата.** He got an electronic message from his brother. **п. для** + *G.* message for sb ◊ **Хтось лишив телефонне п. для неї.** Somebody left a phone message for her. **п. про** + *A.* message about sb/sth
Also see **новина**. *Also see* **попередження 1**
2 announcing, report, broadcasting ◊ **періодичні п. про погоду** periodic reports on the weather
G. pl. **~ь**

повідомля|ти, ~ють; повідом|ити, ~лю, ~иш, ~лять, *tran.*

1 to inform, notify, let sb know
adv. **детально** in detail ◊ **Автор детально ~в про події в Харкові.** The author gave detailed information about the events in Kharkiv. **докладно** exactly, **правильно** correctly; **вчасно** on time, **належним чином** appropriately, **нарешті** finally, **недавно** *or* **нещодавно** recently; **негайно** immediately ◊ **Сторінка негайно ~є зміни в розкладі потягів.** The page immediately informs about changes in the train schedule. **оперативно** promptly, **зараз же** right away, **швидко** quickly; **одночасно** simultaneously, **періодично** periodically, **регулярно** regularly, **щогодини** every hour, **щодня** every day, **щотижня** every week, *etc.* **всього-на-всього** merely, **лише** only, **просто** simply; **ласкаво** kindly; **особисто** personally, **офіційно** officially, **таємно** secretly
v. + **п. бути приємно** + *D.* be pleased to ◊ **Мені приємно повідомити, що наша дружина виграла.** I am pleased to inform you that our team won. **бути треба** + *D.* need to ◊ **Їй треба було повідомити їм про ці вимоги.** She needed to inform them of the requirements. **забувати** forget to; **обіцяти** + *D.* promise sb to; **просити** + *A.* ask sb ◊ **Килина просить повідомити її про плани.** Kylyna asks to inform her about the plans.
prep. **п. про** + *A.* inform sb about sth
Also see **інформувати, казати 1, орієнтувати 2, попереджати 1**
2 to say, tell
adv. **недвозначно** unequivocally; **прямо** bluntly; **незворушно** stiffly, **прохолодно** coolly, **спокійно** calmly ◊ **«Я за вас,» – спокійно повідомив Хома.** "I'm on your side," Khoma said calmly. **холодно** coldly
v. + **п. боятися** be afraid to, **намагатися** attempt to, **хотіти** want to
See **казати 1**
pa. pple. **повідомлений** announced
повідомляй! повідом!

пові|ка, *f.*

lid, eyelid
adj. **закрита** closed ◊ **Її закриті ~ки час від часу ворушилися.** Her closed eyelids moved from time to time. **напіввідкрита** half-open, **напівзакрита** half-closed, **опущена** lowered; **важка** heavy, **обвисла** drooping ◊ **За обвислими ~ками старого ховалися жваві очі.** Lively eyes were hiding behind the old man's drooping lids. **запалена** inflamed, **опухла** swollen; **товста** thick, **тонка** thin; **верхня** *or* **горішня** upper, **долішня** *or* **нижня** lower ◊ **Її долішні ~ки були запалені.** Her lower lids were inflamed.
n. + **п. край ~ки** the edge of an eyelid (**форма** form; **шкіра** skin)
v. + **п. відкривати ~ку** open an eyelid ◊ **Лікар відкрив їй опухлу ~ку.** The doctor opened her swollen lid. (**закривати** close ◊ **Він закрив ліву ~ку, щоби викликати в дітей сміх.** He closed his left eyelid to make the children laugh. **опускати** lower)
п. + *v.* **нависати** droop ◊ **Над її очима нависали важкі ~ки.** Heavy eyelids droop over her eyes. **сіпатися** twitch ◊ **Його права п. засіпалася.** His right eyelid started to twitch.
prep. **за ~ками** behind eyelids; **під ~ками** ◊ **Під закритими ~ками чоловіка рухалися очі.** The man's eyes moved under his closed eyelids. **через ~ки** through eyelids ◊ **Тамара слідкувала за ним через навівзакриті ~ки.** Tamara watched him through her half-closed eyelids.

повільн|ий, *adj.*

slow, sluggish, unhurried, lengthy
adv. **вкрай** extremely ◊ **вкрай п. потяг** an extremely slow train; **дуже** very, **надзвичайно** extraordinarily, **надміру** excessively, **надто** too, **неймовірно** incredibly, **страшенно** terribly, **такий** such; **дещо** somewhat, **досить** rather ◊ **Процес натуралізації у Сполучених Штатах досить п.** The naturalization process in the United States is rather slow. **достатньо** sufficiently, **трохи** a little; **безнадійно** hopelessly, **болісно** painfully, **нестерпно** unbearably ◊ **Він не міг дочекатися кінця нестерпно ~ої процедури.** He could hardly wait for the end of the unbearably slow procedure. **відносно** relatively, **порівняно** comparatively
п. + *n.* **п. крок** a slow step (**процес** process, **розвиток** development, **рух** motion, **танець** dance, **темп** tempo); ♦ **на ~ому вогні** on a slow fire; **~а їзда** slow riding (**хода** gait, **швидкість** speed; **людина** person; **мелодія** melody; **розмова** conversation; **смерть** death, **смуга** lane ◊ **Він їхав у ~ій смузі.** He drove in a slow lane. **течія** current); **~е завантаження** slow download (**зростання** increase, **покращення** improvement, **поширення** proliferation)
v. + **п. бути ~им** be slow (**вважати** + *A.* consider sb/sth ◊ **Таку швидкість вважають надто ~ою.** Such speed is considered to be too slow. **виявлятися** prove, **здаватися** + *D.* seem to sb, **лишатися** remain, **робити** + *A.* make sb/sth ◊ **Спожитий алкоголь зробив його мову ~ою.** The consumed alcohol made his speech slow. **ставати** become) ◊ **Із віком Кирило став надміру ~им у рішеннях.** With age, Kyrylo became excessively slow in making decisions.
Also see **тихий 2**. *Ant.* **швидкий 1**

пов|інь, *f.*, ~ені

1 flood, high water
adj. **велика** great, **висока** high, **катастрофічна** catastrophic, **небезпечна** dangerous, **руйнівна** ruinous, **спустошлива** devastating, **страшна** terrible; **несподівана** sudden, **раптова** flash; **періодична** periodic; **весняна** spring ◊ **Цим селам загрожувала весняна п.** The villages were threatened with a spring flood. **зимова** winter, **літня** summer, **осіння** fall
v. + **п. провокувати п.** provoke a flood ◊ **Сніг, що швидко танув, спровокував руйнівну п.** The quickly melting snow provoked a ruinous flood. **запобігати ~ені** prevent a flood ◊ **Гребля запобігає ~еням.** The dike prevents floods. (**причинятися до** cause) ◊ **Зливи зрештою причинилися до ~ені.** The downpours eventually caused a flood.
п. + *v.* **затоплювати** + *A.* inundate sth ◊ **П. затопила місто.** The flood inundated the city. **змивати** + *A.* wash sth away, **знищувати** + *A.* destroy sth; **руйнувати** + *A.* ruin sth; **приходити** come, **спадати** subside ◊ **Із часом п. спаде.** Eventually, the flood will subside.
2 *fig.* flood, barrage, chain, outpouring
adj. **правдива** true, **справжня** veritable ◊ **Ним опанувала справжня п. почуттів.** He was overcome by a veritable flood of emotions.
v. + **п. зупиняти п.** stop a flood ◊ **Компанії треба зупинити п. скарг від клієнтів.** The company needs to stop the flood of complaints from its clients.

повіри|ти, *pf., see* вірити

to put one's trust in sb/sth ◊ **Ореста ~ла цій людині.** Oresta trusted the person.

повіси|ти, *pf., see* вішати

to hang, put up ◊ **Він ~в одяг надворі сушитися.** He hung the clothes outdoors to dry. ◊ **Я повішу оголошення про фільм.** I will put up the film announcement.

повітр|я, *nt.*

air
adj. **гаряче** hot, **тепле** warm; **крижане** icy, **морозне** frosty, **прохолодне** cool, **холодне** cold ◊ **Холодне п. збадьорювало Олексу, змушуючи його швидше рухатися.** The cold old air energized Oleksa, making him move around quicker. **вогке** damp, **вологе** moist; **сухе** dry; **стояче** still; **прозоре** clear, **свіже** fresh, **чисте** clean; **пахуче** sweet, **п'янке** intoxicating; **вільне** open; **брудне** dirty, foul, **забруднене**

polluted, **смердя́че** stinking, **гниле́** rotten, **засто́яне** stagnant, **за́тхле** stale, **спе́рте** stuffy; **густе́** thick ◊ **П. в кімна́ті було́ густи́м від лю́дських ви́парів.** The air in the room was thick with human perspiration. **розрі́джене** thin; **ранко́ве** morning, **вечі́рнє** evening, **нічне́** night; **гі́рське́** mountain ◊ **Від гі́рського ~я в Йо́сипа па́морочилося в голові́.** Yosyp felt dizzy with mountain air. **морське́** sea, **пусте́льне** desert

n. + **п. воло́гість п.** air humidity (**температу́ра** temperature; **поті́к** flow, **стру́мінь** stream, **циркуля́ція** circulation; **прозо́рість** visibility) ◊ **Че́рез низьку́ прозо́рість п. полі́т скасува́ли.** Because of the poor visibility the flight was canceled.

v. + **п. вдиха́ти п.** inhale the air ◊ **Петро́ вдиха́в п'янке́ п.** Petro was inhaling intoxicating air. (**видиха́ти** exhale, **всмо́ктувати** suck in, **викида́ти** eject, **хапа́ти** gasp for; **забру́днювати** pollute, **отру́ювати** poison, **псува́ти** spoil); **ди́хати ~ям** breathe the air (**напо́внювати** + *A.* fill sth with, **напомпо́вувати** + *A.* pump sth with ◊ **Він напомпува́в ку́лю гаря́чим ~ям.** He pumped the balloon with hot air. ♦ **виса́джувати** + *A.* **в п.** to blow sth up) ◊ **Він ви́садив у п. штаб во́рога.** He blew up the enemy headquarters.

prep. ♦ **на відкри́тому ~і** in the open air; **у п.** *dir.* in/to the air ♦ **зліта́ти в п.** to explode, blow up ◊ **Міст злеті́в у п.** The bridge blew up. **у ~і** *posn.* in the air ◊ **У холо́дному ~і літа́в за́пах о́сени.** The smell of fall floated in the cold air.

Also see **дух 9.** *Cf.* **ки́сень**

пові́тря́н|ий, *adj.*

1 air, aerial, of or pertaining to the air

п. + *n.* **п. бій** an air combat (**на́пад** attack; **експре́с** express, **про́стір** space, **транспо́рт** transport, **флот** fleet), ♦ **п. змій** a kite, ♦ **п. за́мок** a castle in Spain/in the air ◊ **Він не з тих, хто буду́є ~і за́мки.** He is not the kind who builds castles in Spain. **~а ата́ка** an air attack (**війна́** warfare, **оборо́на** defense, **ку́ля** balloon; **ма́са** mass; **по́дорож** travel; **я́ма** pocket), ♦ **~а триво́га** an air-raid warning; **~е зі́ткнення** an air collision (**пірà́тство** piracy, **пра́во** law, **середо́вище** environment, **судно́** aircraft)

2 pneumatic, air-driven

п. + *n.* **~а по́мпа** an air pump (**рушни́ця** rifle)

по́вн|ий, *var.* **по́вен**, *adj.*

1 full, filled up, *often* + *G.*

adv. **абсолю́тно** absolutely, **вщерть** *and* **по ві́нця** to the brim, **геть** totally ◊ **Підва́л був геть п. дощово́ї води́.** The basement was totally filled with rain water. **практи́чно** practically, **цілко́м** completely; **(за)на́дто** too; **ма́йже** almost ◊ **Скарбни́чка була́ ма́йже ~ою моне́т.** The piggy bank was almost full of coins. **ма́ло не** as good as, **сливе́** *colloq.* pretty much; **на полови́ну** half, **на три четверти́ни** three-fourth

v. + **п. бу́ти ~им** be full ◊ **Ко́шик був сливе́ ~им грибі́в.** The basket was pretty much full of mushrooms. (**вигляда́ти** look, **виявля́тися** turn out ◊ **Кімна́та ви́явилася ~ою мо́тлоху.** The room turned out to be full of junk. **здава́тися** + *D.* seem to sb, **лиша́тися** remain) ◊ **Бензоба́к лиша́вся на три четверти́ни ~им.** The fuel tank remained three-quarters full.

Also see **ці́лий 3.** *Ant.* **поро́жній 1**

2 complete, total, absolute ◊ **Він ви́явив ~у непова́гу до дру́зів.** He showed complete disrespect for his friends. **~е зате́мнення Со́нця** a total eclipse of the sun; ◊ **п. мі́сяць** a full moon; ◊ **Його́ вважа́ють ~им ду́рнем.** He is considered to be an absolute fool. ◊ **Він готува́в ~у збі́рку тво́рів поє́та.** He was preparing a complete collection of the poet's oeuvre. **~а сере́дня осві́та** complete secondary education. ♦ **ї́хати на ~ій шви́дкості** to go at full speed; ♦ **у ~ій красі́** in full splendor; ♦ **~ою мі́рою** *or* **у ~ій мі́рі** fully, in full ◊ **Вони́ ~ою мі́рою усвідо́млюють на́слідки свої́х дій.** They fully appreciate the consequences of their actions.

Also see **абсолю́тний, суці́льний 2, цілкови́тий 1**

3 plump, stout, chubby, corpulent ◊ **На ~ому обли́ччі жі́нки з'яви́лася у́смішка.** A smile appeared on the woman's plump face.

See **товсти́й 2.** *Ant.* **худи́й 1**

по́вністю, *adv.*

completely, fully ◊ **Вона́ п. розумі́ла, що ста́лося.** She completely understood what had happen. ♦ **цілко́м і п.** completely ◊ **Марко́ поділя́є ї́хні перекона́ння цілко́м і п.** Marko completely shares their convictions.

Also see **геть 1, зо́всім 1, спо́вна́, цілко́м 2, чи́сто 2**

по́вно, *adv.*

1 in full ◊ **У пере́кладі вона́ хоті́ла п. відтвори́ти бага́тство о́бразів оригіна́лу.** In her translation, she wanted to reproduce in full the rich imagery of the original.

2 *colloq.* a lot, much, many, plenty ◊ **Він купи́в п. дару́нків.** He bought a lot of presents. ◊ **У траві́ було́ п. воло́ги.** There was plenty of moisture in the grass.

See **бага́то 1.** *Ant.* **жме́ня 2, ма́ло 1, тро́хи 1**

повнова́жен|ня, *nt., usu. pl.*

authority, authorization, credentials, mandate + *inf.*

adj. **винятко́ві** exclusive, **ви́разні** explicit, **зага́льні** general, **зако́нні** legitimate, **неоднозна́чні** unequivocal, **осо́бли́ві** special, **офіці́йні** official, **по́вні** complete; **необхі́дні** necessary, **потрі́бні** required; **необме́жені** unlimited, **широ́кі** broad; **вузькі́** narrow, **обме́жені** limited; **таємні́** secret; **тимчасо́ві** provisional

v. + **п. бра́ти (на се́бе) п.** assume the authority (**ма́ти** have ◊ **Івче́нко має винятко́ві п. підпи́сувати такі́ папе́ри.** Ivchenko has the exclusive authority to sign such papers. **посіда́ти** possess; **дава́ти** + *D.* give sb, **делеґува́ти** + *D.* delegate to ◊ **Ревізо́р делеґува́в усі́ п. засту́пникові.** The inspector delegated all his powers to his deputy. **надава́ти** + *D.* grant sb ◊ **Суддя́ нада́в йому́ спеціа́льні п. переві́рити фіна́нсові докуме́нти компа́нії.** The judge granted him a special authorization to audit the company's financial documents. **передава́ти** + *D.* transfer to sb; **пока́зувати** + *D.* show sb, **пред'явля́ти** + *D.* produce sb ◊ **Її попроси́ли пред'яви́ти слі́дчі п.** She was asked to produce her detective's credentials. **дістава́ти** get, **отри́мувати** receive; **визнава́ти** recognize, **підтве́рджувати** confirm, **прийма́ти** accept; **ста́вити під су́мнів** question; **віддава́ти** + *D.* relinquish to sb, **склада́ти (з се́бе)** cede; **переви́щувати** excede ◊ **Полі́ція переви́щила п.** The police exceded their authority. **узурпува́ти** usurp); **домага́тися ~ь** seek authorization ◊ **Він домага́вся широ́ких ~ь.** He sought a broad authority. (**позбавля́ти** strip sb of) ◊ **Клiє́нт позба́вив його́ ~ь вести́ перемо́вини.** His client stripped him of the authorization to conduct the negotiations. **наділя́ти** + *D.* **~ями** grant sb authorization ◊ **Адвока́та наділи́ли всіма́ необхі́дними ~ями представля́ти фі́рму.** The attorney was granted all the requisite authority to represent the firm.

prep. **без ~ь** without authorization ◊ **Адвока́т прийшо́в без жо́дних ~ь.** The attorney came without any authorization. **з ~ням** with authorization; **п. від** + *G.* the authorization from sb ◊ **п. від дире́ктора** an authorization from the director; **п. для** + *G.* the authorization for sth ◊ **п. для то́го, щоб підпи́сувати уго́ди** the authorization to sign agreements; **п. на** + *A.* the authorization for sth or to do sth ◊ **п. на збро́ю** an authorization to carry arms

Also see **компете́нція 2.** *Cf.* **вла́да 2**

пово́д|итися, **~жу́ся**, **~ишся**, **~яться; повести́ся, повед|у́ться**, *intr.*

to behave, conduct oneself, act

adv. **бездога́нно** impeccably, **га́рно** nicely, **до́бре** well, **че́мно** politely, **зразко́во** exemplarily, **коре́ктно** correctly, **норма́льно** normally, **обере́жно** with caution ◊ **Марі́я обере́жно ~илася з журналі́стом.** Maria acted with caution with the reporter. **відповіда́льно** responsibly, **раціона́льно** rationally, **розу́мно** wisely; **дивакува́то** bizarrely, **ди́вно** strangely, **ди́ко** wackily, **ексцентри́чно** eccentrically, **істери́чно** hysterically, **необду́мано** rashly ◊ **Андрі́й пові́вся необду́мано.** Andrii behaved rashly. **непередба́чувано** unpredictably; **підозрі́ло** suspiciously, **чуде́сно** *colloq. and* **чу́дно** weirdly; **ви́клично** defiantly, **ганébно** disgracefully, **наха́бно** brazenly, **неприйня́тно** unacceptably, **обра́зливо** offensively, **пога́но** badly, **сканда́льно** scandalously; **по-ха́мськи** crassly; **аґреси́вно** aggressively, **злочи́нно** criminally; **самогу́бчо** suicidally; **по-дитя́чому** like a child, **по-доро́слому** like an adult; **відпові́дно** accordingly; **іна́кше** differently; **поді́бно** similarly; **приро́дно** naturally

v. + **п. бу́ти тре́ба** + *D.* need to, **слід** + *D.* should; **вмі́ти** know how to ◊ **Ната́ля вміє п.** Natalia knows how to behave. **вчи́ти** + *A.* teach sb to; **намага́тися** try to ◊ **Інна намага́ється відповіда́льно пово́дитися зі слова́ми.** Inna tries to be responsible in her choice of words. **хоті́ти** want to; **обіця́ти** + *D.* promise sb to; **відмовля́тися** refuse to; **почина́ти** begin to ◊ **Коли́ він почне́ п. розу́мно?** When will he begin to behave wisely? **ста́ти** *pf.* start; **продо́вжувати** continue to; **перестава́ти** stop ◊ **Наре́шті Ві́ктор переста́в п. як дити́на.** Finally Viktor stopped behaving like a child.

prep. **п. з** + *I.* behave toward sb ◊ **Ні́на ~лася з не́ю до́сить гру́бо.** Nina behaved rather rudely toward her. **п. згі́дно з** + *I.* behave according to sth ◊ **Член клу́бу має п. згі́дно з неписа́ними пра́вилами.** A club member is supposed to behave according to unwritten rules. **п., на́че** *or* **нена́че** + *clause* behave as if ◊ **Усі́ ~илися, на́че ні́чого не ста́лося.** Everybody behaved as though nothing had happened. **п., як** + *N.* behave like sb ◊ **Вона́ ~илася як дуре́па.** She behaved like a fool.

Also see **обхо́дитися 3, трима́тися 4**

поворо́т, *m.*, **~у**

1 turn, turning, rotation

adj. **ґвалто́вний** *and* **різки́й** abrupt, **несподі́ваний** unexpected, **рапто́вий** sudden; **пла́вний** gentle; **по́вний** full; **часткóвий** partial

п. + *n.* **п. ви́крутки** a turn of a screwdriver (**голови́** head, **ту́луба** body, **ши́ї** neck; **керма́** wheel, **пропе́лера** propeller, **ру́чки** knob, *etc.*)

prep. ◊ **п. на дев'ятдеся́т гра́дусів** a 90° turn (**сто вісімдеся́т гра́дусів** 180°, *etc.*)

2 turn, change of direction, veer

adj. **лі́вий** left ◊ **Вона́ ввімкну́ла лі́вий п.** She switched on the left turn. **пра́вий** right; **несподі́ваний** unexpected, **рапто́вий** sudden, **різки́й** abrupt, **стрімки́й** sharp; **пла́вний** smooth, **пові́льний** slow; ♦ **п. право́руч** a right turn ◊ **На перехре́сті він зроби́в п. право́руч.** At the intersection, he took a right turn.

v. + **п. вико́нувати п.** execute a turn ◊ **Бори́с вико́нав стрімки́й п. на велосипе́ді.** Borys executed a sharp turn on his bicycle. (**роби́ти** make; **перео́чувати** overlook, **пропуска́ти** miss)

Also see **зворо́т 1**

3 turn *(of a road)*, bend, corner, junction

adj. **насту́пний** next; **не той** wrong; **різки́й** sharp, **скла́дни́й** difficult

v. + **п. промина́ти п.** pass a turn (**пропуска́ти** miss ◊ **Він спові́льнив ї́зду́, щоб не пропусти́ти п.** He slowed down not to miss the turn. **виї́жджа́ти на** enter; **впи́суватися у** make) ◊ **Він не вписа́вся у п. і ви́летів на узбі́ччя.**

He did not make the turn and careened onto the shoulder. **наближáтися до ~у** approach a turn
prep. **за ~ом** behind a turn ◊ **За настýпним ~ом був готéль, який вонй шукáли.** There was the hotel they were looking for behind the next turn in the road. **на ~і** at a junction ◊ **Вонй зупинялися і питáли на кóжному ~і.** They stopped and asked at every junction.
Also see **зворóт 1, колíно 4**
4 *fig.* change, turning point
adj. **важлйвий** important ◊ **Мáло хто розумíв, який важлйвий п. відбýвся.** Few understood what an important change had occurred. **драматйчний** dramatic, **істöрйчний** historic, **правдйвий** true, **спрáвжній** real; **небáжаний** undesirable, **несподíваний** unanticipated; **трагíчний** tragic, **щаслйвий** happy
v. + **п. знаменувáти п.** mark a turning point ◊ **Кнйжка ознаменувáла п. в істóрії літератýри.** The book marked a turning point in literary history. (**означáти** signify); **причинятися до ~у** bring about a turning point ◊ **Окупáція причинйлася до драматйчного ~у в істóрії країни.** The occupation brought about a dramatic turning point in the country's history.
5 *colloq.* return, coming back ◊ **Батькй з нетерпíнням чекáли на п. дочкй.** The parents waited impatiently for their daughter's return.
See **повéрнення 2**

повста|вáти, ~ють; ~ти, ~нуть, *intr.*
to rise up, rebel ◊ **Селяни ~вáли прóти спроб нав'язáти їм колективізáцію.** Peasants rebelled against the efforts to impose collectivization upon them.
adv. **одностáйно** unanimously ◊ **Студéнти ~ли одностáйно.** The students rose up unanimously. **одночáсно** at the same time, **рáзом** together, **як одйн** as one; **рішýче** resolutely; **несподíвано** unexpectedly, **рáптом** suddenly; **нарéшті** finally; **стихíйно** spontaneously
v. + **п. готувáтися** prepare to ◊ **Українські полкй готувáлися ~ти одночáсно.** The Ukrainian regiments were preparing to rise up at the same time. **мáти нáмір** have the intention to, **планувáти** plan to; **заклйкáти** + *A.* call on sb to ◊ **Він заклйкав людéй ~ти.** He called on people to rise up. **могтй** can ◊ **Солдáти моглй ~ти у будь-який момéнт.** The soldiers could rebel at any moment. **погрóжувати** threaten to
prep. **п. прóти** + *G.* rise up against sb ◊ **Нарóд ~в прóти російської окупáції.** The people rose up against the Russian occupation.
Also see **вставáти 3**

повстáн|ець, *m.,* **~ця; ~ка,** *f.*
rebel, insurgent
adj. **антисовéтський** anti-Soviet, **антиурядóвий** anti-government, **комуністйчний** Communist, **маоїстський** Maoist; **лíвий** left-wing, **прáвий** right-wing, **сепаратйстський** separatist; **колйшній** former ◊ **У цьóму чоловíкові тяжко впізнáти колйшнього маоїстського ~ця.** It is difficult to recognize a former Maoist rebel in the man. **озбрóєний** armed
n. + **п. грýпа ~ців** a group of rebels ◊ **Грýпа озбрóєних до зубíв ~ців захопйла банк.** A group of armed to the teeth rebels captured the bank. (**загíн** detachment; **кíлькість** number) ◊ **Кíлькість ~ців зростáла.** The number of rebels grew. **командйр ~ців** the rebel commander (**провіднйк** leader; **прибíчник** supporter, **симпáтик** sympathizer)
v. + **п. атакувáти ~ців** attack rebels (**очóлювати** lead, **підтрймувати** support ◊ **Місцéве насéлення підтрймувало ~ців.** The local population supported the rebels. **інформувáти** *and* **повідомляти** inform) ◊ **Він повідомляв ~ців про пересувáння урядóвих вíйськ.** He informed the rebels about the government troops' movements. **приєднуватися до ~ців** join rebels ◊ **Утікачí приєднувалися до ~ців.** The fugitives joined the rebels. **допомагáти ~цям** help rebels ◊ **Олéнка допомагáла ~цям.** Olenka was helping the rebels. (**завдавáти порáзки** defeat) ◊ **Пíсля десятй рóків боротьбй ýряд нарéшті завдáв остатóчної порáзки лíвим ~цям.** After ten years of struggle, the government finally defeated the left-wing rebels conclusively. **борóтися з ~цями** fight rebels (**вестй перемóвини з** conduct negotiations with)
п. + *v.* **базувáтися в** + *L.* be based in *(a place)* ◊ **~ці базувáлися в північних лісáх.** The rebels were based in the northern forests. **займáти** + *A.* occupy sth ◊ **Кýрдські ~ці зайнялй ще однé мíсто.** The Kurdish rebels occupied yet another city. **захóплювати** + *A.* seize sth ◊ **~ці захопйли склад з боєприпáсами.** The rebels seized a munition depot. **нападáти на** + *A.* attack sb/sth, **наступáти на** + *A.* advance on sb/sth

повстáн|ня, *nt.*
uprising, insurrection, rebellion
adj. **велйке** great ◊ **Велйке п. охопйло Украíну.** A great uprising engulfed Ukraine. **збрóйне** armed, **кривáве** bloody, **революцíйне** revolutionary; **невдáле** failed; **мáсове** mass; **національне** national, **невíльниче** slave, **селянське** peasant, **робітнйче** workers', **студéнтське** student, **тюрéмне** prison; **ґвалтóвне** abrupt, **неочíкуване** unexpected, **стихíйне** spontaneous
v. + **п. викликáти п.** cause an uprising ◊ **Рíшення рéктора вйкликало студéнтське п.** *fig.* The (university) president's decision caused a student uprising. (**організóвувати** stage, **починáти** start, **провокувáти** provoke, **розпáлювати** spark; **очóлювати** lead; **придýшувати** suppress ◊ **Полíція придушйла стихíйне п.** The police suppressed the spontaneous uprising. **уникáти п.** avoid an uprising; **запобігáти ~ню** prevent an uprising ◊ **Ýряд хотíв запобігти робітнйчому ~ню.** The government wanted to prevent a workers' uprising.
п. + *v.* **вибухáти** erupt ◊ **На пíвдні країни стáли вибухáти збрóйні п.** Armed uprisings started erupting in the south of the country. **спалáхувати** flare up; **зазнавáти порáзки** suffer a defeat ◊ **П. 1953 рóку зазнáло порáзки.** The 1953 uprising suffered a defeat. **продóвжуватися** + *A.* continue for, **тривáти** + *A.* last for ◊ **Невíльниче п. тривáло цíлий рік.** The slave uprising lasted for an entire year.
prep. **в ~ні** in an uprising ◊ **Усí етнíчні меншйни взяли ýчасть у ~ні.** All the ethnic minorities took part in the uprising. **під час п.** during an uprising ◊ **Під час п. траплялися áкти насйльства.** Acts of violence occurred during the uprising. **п. прóти** + *G.* an uprising against sb ◊ **мáсові п. прóти пóльського панувáння** mass uprisings against the Polish domination
Also see **зáколот, майдáн 3**

повстá|ти, *pf., see* **повставáти**
to rise up, rebel ◊ **Країна ~ла прóти диктáтора.** The country rose up against the dictator.

повсякдéнн|ий, *adj.*
1 daily, everyday, quotidian
п. + *n.* **п. етикéт** an everyday etiquette (**макíяж** make-up; **óдяг** clothes; **хліб** bread); **~а дíйсність** an everyday reality (**проблéма** problem, **робóта** work; **сорóчка** shirt) ◊ **На вечíрку Назáр убрáв свою ~у сорóчку.** Nazar put on his everyday shirt for the party. **~е життя** everyday life (**існувáння** existence, **харчувáння** nutrition)
See **звичáйний.** *Also see* **життєвий 2, щодéнний**
2 constant, ongoing, nonstop
п. + *n.* **п. дóгляд** constant care ◊ **Тепéр вонй перебувáтимуть під ~им дóглядом лікарів.** Now they will be under constant care of doctors. **~а боротьбá** a constant struggle; **~і вйклики** constant challenges (**проблéми** problems)
See **постíйний 2**

повтóрен|ня, *nt.*
1 repetition
adj. **безкінéчне** endless ◊ **Він втомйвся від безкінéчного п. тогó самóго матеріялу.** He got tired of the endless repetition of one and the same material. **безперéрвне** uninterrupted; **кóжне** each, **новé** new; **навмйсне** deliberate, **свідóме** intentional; **тóчне** exact, **періодйчне** periodic, **постíйне** constant, **чáсте** frequent; **бездýмне** mindless, **механíчне** mechanical ◊ **Від неї вимагáли механíчного п. кількóх простйх рéчень.** A mechanical repetition of a few simple sentences was required from her. **монотóнне** monotonous
v. + **п. викорйстовувати п.** use a repetition ◊ **У вíршах він викорйстовує п.** In his poems, he uses repetitions. (**робйти** do); **уникáти п.** avoid repetition (**вдавáтися до** resort to) ◊ **Вонá вдається до нýдних ~ь.** She resorts to monotonous repetitions. **запобігáти ~ню** prevent a repetition
prep. **без п.** without repetitions; **з ~ням** with repetition
2 recapitulation, review ◊ **п. матеріялу лéкції** a review of the lesson
adj. **вичéрпне** exhaustive, **всеохóпне** comprehensive, **глибóке** profound, **доклáдне** detailed, **загáльне** general, **пóвне** full, **ретéльне** thorough, **поглйблене** in-depth, **побíжне** cursory, **поверхóве** superficial ◊ **Поверхóве п. кýрсу не допомóже їй склáсти íспит.** A superficial recapitulation of the course will not help her pass the exam.
prep. **п. до** + *G.* review for sth ◊ **загáльне п. кýрсу до íспиту** a general review of the course for the exam
3 *fig.* replica, copy ◊ **Кóжен день був ~ням попередього.** Each day was a copy of the previous one.
See **кóпія 2**

повтóрн|ий, *adj.*
second, another; repeated
п. + *n.* **п. íспит** a re-examination, **п. шлюб** a second marriage; ◊ **Учóра відбýвся п. нáпад на гóлову опозйції.** Yesterday, there occurred another attack at the opposition leader. **~а авáрія** another accident, **~а помйлка** a repeated mistake; **~е щéплення** a revaccination;
♦ **~і вйбори** a runoff election

повтóрю|вати, ~ють; повтор|йти, ~ять, *tran.*
1 to repeat, reiterate ◊ **Він ~вав присягу за суддéю.** He was repeating the oath after the judge.
adv. **безкінéчно** endlessly, **безперестáнку** nonstop, **без перéрви** without interruption, **знóву** again, **періодйчно** periodically, **постíйно** constantly, **чáсто** frequently ◊ **Вонá чáсто ~є цю цитáту.** She often repeats this quotation. **впéрто** stubbornly, **терпля́че** patiently, **твéрдо** firmly; **всьогó-нá-всьогó** merely, **лишé** *or* **тíльки** only, **прóсто** simply; **беззвýчно** silently, **тйхо** quietly ◊ **«Навíщо?» – тйхо повторйла дівчйна.** "Why?" the girl repeated quietly. **гóлосно** loudly; **детáльно** in detail, **доклáдно** accurately, **дослíвно** verbatim, literally, **слóво у слóво** word for word, **тóчно** exactly; **вирáзно** distinctly, **повíльно** slowly, **швйдко** quickly; **бездýмно** mindlessly, **механíчно** mechanically, **монотóнно** monotonously
v. + **п. бýти слід** + *D.* should ◊ **Мйколі не слід п. своєї ж помйлки.** Mykola should not repeat his own mistake. **бýти трéба** + *D.* need to; **бýти вáрто** be worth ◊ **Вáрто повторйти цю мýдру**

дýмку. This wise thought is worth reiterating. **змогти́** *pf.* manage to, **могти́** be able to ◊ **Ви мóжете повтори́ти?** Can you repeat? **проси́ти** + *A.* ask sb to; **намагáтися** try to, **прóбувати** attempt to ◊ **Вонá прóбувала повтори́ти свій ýспіх на змагáннях у Ри́мі.** She attempted to repeat her success at the competition in Rome. **хотíти** want to
повторíть! Come again! Repeat!
Also see **тверди́ти**
2 to review *(material, etc.)*, revisit, recapitulate ◊ **Він має три дні, щоб повтори́ти прóйдений матерія́л.** He has three days to review the material covered.
adj. **вичéрпно** exhaustively ◊ **Вонá вичéрпно повтори́ла пéршу лéкцію.** She did an exhaustive review of the first lesson. **всеохóпно** comprehensively, **гли́бóко** profoundly, **доклáдно** in detail, **в загáльному** in general, **впóвні** fully, **ретéльно** thoroughly; **побíжно** cursorily, **поверхóво** superficially
v. + **п. загáдувати** *or* **задавáти** + *D.* assign sb to, **мáти** be supposed to ◊ **На понедíлок вони́ мáють повтори́ти місцéвий відмíнок.** For Monday, they are supposed to review the locative case. **бýти трéба** + *D.* need to; **закíнчувати** finish, **починáти** begin to, **продóвжувати** continue
prep. **п. до** + *G. or* **п. на** + *A.* review sth for *(a date, etc.)* ◊ **Він ~є прáвила до настýпного заняття́** *or* **на настýпне заняття́.** He is reviewing the rules for the next class.
pa. pple. **повтóрений** repeated; reviewed
повтóрюй! повтори́!

повтóрю|ватися; повтори́тися, *tran.*
1 to repeat itself, recur, happen again ◊ **Це я́вище ~ється щодвáдцять рóків.** The phenomenon recurs every twenty years.
adv. **бaгáто разíв** many times, **безперéрвно** nonstop, **впéрто** stubbornly, **знóву** again, **чáсто** often; **інóді** sometimes; **несподíвано** unexpectedly, **рáптом** suddenly; **бíльше не** not any more ◊ **Ди́вний звук бíльше не ~вався.** The strange sound did not repeat any more. **рíдко коли́** seldom ever
v. + **п. мáти схи́льність** tend to ◊ **Симптóм мáє схи́льність п.** The symptom tends to reoccur. **починáти** begin ◊ **Профéсор почáв п.** The professor began to repeat himself. **не перестáвати** not to stop. ♦ **що повтóрюється** recurrent ◊ **я́вище, що ~ється** a recurrent phenomenon
2 *pass.* to be repeated ◊ **Тéма смéрти ~валася в йогó твóрах.** The theme of death was recurrent in his works. ◊ **Ви́раз ~ється при кінцí катрéна.** The expression is repeated at the end of quatrain.

пов'я́зан|ий, *adj.*
connected, tied, linked; covered *(of head)* + *I.* with/by
adv. **пря́мо** directly, **бли́зько** closely, **інти́мно** intimately, **тíсно** tightly; **крéвно** by blood; **навíки** for eternity, **назáвжди** forever; **непря́мо** indirectly
v. + **п. бýти ~им** be tied ◊ **Її вóлосся булó ~е хусти́ною.** Her hair was tied with a kerchief. (**вважáти** + *A.* consider sb/sth, **виявля́тися** turn out; **лишáтися** remain, **ставáти** become)
◊ **Олéг ставáв ~им з ї́хньою спрáвою.** Oleh was becoming involved in their cause.
prep. **п. з** + *I.* connected with sb/sth; **п. між** + *I.* connected between sb ◊ **Обидві подíї якóсь ~і між собóю.** Both events were somehow linked.
See **пов'я́зувати**

пов'язá|ти, *pf., see* **пов'я́зувати**
to tie, *etc.* ◊ **Полонéного ~ли по рукáх і ногáх.** The captive was tied up and down.

пов'я́зу|вати, ~ють; пов'язáти, ~ý, пов'я́ж|уть, *tran.*
1 to knot, tie up, bind, fasten ◊ **Вáрвара вибирáє два шнурки́ й акурáтно ~є ї́х.** Varvara chooses two shoelaces and ties them neatly.
adv. **акурáтно** neatly, **вíльно** loosely, **лéдве** scarcely, **наси́лу** barely, **як-нéбудь** shoddily, **я́кось** somehow; **мíцно** firmly, **надíйно** securely, **тíсно** tightly ◊ **Він тíсно пов'язáв пáски в імпровізóваний канáт.** He knotted belts tightly into an improvised cable.
п. + *n.* 1) **п.** + *I.* **п. бандáною** tied with a bandana ◊ **Івáн пов'язáв гóлову бандáною.** Ivan tied his head with a bandana. (**мотýзкою** rope, **рушникóм** towel, **хýсткою** kerchief; **крóвними вýзами** blood ties), ♦ **п. бинтóм** to bandage ◊ **Вонá пов'язáла рáну бинтóм.** She bandaged the wound. 2) **п.** + *D.* + *A.* put on sb sth, **п. кравáтку** put on a tie ◊ **З такóї нагóди він пов'язáв мóдну кравáтку.** He put on a stylish tie for such an occasion. (**рушни́к** towel, **хýстка** kerchief) ◊ **За звичáєм, свéкруха ~є молóдій жíнці хýстку.** As is the custom, the mother-in-law ties a kerchief around the young wife's head.
prep. **п. навкóло** tie around sth ◊ **Ось, пов'яжи́ їй навкóло ши́ї шáлик.** Here, tie a scarf around her neck.
See **в'язáти 1.** *Also see* **зав'я́зувати 1, зв'я́зувати 1.** *Ant.* **розв'я́зувати 1**
2 *fig.* to tie, link, unite, connect ◊ **Дóсвід росíйського концтáбору ~ватиме цих людéй рéшту життя́.** These people will be tied for the rest of their lives by their experience of the Russian concentration camp.
adv. **пря́мо** directly, **глибóко** deeply, **емоцíйно** emotionally, **імпліци́тно** implicitly, **інти́мно** intimately, **мíцно** firmly, **нерозри́вно** inseparably, **тíсно** closely ◊ **Рóки спíльного життя́ тíсно ~вали ї́х.** They were closely connected by years of living together. **духóвно** spiritually, **конфесíйно** confessionally, **культýрно** culturally, **мóвно** linguistically, **релігíйно** religiously; **економíчно** economically, **фінáнсово** financially; **політи́чно** politically; **адміністрати́вно** administratively
v. + **п. намагáтися** strive to; **продóвжувати** continue to, **перестaвáти** stop; **мáти на метí** aim at ◊ **Зáхід мав емоцíйно пов'язáти оби́дві спíльноти.** The event aimed at uniting both communities emotionally.
prep. **п. з** + *I.* tie to sb/sth ◊ **Що сáме ~є Марíю з Івáном?** Exactly what ties Maria to Ivan?
See **єднáти 1.** *Also see* **в'язáти 2, зв'я́зувати 3, об'єднувати 1, поєднувати 2, сполучáти 3**
3 to associate with, link to ◊ **Червóне ~ють із вогнéм.** Red is associated with fire.
Also see **асоціювáти**
pa. pple. **пов'я́заний** tied, connected, linked
пов'я́зуй! пов'яжи́!

пов'я́зу|ватися; пов'язáтися, *intr.*
1 to tie oneself, wrap oneself, fold oneself + *I.* in sth
prep. **п. в** + *A.* wrap oneself in ◊ **Мáрта пов'язáлася тéплим шарфóм** *or* **у тéплий шарф.** Marta wrapped herself in a warm scarf.
2 to get tied with, get connected with, go together with ◊ **Словá ніяк не ~валися із ди́вним ви́разом на йогó обли́ччі.** The words did not at all go together with a strange expression on his face.
3 to associate with, be associated with
prep. **п. в** + *G.* associate in sb's mind, for sb; **п. з** + *I.* associate with sth ◊ **Буди́нок ~вся в Олéкси з пéршим кохáнням.** Oleksa associated the building with his first love.
Also see **асоціювáтися**
4 *colloq.* to get involved with sb *(of bad reputation)* ◊ **У шкóлі він пов'язáвся з кримінáльними елемéнтами.** When at school, he got involved with criminal elements.

погáн|ий, *adj.*
1 bad, poor, inferior ◊ **Сир ви́явився ~им.** The cheese proved to be bad.
adv. **вкрай** extremely, **дýже** very, **особли́во** especially, **прóсто** simply, **спрáвді** really ◊ **Земля́ навкóло булá спрáвді ~ою.** The soil around was really poor. **страшéнно** terribly; **дóсить** rather, **достáтньо** sufficiently, **мáйже** almost; **нáдто** too; **безнадíйно** hopelessly, **невипрáвно** irreparably; **винятко́во** exceptionally, **на рíдкість** exceptionally ◊ **на рíдкість п. вчи́тель** an exceptionally bad teacher; **на ди́во** surprisingly, **невірогíдно** unbelievably, **неймовíрно** incredibly, **неправдоподíбно** improbably; **несподíвано** unexpectedly, **однáково** equally
п. + *n.* **п. дослíдник** a bad researcher (**журналíст** journalist, **письмéнник** writer, **помічни́к** assistant, **порáдник** advisor, **фільм** film; **зір** sight ◊ **Він прихóвує свій п. зір.** He conceals his poor sight. **слух** hearing, **смак** taste); **~а апаратýра** bad equipment (**погóда** weather; **постáва** production, **робóта** work, **світли́на** photograph, **я́кість** quality); **~е вихувáння** bad upbringing (**здорóв'я** health, **стáвлення** treatment; **забезпéчення** provision, **харчувáння** nutrition)
v. + **п. бýти ~им** be bad (**вважáти** + *A.* consider sth, **виглядáти** look, **вихóдити** prove ◊ **Постáва óпери ви́йшла дóсить ~ою.** The opera production proved rather bad. **виявля́тися** turn out; **лишáтися** remain ◊ **Йогó смак як був, так і лишáється ~им.** His taste was and remains bad. **оголóшувати** + *A.* declare sb/sth ◊ **Кри́тика поквáпилася оголоси́ти йогó ~им поéтом.** The critics hurried to declare him a bad poet. **роби́ти** + *A.* make sb/sth ◊ **Мýзика роби́ть ~им цíлий фільм.** The music makes the entire film bad. **ставáти** become)
Also see **дурни́й 3, кéпський, незадовíльний, ніякий 2, парши́вий 1, паскýдний 1, уперéджений 2.** *Ant.* **дóбрий 2, хорóший 1**
2 harmful, damaging, detrimental
п. + *n.* **п. вплив** a bad influence (**гриб** mushroom; **звичáй** custom, **нáмір** intention, **план** plan, **прецедéнт** precedent, **при́клад** example); **~а зви́чка** a bad habit (**кров** blood, **настанóва** attitude; **ри́са** trait, **схи́льність** proclivity, **тендéнція** trend), ♦ **~а хворóба** a venereal disease; **~е товари́ство** bad company ◊ **Її син пов'язáвся із ~им товари́ством.** Her son got involved with a bad bunch.
See **небезпéчний, шкідли́вий.** *Also see* **злоя́кісний 3, негати́вний 1.** *Ant.* **безпéчний**
3 bad, unpleasant, disagreeable, unfortunate
п. + *n.* **п. знак** a bad omen (**сон** dream), **п. нáстрій** low spirits; **~а дóля** bad luck (**новинá** news, **репутáція** name ◊ **У мíсті йогó ~а репутáція загальновідóма.** His bad name is common knowledge in town. **слáва** fame); **~е врáження** a bad impression, **~е передчуття́** a presentiment ◊ **Її не лишáло ~е передчуття́.** She was haunted by a presentiment.
Also see **невтíшний 1, негáрний 4**
4 evil *(of a person)*, wicked, immoral ◊ **Він – не такá ~а люди́на, як здаєтся.** He is not such the bad person as he seems.
Also see **лихи́й 1, негáрний 3, недóбрий 2**
5 ugly, repugnant, unattractive ◊ **Він кáже, що Прóня ~а, як жáба.** He says that Pronia is ugly like a frog.
See **негáрний 1, потвóрний 1**
6 base, hateful, odious ◊ **п. вóрог** a hateful enemy
See **ненáвисний**
comp. **гíрший**

погáно, *adv., pred.*
1 *adv.* badly, poorly, ineptly, incompetently, insufficiently
adv. **вкрай** extremely, **дýже** very; **дíйсно** really, **прóсто** simply, **спрáвді** truly, **стрáшно** horribly; **дóсить** rather, **достáтньо** sufficiently; **безнадíйно** hopelessly; **нáдто** too; **нестéрпно** insufferably; **винятко́во** exceptionally, **на рíдкість** exceptionally, **як нíколи** like never before; **невірогíдно** unbelievably, **неймовíрно** improbably; **несподíвано** unexpectedly; **геть** totally, **зóвсім** utterly, **цілкóм** completely

п. + v. п. вари́ти cook poorly ◊ **Ні́на рі́дко коли́ ва́рить п.** Nina rarely ever cooks poorly. (**вихо́вувати** bring sb up, **вчи́ти** teach sb, **зна́ти** know ♦ **П. ви мене́ зна́єте.** You do not know me. **пам'ята́ти** remember, **поя́снювати** explain ◊ **Він так п. поясни́в, що ніхто́ ні́чого не розумі́в.** He had explained so poorly that nobody understood anything. **працюва́ти** work, **шука́ти** search)
Also see **ке́псько, недо́бре 1**
2 *adv.* badly, unfavorably, ill
п. + *v.* **п. відгу́куватися про** + *A.* describe sb unfavorably (**говори́ти про** + *A.* speak of sb ◊ **Він п. гово́рить про Іри́ну.** He speaks ill of Yaryna. **диви́тися на** + *A.* look at sb, **ду́мати про** + *A.* think of sb) ◊ **Не ду́майте про ньо́го п.** Don't think ill of him.
Also see **недо́бре 2**
3 *adv.* badly, naughtily, disobediently, reprehensibly
п. + *v.* **п. пово́дитися** behave ◊ **Іва́нко пово́дився особли́во п.** Ivanko behaved particularly badly.
4 *pred.* bad, sick, unwell + *D.*, *in* **бу́ти п.** be unwell ◊ **Петро́ві було́ до́сить п.** Petro was rather unwell. (**почува́тися** feel, **роби́тися** + *D.* grow, **става́ти** + *D.* become ◊ **Оле́ксі ра́птом ста́ло п.** Oleksa suddenly got sick. ♦ **бу́ти** *or* **става́ти п. на душі́** *or* **се́рці** to feel ill at heart ◊ **Від ціє́ї мело́дії їй ста́ло п. на се́рці.** The melody made her heart heavy.
Also see **недо́бре 4**
5 *indecl.* grade of F *(in school)*, failing grade ◊ **Він зно́ву діста́в «п.».** He received an F again.
See **оці́нка 2.** *Ant.* **відмі́нно 3**
comp. **гі́рше**

погаси́|ти, *pf., see* **гаси́ти**
to extinguish, *etc.* ◊ **Вона́ ~ла во́гонь відро́м води́.** She put out the fire with a bucket of water.

погі́ршен|ня, *nt.*
deterioration ◊ **Лікарі́ намага́ються зупини́ти п. ста́ну хво́рого.** The doctors are trying to stop the patient's condition from deterioration.
adj. **значне́** significant, **помі́тне** marked, **серйо́зне** serious; **ґвалто́вне** abrupt, **несподі́ване** unexpected, **різке́** sharp, **швидке́** rapid; **поступо́ве** gradual, **пості́йне** steady, **трива́ле** long-term; **короткоча́сне** short-term, **тимчасо́ве** temporary; **зага́льне** general, **частко́ве** partial; **загро́зливе** menacing ◊ **П. пого́дних умо́в става́ло загро́зливим.** The deterioration in the weather conditions was becoming menacing. **катастрофі́чне** catastrophic, **небезпе́чне** perilous
v. + **п. зупиня́ти п.** stop deterioration (**констатува́ти** state); **зазнава́ти п.** suffer a deterioration (**вести́ до** lead to, **причиня́тися до** cause) ◊ **Інциде́нт причини́вся до п. взаєми́н між двома́ у́рядами.** The incident caused a deterioration in the relations between the two governments. **запобіга́ти ~ню** prevent deterioration ◊ **Нові́ за́ходи не змогли́ запобі́гти ~ню лікві́дности фі́рми.** The new measures failed to prevent the deterioration of the firm's liquidity.
п. + *v.* **відбува́тися** occur, take place; **припиня́тися** stop, **продо́вжуватися** continue
prep. **п. в** + *L.* deterioration in sth ◊ **помі́тне п. в опла́ті** a marked deterioration in payment
G. pl. **~ь**
Ant. **покра́щення**

погі́рши|ти, *pf., see* **погі́ршувати**
to worsen, *etc.* ◊ **Діє́та лише́ ~ла Ната́лчине здоро́в'я.** The diet only made Natalka's health worse.

погі́рши|тися, *pf., see* **погі́ршуватися**
to worsen, *etc.* ◊ **За пів ро́ку її фізи́чна фо́рма ~лася.** Over half a year, her physical form has deteriorated.

погі́ршу|вати, **~ють; погі́рш|ити, ~ать**, *tran.*
to worsen, make worse, aggravate, exacerbate
adv. **докорі́нно** radically ◊ **Попра́вка докорі́нно ~вала законопрое́кт.** The amendment made the bill radically worse. **зна́чно** significantly, **набага́то** greatly ◊ **Нові́ пра́вила набага́то ~вали його́ перспекти́ви знайти́ пра́цю.** The new regulations greatly worsened his prospects of finding a job. **незмі́рно** immeasurably; **види́мо** visibly, **вира́зно** distinctly, **відчу́тно** tangibly, **очеви́дно** obviously, **помі́тно** markedly, **я́вно** clearly; **істо́тно** essentially, **су́ттєво** substantially; **загало́м** in general; **пості́йно** constantly, **поступо́во** gradually; **реа́льно** really; **ґвалто́вно** abruptly, **митте́во** instantaneously, **несподі́вано** unexpectedly, **рапто́во** suddenly, **рі́зко** sharply, **шви́дко** quickly; **де́що** somewhat, **помі́рно** moderately, **тро́хи** a little; **частко́во** in part; **да́лі** further, **тимчасо́во** temporarily; **можли́во** possibly, **потенці́йно** potentially, **факти́чно** effectively; **економі́чно** economically, **організаці́йно** organizationally, **структу́рно** structurally, **техні́чно** technically, **технологі́чно** technologically, **я́кісно** qualitatively; **зуми́сно** on purpose, **намі́рено** intentionally, **свідо́мо** knowingly
v. + **п. не хоті́ти** not to want ◊ **Вона́ не хоті́ла п. і без то́го пога́ну ситуа́цію.** She did not want to make the already bad situation worse. **намага́тися не** try not to
pa. pple. **погі́ршений** worsened, deteriorated
погі́ршуй! погі́рш!
Ant. **покра́щувати**

погі́ршу|ватися; погі́ршитися, *intr.*
to worsen, deteriorate, get worse
adv. **безпере́рвно** continuously, **пості́йно** constantly; **ді́йсно** really, **драмати́чно** dramatically, **ду́же** greatly, **ґвалто́вно** abruptly ◊ **Пого́да ґвалто́вно погі́ршилася.** The weather abruptly deteriorated. **рі́зко** sharply, **шви́дко** quickly; **згодо́м** eventually; **зна́чно** significantly, **су́ттєво** substantially; **незмі́рно** immeasurably, **помі́тно** noticeably; **де́що** somewhat ◊ **Її зір де́що погі́ршився.** Her sight worsened somewhat. **ле́две** scarcely, **помі́рно** moderately, **тро́хи** a little; **пові́льно** slowly, **поступо́во** gradually
v. + **п. ма́ти тенде́нцію** have the tendency to ◊ **Пі́сля опера́ції її стан мав тенде́нцію п.** After the surgery, her condition had the tendency to deteriorate. **почина́ти** begin to, **ста́ти** *pf.* start to ◊ **Фіна́нсове стано́вище компа́нії стало п.** The company's financial situation started to get worse. **продо́вжувати** continue to ◊ **Мо́ва діте́й продо́вжувала п.** The children's language continued to deteriorate.
Ant. **кра́щати 1, покра́щуватися**

поглибл́ю|вати, **~ють; погли́б|ити, ~лю, ~иш, ~лять**, *tran.*
1 to deepen, dig deeper, make deeper
adv. **до́сить** fairly, **доста́тньо** sufficiently; **ду́же** greatly, **зна́чно** considerably ◊ **Вояки́ зна́чно погли́били ша́нець.** The soldiers dug the trench considerably deeper. **помі́тно** significantly; **ле́две** scarcely, **наси́лу** barely; **ті́льки** only; **ще бі́льше** even more
v. + **п. бра́тися** set about ◊ **Вони́ взяли́ся п. став.** They set about making the pond deeper. **бу́ти тре́ба** + *D.* need to; **змогти́** *pf.* manage to, have the time to, **могти́** can; **планува́ти** plan to; **намага́тися** try to, **про́бувати** attempt to, **стара́тися** do one's best to, **хоті́ти** want to; **допомага́ти** + *D.* help sb to
Also see **погли́блювати 1**
2 *fig.* to deepen, enrich, strengthen, heighten
п. + *n.* **п. взаєми́ни** deepen relations (**відчуття́** feeling ◊ **Осі́нній краєви́д за вікно́м ~вав у Яри́ни відчуття́ само́тности.** The autumn landscape outside the window intensified Yaryna's feeling of loneliness. **до́свід** experience, **дру́жбу** friendship, **знання́** knowledge, **співпра́цю** cooperation; **кри́зу** crisis, **пробле́му** problem)
See **поси́лювати.** *Also see* **загли́блювати 1**
pa. pple. **погли́блений** deepened
погли́блюй! погли́б!

поглина́|ти, **~ють; погли́н|ути, ~уть**, *tran.*
1 to absorb, soak up
adv. **ле́гко** easily, **одра́зу** immediately, **за́раз же** right away, **шви́дко** quickly; **поступо́во** gradually
п. + *n.* **п. воло́гу** absorb moisture (**газ** gas, **ене́ргію** energy, **радія́цію** radiation, **ріди́ну** liquid, **тепло́** warmth)
v. + **п. бу́ти здатним** be able to, **могти́** can ◊ **Матерія́л мо́же п. вели́ку кі́лькість воло́ги.** The material can absorb a great amount of moisture. ◊ **п. звук** absorb sound
2 *fig.* to absorb, take in, assimilate, digest ◊ **Наді́я ле́гко ~є вели́ку кі́лькість інформа́ції.** Nadiia easily takes in a great amount of information.
adv. **блискави́чно** in a flash, **ле́гко** easily, **зра́зу** *or* **одра́зу** immediately, **за́раз же** right away, **шви́дко** quickly; **поступо́во** gradually; **геть** totally, **по́вністю** in full, **ці́лко́м** completely; **акти́вно** actively, **з гото́вні́стю** readily; **паси́вно** passively; **сторі́нка за сторі́нкою** page by page; **ти́хо** quietly; **методи́чно** methodically
п. + *n.* **п. да́ні** absorb data ◊ **Вона́ ле́гко ~є скла́дні статисти́чні да́ні.** She easily assimilates complicated statistical data. (**знання́** knowledge, **інформа́цію** information, **тео́рію** theory, **фа́кти** facts)
3 *fig.* to consume, devour, swallow up ◊ **Їх поступо́во погли́нула те́мрява.** They were gradually swallowed by the darkness.
4 to devour *(food, etc.)*, gobble down, guzzle; *also fig.*
adv. **жа́дібно** greedily; **зра́зу** immediately, **за́раз же** right away, **шви́дко** quickly; **геть** totally, **по́вністю** completely; **за одни́м ковтко́м** at a gulp ◊ **Він за одни́м ковтко́м погли́нув пів пля́шки води́.** He guzzled half a bottle of water at a gulp. ♦ **п. очи́ма** *or* **по́глядом** *fig.* to devour sb with one's eyes
See **же́рти 1, трощи́ти 3.** *Also see* **ї́сти 1, пи́ти 1**
5 *fig.* to use up, consume, occupy ◊ **Робо́та над ново́ю кни́жкою ~ла ввесь письме́нників час.** Work on the new book used up all of writer's time.
See **займа́ти 2.** *Also see* **трива́ти**
pa. pple. **погли́нений** *or* **погли́нутий** absorbed
поглина́й! погли́нь!

по́гляд, *m.*, **~у**
1 look, glance, *fig.* eyes
adj. **зако́ханий** enamored, **ла́гідний** kind ◊ **Він погля́нув на до́чку ла́гідним ~ом.** He cast a kind look at his daughter. **прихи́льний** friendly, **співчу́тливий** sympathetic, **те́плий** warm; **вдя́чний** grateful, **ві́дданий** devoted, **ві́рний** faithful, **загіпнотизо́ваний** hypnotized, **захо́плений** enraptured; **неви́нний** innocent; **боязки́й** sheepish, **несмі́ли́вий** timid, **сором'язли́вий** shy; **гні́вний** angry, **гро́зний** fearsome, **злий** mad, **лихи́й** nasty, **лю́тий** furious, **обу́рений** indignant, **роздрато́ваний** irritated, **розлю́чений** infuriated, **серди́тий** angry, **шале́ний** fierce; **воро́жий** hostile, **крижани́й** icy ◊ **Марі́я зустрі́ла її крижани́м ~ом.** Maria greeted her with an icy look. **незвору́шний** imperturbable, **неприя́зний** unfriendly, **поху́рий** grim, **похму́рий** gloomy, **прохоло́дний** cool, **холо́дний** cold; **засти́глий** frozen; **відсу́тній** vacant, **поро́жній** blank; **відча́йний** frantic, **відчайду́шний** desperate, **застра́шений** scared, **пані́чний** panicky, **переля́каний** frightened, **спаніко́ваний** panic-stricken; **здиво́ваний** surprised, **розгу́блений** confused, **спанте́личений** baffled; **зажу́рений** worried, **ностальгі́йний** nostalgic, **стурбо́ваний** concerned, **сумни́й** sad, **триво́жний** anxious;

викривáльний accusatory, **несхвáльний** disapproving, **осýдливий** reproachful; **гóстрий** sharp, **колючий** biting, **пронизливий** piercing; **вúкличний** defiant, **перемóжний** triumphant, **рішýчий** determined; **вбивчий** deadly ◊ **Лев зіґнорувáв її вбивчий п.** Lev ignored her deadly stare. **отрýйний** poisonous, **токсúчний** toxic, **ядовúтий** venomous; **допúтливий** inquisitive, **зацікáвлений** interested, **зосерéджений** focused, **пúльний** intent, **ретéльний** thorough, **серйóзний** serious, **увáжний** attentive, **цікáвий** curious; **голóдний** hungry, **жадíбний** avid, **спрáглий** thirsty; **поверхóвий** cursory, **швидкúй** quick; **впéртий** stubborn; **зневáжливий** contemptuous, **знущáльний** mocking, **ірóнíчний** ironic, **насмішкувáтий** derisive, **презúрливий** disdainful; **жорстóкий** cruel, **невблагáнний** implacable, **сувóрий** stern; **винувáтий** guilty ◊ **Винувáтий п. на йогó облúччі сказáв усé, що їм трéба булó знáти.** The guilty look on his face said all they needed to know. ♦ **на пéрший п.** at first sight ◊ **Все здавáлося в порядку лишé на пéрший п.** Everything seemed to be in order only at first sight.

v. + **п. відвóдити п.** avert one's eyes ◊ **Він сказáв це, не відвóдячи ~у.** He said it without averting his eyes. (**звертáти** turn, **зосерéджувати** focus, **зупиняти на** + *A.* arrest on sth ◊ **Покупéць зупинúв п. на кришталéвій вáзі.** The customer arrested his eyes on a crystal vase. **звóдити** *or* **піднімáти на** + *A.* raise one's eyes at sb/sth ◊ **Хомá повíльно звів на брáта п.** Khoma slowly raised his eyes at his brother. **кúдати** cast ◊ **Маркó кúнув на незнайóмця перелякaний п.** Marko cast a frightened look at the stranger. **метáти** dart, **спрямóвувати** direct ◊ **Усі спрямувáли п. на остáнній ýступ тéксту.** Everybody directed their eyes at the last passage of the text. **опускáти** lower; **ловúти** catch, **перехóплювати** intercept) ◊ **Він перехопúв змóвницький п. Іванá.** He intercepted Ivan's conspiratorial look. **блудúти ~ом** wander with one's eyes ◊ **Він блудúв відсýтнім ~ом по кімнáті.** His vacant eyes wandered around the room. (**вимíрювати** + *A.* measure sb with ◊ **Христúна вúміряла йогó пронúзливим ~ом з головú до ніг.** Khrystyna measured him up and down with a piercing look. **зупинятися на** + *A.* arrest one's eyes on sth, **поглинáти** *or* **пожирáти** + *A.* devour sb with)

prep. **в ~і** in sb's eyes ◊ **У Мíрчиному ~і булá зневáга.** There was contempt in Mirka's eyes.

2 *fig.* view, opinion ◊ **Йогó неортодоксáльні ~и на дрýжбу шокувáли багатьóх.** His unorthodox views of friendship shocked many people.

adj. **гумористúчний** humorous, **критúчний** critical, **нищівнúй** scathing, **цинíчний** cynical; **призéмлений** down-to-earth, **реалістúчний** realistic, **тверéзий** sober ◊ **Тамáрі імпонувáли нéбожеві тверéзі ~и на життя.** Tamara liked her nephew's sober views of life. **окрéмий** separate, **оригінáльний** original, **особлúвий** particular; **особúстий** personal; **спíльний** common, shared; **екстремáльний** *or* **скрáйній** extreme; **неортодоксáльний** unorthodox; **ортодоксáльний** orthodox, **традицíйний** traditional ◊ **традицíйний п. на роль держáви у рóзвитку наýки** a traditional view of the government role in the development of science

v. + **п. визначáти п.** determine a view ◊ **Дóсвід вúзначив її п. на шлюб.** Her experience determined her view of marriage. (**забáрвлювати** color, **формувáти** shape; **виражáти** express ◊ **Кóжен могтúме вíльно вúразити свій п.** Everybody will be able to express his view freely. **вислóвлювати** voice; **заснóвувати на** + *L.* base on sth; **мáти** have, **обговóрювати** discuss, **представляти** present ◊ **Рéчниця представúла п. ýряду на проблéму.** The spokeswoman presented the government's view of the problem. **відстóювати** advocate, **захищáти** defend, **підтрúмувати** support; **приймáти** accept, **схвáлювати** approve; **змíнювати** change, **переглядáти** revise; **висмíювати** ridicule, **відкидáти** reject, **критикувáти** criticize, **заперéчувати** deny, **спростóвувавти** refute, **стáвити під сýмнів** question; **впливáти на** influence); **тримáтися ~у** adhere to a view (**відмежóвуватися від** disavow ◊ **Полíтик публíчно відмежувáвся від скрáйніх ~ів.** The politician publicly disavowed extreme views. **відмовлятися від** abandon); **відповідáти ~ові** be consistent with a view (**суперéчити** contradict)

prep. **з ~у** + *G.* in sb's view ◊ **З нáшого ~у, нóвий закóн нíчого не змíнить на крáще.** In our view, the new law will change nothing for the better. **згíдно з ~ом** according to a view; **на п.** in sb's opinion ◊ **На наш п., це трéба робúти негáйно.** In our opinion, this should be done immediately. **п. на** + *A.* a view of sth ◊ **п. на леґалізáцію наркóтиків** a view of drug legalization; **п. стосóвно** *or* **щóдо** + *G.* a view about/on/concerning sb/sth ◊ **поширений п. щóдо рóлі особúстости в істóрії** a widespread view concerning the role of an individual in history

See **дýмка 2.** *Also see* **суд 4**

3 *only pl.* views, beliefs, convictions

adj. **ідеологíчні** ideological, **суспíльні** social, **філосóфські** philosophical; **юнáцькі** youthful; ◊ **Фукó вплúнув на йогó юнáцькі ~и.** Foucault influenced his youthful beliefs. **ліберáльні** liberal, **лíві** left-wing, **поступóві** *or* **проґресúвні** progressive ◊ **Він тримáється поступóвих ~ів.** He adheres to progressive views. **консервативні** conservative, **прáві** right-wing ◊ **Вонá – жíнка прáвих ~ів.** She is a woman of right-wing views. **радикáльні** radical, **революцíйні** revolutionary; **реакцíйні** reactionary

See **переконáння.** *Also see* **вíра 1, понятт́я 2**

поглянý|ти, *var., see* **глянути**

to look, cast a look, *etc.* ◊ **Він ~в на брáта.** He looked at his brother.

поговорú|ти, *pf., see* **говорúти**

to speak, talk; speak *(for a while)* ◊ **Дрýзі ~ли годúну і розійшлúся.** The friends talked for an hour and split.

погóд|а, *f., only sg.*

1 weather

adj. **безхмáрна** cloudless ◊ **Тогó понедíлка п. булá безхмáрною.** The weather was cloudless that Monday. **гáрна** fair, **дóбра** fine ◊ **Зáвтра, як бýде дóбра п., бáтько повезé їх до лíсу.** Tomorrow, if the weather is fine, their father will take them to the forest. **досконáла** perfect, **знаменúта** *colloq.* superb, **ідеáльна** ideal, **прекрáсна** excellent, **слáвна** lovely, **чудóва** wonderful, **фáйна** *colloq.* nice, **хорóша** good; **сприятлива** favorable; **лáгідна** gentle, **м'якá** mild, **помíрна** temperate, **сóнячна** sunny, **тéпла** warm; **тúха** calm; **дощовá** rainy, **мóкра** wet, **тумáнна** foggy; **дúвна** strange, **непередбáчувана** unpredictable ◊ **При кінці бéрезня п. дóсить непередбáчувана.** The weather is fairly unpredictable in late March. **бурéмна** violent, **вíтряна** windy, **штормовá** stormy; **лю́та** fierce, **сувóра** severe; **морóзна** frosty, **прохолóдна** cool, **холóдна** cold; **жахлúва** awful, dreadful, **огúдна** disgusting, **паскýдна** *colloq.* awful, **кéпська** nasty, **погáна** bad, **страшнá** terrible ◊ **Страшнá п. булá для них пóвною несподíванкою.** The terrible weather was a complete surprise to them. **похмýра** gloomy, **сíра** gray, **хмáрна** cloudy; **мінлúва** changing, **нестáла** unsettled; **екстремáльна** extreme; **веснянá** spring, **зимóва** winter, **лíтня** summer, **осíння** fall; **несезóнна** unseasonal

n. + **п. архíв ~и** a weather archive (**звéдення** report ◊ **По рáдіо щогодúни передають звéдення ~и.** Weather reports are broadcast on the radio every hour. **змíна** change, **мáпа** map, **прогнóз** forecast, **слýжба** service, **щодéнник** journal); **змíна ~и** a change in the weather; **прúмхи ~и** vagaries of the weather ◊ **Екіпáж кораблá терпíти всі прúмхи зимóвої ~и.** The ship's crew bore all the vagaries of winter weather.

v. + **п. вивчáти ~у** study the weather (**визначáти** determine ◊ **Зóна висóкого тúску визначáтиме ~у настýпні три добú.** The high pressure zone will determine the weather for the next three days. **передбачáти** predict, **перевіряти** check, **прогнозувáти** forecast; **впливáти на** influence); ♦ **робúти ~у** to matter ◊ **Її дýмка не рóбить ~и.** Her opinion doesn't matter. **залéжати від ~и** depend on the weather ◊ **Пóдорож у гóри залéжала від ~и.** The trip to the mountains depended on the weather. ♦ **чекáти з мóря ~и** to hope in vain; **насолóджуватися ~ою** enjoy the weather ◊ **Вонú трéтій день насолóджуються винятќовою ~ою.** They have enjoyed exceptional weather for the third day. (**слíдкувáти за** follow)

п. + *v.* **мінятися** change, **покрáщуватися** improve ◊ **П. покрáщилася.** The weather improved. **теплíшати** warm up; **погíршуватися** worsen, get worse ◊ **П. погíршилася.** The weather got worse. **тримáтися** hold; **псувáтися** deteriorate, **холодáти** get cold; **дозволяти** + *D.* allow sb ◊ **П. дозвóлила вітрúльникам пересíкти Ла-Манш.** The weather allowed the sailboats to cross the English Channel. **перешкоджáти** + *D.* hamper sb

prep. **у сóнячну ~у** in sunny weather; **за будь-якóї ~и** whatever the weather; **завдякú ~і** thanks to the weather; **наперекíр ~і** braving the weather ◊ **Вонú вúїхали наперекíр жахлúвій ~і.** They set out, braving the dreadful weather. **незважáючи на ~у** in spite of the weather; **чéрез ~у** because of the weather

Cf. **негóда**

2 fine weather ◊ **Якщó п. протримáється ще тúждень, вонú закíнчáть трéтій пóверх.** If the weather holds another week, they will finish the third floor.

Ant. **негóда**

погóджу|вати, ~ють; погóд|ити, ~жу, ~иш, ~ять, *tran.*

to coordinate, harmonize, balance

adv. **прямо** directly ◊ **Оперáцію прямо погóдили з сою́зниками.** The operation was directly coordinated with the allies. **всебíчно** comprehensively, **детáльно** in detail, **загалóм** generally, **налéжно** properly, **ретéльно** thoroughly, **старáнно** carefully; **обов'язкóво** by all means; **кéпсько** poorly, **погáно** badly; **зóвсім не** not at all

v. + **п. бýти слід** + *D.* should ◊ **Їм слід погóдити плáни.** They should coordinate their plans. **бýти трéба** + *D.* need to; **вимагáти** demand to, **домовлятися** agree to, **змогтú** *pf.* manage to, **не змогтú** *pf.* fail to ◊ **В остáнній момéнт партнéри не змоглú погóдити свої дії і прогрáли тéндер.** At the last moment, the partners failed to coordinate their actions and lost the tender. **могтú** can, be able to **намагáтися** try to; **пропонувáти** + *D.* offer sb to; **відмовлятися** refuse to

prep. **п. з** + *I.* coordinate with sth ◊ **Вонá кéпсько ~вала витрáти із прибýтками.** She balanced her expenditures with income poorly. **п. між собóю** come to an agreement on sth ◊ **Ми нíяк не моглú погóдити між собóю цієї спрáви.** We could not come to an agreement on the matter in any way.

pa. pple. **погóджений** agreed upon, coordinated

погóджуй! погóдь!

Also see **координувáти, узгóджувати**

погóджу|ватися; погóдитися, *intr.*

1 to agree with/to, accept, consent to ◊ **Я не ~юся.** I don't agree.

adv. **абсолю́тно** absolutely, **геть** totally, **пóвністю** fully, **цілкóм** completely;

не вагáючись without hesitation; **усíм сéрцем** wholeheartedly, **з готóвністю** readily, **із задовóленням** with pleasure, **лéгко** easily, **рáдо** gladly; **нарéшті** finally, **одрáзу** immediately, **зáраз же** right away, **швúдко** quickly; **в основнóму** basically, **гóловно** largely, **загалóм** generally; **одностáйно** unanimously; **ласкáво** kindly ◊ **Пáні С. ласкáво згодúлася підтрúмати нас.** Mrs. S. kindly agreed to support us. **люб'я́зно** graciously; **мовчáзно** tacitly, **таємно** secretly ◊ **Він таємно погóдився на присýтність чужúх війсь.** He secretly agreed to the presence of foreign troops. **неохóче** reluctantly, **стúснувши зýби** with clenched teeth, (*for more adv. see* **згíдний**)

v. + **п. бýти змýшеним** be forced to, **бýти тя́жко** + *D.* be difficult to ◊ **Богдáні тя́жко погóдитися з йогó арґумéнтами.** It is difficult for Bohdana to agree with his arguments. **бýти слід** + *D.* should ◊ **Вам не слід п. на ї́хні умóви.** You should not agree to their conditions. **бýти трéба** + *D.* need to ◊ **Вам не трéба так лéгко п. на цей план.** You do not need to agree to the plan so easily. **не бýти мóжна не** cannot but ◊ **З ним не мóжна булó не погóдитися.** One could not but agree with him. **вмовля́ти** + *A.* talk sb into ◊ **Дирéктор умóвив її погóдитися на нúжчу платню́.** The director talked her into accepting a lower salary. **мóжна** can, **відмовля́тися** refuse to, **не збирáтися** be not going to, be not about to; ◊ **Іри́на, погóдься, булá велúкою допомóгою.** Iryna, wouldn't you agree, was of great help.

prep. **п. з** + *I.* agree with sb/sth; **п. на** + *A.* agree to sth; **п.** + *inf.* agree to do sth ◊ **Вонá рáдо погóдилася зустрíти Василя́ на вокзáлі.** She gladly agreed to meet Vasyl at the station.

Also see **згíдний 1, приймáти 4, співчувáти 2, схóдитися 5**

2 to put up with, reconcile oneself with, tolerate ◊ **Вонú не моглú п. з такúм беззакóнням.** They could not put up with such lawlessness.

3 *pass., only impf.* to be coordinated, be harmonized ◊ **У цьóму вíдділі ~валися всі проєкти дослíджень.** All research projects were being coordinated in this department.

погóди|тися, *pf., see* **погóджуватися**
to agree, *etc.* ◊ **Ромáн ~вся, не дáвши їй закінчúти рéчення.** Roman accepted, without allowing her to finish the sentence.

поголú|ти, *pf., see* **голúти**
to shave, shave off, *etc.* ◊ **Васúль цілкóм ~в гóлову.** Vasyl completely shaved off his head.

поголú|тися, *pf., see* **голúтися**
to shave oneself, *etc.* ◊ **Васúль упéрше ~вся електрúчною брúтвою.** Vasyl shaved with an electric razor for the first time.

погрóжу|вати, ~ють; погроз|úти, погрожý, ~ять, *intr.*
to threaten sb with sth + *D.* + *I. or* + *inf.*

adv. **відкрúто** openly ◊ **Вонú відкрúто ~ють йомý судóм.** They are openly threatening him with a lawsuit. **публíчно** publicly; **імпліцúтно** implicitly; **осóбисто** personally, **фізúчно** physically; **неодноразóво** repeatedly, **постíйно** constantly, **чáсто** often; **жартомá** jokingly; **серйóзно** seriously; **дармá** in vain, **мáрно** uselessly, in vain ◊ **Івáн мáрно ~вав сúнові.** Ivan threatened his son in vain. **нíбито** allegedly ◊ **Ліля нíбито погрозúла чоловíкові розлýченням.** Lilia allegedly threatened her husband with a divorce.

п. + *n.* **п. кулакóм** shake one's fist at ◊ **Петрó погрозúв хлóпцям кулакóм.** Petro shook his fist at the boys. (**пáльцем** finger); **п. ножéм** threaten with a knife (**пáлкою** stick, **пістолéтом** gun)

v. + **п. моглú** can, **насмíлюватися** dare; **почáти** begin to, **стáти** *pf.* start ◊ **Профспíлка стáла п. компáнії стрáйком.** The trade union started threatening the company with a strike.

Also see **загрóжувати 1**

2 *only impf.* to threaten, be imminent, be likely ◊ **Охóплена пóлум'ям автíвка ~вала от-óт вúбухнути.** Engulfed in fire, the car threatened to explode at any moment.

погрóз|а, *f.*
threat ◊ **Не вáрто легковáжити її ~ами.** You shouldn't make light of her threats.

adj. **дарéмна** futile, **мáрна** useless, **порóжня** empty, idle ◊ **Він помиля́вся, дýмаючи, що це порóжня п.** He was wrong to think that it was an idle threat. **пустá** empty; **відкрúта** open, **публíчна** public; **завуальóвана** veiled, **імпліцúтна** implicit, **прихóвана** hidden ◊ **У її словáх булá пóгано прихóвана п.** There was a poorly hidden threat in her words. **особúста** personal; **фізúчна** physical; **неодноразóва** repeated, **постíйна** constant, **чáста** frequent; **жартівлúва** jocular; **серйóзна** serious

п. + *n.* **п. арéшту** a threat of arrest (**розлýчення** divorce, **смéрті** death ◊ **Вонá отримала пéршу ~у смéрті два мíсяці томý.** She received her first death threat two months ago. **стрáйку** strike)

v. + **п. адресувáти** + *D.* **~у** direct a threat at sb ◊ **Івáн адресувáв ~у прямо начáльникові.** Ivan directed his threat straight at his boss. (**посилáти** + *D.* send sb, **робúти** make, issue ◊ **~и арéшту, що їх робúла поліція, не мáли впливу на учасникíв протéсту.** The threats of arrest made by the police, had no effect on the participants of the protest. **діставáти** get, **отрúмувати** receive; **слýхати** listen to ◊ **Вонá не збирáлася слýхати ~и начáльника.** She was not about to listen to her boss's threats. **чýти** hear; **нéхтувати** neglect; **розпізнавáти** recognize ◊ **У статті лéгко булó розпізнáти ~у смéрті.** It was easy to recognize a death threat in the article. **іґнорувáти** ignore); **боя́тися ~и** be afraid of a threat

Also see **загрóза 2, шантáж**

погуля́|ти, *pf., see* **гуля́ти**
to walk for a while; *etc.* ◊ **Друзі ~ли пáрком.** The friends took a walk around the park.

пода|вáти, ~ють; ~ти, ~м, ~сú, ~сть, ~мó, ~стé, ~дýть, *tran.*

1 to pass, give, hand over, offer + *D.*◊ **~йте менí сіль, будь лáска.** Pass me the salt, please.

adv. **з готóвністю** readily, **люб'я́зно** kindly ◊ **Ґáзда люб'я́зно ~в гóстеві стілéць.** The host kindly gave a chair to the guest. **рáдо** gladly; **негáйно** immediately, **швúдко** quickly; **неохóче** reluctantly, **повíльно** slowly; ♦ **п. рýку** 1) to shake sb's hand (*in greeting*); 2) to extend sb one's hand ◊ **Він ~в Світлáні рýку, щоб вонá не впáла.** He extended Svitlana his hand so that she did not fall. 3) *fig.* to help, give a hand ◊ **Вонá єдúна ~лá Марíї рýку в критúчний момéнт.** She was the only one to help Maria at a critical moment.

2 to serve (*food*), offer ◊ **Що ~ють у ресторáні?** What do they serve at the restaurant?

adv. **зáвждú** always ◊ **Тут зáвждú ~ють голубцí.** They always serve cabbage rolls here. **зазвичáй** as a rule, **обов'язкóво** definitely, **традицíйно** traditionally; **негáйно** immediately ◊ **Кáву ~лú негáйно.** The coffee was served immediately. **зáраз же** right away, **швúдко** quickly

п. + *n.* **п. вечéрю** serve dinner (**обíд** lunch, **снідáнок** breakfast; **їжу** food, **напóї** drinks; **пéршу стрáву** first course, **дрýгу стрáву** second course, **десéрт** dessert, **салáт** salad)

prep. **п. на** + *A.* serve for sth ◊ **Що їй ~вáли на вечéрю?** What did they serve her for dinner?

Also see **піднóсити 3**

3 to get (*a vehicle, etc.*), bring

prep. **п. до** + *G.* bring to sth ◊ **Автíвку ~лú до головнóго вхóду готéлю.** The car was brought to the main entrance of the hotel.

4 to file (*application*), submit, *etc.*

adv. **вчáсно** on time, **заздалегíдь** in advance, **із запíзненням** belatedly, **пíзно** late; **рáно** early; **на реченéць** by a deadline; **негáйно** immediately, **одрáзу** at once, **зáраз же** right away

п. + *n.* **п. заяву** file an application, claim ◊ **Він ~в заяву на стáтус бíженця.** He filed a refugee claim. (**звіт** report, **клопотáння** petition, **лист** letter, **оцíнку** assessment, **прохáння** request, **скáргу** complaint, *etc.*)

v. + **п. бýти змýшеним** be forced to, **не мáти íншого вúходу, як** have no other option than ◊ **Вонá не мáла íншого вúходу, як ~ти скáргу.** She had no other option than to file a complaint. **дýмати** be going to, **збирáтися** intend to; **хотíти** want to ◊ **Він хотíв ~ти клопотáння до місцéвої адміністрáції.** He wanted to file a petition with the local administration. **перекóнувати** + *A.* talk sb into, **пропонувáти** + *D.* offer sb to

Also see **здавáти 1**

5 to provide, supply, present, give ◊ **Він ~в новúй варіáнт звíту.** He presented a new version of the report. ♦ **п. гóлос** 1) to speak ◊ **Ніхтó не насмíлювався ~ти гóлос.** Nobody dared speak. 2) to defend sb ◊ **Тамáра не очíкувала, що новачóк ~сть за неї гóлос.** Tamara did not expect the novice to defend her. ♦ **п.** + *D.* **звíстку** to send sb word; ♦ **п.** + *D.* **надíю** 1) to give sb hope; 2) to show (a lot of) promise ◊ **Ця студéнтка подавáла велúкі надíї.** The (female) student showed a lot of promise. ♦ **п.** + *D.* **прúвід** give sb an excuse; ♦ **п. прúклад** to set an example ◊ **Пилипéнко пéршим ~вáв солдáтам прúклад сумлíнної слýжби.** Pylypenko was the first to set his soldiers an example of diligent service. ♦ **п. у відстáвку** to resign ◊ **Міністр ~в у відстáвку.** The minister resigned.

See **давáти 1.** *Also see* **здавáти 1**

pa. pple. **пóданий** given, served (*of food*)

подавáй! подáй!

подáльш|ий, *adj.*
subsequent, further, following, ensuing, future

п. + *n.* **п. перéбіг подíй** the subsequent course of events (**перíод** period, **рóзвиток** development); **~а дóля** the subsequent fate (**інформáція** information, **перерóбка** processing); **~е життя́** the subsequent life (**існувáння** existence, **погíршення** deterioration) ◊ **Чéрез ~е погíршення ситуáції, контáкти булó зупúнено.** The contacts were stopped because of the subsequent deterioration of the situation. **~і подíї** subsequent developments; ♦ **без ~их розмóв** without further ado; ♦ **в ~ому** in future ◊ **В ~ому він обіця́в узя́ти це до увáги.** He promised to take it under advisement in the future.

Cf. **майбýтній.** *Ant.* **попередній**

подарýва|ти, *pf., see* **дарувáти**
to give, present ◊ **Мóтря ~ла йомý вишивáнку.** Motria gave him an embroidered shirt.

подарýн|ок, *m.*, **~ка**
present, gift ◊ **Для кóго купúв Івáн п.?** Whom did Ivan buy the present for?

adj. **гáрний** nice; **приємний** pleasant, **щéдрий** generous; **гíдний** fitting, **достóйний** worthy, **пристóйний** decent; **несподíваний** unexpected; **вартíсний** valuable, **дорогúй** expensive, **дорогоцíнний** precious, **екстраваґáнтний** extravagant ◊ **Мáрта вибрáла йомý екстраваґáнтний п.** Marta selected an extravagant present for him. **ocóбливий** special, **пúшний** sumptuous, **розкíшний** lavish; **досконáлий** perfect; **чудóвий** wonderful; **безкоштóвний** free; **грошовúй** monetary; **малéнький** little, **невелúкий** small; **недорогúй** inexpensive, **символíчний** token, **скрóмний** modest; **великóдній** Easter, **новорíчний**

New Year, **проща́льний** farewell, **різдвя́ний** Christmas
v. + **п. готува́ти п.** prepare a gift ◊ **Богда́н готува́в для дру́га особли́вий п. на уроди́ни.** Bohdan was preparing a special birthday gift for his friend. (**дава́ти** + *D.* give sb, **дарува́ти** + *D.* present sb, **замовля́ти** + *D.* order for sb, **купува́ти** + *D.* buy sb; **посила́ти** + *D.* send sb; **прино́сити** + *D.* bring sb ◊ **Вони́ принесли́ ді́тям різдвя́ні ~ки.** They brought the children Christmas gifts. **пропонува́ти** + *D.* offer sb; **роби́ти** + *D.* make sb; **дістава́ти від** + *G.* get from sb, **отри́мувати від** + *G.* receive from sb, **прийма́ти від** + *G.* accept from sb; **поверта́ти** + *D.* return sb ◊ **Рома́на поверну́ла йому́ п.** Romana returned him the present. **відкрива́ти** open, **розгорта́ти** unwrap; **загорта́ти** wrap; **дя́кувати** + *D.* **за** thank sb for ◊ **Ігор подя́кував їм за ще́дрий п.** Ihor thanked them for their generous gift. **обмі́нюватися ~ками** exchange gifts (**обсипа́ти** + *A.* shower sb with) ◊ **Не́ля обсипа́ла сво́го хло́пця ~ками.** Nelia showered her boyfriend with presents.
prep. **у п.** as a gift ◊ **Що їй дав хре́сний у п. на Великдень?** What did her godfather give her as an Easter gift? **п. від** + *G.* gift from sb; **п. для** + *G.* gift for sb; **п. на** + *A.* a present for *(an occasion)* ◊ **п. на весі́лля** a wedding present (**випускни́й** graduation, **проща́ння** parting, **свя́то** holiday, **народи́ни** *or* **уроди́ни** birthday, **хрести́ни** christening, **ювіле́й** anniversary)
L. **в ~ку** *or* **~кові**
Also see **сувені́р**

пода́|ти, *pf., see* **подава́ти**
to pass, give, hand over; file, *etc.* ◊ **~ли́ десе́рт.** They served the dessert.

пода́т|ок, *m.*, **~ку**
tax, duty, *often pl.*
adj. **висо́кий** high ◊ **Тут пла́тять порі́вняно висо́кі ~ки.** They pay relatively high taxes here. **надмі́рний** exorbitant, **низьки́й** low; **адвало́рний** *econ.* ad valorem, **акци́зний** excise, **воє́нний** war, **грошови́й** money, **е́кспортний** export, **і́мпортний** import, **ми́тний** customs; **непрями́й** indirect, **прями́й** direct; **проґреси́вний** progressive, **реґреси́вний** regressive; **держа́вний** state, **місце́вий** local, **міськи́й** municipal; **доро́жній** road, **екологі́чний** environmental, **зеле́ний** green, **земе́льний** land, **прибутко́вий** income; **корпорати́вний** corporate, **особи́стий** personal; ♦ **додатко́вий п.** a surtax ◊ **оди́н із багатьо́х додатко́вих ~ів** one of many surtaxes; ♦ **натура́льний п.** a tax in kind
n. + **п. зни́ження ~ку** a tax cut (**підви́щення** increase, **скасува́ння** cancellation); **ви́рахування ~ків** tax deduction (**збір** collection; **рефо́рма** reform, **рі́вень** rate ◊ **Рі́вень ~ків тут ви́щий, ніж в Украї́ні.** The tax rate here is higher than in Ukraine. **систе́ма** system, **спла́та** payment, **структу́ра** structure); ♦ **платни́к ~ків** a taxpayer ◊ **Вона́ представля́є інтере́си пересі́чного платника́ ~ків.** She represents the interests of an average taxpayer. **звільнення від ~ків** a tax exemption
v. + **п. вирахо́вувати п.** deduct *and* calculate a tax ◊ **Програ́ма вирахо́вує особи́стий ~ок автомати́чно.** The software deducts the personal tax automatically. (**впрова́джувати** introduce ◊ **Міськи́й голова́ хо́че впрова́дити додатко́вий п. на автомобі́ль.** The city mayor wants to introduce a car surtax. **наклада́ти на** + *A.* levy on sb, **утри́мувати** withhold; **плати́ти** pay; **відміня́ти** abolish, **скасо́вувати** eliminate ◊ **Кандида́т обіця́в скасува́ти п. на ро́зкіш.** The candidate pledged to eliminate the luxury tax. **збі́льшувати** increase, **зме́ншувати** cut) ◊ **Дефіци́т бюдже́ту не дозво́лить у́рядові зме́ншити і так надмі́рні ~ки.** Budget deficit will not allow the government to cut already exorbitant taxes. **уника́ти ~ку** avoid a tax (**ухиля́тися від** evade) ◊ **Фі́рма ухиля́ється від ~ків** The firm is evading taxes.
п. + *v.* **зме́ншуватися** go down, **зроста́ти** go up ◊ **Із ко́жним ро́ком е́кспортний п. зроста́є.** Each year, the export tax goes up.
prep. **до ~ків** before tax ◊ **Її платня́ – два́дцять ти́сяч гри́вень до ~ків.** Her salary is ₴20,000 before tax. **пі́сля ~ків** after tax; **п. у** + *A.* a tax of *(value)* ◊ **п. у де́сять відсо́тків** a 10% tax; **п. з** + *G.* a tax on sth ◊ **п. із заробі́тної пла́ти** a payroll tax (**оборо́ту** sales, **прибу́тку** income tax, **зі спа́дщини** inheritance) ◊ **Із них утри́мано п. зі спа́дщини.** An inheritance tax was withheld from them. **п. на** + *A.* ◊ **п. на автомобі́ль** a car tax (**бага́тство** wealth, **вугле́ць** carbon, **до́дану ва́ртість** value-added, **дохі́д** income tax, **ене́ргію** energy, **капіта́л** capital, **надпри́буток** excess profit, **нерухо́мість** real estate, **пальне́** fuel, **при́ріст капіта́лу** capital gains, **ро́зкіш** luxury)
Also see **збір 3.** *Cf.* **ми́то**

подба́|ти, *pf., see* **дба́ти**
to take care of, *etc.* ◊ **Та́ня ~є про ї́хню кі́шку.** Tania will take care of their she-cat.

подві́йн|ий, *adj.*
1 double, dual, duplex, twin
п. + *n.* **п. сти́мул** a double incentive (**шар** layer, **штраф** penalty); **~а деформа́ція** a double deformation (**лі́нія** line, **ра́ма** frame); **~е заплі́днення** a double insemination (**оподаткува́ння** taxation; **підборі́ддя** chin), **~е громадя́нство** a dual citizenship ◊ **Він ма́є ~е громадя́нство Украї́ни та Кана́ди.** He has a dual Ukrainian-Canadian citizenship. **~е лі́жко** a twin bed
2 double, dubious, equivocal ◊ **~е зна́чення** a double meaning (**тлума́чення** interpretation)
3 twofold, doubled, double; extra, added ◊ **~а по́рція** a double helping ◊ **Ма́рта зажада́ла ~у по́рцію моро́зива.** Marta demanded a double helping of ice cream. (**скла́дність** complexity, **шви́дкість** speed); **~е зуси́лля** an extra effort; ◊ **Вона́ сказа́ла це з ~ою че́мністю.** She said it with added politeness.
4 double, two-faced, deceitful ◊ **Ще оди́н зразко́вий сім'яни́н вів ~е життя́.** Another exemplary family man led a double life.

подзвони́|ти, *pf., see* **дзвони́ти**
to call, *etc.* ◊ **Лесь так і не ~в.** Les never called.

по́див, *m.*, **~у**, *only sg.*
1 surprise, astonishment
adj. **вели́кий** great, **величе́зний** enormous, **по́вний** utter, **цілкови́тий** complete; **ді́йсний** real, **непідро́бний** authentic ◊ **На її обли́ччі був не так шок, як непідро́бний п.** There was not so much shock as authentic surprise on her face. **спра́вжній** true, **щи́рий** genuine; **де́який** some, **легки́й** slight, **невели́кий** mild; **ви́димий** visible, **помі́тний** noticeable; **пе́рвісний** initial ◊ **Її пе́рвісний п. зміни́вся на обу́рення.** Her initial surprise turned to indignation.
v. + **п. виклика́ти п.** cause surprise ◊ **Оголо́шення ви́кликало в усі́х помі́тний п.** The announcement caused everybody's noticeable surprise. (**виража́ти** express, **висло́влювати** voice; **прихо́вувати** hide ◊ **Ні́на ле́две прихо́вувала щи́рий п.** Nina barely concealed her genuine astonishment.
prep. **без ~у** without surprise; **від** *or* **з ~у** with surprise ◊ **Тама́ра оні́міла від** *or* **з ~у.** Tamara went numb with surprise. **з ~ом** with surprise, surprised ◊ **Він сказа́в це з ~ом у го́лосі.** He said it with surprise in his voice. **на п.** + *G.* much to sb's surprise ◊ **На її п., Ілля́ пого́дився допомогти́.** Much to her surprise, Illia agreed to help.
2 admiration ◊ **У ї́хніх оча́х був п.** There was admiration in their eyes.
adj. **зага́льний** general; **правди́вий** true, **спра́вжній** real, **щи́рий** genuine
v. + **п. виклика́ти п.** inspire admiration ◊ **Ге́ній поє́та виклика́є п. багатьо́х поколі́нь.** The poet's genius has inspired admiration of many generations.
See **захо́плення 2**

подиви́|тися, *pf., see* **диви́тися**
to look, *etc.* ◊ **Він із пі́дозрою ~вся на Сергі́я.** He looked at Serhii with suspicion.

поді́бн|ий, *adj.*
1 similar, like, alike
adv. **геть** totally ◊ **Вона́ ба́чила геть ~і об'є́кти в і́нших музе́ях.** She saw totally similar objects in other museums. **ду́же** very, **неймові́рно** incredibly, **надзвича́йно** remarkably, **на ди́во** surprisingly, **разю́че** strikingly, **цілко́м** completely; **відда́лено** remotely, **де́що** somewhat, **до́сить** fairly, **ле́две** scarcely, **ма́йже** almost, **ма́ло** little, **пози́рно** seemingly, **прибли́зно** approximately, **тро́хи** a little; **в основно́му** basically, **загало́м** in general, **засадни́чо** fundamentally, **і́стотно** essentially; ♦ **п., як кра́пля** *or* **дві кра́плі води́** similar, like two of a kind ◊ **Вони́ здава́лися ~ими, як дві кра́плі води́.** They appeared similar, like two of a kind. ♦ **ні́чо́го ~ого** nothing/anything of the kind ◊ **Він ні́чо́го ~ого не каза́в.** He did not say anything of the kind. ♦ **і тому́ ~е** et cetera
v. + **п. бу́ти ~им** be similar ◊ **Коли́сь вони́ були́ засадни́чо ~ими за переко́на́ннями.** Once they were fundamentally similar in their convictions. (**вважа́ти** + *A.* consider sb/sth, **вигляда́ти** look, **виявля́тися** turn out ◊ **Ї́хні смаки́ ви́явилися до́сить ~ими.** Their tastes turned out to be fairly alike. **здава́тися** + *D.* seem to sb; **лиша́тися** remain; **става́ти** become)
prep. **п. до** + *G. or* **на** + *A.* similar to sb/sth; **п. між собо́ю** similar (to one another) ◊ **Два малю́нки вигляда́ли ~ими між собо́ю.** The two drawings looked similar. **п. за** + *I. or* **на** + *A.* similar in *(appearance, taste, etc.)* ◊ **Рома́н разю́че п. на ви́гляд до сестри́.** In appearance, Roman is strikingly similar to his sister.
Also see **парале́льний 2, схо́жий 1.** *Ant.* **відмі́нний 1, протиле́жний, рі́зний 1**
2 such, that kind ◊ **Він ще ніде́ не ба́чив ~ої краси́.** He did not yet see such beauty anywhere.
See **таки́й**
3 *math.* similar, homothetic ◊ **~і трику́тники** similar triangles

поді́бн|ість, *f.*, **~ости**
similarity, likeness ◊ **Вона́ запере́чує п. між ци́ми культу́рними по́статями.** She denies the similarity between those cultural figures.
adj. **ба́жана** desirable, **вели́ка** great ◊ **Між двома́ мело́діями є вели́ка п.** There is great similarity between the two tunes. **значна́** considerable, **неймові́рна** incredible, **надзвича́йна** remarkable, **неспо́дівана** unexpected, **разю́ча** striking, **цілкови́та** complete; **ви́разна** distinct, **я́вна** obvious; **відда́лена** remote, **де́яка** some, **невели́ка** little; **ефеме́рна** ephemeral ◊ **П. між ни́ми була́ ра́дше ефеме́рною, ніж я́вною.** The similarity between them was ephemeral rather than obvious. **невло́вна** transient, **пози́рна** seeming, **прибли́зна** approximate, **уя́вна** imaginary; **засадни́ча** basic, **загальна** general, **і́сто́тна** essential; **вну́трішня** internal, **зо́внішня** external; **духо́вна** spiritual, **культу́рна** cultural, **мо́вна** linguistic, **фізи́чна** physical
v. + **п. ма́ти п.** bear similarity ◊ **Її ві́рші ма́ють п. до поезі́ї Верле́на.** Her poems bear similarity to Verlaine's poetry. (**виявля́ти** reveal, **знахо́дити** find; **втрача́ти** lose, **поміча́ти** notice; **відкида́ти** reject, **запере́чувати** deny); **набува́ти ~ости** acquire similarity (**не ма́ти** not to bear) ◊ **Його́ пі́зні робо́ти не ма́ли ~ости**

до ра́нніх. His late works bore no similarity to his early ones.

п. + *v.* існува́ти exist, закі́нчуватися end ◊ **П. між двома́ дру́зями закінчується там, де почина́ються їхні музи́чні смаки́.** The likeness between the two friends ends where their musical tastes begin.

prep. **п. до** + *G. or* **на** + *A.* similarity to sb/sth; **п. між** similarity between sb ◊ **Зо́внішня п. між Йо́сипом і Наполео́ном існува́ла лише́ в уя́ві пе́ршого.** The external likeness between Yosyp and Napoleon existed only in the imagination of the former.

Also see **аналогі́чність, збіг 3, іденти́чність.** *Cf.* **подо́ба 3.** *Ant.* **відмі́нність, різни́ця 1**

по́діл, *m.*, **~у**

1 division, partition ◊ **ясни́й п. на рі́зні мо́вні гру́пи** a clear division into different language groups

adj. **автомати́чний** automatic, **механі́чний** mechanical, **традиці́йний** traditional; **про́сти́й** simple, **чітки́й** distinct, **ясни́й** clear; **рі́вний** equal, **че́сний** fair; **нері́вний** unequal, **нече́сний** unfair; **приблизни́й** rough; **то́чни́й** accurate

п. + *n.* **п. кліти́ни** a cell division (**ядра́** nuclear), **п. бага́тства** a division of wealth (**землі́** land, **майна́** property, **терито́рії** territory; **сфер впли́ву** spheres of influence ◊ **Ні про яки́й п. сфер впли́ву не мо́же бу́ти мо́ви.** There can be no question of any division of spheres of influence. **пра́ці** labor)

v. + **п. застосо́вувати п.** apply a division ◊ **Він застосо́вує традиці́йний п. на соція́льні кла́си.** He applies the traditional division into social classes. (**прово́дити** *or* **роби́ти** make); **користува́тися ~ом** use a division

prep. **п. за** + *I.* a division into sth ◊ **п. на гру́пи за рі́внем дохо́дів** the division into groups by income level. **п. між** + *I.* a division between/among sb ◊ **п. прибу́тків між інве́сторами** the division of profits among investors; **п. на** + *A.* division into sth

Also see **розпо́діл 1**

2 divide

adj. **вели́кий** great, **глибо́кий** deep, **нездола́нний** insuperable, **помі́тний** visible, **різки́й** sharp; **кла́совий** class, **соція́льний** social; **ідеологі́чний** ideological, **культу́рний** cultural, **мо́вний** linguistic, **політи́чний** political, **релігі́йний** religious ◊ **Се́ред містя́н не існу́є релігі́йного ~у.** There exists no religious divide among the city dwellers.

v. + **п. збі́льшувати п.** increase a divide ◊ **Його́ за́ходи збі́льшать соція́льний п. у краї́ні.** His measures will increase the social divide in the country. (**погли́блювати** deepen, **ство́рювати** create; **дола́ти** overcome, **зву́жувати** narrow, **згла́джувати** close)

п. + *v.* **виника́ти** open ◊ **Між сою́зниками ви́ник пе́вний п.** A certain divide opened between the allies. **зву́жуватися** narrow, **зме́ншуватися** diminish, **зника́ти** disappear; **збі́льшуватися** increase, **зроста́ти** grow, **погли́блюватися** deepen; **залиша́тися** remain

prep. **п. в** + *L.* division in sth ◊ **культу́рний п. у постколонія́льному суспі́льстві** a cultural divide in a postcolonial society

Also see **ро́зділ 2, розко́л**

поді́лен|ий, *adj.*

divided, split; disunited

adv. **вкрай** extremely ◊ **Зарубі́жна пре́са ди́виться на краї́ну як на вкрай ~у.** The foreign press views the country as extremely divided. **глибо́ко** deeply, **драмати́чно** dramatically, **помі́тно** visibly, **рі́зко** sharply, **як ніко́ли** as never before; **кла́сово** along class lines, **соція́льно** socially; **ідеологі́чно** ideologically, **культу́рно** culturally, **мо́вно** linguistically, **політи́чно** politically, **релігі́йно** religiously

v. + **п. бу́ти ~им** be divided ◊ **Мі́сто було́ вкрай ~им на замо́жних і бі́дних.** The city was extremely divided into the affluent and the poor. (**виявля́тися** turn out; **здава́тися** + *D.* seem to sb; **лиша́ти** + *A.* leave sb ◊ **Конфере́нція залиши́ла уча́сників рі́зко ~ими в по́глядах на цей істори́чний епізо́д.** The conference left its participants sharply divided in their views of this historical episode. **лиша́тися** remain; **става́ти** become)

prep. **п. за** + *I.* divided along sth ◊ **Мо́лодь ~а за мо́вною озна́кою.** The youth are divided along the language lines. **п. на** + *A.* divided into sth

поділи́|ти, *pf.*, *see* **діли́ти**

to divide, partition ◊ **Револю́ція і війна́ ~ла бага́то сіме́й.** The revolution and war divided many families.

поділи́|тися, *pf.*, *see* **діли́тися**

to divide, *etc.* ◊ **Гру́па ~лася на чоти́ри вікові́ катего́рії.** The group split into four age catagories.

поді́|я, *f.*, **~ї**

event, occurrence; *pl.* developments ◊ **Публіка́ція ма́ла всі ша́нси ста́ти істори́чною ~єю.** The publication had every chance to become a historic event.

adj: **вагома** major, **важли́ва** important, **вели́ка** great, **вели́чна** magnificent, **визначна́** outstanding, **виріша́льна** decisive, **головна́** main ◊ **Її до́повідь ста́ла головно́ю ~єю конфере́нції.** Her paper presentation became the main event of the conference. **несподі́вана** unexpected, **раптова** sudden; **епоха́льна** epoch-making, **істори́чна** historic *and* historical ◊ **Ця істори́чна п. лиша́лася маловідо́мою.** This historical event remained little known. **кардина́льна** cardinal, **ключова́** key, **надзвича́йна** extraordinary, **основна́** focal, **перело́мна** watershed ◊ **Перемо́га під Коното́пом не ста́ла перело́мною ~єю у взає́минах між двома́ краї́нами.** The victory at Konotop did not become a watershed event in the relationship between the two countries. **помі́тна** notable, **центра́льна** central; **незабу́тня** unforgettable, **па́м'ятна** memorable; **сенсаці́йна** sensational, ♦ **ці́ла п.** quite an event ◊ **Конце́рт став ці́лою ~єю.** The concert became quite an event. **прекра́сна** lovely, **ра́дісна** happy, **чудо́ва** wonderful; **міжнаро́дна** international, **місце́ва** local; **культу́рна** cultural ◊ **Фестива́ль вважа́ють культу́рною ~єю в житті́ мі́ста.** The festival is considered to be a cultural event in the life of the city. **політи́чна** political, **спорти́вна** sports; **майбу́тня** future, **пода́льша** subsequent, **пото́чна** *usu pl.* current ◊ **Вона́ ча́сто комента́є пото́чні ~ї.** She often comments on current events. **попере́дня** preceding; **апокаліпти́чна** apocalyptic, **драмати́чна** dramatic, **катастрофі́чна** catastrophic; **жахли́ва** horrible, **крива́ва** bloody, **невесе́ла** unhappy, **нефорту́нна** unfortunate, **сумна́** sad, **травмати́чна** traumatic, **трагі́чна** tragic; **рі́дкісна** rare ◊ **Її поя́ва на пу́бліці – поді́я вкрай рі́дкісна.** Her appearance in public is an extremely rare event.

n. + **п. ланцю́г ~й** a chain of events (**ло́гіка** logic, **ни́зка** series, **пере́біг** course ◊ **Наза́р слідкува́в за пере́бігом ~й.** Nazar was monitoring the course of events. **послідо́вність** sequence, **смисл** meaning)

v. + **п. відзнача́ти ~ю** mark an event ◊ **Роди́на хоті́ла відзна́чити ра́дісну ~ю.** The family wanted to mark the happy event. (**святкува́ти** celebrate; **зга́дувати** recall, **пам'ята́ти** remember; **увікові́чнювати** eternalize ◊ **Па́м'ятник увікові́чнює епоха́льну ~ю.** The monument eternalizes an epoch-making event. **висві́тлювати** cover ◊ **Репорте́р висві́тлював пода́льші ~ї конфлі́кту.** The reporter covered the subsequent events of the conflict. **опи́сувати** describe, **перека́зувати** relate; **зніма́ти** shoot ◊ **Вона́ зна́ла всю ~ю на плі́вку.** She shot the whole event on film. **фільмува́ти** film; **випереджа́ти** be ahead of ◊ **Іва́н ви́передив ~ї і запобі́г катастро́фі.** Ivan was ahead of the events and prevented a catastrophe. **зга́дувати про** mention) ◊ **Літо́пис зга́дує про цю ~ю.** The chronicle mentions this event. **бу́ти сві́дком ~ї** witness an event ◊ **Вона́ була́ сві́дком крива́вих ~й більшови́цької окупа́ції.** She witnessed the bloody events of the Bolshevik occupation. (**уника́ти** avoid); **запобіга́ти ~ї** prevent an event ◊ **Валенти́на запобі́гла катастрофі́чній ~ї.** Valentyna prevented the catastrophic event. **бу́ти ~єю** be an event (**вважа́ти** + *A.* consider sth ◊ **Пе́ршу друко́вану кни́жку вважа́ють ~єю світово́ї ваги́.** The first printed book is considered to be an event of world importance. **лиша́тися** remain, **става́ти** become ◊ **Її відста́вка ста́ла ~єю для шко́ли.** Her resignation became an event for the school. **спостеріга́ти за** observe) ◊ **Уве́сь світ спостеріга́в за ~ями у Венесу́елі.** The whole world observed the events in Venezuela.

п. + *v.* **відбува́тися** occur, take place ◊ **У клу́бі відбула́ся ди́вна п.** A strange event took place in the club. **розгорта́тися** unfold ◊ **Дослі́дник установи́в, як розгорта́лися ~ї.** The researcher established how the events unfolded. **передува́ти** + *D. or* **попереджа́ти** + *A.* lead up to sth ◊ **Він хоті́в зга́дати всі ~ї, що передува́ли хворо́бі** *or* **попереджа́ли хворо́бу.** He wanted to recall all the events leading up to his sickness. **става́тися** happen; **ціка́вити** + *A.* be of interest to sb ◊ **Лукашука́ ціка́влять лише́ пото́чні ~ї.** Lukashuk is interested only in the current events.

prep. **~ї навко́ло** + *G.* events surrounding sth ◊ **~ї навко́ло ї́хньої вте́чі відбува́лися блискави́чно.** The events surrounding their escape occurred in a flash. **~я, що стосу́ється** + *G.* the event concerning sb/sth

Also see **ви́падок 1, ді́я 5, приго́да 1, я́вище 2**

поді́я|ти, *pf.*, *see* **ді́яти** *(in sense 2)*

to have an effect, affect ◊ **Її зра́да згу́бно ~ла на Якове́нка.** Her betrayal badly affected Yakovenko. ◊ **Пове́рнення бра́та благотво́рно ~ло на Яросла́ву.** Her brother's return had a beneficial effect on Yaroslava.

подо́б|а, *var.* **подобизна**, *f.*

1 appearance, looks, image ◊ **Марії пе́ред очи́ма жи́во стоя́ла його́ п.** His image was vivid in Maria's eyes. ◊ **Він мав ~у во́вка.** He had a wolf's appearance.

See **ви́гляд, о́браз 2**

2 character, nature

adj. **духо́вна** spiritual, **мора́льна** moral; **лю́дська́** human ◊ **На́віть у поло́ні ніхто́ з них не втра́тив лю́дсько́ї ~и.** Even in captivity, none of them lost their human character.

See **хара́ктер 1, душа́ 2.** *Also see* **приро́да 2**

3 semblance, appearance, resemblance, façade ◊ **Буди́нок мав ~у лю́дського житла́.** The house bore a semblance of a human residence.

п. + *n.* **п. дисципліни** semblance of discipline (**дру́жби** friendship, **інтере́су** interest, **патріоти́зму** patriotism, **пова́ги** respect; **поря́дку** order; **демокра́тії** democracy, **свобо́ди** freedom)

v. + **п. ма́ти ~у** bear a semblance ◊ **Диску́сія ма́ла ті́льки ~у ві́льного о́бміну думка́ми.** The discussion bore but a semblance of a free exchange of ideas. (**роби́ти** make, **ство́рювати** create) ◊ **Це роби́ли, щоб створи́ти п. свобо́ди сло́ва.** This was done to create a semblance of freedom of speech.

Cf. **поді́бність**

подоба|тися, **~ються; с~** *intr.*

to like, to like doing sth, be fond of + *D.* ◊ **О́лі ~ються істори́чні рома́ни.** Olia likes historical novels.

adv. **до́сить** rather, **ду́же** very much ◊ **Рома́н**

ду́же подо́бається Борисе́нкові. Borysenko likes Roman a lot. **надзвича́йно** extremely; **особли́во** particularly; **напра́вду** genuinely, **спра́вді** truly; **я́вно** clearly; **як ніко́ли** like never before; **за́вжди́** always ◊ **Йому́ за́вжди́ ~лося танцюва́ти.** He always liked to dance. **звича́йно** usually; **ніко́ли не** never; **рі́дко коли́** rarely ◊ **Миколі рі́дко коли́ ~лися її оповіда́ння.** Mykola rarely liked her stories. **бі́льше** more ◊ **Ки́їв бі́льше сподо́бався еспа́нцям, ніж усі́ і́нші міста́.** The Spaniards liked Kyiv more than any other cities. **все бі́льше** increasingly, **найбі́льше** most of all; **все ме́нше** less and less, **ме́нше** less, **наймéнше** least; **одра́зу** immediately ◊ **Такі лю́ди, як він, ніко́ли не ~ються одра́зу.** People like him are never liked immediately. **за́раз же** right away; **особи́сто** personally; ♦ **Як вам це ~ється?** Can you believe such a thing?

v. + **п. ма́ти** should, have to ◊ **Соро́чка ма́є с~ Окса́ні.** Oksana should like the shirt. **намага́тися** try to, **пра́гнути** strive to ◊ **Лука́ш прагну́в с~ ново́му нача́льникові.** Lukash strove to be liked by his new boss. **перестава́ти** stop ◊ **Оле́ні переста́ли п. його́ фі́льми.** Olena stopped liking his films. **ста́ти** *pf.* come to, start ◊ **Йому́ ста́ла п. му́зика Сильве́строва.** He came to like Sylvestrov's music.

(с)подо́байся!

Also see **вподо́ба, коха́тися 2, люби́ти 3**

по́дорож, *f.*, ~і

journey, voyage, trip, travel ◊ **Васи́ль пакува́в вали́зу до ~і.** Vasyl was packing his suitcase for his trip.

adj. **дале́ка** distant, **до́вга** long, **трива́ла** lengthy; **щоде́нна** daily ◊ **щоде́нна п. на пра́цю** a daily trip to work; **постíйна** constant, **ча́ста** frequent; **коро́тка** short; **захо́плива** exciting, **незабу́тня** unforgettable, **пам'ятна** memorable, **ціка́ва** interesting; **безпе́чна** safe, **весе́ла** merry, **га́рна** nice, **комфо́ртна** comfortable, **легка́** easy, **приє́мна** pleasant; **казко́ва** fabulous, **неймові́рна** incredible, **фантасти́чна** fantastic, **чудо́ва** wonderful; **уя́вна** imaginary; **пе́рша** first; **важка́** hard, **висна́жлива** exhausting, **жахли́ва** terrible, **небезпе́чна** dangerous, **нелегка́** trying, **складна́** complicated, **тяжка́** hard; **майбу́тня** future, **насту́пна** next, **чергова́** another; **заплано́вана** planned; **одноде́нна** one-day, **дводе́нна** two-day, **тижне́ва** weekly, week-long; ♦ **п. додо́му** a journey home; ♦ **п. туди́ й наза́д** a round trip; **безкошто́вна** free; **ділова́** business, **дослі́дницька** research ◊ **п'ятиде́нна дослі́дницька п.** a five-day research trip; **науко́ва** scientific, **туристи́чна** tourist; **довколасві́тня** world, **закордо́нна** foreign, **замо́рська** overseas, **морська́** sea, **трансатланти́чна** transatlantic; **космі́чна** space, **міжзо́ряна** interstellar, **міжплане́тна** interplanetary

п. + *n.* **п. авто́бусом** a trip by bus (**автомобі́лем** car, **велосипе́дом** bicycle, **залізни́цею** railroad, **літако́м** airplane, **кораблéм** ship, **мотоци́клом** motorcycle, **по́тягом** train)

n. + **п. бюдже́т ~і** a travel budget ◊ **Зая́вник пода́в бю́джет ~і.** The applicant submitted his travel budget. (**ва́ртість** cost ◊ **Він му́сив трима́ти ва́ртість ~і в ме́жах можли́востей.** He had to keep his travel costs within his means. **гра́фік** schedule, **забезпе́чення** *or* **страхува́ння** insurance, **план** plan); **аге́нція ~ей** a travel agency (**інду́стрія** industry ◊ **У мі́сті зроста́є інду́стрія ~ей.** The travel industry has grown in the city. **пері́од** season)

v. + **п. заве́ршувати п.** conclude a trip ◊ **Ді́вчата сподіва́лися заве́ршити п. до за́ходу со́нця.** The girls hoped to conclude their trip before the sunset. (**закі́нчувати** finish; **здíйснювати** undertake; **перерива́ти** interrupt, **почина́ти** begin, **продо́вжувати** resume ◊ **Відпочи́вши, вони́ продо́вжили п.** After resting, they resumed their journey. **планува́ти** plan; **опи́сувати** describe; **пережива́ти** survive ◊ **Вони́ пережили́ небезпе́чну п. мо́рем.** They survived a dangerous sea voyage. **вируша́ти в** set out on ◊ **Оле́ся ви́рушила в по́дорож уно́чі.** Olesia set out on her journey at night. **ї́хати в** go on)

п. + *v.* **вдава́тися** be a success, **переве́ршувати сподіва́ння** surpass one's expectations ◊ **П. до Черні́гова переве́ршила ї́хні сподіва́ння.** The trip to Chernihiv exceeded their greatest expectations. **займа́ти** take, **трива́ти** last; **закі́нчуватися** end, **почина́тися** begin, **продо́вжуватися** continue

prep. **до ~і** to/for a trip/journey ◊ **підгото́вка до ~і** a preparation for a journey; **з ~і** from a journey ◊ **Вони́ вже поверну́лися з ~і до Фра́нції.** They have already returned from their trip to France. **пі́сля ~і** after a trip/journey ◊ **Всі змýчені пі́сля ~і.** Everybody is tired after the journey. **у п.** on a journey ◊ **Профе́сор брав у ко́жну п. улю́блену вали́зу.** The professor took his favorite suitcase on every trip. **п. у** + *A.* a trip/journey into sth ◊ **п. у незна́не.** *fig.* a journey into the unknown. **п. від** + *G.* a trip from *(a place)*; **п. до** + *G.* a trip to *(a place)* ◊ **П. від Ки́єва до Ри́му зайняла́ три годи́ни.** The trip from Kyiv to Rome took three hours. **п. за кордо́н** *dir.* a trip abroad *(to foreign countries)*; **п. за кордо́ном** *posn.* trip abroad *(in foreign countries)*; **п. на** + *L.* trip by *(vehicle, etc.)* ◊ **п. на кораблі́** a trip on board a ship. **п. че́рез** + *A.* a trip across sth ◊ **важка́ п. че́рез го́ри** a difficult journey across the mountains

I. **~жю**

Also see **пої́здка, рейс 2, тур 3.** *Cf.* **гастро́ль**

подорожу|ва́ти, ~ють; *no pf., intr.*

to travel + *I.* ◊ **Та́ня бага́то ~є Украї́ною.** Tania travels around Ukraine a lot.

adv. **бага́то** a lot, **дале́ко** far; **за кордо́н** *dir.* abroad *(to foreign countries)* ◊ **Тара́с упе́рше ~ва́в за кордо́н.** Taras traveled abroad for the first time. **за кордо́ном** *posn.* abroad *(in foreign countries)*; **весь час** all the time, **пості́йно** constantly ◊ **Марчу́к пості́йно ~є у спра́вах компа́нії.** Marchuk constantly travels on his company's business. **реґуля́рно** regularly, **ча́сто** often; **іно́ді** sometimes, **рі́дко** seldom, **час від ча́су** from time to time, **ніко́ли** never, **рі́дко коли́** rarely ever; **окре́мо** separately, **гурто́м** *or* **ра́зом** together; **гру́пою** as a group, **індивідуа́льно** individually; **на за́хід** west, **на схід** east, **на пі́вдень** south, **на пі́вніч** north; **вго́ру** up, **вниз** down ◊ **Підро́зділ ~ва́в униз Дніпро́м.** The detachment traveled down the Dnipro.

п. + *n.* **авто́бусом** travel by bus (**автомобі́лем** car, **велосипе́дом** bicycle, **залізни́цею** rail, **літако́м** airplane, **кораблéм** ship, **мотоци́клом** motorcycle, **пароплáвом** steamboat, **по́тягом** train)

v. + **п. бу́ти ціка́во** + *D.* be interesting to ◊ **Їй ціка́во п. схо́дом краї́ни.** It is interesting to her to travel in the east of the country. **ду́мати** be going to ◊ **Куди́ ви ду́маєте п. улі́тку?** Where are you going to travel in the summer? **ма́ти на́мір** have the intention to, **намíря́тися** intend to; **люби́ти** be fond of ◊ **О́ля лю́бить п. літако́м.** Olia is fond of traveling by plane. **закі́нчувати** finish, **почина́ти** begin to ◊ **Ю́рко поча́в п. за ко́рдон.** Yurko began to travel abroad.

prep. **п. від** + *G.* travel from *(a place)*; **п. до** + *G.* travel to *(a place)* ◊ **Від Черні́гова до Кри́му козаки́ ~ва́ли ве́рхи.** The Cossacks traveled from Chernihiv to the Crimea on horse. **п. з** + *G.* travel from *(a place)*; **п. на** + *A.* travel by *(vehicle)* ◊ **П. на маши́ні таки́ми шляха́ми – це серйо́зний ви́клик.** Traveling on such roads by car is a serious challenge. **п. навко́ло** + *G.* travel around *(a place)* ◊ **Кораблі́ ~ли навко́ло А́фрики, щоб потра́пити до І́ндії.** Ships sailed around Africa to get to India. **п. по** + *L.* travel through/around *(a place)* ◊ **Три ро́ки дру́зі ~ють по сві́ту.** The friends have been traveling around the world for three years. **п. че́рез** + *A.* travel across *(a place)*

подорожу́й!

See **ї́здити 1.** *Also see* **труси́тися 4, трясти́ся 2**

подра́знен|ня, *nt.*

irritation

adj. **акусти́чне** acoustic, **звукове́** sound; **зорове́** visual; **психі́чне** psychological, **фізи́чне** physical; **зо́внішнє** external; **легке́** mild, **невели́ке** slight; **го́стре** acute, **помі́тне** visible, **серйо́зне** serious, **си́льне** severe; **хроні́чне** chronic

п. + *n.* **п. го́рла** a throat irritation (**сли́зової оболо́нки** mucus membrane, **о́ка** eye, **шкі́ри** skin)

v. + **п. виклика́ти п.** cause irritation ◊ **Забру́днене пові́тря ви́кликало п. го́рла.** The polluted air caused a throat irritation. (**дістава́ти** get; **зме́ншувати** reduce, **лікува́ти** treat, **поле́гшувати** alleviate; **ма́ти** have; **поси́лювати** increase); **уника́ти п.** avoid irritation ◊ **За товсти́ми сті́нами ле́гше уни́кнути акусти́чного п.** It is easier to avoid acoustic irritation behind thick walls. (**позбува́тися** get rid of); **запобіга́ти ~ню** prevent irritation ◊ **Крем запобіга́є ~ню шкі́ри від голі́ння.** The lotion prevents skin irritation from shaving.

п. + *n.* **з'явля́тися** appear ◊ **У ньо́го під рука́ми з'яви́лося легке́ п.** Mild irritation has appeared under his arms. **лиша́тися** remain, **погі́ршуватися** worsen, **става́ти** become, **зника́ти** disappear ◊ **П. о́ка не зни́кло, а погі́ршилося.** The eye irritation did not disappear but got worse.

prep. **п. від** + *G.* irritation from sth ◊ **п. шкі́ри від лимо́нної кислоти́** skin irritation from citric acid

подро́биц|я, *f.*

detail; *often pl.*

adj. **дрібна** minor, **ко́жна** every, **наймéнша** smallest ◊ **Для розсте́ження ма́ла зна́чення наймéнша п.** The smallest detail mattered to the investigation. **вели́ка** great ◊ **Він переказа́в фі́льм у вели́ких ~ях.** He recounted the movie in great detail. **вичéрпна** exhaustive, **вся** all, **докла́дна** exact; **конкре́тна** specific, **то́чна** precise; **барви́ста** colorful, **ціка́ва** interesting, **яскра́ва** vivid; **буде́нна** mundane; **важли́ва** important, **головна́** main, **істо́тна** essential, **ключова́** key, **промо́виста** telling, **дoти́чна** pertinent; **безвідно́сна** irrelevant, **неісто́тна** insignificant ◊ **Неісто́тні ~і відволіка́ли її ува́гу від су́ті спра́ви.** Insignificant details diverted her attention from the essence of the matter. **тривія́льна** trivial; **брудна́** dirty, **масна́** smutty, **непристо́йна** salacious, **піка́нтна** titillating; **соковита** juicy; **разю́ча** shocking, **жахли́ва** terrifying, **крива́ва** gory, **мо́торошна** gruesome ◊ **Він вимага́в о́пису вби́вства в усі́х мо́торошних ~ях.** He demanded the description of the murder, in all its gruesome details. **приголо́млива** striking, **поню́ра** grim, **похму́ра** gloomy, **страшна́** frightful; **біографі́чна** biographical, **істори́чна** historical; **операти́вна** operational, **практи́чна** practical, **техні́чна** technical, **фактологі́чна** factual

v. + **п. виклада́ти ~і** lay out details ◊ **Він сти́сло ви́клав ~і програ́ми.** He briefly laid out the details of the program. (**виявля́ти** reveal, **відтво́рювати** reproduce, **встано́влювати** establish, **дава́ти** + *D.* give sb, **надава́ти** + *D.* provide sb with, **презентува́ти** present, **пропонува́ти** + *D.* offer sb; **аналізува́ти** analyze, **вивча́ти** study, **врахо́вувати** take into account ◊ **Нам слід врахува́ти всі ~і.** We need to take into account all the specifics. **обгово́рювати** discuss, **розгляда́ти** examine; **вдава́тися в** go into ◊ **Він не бажа́в вдава́тися в ~і того́, що ста́лося.** He did not wish to go into the details of what had happened. **забува́ти** forget; пам'ята́ти remember; домовля́тися про come to an agreement on; узго́джувати hammer out; прихо́вувати hide ◊ **Вона́ прихова́ла від діте́й цю поню́ру ~ю.** She hid the grim detail from the children. **іґнорува́ти** ignore, **не́хтувати** neglect); **діли́тися ~ею** share a detail (**знайо́митися з** familiarize oneself with) ◊ **У них нема́ ча́су познайо́митися з ~ями уго́ди.** They have no time to familiarize themselves with the details of the agreement.

п. + *v.* **вирина́ти** emerge ◊ **Із ча́сом ви́ринули ~ці опера́ції.** Eventually, details of the transaction emerged. **наво́дити на ду́мку, що** suggest that ◊ **Ця п. наво́дить на ду́мку, що він сказа́в непра́вду.** This detail suggests that he told a lie. *Also see* **дета́ль 1, дрібни́ця 2**

подру́жж|я, *nt.*

1 *nonequiv.* married couple

adj. **вродли́ве** handsome, **га́рне** beautiful ◊ **Вони́ склада́ли га́рне п.** They made a beautiful married couple. **доскона́ле** perfect, **ідеа́льне** ideal, **прива́бливе** attractive, **романти́чне** romantic, **чудо́ве** wonderful; **лю́бляче** loving ◊ **Вони́ лиша́ються лю́блячим ~ям на́віть пі́сля тридцяти́ ро́ків спі́льного життя́.** They remain a loving married couple even after thirty years of living together. **весе́ле** cheerful, **щасли́ве** happy; **молоде́** young, **старе́** old, **ста́рше** elderly, **лі́тнє** aged; **ґей-** gay, **гомосексуа́льне** homosexual ◊ **Ці чолові́ки – гомосексуа́льне п.** Those men are a homosexual couple. **лезбі́йське** lesbian, **одностате́ве** same-sex; **міжра́сове** interracial; **безді́тне** childless, **безплі́дне** infertile; **гетеросексуа́льне** heterosexual; **факти́чне** effective

v. + **п. бу́ти ~ям** be a married couple (**вважа́ти** + *A.* consider sb ◊ **Їх вважа́ють по́вноцінним ~ям.** They are considered to be a legitimate married couple. **лиша́тися** remain, **става́ти** become) ◊ **Че́рез рік вони́ ста́ли щасли́вим ~ям.** A year later, they became a happy married couple.

Also see **па́ра**[2] **2**

2 marriage, matrimony

adj. **вда́ле** successful, **плі́дне** prolific; **щасли́ве** happy; **невда́ле** failed, **прире́чене** doomed ◊ **Із само́го поча́тку їхнє п. було́ прире́ченим.** From the very beginning their marriage was doomed. **таємне** secret, **фата́льне** fatal; **мусульма́нське** Muslim, **християнське** Christian

See **шлюб.** *Also see* **па́ра**[2] **2**

3 spouse, husband *or* wife ◊ **Він тут без п.** He is here without his spouse.

See **па́ра**[2] **2**

G. pl. **~ів**

подру́жн|ій, *adj.*

marital, matrimonial, conjugal; married

п. + *n.* **п. зв'язо́к** a conjugal tie ◊ **Їх пое́днує непору́шний п. зв'язо́к.** An unshakable marital tie unites them. (**обо́в'язок** duty, **секс** sex) ◊ **П. секс става́в для них рі́дкістю.** Marital sex was becoming a rarity to them. **~я ві́рність** marital fidelity (**гармо́нія** harmony, **зла́года** accord; **зра́да** infidelity; **кімна́та** room; **па́ра** couple ◊ **На вечі́рці не було́ ~іх пар.** There were no married couples at the party. **уго́да** contract); **~є життя́** marital life (**лі́жко** bed; **ща́стя** happiness)

подря́па|ти, *pf., see* **дря́пати**

to scratch, scrape ◊ **Він ~в лі́коть об сті́ну.** He scraped his elbow against the wall.

поду́ма|ти, *pf., see* **ду́мати**

to think ◊ **«До́бре, що я лиши́лася,» – ~ла О́ля.** "Good thing I stayed," Olia thought.

поду́ш|ка, *f.*

1 pillow, cushion

adj. **м'яка́** soft, **пухна́ста** fluffy; **зру́чна** comfortable; **те́пла** warm ◊ **Він мрі́яв засну́ти на те́плій зручні́й ~ці.** He dreamed of falling asleep on a warm comfortable pillow. **гру́ба** thick, **тверда́** hard, **туга́** tight; **вели́ка** large, **мале́нька** *dim.* small, **невели́ка** small; **пір'яна́** feather, **пухо́ва** down ◊ **Пухо́ві ~ки́ виклика́ють у не́ї алергі́ю.** She is allergic to down pillows. **гіпоалергі́чна** hypoallergenic, **синтети́чна** synthetic; **оксами́това** velvet, **шкіряна́** leather, **шовко́ва** silk; **дива́нна** sofa, **надувна́** inflatable

v. + **п. збива́ти ~ку** plump up a pillow ◊ **Він збив ~ки́ для хво́рої дружи́ни.** He plumped up the pillows for his sick wife. (**розпу́шувати** fluff up; **де́рти** rip ◊ **Злоді́й поде́р усі ~ки́, шука́ючи захо́вані ці́нності.** The thief ripped all the pillows in search of hidden valuables. **рва́ти** tear; **кла́сти** put; **би́ти кула́ко́м в** punch ◊ **Від доса́ди Марко́ вда́рив кула́ко́м в ~ку.** Marko punched the pillow with frustration. **кла́сти** + *A.* **на** put sth on, **ляга́ти на** lie down on, **па́дати на** fall on, **спира́тися об** lean back against, **опуска́тися на** sink down on; **хова́ти го́лову у** bury one's head in ◊ **Васи́ль схова́в го́лову в ~ку.** Vasyl buried his head in the pillow. **хова́ти обли́ччя в** bury one's face in); **підпира́тися ~кою** prop oneself with a pillow ◊ **Підпе́ршись ~кою, він чита́в да́лі.** Having propped himself with a pillow, he went on reading.

prep. **на ~ку** *dir.* on/to a pillow ◊ **Мо́тря покла́ла кни́жку на ~ку.** Motria put the book onto the pillow. **на ~ці** *posn.* on a pillow ◊ **На ~ці спав кіт.** A cat was sleeping on the pillow. **під ~ку** *dir.* under a pillow ◊ **хова́ти щось під ~ку** hide sth under a pillow; **під ~кою** *posn.* under a pillow ◊ **Він знайшо́в під ~кою золоти́й ланцюжо́к.** He found a gold chain under the pillow; ♦ **до ~ки** *or* **~ок** to bed, to rest ◊ **Ори́ся наре́шті пішла́ до ~ок.** Orysia finally went to bed.

2 *techn.* cushion, bolster, pad

adj. **бето́нна** concrete ◊ **Бето́нна п. забезпе́чує за́хист від бомбардува́ння.** A concrete cushion provides protection against bombardment. **водяна́** water, **земляна́** earth, **піща́на** sand, **пові́тряна** air

N. pl. **~ки́**

подя́|ка, *f.*

gratitude, thanks

adj. **вели́ка** great, **величе́зна** immense, **гаря́ча** fervent, **глибо́ка** profound, **серде́чна** heartfelt, **щи́ра** genuine

n. + **п. ви́раз ~ки** an expression of gratitude (**ви́яв** manifestation, **зна́к** token, **лист** letter, **моли́тва** prayer, **почуття́** feeling, **сло́во** word) ◊ **Він сказа́в сло́во ~ки всім прихи́льникам.** He said a word of thanks to all his supporters.

♦ **День ~ки** Thanksgiving

v. + **п. висло́влювати ~ку** express gratitude (**виявля́ти** show ◊ **Вона́ виявля́ла їм ~ку ко́жним же́стом.** She showed them gratitude with her every gesture. **віддава́ти** give, **склада́ти** extend, **відчува́ти** feel ◊ **Він відчува́в до незнайо́мців щи́ру ~ку.** He felt genuine gratitude toward the strangers. **заслуго́вувати на** earn); **бу́ти ва́ртим ~ки** be worthy of gratitude (**заслуго́вувати** deserve) ◊ **Ці хло́пці й ді́вча́та заслуго́вують ва́шої ~ки.** These boys and girls deserve your gratitude.

prep. **з ~кою** with gratitude ◊ **Він прийшо́в із ~кою за нау́ку.** He came with gratitude for schooling. **у ~ку** *or* **на ~ку** in gratitude ◊ **Він діста́в годи́нник у ~ку за слу́жбу.** He got the watch in gratitude for his service. **п. до** + *G.* gratitude to/toward sb ◊ **п. до батькі́в** gratitude toward parents. **п. за** + *A.* gratitude for sth; ♦ **на знак ~ки** as a token of one's gratitude ◊ **Письме́нник подарува́в їй свій рома́н на знак ~ки за гости́нність.** The writer gave her his novel as a token of gratitude for hospitality.

подя́кува|ти, *pf., see* **дя́кувати**

to thank ◊ **Дириге́нт ~в музи́кам за блиску́че викона́ння конце́рту.** The conductor thanked the musicians for the brilliant performance of the concerto.

пое́зі|я, *f.*, **~ї**

1 poetry

adj. **вели́ка** great ◊ **Її ціка́вила вели́ка п.** She took interest in great poetry. **висо́ка** high, **га́рна** beautiful, **до́бра** good; **ке́пська** poor, **пога́на** bad; **класи́чна** classical, **моде́рна** modern, **суча́сна** contemporary; **драмати́чна** dramatic, **епі́чна** epic, **ліри́чна** lyric, **любо́вна** love, **нарати́вна** narrative, **сатири́чна** satirical; **модерні́стська** Modernist, **некласи́чна** Neoclassical, **романти́чна** Romantic, **символі́стська** Symbolist; **англі́йська** English, **еспа́нська** Spanish, **украї́нська** Ukrainian, **япо́нська** Japanese, *etc.*; **світова́** world

v. + **п. люби́ти ~ю** like poetry ◊ **Макси́м лю́бить ~ю.** Maksym likes poetry. (**писа́ти** write, **склада́ти** compose, **переклада́ти** translate, **тлума́чити** interpret ◊ **Її ~ю тлума́чать по-рі́зному.** Her poetry is interpreted in different ways. **публікува́ти** publish; **деклamува́ти** recite ◊ **Ві́ра декламу́є ~ю Верле́на.** Vira is reciting Verlaine's poetry. **чита́ти** read); **захо́плюватися ~єю** be fond of poetry ◊ **Він захо́плюється середньові́чною ~єю.** He is fond of medieval poetry.

Also see **лі́рика 1, 2.** *Ant.* **про́за 1**

2 *fig.* poetry, beauty, sth like poetry ◊ **Вона́ ба́чить ~ю в усьо́му.** She sees poetry in everything.

adj. **правди́ва** true, **спра́вжня** genuine, **чи́ста** pure ◊ **Стари́й собо́р – чи́ста п. у ка́мені.** The old cathedral is pure poetry in stone.

See **краса́.** *Ant.* **про́за 2**

3 poem, verse ◊ **збі́рка ~й Елла́на-Блаки́тного** a collection of Ellan-Blakytny's poems

See **вірш.** *Also see* **ду́ма 1**

пое́м|а, *f.*

1 poem, narrative poem ◊ **П. – це вели́ка літерату́рна фо́рма.** A poem is a large literary form.

adj. **вели́ка** big, **вели́чна** magnificent ◊ **Для не́ї «Мойсе́й» Франка́ – зразо́к вели́чної ~и.** Franko's *Moses* is an example of a magnificent poem for her. **класи́чна** classical; **герої́чна** heroic, **драмати́чна** dramatic, **епі́чна** epic, **ліри́чна** lyric, **нарати́вна** narrative; **прозо́ва** prose

Cf. **вірш, пое́зія 3**

2 *fig.* poem, the beautiful, the magnificent

adj. **вели́чна** magnificent ◊ **вели́чна п. його́ пе́ршого коха́ння** the magnificent poem of his first love; **химе́рна** chimerical, **чудо́ва** wonderful; **правди́ва** true, **спра́вжня** genuine, **чи́ста** pure, **ці́ла** whole; **архітекту́рна** architectural ◊ **Пала́ц сприйма́ється як архітекту́рна п.** The palace comes across as an architectural poem. **музи́чна** musical

See **краса́.** *Also see* **пое́зія 2**

пое́т, *m.*; **~ка**, *var.* **поете́са**, *f.*

poet; *also fig.*

adj. **відо́мий** *or* **зна́ний** well-known, **видатни́й** outstanding, **славе́тний** famous; **провідни́й** foremost ◊ **Макси́м Ри́льський був провідни́м ~ом украї́нських неокла́сиків.** Maksym Rylsky was the foremost poet of the Ukrainian Neoclassicists. **другоря́дний** minor, **молоди́й** young; **безіме́нний** anonymous; **невідо́мий** unknown; **геніа́льний** brilliant, **до́брий** good, **хоро́ший** fine, **доверше́ний** accomplished, **неперевершений** unparalleled; **жалюгі́дний** pathetic, **ке́пський** poor, **пога́ний** bad; **епі́чний** epic, **ліри́чний** lyric; **моде́рний** modern, **суча́сний** contemporary; **придво́рний** court; **метафізи́чний** metaphysical, **місти́чний** mystical; **аванґарди́стський** avant-garde, **модерні́стський** Modernist, **романти́чний** Romantic, *etc.*

п. + *n.* **п. баро́ка** a baroque poet

◊ ~и українського барóка писáли рíзними мóвами. Ukrainian baroque poets wrote in different languages. (Відрóдження Renaissance, декадáнсу Decadent, просвíтництва Enlightenment, романтúзму Romantic; модернíзму Modernist, *etc.*)
v. + п. знáти ~а know a poet ◊ Вонá знáє цьогó італíйського ~а. She knows this Italian poet. (любúти like, надихáти inspire ◊ Нíчого так не надихáло ~а, як нерозділене кохáння. Nothing inspired the poet more than unrequited love. вивчáти study; імітувáти, *book. or* наслíдувати imitate, перекладáти translate)
See письмéнник. *Also see* лíрик

поетúчн|ий, *adj.*
1 poetic, of or pertaining to poetry, of or pertaining to poet ◊ Йогó ~а твóрчість цікавíша, як прозóва. His poetic works are more interesting than the prosaic ones.
п. + *n.* п. жанр a poetic genre (приймóм device, рóзмір meter, стиль style) ◊ Її п. стиль не мóже не вражáти. Her poetic style cannot but impress. ~а лéксика a poetic vocabulary (майстéрність mastery, твóрчість *coll.* oeuvre); ~е мистéцтво poetic art (поколíння generation) ◊ У 1980-х на літератýрну арéну вихóдить нóве ~е поколíння. In the 1980s, a new generation of poets appears on the literary arena. ~і іновáції poetic innovations)
Ant. прозаїчний 1
2 *fig.* poetic, lyrical, sensitive; elevated ◊ При згáдці про Полíсся вонá робúлася мрíйлúвою і ~ою. At the mention of Polissia, she would grow dreamy and poetic.
adv. дýже very, надзвичáйно extremely, спрáвді truly; дивовúжно amazingly; мáйже almost ◊ Тут її прóза стає мáйже ~ою. At this point, her prose becomes all but poetic.
v. + п. бýти ~им be poetic ◊ Він – натýра ~а. He is a poetic creature. (видавáтися + *D.* appear to sb ◊ Остáнні рядкú видавáлися їй особлúво ~ими. The last lines appeared especially poetic to her. здавáтися + *D.* seem to sb; робúтися grow/get, ставáти become)
Ant. бýденний 3, прозаїчний 2

поєднáн|ня, *nt.*
combination, fusion, merger, union
adj. вдáле felicitous, вíдмінне excellent, влýчне apt, гáрне nice, дóбре good, досконáле perfect, ідеáльне ideal ◊ ідеáльне п. змíсту та фóрми an ideal combination of meaning and form; прекрáсне beautiful, чудóве wonderful; органíчне organic, тíсне tight ◊ тíсне п. теóрії та прáктики a tight combination of theory and practice. прáвильне right, успíшне successful, цікáве interesting; щаслúве happy; дúвне strange, химéрне whimsical, чудернáцьке outlandish, чудéсне *colloq.* bizarre; незвичáйне unusual, оригінáльне innovative, рíдкісне rare, унікáльне unique; випадкóве random; незрозумíле incomprehensible; жахлúве dreadful, кéпське poor, невдáле infelicitous, погáне bad; вибухóве explosive, макабрúчне macabre, небезпéчне dangerous, смертéльне deadly, фатáльне fatal
v. + п. використóвувати п. use a combination (знахóдити find); досягáти п. attain a combination; користувáтися ~ням employ a combination ◊ Мáляр кори́стýється химéрним ~ням кольорíв. The artist employs a whimsical color combination.
prep. в ~ні з + *I.* in combination with sth ◊ Нíмий фільм демонструвáли в ~ні з новúм музúчним сýпроводом. The silent film was screened in a combination with a new musical accompaniment. п. з + *I.* a combination with sth ◊ Незвичáйне п. смáку з зáпахом глибóко вражáло. The unusual combination of taste and smell was deeply impressive.
G. pl. ~ь
Also see комбінáція, сполýка 2, сýміш

поєднá|ти, *pf.*, *see* поéднувати
to combine, *etc.* ◊ Випрóбування ~ло хлóпців. The ordeal brought the boys together.

поєднá|тися, *pf.*, *see* поéднуватися
to unite, *etc.* ◊ У цій ідеолóгії нацúзм ~вся з месіянством. In this ideology, Naziism is combined with messianism.

поéдну|вати, ~ють; поєднá|ти, ~ють, *tran.*
1 to combine
adv. вдáло felicitously ◊ У прáці вонá вдáло ~є дисциплíну з імпровізáцією. In her work, she felicitously combines discipline with improvization. влýчно aptly, гáрно nicely, дóбре well, доскона́ло perfectly, зі смакóм tastefully, ідеáльно ideally, прекрáсно beautifully, чудóво wonderfully; органíчно organically, тíсно closely, щíльно tightly; прáвильно correctly, успíшно successfully, цікáво in an interesting way; дúвно strangely, химéрно whimsically, чудернáцько outlandishly; незвичáйно unusually, оригінáльно innovatively; погáно badly; небезпéчно dangerously ◊ стиль життя́, що небезпéчно ~вав тютюн, алкогóль і постíйний стрес the life style that was a dangerous combination of tobacco, alcohol, and permanent stress; фатáльно fatally
v. + п. бýти трéба + *D.* need to; вдавáтися manage to ◊ Йомý вдається п. непоéднуване. He managed to combine things incombinable. вмíти be able to, могтú can; мýсити have to, намагáтися try to, прóбувати attempt to; хотíти want to ◊ Нáдя хóче поєднáти приємне з кóрисним. Nadia wants to combine the pleasant with the useful.
prep. п. з + *I.* combine with sth ◊ Вонá ~є навчáння із прáцею в лікáрні. She combines studies with work in a hospital.
Also see пов'я́зувати 1, сполучáти 2
2 to unite, link, connect, join
adv. вíчно eternally, зáвждú always, навíки *and* назáвждú forever ◊ Вонú хóчуть навíки поєднáти свої дóлі. They want to unite their fates forever. мíцно firmly, нерозлýчно inseparably, нерозрúвно inextricably; економíчно economically, істори́чно historically, культýрно culturally, політи́чно politically
See єднáти 1. *Also see* зв'я́зувати 3, об'єднувати 1, пов'язувати 2, сполучáти 3
pa. pple. поєднаний combined
поєднуй! поєднáй!

поéдну|ватися; поєднáтися, *intr.*
1 to unite, blend, combine, join together, go together
adv. гáрно nicely ◊ У її сýкні гáрно ~ються сúнє і бíле. In her dress, blue and white go nicely together. дóбре well, досконáло perfectly, ідеáльно ideally, прекрáсно beautifully, чудóво wonderfully; гармонíйно harmoniously ◊ У новíй постáві п'єси актóрська гра гармонíйно ~валася зі сценогрáфією. Acting went harmoniously together with scenography in the new production of the play. органíчно organically, тíсно closely ◊ У йогó дíях тíсно поєднáлися хúтрість і зрáда. Craftiness and treachery were closely blended in his actions. щíльно tightly; вдáло felicitously, успíшно successfully; цікáво in an interesting way; дúвно strangely, химéрно whimsically, чудернáцько outlandishly; незвичáйно unusually, оригінáльно innovatively; погáно badly; небезпéчно dangerously, смертéльно in a deadly manner
Also see єднáтися 1, об'éднуватися 1, сполучáтися 3
2 *pass.* to get linked, be combined ◊ Обúдва фáкти нерозрúвно поєднáлися у свідóмості юнакá. Both facts got inextricably connected in the youth's mind.

пожалí|ти, *pf.*, *see* жалíти
to pity, *etc.* ◊ Профéсор ~в студéнтів і загадáв їм мéнше додóму. The professor spared his students and assigned them less homework.

пожалкувá|ти, *pf.*, *see* жалкувáти
to regret, *etc.* ◊ Олéсь гíрко ~в, що був відвéртим із колéґою. Oles bitterly regretted he had been candid with his colleague.

пожартувá|ти, *pf.*, *see* жартувáти
to joke ◊ Ярéма ~в, сказáвши, що знáє цю іменúтість. Yarema joked when he said that he knew the celebrity.

пожéж|а, *f.*, ~і
fire, blaze, conflagration
adj. велúка big, величéзна huge ◊ Скрізь навкóло булú слідú величéзної ~і. There were traces of a huge fire everywhere. катастрофíчна catastrophic, лютá raging, руйнíвна ruinous, серйóзна serious, сúльна fierce, спустóшлива devastating, страшнá horrible; стихíйна spontaneous; далéка distant; лісовá forest, степовá steppe
v. + п. влаштóвувати ~у set up a fire ◊ Невідóмі влаштувáли ~у пéред амбасáдою. Unknown people set up a fire in front of the embassy. (починáти start, робúти cause, роздмýхувати fan ◊ Вíтер роздмухáв ~у. The wind fanned the fire. гасúти extinguish, ліквідувáти put out ◊ Десятки людéй намагáлися ліквідувáти ~у. Dozens of people tried to put out the fire. локалізувáти localize; переживáти survive ◊ Дуб дúвом пережúв лісовý ~у. The oak miraculously survived the forest fire. призвóдити до ~і lead to a fire ◊ Недóпалок призвíв до велúкої ~і. A cigarette butt led to a big fire. причинятися до cause); запобігáти ~і prevent a fire; борóтися з ~ею fight a fire (бýти знúщеним be destroyed by, бýти пошкóдженим be damaged by, бýти спустóшеним be devastated by) ◊ Вýлиця спустóшена страшнóю ~ею. The street has been devastated by a horrible fire. гúнути в ~і die in ◊ Сім корíв загúнуло у ~і на фéрмі. Seven cows died in the fire on the farm.
п. + *v.* вибухáти erupt; виникáти occur, ставáтися happen; згасáти go out; охóплювати + *A.* engulf sth ◊ Руйнíвна п. швúдко охопúла будúнок. The ruinous fire quickly engulfed the building. горíти burn, лютувáти rage, палáти blaze, поглинáти + *A.* swallow sth up; починáтися start, шúритися spread ◊ П. шúрилася, поглинáючи все на своєму шляхý. The catastrophic fire was spreading, swallowing up everything on its way.
Also see пóлум'я. *Cf.* багáття, вогóнь

пожéртв|а, *f.*
donation, offering, contribution + *D.* to sb/sth
adj. багáта rich, велúка big ◊ велúка п. Червóному хрестóві a big donation to the Red Cross; значнá substantial, порядна *colloq.* hefty, пристóйна *colloq.* decent, чималá sizeable; княжа *fig.* lavish, щéдра generous; дрібнá paltry, жалюгíдна pathetic, невелúка small; добровíльна voluntary; корпоратúвна corporate; особúста personal, привáтна private ◊ Музéй існýє завдякú привáтним ~ам. The museum exists thanks to private donations. громáдська public
v. + п. давáти ~у give a donation (збирáти collect, обіцяти promise, посилáти + *D.* send sb, робúти make ◊ Щорóку пан Марчýк рóбить кíлька пожéртв для бíдних. Every year Mr. Marchuk makes a few donations for the poor. брáти take, діставáти від + *G.* get from

sb, **отри́мувати від** + *G.* receive from sb ◊ **Фундáція отри́мала кня́жу ~у від анонíмного доброчи́нця.** The foundation has received a lavish donation from an anonymous benefactor. **приймáти** accept; **повертáти** + *D.* return to sb ◊ **Свящéнник поверну́в ~у від рекети́ра.** The priest returned the donation from the racketeer. **дя́кувати** + *D.* **за** thank sb for ◊ **Він подя́кував кóжному за ~и.** He thanked everybody for their donations. **проси́ти** + *A.* **про** ask sb for); **закликáти до ~и** appeal for a donation (**залéжати від** depend on)
prep. **п. для** + *G.* a donation to sb/sth ◊ **п. для благодíйної їдáльні** a donation to a food kitchen; **п. на** + *A.* a donation toward/for sth/sb ◊ **п. на будівни́цтво бібліотéки** a donation towards the building of a library; **п. на політв'я́знів** a donation for political prisoners
Also see **жéртва 3**

пожéртвува|ти, *pf., see* **жéртвувати**
to donate, *etc.* ◊ **Він ~в три ти́сячі гри́вень на цей зáхід.** He donated ₴3,000 towards the event.

пóз|а[1], *f.*
1 posture, pose
adj. **захиснá** defensive; **гáрна** nice, **дóбра** good, **налéжна** proper, **прáвильна** correct; **ви́гідна** comfortable, **зру́чна** comfortable, **недбáла** careless, **розслáблена** relaxed; **напру́жена** tense; **прямá** straight, **ставнá** upright, **стрункá** erect; **урочи́ста** solemn; **кéпська** poor, **погáна** bad; **неприрóдна** unnatural ◊ **Її неприрóдна п. зáраз же ки́дається в óчі глядачá.** Her unnatural posture right away catches the viewer's eye.
prep. **у ~у** *dir.* in/to a posture ◊ **Він став у незру́чну ~у.** He took an uncomfortable posture. **у ~і** *posn.* in a posture ◊ **Вонá сиділа в напру́женій ~і.** She sat in a tense posture. **п. для** + *G.* a posture for sth ◊ **п. для фехтувáння** a posture for fencing
Also see **пози́ція 1, полóження 2**
2 *fig.* pose, pretense, affectation, façade
adj. **аґреси́вна** aggressive, **грíзна** ferocious **загрóзлива** threatening; **герóйська** hero's, **доброчи́нна** charitable, **ефéктна** eye-catching ◊ **Усé, що він рóбить, це ли́ше ефéктна п.** All he is doing is but an eye-catching affectation. **мелодрамати́чна** melodramatic ◊ **Михáйлова мелодрамати́чна п. розрахóвана на тих, хто йогó не знáє.** Mykhailo's melodramatic pose is meant for those who do not know him. **неви́нна** innocent; **перебíльшена** exaggerated; **дружелю́бна** friendly; **зру́чна** convenient; **ображена** hurt ◊ **Ліля лю́бить стáти в обрáжену ~у.** Lilia likes to act offended. **примхли́ва** capricious; **театрáльна** theatrical
Also see **мíна**[1]

пóза[2], *prep.*
1 *posn.* outside, beyond, out of + *I.* ◊ **Вонá прово́дила мáло чáсу п. мíстом.** She spent little time out of town. ♦ **п. всякими прáвилами** against all rules ◊ **Вони́ грáли п. всякими прáвилами.** They played against all the rules. ♦ **оголóшувати** + *A.* **п. закóном** to outlaw sb/sth ◊ **Уряд оголоси́в цю пáртію п. закóном.** The government outlawed this party. ♦ **п. кóнкурсом** unrivaled, hors concours ◊ **За винахíдливістю Лев п. конкурéнцією.** Lev is unrivaled in his resourcefulness. ◊ **Фільм покáзують п. кóнкурсом.** The film is shown outside competition. ♦ **п. небезпéкою** out of danger ◊ **Він подзвóнить, як тíльки бýде п. небезпéкою.** He will call as soon as he is out of danger. ♦ **бýти п. підóзрою** to be above suspicion; ♦ **п. сýмнівом** without a doubt ◊ **Кінцíвку фíльму трéба змінúти, п. всяким сýмнівом.** The film ending needs to be changed without any doubt. ♦ **п. чéргою** out of turn ◊ **Лíкар погóдився оглянути дити́ну п. чéргою.** The doctor agreed to examine the child out of turn.
Also see **пóнад 5**
2 *dir.* outside, beyond, out of + *A.* ◊ **На вихідні вонá поїхала десь п. мíсто.** She went out of town for the weekend.
3 *posn.* behind, at the back of + *I.* ◊ **Хтось ховáвся п. кущéм.** Somebody was hiding behind the bush.
See **за**[1] **2**

позáду, *adv.*
1 behind, in the back, in the rear
adv. **аж** all the way ◊ **Стільцí постáвили попе́реду, а лáви – аж п.** The chairs were put in the front, and the benches all the way in the back. **далéко** far ◊ **Її рíдне мíсто лиши́лося далéко п.** Her home town remained far behind. **десь** somewhere, **зáраз** immediately, **недалéко** not far, **одрáзу** *or* **зáраз же** right; ♦ **залишáтися п.** to stay behind
Ant. **попéреду 1**
2 in the past ◊ **Óлине студéнтське життя́ лиши́лося п.** Olia's student life remained in the past. ♦ **(за)лишáти** + *A.* **п.** to leave sb/sth behind ◊ **Цей рóздiл життя́ Соломíя лиши́ла п.** Solomiia left this chapter of her life behind.
Also see **мину́ле.** *Ant.* **попéреду 4**
3 *prep.* after sb/sth + *G.* ◊ **Піхоти́нці крокувáли п. артилéрії.** The infantrymen marched after the artillery.
Also see **за**[1] **1-3.** *Ant.* **попéреду 5**

позазéмн|ий, *adj.*
extraterrestrial; alien
п. + *n.* **п. полíт** an extraterrestrial flight (**рóзум** intelligence); **~а істóта** an extraterrestrial being (**стáнція** station, **цивілізáція** civilization); **~е життя́** extraterrestrial life (**існувáння** existence)

позбáви|ти, *pf., see* **позбавля́ти**
to deprive of, *etc.* ◊ **Президéнт ~в опозиці́йного полíтика громадя́нства.** The president stripped the opposition politician of his citizenship.

позбáви|тися, *pf., see* **позбавля́тися**
to get rid of ◊ **Оксáна гарячкóво шукáла спóсобу п. непрóханих гóстей.** Oksana was frantically looking for a way to get rid of the uninvited guests. ◊ **Він ~вся кáшлю за ти́ждень.** He got rid of his cough in a week.

позбáвленн|я, *nt., only sg.*
deprivation, dispossession, divestment
п. + *n.* **п. бáтьківських прав** a deprivation of parental rights (**ви́борчих прав** electoral rights, **громадя́нства** citizenship, **громадя́нських прав** civil rights, **парлáментської недотóрканости** parliamentary immunity), ♦ **п. майнá** dispossession, ♦ **п. спáдщини** disinheritance, ♦ **п. вóлі** imprisonment ◊ **Її засуди́ли на рік п. вóлі.** She was sentenced to a year of imprisonment.
See **позбавля́ти**

позбавля́|ти, ~ють; позбáв|ити, ~лю, ~иш, ~лять, *tran.*
to deprive of, dispossess of, strip of, rid of + *G.* ◊ **Буревíй позбáвив приту́лку сóтні людéй.** The hurricane deprived hundreds of people of shelter.
adv. **закóнно** legally, **на закóнних підстáвах** on legal grounds; **брутáльно** brutally, **наси́льницьки** violently, **незакóнно** illegally, **підсту́пно** treacherously, **силомíць** by force; **негáйно** immediately, **одрáзу** at once, **раз і назáвжди** once and for all, **зáраз же** right away, **шви́дко** quickly; **врéшті-рéшт** finally, **незворóтно** irrevocably, **остатóчно** ultimately
п. + *n.* **п. вóлі** deprive of freedom (**винагорóди** remuneration, **підтри́мки** support ◊ **Профспілки́ погрóжували позабáвити мінíстра підтри́мки.** The trade unions threatened to withdraw their support for the minister. **платні́** pay, **стипéндії** scholarship; **прáва** right, **привілéю** privilege; **вíри** faith, **надíї** hope, **неви́нности** innocence, **цнóти** virginity; **спóкою** peace of mind; **дáху над головóю** roof over one's head, **житлá** housing, **приту́лку** shelter), ♦ **п. майнá** to dispossess ◊ **Совєти позбáвили майнá мільйóни селя́н.** The Soviets dispossessed millions of peasants. ♦ **п. вíку** *or* **життя́** to kill sb
pa. pple. **позбáвлений** deprived
позбавля́й! позбáв!
Also see **відбирáти 2, віднімáти 1**

позбувá|тися, ~ються; позбу́тися, позбу́д|уться, *intr.*
1 to lose + *G.* ◊ **Найбíльше він боя́вся позбу́тися влáди.** More than anything he was afraid of losing power. ♦ **п. голови́** *or* **життя́** to lose one's life ◊ **Сóтні людéй позбу́лися голови́** *or* **життя́, намагáючись перейти́ кордóн.** Hundreds of people lost their lives, trying to cross the border. ♦ **п. клéпки** *colloq. only pf.* to lose one's mind ◊ **Як мóжна такé говори́ти? Він, напéвно, позбу́вся клéпки!** How can he say such a thing? He must have lost his mind! ♦ **п. мóви** *or* **язикá** *only pf.* to lose one's tongue ◊ **Він стоя́в урáжений, начé позбу́вся мóви.** He stood shocked as if he had lost his tongue.
See **втрачáти**
2 to give up, relinquish ◊ **Він позбу́вся нáміру перебрáтися до новóї окóлиці.** He gave up his intention to move to a new neighborhood.
See **відмовля́тися 2**
3 to get rid of
adv. **вже** already, **врéшті-рéшт** finally, **назáвжди́** for good, **нарéшті** at last, **раз і назáвжди́** once and for all; **моментáльно** instantly, **негáйно** immediately, **одрáзу** at once, **зáраз же** right away, **шви́дко** quickly, **якнайшви́дше** as quickly as possible; **незворóтно** irrevocably, **остатóчно** ultimately, **я́кось** somehow
п. + *n.* **п. акцéнту** get rid of an accent (**забобóну** superstition, **заїкáння** stammer, **залéжности** dependence, addiction, **зви́чки** habit, **кóмплексу** complex, **упередження** bias; **безсóння** insomnia, **бóлю** pain, **вáди** defect, **зáйвої ваги́** excess weight ◊ **Лíкар порáдив йомý позбу́тися зáйвої ваги́.** The doctor advised him to get rid of his excess weight. **кáшлю** cough, **свербíння** itching; **дóказів** evidence; **недовíри** distrust, **підóзри** suspicion, **стéження** surveillance, **товари́ства** company)
v. + **п. бу́ти вáжко** be difficult to, **бу́ти неможли́во** be impossible to, **бу́ти трéба** + *D.* need to; **вдавáтися** + *D.* succeed in ◊ **Дани́лові вдалóся врéшті-рéшт позбу́тися заїкáння.** Eventually Danylo succeeded in getting rid of his stammer. **змогти́** *pf.* manage to, **спромогти́ся** *pf.* contrive to; **намагáтися** try to, attempt to ◊ **Вонá намагáлася позбу́тися квартирáнта.** She was trying to get rid of her tenant. **не могти́** be unable to ◊ **Він дóвго не міг позбу́тися чужи́х впли́вів на свою́ мóву.** For a long time, he had been unable to get rid of foreign influences on his language. **прáгнути** strive to, **бу́ти трéба** be necessary ◊ **Актóрові трéба булó позбу́тися свогó ди́вного акцéнту.** The actor needed to get rid of his strange accent. **хотíти** want to ◊ **Він хотíв будь-щó позбу́тися небáжаного товари́ства.** He wanted to get rid of the unwelcome company by any means necessary.
Also see **вивóдити 4, вижива́ти 3**

позбу́|тися, *pf., see* **позбувáтися**
to get rid of, *etc.* ◊ **Молоди́й актóр нарéшті ~вся стрáху сцéни.** The young actor finally got rid of her stage fright.

поздорóви|ти, *pf., see* **поздоровля́ти**
to congratulate, *etc.* ◊ **Надíя ~ла сестру́ з підви́щенням по робóті.** Nadiia congratulated her sister on her promotion at work.

поздоро́влен|ня, *nt.*
congratulation, greeting; *often pl.*
adj. **народи́нні** *or* **уроди́нні** birthday, **ювіле́йні** anniversary; **серде́чні** heartfelt, **те́плі** warm, **щи́рі** sincere; **запізнілі** belated, **недоре́чні** misplaced
v. + **п. передава́ти** + *D.* **п.** extend congratulations to sb ◊ **Яросла́в передає вам щи́рі п.** Yaroslav extends his sincere greetings to you. (**посила́ти** + *D.* send sb; **отри́мувати від** + *G.* receive from sb ◊ **Васи́ль отри́мав ку́пу ~ь звідусі́ль.** Vasyl received a heap of greetings from everywhere. **прийма́ти від** + *G.* accept from sb ◊ **Вона́ із вдя́чністю прийняла́ народи́нні п.** She gratefully accepted the birthday greetings. **відповіда́ти на** respond to) ◊ **Марія не відповіла́ на його́ п.** Maria did not respond to his congratulations.
prep. **п. від** + *G.* congratuation from sb ◊ **п. від дру́зів** congratulations from friends; **п. з** + *I.* congratulations on *(an occasion)* ◊ **п. із закінченням університе́ту** congratulations on one's graduation from university
Also see **віта́ння 2**

поздоровля́|ти, ~ють; поздоро́в|ити, ~лю, ~иш, ~лять, *tran.*
to congratulate, greet, salute, wish well
adv. **від усього се́рця** from the bottom of one's heart, **ра́дісно** joyfully, **серде́чно** heartily, **те́пло** warmly, **щи́ро** sincerely; **запі́зніло** belatedly; **особи́сто** personally; **офіці́йно** officially, **форма́льно** formally; **публі́чно** publicly
v. + **п. випада́ти** + *D.* be appropriate to ◊ **Нам випада́ло б поздоро́вити їх із дочко́ю.** It would be appropriate for us to congratulate them on the birth of a daughter. **бу́ти слід** + *D.* should, **бу́ти тре́ба** + *D.* need to; **забува́ти** forget to, **хоті́ти** want, like to ◊ **Я хоті́ла б поздоро́вити вас із чудо́вим дося́гненням.** I'd like to congratulate you on your wonderful achievement.
prep. **п. від і́мени** + *G.* greet on sb's behalf ◊ **Її поздоро́вили від і́мени всіх співпраці́вникі́в.** She was greeted on behalf of all associates. **п. з** + *I.* congratulate on *(an occasion)* ◊ **п. з наро́дженням дити́ни** congratulate on the birth of a baby (**уроди́нами** birthday, **ювіле́єм** anniversary; **дося́гненням** achievement, **перемо́гою** victory, **у́спіхом** success; **Днем Незале́жности** Independence Day, **Вели́коднем** Easter, **Різдво́м** Christmas ◊ **Не забу́дьте поздоро́вити ба́бу й ді́да з Різдво́м.** Don't forget to wish your grandparents a Merry Christmas. **свя́том** holiday; **закі́нченням шко́ли** graduation from school)
pa. pple. **поздоро́влений** congratulated
поздоровля́й! поздоро́в!
Also see **віта́ти 1, 2**

по́зи|ка, *f.*
loan, credit
adj. **вели́ка** large ◊ **Фі́рму могла́ врятува́ти вели́ка п.** The firm could be saved by a large loan. **значна** sizeable, **маси́вна** massive; **невели́ка** small; **довготермінóва** long-term; **короткотермінóва** short-term; **безпроце́нтна** interest-free; **високопроце́нтна** high-interest; **ґаранто́вана** guaranteed, **забезпе́чена** secured; **незабезпе́чена** unsecured; **ба́нкова** bank, **вну́трішня** domestic, **держа́вна** state; **екстре́на** stop-gap; **незако́нна** unlawful; **обліґаці́йна** funded, **одноде́нна** clearance, **основна́** primary, **пі́льгова** soft; **спожи́вча** consumer, **студе́нтська** student, **тимчасо́ва** temporary; **каба́льна** usurious; **непога́шена** *or* **протерміно́вана** bad
v. + **п. бра́ти ~ку** take out a loan ◊ **Він узя́в довготерміно́ву ~ку.** He took out a long-term loan. (**виплачувати** pay, **поверта́ти** pay back ◊ **Він пове́рне студе́нтську ~ку че́рез де́сять ро́ків.** He will pay back his student loan in ten years. **спла́чувати** pay off; **ґарантува́ти** underwrite, **забезпе́чувати** secure; **діста́вати** get, **отри́мувати** receive; **прийма́ти** accept ◊ **Вони́ прийняли́ від ба́нку каба́льну ~ку.** They accepted a usurious loan from the bank. **проси́ти** + *A.* ask sb for; **дава́ти** + *D.* give sb, **надава́ти** + *D.* grant sb, **пропонува́ти** + *D.* offer sb; **зверта́тися до** + *G.* **по** apply to sb for) ◊ **Вони́ зверну́лися по ~ку до кредитівки.** They turned for a loan to the credit union. **забезпе́чувати** + *A.* **~кою** provide sb with a loan ◊ **Батьки́ забезпе́чать її ~кою.** Her parents will provide her with the loan.
prep. **п. на** + *A.* a loan for sth ◊ **п. на спожи́вчі това́ри п.** a consumption loan (**буди́нок** home); **п. під** + *A.* a loan against sth ◊ **п. під об'є́кти, що прино́сять прибу́ток** an income loan (**нерухо́мість** real estate); **п. по́над** + *G.* a loan in excess of sth ◊ **п. по́над ліміт** an excess loan
L. **у ~ці**
Also see **іпоте́ка**. *Cf.* **борг**

позити́в, *m.*, **~у**
1 positive *(in photography)* ◊ **Із неґати́вної плі́вки друку́ють ~и висо́кої я́кости.** High-quality positives are printed from the negative film.
Ant. **неґати́в 1**
2 merit, advantage, strong point ◊ **Ці́лісний підхі́д до пробле́ми був ~ом ї́хньої робо́ти.** A holistic approach to the problem was a merit of their work.
See **перева́га 1**. *Ant.* **ва́да, мі́нус 3, неґати́в 2**

позити́вн|ий, *adj.*
1 positive, favorable, beneficial
adv. **абсолю́тно** absolutely, **ду́же** very, **геть** totally, **надзвича́йно** extremely ◊ **Атмосфе́ра в колекти́ві надзвича́йно ~а.** The atmosphere in the team is extremely positive. **цілко́м** completely; **вира́зно** distinctly, **я́вно** clearly; **до́сить** fairly, **доста́тньо** sufficiently, **ле́две** hardly, **ма́йже** almost; **перева́жно** mostly, **помі́рно** moderately; **відно́сно** relatively, **порі́вняно** comparatively; **зага́лом** generally, **го́ловно** mainly, **в ці́лому** on the whole; **несподі́вано** unexpectedly, **на ди́во** surprisingly; **без су́мніву** doubtlessly, **однозна́чно** unambiguously
п. + *n.* **п. ви́сновок** a positive conclusion (**вплив** influence, **вчи́нок** deed, **геро́й** character, **при́клад** example, **прогно́з** forecast, **результа́т** outcome); **~а відповідь** a positive response (**дина́міка** dynamic, **ене́ргія** energy, **настано́ва** attitude, **оці́нка** grade, **реа́кція** reaction); **~е ми́слення** positive thinking (**рі́шення** decision, **ста́влення** treatment)
v. + **п. бу́ти ~им** be positive ◊ **По́дорож до Ка́нева була́ абсолю́тно ~им до́свідом для всіх.** The trip to Kaniv was an absolutely positive experience for all. (**вважа́ти** + *A.* consider sb/sth ◊ **Лі́карі вважа́ють морське пові́тря ду́же ~им для здоро́в'я.** Doctors consider the sea air to be very beneficial for health. **виявля́тися** turn out ◊ **Результа́т опера́ції ви́явився на ди́во ~им.** The surgery outcome turned out surprisingly positive. **здава́тися** + *D.* seem to sb; **лиша́тися** remain; **става́ти** become)
prep. **п. для** + *G.* positive for sb/sth
Also see **кори́сний 1, сприя́тливий**. *Ant.* **неґати́вний 1**
2 *phys.* positive ◊ **Прото́н є носіє́м ~ого заря́ду.** A proton is a carrier of a positive charge.
Ant. **неґати́вний 2**

пози́ці|я, *f.*, **~ї**
1 position *(of body, etc.)*, pose, posture
adj. **танцюва́льна** dance; **пе́рша** first, **дру́га** second, **п'я́та** fifth, *etc.*; **зру́чна** comfortable, **зі́гнута** bent, **лежа́ча** prone, **сидя́ча** sitting, **стоя́ча** standing; **вертика́льна** vertical, **горизонта́льна** horizontal
п. + *n.* **п. голови́** a position of head (**ко́рпусу** torso, **ніг** feet ◊ **Його́ вчи́ли, що в та́нці є шість ~ій ніг.** He was taught that there were six foot positions in dance. **па́льців** fingers, **рук** hands/arms, **ті́ла** body; **за́родка** fetus)
v. + **п. вибира́ти ~ю** choose a position ◊ **Він ви́брав ~ю для медита́ції.** He chose a position for meditation. (**займа́ти** take, **зберіга́ти** maintain, **мі́няти** change, **прибира́ти** assume) ◊ **Він прибра́в четве́рту ~ю.** He assumed position four. **ляга́ти в ~ю** *dir.* lie in a position ◊ **Вона́ лягла́ в ~ю за́родка.** She lay in a fetal position. (**сі́дати в** *dir.* sit in, **става́ти в** *dir.* stand in); **бу́ти в ~ї** *posn.* be in a position (**лежа́ти в** *posn.* lie in, **сиді́ти в** *posn.* sit in ◊ **Він сиді́в у ди́вній ~ї.** He sat in a strange posture. **стоя́ти в** *posn.* stand in)
See **по́за 1, поло́ження 2, поста́ва 2**
2 position, location, place
adj. **географі́чна** geographic ◊ **Їй тре́ба зна́ти географі́чну ~ю об'є́кта.** She needs to know the geographic location of the object. **топографі́чна** topographic; **докла́дна** exact, **пра́вильна** correct, **то́чна** accurate; **ви́гідна** advantageous; **нова́** new; **вихідна́** departure, **пе́рвісна** original, **попере́дня** previous, **початко́ва** initial; **безви́грашна** no-win, **врazли́ва** vulnerable, **неви́гідна** unfavorable, **про́грашна** losing ◊ **Вони́ опини́лися в про́грашній ~ї.** They found themselves in a losing position.
п. + *n.* **п. де́рева** the position of a tree (**літака́** aircraft, **корабля́** ship; **мі́ста** city, **об'є́кта** object; **села́** village; **зі́рки** star, **мі́сяця** moon, **со́нця** sun)
v. + **п. визнача́ти ~ю** determine a position ◊ **Він ви́значив свою́ ~ю за ко́мпасом.** He determined his position by compass. (**вка́зувати** indicate, **займа́ти** take up); **залиша́тися в ~ї** remain in a position (**опиня́тися в** end up in, **перебува́ти в** be in)
prep. **в ~ї** + *G.* in a position of sth; **п. відно́сно** + *G.* a position relative to sth ◊ **п. відно́сно мо́ря** a position relative to the sea
Also see **поло́ження 1**
3 *mil.* position, *usu pl.* ◊ **Уго́рський батальйо́н займа́в пра́ву від ні́мців ~ю.** The Hungarian batallion occupied the righthand position from the Germans.
adj. **артилері́йська** artillery ◊ **Уда́р скеро́ваний по артилері́йських ~ях во́рога.** The strike is directed at the enemy artillery positions. **бойова́** combat, **вогнева́** firing; **запасна́** alternative, **наступа́льна** offensive, **оборо́нна** defensive, **укрі́плена** fortified; **відкри́та** open; **закри́та** covered; **бі́чна** sideways, **бокова́** lateral, **лі́ва** lefthand, **пра́ва** righthand, **ти́льна** rear, **центра́льна** central; **стратегі́чна** strategic, **такти́чна** tactical; **захи́щена** protected, **си́льна** strong; **вразли́ва** vulnerable, **незахи́щена** unprotected, **слабка́** weak
п. + *n.* **п. а́рмії** an army position (**брига́ди** brigade, **ві́йськ** troops, **диві́зії** division, **фла́нгу** flank; **во́рога** enemy)
v. + **п. займа́ти ~ю** take up a position ◊ **Полк зайня́в оборо́нну ~ю по бе́регу рі́чки.** The regiment took up a defensive position along the river bank. (**мі́няти** change ◊ **Вони́ зміни́ли ~ю.** They changed position. **утри́мувати** hold) ◊ **Підро́зділ утри́мував ~ю до кінця́.** The detachment held the position to the end.
Also see **ешело́н 2**
4 *fig.* stand, attitude, stance, position ◊ **Її політи́чна п. рі́зко зміни́лася.** Her political stance abruptly changed.
adj. **ети́чна** ethical, **мора́льна** moral, **політи́чна** political, **філосо́фська** philosophical, **принципо́ва** principled, **очі́кувальна** wait-and-see
See **настано́ва, ду́мка**

позича́|ти, ~ють; пози́ч|ити, ~ать, *tran.*
1 to borrow from ◊ **Ві́ктор побі́г до сусі́дів пози́чити олії.** Viktor ran to his neighbors' to borrow some oil.
adv. **бага́то** a lot ◊ **Він не працюва́в, і тому́ був зму́шений бага́то п.** He was out of work and therefore compelled to borrow a lot. **про́ти**

вла́сної во́лі against one's will; за́вжди́ always, незмі́нно invariably, хроні́чно chronically; врядигоди́ *colloq.* every now and then, іноді sometimes, рі́дко rarely; ніко́ли never

п. + n. п. гро́ші borrow money ◊ **При потре́бі вона́ ~є гро́ші у бли́зьких ро́дичів.** When need be, she borrows money from close family. (**баня́к** pot, **кни́жку** book, **лопа́ту** spade, **фі́льм** film; **велосипе́д** bicycle, **маши́ну** car; **бо́рошно** flour, **хлі́б** bread, **цу́кор** sugar)

v. **+ п. бу́ти зму́шеним** have to, be compelled to, **бу́ти тре́ба** + *D.* need to, **вдава́тися** + *D.* succeed in ◊ **Їм вдало́ся пози́чити мото́рний чо́вен.** They succeeded in borrowing a motorboat. **змогти́** *pf.* manage to, **могти́** can; **намага́тися** try to ◊ **Ві́ктор намага́вся пози́чити маши́ну в по́други.** Viktor tried to borrow a car from his (female) friend. **хоті́ти** want to

prep. **п. в** + *G.* borrow from sb ◊ **Кни́жки вона́ ~є в бібліоте́ці.** She borrows books from the library. **п. на** + *A.* borrow for *(period of time)* ◊ **О́ля пози́чила велосипе́д на кі́лька годи́н.** Olia borrowed the bicycle for a few hours. ♦ **п. оче́й у сірка́** to lose one's dignity/sense of shame ◊ **Йому́ слід все роби́ти че́сно, щоб по́тім не п. оче́й у сірка́.** He should do everything honestly so that he isn't ashamed later.

Also see **по́зика.** *Cf.* **найма́ти 2**

2 to lend sth to sb, loan sb sth, advance sb sth + *D.* ◊ **Він пози́чив Юрко́ві костю́м.** He lended Yurko his suit.

adv. **нега́йно** immediately, **за́раз же** right away, **ра́до** gladly ◊ **Банк ра́до пози́чив компа́нії значну́ су́му.** The bank gladly loaned the company a considerable sum. **ле́две** scarcely, **наси́лу** barely, **неохо́че** reluctantly ◊ **Він неохо́че ~в Оре́стові авті́вку.** He lended his car to Orest reluctantly. **наре́шті** finally

v. **+ п. бу́ти гото́вим** be ready to, **ви́рішувати** decide to, **пого́джуватися** agree to, **хоті́ти** be willing to ◊ **Вона́ вже хоті́ла була́ пози́чити бра́тові потрі́бні гро́ші.** She was already willing to lend her brother the money needed. **відмовля́тися** refuse to; **блага́ти** + *A.* beseech/beg sb to, **переко́нувати** + *A.* persuade sb to, **проси́ти** + *A.* ask sb to ◊ **Він попроси́в пози́чити сто гри́вень.** He asked to lend ₴100.

prep. ♦ **п. на ві́чне ві́дання** *iron.* to lend sth never to see it again ◊ **Ва́ля ма́ла відчуття́, що позича́є йому́ гро́ші на ві́чне ві́дання.** Valia had the feeling she was lending him the money never to see it again. **п. під** + *A.* lend against/under/with *(surety)* ◊ **Він пози́чив Іва́нові де́сять ти́сяч під заста́ву.** He loaned Ivan ₴10,000 under collateral. ♦ **п. під проце́нти** to loan with interest

Also see **по́зика.** *Cf.* **найма́ти 2, 3**

3 to adopt, take on, acquire ◊ **Тала́нт палко́го промо́вця Петро́ пози́чив у ма́тері.** Petro acquired his gift of a fiery speaker from his mother.

pa. pple. **пози́чений** borrowed, lent, loaned

позича́й! пози́ч!

пози́чи|ти, *pf., see* **позича́ти**
to borrow, *etc.* ◊ **Ба́тько ~в йому́ гро́ші воста́ннє.** Father lent him the money for the last time.

позі́рн|ий, *adj.*
seeming, imaginary, apparent, ostensible ◊ **Її ~а теплота́ не переко́нувала О́льги.** Her seeming warmth was not convincing to Olha.

adv. **абсолю́тно** absolutely, **геть** totally, **цілко́м** completely, **чи́сто** purely, **я́вно** clearly; **го́ловно** mainly; **лише́** *or* **ті́льки** only, **не бі́льш, як** no more than

v. **+ п. бу́ти ~им** be seeming (**виявля́тися** turn out, **здава́тися** + *D.* seem to sb, **лиша́тися** remain) ◊ **Йо́сипова при́страсть до юриспруде́нції лиши́лася ~ою.** Yosyp's passion for jurisprudence remained imaginary.

Also see **ви́гаданий, зо́внішній 2, уя́вний.** *Ant.* **реа́льний, спра́вжній**

познайо́ми|ти, *pf., see* **знайо́мити**
to familiarize with sth, *etc.* ◊ **Вона́ ~ла Марка́ зі спра́вою.** She familiarized Marko with the case.

познайо́ми|тися, *pf., see* **знайо́митися**
to get acquainted with ◊ **Я́рка пам'ята́ла, як вони́ ~лися.** Yarka remembered how they had met.

познача́|ти, ~ють; позна́ч|ити, ~ать, *tran.*
to mark, indicate, label + *I.* with ◊ **Хтось позна́чив її ім'я́ мале́ньким хре́стиком.** Somebody marked her name with a small cross.

adv. **навми́сне** deliberately ◊ **Сапе́ри навми́сно ~ли мі́нне по́ле.** The sappers deliberately marked the minefield. **намі́рено** intentionally, **свідо́мо** consciously, **спеція́льно** especially, **чі́тко** clearly ◊ **Чита́ючи текст, реда́ктор чі́тко ~в у́ступи, які́ нале́жало зміни́ти.** Reading the text, the editor clearly marked the passages that needed changing.

v. **+ п. бу́ти тре́ба** + *D.* need to ◊ **Студе́нтам тре́ба позна́чити всі о́писи приро́ди в рома́ні.** The students need to mark all the nature descriptions in the novel. **бра́тися** get down to ◊ **І́нна взяла́ся п. поми́лки.** Inna got down to marking mistakes. **зага́дувати** + *D.* assign sb to, **проси́ти** + *A.* ask sb to; **хоті́ти** want to

prep. **п. в** + *L.* mark in sth ◊ **Глибину́ мо́ря ~ють у ме́трах.** They indicate the sea depth in meters. **п. на** + *L.* mark on sth ◊ **познача́ти на парка́ні** mark on a fence; **п. як** + *N.* mark as sth ◊ **Вона́ позна́чила цю ду́мку як оригіна́льну.** She marked the thought as unconventional.

pa. pple. **позна́чений** marked

познача́й! позна́ч!

Also see **відзнача́ти 1, зазнача́ти 1**

позна́чи|ти, *pf., see* **познача́ти**
to mark, *etc.* ◊ **Зе́ня не ~ла пошто́вого і́ндексу.** Zenia did not indicate the zip code.

по́знач|ка, *f.*
mark, sign, note, label; marking

adj. **види́ма** visible, **відпові́дна** respective, **розпізнава́льна** identifying; **ле́две види́ма** barely visible; **ди́вна** strange, **незрозумі́ла** incomprehensible, **таємна** secret ◊ **Ната́ля вмі́є чита́ти ці таємні ~ки.** Natalia knows how to read the secret signs. **граматична** grammatical ◊ **Іме́нник має грамати́чну ~ку** ***плюра́лія та́нтум.*** The noun has the grammatical label of *pluralia tantum.* **стилісти́чна** stylistic

п. + n. п. ву́гіллям a charcoal mark (**кре́йдою** chalk, **олівце́м** pencil, **перо́м** pen)

v. **+ п. залиша́ти ~ку** leave a mark (**роби́ти** make ◊ **Фе́дір зроби́в відпові́дну ~ку на па́пці.** Fedir made a respective mark on the folder. **розумі́ти** understand, **тлума́чити** interpret, **чита́ти** read)

L. **на ~ці**, *G. pl.* **~ок**

See **знак.** *Also see* **стрі́лка 3**

по-і́ншому, *adv.*
otherwise, differently, in a different way ◊ **Ві́ктор переко́нував їх де́що п.** Viktor persuaded them in a somewhat different way.

adv. **абсолю́тно** absolutely, **геть** totally, **зо́всім** utterly, **цілко́м** completely; **де́що** somewhat, **тро́хи** a little

v. **+ п. відчува́ти п.** feel differently (**диви́тися** look, **ду́мати** think, **жи́ти** live, **коха́ти** love, **писа́ти** write ◊ **Пое́т не вмі́в писа́ти п.** The poet could not write in a different way. **розумі́ти** understand, **сприйма́ти** perceive) ◊ **Вона́ сприйма́є світ геть п.** She perceives the world in a totally different way.

See **іна́кше 1**

поінформо́ван|ий, *adj.*
informed, knowledgeable; briefed

adv. **відпові́дно** adequately, **до́бре** well, **докла́дно** in detail, **до́сить** fairly, **доста́тньо** sufficiently, **наді́йно** reliably, **нале́жно** properly, **прекра́сно** superbly, **чудо́во** wonderfully, **ще́дро** abundantly; **ке́псько** poorly, **ле́две** scarcely, **непра́вильно** ill ◊ **Вони́ непра́вильно ~і.** They are ill-informed. **пога́но** badly, **частко́во** partially

v. **+ п. бу́ти ~им** be informed (**виявля́тися** prove ◊ **Він ви́явився ~им про кваліфіка́ції кандида́та.** He proved informed about the candidate's qualifications. **здава́тися** seem ◊ **Журналі́ст здава́вся прекра́сно ~им про те, що ста́лося.** The journalist seemed to be superbly informed about what had happened. **лиша́тися** stay; **става́ти** become, **трима́ти** + *A.* keep sb) ◊ **Він трима́в полко́вника нале́жно ~им про пере́біг опера́ції.** He kept the colonel properly informed about the course of the operation.

prep. **п. про** + *A.* informed about sth; **п. що́до** + *G.* informed as to sth ◊ **Він п. що́до на́слідків рі́шення.** He is informed as to the consequences of the decision.

поїзд|ити, *pf., see* **ї́здити**
to ride *(for a while)* ◊ **Га́ля ~ила по мі́сту годи́ну.** Halia rode around town for an hour.

поїзд|ка, *f.*
trip, jaunt, outing, day trip

adj. **коро́тка** short, **мале́нька** little, **швидка́** quick; **звича́йна** usual ◊ **Звича́йна п. до мі́ста займа́є годи́ну.** The usual trip to the city takes an hour. **реґуля́рна** regular, **рути́нна** routine; **ча́ста** frequent ◊ **Вони́ втоми́лися від ча́стих ~ок.** They got tired of their frequent trips. **рідка́** rare; **спонта́нна** spontaneous ◊ **О́лина п. до І́рпіня була́ спонта́нною.** Olia's trip to Irpin was spontaneous. **де́нна** day; **дводе́нна** two-day ◊ **Ні́на зорганізува́ла їм дводе́нну ~ку на мо́ре.** Nina organized a two-day jaunt to the sea for them. **тридéнна** three-day, *etc.*; **п'ятигоди́нна** five-hour, **шестигоди́нна** six-hour; **тижне́ва** week-long; **майбу́тня** upcoming, **насту́пна** next; **мину́ла** past, **оста́ння** last; **відпочинко́ва** pleasure; **дипломати́чна** diplomatic ◊ **Він поверну́вся з дипломати́чної ~ки.** He is back from a diplomatic trip. **ділова́** business, **дослі́дницька** research, **екскурсі́йна** sightseeing, **польова́** field; **га́рна** nice, **до́бра** good, **надзвича́йна** extraordinary, **омрі́яна** dream; **прекра́сна** wonderful, **приє́мна** pleasant, **чудо́ва** fantastic; **незабу́тня** unforgettable, **пам'я́тна** memorable, **ціка́ва** interesting; **ва́рта** worthwhile, **неаби́яка** remarkable, **особли́ва** special, **успі́шна** successful; **дарова́** free; ♦ **п. в оби́два бо́ки** a round trip; ♦ **п. додо́му** a trip home; ♦ **п. за кордо́н** a trip abroad

п. + n. п. авто́бусом a bus trip (**автомобі́лем** car, **залізни́цею** railroad, **мо́рем** sea, **мотоци́клом** motorcycle, **по́тягом** train, **велосипе́дом** *or* **ро́вером** bicycle, *etc.*)

v. **+ п. здійсню́вати ~ку** do a trip (**роби́ти** make, **відправля́тися в** set out on, **ї́хати в** go on; **влашто́вувати** arrange, **готува́ти** prepare, **організо́вувати** organize; **спонсорува́ти** sponsor, **фінансува́ти** finance, **плати́ти за** pay for ◊ **Програ́ма пла́тить за її дослі́дницьку ~ку до Єги́пту.** The program pays for her research trip to Egypt. **закі́нчувати** complete; **почина́ти** begin; **продо́вжувати на** + *A.* extend for *(time period)* ◊ **Кова́ль продо́вжив ~ку на день.** Koval extended his trip for a day. **відклада́ти** put off, **затри́мувати** delay, **перерива́ти** interrupt, **скасо́вувати** cancel) ◊ **Дру́зі скасува́ли ~ку до Чо́пу.** The friends canceled their trip to Chop. **готува́тися до ~ки** prepare for a trip ◊ **Юрко́ готува́вся до ~ки в го́ри.** Yurko was preparing for a trip to the mountains. (**поверта́тися з** return from); **запобіга́ти ~ці** prevent a trip ◊ **Нача́льник запобі́г ї́хній ~ці.** The boss prevented their trip. **насоло́джуватися ~кою** enjoy a trip; **бу́ти в ~ці** be on a trip ◊ **Він був у ~ці до Брази́лії.** He was on a trip to Brazil.

prep. **п. в** + *A.* a trip to *(a place)* ◊ **п. в го́ри** trip to the mountains (**пусте́лю** desert, **степ** steppe; **А́льпи** the Alps, **Карпа́ти** the Carpathians) ◊ **Хло́пці згада́ли торі́шню ~ку в Карпа́ти.** The boys recalled the last year's trip to the Carpathians. **п. до** + *G.* a trip to *(a place)*; **п. на** + *A.* a trip for/to *(destination, purpose)* ◊ **п. на відпочи́нок** a pleasure trip (**екску́рсію** sightseeing, **полюва́ння** *or* **ло́ви** hunting ◊ **Як була́ ва́ша п. на полюва́ння?** How was your hunting trip? **риба́лку** fishing, *etc.*), **п. на мо́ре** a trip to the sea (**о́зеро** lake, **рі́чку** river, **ставо́к** pond)
G. pl. **~ок** ◊ **сті́льки ~ок** so many trips
Cf. **ма́ндри, по́дорож**

поі́ха|ти, *pf., see* **ї́хати**
to drive away, *etc.* ◊ **Наза́р ~в до Черка́с.** Nazar went to Cherkasy.

показа́|ти, *pf., see* **пока́зувати**
to show ◊ **Наді́я ~ла студе́нтам, як пра́вильно тлума́чити на́пис.** Nadiia showed the students how to interpret the inscription correctly.

пока́зник, *m.*, **~а**
1 indicator, index ◊ **Для не́ї володі́ння як мі́німум трьома́ мо́вами є ~ом нале́жної осві́ти.** For her, the command of at least three languages is the indicator of adequate education.
adj. **докла́дний** exact, **наді́йний** reliable, **пра́вильний** correct, **то́чний** accurate, **чутли́вий** sensitive; **ба́зовий** basic, **ваго́мий** significant, **важли́вий** important ◊ **У́часть у ви́борах – важли́вий п. рі́вня демокра́тії.** Participation in an election is an important democracy level index. **головни́й** main, **засадни́чий** principal, **істо́тний** essential, **ключови́й** key, **крити́чний** critical, **провідни́й** leading; **кори́сний** useful, **незамі́нний** indispensable; **про́стий** simple; **ненаді́йний** unreliable, **непра́вильний** incorrect, **сумні́вний** dubious, **хи́бний** wrong, erroneous; **гру́бий** rough, **приблизний** approximate; **виробни́чий** production, **економі́чний** economic, **макроекономі́чний** macroeconomic ◊ **За п'ять ро́ків макроекономі́чні ~и́ реґіо́ну покра́щилися.** The region's macroeconomic indicators improved over five years. **соція́льний** social, **статисти́чний** statistic, **фіна́нсовий** financial
п. + *n.* **п. змі́сту** the content indicator ◊ **Всі розраху́нки включа́ють ~и́ змі́сту двоо́кису вуглецю́.** All the calculations include the carbon dioxide content indicators. (**впли́ву** influence; **бага́тства** wealth, **замо́жности** affluence; **безробі́ття** joblessness, **бі́дности** poverty; **зрі́лости** maturity; **кри́зи** crisis; **культу́ри** culture; **ліквідности** liquidity ◊ **Вони́ прийняли́ цю ци́фру за ключови́й п. ліквідности підприє́мства.** They adopted the figure as the key liquidity indicator of the enterprise. **рі́вня** level, **стабі́льности** stability)
v. + **п. встано́влювати п.** establish an indicator ◊ **Банк встано́влює ключові́ фіна́нсові ~и́.** The bank establishes key financial indices. (**діства́ти** get ◊ **Не зна́ти, де вони́ діста́ли ці ~и́.** There is no telling where they got those indicators. **знахо́дити** find; **надава́ти** provide; **обчи́слювати** calculate, **отри́мувати** get; **перегляда́ти** revise; **пра́вити** *or* **служи́ти за** serve as; **розгляда́ти** + *A.* **як** regard sth as ◊ **Рі́вень за́йнятости розгляда́ють як важли́вий п. ста́ну еконо́міки.** The employment level is often regarded as an important indicator of the state of the economy. **ста́вити під су́мнів** question); **бу́ти ~ом** be an indicator (**вважа́ти** + *A.* consider sth, **користува́тися** use ◊ **Яки́ми ~а́ми ви користу́єтеся?** What indices do you use? **става́ти** become)
2 *fig., usu pl.* results, scores; performance
adj. **винятко́ві** exceptional, **висо́кі** high ◊ **Із таки́ми висо́кими ~а́ми її́ включа́ть до дружи́ни.** With such high results she will be admitted to the team. **до́брі** good, **зави́дні** enviable, **неперевéршені** unrivaled; **жалюгі́дні** pathetic, **ке́пські** poor, **низькі́** low, **пога́ні** bad; **ба́жані** desirable, **очі́кувані** anticipated
See **результа́т.** *Also see* **пі́дсумок 2**
3 *fig.* evidence, proof ◊ **Аґре́сія мо́же бу́ти ~ом узале́жнення люди́ни від нарко́тиків.** Aggression can be evidence of a person's addiction to drugs.
See **до́каз, свідче́ння**
4 *math.* exponent, index

пока́зу|вати, ~ють; показа́ти, пока́ж|уть, *tran. and intr.*
1 *tran.* to show, point to, display + *D.* to sb ◊ **Ми́ша запропонува́в показа́ти їм сіме́йний альбо́м.** Mysha offered to show them the family album.
adv. **вира́зно** distinctly, **неоднора́зово** repeatedly, **остато́чно** conclusively, **переко́нливо** convincingly, **послідо́вно** consistently, **про́сто** simply, **я́сно** clearly; **схемати́чно** schematically; **дета́льно** in detail, **докла́дно** exactly ◊ **Христя докла́дно показа́ла мі́сце ї́хньої зу́стрічі на ма́пі.** Khrystia showed the place of their meeting exactly on the map. **то́чно** accurately; **гру́бо** roughly, **приблизно** approximately; **із задово́ленням** with pleasure, **ра́до** gladly; **наре́шті** finally; **неохо́че** reluctantly
v. + **п. п. доро́гу** show the way (**бібліоте́ку** library, **кварти́ру** apartment ◊ **Аґе́нт із нерухо́мости показа́в йому́ оби́дві кварти́ри.** The real estate agent showed him both apartments. **коле́кцію** collection ◊ **Кура́тор показа́в їм єги́петську коле́кцію.** The custodian showed them the Egyptian collection. **мі́сто** city, **університе́т** university; ♦ **п. ду́лю** to show the finger
v. + **п. обіця́ти** + *D.* promise sb to ◊ **Він обіця́в показа́ти дівча́там мі́сто.** He promised to show the city to the girls. **пого́джуватися** agree to, **пропонува́ти** + *D.* offer sb to; **хоті́ти** want to; **проси́ти** + *A.* ask sb to
2 *tran.* to reveal, demonstrate, display
v. + **п. п. вмі́ння** reveal one's skill ◊ **Уже́ в ю́ному ві́ці вона́ ~вала неаби́яке вмі́ння маля́рки.** She displayed extraordinary skills as an artist already in her youth. (**зна́ння** knowledge, **ро́зум** intelligence, **самоконтро́ль** self-possession, **хара́ктер** character); ♦ **п. спра́вжнє обли́ччя** to reveal the true nature ◊ **Він пока́зує спра́вжнє обли́ччя війни́.** He shows the true face of the war.
Also see **виявля́ти 2, демонструва́ти 2**
3 *tran.* to show *(a film, etc.)*, screen ◊ **Що вчо́ра ~вали в кіні́?** What was on in the movies yesterday?
v. + **п. п. п'є́су** show a play (**поста́ву** production ◊ **Нову́ поста́ву ~ють на мали́й сце́ні.** The new production is shown on the small stage. **програ́му** program, **спекта́кль** performance, **фільм** film ◊ **У кінотеа́трі ~ють старі́ фі́льми.** Old films are shown in the movie theater.
Also see **демонструва́ти 1**
4 *tran.* to show *(how to do sth)*, demonstrate, describe, explain *(often with clause)* ◊ **Да́нка ~вала студе́нтам, як обробля́ти да́ні.** Danka was showing her students how to process data.
adv. **вмі́ло** aptly ◊ **Він умі́ло показа́в, як заміни́ти по́рвану жи́лку.** He aptly showed how to replace a torn fishing line. **із задово́ленням** with pleasure, **ра́до** gladly, **спри́тно** cleverly, **шви́дко** quickly, **я́сно** clearly
Also see **вчи́ти 1**
5 *intr.* to point out at, indicate
п. + *n.* **п. же́стом** indicate with a jesture (**очи́ма** eyes, **па́льцем** finger, **по́глядом** glance, **руко́ю** hand)
prep. **п. на** + *A.* indicate sb/sth ◊ **Він показа́в очи́ма на ві́льний сті́лець.** He indicated a vacant chair with his eyes.
6 *tran.* to depict *(of a book, picture, etc.)*, portray, show ◊ **Рома́н яскра́во ~є життя́ украї́нського мі́ста.** The novel vividly portrays the life of the Ukrainian city.
7 *intr. colloq.* to punish, come down on, make sb pay for sth + *D.* ◊ **Дізна́йся Лі́на про зра́ду, вона́ йому́ таке́ пока́же!** If Lina finds out about the infidelity, will she come down on him! ♦ **п., де ра́ки зиму́ють** to let sb have it
See **кара́ти**
pa. pple. **пока́заний** shown
пока́зуй! покажи́!

покара́н|ня, *nt.*
punishment, penalty; sentence ◊ **Як п. за непо́слух, Андрі́й сиди́ть ці́лий день удо́ма.** As punishment for disobedience, Andrii is sitting at home all day long.
adj. **дисциплі́нарне** disciplinary, **кримі́нальне** criminal, **ті́лесне** corporal; **ви́правдане** justified, **відпові́дне** appropriate, **заслу́жене** well-deserved, **нале́жне** fitting, **справедли́ве** just; **брута́льне** brutal, **жорсто́ке** cruel ◊ **Го́лод був на́дто жорсто́ким п.** Hunger was too cruel a punishment. **нелю́дське** inhuman, **нечу́ване** unheard-of, **страхітли́ве** horrifying, **суво́ре** severe, **тяжке́** harsh; **неуни́кне** inescapable, **обов'язко́ве** mandatory; **колекти́вне** collective; **легке́** light, **символі́чне** token, **сміхови́нне** ludicrous
v. + **п. вико́нувати п.** carry out a sentence (**відбува́ти** serve ◊ **Він відбу́в трирі́чне п.** He served a three-year sentence. **отри́мувати** receive; **прийма́ти** accept ◊ **Школя́р покі́рно прийня́в п.** The schoolboy meekly accepted the punishment. **заслуго́вувати на** deserve, **наклада́ти** impose, **признача́ти** mete out ◊ **Суд призна́чив банкі́рові символі́чне п.** The court meted out a token punishment to the banker. **відміня́ти** abolish, **заміня́ти** replace); **уника́ти п.** avoid punishment ◊ **Вишне́вська уни́кла будь-яко́го п.** Vyshnevska avoided any punishment.
prep. **в** *or* **як п.** as punishment ◊ **Його́ позба́вили до́ступу до бібліоте́ки в** *or* **як п. за згу́блені книжки́.** He was deprived of access to the library as punishment for lost books. **п. за** + *A.* punishment for sth
Also see **ка́ра 1, стя́гнення 2, штраф.** *Cf.* **попере́дження 4**
G. pl. **~ь**

покара́|ти, *pf., see* **кара́ти**
to punish, *etc.* ◊ **Репорте́ра ~ли за кри́тику.** The reporter was punished for criticism.

по́ки, *adv. and conj.*
1 *adv.* awhile, for a while, meanwhile ◊ **Ви закі́нчуйте, а дру́зі зачека́ють п.** You go ahead and finish while your friends wait. ◊ **Це п. все, що нам відо́мо.** For the time being, this is all we know. ♦ **п. що** for some time, for a while ◊ **Поживе́ш п. що в ме́не.** You will live at my place for a while.
2 *adv.* until now, so far ◊ **Він п. нія́ких нови́н не ма́є для вас.** So far, he has no news for you. ♦ **не зна́ти** *or* **хто́зна (й) п.** *(referring only to future)* For God knows how long ◊ **Надзвича́йний стан трива́тиме хто́зна й п.** *or* **не зна́ти п.** The state of emergency will last for God knows how long.
♦ **п. що** until now, so far ◊ **Вони́ п. що вага́ються.** So far, they are hesitating.
3 *adv. (only in questions)* for how long ◊ **І п. ж вони́ марнува́тимуть час?** For how long will they be wasting time? ◊ **П. вони́ спереча́тимуться?** How much longer will they be arguing?
4 *conj.* while, as, during that time that ◊ **Життя́ було́ ціка́ве, п. Ма́рко вчи́вся.** Life was interesting while Marko went to school. ♦ **п. вік** *or* **ві́ку** *or* **життя́** all life long ◊ **Вони́ пам'ята́тимуть цей ви́падок, п. життя́.** They will remember this incident for as long as they live. ♦ **п. суд та ді́ло** meanwhile, be what it may ◊ **П. суд та ді́ло, пропону́ю перекуси́ти.** Meanwhile I suggest we

have a snack.
5 *conj.* till, until; prior to, before ◊ **Мандрівники́ чека́ють, п. за́йде со́нце.** The travelers are waiting for the sun to set.

покида́|ти, ~ють; поки́н|ути, ~уть, *tran.*
1 to leave, abandon, desert
adv. **без до́гляду** without care, **напризволя́ще** to one's fate, high and dry ◊ **Вона́ поки́нула діте́й напризволя́ще, а сама́ поїхала на заробі́тки до Іта́лії.** She left her children to their fate and went to Italy as a migrant worker. **геть** totally, **зо́всім** utterly, **цілко́м** completely
п. + *n.* **п. батькі́в** abandon one's parents ◊ **Він не міг поки́нути стари́х батькі́в без до́гляду.** He could not abandon his old parents without care. (**дити́ну** child, **жі́нку** wife, **роди́ну** *or* **сім'ю́** family, **чолові́ка** husband; **мі́сто** town ◊ **Вони́ поки́нули мі́сто непомі́ченими.** They left town unnoticed. **село́** village; **домі́вку** one's home)
prep. **п. без** + *G.* abandon without sth; ♦ **п. на** + *A.* abandon sb to *(sb's care)* ◊ **Вона́ поки́нула до́чку на сусі́дку.** She left her daughter in her (female) neighbor's care. **п. на** + *A.* abandon to sth ◊ **п. на ві́рну смерть** abandon sb to sure death (**ганьбу́** shame, **го́лод** famine, **зли́дні** poverty)
Also see **залиша́ти 1, ки́дати 4**
2 to quit *(doing sth)*, stop *(doing sth)*
adv. **ґвалто́вно** abruptly, **вми́ть** instantaneously, **несподі́вано** unexpectedly, **ра́птом** suddenly
п. + *n. or inf.* **п. навча́ння** quit studies (**пра́цю** work, **шко́лу** school; **адвокату́ру** practicing law, **журналі́стику** journalism, **полі́тику** politics, **професі́йний футбо́л** professional soccer; **аза́ртні і́гри** gambling); **п. виклада́ти** quit teaching ◊ **Че́рез хворо́бу Куни́цька поки́нула виклада́ти в університе́ті.** Because of sickness, Kunytska quit teaching at the university. (**кури́ти** *or* **пали́ти** smoking, **матюка́тися** *colloq.* swearing, **пи́ти** drinking)
Also see **відхо́дити 6, закида́ти[2] 3, залиша́ти 4, ки́дати 6**
3 to leave, bequeath, will ◊ **Чолові́к поме́р, поки́нувши їй двоє діте́й.** Her husband died, leaving her with two children. ♦ **п. у спа́док** to bequeath sb sth ◊ **Батьки́ поки́нули їм у спа́док значни́й мае́ток.** Their parents bequeathed them a considerable fortune.
See **заповіда́ти 1.** *Also see* **залиша́ти 5**
pa. pple. **поки́нутий** abandoned, left, deserted
покида́й! поки́нь!

поки́ну|ти, *pf., see* **покида́ти**
to abandon, *etc.* ◊ **Юрко́ ~в пали́ти рік тому́.** Yurko quit smoking a year ago.

покі́рн|ий, *adj.*
submissive, compliant, meek, docile
adv. **до́сить** fairly ◊ **до́сить п. кінь** a fairly docile horse; **доста́тньо** sufficiently, **ма́йже** almost; **несподі́вано** unexpectedly; **ду́же** very, **геть** totally, **цілко́м** completely; **на ди́во** surprisingly; **ома́нливо** deceptively
п. + *n.* **п. по́гляд** a submissive look ◊ **Тама́ра не ві́рила його́ ома́нливо ~ому по́гляду.** Tamara did not trust his deceptively submissive look. (**син** son, **чолові́к** husband; **хара́ктер** character); **~а дочка́** a submissive daughter (**жі́нка** wife, **неві́стка** daughter-in-law; **мі́на** expression ◊ **~а мі́на на його́ обли́ччі не спра́вила вра́ження на Ва́рку.** The submissive look on his face did not make an impression upon Varka. **нату́ра** nature)
v. + **бу́ти ~им** be submissive ◊ **Інна́ була́ ~ою до́лі.** Inna was submissive to her fate. (**виявля́тися** turn out, **здава́тися** + *D.* seem to sb, **лиша́тися** remain, **роби́ти** + *A.* make sb, **ства́ти** become) ◊ **Бунтівли́вий коли́сь юна́к став на ди́во ~им.** Once rebellious, the youth became surprisingly docile.
Also see **ове́чий 2, свійський 2, слухня́ний**

покі́рн|ість, *f.,* **~ости,** *only sg.*
submissiveness, meekness
adj. **абсолю́тна** absolute, **вели́ка** great, **незвича́йна** unusual, **по́вна** full, **цілкови́та** total; **безду́мна** thoughtless, **безмі́зка** *colloq.* brainless, **ра́бська** slavish, **сліпа́** blind; **облу́длива** *or* **облу́дна** deceitful; **ди́вна** strange, **несподі́вана** unexpected, **підозрі́ла** suspicious
v. + **п. виявля́ти п.** show submissiveness ◊ **Ко́ні виявля́ли абсолю́тну п. візникові́.** The horses showed absolute submissiveness to the coachman. **вимага́ти ~ости** demand submissiveness ◊ **Графи́ня вимага́ла від слуг ~ости ко́жній її при́мсі.** The countess demanded submissiveness to her every whim from the servants. (**домага́тися** insist on)
Cf. **слухня́ність**

поклада́|тися, ~ються; покла́стися, покладу́|ться, *intr.*
1 to rely on, count on, depend on
adv. **абсолю́тно** absolutely, **беззастере́жно** without reservation, **безумо́вно** unconditionally, **винятко́во** exclusively, **все бі́льше** increasingly, **го́ловно** mainly, **ду́же** greatly, **наса́мперед** primarily, **перш за все** first of all, **традиці́йно** traditionally, **цілкови́то** totally; **незмі́нно** invariably, **послідо́вно** consistently; **безду́мно** thoughtlessly, **дарма́** in vain, **наї́вно** naively, **слі́по** blindly
v. + **п. бу́ти гото́вим** be ready to, **бу́ти зму́шеним** be forced to, **бу́ти мо́жна** + *D.* can, be able to ◊ **На Оле́нину рекоменда́цію мо́жна покла́стися.** One can rely on Olena's recommendation. **волі́ти** prefer to, **ма́ти** have to, **схиля́тися** tend to, **хоті́ти** want to
prep. **п. в** + *L.* rely on sb in sth ◊ **Лев ~ється на жі́нку в планува́нні роди́нних вида́тків.** Lev relies on his wife in planning their family expenditures. (**ді́ях** actions, **рі́шеннях** decisions); **п. на** + *A.* rely on sb/sth **дру́га** a friend (**люди́ну** person; **допомо́гу** help, **до́свід** experience ◊ **Прийма́ючи рі́шення, Лі́ля ~лася на до́свід.** Making decisions, Lilia relied on her experience. **інсти́нкт** instinct, **інтуї́цію** intuition, **пора́ду** advice, **рекоменда́цію** recommendation; **смак** taste)
Also see **наді́ятися 2, рахува́ти 3, розрахо́вувати 5, спира́тися 2**
2 *only pf.* to go to bed, go to sleep
adv. **вже** already, **наре́шті** finally; **пі́зно** late, **ра́но** early, **як за́вжди** as always ◊ **Він покла́вся о дру́гій.** He went to bed at two. **ще не** not yet ◊ **Коли́ батьки́ поверну́лися, ді́ти ще не покла́лися.** When the parents returned, the children had not yet gone to bed.
v. + **п. ду́мати** be going to ◊ **Того́ дня вони́ ду́мали покла́стися ра́но.** That day they were going to go to bed early. **збира́тися** intend to, **могти́** be able to, **нака́зувати** + *D.* order sb to, **хоті́ти** want to
See **ляга́ти 2**

покла́|сти, *pf., see* **кла́сти**
to put down ◊ **Йоси́па ти́хо ~ла па́пку на стіл.** Yosypa quietly put the file on the table.

покла́|стися, *pf., see* **поклада́тися**
to rely on ◊ **Левко́ шкоду́є, що ~вся на її пора́ду.** Levko regrets he relied on her advice.

покли́кан|ня, *nt.*
calling, vocation ◊ **Яросла́ва знайшла́ спра́вжнє п. в учителюва́нні.** Yaroslava found her real vocation in teaching.
adj. **вели́ке** great; **правди́ве** true, **спра́вжнє** real; **грома́дя́нське** civic, **життє́ве** life's, **мора́льне** moral, **релігі́йне** religious, **християн́ське** Christian ◊ **Він ба́чить своє́ християн́ське п. у доброчи́нстві.** He sees his Christian vocation in philanthropy.
n. + **п. відчуття́ п.** a sense of vocation ◊ **Наталі́єю ру́хає відчуття́ грома́дя́нського п.** Nataliia is driven by a sense of civic vocation.
v. + **п. вважа́ти** + *A.* **за п.** consider sth one's vocation (**знахо́дити** find; **ма́ти** have) ◊ **Вона́ ма́є п. допомага́ти і́ншим.** She has a vocation to help others. **бу́ти ~ням** be sb's vocation (**вважа́ти** + *A.* consider sth; **лиша́тися** remain; **ства́ти** become) ◊ **Робо́та з фізи́чно неповноспра́вними ста́ла його́ життє́вим ~ням.** Work with the physically challenged became his life's vocation.
prep. **п. до** + *G.* a vocation to/for sth ◊ **мора́льне п. до служі́ння хво́рим** a moral vocation to serve the sick
G. pl. **~ь**
Also see **призна́чення 2**

покли́ка|ти, *pf., see* **кли́кати**
to call, *etc.* ◊ **Хтось ти́хо ~в Катери́ну.** Somebody called Kateryna quietly.

покля́|стися, *pf., see* **клясти́ся**
to swear ◊ **Вони́ ~ли́ся ні́коли не розлуча́тися.** They swore never to part.

поколі́н|ня, *nt.*
generation
adj. **молоде́** young, **моло́дше** younger, **насту́пне** next, **нове́** new, **прийде́шнє** coming, **тепері́шнє** present; **здоро́ве** healthy; **пе́рше** first, **дру́ге** second ◊ **Як пра́вило, іммігра́нти з Іта́лії асимілюва́лися вже у дру́гому ~ні.** As a rule, immigrants from Italy assimilated already in the second generation. **тре́тє** third; **мину́ле** past, **оста́ннє** last, **попере́днє** preceding, **ста́ре** old, **ста́рше** older; **воє́нне** war, **довоє́нне** prewar, **міжвоє́нне** interwar, **повоє́нне** postwar; **ці́ле** whole; **втра́чене** lost; **досове́тське** pre-Soviet, **сове́тське** Soviet, **постсове́тське** post-Soviet; **акто́рське п.** a generation of actors (**літерату́рне** writers, **режисе́рське** directors, **студе́нтське** students) ◊ **Насту́пне студе́нтське п. було́ іна́кшим.** The next generation of students was different.
п. + *n.* **п. борці́в** a generation of fighters ◊ **На фре́сці зобра́жено три п. борці́в за незале́жність.** Three generations of fighters for independence are portrayed in the fresco. (**мо́лоді** youth, **націона́лі́стів** nationalists; **патріо́тів** patriots, **полі́тиків** politicians, **революціоне́рів** revolutionaries)
v. + **п. визнача́ти п.** define a generation ◊ **Тоталіта́рне ми́слення визнача́ло пе́рше постсове́тське п. украї́нців.** The totalitarian mindset defined the first post-Soviet generation of Ukrainians. (**охо́плювати** encompass, **формува́ти** form ◊ **Його́ ме́тод сформува́в ці́ле акто́рське п.** His method formed an entire generation of actors. **вплива́ти на** influence); **нале́жати до п.** belong to a generation ◊ **Він нале́жить до п. шістдесятникі́в.** He belongs to the generation of the 1960s.
п. + *v.* **вироста́ти** grow up; **прихо́дити на змі́ну** + *D.* take over from sb, take the place of sb ◊ **Ра́но чи пі́зно нове́ п. прихо́дить на змі́ну старо́му.** Sooner or later the new generation takes the place of the old one.
prep. **з п. в п.** from generation to generation ◊ **Роди́нну релі́квію передава́ли з п. в п.** The family heirloom was handed down from generation to generation. **на п.** for generations ◊ **Терито́рія навко́ло реа́ктора забру́днена на п.** The territory around the reactor has been contaminated for generations.
Also see **колі́но 3, пле́м'я 2**

покра́ща|ти, *pf., see* **кра́щати**
to become better, improve ◊ **Пого́да ~ла.** The weather has improved.

покра́щен|ня, *nt.*
improvement
adj. **вели́ке** big, **величе́зне** enormous, **докорі́нне** radical, **значне́** significant, **неаби́яке** remarkable, **незмі́рне** immeasurable; **ви́диме** visible ◊ **Тя́жко не зауважи́ти ви́димого п. умо́в життя́ в сироти́нці.** It is difficult not to notice the visible improvement of the living conditions in the orphanage. **вира́зне** distinct, **відчу́тне** tangible, **незапере́чне** undeniable, **очеви́дне** obvious, **помі́тне** marked, **я́вне** clear; **су́ттєве** substantial; **всеохо́пне** comprehensive, **довготерміно́ве** long-term, **зага́льне** general, **постійне** constant, **поступо́ве** gradual, **стабі́льне** steady, **трива́ле** lasting; **правди́ве** true, **реа́льне** real, **спра́вжнє** genuine; **ґвалто́вне** abrupt, **митте́ве** instantaneous, **несподі́ване** unexpected, **раптове** sudden, **різке́** sharp ◊ **Ніхто́ не чека́в різко́го п. я́кости води́.** Nobody expected a sharp improvement of the water quality. **швидке́** quick; **де́яке** some, **короткотерміно́ве** short-term, **мале́ньке** little, **маргіна́льне** marginal, **невели́ке** small, **незначне́** insignificant, **нетрива́ле** short-lived, **нікче́мне** negligible ◊ **Обі́цяне п. ви́явилося нікче́мним.** The promised improvement turned out to be negligible. **обме́жене** limited, **пе́вне** certain, **помі́рне** moderate, **скро́мне** modest; **частко́ве** partial; **да́льше** further, **неда́внє** recent, **пе́рвісне** original, **початко́ве** initial, **тимчасо́ве** temporary; **важли́ве** important; **ба́жане** desirable, **очі́куване** expected, **давно на́спіле** long-overdue, **потрі́бне** much-needed ◊ **Потрі́бного п. ніде́ не ви́дно.** The needed improvement is nowhere in sight. **можли́ве** possible, **потенці́йне** potential, **факти́чне** effective; **уя́вне** imaginary, **прима́рне** illusory, **сумні́вне** dubious; **економі́чне** economic, **макроекономі́чне** macroeconomic, **організаці́йне** organizational, **структу́рне** structural, **техні́чне** technical, **технологі́чне** technological, **я́кісне** qualitative
п. + *n.* **п. безпе́ки** improvement of safety (**еконо́міки** economy, **показникі́в** results, **сільського господа́рства** agriculture, **здоро́в'я** health ◊ **Рекла́ма лі́ків обіця́ла п. здоро́в'я ко́жному.** The commercial for the medicine promised health improvement to everyone. **дорі́г** roads, **тра́нспортної систе́ми** transportation system; **осві́ти** education, **продукти́вности** productiviy, **стано́вища** situation; **вимо́ви** pronunciation, **на́вичок** skills; **оці́нок** grades)
v. + **п. прово́дити п.** carry out improvement ◊ **Уряд прово́дить п. систе́ми осві́ти.** The government is carrying out improvements of the educational system. (**роби́ти** make ◊ **У буди́нку зроби́ли ряд структу́рних ~ь.** A number of structural improvements were made in the building. **ґарантува́ти** guarantee, **забезпе́чувати** maintain, **обіця́ти** + *D.* promise sb; **представля́ти** represent, **станови́ти** constitute); **вимага́ти п.** require an improvement ◊ **Водяні́ фі́льтри вимага́ють серйо́зних ~ь.** The water filters require serious improvements. (**потребува́ти** need); **запобіга́ти ~ю** prevent improvement (**перешкоджа́ти** hinder ◊ **Стрес перешкоджа́в ~ю його́ психологі́чного ста́ну.** The stress hindered the improvement of his psychological condition. **помага́ти** help, **спри́яти** facilitate)
п. + *v.* **включа́ти** + *A.* include sth, **охо́плювати** + *A.* encompass sth; **обме́жуватися** + *I.* be limited to ◊ **П. кровоо́бігу обме́жувалося лі́вою ступне́ю.** The improvement of blood circulation was limited to the left foot. **торка́тися** + *A.* involve sth ◊ **П. не торка́лися ба́нків.** The improvements did not involve the banks. **спостеріга́тися** occur
Also see **проґре́с 2.** *Ant.* **погі́ршення**

покра́щи|ти, *pf., see* **покра́щувати**
to improve, *etc.* ◊ **А́втор зна́чно ~ив дру́ге вида́ння підру́чника.** The author significantly improved the second edition of the textbook.

покра́щи|тися, *pf., see* **покра́щуватися**
to become better, *etc.* ◊ **Вино́ ~лося до невпізна́ння.** The wine improved beyond recognition.

покра́щу|вати, ~ють; покра́щ|ити, ~ать, *tran.*
to improve, make better
adv. **докорі́нно** radically, **зна́чно** significantly, **набага́то** greatly, **неаби́як** remarkably, **незмі́рно** immeasurably; **ви́димо** visibly, **вира́зно** distinctly, **відчу́тно** tangibly, **очеви́дно** obviously, **помі́тно** noticeably, **я́вно** clearly; **істо́тно** essentially ◊ **Нови́й ме́тод істо́тно ~є то́чність ана́лізу.** The new method essentially improves the accuracy of the analysis. **су́ттєво** substantially; **загало́м** in general; **постійно** constantly, **поступо́во** gradually, **стабі́льно** steadily; **реа́льно** really; **ґвалто́вно** abruptly, **митте́во** instantaneously, **несподі́вано** unexpectedly, **рапто́во** suddenly, **рі́зко** sharply, **шви́дко** quickly; **де́що** somewhat, **ле́две** scarcely, **маргіна́льно** marginally, **помі́рно** moderately, **тро́хи** a little; **частко́во** in part; **да́лі** further, **тимчасо́во** temporarily; **можли́во** possibly, **потенці́йно** potentially, **факти́чно** effectively; **я́кісно** qualitatively; **економі́чно** economically, **організаці́йно** organizationally, **структу́рно** structurally
n. + **п. бажа́ння покра́щити** a desire to improve ◊ **Ним керува́ло бажа́ння п. імуніте́т хво́рих.** He was driven by the desire to improve the patients' immunity. (**зуси́лля** effort, **намі́р** intention, **спро́ба** attempt)
v. + **п. бу́ти слід** + *D.* should, **бу́ти тре́ба** + *D.* need to; **допомага́ти** + *D.* help sb (to) ◊ **Морське́ пові́тря допомо́же йому́ покра́щити здоро́в'я.** Sea air will help him improve his health. **збира́тися** be going to, **ма́ти на ме́ті** be designed to ◊ **Зу́стріч ма́є на ме́ті покра́щити взає́мини між сто́ронами.** The meeting is designed to improve the relations between the parties. **ма́ти намі́р** intend to; **вдава́тися** + *D.* succeed in; **змогти́** *pf.* manage to ◊ **За рік він зміг п. оці́нку з матема́тики.** In one year, he managed to improve his math grade. **намага́тися** try to, **пра́гнути** strive to, **хоті́ти** want to
pa. pple. **покра́щений** improved
покра́щуй! покра́щ!
Also see **виправля́ти 2, гостри́ти 2, підви́щувати 4, поправля́ти 4.** *Ant.* **погі́ршувати**

покра́щу|ватися; покра́щитися, *intr.*
to become better, improve, make sth better ◊ **Його́ показники́ ~ються з ко́жним днем.** His results improve with every day.
Also see **кра́щати 1.** *Ant.* **гі́ршати, погі́ршуватися**

покрива́|ти, ~ють; покри́|ти, ~ють, *tran.*
1 to cover, veil, cap + *I.* with sth ◊ **Пе́ред від'ї́здом на лі́то Іва́нна ~ла ме́блі простира́длами.** Before going away for the summer, Ivanna would cover the furniture with sheets.
adv. **геть** totally, **по́вністю** fully, **ціль́ко́м** completely; **ле́две** scarcely ◊ **Ку́ца ко́вдра ле́две покрива́ла хло́пця.** A scanty blanket scarcely covered the boy. **ма́йже** almost, **наси́лу** barely; **недба́ло** carelessly, **як-не́будь** anyhow; **рете́льно** carefully, **щі́льно** tightly ◊ **Він щі́льно покри́в баня́к.** He covered the pot tightly.
п. + *n.* **п. го́лову** cover a head (**пле́чі** shoulders, **ті́ло** body; **доро́гу** road, **по́ле** field ◊ **Сніг покри́в поля́.** Snow covered the fields. **лі́жко** bed, **стіл** table; **буди́нок** building, **дах** roof, **підло́гу** floor, **стіну́** wall) ◊ **Стіну́ ~ли ста́рі гобеле́ни.** The wall was covered with old tapestries.
See **накрива́ти 1.** *Also see* **заміта́ти 2, зано́сити 4**
2 to cover *(costs)*, pay for, compensate for ◊ **Він ~є всі вида́тки на навча́ння си́на.** He covers all the expenses of his son's studies.
adv. **нео́хоче** reluctantly, **ра́до** gladly; **по́вністю** fully, **частко́во** in part
п. + *n.* **п. борг** cover a debt (**брак** dearth, **ва́ртість** cost, **ви́трати** expenses, **дефіци́т** deficit) ◊ **Со́нячна енерге́тика мо́же покри́ти дефіци́т електроенерґі́ї.** Solar power generation can compensate for the deficit of electric energy. **потре́бу** need)
See **плати́ти 2**
3 *colloq.* to cover for, protect ◊ **Сестра́ ~ла Мико́лу пе́ред батька́ми.** His sister covered for Mykola in front of their parents.
4 to cover *(a distance)*, travel ◊ **За дві годи́ни вони́ ле́гко покри́ли відста́нь від Лу́цька до Жито́мира.** In two hours, they easily covered the distance from Lutsk to Zhytomyr.
See **проїжджа́ти 2, роби́ти 6**
5 to cover *(a sound)*, drown, muffle ◊ **Її́ го́лос покри́ли ви́гуки на́товпу.** Her voice was drowned by the shouting of the crowd.
6 *colloq., usu pf.* to swear at, curse ◊ **Петро́ покри́в леда́чих робітникі́в за недба́лість.** Petro cursed the lazy workers for sloppiness.
See **ла́ятися 1**
pa. pple. **покри́тий** covered
покрива́й! покри́й!

покрива́|тися; покри́тися, *intr.*
1 *pass.* to get covered, cover oneself ◊ **Дно рі́чки покри́лося товсти́м ша́ром му́лу.** The bottom of the river got covered with a thick layer of sludge.
Also see **бра́тися 6**
2 *pass.* to get paid, get covered ◊ **Її́ іпоте́ка ~ється за раху́нок компа́нії.** Her morgage is paid by the company.
3 *pass.* to get drowned *(of sound)*, get muffled ◊ **Його́ крик покри́вся сту́котом по́тяга.** His shout was drowned out by the clacking of the train.

покри́|ти, *pf., see* **покрива́ти**
to cover ◊ **Оле́на ~ла ва́ртість квитків на по́тяг.** Olena covered the cost of the train tickets.

покри́|тися, *pf., see* **покрива́тися**
to get covered ◊ **Марі́їні но́ги ~лися черво́ними пля́мами.** Maria's legs got covered with red spots.

поку́п|ка, *f.*
purchase
adj. **вели́ка** big, **дорога́** expensive, **екстраваґа́нтна** extravagant, **черго́ва** another, **необхі́дна** indispensible, **потрі́бна** necessary; **невели́ка** small; **непотрі́бна** unnecessary
n. + **п. ва́ртість ~ки** the cost of a purchase (**да́та** date, **мі́сце** place; **підтве́рдження** proof; **ціна́** price, **час** time) ◊ **На квита́нції вка́зані ва́ртість, мі́сце, да́та й час ~ки.** The receipt shows the cost, place, date, and time of the purchase.
v. + **п. роби́ти ~ку** make a purchase (**доставля́ти** deliver; **приво́зити** bring *(by vehicle)*, **прино́сити** bring *(on foot)*, carry ◊ **Він принесе́ ~ки на ку́хню сам.** He will bring the purchases to the kitchen on his own. **плати́ти за** pay for) ◊ **Хто пла́тить за ~ки?** Who pays for purchases? ♦ **роби́ти ~ки** to do shopping, go shopping ◊ **Вони́ ро́блять усі́ ~ки в мере́жі.** They do all the shopping online.
prep. **п. у креди́т** a credit purchase; **квита́нція за ~ку** a receipt of purchase
L. **в ~ці**, *G. pl.* **~ок**
Also see **заку́пи**

покуштува́|ти, *pf., see* **куштува́ти**
to taste, *etc.* ◊ **Він ~в полови́ну всіх страв на святко́вому столі́.** He tasted half of all the dishes on the holiday table.

полáгоди|ти, *pf., see* **лáгодити**
to fix, arrange, *etc.* ◊ **Вонá ~ть шáфку зáвтра.** She will repair the cabinet tomorrow.

полáман|ий, *adj.*
broken, fractured; inoperable ◊ **Йогó ~а рукá реаґýє на змíни погóди.** His fractured arm reacts to changes of weather.
adv. **безнадíйно** hopelessly ◊ **безнадíйно п. рóвер** *or* **велосипéд** a hopelessly broken bicycle; **геть** totally, **зóвсім** utterly, **цілкóм** completely ◊ **Холоди́льник цілкóм ~им.** The refrigerator is completely broken.
п. + *n.* **п. комп'ютер** a broken computer (**при́лад** device, **стіл** table, **фотоапарáт** camera; **нíготь** fingernail, **пáлець** finger, toe); **~а ногá** a fractured leg, foot (**ключи́ця** collarbone, **рукá** arm, hand); **~е áвто** a broken car (**дéрево** tree; **життя́** *fig.* life, **ребрó** rib)
v. + **п. бýти ~им** be broken (**виявля́тися** turn out, **здавáтися** + *D.* seem to sb; **лишáтися** remain) ◊ **Замóк у двéрях рокáми лишáвся ~им.** The door lock remained broken for years.

поламá|ти, *pf., see* **ламáти**
to break, *etc.* ◊ **Катáючись на ли́жах у Буковéлі, Сашкó ~в ключи́цю.** While skiing at Bukovel, Sashko broke his collarbone.

поламá|тися, *pf., see* **ламáтися**
to get broken, become inoperable ◊ **Дорóгою до Острогá в них ~лася автíвка.** On the way to Ostrih, their car broke down.

пóл|е, *nt.*, **~я**
1 field *(in agriculture)*
adj. **вели́ке** big, **неозóре** *poet.* boundless, **чи́сте** open ◊ **Дáлі тягнýлося чи́сте п. пшени́ці.** Further on, there stretched an open field of wheat. **ширóке** wide; **вузькé** narrow, **невели́ке** small; **обгорóджене** enclosed; **зóране** plowed, **зрóшуване** irrigated, **культивóване** cultivated, **óрне** arable; **сумíжне** adjacent, **сусíднє** neighboring; **заснíжене** snowy, **зелéне** green, **трав'янé** grass, **трав'яни́сте** grassy; **родю́че** fertile; **гречáне** buckwheat, **жи́тнє** rye, **кукурýдзяне** corn, **пшени́чне** wheat, **ри́сове** rice; **ґравітаці́йне** *phys.* gravitation, **маґнíтне** *phys.* magnetic, **мíнне** *mil.* mine; ♦ **рáтне п.** a battlefield
п. + *n.* **п. би́тви** *or* **бóю** a battlefield, **п. зóру** a field of vision ◊ **Пóза її ~ем зóру опини́лося кíлька важли́вих об'єктів.** Several important objects ended up outside her field of vision.
v. + **п. засівáти п.** sow a field ◊ **Цьогорíч вони́ засíяли кукурýдзою цíле п.** This year, they sowed a whole field with corn. (**вдóбрювати** fertilize ◊ **Рáніше пóле вдóбрювали винятко́во перегнóєм.** Earlier the field used to be fertilized exceptionally with manure. **зрóшувати** irrigate, **культивувáти** cultivate, **орáти** plow, **очищáти** clear ◊ **Їм належáло очи́стити п. від кáміння.** They had to clear the field from rocks. **сади́ти** plant; **скорóдити** rake; **вихóдити у** go into); **пáстися у ~і** graze in a field (**працювáти** work) ◊ **Два настýпні ти́жні все селó працювáтиме в ~і.** For the next two weeks, the whole village will be working in the field.
prep. **на п.** *dir.* to a field ◊ **Він поїхав на п. орáти.** He drove to the field to plow. **на ~і** *posn.* in a field ◊ **О сьóмій годи́ні вéчора на ~і нíкого не лишáлося.** At 7:00 PM, there was nobody remaining in the field. **по ~ю** across/ through a field ◊ **Вонá бíгла по трав'яни́стому ~ю.** She was running through the grassy field. **у п.** *dir.* in/to a field ◊ **Вони́ ви́йшли у п. рáно-врáнці.** They went into the field early in the morning. **у ~і** *posn.* in a field ◊ **Лю́ди працювáли у ~і, збирáючи помідóри.** People worked in the field, picking tomatoes. **чéрез п.** across a field ◊ **Мирóсі трéба перейти́ чéрез вузькé п.** Myrosia needs to go across a narrow field.
2 *fig.* sphere, field, ground, domain
adj. **дослíдницьке** research, **інформаці́йне** information, **культýрне** cultural, **літератýрне** literary, **мóвне** language
п. + *n.* **п. культýри** the sphere of culture (**літератýри** literature, **мистéцтва** arts, **наýки** science, **освíти** education, **прáці** work) ◊ **Вонá багáто рóків працю́є на ~і освíти.** For many years, she has worked in the sphere of education.
3 field *(in sports)*, ground, pitch
adj. **баскетбóльне** basketball, **бейсбóльне** baseball, **гокéйне** hockey, **ігровé** playing, **футбóльне** soccer
v. + **п. контролювáти п.** control a field ◊ **«Динáмо» контролювáло п.** *Dynamo* had control of the field. (**вихóдити на** enter); **вихóдити з ~я** leave the field; ◊ **на ~і** on the field
4 background, backdrop ◊ **Світли́на вигля́дала разю́чою на червóному ~і.** The photo looked striking against the red backdrop.
See **тло 1**
5 *usu pl.* margin *(of page)* ◊ **Він забýв лиши́ти ~я́ на сторíнці.** He forgot to leave a margin on the page.
adj. **вузькé** narrow, **ширóке** wide; **лíве** left, **прáве** right ◊ **Прáві ~я́ вдвíчі вýжчі за лíві.** The right margin is twice narrower than the left one.
v. + **п. лишáти ~я́** leave a margin (**зроби́ти** set) ◊ **Він зроби́в достáтньо ширóкі ~я́ для коментарíв.** He set sufficiently wide margin for comments.
prep. **на ~я́х** in the margin ◊ **Помíтки на ~я́х зрóблено олівцéм.** The notes in the margin are made in pencil.
See **бéрег 2**
6 *geol.* field
adj. **вýгільне** coal (**гáзове** gas, **залізорýдне** iron ore, **нáфтове** oil) ◊ **Терори́сти підпали́ли шíсть нáфтових ~íв.** The terrorists set ablaze six oil fields.
See **родóвище**

полéгша|ти, *pf., see* **лéгшати**
to get easier, *etc.* ◊ **Хвóрому за кíлька годи́н ~ло.** The patient felt better a few hours later.

полéгшенн|я, *nt., only sg.*
relief, alleviation
adj. **вели́ке** great, **величéзне** enormous ◊ **Остáннє повідóмлення – величéзне р. для всіх.** The last dispatch is an enormous relief to everybody. **значнé** considerable, **неаби́яке** remarkable, **остатóчне** ultimate, **пóвне** complete, **чи́сте** sheer; **вирáзне** distinct, **відчýтне** palpable, **я́вне** obvious ◊ **Лéся сказáла це з я́вним ~ям.** Lesia said it with an obvious relief. **короткочáсне** short-term, **нетривáле** short-lived, **тимчасóве** temporary; **малéньке** little, **незначнé** insignificant, **пéвне** certain; **ґвалтóвне** abrupt, **негáйне** immediate, **раптóве** sudden, **швидкé** fast, quick; **повíльне** slow, **поступóве** gradual
п. + *n.* **п. бóлю** pain relief ◊ **Трéба щось зроби́ти для п. бóлю.** Something needs to be done to relieve the pain. **п. симптóмів** alleviation of symptoms (**стáну** condition, **страждáнь** torments)
v. + **п. відчувáти п.** feel relieved ◊ **Лукáш відчýв неаби́яке п.** Lukash felt remarkably relieved. **давáти** + *D.* **п.** give sb relief (**прино́сити** + *D.* bring sb; **діставáти** get, **отри́мувати** receive; **знахóдити** find; **вислóвлювати** express ◊ **Вонá ви́словила п.** She expressed relief. **прихóдити як** come as); **бýти ~ям** be a relief (**виявля́тися** turn out, **ставáти** become)
п. + *v.* **прихóдити** come; **тривáти** + *A* last for *(a period)* ◊ **П. тривáло лишé кíлька годи́н.** The relief lasted for only a few hours.
prep. **з ~ям** with relief ◊ **Він зітхнýв з ~ям.** He sighed with relief. **п. від** + *G.* relief from sth; **п. для** + *G.* relief for sb ◊ **Óля стáла ~ям для ньóго на стáрість.** Olia became a relief for him in his old age.

полéгшу|вати, **~ють**; **полéгш|ати**, **~ать**, *intr.*
to relieve, alleviate
adv. **дýже** greatly ◊ **Змéншення ваги́ обіця́ло дýже полéгшити йогó загáльний стан.** Losing weight promised to greatly alleviate his general condition. **знáчно** considerably, **неаби́як** remarkably, **пóвністю** fully, **цілкóм** completely; **вирáзно** distinctly, **відчýтно** palpably, **я́вно** obviously; **лéдве** scarcely, **мáйже** almost, **мінімáльно** minimally, **наси́лу** barely, **трóхи** a little; **тимчасóво** temporarily; **незнáчно** insignificantly, **дéщо** somewhat; **ґвалтóвно** abruptly, **негáйно** immediately, **раптóво** suddenly, **шви́дко** quickly; **повíльно** slowly, **поступóво** gradually
v. + **п. бýти в стáні** be capable of, **вдавáтися** + *D.* succeed in ◊ **Йомý вдалóся тимчасóво полéгшити симптóми депрéсії.** He succeeded in temporarily relieving the symptoms of depression. **мáти** be supposed to ◊ **Процедýра мáє полегши́ти біль голови́.** The procedure is supposed to alleviate the headache. **могти́** can, **намагáтися** try to, **обіця́ти** + *D.* promise sb to, **прóбувати** attempt to, **хотíти** want to ◊ **Вонá хóче полéгшити страждáння цих людéй.** She wants to alleviate those people's suffering.
pa. pple. **полéгшений** relieved, alleviated
полéгшуй! полéгши!

полемíчн|ий, *adj.*
polemical, of or pertaining to polemics ◊ **зразки́ ~ої літератýри XVI столíття** samples of the 16th century polemical literature
adv. **вирáзно** distinctly; **все бíльш** increasingly more, **гóстро** sharply ◊ **У гóстро ~ому зáпалі вонá наказáла дурни́ць.** In the fervor of sharp polemics, she said some foolish things. **дóсить** fairly, **дýже** very
v. + **п. бýти ~им** be polemical ◊ **Настýпна розмóва обіця́є бýти ~ою.** The next conversation promises to be polemical. (**вважáти** + *A.* consider sth, **здавáтися** + *D.* seem to sb, **лишáтися** remain ◊ **Питáння подвíйного громадя́нства рокáми лишáлося ~им.** The issue of dual citizenship remained polemical for years. **ставáти** become) ◊ **Чáсопис ставáв усé бíльш ~им.** The magazine was becoming increasingly more polemical.
Also see **крити́чний**. *Cf.* **дискусíйний 2**

полетí|ти, *pf., see* **летíти**
to take wing, *etc.* ◊ **У вíкна бýдинку ~ло кáміння.** Stones started flying into the windows of the building.

поли́ц|я, *f.*, **~і**
1 shelf
adj. **висóка** high, **низькá** low; **вузькá** narrow, **ширóка** wide; **дóвга** long; **вéрхня** *or* **горíшня** upper, **серéдня** middle, **доли́шня** *or* **ни́жня** lower; **гóла** bare, **порóжня** empty; **курнá** dusty; **закри́та** closed, **відкри́та** open; **архíвна** archive, **бібліотéчна** library, **книжкóва** bookshelf ◊ **Книжкóва п. такá висóка, що без стíльця до нéї гóді дістáти.** The bookshelf is so high, that one cannot reach it without a chair. **кухóнна** kitchen, **склáдськá** warehouse; **дерев'я́на** wooden, **металéва** metal, **пластмáсова** plastic ◊ **Вонá замíнила металéві ~і на дерев'я́ні.** She replaced all metal shelves with wooden ones. **склянá** glass
v. + **п. вíшати ~ю** put up a shelf ◊ **Він повíсив ~ю зáраз над письмóвим столóм.** He put up the shelf right above the desk. (**замовля́ти** order, **купувáти** buy ◊ **Дешéвше купи́ти ~і, ніж замóвити.** It is cheaper to buy the shelves than have them made to order. **мáти** have; **зроби́ти** build, make; **розташóвувати** arrange ◊ **~і мóжна розташувáти зручнíше для читачíв.** The shelves can be arranged more conveniently for

readers. запо́внювати fill; перегляда́ти scan; вміща́ти + *A.* **на** fit on ◊ **Він умісти́в альбо́м на ~ю.** He fit the album on the shelf. **кла́сти** + *A.* **на** put sth on; **поверта́ти** + *A.* **на** return sth to) ♦ **кла́сти зу́би на ~ю** to tighten one's belt; **бра́ти** + *A.* **з ~і** pick sth from a shelf (**діставати** + *A.* **з** pick sth off, **зніма́ти** + *A.* **з** take sth down from; **сяга́ти до** reach) ◊ **Він ле́гко сяга́в до тре́тьої ~і.** He easily reached the third shelf.

п. + *v.* **бу́ти запо́вненою** + *I.* be filled with sth ◊ **~і запо́внені приза́ми.** The shelves are filled with trophies. **бу́ти по́вною** + *G.* be full of sth; **займа́ти** + *A.* occupy sth ◊ **Дерев'я́ні ~і займа́ють весь пери́метр кімна́ти.** Wooden shelves occupy the whole perimeter of the room.

prep. **з ~і** from a shelf; **на ~ю** *dir.* on a shelf ◊ **Поста́в кни́жку на ~ю.** Put the book on the shelf. **на ~і** *posn.* on a shelf ◊ **На ~і кі́лька книжо́к.** There are a few books on the shelf. **над ~ею** above a shelf; **під ~ею** under a shelf.

2 berth *(on train)*, bunk; shelf

adj. **ве́рхня** *or* **горі́шня** upper, **долі́шня** *or* **ни́жня** lower ◊ **Га́нна попроси́ла в каси́ра долі́шню ~ю.** Hanna asked the ticket agent for a lower berth. **бага́жна** luggage ◊ **Бага́жна п. ви́явилася зана́дто мало́ю для її валі́зи.** The luggage shelf turned out to be too small for her suitcase. **ві́льна** vacant, **за́йнята** occupied

v. + **п. займа́ти ~ю** occupy a berth ◊ **Він зайня́в горі́шню ~ю в купе́.** He occupied the upper berth in his compartment. (**ляга́ти на** lie down on, **сіда́ти на** sit down on); **лежа́ти на ~і** *posn.* lie on (**сиді́ти на** *posn.* sit on) ◊ **Він сиді́в на ~і й чита́в.** He sat on his berth and read.

пол|іт, *m.*, **~ьо́ту**

flight, air trip, flying

adj. **безпе́чний** safe, **безпоса́дковий** nonstop, **брию́чий** hedge-hopping, **висо́тний** high-altitude; **горизонта́льний** horizontal; **відкла́дений** postponed ◊ **Його́ відкла́дений п. над мі́стом відбу́деться за́втра.** His postponed flight over the city will take place tomorrow. **скасо́ваний** canceled, **затри́маний** delayed; **ві́льний** free, **заплано́ваний** scheduled, **зворо́тний** return ◊ **На зворо́тний п. не лиша́лося пально́го.** No fuel remained for a return flight. **дале́кий** distant, **до́вгий** long ◊ **П. на повітряні́й ку́лі ви́явився до́вгим.** The flight by a hot-air balloon turned out to be long. **трива́лий** lengthy, **коро́ткий** short; **розві́дувальний** reconnaissance, **ру́ти́нний** routine, **тренува́льний** training; **космі́чний** space; **піло́тований** manned; **про́бний** test; **ширя́ючий** soaring; **надзвукови́й** supersonic; ♦ **піку́ючий п.** a dive

v. + **п. вико́нувати п.** make a flight ◊ **Він ви́конав пе́рший в істо́рії надзвукови́й п.** He made the first supersonic flight in history. (**здійснювати** make; **планува́ти** plan); **готува́тися до ~ьо́ту** prepare for a flight

prep. **в ~ьо́ті** in flight ◊ **лебеди́на згра́я в ~ьо́ті** a flock of swans in flight; **до ~ьо́ту** before/for a flight ◊ **Вони́ гото́ві до ~ьо́ту навко́ло сві́ту.** They are ready for a flight around the world. **пе́ред ~ьо́том** before a flight; **під час ~ьо́ту** during a flight ◊ **Він спав під час усьо́го ~ьо́ту.** He slept during the entire flight.

Cf. **рейс**

полі́тик, *m.*; **~и́ня**, *f.*

politician

adj. **вели́кий** great, **видатни́й** prominent, **відо́мий** well-known, **впливо́вий** influential, **генія́льний** brilliant; **популя́рний** popular; **бува́лий** seasoned, **ви́пробуваний** veteran, **досві́дчений** experienced; **далекозо́рий** far-sighted, **прагмати́чний** pragmatic, **прито́мний** level-headed ◊ **Він показа́в себе́ як прито́мний п.** He proved to be a level-headed politician. **розва́жливий** judicious, **розу́мний** clever, **спри́тний** shrewd, **твере́зий** sober, **хи́трий** sly; **че́сний** honest; **помірко́ваний** moderate; **консервати́вний** conservative, **ліберальний** liberal; **лі́вий** left-wing, **пра́вий** right-wing, **прогреси́вний** progressive, **радика́льний** radical; **дове́ршений** consummate, **доскона́лий** superb, **ефекти́вний** effective, **неперевершений** unrivaled, **приро́джений** natural, **успі́шний** successful; **харизмати́чний** charismatic; **вузьколо́бий** narrow-minded, **обме́жений** limited, **реакці́йний** reactionary; **нена́висний** hateful, **одіо́зний** odious, **осору́жний** detestable, **скорумпо́ваний** corrupt, **шахраюва́тий** crooked; **ви́борний** elected, **професі́йний** professional

v. + **п. вибира́ти** *or* **обира́ти ~а** elect a politician ◊ **До парла́менту обра́ли бага́то молоди́х ~ів.** Many young politicians were elected to parliament. (**лобіюва́ти** lobby, **підкупо́вувати** bribe; **вплива́ти на** influence ◊ **На де́яких ~ів вплива́ють лише́ гро́ші.** Only money influences some politicians. **голосува́ти за** vote for); **бу́ти ~ом** be a politician ◊ **Він був че́сним ~ом.** He was an honest politician. (**става́ти** become) ◊ **Він ра́птом став ~ом.** He suddenly became a politician.

Also see **депута́т**

полі́ти|ка, *f.*, *only sg.*

1 politics ◊ **Він спеціялізу́ється з европе́йської ~ки.** He specializes in European politics.

adj. **вну́трішня** internal; **глоба́льна** global, **европе́йська** European, **міжнаро́дна** international, **світова́** world; **місце́ва** local, **націона́льна** national, **реґіона́льна** regional; **ви́борча** electoral, **вузькопарті́йна** partisan, **міжпарті́йна** interparty, **парла́ментська** parliamentary, **парті́йна** party; **президе́нтська** presidential, **урядо́ва** government; **че́сна** honest; **брудна́** dirty, **вузьколо́ба** narrow-minded; **демократи́чна** democratic, **консервати́вна** conservative, **лібера́льна** liberal; **лі́ва** left-wing, **пра́ва** right-wing, **проґреси́вна** progressive; **великодержа́вна** great-power, **екстремі́стська** extremist, **націоналісти́чна** nationalist, **шовіністи́чна** chauvinist, **радика́льна** radical; **ґе́ндерна** *or* **родова́** gender, **ра́сова** racial, **робітни́ча** working-class, **стате́ва** sexual, **фемiні́стська** feminist

v. + **п. ки́дати ~ку** abandon politics (**лиша́ти** leave; **обгово́рювати** discuss, **розумі́ти** understand ◊ **Ма́ло хто розумі́є мі́ську ~ку в Херсо́ні.** Few understand the city politics in Kherson. **зану́рюватися в** get immersed in) ◊ **Він із голово́ю зану́рився в ~ку.** He deeply immersed in politics. **займа́тися ~кою** be engaged in politics ◊ **Він акти́вно займа́ється ~кою.** He is actively engaged in politics. (**ціка́витися** be interested in); **бра́ти у́часть у ~ці** participate in politics ◊ **Рані́ше вона́ бра́ла акти́вну у́часть у публі́чній ~ці.** Earlier she used to take an active part in public politics.

2 policy, policies ◊ **Голово́ю заса́дою його́ ~ки було́ «Розділя́й і володарю́й»** The main principle of his policy was *Divide and Rule*.

adj. **далекозо́ра** far-sighted ◊ **Він веде́ далекозо́ру ~ку ви́школу управлі́нських ка́дрів.** He conducts a far-sighted administrative personnel training policy. **ефекти́вна** effective, **зва́жена** balanced, **зрозумі́ла** coherent, **прито́мна** level-headed, **помірко́вана** moderate ◊ **Спра́ву розв'я́же ті́льки помірко́вана п.** Only a moderate policy will solve the matter. **розва́жлива** judicious, **розсу́длива** sensible, **розу́мна** intelligent, **твере́за** sober, **успі́шна** successful; **конкре́тна** specific ◊ **Фіна́нсова п. ма́є бу́ти конкре́тною.** Financial policy needs to be specific. **навми́сна** deliberate, **свідо́ма** conscious; **суво́ра** strict; **прагмати́чна** pragmatic, **контроверсі́йна** controversial, **супере́члива** conflicting; **антинаро́дна** antinational; **ганебна** shameful, **короткозо́ра** short-sighted, **непра́вильна** misguided, **популі́стська** populist, **прова́льна** disastrous ◊ **Популі́стська п. ча́сто бува́є прова́льною.** Populist policy often turns out to be disastrous. **зра́дницька** treasonous, **підсту́пна** treacherous, **хи́тра** sly; **олігархі́чна** oligarchic; **русифіка́торська** Russificatory; **ґлоба́льна** global, **европе́йська** European, **міжнаро́дна** international, **світова́** world; **вну́трішня** internal, **зо́внішня** external; **націона́льна** national, **реґіона́льна** regional; **ви́борча** electoral, **вузькопарті́йна** partisan, **міжпарті́йна** interparty, **парла́ментська** parliamentary, **парті́йна** party; **президе́нтська** presidential, **урядо́ва** government; **військо́ва** military, **оборо́нна** defense ◊ **Суспі́льство розці́нює оборо́нну ~ку у́ряду як зра́дницьку.** Society judges the government defense policy as treasonous. **диплома́ти́чна** diplomatic; **економі́чна** economic ◊ **Нова́ економі́чна п.** *hist.* the New Economic Policy; **макроекономі́чна** macroeconomic; **енергети́чна** energy, **житлова́** housing, **монета́рна** monetary, **ми́тна** customs, **податко́ва** tax; **протекціоні́стська** protectionist, **сільськогоспода́рська** agricultural, **соція́льна** social, **тари́фна** tariff, **торго́ва** trade, **тра́нспортна** transportation, **фіна́нсова** financial, **фіска́льна** fiscal; **іміґраці́йна** immigration; **культу́рна** cultural, **міжконфесі́йна** interconfessional, **мо́вна** language; **офіці́йна** official, **публі́чна** public; **ка́дрова** personnel; **редакці́йна** editorial; **корпорати́вна** corporate; **експансіоні́стська** expansionist, **імперіялісти́чна** imperialist, **колонія́льна** colonialist, **неоколонія́льна** neocolonialist

п. + *n.* **п. безпе́ки** a security policy (**відкри́тих двере́й** open-door ◊ **п. відкри́тих двере́й у га́лузі чужозе́мних інвести́цій** an open-door policy in the sphere of foreign investments; **зайня́тости** employment; **невтруча́ння** noninterference, **охоро́ни дові́лля** environmental protection, **позити́вної дискриміна́ції** affirmative-action)

v. + **п. вести́ ~ку** pursue/conduct a policy (**здійснювати** enact, **прово́дити** carry out; **визнача́ти** determine a policy ◊ **Енергети́чна зале́жність краї́ни визнача́є її зо́внішню ~ку.** The country's energy dependence determines its external policy. **відкида́ти** reject, **встано́влювати** establish, **втілювати** implement ◊ **Уряд утілює ~ку економі́чної самодоста́тности.** The government implements the economic self-reliance policy. **диктува́ти** dictate; **виступа́ти за** be in favor of, **підтри́мувати** support ◊ **У мо́вному пита́нні па́ртія підтри́мує ~ку позити́вної дискриміна́ції.** The party supports an affirmative-action policy in the language issue. **пропаґува́ти** advocate, **схва́лювати** endorse; **озву́чувати** articulate ◊ **У ви́ступі прем'є́р озву́чив нову́ ~ку охоро́ни довкі́лля.** In his address, the premier articulated his new environmental protection policy. **формулюва́ти** formulate; **опрацьо́вувати** develop, **планува́ти** design, **розробля́ти** elaborate, **формува́ти** shape) ◊ **Гру́па ра́дників допомага́є їй формува́ти осві́тню ~ку.** A group of advisors helps her to shape the educational policy. **дотри́муватися ~ки** adhere to a policy ◊ **А́встрія дотри́мується ~ки невтраліте́ту.** Austria adheres to a neutrality policy. (**виступа́ти про́ти** oppose ◊ **Дві фра́кції виступа́ють про́ти ~ки у́ряду.** Two factions oppose the government policies. **відмовля́тися від** abandon); **спри́яти ~ці** facilitate a policy

п. + *v.* **відбива́тися на** + *L.* have an impact on sth ◊ **Розсу́длива житлова́ п. позити́вно відбила́ся на рі́вні життя́.** The sensible housing policies had a positive impact on the living standards. **вплива́ти на** + *A.* influence sb/sth, **ма́ти на меті́** be designed to ◊ **П. ма́є на меті́ спри́яти мало́му бі́знесу.** The policy is designed to promote the small business. **ста́вити за ме́ту** be aimed at sth, **реґулюва́ти** + *A.* govern sth *prep.* **в ~ку** in/to policies ◊ **Це́рква втруча́ється у ви́борчу ~ку.** The church interferes with electoral policies. **в ~ці** in policy ◊ **У нові́й ~ці є контроверсі́йні аспе́кти.** There are controversial aspects in the new policy. **п. в га́лузі** + *G.* the policy in the sphere of sth ◊ **п. в га́лузі кінематогра́фії** filmmaking policies

політи́чн|ий, *adj.*
political, of or pertaining to politics ◊ **Инакоду́мців піддаю́ть ~им пересліду́ванням.** Dissidents are subjected to political persecution.
adv. **абсолю́тно** absolutely, **виня́тково** exclusively, **вира́зно** distinctly, **відкри́то** overtly, **го́стро** acutely, **ду́же** very, **експліци́тно** explicitly, **чи́сто** purely, **я́вно** clearly ◊ **Він керу́ється я́вно ~ими міркува́ннями.** He is driven by clearly political considerations.
п. + *n.* **п. дія́ч** a political actor *or* politician (**інсти́нкт** instinct ◊ **П. інсти́нкт урятува́в її від пора́зки.** Her political instinct saved her from defeat. **о́рган** body, **рух** movement, **сезо́н** season) ◊ **Се́рпень означа́є пере́рву в ~ому сезо́ні.** August means a break in the political season. **~а кри́за** a political crisis (**орієнта́ція** orientation, **па́ртія** party; **поді́я** event, **ситуа́ція** situation); **~е життя́** a political life (**переко́нання** conviction; **пита́ння** issue; **стано́вище** circumstance)
v. + **п. бу́ти ~им** be political ◊ **Зая́ва економі́ста вира́зно ~а.** The economist's statement is distinctly political. (**вважа́ти** + *A.* consider sb/sth; **здава́тися** + *D.* seem to sb ◊ **Кри́за у краї́ні здава́лася їй не сті́льки економі́чною, скі́льки ~ою.** The crisis in the country seemed not so much economic as political to her. **става́ти** become) ◊ **Пробле́ма давно́ ста́ла ~ою.** The problem became political long ago.

полі́ці́йн|ий, *adj.*
police, of or relating to the police ◊ **Вона́ закі́нчи́ла ~у шко́лу.** She graduated a police academy.
п. + *n.* **п. автомо́біль** a police car (**вертолі́т** *or* **гелíко́птер** helicopter, **фурго́н** van; **кордо́н** cordon; **ві́дділ** department, **відді́лок** station; **до́пит** interrogation ◊ **Її ви́кликали на п. до́пит.** She was summoned for a police interrogation. **інспе́ктор** inspector, **патру́ль** patrol, **підро́зділ** unit; **на́гляд** surveillance ◊ **Його́ поста́вили під п. на́гляд.** He was placed under police surveillance. **кінь** horse, **пес** *and* **соба́ка** dog; **ра́порт** report); **~а кору́пція** police corruption (**краї́на** state; **фо́рма** uniform) ◊ **Він був у ~ій фо́рмі.** He was in a police uniform. **~е розсте́ження** a police investigation; **~і си́ли** a police force

полі́ці|я, *f.*, **~ї**
police
adj. **військо́ва** military, **допомі́жна́** auxiliary, **кі́нна** mounted ◊ **Поря́док під час мі́тингу утри́мувала кі́нна п.** Mounted police maintained order during the rally. **місько́** city, **муніципа́льна** municipal; **озбро́єна** armed; **політи́чна** political, **таємна** secret ◊ **Уряд створи́в таємну ~ю.** The government created secret police. **тра́нспортна** traffic, **фіска́льна** fiscal
n. + **п. ві́дділок ~ї** a police station ◊ **Ві́дділок ~ї на сусі́дній ву́лиці.** The police station is on the neighboring street. (**звіт** report, **розсте́ження** investigation, **сві́дчення** evidence, **сте́ження** surveillance ◊ **Вона́ відчува́ла за собо́ю сте́ження ~ї.** She felt she was under police surveillance. **генера́л** general, **лейтена́нт** lieutenant, **майо́р** major, **полко́вник** colonel; **інспе́ктор** inspector, **нача́льник** chief, **офіце́р** officer, **ре́чник** spokesman, **ре́чниця** spokeswoman, **слі́дчий** investigator; **барика́да** barricade, **блокпо́ст** roadblock, **кордо́н** cordon, **перепускни́й пу́нкт** checkpoint; **прису́тність** presence; **слу́жба** service; **ді́ї** actions, **ді́яльність** activity; **жорсто́кість** brutality)
v. + **п. виклика́ти ~ю** call the police ◊ **Він ви́кликав ~ю.** He called the police. (**залуча́ти до** + *G.* involve in sth ◊ **Не тре́ба залуча́ти ~ю до ціє́ї істо́рії.** Don't involve the police in the story. **повідомля́ти** inform, **попереджа́ти** alert, **ста́вити до ві́дома** notify, **дзвони́ти в** call) ◊ **Вла́сник ба́ру подзвони́в у ~ю.** The bar-owner called the police. **уника́ти ~ї** evade the police ◊ **Мі́сяць йому́ вдава́лося уника́ти ~ї.** For a month, he succeeded in evading the police. (**вті́кати від** run from ◊ **Грабі́жники зно́ву втекли́ від ~ї.** The robbers ran from the police yet again. **втекти́** *pf.* escape from ◊ **Він уті́к від ~ї.** He escaped from the police. **зверта́тися до** turn to) ◊ **Він зверну́вся до ~ї.** He turned to the police. **каза́ти ~ї** tell the police (**повідомля́ти** inform)
п. + *v.* **допи́тувати** + *A.* interrogate sb ◊ **П. допита́ла її.** The police interrogated her. **заарешто́вувати** + *A.* arrest sb ◊ **П. так і не заарештува́ла ґвалті́вника́.** The police never arrested the rapist. **затри́мувати** + *A.* detain sb, **лови́ти** + *A.* chase sb, **пі́йма́ти** + *A. only pf.* catch sb; **обшуко́вувати** + *A.* search sb; **висува́ти звинува́чення про́ти** + *A.* charge sb, make an accusation against sb ◊ **П. ви́сунула про́ти неї́ серйо́зне звинува́чення.** The police brought a serious charge against her. **звинува́чувати** + *A.* **в** + *L.* charge sb with sth ◊ **П. звинува́чує її в хаба́рництві.** The police are charging her with bribery. **патрулюва́ти** + *A.* patrol sth, **прово́дити рейд в** + *L.* raid sth ◊ **П. провела́ рейд у двох крамни́цях.** The police raided two stores. **прибува́ти** arrive ◊ **П. прибула́ че́рез годи́ну.** The police arrived an hour later. **відповіда́ти** respond, **реаґува́ти** react; **розсте́жувати** + *A.* investigate sb/sth; **закли́ка́ти** + *A.* appeal to sb ◊ **П. закли́кала очеви́дців інциде́нту, з'яви́тися й да́ти сві́дчення.** The police appealed to the eyewitnesses of the incident to come out and give evidence. **ді́йма́ти** + *A.* harass sb, **заля́кувати** + *A.* intimidate sb ◊ **П. намага́лася заляка́ти активі́стів.** The police tried to intimidate the activists. **пересліду́вати** + *A.* persecute sb); **піддава́ти** + *A.* **торту́рам** torture sb ◊ **П. піддає́ затри́маних торту́рам.** The police torture the detainees. **шантажува́ти** + *A.* blackmail sb
prep. **в ~ю** *dir.* to the police ◊ **Вона́ зобов'я́зана з'яви́тися в ~ю.** She is obliged to report to the police. **в ~ї** *posn.* ◊ **У ~ї її трима́ли сім годи́н.** She was kept for seven hours at the police (station). ◊ **У ~ї він працю́є де́сять ро́ків.** He has worked for the police ten years. **до ~ї** to the police

поліція́нт, *m.*; **~ка**, *f.*
policeman
adj. **бува́лий** seasoned, **досві́дчений** experienced; **місце́вий** local; **доро́жній** traffic, **звича́йний** ordinary, **озбро́єний** armed; **головни́й** chief ◊ **Він займа́є поса́ду головно́го ~а мі́ста.** He holds the post of the city's chief policeman. **моло́дший** junior, **ста́рший** senior; **черго́вий** on duty; **скорумпо́ваний** corrupt; **че́сний** honest ◊ **Він має репута́цію че́сного ~а.** He has the reputation of an honest policeman. **перевдя́гнений** plain-clothes, **таємни́й** undercover; ♦ **п.-новачо́к** a rookie policeman
v. + **п. виклика́ти ~а** call a policeman ◊ **Він ви́кликав знайо́мого ~а.** He called the policeman he knew. **зверта́тися до ~а** turn to a policeman
п. + *v.* **охороня́ти** + *A.* guard sb/sth, **патрулюва́ти** + *A.* patrol sth ◊ **Небезпе́чну ді́льни́цю патрулю́є п.-новачо́к.** A rookie policeman patrols the dangerous district. **заарешто́вувати** + *A.* arrest sb, **затри́мувати** + *A.* detain sb, **обшуко́вувати** + *A.* search sb/sth; **роби́ти рейд на** + *A.* raid sth ◊ **На фі́рму зроби́ли рейд ~и в ма́сках.** Masked policemen raided the firm.
prep. **п. в** + *L.* a policeman in sth ◊ **Чолові́к розмовля́в із ~ом у циві́льному.** The man was talking with a plain-clothes policeman.
Also see **офіце́р**

полови́н|а, *f.*
1 half + *G.* ◊ **п. мі́сяця** half a month
adj. **ве́рхня** *or* **гори́шня** upper; **долі́шня** *or* **ни́жня** lower; **за́дня** back, **пере́дня** front; **дру́га** second ◊ **Похі́д відкла́ли на дру́гу ~у жо́втня.** The hike was put off for the second half of October. **пе́рша** first; **лі́ва** left, **пра́ва** right; **за́хідна** western, **схі́дна** eastern ◊ **Склад боєприпа́сів – у схі́дній ~і цитаде́лі.** The munition dump is in the eastern half of the citadel.
prep. **бі́ля ~и** + *G.* about a half of sth ◊ **бі́ля ~и чоти́** about a half of the platoon; **бі́льше ~и** + *G.* over a half of sth; **в ~і** in a half ◊ **Вона́ з'являє́ться у дру́гій ~і п'є́си.** She appears in the second half of the play. ♦ **з ~ою** and a half ◊ **три з ~ою кілогра́ми** 3.5 kg; **на ~у** by half/in half ◊ **Ці́ни зросли́ на ~у.** Prices went up by half.
Also see **пів 2, півтора́.** *Cf.* **трети́на, чверть 1**
2 middle, half + *G.*
п. + *n.* **п. ві́дстані** the middle of a distance (**горі́** mountain, **доро́ги** way ◊ **Вони́ ста́ли поі́сти на ~і доро́ги до Лу́цька.** They stopped for a meal half-way through the journey to Lutsk. **листа́** letter, **мі́сяця** month, **ро́ку** year; **ку́рсу** course, **програ́ми** program, **семе́стру** semester)
See **середи́на 1**
3 part ◊ **Його́ покла́ли спа́ти в дитя́чій ~і буди́нку.** He was put to sleep in the children's part of the house. ♦ **бі́льша (до́бра) п.** + *G.* a greater (good) part of sb/sth ◊ **Бі́льша п. Соломі́їних дру́зів ста́ли на її бік у конфлі́кті.** Most of Solomiia's friends took her side in this conflict. ◊ **До́бра п. гру́пи – парубки́.** Most of the group are bachelors.
See **части́на 1.** *Also see* **до́ля**[2]
4 *joc.* spouse, other half, significant other; *coll.* sex, gender
adj. **жі́но́ча** female ◊ **Він прийшо́в на вечі́рку без жіно́чої ~и.** He came to the party without his better half. ♦ **прекра́сна п.** the fair sex, ♦ **слабка́ п.** the weaker sex; ♦ **си́льна п.** the sterner sex; **чолові́ча** male ◊ **Оле́ся лиши́ла свою́ чолові́чу ~у до́ма з ді́тьми.** Olesia left her other half at home with their children. **і́нша** other ◊ **За роди́нний бюдже́т відповіда́є моя́ і́нша п.** My other half is responsible for the family budget.
See **дружи́на 1, жі́нка 2, стать, чолові́к 2**

поло́г|ий, *adj.*
gentle *(of a slope)*, gradual, slight; gently sloping
adv. **геть** totally, **ду́же** very, **цілко́м** completely; **де́що** somewhat, **до́сить** fairly, **доста́тньо** sufficiently; **ле́две** scarcely, **майже** almost
п. + *n.* **п. підйо́м** a gentle incline (**спуск** descent, **схил** slope, **яр** ravine) ◊ **Ве́ршники спуска́лися вниз ~им я́ром.** The horsemen were going down the gently sloping ravine. **~а доли́на** a gently sloping valley (**площи́на** plane, **рі́вни́на** plain)
v. + **п. бу́ти ~им** be gentle ◊ **Півні́чна части́на рівни́ни ~а.** The northern part of the plain is gently sloping. (**виявля́тися** turn out ◊ **Пра́вий бе́рег рі́чки ви́явився ~им.** The right bank of the river turned out to be gradual. **здава́тися** + *D.* seem to sb; **роби́ти** + *A.* make sth)
Also see **поступо́вий 1.** *Ant.* **крути́й 1**

поло́жен|ня, *nt.*
1 position, location, situation ◊ **Із ча́сом сузі́р'я мі́няє п. відно́сно о́брію.** With the passage of time, the constellation changes position relative to the horizon.
See **пози́ція 2**
2 position *(of body, etc.)*, pose, posture ◊ **Він на́дто до́вго перебува́в у сидя́чому ~ні.** He stayed in a sitting posture for too long.
See **пози́ція 1**
3 position, situation, status, standing ◊ **По́зика мо́же поле́гшити складне́ п. компа́нії.** A loan can alleviate the company's complicated situation.
adj. **ви́гідне** lucrative, **ви́грашне** winning, **висо́ке** high, **до́бре** good, **доскона́ле** perfect,

зави́дне enviable, **ідеа́льне** ideal ◊ **Пі́сля реорганіза́ції п. фі́рми ста́ло ма́йже ідеа́льним.** After the reorganization, the firm's situation became all but ideal. **прести́жне** prestigious, **сприя́тливе** favorable; **важке́** difficult, **вразли́ве** vulnerable, **ганебне** shameful, **деліка́тне** delicate, **незави́дне** unenviable, **незру́чне** awkward ◊ **Що було́ роби́ти в тако́му незру́чному ~і?** What could one do in such an awkward situation? **неприє́мне** unpleasant, **при́кре** unfortunate, **складне́** complicated, **слабке́** weak; **відмі́нне** different; **попере́днє** previous; **ни́нішнє** present, **тепе́рішнє** current ◊ **Її тепе́рішнє п. ціл́ком відмі́нне від попере́днього.** Her current situation is quite different from the previous one. **стратегі́чне** strategic; **економі́чне** economic, **суспі́льне** social, **фіна́нсове** financial, **юриди́чне** legal; **висо́ке** high, **низьке́** low

v. + **п. забезпе́чувати** + *D.* **п.** secure sb a position ◊ **Це забезпе́чило їм стратегі́чне п. в інформаці́йному по́лі.** This secured them a strategic position in the information field. **займа́ти** occupy, **зберіга́ти** keep, **здобува́ти** gain, **ма́ти** have; **погі́ршувати** exacerbate, **посла́блювати** weaken ◊ **Страйк посла́бив політи́чне п. уря́ду.** The strike weakened the government's political position. **змі́цнювати** strengthen, **покра́щувати** improve; **потрапля́ти в** end up in ◊ **Він потра́пив у незави́дне п.** He ended up in an unenviable situation. **ста́вити** + *A.* **в** put sb in) ◊ **Дипло́м інжене́ра ста́вив його́ у ви́грашне п. порі́вняно з ре́штою працівникі́в.** The engineering degree put him a winning position compared to the rest of the employees. **досяга́ти п.** achieve a position ◊ **Вона́ досягну́ла висо́кого п. в університе́ті.** She achieved a high position at her university. **бу́ти в ~і** be in a situation (**лиша́тися в** remain in, **опиня́тися в** end up in ◊ **Мо́тря опини́лася у ду́же деліка́тному ~і.** Motria ended up in a very delicate situation. **перебува́ти в** be in); ♦ **увійти́ в чиє́сь п.** *pf.* to put oneself in sb's shoes ◊ **Увійді́ть у її п. і зрозумі́йте її моти́ви.** Put yourself in her shoes and understand her motives.

Also see **стано́вище 2, ста́тус**

4 point, thesis, premise, clause, stipulation ◊ **Програ́ма склада́лася з семи́ ~ь.** The program consisted of seven points.

adj. **важли́ве** important, **головне́** main, **центра́льне** central; **теорети́чне** theoretical; **юриди́чне** legal

v. + **п. висло́влювати п.** express a thesis ◊ **Він ви́словив п. про пе́рвісність ду́ху над мате́рією.** He expressed the thesis about the primacy of spirit over matter. (**висува́ти** advance, **формулюва́ти** articulate; **прийма́ти** accept; **відкида́ти** reject, **ста́вити під су́мнів** question); **пого́джуватися з ~ням** agree with a premise ◊ **Вони́ не пого́джувалися з основни́м ~ням партíйної платфо́рми.** They did not agree with the main point of the party platform.

prep. **в ~і** *posn.* in a premise ◊ **В оста́нньому ~ні є супере́чності.** There are contradictions in the last premise. **до п.** to a premise ◊ **попра́вка до пе́ршого п. прое́кту** an amendment to the first point of the project; **п. про** + *A.* a clause about sth ◊ **п. про заборо́ну рекла́ми тютюну́** the clause on the ban of tobacco advertisements

поло́н, *m.*, **~у**
captivity

adj. **гане́бний** shameful; **неуни́кний** inevitable; **страшни́й** horrible; **коро́ткий** short, **трива́лий** lengthy; ♦ **єги́петський п.** *fig.* slavery, bondage

v. + **п. бра́ти** *and* **захо́плювати** + *A.* **в п.** take sb captive ◊ **Поля́ки захопи́ли в п. полк моско́вських стрільці́в.** The Poles took captive a regiment of Moscovite riflemen. **потрапля́ти в п.** be taken prisoner ◊ **Хло́пець потра́пив у п.** The boy was taken prisoner. **звільня́ти** + *A.* **з ~у** free sb from captivity (**уника́ти** avoid, evade) ◊ **Брата́м ле́две вдало́ся уни́кнути ~у.** The brothers barely managed to avoid captivity.

prep. **в ~і** in captivity ◊ **Ї́хня дочка́ народи́лася в сибі́рському ~і.** Their daughter was born in Siberian captivity. **під час ~у** during captivity

Also see **ув'я́знення.** *Cf.* **в'язни́ця, тюрма́**

полоне́н|ий, *adj., n.*; **~а**, *f.*
1 *adj.* captivated + *I.* by sth ◊ **Він завме́р, п. красо́ю краєви́ду.** He froze, captivated by the beauty of the landscape.

adj. **ви́димо** visibly, **я́вно** clearly; **по́вністю** utterly, **ціл́ком** completely; **ра́птом** suddenly; **на мить** for an instant

v. + **п. бу́ти ~им** be captivated ◊ **Він був ви́димо ~им фре́скою Мікела́нджела.** He was visibly captivated by the Michelangelo fresco.

2 *adj.* captured, imprisoned, taken captive ◊ **У гру́пі два́дцять ~их воякі́в.** There are twenty captive soldiers in the group.

3 *n.* captive, POW ◊ **~их трима́ли за колю́чим дро́том, про́сто не́ба.** The POWs were kept in the open behind barbed wire.

Cf. **в'я́зень**

полоска́ти, ~у́, поло́щ|уть; по~, *tran.*
1 to rinse, gargle + *I.* with sth

adv. **до́бре** well ◊ **Іва́н до́бре пополоска́в рушники́ в проті́чній воді́.** Ivan rinsed the towels well in running water. **до́вго** for a long time, **рете́льно** thoroughly; **реґуля́рно** regularly ◊ **Лі́кар сказа́в йому́ реґуля́рно п. ро́та спеція́льним ро́зчином.** The doctor told him to gargle regularly with a special solution. **ча́сто** often; **ле́две** scarcely, **недба́ло** carelessly, **сяк-та́к** *or* **так-ся́к** *colloq.* shoddily, **шви́дко** quickly

prep. **п. в** + *L.* rinse in sth ◊ **Све́тр слід п. в холо́дній воді́.** The sweater should be rinsed in cold water.

See **ми́ти, пра́ти 1**

2 *fig.* to flap, flutter ◊ **Ві́тер полоска́в прапори́ над вхо́дом до готе́лю.** The wind flapped the flags above the hotel entrance.

3 *fig., colloq.* to thrash, batter ◊ **Наглядá́ч полосну́в в'я́зня нага́єм.** The overseer thrashed the prisoner with a whip.

See **би́ти 1**

pa. pple. **пополо́сканий** rinsed, gargled
(по)поло́щи!

полот|но́, *nt.*
1 burlap, canvas, coarse cloth; linen cloth

adj. **гру́бе** coarse; **хоро́ше** good; **деше́ве** cheap, **звича́йне** regular, **про́сте** plain ◊ **На ні́м були́ лі́тні штани́ з про́стого ~на́.** He had summer pants of plain cloth on. **небі́лене** unbleached; ♦ **блі́дий, як п.** white as a sheet ◊ **Ле́ся стоя́ла блі́да́, як п.** Lesia stood white as a sheet.

See **ткани́на 1**

2 roadbed ◊ **п. автостра́ди** the bed of a highway (**залізни́чне** railroad)

3 *fig.* painting, canvas, picture ◊ **У музе́ї є п. Рафае́ля.** There is a canvas by Raphael in the museum.

adj. **вели́ке** big, **вели́чне** magnificent, **епі́чне** epic ◊ **Він створи́в ни́зку епі́чних ~ен.** He created a series of epic canvases. **славе́тне** famous; **літерату́рне** *fig.* literary, **музи́чне** *fig.* musical, **симфоні́чне** *fig.* symphonic

See **карти́на 1**

N. pl. **~на**

полотня́н|ий, *adj.*
1 canvas, of or pertaining to canvas; linen, made of linen ◊ **п. піджа́к** a linen jacket; **~а білизна** linen bedding; **~е простира́дло** a linen sheet

See **лля́ний 1**

2 of or pertaining to tent ◊ **п. та́бір** a tent camp, ◊ **За ніч на майда́ні ви́ріс ці́лий п. та́бір.** Overnight, an entire tent camp went up in the square.

по́лудн|ень, *m.*, **~ня**
1 noon, midday

adj. **гаря́чий** hot, **спеко́тний** searing, **те́плий** warm; **моро́зний** frosty, **холо́дний** cold; **весня́ни́й** spring, **зимо́вий** winter ◊ **Це ста́лося моро́зного зимо́вого ~ня.** It happened at a frosty winter noon. **лі́тній** summer, **осі́нній** autumn

prep. **в п.** at noon; **до ~ня** before noon ◊ **Ле́кція закінчи́ться до ~я.** The talk will be over before noon. **з ~ня** in the afternoon ◊ **Вона́ обіця́ла заскочи́ти до Петра́ з ~ня.** She promised to drop in on Petro in the afternoon. **над п.** before noon ◊ **Над п. розпого́дилося.** The sky cleared up before noon. **о ~ні** at noon ◊ **Літа́к прибува́в о ~ні.** The plane was arriving at noon. **під п.** till noon ◊ **Диску́сія розтягну́лася під п.** The discussion stretched till noon. **по ~ні** *or* **~ню** in the afternoon, post meridium ◊ **Зу́стріч запланува́ли на тре́тю по ~ні.** The meeting was scheduled for three in the afternoon.

Also see **обі́д 2, пі́вдень 1.** *Cf.* **день**

2 *colloq.* lunch ◊ **На столі́ стоя́в гаря́чий п.** There was hot lunch on the table.

See **обі́д 1**

3 south ◊ **Із ~ня ві́яв лі́тній ле́гіт.** A summer breeze was blowing from the south.

See **пі́вдень 2**

по́лум'|я, *nt., only sg.*
1 flame, blaze

adj. **вели́ке** big, **величе́зне** huge, **висо́ке** high, **гаря́че** hot, **трі́скуче** crackling, **яскра́ве** bright; **невели́ке** small; **зеле́не** green ◊ **Вона́ не могла́ відвести́ по́гляд від зеле́ного п.** She could not avert her gaze from the green flame. **си́нє** blue, **черво́не** red; **мерехтли́ве** *or* **миготли́ве** flickering; **відкри́те** open; **всепоглина́юче** all-consuming, **пеке́льне** infernal, **руйні́вне́** ruinous; **жорсто́ке** cruel, **невблага́нне** implacable

n. + **п. клубо́к п.** a ball of flames (**сті́на́** wall ◊ **Сті́на́ п. наступа́ла з глибини́ лі́су.** A wall of flames was advancing from the depth of the forest. **хви́ля** wave, **язи́к** tongue) ◊ **Язики́ гаря́чого п. лиза́ли балко́н.** Tongues of hot flames were licking the balcony.

v. + **п. гаси́ти п.** put out, extinguish a blaze ◊ **Він шви́дко загаси́в п.** He quickly put out the blaze. (**задува́ти** blow out, **залива́ти** douse ◊ **Він зали́в п. водо́ю.** He doused the flames with water. **контролюва́ти** control ◊ **Поже́жники намага́лися контролюва́ти п.** The firefighters did their best to control the flames, **запа́лювати** ignite, **розбу́рхувати** stir up ◊ **Ві́тер розбу́рхував п.** The wind was stirring up the flames. **роздму́хувати** fan, **розпа́лювати** kindle; **відчува́ти** feel); **вибуха́ти ~ям** erupt in flames ◊ **Авті́вка могла́ в ко́жну мить ви́бухнути ~ям.** The car could erupt in flames at any moment. (**займа́тися** *or* **спала́хувати, хапа́тися** burst into ◊ **Дерев'я́ний дах спалахну́в** *or* **схопи́вся трі́ску́чим ~ям.** The wooden roof burst into crackling flames. **охо́плювати** + *A.* engulf sth in ◊ **За кі́лька хвили́н весь буди́нок охопи́ло ~ям.** *impers.* In a few minutes, the entire building was engulfed in flames. ♦ **диха́ти** *or* **паші́ти на** + *A.* to breathe fire at sb ◊ **На мандрі́вникі́в па́шів ~ям відкри́тий кра́тер вулка́на.** The open crater of the volcano was breathing fire at the travelers. **боро́тися з** fight) ◊ **Селя́ни боро́лися із п. яки́х п'ять годи́н.** The peasants fought the flames for some five hours.

п. + *v.* **горі́ти** burn, **лютува́ти** rage; **охо́плювати** + *A.* engulf sth, **поши́рюватися на** + *A.* spread to sth ◊ **П. поши́рилося на сусі́дній буди́нок.** The flames spread to the neighboring house. **реві́ти** *or* **ревти́** roar, **тріща́ти** crackle; **га́снути** go out, **згаса́ти** die down ◊ **П. вре́шті-ре́шт зга́сло.** The flames eventually died down.

prep. **в ~ї** in flames ◊ **У ~ї заги́нуло три чолові́ки.** Three men perished in flames.

Also see **вого́нь, поже́жа**
2 *fig.* fire, heat, fury, anger ◊ **Леоні́д поти́лицею відчу́в п. її по́гляду.** Leonid felt her fiery gaze with his nape. ♦ **займа́тися** *or* **спала́хувати ~ям** to blush, go red in the face ◊ **Почу́вши пита́ння, Лев спалахну́в ~ям.** Upon hearing the question, Lev blushed.

полуни́ц|я, *f.*
strawberry; *coll.* strawberries
adj. **дома́шня** homegrown ◊ **Вона́ купи́ла кілогра́м дома́шньої ~і.** She bought a kilogram of homegrown strawberries. **моро́жена** frozen; **ра́ння** early ◊ **У тепли́ці виро́щували ра́нню ~ю.** Early strawberries were grown in the greenhouse. **запашна́** fragrant, **сві́жа** fresh, **сокови́та** juicy, **соло́дка** sweet; **зеле́на** green ◊ **П. ще зеле́на.** The strawberries are still green. **сти́гла** ripe
n. + **п. гря́дка ~і** a strawberry bed ◊ **Вони́ посади́ли гря́дку ~і.** They planted a strawberry bed. (**ко́шик** basket; **розса́да** seedling; **смак** taste, flavor) ◊ **зубна́ па́ста зі смако́м ~і** a toothpaste with strawberry flavor
See **плід 1, я́года.** *Cf.* **суни́ця**

полюби́|ти, *pf., see* **люби́ти**
to come to like *or* love ◊ **Він не сподіва́вся, що ~ть бі́гати.** He did not expect he would grow fond of jogging.

полюва́н|ня, *nt.*
1 hunting, hunt *(as pastime)*
adj. **вда́ле** *or* **успі́шне** successful, **щасли́ве** happy; **комерці́йне** commercial; **незако́нне** illegal
v. + **п. люби́ти п.** be fond of/enjoy hunting ◊ **Його́ ба́тько люби́в п.** His father enjoyed hunting. (**дозволя́ти** permit, **забороня́ти** ban; **бра́ти** + *A.* **на** take sb along for, **запро́шувати** + *A.* **на** invite sb, **ходи́ти на** go) ◊ **Вони́ переста́ли ходи́ти на п.** They stopped going hunting. **бра́ти у́часть у ~ні** take part in a hunt
п. + *v.* **закі́нчуватися** be over, **почина́тися** begin ◊ **Для них п. закі́нчи́лося, на́віть не поча́вшись.** For them the hunting was over without having started.
prep. **на п.** *dir.* for hunting ◊ **Вони́ збира́лися на пе́рше п. сезо́ну.** They were preparing for their first hunt of the season. **на ~ні** *posn.* at a hunt ◊ **Ди́вна приго́да ста́лася з О́лею на ~ні.** A strange incident happened to Olia at the hunt. **п. на** + *A.* hunting sth ◊ **п. на ведме́дя** a bear hunting (**во́вка** wolf, **кабана́** boar, **качо́к** duck, **лиси́цю** fox, **ло́ся** moose, **ти́гра** tiger, *etc.*)
2 *fig.* hunt, search, pursuit ◊ **П. на втікачі́в трива́ло три дні.** The hunt for the escapees lasted for three days.
adj. **небезпе́чне** dangerous; **спра́вжнє** veritable ◊ **Вла́да почала́ спра́вжнє п. на провідникі́в стра́йку.** The authorities started a veritable hunt for the strike leaders.
See **переслі́дування 1**
G. pl. **~ь**

полю|ва́ти, **~ють; у~**, *tran. and intr.*
1 *tran. and intr.* to hunt ◊ **Оле́кса вполюва́в аж три за́йці.** Oleksa hunted as many as three hares.
prep. **п. на** + *A.* hunt sb ◊ **п. на ведме́дя** hunt a bear (**ди́ких гусе́й** wild geese, **качо́к** ducks, *etc.*) ◊ **Він ніко́ли не ~ва́в на ди́кого кабана́.** He has never hunted a wild boar.
v. + **п. вмі́ти** know how to, **вчи́ти** + *A.* teach sb to, **люби́ти** be fond of, **почина́ти** begin ◊ **За мі́сяць почну́ть п. на лиси́ць.** In a month they will start fox hunting.
2 *intr., colloq., fig.* to hunt, chase, pursue
prep. **п. за** + *I.* *or* **на** + *A.* hunt for sb/sth ◊ **Він уже́ мі́сяць ~є за ви́гідною пра́цею.** He has been hunting for a lucrative job for one month now.
Also see **переслі́дувати**
pa. pple. **впольо́ваний** hunted down
(в)полю́й!

по́люс, *m.*, **~а**
pole
adj. **протиле́жний** opposite; **Пів́де́нний** South, **Півні́чний** North; **географі́чний** geographic, **магні́тний** magnetic ◊ **Магні́тні ~и Землі́ не збіга́ються з її географі́чними ~ами.** The magnetic poles of the Earth do not coincide with its geographic ones.
prep. **між ~ами** between the poles; **на п.** *dir.* to a pole ◊ **експеди́ція на Пів́де́нний п.** an expedition to the South Pole; **на ~і** *posn.* at a pole ◊ **глибина́ Світово́го океа́ну на Півні́чному ~і** the depth of the World Ocean at the North Pole

поля́рн|ий, *adj.*
1 polar, of or relating to the North or South Pole ◊ **п. день** a polar day; **~а ніч** a polar night; ♦ **~а зоря́** the North Star. ♦ **~е ко́ло** a polar circle; ♦ **~е ся́йво** the Northern Lights
2 *fig.* polar opposite, directly opposite, antithetic ◊ **Його́ по́гляди на люди́ну були́ ~ими по́глядам бра́та.** His views of man were polar opposite to those of his brother.
See **відмі́нний 1, протиле́жний.** *Ant.* **поді́бний 1**

поме́р|ти, *pf., var., see* **вме́рти, вмира́ти**
to die ◊ **Вони́ тро́хи не ~ли зо́ smíху.** They nearly died laughing.

поме́шкан|ня, *nt.*
1 residence, home, accommodation, dwelling
adj. **незмі́нне** invariable ◊ **Буди́нок на Зеле́ній лиша́вся її незмі́нним ~ням.** The house on Zelena Street remained her invariable home. **пості́йне** permanent, **ста́ле** stable; **імпровізо́ване** makeshift, **тимчасо́ве** temporary; **комуна́льне** communal; **прива́тне** private; **про́сте́** simple, **скро́мне** modest; **роди́нне** family
v. + **п. будува́ти п.** build a home (**займа́ти** occupy, **здава́ти** + *A.* **під** rent sth out as ◊ **Він здава́в нелега́льним іммігра́нтам підва́л під п.** He rented out the basement as accommodation for illegal immigrants. **перетво́рювати** + *A.* **на** convert sth into) ◊ **Студе́нти перетвори́ли п. на лаборато́рію.** The students converted the dwelling into a laboratory.
п. + *v.* **розташо́вуватися** be located; **ма́ти** + *A.* have sth, **склада́тися з** + *G.* consist of sth ◊ **Його́ п. склада́ється із двох по́верхів.** His residence consists of two stories.
prep. **до ~ня** to a residence; **пе́ред ~ням** in front of a residence; **по́за ~ням** outside a residence; **у п.** *dir.* in/to a residence; **у ~ні** *posn.* in a residence ◊ **Він ви́ріс у комуна́льному ~ні.** He grew up in a communal residence.
Also see **дім 2**
2 apartment, accommodation ◊ **Василе́нки живу́ть у ~ні но́мер сім.** The Vasylenko live in apartment number seven.
See **кварти́ра**
3 residing *(as process)*, living, staying ◊ **Перспекти́ва п. з трьома́ і́ншими у кварти́рі не виклика́ла в не́ї захо́плення.** He was not thrilled with the prospect of sharing the apartment with three other people. ♦ **прийма́ти на п.** take sb as a tenant ◊ **Вона́ прийняла́ на п. молоду́ жі́нку.** She took a young woman as a tenant.
G. pl. **~ь**

помили́|тися, *pf., see* **помиля́тися**
to make a mistake, err ◊ **Вона́ ~лася у прогно́зах.** She made a mistake in her predictions.

по́ми́л|ка, *f.*
mistake, error
adj. **вели́ка** big, **величе́зна** huge, **колоса́льна** colossal, **гру́ба** bad, **засадни́ча** fundamental ◊ **У розраху́нках була́ засадни́ча п.** There was a fundamental mistake in the calculations. **невірогі́дна** incredible; **катастрофі́чна** disastrous, **крити́чна** critical, **пова́жна** major, **серйо́зна** serious, **страшна́** terrible, **трагі́чна** tragic, **фата́льна** fatal; **дорога́** expensive, **кошто́вна** costly; **дріб'язко́ва** trifling, **елемента́рна** elementary, **мале́нька** little ◊ **Мале́нька п. до́рого їм ко́штува́ла.** The little mistake cost them dearly. **про́ста́** simple; **випадко́ва** accidental; **ко́жна** every; **передба́чувана** predictable, **пошире́на** common, **типо́ва** typical, **ча́ста** frequent ◊ **Це ча́ста п., яко́ї припуска́ються дослі́дники.** This is a frequent mistake committed by researchers. **че́сна** honest; **глу́па** silly, **дурнува́та** stupid, **ідіоти́чна** idiotic; **бо́лісна** painful, **гірка́** nasty, **при́кра** unfortunate, **сумна́** sad; **граматична** grammatical, **орфографі́чна** spelling, **ортоепі́чна** pronunciation, **стилісти́чна** stylistic; **навми́сна** deliberate, **свідо́ма** conscious
v. + **п. роби́ти ~ку** make a mistake (**повто́рювати** repeat ◊ **Чому́ вони́ повто́рюють одну́ й ту ж ~ку?** Why do they repeat one and the same mistake? **визнава́ти** admit ◊ **Йому́ ви́знав ~ку.** He admitted his mistake. **виправля́ти** correct, **корегува́ти** *form.* correct, **усува́ти** fix; **компенсува́ти** make up for; **виявля́ти** discover, **знахо́дити** find, **поміча́ти** notice; **виділя́ти** highlight, **підкре́слювати** underline, **познача́ти** mark ◊ **Реда́ктор познача́в ~ки́ черво́ним чорни́лом.** The editor marked mistakes in red ink. **дарува́ти** + *D. or* **пробача́ти** + *D.* forgive sb ◊ **Шеф подарува́в йому́ гру́бу ~ку.** The boss forgave him his bad mistake. **вка́зувати на** point out, **натрапля́ти на** come across; **усвідо́млювати** realize; **прихо́вувати** conceal); **припуска́тися ~ки** commit a mistake (**уника́ти** avoid); **признава́тися в ~ці** acknowledge a mistake; **вчи́тися на ~ка́х** learn from mistakes
п. + *v.* **трапля́тися** occur ◊ **У те́ксті трапля́ються орфографі́чні ~ки́.** Spelling mistakes occur in the text. **става́тися** happen ◊ **Тут ста́лася при́кра п.** An unfortunate mistake happened here.
prep. **без ~о́к** without mistakes ◊ **Вона́ пи́ше без ~о́к.** She writes without mistakes. **п. в** + *L.* mistake in sth ◊ **п. у вимо́ві** a pronunciation mistake; ♦ **п. на п.** riddled with mistakes ◊ **У пе́рекладі п. на ~ці.** The translation is riddled with mistakes.
L. **в ~ці**, *N. pl.* **~ки́**, *G. pl.* **~о́к**
Also see **прови́на 2, прога́лина 3**

помиля́|тися, **~ються; помил|и́тися**, **~ю́ся**, **~яться**, *refl.*
to make a mistake, err, be wrong, be mistaken
adv. **геть** totally, **гли́бо́ко** deeply, **ду́же** very much ◊ **Вона́ ду́же ~ється в оці́нці стано́вища.** She is very much mistaken in her assessment of the situation. **засадни́чо** fundamentally, **серйо́зно** seriously, **стра́шно** terribly, **трагі́чно** tragically, **фата́льно** fatally, **цілко́м** completely; **ле́две** scarcely; **і́ноді** sometimes, **ча́сом** at times, **ча́сто** frequently; **я́кось** somehow; **ніко́ли не** never ◊ **Вона́ ніко́ли не ~ється в лю́дях.** She is never wrong about people. **про́сто** simply; **випадко́во** accidentally; **че́сно** honestly; **при́кро** unfortunately
v. + **п. могти́** can ◊ **Він міг помили́тися.** He could be wrong. **не хоті́ти** not want to, **стара́тися не** try not to
prep. **п. в** + *L.* be wrong about/in sb/sth
помиля́йся! помили́ся!
Also see **спотика́тися 3**

помири́|ти, *pf., see* **мири́ти**
to reconcile ◊ **Вона́ я́кось ~ла брат́ів.** She somehow reconciled the brothers.

помири́|тися, *pf., see* **мири́тися**
to make up with, *etc.* ◊ **Він ~вся з Га́нною за ти́ждень.** He made up with Hanna in a week.

помú|ти, *pf., see* **мúти**
to wash ◊ **Він ~в волóсся.** He washed his hair.

помú|тися, *pf., see* **мúтися**
to wash, wash oneself ◊ **Вонú ~лися і ляглú спáти.** They washed and went to bed.

помідóр, *m.*, **~а**
tomato
adj. **дóбрий** *or* **смачнúй** tasty; **свíжий** fresh, **соковúтий** juicy, **солóдкий** sweet, **стúглий** ripe; **гнилúй** rotten; **порíзаний** chopped; **брунáтний** brown, **зелéний** green, **червóний** red; **органíчний** organic; **квáшений** pickled, **консервóваний** canned, **маринóваний** marinated, **сóлений** salted, **сýшений** dried
v. + **п. вирóщувати ~и** grow tomatoes ◊ **Тут вирóщують ~и.** They grow tomatoes here. (**збирáти** pick, **консервувáти** can ◊ **Натáлка законсервувáла слóїк ~ів.** Natalka canned a jar of tomatoes. **садúти** plant; **їсти** eat; **крáяти** slice, **рíзати** cut); **кúдати(ся) ~ами** throw tomatoes ◊ **Демонстрáнти кúдалися в поліцію гнилúми ~ами.** The demonstrators threw rotten tomatoes at the police.
See **горóдина**

поміня́|ти, *pf., see* **міня́ти**
to change, exchange, *etc.* ◊ **Вонú ~ли дві мéнші квартúри на однý бíльшу.** They exchanged two smaller apartments for a bigger one.

поміркóван|ий, *adj.*
1 judicious, prudent; unpretentious, modest ◊ **Він за натýрою був людúною ~ою.** By nature, he was a judicious man.
See **скрóмний 1, 2**
2 moderate, reasonable ◊ **Вонá ~а в оцíнках.** She is moderate in assessments.
adv. **дóсить** fairly, **достáтньо** sufficiently, **дýже** very, **помíтно** significantly; **вирáзно** distinctly, **я́вно** clearly; **геть** totally, **цілковúто** completely; **дéщо** somewhat, **лéдве** scarcely, **трóхи** a little; **не зóвсім** not quite
п. + *n.* **п. націоналíзм** moderate nationalism (**оптимíзм** optimism; **підхíд** approach; **полíтик** politician); **~а кандидáтка** a moderate candidate ◊ **Він представля́є себé ~им кандидáтом.** He presents himself as a moderate candidate. (**фрáкція** faction; **цінá** price) ◊ **помéшкання за ~у цінý** an accommodation at a reasonable price.
v. + **п. бýти ~им** be moderate (**вважáти** + *A.* consider sb ◊ **Її пóгляди вважáли достáтньо ~ими.** Her views were considered sufficiently moderate. **виявля́тися** turn out, **здавáтися** + *D.* seem to sb, **лишáтися** remain, **ставáти** become) ◊ **Він став ~им полíтиком.** He became a moderate politician.
Also see **консерватúвний 2, оберéжний 1, стрúманий.** *Ant.* **екстремáльний, радикáльний 1, скрáйній**

поміркóван|ість, *f.*, **~ости**, *only sg.*
1 judiciousness, discretion, prudence ◊ **У її робóті п. – бáжана рúса.** In her line of work, prudence is a desirable faculty.
adj. **велúка** great, **значнá** considerable, **цілковúта** complete; **розýмна** wise; **виконáвча** executive, **мéнеджерська** managerial ◊ **Дирéктор фíрми виявля́в мéнеджерську п.** The firm director manifested managerial prudence. **професíйна** professional, **судовá** judicial, **особúста** personal
2 moderation, temperance ◊ **Він вирізня́вся ~істю сýджень.** He stood out for moderation of opinions.
Also see **стрúманість**

помíря|ти, *pf., see* **мíряти**
to measure ◊ **Óля ~ла довжинý і ширинý стóлу.** Olia measured the length and width of the table.

помíтн|ий, *adj.*
1 noticeable, marked, perceptible, discernible
adv. **вкрай** extremely, **дóсить** fairly, **дýже** very, **зрáзу** *or* **одрáзу** immediately; **лéгко** easily, **ледь** *or* **лéдве** scarcely ◊ **ледь п. рум'я́нець на щокáх** a scarcely noticeable blush on the cheeks; **особлúво** particularly
v. + **п. бýти ~им** be noticeable (**робúти** + *A.* make sb/sth, **ставáти** become) ◊ **Йогó хвилювáння ставáло ~им.** His nervousness was becoming noticeable.
Also see **видатнúй 2, вúдимий**
2 *fig.* notable, prominent ◊ **У мíсті Галúна – дóсить ~а людúна.** Halyna is a fairly notable person in the city.
3 *fig.* important, significant, noteworthy
п. + *n.* **п. áвтор** an important author ◊ **Її вважáють ~ою áвторкою добú.** She is considered to be a noteworthy author of the epoch. (**дослíдник** researcher; **внéсок** contribution, **слід** trace); **~а гáлузь** an important sphere (**роль** role); **~е мíсце** an important place
See **важлúвий.** *Also see* **вагóмий 2, вáртий 2, видатнúй 1, значнúй 2, критúчний 3, pováжний 4**

помічнúк, *m.*, **~á; помічнúця**, *f.*
assistant, helper; *also fig.* + *G.* to sb ◊ **Олéна обхóдиться без ~ів.** Olena does without assistants.
adj. **головнúй** chief, **пéрший** first, **стáрший** senior; **молóдший** junior; **особúстий** *or* **персонáльний** personal; **адміністратúвний** administrative, **технíчний** technical; **дóбрий** good, **надíйний** dependable, **перевíрений** reliable, **працьовúтий** hard-working, **сумлíнний** conscientious; **кéпський** poor, **лінúвий** lazy, **погáний** bad; **спрáвжній** genuine ◊ **Іван став для неї спрáвжнім ~óм по дóму.** Ivan became her genuine helper around the house.
v. + **п. діставáти** *or* **отрúмувати ~á** get an assistant ◊ **Він дістáв особúстого ~á.** He got a personal assistant. (**вимагáти** demand; **давáти** + *D.* give sb ◊ **Їй далú молóдшого ~á.** She was given a junior assistant. **мáти** have ◊ **Лéсів нíколи не мав особúстого ~á.** Lesiv has never had a personal assistant. **знахóдити** find ◊ **Нелéгко знайтú надíйного ~á.** It is not easy to find a dependable assistant. **наймáти** hire ◊ **Вонá найнялá двох технíчних ~ів.** She hired two technical assistants. **шукáти** look for; **звільня́ти** let go); ♦ **брáти** + *A.* **в ~ú** to take sb as assistant ◊ **Він узя́в у ~ú людúну з дóсвідом.** He took a person with experience as his assistant. **вербувáти ~óм** recruit sb as an assistant (**наймáти** + *A.* hire sb as, **признача́ти** + *A.* appoint sb ◊ **Йогó признáчили ~óм дирéктора.** He was appointed assistant to the director. **рекомендувáти** + *A.* recommend sb as)

пóмп|а, *f.*
pump
adj. **електрúчна** electric ◊ **Про всяк вúпадок він мав у багáжнику електрúчну ~у.** Just in case, he had an electric pump in his trunk. **механíчна** mechanic, **ручнá** hand; **новá** new, **старá** old; **зіпсóвана** broken
See **механíзм 1**

помпу|вáти, **~ють; на~**, *tran.*
to pump, blow up, inflate + *I.* with sth
adv. **безшýмно** silently, **дóбре** well; **пóмпою** with a pump; **швúдко** quickly, **вручнý** by hand
п. + *n.* **п. бензúн** pump gasoline (**вóду** water ◊ **Двигýн ~є вóду з колóдязя мáйже безшýмно.** The motor pumps water from the well almost silently. **газ** gas, **нáфту** oil, **повíтря** air; **кóлесо** wheel, **повітрянý кýлю** hot-air balloon, **пузúр** balloon ◊ **Пузúр напомпувáли гéлієм.** The balloon was inflated with helium. **шúну** tire)
v. + **н. брáтися** get down to; **бýти трéба** + *D.* need to, **змогтú** *pf.* manage to ◊ **Він змíг швúдко на~ колéса.** He managed to quickly inflate the tires. **могтú** can; **просúти** + *A.* ask sb to; **починáти** begin to, **стáти** *pf.* start
prep. **п. в** + *A.* pump into sth ◊ **Нáфту ~ють у резервуáр.** Oil is pumped into the reservoir. **п. з** + *G.* pump from sth ◊ **Вóду ~ють з артезія́нської кринúці.** The water is pumped from an artesian well.
pa. pple. **напомпóваний** pumped, inflated, blown up
(на)помпýй!

пóмст|а, *f.*
revenge, vengeance, retribution + *D.* on sb ◊ **Павлóва п. йогó колúшньому супéрникові** Pavlo's revenge on his former rival
adj. **жахлúва** terrible, **жорстóка** cruel, **кривáва** bloody, **страхітлúва** horrifying, **страшнá** horrible; **солóдка** sweet; ♦ **крóвна п.** blood vengeance ◊ **Добá крóвної ~и минýла.** The era of blood vengeance has passed.
n. + **п. акт ~и** an act of revenge; **жадóба ~и** a desire for revenge ◊ **Гáнну охопúла жадóба ~и.** Hanna was seized by a desire for revenge.
v. + **п. готувáти ~у** plot a revenge ◊ **Вонá готувáла крúвдникові страшнý ~у.** She plotted a horrible revenge on her offender. **прáгнути ~и** desire a revenge (**хотíти** want, **шукáти** look for ◊ **Нíхтó не шукáє ~и.** Nobody is looking for revenge. **домагáтися** seek; **домогтúся** *ony pf.* get ◊ **Він домíгся ~и чéрез дéсять рокíв.** He got his revenge ten years later.
prep. **у ~у** in revenge; **п. за** + *A.* a revenge for sth ◊ **Їх підстáвили у ~у за відмóву підтрúмати страйк.** They were framed in revenge for their refusal to support the strike.
Cf. **розплáта 2**

помстú|тися, *pf., see* **мстúтися**
to take one's revenge on, *etc.* ◊ **Вонá жорстóко ~лася шахраєві.** She took a cruel revenge on the swindler.

пóнад, *prep.*
relations of place
1 above sth, over sth + *I. more rare* + *A.* ◊ **Білá хмáра вúсіла п. горóю.** A white cloud hung above the mountain. ◊ **п. рíвнем мóря** above sea level
See **над 1**
2 along sth, by the side of sth + *I. more rare* + *A.* ◊ **Мíсто простягáлося на сім кіломéтрів п. рíчкою** *or* **рíчку.** The city stretched for 7 km along the river.
See **вздовж 2**
3 to, toward + *A.* ◊ **Він повíв чоловікíв п. край лíсу.** He took the men to the edge of the forest.
See **до 1, над 3**
relations of time, quantity, and comparison
4 above, more than, beyond + *A.* ◊ **Вонú пробулú в музéї п. три годúни.** They stayed at the museum for more than three hours. ◊ **За годúну вонá заробля́ла п. тúсячу грúвень.** She made more than ₴1,000.⁰⁰ an hour. ◊ **П. усé Дáна любúла слýхати Мáлера.** Dana liked to listen to Mahler above all. ◊ **Кúнути дівчину п. йогó сúли.** Leaving the girl is beyond him.
Also see **бíльше, до 8, над 7**
5 outside sth, above sth + *I.* ◊ **Він намагáвся бýти п. полíтикою.** He did his best to be outside politics.
See **пóза[2] 1**

понедíл|ок, *m.*, **~ка**
Monday
adj. **пéрший** first, **минýлий** past, last ◊ **Ми тут з минýлого ~ка.** We have been here since last Monday. **остáнній** last *(in a month)* ◊ **остáнній п. листопáда** the last Monday in November; **той** *colloq.* last; **настýпний** next, **цей** this ◊ **Що ти дýмаєш робúти цьóго ~ка?** What are you going

to do this Monday? ♦ **жи́лавий п.** *rel.* the first Monday of Lent; **довгожда́ний** long-awaited, **щасли́вий** lucky; **нена́висний** hateful, **нефорту́нний** unfortunate, **сумни́й** sad, **фата́льний** fatal

п. + v. **настава́ти** come, **прохо́дити** pass ◊ **Ро́за чека́ла, щоб пройшо́в цей нефорту́нний п.** Roza was waiting for this unfortunate Monday to pass. **трива́ти** + *A.* last for *(a period)*

prep. **від ~ка** from/since Monday ◊ **Він не працю́є від ~ка.** He has not worked since Monday. **до ~ка** till Monday ◊ **Вони́ попроща́лися до насту́пного ~ка.** They parted till next Monday. **на п.** by/for Monday ◊ **Ка́тря ма́ла робо́ту на насту́пний п.** Katria had work to do by next Monday. **у п.** on Monday

N. pl. **~ки**

понес|ти́, *pf., see* **нести́**

to carry away, *etc.* ◊ **Ві́тер підхопи́в папі́р і поні́с ву́лицею.** The wind picked up the paper and carried it down the street.

пону́р|ий, *adj.*

1 grim, gloomy, depressing, bleak

adv. **винятко́во** exceptionally, **до́сить** rather **ду́же** very, **нестéрпно** unbearably; **геть** utterly, **цілко́м** completely; **не зо́всім** not entirely

п. + n. **п. ви́раз** a grim countenance (**день** day, **діа́гноз** diagnosis; **гу́мор** humor, **жарт** joke; **прогно́з** forecast); **~а люди́на** a grim person ◊ **За вда́чею він не був ~ою люди́ною.** By his nature, he was not a gloomy person. (**перспекти́ва** prospect, **пого́да** weather) ◊ **Стоя́ла сі́ра, ~а пого́да.** The weather was gray and bleak.

v. + **п. бу́ти ~им** be grim ◊ **Її майбу́тнє обіця́ло бу́ти до́сить ~им.** Her future promised to be rather grim. (**вигляда́ти** look, **здава́тися** + *D.* seem to sb; **лиша́тися** remain; **става́ти** become)

Also see **гнітю́чий, похму́рий 1, хма́рний 2**

2 sad, joyless, cheerless ◊ **У його́ ~их оча́х нема́є ні слі́ду наді́ї.** There is no trace of hope in his joyless eyes.

See **сумни́й.** *Also see* **жа́лібний 1, тяжки́й 4.** *Ant.* **весе́лий**

3 grim, dreadful, horrible ◊ **Спра́ва кри́ла ~і таємни́ці.** The case concealed grim secrets.

Also see **гнітю́чий, макабри́чний, суво́рий 2**

поня́т|тя, *nt.*

1 concept, notion, idea ◊ **Постмодерні́зм ста́вить під су́мнів саме́ п. і́стини.** Postmodernism questions the very concept of truth.

adj. **абстра́ктне** abstract; **конкре́тне** concrete; **ба́зове** basic, **важли́ве** important, **засадни́че** fundamental, **істо́тне** essential, **ключове́** key, **центра́льне** central; **зага́льне** general; **основне́** principal; **елемента́рне** elementary, **про́сте́** simple; **проблемати́чне** problematic, **складне́** complicated, **трудне́** difficult, **хитрому́дре** *colloq.* intricate; **то́чне** precise, **чітке́** distinct, **ясне́** clear; **двозна́чне** ambiguous, **заплу́тане** tangled, **невира́зне** blurry, **розпли́вчате** fuzzy, **тума́нне** vague; **вузьке́** narrow; **широ́ке** broad, **ши́рше** broader; **ці́ле** whole; **ди́вне** strange, **незрозумі́ле** incomprehensible; **чуже́** alien; **ко́рисне** useful; **ціка́ве** interesting; **нове́** new, **суча́сне** modern; **анахроні́чне** anachronistic, **архаї́чне** archaic, **віджи́ле** dated, **застарі́ле** obsolete, **старомо́дне** old-fashioned, **традиці́йне** traditional; **економі́чне** economic ◊ **фо́ндова бі́ржа як економі́чне п.** a stock exchange as an economic concept; **емпіри́чне** empirical, **епістемологі́чне** epistemological, **істори́чне** historical, **лінгвісти́чне** linguistic, **математи́чне** mathematic, **науко́ве** scientific, **політи́чне** political, **теорети́чне** theoretical, **філосо́фське** philosophical, **юриди́чне** legal ◊ **юриди́чне п. вла́сности** the legal concept of property

v. + **п. артикулюва́ти п.** articulate a concept ◊ **П. платоні́чного коха́ння впе́рше артикулюва́ли у гре́цькій філосо́фії.** The concept of platonic love was first articulated in Greek philosophy. (**визнача́ти** define ◊ **Їй було́ нелéгко ви́значити це засадни́че п. тео́рії хао́су.** It was not easy for her to define this fundamental concept of the chaos theory. **обґрунто́вувати** substantiate, **окре́слювати** outline, **формулюва́ти** formulate; **ма́ти** have ♦ **не ма́ти найме́ншого п.** not to have the faintest idea ◊ **Він не ма́є найме́ншого п. про тео́рію і́гор.** He doesn't have the faintest idea of what the game theory is. **впрова́джувати** introduce, **опрацьо́вувати** develop, **популяризува́ти** popularize, **пошир́ювати** spread; **застосо́вувати** apply ◊ **Він навчи́вся застосо́вувати ба́зові філосо́фські п. до реа́льного життя́.** He learned to apply basic philosophical concepts to real life. **поя́снювати** + *D.* explain to sb; **розгляда́ти** regard ◊ **А́втор розгляда́є це п. як реа́льність.** The author regards the concept as reality. **розумі́ти** understand)

п. + v. **виника́ти** emerge, **відбива́ти** + *A.* reflect sth ◊ **Це п. відбива́є економі́чну су́ть капіталі́зму.** This concept reflects the economic essence of capitalism. **застаріва́ти** become dated

prep. **в ~ті** in a notion ◊ **У широ́кому ~ті свобо́ди сло́ва є загро́за вседозво́леності.** There is danger of permissivenes in the broad notion of the freedom of expression. **за ~тям** + *G.* according to a notion of sth ◊ **Марі́я організува́ла програ́му за вла́сним ~тям осві́тнього за́ходу.** Maria organized the program according to her own idea of an educational event. **п. про** + *A.* a concept of sth ◊ **п. про предикати́вний це́нтр** the concept of a predicative center

2 *only pl.* views, convictions, opinions ◊ **Її політи́чні п. застарі́лі.** Her political views are dated.

See **переко́нання, по́гляд 3**

3 *nonequiv. criminal slang, only pl.* criminal code, criminal value system ♦ **жи́ти (чини́ти) за ~тями** to live (act) like a criminal ◊ **Люди́на, що зви́кла жи́ти за ~тями, тепе́р була́ президе́нтом краї́ни.** An individual accustomed to living like a criminal was now the president of the country.

See **зако́н 3**

G. pl. **~ь**

пообі́да|ти, *pf., see* **обі́дати**

to have lunch ◊ **Вони́ сма́чно ~ли дома́шніми кана́пками.** They had tasty homemade sandwiches for lunch.

пообіця́|ти, *pf., see* **обіця́ти**

to promise, give a promise ◊ **Він ~в жі́нці берегти́ се́бе.** He gave his wife a promise to take care of himself.

попада́|ти, ~ють; попа́сти, попад|у́ть, *intr.*

1 to hit *(a target)*, strike + *I.* with

adv. **влу́чно** accurately ◊ **Вона́ три́чі влу́чно ~ла в ці́ль.** She accurately hit the target three times. **то́чно** precisely; **з пе́ршого ра́зу** at first go, **ле́гко** easily, **майсте́рно** masterfully, **одра́зу** right away ◊ **Лу́чник попа́в у я́блуко одра́зу.** The archer hit the apple right away. **про́сто** *or* **пря́мо** straight, **щора́зу** every time; **ма́ло не** all but ◊ **Лесь ма́ло не попа́в йому́ ви́круткою в о́ко.** Les all but hit him in the eye with the screwdriver.

v. + **п. вдава́тися** + *D.* succeed in, **змогти́** *pf.* manage to, **спромага́тися** contrive to, **щасти́ти** be lucky enough to ◊ **Йому́ пощасти́ло попа́сти у бра́му за секу́нду до фіна́лу ма́тчу.** He was lucky enough to score the goal a second before the end of the match. **намага́тися** try to, **хоті́ти** want to

prep. **п. в** hit (in) sth ◊ **Камі́нь попа́в хло́пцеві в у́хо.** The stone hit the boy in the ear. ◊ **Пта́шка попа́ла в вікно́.** The bird hit the window.

Ant. **прома́зувати 2**

2 *only with neg.* to miss, fail to hit ◊ **Із тако́ї ві́дстані тя́жко не попа́сти в ко́шик.** It is hard to miss the basket from such a distance.

See **прома́зувати 2**

3 to get into, arrive, end up; dribble, filter

adv. **наре́шті** finally; **несподі́вано** unexpectedly, **ра́птом** suddenly, **шви́дко** quickly, **я́кось** somehow ◊ **Воло́га ~ла в гермети́чно закри́ту посу́дину.** Humidity got into the hermetically sealed vessel. **успі́шно** successfully; **весь час** all the time, **незмі́нно** invariably, **щора́зу** every time ◊ **Яко́ю ву́лицею вони́ б не й шли, вони́ щора́зу ~ли на ту саму́ пло́щу.** Whichever street they followed, every time they would end up in the same square. **ле́гко** easily ◊ **Їй ле́гко попа́сти ни́ткою у ву́шко го́лки.** It is easy for her to get the thread through the eye of a needle.

prep. **п. в** + *A.* get in/to sth ♦ **п. в тене́та** to get into a trap; **п. до** + *A.* get to sb/sth ◊ **Він попа́в до до́брого університе́ту.** He got admitted to a good university. **п. на** + *A.* get to sth ◊ **Як я мо́жу попа́сти на вокза́л?** How can I get to the station?

See **потрапля́ти 2.** *Also see* **опиня́тися**

4 to happen on, come across, chance on; come sb's way ◊ **Доро́гою мандрівника́м ча́сто ~ли ста́рі ру́їни.** On their way, the travelers often came across old ruins. ◊ **Бураві́й лама́в усе́, що йому́ ~ло.** The hurricane destroyed everything that came its way. ♦ **коли́ попа́ло** whenever, any time ◊ **Він дзвони́в їм коли́ попа́ло.** He would call them any time. ♦ **куди́** *or* **де попа́ло** anywhere; ♦ **скі́льки попа́ло** no matter how much/many; ♦ **хто попа́ло** whoever, anybody ◊ **Наро́д не мо́же представля́ти хто попа́ло.** The people cannot be represented by just anybody. ♦ **що попа́ло** whatever; ♦ **як попа́ло** carelessly, shoddily ◊ **Наме́ти напну́ті як попа́ло.** The tents are put up carelessly.

5 to get, obtain, end up with + *D.* ◊ **Їй ~в найбі́льший ку́сень м'я́са.** She would get the largest piece of meat. ◊ **Мені́ до́бре попа́ло від не́ї.** She really let me have it.

See **отри́мувати.** *Also see* **дістава́ти 4, оде́ржувати**

попада́й! попади́!

попа́|сти, *pf., see* **попада́ти**

to get somewhere ◊ **Вони́ не зна́ли, як ~ли в гу́щу на́товпу.** They did not know how they had gotten in the thick of the mob.

попереджа́|ти, ~ють; попере́д|ити, ~жу, ~иш, ~ять, *tran.*

1 to notify, alert

adv. **заздалегі́дь** in advance ◊ **Студе́нти попере́дили її заздалегі́дь, що запі́зняться.** The students notified her in advance that they would come late. **негайно** immediately, **за́раз же** right away, **операти́вно** promptly, **шви́дко** quickly, **я́кось** somehow; **по́шепки** in whisper, **таємно** secretly, **ти́хо** quietly

v. + **п. встига́ти** have the time to ◊ **Він не встиг попере́дити їх.** He did not have the time to notify them. **змогти́** *pf.* manage to; **намага́тися** try to, **стара́тися** strive to, **хоті́ти** want to; **проси́ти** + *A.* ask sb to

Also see **повідомля́ти 1**

2 to warn, caution, forewarn

adv. **відве́рто** bluntly ◊ **Кра́ще відве́рто попере́дити всіх про скоро́чення платні́.** It is better to warn everybody bluntly about the salary cuts. **експліци́тно** explicitly, **однозна́чно** unequivocally, **чі́тко** distinctly, **тве́рдо** firmly, **я́сно** clearly; **ла́гідно** gently, **м'я́ко** softly, **че́мно** politely ◊ **Її чемно попере́дили не запі́знюватися.** She was politely cautioned not to be late. **відкри́то** openly, **публі́чно** publicly; **воста́ннє** for the last time; **вча́сно** in a timely manner, **нале́жно** duly, **серйо́зно** seriously, **суво́ро** sternly; **весь час** all the time, **за́вжди́** always, **неоднора́зово** more than once,

повтóрно once again, **постíйно** constantly
prep. **п. про** + *A.* warn about sb/sth ◊ **Він попередив працівникíв про те, що споживáти алкогóль на прáці заборóнено.** He warned the employees that consuming alcohol at work was forbidden.
Also see **застерігáти 1**
3 to prevent, avert ◊ **Їм пощастило попередити трагíчний рóзвиток подíй.** They were lucky to avert a tragic course of events.
See **запобігáти 1**
4 to admonish, censure, reprimand ◊ **За пéрше порýшення її прóсто попередили.** She was simply admonished for her first violation.
Cf. **карáти**
5 to precede, come before ◊ **Кіножурнáл зáвжди ~в кінокартину.** A film was always preceded by a newsreel.
pa. pple. **попереджений** forewarned, notified
попереджáй! попередь!

попередже|ння, *nt.*

1 warning, notification, alert, advisory
adj. **негáйне** immediate, **оперативне** prompt, **швидкé** quick; **кодóване** coded, **таємне** secret, **тихе** quiet; **вирáзне** distinct, **конкрéтне** specific, **чіткé** articulate, **яснé** clear; **пожéжне** fire, **штормовé** storm ◊ **По рáдіо передали штормовé п.** A storm advisory was broadcast on the radio.
prep. **без п.** without a warning ◊ **Ірина без п. ляснула його по обличчю.** Iryna slapped him on the face without a warning. **п. про** + *A.* advisory about sth ◊ **п. про бóмбу** a bomb warning (**бомбардувáння** air-raid, **буревíй** hurricane, **град** gale, **небезпéку** hazard, **пóвінь** flood, **пожéжу** fire, **цунáмі** tsunami) ◊ **Уряд поширив п. про цунáмі.** The government circulated a tsunami alert.
Also see **повідóмлення 1**
2 warning, caution, forewarning
adj. **вчáсне** timely, **доречне** appropriate, **достáтнє** ample, **належне** due; **пéрвісне** original ◊ **Вони так і не отримали пéрвісного п. зі штáбу.** They never received the original warning from the headquarters. **пéрше** first, **початкóве** initial, **остáннє** final ◊ **Суддя дав їй остáннє п.** The judge gave her the final warning. **остатóчне** ultimate; **офіційне** official, **урядóве** government, **формáльне** formal; **загрóзливе** menacing, **злóвісне** ominous, **понýре** grim, **похмýре** grisly, **сувóре** stern, **терміновé** urgent, **тривóжне** alarming; **настíйливе** persistent, **неодноразóве** recurrent, **повтóрне** repeated, **постíйне** constant; **дрýжнє** friendly; **голосовé** vocal; **гучнé** loud, **звуковé** sound, **письмóве** written, **словéсне** verbal, **ýсне** oral
v. + **п. давáти** + *D.* **п.** give sb a warning (**видавáти** issue, **оприлюднювати** post, **передавáти** broadcast, **повтóрювати** repeat, **посилáти** send, **розсилáти** send out ◊ **Ректорáт розіслáв п. про скасувáння занять.** The rector's office sent out a warning about the cancellation of classes. **кричáти** shout; **діставáти** get, **отримувати** receive, **ігнорувáти** ignore) ◊ **Вони зігнорували всі п.** They ignored all warnings. **прислухáтися до п.** heed a warning ◊ **Якби вони прислýхалися до ~ь, то трагéдії не стáлося б.** Had they heeded the warnings, no tragedy would have happened. **бýти ~ням** be a warning (**вважáти** + *A.* consider sth, **служити** serve as, **ставáти** become) ◊ **Істóрія стáла ~ням для кóжного відчайдýха.** The story became a warning to every thrill-seeker.
п. + *v.* **лунáти** sound, **надхóдити** come ◊ **Зі слýжби погóди надійшлó терміновé п.** An urgent warning came from the weather service. **прихóдити** arrive
Also see **застерéження 1**
3 prevention + *G.* ◊ **прогрáма п. насильства** a violence prevention program
See **запобігáння 1**
4 admonishment, censure, reprimand
adj. **відкрите** open, **публíчне** public; **остáннє** last, **офіційне** official, **сувóре** stern; **письмóве** written, **ýсне** verbal ◊ **Пóки що це лишé ýсне п.** So far it is only an oral admonishment. **формáльне** formal
v. + **п. давáти** + *D.* **п.** give sb an admonishment (**оголóшувати** + *D.* announce sb ◊ **Порýшникам оголосили публíчне п.** A public admonishment was announced to the violators. **заробляти** earn; **діставáти** get, **отримувати** receive) ◊ **Він отримав п. від начáльника.** He received a censure from the boss. **відбувáтися ~ням** get away with an admonishment
Cf. **кáра 2, покарáння 1**

попереди|ти, *pf., see* попереджáти

to warn ◊ **Їх ~ли про небезпéку лавини.** They were warned about the danger of an avalanche.

попередник, *m.*; попередниця, *f.*

predecessor, precursor, forerunner
adj. **великий** great ◊ **Вони відчували присýтність великих ~ів.** They felt the presence of their great predecessors. **відóмий** well-known, **героїчний** heroic, **легендáрний** legendary, **міти́чний** mythical, **славéтний** famous, **слáвний** glorious; **прямий** immediate; **кривáвий** bloody, **ненáвисний** hateful, **одіóзний** odious, **осоружний** detestable, **скандáльний** scandalous, **понýрий** grim, **страшний** gruesome
v. + **п. бýти ~ом** be a predecessor (**вважáти** + *A.* consider sb ◊ **Він уважáв Сокрáта прямим ~ом.** He considered Socrates to be his immediate predecessor. **виявлятися** turn out) ◊ **Його ~ом виявилася недалéка людина.** A narrow-minded individual turned out to be his predecessor. **зарахóвувати** + *A.* **до ~ів** count sb among one's forerunners
prep. **п. у** + *L.* precursor in sth ◊ **його п. у ядерній фíзиці** his precursor in nuclear physics; **п. на** + *L.* a predecessor in sth ◊ **п. на посáді** a predecessor in a position

попередн|ій, *adj.*

1 previous, preceding ◊ **П. мéшканець квартири лишив по собí безлад.** The previous tenant of the apartment left a mess behind him.
2 preliminary, preparatory, tentative
п. + *n.* **п. етáп** a preliminary stage (**план** plan); **~я домóвленість** a tentative agreement (**підготóвка** preparation, **робóта** work); **~є завдáння** a preliminary assignment (**обговóрення** discussion ◊ **Спочáтку він вимагáв провести ~є обговóрення плáну.** At first he demanded to have a preliminary discussion of the plan. **порозумíння** understanding); **~і дáні** preliminary data (**контáкти** contacts, **перемóвини** negotiations)
Also see **чорновий**
3 advance, beforehand, prior ◊ **п. прóдаж квиткíв** an advance ticket sale
4 past, last, earlier, former ◊ **Він відмóвився від ~іх переконáнь.** He gave up his past convictions.
п. + *n.* **~я зýстріч** the last meeting (**мандрíвка** journey, **ніч** night); **~є вагáння** past indecision (**громадянство** citizenship, **навчáння** studies)
Also see **колишній 1**

попéреду, *adv., prep.*

1 *adv.* in the front
adv. **аж** all the way, **ген** a long way, **далéко** far, **дáлі** farther, **десь** somewhere ◊ **Батьки сіли позáду, а діти знайшли собí місця десь п.** The parents sat in the back, while the children found seats somewhere in the front. **зáраз** immediately, **недалéко** not far, **одрáзу** *or* **зáраз же** right
Ant. **позáду**[1] **1**
2 *adv.* first, before anything else ◊ **Він хотíв п. побáчити товáр.** He wanted to see the goods first.
See **спочáтку 1**
3 *adv.* ahead, before ◊ **Ген п. лежáла кýпа камíння.** A long way ahead, there was a pile of rocks.
Ant. **позáду 1**
4 *adv.* ahead, in the future ◊ **Що їх чекáє п.?** What awaits them in the future?
Also see **майбýтнє.** *Ant.* **позáду 2**
5 *prep.* in front of sb/sth, before sb/sth, ahead of sb/sth + *G.* ◊ **Він їхав п. колóни піхотинців.** He rode in front of an infantry column. ◊ **Марíя повернýлася додóму п. брáта.** Maria returned home ahead of her brother.
See **пéред 1.** *Ant.* **позáду 3**

пóперéк[1], *m.*, ~а

lower back, waist, middle, loin
adj. **великий** large, **грýбий** thick ◊ **Жóдні штани не налáзили на його грýбий п.** No pants fit his thick waist. **жирний** fat, **ширóкий** wide; **вузький** narrow, **малий** small, **тонкий** slender, **худий** thin
v. + **п. мáти п.** have a waist ◊ **Вонá мáла вузький п.** She had a narrow waist. (**охóплювати** encircle; **брáти** + *A.* **за** take sb by ◊ **Він узяв балерину за п. і підняв.** He took the ballerina by the waist and lifted her. **тримáти** + *A.* **за** hold sb by); **згинáтися в ~у** bend at the waist (**стріляти в** shoot through) ◊ **Гóстрий біль стрíлив йомý в ~у.** A sharp pain shot through his loins.
п. + *v.* **болíти** ache ◊ **Від цілодéнного сидíння її болíв п.** Her lower back ached from sitting all day long.
Also see **пóяс 2.** *Cf.* **тáлія**

попéрек[2], *adv., prep.*

1 *adv.* across, crosswise ◊ **Канáва перерíзáла пóле п.** The ditch cut across the field. **рíзати** + *A.* **п.** cut sth across
Ant. **вздовж**[1]
2 *adv.* to spite, in defiance of, the other way around ◊ **Вонá навмисне робила все п.** She deliberately did everything the other way around.
See **навпаки 2, 3, наперекíр 1**
3 *prep.* across sth + *G.* ◊ **стояти п. дорóги** to be in the way; ◊ **Він удáрив по гáльмах, і автíвку занеслó п. вýлиці.** He hit the brakes and the car swerved across the street. ♦ **ставáти** + *D.* **п. гóрла** to throw a monkey wrench in the works of sb ◊ **Чомý він зáвжди мýсить ставáти Óльзі п. гóрла?** Why must he always throw a monkey wrench in Olha's works?
Ant. **вздовж**[1]

поперчи|ти, *pf., see* перчити

to pepper, add pepper to ◊ **Волóдя щéдро ~в м'ясо.** Volodia generously peppered the meat.

пóпит, *m.*, ~у, *only sg.*

demand ◊ **п. і пропозиція** demand and supply
adj. **великий** great, **величéзний** enormous, **висóкий** high ◊ **висóкий п. на інформáцію про подíї** a high demand for the information about the events; **дивовижний** amazing, **жвáвий** lively, **значний** considerable, **помíтний** noticeable; **безперéрвний** uninterrupted, **неослáбний** unrelenting, **постíйний** constant, **стабíльний** steady; **змíнний** changing, **мінливий** fluctuating, **сезóнний** seasonal; **реáльний** actual, **теперíшній** current; **імовíрний** plausible, **майбýтній** future, **можливий** possible, **очíкуваний** anticipated, **потенційний** potential, **прогнозóваний** prognosticated ◊ **Торíк реáльний п. на збíжжя був дéщо вищим прогнозóваного.** Last year, the actual demand for grain was somewhat greater than the prognosticated one. **загáльний** total, **сукýпний** overall ◊ **Сукýпний п. на такóго типу пóслуги спадáє.** The overall demand for this type of services is diminishing. **божевíльний** insane, **несамовитий** fierce, **сильний** strong, **страшний** tremendous, **шалéний** crazy; **безпрецедéнтний**

unprecedented, **надзвича́йний** extraordinary, **неаби́який** remarkable, **незвича́йний** unusual, **нечу́ваний** unparalleled; **все бі́льший** ever growing; **додатко́вий** extra, **надмі́рний** excessive; **жалюгі́дний** pitiable, **мізе́рний** meager, **мініма́льний** minimal, **мали́й** little, **незначни́й** insignificant, **низьки́й** low, **нікче́мний** negligible, **обме́жений** limited; **помірко́ваний** moderate, **скро́мний** modest; **вну́трішній** domestic, **місце́вий** local; **ри́нковий** market; **ґлоба́льний** global, **зо́внішній** foreign, **світови́й** world; **спожи́вчий** consumer

v. + **п. задовольня́ти п.** meet the demand ◊ **Фі́рмі нелегко задовольня́ти все бі́льший п. на її проду́кцію.** It is not easy for the firm to meet the increasing demand for its products. (**заспоко́ювати** satisfy, **ма́ти** have; **поро́джувати** generate ◊ **Рекла́ма ма́ла поро́джувати п. на ї́хній ви́нахід.** The advertisement was supposed to generate demand for their invention. **ство́рювати** create; **зме́ншувати** bring down, **скоро́чувати** reduce; **збі́льшувати** increase, **підви́щувати** *or* **підно́сити** fuel, boost; **підтри́мувати** maintain; **переви́щувати** excede); **користува́тися** *or* **ті́шитися ~ом** be in demand ◊ **Старі́ платі́вки ті́шаться** *or* **кори́стуються помі́тним ~ом се́ред колекціоне́рів.** Old records are in noticeable demand among collectors.

п. + *v.* **зме́ншуватися** decline, **па́дати** fall; **зроста́ти** increase, **подво́юватися** double, **потро́юватися** triple ◊ **За п'ять ро́ків п. на стільнико́ві телефо́ни потро́ївся.** Over five years, the demand for mobile phones tripled. **залиша́тися** remain; **з'явля́тися** emerge; **переви́щувати** + *A.* exceed sth ◊ **П. на това́р переви́щує пропози́цію.** The demand for the product exceeds supply.

prep. **у ~і** in demand; **п. на** + *A.* a demand for sb/sth; **п. се́ред** + *G.* a demand among sb

Also see **популя́рність 1.** *Ant.* **пропози́ція 2**

по́п|іл, *m.*, **~елу**, *only sg.*
ash

adj. **бі́лий** white, **си́зий** silvery, **сі́рий** gray ◊ **Скрізь лежа́в сі́рий п.** There was gray ash everywhere. **гаря́чий** hot, **розпе́чений** searing, **те́плий** warm, **холо́дний** cold; **ву́гільний** coal, **вулкані́чний** volcanic, **деревни́й** wood, **сиґаре́тний** cigarette, **торф'яни́й** peat

n. + **п. жме́ня ~елу** a fistful of ash (**ку́па** heap, **ку́пка** small heap, **хма́ра** cloud, **шар** layer)

v. + **п. стру́шувати п.** flick ash ◊ **Вона́ струси́ла п. із сиґаре́ти про́сто на підло́гу.** She flicked the ash from her cigarette straight onto the floor. (**оберта́ти** + *A.* **на** reduce sth to, **перетво́рювати** + *A.* **на** turn sth to) ◊ **Війна́ перетвори́ла на п. і руї́ну пів краї́ни.** The war turned half the country to ashes and ruin.

♦ **встава́ти з ~елу** *fig.* to rise from the ashes, come back to life; **бра́тися ~елом** burn to ashes ◊ **Безці́нний архі́в узя́вся ~елом.** The invaluable archive burned to ashes.

п. + *v.* **леті́ти** *or* **літа́ти** fly, **лежа́ти** lie, **па́дати на** + *A.* fall over sth, **покрива́ти** + *A.* cover sth ◊ **Вулкані́чний п. густи́м ша́ром покри́в мі́сто.** A thick layer of volcanic ash covered the city.

поплив|ти́, *pf.*, *see* **пливти́**
to swim away, *etc.* ◊ **Від вина́ його́ ті́лом ~ло́ прие́мне тепло́.** Pleasant warmth flowed through his body from the wine.

пополоска́|ти, *pf.*, *see* **полоска́ти**
to rinse ◊ **Воло́дя ~в білизну.** Volodia rinsed the laundry.

попра́ви|ти, *pf.*, *see* **поправля́ти**
to correct; fix, *etc.* ◊ **Павло́ ~в поми́лки в те́ксті.** Pavlo corrected mistakes in the text.

попра́в|ка, *f.*
1 correction, adjustment, rectification

adj. **важли́ва** important, **істо́тна** crucial, **серйо́зна** serious, **суттє́ва** essential; **дрібна́** minor, **мале́нька** small, **невели́ка** little, **незначна́** insignificant; **необхі́дна** necessary ◊ **Його́ попроси́ли зроби́ти необхі́дні ~ки в докуме́нті.** He was asked to make necessary corrections in the document. **потрі́бна** required; **мо́вна** language, **стилісти́чна** stylistic

п. + *n.* **п. вимо́ви** a pronunciation correction (**ку́рсу** course; **написа́ння** spelling)

v. + **п. роби́ти ~ку** make a correction, ♦ **вно́сити ~ки** 1) make corrections or adjustments; 2) change sth ◊ **Життя́ вне́сло жорсто́кі ~ки в її пла́ни.** Life cruelly changed her plans. **вимага́ти ~ки** require a correction (**потребува́ти** need) ◊ **Уго́да потребу́є істо́тних ~ок.** The agreement needs crucial corrections.

prep. **у ~ці** in a correction; **п. в** + *L.* correction in sth; **п. до** + *G.* correction to sth ◊ **п. до те́ксту** a correction to a text; **п. на** + *A.* an allowance for sth ◊ **Плану́ючи ді́яльність у краї́ні, що розвива́ється, компа́нія роби́ла ~ку на уря́дову кору́пцію.** Planning its activity in a developing country, the company made allowance for government corruption.

2 amendment

adj. **відки́нута** rejected, **запропоно́вана** proposed, **при́йнята** adopted, **схва́лена** endorsed; **конституці́йна** constitutional; **пе́рша** first, **дру́га** second, *etc.*

v. + **п. обгово́рювати ~ку** discuss an amendment (**вно́сти** introduce ◊ **Фра́кція внесла́ три ~ки до бюдже́ту.** The faction introduced three amendments to the budget. **додава́ти до** + *G.* add to sth, **подава́ти** put forward, **пропонува́ти** propose; **готува́ти** draft ◊ **Конституці́йну ~ку підготува́ла позапарті́йна гру́па.** The constitutional amendment was drafted by a nonpartisan group. **відкида́ти** reject, **прова́лювати** defeat ◊ **Його́ мане́вр провали́в запропоно́вану ~ку.** His maneuver defeated the proposed amendment. **відміня́ти** *or* **скасо́вувати** abolish, **унева́жнювати** invalidate ◊ **Він закли́кав законода́вців унева́жнити ~ку.** He called on the legislators to invalidate the amendment. **підтри́мувати** support, **прийма́ти** adopt, **ратифікува́ти** ratify, **схва́лювати** endorse; **зніма́ти** withdraw ◊ **Вона́ відмо́вилася зня́ти непопуля́рну ~ку.** She refused to withdraw her unpopular amendment. **виступа́ти за** be in favor of); **виступа́ти з ~кою** put forward an amendment ◊ **Він ви́ступив зі ще одніє́ю ~кою.** He put forward yet another amendment.

prep. **без ~ок** without amendments ◊ **Зако́н при́йняли без ~ок.** The law was adopted without amendments. **з ~кою** with an amendment; **п. до** + *G.* amendment to sth

3 improvement, betterment, recovery ◊ **п. здоро́в'я** health improvement; ♦ **іти́ на ~ку** to improve, get better ◊ **Хво́рий пішо́в на ~ку.** The patient started recovering.

4 repair, repairing, fixing ◊ **го́стро потрі́бна п. каналіза́ції** an acutely needed sewage repair

See **ремо́нт**

поправля́|ти, **~ють**; **попра́в|ити**, **~лю**, **~иш**, **~лять**, *tran.*
1 to adjust, fix, straighten, spruce up, arrange

adv. **акура́тно** neatly, **рете́льно** meticulously, **стара́нно** diligently; **нега́йно** immediately, **одра́зу** at once, **за́раз же** right away, **шви́де́нько** *colloq.* pronto, **шви́дко** quickly ◊ **Ди́влячись у дзе́ркало, він шви́дко попра́вив воло́сся.** Looking in the mirror, he quickly fixed his hair.

п. + *n.* **п. за́чіску** fix one's hairdo (**крава́тку** tie, **лі́жко** bed, **окуля́ри** glasses ◊ **Він пості́йно ~в окуля́ри па́льцем.** He constantly fixed the glasses with his finger. **піджа́к** jacket; **ко́вдру** blanket, **поду́шку** pillow)

2 to correct, set right ◊ **За три дні він попра́вив пе́реклад.** In three days, he corrected the translation.

See **виправля́ти 2**

3 to repair, fix ◊ **Оле́на проси́ла меха́ніка попра́вити га́льма.** Olena asked a mechanic to fix the brakes.

See **ремонтува́ти.** *Also see* **направля́ти 3**

4 to improve, make better, remedy ◊ **Вона́ провела́ пів ро́ку в Криму́, щоб попра́вити здоро́в'я.** She spent half a year in the Crimea to improve her health.

See **покра́щувати**

pa. pple. **попра́влений** corrected

поправля́й! попра́в!

поправля́|тися; попра́витися, *intr.*
1 to correct oneself ◊ **Марко́ назва́в профе́сора викладаче́м, але́ за́раз же попра́вився.** Marko called his professor instructor but corrected himself right away.

See **виправля́тися 1**

2 to get better, improve, recover ◊ **До́вгий час Петро́ не ~вся.** Petro had not been improving for a long time.

adv. **ле́две** scarcely, **наси́лу** barely, **пові́льно** slowly, **поступо́во** gradually, **потихе́ньку** *colloq.* slowly, **потро́ху** little by little; **несподі́вано** unexpectedly, **ра́птом** suddenly, **шви́дко** quickly; **зна́чно** significantly, **помі́тно** markedly; **наре́шті** finally, **остато́чно** ultimately, **цілко́м** completely, **я́кось** somehow; **уча́сти** in part, **частко́во** partially

v. + **п. допомага́ти** help to ◊ **Чи́сте пові́тря допомага́тиме їй попра́витися.** Clean air will help her get better. **могти́** be able to, **почина́ти** begin to, **продо́вжувати** go on, **ста́ти** *pf.* start ◊ **Хво́рий став потро́ху п.** The patient started getting better little by little.

3 to gain weight, put on weight

adv. **де́що** somewhat, **до́сить** quite ◊ **Він до́сить попра́вився.** He put on quite some weight. **ду́же** much, **зна́чно** significantly, **помі́тно** noticeably, **стра́шно** terribly; **ле́две** scarcely, **тро́хи** a little

prep. **п. на** + *A.* put on *(measure)* ◊ **Вона́ попра́вилася на чоти́ри кілогра́ми.** She gained 4 kg.

попро́був|ати, *pf.*, *see* **про́бувати**
to try, attempt ◊ **Він ~ав відчини́ти две́рі.** He tried to unlock the door.

попроси́|ти, *pf.*, *see* **проси́ти**
to ask, *etc.* ◊ **Ві́ра ~ла діте́й не галасува́ти.** Vira asked the children not to make noise.

попроща́|тися, *pf.*, *see* **проща́тися**
to say goodbye to, *etc.* ◊ **Лев наза́вжди́ ~вся з не́ю.** Lev parted with her forever.

попсува́|ти, *pf.*, *see* **псува́ти**
to spoil, *etc.* ◊ **Несподі́вана поя́ва батькі́в ~ла зу́стріч.** Her parents' sudden arrival spoiled the meeting.

попсува́|тися, *pf.*, *see* **псува́тися**
to go bad, *etc.* ◊ **Полови́на ї́хніх запа́сів ї́жі ~лася.** Half of their food reserves had gone bad.

популя́рн|ий, *adj.*
1 popular

adv. **безу́мно** *colloq.* wildly, **ве́льми** highly, **вкрай** extremely, **до́сить** quite, **доста́тньо** sufficiently, **ду́же** very, **надзвича́йно** extraordinarily, **невірогі́дно** unbelievably, **неймові́рно** incredibly, **неправдоподі́бно** improbably, **помі́тно** noticeably, **стра́шно** *colloq.* terribly, **феномена́льно** phenomenally ◊ **Це феномена́льно ~а тео́рія.** This is a phenomenally popular theory. **шале́но** *colloq.* insanely; **широ́ко** widely; **заслу́жено** deservedly;

на ди́во *or* **навдивови́жу** surprisingly, **несподівано** unexpectedly; **все бі́льше** increasingly, **дедалі бі́льше** progressively, **найбільш** most of all; **відно́сно** relatively, **особли́во** especially, **порі́вняно** comparatively; **однаково** equally; **ле́две** scarcely, **не зо́всім** not exactly; **надмі́ру** *or* **понадмі́ру** beyond measure, **зана́дто** *or* **на́дто** too; **за́вжди́** always, **передба́чувано** predictably
v. + **п. бу́ти ~им** be popular (**вважа́ти** + *A.* consider sb/sth, **виявля́тися** turn out, **лиша́тися** remain ◊ **Цей жанр му́зики лиша́ється ве́льми ~им у місько́му середо́вищі.** This genre of music remains highly popular in urban environment. **роби́ти** + *A.* make sb/sth, **става́ти** become) ◊ **Поет став несподівано ~им.** The poet became unexpectedly popular.
prep. **п. се́ред** + *G.* popular among *or* with sb ◊ **Місто стає ду́же ~им се́ред тури́стів.** The city is becoming very popular with tourists.
Also see **ма́совий 2**
2 accessible, understandable, popular ◊ **Стаття́ напи́сана ~ою мо́вою, без фахово́го жарго́ну.** The article is written in an accessible language, without professional jargon. ◊ **Видавни́цтво спеціялізу́ється на ~ій літерату́рі.** The publishing house specializes in popular books.
See **досту́пний**

популяриза́ці|я, *f.*, **~ї**, *only sg.*
popularization, promotion, promoting
adj. **акти́вна** active, **винахі́длива** ingenious, **енергі́йна** energetic, **ефекти́вна** efficient, **жва́ва** lively, **успі́шна** successful; **швидка́** quick, **широ́ка** extensive ◊ **Мето́ю товари́ства є широ́ка п. тво́рчости поета.** The society's goal is extensive promotion of the poet's oeuvre.
v. + **п. вимага́ти ~ї** require promotion ◊ **Її іде́я вимага́є ~ї в політи́чному середо́вищі.** Her idea requires promotion in the political circles. **спри́яти ~ї** facilitate promotion ◊ **Він спри́яв ~ї ціє́ї теорії.** He facilitated the promotion of this theory. (**перешкоджа́ти** hamper)
prep. **для ~ї** for promotion ◊ **для ~ї здоро́вого сти́лю життя́** for promotion of a healthy lifestyle
Also see **рекла́ма**

популяризу|ва́ти, **~ють;** *same, tran.*
to promote, popularize ◊ **А́втор акти́вно ~є і́нший підхі́д до приро́дних ресу́рсів.** The author actively promotes a different approach to natural resources.
pa. pple. **популяризо́ваний** popularized, promoted
популяризу́й!
See **рекламува́ти**

популя́рн|ість, *f.*, **~ости**, *only sg.*
1 popularity
adj. **вели́ка** great, **величе́зна** enormous, **колоса́льна** colossal, **ма́сова** mass, **надзвича́йна** extraordinary, **неаби́яка** remarkable, **невіроги́дна** unbelievable, **неймові́рна** incredible, **неправдоподі́бна** improbable, **нечу́вана** unheard-of, **трива́ла** long-lasting, **феномена́льна** phenomenal, **чима́ла́** substantial ◊ **Програ́ма дістає дивіде́нди від чима́лої ~ости ново́го веду́чого.** The show reaps dividends from its new host's substantial popularity. **шале́на** *colloq.* insane, **широ́ка** wide; **заслу́жена** well-deserved; **дивови́жна** amazing, **несподі́вана** unexpected; **все бі́льша** increasing, **деда́лі бі́льша** growing, **найбі́льша** greatest; **відно́сна** relative, **особли́ва** particular; **значна́** significant, **невели́ка** little, **обме́жена** limited, **пе́вна** some, **помі́тна** noticeable; **недовгові́чна** shortlived ◊ **П. ново́го ру́ху ви́явилася недовгові́чною.** The new movement's popularity proved to be short-lived. **особи́ста** personal; **ґлоба́льна** global, **загальнонаціона́льна** national, **світова́** world; **коли́шня** former, **майбу́тня** future, **мину́ла** past, **неда́вня** recent, **тепе́рішня** current
n. + **п. верши́на** *or* **пік ~ости** the peak of popularity ◊ **Ви́ступ піані́ста ознаменува́в верши́ну його́ ~ости.** The pianist's performance marked the peak of his popularity. **збі́льшення** *or* **зроста́ння ~** a rise in popularity (**зме́ншення** decline in, **паді́ння** drop in) ◊ **Гра зазна́ла ґвалто́вного паді́ння ~ости.** The game suffered a precipitous fall in popularity.
v. + **п. відвойо́вувати п.** regain popularity ◊ **Він зго́дом відвоюва́в коли́шню п. се́ред ви́борців.** Eventually he regained his former popularity with the voters. (**дістава́ти** achieve ◊ **Її ме́тод діста́в широ́ку п. се́ред педаго́гів.** Her method achieved wide popularity among educators. **ґарантува́ти** + *D.* guarantee sb, **забезпе́чувати** + *D.* ensure sb, **завойо́вувати** win, **збі́льшувати** increase, **здобува́ти** gain ◊ **Відва́жна суддя́ здобула́ собі́ шале́ну п.** The courageous judge gained enormous popularity. **ма́ти** have, **підно́сити** boost, **утри́мувати** maintain; **втрача́ти** lose ◊ **Бруталі́зм втра́тив п. так са́мо шви́дко, як і завоюва́в її.** Brutalism lost popularity as quickly as it had won it. **підрива́ти** undermine; **заслуго́вувати на** deserve) ◊ **Колонка́р заслуго́вував на бі́льшу п.** The columnist deserved greater popularity. **зажива́ти ~ости** gain in popularity ◊ **Лише́ пі́сля сме́рти письме́нниці її рома́н зажи́в заслу́женої ~ости.** Only after the writer's death, her novel gained in popularity it deserved. (**досяга́ти** *or* **набува́ти** achieve, **пра́гнути** long for); **завдя́чувати** + *D.* **~істю** owe one's popularity to sb/sth (**ті́шитися** enjoy, **хизува́тися** brag about)
п. + *v.* **зроста́ти** grow, **зліта́ти** soar ◊ **Її п. злеті́ла до захма́рних висо́т.** Her popularity soared to dizzying heights. **зме́ншуватися** wane, **па́дати** fall
prep. **на п.** in popularity ◊ **о́пит на п.** a popularity poll; **п. се́ред** + *G.* popularity among sb ◊ **шале́на п. се́ред пі́дліткiв** insane popularity among teenagers
Also see **по́пит, рейтинг**
2 accessibility *(of expression, text, etc.)*, simplicity
п. + *n.* **п. ви́кладу** accessibility of narrative (**о́пису** description, **сти́лю** style, **те́ксту** text)

п|ора́, *n., pred.*
1 *f.* time, season, point in time; years
adj. **весняна́** spring, **зимо́ва** winter, **лі́тня** summer, **осі́ння** autumn; **вечі́рня** evening, **нічна́** night, **obíдня** afternoon, ♦ **передранко́ва п.** dawn, daybreak ◊ **Усе́ це тра́пилося передранко́вої ~о́ри.** All this happened at daybreak. **ранко́ва** morning; **гаря́ча** *and* **спеко́тна** hot; **холо́дна** cold; **важка́** difficult ◊ **Весна́ для них особли́во важка́ п.** Spring is a particularly difficult time for them. **непро́ста́** tough, **складна́** complicated; **дитя́ча** childhood, **юна́цька** youthful; **буре́мна** *fig.* tumultuous, **революці́йна** revolutionary; **страшна́** horrible; **грибо́ва** mushroom-picking; **робо́ча** work
п. + *n.* **по́ра ви́борів** election time (**відпочи́нку** leisure; **врожа́ю** harvesting, **і́спитів** examinations, **по́дорожей** travel); ◊ **п. ро́ку** a season of the year ◊ **З усі́х ~ір ро́ку Марі́я віддає перева́гу лі́ту.** Of all the seasons of the year, Maria gives preference to summer.
п. + *v.* **іти́** come, **надхо́дити** come up, **настава́ти** arrive ◊ **Надхо́дила грибо́ва п.** The mushroom-picking season was coming up. **закі́нчуватися** end, **мина́ти** *or* **прохо́дити** pass, **пролі́та́ти** fly by ◊ **Її дитя́ча п. шви́дко пролеті́ла.** Her childhood years quickly flew by.
prep. ♦ **без ~ори́** before one's time, prematurely ◊ **Він поме́р без ~ори́.** He passed away before his time. **в ту ~о́ру** at that time; **з ~ори́** since the time ◊ **З тіє́ї ~ори́ вони́ живу́ть ра́зом.** Since that time, they have lived together. **з тих ~ір** since then; ♦ **на пе́рших ~ора́х** initially, at the beginning; ♦ **на ту ~о́ру** by then; **під ту ~о́ру** before then, by then ◊ **Під ту ~о́ру вона́ перебра́лася до мі́ста.** By then, she moved to the city. ♦ **~оро́ю** sometimes ◊ **~оро́ю лі́кар вагався.** Sometimes the doctor hesitated.
Also see **сезо́н 1**
2 *pred.* time ♦ **бу́ти п.** + *D.* + *inf.* to be time for sb to do sth ◊ **Мені́ п. йти на пра́цю.** It's time for me to go to work.
adv. **вже** already ◊ **Йому́ вже п. було́ зна́ти імена́ свої́х студе́нтів.** It was already time he knew his students' names. ♦ **давно́ п.** + *D.* it's high time ◊ **Їм давно́ п. спа́ти.** It's high time for them to go to bed. **ще не** not yet; ♦ **п. і честь зна́ти** it is time to call it quits ◊ **Го́сті ти́ждень табору́ють у них. П. і честь зна́ти.** The guests have been camping at their place for a week. It is time they call it quits.
Also see **час 3**
N. pl. **~о́ри**

пора́д|а, *f.*
advice
adj. **до́бра** good, **конструкти́вна** constructive, **ко́рисна** useful, **му́дра** wise, **неоці́не́нна** invaluable, **помі́чна** helpful, **пра́вильна** right, **розу́мна** astute, **ці́нна** valuable, **чудо́ва** excellent; **незале́жна** independent; **докла́дна** detailed; **зага́льна** general; **конфіденці́йна** confidential, **таємна** secret; **поінформо́вана** informed; **супере́члива** conflicting; **чітка́** clear; **безпла́тна** free; **пла́тна** paid for; **глу́па** silly, **ду́рна** stupid, **ке́пська** poor, **непра́вильна** wrong, **пога́на** bad; **непро́хана** unsolicited; **експе́ртна** expert, **фахова́** professional; **інвестиці́йна** investment, **меди́чна** medical, **політи́чна** political, **фіна́нсова** financial, **юриди́чна** legal
v. + **п. дава́ти ~у** give advice ◊ **Він дасть вам юриди́чну ~у.** He will give you legal advice. (**пропонува́ти** + *D.* offer sb; **дістава́ти від** *or* **отри́мувати від** + *G.* get from sb; **відкида́ти** reject ◊ **На її мі́сці я відки́нув би цю глу́пу ~у.** If I were her, I'd reject this silly advice. **іґнорува́ти** ignore; **зверта́тися до** + *G.* **по** turn to sb for) ◊ **Він не має до ко́го зверну́тися по ~у.** He has no one to turn to for advice. **пита́ти в** + *G.* **~и** ask sb for advice ◊ **Він знав, у ко́го мо́же спита́ти ~и.** He knew whom he could ask for advice. (**потребува́ти** need, **слу́хати** listen to ◊ **Цього́ ра́зу син послу́хав ба́тькової ~и.** This time around, the son listened to his father's advice. **прислуха́тися до** heed) ◊ **Макси́м прислуха́ється до му́дрих пора́д.** Maksym heeds wise advice.
prep. **всу́переч ~і** contrary to sb's advice, **за ~ою** on sb's advice ◊ **За ~ою лі́каря, Ні́на ки́нула ї́сти м'ясо.** On her doctor's advice, Nina quit eating meat. **наперекі́р ~і** against sb's advice; **незважа́ючи на ~у** despite sb's advice; **п. для** + *G.* advice for sb ◊ **експе́ртні ~и для молодя́т** expert advice for newlyweds; **п. що́до** + *G.* advice concerning sth ◊ **ко́рисна п. стосо́вно іпоте́ки** useful advice concerning mortgage
Also see **консульта́ція 1, настано́ва 1, ра́да 1**

пора́ди|ти, *pf., see* **ра́дити**
to advise, *etc.* ◊ **Адвока́т ~в Садо́вій пода́ти ска́ргу.** The lawyer advised Sadova to file a complaint.

пора́ди|тися, *pf., see* **ра́дитися**
to consult with, *etc.* ◊ **Вони́ шука́ли досві́дченого фахівця́, щоб п.** They were looking for an experienced expert to consult with.

пора́з|ка, *f.*
defeat, failure, loss
adj. **важка́** heavy ◊ **Це була́ важка́ п. для систе́ми вла́ди у краї́ні.** This was a heavy defeat for the system of power in the

country. **вели́ка** great, **ганéбна** shameful, **гучнá** resounding, **дошкýльна** scathing, **катастрофíчна** disastrous ◊ **Переяславська угóда ви́явилася катастрофíчною ~кою для украї́нства.** The Pereyaslav Treaty proved a disastrous defeat for the Ukrainians. **кривáва** bloody, **нищівнá** crushing, **остатóчна** ultimate, **пóвна** utter, **рішýча** decisive, **руйнівнá** ruinous, **серйóзна** serious, **спустóшлива** devastating, **страшнá** terrible, **цілкови́та** complete; **загáльна** general; **істори́чна** historic; **неуни́кна** inevitable; **несподíвана** unexpected, **раптóва** sudden, **швидкá** quick; **морáльна** moral, **символíчна** symbolic, **факти́чна** effective; **ви́борча** electoral, **вíйськóва** military, **політи́чна** political; **новá** new, **остáння** last, **ще однá** another ◊ **Вонá не готóва до ще однієї ~ки.** She is not ready for yet another defeat.

v. + **п. визнавáти ~ку** concede a defeat ◊ **Тепéр вонá мýсила ви́знати ~ку.** Now she has to concede a defeat. (**забезпéчувати** + *D.* ensure to sb); ♦ **перетвóрювати ~ку на перемóгу** to turn defeat into victory ◊ **Вони́ ще надíялися перетвори́ти ~ку на перемóгу.** They still hoped to turn their defeat into victory. **бажáти** + *D.* **~ки** wish sb a defeat (**завдавáти** + *D.* inflict on sb, **зазнавáти** suffer ◊ **Режи́м зазнáв нищівнóї ~ки в боротьбí за влáду.** The regime suffered a crushing defeat in its fight for power. **уникáти** avoid; **вести́ до** lead to) ◊ **Полíтика ýряду привелá до йогó гучнóї ~ки на ви́борах.** The government policies led to its resounding defeat at the ballot. **запобігáти ~ці** prevent a defeat ◊ **Манéвр запобíг неуни́кній ~ці вíйська.** The maneuver prevented an inevitable defeat of the troops. **закíнчуватися ~кою** end in defeat ◊ **Спрáва закінчи́лася ~кою.** The matter ended in defeat. (**примиря́тися з** reconcile oneself with)

prep. **без ~ок** without defeats; **п. від рук** + *G.* defeat at the hands of sb ◊ **Генерáл не міг примири́тися з ~кою від рук слáбшого вóрога.** The general could not reconcile himself to the defeat at the hands of a weaker enemy.

Also see **невдáча**

порáн|ити, *pf., see* **рáнити**
to injure, *etc.* ◊ **Вонá ненарóком ~ла нóгу.** She accidentally injured her foot.

порахувá|ти, *pf., see* **рахувáти**
1 to count, *etc.* ◊ **Вонá ~ла грóші і сховáла їх до шухля́ди.** She counted the money and put it away in the drawer. ♦ **п. рéбра** + *D. fig.* to give sb a beating
2 to decide, *etc.* ◊ **Микóла ~в, що зміг умóвити батькíв.** Mykola concluded that he had managed to persuade his parents.

порвá|ти, *pf., see* **рвáти 1, 5**
1 to tear, *etc.* ◊ **Мирослáв ~в запи́ску на дрібнí клáптики.** Myroslav ripped the note up into small pieces.
2 to break up *(a relationship)* ◊ **Лéся і Вíктор ~ли між собóю.** Lesia and Viktor broke up.

поремонту|вáти, *pf., see* **ремонтувáти**
to repair, *etc.* ◊ **Вонá самостíйно ~ла зіпсóваний замóк.** She fixed the broken lock on her own.

порíвню|вати, **~ють; порівня́|ти**, **~ють**, *tran.*
1 to compare, contrast

adv. **пря́мо** directly, **бли́зько** closely, **доклáдно** in detail, **скрупульóзно** scrupulously, **системати́чно** systematically; **ви́гідно** favorably, **схвáльно** approvingly ◊ **Вчи́тель схвáльно ~вав Маркóві оцíнки з йогó торíшніми.** The teacher was approvingly comparing Marko's grades with those of the previous year. **весь час** all the time, **чáсто** often; **несхвáльно** disapprovingly; **лéгко** easily; **пóдумки** in one's mind

v. + **п. могти́** can, be able to ◊ **Цих два мíста лéдве мóжна порівня́ти.** The two cities can scarcely be compared. **намагáтися** try to, **хотíти** want to

prep. **п. з** + *I.* to compare with sb/sth

Also see **протиставля́ти 1, рівня́ти 2**

2 liken to, equate with, compare

adv. **весь час** all the time, **постíйно** constantly, **чáсто** often; **и́ноді** sometimes ◊ **Поéта и́ноді ~ють із Симонéнком.** The poet is sometimes likened to Symonenko. **безпідстáвно** for no good reason, **несправедли́во** unfairly

prep. **п. з** + *I.* to liken to sb/sth

See **рівня́ти 3**

pa. pple. **порівня́ний** compared

порíвнюй! порівня́й!

порівня́льн|ий, *adj.*
comparative ◊ **Мирослáва вивчáє ~у фонолóгію.** Myroslava studies comparative phonology.

п. + *n.* **п. анáліз** a comparative analysis (**мéтод** method, **підхíд** approach; **зворóт** expression), **п. стýпінь прикмéтників** *ling.* the comparative degree of adjectives; **~а антрополóгія** comparative anthropology (**грамáтика** grammar, **типолóгія** typology)

Cf. **звичáйний 3, найви́щий 2**

порівня́н|ня, *nt.*
1 comparison, juxaposition

adj. **прямé** direct, **близькé** close, **влýчне** apt, **детáльне** *or* **доклáдне** detailed, **дóбре** good, **системати́чне** systematic; **ви́гідне** favorable ◊ **Такé п. булó для них ви́гідним.** Such a comparison was favorable for them. **кóрисне** useful, **схвáльне** approving; **чáсте** frequent; **неви́гідне** unfavorable, **невтíшне** disappointing, **несхвáльне** disapproving; **несподíване** unexpected; **неуни́кне** inevitable; **загáльне** general, **поверхóве** superficial; **грýбе** rough, **приблизне** approximate ◊ **Тут потрíбно доклáдне, а не приблизне п.** A detailed rather than an approximate comparison is needed here. **справедли́ве** fair; **безпідстáвне** groundless; **логíчне** logical; **несправедли́ве** unfair; **цікáве** interesting

v. + **п. провóдити п.** draw a comparison (**роби́ти** make; **пропонувáти** + *D.* offer sb; **витри́мувати** bear ◊ **Йогó проблéми не витри́мують п. з Óлиними.** His problems bear no comparison with Olia's. **напрóшуватися на** invite ◊ **Результáти напрóшуються на невтíшне для Остáпа п.** The results invite a disappointing comparison for Ostap.

prep. **в ~ні з** + *I.* in comparison to/with sb/sth ◊ **У ~ні із брáтом Лíза стри́маніша.** In comparison to her brother, Liza is more restrained. **для п.** for comparison; ♦ **над усякe п.** *or* **пóза вся́ким ~ням** beyond comparison ◊ **Я́кість обслугóвування тут над уся́ке п.** The quality of service here is beyond comparison. **п. між** + *I.* a comparison between sb/sth ◊ **п. між двомá ти́пами поведíнки** a comparison between two types of behavior

Also see **протистáвлення**

2 *ling.* comparison ◊ **стýпені п. прикмéтників** degrees of comparison of adjectives

порíвняно, *adv.*
1 comparatively, relatively, moderately ◊ **Леонíд був п. акти́вним члéном організáції.** Leonid was a relatively active member of the organization.

Also see **віднóсно 1**

2 compared to, in comparison with

prep. **п. з** + *I.* compared with/to sb/sth ◊ **Брази́лія здалáся Ромáнові цікавíшою п. з Аргенти́ною.** Brazil seemed more interesting to Roman compared to Argentina.

порівня́|ти, *pf., see* **порíвнювати**
to compare, contrast, draw a comparison ◊ **Він лéгко ~в два я́вища.** He easily compared two phenomena.

порівня́|тися, *pf., see* **рівня́тися**
to catch up with, *etc.* ◊ **За хвили́ну вони́ ~лися з пéршим автóбусом.** In a minute, they caught up with the first bus.

пор|íг, *m.*, **~óга**
1 doorstep, threshold, doorway

adj. **висóкий** high, **низьки́й** low, **вузьки́й** narrow, **широ́кий** wide; **дерев'я́ний** wooden, **кам'яни́й** stone, **цемéнтний** cement; ♦ **рíдні ~óги** *fig.* home ◊ **Їй тя́жко лишáти рíдні ~óги.** It is tough for her to leave home.

v + **п.** ♦ **переступáти п.** set foot in sth ◊ **Він нíколи не переступáв ~óга лікáрні.** He has never set foot in a hospital.

prep. **з ~óга** from the doorstep; **на п.** *dir.* on/to the doorstep ◊ **Вонá стáла ногóю на п.** She put her foot on the doorstep. ♦ **показáти** + *D.* **на п.** *fig.* to throw sb out ◊ **Учи́тель показáв їм на п.** The teacher threw them out. **на ~óзі** *posn.* in/on the doorway ◊ **Вони́ сидíли на ~óзі.** They were sitting on the doorstep. ♦ **бýти** *or* **стоя́ти на ~óзі** + *G. fig.* be on the verge of sth ◊ **Вонá булá** *or* **стоя́ла на ~óзі відкриття́ нóвого хемíчного елемéнта.** She was on the verge of discovering a new chemical element. ♦ **на ~óзі життя́** *fig.* at the end of one's life; ♦ **стоя́ти на ~óзі смéрти** *fig.* be on the brink of death

2 *fig.* level, limit, threshold

adj. **больови́й** pain, **слухови́й** audibility, **світлови́й** visibility ◊ **Вýхо твари́ни мáє висóкий слухови́й п.** Animal ears have a high audibility threshold.

п. + *n.* **п. безпéки** a safety threshold (**бóлю** pain, **терпи́мости** tolerance, **чутли́вости** sensitivity, **чýтности** audibility); ♦ **п. бíдности** a poverty line

v. + **п. визначáти п.** determine a threshold ◊ **Ýряд ви́значив п. бíдности.** The government determined the poverty line. (**встанóвлювати** set, **мáти** have, **переви́щувати** exceed ◊ **Тортýри переви́щували всі ~óги бóлю.** The tortures exceeded all pain thresholds. **перехóдити** cross; **збíльшувати** *or* **піднóсити** raise; **змéншувати** *or* **опускáти** lower); **досягáти ~óга** reach a threshold ◊ **Йогó життя́ досягнýло остатóчного ~óга нудьги́.** His life reached the ultimate threshold of boredom.

prep. **ви́ще ~óга** above a threshold, **на ~óзі** at a threshold, **ни́жче ~óга** below a threshold

3 rapids; *usu. pl.*

adj. **крутí** steep, **небезпéчні** dangerous, **нездолáнні** insuperable, **стрімкí** *or* **швидкí** fast; ♦ **дніпрóвські ~óги** *hist.* the Dnipro Rapids

v. + **п. долáти ~óги** overcome rapids (**перехóдити** *or* **йти́ чéрез** cross) ◊ **Не кóжен лóцман відвáжувався йти́ чéрез дніпрóвські ~óги.** Not every navigator risked crossing the Dnipro Rapids.

по-рíжному, *var.* **по-рíзному**, *adv.*
in a different way, differently

adv. **дéщо** somewhat ◊ **Вонá чáсто готувáла цю стрáву, алé щорáзу дéщо п.** She would often cook this dish, but every time in a somewhat different way. **трóхи** a little; **абсолю́тно** absolutely ◊ **Ви́дно булó, що ýряд і опози́ція абсолю́тно п. розумíють свобóду зібрáнь.** It was evident that the government and the opposition understood freedom of assembly absolutely differently. **геть** totally, **зóвсім** entirely, **цілкóм** completely.

порногрáфі|я, *f.*, **~ї**, *only sg.*
pornography

adj. **жорсткá** hard-core, **легкá** soft-core; **дитя́ча** child; **мере́жева** Internet; **гетеросексуа́льна** heterosexual, **гомосексуа́льна** gay, **лезбі́йська** lesbian; **дозво́лена** allowed, **леґа́льна** legal, **заборо́нена** banned ◊ **П. у краї́ні заборо́нена.** Pornography is banned in the country. **нелеґа́льна** illegal

n. + **п. інду́стрія ~ї** a pornography industry (**збі́рка** collection; **магази́н** store; **сту́дія** studio; **любі́тель** lover, **спожива́ч** consumer)

v. + **п. виготовля́ти ~ю** produce pornography (**зніма́ти** shoot ◊ **Полі́ція затри́мала злочи́нців, що зніма́ли дитя́чу ~ю.** The police apprehended criminals who shot child pornography. **колекціонува́ти** collect, **купува́ти** buy; **продава́ти** sell, **пош́ирювати** spread) ◊ **Його́ звинува́чують у поши́ренні нелеґа́льної ~ї.** He stands accused of spreading illegal pornography.

Cf. **еро́тика**

пор|о́да, *f.*

1 breed *(of domestic animals)*, stock, strain, sort; variety *(of trees or shrub)* ◊ **Вони́ ма́ють ці́нну ~о́ду корі́в.** They have a valuable breed of cows.

adj. **витрива́ла** hardy; **нова́** new; **продукти́вна** productive; **рі́дкісна** rare; **сві́йська** domestic, **чи́ста** pure; **алба́нська** Albanian, **ґаліці́йська** Galician, **лито́вська** Lithuanian, **фри́зька** Friesian, *etc.* ◊ **Яко́ї ~о́ди цей пес?** What breed is this dog?

п. + *n.* **п. гусе́й** a breed of geese (**инди́ків** turkeys, **качо́к** ducks, **куре́й** chickens; **ко́ней** horses, **корі́в** cows, **свине́й** pigs; **коті́в** cats, **соба́к** dogs, *etc.*); **п. в'я́за** a variety of elm (**ду́ба** oak, **кле́на** maple, **лі́щини** hazel, *etc.*)

v. + **п. виро́щувати ~о́ду** rear, cultivate a breed (**виво́дити** breed ◊ **Він ви́вів нову́ ~о́ду ове́ць.** He bred a new sort of sheep. **використо́вувати** use ◊ **Цю ~о́ду використо́вують для перего́нів.** The breed is used for races. **трима́ти** keep)

Also see **ра́са 2**

2 *fig.* type *(of people)*, kind, sort, ilk ◊ **Андрі́й – люди́на і́ншої ~о́ди.** Andrii is a person of a different type.

See **тип 1**

3 *geol.* rock ♦ **материко́ва п.** bedrock; ♦ **поро́жня п.** tailings ◊ **Ву́гілля забра́ли, лиша́лася поро́жня п.** Coal was taken away, and what remained was tailings.

G. pl. **~і́д** ◊ **бага́то ~і́д инди́ків, качо́к і куре́й** many breeds of turkeys, ducks, and chickens

порожне́ч|а, *f.*, ~і

emptiness, void; *also fig.* ◊ **Га́ннині кро́ки віддава́лися гу́чною луно́ю в ~і коридо́ру.** Hanna's steps echoed loudly in the emptiness of the corridor. ♦ **торрі́че́ллієва п.** *phys.* Torricellian vacuum

adj. **безме́жна** boundless ◊ **Усе́ навко́ло – лише́ безме́жна п.** Everything around is but a boundless void. **вели́ка** great, **косм́ічна** cosmic, **маси́вна** massive, **чо́рна** black; **по́вна** utter, **цілкови́та** complete; **ди́вна** strange; **очеви́дна** apparent; **пози́рна** seeming; **несподі́вана** unexpected; **гніту́ча** depressing, **несте́рпна** unbearable, **спусто́шлива** devastating; **страшна́** horrible; **духо́вна** *fig.* spiritual, **емоці́йна** *fig.* emotional

v. + **п. відчува́ти ~у** feel a void ◊ **Два дні не ́ївши, вояк відчува́в ~у в шлу́нку.** Having not eaten for two days, the soldier felt a void in his stomach. (**залиша́ти** leave, **запо́внювати** fill ◊ **Він не знав чим запо́внити емоці́йну ~у, спричи́нену розри́вом з дівчино́ю.** He did not know how to fill the emotional void caused by his breakup with his girlfriend. **створювати** create); **зя́яти ~ею** gape with emptiness ◊ **Поки́нутий пала́ц зя́яв ~ею.** The abandoned palace gaped with emptiness. ◊ **Зая́ва свідчи́ла про по́вну мора́льну ~у ї́хньої ідеоло́гії.** *fig.* The statement was evidence of the complete moral emptiness of their ideology.

Also see **пустота́ 1, 2.** *Cf.* **порожни́на**

порожни́н|а, *f.*

1 cavity, hollow, chamber, void ◊ **ка́рстова п.** *geol.* a karst valley

2 *anat.* cavity ◊ **Зубни́й лі́кар запломбува́в три ~и.** The dentist filled three cavities.

adj. **бараба́нна** tympanic, **зубна́** dental, **носова́** nasal, **ротова́** mouth, **черевна́** abdominal, **черепна́** cranial

Cf. **порожне́ча**

поро́жн|ій, *adj.*

1 empty, vacant, unoccupied, void; blank

adv. **абсолю́тно** absolutely, **геть** totally, **до́сить** quite, **по́вністю** utterly, **цілко́м** completely; **ле́две** scarcely; **ма́йже** almost; **наполови́ну** half ◊ **Його́ раху́нок наполови́ну п.** His account is half-empty. **відно́сно** relatively; **поча́сти** in part, **частко́во** partially; **ді́йсно** really, **факти́чно** effectively; **навдиви́жу** surprisingly; **несподі́вано** unexpectedly, **ра́птом** suddenly; **чому́сь** for some reason

п. + *n.* **п. буди́нок** an empty building (**глек** jug, **я́щик** box; **майда́н** square, **про́стір** space; **бюдже́т** budget, **гамане́ць** wallet); **~я ву́лиця** an empty street (**кі́мна́та** room, **ла́вка** bench; **кише́ня** pocket, **скарбни́ця** treasury); **~є вікно́** an empty window (**гні́здо́** nest; **лі́жко** bed, **мі́сто** city, **мі́сце** place, **сиді́ння** seat, **шосе́** highway); ♦ **з ~іми рука́ми** empty-handed ◊ **Дружи́на поверну́лася зі змага́нь із ~іми рука́ми.** The team came back from the competition empty-handed.

v. + **п. бу́ти ~ім** be empty (**вважа́ти** + *A.* consider sth; **вигляда́ти** look; **виявля́тися** turn out ◊ **Кише́ні штані́в ви́явилися ~іми.** The pants pockets turned out to be empty. **здава́тися** + *D.* seem to sb; **лиша́ти** + *A.* leave sth ◊ **Про всяк ви́падок вона́ лиши́ла сторі́нку ~ьою.** Just in case, she left the page blank. **лиша́тися** remain ◊ **Його́ пошто́ва скри́нька лиша́лася ~ьою.** His mailbox remained empty. **става́ти** become, **стоя́ти** stand) ◊ **Буди́нок стоя́в ~ім.** The building stood empty. ♦ **перелива́ти з пусто́го в ~є** to mill the wind, waste time ◊ **Вони́ просиді́ли пів дня́, перелива́ючи з пусто́го в ~є.** They sat for half a day, milling the wind.

Ant. **по́вний 1**

2 *fig.* empty, meaningless, hollow, idle

п. + *n.* **п. на́мір** an empty intention (**план** plan; **звук** sound; **сміх** laughter); **~я бала́чка** empty talk (**ви́гадка** fabrication; **люди́на** person; **обіця́нка** promise, **погро́за** threat, **фра́за** expression); **~е життя́** a meaningless life (**запита́ння** question, **існува́ння** existence); **~і балачки́** empty blabber (**думки́** thoughts ◊ **В її голові́ ро́їлися ~і думки́.** Her head was swarming with empty thoughts. **слова́** words) ◊ **Її обіця́нки лиши́лися ~іми слова́ми.** Her pledges remained empty words.

Also see **дурни́й 2**

порозмовля́|ти, *pf.*, *see* розмовля́ти

to have a talk with, *etc.* ◊ **Вони́ ~ли і все з'ясува́ли.** They talked and clarified everything.

по́ро|х, *m.*, ~ху

1 dust

adj. **дрі́бний** fine; **радіоакти́вний** radioactive; **дома́шній** *or* **ха́тній** household; **доро́жній** road; **зо́ряний** star, **космі́чний** cosmic, **мі́сячний** moon; **пусте́льний** desert; **ву́гільний** coal, **золоти́й** gold, **крейдяни́й** chalk, **цегляни́й** brick; **бі́лий** white, **жо́втий** yellow, **руди́й** red, **сі́рий** gray, **чо́рний** black, *etc.*

n. + **п. хма́ра ~ху** a cloud of dust (**шар** layer) ◊ **Шар сі́рого ~оху покрива́в письмо́вий стіл.** The desk was covered with a layer of gray dust. ♦ **як ~ху** a lot ◊ **У ньо́го дру́зів, як ~ху.** He has a whole lot of friends.

v. + **п. здійма́ти п.** stir up dust ◊ **Пори́в ві́тру здійня́в п.** A gust of wind stirred up the dust. (**витира́ти** *or* **стира́ти** wipe, **змива́ти** wash, **зміта́ти** sweep, **зчища́ти** brush ◊ **Він зчи́стив доро́жній по́рох із марина́рки.** He brushed the road dust off his jacket. **нести́** blow ◊ **Ві́тер ніс ву́лицею руди́й п.** The wind blew red dust down the street. **обтру́шувати** shake off) ◊ **Вона́ обтруси́ла п. з чобі́т.** She shook dust off her high boots. ♦ **розсипа́тися на п.** to go to rack and ruin; ♦ **сте́рти** + *A.* **на п.** to reduce sb to dust; **чорні́ти від ~ху** become black with dust ◊ **Їхні обли́ччя і ру́ки геть почорні́ли від ву́гільного ~ху.** Their faces and hands got totally black with coal dust. **покрива́ти** + *A.* **~хом** cover sth with dust (**покрива́тися** get covered with, gather) ◊ **Її па́пка лежа́ла на столі́, покрива́ючись ~хом.** Her file lay on the desk, gathering dust.

п. + *v.* **зніма́тися** rise ◊ **За маши́ною хма́ркою зня́вся п.** Gray dust rose behind the car. **крути́тися** swirl ◊ **Навко́ло них крути́вся п.** Dust swirled around them. **лежа́ти** lie ◊ **П. гру́бим ша́ром лежа́в на підвіко́нні.** The dust lay in a thick layer on the windowsill. **літа́ти** fly, **осіда́ти на** + *A.* settle on sth, **покрива́ти** + *A.* cover sth, **проника́ти в** + *A.* penetrate sth ◊ **П. із пусте́лі проника́в у наме́ти.** Desert dust penetrated the tents.

Cf. **порошо́к**

2 gunpowder; *fig.* energy, vigor

adj. **безди́мний** smokeless, **піроксилі́новий** pyroxylin; **сухи́й** dry

v. + **п. па́хнути ~хом** smell of gunpowder; ♦ **Він ~ху не ви́думає.** He is not the sharpest knife in the drawer. ♦ **Є ще п. у порохівни́ці!** There's life in the old dog yet! ♦ **тра́тити (даре́мно) п.** to waste one's breath; ♦ **трима́ти п. у порохівни́ці сухи́м** *fig.* to keep one's powder dry; ♦ **в** + *G.* **~ху не вистача́є** not to have courage/not to have the guts to do sth ◊ **У па́на С. не вистача́ло ~ху зроби́ти таки́й смі́ли́вий крок.** Mr. S. did not have it in him to take such a brave step.

prep. **у п.** *dir.* in/to dust ◊ **Ніж впав у п.** The knife fell in the dust. **у ~сі** *posn.* in dust ◊ **Все навко́ло було́ в рудо́му ~сі.** Everything around was in red dust.

порош|о́к, *m.*, ~ку́

powder

adj. **моло́чний** milk; **пека́рський** baking; **пра́льний** washing; **я́єчний** egg; **зубни́й** tooth

v. + **п. використо́вувати п.** use powder ◊ **Цей п. використо́вують для чи́щення зми́вів.** The powder is used to clean sinks. (**застосо́вувати** apply, **переме́лювати** *or* **розтира́ти, стира́ти** + *A.* **на** grind sth into) ◊ **Мигда́ль тре́ба розте́рти на п.** The almonds need to be ground into powder. **додава́ти ~ку́ до** + *G.* *or* **в** + *A.* add powder to sth ◊ **До су́міші слід дода́ти пека́рського ~ку́.** Some baking powder should be added to the mixture. **користа́тися ~ко́м** use powder ◊ **Ку́хар користу́ється я́єчним ~ко́м.** The cook uses egg powder. (**ми́ти** + *A.* wash sth with, **чи́стити** + *A.* clean sth with; **посипа́ти** + *A.* dust sth with)

Cf. **по́рох 1**

порт, *m.*, ~у

1 port

adj. **вели́кий** big, **головни́й** main, **найбі́льший** biggest; **ві́льний** free; **військо́вий** naval, **морськи́й** sea ◊ **Оде́са – найбі́льший морськи́й п. Украї́ни.** Odesa is the biggest seaport of Ukraine. **річкови́й** river; **пасажи́рський** passenger; **вантáжний** cargo, **риболове́цький** fishing, **торго́вий** commercial; **насту́пний** next, **оста́нній** last, **попере́дній** previous

п. + *n.* **п. захо́дження** a port of call (**призна́чення** destination ◊ **Лише́ капіта́н субмари́ни знав п. призна́чення.** Only the captain of the submarine knew her port of destination. **припи́ски** registry) ◊ **Су́дно не ма́ло ~у припи́ски.** The ship had no port of registry.

v. + **п. покида́ти п.** leave port ◊ **Корабе́ль поки́нув п. на світа́нку.** The ship left port at

dawn. (**запливáти в** sail into, **захóдити в** enter); **доплива́ти до ~у** reach a port ◊ **За три дні вони́ доплили́ до насту́пного ~у.** It took them three days to reach the next port.
2 port *(in a computer)* ◊ **п. моніто́ра** a video port

портати́вн|ий, *adj.*
portable
п. + *n.* **п. ґенера́тор** a portable generator (**комп'ю́тер** computer, laptop ◊ **Вона́ подоро́жує з ~им комп'ю́тером.** She travels with her laptop. **при́стрій** device, **програва́ч** player)

порто́в|ий, *adj.*
port, of or pertaining to port
п. + *n.* **п. елева́тор** a port elevator (**кран** crane, **рух** traffic); **~á інспе́кція** a port inspection (**при́стань** dock, **спору́да** facility); **~é мі́сто** a port city (**управлі́ння** authority) ◊ **Він рока́ми працю́є у ~о́му управлі́нні Маріу́поля.** He has been working for the Mariupol Port Authority for years. ♦ **~і збо́ри** harbor dues

портре́т, *m.*, **~а**
1 portrait, picture
adj. **алегори́чний** allegorical; **групови́й** group, **кі́нний** equestrian, **роди́нний** family; **карикату́рний** caricature; **мініатю́рний** miniature; **скульпту́рний** sculpture; ♦ **автопортре́т** a self-portrait; ♦ **фотопортре́т** a photographic portrait
п. + *n.* **п. аквар́еллю** a watercolor portrait (**кре́йдою** crayon, **пасте́ллю** pastel, **олівце́м** pencil, **олі́єю** oil)
v. + **п. ві́шати п.** hang a portrait (**зніма́ти** take down; **викону́вати** do ◊ **Маля́р ви́конав кі́нний п. кня́зя.** The artist did an equestrian portrait of the prince. **малюва́ти** paint, **писа́ти** write; **замовля́ти** + *D.* commission from sb ◊ **Він замо́вив Мура́шкові портре́т поéта.** He commissioned the poet's portrait from Murashko. **виставля́ти** exhibit, **демонструва́ти** display, **пока́зувати** show; **позува́ти на** sit for) ◊ **Він позу́є на п.** He is sitting for his portrait.
prep. **на ~і** in a portrait; **п. на** + *L.* a portrait on sth ◊ **п. на де́реві** a portrait on wood (**папе́рі** paper, **полотні́** canvas, **порцеля́ні** porcelain); ♦ **п. на по́вний зріст** a full-length portrait (**пів зро́сту** half-length)
See **карти́на 1.** *Also see* **автопортре́т**
2 portraiture *(genre of painting or literature)*, portrait ◊ **ви́ставка флама́нського ~а** a Flemish portrait exhibition
adj. **ра́нній** early; **баро́ковий** baroque, **ренеса́нсовий** Renaissance; **голла́ндський** Dutch, **італі́йський** Italian; **венеці́йський** Venetian, **ри́мський** Roman, **флоренті́йський** Florentine
3 *fig.* description, portrayal, portrait ◊ **А́втор створи́в п. епо́хи.** The author created a description of the epoch.
adj. **всеохо́пний** all-inclusive, **вичéрпний** exhaustive, **дета́льний** detailed, **докла́дний** thorough; **разю́чий** striking, **яскра́вий** vivid; **інти́мний** intimate; **істори́чний** historical; **монумента́льний** monumental, **панора́мний** panoramic; **по́вний** complete; **прони́кливий** perceptive, **тонки́й** subtle; **то́чний** accurate, **літерату́рний** literary
п. + *n.* **п. бі́дности** a portrait of poverty (**кору́пції** corruption; **геро́я** character; **доби́** era, **епо́хи** epoch, **пері́оду** period; **краї́ни** country, **мі́ста** city, **суспі́льства** society; **поколі́ння** generation)
v. + **п. змальо́вувати п.** draw a portrait ◊ **Він змальо́вує п. краї́ни, що наро́джується.** He draws a portrait of the nascent country. (**представля́ти** present, **пропонува́ти** + *D.* offer sb; **відтво́рювати** recreate ◊ **Вона́ скрупульо́зно відтво́рює п. воє́нної доби́.** She scrupulously recreates a portrait of the war era. **створю́вати** create)
See **о́пис 1**

портфе́л|ь, *m.*, **~я**
1 briefcase, attaché case, portfolio
adj. **бездо́нний** bottomless; **вели́кий** big, **гру́бий** thick, **тяжки́й** heavy; **тонки́й** thin; **поно́шений** worn out, **поте́ртий** battered; **шкіряни́й** leather
v. + **п. відкрива́ти п.** open a briefcase (**закрива́ти** close; **ки́дати** throw; **кла́сти на** + *A.* put *(in a prone position)* on sth ◊ **Мо́тря закри́ла п. і покла́ла його́ на стіл.** Motria closed the briefcase and put it on the table. **ста́вити** put *(upright)*; **напиха́ти** + *I.* stuff with sth ◊ **Він напха́в п. підру́чниками.** He stuffed the briefcase with textbooks. **носи́ти** carry; **підніма́ти** pick up); **видобува́ти** *or* **вийма́ти** + *A.* **з ~я** take sth out of a briefcase ◊ **Іва́н став вийма́ти з ~я ксероко́пії.** Ivan started taking photocopies out of the briefcase. (**кла́сти** + *A.* **до** put sth in) ◊ **Він покла́в матеріа́ли до ~я.** He put the materials in his briefcase.
п. + *v.* **місти́ти** + *A.* contain/hold sth, **бу́ти по́вним** + *G.* be full of sth, **бу́ти на́пханим** + *I.* be stuffed with sth ◊ **Рома́нів п. був на́пханим уся́ким непо́требом.** Roman's briefcase was stuffed with all manner of junk.
Also see **диплома́т 2**
2 *fig.* post, position ◊ **міністе́рський п.** a ministerial post ◊ **Сім кандида́тів претенду́є на міністе́рський п.** Seven candidates seek the ministerial post.
3 *econ.* portfolio, funds, holdings ◊ **фіна́нсовий п.** a financial portfolio
v. + **п. пропонува́ти** + *D.* **п.** offer sb a portfolio (**розширя́ти** expand, **ство́рювати** build, **врівнова́жувати** balance, **урізномані́тнювати** diversify) ◊ **Він урізномані́тнив свій інвестиці́йний п.** He diversified his investment portfolio. **управля́ти ~ем** manage a portfolio ◊ **Її́ ~ем інвести́цій управля́є банк.** Her investment portfolio is managed by a bank.
See **фонд 1**
4 *fig.* portfolio, collection, selection, samples ◊ **Він послідо́вно ство́рював репорте́рський п.** He was consistently creating her reporter's portfolio.
adj. **бага́тий** rich, **імпоза́нтний** impressive, **різномані́тний** diverse, **ціка́вий** interesting; **скро́мний** modest; **акто́рський** actor's, **диза́йнерський** designer's, **видавни́чий** publisher's, **редакці́йний** editor's, **режисе́рський** director's, **тво́рчий** creative ◊ **Її́ тво́рчий п. став до́сить імпоза́нтним.** Her creative portfolio became fairly impressive.

по́руч, *adv.*, *prep.*
1 *adv.* near, nearby, close by, beside, side by side ◊ **Він підійшо́в до Марі́ї і сів п.** He came up to Maria and sat down beside her. ◊ **До́бре, що по́шта ви́явилася цілко́м п.** Fortunately the post office turned out to be right nearby. ◊ **Я́рка живе́ п.** Yarka lives next door.
See **поблизу́ 1, по́ряд 1**
2 *prep.* near sb/sth, next to sb/sth, close to sb/sth *usu with* **з** + *I., more rarely* + *G.* ◊ **Я́тка стоя́ла за́раз п. із бра́мою.** The kiosk stood right near the gate. ◊ **За звича́єм, п. парка́ну сади́ли со́няшники.** According to the custom, sunflowers would be planted next to the fence.
See **поблизу́ 2, по́ряд 2**

пору́шен|ня, *nt.*
1 violation, breach, transgression, trespass
adj. **випадко́ве** accidental, **дрібне́** minor, **найме́нше** smallest, **невели́ке** small; **техні́чне** technical; **неви́нне** innocent; **злі́сне** malicious, **злочи́нне** criminal ◊ **злочи́нні п. прав люди́ни** criminal violations of human rights **зухва́ле** blatant, **наха́бне** brazen; **вели́ке** major, **гру́бе** gross, **масшта́бне** large-scale; **зуми́сне** *colloq.* deliberate, **навми́сне** deliberate, **свідо́ме** conscious; **неодноразо́ве** repeated, **повто́рне** recurrent, **системати́чне** systematic; **пря́ме** direct, **серйо́зне** serious, **я́вне** obvious
п. + *n.* **п. а́вторського пра́ва** a copyright violation (**е́тики** ethics, **зако́ну** law, **конститу́ції** constitution, **прав люди́ни** human rights, **пра́ва вла́сности** property right); ◊ **п. дисциплі́ни** a breach in discipline
v. + **п. дозволя́ти п.** allow a violation (**допуска́ти** condone, brook ◊ **Нача́льник кара́в ко́жного, хто допуска́в п. пра́вил безпе́ки.** The boss punished everybody who brooked breaches of safety regulations. **іґнорува́ти** ignore, **терпі́ти** tolerate; **роби́ти** commit; **викрива́ти** expose, **виявля́ти** detect, **знахо́дити** find, **уника́ти** avoid; **явля́ти собо́ю** *form.* constitute) ◊ **Нака́з явля́є собо́ю зухва́ле п. конститу́ції.** The order constitutes a blatant violation of the constitution. **запобіга́ти ~ню** prevent a violation; **бу́ти ~ням** be a violation ◊ **Таки́й крок був би я́вним ~ням ї́хніх зобов'я́зань.** Such a step would be an obvious violation of their obligations. (**вважа́ти** + *A.* consider sth; **боро́тися з** fight) ◊ **Нова́ організа́ція бо́реться з ~нями свобо́ди сло́ва.** The new organization fights freedom of speech violations.
Also see **ві́дступ 2**
2 deviation, divergence, abnormality ◊ **Обсте́ження не ви́явило ~ь у систе́мі кровоо́бігу.** The examination revealed no abnormalities in the blood circulation system.
3 interruption, disruption ◊ **п. в постача́нні пально́го** a disruption in the fuel supply
See **пере́рва 2**

пору́ши|ти, *pf., see* **пору́шувати**
to violate, breach ◊ **Він наха́бно ~в нака́з.** He brazenly violated the order.

пору́шник, *m.*; **пору́шниця**, *f.*
offender, violator, trespasser
adj. **злі́сний** brazen, **невипра́вний** incorrigible, **хроні́чний** chronic; **випадко́вий** accidental; **дрібни́й** petty
v. + **п. виявля́ти ~а** reveal an offender ◊ **Їм так і не вдало́ся ви́явити ~ів дисциплі́ни.** They never succeeded in revealing those who had breached discipline. (**знахо́дити** find; **заарешто́вувати** arrest, **затри́мувати** detain, **лови́ти** apprehend; **кара́ти** punish); **бу́ти ~ом** be an offender ◊ **Він – невипра́вний п. при́писів політи́чної коре́ктности.** He is an incorrigible violator of the political correctness rules. (**вважа́ти** + *A.* consider sb, **лиша́тися** remain, **става́ти** become) ◊ **Він став злі́сним ~ом.** He became a brazen offender.
Also see **злочи́нець**

пору́шу|вати, **~ють**; **пору́ш|ити**, **~ать**, *tran.*
1 to violate, break, contravene, trespass
adj. **безпардо́нно** *colloq.* shamelessly ◊ **Ніко́му не дозво́лено п. пра́вила так безпардо́нно.** Nobody is allowed to break the rules quite so shamelessly. **злі́сно** maliciously, **зухва́ло** defiantly, **наха́бно** brazenly; **гру́бо** grossly, **масшта́бно** on a large scale; **випадко́во** accidentally, **неуми́сно** inadvertently, **я́кось** somehow; **зуми́сно** *colloq.* on purpose, **навми́сно** deliberately, **намі́рено** intentionally, **свідо́мо** consciously; **весь час** all the time, **знову** again, **неодноразо́во** repeatedly, **системати́чно** systematically; **пря́мо** directly, **серйо́зно** seriously, **я́вно** obviously
п. + *n.* **п. зако́н** break the law (**конститу́цію** constitution, **нака́з** order; **заборо́ну** prohibition; **кордо́н** border; **а́вторське пра́во** copyright ◊ **Видаве́ць пору́шив а́вторське пра́во.** The publisher violated the copyright. **права́ люди́ни** human rights, **пра́во вла́сности** property right; **е́тику** ethic ◊ **Він ~є лі́карську е́тику.** He violates medical ethic. **за́повідь** commandment; **во́лю** will, **запові́т** will; **обіця́нку** promise, **прися́гу** oath; **звича́й** custom, **пра́вило** rule, **традиці́ю**

tradition; **дисципліну** discipline) ◊ **Вона постійно порушувала дисципліну.** She would constantly violate the discipline.
2 to disrupt, interrupt, break
adv. **ґвалтовно** *or* **зненацька** abruptly, **несподівано** unexpectedly, **раптом** suddenly
п. + *n.* **п. мир** disrupt peace (**громадський порядок** public order, **рівновагу** equilibrium, **спокій** calm, **мовчанку** silence, **тишу** quietude ◊ **Тишу ночі порушив крик сови.** The quiet of the night was disrupted by the call of an owl. **життя** life, **працю** work, **функціонування** functioning)
See **перебивати 1, переривати 2, розбивати 4**
3 to start, begin, initiate, set in motion
п. + *n.* **п. клопотання** file an application ◊ **Вони порушили клопотання про статус біженця місяць тому.** They filed their refugee status application a month ago. (**справу** case)
See **починати 1**
4 mention, touch upon, raise, bring to attention
п. + *n.* **п. питання** raise an issue (**проблему** problem) ◊ **Вона порушила перед міністром кілька проблем.** She brought several problems to the minister's attention.
See **торкатися 3.** *Also see* **піднімати 4**
pa. pple. **порушений** violated; touched upon
порушуй! поруш!

порцеля́н|а, *f., only sg.*
porcelain, china; *also coll.* porcelains
adj. **біла** white, **китайська** Chinese, **французька** French, *etc.*; **майсенська** Meissen, **севрська** Sevre ◊ **Каву подавали в сервізі севрської ~и.** Coffee was served in a set of Sevre porcelain.
prep. **з ~и** (made) of porcelain ◊ **ваза з ~и** a porcelain vase (**тарілка** plate, **тарілочка** saucer, **філіжанка** cup)

по́рці|я, *f.,* **~ї**
portion *(of food)*; plate, helping + *G.* ◊ **Валерій попросив ще одну ~ю голубців.** Valerii asked for another helping of cabbage rolls.
adj. **велика** big ◊ **велика п. борщу** a big helping of borshch; **величезна** huge, **добра** sizable, **подвійна** double ◊ **подвійна п. городини** a double portion of vegetables; **щедра** generous; **дрібна** slight, **жалюгідна** pathetic, **крихітна** tiny, **мала** small, **невелика** little; **індивідуальна** individual; **дитяча** child's
v. + **п. подавати** + *D.* **~ю** serve sb a portion ◊ **У їдальні подають великі ~ї.** They serve big portions at the canteen. (**просити** ask for); **ділити** + *A.* **на ~ї** divide sth into portions ◊ **Вона поділила пляцок на рівні ~ї.** She divided the cake into equal portions.

по́ряд, *adv., prep.*
1 *adv.* nearby, close by, side by side ◊ **Село Рудка було зовсім п.** The village of Rudka was right nearby. ◊ **Вони не знають, хто живе у квартирі п.** They do not know who lives in the apartment next door. ◊ **Роман нічого не боявся, коли Ніна була п.** Roman was afraid of nothing when Nina was by his side.
See **поблизу 1**
2 *prep. followed by* **з** + *I. or more rarely by n. in G.* near sb/sth, next to sb/sth, close to sb/sth ◊ **Хлопець ішов п. із якимось незнайомцем.** The boy was walking side by side with a stranger. ◊ **П. брами стоїть буда.** There is a doghouse near the gate.
See **поблизу 2**

поря́дн|ий, *adj.*
1 decent, respectable, honest ◊ **П. підприємець не може обманювати партнерів.** A decent businessman cannot deceive his partners.
adv. **абсолютно** absolutely, **винятково** exceptionally, **надзвичайно** extraordinarily, **наскрізь** through and through, **справді** truly, **цілком** completely; **не зовсім** not entirely
v. + **п. бути ~им** be decent (**вважати** + *A.* consider sb, **виглядати** look; **виявлятися** turn out ◊ **Міський голова виявився ~им і непідкупним.** The mayor turned out to be decent and incorruptible. **здаватися** + *D.* seem to sb, **лишатися** remain; **ставати** become)
2 *colloq.* decent, good, acceptable, fair ◊ **Він написав досить п. сценарій.** He wrote a fairly decent script.
adv. **відносно** relatively, **досить** fairly, **достатньо** sufficiently ◊ **У Марти нема достатньо ~ої вечірньої сукні.** Marta does not have a sufficiently decent evening dress. **дуже** very, **справді** truly, **цілком** completely ◊ **Він – цілком п. фахівець.** He is a completely decent specialist.
3 *colloq.* proper, appropriate, respectable; true ◊ **Як кожна ~а ужгородка, Ярина цінувала добру каву.** As every proper denizen of Uzhorod, Yaryna prized good coffee. ◊ **На пиво зібралося ~е товариство.** *iron.* A respectable company gathered for beer.
Also see **чесний 4**
4 *colloq.* sizable, substantial, fairly large, significant ◊ **п. шматок сиру** a sizable piece of cheese

поря́д|ок, *m.,* **~ку**
1 order, orderliness, tidiness, neatness ◊ **П., чистота і дисципліна були його головними засадами.** Order, cleanliness, and discipline were his main principles.
adj. **абсолютний** absolute, **бездоганний** impeccable, **винятковий** exceptional, **досконалий** perfect, **зразковий** exemplary, **належний** proper, **повний** *and* **цілковитий** complete; **мінімальний** minimal, **позірний** seeming, **хоч якийсь** at least some kind of
v. + **п. відновлювати п.** restore order, **давати** + *D.* **п.** 1) put sth in order; 2) take care of sb/sth ◊ **По смерті батька Тиміш мав давати п. усій родині.** After his father's death, Tymish had to take care of the entire family. **наводити п.** 1) put sth in ◊ **Хома не раз хотів навести п. в архіві.** More than once Khoma wanted to the archive in order. 2) clean sth up, tidy sth up ◊ **Перед Великоднем треба навести п. у хаті.** Before Easter, the house needs some tidying up. (**створювати** create; **приводити** + *A.* **в** put sth in, **приводити себе в** tidy oneself up, groom oneself) ◊ **Він привів себе в п.** He tidied himself up. **дотримуватися ~ку** keep order (**закликати** + *A.* **до** call sb to order) ◊ **Спікер закликав депутатів до ~ку.** The speaker called the deputies to order. **бути в ~ку** be in order ◊ **Облікові книги були в повному ~ку.** The accounting books were in complete order. (**виявлятися в** turn out to be in, **здаватися** + *D.* **в** seem to sb to be in, **знаходити** + *A.* **в** find sth in ◊ **Петро знайшов помешкання в бездоганному ~ку.** Petro found the apartment in an impeccable order. **лишатися в** remain in, **тримати** + *A.* **в** keep sth in) ◊ **Ірина тримає свої записи в зразковому ~ку.** Iryna keeps her records in an exemplary order.
prep. **у ~ку** in order ◊ **Він упевнився, що все в ~ку.** He made sure everything was in order.
Also see **лад 1.** *Ant.* **безладдя, плутанина, хаос**
2 order, sequence ◊ **Промовці брали слово без будь-якого ~ку.** The speakers took the floor without any order.
adj. **абетковий** *or* **алфавітний** alphabetical; **хронологічний** chronological; **цифровий** numeric; **довільний** random; **зворотний** reverse; **відповідний** appropriate, **належний** proper, **правильний** correct; **логічний** logical, **неправильний** wrong, **хибний** erroneous; **висхідний** ascending; **нисхідний** descending; **пріоритетний** priority; ♦ **п. денний** an agenda ◊ **Вони заздалегідь знали п. денний.** They knew the agenda in advance. **п. слів** *ling.* a word order, **вільний** *ling.* free, **фіксований** *ling.* fixed ◊ **Для англійської мови властивий фіксований п. слів.** A fixed word order is characteristic of the English language.
v. + **п. впроваджувати п. до** + *G.* introduce order into sth ◊ **Програма здатна впроваджувати потрібний п. до будь-якого списку.** The software is capable of introducing a required sequence into any list. (**встановлювати** establish; **змінювати** change; **порушувати** break) ◊ **Чотири записи порушують хронологічний п. щоденника.** Four entries break the chronological order of the journal. **розташовувати** + *A.* **в ~ку** arrange sth in order (**складати** + *A.* **в** set sth in) ◊ **Треба скласти картки у зворотному ~ку.** The cards need to be set in the reverse order.
prep. **без ~ку** in disorder, out of order; **в ~ку** + *G.* in order of ◊ **Хемічні елементи розташовні в ~ку зростання атомної маси.** The chemical elements are arranged in the order of increasing atomic mass. **по ~ку** in order, one after another; **не по ~ку** out of order
Also see **закономірність 1, розпорядок.** *Cf.* **рутина**
3 *usu. pl.* order, system, hierarchy; customs, ways ◊ **Новий політичний п. означав диктатуру однієї партії.** The new political order meant the dictatorship of one party.
adj. **демократичний** democratic, **ліберальний** liberal; **авторитарний** authoritarian, **диктаторський** dictatorial, **тоталітарний** totalitarian ◊ **Уряд упровадив у країні тоталітарні ~ки.** The government introduced a totalitarian order in the country. **економічний** economic; **суспільний** social; **новий** new; **сучасний** current; **старий** old; **дивний** strange; **місцевий** local; **чужий** foreign; **драконівський** draconian, **колоніяльний** colonial, **комуністичний** communist, **нацистський** Nazi, **окупаційний** occupation, **совєтський** Soviet, **фашистський** fascist, **феодальний** feudal; **експлуататорський** exploitative
v. + **п. встановлювати п.** establish an order (**знати** knew ◊ **Олена добре знала місцеві ~ки.** Olena was well familiar with local ways. **впроваджувати** introduce **зберігати** keep); **кидати виклик ~кам** challenge customs ◊ **Він кинув виклик тогочасним ~кам.** He challenged the ways of the day.
Also see **лад 4, система 1**
4 order, peace, control
adj. **громадський** civil, **публічний** public, **суспільний** social
v. + **п. ґарантувати п.** guarantee an order (**зберігати** maintain, **охороняти** protect; **порушувати** disrupt) ◊ **Вони навмисно порушують громадський п.** They intentionally disrupt the public order.
5 manner, procedure, form, mode
adj. **адміністративний** administrative ◊ **Він добув ці дані в адміністративному ~ку.** He obtained the data through administrative channels. **законний** lawful, **обов'язковий** mandatory, **примусовий** compulsory, **терміновий** urgent ◊ **Це належало зробити в терміновому ~ку.** This needed to be done urgently.
п. + *n.* **п. виборів** an election procedure (**голосування** voting, **обговорення** discussion, **ревізії** auditing, **розгляду** examination); ♦ **усталений п. роботи** a standard operation procedure ◊ **У бюрі трималися усталеного ~ку роботи.** They followed the standard operation procedure in the bureau. ♦ **організованим ~ком** in an orderly manner
6 *mil.* disposition, positioning, formation ◊ **бойовий п.** a battle formation ◊ **Козацьке військо наступало в бойовому ~ку.** The Cossack troops were advancing in battle formation.

порятýн|ок, *m.*, **~ку**
salvation, rescue, saving
adj. **негáйний** instant ◊ **негáйний п. дітéй від смéрти** an instant rescue of the children from death, **невідклáдний** immediate ◊ **Він організóвує невідклáдний п. заря́дчиків.** He is organizing an immediate hostage rescue. **зухвáлий** daring, **смілúвий** courageous; **терміновий** urgent; **вдáлий** *and* **успíшний** successful; **військóвий** military; **економíчний** economic, **фінáнсовий** financial; **довгождáний** long-awaited
n. + **п. завдáння ~ку** a rescue task (**місія** mission, **оперáція** operation, **пакéт** package ◊ **Три економíсти опрацювáли пакéт фінáнсового ~ку бáнку.** Three economists developed a financial rescue package for the bank. **план** plan, **спрóба** attempt; **комáнда** team, **підрóзділ** unit; **слýжба** service)
v. + **п. здíйснювати п.** perform a rescue (**нахóдити** find, **організóвувати** organize; **йти на** go to, **кúдатися на** rush to, **прихóдити на** come to ◊ **Ніхтó не прийшóв до них на п.** Nobody came to their rescue. **благáти** + *A.* **про** beg for ◊ **Він благáв поліцію про п.** He was begging the police to rescue him. **просúти** + *A.* **про** ask sb for; **вíрити в** believe in; **чекáти на** wait for); **волáти ~ку** call for rescue ◊ **Хтось відчайдýшно волáв ~ку.** Somebody was desperately calling for help. (**прохáти** ask for; **чекáти** await; **шукáти** look for; **робúти спрóбу** make an attempt) ◊ **Вонú зробúли остáнню відчайдýшну спрóбу ~ку.** They made the last desperate attempt of saving themselves.
prep. **для ~ку** for rescue; **на п.** to the rescue ◊ **До біженців на п. ішóв велúкий motóрний чóвен.** A large motorboat was coming to the refugees' rescue.

посáд|а, *f.*
post, position
adj. **адміністратúвна** administrative, **мéнеджерська** managerial, **міністéрська** ministerial, **судовá** judicial, **урядóва** government; **висóка** high; **ключовá** key; **постíйна** permanent; **тимчасóва** temporary; **вакáнтна** vacant; **висóка** high, **відповідáльна** responsible, **керівнá** leadership ◊ **На керівнúх ~ах у фíрмі немáє жінóк.** There are no women in leadership positions at the firm. **провіднá** leading, **стáрша** senior; **молóдша** junior; **вчúтельська** teaching, **дипломатúчна** diplomatic, **дослíдницька** research, **університéтська** university; **колúшня** past, **поперéдня** former; **майбýтня** future; **новá** new; **нúнішня** current, **тепéрішня** present; **вúгідна** lucrative, **затúшна** *colloq.* comfy, **слáвна** *colloq.* plum, **хлíбна** *colloq.* well-paid
п. + *n.* **п. викладачá** the post of a teacher (**дирéктора** director, **економíста** economist, **інженéра** engineer, **лікаря́** doctor, **мéнеджера** manager, **помічникá** assistant, **профéсора** professor, **стáршого спеціялíста** senior specialist, *etc.*)
v. + **п. займáти ~у** occupy a post ◊ **Він займáє ~у викладачá.** He occupies the post of instructor. (**мáти** have, **обіймáти** hold ◊ **Вонá обіймáє адміністратúвну ~у серéдньої лáнки.** She holds a medium-level administrative position. **діставáти** get, **знахóдити** find, **отрúмувати** obtain, **приймáти** accept; **обіцяти** + *D.* promise sb ◊ **Він обіцяє Мостовíй ~у у своєму ýряді.** He promised Mostova a post in his government. **пропонувáти** + *D.* offer sb; **звільня́ти** vacate, **лишáти** leave; **запрóшувати** + *A.* **на** invite to ◊ **Її запросúли на ~у стáршої економíстки.** She was invited to the post of senior economist. **подавáтися на** apply for, **признача́ти** + *A.* **на** appoint sb to); **домагáтися ~и** seek a post (**відмовля́тися від** turn down ◊ **Вонá відмóвилася від слáвної ~и.** She turned down a plum post. **йти з** leave, **подавáти у відстáвку з** resign sth) ◊ **Він подáв у відстáвку з ~и рáдника президéнта.** He resigned his post of president's advisor.
prep. **на ~у** *dir.* to a post ◊ **Її признáчили на новý ~у.** She has been appointed to the new position. **на ~і** *posn.* in a position; **п. в** + *L.* a post in/at *(some place)* ◊ **вчúтельська п. у шкóлі** a teacher's position at school
Also see **мíсце 6, пост 2**

посади́|ти, *pf.*, *see* **сади́ти**
1 to seat, *etc.* ◊ **Вонá ~ла гóстя бíля двeрéй.** She seated her guest next to the door.
2 *fig.* to jail ◊ **Члéнів страйкóвого комітéту ~ли на п'ятнáдцять діб.** The strike committee members were jailed for fifteen days.

посáд|ка, *f.*
1 boarding *(an airplane)*, embarkation ◊ **П. за п'ять хвилúн.** The boarding is in five minutes.
adj. **вчáсна** timely, **негáйна** immediate; **запíзнена** belated; **оголóшена** announced; **поперéдня** preliminary; **тривáла** lengthy; **швидкá** quick; **організóвана** well-organized; **безлáдна** disorderly, **хаотúчна** chaotic
v. + **п. оголóшувати ~ку** announce a boarding ◊ **Щóйно оголосúли ~ку.** The boarding has just been announced. (**закíнчувати** finish, **починáти** begin; **відкладáти** postpone, **затрúмувати** delay; **запрóшувати** + *A.* **на** invite sb for)
prep. **до ~ки** before boarding; **на ~ку** to/for boarding ◊ **Пасажúрів запросúли на ~ку.** The passengers were invited for boarding. **пíсля ~ки** after boarding; **п. на** + *A.* boarding sth, getting into *(aircraft)* ◊ **~ку на рейс до Варшáви відклáли.** The Warsaw flight boarding was postponed.
2 landing ◊ **Вонá побажáла всім плáвної ~ки.** She wished everybody a smooth landing.
adj. **аварíйна** emergency, **вúмушена** forced, **терміновa** urgent; **важкá** hard, **жорсткá** rough; **безпéчна** safe, **м'якá** soft, **плáвна** smooth
v. + **п. робúти ~ку** make a landing ◊ **Незважáючи на вíтер, пілóт зробúв м'якý ~ку.** Despite the wind, the pilot made a soft landing. (**дозволя́ти** + *D.* clear sb for ◊ **Диспéчер дозвóлив капітáнові ~ку.** The air traffic controller cleared the captain for landing. **захóдити на ~ку** come in for)
3 planting *(of trees, etc.)* ◊ **весня́на п. помідóрів** a spring planting of tomatoes
See **садúти 1**
4 young forest, young garden, tree plantation ◊ **Утікачí заховáлися в соснóвій ~ці.** The fugitives hid in a young pine forest.
See **ліс**

посвари́|ти, *pf.*, *see* **свари́ти 2**
to turn sb against sb, *etc.* ◊ **Сáва ~в опонéнтів між собóю.** Sava turned his opponents one against the other.

посвíдчен|ня, *nt.*
1 identification, ID card
adj. **адвокáтське** lawyer's, **викладáцьке** instructor, **водíйське** driver, **пенсíйне** senior citizen, **службóве** service, **студéнтське** student; **офіцíйне** official; **постíйне** permanent; **тимчасóве** temporary; **підрóблене** forged; **відповíдне** *or* **налéжне** appropriate, **дíйсне** valid, **недíйсне** invalid
п. + *n.* **п. водíя** a driver ID (**офіцéра** officer, **пенсіонéра** senior citizen); ◊ **п. осóби** a personal identification
v. + **п. вимагáти п.** demand an ID ◊ **Охорóнець вимагáє п. від кóжного відвíдувача.** The guard demands an ID from every visitor. (**давáти** + *D.* give sb, **надавáти** + *D.* provide sb with, **покáзувати** + *D.* show sb ◊ **Щоб отрúмати знúжку, він показáв п. пенсіонéра.** To get the discount, he showed his senior citizen card. **пред'являти** + *D.* produce to sb; **мáти** have, **носúти** carry; **діставáти** get, **отрúмувати** receive; **підробля́ти** forge; **губúти** lose; **забирáти в** + *G.* take away from sb ◊ **В Оксáни забрáли викладáцьке п.** They took away Oksana's instructor ID. **конфіскувáти** seize; **перевіря́ти** check) ◊ **При вхóді до університéту перевіря́ють студéнтські п.** They check student ID cards at the university entrance.
Also see **докумéнт 2, затвéрдження 2, пáспорт, пóсвідка, свідóцтво**
2 certification, attestation ◊ **Докумéнт вúдано на п. йогó кваліфікáції переклáдача.** The document is issued in attestation of his translator's qualifications.
G. pl. **~ь**

посвíдчи|ти, *pf.*, *see* **посвíдчувати** *and* **свíдчити**
to attest, *etc.* ◊ **Садовúй ~в, що підóзрюваний був з ним на рибáлці.** Sadovy testified that the suspect had been with him fishing.

посвíдчу|вати, **~ють; посвíдч|ити**, **~ать**, *tran.*
1 to certify, attest to, confirm
adv. **вирáзно** distinctly, **всьогó-нá-всьогo** merely, **лишé** *or* **тíльки** only ◊ **Докумéнт лишé ~є те, що він не причéтний до спрáви.** The document only certifies the fact that he has no involvement in the matter. **прóсто** simply; **незалéжно** independently, **однознáчно** unequivocally, **одностáйно** unanimously, **офіцíйно** officially ◊ **У сільськíй рáді офіцíйно посвíдчать дáту і мíсце нарóдження дитúни.** The village council will officially certify the date and place of the child's birth. **перекóнливо** convincingly
п. + *n.* **п. довíреність** certify a power of attorney (**дóговір** contract, **заповíт** will, **переклад** translation, **факт** fact); **п. осóбу** prove sb's identity; **п. пíдпис** witness a signature
See **підтвéрджувати**
2 *leg.* to testify, give evidence, bear witness ◊ **Він посвíдчив на кóристь підсýдного.** He testified in the defendant's favor.
pa. pple. **посвíдчений** certified
посвíдчуй! посвíдчи!

посéлен|ня, *nt.*
1 *only sg.* settling *(as process)*, populating ◊ **П. іміґрáнтів у країні зайнялó тривáлий час.** It took the immigrants a long time to settle down in the country.
2 settlement *(of humans)*, colony *(of birds, animals)*
adj. **велúке** large, **малé** small; **людськé** human, **новé** new, **пéрвісне** original, **пéрше** first, **рáннє** early, **стародáвнє** ancient, **рíльниче** *or* **хліборóбське** agricultural; **ізольóване** isolated, **окрéме** separate; **міськé** urban, **підзéмне** underground, **прибережне** coastal, **сільськé** agricultural; **германське** Germanic, **кéльтське** Celtic, **пóльське** Polish, **слов'я́нське** Slavic, **угóрське** Hungarian, *etc.* **постíйне** permanent; **сезóнне** seasonal; **військóве** military, **козáцьке** Cossack, **рибáльське** fishing; **пташúне** avian
v. + **п. заснóвувати п.** found a settlement ◊ **Рáнні п. над рíчкою Горúнню заснувáли слов'я́нські племенá.** Slavic tribes founded early settlements on the Horyn River. (**розбудóвувати** expand; **знúщувати** destroy, **палúти** burn down, **руйнувáти** ruin, **спустóшувати** devastate) ◊ **Напáдники спустóшили козáцьке п.** The invaders devastated the Cossack settlement. **жúти ~ням** live in a settlement ◊ **Вонú жилú велúкими ~нями.** They lived in large settlements.
п. + *v.* **виростáти** grow ◊ **Навкóло фортéці вúросло міськé п.** An urban settlement grew around the fortress. **з'явля́тися** appear, **перетвóрюватися на** + *A.* transform into sth

◊ **За століття п. перетворилося на важливе місто.** In a century, the settlement transformed into an important city. **поширюватися** expand; **занепадати** decline
G. pl. **~ь**
Also see **місто 1, селище, село**

посели|тися, *pf., see* **поселятися**
to settle, *etc.* ◊ **До помешкання поряд ~лися галасливі студенти.** Some noisy students took up residence in the apartment next door.

поселя|тися, ~ються; посел|итися, ~юся, ~яться, *intr.*
to take up residence, settle, move in; check in *(at a hotel)*
adv. **вже** already, **нарешті** finally ◊ **Він нарешті поселився.** He finally checked in. **недавно** recently; **несподівано** unexpectedly, **раптом** suddenly ◊ **У будинку раптом поселився якийсь темний тип.** Some shady character suddenly took up residence in the house. **на постійно** permanently, **тимчасово** temporarily ◊ **Вони тимчасово поселилися до батьків.** They temporarily moved in with their parents.
v. + **п. вирішувати** decide to ◊ **Він вирішив поселитися біля парку.** He decided to settle near the park. **збиратися** be going to, **мати намір** have the intention to, **хотіти** want to
prep. **п. в** + *L. or* + *A.* settle into *(a place)* ◊ **Вони поселяться в останній кімнаті** *or* **в останню кімнату.** They will take up residence in the last room. **п. на** + *A.* settle for *(period of time)* ◊ **Вона поселилася в готель на день.** She checked into the hotel for a day.
поселяйся! поселися!
Also see **розміщатися 3**

посеред, *prep.*
1 *(relations of place)* in the middle of sth, in the midst of sth + *G.* ◊ **П. майдану був старий фонтан.** There was an old fountain in the middle of the square. ◊ **п. вулиці** in the middle of a street (**міста** city, **парку** park, **поля** field; **натовпу** crowd) ◊ **П. натовпу з'явилася група озброєних людей.** A group of armed people appeared in the midst of the crowd.
See **серед 1**. *Also see* **між 1**
2 *(relations of time)* in the middle of sth ◊ **п. дня** in the middle of the day (**ночі** night, **тижня** week; **доповіді** presentation ◊ **Вона почала затинатися п. доповіді.** She began to stammer in the middle of her presentation. **концерту** concert, **лекції** lecture, **навчального року** academic year, **розмови** conversation)
See **серед 2**. *Cf.* **між 2, посередині**

посередині, *adv., prep.*
1 *adv.* in the middle, in the center, half way along ◊ **Вони сиділи в першому ряді, діти – по обидва боки, а батьки – п.** They sat in the first row, the children on both sides, and the parents in the middle.
2 *prep.* in the middle of sth, in the center of + *G.* ◊ **Стіл накрили п. саду.** They set the table in the middle of the orchard. ◊ **П. опери раптом згасло світло.** In the middle of the opera, the lights suddenly went out.
See **серед 2.** *Also see* **посеред 2**

посередник, *m.*; **посередниця**, *f.*
intermediary, mediator, middleman
adj. **добрий** good, **ефективний** efficient, **спритний** shrewd; **чесний** honest; **кепський** poor, **поганий** bad; **невтральний** neutral; **дипломатичний** diplomatic, **політичний** political, **фінансовий** financial
v. + **п. діяти як п.** act as intermediary ◊ **Фірма діє як п.** The firm is acting as an intermediary. **залучати ~а** engage a mediator ◊ **Він залучив ~а.** He engaged a mediator. (**запрошувати** invite, **ліквідувати** eliminate, **обходити** bypass); **звертатися до ~а** turn to a mediator (**уникати** avoid); **бути ~ом** be an intermediary (**запрошувати** + *A.* invite sb as ◊ **Його запросили фінансовим ~ом.** He was invited as a financial intermediary. **призначати** + *A.* appoint sb as, **робити** + *A.* make sb; **ставати** become)
prep. **п. між** + *I.* intermediary between sb ◊ **Він діяв ~ом між учасниками конфлікту.** He acted as intermediary between the parties in the conflict. **через ~а** through an intermediary

посередництв|о, *nt., only sg.*
mediation
adj. **багатостороннє** multilateral; **безстороннє** impartial, **невтральне** neutral; **добре** good, **ефективне** efficient, **корисне** useful, **чесне** honest; **потрібне** necessary; **дипломатичне** diplomatic, **комерційне** commercial, **міжнародне** international, **політичне** political, **фінансове** financial; **можливе** possible
v. + **п. приймати п.** accept mediation (**пропонувати** + *D.* offer sb; **відкидати** reject ◊ **Ковальчуки відкинули всяке п.** The Kovalchuks rejected any mediation. **погоджуватися на** agree to) ◊ **Він погодився на п.** He agreed to mediation. **потребувати ~а** need mediation (**відмовлятися від** refuse); **користуватися ~ом** use mediation
prep. **за ~а** + *G.* under sb's mediation ◊ **Конфлікт урегульовано за ~а ООН.** The conflict was solved under the UN mediation. **завдяки ~у** + *G.* thanks to sb's mediation; **п. між** + *I.* mediation between sb

посередн|ій, *adj.*
1 average, ordinary, regular ◊ **Мирослава – студентка ~іх здібностей.** Myroslava is a student of average capacities.
See **звичайний 2, нормальний 1**
2 mediocre, undistinguished, second-rate, lackluster ◊ **На конкурс він подав досить ~ю роботу.** He submitted a rather mediocre work for the competition.
adv. **абсолютно** absolutely, **геть** totally, **досить** rather, **достатньо** sufficiently; **жалюгідно** pathetically; **повністю** entirely, **цілком** completely
v. + **п. бути ~ім** be mediocre (**вважати** + *A.* consider sb/sth, **виявлятися** turn out ◊ **Він виявився ~ім скрипалем.** He proved to be a mediocre violinist. **здаватися** + *D.* seem to sb, **лишатися** remain) ◊ **Вона так і лишалася досить ~ьою викладачкою.** She still remained a rather mediocre instructor.
Ant. **видатний**
3 indirect, roundabout, oblique ◊ **За відсутности прямих показників смертности дослідники змушені використовувати ~і.** In the absence of direct mortality indicators, the researchers are compelled to use indirect ones.
Ant. **прямий**

посередн|ість, *f.*, **~ости**
mediocrity; a person of mediocre ability ◊ **Вона виглядала талановитою на тлі сірих ~остей, що її оточували.** She looked talented against the backdrop of gray mediocrities who surrounded her.
adj. **агресивна** aggressive, **нахабна** brazen; **звичайна** common; **жалюгідна** pathetic, **гнітюча** depressing ◊ **За фасадом модного одягу і дорогих автівок крилася гнітюча п.** Behind the façade of fashionable clothes and expensive cars, there was a depressing mediocrity. **сіра** gray, **страшна** terrible; **очевидна** obvious, **явна** patent ◊ **Він видає явну п. за обдарованого режисера.** He passes a patent mediocrity for a gifted director.

посила|ти, ~ють; послати, пошл|ють, *tran.*
1 to send, mail, direct, dispatch + *D.*
adv. **випадково** accidentally ◊ **Вона випадково послала йому не ті документи.** She accidentally sent him the wrong documents. **навмисно** on purpose, **свідомо** deliberately, **спеціяльно** especially; **врешті-решт** eventualy, **нарешті** finally, **негайно** immediately, **терміново** urgently, **тут же** right away; **весь час** all the time ◊ **Федір весь час ~в друзям якісь відеоепізоди.** Fedir would all the time send his friend some video clips. **інколи** at times, **іноді** sometimes, **незмінно** invariably, **постійно** constantly, **регулярно** regularly, **рідко** rarely, **часто** often; **вчасно** on time; **з запізненням** belatedly, **пізно** late; **рано** early
п. + *n.* **п. дані** send data (**лист** *or* **листа** letter; **наказ** order; **оголошення** announcement, **повідомлення** notification, **попередження** warning; **сигнал** signal; **подарунок** present, **посилку** package; **вітання** regards, greetings) ◊ **Люба послала їм різдвяні вітання.** Liuba sent them Christmas greetings.
v. + **п. бути треба** + *D.* need to ◊ **Йому треба послати спостерігачам попередження про кризу, що наближалася.** He needs to send the observers a warning about the looming crisis. **збиратися** be going to, **мати** be supposed to, **мати намір** have the intention to, **хотіти** want to; **відмовлятися** refuse to; **забувати** forget to; **обіцяти** + *D.* promise sb to
prep. **п. до** + *G.* send to sb; **п. на** + *A.* send to *(a place)* ◊ **Їх послали на фронт без підготовки.** They were sent to the front without training. **п. по** + *A.* send for sth ◊ **Мати послала її до крамниці по продукти.** Mother sent her to the store for groceries.
Also see **відправляти 1, направляти 2, слати**[1]**, текстувати**
2 to send for, call for, summon
prep. **п. по** + *A.* send for sth ◊ **Він послав по допомогу.** He sent for help. ◊ **Пізно п. по лікаря.** It is late to send for a doctor.
pa. pple. **посланий** sent, mailed
посилай! пошли!

посила|тися; послатися, *intr.*
1 to refer to, invoke, cite
adv. **весь час** all the time, **завжди** always, **зазвичай** as a rule, **звичайно** usually, **неодноразово** repeatedly ◊ **Автор неодноразово ~ється на Франка.** The author repeatedly invokes Franko. **передбачувано** predictably, **постійно** constantly, **часто** often, **щоразу** every time; **іноді** sometimes; **ніколи не** never ◊ **Вона ніколи не ~лася на юридичні прецеденти.** She had never invoked legal precedents. **прямо** directly, **імпліцитно** implicitly
п. + *n.* **п. на авторитет** refer to an authority ◊ **Він ~вся на відомого авторитета у своїй галузі.** He referred to a well-known authority in his field. (**Біблію** the Bible, **дані** data, **джерело** source, **дослідження** research, **результат** result, **статистику** statistic)
v. + **п. бути треба** + *D.* need to ◊ **Їй треба було обов'язково п. на класиків марксизму.** She needed by all means to invoke the classics of Marxism. **бути схильним** be inclined to, **любити** be fond of ◊ **Вона любить часто п. на грецьких філософів.** She is fond of citing Greek philosophers often. **хотіти** want to
2 to plead, use as excuse ◊ **Господиня нарешті пішла спати, пославшись на велику втому.** The lady of the house finally went to bed, using her weariness as an excuse.
3 *pass., only impf.* to be sent, be broadcast ◊ **Сигнал про небезпеку ~ється автоматично.** The danger signal is sent automatically.

посили|ти, *pf., see* **посилювати**
to strengthen, *etc.* ◊ **Ларисин поспішний вчинок ~в в неї гостре відчуття провини.** Larysa's hasty actions have exacerbated her acute feeling of guilt.

поси́ли|тися, *pf., see* **поси́люватися**
to intensify, grow, *etc.* ◊ **Розчарува́ння співробі́тників нови́м керівнико́м ~лося.** The associates' disillusionment with the new director has grown.

поси́л|ка, *f.*
1 sending *(as process)*, dispatching ◊ **П. допомо́ги зайняла́ кі́лька днів.** It took several days to send the relief.
2 parcel, package
adj. **вели́ка** big, **важка́** heavy; **мала́** little, **невели́ка** small; **продукто́ва** food; **обов'язко́ва** obligatory
v. + **п. доставля́ти ~ку** deliver a parcel ◊ **Продукто́ву ~ку доста́вили шви́дше, як він сподіва́вся.** The food parcel was delivered quicker than he had expected. (**прино́сити** + *D.* bring sb; **відправля́ти** + *D.* mail sb, **посила́ти** + *D.* send sb; **дістава́ти від** + *G.* get from sb, **забира́ти** collect, **отри́мувати від** + *G.* receive from sb; **відкрива́ти** open, **розгорта́ти** unwrap ◊ **Розгорну́вши ~ку, Лука́ш закля́к.** After unwrapping the parcel, Lukash froze. **кла́сти** + *A.* **в** put sth in)
п. + *v.* **місти́ти** + *A.* contain sth ◊ **П. місти́ла рі́жні смако́лики.** The parcel contained various delicacies. **прихо́дити** arrive ◊ **П. із книжка́ми прийшла́ че́рез ти́ждень.** The parcel with the books arrived in a week.
prep. **п. від** + *G.* parcel from sb; **п. з** + *I.* parcel with sth ◊ **Він отри́мав від жі́нки ~ку з лі́тнім о́дягом.** He received a parcel with summer clothes from his wife.
Also see **паке́т 1, паку́нок, па́чка 1, 2**
3 *logic* premise ◊ **Страте́гія засно́вується на хи́бних ~ках.** The strategy rests on false premises.

поси́лю|вати, **~ють; поси́л|ити**, **~ять**, *tran.*
to intensify, enhance, boost, exacerbate; strengthen
adv. **да́лі** further, **доста́тньо** sufficiently, **ду́же** greatly, **зна́чно** considerably, **помі́тно** noticeably, **суттєво** substantially; **ґвалто́вно** *or* **рі́зко** abruptly, **несподі́вано** unexpectedly, **ра́птом** suddenly, **за́раз же** right away, **шви́дко** rapidly; **ще бі́льше** even more, **крок за кро́ком** step by step, **неухи́льно** persistently, **пості́йно** constantly, **поступо́во** gradually, **щора́з** *or* **щора́зу** every time; **тро́хи** a little, **удві́чі** twofold, **утри́чі** threefold
п. + *n.* **п. боротьбу́** intensify a fight ◊ **Вони́ ~вали боротьбу́.** They intensified their fight. (**гніт** oppression, **ді́яльність** activity, **експлуата́цію** exploitation, **допомо́гу** assistance; **інфля́цію** inflation ◊ **Емі́сія гро́шей ~вала інфля́цію.** The money emission was whipping up inflation. **конфлі́кт** conflict, **поляриза́цію** polarization, **розко́л** chasm, **розшарува́ння** stratification, **супере́чність** contention; **імуніте́т** immunity, **могу́тність** might, **оборо́ну** defense ◊ **Уряд ~вав оборо́ну краї́ни.** The government was boosting the country's defense. **підтри́мку** support, **тиск** pressure; **бажа́ння** desire; **відра́зу** revulsion, **недові́ру** distrust, **підо́зру** suspicion, **почуття́** emotion, **розчарува́ння** disappointment, **сум** sadness; **вра́ження** impression, **схо́жість** resemblance
v. + **п. ви́рішувати** decide to; **ма́ти на́мір** have the intention to; **планува́ти** plan to; **почина́ти** begin to, **ста́ти** *pf.* start to, **продо́вжувати** continue; **бу́ти необхі́дно** be necessary to, **бу́ти тре́ба** + *D.* need to ◊ **Тре́ба поси́лити імуніте́т хво́рого.** The patient's immunity needs boosting.
pa. pple. **поси́лений** intensified, strengthened
поси́люй! поси́ль!
Also see **гартува́ти 2, заглиблювати 2, збі́льшувати, змі́цнювати, погли́блювати 2.** *Ant.* **посла́блювати**

поси́лю|ватися; поси́литися, *intr.*
to become stronger, grow, intensify, heighten, exacerbate; strengthen ◊ **Боротьба́ за вла́ду в сере́д опози́ції ~ється.** The fight for power within the opposition is intensifying. ◊ **Спе́ка ~валася.** The heat intensified.
See **рости́ 2.** *Also see* **ду́жчати, збі́льшуватися 1, 2, змі́цнюватися 1, міцні́ти, погли́блюватися.** *Ant.* **посла́блюватися**

посі́я|ти, *pf., see* **сі́яти**
to sow, *etc.* ◊ **Окса́на ~ла ключі́ в па́рку.** *fig.* Oksana lost her keys in the park.

поска́ржи|тися, *pf., see* **ска́ржитися**
to complain ◊ **Андрі́й ~вся на бра́та ба́тькові.** Andrii complained about his brother to his father.

посла́блю|вати, **~ють; посла́б|ити**, **~лю**, **~иш**, **~лять**, *tran.*
1 to weaken, relax, decrease, diminish, bring down
adv. **да́лі** further, **де́що** somewhat, **драмати́чно** dramatically, **ду́же** greatly, **зна́чно** considerably, **істо́тно** essentially, **катастрофі́чно** catastrophically, **максима́льно** maximally, **небезпе́чно** dangerously, **помі́тно** noticeably, **серйо́зно** seriously, **суттєво** substantially, **фата́льно** fatally; **ґвалто́вно** *or* **рі́зко** abruptly, **несподі́вано** unexpectedly, **ра́птом** suddenly, **за́раз же** right away, **шви́дко** rapidly ◊ **Нові́ пра́вила шви́дко посла́били пози́ції ба́нку на фіна́нсовому ри́нку.** The new regulations quickly weakened the bank's positions in the financial market. **крок за кро́ком** step by step, **неухи́льно** persistently, **пості́йно** constantly, **поступо́во** gradually, **ще бі́льше** even more, **щора́з** *or* **щора́зу** every time; **тро́хи** a little, **удві́чі** twofold, **утри́чі** threefold; **вре́шті-ре́шт** eventually
п. + *n.* **п. інтенси́вність** reduce intensity ◊ **Екра́н ~є інтенси́вність випромі́нювання.** The screen reduces the radiation intensity. (**конфлі́кт** conflict, **кри́зу** crisis, **інфля́цію** inflation; **імуніте́т** immunity, **наванта́ження** load, **напру́гу** tension, **оборо́ну** defense ◊ **Брак амуні́ції ~вав оборо́ну мі́ста.** The lack of munition weakened the city's defenses. **о́пір** resistance, **си́лу** force, **тиск** pressure; **ува́гу** attention; **апети́т** appetite, **бажа́ння** desire, **при́страсть** passion; **відра́зу** revulsion, **недові́ру** distrust, **підо́зру** suspicion)
v. + **п. могти́** can ◊ **Ніщо́ не могло́ посла́бити її́ бажа́ння ста́ти юри́сткою.** Nothing could diminish her desire to become a lawyer. **загро́жувати** threaten to ◊ **Хроні́чна вто́ма загро́жувала посла́бити її імуніте́т.** Chronic fatigue threatened to weaken her immunity. **почина́ти** begin to, **ста́ти** *pf.* start to, **продо́вжувати** continue to; **бу́ти зму́шеним** be compelled to ◊ **Дире́ктор зму́шений посла́бити вимо́ги до кандида́тів на ва́кансію.** The director is compelled to relax the requirements for the candidates for the vacancy. **бу́ти необхі́дно** be necessary to, **бу́ти тре́ба** + *D.* need to
Also see **зме́ншувати, підрива́ти 2, псува́ти 3.** *Ant.* **поси́лювати**
2 to loosen ◊ **Він посла́бив шуру́пи, щоб ви́йняти скло з ра́ми.** He loosened the screws to take the glass out of the frame.
pa. pple. **посла́блений** weakened, reduced
посла́блюй! посла́б!

посла́блю|ватися; посла́битися, *intr.*
to weaken, subside, diminish, abate ◊ **Моро́з ~ється.** The frosts are subsiding. ◊ **Зли́ва поступо́во ~валася.** The downpour was gradually subsiding.
Ant. **міцні́ти, поси́люватися**

посла́|ти, *pf., see* **посила́ти**
to send, dispatch, call for ◊ **Він ~в реда́кторові обі́цяний матерія́л.** He sent the editor the promised story.

посла́|тися, *pf., see* **посила́тися**
to make reference to, *etc.* ◊ **Він жо́дного ра́зу не ~вся на свої́х попере́дників.** He never mentioned his predecessors.

послідо́вн|ий, *adj.*
1 consecutive, successive ◊ **Усе́ зро́блено в ~ому поря́дку.** Everything is done in a successive order. ◊ **~е полу́чення провідникі́в** *techn.* a series circuit; **~і поколі́ння** successive generations
2 consistent, unwavering, unchanging
adv. **геть** totally, **до́сить** fairly, **доста́тньо** sufficiently, **ду́же** very; **по́вністю** entirely, **ціл́ко́м** completely; **навдивови́жу** amazingly, **несподі́вано** unexpectedly; **відно́сно** relatively, **порі́вняно** comparatively; **не зо́всім** not entirely
п. + *n.* **п. демокра́т** a consistent democrat (**курс** course, **полі́тик** politician, **прибі́чник** supporter); **~а боротьба́** a consistent struggle (**кри́тика** criticism, **опози́ція** opposition, **полі́тика** policy, **протиді́я** counteraction)
v. + **п. бу́ти ~им** be consistent ◊ **Він є не зо́всім ~им.** He is not entirely consistent. (**вважа́ти** + *A.* consider sb, **виявля́тися** prove ◊ **Вона́ ви́явилася зо́всім ~ою ліберá́лкою.** She proved to be quite a consistent liberal. **лиша́тися** remain, **става́ти** become) ◊ **Він став ~им прибі́чником відокре́млення це́ркви від держа́ви.** He became a consistent proponent of the separation of church and state.
prep. **п. у** + *L.* consistent in *(attitude, etc.)* ◊ **Вони́ ~і у неприйня́тті кору́пції.** They are consistent in their rejection of corruption.

по́слу|га, *f.*
1 favor, service, good turn
adj. **до́бра** good, **вели́ка** big, **величе́зна** huge, **неаби́яка** remarkable, **надзвича́йна** extraordinary, **неоціне́нна** invaluable, **ці́нна** valuable; **особи́ста** personal; **дрібна́** minor, **мала́** small ◊ **Зроби́ мені́ малу́ ~гу, поговори́ з Марко́м.** Do me a little favor, talk to Marko. **невели́ка** little; **політи́чна** political; **стате́ва** sexual ◊ **У маса́жному сало́ні пропонува́ли стате́ві ~и.** Sexual favors were offered at the massage parlor. ♦ **п. за ~гу** quid pro quo; ♦ **ке́пська** *or* **пога́на п.** an ill turn, disservice
v. + **п. роби́ти** + *D.* **~гу** do sb a favor ◊ **Андрі́й зроби́в їй не одну́ до́бру ~гу.** Andrii did her more than one good favor. (**зверта́тися до** + *G.* **по** turn to sb for ◊ **І́гор упе́рше зверта́вся до них по політи́чну ~гу.** For the first time, Ihor turned to them for a political favor. **проси́ти** + *A.* **про** ask sb, **сподіва́тися на** expect ◊ **Катери́на ле́две сподіва́лася на́віть на дрібну́ ~гу від нача́льника.** Kateryna hardly expected even a minor favor from her boss. **потребува́ти ~ги** need a favor; ♦ **плати́ти** + *D.* **~гою за ~гу** to repay sb the favor
Also see **ла́ска 3**
2 service, work, help, offices, *usu pl.*
adj. **ба́нкові** banking ◊ **Се́ред і́ншого, кредиті́вка пропонува́ла чле́нам ба́нкові ~ги.** Alongside other things, the credit union offered its members banking services. **консультаці́йні** consulting; **кредито́ві** crediting; **кулінá́рні** culinary; **пошто́ві** postal; **переклада́цькі** translation; **рекла́мні** advertising; **ритуа́льні** funeral; **адвока́тські** attorney's, **нотарі́альні** notary, **юриди́чні** legal; ♦ **комуна́льні п.** public utilities ◊ **Її рахуно́к за комуна́льні ~ги зно́ву збі́льшився.** Her bill for public utilities went up again. **високоя́кісні** high-quality, **відмі́нні** excellent, **професі́йні** professional; **ке́пські** poor, **пога́ні** bad
v. + **п. вико́нувати ~ги** perform services ◊ **Він вико́нував рі́жні юриди́чні ~ги.** He performed various legal services. (**надава́ти** + *D.* render sb, **пропонува́ти** + *D.* offer sb); ♦ **бу́ти до ~г** to be at sb's service ◊ **Лев є до і́хніх ~г.** Lev

is at their service. **забезпе́чувати** + *A.* **~гами** provide sb with service ◊ **Фі́рма забезпе́чує їх перекладáцькими ~гами.** The firm provides them with translation services.
L. **в ~зі**
Cf. **обслуго́вування**

послу́ха|ти, *pf., see* **слу́хати**
to listen to ◊ **Вонá лягáла спáти ті́льки пі́сля то́го, як ~є прогрáму нови́н.** She would go to bed only after listening to the news program.

послу́ха|тися, *pf., see* **слу́хатися**
to obey ◊ **Ді́ти ~лися нака́зу вчи́теля і почали́ роби́ти завдáння.** The children obeyed their teacher's order and started doing the assignment.

посмі́|ти, *pf., see* **сміти**
to have the courage to, *etc.* ◊ **Ві́ктор не ~є пору́шити дáного сло́ва.** Viktor will not dare go back on his word.

посміхá|тися, ~ються; посміхн|у́тися, ~у́ться, *intr.*
1 to smile, give sb a smile + *D.* to/at sb
adv. **всього́-нá-всього** merely, **ле́две** barely ◊ **Вонá ле́две посміхну́лася Остáпові.** She barely smiled at Ostap. **про́сто** simply; **слáбо** faintly; **зáвжди́** always; **рі́дко** rarely; **винувáто** apologetically, **глу́по** foolishly, **дурнувáто** idiotically; **несмі́ли́во** sheepishly, **ні́яково** awkwardly ◊ **Івáн ні́яково ~вся, відчувáючи, що сказáв дурни́цю.** Ivan was smiling awkwardly, sensing that he had said something stupid. **сором'язли́во** shyly, **стри́мано** aloofly; **поблáжливо** condescendingly; **чéмно** politely; **безрáдісно** mirthlessly, **пону́ро** grimly, **су́мно** sadly; **лáгідно** kindly, **приє́мно** pleasantly, **прихи́льно** amicably; **промени́сто** radiantly, **сліпу́че** dazzlingly, **со́лодко** sweetly, **тéпло** warmly; **широ́ко** broadly; **вéсело** cheerfully ◊ **Від ду́мки про по́дорож вонá вéсело посміхну́лася.** At the thought of her trip, she smiled cheerfully. **рáдісно** joyfully, **щасли́во** happily; **м'я́ко** softly, **чарі́вно** charmingly; **перемо́жно** *or* **тріумфáльно** triumphantly; **несподі́вано** unexpectedly, **рáптом** suddenly; **ви́клично** defiantly, **грайли́во** playfully, **збито́чно** *colloq.* mischievously, **пустотли́во** mischievously; **загадко́во** enigmatically; **глузли́во** *or* **знущáльно** mockingly, **кри́во** wryly ◊ **Він мовчáв і лишé кри́во ~вся.** He kept silent and only smiled wryly. **презирли́во** scornfully, **сардоні́чно** sardonically, **саркасти́чно** sarcastically; **лукáво** slyly, **по-змо́вницьки** conspiratorially, **хи́тро** slyly; **ви́мушено** in a forced manner, **удáвано** in a contrived way, **фальши́во** phonily, **штýчно** artificially ◊ **Вонá ~лася я́кось штýчно.** Her smile was somewhat artificial.
v. + **п. змýшувати** + *A.* make sb, **змогти́** *pf.* manage to ◊ **Він нáвіть не зміг посміхну́тися.** He did not even manage a smile. **намагáтися** try to; **починáти** begin to, **стáти** *pf.* start; **переставáти** stop ◊ **Адміністрáтор не переставáв чéмно п.** The administrator kept smiling politely.
prep. **п. від** + *G.* smile with sth ◊ **Він ~вся від задово́лення.** He was smiling with pleasure. **п. до** + *G.* smile at sb ◊ **Стюáрд промени́сто ~вся до кóжного пасажи́ра.** The steward smiled radiantly at every passenger. ♦ **не ~ючись** without smiling, with a straight face ◊ **Він привітáвся не ~ючись.** He said hello with a straight face.
2 *fig.* to favor, benefit, be favorable to ◊ **До́сі до́ля я́вно ~лася дівчáтам.** Until now, fate clearly favored the girls. ◊ **Пого́да ~лася морякáм.** The weather was favorable to sailors.
3 *fig.* to lie in store for, be about to happen ◊ **Нічо́го до́брого йому́ не ~лося на нові́й посáді.** Nothing good lay in store for him in the new post. ◊ **Із тако́ю дружи́ною Гáнні ~ються вели́кі звéршення.** With such a team, Hanna is about to accomplish great things.
See **чекáти 3**. *Also see* **ждáти 2**

посміхн|у́тися, *pf., see* **посміхáтися**
to smile *(one time)*, give a smile ◊ **Христи́на ві́рила, що колú-нéбудь і їй ~éться до́ля.** *fig.* Khrystyna believed that one day fortune would smile at her as well.

по́смішк|а, *f.*
smile
adj. **вели́ка** big, **величéзна** huge, **широ́ка** broad ◊ **Орéста відчини́ла двéрі з широ́кою ~кою на обли́ччі.** Oresta opened the door with a broad smile on her face. **винувáта** guilty, **глу́па** silly, **дурнувáта** idiotic; **несмілú́ва** sheepish, **сором'язли́ва** shy, **стри́мана** reserved, **поблáжлива** condescending; **чéмна** polite; **беззу́ба** toothless; **безрáдісна** mirthless, **пону́ра** grim, **сумнá** sad; **дру́жня** friendly, **лáгідна** kind, **приє́мна** pleasant, **прихи́льна** amicable; **промени́ста** radiant, **сліпу́ча** dazzling, **солóдка** sweet, **со́нячна** sunny, **тéпла** warm; **весéла** cheerful, **рáдісна** joyful, **щасли́ва** happy; **перемо́жна** *or* **тріумфáльна** triumphant; **несподі́вана** unexpected, **раптóва** sudden; **викличнá** defiant, **грайли́ва** playful, **пустотли́ва** mischievous; **загадкóва** enigmatic; **глузли́ва** *or* **знущáльна** mocking, **кривá** wry; **презирли́ва** scornful, **сардоні́чна** sardonic, **саркасти́чна** sarcastic; **змо́вницька** conspiratorial, **лукáва** sly, **хи́тра** cunning; **ви́мушена** forced, **ро́блена** contrived, **фальши́ва** phony, **штýчна** artificial; **самовдово́лена** conceited, **пихáта** arrogant; ♦ **ле́две помі́тна п.** a ghost of a smile ◊ **По його́ обли́ччю пробі́гла ле́две помі́тна п.** A ghost of a smile flickered across his face.
v. + **п. викликáти ~ку** provoke a smile ◊ **Жарт лишé ви́кликав сумні́ ~ки.** The joke provoked only sad smiles. (**дарувáти** + *D.* give sb; **мáти** have ◊ **Він мав загадко́ву ~ку.** He had an enigmatic smile. **потамо́вувати** suppress, **ховáти** hide; **здобувáтися на** manage) ◊ **За всю розмо́ву він не здобу́вся на ~ку.** He did not manage a smile over the entire conversation. **розпливáтися в ~ці** morph into a smile ◊ **Молодá жі́нка розпливлáся в соло́дкій у́смішці.** The young woman morphed into a sweet smile.
п. + *v.* **гуля́ти** play ◊ **Йому́ під ву́сами гуля́ла глузли́ва п.** A mocking smile was playing under his mustache. **завмирáти** freeze ◊ **На його́ переля́каному обли́ччі завмéрла дурнувáта п.** An idiotic smile froze on his frightened face. **зникáти** vanish, **тáнути** fade; **з'являтися на** + *L.* come to sth ◊ **П., що з'яви́лася на її вустáх, вмить розтáнула.** The smile that had come to her lips faded instantly. **пробігáти по** *and* **промайну́ти по** + *L. only pf.* flicker across/over sth ◊ **По її вустáх промайну́ла змо́вницька п.** A conspiratorial smile flickered across her lips. **розпливáтися по** + *L.* spread across sth, **спалáхувати на** + *L.* light sth up ◊ **На його́ обли́ччі спалахну́ла сліпу́ча п.** A dazzling smile lit up his face.
prep. **з ~кою** with a smile; **п. на** + *L.* a smile on sth ◊ **Вáля закі́нчила коментáр з іроні́чною ~кою на губáх.** Valia finished her commentary with an ironic smile on her lips.
G. pl. **~ок**

посмія|тися, *pf., see* **смія́тися**
to have a laugh; mock sb ◊ **Над бідолáшним хло́пцем прості́сінько ~лися.** The unfortunate boy was quite simply laughed at.

посні́да|ти, *pf., see* **сні́дати**
to have breakfast ◊ **Мелáнія шви́дко ~ла й побі́гла до шко́ли.** Melaniia had a quick breakfast and ran to school.

посоли́|ти, *pf., see* **соли́ти**
to salt, *etc.* ◊ **Ори́ся зарáно ~ла м'я́со.** Orysia added salt to the meat too early.

поспá|ти, *pf., see* **спáти**
to have a nap, sleep ◊ **Вона ~ла до́вше, як зáвжди́.** She slept longer than usual.

по́спіль, *adv.*
1 in a row, running, without interruption ◊ **Зли́ва тривáла чоти́ри годи́ни п.** The downpour lasted for four hours in a row.
2 completely, totally, without exception ◊ **Вітря́к збудо́вано п. з дéрева.** The windmill is built entirely of wood.
See **цілко́м 1**
3 together ◊ **Усі́ будіве́льники працювáли і відпочивáли п.** All the builders worked and rested together.
See **рáзом 1.** *Also see* **хор 2**

поспішá|ти, ~ють; поспіш|и́ти, ~áть, *intr.*
1 to hurry, to be in a hurry ◊ **Куди́ це вони́ так ~ють?** Where to are they in such a hurry?
adv. **весь час** all the time, **ду́же** great ◊ **Того́ вéчора вонá ду́же ~ла закі́нчити перéклад.** That evening, she was in great hurry to finish the translation. **страшéнно** terribly; **ві́чно** *iron.* eternally, **зáвжди́** always
v. + **п. бу́ти трéба** + *D.* need to ◊ **Вам трéба п., щоби всти́гнути на вечі́рній по́тяг.** You need to make haste to catch the evening train. **намагáтися** try to; **не хоті́ти** be reluctant to; **казáти** + *D.* tell sb to
Also see **квáпитися**
2 *only impf.* to gain *(of clock)*, be fast
adv. **ду́же** very, **помі́тно** noticeably; **ле́две** barely, **трі́шки** *colloq.* a tad, **тро́хи** a little ◊ **Її годи́нник тро́хи ~в.** Her watch was a little fast.
prep. **п. на** + *A.* gain *(certain time)* ◊ **Годи́нник ~в на сім хвили́н.** The clock was seven minutes fast.
Ant. **відставáти 2**
поспішáй! поспіши́! hurry up!

поспіши́|ти, *pf., see* **поспішáти**
to make haste, *etc.* ◊ **Володи́мир ~в розказáти істо́рію всій роди́ні.** Volodymyr hastened to tell the story to the entire family.

пост, *m.*, **~á**
1 post, position, station
adj. **комáндний** command ◊ **Комáндний п. був на старі́й дзвіни́ці.** The command post was in the old belfry. **метереологі́чний** meteorological, **поліці́йний** police, **прикордо́нний** border, **спостерéжний** observation, **центрáльний** central
v. + **п. займáти п.** take up a post ◊ **Два поліціянти зайняли́ п. при вхо́ді до будí́влі.** Two policemen took up their post at the building entrance. (**лишáти** leave ◊ **Вартови́й на ко́роткий час лиши́в спостерéжний п. .** The guard left his observation post for a short time. **кидáти** desert) ◊ **Його́ віддали́ під трибунáл за те, що він ки́нув п.** He was court-martialed for having deserted his post.
prep. **на ~у́** at a post ◊ **бу́ти** *or* **стоя́ти на ~у́** be at one's post (**залишáтися на** remain at) ◊ **Вонá залишáлася на ~у́, незважáючи на дощ і хо́лод.** She remained at her post despite the rain and cold.
2 position, job ◊ **Його́ признáчать на висо́кий пост.** He will be appointed to a high post.
See **посáда**

постáв|а, *f.*
1 production *(theater)*
adj. **новá** new, **новáторська** innovative, **оригі́нальна** ingenious; **вдáла** successful; **пи́шна** lavish; **контроверсі́йна** controversial,

сенсаці́йна sensational, **сканда́льна** scandalous; **деше́ва** cheap, **малобюдже́тна** small-budget; **люби́тельська** amateur; **блиску́ча** brilliant, **майсте́рна** masterful, **неперевéршена** unrivaled, **професі́йна** *or* **фахова́** professional; **місце́ва** local; **студе́нтська** student, **шкі́льна́** school; **студі́йна** studio; **сцені́чна** stage; **телевізі́йна** television; **ще одна́** another; ♦ **кінопоста́ва** a movie production

п. + *n.* **п. дра́ми** a production of a drama ◊ **блиску́ча п. класи́чної дра́ми** a brilliant production of a classical drama (**комéдії** comedy, **концéрту** concert, **óпери** opera, **п'є́си** play, **трагéдії** tragedy, **фі́льму** movie)

v. + **п. зді́йснювати ~у** put on a production ◊ **Він упéрше зді́йснює ~у в Ки́ївській óпері.** He is putting on a production at the Kyiv Opera House for the first time. (**роби́ти** do; **спонсорува́ти** sponsor, **фінансува́ти** finance ◊ **~у п'є́си фінансу́є місце́ва грома́да.** The local community finances the production of the play. **аналізува́ти** analyze, **оці́нювати** assess, **рецензува́ти** review; **писа́ти про** write about ◊ **Усі́ міські́ газе́ти захóплено писа́ли про нову́ поста́ву «Ми́ни Маза́йла».** All the city newspapers were rapturously writing about the new production of *Myna Mazailo.* **громи́ти** demolish, **критикува́ти** criticize ◊ **Садова́ не прóсто розкритикува́ла йогó оста́нню ~у, а розгроми́ла її́.** Not simply did Sadova criticize his latest production but demolished it. **підно́сити до небе́с** praise to the skies, **хвали́ти** praise; **плати́ти за** pay for; **вплива́ти на** influence); **позначá́тися на ~і** influence a production

2 positioning *(of fingers)* ◊ **Вчи́тель ви́правив ~у па́льців молодóго піані́ста.** The teacher corrected the young pianist's positioning of fingers.

prep. **п. для** + *G.* positioning for sth ◊ **п. па́льців для скри́пки** finger positioning for the violin

See **пози́ція 1**

поста|ва́ти, ~ю́ть; поста́ти, поста́н|уть, *intr.*

to arise, emerge, appear, crop up, form, take shape

adv. **несподі́вано** unexpectedly, **ра́птом** suddenly ◊ **Ра́птом ~ло пита́ння робóчої ві́зи.** Suddenly the issue of work visa arose. **за́раз же** right away; **за́вжди́** always, **іноді** sometimes; **ча́сто** often; **незаба́ром** shortly, **ско́ро** soon, **шви́дко** quickly; **неуни́кно** inevitably, **приро́дно** naturally, **спонта́нно** *or* **стихі́йно** spontaneously; **типóво** typically, **як пра́вило** as a rule; **крок за кро́ком** step by step, **пові́льно** slowly, **поступóво** gradually ◊ **Го́ри ~ва́ли ду́же поступóво, про́тягом кількóх геологі́чних періóдів.** The mountains emerged very gradually over several geological periods.

Also see **наро́джуватися 2, роди́тися 3**

поста́ви|ти, *pf., see* **ста́вити**

to set up, *etc.* ◊ **Світла́на ~ла кришталéву ва́зу на горі́шню поли́цю.** Svitlana stood the crystal vase on the upper shelf.

поста́ви|тися, *pf., see* **ста́витися**

to treat, regard ◊ **Прису́тні на нара́ді ~лися до зві́стки з пі́дóзрою.** Those present at the conference treated the news with suspicion.

постанóв|а, *f.*

decision, resolution, injunction

adj. **урядóва** government, **судова́** court; **спі́льна** joint; **звича́йна** ordinary, **спеція́льна** special, **термінóва** emergency; **дру́га** second, **пéрша** first, **насту́пна** subsequent, **ще одна́** another; **ганéбна** ignominious, **сканда́льна** scandalous, **сумнозві́сна** infamous; **антиконституці́йна** anti-constitutional, **беззакóнна** unlawful, **злочи́нна** criminal, **незакóнна** illegitimate

v. + **п. видава́ти ~у** issue a decision (**винóсити** pass, **готува́ти** draft; **підтри́мувати** back; **прийма́ти** make ◊ **Уряд прийня́в ~у підтри́мати вида́ння книжóк.** The government made the decision to support book publishing. **схва́лювати** approve; **викóнувати** fulfill, **реалізува́ти** implement; **подава́ти** put forward, **пропонува́ти** propose; **оприлю́днювати** make public, **публікува́ти** publish, **ветува́ти** veto, **відкида́ти** reject, **скасóвувати** cancel, **іґнорува́ти** ignore ◊ **Він іґнору́є п. як антиконституці́йну.** He ignores the resolution as anti-constitutional. **унева́жнювати** invalidate

п. + *v.* **вимага́ти** + *A. or inf.* demand sth ◊ **П. збóрів вимага́ла звільни́ти зару́чників.** The resolution of the meeting demanded the release of the hostages. **заклика́ти до** + *G.* call for sth, **ста́вити на меті́** + *A.* be aimed at sth ◊ **Судова́ п. ста́вила на меті́ криміналізува́ти політи́чну опози́цію.** The court decision was aimed at criminalizing political opposition. **уповнова́жувати** + *A.* authorize sb

prep. **за ~ою** + *G.* by a decision of ◊ **Її посади́ли за ~ою су́ду.** She was jailed by a court decision. **згі́дно з ~ою** + *G.* in accordance with a decison of sb; **п. про** + *A.* a decision on sth

See **рі́шення 1.** *Also see* **резолю́ція**

постановля́|ти, ~ють; постанов|и́ти, ~лю́, ~иш, ~лять, *intr.*

to decide, decree, ordain; *leg.* rule + *inf. or clause*

adv. **вже** already, **відта́к** hence, **врéшті-рéшт** finally; **несподі́вано** unexpectedly ◊ **Суддя́ несподі́вано постанови́в, що пі́дсу́дний неви́нний.** The judge unexpectedly ruled that the defendant was innocent. **ра́птом** suddenly; **колекти́вно** collectively, **ра́зом** together, **спі́льно** jointly; **одноосі́бно** single-handedly, **односторóнньо** unilaterally; **одності́йно** unanimously ◊ **Збóри одності́йно постанови́ли відки́нути пропози́цію** The meeting unanimously decided to reject the proposal. **сваві́льно** arbitrarily

pa. pple. **постанóвлений** decreed

постановля́й! постанови́!

See **вирі́шувати**

постара́|тися, *pf., see* **стара́тися**

to try, *etc.* ◊ **Маркó ~ється прийти́ на виста́ву без запі́знення.** Marko will try to come to the performance on time.

постарі́|ти, *pf., see* **старі́ти**

to age, get old ◊ **За цих два мі́сяці Миха́йло страшéнно ~в.** Mykhailo has aged terribly over these two months.

пост́а|ти, *pf., see* **постава́ти**

to arise, *etc.* ◊ **Коза́цькі посéлення на Дуна́ї ~ли стихі́йно.** The Cossack settlements on the Danube arose spontaneously.

пóстат|ь, *f.*

1 figure, silhouette, appearance, shape

adj. **висóка** tall ◊ **До ньóго шви́дко наближа́лася висóка п.** A tall figure was quickly approaching him. **огря́дна** stout, **си́та** well-fed; **худа́** thin, **щу́пла** slim; **ці́ла** entire; **малéнька** small, **мініатю́рна** miniature; **лéдве помі́тна** barely perceptible, **невира́зна** indistinct, **розпли́вчаста** fuzzy, **тéмна** dark; **замаскóвана** masked; **дитя́ча** child's, **дівóча** girl's, **жінóча** female, **лю́дська́** human, **чоловíча** male, **юна́цька** youthful ◊ **У свої́ сóрок А́дріян зберіга́в ці́лкóм юна́цьку п.** At the age of forty, Adrian kept an entirely youthful figure. **одинóка** lonely, **samі́тня** *or* **самóтня** solitary ◊ **Із тьми ви́ринула самі́тня п. дівчи́ни.** A solitary figure of a girl emerged from the dark. **грі́зна** fearsome, **мóторошна** gruesome, **прима́рна** ghostly; **заку́тана** robed; **замаскóвана** masked

Also see **фігу́ра 1, 2**

2 figure, person, individual, personality

adj. **важли́ва** important, **вели́ка** great, **вели́чна** magnificent, **видатна́** prominent, **визначна́** outstanding, **впливóва** influential, **істори́чна** historical, **ключова́** key, **могу́тня** powerful, **помі́тна** notable, **провідна́** leading, **центра́льна** central; **відóма** well-known, **славéтна** famous; **авторитéтна** authority ◊ **Вона́ ста́ла авторитéтною ~тю в історіогра́фії тогó ча́су.** She became an authority figure in the historiography of the time. **популя́рна** popular, **харизмати́чна** charismatic, **шанóвана** respected; **контроверсі́йна** controversial; **безпора́дна** helpless, **комі́чна** comic, **кумéдна** funny, **смішови́нна** ridiculous; **сумна́** sad, **трагі́чна** tragic; **герої́чна** heroic, **зна́кова** emblematic, **іконі́чна** iconic, **ку́льтова** cult, **леґенда́рна** legendary, **міти́чна** mythic, **мітологі́чна** mythological; **загадкóва** enigmatic; **культу́рна** cultural, **літерату́рна** literary, **науко́ва** scientific, **політи́чна** political, **публі́чна** public, **релігі́йна** religious

See **дія́ч**

3 *fig.* figure, image ◊ **Щора́зу, заплю́щуючи óчі, О́льга ба́чила безпора́дну п. Ма́рка.** Every time when she closed her eyes, Olha saw Marko's helpless figure.

Also see **óбраз 3**

4 character, protagonist ◊ **Мама́й – це п. ві́льного коза́ка.** Mamay is the character of a free Cossack.

See **герóй 1.** *Also see* **персона́ж, фігу́ра 4**

постача́нн|я, *nt., only sg.*

1 supplying *(as process)* ◊ **Вóрог покла́в край ~ню облóженого мі́ста проду́ктами.** The enemy put an end to supplying the beseiged city with food.

2 supply, provision, supplies ◊ **Вона́ забезпéчує меди́чне п. ліка́рні.** She provides the hospital's medical supplies.

adj. **адеква́тне** adequate, **ба́зове** basic, **доста́тнє** sufficient, **налéжне** proper; **пóвне** full; **безперéрвне** uninterrupted, **вча́сне** timely, **пості́йне** constant; **спі́знене** belated; **обмéжене** limited, **скупé** meager; **централізóване** centralized; **військóве** military, **матерія́льне** material, **меди́чне** medical, **техні́чне** technical, **харчовé** food

n. + **п. ві́дділ п.** a supply department (**запа́си** reserves, **фонд** fund)

п. + *n.* **п. водóю** water supply (**енéргією** energy, **пальни́м** fuel; **проду́ктами** produce, **харча́ми** food ◊ **пості́йне п. та́бору водóю і харча́ми** constant water and food supply to the camp, **хлі́бом** bread; **амуні́цією** ammunition; **товáрами** commodities)

v. + **п. ґарантува́ти п.** guarantee a supply (**забезпéчувати** + *A.* ensure sb with sth ◊ **Зли́ва на ти́ждень забезпéчила п. фéрмерів водóю.** The downpour ensured the supply of water to the farmers for a week. **надава́ти** + *D.* give sb; **підтри́мувати** maintain ◊ **Він підтри́мував меди́чне п. для бі́женців.** He maintained medical supplies for the refugees. **збі́льшувати** increase, **поси́лювати** boost; **обмéжувати** limit, **скорóчувати** cut down, reduce)

prep. **без п.** without supplies ◊ **Їх лиши́ли без п.** They were left without supplies.

постач|а́ти, ~ють; поста́ч|ити, ~ать, *tran.*

1 to supply, provide, furnish + *D.* to sb ◊ **Вони́ ~ли повста́нцям збрóю.** They supplied weapons to the insurgents. *or* **Вони́ ~ли повста́нців збрóєю.** They supplied the insurgents with weapons.

adv. **адеква́тно** adequately, **дóбре** well, **налéжно** properly; **ма́сово** massively; **з на́длишком** abundantly, **спра́вно** deftly ◊ **Селя́ни спра́вно ~ли шкóлу набі́лом.** The peasants deftly

supplied the school with dairy. **ще́дро** generously; **з затри́мками** with delays; **ке́псько** poorly, **пога́но** badly; **безпере́рвно** uninterruptedly, **безперестáнку** nonstop, **вча́сно** on time; **весь час** all the time, **пості́йно** constantly; **із запі́зненням** belatedly; **ле́две** scarcely, **наси́лу** barely; **ску́по** meagerly; **централізо́вано** in a centralized manner; **крадькома́** stealthily, **пота́й** in secret ◊ **Росія́ни пота́й ~ли гру́пі гро́ші.** The Russians supplied the group with money in secret. **таємно** secretly, **ти́хо** quietly ◊ **Америка́нські знайо́мі ти́хо ~ли йому́ заборо́нену літерату́ру.** His American acquaintances quietly supplied him with banned literature. **безпла́тно** free of charge, **зада́рма́** *colloq.* for free
v. + **п. відмовля́тися** refuse to, **могти́** can ◊ **Компа́нія мо́же п. шко́ли мі́ста папе́ром та канцеля́рськими това́рами.** The company can provide the city schools with paper and staples. **пого́джуватися** agree to, **пропонува́ти** + *D.* offer sb. to ◊ **Він запропонува́в п. ґара́жеві пальне́.** He offered to supply the garage with fuel. **проси́ти** + *A.* ask sb to; **почина́ти** begin to, **ста́ти** *pf.* start to, **продо́вжувати** continue to, **перестава́ти** stop ◊ **Сусі́ди переста́ли п. Мельничука́м молоко́.** Their neighbors stopped supplying the Melnychuks with milk.
pa. pple. **поста́чений** supplied
постача́й! поста́ч!
Also see **забезпе́чувати 1**

пості́йн|ий, *adj.*

1 constant, persistent; unchanging, steady, permanent
adv. **абсолю́тно** absolutely; **більш-ме́нш** more or less, **до́сить** fairly, **відно́сно** relatively, **в мі́ру** reasonably, **порі́вняно** comparatively; **цілко́м** completely; **на ди́во** surprisingly; **на рі́дкість** exceptionally; **ле́две** scarcely; **майже** almost
п. + *n.* **п. га́лас** constant noise ◊ **Вона́ зви́кла до ~ого га́ласу в о́фісі.** She got used to the constant noise in her office. (**звук** sound; **до́гляд** care, **на́гляд** surveillance; **склад** composition); ♦ **п. комі́те́т** a standing committee; ♦ **п. на́голос** *ling.* a fixed stress, ♦ **п. струм** *phys.* a direct current; **~а адре́са** a permanent address (**висота́** altitude ◊ **Піло́т трима́в ~у висоту́.** The pilot maintained a constant altitude. **експози́ція** exhibit; **ціна́** price, **шви́дкість** speed), ♦ **~а величина́** *math.* a constant; **~і у́тиски** persistent persecution
v. + **п. бу́ти ~им** be constant ◊ **Вона́ була́ ~ою у смака́х.** She was constant in her tastes. (**вважа́ти** + *A.* consider sb/sth, **залиша́тися** remain, **здава́тися** + *D.* seem to sb, **ставáти** become) ◊ **Його́ триво́га става́ла ~ою.** His anxiety was becoming permanent.
Also see **дові́чний 1, незмі́нний 2, реґуля́рний 1, системати́чний 2, ста́лий, хроні́чний.** *Ant.* **тимчасо́вий**
2 usual, customary, habitual, regular
п. + *n.* **п. відві́дувач** a regular customer (**ме́шканець** resident, **ра́дник** advisor, **робітни́к** employee; **стіл** table); ♦ **~а а́рмія** a regular army; **~е мі́сце** a customary place ◊ **Стіл у лі́вому кутку́ кав'я́рні був його́ ~им мі́сцем.** The table in the left corner of the coffeehouse was his customary place.
Also see **повсякде́нний 2**

по́ст|іль, *f.*, ~е́лі

1 bed linen, bedding, bed clothes, sheets, covers
adj. **білосні́жна** snow-white, **ви́прана** washed, **ви́прасувана** pressed, **накрохма́лена** starched, **паху́ча** fragrant, **сві́жа** fresh ◊ **Її п. ви́явилася не зо́всім сві́жою.** Her bedding turned out to be not quite fresh. **брудна́** dirty, **заяло́жена** soiled, **неви́прана** unwashed
v. + **п. згорта́ти п.** fold bedding ◊ **Оле́кса щора́нку згорта́є п.** Oleksa folds up his bedding every morning. (**крохма́лити** starch; **купува́ти** buy; **міня́ти** change ◊ **Вона́ міня́є п. раз на ти́ждень.** She changes the bedding once a week. **пра́ти** wash, **прасува́ти** iron) ◊ **Віта́лій пере́, прасу́є і склада́є п. до ша́фи.** Vitalii washes, presses, and stacks the bed linens in the wardrobe.
2 bed, place for sleeping
adj. **бі́ла** white, **м'яка́** soft; **те́пла** warm ◊ **На не́ї чека́є м'яка́ і те́пла п.** A soft and warm bed is awaiting her. **застéлена** made, **нече́пана** untouched
See **лі́жко**
D. **~е́лі**, *I.* **~іллю** *or* **~е́лею**, *N. pl.* **~е́лі**

постражда́|ти, *pf., see* **стражда́ти**

to suffer, *etc.* ◊ **Репута́ція прем'єр-мі́ністра серйо́зно ~ла від сканда́лу.** The prime minister's reputation has seriously suffered from the scandal.

постри́г|ти, *pf., see* **стри́гти**

to cut *(hair, etc.)*, *etc.* ◊ **За де́нь чабани́ ~ли всіх ове́ць.** In one day, the shepherds have sheared all the sheep.

по́стріл, *m.*, ~у

shot
adj. **влу́чний** well-aimed, **до́брий** good, **то́чний** accurate, **чудо́вий** excellent; **випадко́вий** random; **пе́рший** first, **попере́джувальний** warning, **смерте́льний** fatal ◊ **Так випадко́вий п. ви́явився смерте́льним.** Thus a random shot proved fatal. **автома́тний** submachine-gun, **гарма́тний** cannon, **пістоле́тний** pistol, **рушни́чний** rifle; **громоподі́бний** thunderous, **гучни́й** loud, **приглу́шений** muffled, **ти́хий** quiet; ♦ **контро́льний п.** a double tap *or* controlled pair
n. + **п. град ~ів** a hail of shots (**зли́ва** barrage, **че́рга** volley)
v. + **п. вико́нувати п.** take a shot ◊ **Він ви́конав ще два ~и по ці́лі, але́ не тра́пив.** He took two more shots at the target but missed. (**роби́ти** fire ◊ **Як фахіве́ць, уби́вця зроби́в контро́льний п.** As a professional, the assassin fired a double tap. **спрямо́вувати** aim)
п. + *v.* **вбива́ти** + *A.* kill sb; **влуча́ти в** + *A.* hit sb/sth ◊ **Тре́тій п. влу́чив йому́ в ши́ю.** The third shot hit him in the neck. **луна́ти** sound, **розляга́тися** ring out ◊ **Десь у лі́сі розлі́гся гучни́й п.** Somewhere in the forest a loud shot rang out. **прома́зувати** miss
prep. **п. у** + *A.* a shot to sth ◊ **п. у го́лову** a shot to a head (**гру́ди** chest, **но́гу** foot, leg, **ру́ку** hand, arm, **се́рце** heart ◊ **Його́ вби́то ~ом у се́рце.** He was killed by a shot to the heart. **скро́ню** temple); **п. з** + *G.* a shot from sth ◊ **п. із гарма́ти** a cannon shot (**пістоле́та** pistol, **рушни́ці** rifle)

посту́ка|ти, *pf., see* **сту́кати**

to knock, *etc.* ◊ **Ві́ктор тихе́нько ~в у вікно́.** Viktor quietly knocked on the window. ◊ **У две́рі ~ли.** *impers.* There was a knock on the door.

поступа́|тися, ~ються; поступ|и́тися, ~лю́ся, ~ишся, ~ляться, *intr.*

1 to give up, surrender, cede, yield + *D.* + *I.* ◊ **Активі́ст ніко́му не ~вся пра́вом ві́льно висло́влюватися.** The activist did not surrender his right to free expression to anybody.
adv. **доброві́льно** voluntarily, **з гото́вністю** readily, **ле́гко** easily, **шви́дко** quickly; **зре́штою** eventually, **наре́шті** finally; **неохо́че** reluctantly; **гане́бно** shamefully
п. + *n.* **п. ві́рою** give up one's faith (**пра́вом** right, **пра́вдою** truth, **при́нципами** principles, **че́сністю** integrity; **вла́дою** authority, **впли́вом** influence; **звича́ями** customs, **культу́рою** culture, **рі́дною мо́вою** mother tongue, ◊ **Незважа́ючи на у́тиски, лю́ди не ~лися рі́дною мо́вою.** Despite the persecution, people did not surrender their mother tongue. **тради́ціями** traditions; **мі́сцем** seat, place, **терито́рією** territory
v. + **п. бу́ти гото́вим** be ready to, **бу́ти змý́шеним** be compelled to ◊ **Вони́ змý́шені поступи́тися пе́ред її арґуме́нтами.** They are compelled to yield to her reasoning. **відмовля́тися** refuse to ◊ **Він відмо́вився п. кредито́рам сво́єю земле́ю.** He refused to cede his land to the creditors. **пого́джуватися** agree to; **пропонува́ти** + *D.* offer sb sth ◊ **Світла́на ра́до запропонува́ла йому́ поступи́тися мі́сцем у спи́ску.** Svitlana gladly offered him giveing up her place on the list.
prep. **п. пе́ред** + *I.* concede to sb/sth
Also see **здава́ти 3, здава́тися**[2], **зра́джувати 1, піддава́тися 3**
2 to be inferior to, be second to
adv. **безнаді́йно** hopelessly ◊ **За красо́ю своє́ї приро́ди Полі́сся безнаді́йно ~ється пе́ред Поді́ллям.** When it comes to the beauty of its nature, Polissia is hopelessly inferior to Podillia. **де́що** somewhat, **зна́чно** significantly, **помі́тно** noticeably, **серйо́зно** seriously; **цілко́м** completely; **очеви́дно** obviously, **я́вно** clearly; **ле́две** scarcely, **тро́хи** a little; **зо́всім не** not at all, **нітро́хи не** not in the least
prep. **п. за** + *I.* **пе́ред** + *I.* to be inferior in sth to sb/sth ◊ **За винахі́дливістю він ~вся Га́лі.** He was inferior to Halia in inventiveness. **п. що́до** + *G.* be inferior as to sth ◊ **Що́до ро́зміру коле́кції, нови́й музе́й нітро́хи не ~ється старо́му.** As to the size of its collection, the new museum is not in the least inferior to the old one.
поступа́йся! поступи́ся!

поступи́|тися, *pf., see* **поступа́тися**

to give up, *etc.* ◊ **Ко́валь ~вся пе́ршим мі́сцем у ко́нкурсі сильні́шому супе́рникові.** Koval lost the first place in the competition to a stronger rival.

по́ступ|ка, *f.*

concession + *D.* to sb
adj. **вели́ка** great, **важли́ва** important, **значна́** significant, **істо́тна** substantial, **ключова́** key; **необхі́дна** necessary; **взає́мна** mutual ◊ **се́рія взає́мних ~ок** a series of mutual concessions; **односторо́ння** unilateral; **частко́ва** partial; **дрібна́** minor, **мала́** small, **невели́ка** little, **обме́жена** limited; **пе́вна** certain, **особли́ва** special, **серйо́зна** serious; **реа́льна** real; **політи́чна** political, **територія́льна** territorial; **такти́чна** tactical; **несподі́вана** unexpected; **гане́бна** shameful ◊ **гане́бна п. не́смакові** a shameful concession to tastelessness; **нечу́вана** unheard-of
v. + **п. вирива́ти ~ку в** + *G.* wring out a concession from sb ◊ **Вони́ ви́рвали в у́ряду важли́ву ~ку.** They wrung out an important concession from the government. (**діста́вати** get, **отри́мувати** obtain, **пропонува́ти** + *D.* offer sb, **роби́ти** make; **іти́ на** grant) ◊ **Він неохо́че йшов на ще одну́ ~ку.** He was reluctantly granting yet another concession. **вимага́ти ~ки в** + *G.* demand a concession from sb (**домага́тися** press for ◊ **Вірме́нія домага́ється від Азербайджа́ну територія́льних ~ок.** Armenia is pressing Azerbaijan for territorial concessions. **домогти́ся** *pf.* win)
prep. **п. в** + *L.* a concession on sth; **п. від** + *G.* a concession from sb ◊ **Грома́да домогла́ся ~ок від вла́ди у збере́женні істори́чної спа́дщини мі́ста.** The community won concessions from the authorities on the preservation of the city's historical heritage. **п. пе́ред** + *I.* a concession to sb/sth
L. **у ~ці**
Also see **компромі́с**

поступо́в|ий, *adj.*

1 gradual, measured
adv. **до́сить** fairly, **доста́тньо** sufficiently,

дýже very, **максимáльно** maximally; **віднóсно** relatively, **порівняно** comparatively
п. + *n.* **п. вихід** a gradual exit (**демонтáж** dismantling, **занéпад** decline, **перехíд** switchover, **рóзвиток** development, **рух** movement, **шлях** way); **~а асиміляція** a gradual assimilation (**змíна** change, **люстрáція** lustration, **модернізáція** modernization, **рефóрма** reform); **~е очищення** a gradual cleansing (**піднéсення** rise, **покрáщення** improvement, **пошúрення** proliferation, **скорóчення** reduction)
v. + **п. бýти ~им** be gradual (**робúти** + *A.* make sth ◊ **Модернізáцію шкóли зробúли ~ою.** The school modernization was made gradually. **ставáти** become)
Also see **повíльний, полóгий.** *Ant.* **ґвалтóвний, різкúй 4**
2 progressive ◊ **людúна ~их пóглядів** a person of progressive views
See **проґресúвний 1**

пóсуд, *m.*, **~у**, *only sg., coll.*
dishes, plates
adj. **алюмінієвий** aluminum ◊ **Він тримáв на яхті алюмінієвий п.** He kept aluminum dishes on his yacht. **бляшáний** tin, **металéвий** metal; **керамíчний** ceramic, **порцелянóвий** china; ♦ **глиняний п.** earthenware, ♦ **склянúй п.** glassware ◊ **Їй подóбається склянúй.** She likes glassware. **одноразóвий** disposable, **паперóвий** paper, **пінопластóвий** styrofoam, **пластмáсовий** plastic; **брýдний** dirty, **маснúй** greasy, **немúтий** unwashed; **помúтий** washed, **чúстий** clean; **розбúтий** broken
v. + **п. збирáти п.** collect dishes (**витирáти** dry, **мúти** wash ◊ **Він допомíг Гáлі помúти й вúтерти п.** He helped Halia wash and dry the dishes. **розставля́ти** set out; **бúти** break, **трощúти** smash) ◊ **Колú вонú сварúлися, Íвга трощúла п.** When they fought, Yivha would smash dishes. **користувáтися ~ом** use dishes ◊ **Він не корúстується пластмáсовим ~ом.** He does not use plastic plates.
prep. **п. для** + *G.* plates for sth ◊ **п. для солóдкого** plates for dessert

посý|ха, *f.*
drought ◊ **Країна чáсто зазнає жорстóких ~х.** The country often suffers from severe droughts.
adj. **велúка** great, **жахлúва** horrible, **жорстóка** severe, **немилосéрдна** ruthless, **найгíрша** worst, **спустóшлива** devastating, **страшнá** terrible; **дóвга** long, **тривáла** protracted
п. + *v.* **вражáти** + *A.* strike sth ◊ **Спустóшлива п. врáзила Крим.** A devastating drought struck the Crimea. **наставáти** come, **продóвжуватися** go on, **тривáти** + *A.* last for *(a period)*; **закíнчуватися** end
prep. **від ~хи** from drought ◊ **Від ~хи загúнули всі садú.** All the orchards perished from the drought. **під час ~хи** during a drought
L. **у ~сі**, *G. pl.* **~х**

потвóрн|ий, *adj.*
1 ugly, hideous, awful ◊ **У містáх тепéр чимáло ~их багатоповерхíвок.** There are many ugly multistory buildings in cities nowadays.
adv. **абсолютно** absolutely, **винятко́во** exceptionally, **вкрай** extremely, **геть** totally, **дóсить** rather, **дýже** very, **жахлúво** terribly, **неймовíрно** incredibly, **нестéрпно** unbearably, **на рíдкість** unusually; **простíсінько** downright, **прóсто** plainly, **спрáвді** truly
v. + **п. бýти ~им** be ugly ◊ **Посéлення булó прóсто ~им.** The settlement was plainly ugly. (**виглядáти** look, **виявля́тися** turn out, **здавáтися** + *D.* seem to sb, **ставáти** become) ◊ **Він став дóсить ~им на вúгляд.** He became rather ugly in appearance.
Also see **бридкúй, гидкúй 1, негáрний 1, паскýдний 3, погáний 5**
2 *fig.* disgusting, repugnant, revolting, repulsive ◊ **Ярéма здавáвся йомý якúмось ~им створíнням.** Yarema seemed to be some disgusting creature to him.
See **мерзéнний, огúдний**

потенцíйн|ий, *adj.*
potential, possible
п. + *n.* **п. злочúнець** a potential criminal (**клієнт** customer ◊ **Він дивúвся на кóжного нóвого знайóмого як на ~ого клієнта.** He regarded every new acquaintance as a potential customer. **супéрник** rival, **студéнт** student, **чоловíк** husband); **~а здáтність** potential ability (**катастрóфа** disaster, **небезпéка** danger, **перемóга** victory, **порáзка** defeat)

потенцíял, *m.*, **~у**
1 potential, capability, capacity, promise
adj. **велúкий** great, **велетéнський** huge, **величéзний** enormous, **висóкий** high, **значнúй** significant, **колосáльний** colossal, **максимáльний** maximal, greatest, **могýтній** powerful, **надзвичáйний** extraordinary, **небуéнний** remarkable; **безмéжний** limitless, **необмéжений** unlimited, **пóвний** full; **реáльний** real, **спрáвжній** true; **малúй** small, **невелúкий** little, **обмéжений** limited, **скрóмний** modest; **прихóваний** hidden; **довготермінóвий** long-term, **майбýтній** future; **нереалізóваний** unfulfilled; **виробнúчий** production, **воєнний** war, **дослíдницький** research; **економíчний** economic; **лю́дський** human; **наукóвий** scientific; **твóрчий** creative; ♦ **я́дерний п.** a nuclear capability
v. + **п. використóвувати п.** exploit a potential ◊ **Інститýт використóвує п. нових кáдрів.** The institute exploits the potential of its new personnel. (**реалізóвувати** realize ◊ **Він почина́в реалізóвувати свій п.** He was beginning to realize his potential. **збíльшувати** increase, **подвóювати** double, **потрóювати** triple; **змéншувати** reduce, **обмéжувати** limit, **скорóчувати** diminish; **вичéрпувати** exhaust; **виявля́ти** reveal, **демонструвáти** demonstrate, **покáзувати** show; **мáти** have; **бáчити** see, **визнавáти** recognize, **врахóвувати** take into account, **розумíти** understand, **усвідóмлювати** be aware of; **дослíджувати** explore, **розвивáти** develop, **розкривáти** unlock) ◊ **Молодúй режисéр ще не розкрúв свогó пóвного ~у.** The young director has not yet unlocked his full potential. **володíти ~ом** possess potential ◊ **Він володíє дослíдницьким ~ом.** He possesses a research potential.
prep. **з ~ом** with a potential ◊ **людúна з величéзним ~ом** a person of enormous potential
Also see **можлúвість, резéрв 2**
2 *phys.* potential ◊ **електрóдний п.** an electrode potential (**магнíтний** magnetic); ♦ **ґрадієнт ~у** a potential gradient; ♦ **різнúця ~ів** a potential difference

потерпá|ти, **~ють**; *no pf., intr., colloq.*
1 to suffer *(poverty, hardship, etc.)*, be hurting, be afflicted
adv. **весь час** all the time, **дýже** much ◊ **Северúн не жив у розкóшах, алé і не дýже ~в.** Severyn did not live in luxury, but did not suffer much hardship either. **надзвичáйно** extremely, **прóсто** simply, **серйóзно** seriously, **як нíколи** as never before
v. + **п. стáти** *pf.* start ◊ **Чоловíк став п. від безсóння.** The man started suffering from insomnia. **продóвжувати** continue to, **переставáти** stop; **не хотíти** not want to
prep. **п. без** + *G.* suffer without sth ◊ **Назáр дýже ~в без дрýзів.** Nazar greatly suffered without friends. **п. від** + *G.* suffer from sth
See **страждáти.** *Also see* **дістаавáтися 3, терпíти 4**
2 to fear, be afraid ◊ **Михáйло зáвждú ~в опинúтися під колéсами автíвки.** Mykhailo always feared ending up under the wheels of a car.
prep. **п. за** + *A.* fear for sb/sth ◊ **Вонá відчайдýшно ~ла за дітéй.** She desperately feared for her children.
See **боя́тися.** *Also see* **жахáтися 2, тремтíти 3**
3 to toil, slave away, grind away
prep. **п. над** + *I.* toil over sth ◊ **Студéнти ~ли над книжкáми, готýючись до íспиту.** The students slaved away over books, getting ready for the examination.
See **працювáти 1.** *Also see* **мýчитися 3 потерпáй!**

потéр|ти, *pf., see* **тéрти**
to rub *(for a while)* ◊ **Оксáна ~ла собí лóба.** Oksana rubbed her forehead.

пот|íк, *m.*, **~óку**
1 stream *(small river)*, creek, brook ◊ **Над ~óком був дерев'я́ний місто́к.** There was a small wooden bridge over the stream.
adj. **гíрський** mountain ◊ **Бíля хáти протікáє два гíрські ~óки.** Two mountain streams flow near the house. **повíльний** slow, **спокíйний** calm ◊ **Дáлі п. ставáв спокíйним.** Farther on, the stream became calm. **тúхий** quiet; **прудкúй** rapid, **швидкúй** fast; **вузькúй** narrow; **глибóкий** deep, **мілкúй** shallow; **каламýтний** cloudy, **мýтний** murky, **тéмний** dark, **чóрний** black; **чúстий** clear
v. + **п. перепливáти п.** swim across a stream ◊ **Пес переплúв п.** The dog swam across the creek. (**переправля́тися чéрез** get across, **перехóдити** cross; **забрýднювати** pollute)
п. + *v.* **бíгти** run ◊ **Неподалíк біжúть кришталéво чúстий п.** A crystal clear stream runs nearby. **впадáти в** + *A.* flow into sth ◊ **Чéрез кілóметр п. впадáє в óзеро.** A kilometer down, the stream flows into a lake. ◊ **вúтися** wind ◊ **П. в'ється між валунáми.** The stream winds among boulders. **змíїтися** snake; **вихóдити з берегíв** burst its banks ◊ **Веснóю п. вихóдить із берегíв.** In spring, the stream bursts its banks. **затóплювати** + *A.* flood sth, **переливáтися чéрез** + *A.* overflow sth; **висихáти** dry up ◊ **П. не висихáє навíть у посýху.** The stream does not dry up even in a drought.
prep. **в п.** *dir.* in/to a stream ◊ **Кінь зайшóв у п.** The horse stepped into the stream. **в ~óці** *posn.* in a stream ◊ **У ~óці купáлися дíти.** Children bathed in the stream. **чéрез п.** across a stream
Cf. **рíчка 1**
2 stream, flow, rush ◊ **Вонú переробля́ють ~óки інформáції.** *fig.* They process streams of information.
adj. **велúкий** big, **величéзний** huge ◊ **Величéзний п. людéй рýхався вýлицею.** An enormous flow of people moved down the street. **потýжний** powerful, **руйнівнúй** ruinous; **малéнький** *dim.* small, **слабéнький** *dim.* faint
п. + *n.* **п. водú** a stream of water (**лáви** lava, **нáфти** oil, **рíчки** river, **струмкá** creek; **крóви** blood, **пóту** sweat, **сліз** tears; **енéргії** energy, **свíтла** light) ◊ **Йогó осліпúв п. свíтла.** The stream of light blinded him.
3 *fig.* flow, stream
adj. **безперéрвний** ceaseless, **неперéрвний** continuous, **нескінчéнний** endless, **постíйний** constant; **спрáвжній** veritable; **брýдний** filthy
п. + *n.* **п. грóшей** a stream of money ◊ **Він контролює ~óки грóшей від прóдажу вугíлля.** He controls the cash flows from the coal sales. (**звинувáчень** accusations, **матюкíв** *colloq.* obscenities, **прокльóнів** curses; **компліментів** compliments, **лéстощів** flattery; **обіця́нок** promises, **свідóмости** consciousness) ◊ **Це не прóза, а п. свідóмости.** This is no prose but a stream of consciousness.
Also see **фонтáн 3**

пóтім, *adv.*
then, afterwards, later ◊ **Він подзвóнить їм п.** He will call them later. ♦ **колú-небудь п.** some other time ◊ **Вонá запрóсить їх колú-небудь п.** She will invite them some other time. ♦ **на п.** for later ◊ **Віктор беріг сúли на п.** Viktor was saving energy for later.
Also see **тоді**

потонý|ти, *pf., see* **тонýти**
to drown, sink ◊ **У вузькíй протóці ~ло багáто кораблíв.** Many ships sank in the narrow strait.

потóп, *m.*, **~у**
deluge; *fig.* flood, torrent, barrage
adj. **бібліíйний** biblical, **весняний** spring, **всесвíтній** universal, **спрáвжній** true; **цíлий** entire; ♦ **від ~у** since time immemorial; ♦ **до ~у** till the cows come home ◊ **Бою́ся, що нам доведéться сидíти тут до ~у.** I am afraid we'll have to sit around here till the cows come home. ♦ **пíсля нас хоч п.** *or* **а там хоч п.** after us, the deluge ◊ **Йомý трéба знайтú грóші, а там хоч п.** He needs to find the money, and to hell with everything else.
See **пóвінь**

потопú|ти, *pf., see* **топúти**[3]
to sink, *etc.* ◊ **Субмарúна ~ла три корблí.** The submarine sunk three ships.

потопú|тися, *pf., see* **топúтися**[3]
to sink, *etc.* ◊ **Йогó гóлос ~вся в захóплених óплесках.** His voice drowned in rapturous applause.

потрáпи|ти, *pf., see* **потрапля́ти**
to get to, *etc.* ◊ **Запúска ~ла до кишéні йогó піджакá.** The note got in the pocket of his jacket.

потрапля́|ти, **~ють; потрáп|ити**, **~лю, ~иш, ~лять**, *intr.*
1 to hit *(a target, etc.)*, strike + *I.* with sth
adv. **з пéршого рáзу** on the first try, **лéгко** easily, **незмíнно** invariably, **одрáзу** at once, **зáраз же** right away, **нарéшті** finally, **насúлу** barely; **бóзна-я́к** God knows how, **я́кось** somehow
v. + **п. вдавáтися** + *D.* manage to ◊ **Їй вдалóся потрáпити в деся́тку три рáзи з п'ятú.** She managed to hit the bullseye three times out of five. **змогтú** *pf.* manage to, **вмíти** be able to, **могтú** can ◊ **Він мóже лéгко потрáпити нúткою у вýшко гóлки.** He can easily thread a needle. **намагáтися** try to, **хотíти** want to
prep. **п. в** + *A.* hit sth ♦ **п. в тóчку** to hit the mark, hit the nail on the head ◊ **Своїм коментарéм крúтик потрáпив у тóчку.** The critic hit the nail on the head with his comment.
See **влучáти**
2 to end up *(someplace)*, find oneself *(someplace)*, get to
adv. **ненарóком** inadvertently ◊ **Орúся ненарóком потрáпила ногóю в калю́жу.** Orysia's foot inadvertently landed in a puddle. **вмить** in an instant, **зáраз же,** right away, **несподíвано** unexpectedly, **одрáзу** at once, **рáптом** suddenly, **швúдко** quickly
v. + **п. бýти мóжна** *impers.* one can ◊ **За такé порýшення мóжна потрáпити до в'язнúці.** One can end up in prison for such a violation. **мрíяти** dream of ◊ **Вонá мрíє потрáпити на навчáння до цьóго мáйстра.** She dreams of becoming this master's student. **намагáтися** try to ◊ **Ужé мíсяць Íльченко намагáється потрáпити на нóву постáву.** For a month now, Ilchenko has tried to get to see the new production. **прáгнути** strive to, **хотíти** want to; **не дýмати** not think to ◊ **Христúна нія́к не дýмала потрáпити в їхні друзí.** Khrystyna did not in any way think to end up being a friend of theirs. **не очíкувати** not anticipate to ◊ **Юрчýк не очíкував потрáпити на цю посáду.** Yurchuk did not expect to get this position. **не сподівáтися** not expect to
prep. **п. в** + *A.* get into sth ◊ **Воя́ки двíчі ~ли в полóн.** The soldiers were taken prisoners twice. **п. до** + *G.* get in/to *(building, institution)*; **п. за** + *A.* get behind sth ◊ **Сніг ~в Маркóві за кóмір.** Snow was getting behind Marko's collar. **п. на** + *A.* to get somewhere *(street, square; event)*; **п. під** + *A.* get under sth ◊ **Футбóльний м'яч бóзна-я́к потрáпив під лíжко.** The soccer ball, God knows how, got under the bed.
Also see **залишáтися 3, опиня́тися 2, попадáти 3**
3 *colloq.* can, know how to, manage to + *inf.* ◊ **Він був такúй несúлий, що лéдве потрáпив дістáтися до лíжка.** He was so exhausted that he barely managed to get to his bed. ◊ **Нíна потрáпить розмовля́ти каталóнською.** Nina can speak Catalan.
Also see **могтú 1, тя́мити 2**
4 to keep up with sb, *only with* **за** + *I.* ◊ **Юля так швúдко працювáла, що за нéю лéдве хто ~в.** Yulia worked so fast that hardly anybody kept up with her.
See **встигáти 3**
потрапля́й! потрáп!

потрáти|ти, *pf., see* **трáтити**
to spend, *etc.* ◊ **Третúну заощáджень Лíда ~ла на óдяг.** Lida spent a third of her savings on clothes.

потрéб|а, *f.*
need, necessity, demand, requirement
adj. **велúка** great ◊ **Він відчувáв велúку ~у в новúх кáдрах.** He felt a great need for new personnel. **відчайдýшна** desperate, **гóстра** acute, **значнá** significant, **нагáльна** urgent, **неабúяка** extraordinary, **пекýча** burning, **серйóзна** serious, **сúльна** strong; **особлúва** special; **засаднúча** basic, **істóтна** essential; **очевúдна** clear, **спрáвжня** real, **безперéрвна** continuous, **постíйна** constant; **несподíвана** sudden; **бíльша** greater, **все бíльша** growing; **неослáбна** unrelenting; **загáльна** general, **спíльна** common; **людськá** human; **індивідуáльна** individual, **особúста** personal; **невелúка** small, **пéвна** certain; **об'єктúвна** objective; **духóвна** spiritual, **естетúчна** esthetic, **інтелектуáльна** intellectual, **культýрна** cultural, **морáльна** moral; **психологíчна** psychological, **статéва** sexual, **фізúчна** physical, **фізіологíчна** physiological; ◊ **виробнúчі ~и** production needs
v. + **п. бáчити ~у** see a need (**визнавáти** recognize ◊ **Він визнáв ~у опанувáти цю прогрáму.** He recognized the need to master the program. **розумíти** understand; **виявля́ти** reveal ◊ **Крúза вúявила ~у в новúх ідéях.** The crisis revealed the need for new ideas. **відображáти** reflect, **відчувáти** feel; **довóдити** prove; **збíльшувати** increase; **змéншувати** reduce; **мáти** be in need of ◊ **Вонú мáють ~у в кваліфікóваній консультáції.** They are in need of a professional consultation. **задовольня́ти** satisfy; **ігнорувáти** ignore, **заперéчувати** deny; **підкрéслювати** underline; **підтвéрджувати** reaffirm; **створювати** create); **бýти ~ою** be a need (**керувáтися** be driven by ◊ **Петрó кéрується ~ами родúни.** Petro is driven by his family needs. **вважáти** + *A.* consider sth; **лишáтися** remain; **ставáти** become); **наголóшувати на ~і** emphasize a need
п. + *v.* **виникáти** arise ◊ **У новúх обстáвинах чáсто виникáють несподíвані ~и.** Unexpected necessities oftentimes arise under new circumstances. **існувáти** exist ◊ **Існувáла п. у безсторóнньому посерéдництві.** There existed a need for impartial mediation.
prep. ♦ **без ~и** needlessly, unnecessarily; ♦ **при ~і** when need be; **п. в** + *L.* need for sth ◊ **Такá дíєта задовольня́є дéнну ~у органíзму у вітамíнах.** Such a diet satisfies the body's daily vitamin needs. ♦ **на вúпадок ~и** in case of need, if necessary
Also see **вимóга 3, зáпит 2.** *Cf.* **необхíдність**

потребу|вáти, **~ють;** *no pf., tran.*
to need, be in need of + *G.* or + *inf.*
adv. **відчайдýшно** desperately ◊ **Він відчайдýшно ~є тúші.** He is in desperate need of quietude. **гóстро** acutely, **дýже** badly, **нагáльно** urgently, **сúльно** strongly; **особлúво** especially; **очевúдно** obviously ◊ **Він очевúдно ~є зробúти перéрву.** He obviously needs to take a break. **я́вно** clearly; **по-спрáвжньому** in earnest, **безперéрвно** continuously, **безперестáнку** nonstop, **весь час** all the time, **все ще** still, **постíйно** constantly; **несподíвано** suddenly; **все бíльше** increasingly; **всьогó-на-всьóго** merely, **прóсто** simply ◊ **Старúй прóсто ~вáв увáги та дóгляду.** The old man simply needed attention and care. **бíльше не** not any more, **зóвсім не** not at all ◊ **Вонú зóвсім не ~ють, щóби хтось втручáвся в їхні спрáви.** They do not at all need anybody to interfere in their affairs.
Also see **вимагáти 2**

потривóж|ити, *pf., see* **тривóжити**
to disturb, *etc.* ◊ **Андріїв сон ~ив сусíд.** A neighbor disrupted Andrii's sleep.

потрíбн|ий, *var. only as pred.* **потрíбен**, *adj., pred.*
necessary, required, needed, requisite + *D.* by sb ◊ **п. докумéнт** a requisite document; ◊ **~а річ** a useful thing
adv. **абсолю́тно** absolutely ◊ **абсолю́тно ~і дáні** absolutely necessary data; **вкрай** extremely, **кóнче** critically ◊ **кóнче ~а нагóда** a critically needed chance; **лéдве** scarcely ◊ **лéдве п. дóказ** a scarcely needed proof; ◊ **Турúстові п. путівнúк.** A tourist needs a guidebook. (*for more see* **потребувáти**)
v. + **п. бýти ~им** be needed ◊ **Мені вкрай ~а вáша допомóга.** I am in extreme need of your help. (**вважáти** + *A.* consider sb/sth ◊ **Він вважáв її порáди спрáвді ~ими.** He considered her advice to be really needed. **видавáтися** appear; **виявля́тися** prove ◊ **Сіль вúявилася гóстро ~ою тут.** Salt proved to be acutely needed here. **здавáтися** + *D.* seem to sb, **лишáтися** remain, **ставáти** become); ♦ **бýти ~им, як собáці п'я́та лáпа** *colloq.* to need sth like a fish needs a bicycle ◊ **Йогó рекомендáції ~і їм, як собáці п'я́та лáпа.** They need his recommendations like a fish needs a bicycle.
prep. **п. для** + *G.* necessary for sb/sth ◊ **Для дóступу до бібліотéки п. читáцький квитóк.** For access to the library one needs a reader's card.
Also see **необхíдний**

потрíбно, *pred.*
necessary, required, needed + *D.*
adv. **вкрай** extremely, **в пéршу чéргу** first of all ◊ **У пéршу чéргу Макáрові п. перевíрити всі цитáти.** First of all Makar needs to check all the quotes. **дýже** badly, **конéчно** critically ◊ **Їй конéчно п. знайтú час.** It is critically necessary for her to find the time. **нагáльно** urgently, **сúльно** strongly, **страх (як)** *colloq.* terribly; **особлúво** especially; **істóтно** essentially; **очевúдно** obviously; **весь час** all the time ◊ **Видавнúцтву весь час п. шукáти кваліфікóваних перекладачíв.** The publishing house needs to look for qualified translators all the time. **все ще** still, **постíйно** constantly; **рáптом** suddenly; **все бíльше** increasingly; **звичáйно** certainly, **ймовíрно** probably, **я́вно** clearly; **прóсто** simply; **бíльше не** not any more, **зóвсім не** not at all

v. + **п. бу́ти п.** need to, be required ◊ **Їй потрі́бно записа́тися до зубно́го лі́каря.** She needs to make an appointment with her dentist.
prep. **п. для** + *G.* necessary for sb/sth ◊ **все, що їй п. для навча́ння** all she needs for her studies
Also see **необхі́дно, тре́ба**

потруди́|тися, *pf., see* **труди́тися 2**
colloq. to bother, take it upon oneself, *etc.* ◊ **Для го́стя вона́ ~лася спекти́ торт.** For the guest, she took it upon herself to make a cake.

поту́жн|ий, *adj.*
powerful, potent, strong
adv. **винятко́во** exceptionally, **ду́же** very, **надзвича́йно** extremely ◊ **Нови́й літа́к обла́днаний надзвича́йно ~ими двигуна́ми.** The new aircraft is equipped with extremely powerful engines. **на ди́во** amazingly, **неймові́рно** incredibly, **несподі́вано** surprisingly; **страше́нно** terribly; **відно́сно** relatively, **особли́во** particularly ◊ **За́дні но́ги коня́ особли́во ~і.** The horse's rear legs are particularly powerful. **ді́йсно** really, **напра́вду** truly; **до́сить** fairly, **доста́тньо** enough; **недоста́тньо** insufficiently; **одна́ково** equally ◊ **Оби́дві а́рмії були́ одна́ково ~ими.** Both armies were equally powerful. **військо́во** militarily, **економі́чно** economically, **політи́чно** politically
v. + **п. бу́ти ~им** be powerful ◊ **Уда́р її руки́ був ді́йсно ~им.** The blow of her hand was really powerful. (**вважа́ти** + *A.* consider sb/sth ◊ **Він вважа́є вплив Євро́пи на Украї́ну про́сто ~им.** He considers Europe's influence on Ukraine to be simply powerful. **вигляда́ти** look ◊ **Змагу́нка вигляда́ла доста́тньо ~ою.** The (female) contestant looked sufficiently strong. **виявля́тися** turn out ◊ **Нови́й двигу́н ви́явився недоста́тньо ~им.** The new engine turned out to be insufficiently powerful. **здава́тися** + *D.* seem to sb, **роби́ти** + *A.* make sb/sth ◊ **Нова́ техноло́гія ро́бить телеско́п на ди́во ~им.** The new technology makes the telescope amazingly powerful. **става́ти** become) ◊ **Краї́на ста́ла найбі́льш економі́чно ~ою в регіо́ні.** The country became the most economically powerful in the region.
prep. **п., як** *or* **(не)на́че** + *N.* as powerful as sb/sth ◊ **Її го́лос п., як грім.** Her voice is as powerful as thunder.
See **си́льний 1, 2, 3.** *Also see* **могу́тній.** *Ant.* **слабки́й 3**

по́тяг[1], *m.*, **~у**
1 fondness, attachment, interest, appeal ◊ **Він відчува́в п. до ціє́ї люди́ни.** He felt an attachment to the person.
adj. **вели́кий** great, **величе́зний** enormous, **глибо́кий** deep, **насті́йний** persistent, **непербо́рний** irresistible, **пості́йний** constant; **знайо́мий** familiar; **особли́вий** special, **си́льний** strong; **емоці́йний** emotional; **особи́стий** personal; **ди́вний** strange, **незрозумі́лий** incomprehensible; **несподі́ваний** unexpected
v. + **п. відчува́ти п.** feel attachment (**втрача́ти** lose ◊ **Він утра́тив п. до полі́тики.** He lost interest in politics. **прихо́вувати** conceal); ♦ **ма́ти п.** to be drawn to sb/sth ◊ **Марі́я ма́ла си́льний п. до мисте́цтва.** Maria was drawn to arts.
prep. **п. до** + *G.* attachment to sb/sth ◊ **Він відчува́в п. до діте́й.** He felt fondness for children.
Also see **тяжі́ння 2**
2 yearning, desire, urge, attraction
adj. **інстинкти́вний** instinctive, **неконтрольо́ваний** uncontrollable, **підсвідо́мий** subconscious; **стате́вий** sexual ◊ **Анато́лій відчува́в стате́вий п. як до жіно́к, так і до чолові́ків.** Anatolii felt sexual attraction to both women and men. **гріхо́вний** sinful, **збо́чений** perverted, **нездоро́вий** unhealthy, **ненорма́льний** abnormal, **хво́рий** sick, **хворобли́вий** morbid

по́тяг[2], *m.*, **~а**
train
adj. **пасажи́рський** passenger, **туристи́чний** tourist; **вантáжний** freight, **това́рний** goods; **пошто́вий** mail; **кур'є́рський** nonstop, **швидки́й** fast, **шви́дкісний** high-speed; **пові́льний** slow; **де́нний** daytime, **вечі́рній** evening, **нічни́й** night, **ранко́вий** morning; **ди́зельний** diesel, ♦ **електропо́тяг** an electric train, **парови́й** *hist.* steam; ♦ **оде́ський п.** train to/from Odesa ◊ **Оде́ський п. прибува́є на пе́ршу платфо́рму.** The train from Odesa is arriving at platform one. **далекобі́жний** long-distance, **міжмісько́вий** intercity, **місце́вий** local, **підмісько́вий** suburban, **примісько́вий** commuter; **міжнаро́дний** international; **прями́й** direct; **транзи́тний** through; **спеція́льний** special; **надзе́мний** elevated, **підзе́мний** underground; **оста́нній** last ◊ **Юрі́й поспіша́в на оста́нній п. до Рі́вного.** Yurii was in a hurry to make the last Rivne-bound train. **пе́рший** first; **битко́м наби́тий** *colloq.* packed, **перепо́внений** overcrowded, **по́вний** full, **поро́жній** empty; **іграшко́вий** toy
п. + *n.* **п. метра́** *colloq. and* **метрополіте́ну** a subway train; ♦ **п.-експре́с** an express train; **п. «Льві́в – Ві́день»** the Lviv-Vienna train
n. + **п. ваго́н ~а** a train car (**вікно́** window, **локомоти́в** locomotive; **маршру́т** route; **машині́ст** driver, **провідни́к** *or* **конду́ктор** conductor; **відбуття́** *or* **відхі́д** departure, **прибуття́** *or* **прихі́д** arrival ◊ **час прихо́ду і відхо́ду лу́цького ~а** the arrival and departure times of the Lutsk-bound train; **затри́мка** delay, **зупи́нка** stop ◊ **незаплано́вана зупи́нка ~а** an unplanned train stop; ◊ **ро́зклад ~ів** a train schedule (**рух** traffic) ◊ **У цей час рух ~ів по мосту́ особли́во інтенси́вний.** At this time, the train traffic across the bridge is particularly intensive.
v. + **п. вести п.** drive a train (**відміня́ти** *or* **скасо́вувати** cancel ◊ **Че́рез сніговíй відміни́ли всі далекобі́жні ~и.** All long-distance trains were canceled because of the snowstorm. (**затри́мувати** delay, **зупиня́ти** stop; **пуска́ти під укі́с** derail ◊ **Вони́ пусти́ли під укі́с військо́вий п.** They derailed a military train. **встига́ти на** make ◊ **Хло́пці ле́две встигли на вечі́рній п.** The boys barely made the evening train. **запі́знюватися на** miss ◊ **Того́ дня О́ля запізни́лася на п.** That day, Olia missed her train. **ки́дати** + *A.* **під** throw sb under, **ки́датися під** throw oneself under, **па́дати під** fall under; **сіда́ти на** take *or* board ◊ **Він сів на п. за хвили́ну до відхо́ду.** He boarded the train a minute prior to its departure. **стриба́ти в** jump on ◊ **Він стрибну́в у п., коли́ той уже́ ру́шив.** He jumped on the train when it had already started moving. **чека́ти на** wait for) ◊ **Та́ня до́вго чека́ла на п.** Tania waited long for her train. **виска́кувати з ~а** jump out of a train (**вихо́дити з** get off, **зніма́ти** + *A.* **з** take sb off, **зустріча́ти** + *A.* **з** meet sb off) ◊ **Ці́ла деле́гація зустріча́ла Ві́ру з ~а.** An entire delegation met Vira off the train. **ї́хати ~ом** go by train (**подорожува́ти** travel by)
п. + *v.* **відхо́дити** depart ◊ **Ха́рківський п. віді́йшов з невели́кою затри́мкою.** The Kharkiv-bound train departed with a small delay. **відправля́тися** leave, **запі́знюватися** run late ◊ **П. ду́же запі́знювався.** The train was running very late. **затри́муватися** be delayed, **курсува́ти** run ◊ **Кур'є́рський п. «Ки́їв –Варша́ва» курсу́є лише́ влі́тку.** The nonstop Kyiv-Warsaw train runs only in the summer. **прибува́ти до** + *G.* arrive at/in *(a place)*, **прихо́дити** come ◊ **П. прийшо́в то́чно за ро́зкладом.** The train came exactly on schedule. **гальмува́ти** brake, **зупиня́тися** stop ◊ **П. зупиня́ється на ко́жній дру́гій ста́нції.** The train stops at every other station. **спові́льнюватися** slow down, **набира́ти шви́дкість** gather speed, **мча́ти(ся)** speed ◊ **П. промча́в(ся) ста́нцією не гальму́ючи.** The train sped through the station without slowing down. **нести́ся** hurtle, **розганя́тися** accelerate; **сі́патися** jerk; **сту́кати** rattle; **наближа́тися** approach; **проно́ситися** hurtle through/by, **прохо́дити** + *A.* pass sth; **везти́** + *A.* carry sb/sth; **розбива́тися** crash; **схо́дити з ко́лії** derail ◊ **П. зійшо́в із ко́лії.** The train derailed.
prep. **до ~а** to/before a train ◊ **Рома́на підвезла́ його́ до нічно́го ~а.** Romana gave him a lift to the night train. **з ~а** from a train ◊ **Він допомі́г Іва́нові звантáжити з ~а валі́зи.** He helped Ivan to offload his trunks from the train. **на ~у** *posn.* on a train; **на п.** *dir.* for a train ◊ **Сашко́ поспіша́є на ранко́вий п.** Sashko is in a hurry for the morning train. **у п.** *dir.* on/to a train ◊ **Ма́рта ма́ла хвили́ну, щоб сі́сти у п.** Marta had a minute to get on the train. **у ~у** *posn.* on board a train ◊ **Вони́ познайо́милися у ~у.** They met on a train. **п. до** + *G.* ◊ **п. до Доне́цьку** a Donetsk-bound train; **п. з** + *G.* a train from ◊ **п. із Пари́жу** a train from Paris
Also see **ешело́н 1**

потя́|ти, *pf., see* **тя́ти**
to cut up ◊ **Вона́ ~ла докуме́нти на шмато́чки.** She cut the documents up into small pieces.

по-украї́нськ|и, *var.* **~ому**, *adv.*
1 in a Ukrainian manner, according to Ukrainian customs ◊ **На́віть тут, у Нью-Йо́рку, вони́ вихо́вували діте́й п.** Even here, in New York, they raised their children as Ukrainians.
2 Ukrainian *(to write, speak, etc.)*, in Ukrainiain ◊ **Він розмовля́є п.** He speaks Ukrainian.

пофарбува́|ти, *pf., see* **фарбува́ти**
to give sth a coat of paint ◊ **Лари́са ~ла спа́льню.** Larysa painted her bedroom.

похвали́|тися, *pf., see* **хвали́тися**
to boast, *etc.* ◊ **Він ~вся бра́тові свое́ю уда́чею.** He bragged to his brother about his lucky break.

похва́ста|ти, *pf., see* **хва́стати**
to boast ◊ **Він ~в пе́ред Лі́дою нови́м а́втом.** He boasted about his new car to Lida.

похваста|тися, *pf., see* **хва́статися**
to boast ◊ **Оле́г ~вся всім, що ї́де до Ри́му.** Oleh boasted to everybody he was traveling to Rome.

похи́л|ий, *adj.*
1 inclined, sloping, slanted
adv. **де́що** somewhat, **ле́две** scarcely, **тро́хи** a little; **ви́разно** distinctly, **до́сить** fairly; **ду́же** very, **на́дто** too, **небезпе́чно** perilously
п. + *n.* **п. бе́рег** a sloping bank (**дах** roof, **мур** wall, **па́горб** hill, **шлях** road); **~а пло́ща** a slanted square ◊ **Пло́ща старо́го мі́ста ви́явилася тро́хи ~ою.** The old city square turned out to be a little slanted. (**пове́рхня** surface, **сте́жка** path) ◊ **Вони́ спусти́лися до рі́чки ~ою сте́жкою.** They went down to the river along a sloping path.
v. + **п. бу́ти ~им** be inclined (**виявля́тися** turn out; **здава́тися** + *D.* seem to sb, **лиша́тися** remain; **роби́тися** get, **става́ти** become) ◊ **Підло́га ста́ла помі́тно ~ою.** The floor became noticeably slanted.
2 old *(usu of people)*, aged, senior ◊ **п. вік** old age (**чолові́к** man); **~а жі́нка** an old woman (**люди́на** person); ♦ **громадя́ни ~ого ві́ку** senior citizens ◊ **мі́сця для ваги́тних жіно́к і громадя́н ~ого ві́ку** seats for pregnant women and senior citizens
See **стари́й**

похму́р|ий, *adj.*
1 gloomy, sullen, morose ◊ **Ви́разно ~е обли́ччя па́ні М. не обіця́ло нічо́го до́брого.** Mrs. M.'s distinctly sullen face promised nothing good.

adv. **до́сить** rather ◊ **Він був у до́сить ~ому гу́морі.** He was in a rather gloomy mood. **ду́же** very, **на́дто** too, **нестéрпно** unbearably; **геть** utterly, **цілко́м** completely; **дéщо** somewhat, **тро́хи** a little; **дале́ко не** far from, **зо́всім не** not at all
 п. + *n.* **п. буди́нок** a gloomy building (**ви́раз** countenance, **гу́мор** humor, **жарт** joke; **прогно́з** forecast; **тип** *colloq.* type, **чолові́к** man); **~а вда́ча** a gloomy character (**жі́нка** woman, **люди́на** person; **перспекти́ва** prospect, **сім'я́** family); **~е відчуття́** a gloomy feeling ◊ **~е відчуття́ катастро́фи, що наближа́лася, не покида́ло її.** The gloomy feeling of an impending catastrophe would not leave her. (**передчуття́** presentiment; **обли́ччя** face)
 v. + **п. бу́ти ~им** be gloomy ◊ **Він – люди́на ~а.** He is a gloomy individual. (**вигляда́ти** look, **здава́тися** + *D.* seem to sb, **лиша́тися** remain; **става́ти** become)
 Also see **гнітю́чий, ки́слий 2, пону́рий 1, суво́рий 2, хма́рний 2**
2 gloomy, sunless, overcast ◊ **День був мо́крим і ~им.** The day was wet and gloomy. ◊ **п. ра́нок** a gloomy morning; ◊ **~а о́сінь** gloomy fall (**пого́да** weather)
 Also see **хма́рний 1**

похова́|ти, *pf., see* **хова́ти**
1 to bury ◊ **Його́ ба́тька ~ли на ново́му цви́нтарі.** His father was buried in the new cemetery.
2 to hide *(all or many things)*, conceal ◊ **Він ~в світли́ни скрізь по ха́ті.** He hid the pictures all around the house.

похо́дженн|я, *nt., only sg.*
origin *(of person or thing)*, descent; provenance, source
 adj. **про́сте́** common, **скро́мне** lowly, humble; **міща́нське** bourgeois, **пролета́рське** proletarian, **селя́нське** peasant; **змі́шане** mixed; **чужозе́мне** foreign; **етні́чне** ethnic, **націона́льне** national, **ра́сове** racial; **кла́сове** class, **соція́льне** social; **аристократи́чне** aristocratic, **дворя́нське** *or* **шляхе́тне** noble; **ні́мецьке** German ◊ **Ю́рій Шевельо́в – визначни́й украї́нський уче́ний ні́мецького п.** Yurii Shevelov is a prominent Ukrainian scholar of German origin. **по́льське** Polish, **украї́нське** Ukrainian, *etc.*; **невідо́ме** unknown, **незрозумі́ле** unclear, **підозрі́ле** suspicious, **сумні́вне** questionable, **таємни́че** mysterious, **те́мне** obscure; **органі́чне** organic, **неоргані́чне** non-organic, **приро́дне** natural, **хемі́чне** chemical, **шту́чне** artificial
 n. + **п. краї́на п.** the country of origin (**мі́сце** place)
 v. + **п. визнача́ти п.** determine the origin ◊ **Фахівці́ ви́значили п. карти́ни.** The experts determined the provenance of the picture. (**видава́ти** *or* **зра́джувати** betray ◊ **Андрі́єва мо́ва зра́джувала його́ про́сте́ п.** Andrii's language betrayed his common origins. **виявля́ти** reveal, **встано́влювати** establish; **дослі́джувати** investigate ◊ **Гру́па дослі́джує п. епіде́мії ебо́ли.** The group investigates the origins of the Ebola epidemic. **ма́ти** have ◊ **Фінансува́ння кампа́нії ма́ло до́сить те́мне п.** The campaign financing had a rather murky origin. **прихо́вувати** conceal) ◊ **Він прихо́вує п. свої́х ста́тків.** He conceals the origin of his fortune. **бу́ти п.** be of origin ◊ **Текст невідо́мого п.** The text is of unknown origin. (**соро́митися** be ashamed of); **вихваля́тися ~ям** boast about one's origin (**хизува́тися** flaunt ◊ **Окса́на хизу́ється ні́бито шляхе́тним ~ям.** Oksana flaunts her allegedly noble origin. **пиша́тися** take pride in) ◊ **Він пиша́ється селя́нським ~ям.** He takes pride in his peasant origin.
 prep. **з п.** *or* **за ~ям** by origin ◊ **Вона́ – че́шка за ~ям.** She is Czech by origin.
 Also see **джерело́ 2, етимоло́гія 1, корі́ння 2, ко́рінь 2, кров 2**

похо́д|ити[1], **~жу, ~ять;** *no pf., intr.*
to come from, originate in, have origin in; arise from, emerge ◊ **Звідки ~ить її знева́га до про́сто́го лю́ду?** Where does her contempt for the common people come from?
 prep. **п. від** + *G.* be derived from sth ◊ **Вона́ ~ить від поля́ків.** She is of Polish origin. **п. з** + *G.* come from sb ◊ **Він ~ить з украї́нського ро́ду.** He comes from a Ukrainian family.
 похо́дь!
 Also see **бра́тися 3, іти́ 14**

похо́д|ити[2], **~жу, ~ять;** *no pf., intr.*
to resemble, take after, look like
 adv. **ду́же** greatly ◊ **Ра́нній Ель Ґре́ко ду́же ~ить на Тінторе́тта.** Early El Greco greatly resembles Tintoretto. **тро́хи** a little, **ле́две** barely; **зо́всім не** not at all, **ні тро́хи** not in the least ◊ **Син ні тро́хи не ~ив на ба́тька.** The son did not in the least take after his father.
 prep. **п. на** + *A.* take after sb

по́хорон, *m.*, **~у**
funeral
 adj. **прива́тний** private, **роди́нний** *or* **сіме́йний** family, **публі́чний** public, **церко́вний** church; **про́сти́й** simple, **скро́мний** modest; **вели́кий** big, **пи́шний** elaborate ◊ **Небі́жчик хоті́в пи́шний п.** The deceased wanted an elaborate funeral. **гі́дний** dignified, **досто́йний** decent, **нале́жний** proper, **присто́йний** respectable; **військо́вий** military, **держа́вний** state, **католи́цький** Catholic, **правосла́вний** Orthodox, **християнський** Christian; **традиці́йний** traditional ◊ **традиці́йний протеста́нтський п.** a traditional Protestant funeral
 v. + **п. влашто́вувати п.** arrange a funeral ◊ **Вони́ влаштува́ли ба́тькові присто́йний п.** They arranged a respectable funeral for their father. (**організо́вувати** organize, **прово́дити** conduct ◊ **П. прові́в свяще́нник.** A priest conducted the funeral. **прихо́дити на** attend) ◊ **До́сить бага́то люде́й прийшло на п.** A fairly large number of people attended the funeral.
 п. + *v.* **відбува́тися в** + *L.* take place in/at; **прохо́дити в** + *L.* be held in/at ◊ **П. прохо́див у це́ркві св. Андрі́я.** The funeral was held in St. Andrew's Church.
 prep. **на п.** *dir.* to a funeral ◊ **Вона́ пішла́ на п.** She went to the funeral. **на ~і** *posn.* at a funeral ◊ **На ~і було́ бага́то кві́тів.** There were lots of flowers at the funeral.

похоро́нн|ий, *adj.*
1 funeral, of or pertaining to funeral
 п. + *n.* **п. віно́к** a funeral wreath (**за́клад** home ◊ **У мі́сті оди́н п. за́клад.** There is one funeral home in the city. **корте́ж** cortege, **марш** march); **~а капли́ця** a funeral chapel (**му́зика** music, **промо́ва** speech, **про́повідь** sermon; **процéсія** procession, **слу́жба** service)
 Also see **жало́бний**
2 *fig.* funereal, mournful ◊ **Рома́н не розумі́в, чому́ він має таки́й п. на́стрій.** Roman did not understand why he was in such a funereal mood. ◊ **У кімна́ті панува́ла ~а ти́ша.** There was funereal silence in the room.
 See **сумни́й**

поцілува́|ти, *pf., see* **цілува́ти**
to give a kiss ◊ **Він ~в Усти́на в що́ку.** He kissed Ustyn on the cheek.

поцілу́н|ок, *m.*, **~ку**
kiss
 adj. **коро́ткий** brief, **хутки́й** swift, **швидки́й** quick; **до́вгий** long, **повільний** slow, **трива́лий** lingering; **гаря́чий** hot, **ероти́чний** erotic, **жа́дібний** hungry, **збу́джений** aroused, **при́страсний** passionate ◊ **Вона́ була́ заско́чена таки́м при́страсним ~ком.** She was taken aback by such a passionate kiss. **спеко́тний** steamy, **хти́вий** lustful, **чуттє́вий** sensual; **ла́гідний** gentle ◊ **Він пам'ята́в її ла́гідний п.** He remembered her gentle kiss. **легки́й** light, **м'яки́й** soft, **ні́жний** tender, **соло́дкий** sweet, **тремтя́чий** quivering; **брате́рський** brotherly, **дру́жній** friendly, **неви́нний** innocent, **цнотли́вий** chaste; **слиня́вий** sloppy; **стри́маний** reserved; **крижани́й** icy, **холо́дний** cold; **оста́нній** last, **проща́льний** farewell, **щемли́вий** poignant; ♦ **п. Юди** a Judas kiss
 v. + **п. відчува́ти п.** feel a kiss (**передава́ти** + *D.* send sb, **ста́вити** plant ◊ **Вона́ поста́вила Петро́ві на що́ку цнотли́вий п.** She planted a chaste kiss on Petro's cheek. **чу́ти** hear), ♦ **посила́ти** + *D.* **пові́тря́ний п.** blow sb a kiss ◊ **Він посла́в Марі́ї пові́тря́ний п. на проща́ння.** He blew Maria a farewell kiss. **цілува́ти ~ком** give sb a kiss ◊ **Він поцілува́в її крижани́м ~ком.** He gave her an icy kiss. **обмі́нюватися ~ками** exchange kisses ◊ **Вони́ обміня́лися ~ками.** They exchanged kisses. (**осипа́ти** + *A.* shower sb with ◊ **Ді́ти осипали її ~ками.** The children showered her with kisses. **покрива́ти** + *A.* smother sb/sth with)
 п. + *v.* **збу́джувати** + *A.* arouse sb; **трива́ти** + *A.* last *(for a period)* ◊ **Той незабу́тній п. трива́в лише́ одну́ секу́нду.** That unforgettable kiss lasted but for one second. **хвилюва́ти** + *A.* excite sb
 prep. **п. у** + *A.* a kiss on sth ◊ **хти́вий п. у ши́ю** a lustful kiss on the neck

поча́сти, *adv.*
in part, partially; to a certain extent ◊ **Він почува́вся п. ви́нним у то́му, що ста́лося.** He felt in part guilty for what had happened. ◊ **Буди́нок – лише́ п. ї́хня вла́сність.** The house is their property only in part. ◊ **Її моти́ви п. мо́жна зрозумі́ти.** To a certain extent, one can appreciate her motives.
 Also see **частко́во**

поча́|ти, *pf., see* **почина́ти**
to begin, start ◊ **Соломі́я ~ла жури́тися, що вони́ не прийду́ть.** Solomia started worrying that they would not show up.

поча́|тися, *pf., see* **почина́тися**
to begin, *etc.* ◊ **Дощ ~вся несподі́вано.** It started raining unexpectedly.

початко́в|ий, *adj.*
1 initial, beginning, starting ◊ **п. на́мір** an initial intention (**план** plan); **~а то́чка** a starting point; ◊ **Вона́ ма́ла до́сить сил, щоби прийти́ п'ять ~их кіломе́трів.** She had enough energy to walk the initial 5 km.
 Ant. **фіна́льний**
2 primary, elementary, rudimentary ◊ **п. рі́вень** elementary level; **~а осві́та** elementary education (**шко́ла** school)

поча́т|ок, *m.*, **~ку**
beginning, start *(month, year)*
 adj. **вда́лий** auspicious, **до́брий** good, **обіця́ючий** promising, **прекра́сний** superb, **успі́шний** successful, **чудо́вий** wonderful, **щасли́вий** felicitous; **важки́й** difficult, **катастрофі́чний** catastrophic, **невда́лий** unsuccessful, **пога́ний** bad, **прова́льний** disastrous; **несподі́ваний** unexpected, **нови́й** new
 v. + **п. знаменува́ти п.** spell a beginning ◊ **З'ї́зд ознаменува́в п. Украї́нського Наро́дного Ру́ху.** The congress spelled the beginning of the Ukrainian People's Movement. (**означа́ти** signify, **познача́ти** mark, **символізува́ти** symbolize), ♦ **бра́ти п. у** + *L.* to originate in sth ◊ **Суча́сна украї́нська мо́ва бере́ п. у тво́рчості Котляре́вського.** Modern Ukrainian language originates in Kotliarevsky's works. **дава́ти п.** + *D.* give rise to sth ◊ **Зу́стріч дала́ п. студе́нтському теа́трові.** The meeting

gave rise to the student theater. ♦ **класти п.** + *D.* to set sth in motion ◊ **Нова́ полі́тика покла́ла п. відро́дженню культу́ри.** The new policy set in motion a revival of culture.

prep. **без ~ку** without a beginning, ♦ **без ~ку і кінця́** endless; **від ~ку до кінця́** from start to finish; ♦ **для ~ку** to begin with ◊ **Пропону́ю для ~ку наки́дати план.** To begin with, I suggest that we jot down a plan. **до ~ку** before the start; **з само́го ~у** from the very outset; **на ~ку** at the beginning ◊ **на ~ку семе́стру** at the beginning of the semester

Also see **за́родок, зерно́ 5, світа́нок 2.** *Ant.* **кіне́ць 2, 3**

почека́|ти, *pf., see* чека́ти

to wait *(for some time), etc.* ◊ **Дівча́та ~ли на авто́бус де́сять хвили́н.** The girls waited ten minutes for the bus.

по́черк, *m.*, ~у

1 handwriting, penmanship, writing, hand

adj. **дрібни́й** small, **похи́лий** slanted, **розма́шистий** expansive, **тонки́й** fine; **га́рний** beautiful, **каліграфі́чний** caligraphic ◊ **Поня́ття каліграфі́чного ~у наза́вжди лиши́лося в мину́лому.** The concept of caligraphic handwriting forever remained in the past. **краси́вий** nice, **оха́йний** neat, **розбі́рливий** legible, **чітки́й** clear; **ке́пський** poor, **неоха́йний** sloppy, **нерозбі́рливий** illegible ◊ **Її п. став нерозбі́рливим.** Her handwriting became illegible. **пога́ний** bad

v. + **п. впізнава́ти п.** recognize a handwriting ◊ **Його́ п. ле́гко впізна́ти.** His handwriting is easy to recognize. (**ідентифікува́ти** identify; **ма́ти** have; **міня́ти** change ◊ **Коли́ тре́ба, вона́ ле́гко міня́є п.** When need be, she easily changes her handwriting. **розбира́ти** make out ◊ **Рі́дко хто міг розібра́ти його́ неоха́йний п.** Hardly anybody could make out his sloppy handwriting. **розшифро́вувати** decipher, **чита́ти** read)

prep. **за ~ом** by a handwriting ◊ **Вона́ мо́же бага́то сказа́ти про люди́ну за її ~ом.** She can tell a lot about a person by her handwriting.

2 *fig.* style, manner, method ◊ **Кампа́нія дезінформа́ції ма́ла росі́йський п.** The misinformation campaign has a Russian style.

adj. **вла́сний** one's own, **індивідуа́льний** individual, **неповто́рний** inimitable, **своєрі́дний** unconventional, **тво́рчий** creative ◊ **У ко́жного маляра́ свій тво́рчий п.** Every artist has his own creative style.

See **стиль**

поче́сн|ий, *adj.*

1 honorable, distinguished, illustrious ◊ **Його́ вважа́ли ~им чле́ном грома́ди.** He was considered to be an honorable member of the community. ◊ **Вона́ похо́дить із ~ої роди́ни.** She comes from an honorable family. ◊ **Пра́ця на бла́го наро́ду – це ~а спра́ва.** Working for public benefit is an honorable thing.

See **шано́вний 1**

2 honorary, of honor

п. + *n.* **п. член** an honorary member; **~а ва́рта** an honorary guard; **~е зва́ння** an honorary title (**мі́сце** place) ◊ **Поє́т займа́є ~е мі́сце в кано́ні літерату́ри.** The poet occupies a place of honor in the literary canon.

почина́|ти, ~ють; поча́ти, почн|у́ть, *tran.*

to begin, start, initiate + *only impf. inf., or A.* ◊ **Ната́ля почала́ до́бре спа́ти.** Natalia began to sleep well.

adv. **вже** already ◊ **Соломі́я вже почала́ курс із соціоло́гії.** Solomia has already started the sociology course. **наре́шті** finally; **невідкла́дно** without delay, **нега́йно** immediately, **несподі́вано** unexpectedly, **ра́птом** suddenly, **за́раз же** right away; **від** *or* **з поча́тку** from the start, **від** *or* **з кінця́** from the end; **зно́ву** again ◊ **Олекса́ндра зно́ву почала́ перегляда́ти світли́ну.** Oleksandra started looking through the photographs again. **із задово́ленням** with pleasure, **ра́до** gladly; **неохо́че** reluctantly; **таємно** secretly

v. + **п. боя́тися** be afraid to ◊ **Він боя́вся п. пра́цю на ново́му мі́сці сканда́лом.** He was afraid to start his work in a new position with a scandal. **бу́ти гото́вим** be ready to, **бу́ти тре́ба** + *D.* need to ◊ **Робі́тникам тре́ба п.** The workers need to start. **виріша́увати** decide to, **ма́ти** be supposed to, have to, **могти́** can; **збира́тися** be going to, **планува́ти** plan to ◊ **Вона́ плану́є поча́ти конце́рт коро́ткою п'єсою.** She plans to start the concert with a short piece. **сподіва́тися** hope to; **обіця́ти** + *D.* promise sb to; **проси́ти** + *A.* ask sb to

prep. **п. від** *or* **з** + *G.* start from/with sth ◊ **Він поча́в коси́ти від сере́дини травника́.** He started mowing from the middle of the lawn. **п. на** + *L.* begin at *(moment)* ◊ **На со́тому кіломе́трі двигу́н поча́в перегріва́тися.** At the hundredth kilometer, the engine began to overheat.

pa. pple. **поча́тий** begun

почина́й! почни́!

Also see **бра́тися 2, вдаря́тися 2, вступа́ти 4, забира́тися 4, заво́дити 5, 8, зав'я́зувати 2, захо́дити 7, зніма́ти 5, пору́шувати 3, пуска́тися 2, розво́дити 8, розпочина́ти, става́ти 5.** *Ant.* **закі́нчувати 1**

почина́|тися; поча́тися, *intr.*

to start, begin, initiate ◊ **Десь в цих ліса́х ~ється Дніпро́.** The Dnipro begins somewhere in these forests.

adv. **лише́** only ◊ **Яри́на почува́лася так, на́че життя́ лише́ ~лося.** Yaryna felt as if her life were only beginning. **незаба́ром** soon, **пові́льно** slowly, **поступо́во** gradually, **ті́льки-но** just now, **що́йно** just ◊ **О́пера що́йно почала́ся.** The opera just started.

v. + **п. ма́ти** be supposed to, **могти́** can ◊ **Гроза́ могла́ поча́тися в бу́дь-який моме́нт.** The thunderstorm could begin at any moment.

prep. **п. як** start as sth ◊ **Їхнє коха́ння почала́ся як випадко́ве знайо́мство.** Their love began as a casual acquaintance.

Also see **вибуха́ти 2, заво́дитися 2, займа́тися² 2, зніма́тися 6, розпочина́тися, спала́хувати 3.** *Ant.* **закі́нчуватися**

почува́|ти, ~ють; почу́|ти, ~ють, *intr.*

to feel, have a feeling *(emotional or physical)*; ♦ **п. себе́** to feel, feel oneself; ♦ **почу́ти себе́** *pf.* start feeling ◊ **Оре́ст почу́в себе́ се́ред дру́зів.** Orest felt he was among his friends. ◊ **Вона́ ~ла себе́ невда́хою.** She felt herself to be a loser.

adv. **до́бре** well, **га́рно** nice, **кра́ще** better ◊ **За пів годи́ни Фе́дір почу́в себе́ кра́ще.** Fedir felt better half an hour later. **прекра́сно** great ◊ **З ра́нку Фа́ня ~ла себе́ прекра́сно.** Fania felt great in the morning. **ра́дісно** happy; **зле** ill, **ке́псько** unwell, **пога́но** bad; **вира́зно** distinctly; **глибо́ко** deeply, **го́стро** acutely, **си́льно** strongly; **ді́йсно** really, **спра́вді** truly; **інтуїти́вно** intuitively; **несподі́вано** unexpectedly, **ра́птом** suddenly

п. + *n.* **п. біль** feel pain (**вто́му** fatigue, **го́лод** hunger, **спра́гу** thirst ◊ **Ко́жен член експеди́ції ~в спра́гу.** Every member of the expedition felt thirsty. **вдово́лення** satisfaction, **вдя́чність** gratitude, **відра́зу** aversion, **оги́ду** revulsion; **жа́лість** pity, **співчуття́** sympathy; **любо́в** love, **ні́жність** affection **Ната́ля почу́ла до них несподі́вану ні́жність.** Natalia suddenly felt affection for them. **прихи́льність** fondness; **прови́ну** guilt ◊ **Сла́вка ~ла го́стру прови́ну.** Slavka had an acute sense of guilt. **со́ром** shame; ♦ **п. себе́ ні в сих ні в тих** to feel ill at ease

v. + **п. зму́шувати** + *A.* make sb; **поча́ти** *pf.* begin ◊ **Він поча́в п. страх пе́ред майбу́тнім.** He began feeling fearful of the future. **ста́ти** *pf.* start; **перестава́ти** stop; **продо́вжувати** continue

Cf. **відчува́ти 1**

2 to feel, discern, smell

п. + *n.* **п. воло́гість** feel humidity (**дим** smoke, **до́тик** touch ◊ **Вона́ почу́ла до́тик його́ руки́.** She felt the touch of his hand. **за́пах** smell, **тепло́** warmth, **хо́лод** cold)

Cf. **відчува́ти 2**

почува́|тися; почу́тися, *intr.*

1 to feel, feel oneself; *pf.* to start feeling ◊ **Вона́ ~лася норма́льно в ро́лі керівни́ці.** She felt fine in the director's role. ◊ **Лев ні́коли не ~вся здоро́вим.** Lev has never felt himself to be healthy.

adv. **до́бре** well, **га́рно** nice, **зати́шно** cozy, **комфо́ртно** comfortable, **кра́ще** better, **прекра́сно** great, **ра́дісно** happy, **розсла́блено** relaxed ◊ **Ко́жен її паціє́нт ~вся га́рно і розсла́блено.** Each of her patients felt nice and relaxed. **гі́рше** worse, **зле** ill, **ке́псько** unwell, **ні́яково** ill at ease, **пога́но** bad; **все ще** still, **да́лі** further, **іна́кше** different, **як ра́ніше** as before

v. + **п. могти́** can ◊ **Хіба́ хто-не́будь міг п. в таки́х обста́винах іна́кше?** Could anybody feel different in such circumstances? **почина́ти** begin to, **ста́ти** *pf.* start ◊ **Лука́ш став п. деда́лі гі́рше.** Lukash started feeling increasingly worse. **продо́вжувати** continue to, **перестава́ти** stop; **пра́гнути** strive to, **хоті́ти** want to ◊ **Він хоті́в п. незале́жним.** He wanted to feel independent.

Cf. **відчува́тися**

2 *pass., only 3rd pers.* to be felt ◊ **Бли́жче до о́зера ~лася прохоло́да.** It felt cool closer to the lake.

почува́йся!

Also see **відчува́тися**

почу́|ти, *pf., see* почува́ти *and* чу́ти

1 to feel, sense ◊ **Ва́лик ~в недові́ру у її поведі́нці.** Valyk sensed distrust in her conduct.

2 to hear ◊ **Федо́ра скри́кнула, але́ ніхто́ її не ~в.** Fedora let out a scream, but nobody heard her.

почу́|тися, *pf., see* почува́тися *and* чу́тися

1 to feel, experience a sensation ◊ **Павло́ ~вся зра́дженим.** Pavlo felt betrayed.

2 *pass., only 3rd pers.* to be heard; mishear ◊ **Нагорі́ ~лися кро́ки.** Someone's steps were heard upstairs. ◊ **Олі все це ~лося.** Olia misheard it all.

почутт|я́, *nt.*

1 feeling, sensation, sense

adj. **вели́ке** great, **га́рне** nice, **неймові́рне** incredible, **неповто́рне** inimitable, **при́ємне** pleasant ◊ **Вона́ пережива́ла при́ємне п. розсла́блення.** She experienced a pleasant feeling of relaxation. **чудо́ве** wonderful; **висо́ке** lofty, **шляхе́тне** noble, **чи́сте** pure; **неви́нне** innocent; **дру́жнє** friendly, **ні́жне** tender; **гаря́че** ardent, **при́страсне** passionate, **романти́чне** romantic, **те́пле** warm; **вира́зне** distinct; **осо́бли́ве** particular; **незнайо́ме** unfamiliar, **рі́дкісне** rare; **невира́зне** indistinct, **тьмя́не** vague; **впе́рте** persistent, **невідсту́пне** relentless; **го́стре** acute; **приту́плене** blunted; **бо́лісне** painful; **нестерпне** unbearable; **жахли́ве** horrible, **страхітли́ве** terrifying, **страшне́** terrible; **естети́чне** esthetic, **ети́чне** ethical, **націоналісти́чне** nationalist, **націона́льне** national, **патріоти́чне** patriotic ◊ **патріоти́чні п. наро́ду** the people's patriotic sentiments; **релігі́йне** religious, **шовіністи́чне** chauvinist; **зага́льне** general, **поши́рене** widespread; ♦ **шо́сте п.** the sixth sense

п. + *n.* **п. апа́тії** a feeling of apathy (**бо́лю** pain, **відповіда́льности** responsibility, **вла́сної гі́дности** one's own dignity; **гу́мору** humor ◊ **Він трима́вся да́лі від люде́й без п. гу́мору.** He kept away from people who had no sense of humor. **знева́ги** disdain; **краси́** beauty;

обýрення outrage; пáніки panic, стрáху fear; зáздрости envy, рéвнощів jealousy; жáлю pity; солідáрности solidarity; дежавю déjà vu)
v. + п. будúти п. в + *G.* awaken a feeling in sb ◊ **Фóто бýдить у нéї тéпле п. ніжности.** The photo awakes a warm feeling of tenderness in her. (**викликáти в** + *G.* arouse in sb ◊ **Заява викликáла п. рóзпачу.** The statement aroused a feeling of dispair. **провокувáти в** + *G.* provoke in sb; **знáти** know ◊ **Він дóбре знав це п. принúження.** He knew well that feeling of humiliation. **мáти** have, **переживáти** experience; **поділяти** share ◊ **Вонú поділяли Маркóві дрýжні п.** They shared Marko's friendly feelings. **любúти** love, like; **ненáвидіти** hate ◊ **Він ненáвидить це підстýпне п. стрáху.** He hates that treacherous sensation of fear. **ігнорувáти** ignore; **перемагáти** get the upper hand over, **потамóвувати** suppress; **бýти здáтним на** be capable of ◊ **Богдáна здáтна на глибóкі п.** Bohdana is capable of deep feelings, **відповідáти взаємністю на** *or* **увзаємнювати** reciprocate) ◊ **Лев не відповідáв взаємністю на** *or* **увзаємнював її романтичні п.** Lev did not reciprocate her romantic feelings. **позбувáтися п.** shake off a feeling; **виріжнятися ~ям** stand out by one's sense of ◊ **Людмúла виріжняється тонкúм п. смакý.** Liudmyla's fine sense of taste makes her stand out. (**насолóджуватися** enjoy; **борóтися з** fight); ♦ **грáти на ~і** *fig.* to exploit sb's feeling ◊ **Влáда грáла на шовіністичному ~і нáтовпу.** The authorities exploited the crowd's chauvinistic feelings.
п. + *v.* **з'являтися** emerge ◊ **П. тріюмфу з'явилося нізвідки.** The feeling of triumph emerged from nowhere. **опанóвувати** + *I.* overcome sb, take a hold of sb ◊ **Ним опанувáло п. ненáвисти.** He was overcome by a feeling of hatred. **охóплювати** + *A.* seize sb; **зростáти** grow, **посúлюватися** strengthen ◊ **Дрýжні п. між нúми посилювалися.** Their friendly feelings for each other were strengthening. **вмирáти** die, **зникáти** disappear, **послáблюватися** weaken; **перемагáти** + *A.* conquer sth ◊ **П. цікáвости перемоглó у хлóпцеві страх.** The feeling of curiosity conquered the boy's fear.
prep. **п. до** + *G.* feeling for sb ◊ **Йогó п. до Натáлки не є таємнúцею.** His feelings for Natalka are not secret. **п. між** + *I.* a feeling between sb
Also see **відчуття 1, 2, прúстрасть 1, струнá 2, чуттý 2**
2 emotion, feeling, sentiment ◊ **Вонá співáла без особлúвого п.** She sang without particular emotion. ◊ **Він дóвго не міг дáти рáду ~ям.** He took a long time to sort out his emotions.
Also see **емóція**
3 feeling, love, desire, affection ◊ **Згóдом їхні п. охолóли, стáвши подíбними до звúчки.** Eventually their feelings cooled, having become akin to a habit.
See **кохáння 1.** *Also see* **любóв 2, прúстрасть 4**
G. pl. **~ів**

пошáн|а, *f., only sg.*
respect, reverence, deference, regard, esteem
adj. **велúка** great, **висóка** high, **винятковá** exceptional, **глибóка** deep, **налéжна** due, **неабúяка** remarkable, **особлúва** special, **спрáвжня** genuine
v. + п. **викликáти ~у в** + *G.* inspire respect in sb (**виявляти** + *D.* show sb, **демонструвáти** + *D.* demonstrate sb; **заслужúти** *only pf.* gain ◊ **Підлíсна заслужúла п. в людéй як чéсний полíтик.** Pidlisna gained respect among people as an honest politician. **здобувáти** win, **мáти** have; **заслугóвувати на** merit, deserve) ◊ **Такé досягнення заслугóвує на визнáння та ~у.** Such an accomplishment merits recognition and respect. ♦ **складáти** + *D.* **~у** to pay sb homage ◊ **Країна складáла ~у герóям.** The country was paying homage to the heroes. **користувáтися ~ою** have respect (**тíшитися** enjoy; **проймáтися до** develop for sb) ◊ **Вояки пройнялися ~ою до командúра.** The soldiers developed respect for their commander. **мáти** + *A.* **в ~і** hold sb in esteem ◊ **Юрій мав вчúтеля у глибóкій ~і.** Yurii held the teacher in high esteem.
prep. **з ~и до** + *G.* in deference to sb/sth ◊ **Він узяв ýчасть у фестивáлі з ~и до традúції.** He took part in the festival in deference to tradition. **з ~ою** 1) with respect ◊ **Вонú стáвилися до бáтьків із налéжною ~ою.** They treated their parents with due respect. 2) ♦ **з ~ою** Yours truly *(in letters)*; **на ~у** in honor of sb/sth ◊ **збíрник статтéй на ~у професора Симчукá** a collection of articles in honor of Professor Symchuk; **п. до** + *G.* respect for sb/sth
See **повáга**

пóшепки, *adv.*
in a whisper ◊ **Вонú п. пліткувáли.** They were gossiping in a whisper.
v. + п. **говорúти** *or* **казáти п.** speak in a whisper (**благáти** beg, beseech, **молúтися** pray, **розповідáти** + *A.* tell sth, **скáржитися** complain; **декламувáти** + *A.* recite sth, **читáти** + *A.* read sth; **лáятися** curse)

поширен|ий, *adj.*
1 extended, expansive, widened ◊ **Цьогó вéчора артúсти покáзуватимуть ~у прогрáму.** This evening, the performers will be showing an extended program. ◊ **~е рéчення** *ling.* an extended sentence
2 widespread, common, numerous
adv. **віднóсно** relatively, **дíйсно** really, **дóсить** fairly, **дýже** very, **напрáвду** truly, **особлúво** particularly, **порíвняно** comparatively
v. + п. **бýти ~им** be widespread ◊ **Пів столíття томý цей вид чáплі був ще дóсить ~им.** Half a century ago, this species of heron was still fairly common. (**виявлятися** turn out, **лишáтися** remain ◊ **Такúй звичáй і тепéр лишáється дýже ~им.** Such a custom remains very common even now. **ставáти** become) ◊ **Йогó неологíзм так і не став ~им.** His neologism never became widespread.
See also **панівнúй 2**

поширен|ня, *nt.*
1 *only sg.* spread, expansion, extension, proliferation, dissemination, distribution
adj. **велúке** great, **значнé** considerable, **неабúяке** remarkable, **обмéжене** limited, **пéвне** certain, **помíтне** marked, **швидкé** swift; **неминýче** inevitable, **повíльне** slow, **повзýче** creeping, **поступóве** gradual; **незакóнне** unlawful, **таємне** secret
п. + *n.* **п. збрóї** a spread of weapons (**ідéй** ideas, **інформáції** information, **знáння** knowledge, **книжóк** books; **епідéмії** epidemic) ◊ **Вонú запобíгли ~ню епідéмії.** They prevented the spread of the epidemic.
v. + п. **контролювáти п.** control the spread (**обмéжувати** curb ◊ **Договíр обмéжив п. ядéрної збрóї.** The treaty curbed the nuclear arms proliferation. **організóвувати** organize) ◊ **Вонú організувáли п. новóї публікáції.** They organized a dissemination of the new publication. **набувáти п.** gain currency ◊ **Вúраз набýв п. сéред мóлоді.** The saying gained currency among the youth. **запобігáти ~ню** prevent a spread; **займáтися ~ням** engage in dissemination
Cf. **прокáт 2**
2 share *(on social media)* ◊ **Її дóпис дістáв багáто ~ь у соціяльних мерéжах.** Her post got many shares on social networks.

пошúри|ти, *pf., see* **поширювати**
to spread, *etc.* ◊ **Одáрка ~ла оголóшення в мерéжі.** Odarka shared the announcement on the Web.

пошúри|тися, *pf., see* **поширюватися**
to spread, *etc.* ◊ **Мáсові протéсти ~лися всíєю краïною.** The mass protests spread throughout the entire country.

пошúрю|вати, ~ють; пошúр|ити, ~ять, *tran.*
1 to widen, broaden, extend ◊ **Селянúн зрубáв дерéва, щоб поширити пóле.** The peasant cut the trees down to widen the field.
prep. **п. на** + *A.* to widen by *(measure)* ◊ **Перúметр оборóни поширили на дéсять мéтрів.** The defense perimeter was increased by 10 m.
See **збíльшувати, розширювати.** *Ant.* **звýжувати 1, 2**
2 to spread, disseminate; increase
adv. **вже** already, **дýже** greatly, **знáчно** considerably, **помíтно** noticeably ◊ **Новá релíгія помíтно поширила свої вплúви в Áфриці.** The new religion has noticeably spread its influence in Africa. **швидкó** swiftly; **повíльно** slow, **поступóво** gradually; **методúчно** methodically; **послідóвно** consistently; **незакóнно** unlawfully ◊ **Він незакóнно ~вав у шкóлі опіóїди.** He unlawfully distributed opioids at school. **таємно** secretly; **організóвано** in an organized manner
п. + *n.* **п. вплив** spread influence (**діяльність** activity; **знання** knowledge, **ідéї** ideas; **плітки** gossip, **чуткú** rumors; **співпрáцю** cooperation; **вíрус** virus; **дóпис** post, **книжкú** books)
v. + п. **бýти трéба** + *D.* need to; **вдавáтися** + *D.* succeed in ◊ **Їм удалóся поширити діяльність на схід країни.** They succeeded in expanding their activity to the east of the country. **змогтú** *pf.* manage to; **вирíшувати** decide to; **мáти нáмір** have the intention to, **планувáти** plan to; **могтú** can; **намагáтися** try to, **прóбувати** attempt to; **починáти** begin to, **стáти** *pf.* start; **переставáти** stop; **продóвжувати** continue; **доручáти** + *D.* charge sb with, **просúти** + *A.* ask sb to ◊ **Хлóців попросúли поширити летючки пéред лéкцією.** The boys were asked to distribute the flyers before the lecture.
Also see **розпускáти 6**
pa. pple. **поширений** spread out, widespread
поширюй! пошир!

пошúрю|ватися; пошúритися, *intr.*
to spread, expand, extend; circulate; widen; apply to sb/sth ◊ **Її слáва ~валася країною.** Her fame was spreading around the country. ◊ **Епідéмія грúпу поширилася по всіх шкóлах мíста.** The flu epidemic spread through all the city schools. ◊ **Пíсня ~валася майдáном.** The song spread through the square.
prep. **п. на** + *A.* apply to sb *(of law)* ◊ **Пéрша вимóга не ~ється на шкíльну мóлодь.** The first requirement does not apply to school youth.
Also see **літáти 2, розливáтися 2, розпускáтися 5.** *Ant.* **звýжуватися**

пошú|ти, *pf., see* **шúти**
to sew, *etc.* ◊ **Вонá ~ла собí вечíрню сýкню.** She had a night dress sewn for her.

пошкóд|ити, *pf., see* **шкóдити**
to damage, *etc.* ◊ **Він ~в клавіатýру.** He damaged the keyboard.

пóшт|а, *f.*
1 mail, post
adj. **держáвна** state, **привáтна** private, **кур'єрська** courier; ♦ **авіапóшта** air mail; ♦ **електрóнна п.** email; ♦ **~ою** by mail
v. + п. **користувáтися ~ою** use mail ◊ **Вонú корúстуються ~ою для оплáти комунáльних рахýнків.** They use mail to pay their untility bills. (**отрúмувати** + *A.* receive sth by, **посилáти** + *A.* send sth by) ◊ **Іван послáв лист кур'єрською**

~**ою.** Ivan sent the letter by the courier mail.
2 post office
adj. **головнá** main; **міськá** city, **місцéва** local, **сíльська** village; **новá** new, **старá** old; **сучáсна** modern
v. + **п. йти** *and* **ходи́ти на ~у** go to a post office ◊ **Він мýсить щоднí ходи́ти на міськý ~у.** He has to go to the city post office every day.
prep. **на ~у** *dir.* to a post office; **на ~і** *posn.* at a post office ◊ **Мáрки мóжна купи́ти на ~і.** Stamps can be bought at the post office.
See **буди́нок**
3 *coll.* mail, correspondence, letters
adj. **дипломати́чна** diplomatic, **éкстренна** express, **звичáйна** regular, **рекомендóвана** registered; **вчорáш-ня** yesterday's, **сьогóднішня** today's; **остáння** latest, **пéрша** first; **свíжа** fresh; **вхіднá** incoming, **вихіднá** outgoing; **відкри́та** opened, **прочи́тана** read; **невідкри́та** unopened ◊ **На підлóзі лежáла невідкри́та п.** There was unopened mail on the floor. **непрочи́тана** unread; **електрóнна** electronic, **звичáйна** snail; **голосовá** voice ◊ **До пакéту пóслуг вклю́чено й голосовý ~у.** The service package also includes voice mail. ♦ **відеопóшта** video mail
v. + **п. адресувáти** + *D.* **~у** address the mail to sb ◊ **Він заадресувáв ~у відділу кáдрів.** He addressed the mail to the Human Resources Office. (**доставля́ти** + *D.* deliver to sb, **принóсити** + *D.* bring sb; **забирáти** collect ◊ **Він пішóв забрáти своє́ ~у.** Masenko went to collect his mail. **дістáвати** get, **отри́мувати** receive; **крáсти** steal, **перехóплювати** intercept ◊ **Таємну ~у перехопи́ли.** The secret mail was intercepted. **посилáти** + *D.* send sb; **скерóвувати** + *D.* direct to sb, **пересилáти** + *D.* forward to sb ◊ **Її ~у пересилáли на новý кварти́ру.** Her mail was forwarded to the new apartment. **сортувáти** sort; **перевіря́ти** check; **відкривáти** open, **читáти** read ◊ **Секретáрка читáла і сортувáла ~у.** Her secretary read and sorted the mail. **відповідáти на** respond to ◊ **Адріянá відповілá на кýпу ~и.** Adriana responded to a pile of mail.
See **кореспондéнція 1.** *Also see* **листувáння 2**

поштóв|ий, *adj.*
postal, of or pertaining to postal services
п. + *n.* **п. вíдділ** a postal office ◊ **Він працю́є в ~ому вíдділі нóмер три.** He works at Postal Office No. 3. (**зв'язóк** communication), ♦ **п. íндекс** a zip code, ♦ **п. гóлуб** a homing pigeon; **~а мáрка** a postage stamp, **~а слýжба** postal service, **~а адрéса** a mailing address, ♦ **~а листíвка** a postcard, ♦ **~а скри́нька** a mailbox; **~і пóслуги** postal services

пóшук, *m.*, ~у
search, *geology* prospecting
adj. **всеохóпний** all-inclusive, **вичéрпний** exhaustive, **впéртий** persistent ◊ **Впéртий п. не дав результáтів.** The persistent search yielded no results. **доклáдний** detailed, **методи́чний** methodical, **невідстýпний** relentless, **ретéльний** thorough, **системати́чний** systematic, **скрупульóзний** scrupulous; **загальнонаціонáльний** nationwide, **широ́кий** wide; **безперéрвний** uninterrupted ◊ **Він забезпéчує безперéрвний п. дáних.** He ensures an uninterrupted search of data. **постíйний** constant; **відчайдýшний** desperate; **безрезультáтний** fruitless, **мáрний** futile; **мерéжевий** web; **оперативний** prompt, **прóстий** simple, **швидки́й** quick
v. + **п. вести́ п.** conduct a search (**здíйснювати** carry out, **провóдити** do; **організóвувати** organize ◊ **Геóлоги організувáли п. пóкладів нáфти.** The geologists organized a prospecting for oil deposits. **очóлювати** lead; **оголóшувати** announce ◊ **Полíція оголоси́ла п. уби́вці.** The police announced a search for the killer. **починáти** begin; **зупиня́ти** stop, **ки́дати** abandon ◊ **Він ки́нув цей мáрний п.** He abandoned this futile search. **переривáти** interrupt, **продóвжувати** continue; **відміня́ти** call off; **звýжувати** narrow, **розширя́ти** widen); **допомагáти ~ові** help a search ◊ **Отри́мана інфомáція допомоглá ~ові щодéнників поéта.** The information received helped the search for the poet's diaries. (**перешкоджáти** hamper); **бýти в ~у** + G. be in search of sth ◊ **Він зáвжди́ в ~у нови́х ідéй.** He is always in search of new ideas.
prep. **в ~у** + *G. posn.* in search of/for sb/sth ◊ **Канáл був у постíйному ~у нови́х талáнтів.** The channel was in constant search of new talents; **на п.** + *G. dir.* in search of sb/sth ◊ **Вони́ ви́рушили на п. води́.** They set out in search of water. **п. за** + *I.* search by sth ◊ **мерéжевий п. за áвтором кни́жки** a web search by the book author (**ключови́м слóвом** keyword, **нáзвою** title, **предмéтом** subject, **рóком видáння** year of publication)
Also see **рóзвідка 4.** *Cf.* **рóзшук 2**

пошукá|ти, *pf., see* шукáти
to search *(for some time)* ◊ **Ірéна ~ла адрéсу у стари́х нотáтках.** Irena searched for the address in her old notes.

пощасти́|ти, *pf., see* щасти́ти
impers. to be in luck, be lucky, succeed ◊ **Якщó ~ть, то я побáчу Ватикáнські музéї.** If I am lucky, I will see the Vatican Museums.

поя́в|а, *f.*
appearance, arrival, emergence, advent; occurrence
adj. **ґвалтóвна** abrupt, **корóтка** brief, **несподíвана** unexpected, **раптóва** sudden; **рíдка** rare; **пéрвісна** initial, **пéрша** first; **остáння** last ◊ **йогó остáння п. як комíчного актóра** his last appearance as a comic actor; **публíчна** public
v. + **п. вітáти ~у** greet appearance ◊ **Країна вітáла ~у талановитого режисéра.** The country greeted the appearance of the talented director. (**зустрічáти** react to; **заувáжувати** notice ◊ **Він заувáжив ~у небезпéчних симптóмів у хвóрого.** He noticed the emergence of dangerous symptoms in the patient. **засвíдчувати** witness, **знаменувáти** mark; **іґнорувáти** ignore; **організóвувати** organize; **чекáти на** wait for); **боя́тися ~и** fear appearance (**чекáти** wait for) ◊ **Він із тривóгою чекáв ~и рецéнзій.** He waited for the appearance of reviews with anxiety.
Also see **ви́хід 4**

пóяс, *m.*, ~а *and* ~у
1 **~а** belt, sash, girdle
adj. **вузьки́й** narrow, **широ́кий** wide; **грýбий** thick; **тонки́й** thin, **міцни́й** strong; **дóвгий** long; **шкіряни́й** leather; ♦ **рятувáльний п.** a life jacket ◊ **Рятувáльні ~и бýли під сидíннями.** Life jackets were under the seats.
v. + **п. вдягáти п.** put on a belt ◊ **Він вдягнýв п.** He put on his belt. (**носи́ти** wear; **застібáти** fasten, **знімáти** take off, **розстібáти** unfasten; **затя́гувати** tighten) ◊ **Із нови́ми видáтками їм доведéться затягнýти ~и.** *fig.* With the new expenditures, they will have to tighten their belts. **підперéзувати** + *A.* **~ом** fasten a belt on sb/sth ◊ **Він підперезáв штани́ ~ом.** He fastened the belt on his pants. ♦ **затикáти** + *A.* **за п.** to outdo sb ◊ **Марíя так дóбре плáває, що заткнé за п. трéнера.** Maria swims so well, she will outdo her coach.
See **пас.** *Also see* **рéмінь, стрíчка 3**
2 **~а** waist
prep. **до ~а** to the waist, waistlong ◊ **Марíя мáє кóсу аж до ~а.** Maria has a braid all the way to her waist.
See **пóперек[1], тáлія**
3 **~у** zone, area, sector, stretch
adj. **географíчний** geographic; **кліматичний** climate; **гаря́чий** hot, **помíрний** temperate, **холóдний** cold; **прибере́жний** coastal; **радіацíйний** radiation; **часови́й** time ◊ **Україна лежи́ть в однóму часовóму ~і.** Ukraine lies in the same time zone.
See **зóна 1**

поя́снен|ня, *nt.*
explanation, clarification + *G.* of *or D.* for sth ◊ **п. її дóвгої хворóби** an explanation of her long sickness *or* **п. її дóвгій хворóбі** an explanation for her long sickness
adj. **дóвге** long, **розлóге** lengthy; **корóтке** short, **сти́сле** brief; **всеохóпне** comprehensive, **загáльне** general; **пошu̇рене** common, **типóве** typical; **супровíдне** accompanying; **арґументóване** well-grounded, **очеви́дне** obvious, **перекóнливе** convincing, **раціонáльне** rational, **резóнне** reasonable; **адеквáтне** adequate, **достáтнє** sufficient; **доклáдне** detailed, **пóвне** complete; **непóвне** incomplete, **частковé** partial; **задовíльне** satisfactory, **імовíрне** likely, probable, **можли́ве** possible, **правдоподíбне** credible, **прийня́тне** acceptable; **малоймовíрне** implausible, **неадеквáтне** inadequate, **недостáтнє** insufficient, **незадовíльне** unsatisfactory, **неприйня́тне** unacceptable; **подáльше** further; **промóвисте** telling; **зрозумíле** intelligible ◊ **Він дав зрозумíле п. прáвила.** He gave an intelligible explanation of the rule. **прозóре** transparent, **чіткé** clear; **двознáчне** ambiguous, **заплýтане** tangled, **тумáнне** vague; **зрýчне** convenient; **легкé** easy, **прóсте́** simple; **прáвильне** correct; **хи́бне** wrong; **альтернати́вне** alternative; **наївне** naive, **неви́нне** innocent; **офіцíйне** official; **традиці́йне** traditional; **письмóве** written, **словéсне** verbal; **єди́не** only; **істори́чне** historical, **культýрне** cultural, **наукóве** scientific, **політи́чне** political, **психологíчне** psychological, **соціологíчне** sociological; **теорети́чне** theoretical
v. + **п. вислухóвувати п.** listen to an explanation ◊ **Комітéт ви́слухав її п.** The committee listened to her explanation. (**відкидáти** reject; **давáти** + *D.* give sb, **пропонувáти** + *D.* offer sb; **знахóдити** find; **мáти** have ◊ **Падíння життєвого рíвня мáє соціологíчне п.** The fall in the living standards has a sociological explanation. **отри́мувати** receive, **приймáти** accept; **вдавáтися в** go into ◊ **Не слíд удавáтися в розлóгі п.** One should not go into lengthy explanations. **пускáтися в** launch into); **вимагáти п.** demand an explanation (**домагáтися** press for, **потребувáти** need, **хотíти** want; **шукáти** look for) ◊ **Лéся шукáла п. поведíнки мавп.** Lesia looked for an explanation of the monkeys' behavior.
N. pl. **~ь**

поясни́|ти, *pf., see* поя́снювати
to explain ◊ **Він ~в причи́ни своє́ї відсýтности.** He explained the reason for his absence.

поя́сню|вати, ~ють; поясн|и́ти, ~ю́, ~ять, *tran.*
1 to explain to sb, clarify, elucidate, give an explanation + *D.* ◊ **Поясні́ть нам, звíдки у вас ці дáні.** Explain to us where you got the data.
adv. **дóвго** for a long time, **розлóго** at length; **кóротко** in short, **сти́сло** briefly, **швидко** quickly ◊ **Він швидко поясни́в Рóбертові нóве слóво.** He quickly explained the new word to Robert. **з готóвністю** readily; **в загáльному** in general; **арґументóвано** in a well-argued way, **перекóнливо** convincingly; **неквáпно** without haste, **спокíйно** calmly, **терпля́че** patiently; **збýджено** excitedly; **адеквáтно** adequately; **доклáдно** in detail, **упóвні** in full, **тóчно** exactly; **почáсти** in part ◊ **Виклáдач поясни́в матерія́л лишé почáсти.** The instructor explained the material only in part. **частко́во** partially; **задовíльно** satisfactorily; **правдоподíбно**

credibly, **прийня́тно** acceptably; **неадеква́тно** inadequately, **недоста́тньо** insufficiently, **незадові́льно** unsatisfactorily; **да́лі** further; **зрозумі́ло** intelligibly, **прозо́ро** transparently, **чі́тко** clearly; **заплу́тано** confusingly, **тума́нно** vaguely; **ле́гко** easily, **про́сто** simply; **пра́вильно** correctly; **непра́вильно** in the wrong way; **письмо́во** in writing, **слове́сно** in words; ♦ **п. на ми́гах** to explain with gestures ◊ **Вона́ ~вала щось на ми́гах.** She was explaining something with gestures.
v. + **п. бу́ти тя́жко** be difficult to ◊ **Цей ви́нятом із пра́вила тя́жко поясни́ти.** This exception to the rule is difficult to explain. **вмі́ти** be able to, **могти́** can; **почина́ти** begin to, **ста́ти** *pf.* start ◊ **Він став п. си́нові що роби́ти.** He started explaining to his son what to do. **допомага́ти** help (to) ◊ **Світли́ни допомага́ють поясни́ти будо́ву пала́цу.** The pictures help to explain the structure of the palace. **кваპитися** hurry to ◊ **Га́ля ква́пилася поясни́ти пра́вила гри.** Halia was in a hurry to explain the rules of the game. **намага́тися** try to
Also see **з'ясо́вувати 1, інтерпретува́ти, чита́ти 4**
2 to justify, account for, be the reason for, explain + *I.* ◊ **Ніхто́ не зна́є, чим поясни́ти їхнє розлу́чення.** Nobody knows what is the reason for their divorce. ◊ **О́лина відмо́ва ~вала його́ похму́ре обли́ччя.** Olia's refusal explained why his face was gloomy.
pa. pple. **поя́снений** explained
пояснюй! поясни́!

пра́вд|а, *f.*
1 truth
adj. **абсолю́тна** absolute ◊ **Мо́тря сказа́ла абсолю́тну ~у.** Motria told the absolute truth. **глибо́ка** deep ◊ **глибо́ка п. життя́** the deep truth of life; **го́ла** naked; **незапере́чна** undeniable, **очеви́дна** obvious, **про́ста** simple, **спра́вжня** real, **чи́ста** pure, **щи́ра** honest ♦ **Це щи́ра п.** This is the honest truth. **вся** whole, **по́вна** full, **цілкови́та** complete; **прихо́вана** hidden, **таємна** secret; **брута́льна** brutal, **жорсто́ка** cruel, **немилосе́рдна** merciless; **гірка́** bitter, **жахли́ва** horrible, **поню́ра** grim, **потво́рна** ugly, **похму́ра** gloomy, **страшна́** terrible, **шоку́юча** shocking; **болю́ча** painful, **гризу́ча** nagging, **сумна́** sad; **незру́чна** inconvenient, **неокови́рна** unpalatable, **непри́ємна** unpleasant; **факти́чна** factual; **Бо́жа** God's, **боже́ственна** divine, **свята́** holy
n. + **п. зерно́ ~и** a grain of truth (**кри́хта** germ, **моме́нт** moment, **про́блиск** glimmer, **про́мінь** ray), ♦ **а́ні гра́ма ~и** not a shred of truth ◊ **У її слова́х а́ні гра́ма ~и.** There is not a shred of truth in her words.
v. + **п. визнава́ти ~у** admit the truth (**виявля́ти** reveal, **відкрива́ти** discover, **встано́влювати** establish, **узнава́ти** find out, **зна́ти** know, **усвідо́млювати** realize; **ігнорува́ти** ignore; **каза́ти** tell ◊ **Вона́ вчи́ла си́на каза́ти ~у.** She taught her son to tell the truth. **запере́чувати** deny ◊ **Він запере́чує ~у, що для і́нших є очеви́дною.** He denies the truth obvious to others. **замо́вчувати** keep quiet about ◊ **Пре́са замо́вчує ~у.** The press keeps quiet about the truth. **прихо́вувати** withhold; **спотво́рювати** distort), ♦ **~у ка́жучи** *or* **сказа́ти ~у** *or* **по ~і ка́жучи** to tell the truth, frankly speaking; **домага́тися ~и** demand the truth (**допи́туватися в** + *G.* press sb for ◊ **Він допи́тувався в Лі́ди ~и.** He pressed Lida for the truth. **дошу́куватися** *and* **шука́ти** seek; **доко́пуватися до** get at) ◊ **Вона́ докопа́лася до ~и.** She got at the truth.
п. + *v.* **бу́ти в** + *L.* be in *(the fact that)* ◊ **П. в тім, що він дотри́мав сло́ва.** The truth is that he kept his word. **вирина́ти** emerge ◊ **Із його́ плу́таної о́повіді ста́ла вирина́ти сумна́ п.** The sad truth started emerging from his tangled story. **вихо́дити** come out; **кри́тися в** + *L.* lie in sth ◊ **Як за́вжди́, п. кри́лася в дета́лях.** As always, the truth lay in details. **става́ти відо́мою** come out ◊ **Ра́но чи пі́зно п. ста́не відо́мою.** Sooner or later the truth will come out.
prep. ♦ **до ~и** really, indeed; ♦ **по ~і** truthfully; **п. за** + *I.* truth behind sth; **п. про** + *A.* truth about sth ◊ **Згодом вона́ узна́ла потво́рну ~у про ньо́го.** Eventually she found out the ugly truth about him.
Cf. **і́стина**
2 justice, right, fairness ♦ **п. і кри́вда** right and wrong
v. + **п. боро́тися за ~у** fight for justice (**стоя́ти за** champion ◊ **Вона́ ма́ла репута́цію адвока́тки, що сто́їть за ~у.** She had the reputation of a lawyer who championed justice. **стражда́ти за** suffer for) ◊ **Вони́ гото́ві постражда́ти за ~у.** They are ready to suffer for justice. **доби́тися ~и** *pf.* obtain justice ◊ **Че́рез п'ять ро́ків вона́ доби́лася ~и.** She obtained justice five years later. (**домага́тися** push for, **шука́ти** seek) ◊ **Вони́ шука́ють ~и в суді́.** They are seeking justice in courts. ♦ **П. бу́де зве́рху.** Justice will triumph.
See **справедли́вість**
3 *pred.* true, correct, indeed; really ◊ **Воно́ п., що Лев не люби́в літа́ти.** It is true that Lev was not fond of flying. ♦ **п. ж?** right? correct? true? *(synonymous to question tags after a statement asking for confirmation)* ◊ **Твоє ім'я́ – Петро́, п. ж?** Your name is Petro, isn't it? **Це п.?** Is it true? ♦ **То́му то п.!** Yeh, right!

правди́в|ий, *adj.*
1 truthful, honest; just
adv. **абсолю́тно** absolutely, **ду́же** very, **цілко́м** completely; **ма́йже** almost; **не зо́всім** not entirely
v. + **п. бу́ти ~им** be truthful (**виявля́тися** turn out ◊ **Її́ визна́ння ви́явилося цілко́м ~им.** Her admission turned out to be completely truthful. **здава́тися** + *D.* seem to sb, **лиша́тися** remain) ◊ **Вона́ лиша́ється люди́ною ~ою.** She remains an honest person.
Also see **че́сний 2**
2 real, genuine, true ◊ **О́льга була́ ~ою геро́їнею повста́ння.** Olha was a genuine heroine of the uprising.
See **спра́вжній.** *Also see* **реа́льний 1, щи́рий 3**
3 correct, right ◊ **Вони́ все зва́жили й прийняли́ ~е рі́шення.** They weighed everything and made a correct decision.
See **пра́вильний 1**

правди́в|ість, *f.*, **~ости**, *only sg.*
truthfulness, honesty, veracity ◊ **П. її́ сві́дчень по́за су́мнівом.** The veracity of her evidence is beyond doubt.
adj. **безсумні́вна** doubtless, **виняткова** exceptional, **глибо́ка** profound; **обі́цяна** promised, **очі́кувана** expected; **неочі́кувана** unexpected ◊ **Неочі́кувана п. репорта́жу врази́ла глядачі́в.** The unexpected truthfulness of the coverage struck the viewers.
Also see **реалісти́чність 3**

пра́в|ий, *adj.*
1 right, right-hand ◊ **організа́ція під на́звою «П. се́ктор»** an organization called the Right Sector
п. + *n.* **п. бе́рег** the right bank ◊ **Стари́й Ки́їв лежи́ть на ~ому бе́резі Дніпра́.** Old Kyiv lies on the right bank of the Dnipro. (**бік** side, **фланг** flank), ♦ **п. борт** starboard; **~а рука́** the right hand (**сторона́** side, **части́на** part; **шухля́да** drawer); **~е о́ко** the right eye ◊ **Ма́ртине ~е о́ко нали́лося кро́в'ю.** Marta's right eye was bloodshot.
Cf. **лі́вий 1**
2 right *(politically)*, right-wing ◊ **Оста́ннім ча́сом в краї́ні поси́люються ~і на́строї.** Lately right-wing sentiments have been on the rise in the country.
adj. **помірко́вано** moderately, **послідо́вно** consistently, **скра́йньо** extremely; **ма́йже** almost
Ant. **лі́вий 2**

пра́вил|о, *nt.*
rule, regulation
adj. **зага́льне** general, ♦ **золоте́ п.** the golden rule, **основне́** principal, **пе́рше** first, **фундамента́льне** fundamental; **офіці́йне** official, **при́йняте** accepted, **спеція́льне** special, **форма́льне** formal; **пи́сане** written; **старе́** old, **успадко́ване** inherited, **уста́лене** established, **традиці́йне** traditional; **ни́нішнє** current, **тепе́рішнє** present; **чи́нне** effective ◊ **П. ста́не чи́нним із** *or* **від пе́ршого жо́втня.** The rule will come into effect as of October 1. **абсолю́тне** absolute, **залі́зне** ironclad, **непору́шне** steadfast, ♦ **переві́рене п.** the rule of thumb, **суво́ре** strict, ♦ **тверде́ п.** a hard and fast rule; **зрозумі́ле** understandable, **недвозна́чне** unambiguous, **про́сте́** simple, **чітке́** clear; **непи́сане** unwritten; **безглу́зде** senseless, **ди́вне** strange, **ідіо́тське** *colloq.* idiotic, **незрозумі́ле** incomprehensible; **дисциплі́нарне** disciplinary; **граматичне** grammar; **податко́ве** tax; **процеду́рне** procedural, **юриди́чне** legal; **шкі́льне** school
п. + *n.* **п. безпе́ки** a safety rule ◊ **На будівни́цтві ді́яли суво́рі ~а безпе́ки.** There were strict safety rules in place on the construction site. **п. до́брого то́ну** a rule of good manners (**поведі́нки** behavior, **присто́йности** decency); **~а вну́трішнього розпоря́дку** interior regulations; **~а доро́жнього ру́ху** traffic regulations; **п. пропорці́йного ді́лення** *math.* the rule of proportional division; **п. трьох** *math.* the rule of three, **чоти́ри ~а арифме́тики** *math.* the first four rules of arithmetic
v. + **п. виклада́ти п.** lay down a rule ◊ **Він ви́клав засадни́чі ~а ко́нкурсу.** He laid out the basic rules of the competition. (**впрова́джувати** introduce, **встано́влювати** establish ◊ **О́льга встанови́ла про́сті ~а поведі́нки.** Olha established simple rules of conduct. **писа́ти** write, **формулюва́ти** formulate; **прийма́ти** accept; **вчи́ти** learn ◊ **Ні́на вчи́ла грамати́чні ~а.** Nina was learning the grammar rules. **запам'ято́вувати** memorize, **зна́ти** know ◊ **Вона́ що, пра́вил не зна́є?** Doesn't she know the rules? **застосо́вувати** apply ◊ **Наві́що застосо́вувати це безглу́зде п.?** Why apply this senseless rule? **ігнорува́ти** ignore ◊ **Такі́ ідіо́тські ~а кра́ще всього́ ігнорува́ти.** It is best to ignore such idiotic rules. **легкова́жити** disregard ◊ **Їм не ва́рто легкова́жити ~а поже́жної безпе́ки.** They should not disregard fire safety rules. **не́хтувати** neglect; **обхо́дити** bypass, **пору́шувати** break, **посла́блювати** relax ◊ **Вона́ посла́била ~а відбо́ру кандида́тів.** She relaxed the rules of candidate selection. **змі́нювати** *or* **мі́няти** change ◊ **Було́ на́дто пі́зно мі́няти ~а.** It was too late to change the rules. **перепи́сувати** rewrite; **бра́ти (собі́) за** make it) ◊ **Він узя́в за п. перебива́ти ко́жного промо́вця.** He made it a rule to interrupt every speaker. **дотри́мувати(ся) ~а** abide by a rule ◊ **Усі́ студе́нти ма́ли дотри́муватися пра́вил е́тики.** All students were to abide by the rules of ethic. (**трима́тися** follow; **відступа́ти від** flout) ◊ **Ната́лія відступа́ла від пра́вил, які́ її не влашто́вували.** Natalia flouted the rules that did not suit her. **підкоря́тися ~у** obey a rule; **жи́ти за ~ом** live by a rule ◊ **Відто́ді він живе́ за цим залі́зним ~ом.** Since then, he has lived by this ironclad rule. (**керува́тися** follow; **не́хтувати** neglect; **пого́джуватися з** agree with); ♦ **не бу́ти в ~ах** not to be sb's custom ◊ **Публікува́ти неперевірені да́ні не у ~ах ціє́ї журналі́стки.** Publishing unverified information is not this (female) journalist's custom.
п. + *v.* **вимага́ти** + *A.* require sth, **диктува́ти** + *A.* dictate sth ◊ **Нові́ ~а диктува́ли нові́ рі́шення.** The new rules dictated new decisions. **передбача́ти** + *A.* provide for sth; **ді́яти** operate, **набира́ти чи́нности** come into effect, **поши́рюватися на** + *A.* apply to sb/sth ◊ **Це п. поши́рювалося лише́ на чужи́нців.** This rule

applied only to foreigners. **дозволя́ти** + *A.* permit sth, **допуска́ти** + *A.* allow sth; **виключа́ти** + *A.* rule sth out, **забороня́ти** + *A.* forbid sth, **запобіга́ти** + *D.* prevent sth ◊ **Чи́нні ~а запобіга́ють забу́дненню води́.** The effective rules prevent water pollution. **обме́жувати** + *A.* limit sth

prep. **без пра́вил** without rules ◊ **гра без уся́ких пра́вил** a game with no rules; **у ме́жах пра́вил** within the rules; **всу́переч ~у** contrary to a rule ◊ **Вони́ купи́ли буди́нок усу́переч фіна́нсовим ~ам.** They bought the building contrary to the financial regulations. **за ~ом** under a rule; **зго́дно з ~ом** according to a rule; ♦ **з пору́шенням пра́вил** in violation of rules; **про́ти ~а** against a rule; ♦ **як п.** as a rule ◊ **Як п., він хо́дить на обі́д додо́му.** As a rule, he goes home for lunch.

Also see **вимо́га 2, осно́ва, при́нцип, протоко́л 2, процеду́ра, реґла́мент.** *Ant.* **ви́нятoк**

пра́вильн|ий, *adj.*
1 correct, right ◊ **Це ~а ві́дповідь.** It's the right answer.

adv. **абсолю́тно** absolutely, **по́вні́стю** entirely, **цілко́м** completely; **ді́йсно** really, **і́стинно** genuinely, **спра́вді** truly; **стові́дсотко́во** a hundred percent; **бі́льш-ме́нш** more or less, **в основно́му** basically, **загало́м** in general, **по су́ті** essentially, **факти́чно** effectively, **фундамента́льно** fundamentally; **не зо́всім** not quite, **не цілко́м** not entirely; **без су́мніву** undoubtedly, **вира́зно** clearly; **ле́две** scarcely, **майже** almost, **по́части** in part, **частко́во** partially; **ідеологі́чно** ideologically ◊ **Лари́са була́ люди́ною ідеологі́чно ~ою.** Larysa was an ideologically correct individual. **політи́чно** politically ◊ **Володи́мир шука́в політи́чно п., а не коре́ктний ви́раз своє́ї ду́мки.** Volodymyr looked for a politically accurate, and not correct, expression of his thought. **фактологі́чно** factually, **юриди́чно** legally

v. + **п. бу́ти ~им** be correct (**вважа́ти** + *A.* consider sth ◊ **Вона́ вважа́є рі́шення на ко́ристь клі́єнта ~им.** She considers the ruling in favor of the customer to be right. **виявля́тися** prove, **здава́тися** + *D.* seem to sb ◊ **Усе́, що каза́в Петро́, здава́лося цілко́м ~им.** Everything Petro was saying seemed to be completely correct. **лиша́тися** remain) ◊ **Її оці́нка лиша́ється фундамента́льно ~ою.** Her assessment remains fundamentally correct.

Also see **пе́вний 6, правди́вий 3, слу́шний 2**
2 regular, proper, right ◊ **~е співвідно́шення** the right proportion; ◊ **~і ри́си обли́ччя** regular facial features; ◊ **~е дієсло́во** *ling.* a regular verb
3 honest, just ◊ **Він переко́наний, що вико́нувати слід ті́льки ~і зако́ни.** He was convinced that only just laws should be followed. **~а люди́на** an honest individual
4 *math.* proper, rectilinear ◊ **п. дріб** a proper fraction, ◊ **п. багатоку́тник** a rectilinear polygon

пра́вильно, *adv., pred.*
1 *adv.* correctly, correct, rightly, right; properly

adv. **абсолю́тно** absolutely ◊ **Павло́ вчини́в абсолю́тно п.** Pavlo acted absolutely correctly. **цілко́м** completely; **ді́йсно** really, **єди́но** only, **спра́вді** truly; **бі́льш-ме́нш** more or less, **в основно́му** basically, **загало́м** in general, **по су́ті** essentially, **факти́чно** effectively; **не зо́всім** not quite, **не цілко́м** not entirely; **без су́мніву** undoubtedly, **вира́зно** clearly; **ле́две** scarcely, **ма́йже** almost; **ідеологі́чно** ideologically, **політи́чно** politically, **фактологі́чно** factually, **юриди́чно** legally

п. + *v.* **організо́вувати** + *A.* organize sth ◊ **Їм тре́ба п. організува́ти пра́цю.** They need to properly organize the work. **писа́ти** + *A.* write sth ◊ **Тре́ба п. писа́ти адре́су.** One should write the address correctly. **розумі́ти** + *A.* understand sth ◊ **Він п. розумі́є демокра́тію.** He understands democracy correctly.
2 *pred.* right, correct ◊ **Не зо́всім п. критикува́ти у́ряд у таки́й час.** It is not quite right to criticize the government at such a time. ◊ **П., я зго́дна!** It's correct, I agree!

пра́в|ити[1], **~лю, ~иш, ~лять;** *no pf., intr.*
1 to rule, govern, administer + *I.*

adj. **авторита́рно** in an authoritarian way, **жо́рстко** harshly, **одноосі́бно** single-handedly, **по-дикта́торськи** like a dictator ◊ **Він по-дикта́торськи ~ив краї́ною.** He ruled the country like a dictator. **демократи́чно** in a democratic way, **му́дро** wisely, **справедли́во** justly; **пря́мо** directly; **до́вго** long, **рока́ми** for years ◊ **Рока́ми мі́стом ~или скорумпо́вані полі́тики.** Corrupt politicians governed the city for years.

п. + *n.* **п. імпе́рією** rule an empire (**князі́вством** principality, **королі́вством** kingdom, **краї́ною** country, **мі́стом** city, *etc.*)

v. + **п. намага́тися** try to, **стара́тися** do one's best to ◊ **Він стара́вся п. демократи́чно.** He did his best to rule in a democratic way. **обіця́ти** + *D.* promise sb to ◊ **Коро́ль пообіця́в п. му́дро і справедли́во.** The king promised to be a wise and just ruler. **хоті́ти** want to

prep. **п. в** + *L.* rule in *(a place)* ◊ **Три ро́ки у краї́ні ~ила деспоті́я.** For three years, despotism ruled in the country.

Also see **керува́ти**
2 to serve as, function as, be ◊ **Кімна́та ~ила її́ одноча́сно за спа́льню й віта́льню.** The room served her as a bedroom and living room at the same time.

See **служи́ти 3.** *Also see* **бу́ти 3**
прав!

прави́ц|я, *f.*
1 right hand ◊ **Вона́ помаха́ла йому́ ~ею.** She waived her right hand at him.

See **рука́.** *Cf.* **ліви́ця 1**
2 the right *(in politics)*

adj. **націоналісти́чна** nationalist ◊ **Па́ртія приєдна́лася до націоналісти́чної ~і.** The party joined the nationalist right. **радика́льна** radical, **реакці́йна** reactionary, **скра́йня** extreme; **брита́нська** British, **по́льська** Polish, **уго́рська** Hungarian, **украї́нська** Ukrainian ◊ **Поді́ї зму́сили їх іна́кше подиви́тися на украї́нську ~ю.** The events made them take a different view of the Ukrainian right.

See **па́ртія 1.** *Cf.* **ліви́ця 2**

пра́в|о, *nt.*
1 right, entitlement, *often pl.*

adj. **абсолю́тне** absolute ◊ **Вона́ ма́є абсолю́тне п. виріша́вати вла́сну до́лю.** She has an absolute right to decide her own fate. **автомати́чне** automatic ◊ **Він ма́є автомати́чне п. на оска́рження.** He has the automatic right of appeal. **винятко́ве** exclusive; **засадни́че** basic ◊ **засадни́чі ~а чле́нів грома́ди** the basic rights of community members; **основне́** main, **фундамента́льне** fundamental; **невід'є́мне** indefeasible, **невідчу́жуване** inalienable, **непору́шне** inviolable; **єди́не** sole; **необме́жене** unlimited; **по́вне** full ◊ **Ме́шканці буди́нку ма́ли по́вне п. паркува́ти тут свої́ маши́ни.** The inhabitants of the building had full right to park their cars here. **цілкови́те** complete; **реа́льне** real, **факти́чне** effective; **теорети́чне** theoretical, **фікти́вне** fictional; **рі́вне** equal; **батькі́вське** parental ◊ **Його́ позба́вили батькі́вських прав.** *impers.* He was deprived of his parental rights. **матери́нське** maternal; **грома́дянське** civil, **лю́дське́** human, **мора́льне** moral, **приро́дне** natural, **сувере́нне** sovereign; **Бо́гом да́не** god-given ◊ **Вона́ пово́дилася так, на́че ма́ла Бо́гом да́не п. повча́ти всіх.** She behaved as if she had some god-given right to teach everybody. **боже́ственне** divine; **індивідуа́льне** individual; ♦ **ви́борче п.** suffrage ◊ **Зако́н зна́чно розши́рив ви́борчі ~а.** The law considerably expanded suffrage. ♦ **зага́льне ви́борче п.** a universal suffrage; **соція́льно-економі́чне** social and economic ◊ **пере́лік соція́льно-економі́чних прав** a list of social and economic rights; **політи́чне** political; **зако́нне** statutory, **конституці́йне** constitutional, **юриди́чне** legal

п. + *n.* **п. го́лосу** the voting right (**грома́дянства** citizenship; **гомосексуа́лів** *or* **ґе́їв** gay, **жіно́к** women's, **лезбі́йок** lesbian, **люди́ни** human, **твари́ни** animal) ◊ **Він був захиснико́м прав твари́н.** He was a champion of animal rights. **п. апеля́ції** the right of appeal (**ве́та** veto; **кори́стува́ння** use, **полюва́ння** hunting; **прої́зду** passage ◊ **Його́ позба́вили ~а прої́зду терито́рією краї́ни.** He was deprived of the right of passage through the territory of the country. **транзи́тного прохо́ду** *leg.* transit passage); **п. вимо́ги** *leg.* the right in action; **п. призна́чення** the power of appointment ◊ **Він посіда́є п. призна́чення всіх чле́нів кабіне́ту.** He has the power of appointment of all the cabinet members.

v. + **п. ґарантува́ти** + *D.* **п.** guarantee sb a right ◊ **Міжнаро́дні конве́нції ґаранту́ють це п.** International conventions guarantee this right. (**забезпе́чувати** + *D.* ensure sb; **борони́ти** defend, **боро́тися за** fight for, **відсто́ювати** champion, **захища́ти** protect; **заво́йовувати** win, **здобува́ти** gain; **відно́влювати** restore; **зна́ти** know ◊ **Він знав свої́ конституці́йні ~а́.** He knew his constitutional rights. **дава́ти** + *D.* give sb, **надава́ти** + *D.* grant sb; **ма́ти** have, **посіда́ти** possess; **дістава́ти** get, **зберіга́ти** retain, **отри́мувати** obtain; **втрача́ти** lose, forfeit; **іґнорува́ти** ignore, **зазіха́ти на** encroach on ◊ **Дире́ктор зазіха́в на грома́дянські ~а́ працівникі́в.** The director encroached on the employees' civil rights. **заві́шувати** suspend, **ліквідува́ти** eliminate, **не́хтувати** disregard, **обме́жувати** limit, **пору́шувати** violate, **розто́птувати** trample on, **скасо́вувати** abolish ◊ **Надзвича́йний стан скасо́вував усі́ грома́дянські ~а́.** The martial law abolished all civil rights. **визнава́ти** recognize, **підтве́рджувати** confirm, **поважа́ти** respect, **проголо́шувати** proclaim, **розши́рювати** extend); **вимага́ти ~а** demand a right (**домага́тися** claim, **позбавля́ти** + *A.* deprive sb of; **вирі́катися** renounce, **зріка́тися** abdicate ◊ **Вона́ зрекла́ся ~а на престо́л.** She abdicated her right to the throne. **відмовля́тися від** give up); **користува́тися ~ом** benefit from a right (**ті́шитися** enjoy ◊ **Вони́ ті́шилися ~ом дістава́ти гро́ші з держа́вної скарбни́ці.** They enjoyed the right of getting money from the state treasury. **поступа́тися** waive) ◊ **Він поступи́вся ~а́ми на нерухо́мість.** He waived his rights to the real estate.

prep. **без ~а** without a right ◊ **корпорати́вна вла́сність без ~а переда́чі** untransferable corporate property; **в ме́жах прав** within one's rights ◊ **Він чи́нить в ме́жах свої́х майнови́х прав.** He is acting within his property rights. **за ~ом** by right of ◊ **Моско́вити пану́вали в Украї́ні за ~ом завойо́вників.** The Moscovites rule over Ukraine by right of conquest. **п. на** + *A.* right to sth ◊ **п. на або́рт** the right to abortion (**відві́дини** visitation; **прива́тність** privacy ◊ **Готе́ль ґарантува́в ко́жному го́стеві п. на прива́тність.** The hotel guaranteed each guest the right to privacy. **життя́** life; **інформа́цію** information ◊ **Суд зму́сив міні́стра поважа́ти п. грома́дян на інформа́цію.** The court compelled the minister to respect the citizens' right to information. **осві́ту** education, **охоро́ну здоро́в'я** health care ◊ **П. на охоро́ну здоро́в'я є засадни́чим лю́дським ~ом.** The right to health care is a basic human right. **пе́нсію** pension, **пра́цю** work ◊ **фікти́вне п. на пра́цю** a fictitious right to work; **приту́лок** sanctuary;

прожива́ння residence, **самови́значення** self-determination; **самооборо́ну** self-defense)
Cf. **привіле́й, свобо́да 1**
2 *only sg.* law
adj. **адміністрати́вне** administrative, **зага́льне** common, **звичає́ве** customary, **міграці́йне** migration, **конституці́йне** constitutional, **контра́ктне** contract, **корпорати́вне** corporate, **криміна́льне** criminal, **ліцензі́йне** license, **міжнаро́дне** international, **пате́нтне** patent, **процесуа́льне** procedural, **сіме́йне** family, **трудове́** labor, **форма́льне** formal, **циві́льне** civil; **а́нгло-саксо́нське** Anglo-Saxon, ♦ **маґдебу́рзьке п.** the Magdeburg Law *or* Rights ◊ **На пло́щі встанови́ли коло́ну маґдебу́рзького ~а.** A column of the Magdeburg Rights was erected in the square. **ри́мське** Roman; ♦ **кріпосне́ п.** serfdom
v. + **п. виклада́ти п.** teach law (**вивча́ти** study ◊ **Він вивча́є конституці́йне п.** He studies constitutional law. **застосо́вувати** apply; **зна́ти** know ◊ **Вікто́рія зна́є заса́ди ри́мського ~а.** Viktoria knows the foundations of the Roman Law. **вприва́джувати** introduce)
See **предме́т 2.** *Also see* **дисципліна 2.** *Cf.* **зако́н 1**
3 right, license, title; *often pl.*
adj. **аґе́нтське** agency, **винахі́дницьке** invention, **закладне́** mortgage, **закрі́плене** fixed, **зобов'яза́льне** binding, **контро́льне** auditing, **ліцензі́йне** license, **майнове́** property, **монопо́льне** exclusive, **недото́ркане** indefeasible, **неоспо́рюване** indisputable, **особи́сте** individual, **немайнове́** non-property, **пате́нтне** patent, **процесуа́льне** procedural, **речове́** real; ♦ **а́вторське п.** a copyright ◊ **Радіоста́нція ча́сто пору́шує а́вторські ~а́.** The radio station is often in violation of copyrights. ♦ **водíйські ~а́** a driver's license
п. + *n.* **п. вла́сности** the right of ownership, title (**володі́ння** possession, **користува́ння** use)
v. + **п. вимага́ти ~а́** demand a license (**отри́мувати** receive, **пока́зувати** + *D.* show sb; **відбира́ти в** + *G.* take away from sb ◊ **Суд відібра́в у не́ї п. вла́сности на буди́нок.** The court took away her title to building. **конфіско́вувати** seize, **унева́жнювати** invalidate); **позбавля́ти** + *A.* **~а** deprive sb of a license
п. + *v.* **бу́ти ді́сними** be valid, **вигаса́ти** expire ◊ **Її водíйські ~а́ ви́гасли мі́сяць тому́.** Her driver's license expired a month ago.
prep. **п. на** + *A.* title to sth ◊ **зако́нне п. на зе́млю** a sound title to land
Also see **ліце́нзія 1**

правóпис, *m.*, ~у
orthography; spelling
adj. **альтернати́вний** alternative, **відмі́нний** *or* **і́нший** different; **успадко́ваний** inherited, **уста́лений** established; **етимологі́чний** etymological, **фонети́чний** phonetic ◊ **Еспа́нська мо́ва кори́стується фонети́чним ~ом.** The Spanish language uses a phonetic orthography. **про́сти́й** simple, **спро́щений** simplified; **заплу́таний** tangled, **складни́й** complicated, **ускла́днений** made complicated ◊ **П. додатко́во ускла́днений ку́пою ви́нятків.** The orthography is made additionally complicated by a bunch of exceptions. **непра́вильний** wrong, incorrect **помилко́вий** erroneous; **доскона́лий** perfect, **пра́вильний** correct; **науко́во обґрунто́ваний** scientifically substantiated; **нови́й** new, **поно́влений** reinstated; **(з)реформо́ваний** reformed; **радя́нський** Soviet, **ста́лінський** Stalinist, **стари́й** old, **ха́рківський** Kharkiv; **америка́нський** American, **брита́нський** British, **украї́нський** Ukrainian; **чи́нний** current, **тепе́рішній** present-day
v. + **п. вприва́джувати п.** introduce an orthography (**вдоскона́лювати** perfect, **покра́щувати** improve ◊ **Чи́нний п. ле́гко покра́щити.** The current orthography is easy to improve. **змі́нювати** change, **підлашто́вувати** adapt; **прийма́ти** accept; **реформува́ти** reform; **відкида́ти** reject ◊ **Украї́нська Ві́льна Акаде́мія Нау́к послі́довно відкида́ла сове́тський п.** The Free Ukrainian Academy of Sciences consistently rejected the Soviet orthography. **іґнорува́ти** ignore, **пору́шувати** violate; **перехо́дити на** switch to); **дотри́муватися ~у** follow an orthography **кори́стува́тися ~ом** use an orthography ◊ **Нове́ вида́ння кори́сту́ється ха́рківським ~ом.** The new publication uses the Kharkiv orthography. **відповіда́ти ~ові** conform to an orthography (**супере́чити** contradict) ◊ **Таке́ написа́ння супере́чить чи́нному ~ові.** Such a spelling contradicts the current orthography.
prep. **у ~і** in an orthography ◊ **Лати́нська літера́ *h* відповіда́є украї́нській *г* у зреформо́ваному ~і.** In the reformed orthography, the Latin letter *h* corresponds to the Ukrainian *г*. **всу́переч ~ові** contrary to orthography; **за ~ом** by orthography; **згі́дно з ~ом** according to orthography
Also see **но́рма, пра́вило**

право́руч, *adv., prep.*
1 *adv., dir.* to the right, right ◊ **Мину́вши банк, Мико́ла поверну́в п.** After passing the bank, Mykola turned right. ♦ **Поверні́ть п.!** Turn right!
Also see **напра́во.** *Ant.* **ліво́руч 1, налі́во 1**
2 *adv., posn.* on the right ◊ **Оле́нине вікно́ було́ п.** Olena's window was on the right. ◊ **Анто́нів ба́тько стоя́в п., а ма́ти – ліво́руч.** Antin's father stood on his right, and his mother on his left.
Also see **напра́во.** *Ant.* **злі́ва, ліво́руч 2, налі́во 1**
3 *prep.* on/to the right of sth, *only with prep.* ◊ **п. від** + *G.* right of sth ◊ **П. від ухо́ду хтось написа́в бридке́ сло́во.** Someone wrote a dirty word on the right of the entrance. ◊ **Іри́на пові́сила карти́ну п. від дзе́ркала.** Iryna hung the picture to the right of the mirror.

правосла́вн|ий, *adj., n.*
1 *adj.* Christian Orthodox
п. + *n.* **п. календа́р** a Christian Orthodox calendar (**сайт** site; **Вели́кдень** Easter, **єпи́скоп** bishop, **патрія́рх** patriarch, **свяще́нник** priest; **світ** world; **украї́нець** Ukrainian); **~а ві́ра** the Christian Orthodox faith (**пара́фія** parish, **це́рква** church); **~е бра́тство** a Christian Orthodox brotherhood (**свя́то** holiday)
2 *n.* Christian Orthodox
v. + **п. бу́ти ~им** be a Christian Orthodox (**лиша́тися** remain ◊ **Ма́рта лиша́ється ~ою.** Marta remains a Christian Orthodox; **става́ти** become)
Cf. **като́лик, мусульма́нин, протеста́нт**

правосу́дд|я, *nt., only sg.*
leg. justice
adj. **незале́жне** independent, **справедли́ве** equitable, **че́сне** fair; **несправедли́ве** unjust, **упере́джене** partial, **нече́сне** unfair; **адміністрати́вне** administrative, **криміна́льне** criminal, **циві́льне** civil, **підлі́ткове** juvenile; **виправне́** reformatory, **кара́льне** punitive, retributive ◊ **П. має бу́ти виправни́м, а не кара́льним.** Justice must be reformative rather than punitive. **запобі́жне** preventive
n. + **п. акт п.** an act of justice ◊ **акт незале́жного п.** an act of independent justice (**відпра́влення** administration; **систе́ма** system, **устано́ва** institution), **о́рган п.** a judicial body ◊ **Рі́шення Конституці́йного Су́ду обов'язко́ве для о́рганів п. всіх рі́внів.** A Constitutional Court decision is obligatory for the judicial bodies of all levels. **перешкоджа́ння ~ю** obstruction of justice ◊ **Мі́ністра звинува́чують у перешкоджа́нні ~ю.** The minister stands accused of obstruction of justice. **відмо́ва в ~і** denial of justice
v. + **п. відправля́ти п.** dispense justice (**зді́йснювати** do ◊ **П. нале́жить зді́йснювати за будь-яки́х обста́вин.** Justice must be done under any circumstance. **ґаранту́вати** guarantee, **забезпе́чувати** ensure) ◊ **Нова́ систе́ма ма́ла забезпе́чувати п. для всіх грома́дя́н.** The new system was to ensure justice for all citizens. **уника́ти п.** avoid justice ◊ **Виї́жджа́ючи з краї́ни, він намага́вся уни́кнути п.** By leaving the country, he was trying to avoid justice. (**вті́ка́ти від** escape; **притя́гувати** + *A.* **до** bring sb to) ◊ **Ви́нних притягну́ли до п.** The guilty were brought to justice. **заважа́ти ~ю** subvert justice (**перешкоджа́ти** obstruct); **постава́ти пе́ред ~ям** face justice ◊ **Жо́ден правоохоро́нець, звинува́чений у застосува́нні тортур, не поста́в пе́ред ~ям.** Not a single law-enforcement officer accused of using torture faced justice. **відмовля́ти** + *D.* **в ~і** deny sb justice
Cf. **справедли́вість**

пра́кти|ка, *f.*
practice
adj. **ба́жана** desirable, **безпе́чна** safe; **потрі́бна** necessary; **зага́льна** general, **звича́йна** common, **зви́чна** customary, **норма́льна** normal, **пості́йна** permanent, **поши́рена** widespread, **прийня́та** accepted ◊ **Не гот́ува́тися до інтерв'ю ста́ло для журналі́стів прийня́тою ~кою.** Not preparing for interviews became an accepted practice for journalists, **рути́нна** routine, **станда́ртна** standard, **традиці́йна** traditional, **універса́льна** universal; **похва́льна** praiseworthy, **проґреси́вна** progressive ◊ **Він запрова́див проґреси́вну ~ку управлі́ння.** He introduced a progressive management practice. **успі́шна** successful, **хоро́ша** good; **прийня́тна** acceptable; **щоде́нна** daily; **коли́шня** past, **ни́нішня** *or* **сього́днішня** today's, **суча́сна** contemporary, **тепе́рішня** present; **архаї́чна** archaic, **застарі́ла** outdated; **злочи́нна** criminal, **корупці́йна** corrupt ◊ **Кумі́вство у призна́ченнях – це корупці́йна п.** Nepotism in appointments is a corrupt practice. **ди́вна** strange, **підозрі́ла** suspicious, **сумні́вна** questionable; **небезпе́чна** unsafe; **амора́льна** immoral, **нееті́чна** unethical; **дискриміна́ці́йна** discriminatory, **незако́нна** unlawful, **нелеґа́льна** illegal, **нече́сна** unfair; **клі́ні́чна** clinical, **культу́рна** cultural; **адміністрати́вна** administrative, **ме́неджерська** management; **адвока́тська** lawyer's, **судова́** court, **юриди́чна** legal; **дослі́дницька** research, **лі́карська** medical, **науко́ва** scientific
v. + **п. використо́вувати ~ку** use the practice ◊ **Тут використо́вують ~ку публі́чного за́хисту дисерта́ції.** They use the practice of a public dissertation defense. (**виправдо́вувати** justify, **відсто́ювати** advocate ◊ **Він відсто́ює ~ку, яка́ відповіда́є гуманіта́рним но́рмам.** He advocates the practice that conforms to the humanitarian norms. **захища́ти** defend, **підтри́мувати** support, **рекоменду́вати** + *D.* recommend to sb, **вприва́джувати** introduce, **вті́лювати** implement, **застосо́вувати** apply, **ма́ти** have ◊ **Вона́ ма́ла вели́ку лі́карську ~ку.** She had a large medical practice. **поши́рювати** spread, **прийма́ти** adopt; **вдоскона́лювати** perfect ◊ **Фі́рма вдоскона́лює ~ку юриди́чної допомо́ги бі́дним.** The firm is perfecting its practice of providing legal aid to the poor. **покра́щувати** improve; **змі́нювати** change; **викрива́ти** denounce, **критикува́ти** criticize, **піддава́ти су́мніву** question ◊ **Комі́сія підда́ла су́мніву ~ку розпо́ділу ко́штів.** The commission questioned the pactice of allocating funds. **забороня́ти** ban, **скасо́вувати** abolish; **припиня́ти** stop; **вплива́ти на** influence, **наклада́ти відби́ток на** affect) ◊ **Невда́ча накла́ла відби́ток на її адвока́тську ~ку.** The failure affected her legal practice. **позбува́тися ~ки** get rid of practice (**відмовля́тися від**

abandon) ◊ **Компа́нія відмо́вилася від ~ки ба́ртерних опера́цій.** The company abandoned the practice of barter transactions. **здíйснювати** + *A.* **на ~ці** put sth into practice ◊ **Одна́ спра́ва – будува́ти пла́ни, и́нша – здíйснювати їх на ~ці.** It's one thing to design plans but it's quite another to put them into practice.
п. + *v.* **існува́ти** exist ◊ **П. використо́вувати дитя́чу пра́цю існу́є століттями.** The practice of using child labor has existed for centuries. **почина́тися** begin, **продо́вжуватися** continue, **припиня́тися** stop; **відобража́ти** + *A.* reflect sth ◊ **Така́ п. відобража́ла зага́льний зане́пад ділово́ї е́тики.** Such a practice reflected the general decline of business ethic.
Cf. **теорія**

практи́чн|ий, *adj.*
1 practical, of or pertaining to practice ◊ **Вона́ поясни́ть процеду́ру з чи́сто ~ої то́чки зо́ру.** She will explain the procedure from a purely practical point of view.
adv. **винятко́во** exceptionally, **до́сить** fairly, **доста́тньо** sufficiently, **ду́же** very, **надзвича́йно** extremely, **послідо́вно** consistently, **суво́ро** strictly, **тíльки** only, **чи́сто** purely; **на́дто** too, **неви́правдано** unjustifiably, **непотрíбно** unnecessarily
п. + *n.* **п. до́свід** practical experience (**підхíд** approach, **по́гляд** view, **результа́т** outcome); **~а дія́льність** practical activity (**причи́на** reason, **робо́та** work); **~е застосува́ння** practical application (**зна́чення** importance, **навча́ння** training); **~і знання́** practical knowledge (**ме́тоди** methods)
v. + **п. бу́ти ~им** be practical (**вважа́ти** + *A.* consider sb/sth, **виявля́тися** turn out, **здава́тися** + *D.* seem to sb ◊ **Її по́гляди здава́лися на́дто ~ими.** Her views seemed to be too practical. **ставáти** become)
Ant. **теорети́чний**
2 practical, businesslike, down-to-earth
adv. **до́сить** fairly ◊ **У фіна́нсових спра́вах Петро́ ви́явився до́сить ~им.** In financial matters, Petro turned out to be fairly practical. **доста́тньо** sufficiently, **ду́же** very, **надзвича́йно** extremely, **на ди́во** amazingly, **несподíвано** unexpectedly

пра́пор, *m.*, **~а**
flag
adj. **бойови́й** battle, **держа́вний** state *or* national, **націона́льний** national, **партíйний** party, **полкови́й** regimental; **потрíпаний** tattered; **бíлий** white; **імпровізо́ваний** impromptu, **тимчасо́вий** makeshift ◊ **Розмальо́ване простира́дло пра́вило їм за тимчасо́вий п.** A painted sheet served them as a makeshift flag. **жо́вто-блаки́тний** yellow-and-blue, **мали́новий** *hist.* purple *(of Ukrainian Cossacks)*, **черво́но-чо́рний** red-and-black
п. + *n.* **п. капітуля́ції** a flag of surrender ◊ **Бíлий п. вважа́ють ~ом капітуля́ції.** A white flag is considered to be the flag of surrender. (**перемо́ги** victory)
v. + **п. вíшати п.** hang out a flag (**встано́влювати** plant; **нести́** carry ◊ **Крíм держа́вних, вони́ тако́ж несли́ партíйні ~и́.** Besides national flags, they were also carrying party flags. **підніма́ти** hoist ◊ **Тоді́ над парла́ментом упе́рше підняли́ націона́льний п.** Then the national flag was hoisted over parliament for the first time. **підійма́ти** raise; **розгорта́ти** unfurl; **згорта́ти** fold ◊ **Пішо́в дощ і вони́ згорну́ли ~и́.** It started raining and they folded the flags. **зніма́ти** take down, **опуска́ти** lower ◊ **Президе́нт наказа́в опусти́ти п. на знак жало́би.** The president gave the order to lower the flag as a sign of mourning. **захо́плювати** capture ◊ **Вони́ захопи́ли бойові́ ~и́ во́рога.** They captured the enemy's battle flags. **оскверня́ти** desecrate, **пали́ти** burn); **маха́ти ~ом** wave a flag ◊ **Він маха́в до них вели́ким си́нім ~ом.** He waived a big blue flag at them.
♦ **става́ти під п.** *fig.* to join forces with sb
п. + *v.* **ви́сіти** hang, **майорíти** fly ◊ **Над есмíнцем майорíв п. військо́во-морськи́х сил.** The navy flag was flying over the destroyer. **тріпоті́ти** flutter ◊ **Пе́ред готе́лем тріпоті́ла на вíтрі дю́жина ~ів.** A dozen flags fluttered in the wind in front of the hotel. **бу́ти на пів що́глі** be at half mast
prep. **під ~ом** *posn.* under a flag

пра́с|ка, *f.*
iron, flat-iron
adj. **гаря́ча** hot ◊ **Тако́ю гаря́чою ~кою мо́жна пропали́ти дíрку в соро́чці.** One can burn a hole in the shirt with such a hot iron. **те́пла** warm, **холо́дна** cold; **електри́чна** electric, **парова́** steam; **зіпсо́вана** broken; **нова́** new; **допото́пна** antediluvian, **стара́** old;
♦ **краве́цька п.** a goose iron
v. + **п. кори́стува́тися ~кою** use an iron ◊ **Він волíв кори́стува́тися своє́ю старо́ю ~кою.** He preferred to use his old iron.
L. **на ~ці**, *G. pl.*~**ок**

прасу|ва́ти, **~ють; ви́~**, *tran.*
to iron *(clothes, etc.)*, press
adv. **акура́тно** neatly ◊ **Він акура́тно ~ва́в соро́чки.** He was neatly pressing his shirts. **бездога́нно** faultlessly, **до́бре** well, **стара́нно** carefully; **ке́псько** poorly ◊ **Вíра ке́псько ви́прасувала су́кню.** Vira poorly pressed her dress. **на́спіх** *or* **нашвидку́ру́ч** hastily, **недба́ло** carelessly, **пога́но** badly, **як-не́будь** shoddily
pa. pple. **ви́прасуваний** ironed, pressed
(ви́)прасу́й!

пра́ти, **пер|у́ть; ви́~**, *tran. and intr.*
1 *tran.* to wash clothes, do laundry
adv. **до́бре** well, **стара́нно** meticulously, **рете́льно** thoroughly; **ле́гко** gently ◊ **Светр слід п. ле́гко.** The sweater should be washed gently. **обере́жно** carefully; **ке́псько** poorly, **на́спіх** hastily, **недба́ло** carelessly, **пога́но** badly; **реґуля́рно** regularly, **ча́сто** often; **шви́дко** quickly; **раз на мíсяць** once a month, *etc.*
Also see **ми́ти**. *Cf.* **полоска́ти 1**
2 *intr.* to do laundry ◊ **Вони́ ~у́ть раз на мíсяць.** They do their laundry once a month.
pa. pple. **ви́праний** washed
(ви́)пери́!

працівни́к, *m.*, **~а́; працівни́ця**, *f.*
worker, employee, working man hand; official
adj. **високопродукти́вний** highly productive, **до́брий** good, **досвíдчений** experienced, **зразко́вий** exemplary, **найкра́щий** best, **провíдни́й** leading, **стара́нний** industrious; **вмíлий** skillful ◊ **Їй тре́ба знайти́ деся́ток умíлих ~ів.** She needs to find ten skillful workers. **впра́вний** dexterous, **кваліфіко́ваний** skilled, **майсте́рний** masterful; **від́даний** dedicated, **надíйний** dependable ◊ **Тако́го надíйного ~а́, як Ста́хів, ще тре́ба пошука́ти.** You'd have to look far and wide to find such a dependable worker as Stakhiv. **сумлíнний** diligent; **нови́й** new, **стари́й** old; **доброві́льний** volunteer; **низькоопла́чуваний** low-paid ◊ **До́бру полови́ну сту́дії станови́ли низькоопла́чувані ~и́.** Low-paid employees made up a good half of the studio. **пла́тний** paid ◊ **Лев – пла́тний п.** Lev is a paid worker. **постíйний** permanent; **сезо́нний** seasonal,**тимчасо́вий** temporary; **звíльнений** laid-off; **середньостатисти́чний** average ◊ **Він заробля́є бíльше, як середньостатисти́чний п. галузі.** He makes more than the average employee in the industry. ♦ **керівни́й п.** a top-level official; **низови́й** grassroots, low-level ◊ **низові́ ~и́ профспíлки** grassroots trade-union workers; **меди́чний** medical, **науко́вий** scientific, **партíйний** party ◊ **Він ви́явився партíйним ~о́м.** He turned out to be a party official.
п. + *n.* **п. ба́нку** a bank employee (**бібліоте́ки** library, **компа́нії** company, **лíкарні** hospital ◊ **Вона́ розмовля́ла з ~о́м лíка́рні.** She spoke with a hospital employee. **музе́ю** museum, **університе́ту** university, **у́ряду** government, **фíрми** firm; **се́редньої ла́нки** middle-level); ◊ **п. сце́ни** a stage hand
v. + **п. запро́шувати ~а́** invite a worker (**ма́ти** have ◊ **У кри́мському о́фісі фíрма ма́ла сто ~ів.** The firm had one hundred employees in its Crimea office. **найма́ти** hire; **звільня́ти** lay off) ◊ **Він звільни́в полови́ну ~ів філíї.** He laid off half of the branch employees. **плати́ти ~о́ві** pay an employee ◊ **Ша́хта мíсяць не плати́ла своїм ~а́м.** The mine did not pay its workers for a month. **бу́ти ~о́м** be an employee ◊ **Пан М. був ~о́м ба́нку.** Mr. M. was a bank employee. (**лиша́тися** remain, **признача́ти** + *A.* appoint sb ◊ **Його́ призна́чили керівни́м ~о́м корпора́ції.** He was appointed a top-level official of the corporation. **найма́ти** + *A.* hire sb as ◊ **Його́ найняли́ ~о́м архíву.** He was hired as an employee of the archive. **става́ти** become)
п. + *v.* **бра́ти у́часть у** + *L.* take part in sth; **втрача́ти робо́ту** lose job; **доїжджа́ти** commute ◊ **~и́ фа́брики доїжджа́ють на робо́ту з-поза мíста.** The factory workers commute to work from outside the city. **заробля́ти** earn; **керува́ти** + *I.* run sth ◊ **Вíддíлом керу́є молоди́й п.** A young employee runs the department. **комплектува́ти** + *A.* staff sth; **працюва́ти** work, **труди́тися** toil; **вимага́ти** + *G.* demand sth ◊ **~и́ фíрми вимага́ють підви́щення пла́тні.** The firm's employees demand a raise. **вихо́дити на страйк** go on strike, **страйкува́ти** strike
Also see **службо́вець, співробíтник 1.** *Cf.* **робітни́к**

працьови́т|ий, *adj.*
hard-working
adv. **винятко́во** exceptionally, **вкрай** extremely, **до́сить** fairly, **ду́же** very, **на ди́во** amazingly
v. + **п. бу́ти ~им** be hard-working (**виявля́тися** turn out ◊ **Цей студе́нт ви́явився винятко́во ~им.** This student turned out to be exceptionally hard-working. **вихо́вувати** + *A.* bring sb up as ◊ **Вони́ ви́ховали дíте́й че́сними і ~ими.** They raised their children to be honest and hard-working. **здава́тися** + *D.* seem to sb; **лиша́тися** remain; **става́ти** become)
Also see **впе́ртий 2, невто́мний, робо́чий 4, сумлíнний, че́сний 3.** *Ant.* **ледачи́й, ліни́вий 1**

працю|ва́ти, **~ють;** *no pf., intr.*
1 to work; *pf.* **за~** to start working ◊ **Усí запрацюва́ли сумлíнніше.** Everybody started working more diligently.
adv. **акти́вно** actively, **бага́то** hard ◊ **Під кіне́ць семе́стру вона́ ~є особли́во бага́то.** Towards the end of the semester, she works particularly hard. **безпереста́нку** nonstop, **весь час** all the time, **все** *colloq.* all the time, **впе́рто** persistently, **гарячко́во** feverishly, **енергíйно** vigorously, **методи́чно** methodically, **нату́жно** strenuously, **невідсту́пно** relentlessly, **невто́мно** tirelessly, **послідо́вно** consistently, **реґуля́рно** regularly ◊ **Íгор реґуля́рно ~є над ви́мовою.** Ihor regularly works on his pronunciation. **стара́нно** assiduously, **сумлíнно** diligently, **цілодобо́во** around the clock ◊ **Крамни́ця ~є цілодобо́во.** The store works around the clock. **шви́дко** quickly; **ле́две** hardly, **наси́лу** barely, **неохо́че** reluctantly, **повíльно** slowly; **ефекти́вно** effectively, **продукти́вно** productively, **успíшно** successfully; **на пів ста́вки** half-time ◊ **Вона́ ~ва́ла на пів ста́вки.** She worked half-time. **на по́вну ста́вку** full-time, **по́над но́рму** overtime; **гармонíйно** harmoniously, **колекти́вно** collectively, **ра́зом** together, **спíльно** jointly; **індивідуа́льно** individually, **осíбно** separately,

незале́жно independently; **пря́мо** directly ◊ **Вона́ ~є пря́мо з постачальниками сировини́.** She works directly with raw materials suppliers. **го́ловно** mainly, **наса́мперед** primarily; ♦ **п. в по́ті чола́** to work by the sweat of one's brow

v. + **п. бу́ти необхі́дно** be necessary to, **бу́ти тре́ба** + *D.* need to ◊ **Їм тре́ба п. безпереста́нку, що́би всти́гнути на реченець.** They need to work nonstop to meet the deadline. **виріішувати** decide to; **змушувати** + *A.* make sb ◊ **Ді́тей змушували п. у по́лі.** They made the children work in the field. **могти́** can; **почина́ти** begin to, **ста́ти** *pf.* start ◊ **Вони́ ста́ли п. акти́вніше.** They started working more actively. **продо́вжувати** go on; **ки́дати** quit ◊ **Опі́вдні шахтарі́ ки́нули п.** At noon, the miners quit working. **припиня́ти** stop; **хоті́ти** want to; **бу́ти не в ста́ні** be in no condition ◊ **Насту́пні два ти́жні вона́ була́ не в ста́ні п.** She was in no condition to work for the next two weeks. **відмовля́тися** refuse to

prep. **п. в** + *L.* work at/in *(a place)* ◊ **Жі́нка ~є в Ки́єві, а живе́ в Ірпіні.** The woman works in Kyiv and lives in Irpin. **п. з** + *I.* work with sb ◊ **Він ~ва́в із підлітками.** He worked with teenagers. **п. бі́ля** *or* **ко́ло** + *G.* work on sth ◊ **Вона́ ~є ко́ло землі́.** She works on land. **п. на** + *A.* work for sb/sth ◊ **Він ~є на цю фі́рму від мину́лого ро́ку.** She has worked for the firm since last year. **п. на** + *L.* work in/at *(a place)* ◊ **На по́шті почина́є п. нічна́ змі́на.** The night shift starts working at the post office. **п. над** + *I.* work on sth ◊ **Він ~є над нови́м рома́ном.** He is working on a new novel.

Also see **му́читися 3, потерпа́ти 3, служи́ти 1, труди́тися 1.** *Cf.* **підробля́ти 3, роби́ти 7**

2 to operate *(of equipment, etc.)*, function, work

adv. **відмі́нно** excellently ◊ **Нови́й комп'ю́тер ~ва́в відмі́нно.** The new computer worked excellently. **бездога́нно** flawlessly, **безшу́мно** quietly, **гла́дко** smoothly, **до́бре** well, **доскона́ло** perfectly, **ефекти́вно** effectively, **задові́льно** satisfactorily, **норма́льно** normally ◊ **Стари́й холоди́льних ~є норма́льно.** The old refrigerator works normally. **спра́вно** properly; **прекра́сно** beautifully, **чудо́во** wonderfully; **по-і́ншому** differently; **ле́две** *or* **наси́лу** barely; **ке́псько** poorly, **паску́дно** *colloq.* lousily, **пога́но** badly; ♦ **не п.** to be broken ◊ **Ра́діо не ~є.** The radio is broken.

Also see **функціонува́ти**

3 to be open *(of a store, etc.)* ◊ **Ресто́ран ~є пополу́дні.** This restaurant is open in the afternoon.

працю́й!

пра́ц|я, *f.*

1 work, labor, job, toil; *fig.* undertaking

adj. **акти́вна** active, **важка́** hard ◊ **Конце́рт є пло́дом семи́ мі́сяців важко́ї ~і.** The concerto is the product of seven months of hard work. **висна́жлива** exhausting, **вто́млива** tiring, **енергі́йна** vigorous, **інтенси́вна** intensive, **методи́чна** methodical, **напру́жена** arduous, **нату́жна** strenuous ◊ **До́брих результа́тів мо́жна досягну́ти нату́жною ~ею.** Good results can be achieved by strenuous work. **надри́вна** back-breaking, **надса́дна** grueling, **небезпе́чна** dangerous ◊ **Він відмо́вився вико́нувати небезпе́чну ~ю.** He refused to perform dangerous work. **невто́мна** tireless, **нелегка́** tough, **тя́жка** difficult; **безпере́рвна** uninterrupted, **впе́рта** persistent, **послідо́вна** consistent, **реґуля́рна** regular, **цілодобо́ва** around-the-clock; **щоде́нна** daily; **стара́нна** assiduous, **сумлі́нна** diligent ◊ **Шеф подя́кував їм за сумлі́нну ~ю.** The boss thanked them for their diligent work. **че́сна** honest ◊ **Він зароби́в ма́єток че́сною ~ею.** He earned his fortune by honest work. **захо́плива** fascinating, **ціка́ва** interesting ◊ **П. в Херсо́ні ви́явилася ціка́вою.** The work in Kherson proved to be interesting. **неохо́ча** reluctant, **пові́льна** slow, **примусо́ва** forced; **ефекти́вна** effective, **продукти́вна** productive, **успі́шна** successful; **ко́ри́сна** useful; **брудна́** dirty; **легка́** easy; **моното́нна** monotonous, **нудна́** tedious; **ма́рна** futile ◊ **Її зуси́лля ви́явилися ма́рною ~ею.** Her efforts turned out to be a futile undertaking. **інтелектуа́льна** intellectual, **розумо́ва** mental ◊ **Розумо́ва п. мо́же бу́ти моното́нною.** Mental work can be monotonous. **фізи́чна** physical ◊ **Вона́ черу́є інтелектуа́льну ~ю з фізи́чною.** She alternates intellectual work with physical. **ці́нна** valuable; **кваліфіко́вана** qualified, **професі́йна** professional, **фахова́** expert ◊ **Спра́ва вимага́є десяти́ днів фахово́ї ~і.** The matter requires ten days of expert work. ◊ **дитя́ча п.** child labor, **жіно́ча** women's, **чолові́ча** men's; **вла́сна** one's own, **індивідуа́льна** individual, **групова́** group, **колекти́вна** collective, **спі́льна** joint; **до́бра** good, **доскона́ла** perfect, **знамени́та** *colloq.* superb, **прекра́сна** beautiful, **хоро́ша** fine, **чудо́ва** wonderful; **тво́рча** creative; **делікатна** delicate, **рете́льна** thorough, **ува́жна** careful, **скрупульо́зна** scrupulous; **ке́пська** poor, **недба́ла** careless, **нехлю́йська** *colloq.* shoddy, **пога́на** bad; ♦ **Сизи́фова п.** Sisyphean work; **доброчи́нна** charitable, **гуманіта́рна** humanitarian, **місіоне́рська** missionary; **грома́дська** community, **суспі́льна** social; **науко́ва** scientific, **осві́тня** educational

v. + **п. вико́нувати ~ю** perform work ◊ **Він ви́конав неможли́во складну́ ~ю у відкри́тому ко́смосі.** He performed impossibly complicated work in outer space. (**організо́вувати** organize; **ма́ти** have; **дістава́ти** land ◊ **Він діста́в ~ю в обласні́й адміністра́ції.** He landed work in the provincial government. **знахо́дити** find, **отри́мувати** obtain; **шука́ти** look for ◊ **Катери́на мі́сяця́ми шука́ла і́ншу ~ю і наре́шті знайшла.** For months, Kateryna looked for different job and finally found it. **втрача́ти** lose; **почина́ти** begin, **продо́вжувати** continue; **ки́дати** quit, **перерива́ти** interrupt, **припиня́ти** stop; **закі́нчувати** finish, complete ◊ **Вони́ закі́нчили ~ю на годи́ну рані́ше.** They finished work an hour earlier. **відклада́ти** put off; **затри́мувати** hold up ◊ **Трива́ла него́да затри́мувала ~ю всього́ по́рту.** The operation of the whole seaport was held up by a long spell of rough weather. **використо́вувати** utilize, **експлуатува́ти** exploit; **оці́нювати** assess, **поціно́вувати** value) ◊ **Її ~ю ви́соко поціно́вують у грома́ді.** Her work is highly valued in the community. **керува́ти ~ею** direct work (**користува́тися** use, **нагляда́ти за** oversee) ◊ **Він нагляда́в за ~ею продавці́в.** He oversaw the work of sales persons.

п. + *v.* **вимага́ти** + *G.* **від** + *G.* require sth from sb ◊ **Гуманіта́рна п. вимага́є від ко́жного по́вної посвя́ти.** Humanitarian work requires full dedication from everyone. **лиша́тися** remain ◊ **Трети́на заплано́ваної ~і лиша́лася на насту́пну змі́ну.** A third of the scheduled work was left for the incoming shift. **передба́чати** + *A.* involve sth ◊ **Ця п. передба́чає доскона́ле володі́ння передови́ми техноло́гіями.** The work involves a perfect command of advanced technologies. **чека́ти** wait; **ко́штува́ти** + *A.* cost sth; **почина́тися** begin; **продо́вжуватися** continue; **зупиня́тися** stop; **става́ти** come to a halt ◊ **Че́рез ава́рію п. на заво́ді ста́ла на пів дня́.** Because of the accident, work at the factory came to a halt for half a day.

prep. **без ~і** without work ◊ **Цех лиши́ли на ти́ждень без ~і.** The shop was left without work for a week. **на ~ю** *dir.* to work ◊ **Він пішо́в на ~ю.** He went to work. **на ~і** *posn.* at work ◊ **Він не сто́млюється на ~і.** He does not get tired at work. **п. в** + *L.* work at/in *(a place)* ◊ **Її п. в мі́сті ста́ла ціка́вішою.** Her work in the city became more interesting. **п. з** + *I.* work with sb ◊ **Щоде́нна п. з бі́женцями висна́жувала їх.** Their daily work with the refugees drained them. **п. бі́ля** *or* **ко́ло** + *G.* work on/with sth ◊ **Вона́ люби́ла ~ю бі́ля ко́ней.** She liked her work with the horses. **п. на** + *A.* work for sb/sth ◊ **п. на спі́льну спра́ву** work for the common cause, **п. на** + *L.* work in/at *(a place)* ◊ **п. на залізни́чній ста́нції** work at a railroad station. **п. над** + *I.* work on sth ◊ **п. над дисерта́цією** work on a dissertation

Cf. **за́йнятість 2, робо́та 1**

2 work, composition, piece, creation; deed; *in pl.* writings, works, oeuvre

adj. **літерату́рна** literary, **мовозна́вча** linguistic, **музи́чна** musical, **науко́ва** scientific, **філосо́фська** philosophical; **амбі́тна** ambitious, **видатна́** outstanding, **відо́ма** well-known, **славе́тна** famous; **класи́чна** classic; **важли́ва** important, **впливо́ва** influential, **ерудо́вана** erudite; **імпоза́нтна** impressive, **об'є́мна** voluminous, **солі́дна** solid, **фундамента́льна** fundamental; **заве́ршена** completed, **закі́нчена** finished; **незаве́ршена** incomplet, **незакі́нчена** unfinished; **пере́рвана** interrupted; **нова́торська** innovative, **ориґіна́льна** original; **зі́брана** collected ◊ **вида́ння зі́браних ~ь драмату́рга** the edition of the playwright's collected works; **по́вна** complete; **найнові́ша** latest, **ни́нішня** today's, **оста́ння** last ◊ **Оста́ння п. істо́рика лиши́лася незакі́нченою.** The historian's last work remained unfinished. **попере́дня** previous; **пе́рша** first, **ра́ння** early; **зрі́ла** mature; **пізні́ша** later, **пі́зня** late ◊ **Пі́зні ~і письме́нниці разю́че ерудо́вані.** The (female) writer's late works are strikingly erudite.

n. + **п. вида́ння праць** a publication of works (**зібра́ння** collection, **ко́рпус** body ◊ **весь ко́рпус богосло́вських ~ь Дмитра́ Ту́птала** the whole body of Dmytro Tuptalo's theological writings; **поши́рення** proliferation, **підгото́вка** preparation) ◊ **підгото́вка мовозна́вчих ~ь Шевельо́ва до публіка́ції** the preparation of Shevelov's linguistic writings for publication

v. + **п. писа́ти ~ю** write a work (**публікува́ти** publish, **редаґува́ти** edit; **пока́зувати** show; **рекомендува́ти** recommend, **рецензува́ти** review ◊ **Вона́ відрецензува́ла дві дисертаці́йні ~і.** She reviewed two dissertations. **кореґува́ти** correct; **живи́ти** nourish ◊ **Дитя́чі пережива́ння живи́ли його́ пе́рші поети́чні пра́ці.** Childhood experiences nourished his first poetic works. **мотивува́ти** motivate, **надиха́ти** inspire ◊ **Її мовозна́вчі ~і надиха́ло при́страсне бажа́ння відроди́ти мо́ву свого́ наро́ду.** Her linguistic works were inspired by her passionate desire to revive the language of her people. **оці́нювати** assess, **поціно́вувати** value ◊ **Цю класи́чну ~ю ви́соко поціно́вують у сві́ті.** This classic work is highly valued in the world. **знахо́дити** find, **шука́ти** look for; **втрача́ти** lose)

п. + *v.* **аналізува́ти** + *A.* analyze sth, **висві́тлювати** + *A.* examine sth ◊ **П. висві́тлює економі́чні причи́ни війни́.** The work examines the economic causes of the war. **включа́ти** + *A.* include sth; **вихо́дити дру́ком** come out in print, **публікува́тися** get published; **назива́тися** be entitled sth ◊ **П. назива́ється «Істо́рія теа́тру».** The work is entitled *A History of Theater.* **склада́тися з** + *G.* consist of sth

See **твір 1.** *Also see* **ви́твір, робо́та 3**

предме́т, *m.*, ~а

1 object, thing

adj. **вели́кий** large, **великува́тий** *colloq. and* **нема́лий** biggish, **чима́лий** sizable; **ма́лий** *and* **невели́кий** small; **важки́й** heavy; **тверди́й** firm; **го́стрий** sharp, **тупи́й** blunt ◊ **Уда́р нане́сено тупи́м ~ом.** The blow was delivered with a blunt object. **кру́глий** round, **ова́льний** oval, **яйцеви́дний** egg-shaped; **кутува́тий** angular, **прямоку́тний** rectangular; **гладки́й** smooth; **волоха́тий** hairy ◊ **Вона́ відчу́ла які́йсь волоха́тий п. під руко́ю.** She felt a hairy object under her hand. **жорстки́й** coarse, **колю́чий** prickly, **шорстки́й** rough; **живи́й** animate; **нежи́вий** inanimate; **ди́вний** strange, **підозрі́лий** suspicious, **сторо́нній** foreign;

нерухóмий stationary; бíлий white, червóний red, чóрний black; глиняний clay, дерев'яний wooden, залізний iron, металéвий metal, скляний glass; холóдний cold

п. + *n.* ♦ п. пéршої необхідности an item of daily necessity; п. рóзкоші a luxury item; ♦ ~и ширóкого вжитку consumer goods

Also see об'єкт 1

2 subject, discipline ◊ Які ~и ти вивчáєш? What subjects do you study?

adj. важкий difficult, складний complicated; важливий important; обов'язкóвий required; ♦ прóфільний п. a major ◊ Прóфільним ~ом Мирослáви булá соціолóгія. Sociology was Myroslava's major. необов'язкóвий optional, факультатúвний elective; основний main; другорядний secondary; захóпливий captivating, цікáвий interesting; спеціяльний special; марýдний *colloq.* tedious, нецікáвий uninteresting, нудний boring; новий new; традиційний traditional

n. + п. вибір ~ів a choice of subjects ◊ Навчáльна прогрáма пропонýє ширóкий вибір ~ів. The curriculum offers a wide choice of subjects. (набір series, різноманіття variety, спúсок list) ◊ Веб-сторінка подає спúсок ~ів, що їх викладáють у шкóлі. The web page gives a list of the subjects taught at the school.

v. + п. вивчáти п. study a subject ◊ Галина ще не знає, які ~и вивчáтиме на пéршому кýрсі. Halyna does not yet know what subjects she will be studying in her first year. (вибирáти choose, слýхати take ◊ Які ~и вонá слýхає? What subjects is she taking? кидати drop; викладáти teach, вчúти *colloq.* teach, пропонувáти + *D.* offer sb) ◊ Факультéт соціолóгії пропонýє цікáві ~и. The sociology department offers interesting subjects.

prep. з ~а in a subject ◊ Він має іспити з чотирьох ~ів. He has exams in four subjects.

Also see дисципліна 2, еконóміка 2, інформáтика, істóрія 2, лінґвістика, математика, мовознáвство, фізика, хéмія 1

3 subject matter, theme, topic

adj. вузький narrow; загáльний general; конкрéтний specific; ширóкий wide; визначений determined, зрозумілий comprehensible, окрéслений outlined, устáлений established, чіткий clear; невизначений undefined, невирáзний vague, розплúвчастий fuzzy, тумáнний misty

п. + *n.* п. дискýсії the topic of discussion ◊ Стóрони домóвилися про п. дискýсії. The parties agreed on the subject of the discussion. (дослідження research; перемóвин negotiations, розмóви conversation, суперéчки argument; áлгебри algebra, істóрії history, лóгіки logic) ◊ Тéма, яку він порýшив, на налéжить до ~у лóгіки. The topic he touched upon does not belong to the subject matter of logic.

v. + п. визначáти п. define a topic (окрéслювати outline; висвітлювати cover ◊ Дóсі прéса поверхóво висвітлювала п. перемóвин. Until now, the press covered the topic of the talks superficially. дебатувáти debate, дискутувáти discuss, обговóрювати talk over, домовлятися про agree on)

п. + *v.* включáти + *A.* include sth, охóплювати + *A.* encompass sth ◊ П. органічної хéмії охóплює полімéри. The subject matter of organic chemistry encompasses polymers.

prep. на п. + *G.* concerning sth; in order to do sth ◊ Розмóва булá на п. óгляду автівки. The conversation concerned the inspection of the car.

See тéма. *Also see* матéрія 3

предстáви|ти, *pf.*, *see* **представляти**
to represent; introduce ◊ Головний редáктор ~в працівникáм нóвого журналіста. The editor-in-chief introduced the new journalist to the associates.

представля|ти, ~ють; предстáв|ити, ~лю, ~иш, ~лять, *tran.*
1 to represent, stand for, speak for, act for

adv. впóвні fully, всебíчно comprehensively; адеквáтно adequately, дóбре well, налéжно suitably, рівною мірі in equal measure ◊ Докумéнт рівною мірою ~є інтереси всіх сторін. This document represents the interests of all parties in equal measure. погáно poorly, непропорційно disproportionately ◊ Óргани влáди ~ють жінóк непропорційно. The bodies of power represent women disproportionately. впрáвно ably; дійсно truly; закóнно lawfully, юридúчно legally

v. + п. вибирáти + *A.* elect sb to ◊ Її вибрали п. студéнтів у сенáті університéту. She was elected to represent the students in the university senate. признача́ти + *A.* appoint sb to; бýти трéба + *D.* need to; вдавáтися + *D.* succeed in, змогтú *pf.* manage to, могтú can; мáти завдáння have the task to; намагáтися strive to ◊ Вонá намагáлася предстáвити дружину якнайкрáще. She strove to represent her team the best way possible. хотíти want to

2 to present, submit

adv. детáльно *or* доклáдно in detail; кóротко in short, стúсло in brief; дóбре well, експліцúтно explicitly, перекóнливо convincingly, привáбливо attractively, чíтко clearly, яскрáво vividly; візуáльно visually, графíчно graphically, ýсно orally; офіційно officially, формáльно formally

v. + п. брáтися take it upon oneself, вмíти be able to ◊ Він умíє перекóнливо предстáвити найсумнівніший зáдум. He is able to make a convincing presentation of the most questionable design. мáти be supposed to ◊ Вонá мáла предстáвити рíжні пóгляди. She was supposed to present different views. намагáтися strive to, старáтися do one's best to ◊ Студéнт старáвся цікáво предстáвити свій зáдум комíсії. The student did his best to present his idea to the committee in an interesting way. стáвити (собí) за метý aim to; хотíти want to

prep. п. на + *A.* submit for sth ◊ Зáвтра він ~тиме проєкт на рóзгляд експéртної рáди. Tomorrow he will be presenting the project for examination by a board of experts. п. як + *A.* present as sth ◊ Вонá ~є вúнахід як прорúв у тéхніці. She presents the invention as a breakthrough in technology.

3 to depict, portray, show

adv. достовíрно faithfully ◊ Áвтор достовíрно ~є життя мíста. The author faithfully depicts urban life. правдúво truthfully, тóчно accurately; об'єктúвно objectively; незабýтньо unforgettably; брехлúво mendaciously, неправдúво untruthfully, спотвóрено in a distorted way; метафористúчно metaphorically, символíчно symbolically; графíчно graphically, схематúчно schematically

4 to introduce, present

adv. із задовóленням with pleasure, рáдо gladly; похмýро grimly, неохóче reluctantly; кóротко briefly ◊ Вонá кóротко предстáвила учáсників крýглого стóлу. She briefly introduced the roundtable participants. налéжним чúном properly, офіційно officially, формáльно formally

v. + п. пропонувáти offer to ◊ Він запропонувáв предстáвити її дирéкторові стýдії. He offered to introduce her to the studio director. просúти + *A.* ask sb to, хотíти want to

prep. п. як + *A.* present as sb/sth ◊ Її предстáвили як остáнню надію мíста. She was presented as the city's last hope.

pa. pple. предстáвлений represented

представляй! предстáв!

представнúк, *m.*, **~á**; **представнúця**, *f.*
representative

adj. головнúй chief, провіднúй leading, стáрший senior; єдúний sole; повновáжний plenipotentiary; вúбраний chosen, вúзначений designated, вповновáжений authorized; дипломатúчний diplomatic, óбраний elected, офіцíйний official, признáчений appointed; міжнарóдний international, місцéвий local, національний national, реґіонáльний regional; постíйний permanent; тимчасóвий temporary; спеціяльний special; парлáментський parliamentary; таємний secret

v. + п. вибирáти ~á choose a representative (обирáти elect, признача́ти appoint, номінувáти nominate; відкликáти recall; посилáти до + *G or* на + *A.* send to) ◊ Вонú послáли на зýстріч уповновáженого ~á. They sent their authorized representative to the meeting. бýти ~óм be a representative (виступáти act as ◊ Він виступáв головнúм ~óм адміністрáції завóду. He acted as the chief representative of the factory management. лишáтися remain; признача́ти + *A.* appoint sb as ◊ Йогó признáчили ~óм ýряду в Національному бáнку. He was appointed as the government's representative at the National Bank. ставáти become; зустрічáтися з meet with ◊ Їй трéба зустрíтися з ~óм корпорáції. She needs to meet with the corporation's representative. консультувáтися з consult; вестú перемóвини *or* переговóри з negotiate with) ◊ Вонú велú перемóвини з ~óм революцíйного ýряду. They negotiated with the representative of the revolutionary government.

п. + *v.* брáти слóво take the floor, брáти ýчасть take part; голосувáти vote ◊ ~ú балтíйських країн проголосувáли за ембáрґо. The representatives of the Baltic countries voted for the embargo.

prep. п. на + *A. dir.* a representative to *(an event)* ◊ Йогó вúбрали офіцíйним ~óм асоціяції на конферéнцію. He was chosen as the official representative of the association to the conference. п. на + *L. posn.* representative at *(an event)* ◊ їхній п. на перемóвинах their representative at the talks

представнúцтв|о, *nt.*
representation, mission, delegation

adj. адеквáтне adequate ◊ адеквáтне п. країни в міжнарóдних організáціях ◊ an adequate representation of the country in international organizations; велúке large, дíєве efficient, ефектúвне effective, значнé significant, посúлене increased, потýжне strong; компетéнтне competent, налéжне proper, пропорцíйне proportionate; рíвне equal; ширóке broad; невелúке small; непропорцíйне disproportionate; нерівнопрáвне unequal; обмéжене limited; символíчне symbolic; дипломатúчне diplomatic; політúчне political; економíчне economic, торгóве trade; демократúчне democratic; колектúвне collective

v. + п. відкривáти п. open a mission ◊ Фíрма відкриє торгóве п. в Нью-Йóрку. The firm will open its trade mission in New York. (ґарантувáти guarantee ◊ Систéма ґарантувáла б кóжній етнíчній грýпі п. в парлáменті. The system would guarantee a representation in parliament to each ethnic group. забезпéчувати + *D.* ensure sb with, мáти have ◊ Українська мóва мáла символíчне п. в друкóваній прéсі країни. The Ukrainian language had a token representation in the country's printed press. посúлювати increase; мáти прáво на be entitled to) ◊ Оскáржений мáє прáво на юридúчне п. в судí. The accused is entitled to legal representation in court.

презентáці|я, *f.*, **~ї**
presentation, demonstration, talk, lecture

adj. блúскуча brilliant, дóбра good, ефектúвна effective, ефéктна slick, імпозáнтна impressive, успíшна successful; корóтка short, стúсла brief; безкінéчна endless ◊ День пройшóв у безкінéчних ~ях нóвих товáрів. The day passed in endless presentations of new products.

до́вга long, розло́га lengthy; нудна́ tedious, ціка́ва interesting; ама́торська amateurish, ке́пська poor, некомпете́нтна incompetent, незґра́бна clumsy, пога́на bad; офіці́йна official, спеція́льна special, форма́льна formal, ювіле́йна anniversary; авдіовізуа́льна audio-visual, ♦ віде́опрезента́ція a video presentation, мультимеді́йна multimedia, сла́йдова slide

п. + *n.* **п. кни́жки** a book launch; **п. проду́кту** a product presentation (**прое́кту** project, **сцена́рію** screenplay, **фі́льму** film)

v. + **п. роби́ти ~ю** give a presentation ◊ **Він зроби́в ~ю прое́кту.** He gave a presentation of the project. (**організо́вувати** organize, **прово́дити** hold)

prep. **п. для** + *G.* presentation for sb; **п. на те́му** a presentation on *(a topic)* ◊ **п. на те́му «Нові́ ме́тоди опи́тування»** a presentation on new polling methods

президе́нт, *m.*; **~ка**, *f.*

1 president *(head of state)*

adj. **чи́нний** incumbent ◊ **Чи́нний п. зазна́в нищі́вної пора́зки на ви́борах.** The incumbent president suffered a crushing defeat at the ballot. ♦ **експрезиде́нт** ex-president, **коли́шній** former, **майбу́тній** future, **нови́й** new *and* incoming; **тимчасо́вий** provisional; **америка́нський** American, **украї́нський** Ukrainian, **францу́зький** French, *etc.*; **віцепрезиде́нт** a vice president; ♦ **вико́нувач обо́в'язків ~а** an acting president

v. + **п. обира́ти ~а** elect a president (**переобира́ти** re-elect, **признача́ти** appoint ◊ **В Іта́лії ~а не обира́ють, його́ признача́є парла́мент.** In Italy, the president is not elected, but appointed by parliament. **приво́дити до прися́ги** swear sb in ◊ **~а привели́ до прися́ги че́рез ти́ждень пі́сля ви́борів.** The president was sworn in a week after his election. **вбива́ти** assassinate, **піддава́ти імпі́чменту** impeach, **скида́ти** topple, **усува́ти** remove) ◊ **Повста́ння усу́нуло ~а від вла́ди.** The uprising removed the president from office. **бу́ти ~ом** be a president (**обира́ти** elect sb as, **признача́ти** + *A.* appoint sb as, **пробу́ти** *pf.* last as ◊ **Він пробу́в ~ом три ро́ки.** He lasted as president for three years. **служи́ти** serve as, **става́ти** become)

п. + *v.* **бу́ти о́браним** be elected; **ветува́ти** + *A. or* **накла́дати ве́то на** + *A.* veto sth ◊ **П. накла́в ве́то на** *or* **заветува́в зако́н.** The President vetoed the law. **підпи́сувати** + *A.* sign sth, **признача́ти** + *A.* appoint sb; ◊ **Президе́нт призна́чив її́ свое́ю представни́цею на перемо́винах.** The president appointed her his representative in the talks. **уповнова́жувати** + *A.* authorize sb; **подава́ти у відста́вку** resign; **зловжива́ти вла́дою** abuse power, **узурпува́ти вла́ду** usurp power

Also see **прем'є́р**

2 head, chair, president ◊ **Університе́т має водно́час ~а, і ре́ктора.** The university has a president and rector at the same time.

adj. **чи́нний** current, **ни́нішній** *or* **тепе́рішній** present, **поче́сний** honorary; **коли́шній** former, **майбу́тній** future, **нови́й** new *and* incoming; **тимчасо́вий** temporary; ♦ **дові́чний п.** president for life

п. + *n.* **п. асоціа́ції** the president of an association (**ба́нку** bank ◊ **П. ба́нку подава́в у відста́вку че́рез сканда́л.** The president of the bank resigned over the scandal. **клу́бу** club, **компа́нії** company, **корпора́ції** corporation, **сена́ту** senate, **товари́ства** society, **університе́ту** university)

v. + **п. обира́ти ~а** elect a president (**переобира́ти** re-elect ◊ **~а клу́бу переобра́ли на ще оди́н те́рмін.** The club's president was re-elected to another term. **признача́ти** appoint; **пропонува́ти на** propose sb as); **признача́ти** + *A.* **~ом** appoint sb as president (**служи́ти** serve as, **става́ти** become) ◊ **Він став ~ом корпора́ції.** He became the president of the corporation.

Also see **дире́ктор, голова́ 3, очі́льник**

президе́нтськ|ий, *adj.*

presidential, of or pertaining to president or presidency

п. + *n.* **п. літа́к** a presidential airplane (**пала́ц** palace, **полк** regiment, **по́чет** escort, **станда́рт** standard, **ука́з** executive order, **фонд** foundation); **~а адміністра́ція** a presidential administration (**булава́** mace, **ініціати́ва** initiative, **охоро́на** guard, **печа́тка** seal, **ра́да** council); **~е ве́то** a presidential veto; **~і ви́бори** a presidential election (**перего́ни** race)

прекра́сн|ий, *adj.*

1 beautiful, lovely, fine, handsome

adv. **абсолю́тно** absolutely, **винятко́во** exceptionally, **ді́йсно** really, **надзвича́йно** extraordinarily, **на рі́дкість** rarely ◊ **Вона́ ма́ла на рі́дкість ~е обли́ччя.** She had a rarely beautiful face. **про́сто** simply, **спра́вді** truly ◊ **У цю мить його́ обли́ччя було́ спра́вді ~им.** At this moment, his face was truly handsome. ♦ **в оди́н п. день** one fine day ◊ **В оди́н п. день Лари́са все зрозумі́є.** One fine day, Larysa will understand everything. ♦ **за прекра́сні о́чі** for free ◊ **Ка́тря не роби́тиме все це за ~і о́чі.** Katria will not do all this just for free.

v. + **п. бу́ти ~им** be beautiful (**вважа́ти** + *A.* consider sb/sth, **вигляда́ти** look, **виявля́тися** prove ◊ **За́мок ви́явився ~им мі́сцем для музе́ю.** The castle proved to be a lovely site for the museum. **здава́тися** + *D.* seem to sb ◊ **Усе́ в її́ ново́ї па́сії здава́лося О́льзі ~им.** *colloq.* Everything about her new squeeze seemed beautiful to Olha. **лиша́тися** remain; **роби́ти** + *A.* make sb/sth ◊ **Рекла́ма обіця́ла зроби́ти обли́ччя ко́жної кліє́нтки ~им.** The ad promised to make every (female) client's face beautiful. **става́ти** become)

Cf. **га́рний 1**

2 superb, excellent, great ◊ **Він – п. граве́ць на гіта́рі.** He is a superb guitar player. ◊ **Це ~а іде́я!** This is a great idea! ◊ **Пого́да ви́далася ~ою для риба́лки.** The weather proved great for fishing. ◊ **Шко́ла справля́ла на дити́ну п. вплив.** The school had a great impact on the child. ◊ **Вони́ жили́ у п. час.** They lived in a great times.

прем'є́р, *m.*, **~а**; **~ка**, *f.*

prime minister, premier

adj. **ді́ючий** incumbent, **коли́шній** former, **нови́й** new; **espа́нський** Spanish ◊ **Уряд посла́в но́ту espа́нському ~ові.** The government sent a note to the Spanish premier. **канаді́йський** *or* **кана́дський** Canadian, **украї́нський** Ukrainian, *etc.*; **ві́це-п.** a vice prime minister; ♦ **вико́нувач обо́в'язків ~а** an acting prime minister ◊ **Вико́нувач обо́в'язків ~а мав зу́стріч з америка́нським президе́нтом.** The acting prime minister had a meeting with the US president.

v. + **п. обира́ти ~а** elect a prime minister ◊ **Ново́го ~а обра́ли бі́льшістю голосі́в.** The new premier was elected by a majority of votes. (**затве́рджувати** confirm, **признача́ти** appoint ◊ **~а признача́в президе́нт.** The president appointed the prime minister. **приво́дити до прися́ги** swear as; **скида́ти** topple, **усува́ти** remove); **бу́ти ~ом** be a prime minister ◊ **Він є до́брим ~ом.** He is a good premier. (**обира́ти** + *A.* elect sb as, **признача́ти** + *A.* appoint sb as, **става́ти** become)

п. + *v.* **бу́ти о́браним** be elected; **прово́дити консульта́ції** hold consultations ◊ **П. прово́дить консульта́ції з партне́рами по коалі́ції.** The prime minister holds consultations with coalition partners. **підпи́сувати** + *A.* sign sth; **звільня́ти** + *A.* dismiss sb; **признача́ти** + *A.* appoint sb ◊ **П. призна́чив мі́ністра осві́ти.** The premier appointed an education minister. **уповнова́жувати** + *A.* authorize sb; **подава́ти у відста́вку** resign ◊ **Пі́сля во́туму недові́ри п. пода́в у відста́вку.** After the vote of no confidence, the prime minister resigned. **зловжива́ти вла́дою** abuse power, **узурпува́ти вла́ду** usurp power

Also see **президе́нт**

прем'є́р|а, *f.*

premiere, first night

adj. **націона́льна** national, **украї́нська** Ukrainian, **світова́** world; ♦ **кінопрем'є́ра** a movie premiere; **сцені́чна** stage, **театра́льна** theatrical, **телевізі́йна** TV, ♦ **ґала-прем'є́ра** a gala premiere; **ґрандіо́зна** grandious, **гучна́** loud, **довгоочі́кувана** long-awaited, **урочи́ста** solemn; **успі́шна** successful; **прова́льна** disastrous

п. + *n.* **п. дра́ми** a drama premiere (**комéдії** comedy, **конце́рту** concerto, **о́пери** opera ◊ **Світова́ п. о́пери «Лючі́я ді Ламермур»** **відбула́ся в Неа́полі.** The world premiere of the opera *Lucia di Lammermoor* took place in Naples. **п'є́си** play, **поста́ви** production, **програ́ми** program, **фі́льму** movie) ◊ **Вони́ хоті́ли будь-що потра́пити на ~у її́ ново́го фі́льму.** They wanted by all means to get to the premiere of her new film.

v. + **п. відві́дувати ~у** attend a premiere (**дава́ти** give ◊ **У насту́пному сезо́ні мі́ська́ о́пера дава́тиме ~у ново́ї поста́ви «Аїди».** Next season, the municipal opera will be giving the premiere performance of a new production of *Aida*. **ма́ти** receive ◊ **Кінофі́льм ма́тиме украї́нську ~у пе́ршого тра́вня.** The movie will receive its Ukrainian premiere on May 1. **організо́вувати** organize, **представля́ти** present; **іти́ на** go to) ◊ **Вона́ могла́ піти́ на ~у будь-яко́ї п'є́си.** She could go to the first night of any play.

п. + *v.* **відбува́тися** occur, take place; **ма́ти у́спіх** be a success; **прова́люватися** be a flop ◊ **П. серія́лу провали́лася.** The series premiere was a flop.

Also see **п'є́са 1**

пре́мі|я, *f.*, **~ї**

1 prize, award

adj. **націона́льна** national; **пе́рша** first, **дру́га** second, **тре́тя** third; **грошова́** cash; **кінематографі́чна** film, **літерату́рна** literary, **музи́чна** music, **театра́льна** theater; **Бу́керівська** Booker, **Ґонку́рівська** Goncourt ◊ **Найпрести́жнішою літерату́рною наго́родою Фра́нції вважа́ють Ґонку́рівську ~ю.** The Goncourt Prize is considered to be the most prestigious literary award in France. **Но́белівська** Nobel; **Пуліце́рівська** Pulitzer, **Шевче́нківська** Shevchenko

prep. **п. від** + *G.* prize from sb ◊ **п. від Націона́льної Акаде́мії Нау́к** a prize from the National Academy of Sciences; **п. з** + *G.* prize in *(a field)* ◊ **Но́белівська п. з літерату́ри** the Nobel Prize in literature; **п. за** + *A.* a prize for sth ◊ **п. за відкриття́ невтри́на** a prize for the discovery of the neutrino

See **наго́рода**

2 bonus, reward ◊ **При кінці́ ро́ку вони́ отри́мували грошові́ ~ї.** At the end of the year, they received cash bonuses. ◊ **кварта́льна п.** a quarterly bonus, **щорі́чна** annual

See **опла́та, пла́та**

пре́с|а, *f.*, *only sg.*

press, the newspapers ◊ **свобо́да ~и** freedom of the press

adj. **місце́ва** local, **мі́ська** city, **націона́льна** national, **реґіона́льна** regional; **ки́ївська** Kyiv, **льві́вська** Lviv, **оде́ська** Odesa, **ха́рківська** Kharkiv, *etc.* ◊ **Коли́сь ха́рківська п. була́ вся росі́йською.** Once the Kharkiv press used to be all in Russian. **америка́нська** US, **европе́йська** European, **по́льська** Polish, **украї́нська** Ukrainian; **закордо́нна** foreign, **міжнаро́дна** international, **світова́** world; **бульва́рна** tabloid, **жо́вта** gutter, **популя́рна** popular, **сенсаці́йна** sensationalist; **серйо́зна** serious, **солі́дна** quality; **ліберáльна** liberal, **лі́ва** left-wing, **пра́ва** right-wing;

кремлівська Kremlin, **проросійська** pro-Russian, **чорносотенна** Russian supremacist, **шовіністична** chauvinist; **фінансова** financial, **музична** music; **вільна** free, **незалежна** independent; **партійна** party-affiliated
v. + **п. залякувати ~у** intimidate the press (**контролювати** control, **переслідувати** persecute ◊ **Режим переслідував незалежну ~у.** The regime persecuted the independent press. **отримувати** receive ◊ **Вона перестала отримувати національну ~у.** She stopped receiving national newspapers. **вводити в оману** mislead ◊ **Заява вводила ~у в оману.** The statement misled the press. **піддавати цензурі** censor ◊ **Уряд піддає ~у непрямій цензурі.** The government indirectly censors the press. **читати** read) ◊ **Він читає жовту ~у.** He reads the gutter press. **брехати ~і** lie to the press ◊ **Він брехав ~і про події у Криму.** He lied to the press about the Crimea events. **маніпулювати ~ою** manipulate the press (**слідкувати за** follow) ◊ **Він слідкує за американською ~ою.** He follows the US press.
prep. **у ~і** in the press ◊ **Ця новина спочатку з'явилася у польській ~і.** The news first appeared in the Polish press.

престиж, *m.*, **~у**, *only sg.*
prestige
adj. **великий** great, **величезний** enormous, **значний** significant, **неабиякий** remarkable ◊ **Він має неабиякий п. серед колеґ.** He has a remarkable prestige among her peers. **незаперечний** undeniable, **помітний** noticeable, **певний** certain, **міжнародний** international, **національний** national, **світовий** world; **низький** low, **нікчемний** negligible, **нульовий** zero ◊ **Його п. як політика нульовий.** His prestige as a politician is zero. **інтелектуальний** intellectual, **моральний** moral, **науковий** academic, **політичний** political, **професійний** occupational, **суспільний** social; **особистий** personal; **реальний** real; **ефемерний** fictional
See **авторитет 1.** *Also* **повага, репутація.**

престижн|ий, *adj.*
prestigious
adv. **вкрай** extremely, **дуже** very, **найбільш** most, **особливо** particularly, **цілком** completely; **досить** fairly, **достатньо** sufficiently; **відносно** relatively; **майже** almost; **несподівано** suddenly; **зовсім не** not at all, **не зовсім** not entirely
v. + **п. бути ~им** be prestigious (**вважати** + *A.* consider sb/sth ◊ **Школу вважають досить ~ю.** The school is considered to be fairly prestigious. **лишатися** remain; **робити** + *A.* make sb/sth ◊ **Революція зробила українську мову ~ою серед молоді.** The revolution made the Ukrainian language prestigious among the youth. **ставати** become)
Also see **впливовий**

претенду|вати, **~ють;** *no pf., intr.*
to pretend to, lay claim to, have a claim on
adv. **аґресивно** aggressively, **відкрито** openly, **публічно** publicly, **давно** for a long time; **нахабно** brazenly, **пихато** arrogantly; **марно** in vain; **вперто** persistently, **затято** relentlessly
prep. **п. на** + *A.* pretend to sth ◊ **Москва ~є на Крим.** Moscow lays claim to the Crimea. **п.** + *inf.* pretend to do sth ◊ **Він ~вав говорити за весь народ.** He claimed to be speaking on behalf of the entire people. **п. на те, щоб** + *inf.* claim to ◊ **Він ~є на те, щоб представляти всіх поетів.** He pretends to represent all the poets.
v. + **п. мати право** be entitled to ◊ **Вона має право п. на їхнє майно.** She is entitled to claim their property. **могти** can, **намагатися** try to ◊ **Дарма він намагався п. на посаду директора.** He tried to claim the director's post in vain.
претендуй!
Also see **домагатися**

претензі|я, *f.*, **~ї**
1 claim, pretense, demand
adj. **божевільна** crazy; **велика** large; **відкрита** overt; **законна** lawful; **надмірна** excessive, **серйозна** serious; **безпідставна** groundless, **надумана** bogus
v. + **п. виражати ~ю** express a claim (**пред'являти** lay ◊ **Чернігівський князь пред'явив ~ю на Київ.** The Prince of Chernihiv laid a claim to Kyiv. **підтримувати** support; **відкидати** reject, **іґнорувати** ignore); **відмовлятися від ~ї** give up a claim; **виступати з ~єю** voice a claim
prep. **п. на** + *A.* claim to sth
See **вимога 1**
2 resentment, grudge, problem
v. + **п. мати ~ю** have a problem ◊ **Студенти мають серйозну ~ю до її нового курсу.** The students have a serious problem with her new course. **виступати з ~єю** come forward with a grudge ◊ **Він виступає з ~ями до аґенції.** He voices grudges against the agency.
prep. **п. до** + *G.* problem with sb ◊ **п. до компанії** a problem with the company
See **незадоволення, проблема**

прецедент, *m.*, **~у**
precedent
adj. **важливий** important ◊ **Рішення суду стало важливим ~ом у юридичній практиці.** The court decision became an important precedent in legal practice. **добрий** good, **новий** new; **встановлений** established, **історичний** historical, **минулий** past, **попередній** prior; **відомий** well-known, **гучний** striking; **жахливий** terrible, **небезпечний** dangerous, **поганий** bad, **скандальний** scandalous, **сумнозвісний** notorious; **політичний** political, **судовий** court, **юридичний** legal
v. + **п. використовувати п.** use a precedent (**встановлювати** establish, **забезпечувати** provide, **мати** have ◊ **Жовтневі події мали історичний п.** The October events had a historical precedent. **знаходити** find, **наводити** cite ◊ **Оскарження навело один п.** The prosecution cited one precedent. **породжувати** set ◊ **Компроміс породжує небезпечний п.** The compromise sets a dangerous precedent. **створювати** create, **шукати** look for; **іґнорувати** ignore); **бути ~ом** be a precedent (**користуватися** + *I.* **як** use sth as, **лишатися** remain, **служити** serve as, **ставати** become)
prep. **без ~у** without precedent ◊ **злочин без ~у** a crime without precedent

при, *prep.* + *L.*
relations of place
1 near, at ◊ **Дуб посадили п. вході до школи.** The oak was planted at the entrance to school. ◊ **п. дорозі** by the side of the road
2 on, with ◊ **Він не мав п. собі грошей.** He had no money on him. ◊ **Слідчий знайшов п. затриманому паспорт.** The detective found a passport with the detained man.
3 in, at, affiliated to, as part of *(institution)* ◊ **Вона працювала п. канцелярії міністра.** She worked at the office of the minister. ◊ **Бібліотеку створено п. історичному факультеті.** The library was created at the history department.
4 with, together with ◊ **Марко лишився п. дітях.** Marko stayed with the children.
5 *(with nameplaces)* of, at ◊ **битва при Конотопі** the Battle of Konotop; **поразка Ксеркса п. Термопілах** Xerxes' defeat at Thermopylae
relations of time
6 *(coincidence)* while, during, with, at ◊ **Йому ставало страшно п. наближенні від'їзду.** He was growing fearful with the approach of his departure. ◊ **П. думці про це він здригався.** He shuddered at the thought of it. ♦ **п. кінці** at the end ◊ **Вона показала світлини п. кінці лекції.** She showed the pictures at the end of her talk. ♦ **бути при смерті** to be at death's door
7 *(in the presence of)* with ◊ **Це не можна робити п. людях.** This cannot be done in public. ◊ **Батьки не сварилися п. дітях.** The parents did not argue with their children around. ◊ **п. вечері** at dinner (**обіді** lunch, **сніданку** breakfast); ◊ **п. заході сонця** at sunset; ◊ **Оля готується до занять п. радіо.** Olia prepares for classes while listening to the radio.
8 *(historical epoch)* under, during ◊ **П. совєтах тут стояв пам'ятник Леніна.** There was a Lenin monument here under the Soviets. ◊ **Плату за проїзд піднесли п. старому міському голові.** The fare was hiked under the old city mayor. ◊ **Церкву збудували п. Мазепі.** The church was built under Mazepa.
other relations
9 *(possession)* with ◊ **Вона була п. грошах.** She had some money on her. ◊ **Він прийшов у костюмі і п. модній краватці.** He came dressed in a suit and with a fashionable tie on.
10 *(concession)* despite, in spite of, with, given ◊ **П. всіх своїх розбіжностях, тепер вони говорили в один голос.** Despite all their differences, now they spoke with one voice.

прибира|ти, **~ють; прибрати, прибер|уть**, *tran. and intr.*
1 *tran.* to clean up, tidy up, put in order
adv. **добре** well, **ретельно** thoroughly, **старанно** diligently, **скрупульозно** scrupulously; **оперативно** promptly ◊ **Вона оперативно прибрала вітальню.** She promptly cleaned up the living room. **швидко** quickly; **ледве** scarcely, **трохи** a little, **недбало** carelessly, **як-небудь** negligently, **погано** poorly; **періодично** periodically, **час від часу** from time to time, **реґулярно** regularly, **часто** often, **щомісяця** every month, **щотижня** every week; **іноді** sometimes, **ніколи не** never, **рідко** seldom
п. + *n.* **п. казарму** clean (up) a barracks (**квартиру** apartment, **кімнату** room, **спальню** bedroom; **рейвах** *colloq.* mess ◊ **Він мусить п. рейвах після клієнтів.** He has to clean the mess after customers. ♦ **п. постіль** to make a bed
prep. **п. в** + *L.* clean in *(a space)* ◊ **Я ~ю в хаті щотижня.** *colloq.* I clean up my place once a week. **п. від** + *G.* clean of sth ◊ **Садівник прибрав травник від опалого листя.** The gardener cleaned the lawn of the fallen leaves. **п. з** + *G.* clean from/up sth ◊ **Галя прибрала зі столу.** Halia cleaned up the table. **п. за** + *I.* clean after sb ◊ **Дітей привчили п. за собою.** The children were taught to clean after themselves. **п. на** + *L.* clean up on sth ◊ **п. на столі** clean up (things on) a table; **п. після** + *G.* clean up after sb; ♦ **п. до кишені** to pocket sth; ♦ **п. (собі) до рук** to get possession of sth, appropriate ◊ **Уряд прибрав до рук останню незалежну газету.** The government got its hands on the last independent paper.
Also see **мити, складати 2**
2 *tran., colloq.* to decorate, adorn, beautify ◊ **Вони ~ли було різдвяну ялинку разом.** They would decorate the Christmas tree together.
See **оздоблювати**
3 *tran.* to remove, put away ◊ **Він прибрав до шафи весь одяг.** He put away all the clothes in the wardrobe.
See **класти 1, усувати 1, ховати 1**
4 *colloq., euph.* to eliminate, get rid of, kill ◊ **Шпигуна схопили і зараз же прибрали.** The spy was caught and eliminated right away.
See **вбивати 1.** *Also see* **бити 6, заморювати 1, ліквідувати 2, нищити, усувати 2**
5 to assume *(a look, accent, etc.)*, affect, take on
п. + *n.* **п. вигляд** *or* **вигляду** assume a look (**вираз** *or* **виразу** expression ◊ **Її обличчя прибрало лагідного виразу.** Her face took on a kind expression. **голос** voice, **тон** tone; **властивість** quality, **риси** traits, **форму** form;

по́зу pose ◊ **Він прибра́в по́зу ло́тоса.** He struck a lotus pose. **ім'я́** name ◊ **Хор прибра́в собі́ ім'я́ Леонто́вича.** The choir assumed the name of Leontovych. **псевдоні́м** pseudonym)
See **набува́ти 2.** *Also see* **привла́снювати 3**
pa. pple. **при́браний** cleaned; adorned; assumed
прибира́й! прибери́!

прибіга́|ти, ~ють; прибі́гти, прибіж|а́ть, *intr.*
to come running, reach sth running
adv. **наре́шті** finally ◊ **Наре́шті на тренува́ння прибі́г Тимі́ш.** Finally Tymish came running to the training. **ско́ро** soon, **шви́дко** quickly; **в оста́нню хвили́ну** at the last moment, **вча́сно** on time, **з хвили́ни на хвили́ну** any minute, **одноча́сно** at the same time ◊ **Два пе́рші змагуни́ прибі́гли до фі́нішу одноча́сно.** The first two competitors reached the finish at the same time. **несподі́вано** unexpectedly; **пе́ршим** first, **оста́ннім** last
prep. **п. до** + *G.* come running to *(a place)* ◊ **п. до ба́нку** come running to a bank; **п. на** + *A.* come running to *(an event)* ◊ **п. на поба́чення** come running to a date. **п. по** + *A.* come running for sth ◊ **Коли́ ви́бухнула поже́жа, Ната́лка пе́ршою прибі́гла до сусі́дів по допомо́гу.** When the fire erupted Natalka was the first to come running to her neighbors for help.
прибіга́й! прибіжи́!
Also see **прибува́ти 1.** *Cf.* **прихо́дити 1, приліта́ти 1, припилива́ти 1**

прибі́чник, *m.*; **прибі́чниця,** *f.*
1 supporter, adherent, backer
adj. **акти́вний** active, **вели́кий** big, **гаря́чий** vehement, **гучни́й** vocal, **завзя́тий** ardent, **запе́клий** fervent, **затя́тий** diehard, **переко́наний** convinced, **при́страсний** passionate, **фанати́чний** fanatical; **ви́пробуваний** tested, **ві́дданий** committed, **ві́рний** loyal, **загарто́ваний** battle-scarred, **незмі́нний** invariable, **непідку́пний** incorruptible, **непохи́тний** unswerving; **видатни́й** prominent, **головни́й** principal, **провідни́й** leading; **да́вній** long-time; **помірко́ваний** moderate; **послідо́вний** consistent, **традиці́йний** traditional; **невірогі́дний** improbable, **неправдоподі́бний** implausible, **несподі́ваний** unexpected; **неда́вній** recent, **нови́й** new; **стари́й** old; **розчаро́ваний** disappointed
n. + **п. а́рмія ~ів** an army of supporters (**гру́па** group, **ма́са** mass, **на́товп** crowd, **орда́** horde, **сонм** *bookish* legion, **юрба́** crowd; **жме́нька** handful) ◊ **Майда́н зайняли́ ю́рби ~ів полі́тика.** The square was occupied by the crowds of the politician's supporters.
v. + **п. вербува́ти ~ів** recruit (**збира́ти** rally ◊ **Рух зібра́в акти́вних ~ів із найбі́льших міст краї́ни.** The movement rallied its active supporters from major cities of the country. **здобува́ти** win, **знахо́дити** find ◊ **Вони́ знайшли́ жме́ньку ~ів у парла́менті.** They found a handful of supporters in parliament. **ма́ти** have; **мобілізува́ти** mobilize, **організо́вувати** organize; **заклика́ти** call on, **спонука́ти** urge ◊ **Страйкарі́ спонука́ли ~ів ви́йти на мі́тинг.** The strikers urged supporters to come out for a meeting. **здобува́ти** win ◊ **Вимо́га відста́вки у́ряду шви́дко здобува́ла ~ів.** The demand for the government to resign was quickly winning supporters. **прива́блювати** attract; **відчу́джувати** alienate, **відшто́вхувати** push away, **розчаро́вувати** disappoint) ◊ **Вона́ розчарува́ла на́віть ві́дданих ~ів.** She disappointed even committed supporters. **перетво́рювати** + *A.* **на ~а** turn sb into a supporter ◊ **Шко́ла перетвори́ла їх на ~ів радика́лів.** The school turned them into supporters of the radicals. (**перетво́рюватися на** become); **бу́ти ~ом** be a supporter (**вважа́ти** + *A.* consider sb ◊ **Соціо́логи вважа́ють фе́рмерів можли́вими ~ами лі́виці.** Sociologists consider farmers to be possible supporters of the left. **виявля́тися** prove ◊ **Він ви́явився ~ом комуністи́чної ідеоло́гії.** He proved to be a supporter of communist ideology. **здава́тися** + *D.* seem to sb; **лиша́тися** remain; **става́ти** become)
Also see **активі́ст, вболіва́льник, фана́тик 2.** *Cf.* **сою́зник**
2 *pejor.* henchman, minion ◊ **У́ряд вербува́в ~ів з безробі́тної мо́лоді міськи́х не́трів.** The government recruited henchmen from jobless youth of urban slums.

прибли́зн|ий, *adj.*
approximate, estimated, rough; *also fig.* dim, vague
adv. **до́сить** fairly; **ду́же** highly; **лише́** only; **ра́дше** rather ◊ **Оле́ксині знання́ предме́та ра́дше ~і, як ґрунто́вні.** Oleksa's knowledge of the subject is rather vague than substantial. **я́вно** obviously
v. + **п. бу́ти ~им** be approximate (**вважа́ти** + *A.* consider sth, **виявля́тися** prove ◊ **Розраху́нки ви́явилися ~ими.** The calculations proved approximate. **здава́тися** + *D.* seem to sb; **лиша́тися** remain)
Also see **гру́бий 7.** *Ant.* **то́чний**

прибли́зно, *adv.*
approximately, roughly, about, some ◊ **Мiсте́чко п. вдві́чі ме́нше за Берди́чів.** The township is approximately twice as small as Berdychiv. ◊ **Щоб засі́яти це по́ле, потрі́бно п. со́рок кілогра́мів зерна́.** It takes roughly 40 kg of grain to sow this field.
Also see **бі́ля 2, бли́зько 3, з-під 1, щось[2] 3, яки́й 4, яки́йсь 2**

прибра́|ти, *pf., see* **прибира́ти**
to clean up; assume, take on; decorate, *etc.* ◊ **І́гор ~в прі́звище жі́нки.** Ihor assumed the family name of his wife.

прибува́|ти, ~ють; прибу́ти, прибу́д|уть, *intr.*
1 to arrive, come *(of people, buses, trains)*
adv. **вже** already, **завча́сно** in advance, **наре́шті** finally, **незаба́ром** shortly, **ра́но** early, **ско́ро** soon, **шви́дко** quickly; **в оста́нню хвили́ну** at the last moment, **вча́сно** on time, **з хвили́ни на хвили́ну** any minute, **одноча́сно** at the same time, **пунктуа́льно** punctually, **то́чно** exactly ◊ **По́тяг прибу́в то́чно об одина́дцятій.** The train arrived exactly at eleven. **благополу́чно** safely; **ґвалто́вно** abruptly, **несподі́вано** unexpectedly; **із запі́зненням** with delay, **пі́зно** late ◊ **Вони́ прибули́ пі́зно.** They came late. **пе́ршим** first ◊ **Лі́дія прибула́ на співбе́сіду пе́ршою.** Lidiia was the first to come to the interview. **оста́ннім** last
v. + **п. бу́ти пови́нним** be due to ◊ **Її літа́к пови́нен прибу́ти з хвили́ни на хвили́ну.** Her plane is due to arrive any minute now. **ма́ти** be supposed to; **змогти́** *pf.* manage to ◊ **Рейс зміг прибу́ти до Льво́ва вча́сно.** The flight managed to arrive in Lviv on time. **могти́** can ◊ **Вони́ ніко́ли не мо́жуть прибу́ти на поча́ток ле́кції.** They can never arrive by the beginning of the lecture. **збира́тися** be going to, **планува́ти** plan to; **намага́тися** try to, **стара́тися** do one's best to
prep. **п. в** + *A.* arrive at/in *(a place)* ◊ **Вона́ прибу́де в мі́сто ра́но пополу́дні.** She will arrive in town early in the afternoon. **п. до** + *G.* come to *(a place)* ◊ **п. до бібліоте́ки** come to a library (**ґалере́ї** gallery, **лето́вища** airport, **мі́ста** city, **університе́ту** university); **п. на** + *A.* arrive at *(an event)* ◊ **п. на вече́рю** arrive at a dinner (**ви́ступ** performance, **відкриття́** opening, **ле́кцію** talk, **уроди́ни** birthday party; **вокза́л** station)
Also see **дістава́тися 2, прибіга́ти, прихо́дити 1, приї́жджа́ти**
2 to increase, grow, rise ◊ **У сезо́н мусо́нів вода́ в рі́чках ~ла.** During the monsoon season, the water in the rivers would rise. ◊ **Катери́ні зна́чно прибуло́ робо́ти.** *impers.* Kateryna's workload significantly increased.
See **збі́льшуватися 1, 2**
прибува́й! прибу́дь!

прибутко́в|ий, *adj.*
profitable, profit-making, lucrative
adv. ♦ **високоприбутко́вий** highly profitable, **ду́же** very, **страше́нно** tremendously; **невірогі́дно** unbelievably, **неймові́рно** incredibly; **несподі́вано** unexpectedly; **до́сить** fairly, **доста́тньо** sufficiently; **ле́две** scarcely; **потенці́йно** potentially
v. + **п. бу́ти ~им** be profitable (**виявля́тися** prove ◊ **Її оста́ння інвести́ція ви́явилася до́сить ~ою.** Her last investment proved to be fairly profitable. **лиша́тися** remain; **роби́ти** + *A.* make sb/sth ◊ **Він зроби́в фі́рму ~ою.** He made the firm profitable. **става́ти** become)
Also see **хлі́бний 2**

прибу́т|ок, *m.*, **~ку**
profit, gain ◊ **П. – це рі́зниця між дохо́дом і витра́тами.** Profit is the difference between income and expenditures.
adj. **астрономі́чний** astronomical ◊ **Астрономі́чні ~ки фі́рми роби́ли ко́штом пограбува́ння держа́вної скарбни́ці.** The firm's astronomical profits were made at the expense of looting the state treasury. **бі́льший** bigger, **вели́кий** big, **величе́зний** huge, **висо́кий** high, **все бі́льший** rising, **га́рний** good ◊ **Її роди́нний бі́знес дава́в га́рні ~ки.** Her family business gave good profits. **значни́й** significant, **колоса́льний** colossal, **кру́глий** hefty, **максима́льний** maximum, **маси́вний** massive, ♦ **надприбу́ток** an excess profit, **неаби́який** sizable, **поря́дний** decent, **реко́рдний** record; **мали́й** small, **мізе́рний** negligible, **мініма́льний** minimal, **невели́кий** little, **помі́рний** moderate, **символі́чний** symbolic, **скро́мний** modest, **сміхови́нний** ridiculous ◊ **Із таки́м сміхови́нним ~ком фі́рма збанкру́тує з дня на день.** With such ridiculous profit, the firm will go bankrupt any day. **зага́льний** total, **суку́пний** *and* **сума́рний** overall; **розпо́ділений** distributed, **сере́дній** average; **очі́куваний** anticipated ◊ **Очі́куваний п. від опера́ції – мільйо́н гри́вень.** The anticipated profit from the transaction is ₴1,000,000. **спо́діваний** expected; **додатко́вий** additional, extra; **реґуля́рний** regular, **ста́лий** steady; **втра́чений** lost; **нереалізо́ваний** unrealized; **майбу́тній** future, **потенці́йний** potential; **реа́льний** real, **факти́чний** effective, **чи́стий** net; **справедли́вий** fair; **торго́вий** trading; **валови́й** gross; **оподатко́вуваний** taxable, **передподатко́вий** pretax, **післяподатко́вий** after-tax; **кварта́льний** quarterly, **мі́сячний** monthly, **рі́чни́й** annual, **що́рі́чний** yearly; **довготерміно́вий** long-term, **короткотерміно́вий** short-term; **групови́й** group, **корпорати́вний** corporate, **особи́стий** personal
n. + **п. но́рма ~ку** a rate of profit; **збі́льшення ~ків** a rise in profits (**зме́ншення** decline in)
v. + **п. ґарантува́ти** + *D.* **п.** guarantee sb a profit (**дава́ти** yield ◊ **Рока́ми депози́тний сертифіка́т дава́в мізе́рний п.** For years, a certificate of deposit yielded negligible profit. **забезпе́чувати** + *D.* provide sb with ◊ **Інвестиці́йний портфе́ль забезпе́чував їй поря́дний рі́чни́й п.** The investment portfolio provided her with a decent annual profit. **заробля́ти** earn, **отри́мувати** receive; **збі́льшувати** boost, **підно́сити** increase, **подво́ювати** double, **потро́ювати** triple ◊ **Він потро́їв рі́чни́й п. ба́нку.** He tripled the bank's annual profit. **зме́ншувати** decrease; **декларува́ти** declare, **оголо́шувати** post ◊ **Корпора́ція оголоси́ла реко́рдний п.** The corporation posted a record profit. **визнача́ти**

determine); ділитися ~ком share a profit ◊ Вона́ ділиться ~ком з партне́рами. She shares the profit with her partners.

п. + v. зроста́ти на + A. grow *(amount)* ◊ Валовий п. зріс на де́сять відсо́тків. The gross profit grew 10%. йти вго́ру climb, мно́житися multiply, підно́ситися rise, подво́юватися double, потро́юватися triple ◊ Усу́переч прогно́зові консульта́нта, її п. так і не потро́ївся. Contrary to her consultant's forecast, her profit never tripled. підска́кувати jump; зме́ншуватися decline, па́дати fall, скоро́чуватися decrease ◊ В оста́нньому кварта́лі п. компа́нії скороти́вся. In the last quarter, the company's profit decreased.

prep. з ~ком у + A. at a profit of *(amount)* ◊ Стару́ авті́вку продали́ з ~ком у ти́сячу гри́вень. The old car was sold at a profit of ₴1,000. п. з + G. profit from *(a transaction, etc.)* ◊ п. з про́дажу а́кцій a profit from stocks sale; п. на капіта́л return on capital; profit from capital; п. на одини́цю проду́кту a profit per unit

Cf. дохі́д

прибутт|я́, *nt., only pl.*
1 arrival, coming

adj. вча́сне timely ◊ Всі розрахо́вували на вча́сне п. по́тяга. Everybody counted on a timely arrival of the train. ра́ннє early, запі́знене belated, пі́знє late; заплано́ване scheduled; довгожда́не long-awaited, очі́куване anticipated, спо́дівáне expected; неспо́дівáне unexpected ◊ неспо́дівáне п. на імпре́зу непро́шеного го́стя an unexpected arrival of an uninvited guest at the event; раптóве sudden; благополу́чне safe; одноча́сне simultaneous

п. + n. п. авто́буса a bus arrival (літака́ airplane, по́тяга train; докуме́нтів documents, листа́ letter; ме́блів furniture, проду́ктів foodstuffs, ре́йсу bus, flight, train, *etc.*; госте́й guests, мандрі́вників travelers)

v. + п. віта́ти п. greet an arrival ◊ Мі́сто віта́ло п. футбо́льних уболіва́льників з усіє́ї Євро́пи. The city greeted the arrival of soccer fans from all over Europe. (оголо́шувати announce ◊ П. літака́ з Нью-Йо́рку що́йно оголоси́ли. The arrival of the airplane from New York was just announced. повідомля́ти + A. про inform sb about; очі́кувати на anticipate, чека́ти на expect); готува́тися до п. prepare for an arrival (очі́кувати anticipate, чека́ти expect) ◊ Він чека́є п. інспе́ктора. He is expecting the inspector to arrive.

prep. п. в + A. an arrival at *(place)* ◊ П. у шко́лу ревізо́ра призвело́ до па́ніки. The auditor's arrival at the school caused panic. п. до + G. an arrival in *(place)* ◊ п. до мі́ста an arrival in the city; п. на + A. an arrival at *(an event)* ◊ п. на ви́ставку an arrival at the exhibit; п. з + G. an arrival from *(a place)*

Cf. приї́зд

2 increase, rise, growth, swelling ◊ Вони́ безси́ло спостеріга́ли за швидки́м ~ям води́ навко́ло буди́нку. They helplessly watched the water rapidly swelling around the building.

See прибува́ти

прива́би|ти, *pf., see* **прива́блювати**
to attract, *etc.* ◊ Її по́гляд ~ло ґрафі́ті на сті́ні. A graffiti on the wall caught her eye.

прива́блив|ий, *adj.*
attractive, appealing, alluring

adv. вкрай extremely, винятко́во exceptionally, ду́же very ◊ ду́же ~а пропози́ція a very attractive offer, страше́нно terribly; ді́йсно really, спра́вді truly; особли́во particularly; дивови́жно amazingly, неймові́рно incredibly; неспо́дівано unexpectedly; до́сить fairly, доста́тньо sufficiently; на рі́дкість *and* уніка́льно uniquely; непере́бо́рно irresistibly; інтелектуа́льно intellectually, стате́во sexually, фізи́чно physically

v. + п. бу́ти ~им be attractive (вважа́ти + A. consider sb/sth, вигляда́ти look ◊ Із фіна́нсовою підтри́мкою програ́ма вигляда́ла винятко́во ~ою. With financial support, the program looked exceptionally alluring. виявля́тися turn out, здава́тися + D. seem to sb ◊ Змальо́вана перспекти́ва здава́лася їй ~ою. The prospect described seemed attractive to her. лиша́тися remain, роби́ти + A. make sb/sth; става́ти become) ◊ Гидке́ каченя́ ста́ло дивови́жно ~ою молодо́ю жі́нкою. The ugly duckling has become an amazingly attractive young woman.

prep. п. для + G. attractive to sb ◊ Усмі́шка роби́ла його́ непереб́орно ~им для Ні́ни. His smile made him irresistibly attractive to Nina.

Also see га́рний, ла́сий 2, маґнети́чний 2, симпати́чний 1, споку́сливий

прива́блив|ість, *f.*, **~ости**
attractiveness, attraction, appeal, allure

adv. вели́ка great, величе́зна enormous, винятко́ва exceptional, спра́вжня true; особли́ва particular; дивови́жна amazing, неймові́рна incredible, неспо́дівана unexpected; рі́дкісна rare, уніка́льна unique; ди́вна strange ◊ У його́ просто́му обли́ччі Софі́я знахо́дила ди́вну п. Sofia found his plain face strangely attractive. незбагне́нна unfathomable, незрозумі́ла incomprehensible; згу́бна ruinous; непере́бо́рна irresistible, фата́льна fatal; інтелектуа́льна intellectual, стате́ва sexual, фізи́чна physical

prep. п. для + G. attraction for sb ◊ таємни́ця її ~ости для моло́дших чолові́ків the secret of her allure for younger men

Also see ціка́вість 2

прива́блю|вати, **~ють; прива́б|ити**, **~лю**, **~иш**, **~лять**, *tran.*
to attract, allure, appeal

adv. ду́же greatly, надзвича́йно extremely, непере́бо́рно irresistibly, си́льно strongly; зо́всім не not at all ◊ Іва́нну зо́всім не ~є перспекти́ва застря́нути в Ха́ркові на ти́ждень. The prospect of getting stuck for a week in Kharkiv does not appeal to Ivanna at all. ле́две scarcely; за́вжди́ always ◊ Зрі́лі жінки́ за́вжди ~вали Андрі́я. Mature women always attracted Andrii. ніко́ли не never

v. + п. вдава́тися + D. succeed in ◊ Їй вдало́ся прива́бити бага́то відві́дувачів на ви́ставку. She succeeded in attracting a lot of visitors to the exhibit. ма́ти здатність have the capacity to, могти́ can ◊ Не розумі́ю, що в Га́нні могло́ його́ п. I don't understand what was it about Hanna that could attract him. почина́ти begin to, ста́ти *pf.* start ◊ Неда́вно Наза́ра став п. кри́мсько-тата́рський фолькло́р. Recently Crimean Tatar folklore started attracting Nazar. переста́ти stop

prep. п. до + G. attract to sb/sth ◊ Сміх ~вав Я́кова до студе́нтського ґу́рту в коридо́рі. Laughter drew Yakiv to the group of students in the corridor.

pa. pple. прива́блений attracted

Also see заціка́влювати 3, промовля́ти 3, ціка́вити 2, чарува́ти 2

приватиза́ці|я, *f.*, **~ї**
privatization

adj. ма́сова mass, широкомасшта́бна large-scale; вибірко́ва selective, обме́жена limited; зако́нна legitimate, незако́нна illegitimate

п. + n. п. ба́нку bank privatization (водопостача́ння water supply, залізни́ці railroad, систе́ми осві́ти education system, підприє́мства enterprise)

v. + п. готува́ти ~ю prepare privatization ◊ Вони́ гото́ють ~ю залізни́ць. They are preparing railroads' privatization. (планува́ти plan, прово́дити conduct); висту́пати про́ти ~ї oppose privatization

Ant. націоналіза́ція. *Cf.* модерніза́ція

прива́тн|ий, *adj.*
1 private, privately owned

п. + n. п. банк a private bank (бі́знес business, капіта́л capital; детекти́в detective, підприє́мець entrepreneur, се́ктор sector, університе́т university); ~а вла́сність private property (клі́ніка clinic ◊ Вона́ кори́стується ~ою клі́нікою. She uses a private clinic. компа́нія company, шко́ла school; осо́ба individual); ~е підприє́мство a private enterprise (пра́во law)

п. + n. п. лі́кар a personal physician (масажи́ст masseur; но́мер number, раху́нок account, телефо́н telephone); ~а адре́са a private address (благоді́йність charity; кварти́ра apartment, сторі́нка page); ~е життя́ a private life (партне́рство partnership, спілкува́ння communication, товари́ство company)

v. + п. перетво́рювати + A. на п. turn sth into private ◊ Телекана́л перетвори́ли на п. The TV channel was turned into a privately owned one. бу́ти ~им be private (виявля́тися turn out ◊ Шко́ла ви́явилася ~ою. The school turned out to be a private one. лиша́тися remain; роби́ти + A. make sth, става́ти become)

Ant. грома́дський, держа́вний, націона́льний. *Ant.* колекти́вний

2 personal, individual, private; confidential

adv. винятко́во exceptionally ◊ Па́ні К. за́вжди́ була́ люди́ною винятко́во ~ою. Mrs. K. has always been an exceptionally private person. гли́бо́ко deeply, до́сить fairly, ду́же very, суво́ро strictly ◊ суво́ро ~е листува́ння a strictly private correspondence, чи́сто purely

See конфіденці́йний, особи́стий

прива́тн|ість, *f.*, **~ости**, *only sg.*
privacy

adj. абсолю́тна absolute ◊ Удо́ма Мела́нія ма́є абсолю́тну п. At home, Melania has absolute privacy. по́вна total, стовідсотко́ва 100%, цілкови́та complete; відно́сна relative; індивідуа́льна individual, особи́ста personal; ґаранто́вана guaranteed

v. + п. ґарантува́ти + D. п. guarantee sb privacy ◊ Готе́ль ґаранту́є всім го́стям цілкови́ту п. The hotel guarantees all the guests complete privacy. забезпе́чувати + D. ensure sb, зберіга́ти preserve, оберіга́ти guard, охороня́ти protect; ма́ти have; пова́жа́ти respect, цінува́ти value; пору́шувати violate) ◊ Despite Полі́ція пору́шує п. громадя́н. The police violate citizens' privacy.

привез|ти́, *pf., see* **приво́зити**
to bring *(by vehicle)*, bring, *etc.* ◊ Оре́ст приві́з ме́блі на про́даж. Orest brought the furniture for sale.

приве|сти́, *pf., see* **приво́дити**
to bring along *(on foot)*, *etc.* ◊ Оре́ста ~ла́ бра́та на заняття́ наро́дного та́нцю. Oresta brought her brother to the folk dance class.

при́в|ід, *m.*, **~оду**
excuse, pretext, justification, reason, pretense, grounds

adj. ваго́мий weighty, власти́вий valid, до́брий good, доскона́лий perfect ◊ Він знайшо́в доскана́лий п. пропусти́ти заняття́. He found a perfect excuse to skip class. зако́нний legitimate, зру́чний convenient, переко́нливий convincing, прийня́тний acceptable, слу́шний suitable, чудо́вий wonderful; ймові́рний plausible, можли́вий possible; ко́жен *or* ко́жний every ◊ Він хапа́вся за ко́жний п., щоб відмо́витися від завда́ння. He grabbed at every excuse to turn down the assignment. найме́нший slightest; глу́пий silly, дурни́й stupid, тупи́й dumb ◊ Ти тупі́шого ~оду не прийти́ на поба́чення не міг приду́мати? Couldn't you come up with a dumber excuse not to show up for the meeting?

сміхови́нний ludicrous; **ке́пський** poor, **пога́ний** bad; **звича́йний** usual, **стандáртний** standard
v. + **п. дава́ти** + *D.* **п.** give sb an excuse ◊ **Лев дав їм п. не ві́рити йому́.** Lev gave them a reason not to believe him. (**вига́дувати** make up; **пропонува́ти** + *D.* offer sb; **ма́ти** have, **знахо́дити** find, **шука́ти** look for; **пра́вити за** serve as); **потребува́ти ~оду** need an excuse; **бу́ти ~одом** be an excuse (**виявля́тися** turn out, **става́ти** become)
prep. **з ~оду** + *G.* regarding sth, concerning sth ◊ **Вона́ зверну́лася до адвока́та з ~оду аре́шту си́на.** She turned to a lawyer regarding her son's arrest. **з цього́ ~оводу** in this connection ◊ **З цього ~оду я хоті́в би сказа́ти ось що.** In this regard, I'd like to say the following. **під ~одом** + *G.* on/under the pretext of sth ◊ **Зага́рбник утри́мує терито́рію під ~одом забезпе́чення ми́ру.** The invader holds the territory under the pretense of safeguarding peace. **під тим ~одом, що** under the pretense that; **п. для** + *G.* an excuse for sth ◊ **Лист став слу́шним ~одом для розмо́ви.** The letter became a suitable excuse for a talk. **п. до** + *G.* excuse for sth ◊ **власти́вий п. до розри́ву відно́син** a valid excuse to break up the relationship
Also see **ви́віска 2.** *Cf.* **причи́на**

привіле́|й, *m.*, ~ю

privilege, license
adj. **вели́кий** great ◊ **Знайо́мство було́ для не́ї вели́ким ~єм.** The acquaintance was a great privilege for her. **величе́зний** enormous, **винятко́вий** exceptional, **ексклюзи́вний** exclusive, **особли́вий** special; **дипломати́чний** diplomatic, **кла́совий** class ◊ **Вла́да створи́ла систе́му кла́сових ~їв.** The authorities created a system of class privileges. **сумні́вний** questionable
v. + **п. дава́ти** + *D.* **п.** give sb a privilege ◊ **Поса́да дава́ла їй особли́вий «п.» відповіда́ти за у́спіх прое́кту особи́сто.** *iron.* Her position gave her the special 'privilege' to be personally accountable for the project's success. (**дарува́ти** + *D.* accord sb; **ма́ти** have; **обме́жувати** limit, **скасо́вувати** abolish); **позбавля́ти** + *A.* **~ю** strip sb of a privilege; **бу́ти ~єм** be a privilege (**зловжива́ти** abuse, **користува́тися** use ◊ **Він користу́ється ~ями чле́на у́ряду.** He uses the privileges of a government member. **лиша́тися** remain, **насоло́джуватися** relish, **ті́шитися** enjoy)
Cf. **пра́во**

привілейо́ван|ий, *adj.*

privileged, preferred, preferential
adv. ♦ **високопривілейо́ваний** highly privileged, **вкрай** extremely, **до́сить** fairly, **ду́же** very, **відно́сно** relatively; **економі́чно** economically, **культу́рно** culturally, **мо́вно** linguistically, **соція́льно** socially
п. + *n.* **п. клас** a privileged class ◊ **Вона́ не нале́жала до ~ого кла́су.** She did not belong to a privileged class. (**про́шарок суспі́льства** walk of life); **~а ка́ста** a privileged cast (**осо́ба** person, **части́на насе́лення** part of the population); ♦ **~а а́кція** *econ.* a preferred stock; **~е ста́влення** preferential treatment, **~е стано́вище** a privileged status
v. + **п. бу́ти ~им** be privileged (**вважа́ти** + *A.* consider sb ◊ **Олекса́ндер уважа́є себе́ ду́же ~им, ма́ючи се́ред при́ятелів цього́ режисе́ра.** Oleksander considers himself to be very privileged, having this director among his friends. **почува́тися** feel; **лиша́тися** remain; **роби́ти** + *A.* make sb; **става́ти** become)
prep. **п. за** + *I.* privileged by sth ◊ **п. за суспі́льним стано́вищем** privileged by social status; **п. з о́гляду на** + *A.* privileged in view of sth, because of sth ◊ **Світла́на культу́рно ~а з о́гляду на те, що її батьки́ маляри́ *or* маля́рі.** Svitlana is culturally privileged because her parents are painters.

приві́т, *m.*, ~у

hello, regards, greeting, salute
adj. **дру́жній** friendly ◊ **Вона́ закі́нчи́ла лист пі́дписом «Із дру́жнім ~ом Хри́стя».** She finished the letter with the signoff "With friendly greeting, Khrystia." **гаря́чий** fervent, **палки́й** ardent, **серде́чний** cordial, **те́плий** warm, **щи́рий** sincere; **патріоти́чний** patriotic, **революці́йний** revolutionary
v. + **п. передава́ти** *or* **перека́зувати** + *D.* **п.** give regards ◊ **Передава́йте** *or* **перека́зуйте від ме́не п. Катру́сі.** Say hello to Katrusia from me. (**сла́ти** + *D.* send sb; **отри́мувати від** + *G.* get from sb) ◊ **Ма́ти чека́ла отри́мати від дочки́ хоч яки́йсь п.** Mother expected to get at least a hello from her daughter.
See **віта́ння 1, 2, приві́та́ння**

приві́та́н|ня, *nt.*

greeting, best wishes
adj. **дру́жнє** friendly, **гаря́че** fervent, **захо́плене** delighted, **палке́** ardent, **ра́дісне** cheerful, joyful, **серде́чне** cordial, **те́пле** warm, **щи́ре** sincere; **стри́мане** reserved, **холо́дне** cold; **гучне́** loud; **ле́две чу́тне** hardly audible, **ти́хе** quiet; **че́мне** polite; **традиці́йне** traditional
v. + **п. вигу́кувати п.** shout a greeting (**передава́ти** *or* **перека́зувати** + *D.* **п.** give sb ◊ **Петро́ проси́в переказа́ти вам п.** Petro asked me to give you his greetings. **бурмоті́ти** mutter ◊ **Вона́ пробурмоті́ла до нього п.** She muttered her greeting to him. **сла́ти** + *D.* send sb; **отри́мувати від** + *G.* get from sb; **відповіда́ти на** respond to) ◊ **Він не мав ча́су відповіда́ти на ко́жне п.** He had no time to respond to every greeting. **обмі́нюватися ~нями** exchange greetings
prep. **п. від** + *G.* a greeting from sb ◊ **п. від шкі́льного това́риша** a greeting from a school friend; **п. для** + *G.* a greeting for sb ◊ **п. для батькі́в** wishes for parents; **п.** + *D.* a greeting to sb ◊ **п. імени́нникові** wishes to a birthday boy
G. pl. **~ь** ◊ **ку́па ~ь** *colloq.* a heap of greetings
Also see **віта́ння 1, 2, приві́т**

приві́та́|ти, *pf., see* **віта́ти**

to greet, *etc.* ◊ **Ре́ктор ~в її від і́мени акаде́мії.** The rector greeted her in behalf of the academy.

приві́та́|тися, *pf., see* **віта́тися**

to say hello, *etc.* ◊ **Марко́ ~вся із при́ятелями.** Marko greeted his friends.

приві́тн|ий, *adj.*

friendly, affable, cordial
adv. **до́сить** fairly; **ду́же** very, **страше́нно** terribly; **ді́йсно** really, **спра́вді** truly; **дивови́жно** *and* **на ди́во** amazingly, **неймові́рно** incredibly, **несподі́вано** unexpectedly; **незвича́йно** unusually; **особли́во** particularly ◊ **Учи́тель був особли́во ~им.** The teacher was particularly friendly. **ро́блено** *and* **фальши́во** artificially
v. + **п. бу́ти ~им** be friendly (**вважа́ти** + *A.* consider sb ◊ **Коле́ґи не вважа́ли Садово́го ду́же ~им чолові́ком.** Sadovy's colleagues did not consider him to be a very friendly man. **виявля́тися** turn out ◊ **Па́ні П. ви́явилася на ди́во ~ою господи́нею.** Mrs. P. turned out to be an amazingly affable hostess. **здава́тися** + *D.* seem to sb, **лиша́тися** remain; **става́ти** become) ◊ **Андрі́й зно́ву став ~им.** Andrii yet again became friendly.
prep. **п. до** + *G.* friendly toward sb ◊ **Він лиша́вся ~им до ко́жного.** He remained friendly toward everyone.

привла́сни|ти, *pf., see* **привла́снювати**

to appropriate, *etc.* ◊ **Нача́льник полі́ції ~в усю́ заслу́гу за аре́шт засу́дження вби́вці.** The chief of police appropriated all the credit for the killer's arrest and conviction.

привла́сню|вати, ~ють; привла́сн|ити, ~ять, *tran.*

1 to appropriate, seize
adv. **без до́зволу** without permission, **крадькома́** stealthily, **незако́нно** unlawfully, **нелеґа́льно** illegally, **поступо́во** gradually, **пі́дсту́пно** treacherously, **по-злоді́йськи** like a thief, **та́ємно** secretly ◊ **Він та́ємно привла́снив де́які експона́ти з Націона́льного музе́ю.** He secretly appropriated some exhibits from the National Museum.
п. + *n.* **п. ви́нахід** appropriate an invention (**вла́сність** property, **добро́** possessions, **пра́во** right, **привіле́й** privilege; **ви́твір** work) ◊ **Бага́то музе́їв сві́ту незако́нно привла́снили вкра́дені ви́твори мисте́цтва.** Many museums of the world unlawfully appropriated stolen works of art. ♦ **п. пра́во** + *G. or inf.* to assume the right ◊ **Вона́ привла́снила пра́во керува́ти факульте́том.** She assumed the right to run the department.
v. + **п. намага́тися** try to ◊ **Він намага́ється привла́снити чуже́ майно́.** He tries to appropriate somebody else's property. **про́бувати** attempt to, **хоті́ти** want to; **не дава́ти** + *D.* not allow sb to
Also see **зага́рбувати 1, присво́ювати 1**
2 to appropriate, plagiarize, poach, steal ◊ **Він зно́ву привла́снив чужи́й ви́нахід.** He plagiarized somebody else's invention again.
Also see **присво́ювати 3**
3 to assume *(name, etc.)*, take ◊ **Він привла́снив діво́че прі́звище ма́тері.** He assumed his mother's maiden name.
Also see **прибира́ти 5**
pa. pple. **привла́снений** appropriated
привла́снюй! привла́сни!

приво́д|ити, ~жу, ~иш, ~ять; привести́, приведу́ть; *pa. pf., m.* приві́в, *pl.* привели́, *tran. and intr.*

1 *tran.* to bring along, guide, come with, lead to
adv. **вре́шті-ре́шт** eventually ◊ **Сте́жка вре́шті-ре́шт привела́ мандрівникі́в до джерела́.** The path eventually brought the travelers to a spring. **несподі́вано** unexpectedly ◊ **Він несподі́вано приві́в на вече́рю бра́та.** Unexpectedly he brought his brother to the dinner. **про́сто** *or* **пря́мо** straight
v. + **п. відмовля́тися** refuse to ◊ **Він відмо́вився п. студе́нтів на мі́тинг.** He refused to bring students to the meeting. **ду́мати** plan to; **проси́ти** + *A.* ask sb to; **хоті́ти** want to ◊ **Вона́ хоті́ла привести́ сво́го пе́сика.** She wanted to bring her little dog with her. **дозволя́ти** + *D.* allow sb to
prep. **п. в** + *A.* bring in/to ◊ **Павло́ приві́в у сі́м'ю чужи́нку.** Pavlo brought a stranger into the family. **п. до** + *G.* bring to *(a place)* ◊ **Він приві́в на конце́рт дру́га.** He brought his friend to the concert. (**ґале́реї** gallery, **музе́ю** museum, **середмі́стя** downtown) ◊ **Провідни́к приві́в їх до середмі́стя.** The guide brought them downtown. **п. на** + *A.* bring to *(an event)* ◊ **п. на ве́чір пое́зії** bring sb to a poetry evening (**ви́ставку** exhibit, **ви́ступ** performance, **уроди́ни** birthday party; **ста́нцію** station)
Cf. **приво́зити**
2 *intr. and tran.* to cause, lead to, result in, bring about; condition, induce
adv. **вре́шті-ре́шт** eventually, **наре́шті** finally, **неуни́кно** inevitably ◊ **Нові́ за́ходи неуни́кно приведу́ть до безробі́ття.** The new measures will inevitably result in joblessness. **обов'язко́во** definitely, **передба́чувано** predictably ◊ **Лі́ки передба́чувано привели́ до кра́щих результа́тів.** The drug predictably brought about better results. ♦ **не приведи́, Бо́же!** *interj.* God forbid!
prep. **п. в** + *A.* bring in/to sth ◊ **п. в гото́вність** bring sth into the state of readiness, ready sth ◊ **Він приві́в полк у по́вну бойову́ гото́вність.**

He brought the regiment to full combat readiness. ♦ п. в порядок to put sth in order ◊ У Марти пішлó кілька годин на те, щоб привести бюрко в порядок. It took Marta several hours to put her desk in order. ♦ п. в рух to set in motion ◊ Він привів у рух усю бюрократію. He set the entire bureaucracy in motion. п. до + G. result in sth, cause sth ◊ Її поява у фірмі привелá до змін. Her appearance at the firm brought about changes. (клóпотів problems, наслідків outcome, непорозуміння misunderstanding. помилки mistake, порáзки defeat; перемóги victory ◊ Рішучість страйкарів привелá до перемóги. The strikers' decisiveness led to their victory. успіху success); ♦ п. до пáм'яті to bring sb to senses ◊ Він ляснув Лéсю по облúччю, щóби привестú її до пáм'яті. He slapped Lesia to bring her to her senses.
See призвóдити 1. Also see провокувáти
3 tran., fig. to give birth, bear, ♦ п. на світ ◊ Жýчка привелá на світ щеня́т. Zhuchka bore puppies.
See родúти 1. Also see нарóджувати 1
pa. pple. привéдений brought along
привóдь! приведú!

привóз|ити, привóжу, ~иш, ~ять; привез|тú, ~ýть; pa. pf., m. привіз, pl. привелú, tran.
to bring (by a vehicle, over a distance, or from a trip), transport, ship, ferry
adv. з готóвністю readily; без проблéм without a problem; лéгко easily; оперативно promptly, швидко quickly; вряди-годи colloq. every now and then, інóді sometimes, періодично periodically, реґулярно regularly, час від чáсу from time to time ◊ Пиво ~ли до селá лишé час від чáсу. Beer was brought to the village only from time to time.
п. + n. п. будівéльні матеріяли bring construction materials (вантáж cargo, дéрево timber, колóди logs; мéблі furniture; новúни news) ◊ Він привіз чудóві новúни. He brought some wonderful news. п. автóбусом bring by bus (автівкою car, вантажівкою truck ◊ Будівéльні матеріяли привезлú двомá вантажівками. The construction materials were shipped by two trucks. вóзом wagon, велосипéдом or рóвером bicycle, гелікóптером helicopter, кіньми horses, кораблéм ship, літакóм airplane, пóтягом train, тáчкою wheelbarrow) ◊ Óльга привезлá ящики тáчкою. Olha brought the boxes by a wheelbarrow.
v. + п. зголóшуватися volunteer to ◊ Степáн зголосився привóзити їм обід. Stepan volunteered to bring them lunch. просити + A. ask sb to ◊ Сусід попросив Тарáса привезтú щось почитáти з міста. The neighbor asked Taras to bring something to read from the city. хотіти want to; бýти трéба + D. need to ◊ Нам трéба привезтú їй подарýнок з Парижу. We need to bring her a gift from Paris.
prep. п. в + A. bring in/to (a place) ◊ Він пéршим привіз цю хворóбу в місто. He was the first to bring the disease to the city. п. до + G. bring to (a place) ◊ п. до школи bring to school; п. на + A. bring to (an event) ◊ п. на демонстрáцію bring to a demonstration (концéрт concert, розпрóдаж sale; стáнцію station)
pa. pple. привéзений brought, shipped, transported
привóзь! привезú!
Also see завóзити 1, 2. Cf. принóсити

пригóд|а, f.
1 happening, incident, event, occurrence
adj. абсýрдна absurd, дúвна strange, неймовірна incredible; дéнна daytime, нічнá nighttime; недáвня or нещодáвня recent; лихá bad, небáжана undesirable, небезпéчна dangerous, тяжкá adverse; сумнá sad, травматúчна traumatic, трагічна tragic; особлúва particular ◊ Ніч проминýла без особлúвих пригóд. The night passed without any particular incidents.
п. + v. ставáтися з + I. happen to sb; трапля́тися з + I. occur to sb ◊ На прийня́тті з нúми трáпилася дúвна п. A strange thing happened to them at the reception. ♦ бýти or ставáти + D. в (велúкій) ~і to be of (great) help to sb ◊ Її порáди стáли гóстям у велúкій ~і. Her advice was of great help to the visitors.
See подія
2 adventure, excitement, escapade, usu pl.
adj. велúка great, епічна epic, захóплива exciting, знаменúта colloq. superb, слáвна glorious, чудóва wonderful; незабýтня unforgettable, пáм'ятна memorable; жахлúва horrible, мóторошна macabre, небезпéчна dangerous, страшнá terrible; закордóнна foreign; італійська Italian, карпáтська Carpathian, крúмська Crimean, etc.; любóвна amorous, романтúчна romantic, сексуáльна sexual
v. + п. мáти ~у have an adventure (згáдувати recall ◊ Юркó любúв згáдувати свої італійські ~и. Yurko liked to recall his Italian escapades. розповідáти + D. про tell sb about; пускáтися в embark on) ◊ Як тільки закінчувався семéстр, дрýзі пускáлися в ~и, мандрýючи гóрами. As soon as the semester was over, the friends would embark on adventures, hiking in the mountains. шукáти пригóд look for adventures

пригóдницьк|ий, adj.
adventure, of or pertaining to adventure
п. + n. п. жанр an adventure genre (ромáн novel, фільм movie ◊ Він знімáвся у ~их фільмах. He appeared in adventure movies. клуб club, круїз cruise, світ world, турúзм tourism); ~а гра an adventure game (бібліотéка library ◊ Вонá мáє велúку ~у бібліотéку. She has a big adventure library. літератýра literature, істóрія story, фáбула plotline)

приголóмши|ти, pf., see приголóмшувати
to astound, etc. ◊ Провáл óпери ~в її áвтора. The failure of the opera stunned its author.

приголóмшлив|ий, adj.
stunning, staggering, astounding; shocking
adv. абсолютно absolutely ◊ абсолютно ~а звістка an absolutely shocking piece of news; вкрай extremely, геть totally, прóсто simply, страшéнно terribly, цілковúто completely; дійсно really, спрáвді truly; я́вно clearly; дóсить fairly, особлúво particularly; дивовúжно amazingly ◊ цéрква дивовúжно ~ої красú a church of amazingly astounding beauty; неймовірно incredibly, несподівано unexpectedly; нáдто too, надмíру inordinately; мáйже almost; не зóвсім iron. not entirely
v. + п. бýти ~им be stunning ◊ Врáження від п'єси булó ~им. The impression from the play was stunning. (вважáти + A. consider sb/sth ◊ Вонá вважáє кінцівку оповідáння нáдто ~ою. She considers the short story ending to be too shocking. виявля́тися turn out, здавáтися + D. seem to sb, робúти + A. make sb ◊ Він зробúв остáнню сцéну ~ою. He made the last scene shocking. ставáти become) ◊ Розмóва стáла для нéї цілковúто ~им дóсвідом. The conversation became a completely staggering experience to her.
prep. п. для + G. stunning to sb
See разючий

приголóмшу|вати, ~ють; приголóмш|ити, ~ать, tran.
to astound, stun, stagger, shock, overwhelm
adv. абсолютно absolutely, вкрай extremely, геть totally ◊ Її байдýжість геть приголóмшила Тимошá. Her indifference totally stunned Tymish. дýже very much, прóсто simply, страшéнно terribly, цілковúто completely, я́вно clearly; дійсно really, спрáвді truly; особлúво particularly; неймовірно incredibly, несподівано unexpectedly; мáйже almost
v. + п. бýти трéба + D. need to ◊ Глядачів трéба приголóмшити. The viewers need to be stunned. могтú can; любúти like to ◊ Модельєр лю́бить п. публіку. The fashion designer likes to shock the public. намагáтися try to ◊ Вонá намагáлася приголóмшити студéнтів ерудúцією. She was trying to astound the students with her erudition. старáтися do one's best to, хотіти want to
pa. pple. приголóмшений astounded, stunned
приголóмшуй! приголóмш!

прúголосн|ий, adj., n., ling.
1 adj. consonant ◊ У слóві «набіл» три ~і звýки. There are three consonant sounds in the word nabil.
2 m. consonant
adj. глухúй voiceless, дзвінкúй voiced; м'якúй soft, твердúй hard; веля́рний velar, губнúй labial, зубнúй dental, носовúй nasal, сонóрний sonorant, шипля́чий sibilant, etc.
See звук. Cf. голоснúй

приготóван|ий, adj.
prepared, done; cooked
adv. бездогáнно impeccably, дбайлúво carefully, дóбре well, доскона́ло perfectly, ретéльно thoroughly, скрупульóзно scrupulously, слáвно colloq. superbly, старáнно diligently ◊ старáнно п. захід a diligently prepared event; сумлінно conscientiously, чудóво wonderfully; кéпсько poorly, недбáло carelessly, недостáтньо insufficiently, погáно badly
v. + п. бýти ~им be prepared ◊ Индúк був чудóво ~им. The turkey was wonderfully cooked. (вважáти + A. consider sb/sth ◊ Вонá вважáла себé дóбре ~ою. She considered herself to be well prepared. виявля́тися turn out ◊ Прóєкт вия́вився недбáло ~им. The project turned out to be carelessly prepared. почувáтися feel)
prep. п. до + G. prepared to sth ◊ Він почувáвся ~им до співбéсіди. He felt prepared for the interview.

приготувá|ти, pf., see готувáти
to prepare, etc. ◊ Микóла швúдко ~в вечéрю. Mykola quickly prepared dinner.

придбавá|ти, ~ють, rare; придбá|ти, ~ють, tran.
to acquire, obtain, buy ◊ Вонá ~ла всі книжкú на тéму українського модернізму. She would acquire all the books on the subject of Ukrainian modernism.
See купувáти 1, придбáти

придбá|ти, ~ють, pf., see придбавáти
to acquire, obtain, buy; beget; win, find
п. + n. п. автомóбіль acquire a car (будúнок house, зéмлю land, чóвен or човнá boat, я́хту yacht ◊ Лесь нарéшті придбáв омрія́ну, хоч і старý я́хту. Finally, Les acquired his cherished, though old, yacht. книжку book, мéблі furniture, óдяг clothes; дрýга friend, колéґу colleague, порáдника adviser, прихúльника supporter ◊ Ларúсина стаття́ не ~ла їй прихúльників. Larysa's article did not win her supporters. ♦ п. дитúну to beget a child ◊ Мáючи двох синів, Панáсенки надія́лися п. ще дочкý. Having two sons, the Panasenkos hoped to beget also a daughter. визнáння recognition, популя́рність popularity ◊ Цим фільмом режисéр ~в популя́рність сéред глядачів. This film won the director popularity with viewers. сúлу strength, слáву fame, успіх success, щáстя happiness; бідý grief, нещáстя misfortune) ◊ Óрися не ~ла собі нічóго крім нещáстя на новій робóті. Orysia found nothing but misfortune in her new job.

pa. pple. **при́дбаний** acquired
придба́й!
See **купува́ти 1**

прие́мн|ий, *adj.*
pleasant, agreeable, nice; attractive
adv. **винятко́во** exceptionally ◊ **Атмосфе́ра на зу́стрічі була́ винятко́во ~ою.** The atmosphere of the meeting was exceptionally pleasant. **ду́же** very, **страше́нно** terribly; **ді́йсно** really, **спра́вді** truly; **диви́вижно** amazingly, **неймові́рно** incredibly, **несподі́вано** unexpectedly; **на ди́во** surprisingly, **незвича́йно** unusually; **до́сить** fairly; **особли́во** particularly; **ле́две** scarcely; **ма́йже** almost; **менш як** less than, **не зо́всім** not altogether, **не особли́во** not particularly
п. + *n.* **п. го́лос** a pleasant voice (**же́ст** gesture; **за́пах** smell, **звук** sound, **смак** taste; **до́свід** experience); **~а ду́мка** a pleasant thought (**зу́стріч** encounter, **люди́на** person, **несподі́ванка** surprise, **ува́га** attention, **у́смішка** smile); **~е відкриття́** a pleasant discovery (**відчуття́** sensation, **почуття́** feeling; **вра́ження** impression; **обли́ччя** face); **~і мане́ри** pleasant manners (**спо́мини** recollections)
v. **+ п. бу́ти ~им** be pleasant (**вважа́ти** + *A.* consider sb, **виявля́тися** turn out, **здава́тися** + *D.* seem to sb ◊ **Ме́неджер крамни́ці здава́вся О́лі не зо́всім ~им.** The store manager seemed not altogether pleasant to Olia. **лиша́тися** remain; **роби́ти** + *A.* make sb ◊ **Чуттє́ві гу́би роби́ли його́ обли́ччя особли́во ~им.** His sensual lips made his face particularly pleasant. **става́ти** become)
prep. **п. в** + *L.* of pleasant *(conduct, etc.)* ◊ **юна́к, п. у мане́рах і поведі́нці** a young man of pleasant manners and conduct; ♦ **п. на ви́гляд** of pleasant appearance ◊ **Її помічни́к ви́явився ~им на ви́гляд одеси́том.** Her assistant turned out to be a nice-looking Odesan. **п. на за́пах** nice-smelling, **п. на смак** nice-tasting
Also see **ми́лий 1, сла́вний 2, смачни́й 2**

прие́мн|ість, *f.*, **~ости**, *only sg.*
pleasure, gladness, delight
adj. **безме́жна** boundless, **винятко́ва** exceptional, **вели́ка** great, **величе́зна** enormous, **значна́** considerable, **найбі́льша** greatest, **неаби́яка** extraordinary; **ви́дима** visible, **відчу́тна** perceptible; **особли́ва** special, **спра́вжня** genuine, **така́** such, **чи́ста** sheer
v. **+ п. відчува́ти п.** take pleasure ◊ **Вона́ відчува́ла особли́ву п. від і́хнього товари́ства.** She took special pleasure in their company. (**знахо́дити** find ◊ **Ві́ктор знахо́див п. у спілкува́нні з ерудо́ваними людьми́.** Viktor found pleasure in socializing with erudite people. **ма́ти** have ◊ **Із ким ма́ю п. розмовля́ти?** Whom do I have the pleasure to talk with? **справля́ти** + *D.* bring sb ◊ **Йому́ справля́ло п. бу́ти з мо́лоддю.** It brought him pleasure being with the youth. **дя́кувати за** thank for), ♦ **роби́ти** + *D.* **п.** to do sb a favor ◊ **Зробі́ть мені́ п., зачині́ть вікно́.** Do me a favor, close the window. **насоло́джуватися ~істю** enjoy the pleasure
prep. **без ~ости** without pleasure ◊ **Він брав у́часть у розмо́ві без відчу́тної ~ости.** He participated in the conversation without palpable pleasure. **не без ~ости** not without pleasure ◊ **Він не без ~ости оголоси́в нови́ну.** It was not without pleasure that he announced the news. **з ~істю** gladly, with pleasure
Also see **задово́лення.** *Cf.* **насоло́да, ро́зкіш 3**

прие́мно, *adv., pred., only sg.*
1 *adv.* pleasantly, agreeably, nicely ◊ **Вчи́тельку п. заско́чила його́ відповідь.** The (female) teacher was pleasantly surprised by his response. ◊ **Він умі́в п. розмовля́ти.** He was able to talk in a pleasant manner.
2 *pred.* glad, pleasant ◊ **Йому́ п. прово́дити час з ци́ми людьми́.** He enjoys spending time with these people. ◊ **Мені́ п. допомогти́ вам.** I am glad to help you. ♦ **П. познайо́митися.** It's nice to meet you.
See **прие́мний**

призво́д|ити, ~ять; призвести́, призвед|у́ть, *tran.*
1 *tran.* to lead to *(action or state)*, cause to do sth, reduce to, result in
adv. **вре́шті-ре́шт** eventually, **наре́шті** finally, **неуни́кно** inevitably, **обов'язко́во** definitely; **і́ноді** sometimes, **нері́дко** oftentimes, **ча́сом** sometimes ◊ **Знуща́ння ча́сом ~ять їх жертв до самогу́бства.** Humiliation sometimes causes its victims to commit suicide. **ча́сто** often, **шви́дко** quickly ◊ **Дефіци́т білкі́в шви́дко призві́в органі́зм до висна́ження.** Protein defficiency quickly led to exhaustion of the body.
v. **+ п. бу́ти здя́тним** be able to, **загро́жувати** threaten to ◊ **Посу́ха загро́жує призвести́ реґіо́н до го́лоду.** The drought threatens to cause famine in the region. **могти́** can
prep. **п. до** + *G.* result in, cause sth ◊ **п. до апа́тії** result in apathy (**божеві́лля** insanity, **галюцина́цій** hallucinations, **парано́ї** paranoia, **сме́рти** death, **стре́су** stress; **аґре́сії** aggression, **вби́вства** murder; **покра́щення** improvement)
Also see **наро́джувати 2, приво́дити 2, поро́джувати 2, провокува́ти, спричиня́ти, спричиня́тися**
2 *intr.* to be the cause of, bring about ◊ **Шок мо́же призвести́ до сме́рти.** Shock can cause death.
Also see **підніма́ти 3, провокува́ти, спричиня́ти, спричиня́тися**
pa. pple. **призве́дений** caused, brought about
призво́дь! призведи́!

призна|ва́тися; призна́тися, *intr.*
to confess, admit, own up, tell the truth + *D.* to sb
adv. **відве́рто** frankly, **відкри́то** openly ◊ **Оле́на відкри́то ~еться, що не ма́є до́свіду керува́ння бі́знесом.** Olena openly admits that she has no experience of running a business. **ві́льно** freely, **доброві́льно** voluntarily, **з гото́вністю** readily, **публі́чно** publicly, **щи́ро** sincerely; **ле́две** hardly, **наси́лу** barely, **нехо́че** reluctantly, **під ти́ском** under pressure; **на́чебто** allegedly; ♦ **~тися по пра́вді** to tell the truth, to be perfectly frank ◊ **~тися по пра́вді, я вас зо́всім не впізна́в.** To tell the truth I did not at all recognize you.
v. **+ п. вимага́ти** demand to ◊ **Ці ди́вні лю́ди вимага́ли, щоб Лю́да призна́лася в то́му, чого́ ніко́ли в житті́ не роби́ла.** Those strange people demanded that Liuda confess to things she had never ever done. **зму́шувати** + *A.* make sb; **відмовля́тися** refuse to; **бу́ти гото́вим** be ready to, **бу́ти зму́шеним** be forced to, **му́сити** have to; **хоті́ти** want to; **не хоті́ти** be reluctant to
prep. **п. в** + *L.* confess to sth ◊ **п. у брехні́** confess to lying (**вби́встві** murder ◊ **Заля́куванням її зму́сили призна́тися у вби́встві.** Through intimidation they made her confess to a murder. **зло́чині** crime, **кору́пції** corruption, **краді́жці** theft, **підпа́лі** arson, **пограбува́нні** robbery; **пору́шенні зако́ну** violation of the law); ♦ **п. +** *D.* **в коха́нні** to confess one's love for sb ◊ **Вона́ призна́лася Бори́сові в коха́нні.** She confessed her love for Borys. **п. про** + *A.* tell sb about sth ◊ **Наза́р призна́вся дру́гові про те, що ста́лося.** Nazar told his friend about what had happened.
Also see **визнава́ти 2**
признава́йся! призна́йся!

призна́|тися, *pf., see* **признава́тися**
to confess ◊ **Він ~вся, що присво́їв гро́ші компа́нії.** He confessed to having appropriated the company's money.

признача́|ти, ~ють; призна́ч|ити, ~ать, *tran.*
1 to set aside, designate, earmark, allocate, assign + *D.* to sb
adv. **з гото́вністю** readily, **ра́до** gladly; **нехо́че** reluctantly; **зако́нно** legally, **офіці́йно** officially; **з пору́шенням зако́ну** in violation of the law, **незако́нно** illegally; **вре́шті-ре́шт** eventually, **ра́но чи пі́зно** sooner or later, **наре́шті** finally
п. + *n.* **п. гро́ші** allocate money (**за́соби** means; **да́ту** date, **день** day, **і́спит** test) ◊ **Профе́сор призна́чив їм і́спит.** The professor assigned them a test. ♦ **п. ка́ру** mete out a punishment ◊ **Ка́ру йому́ призна́чить суд.** The court will mete out a punishment for him. ♦ **п. пе́нсію** to grant a pension ◊ **Пе́нсії ~є у́ряд.** Pensions are granted by the government. ◊ **п. поба́чення** set a meeting
prep. **п. на** + *A.* allocate for sb/sth ◊ **Він призна́чив трети́ну су́ми на ремо́нт авті́вки.** He allocated a third of the sum for the car repair.
2 to appoint, name, nominate + *I.* as sb
adv. **вже** already, **впе́рше** for the first time, **наре́шті** finally, **нега́йно** without delay, **несподі́вано** unexpectedly ◊ **Його́ несподі́вано призна́чили мі́ністром.** He was unexpectedly appointed as a minister. **ра́птом** suddenly, **терміно́во** urgently, **за́раз же** right away, **шви́дко** quickly; **зако́нно** lawfully, **леґіти́мно** legitimately, **офіці́йно** officially; **таємно** secretly; **тимчасо́во** temporarily; **заслу́жено** deservedly; **з невідо́мих причи́н** for unknown reasons, **чому́сь** for some reason; ♦ **бо́зна-чому́** God knows why ◊ **Її бо́зна-чому́ призна́чили реда́кторкою.** God knows why she was appointed as an editor.
п. + *n.* **п. дире́ктора** appoint a director (**засту́пника** deputy, **команди́ра** commander, **мі́ністра** minister, *etc.*)
prep. **п. на** + *A.* appoint sb to *(a post) or* as sb ◊ **Садову́ призна́чили на висо́ку поса́ду.** Sadova has been appointed to a high post.
See **ста́вити 2**
3 to prescribe, stipulate, lay down, indicate
п. + *n.* **п. курс дій** prescribe a course of action (**лі́ки** medicine ◊ **Лі́кар призна́чить їй необхі́дні пі́ґулки.** The doctor will prescribe her the required pills. **лікува́ння** treatment, **процеду́ру** procedure, **терапі́ю** therapy)
призна́чений designated, appointed, prescribed
признача́й! призна́ч!

призна́чен|ня, *nt.*
1 appointment, assignment, designation
adj. **важли́ве** important, **головне́** principal, **ключове́** key; **президе́нтське** presidential, **урядо́ве** government; **несподі́ване** unexpected, **поспі́шне** hasty, **ра́птове** sudden ◊ **Її ра́птове п. ви́кликало сканда́л у пре́сі.** Her sudden appointment caused a scandal in the press. **терміно́ве** urgent, **шви́дке** swift; **зако́нне** lawful, **леґіти́мне** legitimate, **офіці́йне** official; **таємне** secret; **пе́рше** first ◊ **Оголо́шено пе́рші урядо́ві п.** The first government appointments have been announced. **насту́пне** next, **неда́внє** recent, **нове́** new, **оста́ннє** last; **зва́жене** well-thought-out, **уда́ле** felicitous, **успі́шне** successful; **необду́мане** reckless
v. **+ п. роби́ти п.** make an appointment (**оголо́шувати** announce; **підтве́рджувати** confirm, **схва́лювати** approve; **блокува́ти** block ◊ **Голова́ коміте́ту заблокува́в п. Коня́.** The committee chair blocked Kin's appointment. **ста́вити під су́мнів** question; **пого́джуватися на** agree to)
prep. **п. на** + *A.* appointment to *(a post)* ◊ **п. на го́лову torполі́ції** the appointment of the police chief; **п. +** *I.* appointment as sb. ◊ **її п. засту́пницею мі́ністра** her appointment as deputy minister
2 calling, vocation, mission ◊ **Медици́на була́ правди́вим ~ням Марі́ї.** Medicine was Maria's true calling.

See **поклúкання.** *Also see* **завдáння 3, метá, ціль 2**
3 purpose ◊ **Він розглядáв прúлад, намагáючись вгадáти йогó п.** He was scrutinizing the device, trying to guess its purpose. ♦ **пункт п.** a destination ◊ **пункт п. автóбуса** the destination of a bus. ♦ **подвíйне п.** *attr.* dual-purpose ◊ **нóжиці подвíйного п.** dual-purpose scissors.
G. pl.~**ь**

приїждж**á**|ти, ~ють; приї́хати, приї́д|уть, *intr.*

to arrive *(by vehicle)*, come, reach
adv. **вже** already ◊ **Чи вонú вже приї́хали?** Have they arrived yet? **завчáсно** in advance, **нарéшті** finally, **незабáром** shortly, **рáно** early, **скóро** soon, **швúдко** quickly; **в остáнню хвилúну** at the last moment, **вчáсно** on time, **з хвилúни на хвилúну** any minute, **одночáсно** at the same time, **пунктуáльно** punctually, **тóчно** exactly; **благополýчно** safely ◊ **За три годúни вонú благополýчно приї́хали додóму.** Three hours later, they safely arrived home. **несподíвано** unexpectedly; **із запíзненням** late ◊ **Ми приї́демо із запíзненням.** We'll come late. **пíзно** late, **пéршим** first ◊ **Лíдія приї́хала на співбéсіду пéршою.** Lidiia was the first to come to the interview. **остáннім** last ◊ **Вонú приї́хали на перегóни остáнніми.** They were the last to arrive at the race.
v. + **п. бýти трéба** + *D.* need to; **дýмати** intend to; **могтú** can, be able to ◊ **Він не змóже приї́хати.** He will not be able to come. **обіцяти** + *D.* promise sb to; **погóджуватися** agree to; **старáтися** try to; **хотíти** want to ◊ **Вонú хотíли приї́хати, алé з тóго нічóго не вúйшло.** They wanted to come, but nothing came out of it.
prep. **п. до** + *G.* arrive in *(place)*; **п. на** + *A.* arrive at *(an event)* ◊ **Він не приї́хав на відкриттЯ бібліотéки.** He did not arrive at the library opening. **п. по** + *A.* come for sth ◊ **По вугíлля ~тимуть дві вантажíвки.** Two trucks will be coming for the coal.
See **прибувáти 1.** *Also see* **діставáтися 2.** *Cf.* **прибігáти, прилітáти, прихóдити**

приї́зд, *m.*, ~у

arrival *(by a vehicle)*, coming
adj. **благополýчний** safe; **довгождáний** long-awaited, **перемóжний** triumphant ◊ **Столúця свЯткувáла перемóжний п. націонáльної збíрної.** The capital celebrated the national team's triumphant arrival. **рáдісний** joyful; **швидкúй** quick; **несподíваний** unexpected, **раптóвий** sudden; **вчáсний** timely, **запланóваний** scheduled, **неминýчий** impending; **пíзній** late, **спíзнений** delayed, tardy; **рáнній** early
п. + *n.* **п. автóбуса** a bus arrival (**літакá** airplane, **пóтяга** train) ◊ **Щóйно оголосúли п. пóтяга.** The train arrival has just been announced.
See **прибуттЯ 1.** *Also see* **прибувáти, прилíт**

приї́х|ати, *pf., see* **приїжджáти**

to come *(by vehicle)*, arrive ◊ **Вонú ~ли пíзно.** They arrived late. ◊ **Як вам вдалóся так швúдко п.?** How did you manage to arrive so quickly?

приймá|ти, ~ють; прийнЯти, ~ý, прúйм|уть, *tran.*

1 to receive, get, accept, take
adv. **вдЯчно** gratefully, **з ентузіЯзмом** enthusiastically, **з удЯчністю** with gratitude ◊ **Допомóгу прийнЯли з удЯчністю.** The aid was received with gratitude. **рáдо** gladly ◊ **Ми рáдо ~ємо всі порáди.** We are glad to receive all the advice. **сердéчно** cordially, **тéпло** warmly; **неохóче** reluctantly; **стоїчно** stoically
п. + *n.* **п. вúплату** receive a payment (**влáсність** property, **грóші** money, **спáдщину** inheritance; **дарýнок** present, **жест** gesture, **комплімéнт** compliment, **сúмвол** symbol; **крúтику** criticism, **обрáзу** insult; **завдáння** assignment, **признáчення** appointment, **прáцю** job; **вказíвку** instruction, **інформáцію** information, **новинý** news); ♦ **п.** + *A.* **у спáдок** to inherit sth ◊ **Вонá прийнялá у спáдок будúнок на бéрезі мóря.** She inherited a seaside house. **п. вúклик** take a challenge (**нáпад** attack, **удáр** blow) ◊ **Дáна стоїчно ~ла одúн удáр за íншим.** Dana stoically took one blow after another. ♦ **п. блúзько до сéрця** take sth close to heart ◊ **Усí прийнялú новинý блúзько до сéрця.** Everybody took the news close to the heart.
v. + **п. вмíти** know how to, can ◊ **Він умíв прийнЯти удáр.** He knew how to take a blow. **могтú** can, **просúти** + *A.* ask sb to ◊ **Дирéктор попросúв її прийнЯти це завдáння.** The director asked her to take the task.
prep. **п. від** + *G.* receive from sb ◊ **Клим прийнЯв від них грóші.** Klym accepted money from them. **п. з рук** receive from sb's hands ◊ **Хрéстик він прийнЯв з рук патріЯрха.** He received the little cross from the Patriarch's hands.
Also see **брáти 1, сприймáти 3.** *Ant.* **відкидáти 2**
2 to assume, accept, take
п. + *n.* **п. відповідáльність** assume responsibility ◊ **Вам доведéться прийнЯти відповідáльність за порáзку.** You will have to accept the responsibility for the defeat. **комáндування** command, **орýду** leadership; **покарáння** punishment ◊ **Він гíдно прийнЯв покарáння.** He accepted the punishment with dignity. **провúну** blame)
3 to consume, eat, drink, take *(food, pills, etc.)*
п. + *n.* **п. ї́жу** take food (**крáплі** drops, **лíки** medicine ◊ **Він ~є лíки двíчі на день.** He takes the medicine twice a day. **піґýлки** pills, **дóзу** dose, **подвíйну дóзу** double dose; **отрýту** poison) ◊ **Вонá прийнялá отрýту.** She took poison.
See **ї́сти, пúти 1, споживáти 1.** *Also see* **ковтáти 1**
4 to accept, agree to, go along with
п. + *n.* **п. арґумéнт** accept an argument (**вимóгу** demand, **дóказ** evidence, **дýмку** thought, **змíну** change, **поправку** amendment, **порáзку** defeat, **пропозúцію** offer) ◊ **Він прийнЯв пропозúцію насторóжено.** He went along with the offer guardedly.
See **погóджуватися 1.** *Ant.* **заперéчувати 1**
5 to adopt, pass, endorse, take
п. + *n.* **п. закóн** adopt a law (**законопроéкт** bill, **конститýцію** constitution, **резолюцію** resolution, **рíшення** decision) ◊ **Мéнеджмент оперативно прийнЯв потрíбні рíшення.** The management promptly made the necessary decisions.
6 to receive, see, entertain
п. + *n.* **п. відвíдувачів** receive visitors (**гóстей** guests, **клієнтів** customers, **хвóрих** patients ◊ **Колú ви ~єте хвóрих?** When do you see patients? ◊ **Міністр ~є щопонедíлка.** The minister receives visitors on Mondays.
7 to receive *(of radio, TV signal)*, detect, pick up
adv. **дóбре** well, **чудóво** wonderfully, **прекрáсно** excellently, **чúсто** clearly, **без проблéм** without problems; **кéпсько** poorly, **лéдве** scarcely ◊ **Рáдіо лéдве ~ло сиґнáл.** The radio scarcely received the signal. **насúлу** barely, **паскýдно** *colloq.* terribly, **погáно** badly, **так собí** so-so
Also see **ловúти 3**
8 *fig.* to treat as, take sb for sth
prep. **п. за** + *A.* ◊ **На робóті ~ли йогó за дýрня.** At work, he was taken for a fool. **п. як** + *A.* take as sth ◊ **Він прийнЯв її ýсмішку як згóду.** He took her smile as consent. ♦ **п. за чúсту монéту** to take sth at face value ◊ **Не слід п. йогó словá за чúсту монéту.** His words should not be taken at face value.
9 to allow, admit, accept as member, adopt, take in ◊ **Вонú прийнялú на ніч незнайóмця.** They took in a stranger for the night. ♦ **п. члéном пáртії** to make sb a party member, *etc.* ◊ **Її прийнялú члéнкою асоціáції.** She was made a member of the association.
prep. **п. в** + *A.* accept into sth ◊ **Сиротý прийнялú в новý сім'ю.** The orphan was accepted into a new family. **п. до** + *G.* admit to *(school, etc.)* ◊ **Ірúну прийнялú до університéту.** Iryna was admitted to university.
10 to take away, take off, remove; *pf.* **по~** to remove everything ◊ **Вонá поприймáла гóстрі предмéти з кімнáти.** She removed sharp objects from the room.
prep. **п. з** + *G.* take off *(a place)*, remove ◊ **Він почáв п. начúння зі столá.** He set about taking the plates off the table.
pa. pple. **прúйнятий** received, accepted, *etc.*
приймáй! приймú!

прийнЯ|ти, *pf., see* **приймáти**

to receive, *etc.* ◊ **Шаповáли ~лú гостéй пúшною вечéрею.** The Shapovals received their guests with an opulent dinner.

прийнЯтн|ий, *adj.*

acceptable, adequate, fair
adv. **дóсить** fairly ◊ **Це дóсить ~а умóва.** This is a fairly acceptable condition. **геть** totally, **дýже** very, **пóвністю** utterly, **цілкóм** completely; **загалóм** generally, **універсáльно** universally, **ширóко** widely; **дíйсно** really, **спрáвді** truly; **обопíльно** mutually, **однáково** equally; **лéдве** scarcely; **мáйже** almost; **менш як** less than, **не зóвсім** not altogether, **не осóбливо** not particularly; **етúчно** ethically, **морáльно** morally, **політúчно** politically ◊ **План був політúчно ~им.** The plan was politically acceptable. **суспíльно** socially
v. + **п. бýти ~им** be acceptable ◊ (**вважáти** + *A.* consider sb/sth, **виявлЯтися** turn out ◊ **Умóви прáці вúявилися лéдве ~ими.** The working conditions turned out to be scarcely acceptable. **здавáтися** + *D.* seem to sb; **лишáтися** remain; **робúти** + *A.* make sb/sth, **ставáти** become) ◊ **Тепéр текст угóди став ~им для обóх стóрін.** Now the text of the agreement became acceptable to both parties.
prep. **п. для** + *G.* acceptable to sb; **в мéжах ~ого** within the bounds of the acceptable

прийóм, *m.*, ~у

reception, receiving, welcome; admission, enrollment ◊ **У мíсті вонú зустрíли тéплий п.** They were given a warm welcome in the city. ◊ **Він заблокувáти п. країни до НАТО.** He blocked the country's admission to the NATO.
See **приймáти** *(in all meanings)*

прий|тú, *pf., see* **прихóдити**

to come, arrive, *etc.* ◊ **Пóтяг ~шóв годúну томý.** The train arrived an hour ago.

прúказ|ка, *f.*

saying, adage, proverb ◊ **Вонá знáла багáто дотéпних ~ок.** She knew many witty proverbs.
adj. **відóма** *or* **знáна** well-known, **нарóдна** folk, **популЯрна** popular, **поширена** common ◊ **Ця п. поширена сéред студéнтства.** The saying is common among students. **улюблена** favorite, **вдáла** fitting, **влýчна** apt, **мýдра** wise; **дотéпна** witty, **жартівлúва** jocular; **старá** old, **традицíйна** traditional; **забýта** forgotten; ♦ **як кáжуть у ~ці** as the saying goes
v. + **п. користувáтися ~кою** use a saying (**ставáти** become ◊ **Вúраз став нарóдною ~кою.** The expression became a popular saying.
See **слóво.** *Cf.* **прислíв'я**

прúклад, *m.*, ~у

1 example, specimen, instance + *G.* of sth
adj. **блискýчий** brilliant, **дóбрий** good ◊ **дóбрий п. взаємодíї між двомá культýрами** a good example of interraction between the two cultures; **досконáлий** perfect, **найкрáщий** best, **харóший** fine, **чудóвий** wonderful; **загáльний** general;

конкре́тний specific, **особли́вий** special, **поодино́кий** isolated ◊ **поодино́кий п. пору́шення лю́дських прав у́рядом** an isolated example of the human rights violation by the government, **рі́дкісний** rare, **уніка́льний** unique; **відо́мий** *or* **зна́ний** well-known, **популя́рний** popular; **бана́льний** banal, **заяло́жений** hackneyed, **класи́чний** classic, **остато́чний** ultimate, **пе́рший** prime, **пощи́рений** common, **про́стий** simple, **типо́вий** typical, **характе́рний** characteristic, **хрестомаці́йний** textbook; **живи́й** living; **велич́ний** magnificent ◊ **вели́чний п. ґо́тики** a magnificent example of the Gothic style; **разю́чий** striking, **нао́чний** representative, **промо́вистий** telling, **разю́чий** stunning; **ціка́вий** interesting; **ко́рисний** useful, **повча́льний** instructive, **помічни́й** helpful; **гіпотети́чний** hypothetical, **емпіри́чний** empirical, **життє́вий** real-life, **історичний** historical, **практи́чний** practical, **реалісти́чний** realistic; **суча́сний** contemporary; **драмати́чний** dramatic, **гнітю́чий** depressing ◊ **гнітю́чий п. застосува́ння зако́ну** a depressing example of the law's application; **кричу́щий** flagrant, **обу́рливий** scandalizing ◊ **обу́рливі ~и знева́ги до зако́ну** scandalizing instances of contempt for the law; **загро́зливий** menacing, **небезпе́чний** dangerous, **скра́йній** extreme, **триво́жний** worrying; **виразний** clear, **чітки́й** distinct, **я́вний** obvious, **яскра́вий** vivid ◊ **кооперати́в, як яскра́вий п. самоорганіза́ції** the cooperative as a vivid example of self-organization; **ке́пський** poor, **найгі́рший** worst, **пога́ний** bad; **жахли́вий** horrible, **мо́торошний** gruesome ◊ **У до́повіді опи́сано кі́лька мо́торошних ~ів експериме́нтів на лю́дях.** The report described a number of gruesome instances of experimentation on humans. **страшни́й** terrible; **сумни́й** sad, **горезві́сний** *or* **сумнозві́сний** notorious ◊ **горезві́сний п. популі́зму** a notorious example of populism

v. + **п. дава́ти п.** give an example ◊ **Він дав п. цензу́ри.** He gave an example of censorship. (**наво́дити** cite, **представля́ти** present, **приво́дити** furnish, **пропонува́ти** offer; **бра́ти** take ◊ **Візьмі́мо оди́н конкре́тний п.** Let's take one specific example. **бра́ти** + *A.* **за** take sth as; **вибира́ти** choose ◊ **Вони́ ви́брали не найкра́щий п.** The example they chose was not the best. **аналізува́ти** analyze, **вивча́ти** study, **зва́жувати** consider, **розгляда́ти** examine; **виявля́ти** reveal, **знахо́дити** find, **поди́бувати** come across, **шука́ти** look for; **назива́ти** name; **включа́ти** include, **місти́ти** contain ◊ **Ви́бірка мі́стить ціка́ві ~и мута́цій.** The selection contains interesting examples of mutations. **використо́вувати** use)

prep. **для ~у** for example, as an example ◊ **Взя́ти б, для ~у, її́ зая́ву.** Let us take for example her statement.

Also see **зразо́к 1, ілюстра́ція 2**

2 example, model, precedent, exemplar

adj. **до́брий** good, **класи́чний** classic, **нале́жний** proper, **пра́вильний** right, **прекра́сний** superb, **чудо́вий** wonderful, **шляхе́тний** noble; **гнітю́чий** depressing, **ке́пський** poor, **лихи́й** ill, **пога́ний** bad, **сумни́й** sad

п. + *n.* **п. витрива́лости** an example of perseverance ◊ **Геро́й рома́ну – це класи́чний п. витрива́лости.** The protagonist of the novel is a classic example of perserverance. (**ві́дданости** devotion, **посвя́ти** dedication, **професі́йности** professionalism, **хоро́брости** courage, **че́сности** honesty)

v. + **п. дава́ти** + *D.* **п.** give sb an example (**подава́ти** + *D.* set for sb ◊ **Лев пода́в їм п. ві́дданости спра́ві.** Lev set an example of devotion to the cause for them. **пока́зувати** + *D.* show sb; **наслі́дувати** follow; **роби́ти з** + *G.* make of sb); **надиха́тися ~ом** be inspired by an example (**йти за** follow) ◊ **Вона́ йде за ~ом бра́та.** She follows her brother's example. **бу́ти ~ом** be an example (**лиша́тися** remain, **става́ти** become)

prep. ♦ **для ~у** as a lesson ◊ **Його́ покара́ли для ~у і́ншим.** He was punished as a lesson to others. **за ~ом** + *G.* following the example of sb ◊ **Вона́ чини́ла за ~ом сво́го ідеа́ла.** She acted, following the example of her role model. **як п.** as an example

See **взіре́ць.** *Also see* **зразо́к 2, кла́сик, прототи́п, фено́мен 2**

3 *math.* equation, problem ◊ **Він зроби́в сім математи́чних ~ів.** He did seven mathematical problems.

See **завда́ння 2.** *Also see* **впра́ва, зада́ча**

приклеї́|ти, *pf., see* **кле́їти**
to glue, *etc.* ◊ **Вона́ ~ла ре́йку до стіни́.** She glued the plank to the wall.

прикме́тник, *m.*, **~а**
adjective

adj. **відно́сний** relative *or* non-gradable, **присві́йний** possessive, **я́кісний** qualitative *or* gradable ◊ **Лише́ я́кісні ~и ма́ють сту́пені порівня́ння.** Only gradable adjectives have degrees of comparison. **атрибути́вний** attributive, **предикати́вний** predicative

v. + **п. відміня́ти п.** decline an adjective (**вжива́ти** use, **утво́рювати від** + *G.* derive from sth ◊ **Таки́й п. утво́рюють від іме́нника.** Such an adjective is derived from a noun. **застосо́вувати до** + *G.* apply to sth ◊ **До ї́хнього пла́ну ле́две мо́жна застосува́ти п. «здійсне́нний».** *iron.* The adjective 'realizable' can scarcely be applied to their plan.

п. + *v.* **вжива́тися з** + *I.* be used with sth, **опи́сувати** + *A.* describe sth, **по́єднуватися з** + *I.* combine with sth, **передува́ти** + *I.* precede sth ◊ **В украї́нській мо́ві п. передує́ іме́нникові.** In Ukrainian, adjectives precede nouns. **йти за** + *I.* follow sth; **утво́рювати** + *A.* form sth ◊ **Присві́йні прикме́тники не утво́рюють порівня́льного сту́пеня.** Possessive adjectives do not form the comparative degree.

при́кр|ий, *adj.*
1 unfortunate, regrettable, sad, unpleasant

adv. **ду́же** very ◊ **Вони́ в ду́же ~ому стано́вищі.** They are in a very unfortunate situation. **страше́нно** terribly; **ді́йсно** really, **спра́вді** truly; **неймові́рно** incredibly, **несподі́вано** unexpectedly; **до́сить** fairly, **тро́хи** a little; **особли́во** particularly; **не зо́всім** not altogether

п. + *n.* **п. ви́падок** an unfortunate incident (**ви́сновок**, conclusion, **кіне́ць** ending, **крок** step, **на́слідок** consequence, **факт** fact); **~а ді́йсність** unfortunate reality (**до́ля** fate, **несподі́ванка** surprise, **новина́** news, **по́ми́лка** mistake, **розмо́ва** conversation, **спра́ва** matter); **~е видо́вище** an unfortunate sight (**відкриття́** discovery, **вра́ження** impression, **зізна́ння** confession, **непорозумі́ння** misunderstanding, **рі́шення** decision, **стано́вище** condition); **~і сто́сунки** relations

v. + **п. бу́ти ~им** be unfortunate ◊ **Рі́шення було́ ~им для них.** The decision was unfortunate for them. (**вважа́ти** + *A.* consider sth; **виявля́тися** turn out)

prep. **п. для** + *G.* unfortunate for sb

2 *colloq.* annoying, irritating

п. + *n.* **п. відві́дувач** an annoying visitor (**ритуа́л** ritual; **тип** character); **~а зви́чка** an annoying habit ◊ **Вона́ має́ ~у зви́чку дава́ти всім пора́ди.** She has an annoying habit of giving everybody advice. (**люди́на** individual; **мане́ра** manner, **поведі́нка** behavior); **~е кошеня́** an annoying kitten

v. + **п. бу́ти ~им** be annoying ◊ **Як мо́жна бу́ти таки́м ~им!** How can one be so annoying! (**виявля́тися** turn out, **здава́тися** + *D.* seem to sb, **лиша́тися** remain, **става́ти** become) ◊ **Вона́ ста́ла нестéрпно ~ою.** She became unbearably annoying.

prep. **п. для** + *G.* annoying to sb ◊ **Для одни́х Марко́ прие́мний, для і́нших – страше́нно п.** For some people Marko is pleasant, for others terribly annoying.

прикріпи́|ти, *pf., see* **прикрі́плювати**
to attach, fasten, affix ◊ **Вона́ ~ла пра́пор до стовпа́.** She fastened the flag to the pole.

прикрі́плю|вати, **~ють; прикріп|и́ти**, **~лю́, ~иш, ~лять**, *tran.*
1 to attach, fasten, affix

adv. **безпе́чно** safely, **до́бре** well, **мі́цно** firmly ◊ **Рекла́мну до́шку мі́цно прикріпи́ли до стіни́.** The billboard was firmly attached to the wall. **наді́йно** securely; **ке́псько** poorly, **недба́ло** carelessly, **пога́но** badly, **сла́бо** loosely, **я́кось** somehow; **ле́две** scarcely, **наси́лу** barely; **вже** already, **наре́шті** finally

v. + **п. бу́ти необхі́дно** be necessary ◊ **Відро́ необхі́дно прикріпи́ти до кінця́ пати́ка.** It is necessary to attach the bucket to the end of the stick. **бу́ти тре́ба** + *D.* need to; **змогти́** *pf.* manage to, **могти́** can; **намага́тися** try to **пробува́ти** attempt to

prep. **п. до** + *G.* attach to sth ◊ **Вони́ прикріпи́ли ві́трило до що́гли.** They fastened the sail to the mast.

2 to assign, charge with, entrust with ◊ **Молодо́го лі́каря прикріпи́ли до гру́пи астма́тиків.** The young doctor was assigned to a group of asthmatics.

pa. pple. **прикрі́плений** attached; assigned

прикрі́плюй! прикріпи́!

при́кр|ість, *f.*, **~ости**
nuisance, annoyance, problem, trouble, disappointment

adj. **важка́** bad, **вели́ка** great, **неаби́яка** substantial, **серйо́зна** serious, **си́льна** severe, **спра́вжня** real, **страшна́** terrible; **невели́ка** minor, **пе́вна** some; **неуни́кна** inevitable

v. + **п. прино́сити п.** bring a problem ◊ **Мину́лий рік не прині́с їй ні́чо́го, крім ~ости.** Last year brought her nothing but trouble. (**роби́ти** cause ◊ **Зо́я роби́ла йому́ одну́ п. за і́ншою.** Zoya caused him one nuisance after the other. **ство́рювати** + *D.* create; **ма́ти** have, **терпі́ти** suffer) ◊ **Зара́ди си́на він те́рпить вели́кі ~ощі.** He suffers great trouble for his son's sake. **завдава́ти** + *D.* **~ости** be a nuisance for sb ◊ **Вам не завда́сть ~ости подзвони́ти мені́?** Will it be too much of a nuisance for you to call me. (**зазнава́ти** suffer, **уника́ти** avoid)

prep. **п. від** + *G.* trouble from sb/sth; **п. для** + *G.* trouble for sb; **п. че́рез** + *A.* trouble because of sb/sth ◊ **Вони́ ма́ють ~ощі че́рез у́часть у стра́йку.** They are having problems because of their participation in the strike.

N. p. **~ості** *and* **~ощі**, *G. pl.* **~ощів** ◊ **бага́то ~ощів** many problems

See **пробле́ма**

прилеті́|ти, *pf., see* **приліта́ти**
to arrive *(of plane, birds, etc.)* ◊ **Літа́к з Терно́поля ~в уча́сно.** The airplane from Ternopil arrived on time.

Cf. **приї́хати**

прил|і́т, *m.*, **~ьо́ту**
arrival *(by air)* ◊ **П. літака́ з Іва́но-Франкі́вська затри́мується.** The arrival of the plane from Ivano-Frankivsk is being delayed.

п. + *n.* **п. гелі́коптера** a helicopter arrival (**літака́** airplane; **бджіл** bees; **журавлі́в** cranes, **птахі́в** birds; **делега́ції** delegation)

prep. **п. до** + *G.* an arrival at/in *(place)* ◊ **п. гру́пи вче́них до мі́ста** the arrival of a group of scientists in the city; **п. на** + *A.* an arrival at *(event)* ◊ **п. на міжнаро́дну я́рмарку** an arrival at an international fair

See **прибуття́, приї́зд.** *Ant.* **ви́літ 1**

прилітá|ти, ~ють; **прилет|íти, прилечý**, ~**я́ть**, *intr.*
1 to come flying, come *(of people, birds)*, arrive *(by air)* ◊ **Ми прилетимó зáвтра**. We'll come *(by plane)* tomorrow.
adv. **безперéрвно** non-stop ◊ **До джерелá безперéрвно ~ли бджóли.** Bees kept coming to the spring non-stop. **íноді** sometimes, **чáсто** often; **вже** already, **нарéшті** finally; **ще не** not yet ◊ **Гóсті ще не прилетíли.** The guests have not yet arrived. **вчáсно** on time, **за рóзкладом** on schedule, **пíзно** late, **рáно** early
Cf. **прибігáти, прибувáти, приїжджáти, припливáти, прихóдити 1.** *Ant.* **вилітáти 1**
2 *fig.* to reach *(by air)*, come, arrive, visit ◊ **Урáнці до міста прилетíла хуртовúна.** In the morning, a snow blizzard came to the city. ◊ **Із лíсу до нéї ~ли звýки пíсні.** She could hear sounds of song coming from the forest.
n. + **п. вíстка** news ◊ **Тривóжна вíстка прилетíла з Крúму.** Some alarming news came from the Crimea. **звук** sound, **крик** cry; **веснá** spring, **лíто** summer; **дýмка** thought, **мрíя** dream

прилó|га, *f., comp.*
attachment ◊ **З електрóнним листóм булó п'ять ~г.** There were five attachments with the email message.
adj. **великá** big; **невеликá** small; **електрóнна** email; **зарáжена** infected ◊ **Невідóма п. булá зарáженою.** The unknown attachment had a virus. **непрóшена** unsolicited ◊ **Найбíльше йогó дратувáли непрóшені ~ги.** Most of all he was irked by unsolicited attachments. **підозрíла** suspicious; **реклáмна** advertising
v. + **п. додавáти ~гу до** + *G.* add an attachment to sth ◊ **Гáля забýла додáти ~гу до листá.** Halia forgot to add the attachment to the letter. (**відкривáти** open; **включáти** include; **посилáти** send; **отрúмувати** receive; **читáти** read; **завантáжувати** download) ◊ **Спочáтку він завантáжив велúку ~гу.** First he downloaded a large attachment.
prep. **в ~гу** *dir.* in/to an attachment ◊ **Він включúв вíсім докумéнтів у ~гу.** He included eight documents in the attachment. **в ~зі** *posn.* in an attachment ◊ **У ~зі булá світлúна.** There was a photograph in the attachment.
Cf. **додáток 1**

примúренн|я, *nt., only sg.*
reconciliation
adj. **правдúве** true, **спрáвжнє** genuine; **остатóчне** ultimate, **пóвне** full, **цілковúте** complete; **негáйне** immediate, **швидкé** fast; **націонáльне** national, **політúчне** political, **рáсове** racial, **релігíйне** religious, **суспíльне** social; **історúчне** historic, historical ◊ **Пáм'ятник увіковíчнює історúчне п. двох нарóдів.** The monument memorializes the two nations' historic reconciliation.
v. + **п. ґарантувáти п.** guarantee reconciliation (**забезпéчувати** ensure; **обіцяти** + *D.* promise sb; **працювáти на** work for) ◊ **Місія працює на п. сторíн конфлíкту.** The mission is working for the reconciliation of the parties to the conflict. **домагáтися ~я** press for reconciliation (**досягáти** achieve, **шукáти** seek; **заклúкáти до** call for); **перешкоджáти ~ю** be in the way of reconciliation (**сприяти** promote) ◊ **Ýчасть невтрáльного посерéдника мáла сприяти ~ю сторíн.** The participation of a neutral mediator was supposed to promote the reconciliation of the sides.
prep. **для п.** for reconciliation; **задля п.** for the sake of reconciliation; **п. з** + *I.* reconciliation with sb ◊ **Мáрченко зробúв жест дóброї вóлі заради п. з колéґою.** Marchenko made a gesture of goodwill to make peace with his colleague. **п. між** + *I.* reconciliation among/between sb

примирú|ти, *pf., see* **примирятн**
to reconcile ◊ **Остáп лéгко ~в їх між собóю.** Ostap easily reconciled them with one another.

примирú|тися, *pf., see* **примирятися**
to reconcile with ◊ **Вонá ~лася з потрéбою переїхати до íншого міста.** She reconciled with the need to move to another city.

примирй|ти, ~**ють; примир|úти**, ~**ять**, *tran.*
to reconcile, make peace between, bring peace
adv. **дíйсно** really, **по-спрáвжньому** genuinely; **нарéшті** finally, **остатóчно** ultimately; **пóвністю** fully, **цілковúто** completely; **негáйно** immediately, **швúдко** quickly; **раз і назáвжди** once and for all
v. + **п. бýти необхíдно** be necessary to, **бýти трéба** + *D.* need to; **мáти місію** have the mission of ◊ **Вонá мáє місію примирúти їх раз і назáвжди.** She has the mission of bringing peace between them, once and for all. **могтú** can ◊ **Ніхтó не міг примирúти сусíдів.** Nobody could bring peace between the neighbors. **намагáтися** try to; **пропонувáти** + *D.* offer sb to; **старáтися** do one's best to ◊ **Килúна старáлася примирúти сúна з бáтьком.** Kylyna did her best to reconcile her son with his father. **шукáти спóсіб** look for a way to
prep. **п. з** + *I.* reconcile with sb/sth
pa. pple. **примúрений** reconciled
примиряй! примирú!

примíрник, *m.*, ~**а**
copy
adj. **додаткóвий** extra, **зáйвий** spare ◊ **У них був одúн зáйвий п. журнáлу.** They had one spare copy of the magazine. **настýпний** further; **пéрший** first, **другúй** second; **єдúний** only, **одúн** one; **минýлий** back; **безкоштóвний** free; **рецензíйний** review; **контрабáндний** bootleg, **нелеґáльний** illegal; **друкóваний** printed, **пúсаний** hand-written, **рукопúсний** manuscript; **електрóнний** electronic, **цифровúй** digital; **презентацíйний** presentation; **вжúваний** used, **заялóжений** well-thumbed, **подéртий** tattered, **потрíпаний** battered, **старúй** old; **влáсний** own, **особúстий** personal; **нечéпаний** untouched, **новéнький** pristine, **новúй** new; **áвторський** author's, **підпúсаний** signed; **остáнній** last
n. + *n.* **п. антолóгії** a copy of an anthology (**газéти** newspaper, (**журнáлу** magazine, **книжки** book, **п'єси** play, **підрýчника** textbook, **ромáну** novel, **тéксту** text)
v. + **п. друкувáти п.** print a copy ◊ **Спочáтку надрукувáли сто ~ів збíрки поéзій.** First they printed a hundred copies of the poetry collection. (**поширювати** distribute, **продавáти** sell; **купувáти** buy; **замовляти** order ◊ **Він замóвив двáдцять áвторських ~ів книжки.** He ordered twenty author's copies of the book. **завантáжувати** download; **давáти** + *D.* give sb, **позичáти** + *D.* lend, borrow ◊ **Вонá позúчила Петрóві бáтьків п. «Кобзаря».** She lent Petro her father's copy of the *Kobzar*. **підпúсувати** sign ◊ **Він підпúсує кóжен п. ромáну.** He signs each copy of the novel. **повертáти** + *D.* return to sb; **мáти** have, **посідáти** be in possession of); **володíти ~ом** own a copy (**користувáтися** use) ◊ **Вонá користувáлася пéршим ~ом антолóгії.** She was using the first copy of the anthology.
п. + *v.* **бýти в наявності** be available; **зникáти** vanish; **продавáтися** sell ◊ **Продалóся сто ~ів книжки.** 100 copies of the book sold. **розхóдитися** go ◊ **Сто ~ів газéти швúдко розійшлúся.** A hundred copies of the newspaper quickly went.
Also see **екземпляр 2**

примíря|ти, *pf., see* **міряти 3** *and* **примíряти**
to try on ◊ **Івáн ~в штанú.** Ivan tried the pants on.

примíря|ти, ~**ють; примíр|яти**, ~**ють**, *tran.*
to try on
adv. **весь час** all the time ◊ **Óля весь час ~ла щось у крамнúці.** Olia was all the time trying things on in the store. **дóвго** for a long time; **крадькомá** surreptitiously, **пóхапцем** hurriedly, **швúдко** quickly
v. + **п. любúти** like to; **починáти** begin to, **стáти** *pf.* start ◊ **Жíнка стáла п. сýкню.** The woman started trying on the dress. **закíнчувати** finish ◊ **Нарéшті він закíнчúв п. сорочки.** He has finally finished trying shirts on. **просúти** + *A.* ask sb to; **хотíти** want to
pa. pple. **примíряний** tried on
примíряй! примíряй!
See **міряти 3**

примíч|ати, ~**ють; (за)примíт|ити, (за) примíчу**, ~**ять**, *tran.*
1 to notice, note, detect, take a notice
adv. **вже** already, **нарéшті** finally, **негáйно** immediately, **одрáзу** at once ◊ **Віктóр одрáзу примíтив її розýмні óчі у нáтовпі журналíстів.** Viktor at once noticed her intelligent eyes in the crowd of journalists. **зáраз же** right away, **швúдко** quickly
2 to find, locate, spot ◊ **Вонú примíтили дáчу на бéрезі мóря.** They found a cottage on the seashore.
See **знахóдити 1.** *Also see* **наглядáти 3**
pa. pple. **(за)примíчений** noticed
примічáй! (за)примíть!

приміщен|ня, *nt.*
premises, building, apartment, space, room
adj. **влáсне** own; **житловé** residential, **лекцíйне** lecture ◊ **В університéті бракýє лекцíйних ~ь.** There is a shortage of lecture space in the university. **клáсне** classroom, **робóче** working, **операцíйне** operation, **шкíльне** school; **велúке** large, **значнé** considerable, **простóре** spacious, **чималé** sizable; **світле** bright, **сóнячне** sunny; **тéмне** dark; **задýшливе** stuffy, **крúхітне** tiny, **малé** small, **тіснé** cramped; **новé** new, **старé** old; **додаткóве** additional
v. + **п. займáти п.** occupy premises (**надавáти** + *D.* allocate sb ◊ **Лабораторíї надалú кíлька новúх ~ь.** The laboratory was allocated several new rooms. **наймáти** rent, **звільняти** evacuate; **використóвувати** use ◊ **Вонú використóвують п. колúшньої пекáрні.** They are using the premises of the former bakery. **мáти** have ◊ **Редáкція мáє влáсне п.** The editorial board has its own space. **ремонтувáти** renovate; **дíлити на** + *A.* divide into sth) ◊ **П. клýбу поділúли на три частúни.** They divided the club premises into three parts. **потрéбувáти п.** need premises ◊ **Газéта потрéбує бíльшого п.** The paper needs a larger space. (**переїжджáти до** move to) ◊ **Аґéнція переїхала до нóвого п.** The agency moved to new premises.
Also see **кóрпус 3.** *Cf.* **будúнок, місце 1, прóстір**

примусóв|ий, *adj.*
1 forced, coerced, compulsory
adv. **абсолютно** absolutely, **цілкóм** completely; **вирáзно** distinctly, **явно** clearly; **лéдве** hardly ◊ **Це булó лéдве ~е визнáння.** It was hardly a forced confession.
п. + *n.* **п. абóрт** a forced abortion (**захід** measure ◊ **ще одúн п. захід влáди** another coercive measure of the authorities; **óбшук** search; **пíдпис** signature, **пóділ** division); ~**а прáця** forced labor (**русифікáція** Russification, **ýчасть** participation, **явка** attendance); ~**е вúселення** a forced eviction (**годувáння** feeding, **лікувáння** treatment, **мовчáння** silence, **щéплення** inoculation)
Also see **вúмушений 2, змýшений.** *Ant.* **добровíльний**

2 mechanical, automatic ◊ **~а вентиля́ція** an automatic ventilation
See **автомати́чний, механі́чний**

при́м|ха, *f.*
whim, caprice, whimsy
adj. **вередли́ва** capricious; **несподі́вана** sudden; **вла́сна** own, **особи́ста** personal; **безглу́зда** senseless, **божеві́льна** crazy, **глу́па** silly, **дурнува́та** stupid, **злочи́нна** criminal; **всього́ лише́** mere, **чергова́** *and* **ще одна́** another ◊ **Ініціяти́ва є всього лише́ черговóю ~хою нача́льства.** The initiative is merely another whim of their bosses. **дитя́ча** child's
v. + **п. задовольня́ти ~ху** satisfy a whim ◊ **Він задовольня́в ко́жну ~ху жі́нки.** He satisfied his wife's every whim. **зале́жати від ~хи** depend on a whim ◊ **Вони́ зале́жали від ~х пого́ди.** They depended on the whims of the weather. (**страждáти від** suffer from) ◊ **Він не раз страждáв від ~х до́лі.** More than once he suffered from the whims of fortune. **годи́ти ~сі** cater to a whim ◊ **Годи́ти чужи́м ~хам не бу́ло її́ звичкóю.** Catering to the whims of others was not her habit. (**догоджáти** indulge, **потурáти** pander to) ◊ **Іва́нна потурáла йогó ~хам.** Ivanna pandered to his whims.
prep. **з ~хи** at whim ◊ **Він купи́в цю річ із ~хи.** He bought this thing on a whim.
Also see **фóкус² 3, химéра 4**

примхли́в|ий, *adj.*
capricious, fickle; picky, fastidious
adv. **вкрай** extremely, **ду́же** very ◊ **У жо́втні пого́да тут ду́же ~а.** In October, the weather is very capricious here. **на́дто** too, **нестéрпно** unbearably, **страшéнно** terribly ◊ **Па́вла зна́ли, як страшéнно ~ого чолові́ка.** Pavlo was known as a terribly capricious man. **як ні́коли** like never before
v. + **п. бу́ти ~им** be capricious (**виявля́тися** turn out ◊ **Ле́ся виявилася вкрай ~ою у на́строях.** Lesia turned out to be extremely capricious of mood. **здава́тися** + *D.* seem to sb; **става́ти** become) ◊ **Лі́да ста́ла дратівли́вою і до́сить ~ою.** Lida became irritable and rather capricious.
prep. **п. в** + *L.* fastidious about/in sth
Also see **строка́тий 2, химéрний 3**

примхли́в|ість, *f.*, **~ости**, *only sg.*
capriciousness ◊ **Катру́сина п. у ї́жі не ма́ла меж.** Katrusia's capriciousness about food had no limits. ◊ **Ця росли́на не відрізня́ється особли́вою ~і́стю.** The plant does not stand out as particularly capriciousness.

принес|ти́, *pf.*, *see* **прино́сити**
to bring, *etc.* ◊ **Андрі́й прині́с жі́нці в'я́занку польови́х кві́тів.** Andrii brought his wife a bunch of wild flowers.
Cf. **привезти́**

прини́жу|вати, **~ють**; **прини́з|ити**, **~ять**, *tran.*
1 to humiliate, belittle, debase
adv. **гли́бо́ко** deeply; **жорсто́ко** cruelly, **наха́бно** brazenly ◊ **Іва́нна йогó наха́бно ~є.** Ivanna brazenly humiliates him. **ду́же** badly, **відкри́то** openly, **публі́чно** publicly; **безпереста́нку** nonstop, **весь час** all the time, **за́вжди́** always, **пості́йно** constantly; **геть** totally, **цілко́м** utterly
prep. **п. пе́ред** + *I.* humiliate in front of sb ◊ **Петра́ прини́зили пе́ред колéґами.** Petro was humiliated in front of his colleagues.
Also see **зневажа́ти 2**
2 to diminish *(importance, etc.)*, belittle, devalue
п. + *n.* **п. авторитéт** diminish respect ◊ **Своє́ю кри́тикою він намага́вся прини́зити авторитéт професóра.** By his criticism, he sought to diminish the professor's prestige. (**вне́сок** contribution, **вплив** influence, **зна́чення** importance, **роль** role, **у́часть** participation)
Cf. **зме́ншувати**
pa. pple. **прини́жений** humiliated
прини́жуй! прини́зь!

прини́зи|ти, *pf.*, *see* **прини́жувати**
to humiliate, *etc.* ◊ **Він ~в їх такóю ві́дповіддю.** He humiliated them with such a response.

прини́злив|ий, *adj.*
humiliating, debasing
adv. **абсолю́тно** absolutely ◊ **абсолю́тно п. стан** an absolutely humiliating condition; **вкрай** extremely, **гли́бо́ко** deeply; **до́сить** rather, **ду́же** very; **відкри́то** openly, **про́сто** simply; **геть** totally, **цілко́м** utterly
v. + **п. сприйма́ти** + *A.* **як п.** perceive sth as humiliating ◊ **Він сприйма́в їхнє співчуття́ як щось гли́бо́ко ~е.** He perceived their sympathy as something deeply humiliating. **бу́ти ~им** be humiliating (**вважа́ти** + *A.* consider sth ◊ **О́льга вважа́ла пропози́цію ~ою.** Olha considered the offer humiliating. **виявля́тися** turn out, **здава́тися** + *D.* seem to sb; **става́ти** become)
prep. **п. для** + *G.* humiliating for/to sb ◊ **Вимо́ги аґре́сора були́ ~ими для краї́ни.** The aggressor's demands were humiliating to the country.

прино́с|ити, **прино́шу**, **~ять**; **принес|ти́**, **~у́ть**; *pa. pf.*, *m.* **прині́с**, *pl.* **принесли́**, *tran.*
1 to bring *(on foot)*, fetch, carry
adv. **вже** already ◊ **Він уже прині́с рекоменда́цію.** He has already brought the letter of recommendation. **наре́шті** finally; **за́раз** *or* **те́пер** now, **в цей моме́нт** at this moment, **сього́дні** today; **згóдом** in a while, **по́тім** then; **ле́две** hardly, **наси́лу** barely ◊ **Книжо́к було́ сті́льки, що вона́ наси́лу принесла́ їх.** There were so many books that she could barely bring them. **шви́дко** quickly ◊ **Вони́ шви́дко принесли́ вали́зи з двóру до ха́ти.** They quickly brought the suitcases from the yard into the house. **все** *colloq.* all the time, **весь час** all the time, **за́вжди́** always, **і́ноді** sometimes, **незмі́нно** invariably, **ча́сто** often; **наза́д** back ◊ **Він прині́с ключі́ наза́д.** He brought back the keys. **сюди́** here
v. + **п. могти́** can ◊ **При потре́бі, він міг щора́зу п. дрова́ для коми́нка.** When need be, he could bring the wood for the fireplace every time. **намага́тися** try to ◊ **О́ля намага́лася п. їм до́брі нови́ни.** Olia tried to bring them good news. **пропонува́ти** + *D.* offer sb to; **проси́ти** + *A.* ask sb to ◊ **Професóр проси́в принести́ гото́ві завда́ння.** The professor asked to bring the ready assignments. **стара́тися** do one's best to, **хоті́ти** want to
prep. **п. в** + *A.* bring in/to *(a place)* ◊ **Він прині́с у фі́рму самі́ пробле́ми.** He brought to the firm nothing but problems. **п. від** + *G.* bring from sb ◊ **Ми́ша прині́с від сусі́да бага́то плітóк.** Mysha brought a lot of gossip from his neighbor. **п. до** + *G.* bring to *(a place)*; **п. на** + *A.* bring to *(an event)* ◊ **Вона́ принесла́ на база́р вишива́нки.** She brought embroidered shirts to the fair. **п. з** + *G.* bring from *(a place)* ◊ **Ба́тько ~ив ді́тям з крамни́ці смако́лики.** Father would bring his children treats from the store. ♦ **п. в же́ртву** + *D.* to sacrifice to sth ◊ **Він прині́с шлюб у же́ртву політи́чній кар'є́рі.** He sacrificed his marraige to his political career. ♦ **п. ко́ристь** + *D.* to be beneficial to sb ◊ **До́вгі прогу́лянки ~ять ко́ристь ко́жному.** Long walks are beneficial to everybody. ♦ **п. ща́стя** + *D.* to bring sb luck ◊ **Васи́ль ві́рив, що цей пе́рстень ~ить ща́стя.** Vasyl believed that the ring brought luck. ♦ **п. невда́чу** + *D.* to bring sb bad luck. ♦ **п. в дар** + *D.* to give sb as a present
Cf. **зано́сити 1, приво́зити**
2 *fig.* to yield, bear, bring in
п. + *n.* **п. плоди́** bear fruit (**результа́т** result); **п. прибу́ток** bring a profit; **п. сла́ву** bring fame ◊ **П'є́са принесла́ драмату́ргові сла́ву.** The play brought the playwright fame.
pa. pple. **принéсений** brought
прино́сь! принеси́!

при́нцип, *m.*, **~у**
principle
adj. **ба́зовий** basic, **визнача́льний** defining ◊ **Є́дність ді́ї, мі́сця і ча́су – визнача́льний п. есте́тики класици́зму.** Unity of action, place, and time is the defining principle of Classicist esthetic. **зага́льний** general, **ключови́й** key, **організаці́йний** organizing, **центра́льний** central, **фундамента́льний** fundamental, **універса́льний** universal, **широ́кий** broad; **абстра́ктний** abstract, **теорети́чний** theoretical; **демократи́чний** democratic, **ети́чний** ethical, **конституці́йний** constitutional, **мора́льний** moral, **політи́чний** political, **юриди́чний** legal; **економі́чний** economic ◊ **А́втора ціка́влять економі́чні ~и зни́клої цивіліза́ції.** The author is interested in the economic principles of the vanished civilization. **ри́нковий** market; **математи́чний** mathematical, **науко́вий** scientific, **фізи́чний** physical
v. + **п. включа́ти п.** include a principle (**вті́лювати** represent ◊ **При́лад вті́лює п. збере́ження ене́ргії.** The device represents the conservation of energy principle. **реалізува́ти** realize; **ілюструва́ти** illustrate, **виклада́ти** lay down, **відкрива́ти** discover ◊ **Да́рвін відкри́в ~и приро́дного відбо́ру.** Darwin discovered the natural selection principles. **встано́влювати** establish, **формулюва́ти** formulate, **застосо́вувати** apply; **поя́снювати** explain, **тлума́чити** interpret ◊ **Було́ б хи́бно тлума́чити цей п. ву́зько.** It would be wrong to interpret this principle narrowly. **посила́тися на** invoke; **відкида́ти** reject, **запере́чувати** deny, **підрива́ти** undermine ◊ **Така́ но́рма підрива́є ключо́ві конституці́йні ~и.** Such a norm undermines the basic constitutional principles. **пору́шувати** violate); **відповіда́ти ~ові** meet a principle ◊ **Ді́яльність у́ряду не відповіда́є ~ам прозо́рости.** Government activities do not meet the principles of transparency. **керува́тися ~ом** be driven by a principle ◊ **Не зна́ти, яки́ми ~ами вони́ керува́лися, коли́ ухва́лювали це рі́шення.** There's no telling what principles they were driven by while making the decision. **засно́вуватися на ~і** be based on a principle ◊ **Заво́д засно́вується на ключови́х п. охоро́ни довкі́лля.** The plant is based on the key principles of environmental protection.
п. + *v.* **лежа́ти в осно́ві** underlie sth; **поя́снювати** + *A.* explain sth; **стосува́тися** + *G.* apply to sth; **узаса́днювати** + *A.* substantiate sth ◊ **П. відно́влення імпе́рії узаса́днював ане́ксію чужи́х терито́рій.** The principle of the empire restoration substantiated the annexation of foreign territories.
Also see **вимо́га 2, есте́тика 2, зако́н 2, осно́ва, пра́вило, філосо́фія 2.** *Cf.* **станда́рт**

принципо́в|ий, *adj.*
1 of or pertaining to principle, principled, uncompromising, headstrong
adv. **вкрай** extremely, **гли́бо́ко** deeply, **до́сить** rather, **ду́же** very; **ле́две** scarcely; **геть** totally, **цілко́м** utterly; **непримире́нно** irreconcilably, **несподі́вано** unexpectedly
п. + *n.* ◊ **п. підхі́д** a principled approach; **~а зго́да** a consent on principle, **~а люди́на** a person of principles, **~а розмо́ва** a conversation on point of principle; **~е пита́ння** a matter of principle
v. + **п. бу́ти ~им** be principled (**вважа́ти** + *A.* consider sb/sth, **виявля́тися** turn out, **здава́тися** + *D.* seem to sb, **лиша́тися** remain ◊ **Вона́ лиша́ється люди́ною ~ою.** She has remained a principled individual. **става́ти** become) ◊ **Він**

став ~им кри́тиком у́ряду. He became an uncompromising detractor of the government.
prep. **п. в** + *L.* principled in sth ◊ **Він був ~им у пита́ннях економі́чної справедли́вости.** He was principled in matters of economic justice.
2 essential, basic, fundamental ◊ **~а рі́жни́ця** a basic difference; ◊ **Рі́жни́ця в ї́хніх по́глядах була́ ~ою.** The difference in their views was fundamental.
See **основни́й 1, істо́тний.** *Also see* **ба́зовий 1, головни́й 1, фундамента́льний**

припини́|ти, *pf., see* **припиня́ти**
to stop, *etc.* ◊ **Оле́кса ~в турбува́ти її листа́ми.** Oleksa stopped bothering her with his letters.

припини́|тися, *pf., see* **припиня́тися**
to stop, *etc.* ◊ **Злива ~лася че́рез годи́ну.** The downpour stopped an hour later.

припиня́|ти, ~ють; припин|и́ти, ~ю, припи́н|ять, *tran.*
to discontinue, stop, cease, break off, *followed both by n. or impf. inf.* ◊ **Тре́ба припини́ти балачки́ і ді́яти.** We need to stop gabbing and act. ◊ **Він ні на день не міг припини́ти працюва́ти над словнико́м.** He could not stop working on the dictionary, not even for a day.
п. + *n.* **п. бойові́ ді́ї** stop hostilities (**війну́** war, **вто́ргнення** invasion, **окупа́цію** occupation) ◊ **Вони́ шука́ють спо́сіб припини́ти окупа́цію.** They are looking for the way to put an end to the occupation. **п. вого́нь** cease fire (**постача́ння** supplies); **п. розмо́ву** break off a conversation (**взаємини** relations, **знайо́мство** acquaintance)
v. + **п. бу́ти пора́** be time to ◊ **Пора́ припини́ти гра́льний бі́знес у мі́сті.** It's time to stop the gambling business in the city. **бу́ти слід** + *D.* should ◊ **Йому́ слід припини́ти бра́ти в батькі́в гро́ші.** He should stop taking money from his parents. **бу́ти тре́ба** + *D.* need to ◊ **Їй тре́ба припини́ти вага́тися.** She should stop hesitating. **змогти́** *pf.* manage to ◊ **Лише́ полі́ція змо́же припини́ти контраба́нду тютюну́.** Only police will manage to put an end to tobacco smuggling. **могти́** can; **нама́гатися** try to, **хоті́ти** want to; **відмовля́тися** refuse to, **не хоті́ти** be reluctant to
pa. pple. **припи́нений** stopped, discontinued
припиня́й! припини́! ◊ **Припині́ть розмовля́ти!** Stop talking!
See **зупиня́ти, ки́дати 6.** *Also see* **закида́ти**[2] **3, покида́ти 2.** *Cf.* **перестава́ти 1**

припиня́|тися; припини́тися, *intr.*
to stop, cease ◊ **У вікно́ хтось посту́кав, і ше́піт припини́вся.** There was a knock on the window and the whispering stopped.
See **зупиня́тися 1**

припливá|ти, ~ють; приплив|ти́, *var.* **приплисти́, ~у́ть**, *intr.*
1 to come swimming, arrive *(by water)*, sail in
adv. **пла́вно** smoothly, **пові́льно** slowly, **ти́хо** quietly; **непомі́тно** unnoticed; **вже** already, **вре́шті-ре́шт** eventually, **наре́шті** finally; **благополу́чно** safely ◊ **Не всі бі́женці благополу́чно ~ли до бе́рега.** Not all the refugees sailed to the shore safely.
n. + **п. ка́чка** duck, **ле́бідь** swan ◊ **Ле́беді оди́н за о́дним ~ють до годівни́ці.** The swans come to the feeder one by one. **дельфі́н** dolphin, **ри́ба** fish; **люди́на** person, **плаве́ць** swimmer; **корабе́ль** ship, **ла́йнер** liner, **субмари́на** submarine, **чо́вен** boat; **вода́** water, **хви́ля** wave ◊ **Лише́ тепе́р ста́ли п. хви́лі від човна́.** It was only now that the waves from the boat started coming. **п. кораблє́м** come by ship (**ла́йнером** liner, **субмари́ною** submarine, **човно́м** boat; **мо́рем** sea)
prep. **п. до** + *G.* come swimming to *(place)*, arrive at/in ◊ **До по́рту припливла́ ба́ржа.** A barge arrived at the port. ◊ **п. до бе́рега** reach the shore; **п. на** + *A.* come at/to *(an event)* ◊ **Він припли́в на поба́чення з О́лею човно́м.** He came to his date with Olia by boat. **п. на** + *L.* come by *(boat, etc.)* ◊ **Ді́вча́та припливли́ на водяни́х велосипе́дах.** The girls came by water bicycles.
2 to come, swell *(of blood)*, well up *(of tears)* ◊ **До оче́й Оле́ксі ~ли сльо́зи.** Oleksa's eyes were welling up.
Cf. **прибува́ти, прибіга́ти, приліта́ти, прихо́дити**
припливáй! припливи́!

припра́в|а, *f.*
1 seasoning, spice, condiment
adj. **го́стра** hot ◊ **Він трима́вся да́лі від го́стрих припра́в.** He stayed away from hot seasoning. **пеку́ча** burning, **смачна́** tasty; **екзоти́чна** exotic, **замо́рська** overseas; **невідо́ма** unknown, **нова́** new; **класи́чна** classic, **традиці́йна** traditional; **улю́блена** favorite ◊ **Соло́дка па́прика – його́ улю́блена п.** Sweet paprika is his favorite seasoning.
v. + **п. додава́ти ~у** add seasoning (**си́пати** put in ◊ **Він сипну́в у рис не ту ~у.** He put in the wrong seasoning in the rice. **міша́ти** mix, **розчиня́ти** dissolve; **використо́вувати** use; **дістава́ти** procure) ◊ **Де він діста́в цю ~у?** Where did he procure the seasoning? **зловжива́ти ~ою** overuse a seasoning ◊ **Він зловжива́є ~ами.** He overuses spices. (**користува́тися** use) ◊ **Він кори́сту́ється двома́ ~ами.** He uses two spices.
prep. **п. для** + *G. or* **до** + *G.* a seasoning for sth ◊ **Він використо́вує аджи́ку, як ~у до ко́жної стра́ви.** He uses adzhyka as condiment for every dish.
Also see **корі́ння 3**
2 ingredient *(in food)* ◊ **~ами стра́ви є м'я́со, рис, цибу́ля, мо́рква та капу́ста.** The ingredients of the dish are meat, rice, onions, carrots, and cabbage.

припуска́|ти, ~ють; припуст|и́ти, припущу́, ~ять, *tran.*
1 to assume, suppose, presume
adv. **звича́йно** certainly, **логі́чно** logically, **приро́дно** naturally, **слу́шно** reasonably; **загало́м** generally, **звича́йно** usually; **безпідста́вно** without a good reason
п. + *n.* **п. ду́мку** assume an idea ◊ **Коли́сь вона́ ~ла ду́мку, що мо́же ста́ти його́ жі́нкою.** Once she assumed the idea that she could become his wife. (**ймові́рність** probability, **можли́вість** possibility, **ро́звиток поді́й** course of events) ◊ **На яки́х підста́вах ви ~єте таки́й ро́звиток поді́й?** On what grounds do you suppose such a course of events is possible?
v. + **п. мо́жна** can, **бу́ти резо́нно** be reasonable to, **бу́ти справедли́во** be fair to ◊ **Було́ справедли́во припусти́ти, що вони́ перетну́ли кордо́н.** It was fair to assume that they had crossed the border. **бу́ти схи́льним** be inclined to ◊ **Ми не схи́льні п., що тут мо́жна обі́йти́ся без допомо́ги.** We are not inclined to presume that one can do without help here.
Also see **допуска́ти 4, ду́мати 2**
2 to allow, permit ◊ **Він ніко́ли не ~в, щоб хтось із підле́глих легкова́жив обо́в'язками.** He never allowed any of his subordinates to shirk their duties.
See **дозволя́ти 1, допуска́ти 2**

припуска́|тися; припуст|и́тися, *intr.*
1 *pass., only impf.* to be assumed, be supposed, be presumed ◊ **У диску́сії ~лися нереалісти́чні іде́ї.** Unrealistic ideas were presumed in the discussion.
2 to allow oneself, commit, allow sth to happen + *G.*
adv. **несвідо́мо** unwittingly ◊ **Він припусти́вся по́ми́лки несвідо́мо.** He made the mistake unwittingly. **неуни́кно** inevitably, **я́кось** somehow
п. + *n.* **п. ава́рії** allow an accident to happen (**вчи́нку** act ◊ **Вона́ припусти́лася негі́дного вчи́нку.** She did a shameful thing. **поведі́нки** conduct; **недба́лости** negligence, **недо́гляду** oversight ◊ **Він упе́рше ~вся недо́гляду.** He committed an oversight for the first time. **по́ми́лки** mistake, **прораху́нку** miscalculation)
Also see **роби́ти 5**

припусти́|ти, *pf., see* **припуска́ти**
to assume, *etc.* ◊ **~вши, що Лев не при́йде́, вона́ продала́ квито́к.** Assuming that Lev would not come, she sold the ticket.

припусти́|тися, *pf., see* **припуска́тися**
to allow sth to happen, *etc.* ◊ **Фіна́нсовий відділ ~вся чергово́го недо́гляду.** The financial department commited another oversight.

припу́щен|ня, *nt.*
assumption, presupposition
adj. **логі́чне** logical, **приро́дне** natural, **резо́нне** reasonable, **слу́шне** fair; **зага́льне** general; **неспо́діване** unexpected; **безпідста́вне** groundless, **боже́вільне** insane, **ди́вне** strange, **дивови́жне** bizarre
v. + **п. висло́влювати п.** express an assumption ◊ **Вона́ ви́словила п., що законопрое́кт про́йде пе́рше чита́ння.** They expressed the assumption that the bill would pass the first hearing. (**роби́ти** make; **відкида́ти** reject ◊ **Він відкида́є п. як безпідста́вне.** He rejects the assumption as groundless. **запере́чувати** deny)
prep. **п. про** + *A.* assumption about sb/sth; **п., що** + *clause* an assumption that ◊ **п., що він підпали́в склад** the assumption that he set the warehouse on fire

приро́д|а, *f., only sg.*
1 nature, natural world, environment, the outdoors
adj. **га́рна** beautiful, **розкі́шна** lush, **чудо́ва** wonderful; **ще́дра** abundant ◊ **ще́дра п. півде́нної Украї́ни** the abundant nature of southern Ukraine; **нече́пана** unspoiled, **пе́рві́сна** primeval, **цнотли́ва** virgin; **похму́ра** gloomy, **суво́ра** harsh; **ди́ка** wild; **півні́чна** northern, **півде́нна** southern; **місце́ва** local; ♦ **го́ла п.** bare landscape; ♦ **жива́ п.** wild life
n. + **п. ви́твір ~и** a creation of nature (**дар** gift ◊ **Він приві́з я́блука, гру́ші, каву́на та і́нші дари́ ~и.** He brought apples, pears, a watermelon and other gifts of nature. **ди́во** miracle ◊ **О́зеро є спра́вжнім ди́вом ~и.** The lake is a genuine miracle of nature. **дити́на** *or* **дитя́** child; **проду́кт** product)
v. + **п. зберіга́ти ~у** preserve nature ◊ **Усі́ захо́ди ста́влять на меті́ зберегти́ пе́рві́сну ~у Карпа́т.** All the measures are aimed at preserving the primeval nature of the Carpathians. (**охороня́ти** protect; **плюндрува́ти** plunder, **руйнува́ти** ruin, **спусто́шувати** devastate; **відтво́рювати** reproduce) ◊ **Тут вони́ відтвори́ли ~у Причорномо́р'я.** Here they reproduced the nature of the Black Sea coast. **поверта́тися до ~и** be back to nature; **зустріча́тися в ~і** be found in nature (**трапля́тися в** occur in) ◊ **Цей різно́вид ду́ба рі́дко трапля́ється у ~і.** This variety of oak rarely occurs in nature.
prep. **в ~і** in nature, in the wild ◊ **Він ба́чив цих звірі́в у ди́кій ~і.** He saw those animals in the wild. ♦ **на ~і** outdoors ◊ **Вони прово́дили бага́то ча́су на ~і.** They spent much time outdoors. ♦ **на ло́ні ~и** in the open
2 character, nature, personality ◊ **Він був чолові́ком похму́рої ~и.** His was a gloomy character.
See **вда́ча, нату́ра 1, хара́ктер 1.** *Also see* **нату́ра 1, організа́ція 3, подо́ба 2, склад**[2] **2**
3 essence, basic quality, nature, character
adj. **власти́ва** inherent, **вну́трішня** inner, **ді́йсна** real, **заса́днича** basic, **і́стинна**

true, **посутня** essential, **справжня** genuine, **фундаментальна** fundamental; **докладна** exact, **конкретна** specific, **точна** precise; **абстрактна** abstract; **загальна** general; **динамічна** dynamic, **мінлива** changing, **сезонна** seasonal, **тимчасова** temporary; **примхлива** capricious, **невизначена** uncertain, **непередбачувана** unpredictable ◊ **абсолютно непередбачувана п. їхніх взаємин** an absolutely unpredictable nature of their relationships; **довільна** random, **суб'єктивна** subjective ◊ **суб'єктивна п. особистого смаку** the subjective nature of personal taste; **штучна** artificial; **виразна** distinctive, **незвичайна** unusual, **неповторна** inimitable, **своєрідна** original, **унікальна** unique; **двоїста** double, **дуалістична** dual ◊ **дуалістична п. мовного знаку** the dual nature of the linguistic sign; **суперечлива** contradictory, **суперечна** controversial; **делікатна** sensitive ◊ **Вони мусили зважати на делікатну ~у справи.** They had to be mindful of the sensitive nature of the matter. **проблематична** problematic; **загадкова** enigmatic ◊ **загадкова п. ієрогліфічних написів на стіні** an enigmatic nature of the hieroglyphic inscriptions on the wall; **заплутана** tangled, **незрозуміла** incomprehensible ◊ **незрозуміла п. їхньої поведінки** an incomprehensible nature of their behavior; **неоднозначна** ambiguous, **складна** complicated; **людська** human; **пташина** avian, **тваринна** animal, **хижацька** predatory; **моральна** moral, **психічна** psychological, **фізична** physical; **божественна** divine, **духовна** spiritual, **містична** mystical ◊ **містична п. релігійних почуттів людини** the mystical nature of human religious feelings; **есхатологічна** eschatological, **ідеалістична** idealistic, **езотерична** esoteric, **метафізична** metaphysical; **економічна** economic, **політична** political, **суспільна** social, **юридична** legal; **матеріяльна** material; **публічна** public; **ґлобальна** global ◊ **ґлобальна п. енергетичної кризи** the global nature of the energy crisis; **міжнародна** international; **конфіденційна** confidential, **особиста** personal, **приватна** private ◊ **приватна п. взаємодії між пацієнтом і лікарем** the private nature of the patient-doctor interaction; **спекулятивна** speculative ◊ **спекулятивна п. економічних прогнозів** a speculative nature of economic forecasts

v. + **п. визнавати ~у** recognize the nature (**виявляти** reveal ◊ **Їй удалося виявити ~у їхньої несумісности.** She succeeded in revealing the nature of their incompatibility. **визначати** define, **конкретизувати** specify, **окреслювати** outline; **описувати** describe, **пояснювати** explain; **брати до уваги** take into account, **зважувати** weigh, **оцінювати** assess; **аналізувати** analyze, **вивчати** study, **досліджувати** investigate, **розглядати** examine; **розуміти** understand, **усвідомлювати** realize; **показувати** show, **проявляти** demonstrate; **підкреслювати** emphasize; **змінювати** *or* **міняти** change ◊ **Це не міняє ~и становища, в якому опинилася країна.** This does not change the nature of the circumstances the country finds itself in. **мати** have; **формувати** form; **впливати на** influence) ◊ **Суперечка не вплинула на ~у їхньої дружби.** The argument has had no influence on the nature of their friendship. **бути проти ~и** be against sb's nature ◊ **Лишати роботу незакінченою проти її ~и.** Leaving work unfinished is not in her nature. (**залежати від** depend on); **суперечити ~і** contradict sb's nature; **йти в розріз з ~ою** be contrary to sb's nature

prep. **від** *or* **з ~и** by nature, from birth ◊ **Вона була від ~и обережною.** She was cautious by nature. **за ~ою** *or* **по ~і** by/in nature, in essence ◊ **За своєю ~ою його переконання расистські.** His convictions are racist in nature. **беручи під увагу ~у** + *G.* taking into account the nature of sth; **враховуючи ~у** + *G.* considering the nature of sth; **з огляду на ~у** + *G.* in view of the nature of sth ◊ **З огляду на ~у кризи, тут не обійтися без військової сили.** In view of the nature of the crisis, one cannot do without military force here. **стосовно ~и** + *G.* concerning the nature of sth

природжен|ий, *adj.*
natural, inborn, innate, inbred, congenital
п. + *n.* **п. брехун** a natural liar (**вояк** warrior, **оповідач** story-teller, **оратор** speaker, **провідник** leader; **розум** intelligence, **талант** talent); **~а вада** a natural defect (**сліпота** blindness, **хвороба** sickness; **здатність** capacity, **схильність** inclination ◊ **Він має ~у схильність до мов.** He has a natural inclination for languages. **вчителька** teacher, **лікарка** doctor)
Also see **природний 3**

природн|ий, *adj.*
1 natural, found in nature
adv. **абсолютно** absolutely, **геть** totally, **цілком** completely, **явно** obviously; **ледве** scarcely; **майже** almost
п. + *n.* **п. бар'єр** a natural barrier (**добір** selection, **експеримент** experiment, **закон** law, **чинник** factor); **~а вентиляція** a natural ventilation (**перешкода** obstacle, **речовина** substance, **смерть** death, **тривалість життя** life expectancy); **~е зрошення** a natural irrigation (**старіння** aging, **явище** phenomenon); **~і багатства** *or* **ресурси** natural resources ◊ **Цей край багатий на ~і ресурси.** The land is rich in natural resources. (**умови** conditions)
v. + **п. бути ~им** be natural ◊ **Матеріял є ~им.** The material is natural. (**вважати** + *A.* consider sth; **виявлятися** turn out) ◊ **Алмаз виявився ~им.** The diamond turned out to be natural.
Ant. **штучний 1**
2 natural, reasonable, logical ♦ **~а річ** certainly, of course ◊ **Роман, ~а річ, не сказав нікому про свої наміри.** Roman certainly did not tell anyone about his intentions.
3 born, inborn, congenital ◊ **Вона має ~у схильність до поезії.** She has an inborn proclivity for poetry.
See **природжений**

присвої|ти, *pf.*, *see* **присвоювати**
to appropriate, *etc.* ◊ **Імперія ~ла собі тисячу років історії сусіднього народу.** The empire appropriated a thousand years of history of the neighboring people.

присвою|вати, ~ють; присво|їти, ~ять, *tran.*
1 to appropriate, seize ◊ **Він потихеньку присвоїв хату померлого.** He quietly appropriated the house of the deceased.
See **привласнювати 1.** *Also see* **загарбувати 1**
2 to confer, bestow upon, grant, award
п. + *n.* **п. звання** bestow a title ◊ **Президент присвоїв йому звання «Герой України».** He was awarded the Hero of Ukraine title by the President. **ранґ** rank, **ступінь** degree ◊ **Університет присвоїв ученому ступінь доктора.** The university conferred a doctoral degree on the scholar. **титул** title ◊ **Йому присвоїли титул князя.** The title of prince was bestowed upon him.
Also see **давати 3, дарувати 1**
3 to appropriate, steal, poach, plagiarize ◊ **Вона взяла сюжет оповідання Франка і присвоїла його.** She chose the plot in a story by Franko and appropriated it.
See **привласнювати 2**
pa. pple. **присвоєний** appropriated; conferred
присвоюй! присвой!

присвят|а, *f.*
dedication, dedicating, inscription + *D.* to sb
adj. **віршована** rhyming, **поетична** poetic; **дружня** friendly, **зворушлива** touching, **натхненна** inspired ◊ **Вона прочитала натхненну ~у поета героям повстання.** She read the poet's inspired dedication to the heroes of the uprising. **тепла** warm ◊ **На першій сторінці збірки була тепла п. автора.** There was a warm dedication by the author on the first page of the collection. **відповідна** suitable, **належна** proper

присвячу|вати, ~ють; присвят|ити, присвячу, ~ять, *tran.*
to devote, dedicate + *D.* to sb/sth
adv. **з готовністю** readily, **радо** gladly; **повністю** fully, **цілком** completely; **постійно** constantly, **реґулярно** regularly, **щодня** every day ◊ **Щодня Галя ~вала годину арабській мові.** Every day, Halia devoted an hour to her Arabic.
п. + *n.* **п. життя** devote a life ◊ **Він присвятив життя вихованню дітей.** He dedicated his life to educating children. (**зусилля** efforts ◊ **Він присвятив багато зусиль створенню партії.** He devoted a lot of efforts to the creation of the party. **годину** hour, **день** day, **час** time; **збірку** collection, **книжку** book, **твір** work; **пам'ятник** monument, **слова** words, **споруду** building; **гроші** money, **засоби** means, **мільйони** millions, **фонди** funds)
v. + **п. бажати** wish to, **вирішувати** decide to, **збиратися** be going to ◊ **Він збирався присвятити фільм полеглим в Іловайську.** He was going to dedicate his film to those who fell at Ilovaisk. **мати намір** have the intention to, **приймати рішення** make a decision to, **хотіти** want to
prep. **п. на** + *A.* devote to sth ◊ **Вона присвятила вечір на театр.** She devoted her evening to the theater.
pa. pple. **присвячений** dedicated
присвячуй! присвяти!

прискорenн|я, *nt.*, *only sg.*
acceleration
adj. **велике** great, **ґвалтовне** abrupt ◊ **Причиною аварії стало ґвалтовне п. потяга.** An abrupt train acceleration became the cause of the accident. **значне** considerable, **неконтрольоване** uncontrollable, **помітне** perceptible, **різке** precipitous, **швидке** quick; **непомітне** unnoticeable, **плавне** smooth, **повільне** slow, **поступове** gradual
v. + **п. ґарантувати п.** guarantee acceleration ◊ **Додаткове фінансування ґарантувало п. будівництва.** The additional funding guaranteed the acceleration of the construction. (**забезпечувати** ensure); **вимагати п.** require, demand acceleration ◊ **Міжнародний Валютний Фонд вимагає п. реформ.** The International Monetary Fund demands an acceleration of the reforms. **перешкоджати ~ю** hamper acceleration (**сприяти** facilitate)
п. + *v.* **відбуватися** occur, take place; **зупинятися** come to a stop
Ant. **сповільнення**

прискори|ти, *pf.*, *see* **прискорювати**
to accelerate, *etc.* ◊ **Війна ~ла занепад міста.** The war hastened the city's decline.

прискори|тися, *pf.*, *see* **прискорюватися**
to accelerate, *etc.* ◊ **Наталчин пульс ~вся.** Natalka's pulse has accelerated.

прискорю|вати, ~ють; прискор|ити, ~ять, *tran.*
1 to accelerate, speed up, quicken
adv. **ґвалтовно** abruptly ◊ **Вона ґвалтовно ~є крок, щоб відірватися від стеження.** She abruptly quickens her step to shake off the tail. **дуже** greatly, **значно** considerably ◊ **Скорочення податків значно ~вало розвиток бізнесу.** The tax cuts considerably sped up the development of business. **помітно** noticeably, **різко** precipitously,

швúдко quickly; **плáвно** smoothly, **повíльно** slowly, **поступóво** gradually; **дéщо** somewhat, **трóхи** a little
v. + **п. вдавáтися** + *D.* manage to ◊ **Вúкинувши за борт вантáж, капітáнові вдалóся прискóрити рух кораблá.** Having thrown the cargo overboard, the captain managed to increase the speed of the ship. **намагáтися** try to, **прóбувати** attempt to; **починáти** begin ◊ **За мíсяць до реченця вонá почалá п. підготóвку до вистáвки.** A month before the deadline, she began to speed up the preparation for the exhibition.
2 to hasten, expedite, increase ◊ **Трагéдія прискóрила йогó смерть.** The tragedy hastened his death. ◊ **Здорóва діéта ~вала одýжання хвóрого.** Healthy diet expedited the patient's recovery.
pa. pple. **прискóрений** accelerated
прискóрюй! прискóр!
Ant. **сповíльнювати**

прискóрю|ватися; прискóритися, *intr.*
to accelerate, speed up; hasten ◊ **На схúлі горú рух трáнспорту ~вався.** The traffic movement accelerated on the slope of the hill.
See **прискóрювати.** *Ant.* **сповíльнюватися**

прислíв'|я, *nt.*
proverb, saying, maxim *(with a moral in it)*
adj. **влýчне** apt, **óбразне** expressive, **свíже** fresh; **забýте** forgotten; **відóме** well-known; **нарóдне** folk; **улю́блене** favorite; **банáльне** banal, **зашмýляне** *colloq.* worn out, **заялóжене** hackneyed; **класúчне** classic, **латúнське** Latin
v. + **п. вживáти п.** use a proverb ◊ **Він вживáє маловідóмі латúнські п.** He uses little-known Latin proverbs. **сúпати ~ями** pepper (one's language) with proverbs
L. **в ~ї** *or* **~ю**, *G. pl.* **~їв** ◊ **багáто óбразних ~їв** many expressive proverbs
See **слóво.** *Cf.* **прúказка**

присни́|тися, *pf., see* **снúтися**
to dream, *etc.* ◊ **Натáлії ~лося, що вонá в Парúжі.** Natalia dreamt that she was in Paris.

пристóйн|ий, *var.* **пристíйний**, *adj.*
1 decent, proper, appropriate, respectable
adv. **абсолю́тно** absolutely, **дýже** very, **надзвичáйно** extremely, **на дúво** amazingly, **несподíвано** unexpectedly; **геть** totally, **цілкóм** entirely ◊ **Костю́м мав цілкóм п. вúгляд.** The suit had an entirely decent look. **дóсить** fairly ◊ **Вонá похвалúла Олéксу за дóсить ~у поведíнку.** She praised Oleksa for his fairly respectable behavior. **достáтньо** sufficiently; **ледвé** scarcely; **мáйже** almost; **завждú** always, **незмíнно** invariably; ♦ **п. вік** respectable age
v. + **п. бýти ~им** be decent (**вважáти** + *A.* consider sth; **виявля́тися** turn out ◊ **Йогó пéрша робóта вúявилася абсолю́тно ~ою за за я́кістю.** His first work turned out to be of an absolutely decent quality. **здавáтися** + *D.* seem to sb ◊ **Такúй тон здавáвся їй лéдве ~им.** Such a tone seemed to her to be scarcely appropriate. **лишáтися** remain, **ставáти** become)
2 acceptable, satisfactory, fair, good ◊ **Сергíй – п. механíк.** Serhii is a good mechanic.
See **дóбрий, нормáльний**

пристрáсн|ий, *adj.*
passionate, impassioned, ardent, fervent
adv. **дýже** very ◊ **Її ~е слóво врáзило всіх.** Her impassioned speech impressed everybody. **надзвичáйно** extremely; **дíйсно** really, **спрáвді** truly; **несподíвано** unexpectedly
п. + *n.* **п. гóлос** a passionate voice (**лист** letter; **бібліофíл** bibliophile, **знавéць** connoisseur, **колекціонéр** collector; **прихúльник** supporter) ◊ **п. прихúльник Зеленóї пáртії** an ardent supporter of the Green Party. **~а вóля** passionate will ◊ **Її врятувáла ~а вóля до життя́.** Her passionate will to life saved her. (**любóв** love; **натýра** character; **дискýсія** discussion, **свáрка** quarrel); **~е бажáння** a passionate desire (**сéрце** heart; **змагáння** rivalry; **слóво** word); **~і любóщі** passionate love-making
Also see **гарячий 3, жáдібний 2, спрáглий 3**

прúстраст|ь, *f.*, **~и**
1 *usu pl.* passion, emotion ◊ **Навкóло спрáви вúбухнули ~і.** Passions erupted over the matter.
adj. **велúка** big, **величéзна** enormous, **гарячa** *and* **палкá** ardent, **сúльна** strong, **шалéна** *colloq.* nutsy; **дáвня** old, **новá** new; **спрáвжня** genuine; **лю́дська** human ◊ **Лю́дські ~і втрáтили для нéї знáчення.** Human passions lost importance to her. **літератýрна** literary, **політúчна** political, **релігíйна** religious; **спортúвна** sports, **футбóльна** soccer; **небезпéчна** dangerous, **непотрíбна** needless; **дурнá** stupid, **мáрна** futile, **порóжня** empty, **хвилúнна** momentary, **п'я́на** drunk
v. + **п. будúти п.** arouse a passion ◊ **Публíчне обговóрення збудúло сéред громадя́н ~і.** The public discussion aroused passions among citizens. (**розпáлювати** inflame; **вгамóвувати** calm down, **гасúти** extinguish, **контролювáти** control) ◊ **Полíція контролювáла футбóльні ~і на стадіóні.** The police controlled soccer passions at the stadium.
п. + *v.* **закипáти** boil over ◊ **Щорáзу, як говорúв одіóзний полíтик, у зáлі закипáли ~і.** Every time the odious politician spoke, passions boiled over in the auditorium. **оволодівáти** + *I.* gain control over sb ◊ **~і лéгко оволодівáли голóдним нáтовпом.** The hungry mob was easily overcome by passions. **охóплювати** + *A.* engulf sb; **спалáхувати** flare up; **вгамóвуватися** calm down, **влягáтися** wane, **згасáти** die down, **холóнути** cool down ◊ **У шинкý ~і швúдко закипáли і так сáмо швúдко холóнули.** Passions in the tavern were quick to boil over and equally quick to cool down.
prep. **~і довкóла** *or* **навкóло** + *G.* passions around sb/sth; **п. між** + *I.* passions among/between sb ◊ **~і між уболівáльниками** passions among the fans; **п. сéред** + *G.* passions among sb
See **емóція, переживáння 2, почуття́ 1**
2 passion, fervor, ardor, enthusiasm
adj. **велúка** great, **величéзна** enormous, **вогнянá** fiery ◊ **Їх захопúла вогнянá п. тáнцю.** They were carried away with the fiery passion of dance. **всепоглинáюча** all-consuming, **гарячa** ardent ◊ **Лíна стáвилася з гаря́чою ~ю до культýри слóва.** Lina treated language culture with ardent passion. **гóстра** acute, **палкá** vehement, **сúльна** strong, **шалéна** insane; **завúдна** enviable; **дáвня** old, **новá** new; **громадя́нська** civic, **патріотúчна** patriotic, **революцíйна** revolutionary
v. + **п. будúти п.** awaken passion ◊ **Остáнні подíї збудúли в тúсячах людéй революцíйну п.** The latest events awakened revolutionary passion in thousands of people. (**запáлювати** ignite, **збýджувати** arouse, **розпáлювати** inflame; **мáти** have; **відчувáти до** + *G. or* + *inf.* feel for sth *or* to do sth ◊ **Фросúна відчувáла п. до поéзії.** Frosyna felt fervor for poetry. **виявля́ти** discover; display)
п. + *v.* **рýхати** + *I.* drive sb ◊ **Її вчúнками рýхала п. патріóтки.** Her actions were driven by a patriot's ardor. **охóплювати** + *A.* engulf sb, **спалáхувати** flare up ◊ **У її сéрці спалахнýла громадя́нська п.** Civic passion flared up in her heart. **вгамóвуватися** calm down, **вмирáти** die, **холóнути** cool down
prep. **без ~и** dispassionately ◊ **Вонá сказáла це без ~и.** She said it dispassionately. **з ~ю** passionately ◊ **Учáсники семінáру з ~ю сперечáлися.** The participants of the seminar argued passionately. **п. до** + *G.* passion for sth ◊ **Вонá мáє п. до громáдської прáці.** She has enthusiasm for community work.
Also see **емоцíйність, ентузіáзм, темперáмент 2**
3 passion, obsession, pastime, interest ◊ **Робóта для Клúма – спрáвжня п.** Work is a genuine passion for Klym.
adj. **велúка** great, **всепоглинáюча** all-consuming ◊ **Їздá вéрхи стáла для Марíчки всепоглинáючою ~ю.** Horse-riding became an all-consuming passion for Marichka. **дáвня** old ◊ **Худóжня фотогрáфія – йогó дáвня п.** Art photography is his old passion. **новá** new; **правдúва** true, **спрáвжня** genuine; **найбíльша** greatest, **улю́блена** favorite
prep. **п. до** + *G.* a passion for sth ◊ **Дíвчáта мáють п. до книжóк.** The girls have a passion for books.
See **захóплення 3.** *Also see* **вподóбання 2, інтерéс, мáнія 2, одержúмість, слáбість 5**
4 desire, love, passion ◊ **Її óчі зрáджували п. до цьóго чоловíка.** Her eyes betrayed desire for this man.
adj. **бурхлúва** tumultuous, **велúка** great, **величéзна** enormous, **всепоглинáюча** all-consuming, **гаряча** ardent, **глибóка** deep, **жагýча** burning, **нездолáнна** insuperable, **ненасúтна** insatiable, **непереборнá** irrepressible, **палкá** ardent, **романтúчна** romantic, **сúльна** strong; **божевíльна** crazy, **скажéна** deranged, **шалéна** insane; **завúдна** enviable; **дáвня** old, **новá** new; **правдúва** true, **спрáвжня** genuine
v. + **п. мáти п.** have a desire (**будúти** awaken ◊ **Шéпіт будúв у нíй палкý п.** The whisper awakened ardent passion in her. **запáлювати** ignite, **збýджувати** arouse, **розпáлювати** inflame; **відчувáти до** + *G.* feel for sb ◊ **Олéкса відчувáв до нéї шалéну п.** Oleksa felt insane passion for her. **виражáти** express, **виявля́ти** reveal; **вгамóвувати** suppress, **гасúти** extinguish, **контролювáти** control); **віддавáтися ~і** abandon oneself to passion ◊ **У тéмному зáкутку вонú віддалúся ~і.** In the dark corner, they abandoned themselves to passion. (**піддавáтися** give in to); **керувáтися ~ю** be driven by a passion
п. + *v.* **зникáти** vanish ◊ **Її п. зникла без слíду.** Her desire vanished without a trace. **охóплювати** + *A.* engulf sb, **спалáхувати** flare up; **вгамóвуватися** calm down, **влягáтися** wane, **згасáти** die down, **холóнути** cool down
prep. **від ~і** with desire ◊ **Йóсипів гóлос тремтíв від ~і.** Yosyp's voice trembled with desire. **з ~ю** with passion ◊ **Вонá подивúлася на ньóго із ~ю.** She looked at him with desire. **п. до** + *G.* a passion for sth; **п. між** + *I.* a passion between sb ◊ **П. між нúми булá ненасúтною.** The passion between them was insatiable.
See **кохáння 1.** *Also see*, **жагá 3, жадáння 2, любóв 2, почуття́ 3, слáбість 5, схúльність 2**

прúстр|ій, *m.*, **~ою**
device, contraption, mechanism, instrument
adj. **експериментáльний** experimental, **електрúчний** electrical, **механíчний** mechanical; **найновíший** state-of-the-art, **новúй** new, **склáдний** sophisticated, **сучáсний** modern; **зíпсований** broken; **архаї́чний** archaic, **допотóпний** antediluvian, **застарíлий** dated, **старúй** old ◊ **Старúй п. ні до чóго не надавáвся.** The old device was good for nothing. **старовúнний** ancient; **делікáтний** delicate; **малéнький** small; **тóчний** precision, **чутлúвий** sensitive; **зрýчний** handy, **кóрисний** useful ◊ **П. вúявився кóрисним для вúзначення прóйденої вíдстані.** The device proved useful in determining the distance covered. **потрíбний** necessary; **дúхальний** breathing; **спеціáльний** special; **астрономíчний** astronomic, **вимíрювальний** measuring, **медúчний** medical, **навігаційний** navigation, **оптúчний** optical
v. + **п. мáти п.** have a device (**встанóвлювати** install, **направля́ти** fix, **ремонтувáти** repair ◊ **Лишé кваліфíкований фахівéць мóже відремонтувáти старовúнний п.** Only a qualified

specialist can repair the ancient device. **ламáти** break, **розбивáти** destroy; **винахóдити** invent, **конструювáти** design; **будувáти** build ◊ **Невідóмо, хто збудувáв цей п.** It is not known who built this instrument. **виготовля́ти** produce, **роби́ти** make, **складáти** put together; **розбирáти** take apart; **чи́стити** clean ◊ **Щоб почи́стити п., йогó спочáтку трéба розібрáти.** In order to clean the device, it needs first to be taken apart. **вмикáти** switch on; **вимикáти** switch off) ◊ **Вонá ви́мкнула всі обігрівáльні ~ї.** She switched off all the heating devices. **облáднувати** + *A.* **~оєм** fit sth with a device ◊ **Танк обладнáли ~оєм нічнóго бáчення.** The tank was equipped with a night vision device. (**поєднувати** + *A.* **з** connect sth with)
 п. + *v.* **працювáти** operate ◊ **П. прáцює дóсить прóсто.** The device operates in a fairly simple way. **функціонувáти** function; **ламáтися** break down ◊ **Склáдний п. чáсто ламáється.** A complicated mechanism often breaks down. **включáти** + *A.* comprise sth ◊ **П. включáє три вузли́.** The device comprises three modules. **склaдáтися з** + *G.* consist of sth
 prep. **п. для** + *G.* a device for sth ◊ **п. для відкривáння бляшáнок** a device for opening cans
 Cf. **механíзм**

при́ступ, *m.*, **~у**
1 approach, advance, moving toward, attempt ♦ **з пéршого ~у** in one attempt ◊ **Він переконáв батькíв із пéршого ~у.** He convinced his parents in one attempt.
2 *mil.* assault, storm, attack, onslaught; ♦ **взя́ти** + *A.* **~ом** to take sth by storm ◊ **Зáмок узяли́ ~ом уночí.** The castle was taken by storm at night. ♦ **йти ~ом на** + *A. or* **й. на п.** + *G.* to attack sb/sth, launch an assault against sb/sth ◊ **Козáцьке ві́йсько пішлó ~ом на вóрога.** *or* **Козáцьке ві́йсько пішлó на п. вóрога.** The Cossack troops launched an attack against the enemy.
 See **нáпад 1, удáр 3**
3 attack *(of disease, etc.)*, fit, seizure ◊ **Мáрту паралізувáв ґвалтóвний п. стрáху.** Marta was paralyzed by an abrupt attack of fear.
 See **нáпад 2.** *Also see* **удáр 5**
4 *colloq.* access ◊ **Вонá мáла прями́й п. до мíністра.** She had a direct access to the minister.
 See **дóступ**

присýтн|ій, *adj., n.*
1 *adj.* present, in attendance ◊ **У ~іх глядачíв булó багáто питáнь до промóвця.** The viewers present had many questions for the speaker.
 adv. **вже** already, **випадкóво** accidentally ◊ **Вони́ ви́явилися випадкóво ~іми на захóді.** They turned out to be accidentally present at the event. **нарéшті** finally, **на щáстя** fortunately, **тáкóж** *or* **тéж** also, **якрáз** incidentally
 v. + **п. бýти ~ім** be present, be ◊ **Сéред пасажи́рів п. кардіóлог.** There is a cardiologist among the passengers. (**виявля́тися** turn out, **лишáтися** remain)
 prep. **п. у** + *L.* present in *(in a place)* ◊ **Вонá булá ~ьою в кíмнáті.** She was present in the room. **п. на** + *L.* present at *(an event)* ◊ **Її кохáнець був тáкож ~ім на уроди́нах.** Her lover was also at the birthday party. **п. сéред** + *G.* present among sb
 Also see **наявний.** *Ant.* **відсýтній 1**
2 *usu pl.* those present ◊ **Вонá звернýлася до ~іх із промóвою.** She addressed those present with a speech.

присýтн|ість, *f.*, **~ости**, *only sg.*
presence, availability, existence
 adj. **безперéрвна** continuing, **все бíльша** growing, **постíйна** constant ◊ **Постíйна п. батькíв скóвувала дітéй.** The constant presence of parents constrained the children. **самá** mere ◊ **Самá п. її прíзвища у спи́ску багáто про що казáла.** The mere presence of her name in the list spoke volumes. **ви́дима** visible, **відчýтна** palpable, **значнá** significant; **нав'я́злива** obnoxious; **повсю́дна** ubiquitous; **конéчна** imperative, **обов'язкóва** mandatory; **лю́дська** human; **особи́ста** personal; **фізи́чна** physical
 v. + **п. виявля́ти п.** reveal presence ◊ **Анáліз ви́явив п. залíза у питнíй водí.** The analysis has revealed the presence of iron in potable water. (**встанóвлювати** establish, **підтвéрджувати** confirm ◊ **Рéчник ýряду підтвéрдив п. росíйських вíйськ у Си́рії.** The government's spokesman confirmed the presence of Russian troops in Syria. **відчувáти** feel ◊ **Вони́ відчувáли п. на перемóвинах трéтьої сторони́.** They felt the presence of a third party at the talks. **зауважувати** take a note of, **помічáти** notice; **збíльшувати** increase, **подвóювати** double, **поси́лювати** enhance; **зберігáти** maintain; **змéншувати** diminish, **послáблювати** weaken, **скорóчувати** reduce ◊ **Це скороти́ло п. чужóго капітáлу в будівéльному бíзнесі.** This reduced the presence of foreign capital in construction business. **заперéчувати** deny; **вкáзувати на** point to, **свíдчити про** attest to) ◊ **Си́ній кóлір свíдчить про п. токси́нів у грибáх.** The blue color attests to the presence of toxins in the mushrooms. **вимагáти ~ости** require presence (**потребувáти** need); **вшанóвувати** + *A.* **~істю** grace sth with one's presence ◊ **Кíлька відóмих письмéнників ушанувáли своєю ~істю відкриття́ бібліотéки.** Several well-known writers graced the library opening with their presence.
 prep. **в ~ості** + *G.* in sb's presence ◊ **Пáра поцілувáлася у ~ості гóстей.** The couple kissed in the presence of their guests. **п. у** + *L.* presence in *(in a place)* ◊ **Вони́ не зауважили ~ости в зáлі кінокáмер.** They did not notice the presence of film cameras in the hall. **п. на** + *L.* presence at *(an event)* ◊ **Вáша п. на зýстрічі конéчна.** Your presence at the meeting is imperative. **п. сéред** + *G.* presence among sb
 Ant. **відсýтність**

прися́|га, *f.*
oath, vow, pledge
 adj. **офіці́йна** official, **свящéнна** sacred, **урочи́ста** solemn; **офіцéрська** officer's, **солдáтська** soldier's
 v. + **п. давáти ~гу** take an oath (**принóсити** *or* **склaдáти** swear; **брáти з** + *G.* make sb swear an oath ◊ **Катери́на взялá з хлóпця ~гу на Бíблії.** Kateryna made the boy swear on the Bible. **дотри́мувати** uphold; **ламáти** break, **порýшувати** violate); **держáтися ~ги** keep an oath (**дотри́муватися** uphold; **привóдити** + *A.* **до** administer to sb) ◊ **Суддя́ привíв свíдка до ~ги.** The judge administered an oath to the witness.
 prep. **під ~гою** under oath ◊ **Жíнка свідчила під ~гою.** The woman testified under oath. **п. на** + *A.* oath of ◊ **п. на вíрність** an oath of allegiance
 L. **в ~зі**
 Also see **кля́тва**

присягá|ти, ~ють; присягн|ýти, *var.* **присягти́, ~ýть;** *pa. pf., m.* **присягнýв**, *var.* **прися́г**, *pl.* **присягнýли**, *var.* **присягли́**, *intr.*
1 to vow, swear allegiance, take an oath + *D.* to sb
 adv. **з готóвністю** readily, **рáдо** gladly; **навíки** forever; **офіці́йно** officially, **письмóво** in writing, **урочи́сто** solemnly ◊ **Вони́ урочи́сто присягнýли на вíрність своєму нарóдові.** They solemnly swore allegiance to their nation.
 v. + **п. бýти готóвим** be ready to; **вимагáти від** + *G.* demand from sb to ◊ **Від нéї вимагáли присягти́ на Бíблії.** They demanded that she swear on the Bible. **змýшувати** + *A.* make sb
 Also see **кля́стися**
2 to promise, assure, swear ◊ **Гáнна присяглá йомý, що повéрне пóзику.** Hanna promised him that she would repay the loan.
 See **обіця́ти**
 присягáй! присягни́!

присягнý|ти, *pf., see* **присягáти**
to vow, *etc.* ◊ **Ори́ся ~ла, що нічóго не бáчила.** Orysia swore that she had seen nothing.

присяг|ти́, *pf., see* **присягáти**
to vow, *etc.* ◊ **Він прися́г, що кáже прáвду.** He swore he was telling the truth.

притамáнн|ий, *adj.*
1 inherent, intrinsic, innate, characteristic, typical + *D.* of sb ◊ **Марíя розмовля́ла барви́стою мóвою, ~ою лишé їй.** Maria spoke the colorful language typical only of her.
 See **власти́вий 1**
2 genuine, true ◊ **Вонá ви́явилася ~ою актóркою.** She proved to be a genuine actress.
 See **спрáвжній.** *Also see* **власти́вий 3, правди́вий 2, реáльний**

притó|ка, *f.*
tributary, branch
 adj. **вели́ка** big, **головнá** main, **найбíльша** biggest, **найдóвша** longest; **південна** southern ◊ **Рíчки́ Стир та Гори́нь є півдéнними ~ками При́п'яті.** The rivers Styr and Horyn are southern tributaries of the Prypiat. **півнíчна** northern, **схíдна** eastern, **зáхідна** western; **лíва** left, **лівоберéжна** left-bank, **прáва** right, **правоберéжна** right-bank; **судноплáвна** navigable ◊ **Прáва п. рíчки судноплáвна.** The right tributary of the river is navigable.
 п. + *v.* **живи́ти** + *A.* feed sth ◊ **~ки живля́ть Днíстер тáлими вóдами.** The northern tributaries of the Dnister feed it with meltwater. **впадáти в** + *A.* flow into sth
 See **рíчка 1.** *Also see* **рукáв 2**

притóмн|ий, *adj.*
1 conscious, aware, sentient ◊ **Оперáція вимагáє, щоб оперóваний лишáвся ~им.** The surgery requires the person operated upon to remain conscious. ◊ **Усé ~е життя́ вонá почувáлася львів'я́нкою.** All her conscious life she felt to be a native of Lviv.
 See **свідóмий 1, свíтлий 7**
2 *fig., colloq.* sensible, sober, no-nonsense; good
 adv. **абсолю́тно** absolutely, **винятковó** exceptionally, **цілкóм** completely; **віднóсно** relatively, **дóсить** fairly, **достáтньо** sufficiently, **порíвняно** comparatively
 п. + *n.* **п. анáліз** a sensible analysis ◊ **Вонá пропонýє п. анáліз подíй.** She offers a sensible analysis of the developments. (**журналíст** journalist ◊ **П. журналíст не назвé комуністи́чну країну вíльною.** A sober journalist will not call a communist country free. **полíтик** politician, **спостерігáч** observer, **чоловíк** man; **клієнт** client, **підхíд** approach, **план** plan, **пóгляд на рéчі** view of things, **сценáрій** script); **~а дівчи́на** a sensible girl (**дýмка** thought, **поведíнка** behavior, **полíтика** policies, **порáда** advice); **~е законодáвство** a sensible legislation (**розуміння** understanding, **слóво** word; **стáвлення** attitude)
 v. + **п. бýти ~им** be sensible (**виявля́тися** prove, **здавáтися** + *D.* seem to sb ◊ **Її підхíд здавáвся всім ~им.** Her approach seemed sound to everybody. **лишáтися** remain; **ставáти** become) ◊ **Він став ~им в оцíнках.** He became sensible in his assessments.
 Also see **тверéзий 2**

притóму, *var.* **притíм**, *conj.*
at the same time, besides, on top of that ◊ **Він придбáв квартиру, п. за притóмну цíну.** He acquired an apartment and at a sensible price on top of that. ◊ **Волóдя поя́снював, усміхáючись п.** Volodia was explaining, smiling at the same time.

притýл|ок, *m.*, **~ку**
1 shelter, protection, cover
adj. **безпéчний** safe, **дóбрий** good, **надíйний** reliable; **єдúний** only; **будь-якúй** any, **сякúй-такúй** cobbled together, **хоч якúйсь** at least any kind
v. + **п. давáти** + *D.* **п.** give sb shelter ◊ **Скéля давáла п. від вíтру.** The rock gave shelter from the wind. (**забезпéчувати** + *A.* provide sb with, **пропонувáти** + *D.* offer sb; **дістáвати** get, **знахóдити** find, **отрúмувати** receive; **прáвити** + *D.* **за** serve sb for ◊ **Печéра прáвила їм за п.** The cave served them as shelter. **просúти** + *A.* ask sb for, **шукáти** look for); **потребувáти ~ку** be in need of shelter (**позбавлЯти** + *A.* deprive sb of ◊ **Пожéжа позбáвила ~ку десЯтки людéй.** The fire deprived dozens of people of shelter. **просúти** + *A.* ask sb for, **шукáти** look for); **бýти** + *D.* **~ком** be shelter for sb (**залишáтися** remain, **служúти** + *D.* serve sb as, **робúти** + *A.* make sth, **ставáти** + *D.* become to sb); **відмовлЯти** + *A.* **у ~ку** refuse sb shelter ◊ **Їм відмóвили у ~ку.** They were refused shelter.
prep. **п. від** + *G.* a shelter from sb/sth ◊ **п. від негóди** a shelter from bad weather; **п. для** + *G.* a shelter for sb ◊ **Дуб служúв ~ком мандрівникáм.** The oak served as a shelter to travelers. **п. на** + *A.* a shelter for *(period of time)* ◊ **Заїзд став йомý ~ком нá ніч.** The inn became his shelter for the night. **п. у** + *L.* a shelter in/at *(a place)* ◊ **Вонú шукáли ~ку в лíсі.** They were looking for shelter in the forest.
Also see **дах 2, дім 2, хáта 3**
2 asylum, refuge
adj. **політúчний** political; **постíйний** permanent, **тимчасóвий** temporary
n. + **п. заЯвник на п.** an asylum claimant (**заЯва на** application, **подáння** claim) ◊ **Він стáвився серйóзно до подáнь на п.** He treated asylum claims seriously. **спрáва про п.** an asylum case
v. + **п. давáти** + *D.* **п.** give sb asylum (**надавáти** + *D* grant sb; **ґарантувáти** + *D.* guarantee sb ◊ **Навіть найкрáщий адвокáт не брáвся ґарантувáти їм п.** Even the best lawyer did not take it on himself to guarantee them asylum. **забезпéчувати** + *D.* provide sb with ◊ **Їм тут забезпéчать п.** They will provide them with asylum here. **пропонувáти** + *D.* offer sb; **знахóдити** find, **отрúмувати** receive; **подавáтися на** apply for) ◊ **У Канáді вонá подалáся на політúчний п.** In Canada, she applied for political asylum. **домагáтися ~ку** seek asylum ◊ **Він домагáється ~ку в цій країні.** He seeks asylum in the country. (**позбавлЯти** + *A.* deprive sb of ◊ **Йогó моглú позбáвити ~ку.** They could deprive him of asylum. **просúти** + *A.* ask sb for, **шукáти** look for); **відмовлЯти** + *A.* **в ~ку** refuse sb shelter
3 sanctuary, refuge, shelter, home ◊ **Він збудувáв п. для переслíдуваних жінóк.** He built an abused women's shelter.
prep. **п. для** + *G.* a shelter for sb ◊ **п. для ветерáнів війнú** a home for war veterans (**інвалíдів** disabled people, **людéй похúлого вíку** senior citizens, **фізúчно неповноспрáвних** physically handicapped, **психíчно хвóрих** mentally sick); **у п.** *dir.* in/to a shelter ◊ **Вонú забíгли у п. для дітéй.** They ran into the children's shelter. **у ~ку** *posn.* at/in a shelter ◊ **У ~ку жилó сéмеро осíб.** Seven people lived in the shelter.
Also see **дах 2**

прихúльн|ість, *f.*, **~ости**, *only sg.*
fondness, attachment, predelection, preference ◊ **Йогó п. до Íгоря зрostáла.** His fondness for Ihor grew.
adj. **велúка** great, **все бíльша** increasing, **винятковá** exceptional, **глибóка** deep, **надзвичáйна** extraordinary, **ocoблúва** special; **зворýшлива** touching; **несподíвана** unexpected, **пéвна** certain, **помíтна** noticeable, **щúра** sincere
v. + **виявлЯти п.** show fondness ◊ **Вонá виявлЯє п. до Ларúси.** She shows her fondness for Larysa. (**відчувáти** feel ◊ **Íгор відчувáв п. до нóвого колéґи.** Ihor felt fondness for his new colleague. **мáти** have)
prep. **п. до** + *G.* fondness for sb
Also see **хéмія 3.** *Cf.* **любóв 1.** *Ant.* **ненáвисть**

прих|íд, *m.*, **~óду**
coming, arrival; advent; *also fig.* ◊ **Вонú із тривóгою спостерігáли за прихóдом до влáди олігáрхів.** They watched oligarchs come to power with anxiety.
п. + *n.* **п. вíйська** the coming of the troops (**окупáнтів** occupiers; **гóстей** guests, **мандрівникíв** travelers, **студéнтів** students; **нóвої влáди** new authorities, **опозúції** opposition, **пáртії** party); **п. автóбуса** a bus arrival (**лíтакá** airplane, **пóтяга** train) ◊ **П. пóїзда очíкувався на трéтій платфóрмі.** The train arrival was expected on track three.
prep. **п. до** + *G* arrival at/in *(a place)*
See **прибуттЯ.** *Cf.* **приїзд, прилíт**

прихова|ти, *pf.*, *see* **прихóвувати**
to hide, *etc.* ◊ **Він ~в ряд фáктів від слíдства.** He concealed a number of facts from the investigation.

прихóву|вати, **~ють; прихова|ти**, **~ють**, *tran.*
to hide, conceal, mask
adv. **старáнно** carefully, **ретéльно** thoroughly, **щосúли** as best one can, **послідóвно** consistently; **зáвждú** always; **нíколи не** never; **дóвго** for a long time; **вмíло** skillfully, **спрúтно** shrewdly, **успíшно** successfully; **лéдве** barely ◊ **Вонá лéдве ~вала ірóнію.** She was barely hiding her irony. **дармá** to no avail, **мáрно** in vain
п. + *n.* **п. вагáння** hide one's hesitation (**гнів** anger ◊ **Вонá старáнно ~вала гнів.** She was carefully hiding her anger. **лють** fury; **ірóнію** irony, **саркáзм** sarcasm; **ворóжість** hostility, **ненáвисть** hatred, **почуттЯ** feeling, **розчарувáння** disappointment; **недовíру** distrust ◊ **Він казáв це, не ~ючи недовíри.** He was saying it without hiding his distrust. **підóзру** suspicion; **занепокóєння** concern, **страх** fear, **тривóгу** anxiety; **задовóлення** satisfaction, **рáдість** joy, **тріюмф** triumph)
v. + **п. намагáтися** try to ◊ **Вонá намагáлася п. свої почуттЯ.** She tried to hide her feelings. **старáтися** do one's best to, **відмовлЯтися** refuse to, **не збирáтися** not be going to ◊ **Він не збирáвся п. своїх думóк.** He was not going to hide his thoughts. **хотíти** want to
prep. **п. від** + *G.* hide from sb ◊ **Рокáми вонá ~вала від íнших ненáвисть до всьóго совєтського.** For years, she hid her hatred for all things Soviet from others.
pa. pple. **прихóваний** hidden, concealed
прихóвуй! приховáй!
See **ховáти 1**

прихóд|ити, **~жу**, **~ять; прийтú, прийд|ýть;** *pa. pf., m.* **прийшóв**, *pl.* **прийшлú**, *intr.*
1 to come *(on foot)*, arrive; visit, come to see ◊ **Сестрá ~ила щовівтóрка.** The nurse would come on Tuesdays.
adv. **сюдú** here, **тудú** there; **по óдному** one by one, **одночáсно** at the same time, **рáзом** together; **вже** already, **нарéшті** finally; **завчáсно** in advance, **незабáром** shortly, **рáно** early, **скóро** soon, **швúдко** quickly; **в остáнню хвилúну** at the last moment, **от-óт** *colloq.* any moment; **вчáсно** on time, **з хвилúни на хвилúну** any minute, **пунктуáльно** punctually, **тóчно** exactly, **пíзно** late; **íноді** sometimes, **рíдко** seldom, **час від чáсу** from time to time, **постíйно** constantly, **чатíше** more often ◊ **Сусíд просúв їх частíше п.** The neighbor asked them to come more often. **чáсто** often, **пéршим** first; **остáннім** last ◊ **Він прийшóв остáннім.** He was the last to come.
v. + **п. бýти мóжна** + *D.* be allowed to, can ◊ **Сюдú мóжна п. щосерéди.** One can come here on Wednesdays. **бýти повúнним** be obliged to; **мáти** be supposed to ◊ **Вонú мáли прийтú всі рáзом.** They were supposed to come all together. **могтú** can, be able to ◊ **Він не змóже прийтú.** He will not be able to come. **обіцЯти** + *D.* promise sb to ◊ **Вонú обіцЯли прийтú вчáсно.** They promised to come on time.
prep. **п. в** + *A.* come to *(place)* ◊ **ЩоднЯ в устанóву прихóдить мáса відвíдувачів.** A mass of visitors come to the institution every day. ♦ **п. в порт** to make port ◊ **Корабéль прийшóв у порт неушкóдженим.** The ship made port unscathed. ♦ **п. у вíдчай** to fall into despair; **п. до** + *G.* come to *(place)* ◊ **Він лю́бить п. до пáрку.** He is fond of coming to the park. ♦ **п. до вúсновку** to come to a conclusion; ♦ **п. до пáм'яті** to recover one's consciousness, come to one's senses; **п. на** + *A.* come to *(an event)*; ♦ **п. на допомóгу** + *D.* to come to sb's rescue ◊ **На допомóгу їм прийшóв незнайóмець.** A stranger came to their rescue. **п. по** + *A. or* **за** + *I.* come for sth ◊ **Він ~ив до перукарЯ по плíткú.** He would drop by his barber's for gossip. ◊ **Вонá прийшлá по допомóгу.** She came for help.
Also see **діставáтися 2, дохóдити 5, завітáти, з'являтися 1.** *Cf.* **прибувáти 1, прибігáти, прилітáти, припливáти.** *Ant.* **відхóдити**
2 to arrive, come *(of bus, train)* ◊ **Пóтяг із Кúєва мав от-óт прийтú.** The train from Kyiv was supposed to arrive any minute.
prep. **п. о** + *L.* arrive at *(hour)* ◊ **Її автóбус прийшóв о дев'Ятій рíвно.** Her bus arrived exactly at 9:00.
See **прибувáти 1**
3 to come *(of mail, parcel, news)*, arrive ◊ **Накáз прийшóв в остáнню хвилúну.** The order came at the last moment. ◊ **Листíвка від брáта прийшлá остáнньою.** The card from her brother was the last to arrive. ◊ **Вíстка про них прийшлá незабáром.** The news about them came shortly.
4 to come *(of season, etc.)*, arrive ◊ **Веснá прийшлá пíзно.** Spring came late. ♦ **прийшлá порá** + *clause* the time has come to ◊ **Прийшлá порá шукáти прáцю.** The time has come to look for a job. ♦ **кінéць** *or* **край ~ить** + *D.* ◊ sb/sth comes to an end ◊ **Рáно чи пíзно її стрáжданням прúйде край** *or* **кінéць.** Sooner or later her sufferings will come to an end.
Also see **наставáти 1, наступáти 3**
прихóдь! прийдú!

причéтн|ий, *adj.*
involved, connected with; implicated, complicit
adv. **прЯмо** directly, **все бíльше** increasingly, **глибóко** deeply, **дýже** very much, **незапéречно** undeniably, **однозначно** unambiguously, **фактúчно** effectively, **Явно** clearly, **якóюсь мíрою** to a certain extent; **лéдве** scarcely, **марґінáльно** marginally, **мінімáльно** minimally, **символíчно** symbolically
v. + **п. бýти ~им** be involved ◊ **Усé своє дýже дóвге життЯ пáні Л. булá прЯмо ~ою до вихóвання нóвих поколíнь істóриків.** All her very long life, Mrs. L. was directly involved in the education of new generations of historians. (**виявлЯтися** prove, **здавáтися** + *D.* seem to sb, **лишáтися** remain; **робúти** + *A.* make sb ◊ **Контрáкт робúв їх ~ими до фінáнсових махінáцій íнших людéй.** The contract made them involved in the financial machinations of other people. **ставáти** become) ◊ **Із кóжним днем вонú ставáли все бíльше ~ими до подíй.** They became increasingly involved in the events by the day.
prep. **п. до** + *G.* involved/ complicit in sth ◊ **Він п. до рíзних корупцíйних схем.** He is complicit in various corruption schemes.

причи́н|а, *f.*
reason, cause
adj. **вагома** compelling, **важли́ва** important, **головна́** main, **засадни́ча** basic ◊ **Зміна клі́мату є засадни́чою ~ою неста́чі води́.** Climate change is the basic cause for the water shortage. **ключова́** key, **основна́** principal, **пе́рша** primary; **єди́на** only, **одино́ка** sole; **проста́** simple; **доста́тня** sufficient, **зако́нна** valid, **леґіти́мна** legitimate, **особли́ва** special, **переко́нлива** convincing, **пова́жна** serious, **слу́шна** good, **ді́йсна** actual ◊ **Вона́ кри́ла ді́йсну ~у змі́ни пла́нів.** She concealed the actual reason for the change of plans. **спра́вжня** real; **ди́вна** strange; **сміхови́нна** ludicrous; **наду́мана** far-fetched; **тривіа́льна** trivial; **зрозумі́ла** understandable; **логі́чна** logical; **раціона́льна** rational; **ймові́рна** probable, **можли́ва** possible ◊ **Можли́вою ~ою її́ звільнення був конфлі́кт із дире́ктором.** A possible reason for her firing was her run-in with the director. **то́чна** exact; **альтруї́сти́чна** altruistic ◊ **~и її́ відмо́ви цілко́м альтруї́сти́чні.** The reasons for her refusal are entirely altruistic. **егоїсти́чна** selfish, **особи́ста** personal; **прагмати́чна** pragmatic, **практи́чна** practical, **техні́чна** technical; **неокре́слена** unspecified; **економі́чна** economic, **мора́льна** moral, **політи́чна** political, **психологі́чна** psychological, **соція́льна** social ◊ **Кри́за ма́є економі́чні та соція́льні ~и.** The crisis has its economic and social causes. **фіна́нсова** financial, **юриди́чна** legal
v. + **п. ба́чити ~у** see a reason ◊ **Оле́кса ба́чив ~у стри́матися від поїздки.** Oleksa saw a reason to refrain from the trip. (**ма́ти** have; **дава́ти** + *D.* give sb; **констатува́ти** state, **наво́дити** cite, **окре́слювати** outline, **подава́ти** provide, **поя́снювати** + *D.* explain to sb; **знахо́дити** find, **шука́ти** look for; **відкида́ти** reject ◊ **Він відки́нув наве́дену ~у закриття́ підприє́мства, як наду́ману.** He rejected the cited reason why the enterprise had been shut down as far-fetched. **дові́дуватися про** learn ◊ **Вона́ дові́далася про ~у скасува́ння контра́кту.** She learned about the reason for the contract cancellation. **ста́вити під су́мнів** question ◊ **Вона́ поста́вила під су́мнів ~у ї́хньої відсу́тности на заня́тті.** She questioned the reason for their absence from class. **посила́тися на** invoke); **бу́ти ~ою** be the reason ◊ **Него́да була́ ~ою мало́ї кі́лькости пу́бліки на фестива́лі.** Bad weather was the cause for the poor turnout at the festival. (**виявля́тися** turn out, **здава́тися** + *D.* seem to sb; **ставати** become)
prep. **без ~и** for no reason; **з ~и** + *G.* by/for reason of sth ◊ **Суддя́ ви́знав його́ неви́нним із ~и божеві́лля.** The judge found him not guilty by reason of insanity. ◊ **Із яко́ї ~и вона́ гні́вається?** What's the reason of her being angry? **че́рез ~у** for the reason of ◊ **Вона́ скасува́ла зу́стріч че́рез незале́жні від не́ї ~и.** She cancelled the meeting for reasons beyond her control. **п. за** + *I.* reason behind sth ◊ **Він знав ~у за девальва́цією валю́ти.** He knew the reason behind the currency devaluation. **п. на** + *A.* reason for/to sth ◊ **Полі́ція ма́є доста́тньо причи́н на те, щоб затри́мати її́.** The police have enough reasons to detain her.
Also see **ви́правдання 3.** *Cf.* **при́від, ра́ція**[1]

при́ятел|ь, *m.*; **~ька**, *f.*
1 acquaintance *(closely familiar person)* ◊ **Він запроси́в не лише́ дру́зів, але́ й про́сто ~ів.** He invited not only his friends but also just acquaintances.
See **знайо́мий 2**
2 friend ◊ **Він мій да́вній і ві́дданий п.** He is my old and devoted friend.
See **друг**

прі́звиськ|о, *nt.*
nickname, byname, sobriquet ◊ **У шко́лі ді́вчина ма́ла п. Щу́ка.** At school the girl had the nickname Pike.
adj. **влу́чне** apt; **дитя́че** childhood, **шкі́льне** school, **університе́тське** university; **підпі́льне** clandestine, **таємне** secret; **дру́жнє** friendly, **ла́гідне** affectionate, **ми́ле** cute, **ні́жне** tender; **дошку́льне** scathing, **куме́дне** funny, **нищі́вне** devastating, **обра́зливе** insulting, **прини́зливе** humiliating
v. + **п. дава́ти** + *D.* **п.** give sb a nickname, nickname sb (**виду́мувати** + *D.* come up for sb ◊ **Він виду́мував хло́пцеві влу́чне п.** He came up with an apt nickname for the boy. **знахо́дити** find, **зна́ти** know; **ма́ти** have; **настава́ти** get ◊ **У шко́лі він діста́в нове́ п.** At school, he got a new nickname. **прибира́ти** adopt; **виправдо́вувати** live up to, **заробля́ти** earn; **ненави́діти** hate); **користува́тися ~ом** use a nickname ◊ **Хло́пці кори́стува́лися ~ами для конспіра́ції.** The boys used nicknames for conspiracy. (**смія́тися над** laugh at)
Also see **ім'я́ 1, на́зва 2.** *Cf.* **прі́звище, псевдоні́м**

прі́звищ|е, *nt.*
family name, last name
adj. **поши́рене** widespread, **типо́ве** common; **екзоти́чне** exotic, **чужозе́мне** foreign; **рі́дкісне** rare; **ди́вне** strange, **куме́дне** funny, **коза́цьке** Cossack ◊ **Пали́вода – це коза́цьке п.** Palyvoda is a Cossack family name. **подві́йне** doublebarreled; **еспа́нське** Spanish, **по́льське** Polish, **украї́нське** Ukrainian, *etc.*; **спра́вжнє** real; **фікти́вне** fictitious; **вла́сне** one's own; **чуже́** somebody else's; **ді́воче** maiden
v. + **п. бра́ти (собі́) п.** take a family name (**прибира́ти (собі́)** adopt ◊ **Вона́ прибра́ла фікти́вне п.** She adopted a fictitious family name. **ма́ти** have; **міня́ти** change; **поверта́ти** take back, **зверта́тися до** + *G.* **на** address sb by ◊ **Вони́ зверта́лися оди́н до о́дного на п.** They addressed each other by their family names. **гука́ти** *or* **кли́кати** + *A.* **на** call sb by) ◊ **Хтось гукну́в його́ на п.** Somebody called him by his family name. **користува́тися ~ем** use a family name ◊ **Він кори́сту́ється ді́вочим ~ем ма́тері.** He uses his mother's maiden name. ♦ **Як його́ п.?** What's his family name?
prep. **під ~ем** under a family name ◊ **Вона́ живе́ під чужи́м ~ем.** She lives under somebody else's name. ♦ **п. з до́му** a maiden name *(only of a woman)* ◊ **Оле́нине п. з до́му – Хоме́нко.** Olena's maiden name is Khomenko.
N. pl. **~а**
Cf. **ім'я́ 1, по ба́тькові, прі́звисько, псе́вдонім**

пріорите́т, *m.*, **~у**
priority
adj. **висо́кий** high, **головни́й** main, **пе́рший** first ◊ **Здоро́вий сон – її́ пе́рший п.** Healthy sleep is her first priority. **найви́щий** highest, top, **пова́жний** serious; **низьки́й** low; **націона́льний** national; **бюдже́тний** budgetary, **законода́вчий** legislative, **політи́чний** political; **стратегі́чний** strategic, **такти́чний** tactical; **довготерміно́вий** long-term, **пості́йний** permanent; **короткотерміно́вий** short-term, **тимчасо́вий** temporary
v. + **п. віддава́ти** *or* **дава́ти п.** + *D.* give priority to sb/sth ◊ **Вона́ віддава́ла п. підгото́вці до і́спитів.** She gave priority to the preparation for her exams. (**ма́ти** have/be ◊ **Для них п. ма́є ство́рення телесеріа́лів.** Producing TV series is the priority for them. **визнача́ти** determine, **встано́влювати** establish; **дістава́ти** get, **отри́мувати** receive, **перегляда́ти** rethink ◊ **Наста́в час перегля́нути ~и.** The time has come to rethink priorities. **переоці́нювати** re-evaluate); **розбира́тися з ~ами** sort out one's priorities ◊ **Кри́тика змусила їх розібра́тися з ~ами пода́льшої робо́ти.** The criticism compelled them to sort out the priorities of their further work. **бу́ти ~ом** be a priority (**вважа́ти** + *A.* consider sth ◊ **Ната́ля не вважа́ла навча́ння ~ом.** Natalia did not consider her studies to be a priority. **здава́тися** + *D.* seem to sb, **оголо́шувати** +*A.* declare sth ◊ **Уряд оголоси́в осві́ту свої́м ~ом.** The government declared education to be its priority. **става́ти** become) ◊ **О́дяг став для нього ~ом.** Clothes became a priority for him.
prep. **п. над** *or* **пе́ред** + *I.* priority over sth ◊ **Для не́ї Луцьк ма́є п. над** *or* **пе́ред Льво́вом.** She gives Lutsk priority over Lviv.
Also see **зна́чення 1, інтере́с 2**

прі́сн|ий, *adj.*
1 fresh *(of water)*, sweet, unleavened *(of bread)*, saltless *(of food)* ◊ **кри́ниця ~ої води́** a well of fresh water; ◊ **Вони́ печу́ть п. хліб.** They bake unleavened bread.
2 *fig.* insipid, tasteless, bland; flat, dull, uninteresting ◊ **Пе́рші його́ те́ксти були́ ~ими й нецікавими.** His first texts were flat and uninteresting. ◊ **Усе́, що вона́ розка́зувала, звуча́ло нудни́м та ~им.** Everything she said sounded boring and dull. ◊ **Її́ підли́ва була́ зо́всім ~ою.** Her gravy was completely bland.
See **нудни́й.** *Also see* **моното́нний 2, набри́дливий, пі́сний 5, сі́рий 4, сто́мливий, сухи́й 6**

про, *prep.* + *A.*
1 *(denotes topic of conversation, thought, object of action)* about, on, of, with ◊ **П. яку́ статтю́ ви гово́рите?** What article are you talking about? ◊ **Вони́ чита́ли п. оста́нні поді́ї.** They read about latest events. ◊ **Нови́й блоґ був п. культу́рне життя́ мі́ста.** The new blog was on the city's cultural life. ◊ **о́повідь п. дру́га** a story of a friend; ◊ **Він до́бре дбав п. діте́й.** He took good care of the children. ◊ **Не ва́рто так жури́тися п. гро́ші.** One should not be so concerned about money.
Also see **за 17**
2 *(indicates purpose, function)* for ◊ **Вона́ ма́ла пе́вну су́му готі́вки п. несподі́вану скру́ту.** She had a certain sum of cash for an unexpected quandry. ♦ **п. вся́к ви́падок** just in case ◊ **Він залиши́в жі́нці телефо́н знайо́мого п. вся́к ви́падок.** He left his wife his acquaintance's phone number, just in case. ♦ **п. се́бе** 1) quietly ◊ **Ді́ти прочита́ти текст п. се́бе.** The children read the text quietly. 2) to oneself ◊ **Вона́ повто́рювала щось п. се́бе.** She was repeating something to herself.
Also see **для 2**
3 *colloq.* for sb/sth, about sb/sth, concerning sb/sth ◊ **Пе́рша спа́льня була́ п. батькі́в, а дру́га – п. діте́й.** The first bedroom was for parents and the second one for kids. ◊ **Він зверну́вся до полі́ції п. спра́ву си́на.** He turned to the police concerning his son's case.
See **для 1**

пробача́|ти, ~ють; проба́ч|ити, ~ать, *tran.*
to forgive, excuse, pardon + *D.* + *A.* sb sth, *less often* + *A.* **за** + *A.* sb for sth ◊ **Тама́ра проба́чила йому́ незґра́бність.** *or* **Тама́ра проба́чила його́ за незґра́бність.** Tamara forgave him his clumsiness.
adv. **вже** already, **наре́шті** finally; **неохо́че** reluctantly ◊ **Вона́ неохо́че ~ла обра́зи.** She was reluctant to forgive insults. **по́вністю** fully, **цілко́м** completely ◊ **Марі́я цілко́м проба́чила їй.** Maria has completely forgiven her. **ле́гко** easily, **шви́дко** quickly ◊ **Він шви́дко гні́вався і шви́дко ~в.** He was quick to get angry and quick to forgive. **коли́-не́будь** ever, **ні́коли не** ◊ **Тако́го вона́ Окса́ні ні́коли не проба́чить.** She will never forgive Oksana such a thing.
v. + **п. бу́ти гото́вим** be ready to; **бу́ти ле́гко** be easy to ◊ **Неви́нний жа́рт ле́гко проба́чити.** It is easy to forgive an innocent joke. **відмовля́тися** refuse to; **могти́** can; **хоті́ти** want to; **блага́ти** + *A.* beseech/beg sb to, **заклика́ти** + *A.* appeal to sb

to, моли́ти + *A.* implore sb to, проси́ти + *A.* beg sb to ◊ **Він ма́рно проси́в Ля́ну пробачи́ти йому́.** He begged Liana in vain to forgive him.
prep. **п. за** + *A.* forgive for sth ◊ **Проба́чте мені́ за непро́хану пора́ду.** Excuse me for the unsolicited piece of advice. **п., що** + *clause* ◊ **Пробача́й, що запізни́вся.** Sorry for being late.
Also see **дарува́ти 2, проща́ти 1, спуска́ти 8**
pa. pple. **проба́чений** forgiven
пробача́й! проба́ч! ♦ проба́ч(те) на сло́ві excuse my saying so

пробача́|тися; проба́читися, *intr.*
1 to apologize, beg pardon ◊ **Вона́ ста́ла п. пе́ред коле́ґою.** She started apologizing to her colleague.
See **перепро́шувати 1.** *Also see* **вибача́тися**
2 *pass.* to be forgiven + *D.* ◊ **Мали́м ді́тям усе́ ~ється.** Little children are forgiven everything.

проба́чен|ня, *nt.*
1 forgiveness, pardon
adj. **по́вне** complete; **запізні́ле** belated ◊ **Її запізні́ле п. ма́ло що мі́няло.** Her belated forgiveness changed little. **боже́ственне** divine
v. + **п. дістава́ти п.** get forgiveness ◊ **Усе́, що їй тре́ба, – це діста́ти у ба́тька п.** All she needs is to get her father's forgiveness. (**знахо́дити** find, **отри́мувати** receive; **заслуго́вувати на** deserve ◊ **Вона́ заслуго́вує на п.** She deserves forgiveness. **моли́тися за** pray for) ◊ **Він му́сить день і ніч моли́тися за боже́ственне п.** He must pray for divine forgiveness day and night. **проси́ти** *or* **проха́ти п. в** + *G.* ask, beg sb forgiveness ◊ **Про́шу п., я не хоті́в вас обра́зити.** I beg your pardon, I did not mean to hurt you. ◊ **Вона́ попроси́ла у всіх п.** She asked everybody's forgiveness. (**блага́ти** beg for ◊ **Її о́чі блага́ли п.** Her eyes were begging for forgiveness. **потребува́ти** need, **шука́ти** seek)
prep. **п. від** *or* **в** + *G.* forgiveness from sb ◊ **по́вне п. боргі́в від ба́нку** a complete forgiveness of debts from the bank; **п. за** + *A.* forgiveness for sth ◊ **п. за гріхи́** forgiveness for sins.
Cf. **ви́бачення**
2 apology, pardon ◊ **Вона́ ви́йшла без сло́ва п.** She walked out without a word of apology.
♦ склада́ти п. to apologize
See see **ви́бачення**

проба́чи|ти, *pf., see* **пробача́ти**
to forgive ◊ **Він не міг п. Світла́ні зра́ди.** He could not forgive Svitlana her betrayal.

проба́чи|тися, *pf., see* **пробача́тися**
to apologize; *etc.* ◊ **Сте́фа ~лася пе́ред ним за обмо́вку.** Stefa apologized to him for her gaffe.

пробіга́|ти, ~ють; пробі́гти, пробіж|а́ть; *pa. pf., m.* **пробі́г**, *pl.* **пробі́гли**, *tran.*
1 to run through, run past, run over + *I.*
adv. **ху́тко** swiftly ◊ **Він ху́тко пробі́г за́лою.** He swiftly ran through the hall. **шви́дко** quickly, **шпа́рко** briskly; **крадькома́** stealthily, **непомі́тно** unnoticed, **тихе́нько** *dim.* quietly, **ти́хо** quietly; **оди́н за о́дним** one by one ◊ **Чолові́ки ~ли по́вз буди́нок оди́н за о́дним.** The men ran past the building one by one. ◊ **Авті́вки ~ли че́рез перехре́стя одна́ за о́дною.** Cars ran through the intersection one by one. **пані́чно** in panic
v. + **п. бу́ти тре́ба** + *D.* need to ◊ **Йому́ тре́ба пробі́гти ві́дстань за годи́ну.** He needs to run the distance in an hour. **вдава́тися** + *D.* succeed in, **змогти́** *pf.* manage to; **намага́тися** try to, **стара́тися** do one's best ◊ **Вона́ стара́лася пробі́гти до рі́чки непомі́тно.** She did her best to run to the river unnoticed. **хоті́ти** want to
prep. **п. бі́ля** + *G.* run near sth; **п. за** + *A.* run in *(time measure)* ◊ **Вона́ ~є сто ме́трів за двана́дцять секу́нд.** She runs a hundred meters in twelve seconds. **п. ми́мо** + *G. or* **повз** + *A.* run past sth ◊ **Вони́ пробі́гли ми́мо ста́ву** *or* **повз став.** They ran past the pond. **п. по** + *L.* run along sth ◊ **Вона́ пробі́гла по коло́ді.** She ran along the log. **п. по́під** + *I.* run under sth ◊ **Ді́вча́та пробі́гли по́під мо́сто́м.** The girls ran under the bridge. **п. че́рез** + *A.* run across sth ◊ **Вони́ пробі́гли че́рез майда́н.** They ran across the square.
Cf. **проїжджа́ти 1, прохо́дити 1**
2 pass *(of train, car, etc.)*, run through/past, run *(of water, tears)*, flow ◊ **Його́ що́кою пробі́гла одино́ка сльоза́.** A lonely tear ran down his cheek.
3 to pass *(of time)*, fly by ◊ **День шви́дко ~в за днем.** Day after day quickly flew by.
4 *fig.* to run through *(of eyes, hand, etc.)*, travel through + *I.* ◊ **Він пробі́г па́льцями по її воло́ссю.** He ran his fingers through her hair. ◊ **Мо́тря пробі́гла по́глядом по сторі́нці.** Motria ran her eyes over the page.
no pa. pple.
пробіга́й! пробіжи́!

пробле́м|а, *f.*
problem, issue
adj. **акту́альна** current ◊ **Збі́рник присвяти́ли акту́альним ~ам осві́ти.** The collection is dedicated to the current issues of education. **важли́ва** important, **нага́льна** urgent; **вели́ка** big, **величе́зна** huge, **пова́жна** *or* **серйо́зна** serious; **заплу́тана** tangled, **складна́** complicated; **ґлоба́льна** global, **міжнаро́дна** international; **дрібна́** minor, **мале́нька** *dim.* small, **мала́** small, **мініма́льна** minimal, **невели́ка** little ◊ **Є одна́ невели́ка п.** There's one little problem. **незначна́** insignificant, **нікче́мна** negligible; **все бі́льша** growing; **насти́рлива** nagging, **неуни́кна** inevitable, **пості́йна** constant, **упе́рта** persistent, **хроні́чна** chronic; **ві́чна** perennial, **да́вня** age-old, **довготрива́ла** long-lasting; **системати́чна** systematic; **ба́зова** basic, **головна́** principal, **засадни́ча** cardinal, **ключова́** key, **фундамента́льна** fundamental, **центра́льна** central; **можли́ва** possible; **непередба́чена** unforeseen; **неви́рішена** unresolved, **нерозв'я́зана** unsolved; **звича́йна** common, **типо́ва** typical, **поши́рена** widespread; **додатко́ва** additional, **за́йва** extra; **непотрі́бна** unnecessary; **нездола́нна** insurmountable, **нерозв'я́зна** insoluble ◊ **Спочатку п. здава́лася нерозв'я́зною.** Initially the problem seemed insoluble. **особи́ста** personal; **подру́жня** marital, **роди́нна** *or* **сіме́йна** family; **лоґісти́чна** logistical, **практи́чна** practical, **систе́мна** systemic, **емпіри́чна** empirical, **теорети́чна** theoretical; **механі́чна** mechanical, **техні́чна** technical; **науко́ва** scientific; **емоці́йна** emotional ◊ **Він має спра́ву з емоці́йними ~ами.** He is dealing with emotional issues. **психологі́чна** psychological; **ети́чна** ethical, **мора́льна** moral; **культу́рна** cultural, **мо́вна** language, **організаці́йна** organizational, **політи́чна** political, **суспі́льна** social; **стате́ва** sexual; **грошова́** money, **економі́чна** economic, **фіна́нсова** financial ◊ **У не́ї почали́ся фіна́нсові ~и.** She started having financial problems.
п. + *n.* **п. зловжива́ння алкого́лем** alcohol abuse problem (**нарко́тиків** drug ◊ **Вони́ іґнору́ють ~у нарко́тиків се́ред мо́лоді.** They ignore the drug problem among young people. **здоро́в'я** health, **поведі́нки** behavior; **довкі́лля** environmental ◊ **Він стої́ть пе́ред ~ою довкі́лля.** He is faced with the environmental problem. **житла́** housing; **ро́звитку** development)
♦ п. но́мер оди́н a number-one problem
v. + **п. ма́ти ~у** have a problem (**роби́ти** + *D.* cause for sb ◊ **Вона́ все ро́бить кому́сь ~и.** She causes problems for somebody all the time. **станови́ти** pose, **ство́рювати** + *D.* create for sb ◊ **Мико́ла ство́рював їй додатко́ві ~и.** Mykola created additional problems for her. **вирі́шувати** solve ◊ **Він ви́рішить ~у одноосі́бно.** He will solve the problem single-handedly. **дола́ти** overcome ◊ **Він подола́в ~у наркоти́чної зале́жности.** He overcame his drug addiction problem. **розв'я́зувати** resolve; **згла́джувати** mitigate, **мінімалізува́ти** minimize, **поле́гшувати** relieve, **посла́блювати** weaken, **спро́щувати** simplify, **усува́ти** eliminate; **зане́дбувати** neglect ◊ **Уряд занедба́в ~у нестачі житла́.** The government has neglected the housing shortage problem. **заго́стрювати** aggravate, **погі́ршувати** exacerbate; **перебі́льшувати** exaggerate, **увипу́клювати** magnify ◊ **Нові́ да́ні увипу́клюють ~у, що давно́ і́снує.** The new data magnifies the long-standing problem. **аналізува́ти** analyze, **вивча́ти** study, **дослі́джувати** investigate, **зва́жувати** weigh; **вбача́ти в** + *L.* see in sth ◊ **Вона́ вбача́є ~у в систе́мі голосува́ння.** She sees a problem in the voting system. **дискутува́ти** discuss, **обгово́рювати** talk over, **розгляда́ти** examine; **опи́сувати** describe, **підсумо́вувати** sum up; **очі́кувати** anticipate, **передбача́ти** foresee; **ста́вити на поря́док де́нний** put on the agenda ◊ **~у наре́шті постави́ли на поря́док де́нний нара́ди.** The issue was finally put on the agenda of the conference. **визнава́ти** admit to, **визнача́ти** define, **окре́слювати** outline; **вка́зувати на** point out to; **перео́чувати** overlook) ◊ **Він перео́чив головну́ ~у.** He overlooked the main problem. **підхо́дити до ~и** approach a problem (**признава́тися до** admit to); **запобіга́ти ~і** prevent a problem; **бу́ти ~ою** be a problem ◊ **Втра́та па́спорта була́ не найбі́льшою її ~ою.** The loss of her passport was not her biggest problem. (**вважа́ти** + *A.* consider sth, **виявля́тися** turn out ◊ **Прису́тність росі́йської меншини в реґіо́ні ви́явилася серйо́зною ~ою.** The presence of the Russian minority in the region turned out to be a serious problem. **(за)лиша́тися** remain, **става́ти** become; **займа́тися** deal with ◊ **Вона́ займа́ється ~ою підлі́ткової злочи́нности.** She deals with the problem of juvenile delinquency. **ціка́витися** be interested in; **боро́тися з** battle, **зішто́вхуватися з** run into) ◊ **Вона́ зіштовхну́лася із складно́ю ~ою.** She ran into a complicated problem.
п. + *v.* **існува́ти** exist; **бра́тися з** + *G.* originate from sth ◊ **Звідки взяла́ся ця п.?** Where has this problem originated from? **виника́ти** crop up, **постава́ти** arise, **почина́тися** begin; **заго́стрюватися** exacerbate, **погі́ршуватися** aggravate; **зме́ншуватися** diminish, **посла́блюватися** weaken, **зника́ти** disappear; **поляга́ти в** + *L.* consist in sth ◊ **П. поляга́ла в його́ впе́ртості.** The problem consisted in his intransigence.
prep. **п. для** + *G.* a problem for sb ◊ **Нака́з стано́вить ~у для всіх.** The order poses a problem for all. **п. з** + *I.* a problem with sb/sth ◊ **Він не має пробле́м із нови́м у́чнем.** He has no problems with the new pupil. **п. стосо́вно** + *G.* a problem concerning sb/sth ◊ **п. стосо́вно висо́ких пода́тків** the problem concerning high taxes; **п. що́до** + *G.* a problem as regards sb/sth; **♦ п. в то́му** *or* **тім, що** + *clause* the problem is that ◊ **Уся́ п. в тім, що «тури́сти» ви́явилися втіка́ча́ми.** The whole problem is that the 'tourists' turned out to be fugitives. ◊ **У чо́му тут п.?** What's the problem here? **♦ Нема́ пробле́м!** No problem!
Also see **ви́клик 3, гімно́ 4, диле́ма, кло́піт 1, моро́ка, незго́да 2, пита́ння 2, прете́нзія 2, при́крість, тертя́ 2, тру́днощі, ускла́днення 2, хале́па**

про́бу|вати, ~ють; ви́~, по~, с~, *tran.*
1 to test, try out; audition *(for a part)*
adv. **вичерпно** exhaustively, **всебі́чно** comprehensively, **дета́льно** in detail, **методи́чно** methodically, **рете́льно** thoroughly, **скрупульо́зно** scrupulously, **терпля́че** patiently;

до́вго long; **обере́жно** carefully; **ле́гко** gently ◊ **Він ле́гко попро́бував ру́чку двере́й.** He gently tested the doorknob.
prep. **п. на** + *A.* test sb for sth ◊ **Режисе́р ~вав акто́рок на роль.** The director auditioned actresses for the part. **п., чи** + *clause* try, in order to ◊ **Ма́рта попро́бувала ніж, чи го́стрий.** Marta tested the knife to see whether or not it was sharp.
See **випробо́вувати**
2 to try, attempt + *A. or inf.*
adv. **вже** already, **наре́шті** finally, **принайм́ні** at least; **ще не** not yet ◊ **Вона́ ще не ~вала носи́ти нові ту́флі.** She did not yet try to wear her new shoes. **бага́то разі́в** many times ◊ **Він бага́то разі́в ~вав дзвони́ти їм.** He tried many times to call them. **від ча́су до ча́су** from time to time, **вряди́-годи́** *colloq.* every now and then, **зно́ву** again; **неодноразо́во** repeatedly; **акти́вно** actively, **безпереста́нку** nonstop, **впе́рто** stubbornly, **насті́йливо** persistently, **пості́йно** constantly; **відва́жно** valiantly, **відчайду́шно** desperately, **смі́ливо** bravely; **незґра́бно** clumsily, **по́спіхом** hastily; **безрезульта́тно** fruitlessly, **дарма́** in vain, **ма́рно** to no avail
v. + **п. бу́ти тре́ба** + *D.* need to ◊ **Вам тре́ба було́ с~ поясни́ти це.** You needed to try and explain this. **ви́рішувати** decide to; **ду́мати** intend to; **могти́** can; **почина́ти** begin to, **ста́ти** *pf.* start; **хоті́ти** want to ◊ **Він хоті́в с~ пожи́ти яки́йсь час у батькі́в.** He wanted to try and live at his parents' for some time.
Also see **намага́тися, стара́тися 1**
3 to taste, sample; *pf.* **по~** ◊ **Вона́ лю́бить п. нові́ стра́ви.** She likes to sample new dishes.
See **куштува́ти 1**
(с)про́буй!

пробува́|ти, ~ють; пробу́ти, пробу́д|уть, *intr.*

1 to be *(temporarily)*, live, stay *(in a hotel, city, place)*, spend time ◊ **У цю хвили́ну він ~є на пі́вдні!** Right now, he is in the south. ◊ **Я пробу́в у Лу́цьку два дні.** I stayed for two days in Lutsk. ◊ **У цьо́му поме́шканні про́тягом ро́ку ~в Лесь Ку́рбас.** Les Kurbas lived in this apartment for a year.
See **розташо́вуватися 1.** *Also see* **бу́ти 1, знахо́дитися 3, перебува́ти[1] 1, пиша́тися 4, розміща́тися 2, стоя́ти 2**
2 to continue to be, stay, keep, persist ◊ **Вона́ пробула́ на поса́ді ще рік.** She stayed in the position for another year. ◊ **Пого́да пробула́ безхма́рною до ве́чора.** The weather stayed cloudless till the evening.
See **залиша́тися 1.** *Also see* **втри́муватися 4**

пробу́|ти, *pf., see* **пробува́ти**

to stay, *etc.* ◊ **Мо́ре ~ло те́плим до кінця́ ве́ресня.** The sea kept being warm till late September.

прова́д|ити, *var., see* **прово́дити**

to conduct, *etc.* ◊ **Вони́ ~ять заняття́ надво́рі.** They hold classes outdoors.

прова́л, *m.*, ~у

1 collapse, falling-through, cave-in, subsidence
adj. **вели́кий** big, **глибо́кий** deep, **маси́вний** massive, **обши́рний** extensive; **обме́жений** limited; **ґвалто́вний** abrupt, **несподі́ваний** unexpected ◊ **несподі́ваний п. мо́сту** an unexpected collapse of the bridge; **рапто́вий** sudden
v. + **п. обхо́дити п.** bypass a subsidence ◊ **Кінь обхо́див ~и землі́, що утвори́лися від землетру́су.** The horse bypassed subsidences of the ground caused by the earthquake. **уника́ти ~у** avoid a subsidence; ♦ **бу́ти під загро́зою ~у** be in danger of collapse.
2 gap, opening, hole
adj. **бездо́нний** bottomless, **чо́рний** black; **вели́кий** big, **глибо́кий** deep, **маси́вний** massive ◊ **Му́ри форте́ці світи́лися маси́вними ~ами.** Massive holes were gaping in the fortress walls.
п. + *v.* **виника́ти** emerge, **утво́рюватися** form ◊ **У підло́зі хра́му утвори́лися помі́тні ~и.** Visible gaps appeared in the floor of the temple.
See **діра́ 1**
3 *fig.* failure, collapse, defeat ◊ **Прое́кт зазна́в цілкови́того ~у.** The project suffered a complete failure.
adj. **катастрофі́чний** catastrophic; **по́вний** utter, **тота́льний** total, **цілкови́тий** complete; **жахли́вий** awful, **страшни́й** terrible, **фата́льний** fatal; **безпрецеде́нтний** unprecedented, **нечу́ваний** unheard-of; **жалюгі́дний** pathetic, **принизли́вий** humiliating; **незворо́тний** irreversible, **остато́чний** ultimate; **зага́льний** general, **масшта́бний** large-scale; **тимчасо́вий** temporary; **неуни́кний** inevitable; **особи́стий** personal; **військо́вий** military, **економі́чний** economic, **фіна́нсовий** financial; **політи́чний** political
See **невда́ча, пора́зка**
4 lapse *(of memory)* ◊ **Пі́сля тра́вми в не́ї почали́ся ~и па́м'яті.** After the trauma, she started having lapses of memory.

прове|сти́, *pf., see* **прово́дити**

to see off, *etc.* ◊ **Окса́на ~ла́ його́ на по́тяг.** Oksana saw him off at the train station.

прови́н|а, *f.*

1 fault, sin, guilt, wrong
adj. **вели́ка** great, **величе́зна** enormous; **значна́** significant; **вся** entire, **цілкови́та** complete; **жахли́ва** horrible, **несте́рпна** unbearable, **тяжка́** heavy; **вла́сна** one's own, **особи́ста** personal; **підсвідо́ма** subconscious; **свідо́ма** conscious; **колекти́вна** collective; **страшна́** terrible; **істори́чна** historical
v. + **п. відчува́ти** *or* **чу́ти (за собо́ю) ~у** feel the guilt ◊ **Ти відчува́єш (за собо́ю) ~у за те, що ти наро́бив?** Do you feel any guilt for what you have done? (**нести́** carry ◊ **Вони́ нести́муть ~у зра́ди до кінця́ життя́.** They will carry the guilt of treason till the day they die. **відпуска́ти** + *D.* absolve sb from ◊ **Свяще́нник відпусти́в йому́ ~у.** The priest absolved him from his sin. **пробача́ти** *or* **проща́ти** forgive; **загла́джувати** make amends for; **поле́гшувати** alleviate; **споку́тувати** atone for); ♦ **вали́ти** *or* **зва́лювати, зверта́ти, поклада́ти ~у на** + *A.* to blame sb
п. + *v.* **ви́сіти на** + *L.* weigh on sb; **ї́сти** + *A.* *fig.* consume sb ◊ **Його́ ї́ла страшна́ п.** He was consumed by terrible guilt. **лежа́ти на** + *L.* rest with sb ◊ **На ньо́му лежа́ла особи́ста п.** Personal guilt rested with him. **поляга́ти на** + *L.* consist in sth ◊ **Оре́ста не розумі́ла, на чо́му ж поляга́ла її п.** Oresta did not understand what her guilt consisted in.
Also see **вина́ 1, гріх**
2 mistake, error ◊ **Дару́йте, що не сказа́в вам про це заздалегі́дь. Мо́я п.** Sorry for not telling you about it in advance. My bad.
See **поми́лка**
3 defect, flaw, deficiency ◊ **Тут че́сність тракту́ють як серйо́зну ~у.** Here, integrity is regarded as a serious flaw.
See **ва́да, недо́лік.** *Also see* **мі́нус 3, неґати́в 2, хи́ба 2**

про́в|ід, *m.*, ~оду

1 leadership, administration, directorship ◊ **П. па́ртії розши́рили молоди́ми ка́драми.** The party leadership was expanded with young members.
adj. **націона́льний** national, **місце́вий** local; **військо́вий** military, **політи́чний** political, **парті́йний** party, **профспілко́вий** trade-union, **комуністи́чний** Communist, **нацистський** Nazi
prep. **під ~одом** + *G.* under the leadership of sb ◊ **Опера́цію зді́йснювали під ~одом майо́ра.** The operation was conducted under the major's leadership.
See **керівни́цтво 1.** *Also see* **управлі́ння 1**
2 wire, connection, lead ◊ **п. зі стру́мом** a live wire; ♦ **бу́ти на ~оді** to be on the (phone) line; **по прямо́му ~оду** by direct line ◊ **Вони́ спілку́ються по прямо́му ~оду.** They communicate by direct line.

провіда|ти, *pf., see* **прові́дувати**

to visit, *etc.* ◊ **Оле́на ~ла його́ в лі́карні.** Olena visited him in the hospital.

провідн|и́й, *adj.*

1 leading, chief, central, main
п. + *n.* **п. авторите́т** a leading authority (**економі́ст** economist, **музикозна́вець** musicologist, **режисе́р** director, **хіру́рг** surgeon; **знаве́ць** connoisseur, **спеція́ліст** specialist); **~а́ іде́я** a central idea (**ри́са** trait, **культу́ра** culture; **тенде́нція** trend, **устано́ва** leading institution)
v. + **п. бу́ти ~и́м** be leading ◊ **Університе́т був ~и́м у га́лузі ґене́тики.** The university was leading in the field of genetics. (**вважа́ти** + *A.* consider sb/sth ◊ **Його́ вважа́ли ~и́м істо́риком цьо́го пері́оду.** He was considered to be a leading historian of the period. **лиша́тися** remain; **става́ти** become) ◊ **За ці ро́ки вона́ ста́ла ~и́м авторите́том се́ред журналі́стів.** Over these years, she became a leading authority among journalists.
See **головни́й 2**
2 guiding, showing the way ♦ **~а́ зі́рка** a lodestar; ♦ **~а́ ни́тка** the clue; ♦ **П. ти́ждень** *relig.* Low Week *(week beginning with Low Sunday)*; **~а́ неді́ля** *relig.* Low Sunday *(Sunday after Easter)*
3 *phys.* conductive ◊ **Матеріял не ду́же п. при низьки́х температу́рах.** The material is not very conductive at low temperatures.

провідни́к, *m.*, ~а́; провідни́ця, *f.*

1 guide
adj. **досві́дчений** experienced, **професі́йний** *or* **фахови́й** professional; **англомо́вний** English-speaking, **двомо́вний** bilingual; **до́брий** good, **знамени́тий** *colloq.* superb, **найкра́щий** best, **незамі́нний** irreplaceable, **неперевéршений** unsurpassed, **помі́чний** helpful, **прекра́сний** great, **чудо́вий** wonderful; **знайо́мий** familiar, **місце́вий** local, **туте́шній** indigenous; **духо́вний** spiritual; **балаку́чий** talkative; **ціка́вий** interesting; **туристи́чний** tourist
v. + **п. знахо́дити ~а́** find a guide ◊ **Тут ле́гко знайти́ двомо́вного ~а́.** It is easy to find a bilingual guide here. (**шука́ти** look for; **найма́ти** hire ◊ **Вони́ найняли́ собі́ ~а́ мі́стом.** They hired a guide around the city. **рекомендува́ти** + *D.* recommend to sb) ◊ **Чи вони́ мо́жуть порекомендува́ти нам яко́гось ~а́?** Can they recommend a guide to us? **бу́ти ~о́м** be a guide (**працюва́ти** work as ◊ **Щолі́та він працюва́в туристи́чним ~о́м.** Every summer, he worked as a tourist guide. **рекомендува́ти** recommend sb as ◊ **Я б не рекомендува́в його́ ~о́м.** I would not recommend him as a guide. **става́ти** become)
2 conductor *(in a train)* ◊ **П. перевіря́в квитки́ в пасажи́рів.** The conductor was checking passengers' tickets.
3 leader, head, organizer ◊ **Він ді́яв ~о́м підпі́льної гру́пи.** He acted as the leader of an underground group. ◊ **Він був іде́йним ~о́м ці́лого поколі́ння.** He was an ideological leader of an entire generation.
See **очі́льник.** *Also see* **голова́ 3, організа́тор**
4 *phys.* conductor; conduit, channel
adj. **відмі́нний** excellent ◊ **Алюмі́ній є відмі́нним ~о́м еле́ктрики.** Aluminum is an excellent conductor of electricity. **до́брий** good; **ке́пський** poor, **пога́ний** bad; **електри́чний** electrical
v. + **п. використо́вувати** + *A.* **за п.** use sth as

a conduit ◊ **Вони використовують часопис за п. нових ідей.** *fig.* They use the magazine as a conduit for new ideas. (**правити** + *D.* **за** serve sb as); **бути ~ом** be a conductor (**служити** serve as, **ставати** become)

провіду|вати, ~ють; провіда|ти, ~ють, *tran.*
1 to visit, pay a visit, go see sb ◊ **Він ~вав дядька в селі.** He visited his uncle in the village.
See **відвідувати 1.** *Also see* **завітати, ходити 3**
2 to learn, find out ◊ **Він провідав, кого запросили читати літературу.** He found out who had been invited to teach literature. ◊ **Вона провідала, коли буде прем'єра вистави.** She found out when the premiere of the play would take place.
See **дізнаватися 1**
pa. pple. **провіданий** visited
провідуй! провідай!

провінційн|ий, *adj.*
1 provincial, territorial, regional ◊ **Вона народилася у ~ому містечку на Волині.** She was born in a provincial town in Volhynia.
2 *fig.* backward, narrow-minded, parochial
adv. **вкрай** extremely, **дуже** very, **страшенно** terribly; **досить** rather; **гнітюче** depressingly, **нестерпно** insufferably; **неймовірно** incredibly; **несподівано** unexpectedly
v. + **п. бути ~им** be provincial ◊ **Світ цього міста був нестерпно ~им.** The world of this city was insufferably provincial. (**вважати** + *A.* consider sb/sth; **виявлятися** turn out; **здаватися** + *D.* seem to sb)
Also see **забитий 5.** *Cf.* **сільський**

провінці|я, *f.*, **~ї**
1 province, region, periphery; the provinces
adj. **південна** southern, **північна** northern; **західна** western, **східна** eastern, **центральна** central; **гірська** mountain, **степова** steppe; **далека** distant, **прикордонна** frontier, **приморська** coastal
prep. **з ~ї** 1) from a province ◊ **Він приїхав зі східної ~ї країни.** He came from an eastern province of the country. 2) *fig.* from the provinces; **на ~ю** *dir.* to the provinces ◊ **Раз на місяць вони їздили на ~ю відпочити.** Once a month they would go to the provinces for a holiday. **у ~ї** 1) in a province; 2) *fig.* in the provinces ◊ **Тим часом у ~ї все було спокійно.** Meanwhile everything was quiet in the provinces.
Also see **село 2**
2 *fig.* backwater, hinterland, backwoods, boondocks
adj. **глибока** deep, **забита** down-trodden, **забута** forsaken; **культурна** cultural, **літературна** literary ◊ **Це місто стало літературною ~єю.** This city became a literary hinterland.
Also see **діра 2, окраїна 2, периферія 2**

провод|ити, *var.* **проводжати, ~жу, ~ять; провести, провед|уть;** *pa. pf., m.* **провів,** *pl.* **провели,** *tran.*
1 to see off/out/to, accompany; part company ◊ **Я проведу її на потяг.** I'll accompany her to the train.
adv. **всі разом** all together, **групою** in a group, **разом** together; **з сумом** with sadness ◊ **Із сумом вони ~или людину, яку дуже полюбили.** It was with sadness that they were saying goodbye to the person they had come to like. **неохоче** reluctantly; **радісно** cheerfully, **урочисто** solemnly; **далеко** far, **недалеко** not far
п. + *v.* **іти** go to ◊ **Вони йдуть п. Михайла додому.** They are going to accompany Mykhailo home. **пропонувати** + *D.* offer sb to; **просити** + *A.* ask sb to ◊ **Вона просила Андрія провести її до дверей.** She asked Andrii to see her out.
prep. **п. до** + *G.* see off to *(a place)* ◊ **Він провів гостей до зупинки.** He accompanied the guests to the stop. **п. за** + *A.* accompany beyond sth ◊ **Їх провели за місто.** They were accompanied outside the city. **п. на** + *A.* sneak sb into *(event)* ◊ **Він провів Галю на матч.** He sneaked Halia into the game.
Ant. **зустрічати 1**
2 to send off ◊ **Вони провели її в дорогу.** They sent her off on a trip.
3 to pass *(time)*, spend ◊ **Як ти провела вихідні?** How did you spend the weekend?
adv. ♦ **гарно** *or* **весело п. час** to have a good time; **приємно** pleasantly, **цікаво** interestingly, **чудово** wonderfully ◊ **Вони чудово провели час на озері.** They had a wonderful time by the lake.
v. + **п. вміти** know how to ◊ **Вони вміють цікаво п. час.** They know how to spend their time in an interesting way. **любити** like to; **намагатися** do one's best to ◊ **Він намагається п. більше часу на морі.** He does his best to spend more time by the sea. **планувати** plan to
Also see **зустрічати 2, пропадати 2**
4 to celebrate *(an occasion)* ◊ **Він ~ив Різдво в колі родини.** He spent Christmas with his family.
Also see **зустрічати 2**
5 to follow sb *(with eyes)* ◊ **Зоя провела їх очима до воріт.** Zoya's eyes followed them to the gate.
6 to trace *(a hand, etc.)*, draw ◊ **Іван повільно провів пальцем йому по лобі.** Ivan slowly traced his finger across his forehead. ◊ **Вона провела кінчиком ножа по піску.** She drew the tip of the knife along the sand.
7 to draw *(line, etc.)* ◊ **п. лінію** draw a line (**межу** border, **паралель** parallel) ◊ **Я не ~ив би паралелі між двома явищами.** I would not draw a parallel between the two phenomena.
8 to build, extend ◊ **Між країнами провели нафтопровід.** An oil pipeline was built between the countries.
9 to hold, conduct, carry out, run ◊ **Влітку тут ~ять концерти класичної музики.** In the summer, classical music concerts are held here. ◊ **Уряд ~ить заходи економії.** The government carries out austerity measures.
10 *colloq., only pf.* to take sb for a ride, cheat ◊ **Юрко дав їм провести себе.** Yurko let them take him for a ride.
See **дурити.** *Also see* **грабувати 2, нагрівати 2, надувати 2, об'їжджати 3**
11 *only impf.* to conduct *(electricity, warmth, etc.)*, be a conductor ◊ **Матеріял погано ~ить струм.** The material is a poor conductor of electric current.
п. + *n.* **п. електрику** conduct electricity (**звук** sound, **теплоту** heat, **світло** light)
pa. pple. **проведений** spent *(of time)*
проводь! проведи!

провокаці|я, *f.*, **~ї**
provocation
adj. **відкрита** open, **нахабна** brazen ◊ **відкрита і нахабна п.** an open and brazen provocation; **очевидна** obvious, **явна** clear; **зумисна** *or* **навмисна** deliberate, **свідома** conscious, **спланована** premeditated; **груба** crude, **підла** vile ◊ **Він був майстром підлих ~ій.** He was a master of vile provocations.
v. + **п. влаштовувати ~ю** orchestrate a provocation ◊ **~ю влаштували, щоб штовхнути робітників до насильства.** The provocation was orchestrated to push the workers to violence. (**організовувати** organize **відповідати на** respond to; **піддаватися на** give in to ◊ **Страйкарі не піддавалися на ~їг.** The strikers did not give in to provocations. **реагувати на** react to); **бути ~єю** be a provocation ◊ **Дії варти були явною ~єю для поліції.** The actions of the guards were a clear provocation to the police.
prep. **без ~ї** without provocation; ♦ **при найменшій ~ї** at the slightest provocation ◊ **Вона верещала при найменшій ~ї.** She would yell at the slightest provocation. **п. з боку** + *G.* a provocation on the part of sb ◊ **спланована п. з боку поліції** a premeditated provocation on the part of the police

провоку|вати, ~ють; с~, *tran.*
to provoke, cause, trigger
adv. **навмисне** deliberately ◊ **Вона спровокувала бійку навмисне.** She provoked the fight deliberately. **свідомо** knowingly; **негайно** immediately, **несподівано** unexpectedly, **одразу** at once, **раптом** suddenly, **зараз же** right away; **неуникно** inevitably; **врешті-решт** eventually, **нарешті** finally; **часом** sometimes; **завжди** always ◊ **Поведінка політика завжди ~вала аґресію.** The politician's behavior always provoked aggression.
v. + **п. вдаватися** + *D.* succeed in, **змогти** *pf.* manage to; **загрожувати** threaten to ◊ **Його поява загрожувала с~ хаос.** His appearance threatened to provoke chaos. **могти** can ◊ **Заява може с~ паніку на біржах.** The statement can provoke panic on stock markets. **мати** be supposed to; **мати на меті** be aimed at, **мати намір** intend to, **ставити собі за мету** aim at; **намагатися** try to
prep. **п. на** + *A.* provoke to sth ◊ **Алла ~вала його на сварку.** Alla was provoking him to a fight.
(с)провокуй!
See **спричиняти.** *Also see* **будити 2, приводити 2, призводити 1, 2, спричинятися**

провул|ок, *m.*, **~ку**
lane, by-street, alley
adj. **вузький** narrow, **короткий** short; **звивистий** winding; **малий** *or* **невеликий** small; **темний** dark ◊ **Злодій забіг у темний п. і зник.** The thief ran into a dark lane and vanished. **тихий** quiet; **брудний** dirty; **курний** dusty; **затишний** cozy, **чепурний** neat; **бічний** side; ♦ **тупиковий п.** a blind alley
v. + **п. повернути у п.** turn into a lane (**потрапляти у** get into) ◊ **Вони потрапили у тупиковий п.** They got into a blind alley. **зникати у ~кові** vanish in a lane ◊ **Він зник у ~кові.** He vanished in a lane. (**опинятися в** find oneself in)
п. + *v.* **вести до** + *G.* lead to sth ◊ **Вузький п. вів до міського саду.** The narrow lane led to the city garden. **закінчуватися** + *I.* end in sth ◊ **П. закінчувався брамою приватного двору.** The lane ended in a gate of a private courtyard. **повертати** turn ◊ **Через двадцять кроків п. повертав ліворуч.** After twenty steps, the lane turned left.
prep. **по ~ку** *or* **~ком** *without prep.* along, up and down a lane ◊ **Вона щодня ходила цим ~ком** *or* **по цьому ~ку.** She walked along this lane every day. **вгору ~ком** up a lane; **вдолину** *or* **вниз ~ком** down a lane; **у п.** *dir.* in/to a lane; **у ~ку** *posn.* in a lane ◊ **Будинок стояв у тихому ~ку.** The house stood in a quiet lane.
See **вулиця**

прогалин|а, *f.*
1 gap, opening
adj. **велика** big, **величезна** enormous, **глибока** deep, **нездоланна** unbridgeable, **широка** wide; **вузька** narrow, **мала** small. **невелика** little, **незначна** insignificant, **помітна** noticeable
v. + **п. закривати ~у** close a gap (**замазувати** seal ◊ **Він замазав цементом ~и між мушлею і стіною.** He sealed the gaps between the sink and the wall with cement. **заповнювати** fill; **лишати** leave; **утворювати** form)
п. + *v.* **виникати** appear, **відкриватися** open up, **збільшуватися** widen, **утворюватися** form
prep. **в ~у** *dir.* in/to a gap ◊ **У ~у пролазив палець.** A finger fit in the gap. **в ~і** *posn.* in a gap ◊ **Вона знайшла перстень у ~і в хіднику.** She found the ring in a gap in the sidewalk. **через ~у** through a gap ◊ **Він просунув руку через ~у в паркані.** He put his hand through a gap in the fence. **п. між** + *I.* a gap between sth ◊ **~и між**

до́шками the gaps between the boards
Also see **про́міжок 2**
2 clearing *(in forest),* dale; opening ◊ **п. в лі́сі** a clearing in a forest (**саду́** garden, **очере́ті** reeds; **кри́зі** ice)
prep. **п. се́ред** + *G.* opening among sth ◊ **вели́ка п. се́ред кукуру́дзи** a big clearing in the corn
3 *fig.* oversight, lapse, omission ◊ **У дослі́дженні ви́явилися серйо́зні ~и.** Serious lapses cropped up in the research.
See **помилка**
4 *fig.* gap, chasm, rift
adj. **величе́зна** enormous, **глибо́ка** deep, **нездола́нна** unbridgeable; **культу́рна** cultural ◊ **Їх розділя́ла культу́рна п.** They were divided by a cultural gap. **осві́тня** educational, **світогля́дна** philosophical, **соціа́льна** social, **цивілізаці́йна** civilizational, **ці́ннісна** value
п. + *v.* **збі́льшуватися** widen ◊ **Ці́ннісна п. між двома́ гру́пами збі́льшилася.** The value gap between the two groups widened. **зроста́ти** grow; **зме́ншуватися** diminish, **зника́ти** disappear
See **різни́ця 1**

прогно́з, *m.*, **~у**
forecast, prognosis, projection
adj. **до́брий** good, **оптимісти́чний** optimistic ◊ **П. лі́каря був оптимісти́чним.** The doctor's prognosis was optimistic. **докла́дний** detailed; **невті́шний** disappointing ◊ **Її п. поді́й був невті́шним.** Her forecast of the events was disappointing. **похму́рий** gloomy, **песимісти́чний** pessimistic; **пра́вильний** correct, **то́чний** accurate; **непра́вильний** wrong, **помилко́вий** mistaken, **хи́бний** erroneous; **консервати́вний** conservative; **попере́дній** preliminary, **рані́ший** earlier, **ра́нній** early; **довготерміно́вий** long-term, **короткотерміно́вий** short-term ◊ **Довготерміно́вий п. не виклика́в оптимі́зму.** The long-term prognosis inspired no optimism. **добови́й** daily, **кварта́льний** quarterly, **мі́сячний** monthly, **рі́чний** annual, **тижне́вий** weekly; **місце́вий** local; **офіці́йний** official; **економі́чний** economic, **ринко́вий** market, **фіна́нсовий** financial; **навіґаці́йний** shipping
п. + *n.* **п. дохо́дів** an income forecast (**заробі́тків** earnings, **зроста́ння** growth, **про́дажів** sales; **інфля́ції** inflation; **пого́ди** weather) ◊ **При кінці́ програ́ми передава́ли п. пого́ди.** At the end of the show, a weather forecast is broadcast.
v. + **п. готува́ти п.** prepare a forecast ◊ **Ри́нковий п. готува́в колекти́в економі́стів.** A group of economists prepared the market forecast. (**дава́ти** + *D.* give sb, **надава́ти** + *D.* provide sb with, **передава́ти** broadcast, air, **пропонува́ти** + *D.* offer sb, **роби́ти** make ◊ **Вона́ зроби́ла мі́сячний п. про́дажів.** She made a monthly sales projection. **склада́ти** put together; **слу́хати** listen to, **чу́ти** hear; **обно́влювати** *or* **обновля́ти** update ◊ **Ста́нція обновля́ла п. пого́ди щогоди́ни.** The station updated its weather forecast every hour. **перегляда́ти** revise; **поклада́тися на** rely on; **ста́вити під су́мнів** question) ◊ **Вона́ ста́вить під су́мнів економі́чний п. у́ряду.** She questions the government's economic projection. **відповіда́ти ~у** *or* **~ові** be in line with a forecast ◊ **Ни́нішні тенде́нції відповіда́ють ~ові.** The current trends are in line with the forecast.
п. + *v.* **заповіда́ти** + *A.* call for sth ◊ **П. пого́ди заповіда́в град.** The weather forecast called for hail. **передбача́ти** + *A.* predict sth; **засно́вуватися на** + *L.* be based on sth
prep. **відпові́дно до ~у** in accordance with a forecast; **всу́переч ~у** *or* **~ові** contrary to a forecast ◊ **Олекса́ндер успі́шно подола́в хворо́бу всу́переч ~ові лі́каря.** Oleksander has successfully beaten the disease contrary to his doctor's prognosis. **за ~ом** *or* **згі́дно з ~ом** according to a forecast
Also see **передба́чення**

проголоси́|ти, *pf., see* **проголо́шувати**
to declare, *etc.* ◊ **Він ~в військо́вий похі́д про́ти ту́рків.** He proclaimed a military campaign against the Turks.

проголосува́|ти, *pf., see* **голосува́ти**
to vote ◊ **За комуні́стів ~ло два відсо́тки ви́борців.** Two percent of the constituents voted communist.

проголо́шу|вати ~ють; проголос|и́ти, проголошу́, ~иш, ~ять, *tran.*
to declare *(officially)*, proclaim + *D.* to sb
adv. **відкри́то** openly, **привселю́дно** for all to hear ◊ **На ці́й пло́щі привселю́дно ~вали королі́вські нака́зи.** Royal edicts were proclaimed in this square for all to hear. **публі́чно** publicly; **офіці́йно** officially, **форма́льно** formally; **нега́йно** immediately, **одра́зу** at once, **за́раз же** right away; **го́рдо** proudly, **звитя́жно** victoriously, **тріумфа́льно** triumphantly; **впе́внено** confidently, **односта́йно** unanimously; **односторо́нньо** unilaterally; **го́лосно** loudly, **зухва́ло** audaciously, **смілúво** courageously; **тве́рдо** firmly; **урочи́сто** solemnly ◊ **Ри́мський сена́т урочи́сто проголоси́в його́ імпера́тором.** The Roman Senate solemnly proclaimed him emperor. ♦ **п. тост** to make a toast ◊ **Вона́ проголоси́ла тост за майбу́тнє шко́ли.** She made a toast to the future of the school.
pa. pple. **проголо́шений** proclaimed, declared
проголо́шуй! проголоси́!
See **оголо́шувати 1.** *Also see* **озву́чувати 2**

програ|ва́ти, ~ють; програ́|ти, ~ють, *tran.*
1 to lose, be defeated
adv. **весь час** all the time ◊ **Він уве́сь час ~ва́в.** He was losing all the time. **все** *colloq.* all the time, **ча́сто** often, **щора́зу** every time; **і́ноді** sometimes, **рі́дко** seldom; **всім на здивува́ння** much to everybody's surprise, **несподі́вано** unexpectedly, **ра́птом** suddenly; **ні́коли не** never ◊ **Вона́ ще ні́коли не ~ва́ла.** She has never lost yet. **бо́лісно** painfully; **ганебно** shamefully ◊ **Шкільна́ дружи́на гане́бно програ́ла турні́р.** The school team shamefully lost the tournament. **ле́гко** easily
п. + *n.* **п. би́тву** lose a battle (**ві́йну́** war; **гру** game, **змага́ння** competition, **ко́нкурс** contest, **матч** match, **турні́р** tournament, **чемпіона́т** championship; **ви́бори** election; **деба́ти** debates ◊ **Кандида́т ліви́ці програв два із трьох теледеба́тів.** The candidate of the left lost two out of three TV debates. **спра́ву** *(court)* case ◊ **Він програ́в ще одну́ спра́ву в суді́.** He lost yet another court case.
v. + **п. не збира́тися** not intend to, **не люби́ти** not like to ◊ **Ніхто́ не лю́бить п.** Nobody likes to lose. **не могти́ дозво́лити собі́** cannot afford to ◊ **Ле́ся не могла́ дозво́лити собі́ програ́ти деба́т.** Lesia could not afford to lose the debate. **нена́видіти** hate to, **не хоті́ти** not want to; **намага́тися не** try not to; **умудря́тися** *iron.* contrive to ◊ **Вони́ умудри́лися програ́ти сла́бшому супе́рникові.** They contrived to lose to a weaker rival.
prep. **п. в** + *L.* to lose sth ◊ **п. у грі** lose a game; ♦ **п.** + *A.* **в ка́рти** gamble sth away ◊ **Вона́ програ́ла в ка́рти ку́пу гро́шей.** She gambled away a lot of money.
2 *fig.* to lose, be worse off, suffer ◊ **Від скоро́чень п'є́са не ~є.** The play will not suffer because of the abridgements.
3 to play *(song, etc.)*, act *(a part)*
adv. **бадьо́ро** vivaciously, **шви́дко** quickly; **оди́н раз** once, **дві́чі** twice, **три́чі** three times; **впе́рше** for the first time, **оста́ннє** for the last time
п. + *n.* **п. а́рію** play an aria (**мело́дію** melody, **па́ртію** part, **п'є́су** piece, **пі́сню** song ◊ **Одну́ за о́дною Ната́ля ~вала свої́ улю́блені пі́сні́.** One by one, Natalia played her favorite songs. **альбо́м** album, **за́пис** recording, **компа́кт-диск** CD, **плати́вку** record ◊ **Він люби́в п. студе́нтам цю плати́вку.** He liked to play the record to his students. **діяло́г** dialogue, **моноло́г** soliloquy ◊ **Акто́р доскона́ло програ́в моноло́г.** The actor played the soliloquy perfectly. **роль** part *(in a play)*; ♦ **програ́ти побу́дку** *only pf.* to sound reveille (**триво́гу** alarm)
See **гра́ти 1**
pa. pple. **про́граний** lost; played; acted
програва́й! програ́й!

програ́м|а, *f.*
1 program, schedule; strategy; syllabus, curriculum
adj. **амбі́тна** ambitious, **нова́торська** innovative; **вели́ка** big, **всеохо́пна** comprehensive, **довготерміно́ва** long-term, **масшта́бна** large-scale, **складна́** complicated; **нехи́тра** uncomplicated, **про́ста́** simple, **чітка́** clear; **важли́ва** important, **стратегі́чна** strategic; **інтенси́вна** intensive, **радика́льна** radical ◊ **П. була́ на́дто радика́льною.** The program was too radical. **зухва́ла** audacious, **смілúва** brave; **економі́чна** economic, **інвестиці́йна** investment, **фіна́нсова** financial; **держа́вна** state, **націона́льна** national; **мі́ська** municipal; **парті́йна** party, **політи́чна** political, **урядо́ва** government; **ви́борча** electoral; **виробни́ча** production; **дослі́дницька** research, **експеримента́льна** experimental, **навча́льна** study ◊ **всі навча́льні ~и, що їх пропону́є лі́тня шко́ла** all the study programs offered by the summer school; **осві́тня** educational, **репети́торська** tutoring ◊ **Шко́ла організува́ла репети́торську ~у.** The school organized a tutoring program. **бакала́врська** bachelor's, **до́кторська** doctoral ◊ **Університе́т ма́є до́кторську ~у.** The university has a doctoral program. **маґі́стерська** master's, **постдо́кторська** postdoctoral; **акредито́вана** accredited, **ви́знана** recognized; **військо́ва** military, **оборо́нна** defense; **енергети́чна** energy; **космі́чна** space; **амбулато́рна** outpatient, **стаціона́рна** inpatient; **лікува́льна** treatment, **меди́чна** medical, **реабілітаці́йна** rehabilitation; **раке́тна** missile; **я́дерна** nuclear; **одно́рі́чна** one-year, **дворі́чна** two-year, **трирі́чна** three-year; **щорі́чна** annual
п. + *n.* **п. будівни́цтва** a construction program (**ви́трат** expenditure, **дій** action ◊ **Вона́ ма́ла гото́ву ~у дій.** She had a ready action program. **до́гляду** care; **допомо́ги** relief, **соція́льної допомо́ги** welfare ◊ **нова́ урядо́ва п. соція́льної допомо́ги** ◊ a new government welfare program; **еконо́мії** austerity; **інвести́цій** investment, **модерніза́ції** modernization ◊ **Вони́ розпочала́ ~у модерніза́ції біблiоте́ки.** They began a library modernization program. **озбро́єнь** weapons; **оці́нки** assessment, **тестува́ння** testing; **покра́щення** improvement, **приватиза́ції** privatization, **ро́звитку** development; **вакцина́ції** vaccination, **лікува́ння** treatment, **реабіліта́ції** rehabilitation
v. + **п. вести́ ~у** run a program ◊ **Вона́ веде́ ~у приватиза́ції пошто́вих по́слуг.** She runs the postal services privatization program. (**впрова́джувати** introduce, **встано́влювати** establish, **вті́лювати** implement, **готува́ти** prepare, **запуска́ти** launch, **засно́вувати** found, **зді́йснювати** carry out ◊ **Вони́ зді́йснили ~и вакцина́ції у трьох краї́нах.** They carried out vaccination programs in three nations. **координува́ти** coordinate, **ма́ти** have, **окре́слювати** outline ◊ **Дека́н окре́слив ~у підгото́вки вчителі́в.** The dean outlined the teachers' training program. **організо́вувати** organize, **очо́лювати** head, **планува́ти** plan ◊ **Інститу́т сплану́вав ~у боротьби́ зі злочи́нністю.** The institute planned an anti-crime program. **почина́ти** start, **пропонува́ти** + *D.* offer sb, **роби́ти** make, **розвива́ти** develop, **ство́рювати** create; **спонсорува́ти** sponsor, **фінансува́ти** finance; **закі́нчувати** complete

◊ **Вони́ закі́нчили виробни́чу ~у.** They completed their production program. **згорта́ти** scrap, **ліквідо́вувати** eliminate, **скасо́вувати** cancel; **відповіда́ти за** be in charge of; **запи́суватися на** enroll in) ◊ **Він записа́вся на бакала́врську ~у.** He enrolled in a bachelor's program. **керува́ти ~ою** administer a program ◊ **Він керу́є дослі́дницькою ~ою.** He administers the research program. (**нагляда́ти за** oversee); **бра́ти у́часть у ~і** take part in a program ◊ **У ~і бра́тимуть у́часть учені́ з шести́ краї́н.** Scientists from six countries will take part in the program.

п. + *v.* **бу́ти присвя́ченою** + *D.* be dedicated to sth ◊ **П. присвя́чена ви́вченню хворо́би Альцга́ймера.** The program is dedicated to the studies of Alzheimer's disease. **включа́ти** + *A.* include sth; **дозволя́ти** + *D.* allow sb to; **зосере́джуватися на** + *L.* focus on sth; **існува́ти** be in place; **ма́ти на меті́** + *A.* aim at sth ◊ **П. ма́є на меті́ по́шук відно́влюваних джере́л ене́ргії.** The program aims at looking for renewable sources of energy.

prep. **у ~і** in a program; **п. для** + *G.* a program for sb ◊ **Ліка́рня створи́ла реабіліта́ці́йну ~у для діте́й.** The hospital created a rehabilitation program for children. **п. з** + *G.* a program in *(discipline, etc.)* ◊ **п. з біохе́мії** a biochemistry program (**істо́рії** history, **літерату́ри** literature, **фі́зики** physics)

Also see **план 1; аспіранту́ра, бакалавра́т, маґістрату́ра, прое́кт 1**

2 program *(TV, radio, etc.)*, show, broadcast ◊ **Вона́ слу́хає ~у нови́н.** She listens to a news program.

See **переда́ча 2**

3 software

adj. **комп'ю́терна** computer; **аплікаці́йна** application, **бло́ґерська** blogging; **ме́неджерська** management, **прое́ктува́льна** design; **реда́кторська** editing; **навча́льна** educational; **антиві́русна** antivirus, **захисна́** security, **фільтрува́льна** filtering; **безкошто́вна** free, **дармова́** *colloq.* free; **контраба́ндна** pirated; **застарі́ла** outdated; **найнові́ша** latest, **нова́** new

п. + *n.* **п. розпізнава́ння го́лосу** a voice-recognition software (**розпізнава́ння лі́тер** character-recognition, **розпізнава́ння мо́ви** speech-recognition, **розпізнава́ння обли́ччя** face-recognition, **розпізнава́ння по́черку** handwriting-recognition) ◊ **Він кори́сту́ється ~ою розпізнава́ння по́черку.** He uses a handwriting-recognition software.

v. + **п. встано́влювати ~у** install software ◊ **Він установи́в усі́ потрі́бні ~и.** He installed all the requisite software. (**заванта́жувати** download, **застосо́вувати** apply; **обновля́ти** update; **писа́ти** write, **прое́ктува́ти** design, **роби́ти** make, **ство́рювати** create; **стира́ти** delete ◊ **Він стер реда́кторську ~у.** He deleted the editing software. **купува́ти** buy; **продава́ти** sell; **передира́ти** *colloq.* pirate); **кори́стува́тися ~ою** use a software (**оперува́ти** run) ◊ **Обме́жена па́м'ять не дозволя́є комп'ю́теру оперува́ти ~ою.** The limited memory does not allow the computer to run the software.

п. + *v.* **бу́ти сумі́сною** be compatible; **працюва́ти** run ◊ **П. не працюва́тиме на тако́му комп'ю́тері.** The software will not run on such a computer.

4 program, playbill, booklet

adj. **виставко́ва** exhibition, **бале́тна** ballet, **конце́ртна** concert, **оперо́ва** *or* **о́перна** opera, **театра́льна** theater

prep. **в ~і** in a program ◊ **Ім'я́ співака́ не фігуру́є в ~і о́пери.** The singer's name does not appear in the opera playbill.

програмі́ст, *m.*; **~ка**, *f.*

programmer

adj. **головни́й** chief, **провідни́й** leading, **ста́рший** senior; **досві́дчений** experienced; **блиску́чий** brilliant, **майсте́рний** skillful, **таланови́тий** talented; **вільнона́йманий** freelance; **комп'ю́терний** computer

п. + *v.* **опрацьо́вувати** + *A.* develop sth ◊ **Протоко́л опрацюва́в провідни́й п.** The protocol was developed by the lead programmer. **ство́рювати** + *A.* create sth

See **спеціялі́ст**

програ́|ти, *pf.*, *see* **програва́ти**

1 to lose *(game, etc.)* ◊ **П. би́тву – ще не означа́є п. війну́.** Losing a battle does not yet mean losing the war.

2 *only pf.* to play *(for some time or from start to finish)* ◊ **Вони́ ~ли годи́ну.** They played for an hour. ◊ **Він ~в конце́рт до кінця́.** He played the concerto to the end.

прогу́лян|ка, *f.*

walk, saunter; hike

adj. **коро́тка** short, **мале́нька** little; **бадьо́ра** brisk, **енергі́йна** vigorous, **жва́ва** lively, **швидка́** brief; **весе́ла** cheerful, **га́рна** nice, **легка́** light, **прие́мна** pleasant, **хоро́ша** good, **чудо́ва** lovely; **само́тня** lonely; **споко́йна** calm, **ти́ха** quiet; **туристи́чна** tourist; **далека́** long-distance, **до́вга** long; **двокілометро́ва** two-kilometer, **трива́ла** lengthy; **десятихвили́нна** ten-minute, **півгоди́нна** half-hour; **зви́кла** usual, **реґуля́рна** regular, **щоде́нна** daily; **вечі́рня** evening, **пополудне́ва** afternoon, **ранко́ва** morning ◊ **Вона́ пропусти́ла ранко́ву ~ку.** She skipped her morning walk.

п. + *n.* **п. бе́регом о́зера** a lakeside walk (**бе́регом рі́чки** riverside, **лі́сом** woodland, **мі́стом** city, **па́рком** park, **пля́жем** beach, **по́лем** field, *etc.*) ◊ **Це була́ ї́хня зви́кла п. по́лем.** This was their usual field hike.

v. + **п. зді́йснювати ~ку** do a walk (**роби́ти** take; **бра́ти** + *A.* **на** take sb for, **запро́шувати** + *A.* **на** invite sb for ◊ **Пі́сля вече́рі госпо́дарі запроси́ли всіх на ~ку бе́регом мо́ря.** After dinner, the hosts invited everybody for a seaside walk. **йти на** go for ◊ **Під цю годи́ну він хо́дить на вечі́рню ~ку.** Around this hour, he goes for his evening walk. **бу́ти на ~ці** have a walk ◊ **Ді́ти були́ на ~ці середмі́стям.** The children had a walk downtown.

prep. **на ~ці** *posn.* on a walk; **п. в** + *L.* a walk in *(a place)* ◊ **п. в музе́ї** a walk in the museum; **п. від** + *G.* **до** + *G.* a walk from to sth ◊ **п. від майда́ну до рі́чки** a walk from the square to the river; **п. до** + *G.* a walk to *(a place)* ◊ **Дру́зі зді́йснили ~ку до Пече́рської Ла́ври.** The friends did a walk to the Cave Monastery. **п. на** + *A.* a walk for *(distance or time)* ◊ **п. на три́дцять хвили́н** a thirty-minute walk; **п. по** + *L.* a walk around *(a place)* ◊ **Він обіця́в узя́ти діте́й на ~ку по зоопа́рку.** He promised to take the children for a walk around the zoo.

G. pl. **~ок**

Also see **прохі́д 4**

проґре́с, *m.*, **~у**

1 progress

adj. **вели́кий** big, **величе́зний** enormous, **разю́чий** impressive, **гіга́нтський** gigantic, **докорі́нний** radical, **драмати́чний** dramatic, **значни́й** significant, **колоса́льний** colossal ◊ **Уряд досягну́в колоса́льного ~у у вакцина́ції насе́лення.** The government achieved a colossal progress in its vaccination of the population. **неаби́який** remarkable, **суттє́вий** substantial; **види́мий** visible, **вира́зний** distinct, **відчу́тний** tangible, **незапере́чний** undeniable, **очеви́дний** obvious, **помі́тний** marked, **я́вний** clear; **всеохо́пний** comprehensive, **довготерміно́вий** long-term, **зага́льний** general, **постійни́й** constant, **поступо́вий** gradual, **стабі́льний** steady, **трива́лий** lasting; **правди́вий** true, **реа́льний** real, **спра́вжній** genuine; **ґвалто́вний** abrupt, **миттє́вий** instantaneous, **несподі́ваний** unexpected, **рапто́вий** sudden, **рі́зки́й** sharp, **швидки́й** quick; **безпере́рвний** uninterrupted, **пості́йний** constant ◊ **У ро́звитку інфраструкту́ри мі́ста помі́тний пості́йний п.** Constant progress can be seen in the development of the city infrastructure. **ста́лий** steady, **трива́лий** sustained; **де́який** some, **короткотермі́но́вий** short-term, **мале́нький** little, **невели́кий** small, **незначни́й** insignificant, **нетрива́лий** short-lived, **пе́вний** certain, **пові́льний** slow, **поступо́вий** gradual, **скро́мний** modest; **частко́вий** partial; **да́льший** further; **початко́вий** initial, **тимчасо́вий** temporary; **важли́вий** important; **ба́жаний** desirable; **очі́куваний** expected; **можли́вий** possible, **потенці́йний** potential, **факти́чний** effective; **уя́вний** imaginary, **прима́рний** illusory, **сумні́вний** dubious; **духо́вний** spiritual, **мора́льний** moral; **людськи́й** human; **матері́я́льний** material ◊ **Матері́я́льний п. не коне́чно означа́є мора́льний п.** Material progress does not necessarily mean moral progress. **економі́чний** economic, **науко́вий** scientific, **суспі́льний** social, **техні́чний** technical, **технологі́чний** technological

v. + **п. роби́ти п.** make progress ◊ **Хво́рий роби́в разю́чий п.** The patient made impressive progress. (**ґарантува́ти** guarantee, **забезпе́чувати** ensure; **приско́рювати** *or* **пришви́дшувати** accelerate; **вимі́рювати** measure, **оці́нювати** assess ◊ **Вчи́тель то́чно оціни́в п. ко́жного у́чня.** The teacher made an accurate assessment of every student's progress. **знаменува́ти** mark; **зупиня́ти** stop, **спові́льнювати** slow down, **стри́мувати** hold back); **досяга́ти ~у** achieve progress ◊ **Вла́да досягну́ла помі́тного ~у в боротьбі́ з бі́дністю.** Authorities achieved a marked progress in the fight against poverty. **запобіга́ти ~у** *or* **~ові** obstruct progress ◊ **Її́ пози́ція запобіга́ла ~ові в перемо́винах.** Her stance obstructed progress in the talks. (**перешкоджа́ти** hamper; **помага́ти** help, **спри́яти** facilitate) ◊ **Її́ у́часть спри́яла ~ові у до́сліді.** Her participation facilitated progress in the experiment. **слідкува́ти за ~ом** monitor progress ◊ **Він слідкува́в за ~ом генети́чно змі́нених кліти́н.** He monitored the progress in the genetically modified cells.

п. + *v.* **зупиня́тися** stall, **спові́льнюватися** slow down; **приско́рюватися** *or* **пришви́дшуватися** accelerate; **продо́вжуватися** continue

Cf. **еволю́ція, ро́звиток**

2 *colloq.* improvement, advance, betterment ◊ **У нас на кварти́рі тепе́р нечу́ваний п.: батьки́ встанови́ли кондиціоне́р.** We have an unprecedented improvement in our apartment; our parents installed air-conditioning.

Also see **покра́щення**

проґреси́вн|ий, *adj.*

1 progressive, of or pertaining to progress, forward-thinking, advanced

adv. **абсолю́тно** absolutely ◊ **Він – абсолю́тно п. полі́тик.** He is an absolutely progressive politician. **ду́же** very, **надзвича́йно** extraordinarily, **ціл́ко́м** completely; **вира́зно** distinctly, **до́сить** fairly

п. + *n.* **п. ді́яч** a progressive figure (**за́хід** measure, **курс** course, **світо́гляд** worldview, **чи́нник** factor); **~а іде́я** a progressive idea (**полі́тика** policies, **програ́ма** program, **тенде́нція** trend, **течія́** current; **тео́рія** theory); **~і переко́нання** progressive convictions ◊ **Її́ ~і по́гляди не за́вжди знахо́дили підтри́мку авдито́рії.** Her progressive views did not always find the audience's support. (**по́гляди** views; **техноло́гії** technologies)

v. + **п. бу́ти ~им** be progressive (**вважа́ти** + *A.* consider sb; **виявля́тися** turn out, **здава́тися** + *D.* seem to sb, **лиша́тися** remain; **роби́ти** + *A.* turn sb into ◊ **До́свід зроби́в його́ ~им полі́тиком.** The experience turned him into a progressive politician. **става́ти** become)

Also see **поступовий 2.** *Ant.* **реакційний**
2 growing, escalating, increasing ◊ **Нею опановувало ~е усвідомлення того, що вона не знає всієї правди.** She was being overtaken by the growing realization of the fact that she did not know the whole truth. ◊ **п. параліч** *med.* a progressive paralysis

проґресу|вати, ~ють; *no pf., intr.*
to progress, develop
adv. **гарно** nicely ◊ **Її бізнес гарно ~вав.** Her business was progressing nicely. **невпинно** ceaselessly ◊ **Він уважає, що людство невпинно ~є.** He thinks that mankind is ceaselessly progressing. **постійно** continuously, **швидко** quickly, **крок за кроком** step by step, **плавно** smoothly; **повільно** slowly, **поступово** gradually, **стало** steadily; **далі** further; **нормально** normally
v. + **п. могти** can; **продовжувати** continue to; **перестати** *pf.* cease to ◊ **Після курсу радіотерапії пухлина перестала п.** After the course of radiotherapy, the tumor ceased to develop.
проґресуй!
See **розвиватися**

прода|вати, ~ють; ~ти, ~м, ~си, ~сть, ~дуть, *tran.*
1 to sell + *D.* to sb ◊ **Що тут ~ють?** What are they selling here?
adv. **вже** already, **нарешті** finally, **насилу** barely; **ще не** not yet ◊ **Вона ще не ~ла всього товару.** She has not yet sold all her goods. **дешево** cheaply; **дорого** at a high price, **дорожче** at higher price; **швидко** quickly; **вроздріб** in retail; **гуртом** wholesale ◊ **Крамниця ~є товари тільки гуртом.** The store sells merchandise only wholesale.
v. + **п. бути готовим** be ready to ◊ **Вони готові ~ти свою бібліотеку.** They are ready to sell their library. **бути треба** + *D.* need to ◊ **Їм треба ~ти квартиру.** They need to sell the apartment. **думати** intend to, **могти** can, **намагатися** try to; **змушувати** + *A.* force sb to ◊ **Його змусили ~ти телеканал.** He was forced to sell the TV channel. **погоджуватися** agree to; **планувати** plan to, **хотіти** want to ◊ **Валя хоче ~ти свою автівку.** Valia wants to sell her car.
prep. **п. за** + *A.* sell at/for *(a price)* ◊ **Він ~в книжку за триста гривень.** He sold the book for ₴300. ♦ **п. з прибутком** to sell at a profit; ♦ **п. за знижкою** to sell at a discount; ♦ **п. зі збитком (для себе)** to sell at a loss (for oneself)
Also see **віддавати 5 реалізувати 2, спускати 7.** *Ant.* **купувати 1**
2 *fig.* to sell out, betray ◊ **Він – така людина, що й рідну неню ~сть.** He is the kind of person who will not think twice selling out his own mother.
pa. pple. **проданий** sold
продавай! продай!

прода|ватися; продатися, *intr.*
1 *pass., only impf.* to be sold, be on sale, sell ◊ **Де тут ~ється набіл?** Where are dairy products sold here? ♦ **п. нарозхват** to sell like hotcakes ◊ **Нова модель телефону ~ється нарозхват.** The new phone model is selling like hotcakes.
adv. **добре** well, **хвацько** *colloq.* briskly, **швидко** quickly; **в момент** *colloq.* in an instant ◊ **Видрук газети ~вся в момент.** The newspaper run sold out in an instant. **кепсько** poorly, **повільно** slowly, **погано** badly; **потроху** *colloq.* bit by bit; **вже** already, **нарешті** finally
Also see **іти 16, розходитися 8**
2 *fig.* to sell oneself, become a traitor ◊ **Усі знають, що цей політик ~ється.** The politician is known to be for sale.

продав|ець, *m.*, **~ця; ~чиня,** *f.*
seller, vendor, salesperson ◊ **Він – п. у крамниці.** He is a salesperson in a store.
v. + **п. п. автомобілів** a car seller (**квартир** apartment, **нерухомости** real estate; **промислових товарів** manufactured goods, **страхування** insurance, **ювелірних виробів** jewelry), ♦ **п. квітів** a florist
See **спеціяліст.** *Also see* **антиквар, торговець**

продаж, *m.*, **~у**
sale, selling, vending, realization; sales ◊ **Книжки немає в ~і** *or* **~у десять років.** The book has been out of stock for ten years.
adj. **жвавий** brisk, **успішний** successful, **хвацький** *colloq.* brisk, **швидкий** quick; **повільний** slow; **законний** *or* **леґальний** legal; **незаконний** *or* **нелеґальний** illegal; **великий** big, **масивний** massive, **повномасштабний** full-scale, **рекордний** record; **квартальний** quarterly, **місячний** monthly, **тижневий** weekly, **щорічний** annual; **роздрібний** retail; ♦ **гуртовий п.** wholesale ◊ **Відділ відповідає за гуртовий п.** The department is in charge of wholesale.
v. + **п. вести п.** hold a sale (**організовувати** organize, **провадити** carry out; **дозволяти** + *D.* allow sb, **схвалювати** approve; **закінчувати** complete; **починати** begin ◊ **Вони почали п. активів.** They began to sell the assets. **блокувати** block, **забороняти** ban, **криміналізувати** criminalize ◊ **Закон криміналізує п. слонової кістки.** The law criminalizes ivory sales. **обмежувати** limit, **зупиняти** stop, **призупиняти** suspend ◊ **Міська влада призупинила п. алкоголю.** The municipal authorities suspended alcohol sales. **припиняти** cease)
п. + *v.* **відбуватися** take place ◊ **П. нерухомости відбудеться наступного тижня.** The real estate sales will take place next week. **досягати** + *G.* reach sth ◊ **П. солі досягнув нечуваного рівня.** The salt sales reached an unheard-of level. **становити** + *A.* make sth ◊ **Квартальний п. автомобіля становить тисячу двісті одиниць.** The quarterly car sales make a thousand and two hundred items. **провалюватися** fall through
prep. **в ~і** *or* **~у** for sale ◊ **Лампочки такого типу тепер рідко коли бувають у ~у.** This kind of light bulb is rarely ever for sale. **на п.** for sale ◊ **Ці щенята на п.** These puppies are for sale.

прода|ти, *pf., see* **продавати**
to sell ◊ **Юрко ~в свій велосипед.** Yurko sold his bicycle.

прода|тися, *pf., see* **продаватися**
to be sold, sell, *etc.* ◊ **Винахід швидко ~вся.** The invention quickly sold.

продиктува|ти, *pf., see* **диктувати**
to dictate, *etc.* ◊ **Викладач ~в студентам завдання.** The instructor dictated the assignment to the students.

продовжен|ня, *nt.*
1 continuation, sequel, follow-up
adj. **пряме** direct ◊ **Її дії – пряме п. її заяв.** Her actions are a direct continuation of her statements. **закономірне** *and* **логічне** logical, **природне** natural; **цікаве** interesting
v. + **п. забезпечувати п.** ensure a continuation ◊ **Тільки Ярина була у стані забезпечити п. роботи.** Only Yaryna was capable of ensuring the continuation of the work. (**писати** write, **пропонувати** + *D.* offer sb ◊ **Автор запропонував цікаве п. до першого сезону серіялу.** The author offered an interesting sequel to the series first season. **створювати** create); **бути ~ням** be a continuation (**ставати** become); ♦ **п. буде** to be continued
2 extension, prolongation ◊ **Вона домагається п. декретної відпустки.** She seeks an extension of her maternity leave.
G. pl. **~ь**

продовжи|ти, *pf., see* **продовжувати**
to continue, *etc.* ◊ **Спадкоємці ~ли його справу.** His disciples carried on his cause.

продовжи|тися, *pf., see* **продовжуватися**
to continue, *etc.* ◊ **Після перерви семінар ~вся.** After a break the seminar resumed.

продовжу|вати, ~ють; продовж|ити, ~ать, *tran.*
1 to continue *only with impf. inf.* ◊ **Він ~є працювати тут.** He continues to work here. ◊ **Вони ~ють досліди.** They continue the tests.
adv. **вже** already, **все ще** still ◊ **Вона все ще ~є писати для веб-сайту.** She still continues writing for the website. **ледве** scarcely, **нарешті** finally, **насилу** barely; **негайно** immediately, **одразу** at once, **зараз же** right away; **якось** somehow
v. + **п. бути слід** + *D.* should ◊ **Вам слід п. діялог.** You should continue the dialogue. **бути треба** + *D.* need to ◊ **Данилові треба п. тренуватися.** Danylo needs to go on training. **вирішувати** decide to, **думати** intend to, **збиратися** be going to, **мати намір** have the intention to, **планувати** plan to ◊ **Сторони планують п. співпрацю.** The parties plan to continue the cooperation. **намагатися** try to, **хотіти** want to
Also see **втримуватися 4, залишатися, надалі 2**
2 to extend *(a stay, trip, leave)* ◊ **Ми продовжили подорож на тиждень.** We extended our trip for a week.
adv. **значно** significantly, **помітно** noticeably, **трохи** a little; **терміново** urgently
prep. **п. на** + *A.* extend by *(measure)* ◊ **Тренування продовжили ще на три дні.** The training was extended by three more days.
3 *pf. only* to resume, recommence, restart ◊ **Треба негайно п. контакти.** It is necessary to resume the contacts immediately.
See **відновлювати 2.** *Also see* **повертатися 3**
pa. pple. **продовжений** continued, extended
продовжуй! продовжи!

продовжу|ватися; продовжитися, *intr.*
1 to last, go on, continue ◊ **Це знайомство ~ється вже рік.** The acquaintance has already lasted for a year.
2 *only pf.* to resume *(after interruption)* ◊ **Вистава продовжиться після перерви.** The show will resume after an intermission.

продукт, *m.*, **~у**
1 product, commodity
adj. **добрий** good, **досконалий** perfect, **прекрасний** superb, **хороший** fine, **якісний** high-quality; **зіпсований** spoiled, **кепський** poor, **неякісний** poor-quality, **поганий** bad; **експериментальний** experimental, **новаторський** innovative, **натуральний** natural; **закінчений** finished; **побутовий** household, **промисловий** industrial, manufactured, **рільничий** *or* **сільськогосподарський** agricultural, **споживчий** consumer; **фірмовий** brand-name; **щоденний** everyday; **кондитерський** confectionary, **морський** seafood, **м'ясний** meat, **рибний** fish, **харчовий** food ◊ **Крамниця відома добрими харчовими ~ами.** The store is known for its good food products. **екологічно чистий** eco-friendly **органічний** organic, **натуральний** wholefood, **висококалорійний** high-calorie, **поживний** nutritious; **дієтичний** dietary; **косметичний** beauty, **тютюновий** tobacco, **фармацевтичний** pharmaceutical; **хемічний** chemical; ♦ **нафтопродукт** petrochemical product; ♦ **~и** foodstuffs, produce, groceries ◊ **Щосуботи вони купують ~и.** Every Saturday, they buy groceries.
v. + **п. виробляти п.** manufacture a product

◊ Таки́й п. виробля́ють лише́ на спеція́льне замо́влення. Such a product is manufactured only on special order. (застосо́вувати apply, купува́ти buy ◊ Вона́ купу́є натура́льні ~и. She buys wholefood products. продава́ти sell; спожива́ти consume; пропонува́ти + *D.* offer sb ◊ Фі́рма запропонува́ла їда́льні високопожи́вні ~и. The firm offered the canteen highly nutritious products. запуска́ти launch, просува́ти promote, рекламува́ти advertise, рекомендува́ти + *D.* recommend to sb ◊ Він не рекоменду́є промисло́вих ~ів із ціє́ї краї́ни. He does not recommend industrial goods from this country. доставля́ти deliver, поши́рювати distribute; експортува́ти export; імпортува́ти import); кори́стуватися ~ом use a product ◊ Вона́ щодня́ кори́сту́ється побуто́вими ~ами. She uses household products every day.
Also see ви́ріб, това́р 1
2 result, product
adj. ба́жаний desired; кінце́вий end ◊ Кінце́вий п. ї́хніх зуси́ль ви́явився мізе́рним. The end product of their efforts proved negligible. логі́чний logical, приро́дний natural; неба́жаний undesirable; немину́чий inevitable
See на́слідок, результа́т

продукти́вн|ий, *adj.*
productive
adv. ♦ високопродукти́вний highly productive ◊ ви́сокопродукти́вна поро́да корі́в a highly productive breed of cows; винятко́во exceptionally, все бі́льше increasingly more, ду́же very, надзвича́йно extraordinarily; дово́лі *and* до́сить fairly, доста́тньо sufficiently ◊ доста́тньо п. о́бмін думка́ми a sufficiently productive exchange of ideas; неймові́рно incredibly, особли́во especially; на ди́во surprisingly, несподі́вано unexpectedly; відно́сно relatively, порі́вняно comparatively, потенці́йно potentially; зо́всім не not at all, ле́две hardly
п. + *n.* п. день a productive day (діало́г dialogue, капіта́л capital, ме́тод method, о́бмін exchange, проце́с process, ро́звиток development, уро́к lesson; робітни́к worker); ~а дослі́дниця a productive (female) researcher (еконо́міка economy, ене́ргія energy, зу́стріч meeting, пра́ця work, си́ла force; маши́на mechanism); ~е за́няття́ a productive class; ~і вака́ції a productive vacation (конта́кти contacts, перемо́вини negotiations)
v. + п. бу́ти ~им be productive ◊ Зі́нині вака́ції були́ ~ими. Zina's vacation was productive. (вважа́ти + *A.* consider sth ◊ Оре́ста вважа́є ї́хні консульта́ції винятко́во ~ими. Oresta considers their consultations to be exceptionally productive. виявля́тися turn out; лиша́тися remain ◊ Виробни́цтво до́брив лиша́лося до́сить ~им. The fertilizer production remained fairly productive. роби́ти + *A.* make sth ◊ Вона́ зро́бить ку́рс ще бі́льш ~им. She will make the course even more productive. става́ти become)
Also see ефекти́вний

продукти́вн|ість, *f.*, **~ости**, *only sg.*
productivity, efficiency, output
adj. вели́ка great, винятко́ва exceptional, висо́ка high, грани́чна utmost, максима́льна maximum, greatest, надзвича́йна extraordinary; жалюгі́дна pathetic, ке́пська poor, мініма́льна minimal, пога́на bad; низька́ low, ни́жча lower, найни́жча lowest; відно́сна relative, зага́льна overall; ви́ща higher, найви́ща highest, підви́щена increased, покра́щена improved; адміністрати́вна administrative, виробни́ча manufacturing, економі́чна economic, літерату́рна literary, науко́ва scientific, організаці́йна organizational, осо́би́ста personal, промисло́ва industrial, сільськогоспода́рська agricultural
п. + *n.* п. виробни́цтва production efficiency ◊ П. виробни́цтва молока́ зроста́ла. The milk production efficiency was growing. п. землі́ soil productivity (пра́ці labor, худо́би cattle)
n. + п. зроста́ння ~ости growth in productivity ◊ Заробі́тна пла́та відстава́ла від зроста́ння ~ости пра́ці. Wages lagged behind the growth in labor productivity. (підне́сення rise in, покра́щення *or* полі́пшення improvement in, рі́вень level of; паді́ння fall in, скоро́чення reduction in, спад decline in)
v. + п. збі́льшувати п. increase productivity (підно́сити raise, покра́щувати improve; ґарантува́ти guarantee, забезпе́чувати provide, утри́мувати maintain ◊ Вони́ утри́мували п. землі́ на рі́вні попере́дніх ро́ків. They maintained the soil productivity at the level of the previous years. вимі́рювати measure; зме́ншувати reduce, обме́жувати limit; контролюва́ти control); досяга́ти ~ости achieve productivity ◊ Компа́нія досягну́ла грани́чної ~ости. The company achieved its utmost productivity. (бракува́ти + *D.* lack ◊ Богда́ні бракува́ло ~ости. Bohdana lacked efficiency. потребува́ти need) ◊ Щоб лиши́тися конкуре́нтним, університе́т потребу́є ви́щої науко́вої ~ости. To remain competitive, the university needs higher scientific productivity. слідкува́ти за ~істю monitor productivity
п. + *v.* зроста́ти rise, покра́щуватися *or* полі́пшуватися improve; зме́ншуватися decrease, занепада́ти decline, па́дати drop
Also see ефекти́вність

проду́кці|я, *f.*, **~ї**, *only sg.*
production, output, *coll.* products
adj. автомобі́льна automobile; друко́вана printed, книжко́ва book ◊ Він поши́рює книжко́ву ~ю се́ред бібліоте́к. He spreads book production among libraries. культу́рна cultural, літерату́рна literary, телевізі́йна television; ва́лова п. *econ.* gross output; ◊ пе́рві́сна п. primary production, ♦ чи́ста п. *econ.* net output
See проду́кт. *Also see* врожа́й. *Cf.* виробни́цтво 1

продю́сер, *m.*, **~а; ~ка**, *f.*
film producer
adj. блиску́чий brilliant, першокла́сний first-rate, плі́дний prolific, таланови́тий talented, вели́кий great, важли́вий important, відо́мий well-known, славе́тний famous; америка́нський American, націона́льний national, украї́нський Ukrainian, *etc.*
See спеція́лі́ст

прое́кт, *m.*, **~у**
1 project, design
adj. амбі́тний ambitious, вели́кий big, ґрандіо́зний grandious, маси́вний massive, масшта́бний *or* широкомасшта́бний large-scale; дороги́й expensive, екстраваґа́нтний extravagant; мале́нький *dim.* small, невели́кий small, обме́жений limited; важли́вий important, ва́ртісний worthwhile ◊ Запропоно́ваний п. здава́вся дире́кторові ва́ртісним. The proposed project seemed worthwhile to the director. ціка́вий interesting; захо́пливий exciting; вда́лий *or* успі́шний successful; докла́дний detailed, проду́маний well-thought-out; бездога́нний impeccable, геніа́льний brilliant ◊ Насправді його́ п. ви́явився дале́ко не геніа́льним. In reality, his project proved to be far from brilliant. дове́ршений accomplished, доскона́лий perfect; майбу́тній future; нови́й new, оригіна́льний original; прито́мний *colloq.* sober, реалісти́чний realistic, серйо́зний serious, солі́дний sound; смілі́вий audacious; спі́льний joint; невда́лий unsuccessful, прова́льний failed; застарі́лий outdated, стари́й old; будіве́льний building, реставраці́йний restoration; економі́чний economic, інвестиці́йний investment, фіна́нсовий financial; грома́дський community, публі́чний public, суспі́льний social; дослі́дницький research, осві́тній educational; насту́пний next ◊ Гру́па вже опрацьо́вує насту́пний п. The team is already developing the next project. попере́дній previous; пото́чний current
n. + п. архіте́ктор ~у a project architect (економі́ст economist, інжене́р engineer; дире́ктор director, керівни́к leader, координа́тор coordinator, ме́неджер manager ◊ Її́ призна́чили ме́неджером ~у. She was appointed the project manager; бюдже́т budget, ва́ртість cost, гра́фік schedule, кошто́рис estimate, план plan); мета́ ~у the aim of a project
v. + п. вико́нувати п. carry out a project (вті́лювати implement; заду́мувати conceive; планува́ти plan, розробля́ти develop ◊ П. реконстру́кції розроби́ли спі́льно з лито́вцями. The reconstruction project was developed jointly with Lithuanians. запуска́ти launch, ініцію́вати initiate, розпочина́ти start; очо́лювати head; спонсорува́ти sponsor, фінансува́ти finance); відмовля́тися від ~у abandon a project ◊ Вони́ відмо́вилися від цього́ екстраваґа́нтного ~у. They abandoned this extravagant project. керува́ти ~ом direct a project ◊ ~ом керу́є Ма́рченко. Marchenko directs the project. (координува́ти coordinate, прова́дити run; нагляда́ти за oversee) ◊ За інвестиці́йним ~ом нагляда́тиме держа́вний банк. The investment project will be overseen by the state bank.
п. + *v.* передбача́ти + *A.* envisage sth ◊ П. передбача́є взає́модію з че́ськими партне́рами. The project envisages an interaction with Czech partners. ста́вити собі́ за мету́ be aimed at
Also see план 1, програ́ма 1
2 draft, rough outline ◊ п. бюдже́ту a draft budget (конститу́ції constitution, резолю́ції resolution, уго́ди agreement), ♦ п. зако́ну a bill ◊ Депута́ти дебату́ють п. зако́ну. Members of parliament are debating the bill.
Cf. черне́тка
3 intention, plan ◊ Він поділи́вся свої́м ~ом із дру́гом. He shared his plan with his friend.
See намі́р, план 1. *Also see* ду́мка 3, за́дум, ідея́

прое́кту|ва́ти, **~ють; с~**, *tran.*
to design
adv. відмі́нно excellently, га́рно nicely, до́бре well, елеґа́нтно elegantly, знамени́то *colloq.* superbly, рете́льно thoroughly, розу́мно wisely; ке́псько poorly, недба́ло negligently, пога́но badly, сяк-та́к shoddily; спеція́льно especially; винятко́во exclusively, лише́ *or* ті́льки only ◊ Він лише́ ~ва́в буди́нки, а хтось і́нший ї́х будува́в. He only designed buildings and somebody else built them. наса́мперед primarily
v. + п. ма́ти завда́ння have the task of ◊ Вона́ ма́є завда́ння с~ стадіо́н. She has the task of designing a stadium. планува́ти plan to; почина́ти begin to; закі́нчувати finish; запро́шувати + *A.* invite sb to
pa. pple. спрое́кто́ваний designed
(с)прое́кту́й!
Also see планува́ти 3

прожива́|ти, **~ють; прожи́ти, прожив|у́ть**, *intr. and tran.*
1 *intr.* to live, reside, dwell
adj. в да́ний моме́нт at this moment, де́який час for some time, до́вго for a long time, коли́сь once ◊ Коли́сь у них на кварти́рі ~ли пес з кото́м. Once a dog and a cat used to live in their apartment. тимчасо́во temporarily ◊ Ві́ра тимчасо́во ~є в батькі́в. Vira temporarily lives at her parents'. тро́хи a little; в па́рі as a couple ◊ Вони́ не прожили́ в па́рі й пів ро́ку. They have not lived as a couple even for a half year. вже already,

знóву again; **за кордóном** abroad; **на селí** in the country ◊ **Улíтку вонú зазвичáй ~ли на селí.** In the summer, they usually lived in the country.
See **жúти 2.** *Also see* **мéшкати 1, 2**
2 *tran.* to live *(a life, etc)*, live through; survive
adv. **без проблéм** without problems, **безтурбóтно** carefree ◊ **Мóлодість Óля ~ла безтурбóтно.** Olia lived her youth carefree. **вéсело** merrily, **щаслúво** happily ◊ **Вонú щаслúво прожилú п'ять рóків у Феодóсії.** They happily lived in Feodosia for five years.
п. + *n.* **п. день** live a day ◊ **Вонá не знáла як прожúти той жахлúвий день.** She did not know how to live through that awful day. (**тúждень** week, **мíсяць** month, **рік** year; **дитúнство** childhood, **життя́** life, **ю́ність** youth, **стáрість** old age)
See **жúти 3**
3 *tran.* to spend; squander ◊ **Він прожúв усí ощáдження.** He spent all his savings.
See **гáяти 1, марнувáти.** *Also see* **губúти 2, трáтити 2**
pa. pple. **прожúтий** lived through; spent
проживáй! проживú!

прóз|а, *f., only sg.*
1 prose
adj. **зрозумíла** comprehensible, **невúмушена** easy, **популя́рна** popular, **пристýпна** accessible ◊ **Він – мáйстер ~и, пристýпної для широ́кого читачá.** He is a master of the prose accessible to wide readership. **монотóнна** monotonous; **прозóра** lucid, **прóстá** simple; **вúшукана** refined, **елеґáнтна** elegant; **високочóла** *fig.* highbrow, **езотерúчна** esoteric, **інтелектуáльна** intellectual, **філосóфська** philosophical; **ліри́чна** lyrical, **поетúчна** poetic, **літератýрна** literary, **наукóва** academic, **публіцистúчна** publicistic
v. + **п. писáти ~у** write prose; **писáти** + *A.* **~ою** write sth in prose ◊ **Вонá пúше високочóлою ~ою.** She writes in a highbrow prose.
Also see **есеї́стика.** *Ant.* **поéзія 1**
2 *fig.* monotony, tedium ♦ **п. життя́** the monotony of life; ◊ **Пíсля свят до них повернýлася щодéнна п.** After the holidays, they were back to their everyday routine.
Ant. **поéзія 2**

прозаї́чн|ий, *adj.*
1 prosaic, written in prose ◊ **Вонá волíла читáти ~і тéксти.** She preferred reading prosaic texts. **п. жанр** a prosaic genre (**стиль** style); **~а мóва** a prosaic language
Ant. **поетúчний 1**
2 *fig.* prosaic, monotonous, tedious; unromantic
adv. **вкрай** extremely, **гнітю́че** depressingly, **дýже** very, **нестéрпно** unbearably, **страшéнно** terribly; **дóсить** rather ◊ **Світлáна виявля́ла дóсить ~у настанóву до свíту.** Svitlana demonstrated a rather prosaic attitude toward the world. **мáйже** almost
v. + **п. бýти ~им** be prosaic (**виглядáти** look, **здавáтися** + *D.* seem to sb, **робúти** + *A.* make sth ◊ **Він робúв життя́ гнітю́че ~м.** He made life depressingly prosaic. **ставáти** become) ◊ **За рóки прáці тут він став передбáчуваним і ~им.** Over the years of work here, he became predictable and prosaic.
Also see **бýденний 3, нуднúй.** *Ant.* **поетúчний 2 романтúчний**

прозóр|ий, *adj.*
1 transparent, see-through; clear
adv. **абсолю́тно** absolutely ◊ **абсолю́тно ~е гíрськé повíтря** absolutely clear mountain air; **геть** totally, **дýже** very, **цілкóм** completely; **дóсить** fairly, **достáтньо** sufficiently; **неймовíрно** incredibly ◊ **неймовíрно ~е Сарґáсове мóре** the incredibly transparent Sargasso Sea; **лéдве** barely; **мáйже** almost, **сливé** nearly, **практúчно** practically; ◊ **п., як буршти́н** transparent like amber
v. + **п. бýти ~им** be transparent ◊ **Водá в óзері ~а і чúста.** The water in the lake is transparent and clean. (**виглядáти** look, **видавáтися** + *D.* appear to sb, **здавáтися** + *D.* seem to sb, **лишáтися** remain; **робúти** + *A.* make sth ◊ **Шкорúна лимóна зрóбить ю́шку ~ою.** Lemon rind will make the broth completely clear. **ставáти** become)
Also see **світлий 2**
2 *fig.* lucid, intelligible, comprehensible ◊ **п. нáтяк** a clear hint; ◊ **Вонá користувáлася ~ою мóвою.** She used a lucid language.
See **зрозумíлий**

проїжджá|ти, ~ють; проїхати, проїд|уть, *tran.*
1 to pass *(by a vehicle)*, drive by
adv. **вже** already ◊ **Ми вже проїхали мíсто Козя́тин.** We already passed the City of Koziatyn. **дáлі** farther ◊ **Вонá проїхала дáлі й зупинúлася.** She drove farther on and stopped. **нарéшті** finally; **хýтко** swiftly, **швúдко** quickly; **тихéнько** *dim.* quietly, **тúхо** quietly; **не зупиня́ючись** without stopping ◊ **Електрúчка проїхала три стáнції, не зупиня́ючись.** The commuter train passed three stations without stopping. **я́кось** somehow
Also see **переїжджáти 1.** *Cf.* **пробігáти 1, прохóдити 1**
2 to cover *(a distance)*, travel, do ◊ **Мотоцúкл ~є сто кіломéтрів за сóрок п'ять хвилúн.** The motorcycle does 100 km in forty-five minutes. ◊ **Вонú волíли проїхати вíдстань рáдше áвтом, як пóтягом.** They preferred to travel the distance by car rather than by train.
п. + *n.* **п. автóбусом** pass by bus (**автомобíлем** car ◊ **Частúну дорóги мандрíвникú проїхали автóбусом, а частúну – автомобíлем.** The travelers drove part of the way by bus and part by car. **велосипéдом** bicycle, **конéм** horse, **пóтягом** train)
prep. **п. бíля** + *G.* run near sth ◊ **Він ~в бíля теáтру.** He passed the theater. **п. за** + *A.* run *(a distance)* in *(time period)* ◊ **Від Лýцька до Рíвного мóжна проїхати за сóрок хвилúн.** One can drive from Lutsk to Rivne in forty minutes. **п. по** + *L.* drive along sth, through, up or down ◊ **Вонú проїхали по пíвдню Украї́ни.** They drove through the south of Ukraine. **п. повз** + *A.* drive past sth; **п. попíд** + *I.* drive under sth ◊ **Вантажíвка лéдве проїде попíд áркою.** The truck will hardly go under the arch. **п. чéрез** + *A.* run across/through sth ◊ **Напáдники проїхали чéрез майдáн і зникли.** The attackers drove through the square and vanished.
Also see **покривáти 4, робúти 6.** *Cf.* **пролітáти 2**
3 to miss *(a stop, etc)* ◊ **Вонú проїхали перехрéстя, де мáли повернýти.** They missed the intersection where they were supposed to turn.
pa. pple. **проїханий** passed, covered *(distance)*
проїжджáй! проїдь!

проїзд, *m.*, **~у**
1 driving, passing *(by vehicle)*, journey, transit, ride ◊ **Йомý бракувáло грóшей на п.** He was pressed for money to pay for a ride. ♦ **бýти ~ом в** + *L* to be passing through *(a place)* ◊ **Сім'я́ Москалéнків булá в Жидáчеві ~ом із Крéменця.** The Moskalenko family was passing through Zhydachiv on their way from Kremenets.
2 passage, drive-through, passageway; lane ◊ **Вонú запаркувáлися у ~і між двомá вýлицями.** They parked in a passage between two streets. ◊ **Уночí він уникáв тéмних ~ів.** At night, he avoided dark lanes.
Also see **провýлок.** *Cf.* **прохíд**

проїха|ти, *pf., see* **проїжджáти**
to drive through, *etc.* ◊ **Вонú ~ли половúну вíдстані до Херсóна.** They covered half the distance to Kherson.

прой|тú, *pf., see* **прохóдити**
to go through, *etc.* ◊ **Малáнка не помíтила, як ~шóв рік.** Malanka did not notice a year pass by. ◊ **За семéстр грýпа ~шлá половúну підрýчника.** In a semester, the group covered half of the textbook.

прокáт, *m.*, **~у**
1 renting, rental, hire
adj. **автомобíльний** car, **велосипéдний** bicycle; **довготермінóвий** long-term, **короткотермінóвий** short-term; **дводéнний** two-day, **тридéнний** three-day; **мíсячний** monthly, **тижнéвий** weekly; **безкоштóвний** *or* **безплáтний** free, **дармовúй** *or* **даровúй** *colloq.* free
п. + *n.* **п. автомобíлів** a car rental ◊ **У містéчку не булó ~у автомобíлів.** There was no car rental in the town. (**велосипéдів** bicycle; **комп'ю́терів** computer, **електрóнного облáднання** electronic equipment; **лиж** ski, **туристúчного споря́дження** tourist equipment; **відеофíльмів** movie; **човнíв** boat)
n. + **п. вáртість ~у** rental cost (**оплáта** payment, **пункт** office ◊ **У новóму пýнкті ~у велосипéдів надмíрні цíни.** The new bicycle rental office has exorbitant prices. **рúнок** market; **умóви** terms) ◊ **Умóви ~у їм не підхóдили.** The rental terms did not suit them.
v. + **п. брáти** + *A.* **в** *or* **на п.** rent sth ◊ **Її друзí взялú у п. автíвку.** Her friends rented a car.
2 distribution *(of films)* ◊ **П. мíста ворóже стáвився до національного кінопродýкту.** The city's film distribution was hostile towards the national film product.
adj. **вибіркóвий** selective, **винятковúй** exclusive; **загáльний** general, **максимáльний** widest possible, **місцéвий** local, **національний** national, **світовúй** world-wide, **широ́кий** wide; **обмéжений** limited; **успíшний** successful; ♦ **кінопрокáт** film distribution
v. + **п. ґарантувáти** + *D.* **п.** guarantee sth distribution (**забезпéчувати** + *D.* ensure sth ◊ **Фíрма взялáся забезпéчити картúні максимáльний п.** The firm undertook to ensure the widest possible distribution for the movie. **контролювáти** control, **організóвувати** organize; **діставáти** *or* **отрúмувати** get) ◊ **Фільм отрúмав обмéжений п.** The film got a limited distribution. ♦ **вихóдити у п.** to be released ◊ **Фільм вúйде у п. у вéресні.** The film will be released in September. **бýти у ~і** be in distribution ◊ **Фільм був у світовóму ~і.** The film was in worldwide distribution.
Cf. **пошúрення 1**

прокидá|тися, ~ються; прокúн|утися, ~уться, *intr.*
to wake up, awake
adv. **вáжко** with difficulty ◊ **Вонá вáжко ~ється.** She has a hard time waking up. **лéдве** hardly, **мáйже** almost, **сливé** nearly ◊ **Дзвінóк пролунáв, колú Клим сливé прокúнувся.** The ring sounded when Klym had all but woken up. **вже** already, **нарéшті** finally; **вчáсно** on time, **тóчно** exactly, **пíзно** late, **рáно** early ◊ **Степáн ~ється рáно.** Stepan wakes up early. **дóвго** long ◊ **Він дóвго ~вся тогó дня.** That day, it took him long to wake up. **повíльно** slowly, **поступóво** gradually; **негáйно** immediately, **одрáзу** at once, **зáраз же** right away ◊ **Почýвши крóки, Óльга зáраз же прокúнулася.** Having heard steps, Olha woke up right away. **швúдко** quickly; **ще не** not yet ◊ **Дáна ще не прокúнулася.** Dana has not yet woken up.
v. + **п. бýти трéба** + *D.* need to; **могтú** can ◊ **Вонá моглá прокúнутися сéред нóчі.** She could wake up in the middle of the night. **починáти** begin to, **стáти** *pf.* start ◊ **Тáбір став п.** The camp started waking up. **не хотíти** not want to ◊ **У субóту він дóвго не хотíв п.** On Saturday, he did not want to wake up for a long time.
prep. **п. в** + *L.* wake up in *(time period)* ◊ **Вонú**

проки́нулися в дру́гій полови́ні дня. They woke up in the second half of the day. **п. від** + *G. or* **з** + *G* wake up from sth ◊ **Ведме́ді почали́ п. від** *or* **зі спля́чки.** The bears began to wake up from hibernation. **п. о** + *L.* wake up at *(exact hour)* ◊ **Дівча́там тре́ба проки́нутися рі́вно о шо́стій.** The girls need to wake up at six sharp.
прокида́йся! проки́нься!
Also see **встава́ти 2, буди́тися 1, збу́джуватися 1**

проки́нути|ся, *pf., see* **прокида́тися**
to wake up ◊ **Він ~вся до то́го, як задзвони́в буди́льник.** He woke up before the alarm-clock went off.

проконсульту**ва́**|ти, *pf., see* **консульту**ва́ти
to counsel, *etc.* ◊ **За кі́лька годи́н Тарасю́к ~в пів дю́жини кліє́нтів.** Over several hours, Tarasiuk counseled half a dozen clients.

прокуро́р, *m.*, ~а; ~ка, *f.*
prosecutor, prosecuting attorney ◊ **П. закри́в спра́ву.** The prosecutor closed the case.
adj. **головни́й** chief, **незале́жний** independent ◊ **Для розсте́ження призна́чено незале́жного ~а.** An independent prosecutor was appointed to do the investigation. **спеція́льний** special; ♦ **генера́льний п.** a prosecutor general
v. + **п. признача́ти ~а** appoint a prosecutor (**звільня́ти** dismiss, **усува́ти** remove; **вплива́ти на** influence, **ти́снути на** put pressure on) ◊ **Президе́нт ти́снув на ~а.** The president was putting pressure on the prosecutor.
п. + *v.* **звинува́чувати** + *A.* **в** + *L.* charge sb with sth, **оска́ржувати** + *A.* **в** + *L.* accuse sb of sth ◊ **П. оска́ржив мі́ністра у зди́рстві.** The prosecutor charged the minister with extortion. **дово́дити** + *A.* argue sth, **стве́рджувати, що** claim that; **розсте́жувати** + *A.* investigate sth

пролетарія́т, *m.*, ~у, *coll., only sg.*
proletariat
adj. ♦ **лю́мпен-п.** lumpenproletariat; **місько́ий** urban, **промисло́вий** industrial, **революці́йний** revolutionary, **світови́й** world, **сі́льський** rural; ♦ **диктату́ра ~у** dictatorship of the proletariat

пролеті́|ти, *pf., see* **пролі́тати**
to fly over ◊ **Згра́я голубі́в ~ла в них над голова́ми.** A flock of pigions flew over their heads.

проліта́|ти, ~ють; пролет|і́ти, ~ять, *intr.*
1 to fly over, fly by
adv. **беззву́чно** silently, **ти́хо** quietly ◊ **Над кві́тами ти́хо пролеті́в мете́лик.** A butterfly flew quietly over the flowers. **галасли́во** noisily; **непомі́тно** unnoticed; **прожо́гом** in a flash, **шви́дко** quickly; **і́ноді** sometimes, **постійно** constantly, **реґуля́рно** regularly, **час від ча́су** from time to time, **ча́сом** at times, **ча́сто** often; **рі́дко (коли́)** rarely (ever); **ви́соко в не́бі** high up in the sky, **ни́зько над земле́ю** low above the ground
v. + **п. бу́ти здатним** be able to ◊ **Раке́та зда́тна п. ни́зько над пове́рхнею землі́.** The missile is able to fly low above the earth surface. **могти́** can
prep. **п. ми́мо** + *G. or* **повз** + *A.* fly past sth ◊ **Ку́ля пролеті́ла йому́ ми́мо ву́ха** (*or* **повз ву́хо**). A bullet flew past his ear. **п. над** *or* **по́над** + *I.* fly above sth ◊ **Над сте́пом ~ли ди́кі гу́си.** Wild geese flew above the steppe. **п. пе́ред** + *I.* fly in front of sth; **п. че́рез** + *A.* fly across/through sth ◊ **Че́рез ву́лицю пролеті́в крик.** A cry flew across the street.
2 to travel *(by air)*, cover *(a distance)* ◊ **За день журавлі́ ~ють со́тні кіломе́трів.** In a day, cranes travel hundreds of kilometers.
prep. **п. від** + *G.* **до** + *G.* fly from *(a place)* to *(a place)* ◊ **Вони́ пролеті́ли від Я́лти до Бату́мі.** They flew from Yalta to Batumi.
Cf. **проїжджа́ти 2**
3 *fig.* to run by, race by, sprint by, pass quickly, flash ◊ **За робо́тою шви́дко ~в час.** At work, time raced quickly by. ◊ **Пе́ред її́ очи́ма ~ли спо́гади тих днів.** Memories of those days flashed before her eyes.
проліта́й! пролети́!

пролуна́|ти, *pf., see* **луна́ти**
ring out, *etc.* ◊ **Новина́ ~ла, як грім із я́сного не́ба.** The news sounded like a bolt from the blue.

прома́зу|вати, ~ють; прома́зати, прома́ж|уть, *tran. and intr.*
1 *tran.* to grease, oil, lubricate
adv. **доста́тньо** sufficiently, **до́бре** well, **рете́льно** thoroughly, **ціл**ко́м completely; **ле́две** scarcely, **недба́ло** carelessly, **по́спіхом** hastily, **сяк-та́к** shoddily
2 *intr., colloq., fig.* to miss *(a target)* ◊ **Він ви́стрілив і гане́бно прома́зав.** He shot and missed miserably. ◊ **Вона́ прома́зала з мало́ї ві́дстані.** She missed the target from a small distance. ◊ **Із десяти́ по́стрілів вона́ сім раз влучи́ла, а три прома́зала.** Out of ten shots, she hit the mark seven times and missed three.
Also see **попада́ти 2.** *Ant.* **попада́ти 1**

промисло́в|ий, *adj.*
industrial, of or pertaining to industry
п. + *n.* **п. капіта́л** industrial capital (**переворо́т** revolution; **потенція́л** potential; **осере́док** center, **райо́н** region; **ро́звиток** development); **~а зо́на** an industrial zone (**проду́кція** goods, production; **ку́рва** *vulg.* whore); **~е виробни́цтво** industrial production (**забру́днення** pollution); **~і відхо́ди** industrial waste

промисло́в|ість, *f.*, ~ости
industry
adj. **вели́ка** large, **дрібна́** small; **розви́нена** well-developed, **суча́сна** modern; **ґлоба́льна** global, **місце́ва** local, **націона́льна** national, **світова́** world, **америка́нська** US, **кана́дська** Canadian, **украї́нська** Ukrainian; **держа́вна** state-owned, **націоналізо́вана** nationalized, **приватизо́вана** privatized, **прива́тна** private; **важли́ва** important, **найважли́віша** most important; **ключова́** key, **страте́гічна** strategic; **традиці́йна** traditional; **авіябудівна́** aviation, **автомобі́льна** automobile, **аерокосмі́чна** aerospace, **баво́вняна** cotton, **будіве́льна** construction, **важка́** heavy, **ву́гільна** coal ◊ **підприє́мство ву́гільної ~ости** a coal industry enterprise. **гірни́ча** mining, **добувна́** extracting, **електро́нна** electronics, **енергети́чна** electric power, ♦ **кінопромисло́вість** movie industry ◊ **Украї́нська кінопромисло́вість ви́никла на поча́тку 1920-х ро́ків.** Ukrainian movie industry emerged in the early 1920s. **комп'ю́терна** computer, **кораблебудівна́** ship-building; **легка́** light, **тексти́льна** textile ◊ **Херсо́н відо́мий тексти́льною ~істю.** Kherson is known for its textile industry. **металургі́йна** metallurgical, **оборо́нна** defense, **фармацевти́чна** pharmaceutical, **харчова́** food, **хемі́чна** chemical, **я́дерна** nuclear; **високотехнологі́чна** high-tech
n. + **п. га́лузь ~ости** a branch of industry ◊ **А́томна енерге́тика ста́ла стратегі́чною га́луззю ~ости.** Atomic power generation became a strategic branch of industry. (**зроста́ння** growth, **модерніза́ція** modernization, **націоналіза́ція** nationalization, **ро́звиток** development, **розбудо́ва** expansion, **управлі́ння** management)
v. + **п. відбудо́вувати п.** rebuild industry (**модернізува́ти** modernize, **перетво́рювати на** + *A.* transform into sth, **підтри́мувати** support, **реґулюва́ти** regulate, **розбудо́вувати** build up, **розвива́ти** develop ◊ **Краї́на шви́дко розвива́є енергети́чну п.** The country is quickly developing its power industry. **ство́рювати** create, **стимулюва́ти** stimulate, **субсидува́ти** subsidize; **дереґулюва́ти** deregulate, **націоналізо́вувати** nationalize, **приватизо́вувати** privatize; **згорта́ти** fold, **зни́щувати** destroy ◊ **Тари́фи загро́жували зни́щити моло́чну п.** The tariffs threatened to destroy the dairy industry. **ліквідо́вувати** eliminate, **руйнува́ти** ruin, **спусто́шувати** devastate); **сприя́ти ~ості** promote industry (**шко́дити** damage) ◊ **Брак ене́ргії шко́див металургі́йній ~ості.** The power shortage was damaging the matallurgical industry.
п. + *v.* **виробля́ти** + *A.* manufacture sth ◊ **Украї́нська п. виробля́є раке́ти.** Ukrainian industry manufactures missiles. **зазнава́ти спа́ду** suffer a decline; **зроста́ти** grow, **пережива́ти ро́зквіт** flourish; **розвива́тися** develop, **розши́рюватися** expand; **занепада́ти** decline, **зме́ншуватися** shrink
Cf. **інду́стрія**

промі́жн|ий, *adj.*
intermediate, middle, intermediary, interim
п. + *n.* **п. звіт** an interim report (**і́спит** test, **курс** course ◊ **Він викладати́ме п. курс еспа́нської.** He will be teaching an intermediate Spanish course. **пері́од** period, **проду́кт** product, **рі́вень** level, **шар** layer); ♦ **~а́ зупи́нка** a stopover, ♦ **~а́ культу́ра** *agric.* a planting filler; **~а́ ла́нка** an intermediate link, ♦ **~а́ ста́нція** a waystation ◊ **По́тяг зупиня́ється на ~и́х ста́нціях між Льво́вом і Кра́ковом.** The train stops at waystations between Lviv and Cracow. **~а́ перегоро́дка** a middle partition (**стіна́** wall); **~е́ завда́ння** an intervening assignment (**рі́шення** decision) ◊ **Рі́шення не остато́чне, а ~е́.** The decision is not final but interim.

про́між|ок, *m.*, ~ку
1 interval *(in time)*, spell, stretch, patch
adj. **вели́кий** large, **до́вгий** long, **доста́тній** sufficient, **нескінче́нний** endless, **трива́лий** lengthy, **широ́кий** wide; **коро́ткий** short, **мале́нький** *dim.* small, **сти́слий** brief; **хвили́нний** one-minute, **п'ятихвили́нний** five-minute, **дводе́нний** two-day, **тижне́вий** weekly, **мі́сячний** monthly, **тримі́сячний** three-month; **відо́мий** known, **конкре́тний** specific, **окре́слений** outlined, **пе́вний** certain, **фіксо́ваний** fixed; **часови́й** time; **однако́вий** identical, **рі́вний** equal
v. + **п. вимі́рювати п.** measure an interval ◊ **Він ви́міряв усі́ ~ки.** He measured all the intervals. (**встано́влювати** establish; **утво́рювати** form)
prep. **з ~ком** at/with an interval ◊ **Вони́ ба́чилися із дводе́нними ~ами.** They saw each other at two-day intervals. ◊ **з вели́кими ~ками** at great intervals; **у п.** *dir.* in/to a space ◊ **Він утисну́в у п. між ле́кціями дві зу́стрічі.** He squeezed two meetings into the interval between lectures. **у ~ку** *posn.* in an interval; **че́рез п.** after an interval ◊ **Дзвін луна́в че́рез рі́вні ~ки ча́су.** The bell rang after equal time intervals. **п. між** + *I.* a space between sth ◊ **У ~ках між заня́ттями ді́ти гра́лися.** The children played in the intervals between classes.
Also see **пері́од 1**
2 gap *(in space)*, stretch, space, crevice
adj. **вузе́нький** *dim.* narrow, **вузьки́й** narrow, **глибо́кий** deep, **широ́кий** wide; **однако́вий** identical, **рі́вний** equal
prep. **у п.** *dir.* in/to a space ◊ **Вона́ захова́ла запи́ску у п. між підві́конням і стіно́ю.** She hid the note in the gap between the windowsill and the wall. **у ~ку** *posn.* in a space ◊ **Петро́ знайшо́в го́лку у ~ку підло́ги.** Petro found the needle in a crack in the floor.
See **прога́лина 1**

промі́нн|я, *nt., coll., only sg.*
rays, sunrays, sunlight
adj. **жо́вте** yellow, **золоте́** golden, **черво́не** red; **ла́гідне** gentle, **те́пле** warm; **со́нячне** sun ◊ **Вона́ насоло́джувалася со́нячним ~м.** She relished the sunrays. **вечі́рнє** evening, **призахі́дне** sunset; **полу́днє** midday, **пополу́днє** afternoon, **ранко́ве**

morning; оста́ннє last ◊ **Він чита́в до оста́ннього п. со́нця.** He read till the last sunrays. **пе́рше** first; **аґреси́вне** aggressive, **гаря́че** hot, **палю́че** scorching; **небезпе́чне** dangerous ◊ **Полу́днє п. небезпе́чне для шкі́ри.** The midday sunrays are dangerous for skin. **руйні́вне** ruinous, **смерте́льне** deadly, **шкідли́ве** harmful; **жорсто́ке** cruel, **немилосе́рдне** ruthless; **космі́чне** cosmic; ♦ **га́ма-п.** *phys.* gamma rays, ♦ **рентґе́нівське п.** *phys.* X-rays
See **про́мінь**

про́мі|нь, *m.*, **~еня**
ray, beam
adj. **прями́й** direct, **ко́сий** slant; **поту́жний** powerful, **сліпу́чий** blinding, **яскра́вий** bright; **золоти́й** golden, **пала́ючий** burning; **ла́гідний** gentle, **м'яки́й** soft, **ні́жний** tender, **те́плий** warm; **га́снучий** dying, **оста́нній** last; **пе́рший** first; ♦ **га́ма-п.** *phys.* a gamma ray, **інфрачервоний** infrared, **космі́чний** cosmic, **ла́зерний** laser, **світлови́й** light ◊ **Її осліпи́в поту́жний п.** She was blinded by a powerful beam. **теплови́й** heat, **ультрафіоле́товий** ultraviolet; **мі́сячний** moon, **со́нячний** sun
п. + *n.* **п. мі́сяця** a ray of moon (**сві́тла** light, **со́нця** sun; **наді́ї** *fig.* hope)
v. + **п. випромі́нювати п.** emit a ray (**ки́дати** cast, **лови́ти** catch, **посила́ти** send out; **відбива́ти** deflect ◊ **Люсте́рко відби́ло со́нячний п. про́сто їй в о́чі.** The looking-glass deflected the sunray straight into her eyes. **зало́млювати** bend; **поглина́ти** absorb ◊ **Чо́рна пове́рхня до́бре поглина́ла ~ені.** The black surface absorbed the rays well. **блокува́ти** block); **захища́ти** + *A.* **від ~енів** protect sb/ sth from rays ◊ **Соро́чка захища́ла шкі́ру від ультрафіоле́тових ~енів.** The shirt protected the skin from ultraviolet rays. **купа́тися в ~енях** bask in rays ◊ **Вони́ купа́лися у ~енях мі́сяця.** They basked in the rays of the moon.
п. + *v.* **блища́ти** shine ◊ **Над о́брієм заблища́ли пе́рші ~ені со́нця.** The first sunrays shone above the horizon. **па́дати на** + *A.* fall on/to sth, **прони́зувати** + *A.* pierce sth, **проника́ти че́рез** + *A.* penetrate sth ◊ **Га́ма-про́мені ле́гко проника́ють че́рез захисни́й о́дяг.** Gamma rays easily penetrate the protective clothing. **прохо́дити че́рез** + *A.* pass through sth; **сліпи́ти** + *A.* blind sb; **пошко́джувати** + *A.* damage sth, **шко́дити** + *D.* be damaging to sth ◊ **Ці ~ені шко́дять органі́змові.** These rays are damaging to the body.
Also see **промі́ння**

промо́в|а, *f.*
speech, address
adj. **безкіне́чна** endless, **до́вга** long ◊ **Під кіне́ць її до́вгої ~и полови́на слухачі́в спа́ла.** Toward the end of her long speech, half the audience was sleeping. **затя́гнута** protracted, **трива́ла** lengthy; **коро́тка** short, **мале́нька** *dim.* little, **невели́ка** little; **головна́** keynote ◊ **Па́на Т. запроси́ли ви́голосити головну́ ~у.** Mr. T. was invited to deliver the keynote address. **блиску́ча** brilliant, **до́бра** good, **гаря́ча** ardent, **емоці́йна** emotional, **звору́шлива** moving, **при́страсна** impassioned; **красномо́вна** eloquent, **пишномо́вна** ornate, **речи́ста** *colloq.* expressive; **урочи́ста** solemn; **зімпровізо́вана** impromptu; **неціка́ва** uninteresting, **нудна́** boring, **прі́сна** bland; **публі́чна** public; **інавґураці́йна** inauguration, **політи́чна** political, **президе́нтська** presidential; **проща́льна** farewell
v. + **п. виголо́шувати ~у** deliver a speech ◊ **Він ви́голосив сенсаці́йну ~у на конфере́нції.** He delivered a sensational speech at the conference. (**дава́ти** give, **роби́ти** make ◊ **За день кампа́нії вона́ зроби́ла сім промо́в.** She made seven speeches in a single day of campaigning. **адресува́ти** + *D.* address to sb ◊ **Вона́ заадресува́ла ~у студе́нтам.** She addressed her speech to the students. **вивча́ти напа́м'ять** learn by heart; **писа́ти** write ◊ **Ста́вши прем'є́ром, він і да́лі писа́в ~и сам.** Having become the premier, he continued to write his speeches himself. **присвя́чувати** + *D.* dedicate to sth ◊ **Він присвяти́в ~у ви́борам.** He dedicated his speech to the election. **чита́ти** read; **передава́ти** broadcast) ◊ **Її ~у передава́ли по ра́діо.** Her speech was broadcast on the radio.
prep. **у ~і** in a speech; **п. до** + *G.* speech to sb ◊ **Слова́ взя́то із ~и до вояків.** The words are taken from a speech to soldiers. **п. про** + *A.* speech about sth
Also see **сло́во 4**

промо́в|ець, *m.*, **~ця; ~иця**
speaker
adj. **блиску́чий** brilliant ◊ **Він – блиску́чий п.** He is a brilliant speaker. **вели́кий** great, **до́брий** good, **досві́дчений** experienced, **неперевéршений** unsurpassed; **гаря́чий** ardent, **емоці́йний** emotional, **звору́шливий** moving, **при́страсний** impassioned; **красномо́вний** eloquent; **ціка́вий** interesting; **неціка́вий** uninteresting, **нудни́й** boring ◊ **Він ніко́ли не чув тако́го нудно́го ~ця.** He never heard such a boring speaker. **прі́сний** bland; **головни́й** keynote; **відо́мий** well-known, **славе́тний** famous
v. + **п. запро́шувати ~ця** invite a speaker (**представля́ти** introduce ◊ **Вона́ предста́вила пу́бліці ко́жного ~ця.** She introduced every speaker to the audience. **перерива́ти** interrupt ◊ **Кі́лька раз ~ця перерива́ли гучни́ми о́плесками.** Several times the speaker was interrupted by loud applause. **слу́хати** listen to); **пле́скати ~цеві** clap to a speaker
п. + *v.* **закли́кати** + *A.* call on sb; **зверта́тися до** + *G.* address sb ◊ **П. зверну́вся до прису́тніх із запита́нням.** The speaker addressed those present with a question.
Also see **доповіда́ч**

промо́вист|ий, *adj.*
telling, revealing, compelling
adv. **вкрай** extremely, **до́сить** fairly, **ду́же** very, **надзвича́йно** extraordinarily, **особли́во** particularly
п. + *n.* **п. жест** a revealing gesture (**по́гляд** look ◊ **О́лин по́гляд видава́вся ~ішим за її слова́.** Olia's look appeared more revealing than her words. **факт** fact); **~а дета́ль** a revealing detail (**на́зва** name, **обмо́вка** slip of the tongue, **парале́ль** parallel, **по́милка** mistake, **статтяя́** article); **~е інтерв'ю** a revealing interview (**порівня́ння** comparison, **прі́звисько** nickname); ◊ **Пес мав ~у кли́чку Бреху́н.** The dog had a telling name, Barker.
v. + **п. бу́ти ~им** be revealing ◊ **У його́ біогра́фії цей факт особли́во п.** This fact is particularly revealing in his biography. (**видава́тися** + *D.* appear to sb, **здава́тися** + *D.* seem to sb)

промовля́|ти, **~ють; промо́в|ити**, **~лю, ~иш, ~лять**, *tran.*
1 to utter, pronounce; say
adv. **вго́лос** aloud, **го́лосно** loudly ◊ **Чита́ючи роль, Христи́на го́лосно ~ла ко́жне сло́во.** Reading the part, Khrystyna uttered loudly every word. **ле́две** scarcely, **нечу́тно** inaudibly, **по́шепки** in whisper, **су́мно** sadly, **ти́хо** quietly; **ла́гідно** gently, **ні́жно** tenderly, **со́лодко** sweetly; **тве́рдо** firmly, **чі́тко** distinctly; **підкре́слено** emphatically; **пові́льно** slowly ◊ **Він пові́льно ~в слова́ моли́тви.** He was slowly uttering the words of the prayer. **шви́дко** quickly; ♦ **не промо́вити і сло́ва** *or* **слове́чка** *pf.* not to utter a word ◊ **Мико́ла обня́в його́, не промо́вивши і сло́ва.** Mykola hugged him, without saying a word.
prep. **п. до** + *G.* say to sb ◊ **Тако́го до не́ї ще ніхто́ ніко́ли не ~в.** Nobody ever said any such thing to her.
See **вимовля́ти**
2 *only impf.* to speak, tell ◊ **Він не вмів красномо́вно п.** He was not an eloquent speaker.
prep. **п. до** + *G.* speak to sb ◊ **Вона́ ста́ла ла́гідно п. до хло́пця.** She started speaking gently to the boy.
See **говори́ти 2**
3 *fig., only impf.* to appeal to sb, attract sb ◊ **Зго́дом ві́рші І́здрика почали по-ново́му п. до них.** Later Izdryk's poems started appealing to them in a new way.
See **прива́блювати**
pa. pple. **промо́влений** uttered
промовля́й! промо́в!

прониза́|ти, *pf., see* **прони́зувати**
to pierce ◊ **Він ~в Зі́ну воро́жим по́глядом.** He pierced Zina with a hostile look.

прони́злив|ий, *adj.*
piercing, sharp, acute, shrill, penetrating
п. + *n.* **п. ві́тер** piercing wind ◊ **Ната́лка заку́талася в коц, щоб захисти́тися від ~ого ві́тру.** Natalka wrapped herself in a blanket to protect herself from the piercing wind. (**хо́лод** cold; **біль** pain; **страх** fear; **по́гляд** look; **го́лос** voice, **дзвіно́к** bell, **крик** cry)
Alse see **го́стрий 2**

прони́зу|вати, **~ють; прониза́ти**, **~у́, прони́ж|уть**, *tran.*
1 to pierce, puncture, penetrate
adv. **з кінця́ в кіне́ць** from one end to another, **на́скрізь** through ◊ **Вона́ на́скрізь ~вала ко́жен гриб до́вгою го́лкою.** She pierced every mushroom through with a long needle. **посере́дині** in the middle; **блискави́чно** in a flash, **одра́зу** at once, **ра́птом** suddenly ◊ **Ра́птом те́мряву прониза́в про́мінь сві́тла.** Suddenly a beam of light penetrated the darkness. **за́раз же** right away; ♦ **п. до кісто́к** to cut to the bone; ◊ **мо́да п. ті́ло** the fashion of body piercing
Also see **перетина́ти 1**
2 to cross, run through ◊ **Кана́ва ~вала по́ле посере́дині.** A ditch crossed the field in the middle.
See **пересіка́ти 1, перетина́ти 2**
3 *fig.* to imbue, permeate ◊ **Любо́в до рі́дного мі́ста ~є її тво́ри.** Love for her home town permeates her works.
pa. pple. **прони́заний** pierced
прони́зуй! прониж́и!

проника́|ти, **~ють; прони́кн|ути**, **~уть**; *pa. pf., m.* **прони́к** *or* **прони́кнув**, *pl.* **прони́кли** *or* **прони́кнули**, *intr.*
1 to get in/to, make one's way in/to, reach
adv. **вже** already, **наре́шті** finally, **непомі́тно** unnoticed, **спри́тно** deftly; **беззву́чно** silently, **ти́хо** quietly; **підсту́пно** treacherously, **хи́тро** craftily
v. + **п. бу́ти тре́ба** + *D.* need to ◊ **Дмитро́ві тре́ба було́ я́кось прони́кнути в льох.** Dmytro needed to get in the cellar somehow. **вдава́тися** + *D.* succeed in, **змогти́** *pf.* manage to, **намага́тися** try to, **хоті́ти** want to; **не дава́ти** + *D.* not allow sb to
prep. **п. в** + *L.* get in/to sth ◊ **Вони́ прони́кли в заборо́нену зо́ну.** They made their way into the exclusion zone. **п. до** + *G.* get as far as sth ◊ **Бі́лі ведме́ді ~ють аж до по́люса.** Polar bears get as far as the pole. **п. на** + *A.* get in/to sth ◊ **Утіка́чі прони́кнули на кора́бель.** The fugitives made their way to the ship.
Also see **забира́тися 2, зала́зити 2**
2 to penetrate, infiltrate, slip into
adv. **глибо́ко** deeply, **дале́ко** far, **на́скрізь** through, **цілко́м** completely; **шви́дко** quickly, **вре́шті-ре́шт** eventually, **з ча́сом** with time, eventually, **посту́пово** gradually ◊ **Воло́гість посту́пово ~ла в усі́ заку́тки до́му.** Humidity gradually penetrated all the nooks of the house.

prep. **п. в** + *A.* penetrate sth; **п. крізь** + *A.* get through sth ◊ **Со́нце не ~ло крізь густе́ ли́стя.** The sun did not get through the thick leaves.
Also see **дохо́дити 2**
3 *fig.* to penetrate, fathom, understand, grasp ◊ **Він хоті́в прони́кнути у зна́чення ди́вного на́пису.** He wanted to penetrate the meaning of the strange inscription.
See **дохо́дити 6, розумі́ти 1.** *Also see* **вхо́дити 5**
проникай! прони́кни!

прони́клив|ий, *adj.*
1 insightful, perceptive, penetrating, astute
adv. **винятко́во** exceptionally, **вкрай** extremely, **глибо́ко** deeply, **до́сить** fairly, **ду́же** very, **навдивови́жу** amazingly, **неймові́рно** incredibly
п. + *n.* **п. ана́ліз** an insightful analysis (**дослі́дник** researcher, **по́гляд** look, **прогно́з** forecast; **психо́лог** psychologist, **ро́зум** mind, **спостеріга́ч** observer)
v. + **п. бу́ти ~им** be insightful (**виявля́тися** turn out, **здава́тися** + *D.* seem to sb ◊ **Коме́нтарі здава́лися їй глибо́ко ~ими.** The commentaries seemed deeply perceptive to her. **лиша́тися** remain; **става́ти** become) ◊ **Він став ~им дослі́дником літерату́ри.** He became an insightful researcher of literature.
Also see **аналіти́чний 2**
2 moving, emotional, stirring, dramatic
п. + *n.* **п. о́пис** a moving description; **~а му́зика** moving music ◊ **спра́вді ~а му́зика** a truly moving piece of music (**ні́жність** tenderness, **теплота́** warmth); **~е сло́во** a moving word ◊ **~і слова́ вдя́чности** moving words of gratitude
Also see **звору́шливий**

прони́кну|ти, *pf.*, *see* **проника́ти**
to penetrate, *etc.* ◊ **Він ~в на склад збро́ї.** He got inside the ammunitions dump.

пропаґа́нд|а, *f.*, *only sg.*
1 propaganda
adj. **аґреси́вна** aggressive, **відкри́та** open, **наха́бна** brazen, **приміти́вна** primitive; **антидержа́вна** anti-state; **безпере́рвна** nonstop; **воє́нна** war, **воро́жа** enemy; **прихо́вана** covert, **чи́ста** pure; **держа́вна** state, **офіці́йна** official, **парті́йна** party, **урядо́ва** government; **комуністи́чна** communist; **кремлі́вська** Kremlin, **моско́вська** Moscow, **росі́йська** Russian; **лі́ва** left-wing, **соціялісти́чна** socialist; **пра́ва** right-wing, **анатиукраї́нська** anti-Ukrainian, **шовіністи́чна** chauvinist ◊ **Програ́ми телекана́лу нашпиго́вані шовіністи́чною ~ою.** The programs of the channel were packed with chauvinist propaganda.
v. + **п. передава́ти ~у** broadcast propaganda, (**поши́рювати** spread); **ві́рити ~і** believe propaganda ◊ **Де́хто ві́рить наві́ть приміти́вній ~і.** Some people believe even primitive propaganda. (**протиді́яти** counter) ◊ **Нова́ публіка́ція протиді́яла воро́жій ~і.** The new publication countered the enemy propaganda.
prep. **п. про** + *A.* propaganda about sb/sth; **п. про́ти** + *G.* propaganda against sb/sth ◊ **кампа́нія ~и про́ти я́дерної енерге́тики** the propaganda campaign against nulear power generation
2 promotion, publicizing, marketing ◊ **Він за ~у місце́вих архітекту́рних па́м'яток.** He favors the promotion of the local architectural sights.

пропаґанди́ст, *m.*; **~ка**, *f.*
propagandist, propounder, champion ◊ **Жо́ден п. не переко́нає її голосува́ти за комуні́стів.** No propagandist will persuade her to vote communist.
adj. **гаря́чий** fervent, **досві́дчений** experienced, **за(по)взя́тий** zealous, **талановитий** talented, **стари́й** old; **бездарний** inept, **ке́пський** poor, **пога́ний** bad, **парті́йний** party
v. + **п. бу́ти ~ом** be a propagandist (**працюва́ти** work as ◊ **Він працюва́в парті́йним ~ом.** He worked as a party propagandist. **признача́ти** + *A.* appoints sb as, **става́ти** become)

пропаґанди́стськ|ий, *adj.*
propagandist, propaganda, of or pertaining to propaganda
п. + *n.* **п. за́сіб** a propaganda tool (**змі́ст** content, **матері́ял** material, **плака́т** poster, **прийо́м** ploy, **фі́льм** film); **~а війна́** a propaganda war ◊ **Кремль розв'яза́в ~у війну́ про́ти Гру́зії.** The Kremlin unleashed a propaganda war against Georgia. (**збро́я** weapon, **кампа́нія** campaign, **лету́чка** leaflet, **маши́на** machine, **мета́** purpose; **перемо́га** victory) ◊ **блиску́ча ~а перемо́га** a brilliant propaganda victory

пропада́|ти, **~ють; пропа́сти**, **пропад|у́ть;** *pa. pf., m.* **пропа́в**, *pl.* **пропа́ли**, *intr.*
1 to disappear, vanish, get lost, go missing, lose
adv. **від ча́су до ча́су** from time to time ◊ **Від ча́су до ча́су його́ листи́ ~ли.** From time to time, his letters would get lost. **іноді** sometimes, **ча́сом** occasionally, **ча́сто** often; **несподі́вано** unexpectedly, **ра́птом** suddenly ◊ **Її улю́блена су́кня ра́птом пропа́ла.** Her favorite dress went suddenly missing. **безповоро́тно** irreparably, **без слі́ду** without a trace, **наза́вжди́** forever; **абсолю́тно** absolutely, **геть** totally, **цілко́м** completely
v. + **п. могти́** can ◊ **Ча́сом у них могла́ пропа́сти кни́жка з бібліоте́ки.** Occasionally a library book could go missing at their place. **переста́ти** *pf.* stop; **почина́ти** begin to, **ста́ти** *pf.* start; ♦ **пропа́сти, як дим (з ко́мина)** *or* **як соба́ка на я́рмарку** *or* **як ка́мінь у во́ду** vanish into thin air ◊ **Він пропа́в, як соба́ка на я́рмарку.** He vanished into thin air. ♦ **п. з оче́й** vanish from sight
See **зника́ти.** *Also see* **відхо́дити 11, розтава́ти 3, стира́тися.** *Ant.* **з'явля́тися**
2 *only impf., colloq.* to be, hang out, stay
adv. **весь час** all the time ◊ **Де це вона́ ~ла весь цей час?** Where has she been all this time? **годи́нами** for hours ◊ **Ді́ти годи́нами ~ли в сусі́дів.** The children would hang out at the neighbors' for hours. **дня́ми** for days, **до́вго** for a long time ◊ **Він люби́в до́вго п. в го́рах.** He liked to spend a long time up in the mountains.
See **прово́дити 3**
3 to go to waste, be wasted
adv. **безнаді́йно** hopelessly, **безповоро́тно** irreversibly ◊ **Вона́ шкоду́є за ко́жною хвили́ною, що безповоро́тно ~ла в табо́рі.** She regrets every minute that was irreversibly wasted in the camp. **дарма́** in vain
See **марнува́ти.** *Also see* **витрача́ти 2, га́яти 1, тра́тити 2**
4 to perish, die ◊ **Ніхто́ не хоті́в п. че́рез бezда́рного кома́ндувача.** Nobody wanted to perish because of an inept commander.
prep. **п. від** *or* **з** + *G.* die of *(a disease)* ◊ **Від хворо́б у них пропа́ло сім ове́ць.** They lost seven sheep to disease. ◊ **Вони́ запасли́ся ї́жею, щоб не пропа́сти з го́лоду.** They stocked up on food, so as not to die of hunger.
See **вмира́ти 1**
пропада́й! пропади́!

пропози́ці|я, *f.*, **~ї**
1 offer, proposal, suggestion + *G. or inf.*
adj. **га́рна** nice, **до́бра** good, **ласка́ва** kind, **найкра́ща** best ◊ **до́бра, хоч дале́ко не найкра́ща п.** a good though by far not the best offer; **прива́блива** attractive, **ціка́ва** interesting, **ще́дра** generous; **дета́льна** detailed, **конкре́тна** specific; **зва́жена** balanced ◊ **зва́жена п. економі́чної допомо́ги** a balanced offer of economic assistance, **обґрунто́вана** well-substantiated, **прито́мна** sensible, **розсу́длива** judicious, **розу́мна** reasonable, **твере́за** sober; **амбі́тна** ambitious ◊ **Її п. була́ хоч амбі́тною, але́ цілко́м здійсне́нною.** Her proposal was, though ambitious, quite realizable. **контроверсі́йна** controversial, **радика́льна** radical, **смі́ли́ва** bold; **компромі́сна** compromise; **найгі́рша** worst, **обра́злива** insulting ◊ **Його́ п. могла́ зда́тися обра́зливою.** His offer could seem insulting. **прини́злива** humiliating; **законода́вча** legislative, **ми́рна** peace, **офіці́йна** official, **форма́льна** formal
v. + **п. висува́ти~ю** put forward a proposal ◊ **Він ви́сунув компромі́сну ~ю що́до запобіга́ння злочи́нності.** He put forward a compromise proposal on crime prevention. (**накре́слювати** outline, **подава́ти** submit, **представля́ти** present, **роби́ти** + *D.* make sb, **розробля́ти** develop, **склада́ти** put together, **формулюва́ти** formulate ◊ **Вона́ сформулюва́ла альтернати́вну ~ю.** She formulated an alternative proposal. **віта́ти** welcome, **підтри́мувати** support, **прийма́ти** accept, **схва́лювати** endorse; **аналізува́ти** analyze, **вивча́ти** study, **обгово́рювати** discuss, **розгляда́ти** examine ◊ **Нову́ ми́рну ~ю тре́ба рете́льно розгля́нути.** The new peace proposal should be thoroughly examined. **блокува́ти** block, **відкида́ти** reject, refuse ◊ **Вам слід зроби́ти їм ~ю, яку́ не мо́жна відки́нути.** You should make them an offer they can't refuse. **відхиля́ти** turn down, **іґнорува́ти** ignore) ◊ **Вона́ до́вго іґнорува́ла ї́хні ~ї.** She ignored their proposals for a long time. **висту́пати про́ти ~ї** oppose a proposal ◊ **Ніхто́ не нава́жувався висту́пати про́ти ~ї нача́льника.** No one dared oppose the boss's suggestion.
prep. **п. стосо́вно** *or* **що́до** + *G.* a proposal concerning sth ◊ **п. що́до пра́вил безпе́ки** a proposal concerning the safety rules
2 *econ.* supply ◊ **План зме́ншив колива́ння по́питу і ~ї на ри́нку.** The plan reduced the fluctuations of demand and supply on the market.
Ant. **по́пит**

пропону|ва́ти, **~ють; за~**, *tran.*
1 to offer *(money, help, advice)* + *D.* to sb
adv. **вже** already ◊ **Вони́ вже ~ва́ли Андрі́єві свої́ по́слуги.** They already offered their services to Andrii. **впе́рше** for the first time, **зно́ву** again, **неодноразо́во** repeatedly; **коли́сь** once, **наре́шті** finally; **залю́бки́** willingly, **ласка́во** kindly, **ра́до** gladly, **ще́дро** generously ◊ **Йому́ ще́дро запропонува́ли по́зику з мініма́льною лихво́ю** *or* **відсо́тком.** He was generously offered a loan with a minimal interest.
v. + **п. бу́ти гото́вим** be ready to; **бу́ти у ста́ні** be in a position to; **могти́** can ◊ **Це все, що я мо́жу вам за~.** That's all I can offer you. **збира́тися** be going to, **ма́ти на́мір** have the intention to; **ста́ти** *pf.* start ◊ **О́льга ста́ла п. їм рі́жні варія́нти дій.** Olha started offering them different action options. **хоті́ти** like to
2 to suggest *(doing sth)* ◊ **Він ~є працюва́ти ра́зом.** He suggests working together. ◊ **~ю негайно написа́ти до них.** I suggest that we write to them at once.
3 to propose, offer, suggest
adj. **офіці́йно** officially ◊ **Вони́ офіці́йно запропонува́ли підписа́ти відо́зву.** They officially proposed signing the appeal. **серйо́зно** seriously, **урочи́сто** solemnly, **форма́льно** formally; **споча́тку** initially; **жартома́** in jest ◊ **Він запропонува́в себе́ на роль Га́млета жартома́.** He offered to play the part of Hamlet in jest.
♦ **п.** + *D.* **ру́ку (і се́рце)** to propose (marriage) to sb ◊ **слу́шна наго́да за~ ді́вчині ру́ку і се́рце** a good occasion to propose to the girl
v. + **п. віри́шувати** decide to ◊ **Вона́ ви́рішила за~ і́нший ви́хід.** She decided to suggest a different solution. **збира́тися** be going to, **ма́ти на́мір** have the intention to
pa. pple. **запропоно́ваний** offered, proposed
(за)пропону́й!

пропорційн|ий, *adj.*
proportional + *D.* to sth ◊ **Ширина рамки ~а довжині.** The frame width is proportional to its length.
adv. **більш-менш** more or less, **відносно** relatively ◊ **Показники попиту і пропозиції сирої нафти лишалися відносно ~ими.** The crude oil demand and supply indices remained relatively proportional. **грубо** roughly, **ледве** scarcely, **майже** almost, **приблизно** approximately;
♦ **зворотньопропорційний** inversely proportional, ♦ **прямопропорційний** directly proportional ◊ **Вартість золота прямопропорційна його вазі.** The value of gold is directly proportional to its weight. ◊ **Вони домагалися ~ого представництва в консультаційній раді.** They pressed for a proportional representation on the advisory board.

пропорці|я, *f.*, **~ї**
1 proportion
adj. **відносна** relative; **зворотна** inverse, **пряма** direct; **однакова** identical, **рівна** equal; **певна** certain, **фіксована** fixed; **відмінна** different ◊ **Венеру і Землю складають головно ті самі хемічні елементи, але у відмінних ~ях.** Venus and Earth are both composed of mainly the same chemical elements, but in different proportions. **змінна** varying; **приблизна** approximate, **реальна** effective, **точна** exact; **відповідна** adequate, **досконала** perfect, **належна** proper, **правильна** correct; **теперішня** current; **аритметична** *math.* arithmetical, **геометрична** *math.* geometrical
v. + **п. встановлювати ~ю** establish a proportion (**збільшувати** increase, **зменшувати** reduce; **обчислювати** calculate, **оцінювати** estimate; **становити** constitute); **дотримуватися ~ї** adhere to a proportion ◊ **Він дотримується ~й складників у рецепті.** He adheres to the proportions of ingredients in the recipe. **виражати** + *A.* **в ~ї** express sth as a proportion (**утримувати** + *A.* **в** keep sth in) ◊ **Важливо утримувати компоненти суміші в належній ~ї.** It is critical to keep the mixture components in the proper proportion.
prep. **у ~ї до** + *G. or* **з** + *I.* in proportion to sth ◊ **Голова статуї була в досконалій ~ї до тіла** *or* **з тілом.** The statue's head was in perfect proportion to the body. **поза ~єю до** + G. *or* **з** + *I.* out of proportion to sth ◊ **Її витрати поза всякою ~єю із заробітком.** Her expenditures were out of any proportion to her earnings.
2 *only pl.* size, shape, proportion
adj. **безпрецедентні** unprecedented ◊ **невдача безпрецедентних ~й** a failure of unprecedented proportions; **біблійні** biblical, **великі** great, **величезні** enormous, **гігантські** gigantic, **колосальні** colossal, **масивні** massive, **монументальні** monumental ◊ **палац монументальних ~й** a palace of monumental proportions; **небачені** unheard-of; **загрозливі** alarming ◊ **Епідемія досягнула загрозливих ~ій.** The epidemic reached alarming proportions. **невеликі** small, **скромні** modest; **досконалі** perfect, **класичні** classic ◊ **Її тіло має класичні ~ї.** Her body has classic proportions.
v. + **п. досягати ~й** reach proportions ◊ **Конфлікт досягнув катастрофічних ~й.** The conflict reached catastrophic proportions.
See **величина 1, кількість, масштаб 2.** *Also see* **обсяг 1, розмір 1**

пропуска|ти, ~ють; пропуст|йти, пропущу, ~ять, *tran.*
1 to let pass, allow entry, pass, let in, admit, put
adv. **легко** easily ◊ **Патруль легко пропустив їх у табір.** The patrol easily allowed them entry into the camp. **нарешті** finally, **неохоче** grudgingly, **одразу** immediately, **зараз же** right away; **швидко** quickly; **кілька раз(ів)** several times ◊ **Іван пропустив м'ясо через м'ясорубку кілька разів.** Ivan passed the meat through the meat grinder several times.
v. + **п. бути готовим** be ready to ◊ **Він готовий пропустити всіх.** He is ready to let everybody in. **вирішувати** decide to; **могти** can; **починати** begin; **відмовлятися** refuse to ◊ **Цензор відмовився пропустити статтю.** The censor refused to allow the article.
prep. **п. в** + *A.* let sb pass into *(a place)* ◊ **Жінку пропустили в передпокій.** The woman was let in the anteroom. **п. до** + *G.* allow sb entry to *(a place)* ◊ **п. до клубу** allow sb entry to a club; **п. на** + *A.* allow sb entry to *(an event)* ◊ **Їх ~ли безплатно на виставу.** They were allowed free entry to the performance.
Also see **дозволяти 1**
2 to leak, be leaky, be penetrable to *(water, air, etc.)*, take in ◊ **Човен ~в воду.** The boat leaked. ◊ **Вікна ~ли повітря.** The windows were not airtight.
3 to pass over, miss, omit, skip
adv. **випадково** inadvertently, **ненароком** accidentally; **навмисне** on purpose, **свідомо** consciously, **спеціяльно** deliberately ◊ **Він спеціяльно пропустив семінар.** He deliberately missed the seminar. **якось** somehow; **іноді** sometimes, **рідко** seldom, **час від часу** from time to time; **завжди** always, **часто** often ◊ **Він часто ~є заняття.** He often misses classes. **ніколи не** never ◊ **Вона ніколи не ~ла нагоди покепкувати з хлопця.** She never missed an opportunity to poke fun at the boy. **ні за які гроші не** *colloq.* not for love or money ◊ **Ліля ні за які гроші не ~ла улюблений телесеріял.** Lilia did not miss her favorite TV series for love or money.
4 *colloq.* to drink, eat *(limited amount)*, sip ◊ **Вона любила пропустити гальбу пива з друзями.** She liked to have a mug of beer with friends.
pa. pple. **пропущений** missed
пропускай! пропусти!

прорив, *m.*, **~у**
1 rupture, break, breach ◊ **Греблю зміцнили, щоб запобігти ~у.** The dam was fortified to prevent a breach.
adj. **великий** big, **величезний** enormous, **значний** significant, **катастрофічний** catastrophic, **масивний** massive; **небезпечний** dangerous; **невеликий** small; ◊ **п. кишечника** *med.* an intestinal perforation
2 *fig.* breakthrough, advance, success
adj. **важливий** important, **великий** great, **величезний** huge, **історичний** historic; **реальний** real, **справжній** genuine; **бажаний** desired, **очікуваний** anticipated, **прогнозований** predicted; **найновіший** latest, **недавній** recent, **новий** new, **черговий** another; **ґвалтовний** abrupt, **несподіваний** unexpected, **раптовий** sudden; **військовий** military, **дипломатичний** diplomatic, **економічний** economic, **медичний** medical, **науковий** scientific, **політичний** political, **технічний** technological, **цивілізаційний** civilizational
v. + **п. представляти п.** represent a breakthrough ◊ **Політ на Місяць представляв історичний п. у дослідженні космосу.** The flight to the Moon represented a historic breakthrough in space exploration. (**робити** make, **являти (собою)** be, constitute) ◊ **Видання являло (собою) очікуваний п. у словникарстві.** The publication constituted an anticipated breakthrough in lexicography. **досягати ~у** achieve a breakthrough; **бути ~ом** be a breakthrough (**вважати** + *A.* consider sth; **виявлятися** turn out; **ставати** become) **Грудневі події стали ~ом у формуванні нації.** The December events became a breakthrough in the formation of the nation.
п. + *v.* **відбуватися** take place, **наставати** come, **ставатися** happen ◊ **Найновіший п. у лікуванні раку стався випадково.** The latest breakthrough in cancer treatment happened by accident.
prep. **п. у** + *L.* a breakthrough in sth
Also see **досягнення, успіх 1**

прорива|ти, ~ють; прорв|ати, ~уть, *tran.*
1 to break through, tear, breach
adv. **легко** easily; **нарешті** finally; **неохоче** grudgingly, **одразу** immediately, **зараз же** right away, **швидко** quickly
п. + *n.* **п. бар'єр** breach a barrier (**греблю** dam ◊ **Повінь ~ла греблю.** The flood breached the dam. **зарослі** vegetation ◊ **Вона бігла, ~ючи густі зарослі лісу.** She ran, breaking through the thick forest vegetation. **кокон** cocoon ◊ **Дозрівши, личинка ~є кокон.** Having matured, the larva tears through its cacoon. **оболонку** membrane, **оборону** defense ◊ **Напад з правого флангу прорвав оборону ворога.** An assault on the right flank breached the enemy's defense. **фронт** front; **пакунок** package)
2 *impers., only 3rd pers., nt.* + *A.* to let it out, start abruptly *(speaking, laughing)*, break out + *I.* ◊ **Ольгу раптом прорвало, і вона стала обзивати чоловіка.** Olha suddenly let it all out and started cursing the man. ◊ **Петра прорвало реготом.** Petro broke out laughing.
3 to weed ◊ **Він ~в грядку буряків.** He was weeding a bed of beets. ◊ **Полуницю треба досить часто п.** The strawberries need a fairly frequent weeding.
pa. pple. **прорваний** broken through
проривай! прорви!

прорива|тися; прорватися, *intr.*
1 to tear, rip, break, rupture; *pass.* get broken ◊ **У Лева прорвалася кишеня.** Lev's pocket tore. ◊ **Система міського водогону часто ~лася.** The city water supply system would often rupture.
2 to break through, make one's way through, burst through, force one's way through; barge
prep. **п. в** + *A.* burst into *(a place)* ◊ **Вона прорвалася в залу.** She burst into the hall; **п. на** + *A.* make one's way to *(an event)* ◊ **Вікторові пощастило прорватися на концерт.** Viktor was lucky enough to make his way to the concert. **п. через** + *A.* break through sth ◊ **Вони прорвалися через оточення.** They broke through the encirclement.
3 to burst open, break *(of a boil, etc.)* ◊ **Нарив сам має п.** The abscess must break on its own.

прорізa|ти, *pf., see* **різати 5**
to cut through, *etc.* ◊ **Сиґнал корабля ~в тишу.** A signal from a ship pierced the silence.

пророк, *m.*; **пророчиця**, *f.*
prophet; *fig., poet.* oracle, soothsayer
adj. **біблійний** biblical, **великий** great, **старий** old, **старозавітній** Old Testament; **правдивий** *or* **справжній** true, **фальшивий** false; **національний** national
v. + **п. бути ~ом** be a prophet ◊ **Він – не біблійний п., але може передбачати погоду.** He is no biblical prophet, but he can foretell the weather. (**вважати** + *A.* consider sb, **визнавати** + *A.* recognize sb as ◊ **Його визнавали ~ом.** He was recognized as a prophet. **виявлятися** turn out, **називати** + *A.* call sb ◊ **Українці називають Тараса Шевченка своїм національним ~ом.** Ukrainians call Taras Shevchenko their national prophet. **ставати** become)

пророцтв|о, *nt.*
prophecy + *G.*
adj. **біблійне** biblical, **релігійне** religious, **старозавітне** Old Testament, **правдиве** true; **зловісне** ominous, **понуре** grim, **похмуре** gloomy, **страшне** terrible; **брехливе** deceitful, **так зване** so-called, **фальшиве** false
v. + **п. робити п.** make a prophecy (**здійснювати** fulfill; **слухати** listen to ◊ **Він слухав п. ворожки.** He listened to the soothsayer's prophecy. **читати** read, **чути** hear; **вірити у** believe in, **звучати як** sound like) ◊ **Її слова звучали зловісним**

~ом руїни. Her words sounded like an ominous prophecy of ruin.
п. + *v.* збуватися *or* здійснюватися come true ◊ Не довбдь, Боже, щоб п. збулося! God forbid for the prophecy to come true!

проро́ч|ий, *adj.*
prophetic, oracular, prescient
adv. **глибо́ко** deeply, **дивови́жно** amazingly, **неймові́рно** incredibly, **цілко́м** completely
п. + *n.* п. го́лос a prophetic voice (**дар** gift ◊ **Поет мав п. дар.** The poet possessed a gift of prophecy. **по́гляд** look, **сон** dream); **~а ві́стка** prophetic news (**ду́мка** thought, **промо́ва** speech); **~е ви́діння** a prophetic vision
v + **п. бу́ти ~им** be prophetic ◊ **Оста́нні рядки́ ~і.** The last lines are prophetic. (**вважа́ти** + *A.* consider sth, **виявля́тися** prove ◊ **Її́ слова́ ви́явилися ~ими.** Her words proved to be prophetic. **става́ти** become)

прос|и́ти, про́шу, ~ять; по~, *tran.*
1 to ask, request; ♦ **про́шу** you are welcome. ◊ **Дя́кую вам. – Про́шу.** Thank you. – You are welcome.
adv. ♦ **ду́же п.** to beg ◊ **Не гні́вайтеся, ду́же про́шу вас.** Don't be mad, I am begging you. **ла́гідно** gently, **м'я́ко** softly, **со́лодко** sweetly, **спокі́йно** calmly, **ти́хо** quietly; **че́мно** politely; **збу́джено** excitedly, **серди́то** angrily; **в лоб** bluntly, **насті́йливо** insistently, **про́сто** simply ◊ **Мо́тря про́сто ~и́ла їх не запі́знюватися.** Motria simply asked them not to be late. **пря́мо** directly; **хо́лодно** coldly; **нетерпля́че** impatiently, **роздрато́вано** with irritation, **саркасти́чно** sarcastically, **хи́тро** slyly; **з осторо́гою** apprehensively, **з о́страхом** fearfully, **нерво́во** nervously, **слі́зно** tearfully ◊ **Оста́п слі́зно ~ить вас не роби́ти цього́.** Ostap tearfully asks you not to do it. **стурбо́вано** worriedly, **триво́жно** anxiously; **жартівли́во** in jest, **жартома́** jokingly; **вага́ючись** hesitantly, **несміли́во** timidly, **обере́жно** cautiously
п. + *n.* п. допомо́ги ask for help (**ї́сти** food, **пи́ти** water ◊ **Хво́рий ти́хо ~и́в пи́ти.** The patient quietly asked for some water. **пора́ди** advice, **поряту́нку** rescue, **проба́чення** forgiveness, **сме́рти** death); ♦ **п. руки́ в** + *G.* to propose (marriage) to sb ◊ **Лев попроси́в руки́ в Ні́ни.** Lev proposed to Nina. ♦ **п. сло́ва** to ask for the floor ◊ **Вона́ ~и́ла сло́ва.** She was asking for the floor.
v. + **п. збира́тися** intend to ◊ **Він збира́вся п. батькі́в про допомо́гу.** He intended to ask his parents for help. **нава́жуватися** dare; **хоті́ти** want to; **забува́ти** forget to ◊ **Він забу́в по~ Марти́на принести́ книжки́.** He forgot to ask Martyn to bring the books.
prep. **п. в** + *G.* ask sb ◊ **Вона́ попроси́ла в Іва́на пора́ди.** She asked Ivan for advice. **п. про** + *A.* ask about sth ◊ **Я хоті́ла б по~ вас про одну́ спра́ву.** I'd like to ask you about one thing. **п. щоб** + *clause* ask to + *inf.* ◊ **Я́ків ~и́в бра́та, щоб той познайо́мив його́ з Кли́мом.** Yakiv asked his brother to introduce him to Klym. **п.** + *inf.* ◊ **Лари́са ~и́ла всіх замо́вкнути.** Larysa asked everybody to be silent.
Also see **перепро́шувати 2.** *Cf.* **пита́ти**
2 to invite
adv. **ласка́во** kindly, **покі́рно** humbly, **уклі́нно** respectfully ◊ **Уклі́нно ~имо вас до се́бе в го́сті.** You are cordially invited to our place.
prep. **п. до** + *G.* invite to *(a place)* ◊ **Господа́рі попроси́ли їх до сто́лу.** The hosts invited them to the table. **п. на** + *A.* invite to *(an event)* ◊ **Ма́ти і ба́тько ласка́во ~ять вас на на́ше весі́лля.** Our mother and father kindly invite you to our wedding.
See **запро́шувати.** *Also see* **заклика́ти 2**
3 to beg, go begging ◊ **Він оща́джував за́молоду, щоб на ста́рості не п.** He saved since he was young not to go begging in his old age.
4 to intercede for
prep. **п. за** + *A.* intercede for sb, intervene on sb's behalf ◊ **Ба́тько відмо́вився п. за дочку́.** Father refused to intercede for his daughter.
See **клопота́тися 3**
5 *colloq.* to ask *(as a price)* ◊ **Скі́льки він ~ить за ма́рки?** How much is he asking for the stamps? ◊ **Вони́ забага́то ~ять за буди́нок.** They are asking too much for the house.
pa. pple. **попро́шений** asked, requested
(по)проси́!

проспе́кт, *m.*, **~у**
1 avenue *(a wide street)*
adj. **до́вгий** long, **прями́й** straight, **широ́кий** wide; **зеле́ний** leafy; **ки́ївський** Kyiv ◊ **Центра́льна ву́лиця мі́ста назива́ється Ки́ївським ~ом.** The central street of the city is called Kyiv Avenue.
п. + *n.* п. Свобо́ди Liberty Avenue *(main drag in Lviv)* (**Ле́сі Украї́нки** Lesia Ukrayinka, **Ми́ру** Peace, **Тара́са Шевче́нка** Taras Shevchenko) ◊ **П. Тара́са Шевче́нка – одна́ з найдо́вших ву́лиць мі́ста.** Taras Shevchenko Avenue is one of the longest streets of the city.
prep. **вздо́вж ~у** along an avenue ◊ **Уздо́вж ~у посади́ли кашта́ни.** They planted chestnut trees along the avenue. **на ~і** on an avenue ◊ **О́пера розташо́вана на ~і Свобо́ди.** The opera house is located on Liberty Ave. **по ~у** up/down an avenue ◊ **Вони́ прогуля́лися по ~у.** They took a walk down the avenue.
See **ву́лиця**
2 prospectus, booklet; plan
adj. **дета́льний** *or* **докла́дний** detailed; **коро́ткий** short; **інформаці́йний** information, **туристи́чний** tourist
prep. **у ~і** in a booklet ◊ **У ~і є ціка́ві да́ні.** There are interesting data in the booklet.
See **кни́жка**

простежи|ти, *pf., see* **сте́жити**
to watch, *etc.* ◊ **Садова́ ~ла, кому́ віднесли́ паке́т.** Sadova tracked who the package had been taken to.

про́ст|ий, *adj.*
1 simple, easy, uncomplicated
adv. **абсолю́тно** absolutely, **винятко́во** exceptionally, **вкрай** extremely, **до́сить** fairly, **доста́тньо** sufficiently, **ду́же** very, **максима́льно** maximally, **надзвича́йно** extraordinarily, **на ди́во** surprisingly, **на рі́дкість** rarely, **неймові́рно** incredibly; **ле́две** scarcely, **ма́йже** almost, **сливе́** nearly; **відно́сно** relatively, **порі́вняно** comparatively ◊ **Порі́вняно п. механі́зм ле́гко ремонтува́ти.** The comparatively simple device is easy to fix. **на ви́гляд** in appearance, **ома́нливо** deceptively, **пози́рно** seemingly; **геніа́льно** brilliantly, **елега́нтно** elegantly, **чудо́во** wonderfully
п. + *n.* п. до́ступ a simple access (**дріб** *math.* common *or* simple fraction; **механі́зм** mechanism, **план** plan, **прису́док** *ling.* predicate, **реце́пт** recipe ◊ **п. реце́пт борщу́** a simple borshch recipe; **спо́сіб** manner, **шлях** way); **~а́ річ** a simple thing (**спра́ва** matter); **~е́ життя́** a simple life ◊ **Він жив ~и́м життя́м.** He lived a simple life. (**завда́ння** assignment, **рівня́ння** equation, **ре́чення** *ling.* sentence), **~е́ число́** *math.* a prime number
v. + **в. бу́ти ~и́м** be simple ◊ **Її́ підхі́д п.** Her approach is simple. (**вважа́ти** + *A.* consider sth, **виявля́тися** turn out, **здава́тися** + *D.* seem to sb ◊ **Сюже́т п'є́си лише́ здає́ться ~и́м.** The plot of the play only seems simple. **роби́ти** + *A.* make sth, **става́ти** become)
Also see **гру́бий 4, легки́й 2.** *Ant.* **недосту́пний 2, складни́й**
2 simple, clear, plain, straightforward
п. + *n.* п. ви́клад a simple account ◊ **Її́ матеріа́л – п. ви́клад поді́й.** Her story is a simple account of the events. (**ви́раз** expression, **план** plan, **стиль** style); **~а́ мело́дія** a simple melody (**мо́ва** language; **причи́на** reason); **~е́ поя́снення** a simple explanation ◊ **Має́ бу́ти ~е́ поя́снення всьому́, що ста́лося.** There has to be a simple explanation for what occurred. (**рі́шення** solution)
3 simple, plain, unadorned
п. + *n.* п. звича́й a simple custom (**костю́м** suit, **орна́мент** ornament ◊ **За́ла має́ до́сить п. орна́мент.** The hall has a rather plain ornamentation. **стиль** style) ◊ **Пое́тка використо́вує п. стиль.** The poetess makes use of a simple style. **~а́ обстано́вка** plain setting (**су́кня** dress); **~е́ вмеблюва́ння** plain furnishing
4 simple, candid, frank, honest
п. + *n.* п. факт a simple fact ◊ **Ма́рно ста́вити під су́мнів цей п. факт.** It is futile questioning this simple fact. (**хара́ктер** character) ◊ **Її́ хара́ктер ле́две мо́жна назва́ти ~и́м.** Her character can hardly be called simple. **~а́ ві́ра** simple belief (**істо́рія** story, **пра́вда** truth ◊ **У фі́льмі пока́зано ~у́ пра́вду життя́.** The film shows the simple truth of life. **стати́стика** statistic); **~е́ бажа́ння** a simple desire
5 simple, unpretentious, ordinary, plain, modest
п. + *n.* п. воя́к a simple soldier (**робітни́к** worker), ♦ **п. сме́ртний** a mere mortal ◊ **О́льга, ~а́ сме́ртна, розмовля́ла з вели́ким поéтом.** Olha, a mere mortal, was talking with a great poet. **~а́ ї́жа** plain food ◊ **Він лю́бить ~у́ ї́жу.** He likes plain food.
v. + **п. вдава́ти (з се́бе) ~о́го** pretend to be simple ◊ **Сергі́й удава́в ~о́го.** Serhii pretended to be simple.
Also see **скро́мний 2**

проститу́т|ка, *f. and m.*
prostitute; *also fig.* ◊ **Головно́ю геро́їнею рома́ну є п.** A prostitute is the protagonist of the novel.
adj. **звича́йна** common ◊ **Її́ коха́ний ви́явився звича́йною ~кою.** Her beloved turned out to be a common prostitute. **професі́йна** professional; **неповнолі́тня** underage; **правди́ва** true, **спра́вжня** real; **коли́шня** former ◊ **Він одружи́вся на коли́шній ~ці.** He married a former prostitute. **політи́чна** *fig.* political ◊ **Він знав бага́то політи́чних ~ок.** He knew many political prostitutes. **рі́дкісна** *fig.* rare
v. + **п. найма́ти ~ку** hire a prostitute (**шука́ти** look for); **ходи́ти до ~ки** go to a prostitute; **бу́ти ~кою** be a prostitute (**працюва́ти** work as ◊ **Вона́ працю́є ~кою.** She works as a prostitute. **перетво́рювати** + *A.* **на** turn sb into, **перетво́рюватися на** turn into ~ку ◊ **Він відчува́в, що перетво́рюється на ~ку.** *fig.* He felt he was turning into a prostitute. **роби́ти** + *A.* make sb; **става́ти** become) ◊ **Ді́вча́т зму́шували става́ти ~ками.** The girls were forced to become prostitutes.
G. pl. **~ок**
Also see **ку́рва 1, курві́й**

проститу́ці|я, *f.*, **~ї**, *only sg.*
prostitution
adj. **ви́мушена** forced; **дитя́ча** child, **чолові́ча** male; **леґалізо́вана** legalized, **леґа́льна** legal; **політи́чна** *fig.* political ◊ **А́втор статті́ назива́є такі́ домо́вленості політи́чною ~єю.** The author of the article calls such deals political prostitution.
v. + **п. декриміналізува́ти ~ю** decriminalize prostitution (**леґалізува́ти** *or* **узако́нювати** legalize ◊ **Уряд узако́нив ~ю.** The government legalized prostitution. **контролюва́ти** control); **боро́тися із ~єю** fight prostitution

про́ст|ір, *m.*, **~ору**
space, room; *pl.* territory, expanse
adj. **безкра́їй** limitless ◊ **Кораблі́ розчини́лися у безкра́їх ~ора́х мо́ря.** The ships dissolved in the limitless expanses of the sea. **безме́жний** boundless, **безмі́рний** immeasurable, **вели́кий** large, **величе́зний** huge, **значни́й** considerable, **необме́жений** unlimited, **неося́жний** immense, **чима́лий** sizable, **широ́кий** wide; **відпові́дний**

adequate, **доста́тній** sufficient; **вузьки́й** narrow, **кри́хітний** tiny, **мали́й** small, **обме́жений** limited, **тісни́й** tight; **відкри́тий** open, **закри́тий** confined; **ві́льний** free, **наявний** available, **незайнятий** vacant, **поро́жній** empty; **триви́мірний** three-dimensional; **космі́чний** outer, **міжплане́тний** interplanetary, **морськи́й** sea, **небе́сний** celestial, **пові́тряний** air ◊ **Вини́щувачі пору́шили пові́тряний п. Есто́нії.** The fighters made an incursion into Estonia's air space; **вну́трішній** interior; **особи́стий** personal; **грома́дський** public, **духо́вний** spiritual, **сакра́льний** sacral; **фізи́чний** physical; **місько́й** urban
v. + **п. займа́ти п.** take up space ◊ **Старі́ ме́блі лише́ займа́ють п.** The old furniture only takes up space. (**запо́внювати** fill,**окупува́ти** occupy; **використо́вувати** use; **еконо́мити** save; **звільня́ти** free up; **марнува́ти** waste; **надава́ти** + *D.* provide sb; **очи́щувати від** + *G.* clear from sth; **ство́рювати** create; **упристу́пнювати для** + *G.* make available for sth; **диви́тися у** stare into ◊ **Оле́ся стоя́ла й диви́лася в п.** Olesia stood and stared into space.
prep. **у ~орі** in space ◊ **у ча́сі й ~орі** in time and space; **п. між** + *I.* space between sth
Also see **пло́ща 3.** *Cf.* **мі́сце 1, примі́щення**

про́сто, *adv., part., pred., prep.*
1 *adv.* simply, in a simple way; easy ◊ **Вона́ вдяга́лася п.** She dressed in a simple manner.
2 *adv.* straight ◊ **Іді́ть п.** Go straight. ◊ **П. пе́ред ва́ми бу́де крини́ця.** Straight ahead of you there will be a well.
3 *part.* merely, simply, just ◊ **Я п. пита́ю вас.** I'm simply asking you. ♦ **п. так** for no particular reason ◊ **Він сказа́в це п. так.** He said it for no particular reason. ◊ **Це п. чу́до, а не фільм!** This is simply a wonder of a film!
4 *part.* only, just ◊ **Вона́ не п. диви́лася, а ї́ла його́ очи́ма.** She was not just looking, she was devouring him with her eyes. ◊ **Це п. всту́п, а не весь текст.** This is just an introduction and not the whole text.
See **лише́, ті́льки**
5 *pred.* simple, easy ◊ **Все п.** Everything is simple. ◊ **Це п. влаштува́ти.** It is easy to arrange. ◊ **Ресу́рсом ста́ло п. користува́тися.** The resource became easy to use.
6 *colloq., prep.* + *G.* in front of sb/sth ◊ **П. не́ї бли́мав світлофо́р.** A traffic light was twinkling in front of her. ♦ **п. не́ба** 1) facing the sky ◊ **Вона́ лежа́ла п. не́ба, милу́ючися хма́рами.** She lay, facing the sky, admiring the clouds. 2) outdoors, outside ◊ **Вони́ провели́ ніч п. не́ба, у копи́ці сі́на.** They spent the night outside in a hay stack.

просто́р|ий, *adj.*
1 spacious, roomy, capacious
adv. **до́сить** fairly ◊ **У ~ій ку́хні мо́жна поста́вити обі́дній стіл.** It is possible to put a dinner table in the spacious kitchen. **доста́тньо** sufficiently; **ду́же** very, **надзвича́йно** extraordinarily, **несподі́вано** unexpectedly; **ле́две** scarcely; **відно́сно** relatively, **порі́вняно** comparatively ◊ **Її́ поме́шкання порі́вняно ~е.** Hers is a comparatively spacious apartment.
v. + **в. бу́ти ~им** be spacious (**виявля́тися** turn out ◊ **Буди́нок ви́явився несподі́вано ~им.** The house turned out to be unexpectedly spacious. **здава́тися** + *D.* seem to sb; **роби́ти** + *A.* make sth, **става́ти** become)
Also see **ві́льний 3, містки́й 1.** *Ant.* **тісни́й 1**
2 vast, limitless, immense
п. + *n.* **п. ліс** a vast forest (**парк** park, **степ** steppe); **~е мо́ре** vast sea (**не́бо** sky, **по́ле** field)

просто́т|а, *f.*
1 *coll.* common people, simple folk ◊ **Ро́дом вона́ зі звича́йної ~и.** She originates from regular common people.
2 *fig.* simpleton, gullible and naive person ◊ **Гали́на – не така́ п., як мо́же багатьо́м здава́тися.** Halyna is not as naive as she may seem to many.

простот|а́, *f., only sg.*
simplicity; clarity; plainness; unpretentiousness
adj. **благослове́нна** blessed; **дитя́ча** childlike; **еле́га́нтна** elegant; **винятко́ва** exceptional ◊ **Дім письме́нника вража́ло винятко́вою ~о́ю.** The writer's home impressed one with its exceptional simplicity. **осо́бли́ва** particular ◊ **Її́ стиль не вирізня́вся особли́вою ~о́ю.** Her style did not stand out as particularly simple. **разю́ча** stark, **скра́йня** extreme; **відно́сна** relative; **я́вна** apparent; **ома́нлива** deceptive, **пози́рна** seeming ◊ **Хай вас не вво́дить в ома́ну пози́рна п. ві́рша.** Do not be fooled by the seeming simplicity of the poem. ♦ **свята́ п.** simplicity itself; extremely naive ◊ **У спра́вах се́рця він – свята́ п.** In matters of the heart, he is simplicity itself.

проте́, *adv.*
however, yet ◊ **Вона́ – ліни́ва, п. талановита ді́вчи́на.** She is a lazy, yet talented girl.
Also see **але́, та 2**

проте́ст, *m.*, **~у**
1 protest, objection
adj. **гні́вний** angry, **гучни́й** vocal; **енергі́йний** vigorous, **категори́чний** categorical, **обу́рений** indignant, **рішу́чий** resolute; **письмо́вий** written, **у́сний** oral; **офіці́йний** official, **форма́льний** formal; **вну́трішній** inner, **мовчазни́й** silent ◊ **Вони́ зорганізува́ли мовчазни́й п. про́ти кору́пції.** They organized a silent protest against corruption.
n. + **п. го́лос ~у** a protest voice (**лист** letter ◊ **Лист ~у підписа́ли провідні́ інтелектуа́ли.** The protest letter was signed by leading intellectuals. **си́мвол** symbol)
v. + **п. виклика́ти п.** provoke a protest ◊ **Підне́сення цін ви́кликало ~и.** The price hike provoked protests. (**висло́влювати** voice, **заявля́ти** express, **подава́ти** lodge ◊ **Коміте́т пода́в п. про́ти компа́нії до прокурату́ри.** The committee lodged a protest against the company with the prosecutor's office. **ігнорува́ти** ignore); **бу́ти ~ом** be a protest ◊ **Поведі́нка діте́й була́ ~ом про́ти наси́льства в сім'ї́.** The children's behavior was their protest against violence in the family.
prep. **п. про́ти** + *G.* a protest against sth
Also see **запере́чення 1**
2 protest, demonstration
adj. **антиво́єнний** anti-war, **антиурядо́вий** anti-government, **наро́дний** popular, **студе́нтський** student; **загальнонаціона́льний** national, **ма́совий** mass, **трива́лий** continuous, **широ́кий** widespread; **ми́рний** peaceful, **наси́льницький** violent, **сидя́чий** sit-down
n. + **п. бу́ря ~ів** a storm of protest ◊ **Мі́сто охопи́ла бу́ря ~ів.** A storm of protest engulfed the city. (**гру́па** group, **демонстра́ція** demonstration, **хви́ля** wave)
v. + **п. організо́вувати п.** organize a protest (**очо́лювати** lead, **почина́ти** start; **приду́шувати** suppress) ◊ **Полі́ція приду́шує ~и.** The police suppress the protests. **прова́дити до ~у** lead to a protest (**спричиня́тися до** cause) ◊ **Зая́ва спричини́лася до гучни́х ~ів.** The statement caused vocal protests.
п. + *v.* **вибуха́ти** *fig.* erupt ◊ **Ви́бухнули ма́сові ~и.** Mass protests erupted. **нароста́ти** grow ◊ **~и про́ти у́ряду нароста́ли.** Anti-government protests were growing. **затиха́ти** die out, **припиня́тися** stop
prep. **п. про́ти** + *G.* a protest against sb/sth
Also **демонстра́ція 1, майда́н 3**

протесту|ва́ти, ~ють; *no pf., intr.*
to protest against, disagree with; object to; **за~** *pf.* to start protesting
adv. **го́лосно** vocally ◊ **Гру́па люде́й го́лосно ~ва́ла про́ти аре́шту двох провока́торів.** A group of people was vocally protesting against the detention of two agents provocateurs. **гу́чно** loudly, **ду́же** strongly, **енергі́йно** vigorously, **завзя́то** strenuously, **категори́чно** categorically, **поту́жно** powerfully; **безпереста́нку** nonstop, **до́вго** for a long time; **публі́чно** publicly, **гні́вно** angrily, **затя́то** bitterly, **обу́рено** indignantly; **для годи́ться** for appearances; **ле́две** scarcely, **ми́рно** peacefully, **тро́хи** a little, **сла́бо** feebly
v. + **п. вихо́дити** come out to ◊ **Ти́сячі ви́йшли ми́рно п. про́ти маріоне́ткового режи́му.** Thousands came out to protest peacefully against the puppet regime. **намага́тися** try to ◊ **Спочáтку він намага́вся п.** Initially he tried to protest. **про́бувати** attempt to, **почина́ти** begin to, **ста́ти** *pf.* start ◊ **«Ні за які́ гро́ші!» – став п. головни́й еконо́міст.** "Not for love or money!" the chief economist started protesting. **продо́вжувати** continue, **переста́ти** *pf.* stop
prep. **п. у зв'язку з** + *I.* protest about/over sth ◊ **Підприє́мці ~вали у зв'язку́ зі збі́льшенням пода́тків.** Businessmen protested over the tax increase. **п. про́ти** + *G.* protest against sb/sth
протесту́й!
Also see **обу́рюватися 2.** *Cf.* **запере́чувати 2**

про́ти, *prep., adv.*
1 *prep.* in front of, facing, opposite + *G.* ◊ **Телеві́зор був п. стола́.** The TV set was in front of the table. ◊ **Він спав п. двере́й.** He slept opposite the door. ♦ **п. оче́й** *or* **о́чі** in front of one's eyes, ◊ **Усе́ ста́лося п. її́ оче́й.** Everything happened in front of her.
2 *prep.* against + *G.* ◊ **Вона́ пливла́ п. ві́тру.** She was sailing upwind. ◊ **Маркія́н був абсолю́тно п. по́ступок.** Markiian was absolutely against concessions. ◊ **Вони́ пливли́ п. те́чії.** They swam against the current.
3 *prep.* near, by, close to, next to + *G.* ◊ **Ді́ти сі́ли в рядо́к, одне́ п. о́дного.** The children sat in a line one next to the other. ◊ **На шта́нах п. колі́на була́ зеле́на пля́ма.** On the pants, near the knee, there was a green stain.
4 *prep.* against *(backdrop)* + *G.* ◊ **Її́ обли́ччя було́ те́мним ова́лом п. сві́тла.** Her face was a dark oval against the light.
5 *prep.* for + *G.* ◊ **Лі́кар ви́писав Оле́гові за́сіб п. безсо́ння.** The doctor prescribed Oleh a remedy for insomnia. ♦ **окуля́ри п. со́нця** sunglasses
6 *prep.* compared to, to, as against, than + *G.* ◊ **Він вигляда́є моло́дшим п. Ма́рти.** He looks younger than to Marta. ◊ **цьогорі́чні показники́ п. торі́шніх** this years' indicators as against those of last year; ◊ **Він закла́вся оди́н п. п'я́ти, що «Дина́мо» ви́грає.** He bet one to five that *Dynamo* would win.
7 *prep.* before, close to, on the eve of + *G.* ◊ **Куди́ вони́ зібра́лися п. но́чі?** Where are they going at nightfall? ◊ **п. лі́та** before summer (**о́сени** fall, *etc.*)
8 *adv.* against ♦ **бу́ти п.** + *G.* to oppose, be against sb/sth ◊ **Ви не п., якщо́ я відкри́ю вікно́?** Do you mind if I open the window? ♦ **ма́ти щось п.** have sth against sb/sth ◊ **Він ма́є щось п.?** Does he have anything against?
Also see **впо́перек 2.** *Ant.* **за[2] 1**
9 *as n., indecl.* con *in*: ♦ **за і п.** pros and cons ◊ **Вони́ обговори́ли всі за і п.** They discussed all the pros and cons.
Ant. **за[2] 2**

проти́вник, *m.*; **проти́вниця**
1 adversary, opponent
adj. **гро́зний** formidable, **запе́клий** vehement, **страшни́й** fearsome; **ідеологі́чний** ideological ◊ **Вони́ перетвори́лися на ідеологі́чних ~ів.** They turned into ideological opponents. **досто́йний** worthy
2 *mil., coll.* enemy, foe ◊ **П. напа́в із ти́лу.** The enemy attacked from the rear.
See **во́рог.** *Ant.* **прихи́льник**

3 *sport* opponent, rival
adj. **спорти́вний** sports; **досві́дчений** experienced; **досто́йний** worthy; **стари́й** old, **традиці́йний** traditional ◊ **Традиці́йним ~ом дружи́ни є льві́вські «Карпа́ти».** The Lviv Carpathians are the team's traditional opponent. **грі́зний** formidable, **непереможний** invincible, **серйо́зний** serious, **си́льний** strong
See **супе́рник**

протиле́жн|ий, *adj.*
opposite, opposed; different
adv. **абсолю́тно** absolutely, **вира́зно** distinctly, **геть** totally, **по́вністю** fully, **пря́мо** directly, **цілко́м** completely, **я́вно** clearly; **ле́две** scarcely; **майже** almost, **сливе́** nearly; **не зо́всім** not entirely
п. + *n.* **п. бік** the opposite side (**кіне́ць** end, **куто́к** corner) ◊ **Він став у ~ому куткý кімна́ти.** He stood in the opposite corner of the room. **п. кут** *geom.* an alternate angle; **~а ве́рсія** an opposite version (**ду́мка** opinion, **стать** sex, **тенде́нція** trend, **то́чка зо́ру** point of view) ◊ **Ми трима́ємося ~ої то́чки зо́ру.** We hold a different point of view. **~е відчуття́** an opposite feeling (**зна́чення** meaning ◊ **У по́льській мо́ві це сло́во має ~е зна́чення.** In the Polish language, this word has an opposite meaning. **ста́влення** attitude)
v. + **п. бу́ти ~им** be opposite (**вважа́ти** + *A.* consider sth ◊ **Він вважа́в ї́хні пози́ції ~ими.** He considered their stances to be opposed. **виявля́тися** prove, **здава́тися** + *D.* seem to sb; **става́ти** become)
prep. **п. до** + *G.* opposite to sth; **п. за** + *I.* of opposite sth ◊ **п. за власти́востями** of opposite qualities (**змі́стом** content, **зна́ченням** meaning, **на́прямом** direction, **су́ттю** essence, **хара́ктером** character)
Also see **відмі́нний 1, поля́рний 2.** *Ant.* **поді́бний 1**

протиле́жн|ість, *f.*, **~ости**
opposite, contrast, antithesis, antipode
adj. **абсолю́тна** absolute, **вира́зна** distinct, **діялекти́чна** dialectical, **по́вна** full, **пряма́** direct, **разю́ча** striking, **різка́** stark, **цілкови́та** complete, **я́вна** clear, **яскра́ва** vivid; ♦ **є́дність ~осте́й** *philos.* unity of contraries
prep. **на п.** + *D.* in contrast to sth ◊ **На п. бра́тові, Бори́с товари́ський.** In contrast to his brother, Borys is sociable. **п. в** + *L.* opposite in sth ◊ **Вони́ були́ ~остями в мисте́цьких смака́х.** They were opposites in their artistic tastes.

протиста́влен|ня, *nt.*
juxtaposition, contrasting, comparison + *G.* of + *D.* to/with ◊ **п. одніє́ї мето́дики і́ншій** contrasting one methodology with another
adj. **вда́ле** apt, **промо́висте** telling ◊ **П. двох варія́нтів пере́кладу було́ промо́вистим.** The juxtaposition of the two translation variants was telling. **очеви́дне** obvious, **чітке́** clear; **по́вне** complete, **частко́ве** partial; **зуми́сне** *or* **навми́сне** deliberate; **послідо́вне** consistent; **свідо́ме** conscious; **разю́че** striking ◊ **В ана́лізі бага́то разю́чих ~ь.** There are many striking contrasts in the analysis. **безвідно́сне** irrelevant, **безпідста́вне** groundless, **невда́ле** inept, **недоре́чне** inappropriate
v. + **п. вважа́ти п.** consider a juxtaposition ◊ **А́втор вважа́є п. одного́ я́вища і́ншому недоре́чним.** The author considers the juxtaposition of one phenomenon to the other inappropriate. (**піддава́ти су́мніву** question, **пропонува́ти** + *D.* offer sb, **роби́ти** juxtapose)
prep. **п. між** + *I.* a juxtaposition between sth
Cf. **порівня́ння 1**

протиста́ви|ти, *pf., see* **протиставля́ти**
to contrast with, *etc.* ◊ **Вона́ вда́ло ~ла два літерату́рних персона́жі.** She aptly contrasted the two literary characters.

протиставля́|ти, ~ють; протиста́в|ити, ~лю, ~иш, ~лять, *tran.*
1 to contrast with, juxtapose, measure with + *D.* to ◊ **Він ~в молоде́ поколі́ння старо́му.** He contrasted the young generation with the old one.
v. + **п. бу́ти мо́жна** be possible to, **могти́** can; **намага́тися** try to ◊ **Він намага́вся протиста́вити Павла́ ре́шті гру́пи.** He tried to set Pavlo against the rest of the group. **хоті́ти** want to
See **порі́внювати 1**
2 to counter with, counteract with ◊ **Журналі́сти ~ли пропаґа́нді об'єкти́вність.** The journalists countered the propaganda with objectivity.
See **відповіда́ти 1**
pa. pple. **протиста́влений** juxtaposed
протиставля́й! протиста́в!

прото́|ка, *f.*
1 *geogr.* strait, channel ♦ **п. Ла-Ма́нш** *geogr.* the English Channel
adj. **вузька́** narrow; **широ́ка** wide; **мілка́** shallow; **глибо́ка** deep; **небезпе́чна** dangerous; **судноплáвна** shipping
v. + **п. блокува́ти ~ку** block a strait (**закрива́ти** shut down, **контролюва́ти** control; **перепли́вати** cross ◊ **Вони́ перепливли́ ~ку.** They crossed the strait. **утво́рювати** form); **пливти́ ~кою** sail through a strait
prep. **у ~ку** *dir.* in/to a strait ◊ **Вони́ ввійшли́ у вузьку́ ~ку.** They entered the narrow strait. **у ~ці** *posn.* in a strait ◊ **Зра́нку у ~ці вели́кий рух.** In the morning, there is a lot of traffic in the strait.
Also see **кана́л 1**
2 *anat.* duct
adj. **вивідна́** excretory, **жо́вчна** bile ◊ **Жо́вчна п. заблоко́вана.** The bile duct is blocked. **слі́зна** lacrymal
Also see **кана́л 2, про́хід 3**

протоко́л, *m.*, **~у**
1 minutes, record
adj. **відпові́дний** adequate, **дета́льний** *or* **докла́дний** detailed, **по́вний** complete, **то́чний** accurate; **заві́рений** certified, **нале́жний** proper, **офіці́йний** official ◊ **офіці́йний п. засі́дання** official minutes of the meeting; **письмо́вий** written; **спра́вжній** genuine, **форма́льний** formal; **змі́нений** altered, **підро́блений** forged, **сфальсифіко́ваний** falsified; **коро́ткий** short, **непо́вний** incomplete, **сти́слий** brief; **конфіденці́йний** confidential, **таємний** secret
п. + *n.* **п. до́питу** an interrogation record (**засі́дання** meeting, **конфіска́ції майна́** property seizure, **о́бшуку** search)
v. + **п. вести́ п.** take minutes ◊ **Вона́ вела́ п. до́питу.** She took the interrogation minutes. (**долуча́ти до** + *G.* adduce to sth; **заві́ряти** certify, **надава́ти** + *D.* produce to sb; **писа́ти** write, **склада́ти** draw up; **чита́ти** read; **підробля́ти** forge, **фальсифікува́ти** falsify) ◊ **П. сфальсифікува́ли.** The record was falsified. **вно́сити** *or* **запи́сувати** + *A.* **до ~у** enter sth into a record ◊ **Сві́дчення внесли́ до ~у.** The evidence was entered into the record. **ознайо́млюватися з ~ом** familiarize oneself with a record; **відобража́ти** + *A.* **у ~і** reflect sth in a record
prep. **у п.** *dir.* in/to a record; **у ~і** *posn.* in a record ◊ **Бага́то фа́ктів не відобра́жено у ~і до́питу.** Many facts are not reflected in the interrogation record. **для ~у** for the record; **по́за ~ом** off the record ◊ **Я відпові́м на ва́ше пита́ння по́за ~ом.** I'll answer your question off the record.
Also see **акт 3**
2 protocol, formalities, etiquette, conventions
adj. **дипломати́чний** diplomatic, **затве́рджений** approved, **офіці́йний** official, **парла́ментський** parliamentary, **традиці́йний** traditional, **форма́льний** formal, **урядо́вий** government; **чи́нний** current; **безглу́здий** senseless; **зада́внений** *colloq.* dated, **застарі́лий** outdated; **непи́саний** unwritten
v. + **п. впрова́джувати п.** introduce a protocol (**встано́влювати** establish, **затве́рджувати** approve, **пору́шувати** violate) ◊ **Вона́ пору́шила п.** She broke the conventions. **дотри́муватися ~у** follow a protocol
Also see **пра́вило, процеду́ра**
3 protocol *(document)* ◊ **Сторони підписа́ли спеціа́льний п.** The parties signed a special protocol.

прототи́п, *m.*, **~у**
prototype, archetype
adj. **головни́й** main, **екра́нний** screen, **літерату́рний** literary; **пе́рвісний** initial, **пе́рший** first, **ра́нній** early, **реа́льний** real-life
v. + **п. відтво́рювати п.** recreate a prototype (**пра́вити** + *D.* **за** serve sb as; **роби́ти** make, **ство́рювати** create) ◊ **Вони́ створи́ли екра́нний п. «ново́го украї́нця».** They created a screen prototype of a nouveau-riche Ukrainian. **бу́ти ~ом** be a prototype (**вважа́ти** + *A.* consider sb; **лиша́тися** remain, **служи́ти** + *D.* serve sb as, **става́ти** become) ◊ **О́браз коза́ка Мама́я став ~ом волелю́бного украї́нця.** The Cossack Mamay character became a prototype of a freedom-loving Ukrainain.
Also see **зразо́к 2**

про́тя|г, *m.*, **~гу**
1 draft, current *(of air)* ◊ **Вона́ боя́лася ~гів.** She was afraid of drafts.
adj. **крижани́й** icy, **холо́дний** cold; **легки́й** gentle, **си́льний** strong; **небезпе́чний** dangerous
v. + **п. ство́рювати п.** create a draft ◊ **Відкри́те вікно́ створю́вало в спа́льні си́льний п.** The open window created a strong draft in the bedroom. **боя́тися ~гу** be afraid of a draft (**уника́ти** avoid) ◊ **Він уника́є ~гів.** He avoids drafts.
Also see **тя́га 3.** *Cf.* **течія́ 1**
2 *only sg.* duration *(of time and space)*, period, time; stretch ◊ **~гом трива́лого ча́су** over an extended period of time
prep. **на ~зі** + *G.* for *(time)* ◊ **Вони́ жили́ в готе́лі на ~зі ти́жня.** They stayed at the hotel for a week. ◊ **на ~зі семе́стру** for the duration of the semester; ◊ **На ~зі ста кіломе́трів не було́ жо́дної кри́ниці.** There was not a single well for the stretch of 100 km.
Also see **про́тягом.** *Cf.* **пері́од 1**

про́тягом, *prep.* + *G.*
during, for, for the duration of, in the course of, within ◊ **Переда́ча трива́ла п. годи́ни.** The show lasted for an hour. ◊ **Вони́ закі́нчать ремо́нт п. ти́жня.** They will finish the repairs within a week.
See **про́тяг 2**

профа́н, *m.*; **~ка**, *f.*
know-nothing, ignoramus, amateur
adj. **абсолю́тний** absolute ◊ **Це зна́є на́віть абсолю́тний п.** Even an absolute know-nothing knows it. **вели́кий** great, **невипра́вний** incorrigible, **по́вний** total, **цілкови́тий** complete ◊ **Ната́лка ма́ла спра́ву з цілкови́тим ~ом.** Natalka was dealing with a complete know-nothing. **я́вний** obvious
v. + **п. висло́влюватися як п.** express oneself like a know-nothing (**говори́ти як** speak like) ◊ **Він говори́в як п.** He spoke as a know-nothing. **бу́ти ~ом** be a know-nothing (**вважа́ти** + *A.* consider sb, **здава́тися** + *D.* seem to sb, **лиша́тися** remain) ◊ **У мо́вному пита́нні він лиша́ється ~ом.** In the language issue, he remains a know-nothing.
prep. **п. у** + *L.* an ignoramus in sth

профана́ці|я, *f.*, **~ї**, *only sg.*
1 *relig.* profanation ◊ **Прису́тність у монастирі́ цих ти́пів була́ ~єю.** The presence of these characters in the monastery was a profanation.

2 *fig.* travesty, perversion, parody, mockery ◊ **Він оголоси́в суд ~єю справедли́вости.** He declared the trial a travesty of justice.
adj. **ганебна** shameful, **жалюгідна** pathetic, **обу́рлива** outrageous, **сумна́** sad; **по́вна** total, **цілкови́та** complete, **чи́ста** sheer
v. + **п. бу́ти ~єю** be a travesty (**вважа́ти** + *A.* consider sth, **вигляда́ти** look like; **оголо́шувати** + *A.* declare sth; **перетво́рювати** + *A.* **на** turn sth into, **роби́ти** + *A.* make sth)
Also see **маскара́д 2, паро́дія 2**

професі́йн|ий, *adj.*

1 professional, of or pertaining to profession
adv. **винятко́во** exceptionally, **суво́ро** strictly, **ті́льки** only, **чи́сто** purely; **не зо́всім** not entirely
п. + *n.* **п. інтере́с** a professional interest (**про́філь** profile); **~а орієнта́ція** a professional orientation (**підгото́вка** preparation, **ро́змова** conversation, **терміноло́гія** terminology; **неспромо́жність** ineptitude; **я́кість** quality; **тра́вма** injury, **хворо́ба** disease; **спі́лка** *usu* **профспі́лка** trade union) ◊ **На ву́гільній ша́хті є незале́жна ~а спі́лка.** There is an independent trade union at the coal mine.
2 professional, skilled, accomplished
adj. **винятко́во** exceptionally, **ду́же** very; **спра́вді** truly; ♦ **високопрофесі́йний** highly professional, **все бі́льш** increasingly; **до́сить** fairly, **доста́тньо** sufficiently; **ле́две** scarcely, **не зо́всім** not entirely
Ant. **ама́торський 2, люби́тельський 2**
3 professional, paid, salaried ◊ **Його́ ціка́вив винятко́во п. футбо́л.** He was interested exceptionally in professional soccer.
п. + *n.* **п. акто́р** a professional actor (**журналі́ст** journalist ◊ **Він шука́в ~ого журналі́ста.** He was looking for a professional journalist. **письме́нник** writer, **співа́к** singer; **пере́клад** translation, **теа́тр** theater); **~а а́рмія** a professional army
Ant. **ама́торський 1, люби́тельський 1**
4 *fig.* professional, ethical, proper ◊ **бездога́нно ~а поведі́нка** an impeccably professional behavior
See **ети́чний 2**

професіона́л, *m.*; **~ка**, *f.*

professional, expert; *fig.* virtuoso
adj. **бездога́нний** flawless, **блиску́чий** brilliant, **видатни́й** outstanding ◊ **видатни́й п. у ца́рині** an outstanding professional in the field; **винятко́вий** exceptional, **ви́кінчений** accomplished, **висококваліфіко́ваний** highly qualified, **дове́ршений** consummate, **компете́нтний** competent, **неаби́який** extraordinary, **неперевéршений** unsurpassed, **рі́дкісний** rare; **правди́вий** true, **спра́вжній** real; **провідни́й** leading; **досві́дчений** experienced; **обдаро́ваний** gifted ◊ **Хоме́нко ви́явився обдаро́ваним ~ом.** Khomenko proved to be a gifted professional. **талановúтий** talented
п. + *n.* **п.-архіте́ктор** a professional architect (**-виклада́ч** instructor, **-економі́ст** economist, **-ме́дик** health caregiver, **-тре́нер** coach, **-фото́граф** photographer) ◊ **відо́мий п.-фото́граф** a well-known professional photographer; **п.** + *G.* a professional of sth ◊ **п. кінока́мери** a professional of film camera (**пера́** pen, **сце́ни** stage; **футбо́льного м'яча́** soccer ball)
n. + **п. архіте́ктор-п.** a professional architect (**виклада́ч-** instructor, **економі́ст-** economist, *etc.*)
v. + **п. знахо́дити ~а** find a professional ◊ **До́брого професіона́ла-ме́дика не про́сто знайти́.** It is not easy to find a good professional health caregiver. (**наймати** hire, **признача́ти** appoint; **потребува́ти** need, **шука́ти** look for; **перетво́рювати** + *A.* **на** transform sb into); **зверта́тися до ~а** turn to a professional (**вважа́ти** + *A.* consider sb; **лиша́тися** remain, **роби́ти** + *A.* make sb ◊ **За рік його́ зроби́ли ~ом.** In one year, they made him a professional. **става́ти** become; **говори́ти як п.** speak like a professional (**ді́яти** як act like, **ра́дити** + *D.* **як** advise sb like)
prep. **п. з** + *G.* professional in *(field)* ◊ **п. із програмува́ння** a programming professional
Also see **експе́рт, профе́сор 2, спеціяліст, фахіве́ць.** *Ant.* **ама́тор 1, 3, люби́тель 2**

профе́сі|я, *f.*, ~ї

profession, occupation, trade ◊ **Їй подо́балася п. тре́нера.** She liked the profession of coach.
adj. **ви́брана** chosen, **ві́льна** liberal, **звича́йна** regular, **майбу́тня** future, **популя́рна** popular, **поши́рена** common, **улю́блена** favorite, **шляхе́тна** noble; **військо́ва** military; **циві́льна** civilian; **ба́жана** desired; **небезпе́чна** dangerous, **ціка́ва** interesting; **екзоти́чна** exotic, **рі́дкісна** rare; **нудна́** tedious
v. + **п. вивча́ти ~ю** learn a trade ◊ **Він вивча́є ~ю еле́ктрика.** He is learning the electrician's trade. (**ма́ти** have, **обира́ти** choose ◊ **Він обра́в собі́ не ту ~ю.** He chose the wrong occupation. **опано́вувати** master) ◊ **Вона́ опанува́ла ~ю журналі́стки.** She mastered the profession of journalist. ♦ **секре́ти ~ї** the tricks of a trade
prep. **без ~ї** without a profession; **за ~єю** by profession ♦ **Хто вона́ за ~єю?** What is she by profession?
Also see **спра́ва 5, фах.** *Cf.* **кваліфіка́ція, спеція́льність**

профе́сор, *m.*, **~а**; **~ка**, *f.*

1 professor
adj. **блиску́чий** brilliant, **видатни́й** eminent, **визначни́й** outstanding, **відо́мий** well-known, **до́брий** good, **знамени́тий** *colloq.* great; **славе́тний** famous; **дивакува́тий** weird, **ексцентри́чний** eccentric, **забу́дькуватий** forgetful, **розсі́яний** scatterbrained; **шале́ний** crazy; **коли́шній** former, **стари́й** old; **улю́блений** favorite; **жахли́вий** terrible, **ке́пський** poor, **пога́ний** bad; **університе́тський** university
п. + *n.* **п. антрополо́гії** an anthropology professor (**істо́рії** history, **мовозна́вства** linguistics, **літерату́ри** literature, **пра́ва** law, **філосо́фії** philosophy, **хе́мії** chemistry, *etc.*; **університе́ту** university)
v. + **п. бу́ти ~ом** be a professor (**працюва́ти** work as ◊ **Де́сять ро́ків він працю́є ~ом музикозна́вства.** For ten years, he has worked as a musicology professor. **признача́ти** + *A.* appoint sb, **става́ти** become)
2 *fig., joc.* connoisseur, expert, pro ◊ **У спра́вах се́рця він – п.** In matters of the heart, he is a pro.
See **професіона́л**
N. pl. **~и́**

про́філ|ь, *m.*, **~ю**

1 profile *(of face)*, side view
adj. **вродли́вий** handsome, **га́рний** beautiful, **го́стрий** sharp; **ри́мський** Roman; **си́льний** strong, **суво́рий** stern
v. + **п. вивча́ти п.** study a profile ◊ **Нумізма́т пи́льно вивча́в п. на сре́бній моне́ті.** The numismatist carefully studied the profile on the silver coin. (**розгляда́ти** examine; **зобража́ти** portray, **малюва́ти** draw); **става́ти ~ем до** + *G.* stand with one's profile to sth ◊ **Він став ~ем до вікна́.** He stood with his profile to the window.
prep. **у п.** in profile ◊ **На малю́нку її зобра́жено у п.** In the drawing, she is portrayed in profile.
2 cross section, section
adj. **вертика́льний** *or* **прямови́сний** vertical, **горизонта́льний** *or* **позе́мний** horizontal; **поздо́вжній** longitudinal, **попере́чний** transverse; **геологі́чний** geological ◊ **кре́слення геологі́чного ~ю рі́чки** a drawing of the river's geological section
п. + *n.* **п. буди́нку** a cross section of a house (**гре́блі** dam, **доро́ги** road, **стіни́** wall)
3 *fig.* type, variety, description, profile
adj. **вузьки́й** narrow, **дета́льний** *or* **докла́дний** detailed, **поглиблений** in-depth; **широ́кий** comprehensive; **віковий** age, **ґенети́чний** genetic, **демографі́чний** demographic, **етні́чний** ethnic, **мо́вний** language, **професі́йний** professional, **соція́льний** social
v. + **п. відтво́рювати** build up ◊ **Вони́ відтвори́ли п. спожива́ча опіо́їдів.** They built up a profile of an opioid consumer. (**опрацьо́вувати** develop, **ство́рювати** create; **вивча́ти** study); **відповіда́ти ~ю** fit a profile
See **вид**[2] **1, сорт, тип**

профспі́л|ка, *f.*

trade union, union; *abbr. of* **професі́йна спі́лка**
adj. **вели́ка** large, **найбі́льша** largest ◊ **найбі́льша п. журналі́стів у краї́ні** the largest journalists' union in the country; **невели́ка** small; **галузе́ва** industrial, **місце́ва** local, **націона́льна** national; **ві́льна** free, **незале́жна** independent; **бойова́** militant, **вплив́ова** influential, **поту́жна** powerful, **си́льна** strong; **вчи́тельська** teacher's, **студе́нтська** student, **тра́нспортна** transport, **урядо́ва** government
п. + *n.* **п. вчителі́в** a teachers' union (**еле́ктриків** electricians', **журналі́стів** journalists', **ме́диків** health workers', *etc.*)
n. + **п. активі́ст ~ки** a union activist ◊ **Оле́г став спра́вжнім активі́стом ~ки.** Oleh became a true union activist. (**керівни́к** leader, **організа́тор** organizer, **ре́чник** spokesman, **член** member; **філія** local ◊ **Вона́ з херсо́нської філії ~ки.** She is from the Kherson local of the union. **керівни́цтво** leadership, **представни́цтво** representation, **чле́нство** membership); **конфедера́ція ~о́к** a trade union confederation (**об'є́днання** association, **федера́ція** federation; **рух** movement) ◊ **Заво́д відігра́в істори́чну ро́лю у ру́сі ~о́к.** The plant played a historic role in the trade union movement.
v. + **п. засно́вувати ~ку** found a union (**організо́вувати** organize ◊ **Найсміли́віші з робітникі́в організува́ли ~ку.** The bravest of workers organized a union. **визнава́ти** recognize, **підтри́мувати** support; **представля́ти** represent; **переслі́дувати** persecute); **вступа́ти до ~ки** join a union ◊ **Вона́ вступи́ла до ~ки.** She joined a trade union. (**нале́жати до** belong to) ◊ **До ~ки нале́жала полови́на персона́лу.** A half of the staff belonged to the union.
prep. **в ~ку** *dir.* in/to a trade union; **в ~ці** *posn.* in a trade union ◊ **У ~ці три філії.** There are three locals in the union.

профспілко́в|ий, *adj.*

trade union, syndicalist
п. + *n.* **п. активі́ст** a trade union activist, unionist (**квито́к** card, **коміте́т** committee, **рух** movement), ♦ **п. ді́яч** a unionist; **~а конфере́нція** a trade union conference (**організа́ція** organization, **скарбни́ця** treasury, **філія** local); **~і вне́ски** union dues (**збо́ри** meeting; **нови́ни** news, **спра́ви** matters, **ці́нності** values)

проха́н|ня, *nt.*

1 request + *inf.* ◊ **п. поясни́ти зна́чення сло́ва** a request to explain the meaning of the word
adj. **ввічливе** respectful, **ґре́чне** courteous, **ла́гідне** gentle, **пошти́ве** *colloq.* polite ◊ **Да́рка не могла́ не задовольни́ти тако́го пошти́вого п.** Darka could not but grant such a polite request. **че́мне** polite, **щи́ре** sincere; **категори́чне** categorical; **насті́йливе** insistent; **звича́йне** usual, **про́сте́** simple; **несміли́ве** timid, **скро́мне** humble; **делі́катне** delicate; **дива́цьке** weird, **ди́вне** strange, **незбагне́нне** unfathomable, **незвича́йне** unusual, **особли́ве** special, **підозрі́ле** suspicious, **сканда́льне** scandalous; **зако́нне** legitimate, **резо́нне** reasonable, **справедли́ве** justified; **неоднора́зове** repeated, **числе́нні** *only pl.* numerous; **відчайду́шне** desperate, **нага́льне** pressing, **терміно́ве** urgent; **пря́ме** direct
v. + **п. писа́ти п.** write a request ◊ **Вона́ написа́ла п. до коле́ги заміни́ти її на**

час хворо́би. She wrote a request to her colleague to stand in for her while she was sick. (**вислухо́вувати** hear out ◊ **Дире́ктор гото́вий ви́слухати їхні п.** The director is ready to hear out their requests. **слу́хати** listen to, **чита́ти** read, **чу́ти** hear; **вико́нувати** fulfill, **задовольня́ти** grant, **прийма́ти** accept; **відкида́ти** reject) ◊ **Вони́ відки́нули її категори́чне п.** They rejected her categorical request. **зверта́тися до** + *G.* **з ~ням** turn to sb with a request ◊ **Газе́та зверта́лася до полі́ції із ~нями.** The newspaper turned to the police with requests.
prep. **на п.** + *G.* at sb's request ◊ **Він ро́бить це на їхнє п.** He is doing it at their request. **п. про** + *A.* request for sth ◊ **п. про інформа́цію** a request for information
2 application, solicitation ◊ **Щодня́ ві́дділ отри́мує деся́тки поді́бних ~ь.** Every day, the department receives dozens of similar solicitations.
adj. **офіці́йне** official, **письмо́ве** written, **у́сне** verbal, **форма́льне** formal; **терміно́ве** urgent
v. + **п. писа́ти п.** write an application ◊ **Він написа́в п. про нови́й па́спорт.** You wrote an application for a new passport. (**подава́ти** submit, **посила́ти** + *D.* send to sb)
See **зая́ва 2**

прох|і́д, *m.*, **~о́ду**
1 going through/by *(process)*, walking through/by
adj. **неква́пний** unhurried, **пові́льний** slow, **швидки́й** fast; **ускла́днений** complicated, **утру́днений** obstructed; **черго́вий** another; **по́вний** complete ◊ **За пів годи́ни від роби́в по́вний п. та́бором.** In half an hour, he would walk through the entire camp.
2 passage, passageway; aisle *(in aircraft, theater)*
adj. **вузьки́й** narrow, **тісни́й** tight, **широ́кий** wide; **до́вгий** long, **коро́ткий** short; **те́мний** dark; **ві́льний** free, **заблоко́ваний** blocked
v. + **п. блокува́ти п.** block a passage ◊ **Хтось заблокува́в п. до вхо́ду автівкою.** Somebody has blocked the access to the entrance with his car. (**перекрива́ти** obstruct ◊ **П. до па́рку перекрива́ла ку́па смі́ття.** A garbage heap was obstructing the passage to the park. **звільня́ти** clear, **розблоко́вувати** unblock; **забіга́ти у** run into, **ки́датися у** rush into, **поверта́ти в** turn into) ◊ **Вона́ поверну́ла в те́мний п. між буди́нками.** She turned into a dark passageway between the buildings. ♦ **дава́ти** + *D.* **п.** to let sb pass ◊ **Ва́рта розступи́лася, даючи́ їм п.** The guards stepped aside, letting them pass. ♦ **не дава́ти** + *D.* **~о́ду** 1) to block sb's way; 2) *fig.* to stalk sb, follow sb ◊ **Колишній чолові́к не дава́в Катери́ні ~о́ду.** Kateryna's former husband stalked her.
prep. **бі́ля ~о́ду** near an aisle ◊ **мі́сце бі́ля ~о́ду** an aisle seat; **у ~о́ді** in a passage; **п. до** + *G.* a passage to sth; **п. між** + *I.* a passage between sth
Cf. **підхі́д 2, проїзд**
3 *anat.* passage ♦ **за́дній п.** *anat.* anus
See **кана́л 2, прото́ка 2**
4 walk, stroll, saunter ◊ **Вона́ запроси́ла го́стей на п. у па́рку.** She invited her guests for a stroll in the park.
See **прогу́лянка**

прохо́д|ити, **~жу**, **~иш**, **~ять; пройти́, пройд|у́ть;** *pa. pf., m.* **пройшо́в**, *pl.* **пройшли́**, *tran. and intr.*
1 *tran. and intr.* to go by, walk by; pass, make one's way through, cross
adv. **неква́пно** unhurriedly, **не поспіша́ючи** without haste, **пові́льно** slowly; **ху́тко** swiftly, **шви́дко** quickly; **крадькома́** stealthily, **непомі́тно** unnoticed, **тихе́нько** *dim.* quietly ◊ **Він тихе́нько пройшо́в за́лу.** He quietly crossed the hall. **ти́хо** quietly; **оди́н за о́дним** one by one ◊ **Пе́ред його́ очи́ма одна́ за о́дною ~или зграї риб.** Before his eyes, schools of fish passed one by one. ♦ **п. да́лі** to move on; ♦ **Це не пройде́!** That won't work! ◊ **У ме́не це не пройде́!** That won't work with me! ♦ **Це тобі́ (йому́, їй, їм) даре́мно не пройде́.** You (he, she, they, *etc.*) will pay for it.
prep. **п. бі́ля** + *G.* walk by sb/sth, pass sb/sth ◊ **Він щодня́ ~ить бі́ля капли́ці.** He walks by the chapel every day. **п. до** + *G.* go to sth ◊ **Оле́на пройшла́ до кі́нця провулку.** Olena went to the end of the lane. **п. за** + *A.* walk, *etc.* in *(time period)* ◊ **Га́нна ~ить шість кіломе́трів за годи́ну.** Hanna walks 6 km in an hour. **п. ми́мо** + *G.* pass sb/sth, go by, run past sth; **п. по** + *L.* go along sth; **п. повз** + *A.* go past sth ◊ **Повз мис ~или човни́ з тури́стами.** Boats with tourists passed by the cape. **п. че́рез** + *A.* go across sth, cross sth ◊ **Щоб потра́пити до па́рку, тре́ба пройти́ че́рез міст.** To get to the park, one needs to cross the bridge. ♦ **п. крізь вого́нь і во́ду** to go through fire and water ◊ **Щоб здійсни́ти мрі́ю, вона́ пройшла́ крізь вого́нь і во́ду.** To realize her dream, she went through fire and water.
Also see **леті́ти 5, мина́ти 1.** *Cf.* **пробіга́ти 1, проліта́ти 1, проїжджа́ти 1**
2 *intr.* to move *(of train, clouds, stars, images)*, drift, pass, float by ◊ **По не́бу пові́льно ~или хма́ри.** Clouds were slowly drifting across the sky. ◊ **У її па́м'яті ~ила одна́ сце́на наси́льства за і́ншою.** In her memory, one scene of violence followed another.
3 *intr.* to stretch, spread, continue, run ◊ **Форте́чний мур ~ив че́рез середмі́стя.** The fortress wall ran through the center of the city.
See **перетина́ти 2.** *Also see* **ляга́ти 6**
4 *intr., fig.* pass *(of time)*, ellapse ◊ **Відто́ді пройшо́в мі́сяць.** A month has passed since then.
See **мина́ти 3.** *Also see* **бі́гти 6, відхо́дити 9, іти́ 10, леті́ти 5, текти́ 3**
5 *tran.* to study, cover *(material, course)* ◊ **За два́ ти́жні студе́нти ~или одну́ ле́кцію підру́чника.** In two weeks, the students would cover one lesson of the textbook. ◊ **Вони́ пройшли́ три ку́рси.** They completed three courses.
See **вивча́ти 1, вчи́ти 3**
6 *tran.* to undergo, suffer, be subjected to ◊ **У поло́ні вони́ пройшли́ стра́шні знуща́ння.** In captivity, they suffered horrible abuse.
♦ **пройти́ Крим і Рим, і мі́дні тру́би** *pf.* to go through it all.
7 *intr.* to take place, happen, be underway ◊ **У за́лі ~ять пока́зи фі́льмів.** Film screenings take place in the auditorium. ◊ **За́раз у мі́сті ~ить театра́льний фестива́ль.** A theater festival is underway in town now. ♦ **п. до́бре** *or* **успі́шно** to be a success ◊ **Ле́кція профе́сора Ра́диша пройшла́ до́бре.** Professor Radysh's lecture was a success.
See **відбува́тися 1.** *Also see* **ді́ятися, роби́тися 5**
pa. pple. **про́йдений** passed by, covered
прохо́дь! пройди́!

процеду́р|а, *f.*
procedure, *med.* regimen; *leg.* proceedings
adj. **безбо́лісна** painless, **відпові́дна** respective, **звича́йна** common, **нале́жна** proper, **норма́льна** normal, **пра́вильна** correct; **пропи́сана** + *D.* prescribed to sb ◊ **п., пропи́сана Ори́сі** the procedure prescribed to Orysia, **рекомендо́вана** + *D.* recommended to sb; **станда́ртна** standard, **узгі́днена** agreed upon, **форма́льна** formal; **альтернати́вна** alternative, **експеримента́льна** experimental, **нова́** new; **легка́** easy, **нескладна́** uncomplicated, **про́ста́** simple; **делі́ка́тна** delicate, **заплу́тана** tangled, **непро́ста́** tricky, **складна́** complicated, **хитромудра** *colloq.* intricate; **до́вга** long, **затяжна́** protracted, **нескінче́нна** endless, **трива́ла** lengthy; **бо́лісна** painful, **неприє́мна** unpleasant, **нестерпна** unbearable; **прини́злива** humiliating ◊ **прини́злива п. отри́мання ві́зи** a humiliating procedure of obtaining a visa; **небезпе́чна** dangerous, **ризико́вана** risky; **терміно́ва** urgent, **швидка́** quick; **необхі́дна** necessary, **обов'язко́ва** mandatory, **потрі́бна** needed; **за́йва** redundant, **непотрі́бна** unnecessary; **конкре́тна** specific, **незвича́йна** unusual, **осо́блива** *or* **спеція́льна** special; **адміністрати́вна** administrative, **дипломати́чна** diplomatic, **дисципліна́рна** disciplinary, **ка́рна** criminal, **парла́ментська** parliamentary, **судова́** court, **юриди́чна** legal; **діягности́чна** diagnostic, **запобі́жна** preventive, **космети́чна** cosmetic, **ліку́вальна** treatment ◊ **Ліку́вальні ~и займа́ли дві годи́ни.** The treatment regimen took two hours. **меди́чна** medical, **профілакти́чна** prophylactic, **терапевти́чна** therapeutic, **хірургі́чна** surgical
п. + *n.* **п. відбо́ру** a selection procedure (**голосува́ння** voting, **імпі́чменту** impeachment, **меди́чного обсте́ження** medical examination, **оска́рження** appeals, **пере́тину кордо́ну** border-crossing) ◊ **П. пере́тину кордо́ну ста́ла про́стою.** The border-crossing procedure became simple. **або́рту** abortion, **перелива́ння кро́ви** blood-transfusion, **стерилі́зації** sterilization, **трансплента́ції** transplantation)
v. + **п. вико́нувати ~у** perform a procedure ◊ **Він ви́конав ~у меди́чного обсте́ження.** He performed a medical examination procedure. (**використо́вувати** use ◊ **Тут використо́вують нову́ ~у ідентифіка́ції осо́би.** They use a new personal identification procedure here. **вті́лювати** implement, **застосо́вувати** apply, **роби́ти** carry out ◊ **Вона́ єди́на ро́бить цю делі́ка́тну ~у.** She is the only one who carries out this delicate procedure. **повто́рювати** repeat, **прохо́дити** undergo ◊ **Новачки́ прохо́дять ~у посвя́чення у студе́нти.** The novices undergo the student initiation procedure. **почина́ти** start; **закі́нчувати** complete; **признача́ти** *or* **припи́сувати** + *D.* prescribe sb ◊ **Лі́кар призна́чив їй ліку́вальну ~у.** The doctor prescribed her a treatment procedure. **рекомендува́ти** + *D.* recommend sb; **схва́лювати** approve; **виключа́ти** rule out, **забороня́ти** ban) ◊ **Міністе́рство заборони́ло ~у як шкідли́ву.** The ministry banned the procedure as harmful. **трима́тися ~и** follow a procedure ◊ **Вона́ трима́лася ~и.** She followed the procedure. (**відмовля́тися від** give up) ◊ **Лі́карня відмо́вилася від експеримента́льної ~и.** The hospital gave up the experimental procedure.
prep. **відпові́дно до ~и** according to a procedure; **за ~ою** following a procedure ◊ **Перелива́ння кро́ви вико́нують за встано́вленою ~ою.** Blood transfusion is performed following an established procedure. **згі́дно з ~ою** according to a procedure
Also see **пра́вило, протоко́л 2, проце́с 1**

проце́нт, *m.*, **~а**
1 percent ◊ **В 2001 р. украї́нці станови́ли два́дцять чоти́ри ~и насе́лення Криму.** In 2001, Ukrainians made up 24% of the population of the Crimea.
See **відсо́ток 1**
2 *fig.* ratio, share, amount, percentage ◊ **Вели́кий п. безробі́тних є се́ред неосві́ченої мо́лоді.** There is a high percentage of the unemployed among uneducated youth.
See **відсо́ток 2**
3 *econ.* interest, rate; *usu pl.* ◊ **Ба́нки пропону́ють по́зики під надмі́рні ~и.** The banks offer loans at exorbitant interest rate.
See **відсо́ток 3**

проце́с, *m.*, **~у**
1 process
adj. **до́вгий** long, **нескінче́нний** endless; **пла́вний** smooth, **пові́льний** slow, **поступо́вий** gradual ◊ **поступо́вий п. відро́дження** a gradual process of revival; **розтя́гнутий** protracted, **трива́лий** lengthy; **непере́рвний** uninterrupted ◊ **П. експлуата́ції до́мни пови́нен бу́ти непере́рвним.** The blast furnace exploitation process must be uniterrupted. **пості́йний** constant; **бо́лісний** painful, **важки́й** difficult, **висна́жливий** exhausting, **складни́й** complicated; **звича́йний** usual, **знайо́мий** familiar,

норма́льний normal ◊ **норма́льний п. адапта́ції** a normal adaptation process; **приро́дний** natural; **нудни́й** tedious; **випробува́льний** probation, **виховни́й** educational, **навча́льний** instructional, **пізнава́льний** cognitive, **розумо́вий** thinking, **тво́рчий** creative; **ви́борчий** electoral, **демократи́чний** democratic, **законода́вчий** legislative, **політи́чний** political, **юриди́чний** legal; **виробни́чий** manufacturing, **промисло́вий** industrial, **фізи́чний** physical, **хемі́чний** chemical; **біологі́чний** biological, **еволюці́йний** evolutionary; **епоха́льний** epochmaking, **істори́чний** historic, historical; **двоступене́вий** two-step, **триступене́вий** three-step, *etc.*; **ми́рний** peace, **перегово́рний** negotiation

п. + *n.* **п. виробни́цтва** a production process (**мі́ґра́ції** migration; **ми́слення** thought, **оці́нки** assessment, **пізна́ння** cognition; **дозріва́ння** maturation, **ро́звитку** development, **старі́ння** aging; **переві́рки** vetting, **схва́лення** approval)

v. + **п. приско́рювати п.** accelerate a process ◊ **Держа́вний переворо́т приско́рив п. ро́зпаду сове́тської імпе́рії.** The coup d'état accelerated the process of the Soviet empire disintegration. (**пришви́дшувати** speed up, **стимулюва́ти** stimulate; **гальмува́ти** slow down, **зупиня́ти** stop; **прохо́дити** undergo ◊ **Ко́жен із них пройшо́в п. адапта́ції.** Each of them underwent an adaptation process. **перерива́ти** disrupt ◊ **Стра́йки перерва́ли п. підгото́вки до чемпіона́ту.** Strikes disrupted the process of preparation for the championship. **започа́тковувати** initiate, **почина́ти** begin; **закі́нчувати** complete, **припиня́ти** stop; **повто́рювати** repeat, **поверта́ти вспак** *and* **наза́д** reverse; **автоматизува́ти** automate ◊ **П. сортува́ння по́шти автоматизува́ли.** *impers.* The mail-sorting process was automated. **контролюва́ти** control, **реґулюва́ти** regulate; **раціоналізува́ти** rationalize ◊ **Гру́па раціоналізува́ла п. дублюва́ння фі́льмів.** The group rationalized the film dubbing process. **спро́щувати** simplify; **вплива́ти на** influence) ◊ **Йому́ заборо́нено вплива́ти на п. прийняття́ рі́шень у компа́нії.** He is forbidden to influence the decision-making process in the company. **сприя́ти ~ові** facilitate a process; **керува́ти ~ом** conduct a process ◊ **Комп'ю́тер керу́є ~ом фільтрува́ння інформа́ції.** The computer conducts the information filtering process. (**управля́ти** manage); **позначáтися на ~і** affect a process ◊ **Затри́мка позначи́лася на всьому ~і ро́згляду пода́нь.** The delay affected the whole application review process.

prep. **у ~і** in a process ◊ **У ~і навча́ння ви́явили серйо́зні недо́ліки.** Serious drawbacks were revealed in the process of studies.

Cf. **процеду́ра**

2 *leg.* trial, litigation ♦ **арбітра́жний п.** an arbitration procedure; **кримі́на́льний п.** a criminal trial; ♦ **судови́й п.** a trial, lawsuit; ◊ **Він виступа́в на судово́му ~і.** He took the stand at the trial.

See **суд 2**

проце́сі|я, *f.*, ~ї

procession

adj. **вели́ка** big, **вели́чна** magnificent, **ґрандіо́зна** grand; **до́вга** long, **нескінче́нна** endless ◊ **Че́рез прийма́льню місько́го голови́ щодня́ йшла нескінче́нна п. громадя́н.** An endless procession of citizens walked through the mayor's reception room every day. **мале́нька** *and* **невели́ка** small; **ву́лична** street, **грома́дська** public; **пові́льна** slow, **помпе́зна** pompous, **урочи́ста** solemn; **барви́ста** colorful; **офіці́йна** official, **церемоні́йна** ceremonial, **перемо́жна** victorious, **тріюмфа́льна** triumphant; **великодня** Easter, **весі́льна** wedding ◊ **Вона́ не пропуска́ла жо́дної весі́льної ~ї.** She did not miss a single wedding procession. **святко́ва** festive; **жало́бна** mournful, **невесе́ла** joyless, **поню́ра** grim, **похму́ра** gloomy, **похоро́нна** funeral, **смолоски́пна** torchlight, **сумна́** sad; **релігі́йна** religious

v. + **п. вести́ ~ю** lead a procession ◊ **Великодню ~ю вів па́рох.** The Easter procession was led by the parish priest. (**організо́вувати** organize, **очо́лювати** head; **зупиня́ти** stop; **збира́тися в** gather into) ◊ **Зібра́вшись у невели́ку ~ю, вони́ ру́шили до середмі́стя.** Having gathered in a small procession, they headed downtown. **приє́днуватися до ~ї** join a procession ◊ **До проце́сії приєдна́лися феміні́стки.** Feminists joined the procession.

п. + *v.* **йти** walk, **крокува́ти** pace, **маршува́ти** march, **просува́тися** move, make its way ◊ **Похоро́нна п. просува́лася до цви́нтаря.** The funeral procession made its way to the cemetery. **прохо́дити** pass ◊ **Пе́ред глядача́ми прохо́дила поню́ра п. грабі́жників, краді́їв, уби́вць і ґвалтівникі́в.** A grim procession of robbers, thieves, murderers, and rapists passed by the onlookers. **звива́тися** wind, **ру́хатися** move; **вихо́дити з** + *G.* leave sth ◊ **П. ви́йшла з урядо́вого кварта́лу.** The procession left the government quarter. **почина́тися** begin; **дохо́дити до** + *G.* reach sth

prep. **у ~ї** in a procession ◊ **У ~ї за духово́ю орке́строю маршува́ли ді́ти.** Children marched in the procession behind the brass band.

прошелесті́|ти, *pf., see* **шелесті́ти**

to rustle, *fig.* whisper ◊ **Повз них ти́хо ~ла па́ні у пи́шній ба́льній су́кні.** A lady in a splendid ball dress quietly rustled past them.

прошепта́|ти, *pf., see* **шепта́ти**

to whisper ◊ **Він нахили́вся і щось ~в Лі́зі на ву́хо.** He bent and whispered something into Liza's ear.

проща́н|ня, *nt.*

farewell, parting, saying goodbye

adj. **до́вге** long; **неуни́кне** inevitable, **оста́ннє** last; **ще одне́** yet another; **дру́жнє** amicable, **емоці́йне** emotional, **ні́жне** tender, **соло́дке** sweet; **слі́зне** tearful, **сумне́** sad, **ти́хе** quiet; **незабу́тнє** unforgettable, **па́м'ятне** memorable; **стри́мане** reserved, **холо́дне** cold

prep. ♦ **на п.** in parting ◊ **Він поцілува́в Ната́лю на п.** He gave Natalia a farewell kiss. ♦ **маха́ти** + *D.* **руко́ю на п.** to wave sb goodbye ◊ **Ді́ти помаха́ли батька́м руко́ю на п.** The children waved their parents goodbye.

Also see **проща́ти 3**

проща́|ти, ~ють; прост|и́ти, прощу́, ~я́ть, *intr. and tran.*

1 to forgive, pardon, excuse + *D.* + *A.* sb sth, *less often* + *A.* **за** + *A.* sb for sth ◊ **Вона́ прости́ла Миха́йлові забува́куватість** *or* **за забува́куватість.** She forgave Mykhailo his obliviousness (for his obliviousness). ◊ **Іва́н ніко́ли не прости́ть зра́ди.** Ivan will never forgive a betrayal. ◊ **Вона́ так і не прости́ла хло́пцеві.** She never forgave the boy. ♦ **п. борг** to forgive a debt

See **пробача́ти**

2 *as inter., only im., 2nd pers. sg. or pl.* goodbye! farewell! **«~и́!» – схли́пнув він.** "Goodbye!" he sobbed.

3 *as n., indecl., im. 2nd pers. sg.* goodbye, farewell ◊ **Вона́ не так уявля́ла собі́ ї́хнє оста́ннє «~й».** That was not how she imagined their last goodbye.

See **проща́ння**

проща́й! проща́ва́й!

проща́|тися, ~ються; по~, *intr.*

1 to part, say goodbye, take one's leave

adv. **вже** already, **наре́шті** finally, **ще не** not yet; **до́вго** long ◊ **Вони́ до́вго ~лися.** They took long to say goodbye. **воста́ннє** for the last time; **су́мно** with sadness; **по-дру́жньому** amicably, **емоці́йно** emotionally, **ні́жно** tenderly, **со́лодко** sweetly; **слі́зно** tearfully, **ти́хо** quietly; **стри́мано** reservedly ◊ **Вони́ ~лися́ стри́мано.** They parted in a restrained manner. **хо́лодно** coldly; **наві́ки** *poet.* forever, **наза́вжди́** forever

v. + **п. піти́** go to ◊ **Пе́ред від'ї́здом, він пішо́в до сестри́ по~.** Before his departure, he went to his sister's to say goodbye. **прийти́** come to; **почина́ти** begin to, **ста́ти** *pf.* start; **не люби́ти** not like to, **ненави́діти** hate to ◊ **Хома́ ненави́дів п.** Khoma hated to say goodbye.

prep. **п. з** + *I.* say goodbye to sb/sth ◊ **У ду́мках вона́ вже ~лася з рі́дним мі́стом.** In her thoughts, she was already bidding goodbye to her home town.

2 *only impf., pass.* to be forgiven ◊ **Юна́цька необа́чність ле́гко ~ється.** Youthful indiscretions are easily forgiven.

(по)проща́йся!

про́яв, *m.*, ~у

manifestation, display, sign

adj. **види́мий** visible, **відкри́тий** overt, **зо́внішній** outward, **публі́чний** public, **я́вний** obvious; **разю́чий** striking, **яскра́вий** vivid; **конкре́тний** specific; **кліні́чний** clinical, **культу́рний** cultural, **мо́вний** linguistic, **поведі́нковий** behavioral, **фізи́чний** physical; **пе́рший** first, **початко́вий** initial, **ра́нній** early, **насту́пний** subsequent, **нови́й** new, **ще оди́н** another; **впе́ртий** persistent, **пості́йний** continuous; **загро́зливий** sinister, **небезпе́чний** dangerous, **похму́рий** gloomy, **скра́йній** extreme, **триво́жний** alarming ◊ **Зая́ва ста́ла триво́жним ~ом аґреси́вної зо́внішньої полі́тики дикта́тора.** The statement became an alarming manifestation of the dictator's aggressive foreign policy.

п. + *n.* **п. зацікáвлення** a sign of interest (**захо́плення** fascination, **любо́ви** love, **ні́жности** tenderness; **лю́дського ґе́нія** human genius, **культу́рної втори́нности** cultural derivativeness, **меншова́ртости** inferiority; **стра́ху́** fear, **триво́ги** anxiety)

prep. **п. у** + *G.* a manifestation in sth ◊ **п. націона́льного хара́ктеру в наро́дних пі́снях** a manifestation of national character in folk songs

прояви́|ти, *pf., see* **проявля́ти**

to reveal, *etc.* ◊ **Ді́вча́та до́бре ~ли себе́ на робо́ті в по́лі.** The girls showed themselves well, working in the field.

проявля́|ти, ~ють; проя́в|и́ти, ~лю́, ~иш, ~лять, *tran.*

1 to reveal, show, manifest, turn out

adv. **до́бре** well; **відкри́то** overtly ◊ **У свої́х су́дженнях вона́ відкри́то ~ла упере́дженість.** In her pronouncements, she overtly revealed her bias. **я́вно** obviously; **яскра́во** vividly; **конкре́тно** specifically; **впе́рше** for the first time, **початко́во** initially, **ра́но** early, **зго́дом** subsequently, **по-ново́му** in a new way; **пості́йно** constantly

п. + *n.* **п. зацікáвленість** show interest (**ініціати́ву** initiative; **му́жність** courage, **самові́дданість** selflessness, **самопоже́ртву** self-sacrifice; **ду́рість** stupidity, **зухва́лість** brazenness, **непова́гу** disrespect)

v. + **п. могти́** can ◊ **Вони́ могли́ прояви́ти спра́вжню самові́дданість.** They could be truly selfless. **почина́ти** begin to, **ста́ти** *pf.* start ◊ **Яре́ма став п. зацікáвлення коза́цтвом.** Yarema started showing interest in the Cossacks. **намага́тися** try to, **хоті́ти** want to ◊ **Вона́ хоті́ла прояви́ти найкра́щі професі́йні я́кості.** She wanted to show her best professional qualities.

2 develop *(of film)*

adv. **вда́ло** successfully, **до́бре** well; **за́раз же** right away, **одра́зу** immediately ◊ **Мико́ла сфотографува́в, що хоті́в, і одра́зу прояви́в плі́вку.** Mykola shot what he wanted, and

immediately developed the film. **шви́дко** quickly; **ке́псько** poorly, **пога́но** badly
v. + **п. бу́ти тре́ба** + *D.* need to, **вдава́тися** + *D.* succeed in, **змогти́** *pf.* manage to ◊ **Фото́граф зміг прояви́ти плі́вку.** The photographer managed to develop the film.
pa. pple. **проя́влений** manifested, revealed; developed
проявля́й! прояви́!

пружи́н|а, *f.*
1 spring
adj. **метале́ва** metal; **нова́** new; **іржа́ва** rusty, **стара́** old ◊ **Стару́ ~у замка́ тре́ба заміни́ти на нову́.** The old lock spring ought to be replaced with a new one. **закру́чена** coiled, **туга́** tight; ◊ **головна́ п.** a mainspring; ◊ **спускова́ п.** *mil.* a sear spring; ◊ **п. годи́нника** a hairspring
2 *fig.* mainspring, engine, prime mover
adj. **важли́ва** important ◊ **Вина́ходи за́вжди́ були́ ~ою техні́чного по́ступу.** Inventions have always been a mainspring of technological progress. **прихо́вана** hidden, **пота́ємна** secret; **спра́вжня** real
Also see **двигу́н 2**

пруча́|тися, ~ються; *no pf., intr.*
to resist, fend off, fight against, hold off; **за~** *pf.* to start resisting
adv. **акти́вно** actively, **відчайду́шно** desperately ◊ **Зрозумі́вши, що його́ чека́є, Клим відчайду́шно запруча́вся.** Having understood what was awaiting him, Klym started resisting desperately. **впе́рто** stubbornly, **всім єство́м** with one's entire being, **всім ті́лом** with one's entire body, **до́вго** for a long time, **до оста́ннього** to the last moment; **енергі́йно** vigorously, **запе́кло** fiercely, **рішу́че** resolutely, **рука́ми й нога́ми** tooth and nail, **си́льно** much, **успі́шно** successfully, **щоси́ли** with all one's strength; **ле́две** scarcely, **сла́бо** feebly; **до́сі** so far, **спочу́тку** initially
v. + **п. бу́ти не в ста́ні** be unable to ◊ **Лі́да була́ не у ста́ні до́вго п.** Lida was unable to resist for long. **бу́ти неможли́во** be impossible to; **могти́** can ◊ **Вони́ вже не могли́ п.** They already could not resist. **намага́тися** try to ◊ **На́віть не намага́йтеся п.!** Don't even try to resist!
prep. **п. пе́ред** + *I.* resist sth ◊ **О́льга ~лася пе́ред при́страстю.** Olha resisted her passion.
пруча́йся!
Also see **опира́тися**

пря́ж|ити, ~ать; на~ *or* **с~**, *tran.*
1 to fry, sauté, sear; simmer, cook ◊ **Оре́ста спря́жила ді́тям яє́шню.** Oresta fried eggs for the kids. ◊ **Іва́н ~ив ку́рку в вершка́х.** Ivan cooked chicken in cream. ◊ **Ната́лка напря́жила сті́жок млинці́в.** Natalka fried a small stack of pancakes.
See **сма́жити 1.** *Also see* **вари́ти 1, пекти́ 1**
2 *fig.* to scorch *(of sun)*, blaze, burn, parch ◊ **Со́нце ~ило, на́че в Саха́рі.** The sun blazed as if in the Sahara.
See **пекти́ 2.** *Also see* **сма́жити 2**
pa. pple. **напря́жений, спря́жений** fried
(на)пря́ж!

прям|и́й, *adj.*
1 straight, direct; upright, erect
adv. **абсолю́тно** absolutely, **вира́зно** distinctly, **геть** totally, **доскона́ло** perfectly, **ціли́ко́м** completely; **відно́сно** relatively, **до́сить** fairly; **бі́льш-ме́нш** more or less, **ма́йже** almost, **сливе́** nearly
п. + *n.* ◊ **п. ніс** a straight nose (**курс** course), **п. рейс** a direct flight (**рух** traffic; **насту́пник** successor, **спадкоє́мець** heir; **на́слідок** consequence; **пода́ток** tax; **дода́ток** *ling.* object); **~а́ ві́дповідь** a straight answer (**ву́лиця** street, **доро́га** road, **лі́нія** line, **спи́на** back; **дія** action, **зале́жність** correlation; **опі́ка** care), ♦ **~а́ ки́шка** *med.* a rectum; ♦ **~а́ мо́ва** *ling.* direct speech; **~е́ воло́сся** straight hair, **~е́ влуча́ння** *mil.* a direct hit (**зна́чення** meaning ◊ **Я кажу́ це у ~о́му зна́ченні сло́ва.** I am saying it in the direct meaning of the word. **керівни́цтво** leadership; **пита́ння** question); **~і́ ви́бори** a direct election (**до́кази** *leg.* evidence, **перемо́вини** negotiations)
Also see **рі́вний 2, струнки́й 2.** *Ant.* **криви́й, заплу́таний 1**
2 straightforward, downright, honest, sincere ◊ **Марі́я – ~а́ жі́нка і все, що ду́має, ка́же в обли́ччя.** Maria is a straightforward woman and tells you to your face everything she thinks.
See **відве́ртий.** *Also see* **щи́рий 1.** *Ant.* **заплу́таний 2**
3 *geom.* right ♦ **п. кут** a right angle ◊ **Ла́вка стоя́ла під ~им куто́м до стіни́.** The bench stood at the right angle to the wall.
4 live *(of broadcast)* ◊ **Тепе́р теленови́ни передаю́ть у ~о́му ете́рі.** Now the TV news is broadcast live.

пря́мо, *adv., part.*
1 *adv.* directly, straight, upright ◊ **п. впере́д** straight ahead, **додо́му** home; ◊ **Ма́ти вчи́ла його́ сиді́ти п.** Mother taught him to sit upright. ◊ **Іді́ть п.** Go straight. ◊ **Він став пи́ти п. з відра́.** He started drinking straight from the bucket. ◊ **Ка́мінь влучи́в їй п. у ву́хо.** The stone hit straight into her ear.
2 *adv.* bluntly, openly, sincerely, honestly ◊ **Ти мо́жеш сказа́ти п., у чо́му спра́ва?** Can you tell me bluntly what is the matter?
3 *part., colloq.* quite, totally, exactly, completely ◊ **Він таки́й га́рний і мо́дний п. як кіноакто́р.** He is so handsome and fashionable, totally like a film actor.
Also see **геть 1, про́сто**

псевдоні́м, *m.*, **~а**
pseudonym, pen name, stage name
adj. **безглу́здий** senseless, **ди́вний** weird, **чудерна́цький** whimsical; **звучни́й** sonorous, **претензі́йний** pretentious, **прозо́рий** transparent; **літерату́рний** literary, **підпі́льний** underground, **революці́йний** revolutionary, **таємни́й** secret
v. + **п. ма́ти п.** have a pseudonym ◊ **Він мав два ~и: оди́н літерату́рний, і́нший революці́йний.** He had two pseudonyms: one literary, the other revolutionary. (**вибира́ти** choose, **прибира́ти** adopt) ◊ **Ні́на прибра́ла була́ чудерна́цький п. Ме́ва.** Nina had adopted the whimsical pseudonym Seagull. **користува́тися ~ом** use a pseudonym (**підпи́сувати** + *A.* sign sth with, **публі́кувати** + *A.* **під** publish sth under) ◊ **Свої́ пое́зії вона́ публі́кувала під ~ом Каса́ндра.** She published her poems under the pseudonym of *Cassandra.*
prep. **під ~ом** under a pseudonym
Cf. **ім'я́ 1, прі́звисько, прі́звище**

псі́хі|ка, *f.*, *only sg.*
mindset, mind, psyche, psychology
adj. **дитя́ча** child's, **доро́сла** adult, **жіно́ча** female, **чолові́ча** male, **юна́цька** youth; **дозрі́ла** mature ◊ **У сімна́дцять ро́ків Тара́с мав дозрі́лу ~ку.** At the age of seventeen, Taras had a mature psyche. **інфанти́льна** infantile, **недозрі́ла** immature; **вразли́ва** vulnerable, **крихка́** fragile, **тонка́** sutble, **чутли́ва** sensitive; **заплу́тана** tangled, **незбагне́нна** inscrutable, **складна́** complicated; **травмо́вана** traumatized ◊ **Вона́ ви́явилася жі́нкою із травмо́ваною ~кою.** She proved to be a woman with a traumatized mind.
prep. **у ~ці** in a psyche
Also see **психоло́гія 2**

психі́чн|ий, *adj.*
mental, psychological, spiritual
п. + *n.* **п. вплив** mental influence (**проце́с** process, **ро́звиток** development, **ро́злад** disorder, **склад** composition, **стан** condition); **~а власти́вість** a mental faculty (**ді́яльність** activity, **здА́тність** capacity, **організа́ція** organization; **кри́за** crisis, **тра́вма** trauma, **хворо́ба** sickness), ♦ **~а ата́ка** *mil.* a psychological attack; **~е відобра́ження** a mental reflection (**відхи́лення** deviation, **здоро́в'я** health, **наси́льство** violence, **старі́ння** aging)

психологі́чн|ий, *adj.*
psychological ◊ **Ко́жен кандида́т на поса́ду му́сив пройти́ ~у оці́нку.** Each candidate for the position had to undergo a psychological evaluation.
adv. **винятко́во** exceptionally, **чи́сто** purely ◊ **Вона́ практику́є чи́сто п. підхі́д.** She practices a purely psychological approach.
Also see **мента́льний, мора́льний 3**

психоло́гі|я, *f.*, **~ї**, *only sg.*
1 psychology
adj. **академі́чна** academic, **експеримента́льна** experimental; **кліні́чна** clinical, **когніти́вна** cognitive, **прикладна́** applied, **профе́сі́йна** professional; **дитя́ча** child, **педагогі́чна** educational, **поведі́нкова** behavioral, **соція́льна** social, **спорти́вна** sports; **ґешта́льтова** Gestalt, **фро́йдівська** Freudian, **ю́нґівська** Jungian
See **нау́ка 2, предме́т 2**
2 mentality, psychology, mindset, mind
adj. **індивідуа́льна** individual, **осо́биста** personal, **групова́** group, **лю́дська́** human; **раси́стська** racist, **шовіністи́чна** chauvinist ◊ **Поведі́нкою цих люде́й ру́хає шовіністи́чна п.** These people's behavior is driven by a chauvinist mindset.
Also see **мента́льність, псі́хіка**

психопа́т, *m.*; **~ка**, *f.*
psychopath; *fig.* psycho, crank, lunatic, freak
adj. **го́стрий** acute, **невилі́ковний** incurable, **хроні́чний** chronic; **небезпе́чний** dangerous; **правди́вий** true, **спра́вжній** real
v. + **п. пово́дитися як п.** behave like a psychopath ◊ **Пі́сля п'я́тої ча́рки Бори́с став пово́дитися як правди́вий п.** After his fifth drink, Borys started behaving like a true psychopath. **бу́ти ~ом** be a psychopath (**вважа́ти** + *A.* consider sb ◊ **Бага́то хто вважа́в його́ небезпе́чним ~ом.** Many considered him to be a dangerous psychopath. **виявля́тися** turn out, **здава́тися** + *D.* seem to sb, **лиша́тися** remain, **оголо́шувати** + *A.* declare sb ◊ **Не тре́ба оголо́шувати ~ом ко́жного, хто вам не до впод́оби.** You should not declare a psychopath everybody who is not to your liking. **става́ти** become)

псу|ва́ти, ~ю́ть; зі~, *tran.*
1 to break, cause to break ◊ **Він не знав, як користува́тися комп'ю́тером, і зіпсува́в його́.** He didn't know how to use the computer and broke it.
Also see **лама́ти 1**
2 to spoil, ruin, wreck ◊ **Марко́ зіпсува́в усі́м вечі́рку.** Marko spoiled the party for everybody.
adv. **геть** totally, **ціли́ко́м** completely; **зуми́сне** *or* **навми́сне** deliberately ◊ **Робітники́ навми́сне ~ва́ли обла́днання.** The workers deliberately wrecked the equipment. **свідо́мо** knowingly, **спеція́льно** on purpose; **дарма́** uselessly, **ма́рно** pointlessly ◊ **Не тре́ба це розка́зувати і ма́рно п. всім на́стрі́й.** You should not tell this and spoil everybody's mood pointlessly.
п. + *n.* **п. ви́гляд** spoil appearance (**вид** view; **їжу** food, **меню́** menu, **стра́ву** dish; **одя́г** clothes; **взаємини** relations, **вра́ження** impression, **на́стрі́й** mood)
Also see **отру́ювати 2, перебива́ти 2, руйнува́ти 2**
3 to damage, spoil, corrode, ruin ◊ **Ні́чні змі́ни непопра́вно зіпсува́ли Окса́ні здоро́в'я.** Night shifts irreparably ruined Oksana's health. ◊ **Чита́ти при сві́чці – зна́чить п. зір.** Reading with a candle means ruining one's eyesight. ◊ **Воло́га ~ва́ла**

залізний паркан навколо будинку. Humidity corroded the iron fence around the building.
Also see **підривати 2, послаблювати 1**
4 to spoil *(children)*, overindulge, pamper
adv. **геть** totally, **цілком** completely; **жахливо** horribly, **неймовірно** incredibly, **страшно** terribly ◊ **Вона страшно зіпсувала сина.** She has terribly spoiled her son.
pa. pple. **зіпсутий** *or* **зіпсований** broken, spoiled ◊ **зіпсута** *or* **зіпсована дитина** a spoiled child
(зі)псуй!

псу|ватися; зі~, *intr.*
1 to spoil, go to waste, go bad ◊ **Риба швидко ~ється.** The fish quickly spoils. ◊ **Продукти слід швидко використати, інакше вони зіпсуються.** The produce needs to be used quickly, otherwise it will go to waste.
2 to break, become broken, stop functioning ◊ **Годинник зіпсувався.** The watch broke down. ◊ **Її стара автівка мала звичку п. у найгірший момент.** Her old car was in the habit of breaking down at the worst moment.
Also see **ламатися 2**
3 to deteriorate, worsen, become spoiled, decay ◊ **Від таких новин у всіх зіпсувався настрій.** Such news spoiled everybody's mood. ◊ **У Марти швидко ~вався зір.** Marta's eyesight was quickly deteriorating.
(зі)псуйся!

птах, *m.*, **~а**
1 bird
adj. **дикий** wild; **одомашнений** domesticated, **свійський** domestic; **дорослий** adult; **екзотичний** exotic, **заморський** foreign, ♦ **райський п.** a bird of paradise; **рідкісний** rare; **звичайний** common; **виводковий** precocial, **водяний** aquatic, **болотний** wading, **перелітний** migratory; **хижий** predatory; **лісовий** forest, **луговий** grassland, **морський** marine, **сухопутний** land, **тропічний** tropical; ♦ **співочий п.** a songbird; **вимерлий** extinct, **загрожений** endangered ◊ **серйозно загрожений п.** a seriously endangered bird; **ендемічний для** + *G.* native of *(area)*; **нелетючий** flightless
n. + **п. вид ~ів** a bird species ◊ **Цей вид ~ів ендемічний для гирла Дунаю.** This bird species is native of the Danube estuary. (**зграя** flock; **оселище** habitat ◊ **Хижацький видобуток бурштину руйнує природні оселища ~ів Полісся.** Predatory amber extraction ruins natural bird habitats of Polissia. **збереження** preservation, **охорона** conservation, **популяція** population) ◊ **В останнє десятиліття популяція співочих ~ів у реґіоні зменшилася.** Over the last decade, the songbird population has diminished in the area.
п. + *v.* **кружляти** circle ◊ **У небі кружляли зграї ~ів.** Flocks of birds circled in the sky. **літати** fly, **стрибати** hop; **ширяти** soar ◊ **П. велично ширяв над степом.** The bird was soaring magnificently over the steppe. **бити крилами** flap wings, **тріпотіти крилами** flutter wings; **сидіти на** + *L.* perch on sth; **сідати на** + *L.* land on sth; **кидатися вниз** swoop down, **накидатися на** + *A.* pounce on sb ◊ **Хижий п. накинувся на жертву.** The predatory bird pounced on its victim. **пірнати** dive; **збиватися у зграю** flock; **каркати** caw, **співати** sing, **тьохкати** warble ◊ **На липі сидів і тьохкав п.** A bird was perched on the linden and warbled. **цвірінькати** twitter ◊ **Його розбудили ~й, що голосно цвірінькали.** He was woken up by loudly twittering birds. **щебетати** trill; **клювати** + *A.* peck at sth ◊ **~й клювали зерно на землі.** The birds were pecking at the grain on the ground. **годуватися** + *I.* feed on sth; **гніздитися** nest, **вити** *or* **звивати гніздо** build a nest ◊ **Якийсь п. звив гніздо у них на горі.** A bird built a nest in their attic. **класти яйця** *and* **нестися** lay eggs, **линяти** molt
Also see **голуб 1, ластівка 1, орел 1**
2 *fig., colloq., iron.* specimen, creature, cookie
adj. **важливий** *or* **важний** important ◊ **Вона приймала якогось важного ~а з Вишгороду.** She was playing hostess to some big shot from Vyshhorod. **дивний** strange, **незвичайний** unusual; ♦ **вільний п.** *fig.* a free spirit; ♦ **ранній п.** an early bird, early riser ◊ **Петро не був раннім ~ом.** Petro was not an early riser. ♦ **бути стріляним ~ом** to have seen it all, to be a battle-scarred person ◊ **Слідчий був стріляним ~ом у боротьбі з організованою злочинністю.** The detective saw it all, fighting organized crime.
Also see **гість 2, птиця 3**
L. **на ~ові**, *N. pl.* **~й**, *G. p.* **~ів**

пташин|ий, *adj.*
1 bird, avian, of or pertaining to birds
п. + *n.* **п. базар** a bird colony, rookery (**крик** call, **спів** singing, **хор** choir; **політ** flight, ♦ **з ~ого польоту** a bird's-eye view ◊ **вид Києва з ~ого польоту** a bird's-eye view of Kyiv; **послід** droppings) ◊ **На пам'ятнику був п. послід.** There were bird droppings on the monument. ♦ **п. грип** *med.* avian flu; **~а зграя** a bird flock (**клітка** cage, **порода** breed); **~е гніздо** a bird nest (**м'ясо** meat, **око** eye, **перо** feather, **пір'я** *coll.* feathers; **товариство** *fig., iron.* flock, **царство** *fig.* kingdom), ♦ **~е молоко** *fig.* pigeon's milk ◊ **З усіх цукерок «~е молоко» подобалося Мотрі найбільше.** Of all candies, Motria liked *Pigeon's Milk* the most. **~і крила** bird wings
2 *fig.* resembling a bird, birdlike ◊ **п. голос** a birdlike voice (**крок** step); ♦ **бути на ~их правах** to have little or no rights ◊ **На катедрі літератури він на ~их правах.** At the Department of Literature, he has no rights.

птиц|я, *f.*
1 bird ◊ **В зоопарку діти бачили різні заморські ~і.** In the zoo, the children saw different foreign birds.
See **птах 1**
2 *only sg., coll.* birds; fowl, poultry ◊ **Щоб жити, рибі треба вода, а ~і – небо.** In order to live, fish need the water, and birds need the sky. **Вона віддає перевагу ~і перед свининою, яловичиною чи телятиною.** She prefers fowl to pork, beef or veal.
See **м'ясо.** *Also see* **дріб 4**
3 *fig., colloq., iron.* specimen, creature, cookie ◊ **Що це за ~я така живе в неї?** What kind of a cookie lives at her place?
See **птах 2**

публі|ка, *f., only sg.*
1 *coll.* public, viewership, listeners, readers; fans
adj. **більша** larger, **велика** large, **значна** significant, **найширша** widest ◊ **Його спадщину уприступнено для найширшої ~ки.** His heritage has been made available for the widest viewership. **широка** wide, **ширша** wider; **обмежена** limited; **загальна** general; **захоплена** thrilled, **збуджена** excited, **невгамовна** persistent ◊ **Невгамовна п. голосно висловлювала обурення.** The persistent public loudly expressed its outrage. **глядацька** viewing, **кінематографічна** movie-going, **літературна** literary ◊ **На читання з'явилася вся літературна п. містечка.** The entire literary public of the town showed up for the reading. **споживча** consumer, **театральна** theater-going; **баскетбольна** basketball, **гокейна** hockey, **футбольна** soccer
v. + **п. виховувати ~ку** educate the public (**заводити в оману** mislead ◊ **Вона не вперше заводить ~ку в оману.** It is not for the first time that she misleads the public. **обманювати** lie to; **інформувати** inform; **приваблювати** attract ◊ **Реклама привабила споживчу ~ку.** The ad attracted consumers. **обурювати** outrage, **скандалізувати** scandalize); **подобатися ~ці** be liked by the public ◊ **Нова постава «Тоски» сподобалася музичній ~ці.** The musical public liked the new production of *Tosca*.
prep. **на ~ці** in public ◊ **Письменниця рідко з'являється на ~ці.** The (female) writer rarely appears in public.
See **авдиторія 2**
2 *colloq.* people, company, community
adj. **весела** merry, **галаслива** noisy, **дивакувата** bizarre, **дивна** strange, **неприємна** unpleasant ◊ **Він опинився серед досить неприємної ~ки.** He ended up in the midst of rather unpleasant people. **п'яна** drunk
See **люди 3**
3 *colloq., pej.* crowd, lot, gang ◊ **Вона водиться з досить підозрілою ~кою.** She is hanging out with a rather suspicious crowd.

публікаці|я, *f.*, **~ї**
1 publication ◊ **П. таємних наказів міністра може спричинити конституційну кризу.** The publication of the Minister's secret orders can precipitate a constitutional crisis.
See **видання 1.** *Also see* **література 2**
2 publishing *(as process)*, publication ◊ **Газета відмовилася приймати його матеріяли до ~ї.** The newspaper refused to accept his stories for publication.
See **видання 2.** *Also see* **випуск 1, вихід 3**

публіку|вати, ~ють; о~, *tran.*
to publish ◊ **Сьогодні все більше наукових статтей ~ють лише на мережі.** Today, more and more scientific articles are published only online.
опублікований published
(о)публікуй!
See **видавати 1.** *Also see* **випускати 5, містити 3**

публічн|ий, *adj.*
public, open
п. + *n.* **п. виступ** a public appearance (**захист** defense, **звіт** report, **показ** presentation, screening ◊ **П. показ колекції буде в суботу.** The public presentation of the collection will be on Saturday. **продаж** sale, **простір** space); **~а бібліотека** a public library (**заява** statement, **інформація** information, **лекція** talk; **обіцянка** promise; **справа** matter, **царина** sphere); ♦ **первісна ~а пропозиція** an initial public offering; **~е вибачення** a public apology (**звернення** appeal, **місце** place, **право** law); **~і дебати** public debates (**збори** meeting)

пульс, *m.*, **~у**
1 pulse
adj. **нормальний** normal ◊ **Її п. нормальний.** Her pulse is normal. **ритмічний** rhythmical, **розмірений** measured, **спокійний** calm, **пришвидшений** quickened ◊ **Пришвидшений п. видавав її хвилювання.** Her quickened pulse betrayed her nervousness. **швидкий** fast; **нерівний** irregular; **повільний** slow, **сталий** steady; **могутній** powerful, **сильний** strong; **кволий** feeble, **слабкий** weak; ◊ **частота ~у** a pulse rate
v. + **п. мацати п.** feel a pulse (**міряти** take, **перевіряти** check ◊ **Лікар перевірив п. і серце хворого.** The doctor checked the patient's pulse and heart. **знаходити** find ◊ **Сестра намагалася знайти його кволий п.** The nurse was trying to find his feeble pulse. **мати** have; **прискорювати** *or* **пришвидшувати** quicken) ◊ **Тихий шепіт прискорював Михайлові п.** The quiet whisper quickened Mykhailo's pulse.
п. + *v.* **битися** beat ◊ **У неї несамовито бився п.** Her pulse was beating like crazy. **прискорюватися** *or* **пришвидшуватися** accelerate; **сповільнюватися** slow down
prep. **без ~у** without a pulse ◊ **Його привезли без ~у.** He was brought in without a pulse. **на п.**

dir. on sb's pulse ◊ **Він поклáв рýку хвóрому на п.** He put his hand on the patient's pulse.
на ~і *posn.* on pulse ◊ **тримáти рýку на ~і** keep a hand on sb's pulse
2 *fig.* pulse, rhythm, tempo ◊ **Аналíтик дýже дóбре відчувáє п. політи́чного життя.** The analyst feels the pulse of political life very well.

пункт, *m.*, ~у

1 point
adj. **будь-яки́й** any, **ви́браний** chosen, **довíльний** random, **конкрéтний** specific ◊ **Вони́ збирáлися у конкрéтному ~і мíста.** They would gather at a specific point of the city. **вихідни́й** starting, ◊ **відправни́й п.** a point of departure ◊ **Відправни́ми ~ами для кампáнії слýжать кíлька прóсти́х постулáтів.** A few simple postulates serve as points of departure for the campaign. **кульмінаці́йний** culmination; **вхідни́й** entry; **перелóмний** breaking, **поворóтний** turning; **кінцéвий** *or* **прикінцéвий** final; **головни́й** main; **збірний** meeting ◊ **Її хáта служи́ла збірним ~ом для змóвників.** Her house served as a meeting point for the plotters. ♦ **ви́борчий п.** a polling station; ♦ **комáндний п.** *mil.* a command station; ♦ **контрóльно-пропускни́й п.** a checkpoint; ♦ **меди́чний п.** a medical-aid station; ♦ **насéлений п.** a settlement; ♦ **обмíнний п.** a currency exchange office; ♦ **оборóнний п.** *mil.* a strong point; ♦ **призовни́й п.** *mil.* a recruiting station; ♦ **спостерéжний п.** *mil.* an observation post
п. + *n.* **п. дóступу** an access point (**óбміну** exchange, **перéходу** crossing, **признáчення** destination)
v. + **п. визначáти п.** determine a point (**прибувáти у** arrive at) ◊ **Грýпа прибýде у п. призначéння за годи́ну.** The group will arrive at the destination (point) in an hour.
2 point *(in text)*, article, item, paragraph, clause
adj. **важли́вий** important, **вузьки́й** narrow, **головни́й** main, **конкрéтний** specific, **окрéмий** separate, **суттєвий** essential, **центрáльний** focal; **пéрший** first, **дрýгий** second; **настýпний** next, **остáнній** final, **поперéдній** previous
v. + **п. викрéслювати п.** cross out an item (**включáти** include ◊ **До прáвил включи́ли п. про заборóну пали́ти.** The item on prohibition to smoke was included in the rules. **формулювáти** articulate)
п. + *v.* **йти́ся про** + *A.* be about sth ◊ **В трéтьому ~і прогрáми йдéться про вимóги кýрсу.** The third item of the syllabus is about the course requirements.
prep. **у ~і** in a clause; ♦ **по всіх ~ах** completely, entirely ◊ **Він перекóнав їх по всіх ~ах.** He convinced them completely. **п. за ~ом** point by point ◊ **Поря́док дéнний конферéнції обговóрювали п. за ~ом.** The conference agenda was discussed point by point. **п. про** + *A.* an item about sth ◊ **п. про фінансувáння будівни́цтва** the item about the construction financing

пунктуáльн|ий, *adj.*

punctual
adv. **винятко́во** exceptionally, **дóсить** fairly, **дýже** very, **неймовíрно** incredibly, **страшéнно** terribly; **зáвжди́** always, **незмíнно** invariably ◊ **Її знáють як людину незмíнно ~у.** She is known to be an invariably punctual person. **не зóвсім** not entirely
v. + **п. бýти ~им** be punctual (**виявля́тися** turn out, **лишáтися** remain) ◊ **У спрáвах бізнесу Зíна лишáється дýже ~ою.** In matters of business, Zina remains very punctual.
Also see **тóчний 3**

пускá|ти, ~ють; пуст|и́ти, ~ять, *tran.*

1 to let go, release, drop ◊ **Валенти́н узя́в кóропа з відрá і пусти́в йогó в рíчку.** Valentyn took the carp out of the bucket and released it in the river. ◊ **Катери́на пусти́ла віжки, і кінь став некерóваним.** Kateryna let go of the reins and the horse got out of control.
2 to let, allow, *often with neg.* ◊ **Батькí не ~ють йогó в пóдорож самогó.** His parents don't allow him to travel on his own. ◊ **Íгор пусти́в пса в дити́нець погуля́ти.** Ihor let the dog out onto the patio to run around. ♦ **п. на вóлю** to release, set free ◊ **Пíсля ти́жня полóну, зарýчників пусти́ли на вóлю.** After a week of captivity, the hostages were set free.
prep. **п. з** + *G.* release from sth ◊ **Щорáнку він ~є гусéй із хлівá на луг.** Every morning, he releases the geese from the barn to the meadow.
3 to let in, allow entry, admit, take in ◊ **Вонá пішлá пусти́ти запíзнілих гостéй.** She went to let in the guests who had come late.
prep. **п. в** + *A.* let into *(space)* ◊ **Він благáв пусти́ти йогó в дім.** He beseeched to be admitted into the house. **п. до** + *G.* let into *(space)* ◊ **Він пусти́в їх до сéбе.** He took them in. **п. на** + *A.* admit for *(a period of time)* ◊ **п. нá ніч** admit for a night; **п. чéрез** + *A.* allow passage across *(border, etc.)* ◊ **На летóвищі їх не пусти́ли чéрез кордóн.** At the airport, they were not allowed to cross the border.
4 to start, run, set working, put into action; ♦ **п. у хід** to use, resort to ◊ **Вóрог ~в у хід брехню́ і пíдступ.** The enemy resorted to lies and deceit. ♦ **п. кінó** *colloq.* to play movies ◊ **Щоп'я́тниці у клýбі ~ли кінó.** They played movies at the club on Fridays.
prep. **п. в** + *L.* put into *(action, etc.)* ◊ **Купю́ру пусти́ли в óбіг торíк.** The banknote was put into circulation last year. ♦ **п. в дíю** put into action ◊ **Нóвий цех ~ють в дíю настýпного ти́жня.** The new shop will be put in operation next week.
5 to channel *(water, gas, etc.)*, direct, release, run ◊ **Щоб пусти́ти вóду до канáлу, трéба відкри́ти шлю́зи.** To release water into the canal, the floodgates need to be opened. ♦ **п. кров** to let blood, make sb bleed
п. + *n.* **п. бýльбашки** release bubbles (**дим** smoke, **газ** gas, **пар** steam; **арóмат** fragrance, **зáпах** smell); ♦ **пáри з вуст не пусти́ти** not to utter a word ◊ **Про при́году вонá пáри з вуст не ~ла.** She would not utter a word about the experience.
6 to launch, shoot, release *(a bullet, etc.)* ♦ **п. кýлю в лóба** + *D.* 1) to put a bullet in sb's head; 2) to commit suicide ◊ **Він крáще пýстить собí кýлю в лóба, як погóдиться на їхні ýмови.** He'd rather put a bullet in his head than accept their terms.
prep. **п. по** + *L.* shoot at sb/sth ◊ **Тогó дня по мíсту пусти́ли сóтні артилерíйських зáлпів.** That day, hundreds of artillery salvoes were shot at the city. ♦ **п. на дно** to send to the bottom ◊ **Захисники́ пóрту пусти́ли панцéрник на дно.** The defenders of the port sent the battleship to the bottom. **п. в повíтря** blow sb/sth up ◊ **Вони́ пусти́ти в повітря всі мости́ в мéжах мíста.** They blew up all the bridges within the city limits. ♦ **п. під укíс** to derail *(a train,* etc.*)* ◊ **Вони́ пусти́ли під укíс нову прогрáму ýряду.** *fig.* They derailed the government's new program. ♦ **п. чýтку** to spread a rumor
7 to put down *(roots)*, sprout ♦ **п. корíння** to put down roots, take root ◊ **Тóполя шви́дко пусти́ла корíння.** The poplar quickly put down roots. ♦ **п. пáросток** to put out a sprout, *etc.* ◊ **За мíсяць горíх пусти́в пáгони.** In a month, the walnut put out shoots. ♦ **п. сли́ну** to drivel
pa. pple. **пýщений** launched; released
пускáй! пусти́!

пускá|тися; пусти́тися, *intr.*

1 to set about, set out
prep. **п. в** + *A.* set out on *(a venture, etc.)* ◊ **п. в дорóгу** set out on the road (**мóре** sea, **пóдорож** journey) ◊ **Вони́ пусти́лися в пóдорож під вéчір.** They set out on their journey towards the evening.
2 *colloq.* to start, begin ◊ **Він пусти́вся дзвони́ти по друзя́х.** He started calling his friends.
prep. **п. в** + *A.* start doing sth ◊ **п. в дýмку** start thinking (**плач** crying, **сміх** laughing, **спів** singing, **спóгади** reminiscing) ◊ **Ви́пивши винá, вони́ пусти́лися в спóгади.** Having had some wine, they started reminiscing. **тáнець** dancing)
See **починáти**

пустéл|я, *f.*

desert, wasteland
adj. **безвóдна** arrid, **гаря́ча** hot, **мéртва** dead, **сухá** dry; **холóдна** cold; **кам'яни́ста** rocky, **піщáна** sandy; **безмéжна** boundless, **вели́ка** big, **відкри́та** open, **безлю́дна** empty; **аркти́чна** Arctic, **поля́рна** polar; **крижанá** icy, **сніговá** snowy; **гуманітáрна** *fig.* humanitarian, **демографíчна** *fig.* demographic ◊ **Алкоголíзм загрóжував перетвори́ти краї́ну на демографíчну ~ю.** Alcoholism threatened to turn the country into a demographic desert. **культýрна** *fig.* cultural, **цивілізаці́йна** *fig.* civilizational; ♦ **гóлос волáючого в ~і** a voice (crying) in the wilderness ◊ **Йогó прохáння про допомóгу так і лиши́лися гóлосом волáючого в ~і.** His pleas for help forever remained a voice in the wilderness.
v. + **п. долáти ~ю** travel a desert ◊ **Він подолáв ~ю з кінця́ в кінéць.** He traveled the desert from end to end. (**прохóдити** cross; **перетвóрювати** + *A.* **на** transform sth into ◊ **Парк перетвори́ли на ~ю.** The park was transformed into a desert. **роби́ти з** + *G.* make sth); **ставáти ~ею** become a desert ◊ **Мíсто стáло культýрною й цивілізаці́йною ~ею.** The city became a cultural and civilizational wasteland.
prep. **у ~ю** in/to a desert ◊ **Вони́ поїхали у ~ю.** They went to the desert. **у ~і** in a desert ◊ **У ~і багáто змій.** There are a lot of snakes in the desert.

пýсто, *adv., pred.*

1 *adv., colloq.* pointlessly, uselessly, for no reason, needlessly ◊ **Óля не бýде п. дзвони́ти сéред нóчі.** Olia will not call people in the middle of the night needlessly.
Also see **дарéмно 1, 2**
2 *pred.* empty, vacant ◊ **У зáлі стало п.** *impers.* The hall became empty. ◊ **Їй тя́жко зосерéдитися, колú в животí цíлий день п.** It is hard for her to focus when her stomach has been empty all day.

путівни́к, *m.*, ~á; путівни́ця, *f.*

guide, guidebook, travel guide
adj. **дóбрий** good, **доскона́лий** perfect, **знамени́тий** *colloq.* superb ◊ **Тамáра порáдила йомý знамени́тий п.** Tamara recommended a superb guidebook to him. **зрýчний** handy, **кóрисний** useful, **надíйний** reliable, **найкрáщий** best, **незамíнний** irreplaceable, **неперевéршений** unsurpassed, **помíчни́й** helpful, **прекрáсний** great, **чудóвий** wonderful; **неоцінéнний** invaluable, **цíнний** valuable; **популя́рний** popular, **улю́блений** favorite; **бáзовий** basic, **засадни́чий** essential; **вичéрпний** exhaustive, **всеохóпний** comprehensive, **доклáдний** detailed, **пóвний** complete; **загáльний** general, **кишенькóвий** pocket, **корóткий** short, **сти́слий** brief; **прóсти́й** simple; **кéпський** poor, **непотрíбний** *colloq.* useless, **погáний** bad, **таки́й собí** so-so; **музéйний** museum
v. + **п. брáти (з собóю) п.** take along a guidebook ◊ **Не забýдьте взя́ти з собóю дóбрий п.** Don't forget to take along a good guidebook. (**пакувáти** pack; **губи́ти** lose; **забувáти** forget; **лишáти** leave behind; **рáдити** + *D.* recommend to sb; **купувáти** buy) ◊ **Таки́й п. мóжна купи́ти тíльки в мерéжі.** Such a guidebook can be bought only online. **користувáтися ~óм** use a guide) ◊ **У пóдорожі він користувáвся кишенькóвим ~óм.** He used a pocket guide on his trip.
п. + *v.* **бýти (ставáти) у при́годі** be (become) useful ◊ **У Пари́жі п. став Нéлі у вели́кій**

пригóді. In Paris, the travel guide became very useful to Nelia.
prep. **в ~ý** *or* **~óві** ◊ **У ~ý ви знайдéте кýпу кóрисної інформáції.** You'll find loads of useful information in the travel guide. **п. по Кúєву** *or* **п. Кúєвом** a guidebook of Kyiv
Also see **кнúжка**

пух, *m.*, **~у**
down, fluff, fuzz ◊ **Він мав алергíю на п.** He was allergic to down.
adj. **густúй** thick; **легкúй** light, **нíжний** tender ◊ **Над її губóю виднíвся нíжний п.** Tender fuzz was seen above her lip. **тéплий** warm; **гáгачий** eider, **гýсячий** goose ◊ **На кóвдру трéба кілогрáм гýсячого ~у.** A kilogram of goose down is needed for the blanket. **качúний** duck ◊ **Вонá купúла дві подýшки з качúного ~у.** She bought two duck down pillows. **лебедúний** swan
See **пір'я**

пухлúн|а, *f.*
tumor
adj. **доброя́кісна** benign ◊ **Лíкар запéвнив йогó, що п. доброя́кісна.** The doctor assured him that the tumor was benign. **аґресúвна** aggressive, **злоя́кісна** malignant, **рáкова** cancerous; **оперáбельна** operable; **неоперáбельна** inoperable
п. + *n.* **п. головнóго мóзку** a brain tumor (**грудéй** breast, **нúрки** kidney, **шлýнку** stomach, *etc.*)
v. + **п. виявля́ти ~у** reveal a tumor (**знахóдити** find; **видаля́ти** remove; **змéншувати** shrink ◊ **Завдякú кýрсу радіотерапíї ~у вдалóся змéншити.** Thanks to the course of radiotherapy, they managed to shrink the tumor. **лікувáти** treat ◊ **Сьогóдні такý ~у головнóго мóзку успíшно лікýють.** Today they successfully treat such a brain tumor. **видаля́ти** remove ◊ **У Марíї якрáз вчáсно виявúли й вúдалили ~у прямóї кúшки.** They revealed and removed Maria's colon tumor right on time. **оперувáти** operate on) ◊ **~у слід негáйно оперувáти.** The tumor should be immediately operated on.
п. + *v.* **змéншуватися** shrink, **зникáти** disappear; **пускáти метастáзи** metastasize ◊ **П. пустúла метастáзи до головнóго мóзку.** The tumor metastasized to the brain. **ростú** grow
See **рак**[2]

пуч|óк, *m.*, **~кá**
bundle, cluster, truss + *G.*
adj. **велúкий** big, **величéнький** *colloq.* biggish, **чимáлий** *colloq.* sizable; **малúй** *and* **невелúкий** small, **малéнький** *dim.* small; **густúй** thick ◊ **густúй п. травú** a thick bundle of grass, **компáктний** compact, **тугúй** tight ◊ **Вонá зв'язáла очерéт у тугúй п.** She tied the reeds in a tight bundle. **тонéнький** *dim.* thin, **тонкúй** thin
п. + *n.* **п. квíтів** a bundle of flowers (**рíзок** twigs, **стріл** arrows; **зéлені** greens, **крóпу** dill, **петрýшки** parsley, **редúски** radish, **шпинáту** spinach, **щáвлю** sorrel); **п. áтомів** a cluster of atoms (**елементáрних частúнок** elementary particles, **прóменів** rays); **п. волокнá** a bundle of fiber (**лúстя** foliage, **льóну** flax, **сíна** hay, **травú** grass); **п. нервóвих тканúн** *anat.* a bundle of nerve tissue
v. + **п. брáти п.** take a bundle (**в'язáти** tie; **нестú** carry; **в'язáти** + *A.* **в** tie sth in) ◊ **Жíнкú в'язáли рíзки у ~ки.** The women tied the twigs in bundles. **мотáти** + *A.* **в** wrap sth in) ◊ **Вонá змотáла дріт у п.** She wrapped the wire in a bundle. **збирáти** + *A.* **~кáми** gather sth in clusters ◊ **Лíнза збирáє прóміння свíтла ~кáми.** The lens gathers the rays of light in clusters.
Also see **зв'я́зка 1**

пшенúц|я, *f.*
wheat
adj. **густá** thick; **стúгла** ripe; **озúма** winter ◊ **пóле озúмої ~і** a winter wheat field; **я́ра** spring
n. + **п. зернúна ~і** a wheat grain (**колосóк** ear ◊ **Він зробúв в'я́занку з колоскíв ~і.** He made a bunch of wheat ears. **мішóк** bag, **пóле** field, **сніп** sheaf; **виробнúцтво** production; **врожáй** harvest) ◊ **Торíк вонú мáли чудóвий урожáй ~і.** Last year, they had a wonderful wheat harvest. **сорт ~і** a sort of wheat
v. + **п. вирóщувати п.** grow wheat (**садúти** plant, **сíяти** sow ◊ **Тут фéрмери традицíйно сíють я́ру ~ю.** The farmers here traditionally sow spring wheat. **збирáти** harvest ◊ **Із пóля зíбрáли тóну ~і.** A ton of wheat was harvested from the field. **молóти** grind, **молотúти** thresh)
п. + *v.* **ростú** grow ◊ **П. ростé густá, алé не такá висóка, як жúто.** Wheat grows thick, but not as tall as rye. **схóдити** sprout ◊ **сóрт ~і, що пíзно схóдить** a late-sprouting sort of wheat
See **зернó 1.** *Also see* **жúто**

п'я́н|ий, *adj.*
1 drunk; *also fig.*
adv. **вже** already, **вкрай** extremely, **дóсить** quite, **достáтньо** fairly, **дóбре** *colloq.* quite, **дýже** very, **сúльно** badly, **геть** totally, **цілкóм** completely, **я́вно** clearly; **трóхи** a little, **трíшки** *colloq.* a tad ◊ **Він розмовля́в так, нáче був трíшки ~им.** He spoke as if he were a tad drunk. **лéдве** scarcely, **мáйже** almost, **ще не** not yet; **зóвсім не** not at all, **ніскíлечки не** *colloq.* not in the least ◊ **Марíя булá ніскíлечки не ~ою.** Maria was not in the least drunk.
v. + **п. бýти ~им** be drunk (**вигляда́ти** look ◊ **Кóжна з дівчáт вигляда́ла ~ою.** Each of the girls looked drunk. **виявля́тися** turn out, **здавáтися** + *D.* seem to sb ◊ **Він лишé здавáвся ~им, хочá в дíйсності був тверéзим як скéльце.** He only seemed drunk, though in reality he was sober as a judge. **почувáтися** feel; **прихóдити** come) ◊ **Івáн прийшóв помíтно ~им.** Ivan came noticeably drunk.
prep. **мов** *or* **нáче, як п.** as if drunk ◊ **Він волíк нóги, нáче п.** He dragged his feet as if he were drunk. **п. від** + *G.* drunk with sth ◊ **Соломíя почувáлася ~ою від рáдости.** *fig.* Solomia felt drunk with joy. ♦ **п. у дим** drunk as a lord ◊ **Він повернýвся з весíлля п. у дим.** He came back from the wedding drunk as a lord. ♦ **п., як земля́** drunk as a skunk
Also see **мéртвий 4, напідпúтку**
2 *fig.* intoxicating, heady ◊ **п. зáпах веснянúх садíв** an intoxicating smell of spring gardens; ◊ **~е відчуття́ перемóги** the intoxicating feeling of victory
See **п'янкúй**

п'я́н|ити, ~ять; с~, *tran. and intr.*
1 to intoxicate, make drunk; *also fig.*
adv. **вже** already, **дýже** greatly, **сúльно** strongly ◊ **Ясмúн у садý сúльно ~ив.** The jasmin in the garden was strongly intoxicating. **непомíтно** unnoticeably, **повíльно** slowly, **поступóво** gradually; **швúдко** quickly ◊ **Винó лéгко пилóся і швúдко ~ило.** The wine drank easily and quickly intoxicated.
2 *fig.* excite, exhilarate, rouse ◊ **Близькá перспектúва пóдорожі до Грéції ~ила йогó уя́ву.** The close prospect of a trip to Greece roused his imagination.
pa. pple. **сп'янíлий** intoxicated ◊ **Рáдість бринíла в Олéксиному сп'янíлому гóлосі.** Joy resonated in Oleksa's intoxicated voice.
Also see **завóдити 9, збýджувати 2**
(с)п'я́ни!

п'янí|ти, ~ють; с~, *intr.*
to get drunk, be drunk
adv. **вже** already ◊ **Васúль ужé сп'янíв.** Vasyl is already drunk. **дýже** very, **сúльно** badly, **страшéнно** terribly; **повíльно** slowly, **поступóво** gradually; **нíколи не** never ◊ **Він п'є і нíколи сúльно не ~є.** He drinks and never gets badly drunk. **лéгко** easily, **трíшки** a tad, **трóхи** a little, **скóро** *or* **швúдко** quickly
prep. **п. від** + *G.* get drunk with sth ◊ **Олéна не знáла, від чóго бíльше сп'янíла: від винá чи від щáстя.** Olena did not know what got her more drunk – the wine or happiness.
(с)п'янíй!

п'янк|úй, *adj.*
intoxicating, heady
adv. **вкрай** extremely, **дýже** very, **надзвичáйно** extraordinarily, **приє́мно** pleasantly ◊ **Атмосфéра кінофестивáлю булá приє́мно ~óю.** The film festival atmosphere was pleasantly intoxicating. **несподíвано** unexpectedly
п. + *n.* **п. аромáт** an intoxicating aroma (**екстáз** ecstasy; **пóгляд** look, **поцілýнок** kiss, **шéпіт** whisper); **~á квíтка** an intoxicating flower (**надíя** expectation, **насолóда** pleasure; **ýсмішка** smile); **~é винó** intoxicating wine ◊ **Винó вúявилося особлúво ~úм.** The wine turned out to be particularly intoxicating. (**відчуття́** sensation, **жадáння** desire, **забуття́** oblivion, **щáста** happiness); **~í обíйми** intoxicating embrace
Also see **п'я́ний 2**

п'ят|á, *f.*
heel
adj. **бóса** bare; **велúка** big, **вузькá** narrow, **малéнька** small, **ширóка** wide; **ґýмова** rubber, **залíзна** iron; ♦ **ахіллéсова п.** Achilles heel ◊ **Кéпська вимóва булá її ахіллéсовою ~ою.** Poor pronunciation was her Achilles heel.
v. + **п.** ♦ **лизáти** + *D.* **~и** to lick sb's shoes ◊ **Не трéба лизáти декáнові ~и.** You don't have to lick the dean's shoes to persuade him. ♦ **накивáти ~ами** *pf.* to beat a hasty retreat ◊ **Побáчивши вíйсько, наймáнці накивáли ~ами.** On seeing the army, the mercenaries beat a hasty retreat. ♦ **бýти під ~óю** be under sb's heel ◊ **Óльга не збирáлася бýти під ~óю пóдруги.** Olha was not going to be under her (female) friend's heel. ♦ **гнáтися по ~ах за** + *I.* to be hot on sb's heels ◊ **За втікачáми по ~ах гнáлася полíція.** The police were hot on the fugitives' heels. ♦ **ходúти по ~ах за** + *I.* to tail sb ◊ **Якúйсь тип ходúв за нúми по ~ах.** Some kind of character was tailing them.
prep. ♦ **від** *or* **з головú до п'ят** from head to toe ◊ **Її обшукáли з головú до п'ят.** She was searched from head to toe.

п'я́тниц|я, *f.*
Friday
adj. **пéрша** first, **минýла** past, last, **остáння** last (*in a month*) ◊ **Він особлúво любúв остáнню ~ю мíсяця.** He was particularly fond of the last Friday of the month. **та** *colloq.* last ◊ **Вонú розмовля́ли в ту ~ю.** They spoke last Friday. **настýпна** next, **ця** this; **довгождáна** long-awaited; ♦ **Велúка** *or* **Стрáсна п.** *relig.* Good Friday
в. + *v.* **наставáти** come, **прохóдити** pass, **тривáти** last ◊ **П. їхніх остáнніх íспитів тривáла без кінця́.** The Friday of their last examinations lasted with no end in sight.
prep. **у ~ю** on Friday ◊ **У ~ю погóда зíпсувáлася.** On Friday, the weather deteriorated. ♦ **кривúтися, як середá на ~ю** to make a sour face ◊ **Чогó це Андрíй крúвиться, як середá на ~ю? Невжé подарýнок не подóбається?** What's with Andrii's sour face? Doesn't he like the present? **від ~і** from/since Friday ◊ **Він працю́є від ~і до вíвтóрка.** He works from Friday to Tuesday. **на ~ю** for/on Friday; **під ~ю** *or* **прóти ~і** before Friday ◊ **Це стáлося вночí під ~ю.** It happened at night before Friday. ♦ **у** + *G.* **сім ~ь на тúждень** sb constantly changes one's mind, ◊ **У нéї сім ~ь на тúждень.** She constantly changes her mind.
See **день**

Р

раб, *m.*, **~á; ~á** *or* **~и́ня**, *f.*
1 slave
adj. **африка́нський** African; **дові́чний** lifelong; **звільнений** freed, **колишні́й** former, **розкріпа́чений** emancipated; **звича́йний** common, **правди́вий** true, **спра́вжній** real, **факти́чний** virtual; **суча́сний** contemporary
n. + **р. поведі́нка ~á** slavish behavior (**психоло́гія** psychology ◊ **Письме́нник звинува́чує співвітчи́зників в то́му, що вони́ виявля́ють психоло́гію ~ів.** The writer accuses his compatriots of manifesting the psychology of slaves. **ці́нності** values); **вла́сник ~ів** a slave owner (**за́колот** rebellion, **повста́ння** uprising ◊ **найбі́льше повста́ння ~ів в істо́рії Ри́му** the biggest slave uprising in the history of Rome; **ри́нок** market); **торгі́вля ~áми** a slave trade (**торго́вець** trader)
v. + **р. купува́ти ~á** buy a slave (**ма́ти** have, **трима́ти** keep; **продава́ти** sell; **звільнювати** *or* **звільня́ти** free; **перетво́рювати** + *A.* **на** make sb ◊ **Ста́лін перетвори́в селя́н на факти́чних ~ів.** Stalin made peasants virtual slaves. **трактува́ти** + *A.* **як** treat sb like); **бу́ти ~о́м** be a slave (**воло́діти** own ◊ **Він воло́дів ~áми.** He owned slaves. **лиша́тися** remain; **роби́ти** + *A.* make sb; **става́ти** become)
2 *fig.* slave, servant; hostage; addict ◊ **Володи́мир відмо́вився бу́ти ~о́м зви́чки.** Volodymyr refused to be a slave of habit.
adj. **ві́дданий** devoted, **ві́рний** faithful, **цілкови́тий** complete
р. + *n.* **раб до́лі** a slave to fate (**зви́чки** habit, **мо́ди** fashion ◊ **Бори́с став ~о́м мо́ди.** Borys became a fashion slave. **обста́вин** circumstance ◊ **Тимі́ш не збира́вся става́ти ~о́м обста́вин.** Tymish was not about to become a slave to his circumstance. **при́страсти** passion, **режи́му** regime, **систе́ми** system; **страху́** fear)

ра́бств|о, *m.*, **~а**, *only sg.*
slavery, bondage, servitude; *also fig.*
adj. **брута́льне** brutal, **дику́нське** savage, **жорсто́ке** cruel; **єги́петське** *fig.* Egyptian ◊ **Для кри́мців окупа́ція була́ єги́петським ~ом.** For the Crimeans the occupation was their Egyptian slavery. **комуністи́чне** communist, **росі́йське** Russian; **духо́вне** spiritual, **мента́льне** mental, **психологі́чне** psychological; **економі́чне** economic, **культу́рне** cultural, **політи́чне** political; **дитя́че** child, **ра́сове** race, **сексуа́льне** sexual; **суча́сне** modern; **спра́вжнє** true ◊ **Вони́ жили́ в умо́вах спра́вжнього ~а.** They lived in the conditions of true slavery. **факти́чне** virtual; **доброві́льне** *fig.* voluntary, **сві́доме** *fig.* conscious, **щасли́ве** *fig.* happy
n. + **р. інститу́т ~а** the institution of slavery ◊ **Сове́тський колго́сп дія́в як інститу́т ~а.** The Soviet collective farm functioned like an institution of slavery. (**кіне́ць** end, **ліквіда́ція** elimination, **скасува́ння** abolition; **спа́док** *or* **спа́дщина** legacy) ◊ **Менталіте́т сове́тської люди́ни є спа́дком духо́вного ~а.** The Soviet man mentality is the legacy of spiritual slavery.
v. + **р. відно́влювати р.** restore slavery (**впрова́джувати** introduce, **встано́влювати** establish; **забороня́ти** ban, **ліквідо́вувати** eliminate, **скасо́вувати** abolish; **потрапля́ти в** find oneself in slavery ◊ **Ча́сто жі́нки без імігра́ційного ста́тусу потрапля́ли в сексуа́льне р.** Often women without immigration status found themselves in sexual slavery. **продава́ти** + *A.* **в** sell sb into); **кла́сти край ~у** put an end to slavery (**потура́ти** condone) ◊ **Полі́ція потура́ла дитя́чому ~у.** The police condoned child slavery.
Cf. **зале́жність 1.** *Ant.* **во́ля 3, свобо́да**

ра́бськ|ий, *adj.*
slavish, of or pertaining to slave or slavery; *also fig.* servile, obsequious
р. + *n.* **р. го́лос** an obsequious voice, **р. дух** slavish spirit (**наро́д** people), **р. ко́мплекс** a slave complex (**контра́кт** contract, **менталіте́т** mentality); **~а експлуата́ція** slavelike exploitation (**мо́ва** language, **поко́ра** obedience), **~а пра́ця** slave labor (**психоло́гія** psychology); **~е копіюва́ння** slavish copying (**насліду́вання** emulation, **підпорядкува́ння** subordination); **~і умо́ви** slavelike conditions ◊ **Вони́ працюва́ли в ~их умо́вах.** They worked under slavelike conditions.
Ant. **ві́льний, незале́жний**

ра́д|а, *f.*
1 advice, counsel ◊ **Вона́ зверну́лася по ~у до по́други.** She turned for advice to her female friend. ♦ **дава́ти** + *D.* **~у** to manage sth, cope with sth, make do ◊ **Ма́рта ле́гко дава́ла ~у ново́му комп'ю́теру.** Marta easily managed her new computer. ♦ **дава́ти собі́ ~у з** + *I.* to manage sb/sth, handle sb/sth ◊ **Як він дає собі́ ~у із двома́ ді́тьми?** How does he manage with two children. ♦ **На то нема́ ~и.** *or* **Нема́ на то ~и.** There's nothing doing about it. ◊ **Він переду́мав помага́ти їм, і не було́ на то ~и.** He changed his mind about helping them, and there was nothing doing about it.
See **пора́да.** *Also see* **консульта́ція 1, наста́нова 1**
2 conference, discussion, meeting ◊ **Економі́сти зібра́лися на ~у.** Economists gathered for the meeting.
See **засі́дання**
3 council, board, committee; local government
adj. **місьќа** city ◊ **У місько́й ~і три політи́чні па́ртії.** There are three political parties in the City Council. **обласна́** provincial ◊ **Рі́вненська обласна́ р.** the Rivne Provincial Council; **райо́нна** district, **сільська́** village; ◊ **Верхо́вна Р.** the Supreme Rada *(Parliament of Ukraine)*; **ви́борча** elective; **держа́вна** state, **націона́льна** national; **грома́дська** community; **військо́ва** military, **економі́чна** economic; ◊ **експе́ртна р.** a council of experts, **консультаці́йна** advisory, **нагля́до́ва** *or* **нагля́дна** supervisory; **педагогі́чна** teachers', **студе́нтська** student
р. + *n.* **р. адвока́тів** a council of attorneys (**мі́ністрів** ministers ◊ **Р. Міні́стрів Украї́ни** the Council of Ministers of Ukraine *(Cabinet of Ministers)*; **старі́йшин** elders, **судді́в** judges, **церко́в** churches ◊ **Всеукраї́нська Р. Церко́в** the All-Ukrainian Church Council); **Р. Безпе́ки ООН** the UN Security Council; **Р. Євро́пи** the Council of Europe; **Р. націона́льної безпе́ки й оборо́ни Украї́ни** the National Security and Defense Council of Ukraine.
Also see **адміністра́ція, у́ряд**
4 *hist., old* Soviet ◊ **Верхо́вна Р. в Москві́** the Supreme Soviet in Moscow

ра́д|ий, *adj.*
glad, happy, content, pleased + *D.* about sth ◊ **Ми ~і у́спіхові ініціати́ви.** We are glad about the success of the initiative.
adv. **ду́же** very, **надзвича́йно** extremely, **страше́нно** awfully; **до́сить** fairly; **напра́вду** *or* **спра́вді** truly; **несподі́вано** unexpectedly; **види́мо** visibly; **ле́две** scarcely; **не ду́же** not very, **не зо́всім** not entirely ◊ **Вони́ не зо́всім ~і ба́чити цю осо́бу в се́бе.** They are not entirely glad to see this individual at their place.
v. + **р. бу́ти ~им** be happy ◊ **Він був ~им почу́ти це з пе́рших вуст.** He was glad to hear it from the horse's mouth. (**здава́тися** + *D.* seem to sb ◊ **Студе́нти здава́лися ле́две ~ими нови́м умо́вам і́спиту.** The students seemed scarcely happy about the new terms of the exam. **почува́тися** feel) ◊ **Га́ля почува́лася ~ою ї́хній розмо́ві.** Halia felt glad about their conversation. ♦ **р. знайо́мству** glad to meet you; **р.** + *inf.* glad to do sth ◊ **Вона́ ~а допомогти́.** She is glad to help.
prep. **р. за** + *G.* glad for sb/sth ◊ **Дру́зі були́ ~і за Оле́ну.** The friends are glad for Olena.
Also see **задово́лений**

радика́льн|ий, *adj.*
1 radical, extreme ◊ **Климе́нко уника́є у́части в ~их ру́хах.** Klymenko avoids taking part in radical movements.
adv. **вкрай** extremely, **ду́же** very, **(за)на́дто** too; **дійсно** really, **спра́вді** truly; **все бі́льше** increasingly; **до́сить** fairly, **доста́тньо** sufficiently; **одна́ково** equally; **недоста́тньо** insufficiently ◊ **Фра́кція відки́нула законопрое́кт як недоста́тньо р.** The faction rejected the bill as insufficiently radical.
v. + **р. бу́ти ~им** be radical (**виявля́тися** turn out, **звуча́ти** sound ◊ **Рекоменда́ції комі́сії звуча́ли (за)на́дто ~ими.** The committee's recommendations sounded too radical. **здава́тися** + *D.* seem to sb; **лиша́тися** remain; **роби́ти** + *A.* make sb ◊ **До́свід зроби́в ї́х ~ими у по́глядах на релі́гію.** Experience made them radical in their views of religion. **става́ти** become)
Also see **екстрема́льний, скра́йній.** *Ant.* **помірко́ваний 2**
2 radical, thorough, profound ◊ **Суспі́льство потребу́є ~ого очи́щення від кору́пції.** Society requires a radical cleansing from corruption.
Ant. **помірко́ваний 2**
3 radical, fundamental, essential ◊ **Між двома́ підхо́дами існува́ли ~і розбі́жності.** There were radical differences between the two approaches.
Also see **важли́вий, фундамента́льний 2**

ра́д|ити, ~жу, ~ять; по~, *tran. and intr.*
1 *tran.* to advise, give advice, recommend
adv. **за́вжди́** always ◊ **Профе́сор за́вжди́ ~ив аспіра́нтам споча́тку дописа́ти текст, а тоді́ перегляда́ти його́.** The professor always advised his PhD students first to finish writing a text and then revise it. **звича́йно** usually, **ча́сто** often, **як пра́вило** as a rule; **ду́же** strongly ◊ **Ду́же ~жу вам замо́вити готе́ль сього́дні.** I strongly advise you to book the hotel today. **насті́йно** emphatically; **му́дро** wisely, **пра́вильно** correctly; **непра́вильно** wrongly
v. + **р. проси́ти** + *A.* ask sb to ◊ **Він ~ить клі́єнтам, як убезпе́чити́ся від шахраї́в.** He advises clients how to secure themselves from swindlers.
Also see **консультува́ти, рекомендува́ти 2**
2 to remedy, help; manage ◊ **Стано́вище гі́ршає, і тре́ба щось р.** The situation is worsening and something is needed to remedy it. ◊ **Тут нічи́м не пора́диш.** There's no remedy here. ♦ **р. собі́** to manage, cope ◊ **До́сі Марі́я ду́же до́бре ~ила собі́.** So far, Maria has managed very well.
(по)ра́дь!

ра́д|итися; по~, *intr.*
1 to consult with, seek advice, confer ◊ **Їй слід по~ із фахівце́м.** She should consult a specialist.
prep. **р. з** + *I.* consult sb
2 to discuss, exchange views ◊ **Нам тре́ба по~, як це кра́ще зроби́ти.** We need to discuss how best to do it.
(по)ра́дься!
Also see **консультува́тися**

ра́діо, *nt., indecl.*
1 radio, radio station, transmitting by radio
adj. **грома́дське** public ◊ **Ура́нці він слу́хає грома́дське р.** In the morning, he listens to the public radio. **держа́вне** state, **комерці́йне** commercial, **незале́жне** independent, **пі́ратське**

pirate; **місцéве** local, **міськé** municipal, **національне** national, **університéтське** university, **шкільнé** school; **популя́рне** popular, **улю́блене** favorite

v. + **р. засно́вувати р.** found a radio station ◊ **Гру́па ентузія́стів заснувáла незалéжне р.** A group of enthusiasts founded an independent radio station. (**слу́хати** listen to)

р. + *v.* **передавáти** + *A.* broadcast sth ◊ **Р. три́чі на день передає класи́чну му́зику.** The radio station broadcasts classical music three times a day. **повідомля́ти про** + *A.* report sth ◊ **Пéршим про авáрію повідóмило місцéве р.** The local radio station was the first to report the accident.

prep. **на р.** on the radio ◊ **На р. бíльше пропаґа́нди, як нови́н.** There is more propaganda than news on the radio. **по р.** by radio ◊ **Сиґнáл бу́де по́слано по р.** The signal will be sent by radio.

2 *colloq.* radio receiver, radio set, radio

adj. ♦ **інтернéтр.** Internet radio, **мерéжеве** web, **портати́вне** portable, **транзи́сторне** transistor; **довгохвильовé** long-wave, **короткохвильовé** short-wave; **сателітáрне** *or* **супу́тникове** satellite, **цифровé** digital ♦ **фм-р.** an FM radio

v. + **р. вимикáти р.** switch of a radio (**вмикáти** switch on; **налаштóвувати на** + *A.* tune in/to sth ◊ **Вонá налаштувáла р. на парлáментський канáл.** She tuned her radio to the parliamentary channel. **настрóювати на** + *A.* tune to sth ◊ **Уночí він настрóює р. на Канáду.** At night, he tunes the radio to Canada. **прити́шувати** *or* **сти́шувати** turn down ◊ **Степáн сти́шив р.** Stepan turned down the radio. **роби́ти голоснíшим** turn up; **слу́хати** listen to)

р. + *v.* **верещáти** *colloq.* blast ◊ **З її́ автíвки верещáло р.** The radio blasted from her car. **горлáти** *or* **горлáнити, горлопáнити** *colloq.* blare, **грáти** play, **тріщáти** crackle

радіоакти́вн|ий, *adj.*

radioactive

adv. ♦ **високорадіоакти́вний** highly radioactive ◊ **Речовинá ви́явилася високорадіоакти́вною.** The substance turned out to be highly radioactive. **ду́же** very, **небезпéчно** dangerously, **смертéльно** deadly; **мінімáльно** minimally, **трóхи** slightly

v. + **р. бу́ти ~им** be radioactive (**виявля́тися** turn out; **залишáтися** remain; **ставáти** become) ◊ **Зóна навкóло стáнції стáла небезпéчно ~ою.** The zone around the plant became dangerously radioactive.

радіоакти́вн|ість, *f.*, ~ости, *only sg.*

radioactivity, radiation

adj. **висóка** high, **значнá** considerable, **помíтна** noticeable, **небезпéчна** dangerous; **мізéрна** negligible, **невели́ка** slight; **неочíкувана** unanticipated, **несподíвана** unexpected; **набу́та** acquired; **прирóдна** natural, ♦ **фóнова р.** *phys.* background radiation

n. + **р. рíвень ~ости** radioactivity level ◊ **При́лад реаґу́є на рíвень ~ости, що перевúщує нóрму.** The device reacts to the radioactivity level that exceeds the norm.

v. + **р. визначáти р.** determine radioactivity (**виявля́ти** detect ◊ **Тут ви́явили висóку р.** High radioactivity was detected here. **вимíрювати** measure, **контролювáти** monitor; **порóджувати** produce) ◊ **Опи́сані процéси помíтну р.** The processes described produce radioactivity.

рáдісн|ий, *adj.*

happy, cheerful, joyful, merry

adv. **винятко́во** exceptionally, **ду́же** very, **надзвичáйно** extremely; **найбíльш** most, **особли́во** particularly, **спрáвді** truly; **зáвжди́** always; **не зóвсім** not quite ◊ **Її́ гóлос видáвся Марíї не зóвсім ~им.** Her voice appeared not quite joyful to Maria.

р. + *n.* **р. ви́раз** a happy expression (**гáлас** clamor; **день** day, **нáстрій** mood; **світ** world ◊ **Вонá й дóсі живé в ~ому свíті дити́нства.** She is still living in the happy world of her childhood. **сон** dream; **хлóпець** boy); **~а нагóда** a happy occasion (**новинá** news; **пíсня** song; **подíя** event); **~е дити́нство** a happy childhood (**життя́** life; **обли́ччя** face); **~і почуття́** happy emotions (**словá** words; **сльóзи** tears)

v. + **р. бу́ти ~им** be happy (**вигляда́ти** look ◊ **Ще годи́ну томý він вигляда́в ~им.** Only an hour ago he looked happy. **видавáтися** + *A.* appear to sb, **здавáтися** + *D.* seem to sb; **виявля́тися** turn out ◊ **Зу́стріч ви́явилася ~ою для Дáни.** The meeting turned out to be joyful for Dana. **почувáтися** feel ◊ **Тогó дня всі вони́ почувáлися особли́во ~ими.** That day, all of them felt particularly happy. **ставáти** become)

prep. **р. для** + *G.* happy for sb

Also see **весéлий, свíтлий 3, щасли́вий 1.** *Ant.* **сумни́й**

рáд|ість, *f.*, ~ости

joy, happiness

adj. **бурхли́ва** tumultous, **вели́ка** great, **величéзна** enormous, **глибóка** deep, **неаби́яка** extraordinary, **невимóвна** unspeakable, **неймовíрна** incredible, **непідрóбна** inimitable, **правди́ва** true, **спрáвжня** real, **щи́ра** genuine; **свíтла** radiant; **ти́ха** quiet

v. + **р. відчувáти р.** feel happiness ◊ **Він відчувáв вели́ку р. від ду́мки про мóре.** He felt great joy at the thought of the sea. (**дарувáти** + *D.* give sb; **принóсити** + *D.* bring sb ◊ **Кóжна хви́лина в ї́хньому товари́стві принóсить їй р.** Every moment in their company brings her joy. **забирáти в** + *G.* take away from sb ◊ **Смерть чоловíка забрáла в неї р.** Her husband's death took away her joy. **отру́ювати** poison, **псувáти** ruin); **бу́ти спóвненим ~ости** be filled with happiness ◊ **Óчі дити́ни спóвнені неймовíрної ~ости.** The child's eyes are filled with incredible joy. (**верещáти від** cry with, **співáти від** sing with); **перепóвнюватися ~істю** be filled with happiness (**промени́тися** glow with) ◊ **Її́ лицé промени́лося ~істю.** Her face glowed with joy.

prep. **від** *or* **з ~ости** for/with joy ◊ **У неї від** *or* **з ~ости тремтíв гóлос.** Her voice trembled with joy. ♦ **з якóї ~ости** *iron.* why all of a sudden? ◊ **З якóї це ~ости він таки́й шанобли́вий?** Why all of a sudden is he so courteous? **на р.** + *D.* to sb's joy ◊ **Дити́на зростáла на р. батькáм.** The child was growing much to its parents' joy. ♦ **з ~істю** gladly ◊ **Вонá з ~істю при́йде.** She will gladly come.

See **почуття́.** *Also see* **втíха 1, насолóда.** *Cf.* **щáстя 1.** *Ant.* **гóре, сму́ток, сум**

радí|ти, ~ють; з~, *intr.*

to rejoice in, be glad, exult in, be jubilant + *D.* ◊ **Хомá ви́дúмо ~в приї́здові дру́га.** Khoma was visibly glad over the arrival of his friend.

adv. **від усьóго сéрця** with all one's heart ◊ **Вони́ від усьóго сéрця ~ли Гáлиному шлю́бові.** They rejoiced in Halia's marriage with all their hearts. **ду́же** greatly; **спрáвді** really, **щи́ро** genuinely; **ви́димо** visibly, **я́вно** clearly; **зáвжди́** always, **незмíнно** invariably

prep. **р. з** + *G.* be jubilant over sth ◊ **Гриць і дóсі ~є з її́ листá.** Hryts is still jubilant over her letter. **р. за** + *G.* be glad about sb/sth ◊ **Вонá щи́ро ~ла за колéґ.** She was genuinely glad about her colleagues.

Also see **святкувáти**

радіяці́йн|ий, *adj.*

radiation, of or pertaining to radiation ◊ **р. впли́в** radiation influence (**зáхист** protection; **рíвень** level, **стан** situation) ◊ **Р. стан навкóло реáктора був катастрофíчним.** The radiation situation around the reactor was catastrophic. **~е тло** a radiation background

радія́ці|я, *f.*, ~ї, *only sg.*

radiation

adj. **висóка** high-level, **інтенси́вна** intensive; **згу́бна** damaging, **шкідли́ва** harmful; **мізéрна** negligible, **мінімáльна** minimal, **низькá** low-level, **помíрна** moderate; **фóнова** background; **ґравітаці́йна** gravitational, **інфрачервóна** infrared, **космíчна** space, **мікрохвильовá** microwave, **сóнячна** solar, **тепловá** *or* **термáльна** thermal, **ультрафіолéтова** ultraviolet, **я́дерна** nuclear ◊ **Костю́м служи́в зáхистом від я́дерної ~ї.** The suit served as a protection against nuclear radiation.

n. + **р. ви́тік ~ї** a radiation leak (**детéктор** detector, **джерелó** source, **дóза** dose, **рíвень** level) ◊ **Він три́чі на день мíряв рíвень фóнової ~ї.** Three times a day he measured the background radiation level.

v. + **р. випромíнювати ~ю** emit radiation ◊ **Об'єкт випромíнює інфрачервóну ~ю.** The object emits infrared radiation. (**блокувáти** block, **відбивáти** reflect; **вимíрювати** measure; **виявля́ти** detect; **погли́нати** absorb ◊ **Атмосфéра поглинáє бíльшу части́ну шкідли́вої ~ї.** The atmosphere absorbs the most part of the harmful radiation. **розсíювати** scatter); **захищáти** + *A.* **від** protect sb against; **піддавáти** + *A.* expose sb/sth to ◊ **Насíння сосни́ піддали́ гáма-радіяції.** The pine seeds were exposed to gamma radiation.

р. + *v.* **витікáти** leak; **вбивáти** + *A.* kill sb, **руйнувáти** + *A.* ruin sth ◊ **Космíчна р. руйну́є живí органíзми.** Cosmic radiation ruins living organisms.

prep. **р. від** + *G.* radiation from sth ◊ **тепловá р. від гáзової плити́** the thermal radiation from a gas range

рáдник, *m.*; рáдниця, *f.*

1 adviser, counselor

adj. **головни́й** chief, **пéрший** first, **спеціяльний** special, **стáрший** senior; **довíрений** trusted; **безсторóнній** impartial, **незалéжний** independent, **неуперéджений** unbiased, **об'єкти́вний** objective; **президéнтський** presidential; **таємний** secret, **експéртний** expert ◊ **Фíрма користувáлася пóслугами експéртного ~а.** The firm used the services of an expert adviser. **професíйний** *or* **фахови́й** professional; **бізнесóвий** business, **економíчний** economic, **інвестиці́йний** investment, **податкóвий** tax, **фінáнсовий** financial; **військóвий** military; **наукóвий** scientific, **політи́чний** political, **юриди́чний** legal

v. + **р. мáти ~а** have an adviser (**признача́ти** appoint ◊ **Президéнт признáчив головнóго економíчного ~а.** The president appointed the chief economic adviser. **шукáти** look for); **звертáтися до ~а** turn to an adviser; **бу́ти ~ом** be an adviser ◊ **Йомý запропонувáли бу́ти ~ом інвéстора.** It was proposed to him to be the investor's adviser. (**виступáти** act as ◊ **Він виступáв ~ом мінíстра.** He acted as the minister's adviser. **признача́ти** + *A.* appoint sb as) ◊ **Вчéного признáчили ~ом.** The scientist was appointed an adviser.

prep. **р. у** + *L.* an adviser on sth ◊ **р. у спрáвах судовóї рефóрми** an adviser on judicial reform; **р. з** + *G.* an adviser in/on *(issue)* ◊ **р. з інвестиці́йних стратéгій** an adviser on investment strategies; **р. при** + *L.* an adviser to sb ◊ **р. при президéнтові** an advisor to the president

See **спеціялíст**

2 *colloq.* adviser, guide, confidant ◊ **Він – увáжний р. Богдáна.** He is Bohdan's attentive adviser.

раз[1], *n., card.*, ~у

1 *m.* time, occasion

adj. **пéрший** first ◊ **Вонá роби́ла такé небезпéчне завдáння пéрший р.** She did such a dangerous assignment for the first time. **дру́гий** second, **тре́тій** third, *etc.*, **со́тий** umpteenth ◊ **Вони́ диви́лися фільм у со́тий р.** They were watching the film for the umpteenth time. ♦ **і́ншим ~ом** another time ◊ **Я покажу́ вам музе́й і́ншим ~ом.** I'll show you the museum another time. **ко́жен** every; **насту́пний** next ◊ **Насту́пного ~у бу́деш розумні́шою.** Next time, you'll be wiser. **оди́н** one ◊ **Йому́ було́ до́сить прочита́ти текст оди́н р.** It was enough for him to read the text one time. ♦ **одного́ ~у** once, one day; **оста́нній** last; **той** that, **цей** this; **той са́мий** same; ♦ **не р., (і) не два** many times, often ◊ **Не р. і не два Ле́ся докоря́ла йому́.** Lesia reproached him many times. ♦ **ні ~у** not a single time ◊ **Він ні ~у не збреха́в.** Not a single time did he lie. ♦ **р. і назавжди́** once and for all ◊ **Тре́ба попере́дити їх р. і назавжди́.** They need to be given a warning, once and for all. ♦ **р. по р.** *or* **р. за ~ом** time and again ◊ **Гали́на р. за ~ом диви́лася у вікно́.** Time and again, Halyna looked in the window.

prep. ♦ **з пе́ршого ~у** at first go ◊ **Він зроби́в усе́ з пе́ршого ~у.** He did everything at first go. ♦ **за р.** *or* **за одни́м ~ом** at once, at one go ◊ **За р. поро́ся з'їда́є два кілогра́ми карто́плі.** The piglet eats 2 kg of potatoes at one go. ♦ **ні в яко́му ~і** in no case, under no circumstance ◊ **Вона́ ні в яко́му ~і не дасть зго́ди.** In no case will she give her consent. **у ~і** + *G.* in case of sth ◊ **Скориста́йся парасо́лею в ~і дощу́.** Use the umbrella in case it rains. ♦ **у будь-яко́му ~і** in any case, at any rate, anyway ◊ **Ми пої́демо у будь-яко́му ~і.** We'll go anyway. ♦ **в оди́н р.** at once, suddenly ◊ **Її́ обли́ччя в оди́н р. зміни́лося.** Her face suddenly changed. ♦ **у тако́му ~і** in that case; ♦ **у вся́кому ~і** under any circumstance, in any case

2 *card.* one *(only in counting)* ◊ **р., два, три, чоти́ри** one, two, three, four

N. pl. **~и́**, *G. pl.* **~ів** or **р.** ◊ **Рома́на диви́лася цю п'є́су бага́то р.** *or* **~ів.** Romana saw the play many times.

раз^2, *adv.*
once, one day, on one occasion ◊ **Пили́п р. уже́ запізни́вся.** Once Pylyp had already come late.
Also see **коли́-не́будь 1, коли́сь, як-не́будь 3, я́кось^2**

раз^3, *conj., colloq.*
since, if, once ◊ **Р. вона́ нічо́го не ка́же, зна́чить не зна́є, що сказа́ти.** Since she does not say anything, that means she does not know what to say. ◊ **Іва́н ма́буть до́бре заробля́є, р. мо́же купува́ти дорогі́ ре́чі.** Ivan must make good money if he can afford buying expensive things.
See **як^2 6, якщо́ 1**

ра́зом, *adv.*
1 together, jointly, hand in hand ◊ **Ля́на намо́вила їх іти́ на пляж р.** Liana talked them into going to the beach together. ◊ **Двох незнайо́мців звів р. ви́падок.** The two strangers were brought together by chance.

prep. **р. з** + *I.* together with sb ◊ **Він опрацюва́в програ́му ку́рсу р. з і́ншими.** He developed the syllabus together with others. ◊ **р. із не́ю** together with her
Also see **на́впіл 3, по́спіль 3, хор 2**

2 at the same time, simultaneously, at once ◊ **Го́сті р. вста́ли з-за сто́лу.** The guests all at once got up from behind the table. ♦ **р. з тим** at the same time; ♦ **всі р.** all together
Also see **одноча́сно**

3 at once, at one go, in one attempt ◊ **Лев р. ковтну́в умі́ст скля́нки.** Lev swallowed the contents of the glass at one go.
Also see **одра́зу**

4 suddenly, all of a sudden ◊ **У кімна́ті р. потемні́ло.** Suddenly the room became dark.
See **ра́птом.** *Also see* **несподі́вано**

5 total, sum total ◊ **Вони́ зібра́ли значну́ су́му: р. сто ти́сяч гри́вень.** They raised a considerable sum: a total of ₴100,000.

разю́ч|ий, *adj.*
1 stunning, striking, impressive, astonishing

adv. **абсолю́тно** absolutely, **вкрай** extremely, **все бі́льше** increasingly, **глибо́ко** deeply, **ду́же** very, **надзвича́йно** extraordinarily, **про́сто** simply, **страше́нно** tremendously; **напра́вду** *or* **спра́вді** truly; **неймові́рно** incredibly; **до́сить** fairly, **доста́тньо** sufficiently, **майже** almost; **ле́две** hardly; **не зо́всім** not entirely

р. + *n.* **р. контра́ст** a striking contrast ◊ **Контра́ст між двома́ наро́дами спра́вді р.** The contrast between the two nations is truly striking. (**ви́ступ** performance, **конце́рт** concert, **фільм** movie; **жест** gesture; **о́дяг** clothes; **у́спіх** success; **чолові́к** man; **тала́нт** talent; **факт** fact; **цині́зм** cynicism); **~а байду́жість** stunning indifference (**винахі́дливість** inventiveness, **відмі́нність** difference, **здатність** capacity, **змі́на** change, **краса́** beauty, **новина́** news, **різноманітність** variety; **інтерпрета́ція** interpretation; **поведі́нка** conduct, **промо́ва** speech; **перемо́га** victory; **некомпете́нтність** incompetence, **непрофесі́йність** lack of professionalism, **по́милка** mistake, **пора́зка** defeat); **~е бага́тство** stunning wealth (**визна́ння** admission, **відкриття́** discovery, **дося́гнення** achievement; **ві́міння** skill; **порівня́ння** comparison ◊ **Порівня́ння було́ ~им.** The comparison was striking. **наха́бство** brazenness, **неві́гластво** ignorance, **недба́льство** negligence)

v. + **р. бу́ти ~им** be striking (**вигляда́ти** look, **виявля́тися** turn out ◊ **Її́ інтерпрета́ція ро́лі ви́явилася про́сто ~ою.** Her interpretation of the part proved simply striking. **здава́тися** + *D.* seem to sb, **лиша́тися** remain ◊ **Занедба́ний пала́ц і тепе́р лиша́ється до́сить ~им.** The neglected palace remains fairly striking even now. **роби́ти** + *A.* make sb/sth, **става́ти** become)
Also see **вби́вчий 3, драмати́чний 2, ефе́ктний, приголо́мшливий**

2 ruinous, devastating

р. + *n.* **р. ви́бух** a devastating explosion (**меч** sword; **на́ступ** offensive; **уда́р** blow; **сарка́зм** sarcasm, **язи́к** tongue); **~а епіде́мія** a devastating epidemic (**кри́тика** criticism; **си́ла** force, **характери́стика** characterization); **~е перо́** a devastating pen ◊ **Коли́ йшло́ся про опоне́нтів, її́ перо́ става́ло безжа́льним і ~им.** When it came to opponents, her pen became merciless and devastating.
See **дошку́льний 2, руйнівни́й**

ра|й, *m.*, **~ю**
paradise, heaven; *also fig.*

adj. **втра́чений** lost; **земни́й** earthly, **тропі́чний** tropical; **небе́сний** heavenly; **спра́вжній** true; **ти́хий** quiet, **чуде́сний** wonderful

v. + **р. знахо́дити р.** find paradise (**обіця́ти** + *D.* promise sb ◊ **Він гото́вий обіця́ти Ні́ні земни́й р.** He is ready to promise Nina an earthly paradise. **створю́вати** create); **вигани́ти** + *A.* **з ~ю** expel sb from paradise (**йти до** go to, **потрапля́ти до** get to) ◊ **Мо́трі здало́ся, що вона́ потра́пила до ~ю.** Motria felt she had gotten to paradise. **опиня́тися в ~ю** find oneself in paradise

prep. **у р.** *dir.* in/to heaven ◊ **Він на́че потра́пив у р.** It was as if he found himself in heaven. **в ~ю** *and* **~ї** *posn.* in heaven; **до ~ю** to heaven; **р. для** + *G.* paradise for sb ◊ **Клуб був ~єм для люби́телів му́зики.** The club was paradise for music lovers. ♦ **р. на землі́** heaven on earth
Also see **іди́лія**

райо́н, *m.*, **~у**
1 area, region, neighborhood

adj. **адміністрати́вний** administrative; **вели́кий** large, **значни́й** considerable; **обме́жений** limited, **невели́кий** small; **віддалений** remote, **дале́кий** distant; **ви́значений** defined ◊ **чі́тко ви́значений р. розташува́ння резе́рву** a clearly defined area of the reserve location; **приле́глий** adjacent, **сусі́дній** neighboring; **периферійний** peripheral, **центра́льний** central; **півні́чний** northern, **півде́нний** southern; **бага́тий** rich, **замо́жний** affluent; **бі́дний** poor; **житлови́й** residential; **робітни́чий** working-class; **істори́чний** historical; **міськи́й** urban, **приміськи́й** suburban, **сільськи́й** rural; **густонасе́лений** densely populated; **прибере́жний** coastal; **ділови́й** business, **порто́вий** port, **промисло́вий** industrial, **складськи́й** warehouse, **торго́вий** commercial, **фіна́нсовий** financial; **богемний** bohemian, **мисте́цький** arts, **розважа́льний** entertainment, **театра́льний** theater

р. + *n.* **р. воє́нних дій** a war zone, **р. ді́ї** a circuit of action ◊ **Ла́зер ма́є вели́кий р. ді́ї.** The laser has a big circuit of action. **р. забудо́ви** a development area; **р. по́шуку** a field of search; **р. стихі́йного ли́ха** a disaster area

v. + **р. населя́ти р.** populate an area ◊ **Ремісники́ населя́ли півде́нні ~и мі́ста.** Artisans populated the southern areas of the city. **посели́тися в ~і** settle in an area (**розташо́вуватися в** be situated in, **бу́ти розташо́ваним у** be located in) ◊ **Скла́ди розташо́вані у порто́вому ~і.** The warehouses are located in the port district.

р. + *v.* **включа́ти** + *A.* include sth ◊ **Житлови́й р. включа́є торго́вий центр.** The residential district includes a commercial center. **лежа́ти** lie, **простяга́тися на** + *A.* stretch for *(distance)* ◊ **Промисло́вий р. простяга́ється на три кіломе́три.** The industrial district stretches for 3 km.

prep. **по́ряд із ~ом** next to an area; **у р.** *dir.* in/to an area; **у ~і** *posn.* in an area ◊ **Собо́р опини́вся в ~і міськи́х не́трів.** The cathedral ended up in the area of city slums. **у ме́жах ~у** within an area
See **око́лиця 1.** *Cf.* **дільни́ця 1**

2 district, borough *(of city)* ◊ **Поді́л – це р. мі́ста, де вони́ живу́ть.** Podil is the city borough they live in.
See **дільни́ця 1**

3 district *(in Ukraine, unit of administrative division below a province, equivalent to US county)* ◊ **Бро́дівський р.** the Brody District
Cf. **о́бласть**

рак^1, *m.*, **~а**, *zool.*
1 crawfish, crayfish ◊ **ва́рені ра́ки** boiled crayfish; **р.-самі́тник** *zool.* a hermit crab; ♦ **черво́ний, як р.** red as a lobster ◊ **Від со́рому І́гор став черво́ним, як р.** Ihor became red as a lobster with shame. ♦ **як** *or* **коли́ р. сви́сне** when hell freezes over ◊ **Із таки́м ста́вленням він ви́вчить кита́йську, як р. сви́сне.** With such an attitude, he will learn Chinese when hell freezes over.
See **ри́ба**

2 *as adv. only in* **~а, ~ом**, ♦ **става́ти ~а** *or* **~ом** *colloq.* to bend down, crouch ◊ **Він ці́лий день простоя́в ~а, копа́ючи карто́плю.** All day long, he bent down digging potatoes. ♦ **догори́ ~ом** *colloq.* upside down ◊ **Вона́ все ро́бить догори́ ~ом.** She does everything upside down.

рак^2, *m.*, **~у**, *med.*
cancer

adj. **виліко́вний** curable, **опера́бельний** operable; **невиліко́вний** incurable, **неопера́бельний** inoperable, **смерте́льний** terminal; **локалізо́ваний** localized; **дитя́чий** childhood

р. + *n.* **р. го́рла** throat cancer (**груде́й** breast ◊ **Їй прооперува́ли р. груде́й.** Her breast cancer was operated on. **шкі́ри** skin, **леге́нів** lung, **ма́тки** cervical, **проста́ти** prostate, **прямо́ї ки́шки** colon)

n. + **р. виявлення ~у** cancer detection (**діагно́стика** diagnostics ◊ **Вели́кого зна́чення надаю́ть діагно́стиці ~у.** Great importance is given to cancer diagnostics. **дослі́дження**

research, **дослі́дник** researcher; **лікува́ння** treatment); **запобіга́ння ~ові** cancer prevention; **боротьба́ з ~ом** battle with cancer
v. + **р. діста́ти р.** *or* **~а** get cancer (**вилі́ковувати** cure ◊ **Тепе́р ча́сто вилі́ковують р.** *or* **~а груде́й.** Now they often cure breast cancer. **виявля́ти** detect ◊ **У не́ї ви́явили р.** They detected cancer in her. **діягностува́ти** diagnose, **знахо́дити** find; **доля́ти** beat ◊ **Вона́ подола́ла р. ма́тки.** She beat cervical cancer. **пережива́ти** survive ◊ **Йому́ пощасти́ло пережи́ти р. леге́нів.** He was lucky to survive lung cancer. **лікува́ти** treat; **ма́ти** have, **перевіря́ти** + *A.* **на** screen sb for) ◊ **Жіно́к тут перевіря́ти на р. груде́й.** They screen women for breast cancer here. **позбува́тися ~у** get rid of cancer (**вилі́ковувати** + *A.* **від** cure sb from; **помира́ти від** die of, **потерпа́ти від** suffer from); **запобіга́ти ~ові** prevent cancer ◊ **Ці про́сті кро́ки запобіга́ють ~ові шкі́ри.** These simple steps prevent skin cancer.
р. + *v.* **з'являтися** occur ◊ **Р. з'яви́вся в мо́зку.** The cancer occurred in the brain. **поши́рюватися в** + *A.* spread to sth ◊ **Р. поши́рився в печі́нку хво́рого.** The cancer spread to the patient's liver.
Also see **хворо́ба; пухли́на**

раке́т|а, *f.*
1 rocket, missile
adj. **балісти́чна** ballistic, **керо́вана** guided, **крила́та** cruise, **мобі́льна** *or* **пересувна́** mobile; **зені́тна** surface-to-air; **протибалісти́чна** anti-ballistic, **протиповітря́на** anti-aircraft, **протита́нкова** anti-tank; **міжконтинента́льна** intercontinental, **стратегі́чна** strategic, **такти́чна** tactical; **воро́жа** enemy; **я́дерна** nuclear; **космі́чна** space; **р.-носі́й** a launch vehicle ◊ **Космі́чний корабе́ль ма́є чоти́ри раке́ти-носі́ї.** The spaceship has four launch vehicles.
р. + *n.* **р. кла́су «земля́-земля́»** a surface-to-surface missile (**«земля́-пові́тря»** surface-to-air, **«пові́тря-земля́»** air-to-surface, **«пові́тря-пові́тря»** air-to-air.); **р. інфрачерво́ного наве́дення** a heat-seeking missile (**ла́зерного наве́дення** laser-guided); **р. дале́кого ра́діюсу ді́ї** a long-range missile (**коро́ткого ра́діюсу** short-range, **сере́днього ра́діюсу** medium-range)
v. + **р. запуска́ти ~у** launch a missile ◊ **Нову́ ~у успі́шно запусти́ли з підво́дного човна́.** A new missile was successfully launched from a submarine. (**використо́вувати** use; **випуска́ти по** + *L.* fire at sth ◊ **По них ви́пустили протита́нкову ~у.** An anti-tank missile was fired at them. **наво́дити на** + *A.* aim at sth; **нести́** carry ◊ **Вертолі́т здатний нести́ такти́чні ~и.** The helicopter is capable of carrying tactical missiles. **посила́ти** send; **розгорта́ти** deploy ◊ **Вони́ розгорну́ли антибалісти́чні ~и.** They deployed anti-ballistic missiles. **збива́ти** shoot down ◊ **Крила́ту ~у ва́жко зби́ти.** A cruise missile is hard to shoot down. **зни́щувати** destroy, **перехо́плювати** intercept; **випробо́вувати** test; **виявля́ти** detect) ◊ **~у, що лети́ть ни́зько, тя́жко ви́явити.** A low-flying missile is hard to detect.
р. + *v.* **влуча́ти в** + *A.* hit sth; **зни́щувати** + *A.* destroy sth; **леті́ти** fly; **па́дати** fall; **не потрапля́ти в ціль** miss a target ◊ **Оста́ння р. не потра́пила у ціль.** The last missile missed the target. **прома́зувати** miss; **бу́ти наці́леною на** + *A.* target sth ◊ **На військо́во-морську́ ба́зу наці́лені ~и сере́днього ра́діюсу ді́ї.** Medium-range missiles target the naval base.
2 rocket, flare ◊ **Екіпа́ж судна́ випуска́в сиґна́льні ~и.** The ship crew was setting off flares.

ра́м|а, *f.*
frame, casing
adj. **ві́конна** window, **две́рна** door, **карти́нна** picture; **легка́** light, **невага́ма** weightless; **важка́** heavy, **маси́вна** massive; **дерев'я́на** wooden; **бамбу́кова** bamboo, **дубо́ва** oak, **сосно́ва** pine; **залі́зна** iron, **метале́ва** metal, **стале́ва** steel; **пластма́сова** plastic; **ви́шукана** refined, **га́рна** beautiful, **елега́нтна** elegant, **краси́ва** fine; **бага́та** rich, **дорога́** expensive, **позоло́чена** gilded, **помпе́зна** pompous, **розкі́шна** splendid; **баро́кова** baroque; **про́ста́** simple, **скро́мна** modest; **вузька́** narrow; **широ́ка** wide; **подві́йна** double
v. + **р. роби́ти ~у** make a frame (**вставля́ти** + *A.* **в** frame sth) ◊ **Карти́ну вста́вили у га́рну ~у.** The painting was nicely framed. **вийма́ти** + *A.* **з ~и** take sth out of a frame (**вирі́зати** + *A.* **з** cut out of)
prep. **у ~і** in a frame ◊ **Усі́ портре́ти у позоло́чених ~ах.** All the portraits are in gilded frames.

ра́м|ка, *f.*
1 *dim.* frame ◊ **На сті́ні ви́сіли світли́ни в га́рних ~ках.** Pictures in nice frames hung on the wall.
See **ра́ма**
2 *only pl., fig.* limits, bounds, framework, scope
adj. **ба́зові** basic, **всеохо́пні** comprehensive, **засадни́чі** essential, **зага́льні** general, **широ́кі** wide, **ши́рші** wider; **ву́жчі** narrower, **вузькі́** narrow, **обме́жені** limited; **встано́влені** established, **при́йняті** accepted, **спі́льні** common, **традиці́йні** traditional; **аналіти́чні** analytical, **епістемологі́чні** epistemological ◊ **Вона́ аналізу́є тео́рію в епістемологі́чних ~ках.** She analyzes the theory within an epistemological framework. **інтелектуа́льні** intellectual, **концептуа́льні** conceptual, **теорети́чні** theoretical; **конституці́йні** constitutional, **юриди́чні** legal; **адміністрати́вні** administrative, **інституці́йні** institutional, **політи́чні** political; **істори́чні** historical, **хронологі́чні** chronological ◊ **Відкриття́ розши́рювало хронологі́чні ~ки колоніза́ції контине́нту.** The discovery expanded the chronological limits of the continent's colonization.
v. + **р. визнача́ти ~ки** determine the framework (**встано́влювати** establish, **забезпе́чувати** provide ◊ **Пра́вила забезпе́чують ба́зові ~ки деба́тів.** The rules provide the basic framework for debate. **окре́слювати** outline, **пропонува́ти** + *D.* offer sb, **ство́рювати** create; **вихо́дити (по́) за** go beyond) ◊ **Вона́ ви́йшла по́за ~ки традиці́йних підхо́дів до лю́дської сексуа́льности.** She went beyond the framework of traditional approaches to human sexuality. **обме́жувати** + *A.* **~ками** limit sth to a framework
prep. **в ~ках** within a framework; **(по́)за ~ками** *posn.* outside a framework ◊ **Ле́кція за осві́тніми ~ками авдито́рії.** The lecture is outside the audience's educational limits. **(по́)за ~ки** *dir.* outside a framework
Also see **межа́ 1**
L. **в ~ці**, *G. pl.* **~ок**

ра́н|а, *f.*
wound
adj. **відкри́та** open; **глибо́ка** deep; **крива́ва** bleeding; **серйо́зна** serious, **страшна́** terrible, **тяжка́** severe; **смерте́льна** fatal; **невели́ка** minor; **поверхне́ва** surface; **чи́ста** clean; **вогнестрі́льна** gunshot, **ко́лота** puncture, **кульова́** bullet, **ножова́** knife ◊ **На ті́лі були́ три ножові́ ~и.** The body had three knife wounds. **рі́зана** slash, **шрапне́льна** shrapnel; **бойова́** combat ◊ **бойова́ р.** a combat wound; **стара́** old
р. + *n.* **р. голови́** a head wound (**живота́** stomach, **ноги́** leg, foot, **руки́** arm, hand, **ши́ї** neck) ◊ **ко́лота р. ши́ї** a puncture neck wound
v. + **р. го́їти ~у** heal a wound ◊ **Препара́т го́їть тяжкі́ ~и.** The medicine heals severe wounds. (**дезинфікува́ти** disinfect ◊ **Його́ за́сіб до́бре дезинфіку́є невели́кі ~и.** His remedy is a good disinfectant for minor wounds. **лікува́ти** treat; **огляда́ти** examine, **перемо́тувати** dress) ◊ **~у полікува́ли й перемота́ли.** They treated and dressed the wound. **завдава́ти** + *D.* **~и** inflict a wound on sb
р. + *v.* **го́їтися** heal ◊ **Р. не хоті́ла го́їтися.** The wound would not heal. **затя́гуватися** close ◊ **Його́ р. шви́дко затягла́ся.** His wound quickly closed. **гної́тися** fester ◊ **Р. почала́ гної́тися.** The wound started festering. **крива́витися** *and* **кровоточи́ти** bleed ◊ **Глибо́ка р. крива́вилася.** The deep wound bled.
Also see **сине́ць, тра́вма**
2 *fig.* wound, suffering, anguish, pain
adj. **душе́вна** spiritual; **емоці́йна** emotional, **психологі́чна** psychological; **незаго́йна** festering ◊ **Розри́в із хло́пцем став незаго́йною ~ою для Мела́нії.** The breakup with her boyfriend became a festering wound for Melania. **страшна́** terrible
Also see **тра́вма; сине́ць**

ран|ґ, *m.*, **~ґу**
rank, position; *also fig.*
adj. **військо́вий** military ◊ **У листі́ вка́зано її́ військо́вий р.** The letter specified her military rank. **диплома́ти́чний** diplomatic, **міністе́рський** ministerial ◊ **Вона́ займа́є поса́ду міністе́рського ~ґу.** She occupies a post of ministerial rank. **офіце́рський** officer, **службо́вий** service; **висо́кий** high, **ви́щий** higher, **найви́щий** highest ◊ **Се́ред них вона́ ма́ла найви́щий диплома́ти́чний р.** Among them, she had the highest diplomatic rank. **ста́рший** senior; **моло́дший** junior, **низьки́й** low, **ни́жчий** lower, **найни́жчий** lowest; **сере́дній** middle ◊ **Він ви́явився інтриґа́ном сере́днього ~ґу.** *fig.* He turned out to be a middle-rank intriguant.
р. + *n.* **р. лейтена́нта** the rank of lieutenant (**капіта́на** captain, **майо́ра** major, **полко́вника** colonel, **генера́ла** general, *etc.*)
v. + **р. ма́ти р.** have a rank (**дістава́ти** get ◊ **За рік вона́ діста́ла р. пе́ршої ра́дниці.** In a year, she got the rank of the first adviser. **отри́мувати** receive, **присво́ювати** + *D.* grant sb) ◊ **Ткаче́ві присво́їли насту́пний р. держслужбо́вця.** Tkach was granted the next civil servant rank. **дослу́жуватися до ~ґу** get to a rank (**досяга́ти** achieve ◊ **Хоме́нко шви́дко досягну́ла ~ґу полко́вника.** Khomenko quickly achieved the rank of colonel. **підви́щувати** + *A.* **до** promote sb to; **позбавля́ти** + *A.* strip sb of ◊ **Він вимага́в позба́вити ексміні́стра всіх ~ґів і привіле́їв.** He demanded that the former minister be stripped of all ranks and privileges. **підійма́тися** *or* **підніма́тися до** rise to)
prep. **в ~зі** + *G.* in the rank of sb ◊ **Він піше́в у відста́вку в ~зі капіта́на.** He retired in the rank of captain. **за ~ґом** in rank ◊ **Вона́ ви́ща від Іва́на за ~ґом.** She is Ivan's senior in rank. **ви́щий за р.** + *G. or* **від ~ґу** + *G.* above the rank of sb ◊ **Він шука́в офіце́ра ви́щого за р. майо́ра.** He looked for an officer above the rank of major. **ни́жчий за р.** + *G. or* **від ~ґу** + *G.* below the rank of sb
Also see **капіта́н 1, лейтена́нт.** *Cf.* **поса́да**

ра́нен|ий, *adj., n., colloq.*
1 wounded, injured
adv. **ле́гко** lightly; **ва́жко** *or* **тя́жко** severely ◊ **тя́жко ~а люди́на** a severely wounded person; **серйо́зно** seriously, **смерте́льно** fatally; **раз** once, **дві́чі** twice, **три́чі** three times ◊ **У бою́ він був три́чі ~им.** In the battle, he was wounded three times.
2 *n. and f.* wounded ◊ **Усі́ ~і лежа́ли на сі́ні у хліві́.** All the wounded lay on the hay in the barn. ◊ **~а терпі́ла біль, зціпи́вши зу́би.** The wounded woman endured the pain, her teeth clenched.

рані́ше, *adv.*
1 earlier ◊ **Він отри́має рі́шення не р., як че́рез ти́ждень.** He will receive the decision not earlier than in a week.
adv. **де́що** somewhat, **зна́чно** considerably,

куди́ *colloq.* way, **набага́то** by far; ♦ **якомо́га р.** as early as possible ◊ **Їх попроси́ли закі́нчи́ти ремо́нт якомо́га р.** They were asked to finish the renovation as early as possible. **грами́нку** *colloq.* a tad, **ка́почку** *colloq.* a bit, **тро́хи** a little ◊ **Вони́ поверну́лися з мі́ста тро́хи р.** They returned from the city a little earlier.
2 previously, in the past, before, once ◊ **Вона́ ка́же, що р. мо́лодь була́ слухня́нішою.** She says that in the past the young were more obedient. ◊ **Юрко́ ніко́ли р. не бува́в у Гру́зії.** Yurko had never before been to Georgia *(republic).*
See **коли́сь.** *Also see* **я́кось**[2]
3 *as prep.* before sb/sth, earlier than sb/sth
prep. **р. від** + *G. or* **р. за** + *A. or* **р. ніж** *or* **як** + *N.* earlier than sb/sth ◊ **Вони́ пообі́дали р. від батькі́в** (*or* **ніж/як батьки́**). They had lunch earlier than their parents.

ранко́в|ий, *adj.*
morning, of or pertaining to morning
р. + *n.* **р. візи́т** a morning visit (**гість** guest; **дзвіно́к** phone call; **по́тяг** train; **хо́лод** cold); **~а газе́та** a morning newspaper (**ка́ва** coffee, **моли́тва** prayer, **руха́нка** workout; **роса́** dew; **температу́ра** temperature); **~е заня́ття** a morning class (**поба́чення** meeting, **со́нце** sun); **~і нови́ни** morning news ◊ **Вона́ пропусти́ла ~і нови́ни.** She missed the morning news.
Cf. **вечі́рній, де́нний, нічни́й**

ра́нн|ій, *adj.*
early, premature; precocious
adv. **вкрай** extremely, **до́сить** fairly, **ду́же** very, **на́дто** too, **на ди́во** surprisingly, **незвича́йно** unusually, **немилосе́рдно** mercilessly ◊ **Її збуди́в немилосе́рдно р. дзвіно́к.** A mercilessly early call woke her up. **несподі́вано** unexpectedly; **відно́сно** relatively, **порі́вняно** comparatively
р. + *n.* **р. пері́од** an early period (**ра́нок** morning), ♦ **з ~ього ра́нку** from early morning ◊ **Вони́ працю́ють з ~ього ра́нку.** They have worked from early morning. **~я зима́** an early winter (**о́сінь** fall; **пта́шка** bird, **тво́рчість** works) ◊ **Її ціка́вить ~я тво́рчість поე́та.** She is interested in the poet's early works. **~я лиси́на** premature baldness (**сивина́** gray hair ◊ **~я сивина́ пасува́ла Оле́ні.** The premature gray hair was becoming to Olena. **смерть** death); **~є дити́нство** early childhood (**поколі́ння** generation); **~і огірки́** early cucumbers (**ро́ки́** years)
v. + **р. бу́ти ~ім** be early (**здава́тися** + *D.* seem to sb)
comp. **рані́ший**
Ant. **пі́зній**

ра́но, *adv.*
1 early, at an early hour ◊ **Анато́лій лю́бить р. встава́ти.** Anatolii likes to rise early.
adv. **до́сить** fairly ◊ **Вони́ ви́рушили в доро́гу до́сить р.** They set out on the road fairly early. **ду́же** very, **на́дто** too ◊ **Ви на́дто р. здає́теся.** You give up too early. **надзвича́йно** extraordinarily, **на ди́во** surprisingly, **незвича́йно** unusually, **незмі́нно** invariably ◊ **Узи́мку всіляга́ли незмі́нно р.** In winter, everybody went to bed invariably early. **немилосе́рдно** mercilessly, **несподі́вано** unexpectedly; **відно́сно** relatively, **порі́вняно** comparatively; ♦ **р. чи пі́зно** sooner or later ◊ **Р. чи пі́зно вона́ домо́жеться свого́.** Sooner or later she will get what she wants.
See **ра́нній**
2 *pred.* too early, premature + *D.* ◊ **Ната́лці ще р. ду́мати про шлюб.** It is yet too early for Natalka to think about marriage.
3 *as n., nt., colloq.* morning, *only in*: ♦ **від само́го ра́на** from early morning ◊ **Миросла́ва на нога́х від само́го ра́на.** Myroslava has been up from early morning. ♦ **з ра́на до ве́чора** *or* **но́чі, сме́рку** from morning till night.
See **ра́нок**

ра́н|ок, *m.*, **~ку**
morning
adj. **га́рний** beautiful, **прию́мний** pleasant, **чудо́вий** wonderful; **спокі́йний** calm, **ти́хий** quiet; **моро́зний** frosty, **сві́жий** fresh, **прохоло́дний** cool, **холо́дний** cold; **те́плий** warm; **со́нячний** sunny ◊ **Був те́плий, со́нячний р.** It was a warm, sunny morning. **ясни́й** clear; **дощови́й** rainy, **засні́жений** snowy; **гніту́чий** depressing, **похму́рий** gloomy, **сі́рий** gray ◊ **Він люби́в писа́ти сі́рими ~ками.** He liked to write on gray mornings. **тума́нний** foggy; **звича́йний** usual, **типо́вий** typical; **довгожда́ний** long-awaited; **вчора́шній** yesterday ◊ **Вона́ до́вго пам'ята́тиме вчора́шній р.** She will remember yesterday morning for a long time. **за́втрашній** tomorrow, **сього́днішній** today's, **цей** this, **насту́пний** next ◊ **Цього́ ~ку Марі́чка перекладатиме статтю́, а насту́пного – кореґува́тиме перекла́д.** This morning, Marichka will translate the article and the next one she will correct the translation. **попере́дній** previous; **ра́нній** early, **пі́зній** late; **квітне́вий** April, **грудне́вий** December ◊ **Зу́стріч ста́лася грудне́вого ~ку.** The meeting happened on a December morning. **весня́ний** spring, **зимо́вий** winter, **лі́тній** summer, **осі́нній** fall
v. + **р. прово́дити р.** spend a morning ◊ **Насту́пний р. вони́ провели́ за ка́вою.** They spent the next morning drinking coffee. (**га́яти** waste) ◊ **Вона́ прога́яла р., чита́ючи та відпи́суючи листи́.** She wasted the morning reading and answering letters.
р. + *v.* **настава́ти** arrive ◊ **Він ду́мав, що р. ніко́ли не наста́не.** He thought the morning would never arrive. **прихо́дити** come; **(про) мина́ти** pass, **прохо́дити** go by; **прино́сити** + *A.* bring sth ◊ **Ко́жен р. прино́сив триво́жні нови́ни зі схо́ду.** Every morning brought alarming news from the east.
prep. **до ~ку** till morning; towards morning ◊ **Заба́ва трива́ла до ~ку.** The party lasted till the very morning. ◊ **До ~ку дощ переста́в.** By the morning, the rain stopped. **з ~ку до ве́чора** from morning till night; **на р.** by the morning ◊ **Це тре́ба зроби́ти на р.** This needs to be done by the morning.
Also see **вра́нці, зра́нку 1. світа́нок 1.** *Ant.* **ве́чір**

рапто́в|ий, *adj.*
sudden, unexpected, abrupt ◊ **Оле́ксина реа́кція була́ ~ою.** Oleksa's reaction was sudden.
adv. **геть** totally, **де́що** somewhat, **до́сить** fairly, **ду́же** very, **на́дто** too; **тро́хи** a little; **не зо́всім** not quite
v. + **р. бу́ти ~им** be sudden (**здава́тися** + *D.* seem to sb) ◊ **Пропози́ція здала́ся Со́лі на́дто ~ою.** The offer seemed all too sudden to Solia.
Also see **ґвалто́вний, крути́й 2, несподі́ваний**

ра́птом, *adv.*
suddenly, all of a sudden ◊ **Усе́ р. сти́хло.** Suddenly everything went quiet. ◊ **Мико́ла р. переста́в розумі́ти бра́та.** Mykola stopped understanding his brother all of a sudden.
Also see **кру́то 2, несподі́вано, ра́зом 4, як**[3] **4**

ра́с|а, *f.*
1 race *(racial type)*
adj. **азія́тська** Asian, **африка́нська** African, **бі́ла** white, **європе́йська** European, **жо́вта** yellow, **чо́рна** black; **і́нша** different ◊ **люди́на і́ншої ~и** a person of different race; **мі́шана** mixed; **невідо́ма** *fig.* unknown; **пані́вна́** dominant
prep. **між ~ами** between races; **се́ред ~и** among race ◊ **Хворо́ба бі́льше поши́рена се́ред бі́лої ~и.** This disease is more common among the white race.
2 *biol.* breed, variety, sort ◊ **З усі́х рас псів Ні́на найбі́льше лю́бить бульдо́гів.** Of all the breeds of dogs, Nina likes bulldogs most of all.
See **поро́да 1**

раси́зм, *m.*, **~у**, *only sg.*
racism
adj. **відве́ртий** blatant ◊ **Комента́рі а́втора просяќнуті відве́ртим ~ом.** The author's commentaries are imbued with blatant racism. **відкри́тий** overt, **закорені́лий** deeply rooted, **я́вний** obvious; **пече́рний** *fig.* caveman, **приміти́вний** primitive; **ви́тончений** subtle, **прихо́ваний** covert; **войовни́чий** virulent, **всепрони́кний** pervasive, **нестри́мний** rampant; **інституці́йний** institutional, **інституціоналізо́ваний** institutionalized, **системни́й** systemic; **антиара́бський** anti-Arab, **антиукраї́нський** anti-Ukrainian, **антинегритя́нський** anti-African; **імпе́рський** imperial, **росі́йський** Russian; **культу́рний** cultural, **мо́вний** linguistic; **зворо́тний** reverse
v. + **р. викорі́нювати р.** iradicate racism; **зазнава́ти ~у** experience racism (**бу́ти же́ртвою** be a victim of, **става́ти же́ртвою** become a victim of); **кида́ти ви́клик ~ові** challenge racism (**кла́сти край** put an end to); ◊ **покла́сти край ~ові** to put an end to racism; **боро́тися з ~ом** fight with racism
prep. **про́ти ~у** against racism ◊ **Вона́ виступа́є про́ти ~у.** She has spoken against racism. **р. у** + *L.* racism in sth ◊ **р. в у́ряді** racism in the government; **р. се́ред** + *G.* racism amid sb ◊ **р. се́ред за́хідних інтелектуа́лів** racism amid Western intellectuals
Also see **гомофо́бія, дискриміна́ція, шовіні́зм**

раси́ст, *m.*; **~ка**, *f.*
racist
adj. **відве́ртий** blatant ◊ **Вона́ наштовхну́лася на відве́ртого ~а.** She came across a blatant racist. **відкри́тий** overt, **я́вний** obvious; **го́рдий** proud; **жалюгі́дний** pathetic, **приміти́вний** primitive; **прихо́ваний** covert; **войовни́чий** virulent, **запе́клий** fierce, **затя́тий** diehard, **перекона́ний** convinced ◊ **Ко́жен член гру́пи був перекона́ним ~ом.** Each group member was a convinced racist. **невипра́вний** incorrigible; **крива́вий** bloody, **кровоже́рний** blood-thirsty; **правди́вий** true ◊ **Він ду́мав як правди́вий р.** His thinking was that of a true racist. **спра́вжній** genuine; **бо́лісно знайо́мий** painfully familiar; **америка́нський** American, **брита́нський** British, **по́льський** Polish, **росі́йський** Russian ◊ **улю́блений посту́ла́т росі́йських ~ів** a favorite postulate of Russian racists; **типо́вий** typical
v. + **к. викрива́ти** + *A.* **як ~а** denounce sb as a racist ◊ **Наре́шті хтось публі́чно ви́крив полі́тика як ~а.** Finally somebody publicly denounced the politician as a racist. (**зна́ти** + *A.* **як** know sb to be ◊ **Рані́ше ніхто́ не знав його́ як ~а.** Earlier no one knew him to be a racist. **критикува́ти** + *A.* **як** criticize sb as); **бу́ти ~ом** be a racist (**вважа́ти** + *A.* consider sb; **вихо́вувати** + *A.* bring sb up as ◊ **Систе́ма осві́ти вихо́вувала ці́лі поколі́ння ~ами.** The educational system brought up entire generations as racists. **виявля́тися** turn out ◊ **Він ви́явився жалюгі́дним ~ом.** He turned out to be a pathetic racist. **здава́тися** + *D.* seem to sb; **лиша́тися** remain; **става́ти** become)
Also see **шовіні́ст.** *Cf.* **гомофо́б**

раси́стськ|ий, *adj.*
racist
adv. **абсолю́тно** absolutely, **вкрай** extremely, **відве́рто** blatantly, **відкри́то** overtly ◊ **Рух пропаґува́в відкри́то ~у ідеоло́гію.** The movement propounded an overtly racist ideology. **наха́бно** brazenly, **я́вно** obviously; **приміти́вно** primitively; **ви́тончено** subtly, **прихо́вано** covertly; **войовни́чо** militantly, **нестри́мно** rampantly; **типо́во** typically
v. + **р. бу́ти ~им** be racist (**вважа́ти** + *A.* consider sth, **звуча́ти** sound ◊ **Його́ су́дження звуча́ли відве́рто ~ими.** His judgments

sounded blatantly racist. **лишáтися** remain ◊ **Пáртія лишáється ~ою.** The party remains racist; **оголóшувати** + *A.* declare sth)

рáсов|ий, *adj.*

1 racial, of or pertaining to race

р. + *n.* **р. відбíр** race selection (**конфлíкт** conflict; **підхíд** approach, **пóділ** division); **~а дискримінáція** race discrimination (**напрýга** tension, **несправедлúвість** injustice; **рíвність** equality, **солідáрність** solidarity; **теóрія** theory); **~е упереджéння** race bias; **~і взаємини** race relations (**забобóни** prejudices, **питáння** issues, **проблéми** problems)

2 pure-bred *(animals)*, pedigree, blooded ◊ **р. пéрський кіт** a pure-bred Persian cat

раху|вáти, ~ють; по~, під~, *tran. and intr.*

1 *tran.* to count, calculate, compute

adv. **доклáдно** precisely, **прáвильно** correctly ◊ **Він прáвильно порахувáв збúтки.** He computed the damages correctly. **тóчно** exactly; **вгóлос** aloud, **про сéбе** in one's mind; **зáвждú** always ◊ **Він зáвждú ~є здáчу.** He always counts the change. **від** *or* **з кінця** from the end, **від** *or* **з початку** all over again ◊ **Лев став р. сторінкú рукóпису від** *or* **з почáтку.** Lev began counting the manuscript pages all over again. ♦ **не ~ючи** + *G.* apart from sb/sth ◊ **На бортý літакá дéсять пасажúрів, не ~ючи дітéй.** There were ten passengers on board the plane apart from children.

v. + **р. брáтися** get down to ◊ **Вонá взялáся р. присýтніх на лéкції.** She got down to counting those present at the lecture. **бýти лéгко** be easy to; **бýти вáжко** be difficult to, **бýти неможлúво** be impossible to; **бýти трéба** + *D.* need to ◊ **Йомý трéба по~ книжкú.** He needs to count the books. **змогтú** *pf.* manage to, **могтú** can; **намагáтися** try to; **починáти** begin to, **стáти** *pf.* start; **закíнчувати** finish ◊ **Він закінчúв р. грóші.** He finished counting the money.

prep. **р. від** + *G.* **до** + *G.* count from sth to sth ◊ **Він мав по~ від двадцятú до нуля.** He was supposed to count down from twenty to zero.

Also see **лічúти 1, розрахóвувати 1**

2 *tran.* to consider, take into account ◊ **Музéй має дóсить експонáтів на вúставку, якщó р. найновíші надбáння.** The museum has enough showpieces for the exhibition, if one considers its newest acquisitions.

3 *intr.* to rely on, count on, reckon on ◊ **Ви мóжете р. на мéне у підготóвці конферéнції.** You can rely on me in preparation of the conference. ◊ **Він гóловно ~вáв на добровóльців.** He counted mainly on volunteers.

See **покладáтися 1.** *Also see* **надíятися 2, розрахóвувати 5**

4 *intr., colloq.* to think, be of opinion ◊ **Я ~ю, що крáще почекáти.** I think it would be better to wait.

See **вважáти 2, гадáти 2, дýмати 2.** *Also see* **знахóдити 2**

5 *tran. colloq.* take for, consider

prep. **р. за** + *A.* consider for sb/sth ◊ **Він ~вáв Нíну за простáчку.** He took Nina for a simpleton.

See **брáти 6.** *Also see* **вважáти 2, мáти 4, розцíнювати 2, сприймáти 2**

pa. pple. **порахóваний** counted, calculated, tallied

(по)рахýй!

раху|вáтися; по~, *intr.*

1 to consider, take account of, reckon with

adv. **дíйсно** really, **повáжно** *or* **серйóзно** seriously; **зáвждú** always, **постíйно** constantly ◊ **Вонá мýсить постíйно р. з нáстроями вúборців.** She must constantly take into account the voters' mood. **рáдо** gladly; **неохóче** reluctantly ◊ **Він неохóче ~вáвся з партнéрів.** He reluctantly took into account his partners.

v. + **р. бýти готóвим** be ready to; **бýти трéба** + *D.* need to ◊ **Дирéкторові трéба р. із профспíлкою.** The director needs to take account of the trade union. **змýшувати** + *A.* make sb to; **мýсити** must; **не бáжати** not to wish to ◊ **Він не бажáє р. з дýмкою íнших.** He does not wish to consider other people's opinion. **не збирáтися** not be about to

prep. **р. з** + *I.* reckon with sb/sth

Also see **вважáти 3, зважáти**

2 to respect, defer to ◊ **Лíна змýсила всіх р. з її бажáннями.** Lina made everybody respect her wishes.

See **повbooкжáти 1.** *Also see* **вважáти 3**

3 *pass., only impf.* to be counted ◊ **Істóрія незалéжної Україны ~ється з 1991 рóку.** The history of independent Ukraine is counted since 1991.

рахýн|ок, *m.*, ~ку *and* ~ка

1 ~ку count, calculation, tally + *G. or* + *D.*

adj. **доклáдний** exact, **тóчний** accurate; **загáльний** total; **нетóчний** imprecise, **приблúзний** approximate; **оперативний** prompt, **швидкúй** quick; **прáвильний** correct; **погодúнний** hourly, **подéнний** daily; **остатóчний** ultimate, **прикінцéвий** final; **попéредній** previous; **надíйний** reliable, **незалéжний** independent, **чéсний** honest; **неправильний** incorrect; **сфальсифікóваний** falsified

р. + *n.* **р. голосíв** a vote count ◊ **Штаб вимагáє надíйного ~ку голосíв.** The headquarters demands a reliable vote count. **р. актúвів і пасúвів** a count of assets and liabilities (**грóшей** money, **дітéй** children, **ресýрсів** resources)

v. + **р. губúти р.** + *D.* lose count of sth ◊ **Вонú швúдко згубúли р. дням.** They quickly lost count of days. (**мáти** have; **перевіря́ти** check, **підтвéрджувати** confirm, **спрáвджувати** verify; **провóдити** do ◊ **Під кінéць тúжня він провóдив р. вúтрат** *or* **вúтратам.** Toward the end of the week, he would do the count of expenditures. **брáти** + *A.* **в** take sth into ◊ **Трéба взя́ти в р. прихóвані кóшти вéдення бíзнесу.** One needs to take into account the hidden costs of doing business. ♦ **не йти в р.** to be beside the point, be irrelevant ◊ **Окрéмі погáні рецéнзії ромáну не йдуть в р.** The individual bad reviews of the novel are beside the point.

prep. ♦ **без ~ку** galore, aplenty ◊ **Вонú мáли боргíв без ~ку.** They had debts galore. **за ~ком** by sb's count ◊ **За її ~ком, дружúна прогрáла бíльше мáтчів, ніж вúграла.** By her count, the team lost more matches than it won. ♦ **на р.** on a count of ◊ **На р. «три» стрибáйте в вóду.** On a count of three jump in the water.

Also see **підрахýнок 1, 2**

2 ~ка invoice, check, bill ◊ **Йомý не далú ~ка за покýпку.** He was not given the invoice for his purchase.

adj. **індивідуáльний** individual, **окрéмий** separate ◊ **Олéсь зажадáв в офіція́нта окрéмого ~ка.** Oles demanded a separate check from the waiter. **пéрвісний** original; **неоплáчений** unpaid; **оплáчений** paid; **лúповий** *colloq.* fake, **підрóблений** falsified, **фальшúвий** false; **мíсячний** monthly, **тижнéвий** weekly; **електрóнний** electronic, **паперóвий** paper

v. + **р. випúсувати** + *D.* **р.** issue sb an invoice (**давáти** + *D.* give sb, **принóсити** + *D.* bring sb; **просúти в** + *G.* ask sb for ◊ **Клієнти попросúли в офіціа́нтки р.** The customers asked the waitress for the check. **оплáчувати** pay; **діставáти** get, **отрúмувати** receive; **перехóдити на** switch to) ◊ **Він перейшóв із паперóвих на електрóнні ~ки.** He switched from paper to electronic invoices.

prep. **р. за** + *A.* an invoice for sth ◊ **р. за товáри й пóслуги** an invoice for goods and services

3 ~ку *sport.* score, result, outcome

adj. **вéликий** big ◊ **Вонá вúграла з вéликим ~ком.** She won with a big score. **відмíнний** excellent, **висóкий** high, **дóбрий** good, **перемóжний** winning, **рекóрдний** record, **чудóвий** superb; **близькúй** close, **мінімáльний** minimal; **низькúй** low; **кéпський** poor, **погáний** bad; **символíчний** token ◊ **Йомý трéба вúграти хоч із символíчним ~ком.** He needs to win, even with a token score. **безпрецедéнтний** unprecedented; **несподíваний** unexpected, **нечýваний** unheard-of, **сенсацíйний** sensational; **рíвний** even, level ◊ **Тайм почáвся з рíвного ~ку.** The time started with a level score. **індивідуáльний** individual, **комáндний** team; **загáльний** overall, **остатóчний** ultimate, **фінáльний** final; **баскетбóльний** basketball, **футбóльний** soccer

v. + **р. вестú р.** keep (the) score ◊ **Гáла вéде р.** Halia is keeping score. (**відкривáти** open; **зрíвнювати** level ◊ **Дружúна борóлася, щоб зрівня́ти р.** The team was fighting to level the score. **робúти** make) ◊ **Гол зробúв р. 2-1.** The goal made the score 2-1. **досягнýти ~ку** achieve a score; **закíнчувати** + *A.* **з ~ком** finish sth with a score ◊ **Він закінчúв бій з мінімáльним ~ком.** He finished the fight with a minimal score.

р. + *v.* **бýти** be, stand at ◊ **За сім хвилúн до кінця́ р. був 0-1.** Seven minutes before the end, the score stood at 0-1.

prep. **з ~ком** with a score; **р. з** + *I.* a score against *(a rival)* ◊ **їхній найгíрший р. з «Карпáтами»** their worst score against Karpaty

4 ~ку account *(in bank)*

adj. **бáнковий** bank; **бізнесóвий** business, **брóкерський** brokerage, **інвестицíйний** investment, **пенсíйний** pension, **розрахункóвий** settlement; **депозúтний** deposit, **ощáдний** savings, **потóчний** current, **чéковий** checking; **індивідуáльний** individual, **окрéмий** separate, **спíльний** joint; **безподаткóвий** tax-free ◊ **Вонá мáє безподаткóвий р.** She has a tax-free account. **леґáльний** legal; **нелеґáльний** illegal, **офшóрний** offshore, **таéмний** secret; **закордóнний** foreign; **спеціáльний** special; **дóларовий** dollar, **грúвневий** hryvnia

v. + **р. відкривáти р.** open an account ◊ **Він відкрúв таéмний р. на Кíпрі.** He opened a secret account in Cyprus. (**мáти** have, **тримáти** hold; **закривáти** close; **депонувáти** + *A.* **на** deposit sth into ◊ **Він задепонувáв готíвку на закордóнний р.** He deposited the cash into a foreign account. **клáсти** + *A.* **на** put sth into; **платúти** + *A.* **на** pay sth into) ◊ **Щомíсяця компáнія плáтить їй крýглу сýму на ощáдний р.** Every month, the company pays a handsome sum into her savings account. **брáти** + *A.* **з ~ку** draw sth from an account ◊ **Грабíжники брáли з її ~ку невелúкі сýми.** The robbers drew small sums from her pension account. (**знімáти** + *A.* **з** withdraw sth from, **платúти** + *D.* **з** pay sb from; **давáти** + *D.* **дóступ до** give sb access to; **мáти дóступ до** have access to, **отрúмувати дóступ до** get access to) ◊ **Досягнýвши тридцятú рóків, вонá отрúмає дóступ до ~ку.** On reaching thirty years, she will get access to the account.

prep. **р. у** + *L.* an account at/with *(a bank, etc.)* ◊ **спíльний р. у бáнку** a joint account at a bank; **р. на** + *A.* account under *(a name)* ◊ **р. на її ім'я** account under her name

5 ~ку expense, cost

adj. **бáтьків** father's, **мáтерин** mother's, **свій** one's own, **чужúй** somebody else's

prep. **за р.** + *G.* at sb's expense; ♦ **жúти за чийсь** *or* **чужúй р.** to sponge off sb ◊ **Усé життя́ Микóла жив за чужúй р.** All his life, Mykola sponged off somebody.

6 ~ку *usu pl., fig.* scores, accounts ♦ **звóдити ~ки з** + *I.* to settle a score with sb, take revenge on sb ◊ **Вонá не збирáлася звóдити з Борúсом ~ки.** She was not going to settle scores with Borys. ♦ **У ньóго з нéю своí ~ки.** He has a bone to pick with her. ♦ **кінчáти ~ки з життя́м** to commit suicide

7 ~ку *Internet* account

adj. **мерéжевий** Internet; **нóвий** new, **потóчний** current, **старúй** old; **чúнний** valid; **завíшений** suspended; **фальшúвий** fake *v.* + р. відкри́ти р. open an account ◊ **Троль відкри́в сто фальши́вих ~ів на Фейсбу́ці.** The troll opened a hundred fake accounts on Facebook. (**закри́ти** close; **зане́дбувати** neglect; **поновúти** renew)

раціона́льн|ий, *adj.*

1 rational, sensible

adj. **абсолю́тно** absolutely, **ду́же** very, **надзвича́йно** extremely, **по́вністю** fully, **цілко́м** completely; ♦ **високораціона́льний** highly rational; **до́сить** quite, **доста́тньо** sufficiently ◊ **Усе́, що він каза́в, здава́лося доста́тньо ~им.** Everything he said seemed to be sufficiently sensible. **ле́две** hardly; **не зо́всім** not quite; **аж ніяк не** in no way, **зо́всім не** not at all

n. + *n.* **р. підхі́д** a rational approach (**ске́псис** skepticism); **~а люди́на** a rational person (**мето́да** method, **мотива́ція** motivation; **організа́ція** organization); **~е застосува́ння** a rational application (**ми́слення** thinking; **пита́ння** question, **поя́снення** explanation; **управлі́ння** administration); **~і заса́ди** rational foundations

v. + **р. бу́ти ~им** be rational (**вважа́ти** + *A.* consider sb/sth ◊ **Її вважа́ли люди́ною ~ою.** She was considered to be a sensible person. **звуча́ти** sound ◊ **Його́ поя́снення звуча́ло ~им.** His explanation sounded sensible. **здава́тися** + *D.* seem to sb; **лиша́тися** stay) ◊ **Він лиша́вся до кінця́ ~им.** He stayed sensible to the end.

prep. **р. у** + *L.* sensible as to sth ◊ **Він не зо́всім р. у су́дженнях .** He is not quite sensible of judgment. **р. що́до** + *G.* rational about sb/sth

2 *math.* rational ◊ **~е числó** a rational number

ра́ці|я[1], *f.*, ~ї

reason, sense, basis, grounds ◊ **Вона́ шука́є ~ю для всьо́го, що ді́ється.** She looks for a reason for everything that happens. ♦ **з яко́ї ~ї** for what reason ◊ **З яко́ї ~ї я ма́ю поя́снювати це вам!** For what reason do I have to explain this to you! ♦ **ма́ти ~ю** to be right ◊ **Він мав цілкови́ту ~ю.** He was perfectly right. ♦ **нема́ ~ї** + *D.* + *inf.* there is no point in ◊ **Нам зо́всім не було́ ~ї лиша́тися в мі́сті.** There was no point at all for us to stay in the city. ♦ **признава́ти** + *D.* **~ю** agree with sb ◊ **Пі́сля годи́нної супере́чки Оре́ст призна́в сестрі́ ~ю.** After an hour-long argument, Orest agreed that his sister was right.

Also see **глузд 1, причи́на, смисл**

ра́ці|я[2], *f.*, ~ї

portable radio transmitter, walkie-talkie ◊ **Їх врятува́ла стара́, але́ спра́вна р.** They were saved by an old but functional radio transmitter.

See **ра́діо 2**

рв|а́ти, ~уть; по~, ви́~, на~, піді~, розі~, *tran.*

1 to tear, rip

adv. **ду́же** badly ◊ **Бу́ря си́льно порва́ла вітри́ла.** The storm badly tore the sails. **ле́гко** easily; **тро́хи не** almost ◊ **У по́спіху він тро́хи не порва́в важли́вого докуме́нта.** In haste, he all but tore up an important document. **практи́чно** practically; **відчайду́шно** desperately, **лю́то** furiously, **серди́то** angrily ◊ **Він серди́то порва́в листа́.** He angrily tore the letter up. **шви́дко** quickly; **надво́є** in two, **на части́ни** to parts, **на шматки́** to pieces

v. + **р. бра́тися** set about ◊ **Вони́ взяли́ся р. і пали́ти секре́тні папе́ри.** They set about tearing and burning the secret papers. **почина́ти** begin, **ста́ти** *pf.* start; **змогти́** *pf.* manage to, **намага́тися** try to, **про́бувати** attempt to; ♦ **р. кайда́ни** to break one's shackles, break free; ♦ **р. й мета́ти** to fret and fume ◊ **Полі́ція ~ала й мета́ла, шука́ючи грабі́жників.** The police fretted and fumed, looking for the robbers.

prep. **р. на** + *A.* tear in/to

pa. pple. **по́рваний** torn up

Also see **перерива́ти 1, розрива́ти 1**

2 to pull *(of teeth, hair, etc.)*, tug, jerk; *pf.* **ви́~** pull out ◊ **Ользі ви́рвали хво́рого зу́ба.** Olha had her bad tooth pulled out. ◊ **Ві́тер ~ав гі́лля дере́в.** The wind tugged the branches of trees. ♦ **р. на собі́ воло́сся** to pull one's hair out ◊ **Від доса́ди Марко́ тро́хи не ~ав на собі́ воло́сся.** Marko was about to pull his hair out with frustration.

pa. pple. **ви́рваний** pulled out, extracted

3 to pick *(flowers, herbs)*, pluck; *pf.* **на~** ◊ **Вона́ люби́ла р. польові́ кві́ти.** She liked to pick wild flowers. ◊ **За годи́ну ді́ти нарва́ли два відра́ ви́шень.** In an hour, the children picked two bucketfuls of sour cherries.

pa. pple. **на́рваний** picked

4 to blow up; *pf.* **піді~** ◊ **На рі́чці ~али кри́гу.** They were blowing up ice on the river.

pa. pple. **піді́рваний** blown up

See **підрива́ти 1**

5 *fig.* break off *(relation)*, end, cease; *pf.* **розі~**

p. + *n.* **р. відно́сини** break off relations (**зв'язки́** ties, **конта́кти** contacts; **зару́чини** engagement, **шлюб** marriage) ◊ **Опози́ція вимага́ла розі́рва́ти диплома́тичні відно́сини з Москво́ю.** The opposition demanded to break off the diplomatic relations with Moscow.

Also see **перерива́ти 2**

pa. pple. **розі́рваний** broken off

(по)рви́!

рв|а́тися; по~, *intr.*

1 to tear, break, get torn, rip

adv. **вже** already ◊ **У гіта́рі вже порва́лися дві стру́ни.** Two strings already tore in the guitar. **ґвалто́вно** abruptly, **ра́птом** suddenly, **я́кось** somehow ◊ **Її су́кня я́кось порва́лася.** Her dress somehow got torn. **все** all the time ◊ **Тонка́ ни́тка все ~а́лася.** The thin thread kept tearing.

2 *only impf.* rush, dash, bolt, be desperate to ◊ **Вони́ ~а́лися воюва́ти з во́рогом.** They were desperate to fight with the enemy.

prep. **р. в** + *A.* rush into sth ◊ **Він ~а́вся в бій.** He could not wait to join the battle. **р. на** + *A.* rush to sth ◊ **Вони́ ~у́ться на допомо́гу обло́женому мі́сту.** They are desperate to help the besieged city.

3 *only impf.* to explode, detonate, blow up ◊ **Навко́ло ~а́лися бо́мби.** Bombs exploded around.

реабіліта́ці|я, *f.*, ~ї

rehabilitation

adj. **пе́рвісна** initial; **по́вна** complete, **часткова** partial; **політи́чна** political, **соція́льна** social; **алкого́льна** alcohol, **меди́чна** medical, **наркоти́чна** drug, **психі́чна** psychological, **фізи́чна** physical; **запізні́ла** belated; **посме́ртна** postmortem ◊ **Роди́на домага́ється посме́ртної ~ї чолові́ка.** The family presses for a postmortem rehabilitation of the man.

n. + **р. клі́ніка ~ї** a rehabilitation clinic (**план** plan, **програ́ма** program, **проце́с** process, **слу́жба** service, **осере́док** center) ◊ **осере́док алкого́льної та наркоти́чної ~ї** an alcohol and drug rehabilitation center

v. + **р. прохо́дити ~ю** undergo a rehabilitation ◊ **Щоро́ку прохо́дять меди́чну ~ю деся́тки люде́й.** Dozens of people undergo medical rehabilitation every year. (**прово́дити** conduct ◊ **Він прово́див ~ю же́ртв репре́сій.** He conducted rehabilitation of the victims of repressions. **оголо́шувати** announce); **вимага́ти ~ї** demand rehabilitation (**домага́тися** press for); **запобіга́ти ~ї** prevent a rehabilitation ◊ **Комуні́сти запобіга́ли ~ї вояків украї́нського ру́ху о́пору.** Communists prevented the rehabilitation of the Ukrainian resistance movement fighters.

реабіліту|ва́ти, ~ють; *same, tran.*

to rehabilitate

adv. **вже** already, **вре́шті-ре́шт** eventually, **наре́шті** finally, **нега́йно** immediately, **несподі́вано** unexpectedly, **шви́дко** quickly, **якнайшви́дше** as quickly as possible; **крок за кро́ком** step by step, **пові́льно** slowly, **поступо́во** gradually; **наси́лу** barely; **посме́ртно** postmortem; **меди́чно** medically, **психологі́чно** psychologically, **політи́чно** politically, **соція́льно** socially; **безумо́вно** unconditionally, **цілко́м** completely; **частко́во** partially

v. + **р. вимага́ти** demand to ◊ **Грома́да вимага́ла цілко́м р. вче́ного.** Society demanded that the scientist be completely rehabilitated. **вдава́тися** succeed in ◊ **Крок за кро́ком лі́карі психологі́чно ~ва́ли травмо́ваних ді́тей.** Step by step, the doctors psychologically rehabilitated the traumatized children. **змогти́** *pf.* manage to, **намага́тися** do one's best to, **сподіва́тися** hope to; **ста́вити на меті́** aim at ◊ **План ста́вив на меті́ р. всіх зару́чників.** The plan aimed at rehabilitating all the hostages. **хоті́ти** want to

pa. pple. **реабіліто́ваний** rehabilitated

реабіліту́й!

реаґу|ва́ти, ~ють; від~, за~ *intr.*

1 to react + *I.* by

adv. **до́бре** well, **позити́вно** positively, **прихи́льно** favorably; **аґреси́вно** aggressively, **гні́вно** angrily, **го́стро** sharply, **емоці́йно** emotionally, **роздрато́вано** with irritation; **си́льно** strongly, **неґати́вно** negatively, **пога́но** badly; **ди́вно** strangely; **зва́жено** in a balanced manner, **обере́жно** cautiously, **прохоло́дно** coolly, **раціона́льно** rationally, **спокі́йно** calmly, **твере́зо** soberly; **блискави́чно** instantly, **нега́йно** immediately, **одра́зу** at once, **за́раз же** right away, **шви́дко** quickly; **наре́шті** finally; **відпові́дно** accordingly; **зго́дом** eventually; **іна́кше** differently, **по-і́ншому** in a different manner; **пові́льно** slowly; **автомати́чно** automatically, **інстинкти́вно** instinctively, **спонта́нно** spontaneously

v. + **р. бу́ти схи́льним** tend to ◊ **Мари́на була́ схи́льною р. на кри́тику спокі́йно.** Maryna tended to react to criticism calmly. **бу́ти тре́ба** + *D.* need to ◊ **Полі́ції тре́ба р. на провока́цію.** The police need to react to the provocation. **ві́міти** be able to ◊ **Вона́ ві́міла блискави́чно р. на обста́вини.** She was able to react instantaneously to circumstance. **могти́** can, **намага́тися** try to; **не зна́ти, як** not to know how ◊ **Він не знав, як р.** He did not know how to react. **відмовля́тися** refuse to, **не хоті́ти** not want to

prep. **р. на** + *A.* react to sth; **р. тим, що** + *clause* react by ◊ **Уряд відреаґува́в на страйка́рів тим, що розгорну́в про́ти нихві́йська́.** The government reacted to the strikers by deploying troops against them.

Also see **сприйма́ти 1**

2 *chem.* to react ◊ **Полімер не ~є з сі́рчаною кислото́ю.** The polymer does not react with sulfuric acid.

(від)реаґу́й!

реакці́йн|ий, *adj.*

reactionary, of or pertaining to political reaction

adv. **абсолю́тно** absolutely, **відве́рто** patently ◊ **Па́ртія стоя́ла на відве́рто ~ій платфо́рмі.** The party stood on a patently reactionary platform. **вкрай** extremely, **глибо́ко** deeply, **до́сить** rather, **ду́же** very, **жахли́во** dreadfully, **надзвича́йно** extraordinarily, **однозна́чно** unambiguously, **страше́нно** horribly

v. + **к. бу́ти ~им** be reactionary (**вважа́ти** + *A.* consider sb ◊ **Вона́ вважа́є ідеоло́гію «Росі́йського сві́ту» однозна́чно ~ою.** She considers the ideology of the "Russian World" to be unambiguously reactionary. **виявля́тися** turn out, **здава́тися** + *D.* seem to sb, **лиша́тися** remain; **става́ти** become) ◊ **Полі́тика популі́стського у́ряду става́ла ~ою.** The populist government's policy was becoming reactionary.

Ant. **проґреси́вний 1**

реа́кці|я, *f.*, **~ї**
1 reaction, response
adj. **аґреси́вна** aggressive ◊ **загро́зливо аґреси́вна р. вели́кої юрби́** a menacingly aggressive reaction of the large mob; **гні́вна** angry, **го́стра** sharp, **емоці́йна** emotional ◊ **Така́ р. багатьо́м зда́сться на́дто емоці́йною.** Such a reaction will seem to many overly emotional. **роздрато́вана** irritated; **до́бра** good, **захо́плена** enthusiastic, **здоро́ва** healthy, **позити́вна** positive, **прихи́льна** favorable; **си́льна** strong; **неґати́вна** negative, **пога́на** bad, **шкідли́ва** adverse; **неоднозна́чна** unequivocal; **ди́вна** strange, **неочі́кувана** unanticipated ◊ **Яросла́ва зви́кла була́ до неочі́куваних ~й на свої́ тво́ри.** Yaroslava was accustomed to unanticipated reaction to her works. **несподі́вана** unexpected, **рапто́ва** sudden; **зва́жена** balanced, **обере́жна** cautious, **помірко́вана** moderate, **прохоло́дна** cool ◊ **Р. прису́тніх була́ прохоло́дною.** The reaction of those present was rather cautious. **раціона́льна** rational, **спокі́йна** calm, **твере́за** sober; **іроні́чна** ironic, **саркасти́чна** sarcastic; **мовчазна́** silent; **слове́сна** verbal; **блискави́чна** instant, **нега́йна** immediate, **операти́вна** prompt, **хутка́** swift, **швидка́** quick; **нале́жна** appropriate; **і́нша** different; **пові́льна** slow; **автомати́чна** automatic, **інстинкти́вна** instinctive, **спонта́нна** spontaneous; **зага́льна** general, **звича́йна** common, **зрозумі́ла** understandable, **норма́льна** normal, **очі́кувана** anticipated, **приро́дна** natural; **публі́чна** public ◊ **Її заско́чила захо́плена публі́чна р.** She was surprised by the enthusiastic public reaction. **типо́ва** typical ◊ **типо́ва р. шові́ніста** a typical reaction of a chauvinist. **істери́чна** hysterical, **невроти́чна** neurotic, **нерво́ва** nervous; **алергі́чна** allergic, **ґвалто́вна** abrupt, **помі́рна** mild, **слабка́** slight
v. + **р. виклика́ти ~ю** bring a reaction ◊ **Обіця́нка ви́кликала саркасти́чну ~ю.** The promise brought a sarcastic reaction. (**провокува́ти** provoke ◊ **Зая́ва спровокува́ла го́стру ~ю.** The statement provoked a sharp reaction. **отри́мувати** receive ◊ **Ви́ступ отри́мав захо́плену ~ю.** The address received enthusiastic reaction. **оці́нювати** gauge; **заповіда́ти** predict, **передбача́ти** anticipate; **сподіва́тися на** hope for) ◊ **Вона́ сподіва́лася на прихи́льну ~ю кри́тиків.** She hoped for a favorable reaction of the critics. **уника́ти ~ї** avoid a reaction ◊ **Він уни́кнув алергі́чної ~ї організ́му на змі́ну пі́дсо́ння.** He avoided the body's allergic reaction to the change of climate. (**призво́дити до** lead to); **запобіга́ти ~ї** prevent a reaction; **суди́ти** + *A.* **за ~єю** judge sth by reaction ◊ **Су́дячи за ~єю за́ли, поста́ва була́ вда́лою.** Judging by the audience's reaction, the production was a success.
prep. **р. на** + *A.* a reaction to sb/sth; **р. се́ред** + *G.* a reaction among sb ◊ **р. се́ред студе́нтів** a reaction among students
2 *chem.* reaction
adj. **ланцюго́ва** chain, **хемі́чна** chemical, **термоя́дерна** thermonuclear, **я́дерна** nuclear, **незворо́тна** irreversable
3 *polit.* reaction ◊ **Си́ли ~ї пішли́ в на́ступ.** The forces of reaction went on an offensive.
adj. **політи́чна** political; **ди́ка** savage, **похму́ра** grim, **чо́рна** *fig.* dark, **шале́на** fierce
р. + *v.* **лютува́ти** rage ◊ **Ці́лий рік у краї́ні лю́тує р.** For a whole year, the reaction has raged in the country. **настава́ти** ensue; **панува́ти** reign
prep. **про́ти ~ї** against reaction ◊ **боротьба́ про́ти ~ї** fight against reaction

реалі́зм, *m.*, **~у**, *only sg.*
1 realism, authenticity
adj. **вели́кий** great, **винятко́вий** exceptional, **глибо́кий** profound, **невірогі́дний** incredible, **приголо́мшливий** shocking; **холо́дний** cold; **політи́чний** political, **психологі́чний** psychological ◊ **Психологі́чний р. її рома́ну вража́є.** The psychological realism of her novel is astounding.
v. + **р. поси́лювати р.** enhance realism; **додава́ти** + *D.* **~у** add realism to sth ◊ **Динамі́чна ка́мера Іллє́нка додає сце́ні ~у.** Illienko's dynamic camera adds realism to the scene. (**досяга́ти** achieve; **бракува́ти** + *D.* lack in) ◊ **Діяло́гові бракує ~у.** The dialogue lacks in realism.
2 realism, pragmatism, levelheadedness ◊ **Його́ підхі́д засно́вується на холо́дному ~і.** His attitude is based on cold realism. ◊ **Р. ду́мки не був його́ си́льною сторonóю.** Realism of thinking was not his strong point.
3 realism *(as esthetic)*
adj. **літерату́рний** literary; **крити́чний** critical, **магі́чний** magical, **соціялісти́чний** socialist ◊ **Ску́льптор є послідо́вником есте́тики соціялісти́чного ~у.** The sculptor is a follower of socialist realism esthetic.

реалі́ст, *m.*; **~ка**, *f.*
realist
adj. **впе́ртий** stubborn, **невблага́нний** implacable, **невипра́вний** incorrigible, **переко́наний** convinced ◊ **Євге́н – переко́наний р. у планува́нні роди́нного бюдже́ту.** Yevhen is a convinced realist in the family budget planning. **твере́зий** sober, **холо́дний** cold ◊ **Мі́сію мо́же ви́конати лише́ холо́дний р.** Only a cold realist can accomplish the mission.

реалісти́чн|ий, *adj.*
1 realistic, sensible, rational
adv. **абсолю́тно** absolutely ◊ **Його́ сподіва́ння ви́явилися абсолю́тно ~ими.** His expectations proved absolutely realistic. **вкра́й** extremely, **ду́же** very, **зана́дто** too, **цілко́м** completely; **бі́льш** more, **все бі́льш** increasingly more; **на ди́во** surprisingly, **несподі́вано** unexpectedly; **до́сить** fairly, **доста́тньо** sufficiently; **ле́две** scarcely; **ма́йже** almost
v. + **р. бу́ти ~им** be realistic (**вважа́ти** + *A.* consider sb/sth ◊ **Ме́неджмент вважа́є її підхі́д ~им.** The management considers her approach realistic. **виявля́тися** turn out, **здава́тися** + *D.* seem to sb, **лиша́тися** remain; **става́ти** become) ◊ **Він става́в усе́ бі́льш ~им у по́глядах на світ.** He was becoming ever more realistic in his view of the world.
2 realistic, achievable, attainable ◊ **Таємни́ця її у́спіху поляга́ла в ~ій настано́ві до життя́.** The secret of her success consisted in her realistic stance on life.
Also see **реа́льний 2**
3 realistic, truthful ◊ **Зобра́ження поді́й у рома́ні цілко́м ~е.** The depiction of events in the novel is completely realistic.

реа́льн|ий, *adj.*
1 real, actual, nonfictional, real-life
adv. **абсолю́тно** absolutely ◊ **Опові́дання засно́ване на абсолю́тно ~их фа́ктах.** The short story is based on absolutely real facts. **без су́мніву** doubtlessly; **спра́вді** truly, **цілко́м** completely ◊ **Геро́й – цілко́м ~а люди́на в ~их обста́винах.** The character is a completely real person in real-life circumstance. **несподі́вано** unexpectedly
р. + *n.* **р. ви́падок** an actual occurrence (**світ** world, **факт** fact); **~а жі́нка** an actual woman ◊ **Опиши́ не уя́вну, а ~у жі́нку.** Describe not a fictional but a real woman. (**загро́за** threat; **зарпла́та** wages ◊ **Їхня ~а зарпла́та ни́жча.** Their real wages are lower. **істо́рія** story; **смерть** death); **~е життя́** real life (**зо́лото** gold; **непорозумі́ння** misunderstanding); **~і взає́мини** real-life relations
v. + **р. бу́ти ~им** be real (**вважа́ти** + *A.* consider sb/sth ◊ **Вона́ вважа́ла Дороте́ю з фі́льму ~им персона́жем.** She considered Dorothy from the movie to be a real character. **виявля́тися** turn out; **здава́тися** + *D.* seem to sb; **лиша́тися** remain; **става́ти** become)
Also see **земни́й 2, пе́вний 6, правди́вий 2, спра́вжній, факти́чний.** *Ant.* **ви́гаданий, позі́рний, уя́вний**
2 realistic, doable, attainable ◊ **За́дум, що здава́вся фантасти́чним, ви́явився ~им.** The idea that seemed fantastic, turned out to be realistic.
See **реалісти́чний 2**

реа́льн|ість, *f.*, **~ости**, *only sg.*
1 reality, actuality
adj. **віртуа́льна** virtual, **об'єкти́вна** objective ◊ **Об'єкти́вна р. переста́ла існува́ти для них.** Objective reality stopped existing for them.
See **ді́йсність.** *Also see* **сього́дні 2**
2 feasibility, attainability ◊ **Її планува́нню власти́ва р.** Feasibility is characteristic of her planning. ◊ **р. їхніх за́думів на майбу́тнє** the feasibility of their designs for the future

реа́льно, *adv.*
1 in a realistic way, soberly ◊ **Марі́я р. оці́нювала ситуа́цію.** Maria assessed the situation realistically.
2 *colloq.* really, truly, indeed ◊ **Він р. з'ї́хав із глу́зду.** He really lost his mind.

ребр|о́, *nt.*
1 *anat.* rib
adj. **заби́те** bruised, **зла́мане** broken ◊ **Він відбу́вся кілько́ма зла́маними ~рами.** He got away with a few broken ribs. ♦ **Ада́мове р.** Adam's rib; **ни́жні ~ра** short ribs
v. + **р. лама́ти р.** break a rib (**забива́ти** bruise ◊ **Він заби́в собі́ кілька ~ер.** He bruised several ribs. **шту́рхати** + *A.* **в** poke sb in)
prep. **у р.** in a rib ◊ **Щоб зму́сити Севери́на замо́вкнути, Ло́ра штурхну́ла його́ в р.** To make Severyn shut up, Lora poked him in the rib.
2 edge, verge; *arch.* arris ◊ **Вона́ провела́ доло́нею по ~ру́ стола́.** She ran her palm along the edge of the table; ♦ **~ро́м** edgewise; ♦ **кла́сти на р.** put sth edgewise ◊ **Вони́ покла́ли дерев'я́ний блок на р.** They put the wooden block edgewise.
prep. **з ~ра́** edgewise ◊ **вид гала́ктики з ~ра́** an edgewise view of the galaxy

ревни́в|ий, *adj.*
jealous
adv. **боже́вільно** crazily, **вкра́й** extremely, **ду́же** very, **жахли́во** horribly, **несте́рпно** unbearably, **спра́вді** really, **страше́нно** terribly, **шале́но** insanely; **тро́хи** a little ◊ **Вона́ тро́хи ~а до бра́та.** She is a little jealous of her brother. **ту́по** dumbly
v. + **р. бу́ти ~им** be jealous (**виявля́тися** turn out, **звуча́ти** sound, **здава́тися** + *D.* seem to sb, **лиша́тися** remain ◊ **Петро́ лиши́вся ту́по ~им чолові́ком.** Petro remained a dumbly jealous husband. **става́ти** become) ◊ **Коли́ це він став таки́м ~им?** Exactly when did he become so jealous?
prep. **р. до** + *G.* jealous of sb
Cf. **за́здрісний**

ре́внощ|і, *only pl.*, **~ів**
1 jealousy
adj. **вели́кі** great, **го́стрі** acute, **несте́рпні** unbearable, **си́льні** intense, **скра́йні** extreme; **невідсту́пні** relentless, **нав'я́зливі** obsessive, **нераціона́льні** irrational, **патологі́чні** pathological, **шале́ні** insane; **боже́вільні** crazy, **дурнува́ті** stupid, **тупі́** dumb; **дріб'язко́ві** petty ◊ **Дріб'язко́ві р. не му́сять отру́ювати їхні відно́сини.** Petty jealousy should not poison their relationship.
n. + **р. на́пад ~ів** a fit of jealousy ◊ **Його́ ті́пало від на́паду ~ів.** He was shaking in a fit of jealousy. (**почуття́** feeling) ◊ **Ма́рту переслі́дувало незнайо́ме почуття́ ~ів.** An unfamiliar feeling of jealousy haunted Marta.

v. + **р. викликáти р. в** + *G.* cause jealousy in sb ◊ **Її розмóва із сусíдом вúкликала в Івáна р.** Her conversation with the neighbor caused Ivan's jealousy. (**відчувáти** feel, **збýджувати** arouse, **провокувáти** provoke); **мýчитися** *or* **потерпáти від ~ів** suffer with jealousy ◊ **Тетяна потерпáла від ~ів.** Tetiana suffered from jealousy.
р. + *v.* **довóдити** + *A.* **до шáлу** drive sb crazy ◊ **Йогó тупí р. довóдили Богдáна до шáлу.** His dumb jealousy drove Bohdan crazy. **охóплювати** + *A.* overtake sb; **отрýювати** + *A.* poison sth ◊ **Невідстýпні р. отрýювали їхні почуття.** Relentless jealousy poisoned their feelings.
prep. **р. до** + *G.* jealousy of sb ◊ **р. до чоловíка** jealousy of one's husband
Cf. **зáздрість**
2 envy ◊ **Андрíїв ýспіх вúкликав р. в колéґ.** Andrii's success caused envy in his colleagues.
See **зáздрість**

революцíйн|ий, *adj.*
revolutionary, of or pertaining to revolution
adv. **глибóко** profoundly, **направду** truly, **спрáвді** really; **псевдореволюцíйний** pseudorevolutionary
р. + *n.* **р. вúбух** *fig.* a revolutionary explosion ◊ **Уряд не запобíг ~ому вúбухові.** The government did not prevent the revolutionary explosion. (**комітéт** committee ◊ **член ~ого комітéту** a revolutionary committee member; **нарóд** people; **рух** movement; **трибунáл** tribunal); **~а вимóга** a revolutionary demand (**змíна** change; **прúстрасть** passion, **ситуáція** situation) ◊ **У краї̈ні вúникла ~а ситуáція.** A revolutionary situation emerged in the country. **~е піднéсення** a revolutionary upsurge (**правосýддя** justice; **студéнтство**, *coll.* students); **~і дні** revolutionary days (**подíї** events, **сúли** forces)

революціонéр, *m.*, **~а; ~ка**, *f.*
revolutionary, rebel
adj. **вíчний** eternal ◊ **Поéт Франкó оспíвує вíчного ~а.** The poet Franko eulogizes the eternal revolutionary. **незлáмний** indomitable; **прúстрасний** passionate; **правдúвий** true, **спрáвжній** genuine; **безжáльний** merciless ◊ **На її дýмку, правдúвий р. мáє бýти безжáльним.** In her opinion, a true revolutionary must be merciless. **кровожéрливий** blood-thirsty ◊ **Робесп'єр став утíленням кровожéрливого ~а.** Robespierre became an embodiment of a blood-thirsty revolutionary.

революцí|я, *f.*, **~ї**
1 revolution
adj. **буржуáзна** bourgeois, **демократúчна** democratic, **комуністúчна** communist, **нарóдна** popular, **національна** national, **пролетáрська** proletarian, **соціялістúчна** socialist; **світовá** world; **перманéнтна** permanent; **кривáва** bloody, **насúльницька** violent; **успíшна** successful, **безкрóвна** bloodless, **мúрна** peaceful; **кольорóва** *hist.* color *or* colored, ♦ **Оксамúтова р.** *hist.* the Velvet Revolution; **зрáджена** betrayed; ♦ **Помарáнчева р. 2004 рóку** *hist.* the Orange Revolution of 2004
р. + *n.* ♦ **Р. гíдности** *hist.* the Revolution of Dignity *(in Ukraine)* ◊ **Нарóдне повстáння дістáло нáзву ~ї гíдности.** The popular uprising got the name of the Revolution of Dignity. ♦ **Р. троя́нд** the Revolution of Roses *(in the Republic of Georgia)*
v. + **р. робúти ~ю** stage a revolution ◊ **Існувáли всі умóви для тóго, щóби зробúти ~ю.** There were all conditions in place to stage a revolution. (**готувáти** prepare, **здíйснювати** carry out, **підігрівáти** foment; **очóлювати** lead; **придýшувати** crush ◊ **Уряд придушúв ~ю.** The government crushed the revolution. **топúти в крóві** drown in blood); **боя́тися ~ї** be afraid of a revolution (**уникáти** avoid; **заклúкáти до** call for) ◊ **Вонú заклúкали до ~ї.** They called for a revolution. **запобігáти ~ї** prevent a revolution (**перешкоджáти** be in the way of)
р. + *v.* **вúбухáти** erupt ◊ **Р. вúбухнула несподíвано.** The revolution erupted unexpectedly. **валúти** + *A.* topple sb, **скидáти** + *A.* overthrow sb; **пошúрюватися** spread; **зазнавáти порáзки** fail ◊ **Р. зазнáла порáзки.** The revolution failed. **перемагáти** win, **тріюмфувáти** triumph
Also see **майдáн 3.** *Cf.* **вíйнá.** *Ant.* **еволюція**
2 *fig.* revolution, dramatic change, sea change
adj. **віртуáльна** virtual, **пóвна** *or* **цілковúта** complete, **правдúва** *or* **спрáвжня** true; **невидúма** invisible, **тúха** quiet ◊ **Вонá очóлила тúху ~ю в мистéцтві.** She effectively led a quiet revolution in arts. **аґрáрна** agrarian, **економíчна** economic, **електрóнна** electronic, **ідентифікацíйна** identity, **інформацíйна** information, **комп'ютерна** computer, **культýрна** cultural, **мерéжева** Internet, **наукóва** scientific, **політúчна** political, **промислóва** industrial, **сексуáльна** sexual, **сільськогосподáрська** agricultural, **соціяльна** social, **технологíчна** technological, **феміністúчна** feminist, **цифровá** digital, *etc.*
v. + **р. започаткóвувати ~ю** initiate a revolution ◊ **Вúнахід започаткувáв промислóву ~ю.** The invention initiated the industrial revolution. (**починáти** begin; **розпáлювати** ignite; **переживáти** go through ◊ **За рік студéнти пережилú правдúву ~ю свідóмости.** In a year, the students went through a true revolution of consciousness. **прискóрювати** accelerate ◊ **Нові технолóгії прискóрять інформацíйну ~ю.** The new technologies will accelerate the information revolution. **гальмувáти** hold back, **сповíльнювати** slow down; **спричиня́ти** cause; **переростáти в** grow into ◊ **Інцидéнт перерíс у ~ю.** The incident grew into a revolution. **перетвóрюватися на** turn into); **боя́тися ~ї** be afraid of a revolution (**не допускáти** thwart, **уникáти** avoid; **призвóдити до** bring about) ◊ **Такá полíтика неунúкно призведé до ~ї в наýці.** Such policies will inevitably bring about a revolution in science. **запобігáти ~ї** prevent a revolution (**сприя́ти** facilitate) ◊ **Загáльна економíчна крúза лишé сприя́ла ~ї.** The general economic crisis only facilitated a revolution. **вважáти** + *A.* **~єю** consider sth a revolution (**називáти** + *A.* call sth; **ставáти** become)
р. + *v.* **відбувáтися** happen ◊ **У бібліотéчній систéмі відбувáється цифровá р.** A digital revolution is happening in the library system. **прохóдити** occur; **змíнювати** + *A.* change sth; **перетвóрювати** + *A.* transform sth ◊ **Феміністúчна р. перетворúла взаємини між стáтями.** The feminist revolution transformed the relationship between sexes.
prep. **р. в** + *L.* a revolution in sth ◊ **Вúбори стáли ~єю в національній полíтиці.** The election became a revolution in national politics.
Ant. **еволюція**

реґіóн, *m.*, **~у**
region, part of a country, area
adj. **велúкий** large, **величéзний** huge; **цíлий** entire ◊ **Пóвінь охопúла цíлий р.** The flood engulfed the entire region. **конкрéтний** specific, **особлúвий** special ◊ **Донбáс уважáли особлúвим ~ом.** The Donbas was considered to be a special region. **зáхідний** western, **півдéнний** southern, **півнíчний** northern; **приберéжний** coastal ◊ **Це дéрево трапля́ється у приберéжних ~ах.** This tree appears in the coastal regions. **прикордóнний** border, **примóрський** maritime, **центрáльний** central; **віддáлений** remote, **далéкий** far-flung; **ізольóваний** isolated; **навкóлишній** surrounding, **прилéглий** adjacent, **сусíдній** neighboring; **забýтий Бóгом** godforsaken, **маловідóмий** little-known, **недослíджений** unexplored; **географíчний** geographical, **геологíчний** geological, **економíчний** economic ◊ **У краї̈ні три економíчні ~и.** There are three economic regions in the country. **етнографíчний** ethnographic; **мíський** urban, **насéлений** populated, **промислóвий** industrial, **розвúнений** *or* **розвúнутий** developed, **сíльський** rural, **шахтáрський** mining; **винорóбний** wine-producing, **вýгільний** coal-mining, **нафтодобувнúй** oil-producing; **бíдний** poor, **депресúвний** depressed, **крúзовий** crisis-stricken ◊ **крúзовий р. із висóким безробíттям** a crisis-stricken region with high unemployment; **недорозвúнутий** *or* **недорозвúнений** underdeveloped; **неспокíйний** troubled; **багáтий** rich, **квітýчий** prosperous; **гíрський** mountainous, **екваторіяльний** equatorial, **поля́рний** polar, **степовúй** steppe, **субтропíчний** subtropical, **тропíчний** tropical; **карпáтський** Carpathian, **лісовúй** woodland ◊ **діялéкт, типóвий для лісовóго ~ну Україи́ни** the dialect typical of the woodland region of Ukraine; **пустéльний** desert; **причорномóрський** Black Sea, **середземномóрський** Mediterranian
v. + **р. вивчáти р.** study a region (**дослíджувати** explore; **відвíдувати** visit; **займáти** occupy ◊ **Степú займáють величéзний р. на пíвдні краї̈ни.** Steppes occupy a huge region in the south of the country. **населя́ти** populate ◊ **Традицíйно р. населя́ли грéки.** Traditionally Greeks populated the region. **окупувáти** occupy; **характеризувáти** characterize) ◊ **Р. характеризýє морськúй клíмат.** Maritime climate characterizes the region. **поділя́ти** + *A.* **на ~и** divide sth into regions ◊ **Краї̈ну поділя́ють на сім ~ів.** The nation is divided into seven regions. **виї̈жджáти з ~у** leave a region ◊ **Вонú вúїхали з неспокíйного ~у.** They left the troubled region. **обмéжуватися ~ом** be confined to a region ◊ **Ведмéдí обмéжуються полíським ~ом.** Bears are confined to the Polissia region. **жúти в ~і** live in a region (**бýти** *or* **перебувáти в** be in) ◊ **У схíдному ~і перебувáє три полкú піхóти.** There are three infantry regiments in the eastern region.
р. + *v.* **лежáти** lie, **бýти розташóваним** *or* **розташóвуватися** be located; **займáти** + *A.* occupy sth ◊ **Винорóбний р. займáє п'я́ту частúну óбласти.** The wine-making region occupies a fifth part of the province. **покривáти** + *A.* cover sth
prep. **з ~у** from a region; **по ~у** across a region, throughout a region ◊ **Сíра чáпля гніздúться по всьóму ~у.** The gray heron nests throughout the region. **у ~і** in a region; **у мéжах ~у** within a region;
Cf. **райóн**

реґіонáльн|ий, *adj.*
regional, of or pertaining to a region
р. + *n.* **р. вплив** a regional influence ◊ **Своб вимóву вонá поя́снює ~им впливом.** She attributes her pronunciation to the regional influence. (**діялéкт** dialect, **колорúт** flavor; **кóнкурс** competition, **конфлíкт** conflict; **пакт** pact; **пóділ** division; **рúнок** market); **~а елíта** a regional elite (**злочúнність** crime ◊ **Він не врахувáв ~ої злочúнности.** He did not factor in regional crime. **мáфія** mafia; **особлúвість** peculiarity; **полíтика** politics); **~е відрóдження** a regional revival (**середóвище** environment; **я́вище** phenomenon)
Also see **місцéвий**

реґлáмент, *m.*, **~у**
1 rules, regulations; procedure
adj. **загáльний** general, **офіцíйний** official, **парлáментський** parliamentary ◊ **Закóн прúйнято з порýшенням парлáментського ~у.** The law was passed in violation of the parliamentary regulations. **партíйний** party, **спеціяльний** special
See **прáвило**

2 time limit ◊ **Р. для промовця – двадцять хвилин, а для дискутанта – п'ять.** The time limit for a presenter is twenty minutes and for a discussant five.

реґулюванн|я, *nt., only sg.*
regulation, adjustment, control
adj. **автоматичне** automatic, **надмірне** excessive ◊ **Він хотів позбутися надмірного р. уряду.** He wanted to get rid of the excessive government regulation. **посилене** increased, **пряме** direct, **суворе** strict; **адміністративне** administrative, **урядове** government, **обов'язкове** mandatory; **антимонопольне** antitrust, **валютне** currency, **податкове** tax, **цінове** price
р. + *n.* **р. вуличного руху** traffic control; **р. імпорту** import regulation; **р. народжуваности** birth control; **р. цін** price control

реґулю|вати, ~ють; від~, *tran.*
to regulate, control, direct; *pf.* adjust, calibrate + *A.* and + *I.* ◊ **Він ~вав рух** *or* **рухом.** He directed the traffic.
adv. **автоматично** automatically, **адекватно** adequately, **активно** actively, **прямо** directly, **енергійно** vigorously, **ефективно** efficiently ◊ **Вона ефективно ~вала інвестиціями.** She efficiently regulated the investments. **належно** properly; **надмірно** excessively; **опосередковано** indirectly; **пильно** carefully, **ретельно** thoroughly, **суворо** strictly; **вміло** skillfully, **вправно** ably, **майстерно** masterfully, **точно** precisely; **кепсько** poorly, **неефективно** inefficiently
р. + *n.* **р. взаємодію** *and* **взаємодією** regulate interaction (**двигун** *or* **двигуном** engine, **економічну діяльність** economic activity, **життя** life, **роботу** work ◊ **Новий підрозділ ~є всім підприємством.** The new unit regulates the entire enterprise. **торгівлю** commerce; **рух** traffic; **висоту** altitude, **електричний струм** electric current, **тиск** pressure; **швидкість** speed) ◊ **Він ~вав швидкістю літака.** He regulated the airplane speed.
v. + **р. вміти** be able to ◊ **Наталя вміла майстерно р. роботу підрозділу.** Natalia was able to control the work of the division masterfully. **могти** can; **вчити** + *A.* teach sb to; **намагатися** try to ◊ **Вона намагалася від~ вікно.** She was trying to adjust the window.
pa. pple. **відреґульований** adjusted, calibrated
(від)реґулюй!

реґулярн|ий, *adj.*
1 regular, periodic, repeated
adv. **досить** fairly, **достатньо** sufficiently; **дуже** very; **все більше** increasingly more, **справді** truly; **суворо** strictly; **більш-менш** more or less, **майже** almost; **аж ніяк не** not at all
р. + *n.* **р. зв'язок** a regular connection ◊ **Вони мають р. зв'язок.** They have a regular connection. (**контакт** contact; **огляд** examination); **~а допомога** regular help (**зміна** shift; **основа** basis; **перевірка** checkup); **~е заняття** a regular class (**постачання** supply; **спостереження** observation; **харчування** nutrition); **~і зустрічі** regular meetings (**інтервали** intervals)
v. + **р. бути ~им** be regular (**здаватися** + *D.* seem to sb; **лишатися** remain; **ставати** become) ◊ **Перевірки даних стали ~ими.** The data verifications became regular.
Also see **періодичний, систематичний 2**
2 regular, conventional ◊ **р. бій** conventional combat; **~а армія** a regular army; **~і частини** regular detachments

редаґу|вати, ~ють; від~, *tran. and intr.*
to edit; be the editor of *(publication)*
adv. **критично** critically, **ретельно** thoroughly, **скрупульозно** scrupulously, **старанно** painstakingly; **професійно** professionally; **швидко** quickly ◊ **Вона ~є швидко і професійно.** She is a quick and professional editor. **кепсько** poorly, **недбало** carelessly, **погано** badly, **сяк-так** shoddily; **майже** almost ◊ **Книжку майже відредаґували.** They have almost finished editing the book. **насилу** barely; **багато років** for many years, **давно** for a long time, **довго** a long period of time ◊ **Рукопис довго ~вали** The manuscript took a long time to edit.
р. + *n.* **р. газету** edit a newspaper ◊ **Вона сім років ~вала газету.** She edited the paper for seven years. (**мережеву сторінку** Web page, **журнал** magazine, **публікацію** publication; **книжку** book, **переклад** translation, **роман** novel, **рукопис** manuscript, **статтю** article, **текст** text)
v. + **р. вміти** be able to; **могти** can; **просити** + *A.* ask sb to; **братися** set about ◊ **Ірина взялася р. складний текст.** Iryna set about editing a complicated text. **починати** begin to; **закінчувати** finish; **погоджуватися** agree to; **відмовлятися** refuse to ◊ **Влас відмовився р. її переклад.** Vlas refused to edit her translation.
pa. pple. **відредаґований** edited
(від)редаґуй!
Also see **виправляти 1**

редактор, *m.*, **~а; ~ка**, *f.*
editor *(of newspaper)*; copyeditor, corrector
adj. **вільнонайманий** freelance; **виконавчий** executive, ♦ **головний р.** an editor-in-chief, **загальний** general, **старший** senior; **запрошений** guest; ♦ **кінoредактор** film editor, **книжковий** book; **економічний** economic, **культурний** cultural, **літературний** literary, **медичний** medical, **мережевий** Web, **мистецький** art, **музичний** music, **політичний** political, **спортивний** sport, **театральний** theater, ♦ **фоторедактор** a picture editor; **програмний** program; ♦ **шеф-р.** editor-in-chief
n. + **р. заступник ~а** a deputy editor; **помічник ~а** an assistant editor; **лист до ~а** a letter to the editor
р. + *n.* **р. газети** a newspaper editor (**журналу** *and* **часопису** journal ◊ **р. престижного часопису** a prestigious journal editor; **обіжника** newsletter; **моди** fashion, **сторінки** page, **новин** news, **світлин** *or* **фотографій** photo), ♦ **р.-засновник** a founding editor
See **фахівець, письменник**

редакційн|а, *f.*, **~ої**
editorial *(article)*
adj. **велика** large, **розлога** lengthy; **коротка** short; **анонімна** anonymous, **непідписана** unsigned; **наступна** next, **попередня** previous
v. + **р. писати ~у** write an editorial (**подавати** run ◊ **Її ~у подали в недільному числі газети.** Her editorial was run in the paper's Sunday issue. **публікувати** publish)
prep. **в ~ій** in an editorial ◊ **Про це вона напише в наступній ~ій.** She will write about it in her next editorial. **р. про** + *A.* an editorial on sth ◊ **р. про вибори** an editorial on the election
See **стаття 1.** *Also see* **замітка 1, кореспонденція 2, матеріял 3, репортаж**

редакційн|ий, *adj.*
editorial, of or pertaining to editing
р. + *n.* **р. аналіз** an editorial analysis (**відділ** department, **менеджмент** management, **підхід** approach, **статут** regulations); **~а етика** editorial ethic (**колеґія** board, **колонка** column, **незалежність** independence, **політика** policy, **стаття** article); **~е завдання** an editorial assignment (**посвідчення** ID, **рішення** decision, **роз'яснення** clarification)

редакці|я, *f.*, **~ї**
1 redaction, edit; wording, version *(of text, etc.)*
adj. **готова** ready ◊ **Вона поклала на стіл готову ~ю матеріялу.** She put the ready edit of the story on the table. **перша** first, **початкова** initial, **наступна** subsequent, **остання** last, **остаточна** ultimate; **вдала** apt, **вміла** skillful, **професійна** professional, **хороша** good; **кепська** poor, **невдала** awkward, **недбала** negligent ◊ **Через недбалу ~ю промови мало не вибухнув скандал.** A scandal all but erupted because of the negligent redaction of the speech. **незґрабна** clumsy; **авторська** author's, **адаптована** abridged, **альтернативна** alternative, **змінена** altered, **нова** new; **скорочена** shortened
prep. **в ~ї** in an edit ◊ **Стаття вийде в авторській ~ї.** The article will appear in its author's version.
2 editing *(a magazine)*, editorship ◊ **Орися відповідала за ~ю політичної частини видання.** Orysia was in charge of editing the publication's political part.
prep. **за** *or* **під ~єю** + *G.* under the editorship of sb ◊ **Мережева сторінка виходить за його ~єю.** The Web page has been appearing under his editorship.
3 editorial office
adj. **колишня** former, **стара** old ◊ **На першому поверсі – стара р. газети.** The newspaper's old editorial office is on the first floor. **нова** new, **теперішня** current ◊ **Теперішня р. розташована на Львівській площі.** The current editorial office is located on the Lvivska square.
See **будинок, приміщення**
4 *coll.* editorial staff, editorial board
р. + *n.* **р. газети** a newspaper editorial board (**журналу** *and* **часопису** magazine, **програми** program, **телеканалу** television channel, **обіжника** newsletter) ◊ **Р. обіжника зараз же подала її статтю.** The newsletter editorial board ran her article right away.
Also see **редколеґія**

редколеґі|я, *f.*, **~ї**
editorial board ◊ **член ~ї** an editorial board member
v. + **р. обирати ~ю** elect an editorial board ◊ **~ю газети обирали на партійному з'їзді.** The newspaper editorial board was elected at the party convention. (**підбирати** select; **призначати** appoint; **звільняти** fire) ◊ **Власник звільнив ~ю журналу.** The owner fired the magazine editorial board.
р. + *v.* **вирішувати** + *A.* decide sth; **збиратися** gather; **складатися з** comprise sb ◊ **Р. інтернет-сайту складалася з трьох редакторів.** The Internet site editorial board comprised three editors.
See **редакція 4**

реєстраці|я, *f.*, **~ї**
registration, recording
adj. **безплатна** *or* **безкоштовна** free; **платна** paid; **повна** complete; **обов'язкова** mandatory; **офіційна** official, **формальна** formal; **завчасна** advance, **попередня** preliminary
р. + *n.* **р. автомобіля** a car registration (**власника** owner, **дитини** child; **землі** land; **мешканця** resident; **нерухомости** real estate; **покупки** purchase; **народження** birth, **смерти** death, **шлюбу** marriage; **назви домену** domain name; **партії** party)
n.+ **р. вимога ~ї** a registration requirement ◊ **Вони виконали вимоги ~ї.** They fulfilled the registration requirements. (**період** period, **порядок** order, **процедура** procedure, **процес** process; **реченець** *or* **термін** deadline; **система** system, **список** list); **заява** *or* **подання на ~ю** a registration application; **посвідка про ~ю** a registration certificate
v. + **р. діставати ~ю** obtain a registration ◊ **Він дістав ~ю землі без хабара.** He obtained his land registration without a bribe. (**отримувати** receive; **надавати** grant; **приймати** accept; **проводити** conduct ◊ **Вони проводять ~ю**

бі́женців. They conduct the refugees registration. **поно́влювати** renew; **скасо́вувати** cancel; **зверта́тися по** apply for, **подава́тися на** file for) ◊ **Він пода́вся на ~ю доме́ну.** He filed for the domain registration. **вимага́ти ~ї** demand registration ◊ **Участь у симпо́зіумі вимага́ла завча́сної ~ї.** Participation in the symposium required an advance registration. (**домага́тися** seek; **потребува́ти** require); **відмовля́ти в ~ї** deny sb registration ◊ **Їм відмо́вили в ~ї.** They were denied registration.

prep. **р. на** + *A.* a registration for *(an event)* ◊ **р. на курс істо́рії** a registration for a history course; **р. на лі́нії** an online registration; **р. на мі́сці** an on-site registration

реєстру|ва́ти, **~ють; за~**, *tran.*
to register, record

adv. **автомати́чно** automatically, **безпла́тно** *or* **безкошто́вно** free of charge; **нале́жним чи́ном** properly ◊ **Його́ зареєструва́ли нале́жним чи́ном.** He was properly registered. **офіці́йно** officially, **форма́льно** formally, **обов'язко́во** by all means; **вже** already, **наре́шті** finally ◊ **Їх наре́шті зареєструва́ли.** They were finally registered. **за́раз же** right away, **нега́йно** immediately, **операти́вно** promptly, **шви́дко** quickly; **завча́сно** in advance, **попере́дньо** provisionally; **перш за все** first of all, **споча́тку** first; **на лі́нії** online ◊ **Крамни́ця ~є на лі́нії ко́жну поку́пку.** The store registers every purchase online. **на мі́сці** on-site

v. + **р. бу́ти необхі́дним** be required to ◊ **Її необхі́дно нега́йно за~.** It is required to register her immediately. **бу́ти пови́нним** must; **бу́ти тре́ба** need to ◊ **Тре́ба бу́де за~ Лари́су завча́сно.** Larysa will need to be registered in advance. **відмовля́тися** refuse to ◊ **Вона́ відмо́вилася р. діте́й.** She refused to register the kids. **намага́тися** attempt to, **хоті́ти** want to

prep. **р. в** + *L.* register at *(institution)* ◊ **Левчука́ зареєструва́ли в адміні́страції.** They registered Levchuk at the administration. **р. на** + *A.* register for *(an event)* ◊ **Їх за~ на заня́ття йо́ґи.** They were registered for yoga classes. ◊ **Уча́сників фо́руму ~ють на мі́сці.** The forum participants are registered on-site. **р. як** + *N.* register as sb ◊ **Її зареєструва́ли як безробі́тну.** She was registered as unemployed.

pa. pple. **зареєстро́ваний** registered
(за)реєстру́й!

реєстру|ва́тися; за~, *intr.*
1 to register, get registered ◊ **Мики́та зареєструва́вся на осі́нній семе́стр.** Mykyta registered for the fall semester.

v. + **р. бу́ти необхі́дно** + *D.* be required to ◊ **Вам необхі́дно за~.** You are required to register. **бу́ти тре́ба** + *D.* need to; **вимага́ти** require ◊ **Вони́ вимага́ють, щоб ко́жен гість зареєструва́вся.** They require that every guest register. **могти́** can; **пропонува́ти** + *D.* offer sb to, **проси́ти** + *A.* ask sb to; **встига́ти** have the time to ◊ **Вона́ ле́две всти́гла за~.** She barely had the time to register. **відмовля́тися** refuse to ◊ **Він відмо́вився р.** He refused to register.

See **реєструва́ти**

2 *only impf., pass.* to be recorded, be registered ◊ **Уся інформа́ція ~ється у спеція́льній ба́зі да́них.** All information is recorded in a special database.

See **реєструва́ти**

3 *colloq.* to get married ◊ **Вони зареєструва́лися без весі́лля.** They got married without a wedding.

See **одру́жуватися.** *Also see* **бра́тися 4, розпи́суватися 3**

режи́м, *m.*, **~у**
1 regime *(system of government)*

adj. **військо́вий** military, **економі́чний** economic, **політи́чний** political; **нови́й** new, **стари́й** old; **встано́влений** established, **ни́нішній** current, **пра́влячий** ruling, **тепе́рішній** present, **чи́нний** existing; **коли́шній** former, **попере́дній** previous ◊ **Ни́нішній економі́чний р. ма́ло чим відрізня́ється від попере́днього.** The current economic regime differs little from the previous one. **пова́лений** toppled; **автократи́чний** autocratic, **авторита́рний** authoritarian, **деспоти́чний** despotic, **дикта́торський** dictatorial, **комуністи́чний** communist, **недемократи́чний** undemocratic, **сове́тський** Soviet, **тирані́чний** tyrannical, **таталіта́рний** totalitarian, **фундаменталі́стський** fundamentalist; **брута́льний** brutal, **жорсто́кий** cruel, **злочи́нний** criminal, **крива́вий** bloody, **оліга́рхі́чний** oligarchic ◊ **Олігархі́чний р. на́скрізь прося́кнутий кору́пцією.** The oligarchic regime is permeated throughout with corruption. **скорумпо́ваний** corrupt; **гноби́тельський** oppressive, **репреси́вний** repressive, **терористи́чний** terrorist; **ліберальний** liberal, **консервати́вний** conservative, **радика́льний** radical; **демократи́чний** democratic, **соціалісти́чний** socialist; **воро́жий** hostile, **кремлі́вський** Kremlin, **нацистський** Nazi, **націоналісти́чний** nationalist, **фаши́стський** fascist, **ца́рський** tsarist, **шовіністи́чний** jingoistic; **конституці́йний** constitutional, **парла́ментський** parliamentary; **революці́йний** revolutionary; **колонія́льний** colonial; **сві́тський** secular, **теократи́чний** theocratic; **маріоне́тковий** puppet ◊ **Паді́ння маріоне́ткового ~у ста́ло несподі́ванкою.** The downfall of the puppet regime was a surprise.

n. + **р. змі́на ~у** a regime change; **слуга́ ~у** a servant of the regime ◊ **Наро́д вимага́в люстра́ції слуг коли́шнього ~у.** The people demanded lustration of the servants of the former regime.

v. + **р. встано́влювати р.** establish a regime ◊ **Він хоті́в установи́ти авторита́рний р.** He wanted to establish an authoritarian regime. (**ство́рювати** create; **змі́цнювати** strengthen, **консолідува́ти** consolidate ◊ **Рефо́рми консолідува́ли демократи́чний р.** The reforms consolidated the democratic regime. **підтри́мувати** support; **дестабілізува́ти** destabilize, **критикува́ти** criticize, **підрива́ти** undermine; **зни́щувати** destroy, **ліквідо́вувати** eliminate, **скида́ти** overthrow; **заміня́ти** replace, **змі́нювати** change, **модернізува́ти** modernize ◊ **Цей р. не мо́жна модернізува́ти.** This regime is beyond modernizing. **очо́лювати** head); **виступа́ти про́ти ~у** *only impf.* oppose a regime; *both impf. and pf.* speak against a regime ◊ **Вона́ виступа́ла про́ти ~у.** She opposed the regime. **завдава́ти пора́зки ~ові** defeat a regime (**ки́дати ви́клик** challenge); **боро́тися з ~ом** fight a regime (**співпрацюва́ти з** collaborate with) ◊ **Вони́ відмо́вилися співпрацюва́ти зі злочи́нним ~ом.** They refused to collaborate with the criminal regime.

р. + *v.* **захо́плювати вла́ду** seize power, **прихо́дити до вла́ди** come to power; **постава́ти** emerge; **існува́ти** exist; **пра́вити** rule ◊ **У краї́ні незмі́нно пра́вив кри́птосове́тський р.** A crypto-Soviet regime invariably ruled in the country. **управля́ти** govern; **занепада́ти** decline, **розва́люватися** collapse; **розв'я́зувати війну́ про́ти** + *G.* unleash a war against sb ◊ **Шовіністи́чний р. розв'яза́в війну́ про́ти незале́жної краї́ни.** The jingoistic regime unleashed a war against an independent country. **станови́ти загро́зу** pose a threat ◊ **Р. Пу́тіна станови́в загро́зу ці́лому реґіо́нові.** The Putin regime posed a threat to the entire region.

prep. **за ~у** under a regime ◊ **За соціалісти́чного ~у Венесуе́ла перетвори́лася на економі́чну ру́їну.** Under the socialist regime, Venezuela turned into an economic ruin. **під ~ом** under a regime ◊ **Під сове́тським ~ом неросія́ни зазнава́ли подві́йного гно́блення.** Under the Soviet regime, non-Russians suffered double-oppression. **про́ти ~у** against a regime

2 regime *(set of rules)*; *med.* regimen

adj. **м'яки́й** mild, **ліберальний** liberal, **посла́блений** relaxed; **жорстки́й** harsh, **суво́рий** strict; **нови́й** new, **особли́вий** special; **валю́тний** currency, **економі́чний** economic, **інвестиці́йний** investment, **податко́вий** tax, **торго́вий** trading, **фіна́нсовий** financial; **діє́тичний** dietary, **лікува́льний** treatment, **медикаменто́зний** drug, **реабіліта́ці́йний** rehabilitation; **тренува́льний** training; ♦ **безвізо́вий р.** a visa-free regime ◊ **Гру́зія ма́є безвізо́вий р. із Европе́йським Сою́зом.** Georgia has a visa-free regime with the European Union. ♦ **безми́тний р.** a duty-free treatment ◊ **Між двома́ краї́нами введе́но безми́тний р.** A duty-free treatment was introduced between the two countries.

р. + *n.* **р. безпе́ки** a security regime (**еконо́мії** austerity, **непоши́рення** non-proliferation, **са́нкцій** sanctions, **торго́вого емба́рґа** trade embargo); ♦ **р. найбі́льшого спрія́ння** a most favored nation treatment

v. + **р. вво́дити р.** introduce a regime (**впрова́джувати** impose ◊ **Уряд упрова́див р. еконо́мії.** The government imposed an austerity regime. **почина́ти** start; **припи́сувати** + *D.* prescribe sb; **поси́лювати** boost, **поши́рювати** extend; **підрива́ти** undermine ◊ **Така́ діє́та підрива́ла припи́саний хво́рому лікува́льний р.** Such a diet undermined the treatment regimen prescribed for the patient. **посла́блювати** loosen ◊ **Він посла́бив тренува́льний р.** He loosened his training regime. **ство́рювати** create; **перехо́дити на** switch to); **дотри́муватися ~у** abide by a regime ◊ **Украї́на дотри́мується ~у непоши́рення я́дерної збро́ї.** Ukraine abides by the nuclear non-proliferation regime. **засно́вуватися** + *A.* **на ~і** be based on a regime ◊ **Її реабіліта́ція засно́вувалася на пе́вному медикаменто́зному ~і.** Her rehabilitation was based on a certain drug regimen.

prep. **за ~ом** under a regime ◊ **Комп'ю́тери заборо́нено продава́ти за ~ом са́нкцій.** Computers are prohibited for sale under the sanctions regime.

3 *techn.* mode, operating conditions, behavior

adj. **аварі́йний** emergency, **автоно́мний** autonomous, **робо́чий** operating, **ручни́й** manual, **холости́й** idling; **адеква́тний** adequate, **відпові́дний** respective, **нале́жний** proper, **оптима́льний** optimal, **потрі́бний** requisite

v. + **р. забезпе́чувати р.** maintain a mode ◊ **Він забезпе́чує оптима́льний р. робо́ти.** He maintains the optimal operating mode. (**зберіга́ти** sustain, **перебива́ти** interrupt, **пору́шувати** break); **дотри́муватися ~у** comply with a mode; **працюва́ти в ~і** operate in a mode ◊ **Двигу́н працю́є в холосто́му ~і.** The engine is operating in an idling mode.

4 schedule, timetable, routine ◊ **Над сто́лом ви́сі́в р. дня.** The daily schedule hung above the desk.

See **ро́зклад 1.** *Also see* **гра́фік[1] 2**

режисе́р, *m.*, **~а; ~ка**, *f.*
director *(in film, theater)*; stage director

adj. **головни́й** chief, **музи́чний** music, **тво́рчий** creative, **худо́жній** artistic; ♦ **кінорежисе́р** a film director, **театра́льний** theater ◊ **Театра́льний р. ви́явився норве́жцем.** The theater director turned out to be Norwegian. **важли́вий** important, **ви́знаний** recognized, **відо́мий** well-known, **генія́льний** brilliant ◊ **Лесь Ку́рбас був генія́льним театра́льним ~ом.** Les Kurbas was a brilliant theater director. **славе́тний** famous; **молоди́й** young, **оригіна́льний** innovative, **талanови́тий** talented, **ціка́вий** interesting; **америка́нський** American, **боліву́дський** Bollywood, **голіву́дський** Hollywood, **nолівудський** Nollywood; **украї́нський** Ukrainian, **націона́льний** national; **зденаціоналізо́ваний** denationalized, **зросі́йщений** Russified, **сове́тський** Soviet

р. + *n.* **р.-документалі́ст** a documentary film director; **р.-кла́сик** a classic director ◊ **Його́ вважа́ють одни́м із найважливі́ших режисе́рів-кла́сиків світово́го кіна́.** He is considered to be one of the most important classic directors of world film. **р.-мультиплика́тор** an animation film director, **р.-нова́тор** an innovative director, **р.-постано́вник** a film director, *etc.*; **р. фі́льму** a film director ◊ **Карти́на – його́ дебю́т як ~а худо́жніх фі́льмів.** The movie is his debut as a feature film director.

n. + **р. на́мір ~а** director's intention; **помічни́к ~а** an assistant director; **призна́чення ~ом** an appointment as director

See **спеціялі́ст**

резе́рв, *m.*, **~у**

1 reserve, stock, pool; *often pl.*

adj. **аварі́йний** emergency; **безме́жний** limitless, **вели́кий** large, **величе́зний** huge, **значни́й** significant, **неаби́який** uncommon, **невиче́рпний** inexhaustible, **необме́жений** unlimited, **суттє́вий** substantial; **відпові́дний** adequate; **вну́трішній** internal, **додатко́вий** additional; **доста́тній** sufficient, **нале́жний** proper; **необхі́дний** necessary, **обов'язко́вий** obligatory; **жалюгі́дний** pathetic, **мали́й** small, **невели́кий** little; **на́явний** available, **ни́нішній** current, **тепе́рішній** present; **відо́мий** known; **відкри́тий** discovered, **знайде́ний** found; **розві́даний** explored; **нерозві́даний** unexplored ◊ **нерозві́дані ~и ма́рганцю** unexplored manganese reserves; **недото́рканий** untouchable; **нече́паний** untapped; **прихо́ваний** hidden; **міжнаро́дний** international, **націона́льний** national, **стратегі́чний** strategic; **валю́тний** currency, **готівко́вий** cash ◊ **Вона́ ма́є недото́рканий готівко́вий р.** She had an untouchable cash reserve. **до́ларовий** dollar, ♦ **євроре́зерв** a euro reserve, **золоти́й** gold, **фіна́нсовий** financial; **людськи́й** human, **трудови́й** labor; **бензи́новий** petroleum, **ву́гільний** coal, **га́зовий** gas, **енергети́чний** energy, **на́фтовий** oil, **па́ливний** fuel; **харчови́й** food

р. + *n.* **р. води́** a water reserve (**ву́гілля** coal, **збі́жжя** *or* **зерна́** grain, **зо́лота** gold, **ї́жі** food; **ки́сню** oxygen; **бензи́ну** petroleum, **пально́го** fuel)

v. + **р. використо́вувати р.** use a reserve ◊ **Він використо́вує ~и з офшо́рних ба́нків.** He uses the reserves from offshore banks. (**ма́ти** have, **накопи́чувати** accumulate ◊ **Фе́рмери накопи́чили доста́тні ~и збі́жжя.** Farmers accumulated sufficient grain reserves. **ство́рювати** create ◊ **Міська вла́да створю́є аварі́йний р. ї́жі.** The city authorities are creating emergency food reserves. **висна́жувати** deplete, **витрача́ти** spend, **вичéрпувати** exhaust) ◊ **Вони́ ви́черпали р. питно́ї води́.** They exhausted their potable water reserve. **володі́ти ~ом** possess a reserve (**диспонува́ти** *form.* have, **забезпе́чувати** + *A.* supply sb with; **користува́тися** use)

р. + *v.* **бу́ти в на́явності в** + *G.* be available for sb, have ◊ **В у́ряду в на́явності р. пально́го.** The government has a fuel reserve available. **існува́ти** exist; **зме́ншуватися** decrease, **зроста́ти** grow ◊ **З ко́жним днем ~и ву́гілля зроста́ють.** The coal reserves grow by the day.

prep. **в ~і** in reserve ◊ **Фі́рма ма́є сім вантажі́вок у ~і.** The firm has seven trucks in reserve.

Also see **запа́с 1, ресу́рс 1**

2 *fig.* potential, capabilities, capacity ◊ **Він ви́явив могу́тні ~и людсько́ї ініціяти́ви.** He revealed powerful capacities of human initiative.

See **потенція́л 1**

3 *mil.* reserve

adj. **армі́йський** army, **військо́во-морськи́й** navy, **військо́во-повітря́ний** air force, **доброво́льчий** volunteer, **піхо́тний** infantry, **та́нковий** tank; **до́бре на́вчений** well-trained, **ви́пробуваний** tested, **загарто́ваний у бою́** battle-hardened; **ви́школений** *or* **на́вчений** trained; **нена́вчений** untrained

v. + **р. мобілізува́ти р.** mobilize a reserve (**розгорта́ти** deploy ◊ **Для проти́дії найманця́м розго́рнуто ви́пробуваний р.** A tested reserve was deployed to counteract the mercenaries. **перево́дити** + *A.* **в** transfer sb/sth into); **бу́ти в ~і** be in reserve (**лиша́тися в** remain in; **трима́ти** + *A.* **в** hold sb/sth in)

Also see **запа́с 2**

резе́рвн|ий, *adj.*

reserve, of or pertaining to reserve; backup

р. + *n.* **р. батальйо́н** a reserve batallion ◊ **Бій ви́грали ~і батальйо́ни.** The battle was won by the reserve batallions. (**раху́нок** account, **фонд** fund); **~а ко́пія** a backup copy (**одини́ця** unit); **~е ві́йсько** reserve troops; **~і акти́ви** reserve assets (**ресу́рси** resources, **си́ли** forces)

Also see **запасни́й 1**

резолю́ці|я, *f.*, **~ї**

resolution, decision

adj. **запропоно́вана** proposed; **звича́йна** ordinary; **компромі́сна** compromise; **односта́йна** unanimous, **спеція́льна** special; **спі́льна** joint; **терміно́ва** emergency; **форма́льна** formal; **необов'язко́ва до викона́ння** non-binding; **бюдже́тна** budget; **парла́ментська** parliamentary

р. + *n.* **р. асамбле́ї** an assembly resolution (**збо́рів** *and* **мі́тингу** meeting, **з'ї́зду** convention, **Конґре́су США** US Congress, **парла́менту** parliament, **Ра́ди Безпе́ки ООН** UN Security Council, **Організа́ції Об'є́днаних На́цій** United Nations)

n. + **р. викона́ння ~ї** the implementation of resolution (**підтри́мка** support, **прийня́ття** *and* **ухва́ла** adoption, **схва́лення** endorsement); **проє́кт ~ї** a draft resolution

v. + **р. готува́ти ~ю** prepare a resolution (**накида́ти** draft, **писа́ти** write ◊ **Вона́ написа́ла бюдже́тну ~ю.** She wrote a budget resolution. **пропонува́ти** + *D.* propose to sb, **подава́ти** put forward, **презентува́ти** + *D.* present to sb; **підтри́мувати** support, **пого́джуватися на** agree to ◊ **Оби́дві фра́кції пого́дилися на спі́льну ~ю.** Both factions agreed to a joint resolution. **спонсорува́ти** sponsor; **прийма́ти** adopt, **схва́лювати** approve ◊ **Ра́да схвали́ла ~ю, що забороня́є про́даж алкого́лю.** The council approved the resolution banning alcohol sales. **голосува́ти за** vote for; **вико́нувати** carry out, **вті́лювати** implement; **блокува́ти** block, **ветува́ти** veto, **відкида́ти** reject) ◊ **Бі́льшість відки́нула ~ю.** The majority rejected the resolution.

р. + *v.* **бу́ти спрямо́ваною на** + *A.* be aimed at sth ◊ **Р. спрямо́вана на те, щоб денонсува́ти до́говір.** The resolution was aimed at the treaty abrogation. **вимага́ти** + *A.* demand sth ◊ **Р. вимага́є фінансува́ти шко́лу.** The resolution demands to finance the school. **заклика́ти до** + *G.* call for sth; **передбача́ти** + *A.* provide for sth; **оголо́шувати** + *A.* announce sth ◊ **Р. оголоси́ла амне́стію.** The resolution announced an amnesty. **підтве́рджувати** + *A.* confirm sth, **стве́рджувати** + *A.* state sth; **підтри́мувати** + *A.* support sth, **схва́лювати** + *A.* approve sth, **уповнова́жувати** + *A.* authorize sb

prep. **(за) ~єю** under a resolution ◊ **озбро́єння, передба́чені ~єю** the weapons provided for under the resolution; **р. щодо** + *G.* a resolution on sth ◊ **р. що́до за́ходів допомо́ги бі́женцям** the resolution on measures to help the refugees

See **рі́шення 1.** *Also see* **постано́ва**

резона́нс, *m.*, **~у**

1 *phys.* resonance ◊ **Коли́ колива́ння досяга́ють найбі́льшої амплі́туди, виника́є р.** When oscillations reach the maximum amplitude, resonance occurs.

2 *phys.* acoustics

adj. **винятко́вий** exceptional ◊ **Це́рква сла́виться винятко́вим ~ом.** The church is famous for its exceptional acoustics. **глибо́кий** profound, **гучни́й** loud, **доскона́лий** perfect, **неперевéршений** unsurpassed, **поту́жний** powerful, **си́льний** strong, **чудо́вий** superb

v. + **р. забезпе́чувати** + *D.* **р.** secure sth with acoustics ◊ **Про́ста техноло́гія забезпе́чувала собо́рові чудо́вий р.** The simple technology provided the cathedral with superb acoustics. (**ма́ти** have, **покра́щувати** improve); **досяга́ти ~у** attain acoustics ◊ **Будіве́льникам удало́ся досягну́ти до́брого ~у.** The builders managed to attain good acoustics.

3 *fig.* resonance, reverberations, reaction

adj. **вели́кий** great, **величе́зний** enormous, **го́стрий** sharp, **ґрандіо́зний** grandious, **значни́й** significant, **надзвича́йний** extraordinary, **неаби́який** uncommon, **незвича́йний** unusual, **неоднозна́чний** mixed, **нечу́ваний** unheard-of, **помі́тний** perceivable, **трива́лий** lasting, **широ́кий** broad; **мізе́рний** negligible, **мініма́льний** minimal, **непомі́тний** unnoticeable; **грома́дський** public ◊ **Він спусто́шений мізе́рним грома́дським ~ом своє́ї статті́.** He is devastated by the negligible public resonance of his article. **емоці́йний** emotional, **політи́чний** political; **всесві́тній** world, **націона́льний** national

v. + **р. виклика́ти р.** cause reverberations ◊ **Зая́ва ви́кликала р. у політи́чних ко́лах.** The statement caused reverberations in the political circles. (**діста́вати** get, **отри́мувати** receive; **знахо́дити** meet with ◊ **П'є́са знайшла́ неоднозна́чний р. у кри́тиків.** The play met with a mixed reaction from critics. **ма́ти** have, **провокува́ти** provoke; **оці́нювати** gauge)

prep. **р. в** *or* **се́ред** + *G.* a resonance among sb ◊ **Смерть акто́рки ма́ло широ́кий р. у прихи́льників.** The actress' death had a wide resonance among her fans.

Also see **реа́кція**

результа́т, *m.*, **~у**

result, outcome, effect; *often pl.*

adj. **ба́жаний** desirable, **до́брий** good, **задові́льний** satisfactory, **непога́ний** fair, **обнаді́йливий** encouraging, **позити́вний** positive, **прийня́тний** acceptable, **присто́йний** decent, **сприя́тливий** favorable; **блиску́чий** brilliant, **визначни́й** outstanding, **винятко́вий** exceptional, **висо́кий** high, **завидни́й** enviable, **знамени́тий** *colloq.* superb, **найкра́щий** best ◊ **Із фі́льтром ви ма́тимете найкра́щий р.** You will have the best result with the filter. **неймові́рний** incredible, **неперевéршений** unrivaled, **реко́рдний** record-breaking ◊ **Її р. ви́явився реко́рдним.** Her result proved to be record-breaking. **хоро́ший** fine; **очі́куваний** anticipated, **передба́чений** foretold, **передба́чуваний** predictable; **несподі́ваний** unexpected; **жалюгі́дний** pathetic, **жахли́вий** horrible, **катастрофі́чний** catastrophic, **ке́пський** poor, **мізе́рний** negligible, **невті́шний** disappointing, **нефорту́нний** unfortunate, **низьки́й** low, **неґати́вний** negative ◊ **Ще оди́н неґати́вний р., і їй доведе́ться шука́ти нову́ робо́ту.** Another negative result, and she will have to look for a new job. **пога́ний** bad, **приголо́мшливий** shocking, **при́крий** unfortunate; **неоднозна́чний** mixed, **посере́дній** mediocre, **таки́й собі́** *colloq.* so-so; **прями́й** direct; **непрями́й** indirect; **докла́дний** exact, **то́чний** accurate, **чи́стий** net; **довготерміно́вий** long-term; **короткотерміно́вий** short-term; **зага́льний** overall ◊ **Зага́льні ~и переві́рки були́ приголо́мшливими.** The overall inspection results were shocking. **кінце́вий** final, **остато́чний** ultimate, **прикінце́вий** end; **проміжко́вий** interim ◊ **Ме́неджер вважа́є проміжко́ві ~и робо́ти обнаді́йливими.** The manager considers the interim results of the operation to be encouraging.

закономі́рний logical; неуни́кний inevitable
р. + *n.* **р. ана́лізу** the analysis result ◊ **Остато́чні ~и ана́лізу ні́чого не проя́снювали.** The ultimate analysis results did not clarify anything. (**переві́рки** inspection, **реві́зії** audit; **пе́ршого кварта́лу** first quarter, **весня́ного семе́стру** spring semester; **по́шуку** search; **розсте́ження** investigation)
v. + **р. дава́ти р.** yield a result ◊ **Радіотерапі́я дала́ знамени́тий р.** The radiotherapy yielded a superb result. (**забезпе́чувати** provide ◊ **Алгори́тм забезпе́чує сприя́тливий р.** The algorithm provides a favorable result. **діста́вати** get, **здобува́ти** obtain, **отри́мувати** receive; **оголо́шувати** announce ◊ **~и ко́нкурсу оголо́сять у п'я́тницю.** The competition results will be announced on Friday. **оприлю́днювати** post, **повідомля́ти** report, **публікува́ти** publish; **очі́кувати** expect, **планува́ти** plan; **переві́ряти** verify, **підтве́рджувати** confirm; **відкида́ти** reject, **запере́чувати** deny, **спросто́вувати** refute ◊ **Її р. тя́жко спростува́ти.** Her result is hard to refute. **ста́вити під су́мнів** question; **передбача́ти** predict ◊ **Економі́ст передба́чив катастрофі́чний р.** The economist predicted a catastrophic result. **прогнозува́ти** forecast); **досяга́ти ~у** achieve a result; **сумніва́тися в ~і** doubt a result ◊ **Аналі́тики серйо́зно сумніва́ються в ~ах оста́ннього о́питу грома́дської ду́мки.** The analysts seriously doubt the latest public opinion poll results.
р. + *v.* **обнаді́ювати** + *A.* be encouraging to sb ◊ **~и лікува́ння обнаді́ювали їх.** The treatment results were encouraging to them. **вража́ти** + *A.* astound sb, **приголо́мшувати** + *A.* shock sb; **дово́дити** + *A.* prove sth, **підтве́рджувати** + *A.* confirm sth ◊ **~и ана́лізу кро́ви підтве́рджують найгі́рші побо́ювання.** The blood test results confirm the worst fears.
prep. **у ~і** + *G.* as a result of sth, as a consequence of sth ◊ **У ~і ви́буху заги́нуло три гірники́.** As a result of the explosion, three miners perished.
Also see **на́слідок, пі́дсумок 2, показни́к 2, проду́кт 2**

рейс, *m.*, **~у**
1 *nonequiv.* flight, bus, train, boat; *mil.* sortie, raid, mission
adj. **авто́бусний** bus, **пові́тря́ний** air, *usu* **авіяре́йс, залізни́чний** train; **комерці́йний** commercial; **пасажи́рський** passenger, **вантá́жний** *or* **тра́нспортний** cargo; **деше́вий** cheap, **економі́чний** budget; **зру́чний** convenient, **підхо́жий** suitable, **прийня́тний** acceptable; **реґуля́рний** regular; **щоде́нний** daily, **щотижне́вий** weekly; **додатко́вий** additional; **дале́кий** distant; **до́вгий** long, **трива́лий** lengthy; **двогоди́нний** two-hour, **тригоди́нний** three-hour, **дев'ятигоди́нний** nine-hour ◊ **дев'ятигоди́нний прями́й р. до Нью-Йо́рку** a nine-hour direct flight *(bus, trip, etc.)* to New York; **коро́ткий** short; **ранко́вий** morning ◊ **Він ї́де ранко́вим ~ом.** He is taking a morning flight *(bus, train, boat)*; **вечі́рній** evening, **де́нний** day, **нічни́й** night, **пополудне́вий** afternoon; **відкла́дений** delayed, **скасо́ваний** cancelled, **спі́знений** belated, **зворо́тний** return; **прями́й** *or* **безпоса́дковий** direct; **ча́ртерний** charter; **військо́вий** military
v. + **р. вибира́ти р.** chose a flight ◊ **Яри́на не зна́ла, яки́й р. ви́брати.** Yaryna did not know which flight to chose. (**знахо́дити** find ◊ **Гриць знайшо́в підхо́жий р.** Hryts found a suitable flight. **шука́ти** look for; **відклада́ти** delay, **скасо́вувати** cancel; **додава́ти** add ◊ **В оста́нню хвили́ну додали́ ще два ~и на Ки́їв.** At the last moment, two more flights to Kyiv were added. **сіда́ти на** take) ◊ **Вона́ сі́ла на вечі́рній р.** She took an evening flight.
prep. **р. до** + *G.* a flight, *etc.* to *(destination)* ◊ **р. до Пра́ги** a flight to Prague; **р. на** + *A.* a flight to *(city)* ◊ **р. на Варша́ву** a flight to Warsaw
Cf. **полі́т**
2 trip, journey, run
v. + **р. роби́ти р.** do a trip ◊ **Він роби́в три ~и на мі́сяць.** He did three trips a month. (**йти/ходи́ти в** go on) ◊ **Щопонеді́лка він ходи́в в триде́нний р. до Ві́дня.** Every Monday he would go on a three-day trip to Vienna. **верта́тися з ~у** return from a trip ◊ **Да́на пове́рне́ться з ~у ввечері.** Dana will return from her trip in the evening.
See **по́дорож.** *Also see* **ма́ндри, пої́здка**

рейти́нг, *m.*, **~у**
rating; ratings *(on TV)*
adj. **висо́кий** high, **захма́рний** stellar ◊ **захма́рний р. кни́жки в читача́** a stellar rating of the book with the reader; **найви́щий** top, **сприя́тливий** favorable; **ке́пський** poor, **несприя́тливий** unfavorable, **низьки́й** low ◊ **Низьки́й р. програ́ми був розчарува́нням.** The program's low rating was a disappointment. **пога́ний** bad; **зага́льний** overall; **креди́тний** credit ◊ **Інвести́ції зале́жать від креди́тного ~у краї́ни.** Investments are dependent on the country's credit rating. **помірко́ваний** moderate, **поря́дний** decent; **особи́стий** personal, **суб'єкти́вний** subjective; **гляда́цький** viewer, **слуха́цький** listener, **спожива́цький** consumer ◊ **У рекла́мній кампа́нії вони́ врахо́вують спожива́цькі ~и фі́рми.** In their promotion campaign, they take into account the consumer ratings of the firm. **студе́нтський** student, **чита́цький** readers'
р. + *n.* **р. ефекти́вности** a performance rating (**схва́лення** approval ◊ **Р. схва́лення кандида́та ста́вить його на тре́тє мі́сце у спи́ску.** The candidate's approval rating puts him third in the list. **я́кости** quality)
v. + **р. дава́ти** + *D.* **р.** give sb a rating ◊ **Спожива́чі даю́ть автомобі́леві поря́дний р.** Consumers give the car a decent rating. (**діста́вати** get, **здобува́ти** score, **отри́мувати** receive ◊ **Програ́ма отри́мує висо́кі слуха́цькі ~и.** The show receives high listener ratings. **ма́ти** have; **зберіга́ти** preserve; **підійма́ти** increase ◊ **Купі́вля кана́лу підняла́ р. ме́дія-конґломера́ту.** The purchase of the channel increased the media conglomerate rating. **покра́щувати** improve; **погі́ршувати** worsen, **зме́ншувати** decrease; **зни́жувати** lower ◊ **«Ста́ндард і Пу́ер» зни́зив креди́тний р. компа́нії з А до БББ.** Standard & Poor lowered its credit rating for the company from A to BBB. **оці́нювати** gauge); **досяга́ти ~у** achieve a rating; **ті́шитися ~ом** enjoy a rating ◊ **Вона́ ті́шиться сприя́тливим ~ом у 60% ви́борців.** She enjoys a favorable rating with 60% of voters. (**суди́ти** + *A.* **за** judge sth by)
v. + **р. злітáти вго́ру** soar ◊ **Із поча́тком війни́ її ~и злеті́ли вго́ру.** With the start of the war, her ratings soared. **зроста́ти** grow, **підійма́тися** go up, **повзти́ вго́ру** climb ◊ **Р. фі́рми пopо́вз уго́ру.** The firm's rating started climbing. **покра́щуватися** improve; **зме́ншуватися** decrease, **йти додо́лу** go down, **па́дати** fall, **обва́люватися** collapse
prep. **в ~у** in a rating ◊ **Програ́ма зберіга́є тре́тю пози́цію в ~у.** The program holds the third position in the ratings. **за ~ом** by rating; **р. у** + *G.* rating with sb ◊ **до́брий р. у шкі́льної мо́лоді** a good rating with the school youth; **р. за** + *A.* a rating for sth ◊ **Готе́ль отри́мав висо́кий р. за присту́пність для госте́й із фізи́чними обме́женнями.** The hotel received a high rating for its accessibility to physically challenged guests. **р. се́ред** + *G.* a rating among sb ◊ **Споря́дження фі́рми найкра́ще за ~ом се́ред спортсме́нів.** The firm's equipment is the best by its rating among athletes.
Also see **популя́рність 1**

рекла́м|а, *f.*
1 advertisement, commercial
adj. **до́бра** good, **інтеліґе́нтна** intelligent, **ненав'я́злива** unobtrusive, **тонка́** subtle, **ціка́ва** interesting; **брехли́ва** mendacious, **наха́бна** brazen, **обри́длива** annoying, **шахра́йська** cheating; **політи́чна** political; **газе́тна** newspaper, **мере́жева** Web, ♦ **інтернетрекла́ма** an Internet commercial, ♦ **радіорекла́ма** a radio commercial, ♦ **телерекла́ма** a TV commercial, **телевізі́йна** television; **ходя́ча** *fig.* walking ◊ **Ри́вка була́ ходя́чою ~ою ново́ї діє́ти.** Ryvka was a walking advertisement for a new diet.
р. + *n.* **р. алкого́лю** an alcohol advertisement (**ка́ви** coffee, **сигаре́т** cigarettes, **тютю́ну** tobacco; **пра́ці** job)
v. + **р. дава́ти ~у** take out an advertisement ◊ **Було́ б до́бре да́ти ~у кре́денса в мере́жі.** It would be good to take out an advertisement for the credenza on the Web. (**мі́стити** carry, **подава́ти** run ◊ **Газе́та подала́ ~у конце́рту.** The paper ran the concert advertisement. **пока́зувати** + *D.* show sb, **публікува́ти** *and* **оприлю́днювати** publish; **розмі́щувати** place; **ба́чити** see, **знахо́дити** find, **натрапля́ти на** come across ◊ **Він натра́пив на ~у ново́го індійського фі́льму.** He happened on an advertisement of a new Indian movie. **поміча́ти** spot, **чита́ти** read; **відпові́дати на** respond to)
р. + *v.* **з'явля́тися** appear ◊ **У програ́мі нови́н з'явля́ється політи́чна р.** Political advertisements appear in the newscast. **йти́ся про** + *A.* be about sth ◊ **У ~і йде́ться про бри́тву для жіно́к.** The commercial is about a razor for women. **пока́зувати** + *A.* show sth
prep. **в ~і** in a commercial
2 promotion, publicity, advertising
adj. **ді́єва** effective, **ефекти́вна** efficient, **поту́жна** potent, **успі́шна** successful; **всюдису́ща** ubiquitous; **майсте́рна** masterful, **професі́йна** professional, **фахова́** expert
р. + *n.* **р. за́думу** a design promotion (**іде́ї** idea, **прое́кту** project; **спо́собу життя́** way of life)
prep. **для ~и** for promotion ◊ **Він ро́бить усе́ для вла́сної ~и.** He does everything for his own promotion.
Also see **популяриза́ція**

рекла́мн|ий, *adj.*
of or pertaining to advertisement, advertisement, advertising, promotional, commercial
р. + *n.* **р. аге́нт** an advertisement agent (**бі́знес** business, **матерія́л** material, **текст** text), **р. ро́лик** a promotional video; **~а аге́нція** an advertisement agency ◊ **Вона́ пра́цює у ~ій аге́нції.** She works for an advertisement agency. (**брошу́ра** booklet, **кампа́нія** campaign, **полі́тика** policy, **по́слуга** service; **тенде́нція** trend), **~а ви́віска** an advertisement sign (**сті́йка** stand), **~а па́вза** a commercial break ◊ **У переда́чі забага́то ~их павз.** There are too many commercial breaks in the program. **~е оголо́шення** an advertising announcement, **~е шахра́йство** advertising fraud ◊ **Фі́рма бо́реться з ~им шахра́йством.** The firm fights advertising fraud. ◊ **Телепрогра́ма має скро́мні ~і можли́вості.** The TV show has a modest advertising potential.

рекламу|ва́ти, **~ють; роз~**, *tran.*
to advertise
adv. **акти́вно** actively, **енергі́йно** heavily, **жва́во** vigorously, **інтенси́вно** intensively, **широ́ко** extensively
v. + **р. виріша́ти** decide to; **заборони́ти** + *D.* prohibit sb to ◊ **Рі́шення заборони́ло кінотеа́трам р. тютю́н.** The decision prohibited movie theaters to advertise tobacco. **почина́ти** start to, **переста́ти** *pf.* stop ◊ **Журна́л переста́в р. цей клуб коме́дії.** The magazine stopped advertising the comedy club. **стара́тися** strive to
prep. **р. на** + *G.* advertise in/on ◊ **Продю́сер**

широко ~є фільм на внутрішньому ринку. The producer is widely advertising the film on the home market.
pa. pple. **розрекламований** widely advertised
(роз)рекламуй!
Also see **популяризувати**

рекоменда́ці|я, *f.*, **~ї**

1 recommendation, letter of recommendation
adj. **висо́ка** high, **до́бра** *or* **хоро́ша** good, **позити́вна** positive, **похва́льна** glowing ◊ **Вона́ дала́ Дацюко́ві похва́льну ~ю.** She gave Datsiuk a glowing letter of recommendation. **прихи́льна** favorable ◊ **ду́же прихи́льна р.** a very favorable letter of recommendation; **си́льна** strong; **арґументо́вана** well-argued; **докла́дна** detailed, **коро́тка** brief; **неґати́вна** negative, **неприхи́льна** unfavorable; **особи́ста** personal
v. + **р. дава́ти** + *D.* **~ю** give sb a letter of recommendation (**дістава́ти від** + *G* get from sb ◊ **О́ля діста́ла до́бру ~ю від нача́льника.** Olia got a good letter of recommendation from her boss. **отри́мувати** receive; **писа́ти** write; **посила́ти** send ◊ **Вона́ посла́ла ~ю електро́нною по́штою.** She sent the letter of recommendation by electronic mail. **подава́ти** + *D.* submit to sb ◊ **Він пода́в інститу́тові три ~ї від фахівці́в у своїй га́лузі.** He submitted three letters of recommendation from professionals in his field to the institute. **представля́ти** present; **проси́ти в** + *G.* ask sb for ◊ **Окса́ні було́ незру́чно проси́ти в нього ~ю.** Oksana felt awkward asking him for a recommendation.
prep. **за ~єю** + *G.* at sb's recommendation ◊ **Його́ включи́ли до спи́ску за ~єю Марко́вської.** He was included in the list at Markovska's recommendation.
See **лист**
2 recommendation, advice
adj. **важли́ва** important, **ключова́** key, **принципо́ва** principal; **експе́ртна** expert, **фахова́** professional ◊ **Для у́спіху спра́ви він потребува́в фахови́х ~й.** For success of the business, he needed professional advice. **офіці́йна** official, **форма́льна** formal; **неофіці́йна** unofficial; **письмо́ва** written; **у́сна** oral; **дієти́чна** dietary, **лікува́льна** treatment, **меди́чна** medical; **інвестиці́йна** investment, **фіна́нсова** financial; **арґументо́вана** well-argued, **конкре́тна** specific, **чітка́** clear; **му́дра** wise, **поінформо́вана** informed; **зага́льна** general, **широ́ка** broad; **односта́йна** unanimous; **такти́чна** tactical, **стратегі́чна** strategic
v. + **р. дава́ти** + *D.* **~ю** give sb a recommendation ◊ **Коміте́т дав йому́ ~ю, як невтралізува́ти на́слідки кри́зи.** The committee gave him a recommendation on how to neutralize the effects of the crisis. (**подава́ти** submit, **пропонува́ти** + *D.* offer sb; **опрацьо́вувати** develop ◊ **Він опрацюва́в фіна́нсову ~ю для фі́рми.** He developed a financial recommendation for the firm. **окре́слювати** outline, **підсумо́вувати** summarize, **формулюва́ти** formulate; **обгово́рювати** discuss, **перегляда́ти** review, **розгляда́ти** consider; **прийма́ти** accept, **схва́лювати** approve; **відкида́ти** reject, **не́хтувати** neglect; **зверта́тися до** + *G.* **по** turn to sb for) ◊ **Вони́ зверта́лися до юри́ста по ~ї.** They turned to the lawyer for recommendations. **притри́муватися ~ї** follow a recommendation ◊ **Вони́ притри́мувалися дієти́чних ~й лі́каря.** They followed the doctor's dietary recommendations. (**виступа́ти про́ти** oppose); **іґнорува́ти ~єю** ignore a recommendation ◊ **Дире́ктор зіґнорува́в її ~єю.** The director ignored her recommendation. (**пого́джуватися з** agree with) ◊ **Іва́н пого́дився з тако́ю ~єю.** Ivan agreed with such a recommendation.
р. + *v.* **виплива́ти з** + *G.* arise from sth ◊ **Його́ ~ї виплива́ють із ри́нкових да́них.** His advice arises from the market data. **засно́вуватися на** + *L.* be based on sth; **притри́муватися** + *G.* follow sth; **стосува́тися** + *G.* concern sb/sth, relate to sb/sth ◊ **Її ~ї стосу́ються підлі́тків.** Her advice relates to teenagers. **ста́вити на меті́** + *inf. or n.* be aimed at doing sth ◊ **~ї ста́вили на меті́ покра́щити зір** *or* **покра́щення зо́ру хво́рого.** The advice aimed at improving the patient's sight.
prep. **за ~єю** + *G.* at sb's advice; **р. від** + *G.* advice from sb ◊ **р. від психія́тра** advice from a psychiatrist; **р. стосо́вно** + *G.* advice with regard to sth ◊ **р. стосо́вно ку́рсу лікува́ння** advice with regard to treatment course; **р. що́до** + *G.* advice as to sth ◊ **р. що́до покра́щення інвестиці́йного портфе́ля** advice as to the investment portfolio improvement
See **пора́да**

рекоменду|ва́ти, **~ють; по~**, *tran.*

1 to recommend *(endorse)*
adv. **беззастере́жно** unreservedly ◊ **Бі́льшість виклада́чів беззастере́жно ~є його́ підру́чник як найкра́щий.** The majority of instructors unreservedly recommend his textbook as the best one. **без вага́нь** without hesitation, **ви́со́ко** highly, **звича́йно** certainly, **із приє́мністю** with pleasure, **насті́йливо** persistently, **однозна́чно** unequivocally, **ра́до** gladly, **те́пло** warmly; **осо́бисто** personally
v. + **р. бу́ти гото́вим** be ready to; **вага́тися** hesitate to ◊ **Яри́на вага́лася р. їм таки́й план дій.** Yaryna was hesitant to recommend such a plan of action to them.
prep. **р. до** + *G.* recommend for sth ◊ **Профе́сор ра́до порекомендува́в її до аспіранту́ри.** The professor gladly recommended her for the doctoral program. **р. на** + *A.* recommend for sth ◊ **Хто ~вав Тетя́ну на поса́ду?** Who recommended Tetiana for the position?
2 to recommend *(advise)*
adv. **ду́же** strongly ◊ **Вона́ ду́же ~є Іва́нні піти́ до ветерина́ра.** She strongly recommends that Ivanna go to see a veterinarian. **насті́йливо** persistently, **особли́во** specifically ◊ **Лі́кар особли́во ~вав для нього крижані́ ва́нни.** The doctor specifically recommended ice-cold baths to him. **переко́нливо** convincingly; **загало́м** generally, **звича́йно** usually, **типо́во** typically, **ча́сто** often, **як пра́вило** as a rule; **односта́йно** unanimously
prep. **р. для** + *G. or* **р.** + *D.* recommend to sb ◊ **О́льга ~є цей курс для ко́жного** *or* **ко́жному.** Olha recommends the course to everybody.
See **ра́дити 1**
pa. pple. **порекомендо́ваний** recommended
(по)рекоменду́й!

реко́рд, *m.*, **~у**

1 record *(best achievement)*
adj. **націона́льний** national, **европе́йський** European, **олімпі́йський** Olympic, **світови́й** world; **тепе́рішній** present; **нови́й** new ◊ **три нові́ ~и** three new records; **стари́й** old ◊ **Вона́ покра́щила стари́й р.** She bettered the old record. **попере́дній** previous; **трива́лий** long-standing; **неперевéршений** unsurpassed, **непоби́тий** unbroken
v. + **р. встано́влювати р.** establish a record (**ста́вити** set; **утри́мувати** hold; **би́ти** *or* **побива́ти** beat ◊ **Він побива́є всі реко́рди витрива́лости.** He beats all the perserverence records. **переве́ршувати** surpass, **покра́щувати** better); **дорі́внюватися до ~у** equal a record ◊ **Молода́ спортсме́нка дорівня́лася до націона́льного ~у.** The young (female) athlete equaled the national record.
р. + *v.* **лиша́тися** remain ◊ **Її р. лиша́вся непоби́тим де́сять ро́ків.** Her record remained unbeaten for ten years. **трима́тися** stand ◊ **Його́ р. ще трима́ється.** His record still stands. **па́дати** fall ◊ **На Олімпі́йських і́грах впа́ли деся́тки ~ів.** Dozens of records fell at the Olympic Games.
prep. **р. з** + *G.* a record for sth ◊ **р. із потрі́йного стрибка́** the record for triple jump; **р. для** + *G.* record for sth ◊ **Ці гляда́цькі ре́йтинги були́ ~ом для кана́лу.** These viewer ratings were a record for the channel.
2 *iron.* record, height, peak ◊ **Йо́сип переве́ршив вла́сний світови́й р. ду́рости.** *iron.* Yosyp surpassed his own world record in stupidity.
See **межа́ 2**

реко́рдн|ий, *adj.*

record, record-breaking, of or pertaining to record
р. + *n.* **р. врожа́й** a record harvest (**заробі́ток** earnings; **на́товп** crowd; **про́даж** sale; **раху́нок** score ◊ **Дружи́на перемогла́ з ~им раху́нком.** The team won with a record score. **час** time); **~а вага́** a record weight ◊ **Він підня́в ~у вагу́.** He lifted a record weight. (**висота́** altitude, **ві́дстань** distance, **глибина́** depth, **кі́лькість** quantity, **трива́лість** duration) ◊ **Для них це була́ ~а трива́лість перебува́ння під водо́ю.** For them, this was a record length of time staying under water.

релігі́йн|ий, *adj.*

1 religious, of or pertaining to religion
adv. **суво́ро** strictly ◊ **Це суво́ро ~е тлума́чення те́ксту.** This is a strictly religious interpretation of the text. **винятко́во** exceptionally, **наса́мперед** primarily, **су́то** essentially
р. + *n.* **р. гніт** religious oppression ◊ **Р. гніт став фа́ктом щоде́нного життя́ краї́ни.** Religious oppression became a fact of the country's everyday life. (**ді́яч** figure; **обря́д** rite, **світо́гляд** world view); **~а конфе́сія** a religious confession (**організа́ція** organization, **осві́та** education, **тради́ція** tradition ◊ **~і тради́ції наро́ду було́ пе́рервано на до́вгий час.** The people's religious traditions were interrupted for a long time. **устано́ва** establishment, **шко́ла** school; **по́стать** figure) ◊ **Шепти́цький був не лише́ ~ою, але́ й політи́чною по́статтю сво́го ча́су.** Sheptytsky was not only a religious, but also political figure of his time. **~е вихова́ння** religious upbringing ◊ **програ́ма ~ого вихова́ння** the program of religious upbringing. (**вче́ння** teaching, **розумі́ння** understanding, **тлума́чення** interpretation)
v. + **р. бу́ти ~им** be religious ◊ **Шко́ла була́ ~ою устано́вою.** The school was a religious establishment. (**здава́тися** + *D.* seem to sb ◊ **Підхі́д здава́вся їй бі́льше ~им, як науко́вим.** The approach seemed to her to be more religious than scientific. **лиша́тися** remain; **перетво́рювати** + *A.* **на** transform sth into; **става́ти** become)
Also see **духо́вний, церко́вний 2.** *Ant.* **мирськи́й, світськи́й 1**
2 religious, pious, devout
adv. **вкрай** extremely, **гли́бо́ко** deeply, **ду́же** very, **гаря́че** ardently, **па́лко** fervently ◊ **Вона́ ста́ла па́лко ~ою.** She became fervently religious. **при́страсно** passionately, **суво́ро** strictly, **відкри́то** openly; **до́сить** fairly, **доста́тньо** sufficiently; **не зо́всім** not entirely, **ле́две** scarcely
v. + **р. бу́ти ~им** be religious (**виявля́тися** turn out ◊ **Хома́ ви́явився ~им.** Khoma turned out to be religious. **здава́тися** + *D.* seem to sb; **лиша́тися** remain, **роби́ти** + *A.* make sb, **става́ти** become)

релі́гі|я, *f.*, **~ї**

religion
adj. **вели́ка** great, **всесві́тня** universal, **головна́** major, **світова́** world ◊ **Юдаї́зм – одна́ зі світови́х ~й.** Judaism is one of the world religions. **держа́вна** established ◊ **Англіка́нська це́рква є держа́вною ~єю Об'є́днаного Королі́вства.** The Anglican Church is the established religion of the United Kingdom. **зорганізо́вана**

organized, інституці́йна institutional, офіці́йна official; стара́ old, старода́вня ancient, традиці́йна traditional; будді́йська Buddhist, євангелі́стська evengelical, католи́цька Catholic, мусульма́нська Muslim, правосла́вна Orthodox, протеста́нтська Protestant, християнська Christian, юде́йська Jewish; нова́ new, суча́сна contemporary; паніві́на dominant; популя́рна popular; міноритá́рна minority; ортодокса́льна orthodox ◊ Се́кта ки́дала ви́клик ортодокса́льній ~ї. The sect challenged the orthodox religion. фундаменталі́стська fundamentalist; фальши́ва false; і́стинна *or* правди́ва true, спра́вжня genuine; анімі́стська animist, наро́дна folk, примі́ти́вна primitive, язи́чницька pagan, монотеїсти́чна monotheistic, політеїсти́чна polytheistic; альтернати́вна alternative, дру́га *fig.* second; націона́льна national ◊ Футбо́л став дру́гою націона́льною ~єю для украї́нців. *fig.* Soccer became a second national religion for the Ukrainians.

v. + р. відкрива́ти ~ю discover a religion (знахо́дити find, ма́ти have; захища́ти defend, обороня́ти protect ◊ Запоро́зькі коза́ки обороня́ли рі́дний край і правосла́вну ~ю. The Zaporozhian Cossacks protected their homeland and the Orthodox religion. підтри́мувати support, схва́лювати endorse; вивча́ти study, обгово́рювати discuss; пощи́рювати spread; практикува́ти practice ◊ Єзи́ди практу́ють вла́сну ~ю. The Yazidis practice their own religion. пропові́дувати preach, спові́дувати profess; засно́вувати found; поважа́ти respect; терпі́ти *or* толерува́ти, *form.* tolerate ◊ Їх вчи́ли не лише толерува́ти, а й поважа́ти і́нші ~ї. They were taught not only to tolerate but respect other religions. наса́джувати + *D.* impose on sb ◊ Метропо́лія наса́джувала завойо́ваним свою́ мо́ву і ~ю. The metropole imposed its language and religion on the conquered. прийма́ти accept ◊ Щоб одружи́тися з коха́ною Павло́ му́сив прийня́ти її ~ю. In order to marry his beloved, Pavlo had to accept her religion. відкида́ти reject; змі́нювати change, ки́дати abandon ◊ Вона́ поки́нула ~ю пре́дків. She abandoned the religion of her ancestors. критикува́ти criticize; дискриміну́ва́ти discriminate against, переслі́дувати persecute; перехо́дити в convert to); нале́жати до ~ї belong to a religion; вчи́ти + *A.* ~ї teach sb religion ◊ Він учи́в будді́йській ~ї гру́пу християн. He taught Buddhist religion to a group of Christians. (сприя́ти promote ◊ Зако́н відкри́то сприя́в держа́вній ~ї та дискриміну́ва́в усі́ і́нші. The law openly promoted the established religion and discriminated against all others.

р. + *v.* забороня́ти + *A.* forbid sth ◊ Її р. забороня́є вбива́ти твари́н. Her religion forbids killing animals. засно́вуватися на + *L.* be based on sth ◊ Анімі́стська р. засно́вується на ві́рі в те, що все живе́ ма́є ду́шу. Animist religion is based on the belief that every living thing has a soul. похо́дити з + *G.* originate from sth ◊ Ця р. похо́дить із Месопота́мії. This religion originates from Mesopotamia. розвива́тися develop ◊ Іcла́м розвину́вся з реґіона́льної ~ї у всесві́тню. Islam developed from a regional religion into a universal one. пощи́рюватися spread; навча́ти + *D.* teach sth ◊ Р. навча́є любо́ви до бли́жнього. The religion teaches to love one's neighbor. спові́дувати + *A.* profess sth ◊ Ця р. спові́дує поко́ру вла́ді. The religion professes obedience to authorities; панува́ти в + *L.* dominate in *(a place)*; зазнава́ти у́тисків suffer oppression ◊ Украї́нські ~ї зазнава́ли у́тисків. The Ukrainian religions suffered oppression.

prep. у ~ї in a religion ◊ У ї́хній ~ї лі́си свяще́нні. In their religion, forests are sacred. за ~єю by religion ◊ За ~єю, Лі́да – католи́чка. By religion, Lida is a Catholic.

Also see ві́ра 2, культ 2, це́рква 2. *Cf.* католици́зм, правосла́в'я, протестанти́зм

рельє́ф, *m.*, **~у**

1 *geogr.* relief, topography, terrain, landscape, ground

adj. гі́рськи́й mountainous, горби́стий hilly, кам'яни́стий rocky, нері́вний uneven, пересі́чений rugged, поло́гий gentle, похи́лий sloping, пусте́льний desert, степови́й steppe; типо́вий typical

v. + р. ма́ти р. have a topography ◊ Терито́рія горі́шнього мі́ста ма́ла нері́вний р. The upper city territory had a rugged topography. (вивча́ти study, опи́сувати describe); бу́ти розташо́ваним на ~і be located on terrain ◊ Та́бір розташо́ваний на похи́лому ~і. The camp is located on a sloping terrain.

prep. на ~і on terrain

See вид[1] 1, краєви́д 1, пове́рхня

2 relief *(sculpture in relief)*

adj. бро́нзовий bronze ◊ Пе́рвісно р. був бро́нзовий. Originally the relief was bronze. гі́псовий plaster, ґрані́тний granite, мармуро́вий marble; анти́чний ancient, гре́цький Greek, ри́мський Roman; ♦ барелье́ф a low relief ◊ Анти́чний барелье́ф зобража́є змага́ння між Ате́ною і Посейдо́ном. The ancient low relief depicts a competition between Athena and Poseidon. ♦ горелье́ф a high relief

v. + р. ви́різувати + *A.* в ~і carve sth in relief ◊ Сце́на бо́ю ви́різана в горелье́фі. The battle scene was carved in high relief.

р. + *v.* прикраша́ти + *A.* adorn sth ◊ Вівта́р прикраша́ють ~и. Reliefs adorn the altar.

See скульпту́ра 1

ремес|ло́, *nt.*

craft, trade, *fig.* profession; *fig.* line of work

adj. гонча́рське potter's, кова́льське blacksmith's, краве́цьке tailor's, пека́рське baker's, тесля́рське carpenter's, ше́вське shoemaker's, ювелі́рне jeweler's, *etc.*; вчи́тельське *fig.* teacher's ◊ Вона́ присвяти́ла собі́ вчи́тельському ~лу́. She devoted herself to the teacher's craft. лі́карське *fig.* doctor's; висо́ке high; втра́чене lost, забу́те forgotten; рі́дкісне rare; да́внє ancient ◊ забу́те р. золота́рства the forgotten craft of goldsmithery; середньові́чне medieval, старе́ old, традиці́йне traditional; ко́рисне useful, потрі́бне necessary; шляхе́тне noble; скла́дне complicated, тонке́ intricate, хи́тре *fig.* sophisticated; місце́ве local; наро́дне folk ◊ бага́тий ви́бір ви́робів наро́дного ~ла́ an extensive variety of folk craft products

р. + *n.* р. гончара́ a potter's craft (коваля́ blacksmith's, кравця́ tailor's, пе́каря baker's, ювелі́ра jeweler's; акто́ра *fig.* actor's, бібліоте́каря *fig.* librarian's, істо́рика *fig.* historian's, лі́каря *fig.* doctor's, репорте́ра *fig.* reporter's, *etc.*)

v. + р. вивча́ти р. learn a craft (вдоскона́лювати perfect, осво́ювати master практикува́ти practice) ◊ Він практику́є шляхе́тне р. лі́каря. He practices the noble doctor's craft. навча́тися ~ла́ *or* ~ло́ві study a craft ◊ В учи́лищі навча́лися ко́рисним ~лам *or* ко́рисних ~ел. They studied useful crafts at the vocational school. оволоді́ва́ти ~ло́м master a craft ◊ Вона́ оволоді́ла ~ло́м фото́графа. She mastered the photographer's craft.

N. pl. ~ла

Cf. профе́сія

ре́м|інь, *m.*, **~еня**

belt, strap

adj. вузьки́й narrow, широ́кий wide; до́вгий long, коро́ткий short; гру́бий thick, тонки́й thin; ві́льний loose, туги́й tight; гнучки́й flexible, м'яки́й soft, пода́тливий pliable; непода́тливий rigid ◊ Р. був непода́тливим The strap was rigid. тверди́й stiff; відстібни́й detachable; нейло́новий nylon, плете́ний braided, синтети́чний synthetic, шкіряни́й leather; нагру́дний chest, наплі́чний shoulder

р. + *n.* р. гіта́ри a guitar strap (годи́нника watch, пі́хов sheath, рушни́ці rifle, сідла́ saddle); ♦ р. безпе́ки a seat belt ◊ Ля́на користува́лася ~енем безпе́ки. Liana used a seat belt.

v. + р. зав'я́зувати р. tie a strap ◊ Він зав'яза́в ~ені сідла́. He tied the saddle straps. (запина́ти fasten ◊ Запні́ть ~ені безпе́ки! Fasten your seat belts. застіба́ти buckle; затя́гувати tighten; розв'я́зувати untie ◊ Оле́г допомі́г їй розв'яза́ти р. Oleh helped her untie the strap. розпина́ти unfasten, розстіба́ти unbuckle; допасо́вувати adjust ◊ У крамни́ці їй допасува́ли р. годи́нника. In the store, they adjusted her watch strap. прила́днувати attach ◊ Тре́ба прилатна́ти р. до по́ручнів крі́сла. The straps need to be attached to the armrests of the chair. попуска́ти slacken, посла́блювати loosen ◊ Посла́бивши р. у штана́х, він зітхну́в із поле́гшенням. Having loosened the belt in his pants, he sighed with relief.

prep. без ~еня without a strap ◊ кобура́ без ~еня a holster without strap; на ~ені on a strap; р. навко́ло + *G.* a strap around sth ◊ Вона́ носи́ла черво́ний р. навко́ло ста́ну. She wore a red strap around her waist. р. че́рез + *A.* a strap across sth ◊ вузьки́й р. че́рез плече́ a narrow strap across the shoulder

Also see па́сок, по́яс

реміс|ни́к, *m.*, **~а́; ремісни́ця**, *f.*

1 craftsman, artisan

adj. впра́вний skilled, до́брий good, майсте́рний masterful, хоро́ший fine; дрібни́й petty ◊ Поді́л був ді́льницею дрібни́х ~ів. The Podil was the quarter of small artisans. місце́вий local; на́вчений trained; середньові́чний medieval

2 *fig., pejor.* hacker

adj. жалюгі́дний pathetic, звича́йний regular, типо́вий typical ◊ Він працюва́в без натхне́ння як типо́вий р. He worked without inspiration, like a typical hacker. ◊ На цю робо́ту шука́ли ма́йстра, а не ~а́. For this job, they were looking for a master, not a hacker.

реміс|ни́цтв|о, *nt.*, *only sg.*

1 craftsmanship; *coll.* crafts ◊ Маґдебу́рзьке пра́во дало́ по́штовх ~у в мі́сті. The Magdeburg Rights gave a boost to craftsmanship in the city.

2 *pejor.* hackwork ◊ Усе́ часті́ше журналі́стика стає цині́чним ~ом. All too often journalism turns into cynical hackwork.

ремо́нт, *m.*, **~у**, *only sg.*

repair, fixing, renovation, restoration

adj. вели́кий extensive, до́брий good, капіта́льний major ◊ Буди́нок давно́ потребува́в капіта́льного ~у. The building had for a long time been in need of a major renovation. масшта́бний large-scale, серйо́зний major, суттє́вий essential, я́кісний high-quality; дрібни́й minor, невели́кий small; аварі́йний emergency ◊ Ку́хні потрі́бен аварі́йний р. The kitchen is in need of an emergency repair. терміно́вий urgent; блискави́чний instantaneous, невідкла́дний expeditious, нега́йний immediate, операти́вний prompt, хутки́й swift, швидки́й quick; дороги́й expensive, кошто́вний costly; ґаранті́йний warranty; зо́внішній external; космети́чний cosmetic, поверхо́вий superficial; ке́пський poor, недба́лий careless, непотрі́бний *colloq.* shoddy, парши́вий *colloq.* lousy, пога́ний bad, поспі́шний hasty

р. + *n.* р. автомобі́ля a car repair (буди́нку house, да́ху roof, двере́й door; доро́ги road; кварти́ри *or* поме́шкання apartment; креде́нса cupboard, стола́ table; взуття́ shoe; соро́чки shirt, штані́в pants; годи́нника watch, clock;

замка́ lock; **газого́ну** gaspipe; **літака́** aircraft; **холоди́льника** refrigerator)

v. + **р. вико́нувати р.** carry out a repair (**прово́дити** perform, **роби́ти** do ◊ **Що́ро́ку пе́ред Вели́коднем у поме́шканні роби́ли поверхо́вий р.** Every year before Easter, a superficial repair was done in the apartment. **прохо́дити** undergo ◊ **Ме́блі прохо́дили космети́чний р.** The furniture was undergoing a cosmetic repair. **почина́ти** begin, **продо́вжувати** continue, **закі́нчувати** complete ◊ **Івані́нки закі́нчили р. буди́нку за ві́сім днів.** The Ivanenkos completed their house repair in eight days. **відклада́ти** put off, **затри́мувати** delay) ◊ **Дощі́ затри́мали р. на ти́ждень.** The rains delayed the renovation by a week. **вимага́ти ~у** require a repair (**потребува́ти** need ◊ **Шко́ла потребу́є ~у що́ро́ку.** The school needs a renovation every year. **бракува́ти** be in need of) ◊ **Це́ркві браку́є ~у.** The church is in need of a repair. **бу́ти закри́тим на р.** be closed for repairs ◊ **Від понеді́лка бібліоте́ка закри́та на р.** As of Monday, the library is closed for repairs.

р. + *v.* **ко́штувати** + *D.* + *A and* **обхо́дитися** + *D.* **в** + *A.* ◊ **Р. плаща́ обі́йдеться їй у дві́сті гри́вень.** The raincoat repair will cost her ₴200.

prep. **для ~у** for repair ◊ **Вона́ лиши́ла авті́вку в меха́ніка для ~у.** She left her car with the mechanic for repair. **на ~і** under repair ◊ **Годи́нник був на ~і.** The clock was under repair.

Also see **попра́вка 4**

ремонту|ва́ти, ~ють; від~, по~, *tran.*

to repair, fix, mend

adv. **до́бре** well, **вмі́ло** aptly, **майсте́рно** skillfully, **професі́йно** professionally, **рете́льно** thoroughly, **успі́шно** successfully, **я́кісно** expertly ◊ **Ма́йстер ~є годи́нники я́кісно.** The master repairs watches expertly. **весь час** all the time, **вже** already, **наре́шті** finally; **за́вжди́** always, **і́ноді** at times; **пові́льно** slowly; **шви́дко** quickly; **ще не** not yet; **ке́псько** poorly, **недба́ло** carelessly, **пога́но** badly, **по́спіхом** hastily ◊ **Ро́вер поремонтува́ли по́спіхом.** The bicycle had been repaired hastily.

р. + *n.* **р. автомо́біль** repair a car ◊ **Таки́й автомо́біль відремонту́є не ко́жен меха́нік.** Not every mechanic will repair such a car. (**буди́нок** house, **да́х** roof, **две́рі** door; **доро́гу** road; **поме́шкання** apartment; **кредéнс** cupboard, **стіл** table, **стіле́ць** chair ◊ **Чи ви мо́жете шви́дко по~ стіле́ць?** Can you quickly repair the chair? **взуття́** shoe; **соро́чку** shirt, **штани́** pants; **годи́нник** watch, clock; **замо́к** lock; **літа́к** aircraft; **холоди́льник** refrigerator)

v. + **р. допомага́ти** help (to), **змогти́** *pf.* manage to, **могти́** can; **намага́тися** try to ◊ **Він намага́вся по~ кран на ку́хні.** He tried to fix the kitchen tap. **проси́ти** + *A.* ask sb to ◊ **Оста́п попроси́в по́другу від~ йому́ зіпсо́ваний замо́к у дверя́х.** Ostap asked his (female) friend to fix his broken door lock.

pa. ppla. **відремонто́ваний** *or* **поремонто́ваний** repaired

(по)ремонту́й!

Also see **направля́ти 3, поправля́ти 3**

репорта́ж, *m.*, ~у

news report, reportage, dispatch, story, account

adj. **вели́кий** big, **до́вгий** long, **докла́дний** detailed, **розло́гий** extensive; **коро́ткий** short, **сти́слий** brief; **важли́вий** important; **блиску́чий** brilliant, **відмі́нний** excellent, **проникли́вий** insightful, **професі́йний** professional; **сенсаці́йний** sensational, **сканда́льний** scandalous ◊ **Він – а́втор сканда́льного ~у.** He is the author of the scandalous news report. **розслі́дувальний** investigative; **нещода́вній** recent, **нови́й** new, **оста́нній** latest, **попере́дній** previous; **насту́пний** next; **газе́тний** newspaper, **журна́льний** magazine, ♦ **ра́діорепорта́ж** a radio news report, **телевізі́йний** television, *usu* ♦ **телерепорта́ж** a TV news report

v. + **р. надсила́ти** *or* **посила́ти до** + *G.* send sb ◊ **Він надісла́в** *or* **посла́в розслі́дувальний р. до «Експре́су».** He sent his investigative report to the *Express*. **подава́ти** + *D.* submit to sb, **пропонува́ти** + *D.* offer sb, **писа́ти для** + *G.* write for sb, **роби́ти** do ◊ **Він зроби́в три ~і на цю те́му.** He did three news reports on the subject. **закі́нчувати** complete; **замовля́ти** + *D. or* **в** + *G.* commission to sb ◊ **Журна́л замо́вив їй** *or* **в не́ї р. про саркофа́г.** The magazine commissioned a news report on the sarcophagus to her. **планува́ти** plan; **публікува́ти** publish

prep. **в ~і** in a news report; **р. на те́му** + *G.* a news report on the subject of sth ◊ **р. на те́му га́зової ві́йни́** a news report on the subject of the gas war; **р. про** + *A.* a report about sth ◊ **р. про підлітко́ву ваѓітність** a news report on teenage pregnancy

See **стаття́ 1.** *Also see* **замі́тка 1, кореспонде́нція 2, матерія́л 3, редакці́йна**

репорте́р, *m.*, ~а; ~ка, *f.*

reporter

adj. **головни́й** chief, **досві́дчений** experienced, **ста́рший** senior; **моло́дший** junior; **закордо́нний** foreign ◊ **Вида́ння ма́є сім закордо́нних ~ів.** The publication has seven foreign reporters. **міжнаро́дний** international ◊ **головни́й міжнаро́дний р. телекана́лу** the chief international reporter of the TV channel; **чужозе́мний** foreign ◊ **Поді́ю висві́тлювало бага́то чужозе́мних ~ів.** The event was covered by many foreign reporters. **місце́вий** local, **націона́льний** national; **винахі́дливий** enterprising; **безсторо́нній** unbiased, **об'єкти́вний** objective ◊ **Се́ред за́хідних ~ів, що писа́ли про Євромайда́н, ви́явилося ма́ло об'єкти́вних.** Among Western reporters who wrote about the Euromaidan, there turned out to be few objective ones. **суммі́нний** conscientious; **суб'єкти́вний** subjective, **упере́джений** biased; **смілий́вий** brave; **пі́длий** vile ◊ **Пі́длий р. ви́дав себе́ за праці́вника́ рятува́льної слу́жби.** The vile reporter presented himself as a rescue service worker. **підсту́пний** treacherous; **газе́тний** newspaper, **журна́льний** magazine, **мере́жевий** Internet ◊ **Він є мере́жевим ~ом.** He is an Internet reporter. ♦ **ра́діорепорте́р** a radio reporter ◊ **Ю́рій шви́дко опанува́в ремесло́ ~а.** Yurii quickly mastered the craft of radio reporter. **телевізі́йний** *or usu* ♦ **телерепорте́р** TV

v. + **р. посила́ти ~а** send a reporter ◊ **Газе́та посла́ла до Кри́му ~а.** The newspaper sent a reporter to the Crimea. **каза́ти ~ові** tell a reporter (**дава́ти інтерв'ю** grant an interview); **розмовля́ти з** talk with a reporter ◊ **Вам не слід розмовля́ти про це з росі́йськими ~ами.** You should not speak about it with Russian reporters.

prep. **р. у** + *L.* a reporter for *(publication, etc.)* ◊ **р. у провідні́й газе́ті** a reporter for a leading newspaper; **р.** + *G.* a reporter for *(publication)* ◊ **р. Дру́гого кана́лу телеба́чення** a reporter for TV Channel Two; **р. з** + *G.* a reporter from *(publication)* ◊ **Вона́ дава́тиме інтерв'ю ~ові з місце́вого ра́діо.** She will be granting an interview to a reporter from the local radio.

See **спеціалі́ст.** *Also see* **журналі́ст, кореспонде́нт**

репре́сі|я, *f.*, ~ї

repression, *usu pl.*

adj. **брута́льні** brutal, **жорсто́кі** ruthless, **крива́ві** bloody, **ма́сові** massive, **скра́йні** extreme; **безпере́рвні** continuous, **відкри́ті** open, **пості́йні** constant; **політи́чні** political, **релігі́йні** religious, **соціа́льні** social; **військо́ві** military, **держа́вні** state, **поліці́йні** police, **урядо́ві** government

v. + **р. застосо́вувати ~ї про́ти** + *G.* use repression against sb ◊ **Полі́ція застосува́ла ~ї про́ти страйкарі́в.** The police used repressions against the strikers. **зазнава́ти ~й** suffer repression ◊ **Опози́ція зазнає́ ма́сових ~й.** The opposition suffers massive repression. (**вдава́тися до** resort to ◊ **Режи́м уда́вся до відкри́тих ~й.** The regime resorted to open repression. **потерпа́ти від** suffer from) ◊ **Краї́на потерпа́є від крива́вих ~й.** The country is suffering from bloody repression. **запобіга́ти ~ям** prevent repression (**піддава́ти** + *A.* subject sb to) ◊ **Окупа́нти піддава́ли насе́лення пості́йним ~ям.** The occupiers subjected the population to constant repression.

Also see **пересліду́вання 2, теро́р**

репута́ці|я, *f.*, ~ї

reputation, name, standing, esteem

adj. **бездога́нна** impeccable, **висо́ка** high, **відмі́нна** excellent, **до́бра** good, **зави́дна** enviable, **заслу́жена** well-deserved ◊ **Його́ р. ціл́ко́м заслу́жена.** His reputation is completely well-deserved. **захма́рна** stellar ◊ **Вона́ – економі́стка із захма́рною ~єю.** She is an economist of stellar reputation. **леґенда́рна** legendary, **неаби́яка** uncommon, **незаплямо́вана** unblemished, **солі́дна** solid; **жахли́ва** terrible, **заплямо́вана** tarnished ◊ **Його́ політи́чна р. заплямо́вана.** His political reputation is tarnished. **ке́пська** poor, **незави́дна** inenviable, **підмо́чена** *fig.* compromised, **пога́на** bad, **сумні́вна** questionable; **міжнаро́дна** international, **націона́льна** national ◊ **Спочатку він здобу́в міжнаро́дну ~ю, і лише́ зго́дом – націона́льну.** First he gained international reputation and only later national one. **світова́** worldwide; **бізнесо́ва** business, **літерату́рна** literary, **науко́ва** scientific, **політи́чна** political; **особи́ста** personal

р. + *n.* **р. блиску́чого фахівця́** the reputation of a brilliant professional (**непідку́пного судді́** incorruptible judge, **спра́вжнього ма́йстра** true master, **хоро́шої люди́ни** good person; **бабія́** *colloq.* womanizer, **брехуна́** liar, **хвалька́** braggart; **зди́рника** extortioner, **рекети́ра** racketeer, **хаба́рника** bribe-taker, **шахра́я** swindler)

v. + **р. будува́ти ~ю** build a reputation (**завойо́вувати** win, **здобува́ти** gain, **заробля́ти** earn ◊ **Хоро́шу ~ю тре́ба заробити.** A good reputation needs to be earned. **заслуго́вувати** deserve ◊ **Він заслуго́вує ~ю брехуна́.** He deserves his reputation of a liar. **забезпе́чувати** + *D.* ensure sb ◊ **Кни́жка забезпе́чила а́вторці ~ю ориґіна́льної письме́нниці.** The book ensured its (female) author the reputation of an innovative writer. **відно́влювати** restore; **ма́ти** have; **підно́сити** lift, **покра́щувати** improve, **поси́лювати** enhance; **захища́ти** defend; **утри́мувати** maintain; **втрача́ти** lose; **заплямо́вувати** sully, **зни́щувати** destroy, **підрива́ти** undermine, **погі́ршувати** worsen, **руйнува́ти** ruin; **рятува́ти** salvage) ◊ **Ні́чого не могло́ врятува́ти його́ бізнесо́ву ~ю.** Nothing could salvage his business reputation. ♦ **ви́правдати свою́ ~ю** *pf.* to live up to one's reputation; **набува́ти ~ї** acquire a reputation (**позбува́тися** shed) ◊ **Краї́на позбула́ся ~ї набі́льш скорумпо́ваної в Євро́пі.** The country shed its reputation of the most corrupt in Europe. **шко́дити ~ї** damage a reputation ◊ **Ні́чого не шко́дило її ~ї.** Nothing damaged her reputation. **ризикува́ти ~єю** risk one's reputation ◊ **Він ризику́є ~єю.** He risks his reputation.

р. + *v.* **зроста́ти** grow ◊ **Її р. надійної коле́ги зросла́.** Her reputation of a reliable colleague grew. **поси́люватися** strengthen, **покра́щуватися** improve; **зале́жати від** + *G.* depend on sth; **засно́вуватися на** + *L.* be based on sth; **спира́тися на** + *A.* rely on sth ◊ **Його́ р. спира́ється на реа́льні здобу́тки.** His reputation relies on his real accomplishments.

prep. **з ~єю** with a reputation ◊ **консульта́нт із солі́дною ~єю** a consultant with a solid reputation; **р. се́ред** + *G.* reputation among sb ◊ **Він ма́є незави́дну ~ю се́ред студе́нтів.** He has an inenviable reputation among students.
Also see **авторите́т 1, ім'я́ 2, прести́ж, респекта́бельність, сла́ва 2**

респекта́бельн|ий, *adj.*
respectable
adv. **абсолю́тно** absolutely, **до́сить** fairly, **ду́же** very, **геть** totally, **цілко́м** completely; **ле́две** scarcely; ♦ **високореспекта́бельний** highly respectable; **позі́рно** seemingly; **інтелектуа́льно** intellectually ◊ **Вам слід призна́чити голово́ю журі́ інтелектуа́льно ~у люди́ну.** You should appoint an intellectually respectable individual as head of the jury. **науко́во** scientifically; **не зо́всім** not entirely
v. + **р. бу́ти ~им** be respectable (**вважа́ти** + *A.* consider sb ◊ **Акаде́мію вважа́ють до́сить ~ою.** The academy is considered fairly respectable. **вигляда́ти** look ◊ **Вона́ вигляда́є ~ою жі́нкою.** She looks to be a respectable woman. **здава́тися** + *D.* seem to sb; **става́ти** become) ◊ **Він став ~им архіте́ктором.** He became a respectable architect.
Also see **авторите́тний**

респекта́бельн|ість, *f.*, **~ости**, *only sg.*
respectability
adj. **винятко́ва** exceptional, **висо́ка** high; **академі́чна** academic, **інтелектуа́льна** intellectual, **науко́ва** scientific, **політи́чна** political, **суспі́льна** social; **міща́нська** bourgeois ◊ **Вона́ ре́вно зберіга́є ви́гляд міща́нської ~ости.** She jealously maintains an air of bourgeois respectability.
v. + **р. завойо́вувати р.** win respectability (**здобува́ти** gain; **ма́ти** have; **ста́вити під су́мнів** question) ◊ **Як ви смі́єте ста́вити під су́мнів його́ р.!** How dare you question his respectability!
See **репута́ція.** *Also see* **прести́ж**

респу́блі|ка, *f.*
republic
adj. **автоно́мна** autonomous; **буржуа́зна** bourgeois, **ві́льна** free, **молода́** young, **незале́жна** independent, **сувере́нна** sovereign; **нова́** new; **демократи́чна** democratic, **наро́дна** people's ◊ **Коре́йська Наро́дно-Демократи́чна Р.** People's Democratic Republic of Korea; **сове́тська** Soviet, **соціялісти́чна** socialist, **федерати́вна** federative; **ате́нська** Athenian, **ри́мська** Roman; **бана́нова** *pejor.* banana; **маріоне́ткова** puppet, **рабовла́сницька** slave-owners', **сепарати́стська** separatist; **ісла́мська** Islamic
v. + **р. встано́влювати ~ку** establish a republic (**засно́вувати** found, **проголо́шувати** proclaim ◊ **Повста́нці проголоси́ли ~ку.** The rebels proclaimed a republic. **ство́рювати** create, **утво́рювати** form; **захища́ти** protect, **обороня́ти** defend; **зберіга́ти** preserve, **рятува́ти** save; **зни́щувати** destroy; **прирі́кати на** + *A.* doom to ◊ **Полі́тика соціялі́стів прирекла́ Украї́нську ~ку на пора́зку.** The policies of the Socialists doomed the Ukrainian Republic to defeat. **визнава́ти** + *A.* **~кою** recognize sth as a republic (**лиша́тися** remain; **проголо́шувати** + *A.* proclaim sth ◊ **Змо́вники проголоси́ли Рим ~кою.** The conspirators proclaimed Rome a republic. **става́ти** become)
prep. **в ~ці** in a republic
Also see **держа́ва.** *Ant.* **мона́рхія**

реставра́тор, *m.*, **~а**; **~ка**, *f.*
restorer
adj. **блиску́чий** brilliant ◊ **Над іко́ною працюва́в блиску́чий р.** A brilliant restorer was working on the icon. **відмі́нний** excellent, **віртуо́зний** virtuoso, **досві́дчений** experienced, **майсте́рний** masterful ◊ **Лише́ майсте́рний р. міг ви́конати це завда́ння.** Only a masterful restorer could do the assignment. **професі́йний** professional; **посере́дній** mediocre; **ке́пський** poor, **пога́ний** bad, **таки́й собі́** so-so; ♦ **маля́р-р.** an art restorer
р. + *v.* **відно́влювати** + *A.* restore sth ◊ **~и відновили барелье́ф.** The restorers restored the bas-relief. **очища́ти** + *A.* clean sth, **рятува́ти** + *A.* save sth
See **спеціялі́ст**

реставра́ці|я, *f.*, **~ї**
1 restoration, repair
adj. **вели́ка** big, **всеохо́пна** comprehensive, **капіта́льна** major, **масшта́бна** large-scale, **широ́ка** extensive; **невели́ка** small; **по́вна** full, **цілкови́та** complete; **непо́вна** incomplete, **обме́жена** limited, **частко́ва** partial; **неможли́ва** impossible; **ризико́вана** risky, **складна́** complicated; **блиску́ча** brilliant, **високоя́кісна** high-quality, **впра́вна** skillful, **майсте́рна** masterful, **філігра́нна** intricate; **дорога́** expensive, **кошто́вна** costly
р. + *n.* **р. буди́нку** a building restoration (**вівтаря́** altar, **за́мку** castle, **пала́цу** palace ◊ **кошто́вна р. пала́цу Розумо́вських** the costly restoration of the Rozumovsky Palace, **форте́ці** fortress, **це́ркви** church; **карти́ни** painting, **моза́їки** mosaic, **скульпту́ри** sculpture, **фре́ски** fresco)
v. + **р. прово́дити** carry out a restoration (**роби́ти** do; **почина́ти** begin, **продо́вжувати** carry on ◊ **~ю форте́ці продо́вжують.** They carry on with the fortress restoration. **закі́нчувати** complete; **чека́ти на** await) ◊ **Рока́ми це́рква чека́ла на ~ю.** For years, the church had awaited restoration. **вимага́ти ~ї** require restoration ◊ **Фре́ска вимага́ла ~ї.** The fresco required restoration. **потребува́ти** need; **уника́ти** avoid ◊ **Ризико́ваної ~ї мо́жна уни́кнути.** The risky restoration can be avoided.
р. + *v.* **прохо́дити** take place, **трива́ти** + *A.* last for *(a period)*; **почина́тися** begin; **закі́нчуватися** be completed ◊ **Р. закінчи́лася на рік пі́зніше реченця́.** The restoration was completed a year after the deadline.
prep. **для ~ї** for restoration ◊ **Для ~ї моза́їки тре́ба мільйо́н гри́вень.** ₴1,000,000 is needed for the mosaic restoration. **на ~ю** *dir.* for restoration ◊ **За́лу закри́ли на ~ю.** The hall was closed for restoration. **на ~ї** *posn.* under restoration ◊ **Карти́на на ~ї.** The picture is under restoration.
Cf. **відно́влення**
2 restoration, reinstatement
р. + *n.* **р. мона́рхії** the restoration of a monarchy (**режи́му** regime, **респу́бліки** republic; **імпе́рії** empire)
Cf. **відно́влення**

реставру|ва́ти, ~ють; від~, *tran.*
1 to restore, do restoration of
adv. **адеква́тно** adequately, **нале́жним чи́ном** properly; **по́вністю** fully, **цілко́м** completely; **частко́во** partially; **бездога́нно** flawlessly, **блиску́че** brilliantly, **впра́вно** skillfully, **га́рно** nicely, **до́бре** well, **доскона́ло** perfectly ◊ **Скульпту́ру відреставрува́ли про́сто доскона́ло.** They did a simply perfect restoration of the sculpture. **знамени́то** *colloq.* superbly, **майсте́рно** masterfully, **професі́йно** professionally, **успі́шно** successfully, **фа́хово** expertly, **чудо́во** beautifully; **обере́жно** carefully, **рете́льно** thoroughly, **скрупульо́зно** scrupulously, **стара́нно** painstakingly; **наре́шті** finally, **незаба́ром** soon, **шви́дко** quickly
р. + *n.* **р. за́мок** restore a castle (**пала́ц** palace, **собо́р** cathedral, **форте́цю** fortress ◊ **Його́ мрі́я – р. Бі́лгород-Дністро́вську форте́цю.** His dream is restoring the Bilhorod-Dnistrovsky Fortress. **це́ркву** church; **гобеле́н** tapestry; **іко́ну** icon, **моза́їку** mosaic, **скульпту́ру** sculpture; **перга́мент** parchment)
v. + **р. бра́тися** take up ◊ **Ніхто́ не бра́вся р. іко́ну.** Nobody took up restoring the icon. **вдава́тися** + *D.* succeed in ◊ **Перга́мент вдало́ся від~.** They succeeded in restoring the parchment. **змогти́** *pf.* manage to; **запро́шувати** + *D.* invite sb to ◊ **Її запроси́ли р. скульпту́ру.** She was invited to do the restoration of the sculpture. **могти́** can ◊ **Він міг від~ старе́ полотно́.** He could restore the old canvas. **намага́тися** attempt to ◊ **Бага́то спеціялі́стів намага́лися від~ руко́пис.** Many specialists attempted to restore the manuscript. **почина́ти** begin to, **продо́вжувати** continue to; **закі́нчувати** finish
See **відно́влювати 1**
2 restore, reinstate ◊ **Змо́вники ста́вили на меті́ р. мона́рхію.** The plotters aimed at restoring the monarchy.
See **відно́влювати 1**
pa. pple. **відреставро́ваний** restored
(від)реставру́й!

рестора́н, *m.*, **~у**
restaurant
adj. **вели́кий** big, **просто́рий** spacious; **мали́й** small, **невели́кий** little; **п'ятизірко́вий** five-star, **чотиризірко́вий** four-star, **тризірко́вий** three-star; **висококла́сний** classy, **ви́шуканий** fine, **відмі́нний** excellent, **га́рний** nice, **гіпо́вий** *colloq.* hip, **до́брий** good, **елега́нтний** elegant, **ексклюзи́вний** exclusive, **кла́сний** *colloq.* great, **прекра́сний** superb, **приє́мний** pleasant; **мо́дний** trendy, **фешене́бельний** fashionable, **чудо́вий** wonderful; **буде́нний** casual, **деше́вий** cheap, **звича́йний** regular; **популя́рний** popular; **улю́блений** favorite ◊ **«Шино́к» – ї́хній улю́блений р.** The *Shynok* is their favorite restaurant. **дороги́й** expensive, **претензі́йний** pretentious; **сіме́йний** family; **інти́мний** intimate, **романти́чний** romantic; **галасли́вий** noisy, **лю́дний** crowded, **метушли́вий** bustling; **ти́хий** quiet; **еспа́нський** Spanish, **італі́йський** Italian, **украї́нський** Ukrainian, **япо́нський** Japanese; **веґетарія́нський** vegetarian, **органі́чний** organic ◊ **Згодом р. став органі́чним.** Later the restaurant became organic.
р. + *n.* **р. по́вного обслуго́вування** a full-service restaurant (**самообслуго́вування** self-service ◊ **Вони́ пої́ли в ~і самообслуго́вування.** They ate in a self-service restaurant. **швидко́го обслуго́вування** fast-food; **су́ші** sushi) ◊ **Тут ~и су́ші на ко́жному кро́ці.** Sushi restaurants are everywhere here.
n. + **р. вла́сник ~у** a restaurant owner (**ме́неджер** manager, **офіція́нт** *or* **ке́льнер** waiter ◊ **Вона́ дала́ ке́льнерові на чай.** She left a tip for the waiter. **персона́л** staff, **працівни́к** employee; **ку́хня** kitchen; **меню́** menu); **мере́жа ~ів** a restaurant chain ◊ **«Пуза́та ха́та» – це мере́жа ~ів.** The Puzata Khata is a restaurant chain. ♦ **ваго́н-р.** a dining car
v. + **р. відкрива́ти р.** open a restaurant ◊ **Він відкри́в р.** He opened a restaurant. (**відві́дувати** visit ◊ **Вони́ відві́дують еспа́нський р. щомі́сяця.** They visit the Spanish restaurant every month. **про́бувати** try ◊ **Спро́буйте цей р.** Try this restaurant. **ра́дити** + *D.* advise to sb, **рекомендува́ти** + *D.* recommend to sb) ◊ **Вона́ порекомендува́ла хло́пцям до́брий р.** She recommended a good restaurant to the boys. **йти до ~у** go to a restaurant ◊ **За́втра вони́ йду́ть до ~у на вече́рю.** Tomorrow they are going to a restaurant for dinner. (**йти з** leave; **піти́ з** *pf.* walk out of ◊ **Вони́ пішли́ з ~у, не заплати́вши.** They walked out of the restaurant without paying. **ходи́ти до** go out to) ◊ **Студе́нти рі́дко ходи́ли до ~у.** The students rarely went out to a restaurant. **володі́ти ~ом** own a restaurant

(керува́ти run) ◊ **Фі́рма керу́є двадцятьма́ ~ами.** The firm runs twenty restaurants.
р. + v. **відчиня́тися** open; **зачиня́тися** close ◊ **Коли́ вони́ прийшли́, р. зачиня́вся.** When they came the restaurant was closing. **працюва́ти** be open ◊ **Р. не працю́є по понеді́лках та вівто́рках.** The restaurant is not open on Mondays and Tuesdays. **банкрутува́ти** go bankrupt; **обслуго́вувати** + *A.* cater to sb ◊ **Р. обслуго́вує перева́жно студе́нтську мо́лодь.** The restaurant caters primarily to college youth. **подава́ти** + *A.* serve sth ◊ **Р. подає веґетарія́нську ї́жу.** The restaurant serves vegetarian food; **пропонува́ти** + *D.* offer sb ◊ **Р. пропону́є місце́ві стра́ви.** The restaurant offers local dishes. **спеціалізува́тися з** + *G.* specialize in *(cuisine)* ◊ **Р. спеціалізу́ється з пе́рської ку́хні.** The restaurant specializes in Persian cuisine.
prep. **у р.** *dir.* to a restaurant ◊ **Він прині́с кві́ти у р.** He brought flowers to the restaurant. **у ~і** *posn.* in/at a restaurant ◊ **Вони́ зустріча́лися у ~і.** They met in a restaurant. **до ~у** to a restaurant ◊ **Йо́сип ішо́в до ~у.** Yosyp was walking to a restaurant.
Also see **бар, ї́дальня 2**

ресу́рс, *m.*, ~у

1 *only pl.* resources, assets, funds, wealth
adj. **бага́ті** rich, **вели́кі** big ◊ **Він має вели́кі ~и терпі́ння.** He has big resources of patience. **величе́зні** enormous, **доста́тні** sufficient, **значні́** significant, **неаби́які** extraordinary, **необме́жені** limitless; **важли́ві** important; **необхі́дні** necessary, **потрі́бні** required, **життє́ві** vital; **відпові́дні** adequate; **жалюгі́дні** pathetic, **обме́жені** limited, **пе́вні** certain; **відно́влювані** renewable; **безці́нні** priceless, **дорогоці́нні** precious, **ко́рисні** useful, **неоціне́нні** invaluable, **ці́нні** valuable; **додатко́ві** additional ◊ **Залізни́ця вимага́ла додатко́вих ~ів.** The railroad required additional resources. **надлишко́ві** surplus, **резе́рвні** reserve; **наявні** available; **невідно́влювані** non-renewable; **нечéпані** untapped; **вну́трішні** inner; **індивідуа́льні** individual, **особи́сті** personal; **місце́ві** local; **грома́дські** public, **групові́** group, **держа́вні** state, **колекти́вні** collective, **націона́льні** national; **спі́льні** shared; **бізнесо́ві** business, **економі́чні** economic, **капіта́льні** capital, **фіна́нсові** financial; **інтелектуа́льні** intellectual, **культу́рні** cultural ◊ **Мі́сто ма́ло неаби́які культу́рні ~и.** The city had major cultural resources. **лю́дські** human, **матеріа́льні** material, **мінера́льні** mineral, **приро́дні** natural, **фізи́чні** physical; **га́зові** gas, **енергети́чні** energy ◊ **Краї́на посіда́є бага́ті енергети́чні ~и.** The country possesses rich energy resources. **на́фтові** oil; **во́дні** water; **земе́льні** land; **мо́вні** language; **бібліоте́чні** library, **виклада́цькі** teaching, **інформаці́йні** information, **навча́льні** educational; **електро́нні** electronic, **комп'ю́терні** computer, **мере́жеві** Internet, **технологі́чні** technological; **стратегі́чні** strategic
р. + n. **~и валю́ти** currency resources (**готі́вки** cash, **гро́шей** money, **зо́лота** gold, **пла́тини** platinum, **срі́бла** silver; **робо́чої си́ли** labor; **вугі́лля** coal, **ене́ргії** energy, **мінера́льних до́брив** mineral fertilizer, **пально́го** fuel; **збі́жжя** grain, **ї́жі** food, **питно́ї води́** potable water)
n. + **р. ви́ділення ~ів** resource allocation (**використа́ння** utilization; **ви́снаження** depletion, **на́явність** availability, **обме́ження** limitation, **планува́ння** planning, **розпо́діл** distribution; **центр** center)
v. + **р. використо́вувати р.** use resources ◊ **Га́лузь ефекти́вно використо́вує мінера́льні ~и.** The industry efficiently uses mineral resources. (**витрача́ти** spend, **експлуатува́ти** exploit; **спожива́ти** consume; **зосере́джувати** concentrate, **мобілізува́ти** mobilize, **накопи́чувати** accumulate, **поє́днувати** combine; **виділя́ти на** + *A.* allocate for sth, **дава́ти** + *D.* give sb, **ґарантува́ти** + *D.* guarantee for sb, **надава́ти** + *D.* grant sb ◊ **Він нада́в мі́стові ~и пально́го.** He granted the city fuel resources. **ма́ти** have ◊ **Банк має значні́ капіта́льні ~и.** The bank has considerable capital resources. **признача́ти на** + *A.* earmark for sth; **висна́жувати** exhaust; **перерозподіля́ти** redistribute; **марнува́ти** waste ◊ **Заво́д марнува́в ~и.** The plant was wasting resources. **кра́сти** steal, **розкрада́ти** embezzle; **бу́ти бага́тим на** be rich in) ◊ **Пі́вдень Украї́ни бага́тий на земе́льні ~и.** The south of Ukraine is rich in land resources. **бракува́ти** + *D.* **~ів** lack resources ◊ **Фі́рмі бракува́ло інтелектуа́льних ~ів, щоб модернізува́ти виробни́цтво.** The firm lacked both intellectual resources to modernize production. **диспонува́ти ~ами** possess resources ◊ **Вида́ння не диспонува́ло інформаці́йними ~ами.** The publication did not possess information resources. (**діли́тися з** + *I.* share with sb, **забезпе́чувати** + *A.* provide sb with, **кори́стува́тися** use) ◊ **Вони́ оща́дно кори́стува́лися ~ами харчі́в.** They sparingly used their food resources.
Also see **бага́тство 1, запа́с 1, за́сіб 3, копа́лина, ска́рб 3, скарбни́ця 2**
2 means, resource, method, way ◊ **Пі́дступ був ї́хнім оста́ннім ~ом.** Chicanery was their ultimate means.
See **за́сіб 1, ме́тод**

рете́льн|ий, *adj.*

thorough, assiduous, scrupulous, meticulous
adv. **винятко́во** exceptionally, **вкрай** extremely ◊ **Він показа́в себе́ вкрай ~им інспе́ктором.** He proved to be an extremely thorough inspector. **ду́же** very ◊ **ду́же р. ана́ліз те́ксту** a very thorough analysis of the text; **надзвича́йно** extraordinarily; **неймові́рно** incredibly; **до́сить** fairly, **доста́тньо** sufficiently; **порі́вняно** comparatively; **ле́две** scarcely, **не зо́всім** not quite; **позі́рно** seemingly
р. + n. **р. дослі́дник** an assiduous researcher (**студе́нт** student, **у́чень** pupil; **пере́клад** translation; **пере́лік** itemization, **підраху́нок** calculation); **~а обро́бка** a thorough processing (**підгото́вка** preparation, **робо́та** work); **~е обґрунтува́ння** a thorough substantiation ◊ **Вида́тки вимага́ють ~ого обґрунтува́ння.** The expenses require a thorough substantiation.
v. + **р. бу́ти ~им** be thorough (**вважа́ти** + *A.* consider sb/sth; **здава́тися** + *D.* seem to sb; **залиша́тися** remain; **става́ти** become) ◊ **Його́ обчи́слення ста́ли ~ими.** His calculations became meticulous.

рете́льн|ість, *f.*, ~ости, *only sg.*

thoroughness, meticulousness, assiduousness
adj. **вели́ка** great ◊ **Усе́ було́ при́брано з вели́кою ~істю.** Everything was cleaned with great thoroughness. **винятко́ва** exceptional, **доста́тня** sufficient, **надзвича́йна** extraordinary; **неймові́рна** incredible; **зви́кла** usual, **типо́ва** typical
v. + **р. виявля́ти р.** reveal thoroughness ◊ **Він виявля́є р. у навча́нні.** He reveals thoroughness in his studies. (**демонструва́ти** demonstrate, **пока́зувати** show); **вимага́ти ~ости** require thoroughness ◊ **Робо́та вимага́є ~ости.** The work requires thoroughness.
prep. **з ~істю** with meticulousness ◊ **Вона́ взяла́ся до завда́ння з подво́єною ~істю.** She set about the assignment with doubled meticulousness.

рефо́рм|а, *f.*

reform
adj. **важли́ва** important ◊ **паке́т важли́вих рефо́рм** a package of important reforms; **вели́ка** great, **всеохо́пна** sweeping, **глибо́ка** profound, **докорі́нна** thoroughgoing, **зага́льна** general, **засадни́ча** basic, **радика́льна** radical, **суттє́ва** substantial, **фундамента́льна** fundamental, **широ́ка** wide; **смі́ли́ва** audacious ◊ **смі́ли́ва р. систе́ми опла́ти пра́ці** the audacious reform of the work remuneration system; **нова́** new; **запропоно́вана** proposed; **нега́йна** immediate, **швидка́** rapid; **реа́льна** real, **спра́вжня** genuine; **невели́ка** minor; **косметі́чна** cosmetic, **поверхо́ва** superficial, **символі́чна** token, **форма́льна** pro forma; **давно́ назрі́ла** long-overdue, **необхі́дна** necessary, **потрі́бна** needed; **аґра́рна** agrarian, **земляна́** land; **ба́нкова** banking, **грошова́** monetary, **економі́чна** economic, **пенсі́йна** pension ◊ **Чино́вники саботува́ли пенсі́йну ~у.** Bureaucrats were sabotaging the pension reform. **податко́ва** tax, **ри́нкова** market, **фіна́насова** financial, **фіска́льна** fiscal; **ви́борча** election; **вну́трішня** internal, **інституці́йна** institutional, **законода́вча** legislative, **конституці́йна** constitutional, **політи́чна** political, **судова́** judicial, **суспі́льна** social; **юриди́чна** legal; **іміґраці́йна** immigration; **осві́тня** educational, **шкільна́** school; **адміністрати́вна** administrative, **управлі́нська** management, **урядо́ва** government; **демократи́чна** democratic, **ліберáльна** liberal; **структу́рна** structural
р. + n. **р. виправно́ї систе́ми** a penal system reform (**законода́вства** legislation, **суді́в** court; **тю́рем** prison; **збро́йних сил** armed forces; **слу́жби безпе́ки** security service; **охоро́ни здоро́в'я** healthcare; **соція́льного забезпе́чення** social security)
n. + **р. паке́т рефо́рм** a reform package (**полі́тика** policy, **план** plan, **програ́ма** program; **проце́с** process); **потре́ба рефо́рм** the need for reform; **темп рефо́рм** the pace of reforms
v. + **р. вprова́джувати ~у** introduce a reform ◊ **Міністе́рство фіна́нсів шви́дко впрова́джує ба́нкову ~у.** The Finance Ministry is quickly introducing the banking reform. (**вті́лювати** implement, **зді́йснювати** enact, **прово́дити** carry out, **роби́ти** make; **готува́ти** prepare, **планува́ти** plan ◊ **Планува́ти ~у осві́ти ви́явилося ле́гше, ніж прово́дити.** Planning the educational reform proved easier than carrying it out. **підтри́мувати** support, **пропаґува́ти** champion; **пропонува́ти** propose; **ініціюва́ти** *form.* initiate, **почина́ти** begin; **продо́вжувати** continue; **заве́ршувати** complete; **перерива́ти** interrupt, **припиня́ти** stop; **прискóрювати** speed up, **пришви́дшувати** accelerate; **блокува́ти** block, **затри́мувати** delay; **саботува́ти** sabotage, **спові́льнювати** slow down); **уника́ти ~и** avoid a reform (**бу́ти про́ти** be against ◊ **Вони́ про́ти ~и судово́ї систе́ми.** They are against the judicial system reform. **висту́пати про́ти** oppose); **дава́ти по́штовх ~і** boost a reform (**спри́яти** promote; **перешкоджа́ти** hamper)
р. + v. **відбува́тися** go through ◊ **Р. а́рмії відбула́ся незважа́ючи на о́пір генераліте́ту.** The army reform went through despite the resistance of the generals. **ста́вити за мету́** be aimed at ◊ **Урядо́ва р. ста́вила за мету́ скороти́ти бюрокра́тію.** The government reform was aimed at reducing bureaucracy. **прова́люватися** fail; **спри́яти** + *D.* facilitate sth ◊ **Р. спри́яла ви́ходу еконо́міки з кри́зи.** The reform facilitated the emergence of the economy from the crisis.
prep. **за ~у** in favor of reform ◊ **Фра́кція голосува́ла за ~у.** The faction voted in favor of the reform. ♦ **рух за ~и** a reform movement
Cf. **змі́на 1**

реформу|ва́ти, ~ють; з~, *tran.*

to reform
adv. **всеохо́пно** comprehensively, **глибо́ко** profoundly, **докорі́нно** drastically, **загало́м** generally, **засадни́чо** basically, **радика́льно** radically, **смі́ли́во** audaciously, **суттє́во** substantially, **фундамента́льно** fundamentally, **широ́ко** widely; **нега́йно** immediately, **шви́дко**

rapidly; дíйсно truly, спрáвді in actual fact; косметúчно cosmetically, поверхóво superficially, про людськé óко for appearances' sake◊ **Поліцію ~вáли про людськé óко.** The police were being reformed for appearances' sake. **формáльно** formally

n. + **р. вимóга р.** a demand to reform (**намагáння** effort, **пропозúція** proposal, **спрóба** attempt; **відмóва** refusal, **небажáння** reluctance ◊ **Йогó небажáння р. щó-небудь є очевúдним.** His reluctance to reform anything is obvious. **нездáтність** inability)

v. + **р. бýти потрíбно** be necessary to, **бýти трéба** need to ◊ **Трéба з~ систéму закупíвель.** The procurement system needs to be reformed. **вимагáти** demand to ◊ **Вонú вимагáють з~ законодáвство.** They demand to reform the legislation. **допомагáти** + *D.* help sb (to), **намагáтися** try to; **хотíти** want to; **обіцяти** + *D.* promise sb to; **відмовлятися** refuse to, **не давáти** + *D.* not allow sb to

pa. pple. **зреформóваний** reformed

(з)реформýй!

рецензéнт, *m.*; ~ка, *f.*

reviewer

adj. **внýтрішній** internal, **зóвнішній** outside; **безжáльний** ruthless ◊ **~ти булú безжáльними до нéї.** Reviewers were ruthless to her. **безкомпромíсний** uncompromising, **вимóгливий** demanding, **сувóрий** strict; **безсторóнній** impartial, **невтрáльний** neutral, **об'єктúвний** objective; **упередженний** biased; **анонíмний** anonymous; **впливóвий** influential

р. + *v.* **критикувáти** + *A.* criticize sb/sth; **вихваляти** + *A.* extole sb, **хвалúти** + *A.* praise sb/sth; **порíвнювати** + *A.* **з** + *I.* compare sth to sth ◊ **Р. порівняв її ромáн із прóзою Стефáника.** The reviewer compared her novel to Stefanyk's prose.

See **письмéнник, спеціялíст**

рецéнзі|я, *f.*, ~ї

review *(of a book, etc.)*

adj. **дóбра** good, **захóплена** enthusiastic, **клáсна** *colloq.* great, **позитúвна** positive, **похвáльна** glowing, **прихúльна** favorable, **чудóва** wonderful; **ворóжа** hostile, **дошкýльна** scathing, **знущáльна** mocking, **кéпська** poor, **неґатúвна** negative, **нищівнá** devastating; **зла** nasty, **суб'єктúвна** subjective ◊ **суб'єктúвна р. статтí** a subjective review of an article; **упереджена** biased; **аналітúчна** analytical, **гóстра** sharp, **критúчна** critical ◊ **Йогó більше бáвили критúчні ~ї, як похвáльні.** He had greater fun reading critical reviews than glowing ones. **пронúклива** insightful; **неоднознáчна** mixed; **офіцíйна** official; **літературна** literary, **театрáльна** theater

р. + *n.* **р. дисертáції** a dissertation review ◊ **Він відповíв на офіцíйні ~ї дисертáції.** He responded to the official reviews of the dissertation. (**збíрки** collection, **книжки** book, **статтí** article; **театрáльної постáви** stage production ◊ **похвáльна р. йогó остáнньої театрáльної постáви** a glowing review of his latest stage production; **кінокартúни** movie)

v. + **р. писáти ~ю** write a review ◊ **Богдáні нецікáво писáти прихúльні ~ї фíльмів.** It was not interesting to Bohdana to write favorable film reviews. (**публікувáти** publish; **давáти** + *D.* give sb; **читáти** read; **натрапляти на** come across; **іґнорувати** ignore) ◊ **Як зрíлий áвтор він іґнорує ~ї на свої книжки.** As a mature author he ignores his books reviews.

р. + *v.* **з'являтися** appear ◊ **Нищівнí ~ї на ромáн з'явúлися в кількóх газéтах.** Devastating reviews of the novel appeared in several newspapers. **викликáти резонáнс** cause repercussions; **викликáти скандáл** cause a scandal

prep. **р. на** + *A.* review of sth ◊ **р. на дисертáцію** a dissertation review (**збíрку** collection, **книжку** book, **статтю** article; **постáву** production, **фільм** movie)

рецензу|вáти, ~ють; з~, *tran.*

to review *(a book, etc.)*

adv. **захóплено** with enthusiasm; **позитúвно** positively, **прихúльно** favorably ◊ **Данúло впéрше прихúльно зрецензував твір цьогó áвтора.** For the first time, Danylo favorably reviewed this author's piece of writing. **неґатúвно** negatively, **суб'єктúвно** subjectively, **упереджено** with bias; **аналітúчно** analytically, **критúчно** critically

pa. pple. **зрецензóваний** reviewed ◊ **критúчно зрецензóвана біогрáфія Андрé Жíда** a critically reviewed André Gide biography

See **писáти**

рецéпт, *m.*, ~а

1 medical prescription

adj. **лікарський** doctor's, **медúчний** medical; **повтóрний** refill; **підрóблений** forged, **фальшúвий** fake

v. + **р. вúписувати р.** write out a prescription ◊ **Марíя попросúла лíкаря вúписати їй повтóрний р.** Maria asked her doctor to write her a refill prescription. (**запóвнювати** fill, **писáти** write; **давáти** + *D.* give sb; **діставáти** get ◊ **Дістáти р. на антидепресáнт непрóсто.** To get a prescription for an anti-depressant is not simple. **отрúмувати від** + *G.* receive from sb)

prep. **без ~у** without prescription ◊ **Ці пíґулки мóжна купувáти без ~у.** These pills can be bought without prescription. **за ~ом** by prescription ◊ **Потрíбні їй лíки продають лишé за ~ом.** The medicine she needs is sold only by prescription. **р. на** + *A.* a prescription for *(medicine)* ◊ **р. на пеніцилíн** a prescription for penicillin

2 recipe *(cooking instructions)*

adj. **дивовúжний** amazing, **дóбрий** good, **досконáлий** perfect, **смачнúй** tasty, **хорóший** fine, **чудóвий** wonderful; **засаднúчий** basic ◊ **Мáрта далá їм засаднúчий р. борщý.** Marta gave them a basic borshch recipe. **легкúй** easy, **прóстúй** simple; **важкúй** difficult ◊ **Її р. дивовúжно прóстúй.** Her recipe is amazingly simple. **заплýтаний** tangled, **складнúй** complicated; **змíнений** altered, **покрáщений** improved; **новúй** new; **автентúчний** authentic ◊ **Юркó готýє скáмпі за автентúчним сицилíйським ~ом.** Yurko cooks scampi to an authentic Sicilian recipe. **класúчний** classic, **ориґінáльний** original, **дáвній** age-old ◊ **Вонá знайшлá дáвній гáлицький р. бíґоса.** She found an age-old Galician cabbage stew recipe. **старúй** old, **традицíйний** traditional; **веґетаріянський** vegetarian, **здорóвий** healthy; **нежúрний** lowfat; **популярний** popular, **улюблений** favorite; **особлúвий** special; **бабýсин** *and* **бáбцин** granny's; **сімéйний** family, **фірмóвий** signature; **таємний** secret; **еспáнський** Spanish, **італíйський** Italian, **україньский** Ukrainian, **францýзький** French, *etc.*

р. + *n.* **р. борщý** a borshch recipe (**голубцíв** stuffed cabbage; **пирогá** pie, **підлúви** sauce; **пляцка**, *Gal. or* **тóрта** cake, *etc.*)

v. + **р. давáти** + *D.* **р.** give sb a recipe ◊ **Кáрмен далá йомý р. паéї.** Carmen gave him a paella recipe. (**діставáти** obtain, **знахóдити** find; **мáти** have; **використóвувати** use; **читáти** read; **вдосконáлювати** perfect ◊ **Він вдосконáлив р. тóрта.** He perfected the cake recipe. **покрáщувати** improve; **пристосóвувати до** + *G.* adapt to sth ◊ **Вонá пристосувáла р. до місцéвих складникíв.** She adapted the recipe to local ingredients. **видýмувати** devise, **ствóрювати** create ◊ **Васúль створúв не одúн хорóший р.** Vasyl created more than one fine recipe. **друкувáти** print, **подавáти** feature ◊ **Журнáл подає дóбрі нові та забýті старí ~и.** The magazine features good new and forgotten old recipes. **пропонувáти** + *D.* offer sb, **публікувáти** publish); **дотрúмуватися ~а** stick to a recipe ◊ **Він рíдко колú дотрúмувався ~а.** He rarely ever stuck to a recipe. **ділúтися ~ом з** + *I.* share a recipe with sb ◊ **Олéна поділúлася з ним фíрмóвим ~ом великóдньої шúнки.** Olena shared her signature Easter ham recipe with him. (**корúстувáтися** use; **імпровізувáти з** improvise with, **варúти** + *A.* **за** cook sth to ◊ **Він зварúв це за ~ом.** He cooked it to a recipe. **готувáти** + *A.* **за** prepare sth to, **робúти** + *A.* **за** make sth by) ◊ **Вонá рóбить варéники за ~ом мáтері.** She makes the dumplings by her mother's recipe.

р. + *v.* **вимагáти** + *G.* call for sth ◊ **Р. вимагáє несолóного мáсла.** The recipe calls for unsalted butter. **включáти** + *A.* include sth, **містúти** + *A.* contain sth; **дозволяти** + *A.* allow sth, **не допускáти** + *G.* not allow sth ◊ **Р. не допускáє замíни вершкíв на йóґурт.** The recipe does not allow replacing cream with yogurt.

prep. **за ~ом** to a recipe; **р.** + *G.* recipe for sth ◊ **р. ковбасú** a recipe for sausage

3 *fig.* recipe, formula, prescription ◊ **Вонá мáє свíй р. ýспіху в чоловікíв.** She has her own recipe for success with men.

Also see **таємнúця**

речен|éць, *m.*, ~цý

deadline

adj. **встанóвлений** set; **зáвтрашній** tomorrow's; **залíзний** *fig.* ironclad; **неможлúвий** impossible, **нереáльний** unrealistic; **остáнній** last ◊ **Зáвтра її остáнній р.** Tomorrow is her last deadline. **остатóчний** ultimate, **сувóрий** strict, **твердúй** firm; **реáльний** realistic

v. + **р. мáти р.** have a deadline ◊ **Для перéкладу ýчні мáли залíзний р.: дрýга трúдцять.** For the translation, the pupils had an ironclad deadline–two thirty. (**встанóвлювати** set, **стáвити** + *D. or* **для** + *G.* impose on sb ◊ **Він постáвив Петрóві** *or* **для Петрá сувóрий р.** He imposed a strict deadline on Petro. **давáти** + *D.* give sb ◊ **Шеф дав їм неможлúвий р.** The boss gave them an impossible deadline. **оголóшувати** announce; **відкладáти** put off, **продóвжувати** extend ◊ **Він просúв викладачá продóвжити р.** He asked the instructor to extend the deadline. **порýшувати** miss ◊ **Данúло порýшив р. подáчі заяви.** Danylo missed the deadline to file the application. **встигáти на** make ◊ **Він устúг на р.** He made the deadline. **працювáти на** work under ◊ **Вонú прáцюють на р.** They are working under a deadline.

р. + *v.* **наближáтися** approach, **надхóдити** arrive; **чигáти** loom; **вигасáти** expire ◊ **Їхній р. вúгас минýлої п'ятниці.** Their deadline expired last Friday. **прохóдити** pass ◊ **Р. пройшóв, а статтá недопúсана.** The deadline passed, but the article is unfinished.

prep. **до ~цý** before a deadline ◊ **Ремóнт закінчúли за дéнь до ~цý.** The renovation was completed a day before the deadline. **на р.** by the deadline; **пéред ~цéм** before a deadline; **р. для** + *G.* a deadline for sth ◊ **Вівтóрок – р. для остатóчної редáкції тéксту.** Tuesday is the deadline for the final redaction of the text.

Also see **тéрмін 2**

рéчен|ня, *nt.*

sentence, utterance

adj. **дóвге** long ◊ **Вонá пúше дóвгими ~нями.** She writes in long sentences. **корóтке** short, **лаконíчне** laconical, **стúсле** brief; **пóвне** complete, **цíле** whole; **непóвне** incomplete ◊ **В листí багáто непóвних ~ь.** There are many incomplete sentences in the letter. **перéрване** broken; **однé-єдúне** single ◊ **Ви мóжете вúкласти сюжéт оповідáння однúм-єдúним ~ням?** Can you lay out the story's plotline in a single sentence? **граматúчне** grammatical, **прáвильне** correct; **неграматúчне** ungrammatical, **непра́вильне** incorrect; **про́сте́** simple; **зрозумі́ле** coherent; **незрозумі́ле** incoherent; **розповідне́** declarative, **стве́рджувальне** affirmative, **запере́чне** negative, **окли́чне** exclamatory ◊ **Всі його́ р. луна́ли як окли́чні.** All his sentences sounded like exclamatory ones. **пита́льне** interrogative; **безособо́ве** impersonal ◊ **Безособо́ве р. в не має́ пі́дмета.** An impersonal sentence has no subject. **головне́** principal, **підря́дне** subordinate; **скла́дене** composite; **складне́** compound; **складнопідря́дне** coordinate compound, **складносуря́дне** subordinate compound; **поши́рене** extended; **вставне́** parenthetic; **пе́рше** opening; **насту́пне** following

n. + **р. інтона́ція р.** sentence intonation ◊ **Інтона́ція тако́го пита́льного р. висхідна́.** Such an interrogative sentence intonation is rising. (**структу́ра** structure, **тип** type, **член** member) ◊ **Прису́док – головни́й чле́н р.** A predicate is a principal sentence member.

v. + **р. вимовля́ти р.** utter a sentence (**каза́ти** speak, **чита́ти** read ◊ **Га́нна прочита́ла р. знову́.** Hanna read the sentence again. **почина́ти** begin, **закі́нчувати** complete ◊ **Лесь не закі́нчи́в р.** Les did not complete his sentence. **зв'я́зувати** string together ◊ **Так він зв'я́зував в опові́дання одне́ р. з і́ншим.** Thus he strung together one sentence with another into a story. **писа́ти** write, **склада́ти** compose, **формува́ти** form, **формулюва́ти** formulate)

р. + *v.* **місти́ти** + *A.* contain sth ◊ **Р. місти́ло ціка́ву інформа́цію.** The sentence contained interesting information.

Cf. **ви́раз, фра́за**

ре́чник, *m.*; ре́чниця, *f.*

1 spokesman, spokesperson, mouthpiece

adj. **офіці́йний** official, **політи́чний** political; **неофіці́йний** unofficial, **неформа́льний** informal, **факти́чний** actual, effective ◊ **Він – факти́чний р. міні́стра.** He is the minister's actual mouthpiece. **нови́й** new, **що́йно призна́чений** just-appointed, **коли́шній** former; **самопризна́чений** self-appointed

р. + *n.* **р. бі́льшости** the spokesman of the majority (**менши́ни** minority, **опози́ції** opposition, **па́ртії** party, **ру́ху** movement, **фра́кції** faction; **міністе́рства** ministry, **полі́ції** police; **Ба́нкової** *fig.* Presidential Administration, **президе́нта** president, **прем'є́р-міні́стра** prime minister, **у́ряду** government; **оліга́рхату** oligarchy) ◊ **Газе́та виступа́є ~ом оліга́рхату.** The newspaper acts as the oligarchy mouthpiece.

v. + **р. ста́вити під су́мнів ~а** question a spokesman ◊ **Він поста́вив під су́мнів ~а міні́стра.** He questioned the minister's spokesman. (**пита́ти в** ask) ◊ **Вона́ запита́ла про це в ~а па́ртії.** She asked the party spokesman about it. **бу́ти ~ом** be a spokesman (**виступа́ти** act as ◊ **Він ви́ступив офіці́йним ~ом фра́кції на пресконфере́нції.** He acted as the faction's official spokesman at the press conference. **признача́ти** + *A.* appoint sb as, **става́ти** become) ◊ **Він став ~ом у́ряду.** He became the spokesman of the government.

речовин|а́, *f.*

substance

adj. **небезпе́чна** dangerous, **отру́йна** poisonous ◊ **Хемі́чний ана́ліз ви́явив у воло́ссі поме́рлого отру́йні ~и.** The chemical analysis identified poisonous substances in the hair of the deceased. **радіоакти́вна** radioactive, **токси́чна** toxic, **шкідли́ва** harmful; **невідо́ма** unknown, **підозрі́ла** suspicious; **чужорі́дна** foreign; **хемі́чна** chemical; **ко́рисна** beneficial, **лікува́льна** medicinal; **нешкідли́ва** harmless ◊ **Підозрі́ла р. ви́явилася нешкідли́вою.** The suspicious substance turned out to be harmless. **ракотво́рна** carcinogenic ◊ **Під час горі́ння тютюну́ утво́рюються ракотво́рні ~и.** Carcinogenic substances are formed during tobacco burning. **заборо́нена** banned, **нелега́льна** illegal; **галюциноге́нна** hallucinogenic, **наркоти́чна** narcotic, **психоделі́чна** psychedelic, **психотро́пна** psychotropic ◊ **Полі́ція знайшла́ в затри́маного психотро́пну ~у́.** The police found a psychotropic substance on the detainee. **сноді́йна** sleep-inducing; **органі́чна** organic, **неоргані́чна** inorganic; **приро́дна** natural; **синтети́чна** synthetic; **акти́вна** active, **іне́ртна** inert, **неакти́вна** inactive; **вибухо́ва** explosive ◊ **Прила́д виявля́є наймéнші за́лишки вибухо́вих речови́н.** The device detects the smallest residue of explosive substances. **легкозайми́ста** flammable; **летю́ча** volatile, **розчи́нна** soluble, **чи́ста** pure; **липка́** sticky, **порошко́ва** powdery, **слизька́** slimy, **тверда́** solid

v. + **р. викори́стовувати ~у́** use a substance (**засто́совувати** apply; **виробля́ти** make ◊ **Кві́ти росли́ни виробля́ють ли́пку ~у́, щоб лови́ти кома́х.** The flowers of the plant produce a sticky substance in order to trap insects. **продукува́ти** produce; **місти́ти** contain; **виявля́ти** identify) ◊ **У пилку́ ли́пи ви́явили лікува́льну ~у́.** A medicinal substance was identified in linden pollen. **користува́тися ~о́ю** use a substance ◊ **~о́ю користува́лися для відбі́лювання ткани́ни.** The substance was used for bleaching fabric.

prep. **в ~і́** in a substance

Also see **мате́рія 2, матеріял 1**

ре́шт|а, *f., only sg.*

1 rest, remainder, residue + *G.* ◊ **Він ви́пив ~у молока́.** He drank the rest of the milk.

р. + *n.* **р. гро́шей** the rest of the money (**гуманіта́рної допомо́ги** humanitarian relief; **батальйо́ну** batallion, **кла́су** grade, **люде́й** people, **сім'ї́** family; **бо́рошна** flour, **води́** water, **ма́сла** butter, **олі́ї** oil; **відпу́стки** vacation ◊ **Вони́ провели́ ~у відпу́стки в Карпа́тах.** They spent the rest of the vacation in the Carpathians. **життя́** life, **мо́лодости** youth, **ча́су** time)

prep. ♦ **до ~и** completely, to the hilt ◊ **Кі́лька годи́н синхро́нного пере́кладу ви́снажили її́ до ~и.** Several hours of simultaneous interpretation completely drained her. **з ~ою** with the rest ◊ **Три чолові́ки лиша́лися в табо́рі, а з ~ою він пішо́в на ло́ви.** Three men stayed in the camp, and he went hunting with the rest.

2 change *(petty cash)* ◊ **Ось сімдеся́т гри́вень, і лиші́ть собі́ ~у.** Here is ₴70.⁰⁰ and keep the change.

See **зда́ча 1**

ре́шт|ки, *only pl.*, ~ок

remnants, remains

adj. **жалюгі́дні** pitiful, **кри́хітні** tiny, **малі́** small, **убо́гі** meager; **ви́димі** visible, **значні́** significant, **окре́мі** separate, **фрагмента́рні** fragmentary; **обву́глені** charred, **спа́лені** burned ◊ **спа́лені р. пала́цу** the burned remnants of the palace; **лю́дські** human ◊ **Під час розко́пок археоло́ги наткну́лися на лю́дські р.** During the excavation, the archeologists stumbled upon human remains. **органі́чні** organic, **палеонтологі́чні** paleontological, **росли́нні** plant, **твари́нні** animal

v. + **р. відко́пувати р.** unearth remnants ◊ **Тут відкопа́ли р. староди́внього посе́лення.** Remnants of an ancient settlement were unearthed here. (**знахо́дити** find, **впізнава́ти** recognize, **ідентифі́кувати** identify; **ексгумува́ти** exhume; **вивча́ти** study, **огляда́ти** examine; **хова́ти** bury ◊ **Лю́дські р. похова́ли в бра́тській моги́лі.** The human remains were buried in a common grave. **розкида́ти по** + *L.* scatter around *(space)*; **пали́ти** burn); **живи́тися ~ками** feed on remnants ◊ **Він жи́виться ~ками ї́жі з місце́вих рестора́нів.** He feeds on food remnants from local restaurants.

р. + *v.* **зберіга́тися** survive ◊ **Фрагмента́рні р. руко́пису збереогли́ся до на́ших днів.** Fragmentary remnants of the manuscript survived till today. **лежа́ти** lie; **відно́ситися до** + *G.* date back to *(time period)* ◊ **Р. ри́мського житла́ відно́сяться до поча́тку пе́ршого столі́ття пі́сля Різдва́ Христо́вого.** The remnants of the Roman dwelling date back to the early 1st century A.D.

prep. **в ~ках** + *G.* in the remnants of sth ◊ **Ва́зу знайшли́ в ~ках затону́лого корабля́.** The vase was found in remnants of the sunk ship. **се́ред ~ок** among the remains ◊ **Вона́ наткну́лася на безці́нний перга́мент се́ред ~ок архі́ву.** She happened upon the priceless vellum among the remnants of the archive.

Also see **за́лишок 1, 2, руї́на 1**

ри́б|а, *f.*

1 fish; *also coll.*

adj. **вели́ка** large, **величе́зна** huge, **гіга́нтська** gigantic; **дрібна́** small, **кри́хітна** tiny, **мале́нька** *dim.* small, **невели́ка** small; **глибоково́дна** deepwater, **морська́** sea, **озе́рна** lake, **прісново́дна** freshwater, **річкова́** river; **аква́ріюмна** aquarium, **тропі́чна** tropical; **ди́ка** wild; **хи́жа** predatory; **відмі́нна** different, **рі́зна** various

n. + **р. згра́я ~и** *or* **риб** a school of fish (**запа́си** stocks ◊ **скра́йнє ви́снаження запа́сів ~и** extreme depletion of fish stocks; **ікра́** eggs, **популя́ція** population, **різно́вид** variety) ◊ **Да́ний різно́вид ~и коли́сь був поши́реним на пі́вночі о́бласти.** The given fish variety was once quite common in the north of the province.

v. + **р. лови́ти ~у** *only impf.* to fish ◊ **Дру́зі лови́ли ~у ці́лий ве́чір.** The friends fished for the entire evening. (**витяга́ти** land ◊ **Лі́на ви́тягнула трикілогра́мову ~у.** Lina landed a three-kilo fish. **злови́ти** *or* **налови́ти** *only pf.* catch ◊ **Скі́льки ~и ти налови́в учо́ра?** How many fish did you catch yesterday? **пійма́ти** *only pf.* catch ◊ **Вона́ за́вжди́ хоті́ла пійма́ти таку́ вели́ку ~у.** She always wanted to catch such a big fish. **розво́дити** breed ◊ **На фе́рмі розво́дять ко́ропа та і́ншу прісново́дну ~у.** They breed carp and other freshwater fish on the farm. **трима́ти** keep) ◊ **Він трима́є цю ~у в окре́мому ставку́.** He keeps this fish in a separate pond. ♦ **як р. в воді́** in one's element ◊ **У Мука́чеві Тетя́на була́, як р. в воді́, зна́ла ко́жну ву́лицю.** In Mukacheve, Tetiana was in her element, she knew every street. ♦ **мовча́ти, як р.** to be as quiet as a mouse; ♦ **лови́ти ~у в каламу́тній воді́** to fish in troubled waters; ♦ **йти** *or* **ходи́ти на ~у** to go fishing ◊ **Куди́ ви йде́те? – На ~у.** Where are you going? – Fishing.

р. + *v.* **води́тися** be found ◊ **Ця р. во́диться у прі́сній воді́.** The fish is found in fresh water. **клюва́ти** bite ◊ **Р. не клюва́ла.** The fish would not bite. **пла́вати** swim; **нерести́тися** spawn ◊ **Р. тут нерести́ться у тра́вні.** Fish spawn in May here.

Also see **лосо́сь**

2 fish *(as food)*

adj. **винятко́ва** exceptional, **до́бра** *or* **смачна́** tasty, **чудо́ва** wonderful; **екзоти́чна** exotic; **моро́жена** frozen, **сві́жа** fresh; **сира́** raw; **ва́рена** boiled, **ґрильо́вана** grilled, **начи́нена** stuffed, **пе́чена** baked, **сма́жена** fried, **тушко́вана** stewed; **ву́джена** smoked, **в'я́лена** cured, **консерво́вана** canned, **марино́вана** marinated, **со́лена** salted, **су́шена** dried; ♦ **ні р. ні м'я́со** neither fish, flesh, nor fowl

n. + **р. голова́ ~и** a fish head (**кі́стка** *or* **ость** bone, **філе́** fillet); **кава́лок р.** a bit of fish (**ку́сень** piece, **ку́сник** *dim.* piece, **шмато́к** chunk; **смак** taste)

v. + **р. ї́сти ~у** eat fish (**ма́ти** have; **потро́шити** gut, **чи́стити** clean ◊ **Іва́н почи́стив усю́ ~у.** Ivan cleaned all the fish. **вари́ти** boil, **готува́ти** prepare, **ґрилюва́ти** grill, **начиня́ти** stuff, **пекти́** bake, **сма́жити** fry, **тушкува́ти** stew; **ву́дити**

smoke, **в'я́лити** cure, **консервувáти** can, **маринувáти** marinate, **соли́ти** salt, **суши́ти** dry
р. + *v.* **смакувáти** taste ◊ **В'я́лена р. ди́вно смакувáла.** The cured fish tasted strange. **подóбатися** + *D.* be to sb's liking ◊ **Ї́й бíльше подóбається р., ніж м'я́со.** Fish is more to her liking than meat.
See **ї́жа.** *Also see* **кóроп 2**

рибáл|ити, ~ять; на~, *intr.*

to fish; *pf.* to catch some fish + *G.* ◊ **Де ви нарибáлили óкуня?** Where did you catch the perch? ◊ **Вонá люби́ла р. самá, без товари́ства.** She liked to fish alone, without company.
v + **р. вмíти** know how to ◊ **Оксáна вмíє р.** Oksana knows how to fish. **йти́** *or* **ходи́ти** go ◊ **Туди́ рíдко хто хóдить р.** People rarely go fishing there. **люби́ти** like to
(на)рибáль!

рибáл|ка, *m. and f.*

1 *m. and f.* fisherman, fisherwoman
adj. **вмíлий** skillful ◊ **Він – умíлий р.** He is a skillful fisherman. **дóбрий** good, **досвíдчений** experienced, **майстéрний** masterful, **затя́тий** avid, **при́страсний** keen; **кéпський** poor, **погáний** bad; **місцéвий** local
v. + **р. купувáти** + *A.* **в ~ки** buy sth from a fisherman ◊ **Вони́ купи́ли сóма в місцéвого ~ки.** They bought the catfish from a local fisherman. **бу́ти ~кою** be a fisherman (**ставáти** become) ◊ **Він став ~кою.** He became a fisherman.
v. + **р. впіймáти** *only pf.* catch sth, **лови́ти** + *A.* catch sth ◊ **Р. зловила два кóропи.** The fisherwoman caught two small carp.
2 *f., only sg., colloq.* fishing; fishing trip
adj. **дóбра** good ◊ **Швáґер обіця́в йому́ дóбру ~ку.** His brother-in-law promised him good fishing. **захóплива** exciting, **вдáла** *or* **успíшна** successful; **зимóва** winter ◊ **Він – люби́тель зимóвої ~ки.** He is a lover of winter fishing. **лíтня** summer; **спорти́вна** sport; **глибоковóдна** deep-sea, **морськá** sea; **леґáльна** legal, **нелеґáльна** illegal; **вчорáшня** yesterday's, **зáвтрашня** tomorrow's, **насту́пна** next, **остáння** last
v. + **р. люби́ти ~ку** like fishing ◊ **Вонá лю́бить морську́ ~ку.** She likes sea fishing. (**брáти** + *A.* **на** take sb ◊ **Макси́м узя́в на ~ку дочку́.** Maksym took his daughter fishing. **запрóшувати** + *A.* **на** invite sb for) ◊ **Сусíд запроси́в ї́х на глибоковóдну ~ку.** Their neighbor invited them for deep-sea fishing. **йти́** *or* **ходи́ти на ~ку** go fishing ◊ **Óльга чáсто ходи́ла на ~ку.** Olha often went fishing.
р. + *v.* **вдавáтися** be a success ◊ **Р. вдалáся на слáву.** The fishing was a wonderful success.
L. **на ~ці**, *G. pl.* **~ок**

ри́бн|ий, *adj.*

fish, of or pertaining to fish, piscatorial; fishing
р. + *n.* **р. корм** fish food (**ніж** knife, **ресторáн** restaurant ◊ **Тут відкри́ли р. ресторáн.** Here a fish restaurant was opened. **відділ** department ◊ **На ри́нку не булó ~ого вíдділу.** There was no fish department in the market. **ри́нок** market; **смак** taste, **сóус** sauce; **ставóк** pond); ♦ **р. прóмисел** fishing industry, fishery; **~а головá** a fish head (**кíстка** *or* **ость** bone; **консéрва** can ◊ **Він узя́в із собóю три ~і консéрви.** He took three fish cans. **стрáва** dish, **ю́шка** soup), **~а промислóвість** fishing industry ◊ **Мíсто стáло цéнтром ~ої промислóвости краї́ни.** The city became a fishing industry center of the country. **~е філé** a fish fillet
Cf. **ри́б'ячий 1**

риболовéцьк|ий, *adj.*

fishing, of or pertaining to fishing industry
р. + *n.* **р. док** a fishing dock ◊ **Р. док перетвори́вся на популя́рний променáд.** The fishing dock transformed into a popular promenade. (**контéйнер** container, **порт** port, **флот** fleet); **~а зóна** a fishing zone (**промислóвість** industry, **сíть** net); **~е містéчко** a fishing town (**суднó** vessel) ◊ **Бíженців підібрáло ~е суднó.** A fishing vessel picked up the refugees.
Cf. **рибáльський**

ри́б'яч|ий, *adj.*

1 fish, of or pertaining to fish
р. + *n.* ♦ **р. жир** cod-liver oil, **р. зáпах** fish smell ◊ **Вонá хотíла позбу́тися ~ого зáпаху.** She wanted to get rid of the fish smell. (**клей** glue; **хвіст** tail); **~а луска́** fish scales (**ю́шка** soup); **~е óко** a fish eye (**тíло** body)
Cf. **ри́бний**
2 *fig.* cold, emotionless, indifferent ◊ **На йогó ~ому облúччі не булó почуттíв.** There were no feelings on his cold face. ◊ **Катери́ні стáло ні́яково від цієї люди́ни з ~ими очи́ма.** Kateryna felt ill at ease from this person with emotionless eyes.

ри́зик, *m.,* **~у**

risk + *G. or inf.*
adj. **вели́кий** great, **величéзний** enormous, **висóкий** high ◊ **висóкий р. інфікáції ВІЛ** a high risk of HIV infection; **значни́й** significant, **надзвичáйний** extraordinary, **серйóзний** serious, **смертéльний** mortal ◊ **смертéльний р. згорíти в пожéжі** the mortal risk of burning in a fire; **страшни́й** terrible, **шалéний** insane ◊ **Мíсія пов'я́зана з шалéним ~ом для життя́.** The mission involves an insane risk to life. **мали́й** small, **мінімáльний** minimal, **невели́кий** minor, **незначни́й** insignificant; **реáльний** real, **спрáвжній** genuine; **гіпотети́чний** hypothetical, **теорети́чний** theoretical; **можли́вий** possible, **потенці́йний** potential; **все бíльший** increasing, **додаткóвий** additional, **підви́щений** increased; **все мéнший** diminishing, **змéншений** decreased; **загáльний** overall; **осóбистий** personal; **віднóсний** relative, **позíрний** seeming, **уя́вний** imaginary; **ви́правданий** justified, **необхíдний** necessary; **помíрний** reasonable, **прийня́тний** acceptable; **неуни́кний** inevitable; **неви́правданий** unjustified, **непотрíбний** unnecessary, **неприйня́тний** unacceptable; **звáжений** calculated; **економíчний** economic, **фінáнсовий** financial; **політи́чний** political
р. + *n.* **р. захвóрювання** a risk of sickness (**ВІЛ** HIV, **інсу́льту** stroke, **зарáження** infection, **КÓВІДу-19** COVID-19, **отру́єння** food poisoning, **порáнення** injury, **рáку** cancer, **самогу́бства** suicide, **серцéвого нáпаду** heart attack, **смéрти** death, **СНІДу** AIDS; **втéчі** flight; **нáпаду** attack)
n. + **р. елемéнт ~у** an element of risk (**рíвень** level) ◊ **Рíвень реáльного ~у в експеримéнті помíрний.** The level of real risk in the experiment is moderate. **анáліз ~у** a risk analysis (**оцíнка** assessment; **збíльшення** increase; **змéншення** reduction; **гру́па** group; **чи́нник** factor) ◊ **Налéжало врахувáти всі чи́нники ~у.** All the risk factors needed to be taken into account.
v. + **р. брáти (на сéбе) р.** take a risk ◊ **Вонá взялá (на сéбе) звáжений р.** She took a calculated risk. (**йти на** run ◊ **Вони́ йшли на р. утрáтити робóту.** They ran the risk of losing their job. **нести́** carry ◊ **Нові ліки несу́ть мінімáльний р.** The new drug carries a minimal risk. **представля́ти** present, **станови́ти** pose, **ствóрювати для** + *G.* create for sb ◊ **Змíна погóди ствóрює серйóзний р. для альпіні́стів.** The change of weather creates a serious risk for the mountain-climbers. **знáти** know, **розумíти** understand, **усвідóмлювати** realize; **визначáти** determine, **звáжувати** weigh, **оцíнювати** assess; **збíльшувати** increase, **подвóювати** double, **поси́лювати** heighten; **змéншувати** decrease, **мінімалізувáти** minimize, **послáблювати** lessen; **ліквідувáти** eliminate); **бу́ти ~ом** be a risk ◊ **Курíння зáвжди́ булó ~ом для курця́.** Smoking always was a risk to the smoker. (**вважáти** + *A.* consider sth ◊ **Керівни́к вважáє її́ у́часть ~ом для проéкту.** The director considers her participation to be a risk for the project. **залишáтися** remain; **ставáти** become; **бу́ти пов'я́заним з** involve) ◊ **Будівни́цтво пов'я́зане з реáльним ~ом для середóвища.** The construction involves a real environmental risk.
р. + *v.* **існувáти** exist ◊ **Існувáв р. отру́єння підзéмних вод.** There existed a risk of underground water contamination.
prep. **без ~у** without a risk; **з ~ом для** + *G.* at the risk of sth ◊ **з ~ом для життя́** at the risk of life; **з óгляду на р.** + *G. or inf.* in view of the risk of sth ◊ **Він зупини́вся з óгляду на р. бу́ти помíченим.** He stopped in view of the risk of being spotted. ♦ **на свій страх і р.** at one's own peril; **під р.** + *G. dir.* at the risk of sth ◊ **Йогó зрáда стáвила під р. всю оперáцію.** His betrayal put the entire operation at risk. **під ~ом** + *G. posn.* at the risk of sth ◊ **Вони́ працю́ють під ~ом ви́крадення.** They work at the risk of being kidnapped. **р. для** + *G.* risk to sb/sth ◊ **У її́ вíці жи́рна дíєта станóвить р. для здорóв'я.** At her age, a fatty diet poses a risk to her health.
Also see **загрóза 1, небезпéка**

ризикну́|ти, *pf., see* **ризикувáти**

to take a risk, *etc.* ◊ **Ніхтó не ~в ви́йти з зáли.** Nobody risked leaving the auditorium.

ризикóван|ий, *adj.*

risky, hazardous
adv. **вкрай** extremely, **ду́же** very, **особли́во** particularly; **все бíльше** increasingly; **дéщо** somewhat, **дóсить** rather, **достáтньо** sufficiently, **мінімáльно** minimally, **трóхи** a bit; **потенці́йно** potentially; **за ви́значенням** by definition ◊ **Пóдорожі повітря́ною ку́лею є за ви́значенням ~ою спрáвою.** Travels by a hot-air balloon are by definition a risky business. **економíчно** economically, **політи́чно** politically, **фінáнсово** financially
v. + **р. бу́ти ~им** be risky (**вважáти** + *A.* consider sth, **вигля́дáти** look ◊ **Нови́й зáдум вигляда́в ~им.** The new design looked risky. **здавáтися** + *D.* seem to sb) ◊ **Її́ інвестиці́йний портфéль лишé здає́ться ~им.** Her investment portfolio only seems risky.
prep. **р. для** + *G.* risky to sb ◊ **Цей вид спóрту вважáють ~им для початкíвців.** This sport is considered risky to beginners.
Also see **небезпéчний**

ризику|вáти, ~ють; ризикн|у́ти, ~у́ть, *intr.*

to risk, take a risk + *I.*
adv. **ду́же** very much ◊ **Він ду́же ~є репутáцією.** He puts his reputation at great risk. **серйóзно** seriously ◊ **Вибирáючи цю дорóгу, вони повáжно ~вали.** Choosing this road, they were taking a serious risk. **реáльно** really; **спрáвді** truly, **нави́мсне** on purpose, **свідóмо** consciously
v. + **р. бу́ти готóвим** be ready to; **бу́ти лáдним** be willing to ◊ **Мико́ла лáден ризикну́ти начáльниковою прихи́льністю і сказáти прáвду.** Mykola was willing to risk his boss's fondness and tell the truth. **виріш́увати** decide to; **відмовля́тися** refuse to; **могти́** can ◊ **Вонá не моглá р. всім.** She could not risk everything. **хотíти** want to
ризику́й! ризикни́!

ри́м|а, *f.*

rhyme
adj. **несподíвана** unexpected, **ориґінáльна** unconventional; **внутрíшня** internal; **банáльна** banal, **заї́жджена** hackneyed, **невдáла** infelicitous, **погáна** bad; **дактилíчна** dactylic; **жінóча** feminine, **чоловíча** masculine

v. + **р. вдава́тися до ~и** resort to a rhyme ◊ **Вона́ ча́сто вдає́ться до вну́трішньої ~и.** She often resorts to an internal rhyme. **кори́стува́тися ~ою** use a rhyme (**писа́ти** write in) ◊ **П'є́су він написа́в доскона́лою ~ою.** He wrote the play in a perfect rhyme.
Also see **вірш, пое́зія, поє́ма 1**

ри́нков|ий, *adj.*
market, of or pertaining to market
р. + *n.* **р. день** a market day ◊ **Субо́та була́ ~им днем у мі́сті.** Saturday was a market day in the city. (**механі́зм** mechanism; **по́пит** demand; **се́ктор** sector; **соціялі́зм** socialism); **~а пло́ща** a market square (**ва́ртість** value; **нестабі́льність** volatility; **пози́ція** position; **тенде́нція** trend; **ціна́** price); **~е мі́сто** a market city ◊ **У Середньові́ччі Ду́бно було́ важли́вим ~им мі́стом.** In the Middle Ages, Dubno was an important market city. (**господа́рство** economy; **дослі́дження** research; **реґулюва́ння** regulation; **середо́вище** environment); **~і відно́сини** market relations (**інститу́ції** institutions; **умо́ви** conditions)

ри́н|ок, *m.*, **~ку**
1 market, marketplace
adj. **вели́кий** big, **величе́зний** huge, **просто́рий** spacious; **нови́й** new, **стари́й** old; **відкри́тий** open-air, **закри́тий** covered; **блоши́ний** flea ◊ **Сі́рбні виде́лки він знайшо́в на блоши́ному ри́нку.** He found the silver forks at a flea market. **м'ясни́й** meat, **ри́бний** fish; **овоче́вий** vegetable, **ярино́вий** *Gal.* vegetable, **фрукто́вий** fruit; **антиква́рний** antique; **місько́й** city, **сільськи́й** village; **фе́рмерський** farmers'
v. + **р. відкрива́ти р.** open a market ◊ **У павільйо́ні відкри́ли м'ясни́й р.** A meat market was opened in the pavilion. (**організо́вувати** organize, **прово́дити** hold ◊ **Фе́рмерський р. прово́дять щочетверга́.** The farmers' market is held every Thursday. **везти́** + *A.* **на** take sth to ◊ **Вони́ вози́ли карто́плю на р.** They took potatoes to the market. **ходи́ти на** go to)
prep. **на р.** *dir.* to a market; **на ~ку** *posn.* at/in a market ◊ **На антиква́рному ~ку продаю́ть старі́ ма́пи.** Old maps are sold in the antiques market.
2 market *(business, consumer)*
adj. **вели́кий** big, **величе́зний** huge, **ви́гідний** lucrative, **потенці́йний** potential, **хоро́ший** good; **торго́вий** commercial; **акти́вний** active, **жва́вий** lively, **си́льний** strong; **ке́пський** poor, **мізе́рний** negligible ◊ **Мі́сто має́ мізе́рний р. житла́.** The city has a negligible housing market. **невели́кий** small, **обме́жений** limited, **пога́ний** bad; **в'я́лий** sluggish, **слабки́й** weak; **стабі́льний** stable, **ста́лий** steady; **вну́трішній** internal, **зо́внішній** external, **місце́вий** local, **націона́льний** national, **реґіона́льний** regional; **ґлоба́льний** global, **закордо́нний** foreign, **замо́рський** overseas, **міжнаро́дний** international; **цільови́й** target ◊ **Цільови́м ~ком комп'ю́тера є шко́ли.** Schools are the target market of the computer. **єди́ний** single, **спі́льний** common; **гуртови́й** wholesale; **роздрі́бни́й** retail; **спожи́вчий** consumer; **ві́льний** free; **чо́рний** black; **валю́тний** currency, **грошови́й** money, **економі́чний** economic, **креди́тний** credit, **майнови́й** property, **това́рний** commodity, **фіна́нсовий** financial; **е́кспортний** export; **автомобі́льний** car, **комп'ю́терний** computer, **ме́блевий** furniture
р. + *n.* **р. енергоносії́в** the energy market (**житла́** housing, **капіта́лу** capital, **нарко́тиків** drugs; **нерухо́мости** real estate; **пра́ці** job, **робо́чої си́ли** labor)
р. + *clause*: **р., що виникає** an emerging market ◊ **На поча́тку 1990-х краї́на була́ так зва́ним ~ком, що виника́є.** In the early 1990s, the country was a so-called emerging market. (**зроста́є** growing, **розширя́ється** expanding; **скоро́чується** shrinking) ◊ **Вони́ веду́ть бі́знес на ~ку, що скоро́чується.** They conduct business in a shrinking market.
v. + **р. запо́внювати р.** flood a market ◊ **Кита́й запо́внив спожи́вчий р. деше́вими това́рами.** China has flooded the consumer market with cheap merchandise. (**захо́плювати** capture ◊ **Ба́нк захопи́в місце́вий р. нерухо́мости.** The bank captured the local real estate market. **контролюва́ти** control ◊ **Вони́ факти́чно контролю́ють реґіона́льний р. робо́чої си́ли.** They effectively control the regional labor market. **опано́вувати** dominate; **обслуго́вувати** serve; **постача́ти** + *I.* supply with sth ◊ **Три нафтоперерóбні заво́ди постача́ють бензи́ном весь націона́льний р.** The three oil refineries supply the entire national market with petroleum. **ство́рювати** create ◊ **Вони́ створи́ли вну́трішній р. украї́нському фі́льмові.** They created a home market for the Ukrainian movies. **викида́ти** + *A.* **на** dump sth on; **вихо́дити на** come onto ◊ **Нова́ моде́ль комп'ю́тера ви́йде на р. за мі́сяць.** The new computer model will come onto the market in a month. **прорива́тися на** break into); **маніпулюва́ти ~ком** manipulate a market ◊ **Зако́н не дає монопо́ліям маніпулюва́ти ~ком капіта́лів.** The law does not allow monopolies to manipulate the capital market.
р. + *v.* **відкрива́тися** open up; **дозріва́ти** mature; **зроста́ти** grow ◊ **Р. автозапчасти́н зроста́є на 5% що́року.** The auto spare parts market grows 5% each year. **процвіта́ти** boom ◊ **Чо́рний р. медикаме́нтів процвіта́в че́рез урядо́ву кору́пцію.** The pharmaceuticals black market was booming due to the government corruption. **розвива́тися** develop; **занепада́ти** decline, **зме́ншуватися** shrink, **розва́люватися** collapse; **реаґува́ти на** + *A.* react to sth ◊ **Світові́ ~ки зареаґува́ли на вто́ргнення США до Іра́ку.** World markets reacted to the US invasion of Iraq.
prep. **на р.** *dir.* on a market ◊ **Краї́на ви́йшла на європе́йський р.** The country has entered the European market. **на ~ку** *posn.* on a market ◊ **Цей това́р нелегко знайти́ на ~ку.** The merchandise is not easy to find in the market. **р. на** + *A.* market for sth ◊ **У мі́сті існува́в жва́вий р. на вжи́вані а́вта.** There was a lively market for used cars in the city.

рис, *m.*, **~у**, *only sg.*
1 rice *(plant)*
v. + **р. виро́щувати р.** grow rice ◊ **Крим є реґіо́ном Украї́ни, де традиці́йно виро́щують р.** The Crimea is the region of Ukraine where rice has been traditionally grown. (**вдо́брювати** fertilize, **зро́шувати** irrigate, **культивува́ти** cultivate, **збира́ти** harvest)
See **зерно́ 1.** *Cf.* **жи́то, пшени́ця**
2 *coll.* rice *(food item)*
adj. **ва́рений** boiled, **липу́чий** sticky ◊ **Він навчи́вся вари́ти липу́чий япо́нський р.** He learned to cook sticky Japanese rice. **па́рений** steamed, **пропа́рений** parboiled, **сма́жений** fried; **ди́кий** wild; **бі́лий** white, **бруна́тний** brown, **черво́ний** red; **довгозерни́стий** long-grain, **круглозерни́стий** short-grain; **ясми́новий** jasmine; **органі́чний** organic; ♦ **р.-басма́ті** basmati rice
n. + **р. зерни́на** *or* **зерно́ ~у** a grain of rice (**горня́** bowl, **ло́жка** spoonful, **міш́о́к** sack, **торби́нка** bag)
v. + **р. вари́ти** cook *or* boil rice (**ошпа́рювати** scald, **сма́жити** fry; **зці́джувати** drain, **промива́ти** wash ◊ **Ошпа́рений р. слід проми́ти холо́дною водо́ю.** The scalded rice should be washed in cold water. **кла́сти** put ◊ **Він покла́в у тарі́лку дві ло́жки ди́кого ~у.** He put two spoonfuls of wild rice in the plate. **наклада́ти** load, **насипа́ти** pile, put) ◊ **О́ля наси́пала йому́ тарі́лку ~у.** Olia piled a plate of rice for him.
Also see **крупа́**

ри́с|а, *f.*
1 trait, feature, quality, characteristic
adj. **важли́ва** important, **відмі́нна** distinguishing, **головна́** principal, **зага́льна** general ♦ **в зага́льних ~ах** in a general outline ◊ **Вона́ в зага́льних ~ах розповіла́ про свій за́дум.** She told about her idea in its general outline. **засадни́ча** basic ◊ **Че́сність – це засадни́ча р. до́брого журналі́ста.** Integrity is the basic feature of a good journalist. **ключова́** key, **сутте́ва** essential, **типо́ва** typical, **характе́рна** characteristic, **центра́льна** central; **видатна́** outstanding, **вира́зна** distinctive ◊ **вира́зна р. ора́торського сти́лю полі́тика** a distinctive feature of the politician's speaking style; **доміна́нтна** dominant ◊ **Поє́дна́ння бі́лого з бірюзо́вим – доміна́нтна р. украї́нського баро́ка.** The combination of white and turquoise is the dominant feature of the Ukrainian baroque. **помі́тна** noticeable, **чітка́** clear, **яскра́ва** vivid; **ба́жана** desirable, **га́рна** nice, **зави́дна** enviable, **позити́вна** positive, **прива́блива** attractive, **улю́блена** favorite, **хоро́ша** fine, **ціка́ва** interesting, **особли́ва** special; **ди́вна** strange, **дивови́жна** amazing, **незвича́йна** unusual; **автенти́чна** authentic, **непо́вто́рна** inimitable, **оригіна́льна** original, **своєрі́дна** unconventional, **уніка́льна** unique; **спі́льна** shared; **жахли́ва** terrible, **ке́пська** poor, **неґати́вна** negative, **похму́ра** grim, **приголо́мшлива** shocking, **при́кра** regrettable ◊ **Нова́ програ́ма має́ дві при́крі ~и.** The new software has two unfortunate features. **лю́дська́** human; **архітекту́рна** architectural, **географі́чна** geographical, **геологі́чна** geological, **геополіти́чна** geopolitical, **культу́рна** cultural, **структу́рна** structural, **топографі́чна** topographical; **граматична** grammatical, **діяле́ктна** dialectal, **лекси́чна** lexical, **мо́вна** linguistic, **морфологі́чна** morphological, **стилісти́чна** stylistic, **фонети́чна** phonetic
v. + **р. включа́ти ~у** incorporate a feature (**виявля́ти** reveal ◊ **Іме́нник виявля́є цю морфологі́чну ~у в місце́вому відмі́нку однині́.** The noun reveals this morphological trait in the locative case singular. **демонструва́ти** demonstrate; **ма́ти** have, **посіда́ти** possess ◊ **І́гор посіда́в рі́дкісну ~у – слу́хати і́нших.** Ihor possessed a rare feature, the capacity to listen to others. **поді́ля́ти з** + *I.* share with sb ◊ **Цю топографі́чну ~у Ки́їв поді́ляє з Ри́мом і Пари́жем.** Kyiv shares this topographical trait with Rome and Paris. **вка́зувати на** point out to); **бракува́ти ~и** lack a trait ◊ **Їй бра́кує тако́ї ~и, як зда́тність співпережива́ти.** She lacks such a trait as the capacity for empathy.
р. + *v.* **відрізня́ти** + *A.* distinguish sth ◊ **р., що відрізня́є етні́чне громадя́нство від політи́чного** a feature that distinguishes ethnic citizenship from a political one; **впада́ти** + *D.* **в о́ко** catch sb's eye ◊ **Ця р. місце́вого клі́мату пе́ршою впада́є в о́ко.** This trait of the local climate is the first to catch the eye. **бу́ти притама́нною** + *D.* be typical of sb/sth ◊ **Зга́дана р. притама́нна инди́кам.** The mentioned feature is typical of turkeys. **характеризува́ти** + *A.* characterize sb/sth; **дозволя́ти** + *D.* allow sb/sth ◊ **Р. дозволя́є апара́тові дола́ти серйо́зні перешко́ди.** The feature allows the machine to overcome serious obstacles. **уможли́влювати** + *A.* + *D.* make sth possible for sb ◊ **Р. уможли́влює до́ступ до ба́зи да́них ко́жному користува́чеві.** The feature makes access to the data base possible for every user.
Also see **бік 3, власти́вість, знак 3, на́хил 2, озна́ка 1, ри́ска 2, симпто́м 2, струна́ 2, хара́ктер 3, характери́стика 1, я́кість 2**
2 feature, face, countenance, *often pl.*
adj. **га́рна** beautiful ◊ **Він милува́вся га́рними ~ами Наді́їного обли́ччя.** He was admiring the beautiful features of Nadiia's face. **краси́ва** pretty, **прива́блива** attractive, **чудо́ва** wonderful; **аристократи́чна** aristocratic, **шляхе́тна** noble;

ви́тончена refined, делікáтна delicate, ні́жна soft, субтéльна subtle, тонкá fine; жіно́чна feminine; му́жня virile; чолові́ча masculine, хлоп'я́ча boyish; разю́ча striking; го́стра sharp, орли́на aquiline, яструби́на hawklike; рі́зьблена chiselled
р. + n. ~и обли́ччя facial features; ~и харáктеру features of character
v. + р. мáти ~и have features ◊ В ю́ності Івáн мав ні́жні ~и. In his youth, Ivan had soft features. (пом'я́кшувати soften) ◊ Усмі́шка пом'я́кшила його́ суво́рі ~и. The smile softened his stern countenance.
prep. з ~ами with features ◊ чолові́к з яструби́ними ~ами a man with hawklike features.
See обли́ччя. *Also see* лицé 1
3 line, stroke, slash ◊ Вонá провелá під у́ступом жи́рну ~у. She drew a thick line under the paragraph.
See лі́нія 1. *Also see* ри́ска 2

ри́с|ка, *f.*
1 dash, hyphen
adj. коро́тка short, малéнька small, непомі́тна unnoticeable; до́вга long, жи́рна bold; подві́йна double
v. + р. вставля́ти ~ку insert a dash ◊ Між двомá словáми трéба встáвити ~ку. A dash needs to be inserted between the two words. (писáти + *A.* чéрез write sth with) ◊ Подві́йні прі́звища в украї́нській пи́шуть чéрез ~ку. Double family names in Ukrainian are written with a hyphen.
2 *dim.* line ◊ Подві́йна р. відділя́ла два за́писи. A double line separated the two entries.
See лі́нія 1, ри́са 3
3 crumb, bit, speck ◊ Два дні вони́ й ~ки в ро́ті не мáли. For two days, they had not had a crumb of food.
See кри́хта 1, кри́шка[2]
L. на ~ці, *G. pl.* ~ок

ри́|ти, ~ють; ви́~, *tran.*
1 to dig, excavate, furrow + *I.* by/with
adv. глибо́ко deep, енергі́йно vigorously, затя́то relentlessly, упéрто doggedly; лéгко easily, шви́дко quickly ◊ Водá шви́дко ви́рила канáву в снігу́. Warm water quickly dug a ditch in the snow.
р. + *n.* р. канáву dig a ditch (нору́ burrow ◊ Лиси́ця ви́рила під ду́бом нору́. A fox dug a burrow under the oaktree. тунéль tunnel, фундáмент foundation, я́му pit); р. зéмлю dig the earth (пісо́к sand, сніг snow); р. екскавáтором dig by an excavator (копи́том hoof, лáпою paw ◊ Пес став р. лáпами зéмлю. The dog started digging the earth with his paws. ри́лом snout, рукáми hands)
Cf. копáти 1
2 dig out, extract from earth; *pf.* на~ *(a certain amount)*
р. + *n.* р. буряки́ dig beets ◊ Щорáнку вони́ йшли на по́ле р. буряки́. Every morning, they went to the field to dig beets. (карто́плю potatoes, мо́ркву carrots, ко́рінь петру́шки parsley root)
Also see копáти 2
3 *fig.* to scheme, plot, connive against, dig up dirt on ◊ Пі́сля су́тички пáні Т. почалá р. на колéґу. After the clash, Mrs. T. began to dig up dirt on her colleague. ♦ р. + *D.* я́му to scheme against sb ◊ Він ~є я́му но́вому економі́стові, бо хо́че зайня́ти його́ мі́сце. He is scheming against the new economist, for he wants to take his place.
adv. впéрто doggedly, злі́сно wickedly, невто́мно tirelessly, послідо́вно consistently, пості́йно constantly, терпля́че patiently
prep. р. на + *A.* dig up dirt on sb against sb; р. про́ти + *G.* scheme against sb ◊ Óльга знáла, що цей тип ~є про́ти нéї. Olha knew that this character schemed against her.
Also see копáти 3
pa. pple. ви́ритий dug out, excavated
(ви́)рий!

ри́|тися; по~, *intr.*
to rummage, ransack, delve, ferret around
adv. гарячко́во frenetically ◊ Пили́п гарячко́во ~вся в шухля́ді. Pylyp rummaged frenetically in thedrawer. до́вго long; нерво́во nervously, тро́хи a bit ◊ Тро́хи пори́вшись у су́мці, вонá ви́тягла гаманéць. Having rummaged in her handback a bit, she pulled her wallet out.
prep. р. в + *L.* rummage in sth ◊ р. в архі́вах rummage in archives (докумéнтах documents, за́писах records; кишéні pocket; кни́жці book; су́мці bag)
See шукáти 1

ритм, *m.*, ~у
rhythm; *also fig.* pace, rate
adj. пові́льний slow, розмі́рений measured, шви́дки́й fast; доскона́лий perfect, хоро́ший good; пості́йний constant, реґуля́рний regular, стáлий steady ◊ стáлий р. її пу́льсу a steady rhythm of her pulse; нереґуля́рний irregular, нері́вний uneven, рвучки́й staccato, синкопо́ваний syncopated; складни́й complicated; важки́й heavy, си́льний strong; легки́й light; нормáльний normal ◊ Сéрце би́лося в нормáльному ~і. The heart was beating in a normal rhythm. приро́дний natural; пульсу́ючий pulsing, африкáнський African, лати́нський Latino, танцювáльний dance ◊ Тимі́ш підібрáв кі́лька пісéнь у танцювáльному ~і. Tymish selected a few songs in a dance rhythm. біологі́чний biological, дéнний daily, добови́й circadian; серцéвий heart
n. + р. брак ~у a lack of rhythm (відчуття́ sense) ◊ Він посідáв приро́джене відчуття́ ~у. He possessed an inborn sense of rhythm.
р. + *n.* р. мело́дії the rhythm of a melody (пі́сні song, тáнцю dance ◊ Він перестáв відчувáти р. тáнцю. He stopped feeling the rhythm of the dance. гопакá hopak, тáнґа tango, фламéнка flamenco, *etc.*; життя́ *fig.* life ◊ Р. життя́ в мі́сті шалéний. The rhythm of life in the city is insane. підгото́вки *fig.* preparation, прáці *fig.*work, тренувáння *fig.* training) ◊ Вонá задалá висо́кий р. тренувáння. She set a high training pace.
v. + р. мáти р. have a rhythm (вистýкувати beat out ◊ Він висту́кував р. му́зики. He was beating out the rhythm of music. відчувáти feel, знахо́дити find, ство́рювати create ◊ Гул двигунá ство́рював влáсний розмі́рений р. The hum of the engine created its own measured rhythm. тримáти maintain ◊ Андрі́й лéдве тримáв р. тáнцю. Andrii barely maintained the rhythm of the dance. губи́ти lose, ламáти break, перебивáти disrupt; вхо́дити в get into ◊ Вони́ не одрáзу ввійшли́ в р. му́зики. They did not at once get into the rhythm of the music. потрапля́ти в fall into; плéскати в clap to); тримáтися ~у follow the rhythm; бу́ти в ~і be in the rhythm (лишáтися в stay in) ◊ Ко́жен інструмéнт лишáвся в ~і компози́ції. Every instrument stayed in the rhythm of the composition.
prep. без ~у without rhythm ◊ Вірш без ~у. The poem is without rhythm. в р. *dir.* in rhythm ◊ Вони́ крокувáли в р. однé з о́дним. They walked in rhythm with one another. в ~і *posn.* in rhythm ◊ Мело́дія напи́сана в лати́нському ~і. The melody is written in the Latin rhythm. під р. to a rhythm ◊ Вони́ танцювáли під синкопо́ваний р. сáльси. They danced to the syncopated rhythm of salsa.
Also see такт[1]

ритмі́чн|ий, *adj.*
rhythmic
р. + *n.* р. монтáж a rhythmic montage (нáголос *ling.* stress, тáнець *and* танóк dance); ~а компози́ція a rhythmic composition (му́зика music, пáвза pause, п'є́са piece, пі́сня song, структу́ра structure); ~е ди́хання a rhythmic breathing (скоро́чення сéрця heart contraction); ~і впрáви rhythmic exercises

рито́ри|ка, *f., only sg.*
rhetoric
adj. аґреси́вна aggressive, висо́ка lofty, войовни́ча militant, запальнá inflammatory, поту́жна powerful, радикáльна radical; безсоро́мна shameless, брехли́ва deceptive, популі́стська populist ◊ Її популі́стська р. мáло кого́ вво́дить в омáну. There are few people who are fooled by her populist rhetoric. поро́жня empty; антиурядо́ва anti-government, ви́борча election, націоналісти́чна nationalist, патріоти́чна patriotic, політи́чна political, революці́йна revolutionary, релігі́йна religious, українофо́бська Ukrainophobic, шовіністи́чна chauvinist; квáзипатріоти́чна quasi-patriotic; офіці́йна official, урядо́ва government; знайо́ма familiar ◊ Усé скáзане – знайо́ма р. полі́тика. All that was said is the familiar rhetoric of a politician. пацифі́стська pacifist; поети́чна poetic
v. + р. використо́вувати ~ку use rhetoric ◊ Він використо́вує запальну́ ~ку. He uses an inflammatory rhetoric. (застосо́вувати employ; приймáти adopt; викривáти unmask) ◊ Він ви́крив квáзипатріоти́чну ~ку опонéнта. He unmasked her opponent's quasi-patriotic rhetoric. вдавáтися до ~ки resort to rhetoric ◊ Провідники́ пáртії вдаю́ться до шовіністи́чної ~ки. The party leaders resort to a chauvinist rhetoric.
prep. у ~ці in sb's rhetoric ◊ У ї́хній ви́борчій ~ці немáє нічо́го ново́го. There is nothing new in their election rhetoric. за ~кою behind sb's rhetoric ◊ За пацифі́стською ~кою кри́лися злі нáміри. Evil intentions hid behind the pacifist rhetoric. незважáючи на ~ку despite sb's rhetoric; під ~кою beneath sb's rhetoric

ритуáл, *m.*, ~у
ritual
adj. архаї́чний archaic, ві́чний perennial, дáвній age-old, допото́пний antediluvian, стари́й old, старода́вній ancient, традиці́йний traditional; вечі́рній nightly ◊ Гра в кáрти булá ї́хнім вечі́рнім ~ом. Playing cards was their nightly ritual. ранко́вий morning, щодéнний daily; сімéйний family, плéмінни́й tribal; студéнтський student; малéнький little; свящéнний sacred, урочи́стий solemn; поро́жній empty; таємни́й secret; ди́вний strange; дику́нський savage, жорсто́кий cruel, сатани́нський satanic, страшни́й scary; шамáнський shamanic; магі́чний magic; мусульмáнський Muslim, правослáвний (Christian) Orthodox, релігі́йний religious, христия́нський Christian; юдéйський Jewish ◊ Ця сучáсна прáктика веде́ почáток від дáвнього юдéйського ~у. The modern-day practice traces its beginning to an age-old Jewish ritual. приміти́вний primitive; язи́чницький pagan; публі́чний public, соціáльний social; жало́бний mourning, похова́льний burial; очи́щувальний cleansing; обов'язко́вий obligatory ◊ Кáва з канáпками – ї́хній ранко́вий р. Coffee and sandwiches is their morning ritual.
v. + р. вико́нувати р. perform a ritual ◊ Батьки́ ви́конали р. благословéння молодя́т. The parents performed the ritual of blessing the newlyweds. (відправля́ти enact, прово́дити hold; закі́нчувати complete; починáти begin; забороня́ти ban; прохо́дити чéрез undergo; перетво́рювати + *A.* на turn sth into) ◊ Він перетвори́в приготувáння варéників на р. He turned the preparation of dumplings into a ritual. дотри́муватися ~у follow a ritual ◊ Вони́ дотри́мувалися ~у посвя́чення в студéнти. They followed the ritual of student initiation. бу́ти ~ом be a ritual (лишáтися remain ◊ Зби́рання полуни́ць лишáється її улю́бленим лі́тнім ~ом. Strawberry picking remains her favorite summer ritual. ставáти become) ◊ Відві́дини капли́ці стáли її таємним ~ом. The visit to the chapel

became her secret ritual.
р. + *v.* **відбува́тися** occur ◊ **Жало́бний р. відбу́вся в капли́ці.** The mourning ritual occurred in the chapel. **прохо́дити** be underway
prep. **за ~ом** by a ritual ◊ **Хре́щення бу́де за правосла́вним ~ом.** The baptism will be by the (Christian) Orthodox ritual. **у ~і** in a ritual ◊ **архаї́чні елеме́нти у весі́льному ~і** archaic elements in the wedding ritual
Also see **церемо́нія**

р|ів, *m.*, ~о́ву
ditch, moat, fosse
adj. **вузьки́й** narrow, **глибо́кий** deep ◊ **Навко́ло за́мку ви́копано глибо́кий р.** Around the castle, a deep moat was dug out. **широ́кий** wide, **мілки́й** shallow ◊ **Автівка застря́гла в мілко́му ~ову́ край доро́ги.** The car got stuck in a shallow ditch by the side of the road. **захисни́й** defensive; **протита́нковий** anti-tank
v. + **р. вико́пувати р.** dig out a ditch (**засипа́ти** fill ◊ **Він заси́пав р. землею.** He filled the ditch with dirt. **погли́блювати** deepen, **розши́рювати** widen) ◊ **Вояки́ розши́рили р.** The soldiers widened the ditch. **обво́дити** + *A.* **~ом** moat sth ◊ **Мі́сто обвели́ ~ом.** The city was moated.
prep. **у р.** *dir.* in/to a ditch ◊ **Вона́ стрибну́ла в р.** She jumped in the ditch. **у ~ову́** *posn.* in a ditch ◊ **У ~ову́ було́ тро́хи води́.** There was some water in the ditch.
N. pl. **~ови́**

рів|ень, *m.*, ~ня
1 level, rank, degree
adj. **безпрецеде́нтний** unprecedented ◊ **Політи́чна поляриза́ція в краї́ні сягну́ла безпрецеде́нтного ~ня.** The political polarization in the country reached an unprecedented level. **висо́кий** high, **значни́й** significant, **максима́льний** maximal, **недося́жний** unattainable, **рекордний** record, **все ви́щий** increasing, **надмі́рний** excessive; **мали́й** small, **мізе́рний** negligible, **мініма́льний** minimal, **низьки́й** low; **відчу́тний** palpable, **помі́тний** noticeable, **помірко́ваний** moderate; **змі́нний** varying; **ба́жаний** desirable ◊ **ба́жаний р. у́части студе́нтів** the desired level of student participation; **безпе́чний** safe, **відпові́дний** adequate, **дозво́лений** permitted, **допусти́мий** admissible; **нале́жний** proper, **необхі́дний** necessary, **норма́льний** normal, **обов'язко́вий** mandatory, **оптима́льний** optimal, **рекомендо́ваний** recommended; **загро́зливий** menacing, **небезпе́чний** dangerous, **неприйня́тний** unacceptable ◊ **неприйня́тний р. ви́трат на осві́ту** an unacceptable level of education expenditures; **шкідли́вий** harmful; **реалісти́чний** realistic
р. + *n.* **р. бі́дности** the poverty level (**злочи́нности** crime; **гормо́нів** hormone, **холестери́ну** cholesterol; **забру́днення** pollution ◊ **загро́зливий р. забру́днення довкі́лля** a menacing environmental pollution level; **наси́чення** saturation; **мо́ря** sea; **озо́ну** ozone, **радіа́ції** radiation ◊ **мініма́льний р. радія́ції** a minimal radiation level; **стре́су** stress; **фінансува́ння** funding; **шу́му** noise
v. + **р. встано́влювати р.** set a level ◊ **Рі́шення встано́влює допусти́мий р. шу́му.** The decision sets the admissible noise level. (**збі́льшувати** increase ◊ **Вони́ збі́льшать р. фінансува́ння дослі́джень.** They will increase the research funding level. **підно́сити** elevate, **підійма́ти** *and* **підніма́ти** raise ◊ **Потеплі́ння атмосфе́ри підніма́є р. океа́ну.** The warming of the atmosphere raises the ocean level. **покра́щувати** improve; **забезпе́чувати** secure, **утри́мувати** maintain; **зме́ншувати** reduce, **пони́жувати** lower; **визнача́ти** determine, **вимі́рювати** measure, **оці́нювати** assess; **контролюва́ти** control, **реґулюва́ти** regulate ◊ **Уряд пови́нен реґулюва́ти р. двоо́кису вуглецю в пові́трі.** The government must regulate the carbon dioxide level in the air. **кореґува́ти** adjust, **змі́нювати** alter; **переви́щувати** exceed); **досяга́ти** *and* **сяга́ти ~ня** reach a level ◊ **Популя́рність її́ кни́ги досягну́ла безпрецеде́нтного ~ня.** The popularity of her book reached an unprecedented level. (**дохо́дити до** attain); **слідкува́ти за ~нем** monitor a level; **лиша́тися на ~ні** remain at a level ◊ **Умі́ст рту́ті в ри́бі лиша́ється на мініма́льному ~ні.** The mercury content of fish remains at a minimal level.
р. + *v.* **збі́льшуватися** increase ◊ **Р. зайня́тости в га́лузі збі́льшувався.** The employment level in the industry was increasing. **зроста́ти** grow, **йти вго́ру** go up, **підійма́тися** *and* **підніма́тися** rise; **зме́ншуватися** decrease, **йти додо́лу** go down, **па́дати** drop; **відрізня́тися від** + *G.* differ from sth, **міня́тися** change; **переви́щувати** + *A.* exceed sth ◊ **Р. вида́тків не переви́щує ~ня прибу́тків.** The expenditure level does not exceed that of profits.
prep. **ви́ще ~ня** above a level ◊ **Ці́ни були́ на 5% ви́ще минулорі́чного ~ня.** The prices were 5% above the level of last year. **до ~ня** to a level ◊ **Трива́лість життя́ впа́ла до ~ня 1940-х ро́кі́в.** Life expectancy dropped to the level of the 1940s. **на ~ні** *posn.* at a level ◊ **Злочи́нність лиша́ється на висо́кому ~ні.** Crime remains at a high level. **над ~нем** above a level; **ни́жче ~ня** below a level; **по́над р.** *dir.* above a level ◊ **Прогу́ли зросли́ по́над прийня́тний р.** Truancy grew above the acceptable level.
Also see **ві́дділ 1, ешело́н 3, коєфіціє́нт 2, сту́пінь 3**
2 level, standard, height, quality
adj. **ба́зовий** basic, **елемента́рний** elementary, **низьки́й** low; **економі́чний** economic, **життє́вий** living ◊ **Краї́на відо́ма висо́ким життє́вим ~нем.** The country is known for its high living standard. **культу́рний** cultural, **науко́вий** scientific, **осві́тній** educational; **початко́вий** beginner's, **сере́дній** intermediate, **погли́блений** advanced ◊ **вивча́ти мо́ву на погли́бленому ~ні** to study a language at an advanced level
р. + *n.* **р. впра́вности** a proficiency level ◊ **Її́ р. впра́вности в мо́ві мо́жна оціни́ти як сере́дній.** Her language proficiency level can be rated as intermediate. (**взаємо́дії** interaction, **підгото́вки** preparedness, **скла́дности** difficulty, **співпра́ці** cooperation); ♦ **р. життя́** a living standard
v. + **р. підніма́ти** + *A.* **на р.** elevate sth to a level ◊ **Вона́ підняла́ я́кість навча́ння на нови́й р.** She elevated the quality of instruction to a new level. (**підніма́тися на** rise to) ◊ **Він підня́вся на нале́жний р. професіоналі́зму.** He rose to the proper level of professionalism. **дороста́ти до ~ня** attain a level

рі́вн|ий, *adj.*
1 flat, level, even, smooth
adv. **абсолю́тно** absolutely, **до́сить** fairly, **доскона́ло** perfectly ◊ **доскона́ло ~а пове́рхня по́ля** a perfectly flat surface of the field; **ду́же** very, **іде́ально** ideally, **надзвича́йно** extremely, **ціл́ко́м** completely; **бі́льш-ме́нш** more or less, **відно́сно** relatively, **ма́йже** almost ◊ **ма́йже ~а до́шка** an almost flat board; **сливе́** nearly
v. + **р. бу́ти ~им** be flat (**здава́тися** + *D.* seem to sb ◊ **Здале́ка доли́на здава́лася сливе́ ~ою.** From afar, the valley seemed nearly flat. **лиша́тися** remain; **става́ти** become ◊ **Пом'я́тий а́ркуш папе́ру знову став ~им.** The crumpled sheet of paper became flat again.
2 straight, upright ◊ **Він ви́брав до́вгий р. па́тик.** He chose a long, straight stick. ◊ **Хати́ стоя́ли ~ою лі́нією.** The huts stood in a straight line. **~а поста́ва** an upright posture
See **прями́й 1**
3 steady, measured, regular, uniform ◊ **р. біль** a steady pain; **р. ві́тер** steady wind; **р. го́лос** a level voice; **р. ко́лір** a uniform color, **р. пульс** a regular pulse; **р. хара́ктер** an even temper
Also see **спокі́йний 2, 3**
4 equal, same, identical ◊ **У справедли́вому суспі́льстві всі грома́дяни ~і пе́ред зако́ном.** In a just society, all citizens are equal before the law.
adv. **абсолю́тно** absolutely, **і́стинно** truly, **спра́вді** genuinely, **факти́чно** effectively, **ціл́ко́м** completely; **позі́рно** seemingly ◊ **Оби́дві мо́ви позі́рно ~і.** Both languages are seemingly equal. **форма́льно** formally
v. + **р. бу́ти ~им** be equal (**вважа́ти** + *A.* consider sb/sth ◊ **Вона́ вважа́є всі релі́гії ~ими.** She considers all religions to be equal. **наро́джуватися** be born ◊ **Усі́ лю́ди наро́джуються ~ими.** All people are born equal. **става́ти** become); ♦ **не ма́ти (собі́) ~их у** + *L.* to be unrivaled in sth ◊ **Вона́ не ма́є (собі́) ~их у хе́мії.** She is unrivaled in chemistry. ♦ **бу́ти на ~ій нозі́ з** + *I.* to be on an equal footing with sb
prep. **р. за** + *I.* equal in sth ◊ **Оби́дві студе́нтки ~і за інтеле́ктом.** Both (female) students are equal in their intellect. ♦ **за і́нших ~их умо́в** all things being equal; ♦ **на ~их умо́вах** on equal terms
See **аналогі́чний, одна́ковий 1.** *Also see* **односта́йний 2.** *Ant.* **відмі́нний 1**
5 *math.* even *(of numbers)*
See **па́рний.** *Ant.* **непа́рний**

рівни́н|а, *f.*
plain, flatland
adj. **безкра́я** boundless, **вели́ка** big, **величе́зна** enormous, **нео́зо́ра** vast; **відкри́та** open; **горби́ста** rolling, **рі́вна** flat; **родю́ча** fertile; **безво́дна** arid, **безплі́дна** barren; **нагі́рна** mountainous, **прибере́жна** coastal
v. + **р. перехо́дити ~у** cross a plain; **кочува́ти ~ою** roam a plain ◊ **Коли́сь ца́рські ски́ти кочува́ли ціє́ю ~ою.** Once the Royal Scythians roamed this plain.
prep. **на ~у** *dir.* on/to a plain ◊ **Ве́ршники ви́їхали на відкри́ту ~у.** The horsemen rode onto an open plain. **на ~і** *posn.* on a plain ◊ **На ~і бага́то ярі́в.** There are many ravines on the plain. **че́рез ~у** *or* **~ою** across a plain ◊ **~ою** *or* **Че́рез ~у прохо́дила череда́ корі́в.** A herd of cows crossed the plain.

рі́вн|ість, *f.*, ~ости
1 evenness, flatness, smoothness, *etc.*
adj. **абсолю́тна** absolute, **доскона́ла** perfect, **по́вна** full, **цілкови́та** complete; **відно́сна** relative ◊ **відно́сна р. пове́рхні ґру́нту** a relative evenness of the ground surface; **прибли́зна** approximate; **теорети́чна** theoretical
v. + **р. досяга́ти ~ости** achieve evenness (**надава́ти** + *D.* give sth) ◊ **Обро́бка надава́ла пове́рхні мета́лу доскона́лої ~ости.** The treatment gave the metal surface perfect smoothness.
See **рі́вний 1, 2, 3**
2 equality
adj. **бі́льша** greater; **зага́льна** general, **і́стинна** genuine, **по́вна** full, **спра́вжня** true, **цілкови́та** complete; **позі́рна** seeming, **форма́льна** formal; **економі́чна** economic, **культу́рна** cultural, **людська́** human, **мо́вна** language, **націона́льна** national, **політи́чна** political, **соція́льна** social, **юриди́чна** legal, **ґе́ндерна** *and* **родова́** gender, **ра́сова** racial, **стате́ва** sexual
v. + **р. встано́влювати р.** establish equality ◊ **Конститу́ція встанови́ла р. усі́х грома́дян.** The constitution established equality of all citizens. (**ґарантува́ти** + *D.* guarantee to sb, **забезпе́чувати** + *D.* ensure to sb; **дава́ти** + *D.* give sb, **ма́ти** have; **боро́тися за** fight for) ◊ **Вони́ бо́рються за р. можли́востей для всіх.** They fight for the equality of opportunity for all. **вимага́ти ~ости** demand equality (**домага́тися** seek, **досяга́ти** achieve; **пра́гнути** strive for, **хоті́ти** want); **відмовля́ти** + *D.* **в ~ості**

deny sb equality ◊ **Ко́жна европе́йська краї́на відмовля́є в мо́вній ~ості свої́м етні́чним менши́нам.** Every European country denies language equality to its ethnic minorities.
prep. **р. в** + *L.* equality in sth ◊ **по́вна р. в опла́ті пра́ці** a full equality in pay for work; **р. для** + *G.* equality for sb ◊ **соція́льна р. для гомосексуа́лів і лезбі́йок** social equality for homosexuals and lesbians; **р. з** + *I.* equality with sb ◊ **культу́рна р. з імпе́рською менши́ною** cultural equality with the imperial minority; **р. між** + *I.* equality between sb ◊ **р. між ста́тями** equality between sexes; **р. пе́ред** + *I.* equality before sth ◊ **р. пе́ред зако́ном** equality before the law
3 *math.* equality ◊ **знак ~ости** the sign of equality; ♦ **ста́вити знак ~ости між** + *I. fig.* to equate sb/sth to sb/sth ◊ **Вони́ ста́влять знак ~ости між ма́скою і тим, хто за не́ю.** They equate the mask to the person behind it.

рі́вно, *adv.*
1 evenly, smoothly ◊ **Чо́вен плив ти́хо і р.** The boat sailed quietly and smoothly.
2 straight, uprightly ◊ **Із бо́лем у плечі́ йому́ тя́жко стоя́ти р.** With pain in the shoulder it is hard for him to stand straight.
3 regularly, steadily ◊ **Її́ се́рце заби́лося р.** Her heart started beating regularly. ♦ **все р.** all the same ◊ **Йому́ все р.** It's all the same to him.
4 evenly, equally ◊ **Ба́тько ста́вився до обо́х діте́й р.** Father treated both children equally.
5 exactly, sharp ◊ **За́раз пе́рша (годи́на) р.** It's one o'clock sharp now. ◊ **Їх там було́ р. сто.** There were exactly a hundred of them there.

рівнова́|га, *f., only sg.*
balance, equlibrium; *fig.* calm, composure, self-possession
adj. **доскона́ла** perfect ◊ **Між інтере́сами компа́нії та у́ряду існува́ла доскона́ла р.** A perfect balance existed between the interests of the company and government. **зага́льна** overall; **частко́ва** partial; **ідеа́льна** ideal, **нале́жна** proper, **необхі́дна** necessary, **оптима́льна** optimal, **то́чна** exact; **рапто́ва** sudden; **вда́ла** successful, **гармоні́йна** harmonious, **до́бра** good, **здоро́ва** healthy, **розу́мна** reasonable, **щасли́ва** happy; **зруйно́вана** destroyed, **пору́шена** disrupted; **деліка́тна** delicate, **крихка́** fragile, **хистка́** precarious; **пості́йна** constant, **трива́ла** durable; **тимчасо́ва** temporary; **екологі́чна** ecological, **приро́дна** natural ◊ **приро́дна р. екологі́чної систе́ми** a natural equilibrium of the ecological system; **систе́мна** systemic; **гормона́льна** hormonal ◊ **пору́шена гормона́льна р. лю́дського ті́ла** a disrupted hormonal balance of the human body; **харчова́** nutritional; **етні́чна** ethnic, **ра́сова** racial, **релігі́йна** religious, **родова́** gender, **соція́льна** social; **душе́вна** spiritual, **психологі́чна** psychological
v. + **р. віднахо́дити ~гу** recover a balance ◊ **Пі́сля її́ пита́ння Петро́ ле́две віднайшо́в ~гу.** After her question, Petro barely recovered his equilibrium. (**відно́влювати** restore, **зберіга́ти** keep ◊ **Вона́ вміє зберіга́ти ~гу між суво́рістю і ла́гідністю.** She knows how to keep the balance between being strict and kind. **змі́нювати** change ◊ **Вони́ зміни́ли ~гу сил на свою́ ко́ристь.** They changed the balance of forces in their favor. **знахо́дити** find; **покра́щувати** improve; **ство́рювати** create; **трима́ти** keep, **утри́мувати** sustain; **втрача́ти** lose ◊ **Він ле́гко втрача́в психі́чну ~гу.** He would easily lose his psychological balance. **зни́щувати** destroy, **пору́шувати** disrupt; **шука́ти** seek ◊ **Він шука́в втра́чену ~гу.** He sought his lost equilibrium. **вплива́ти на** affect) ◊ **Ві́тер вплива́в на ~гу човна́.** The wind affected the balance of the boat. **вимага́ти ~ги** require balance (**дося́гати** achieve, **дотри́муватися** uphold, **потребува́ти** need) ◊ **Успі́шні стосу́нки потребу́ють ~ги між бли́зькістю та ві́дстанню.** Successful relationships need a balance between closeness and distance. **вибива́ти** + *A.* **з** knock sb off, **виво́дити** + *A.* **з** throw sb off) ◊ **Її́ звинува́чення ви́вели Марчука́ з ~ги.** Her accusations threw Marchuk off his balance. ♦ **вихо́дити з ~ги** lose one's composure
prep. **у ~зі** in balance ◊ **Він трима́є роди́нні обов'я́зки в ~зі з ділови́ми.** He keeps his family obligations in balance with the business ones. **р. з** + *I.* a balance with sth; **р. між** + *I.* a balance between sth ◊ **р. між права́ми й обов'я́зками** a balance between rights and duties
Also see **спо́кій 2**

рівномі́рн|ий, *adj.*
uniform, even, equable, steady, consistent
adv. **абсолю́тно** absolutely ◊ **Дощ був абсолю́тно ~им.** That rain was absolutely steady. **до́сить** fairly, **доскона́ло** perfectly, **ду́же** very, **ідеа́льно** ideally ◊ **ідеа́льно р. розпо́діл за́собів** an ideally uniform distribution of funds; **надзвича́йно** extremely, **ціл́ко́м** completely; **бі́льш-ме́нш** more or less, **відно́сно** relatively, **ма́йже** almost ◊ **До́шка ма́йже ~а за товщино́ю.** The board is almost uniform in thickness. **сливе́** nearly
v. + **р. бу́ти ~им** be uniform (**здава́тися** + *D.* seem to sb ◊ **Глибина́ ро́ву здава́лася бі́льш-ме́нш ~ою.** The depth of the ditch seemed more or less uniform. **лиша́тися** remain; **става́ти** become) ◊ **Її́ го́лос став ~им і спокі́йним.** Her voice became steady and calm.
prep. **р. за** + *I.* uniform in sth ◊ **р. за густино́ю ро́зчин** a uniformly dense solution

рівня́н|ня, *nt.*
1 *math* equation
adj. **алгебраї́чне** algebraic, **ба́зове** basic ◊ **кі́лька ба́зових ~ь** several basic equations; **диференці́йне** differential, **математи́чне** mathematical, **про́сте́** simple; **важке́** complicated, **складне́** complex; **квадра́тне** quadratic, **неви́значене** indeterminate; ◊ **р. пе́ршого сте́пеня** an equation of the first order (**дру́гого сте́пеня** second order)
v. + **р. вичисля́ти р.** work out an equation ◊ **Вона́ ви́числила складне́ р.** She worked out a complex equation. (**розв'я́зувати** solve ◊ **Ю́рко навчи́вся розв'я́зувати алгебраї́чні р.** Yurko learned to solve algebraic equations. **отри́мувати** obtain, **писа́ти** write; **задовольня́ти** satisfy) ◊ **Обчи́слення ма́ють задовольня́ти р.** The calculations are supposed to satisfy the equation.
prep. **у ~ні** in an equation ◊ **У ~ні два неві́до́мих.** There were two unknowns in the equation. **за ~ням** by an equation
Also see **фо́рмула 3**
2 equalization, levelling, evening out ◊ **р. всіх чле́нів грома́ди в майнови́х права́х** the equalization of all the community members in property rights
3 *mil.* dressing, alignment ♦ **Р. лі́во́руч (право́руч)!** Eyes left (right)!

рівня́|ти, ~ють; з~, роз~, по~, *tran.*
1 to even out, smooth, flatten; make equal, trim; *pf.* **роз~, під~**
adv. **акура́тно** neatly, **га́рно** nicely, **гарне́нько** *dim.* nicely, **рете́льно** painstakingly; **прово́рно** nimbly, **шви́дко** quickly
р. + *n.* **р. дно** even out a bottom ◊ **Тра́ктор рівня́в сухе́ дно кана́лу.** The tractor was evening out the dry canal bottom. (**зе́млю** soil; **о́бру́с** table cloth, **рукави́** sleeves ◊ **Вона́ провела́ доло́нею по рукава́х, щоб роз~ їх.** She ran her palm down the sleeves to even them out. **соро́чку** shirt; **ву́са** moustache) ◊ **Він узя́в но́жиці й підрівня́в ву́са.** He took the scissors and trimmed his moustache.
2 to compare, contrast; *pf.* **по~**
prep. **р. до** + *G.* compare to sth; **р. з** + *I.* contrast with sth ◊ **Вона́ не ~є Марка́ з Андрі́єм.** She does not compare Marko to Andrii.
See **порі́внювати 1**
3 equalize, equate
adv. **автомати́чно** automatically; **за́вжди́** always, **ча́сто** often; **пря́мо** directly; **бі́льш-ме́нш** more or less, **гру́бо** roughly, **приблизно** approximately; **не обов'язко́во** not necessarily; **помилко́во** mistakenly; **пра́вильно** correctly
v. + **р. бу́ти ва́жко** be difficult to ◊ **Приро́дний дар ва́жко р. з набу́тою зда́тністю.** A natural gift is difficult to equate with an acquired capability. **люби́ти** like to; **могти́** can ◊ **Робо́че відря́дження до Сум не мо́жна р. з відпочи́нком.** A business trip to Sumy cannot be equated with a vacation. **сміти** dare
prep. **р. до** + *G. or* **з** + *I.* equate to/with sb/sth ◊ **Не мо́жна р. агре́сора до же́ртви!** You cannot equate an aggressor with his victim!
Also see **порі́внювати 2**
4 *mil.* to align, dress; ♦ **р. крок з** + *I.* to walk in step with sb ◊ **Іва́нко в усьо́му ~в крок з бра́том.** Ivanko walked in step with his brother in everything.
pa. pple. **зрі́вняний** compared
(з)рівня́й!

рівня́|тися; з~, *intr.*
1 to match, be as good as, equal, compare to
adv. **абсолю́тно** absolutely, **без су́мніву** doubtlessly, **ле́гко** easily, **однозна́чно** unequivocally, **смілі́во** *colloq.* surely ◊ **За підприє́мницьким я́костями юна́к смілі́во ~вся з досві́дченим бізнесме́ном.** By his entrepreneurial qualities, the youth was surely comparable with an experienced businessman. **ле́две** scarcely, **наси́лу** barely; **ма́йже** almost
prep. **р. до** + *G. and* **з** + *I.* be comparable to/with sb/sth; **р. за** + *I.* to be comparable by sth ◊ **За ще́дрістю він ле́две ~вся до Ма́рти.** He scarcely matched Marta by his generosity.
Also see **замі́няти 2**
2 *only impf.* to follow sb *(as model)*, emulate, take sb as a model
adv. **весь час** all the time, **за́вжди́** always, **з гото́вністю** readily, **обов'язко́во** by all means, **ре́вно** avidly, **у всьо́му** in everything
prep. **р. за** + *I.* follow sb in sth; **р. на** + *A.* follow sb ◊ **За сти́лем вона́ ~лася на неокла́сиків.** She followed the Neoclassicists in her style.
3 to catch up with, come abreast with, reach; *pf.* **по~** ◊ **Він пришви́дшив крок, щоб по~ з голово́ю коло́ни.** He accelerated his step to come abreast with the head of the column.
4 *mil.* to align, dress; *pf.* **по~** ♦ **Рівня́йсь!** Dress ranks!
prep. **р. на** + *A.* align with sth; **р. з** + *I.* align with sb ◊ **Вояки́ крокува́ли ву́лицею, ~ючись на команди́ра.** The soldiers marched down the street, aligning with their commander.

р|іг, *m.*, ~о́гу *and* ~о́га
1 ~о́гу horn; *often pl.*
adj. **вели́кий** big, **гілля́стий** branched out ◊ **В о́леня були́ га́рні гілля́сті ~о́ги.** The stag had nice branched-out horns. **го́стрий** sharp; **товсти́й** thick; **ви́гнутий** bent, **загну́тий** curled, **закру́чений** curved; **прями́й** straight; **обрі́заний** *or* **обтя́тий** cut; **бара́нячий** ram ♦ **зігну́ти** *or* **скрути́ти** + *A.* **в бара́нячий р.** *pf.* to make sb knuckle under; **бича́чий** bull, **коро́в'ячий** cow, **ло́сячий** *or* **ло́синий** moose, **оле́нячий** stag; ◊ **~о́ги жука́** beetle's horns; ♦ **р. доста́тку** cornucopia
2 ~о́га *mus.* horn
v. + **р. чу́ти р.** *or* **~о́га** hear a horn ◊ **Вони́ почу́ли дале́кий р. і зупини́лися.** They heard a distant horn and stopped. (**труби́ти в** sound) ◊ **Поба́чивши во́рога, вартови́й затруби́в у ~о́га.** Having seen the enemy, the sentinel started sounding his horn. **гра́ти на ~о́зі** play a horn

3 ~óгу corner *(of street, building)*
adj. **найбли́жчий** closest, **насту́пний** next ◊ **На насту́пному ~óзі поверні́ть право́руч.** At the next corner, turn right. **лі́вий** left-hand, **пра́вий** right-hand
р. + *n.* **р. буди́нку** a building corner (**готе́лю** hotel, **кінотеа́тру** movie theater, **хліва́** barn; **ву́лиці** street)
v. + **р. об'їжджа́ти р.** round a corner (**поверта́ти за** turn) ◊ **На перехре́сті вони́ поверну́ли за р.** At the intersection, they turned the corner. **наближа́тися до ~óгу** approach a corner
prep. **за р.** *posn.* around a corner; **за ~óгом** *dir.* around a corner ◊ **Він зник за ~óгом готе́лю.** He vanished around the hotel corner. **на р.** *posn.* to a corner ◊ **Кран переміст́ився на лі́вий р. буди́нку.** The crane moved to the right corner of the building. **на ~óзі** *posn.* on a corner ◊ **шко́ла на ~óзі Ба́нкової та Лютера́нської** the school on the corner of Bankova and Liuteranska Streets
Also see **перехре́стя, розв'я́зка 3.** *Cf.* **кут 2**

р|ід, *m.*, **~óду**
1 tribe, kind, clan
adj. **вели́кий** big; **да́вній** age-old, **стари́й** old, **пе́рвісний** primeval; ♦ **людськи́й р.** mankind, humankind
n. + **р. во́ждь ~óду** the clan's chieftain (**старі́йшина** elder, **член** member ◊ **На ра́ду зійшли́ся усі́ чоловіки́ ~óду.** All the clansmen came together for a council. **еволю́ція** evolution)
2 origin, stock, generation, family
adj. **аристократи́чний** aristocratic, **шляхе́тний** noble; **коза́цький** Cossack ◊ **Він коза́цького ~óду.** He is of Cossack stock. **кня́жий** princely; **міща́нський** bourgeois, **селя́нський** peasant, **ремісни́чий** craftsmen's, **робітни́чий** workers'; **англі́йський** English, **вірме́нський** Armenian ◊ **шано́ваний у мі́сті вірме́нський р.** an Armenian family respected in the city; **по́льський** Polish, **украї́нський** Ukrainian
v. + **р. вести́ р. від** + *G.* trace one's lineage from sb ◊ **Вони́ веду́ть р. від ві́льних селя́н.** They trace their lineage from free peasants. (**збага́чувати** enrich, **попо́внювати** replenish ◊ **Вони́ попо́внили р. філо́софом.** They replenished their family with a philosopher. **продо́вжувати** continue; **спусто́шувати** devastate); ♦ **бу́ти ~óдом з** + *G.* to come from *(a place)* ◊ **Зві́дки вона́ ~óдом?** Where does she come from?
р. + *v.* **продо́вжуватися** continue; **процвіта́ти** flourish, **розвива́тися** develop; **занепада́ти** decline ◊ **До кінця́ столі́ття кня́жий р. занепа́в.** By the end of the century, the princely family declined.
prep. **без ~óду** alone; ♦ **бу́ти без ~óду і (без) пле́мени** to be without kith or kin ◊ **У се́лі ду́мали, що Оре́ста була́ без ~óду і пле́мени.** It was thought in the village that Oresta was without kith or kin. **в ~óді** *and* **~оду́** in a family ◊ **Протя́гом поколі́нь у ї́хньому ~оду́ були́ лише́ лікарі́ й адвока́ти.** For generations, there were only doctors and lawyers in their family. ♦ **з ~óду в р.** from generation to generation ◊ **У ї́хній сім'ї́ пе́рстень перехо́дить з ~óду в р.** The ring is passed from generation to generation in their family. **бу́ти** + *D.* **на ~оду́ напи́сано** be destined ◊ **Іва́нові на ~оду́ напи́сано люби́ти одну́ жі́нку.** Ivan is destined to love one woman.
Also see **роди́на 3, сім'я́**
3 *biol.* genus ◊ **три де́рева одного́ ~óду** three trees of the same genus
Also see **роди́на 3**
4 sort, kind ◊ **р. ві́йськ (збро́ї)** a kind of troops (arms)
See **вид[2] 1, сорт**
5 *ling.* gender
adj. **граматри́чний** grammatical, **лекси́чний** lexical, **логі́чний** logical; **жіно́чий** feminine, **сере́дній** neuter, **чолові́чий** masculine ◊ **і́менник чолові́чого ~óду** a noun of masculine gender
prep. **в ~óді** in a gender ◊ **Мута́ція трапля́ється лише́ в жіно́чому ~óді і́менника.** The mutation occurs only in the feminine gender of a noun.
Cf. **стать 1**

ріди́н|а́, *f.*
liquid
adj. **в'язка́** viscous, **густа́** thick, **тягу́ча** glutinous; **рідка́** thin; **займи́ста** flammable; **безба́рвна** colorless, **мутна́** cloudy, **прозо́ра** clear; **чи́ста** pure; **невідо́ма** unknown
n. + **р. кра́пля ~и́** a drop of liquid (**калю́жа** puddle; **лі́тр** liter, **півлі́тра** half a liter; **пля́шка** bottle, **probі́рка** test-tube, **скля́нка** glass, **філіжа́нка** cup)
v. + **р. вилива́ти ~у́** spill liquid (**виплéскувати** throw ◊ **Йому́ на пі́джак ви́плеснули зеле́ну ~у́.** They threw some green liquid on his jacket. **випорожня́ти** empty ◊ **Не́ля ви́порожнила ~у́ з посу́дини.** Nelia emptied the liquid from the vessel. **налива́ти в** + *L. or* **до** + *G.* pour into sth ◊ **Він нали́в ~у́ в баня́к** *or* **до баняка́.** He poured the liquid in a pot. **пролива́ти** spill over ◊ **І́гор намага́вся не проли́ти ~у́ на ки́лим.** Ihor tried not to spill the liquid over on the carpet. **ковта́ти** swallow; **пи́ти** drink; **сьо́рбати** sip; **випа́рювати** reduce, **дово́дити до кипі́ння** bring to a boil ◊ **~у́ слід довести́ до кипі́ння і ви́парувати на трети́ну.** The liquid should be brought to a boil and reduced by a third. **абсорбува́ти** absorb, **вбира́ти** soak up; **пропуска́ти** leak); **просяка́ти** + *A.* **~óю** saturate sth with liquid
р. + *v.* **залива́ти** + *A.* flood sth ◊ **Черво́на р. залила́ стіл.** Red liquid flooded the table. **ка́пати** drip ◊ **Із кра́на ка́пала іржа́ва р.** A rusty liquid dripped from the tap. **ли́тися** pour, **пролива́тися** spill, **просо́чуватися** ooze, **просяка́ти** + *A.* soak sth; **струмені́ти** trickle ◊ **Холо́дна р. стумені́ла по її́ обли́ччю.** The cold liquid trickled down her face. **теќти** flow
Also see **вода́, речовина́**

рідк|и́й, *adj.*
1 liquid, fluid
р. + *n.* **р. мета́л** liquid metal (**стан** state ◊ **За тако́ї температу́ри речовина́ залиша́ється в ~óму ста́ні.** At such temperature, the substance remains in a liquid state. **шар** layer); **~é до́бриво** a liquid fertilizer (**ми́ло** soap, **па́ливо** fuel; **скло** glass; **ті́ло** body)
Cf. **газоподі́бний, тверди́й**
2 thin *(of liquid, mist)*, watery, weak
adv. **вкрай** extremely, **геть** totally ◊ **Борщ ви́йшов геть ~и́м.** The borshch came out totally thin. **до́сить** rather, **ду́же** very, **відно́сно** relatively; **на́дто** too; **тро́хи** a little
v. + **р. бу́ти ~и́м** be thin ◊ **Ті́сто має бу́ти ~и́м.** The dough needs to be thin. (**вигляда́ти** look ◊ **Ро́зчин вигляда́в на́дто ~и́м.** The solution looked too thin. **виявля́тися** turn out ◊ **Тума́н ви́явився відно́сно ~и́м.** The fog turned out to be relatively thin. **здава́тися** + *D.* seem to sb; **става́ти** become) ◊ **Він дода́в ю́шки, і підли́ва ста́ла ~óю.** He added broth and the sauce became thin.
Ant. **густи́й 1, 2**
3 thin *(of hair, forest)*, sparse, scanty, scarce ◊ **Його́ воло́сся поси́віло, ста́ло ~и́м.** His hair grayed and became sparse. ◊ **~і́ зу́би** scarce teeth; **~і́ кра́плі дощу́** scarce rain drops
Ant. **густи́й 2**
4 rare ◊ **Її́ публіка́ції става́ли рі́дшими.** Her publications were becoming rarer. ◊ **На сході цей птах до́сить р.** The bird is rather rare in the east.
Comp. **рідкі́ший** *or* **рі́дший**
See **рідкі́сний.** *Ant.* **части́й**

рідкі́сн|ий, *adj.*
rare
adv. **винятко́во** exceptionally, **вкрай** extremely, **все бі́льш** exceedingly, **геть** totally; **дивови́жно** amazingly, **до́сить** fairly, **ду́же** very ◊ **Це ду́же ~е вида́ння.** This is a very rare edition. **надзвича́йно** extraordinarily; **невіро́гідно** unbelievably, **неймові́рно** incredibly; **відно́сно** relatively, **порі́вняно** comparatively; **на́дто** too
р. + *n.* **р. відві́дувач** a rare visitor (**крети́н** idiot, **неві́глас** know-nothing; **лист** letter, **птах** bird); **~а краса́** a rare beauty (**майсте́рність** mastery; **наго́да** occasion; **пиха́** arrogance; **си́ла** strength); **~е відкриття́** a rare discovery (**натхне́ння** inspiration; **наха́бство** brazenness; **обдарува́ння** talent); **~і зу́стрічі** rare encounters
v. + **р. бу́ти ~им** be rare ◊ **Тут град – ~е я́вище.** Hail is a rare occurrence here. (**вважа́ти** + *A.* consider sb/sth ◊ **Цей різно́вид колі́брі вважа́ють ~им.** This variety of hummingbird is considered rare. **здава́тися** + *D.* seem to sb; **залиша́тися** remain; **става́ти** become)
Also see **винятко́вий 2, рідки́й 4.** *Opp* **части́й**

рідк|і́сть, *f.*, **~ости**
rarity
adj. **вели́ка** great, **величе́зна** immense, **все бі́льша** increasing, **спра́вжня** genuine; **музе́йна** museum
v. + **р. бу́ти ~і́стю** be a rarity ◊ **Оста́ннім ча́сом до́брі нови́ни були́ для них ~і́стю.** Lately good tidings have been a rarity for them. (**вважа́ти** + *A.* consider sb/sth ◊ **Ма́рки пе́ршого украї́нського у́ряду вважа́ють величе́зною ~і́стю.** Stamps of the first Ukrainian government have been considered an immense rarity. **здава́тися** + *D.* seem to sb; **залиша́тися** remain ◊ **Анти́чна бро́нзова скульпту́ра залиша́ється ~і́стю.** Ancient bronze sculpture remains a rarity. **става́ти** become) ◊ **Нале́жно осві́чені журналі́сти стаю́ть усе́ бі́льшою ~і́стю.** Properly educated journalists are becoming an increasing rarity. ♦ **на р.** rarely, extremely, very ◊ **Вона́ на р. таланови́та дослі́дниця.** She is a rarely talented researcher.
Also see **ви́няток**

рі́дко, *adv., part.*
1 *adv.* rarely, seldom
adv. **винятко́во** exceptionally, **вкрай** extremely, **все бі́льш** ineasingly, **геть** totally; **до́сить** fairly, **ду́же** very, **надзвича́йно** extraordinarily; **невіро́гідно** unbelievably, **неймові́рно** incredibly; **відно́сно** relatively, **порі́вняно** comparatively; **на́дто** too ◊ **Ми на́дто р. ба́чимося.** We see each other all too seldom.
Ant. **ча́сто**
2 *adv.* sparsely, scarcely, scantily ◊ **Жи́то на ї́хньому по́лі росло́ р.** The rye grew sparsely on their field.
3 *part.* hardly, barely, *with adv.*: ♦ **р. де** barely anywhere ◊ **Р. де мо́жна поба́чити такі́ зли́дні.** Barely anywhere can one see such poverty. ♦ **р. коли́** hardly ever; ♦ **р. хто** hardly anybody; ♦ **р. що** barely anything
See **ле́две 3**
Comp. **рі́дше**

рі́дн|ий, *adj.*
1 own *(by blood or marriage)*, biological, full, proper
р. + *n.* **р. ба́тько** a biological father *(as opposed to step-father)*, **р. брат** a full brother, **р. дід** one's own grandfather (**дя́дько** uncle, **чолові́к** husband); **~а ма́ти** a biological mother, **~а ба́ба** one's own grandmother (**жі́нка** wife, **сім'я́** family, **ті́тка** aunt), **~а сестра́** a full sister ◊ **Тама́ра для Степа́на не ~а, а на́звана сестра́.** Tamara is not Stepan's full but adopted sister. ♦ **~а душа́** a twin soul
Ant. **на́званий[2]**
2 native, home
р. + *n.* **р. край** a homeland ◊ **Люди́на потребу́є ма́ти р. край.** A person needs to have a homeland. (**райо́н** district, **реґіо́н** region); **~а домі́вка** parents' home, **~а мо́ва** a mother tongue; **~е мі́сто** a home town (**село́** village); **~е**

сло́во *poet.* a native language
3 *as n., only pl., coll.* family, relatives ◊ **Дру́зі й ~і прийшли́ на конце́рт Марі́ї.** Friends and family came to Maria's concert.
See **роди́на 1, сім'я́ 1**
4 *fig.* dear, beloved ◊ **Він мрі́яв про до́тик цих ~их вуст.** He dreamed of touching those dear lips. ◊ **Вони́ ста́вилися до Мо́трі як до ~ої.** They treated Motria as their beloved own child. **~і мої́!** my dear ones!

рі́зати, ріж|уть; ви́~, від~, за~, по~, про~, *tran.*

1 to cut, carve, slit + *I.* with; *pf.* **від~, по~**
adv. **акура́тно** neatly; **глибо́ко** deeply ◊ **Вона́ глибо́ко порі́зала ступню́.** She deeply cut her foot. **гру́бо** thick; **тоне́нько** *dim.* thin, **то́нко** thin; **ле́гко** easily; **навпі́л** in half, **повздо́вж** lengthwise; **по́перек** crosswise; **шви́дко** quickly
р. + *n.* **р. алма́зом** cut with a diamond ◊ **Скло ~уть алма́зом.** Glass is cut with a diamond. (**бри́твою** razor, **ни́ткою** thread; **ноже́м** knife ♦ **хоч ноже́м ріж** very thick ◊ **Смета́на така́, хоч ноже́м ріж.** The sour cream is very thick. **но́жицями** scissors; **мече́м** sword, **ша́блею** saber; **пи́лкою** saw ◊ **Вони́ порі́зали де́рево електри́чною пи́лкою.** They cut the lumber with an electric saw. **скло́м** glass; **ла́зером** laser)
v. + **р. бу́ти слід** should ◊ **Торт слід р. мо́крим ноже́м.** A cake should be cut with a wet knife. **бу́ти тре́ба** + *D.* need to ◊ **Да́ні тре́ба по~ цибули́ну.** Dana needs to slice an onion. **вдава́тися** + *D.* succeed in, **змогти́** *pf.* manage to; **намага́тися** try to ◊ **Він намага́вся по~ риби́ну повздо́вж.** He tried to cut the fish lengthwise. **хоті́ти** want to; ♦ **сім раз відмі́р, а раз відрі́ж** think twice before you leap
pa. pple. **порі́заний** sliced, cut
(по)ріж!
Also see **кра́яти, пересіка́ти 2, розрі́зувати 1, руба́ти 1.** *Cf.* **стригти**
2 to kill, murder, knife; *pf.* **за~** ◊ **Злочи́нець зарі́зав двох осі́б.** The criminal killed two individuals.
Also see **вирі́зувати 3**
3 to slaughter *(domestic animal)*; *pf.* **за~** ◊ **Традиці́йно вони́ ~ли на свя́то инди́ка.** Traditionally they would slaughter a turkey for the holiday.
4 to carve, cut, fashion; *pf.* **ви́~** ◊ **Скульпту́ру він ви́різав із де́рева.** He carved the sculpture of wood.
prep. **р. з** + *G.* cut of sth; **р. по** + *L.* carve on sth ◊ **р. по де́реву** carve on wood (**мета́лу** metal, **ка́меню** stone)
Also see **вирі́зувати 2**
5 *fig.* pierce, penetrate, puncture; *pf.* **про~** ◊ **Про́мінь прое́ктора прорі́зав те́мряву кінотеа́тру.** The ray of the projector pierced the darkness of the movie theater. ♦ **р.** + *D.* **ву́хо** to grate sb's ear ◊ **Вимо́ва ди́ктора рі́зала їй ву́хо.** The speaker's pronunciation grated her ear. ♦ **р.** + *D.* **о́ко** to be an eyesore for sb ◊ **Буди́нок про́сто ~е о́ко.** The building is simply an eyesore.
pa. pple. **ви́різаний** carved, **зарі́заний** slaughtered
(за)ріж!

різк|и́й, *adj.*

1 sharp, harsh, acute, piercing ◊ **Поду́в р. півні́чний ві́тер.** A sharp northern wind started blowing.
adv. **винятко́во** exceptionally, **вкрай** extremely, **все бі́льш** exceedingly, **геть** totally, **ду́же** very; **надзвича́йно** extraordinarily; **неймові́рно** incredibly, **несте́рпно** unbearably; **несподі́вано** unexpectedly, **особли́во** particularly ◊ **Сир мав особли́во р. за́пах.** The cheese had a particularly sharp smell. **до́сить** rather, **доста́тньо** sufficiently; **на́дто** too
р. + *n.* **р. біль** sharp pain ◊ **Р. біль прониза́в її колі́но.** A sharp pain pierced her knee. (**го́лос** voice, **за́пах** smell, **смо́рід** stench; **дзвіно́к** ring, **звук** sound); **~е́ сві́тло** harsh light ◊ **Марко́ві о́чі болі́ли від ~о́го сві́тла.** Marko's eyes hurt from the harsh light.
v. + **р. бу́ти ~и́м** be sharp (**виявля́тися** turn out **здава́тися** + *D.* seem to sb; **залиша́тися** remain; **роби́ти** + *A.* make sth ◊ **Воло́гість і тепло́ роби́ли смо́рід у підва́лі несте́рпно ~и́м.** Humidity and heat made the stench in the basement unbearably sharp. **става́ти** become)
Also see **го́стрий 2**
2 sharp *(taste)*, piquant, strong ◊ **Хрін ви́явився на́дто ~и́м.** The horseradish turned out to be too sharp.
See **го́стрий 3**
3 sharp *(line, image)*, distinct, clear, crisp ◊ **Зобра́ження на екра́ні було́ доскона́ло ~и́м.** The image on the screen was perfectly sharp. ◊ **р. про́філь** a sharp profile; ◊ **~і ри́си обли́ччя** sharp facial features
Also see **го́стрий 5**
4 sharp, sudden, abrupt ◊ **І́нна намага́лася не роби́ти ~и́х ру́хів.** Inna tried not to make abrupt movements. ◊ **У го́рах, ~і змі́ни пого́ди – зви́кле я́вище.** In the mountains, abrupt changes of the weather are a usual occurrence. **~е́ зроста́ння злочи́нности** a sudden rise in crime
Also see **несподі́ваний.** *Ant.* **поступо́вий 1**
5 harsh, sharp, bitter, scathing; categorical
р. + *n.* **р. о́суд** a harsh condemnation (**по́гляд** look) ◊ **У її ~о́му по́гляді був о́суд.** There was condemnation in her sharp look. **~а́ кри́тика** harsh criticism ◊ **Кри́тика сцена́рію здава́лася на́дто ~о́ю.** The criticism of the script seemed too harsh. (**мане́ра** manner ◊ **Його́ ~і мане́ри відшто́вхували багатьо́х.** His harsh manners repelled many people. **мо́ва** language; **незго́да** disagreement; **поведі́нка** behavior; **розмо́ва** conversation) ◊ **Між дру́зями відбула́ся ~а́ розмо́ва.** A harsh conversation took place between the friends. **~е́ зауважен́ня** a sharp remark (**сло́во** word)
Also see **го́стрий 4**

рі́зк|ість, *f.*, **~ости**, *only sg.*

1 sharpness, harshness, acuteness ◊ **р. бо́лю** sharpness of pain (**ві́тру** wind; **за́паху** smell, **смаку́** taste)
2 sharpness, contrast, clarity
adj. **вели́ка** great, **го́стра** acute, **доста́тня** sufficient, **значна́** significant, **неаби́яка** remarkable, **разю́ча** striking; **ба́жана** desired, **потрі́бна** necessary; **відно́сна** relative, **порі́вняна** comparative; **жахли́ва** terrible, **ке́пська** poor, **пога́на** bad ◊ **Пога́на р. зобра́ження не дава́ла насоло́джуватися фі́льмом.** The bad image clarity was in the way of enjoying the film.
♦ **наво́дити р.** to bring sth into focus ◊ **Наві́вши р. у біно́клі, вона́ ста́ла огляда́ти місце́вість.** Having brought the binoculars into focus, she started examining the area.
Also see **контра́ст**
3 abruptness, suddenness, unexpectedness ◊ **Усі́х насторо́жила р., з яко́ю він зміни́в тон.** Everybody was put on guard by his sudden change of tone.
4 harshness, bluntness, bitterness ◊ **Ната́лію ма́ло хто святкува́в за р. су́джень.** Few people feted Natalia for the bluntness of her pronouncements.

рі́зн|ий, *var.* **рі́жний**, *adj.*

1 different, differing, dissimilar, not the same
adv. **абсолю́тно** absolutely ◊ **Вони́ з абсолю́тно ~их сіме́й.** They are from absolutely different families. **геть** totally, **до́сить** rather, **ду́же** very, **зо́всім** completely ◊ **зо́всім ~і пита́ння** completely different issues; **по́вністю** utterly; **де́що** somewhat, **ле́две** scarcely
v. + **р. бу́ти ~им** be different (**вважа́ти** + *A.* consider sb/sth ◊ **Оби́дві па́ртії вважа́ють ду́же ~ими за політи́чною орієнта́цією.** Both parties are considered to be very different in political orientation. **виявля́тися** turn out, **здава́тися** + *D.* seem to sb; **лиша́тися** remain ◊ **Тама́ра і Зі́на лиша́ються ~ими худо́жницями.** Tamara and Zina remain utterly different artists. **роби́ти** + *A.* make sb/sth; **става́ти** become); ♦ **говори́ти ~ими мо́вами** to speak two different languages ◊ **Стосо́вно до подві́йного громадя́нства, то президе́нт і прем'є́р гово́рять ~ими мо́вами.** As to dual citizenship, the president and prime minister speak different languages.
Cf. **відмі́нний 1, і́нший**
2 opposite, rival, opposing, conflicting ◊ **Вони́ вою́ють по ~і бо́ки барика́д.** They fight on the opposite sides of the barricades. ◊ **Хло́пці опини́лися на ~их берега́х рі́чки.** The boys ended up on the opposite banks of the river.
3 various, diverse, varied, miscellanious ◊ **Тут продаю́ть ~і ви́ди ри́би.** They sell various types of fish here.
adv. **безкіне́чно** endlessly ◊ **О́льжина тво́рчість набира́ла безкіне́чно ~их форм.** Olha's creativity assumed endlessly diverse forms. **безме́жно** limitlessly, **до́сить** fairly, **доста́тньо** sufficiently ◊ **У крамни́ці пропонува́ли доста́тньо р. ви́бір набі́лу.** They offered a sufficiently diverse selection of dairy in the store.
Also see **вся́кий 2, різномані́тний 2.** *Ant.* **одна́ковий, тото́жний**
4 *as n., only nt.* miscellanea *(on agenda)* ◊ **Дрі́бні спра́ви обгово́рювали під ру́брикою «~е».** Small matters were discussed under the rubric of *miscellanea*.

різни́ц|я, *var.* **рижни́ця**, *f.*

1 difference; *usu sg.*
adj. **вели́ка** great ♦ **невели́ка р.** not much difference; **величе́зна** huge, **ґіга́нтська** gigantic, **глибо́ка** profound, **головна́** principal, **го́стра** sharp, **докорі́нна** radical, **засадни́ча** basic, **значна́** considerable, **істо́тна** essential, **ключова́** key, **колоса́льна** colossal, **основна́** main, **помі́тна** noticeable, **разю́ча** striking, **сутте́ва** substantial, **фундамента́льна** fundamental; **безсумні́вна** doubtless, **вира́зна** distinct, **чітка́** clear, **я́вна** obvious; **вся** whole; **реа́льна** real, **спра́вжня** true; **важли́ва** important; **поверхо́ва** superficial, **позі́рна** seeming; **мала́** small, **мале́нька** *dim.* slight, **незначна́** minor, **тонка́** subtle; **потенці́йна** potential, **статисти́чна** statistical, **я́кісна** qualitative; **вікова́** age, **генети́чна** genetic, **етні́чна** ethnic, **кла́сова** class, **культу́рна** cultural, **мо́вна** language, **психологі́чна** psychological, **ра́сова** racial, **соціа́льна** social, **ста́тева** gender, **фізи́чна** physical; **географі́чна** geographical, **націона́льна** national, **реґіона́льна** regional; **ідеологі́чна** ideological ◊ **Між па́ртіями існу́є ідеологі́чна р.** There exists an ideological difference between the parties. **істори́чна** historical, **політи́чна** political, **філосо́фська** philosophical; **структу́рна** structural; **температу́рна** temperature; **часова́** time; ♦ **світогля́дна р.** a difference in worldview
v + **р. виявля́ти ~ю** reveal a difference ◊ **Він ви́явив основну́ ~ю між сполу́ками.** He revealed the main difference between the compounds. (**вивча́ти** study, **дослі́джувати** explore; **знахо́дити** find, **шука́ти** look for; **перебі́льшувати** exaggerate ◊ **Він перебі́льшує р. між півні́чанами й півде́нцями.** He exaggerates the difference between the northerners and southerners. **підкре́слювати** emphasize; **поміча́ти** notice, **розумі́ти** appreciate ◊ **Вона́ розумі́є ~ю у психоло́гії двох наро́дів.** She appreciates the difference in the psychology of the two peoples. **ба́чити** see, **визнава́ти** recognize, **розпізнава́ти** tell; **усвідо́млювати** be aware of; **поя́снювати** + *I.* explain by sth ◊ **Вона́ поя́снює ~ю істори́чними чи́нниками.** She explains the

difference by historical factors. **ілюструва́ти** + *I.* illustrate through sth ◊ **Він проілюструва́в ~ю в їхніх настано́вах кілько́ма при́кладами.** He illustrated the difference in their attitudes through a few examples. **іґнорува́ти** ignore; **вка́зувати на** point to; **диви́тися на** look at); ♦ **не роби́ти ~і** to make no difference ◊ **Для нього ко́лір шкі́ри не роби́в ~і.** Skin color made no difference to him. **легкова́жити ~ею** make light of the difference ◊ **Не ва́рто легкова́жити тако́ю важли́вою ~ею.** One should not make light of such an important difference. **зосере́джуватися на ~і** focus on a difference (**наголо́шувати на** stress)

p. + *v.* **бу́ти** be ◊ **Між двома́ малю́нками була́ тонка́ р.** There was a subtle difference between the two drawings. **існува́ти** exist; ♦ **нема́є ~і** 1) it makes no difference; 2) there is no difference ◊ **Що стосу́ється ко́льору стін, то нема́є ~і.** As to the color of walls, there is no difference. **поляга́ти в** + *L.* lie in sth ◊ **Уся́ р. поляга́є у спо́собі приготува́ння препара́ту.** The whole difference lies in the way the medicine is prepared. **поя́снювати** + *A.* explain sth; **виника́ти з** + *G.* arise from sth; **постава́ти з** + *G.* emerge from sth; **відобража́ти** + *A.* reflect sth; **означа́ти, що** signify that ◊ **Р. величи́н означа́є, що фі́зик має ра́цію.** The difference in values means that the physicist is right.

prep. **без ~і** indiscriminately ◊ **Він поглина́в усе́ без ~і.** He devoured everything indiscriminately; **р. в** + *L.* difference in sth ◊ **Між коле́ґами є р. в життє́вому до́свіді.** There is a difference in life experience between the colleagues. **р. за** + *I.* difference in sth ◊ **р. за ві́ком** an age difference; **р. між** + *I.* a difference between sth ◊ **Я́рка не ба́чить ~і між нови́м і стари́м ше́фом.** Yarka sees no difference between the new and the old boss.

Also see **розхо́дження.** *Cf.* **відмі́нність, диференціа́ція.** *Ant.* **поді́бність**

2 *math.* difference, balance ◊ **Вона́ гото́ва заплати́ти ~ю між пе́рвісною і прода́жною ціно́ю.** She is willing to pay the difference between the initial and sale price.

різноманіт|ний, *var.* **рі́жноманітний**, *adj.*
1 diverse, varied, multifaceted

adv. **безме́жно** infinitely ◊ **безме́жно р. Все́світ** the infinitely diverse universe; **вкрай** extremely ◊ **Тала́нт маляра́ вкрай р.** The artist's talent is extremely multifaceted. **дивови́жно** amazingly, **до́сить** fairly, **доста́тньо** enough, **ду́же** very, **на ди́во** astonishingly, **неймові́рно** incredibly, **несподі́вано** unexpectedly, **широ́ко** widely; **де́що** somewhat, **ле́две** scarcely; **осо́бли́во** particularly; **відно́сно** relatively, **порі́вняно** comparatively; **гастроно́мі́чно** gastronomically ◊ **Ресторани мі́ста гастрономі́чно ~і.** The city's restaurants are gastronomically diverse. **генети́чно** genetically, **етні́чно** ethnically, **культу́рно** culturally, **мо́вно** linguistically, **психологі́чно** psychologically, **ра́сово** racially ◊ **ра́сово ~а гру́па тури́стів** a racially diverse group of tourists; **соціа́льно** socially, **фізи́чно** physically; **географі́чно** geographically, **націона́льно** nationally, **реґіона́льно** regionally; **ідеологі́чно** ideologically

v. + **в. бу́ти ~им** be diverse (**виявля́тися** turn out, **здава́тися** + *D.* seem to sb; **лиша́тися** remain; **роби́ти** + *A.* make sth ◊ **Іміґра́нти ро́блять краї́ну більш ~ою.** Immigrants make the country more diverse. **става́ти** become)

2 various ◊ **У місько́му акварі́юмі ді́ти поба́чили ~і ри́би.** The children saw various fish in the city aquarium.

Also see **рі́зний 3**

р|ік, *m.*, **~о́ку**
1 year ◊ **Вони́ познайо́милися у дві ти́сячі сьо́мому ~о́ці.** They met in the year 2007.

adj. **мину́лий** last, **попере́дній** previous, **той** that, *colloq.* last ◊ **Вони́ розлучи́лися того́ ~о́ку.** They got divorced last year. **ни́нішній** this, **пото́чний** current, **цей** this ◊ **цього́ ~о́ку** this year; **майбу́тній** future ◊ **Забудо́ву око́лиці плану́ють на майбу́тні ~о́ки.** The neighborhood development is being planned for the future years. **насту́пний** next, **прийде́шній** coming ◊ **Що принесе́ їм прийде́шній р.?** What will the coming year bring them? **ко́жен** *and* **ко́жний** every; **нови́й** new; **стари́й** past ◊ **Всі сподіва́лися, що нови́й р. бу́де кра́щим, як стари́й.** Everybody expected the new year to be better than the past one. **конкре́тний** specific; **непо́вний** incomplete ◊ **Вони́ прожили́ в Ума́ні непо́вний р.** They resided for almost a year in Uman. **по́вний** full, **ці́лий** entire; **пе́рший** first, **заклю́чний** concluding, **оста́нній** final; **безкіне́чний** endless, **до́вгий** long; **коро́ткий** short; **високо́сний** leap ◊ **Два́дцять дев'я́те лю́того бува́є ті́льки у високо́сному ~о́ці.** February 29 occurs only in a leap year. **непа́рний** odd; **па́рний** even; **вели́кий** great, **доле́но́сний** momentous, **вда́лий** *and* **успі́шний** successful, **до́брий** good, **золоти́й** *fig.* golden ◊ **золоті́ ~о́ки ю́ності** the golden years of youth; **прекра́сний** superb, **прибутко́вий** profitable, **щасли́вий** happy; **напру́жений** busy; **незабу́тній** unforgettable ◊ **незабу́тній р. її пе́ршого коха́ння** the unforgettable year of her first love; **па́м'ятний** memorable; **реко́рдний** record; **важки́й** hard, **жахли́вий** horrible, **катастрофі́чний** catastrophic, **ке́пський** poor, **пога́ний** bad, **страхітли́вий** horrifying, **тяжки́й** tough; **календа́рний** calendar, **академі́чний** *(at university) and* **навча́льний** *(at school and university)* academic, **шкі́льни́й** school *(at school)*; **фіна́нсовий** fiscal ◊ **звіт за оста́нній фіна́нсовий р.** a report for the last fiscal year; **світлови́й** light ◊ **Від́стань до плане́ти – сто світлови́х ~о́ків.** The distance to the planet is one hundred light years.

v. + **р. провести́ р.** spend a year (**бу́ти** + *D.* **тре́ба** need ◊ **Миколі тре́ба р., щоб ви́лікуватися від алкого́льної зале́жности.** Mykola needs a year to be cured of his alcohol addiction. **потребува́ти** need; **відзнача́ти** mark ◊ **Конфере́нція відзнача́ла дві́сті ~о́ків від народи́н Кулішá.** The conference was marking two hundred years of Kulish's birth. **святкува́ти** celebrate; **омоло́джувати** + *A.* **на** take off ◊ **Діє́та омолоди́ла його́ на п'ять ~о́ків.** The diet took five years off him. **зіста́рювати** + *A.* **на** put on sb ◊ **Мі́сяць безсо́ння зіста́рив Оле́ну на три ~о́ки.** A month of sleeplessness put three years on Olena. **гáяти** waste ◊ **Вона́ прогáяла три ~о́ки, чека́ючи на нове́ грома́дя́нство.** She wasted three years waiting for her new citizenship.

р. + *v.* **почина́тися** begin; **добіга́ти кінця́** reach the end, **закі́нчуватися** end ◊ **Вони́ не могли́ дочека́тися, щоб закінчи́вся р.** They could hardly wait for the year to end. **мина́ти** pass ◊ **Так мину́ло де́сять ~о́ків.** Thus ten years passed. **прохо́дити** go by ◊ **Шкі́льни́й р. пройшо́в блискави́чно.** The school year went by in a flash. **сплива́ти** elapse

prep. **в ~о́ці** in a year ◊ **В цьо́му ~о́ці ста́лося бага́то важли́вих поді́й.** This year saw many important events. **до ~о́ку** by/to/till a year ◊ **Іллі́ пробу́в у Рі́вному до насту́пного ~о́ку.** Illia stayed in Rivne till the following year. **з ~о́ку** since a year, as of a year ◊ **Нові́ пра́вила чи́нні з мину́лого ~о́ку.** The new regulations have been in force since last year. ♦ **з ~о́ку в р.** year after year; ♦ **з ~о́ку до ~о́ку** *or* **з ~о́ку на р.** with each passing year ◊ **Макси́м мудрі́шає з ~о́ку до ~о́ку.** Maksym becomes wiser with each passing year. **на р.** a year *(frequency)* ◊ **три́чі на р.** three times a year; ♦ **р. за ~о́ком** year after year; ♦ **без ~о́ку три дні** *or* **ти́ждень** for a very short time ◊ **Вони́ ма́ють прива́тну пра́ктику без ~о́ку три дні.** They have had their private practice for a very short time.

Also see **лі́то 2**

2 *only pl., fig.* age, old age ◊ **Па́ні була́ бі́льш-ме́нш ва́ших ~о́ків.** The lady was more or less your age. ♦ **бу́ти в ~о́ка́х** be advanced in years ◊ **Її брат є в ~о́ка́х.** Her brother is advanced in years.

See **вік 1**

3 *only pl., fig.* period, era, time

adj. **дитя́чі** childhood, **молоді́** young, **підліткові** teenage, **юна́цькі** youth; **консервато́рські** conservatory, **університе́тські** university, **шкі́льні** school; **зрі́лі** mature, **похи́лі** advanced, **ста́рі** old; **воє́нні** war, **довоє́нні** prewar, **міжвоє́нні** interwar, **повоє́нні** postwar ◊ **Він пам'ята́в повоє́нні ~о́ки.** He remembered the postwar years. **революці́йні** revolutionary; **сове́тські** Soviet, **постсове́тські** post-Soviet

р. + *n.* **~о́ки відро́дження** years of revival ◊ **~о́ки пе́ршого украї́нського Відро́дження** the years of the first Ukrainian Revival (**ві́йни́** war, **Голодомо́ру** Holodomor, **«відли́ги»** the Thaw, **засто́ю** stagnation, **кри́зи** crisis, **незале́жности** independence)

v. + **р. прово́дити ~о́ки** spend years ◊ **Лі́на провела́ дитя́чі ~о́ки в селі́.** Lina spent her childhood years in the country.

prep. **у ~о́ки** during the years ◊ **У ~о́ки ві́йни́ вона́ бо́ролася в ла́вах Украї́нської повста́нської а́рмії.** During the war years, she fought in the ranks of the Ukrainian Insurgent Army.

See **пері́од 1, вік 2, доба́ 3**

4 *as adv, only I. pl.* **~о́ками** for years, for many years ◊ **Коли́шні дру́зі ~о́ками не розмовля́ють.** The former friends have not spoken for years.

рі|ка́, *f.*
1 river *(often big or poet.)*

adj. **вели́ка** great, **величе́зна** enormous, **вели́чна** magnificent ◊ **Вели́чна р. вража́є своє́ю красо́ю.** The magnificent river is striking in its beauty. **до́вга** long, **могу́тня** mighty, **найбі́льша** largest, **найдо́вша** longest, **широ́ка** wide; **важли́ва** important, **головна́** principal ◊ **головна́ р. краї́ни** the principal river of the country; **маґістра́льна** major; **бездо́нна** bottomless, **глибо́ка** deep; **каламу́тна** murky; **судноплáвна** navigable; **підзе́мна** underground; **свяще́нна** sacred ◊ **Мало́го Ахі́ла скупа́ли у свяще́нній ~ці́ Сти́кс.** Little Achilles was bathed in the sacred Styx River.

prep. **у ~ку́** *dir.* in/to a river ◊ **Він зану́рився у ~ку́.** He submerged into the river. **у ~ці́** *posn.* in a river

See **рі́чка 1**

2 *fig.* river, flow, flood

р. + *n.* **р. життя́** the river of life (**зерна́** grain; **ла́ви** lava ◊ **Схи́лами вулка́ну текла́ р. ла́ви.** A river of lava flowed down the volcano slopes. **люде́й** people; **сліз** tears; **ча́су** time) ◊ **Ніко́му не спини́ти ~ку́ ча́су.** Nobody can stop the river of time.

Also see **рі́чка 2**

3 *as adv., only I.* a lot, galore, aplenty ◊ **На заба́ві вино́ і пи́во лили́ся ~ко́ю.** At the party, there were wine and beer galore.

р|іст, *m.*, **~о́сту**
growth, development, expansion

adj. **значни́й** significant, **помі́тний** noticeable, **швидки́й** fast; **пові́льний** slow, **despite помі́рний** moderate, **поступо́вий** gradual, **скро́мний** modest; **неухи́льний** relentless, **ста́лий** steady, **пості́йний** constant, **трива́лий** continuous; **духо́вний** spiritual, **професі́йний** professional, **тво́рчий** creative

v. + **р. забезпе́чувати р.** maintain the growth (**приско́рювати** accelerate; **гальмува́ти** hold back, **затри́мувати** retard ◊ **Брак пожи́вних речо́вин затри́мував р. пшени́ці.** Lack of nutrients retarded the growth of the wheat. **зупиня́ти** arrest, **сповільнювати** slow down);

♦ **піти́ в р.** to start growing ◊ **Пі́сля рясни́х дощі́в усе́ пішло́ в р.** After abundant rains, everything started growing.
See **зроста́ння**

р|іч, *f.*, **~е́чі**
1 thing, object, article, item
adj. **вели́ка** big, **господа́рська** household; **головна́** main, **засадни́ча** basic ◊ **Їм бракує кілько́х засадни́чих ~ече́й.** They lack a few basic things. **знайо́ма** familiar; **ди́вна** strange ◊ **Кімна́та була́ запо́внена ди́вними ~еча́ми.** The room was filled with strange things. **незнайо́ма** unfamilar; **знамени́та** *colloq.* outstanding, **чудо́ва** wonderful ◊ **Що за чудо́ва р. її нови́й комп'ю́тер!** What a wonderful thing her new computer is! **замашна́** *colloq.* handy, **необхі́дна** necessary, **потрі́бна** useful ◊ **Ніж – ду́же потрі́бна р. на ло́вах.** A knife is a very useful thing during hunting. **помічна́** helpful; ♦ **~е́чі пе́ршої необхі́дности** necessaries ◊ **Вона́ по́хапцем вки́нула до су́мки кі́лька ~ече́й пе́ршої необхі́дности.** She hastily threw a few necessaries into her bag.
v. + **р. купува́ти р.** buy a thing (**виготовля́ти** manufacture ◊ **У майсте́рні виготовля́ють ціка́ві ~е́чі.** Interesting things are manufactured in the workshop. **роби́ти** make ◊ **Цю р. зроби́ли з де́рева.** They made the item of wood. **ма́ти** have)
2 *only pl.* things, belongings, possessions, luggage
adj. **загу́блені** lost; **знайдені** found; **конфіско́вані** confiscated; **вкра́дені** stolen, **награбо́вані** looted; **особи́сті** personal ◊ **Вона́ лиши́ла ~е́чі в ка́мері зберіга́ння.** She left her things in the luggage room. **ба́тькові** father's, **бра́тові** brother's, **до́ччині** daughter's, **ма́терині** mother's, **се́стрині** sister's, **си́нові** son's
Also see **господа́рство 3**
3 *only pl.* clothes, attire; laundry
adj. **весня́ні** spring, **зимо́ві** winter ◊ **Лю́да спакува́ла зимо́ві ~е́чі до насту́пного ро́ку.** Liuda packed her winter clothes away till next year. **лі́тні** summer, **осі́нні** fall; **нові́** new; **вжи́вані** secondhand, used, **но́шені** worn, **ста́рі** old
See **о́дяг**. *Also see* **господа́рство 3**
4 thing, event, fact, occurrence, deed
adj. **вели́ка** great ◊ **Написа́ти кни́жку – це вели́ка р.** Writing a book is a great thing. **га́рна** beautiful, **до́бра** good, **знамени́та** *colloq.* outstanding, **позити́вна** positive, **хоро́ша** nice, **чудо́ва** wonderful, **шляхе́тна** noble ◊ **Його́ посвя́та спра́ві – шляхе́тна р.** His dedication to the cause is a noble thing. **незабу́тня** unforgettable, **па́м'ятна** memorable; **безпрецеде́нтна** unprecedented ◊ **Жі́нка у ра́нзі полко́вника була́ ~і́ччю безпрецеде́нтною.** A woman in the rank of colonel was an unprecedented thing. **винятко́ва** exceptional, **надзвича́йна** extraordinary, **немисли́ма** unthinkable, **нечу́вана** unheard-of, **рі́дкісна** rare; **важка́** hard, **неле́гка** tough ◊ **Ви́ховати дити́ну – р. нелегка́.** Bringing up a child is a tough thing to do. **складна́** complicated; **головна́** main, **засадни́ча** basic, **істо́тна** essential, **фундамента́льна** fundamental ◊ **Для журналі́ста зна́ння мо́ви – р. фундамента́льна.** For a journalist, knowledge of language is a fundamental thing. **комі́чна** comical, **куме́дна** hilarious, **сміхови́нна** ludicrous, **смішна́** funny; **ганебна** shameful; **гніту́ча** depressing, **жахли́ва** terrible, **неприє́мна** unpleasant, **оги́дна** ugly ◊ **Що за оги́дна р. цей полі́тик!** What an ugly thing the politician is! **пога́на** bad, **приголо́мшлива** shocking, **страхітли́ва** horrifying, **страшна́** horrible; **сумна́** sad; **знайо́ма** familiar; **ди́вна** strange, **підозрі́ла** suspicious; **незнайо́ма** unfamilar; **важли́ва** important, **ключова́** key, **пе́рша** top; **оста́ння** last; **ма́рна** futile ◊ **Ма́рна р. проси́ти їх про допомо́гу.** Asking them for help is a futile thing. **норма́льна** normal, **приро́дна** natural; **буде́нна** everyday ◊ **Гомосексуа́льний шлюб став у краї́ні ~і́ччю буде́нною.** Homosexual marriage has become an everyday thing in the country. **вся** whole; ♦ **р. у тім** *or* **то́му, що** the thing is that ◊ **Р. у тім, що вони́ все зна́ють.** The thing is that they know everything. **Уся́ р. поляга́є в то́му, що вона́ ніко́му не ві́рить.** The whole thing consists in the fact that she does not believe anybody.
v. + **р. ба́чити р.** see a thing (**каза́ти** say ◊ **Вона́ наказа́ла Богда́нові ку́пу уле́сливих ~ече́й.** She told Bohdan a pile of flatteries. **роби́ти** do; **виду́мувати** make up, **ду́мати** think, **уявля́ти** imagine; **чу́ти** hear); **розбира́тися в ~еча́х** be knowledgeable about things ◊ **Васи́ль не розбира́ється в таки́х ~еча́х, як полі́тика.** Vasyl is not knowledgeable in such things as politics. (**розумі́тися на** have a grasp of)
р. + *v.* **відбува́тися** take place; **става́тися** happen ◊ **По́ки вас не було́, ста́лася страхітли́ва р.** A horrifying thing happened while you were away.
Also see **шту́ка 2**
5 matter; reason, point ◊ **Чому́ ви всі смієте́ся? У чо́му р.?** Why are you all laughing? What's the matter? ♦ **р. твоя́ (ва́ша, ї́хня)** it's up to you (them, *etc.*) ◊ **Р. ї́хня, хай ро́блять, що хо́чуть.** It's up to them, let them do what they wish.
♦ **зві́сна р.** certainly, of course ◊ **Петро́, зві́сна р., прийня́в ї́хню пропози́цію.** Petro certainly accepted their offer. ♦ **і́нша р.** a different matter; ♦ **пе́вна р.** certainly ◊ **Вона́, пе́вна р., нічо́го не сказа́ла бра́тові.** She certainly said nothing to her brother.
prep. ♦ **до ~е́чі** 1) at the right moment, to the point ◊ **Він прині́с ці світли́ни ду́же до ~е́чі.** He brought the photographs at exactly the right moment. 2) handy, useful, ♦ **бу́ти до ~е́чі** + *D.* to be handy to sb ◊ **Гро́ші були́ б тепе́р їй ду́же до ~е́чі.** Money would come very handy to her now. 3) opportunely, relevantly; 4) by the way ◊ **Яка́ там у пого́да, до ~е́чі?** What is the weather like over there, by the way? ♦ **з яко́ї ~е́чі?** why? ◊ **З яко́ї ~е́чі всі ма́ють плати́ти однако́вий пода́ток?** Why does everybody have to pay the same tax? ♦ **назива́ти ~е́чі свої́ми імена́ми** to call a spade a spade; ♦ **р. у собі** *philos.* noumenon, thing in itself
6 work *(of literature, art, etc.)*, text, composition ◊ **Це пе́рша ви́знана кри́тиками р. поета.** This is the poet's first work recognized by critics.
See **твір 1**

рі́чищ|е, *nt.*, **~а**
1 riverbed; big stream ◊ **В багатьо́х міся́х р. пересо́хло від спе́ки.** In many spots, the riverbed dried up from heat. ◊ **У доли́ні чоти́ри гірськи́х стру́мки́ злива́лися в могу́тнє р.** Four mountain creeks flowed into a mighty stream.
See **рі́ка 1, рі́чка 1**
2 *fig.* direction, trend, course; limits, bounds ◊ **Нау́ка ста́ла розвива́тися в ново́му ~і.** Science started evolving in a new direction.
See **тенде́нція 1.** *Also see* **на́прям 2, течія́ 3**

рі́ч|ка, *f.*, **~ки**
1 river
adj. **вели́ка** great, **величе́зна** enormous, **до́вга** long, **могу́тня** mighty, **найбі́льша** largest, **широ́ка** wide; **га́рна** beautiful, **мальовни́ча** picturesque, **чарі́вна́** charming, **чудо́ва** wonderful; **гірська́** mountain; **лісова́** forest; **важли́ва** important, **головна́** principal, **найважли́віша** most important ◊ **Дні́про́ – це найва́жливіша р. Украї́ни.** The Dnipro is the most important river of Ukraine. **глибо́ка** deep; **мілка́** shallow; **вузька́** narrow, **мала́** small, **мале́нька** *dim.* small ◊ **Надоли́ні під горо́ю текла́ мале́нька р.** Down below the mountain there flowed a small river. **невели́ка** little; **пові́льна** slow; **бурхли́ва** turbulent, **пі́нна** white-water, **лю́та** raging, **небезпе́чна** dangerous, **стрімка́** rushing, **швидка́** fast-flowing; **набу́хла** swollen ◊ **Весно́ю р. става́ла ~ою від та́лого сні́гу.** In spring, the river would become swollen with melted snow. **судноплі́вна** navigable; **підзе́мна** underground; **прохоло́дна** cool, **те́пла** warm, **заме́рзла** frozen, **крижана́** icy, **холо́дна** cold; **брудна́** dirty, **забру́днена** polluted; **чи́ста** clean
n. + **р. басе́йн ~ки** the river basin ◊ **За́хідне Полі́сся розташо́ване в басе́йні ~ки При́п'яті.** Western Polissia is situated in the River Pryp'yat Basin. (**бе́рег** bank, **на́бережна** embankment; **вода́** water; **ги́рло** mouth, **де́льта** delta; **дно** *and* **русло́** bed; **довжина́** length, **ширина́** width; **доли́на** valley; **рі́вень** level; **течія́** flow) ◊ **Течія́ ~ки несла́ чо́вен на поро́ги.** The river flow was carrying the boat onto the rapids.
v. + **р. дола́ти ~ку** cross a river ◊ **Загі́н подола́в і ще одну́ ~ку.** The detachment crossed another river. (**перепливати** swim ◊ **Оле́ся ле́гко перепливала ~ку Гори́нь.** Olesia easily swam the Horyn River. **перехо́дити** ford ◊ **Це мі́сце, де ~ку мо́жна перейти́.** This is the spot where the river can be forded. **пересіка́ти** cross, **перетина́ти** traverse ◊ **Вони́ перетну́ли ~ку в небезпе́чному мі́сці.** They traversed the river in a dangerous spot. **відво́дити** divert; **перекрива́ти да́мбою** dam) ◊ **~ку перекри́ли да́мбою.** They dammed the river. **йти за ~кою** follow a river ◊ **Гру́па пройшла́ за ~кою п'ять кіломе́трів.** The group followed the river for 5 km. ♦ **ли́тися ~кою** to flow like a river ◊ **З його́ ро́та ~кою полили́ся компліме́нти.** Compliments started flowing from his mouth like a river.
р. + *v.* **бі́гти** run, **впада́ти в** + *A.* flow into *(sea)* ◊ **Усі́ ~ки краї́ни впада́ють у Чо́рне мо́ре.** All the rivers of the country flow into the Black Sea. **текти́** flow ◊ **Р. Півде́нний Буг тече́ з пі́вночі на пі́вдень.** The River Southern Buh flows from the north to the south. **звива́тися** *or* **ви́тися** wind, **змії́тися** snake; **вихо́дити з берегі́в** burst its banks, **зато́плювати** + *A.* flood sth ◊ **Р. загро́жувала затопи́ти мі́сто.** The river threatened to flood the city. **перелива́тися че́рез** + *A.* overflow sth; **висиха́ти** dry up ◊ **Улі́тку р. висиха́є.** In summer, the river dries up.
prep. **бі́ля ~ки** near a river ◊ **Ка́мінь упа́в бі́ля ~ки.** The rock fell near the river. **вздо́вж ~ки** along a river ◊ **До́ки тягну́лися на кіломе́тр вздо́вж ~ки.** The docks stretched for a kilometer along the river. **на ~ці** on a river ◊ **Столи́ця краї́ни розташо́вана на ~ці.** The country's capital is situated on a river. ♦ **крапли́на** *or* **кра́пля в ~ці** a drop in the bucket ◊ **Три́ста мільйо́нів до́ларів – це крапли́на в ~ці.** $300 million is a drop in the bucket. **у ~ку** *dir.* in/to a river ◊ **Він зайшо́в у ~ку.** He went in the river. **у ~ці** *posn.* in a river
Also see **прито́ка, струмо́к 1.** *Cf.* **рі́ка 1**
2 *fig.* river, flow, flood ◊ **Лю́ди проли́ли́ ~ки́ по́ту і сліз.** The people shed rivers of sweat and tears.
See **рі́ка 2**
N. pl. **~ки́**, *G. pl.* **~о́к**

рі́чн|ий, *adj.*
1 yearly, annual
р. + *n.* **р. звіт** an annual report (**пі́дсумок** total, **прибу́ток** profit); **~а́ но́рма** a yearly norm (**платня́** salary, **пре́мія** bonus) ◊ **Компа́нія випла́чувала ~у́ пре́мію пе́ред Різдво́м.** The company would pay the annual bonus before Christmas. **~е́ виробни́цтво** yearly production; **~і́ втра́ти** annual losses (**збо́ри** meeting)
2 year-long, lasting a year
р. + *n.* **~а́ магістрату́ра** a year-long master's program (**змі́на** change, **пере́рва** interval); **~і́ ку́рси** year-long courses (**резе́рви** supply) ◊ **Мі́сто ма́є ~і резе́рви харчі́в і води́.** The city has a year-long supply of food and water.

річни́ц|я, *f.*
anniversary
adj. **пе́рша** first ◊ **У субо́ту пе́рша р. ї́хнього знайо́мства.** Saturday is the first anniversary of

their acquaintance. **дру́га** second, **тре́тя** third, **два́дцять п'я́та** twenty-fifth, **со́та** one hundredth; **сріб́на** silver, **золота́** golden, **пла́тинова** platinum; **ра́дісна** happy, **славе́тна** glorious; **безра́дісна** joyless, **невесе́ла** cheerless, **похму́ра** gloomy, **сумна́** sad

v. + **р. відзнача́ти ~ю** mark an anniversary ◊ **Вони́ відзнача́ли срі́бну ~ю шлю́бу.** They marked their marriage's silver anniversary. (**вшано́вувати** honor, **святкува́ти** celebrate; **ігнорува́ти** ignore; **забува́ти про** forget about; **нага́дувати про** remind about; **пам'ята́ти про** remember) ◊ **Рома́н пам'ята́в про щасли́ву ~ю ї́хнього переї́зду до Ха́ркова.** Roman remembered the happy anniversary of their relocation to Kharkiv.

р. + *v.* **бу́ти** be ◊ **Р. ново́ї телепрогра́ми була́ мину́лого ти́жня.** The new TV show's anniversary was last week. **наближа́тися** approach ◊ **Наближа́ється її́ вісімдеся́та р.** Her eightieth anniversary is approaching. **надхо́дити** come up; **припада́ти на** + *A.* fall in *(month)* ◊ **Р. заснува́ння університе́ту припада́є на тра́вень.** The anniversary of the university's founding falls in May.

prep. **до ~і** for an anniversary ◊ **Консервато́рія готува́лася до ~і компози́тора.** The conservatory was preparing for the composer's anniversary. **на ~ю** for an anniversary ◊ **Ча́йний набі́р їм подарува́ли на ~ю шлю́бу.** The tea set was given them for their marriage anniversary. **у ~ю** on an anniversary ◊ **Усі́ були́ в чудо́вому гу́морі в пе́ршу ~ю фо́нду.** Everybody was in an excellent mood on the first anniversary of the foundation.

Also see **свя́то, столі́ття 2, уроди́ни**

рі́шен|ня, *nt.*

1 decision, solution

adj. **вели́ке** big ◊ **Для не́ї це було́ вели́ке р.** For her it was a big decision. **важли́ве** important, **ключове́** key, **перело́мне** landmark, **важке́** difficult, **неможли́ве** impossible, **непро́сте́** tough, **складне́** complicated, **тяжке́** hard; **несхи́тне** unshakable, **остато́чне** final ◊ **Р. дире́ктора було́ остато́чним.** The director's decision was final. **тверде́** firm; **вча́сне** timely, **потрі́бне** needed ◊ **Його́ ду́же потрі́бне р. полегшува́ло ситуа́цію.** His much needed decision alleviated the situation. **зва́жене** measured, **му́дре** wise, **оба́чне** prudent, **обере́жне** cautious, **поінформо́ване** informed, **пра́вильне** right, **раціона́льне** rational, **розу́мне** intelligent, **спри́тне** smart, **хоро́ше** good; **легке́** easy; **популі́стське** populist; **прийня́тне** acceptable; **безду́мне** thoughtless, **близькозо́ре** shortsighted, **глу́пе** silly, **дурнува́те** stupid, **тупе́** *colloq.* dumb; **легкова́жне** flippant, **недба́ле** careless; **жахли́ве** horrible, **ке́пське** poor, **непра́вильне** wrong, **нерозу́мне** unwise, **пога́не** bad, **фата́льне** fatal; **відпові́дне** respective; **секре́тне** *and* **тає́мне** secret; **імпульси́вне** impulsive, **необа́чне** imprudent, **необду́мане** foolhardy, **поква́пне** hasty ◊ **Поква́пне р. не обіця́ло ні́чого до́брого.** The hasty decision did not bode well. **примхли́ве** capricious; **незворо́тне** irreversible; **блискави́чне** instantaneous, **рапто́ве** precipitous, **швидке́** quick; **деспоти́чне** despotic, **недемократи́чне** undemocratic, **сваві́льне** arbitrary; **ди́вне** strange, **підозрі́ле** suspicious; **непопуля́рне** unpopular, **сканда́льне** scandalous, **сумні́вне** questionable, **сумнозві́сне** notorious, **супере́чливе** controversial; **колекти́вне** collective, **спі́льне** joint ◊ **Тут тре́ба спі́льне р. зацікáвлених сторі́н.** What is needed here is a joint decision of the interested parties. **окре́ме** separate; **особи́сте** personal; **політи́чне** political, **урядо́ве** government; **далекогля́дне** farsighted; **стратегі́чне** strategic, **такти́чне** tactical

v. + **р. прийма́ти р.** make a decision ◊ **Він прийня́в легкова́жне р.** He made a flippant decision. (**ухва́лювати** pass; **видава́ти** issue, **дава́ти** give, **надава́ти** provide ◊ **Громадя́ни вимага́ли, щоб їм надалі́ відпові́дне р. вла́ди.** The citizens demanded that they be provided with the respective decision of the authorities. **впрова́джувати** implement, **реалізува́ти** realize ◊ **Р. тре́ба якнайшви́дше реалізува́ти.** The decision needs to be realized as soon as possible. **оголо́шувати** announce, **оприлю́днювати** make public, **публікува́ти** publish ◊ **Суд заборони́в публікува́ти р. парла́менту.** The court prohibited publishing the parliament's decision. **підтве́рджувати** uphold ◊ **Президе́нт фі́рми підтве́рдив р. збі́льшити платню́ робітникі́в.** The firm's president upheld the decision to raise the workers' wages. **підтри́мувати** support, **поважа́ти** respect ◊ **Вони́ пообіця́ли поважа́ти р. комі́сії.** They promised to respect the committee's decision. **виправдо́вувати** justify, **захища́ти** defend, **поя́снювати** explain; **відклада́ти** put off, **затри́мувати** delay; **відміня́ти** overturn, **скасо́вувати** overrule; **відкида́ти** reject, **критикува́ти** criticize, **оспо́рювати** contest ◊ **Спортсме́н оспо́рює р. журі́.** The athlete is contesting the jury's decision. **піддава́ти су́мніву** question; **перегляда́ти** reconsider; **вплива́ти на** influence) ◊ **О́пит грома́дської ду́мки впли́нув на популі́стське р. у́ряду.** The public opinion poll influenced the government's populist decision. **досяга́ти р.** reach a decision ◊ **Уча́сникам кру́глого сто́лу нале́жало досягну́ти прийня́тного р.** The roundtable participants needed to reach an acceptable decision. (**дотри́муватися** abide by; **очі́кувати** await, **чека́ти** wait for, **поверта́тися до** revisit; **бу́ти про́ти** oppose, **повстава́ти про́ти** rebel against, **протестува́ти про́ти** protest against); **підкоря́тися ~ню** obey a decision; **стоя́ти пе́ред ~ням** face a decision ◊ **Вона́ стоя́ла пе́ред непро́сти́м р.** She faced a tough decision. (**шкоду́вати за** regret) ◊ **Зо́я пошкоду́вала за свої́м ~ням.** Zoya regretted her decision.

р. + *v.* **диктува́ти** + *A.* dictate sth ◊ **Р. комі́тету диктува́ло всі ї́хні дії́.** The committee's decision dictated all their actions. **ді́яти** apply ◊ **Це р. все ще ді́є.** This decision still applies.

prep. **за ~ням** + *G.* by a decision of sb ◊ **за ~ням міського́ голови́** by the mayor's decision; **у ~ні** in a decision ◊ **як передба́чено у ~ні студе́нтської ра́ди** as is stipulated in the student council's decision; **р. про** + *A.* a decision about sth; **р. стосо́вно** + *G.* a decision concerning sth ◊ **р. стосо́вно компенса́ції за зби́тки** the decision concerning the damage compensation; **р. що́до** + *G.* a decision on sth ◊ **р. що́до да́ти турні́ру** the decision on the tournament's date

Also see **ви́бір, ви́хід 7, постано́ва, резолю́ція, ро́зсуд**

2 verdict, decision ◊ **Р. су́ду остато́чне і не підляга́є оска́рженню.** The court's decision is final and cannot be appealed.

See **ви́рок**

3 execution, implementation, realization

adj. **ґеніа́льне** brilliant ◊ **Вона́ запропонува́ла ґеніа́льне р. сце́ни.** She offered a brilliant realization of the scene. **неаби́яке** remarkable, **нова́торське** innovative, **оригіна́льне** unconventional, **таланови́те** talented, **тво́рче** creative; **несподі́ване** unexpected

v. + **р. заду́мувати р.** conceive an implementation ◊ **Режисе́рка заду́мала оригіна́льне р. п'є́си.** The (female) director conceived an unconventional realization of the play. **знахо́дити** find, **ма́ти** have)

See **здійснення.** *Also see* **викона́ння 1**

рішу́че, *adv.*

1 resolutely, firmly, decisively ◊ **Їм тре́ба ді́яти р.** They need to act decisively.

2 completely, entirely, fully ◊ **Його́ тлума́чення р. відрізня́ється від прийня́того.** His interpretation completely differs from the conventional one.

See **цілко́м 2.** *Also see* **геть 1, живце́м 2, зо́всім 1, по́вністю, спо́вна́, чи́сто 2**

3 firmly, determinedly, with resolve ◊ **Він р. відки́нув пропози́цію допомогти́ йому́ гро́шими** *or* **грошима́.** He firmly rejected the offer to help him with money.

See **тве́рдо**

рішу́ч|ий, *adj.*

1 resolute, determined, resolved, firm

adv. **абсолю́тно** absolutely ◊ **Вони́ були́ абсолю́тно ~ими в бажа́нні перемогти́ во́рога.** They were absolutely determined in their desire to defeat the enemy. **винятко́во** exceptionally, **вкрай** extremely, **все бі́льш** increasingly, **геть** totally; **до́сить** fairly, **ду́же** very; **надзвича́йно** extraordinarily; **неймові́рно** incredibly, **несподі́вано** unexpectedly, **особли́во** particularly

р. + *n.* **р. го́лос** a determined voice (**тон** tone; **на́мір** intent; **по́гляд** look ◊ **У ~ому по́гляді О́лі була́ лють.** There was fury in Olia's determined look. **полі́тик** politician; **хара́ктер** character); **~а відмо́ва** a resolute refusal (**жі́нка** woman; **кри́тика** criticism; **хода́** gait); **~е бажа́ння** a resolute desire (**запере́чення** denial; **несприйня́ття** rejection) ◊ **~е несприйня́ття і́ншої то́чки зо́ру** a resolute rejection of a different point of view.

v. + **р. бу́ти ~им** be determined (**виявля́тися** turn out ◊ **Вона́ ви́явилася неймові́рно ~ою.** She turned out to be incredibly determined. **здава́тися** + *D.* seem to sb; **става́ти** become) ◊ **Її́ го́лос став тве́рдим і ~им.** Her voice became firm and resolute.

Also see **тверди́й 2**

2 vigorous, intensive, energetic, forceful

adv. **винятко́во** exceptionally, **вкрай** extremely, **все бі́льш** increasingly; **дивови́жно** amazingly, **до́сить** rather, **ду́же** very; **надзвича́йно** extraordinarily; **на ди́во** surprisingly, **неймові́рно** incredibly, **несподі́вано** unexpectedly, **особли́во** particularly

р. + *n.* **р. на́ступ** a vigorous offensive (**спро́тив** resistance, **стрибо́к** leap; **стиль** style); **~а боротьба́** a vigorous struggle (**допомо́га** assistance, **підтри́мка** support, **проти́дія** opposition); **~е дослі́дження** a vigorous research (**розсте́ження** investigation)

v. + **р. бу́ти ~им** be intensive (**виявля́тися** turn out ◊ **Опози́ція до зако́ну ви́явилася ~ою.** The opposition to the law turned out to be vigorous. **става́ти** become) ◊ **Боротьба́ става́ла все бі́льш ~ою.** The fight was becoming increasingly more intensive.

Also see **інтенси́вний**

3 crucial, critical, of utmost importance ◊ **Ця хвили́на ста́ла ~ою в Оле́ксиному житті́.** This moment became critical in Oleksa's life.

See **важли́вий.** *Also see* **ваго́мий 2, ва́ртий 2, виріша́льний 2, відповіда́льний 2, життє́вий 3, значни́й 2, крити́чний 3, пова́жний 4, помі́тний 3, серйо́зний 3**

роб|и́ти, ~лю́, ~иш, ~лять; з~, *tran. and intr.*

1 *tran.* to do, make, carry out, conduct

adv. **блискави́чно** instantaneously ◊ **Медсестра́ блискави́чно зроби́ла жі́нці ін'є́кцію.** The nurse instantaneously gave the woman an injection. **нега́йно** immediately, **операти́вно** promptly, **за́раз же** right away, **шви́дко** quickly ◊ **У́чні ма́ли шви́дко з~ впра́ви.** The pupils were to do the exercises quickly. **вча́сно** on time; **запі́зно** too late, **пі́зно** late; **без кінця́** endlessly, **до́вго** for a long time ◊ **Що ти ~и́в там так до́вго?** What were you doing there for so long? **бездога́нно** impeccably, **до́бре** well, **доскона́ло** perfectly, **майсте́рно** masterfully ◊ **Реставра́цію зроби́ли про́сто майсте́рно.** The restoration was done simply masterfully. **рете́льно** thoroughly, **стара́нно** meticulously, **чудо́во** wonderfully; **я́кось** somehow;

з готóвністю readily, з приємністю with pleasure, рáдо gladly ◊ Вонá рáдо зрóбить Тетяні зáчіску. She will gladly do Tetiana's hair. безперестáнку nonstop, весь час all the time, все *colloq.* all the time, вперто persistently, гарячкóво feverishly, енергійно vigorously, методи́чно methodically, нату́жно strenuously, невідсту́пно relentlessly, невтóмно tirelessly, послідóвно consistently, реґуля́рно regularly ◊ Вам слід реґуля́рно р. ру́ханку. You should work out regularly. старáнно assiduously, сумлінно diligently; лéдве scarcely, наси́лу barely, неохóче reluctantly, повільно slowly ◊ Валéрія ~и́ла підраху́нки повільно, затé старáнно. Valeriia was doing the calculations slowly, but assiduously. рáзом together, спíльно jointly

p. + *n.* р. анáліз крóви do a blood test (бібліогрáфію bibliography, впрáву exercise, завдáння assignment, робóту work ◊ Він ~и́в найтя́жчу робóту. He did the hardest work. перéклад translation; честь + *D.* honor sb ◊ Ви зрóбите нам честь, якщó при́ймете запрóшення. You will honor us if you accept the invitation. р. врáження make an impression ◊ Карти́на ~и́ла позити́вне врáження. The painting made a positive impression. (вечéрю dinner ◊ Вони́ ~и́ли вечéрю рáзом. They made dinner together. ви́няток exception; внéсок contribution; вплив influence; врáження impression; мíсце для + *G.* room for sth ◊ У палáті трéба з~ мíсце для двох хвóрих. They need to make room for two patients in the ward. спи́сок list); ♦ р. сцéну to make a scene ◊ Він зроби́в Івáнні сцéну чéрез дурни́цю. He made Ivanna a scene over a trifle. ♦ р. ви́гляд to pretend ◊ Жíнка ~и́ла ви́гляд, що не розуміє. The woman pretended not to understand. ♦ р. ви́сновок to draw a conclusion ◊ Вони́ зроби́ли прáвильний ви́сновок. They drew a correct conclusion. ♦ р. візи́т до + *G.* to pay sb a visit; ♦ р. із сéбе дурня to play a fool ◊ Волóдя все життя́ ~ить із сéбе ду́рня. Volodia has played a fool all his life.

v. + п. виріш́увати decide to; змýшувати + *A.* make sb ◊ Рéвнощі змýшували Ю́рія р. ди́вні рéчі. Jealousy made Yurii do strange things. могти́ can ◊ Кни́жка міг з~ зги́бне врáження на дити́ну. The book could make a detrimental impression on the child. починáти begin to, стáти *pf.* start; продóвжувати go on; ки́дати quit; припиня́ти stop; хотíти want to

prep. р. з + *G.* make of sth *(material)* ◊ Він зрóбить стіл із ду́ба. He will make the table of oak. р. для + *G.* do for sb/sth ◊ Вони́ лáдні з~ все для перемóги. They are ready to do everything for victory. р. на + *A.* do by *(a date)* ◊ Світли́ни трéба з~ на зáвтра. The pictures need to be made for tomorrow.

Also see вари́ти 2, готувáти 3, допускáти 3, лáгодити 2, ладнáти 3, справля́ти 1, утвóрювати 1

2 *tran.* to make, manufacture, produce

adv. бездогáнно impeccably ◊ Вони́ зроби́ли ремóнт бездогáнно. They did the renovation impeccably. дóбре well, досконáло perfectly, майстéрно masterfully, ретéльно thoroughly, старáнно meticulously, чудóво wonderfully; я́кось somehow

p. + *n.* р. ви́стáву make a performance (концéрт concert, п'єсу play, прогрáму show, фільм movie ◊ Фільм вонá зроби́ла на Ялти́нській кіностýдії. She made the movie at the Yalta Film Studio. сценáрій script; карти́ну painting; керáміку ceramics, порцеля́ну china; різьбу́ carving, скульпту́ру sculpture)

Also see виробля́ти 1, влаштóвувати 3, лáгодити 3, ствóрювати, твори́ти 1

3 *tran. and intr.* to do, act, behave ◊ Гáнна не знáла, що р. Hanna did not know what to do. ◊ ~íть, що хóчете. Do what you wish.

See дíяти 1, 3

4 *tran.* to make, transform, turn ◊ Вонá хотíла з~ йогó насту́пником. She wanted to make him her successor.

prep. р. з + *G.* make from sb/sth ◊ Життя́ зроби́ло з нéї ци́ніка. Life made a cynic of her. ◊ Вони́ зроби́ли з готéлю шпитáль. They made a hospital of the hotel. ♦ р. з му́хи слонá to blow things out of proportion ◊ Він при кóжній нагóді ~и́в із му́хи слонá. He would blow things out of proportion at every occasion.

See перетвóрювати

5 *tran.* to cause, bring, inflict; provoke

p. + *n.* р. + *D.* добрó do sb good ◊ Вонá зáвжди́ ~ить лю́дям добрó. She has always done people good. (зло evil, кри́вду injustice, шкóду harm ◊ Тютю́н ~ить курцéві непопрáвну шкóду. Tobacco causes a smoker irreparable harm. вéреск row, скандáл scandal) ◊ Він зроби́в скандáл у суспíльних мерéжах. He caused a scandal on social networks.

Also see припускáтися 2

6 *tran.* to cover *(distance)*, travel ◊ Під час нáступу полк ~и́в по 50 км за день. During the offensive the regiment covered 50 km a day.

See покривáти 4, проїжджáти 2

pa. pple. зрóблений made ◊ зрóблено в Украї́ні made in Ukraine

(з)роби́!

роби́|тися; з~, *intr.*

1 to become, transform into, turn into + *I.* ◊ Він не пам'ятáв, чи метéлик ~ться гу́сінню, чи навпаки́. He did not remember whether it was a butterfly that became a caterpillar or the other way around.

adv. все бíльше increasingly; блискави́чно in a flash, ґвалтóвно abruptly, несподíвано unexpectedly, рáптом suddenly, скóро *or* ху́тко *or* шви́дко quickly; з кóжним днем with every day ◊ Із кóжним днем її життя́ ~лося все вáжчим. With each passing day, her life became ever harder. непомíтно unnoticeably, повíльно slowly, поступóво gradually ◊ Хлóпці поступóво ~лися воякáми. The boys were gradually becoming soldiers. чому́сь for some reason ◊ Павлó чому́сь зроби́вся похму́рим. For some reason Pavlo became grim.

See ставáти 2

2 *impers.* to feel + *D.* ◊ Олéні ~лося гáряче в кімнáті. Olena felt hot in the room. ◊ Упáв дощ, і надвóрі ~лося прохолóдно. The rain fell, and it became cool outdoors.

See ставáти 3

3 to happen, occur, take place ◊ Він хотíв довíдатися, що ~ться в мíсті. He wanted to find out what was happening in town.

prep. р. з + *I.* happen to sb ◊ З ним ~лося щось незрозумíле. Something incomprehensible was happening to him.

See відбувáтися 1. *Also see* дíятися, прохóдити 7

4 *pass., only impf.* to be made, be done, be manufactured ◊ Андрíй хотíв поцілувáти йогó, алé не знав, як це ~ться. Andrii wanted to kiss him, but did not know how it was done. ◊ Фільм ~ться гру́пою фільмарíв, а не однíєю осóбою. A movie is made by a group of filmmakers, not by one person.

робітни́к, *m.*, ~á; робітни́ця, *f.*

worker, employee, hired hand, laborer

adj. винятко́вий exceptional, відмíнний excellent; дисциплінóваний disciplined; дóбрий good ◊ Тарáс – дóбрий р. Taras is a good worker. зразкóвий exemplary, методи́чний methodical, незамíнний irreplaceable, старáнний diligent, сумлíнний conscientious ◊ Знайти́ сумлíнних ~íв не так лéгко. Finding conscientious workers is not an easy thing to do. чéсний honest; винахíдливий inventive, талановитий talented, твóрчий creative; кéпський *and* погáний bad, непотрíбний *colloq.* shoddy; повíльний slow; постíйний permanent; сезóнний seasonal; тимчасóвий temporary, високооплáчуваний highly paid; гнóблений oppressed, експлуатóваний exploited, низькооплáчуваний low-paid; безробíтний jobless, звíльнений laid-off, зáйвий redundant ◊ Усі зáйві ~и́ бу́дуть звíльнені. All the redundant workers will be let go. нелеґáльний illegal; звичáйний *and* посполи́тий regular, типóвий typical; кваліфікóваний skilled; низькокваліфікóваний low-skilled; некваліфікóваний unskilled; будівéльний construction, заводськи́й blue-collar, наукóвий scientific, поштóвий postal, промислóвий industrial, сільськогосподáрський agricultural, трáнспортний transportation, фабри́чний factory

p. + *n.* р. завóду a plant worker (залíзни́ці railroad, лікáрні hospital, фáбрики factory; оборóнної промислóвості defense industry, хемíчної промислóвості chemical industry ◊ прáвила безпéки для ~íв хемíчної промислóвості safety rules for chemical industry workers; шáхти mine)

See працівни́к. *Also see* заробітчáнин, робóчий 3

робітни́ч|ий, *adj.*

worker, worker's, working, of or pertaining to workers

p. + *n.* р. гуртóжиток a workers' dormitory (квартáл block; син son; страйк strike), р. клуб a worker club, р. клас the working class; ~а дочкá a worker's daughter (освíта education, підготóвка training; пáртія party; революція revolution, роди́на family; тéма theme) ◊ У йогó прóзі переважáла ~а тéма. The worker's theme predominated in his prose. ~е життя́ worker's life (повстáння uprising, поколíння generation)

роб|óта, *f.*

1 work, labor; assignment, job

adj. важкá hard, виснáжлива exhausting ◊ Р. у пóлі булá виснáжливою. The work in the field was to be exhausting. інтенси́вна intensive, напру́жена intense, нату́жна strenuous, нелегкá tough ◊ Нелегкá то булá р. копáти шáнці. It was tough work digging trenches. непоси́льна punishing, складнá complicated, тонкá fine; високоя́кісна quality ◊ Він ґарантувáв замóвникові високоя́кісну ~óту. He guaranteed a quality work to the customer. відмíнна excellent, дóбра good, першоря́дна first-rate, першоклáсна first-class, професíйна professional; безперéрвна uninterrupted, цілодобóва around-the-clock; щодéнна daily; сумлíнна diligent; захóплива fascinating ◊ цікáва interesting; ◊ випадкóва р. an odd job; примусóва forced ◊ Мíсяць вони́ потерпáли на примусóвій ~óті. For a month, they suffered performing forced labor. ефекти́вна effective, продукти́вна productive; брудна́ dirty; легкá easy; монотóнна monotonous, нуднá tedious; груповá group, колекти́вна teamwork ◊ Вони́ вчáсно закінчи́ли завдяки́ дóбре скоординóваній колекти́вній ~óті. They finished on time thanks to the well-coordinated teamwork. спíльна joint; ◊ домáшня р. a homework; письмóва р. a written assignment; хáтня household; добровíльна volunteer ◊ Прибирáння навкóло шкóли булó добровíльною ~óтою. The cleaning around the school was volunteer work. ♦ мóкра р. *fig.* a wetwork, murder ◊ На раху́нку вби́вці не однá мóкра р. The killer has more than one wetwork to his name.

v. + р. викóнувати ~óту perform work (роби́ти do ◊ Вони́ зроби́ли ~óту і пíшли на кáву. They did the work and went to have some coffee. організóвувати organize; мáти have; шукáти look for ◊ **Він ходи́в по ха́ті, шука́ючи яку́сь ~о́ту.** He walked around the house, looking for some work to do. **дава́ти** + *D.* give sb ◊ **Куц дав їм тимчасо́ву ~о́ту.** Kuts gave them temporary work. **почина́ти** begin ◊ **Вони́ почали́ ~о́ту над звітом.** They began work on the report. **продо́вжувати** continue; **ки́дати** quit ◊ **Вона́ ки́нула ~о́ту на п'ять хвили́н, щоб подзвони́ти.** She quit working for five minutes to make a call. **перерива́ти** interrupt ◊ **Че́рез него́ду буді́вельники перерва́ли ~о́ту.** Because of the nasty weather, the builders interrupted work. **припиня́ти** stop; **закі́нчувати** complete; **відклада́ти** put off; **затри́мувати** hold up ◊ **Брак потрі́бних до́зволів затри́мував ~о́ту.** Lack of required permits held up the work. **оці́нювати** assess, **плати́ти за** pay for) ◊ **Вони́ не плати́ли за доброві́льну ~о́ту.** They did not pay for volunteer work. **керува́ти ~о́тою** direct work (**користува́тися** use, **догляда́ти за** oversee) ◊ **Інспе́ктор наглядáв з ~о́тою.** The inspector oversaw the work.

p. + *v.* **вимага́ти** + *G.* require sth ◊ **Р. вимага́ла ува́ги до подро́биць.** The work required attention to detail. **лиша́тися** remain; **передба́чати** involve ◊ **Р. передбача́ла застосува́ння найнові́шого обла́днання.** The work involved the use of state-of-the-art equipment. **чека́ти** wait ◊ **Вона́ вважа́ла, що р. мо́же почека́ти.** She believed that work could wait. **ко́штувати** + *A.* cost sth ◊ **Сама́ р. без матерія́лів ко́штувала шмат гро́шей.** The work alone without materials cost quite some money. **почина́тися** begin; **продо́вжуватися** continue; **зупиня́тися** stop; **става́ти** come to a stop ◊ **Поча́вся страйк, і вся р. ста́ла.** The strike began and all work came to a stop.

prep. **на ~о́ті** at work ◊ **Іри́на все ще на ~о́ті.** Iryna is still at work. **р. в** + *L.* work at/in *(a place)* ◊ **Р. в полі просува́лася.** The work in the field moved forward. **р. з** + *I.* work with sb ◊ **р. з новобра́нцями** work with recruits; **р. на** + *A.* a work at/for sb/sth ◊ **р. на проха́ння Марка́** work at Marko's request; **р. на** + *L.* a work in/at *(a place)* ◊ **р. на по́шті** work at a post office. **р. над** + *I.* work on sth ◊ **р. над статте́ю** the work on an article

Also see **ді́ло 3.** *Cf.* **пра́ця 1, спра́ва 2**

2 job, employment

adj. **га́рна** nice ◊ **У Херсо́ні він ма́є га́рну ~о́ту.** In Kherson, he has a nice job. **високоопла́чувана** high-paying, **до́бре опла́чувана** well-paid, **ви́гідна** lucrative, **прибутко́ва** profitable, **хлі́бна** *colloq.* gainful; **опла́чувана** paid; **ке́псько опла́чувана** poorly paid, **неопла́чувана** unpaid, **пога́но опла́чувана** badly paid; **пості́йна** permanent, **ста́ла** steady; **тимчасо́ва** temporary ◊ **Йому́ вдало́ся знайти́ тимчасо́ву ~о́ту.** He managed to find a temporary job. **адміністрати́вна** administrative, **ба́нкова** banking, **будіве́льна** construction, **дослі́дницька** research, **ме́неджерська** managerial, **о́фісна** office, **секрета́рська** secretarial, **сільськогospода́рська** agricultural, **фе́рмерська** farming

v. + **р. дава́ти** + *D.* **~о́ту** give sb a job ◊ **Їй дали́ пості́йну ~о́ту.** She was given a permanent job. (**пропонува́ти** + *D.* offer sb ◊ **Йому́ запропонува́ли ~о́ту в полі́ції.** He was offered a job for the police. **влашто́вувати** + *A.* **на** arrange for sb ◊ **Дя́дько влаштува́в її на хлі́бну ~о́ту на ми́тниці.** Her uncle arranged a gainful job at the customs for her. **влашто́вуватися на** secure oneself ◊ **Тимі́ш влашува́вся на ~о́ту в ООН.** Tymish secured himself a job at the UN. **дістава́ти** land; **знахо́дити** find, **ма́ти** have, **отри́мувати** obtain; **шука́ти** look for ◊ **Він шука́в ~у недо́вго.** He did not look long for employment. **втрача́ти** lose) ◊ **Вона́ втра́тила ~о́ту.** She lost her job.

prep. **р. в** + *L.* work at/for *(company)* ◊ **її р. у фі́рмі** her work for the firm; **р. на** + *L.* work at/in *(company)* ◊ **Він ненави́дів ~о́ту на по́шті.** He hated the job at the post office.

Also see **зайня́тість 2, слу́жба 1**

3 piece, creation, writing, composition

adj. **блиску́ча** brilliant, **відмі́нна** excellent, **високоя́кісна** high-quality, **добі́рна** superlative, **до́бра** good, **доскона́ла** perfect, **знамени́та** *colloq.* superb, **найкра́ща** best ◊ **Полотно́ вважа́ють накра́щою ~ою маляра́.** The canvas is considered to be the artist's best work. **неповто́рна** inimitable, **ориґіна́льна** original ◊ **Ко́жна р. компози́торки по-сво́єму ориґіна́льна.** Each (female) composer's piece is original in its own way. **прекра́сна** beautiful, **хоро́ша** fine, **чудо́ва** wonderful; **делікáтна** delicate; **ке́пська** poor, **недба́ла** careless, **нехлю́йська** *colloq.* shoddy, **пога́на** bad

See **пра́ця 2**

4 operation, functioning, working, running ◊ **Зма́щення покра́щувало ~о́ту маши́ни.** Lubrication improved the operation of the machine.

adj. **бездога́нна** flawless ◊ **Замо́к виріжня́вся бездога́нною ~о́тою.** The lock stood out by its flawless operation. **доскона́ла** perfect; **відпові́дна** adequate, **ефекти́вна** efficient, **задові́льна** satisfactory, **нале́жна** proper, **наді́йна** reliable, **норма́льна** normal, **пла́вна** smooth, **ритмі́чна** rhythmic; **ста́ла** steady, **трива́ла** durable

v. + **р. ґарантува́ти ~о́ту** garantee the operation ◊ **Виробни́к ґаранту́є нале́жну ~о́ту телеві́зора про́тягом десяти́ ро́ків.** The manufacturer guarantees a proper functioning of the TV set for ten years. (**забезпе́чувати** ensure; **пору́шувати** disrupt, **унеможли́влювати** make impossible ◊ **Екстрема́льні умо́ви унеможли́влюють ~о́ту літа́льного апара́та.** The extreme conditions make operation of the aircraft impossible. **усклáднювати** complicate; **поле́гшувати** facilitate); **перешкоджа́ти ~о́ті** hamper operation

Also see **дія 3**

робо́ч|ий, *adj., n.*

1 *adj.* work, working, of or pertaining to work

р. + *n.* **р. візи́т** a working visit ◊ **Вона́ приї́хала до Слова́ччини з ~им візи́том.** She arrived in Slovakia on a working visit. (**день** day) ◊ **Сього́дні у них скоро́чений р. день.** They have a short working day today. **р. гра́фік** a work schedule; **~а гру́па** a workgroup, **~а е́тика** work ethic (**кімна́та** room, **фу́нкція** function), ♦ **~а си́ла** 1) workforce; 2) manpower, **~а па́м'ять** a working memory (**части́на** section)

2 *adj.* of or pertaining to workers, workers', working

р. + *n.* **р. кінь** a workhorse; **р. люд** working people; **~а сім'я́** a workers' family; ♦ **~і ру́ки** *fig.* hands, workers, manpower ◊ **Че́рез брак ~их рук будівни́цтво розтягну́лося на рік.** Because of the lack of hands, the construction dragged on for a year. ◊ **федера́ція ~их спіло́к** a workers' union federation

3 *n., m. and f.* worker ◊ **Газе́ту пошир́ювали се́ред ~их і селя́н.** The newspaper was circulated among workers and peasants. ◊ **Гали́на ста́ла ~ою.** Halyna became a worker.

See **робітни́к**

4 conducive to work ◊ **Вона́ не в ~ому на́строї.** She is not in a mood for work. ◊ **~а обстано́вка** an environment conducive to work

5 hard-working ◊ **Він – надзвича́йно р. науко́вець.** He is an extremely hard-working scholar.

See **працьови́тий, сумлі́нний.** *Also see* **пі́льний 4, стара́нний, че́сний 3.** *Ant.* **леда́чий**

роди́н|а, *f.*

1 family

adj. **багатоді́тна** large ◊ **Він ви́ріс у багатоді́тній ~і.** He grew up in a large family. **вели́ка** large; **мала́** *and* **невели́ка** small; **вся** whole ◊ **Щове́чора вся ї́хня р. збира́лася за вече́рею.** Every evening, their whole family gathered at dinner. **ці́ла** entire; **дру́жна** closely bound, **згурто́вана** close-knit; **пересі́чна** average, **типо́ва** typical ◊ **В оста́нні десятилі́ття малоді́тна р. ста́ла типо́вою для краї́ни.** Over the last decades, a small family became typical for the country. **традиці́йна** traditional; **найбли́жча** immediate; **на́звана** foster, **при́брана** adoptive; **спра́вжня** real; **патріярха́льна** patriarchal; **щасли́ва** happy; **неблагополу́чна** dysfunctional; **розби́та** broken; **військо́ва** military ◊ **Жі́нка похо́дила з військо́вої ~и.** The woman originated from a military family. **вчи́тельська** teacher's, **інтеліґе́нтська** intelligencia's, **лі́карська** doctor's, **професо́рська** professor's, **свяще́нницька** priestly, **селя́нська** peasant ◊ **У гру́пі були́ студе́нти із селя́нських роди́н.** There were students from peasant families in the group. **фе́рмерська** farmer's; **бага́та** rich, **замо́жня** well-to-do; **землевла́сницька** landowning; **робітни́ча** workers', **робо́ча** working; **бі́дна** poor; **безприту́льна** homeless ◊ **Будинок признача́вся для безприту́льних роди́н.** The building was for homeless families. **малозабезпе́чена** low-income; **скро́мна** modest; **аристократи́чна** aristocratic, **королі́вська** royal, **шляхе́тна** noble; **відо́ма** well-known, **пова́жана** respected, **респекта́бельна** respectable, **славе́тна** famous; **вплив́ова** influential, **могу́тня** powerful ◊ **Мі́сто поділи́ли між собо́ю три могу́тні ~и.** Three powerful families divided the city among themselves.

v. + **р. ство́рювати ~у** create a family ◊ **Молоді́ лю́ди одру́жувалися, щоб створи́ти щасли́ву ~у.** The young people were getting married to create a happy family. (**розбива́ти** break, **руйнува́ти** ruin ◊ **Жі́нчина необа́чність зруйнува́ла ї́хню ~у.** The wife's indiscretion ruined their family. **об'є́днувати** + *A.* **в** unite sb into) ◊ **Аґре́сія об'єдна́ла наро́д у згурто́вану ~у.** *fig.* The aggression united the people into a close-knit family. **нале́жати до ~и** belong to a family ◊ **Він нале́жить до коли́сь шляхе́тної ~и.** He belongs to a once noble family. (**похо́дити з** come from); **виро́стати в ~і** grow up in a family ◊ **Ді́ти ви́росли у щасли́вій ~і.** The children grew up in a happy family.

prep. **в ~і** in a family ◊ **У ~і панува́ли любо́в і зла́года.** Love and harmony reigned in the family. **р. з** + *I.* a family with sth ◊ **р. з висо́кими доста́тками** a high-income family

Also see **дім 3, дома́шній 4, рід 2, рі́дний 3, сім'я́ 1**

2 *colloq.* relation, relative, family ◊ **Марі́я ви́явилася ї́хньою ~ою.** Maria turned out to be their relation.

adj. **близька́** close ◊ **На церемо́нії була́ ті́льки близька́ р.** Only close family were at the ceremony. **дале́ка** distant; **америка́нська** American ◊ **Юрко́ ма́є америка́нську ~у.** Yurko has relatives in the United States. **канаді́йська** *or* **кана́дська** Canadian, **по́льська** Polish, **росі́йська** Russian ◊ **Він припини́в конта́кти з росі́йською ~ою.** He stopped contacts with his Russian relatives.

See **ро́дич**

3 origin, descent, stock, generation ◊ **Новачуки́ були́ з ~и протеста́нтів.** The Novachuks were from a Protestant stock.

See **рід 2**

роди́н|ний, *adj.*

family, of or pertaining to family

р. + *n.* **р. дім** a family house (**зви́чай** custom, **ритуа́л** ritual); **~а земля́** family land (**кри́за** crisis, **сва́рка** quarrel; **релі́квія** relic, **спа́дщина** inheritance, **тради́ція** tradition); **~е життя́** family life (**майно́** property, **середо́вище** environment), ♦ **~е де́рево** a family tree ◊ **Корі́ння ї́хнього ~ого де́рева сяга́ли XVI столі́ття.** Their family tree roots reached the 16th century. (**помі́стя** estate, **село́** village; **пра́во** *leg.* law); **~і взає́мини** family relationship (**обо́в'язки** responsibilities; **обста́вини** circumstance ◊ **Вона́ не приї́хала че́рез ~і**

обста́вини. She did not come because of family circumstance. **спра́ви** matters; **схо́дини** gathering)
Also see **сіме́йний**

род|и́ти, ~жу́, ~ять; на~, *tran. and intr.*
1 *tran.* to give birth to, bear *(a baby)*
adv. **благополу́чно** safely ◊ **Мо́тря благополу́чно народи́ла па́ру двійня́т.** Motria safely bore a pair of twins. **ху́тко** *and* **шви́дко** quickly; **ва́жко** with difficulty ◊ **Ма́рта не сподіва́лася, що так ва́жко ~и́тиме.** Marta did not expect her child-bearing would be so difficult. **вча́сно** on time; **передча́сно** prematurely; **без пробле́м** without problems, **ле́две** hardly ◊ **Ле́две Наді́я народи́ла пе́рше дитя́, як зно́ву завагі́тніла.** Hardly had Nadia given birth to her first child, than she got pregnant again. **наре́шті** finally; **по́за шлю́бом** out of wedlock; ♦ **як ма́ти ~и́ла** *or* **у чо́му ма́ти народи́ла** in one's birthday suit ◊ **Макси́м стоя́в пе́ред ни́ми, як ма́ти ~и́ла.** Maksym stood in front of them in his birthday suit.
v. + **р. ма́ти** be expected to ◊ **Вона́ ма́є р. за мі́сяць.** She is expected to give birth in a month. **допомага́ти** + *D.* help sb (to); **змогти́** *pf.* manage to ◊ **Вона́ змогла́ на~ цілко́м здоро́ву ді́вчинку.** She managed to give birth to a completely healthy baby girl. **обіця́ти** + *D.* promise sb to; **не змогти́** fail to
Also see **приво́дити 3**
2 *fig.* to give rise, engender, bring forth ◊ **Нови́ни ~и́ли в них наді́ю на кра́ще.** The news gave them hope for the better.
See **виклика́ти 3.** *Also see* **збу́джувати 2, наво́дити 5**
3 *intr.* to yield *(of field, crop)*, produce, bear; *pf.* **в~**
adv. **бага́то** a lot, **ря́сно** copiously ◊ **Ви́шня бі́ля ворі́т за́вжди́ ря́сно ~ить.** The cherry tree at the gate always gives a copious crop. **ще́дро** generously; **ке́псько** poorly, **ма́ло** little, **пога́но** badly, **скро́мно** modestly ◊ **Цьогорі́ч жи́то вроди́ло скро́мно.** This year, the rye crop was modest. *also impers.* ◊ **Ніде́ так не ~ло, як на ї́хньому полі.** Crops were nowhere as large as on their field.

род|и́тися; на~, *intr.*
1 to be born ♦ **р. в соро́чці** to be born with a silver spoon in one's mouth
adv. **без пробле́м** without problems; **здоро́вим** healthy ◊ **Лю́да народи́лася здоро́вою.** Liuda was born healthy. **глухи́м** deaf, **незря́чим** *and* **сліпи́м** blind, **німи́м** mute, **фізи́чно і розумо́во неповноспра́вним** physically and mentally challenged; **живи́м** alive, **ме́ртвим** still; **ле́две** hardly, **наре́шті** finally, **по́за шлю́бом** out of wedlock; **шви́дко** quickly; **щасли́во** happily; ♦ **народи́тися і ви́рости** be born and raised ◊ **Вона́ народи́лася і ви́росла у Жме́ринці.** She was born and raised in Zhmerynka.
prep. **р. з** + *I.* be born with sth ◊ **Він народи́вся з ва́дою се́рця.** He was born with a heart defect.
2 *fig.* to be endowed with *(talent, defect)* + *I.* ◊ **Пое́том мо́жна лише́ на~.** One can only be born a poet. ◊ **Вона́ народи́лася бу́ти вели́кою.** She was born to be great.
3 to appear, arise, emerge, crop up ◊ **У її́ се́рці ~и́лися незнайо́мі їй почуття́.** Unfamiliar feelings cropped up in her heart. ◊ **У його́ голові́ ~вся за́дум ново́го фі́льму.** The concept of a new film was taking shape in his head.
Also see **постава́ти**
4 *only impf.* to grow, ripen, mature ◊ **Тут гриби́ самі́ ~яться.** Here the mushrooms grow on their own.

ро́дич, *m.,* **~а;~ка,** *f.*
relative, family, relation; *also fig.*
adj. **бли́зький** close, **кре́вний** blood, **найбли́жчий** immediate ◊ **Найбли́жчий р. небі́жчика успадку́є його́ вла́сність.** The immediate relative of the deceased will inherit his property. **дале́кий** distant; **бі́дний** poor; **єди́ний** only; **живи́й** living; **лі́тній** elderly, **стари́й** old; **неду́жий** infirm, **не́мічний** weak, **хво́рий** sick; **поме́рлий** deceased
v. + **р. ма́ти ~а** have a relative ◊ **Марі́я ма́ла дале́ких ~ів у Кана́ді.** Maria had distant relatives in Canada. **підтри́мувати** support, **утри́мувати** provide for; **виявля́ти** reveal, **знахо́дити** find, **шука́ти** look for; **відві́дувати** visit ◊ **Вони́ відві́дали свої́х ~ів у О́вручі.** They visited their relations in Ovruch. **втрача́ти** lose; **опла́кувати** mourn); **жи́ти в ~ів** live at a relatives' place ◊ **Пі́сля університе́ту він яки́йсь час жив у ~ів.** After university, he lived for some time at his relatives' place. **бу́ти ~ем** + *D.* be sb's relative ◊ **Миха́йло був їм близьки́м ~ем.** Mykhailo was their close relation. (**виявля́тися** turn out, **дово́дитися** + *D.* be ◊ **Вони́ дово́дяться оди́н одному кре́вними ~ами.** They are related to one another by blood. **става́ти** become; **догляда́ти за** care for ◊ **Вона́ догляда́є за не́мічним ~ем.** She cares for her sick relative. **жи́ти з** live with)
prep. **р. за** + *I.* a relative by *(reason)* ◊ **р. за шлю́бом** relative by marriage; **р. по** + *L.* a relative on *(side)* ◊ **Лев був їй ~ем по лі́нії ба́тька.** Lev was her relative on her father's side.
Also see **роди́на 2**

родов|и́й, *adj.*
1 ancestral, tribal, family ◊ **На горі́ лиша́ються ру́їни ~ого за́мку Радивілі́в.** Ruins of the Radyvils family castle remain on the hill.
2 hereditary, congenital, genetic ◊ **У її́ го́лосі чу́лася знайо́ма ~а пиха́.** Her familiar hereditary arrogance was heard in her voice.
3 *ling.* of or pertaining to gender; genitive ◊ **р. відмі́нок множини́** genitive case plural
See **відмі́нок**

родо́вищ|е, *nt.,* **~а**
geol. deposit, field, vein, lode; *also fig.*
adj. **бага́те** high-grade, **вели́ке** large, **маси́вне** massive; **морське́** offshore; **ву́гільне** coal, **га́зове** gas, **залі́зне** iron ore, **мі́дне** copper, **на́фтове** oil; **нове́** new; **ви́черпане** exhausted, **старе́** old
р. + *n.* **р. алма́зів** a diamond deposit (**ву́гілля** coal, **залі́зної руди́** iron ore, **зо́лота** gold, **ци́нку** zinc)
v. + **р. висна́жувати р.** exhaust a deposit ◊ **За де́сять ро́ків р. ци́нку ви́снажили.** In ten years, the zinc deposit was exhausted. (**вичéрпувати** deplete; **знахо́дити** find ◊ **У цих се́лах вони́ знайшли́ р. наро́дної пі́сні.** *fig.* They found a lode of folk song in the villages. **експлуатува́ти** exploit; **шука́ти** prospect for) ◊ **Гео́логи шука́ють тут га́зові ~а.** The geologists are prospecting for gas fields here.
I. **~ем**
Also see **по́ле 6**

роже́в|ий, *adj.*
1 pink, rosy ◊ **р. цвіт** a pink bloom; ◊ **Її́ ті́ло покрива́ли ди́вні ~і пля́ми.** Strange pink spots were covering her body. **~і що́ки** rosy cheeks
See **ко́лір**
2 *fig.* cloudless, bright, happy, rosy ◊ **Усі́мподо́балися Оле́севі ~і прогно́зи.** Everybody was fond of Oles' rosy predictions. ◊ **р. ра́нок** a cloudless morning; ♦ **диви́тися на** + *A.* **крізь ~і окуля́ри** to look at sth through rose-colored glasses ◊ **Гриць ди́виться на світ крізь ~і окуля́ри.** Hryts looks at the world through rose-colored glasses. ♦ **малюва́ти** + *A.* **~ими фа́рбами** present sth in an idealized manner

розбива́|ти, ~ють; розби́ти, розі́б'|ють, *tran.*
1 to break, smash, shatter ◊ **Кора́бе́ль ~в но́сом висо́кі хви́лі.** The ship was breaking tall waves with her prow.
adv. **вще́нт** completely ◊ **Бу́ря вщент розби́ла чо́вен.** The storm completely smashed the boat. **геть** totally, **на дру́зки** to smithereens, **на́впіл** in half ◊ **Вона́ ~ла на́впіл одне́ яйце́ за і́ншим.** She broke in half one egg after the other. **надво́є** into two, **на шматки́** to pieces, **цілко́м** completely; **ле́гко** easily; **майже** almost, **практи́чно** practically, **факти́чно** effectively, **остато́чно** ultimately; **навми́сне** deliberately ◊ **Оле́на навми́сне розби́ла стату́етку.** Olena deliberately broke the figurine. **намі́рено** intentionally; **тро́хи не** nearly ◊ **Незгра́бним ру́хом руки́ Мико́ла тро́хи не розби́в ши́би.** With a clumsy move of the hand Mykola all but broke the pane. ♦ **р. се́рце** *or* **ду́шу** to break sb's heart ◊ **Ві́стка розби́ла Мала́нці ду́шу.** The news broke Malanka's heart.
prep. **р. до** + *G.* break *(to the extent)* ◊ **Він до кро́ви розби́в ру́ку.** He hurt his arm and caused it to bleed. **р. на** + *A.* break into sth ◊ **Вона́ ~ла його́ оборо́ну на сто дрібни́х кава́лків.** *fig.* She smashed his defense into a hundred small pieces. **р. об** + *A.* break against sth ◊ **Го́сті розби́ли склянки́ об підло́гу.** The guests smashed their glasses against the floor.
Also see **би́ти 5, лама́ти 1, руйнува́ти 1, трощи́ти 1**
2 to defeat, beat, win against
adv. **вщент** roundly ◊ **Вони́ вще́нт розби́ли во́рога.** They roundly defeated the enemy. **рі́шуче** decisively, **цілко́м** completely; **ле́гко** easily, **шви́дко** quickly, **вре́шті-ре́шт** eventually, **наре́шті** finally; **за вся́ку ціну́** at all cost, **обов'язко́во** by all means
v. + **р. бу́ти тре́ба** be necessary to ◊ **Охоро́ну тре́ба розби́ти.** It is necessary to defeat the guards. **вдава́тися** + *D. pf.* succeed in, **змогти́** *pf.* manage to; **могти́** can, **намага́тися** try to
See **перемага́ти 1.** *Also see* **би́ти 3, вигрaва́ти 1, дола́ти 1, завойо́вувати 1, справля́тися 3**
3 *fig.* to refute, disprove, debunk ◊ **Він розби́в ї́хні арґуме́нти.** He debunked their arguments.
See **спросто́вувати**
4 to disrupt, disturb, interfere with
р. + *n.* **р. анса́мбль** disrupt an ensemble ◊ **Спору́да ~є архітекту́рний анса́мбль монастиря́.** The edifice disrupts the architectural ensemble of the monastery. (**гармо́нію** harmony, **є́дність** unity; **ти́шу** quietude)
See **пору́шувати 2.** *Also see* **перерива́ти 1**
5 to ruin, wreck, destroy ◊ **р. життя́** wreck sb's life (**ілю́зії** illusions, **коха́ння** love, **ща́стя** happiness)
See **руйнува́ти 2**
6 to divide, cut up, break into; group, classify
prep. **р. на** + *A.* divide into sth ◊ **Команди́р розби́в батальйо́н на три гру́пи.** The commander divided the batallion into three groups.
See **ділити 1**
7 to form, make, mount, install ◊ **Під вікно́м спа́льні Оре́ст розби́в квітни́к.** In front of his bedroom window, Orest made a flower bed. ◊ **У табо́рі їх навчи́ли р. наме́ти.** In the camp, they taught them to pitch tents. ◊ **мі́сце, щоб розби́ти та́бір** a place to pitch a camp
Also see **встано́влювати 1**
8 *colloq.* to change, break ◊ **Він попроси́в каси́ра розби́ти ти́сячу гри́вень на со́тні.** He asked the teller to break ₴1,000.[00] into hundreds.
See **мі́няти 2, обмі́нювати**
pa. pple. **розби́тий** broken
розбива́й! розбий!

розбива́|тися; розби́тися, *intr.*
1 to break, shatter, smash ◊ **Яйце́ впа́ло й розби́лося.** The egg fell and broke.
adv. **вже** already, **вре́шті-ре́шт** eventually ◊ **Ва́за вре́шті-ре́шт розби́лася.** The vase eventually broke. **наре́шті** finally; **геть** totally, **на дру́зки** to smithereens, **на́впіл** in half, **надво́є** into two, **на шматки́** to pieces, **цілко́м** completely; **ле́гко** easily ◊ **Гли́няний по́суд ле́гко ~ється.** Earthenware easily breaks. **практи́чно** practically,

фактúчно effectively; **трóхи не** nearly;
♦ **розіб'ю́сь, а зроблю́** I'll do it at any cost
prep. **р. на** + *A.* break into *(bits)* ◊ **Філіжáнка розбилася на дрібні кавáлки.** The cup smashed into small pieces; **р. об** + *A.* break against sth ◊ **Йогó благáння ~лися об Лéсину твéрдість.** *fig.* His entreaties smashed against Lesia's firmness.
Also see **ламáтися 1**
2 to crash, suffer a wreck, be in an accident ◊ **Літáк не розбúвся, йогó збúли.** The aircraft did not crash; it was shot down.
prep. **р. на** + *A.* crash to *(death)* ◊ **Вонú лéдве не розбúлися на смерть.** They almost crashed to death.
3 to split, divide
prep. **р. на** + *A.* divide into *(parts)* ◊ **Турúсти розбúлися на грýпи.** The tourists divided into groups.
4 *pass., only impf.* be formed *(of flower bed)*; be pitched *(of tent)* ◊ **Тим чáсом у тáборі ~лися шáтра.** Meanwhile tents were being pitched in the camp.

розбирá|ти, ~ють; розібрáти, розбер|ýть, *tran.*
1 to take *(everything)*; take apart, disassemble ◊ **Робітникú розібрáли лопáти і почалú копáти.** The workers took all the spades and started digging.
adv. **вмíло** skillfully, **майстéрно** masterfully, **методúчно** methodically ◊ **Механíк методúчно розібрáв двигýн.** The mechanic methodically took the engine apart. **фáхово** aptly, **швúдко** quickly
v. + **р. вмíти** know how to, **могтú** can; **починáти** begin, **стáти** *pf.* start; **закíнчувати** finish
Ant. **збирáти 5**
2 to analyze, scrutinize, examine, consider ◊ **Петрýк ~в скáрги та рекомендáції клієнтів.** Petruk considered clients' complaints and recommendations.
See **розглядáти 1**
3 to make out, recognize, discern, see, hear ◊ **Зéня намагáлася розібрáти, хто стоя́в бíля вхóду.** Zenia was trying to make out who was standing at the entrance. ◊ **Павлó сказáв усé так швúдко, що вонá нíчого не розібрáла.** Pavlo said everything so fast that she did not make out anything.
4 to understand, make sense ◊ **Вонá нарікáє, що сучáсну мóлодь гóді розібрáти.** She is complaining that one can hardly understand contemporary youth. ◊ **Васúль дóбре ~є по-швéдськи.** Vasyl understands Swedish well.
♦ **Госпóдь** *or* **хто йогó розбере.** God only knows. ◊ **Хто йогó розберé, що рóбиться в ї́хній родúні.** God only knows what's afoot in their family. ♦ **сам чóрт** *or* **дíдько не розберé** nobody can understand ◊ **Ви такé кáжете, що сам чорт не розберé.** You're saying things nobody can understand.
See **розумíти 1**
5 to discriminate, differentiate, distinguish ◊ **Вíрус уражáв усíх, не ~ючи.** The virus struck everybody indiscriminately.
6 *fig., colloq.* to overtake *(of emotion, state)*, overcome, overpower ◊ **Маркá повóлі ~в сон.** Sleep was slowly overtaking Marko. ◊ **Усíх ~в сміх.** Laughter was getting the better of everybody. ◊ **Її геть розібрáло.** *impers.* She got totally drunk.
See **оволодівáти 2.** *Also see* **забирáти 4, опанóвувати 3, охóплювати 4**
7 *colloq.* to buy up *(everything)*, snap up ◊ **Пéрший вúдрук ромáну розібрáли за два дні.** The first run of the novel was snapped up in two days.
See **купувáти 1**
8 *colloq.* to strip, undress ◊ **Вонá швúдко розібрáла дитúну і почалá купáти її.** She quickly undressed the baby and started bathing it.
See **роздягáти**
9 *ling.* to parse, analyze ◊ **р. рéчення за члéнами** to parse a sentence into its parts
pa. pple. **розíбраний** dismantled
розбирáй! розберú!

розбирá|тися; розібрáтися, *intr.*
1 to work out, resolve, figure out, sort out
adv. **вже** already ◊ **Слíдчий ужé розібрáвся, в чім спрáва.** The detective had already figured out what the matter was. **врéшті-рéшт** eventually, **нарéшті** finally; **доклáдно** in detail, **з трудóм** with difficulty; **нíколи не** never, **нія́к не** in no way ◊ **Вонá нія́к не моглá розібрáтися, де почáток, а де кінéць тéксту.** She could in no way figure out where the beginning and the end of the text were. **лéдве** scarcely, **насúлу** barely; **лéгко** easily, **негáйно** immediately, **зáраз же** right away, **швúдко** quickly, **якнайшвúдше** as quickly as possible
v. + **р. бýти трéба** + *D.* need to ◊ **Хомí трéба булó розібрáтися в ситуáції.** Khoma needed to sort out the situation. **нале́жати** + *D.* be obliged to ◊ **Нам нале́жало розібрáтися в петúції.** We were obliged to figure out the petition. **вимагáти** demand to; **старáтися** do one's best to; **вдавáтися** + *D.* succeed in, **змогтú** *pf.* manage to, **могтú** can
prep. **р. в** + *L.* to figure sth out ◊ **Слíдчі ~ються у причúнах авáрії.** The detectives are investigating the causes of the accident.
2 *only impf.* to understand, have a grasp of, know, be knowledgeable about
adv. **блúскуче** brilliantly, **винятkóво** exceptionally, **дóбре** well ◊ **Він дóбре ~ється в архітектýрі.** He is knowledgeable in architecture. **досконáло** perfectly, **достáтньо** sufficiently, **нíбито** allegedly; **лéдве** scarcely, **сливé** barely, **трóхи** a little
prep. **р. в** + *L.* know sb/sth ◊ **Малáнка дóбре ~лася в людя́х.** Malanka had a good grasp of people. **р. на** + *L.* be knowledgeable about sb/sth ◊ **Він ~ється на япóнському маля́рстві.** He knows Japanese painting.
See **знáти 1.** *Also see* **орієнтувáтися 2**
3 *colloq.* to undress, strip, take off one's clothes ◊ **Лíда стáла неквáпно р.** Lida started undressing without haste.
See **роздягáтися 1, 2**

розбú|ти, *pf., see* розбивáти
to break, *etc.* ◊ **Тварúн ~ли на грýпи: вíвці, корóви та свúні.** The animals were divided into groups: sheep, cows and pigs.

розбú|тися, *pf., see* розбивáтися
to break ◊ **Склянка впáла, алé не ~лася.** The glass fell down but did not break.

розвá|га, *f.*
1 amusement, diversion, entertainment, fun; *often pl.*
adj. **велúка** great, **величéзна** huge, **найбíльша** greatest ◊ **Слýхати цей діялéкт булó для ньóго найбíльшою ~гою.** Listening to this dialect was the greatest fun for him. **весéла** merry; **гáрна** nice, **гучнá** noisy, **дóбра** good, **дотéпна** clever, **жадáна** desired, **захóплива** exciting, **приє́мна** pleasant; **дитя́ча** children's, **дорóсла** adults', **мáсова** mass, **нарóдна** folk, **популя́рна** popular, **святкóва** holiday; **спрáвжня** genuine; **улю́блена** favorite ◊ **Рибáлка булá ї́хньою улю́бленою ~гою.** Fishing was their favorite entertainment. **актúвна** active, **інтерактúвна** interactive ◊ **У прогрáмі багáто інтерактúвних ~г.** There is a lot of interactive entertainment in the program. ♦ **вíдеорозвáга** video entertainment, **музúчна** musical, **спортúвна** sports, **театрáльна** theatrical, **цифровá** digital; **безплáтна** free; **бездýмна** mindless; **дúвна** strange, **сумнíвна** questionable; **культýрна** cultural, **цивілізóвана** civilized; **дúка** wild, **дикýнська** savage, **жорстóка** cruel, **небезпéчна** dangerous
n. + **р. бíзнес ~г** the entertainment business (**індýстрія** industry ◊ **Лавреню́к п'ять рóків працю́є в індýстрії ~г.** For five years, Lavreniuk has worked in the entertainment industry. **компáнія** company, **кóмплекс** complex, **парк** park ◊ **Лисенки провелú кíлька годúн у пáрку ~г.** The Lysenkos spent a few hours in the entertainment park. **прогрáма** program, **центр** center); ◊ **джерелó ~г** source of entertainment (**світ** world; **фóрма** form)
v. + **р. забезпéчувати** + *D.* **~гу** provide entertainment to sb ◊ **~ги в тáборі забезпéчували дíти.** The entertainment in the camp was provided by children. (**організóвувати** organize, **пропонувáти** + *D.* offer sb ◊ **Такý захóпливу ~гу пропонýють тíльки тут.** Only here do they offer such exciting entertainment. **псувáти** spoil); **вдавáтися до ~г** resort to entertainment
prep. **в ~зі** in entertainment; **для ~ги** for amusement ◊ **До мíста він ї́здить для ~г.** He goes to town for fun.
Also see **видóвище 2, втíха 3**
2 consolation, solace, comfort ◊ **Борúс – ї́хня єдúна рáдість й р.** Borys is their only joy and consolation.
See **втíха 2**

розважáльн|ий, *adj.*
of or pertaining to entertainment, entertaining, amusing, diverting, light ◊ **р. жанр кінá** an entertaining movie genre; **~а мýзика** light music, **~а прогрáма** an entertainment program

розважá|ти, ~ють; розвáж|ити, ~ать, *tran.*
1 to entertain, amuse, divert; **по~** to entertain *(for a time)* ◊ **Тут вас залюбкú розвáжать мýзикою.** Here they will gladly entertain you with music.
v. + **р. любúти** like to ◊ **Ю́рій лю́бить р. дрýзів у сéбе.** Yurii likes to entertain friends at his place. **обіця́ти** + *D.* promise sb to
Also see **бáвити 1, втішáти 2, тíшити 3**
2 to console, comfort, hearten ◊ **Марíя розвáжила ї́х у гóрі.** Maria consoled them in their grief.
v. + **р. вмíти** know how to ◊ **Вонá вмíла розвáжити Лéва лагíдним слóвом.** She knew how to comfort Lev with a kind word. **могтú** can, **намагáтися** do one's best to, **силкувáтися** strain to; **хотíти** want to
See **втішáти 1**
3 to dispel, relieve, drive away
р. + *n.* **р. гóре** relieve grief (**депрéсію** depression, **нудьгý** boredom, **сум** sadness, **тýгу** longing) ◊ **Вонá переглядáла світлúни, щоб розвáжити тýгу.** She looked through her pictures to dispel her longing.
4 to distract ◊ **Дíти ~ли Славкá, і він мéнше журúвся проблéмами.** The children distracted Slavko and he worried less about problems.
5 to think, ponder, reflect ◊ **Дóбре все розвáживши, Олéна далá згóду.** Having carefully pondered everything, Olena gave her consent.
See **дýмати 1**
pa. pple. **розвáжений** entertained; consoled
розважáй! розвáж!

розважá|тися; розвáжитися, *intr.*
to entertain oneself, have fun
adv. **багáто** a lot, **безперестáнку** nonstop ◊ **На фестивáлі вонú безперестáнку ~лися.** At the festival, they were having fun nonstop. **вéсело** merrily, **гáрно** nicely, **гýчно** noisily; **дóбре** well; **залюбкú** gladly, **по-спрáвжньому** for real; **актúвно** actively; **безплáтно** for free ◊ **У казинí мóжна р. безплáтно.** One can have some free fun at the casino. **бездýмно** mindlessly, **дúвно** in a strange manner, **небезпéчно** dangerously; **культýрно** culturally, **цивілізóвано** in a civilized way
v. + **р. вмíти** know how to ◊ **Рúта вмíла р.** Ryta

knew how to have fun. **могти́** can, **намага́тися** try to; **хоті́ти** want to

розве|сти́, *pf., see* **розво́дити**
to take to; dissolve, *etc.* ◊ **Вікто́рія ~ла́ діте́й по кла́сах.** Viktoria took the kids to their classrooms.

розве|сти́ся, *pf., see* **розво́дитися**
to divorce, get a divorce ◊ **Вони́ ~ли́ся сім ро́ків тому́.** They divorced seven years ago.

розвива́|ти, ~ють; розви́н|ути, ~уть, *tran.*
1 to develop, augment, enhance
adv. **аґреси́вно** aggressively, **акти́вно** actively ◊ **Вчи́телька акти́вно ~ла ініціати́ву ко́жного у́чня.** The (female) teacher actively developed every pupil's initiative. **безпере́рвно** nonstop, **весь час** all the time, **всебі́чно** comprehensively, **да́лі** further, **енергі́йно** vigorously, **неухи́льно** relentlessly, **послідо́вно** consistently ◊ **Він послідо́вно ~є в діте́й крити́чне ми́слення.** He is consistently developing critical thinking in the children. **постійно** constantly, **шви́дко** quickly
v. + **р. бу́ти пови́нним** must ◊ **У́ряд пови́нен да́лі р. а́рмію.** The government must further develop the army. **бу́ти тре́ба** + *D.* need to, **(до) помага́ти** help (to); **могти́** can, **намага́тися** strive to, **силкува́тися** strain to; **хоті́ти** want to
Also see **ру́хати 3**
2 to acquire, gain, develop, reach ◊ **За шість секу́нд авті́вка ~є шви́дкість у сто кіломе́трів на годи́ну.** In six seconds, the car develops the speed of 100 km an hour. ◊ **розвива́ти дія́льність** develop activity
3 to expand, develop, continue ◊ **А́вторка ~ла нову́ те́му в і́нші́й статті́.** The (female) author developed the new theme in another article.
pa. pple. **розви́нений** *or* **розви́нутий** developed
розвива́й! розви́нь!

розвива́|тися; розви́нутися, *intr.*
1 to develop, grow, expand; progress
adv. **акти́вно** actively, **безпере́рвно** nonstop, **весь час** all the time, **всебі́чно** comprehensively, **гармоні́йно** harmoniously ◊ **Дити́на пови́нна р. гармоні́йно.** A child should develop harmoniously. **енергі́йно** vigorously, **неухи́льно** relentlessly, **послідо́вно** consistently, **постійно** constantly, **шви́дко** quickly ◊ **Події́ ~лися шви́дко.** The events were quickly unfolding. **успі́шно** successfully ◊ **Націона́льне машинобудува́ння успі́шно ~ється.** The national car-building is successfully developing.
prep. **р. в** + *A.* develop into sth ◊ **Гру́па дисиде́нтів розви́нулася в рух.** The dissidents group developed into a movement. **р. як** + *N.* develop as sth
Also see **проґресува́ти, ру́хатися 2**
2 to develop, acquire ◊ **У не́ї розви́нулася короткозо́рість.** She developed nearsightedness.
See **виника́ти 1**

розви́нен|ий, *var.* **розви́нутий**, *adj.*
developed, well-developed
adv. **винятко́во** exceptionally, **до́бре** well, **до́сить** fairly; **доста́тньо** sufficiently, **геть** totally, **дивови́жно** amazingly, **ду́же** very, **ціл́ко́м** completely; **на ди́во** surprisingly; **відно́сно** relatively, **особли́во** particularly, **порі́вняно** comparatively; **ке́псько** poorly, **пога́но** badly
р. + *n.* **р. інсти́нкт** a developed instinct (**капіталі́зм** capitalism; **механі́зм** mechanism) ◊ **Вони́ користува́лися до́бре ~им механі́змом зароблі́ння гро́шей.** They were using a well-developed mechanism of money-making. **~а мере́жа** a developed network ◊ **До її по́слуг була́ ~а мере́жа ділови́х зв'язкі́в.** A well-developed network of business ties was at her disposal. (**промисло́вість** industry), ♦ **всебі́чно ~а люди́на** a well-rounded person; **~е сільське́ господа́рство** a well-developed agriculture; **~і краї́ни** developed countries
v. + **р. бу́ти ~им** be well-develped ◊ **Її́ тео́рія була́ всебі́чно ~ою.** Her theory was comprehensively developed. (**вважа́ти** + *A.* consider sb/sth, **здава́тися** + *D.* seem to sb ◊ **Ді́вчинка здала́ся педія́трові ~ою фізи́чно й розумо́во.** The little girl seemed to be physically and mentally well-developed to the pediatrician. **лиша́тися** remain; **става́ти** become)
Ant. **відста́лий, недорозви́нутий**

розви́ну|ти, *pf., see* **розвива́ти**
to develop, *etc.* ◊ **Він ~в поя́снення поведі́нки де́спота.** He came up with an explanation for the despot's behavior.

розви́ну|тися, *pf., see* **розвива́тися**
to develop ◊ **Гру́па племе́н зго́дом ~лася в наро́д.** The group of tribes later developed into a nation.

ро́звит|ок, *m.*, **~ку**, *only sg.*
development
adj. **разю́чий** impressive ◊ **За коро́ткий час господа́рство реґіо́ну зазна́ло разю́чого ~ку.** Over a short time, the region's economy underwent an impressive development. **ви́димий** visible, **відчу́тний** tangible, **очеви́дний** obvious, **помі́тний** marked; **довготермі́но́вий** long-term, **зага́льний** general, **по́вний** full; **вибухо́вий** explosive, **приско́рений** *and* **пришви́дшений** accelerated, **шви́дки́й** rapid; **гармоні́йний** harmonious ◊ **У школі є всі умо́ви для гармоні́йного ~ку ко́жного у́чня.** There are all the conditions for a harmonious development of every student at school. **здоро́вий** healthy, **норма́льний** normal; **реа́льний** real, **спра́вжній** genuine; **шви́дки́й** quick; **безпере́рвний** uninterrupted ◊ **Безпере́рвний р. комп'ю́терних програ́м вимага́в ви́трат.** An uninterrupted development of computer software required expenditures. **пості́йний** constant, **ста́лий** steady, **трива́лий** sustained; **пові́льний** slow, **поступо́вий** gradual, **скро́мний** modest; **частко́вий** partial; **да́льший** further; **очі́куваний** expected; **можли́вий** possible, **потенці́йний** potential; **еволюці́йний** evolutionary, **істори́чний** historical, **революці́йний** revolutionary; **економі́чний** economic, **науко́вий** scientific, **соція́льний** social, **соція́льно-економі́чний** socioeconomic; **професі́йний** *or* **фахови́й** professional ◊ **фахови́й р. виклада́ча́** instructor's professional development; **техні́чний** technical, **технологі́чний** technological; **торго́вий** commercial; **людськи́й** human; **дитя́чий** child, **підлітко́вий** adolescent; **духо́вний** spiritual, **інтелектуа́льний** intellectual, **психологі́чний** psychological, **розумо́вий** mental, **стате́вий** sexual ◊ **приско́рений стате́вий р. підлі́тків** an accelerated sexual development of teenagers; **фізи́чний** physical
р. + *n.* **р. бі́знесу** business development (**вакци́ни** vaccine, **препара́ту** drug; **мере́жевого ресу́рсу** web resource; **грома́ди** community ◊ **план ~ку місце́вої грома́ди** the plan of the local community development; **суспі́льства** society; **мі́ста** city; **проду́кту** product; **програ́ми** software)
n. + **р. аге́нція ~ку** a development agency (**відді́л** department, **коміте́т** committee; **знаря́ддя** tool; **ко́шти** costs; **можли́вості** opportunities; **фонд** fund; **план** plan, **програ́ма** program, **схе́ма** scheme; **перспекти́ви** prospects, **страте́гія** strategy)
v. + **р. ґаранту́вати р.** guarantee development ◊ **Препара́т ґаранту́є норма́льний р. дити́ни.** The drug guarantees the baby's normal physical development. (**забезпе́чувати** ensure; **дозволя́ти** allow; **заохо́чувати** encourage; **ініціюва́ти** initiate, **почина́ти** start; **продо́вжувати** continue; **приско́рювати** *or* **пришви́дшувати** accelerate, **стимулюва́ти** stimulate ◊ **Шко́ла стимулю́є р. експреси́вного арсена́лу у́чнів.** The school stimulates the development of students' expressive arsenal. **направля́ти** direct, **скеро́вувати** spearhead; **спонсорува́ти** sponsor, **фінансува́ти** finance ◊ **Банк фіна́нсує р. нау́ки.** The bank is financing the development science. **представля́ти** represent; **вимі́рювати** measure, **оці́нювати** assess; **затри́мувати** delay, **зупиня́ти** arrest ◊ **Слу́жба в а́рмії зупини́ла її інтелектуа́льний р.** The army service arrested her intellectual development. **спові́льнювати** slow down, **стри́мувати** hold back; **відповіда́ти за** be in charge of ◊ **Лугова́ відповіда́ла за р. нови́х проду́ктів.** Luhova was in charge of new product development. **вплива́ти на** influence) ◊ **Економі́чне стано́вище вплива́ло на р. проте́стного ру́ху.** The economic situation influenced the protest movement development. **досяга́ти ~ку** achieve the development ◊ **Із нови́м дире́ктором компа́нія досягну́ла вибухо́вого ~ку.** With the new director, the company achieved an explosive development. (**зазнава́ти** undergo); **запобіга́ти ~кові** prevent development ◊ **Терапі́я запобіга́є ~кові пухли́н.** The therapy prevents tumor development. (**обме́жувати** limit, **перешкоджа́ти** inhibit ◊ **Стара́ систе́ма осві́ти перешкоджа́ла ~кові крити́чного ми́слення.** The old educational system inhibited the development of critical thinking. **(до)помага́ти** help, **спри́яти** facilitate) ◊ **Нові́ інвести́ції спри́яють ~кові туристи́чного бі́знесу.** New investments facilitate the tourist business development. **слідкува́ти за ~ком** monitor the development; **відбива́тися на ~кові** affect the development ◊ **Ви́падок ма́ло відби́вся на психологі́чному ~кові юнака́.** The incident affected little the youth's psychological development.
р. + *v.* **відбува́тися** occur, take place; **продо́вжуватися** continue; **набира́ти о́бертів** gain momentum ◊ **Р. кінемато́графа набира́є о́бертів.** The development of filmmaking is gaining momentum. **приско́рюватися** accelerate; **зупиня́тися** stop, **спові́льнюватися** slow down
prep. **у ~ку** in the development ◊ **важли́ва ста́дія у ~ку кліти́ни** an important stage in the cell's development; **у проце́сі ~ку** under development ◊ **Нова́ вакци́на перебува́є у проце́сі ~ку.** The new vaccine is under development; **для ~ку** for development; **завдяки́ ~ку** *or* **~кові** thanks to the development; **під час ~ку** during the development
Cf. **еволю́ція, проґре́с.** *Also see* **зроста́ння**

ро́звід|ка, *f.*
1 study, essay, article
adj. **аналіти́чна** analytical, **докла́дна** detailed, **крити́чна** critical; **архі́вна** archival, **етнографі́чна** ethnographic, **істори́чна** historical, **лінґвісти́чна** *or* **мовозна́вча** linguistic, **літерату́рна** literary, *etc.* ◊ **Нова́ кни́жка включа́є як мовозна́вчі, так і літерату́рні ~ки.** The new book includes both linguistic and literary studies. **науко́ва** scientific; **популя́рна** popular; **відо́ма** *or* **зна́на** well-known, **вплив́ова** influential, **серйо́зна** serious; **неперева́ршена** unsurpassed, **прони́клива** insightful, **тонка́** subtle
v. + **р. аналізува́ти ~ку** analyze an essay (**вивча́ти** study; **критикува́ти** critique; **чита́ти** read, **цитува́ти** quote; **писа́ти** write, **публікува́ти** publish; **поклика́тися на** refer to ◊ **Вона́ поклика́ється на ряд ~ок Оле́ни Кури́ло.** She refers to a number of Olena Kurylo's studies. **ста́вити під су́мнів** question); **знайо́митися з ~кою** familiarize oneself with a study ◊ **Вона́ ознайо́милася з оста́нньою ~кою вче́ного.** She familiarized herself with the scholar's latest study. (**працюва́ти над** work on)
See **дослі́дження**
2 *mil.* reconnaissance, reconnoitering;

reconnaissance mission; reconnaissance party
adj. **військо́ва** military ◊ **Вона́ у військо́вій ~ці.** She is with the military reconnaissance. **космі́чна** space, **сателіта́рна** *and* **супу́тникова** satellite, **морська́** maritime, **повітря́на** aerial; **зага́льна** general, **попере́дня** preliminary, **початко́ва** initial; ♦ **р. бо́єм** combat reconnaissance
n. + **р. да́ні ~ки** reconnaissance data (**результа́ти** results; **та́ктика** tactic, **страте́гія** strategy) ◊ **Він заду́мав блиску́чу страте́гію ~ки.** He came up with a brilliant reconnaissance strategy.
v. + **р. вести́ ~ку** carry out reconnaissance (**прово́дити** conduct ◊ **Загі́н прові́в попере́дню ~ку місце́вости.** The party conducted a preliminary reconnaissance of the terrain. **йти в** go on) ◊ **Вона́ пішла́ в ~ку сама́.** She went on the reconnaissance mission alone. **забезпе́чувати** + *A.* **~кою** provide reconnaissance to sb ◊ **Підро́зділ забезпе́чує ~кою диві́зію.** The formation provides reconnaissance to the division.
р. + *v.* **виявля́ти** + *A.* reveal sth ◊ **Пові́тряна р. ви́явила ску́пчення воро́жих та́нків.** The aerial reconnaissance revealed a concentration of enemy tanks. **встано́влювати** + *A.* establish sth ◊ **Р. встанови́ла, що паса́жирський літа́к зби́ла росі́йська раке́та.** The reconnaissance established that the passenger airplane was shot down by a Russian missile.
prep. **у ~ці** on a reconnaissance mission, with reconnaissance
3 intelligence service, secret service ◊ **Він став офіце́ром ~ки.** He became an intelligence officer.
4 *geol.* prospecting, exploration, survey ◊ **р. на́фти** prospecting for oil, ◊ **р. континента́льного ше́льфу** continental shelf prospecting
See **по́шук**

розві́дник, *m.*; **розві́дниця**, *f.*
1 intelligence officer, secret service agent; *mil.* scout ◊ **Армії бракує до́брих ~ів.** The army is in short supply of good scouts. ◊ **За ста́тусом диплома́та хова́вся р.** An intelligence agent was hiding behind the diplomat's status.
2 *geol.* prospector ♦ **геологорозві́дник** a geological prospector ◊ **Миха́йлові не зра́зу сподо́балася пра́ця геологорозві́дника.** It was not at once that Mykhailo had come to like the job of geological prospector.
See **спеціялі́ст**

розві́дувальн|ий, *adj.*
reconnaissance, intelligence, of or pertainining to reconnassaince or intelligence
р. + *n.* **р. безпіло́тник** a reconnaissance drone (**літа́к** aircraft, **супу́тник** satellite; **загі́н** party, **підро́зділ** unit; **полі́т** flight, **центр** center); **~а опера́ція** a reconnaissance operation (**підгото́вка** training, **слу́жба** service); **~е завда́ння** a reconnaissance mission; **~і да́ні** intelligence data (**поту́жності** capabilities)

розві́ду|вати, ~ють; розві́да|ти, ~ють, *tran.*
1 *colloq.* to find out, learn, discover ◊ **Лев дзвони́в до по́други, щоб розві́дати подро́биці її́ призна́чення.** Lev called his (female) friend to learn the details of her appointment.
prep. **р. за** *or* **про** + *A.* learn about sth ◊ **Григо́рій розві́дав про ново́го коле́ґу.** Hryhorii found out about the new colleague.
Also see **дізнава́тися 1, прові́дувати 2**
2 to prospect *(for minerals)*, explore, survey; *pf.* discover ◊ **Геологі́чна експеди́ція ~вала ма́рґанцеві ру́ди.** The geological expedition was prospected for manganese ores.
See **дослі́джувати**
3 to gather intelligence ◊ **Він ~вав, яко́ю збро́єю диспону́ють на́йманці.** He was gathering intelligence on the weapons the mercenaries had.
pa. pple. **розві́даний** found out
розві́дуй! розві́дай!

розво́д|ити, ~жу, ~ять; розвести́, розвед|у́ть; *pa. pf., m.* **розві́в**, *pl.* **розвели́**, *tran.*
1 to take to *(a place)*, show to, accompany, lead ◊ **Ке́льнери ~или госте́й по місця́х за столо́м.** The waiters were showing the guests to their seats at the table.
2 to spread *(arms, etc.)*, extend, stretch; pull apart, separate ◊ **Іва́нна ті́льки розвела́ безпора́дно рука́ми.** Ivanna only spread her arms helplessly. ◊ **Лі́кар обере́жно розві́в йому́ гу́би, щоб огля́нути я́сна.** The doctor cautiously pulled his lips apart to examine his gums. ♦ **р. вартови́х** to post the sentries; ♦ **р. міст** to raise a bridge
3 to dissolve, dilute, thin down
adv. **на́дто** too much ◊ **Кислоту́ зана́дто розвели́.** The acid was too dissolved. **цілко́м** completely; **блискави́чно** instantaneously, **момента́льно** instantly, **шви́дко** quickly; **ле́две** barely, **пові́льно** slowly, **поступо́во** gradually ◊ **Ку́хар помі́шував ю́шку, поступо́во ~ячи в ній вершки́.** The chef stirred the broth, gradually dissolving the cream in it. **тро́хи** a little ◊ **Ро́зчин загусти́й, його́ слід тро́хи розвести́.** The solution is too thick, it needs to be thinned down a little.
See **розчиня́ти 1.** *Also see* **розпуска́ти 7**
4 to light *(a fire)*, kindle ◊ **Зі́на вмі́є р. бага́ття на́віть у дощ.** Zina knows how to light a fire even in rain.
5 to breed *(animals)*, rear; cultivate *(flowers)* **Р. инди́ків непро́сто.** Breeding turkeys is not easy. ◊ **Па́ні Ні́на ~ила найкра́щі жоржи́ни на ву́лиці.** Mrs. Ninas cultivated the best dahlias on the street.
6 to divorce *(a married couple)*, give sb a divorce ◊ **Ті́льки суддя́ мо́же розвести́ їх.** Only a judge can divorce them.
See **розлуча́ти 2**
7 *only impf.* to hold forth, speak at length, pontificate ◊ **Вона́ до́вго ~ила про переваги веґетарія́нської діє́ти.** She held forth for a long time on the merits of a vegetarian diet.
♦ **р. бала́чки́** to tell tales
See **говори́ти 1, розво́дитися 4, розлива́тися 3**
8 *colloq.* to start *(doing sth)*, set about, engage in ◊ **р. диску́сію** start a discussion (**супере́чку** argument) ◊ **Ната́ля не хоті́ла р. з ним супере́чку.** Natalia did not want to start a fight with him. **р. аґіта́цію** engage in agitation; **р. сентиме́нти** *iron.* wax sentimental
See **почина́ти.** *Also see* **заво́дити 5**
9 to introduce, institute, initiate ◊ **Він розві́в культ ї́жі.** He introduced a cult of food.
Also see **заво́дити 2**
pa. pple. **розве́дений** dissolved, divorced, *etc.*
розводь! розведи́!

розво́д|итися; розвести́ся, *intr.*
1 to divorce, get divorced
adv. **за взає́мною зго́дою** by mutual agreement, **по-любо́вно** *joc.* amicably; **нега́йно** immediately, **за́раз же** right away, **шви́дко** quickly ◊ **Вони́ шви́дко розвели́ся за взає́мною зго́дою.** They quickly divorced by mutual agreement.
v. + **р. бу́ти зму́шеним** be forced to; **бу́ти кра́ще** + *D.* be better for sb ◊ **Їм було́ б кра́ще розвести́ся.** It would better for them to get a divorce. **змушувати** *or* **примушувати** + *A.* force sb to; **наполяга́ти (на то́му), щоб** insist that ◊ **Вони́ наполяга́ють, щоб Окса́на й Дани́ло розвели́ся.** They insist that Oksana and Danylo divorce. **хоті́ти** want to; **відмовля́тися** refuse to ◊ **Він відмо́вився р. з Христе́ю.** He refused to divorce Khrystia.
2 to breed *(of animals)*, multiply, take over ◊ **У ліса́х ста́ли р. ло́сі.** Moose started breeding in the forests. ◊ **У них на горі́ розвели́ся кажани́.** Bats took over their attic.
3 *colloq.* to occur, be found, exist; *often impers.* ◊ **В у́ряді розвело́ся бага́то пройди́світів.** A lot of rogues can now be found in government.
4 *colloq.* to hold forth, speak at length, pontificate ◊ **Вона́ лю́бить р. про мора́ль і Бо́жі за́повіді.** She likes to pontificate about morality and God's commandments.
See **говори́ти 1, розво́дити 7**
5 *pass., only impf.* to dissolve, go into solution ◊ **Фа́рби ле́гко ~яться водо́ю.** The paints get easily dissolved with water.
See **розчиня́тися**[1] **1.** *Also see* **розпуска́тися 6**

розв'яза́|ти, *pf., see* **розв'я́зувати**
to untie ◊ **Іва́н ~в крава́тку.** Ivan untied his tie.

розв'яза́|тися, *pf., see* **розв'я́зуватися**
to untie; get solved ◊ **В Андрі́я ~вся фарту́х.** Andrii's apron came undone.

розв'я́з|ка, *f.*
1 ending, finale ◊ **Він не передчува́в тако́ї ~ки.** He did not anticipate such a finale.
See **кіне́ць 2.** *Also see* **заве́ршення, смерть, фі́ніш.** *Ant.* **поча́ток**
2 denouement *(in a plot)* ◊ **Рома́н мав несподі́вану, але́ вмотиво́вану ~ку.** The novel had an unexpected but motivated denouement.
Ant. **зав'я́зка**
3 rotary, traffic circle, roundabout ◊ **На ~ці, вони́ поверну́ли на Жито́мир.** On the rotary, they turned to Zhytomyr. ◊ **На перехре́сті двох автомагі́стралей збудува́ли ~ку.** A traffic circle was constructed at the intersection of two highways.
See **перехре́стя**
G. pl. **~ок**

розв'я́зу|вати, ~ють; розв'яза́ти, ~у́, розв'я́ж|уть, *tran.*
1 to untie, unbind, undo; unleash
adv. **вже** already, **вре́шті-ре́шт** eventually ◊ **Він уре́шті-ре́шт розв'яза́в ву́зол.** He untied the knot eventually. **наре́шті** finally, **я́кось** somehow; **ле́две** scarcely, **наси́лу** barely; **гаря́чко́во** frenetically; **шви́дко** quickly ◊ **Вояки́ шви́дко розв'яза́ли ру́ки бра́нцям.** The soldiers quickly unbound the hostages' hands. **ма́йже** almost
v. + **р. бу́ти ва́жко** be difficult to ◊ **Було́ ва́жко розв'яза́ти моту́зку.** It was difficult to untie the rope. **бу́ти ле́гко** be easy to; **вдава́тися** + *D.* succeed in, **змогти́** *pf.* manage to; **му́сити** have to, must; **не могти́** cannot ◊ **Він нія́к не міг розв'яза́ти клу́нок з о́дягом.** He could in no way untie the bundle of clothes. **намага́тися** try to; ♦ **р. війну́ про́ти** to unleash a war against sb ◊ **У 2014 р. Росі́я розв'яза́ла війну́ про́ти Украї́ни.** In 2014, Russia unleashed a war against Ukraine. ♦ **р.** + *D.* **ру́ки** to give sb a free hand ◊ **Смерть ба́тька ~вала їй ру́ки, що́до про́дажу буди́нку.** Her father's death gave her a free hand as to the sale of the house.
Opp. **в'яза́ти 1, зав'я́зувати 1**
2 to solve, settle, resolve; read *(a riddle)*
adv. **вже** already, **вре́шті-ре́шт** eventually, **наре́шті** finally; **поступо́во** gradually; **нега́йно** immediately, **операти́вно** promptly, **шви́дко** quickly; **ми́рно** peacefully, **цивілізо́вано** in a civilized way; **спри́тно** shrewdly, **успі́шно** successfully
р. + *n.* **р. диле́му** solve a dilemma (**за́гадку** riddle, **зада́чу** *math.* problem, **кросво́рд** crossword puzzle ◊ **Ля́на люби́ла розв'я́зувати кросво́рди в газе́ті.** Liana liked to do crossword puzzles in the newspaper. **пита́ння** issue, **спра́ву** matter, **таємни́цю** mystery ◊ **Слі́дчий розв'яза́в таємни́цю її́ зни́кнення.** The detective solved the mystery of her disappearance. **конфлі́кт** conflict, **пробле́му** problem, **супере́чку** dispute)

v. + **р. бу́ти ва́жко** be difficult to ◊ **Йому́ ва́жко розв'яза́ти зада́чу.** *math* It is difficult for him to solve the problem. **бу́ти неможли́во** be impossible to; **бу́ти ле́гко** be easy to; **бу́ти тре́ба** need to ◊ **Конфлі́кт тре́ба нега́йно розв'яза́ти.** The conflict needs to be settled immediately. **вдава́тися** + *D.* succeed in ◊ **Їм вдало́ся ми́рно розв'яза́ти спра́ву.** They succeeded in settling the matter peacefully. **вмі́ти** be able to, **змогти́** *pf.* manage to, **могти́** can; **намага́тися** try to, **про́бувати** attempt to, **стара́тися** seek to, **хоті́ти** want to; **проси́ти** + *A.* ask sb to
pa. pple. **розв'я́заний** solved
розв'язу́й! розв'яжи́!

розв'язу|ватися; розв'яза́тися, *intr.*

1 to come undone, untie, unbind, unfasten ◊ **Мішо́к розв'яза́вся, і з нього ви́лізло порося́.** The sack came undone and a piglet got out of it. ◊ **Несправни́й па́сок безпе́ки час від ча́су ~ється.** The broken seat belt unfastens from time to time.
2 *pass., only impf.* to get solved, get resolved ◊ **Такі́ спра́ви не ~ються по́хапцем.** Such matters are not solved in haste.
Also see **влашто́вуватися 3**

розга́д|ка, *f.*

solution, answer *(to puzzle)*, clue + *G.* of/for
adj. **пра́вильна** correct, **то́чна** accurate; **кмітли́ва** smart; **можли́ва** possible; **по́вна** full, **цілкови́та** complete; **легка́** easy, **про́ста́** simple; **заплу́тана** tangled, **складна́** complicated; **очеви́дна** obvious; **остато́чна** ultimate
р. + *n.* **р. зада́чі** the answer to a puzzle, **р. таємни́ці** the clue to a mystery
v. + **р. знахо́дити ~ку** find a clue ◊ **Він знайшо́в ~ку до таємни́ці фарао́на.** He found the clue to the pharaoh's mystery. (**кри́ти** hide, **хова́ти** conceal ◊ **~ку до те́ксту хова́в оди́н ієро́гліф.** One hieroglyph concealed the clue to the text. **пропонува́ти** + *D.* offer sb; **шука́ти** look for) ◊ **Оле́кса шука́в ~ку воро́жої настано́ви ше́фа.** Oleksa was looking for the clue to his boss's hostile attitude.
р. + *v.* **кри́тися в** + *L.* hide in sth ◊ **Р. парадо́ксу кри́лася в її щоде́нниках.** The clue to the paradox was hiding in her diaries. **полягати в** + *L.* consist in sth
L. **у ~ці**, *G. pl.* **~ок**
Also see **ві́дповідь, рі́шення**

ро́згляд, *m.*, **~у**

consideration, examination, scrutiny; deliberation
adj. **вду́мливий** thoughtful, **докла́дний** detailed, **крити́чний** critical, **нале́жний** proper, **рете́льний** thorough, **серйо́зний** serious, **скрупульо́зний** scrupulous, **ува́жний** careful; **побі́жний** cursory, **поверхо́вий** superficial; **нега́йний** immediate, **терміно́вий** urgent; **пода́льший** further ◊ **пода́льший р. зая́в на громадя́нство** a further consideration of citizenship applications
р. + *n.* **р. зая́ви** examination of the application (**клопота́ння** petition, **пода́ння** plea, **ска́рги** complaint; **дисерта́ції** dissertation, **руко́пису** manuscript)
v. + **р. почина́ти р.** start an examination (**продо́вжити** *only pf.* resume ◊ **Ра́да продо́вжить р. дисерта́ції насту́пного ти́жня.** The council will resume the dissertation examination next week. **продо́вжувати** continue; **закі́нчувати** finish; **відклада́ти** postpone, **затри́мувати** delay; **прово́дити** do ◊ **Р. спра́ви прово́дитиму у понеді́лок.** The examination of the case will be done on Monday. **заслуго́вувати на** merit ◊ **Його́ статтю́ заслуго́вує на вду́мливий р.** His article merits a thoughtful consideration. **подава́ти** + *A.* **на** submit sth for) ◊ **План подаду́ть на р. керівни́цтва.** The plan will be submitted for management's consideration.
prep. **на р.** + *G. dir.* for sb's consideration; **на ~і** *posn.* under consideration ◊ **Ска́рга є на ~і у прокуро́ра.** The complaint is under the prosecutor's consideration.

розгляда́|ти, ~ють; розгля́н|ути, ~уть, *var.* розгляді́ти, ~я́ть, *tran.*

1 to examine, scrutinize, look at, study
adv. **у подро́бицях** *and* **дета́льно** in detail, **до́вго** long; **зблизька** closely, **пи́льно** meticulously, **рете́льно** thoroughly, **скрупульо́зно** scrupulously, **ува́жно** carefully ◊ **Поліція́нт ува́жно ~в усе́ довко́ла.** The policeman was carefully examining everything around. **побі́жно** cursorily, **поверхо́во** superficially
v. + **р. бу́ти тре́ба** + *D.* need to; **бра́тися** get down to ◊ **Вона́ взяла́ся пи́льно р. запи́ску.** She got down to thoroughly examining the note. **намага́тися** try to, **хоті́ти** want to; **почина́ти** begin to ◊ **Він поча́в р. світли́ну.** He began to examine the picture. **ста́ти** *pf.* start; **встига́ти** have the time to ◊ **Вони́ встигли розгля́нути всі до́кази.** They had the time to examine all the evidence. **змогти́** *pf.* manage to
Also see **вивча́ти 3, огляда́ти 1, розбира́ти 2**
2 to regard, consider, look on, view, discuss
adv. **серйо́зно** seriously ◊ **Уряд ~є ці дії як гру́бе пору́шення двосторо́нніх уго́д.** The government regards these actions as a gross violation of bilateral agreements. **твере́зо** soberly; **обов'язко́во** by all means, **періоди́чно** periodically; **вду́мливо** thoughtfully, **докла́дно** in detail, **крити́чно** critically, **нале́жно** properly, **скрупульо́зно** scrupulously, **ува́жно** carefully; **нега́йно** immediately, **терміно́во** urgently; **зазвича́й** usually, **як пра́вило** as a rule
р. + *n.* **р. план** consider a plan (**прое́кт** project; **пита́ння** issue, **пробле́му** problem; **альтернати́ву** alternative, **пропози́цію** proposal; **зая́ву** application, **клопота́ння** petition, **пода́ння** plea, **ска́ргу** complaint; **дисерта́цію** dissertation, **руко́пис** manuscript)
v. + **р. бу́ти гото́вим** be ready to, **бу́ти тре́ба** need to ◊ **Допо́внення тре́ба розгля́нути невідкла́дно.** The amendments need to be considered without delay. **бу́ти слід** + *D.* should; **ви́рішувати** decide to, **встига́ти** have time to ◊ **Ре́шту дисерта́цій ми не встигнемо розгля́нути цього́ ти́жня.** We will not have time to consider the rest of the dissertations this week. **змогти́** *pf.* manage to; **ма́ти** be supposed to, **ма́ти на меті́** aim at ◊ **Конфере́нція ма́ла на меті́ розгля́нути всі пита́ння.** The conference aimed at examining all the issues. **могти́** can, **планува́ти** plan to; **пропонува́ти** propose to; **сподіва́тися** hope to
See **обгово́рювати.** *Also see* **дискутува́ти**
pa. pple. **розгля́нутий** examined, considered
розгляда́й! розгля́нь!

розгля́ді|ти, *pf., see* розгляда́ти

to discern, *etc.* ◊ **Вона́ не встигла р. ко́жну дета́ль полотна́.** She did not manage to make out every detail of the canvas.

розгля́ну|ти, *pf., var.* розгля́діти, *see* розгляда́ти

to consider, *etc.* ◊ **Зая́ву Олесюка́ ~ть на насту́пному засі́данні.** Oleksiuk's application will be considered at the next seating.

розгорну́|ти, *pf., see* розгорта́ти

to unfold, *etc.* ◊ **О́льга обере́жно ~ла паку́нок.** Olha carefully unwrapped the package.

розгорну́|тися, *pf., see* розгорта́тися

to unfold, spread, unwrap; deploy, *etc.* ◊ **Кни́жка нена́че магі́чно ~лася на потрі́бній сторі́нці.** The book opened on the page needed as if by magic.

розгорта́|ти, ~ють; розгорну́|ти, ~у́, ~уть, *tran.*

1 to unfold, open out, spread out, unwrap ◊ **Новоса́д ви́тягнув з кишені газе́ту й розгорну́в її.** Novosad took a newspaper out of his pocket and unfolded it. ◊ **Він розгорну́в кни́жку.** He opened the book. ◊ **Ді́ти ~ли подару́нки.** The kids were unwrapping the presents.
р. + *n.* **р. газе́ту** unfold a newspaper (**зо́шит** notebook, **журна́л** magazine, **кни́жку** book; **ко́вдру** blanket ◊ **О́лі ста́ло жа́рко, і вона́ розгорну́ла ко́вдру.** Olia felt hot and she opened her blanket. **парасо́лю** umbrella, **парашу́т** parachute)
Also see **відкрива́ти 6, розклада́ти 2**
2 to spread *(arms, etc.)*, extend, stretch; unfurl ◊ **Птах широ́ко розгорну́в кри́ла.** The bird spread its wings wide. ◊ **Капіта́н наказа́в розгорну́ти вітри́ла.** The captain ordered to unfurl the sails.
Also see **розво́дити 2, розклада́ти 1**
3 *fig.* to start, launch, develop ◊ **Телекана́л розгорну́в кампа́нію про́ти міні́стра.** The TV channel launched a campaign against the minister.
р. + *n.* **р. будівни́цтво** start a construction (**кри́тику** criticism; **на́ступ** offensive ◊ **Батальйо́н ~в на́ступ у схі́дному на́прямку.** The batallion was launching an offensive in an eastern direction. **робо́ту** work; **сюже́т** plotline)
4 *fig.* to deploy, position, set up ◊ **Організа́тори конце́рту розгорну́ли сце́ну се́ред майда́ну.** The concert organizers set up a stage in the middle of the square. ◊ **На перехре́сті розгорну́ли пропускни́й пункт.** A checkpoint was deployed at the intersection. ♦ **р. ві́йсько** *mil.* to deploy troops
pa. pple. **розго́рнутий** deployed
розгорта́й! розгорни́!

розгорта́|тися; розгорну́тися, *intr.*

1 to unfold, open out, spread out, unwrap; *also fig.* ◊ **Пе́ред його́ очи́ма ~лася страшна́ руї́на.** A horrible ruin was unfolding before his eyes. ◊ **Хвіст павича́ розгорну́вся кольоро́вим ві́ялом.** The peacock's tail spread like a colorful fan.
2 to spread *(of arms, wings, etc.)*, extend, stretch; unfurl ◊ **На ві́трі пра́пор ~вся на всю довжину́.** In the wind, the flag stretched to all its length.
3 *fig.* to start, launch, develop, expand ◊ **В середмі́сті ~лося нове́ будівни́цтво.** A new construction developed in the city center. ◊ **Сюже́т фі́льму ~вся в несподі́ваному на́прямку.** The plotline of the film developed in an unexpected direction.
4 *fig.* to deploy ◊ **Кінно́та розгорну́лася на лі́вому фла́нзі.** The cavalry deployed on the left flank.

розгорі́|тися, *pf., see* розгоря́тися

to ignite, *etc.* ◊ **На дискоте́ці ~лася бі́йка.** A fight erupted in the disco.

розгоря́|тися, ~ються; розгор|і́тися, ~я́ться, *intr.*

1 to ignite, flare up, burst into flames ◊ **Во́гонь шви́дко розгорі́вся.** The fire quickly ignited. ◊ **Си́рі дро́ва не ~лися.** The damp wood would not ignite.
2 *fig.* to break out, erupt, ignite ◊ **Навко́ло пита́ння про люстра́цію коли́шніх комуністи́чних ка́дрів все бі́льше ~лися гаря́чі при́страсті.** Ardent passions were increasingly erupting around the issue of lustration of the formerly communist personnel.
розгоря́йся! розгори́ся!

розгубі́|тися, *pf., see* розгу́блюватися

to get confused, *etc.* ◊ **На́дя страше́нно ~лася від всього почу́того.** Nadia got terribly confused from everything she had heard.

розгу́блен|ий, *adj.*
1 lost ◊ **Він пошкодував за всіма́ ~ими листа́ми ба́тька.** He felt regret over all his father's lost letters.
2 *fig.* confused, bewildered, baffled
adv. **абсолю́тно** absolutely, **вкрай** extremely, **все більш** increasingly; **геть** totally, **до́сить** rather, **ду́же** very; **надзвича́йно** extraordinarily, **цілко́м** completely; **видимо́** visibly, **вира́зно** distinctly ◊ **вира́зно р. го́лос** a distinctly confused voice; **помі́тно** noticeably ◊ **Вона́ каза́ла це з помі́тно ~им ви́разом на обли́ччі.** She said it with a noticeably confused expression on her face. **я́вно** obviously; **на мить** momentarily; **одна́ково** equally; **несподі́вано** unexpectedly; **де́що** somewhat, **тро́хи** a little
v. + **р. бу́ти ~им** be confused ◊ **Пе́трик був не ме́нше ~им, як Сашко́.** Petryk was no less confused than Sashko. (**вигляда́ти** look ◊ **Стефа́н вигляда́є тро́хи ~им і запина́ється.** Stefan looks a little confused and stammers. **виявля́тися** turn out; **звуча́ти** sound, **здава́тися** + *D.* seem to sb; **почува́тися** feel ◊ **Ді́ти почува́лися ~ими, на́віть зля́каними.** The children felt confused, even frightened. **роби́ти** + *A.* make sb, **става́ти** become)

розгу́блю|ватися, ~ються; розгуб|и́тися, ~лю́ся, ~ишся, ~ляться, *intr.*
1 to get lost ◊ **За бага́то ро́ків шкільні́ дру́зі Окса́ни розгуби́лися й забу́лися.** Over many years, Oksana's school friends got lost and forgotten.
2 *fig.* to get confused, be confused, get bewildered, get baffled
adv. **абсолю́тно** absolutely, **вкрай** extremely, **все більш** increasingly ◊ **Лі́на все бі́льше ~валася, слу́хаючи їх.** Lina grew increasingly confused, listening to them. **геть** totally, **ду́же** greatly; **надзвича́йно** extraordinarily, **цілко́м** completely; **види́мо** visibly, **вира́зно** distinctly, **помі́тно** noticeably, **я́вно** obviously; **на мить** for a moment, **несподі́вано** unexpectedly, **ра́птом** suddenly; **так са́мо** equally; **де́що** somewhat, **тро́хи** a little
prep. **р. від** + *G.* get confused with sth ◊ **Він розгуби́вся від стра́ху́.** He got confused with fear.
розгу́блюйся! розгуби́ся!
Also see **заплу́туватися 2**

розда|ва́ти, ~ю́ть; ~ти, ~м, ~и́, ~сть, ~мо́, ~сте́, ~ду́ть, *tran.*
to distribute, hand out, give out
adv. **одна́ково** equally, **по́рівну** in equal parts ◊ **Ма́ти роздала́ суни́ці по́рівну всім ді́тям.** Mother distributed the wild strawberries equally among all children. **справедли́во** fairly, **че́сно** honestly; **широ́ко** widely; **безпла́тно** for free ◊ **Газе́ту ~ва́ли безпла́тно.** The newspaper was distributed for free.
prep. **р. по** + *G.* distribute throughout sth ◊ **Летю́чки ~ва́ли по всьо́му мі́сту.** The leaflets were being distributed throughout the entire city. **р. се́ред** + *G.* distribute among sb.
pa. pple. **ро́зданий** distributed
роздава́й! разда́й!
See **дава́ти 1**

ро́зділ, *m.*, **~у**
1 chapter
adj. **вступни́й** introductory, **пе́рший** first; **оста́нній** last, **прикінце́вий** final; **окре́мий** separate; **до́вгий** long; **коро́ткий** brief
v. + **р. писа́ти р.** write a chapter (**реда́гувати** edit; **чита́ти** read ◊ **Вона́ чита́ла лише́ оди́н р. рома́ну.** She read but one chapter of the novel. **присвя́чувати** + *D.* dedicate to sb/sth) ◊ **Тре́тій р. а́втор присвяти́в дити́нству геро́я.** The author dedicated chapter three to the protagonist's childhood. **йти́ся в ~і** *impers.* deal with sth ◊ **У ~і йде́ться про змо́ву.** The chapter deals with the conspiracy. (**обгово́рювати в** *impers.* discuss sth ◊ **У ~і обгово́рюють озна́ки змі́ни клі́мату.** The chapter discusses the signs of climate change. **опи́сувати в** *impers.* describe sth ◊ **У ~і опи́сували моти́ви його́ нена́висти.** The chapter described the motives of his hatred. **оповіда́ти про** + *A. impers.* narrate about sth)
р. + *v.* **назива́тися** be entitled; **почина́тися** start ◊ **Р. почина́вся пові́льно.** The chapter started slowly. **закі́нчуватися** end; **мі́стити** + *A.* contain sth; **чита́тися** read ◊ **Р. ле́гко чита́ється.** The chapter reads easily.
Also see **ле́кція 2, ру́брика, статтю́ 2.** *Cf.* **підро́зділ**
2 division, separation ◊ **Вона́ ка́же, що між коха́нням і се́ксом нема́є ~у.** She says there is no division between love and sex.
See **по́діл 2**

розділи́|ти, *pf., see* **розділя́ти**
to divide, *etc.* ◊ **Вона́ ~ла квасо́лю на чоти́ри части́ни.** She divided the beans into four parts.

розділи́|тися, *pf., see* **розділя́тися**
to divide, *etc.* ◊ **Семіна́р ~вся в підхо́ді до ізраї́льсько-палести́нського конфлі́кту.** The seminar divided in its approach to the Israeli-Palestinian conflict.

розділя́|ти, ~ють; розділ|и́ти, ~ю́, ~ять, *tran.*
1 to divide, split, cut up, part ◊ **Команди́р ~є вояків на гру́пи.** The commander divides the soldiers into groups. ◊ **Оле́кса ~є свій час між сім'є́ю і пра́цею.** Oleksa divides his time between family and work.
See **поділя́ти.** *Also see* **діли́ти 1, розподіля́ти**
2 to divide, disunite, drive apart, separate ◊ **Така́ полі́тика ста́вила на ме́ті розділи́ти опози́цію.** Such policies aimed at dividing the opposition. ◊ **при́нцип «~й і владару́й»** the principle – "divide and rule" ◊ **Уще́лина ~є го́ру надвоє́.** The gorge divides the mountain into two.
3 to share, participate in ◊ **Ми ~ємо її занепоко́єння.** We share her concern.
See **діли́ти 3**
pa. pple. **розді́лений** divided
розділя́й! розділи́!

розділя́|тися; розділ|и́тися, *intr.*
1 to divide, split, separate, diverge ◊ **Вони́ розділи́лися на гру́пи.** They divided into groups. ◊ **Тут рі́чка ~лася надвоє́.** Here the river divided in two.
2 to differ, disagree ◊ **У пита́нні про релі́гію вони́ розділи́лися.** They disagreed on the issue of religion.
3 *pass., only impf.* to be separated by + *I.* ◊ **Спа́льня ~лася від віта́льні бібліоте́кою.** The bedroom was separated from the living room by the library.

роздорі́ж|жя, *nt.*
crossroads; *also fig.*
adj. **велелю́дне** *poet.* busy; **поро́жнє** empty, **само́тнє** lonely; **важли́ве** important
v. + **р. досяга́ти р.** reach a crossroads; **опиня́тися на ~жі** find oneself at a crossroads (**стоя́ти на** stand at) ◊ **Гриць стоя́в на важли́вому ~жі сво́го життя́.** *fig.* Hryts was standing at an important crossroads of his life.
prep. **на р.** *dir.* on/to a crossroads ◊ **Він ви́йшов на р.** He came out to a crossroads. **на ~жі** *posn.* at a crossroads
G. pl. **роздорі́ж**

роздрато́ву|вати, ~ють; роздрату|ва́ти, ~ють, *tran.*
to annoy, irritate, get on sb's nerves
adv. **все бі́льше** ◊ **Рома́нова мане́ра говори́ти, ні́чого не ка́жучи, все бі́льше ~ва́ла її.** Roman's way of talking and saying nothing was increasingly getting on her nerves. **ду́же** greatly, **спра́вді** really, **ті́льки** only, **ще бі́льше** *or* **ще ду́жче** even more; **де́що** somewhat; **зуми́сне** *or* **навми́сне** deliberately
pa. pple **роздрато́ваний** irritated
роздрато́вуй! роздрату́й!
See **дратува́ти, се́рдити; дошкуля́ти**

роздрато́ву|ватися; роздратува́|тися, *tran.*
to get upset, *etc.* ◊ **Васи́ль роздратува́вся че́рез дрібни́цю.** Vasyl got annoyed over a trifle.

роздратува́нн|я, *nt., only sg.*
irritation, annoyance
adj. **вели́ке** great, **все бі́льше** growing, **значне́** considerable, **неаби́яке** quite some ◊ **Її прису́тність виклика́ла в Ма́рти неаби́яке р.** Her presence caused quite some irritation on Marta's part. **помі́тне** visible, **пості́йне** constant, **я́вне** obvious; **невели́ке** mild, **пе́вне** some; **ні́чо́го, крім** nothing but
v. + **р. виклика́ти р.** cause irritation ◊ **Марко́ва вперті́сть виклика́ла в не́ї р.** Marko's stubbornness caused irritation in her. (**відчува́ти** feel; **висло́влювати** express, **виявля́ти** show; **приду́шувати** suppress ◊ **Павло́ ле́две приду́шував р.** Pavlo barely suppressed his irritation. **прихо́вувати** hide) ◊ **Він і не нама́гався прихо́вати р.** He did not even try to hide his irritation.
р. + *v.* **зроста́ти** grow; **виявля́тися** show; **мі́нятися на** + *A.* change to sth ◊ **Посту́пово його́ р. зміни́лося на заціка́вленість.** Gradually his irritation changed to curiosity.
prep. **від р.** with irritation ◊ **І́рку ті́пало від р.** Irka was shaking with irritation. **з ~ям** with irritation ◊ **Він каза́в це з ~ям у го́лосі.** He was saying this with irritation in his voice.
Also see **гнів, злість, лють**

роздратува́|ти, *pf., see* **роздрато́вувати**
to irritate, *etc.* ◊ **Оста́ннє пита́ння ~ло його́.** The last question irritated him.

роздратува́|тися, *pf., see* **роздрато́вуватися**
to get upset ◊ **Кате́рина так ~лася, що до́вго не могла́ заспоко́їтися.** Kateryna got so upset that it took her a long time to calm down.

роздяга́|ти, ~ють; роздягн|у́ти, ~у́, ~уть, *tran.*
to undress, strip; take off clothes
adv. **до́гола́** naked ◊ **Ко́жного роздягну́ли до́гола́ для о́бшуку.** Everyone was stripped naked for a search. **до по́яса** to the waist ◊ **Ма́ти роздягну́ла ді́вчинку до по́яса для о́гляду.** Her mother undressed the little girl down to the waist for examination. **частко́во** partly; **геть** totally, **по́вністю** fully, **цілко́м** completely; **шви́дко** quickly; **пові́льно** slowly
Also see **розбира́ти 8**
pa. pple. **роздя́гнутий** undressed
роздяга́й! роздягни́!

роздяга́|тися; роздягн|у́тися, *intr.*
1 to undress, strip, take off one's clothes
adv. **догола́** naked ◊ **Си́мон роздягну́вся догола́ й став під душ.** Symon stripped naked and stepped under the shower. **до ни́жньої біли́зни** down to one's underwear ◊ **Він роздягну́вся до ни́жньої біли́зни.** He stripped down to his underwear. **до по́яса** to the waist, **частко́во** partly; **геть** totally, **по́вністю** fully, **цілко́м** completely; **поква́пно** hastily, **по́спіхом** hurriedly, **шви́дко** quickly; **обере́жно** carefully, **пові́льно** slowly ◊ **Марко́ ~вся пові́льно, на́че вага́вся.** Marko was undressing slowly as if hesitating.
Also see **розбира́тися 3**

2 to take off one's clothes *(coat, raincoat, etc.)* ◊ **Мо́жеш роздягну́тися в коридо́рі.** You can leave your coat in the corridor. ◊ **Було́ га́ряче, і він роздягну́вся.** It was hot and he took off his coat.
Also see **розбира́тися 3**

роздягну́|ти, *pf., see* **роздяга́ти**
to strip, *etc.* ◊ **Полі́ція ~ла заарешто́ваного, щоб прини́зити його́.** The police stripped the arrested man, in order to humiliate him.

роздягну́|тися, *pf., see* **роздяга́тися**
to undress, *etc.* ◊ **Фроси́на ~лася й ста́ла приміря́ти су́кню.** Frosyna stripped and started trying the dress on.

роз'єдна́|ти, *pf., see* **роз'є́днувати**
to separate, *etc.* ◊ **Їх роз'єдна́ли пі́сля трьох хвили́н розмо́ви.** They got disconnected after three minutes of conversation.

роз'є́дну|вати, ~ють; роз'єдн|а́ти, ~ють, *tran.*
1 to disconnect, separate, unlink, cut off ◊ **Лі́нія була́ вкрай ненаді́йною, і їх неодноразо́во ~вали.** The line was extremely unreliable and they were repeatedly cut off. **Лю́дський поті́к ~вав їх.** The human stream separated them.
2 *fig.* to divide, disunite, pull apart ◊ **Вона́ переќонана, що прива́тна вла́сність ~є люде́й.** She is convinced that private property divides people.
Ant. **єдна́ти 1**
pa. pple. **роз'є́днаний** disconnected
роз'є́днуй! роз'єдна́й!

роззбро́єнн|я, *nt., only sg.*
disarmament
adj. **безумо́вне** unconditional ◊ **Перегово́ри відбу́дуться пі́сля безумо́вного р. найма́нців.** The talks will occur after the mercenaries' unconditional disarmament. **ми́рне** peaceful; **нега́йне** immediate; **по́вне** full, **тота́льне** total, **цілкови́те** complete; **частко́ве** partial; **я́дерне** nuclear ◊ **рух за я́дерне р.** a movement for nuclear disarmament; **зага́льне** general, **ґлоба́льне** global, **міжнаро́дне** international; **взає́мне** mutual, **односторо́ннє** unilateral ◊ **односторо́ннє я́дерне р. Украї́ни** Ukraine's unilateral nuclear disarmament. **реа́льне** real
n. + **р. пита́ння р.** a disarmament issue (**пробле́ма** problem; **програ́ма** program, **проце́с** process); **перемо́вини з р.** disarmament talks; **уго́да про р.** a disarmament agreement
v. + **р. ґарантува́ти р.** guarantee disarmament (**забезпе́чувати** ensure; **підтри́мувати** be in favor of); **вимага́ти р.** demand disarmament (**досяга́ти** achieve) ◊ **досягну́ти по́вного р. всіх сторі́н конфлі́кту** to achieve a full disarmament of all the sides of the conflict; **сприя́ти ~ю** promote disarmament; **нагляда́ти за ~ям** monitor disarmament ◊ **Інспе́ктори нагляда́ли за ~ям обо́х сторі́н.** The inspectors monitored the disarmament of both sides.

роззбро́ї|ти, *pf., see* **роззбро́ювати**
to disarm ◊ **Націона́льна гва́рдія ~ла грабі́жників.** The National Guard disarmed the robbers.

роззбро́ю|вати, ~ють; роззбро́|їти, ~ять, *tran.*
1 to disarm
adv. **за́раз же** right away ◊ **Їх тре́ба за́раз же роззбро́їти.** They need to be disarmed right away. **нега́йно** immediately; **по́вністю** fully, **цілкови́то** completely; **частко́во** partially; **односторо́нньо** unilaterally; **реа́льно** in reality ◊ **Така́ умо́ва реа́льно роззбро́їла б заколо́тників.** Such a condition would in reality disarm the rebels. **факти́чно** effectively
v. + **р. вдава́тися** + *D.* succeed in ◊ **Йому́ вдало́ся роззбро́їти напа́дника.** He succeeded in disarming the attacker. **змогти́** *pf.* manage to; **нама́гатися** try to, **про́бувати** attempt to; **нака́зувати** + *D.* order sb to
2 *fig.* to disarm, charm, win over ◊ **Юнако́ві о́чі ~вали Міле́ну.** The youth's eyes disarmed Milena.
pa. pple. **роззбро́єний** disarmed
роззбро́юй! роззбро́й!

роззбро́ю|ватися; роззбро́їтися, *intr.*
to disarm, lay down one's arms ◊ **Заколо́тники роззбро́їлися.** The mutineers disarmed.
adv. **безумо́вно** unconditionally, **доброві́льно** voluntarily, **ми́рно** peacefully **за́раз же** right away, **нега́йно** immediately; **по́вністю** fully, **тота́льно** totally, **цілко́м** completely, **частко́во** partially; **односторо́нньо** unilaterally; **реа́льно** really, **факти́чно** effectively

роззува́|ти, ~ють; роззу́|ти, ~ють, *tran.*
to take off *(only footware)* ◊ **Бори́с роздягну́в і роззу́в дити́ну.** Borys took off the child's clothes and shoes.
pa. pple. **роззу́тий** shoeless ◊ **Відві́дувачі сиді́ли роззу́тими.** The visitors sat shoeless.
роззува́й! роззу́й! ♦ **Роззу́й о́чі!** *pejor.* Take a good look!

роззува́|тися; роззу́тися, *intr.*
to take off one's shoes ◊ **В украї́нській ха́ті зазвича́й ~ються.** They customarily take off their shoes in a Ukrainian home.

роззу́|ти, *pf., see* **роззува́ти**
to take off sb's shoes ◊ **Вона́ ~ла хло́пчика.** She took the little boy's shoes off.

роззу́|тися, *pf., see* **роззува́тися**
to take off one's shoes ◊ **Він забі́г до кімна́ти, не ~вшись.** He ran into the room without taking off his shoes.

розібра́|ти, *pf., see* **розбира́ти**
to make out, *etc.* ◊ **Оле́г не міг р., що вона́ нашкря́бала.** Oleh could not make out what she had scribbled.

розібра́|тися, *pf., see* **розбира́тися**
to figure out, *etc.* ◊ **Оле́кса – оди́н з небагатьо́х, хто ~вся у цьому́ бе́зладі.** Oleksa is one of the few who sorted out this mess.

розі́й|ти́ся, *pf., see* **розхо́дитися**
to break up, *etc.* ◊ **На́товп футбо́льних фана́тів ~шо́вся.** The mob of soccer-player fans broke up.

розірва́|ти, *pf., see* **розрива́ти**
to tear, *etc.* ◊ **Вона́ ~ла запи́ску на кла́птики.** She tore the note into pieces.

розірва́|тися, *pf., see* **розрива́тися**
to explode, *etc.* ◊ **Грана́та не ~лася.** The grenade did not go off.

розісла́|ти, *pf., see* **розсила́ти**
send around, *etc.* ◊ **Запро́шення на весі́лля ~ли по всіх ро́дичах і дру́зях.** The wedding invitations were sent out to all relatives and friends.

розітну́|ти, *pf., see* **розтина́ти**
to cut up ◊ **Юрі́й ненаро́ком ~в па́льця го́стрим ноже́м.** Yurii inadvertently cut his finger with a sharp knife.

розказа́|ти, *pf., see* **розка́зувати**
to tell, narrate ◊ **Він ~в бра́тові все, що знав.** He told his brother everything he knew.

розка́зу|вати, ~ють; розказа́ти, ~у́, розка́ж|уть, *tran.*
1 to tell *(a story)*, relate, recount, give account + *D.* to sb ◊ **Марі́я розказа́ла їм, як вона́ познайо́милася з поето́м.** Maria told them how she had met the poet.
adv. **в дета́лях** *and* **в подро́бицях** in detail, **докла́дно** thoroughly; **вира́зно** articulately, **га́рно** nicely, **до́вго** long ◊ **Ла́да до́вго ~вала йому́ про Яно́вського.** Lada told him about Yanovsky for a long time. **захо́плено** excitedly; **го́лосно** loudly, **тихе́нько** *dim.* quietly, **ти́хо** quietly; **ціка́во** in an interesting way; **нави́сно** deliberately ◊ **Він нави́сно розказа́в все О́льзі.** He deliberately told Olha everything. **одра́зу** at once, **за́раз же** right away
р. + *n.* **р. ба́йку** tell a fable (**бува́льщину** true story, **жарт** joke ◊ **Наді́йка було́ дзвони́ла, щоб розказа́ти сві́жий жарт.** Nadiyka would call to tell a new joke. **істо́рію** story, **ка́зку** fairy tale, **при́тчу** parable; **змі́ст** contents), ♦ **р. байки́** to tell old wives' tales
v. + **р. дава́ти** + *D.* let sb; **ду́мати** be going to ◊ **Вона́ ду́мала розказа́ти їм усе́.** She was going to tell them everything. **могти́** can; **нама́гатися** try to; **проси́ти** + *A.* ask sb to; **потра́пити** *colloq., pf.* know to; **почина́ти** begin, **ста́ти** *pf.* start; **закі́нчувати** finish; **хоті́ти** want to ◊ **Я́рка хоті́ла р. йому́ пра́вду.** Yarka wanted to tell him the truth.
prep. **р. за** *and* **про** + *A.* tell about sb/sth ◊ **Васи́ль розказа́в усі́м про її́ таємни́цю.** Vasyl told everybody about her secret.
Also see **розповіда́ти**
2 *impers., only impf.* to be said, be rumored ◊ **У мі́сті ~вали, що він збожево́лів від нерозді́леного коха́ння.** It was rumored in town that he had lost his mind because of unrequited love. ◊ **~ують, що він чаклу́н.** He is said to be a warlock.
pa. pple. **розка́заний** told, narrated
розка́зуй! розкажи́! ♦ **розка́зуй(те) мені́!** *(disbelieve)* Yeah, right!
Also see **каза́ти**

розкида́|ти, ~ють; розки́да|ти, ~ють, *tran.*
1 to scatter, spread, toss
adv. **безла́дно** in a disorderly way, **в рі́зні бо́ки** all around, **скрізь** everywhere, **енергі́йно** vigorously, **шви́дко** quickly ◊ **Вони́ шви́дко ~али гній по по́лю.** They quickly spread the manure around the field.
prep. **р. в** + *L.* scatter to *(a place)* ◊ **До́ля розки́дала дру́зів в найда́льші за́кутки краї́ни.** Fate scattered the friends to the remotest corners of the country. **р. на** + *L.* scatter on *(a place)* ◊ **Мишко́ розки́дав ри́бу на піску́.** Myshko scattered the fish on the sand. **р. по** + *L.* scatter around *(a place)* ◊ **Він розки́дав ре́чі по всій спа́льні.** He tossed things around the bedroom.
See **ки́дати**. *Also see* **розсипа́ти 1**. *Ant.* **збира́ти 1, підбира́ти 1**
2 to demolish, wreck, destroy ◊ **За́лишки форте́ці ма́ли розки́дати.** The remnants of the fortress were to be demolished.
See **руйнува́ти 1, 3**
3 to spread *(of arms, etc.)*, extend, stretch ◊ **Іва́н ки́нувся до го́стя, широ́ко розки́нувши ру́ки.** Ivan rushed to the guest, with his arms widely spread. ◊ **Дуб розки́нув ві́ття.** The oak spread its branches.
4 to unfold, spread, open out ◊ **Розки́нувши коц, вони́ ляѓли на нього відпочи́ти.** Having spread the blanket, they lay on it to rest.
5 to pitch *(a tent, etc.)*, mount ◊ **Аванга́рд ві́йська тут же розки́нув та́бір у доли́ні.** The vanguard of the troops immediately pitched their camp in the valley.
pa. pple. **розки́даний** scattered, *etc.*
розкида́й! розки́дай!

рóзк|іш, *f.*, **~оші**
1 luxury; luxurious life; *often pl.*
adj. **велúка** great, **величéзна** immense, **винятќова** exceptional, **завелúка** too great ◊ **Це завелúка р.** It's too much of a luxury. **неабúяка** extraordinary, **рідкісна** rare, **спрáвжня** real, **чúста** sheer; **колúшня** former; **сучáсна** modern; **віднóсна** relative; **криклúва** in-your-face ◊ **Криклúва р. помéшкання втóмлювала.** One got tired of the in-your-face luxury of the dwelling. **пихáта** arrogant
n. + **р. предмéт ~оші** a luxury item; **життя́, спóвнене ~ошів** a life of luxury
v. + **р. дозволя́ти собі р.** afford the luxury ◊ **Вонú дозвóлили собі р. завестú францýзького бульдóга.** They afforded themselves the luxury of getting a French bulldog. (**пропонувáти** + *D.* offer sb); **насолóджуватися ~ішшю** enjoy a luxury; **жúти в ~оші** live in luxury; ♦ **купáтися в ~ошах** to roll in luxury
prep. **у ~оші** in luxury ◊ **Вúдно булó, що вонá вúросла в неабúякій ~оші.** It was clear that she had grown in extraordinary luxury.
2 *usu pl.* luxury, extravagance, profligacy
adj. **дорогá** expensive, **надмíрна** excessive, **непотрíбна** unnecessary; **винятќова** exceptional, **рідкісна** rare; **малéнька** *dim.* little ◊ **малéнька р. трóхи дóвше поспáти в недíлю** the little luxury of sleeping a bit longer on Sunday; **невелúка** small, **прóста** simple
v. + **р. дозволя́ти собі р.** afford a luxury ◊ **Вонú дозвóлити собі р. цілий день нíчого не робúти.** They afforded themselves the luxury of doing nothing all day long. (**пропонувáти** + *D.* offer sb; **платúти за** pay for); **відмовля́тися від ~оші** forego the luxury of ◊ **Лéся відмóвилася від ~оші дóброго винá.** Lesia forewent the luxury of a good wine.
3 pleasure, bliss, glee ◊ **Час від чáсу вонá насолóджувалася ~ішшю мінерáльної кýпелі.** From time to time, she would enjoy the luxury of a mineral bath.
v. + **р. дозволя́ти собі р.** afford a luxury (**пропонувáти** + *D.* offer sb); **віддавáтися ~оші** abandon oneself to a luxury ◊ **Вонú віддалúся ~оші цікáвого товарúства.** They abandoned themselves to the luxury of interesting company. **насолóджуватися ~ішшю** enjoy a luxury ◊ **Він насолóджувався ~ішшю самóтності.** He enjoyed the luxury of solitude.
prep. **від ~оші** with pleasure ◊ **Він заплющив óчі від ~оші.** He closed his eyes with pleasure.
See **насолóда, приéмність.** *Also see* **задовóлення**
N. pl. **~óші**, *G. pl.* **~óшів**

розкíшн|ий, *adj.*
luxurious, splendid, magnificent, opulent, luscious
adv. **абсолю́тно** absolutely, **напрáвду** *and* **спрáвді** really, **прóсто** simply
р. + *n.* **р. будúнок** an opulent building (**вид** view ◊ **р. вид на Дніпрó** a splendid view of the Dnipro River; **готéль** hotel, **палáц** palace); **~а акáція** a luscious acacia ◊ **Уздóвж дорóги рослú ~і жóвті акáції.** Luscious yellow acacias grew along the road. (**вистáва** show, **постáва** production; **карéта** coach; **кімнáта** room; **лю́стра** chandelier; **стрáва** dish; **сýкня** dress; **я́хта** yacht); **~е áвто** a luxurious car (**видáння** edition; **винó** wine; **дéрево** tree; **життя́** life; **помéшкання** apartment)
v. + **р. бýти ~им** be luxurious (**виявля́тися** turn out; **лишáтися** remain; **ставáти** become) ◊ **Молодúй дуб став ~им.** The young oak became gorgeous.
See **багáтий, чудóвий**

рóзклад, *m.*, **~у**
1 schedule, timetable
adj. **потóчний** current; **затвéрджений** approved, **обов'язкóвий** mandatory, **узгóджений** coordinated, **устáлений** established; **звичáйний** usual ◊ **Він хотíв змінúти звичáйний р. лéкцій** He wanted to change the usual lecture schedule. **нормáльний** normal; **попередній** preliminary, previous ◊ **Це попередній р., якúй мóже мінятися.** This is a preliminary schedule that can change. **прибли́зний** rough; **зáйнятий** busy; **виснáжливий** grueling, **жахлúвий** awful, **напрýжений** intense, **неможлúвий** impossible, **перевантáжений** overloaded; **легкúй** easy; **погодúнний** hourly, **дéнний** daily, **тижнéвий** weekly, **мíсячний** monthly; **лікарня́ний** hospital, **шкíльнúй** school
р. + *n.* **р. занять** a class schedule ◊ **Цьогó семéстру в них жахлúвий р. занять.** This semester they have an awful class schedule. (**íспитів** exam, **кýрсів** course, **лéкцій** lecture, **презентáцій** presentation, **робóти** work; **автóбусів** bus ◊ **Р. автóбусів мóжна знайтú в Мерéжі.** The bus schedule can be found on the Web. **літакíв** airline, **польóтів** flight; **поїздíв** train; **рýху** transportation) ◊ **На зупúнці є р. рýху трамвáїв.** There is a streetcar schedule at the stop.
v. + **р. встанóвлювати р.** establish a schedule (**готувáти** prepare, **мáти** have; **писáти** draw up ◊ **Дирéктор написáв р. на пéршу чверть.** The principal drew up the schedule for the first quarter. **планувáти** plan, **розробля́ти** work out, **складáти** make; **достосóвувати до** + *G.* adjust to sth ◊ **Вонá достосувáла р. до побажáнь кóжного викладачá.** She adjusted the schedule to every instructor's wishes. **змíнювати** alter; **ігнорувáти** ignore, **порýшувати** violate) ◊ **Порýшувати р. не дозвóлено нікóму.** Nobody is allowed to violate the schedule. **дотрúмуватися ~у** adhere to a schedule ◊ **Тя́жко дотрúмуватися такóго ~у робóти.** It is hard to adhere to such a work schedule. (**вибивáтися з** slip behind) ◊ **Він вúбився з ~у.** He slipped behind his schedule.
prep. **у ~і** in a schedule ◊ **На сьогóдні в ~і одúн семінáр.** There is one seminar in the schedule for today? **за ~ом** on schedule ◊ **Дóсліди провóдять за ~ом.** The experiments are conducted on schedule. **згíдно з ~ом** according to schedule; **пóза ~ом** outside a schedule ◊ **Робóти викóнують пóза ~ом.** The jobs are performed outside the schedule.
Also see **грáфік[1] 2, календáр 2, режим 4**
2 decomposition, decay, rot
adj. **повíльний** slow, **поступóвий** gradual, **швидкúй** rapid; **неунúкний** inevitable; **передчáсний** premature
v. + **р. прискóрювати** accelerate decomposition ◊ **Вологíсть і температýра прискóрили р. трýпа.** Humidity and temperature accelerated the corpse decomposition. (**сповíльнювати** slow down); **призвóдити до ~у** result in decay; **запобігáти ~ові** prevent decomposition (**перешкоджáти** inhibit) ◊ **Процедýра перешкоджáє ~ові зубíв.** The procedure inhibits teeth decay.
See **рóзпад 2**
3 *fig.* decay, degeneration, degradation
adj. **духóвний** spiritual, **морáльний** moral, **суспíльний** social, **фізúчний** physical
v. + **р. зазнавáти ~у** fall into decay ◊ **Лю́ди зазнавáли морáльного ~у.** People were falling into a moral decay. **спричиня́тися до ~у** cause decay
See **руїна 2.** *Also see* **занéпад, знúщення, рóзпад 1**

розкладá|ти, ~ють; розклáсти, ~ý, розкла́д|уть, *tran.*
1 to put out, lay out, spread out, arrange
adv. **акурáтно** neatly ◊ **Натáля акурáтно ~ла лóжки на столí.** Natalia was neatly laying out the spoons on the table. **методúчно** methodically; **на всі бóки** to all sides ◊ **Лúпа розклáла гíлля на всі бóки.** The linden spread its branches to all sides. **шúроко** widely; **обережно** carefully, **повíльно** slowly; **оперативно** promptly, **прóворно** nimbly, **швúдко** quickly
v. + **р. починáти** begin to, **стáти** *pf.* start ◊ **Він став р. кáрти.** He started laying down the cards.
Also see **розгортáти 2**
2 to unpack, unwrap ◊ **Зайшóвши до помéшкання, він кúнувся р. валíзу.** Having entered the apartment, he rushed to unpack his suitcase.
Also see **розгортáти 1**
3 to build *(a fire)* ◊ **Мандрíвники розклáли багáття.** The travelers built a campfire.
pa. pple. **розклáдений** spread out
4 *fig.* to break down, analyze, dissect, lay out ◊ **Він розклáв кінцéвий продýкт реáкції на склáдові.** He broke the final product of the reaction down to its components. ♦ **р.** + *A.* **по пýнктах** to lay sth out point by point ◊ **Вонá розклáла по пýнктах план оперáції.** She laid out the operation plan point by point.
5 *fig.* to corrupt, deprave, demoralize ◊ **Грóші та влáда чáсто ~ють тих, хто їх посідáє.** Money and power often corrupt those who possess them.
adj. **духóвно** spiritually, **морáльно** morally, **соціяльно** socially, **фізúчно** physically
See **корумпувáти**
розкладáй! розкладú!

розкладá|тися; розклáстися, *intr.*
1 to deploy, station ◊ **Вонú розклáлися невелúким тáбором бíля селá.** They deployed in a small camp near the village.
2 to break down, separate into, split (up) ◊ **Під дíєю опромíнення молéкули ~лися на áтоми.** Under the effect of radiation, molecules broke down to atoms. ◊ **Цей клас комáх ~ється на сім мéнших підклáсів.** This class of insects splits into seven smaller subclasses.
3 to disintegrate, decay, decompose, rot ◊ **На сóнці мéртве лúстя швúдше ~лося.** In the sun, the dead leaves decomposed quicker.
4 *fig.* to degenerate, become corrupt ◊ **Бáчачи скрізь корýпцію, мóлодь самá морáльно ~лася.** Seeing corruption everywhere, the youth became themselves corrupt.

розклá|сти, *pf., see* **розкладáти**
to spread out, *etc.* ◊ **Він розгорнýв пакýнок і ~в на столí йогó вміст.** He unwrapped the package and laid out its contents on the table.

розклá|стися, *pf., see* **розкладáтися**
to decay, *etc.* ◊ **За рік труп ~вся.** Over a year, the corpse decomposed.

розкóл, *m.*, **~у**
split, division; *rel.* schism
adj. **велúкий** great, **все бíльший** growing, **глибóкий** deep, **дедáлі глúбший** deepening, **нездолáнний** insuperable, **серйóзний** serious, **трагíчний** tragic; **ґарантóваний** guaranteed; **реáльний** real; **уя́вний** imaginary, **штýчний** artificial; **я́вний** obvious; **ідеологíчний** ideological, **політúчний** political, **релігíйний** religious, **світóглядний** philosophical, **церкóвний** ecclesiastical
v. + **р. долáти р.** overcome a split ◊ **Олексáндра відчайдýшно шукáла спóсіб подолáти р. у фрáкції.** Oleksandra was desperately looking for a way to overcome the division in the faction. (**ігнорувáти** ignore; **поглúблювати** deepen **порóджувати** cause, **сíяти** *fig.* sow); **вестú до ~у** lead to a split (**спричиня́тися до** cause)
prep. **р. між** + *I.* split among/between sb; **р. на** + *A.* division into *(parts)* ◊ **розкóл цéркви на катóликів і протестáнтів** the church split into Catholics and Protestants; **р. у** + *A.* split in/within sb; **р. чéрез** + *A.* split over sth ◊ **р. суспíльства чéрез питáння істори́чної пáм'яті** the division of society over issues of historical memory
Also see **пóділ 2**

розколо́|ти, *pf., see* **розко́лювати**
to split, *etc.* ◊ **Спекуля́ція на пробле́мі ві́йни й ми́ру ~ла ви́борців.** Peddling the problem of war and peace split the electorate.

розко́лот|ий, *adj.*
divided, split, fragmented; *fig.* disunited
adv. **на́впіл** in two, **наполови́ну** in half, **на шматки́** to pieces ◊ **~а на шматки́ ста́туя** a statue split to pieces; **безнаді́йно** hopelessly, **вкрай** extremely, **глибо́ко** deeply, **незворо́тно** irreversibly; **нездола́нно** insuperably ◊ **Консервати́вна па́ртія лиша́ється нездола́нно ~ою.** The Conservative Party remains insuperably devided. **серйо́зно** seriously; **реа́льно** in reality; **шту́чно** artificially; **я́вно** obviously; **ідеологі́чно** ideologically, **політи́чно** politically, **релігі́йно** religiously
v. + **р. бу́ти ~им** be divided (**виявля́тися** turn out ◊ **Гру́па ви́явилася глибо́ко ~ою.** The group turned out to be deeply split. **здава́тися** + *D.* seem to sb ◊ **Рух здава́вся безнаді́йно ~им.** The movement seemed to be hopelessly divided. **лиша́тися** remain, **става́ти** become)
See **розко́лювати 1, 2**

розколо́|тися, *pf., see* **розко́люватися**
to split, *etc.* ◊ **Ра́птом ске́ля ~лася на́впіл.** Suddenly the rock split in two.

розко́лю|вати, ~ють; розкол|о́ти, ~ють, *tran.*
1 to split, fragment, break
adv. **глибо́ко** deeply, **ле́гко** easily ◊ **Він ле́гко ~вав полі́но уда́ром соки́ри.** He easily split the log with a blow of the ax. **на́впіл** in two, **наполови́ну** in half, **на шматки́** to pieces, **посере́дині** down the middle, **рі́вно** evenly
р. + *n.* **р. де́рево** split wood (**полі́но** log, **бри́лу** block, **шмато́к** piece; **грані́т** granite, **ка́мінь** stone, **кри́гу** ice, **ма́рмур** marble; **підло́гу** floor)
prep. **р. на** + *A.* divide into *(parts)* ◊ **Біль ~вав А́ллі го́лову на шматки́.** The pain was splitting Alla's head to pieces.
2 *fig.* divide, drive apart, disunite, split
adv. **глибо́ко** deeply; **надо́вго** for a long time, **наза́вжди́** forever; **ґвалто́вно** abruptly, **несподі́вано** unexpectedly ◊ **Це пита́ння несподі́вано розколо́ло грома́ду.** The issue unexpectedly divided the community. **ра́птом** suddenly; **неуни́кно** inevitably
р. + *n.* **р. грома́ду** divide a community (**опози́цію** opposition, **па́ртію** party, **рух** movement, **суспі́льство** society, **фра́кцію** faction, **це́ркву** church) ◊ **Реформа́ція розколо́ла Католи́цьку Це́ркву.** The Reformation divided the Catholic Church.
v. + **р. намага́тися** try to ◊ **Вла́да намага́лася розколо́ти опози́цію.** The authorities tried to divide the opposition. **ста́вити (собі́) на меті́** aim at; **хоті́ти** want to; **не дава́ти** not allow to
prep. **р. на** + *A.* divide into *(parts)*
Also see **діли́ти 1**
pa. pple. **розко́лений** *and* **розко́лотий** split
розко́люй! розколи́!

розко́лю|ватися; розколо́тися, *intr.*
1 to split, break, fragment
adv. **ле́гко** easily, **на́впіл** *or* **надвоє́** in two ◊ **Мико́лі від га́ласу голова́ ~валася надвоє́.** Mykola's head was splitting in two from the noise. **наполови́ну** in half, **на шматки́** to pieces, **посере́дині** down the middle ◊ **Та́ця впа́ла й розколо́лася посере́дині.** The platter fell and split down the middle. **несподі́вано** unexpectedly, **ра́птом** suddenly
prep. **р. на** + *A.* split into *(parts)* ◊ **Стара́ коло́да розколо́лася на дві части́ни.** The old log split into two parts.
2 *fig.* to divide, be driven apart, disunite, split ◊ **Че́рез америка́нське вто́ргнення до Іра́ку світ розколо́вся на два та́бори.** The world split into two camps over the US invasion of Iraq.
adv. **глибо́ко** deeply; **надо́вго** for a long time, **наза́вжди́** forever; **ґвалто́вно** abruptly, **несподі́вано** unexpectedly, **ра́птом** suddenly; **неуни́кно** inevitably
v. + **р. загро́жувати** threaten to ◊ **Наро́дний фронт загро́жував розколо́тися на три табори́.** The Popular Front threatened to split into three camps. **могти́** can; **не дава́ти** + *D.* not let sb/sth, **не дозволя́ти** + *D.* not allow sb/sth to ◊ **Він не дозво́лить краї́ні розколо́тися.** He will not allow the nation to split. **почина́ти** begin to, **ста́ти** *pf.* start
prep. **р. на** + *A.* split into *(parts)*

розкопа́|ти, *pf., see* **розко́пувати**
to dig out, *etc.* ◊ **Старе́ похова́ння ще не ~ли цілко́м.** The old burial has not yet been fully excavated.

розко́пу|вати, ~ють; розкопа́|ти, ~ють, *tran.*
1 to dig out, excavate, unearth
adv. **крок за кро́ком** step by step, **обере́жно** carefully ◊ **Вони́ обере́жно ~вали буди́нок, що завали́вся.** They were carefully excavating the collapsed building. **поступо́во** gradually; **по́вністю** fully, **цілко́м** completely; **поча́сти** in part, **частко́во** partially; **вре́шті-ре́шт** eventually, **наре́шті** finally
v. + **р. бу́ти ва́жко** be difficult to, **бу́ти неможли́во** be impossible to ◊ **Шви́дко розкопа́ти такі́ зава́ли було́ неможли́во.** It was impossible to quickly excavate such wreckage. **ви́рішувати** decide to, **ду́мати** intend to ◊ **Слі́дчий ду́мав розкопа́ти моги́лу.** The detective intended to excavate the grave. **збира́тися** be going to, **планува́ти** plan to; **почина́ти** begin to, **ста́ти** *pf.* start; **продо́вжувати** continue; **закі́нчувати** finish
2 *fig.* to unearth, discover, find ◊ **Лев таки́ розкопа́є всю пра́вду.** Lev will indeed get to the whole truth.
See **дізнава́тися 1, знахо́дити 1.** *Also see* **нагляда́ти 3.** *Cf.* **копа́ти, ри́ти**
pa. pple. **розко́паний** excavated
розко́пуй! розкопа́й!

розкрива́|ти, ~ють; розкри́|ти, ~ють, *tran.*
1 to open, uncover, unwrap, unlatch, unseal; *also fig.* ◊ **Мо́тря розкри́ла о́чі.** Motria opened her eyes. ◊ **Він обере́жно ~є бо́чку й загляда́є всере́дину.** He cautiously opens the barrel and looks inside.
See **відкрива́ти 1**
2 *fig.* to reveal, divulge, display ◊ **Приро́да рі́дко ~є люди́ні свої́ таємни́ці.** Mother Nature rarely reveals her mysteries to man. ♦ **р. ка́рти пе́ред** + *I.* to lay the cards on the table to sb ◊ **Лі́да не збира́лася р. пе́ред ни́ми ка́рти.** Lida was not about to lay her cards on the table to them. ♦ **р. зло́чин** to solve a crime ◊ **Слі́дчий ~в ще оди́н зло́чин.** The detective solved another crime. ♦ **р.** + *D.* **се́рце** *fig.* to open one's heart to sb ◊ **Петро́ вре́шті-ре́шт розкри́в при́ятелеві се́рце.** Petro eventually opened his heart to his friend.
3 *fig.* to uncover, lay bare, expose ◊ **Полі́ція розкри́ла в мі́сті терористи́чну організа́цію.** The police uncovered a terrorist organization in the city.
Also see **виявля́ти 1**
pa. pple. **розкри́тий** uncovered
розкрива́й! розкри́й!

розкри́|ти, *pf., see* **розкрива́ти**
to uncover, reveal ◊ **Валенти́на ~ла своє́му хло́пцеві причи́ну своє́ї при́страсти.** Valia revealed the mystery of her passion to him.

ро́злад, *m.*, **~у**
1 disorder, disorganization, disarray
adj. **все бі́льший** increasing, **глибо́кий** deep, **зага́льний** general, **можли́вий** possible, **небезпе́чний** dangerous, **по́вний** utter, **серйо́зний** serious, **страшни́й** terrible, **цілкови́тий** complete; **я́вний** obvious; **економі́чний** economic, **логі́сти́чний** logistic, **організаці́йний** organizational, **політи́чний** political
v. + **р. вно́сити** *or* **вво́дити р. в** + *L.* cause disorder among sb ◊ **Його нака́з уні́с р. в ді́ї дослі́дників.** His order caused disarray in the researchers' actions. (**поро́джувати** generate; **поси́лювати** exacerbate; **зме́ншувати** diminish); **вести́ до ~у** lead to disorder; **запобіга́ти ~ові** prevent disorder ◊ **Прем'є́р не зміг запобі́гти економі́чному ~ові.** The premier failed to prevent the economic disorder. **залиша́ти** + *A.* **у ~і** leave sth in disorder ◊ **Вона́ поме́рла, залиши́вши ма́єток у ~і.** She died, leaving her estate in disarray.
р. + *v.* **охо́плювати** + *A.* engulf sth, **панува́ти** reign ◊ **Хао́с і р. панува́ли на ву́лицях.** Chaos and disorder reigned on the streets. **паралізува́ти** + *A.* paralyze sth, **погі́ршуватися** worsen, **ши́ритися на** + *A.* spread to sth ◊ **Р. поши́рився на всю ба́нкову систе́му.** Disarray spread to the entire banking system.
See **хао́с.** *Also see* **безла́ддя, мішани́на 2, плутани́на 1.** *Ant.* **лад 1, поря́док 1**
2 dissonance, discord, friction ◊ **Р. у ї́хньому подру́жжі поча́вся пі́сля фата́льної вечі́рки.** The discord in their marriage started after the fatal party.
3 *med.* disorder, disfunction, affliction, malady, upset
adj. **го́стрий** acute, **серйо́зний** serious, **трива́лий** long-term, **хроні́чний** chronic; **короткотрива́лий** short-term; **легки́й** mild; **звича́йний** common, **поши́рений** widespread; **рі́дкісний** rare; **вну́трішній** inner, **гормона́льний** hormonal, **нерво́вий** nervous, **поведінко́вий** behavioral, ♦ **посттравмати́чний стре́совий р.** a post-traumatic stress disorder, **психі́чний** psychological, **розумо́вий** mental, **шлунко́вий** stomach
р. + *n.* **р. зо́ру** a vision disorder (**пе́чінки** liver, **систе́ми тра́влення** digestive system, **сну** sleep, **шлу́нку** stomach)
v. + **р. виклика́ти р.** cause a disorder ◊ **Конту́зія ви́кликала в ньо́го психі́чний р.** The concussion caused a psychological disorder in him. (**виявля́ти** reveal, **діагносту́вати** diagnose ◊ **Ї́й діагносту́вали шлунко́вий р.** She was diagnosed with a stomach disorder. **знахо́дити** find; **лікува́ти** treat; **ма́ти** have); **стражда́ти від ~у** suffer from a disorder ◊ **Вона́ стражда́є від гормона́льного ~у.** She suffers from a hormonal disorder.
р. + *v.* **вплива́ти на** + *A.* affect sth ◊ **Р. тра́вної систе́ми вплива́в на його́ зага́льний стан.** The digestive system disorder affected his general physical condition.
See **хворо́ба**

розлива́|ти, ~ють; розли́ти, розіллю́|ть, *tran.*
1 to spill, knock over, overturn
adv. **випадко́во** accidentally, **незґра́бно** clumsily, **ненаро́ком** inadvertently ◊ **Андрі́й ненаро́ком розли́в ка́ву на скатерти́ну.** Inadvertently Andrii spilled the coffee on the tablecloth. **навми́сно** on purpose ◊ **Він розли́в молоко́ навми́сно, щоб не пи́ти його́.** He spilled the milk on purpose so as not to drink it.
Cf. **вилива́ти 1**
2 to pour out, decant, bottle; distribute, divide ◊ **Молоко́ ~ють по пля́шках.** The milk is being bottled.
adv. **зосере́джено** attentively, **методи́чно** methodically, **обере́жно** carefully; **по́рівну** in equal parts ◊ **Залишки питно́ї води́ розлили́**

ко́жному по́рівну. The remaining potable water was distributed in equal parts to everybody. **шви́дко** quickly
v. + **р. бра́тися** get down to ◊ **Вона́ взяла́ся р. чай по філіжа́нках.** She got down to pouring the tea in cups. **бу́ти тре́ба** + *D.* need to ◊ **Йому́ тре́ба розли́ти бензи́н по кані́страх.** He needs to pour the gas in canisters. **проси́ти** + *A.* ask sb to; **почина́ти** begin to, **ста́ти** *pf.* start
prep. **р. в** + *L.* pour in/to sth ◊ **Офіція́нт розли́в вино́ в ке́лихи.** The waiter poured the wine in wineglasses.
pa. pple. **розли́тий** spilled; poured
розлива́й! розли́й!

розлива́|тися; розли́тися, *intr.*
1 to spill, overflow, pour, run, flow
adv. **дале́ко** far, **небезпе́чно** dangerously; **непомі́тно** unnoticed, **ти́хо** quietly ◊ **Вода́ ти́хо ~лася по підло́зі.** The water rose and was quietly spilling over the floor. **пові́льно** slowly, **поступо́во** gradually, **шви́дко** quickly; **широ́ко** widely ◊ **Щоро́ку рі́чка широ́ко ~ється, зато́плюючи доро́гу.** Every year, the river overflows widely, flooding the road. ◊ **Ю́шка розлила́ся на пли́ту.** The soup spilled on the gas range.
2 to spread, extend, stretch, flood
adv. **дале́ко** far, **скі́льки сяга́є о́ко** as far as the eye can see ◊ **Мі́сячне сві́тло розлило́ся по́лем, скі́льки сяга́ло о́ко.** The moonlight flooded the field as far as the eye could see. **широ́ко** wide
prep. **р. до** + *G.* stretch to sth ◊ **О́зеро ~лося до о́брію.** The lake stretched to the horizon.
Also see **поши́рюватися**
3 *fig., colloq.* to hold forth, speak at length ◊ **Він лю́бить р. про свої́ чесно́ти.** He likes to hold forth about his virtues. ♦ **р. солове́йком** *or* **солов'є́м про** + *A.* to preachify about sth, pontificate ◊ **А́втор ~вся соловейком про перева́ги так зва́ної «керо́ваної демокра́тії».** The author preachified on the merits of the so-called "controlled democracy".
Also see **розво́дити 7**

розли́|ти, *pf., see* **розлива́ти**
to pour out, *etc.* ◊ **Господи́ня відкорко́вувала пля́шку й ~ла́ вино́.** The hostess uncorked the bottle and poured the wine out.

розлуча́|ти, ~ють; розлуч|и́ти, ~у́, ~ать, *tran.*
1 to separate, set apart ◊ **Тепе́р ніщо́ не розлу́чить їх.** Now nothing will separate them.
adv. **безжа́льно** ruthlessly ◊ **Їх безжа́льно розлучи́ла війна́.** They were ruthlessly separated by the war. **назавжди́** forever, **на коро́ткий час** for a short while, **остато́чно** ultimately; **несподі́вано** unexpectedly, **ра́птом** suddenly, **трагі́чно** tragically
v. + **р. намага́тися** try to, **хоті́ти** want to ◊ **Вона́ хоті́ла розлучи́ти коха́нців назавжди́.** She wanted to separate the lovers forever. **не дава́ти** + *D.* not let sb, **не дозволя́ти** + *D.* not allow sb to ◊ **Суддя́ не дозво́лив ма́тері р. діте́й із ба́тьком.** The judge did not allow the mother to separate the children from their father.
prep. **р. з** + *I.* separate from sb ◊ **При́кра приго́да розлучи́ла Мо́трю з Кили́ною.** The unfortunate accident separated Motria from Kylyna.
2 to divorce *(a couple)* ◊ **Жі́нку могли́ розлучи́ти з чолові́ком, якщо та не могла́ ма́ти діте́й.** A wife could be divorced from her husband if the former could not bear children.
pa. pple. **розлу́чений** separated
розлуча́й! розлучи́!

розлуча́|тися; розлучи́тися, *intr.*
1 to part, separate, split ◊ **Коха́нці розлучи́лися.** The lovers split. ◊ **Здава́лося, дру́зі ніко́ли не ~лися.** The friends seemed never to part.
2 *fig.* to abandon, leave, give up, part company ◊ **Со́рок ро́ків вона́ не ~ється з медици́ною.** She has worked in medicine for forty years. ◊ **Рома́н рі́дко коли́ ~вся зі скри́пкою.** Roman rarely ever parted company with his violin. ♦ **р. з життя́м** to die, lose one's life ◊ **Якщо́ так ризикува́ти, то мо́жна і з життя́м розлучи́тися.** Taking such risks, one can lose one's life.
3 to divorce ◊ **Вони́ розлучи́лися, прожи́вши ра́зом де́сять ро́ків.** They divorced, after having lived together for ten years.
prep. **р. з** + *I.* divorce sb ◊ **Ві́ра не дозволя́ла йому́ р. з жі́нкою.** Faith did not allow him to divorce his wife.

розлу́чен|ий, *adj., n.*
1 separated ◊ **Оле́на рік була́ ~а з по́другою.** For a year, Olena had been separated from her (female) friend.
2 *as n.* divorced ◊ **Demо́графи встанови́ли ча́стку ~их і парубкі́в се́ред насе́лення.** The demographers established the percentage of the divorced men and bachelors in the population.

розлу́чен|ня, *nt.*
1 separation, staying away
adj. **безкіне́чне** endless ◊ **Тижне́ве р. з Ле́сею здало́ся їй безкіне́чним.** The week-long separation from Lesia seemed endless to her. **до́вге** long, **трива́ле** lengthy; **важке́** difficult, **нестерпне** unbearable; **ви́мушене** forced
2 divorce
adj. **дру́жнє** amicable, **ми́рне** peaceful; **бо́лісне** painful, **воро́же** hostile, **лихе́** nasty ◊ **Обо́є пережили́ лихе́ р.** Both endured a nasty divorce. **нега́йне** immediate, **приско́рене** expedited, **шви́дке** quick; **громадя́нське** civil; **церко́вне** church; **фікти́вне** fictitious
n. + **р. папе́ри на** divorce papers (**пода́ння на** petition) ◊ **Він стве́рджував, що ніко́ли не отри́мував пода́ння на р.** He was asserting that he had never received the divorce petition. **проце́с р.** a divorce process ◊ **Проце́с р. тягну́вся міся́цями.** The divorce process dragged on for months. **спра́ва про р.** a divorce case ◊ **Спра́ва про р. загуби́лася.** The divorce case got lost. **відсо́ток ~ь** the divorce rate (**кі́лькість** figures ◊ **Кі́лькість ~ь зроста́є.** The divorce figures have grown. **стати́стика** statistics)
v. + **р. влашто́вувати** + *D.* **р.** arrange a divorce for sb ◊ **Адвока́т обіця́в влаштува́ти їм приско́рене р.** The lawyer promised to arrange an expedited divorce for them. (**дава́ти** + *D.* give sb ◊ **Жі́нка без пробле́м дала́ Марко́ві р.** His wife gave Marko a divorce without a problem. **дістава́ти** get, **отри́мувати** receive ◊ **Вони́ отри́мали р. че́рез сім мі́сяців.** They received a divorce in seven months. **почина́ти** initiate; **затя́гувати** protract ◊ **Марі́я намага́лася затягну́ти р.** Maria did her best to protract the divorce. **нава́жуватися на** have courage for ◊ **Із двома́ мали́ми ді́тьми й без пра́ці Тама́ра ле́две нава́житься на р.** With two small children and no job, Tamara will hardly have the courage for divorce. **пого́джуватися на** agree to; **подава́ти на** file for, **подава́тися на** petition for; **штовха́ти** + *A.* **на** push sb to) ◊ **Коха́нець штовха́в її на р. з чолові́ком.** Her lover pushed her to divorce her husband. **домага́тися р.** seek a divorce ◊ **Вони́ помири́лися і бі́льше не домага́лися р.** They reconciled and did not seek a divorce any longer. (**хоті́ти** want ◊ **Вона́ хо́че р.** She wants a divorce. **проси́ти** ask for; **уника́ти** avoid ◊ **Щоб уни́кнути р., Ма́рченки пого́дилися пожи́ти рік окре́мо.** In order to avoid divorce, the Marchenkos agreed to separate for a year. **бу́ти причи́ною** be the reason for, **ста́ти причи́ною** become the reason for) ◊ **Неві́рність ста́ла причи́ною ї́хнього р.** Infidelity became the reason for their divorce. **закі́нчуватися ~ням** end in a divorce ◊ **Хто б поду́мав, що шлюб так ско́ро закі́нчиться ~ням!** Who would think that the marriage would so soon end in a divorce!
р. + *v.* **відклада́тися** be postponed; **набира́ти чи́нности** come through ◊ **Ва́ше р. набере́ чи́нности за ти́ждень.** Your divorce will come through in a week.
prep. **для р.** for divorce ◊ **Побо́ї стано́влять серйо́зну підста́ву для р.** Assault constitutes serious grounds for divorce. **р. з** + *I.* a divorce from sb ◊ **її р. з тре́тім чолові́ком** her divorce from her third husband

ро́змах, *m.*, **~у**
1 span, extent, range ◊ **Р. крил пта́шки сяга́є десяти́ сантиме́трів.** The bird's wing span reaches 10 cm.
adj. **вели́кий** big, **значни́й** considerable, **максима́льний** maximal, **по́вний** full, **сере́дній** average; **мале́нький** *dim.* small, **мініма́льний** minimal, **невели́кий** small
Cf. **ві́дстань**
2 *fig.* scope, scale, extent, latitude
adj. **вели́кий** large, **величе́зний** vast, **всенаро́дний** national ◊ **Кампа́нія набра́ла всенаро́дного ~у.** The campaign assumed a national scale. **всеохо́пний** all-embracing, **епі́чний** epic ◊ **Епі́чний р. поста́ви вра́зив глядача́.** The epic scope of the production impressed the spectator. **широ́кий** wide, **неба́чений** unprecedented, **по́вний** full; **ґлоба́льний** global, **міжнаро́дний** international, **націона́льний** national, **світови́й** world; **відпові́дний** adequate ◊ **Якщо́ й роби́ти це, то лише́ з відпові́дним ~ом.** If this were to be done, then only at an adequate scope. **нале́жний** proper; **реа́льний** real; **невели́кий** small, **обме́жений** limited ◊ **З о́гляду на брак ко́штів р. опи́тування був обме́женим.** In view of the lack of funds, the polling scope was limited. **сами́й лише́** sheer ◊ **Сами́й лише́ р. за́ходу був неба́ченим.** The sheer scope of the event was unprecedented. **географі́чний** geographic
v. + **р. збі́льшувати р.** increase scope ◊ **Вони́ збі́льшують р. дослі́джень.** They are increasing the scope of research. (**розши́рювати** widen; **зву́жувати** narrow, **зме́ншувати** reduce, **обме́жувати** limit; **визнача́ти** determine ◊ **Він ма́є ви́значити р. на́ступу во́рога.** He has to determine the scope of the enemy's offensive. **окре́слювати** outline); **бу́ти ~у** be of a scope ◊ **Це будівни́цтво було́ невели́кого ~у.** The construction was small in scope. (**набира́ти** assume, **набува́ти** acquire) ◊ **Конфлі́кт набу́в реґіона́льного ~у.** The conflict acquired regional dimensions.
р. + *v.* **збі́льшуватися** increase ◊ **Р. комерці́йної дія́льности компа́нії збі́льшувався.** The scope of the company's commercial activities was increasing. **зроста́ти** grow, **розши́рюватися** broaden; **звужуватися** narrow, **зме́ншуватися** diminish
prep. **з ~ом** at a scope ◊ **Вона́ працю́є з ~ом.** She works at large scope. **за ~ом** in scope ◊ **Дослі́дження обме́жене за ~ом.** The research is limited in scope.
Also see **величина́ 1, кі́лькість, о́бсяг, пропо́рція 2, ро́змір 1**
L. **в ~у**

ро́змір, *m.*, **~у**
1 size, dimensions, proportions; amount
adj. **вели́кий** big, **величе́зний** enormous, **гіга́нтський** gigantic ◊ **Гіга́нтські ~и хра́му не могли́ не вража́ти.** The gigantic dimensions of the temple could not but impress. **добря́чий** *colloq.* good ◊ **Він мав добря́чого ~у кулаки́.** He had fists of a good size. **значни́й** significant, **колоса́льний** colossal, **маси́вний** massive, **неаби́який** uncommon, **незвича́йний** unusual, **приголо́мшливий** shocking, **разю́чий** stunning; **компа́ктний** compact, **крихі́тний** tiny,

мініатюрний miniature, **малий** *or* **невеликий** small ◊ **Він вибирав яблука малого ~у.** He was selecting apples of a small size. **скромний** modest; **зменшений** reduced; **збільшений** increased; **достатній** sufficient, **задовільний** satisfactory, **середній** average; **загальний** overall; **адекватний** adequate, **відповідний** respective, **властивий** appropriate, **зручний** convenient ◊ **Такий р. стола буде зручним для невеликої кухні.** Such a table size will be suitable for a small kitchen. **належний** proper, **оптимальний** optimal, **правильний** correct; **ідентичний** identical, **однаковий** same ◊ **Помешкання були однакового ~у.** The apartments were of the same size. **подібний** similar, **рівний** equal; **співставний** comparable; **відмінний** different, **інший** other ◊ **У крамниці не було кахлів інших ~ів.** There were no other tile sizes in the store. **не той** wrong ◊ **Зайве ліжко не того ~у.** The spare bed is of the wrong size. **звичайний** regular, **нормальний** normal, **стандартний** standard ◊ **раковина стандартних ~ів** a standard size sink

v. + **р. збільшувати р.** increase a size ◊ **Робітники вимагали від директора збільшити р. компенсації.** The workers pressed the director to increase the size of their compensation. (**зменшувати** reduce; **змінювати** change; **контролювати** control, **обмежувати** limit; **перевищувати** surpass; **прилаштовувати** adjust; **подвоювати** double, **потроювати** triple; **вгадувати** guess; **визначати** determine, **вимірювати** measure, **обчислювати** calculate ◊ **Прилад дозволяє обчислювати ~и рухомих предметів здалека.** The device allowed to calculate the size of moving objects from afar. **оцінювати** assess; **порівнювати** compare ◊ **Щоб порівняти ~и молекул, треба їх точно виміряти.** In order to compare the molecule sizes, one needs to accurately measure them. **недооцінювати** underestimate; **переоцінювати** overestimate); **досягати ~у** reach a size (**збільшувати** + *A.* **до** increase sth to) ◊ **Бінокль збільшив малий корабель до великих ~ів.** The binoculars increased the small ship to a large size.

р. + *v.* **варіюватися** vary ◊ **Протягом дня р. авдиторії каналу варіюється.** Over the day, the size of the channel's audience varies. **збільшуватися** increase, **зростати** grow; **зменшуватися** decrease, **спадати** fall, **змінюватися** change; **дозволяти** + *A.* allow for sth *or inf.* ◊ **~и ділянки дозволяють застосовувати машини.** The plot size allows for the use of machinery. **уможливлювати** + *A.* make sth possible

prep. **за ~ом** in size ◊ **Ліжко не пасує за ~ом.** The bed is not suitable in size. **з огляду на р.** + *G.* given the size of sth

Also see **величина 1, місткість 1, обсяг 1, пропорція 2**

2 size *(of clothes, etc.)*

adj. **великий** large, **середній** medium, **малий** small; **інший** different; **різний** various ◊ **капелюхи різних ~ів** hats of various sizes; **дитячий** children's, **дорослий** adult, **жіночий** women's, **чоловічий** men's; **завеликий** too big; **замалий** too small; **тридцятий** thirty, **сорок другий** forty-two ◊ **Він носить туфлі сорок другого ~у.** He wears size forty-two shoes. **популярний** popular ◊ **Сорочки популярних ~ів розходяться першими.** The popular size shirts sell first.

р. + *n.* **р. взуття** a shoe size ◊ **Який у вас р. взуття?** What's your shoe size? (**туфлів** shoe, **черевиків** boot, **чобіт** high boot; **капелюха** hat, **ліфчика** bra, **одягу** clothes, **сорочки** shirt, **сукні** dress, **штанів** pants; **шрифту** *comp.* font) ◊ **Текст шрифтом дванадцятого ~у.** The text is in size twelve font.

v. + **р. знати р.** know a size ◊ **Він знав ~и одягу всіх членів родини.** He knew the clothes sizes of all his family members. (**знаходити** find; **мати** have; **носити** wear ◊ **Який р. вона носить?** What size does she wear? **шукати** look for) ◊ **Вона шукає середній р. таких штанів.** She is looking for the medium size of such pants.

р. + *v.* **бути** (*neg.* **немає** + *G.*) **в наявності** be available ◊ **У крамниці цього ~у немає в наявності.** This size is not available in the store. **бути замалим для** + *G.* be too small for sb ◊ **Тридцятий р. замалий для неї.** Size thirty is too small for her. **бути завеликим для** + *G.* be too big for sb; **пасувати** + *D.* fit sb ◊ **Йосипові все ще пасують дитячі ~и.** Children's sizes still fit Yosyp. **підходити** + *D.* suit sb

Also see **номер 5**

3 meter *(in poetry)*, foot ◊ **Ямб, хорей і дактиль – це поетичні ~и.** Iamb, trochee, and dactyl are poetic meters.

4 measure *(in music)* ◊ **Орестині пальці відбивали р. і такт пісні.** Oresta's fingers were tapping the measure and beat of the song.

розмірков|вати, ~ють; розмірку|вати, ~ють, *intr. and tran.*

1 *intr.* to think, ponder, reflect, deliberate ◊ **У щоденнику Олесь ~є про долю друзів.** In his diary, Oles ponders his friends' fate.

adv. **всебічно** comprehensively, **довго** long, **методично** methodically, **неквапно** without haste; **ностальгічно** nostalgically, **спокійно** calmly, **сумовито** wistfully, **тверезо** soberly, **уважно** carefully, **філософськи** philosophically

v. + **р. починати** begin to, **стати** *pf.* start ◊ **Роман став р. над різними варіянтами відповіді.** Roman started deliberating over various options of his response. **продовжувати** continue to; **могти** can ◊ **Нарешті Оля могла р. тверезо.** Finally Olia could think in a sober manner. **намагатися** do one's best to, **пробувати** try to

prep. **р. над** + *I.* ponder over sth; **р. про** + *I.* think about sth ◊ **Лев про щось ~вав.** Lev was reflecting on something. **р., що** + *clause* think that ◊ **Він ~є, що їм не слід спішити.** He thinks that they should not hurry.

See **думати 1**

2 *tran.* to think, think through ◊ **Він докладно ~вав план утечі.** He thought through the escape plan in detail.

pa. pple. **розмірковуваний** thought, pondered

See **обдумувати 1**

3 *intr., usu impf.* to say, think aloud, reason ◊ **«Краще закінчити справу тепер,»– голосно ~вала Галина.** "It's better to finish the matter now," Halyna was reasoning loudly.

See **казати 1**

розмірковуй! розміркуй!

розміркува|ти, *pf., see* **розмірковувати**

to think, *etc.* ◊ **~вши всі аспекти постави, вони взялися до роботи.** Having considered all the aspects of the production, they got down to work.

розмісти|ти, *pf., see* **розміщати**

to place, position ◊ **Він ~в оголошення у трьох місцевих газетах.** He placed the ad in three local newspapers.

розміща|ти, ~ють; розміст|ити, розміщу, ~ять, *tran.*

1 to place, station, post, position, put, arrange

adv. **акуратно** neatly ◊ **Вони акуратно розмістили вази на кожному підвіконні.** They neatly arranged the vases on each window sill. **вигідно** lucratively, **вчасно** timely, **зручно** conveniently, **рівномірно** uniformly, **стратегічно** strategically ◊ **Резерв стратегічно розмістили в лісі.** The reserve was strategically positioned in the forest. **швидко** quickly; **за алфавітом** *or* **в алфавітному порядку** in alphabetical order ◊ **Імена донорів ~ли за алфавітом.** Donors' names were arranged in alphabetical order. **по порядку** in order, **у висхідному порядку** in ascending order; **у низхідному порядку** in descending order

prep. **р. біля** + *G.* place near sth ◊ **Намет розмістять біля входу.** The tent will be pitched at the entrance. **р. в** + *L.* place in/at sth ◊ **Трибуну знову ~ють у центрі майдану.** The platform is again being put in the center of the square. **р. між** + *I.* place between sth; **р. на** + *L.* place on sth; **р. над** + *I.* place above sth; **р. під** + *I.* place under sth

See **ставити 1.** *Also see* **розставляти 1, розташовувати**

2 to accommodate, quarter, billet ◊ **Вояків розмістять у готелі.** The soldiers will be billeted in a hotel.

3 *fin.* to allocate *(funds)*, place, float ◊ **Вона радила клієнтам, як вигідно р. цінні папери.** She advised clients how to lucratively allocate their securities.

pa. pple. **розміщений** placed

розміщай! розмісти!

розміща|тися; розміститися, *intr.*

1 to take a seat, take a place ◊ **Усі розмістилися по місцях.** Everybody took their seats.

2 to be located, be situated, occupy ◊ **У будинку ~ється сенат.** The senate occupies the building.

See **розташовуватися 1**

3 to be accommodated, get an accommodation, settle ◊ **Ми розмістилися на третьому поверсі.** We got accommodations on the third floor.

See **поселятися**

розміщен|ня, *nt., only sg.*

placement, deployment, positioning, location; allocation

adj. **безладне** disorderly, **випадкове** accidental ◊ **Р. експонатів на виставці здавалося випадковим.** The placement of objects in the exhibition seemed accidental. **довільне** arbitrary, **хаотичне** chaotic; **вдале** successful, **вигідне** lucrative, **вчасне** timely, **зручне** convenient ◊ **Зручне р. готелю полегшувало їм життя.** The hotel's convenient location made their life easier. **раціональне** rational ◊ **раціональне р. робочої сили** a rational deployment of manpower; **рівномірне** uniform; **стратегічне** strategic; **зумисне** deliberate, **свідоме** conscious, **сплановане** planned

v. + **р. влаштовувати** + *D.* **р.** arrange a placement (**ґарантувати** guarantee ◊ **Брокер ґарантував вигідне р. паперів на ринку.** The broker guaranteed a lucrative allocation of securities in the market. **забезпечувати** ensure).

See **розташування 1, 2**

розмножен|ня, *nt., only sg.*

1 multiplication, duplication, production

adj. **ефективне** efficient, **масове** mass, **швидке** quick ◊ **Він зорганізував швидке р. аґітаційних летючок.** He arranged for a quick production of agitation leaflets. ◊ **р. документів** document duplication

2 *biol.* procreation, reproduction

adj. **безстатеве** asexual, **статеве** sexual; **масове** mass, **обмежене** limited, **поступове** gradual, **швидке** quick; **природне** natural; **штучне** artificial; **успішне** successful; **промислове** industrial; **людське** human, **рослинне** plant, **тваринне** animal

р. + *n.* **р. бактерій** bacterial reproduction (**комах** insect, **людей** human, **риб** fish, **рослин** plant, **тварин** animal)

n. + **р. метод р.** a reproduction method ◊ **нові методи р. риби** new fish reproduction methods (**спосіб** manner; **умови** conditions)

р. + *v.* **відбуватися** take place ◊ **Штучне р. вірусу відбувається в лабораторних умовах.** The artificial virus reproduction takes place in laboratory conditions. **спостеріга́тися** occur; **почина́тися** begin; **продо́вжуватися** continue

розмно́жи|ти, *pf., see* **розмно́жувати**
multiply, duplicate; reproduce, *etc.* ◊ **Він ~в від́озву на друка́рці.** He made copies of the address on a printer.

розмно́жи|тися, *pf., see* **розмно́жуватися**
multiply, *etc.* ◊ **Не ма́ючи приро́дних воро́гів, кро́лі шви́дко ~лися.** Having no natural enemies, rabbits quickly multiplied.

розмно́жу|вати, ~ють; розмно́ж|ити, ~ать, *tran.*
1 to multiply, duplicate, make copies; increase
adv. **ефекти́вно** efficiently, **ле́гко** easily, **ма́сово** on a mass scale, **про́сто** simply; **нега́йно** immediately, **операти́вно** promptly, **шви́дко** quickly; **від руки́** by hand ◊ **Дівча́та му́сили р. слова́ пі́сні від руки́.** The girls had to make copies of the song lyrics by hand.
v. + **р. бу́ти тре́ба** + *D.* need to ◊ **Їм тре́ба було́ розмно́жити і поши́рити об'я́ву.** They needed to multiply and spread the advertisement. **змогти́** *pf.* manage to; **намага́тися** try to, **хоті́ти** want to; **проси́ти** + *A.* ask sb to
2 *biol.* to reproduce, breed
adv. **ма́сово** on a mass scale; **шту́чно** artificially ◊ **Бага́то фе́рмерів почали́ р. стра́всів шту́чно.** Many farmers began breeding ostriches artificially. **успі́шно** successfully; **промисло́во** industrially
pa. pple. **розмно́жений** multiplied, copied
розмно́жуй! розмно́ж!

розмно́жу|ватися; розмно́житися, *intr.*
1 to multiply, proliferate ◊ **Із ко́жним днем її́ пробле́ми ~валися.** Her problems multiplied by the day.
2 to reproduce, procreate, propagate, breed
adv. **безстате́во** asexually ◊ **Цей рі́зновид ри́би зда́тен р. безстате́во.** This fish species is capable of reproducing asexually. **стате́во** sexually; **ма́сово** en masse, **поступо́во** gradually, **шви́дко** quickly; **приро́дно** naturally; **ря́сно** prolifically, **шту́чно** artificially; **успі́шно** successfully

розмо́в|а, *f.*
conversation, talk
adj. **безкіне́чна** endless, **до́вга** long, **трива́ла** lengthy ◊ **Між дру́зями відбула́ся трива́ла р.** A lengthy conversation occurred between the friends. **коро́тка** short; **поква́пна** hasty, **швидка́** quick; **безглу́зда** senseless; **безплі́дна** fruitless, **даре́мна** futile, **ма́рна** pointless, **поро́жня** empty, ♦ **пуста́ р.** idle talk ◊ **Він не мав ча́су на пусті́ ~и.** He had no time for idle talk. **бадьо́ра** vibrant, **енергі́йна** vigorous, **жва́ва** lively, **жива́** spirited; **бурхли́ва** stormy, **воро́жа** hostile, **гаря́ча** heated, **гні́вна** fiery, **напру́жена** tense, **нерво́ва** nervous, **серди́та** angry; **гніту́ча** depressing, **неприє́мна** unpleasant, **пону́ра** gloomy, **сумна́** sad; **га́рна** nice, **дру́жня** friendly; **легка́** easy, **неви́мушена** easy-flowing, **прие́мна** pleasant, **серде́чна** cordial, **товари́ська** amicable, **че́мна** polite, **цивілізо́вана** civilized; **захо́плива** captivating, **інформати́вна** informative, **ціка́ва** interesting; **бу́денна** common, **зага́льна** general, **звича́йна** ordinary, **неформа́льна** informal, **щоде́нна** everyday; **форма́льна** formal; **інти́мна** intimate, **особи́ста** personal, **прива́тна** private; **телефо́нна** phone ◊ **Телефо́нна р. трива́ла годи́ну.** The phone conversation lasted for an hour. **незабу́тня** unforgettable, **па́м'ятна** memorable; **нещода́вня** recent, **оста́ння** last; **майбу́тня** future, **насту́пна** next, **пе́рша** first; **запи́сана** recorded, **почу́та** overheard; **відве́рта** candid, **щи́ра** sincere; **глибо́ка** deep, **ґрунто́вна** in-depth ◊ **Спра́ва вимага́ла ґрунто́вної ~и.** The matter required an in-depth conversation. **нале́жна** proper, **посу́тня** meaningful, **серйо́зна** serious, **спра́вжня** real; **випадко́ва** chance ◊ **Макси́м почу́в нови́ну під час випадко́вої ~и з репорте́ром.** Maksym heard the news during a chance conversation with a reporter. **заплано́вана** scheduled; **уя́вна** imaginary; **ди́вна** strange, **незрозумі́ла** incomprehensible; **ко́рисна** beneficial, **плі́дна** fruitful, **продукти́вна** productive ◊ **Р. з представника́ми профспі́лки ви́явилася продукти́вною.** The conversation with the union representatives turned out to be productive. **розу́мна** intelligent, **хоро́ша** good; **деліка́тна** delicate, **незру́чна** awkward, **ні́якова** uneasy; **прити́шена** hushed, **ти́ха** quiet; **фальши́ва** artificial, **шту́чна** stilted
р. + *adv.* **р. по́шепки** a whispered conversation ◊ **Вони́ вели́ ~у по́шепки.** They conducted a whispered conversation. **р. віч-на-віч** *or* **тет-а-те́т** a face-to-face conversation; **р. сам-на-са́м** one on one conversation; **р. за вече́рею** a dinner conversation (**обі́дом** lunch, **сніда́нком** breakfast) ◊ **~у за сніда́нком зіпсува́в Лев.** The breakfast conversation was spoiled by Lev.
n. + **р. обри́вок ~и** a snatch of conversation (**ури́вок** fragment ◊ **До Ївги долина́ли ури́вки ~и.** Fragments of the conversation reached Yivha. **предме́т** subject) ◊ **Навча́ння станови́тиме предме́т ~и.** Studies will constitute the subject of the conversation.
v. + **р. вести́ ~у** hold a conversation ◊ **Світла́на не ма́ла терпі́ння вести́ з ни́ми ~у.** Svitlana had no patience to hold conversations with them. (**ма́ти** have ◊ **Вона́ ма́ла відве́рту ~у з си́ном.** She had a frank conversation with her son. **підтри́мувати** sustain ◊ **Оре́ст намага́вся підтри́мати ~у.** Orest did his best to sustain the conversation. **зав'я́зувати з** + *I.* engage sb in ◊ **Зі́на зав'яза́ла з ни́ми ~у.** Zina engaged them in a conversation. **заво́дити** strike up, **почина́ти** start; **продо́вжувати** continue ◊ **Продо́вжувати ~у з ци́ми людьми́ було́ не ва́рто.** It was not worth it to continue the conversation with these people. **поно́влювати** restart, **продо́вжити** *only pf.* resume ◊ **Вони́ продо́вжать ~у за́втра.** They will resume the conversation tomorrow. **заве́ршувати** conclude, **закі́нчувати** finish, **кінча́ти** end, **перерива́ти** interrupt, **припиня́ти** stop; **контролюва́ти** control, **направля́ти** direct, **скеро́вувати** steer ◊ **Голова́ скеро́вувала ~у в потрі́бному на́прямку.** The chairwoman steered the conversation in the direction needed. **захо́чувати** encourage; **запи́сувати** record, tape; **пам'ята́ти** remember, **прига́дувати** recall ◊ **Оска́ржений стве́рджував, що чі́тко прига́дує ту фата́льну ~у.** The accused insisted that he distinctly recalled that fateful conversation. **підслухо́вувати** overhear ◊ **Миха́йло ле́гко підслу́хав ї́хню ~у.** Mykhailo easily overheard their conversation. **слу́хати** listen to, **чу́ти** hear; **перево́дити на** + *A. or* **поверта́ти на** + *A.* turn to sth ◊ **Він переві́в ~у на прие́мнішу те́му.** He turned the conversation to a more pleasant subject. **вступа́ти в** enter, **встрява́ти в** *colloq.* break into ◊ **Тама́ра не встрява́ла в ї́хню ~у.** Tamara did not break into their conversation. **втруча́тися в** interfere in; **втя́гувати** + *A.* **в** draw sb into) ◊ **Ле́ся дарма́ втягну́ла їх у ~у.** Lesia drew them into the conversation for no good reason. **уника́ти ~и** ◊ **Він не мо́же да́лі уника́ти незру́чної ~и.** He cannot avoid the awkward conversation any further. (**боя́тися** be afraid of; **приє́днуватися до** join); **перешкоджа́ти ~і** hamper a conversation ◊ **Його́ хитрува́ння перешкоджа́ло серйо́зній ~і.** His trickery hampered a serious conversation. ♦ **от і вся р.** that's all there is to say
р. + *v.* **відбува́тися** occur, take place ◊ **Р. відбула́ся на поча́тку кві́тня.** The conversation occurred in early April. **захо́дити про** + *A.* come around to sth ◊ **Окса́ні става́ло ні́яково, щора́зу, як р. захо́дила про шлюб.** Every time the conversation came around to marriage, Oksana felt ill at ease. **почина́тися** begin; **продо́вжуватися** go on, **трива́ти** continue; **розвива́тися** develop; **вичерпуватися** run dry, **га́снути** *or* **згаса́ти** *fig.* die away ◊ **Р. тихе́нько га́сла.** The conversation was slowly dying away. **зупиня́тися** stop, **припиня́тися** cease; **перехо́дити на** + *A.* switch to sth ◊ **Р. перейшла́ на діте́й.** The conversation switched to children. **оберта́тися навко́ло** + *G.* revolve around sth ◊ **Ці́лий ве́чір р. оберта́лася навко́ло стано́вища на схо́ді.** All evening long, the conversation revolved around the situation in the east. **не в'яза́тися** *or* **не кле́їтися** *fig.* not to come along ◊ **Шту́чна р. між ни́ми ніяк не в'яза́лася** *or* **кле́їлася.** The stilted conversation between them would not come along.
prep. ♦ **без розмо́в** right away, without thinking ◊ **Дівча́та без розмо́в підтри́мали ініціати́ву.** The girls right away supported the initiative. **в ~і** in a conversation ◊ **Вона́ сказа́ла це в ~і з бра́том.** She said it in her conversation with her brother. **в пере́бігу ~и** during the course of a conversation; **за ~ою** (while) talking, during a conversation ◊ **Годи́на шви́дко пролеті́ла за ~ою.** The hour quickly passed, as they talked. **під час ~и** during a conversation; **р. з** + *I.* a conversation with sb; **р. між** + *I.* a conversation between/among sb; **р. на те́му** + *G.* a conversation on the subject of sb/sth; **р. про** + *A.* a conversation about sb/sth ◊ **р. про роди́нні пробле́ми** a conversation about family problems
Also see **діяло́г, перегово́ри 2**

розмовля́|ти, ~ють; по~, *intr.* + *I.*
1 to talk, have a conversation, converse, speak
adv. **го́лосно** loudly ◊ **Вони́ ~ли го́лосно.** They talked loudly. **ґрунто́вно** in-depth, **докла́дно** in detail; **обере́жно** cautiously ◊ **Ко́жен ~в обере́жно, щоб не сказа́ти за́йвого.** Each spoke with caution, so as not to say something uncalled for. **спокі́йно** calmly, **ти́хо** quietly; **ко́ротко** briefly, **шви́дко** quickly; **прива́тно** privately
v. + **р. відмовля́тися** refuse to; **вдава́тися** *pf.* manage to ◊ **Їм удало́ся по~.** They managed to have a talk. **домовля́тися** agree to; **почина́ти** begin to, **продо́вжувати** continue to, **закі́нчувати** finish; **намага́тися** try to ◊ **Вона́ намага́лася р. ти́хо.** She tried to talk quietly. **про́бувати** attempt to, **хоті́ти** want to
prep. **р. з** + *I.* to talk with sb ◊ **Із ким ти ~єш?** Who are you talking with? **р. по** + *L.* talk over *(a phone)* ◊ **Вони́ домо́вилися по~ по телефо́ну.** They agreed to talk over the phone. **р. про** + *A.* talk about sb/sth ◊ **Про що ви ~ли?** What did you talk about?
Also see **шумі́ти 3.** *Cf.* **говори́ти 1**
2 *colloq., only impf., usu neg.* to be on speaking terms ◊ **Дру́зі посвари́лися і відтоді́ не ~ють.** The friends had a fight and have not been on speaking terms since.
Also see **говори́ти 2.** *Cf.* **каза́ти 1**
3 to speak *(a language)*
adv. **ві́льно** fluently, **до́бре** well, **доскона́ло** perfectly, **присто́йно** *colloq.* decently, **чудо́во** wonderfully ◊ **Він чудо́во ~є англі́йською.** He speaks wonderful English. **залюбки́** gladly, **з прие́мністю** with pleasure; **безпереста́нку** nonstop, **вже** already **ле́две** scarcely, **ма́йже** almost, **наси́лу** barely, **трі́шки** *dim.* a little, **тро́хи** a little ◊ **Дити́ні ще нема́є ро́ку, а вона́ вже тро́хи ~є.** The child is not yet a year old, but it already speaks a little. **зо́всім не** not at all, **ще не** not yet ◊ **У ві́ці двох ро́ків вона́ ще не ~ла.** At the age of two, she did not yet speak. **з акце́нтом** with an accent ◊ **Хосе́ ~є украї́нською з еспа́нським акце́нтом.** Jose speaks Ukrainian with a Spanish accent. **з поми́лками** with mistakes, **ке́псько** poorly, **пога́но** badly
n. + **р. бажа́ння р.** + *I.* a desire to speak sth ◊ **Він має бажа́ння р. украї́нською.** He has a desire to speak Ukrainian. (**вимо́га** requirement, **ві́міння** skill ◊ **ві́міння р. чужо́ю мо́вою** the skill to speak a

strange language; **здатність** ability; **потре́ба** need)
v. + **р. вміти** know how to, **могти́** can ◊ **Хто тут мо́же р. гре́цькою?** Who can speak Greek here? **вчи́тися** learn to ◊ **Ната́ля навчи́лася присто́йно р. по́льською.** Natalia learned to speak decent Polish. **навча́ти** + *A.* teach sb; **відмовля́тися** refuse to ◊ **Продавчи́ня відмо́вилася р. з ним украї́нською.** The saleswoman refused to speak Ukrainian with him. **не бажа́ти** be reluctant to
Also see **говори́ти 2**
(по)розмовля́й!

розмо́вн|ий, *adj.*
colloquial, conversational, spoken
р. + *n.* **р. ви́раз** a colloquial expression ◊ **Він рані́ше не чув цього́ ~ого ви́разу.** He did not hear this colloquial expression before. (**жанр** genre, **рі́вень** level, **стиль** style) ◊ **р. курс мо́ви** a spoken language course; **~а ле́ксика** conversational vocabulary (**мо́ва** language, **но́рма** norm, **пра́ктика** practice, **те́ма** topic) ◊ **Ле́кція присвя́чена ~ій те́мі «Пого́да».** The class is dedicated to the conversational topic "Weather." **~е мо́влення** colloquial speech (**сло́во** word); **~і на́вички** conversational skills

розморо́жу|вати, **~ють; розморо́з|ити, розморо́жу**, **~ять**, *tran.*
to defrost, thaw, unfreeze
adv. **вже** already ◊ **М'ясо вже розморо́зили.** The meat has already been defrosted. **ле́две** scarcely, **ма́йже** almost, **частко́во** partially; **геть** totally, **цілко́м** completely; **пові́льно** slowly, **поступо́во** gradually ◊ **Ри́бу слід поступо́во р. в підсо́леній воді́.** The fish should be gradually defrosted in slightly salted water. **шви́дко** quickly; **зо́всім не** not at all, **ще не** not yet
v. + **р. бу́ти тре́ба** + *D.* need to; **кла́сти** + *A.* **щоб** put sth to ◊ **Він покла́в м'ясо у во́ду, щоб р.** He put the meat in water to defrost. **хоті́ти** want to; **забува́ти** forget to ◊ **Софі́я забу́ла розморо́зити ку́рку.** Sofiia forgot to thaw the chicken.
pa. pple. **розморо́жений** defrosted
розморо́жуй! розморози́!

розморо́зи|ти, *pf., see* **розморо́жувати**
to defrost, *etc.* ◊ **Лі́да ~ла свиня́чу поля́двицю на вече́рю.** Lid unfroze a pork fillet for dinner.

рознес|ти́, *pf., see* **розно́сити**
to carry around, *etc.* ◊ **Матві́й розні́с газе́ту по всіх кварти́рах.** Matvii delivered the newspaper to all the apartments.

розно́с|ити, розно́шу, **~иш**, **~ять; рознес|ти́**, **~у́ть**; *pa. pf., m.* **розні́с**, *pl.* **рознесли́**, *tran.*
1 to deliver, carry around, dispatch, bring ◊ **Два́дцять ро́ків він сумлі́нно ~ить по́шту по мі́сту.** For twenty years, he has diligently delivered the mail around town.
adv. **весь час** all the time, **реґуля́рно** regularly, **час від ча́су** from time to time, **ча́сто** often, **щодня́** every day; **і́ноді** sometimes; **сумлі́нно** diligently
2 *fig.* to spread, circulate, disseminate ◊ **Щурі́ ~ять хворо́би.** Rats spread disease. ◊ **Газе́та підхопи́ла я́вну фабрика́цію й взяла́ся р. її́.** The paper picked up the obvious fabrication and set about spreading it around.
р. + *n.* **р. го́лос** propagate a voice (**звук** sound, **кро́ки** steps, **луну́** echo; **арома́т** aroma, **за́пах** smell) ◊ **Про́тяг розні́с за́пахи з ку́хні по двору́.** The draft spread the smells from the kitchen around the courtyard.
3 *fig.* to take to pieces, disperse, scatter ◊ **Пори́в ві́тру розні́с жо́вте ли́стя по ставку́.** A gust of wind dispersed yellow leaves around the pond.
4 *colloq., fig.* to ruin, destroy, smash ◊ **Бо́мба рознесла́ ха́ту на шматки́.** A bomb smashed the building to pieces. ◊ **По́вінь геть рознесла́ гре́блю.** The flood totally destroyed the dam.
♦ **р. вщент** to ruin to pieces; ♦ **р. на дру́зки** *or* **трі́ски** to blow to smithereens.
See **руйнува́ти 1**
5 *colloq., fig.* to berate, scold, rip to pieces ◊ **Кри́тики рознесли́ поста́ву насту́пного ж дня пі́сля прем'є́ри.** The critics ripped the production to pieces already the day after the first night.
See **критикува́ти.** *Also see* **засу́джувати 2, суди́ти 2**
6 *colloq., impers., usu pf.* to swell, fatten, bulge, balloon ◊ **За мі́сяць перебува́ння в батькі́в Мо́трю рознесло́ на два ро́зміри.** After one month of staying at her parents' home, Motria grew two sizes fatter.

ро́зпад, *m.*, **~у**
1 disintegration, collapse, break-up, decay; *also fig.*
adj. **ґвалто́вний** abrupt ◊ **Ґвалто́вний р. сове́тської імпе́рії заско́чив кремліно́логів.** The abrupt collapse of the Soviet empire took Kremlinologists by surprise. **несподі́ваний** unexpected, **рапто́вий** sudden; **по́вний** total, **цілкови́тий** complete; **пові́льний** slow, **поступо́вий** progressive; **ґаранто́ваний** assured, **невідворо́тний** unpreventable, **неуни́кний** inevitable; **духо́вний** spiritual, **культу́рний** cultural, **мора́льний** moral; **економі́чний** economic, **політи́чний** political, **структу́рний** structural, **суспі́льний** social
v. + **р. гальмува́ти р.** impede disintegration (**затри́мувати** hold back, **сповільнювати** slow down; **приско́рювати** accelerate, **пришви́дшувати** speed up) ◊ **Демократиза́ція систе́ми пришви́дшила її р.** The democratization of the system sped up its collapse. **уника́ти ~у** avoid disintegration (**вести́ до** lead to ◊ **Усе́ це вело́ до мора́льного ~у особи́стості.** All that led to a moral degradation of the individual. **бу́ти причи́ною** be the reason for, **ставáти причи́ною** become the reason for); **запобіга́ти ~ові** prevent disintegration ◊ **Рефо́рми не запобі́гли ~ові краї́ни.** The reforms failed to prevent the country's disintegration.
Also see **деґрада́ція, занепа́д, ро́зклад 3**
2 *chem.* decomposition, decay ◊ **р. а́томного ядра́** a nuclear decay
Also see **ро́зклад 2**

розпада́|тися, **~ються; розпа́стися, розпад|у́ться**; *pa. pf., m.* **розпа́вся**, *pl.* **розпали́ся**, *intr.*
1 to fall apart, disintegrate, fragment, break up; *also fig.* ◊ **Від уда́ру бли́скавки сто́вбур де́рева розпа́вся на́впіл.** The tree trunk split into two from a lightning bolt. ◊ **У травні́й систе́мі твари́ни ї́жа розпада́ється на амінокисло́ти.** In the animal's digestive system, food breaks up into amino acids. ◊ **Його́ ме́діа-імпе́рія ~ється.** His media empire is falling apart.
Also see **занепада́ти 1**
2 to divide, split up ◊ **На́товп розпа́вся на кі́лька груп.** The crowd split up into several groups. ◊ **Ко́жен ви́д грибі́в ~ється на пі́дви́ди.** Each species of mushrooms divides into subspecies.
Also see **розклада́тися 1**

ро́зпал, *m.*, **~у**, *only sg.*
fig. peak, climax, heat, height
v. + **р. сяга́ти ~у** reach the height ◊ **Ви́борча кампа́нія сягну́ла ~у.** The election campaign reached its height. **бу́ти в ~і** be in full swing ◊ **Лі́то в ~і.** The summer is in full swing.
prep. **у р.** *dir.* at the height ◊ **Резе́рв прибу́в у р. бо́ю.** The reserve arrived at the height of the battle. **у ~і** *posn.* at the peak of sth ◊ **У ~і супере́чки вони́ ста́ли крича́ти оди́н на о́дного.** In the heat of the argument, they started shouting at one another.

розпали́|ти, *pf., see* **розпа́лювати**
to set alight, *etc.* ◊ **Ната́лчина о́повідь ще бі́льше ~ла ї́хню ціка́вість.** Natalka's story inflamed their curiosity even more.

розпа́лю|вати, **~ють; розпал|и́ти**, **~ять**, *tran.*
1 to set alight, set fire to, ignite
adv. **вмі́ло** skillfully, **ле́гко** easily, **за́раз же** right away, **шви́дко** quickly; **вже** already, **вре́шті-ре́шт** eventually, **наре́шті** finally ◊ **Пі́сля кілько́х спроб Зо́я наре́шті розпали́ла бага́ття.** Zoya finally lit the campfire after several attempts. **ле́две** scarcely, **наси́лу** barely
р.+ *n.* **з. бага́ття** ignite a campfire (**во́гонь** fire, **поже́жу** conflagration, *etc.*)
v. + **р. бра́тися** get down to, **заходи́тися** *pf.* set about ◊ **Воло́дя заходи́вся р. піч.** Volodia set about lighting up the oven. **почина́ти** begin to, **ста́ти** *pf.* start; **вдава́тися** + *D.* manage to, **змогти́** *pf.* succeed in; **могти́** can; **намага́тися** try to; **проси́ти** + *A.* ask sb ◊ **Петро́ попроси́в її́ розпали́ти во́гонь.** Petro asked her to build the fire in the meantime. **вчи́ти** + *A.* teach sb to ◊ **Брат навчи́в його́ р. бага́ття в мо́кру пого́ду.** His brother taught him to ignite a campfire in wet weather.
Also see **запа́лювати 1**
2 *fig.* to inflame, arouse, incite, provoke ◊ **Її́ байду́жість ~вала Сергі́я.** His indifference aroused Serhii.
р. + *n.* **р. бажа́ння** arouse a desire (**емо́ції** emotions; **ціка́вість** curiosity ◊ **Нові́ да́ні розпали́ли ціка́вість дослі́дника.** The new data aroused the researcher's curiosity. **інтере́с** interest, **почуття́** feelings, **при́страсті** passions; **диску́сію** discussion, **поле́міку** polemic, **супере́чку** argument; **істе́рію** hysteria, **націоналі́зм** nationalism, **нена́висть** hatred, **шовіні́зм** chauvinism) ◊ **Пре́са ~вала шовіні́зм се́ред насе́лення.** The press incited chauvinism in the population.
Also see **запа́лювати 2**
pa. pple. **розпа́лений** inflamed
розпа́люй! розпали́!

розпа́|стися, *pf., see* **розпада́тися**
to fall apart, *etc.* ◊ **Форте́ця ~лася від землетру́су.** The fortress fell apart from the earthquake.

ро́зпач, *m.*, **~у**, *only sg.*
despair, desperation ◊ **Він не піддава́вся ~у** *or* **~еві.** He would not give in to despair.
adj. **вели́кий** great ◊ **Іва́на охопи́в вели́кий р.** Great despair gripped Ivan. **велич́е́зний** enormous, **глибо́кий** deep, **по́вний** total, **страшни́й** terrible, **цілкови́тий** complete, **чо́рний** black
v. + **р. виклика́ти р.** cause despair ◊ **Новина́ ви́кликала в них глибо́кий р.** The news caused a deep despair in them. (**відчува́ти** feel; **вдава́тися в** give in to, **впада́ти в** fall into) ◊ **Лі́на не впада́ла в р., хоч тя́жко їй було́.** Lina did not fall into despair, however difficult things got for her. **дово́дити** + *A.* **до ~у** drive sb to despair ◊ **Невда́ча довела́ його́ до ~у́.** The failure drove him to despair. **боро́тися з ~ем** fight despair; **бу́ти в ~і** be in despair ◊ **Петро́ був у по́вному ~і від почу́того.** Petro was in total despair from what he had heard.
prep. **в ~і** in despair; **від** *or* **з ~у** with despair ◊ **Від** *or* **з ~у Га́нна наговори́ла їм уся́ких дурни́ць.** Hanna told them all kinds of nonsense with despair.

розписа́|ти, *pf., see* **розпи́сувати**
to paint; portray ◊ **Го́голь прони́кливо ~в мора́льний занепа́д Росі́ї свого́ ча́су.** Gogol insightfully portrayed the moral degradation of the Russia of his time.

розписá|тися, *pf., see* **розпи́суватися**
to sign, *etc.* ◊ **Він недбáло ~вся.** He signed his name carelessly. ◊ **Чéрез мíсяць закóхані розпи́шуться.** In a month, the lovers will get married.

розпи́с|ка, *f.*
receipt, acknowledgment
adj. **привáтна** private, **службóва** business ◊ **Папíр був службóвою ~кою.** The paper was a business receipt. **стандáртна** standard; **(пи́сана) від руки́** hand-written
v. + **р. давáти** + *D.* **~ку** give sb a receipt (**діставáти** get, **отри́мувати** receive, **зберігáти** keep; **видавáти на** + *A.* make out for *(a sum)* ◊ **Вонá ви́дала ~ку на сýму оплáти.** She made out a receipt for the total of the payment. **випи́сувати** write out, **писáти** + *D.* write for sb ◊ **Він написáв ~ку.** He wrote a receipt. **підпи́сувати** sign; **подавáти** + *D. or* **до** + *G.* submit to sb ◊ **Він мав подáти до бухгалтéрії всі ~ки.** He was to submit all the receipts to the accounting office. **проси́ти в** + *G.* ask sb for) ◊ **Вонá попроси́ла в чоловíка ~ку.** She asked the man for a receipt. **забезпéчувати** + *A.* **~кою** provide sb with a receipt
prep. **під ~ку** on written acknowledgment ◊ **Він пози́чив Мóтрі автомобíля під ~ку.** He lent Motria his car on written acknowledgment. **у ~ці** in a receipt ◊ **У ~ці не вкáзано ви́ду будівéльних матеріялів.** The receipt does not specify the kind of construction materials. **р. від** + *G.* a receipt from sb ◊ **У спрáві булá р. від представникá компáнії.** There was a receipt from a company representative in the case. **р. з** + *G.* a receipt from *(place)* ◊ **стандáртна р. з гуртíвні** a standard receipt from the warehouse **р. за** + *A.* a receipt for sth ◊ **Вонá зберігáє всі ~ки за пóслуги.** She keeps all the receipts for the services.
Cf. **квитáнція**

розпи́су|вати, ~ють; розписáти, ~ý, розпи́ш|уть, *tran.*
1 to write out ◊ **Учи́тель ~вав кóжен при́клад на окрéмий áркуш.** The teacher was writing each example out on a separate sheet.
See **писáти 1**
2 to distribute, deal out, dole out; assign ◊ **Небíжчик розписáв маєток пóрівну між дíтьми.** The deceased distributed his property in equal parts among his children. ◊ **Усíх офіцéрів ~вали по помéшканнях.** All the officers were assigned accommodations.
3 to paint ◊ **Нову óперу ~вали́ місцéві маляри́** *or* **малярí.** The new opera was painted by local artists.
See **малювáти 1.** *Also see* **писáти 3**
4 *colloq., fig.* to dramatize, embellish, hyperbolize ◊ **Вонá так ~є досягнення сина, нáче він чемпіóн світу.** She so hyperbolizes her son's achievement as if he were a world champion.
pa. pple. **розпи́саний** painted; *colloq.* married
розпи́суй! розпиши́!

розпи́су|ватися; розписáтися, *intr.*
1 to sign, sign one's name, endorse
adv. **акурáтно** neatly, **каліграфíчно** caligraphically, **розбíрливо** legibly, **старáнно** diligently, **чíтко** clearly ◊ **Вонá чíтко розписáлася.** She put a clear signature. **електрóнно** electronically ◊ **Прогрáма дозволяє заявникам р. електрóнно.** The software allows applicants to sign electronically. **механíчно** mechanically, **не читáючи** without reading ◊ **Він ~ється, не читáючи.** He signs his name without reading. **недбáло** carelessly, **нерозбíрливо** illegibly; **одни́м мáхом** *colloq.* in one fell swoop ◊ **Дирéктор одни́м мáхом розписáвся в усíх десяти́ протокóлах.** The director signed all ten minutes in one fell swoop. **пóспіхом** hastily, **швидко** quickly
v. + **р. вмíти** be able to ◊ **Він – неписьмéнний і не вмíє розписáтися за сéбе.** He is illiterate and unable to sign for himself. **погóджуватися** agree to; **проси́ти** + *A.* ask sb to; **змýшувати** *or* **примýшувати** + *A.* make sb, **си́лувати** + *A.* force sb to ◊ **У полíції йогó си́лували розписáтися під визнáнням, якóго він не роби́в.** At the police station, they were forcing him to sign the confession he did not make.
prep. **р. в** + *L.* put one's signature on *(a document)* ◊ **Вонá не розписáлася в заяві.** She did not put her signature on the application. **р. за** + *A.* sign for sb/sth ◊ **Він розписáвся за влáсника креди́тної кáртки.** He signed for the credit card owner. ♦ **Не розпи́суйся за мéне!** *fig.* Speak for yourself! **р. під** + *I.* sign under sth ◊ **Під вíдóзвою розписáлися сóтні.** Hundreds put their signatures under the appeal.
Also see **підпи́суватися 1**
2 *colloq., fig.* to prove, demonstrate
prep. **р. в** + *L.* demonstrate sth ◊ **Своїм остáннім матеріялом журналíст ~ється в невíгластві.** The journalist demonstrates his ignorance by this latest story.
See **демонструвáти, покáзувати 2**
3 *colloq.* to get married ◊ **Вони́ прожили́ багáто рóків рáзом, не ~ючись.** They lived many years together without getting married.
prep. **р. з** + *I.* get married to sb ◊ **Катери́на розписáлася з Остáпом тогó ж дня.** Kateryna got married to Ostap the same day.
See **одрýжуватися.** *Also see* **брáтися 4, реєструвáтися 3**

розпізна|вáти, ~ють; розпізнá|ти, ~ють, *tran.*
1 to recognize, identify ◊ **Свíдки розпізнáли злочи́нця за вимóвою.** The witnesses recognized the criminal by his pronunciation.
See **впізнавáти.** *Also see* **пізнавáти 3**
2 to tell, distinguish, differentiate ◊ **Мари́на навчи́лася р. смакові вíдтінки кáви.** Maryna learned to tell the shades of coffee flavors.
pa. pple. **розпíзнаний** recognized, identified
розпізнавáй! розпізнáй!
See **вíдрізняти**

розплáт|а, *f., only sg.*
1 payment ◊ **Він відклáв обíцяну ~у за ремóнт.** He delayed the promised payment for the repair. ◊ **р. пíсля одéржання** payment on delivery
See **плáта 1**
2 *fig.* retribution, atonement, reparation
adj. **гіркá** bitter, **жахли́ва** terrible, **жорстóка** cruel, **страшнá** terrible, **тяжкá** severe; **невідворóтна** unpreventable, **неуни́кна** inevitable; **заслýжена** well-deserved, **справедли́ва** just; **негáйна** immediate, **швидкá** quick; **політи́чна** political; ♦ **час ~и** the time of reckoning ◊ **Він не чекáв, що час ~и при́йде так швидко.** He did not expect the time of reckoning to come so quickly.
n. + **р. акт ~и** an act of retribution (**неуни́кність** inevitability; **страх** fear) ◊ **Її переслíдував страх ~и.** She was haunted by fear of retribution.
v. + **р. боя́тися ~и** fear retribution ◊ **Він боя́вся ~и за зрáду.** He was in fear of retribution for his treason. (**вимагáти** demand, **жадáти** desire; **шукáти** seek)
р. + *v.* **бýти** be ◊ **Її р. бýде тяжкóю.** Her retribution will be severe. **наставáти** *or* **наступáти** come ◊ **Вони́ упéвнені, що р. рáно чи пíзно настáне** *or* **настýпить.** They are sure that retribution will sooner or later come. **прихóдити** arrive; **чекáти на** + *A.* await ◊ **На вбивць чекáла заслýжена р.** A well-deserved retribution awaited the murderers.
prep. **р. за** + *A.* retribution for sth
Cf. **пóмста**

розплати́|тися, *pf., see* **розплáчуватися**
to pay, pay up, *etc.* ◊ **Вáла ~лася за вечéрю.** Valia paid for dinner. ◊ **Він ~вся й пішóв.** He paid and left.

розплáчу|ватися, ~ються; розплат|и́тися, ~яться, *intr.*
1 to pay, pay up, reimburse ◊ **Він розплати́вся одрáзу і цілкóм.** He paid right away and in full.
prep. **р. з** + *I.* pay sb; **р. за** + *A.* pay for sth ◊ **Він розплати́вся з жíнкою за молокó.** He paid the woman for the milk.
See **плати́ти 2**
2 *fig.* to pay back, repay, pay off ◊ **Íрина шукáла нагóду р. з ним за пóслугу.** Iryna was looking for a chance to repay him for the favor.
3 *fig.* to settle scores, take revenge
prep. **р. з** + *I.* take revenge on sb ◊ **Вонá ще розплати́ться з ни́ми за обрáзу.** She will yet take her revenge on them for the insult.
See **мсти́ти(ся)**
4 *fig.* to pay, atone, suffer ◊ **За кóжен грíх трéба р.** Each sin has to be atoned for.
розплáчуйся! розплати́ся!

розплýта|ти, *pf., see* **розплýтувати**
to untangle, disentangle; figure out, resolve, *etc.* ◊ **Він ~в туги́й вýзол.** He untangled a tight knot. ◊ **Вонá ~ла й цю зáгадку.** She resolved this enigma as well.

розплýту|вати, ~ють; розплýта|ти, ~ють, *tran.*
1 to untangle, disentangle ◊ **Ри́балки взяли́ся р. сíті.** The fishermen set about disentangling the nets.
adv. **вже** already, **врéшті-рéшт** eventually, **нарéшті** finally; **дóвго** long; **впрáвно** skillfully, **лéгко** easily, **лóвко** *colloq.* deftly; **зáраз же** right away, **швидко** quickly, **якнайшви́дше** as quickly as possible; **я́кось** somehow; **крок за крóком** step by step, **помáлу** slowly; **ди́вом** miraculously ◊ **Волóдя ди́вом розплýтав жи́лку.** Volodia miraculously untangled the fishing line.
v. + **р. бýти трéба** + *D.* need to ◊ **Їй трéба розплýтати кáбель.** She needs to untangle the cable. **вдавáтися** + *D.* succeed in, **змогти́** *pf.* manage to, **спромагáтися** contrive to; **намагáтися** try to, **прóбувати** attempt to ◊ **Вонá двíчі прóбувала розплýтати мотýзку.** She attempted to untangle the rope twice. **хотíти** want to
Ant. **заплýтувати 1**
2 *fig.* to untangle, solve, figure out ◊ **Він розплýтав таємни́цю єги́петських ієрóгліфів.** He solved the mystery of Egyptian hieroglyphs.
pa. pple. **розплýтаний** untangled
розплýтуй! розплýтай!

розплю́щи|ти, *pf., see* **розплю́щувати**
to open *(only eyes)* ◊ **Дáрка ~ла óчі.** Darka opened her eyes.

розплю́щу|вати, ~ють; розплю́щ|ити, ~ать, *tran.*
to open *(only eyes)* ◊ **Марíя стоя́ла, не ~ючи очéй.** Maria stood, without opening her eyes. ◊ **Си́мон кíлька раз заплю́щив і розплю́щив óчі.** Symon closed and opened his eyes several times.
adv. **лéдве** scarcely, **трóхи** a little; **крадькомá** stealthily, **повíльно** slowly ◊ **Вонá повíльно відкри́ла óчі.** She slowly opened her eyes. **широко** wide
pa. pple. **розплю́щений** opened
розплю́щуй! розплю́щ!
Also see **відкривáти 7.** *Ant.* **заплю́щувати**

розповідá|ти, ~ють; розповí|сти́, розповíм, ~си́, ~сть, ~мó, ~стé, *no 3rd pers. pl., instead* **розкáжуть** *is used, tran.*
to narrate, tell a story, recount + *D.* to sb
adv. **гóлосно** loudly; **пóшепки** in whisper, **ти́хо** quietly; **залюбки́** with delight ◊ **Ори́ся залюбки́ ~є дóчці секрéти своєї кýхні.** Orysia is delighted to tell her daughter the secrets of her cooking. **рáдо** gladly; **неохóче** reluctantly;

вже already ◊ **Ти вже ~ла мені́ про це.** You have already told me about it. **вре́шті-ре́шт** eventually, **наре́шті** finally; **до́вго** for a long time; **захо́пливо** in a captivating manner, **ціка́во** in an interesting way; **докла́дно** in detail, **то́чно** accurately, **я́сно** clearly; **ко́ротко** briefly, **сти́сло** concisely; **шви́дко** quickly; **безда́рно** ineptly, **ну́дно** in a boring way

р. + *n.* **р. анекдо́т** *or* **жарт** tell a joke (**ви́падок** occurrence, **істо́рію** story, **таємни́цю** secret; **поба́чене** what one saw, **почу́те** what one heard, **прочи́тане** what one read) ◊ **Вчи́тель попроси́в її́ ко́ротко розпові́сти́ прочи́тане.** The teacher asked her to briefly tell what she had read. ♦ **р. байки́** *or* **казки́** to spin yarn

v. + **р. збира́тися** be going to; **люби́ти** like to ◊ **Він лю́бить р. про по́дорожі.** He likes to tell stories about travels. **обіця́ти** + *D.* promise sb to; **проси́ти** + *A.* ask sb to; **хоті́ти** want to; **відмовля́тися** refuse to

prep. **р. за** + *A.* tell about sb/sth, **р. про** + *A.* tell about sb/sth ◊ **Га́ля хо́че розпові́сти́ їм про це.** Halia wants to tell them about it.

pa. pple. **розка́заний** told

розповіда́й! розкажи́!

See **розка́зувати 1**

розпові|сти́, *pf., see* розповіда́ти

to narrate, *etc.* ◊ **Ді́вчи́на ~ла́ ді́тям при́тчу.** The girl told the children a parable.

розпо́діл, *m.*, ~у

distribution, allocation, apportioning

р. + *n.* **р. вла́сности** distribution of property ◊ **че́сний р. вла́сности** a fair distribution of property; (**обо́в'язків** duties; **повнова́жень** authority; **пра́ці** labor; **ресу́рсів** resources); **р. прибу́тку** allocation of profit (**часто́т** *techn.* frequencies) ◊ **Окре́ма устано́ва відповіда́є за р. часто́т між радіоста́нціями.** A separate agency is in charge of the frequency allocation among radio stations.

prep. **р. за** + *I.* distribution according to/by sth ◊ **р. за пра́цею** the distribution according to one's labor

See **по́діл 1**

розподіли́|ти, *pf., see* розподіля́ти

distribute, *etc.* ◊ **Суд ~в зе́млю по́рівну між ді́тьми́.** The court divided the land in equal parts among the children.

розподіля́|ти, ~ють; розподіл|и́ти, ~ять, *tran.*

to distribute, apportion, allocate, divide, dish out

adv. **нале́жно** properly ◊ **Вона́ нале́жно ~ла харчі́ між вояка́ми.** She properly apportioned the food among the soldiers. **по́рівну** in equal parts, **раціона́льно** rationally ◊ **Сте́фа навчи́лася раціона́льно р. свій день.** Stefa learned to apportion her day rationally. **справедли́во** fairly, **че́сно** honestly ◊ **Ра́да пови́нна р. диві́де́нди че́сно.** The board is obliged to allocate the dividends honestly.

prep. **р. між** + *I.* distribute among/between sb ◊ **Пальне́ розподіли́ли між трьома́ сім'ями.** The fuel was distributed among three families. **р. на** + *A.* divide sth into *(parts)* ◊ **Збі́жжя розподіли́ли на де́сять части́н.** The grain was divided into ten parts.

pa. pple. **розподі́лений** distributed

розподіля́й! розподіли́!

See **ділити 1.** *Also see* **розділя́ти 1**

розпоряджа́|тися, ~ються; розпоряд|и́тися, ~я́ться, *intr.*

1 to order, command, have sb do sth ◊ **Карпо́ ~ється, що кому́ роби́ти.** Karpo orders who does what.

prep. **р., щоб** + *clause* order (that) ◊ **Роксола́на розпоряди́лася, щоб вече́ря була́ гото́ва рі́вно на шо́сту.** Roksolana ordered the dinner be ready for six o'clock exactly.

See **нака́зувати 1.** *Also see* **диктува́ти 2, кома́ндувати 1**

2 *only impf.* to be in charge, deal with, manage + *I.* **Він ~вся фіна́нсами компа́нії.** He was in charge of the company's finances. ◊ **Хто тут ~ється?** Who is in charge here?

3 to use, utilize, treat + *I.* ◊ **Гро́шима тре́ба до́бре р.** The money needs to be put to good use. ◊ **Вона́ суво́ро розпоряди́лася зі сво́ї́ми кри́тиками.** *fig.* She treated her critics harshly.

See **використо́вувати 1.** *Also see* **експлуатува́ти 2, застосо́вувати, кори́стува́тися 1, оперува́ти 3, спожива́ти 2, розпоряджа́йся! розпоряди́ся!**

розпоря́джен|ня, *nt.*

1 order, instruction, direction, directive ◊ **Рома́н ма́є р. не дава́ти інтерв'ю за жо́дних обста́вин.** Roman has the instruction not to grant interviews under any circumstance.

See **нака́з.** *Also see* **кома́нда 1**

2 use, utilization, disposal, possession ♦ **бу́ти в ~ні** be at sb's disposal ◊ **У ї́хньому ~ні доста́тньо лю́дських ресу́рсів.** They have enough human resources at their disposal.

розпоря́д|ок, *m.*, ~ку

routine, arrangement, regimen, procedure, order

adj. **вечі́рній** evening ◊ **Її́ вечі́рній р. включа́є чита́ння пре́си.** Her evening routine includes reading the press. **де́нний** daily, **ра́нішній** morning, **тижне́вий** weekly; **дома́шній** domestic, **навча́льний** study, **робо́чий** work, **тренува́льний** training, **шкільни́й** school; **залі́зний** *fig.* cast in iron, **суво́рий** strict; **зви́клий** habitual, **звича́йний** usual, **знайо́мий** familiar, **норма́льний** normal, **стари́й** old, **уста́лений** set, **традиці́йний** traditional; **мару́дний** dull, **моното́нний** monotonous, **ну́дний** boring

р. + *n.* **р. відпочи́нку** a rest routine (**дня** day, **навча́ння** study, **робо́ти** work); ♦ **пра́вила вну́трішнього ~ку** in-house regulations

v. + **р. встано́влювати р.** establish a routine (**змі́нювати** change ◊ **Виклада́ч змі́ни́в в. занять.** The instructor changed the order of classes. **зна́ти** know, **ма́ти** have) ◊ **Хри́стя ма́ла залі́зний р. дня.** Khrystia had a daily routine cast in iron. **підлашто́вувати до** + *G.* adapt to sth ◊ **Андрі́й підлашто́вує ранко́вий р. до жі́нчиного.** Andrii adapts his routine to that of his wife. **ігнорува́ти** ignore, **пору́шувати** break ◊ **Ма́рко ча́сто пору́шує шкільни́й р.** Marko often breaks the school routine. **вхо́дити в** get into) ◊ **Він ти́ждень ухо́див у робо́чий р.** It took him a week to get into his work routine. **дотри́муватися ~ку** follow a routine ◊ **Ко́жен новобра́нець дотри́мується тренува́льного ~ку.** Every recruit follows the training regimen.

See **поря́док 2**

розпоча́|ти, *pf., see* розпочина́ти

to begin, start ◊ **Іва́нна ~ла кар'є́ру із пре́мії за найкра́щий архітекту́рний прое́кт.** Ivanna started her career with the prize for the best architectural project.

розпоча́|тися, *pf., see* розпочина́тися

to begin, *etc.* ◊ **Вистава ~ла́ся із запі́зненням.** The performance started with a delay.

розпочина́|ти, ~ють; розпоча́ти, розпочн|у́ть, *tran.*

to start, begin + *n. or only impf. inf.* ◊ **Він розпоча́в робо́ту над рома́ном п'ять ро́ків тому́.** He started working on the novel five years ago. ◊ **Суд ~є слу́хати ї́хню спра́ву сього́дні.** The court starts hearing their case today.

prep. **р. з** + *G.* start with/by sth ◊ **Розпочну́ з тео́рії.** I'll start with the theory. ◊ **р. від** *or* **з кінця́** start from the end ◊ **Режисе́р ~є фільм з кінця́.** The director begins the film from the end. **р. від** *or* **з сере́дини** start from the middle

pa. pple. **розпоча́тий** started

розпочина́й! розпочни́!

See **почина́ти**

розпочина́|тися; розпоча́тися, *intr.*

to start, begin, get underway + *I.* with ◊ **Рома́н ~ється епі́графом.** The novel starts with an epigraph. ◊ **Су́тичка лише́ ~ла́ся.** The showdown was only beginning.

See **почина́тися.** *Also see* **вибуха́ти 2, заво́дитися 2, зніма́тися 6, спала́хувати 3.** *Ant.* **закі́нчуватися**

розпро́даж, *m.*, ~у

sale(s), selling off

adj. **весня́ний** spring, **лі́тній** summer; **велико́дній** Easter, **різдвя́ний** Christmas; **щомі́сячний** monthly, **щорі́чний** annual; **вели́кий** big, **величе́зний** enormous, **ма́совий** mass, **найбі́льший** biggest ◊ **Зазвича́й найбі́льші ~і о́дягу трапля́ються пі́сля Різдва́.** Usually the biggest clothes sales happen after Christmas. **неба́чений** unprecedented; **періоди́чний** periodic, **реґуля́рний** regular, **ча́стий** frequent

р. + *n.* **р. автомобі́лів** a car sale (**електро́ніки** electronic equipment, **ме́блів** furniture; **взуття́** shoe, **о́дягу** clothes, *etc.*); **р. сезо́ну** a sale of the season (**ро́ку** year)

v. + **р. оголо́шувати р.** announce a sale ◊ **Крамни́ця оголо́шує ~і щодру́гого мі́сяця.** The department store would announce sales every two months. (**почина́ти** start, **прово́дити** hold ◊ **Ціє́ї субо́ти прово́дитимуть вели́кий р. електро́ніки.** This Saturday, a big electronic equipment sale will be held. **продо́вжувати на** + *A.* extend by *(length of time)* ◊ **Р. сезо́ну продо́вжили на день.** The sales of the season were extended by a day. **йти** *or* **ходи́ти на** go to) ◊ **Вона́ лю́бить ходи́ти на ~і взуття́.** She likes to go to shoe sales.

р. + *v.* **почина́тися** start ◊ **Р. почне́ться у субо́ту.** The sale will start on Saturday. **трива́ти** + *A.* last for *(time period)* ◊ **Р. трива́тиме два дні.** The sale will last two days. **закі́нчуватися** end

prep. **на ~і** *or* **~у** on sale ◊ **Дитя́ча літерату́ра сього́дні на ~у.** Children's books are on sale today.

Also see **а́кція 3.** *Ant.* **закупі́вля**

ро́зпуск, *m.*, ~у

dissolution, disbanding, dismissal

adj. **достроко́вий** premature, **нега́йний** immediate **офіці́йний** official, **форма́льний** formal; **факти́чний** effective ◊ **Ви́хід фра́кції з урядо́вої бі́льшости означа́в би факти́чний р. парла́менту.** The abandonment of the government majority by the faction would mean an effective dissolution of parliament.

v. + **р. оголо́шувати р.** announce a dissolution ◊ **Президе́нт оголоси́в р. Верхо́вної Ра́ди.** The President has announced the Supreme Rada dissolution. **домага́тися ~у** press for a dissolution ◊ **Опози́ція домага́ється ~у законода́вчих збо́рів.** The opposition presses for a dissolution of the legislative assembly.

розпуска́|ти, ~ють; розпуст|и́ти, розпущу́, ~ять, *tran.*

1 to dissolve, disband, dismiss

adj. **достроко́во** prematurely, **нега́йно** immediately ◊ **Через епіде́мію школярі́в нега́йно розпусти́ли на вака́ції.** Because of the epidemic, the schoolchildren were immediately dismissed for vacation. **несподі́вано** unexpectedly, **ра́птом** suddenly; **вже** already, **наре́шті** finally; **офіці́йно** officially, **форма́льно** formally; **факти́чно** effectively

v. + **р. бу́ти зму́шеним** be compelled to ◊ **Ме́неджер зму́шений розпусти́ти робітникі́в без опла́ти.** The manager is compelled to dismiss the workers without pay.

відмовля́тися refuse to; проси́ти + *A.* ask sb to
Cf. **розрахóвувати 3**
2 to spread, extend, stretch ◊ **Соснá розпусти́ла гілля́.** The pine spread out its branches.
3 to let out, unreel, untuck, unravel, unfurl, spread ◊ **Моряки́ стáли р. вітри́ла.** The sailors set about unfurling the sails. ◊ **Він рíдко ~в своє густé волóсся.** He rarely ever lets his thick hair down. ♦ **р. сíті** to spread the nets; ♦ **р. язи́к** *or* **язикá** to wag one's tongue ◊ **Що бíльше він пив, то бíльше ~в язикá.** The more he drank the more he wagged his tongue.
4 *fig.* to spoil, overindulge, let out of hand ◊ **Вони́ стрáшно розпусти́ли синíв.** They have terribly spoiled their sons.
5 *colloq.* to spread, scatter, disperse ◊ **Він кури́в, ~ючи зáпах тютюну́ по подвір'ю.** He smoked, spreading the tobacco smell around the courtyard.
6 to spread, disseminate, circulate
р. + *n.* **р. брéхні** spread lies ◊ **Фрáньо знóву ~є сéред знайóмих брéхні.** Franio is spreading lies among his acquaintances again. (**плíтки** gossip, **чутки́** rumors; **вíстку** word, **інформáцію** information, **новину́** news)
Also see **поши́рювати 2**
7 *colloq.* to dissolve, dilute ◊ **Івáн ~є винó водóю.** Ivan dilutes wine with water.
See **розчиня́ти 1.** *Also see* **розвóдити 3**
pa. pple. **розпу́щений** disbanded, dismissed
розпускáй! розпусти́!

розпускá|тися; розпусти́тися, *intr.*
1 to sprout *(of plants)*, flush, burst forth, open, bud, spring up ◊ **На ву́лицях міста ~ються каштáни.** Chestnuts are sprouting on the city streets. ◊ **Пéршими ~лися нарци́си.** Narcissi would be the first to flush.
2 to loosen, come loose, unfasten; unravel ◊ **Її волóсся розпусти́лося і впáло на плéчі.** Her hair came loose and fell on her shoulders. ◊ **Йогó светр став р. на рукáві.** His sweater started unraveling on the sleeve.
3 to open, unfurl ◊ **Пішóв дощ, і парасóльки в нáтовпі розпусти́лися нáче за комáндою.** It started raining and the umbrellas in the crowd opened as if by command. ◊ **На вітрі жóвто-блаки́тний прáпор ожи́вав, ~ючись у всій красí.** In the wind, the blue and yellow flag came alive, unfurling in all its beauty.
4 *fig.* to get out of hand, become undisciplined ◊ **У́чні зóвсім розпусти́лися: запізнювалися, пропускáли заня́ття.** The pupils got completely out of hand: they would come late, miss classes.
5 *colloq.* to spread, proliferate ◊ **У повíтрі розпусти́вся п'янки́й аромáт бузку́.** The intoxicating fragrance of lilac spread in the air.
See **поши́рюватися.** *Also see* **розливáтися 2, розповсю́джуватися**
6 *colloq.* to dissolve, go into solution ◊ **Олíя не ~ється у воді.** Oil does not dissolve in water.
See **розчиня́тися[1] 1.** *Also see* **розвóдитися 5**
7 *pass., only impf.* to be dissolved, be dismissed ◊ **Нака́зом розпускáвся ці́лий відділ.** The entire department was being dismissed by the order.

розпусти́|ти, *pf., see* **розпускáти**
to dissolve, *etc.* ◊ **Марія ~ла волосся.** Maria let her hair down.

розпусти́|тися, *pf., see* **розпускáтися**
to sprout, *etc.* ◊ **Парашу́т ~вся.** The parachute opened. ◊ **На кущі ~лися пéрші троя́нди.** The first roses opened on the bush.

розрахóвува|ти, ~ють; розраху|вáти, ~ють, *tran. and intr.*
1 *tran.* to calculate, compute
adv. **доклáдно** in detail ◊ **Він доклáдно ~вáв ви́трати чáсу.** He computed the time expenditures in detail. **тóчно** precisely, **прáвильно** correctly; **блискави́чно** instantaneously, **зáраз же** right away, **шви́дко** quickly; **помилкóво** mistakenly, **хи́бно** wrongly; **пóдумки** *or* **про сéбе** in one's head ◊ **Лíда про сéбе ~вала відстань, якá лиши́лася.** In her head, Lida was calculating the distance that remained.
See **рахувáти 1.** *Cf.* **нарахóвувати 1**
2 *tran., fig.* to weigh, consider, assess ◊ **Вони́ пи́льно ~ють кóжну дíю.** They thoroughly weigh every action.
3 *tran.* to pay up; *fig.* to let sb go, dismiss ◊ **Влáсник бíзнесу відмóвився р. їх.** The business owner refused to pay them up. ◊ **Насту́пного дня Івáна розрахувáли.** On the following day, Ivan was let go.
Cf. **розпускáти 1**
4 *intr., fig., only impf.* to assume, presume, reckon, expect + *inf. or* **що** + *clause* ◊ **Оксáна ~є, що на лéкцію прийдé пóвно лю́ду.** Oksana assumes that lots of people will come to the lecture.
See **надíятися 1, сподівáтися**
5 *intr., fig., only impf.* to count on, rely on ◊ **На Петрá мóжна р., коли́ потрíбна му́дра порáда.** One can rely on Petro when a piece of wise advice is needed.
prep. **р. на** + *A.* count on sb/sth ◊ **Р. на допомóгу зóвні булó вкрай наївно.** It was extremely naive to count on outside assistance.
Also see **надíятися 2, рахувáти 3**
6 *intr., only impf.* to plan, intend, be going ◊ **Вони́ ~вали все зроби́ти насту́пного ти́жня.** They planned to do everything next week.
See **збирáтися 3.** *Also see* **ду́мати 3**
pa. pple. **розрахóваний** calculated
розрахóвуй! розраху́й!

розраху́н|ок, *m.*, **~ку**
1 calculation, computation
adj. **ґрунтóвний** in-depth, **доклáдний** detailed ◊ **У понедíлок бухгáлтерка подалá доклáдні ~ки.** On Monday, the (female) accountant submitted detailed calculations. **надíйний** reliable, **ретéльний** thorough, **тóчний** accurate, **прáвильний** correct; **непрáвильний** incorrect, **сумнíвний** questionable, **хи́бний** wrong; **гру́бий** rough, **приблúзний** approximate; **прóсти́й** simple; **склáдни́й** complicated; **блискави́чний** instantaneous, **шви́дкий** quick; **арифмети́чний** arithmetical, **графíчний** graphic, **математи́чний** mathematical, **статисти́чний** statistical, **цифрови́й** numeric; **економíчний** economic, **фінáнсовий** financial
v. + **р. викóнувати р.** perform a calculation ◊ **~ки викóнує комп'ю́тер.** Calculations are performed by computer. (**провóдити** conduct, **роби́ти** do; **перевіря́ти** verify ◊ **Він перевíрив сумнíвні ~ки.** He verified the questionable computations. **подавáти** + *D.* submit to sb); **базувáти** + *A. or* **заснóвувати** + *A.* **на ~ку** base sth on a calculation ◊ **Комíсія заснóвувала економíчні прогнóзи на ретéльних ~ках.** The committee based the economic prognostications on thorough calculations.
prep. **за ~ком** by sb's calculation ◊ **За ~ками астрóномів, комéта ви́йшла за Сóнячну систéму.** By astronomers' calculations, the comet left the solar system.
Also see **підраху́нок 2**
2 calculation, assessment, assumption, prediction
adj. **бездогáнний** flawless ◊ **Її р. ви́явився бездогáнним.** Her calculation proved flawless. **раціонáльний** rational, **розу́мний** wise, **тверéзий** sober, **холóдний** cold; **політи́чний** political ◊ **Ни́ми керу́є політи́чний р.** They are driven by political calculations. ♦ **не вхóдити в ~ки** not be sb's intention ◊ **Участь у конферéнції не вхóдить у йогó ~ки.** Taking part in the conference is not his intention.
prep. **з ~ком, що** + *clause* on the assumption that ◊ **Вонá сказáла це гóлосно, з ~ком, що Бори́с почу́є.** She said it out loud with the assumption that Borys would hear. **за ~ком** by sb's calculation
3 payment, pay ◊ **р. за робóту** payment for work
4 *fig.* gain, advantage, ulterior motive ◊ **Він пропону́є помогти́ не щи́ро, а з особи́стого ~ку.** He offers to help not sincerely but for personal gain.
5 *fig.* dismissal, laying off
v. + **р. давáти** + *D.* **р.** let sb go (**отри́мувати** be let go) ◊ **Вíктор отри́мав р. без уся́кого поя́снення.** Viktor was let go without any explanation.
See **звíльнення 3**

розри́в, *m.*, **~у**
1 tear, rupture, gap, breach, distance, opening
adj. **вели́кий** big ◊ **Між гру́пами утвори́вся вели́кий р.** A big gap formed between the groups. **величéзний** huge, **глибóкий** deep, **значни́й** considerable, **ширóкий** wide, **серйóзний** serious; **нови́й** new
v. + **р. долáти р.** overcome a breach (**зшивáти** sow up ◊ **Хіру́рг зшив р. у її сухожи́ллі.** The surgeon sewed up the tear in her tendon. **збíльшувати** increase ◊ **Архітéктор збíльшив р. між буди́нками.** The architect increased the gap between houses. **змéншувати** reduce, **ліквідувáти** eliminate)
р. + *v.* **відкривáтися** open; **утвóрюватися** form; **збíльшуватися** increase, **зростáти** grow ◊ **Із кóжною секу́ндою р. між вагóном та ешелóном зростáв.** The gap between the car and the train grew by the second. **змéншуватися** diminish; **зникáти** disappear
prep. **р. між** + *I.* gap between sth ◊ **р. між двомá епізóдами фíльму** a gap between two episodes of film
2 explosion, blast
р. + *n.* **р. бóмби** a bomb explosion (**ґранáти** grenade, **ку́лі** bullet, **мíни** mine, **снаря́да** shell ◊ **Унóчі вонá чу́ла ~и снаря́дів.** At night, she heard shells exploding. **контéйнера** container, **цистéрни** tank)
See **ви́бух 1**
3 *fig.* rift, chasm, gap, disparity; break-up
adj. **глибóкий** deep, **нездолáнний** insuperable; **ґвалтóвний** precipitous ◊ **Про ґвалтóвний р. в їхніх стосу́нках дóвго говори́ли.** The precipitous break-up in their relationship was talked about for quite some time. **несподíваний** unexpected, **раптóвий** sudden; **драмати́чний** dramatic, **трагíчний** tragic; **приголóмшливий** shocking, **страхітли́вий** horrifying; **остатóчний** ultimate, **рішу́чий** decisive ◊ **рішу́чий р. із колоніáльною залéжністю** a decisive break with colonial dependency; **незагóйний** incurable
prep. **р. між** + *I.* a gap between sb ◊ **р. між багáтими й бíдними** a gap between the rich and the poor

розривá|ти, ~ють; розірв|áти, ~у́ть, *tran. and intr.*
1 *tran.* to tear, rip, rend; tear open; *also fig.* ◊ **Нáдя розірвáла лист на шматкú.** Nadia tore the letter into pieces. ◊ **Він ~в пакéти й виклáдав умíст на стіл.** He tore open the packages and unloaded their contents on the table. ♦ **р. кайдáни** *fig.* to break one's shackles ◊ **Нарóд розірвáв кайдáни рáбства.** The people broke its shackles of slavery.
See **рвáти 1.** *Also see* **переривáти 1**
2 *tran.* to blow up *(of explosion)*, explode, blast ◊ **Мíна розірвáла автóбус.** A mine blew up the bus.
See **рвáти 4**
3 *tran.* to interrupt, disperse, scatter ◊ **Пори́в вíтру на мить розірвáв тумáн.** A gust of wind dispersed the fog for an instant. ◊ **Ти́шу розірвáв далéкий крик.** A distant cry interrupted the silence.
See **перебивáти 1**
4 *tran.* to sever, break up; terminate, dissolve
р. + *n.* **р. взаєми́ни** break off relations (**дру́жбу** friendship, **знайóмство** acquaintance; **зв'язкú** ties,

конта́кти contacts; **співпра́цю** cooperation) ◊ **Він розірва́в співпра́цю з інститу́том.** He broke off his cooperation with the institute. **р. до́говір** terminate a treaty (**контра́кт** contract, **уго́ду** agreement) ◊ **Вони́ розірва́ли економі́чну уго́ду.** They terminated the economic agreement.
Also see **перерива́ти 2, рва́ти 5**
5 *intr.* to break up, split, separate, *etc.* ◊ **Вона́ розірва́ла з Ле́вом.** She broke up with Lev.
prep. **р. з** + *I.* break up with sb/sth ◊ **Він не хо́че р. з мину́лим.** He is reluctant to break up with the past.
Also see **рва́ти 5**
pa. pple. **розі́рваний** torn, severed, broken off
розрива́й! розірви́!

розрива́|тися; розірва́тися, *intr.*
1 to tear, rip, get torn, burst ◊ **Мішо́к із карто́плею розірва́вся.** The sack of potatoes tore. ◊ **Конве́рт намо́к і розірва́вся.** The envelope got wet and tore.
2 to explode, detonate ◊ **Бо́мба не розірва́лася.** The bomb did not go off.
See **вибуха́ти 1**
3 *fig.* to burst, break ◊ **Петро́ве се́рце ~лося від ту́ги.** Petro's heart was breaking with anguish.
4 *colloq., fig., usu impf.* to do one's best, bend over backwards ◊ **Доброво́льці ~лися, збира́ючи допомо́гу для Націона́льної Гва́рдії.** The volunteers bent over backwards collecting assistance for the National Guard.
♦ **не розірва́тися ж їй (йому́)** she (her, *etc.*) cannot be everywhere at once
See **стара́тися 2**

розрі́за|ти, *pf., see* **розрі́зувати**
to cut apart ◊ **Марі́я ~ла ко́жну моркви́ну вздо́вж.** Maria cut each carrot lengthwise.

розрі́зу|вати, ~ють; розрі́зати, розрі́ж|уть, *tran.*
1 to cut, cut open, carve, slit ◊ **Розрі́завши ку́рку, Оле́на ви́йняла з не́ї ну́трощі.** Having cut open the chicken, Olena removed its entrails.
See **кра́яти 1, рі́зати 1.** *Also see* **перетина́ти 2**
2 *fig.* to cross, cut through, intersect ◊ **Струмо́к ~є яр посере́дині.** The creek cuts through the ravine in the middle. ◊ **Її́ чоло́ ~є глибо́ка змо́ршка.** A deep wrinkle crosses her forehead.
See **перетина́ти 1.** *Also see* **переї́жджати 1, перехо́дити 1**
pa. pple. **розрі́заний** cut open
розрі́зуй! розрі́ж!

розроби́|ти, *pf., see* **розробля́ти**
to develop, elaborate, design ◊ **Моде́ль ро́звитку ~ли кі́лька дослі́дницьких інститу́тів.** The development model was elaborated by several research institutes.

розро́б|ка, *f.*
1 treatment, elaboration, study, development ◊ **Ні́на працюва́ла над пе́ршою ~кою фі́льму.** Nina was working on her first film treatment.
adj. **вичерпна** exhaustive ◊ **Вичерпна р. фі́льму вимага́є ча́су.** An exhaustive treatment of the movie requires time. **всебі́чна** comprehensive, **глибо́ка** profound, **докла́дна** detailed, **по́вна** full, **рете́льна** thorough, **системати́чна** systematic, **скрупульо́зна** scrupulous, **нова́торська** innovative, **оригіна́льна** original, **ціка́ва** interesting; **зага́льна** general, **поверхо́ва** superficial, **попере́дня** preliminary; **практи́чна** practical, **теорети́чна** theoretical
р. + *n.* **р. вебса́йту** a Web site development (**доктри́ни** doctrine, **іде́ї** idea, **конце́пції** concept, **пла́ну** plan, **прое́кту** project; **те́ми** theme, **фі́льму** film, **сюже́ту** plot) ◊ **Його́ р. сюже́ту вража́є.** His plot treatment is impressive.
v. + **р. зді́йснювати ~ку** carry out a treatment ◊ **Він зді́йснює ~ку фі́льму зі сценари́стом.** He carries out the film treatment with the script writer. (**прово́дити** conduct; **почина́ти** start ◊ **Вони́ почали́ ~ку конце́пції превенти́вного уда́ру.** They started the elaboration of the preventive strike concept. **продо́вжувати** continue; **закі́нчувати** complete)
р. + *v.* **відбува́тися** take place, **прово́дитися** be conducted; **трива́ти** go on ◊ **Р. іде́ї трива́тиме мі́сяць.** The development of the idea will go on for a month.
2 exploitation, development; mining
adj. **масшта́бна** large-scale, **промисло́ва** industrial ◊ **Промисло́ву ~ку марґанце́вої ру́дні почали́ яких три ро́ки тому́.** They began the industrial exploitation of the manganese ore mine some three years ago. **пряма́** direct; **швидка́** rapid; **екологі́чно чи́ста** environmentally clean; ♦ **р. відкри́тим кар'єром** stripping *(in mining)*
р. + *n.* **р. приро́дних ресу́рсів** a natural resources development (**родо́вища на́фти** oil field)
L. **в ~ці**, *G. pl.* **~ок**

розробля́|ти, ~ють; розроб|и́ти, ~лю́, ~иш, ~лять, *tran.*
1 to develop, elaborate, work out, put together, treat
adv. **до́бре** well, **докла́дно** in detail, **успі́шно** successfully; **акти́вно** actively ◊ **Вони́ акти́вно ~ли нову́ мето́дику виклада́ння мо́ви.** They were actively developing a new language teaching methodology. **послідо́вно** consistently, **рете́льно** painstakingly; **до́вго** for a long time; **за́раз же** right away, **операти́вно** promptly, **шви́дко** quickly; **спі́льно** jointly; **частко́во** partially; **від поча́тку до кінця́** from start to finish, **по́вністю** fully, **ціло́м** completely
р. + *n.* **р. гра́фік** develop a schedule (**доктри́ну** doctrine, **заса́ди** fundamentals, **тео́рію** theory ◊ **Він усебі́чно розроби́в тео́рію ха́осу.** He developed the chaos theory comprehensively. **іде́ю** idea, **конце́пцію** concept, **план** plan, **підхі́д** approach, **при́нцип** principle); **р. те́му** treat a theme ◊ **Вони́ ма́ють ти́ждень, щоб розроби́ти те́му.** They have a week to treat the theme.
v. + **р. бра́тися** get down to; **доруча́ти** + *D.* charge sb with ◊ **Самі́йлові доручи́ли розроби́ти ї́хню іде́ю.** Samiylo was charged with the development of their idea. **запро́шувати** + *A.* invite sb to, **пропонува́ти** + *D.* offer sb to; **могти́** can; **почина́ти** begin to
2 to mine, develop, exploit ◊ **По́клади мі́ді ~ють промисло́во.** The copper deposits are developed on an industrial scale.
pa. pple. **розро́блений** developed, elaborated
розробля́й! розроби́!

розробля́|тися; розроби́тися, *intr.*
pass., only impf. to be developed; be mined, *etc.* ◊ **Тут ~ються сцена́рії.** Screen plays are being developed here.

розря́д[1], *m.*, **~у**
1 sort, kind, type, bracket, category, class, rate, grade ◊ **У фі́рмі працю́ють еле́ктрики висо́кого ~у.** Electricians of high category work for the firm.
adj. **висо́кий** high, **найви́щий** highest, **сере́дній** medium, **найни́жчий** lowest, **низьки́й** low; **тре́тій** third; ◊ **кваліфікаці́йний р.** skill category
See **катего́рія 1.** *Also see* **клас 1**
2 *math.* digit, bit ◊ **двійко́вий р.** a binary digit (**десятко́вий** decimal)

розря́д[2], *m.*, **~у**
phys. discharging, discharge ◊ **електри́чний р.** an electric discharge

розряджа́|ти, ~ють; розрядж|и́ти, ~жу́, ~иш, ~ять, *tran.*
1 to discharge; unload *(a gun)*, shoot ◊ **р. акумуля́тор** discharge a battery; ◊ **р. рушни́цю** unload a rifle.
adv. **вмі́ло** skillfully; **за́раз же** right away, **шви́дко** quickly, **ле́две** barely; **неохо́че** reluctantly; **випадко́во** inadvertently, **навми́сне** on purpose
v. + **р. встига́ти** have the time to, manage to ◊ **Він розряди́в у напа́дника пів револьве́ра.** *fig.* He unloaded half the revolver into the attacker.
prep. **р. від** + *G.* unload from sth ◊ **Він розряди́в пістоле́т від набо́їв.** He unloaded rounds from the gun.
2 *phys.* to discharge, cause to loose electric charge ◊ **Це допомага́є р. стати́чну еле́ктрику в органі́змі.** This helps discharge the static electricity in the body.
3 *fig.* to relieve, reduce ◊ **Її́ сміх розряди́в атмосфе́ру.** Her laughter relieved the atmosphere. ◊ **р. напру́гу** relieve tension ◊ **Іва́н пожартува́в, щоб розряди́ти напру́гу в кімна́ті.** Ivan cracked a joke in order to relieve the tension in the room.
pa. pple. **розря́джений** discharged
розряджа́й! розряди́!

розряджа́|тися; розряди́тися *intr.*
1 to discharge *(of a battery)*, run out of battery ◊ **Телефо́н розряди́вся.** The phone ran out of battery.
adv. **весь час** all the time, **знову** again, **пості́йно** constantly, **шви́дко** quickly ◊ **Батаре́я шви́дко ~ється.** The battery quickly discharges.
2 *fig.* to ease off *(of tension, etc.)*, relax, diminish ◊ **Пі́сля розмо́ви напру́га в ї́хніх стосу́нках розряди́лася.** After the conversation, the tension in their relationship eased off.
See **зме́ншуватися, ме́ншати**

розряди́|ти, *pf., see* **розряджа́ти**
to discharge, unload ◊ **Ко́жен вояк ~в автома́т і лиши́в його́ в збро́ярні.** Each soldier unloaded his machine gun and left it in the armory.

розряди́|тися, *pf., see* **розряджа́тися**
to discharge, *etc.* ◊ **Батаре́я в комп'ю́тері ~лася.** The battery in the computer discharged.

розсе́рди|ти, *pf., see* **се́рдити**
to anger, *etc.* ◊ **Йо́сип ~в її свої́ми вихваля́ннями.** Yosyp angered her by his bragging.

розсе́рди|тися, *pf., see* **се́рдитися**
to get angry, *etc.* ◊ **Ді́вчина ~лася на ньо́го.** The girl got angry with him.

розсипа́|ти, ~ють; розси́п|ати, ~лю, ~еш, ~лють, *tran.*
to scatter around *(of solid substances as opposed to liquids)*, spill out, throw around; overturn, knock over
adv. **мимово́лі** unintentionally ◊ **Вона́ мимово́лі розси́пала цу́кор.** She unintentionally knocked the sugar over. **несподі́вано** unexpectedly, **ра́птом** suddenly, **навми́сне** on purpose ◊ **Хтось навми́сне ~є цвя́хи на доро́зі.** Somebody scatters nails on the road on purpose. **спеція́льно** deliberately; **методи́чно** methodically, **рі́вно** evenly; **пово́лі** slowly
р. + *n.* **р. алю́зії** intersperse allusions ◊ **А́втор розси́пав біблі́йні алю́зії по те́ксту п'є́си.** The author interspersed biblical allusions throughout the text of the play. ♦ **р.** + *D.* **компліме́нти** shower sb with compliments; **р. воло́сся** let one's hair down; **р. пісо́к** scatter sand around
prep. **р. на** + *A. dir.* scatter onto sth ◊ **Ві́тер розси́пав ли́стя на зе́млю.** The wind scattered leaves onto the ground. **р. на** + *L. posn.* spill out on sth ◊ **Він розси́пав я́блука на траві́.** He scattered the apples on the grass. **р. по** + *L.* scatter around sth ◊ **Фе́рмер ~є насі́ння по по́лю.** The farmer throws the seeds around the field. ♦ **р. пе́рли пе́ред сви́нями** *or* **сви́ньми** to throw pearls to pigs
Also see **розкида́ти 1**

2 to pour out, distribute ◊ **Кили́на розси́пала цуке́рки на п'ять ку́пок.** Kylyna distributed the sweets into five small mounds.
3 to scatter, break up, disperse ◊ **Полі́ція намага́лася розси́пати розлю́чений на́товп.** The police tried to disperse the furious crowd.
pa. pple. **розси́паний** scattered
розсипа́й! розси́п!

розсипа́|тися; розси́патися, *tran.*
1 to fall apart, disintegrate, crumble ◊ **Ве́жа пово́лі ~лася.** The tower was slowly crumbling. ♦ **р. компліме́нтами** *or* **в компліме́нтах пе́ред** + *I.* to shower sb with compliments ◊ **Кри́тик ~вся компліме́нтами пе́ред а́втором.** The critic was showering the author with compliments.
v. + **р. могти́** can ◊ **Буди́нок міг розси́патися на їхніх оча́х.** The house could crumble before their eyes. **почина́ти** begin to, **ста́ти** *pf.* start to; **продо́вжувати** continue to
2 scatter, disperse ◊ **Поба́чивши ва́рту, граба́жники розси́палися навсібі́ч.** On seeing the guards, the robbers scattered in all directions.

розсмія́|тися, *pf., see* **смія́тися**
to start laughing ◊ **Усі прису́тні ~лися.** All those present burst out laughing.

розста|ва́тися, ~ю́ться; розста́тися, розста́н|уться, *intr.*
to part, leave, say goodbye; separate; *also fig.* abandon, give up
adv. **вже** already, **вре́шті-ре́шт** eventually, **наре́шті** finally; **надо́вго** for a long time, **наза́вжди́** forever; **з су́мом** with sadness, **нехо́че** reluctantly ◊ **Ірина нехо́че ~ва́лася з ци́ми людьми́.** Iryna was parting with those people reluctantly. **пі́зно** late, **ра́но** early, **ско́ро** soon; **ра́но чи пі́зно** sooner or later; ♦ **р. дру́зями** *or* **при́ятелями** to part on friendly terms ◊ **Вони́ ~ва́лися дру́зями.** They were parting on friendly terms. ♦ **р. ворога́ми** to part on bad terms
v. + **р. бу́ти су́мно** + *D.* be sad to, **бу́ти шко́да́** + *D.* be sorry to ◊ **Їм шко́да́ розстава́тися.** They are sorry to part. **відмовля́тися** refuse to; **ква́питися** be in a hurry to; **хоті́ти** want to; **змýшувати** + *A.* make sb ◊ **Батьки́ зму́сити їх розста́тися.** Their parents made them part. **му́сити** have to
prep. **р. з** + *I.* part with sb/sth ◊ **Іва́н відмовля́вся розста́тися з ілю́зіями.** Ivan refused to part with his delusions.
розстава́йся! розста́нься!

розста́ви|ти, *pf., see* **розставля́ти**
to arrange, *etc.* ◊ **Він ~в книжки́ на поли́ці.** He arranged the books on the shelf.

розставля́|ти, ~ють; розста́в|ити, ~лю, ~иш, ~лять, *tran.*
1 to arrange, set, place, position
adv. **акура́тно** neatly; **бездога́нно** impeccably, **влу́чно** aptly, **вда́ло** fittingly, **спри́тно** smartly ◊ **Він спри́тно розста́вив свої́х людей на важли́ві поса́ди.** He smartly placed his people to important posts. **успі́шно** successfully; **по-сво́єму** in one's own way
р. + *n.* **р. акце́нти** place emphases ◊ **Вона́ влу́чно розста́вила логі́чні акце́нти.** She aptly placed the logical emphases. **р. на́голоси** put stresses; **р. люде́й** place people; **р. охоро́ну** set the guards (**па́стку** trap ◊ **Він терпля́че ~в па́стку на втікачі́в.** He was patiently setting the trap for the fugitives. **сі́ті** nets)
v. + **р. бра́тися** set about ◊ **Вона́ взяла́ся р. на́голоси.** She set about putting stresses. **почина́ти** begin to, **ста́ти** *pf.* start; **пропонува́ти** + *D.* offer sb to; **проси́ти** ask sb to
See **ста́вити 1.** *Also see* **розміща́ти 1, розташо́вувати**
2 to spread, extend
adv. **ле́две** barely, **тро́хи** a little; **широ́ко** widely ◊ **Він широ́ко розста́вив но́ги.** He spread his feet widely. ♦ **р. ву́ха** to prick up one's ears; let one's guard down ◊ **Почу́вши компліме́нт, він розста́вив ву́ха.** On hearing the compliment, he let his guard down. **прово́рно** nimbly, **шви́дко** quickly; **незґра́бно** clumsily ◊ **Ілля́ незґра́бно ~в ру́ки, щоб злови́ти м'яч.** Illia clumsily spread his arms to catch the ball.
pa. pple. **розста́влений** arranged
розставля́й! розста́в!

розста́|тися, *pf., see* **розстава́тися**
to part, *etc.* ◊ **Зако́хані шви́дко ~лися.** The lovers soon parted.

розсте́жен|ня, *nt.*
investigation, inquiry ◊ **Вона́ вела́ кі́лька службо́вих ~ь.** She was conducting several official investigations.
adj. **вичерпне** exhaustive, **всеохо́пне** comprehensive, **ґрунто́вне** in-depth ◊ **Р. не було́ ґрунто́вним.** The investigation was not an in-depth one. **докла́дне** detailed, **по́вне** full, **рете́льне** thorough, **широ́ке** extensive; **безкіне́чне** endless, **до́вге** long, **затяжне́** protracted, **трива́ле** lengthy; **недба́ле** negligent, **нехлю́йське** *colloq.* sloppy, **поверхо́ве** superficial, **символі́чне** *fig.* token ◊ **Спра́ва закінчи́лася символі́чним ~ням.** The case ended in a token investigation. **вну́трішнє** internal; **неодноразо́ве** repeated, **повто́рне** second, **ча́сте** frequent, **ще одне́** another; **попере́днє** preliminary; **ка́рне** *or* **криміна́льне** criminal, **офіці́йне** official, **парла́ментське** parliamentary, **поліці́йне** police, **службо́ве** official, **уря́дове** government; **безсторо́ннє** impartial ◊ **Р. не було́ безсторо́ннім.** The investigation was not impartial. **об'єкти́вне** objective, **незале́жне** independent, **серйо́зне** serious; **політи́чне** political, **упере́джене** biased; **важли́ве** important, **крити́чне** critical ◊ **Її р. ви́явилося крити́чним для аре́шту вби́вці.** Her investigation proved critical for the apprehension of the murderer.
n. + **р. кіне́ць р.** the end of an investigation (**поча́ток** beginning, **продо́вження** continuation; **пере́біг** course ◊ **Нові́ подро́биці краді́жки ви́явлено в пере́бігу р.** The new details of the theft were revealed in the course of the investigation. **проце́с** process; **ви́сновки** conclusions, **предме́т** subject, **результа́ти** results)
v. + **р. вести́ р.** carry out an investigation ◊ **Слі́дчий веде́ р. вби́вства.** The detective carries out the murder investigation. (**прово́дити** conduct ◊ **Р. прово́див початкі́вець.** A beginner was conducting the investigation. **відкрива́ти** open, **почина́ти** start; **закі́нчувати** complete; **відклада́ти** put off, **гальмува́ти** slow down, **затри́мувати** hold up, **перерива́ти** interrupt; **очо́лювати** head; **підтри́мувати** support; **дово́дити до кінця́** bring to conclusion; **заслуго́вувати на** merit) ◊ **Тве́рдження очеви́дця заслуго́вували на р.** The witness's allegations merited an investigation. **вимага́ти р.** demand an investigation (**домага́тися** push for; **уника́ти** avoid; **вдава́тися до** resort to) ◊ **Вони́ вдали́ся до повто́рного р. інциде́нту.** They are resorted to a second investigation of the incident. **допомага́ти ~ню** help an investigation (**перешкоджа́ти** hamper; **кла́сти кіне́ць** put an end to) ◊ **Мі́ністр покла́в кіне́ць ~ню.** The minister put an end to the investigation.
р. + *v.* **виявля́ти** + *A.* reveal sth ◊ **Р. закупі́вель збі́жжя ви́явило кору́пцію.** The investigation of the grain procurements revealed corruption. **демонструва́ти** + *A.* demonstrate sth, **пока́зувати** + *A.* show sth, **сві́дчити про** + *A.* indicate sth; **закі́нчуватися** conclude ◊ **Р. приватиза́ції фа́брики закінчи́лося.** The investigation of the factory's privatization concluded.
prep. **під ~ням** under investigation ◊ **ще одна́ фі́рма під ~ням** another firm under investigation; **під час р.** during an investigation ◊ **Він не мо́же виїжджа́ти з мі́ста під час р.** He cannot leave town during the investigation. **у ~ні** *posn.* in an investigation ◊ **Суддя́ не ви́явила в ~ні пору́шень.** The (female) judge did not find violations in the investigation.
Also see **переслі́дування 3, слі́дство, спра́ва 4.** *Cf.* **дослі́дження**

розсте́жи|ти, *pf., see* **розсте́жувати**
to investigate ◊ **Урешті-ре́шт слі́дчий ~в запла́тану спра́ву до кінця́.** Eventually the detective investigated the tangled case to the end.

розсте́жу|вати, ~ють; розсте́ж|ити, ~ать, *tran.*
to investigate
adv. **акти́вно** actively ◊ **Ревізо́ри акти́вно ~вали спра́ву.** The auditors were actively investigating the case. **енергі́йно** vigorously, **вичерпно** exhaustively, **всеохо́пно** comprehensively, **ґрунто́вно** profoundly, **докла́дно** in detail, **по́вністю** fully, **рете́льно** thoroughly, **ува́жно** carefully; **до́вго** for a long time, **неква́пно** without haste, **пові́льно** slowly; **недба́ло** negligently, **поверхо́во** superficially, **про лю́дське о́ко** *fig.* for appearance's sake ◊ **Комі́сія ~вала його́ про лю́дське о́ко.** The committee was investigating him for appearance's sake. **зно́ву** again, **неодноразо́во** repeatedly, **ча́сто** often; **попере́дньо** preliminarily; **офіці́йно** officially; **безсторо́нньо** impartially, **об'єкти́вно** objectively ◊ **незале́жно** independently, **серйо́зно** seriously; **упере́джено** in a biased manner
р. + *n.* **р. вби́вство** investigate a murder (**ви́крадення** kidnapping, **краді́жку** theft, **розкрада́ння** embezzlement; **ава́рію** accident, **поже́жу** fire, **тро́щу** crash ◊ **Слі́дчі ~ють тро́щу пасажи́рського літака́.** The detectives investigate the passenger airplane crash. **звинува́чення** accusation, **ска́ргу** complaint, **тве́рдження** allegations; **ви́падок** incident, **спра́ву** case; **люди́ну** person, **осо́бу** individual; **мі́ністра** minister, **уря́довця** official)
v. + **р. бра́тися** take it upon oneself ◊ **Уби́вство взя́вся р. Йосипе́нко.** Yosypenko took it upon himself to investigate the murder. **бу́ти зобов'я́заним** be duty-bound; **бу́ти тре́ба** + *D.* need to ◊ **Все це тре́ба дета́льно розсте́жити.** All this needs to be investigated in detail. **намага́тися** do one's best to ◊ **Вони́ намага́ються розсте́жити ко́жну ска́ргу.** They do their best to investigate every complaint. **вимага́ти** demand to, **доруча́ти** + *D.* charge sb with ◊ **Р. підозрі́лу поже́жу доручи́ли ново́му слі́дчому.** They charged a new detective with investigating the suspicious fire. **заклика́ти** + *A.* call on sb to ◊ **Він заклика́в прокуро́ра розсте́жити само́го мі́ністра.** He called on the prosecutor to investigate the minister himself. **відмовля́тися** refuse to
prep. **р. за звинува́ченням у** + *L.* investigate on an accusation of *(crime)*; **р. на предме́т** + *G.* investigate for sth ◊ **Її ~ють на предме́т розкрада́ння ко́штів.** She is being investigated for embezzlement of funds.
Cf. **дослі́джувати**

розстіба́|ти, ~ють; розсті́бн|у́ти, ~у́ть, *tran.*
to unbutton, unfasten, undo
adv. **блискави́чно** instantaneously, **ско́ро** swiftly, **ху́тко** rapidly, **шви́дко** quickly; **вже** already; **механі́чно** mechanically ◊ **Він механі́чно ~в соро́чку, ду́маючи про щось і́нше.** He was mechanically undoing his shirt, thinking of something else. **пові́льно** slowly, **поступо́во** gradually; **я́кось** somehow
р. + *n.* **р. годи́нник** unfasten a watch (**ґу́дзик** button; **замо́чок** zipper; **портфе́ль** bag, **пря́жку** buckle, **ре́мінь** belt; **жупа́н** vest, **корсе́т** corset,

ко́мір collar, пальто́ coat, піджа́к blazer, соро́чку shirt, су́кню dress)
pa. pple. **розстібнутий** unbuttoned, undone
розстіба́й! розстібни́!
Ant. **застіба́ти**

розстро́ї|ти, *pf., see* **розстро́ювати**
to upset, *etc.* ◊ **Оста́нній поворо́т поді́й ~в їхні пла́ни.** The latest turn of events frustrated their plans.

розстро́ї|тися, *pf., see* **розстро́юватися**
to fall apart, collapse; get upset; detune, *etc.* ◊ **За місяць фортеп'я́но ~лося.** In a month, the piano detuned.

розстро́ю|вати, ~ють; розстро́|їти, ~ять, *tran.*
1 to upset, disorder, derange, frustrate ◊ **Нічна́ ата́ка си́льно розстро́їла оборо́ну во́рога.** The night attack greatly upset the enemy's defense. ◊ **За́ходи ма́ли р. злиття́ двох компа́ній.** The measures were supposed to frustrate the merger of two companies.
v. + **р. вдава́тися** + *D.* succeed in, **змогти́** *pf.* manage to; **намага́тися** try to, **хоті́ти** want to ◊ **Вона́ хоті́ла розстро́їти їхні шлю́бні пла́ни.** She wanted to frustrate their marriage plans. **не вдава́тися** + *D.* fail to
2 *med.* to unsettle, derange ◊ **р. іму́нну систе́му** derange the immune system; ◊ **Молоко́ ~вало її шлу́нок.** Milk would unsettle her stomach.
3 *mus.* to detune ◊ **Хтось розстро́їв Ната́лину скри́пку.** Somebody detuned Natalia's violin.
4 *colloq.* to upset, unsettle, unnerve ◊ **Нови́на́ розстро́їла усі́х.** The news upset everybody.
pa. pple. **розстро́єний** upset
розстро́юй! розстро́й!

розстро́ю|ватися; розстро́їтися, *intr.*
1 to fall apart, break up, collapse ◊ **Їхня співпра́ця розстро́їлася.** Their cooperation fell apart.
2 *med.* to become unsettled, be disrupted ◊ **У Марії серйо́зно розстро́ївся сон.** Maria's sleep cycle was seriously disrupted.
3 *mus.* to detune ◊ **Без ужи́тку музи́чний інструме́нт ~ється.** When not used a musical instrument detunes.
4 *colloq.* to get upset ◊ **Ївга не ~ється че́рез дурни́ці.** Yivha does not get upset over trifles.

ро́зсуд, *m.*, **~у**
decision, discretion, choice
prep. **на р.** 1) to one's discretion ◊ **Він лиши́в рі́шення на р. засту́пника.** He left the decision to his deputy's discretion. ♦ **на свій** *or* **вла́сний р.** at one's own discretion ◊ **Вона́ керува́ла відділом на вла́сний р.** She ran the department at her own discretion. 2) to one's mind ◊ **Як на Га́лин р., це ва́рта ідея́.** To Halia's mind, it is a worthy idea.
See **рі́шення 1**

розсу́джу|вати, ~ють; розсуд|и́ти, ~жу́, ~ять, *tran.*
1 *tran.* to judge, adjudicate, arbitrate ◊ **Суддя́ до́сить шви́дко розсуди́в супере́чку між сусі́дами.** A judge arbitrated the dispute between the neighbors fairly quickly.
adv. **неупере́джено** without bias ◊ **Він розсу́дить їх неупере́джено.** He will judge them without bias. **об'єкти́вно** objectively, **по пра́вді** fairly, **справедли́во** justly, **че́сно** honestly, **шви́дко** quickly
See **суди́ти 3, 4**
2 *intr.* to decide, make up one's mind ◊ **Яросла́ва розсуди́ла не втруча́тися в їхні спра́ви.** Yaroslava decided not to interfere in their affairs.
See **виріш́увати 2**
pa. pple. **розсу́джений** arbitrated
розсу́джуй! розсуди́!

розсуди́|ти, *pf., see* **розсу́джувати**
to judge, adjudicate; decide ◊ **Хло́пці попроси́ли по́другу че́сно р. їх.** The boys asked their (female) friend to be an honest arbiter between them. ◊ **Він ~в кра́ще не зв'я́зуватися з ци́ми людьми́.** He judged it better not to get involved with these people.

розсу́длив|ий, *adj.*
judicious, prudent, astute; wise, sagacious
adv. **винятко́во** exceptionally ◊ **винятко́во ~а жі́нка** an exceptionally judicious woman; **вкрай** extremely, **ду́же** very, **надзвича́йно** extraordinarily; **дивови́жно** amazingly, **на ди́во** surprisingly, **неймові́рно** incredibly; **несподі́вано** unexpectedly; **особли́во** particularly; **до́сить** fairly
v. + **р. бу́ти ~им** be judicious **Прийма́ючи рі́шення, Коза́к нама́гається бу́ти ~им.** Making decisions, Kozak tries to be judicious. (**вважа́ти** + *A.* consider sb/sth ◊ **Її вважа́ють ~ою.** She is considered to be prudent. **виявля́тися** turn out; **здава́тися** + *D.* seem to sb; **става́ти** become)
Also see **обере́жний 2**

розта|ва́ти, ~ю́ть; розта́ти *or* **розта́н|ути, ~уть**; *pa. pf., m.* **розта́в** *or* **розта́нув**, *intr.*
1 to melt, thaw
adv. **вже** already, **наре́ші** finally ◊ **Кри́га наре́шті ~ла** *or* **~нула.** The ice has finally melted. **пові́льно** slowly, **поступо́во** gradually, **потихе́ньку** *dim. colloq.* bit by bit; **геть** totally, **цілко́м** completely
v. + **р. почина́ти** begin to ◊ **Буру́льки почали́ р.** The icicles began to melt. **ста́ти** *pf.* start; **перестава́ти** stop ◊ **Уночі сніг перестава́в р.** At night, the snow stopped melting. **продо́вжувати** continue to
See **та́нути 1**
2 to dissolve; *also fig.* ◊ **Цу́кор шви́дко ~нув у ча́ї.** The sugar quickly dissolved in the tea. ◊ **Со́нце підійма́лося, і тума́н ~ва́в.** The sun was rising and the fog dissolving.
See **та́нути 2.** *Also see* **розчиня́тися**[1]
3 *fig.* to disappear, vanish ◊ **О́лині заоща́дження шви́дко ~ва́ли.** Olia's savings were quickly disappearing. ◊ **Його́ рішу́чість потихе́ньку ~нула.** His resolution melted away bit by bit.
See **зника́ти**
4 *fig.* to melt, soften ◊ **Від його́ сліз Ори́сине се́рце ~ва́ло.** Orysia's heart was softening from his tears.
See **м'я́кнути**
розстава́й! розста́нь!

розта́|ти, *var.* **розта́нути**, *pf., see* **розтава́ти**
to melt away, thaw ◊ **Сніг не ~не так шви́дко.** The snow will not melt away quite so quickly.

розтопи|ти, *pf., see* **топи́ти**[2]
to melt, thaw, defrost ◊ **Він ~в ма́сло на сковороді́.** He melted the butter in the frying pan.

розтопи|тися, *pf., see* **топи́тися**[2]
to melt, *etc.* ◊ **Кри́га ~ла́ся на со́нці.** The ice thawed in the sun. ◊ **Її се́рце ~лося від поцілу́нку.** *fig.* Her heart melted from the kiss.

розташо́ван|ий, *adj.*
situated, located, positioned
adv. **бли́зько** closely, **дале́ко** remotely, **вда́ло** suitably, **до́бре** well, **зру́чно** conveniently, **нале́жно** appropriately, **страте́гічно** strategically, **центра́льно** centrally
v. + **р. бу́ти ~им** be located ◊ **Мі́сто вда́ло ~е на висо́кому па́горбі.** The city is suitably located on a high hill. (**виявля́тися** turn out to be) ◊ **Полк ви́явився ~им на півде́нному бе́резі о́зера.** The regiment turned out to be positioned on the southern shore of the lake.

розташо́ву|вати, ~ють; розташу|ва́ти, ~ють, *tran.*
to arrange, locate, position, place, situate
v. + **р. бу́ти слід** should; **вдава́тися** + *D.* succeed in ◊ **Їм вдало́ся розташува́ти резе́рв у захи́щеному мі́сці.** They succeeded in positioning the reserve in a protected spot. **змогти́** *pf.* manage to; **виріш́увати** decide to ◊ **Сестра́ ви́рішила розташува́ти ко́жне лі́жко за заві́сою.** The nurse decided to place every bed behind a curtain. **могти́** can; **хоті́ти** want to
prep. **р. бі́ля** + *G.* position near ◊ **Він розташува́в загі́н бі́ля мо́сту.** He positioned the detachment near the bridge. **р. в** + *L.* arrange in sth ◊ **Ка́ртки слід р. в алфаві́тному поря́дку.** The cards should be arranged in alphabetical order. **р. за** + *I.* situate behind sth; **р. на** + *L.* position on sth; **р. пе́ред** + *I.* place in front of sth ◊ **Юрко́ розташува́в бю́рко пе́ред вхо́дом.** Yurko arranged the desk in front of the entrance. **р. під** + *I.* arrange under sth; **р. по** + *L.* arrange around/throughout sth ◊ **Інформаці́йні я́тки розташува́ли по мі́сту.** The information booths are placed around the city.
pa. pple. **розташо́ваний** positioned, situated
розташо́вуй! розташу́й!
Also see **розміща́ти 1, 2, ста́вити 1**

розташо́ву|ватися; розташува́тися, *intr.*
1 to be located *(of building, city)*, be situated, be
adv. **бли́зько** closely, **глибо́ко** deep ◊ **Нови́й ко́рпус шко́ли ~ється глибо́ко в па́рку.** The new school hall is located deep in the park. **дале́ко** remotely, **вда́ло** suitably, **до́бре** well, **зру́чно** conveniently, **нале́жно** appropriately, **страте́гічно** strategically ◊ **Мі́сто ~ється страте́гічно на торго́вих шляха́х.** The city is located strategically on trading routes. **центра́льно** centrally
prep. **р. бі́ля** + *G.* be near sth ◊ **Музе́й ~ється бі́ля о́зера.** The museum is near the lake. **р. в** + *L.* be in *(a space)* ◊ **Це́рква ~ється в це́нтрі села́.** The church is situated in the center of the village. **р. за** + *I.* be situated behind sth ◊ **Арсена́л ~вався за форте́чною стіно́ю.** The arsenal was located behind the fortress wall. **р. на** + *L.* be on sth ◊ **Фонта́н ~вався на невели́кій пло́щі.** The fountain was located on a small square. **р. пе́ред** + *I.* be located in front of sth; **р. під** + *I.* be under/near sth ◊ **По́гріб ~ється під горо́ю.** The cellar is located under a hill. **р. по** + *L.* be located around/throughout *(a space)*
Also see **бу́ти 1, знахо́дитися 3, перебува́ти 1, пиша́тися 4, пробува́ти 1, розміща́тися 2, стоя́ти 2**
2 to settle, make oneself comfortable, sit down, install oneself ◊ **Уча́сники диску́сії ~ва́лися за столо́м.** The discussion participants were settling behind the table.
3 *mil.* to camp, encamp, station, be stationed ◊ **Полк розташува́вся на горбі́.** The regiment encamped on the hill.

розташува́нн|я, *nt., only sg.*
1 arrangement, disposition, order
adj. **вда́ле** fitting ◊ **вда́ле р. ме́блів у кімна́ті** a fitting furniture arrangement in the room; **ви́гідне** suitable, **га́рне** nice, **зру́чне** convenient, **практи́чне** practical, **проду́мане** well thought through; **заплу́тане** tangled, **складне́** complicated; **ке́пське** poor, **невда́ле** infelicitous; **вертика́льне** vertical, **горизонта́льне** horizontal, **просторо́ве** spacial, **фізи́чне** physical
v. + **р. змі́нювати р.** change arrangement ◊ **Він змінив р. карти́н у за́лі.** He changed the arrangement paintings in the hall. (**огляда́ти** view; **планува́ти** design)
Also see **розмі́щення**
2 disposition, location, position

adj. **докла́дне** exact, **то́чне** precise; **географі́чне** geographic; **нове́** new; **пе́рвісне** original, **початко́ве** starting, **центра́льне** central
v. + **р. визнача́ти р.** determine a position ◊ **Вона́ ви́значила р. я́хти за зо́рями.** She determined the yacht's position by stars. (**змі́нювати** change; **вказувати на** indicate) ◊ **Стрі́лка вка́зує на р. спортза́ли.** The arrow indicates the location of the gym.
Also see **мі́сце 5, розмі́щення**
3 *mil.* positions ◊ **р. табору під Маріу́полем** the camp's positions near Mariupol
adj. **бойове́** combat ◊ **бойове́ р. воро́жих ві́йськ** the combat positions of the enemy troops; **військо́ве** military, **оборо́нне** defensive, **стратегі́чне** strategic

розтлума́чи|ти, *pf., see* **тлума́чити**
to interpret, explain ◊ **Вона́ ~ла коле́зі зна́чення цьо́го ви́разу.** She explained the meaning of the expression to her colleague.

розто́плю|вати, ~ють; розтоп|и́ти, ~лю́, ~иш, ~лять, *tran.*
1 to melt ◊ **Весна́ розтопи́ла кри́гу на рі́чці.** Spring melted the ice on the river.
adv. **вже** already, **наре́шті** finally; **пові́льно** slowly, **поступо́во** gradually; **ма́йже** almost, **тро́хи** a little, **частко́во** partially; **по́вністю** totally, **цілко́м** completely ◊ **Те́пла пого́да цілко́м розтопи́ла сніг.** Warm weather completely melted the snow. **шви́дко** quickly
2 *fig.* to melt, soften ◊ **Його́ зізна́ння поступо́во розтопи́ло ба́тькове се́рце.** His confession gradually melted his father's heart.
pa. pple. **розто́плений** melted
розто́плюй! розтопи́!

розтрощи́|ти, *pf., see* **трощи́ти**
to smash, shatter ◊ **Бу́ря ~ла судно́ на дру́зки.** The storm smashed the vessel to smithereens.

розтя́|ти, *pf., see* **розтина́ти**
to cut up, *etc.* ◊ **Хіру́рг ~в нагно́єння.** The surgeon cut open the abscess.

ро́зум, *m.*, **~у**
mind, intellect, intelligence, reason
adj. **аналіти́чний** analytical, **прони́кливий** penetrating ◊ **Писа́ти таке́ мо́же люди́на з прони́кливим ~ом.** A person of penetrating mind can write such a thing. **блиску́чий** brilliant, **вели́кий** great ◊ **Вона́ посіда́ла вели́кий р.** She possessed a great mind. **винятко́вий** exceptional, **рі́дкісний** rare, **уніка́льний** unique; **го́стрий** sharp, **допи́тливий** inquisitive, **жва́вий** lively, **метки́й** agile, **спри́тний** shrewd; **тво́рчий** creative ◊ **Це був плід тво́рчого ~у.** This was a fruit of a creative mind. **спокі́йний** calm, **твере́зий** sober, **холо́дний** cool ◊ **Вона́ ви́явила спри́тний і холо́дний р.** She revealed a shrewd and cool mind. **я́сни́й** clear; **вразли́вий** impressionable; **людськи́й** human; **дитя́чий** child's, **діво́чий** girl's, **хлоп'я́чий** boyish; **жіно́чий** woman's; **чолові́чий** man's; **індивідуа́льний** individual; **колекти́вний** collective; ♦ **дурни́й р.** stupidity, brainlessness ◊ **Дмитро́ кляв свій дурни́й р.** Dmytro was cursing his stupidity. ♦ **приро́дний р.** inborn intelligence; ♦ **те́мний р.** narrow mind; ♦ **стари́й** *or* **старе́чий р.** an old man's mind ◊ **Юхи́м, хоч молоди́й, а старе́чий р. ма́є.** Though young, Yukhym has a mind of an old man.
n. + **р. напру́ження ~у** an exertion of the mind (**робо́та** work; **глиби́ни** depths, **зда́тність** capacity; **ме́жі** limits) ◊ **Вона́ роби́ла ре́чі по́за ме́жами людсько́го ~у.** She did things beyond the limits of the human mind.
v. + **р. втрача́ти** *or* **губи́ти, тра́тити р.** lose one's mind ◊ **Від зло́сти Павло́ геть згуби́в р.** Pavlo totally lost his mind with anger. (**затьма́рювати** + *D.* cloud ◊ **Го́ре затьма́рило чолові́кові р.** Grief has clouded the man's mind. **тума́нити** + *D.* fog ◊ **Обра́за на мить затума́нила йому́ р.** The insult momentarily fogged his mind. **проя́снювати** clear) ◊ **Перспекти́ва в'язни́ці проясни́ла Га́ньці р.** The prospect of imprisonment cleared Hanka's mind. ♦ **зво́дити** + *A.* **з ~у** to drive sb crazy ◊ **Безкіне́чні вульґа́рні анекдо́ти нача́льника зво́дили її з ~у.** Her boss's endless vulgar jokes drove her crazy. ♦ **прихо́дити до ~у** to come to one's senses ◊ **Вона́ до́вго не могла́ прийти́ до ~у.** It took her quite some time to come to her senses. ♦ **бу́ти несповна́ ~у** to have rats in the attic ◊ **Він пово́диться так, на́че несповна́ ~у.** He acts as if he has rats in the attic. ♦ **вистача́ти** + *D. or* **в** + *G.* **~у** 1) to have the wits to do sth ◊ **Йому́** *or* **У ньо́го вистача́є ~у ви́класти все на письмі́.** He has the wits to put it all in writing. 2) to be stupid enough to do sth ◊ **Ле́вові ви́стачило ~у подзвони́ти Марі́ї.** Lev was stupid enough to call Maria.
prep. ♦ **з ~ом** wisely, shrewdly ◊ **Вони́ ви́рішили спра́ву з ~ом.** They settled the matter shrewdly.
Also see **глузд 2, голова́ 2, інтеле́кт 2, кмітли́вість, мо́зок 2, тя́ма 1**

розумі́нн|я, *nt., only sg.*
1 *usu sg.* understanding, knowledge, notion
adj. **все бі́льше** growing ◊ **Між ни́ми було́ все бі́льше р.** There was a growing understanding between them. **виче́рпне** exhaustive, **всебі́чне** comprehensive, **глибо́ке** profound ◊ **Профе́сор демонстру́є глибо́ке р. я́вища.** The professor demonstrates a profound understanding of the phenomenon. **ґрунто́вне** in-depth, **зага́льне** general, **засадни́че** basic, **пра́вильне** correct; **і́стинне** genuine, **правди́ве** true, **спра́вжнє** real; **винятко́ве** exceptional, **до́бре** good, **неабия́ке** uncommon, **прекра́сне** excellent, **рі́дкісне** rare; **докла́дне** accurate, **то́чне** exact, **фундамента́льне** fundamental, **широ́ке** broad; **прони́кливе** perceptive, **тонке́** subtle; **по́вне** full, **цілкови́те** complete; **адеква́тне** adequate, **доста́тнє** sufficient, **нале́жне** proper, **необхі́дне** necessary; **гли́бше** deeper, **кра́ще** better; **ке́пське** *or* **пога́не** poor, **недоста́тнє** insufficient, **непо́вне** incomplete, **обме́жене** limited, **поверхо́ве** superficial; **взає́мне** mutual, **лю́дське́** human; **непра́вильне** incorrect, **помилко́ве** mistaken ◊ **Його́ р. націона́льної іденти́чности помилко́ве.** His understanding of national identity is mistaken. **хи́бне** wrong; **альтернати́вне** alternative, **концептуа́льне** conceptual, **крити́чне** critical, **науко́ве** scientific, **раціона́льне** rational, **теорети́чне** theoretical; **істори́чне** historical; **суча́сне** modern; **при́йняте** conventional, **традиці́йне** traditional ◊ **Традиці́йне р. лю́дської сексуа́льности зда́ється їй застарі́лим.** The traditional understanding of human sexuality seems obsolete to her. **інстинкти́вне** instinctive, **інтуї́ти́вне** intuitive; **містичне** mystical
n. + **р. брак р.** a lack of understanding (**відсу́тність** absence; **глибина́** depth, **рі́вень** level, **сту́пінь** degree; **скла́днощі** complexities)
v. + **р. виявля́ти р.** reveal an understanding ◊ **А́втор виявля́є неабия́ке р. психоло́гії полі́тика.** The author reveals a remarkable understanding of the politician's psychology. (**демонструва́ти** demonstrate, **пока́зувати** show; **відобража́ти** reflect; **дава́ти** + *D.* give sb; **змі́нювати** change, **мі́няти** alter; **ма́ти** have; ♦ **не ма́ти найме́ншого р.** not to have the slightest idea; **збага́чувати** enrich, **поглиблювати** deepen, **покра́щувати** improve, **пошир́ювати на** + *A.* extend to sth, **просува́ти** advance, **розвива́ти** develop, **розши́рювати** broaden; **формува́ти** shape) ◊ **Робо́ти Груше́вського сформува́ли її р. украї́нської істо́рії.** Hrushevsky's works shaped her understanding of Ukrainian history. **бракува́ти** + *D.* **р.** lack an understanding ◊ **Медици́ні бракува́ло засадни́чого р. приро́ди ві́спи.** Medicine lacked a basic understanding of the nature of smallpox. (**досяга́ти** achieve ◊ **Кра́щого р. між ни́ми ле́две мо́жна досягну́ти.** A better understanding between them can hardly be achieved. **набува́ти** acquire, **шука́ти** seek ◊ **Істо́рики шука́ють гли́бшого р. трипі́льської цивіліза́ції.** Historians seek a deeper understanding of the Trypillian civilization. **прихо́дити до** arrive at); **допомага́ти ~ю** facilitate understanding ◊ **Гнів не допомага́в ~ю між ни́ми.** Anger did not facilitate understanding between them.
prep. **р. між** + *I.* understanding between sb
Also see **відчуття́ 4, тя́ма 2**
2 sense, meaning
adj. **буква́льне** literal, **дослі́вне** verbatim, **пря́ме́** direct ◊ **Марі́я – педа́нтка в прямо́му ~і сло́ва.** Maria is a pedant in the direct sense of the word. **висо́ке** elevated, **найкра́ще** best ◊ **Вона́ – патріо́тка в найкра́щому ~і сло́ва.** She is a patriot in the best sense of the word. **по́вне** complete, **звича́йне** usual, **поши́рене** common; **широ́ке** broad; **вла́сне** one's own ◊ **Він ви́клав вла́сне р. прислів'я.** He laid out his own meaning of the proverb.
prep. **у ~і** in a sense ◊ **у широ́кому ~і сло́ва** in a broad sense of the word
See **зна́чення 2, суть.** *Also see* **зміст 1, симво́ліка 2, сенс 1, смисл, толк 3**

розумі́|ти, ~ють; з~, *tran.*
1 to understand, comprehend, realize, grasp ◊ **Ви мене́ ~єте?** Do you understand me? ◊ **Я ні́чого не ~ю.** I don't understand anything.
adv. **вже** already, **вре́шті-ре́шт** eventually, **наре́шті** finally ◊ **Вони́ наре́шті все зрозумі́ли.** They finally understood everything. **момента́льно** instantaneously, **нега́йно** immediately, **одра́зу** at once, **за́раз же** right away; **гли́бо́ко** deeply, **ґрунто́вно** in-depth ◊ **Ні́на ґрунто́вно ~є істо́рію кра́ю.** Nina has an in-depth understanding of the history of the land. **ді́йсно** really; **до́бре** well, **прекра́сно** superbly, **чудо́во** perfectly, **як ніхто́ і́нший** like nobody else; **по́вністю** fully, **цілко́м** completely; **поча́сти** in part, **частко́во** partially; **загало́м** in general, **засадни́чо** basically, **пра́вильно** correctly; **докла́дно** accurately, **то́чно** exactly, **фундамента́льно** fundamentally, **широ́ко** broadly; **то́нко** subtly; **впо́вні** fully, **цілкови́то** completely; **адеква́тно** adequately, **доста́тньо** sufficiently, **нале́жно** properly; **гли́бше** deeper, **кра́ще** *and* **лі́пше** better; **ле́две** scarcely, **ма́йже** almost, **наси́лу** barely; **не зо́всім** not quite ◊ **Вона́ не зо́всім зрозумі́ла на́тяк.** She did not quite understand the hint. **не цілко́м** not entirely; **ке́псько** *and* **пога́но** poorly; ♦ **непра́вильно р.** misunderstand ◊ **Зда́ється, ви непра́вильно зрозумі́ли мене́.** You seem to have misunderstood me. **помилко́во** mistakenly, **хи́бно** wrongly; **недоста́тньо** insufficiently, **непо́вно** incompletely, **обме́жено** in a limited way, **поверхо́во** superficially; **концептуа́льно** conceptually, **крити́чно** critically, **по-науко́вому** scientifically, **раціона́льно** rationally, **теорети́чно** theoretically; **істори́чно** historically; **по-суча́сному** in a modern way; **традиці́йно** traditionally; **інстинкти́вно** instinctively, **інтуї́ти́вно** intuitively ◊ **Кіт інтуї́ти́вно ~в, що його́ господи́ні не ста́ло.** The cat understood intuitively that its mistress was no more. ♦ **р. з пів сло́ва** to finish each other's sentences ◊ **Га́ля й Ната́ля ~ли одна́ одну́ з пів сло́ва.** Halia and Natalia could finish each other's sentences.
р. + *n.* **р. зна́чення** understand a meaning (**смисл** sense; **пита́ння** question ◊ **Яри́на не цілко́м ~є її пита́ння.** Yaryna does not entirely understand her question. **ре́чення** sentence, **сло́во** word, **текст** text, **фі́льм** movie; **мо́ву** language ◊ **Марко́ до́бре ~в по́льську.** Marko had a good understanding of Polish. **люди́ну** person, **оди́н одно́го**, *m.* each other, **одна́ одну**, *f.* each other, **одне́ одно́го**, *m. and f.* each other ◊ **Оле́на й І́гор ~ли одне́ одно́го.** Olena and Ihor

understood each other. **поведíнку** behavior)
v. + **р. бýти вáжко** + *D.* be difficult for sb to, **бýти неможлúво** + *D.* be impossible for sb to ◊ **Йогó неможлúво з~.** He is impossible to understand. **бýти неспромóжним** be incapable of; **бýти лéгко** + *D.* be easy for sb to ◊ **Знáючи італíйську, Мáрті лéгко р. еспáнську.** Knowing Italian, it is easy for Marta to understand Spanish. **бýти прóсто** be simple to ◊ **Текст булó прóсто з~.** The text was easy to understand. **бýти здáтним** be able to ◊ **Мáло хто здáтний р. її мóву.** Few are able to understand her language. **змогтú** *pf.* manage to, **могтú** can; **намагáтися** strive to, **прóбувати** try to, **старáтися** do one's best to; **починáти** begin to, **стáти** *pf.* start; **відмовлятися** refuse to, **не бажáти** be reluctant to, **не хотíти** not want to
prep. **р. по** + *L.* understand by sth ◊ **Вонá ~ла по облúччю хлóпця, що він от-óт зімлíє.** She understood by the boy's face that he was about to faint.
Also see **бáчити 3, вхóдити 5, проникáти 3, охóплювати 6, розбирáти 4, сприймáти 2, схóплювати 6, тя́мити 1, усвідóмлювати, уявля́ти 2, хапáти 3, читáти 4**
2 to believe, think, take it ◊ **Я так ~ю, що ви вже йдетé.** I take it you are already leaving.
3 to mean, signify, imply
prep. **р. під** + *I.* mean by sth ◊ **Він дóбре знáє, що ~ють під цим вúразом.** He knows all too well what is implied by this expression.
4 to know, be versed in, have a grasp of
prep. **р. в** + *L. or* **на** + *A.* be versed in sth ◊ **Він ~в в еспáнському маля́рстві.** He knew Spanish painting.
pa. pple. **зрозумíлий** understood, clear
(з)розумíй!

розýмн|ий, *adj.*

1 intelligent, clever, smart, wise
adv. **виняткóво** exceptionally ◊ **Її знáють як виняткóво ~у керівнúчку.** She is known as an exceptionally intelligent director. **дýже** very, **надзвичáйно** extremely, **неймовíрно** incredibly, **страшéнно** terribly; **нáдто** *iron.* too; **дóсить** fairly, **достáтньо** sufficiently
р. + *n.* **р. вчúнок** a smart deed (**крок** move, **план** plan; **кінь** horse, **кіт** cat, **пес** dog) ◊ **Сíркó був неймовíрно ~им псом.** Sirko was an incredibly smart dog. **~а жíнка** an intelligent woman (**людúна** person; **порáда** piece of advice); **~е дитя́** a smart kid (**запитáння** question ◊ **Óля булá здивóвана ~ими запитáннями журналíста.** Olia was surprised by the journalist's smart questions. **облúччя** face); **~і óчі** intelligent eyes ◊ **В йогó ~их очáх не булó стрáху.** There was no fear in his intelligent eyes.
v. + **р. бýти ~им** be wise (**вважáти** + *A.* consider sb, **вигля́дáти** look ◊ **Він виглядáв ~им в окуля́рах.** He looked intelligent in spectacles. **виявля́тися** turn out, **здавáтися** + *D.* seem to sb ◊ **Назáрове облúччя здавáлося йомý ~им.** Nazar's face seemed intelligent to him. **ставáти** become)
Also see **вчéний**[1] **3, кмітлúвий 1, 2, мýдрий, свíтлий 7, спрúтний 3, тямовúтий**
2 reasonable, sensible, rational, commonsensical ◊ **Такí сподівáння вáжко назвáти ~ими.** Such expectations are difficult to call reasonable.

розумóв|ий, *adj.*

mental, intellectual
р. + *n.* **р. потенціáл** intellectual potential (**рíвень** level, **рóзвиток** development), **р. процéс** a mental process (**рóзлад** disorder); **~а дисциплíна** mental discipline (**організáція** organization; **прáця** work) ◊ **лю́ди ~ої прáці** brain workers; **~е багáтство** mental wealth (**вúснаження** exhaustion, **зусúлля** effort, **напрýження** exertion; **життя́** life; **гóлод** *fig.* hunger) ◊ **Лáда відчувáла гострий р. гóлод.** Lada felt acute intellectual hunger. **~і здíбності** intellectual capacities (**я́кості** faculties ◊ **Вонá – дослíдниця винятковúх ~их я́костей.** She is a researcher of exceptional mental faculties. **обмéження** limitations)

розхóджен|ня, *nt., usu pl.*

difference, divergence, disagreement; discrepancy
adj. **велúке** major ◊ **Ніхтó не заувáжив велúких ~ь у пóглядах двох фахівцíв.** Nobody noticed major differences in the views of the two experts. **гóстре** sharp, **значнé** considerable, **непримирéнне** irreconcilable, **помíтне** significant, **різкé** stark, **серйóзне** serious, **фундаментáльне** fundamental; **невелúке** small, **незначнé** minor; **дея́ке** some, **пéвне** certain; **богослóвське** theological, **ідеологíчне** ideological, **політúчне** political, **філосóфське** philosophical ◊ **Між нúми є пéвні філосóфські р.** There are certain philosophical differences between them.
v. + **р. долáти р.** overcome a difference (**зглáджувати** smooth over ◊ **Посерéдник зглáджував р. між стóронами.** The mediator smoothed over the differences between the parties. **ладнáти** settle, **латáти** *fig.* patch up, **погóджувати** resolve, **примиря́ти** reconcile, **усувáти** eliminate ◊ **Редáктор усýнув р. у звíті.** The editor eliminated the differences in the report.
р. + *v.* **виникáти** emerge, **закрадáтися до** + *G. or* **в** + *A.* creep into sth ◊ **До тéксту закрáлися р. в оцíнках станóвища.** Discrepancies in the assessment of the situation crept into the text. **з'являтися** arise; **залишáтися** remain; **існувáти** exist
prep. **р. в** + *L.* differences in sth; **р. між** + *I.* a difference between sb/sth; **р. стосóвно** + *G.* differences concerning sth ◊ **р. стосóвно метóдики** differences concerning methodology; **р. щóдо** + *G.* a difference as to sth ◊ **р. щóдо стратéгії** differences as to strategy
Also see **різнúця**

розхóд|итися, ~жуся, ~ишся, ~яться; розійтúся, розійд|уться, *intr.*

1 to disperse, disband, break up, leave
adv. **зáраз же** right away ◊ **Почýвши накáз, лю́ди зáраз же розійшлúся.** Having heard the order, the people dispersed right away. **хýтко** quickly, **швúдко** rapidly; **шúроко** widely ◊ **Робітникú розійшлúся шúроко пóлем.** The workers spread wide over the field. **навманнЯ́** randomly
v. + **р. накáзувати** + *D.* order sb to ◊ **Він наказáв усíм розійтúся.** He ordered everybody to disperse. **не хотíти** be reluctant to ◊ **Дискýсія такá цікáва, що пýбліка не хóче р.** The discussion is so interesting that the audience is reluctant to leave. **починáти** begin to, **стáти** *pf.* start ◊ **Нáтовп став р.** The crowd started disbanding.
prep. **р. по** + *L.* disperse to sth ◊ **Гóсті розійшлúся по кíмнатах.** The guests dispersed to their rooms.
2 to part, separate, move apart, say goodbye ◊ **Вонú розійшлúся на світáнку.** They parted at dawn. ◊ **Штóри на вікнí на хвúлю розійшлúся від прóтягу.** The curtains on the window momentarily moved apart from a draft.
3 to break up, split up, separate; divorce ◊ **Врéшті-рéшт вонú розійшлúся чéрез рíжнúцю пóглядів.** They eventually broke up over differences in views. ◊ **Марчукú розійшлúся чéрез рік пíсля шлю́бу.** The Marchuks divorced a year after marriage.
4 to fork, split, divide ◊ **При кінцí селá дорóга ~иться.** At the end of the village, the road forks.
5 *usu impf.* to diverge, differ, disagree
adv. **безнадíйно** hopelessly, **драматúчно** dramatically, **дýже** greatly, **знáчно** considerably, **непримирéнно** irreconcilably, **принципóво** on principle ◊ **Два мéтоди принципóво ~яться.** The two methods differ on principle. **рíзко** sharply, **серйóзно** seriously ◊ **Їхні вéрсії подíй серйóзно ~илися.** Their accounts of the events seriously differed. **ґвалтóвно** abruptly, **несподíвано** unexpectedly, **рáптом** suddenly; **дéщо** somewhat
prep. **р. в** + *L.* differ in sth; **р. з** + *I.* differ with sb/sth ◊ **Бáтько ~ився з сúном у пóглядах на те, як вихóвувати дітéй.** The father differed with his son in his views as to how to raise children. **р. стосóвно** + *G.* differ over sth ◊ **Вонú дéщо ~яться стосóвно спóсобів зáхисту.** They differ somewhat over the ways of protection. **р. щóдо** + *G.* differ as to sth
6 to travel *(of sound, etc.)*, spread, proliferate ◊ **Теплó від камíна ~илося вітáльнею.** The heat from the fireplace spread around the living room.
7 *fig.* to spread *(of news)*, circulate, disseminate ◊ **Вíстка розійшлáся шúроко по громáді.** The news spread wide in the community.
8 to sell out ◊ **Пéрша пáртія óдягу швúдко розійшлáся.** The first clothing shipment quickly sold out.
See **продавáтися 1**
9 to dissipate, melt away, disappear ◊ **Густúй тумáн потрóху ~ився.** The thick fog was dissipating bit by bit. ◊ **Колú дим розійшóвся, вонú побáчили тáнки.** When the smoke disappeared, they saw tanks.
розхóдься! розійдúся!

розход|úтися, ~жуся, ~ишся, ~яться; *only impf., intr.*

1 *fig., colloq.* to get worked up, get carried away ◊ **Глядачí ~úлися вже від пéршої її áрії.** The audience got carried away already by her first aria. ◊ **Дівчáта так ~úлися, що не моглú заспокóїтися ще годúну.** The girls got so carried away they could not calm down for another hour. ◊ **Чогó ти ~úвся так, замóвкни!** Why did you get so worked up, shut up!
2 *fig. colloq.* to start beating *(of heart)*, start aching *(of tooth, etc.)* ◊ **У Бóриса від тривóги ~úлося сéрце.** Borys's heart started pounding with anxiety.
3 to start pacing, begin walking up and down ◊ **Чогó ти ~úвся тут? Сядь, перепочúнь.** Why are you walking up and down here? Sit and have some rest.

розцінú|ти, *pf., see* розцíнювати

to evaluate, *etc.* ◊ **Лихвáр ~в пéрстень у тúсячу грúвень.** The usurer valued the ring at ₴1,000.

розцíню|вати, ~ють; розцін|úти, ~ять, *tran.*

1 to evaluate, assess, value ◊ **У хáті не лишúлося що р.: все абó вкрáли, абó продалú.** There was nothing left in the house to be assessed; everything had been either stolen or sold.
See **оцíнювати 1.** *Also see* **аналізувáти, звáжувати 2**
2 *fig.* to regard, consider, look at ◊ **Дрýзі прихúльно ~вали її інтерв'ю.** Her friends looked at her interview in a favorable manner. ◊ **Мíністр розцінúв крúтику як оголóшення війнú.** The minister regarded the criticism as a declaration of war.
See **брáти 6.** *Also see* **вважáти 2, мáти 4, сприймáти 2**
pa. pple. **розцíнений** assessed
розцíнюй! розцінú!

розчарóван|ий, *adj.*

disappointed, disillusioned + *I.* by/with
adv. **більш як** more than, **вéльми** greatly, **вкрай** extremely, **гíрко** bitterly, **глибóко** deeply, **дýже** badly, **надзвичáйно** extraordinarily, **сúльно** *colloq.* badly, **страшéнно** awfully, **цілкóм** completely; **напрáвду** truly, **спрáвді** genuinely; **дóсить** rather; **як нікóли** like never before; **вúдимо** visibly, **я́вно** obviously ◊ **Мúша мав я́вно р. вúгляд.** Mysha had an obviously

disappointed look. **дещо** somewhat, **трохи** a little;
v. + **р. бути ~им** be disappointed (**виглядати** look ◊ **Він виглядав ~им.** He looked disappointed. **здаватися** + *D.* seem to sb, **звучати** sound, **почуватися** feel) ◊ **Присутні почувалися ~ими виставою.** Those present felt disappointed with the show.
prep. **р. в** + *L.* disappointed with sb/sth; **р. що** + *clause* disappointed ◊ **Вони ~і, що їх прохолодно прийняли.** They are disappointed by the cool reception.

розчаровувати, ~ють; розчарувати, ~ють, *tran.*
to disappoint, disillusion + *I.* by/with
adv. **вельми** greatly, **вкрай** extremely, **гірко** bitterly, **глибоко** deeply, **дуже** badly, **направду** truly, **справді** really, **сильно** *colloq.* badly, **страшенно** awfully ◊ **Діти страшенно розчарували їх недбалою роботою.** The children disappointed them awfully by negligent work. **так** so, **цілком** completely; **видимо** visibly, **явно** obviously; **досить** rather; **дещо** somewhat, **трохи** a little; **зовсім не** not at all, **нітрохи не** not in the least ◊ **Новина нітрохи не розчарувала їх.** The news did not in the least disappoint them.
v. + **р. намагатися не** try not to ◊ **Він намагався не р. батьків оцінками.** He tried not to disappoint his parents by his grades. **не хотіти** not want to; **обіцяти** + *D.* promise sb not to, **просити** + *A.* **не** ask sb not to
pa. pple. **розчарований** disappointed
розчаровуй! розчаруй!

розчарувати, *pf., see* **розчаровувати**
to disappoint, *etc.* ◊ **Даруйте, що ми так ~ли вас.** Forgive us for having disappointed you so.

розчин, *m.*, **~у**
solution, mixture
adj. **концентрований** concentrated, **насичений** saturated, **сильний** strong; **розведений** diluted, **слабкий** weak; **буферний** buffer, **водний** aqueous, **колоїдний** colloidal, **лужний** alkaline, **соляний** salt, **фізіологічний** *med.* saline; **титрований** volumetric; **цементний** cement
р. + *n.* **р. бікарбонату натрію** a bicarbonate sodium solution (**кислоти** acid, **солі** salt, **хлориду натрію** sodium chloride)
v. + **р. готувати р.** prepare a solution ◊ **Вони приготували цементний р.** They prepared a cement solution. (**робити** make; **розводити** dilute; **випаровувати** reduce) ◊ **Отриманий р. слід випарувати на четвертину.** The obtained solution should be reduced by a fourth.
р. + *v.* **густнути** thicken, **твердіти** harden; **містити** + *A.* contain sth ◊ **Р. містить метали.** The solution contains metals.

розчинити[1], *pf., see* **розчиняти**[1]
to dissolve ◊ **Він ~в сіль у воді.** He dissolved the salt in water.

розчинити[2], *pf., see* **розчиняти**[2]
to open ◊ **Гордій ~в двері в гаражі.** Hordii opened the garage door.

розчинитися[1], *pf., see* **розчинятися**[1]
to dissolve ◊ **Добриво швидко ~лося у воді.** The fertilizer quickly dissolved in the water.

розчинитися[2], *pf., see* **розчинятися**[2]
to open ◊ **Двері раптом ~лися.** The door suddenly opened.

розчиняти[1], **~ють; розчинити, ~ю, ~ять,** *tran.*
1 to dissolve
adv. **добре** well ◊ **Вода добре ~є акрилові фарби.** Water dissolves acrylic paints well. **легко** easily; **повільно** slowly, **поступово** gradually, **ретельно** thoroughly, **швидко** quickly
Also see **розводити 3, розпускати 7**
2 *nonequiv.* to make batter, proof *(yeast)*
р. + *n.* **р. млинці** make pancake batter (**паску** Easter bread, **пироги** rolls, **тісто** dough ◊ **Марія розчинила тісто.** Maria made dough batter. **хліб** bread); **р. дріжджі** proof yeast
pa. pple. **розчинений** dissolved; proofed
розчиняй! розчини!

розчиняти[2], **~ють; розчинити, ~ю, ~ять,** *tran.*
to open
р. + *n.* **р. вікно** ◊ **Ніна навстіж розчинила вікно.** Nina opened wide the window. (**браму** gate, **двері** door)
See **відчиняти 1.** *Cf.* **відкривати 1**

розчинятися[1]**; розчинитися,** *intr.*
1 to dissolve, go into solution ◊ **Сіль швидко ~ється у воді.** Salt quickly dissolves in water.
Also see **розводитися 5, розпускатися 6, розтавати 2, танути 2**
2 *fig.* to dissolve, disappear; merge with, blend ◊ **Група розчинилася в темряві.** The group dissolved in darkness. ◊ **Поступово племена ~лися в більшому народі.** Gradually the tribes blended with a larger people.

розчинятися[2]**; розчинитися,** *intr.*
to open *(of door, gate, window, etc.)* ◊ **Двері банку розчинилися.** The bank door opened.
See **відчинятися 1.** *Cf.* **відкриватися 1, 2**

розчистити, *pf., see* **розчищати**
to clear, *etc.* ◊ **Вони ~ли дорогу від уламків.** They cleared the road from debris.

розчищати, ~ють; розчистити, розчищу, ~ять, *tran.*
to clear, clear away, clear out
р. + *n.* **р. завал** clear a detritus (**залишки** remains, **листя** leafs, **сніг** snow; **двір** courtyard, **дорогу** road, path ◊ **Повалення олігархії ~ло б дорогу до демократії у країні.** The toppling of the oligarchy would clear the path for democracy in the country. **поле** field, **територію** territory, **кімнату** room, **простір** space)
prep. **р. від** + *G.* clear from sth ◊ **Вона ~є двір від снігу.** She is clearing the courtyard from snow.
pa. pple. **розчищений** cleared out
розчищай! розчисть!
See **чистити 1, 3**

розчесати, *pf., see* **розчісувати**
to comb, *etc.* ◊ **Він ~в скуйовджене волосся.** He combed his tangled hair.

розчісувати, ~ють; розчесати, ~у, розчешуть, *tran.*
to comb, brush *(hair)*, card *(wool, etc.)*
◊ **Вечорами вони ~вали льон.** In the evenings, they carded hemp.
adv. **акуратно** neatly, **вміло** skillfully; **довго** for a long time; **любовно** lovingly, **ніжно** affectionately; **обережно** carefully ◊ **Таке делікатне волосся треба обережно р.** Such delicate hair needs to be combed carefully. **старанно** painstakingly; **повільно** slowly; **проворно** deftly, **швидко** quickly
pa. pple. **розчесаний** combed; carded
розчесуй! розчеши!

розчути, ~ють; *no pf., tran.*
to make out *(by ear)*, catch, hear, discern
adv. **добре** clearly ◊ **Василь добре ~в, що прошептав помічник.** Vasyl clearly made out what his assistant had whispered. **чітко** distinctly; **ледве** scarcely, **насилу** barely ◊ **Вони ледве ~ли крик на вулиці.** They barely heard the cry on the street. ◊ **Я не ~ла, що ви сказали.** I did not catch what you said.
pa. pple. **розчутий** heard, made out
розчуй!

розширити, *pf., see* **розширяти**
to widen, broaden, expand ◊ **Подорож ~ла його знайомство з Галичиною.** The trip expanded his familiarity of Galicia.

розширитися, *pf., see* **розширятися**
to widen, broaden, expand ◊ **Мережа ресторанів ~лася.** The restaurant chain expanded.

розширювати, ~ють; розширити, ~ять, *tran.*
to widen, broaden, expand; *also fig.* ◊ **Нові квартали ~ють межі міста.** The new blocks expand the city limits. ◊ **Жінка дивилася, ~ючи від здивування очі.** The woman looked, widening her eyes with surprise. ◊ **Вони тут для того, щоб р. знання грецького мистецтва.** They are here in order to broaden their knowledge of Greek art. ◊ **Крамниця весь час ~є вибір товарів.** The store expands its selection of merchandise all the time.
pa. pple. **розширений** expanded
розширюй! розшир!
See **поширювати 1, 2.** *Ant.* **звужувати 1, 2, 3**

розширюватися; розширитися, *intr.*
to widen, broaden, expand; *also fig.* ◊ **Із новими засобами зв'язку їхні можливості ~валися.** With the new means of communication, their capabilities expanded.
Ant. **звужуватися**

розшук, *m.*, **~у**
1 search, hunt, looking for ◊ **Вони вирушили на р. дітей, що заблудилися.** They set out on a search for the children who got lost.
2 *leg.* investigation, inquiry; police ◊ **Про напад вони повідомили у р.** They informed the police about the assault. ♦ **карний р.** a criminal investigation department
prep. ♦ **бути** *or* **перебувати в ~у** to be wanted ◊ **фото злочинця, що є в ~у** a mug shot of a wanted criminal
Cf. **пошук**

розшукати, *pf., see* **шукати**
to find, *etc.* ◊ **Крадія ~ли через місяць.** The thief was tracked down in a month.

розшукатися, *pf., see* **розшукуватися**
to be found ◊ **Гаманець ~вся наступного дня.** The wallet was found the following day.

розшукуватися; розшукатися, *intr.*
1 *pass., only impf.* to be looked for; be wanted *(by police)* ◊ **Він ~ється вже десять років.** He has been wanted for ten years already.
2 to be found, be tracked down ◊ **Інна не втрачала надії, що її брат розшукається.** Inna did not lose hope that her brother would be found.

роль, *var.* **роля,** *f.*
1 role, part, character
adj. **важлива** important, **велика** big, **заголовна** title, **провідна** lead; **другорядна** supporting; **вагома** weighty ◊ **Він не хоче братися за таку вагому р.** He is reluctant to tackle such a weighty role. **змістовна** meaty, **серйозна** serious ◊ **Нарешті акторка гратиме серйозну р. на сцені.** Finally the actress will be playing a serious part on the stage. **класична** classical ◊ **класична р. Фігара** the classical role of Figaro; **омріяна** cherished, **улюблена** favorite; **захоплива** exciting, **цікава** interesting; **драматична** dramatic; **дитяча** child's, **жіноча** female ◊ **провідна жіноча р.** a lead female part;

чолові́ча male; **комі́чна** comic, **трагікомі́чна** tragicomic; **трагі́чна** tragic; **епізоди́чна** cameo, **мала́** small ◊ **Марі́йку запроси́ли на малу́ р. у телесеріа́лі.** Mariika was invited for a small part in a TV series. **ме́нша** lesser, **невели́ка** little; **невдя́чна** thankless; **важка́** difficult, **непро́ста́** tough, **складна́** complicated; **нова́** new; **дебю́тна** debut ◊ **Для не́ї – це дебю́тна р. на екра́ні.** For her it is her debut part on screen. **пе́рша** first ◊ **пе́рша кіноро́ль** the first movie part; **театра́льна** theater, **телевізі́йна** television

p. + n. **р. геро́я** the role of a hero (**негі́дника** villain ◊ **Він був одна́ково до́брим у ~і геро́я і негі́дника.** He was equally good in the part of hero and villain. **ба́тька** father; **зра́дника** traitor; **коха́нки** mistress)

v. + **р. вико́нувати р.** perform a role (**гра́ти** play; **бра́ти** take, **прибира́ти** assume; **дістава́ти** land ◊ **Богда́н діста́в омрі́яну р. ле́ді Бре́кнел.** Bohdan landed his cherished part of Lady Bracknell. **отри́мувати** receive; **дава́ти** + *D.* give sb; **готува́ти** prepare, **інтерпретува́ти** interpret ◊ **Вона́ інтерпрету́є р. Офе́лії по-ново́му.** She interprets the part of Ophelia in a new way. **писа́ти** write; **змі́нювати** alter, **перепи́сувати** rewrite ◊ **Драмату́рг переписа́в одну́ епізоди́чну р.** The playwright rewrote one episodic role. **розумі́ти** understand; **тренува́ти** rehearse ◊ **Вона́ трену́є складну́ р.** She is rehearsing a complicated role. **запро́шувати** + *A.* **на** invite sb for; **признача́ти** + *A.* **на** assign sb ◊ **Андрі́я призна́чили на трагікомі́чну р. лихваря́.** Andrii was assigned the tragicomic part of miser. **вибира́ти** + *A.* **на** cast sb for) ◊ **Ната́лю ви́брали на важли́ву р. у п'є́сі.** Natalia was cast for an important part in the play. **відмовля́тися від ~і** turn down a part ◊ **Полі́на відмо́вилася від ~і.** Polina turned down the part. **справля́тися з ~лю** handle a part well ◊ **Вона́ запе́внила режисе́ра, що спра́виться з ~лю.** She assured the director she would handle the part well. **виступа́ти в ~і** appear in a part ◊ **Акто́рка ви́ступить у ~і Дездемо́ни.** The actress will appear in the part of Desdemona.

prep. **у ~і** + *G.* in the part of sb

2 part, lines, words, script

v. + **р. вчи́ти р.** learn one's lines ◊ **Акто́р мав ти́ждень, щоб ви́вчити р. Маза́йла.** The actor had a week to learn Mazailo's lines. (**зна́ти** know; **пам'ята́ти** remember; **забува́ти** forget ◊ **Ро́стик імпровізува́в, коли́ забува́в р.** Rostyk improvised when he forgot his lines. **зга́дувати** recollect; **запам'ято́вувати** memorize)

3 role, capacity, position, function

adj. **вели́ка** big, **величе́зна** huge, **видатна́** outstanding, **визнача́льна** defining, **виріша́льна** decisive, **головна́** main, **кардина́льна** cardinal, **ключова́** key, **неаби́яка** remarkable ◊ **Вона́ відігра́ла неаби́яку р. у відро́дженні університе́ту.** She performed a remarkable role in the university revival. **панівна́** dominant, **поту́жна** powerful; **пе́рша** primary, **провідна́** *and* **чі́льна** leading ◊ **Громадя́нське суспі́льство ма́ло чі́льну р. у пере́ході краї́ни до демокра́тії.** Civil society had a leading role in the nation's transition to democracy. **центра́льна** central; **значна́** considerable, **істо́тна** essential, **помі́тна** noticeable, **суттє́ва** substantial; **важли́ва** important, **вплив́ова** influential, **невід'є́мна** integral; **особли́ва** special, **окре́ма** separate, **уніка́льна** unique; **ви́значена** defined, **конкре́тна** specific, **окре́слена** outlined; **відмі́нна** different, **і́нша** other, **різномані́тна** *only pl.* various; **подві́йна** dual; **пе́вна** certain, **специфі́чна** peculiar; **початко́ва** initial; **благотво́рна** beneficial, **доброчи́нна** charitable ◊ **Такі́ за́ходи ма́ють доброчи́нну р.** Such events have a charitable role. **філантропі́чна** philanthropic; **ва́ртісна** valuable, **конструкти́вна** constructive, **ко́рисна** useful, **позити́вна** positive; **акти́вна** active, **пряма́** direct; **бі́льша** greater ◊ **Студе́нти домага́ються бі́льшої ~і в управлі́нні університе́том.** Students press for a greater role in the university governance. **деда́лі бі́льша** ever increasing; **ме́нша** lesser, **деда́лі ме́нша** diminishing; **допомі́жна́** supporting, **другоря́дна** secondary, **невели́ка** small, **незначна́** insignificant, **неісто́тна** minor, **обме́жена** limited; **незмі́нна** invariable, **постійна** constant, **традиці́йна** traditional ◊ **Вона́ відкида́ла традиці́йну р. жі́нки в роди́ні.** She rejected the traditional role of woman in the family. **уста́лена** established; **супере́члива** conflicting; **дора́дча** advisory, **консультати́вна** consulting; **керівна́** leadership, **ме́неджерська** managerial, **наглядо́ва** supervisory, **регулівна́** regulatory; **ба́тьківська** paternal, **матери́нська** maternal; **виховна́** educational ◊ **Фі́льмам відво́дили виховну́ р.** The movies were assigned an educational role. **військо́ва** military, **економі́чна** economic, **миротво́рча** peacemaking, **політи́чна** political, **стратегі́чна** strategic, **суспі́льна** social; **посере́дницька** mediating; **духо́вна** spiritual; **символі́чна** symbolic; **можли́ва** possible, **потенці́йна** potential; **реа́льна** effective; **неправдоподі́бна** unlikely, **несподі́вана** unexpected; **сумні́вна** dubious

v. + **р. вико́нувати р.** fulfill a role ◊ **Полі́тик вико́нує сумні́вну р. у перегово́рах.** The politician fulfills a dubious role in the negotiations. (**відіграва́ти** perform, **гра́ти** play; **відво́дити** + *D.* assign sb ◊ **Йому́ відвели́ другоря́дну р. у спра́вах кате́дри.** He was assigned a secondary role in the affairs of the department. **дава́ти** + *D.* give sb, **пропонува́ти** + *D.* offer sb; **ма́ти** have; **перебира́ти (на се́бе)** assume ◊ **Він перебра́в р. політтехно́лога па́ртії.** He assumed the role of the party's chief political technologist. **присво́ювати** appropriate; **збі́льшувати** increase ◊ **Торгі́вля збі́льшує р. гро́шей.** Commerce increases the role of money. **поси́лювати** strengthen, **розширя́ти** expand; **обме́жувати** limit; **аналізува́ти** analyze, **вивча́ти** study, **висві́тлювати** elucidate, **зва́жувати** weigh, **з'ясо́вувати** clarify, **оці́нювати** assess, **розсте́жувати** investigate ◊ **Комі́сія розсте́жує її р. в банкру́тстві фі́рми.** The committee investigates her role in the firm's bankruptcy. **визнача́ти** determine, **встано́влювати** establish ◊ **Неможли́во встанови́ти р. цього́ ку́льту в релі́гії шуме́рів.** It is impossible to establish today the role of the cult in the Sumerian religion. **окре́слювати** outline; **визнава́ти** recognize; **поціно́вувати** appreciate; **розумі́ти** understand, **усвідо́млювати** realize; **підкре́слювати** underline; **приме́ншувати** downplay ◊ **Росі́йська історіогра́фія приме́ншує р. украї́нців у боротьбі́ з нацизмом.** Russian historiography downplays the role of Ukrainians in the fight against Naziism. **бра́тися за** take on) ◊ **Іммігра́нти ча́сто беру́ться за нові́ для се́бе суспі́льні ~і.** Immigrants often take on social roles that are new to them. **мі́нятися ~ями** switch roles ◊ **Лев пропонува́в їй помі́нятися ~ями.** Lev suggested that he and she switch roles. **виступа́ти в ~і** act in a role (**з'явля́тися в** appear in, **постава́ти в** emerge in ◊ **Тепе́р вони́ намага́ються поста́ти в ~і миротво́рців.** Now they strive to emerge in the role of peacemaker. **служи́ти в** serve in ◊ **Він слу́жить у посере́дницькій ~і.** He serves in a mediating role. **наголо́шувати на** emphasize) ◊ **Він наголоси́в на р. коза́цтва у війні́.** He emphasized the Cossacks' role in the war.

prep. **у ~і** + *D.* in the role of sb ◊ **Вона́ почина́ла в ~і дослі́дниці.** She began in the role of researcher. **р. у** + *L.* a role in sth ◊ **р. у дослі́дженні ко́смосу** a role in space exploration; **р. у ме́жах** + *G.* a role within sth

I. **~лю**

Also see **фу́нкція**

рома́н, *m.*, **~у**

1 novel

adj. **вели́кий** great, **видатни́й** remarkable, **визначни́й** outstanding, **відо́мий** well-known, **геніа́льний** brilliant, **знамени́тий** famed, **першоря́дний** firstrate, **прекра́сний** marvelous, **славе́тний** famous, **хоро́ший** good, **чудо́вий** wonderful; **дебю́тний** debut, **пе́рший** first; **дру́гий** second, **насту́пний** next, **нови́й** new; **оста́нній** latest; **незакі́нчений** unfinished, **неопублі́кований** unpublished ◊ **Дослі́дник знайшо́в руко́пис неопублі́кованого ~у Хвильово́го.** The researcher found a manuscript of Khvyliovy's unpublished novel. **нова́торський** innovative, **оригіна́льний** original; **складни́й** complex; **популя́рний** popular, **успі́шний** successful; **суча́сний** contemporary; **америка́нський** American, **англі́йський** English, **ірла́ндський** Irish, *etc.* **вікторіа́нський** Victorian; **дитя́чий** children's, **доро́слий** adult, **жіно́чий** women's, **юна́цький** youth; **автобіографі́чний** autobiographical, **во́єнний** war, **детекти́вний** detective, **епістоля́рний** epistolary, **епі́чний** epic, **ґоти́чний** Gothic, **істори́чний** historical, **науко́во-фантасти́чний** science-fiction, **приго́дницький** adventure; **мобі́льний** mobile ◊ **Мобі́льний р. – це текст, ство́рений на мобі́льному телефо́ні.** A mobile novel is a text created on a mobile phone. **модерні́стський** modernist, **реалісти́чний** realist ◊ **Пана́са Ми́рного назива́ють чоло́вим представнико́м украї́нського реалісти́чного ~у.** Panas Myrny is called the leading representative of the Ukrainian realist novel. **романти́чний** romantic, **сатири́чний** satirical, **сентимента́льний** sentimental

n. + **р. примі́рник ~у** a copy of a novel ◊ **У музе́ї є пе́рший примі́рник цьо́го ~у Марсе́ля Пру́ста.** The museum has the first copy of this novel by Marcel Proust. (**публіка́ція** publication, **реце́пція** reception; **у́спіх** success; **прова́л** failure) ◊ **Прова́л пе́ршого ~у не позначи́вся на письме́нниці.** The failure of her first novel did not affect the (female) writer.

v. + **р. закі́нчувати р.** complete a novel (**писа́ти** write, **публікува́ти** publish; **почина́ти** start ◊ **Вона́ вже почала́ свій шо́стий р.** She already started her sixth novel. **переклада́ти** translate; **рецензува́ти** review; **чита́ти** read; **екранізува́ти** adapt ◊ **Щоб екранізува́ти р., запроси́ли двох сценари́стів.** In order to adapt the novel, two scriptwriters were invited. **надиха́ти** + *A.* **на** inspire to do sth) ◊ **Нещасли́ве коха́ння надихну́ло її на ці́лий р.** The unhappy love affair inspired her to write an entire novel.

р. + *v.* **засно́вуватися на** be based on sth ◊ **Р. засно́вується на правди́вій істо́рії.** The novel is based on a true life story. **розгорта́тися в** + *L.* be set in *(a place)* ◊ **Р. розгорта́ється в Доне́цьку.** The novel is set in Donetsk.

prep. **у ~і** in a novel ◊ **Таке́ мо́жна прочита́ти в ~і жа́хів.** Such a thing can be read in a horror novel.

Also see **кни́жка, оповіда́ння 3**

2 *colloq.* love affair, romance, liaison, amour

adj. **бурхли́вий** whirlwind ◊ **Оби́два занури́лися в бурхли́вий р.** Both submerged in a whirlwind romance. **при́страсний** passionate, **спеко́тний** sweltering; **епі́чний** epic, **любо́вний** love ◊ **У них любо́вний р.** They have a love affair. **таємни́й** secret; **коро́ткий** brief, **недовгові́чний** short-lived; **невда́лий** failed, **нещасли́вий** unhappy, **прире́чений** doomed; **трива́лий** lengthy; **сканда́льний** scandalous

v. + **р. ма́ти р.** have a love affair (**прихо́вувати** conceal; **почина́ти** start, **вступа́ти у** enter); ♦ **крути́ти р.** *colloq.* to have a romance, have a romantic or sexual relationship ◊ **Олекса́ндер і Мо́тря кру́тять р.** Oleksander and Motria have a romance. ♦ **закрути́ти р.** *colloq., pf.* start a romance

р. + *v.* **починатися** start; **розцвітати** blossom; **закінчуватися** end
prep. **р. з** + *I.* love affair with sb
Also see **кохання 1**

романтичн|ий, *adj.*
romantic
adv. **дуже** very, **надзвичайно** extraordinarily, **надміру** excessively, **надто** too, **неймовірно** incredibly, **страшенно** terribly; **досить** fairly, **ледве** scarcely; **не зовсім** not entirely
v. + **р. бути ~им** be romantic ◊ **Її погляд на кохання не зовсім ~им.** Her view of love is not entirely romantic. (**вважати** + *A.* consider sb/sth, **виявлятися** turn out; **здаватися** + *D.* seem to sb ◊ **Фільм здався їм надміру ~им.** The movie seemed excessively romantic to them. **ставати** become) ◊ **Коли він став таким ~им!** When did he become quite so romantic!
Also see **ліричний 2, сентиментальний**

рос|а, *f.*
1 dew; *also pl.*
adj. **вечірня** evening, **ранкова** morning; **рясна** heavy, **холодна** cold
n. + **р. крапля ~и** a drop of dew (**блиск** glitter)
v. + **р. вкривати** + *A.* **~ою** cover sth with dew ◊ **Луку вкрило рясною ранковою ~ою.** *impers.* The meadow was covered with heavy morning dew.
р. + *v.* **випаровуватися** evaporate, **зникати** vanish, **сходити** dry up ◊ **Було за полудень, а ~и ще не зійшли.** It was past noon, but the dew did not yet dry up. **падати на** *or* **спадати на** fall on sth; **покривати** + *A.* cover sth ◊ **Ранкова р. покрила чардак корабля.** Morning dew covered the ship deck.
prep. **від ~и** with dew ◊ **Коц став мокрим від ~и.** The blanket became wet with dew. **по ~і** on the dew ◊ **Вона йде босоніж по холодній ~і.** She is walking barefoot on cold dew.
2 *only sg.* sweat, perspiration, steam, moisture ◊ **Від напруження в Зіни на чолі з'явилися краплі ~и.** Sweat drops came out on Zina's forehead from exertion.
v. + **р. заходити ~ою** get covered with moisture ◊ **Катрині окуляри зайшли ~ою.** Katria's glasses got covered with moisture.
See **пара[1], піт**

рослин|а, *f.*
plant
adj. **багаторічна** perennial; **однорічна** annual; **дворічна** biennial ◊ **Часник – дворічна р.** Garlic is a biennial plant. **дика** wild, **домашня** domestic, **кімнатна** house, **садова** garden, **тропічна** tropical; **делікатна** delicate; **болотна** marsh, **водяна** aquatic, **пустельна** desert, **степова** steppe; **в'юнка** climbing; **декоративна** ornamental; **квіткова** flowering; **зернобобова** leguminous; **трав'яниста** herbaceous; **екзотична** exotic, **рідкісна** rare, **унікальна** unique; **лікарська** medicinal ◊ **У горах не бракує лікарських рослин.** There is no dearth of medicinal plants in the mountains. **цілюща** healing; **отруйна** poisonous
n. + **р. вид ~и** a plant species (**різновид** variety; **квітка** flower; **коріння**, *coll. or* **корінь** root ◊ **Корені багатьох пустельних рослин особливо глибокі.** Roots of many desert plants are particularly deep. **стебло** stem; **листок** leaf; **вік** age; **популяція** population; **клітина** cell; **насіння** seed; **сік** juice)
v. + **р. вирощувати ~у** grow a plant (**культивувати** cultivate; **підливати** water; **удобрювати** fertilize)
р. + *v.* **розвиватися** develop, **рости** grow; **цвісти** bloom; **родити** + *A.* yield sth; **вбирати** + *A.* absorb sth; **вмирати** die ◊ **Його кімнатні ~и вмерли від браку сонця.** His house plants died for lack of sun.

рост|и, ~уть; ви~, з~; *pa. m.* **ріс**, *pl.* **росли**, *intr.*
1 to grow *(of people, plants)*, grow up ◊ **Під деревом ~уть квіти.** There are flowers growing under the tree.
adv. **вмить** instantaneously ◊ **Через дощі трава вмить виросла.** Because of rains, the grass grew instantaneously. **скоро** rapidly, **хутко** fast, **швидко** quickly ◊ **Діти швидко росли.** The children grew quickly. **гарно** nicely, **добре** well ◊ **Тут добре ~е морква.** Carrots grow well here. **повільно** *and* **поволі** slowly ◊ **Дуб ~е поволі, але живе століттями.** An oak grows slowly but lives for centuries. **помалу** slow; **поступово** gradually; **ледве** scarcely; **зовсім не** not at all
v. + **р. бути здатним** be able to ◊ **Ялина здатна р. в суворому підсонні.** Spruce is able to grow in a severe climate. **могти** can; **відмовлятися** refuse to, **не хотіти** not want to, would not ◊ **Орхідея не хотіла р.** The orchid would not grow.
Also see **пишатися 2**
2 *fig.* to grow, increase, expand; *pf.* **ви~** *or* **з~**
adv. **блискавично** in a flash ◊ **Цікавість преси до країни зросла блискавично.** The media's interest in the country increased in a flash. **вмить** instantaneously, **ґвалтовно** abruptly, **драматично** dramatically, **скоро** rapidly, **хутко** fast, **швидко** quickly ◊ **У її серці швидко росла тривога.** Anxiety was quickly growing in her heart. **повільно** *and* **поволі** slowly, **поступово** gradually ◊ **Місто поступово ~е.** The city is slowly growing. **дещо** somewhat, **трохи** slightly; **значно** considerably, **істотно** essentially, **помітно** noticeably, **суттєво** significantly; **безперервно** continuously, **безперестанку** nonstop, **неухильно** persistently, **послідовно** consistently, **постійно** constantly, **стало** steadily; ♦ **р. вглиб і вшир** grow in every sense
v. + **р. допомагати** + *D.* help sb/sth to ◊ **Пожертва допоможе бібліотеці з~.** The donation will help the library to grow. **починати** begin to; **стати** *pf.* start; **продовжувати** continue to; **не давати** + *D.* prevent sth from ◊ **Високі податки не давали підприємництву р.** High taxes prevented business from growing.
prep. **р. від** + *G.* **до** + *G.* increase from sth to sth ◊ **Збірка виросла** *or* **зросла від десяти до трьохсот фільмів.** The collection expanded from ten to three hundred films. **р. на** + *A.* increase by *(a measure)* ◊ **Щороку прибутки фірми ~уть на п'ятнадцять відсотків.** Every year the firm's profits grow by 15%.
Also see **дужчати, збільшуватися, міцніти, поглиблюватися.** *Ant.* **послаблюватися**
3 *fig.* to grow, develop, advance, progress ◊ **Ольжин музичний талант ріс із кожним днем.** Olha's musical talent grew by the day.
рости! вирости!

рот, *m.*, **~а**
1 mouth
adj. **великий** big, **величезний** enormous, **здоровенний** *colloq.* huge, **здоровий** *colloq.* large, **немалий** fairly big; **широкий** wide; **крихітний** tiny, **малий** *and* **невеликий** small, **маленький** *dim.* small; **стиснутий** tight ◊ **Її очі і стиснутий р. не зраджували жодної емоції.** Her eyes and tight mouth did not betray a single emotion. **безгубий** lipless, **беззубий** toothless; **вузенький** *dim.* thin, **вузький** thin, **круглий** round; **відкритий** open, **напіввідкритий** half-open, **роззявлений** *colloq.* gaping ◊ **роззявлений від подиву р.** a mouth agape with surprise; **закритий** closed; **усміхнений** smiling; **голодний** hungry, **жадібний** greedy, **спраглий** thirsty; **перекошений** *and* **перекривлений** wry, contorted ◊ **перекошений від презирства р.** a mouth contorted with disdain
v. + **р. відкривати р.** *or* **~а** open one's mouth (**роззявляти** *colloq.* open wide, **розкривати** open; **закривати** close, cover ◊ **Він відкрив і закрив р.** He opened and closed his mouth. **затуляти** *colloq.* shut ◊ **Затули ~а!** Shut up! ♦ **закривати** *or* **затуляти** + *D.* **р.** *colloq.* to shut sb up, muzzle sb, silence sb ◊ **Він намагався затулити р. критикам.** He tried to shut his critics up. ◊ **Не затуляйте їй ~а!** Let her speak! **витирати** wipe ◊ **Оксана витерла дівчинці р.** *or* **~а від крихт.** Oksana wiped the little girl's mouth from crumbs. **полоскати** rinse ◊ **Він пополоскав ~а.** He rinsed his mouth. **полоскати** rinse; **напихати** + *I.* stuff with sth ◊ **Він напхав ~а хлібом.** He stuffed his mouth with bread. **кривити** contort; ♦ **у р. не брати** + *A.* not to touch sth *(food, etc.)* ◊ **Інна в р. не брала алкоголю.** Inna did not touch alcohol. ♦ **Стули ~а!** Shut up! Keep your mouth shut!
р. + *v.* **відкриватися** open ◊ **Від цікавости в дитини відкрився р.** The child's mouth opened with curiosity. **розкриватися** open; **закриватися** close; **кривитися** contort ◊ **Ганнин р. скривився від огиди.** Hanna's mouth contorted in revulsion. **напружуватися** purse ◊ **Його р. напружився.** His mouth pursed. **стискатися** tighten; **блі́днути** pale; **сіпатися** twitch ◊ **У Лукаша нервово засіпався р.** Lukash's mouth started twitching nervously. **тремтіти** quiver; **наповнюватися** + *I.* fill with sth ◊ **Йосипів р. наповнився смаком омара.** Yosyp's mouth filled with the taste of lobster. **пересихати** go dry ◊ **Від хвилювання їй пересох р.** Her mouth went dry with anxiety.
prep. **до ~а** in/to a mouth ◊ **Не бери цього до ~а!** Do not take it in your mouth! **з ~а** from a mouth ◊ **приємний запах з ~а** a pleasant smell from the mouth; **у р.** *dir.* in/to a mouth ◊ **Вона поклала пігулку в р.** She put a pill in her mouth. **у ~і** *posn.* in a mouth ◊ **Він мав дивний смак у ~і.** He had a strange taste in his mouth.
2 *colloq., fig.* person *(to feed)*, mouth *(to feed)* ◊ **Пташка годувала три ненаситні ~и.** The bird fed three insatiable mouths. ♦ **зайвий р.** an extra mouth to feed
N. pl. **~и**

роял|ь, *m.*, **~я**
grand piano
adj. **концертний** concert; **білий** white ◊ **Серед вітальні стояв білий р.** There stood a white grand piano in the middle of a living room. **чорний** black; **новий** new; **старий** old, **старовинний** age-old
v. + **р. грати на ~і** *also* **на р.** play a grand piano ◊ **Він грає на ~і.** He plays a grand paino.
I. **~ем**
See **інструмент 2**

руба|ти, ~ють; з~, від~, по~, роз~, *tran.*
1 to ax, cut *(with ax)*, fell, saber, hew, hash, chop ◊ **Вони порубали всі дрова.** They chopped all the wood.
adv. **навпіл** in half, **повздовж** lengthwise ◊ **Він розрубав поліно повздовж.** He split *(with an ax)* the log lengthwise. **поперек** crosswise; **швидко** quickly
р. + *n.* **р. мечем** slash with a sword ◊ **У битві йому відрубали мечем вухо.** In the battle, he got his ear slashed off with a sword. **р. сокирою** ax, hew, chop, **р. шаблею** saber; **р. дерево** cut, fell *(a tree)* ◊ **Клим зрубав дуба.** Klym fell an oak. **р. дрова** chop wood ◊ **Вони порубали меблі на дрова.** They chopped up the furniture for firewood. **р. канат** ◊ chop off a rope ◊ **Вони гарячково ~ли канати, що тримали щоглу.** They were frenetically chopping off the ropes that supported the mast. **р. камінь** hew, cut, chisel stone ◊ **У мурі замку вирубали сходи.** Steps have been hewn in the castle wall. **кригу** ice
Cf. **краяти, різати 1, стригти**
2 *fig., colloq.* to gobble, gorge, devour; *pf.* **в~** ◊ **Лев такий голодний, що ладен в~ порося.** Lev is so hungry that he is ready to devour a piglet.
Also see **жерти 1, ковтати 2, поглинати 4, трощити 3**

pa. pple. **відру́баний** cut off; **зру́баний** cut down; **пору́баний** chopped up, **розру́баний** cut apart
(з)руба́й!

руб|е́ць, *m.*, **~ця́**
1 scar ◊ **У не́ї на руці́ лиши́вся р. від опера́ції.** A scar from surgery remained on her hand.
adj. **вели́кий** large, **глибо́кий** deep, **до́вгий** long; **мале́нький** *dim.* small, **невели́кий** small, **тонки́й** thin; **види́мий** visible, **помі́тний** noticeable; **потво́рний** ugly, **рва́ний** jagged, **страшни́й** nasty; **пості́йний** permanent; **емоці́йний** *fig.* emotional, **психологі́чний** *fig.* psychological; **бойови́й** battle, **ра́тний** *poet.* battle; **операці́йний** surgical
v. + **р. залиша́ти р.** leave a scar ◊ **Кайда́ни залиши́ли в не́ї ~ці на зап'я́стях.** Handcuffs left scars on her wrists. (**носи́ти** bear ◊ **Ко́жен із них но́сить емоці́йні ~ці від ава́рії.** *fig.* Each of them bears emotional scars from the accident. **хова́ти** hide)
р. + *v.* **(за)лиша́тися** remain ◊ **У не́ї на спи́ні лиша́ються ~ці.** Scars remain on her back.
prep. **р. від кайда́нів** a scar from handcuffs (**ку́лі** bullet, **нага́йки** whip, **ножа́** knife, **ра́ни** wound, **ша́блі** saber); **р. на** + *L.* a scar on sth ◊ **р. на гру́дях** a scar on the chest
2 furrow, notch, scratch ◊ **Вантажі́вка лиши́ла ~ці в ґру́нті.** The truck left furrows in the dirt.
3 seam ◊ **Григо́рій розпоро́в ноже́м р. ку́ртки і діста́в зві́дти запи́ску.** Hryhorii cut open the seam of the jacket with a knife and took a note out of it. ◊ **Р. соро́чки не ши́рший п'яти́ міліме́трів.** The shirt seam is not wider than 5 mm. ♦ **до оста́ннього ~ця́** *or* **до ~ці́в** completely ◊ **Під зли́вою всі промо́кли до ~ці́в.** Everybody got absolutely soaked in the downpour.
See **шов 1**
4 crease ◊ **На Оста́пові були́ штани́ з го́стрими, як ніж, ~ця́ми.** Ostap was wearing pants with knife-edge creases. ◊ **Він напрасува́в штани́ так, що ~ця́ми мо́жна було́ ма́сло кра́яти.** *fig.* He pressed his pants so that one could cut butter with the creases.
5 *anat.* tripe ◊ **Части́на шлу́нка коро́ви назива́ється ~це́м.** A part of cow's stomach is called tripe.
6 *culinary, only pl.* tripe ◊ **На пе́ршу стра́ву подали́ ~ці́ по-мадри́дськи.** They served tripe Madrid style for the first course. ◊ **Тут готу́ють найкра́щі в мі́сті ~ці́.** They make the best tripe in town here.
See **стра́ва**

ру́бри|ка, *f.*
heading, rubric, section
adj. **газе́тна** newspaper, **журна́льна** magazine, **телевізі́йна** television, ♦ **радіору́брика** a radio rubric; **головна́** main, **зага́льна** general ◊ **Її́ кни́жки йдуть під зага́льною ~кою «Нові́ надхо́дження».** Her books go under the general heading of *New Acquisitions.* **широ́ка** broad; **оригіна́льна** original, **популя́рна** popular, **ціка́ва** interesting; **нова́** new ◊ **Журна́л впрова́див нову́ ~ку, присвя́чену садівни́цтву.** The magazine introduced a new rubric, dedicated to gardening. **предме́тна** subject, **темати́чна** topic
v. + **р. вести́ ~ку** run a section ◊ **Яво́рська веде́ газе́тну ~ку про культу́ру.** Yavorska runs the newspaper section on culture. **подава́ти** + *A.* **під ~кою** run sth under a rubric ◊ **Матерія́л подали́ під ~кою «Осо́биста ду́мка».** The story was run under the rubric of *Personal Opinion.*
prep. **у ~ці** in a section; **під ~кою** under a heading
See **ро́зділ 1.** *Also see* **ша́пка 3**

руд|а́, *f.*
ore
adj. **бага́та** high-grade, **бі́дна** low-grade; **залі́зна** iron, **золота́** gold, **мі́дна** copper, **поліметале́ва** polymetal, **ура́нова** uranium
n. + **р. запа́си ~и́** ore reserves (**по́клад** *or* **родо́вище** deposit ◊ **Родо́вища залі́зних руд ма́йже ви́черпані.** The iron ore deposits are almost exhausted. **ви́добуток** extraction, **перео́бка** processing, **пла́влення** smelting), **шмато́к ~и** a lump of ore
v. + **р. добува́ти ~у́** extract ore (**копа́ти** mine ◊ **У реґіо́ні копа́ють мі́дну ~у́.** Copper ore is mined in the region. **збага́чувати** enrich ◊ **Пе́ред тим, як пла́вити, ~у́ збага́чують.** Before smelting, the ore is enriched. **переробля́ти** process); **видобува́ти** + *A.* **з ~и́** extract sth from ore

руд|и́й, *adj., n.*
1 *adj.* red (*of hair color*), reddish, chestnut *(of horse)* ◊ **Ро́на ма́ла розкі́шне руде́ воло́сся.** Rhona had luxurious red hair.
Cf. **черво́ний**
2 *as n., m.* **~о́го**, *f.* **~о́ї** red-hair man ◊ **До вас прихо́див яки́йсь р.** A red-haired man came to see you.
3 *as n., f.* **~о́ї** *fig.* blood ♦ **~а́ – не вода́.** Blood is thicker than water.
See **кров 1**

руї́н|а, *f.*
1 *often pl.* ruins, remains, remnants
adj. **анти́чні** ancient *(Greek or Roman)* ◊ **Це́ркву збудува́ли се́ред анти́чних руї́н Херсоне́су.** The church was built among the ancient ruins of Chersonesus. **ста́рі** old, **староdáвні** ancient; **обву́глені** charred, **обпа́лені** scorched; **романти́чні** romantic
n. + **р. ~и за́мку** castle ruins (**мі́ста** city, **пала́цу** palace, **синаго́ги** synagogue, **форте́ці** fortress ◊ **Хло́пці лю́блять ба́витися на ~ах форте́ці.** The boys like to play in the fortress ruins. **хра́му** temple, **це́ркви** church)
v. + **р. підніма́ти** + *A.* **з руї́н** raise sth from ruins ◊ **Луга́нці взяли́ся підніма́ти мі́сто з руї́н.** The citizens of Luhansk set about raising their city from ruins. (**встава́ти** *or* **підво́дитися, підніма́тися з** rise from); **бу́ти в ~ах** be in ruins (**лежа́ти в** lie in; **залиша́ти** + *A.* **в** leave sth in) ◊ **Поже́жа лиши́ла мі́сто в ~ах.** The fire left the city in ruins.
prep. **в ~ах** in ruins; ruined; **на ~ах** on ruins ◊ **Нова́ вла́да збудува́ла на ~ах це́ркви рестора́н.** The new authorities built a restaurant on the ruins of the church.
Also see **за́лишок 1, ре́штки**
2 *fig.* ruin, decay, downfall, bankruptcy
adj. **абсолю́тна** absolute, **вели́ка** great, **неба́чена** unprecedented, **нечу́вана** unheard-of, **по́вна** utter, **цілкови́та** complete; **економі́чна** economic ◊ **Краї́ну чека́є економі́чна р.** Economic ruin is awaiting the country. **фіна́нсова** financial; **суспі́льна** social; **осо́биста** personal
v. + **р. нести́ (з собо́ю) ~у** bring ruin ◊ **Така́ полі́тика несе́ ~у.** Such policies bring ruin. (**обіця́ти** + *D.* spell for sb, **означа́ти** mean) ◊ **Лихва́рська по́зика означа́є для них ~у.** The usurious loan means ruin to them. **зазнава́ти ~и** suffer a ruin (**призво́дити до** lead to; **рятува́ти** + *A.* **від** save sb from) ◊ **Їх ніч́ого не вряту́є від фіна́нсової ~и.** Nothing will save them from financial ruin. **става́ти ~ою для** + *G.* become sb's undoing ◊ **Пля́шка і жі́нки вре́шті-ре́шт ста́ли для ньо́го ~ою.** Booze and women eventually became his undoing. ♦ **бу́ти (опини́тися) на гра́ні ~и** be (find oneself) on the verge of ruin
See **зни́щення, ро́зклад 3.** *Also see* **руйна́ція, спусто́шення**

руйні́вн|ий, *adj.*
ruinous, destructive
adv. **абсолю́тно** absolutely, **вкрай** extremely, **ду́же** very, **напра́вду** *or* **спра́вді** truly ◊ **Фрео́н ма́є спра́вді р. ефе́кт на озо́новий шар.** Freon has a truly ruinous effect on the ozone layer. **небезпе́чно** dangerously, **особли́во** particularly, **фата́льно** fatally
v. + **р. бу́ти ~им** be ruinous (**вважа́ти** + *A.* consider sth, **виявля́тися** prove, **здава́тися** + *D.* seem to sb; **лиша́тися** remain; **става́ти** become) ◊ **Бураві́й став ~им для краї́ни.** The hurricane became ruinous for the country.
Also see **разю́чий 2**

руйну|ва́ти, **~ють; з~**, *tran.*
1 to ruin, destroy, demolish
adv. **геть** totally, **остато́чно** ultimately, **по́вністю** fully, **цілко́м** completely ◊ **Кі́лька раз мі́сто цілко́м ~ва́ли.** Several times, the city had been completely ruined. **ма́йже** almost; **частко́во** partially ◊ **По́вінь частко́во зруйнува́ла гре́блю.** The flood partially ruined the dam. **факти́чно** effectively
See **зни́щувати 1.** *Also see* **ни́щити, розбива́ти 1, розкида́ти 2, розно́сити 4, трощи́ти 1**
2 *fig.* to wreck, ruin, spoil, destroy
р. + *n.* **р. життя́** wreck a life (**здоро́в'я** health ◊ **Ні́чні змі́ни ~ва́ли її́ здоро́в'я.** Night shifts were ruining her health. **кар'є́ру** career, **майбу́тнє** future, **наді́ї** hopes, **пла́ни** plans ◊ **Поя́ва охоро́ни зруйнува́ла її́ пла́ни.** The guards arrival wrecked her plans. **сподіва́ння** expectations; **бажа́ння** desire, **ра́дість** joy, **ща́стя** happiness)
Also see **перебива́ти 2, підрива́ти 2, псува́ти 3, розбива́ти 4**
3 to ruin, bankrupt, make insolvent
adv. **економі́чно** economically ◊ **Податко́ва систе́ма економі́чно ~є краї́ну.** The taxation system is economically ruining the country. **фіна́нсово** financially
pa. pple. **зруйно́ваний** ruined
(з)руйну́й!
Also see **зни́щувати 1, розкида́ти 2.** *Cf.* **ни́щити**

ру|ка́, *f.*
1 hand, forearm, arm
adj. **лі́ва** left, **пра́ва** right; **вели́ка** big; **до́вга** long ◊ **Жі́нка ма́є до́вгі ~ки.** The woman has long hands. **мала́** small; **коро́тка** short; **го́ла** bare; **гру́ба** thick, **товста́** fat; **дю́жа** robust, **жи́лава** sinewy, **міцна́** *and* **си́льна** strong, **могу́тня** mighty, **поту́жна** powerful, **тверда́** firm; **анемі́чна** anemic, **безси́ла** powerless ◊ **Безси́ла ~ка пора́неного впа́ла їй на плече́.** The powerless hand of the wounded dropped on her shoulder. **обви́сла** limp, **слабка́** weak; **суха́** skinny, **тонка́** thin, **худа́** lean; **делі́катна** delicate, **тенді́тна** frail; **гладка́** smooth, **гладе́нька** *dim.* smooth ◊ **Її́ ~ки гладе́нькі, як у дити́ни.** Her hands are smooth, like those of a baby. **ні́жна** tender; **мозоля́ста** callused, **шорстка́** rough; **брудна́** dirty, **засмальцьо́вана** soiled, **заяло́жена** grimy, **липка́** sticky, **неми́та** unwashed; **ми́та** washed, **чи́ста** clean, ♦ **бу́ти нечи́стим на ~ку** to be dishonest; ◊ **Її́ засту́пник ви́явився нечи́стим на ~ку.** Her deputy turned out to be dishonest. **відкри́та** open; **простя́гнута** outstretched ◊ **Софі́я зіґнорува́ла простя́гнуту ~ку го́стя.** Sofia ignored the guest's outstretched hand. **за́йнята** busy; **вмі́ла** deft, **майсте́рна** masterful, **ло́вка** *colloq.* agile, **прово́рна** dexterous; **помічна́** helpful; **нерво́ва** nervous; **тремтя́ча** shaking ◊ **Він намага́вся схова́ти свої́ тремтя́чі ~ки.** He tried to hide his shaking hands. **дру́жня** *fig.* friendly, **прихи́льна** *fig.* affable, **товари́ська** *fig.* amicable; **ще́дра** *fig.* generous; **невмі́ла** inept, **невпра́вна** unskilled, **недба́ла** careless, **незґра́бна** clumsy ◊ **Із таки́ми незґра́бними ~ка́ми Дави́д лише́ нарo\u0301бить вам кло́поту.** With such clumsy hands, Davyd will only cause you headaches.
v. + **р. бра́ти ~ку** take sb's hand ◊ **Лі́да взяла́ його́ ~ку.** Lida took his hand. (**дава́ти** + *D.* give sb; **кла́сти** put; **здійма́ти вго́ру** throw up ◊ **Від ро́зпачу чолові́к здійма́в угору́ ~ки.** The man threw his hands up in despair. **підійма́ти** *and* **підніма́ти** raise, ♦ **підніма́ти ~ку на** + *A.* to raise one's hand on sb; **притиска́ти** press ◊ **Він прити́снув ~ку до скро́ні.** He pressed his hand

to his temple. **розкривáти** open, **розставля́ти** *or colloq.* **розчепі́рювати** spread ◊ **Кали́на гони́лася за гу́скою, розчепі́ривши ~ки.** Kalyna was chasing a goose, her hands spread. **просóвувати в** + *A. or* **до** + *G.* slide into sth ◊ **Вонá просу́нула ~ку в шухля́ду.** She slid her hand into the drawer. **забирáти** withdraw; **хапáти** grab ◊ **Івáн ухопи́в чию́сь ~ку.** Ivan grabbed somebody's hand. **сми́кати** jerk, **тягну́ти** pull, **тримáти** hold; **подавáти** + *D.* extend to sb ◊ **Боксéр подáв супéрникові ~ку.** The boxer extended his hand to the rival. **потирáти** *or* **тéрти** rub ◊ **Він тер ~ку об ~ку.** He was rubbing one hand against the other. **простягáти** stretch; **складáти** fold ◊ **Жі́нка склáла ~ки в моли́тві.** The woman folded her hands in prayer. **стискáти** + *D.* clutch ◊ **Рáя бóляче сти́снула хлóпчикові ~ку.** Raya painfully clutched the boy's hand. **ти́снути** shake ◊ **Вони́ привітáлися, не ти́снучи ~к.** They greeted each other without shaking hands. **витирáти** wipe; **ми́ти** wash ◊ **Тут мóжна поми́ти ~ки.** One can wash hands here. **мочи́ти** wet; **брудни́ти** dirty; **брáти** + *A.* **за** take sb by ◊ **Вонá імпульси́вно взялá Остáпа за ~ку.** She took Ostap impulsively by the hand. **хапáти за** grab ◊ **У тéмряві хтось ухопи́в Слáвку за ~ку.** In the darkness, somebody grabbed Slavka by the hand. **сми́кати** + *A.* **за** jerk sb by, **тягну́ти** + *A.* **за** pull sb by, **тримáти** + *A.* **за** hold sb by ◊ **Надія мі́цно тримáла си́на за ~ку.** Nadiia held her son tightly by the hand. **тримáтися** + *D.* **за** hold on to) ◊ **Левкó тримáвся бáтькові за ~ку.** Levko held on to his father's hand. ♦ **брáти себé в ~ки** to pull oneself together ◊ **Дóсить ски́глити, візьми́ себé в ~ки!** Stop whining, pull yourself together! ♦ **бу́ти на ~ку** + *D.* to be to sb's advantage ◊ **Густи́й тумáн був на ~ку втікачáм.** The thick fog was to the fugitives' advantage. ♦ **набивáти ~ку на** + *L.* to become well versed in sth ◊ **За рік він дóбре наби́в ~ку на прóдажу нерухóмості.** After a year, he became very well versed in selling real estate. ♦ **накладáти ~ки на сéбе** to commit suicide ◊ **Хлóпець ду́має наклáсти на сéбе ~ки.** The boy intends to commit suicide. ♦ **подавáти ~ку допомóги** to lend a helping hand; ♦ **проси́ти ~ки́** to ask for sb's hand in marriage; **лови́ти** + *A.* **~кóю** catch sth with a hand (**хапáти** grasp ◊ **Кáтря вхопи́ла пóручень обомá ~кáми.** Katria grasped the railing with both hands. **тримáти** + *A.* hold sb/sth with; **би́ти** + *A.* hit sb/sth, **вдаря́ти** + *A.* strike sb/sth, **ля́скати** + *A.* slap sb ◊ **Вонá ля́снула чоловікá ~кóю по обли́ччю.** She slapped the man on the face with her hand. **сту́кати по** + *L.* beat on sth ◊ **Ївга сту́кала ~кóю по столу́.** Yivha beat her hand on the table. **тягну́тися за** + *I.* reach for sth) ◊ **Він потягну́вся за брáтовою ~кóю.** He reached for his brother's hand. ♦ **махну́ти ~кóю на** + *A. pf.* to give sth up ◊ **Гали́на махну́ла ~кóю на дисертáцію.** Halyna gave up her dissertation. **розвóдити ~кáми** spread hands ◊ **Він лишé безпорáдно розві́в ~кáми.** He only spread his hands helplessly. **мáти** + *A.* **в ~ці** have sth in hand ◊ **Що це ти мáєш у ~ці?** What do you have in your hand? (**тримáти** + *A.* **в** hold sth in, **ховáти** + *A.* **в** hide sth in) ◊ **Юркó сховáв запи́ску в ~ці.** Yurko hid the note in his hand. ♦ **~ки вгóру!** Hands up! ♦ **~ки геть!** Hands off! ♦ **~ки на стіл!** Hands on the table!

р. + *v.* **піді́йматися** *and* **піднімáтися** rise, go up ◊ **У відповідь на питáння піднялóся кі́лька ~к.** Several hands rose in response to the question. ♦ **не піді́ймáється р. в** + *G.* + *inf.* sb does not have the heart to do sth ◊ **У судді́ не піді́ймáлася р. забрáти в дітéй бáтька.** The judge did not have the heart to deprive the children of their father. **дрижáти** tremble, **труси́тися** shake; **лáпати** fondle ◊ **Назáр відчу́в, як йогó лáпає чия́сь р.** Nazar felt somebody's hand fondling him. **мáцати** grope, **простягáтися** reach out; **торкáтися** touch; **знахóдити** + *A.* find sth, **натикáтися** **на** + *A.* stumble upon sth ◊ **Її р. наткну́лася на щось холóдне.** Her hand stumbled upon something cold. **лови́ти** + *A.* seize sth, **хапáти за** + *A.* seize by sth; **стискáтися** clutch ◊ **~ки юнакá сти́снулися від лю́ті.** The youth's hands clutched with fury. **шукáти** + *G.* seek sth

prep. **у ~ці** in one's hand; ♦ **мáти** + *A.* **у своїх ~кáх** to have sb ◊ **Тéпер він мав Олéну у своїх ~кáх.** Now he had Olena. ♦ **тримáти себé в ~кáх** to control oneself ◊ **Їй непрóсто тримáти себé в ~кáх.** It is tough for her to control herself. **з ~к у ~ки** from hand to hand ◊ **Заборóнений вірш передавáли з ~к у ~ки.** The forbidden poem was passed from hand to hand. **збувáти** + *A.* **з ~к** to get rid of sth ◊ **Полі́на нарéшті збулá з ~к непотрі́бного помічникá.** Polina finally got rid of her needless assistant. ♦ **купувáти** + *A.* **з дру́гих ~к** to buy sth second hand. ♦ **з порóжніми ~кáми** empty-handed ◊ **Лі́да поверну́лася з порóжніми ~кáми.** Lida returned empty-handed.

Also see **ліви́ця 1, прави́ця 1**

рукáв, *m.*, ~á

1 sleeve

adj. **дóвгий** long ◊ **~и́ в ку́ртці ви́явилися занáдто дóвгими.** The jacket sleeves turned out to be too long. **корóткий** short, **обрі́заний** cut; **вузьки́й** narrow, **тісни́й** tight; **ширóкий** wide; **лі́вий** left, **прáвий** right; **закáчаний** rolled-up; **відстібни́й** removable; **прозóрий** see-through

р. + *n.* **р. ку́ртки** a jacket sleeve (**пальтá** coat, **піджакá** blazer, **плащá** raincoat, **сорóчки** shirt, **шинéлі** trenchcoat, *etc.)*

v. + **р. закóчувати** *or* **підсу́кувати р.** roll up a sleeve ◊ **Ковáль неквáпом закоти́в ~и́.** The blacksmith rolled up his sleeves unhurriedly. (**відкóчувати** *and* **спускáти** roll down ◊ ** Іри́на відкоти́ла ~и́, щоб зігрі́тися.** Iryna rolled down the sleeves to warm up. **відривáти** tear off, **рвáти** tear; **сми́кати за** jerk at ◊ **Дити́на сми́кала йогó за р.** The child was jerking him at the sleeve, **тягну́ти за** tug at)

prep. **в ~і** in a sleeve, **в ~áх** in sleeves ◊ **Булó тéпло, і лю́ди ходи́ли у корóтких ~áх.** It was warm and people were in short sleeves. **на р.** *dir.* on/to a sleeve ◊ **Він приши́в собі́ лáтку на р.** He sewed a patch on his sleeve. **на ~í** *posn.* on a sleeve ◊ **Звідки у вас ця пля́ма на ~í?** Where from is this stain on your sleeve?

2 branch *(of river)*, tributary

adj. **лі́вий** left, **прáвий** right ◊ **Прáвий р. рі́чки дóвший за лі́вий.** The right branch of the river is longer than the left one.

v. + **р. розділя́тися на ~и́** divide into branches ◊ **Дáлі на схід рі́чка розділя́ється на кі́лька ~ів.** Farther east, the river branches out.

See **притóка**

рукави́ц|я, *f.*

mitten

adj. **зимóва** winter; **дитя́ча** children's; **мóкра** wet; **тéпла** warm; **товстá** thick; **вóвня́на** wool, **плéтена** knitted, **хутрянá** fur, **шкірянá** leather

v. + **р. вдягáти** *or* **одягáти ~ю** put on a mitten (**знімáти** take off; **ки́дати** toss ◊ **Зня́вши ~ці, Лі́ля ки́нула їх на лі́жко.** Having taken off her mittens, Lilia tossed them on the bed. **промочи́ти** *pf.* wet; **суши́ти** dry; **плести́** knit)

р. + *v.* **грі́ти** + *A.* warm sb; **зігрівáти** + *A.* warm sb up ◊ **Вóвняні ~і зігрі́ли Мирóсі ру́ки.** The woolen mittens warmed up Myrosia's hands.

See **рукави́чка**

рукави́ч|ка, *f.*

glove, *dim.* mitten

adj. **дóвга** long; **захиснá** protective; **бавóвняна** cotton, **вóвня́на** woolen, **зáмшева** chamois-leather, **лáйкова** kid ◊ **бі́лі лáйкові ~ки** white kid gloves, **шкірянá** leather, **ґу́мова** rubber, **лáтексова** latex; **бейсбóльна** baseball, **боксéрська** boxing, **воді́йська** driving; **вечі́рня** evening; **садівни́ча** gardening; **хірургі́чна** surgical; **жі́ноча** woman's, **чоловíча** men's

n. + **р. пáра ~ок** a pair of gloves ◊ **Бори́с подарувáв їй пáру ~ок із китáйського шóвку.** Borys gave her a pair of gloves made of Chinese silk.

v. + **р. вдягáти** *or* **одягáти ~ку** put on a glove (**знімáти** take off; **стя́гувати** pull off) ◊ **Стягну́вши хірургі́чні ~ки, лі́кар ки́нув їх у смі́тник.** Having pulled off his surgical gloves, the doctor threw them in the trash. ♦ **ки́дати** + *D.* **~ку** to throw down the gauntlet; ♦ **піді́ймáти ~ку** to take up the gauntlet ◊ **Катери́ні ки́нули ~ку, і вонá рі́шуче піднялá її.** They threw down the gauntlet to Kateryna, and she resolutely took it up. **кори́стувáтися ~кáми** use gloves ◊ **Нумізмáт кори́сту́ється ~кáми, коли́ працю́є.** The numismatist uses gloves when he works.

р. + *v.* **захищáти** + *A.* protect sth ◊ **Лáтексні ~ки захищáють хвóрого від інфéкцій.** Latex gloves protect a patient against infections.

prep. **без ~ок** without gloves ◊ **Нат́алка працювáла без ~ок.** Natalka worked without gloves. **у ~ку** *dir.* in/to a glove ◊ **Він поклáв монéти у ~ку.** He put the coins in the glove. **у ~ці** *posn.* in a glove ◊ **Казкóві звірі жили́ у ~ці.** The fairy-tale animals lived in a mitten. **у ~ках** in gloves ◊ **Вонá булá в елеґáнтних ~ках.** She was in elegant gloves.

рукóпис, *m.*, ~у

1 manuscript

adj. **ориґінáльний** original ◊ **Ориґінáльний р. вíрша втрáчено.** The original manuscript of the poem has been lost. **друкóваний** type-written, **комп'ю́терний** computer-printed, **пи́саний** written; **неопублікóваний** unpublished; **чорнови́й** draft; **допи́саний** completed, **закі́нчений** finished; **недопи́саний** *and* **незакі́нчений** unfinished; **літерату́рний** literary, **музи́чний** musical

n. + **р. кóпія ~у** a manuscript copy (**подáча** submission; **рецензéнт** reviewer; **сторі́нка** page) ◊ **У пáпці бракує чотирьóх сторінóк ~у.** Four manuscript pages are missing from the folder.

v. + **р. готувáти р.** prepare a manuscript (**писáти** write, **друкувáти на маши́нці** type; **виправля́ти** correct, **редаґувáти** edit ◊ **Зáраз р. редаґу́ють.** The manuscript is being edited right now. **покрáщувати** improve; **переглядáти** revise; **дописувати** complete, **закі́нчувати** finish; **подавáти** + *D.* submit to sb, **посилáти** + *D.* send sb; **рецензувáти** review; **приймáти** accept; **відкидáти** reject ◊ **Видавни́цтво відки́нуло р. ромáну.** The publishing house rejected the novel manuscript. **губи́ти** lose)

prep. **у ~і** in a manuscript ◊ **У чорновóму ~і багáто відмі́нностей від тóго, що подали́ до редáкції.** There are many differences in the draft manuscript from the one submitted to the editorial board.

2 manuscript, old text, hand-written book

adj. **автенти́чний** authentic, **спрáвжній** genuine; **підрóблений** forged ◊ **Він ду́має, що р. підрóблений.** He believes that the manuscript is forged. **дрéвній** age-old, **рáнній** early ◊ **У рáнніх ~ах мі́сто назива́ється Іскóростень.** In the early manuscripts, the city is referred to as Iskorosten. **середньові́чний** medieval, **стари́й** old, **старови́нний** ancient; **рі́дкісний** rare, **унікáльний** unique, **втрáчений** lost; **ілюмінóваний** illuminated ◊ **розкі́шно ілюмінóваний р.** an opulently illuminated manuscript

n. + **р. збі́рка** *or* **колéкція ~ів** a manuscript collection (**зберігáння** preservation; **реставрáція** restoration) ◊ **Вонá – фахівéць із реставрáції ~ів.** She is an expert in manuscript restoration.

v. + **р. зберігáти р.** preserve, keep a manuscript ◊ **У бібліотéці зберігáють деся́тки унікáльних ~ів.** Dozens of unique manuscripts are kept in the library. (**копіювáти** *and* **переписувати** copy

◊ **Р. неодноразо́во перепи́сували.** The manuscript was repeatedly copied.
р. + *v.* **зберіга́тися** survive ◊ **Р. зберíгся під руї́нами хра́му.** The manuscript survived under the temple ruins. **ги́нути** perish, **горі́ти** burn, **губи́тися** get lost, **зника́ти** vanish
Also see **текст**

рукоя́т|ка, *f.*
handle, handgrip, hilt
adj. **дерев'я́на** wooden, **ебоні́това** ebonite, **залі́зна** iron, **метале́ва** metal, **мі́дна** brass; **вузька́** narrow, **широ́ка** wide; **до́вга** long; **коро́тка** short; **замашна́** *colloq.* handy, **зру́чна** convenient; **гладка́** smooth, **слизька́** slippery
р. + *n.* **р. автома́та** a machine-gun handle (**лопа́ти** shovel, **меча́** sword ◊ **Р. меча́ оздо́блена кошто́вним камі́нням.** The sword hilt is adorned with gems. **мітли́** broom; **ножа́** knife, **соки́ри** ax)
v. + **р. ма́ти ~ку** have a handle (**поверта́ти** turn; **прила́днувати до** + *G.* attach to sth ◊ **Хтось приладна́в до ра́ми вікна́ невели́ку ~ку.** Somebody attached a small handle to the window frame. **натиска́ти на** push; **трима́тися за** hold by/on) ◊ **Він мі́цно трима́вся за ~ку моти́ки.** He held on tight to the hoe handle.
prep. **без ~ки** without a handle; **з ~кою** with a handle
L. **на ~ці**, *G. pl.* **~ок**
Also see **ру́чка 1**

рум'я́н|ець, *m.*, **~ця**
flush, blush, rosiness, (high) color
adj. **глибо́кий** deep, **густи́й** thick, **інтенси́вний** intense, **си́льний** strong ◊ **Її обли́ччя зали́в си́льний р.** A strong blush spread across her face. **леге́нький** *dim.* slight, **легки́й** slight, **слабе́нький** *dim.* faint, **слабки́й** faint ◊ **Слабки́й р. на Василе́вих щока́х ставáв помі́тним від моро́зу.** Faint color on Vasyl's cheeks was becoming pronounced from the cold. **роже́вий** pink, **черво́ний** red; **рапто́вий** sudden; **здоро́вий** healthy; **нездоро́вий** unhealthy, **хво́рий** sick ◊ **Його́ обли́ччя не покида́є хво́рий р.** Sick redness would not leave his face.
р + *n.* **р. гні́ву** the flush of anger (**лю́ті** fury; **ні́яковости** embarrassment, **со́рому** shame)
v. + **р. втрача́ти р.** lose one's color ◊ **горі́ти ~цем** *fig.* burn with a flush ◊ **Її обли́ччя горі́ло густи́м ~цем.** Her face was burning with a thick flush. (**пала́ти** *fig.* be ablaze with, **паші́ти** *fig.* glow with; **захо́дитися** become covered with, **покрива́тися** get covered with)
р. + *v.* **залива́ти** + *A.* flood sth ◊ **Обли́ччя хло́пця зали́в р. ні́яковости.** A flush of embarrassment flooded the boy's face. **покрива́ти** + *A.* cover sth
prep. **без ~цю** without color ◊ **Її лице́ було́ цілко́м без ~цю.** Her face was completely without color. **з ~цем** with color ◊ **з легки́м ~цем на щока́х** with slight color on the cheeks

рум'я́н|ий, *adj.*
1 ruddy *(of complexion)*, high-colored
◊ **~е обли́ччя** a ruddy face
prep. **р. від** + *G.* ruddy with sth ◊ **~і від хо́лоду що́ки** cheeks, ruddy with cold
2 red, pink ◊ **~і я́блука** red apples; ◊ **В Іва́на гу́би ~і, як ви́шні.** Ivan's lips are cherry-red.
See **черво́ний**
3 *fig.* reddish, ruddy ◊ **Не́бо зміни́лося з сі́рого на ~е.** The sky changed from gray to ruddy.

руси́зм, *var.* **росія́ні́зм**, *m.*, **~у**, *ling.*
Russianism, Russism, Russicism
adj. **нови́й** new, **поши́рений** widespread, **типо́вий** typical; **чи́стий** sheer, **я́вний** obvious ◊ **Реда́ктор позна́чив два синтакси́чні зворо́ти як я́вні ~и.** The editor marked two syntactic constructions as obvious Russianisms. **лате́нтний** latent ◊ **Вона́ вважа́є таку́ моде́ль тво́рення слів лате́нтним ~ом.** She considers such a word-derivation model to be a latent Russianism. **прихо́ваний** hidden; **лекси́чний** lexical, **морфологі́чний** morphological, **фонети́чний** phonetic, **синтакти́чний** syntactic, **фразеологі́чний** phraseological
v + **р. використо́вувати р.** utilize a Russianism (**вжива́ти** use; **виявля́ти** identify; **запрова́джувати** introduce, **наса́джувати** + *D.* impose upon sb); **уника́ти ~у** avoid a Russianism ◊ **У ситуа́ції мо́вного наси́льства ма́ло хто міг уни́кнути ~ів.** In the situation of linguistic violence, few could avoid Russianisms. (**обхо́дитися без** do without)
See **сло́во**

русифіка́тор, *m.*, **~а; ~ка**, *f.*
Russifier, Russianizer, agent of Russification
adj. **агреси́вний** aggressive, **відкри́тий** open, **запе́клий** avowed, **наха́бний** brazen, **неприхо́ваний** unconcealed; **невипра́вний** incorrigible; **небезпе́чний** dangerous; **невідсту́пний** relentless, **невто́мний** untiring, **перекона́ний** convinced, **послідо́вний** consistent ◊ **Міні́стр ви́явився послідо́вним ~ом.** The minister proved to be a consistent Russifier. **спра́вжній** true; **класи́чний** classical, **типо́вий** typical, **хрестоматі́йний** textbook
v. + **р. бу́ти ~ом** be a Russifier (**вважа́ти** + *A.* consider sb; **виявля́тися** prove; **назива́ти** + *A.* call sb; **лиша́тися** remain; **става́ти** become) ◊ **Батьки́ ча́сто става́ли ~ами вла́сних діте́й.** Parents would often become Russifiers of their own children.

русифіка́торськ|ий, *adj.*
Russificatory, Russifying, Russian assimilationist
adv. **агреси́вно** aggressively, **відве́рто** overtly **відкри́то** openly, **наха́бно** brazenly; **типо́во** typically; **чи́сто** purely, **я́вно** obviously; **засадни́чо** essentially ◊ **Вче́ний викрива́є запропоно́ваний право́пис як засадни́чо р.** The scholar exposes the proposed orthography as essentially Russificatory. **програмо́во** programmatically
р. + *n.* **р. вплив** a Russificatory influence (**зако́н** law, **за́хід** measure, **право́пис** orthography; **курс** course, **на́ступ** offensive); **~а ініціати́ва** a Russificatory initiative (**кампа́нія** campaign, **настано́ва** attitude, **но́рма** norm, **орієнта́ція** orientation, **полі́тика** policy ◊ **Постíйне змі́шування украї́нської мо́ви з росі́йською на телеекра́ні є ~ою полі́тикою.** Constant mixing of the Ukrainian language with Russian on TV screen is a Russificatory policy. **пра́ктика** practice, **програ́ма** program); **~е законода́вство** a Russificatory legislation (**зомбува́ння** zombifying ◊ **Оліга́рхі́чна пре́са продо́вжує піддава́ти грома́дян ~ому зомбува́нню.** The oligarchic press continues to subject citizens to Russificatory zombifying. **наси́льство** violence)

русифіка́ці|я, *f.*, **~ї**, *only sg.*
Russification, Russifying
adj. **акти́вна** active, **невідсту́пна** relentless; **ма́сова** mass, **поголо́вна** comprehensive, **тота́льна** total, **широкомасшта́бна** large-scale; **по́вна** full, **цілкови́та** complete, **частко́ва** partial; **поступо́ва** gradual, **пові́льна** slow, **повзу́ча** creeping; **непомі́тна** unnoticeable, **підсту́пна** treacherous, **прихо́вана** hidden, **ти́ха** quiet; **безпардо́нна** *colloq.* blatant, **безсо́вісна** shameless, **відкри́та** open, **наха́бна** brazen; **швидка́** quick; **навми́сна** deliberate, **намі́рена** intentional, **послідо́вна** consistent; **агреси́вна** aggressive, **брута́льна** brutal, **наси́льницька** violent; **мента́льна** mental, **мо́вна** linguistic ◊ **Мо́вна і мента́льна р. взаємно пов'я́зані.** Linguistic and mental Russification are mutually connected. **світо́глядна** philosophical, **ці́нні́сна** value-oriented
v. + **р. здíйснювати ~ю** carry out Russification ◊ **Вла́да здíйснювала ти́ху ~ю молодо́го поколі́ння.** The government carried out a quiet Russification of the young generation. (**погі́ршувати** aggravate, **посилю́вати** intensify, **прискóрювати** accelerate; **спові́льнювати** slow down; **толерува́ти** tolerate); **досяга́ти ~ї** achieve Russification ◊ **Кремле́ві не вдало́ся досягну́ти тота́льної ~ї Донба́су.** The Kremlin failed to achieve a total Russification of the Donbas. (**уника́ти** avoid); **піддава́ти** + *A.* **~ї** subject sb to Russification ◊ **Столі́ттями неросі́йські наро́ди імпе́рії піддава́ли ~ї.** For centuries, non-Russian peoples of the empire were subjected to Russification. (**протиді́яти** counteract, **чини́ти о́пір** resist; **потура́ти** countenance, **сприя́ти** promote); **боро́тися з ~єю** fight Russification (**ма́ти спра́ву з** deal with) ◊ **Вони́ ма́ють спра́ву з наха́бною ~єю.** They are dealing with brazen Russification.

русифіку|ва́ти, *var.* **зросі́йщувати**, **~ють; з~**, *tran.*
to Russify, convert to Russian language, culture, ways, *etc.*
adv. **духо́вно** spiritually, **культу́рно** culturally, **мента́льно** mentally, **мо́вно** linguistically ◊ **Сам очі́льник краї́ни ~ва́в білору́сів мо́вно й мента́льно.** The leader of the country himself Russified the Belarusians linguistically and mentally. **вже** already, **вре́шті-ре́шт** eventually; **ма́йже** almost; **агреси́вно** aggressively, **акти́вно** actively, **невідсту́пно** relentlessly; **ма́сово** on a mass scale, **поголо́вно** without exception, **тота́льно** totally, **цілко́м** completely; **тро́хи** a little, **частко́во** in part; **поступо́во** gradually ◊ **Такі́ фі́льми поступо́во ~ва́ли глядачі́в.** Such films gradually Russified the movie viewers. **пові́льно** slowly; **шви́дко** quickly; **ти́хо** quietly, **непомі́тно** unnoticeably, **підсту́пно** treacherously; **відкри́то** openly, **наха́бно** brazenly; **столі́ттями** for centuries; **свідо́мо** deliberately, **намі́рено** intentionally, **послідо́вно** consistently, **наси́льно** violently, **брута́льно** brutally, **силомі́ць** by force ◊ **Тих, хто опира́вся, систе́ма ~ва́ла силомі́ць.** The system Russified by force those who resisted.
v. + **р. вдава́тися** + *D.* succeed in ◊ **Москві́ вдало́ся цілко́м з~ Куба́нь.** Moscow succeeded in completely Russifying the Kuban. **намага́тися** try to, **стара́тися** strive to; **продо́вжувати** continue to
pa. pple. **зрусифіко́ваний** Russified
(з)русифіку́й!

рути́н|а, *f.*, *only sg.*
routine; *fig.* monotony, dullness
adj. **встано́влена** established, **звича́йна** usual, **знайо́ма** familiar, **норма́льна** normal, **ста́ра** old, **незмі́нна** invariable, **непохи́тна** unshakable, **суво́ра** strict, **та сама́** same, **уста́лена** set ◊ **Їй подо́балася уста́лена р. пра́ці.** She liked the set work routine. **ранко́ва** morning, **щоде́нна** daily; **дома́шня** domestic, **робо́ча** work, **шкі́льна** school; **безглу́зда** senseless, **гніту́ча** depressing, **моното́нна** monotonous, **нена́висна** hateful, **нудна́** boring, **осору́жна** detestable, **сі́ра** gray ◊ **Вихідні́ були́ пере́рвою в сі́рій робо́чій ~і.** Weekends were a coveted break in the gray work routine.
n. + **р. змі́на ~и** a change of the routine, **змі́на в ~і** a change in the routine
v. + **р. встано́влювати ~у** establish a routine ◊ **Хто встанови́в таку безглу́зду ~у?** Who established such a senseless routine? (**уста́лювати** set; **змі́нювати** alter, **міня́ти** change; **зна́ти** know; **прохо́дити** go through ◊ **Богда́ні нале́жало про́йти всю ~у до́кторських і́спитів.** Bohdana was obliged to go through the entire routine of doctoral exams.

переривáти interrupt, **порýшувати** disrupt; **вхóдити в** settle into) ◊ **У нéї пішóв тúждень на те, щоб увійтú у знайóму ~у.** It took her a week to settle into the familiar routine. **дотрúмуватися ~и** follow a routine (**уникáти** avoid ◊ **Щоб уникáти ~и, вонá переставлялá місцями рíжні частúни занятття.** In order to avoid routine, she would reshuffle various parts of her class. **призвичáюватися до** get accustomed to)
Also see **бýдень 2.** *Cf.* **порядок 2**

ру|х, *m.*, ~ху

1 *phys.* movement, motion, flow
adj. **актúвний** active; **безперéрвний** uninterrupted, **постíйний** steady; **велúкий** big, **значнúй** considerable, **помíтний** noticeable ◊ **помíтний р. вíйськ** a noticeable troop movement; **малéнький** *dim.* little, **невелúкий** small, **непомíтний** unnoticeable, **обмéжений** limited; **лінíйний** linear, **обертáльний** rotational, **плáвний** gliding, **порúвчастий** jerky, **ритмíчний** rhythmical; **звичáйний** usual, **нормáльний** normal; **безлáдний** disorderly ◊ **Мирóн знайшóв її на стáнції у безлáдному ~сі пасажúрів.** Myron found her at the station in the disorderly movement of passengers. **хаотúчний** chaotic; **жвáвий** lively, **хуткúй** fast, **швидкúй** quick; **повíльний** slow, **поступóвий** gradual; **безперешкóдний** unencumbered, **вíльний** free ◊ **вíльний р. капітáлу** a free movement of capital; ◊ **вíчний р.** the perpetual motion; **одвíчний** eternal
р. + *adv.* **р. вбік** a sideways movement (**вгóру** *or* **догорú** upward, **вниз** *or* **додóлу** downward, **вперéд** foreward; **назáд** backward; **лíворуч** leftward; **правóруч** rightward; **по кóлу** in circle) ◊ **Зáмість професíйного зростáння йогó робóта звелáся до ~ху по кóлу.** Instead of professional growth, his work was reduced to moving in a circle.
р. + *n.* **р. валю́ти** a currency movement (**готíвки** cash, **капітáлу** capital; **людéй** people, **пасажúрів** passenger, **робóчої сúли** labor; **товáрів** merchandise; **матéрії** matter; **Землí** Earth, **Мíсяця** Moon, **Сóнця** Sun; **зíрóк** star, **планéт** planet)
n. + **р. відчуттá ~ху** a sense of movement (**джерелó** source, **мéжі** boundaries; **кінéць** end, **початóк** beginning, **процéс** process; **нáпрямок** direction, **швúдкість** speed)
v. + **р. починáти р.** start a movement (**робúти** make, **створювáти** generate ◊ **Активíсти ствóрювали жвáвий р. довкóла сéбе.** The activists generated a lively movement around themselves. **координувáти** *and* **узгóджувати** coordinate; **контролювáти** control, **направляти** direct, **реґулювáти** regulate ◊ **Аґéнція реґулює р. капітáлу з краї́ни.** The agency regulates capital movement from the country. **скерóвувати** channel; **прискóрювати** accelerate; **затрúмувати** hold back, **обмéжувати** restrict ◊ **Маґнíтне пóле обмéжує р. елементáрних частúнок.** The magnetic field restricts the elementary particles' movement. **припиняти** stop, **спиняти** halt, **сповільнювати** slow down; **виявляти** detect ◊ **Сéнсор виявляє наймéнший р. у рáдіусі п'ятдесятú мéтрів.** The sensor detects the smallest movement within the 50-meter radius. **відчувáти** sense, **зауважувати** notice) ◊ **Він завáжив р. бíля бéрега.** He noticed some movement near the shore **помагáти ~хові** help movement (**перешкоджáти** hinder ◊ **Страйк перешкоджáв ~хові ресýрсів.** The strike hindered the movement of resources. **сприяти** promote); **реґулювáти ~хом** regulate a movement (**управляти** govern; **слíдкувати за** monitor, **спостерігáти за** observe, **стéжити за** track) ◊ **Вчéні стéжать за ~хом перелíтних птахíв.** Scientists track the movement of migratory birds.
р. + *v.* **виникáти** emerge, **відбувáтися** occur, take place; **завдавáти** + *G.* cause sth ◊ **Наймéнший р. завдавáв їй нестéрпного бóлю.** The smallest movement caused her unbearable pain. **призвóдити до** + *G.* bring about sth; **прискóрюватися** accelerate; **сповільнюватися** slow down, **завмирáти** die out, **припинятися** cease ◊ **Пíсля дев'ятої р. на вýлиці припинявся.** After nine, movement outside would cease.
prep. **без ~ху** without movement, motionless ◊ **Він просидíв без ~ху дві годúни.** He sat motionless for two hours. **у ~сі** in motion, on the move ◊ **Вонú у постíйному ~сі.** They are constantly on the move. **р. до** + *G.* a movement to *(a place)*; **р. з** + *G.* a movement from *(a place)* ◊ **р. з одногó мíсця до íншого** a movement from one place to the other
Also see **хід 1**

2 movement, move; jesture
adj. **блискавúчний** instantaneous ◊ **Блискавúчним ~хом Лéся вúхопила сýмку в ньóго з рук.** With an instantaneous move, Lesia grabbed the bag out of his hands. **ґвалтóвний** abrupt, **карколóмний** breakneck, **несподíваний** unexpected, **раптóвий** sudden, **рвучкúй** jerky; **врáвний** deft, **лóвкий** *colloq.* agile, **провóрний** prompt, **прудкúй** *colloq.* swift, **спрúтний** nimble ◊ **Одним спрúтним ~хом Борúсові вправили вúвихнуту щúколотку.** With one nimble move, Borys's dislocated ankle had been fixed. **хуткúй** *and* **швидкúй** quick; **ґраціóзний** graceful, **легкúй** light, **м'якúй** smooth, **плáвний** fluid, **повíльний** slow; **випадкóвий** accidental, **спонтáнний** spontaneous; **небезпéчний** dangerous; **акробатúчний** acrobatic, **захиснúй** defensive, **танцювáльний** dance ◊ **Вонá навчúла Маркá кількóм танцювáльним ~хам.** She taught Marko a few dance moves (steps).
р. + *n.* **р. головú** *and* **головóю** a head movement (**губ** *and* **губáми** lips ◊ **На питáння він зареаґувáв ледь помíтним р. губ.** He reacted to the question with a barely noticeable movement of lips. **ногú** *and* **ногóю** foot/leg, **плечá** *and* **плечéм** shoulder, **рукú** *and* **рукóю** hand/arm, **тíла** *and* **тíлом** body)
v. + **р. викóнувати р.** execute a movement ◊ **Лесь здáтний викóнувати карколóмні ~хи тíлом.** Les is capable of executing breakneck body movements. (**робúти** make; **вивчáти** learn ◊ **Хрúстя вúвчила кíлька захиснúх ~хів.** Khrystia learned a couple defensive moves. **запам'ятóвувати** memorize; **імітувáти** imitate, **копіювáти** copy, **повтóрювати** repeat; **забувáти** forget) ◊ **Матвíй забýв головнúй р. сáльси.** Matvii forgot the principal salsa move.

3 traffic; cars, vehicles
adj. **велúкий** heavy ◊ **Урáнці в мíсті велúкий р.** In the morning, there is heavy traffic in the city. **значнúй** considerable, **неможлúвий** impossible, **серйóзний** serious, **сúльний** bad ◊ **Їм пощастúло уникнути сúльного ~ху.** They were lucky to avoid bad traffic. **страшнúй** terrible, **шалéний** insane; **повíльний** slow; **невелúкий** slight, **швидкúй** fast; **автóбусний** bus, **автомобíльний** automobile, **вантáжний** freight, **велосипéдний** bicycle ◊ **Автомобілíсти конкурýють із велосипéдним ~хом.** Car drivers compete with bicycle traffic. **залізнúчний** railroad, **морськúй** maritime, **повітряний** air ◊ **диспéчер повітряного ~ху** an air-traffic controller; **річковúй** river ◊ **У лúпні річковúй р. бíля Чернíгова зростáє.** In July, river traffic near Chernihiv grows. **пасажúрський** passenger, **пішохíдний** pedestrian; **ранкóвий** morning; **вечíрній** evening, **нíчний** night; **двосторóнній** two-way, **одностóронній** one-way; **безпéчний** safe
р. + *adv.* **р. на зáхід** a westbound traffic ◊ **Р. потягів на зáхід був дóсить швидкúм.** The westbound train traffic was fairly fast. (**на схід** eastbound, **на пíвдень** southbound, **на пíвніч** northbound; **до мíста** inbound, **з мíста** outbound)
n. + **р. прáвила ~ху** traffic rules (**рóзклад** schedule); ◊ **рóзклад ~у поїздíв** a train schedule (**автóбусів** bus, **літакíв** airplane)
v. + **р. збíльшувати р.** increase traffic (**полéгшувати** ease ◊ **Спеціяльно ствóрені смýги полéгшують велосипéдний р.** The specially created lanes ease the bicycle traffic. **ствóрювати** generate; **блокувáти** block, **затрúмувати** hold up, **змéншувати** reduce, **скорóчувати** cut, **сповíльнювати** slow down; **відвóдити** divert ◊ **Чéрез автотрóщу р. відвелú на паралéльну дорóгу.** Because of a car crash, the traffic was diverted to a parallel road. **контролювáти** control, **реґулювáти** regulate, **скерóвувати** direct; **потрапляти в** hit ◊ **Юркó потрáпив у страшнúй р.** Yurko hit terrible traffic. **пробирáтися чéрез** navigate) ◊ **Вонá пробирáлася чéрез повíльний р.** She navigated the slow traffic. **уникáти ~ху** avoid traffic ◊ **Рáдіо «Хвúля» не раз допомоглó Дáні унúкнути ~ху.** The *Khvylia* Radio more than once helped Dana avoid traffic. **перешкоджáти ~хові** obstruct traffic (**сприяти** promote)
р. + *v.* **зростáти** grow, **нарострáти** increase, **щільнíшати** thicken, **забивáти** + *A.* congest sth ◊ **Ще рік томý р. нікóли не забивáв вýлиць окóлиці.** Only a year ago, the traffic never congested the streets of the neighborhood. **закупóрювати** + *A.* clog sth; **змéншуватися** decrease, **розсмóктуватися** thin out ◊ **До сьóмої годúни вечíрній р. із мíста розсмóктується.** By six o'clock, the evening outbound traffic thins out. **йти** go, **пливтú** *fig.* flow, **прохóдити** pass, **прямувáти** head; **закляквáти** come to a halt, **зупинятися** stop; **ревтú** roar, **рокотíти** rumble ◊ **Повз хáту рокотíв залізнúчний р.** Train traffic rumbled by the house.

4 *fig.* movement, political group; campaign, crusade
adj. **організóваний** organized; **стихíйний** spontaneous; **громáдський** social, **нарóдний** popular ◊ **Нарóдний Р. Украї́ни за перебудóву** *hist.* the Popular Movement of Ukraine for Perestroika; **політúчний** political, **релігíйний** religious; **антиколоніяльний** anti-colonial, **визвóльний** liberation, **партизáнський** guerrilla, **підпíльний** underground, **підривнúй** subversive, **повстáнський** insurgent; **зелéний** green; **антивоєнний** anti-war, **антиядерний** anti-nuclear; **антиґлобалíстський** anti-globalization, **протéстний** protest; **жінóчий** women's, **феміністський** feminist ◊ **початки феміністського ~ху** beginnings of the feminist movement; **анархíстський** anarchist, **націоналістúчний** nationalist, **профспілкóвий** trade-union, **робітнúчий** working-class, **селянський** peasant; **комуністúчний** communist, **нацúстський** Nazi, **фашúстський** fascist; **всеохóпний** encompassing, **загальнонаціональний** nationwide, **мáсовий** mass; **багатонаціонáльний** multinational, **місцéвий** local, **націонáльний** national ◊ **Із місцéвого р. перетворúвся на націонáльний.** From local, the movement transformed into a national one. **міжнарóдний** international; **войовнúчий** militant, **радикáльний** radical, **революціЙний** revolutionary; **сепаратúстський** separatist ◊ **Сепаратúстський р. в Одéсі був фінансóваний.** The separatist movement in Odesa was funded by the Kremlin. **демократúчний** democratic, **ліберáльний** liberal, **консервативний** conservative; **молодíжний** youth, **студéнтський** student; **екуменíчний** ecumenical, **євангелíстський** evangelical, **ісламський** Islamic, **сіонíстський** Zionist, **фундаменталíстський** fundamentalist; **літератýрний** literary, **мистéцький** art, **музúчний** musical, **худóжній** artistic; **авангардúстський** avantgarde, **модерністський** Modernist ◊ **Вонú бáчили себé частúною модерністського ~ху.** They viewed themselves as part of the Modernist movement. **олімпíйський** Olympic, **спортúвний** sports, **футбóльний** soccer

р. + *n.* **р. ґе́їв і лезбі́йок** a gay and lesbian movement (**о́пору** resistance ◊ **Р. о́пору поча́вся до окупа́ції краї́ни.** The resistance movement started before the country's occupation. **споживачі́в** consumer; **футбо́льних фана́тів** soccer fans') ◊ **Р. футбо́льних фана́тів став на бік Револю́ції Гі́дности.** The soccer fans' movement sided with the Revolution of Dignity.

v. + **р. засно́вувати р.** found a movement (**організо́вувати** organize, **почина́ти** start ◊ **Одна́ стихі́йна а́кція почала́ проте́стний р.** One spontaneous action started a protest movement. **ство́рювати** create; **вести́** lead, **очо́лювати** head ◊ **Вона́ очо́лила р. на за́хист довкі́лля.** She headed the environmental protection movement. **скеро́вувати** direct; **змі́цнювати** strengthen, **мобілізува́ти** mobilize, **підтри́мувати** support; **критикува́ти** criticize, **підрива́ти** undermine, **посла́блювати** weaken; **переслі́дувати** persecute; **зни́щувати** destroy, **ліквідо́вувати** eliminate; **вплива́ти на** influence) ◊ **Тво́ри Донцо́ва поту́жно вплива́ли на націоналісти́чний р.** Dontsov's writings had a powerful influence upon the nationalist movement; **бу́ти части́ною ~ху** be part of a movement (**бу́ти причє́тним до** + *G.* be involved in; **виступа́ти про́ти** oppose) ◊ **Комуні́сти ви́ступали про́ти ~ху за незале́жність.** Communists opposed the independence movement. **допомага́ти ~хові** *or* **~ху** help a movement ◊ **Вони́ допомага́ли фемініс́тському ~хові грі́шми.** They helped the feminist movement with money. (**симпатизува́ти** sympathize with, **спрétя́ти** promote); **керува́ти ~хом** direct a movement ◊ **Під час війни́ він керува́в підпі́льним ~хом у Рі́вному.** During the war, he directed the underground (movement) in Rivne. (**боро́тися з** fight)

р. + *v.* **виника́ти** emerge, **з'явля́тися** appear, **постава́ти** arise; **набира́ти си́ли** gain strength; **почина́тися** start; **зроста́ти** grow, **поси́люватися** strengthen, **розвива́тися** develop, **сяга́ти верши́ни** reach its peak; **зосере́джуватися на** + *L.* focus on sth ◊ **Р. зосере́дився на за́хисті прав сирі́т.** The movement focused on the protection of orphans' rights. **досяга́ти мети́** reach a goal; **вдава́тися** + *D.* succeed in sth ◊ **~хові вдало́ся домогти́ся змі́ни зако́ну.** The movement succeeded in changing the law. **видиха́тися** *fig.* fizzle out ◊ **Р. шви́дко ви́дихався.** The movement quickly fizzled out. **занепада́ти** decline; **посла́блюватися** weaken

prep. **у ~сі** *posn.* in a movement ◊ **Він не брав у́части в жо́дному ~сі.** He did not participate in any movement. **р. за** + *A.* a movement for sth ◊ **р. за лю́дські права́** the human rights movement; **р. про́ти** + *G.* a movement against sth ◊ **націона́льний р. про́ти русифіка́ції осві́ти** the national movement against Russification of education

Also see **кампа́нія, фронт 4**

ру́хан|ка, *f., only sg.*

1 workout, exercise session ◊ **Він звик роби́ти до́сить важкі́ ~ки.** He is accustomed to do fairly hard workouts.

adj. **до́бра** good, **здоро́ва** healthy; **важка́** hard, **енергі́йна** vigorous, **інтенси́вна** high-intensity, **нату́жна** strenuous; **легка́** light ◊ **Вона́ почала́ з легко́ї ~ки.** She started with a light exercise. **помі́рна** moderate; **обов'язко́ва** obligatory; **ранко́ва** morning, **реґуля́рна** regular, **щоде́нна** daily; **розумо́ва** mental ◊ **Об одина́дцятій годи́ні вона́ роби́ла пере́рву на розумо́ву ~ку.** At 11:00 o'clock, she made a break for a mental workout. **фізи́чна** physical; **до́вга** long, **трива́ла** lengthy; **коро́тка** brief, **швидка́** quick; **годи́нна** hour-long, **півгоди́нна** half-hour, **сорокахвили́нна** forty-minute, *etc.*

v. + **р. закі́нчувати ~ку** finish a workout (**почина́ти** begin; **перерива́ти** interrupt; **продо́вжити** *pf.* resume, extend by ◊ **Бори́с продо́вжив ~ку.** Borys resumed his workout. ◊ **Він продо́вжив ~ку на п'ятна́дцять хвили́н.** He extended his workout by fifteen minutes. **продо́вжувати** continue ◊ **Вона́ продо́вжувала ~ку, незважа́ючи на пі́зню годи́ну.** She continued her workout despite the late hour. **пропуска́ти** skip; **рекомендува́ти** + *D.* recommend to sb; **роби́ти** do); ◊ **потребува́ти ~ки** be in need of an exercise ◊ **Його́ ті́ло потребу́є до́брої ~ки.** His body is in need of a good workout.

Also see **впра́ва**

ру́ха|ти, ~ють; ру́ш|ити, ~ать, *tran. and intr.*

1 *tran. and intr.* to move, shift, set in motion + *A. or I.*

adv. **впере́д** forward ◊ **Ві́тер ~в я́хту впере́д.** The wind was moving the yacht forward. **впра́вно** deftly ◊ **Він впра́вно ~в коро́бки з підло́ги на полиці.** He was deftly moving the boxes from the floor onto the shelves. **ло́вко** *colloq.* agilely, **прово́рно** promptly, **пру́дко** *colloq.* swiftly, **спри́тно** nimbly; **ху́тко** *and* **шви́дко** quickly; **ле́гко** lightly, **м'я́ко** smoothly, **пові́льно** slowly; **ле́две** scarcely, **наси́лу** barely ◊ **Оста́п наси́лу ~в губа́ми.** Ostap was barely moving his lips. ♦ **р. го́ри** to move mountains ◊ **Ка́жуть, ві́ра ~є го́ри.** Faith is said to move mountains.

р. + *n.* **р. губа́ми** move one's lips (**нога́ми** feet, legs **па́льцями** fingers, toes; ♦ **і па́льцем не ру́шити** not to move a finger ◊ **Вона́ і па́льцем не ру́шила, щоб допомогти́ їм.** She did not move a finger to help them. **підборі́ддям** chin, **плече́м** shoulder, **руко́ю** hand, arm, **язико́м** tongue ◊ **Вона́ намага́лася ~ати язико́м.** She tried to move her tongue. **ві́ником** broom, **граблями** rake, **косо́ю** scythe ◊ **Мико́ла ру́хав косо́ю не без пе́вної ґра́ції.** Mykola was moving the scythe not without certain grace. **лопа́тою** shovel)

v. + **р. бра́тися** set about ◊ **Вони́ взяли́ся р. ме́блі по кварти́рі.** They set about moving the furniture around the apartment. **бу́ти здатним** be able to, **змогти́** *pf.* manage to, **могти́** can; **намага́тися** try to, **хоті́ти** want to; **не могти́** cannot ◊ **Він не міг р. кінці́вками.** He could not move his limbs. **почина́ти** begin to

Also see **води́ти 4**

2 *intr., only impf., fig.* to drive, move, motivate + *I.* ◊ **Вчи́нками доброво́льців ~ла любо́в до рі́дного краю́.** The volunteers' actions were driven by love of their homeland. ◊ **Не́ю ~ли го́лі амбі́ції.** She was driven by naked ambition.

3 *tran., fig.* to develop, advance, promote, move forward ◊ **Шевельо́в ру́шив упере́д украї́нське мовозна́вство.** Shevelov moved forward Ukrainian linguistics.

Also see **розвива́ти 1**

pa. pple. **ру́шений** moved

ру́хай! руш!

ру́ха|тися; ру́шитися, *intr.*

1 to move, progress, go, travel, get going

adv. **впере́д** forward ◊ **Краї́на ~тиметься ті́льки впере́д.** The country will be moving only forward. **наза́д** backward, **вбік** sideways, **лі́воруч** leftward, **право́руч** rightward; **про́сто** *and* **пря́мо** straight ◊ **Загі́н ~вся про́сто до о́зера.** The detachment was going straight to the lake. **ґвалто́вно** abruptly ◊ **Ко́ні ґвалто́вно ру́шилися так, що він тро́хи не впав.** The horses moved so abruptly that he nearly fell. **несподі́вано** unexpectedly, **рапто́во** suddenly, **рвучко** jerkily; **впра́вно** deftly ◊ **Зло́дій упра́вно ~вся ряда́ми продавці́в, зника́ючи з ви́ду.** The thief deftly moved through the rows of salesmen, disappearing from view. **ло́вко** *colloq.* agilely, **прово́рно** promptly, **пру́дко** *colloq.* swiftly, **спри́тно** nimbly; **ху́тко** *and* **шви́дко** quickly; **ґраці́йно** gracefully, **ле́гко** lightly, **м'я́ко** smoothly ◊ **Моде́ль м'я́ко ~лася дорі́жкою.** The model was smoothly moving along the catwalk. **пла́вно** fluidly, **пові́льно** slowly; **ле́две** scarcely, **наси́лу** barely; **майже не** almost not ◊ **Його́ блі́ді вуста́ ма́йже не ~лися.** His pale lips almost did not move.

v. + **р. бу́ти в ста́ні** be capable of ◊ **Її́ щеле́па бу́де в ста́ні р. за дві годи́ни.** Her jaw will be capable of moving in two hours. **могти́** can ◊ **Че́рез ти́ждень Степа́н міг ~тися.** A week after, Stepan could move. **намага́тися** try to, **пробува́ти** attempt to; **почина́ти** begin to, **ста́ти** *pf.* start ◊ **Дале́кі во́гники ста́ли ~тися до лі́су.** The distant lights started moving to the forest. **продо́вжувати** continue to; **перестава́ти** stop

prep. **р. до** + *G.* move to/toward sth

Also see **бі́гти 3, іти 2**

2 *fig.* to move on, develop, progress ◊ **Підприє́мство потихе́ньку ~лося.** The enterprise moved on little by little.

See **розвива́тися 1**

рухли́в|ий, *adj.*

mobile, active, moving, lively, agile ◊ **~а люди́на** a dynamic person

adv. **до́сить** fairly ◊ **доста́тньо** sufficiently, **ду́же** very; **дивови́жно** amazingly, **напро́чуд** astonishingly, **неймові́рно** incredibly, **страше́нно** terribly, **як ніко́ли ра́ніше** like never before

v. + **р. бу́ти ~им** be active (**виявля́тися** turn out ◊ **Андрі́й ви́явився ~им і непосидю́чим.** Andrii turned out to be active and restless. **здава́тися** + *D.* seem to sb, **лиша́тися** remain ◊ **Вона́ до ста́рости лиша́лася ~ою.** Untill her old age, she remained mobile. **става́ти** become) ◊ **Ра́я ста́ла ~ою й енергі́йною.** Raya became active and energetic.

Also see **акти́вний 1, енергі́йний 1, жва́вий 1, мобі́льний 1**

рухо́м|ий, *adj.*

1 movable, moving, portable ◊ **~е джерело́ сві́тла** movable source of light; ♦ **р. склад** *techn.* the rolling stock; **~е майно́** movable property

2 changing, changeable, mutable, variable ◊ **І́нна була́ жі́нкою з ~им обли́ччям.** Inna was a woman with a changing face. ◊ **р. і́ндекс цін** a variable price index

See **мінли́вий 1**

3 *ling.* mobile ◊ **р. на́голос** a mobile stress ◊ **Сло́во «середа́» ма́є р. на́голос.** The word *sereda* has a mobile stress.

руча́|тися, ~ються; руч|и́тися, ~аться, *intr.*

to vouch, confirm, guarantee

adv. **без застере́жень** without reservations ◊ **Психія́тр без застере́жень ручи́вся за те, що юна́к прито́мний.** The psychiatrist vouched without reservations that the youth was of sound mind. **безумо́вно** unconditionally, **не вага́ючись** without hesitation, **з гото́вністю** readily, **ра́до** gladly, **по́вністю** fully, **ціл́ком** completely; **вага́ючись** hesitantly, **неохо́че** reluctantly; **вре́шті-ре́шт** eventually, **наре́шті** finally

v. + **р. бу́ти гото́вим** be ready to; **могти́** can ◊ **Він не мо́же ні за що р.** He cannot vouch for anything. **пого́джуватися** agree to; **відмовля́тися** refuse to; **проси́ти** + *A.* ask sb to

prep. **р. за** + *G.* vouch for sb; **р. пе́ред** + *I.* vouch to sb ◊ **Хоме́нко без вага́нь ручи́вся за її́ кредитоспромо́жність пе́ред ба́нком.** Khomenko vouched her creditworthiness to the bank without hesitation.

руча́йся! ручи́ся!

Also see **ґарантува́ти 1, забезпе́чувати 3**

ручи́|тися, *pf., see* **руча́тися**

to vouch, *etc.* ◊ **Коле́ґи з гото́вністю ~лися за че́сність чолові́ка.** The man's colleagues readily vouched for his integrity.

ру́ч|ка, *f.*
1 handle, handgrip, knob
adj. **вели́ка** big ◊ **Р. двере́й така́ вели́ка, що її тре́ба бра́ти двома́ рука́ми.** The door handle is so big, that it needs to be held by two hands. **мініатю́рна** miniature, **невели́ка** small; **дерев'я́на** wooden, **ебоні́това** ebonite, **мета́лева** metal, **мі́дна** brass, **пластма́сова** plastic; **емальо́вана** enamel; **вузька́** narrow, **широ́ка** wide; **до́вга** long, **коро́тка** short; **замашна́** *colloq.* handy, **зру́чна** convenient; **гладка́** smooth; **жорстка́** rough
р. + *n*. р. баняка́ *and* **кастру́лі** pot handle ◊ **~ки чаву́нного баняка́ зо́всім не нагрі́лися.** The handles of the cast-iron pot did not get hot at all. (**пате́льні** *and* **сковороди́** skillet; **двере́й** door, **мітли́** broom; **м'ясору́бки** meat grinder ◊ **Ебоні́това р. м'ясору́бки дала́ трі́щину.** The ebonite meat grinder handle cracked. **ножа́** knife, **ша́фи** wardrobe); ◊ **р. радіоприймача́** a radio knob
v. + **р. крути́ти ~ку** turn a knob (**прибива́ти до** + *G*. nail to sth, **прикру́чувати до** + *G*. screw to sth, **прила́днувати** *and* **прилашто́вувати до** + *G*. affix to sth ◊ **Ю́рій прилаштува́в до шухля́ди дерев'я́ну ~ку.** Yurii attached a wooden handle to the drawer. **трима́ти** + *A*. **за** hold sth by, **тягну́ти** + *A*. **за** pull sth by) ◊ **Вона́ потягну́ла за ~ку ша́фи.** She pulled the wardrobe handle. ♦ **дохо́дити до ~ки** *colloq.* to hit rock bottom ◊ **За таки́м ме́неджером фі́рма шви́дко дійшла́ до ~ки.** With such a manager, the firm quickly hit rock bottom.
prep. **р. до** + *G*. a handle of sth ◊ **р. до мітли́** a broom handle
Also see **рукоя́тка**
2 pen ◊ **Він ма́є кі́лька ~ок.** He has several pens. ♦ **автору́чка** a fountain pen
See **перо́ 1**
3 *dim.* hand, arm ◊ **Дитя́ простяга́ло до не́ї ~ки.** The baby was extending its little hands toward her.
See **рука́**
L. **в ~ці**, *G. pl.* **~ок**

ручн|и́й, *adj.*
1 manual, hand, hand-operated
р. + *n*. р. візо́к a handcart, **р. годи́нник** a wristwatch, **р. ґранатоме́т** a hand grenade launcher, **р. млино́к** a manual grinder, **р. м'яч** *sport.* handball; **~а́ по́мпа** a hand pump (**пи́лка** saw, **робо́та** work); **~е́ гальмо́** a handbrake, **~е́ керува́ння** hand steering (**свердло́** drill)
2 handmade ◊ **р. ки́лим** a handmade carpet; **~е взуття́** handmade shoes (**полотно́** linen, **пошиття́** sewing); ♦ **~о́ї робо́ти** handmade ◊ **кера́міка ~о́ї робо́ти** handmade ceramics
3 domesticated, tame; pet
adv. **до́сить** fairly ◊ **Бі́лка була́ до́сить ~о́ю.** The squirrel was fairly domesticated. **ду́же** very; **геть** totally, **зо́всім** utterly, **цілко́м** completely, **ма́йже** almost; ◊ **~а́ сви́нка** a pet pig
v. + **р. бу́ти ~и́м** be domesticated (**виявля́тися** turn out; **здава́тися** + *D*. seem to sb ◊ **Ри́би у ставку́ здава́лися ~и́ми.** The fish in the pond seemed tame. **става́ти** become)
See **сві́йський 1**

руша́|ти, ~ють; ру́ш|ити, ~ать, *intr. and tran.*
1 *intr.* to depart, leave, set out, set off, go, head
adv. **вже** already, **наре́шті** finally ◊ **По́тяг наре́шті ру́шив.** The train finally departed. **пі́зно** late; **ра́но** early, **зго́дом** shortly, **незаба́ром** *and* **ско́ро** soon, **пізні́ше** later, **по́тім** then; **гру́пою** in a group, **ра́зом** together; **пе́ршим** first, **оста́ннім** last ◊ **Хло́пці ру́шили з до́му оста́нніми.** The boys were the last to leave the house.
v. + **р. бу́ти гото́вим** be ready to ◊ **Усі́ гото́ві р.** Everybody is ready to go. **готува́тися** prepare to, **ду́мати** be going to, **планува́ти** plan to; **виріша́ти** decide to ◊ **Лю́ди ви́рішили зара́з же ру́шити на по́шуки ді́вчи́ни.** The people decided to go in search of the girl right away. ♦ **р. з мі́сця** to start moving ◊ **Літа́к (з)ру́шив із мі́сця.** The airplane started moving. ♦ **не р. з мі́сця** to stand in place, stay motionless ◊ **Він стоя́в пе́ред карти́ною, не ~ючи з мі́сця.** He stood in front of the picture, motionless.
prep. **р. в** + *A*. set out on *(a trip, etc.)*, ♦ **р. в по́дорож** to set out on a trip ◊ **Вони́ ру́шили в по́дорож ура́нці.** They set out on the trip in the morning. **р. до** + *G*. head for sth ◊ **Він ру́шив до лі́су.** He headed for the forest. **р. за** + *I*. follow sb ◊ **Усі́ ру́шили за поводире́м.** Everybody followed the guide. **р. на** + *A*. go to sth, head for ◊ **Ві́йсько ру́шило на бій.** The troops headed for combat. **р. по** + *A*. set out after sth, go fetch sth ◊ **Вона́ ру́шила по во́ду.** She went to get some water.
Also see **йти 1, ї́хати 1**
2 *tran., colloq.* to touch ◊ **Софі́я ле́гко ру́шила його́ за ру́ку.** Sofia lightly touched him by the hand.
See **торка́ти, торка́тися**
руша́й! руш! ♦ **Не ру́ш(те) його́ (її́)!** Leave him (her, *etc.*) alone!

ру́ши|ти, *pf., see* **ру́хати**
to depart, *etc.* ◊ **Си́мон ~ив у по́хі́д сам.** Symon set out on a hike alone.

ру́ши|тися, *pf., see* **ру́хатися**
to move, *etc.* ◊ **Його́ ті́ло ~лося.** His body moved.

рушни́к, *m.*, **~а́**
1 towel
adj. **вели́кий** big, **величе́зний** huge; **мале́нький** *dim.* small, **невели́кий** small; **до́вгий** long; **коро́ткий** short; **вузьки́й** narrow; **широ́кий** wide; **ла́зневий** bath ◊ **Він ви́брав вели́кий ла́зневий р.** He chose a big bath towel. **готе́льний** hotel; **ви́праний** washed, **сві́жий** fresh, **чи́стий** clean; **сухи́й** dry; **брудни́й** dirty, **воло́гий** damp, **мо́крий** wet; **скла́дений** folded; **кухо́нний** kitchen; **бавовня́ний** cotton, **ляни́й** linen, **махро́вий** terry; **жорстки́й** rough; **гру́бий** thick; **м'яки́й** soft ◊ **~и́ були́ м'які́ й приє́мні на до́тик.** The towels were soft and pleasant to the touch. **кошла́тий** sponge, **пухна́стий** fluffy; **бі́лий** white, **білосні́жний** snow-white, **бруна́тний** brown, **жо́втий** yellow, **зеле́ний** green, **си́ній** blue, **черво́ний** red ◊ **Вона́ розстели́ла на пі́ску черво́ний р.** She spread a red towel on the sand.
v. + **р. пра́ти р.** wash a towel ◊ **Він забу́в ви́прати кухо́нні ~и́.** He forgot to wash the kitchen towels. (**заку́тувати** + *A*. **в** drape sth in, **обгорта́ти в** + *A*. wrap sth in ◊ **Вона́ обгорну́ла го́лову в р.** She wrapped her head in a towel. **розстеля́ти** spread, **склада́ти** fold); **витира́ти** + *A*. ~**о́м** wipe sth with a towel
prep. **на р.** *dir.* on/to a towel ◊ **Він покла́в по́суд на р.** He put the dishes on a towel. **на ~у́** *or* **~о́ві** *posn.* on a towel ◊ **На ~о́ві була́ те́мна пля́ма.** There was a dark stain on the towel.
2 *nonequiv.* rushnyk *(traditional Ukrainian embroidered cloth)*
adj. **весі́льний** wedding ♦ **подава́ти ~и́** *(of a woman)* to consent to marriage; ♦ **става́ти на весі́льний р.** *fig.* to walk down the aisle, get married ◊ **Мину́лої субо́ти де́сять пар ста́ли на р. в мі́сті.** Last Saturday, ten couples walked down the aisle in the city. **виши́ваний** embroidered, **тка́ний** woven; **стари́й** old, **старови́нний** age-old; **уніка́льний** unique

рушни́ц|я, *f.*
rifle, gun
adj. **автомати́чна** automatic, **однозаря́дна** single-shot; **мисли́вська** hunting; **пневмати́чна** pneumatic, **пові́тряна** air, **сна́йперська** sniper, **спорти́вна** sporting; **дубельто́ва р.** *or* ♦ **дубельті́вка** a double rifle
v. + **р. заряджа́ти ~ю** load a rifle ◊ **Він заряди́в ~ю.** He loaded the rifle. (**перезаряджа́ти** reload; **вийма́ти з** + *G*. pull out of sth; **наставля́ти на** + *A*. point at sb/sth ◊ **Вона́ наста́вила ~ю на две́рі.** She pointed the rifle at the door. **наці́лювати** + *A*. aim at sb/sth; **носи́ти** carry; **підніма́ти** raise; **хапа́ти** grab); **стріля́ти з ~і** fire a rifle ◊ **Він рі́дко стріля́в з ~і.** He rarely fired a rifle. **бу́ти озбро́єним ~ею** be armed with a rifle ◊ **Ко́жен з них озбро́єний ~ею.** Each of them is armed with a rifle.
Cf. **пістоле́т**

ряб|и́й, *adj.*
speckled, flecked, skewbald
р. + *n*. р. каву́н a speckled watermelon, **р. кі́нь** a skewbald horse; **~а́ гу́ска** a speckled goose (**коро́ва** cow, **ку́рка** hen; **крава́тка** tie, **соро́чка** shirt, **ткани́на** cloth); **~е́ забарвлення** a speckled coloring (**опе́рення** plumage); **~і́ штани́** speckled pants

ряд, *m.*, **~у**
1 row, line, file, rank, aisle
adj. **безконе́чний** endless ◊ **безконе́чний р. днів** an endless row of days; **до́вгий** long ◊ **до́вгі ~и́ торго́вих я́ток** long rows of commercial booths; **пере́дній** front, **пе́рший** first ◊ **Ді́ти сиді́ли в пе́рших ~а́х.** Children sat in the first rows. **сере́дній** middle; **за́дній** back, **оста́нній** last; **ве́рхній** *or* **горі́шній** top; **бли́жчий** closer; **да́льший** farther; **долі́шній** *or* **ни́жній** bottom; **вертика́льний** vertical, **горизонта́льний** horizontal; **оди́н** single ◊ **Усі́ ста́ли в оди́н р.** Everybody stood in a single file. **подві́йний** double; **оха́йний** neat, **рі́вний** straight ◊ **Стільці́ стоя́ли рі́вними ~а́ми.** The chairs stood in straight rows. ◊ **ви́нний р.** a wine aisle ◊ **На ри́нку є ці́лий ви́нний р.** There is an entire wine aisle in the market. **моло́чний** dairy, **си́рний** cheese; **ковба́сний** sausage, **м'ясни́й** meat; **овоче́вий** vegetable, **фрукто́вий** fruit
р. + *n*. р. буди́нків a row of buildings (**хат** houses; **бо́чок** barrels, **ящикі́в** boxes; **камі́ння** stones, **па́горбів** hills; **дере́в** trees, **со́сон** pines; **стільці́в** chairs; **солда́тів** soldiers)
v. + **р. вибира́ти р.** choose a row ◊ **Вона́ ви́брала да́льший від екра́ну р.** She chose a row farther from the screen. (**сіда́ти в** take a seat in) ◊ **Вони́ сі́ли в сьо́мий р.** They took their seats in row seven. ♦ **змика́ти ~и́** to close ranks ◊ **Хоме́нко заклика́в ви́борців зімкну́ти ~и́ навко́ло ньо́го.** Khomenko called on the voters to close ranks around him. **сиді́ти в ~у́** sit in a row ◊ **Вона́ сиді́ла в деся́тому ~у́.** She sat in the tenth row.
prep. **у р.** *dir.* in a line ◊ **Вони́ ста́ли в р.** They stood in a line. **у ~у́** *or* **~і** *posn.* in a row; ♦ **у ~у́** *or* **~а́х** 1) among sb ◊ **Її́ зга́дують в ~у́ видатни́х філо́софів столі́ття.** She is mentioned among outstanding philosophers of the century. 2) together with sb, side by side with ◊ **Вони́ би́лися в ~а́х з і́ншими вояка́ми.** They fought side by side with other soldiers. **між ~а́ми** between rows; ♦ **р. за ~ом** row upon row
Also see **батаре́я 4, ни́зка 1**
2 *only sg.* a number of, several, certain amount of ◊ **Вона́ зна́є р. ресторані́в, де не бува́ють тури́сти.** She knows a number of restaurants not frequented by tourists. ◊ **У ~і ви́падків тео́рію було́ підтве́рджено.** In a number of cases, the theory was corroborated.
Also see **ґалере́я 4, де́кілька, кі́лька, ланцю́г 3, ни́зка 2, цикл 2**
3 category, group, series, order ◊ **Слова́ «ремісни́к» і «хіру́рг» нале́жать до рі́зних синоні́мі́чних ~ів.** The words "craftsman" and "surgeon" belong to different groups of synonyms. ◊ **Цей о́браз випада́є з зага́льного візуа́льного ~у.** The image falls out of the general visual order. ♦ **голосни́й за́днього (пе́реднього) ~у** *ling.* a back (front) vowel

◊ голосни́й пере́днього ~у a front vowel; ♦ нескінче́нний р. *math.* infinite series
See катего́рія, розря́д

рядов|и́й, *adj., n.*
1 *adj.* ordinary, grassroots, rank-and-file ◊ **р. ви́борець** a grassroots voter; ◊ **Вона́ – всього лише́ ~а́ працівни́ця.** She is but an ordinary employee. **р. склад** *mil.* the rank and file
2 *m.*, **~ого** private soldier, private ◊ **р. Шмигу́н** Private Shmyhun
Cf. **матро́с**

ряд|о́к, *m.*, **~ка́**
1 *dim.* row, line, file, rank, aisle ◊ **Фігу́ри стоя́ли трьома́ ~ка́ми.** The figures stood in three rows.
See **ряд 1**
2 line *(of words on page)*
adj. **ве́рхній** *or* **горі́шній** top; **пе́рший** first, **сере́дній** middle; **долі́шній** *or* **ни́жній** bottom, **оста́нній** last ◊ **В оста́нньому ~ку дві по́милки.** There are two mistakes in the last line. **за́йвий** extra, **непотрі́бний** unnecessary; **підкре́слений** underlined; **безпере́рвний** continuous, **нови́й** new; **нерозбі́рливий** illegible
v. + **р. викре́слювати р.** cross out a line ◊ **Реда́ктор ви́креслив оста́нній р.** The editor crossed out the last line. (**витира́ти** delete; **додава́ти** add, **дописувати** finish, **закі́нчувати** complete; **почина́ти** start; **виділя́ти** highlight, **підкре́слювати** underline); **писа́ти з ново́го ~ка́** start a new line
prep. **між ~ка́ми** between lines, ♦ **чита́ти між ~ка́ми** to read between the lines ◊ **Цензу́ра навчи́ла їх чита́ти між ~ка́ми.** Censorship taught them to read between the lines. **над ~ко́м** above a line; **у р.** *dir.* in/to a line ◊ **Вона́ вписа́ла два сло́ва у р.** She wrote two words in the line. **у ~ку́** *or* **~ко́ві** *posn.* in a line ◊ **У ~ко́ві вісімдеся́т зна́ків.** There are eighty characters in the line.

рясн|и́й, *adj.*
copious, ample, profuse, abundant
adv. **винятко́во** exceptionally, **ду́же** very, **надзвича́йно** extremely, **особли́во** particularly; **казко́во** fabulously, **невірогі́дно** unbelievably, **неймові́рно** incredibly, **неми́слимо** unthinkably, **неможли́во** impossibly, **неправдоподі́бно** improbably, **страше́нно** terribly; **до́сить** fairly, **доста́тньо** sufficiently
р. + *n.* **р. урожа́й** an abundant harvest ◊ **Вони́ зібра́ли р. урожа́й.** They reaped an abundant harvest. (**дощ** rain), **р. піт** profuse sweat; **~а́ роса́** abundant dew
v. + **р. бу́ти ~и́м** be copious (**виявля́тися** turn out; **става́ти** become) ◊ **За кі́лька хвили́н мжи́чка ~и́м доще́м.** In a few minutes the drizzle became heavy rain.

рятівни́к, *m.*, **~а́; рятівни́ця**, *f.*
rescuer, savior ◊ **Ді́вчина завдя́чує життя́м ~а́м.** The girl owes her life to the rescuers.
adj. **відва́жний** courageous, **смі́ли́вий** brave; **до́брий** good, **ефекти́вний** effective; **самовідданий** selfless; **професі́йний** professional
v. + **р. виклика́ти ~а́** call a rescuer (**посила́ти** dispatch ◊ **Він посла́в ~ів у зо́ну поже́жі.** He dispatched the rescuers to the fire area. **чека́ти на** await)

ряту|ва́ти, **~ють; в~**, *tran.*
to rescue, save
adv. **в оста́нню хви́лю** at the last moment, **ра́зом** together; **успі́шно** successfully; **я́кось** somehow ◊ **Ві́рний кінь я́кось урятува́в хло́пця від пого́ні.** His faithful horse somehow saved the boy from pursuit. **вла́сними си́лами** single-handedly, **самоту́жки** on one's own; **успі́шно** successfully
р. + *n.* **р. ду́шу** save one's soul (**життя́** life; **люди́ну** person, **сім'ю́** family; **майно́** possessions; **стано́вище** situation), ♦ **р. вла́сну шку́ру** to save one's skin
v. + **р. бі́гти** run to, **ки́датися** rush to ◊ **Усі́ ки́нулися р. корі́в від поже́жі.** Everybody rushed to save the cows from the fire. **бу́ти гото́вим** be ready to; **вдава́тися** + *D.* succeed in ◊ **В оста́нню хви́лю їй удало́ся врятува́ти архі́в.** At the last moment, she succeeded in rescuing the archive. **змогти́** *pf.* manage to; **(до)помага́ти** + *D.* help sb (to); **могти́** can; **намага́тися** try to, **роби́ти спро́бу** attempt to ◊ **Лі́кар зроби́в спро́бу в~ її́.** The doctor made an attempt to save her. **відмовля́тися** refuse to; **не змогти́** fail to ◊ **Вони́ не змогли́ в~ фре́ски.** They failed to save the fresco.
prep. **р. від** + *G.* save from sb/sth
pa. pple. **врято́ваний** saved, rescued
(в)ряту́й! ♦ Ряту́йте! Help me!

С

са́вн|а, *f.*
sauna
adj. **вла́сна** one's own ◊ **Юрко́ збудува́в вла́сну ~у.** Yurko built his own sauna. **прива́тна** private; **мі́ська** city, **публі́чна** public; **нова́** new; **воло́га** wet heat; **суха́** dry heat ◊ **На́стя віддає перева́гу сухі́й ~і.** Nastia gives preference to a dry heat sauna. **звича́йна** conventional; **інфрачерво́на** infrared; **суча́сна** modern
v. + **с. відві́дувати ~у** visit a sauna ◊ **Він відві́дує ~у щоти́жня.** He visits the sauna every week. (**ходи́ти в** go to; **будува́ти** build); **ходи́ти до ~и** go to a sauna ◊ **Хло́пці і́ноді хо́дять до ~и.** The boys sometimes go to the sauna.
See **ла́зня 1**

сад, *m.*, **~у**
1 garden, orchard
adj. **вели́кий** big, **величе́зний** huge, **чима́ли́й** sizeable; **кри́хітний** tiny ◊ **На балко́ні був, хоч і кри́хітний, але́ сад.** There was a garden on the balcony, however tiny. **мале́нький** *dim.* small, **невели́кий** small; **га́рний** beautiful, **казко́вий** fabulous, **прекра́сний** lovely ◊ **Навко́ло ха́ти ви́ріс прекра́сний с.** A lovely orchard grew around the house. **розкі́шний** lush, **чудо́вий** wonderful; **густи́й** thick; **догля́нений** *or* **догля́нутий** well-kept; **вишне́вий** cherry, **яблуне́вий** apple
v. + **с. прое́ктува́ти с.** design a garden ◊ **С. спрое́ктува́в талано́ви́тий архіте́ктор.** A talented architect designed the garden. (**роби́ти** create, **розбива́ти** lay out ◊ **За буди́нком розби́ли с.** A garden was laid out behind the building. **плека́ти** take care of, **полива́ти** water, **поло́ти** weed, **прибира́ти** tidy up; **сади́ти** plant; **утри́мувати** maintain ◊ **С. утри́мувало три садівники́.** The garden was maintained by three gardeners. **вихо́дити в** face) ◊ **Ві́кна спа́льні вихо́дять у с.** The bedroom windows face the garden. **догляда́ти за ~ом** tend a garden ◊ **Ната́ля догляда́є за ~ом.** Natalia tends the garden.
с. + *v.* **розпуска́тися** sprout ◊ **С. розпуска́ється вже.** The garden is already sprouting. **рости́** grow; **цвісти́** bloom ◊ **Тут особли́во га́рно, коли́ цві́те с.** It is particularly beautiful here when the garden is blooming.
prep. **у с.** *dir.* in/to a garden ◊ **Вона́ повела́ Петра́ у с.** She took Petro to the garden. **у ~у́** *posn.* in a garden ◊ **Він посади́в п'ять со́ртів я́блуні у ~у́.** He planted five varieties of apple tree in the orchard. **до ~у** to a garden ◊ **Вони́ пішли́ до ~у.** They went to the garden.
2 park, public garden
adj. **ботані́чний** botanical; **мі́ський** city ◊ **Мі́ський с. був заne**д**ба́ним.** The city garden was neglected. **прива́тний** private; **публі́чний** public ◊ **Коли́сь прива́тний с. тепе́р став публі́чним.** Once private, the garden now became public.
See **парк**
N. pl. **~и́**

сад|и́ти, **~ять; по~**, *tran.*
1 to plant
adv. **гу́сто** densely ◊ **Кашта́ни посади́ли зана́дто гу́сто.** The chestnuts were planted too densely. **рі́дко** sparsely; **ра́ні́ше** earlier ◊ **Цього́річ пого́да дозволя́є по~ карто́плю ра́ні́ше.** This year, the weather allows planting potatoes earlier. **ра́но** early, **пі́зно** late; **навми́сне** deliberately; **обере́жно** carefully ◊ **Ори́ся обере́жно ~и́ла ко́жен па́гін.** Orysia was carefully planting every cutting. **під лопа́ту** with a spade; **окре́мо** separately, **ра́зом** together
v. + **с. бу́ти пора́** be time to ◊ **Пора́ с. помідо́ри.** It is time to plant tomatoes. **встига́ти** have the time to, **збира́тися** be going to, **намага́тися** try to ◊ **Вони́ намага́лися по~ карто́плю в оди́н день.** They tried to plant potatoes in one day. **почина́ти** begin to; **закі́нчувати** finish; **помага́ти** + *D.* help sb to
prep. **с. в** + *A.* plant into sth ◊ **Насі́ння посади́ли у шту́чний ґрунт.** The seeds were planted in an artifical soil. **с. з** + *I.* plant with sth ◊ **Марі́я ~ить мак із кукуру́дзою.** Maria plants poppies with corn.
2 to seat, offer a seat, sit sb ◊ **Го́стя посади́ли бі́ля вікна́.** They sat the guest near the window.
adv. **дба́йли́во** caringly, **ра́до** gladly ◊ **Він ра́до посади́в Лі́ду бі́ля се́бе.** He gladly seated Lida by his side. **одра́зу** immediately, **за́раз же** right away; **окре́мо** separately, **ра́зом** together; **посере́дині** in the middle
v. + **с. пропонува́ти** + *D.* offer sb to ◊ **Офіція́нтка запропонува́ла по~ кліє́нтів на тера́сі.** The waitress offered to seat the customers on the terrace. **проси́ти** + *A.* ask sb to ◊ **Тара́с попроси́в її́ по~ їх бі́ля вікна́.** Taras asked her to sit them near the window. **ста́ти** *pf.* start; **хоті́ти** want to ◊ **Він хоті́в по~ їх ра́зом.** He wanted to seat them together.
prep. **с. в** + *A. dir.* seat in/into *(a space)*; **с. до** + *G.* seat sb at sth ◊ **Госте́й ста́ли с. до сто́лу.** They started seating the guests at the table. **с. за** + *A. dir.* at a table ◊ **Йо́сипа посади́ли за стіл.** They seated Yosyp at the table. **с. між** + *I.* seat between sb ◊ **Її́ посади́ли між двома́ чолові́ка́ми.** They seated her between two men. **с. на** + *A. dir.* seat on sth ◊ **Дискута́нтів поса́дять на кана́пу.** They will seat the discussants on the sofa. ♦ **с. на трон** to install sb on a throne
Cf. **сиді́ти 1, сіда́ти 1**
3 to put, place; jail, incarcerate ◊ **Хліб посади́ли в піч пекти́ся.** The bread was put into the oven to bake. ◊ **Усі́х їх могли́ по~ на п'ятна́дцять діб.** All of them could be jailed for fifteen days. ♦ **с. у в'язни́цю** send sb to prison. ♦ **с. на діє́ту** put sb on a diet ◊ **Лі́кар знову ~ить її́ на суво́ру діє́ту.** The doctor is putting her on a strict diet again.
4 to land *(plane, etc.)*
adv. **безпе́чно** safely ◊ **Піло́т безпе́чно посади́в літа́к.** The pilot safely landed the aircraft. **нега́йно** immediately, **шви́дко** quickly; **терміно́во** urgently; **вмі́ло** skillfully, **майсте́рно** masterfully; **беззву́чно** silently, **невідчу́тно** imperceptibly, **ти́хо** quietly
v. + **с. бу́ти зму́шеним** be forced to ◊ **Че́рез несправність піло́т зму́шений терміно́во по~ літа́к.** Because of a malfunction, the pilot is forced to urgently land the airplane. **вдава́тися** + *D.* succeed in, **змогти́** *pf.* manage to; **могти́** can; **ма́ти** be supposed to ◊ **Вона́ ма́ла по~ безпіло́тник на військо́вому аеродро́мі.** She

was supposed to land the drone on the military airfield.
prep. **с. на** + *A. or L.* land on *(place)* ◊ **Він посади́в гелі́коптер про́сто на чарда́к** *or* **на чардаку́ корабля́.** He landed the helicopter right on the ship's deck.
pa. pple. **поса́джений** planted; landed

сала́т, *m.*, ~у
1 salad
adj. **апети́тний** appetizing, **до́брий** *or* **смачни́й** tasty, **смакови́тий** delectable; **сві́жий** fresh, **хрумтя́чий** crunchy; **про́сти́й** simple; **зеле́ний** green, **капу́стяний** cabbage, **картопля́ний** potato, **мі́шаний** mixed, **овоче́вий** vegetable, **огірко́вий** cucumber, **помідо́ровий** tomato, **я́єчний** egg; ◊ **гаря́чий** hot ◊ **Популя́рною стра́вою ши́нку є гаря́чий с.** A popular dish of the tavern is a hot salad. **те́плий** warm; **холо́дний** cold; **фрукто́вий** fruit; **гре́цький** Greek, **капрі́йський** Caprese, **украї́нський** Ukrainian, **францу́зький** French
v. + **с. готува́ти с.** prepare a salad ◊ **Га́нна лю́бить приготува́ти смакови́тий с.** Hanna likes to prepare a delectable salad. (**роби́ти** make; **заправля́ти** dress ◊ **Він запра́вив с. майоне́зом.** He dressed the salad with mayonnaise. **перчи́ти** pepper, **приправля́ти** spice; **соли́ти** salt; **розмі́шувати** mix; **ї́сти** eat; **подава́ти** + *D.* serve sb, **пропонува́ти** + *D.* offer sb); **подава́ти** + *A.* **з ~ом** serve sth with a salad ◊ **Ри́бу подали́ з мі́шаним ~ом.** The fish was served with mixed salad.
prep. **до ~у** for salad ◊ **припра́ва до ~у** a salad dressing (**виде́лка** fork, **ло́жка** spoon; **макі́тра** bowl ◊ **Кера́мічну макі́тру до ~у Ла́да купи́ла в Опі́шні.** Lada bought the ceramic salad bowl in Opishnia. **ми́ска** bowl); **с. з** + *G.* a salad *(made of sth)* ◊ **с. із буряка́** a beet salad (**капу́сти** cabbage, **огірків і помідо́рів** cucumber and tomato; **ку́рки** chicken, **тунця́** tuna, **ши́нки** ham, **яє́ць** egg) ◊ **Студе́нтами вони́ ча́сто роби́ли с. із яє́ць та цибу́лі.** As students, they often made egg-and-onion salad.
2 *bot.* lettuce, salad ◊ **Окса́на нарва́ла на горо́ді ~у.** Oksana picked some lettuce in her kitchen garden.

са́л|о, *nt., only sg.*
1 pig fat
adj. **молоде́** young, **сві́же** fresh; **старе́** old; **ву́джене** smoked; **ва́рене** boiled, **сма́жене** fried, **со́лене** salted
n. + **с. кава́лок** *and* **ку́сень** *colloq.* piece ◊ **Вона́ взя́ла з тарі́лки ку́сень сві́жого ~а.** She took a piece of fresh pig fat from the plate. **шмато́к** piece
v. + **с. кра́яти с.** slice pig fat ◊ **Іва́н покра́яв с. кава́лками.** Ivan sliced the pig fat into pieces. (**рі́зати** cut; **сма́жити** fry, **топи́ти** render ◊ **С. топи́ли на сма́лець.** The fat was rendered for lard. **ву́дити** smoke; **соли́ти** salt); **частува́ти** + *A.* **~ом** treat sb to pig fat ◊ **Про́шу, захо́дьте. Я почасту́ю вас ~ом.** Please, come in. I will treat you to some pig fat. ♦ **уп'я́стися в** + *A.*, **як кіт в с.** to rivet one's eyes to sb/sth ◊ **Рома́н уп'я́вся в не́ї, як кіт у с.** Roman riveted his eyes to her.
2 lard, rendered fat ◊ **Вона́ змасти́ла сковороду ~ом.** She greased the skillet with lard.

сам, *var., rare* сами́й, *pron.*, сама́, *f.*, саме́, *nt*, самі́, *pl.*
1 myself, yourself, himself, herself, *etc.* ◊ **Він с. із мі́ста Са́мбора.** He himself comes from the city of Sambir. ◊ **Згодом полі́ція знайшла́ і ~у збро́ю.** Later the police found the weapon itself as well. ◊ **Марко́ с. не зна́є, що роби́ти.** Marko himself does not know what to do. ◊ **Вона́ ~а́ має су́мніви в необхі́дності тако́го кро́ку.** She herself has doubts as to the necessity of such a step.
2 alone, by oneself ◊ **Він не с.** He is not alone. ◊ **Вона́ ні за які́ гро́ші не хоті́ла лиша́тися ~а́ в ха́ті.** She did not want to stay home alone for love nor money. ◊ **Вони́ сиді́ли в саду́ ~і́.** They sat alone in the garden.
Cf. **оди́н 2**
3 independently, on one's own, without anybody's help, of one's own will ◊ **Яросла́в с. написа́в прое́кт.** Yaroslav wrote the project on his own. ◊ **Він с. не дасть ді́тям ра́ди.** He won't handle the children on his own.

са́ме, *part., adv., conj.*
1 *part.* exactly, specifically, namely *(follows, more rarely precedes, interr. words that are emphasized)* ◊ **Де с. ви чита́ли про це?** Exactly where did you read about it? ◊ **Хто с. це зроби́в?** Who specifically did that? ◊ **Авто́бус коли́сь зупини́вся с. навпро́ти її буди́нку.** The bus once stopped exactly in front of her house. ◊ **С. вона́ навчи́ла діте́й люби́ти літерату́ру.** It was her who taught the children to love literature.
2 *adv.* right at this moment, just ◊ **Юрко́ с. збира́вся на заня́ття, як почала́ся зли́ва.** Right when Yurko was preparing to go to classes, a downpour began. ◊ **Коли́ вони́ прокинулися, с. сходи́ло со́нце.** When they had woken up, the sun was just rising.
3 *adv.* just, recently, a moment ago, a second ago ◊ **Козаче́нки с. поверну́лися з по́дорожі.** The Kozachenkos just came back from a trip. ◊ **Вони́ с. закі́нчили обгово́рювати пита́ння.** They just finished discussing the issue.
4 *conj.* ♦ **а с.** namely, to wit ◊ **Звіт склада́ється із трьох части́н, а с.: зі всту́пу, ана́лізу і ви́сновків.** The report consists of three parts, namely: introduction, analysis, and conclusions.

сам|е́ць, *m.*, ~ця́; ~и́ця, *f.*
male, he- ◊ **молоди́й с. во́вка** a young he-wolf
adj. **доро́слий** adult, **зрі́лий** mature; **молоди́й** young, **незрі́лий** immature; **стари́й** old; ♦ **а́льфа-с.** an alpha male; **доміна́нтний** dominant ◊ **доміна́нтний с. у ста́ді** the dominant male in the herd; **гетеросексуа́льний** heterosexual; **гомосексуа́льний** homosexual; **теплокро́вний** red-blooded; **агреси́вний** aggressive; **вели́кий** large, **могу́тній** powerful, **си́льний** strong; **монога́мний** monogamous; **америка́нський** *biol.* American, **африка́нський** *biol.* African, **европеоі́дний** *biol.* Caucasian; **бі́лий** *biol.* white, **чо́рний** *biol.* black; **неспа́рений** *biol.* unmated
с. + *n.* **с. альбатро́са** a male albatross (**пеліка́на** pelican; **гори́ли** gorilla, **шимпанзе́** chimpazee; **ле́ва** lion ◊ **С. ле́ва ма́є характе́рну гри́ву.** The male lion has a characteristic mane. **слона́** elephant, **ти́гра** tiger)
Cf. **чолові́к**

са́м|ий, *pr.*
1 same, very same, identical *with* **той, та, те, ті, цей, ця, це, ці** ◊ **Ната́ля лиша́лася ті́єю ~ою.** Natalia stayed the same. ◊ **Це був той с. ма́йстер.** This was the very same master. ◊ **Кили́на відписа́ла йому́ того́ ж ~ого дня.** Kylyna wrote him back that same day. ♦ **оди́н і той с.** one and the same ◊ **Слі́дчий ста́вив їй одні́ й ті ~і пита́ння.** The detective posed one and the same questions to her.
2 in person, no one other than, personally, *after pers. pr.* **я, він, вона́, вони́** ◊ **Неве́жже це Павле́нко?! Так, це він с.** Can this be Pavlenko?! Yes, it is him in person.
3 very, all the way to, as far as, right, *after prep.* **в, від, до, з, на, пе́ред, під,** *etc.* ◊ **Кущ ви́ріс до ~ого да́ху буди́нку.** The bush grew all the way to the roof of the building. ◊ **Софі́я потра́пила в ~у деся́тку.** Sofia hit the very bullseye. ◊ **Він стоя́в на ~ому краю́ прі́рви.** He was standing at the very precipice of the abyss. ◊ **Вони́ працюва́ли з ~ого світа́нку.** They worked since the very dawn. ◊ **до ~ої сме́рти** till the day one dies ◊ **Лю́да не забу́де його́ до ~ої сме́рти.** Liuda will not forget him till the day she dies. ♦ **під ~им но́сом** under one's very nose ◊ **Організа́ція вела́ підривну́ дія́льність під ~им но́сом слу́жби безпе́ки.** The organization conducted subversive activities under the very nose of the security service.
♦ **по ~у ши́ю** up to the ears
4 most *with adj. to express the superlative degree* ◊ **З усі́х розро́бок ця здала́ся їм ~ою оригіна́льною.** Of all the treatments, this one seemed to be the most original to them. ◊ **Їх знайшли́ в ~ому дале́кому за́кутку мі́ста.** They were found in the most distant corner of the city.

самови́значенн|я, *nt., only sg.*
self-determination
adj. **по́вне** full, **цілкови́те** complete; **культу́рне** cultural, **націона́льне** national, **політи́чне** political, **соція́льне** social, **територія́льне** territorial; **вла́сне** one's own, **індивідуа́льне** individual, **осо́бисте** personal; **емоці́йне** emotional, **професі́йне** professional
n. + **с. пра́во на с.** a right to self-determination ◊ **Менши́на мо́же ма́ти пра́во на культу́рне с.** A minority can have the right to its cultural self-determination.
v. + **с. боро́тися за с.** fight for self-determination ◊ **Ба́ски столі́ттями бо́рються за с.** For centuries, the Basques have fought for self-determination. **вимага́ти с.** demand self-determination ◊ **Де́які кри́мські тата́ри вимага́ють націона́льного с. в ме́жах Украї́ни.** Some Crimean Tatars demand their national self-determination within the boundaries of Ukraine. (**підтри́мувати** support); **виступа́ти про́ти с.** oppose self-determination ◊ **Па́ртія виступа́є про́ти с. Шотла́ндії.** The party opposes self-determination of Scotland. (**домага́тися** push for); **відмовля́ти** + *D.* **в ~і** deny sb self-determination

самові́ддан|ий, *adj.*
selfless
adv. **абсолю́тно** absolutely, **винятко́во** exceptionally, **надзвича́йно** extraordinarily, **на ди́во** amazingly, **спра́вді** truly, **цілко́м** completely; **дале́ко не** far from, **ле́две** scarcely
с. + *n.* **с. активі́ст** a selfless activist (**боре́ць** fighter, **доброво́лець** volunteer, **захисни́к** defender, **патріо́т** patriot, **прихи́льник** champion; **вчи́нок** action, **за́хист** defense, **крок** step); **~а ді́вчина** a selfless girl (**жі́нка** woman, **люди́на** person; **боротьба́** struggle; **любо́в** love; **пра́ця** work)
v. + **с. бу́ти ~им** be selfless ◊ **Це була́ ~а любо́в до рі́дної землі́.** This was selfless love for one's homeland. (**вважа́ти** + *A.* consider sb, **виявля́тися** turn out; **здава́тися** + *D.* seem to sb, **лиша́тися** remain; **става́ти** become) ◊ **Він став на ди́во ~им прихи́льником декомуніза́ції.** He became an amazingly selfless champion of decommunization.

самовпе́внен|ий, *adj.*
1 overconfident, presumptuous, conceited
adv. **вкрай** extremely, **геть** totally, **демонстрати́вно** demonstratively, **ду́же** very, **надмі́ру** inordinately ◊ **О́льга здава́лася надмі́ру ~ою.** Olha seemed inordinately conceited. **на́дто** too, **неймові́рно** incredibly, **нестéрпно** unbearably, **страше́нно** terribly, **надзвича́йно** extraordinarily; **ма́йже** almost; **де́що** somewhat, **до́сить** rather, **тро́хи** a little
v. + **с. бу́ти ~им** ◊ **Ні́на була́ тро́хи ~ою.** Nina was a little conceited. (**вважа́ти** + *A.* consider sb ◊ **Він не вважа́в Мари́чку ~ою.** He did not consider Marichka conceited. **вигляда́ти** look, **здава́тися** + *D.* seem to sb; **лиша́тися** remain; **почува́тися** feel; **става́ти** become ◊ **На поса́ді голови́ ві́дділу Прокопчу́к став нестéрпно ~им.** In his position as the department head, Prokopchuk became unbearably conceited.

2 self-confident ◊ Його́ го́лос заспокі́йливо с. His voice is reassuringly self-confident.
See впе́внений. *Also see* пе́вний 3

самовпе́внен|ість, *f.*, **~ости**, *only sg.*
1 overconfidence, presumptuousness, arrogance ◊ **Його́ с. не ма́ла найме́нших підста́в.** His overconfidence did not have the smallest basis.
adj. **безпідста́вна** groundless, **вели́ка** great, **надмі́рна** inordinate, **по́вна** complete, **цілкови́та** utter, **я́вна** obvious; **абсу́рдна** absurd ◊ **Лю́ба шкодува́ла за своє́ю абсу́рдною ~істю.** Liuba regretted her absurd presumptuousness. **ди́вна** strange, **поті́шна** funny, **сміхови́нна** ludicrous; **несподі́вана** sudden
v. + **с. демонструва́ти с.** demonstrate one's overconfidence (**виявля́ти** reveal ◊ **Її́ насмі́шкува́те обли́ччя виявля́ло с.** Her mocking countenance revealed over-confidence. **пока́зувати** show, **прихо́вувати** hide)
prep. **з ~істю** with arrogance ◊ **Він сказа́в це з ди́вною ~істю.** He uttered it with strange arrogance.
2 self-confidence ◊ **У такі́й спра́ві люди́ні тре́ба ~ости.** In a matter like this, one needs self-confidence.

самоврядува́нн|я, *nt., only sg.*
self-government, self-rule
adj. **по́вне** full, **цілкови́те** complete; **частко́ве** partial; **економі́чне** economic, **культу́рне** cultural, **місько́** municipal, **місце́ве** local, **політи́чне** political; **студе́нтське** student, **університе́тське** university, **шкі́льне** school; **ді́йсне** actual, **реа́льне** real, **спра́вжнє** genuine; **символі́чне** token
v. + **с. зміцню́вати с.** strengthen self-government ◊ **Зако́н зміцню́є економі́чне с. мі́ста.** The law strengthens the city's economic self-rule. (**розвива́ти** develop; **виступа́ти про́ти** be opposed to ◊ **Вони́ виступа́ють про́ти будь-яко́го с.** They oppose any kind of self-rule. **гальмува́ти** hamper, **зни́щувати** destroy, **підрива́ти** undermine) ◊ **Ре́ктор університе́ту підрива́в студе́нтське с.** The university president was undermining student self-rule. **досяга́ти с.** achieve self-government ◊ **Вони́ хо́чуть досягну́ти реа́льного с.** They want to achieve real self-government. **перешкоджа́ти ~ю** obstruct self-rule (**сприя́ти** promote)
Also see самови́значення

самогу́б|ець, *m.*, **~ця**
suicide *(person)* ◊ **Вчо́ра с. стрибну́в під по́тяг метрополіте́ну.** Yesterday a suicide jumped under a subway train. ◊ **жі́нка-с.** a female suicide; ◊ **юна́к-с.** a youth suicide, ◊ **терори́ст-с.** a suicide bomber ◊ **Авто́бус підірва́в терори́ст-с.** A suicide bomber blew up the bus.

самогу́бств|о, *nt.*
suicide; *fig.* self-destruction
adj. **несподі́ване** unexpected, **рапто́ве** sudden; **трагі́чне** tragic, **колекти́вне** collective, **ма́сове** mass ◊ **Світова́ пре́са писа́ла про ма́сове с. в Ґая́ні.** The world press wrote about the mass suicide in Guyana. **подві́йне** double, **підлітко́ве** teenage, **юна́цьке** youth; **я́вне** obvious ◊ **Його́ смерть вигляда́ла я́вним ~ом.** His death looked an obvious suicide. **ритуа́льне** ritual; *all fig.* **ви́борче** electoral, **економі́чне** economic, **політи́чне** political, **соція́льне** social, **фіна́нсове** financial; **ві́рне** sure, **власти́ве** true, **ґаранто́ване** assured
n. + **с. же́ртва** a suicide victim (**загро́за** threat, **небезпе́ка** danger, **ри́зик** risk; **імові́рність** likelihood, **можли́вість** possibility; **спро́ба** attempt)
v. + **с. вчиня́ти с.** commit suicide (**означа́ти** *fig.* mean ◊ **Лихва́рська по́зика означа́ла для них фіна́нсове с.** The usurious loan meant financial suicide to them. **ду́мати про** contemplate ◊ **Він ніко́ли ра́ніше не ду́мав про с.** Never before did he contemplate suicide. **кваліфікува́ти** + *A.* **як** classify sth as); **роби́ти спро́бу ~а** attempt suicide (**вдава́тися до** resort to; **дово́дити** + *A.* **до** drive sb to ◊ **Він дові́в жі́нку до ~а.** He drove his wife to suicide. **опуска́тися до** stoop to) ◊ **Вона́ не опу́ститься до ~а.** She will not stoop to suicide. **запобіга́ти ~у** prevent suicide (**бу́ти рівнозна́чним** be tantamount to); **бу́ти ~ом** be suicide ◊ **Це було́ б ї́хнім ~ом.** *fig.* This would be their self-destruction. (**вважа́ти** + *A.* consider sth ◊ **Експе́рт уважа́є таку́ полі́тику ~ом.** *fig.* The expert considers such policies self-destructive. **здава́тися** + *D.* seem to sb; **погро́жувати** + *D.* threaten sb with ◊ **Мико́ла погро́жував йому́ ~ом.** Mykola was threatening him with suicide. **става́ти** become) ◊ **Рі́шення ста́ло для них політи́чним ~ом.** *fig.* The decision became their political suicide.
Also see вби́вство

самоза́хист, *m.*, **~у**, *only sg.*
self-defense
adj. **випра́вданий** justifiable, **зако́нний** legitimate; **ефекти́вний** effective, **наді́йний** reliable, **си́льний** strong, **смерте́льний** deadly, **успі́шний** successful; **колекти́вний** collective
n. + **с. гру́па ~у** a self-defense group (**курс** course ◊ **Вона́ записа́лася на курс ~у.** She enrolled in a self-defense course. **те́хніка** technique; **тре́нер** instructor; **інсти́нкт** instinct); **акт ~у** an act of self-defense ◊ **По́стріл був а́ктом ~у.** The shot was an act of self-defense. ◊ **Він опанува́в мисте́цтво ~у.** He mastered the art of self-defense.
v. + **с. використо́вувати с.** use self-defense ◊ **Їм заборо́нено використо́вувати смерте́льний с.** They are forbidden to use deadly self-defense. **навча́тися ~у** learn self-defense (**вдава́тися до** resort to); **виправдо́вуватися ~ом** plead self-defense ◊ **На суді́ вона́ виправдо́вувалася ~ом.** At her trial, she pled self-defense.
prep. **для ~у** for self-defense ◊ **Він носи́в ніж для ~у.** He carried a knife for self-defense. **с. від** + *G.* self-defense against sb/sth ◊ **с. від напа́дників** self-defense against assailants
See оборо́на 1

самоконтро́л|ь, *m.*, **~ю**, *only sg.*
composure, self-control, self-possession
adj. **абсолю́тний** absolute, **вели́кий** great, **винятко́вий** exceptional ◊ **Він демонструва́в винятко́вий с.** He demostrated exceptional composure. **дивови́жний** amazing, **завидни́й** enviable, **неймові́рний** incredible, **по́вний** full, **цілкови́тий** complete
n. + **с. брак ~ю** lack of self-control (**втра́та** loss ◊ **Утра́та ~ю мо́же до́рого йому́ ко́штувати.** A loss of self-control can cost him dearly. **си́ла** power); **здя́тність до ~ю** capacity for self-control
v. + **с. зберіга́ти с.** keep composure ◊ **Він зберіга́в с.** He kept composure. (**ма́ти** have, **посіда́ти** possess; **розвива́ти** develop; **демонструва́ти** demonstrate; **втрача́ти** lose; **відно́влювати** regain) ◊ **Га́нна віднови́ла с.** Hanna regained her composure. **бракува́ти** + *D.* **~ю** lack self-control ◊ **Петро́ві браку́є ~ю.** Petro lacks composure. (**вимага́ти** require ◊ **Робо́та вимага́є ~ю.** The work requires self-possession. **потребува́ти** need; **навча́ти** + *A.* teach sb) ◊ **У шко́лі його́ навчи́ли ~ю.** He was taught self-possession at school. **вчи́тися ~ю** *or* **~еві** learn self-possession

самолю́бн|ий, *adj.*
selfish, egoistic, vain, self-loving
adv. **винятко́во** exceptionally, **вкрай** extremely, **доста́тньо** sufficiently, **ду́же** very, **надзвича́йно** extraordinarily ◊ **Богда́ну зна́ли як надзвича́йно ~у ді́вчину.** Bohdana was known as an extraordinarily selfish girl. **на́дто** too, **надмі́ру** inordinately, **страше́нно** terribly, **шале́но** fiercely; **помірко́вано** moderately; **особли́во** particularly; **тро́хи** a little, **зо́всім не** not at all; **ле́две** scarcely
v. + **с. бу́ти ~им** be selfish ◊ (**вважа́ти** + *A.* consider sb, **виявля́тися** turn out; **здава́тися** + *D.* seem to sb ◊ **Зе́ня не здава́лася ~ою.** Zenia did not seem selfish. **лиша́тися** remain; **става́ти** become) ◊ **Павло́ став на́дто ~им.** Pavlo became too selfish.
Also see егоїст

самолю́бств|о, *nt.*, *only sg.*
self-love, self-admiration; pride
adj. **вели́ке** great, **величе́зне** enormous, **винятко́ве** exceptional, **надзвича́йне** extraordinary, **надмі́рне** excessive, **нездоро́ве** unhealthy, **скра́йнє** extreme, **страшне́** terrible, **шале́не** fierce ◊ **Шале́не с. не дає́ їй твере́зо оці́нювати свої́ можли́вості.** Her fierce self-admiration prevents her from making a sober assessment of her options. **обра́жене** hurt ◊ **люди́на з обра́женим ~ом** a person with a deeply hurt pride; **ра́нене** wounded; **здоро́ве** healthy, **помірко́ване** moderate; **особли́ве** particular; **атрофо́ване** *fig.* atrophied ◊ **Тя́жко поважа́ти люди́ну з атрофо́ваним ~ом.** It is hard to respect a person with atrophied pride.
n. + **с. брак ~а** lack of pride (**втра́та** loss, **неста́ча** deficit) ◊ **Марка́ не мо́жна запідо́зрити в неста́чі ~а.** Marko cannot be suspected of a deficit of self-admiration.
v. + **с. ма́ти с.** have self-love ◊ **Ко́жен пови́нен ма́ти с.** Everybody must have a sense of self-love. (**втрача́ти** lose, **зберіга́ти** keep, **розвива́ти** develop ◊ **Вона́ хоті́ла розви́нути у хло́пця здоро́ве с.** She wanted to develop healthy pride in the boy. **відно́влювати** restore; **лоскота́ти** *fig.* tickle ◊ **Реа́кція кри́тики я́вно лоскота́ла с. драмату́рга.** The critics' reaction obviously tickled the playwright's pride. **ті́шити** gratify; **обража́ти** hurt, **ра́нити** wound); **бракува́ти** + *D.* **~а** lack pride ◊ **Іва́нові ле́две браку́є ~а.** Ivan hardly lacks pride. **керува́тися ~ом** be driven by pride ◊ **Вона́ керува́лася ~ом самодоста́тньої жі́нки.** She was driven by the pride of a self-sufficient woman.
Cf. егоїзм

самообслуго́вуванн|я, *nt.*, *only sg.*
self-service
adj. **по́вне** full; **частко́ве** partial ◊ **У рестора́ні частко́ве с.** There is partial self-service at the restaurant.
n. + **с. автоми́йка с.** a self-service car wash (**кіо́ск** kiosk, **пра́льня** laundry, **рестора́н** restaurant, **систе́ма** system, **термiна́л** ATM terminal, **центр** center; **пра́вила** rules) ◊ **На сті́ні пра́льні ви́сіли пра́вила с.** There were self-service rules on the laundry wall.
v. + **с. впрова́джувати с.** introduce self-service ◊ **У філі́ї ба́нку впрова́дили с.** Self-service was introduced in the bank branch. (**організо́вувати** organize); **користува́тися ~ям** use self-service ◊ **На запра́вці він користу́ється по́вним ~ям.** At the gas station, he uses a full self-service.
See обслуго́вування

самоочеви́дн|ий, *adj.*
self-evident
adv. **абсолю́тно** absolutely, **одна́ково** equally, **однозна́чно** unambiguously, **про́сто** simply, **цілко́м** completely ◊ **Її́ іде́ї цілко́м ~і.** His ideas are completely self-evident. **я́вно** obviously; **ле́две** hardly; **майже** almost
v. + **с. бу́ти ~им** be self-evident (**вважа́ти** + *A.* consider sth; **вигляда́ти** look, **звуча́ти** sound, **здава́тися** + *D.* seem to sb, **лиша́тися** remain; **роби́ти** + *A.* make sth ◊ **Нові́ фа́кти роби́ли**

її фальсифіка́цію істо́рії ~ою. The new facts made her falsification of history self-evident. става́ти become) ◊ Пра́во жіно́к на рі́вну опла́ту пра́ці ще не ста́ло ~им у краї́ні. Women's right to equal pay for work has not yet become self-evident in the country.
prep. с. для + *G.* self-evident to sb ◊ Її приче́тність до зло́чину ~а для Павли́шина. Her involvement in the crime is self-evident to Pavlyshyn.
See **очеви́дний**

самопова́|га, *f., only sg.*
self-respect, self-esteem
adj. **здоро́ва** healthy, **норма́льна** normal, **розви́нена** well-developed, **недото́ркана** intact; **втра́чена** lost, **піді́рвана** undermined; **націона́льна** national
v. + **с. ма́ти ~гу** have self-respect ◊ **Ма́лий Васи́ль мав ~гу доро́слого чолові́ка.** Little Vasyl had the self-respect of an adult man. (**відчува́ти** feel; **втрача́ти** lose, **підрива́ти** undermine ◊ **Насміха́ння підрива́ли його́ ~гу.** Mockery undermined his self-esteem. **відно́влювати** restore; **зберіга́ти** keep) ◊ **Оле́на звільни́лася, щоб зберегти́ ~гу.** Olena resigned to keep her self-respect intact. **бракува́ти** + *D.* **~ги** lack self-respect ◊ **Лево́ві не браку́є ~ги.** Lev does not lack self-esteem. (**позбавля́ти** + *A.* deprive sb of)
prep. **без ~ги** without self-respect; **для ~ги** for self-respect; **завдяки́ ~зі** thanks to one's self-respect
See **пова́га**

самості́йн|ий, *adj.*
1 independent, self-reliant; free
adj. **безумо́вно** unconditionally, **цілко́м** completely; **наре́шті** finally; **ма́йже** almost; **ле́две** scarcely
с. + *n.* **с. виробни́к** an independent producer (**ро́звиток** development, **рух** movement; **хара́ктер** nature ◊ **Їхня дія́льність шви́дко набула́ ~ого хара́ктеру.** Their activity quickly assumed an independent nature. **~а держа́ва** an independent state (**дослі́дниця** (female) researcher, **жі́нка** woman, **люди́на** person; **па́ртія** party; **Украї́на** Ukraine); **~е життя́** independent life (**існува́ння** existence, **підприє́мство** enterprise, **управлі́ння** management)
See **незале́жний.** *Also see* **ві́льний 1, дові́льний 1**
2 separate, different; one's own, authentic ◊ **с. жанр літерату́ри** a separate literary genre; ◊ **~а шко́ла історіогра́фії** an authentic school of historiography; ◊ **Він хоті́в, щоби студе́нти роби́ли ~і ви́сновки.** He wanted the students to make their own conclusions.
See **вла́сний, окре́мий, ориґіна́льний**

само́тн|ій, *adj.*
lonely, lonesome, solitary; alone
adv. **абсолю́тно** absolutely ◊ **Се́ред чужи́нців він почува́вся абсолю́тно ~ім.** Among strangers, he felt absolutely lonely. **відчайду́шно** desperately, **вкрай** extremely, **геть** totally, **до́сить** rather, **ду́же** very, **неймові́рно** incredibly, **страше́нно** terribly, **нестерпно** unbearably, **цілко́м** completely, **страхітли́во** horribly, **трагі́чно** tragically; **ма́йже** almost
v. + **с. бу́ти ~ім** be lonely ◊ **Вона́ тут відчайду́шно ~я.** She is desperately lonely here. (**вигляда́ти** look, **здава́тися** + *D.* seem to sb ◊ **Ми́ша здава́вся ~ім.** Mysha seemed lonely. **лиша́тися** remain; **почува́тися** feel; **става́ти** become ◊ **Найбі́льше Марі́я бої́ться ста́ти ~ьою.** More than anything, Maria fears becoming alone. **стоя́ти** stand) ◊ **Шко́ла стоя́ла зане́дбана й ~я.** The school stood neglected and lonely.
Also see **безприту́льний 2, малолю́дний, одино́кий 1**

само́тн|ість, *f.*, **~ости**, *only sg.*
loneliness
adj. **абсолю́тна** absolute, **вели́ка** great, **глибо́ка** profound, **непору́шна** undisturbed, **по́вна** complete; **бо́лісна** painful, **відчайду́шна** desperate, **гнітю́ча** depressing, **несте́рпна** unbearable, **триво́жна** anxious; **особи́ста** personal; **екзистенці́йна** existential; **розкі́шна** luxurious
n. + **с. відчуття́ ~ости** a feeling of loneliness (**дра́ма** drama; **ро́зкіш** luxury, **ща́стя** happiness)
v. + **с. відчува́ти с.** feel loneliness ◊ **О́льга відчу́ла триво́жну с.** Olha felt anxious loneliness. (**пережива́ти** experience; **погли́блювати** deepen ◊ **Похму́рі дні погли́блювали с. геро́я.** Gloomy days deepened the character's loneliness. **посилювати** aggravate; **поле́гшувати** ease) ◊ **Вона́ відчува́ла, що вино́ поле́гшує с.** She felt that wine eased her loneliness. **потерпа́ти від ~ости** suffer from loneliness
See **почуття́**

саніта́рн|ий, *adj.*
1 sanitary
с. + *n.* **с. лі́кар** a sanitary doctor (**о́гляд** examination), **с. ву́зол**, *usu* ♦ **санву́зол** a washroom; **~а інспе́кція**, *usu* ♦ **санінспе́кція** a sanitary inspection (**комі́сія** commission), ♦ **~а те́хніка** *usu* **санте́хніка** plumbing, sanitary engineering ◊ **У буди́нку тре́ба заміни́ти санте́хніку.** Plumbing in the building needs to be replaced. **~і вимо́ги** sanitary requirements (**умо́ви** conditions)
2 medical, of or pertaining to medicine
с. + *n.* **с. батальйо́н** a medical battalion, **с. по́тяг** a hospital train; **~а маши́на** an ambulance, **~а слу́жба** a medical service, **~а су́мка** a first-aid kit, **~а части́на** a medical unit
See **меди́чний**

са́нкці|я, *f.*, **~ї**
1 sanction, permission
adj. **офіці́йна** official ◊ **Вони́ не втруча́лися в дія́льність товари́ства без офіці́йної ~ї судді́.** They did not interfere with the society's activities without an official sanction of a judge. **судова́** court, **урядо́ва** government; **боже́ственна** divine ◊ **Він тлума́чив це як боже́ственну ~ю для сво́го пла́ну.** *fig.* He interpreted it as the divine sanction for his plan. **духо́вна** spiritual, **релігі́йна** religious
v. + **с. дава́ти** + *D.* **~ю** give sb sanction ◊ **Парті́йний з'ї́зд дав керівни́цтву ~ю зміни́ти на́зву газе́ти.** The party convention gave the leadership the sanction to change the name of the newspaper. **отри́мувати від** + *G.* receive from sb
prep. **без ~ї** without a sanction; **за ~єю** + *G.* with sb's sanction ◊ **Опера́ція можли́ва лише́ за ~єю дире́ктора ба́нку.** The transaction is possible only with the sanction of the bank's director. **с. на** + *A.* a sanction for sth ◊ **судова́ с. на підслухо́вування** a court sanction for wiretapping
2 sanction, punishment; *often pl.*
adj. **економі́чні** economic, **фіна́нсові** financial, **військо́ві** military, **торго́ві** trade; **дисципліна́рні** disciplinary, **ка́рні** *and* **кримінáльні** criminal, **кара́льні** punitive, **юриди́чні** legal; **багатосторо́нні** multilateral, **взає́мні** mutual, **односторо́нні** unilateral, **міжнаро́дні** international; **болю́чі** painful, **дошку́льні** scathing, **ефекти́вні** effective, **жорсткі́** severe, **суво́рі** strict; **космети́чні** cosmetic, **обме́жені** limited
v. + **с. впрова́джувати ~ї** introduce sanctions (**застосо́вувати** apply, **наклада́ти на** + *A.* impose on sb ◊ **Вашингто́н накла́в обме́жені ~ї на Росі́ю за окупа́цію Кри́му.** Washington imposed limited sanctions upon Russia for the occupation of the Crimea. **зніма́ти** lift, **припиня́ти** stop); **заклика́ти до ~й** call for sanctions; **погро́жувати** + *D.* **~ями** threaten sb with sanctions ◊ **Європе́йський Сою́з погро́жував Москві́ ~ями.** The European Union was threatening Moscow with sanctions.
prep. **с. за** + *A.* sanctions for sth ◊ **~ї за пору́шення систе́ми європе́йської безпе́ки** sanctions for the violation of the European security system; **с. про́ти** + *G.* sanctions against sb/sth ◊ **ка́рні ~ї про́ти спо́нсорів терори́зму** punitive sanctions against terrorism sponsors

сарка́зм, *m.*, **~у**, *only sg.*
sarcasm
adj. **в'ї́дливий** biting, **гірки́й** bitter, **дошку́льни́й** scathing, **ї́дки́й** stinging, **нищівни́й** devastating, **сухи́й** dry, **ядови́тий** poisonous; **похму́рий** gloomy ◊ **Вона́ каза́ла це з похму́рим ~ом.** She was saying it with a gloomy sarcasm. **відкри́тий** open, **неприхо́ваний** unconcealed, **я́вний** obvious ◊ **Його́ я́вний с. брав Лі́ну за живе́.** His obvious sarcasm cut Lina to the quick. **легки́й** slight, **найме́нший** slightest
v. + **с. відчува́ти с.** catch sarcasm ◊ **Вони́ відчу́ли с. тре́нера.** They caught their coach's sarcasm. (**заува́жувати** note, **поміча́ти** notice; **прихо́вувати від** + *G.* conceal from sb); **бу́ти спо́вненим ~у** be full of sarcasm ◊ **Її слова́ спо́внені ~у.** Her words are full of sarcasm.
с. + *v.* **відчува́тися** be felt ◊ **У го́лосі чолові́ка відчува́вся с.** One could feel sarcasm in the man's voice. **чу́тися** be heard; **обража́ти** + *A.* insult sb ◊ **Її с. обра́зив Зо́ю.** Her sarcasm insulted Zoya. **обу́рювати** + *A.* outrage sb
prep. **без ~у** without sarcasm ◊ **«Чудо́ва іде́я!» – сказа́в Ілля́ без найме́ншого ~у.** "This is a wonderful idea!" Illia said without the slightest sarcasm. **від ~у** with sarcasm ◊ **Його́ гу́би скриви́лися від ~у.** His lips twisted with sarcasm; **з ~ом** with sarcasm
Also see **цині́зм**; *Cf.* **гу́мор, іро́нія, скептици́зм**

саркасти́чн|ий, *adj.*
sarcastic
adv. **відкри́то** openly ◊ **відкри́то ~і комента́рі** openly sarcastic comments; **все бі́льше** increasingly, **ду́же** very; **в'ї́дливо** bitingly, **гі́рко** bitterly, **дошку́льно** scathingly, **ї́дко** stingingly, **нищі́вно** devastatingly; **де́що** somewhat ◊ **Оди́н ві́дгук на кни́жку був де́що с.** A book review was somewhat sarcastic. **до́сить** rather ◊ **Він чита́в лист із до́сить ~им ви́разом на обли́ччі.** He was reading the letter with a rather sarcastic expression on his face. **тро́хи** a little
с. + *n.* **с. ві́дгук** a sarcastic review (**го́лос** voice; **комента́р** comment; **на́стрій** mood; **персона́ж** character; **сміх** laughter); **~а грима́са** a sarcastic grimace (**інтона́ція** intonation, **конота́ція** connotation; **люди́на** person; **мі́на** countenance, **по́смішка** sneer ◊ **Христи́на ~а по́смішка ні́чого до́брого не обіця́ла.** Khrystia's sarcastic sneer did not promise anything good. **оці́нка** assessment); **~е заува́ження** a sarcastic remark (**пита́ння** question, **сло́во** word; **ста́влення** attitude)
v. + **с. бу́ти ~им** be sarcastic (**здава́тися** + *D.* seem to sb, **лиша́тися** remain; **става́ти** become) ◊ **Він став ~им у висло́влюваннях.** He became sarcastic in his pronouncements.
Cf. **скепти́чний**

сатан|а́, *m. and f.*
1 devil, demon; the Devil, Satan
adj. **спра́вжній** real, **чи́стий** incarnate ◊ **Стате́ва орієнта́ція поета зроби́ла його́ чи́стим ~о́ю для пра́вих.** The poet's sexual orientation made him a devil incarnate to the right-wingers.
v. + **с. вигани́яти ~у́ з** + *G.* exorcise the devil from sb ◊ **Він ка́же, що вміє виганя́ти ~у́ із психі́чно хво́рих.** He says he knows how to exorcise the devil from the mentally sick. (**ві́рити в** believe in); **поклоня́тися ~і́** worship the devil

◊ **Чле́ни ку́льту поклоня́ються ~і.** The cult members worship the Devil.
2 *fig.* devil, demon, hell *(usu used as a swear word)* ◊ **С. його́ знає, на що потра́чено гро́ші.** Who the hell knows what their money was spent on. ◊ **Мико́ла ви́ринув із ша́хти, обли́ччя чо́рне, як у ~и́.** Mykola emerged from the mine, his face pitch-black.

сати́р|а, *f.*
satire; satirical text; satirical genre
adj. **блиску́ча** brilliant, **в'ї́длива** biting, **гру́ба** crude, **дошку́льна́** scathing, **ї́дка** stinging, **нищівна́** devastating; **заба́вна** amusing, **куме́дна** funny, **те́мна** dark; **відкри́та** open; **м'яка́** gentle; **політи́чна** political, **соція́льна** social ◊ **ма́йстер соція́льної ~и** a master of social satire
v. + **с. писа́ти ~у** write a satire (**пока́зувати** + *D.* show sb) ◊ **Акто́ри показа́ли гру́бу ~у на президе́нта.** The actors showed a crude satire on the president.
prep. **с. на** + *A.* satire on sb/sth ◊ **Її оповіда́ння – це с. на парла́мент.** Her story is a satire on parliament.

сатири́чн|ий, *adj.*
satirical
с. + *n.* **с. жанр** a satirical genre (**журна́л** magazine, **матерія́л** story; **плака́т** poster; **заря́д** *fig.* charge ◊ **Ці те́ксти несу́ть поту́жний с. заря́д.** The texts carry a powerful satirical charge. **ключ** vein) ◊ **Він грає в ~ому ключі́.** He plays in a satirical vein. **~а літерату́ра** satirical literature (**но́та** *fig.* note, **о́пера** opera, **тради́ція** tradition); **~е перо́** *fig.* a satirical pen ◊ **Політики боя́лися ~ого пера́ есеї́ста.** *fig.* Politicians feared the essayist's satirical pen.

свар|и́ти, **~ять; на~**, *tran.*
1 to scold, chide, chastise, rebuke
adv. **безпереста́нку** notstop ◊ **Шеф ~и́в її безпереста́нку.** Her boss scolded her nonstop. **весь час** all the time; **без причи́ни** for no good reason, **несправедли́во** unfairly; **ду́же** a lot, **си́льно** badly, **суво́ро** severely, **стра́шно** terribly ◊ **Ді́вчинка боя́лася, що ма́ма стра́шно ~итиме її за розби́ту філіжа́нку.** The little girl feared that her mom would scold her terribly for the broken cup. **для годи́ться** for appearances' sake, **леге́нько** *dim.* lightly, **ле́гко** mildly, **м'я́ко** gently; **тро́хи** a little
v. + **с. почина́ти** begin to, **ста́ти** *pf.* start ◊ **Бабу́ся ста́ла м'я́ко с. його́.** His grannie started rebuking him gently.
prep. **с. за** + *A.* scold for sth
pa. pple. **насва́рений** rebuked, scolded
See **ла́яти 1, свари́тися 1.** *Ant.* **хвали́ти**
2 to turn against sb; quarrel over sb/sth; *pf.* **по~** ◊ **Їх посвари́ла дочка́.** They quarreled over their daughter.
adv. **зуми́сно** *or* **навми́сно** deliberately ◊ **Вона́ зуми́сне посвари́ла Бори́са з Ма́ртою.** She turned Borys against Marta deliberately. **підсту́пно** treacherously, **свідо́мо** consciously, **хи́тро** cunningly
v. + **с. вдава́тися** + *D.* succeed in ◊ **Йому́ вдало́ся по~ прем'є́ра із президе́нтом.** He succeeded in causing the premier to quarrel with the president. **змогти́** *pf.* manage to; **намага́тися** try to, **роби́ти все можли́ве, щоб** do everything possible to, **хоті́ти** want to
prep. **с. з** + *I.* turn against sb
Also see **посвари́ти**
pa. pple. **посва́рений** at odds, fallen out
(на)свари́!

свар|и́тися, **по~**, *intr.*
1 to quarrel, fall out, argue, fight
adv. **ду́же** severely, **наза́вжди́** forever, **надо́вго** for a long time ◊ **Дру́зі ніко́ли не ~и́лися надо́вго.** The friends never quarreled for long. **си́льно** badly ◊ **За що вони́ так си́льно посвари́лися?** What did they have such a bad fight over? **з до́брого ди́ва** *colloq.* out of the blue ◊ **З яко́го ди́ва вони́ посвари́лися?** Why did they quarrel out of Cthe blue. **несподі́вано** unexpectedly, **ра́птом** suddenly; **безпереста́нку** nonstop, **все** *colloq.* all the time, **за́вжди́** always, **ча́сто** often; **ніко́ли не** never, **рі́дко** rarely; **раз** one time, **дві́чі** twice, **три́чі** three times ◊ **Вони ~и́лися три́чі на день.** They would quarrel three times a day.
v. + **с. зарі́катися не** swear not to ◊ **Лука́ зарі́кся не с. з батька́ми.** Luka swore not to argue with them. **намага́тися не** try not to; **не хоті́ти** not want to ◊ **Оле́на не хоті́ла с. че́рез дрібни́цю.** Olena did not want to have a fight over a trifle.
prep. **с. з** + *I.* quarrel with sb; **с. між собо́ю** quarrel among/between sb ◊ **Студе́нти посвари́лися між собо́ю.** The students fell out with one another. **с. че́рез** + *A.* quarrel over sb/sth ◊ **Я́ків посвари́вся з сусі́дом че́рез непорозумі́ння.** Yakiv had a fight with his neighbor over a misunderstanding.
Also see **ла́ятися 2**
2 to scold, chide, reprimand, chastise; yell, shout *(in direct speech)* ◊ **Вчи́тель знайшо́в причи́ну по~ на у́чнів.** The teacher found the reason to scold his students. ◊ **«Як ти міг!»– ~и́лася па́ні Ра́диш.** "How could you!" Mrs. Radysh yelled.
prep. **с. за** + *A.* scold for sth ◊ **Ма́ти ~итиме її за пога́ні оці́нки.** Her mother will scold her for her poor grades. ♦ **с. па́льцем на** + *A.* to waggle one's finger at sb
See **ла́яти 1, свари́ти 1**

сва́р|ка, *f.*
1 quarrel, argument, fight, confrontation
adj. **вели́ка** big, **відкри́та** open, **го́стра** bitter, **гучна́** noisy ◊ **При кінці́ пияти́ки була́ гучна́ с.** At the end the carousal, there was a noisy fight. **затя́та** relentless, **серйо́зна** serious; **с. з бі́йкою** a violent quarrel; **роди́нна** *and* **сіме́йна** family ◊ **Він уника́в роди́нних ~о́к.** He steered clear of family quarrels. **ґвалто́вна** abrupt, **несподі́вана** unexpected, **раптова** sudden
v. + **с. заво́дити ~ку** pick a fight ◊ **Хло́пець не хоті́в заво́дити ~ку.** The boy did not want to pick a fight. (**зді́ймати** *or* **зчиня́ти** cause, **почина́ти** start ◊ **Вона́ пе́ршою почала́ ~ку.** She was the first to start the fight. **провокува́ти** provoke; **загла́джувати** make up ◊ **Іва́нка потра́пить загла́дити найгі́ршу ~ку.** Ivanka would manage to make up the worst of quarrels. **залаго́джувати** settle; **припиня́ти** stop; **встрява́ти в** get involved in) ◊ **У ба́рі Ната́лка за́вжди́ встря́не у ~ку.** In the bar, Natalka would always get involved in a quarrel. **закі́нчуватися ~кою** end in a confrontation ◊ **До́повідь закі́нчи́лася ~кою.** The paper presentation ended in a confrontation.
с. + *v.* **вибуха́ти** break out ◊ **Між ни́ми ви́бухнула́ с.** A fight broke out between them. **виника́ти** occur; **закі́нчуватися** + *I.* end in sth ◊ **С. на закі́нчи́лася перестрі́лкою.** The quarrel ended in a shoot-out.
prep. **у ~ці** in a fight; **с. з** + *I.* a quarrel with sb; **с. за** + *A.* a quarrel over sth ◊ **Її с. з бра́том за спа́дщину вела́ до судово́ї спра́ви.** Her quarrel with her brother over the inheritance led to a court case. **с. між** + *I.* a quarrel between sb ◊ **с. між сою́зниками** a quarrel between allies; **с. че́рез** + *A.* a quarrel over sth ◊ **Вона́ зчини́ла ~ку че́рез неви́нний жарт.** She caused a fight over an innocent joke.
Also see **су́тичка 2.** *Cf.* **сце́на 4**
2 *coll.* obscenities, swear words, profanities, curses ◊ **Крім брудно́ї ~ки вона́ нічо́го від чолові́ка не чу́ла.** She heard nothing but dirty words from her husband.
See **ла́йка.** *Also see* **матю́к**
N. pl. **ла́йки́**, *G. pl.* **ла́йо́к**

сварли́в|ий, *adj.*
quarrelsome, cantankerous, confrontational, peevish
adv. **вкрай** extremely, **ду́же** very, **нестерпно** unbearably, **страше́нно** terribly
v. + **с. бу́ти ~им** be quarrelsome (**виявля́тися** turn out; **лиша́тися** remain; **роби́ти** + *A.* make sb ◊ **Шість ро́ків подру́жжя зроби́ли Оле́ксу ~им.** Six years of marriage made Oleksa cantankerous. **става́ти** become) ◊ **Ма́рта ста́ла несте́рпно ~ою.** Marta became unbearably peevish.
Also see **лайли́вий 2**

свердл|и́ти, **~ять; про~**, *tran.*
1 to drill, bore
adv. **вмі́ло** skillfully, **ле́гко** easily, **шви́дко** quickly ◊ **Га́ля шви́дко просвердли́ла ді́рку в сті́ні.** Halia quickly bored a hole in the wall. **на́скрізь** through ◊ **Він просвердли́в до́шку на́скрізь.** He bored the board through. ♦ **с.** + *A.* **очи́ма** *or* **по́глядом** to pierce sb with one's eyes ◊ **Вона́ дослі́вно ~ла Мака́ра очи́ма.** She was literally piercing Makar with her eyes.
2 *fig.* pierce, sear, haunt, hurt ◊ **Біль все бі́льше ~и́в йому́ но́гу.** The pain more and more seared his foot. ◊ **Її ~и́ла триво́га за близьки́х.** She was haunted by anguish for her dear ones.
See **му́чити 3**
pa. pple. **просве́рдлений** bored through
(про)свердли́!

свет|р, *m.*, **~ра**
sweater
adj. **анґо́рський** angora, **баво́вня́ний** cotton, **во́вня́ний** wool, **кашмі́ровий** cashmere; **в'я́заний** *and* **пле́тений** knit; **важки́й** heavy, **гру́бий** thick, **зимо́вий** winter, **те́плий** warm; **легки́й** light, **кошла́тий** fluffy, **тонки́й** thin; **бахма́тий** *colloq.* bulky, **завели́кий** oversized, **мішкува́тий** baggy; **га́рний** beautiful, **оша́тний** elegant; ♦ **с. на замо́чку** a zip-up sweater ◊ **У мо́ду ввійшли́ ~ри на замо́чку.** Zip-up sweaters have come into fashion. ♦ **с. під ши́ю** a high-necked sweater
v. + **с. вдяга́ти** *or* **вбира́ти с** *or* **~ра** put on a sweater ◊ **По п'я́тницях Гриць убира́в на робо́ту улю́блений с.** On Fridays, Hryts would put on his favorite sweater for work. (**натя́гувати** pull on; **зніма́ти** take off; **в'яза́ти** *and* **плести́** knit) ◊ **Воло́дя навчи́вся плести́ ~ри.** Volodia learned to knit sweaters.
See **о́дяг**

свин|е́ць, *m.*, **~цю́**, *only sg.*
1 lead
adj. **пла́влений** molten; **важки́й** heavy; **холо́дний** cold; ♦ **важки́й, як с.** heavy as lead ◊ **Її голова́ ста́ла важко́ю, як с.** Her head became heavy as lead.
v. + **с. бу́ти зро́бленим зі ~цю** be made of lead (**вилива́ти** + *A.* **зі** cast sth from) ◊ **Він ви́лив солда́тика зі ~цю́.** He cast a little soldier from lead. **налива́тися ~це́м** *fig.* become heavy as lead ◊ **Оле́ксині ру́ки нали́лися ~це́м.** Oleksa's hands became heavy as lead.
2 *fig.* bullet, *coll.* bullets ◊ **Вини́щувач полива́в во́рога ~це́м.** The fighter was spraying the enemy with bullets.
See **ку́ля 3**

свини́н|а, *f., only sg.*
pork meat, pork
adj. **сві́жа** fresh, **сира́** raw; **ву́джена** smoked, **в'я́лена** cured, **со́лена** salted, **солона** salty; **ва́рена** boiled, **ґрильо́вана** grilled, **пе́чена** roast ◊ **Вона́ поста́вила на стіл пе́чену ~у.** She put the pork roast on the table. **сма́жена** fried, **тушко́вана** stewed
n. + **с. кава́лок ~и** *colloq.* a piece of pork (**шмато́к** piece; **ви́різка** *and* **поля́двиця** fillet) ◊ **сма́жена поля́двиця ~и** a fried fillet of pork; ♦ **печеня́ ~и** pork roast

свин|я́, *f.*
1 pig
adj. **вели́ка** big, **вгодо́вана** plump, well-fed, **гладка́** stout, **жи́рна** fat; **мала́** small; **га́рна** nice ◊ **Вони́ трима́ли га́рну ~ю на Ве́ликдень.** They kept a nice pig for Easter. **дома́шня** domestic, **ручна́** pet ◊ **Вони́ купи́ли ді́там ручну́ ~ю.** They bought a pet pig for their children. **ди́ка** wild ◊ **У ліса́х во́дяться ди́кі ~і.** There are wild pigs in the forests.
v. + **с. годува́ти ~ю** feed a pig (**рі́зати** slaughter ◊ **~ю рі́зали дві́чі на рік: пе́ред Різдво́м і Вели́коднем.** *impers.* A pig would be slaughtered twice a year: before Christmas and Easter. **розво́дити** rear, **трима́ти** keep); ♦ **ї́сти, як с.** to eat like a pig ◊ **Голо́дні чолові́ки ї́ли, як ~і.** The hungry men were eating like pigs.
Cf. **каба́н**
2 *fig.* pig, slovenly person ◊ **Він пово́диться, як оста́ння с.** He behaves like the ultimate pig.
adj. **оги́дна** disgusting, **осору́жна** repulsive, **ха́мська** boorish; **оста́ння** ultimate; **товста́** fat; **ненаже́рлива** greedy; **гомофо́бська** homophobic, **раси́стська** racist, **секси́стська** sexist ◊ **Так мо́же говори́ти ті́льки секси́стська с.** Only a sexist pig can be saying such things.

свиня́ч|ий, *adj.*
1 pork, pig, swine, of or pertaining to pigs ◊ **Релі́гія забороня́є їм ї́сти ~е м'я́со.** Religion forbids them to eat pork meat.
с. + *n.* **с. грип** a swine flu; ♦ **с. жир** lard; **с. міху́р** a pig bladder (**шлу́нок** stomach); **~а ви́різка** *or* **поля́двиця** a pork fillet (**ковбаса́** sausage, **котле́та** patty; **нога́** leg); **~е ву́хо** a pig ear (**са́ло** fat, **се́рце** heart, **стегно́** thigh) ◊ **На свя́то вони́ спекли́ ~е стегно́.** For the holiday, they roasted a pig thigh.
2 like a pig, piggish ◊ **Він вола́в ~им кри́ком.** He was squealing like a pig. ♦ **у с. го́лос** too late ◊ **Тара́с прийшо́в у с. го́лос.** Taras came way too late. ♦ **Не твоє́ (ва́ше) ~е ді́ло!** None of your fricking business!

свист, *m.*, **~у**
1 whistle, whistling ◊ **Він підганя́в ко́ней ~ом.** He spurred the horses on by a whistle.
adj. **гучни́й** loud ◊ **Ма́рків с. гучни́й, як ні в ко́го.** Marko's whistle is loud like nobody else's. **дзвінки́й** resounding, **оглу́шливий** deafening, **прони́зливий** piercing, **різки́й** sharp; **висо́кий** high-pitched; **ледь чу́тний** hardly audible, **низьки́й** low, **ти́хий** silent; **до́вгий** long, **протя́жний** prolonged; **особли́вий** special, **характе́рний** characteristic
с. + *n.* **с. захо́плення** a whistle of admiration (**здивува́ння** surprise, **схва́лення** approval; **о́суду** condemnation) ◊ **Час від ча́су її́ промо́ву перерива́ли ~и о́суду.** From time to time, her speech was interrupted by whistles of condemnation.
v. + **с. видава́ти с.** give a whistle ◊ **Ори́ся ви́дала оглу́шливий с.** Orysia gave a deafening whistle. (**бу́ти чу́ти** be heard ◊ **Було́ чу́ти гні́вний с. кіноглядачі́в.** Angry whistling of the moviegoers was heard. **чу́ти** hear); **заохо́чувати** + *A.* **~ом** encourage sb with whistle ◊ **Пу́бліка заохо́чувала співака́ захо́пленим ~ом.** The audience encouraged the singer by enraptured whistling. (**кли́кати** + *A.* call sb ◊ **Він кли́кав пса ~ом.** He called his dog by whistling. **підганя́ти** spur on)
с. + *v.* **луна́ти** sound; **прони́зувати** pierce sth ◊ **Ти́шу ве́чора прониза́в різки́й с.** A sharp whistle pierced the quiet of the evening. **чу́тися** be heard
2 wheeze, whiz, swish, piping, howling, *etc.* ◊ **Весня́ний ліс потопа́в у пташи́ному тьо́хканні й ~і.** The spring forest was aflood with birds twittering and piping. ◊ **Повз них зі ~ом пролеті́в по́тяг.** A train flew past them with a whiz. ◊ **У Григо́рія з'яви́вся вира́зний с. при ди́ханні.** Hryhorii developed a distinct wheeze while breathing.
с. + *n.* **с. бо́мби** the whine of a bomb (**ку́лі** bullet, **мі́ни** mine, **снаря́да** shell, **стріл** arrow), **с. нага́йки** crack of a whip, **с. ша́блі** swish of a saber; **с. ві́тру** whistle of the wind; **с. пташо́к** whistle of birds; **с. цика́д** drone of cicadas, **с. пи́лки** whir of a saw
prep. **зі ~ом** with a whistle ◊ **У не́ї бі́ля ву́ха зі ~ом пролеті́ла ку́ля.** A bullet whistled past her ear.
3 catcall, boos, hisses ◊ **За́ла ви́бухла оглу́шливим ~ом.** The auditorium exploded with deafening catcalls.

свист|і́ти, свищу́, ~я́ть; сви́сн|ути, ~уть, *tran. and intr.*
1 *tran. and intr.* to whistle, give a whistle
adv. **гу́чно** loudly, **оглу́шливо** deafeningly, **прони́зливо** piercingly, **рі́зко** sharply; **ти́хо** softly ◊ **Він стоя́в бі́ля плити́ й ти́хо ~ів.** He was standing at the stove and whistling softly. **до́вго** for a long time, **особли́во** in a special way ◊ **Га́ля ~и́ть так особли́во, що зра́зу мо́жна впізна́ти.** Halia whistles in such a special way one can recognize at once. **характе́рно** characteristically; **з захо́пленням** with admiration, **від здивува́ння** with surprise, **схва́льно** approvingly ◊ **Поба́чивши дружи́ну на по́лі, фа́ни ста́ли схва́льно с.** Having seen their team on the field, the fans started whistling approvingly. **з о́судом** in condemnation
prep. **с. до** + *G.* whistle to sb ◊ **Вона́ сви́снула до дру́зів, щоб пода́ти сиґна́л.** She gave a whistle at her friends to send them a signal.
2 to wheeze, whiz, swish, hoot, pipe, hurtle ◊ **У На́сті в гру́дях щось ~і́ло.** Something was wheezing in Nastia's breast. ◊ **Повз ошеле́шених перехо́жих просвисті́в автомобі́ль.** A car swished past stunned passersby. ◊ **Над буди́нком ~і́ли снаря́ди.** Shells whizzed above the building.
3 to boo, hiss catcall; *pf.* **за~** to hiss sb off the stage ◊ **Із тако́ю пі́снею її́ засви́щуть.** With such a song, she will be hissed off the stage.
prep. **с. на** + *A.* hiss at sb ◊ **За́ла ста́ла с. на співака́.** The audience started hissing at the singer.
4 *colloq., usu pf.* to steal, swipe, lift ◊ **Він сви́снув пивни́й ку́холь на зга́дку.** He swiped the beer mug as a memento.
See **кра́сти**

свист|о́к, *m.*, **~ка́**
1 whistle *(device)* ◊ **На ши́ї у тре́нера ви́сів с.** A whistle hung on the coach's neck.
adj. **гли́няний** clay ◊ **Він продає́ гли́няні ~ки́.** He sells clay whistles. **дерев'я́ний** wooden, **метале́вий** metal, **пластма́совий** plastic; **парови́й** steam, **паротя́говий** train, **соба́чий** dog, **судді́вський** referee's, **футбо́льний** soccer
v. + **с. ду́ти у с.** blow a whistle (**свисті́ти в** sound) ◊ **Петро́ засвисті́в у с.** Petro blew his whistle.
с. + *v.* **луна́ти** sound ◊ **Пролуна́в судді́вський с.** The referee's whistle sounded. **чу́тися** be heard ◊ **Час від ча́су чу́лися парово́зні ~ки́.** From time to time, train whistles were heard.
2 whistle *(sound)* ◊ **Її́ сиґна́лом є три коро́ткі ~ки́.** Three short whistles are her signal.
adj. **гучни́й** loud, **оглу́шливий** deafening, **прони́зливий** piercing; **приглу́шений** muffled; **до́вгий** long, **протя́жний** drawn-out; **коро́ткий** short; **неспо́діваний** unexpected; **дале́кий** distant; **поліці́йний** police ◊ **Споча́тку були́ поліці́йні ~ки́, а по́тім – по́стріли.** First there were police whistles and thereafter gunshots.
See **звук 1**

сві́д|ок, *m.*, **~ка**
1 witness, eyewitness
adj. **важли́вий** important, **головни́й** chief, **ключови́й** key; **незале́жний** independent; **достові́рний** credible, **наді́йний** reliable, **правди́вий** truthful; **неба́жаний** undesirable, **небезпе́чний** dangerous; **можли́вий** possible, **потенці́йний** potential; **живи́й** living, **мовчазни́й** *fig.* silent, **німи́й** *fig.* mute ◊ **Дуб стої́ть як німи́й с. дале́ких поді́й.** The oak stands as a mute witness of distant events. ♦ **нао́чний с.** eyewitness
с. + *n.* **с. зу́стрічі** a witness of the encounter, **розмо́ви** conversation (**опера́ції** transaction, operation, **супере́чки** argument; **прини́ження** humiliation ◊ **У кабіне́ті ви́сіла та сама́ карти́на, с. ї́хніх прини́жень.** *fig.* The same picture, witness to their humiliations, hung in the office , **ра́дости** joy; **ю́ности** youth)
v. + **с. виявля́ти ~ка** reveal a witness (**знахо́дити** find ◊ **Журналі́стка знайшла́ незале́жного ~ка ба́нкової опера́ції.** The (female) journalist found an independent witness of the bank transaction. **шука́ти** look for); **зверта́тися до ~ка** appeal for a witness ◊ **Газе́та зверта́лася до можли́вих ~ків розмо́ви із проха́нням зголоси́тися.** The paper was appealing to possible witnesses of the conversation with the request to come forward. (**позбува́тися** get rid of) ◊ **Він хоті́в позбу́тися неба́жаного ~ка.** He wanted to get rid of the undesirable witness. **погро́жувати ~ко́ві** threaten a witness; **бу́ти ~ком** be a witness (**виступа́ти** appear as ◊ **Він відмо́вився виступа́ти ~ком на суді́.** He refused to appear as a witness at the trial. **става́ти** become) ◊ **Він став ~ком зу́стрічі випадко́во.** He became a witness of the encounter by accident.
с. + *n.* **зголо́шуватися** come forward ◊ **До дире́ктора зголоси́лося три ~ки бі́йки.** Three witnesses of the fight came forward to the director. **повідомля́ти** report; **стве́рджувати, що** maintain that ◊ **С. стве́рджує, що крамни́ця була́ зачи́нена.** The witness maintains that the store was closed.
prep. **без ~ків** without witnesses ◊ **Розмо́ва була́ без ~ків.** The talk was without witnesses. **зга́дно зі ~ком** according to a witness ◊ **Зга́дно зі ~ком фі́рма не пла́тить пода́тків.** According to the witness, the firm does not pay taxes. **при ~ках** in sb's presence; **як с.** as a witness ◊ **Вона́ прийшла́ як с.** She came as a witness.
2 *leg.* witness
adj. **важли́вий** important, **головни́й** chief ◊ **Головно́го ~ка обвинува́чення ви́крали.** The chief witness for the prosecution has been kidnapped. **ключови́й** key; **потенці́йний** potential; **воро́же нала́штований** hostile ◊ **За́хист мав спра́ву з воро́же нала́што́ваним ~ком.** The defense was dealing with a hostile witness. **неохо́чий** reluctant; **достові́рний** credible, **наді́йний** reliable, **правди́вий** truthful
с. + *n.* **с. вби́вства** a witness to murder (**зґвалтува́ння** rape, **зло́чину** crime ◊ **Ві́ра ста́ла ~ком страшно́го зло́чину.** Vira became witness to a terrible crime. **пі́дкупу** subornation, **хаба́рництва** bribery); **с. за́хисту** a witness for the defense (**обвинува́чення** prosecution)
v. + **с. виклика́ти ~ка** call a witness (**виявля́ти** reveal; **знахо́дити** find, **шука́ти** look for ◊ **Слі́дство шука́ло ~ків стріляни́ни.** The investigation was looking for witnesses to the shootout. **приво́дити до прися́ги** *or* **заприсяга́ти** swear in ◊ **~ка заприсягну́ли.** The witness was sworn in. **допи́тувати** examine ◊ **Адвока́т до́вго допи́тував ~ка звинува́чення.** The attorney took a long time to examine the witness for the prosecution. **піддава́ти перехре́сному до́питу** cross-examine; **слу́хати** hear; **забезпе́чувати** + *D.* provide sb with ◊ **Профспі́лка забезпе́чила їм п'я́теро ~ків.** The union provided them with five witnesses. **дискредитува́ти** discredit, **заля́кувати** intimidate ◊ **Компа́нія залякує ~ка.** The company is intimidating the witness. **вбива́ти** kill, **тероризува́ти** terrorize); **позбува́тися ~ка** get rid of a witness; **бу́ти ~ком** be a witness (**виступа́ти** appear as) ◊ **Петри́шин ви́ступив ~ком на суді́.** Petryshyn appeared as witness at the trial.

с. + *v.* **дава́ти прися́гу** *or* **заприсяга́тися** be sworn in; **дава́ти сві́дчення** give testimony, **сві́дчити** testify; **заявля́ти, що** state that; **ідентифікува́ти** *and* **впізнава́ти** + *A.* identify sb/sth ◊ **С. упізна́в** *and* **ідентифікува́в зло́дія.** The witness identified the thief. **вирі́катися** + *G.* *or* **відрі́катися від** + *G.* recant sth ◊ **С. ви́рікся сві́дчень.** The witness recanted his testimony. ♦ **става́ти пе́ред судо́м** to take the stand ◊ **Насту́пний с. став пе́ред судо́м пополу́дні.** The next witness took the stand in the afternoon.

свідо́м|ий, *adj.*
1 conscious, aware + *G.*
adv. **абсолю́тно** absolutely, **вира́зно** distinctly, ♦ **високосвідо́мий** highly conscious, **глибо́ко** profoundly ◊ **Він – політи́к, глибо́ко с. своє́ї мі́сії.** He is a politician who is deeply aware of his mission. **го́стро** acutely, **до́сить** quite, **доста́тньо** sufficiently, **ду́же** very; **очеви́дно** obviously, **спра́вді** truly; **цілко́м** completely, **я́вно** clearly; **ідеологі́чно** ideologically ◊ **У сове́тські часи́ на робо́ту за кордо́н потрапля́ли лише́ «ідеологі́чно ~і».** In Soviet times, only the "ideologically conscious" got to work abroad. **політи́чно** politically, **суспі́льно** socially
v. + **с. бу́ти ~им** be conscious (**здава́тися** + *D.* seem to sb; **лиша́тися** remain) ◊ **Валенти́на лиша́ється ~ою всього́, що відбува́ється навко́ло.** Valentyna remains aware of what is going on around her.
Also see **прито́мний 1**
2 conscious, intentional, deliberate, intended ◊ **У те́ксті Го́голя поди́буємо бага́то ~их украї́нізмів.** We come across many intentional Ukrainianisms in Gogol's text. ◊ **абсолю́тно свідо́ма полі́тика** an absolutely deliberate policy
See **навми́сний**

свідо́цтв|о, *nt.*
certificate
adj. **нове́** new ◊ **О́льзі тре́ба зроби́ти нове́ с.** Olha needs to have a new certificate made. **поно́влене** re-newed; **старе́** old; **загу́блене** lost; **підро́блене** fake; **спра́вжнє** authentic; **необхі́дне** required, **обов'язко́ве** mandatory; **меди́чне** medical, **метри́чне** birth, **офіці́йне** official, **урядо́ве** government, **шкі́льне** school
v. + **с. видава́ти** + *D.* **с.** issue sb a certificate ◊ **Випускника́м ви́дали ~а про сере́дню осві́ту.** The alumni were issued certificates of secondary education. (**вруча́ти** + *D.* hand in to sb, **дава́ти** + *D.* grant sb; **дістава́ти** get ◊ **За́втра вона́ діста́не нове́ с.** Tomorrow she will get a new certificate. **отри́мувати** receive; **губи́ти** lose; **зни́щувати** destroy; **поно́влювати** renew) ◊ **Щоб понови́ти с., пішло́ два дні.** It took two days to renew the certificate.
prep. **с. про** + *A.* a certificate of sth ◊ **с. про змі́ну пр́ізвища** a name change certificate (**змі́ну ста́ті** sex change; **наро́дження** birth; **усино́влення** adoption; **смерть** death; **шлюб** marriage)
Also see **посві́дчення 1; докуме́нт 2**

сві́дчен|ня, *nt.*
1 evidence, proof, indication + *G.* of
adj. **докла́дне** detailed, **конкре́тне** specific ◊ **Оле́кса не має́ конкре́тних ~ь, що його́ обра́хо́вують.** Oleksa does not have specific proof that he is being shortchanged. **незапере́чне** undeniable, **переко́нливе** convincing, **яскра́ве** vivid; **непідтве́рджене** unconfirmed
v. + **с. виявля́ти с.** discover evidence (**збира́ти** collect; **знахо́дити** find ◊ **Вона́ знайшла́ с. приче́тности полі́ції до ре́кету.** She found proof of the police's involvement in racketeering. **ма́ти** have; **шука́ти** search for; **розгляда́ти** + *A.* **як** regard sth as; **натика́тися на** come across, **нашто́вхуватися на** stumble upon) ◊ **В архі́ві він наштовхну́вся на с. того́, що ста́вся підпа́л, а не випадко́ва поже́жа.** In the archive, he stumbled upon proof that arson, and not an accidental fire had occurred. **вважа́ти** + *A.* **~ням** consider sth to be evidence ◊ **Твір вважа́ють ~ням її тала́нту.** The work is considered evidence of her talent.
conj. **як с.** + *G.* as proof of ◊ **Факт наво́дять як с. ро́звитку ски́тської цивіліза́ції.** The fact is referred to as evidence of the Scythian civilization development.
See **до́каз 1.** *Also see* **знак 3, пока́зник 3, сиґна́л 1**
2 information, facts, data ◊ **Є неспросто́вані с., що фо́нди переве́ли за кордо́н.** There is unrefuted information that the funds were transferred abroad.
prep. **за ~ням** according to information ◊ **За с. спостері́гачів, на діля́нці не було́ пору́шень.** According to the observers' information there were no irregularities at the polling station.
See **да́ні 1, інформа́ція**
3 *law, usu pl.* testimony, witnessing, deposition
adj. **докла́дні** detailed ◊ **Він потребу́є докла́дних ~ь.** He needs a detailed testimony. **доста́тні** sufficient, **наді́йні** reliable, **незапере́чні** undeniable, **переко́нливі** convincing, **правди́ві** truthful; **експе́ртні** expert; **інкриміну́ючі** incriminating; **самоінкриміну́ючі** self-incriminating; **ди́вні** strange, **заплу́тані** tangled, **незрозумі́лі** incomprehensible, **спантели́чливі** confusing, **супере́чливі** contradictory; **непідтве́рджені** unconfirmed; **брехли́ві** mendacious, **ви́гадані** invented, **лицемі́рні** hypocritical, **неправди́ві** untrue, **нече́сні** dishonest, **фальши́ві** false; **письмо́ві** written; **у́сні** oral; **підтве́рджені прися́гою** sworn; **особи́сті** personal, **публі́чні** public; **за́писані на ві́део** videotaped
с. + *n.* **с. очеви́дця** an eyewitness testimony (**оска́рженого** defendant's; **потерпі́лого** victim's)
v. + **с. дава́ти** + *D.* **с.** give sb testimony ◊ **Він дав с. слі́дчому.** He gave the detective his testimony. (**надава́ти** + *D.* provide to sb, **представля́ти** + *D.* present to sb, **пропонува́ти** + *D.* offer sb; **слу́хати** hear; **підтве́рджувати** corroborate, **спра́вджувати** verify; **спросто́вувати** refute ◊ **До́кази вира́зно спросто́вували с. поліція́нта.** The evidence clearly refuted the policeman's testimony. **ста́вити під су́мнів** question) ◊ **Адвока́т поста́вив під су́мнів с. психо́лога.** The attorney questioned the psychologist's testimony. **вирі́катися** *or* **відрі́катися від ~ь** recant testimony ◊ **Вона́ не змо́же відректи́ся від да́них ~ь.** She will not be able to recant the testimony given. (**зму́шувати до** coerce) ◊ **Його́ зму́сили до самоінкриміну́ючих ~ь.** He was coerced to give self-incriminating testimony.
prep. **в ~нях** in testimony ◊ **непослідо́вності у ~нях служни́ці** the inconsistencies in the maid's testimony; **за ~нями** + *G.* by sb's testimony ◊ **За його́ ~нями, докуме́нти скопіюва́ла секрета́рка.** By his testimony, the secretary copied the documents. **с. пе́ред** + *I.* testimony before sb/sth ◊ **с. пе́ред комі́сією** a testimony before the committee; **с. про** + *A.* testimony about sb/sth ◊ **с. про відмива́ння гро́шей** a testimony about money-laundering; **с. про́ти** + *G.* testimony against sb
Cf. **до́каз**

сві́дч|ити, ~ать; по~, *intr. and tran.*
1 *intr.* to indicate, inform, attest to, say ◊ **Усі́, хто знав компози́тора, ~ать, що він люби́в бала́ди.** Everybody who knew the composer attest to his fondness for ballads. ◊ **Лі́тописець ~ить, що кри́мські тата́ри були́ на бо́ці козакі́в.** The chronicler informs that the Crimean Tatars were on the Cossacks' side.
See **каза́ти 1, стве́рджувати 1**
2 *intr.* to be evidence of, prove, confirm, mean, suggest ◊ **Черво́ні троя́нди ма́ли с. про коха́ння.** The red roses were supposed to suggest love.
adv. **без су́мніву** undoubtedly, **однозна́чно** unequivocally, **переко́нливо** convincingly ◊ **Його́ ча́сті відві́дини переко́нливо ~ли про його́ по́тяг до Мари́чки.** His frequent visits were convincing evidence of his attraction to Marichka. **яскра́во** vividly, **я́сно** clearly; **ле́две** scarcely; **зо́всім не** not at all ◊ **Це зо́всім не ~ить, що вони́ вас підтри́мають.** This does not at all mean that they will support you. **ще не** not yet
Also see **говори́ти 3**
3 *intr., leg.* to give testimony, testify
adv. **з гото́вністю** readily, **охо́че** willingly ◊ **Вона́ охо́че ~тиме пе́ред слі́дством.** She will willingly testify to the investigation. **ра́до** gladly; **неохо́че** reluctantly, **під при́мусом** under coercion ◊ **Адвока́т підо́зрював, що його́ клі́єнт рані́ше ~ив під при́мусом.** The lawyer suspected that his client had earlier testified under coercion. **особи́сто** personally; **публі́чно** publicly; **правди́во** truthfully; **неправди́во** falsely
v. + **с. бу́ти гото́вим** be ready to; **зголо́шуватися** come forward to ◊ **Тро́є очеви́дців зголоси́лися с. пе́ред полі́цією.** Three eyewitnesses came forward to testify before the police. **пого́джуватися** agree to; **хоті́ти** want to; **відмовля́тися** refuse to; **ма́ти** be supposed to ◊ **Катери́на має́ с. насту́пної середи́.** Kateryna is supposed to testify next Wednesday. **виклика́ти** + *A.* call sb to; **зму́шувати** + *A.* compel sb to, **приму́шувати** + *A.* force sb to ◊ **Полі́ція приму́шує її с.** The police force her to testify. **проси́ти** + *A.* ask sb to
prep. **с. в** + *L.* testify in *(a case)* ◊ **Вона́ ма́ла с. у спра́ві про підпа́л.** She was supposed to testify in the arson case. ◊ **с. в** *or* **на суді́** testify in court; **с. пе́ред** + *I.* testify before sb ◊ **с. пе́ред судо́м** testify before court; **с. під** + *I.* testify under *(oath)* ◊ **с. під прися́гою** testify under oath (**при́мусом** coercion); **с. про** + *A.* testify about sb/sth; **с. про́ти** + *G.* testify against sb
4 *tran.* to express, convey; *pf.* **за~** ◊ **Ра́дий наго́ді за~ вам вдя́чність особи́сто.** I welcome the opportunity to express my gratitude to you in person.
с. + *n.* **с. пова́гу** express respect (**подя́ку** gratitude; **підтри́мку** support, **симпа́тію** fondness, **солідарні́сть** solidarity) ◊ **Листо́м вони́ ~или коле́ґам свою́ солідарні́сть.** By the letter, they expressed their solidarity with their colleagues.
pa. pple. **засві́дчений** expressed
(по)свідч! *or* **(по)свідчи!**

сві́ж|ий, *adj.*
1 fresh, newly-picked, crisp
adv. **геть** totally, **до́сить** fairly, **ду́же** very, **надзвича́йно** extremely, **спра́вді** really, **цілко́м** completely; **при́ємно** pleasantly; **ле́две** hardly; **все ще** still
с. + *n.* **с. баґе́т** a fresh baguette (**кріп** dill; **набі́л** dairy, **сир** cheese, **плід** fruit; **хліб** bread) ◊ **Бі́ля пека́рні за́вжди́ па́хне ~им хлі́бом.** It always smells of fresh bread near the bakery. **~а горо́дина** fresh vegetables ◊ **Горо́дина у крамни́ці, рі́дко коли́ ~а.** The vegetables in the store are rarely ever fresh. (**ка́ва** coffee; **петру́шка** parsley; **ри́ба** fish; **смета́на** sour cream); **~е молоко́** fresh milk (**м'я́со** meat); **~і ве́ршки** fresh cream (**кві́ти** flowers, **помідо́ри** tomatoes, **я́йця** eggs)
v. + **с. бу́ти ~им** be fresh (**вигляда́ти** look ◊ **Сир вигляда́в ~им.** The cheese looked fresh. **виявля́тися** turn out, **здава́тися** + *D.* seem to sb, **лиша́тися** stay ◊ **Шпина́т до́вго лиша́ється ~им.** This spinach stays fresh for a long time. **ї́сти** + *A.* eat sth, **пи́ти** + *A.* drink sth, **спожива́ти** + *A.* consume sth; **зберіга́ти** + *A.* keep sth)
Ant. **черстви́й 1**

2 fresh, new, crisp, clean
с. + *n.* **с. áркуш** a fresh sheet *(of paper)* ◊ **Мóтря взялá с. áркуш папéру.** Motria took a fresh sheet of paper. (**бинт** bandage, **комірéць** collar ◊ **Щодня́ мáма нашивáла с. комірéць Івáнкові на шкільни́й пі́джáк.** Every day, mom would sew a fresh collar on Ivanko's school blazer. **рушни́к** towel); **~а біли́зна** a fresh linen (**бри́тва** razor; **сорóчка** shirt); **~і рукави́чки** fresh gloves (**простирáдла** sheets, **шкарпéтки** socks; **відби́тки пáльців** fingerprints, **сліди́** footprints)
3 fresh, cool, refreshing, clean
с. + *n.* **с. вíтер** a fresh wind ◊ **Вíяв с. вечíрній вíтер.** A fresh evening breeze was blowing. (**гай** grove, **зáтінок** shade); **~а атмосфéра** fresh atmosphere (**водá** water); **~е пові́тря** fresh air ◊ **У кінотеáтрі бракувáло ~ого пові́тря.** There was a lack of fresh air in the movie theater.
4 *fig.* fresh, healthy, rested, youthful ◊ **с. ви́гляд** a fresh appearance (**кóлір обли́ччя** complexion); ♦ **~а головá** *fig.* fresh mind ◊ **Вонá старáлася редаґувáти тíльки на ~у гóлову.** She tried to do the editing only when her mind was fresh. **шкíра** fresh skin); **~е сприйняття́** fresh perception; ♦ **на ~е óко** with a fresh eye ◊ **Такí дрібні́ детáлі помíтні лишé на ~е óко.** Such small details are noticeable only to a fresh eye.
5 vivid *(of color)*, bright, intense ◊ **Лíтак булó дóбре ви́дно на тлі ~ої блаки́ті.** The airplane was clearly seen against the backdrop of the bright blue sky.
See **яскрáвий 2, я́сни́й 1**
6 *fig.* fresh, recent, new, latest; unconventional, original
с. + *n.* **с. підхíд** a fresh approach (**пóгляд** view) ◊ **Він пропонýє с. пóгляд на істóрію.** She offers a fresh view of history. **~а люди́на** a new person ◊ **Бойчýк булá тут ~ою люди́ною.** Boichuk was a new person here. (**новинá** news); **~е бáчення** a fresh vision (**розуміння** concept, **тлумáчення** interpretation); **~і врáження** fresh impressions (**дáні** data)
See **нови́й.** *Also see* **недáвній 1, нещодáвній**

свíж|íсть, *f.*, **~ости**, *only sg.*
freshness, crispness, cleanness; cool; vividness; originality
adj. **вели́ка** great, **винятковá** exceptional, **надзвичáйна** extraordinary, **спрáвжня** genuine, **цілкови́та** complete; **дивови́жна** amazing ◊ **Палíтрі худóжниці власти́ва дивови́жна с.** An amazing kind of freshness is characteristic of the (female) artist's palette. **неймовíрна** incredible, **несподíвана** unexpected ◊ **Вони́ розкошувáли в несподíваній ~ості лíтньої нóчі.** They luxuriated in the unexpected cool of the summer night. **приємна** pleasant ◊ **Пíсля ремóнту в кімнáті відчувáлася приємна с.** Pleasant freshness was felt in the room after the renovation. **автенти́чна** authentic, **своєрíдна** original; ♦ **не пéршої ~ости** old, not new, unwashed ◊ **Сорóчка на чоловíкові не пéршої ~ости.** The shirt the man has on is anything but fresh.
See **свíжий**

св|ій, *pr.*, **~огó**
1 one's, done by oneself, my, your, his, her, our, their *(refers to the subject of the sentence)* ◊ **Хомá знáє ~огó брáта.** Khoma knows his *(own)* brother. ◊ **Він знáє ~огó брáта.** He knows his *(own)* brother. ◊ **Микитéнко пишáється ~оїм відкриттям.** Mykytenko is proud of his *(own)* discovery. ♦ **в с. час** in good time; once; in one's time; ♦ **бýти вíрним ~оєму слóву** to be as good as one's word; ♦ **бýти не при ~оєму рóзумі** to be out of one's mind ◊ **Сергíй щось такé кáже, нáче є не при ~оєму рóзумі.** Serhii is saying things as if he were out of his mind. ♦ **бýти сам не с.** not to be oneself ◊ **Мáрта самá не ~оя́.** Marta is not quite herself. ♦ **на с. ри́зик** at one's own peril ◊ **Вонá далá їм грóші на с. влáсний р.** She gave them money at her own peril.
♦ **помирáти ~оєю смéртю** to die a natural death ◊ **Діти не дадýть Олéні помéрти ~оєю смéртю.** *iron.* The children will not let Olena die a natural death. *(They would not leave her be.)* ♦ **~оїми словáми** in one's own words ◊ **Перекажíть текст ~оїми словáми.** Recap the text in your own words. ♦ **стоя́ти на ~оєму** to stand one's ground ◊ **Клим стоя́в на ~оєму, подóбалося це їм чи ні.** Klym stood his ground whether they liked it or not. ♦ **чýти** + *A.* **~оїми вýхами** to hear sth with one's own ears ◊ **Марíя чýла це ~оїми вýхами.** Maria heard this with her own ears.
Also see **влáсний 1**
2 natural, innate, inborn ◊ **~ої зýби** natural teeth; ♦ **кричáти не ~оїм кри́ком** *or* **гóлосом** to scream bloody murder, scream at the top of one's lungs ◊ **У сусíдньому помéшканні не ~оїм кри́ком кричáла малá дити́на.** A little child was screaming at the top of its lungs in the next-door apartment.
3 friend or family, one of us, close to one ◊ **Самíйло – ~оя́ люди́на.** Samiilo is one of us. ◊ **Вони́ запроси́ли тíльки ~оїх.** They invited only their friends and family. ♦ **ставáти ~оїм** to become accepted ◊ **Не пройшлó й мíсяця, як Гáнна стáла ~оєю в новóму товари́стві.** Hardly a month passed when Hanna had become accepted by the new company.
4 *as n., nt.* one's own thing, one's own business ◊ **Мóтря не слýхала йогó, а дýмала про ~оє.** Motria was not listening to him but thinking about her own thing.

свíйськ|ий, *adj.*
1 domestic, domesticated; tame
adv. **геть** totally ◊ **Ди́ке кошеня́ до кінця́ лíта вже булó геть ~им.** By late summer, the wild kitten was already totally domesticated. **цілкóм** completely; **лéдве** barely; **мáйже** almost
с. + *n.* **с. вовк** a tame wolf (**лелéка** stork; **птах** bird); **~а бíлка** a tame squirrel; **~а твари́на** a domestic animal
v. + **с. бýти ~им** be domestic (**вигляда́ти** look; **здавáтися** + *D.* seem to sb ◊ **Тигреня́ здавáлося ~им.** The tiger cub seemed tame. **роби́ти** + *A.* turn sb; **ставáти** become) ◊ **Ди́кий стравс не став ~им.** The wild ostrich did not become tame.
Also see **ручни́й 2.** *Ant.* **ди́кий 1**
2 *fig.* docile, obedient, tame ◊ **Шеф мáрно намагáвся зроби́ти йогó ~им і слухня́ним.** The boss was trying in vain to make him tame and obedient.
See **покíрний, слухня́ний.** *Also see* **овéчий 2**

світ[1], *m.*, **~у**
1 world, universe, earth, planet
adj. **весь** whole, **ціли́й** entire; **знáний** known ◊ **мáпи ~у, яки́м йогó знáло лю́дство у двaнáдцятому столíтті** the maps of the world, known to humanity in the 12th century
n. + **с. áтлас ~у** a world atlas (**мáпа** map; **насéлення** population; **рóзвиток** development; **увáга** attention ◊ **До подíй у Ки́єві булá приковáна увáга всьóго ~у.** The whole world's attention was riveted to the events in Kyiv. **кýбок** cup, **рекóрд** record, **чемпіóн** champion, **чемпіонáт** championship); **кінéць ~у** the end of the world ◊ **Проповíдник волáв, що підхóдить кінéць ~у.** The preacher yelled that the end of the world was at hand. (**край** edge ◊ **Фільм назива́ється «На краю ~у».** The film is entitled *On the Edge of the World.* **початок** beginning; **зáкуток** corner ◊ **Вплив інтернéту сягáє найдáльших зáкутків ~у.** The Internet influence reaches the farthest corners of the world. **части́на** part)
v. + **с. бáчити с.** see the world ◊ **З дити́нства Зóя мрíяла побáчити с.** Since childhood, Zoya dreamed of seeing the world. (**вивчáти** study, **дослíджувати** explore; **завойóвувати** conquer, **захóплювати** take over ◊ **Новá мóда шви́дко захóплювала с.** The new fashion was quickly taking over the world. **населя́ти** populate ◊ **Мільйóни рóків томý с. населя́ли гігáнтські твари́ни.** Millions of years ago, giant animals populated the world. **звільня́ти від** + *G.* rid of sth ◊ **Ти́сячі вчéних б'ються на тим, щóби звільни́ти с. від людськи́х відхóдів.** Thousands of scientists rack their brains to rid the world of human waste. **вдосконáлювати** better, **покрáщувати** improve, **рятувáти** save; **ствóрювати** create; **зни́щувати** destroy, **руйнувáти** ruin); **мандрувáти ~ом** wander the world ◊ **Ми́ля готóва все життя́ мандрувáти ~ом.** Mylia is ready to wander the world all her life. (**подорожувáти** travel; **прáвити** rule ◊ **~ом прáвлять грóші.** Money rules the world. **панувáти над** dominate) ◊ **Недáвно ідéї Мáркса панувáли над ~ом.** Recently Marx's ideas dominated the world.
с. + *v.* **закíнчуватися** end ◊ **За її передбáченням с. закíнчи́ться чéрез дéсять рóків.** By her prediction, the world would end in ten years. **змíнюватися** change, **нарóджуватися** be born; **починáтися** begin
prep. **на ~і** in the world ◊ **на всьóму ~і** in the whole world ◊ **На всьóму ~і таки́х людéй одиниці.** In the whole world, such people are in single digits. **навкóло ~у** around the world ◊ **Вони́ ви́рушили в пóдорож навкóло ~у.** They set out on a journey around the world. **по ~у** across/around/throughout the world ◊ **Новá технолóгія ши́риться по ~у.** The new technology is spreading around the world. **у ~і** in the world
2 world, part of the world, arena, sphere, society
adj. **безлáдний** disorderly ◊ **За стíнами шкóли пульсýє вíчно безлáдний с.** The ever disorderly world is pulsing outside the school walls. **мінли́вий** changing, **хаоти́чний** chaotic; **жорстóкий** cruel, **немилосéрдний** ruthless; **божевíльний** crazy, **шалéний** mad ◊ **Кінокомéдія назива́ється «Це шалéний, шалéний, шалéний с.».** The film comedy is entitled *It's a Mad, Mad, Mad World.* **ди́вний** strange, **чужи́й** alien; **середньовíчний** medieval, **стародáвній** ancient; **модéрний** modern, **постмодéрний** postmodern, **сучáсний** contemporary; **ґлобалізóваний** globalized; **довоє́нний** prewar; **післявоє́нний** postwar; **пострадя́нський** post-Soviet; **зáхідний** Western; **арáбський** Arabic; **мусульмáнський** Muslim; **католи́цький** Catholic, **протестáнтський** Protestant, **християнський** Christian; **нови́й** new; **доскона́лий** perfect, **ідеáльний** ideal, **іди́лічний** idyllic; **буденний** day-to-day; **зóвнішній** outside; ♦ **навкóлишній с.** the world around ◊ **Він не впізнавáв навкóлишнього ~у.** He did not recognize the world around. **прозаї́чний** prosaic, **реáльний** real, **сьогóднішній** today's ◊ **У сьогóднішньому ~і комунікáція прони́кає чéрез усі́ кордóни.** In today's world, communication penetrates all the borders. **недосконáлий** imperfect; **ви́гаданий** fictional, **ви́думаний** invented, **омрíяний** dream, **уя́вний** imaginary, **фікти́вний** fictitious; **внýтрішній** inner, **осóбистий** personal ◊ **Íнна рíдко комý дозволя́ла заглянути в її осóбистий с.** Inna permitted rarely anybody to peek into her personal world. **привáтний** private, **свій влáсний** one's own ◊ **Олéгові хотíлося втекти́ від проблéм до своґо влáсного ~у.** Oleh wanted to escape from his problems into his own world. **альтернати́вний** alternative, **паралéльний** parallel; **матеріáльний** material, **фізи́чний** physical; **віртуáльний** virtual; **цифрови́й** digital; **духóвний** spiritual, **ми́рський** secular; **людськи́й** human; **пташи́ний** avian, **росли́нний** plant, **твари́нний** animal ◊ **У схíдній части́ні крáїни твари́нний с. осóбли́во багáтий.** The animal world is particularly rich in the eastern part of the country. **академíчний**

academic, **дослі́дницький** research, **культу́рний** cultural, **літерату́рний** literary, **мисте́цький** art ◊ **мисте́цький с. столи́ці** the art world of the capital; **науко́вий** scientific ◊ **суво́рі пра́вила науко́вого ~у** strict rules of the scientific world; **університе́тський** university; **злочи́нний** criminal; **спорти́вний** sports; **корпорати́вний** corporate; **політи́чний** political; **фіна́нсовий** financial; **і́нший** different; **ці́лий** whole, ♦ **ці́лий бі́лий с.** the whole wide world ◊ **Таку́ красу́ не знайти́ на ці́лому бі́лому ~і.** Such beauty cannot be found in the whole wide world. **широ́кий** wide; **мале́нький** small; ♦ **ви́щий с.** high society ◊ **Наго́рода відкрива́ла для не́ї две́рі у ви́щий с.** The award opened the door to high society for her. ♦ **Стари́й с.** the Old World, ♦ **Нови́й с.** the New World

с. + *n.* **с. люде́й** the world of humans (**кома́х** insects; **твари́н** animals; **бі́знесу** business; **журналі́стики** journalism, **пре́си** media; **полі́тики** politics; **медици́ни** medicine; **мисте́цтва** art, **мо́ди** fashion, **пое́зії** poetry, **теа́тру** theater; **юриспруде́нції** jurisprudence; **брехні́** lies; **фальши́вих нови́н** fake news)

n. + **с. знання́ ~у** knowledge of the world (**розумі́ння** understanding, **сприйняття́** perception; **ре́шта** rest) ◊ **Ва́ля хоті́ла, щоб ре́шта ~у забу́ла про не́ї.** Valia wanted the rest of the world to forget about her.

v. + **с. відкрива́ти с.** discover the world ◊ **Тут він відкри́в незна́ний с. літерату́ри.** Here he discovered the unknown world of literature. (**змі́нювати** *and* **мі́няти** change ◊ **Коли́сь Сашко́ хоті́в зміни́ти с.** Once Sashko wanted to change the world. **переро́бляти** remake, **перетво́рювати** transform ◊ **Мобі́льний телефо́н перетвори́в с.** The mobile phone transformed the world. **революціонізува́ти** revolutionize, **формува́ти** shape; **ма́ти** have; **населя́ти** inhabit; **ба́чити** see, **сприйма́ти** perceive ◊ **Вона́ сприйма́є с. таки́м, як він є.** She perceives the world as it is, **диви́тися на** look at ◊ **Вони́ диви́лися на с. полі́тики з цині́змом.** They looked at the world of politics with cynicism. **ство́рювати** create; **вража́ти** stun ◊ **Ви́нахід ура́зив с.** The invention stunned the world. **приголо́мшувати** shock; **поділя́ти** divide; **приво́дити на** bring sb to) ◊ **Кі́шка привела́ на с. трі́йко кошеня́т.** The she-cat brought a triplet of kittens to the world. **боя́тися ~у** be afraid of the world ◊ **Вона́ бої́ться ~у.** She is afraid of the world. (**уника́ти** avoid ◊ **Він уника́є ~у журналі́стики.** He avoids the world of journalism. **втіка́ти від** escape from, **закрива́тися** *and* **замика́тися від** shut oneself from) ◊ **Пі́сля розлу́чення Полі́на замкну́лася від ~у.** After her divorce, Polina shut herself from the world. **дово́дити** + *A.* **~ові** prove sth to the world (**каза́ти** tell ◊ **Вони́ хоті́ли сказа́ти всьо́му ~ові, що не посту́пляться.** They wanted to tell the whole world that they would not give in. **пока́зувати** + *A.* show sth); **змага́тися зі ~ом** take on the world ◊ **Зі сві́жим доктора́том у кише́ні вона́ гото́ва змага́тися з усі́м ~ом нау́ки.** With a mint doctorate to her name, she is ready to take on the entire world of science. **жи́ти у ~і** live in the world ◊ **Він живе́ в уя́вному ~і.** He is living in an imaginary world.

с. + *v.* **змі́нюватися** *and* **мі́нятися** change ◊ **С. мі́няється.** The world is changing. **перетво́рюватися** transform; **крути́тися навко́ло** + *G.* revolve around sth ◊ **С. мо́ди кру́титься навко́ло жме́ньки диза́йнерів.** The fashion world is revolving around a handful of designers. **розва́люватися** crumble, **розпада́тися** fall apart; **наро́джуватися** emerge

prep. **на ~і** *posn.* in the world ♦ **забува́ти про все на ~і** to forget the world ◊ **Слу́хаючи Ско́рика, він забува́в про все на ~і.** Listening to Skoryk, he would forget the world. **по ~у** *or* **~ові** across/through the world ◊ **Сенса́ція, як поже́жа, шири́лася по мисте́цькому ~ові.** The sensation spread like fire through the art world. **у с.** *dir.* in/to the world, ♦ **вихо́дити у с.** to get published, appear ◊ **Кни́жка ви́йшла у с. торі́к.** The book got published last year. **у ~і** *posn.* in the world; **на с.** *dir.* to the world ♦ **відправля́ти на той с.** *iron.* to dispatch, kill; ♦ **потрапля́ти на той с.** to cross the great divide, die ◊ **Як він так кури́тиме, то ско́ро потра́пить на той с.** If he smokes like that he will soon cross the great divide. **с. по́за** + *I.* the world outside sth ◊ **Її не ціка́вив с. по́за пра́цею.** She had no interest in the world outside work.

світ², *m.*, **~у** *and* **~а**, *colloq.*
1 light ◊ **С. со́нця зали́в ву́лицю.** The sunlight flooded the street.
See **сві́тло**
2 dawn ♦ **від бі́лого ~у до те́мної но́чі** from early morning till late evening; ♦ **ні с. ні зоря́** before dawn, very early ◊ **Він уста́в ні с., ні зоря́.** He was up very early. ♦ **як с.** *or* **ско́ро с.** with the sunrise, at dawn ◊ **Вони́ ви́їхали ско́ро с.** They left at dawn.
See **світа́нок 1**

світа́н|ок, *m.*, **~ку**
1 dawn, daybreak, sunrise
adj. **прохоло́дний** cool, **сві́жий** fresh; **моро́зний** frosty, **холо́дний** cold; **дощови́й** rainy, **мо́крий** wet, **сі́рий** gray, **тума́нний** foggy; **похму́рий** gloomy; **со́нячний** sunny, **яскра́вий** bright; **ти́хий** quiet; **зимо́вий** winter, **весня́ний** spring, **лі́тній** summer
v. + **с. ба́чити с.** see the dawn ◊ **Він упе́рше ба́чив с. над мо́рем.** He saw the sunrise over the sea for the first time. (**віта́ти** *and* **зустріча́ти** greet ◊ **Моряки́ зустріча́ли с. із ду́мкою про дім.** The sailors were greeting the daybreak with the thought of home. **бра́тися на** to start dawning) ◊ **Бра́лося на с.** *impers.* It started dawning. **дожива́ти до ~ку** live to see the dawn ◊ **Він так і не дожи́в до ~ку.** He never lived to see the dawn. **милува́тися ~ком** admire the dawn ◊ **Бори́с милува́вся ~ком над Світя́зем.** Borys was admiring the sunrise over Lake Svitiaz.
с. + *v.* **надхо́дити** come ◊ **Надхо́див с.** The dawn was coming, **настава́ти** come up, **прихо́дити** arrive ◊ **Пі́сля до́вгої но́чі прийшо́в с.** After a long night, the dawn arrived.
prep. **на ~ку** at dawn ◊ **Го́сті приї́хали на ~ку.** The guests arrived at dawn. **від ~ку до смерку** *or* **смеркання** from dawn till dusk; **до ~ку** till dawn ◊ **Вони́ гра́ли в ка́рти до ~ку.** They played cards till dawn. **пе́ред ~ком** before dawn ◊ **Бага́ття пога́сло пе́ред ~ком.** The campfire died out before dawn.
See **ра́нок.** *Also see* **світ² 2**
2 *fig.* dawn, beginning, inception ◊ **День став ~ком но́вої до́би́.** The day became the dawn of a new era.
See **поча́ток**
3 *as adv., only I.* in the morning, at dawn ◊ **Їй тре́ба ви́їхати ~ком.** She needs to leave at dawn.
See **вра́нці**

світа́|ти, **~ють; розсві́нути**, *intr., impers., only 3rd pers.*
to dawn
adv. **пові́льно** slowly ◊ **Узи́мку ~є пові́льно.** It dawns slowly in winter. **поступо́во** gradually; **наре́шті** finally, **ра́птом** suddenly; **незаба́ром** soon ◊ **«Ско́ро ~тиме,» – поду́мала Га́нна.** "It will soon be dawn," Hanna thought. **ско́ро** quickly
v. + **с. почина́ти** begin to, **ста́ти** *pf.* start ◊ **Наре́шті ста́ло с.** *impers.* It finally started dawning.
Also see **сі́ріти 3**

світ|и́ти, свічу́, ~ять; за~, о~, по~, *tran. and intr.*
1 *tran. and intr.* to shine, light, light up + *A. or* + *I.* ◊ **Миросла́ва засвіти́ла сві́чку.** Myroslava lit up a candle. ◊ **Оре́ст ~и́в їм ліхта́рик** *or* **ліхта́риком.** Orest shone his flashlight for them. ◊ **Рі́вно о четве́ртій де́сять Севери́н мав три́чі за~ фа́ри** *or* **фа́рами.** At exactly ten past four, Severyn was to shine the headlights three times.
2 *intr.* to shine, emit light, beam, direct light; *pf.* **по~**
adv. **інтенси́вно** intensely ◊ **Ла́мпа ~ить на́дто інтенси́вно.** The light bulb is too intense. **поту́жно** powerfully, **си́льно** strongly ◊ **Проже́ктор си́льно ~ить.** The projector gives strong light. **яскра́во** brightly; **ле́две** scarcely, **сла́бо** faintly, **тро́хи** a little; **про́сто** directly, ◊ **Він ~и́в про́сто на літа́к.** He beamed directly at the aircraft. **пря́мо** straight
prep. **с. в** + *A.* shine in sth ◊ **Со́нце ~ить про́сто їм в о́чі.** The sun is shining directly into their eyes. **с. на** + *A.* shine on sth ◊ **На зе́млю ~и́в по́вний мі́сяць.** The full moon was shining onto the earth. ♦ **с. на всю кі́мнату** to illuminate the entire room ◊ **Ла́мпа ~и́ла на всю кі́мнату.** The lamp illuminated the entire room.
3 *tran.* to light, illuminate, provide sb with light; *pf.* **о~** ◊ **Вони́ ~и́ли нам доро́гу до за́мку.** They lit up the way to the castle. ◊ **Бли́скавка освіти́ла все навко́ло.** The lightning illuminated everything around.
с. + *n.* **с. еле́ктрикою** illuminate with electricity (**каганце́м** oil lamp, **ла́мпою** lamp, **ліхта́риком** flashlight, **проже́ктором** projector, **сві́чкою** candle, **смолоски́пом** torch)
4 *colloq.* to face the prospect of, be looking at + *D.* ◊ **За пограбува́ння йому́ ~ить п'ять ро́ків.** For robbery, he is looking at five years in jail. ♦ **не с.** + *D.* to stand no chance ◊ **Йому́ не ~и́ло запро́шення до акаде́мії.** He stood no chance of being invited to the Academy.

світ|и́тися; за~, *intr.*
1 to shine, gleam, glow, be lit up; *pf.* light up ◊ **У буди́нку ~и́лося одне́ вікно́.** One window was lit up in the building. ◊ **Ву́личні ліхтарі́ засвіти́лися о дев'я́тій.** The street lights lit up at nine.
prep. **с. в** + *L.* glow in sth ◊ **У тума́ні ~лися во́гні корабля́.** The ship's lights glowed in the fog. **с. на** + *L.* shine in sth ◊ **Золоти́й ку́пол це́ркви ~вся на со́нці.** The golden dome of the church shone in the sun.
2 to be visible, be seen ◊ **У да́ху ~лися ді́ри.** Holes were visible in the roof. ♦ **дурни́й, аж ~ться** desperately stupid
3 *fig.* to glow, be aglow ◊ **Софі́їне обли́ччя ~лося від ща́стя.** Sofia's face was aglow with happiness.
prep. **с. від** + *G.* shine with *(emotion)* ◊ **с. від задово́лення** glow with satisfaction (**збу́дження** excitement, **ра́дости** joy) ◊ **Лю́да ~лася від ра́дости.** Liuda was glowing with joy.

світл|и́й, *adj.*
1 light, full of light; bright, sunny
adv. **до́сить** fairly ◊ **до́сить ~е помéшкання** a fairly light apartment; **доста́тньо** sufficiently, **ду́же** very ◊ **Для робо́ти їм потрі́бна ду́же ~а кі́мната.** For work, they need a very bright room. **(за)на́дто** too; **майже** almost; **все ще** still
v. + **с. бу́ти ~им** be light (**вигляда́ти** look, **видава́тися** come out; appear ◊ **Ра́нок ви́дався ~им і споќійним.** The morning came out light and calm. **виявля́тися** turn out, **здава́тися** + *D.* seem to sb ◊ **За́ла здава́лася доста́тньо ~ою.** The hall seemed sufficiently light. **лиша́тися** remain; **роби́ти** + *A.* make sth) ◊ **Зеле́ний ко́лір роби́в спа́льню ~ою.** The green color made the bedroom light.
See **я́сний 1, яскра́вий 2.** *Also see* **ви́дний 3.** *Ant.* **те́мний 1**
2 clear, transparent ◊ **У пля́шці ~а ріди́на.** There is a clear liquid in the bottle. ◊ **с. кришта́ль скля́нки** the clear crystal of the glass
See **прозо́рий 1**
3 *fig.* sunny, joyful, happy, cheerful ◊ **Яри́на ма́є с. на́стрій.** Yaryna is in a cheerful mood.
See **ра́дісний**

4 *fig.* light, easy, faint ◊ **Його охопила ~а туга.** Light nostalgia overtook him.
See **легкий 4**
5 luminous, radiant, glowing ◊ **Павлові ~і очі променяться ніжністю закоханого.** Pavlo's luminous eyes radiate the tenderness of a man in love. ◊ **с. образ улюбленого вчителя** the luminous image of favorite teacher
See **ясний 9**
6 noble, good, virtuous, decent ◊ **Таку ~у людину зустрічаєш не щодня.** One does not meet such a decent person everyday.
7 clear, lucid, wise ◊ **Хвора мала ~у пам'ять і повну притомність.** The (female) patient had a lucid memory and full presence of mind. ◊ **юнак винятково ~ого розуму** a youth of an exceptionally bright mind
See **притомний 1, свідомий 1, розумний 1**

світлин|а, *f.*
photograph, photo, picture
adj. **недавня** *and* **нещодавня** recent, **свіжа** fresh; **антикварна** vintage, **давня** age-old, **стара** old; **монохромна** monochromatic, **чорно-біла** black-and-white, **кольорова** color; **невиразна** indistinct ◊ **На невиразній ~і годі щось розгледіти.** Hardly anything can be discerned in the indistinct photo. **нечітка** blurry, **розмита** fuzzy, **розпливчаста** hazy; **зерниста** grainy ◊ **зерниста чорно-біла с.** a grainy black-and-white picture; **високоякісна** high-quality, **гарна** nice, **добра** good, **прекрасна** beautiful, **чудова** wonderful; **разюча** stunning, **мальовнича** picturesque; **незабутня** unforgettable; **приголомшлива** shocking, **страшна** horrible; **бездоганна** impeccable ◊ **Усі ~и здаються бездоганними.** All the photos seem impeccable. **досконала** perfect, **знаменита** *colloq.* superb; **поблякла** faded; **виразна** sharp, **чітка** distinct, **ясна** clear; **глянцева** glossy; **матова** matte; **ламінована** laminated, **обрамлена** framed, **підписана** signed; **збільшена** enlarged; **весільна** wedding, **випускна** graduation ◊ **Андрій не впізнав її на випускній ~і.** Andrii did not recognize her in the graduation photo. **народинна** *or* **уродинна** birthday, **різдвяна** Christmas, **ювілейна** anniversary; **групова** group, **університетська** school, **шкільна** high-school ◊ **Ляни немає на жодній шкільній ~і.** Liana is not in any of the high-school pictures. **портретна** portrait; **родинна** *or* **сімейна** family; **газетна** newspaper, **журнальна** magazine, **пресова** press; **рекламна** promotion ◊ **У її акторському портфелі не бракує рекламних світлин.** There is no lack of promotion photos in her actor's portfolio. **архівна** archival; **історична** historic, historical; **відома** well-known ◊ **с. відома кожному** a photo well-known to everyone; **славетна** famous, **сенсаційна** sensational, **скандальна** scandalous; **інфрачервона** infrared, **рентгенівська** X-ray ◊ **Рентгенівська с. полотна виявила картину, написану раніше.** An X-ray photograph of the canvas revealed a painting done earlier. **ультрафіолетова** ultraviolet; **сателітарна** *and* **супутникова** satellite; **поляроїдна** Polaroid™; ◊ **Він знайшов кілька поляроїдних світлин.** He found several Polaroid pictures. **цифрова** digital; **брудна** *fig.* obscene, **непристойна** indecent, **порнографічна** pornographic
с. + *n.* **с. високої роздільности** a high-resolution picture; ♦ **с. зблизька** a close-up picture ◊ **с. вітражу зблизька** a close-up picture of a stained-glass panel
n. + **с. альбом світлин** a picture album (**серія** series) ◊ **Іванна працює над новою серією світлин.** Ivanna is working on a new photograph series.
v. + **с. знімати ~у** take a photo ◊ **Він зняв чудові ~и Кременчука.** He took wonderful pictures of Kremenchuk. (**видруковувати** print out ◊ **Тиміш видрукував ~и у крамниці на розі.** Tymish printed out his photographs in the store at the corner. **друкувати** print ◊ **Валя надрукувала кожну ~у у двох копіях.** Valia printed each photograph in two copies. **збільшувати** enlarge; **зменшувати** reduce ◊ **Якщо зменшити ~у, то рубця буде майже не видно.** If you reduce the photograph, the scar will be almost invisible. **компонувати** compose, **копіювати** copy, **обтинати** crop, **редаґувати** edit ◊ **Програма дозволяє редаґувати ~и.** The software allows to edit pictures. **ретушувати** touch up ◊ **~у ретушували, щоб забрати зморшки.** The photograph has been touched up, so as to take away the wrinkles. **проявляти** develop; **вивішувати на** + *A.* post on sth ◊ **Вона вивішує зіскановані ~и на свій блоґ.** She posts scanned photographs on her blog. **викладати на** + *A.* upload on *(a web page, etc.)* ◊ **Він виклав ~и на вебсторінку.** He uploaded the photographs on his web page. **завантажувати з** + *G.* download from *(a web page)*, **стягувати з** + *G. colloq.* download from *(a web page)* ◊ **Лора стягнула ~и з якогось вебсайту.** Lora downloaded the photographs from a web site. **оприлюднювати** release, **подавати** feature ◊ **Журнал подає ~и смерчу.** The magazine features photographs of the twister. **публікувати** publish; **сканувати** scan); **позувати для ~и** pose for a picture
с. + *v.* **з'являтися** appear ◊ **В пресі з'явилися невідомі ~и Петлюри.** Petliura's unknown photos appeared in the press. **зображати** + *A.* depict sb/sth, **ілюструвати** + *A.* illustrate sth ◊ **~и ілюструють підручник української мови.** The photos illustrate a Ukrainian language textbook. **показувати** + *A.* show sb/sth; **вражати** + *A.* stun sb ◊ **Архівна с. вражає кожною подробицею.** The archival photograph stuns with its every detail. **приголомшувати** *and* **шокувати** + *A.* shock sb ◊ **~и приголомшують графічним зображенням війни.** The photographs shock by their graphic depiction of war.
prep. **на ~і** in a photograph; **с. на** + *A.* a photograph *(for the purpose of sth)* ◊ **с. на візу** a visa photograph (**паспорт** passport)
Also see **картина 1, картка 4, фотографія 2**

світл|о, *nt., only sg.*
light
adj. **добре** good, **повне** full ◊ **При повному ~і Остап не виглядав таким загрозливим.** In full light, Ostap did not look so threatening. **інтенсивне** intense, **потужне** powerful, **сильне** strong, **сліпуче** blinding, **яскраве** bright ◊ **Він довго не міг звикнути до яскравого ~а тропічного ранку.** He took a long time to get used to the bright light of the tropical morning. **ясне** clear; **абияке** *colloq.* crummy, **кепське** *and* **погане** poor; **каламутне** murky, **мерехтливе** blinking ◊ **При мерехтливому ~і свічки тяжко читати.** It is difficult to read by the blinking candlelight. **миготливе** twinkling, **ряхтливе** flickering; **слабке** faint, **тьмяне** dim; **лагідне** gentle, **м'яке** soft, **приємне** pleasant, **тепле** warm; **різке** harsh, **холодне** cold ◊ **Усе купалося в холодному ~і місяця.** Everything bathed in cold moonlight. **біле** white, **жовте** yellow, **червоне** red ◊ **Проявляючи плівки, вони користуються червоним ~ом.** While developing the films, they use red light. **ранкове** morning ◊ **Ранкове с. кидало довгі тіні.** The morning light cast long shadows. **раннє** early; **денне** daylight, **місячне** moonlight, **сонячне** sunlight ◊ **стовп сонячного ~а** a shaft of sunlight; **природне** natural, **штучне** artificial; **електричне** electric, **неонове** neon, **флюоресцентне** fluorescent; **інфрачервоне** infrared, **ультрафіолетове** ultraviolet; **зовнішнє** outside; **кімнатне** room
n. + **с. мерехтіння ~а** flicker of light (**проблиск** glimmer; **промінь** ray, **смуга** stripe, **спалах** burst ◊ **Спалах ~а на мить паралізував усіх.** The burst of light momentarily paralyzed everybody. **стовп** shaft; **джерело** source; **інтенсивність** intensity, **рівень** level; **брак** lack, **відсутність** absence; **надлишок** excess)
v. + **с. вмикати с.** turn on the light (**запалювати** switch on; **вимикати** turn off, **гасити** switch off; **випромінювати** emit ◊ **Лампа випромінює м'яке с.** The lamp emits soft light. **виробляти** produce, **ґенерувати** generate, **давати** give, **кидати** cast, **проливати** shed ◊ **Документи проливають с. на далекі події.** The documents shed light on the distant events. **мати** have ◊ **Читальня має кепське с.** The reading room has poor light. **відбивати** reflect ◊ **Біла поверхня краще відбиває с., як темна.** A white surface reflected light better than a dark one. **закривати** block out ◊ **Хмаросяг закрив сонячне с. для цілої вулиці.** The skyscraper blocked out the sunlight for the entire street. **поглинати** absorb); **бути чутливим до ~а** be sensitive to light (**ставати чутливим до** become sensitive to ◊ **Її очі стали вкрай чутливими до ~а.** Her eyes became extremely senitive to light. **уникати** avoid, stay away) ◊ **Він уникає сонячного ~а.** He stays away from sunlight. **забезпечувати** + *A.* **~ом** provide sth with light ◊ **Вікно забезпечувало студію природним ~ом.** The window provided the studio with natural light. **бачити** + *A.* **у ~і** see sth in light ◊ **Олена бачить ситуацію в іншому ~і.** *fig.* Olena sees the situation in a different light. **купатися у** be bathed in light ◊ **Левада купалася у ~і призахідного сонця.** The meadow was bathing in the light of the setting sun.
с. + *v.* **блимати** blink, **блищати** gleam, **відбиватися від** + *G.* reflect from sth; **горіти** *or* **світитися** be on ◊ **На третьому поверсі горіло тьмяне с.** There was dim light on the third floor. **мерехтіти** twinkle, **ряхтіти** glimmer; **освітлювати** + *A.* illuminate sth; **променитися** radiate ◊ **С. лампи променилося навсібіч.** The light of the lamp radiated to all sides. **сяяти** shine; **заливати** + *A.* flood sth ◊ **Кімнату залило ранкове с.** The morning light flooded the room. **литися** flow, **падати** fall; **досягати** *or* **сягати** + *G.* reach sth ◊ **Грибок множиться в закутках, яких не сягає сонячне с.** The fungus multiplies in the corners which the sunlight does not reach. **посилюватися** grow stronger, **яскравішати** brighten; **засліплювати** + *A. and* **осліплювати** + *A.* blind sb, **сліпити** + *A.* dazzle sb; **гаснути** go out, **пригасати** fade, **тьмяніти** dim ◊ **С. стало тьмяніти.** The light started dimming.
prep. **при ~і** by the light ◊ **Він читає при ~і місяця.** He reads by the light of the moon. **проти ~а** against the light ◊ **Іван тримає конверт проти ~а.** Ivan holds the envelope against the light. **у ~і** in the light ◊ **У ~і фар метушилися комарі.** Mosquitoes swarmed in the headlights. **на с.** *dir.* into the light ◊ **Віта винесла полотно на с.** Vita took the canvas out into the light. **с. від** + *G.* light from *(a source)* ◊ **с. від каміна** the light from the fireplace; ♦ **зі швидкістю ~а** at the speed of light; ♦ **с. в кінці тунелю** light at the end of the tunnel
Also see **електрика 2, зоря 2.** *Ant.* **темрява 1**

світов|ий, *adj.*
world, worldwide, universal, global
adv. **без перебільшення** without exaggeration, **справді** truly; **майже** almost
с. + *n.* **с. лідер** a world leader (**масштаб** scale ◊ **Тенденція набрала ~их масштабів.** The tendency assumed worldwide scale. **ринок** market; **спад** recession; **чемпіонат** championship); **~а війна** a world war ◊ **Російська аґресія могла стати початком ~ої війни.** The Russian aggression could become the beginning of a world war. (**думка** opinion; **криза** crisis; **політика** politics; **практика** practice; **революція** revolution; **торгівля** trade); **~е визнання** world recognition (**ім'я** *fig.* renown ◊ **Відкриття дало**

досліднице ~é ім'я. The discovery gave the (female) researcher world renown. панува́ння domination); ~і запа́си world reserves ◊ ~і запа́си на́фти world oil reserves (події events; спра́ви affairs)
Also see ґлоба́льний 1

світо́гляд, *m.*, **~у**
world view, mindset
adj. **зага́льний** general; **особи́стий** personal, **паніві́ний** prevailing, **типо́вий** typical; **близьки́й** close, **поді́бний** similar; **відмі́нний** different, **і́нший** distinct; **спотво́рений** distorted; **буржуа́зний** bourgeois, **комуністи́чний** communist; **архаї́чний** archaic, **середньові́чний** medieval; **реакці́йний** reactionary; **наци́стський** Nazi, **раси́стський** racist, **фаши́стський** fascist; **колонія́льний** colonial, **імпе́рський** imperial ◊ **У суспі́льстві пану́є імпе́рський с.** Imperial world view dominates society. **антиколонія́льний** anti-colonial, **постколонія́льний** postcolonial; **католи́цький** Catholic, **релігі́йний** religious; **консервати́вний** conservative, **ліберáльний** liberal, **проґреси́вний** progressive ◊ **Гали́на – люди́на проґреси́вного ~у.** Halyna is a person of a progressive mindset.
v. + **с. змі́нювати с.** change a world view ◊ **До́свід зміни́в її с.** The experience changed her world view. (**переверта́ти** overturn; **формува́ти** form; **ма́ти** have, **прийма́ти** accept; **відкида́ти** reject ◊ **Він відкида́є імпе́рський с.** He rejects the imperial world view. **критикува́ти** criticize; **вплива́ти на** affect) ◊ **Окупа́ція вплинула на ї́хній с.** The occupation influenced their world view. **притри́муватися** *and* **трима́тися ~у** adhere to a world view ◊ **Іва́н до сме́рти трима́вся комуністи́чного ~у.** Ivan adhered to the communist world view till his death. **керува́тися ~ом** be driven by a world view (**мотивува́тися** be motivated by)
с. + *v.* **бу́ти поши́реним** be common ◊ **Се́ред мо́лоді поши́рений антиколонія́льний с.** Anti-colonial world view is common among the youth. **панува́ти** dominate, **пережа́ти** prevail; **відрізня́тися** differ ◊ **Їхні ~и не відрізня́лися.** There was no difference between their world views. **лиша́тися незмі́нним** stay the same; **мі́нятися** change

сві́тськ|ий, *adj.*
1 secular, lay, temporal, worldly, profane
с. + *n.* **с. гумані́зм** secular humanism (**календа́р** calendar; **о́дяг** dress; **підхі́д** approach, **хара́ктер** nature) ◊ **Правлі́ння Рішельє́ ма́ло го́ловно с. хара́ктер.** Richelieu's rule had a mainly secular nature. **~а вла́да** secular authorities (**істо́та** essence ◊ **Писа́ння аналі́тика мотиву́є ~а істо́та його́ світо́гляду.** The analyst's writings are motivated by the secular essence of his world view. **культу́ра** culture, **осві́та** education); **~е розумі́ння** secular understanding (**тлума́чення** interpretation)
See **мирськи́й.** *Ant.* **релігі́йний 1, церко́вний 2**
2 of or pertaining to high society, societal, social
с. + *n.* **с. дебю́т** a debut in society ◊ **Бал є її ~им дебю́том.** The ball is her debut in society. **с. етике́т** a societal etiquette (**звича́й** custom; **при́пис** requirement; **протоко́л** protocol), ♦ **с. лев** a society lion; **~а вечі́рка** a high society soirée ♦ **~а леви́ця** a society lioness ◊ **Ма́рту вважа́ють ~ою леви́цею.** Marta is considered to be a society lioness. **хро́ніка** chronicle); **~е життя́** high society life (**пра́вило** rule); **~ і мане́ри** high society manners (**смаки́** tastes, **тради́ції** traditions) ◊ **Його́ не обме́жували ~і тради́ції.** Society traditions were no constraint for him.

сві́ч|ка, *f.*
1 candle
adj. **воскова́** wax ◊ **Він купу́є воскові́ ~ки́ в місце́вій пара́фії.** He buys wax candles in the local parish. **ло́єва** tallow ◊ **Ло́єві ~ки́ трапля́ються у стари́х те́кстах.** Tallow candles occur in old texts. **парафі́нова** paraffin, **стеари́нова** stearin; **запа́лена** lit; **зга́шена** extinguished; **аромати́чна** scented, **ароматерапевти́чна** aromatherapeutic; **декорати́вна** decorative, **свя́ткова** holiday; ♦ **рі́вний, як с.** straight as an arrow ◊ **Вона́ стоя́ла під сті́но́ю, рі́вна, як с.** She stood at the wall, straight as an arrow.
v. + **с. запа́лювати ~ку** light a candle (**гаси́ти** extinguish ◊ **Про́тяг загаси́в ~ку.** A draft extinguished the candle. **задму́хувати** blow out; **ста́вити** + *D. fig.* light to sb) ◊ **Вона́ поста́вила ~ку св. Анто́нієві.** She lit a candle to St. Anthony. ♦ **става́ти ~кою** *fig.* stand vertically ◊ **Дельфі́н став ~кою над водо́ю.** The dolphin stood vertically above the water.
с. + *v.* **горі́ти** burn, **пала́ти** be ablaze, **світи́тися** glow ◊ **У ві́кні світи́лася с.** A candle glowed in the window. **осві́тлювати** + *A.* illuminate sth ◊ **Парафі́нова с. ле́две осві́тлювала стіл.** The paraffin candle barely illuminated the table. **ки́дати тінь на** + *A.* cast a shadow on sth; **бли́мати** flicker ◊ **Відчини́лися две́рі, і с. забли́мала.** The door opened, and the candle flickered. **га́снути** go out, **догоря́ти** burn out ◊ **Вре́шті-ре́шт ї́хня оста́ння с. догорі́ла.** Finally, their last candle burned out.
prep. **при ~ці** by candlelight ◊ **Вона́ пи́ше при ~ці.** She is writing by candlelight.
Also see **во́гонь 1**
2 *techn.* candle *(of a lamp)*, international candle, candela ◊ **ла́мпа на два́дцять ~ок** a twenty-candela lamp
3 *med.* suppository ◊ **Він поста́вив ректа́льну ~ку.** He inserted a rectal suppository.

свобо́д|а, *f.*
1 freedom, liberty
adj. **абсолю́тна** absolute ◊ **Він ті́шиться абсолю́тною ~ою дій.** He enjoys absolute freedom of action. **вели́ка** great, **максима́льна** maximal, **необме́жена** unlimited, **по́вна** full, **тота́льна** total, **цілкови́та** complete ◊ **Вона́ ма́є цілкови́ту ~у прийма́ти рі́шення.** She has complete freedom to make decisions. **ґаранто́вана** guaranteed, **ді́йсна** actual, **реа́льна** real, **спра́вжня** genuine; **відно́сна** relative; **обме́жена** limited; **прима́рна** illusory, **символі́чна** token ◊ **Усі ці ~и ра́дше символі́чні, ані́ж спра́вжні.** All these liberties are rather token than genuine. **засадни́ча** basic, **основна́** principal, **фундамента́льна** fundamental; **людська́** human, **індивідуа́льна** individual, **особи́ста** personal; **нова́** new, **новоздобу́та** newly acquired; **академі́чна** academic ◊ **Нау́ка неможли́ва без академі́чної ~и.** Science is impossible without academic freedom. **економі́чна** economic, **громадя́нська** civil, **демократи́чна** democratic, **інтелектуа́льна** intellectual, **конституці́йна** constitutional, **політи́чна** political, **релігі́йна** religious, **стате́ва** sexual ◊ **Стате́ва с. була́ рі́ччю абсолю́тно нечу́ваною.** Sexual freedom was something absolutely unheard-of. **тво́рча** creative; **вну́трішня** inner, **духо́вна** spiritual
с. + *n.* **с. ви́бору** freedom of choice ◊ **Її с. ви́бору ви́явилася під загро́зою.** Her freedom of choice turned out to be under threat. (**во́лі** *philos.* will ◊ **Він тракту́є ~у во́лі як філосо́фське поня́ття.** He treats freedom of will as a philosophical concept. **зібра́нь** assembly, **інформа́ції** information; **пересува́ння** movement; **політи́чної ді́яльності** political activity ◊ **У краї́ні не було́ ~и політи́чної ді́яльності.** Freedom of political activity did not exist in the country. **пре́си** the press; **сло́ва** speech ◊ **на́ступ на ~у пре́си** an offensive against freedom of the press. **со́вісти** consciousness)
v. + **с. ґарантува́ти** + *D.* **~у** guarantee sb freedom ◊ **Кана́дський па́спорт ґаранту́є їй ~у міжнаро́дних по́дорожей.** The Canadian passport guarantees her freedom of international travel. (**дава́ти** + *D.* give sb, **дарува́ти** + *D.* grant sb, **забезпе́чувати** + *D.* secure sb; **дістава́ти** get, **отри́мувати** receive, **завойо́вувати** *or* **здобува́ти** win, **захища́ти** defend, **зберіга́ти** preserve, **ма́ти** have, **утри́мувати** retain; **цінува́ти** value; **втрача́ти** lose ◊ **Утра́тивши політи́чну ~у, вони́ усвідо́мили, що недоста́тньо цінува́ли її.** Having lost their political freedom, they realized that they had not sufficiently valued it. **знахо́дити** find ◊ **Тут Тере́нтій сподіва́вся знайти́ духо́вну ~у.** Here Terentii hoped to find spiritual freedom. **шука́ти** seek; **забира́ти в** + *G.* take away from sb ◊ **У них забра́ли лю́дську ~у.** They took away human freedom from them. **зме́ншувати** reduce, **обме́жувати** limit, **пору́шувати** violate, **розто́птувати** *fig.* trample; **зазіха́ти на** encroach on ◊ **Парла́мент зазіхну́в на фундамента́льні ~и громадя́н.** The parliament encroached on citizens' fundamental freedoms. **випуска́ти** + *A.* **на** set sb free) ◊ **Суддя́ ви́пустив в'я́знів на ~у.** The judge set the prisoners free. **домага́тися ~и** push for freedom ◊ **Студе́нти домага́ються реа́льної ~и сло́ва.** The students are pushing for real freedom of expression. (**досяга́ти** achieve; **пра́гнути** desire, **хоті́ти** want, **шука́ти** seek) ◊ **Оре́ста шука́є прима́рної ~и.** Oresta is seeking illusory freedom. **загро́жувати ~і** threaten freedom ◊ **За́ходи не загро́жують засадни́чим ~ам.** The measures do not threaten basic freedoms. **насоло́джуватися ~ою** relish freedom ◊ **Пі́сля розлу́чення Тетя́на могла́ насоло́джуватися особи́стою ~ою.** After her divorce, Tetiana could relish her personal freedom. (**ті́шитися** enjoy; **поступа́тися** surrender) ◊ **Від них вимага́ли поступи́тися ~ою розмовля́ти рі́дною мо́вою.** They were pressured into surrendering the freedom to speak their mother tongue.
prep. **для ~и** for freedom ◊ **для бі́льшої ~и сло́ва** for a greater freedom of speech; **за ~у** for freedom ◊ **Вони́ стоя́ть за ~у.** They stand for freedom. **зара́ди ~и** for the sake of freedom; **с. від** + *G.* freedom from sth ◊ **с. від прини́ження** freedom from humiliation
Cf. **во́ля 3, пра́во 1**
2 independence, sovereignty ◊ **Імпе́рська менши́на загро́жує ~і краї́ни.** The imperial minority threatens the country's independence.
See **незале́жність, самості́йність**

своєрі́дн|ий, *adj.*
1 original, peculiar, singular, unconventional ◊ **Ко́жен її фі́льма с.** Her every movie is original.
See **оригіна́льний 2.** *Ant.* **бана́льний, тривія́льний**
2 another, something like, a kind of, akin to ◊ **Слу́жба в а́рмії ста́ла для них ~им життє́вим університе́том.** Service in the army became a kind of university of life for them. ◊ **У Севасто́полі Бори́са чека́ло с. і́спит на смі́ливість.** Something like a trial in courage awaited Borys in Sevastopol.

свят|и́й, *adj.*
1 *rel.* holy; of or pertaining to Christmas, Easter
с. + *n.* **с. му́ченик** a holy martyr (**оте́ць** father *(as address to the Pope)*; ♦ **С. ве́чір** *or usu* **Святве́чір** Christmas Eve ◊ **На Святве́чір традиці́йно готу́ють двана́дцять пісни́х страв.** For Christmas Eve, twelve lean dishes are traditionally prepared. **ти́ждень** Week); **~а́ ві́ра** holy faith (**вода́** water ◊ **Свяще́нник кропи́в парафі́ян ~о́ю водо́ю.** The priest sprinkled parishioners with holy water. **кри́ниця** well; **Трі́йця** Trinity); **~е́ мі́сто** a holy city ◊ **Ки́їв за́вжди́ був для украї́нців ~и́м мі́стом.** Kyiv was always a holy city for Ukrainians. (**Письмо́** Scripture; **прича́стя** communion); **~і́ місця́** holy places (**отці́** fathers *(of the Church)*); ♦ **С. Бог** Holy God, **С. Дух** the Holy Spirit
Also see **свяще́нний 1**

2 saint, immaculate, virtuous; *also as n.* ◊ **Він відкри́в для се́бе писа́ння ~о́го Августи́на.** He discovered the writings of St. Augustine for himself. ◊ **Вона́ одержи́ма ~и́м на́міром ши́рити ві́ру.** She is possessed by the virtuous intention to spread the faith. ◊ **Ігна́тій Лойо́ла – її́ улю́блений ~и́й.** Ignatius Loyola is her favorite saint.

v. + **с. бу́ти ~и́м** be sacred (**вважа́ти** + *A.* consider sb/sth ◊ **Апо́стола Андрі́я вважа́ють ~и́м засту́пником Украї́ни.** Apostle Andrew is considered to be the patron saint of Ukraine. **залиша́тися** remain; **оголо́шувати** + *A.* declare sb ◊ **Па́па оголоси́в середньові́чну черни́цю ~о́ю.** The Pope declared the medieval nun to be a saint. **роби́ти** + *A.* make sb; **ставáти** become); **трима́ти** + *A.* **за ~о́го** hold sb/sth sacred ◊ **У літерату́рних ко́лах поета трима́ли за ~о́го.** *fig.* The poet was held for a saint in the literary circles.

3 sacred

adv. **абсолю́тно** absolutely, **спра́вді** truly; **ма́йже** almost; **не зо́всім** not quite

с. + *n.* **с. обо́в'язок** a sacred duty ◊ **Допомага́ти воя́кам – це його́ ~и́й обо́в'язок.** Helping the soldiers is his sacred duty. **~а́ мета́** a sacred goal (**па́м'ять** memory, **пра́вда** truth; **річ** thing, **спра́ва** cause) ◊ **Для ~о́ї спра́ви Маркія́нові ні́чого не шко́да.** Markiian would spare nothing for the sacred cause. ♦ **~а́ простота́** simplicity itself ◊ **У полі́тиці Сулима́ – ~а́ простота́.** In politics, Sulyma is simplicity itself. ♦ **с. та Бо́жий** *iron.* deceptively virtuous, virtue itself ◊ **На лю́дях Світла́на ~а́ та Бо́жа, а наспра́вді зла й підсту́пна.** In public, Svitlana is virtue itself, but in reality she is wicked and treacherous. **~е́ відчуття** a sacred feeling (**ді́ло** matter)

v. + **с. бу́ти ~и́м** be sacred ◊ **Скля́нка вина́ до вече́рі для Га́нни – ~а́ річ.** *fig.* A glass of wine with dinner is a sacred thing for Hanna. (**вважа́ти** + *A.* consider sb/sth; **залиша́тися** remain; **роби́ти** + *A.* make sb; **ставáти** become)

Cf. **свяще́нний 1, 4**

святко́в|ий, *adj.*

1 festive, holiday, celebratory

с. + *n.* **с. день** 1) a festive day; 2) a holiday, day-off ◊ **У жо́втні вони́ ма́ли на два ~і дні бі́льше, як звича́йно.** In October, they had two days-off more than usual. (**на́стрій** mood) ◊ **Му́зика створювала всім с. на́стрій.** The music created a festive mood for all. **~а вече́ря** a festive dinner (**наго́да** occasion); **~е запро́шення** a holiday invitation

2 elegant, beautiful, graceful, one's best ◊ **Із наго́ди ї́хньої зу́трічі Хри́стя вбрала ~у су́кню.** For the occasion of their meeting, Khrystia put on her best dress.

See **елеґа́нтний, оша́тний 2.** *Ant.* **буде́нний 2**

святку|ва́ти, ~ють; від~, *tran.*

to celebrate, mark *(an occasion)*, have a celebration; rejoice in

adv. **ве́село** joyfully, **га́рно** nicely ◊ **Вони́ га́рно відсвяткува́ли Наза́рові уроди́ни.** They had a nice celebration of Nazar's birthday. **до́бре** well, **чудо́во** superbly; **ма́сово** on a massive scale ◊ **Перемо́гу ~ва́ли ма́сово.** The victory was celebrated on a massive scale. **широ́ко** widely; **скрізь** everywhere; **традиці́йно** traditionally ◊ **У ба́рі студе́нти традиці́йно ~ють кіне́ць семе́стру.** At the bar, the students traditionally celebrate the end of semester.

с. + *n.* **с. відкриття́** celebrate a discovery (**дося́гнення** achievement, **перемо́гу** victory, **прори́в** breakthrough, **у́спіх** success; **народи́ни** *or* **уроди́ни** birthday, **рі́чницю** *and* **роко́вини** anniversary, **ювіле́й** jubilee; **Ве́ликдень** Easter, **Нови́й Рік** New Year, **Різдво́** Christmas)

v. + **с. бу́ти ва́рто** be worth ◊ **Таку́ наго́ду ва́рто від~.** Such an occasion is worth celebrating. **ду́мати** be going to ◊ **Де ви ду́маєте с. День Незале́жности?** Where are you going to celebrate Independence Day? **збира́тися** be going to, **ма́ти на́мір** have the intention to; **поспіша́ти** hurry to ◊ **Я не поспіша́в би с. ї́хню пора́зку, все ще мо́же зміни́тися.** I would not hurry to rejoice in their defeat, everything can still change. **запро́шувати** + *A.* invite sb to ◊ **Вони́ запроси́ли дру́зів від~ рі́чницю сво́го весі́лля.** They invited friends to mark their wedding anniversary.

pa. pple. **відсвятко́ваний** celebrated *(of a holiday)*

(від)святку́й!

Also see **відзнача́ти 3, гуля́ти 4, зустріча́ти 2, прово́дити 3, 4, раді́ти, справля́ти 2**

свя́т|о, *nt.*

holiday, a day off work; *rel.* feast; *also pl.*

adj. **важли́ве** important ◊ **Ве́ликдень – важли́ве с. у ї́хній роди́ні.** Easter is an important holiday in their family. **вели́ке** great, **держа́вне** state, **націона́льне** national; **роди́нне** *and* **сі́мейне** family; **релігі́йне** religious ◊ **Свято́го Васи́ля для них ра́дше роди́нне, як релігі́йне с.** St. Basil's Day is a family rather than religious holiday for them. **церко́вне** church; **весе́ле** merry, **га́рне** nice, **ра́дісне** joyful, **чудо́ве** wonderful; **незабу́тнє** unforgettable, **особли́ве** special, **па́м'ятне** memorable; **уро́чисте** solemn; **мусульма́нське** Muslim, **християнське** Christian; ♦ **Зеле́ні ~а́** *colloq.* the Feast of the Holy Trinity; **язи́чницьке** pagan; ♦ **Різдвя́ні ~а́** Christmas holidays ◊ **Що ви роби́ли на Різдвя́ні ~а́?** What did you do for Christmas holidays?

v. + **с. відзнача́ти с.** mark a holiday ◊ **С. традиці́йно відзнача́ли вели́ким сільськи́м я́рмарком.** The holiday was traditionally marked by a big village fair. (**зустріча́ти** *and* **святкува́ти** celebrate, **прово́дити** spend; **отру́ювати** poison ◊ **Поя́ва її́ коли́шнього отруї́ла Оле́ні с.** The appearance of her ex poisoned the holiday for Olena. **псува́ти** spoil, **руйнува́ти** ruin)

с. + *v.* **наближа́тися** approach, **надхо́дити** *and* **прихо́дити** arrive ◊ **Надхо́дили Різдвя́ні ~а́.** Christmas holidays were arriving. **прохо́дити** pass

prep. **на с.** for a holiday ◊ **На Вели́кодні ~а вони́ ї́хали до села́.** For the Easter Holidays, they would go to the country. **під час ~а** during a holiday; **у с.** on a holiday ◊ **Вона́ забороня́ла ді́тям роби́ти щось у с.** She forbade the children to do any kind of work on a holiday.

N. pl. **свя́та́**, *L. pl.* **на свя́тах**

See **день.** *Also see* **рі́чниця**

свяще́нн|ий, *adj.*

1 sacred, holy, blessed

с. + *n.* **с. вого́нь** a sacred fire (**нака́з** order; ♦ **С. сою́з** *hist.* the Holy Alliance); **~а ві́йна́** a holy war ◊ **Ватика́н оголоси́в похі́д ~ою ві́йно́ю.** The Vatican declared the campaign to be a holy war. **~а істо́та** a sacred creature (**твари́на** animal ◊ **Старода́вні єги́птяни вважа́ли кота́ ~ою твари́ною.** Ancient Egyptians regarded a cat as a sacred animal. **мета́** goal, **мі́сія** mission), ♦ **~а коро́ва** *fig.* a holy cow; **~е мі́сце** a sacred place (**пра́во** right); **~і і́гри** sacred games

Cf. **святи́й 1**

2 sacred, religious, not secular, spiritual, church

с. + *n.* **с. напі́й** a sacred potion (**ритуа́л** ritual; **текст** text); **~а кни́га** a sacred book; **~е зва́ння** sacred title (**мисте́цтво** art) ◊ **Карти́на поє́днує елеме́нти сві́тського і ~ого мисте́цтва.** The painting combines the elements of profane and sacred art.

See **церко́вний 2**

3 sacred, sacrosanct, inviolable

с. + *n.* **с. до́говір** a sacred treaty (**запові́т** testament); **~а за́повідь** a sacred commandment ◊ **Во́ля батькі́в була́ для ньо́го ~ою за́повіддю.** His parents' will was a sacred commandment for him. **~е сло́во** a sacred word ◊ **Вона́ повтори́ла ~і слова́ проро́ка.** She repeated the prophet's sacred words.

4 sacred, noble, worthy

с. + *n.* **с. бій** a noble battle (**зміст** meaning) ◊ **Ко́жне сло́во спо́внене ~ого змі́сту.** Every word is filled with noble meaning. (**обо́в'язок** duty); **~е почуття́ любо́ви** a noble feeling of love (**самозре́чення** selflessness)

See **шляхе́тний 2.** *Cf.* **святи́й 3**

свяще́нник, *m.*; свяще́нниця, *f.*

priest

adj. **ви́свячений** ordained; **неодру́жений** unmarried; **одру́жений** married; **місце́вий** local, **сільськи́й** village, **парафія́льний** parish; **гре́ко-католи́цький** Greek-Catholic, **католи́цький** Catholic, **правосла́вний** Orthodox

n. + **с. о́дяг ~а** a priest's attire (**про́повідь** sermon ◊ **Мину́лої неді́лі про́повідь ~а була́ особли́во ціка́вою.** Last Sunday, the priest's sermon was particularly interesting. **проро́цтво** prophecy)

v. + **с. висвя́чувати** + *A.* **на ~а** ordain sb as priest ◊ **Се́ргія ви́святив на ~а єпи́скоп Скри́пник.** Bishop Skrypnyk ordained Serhii as a priest. (**вчи́тися на** study to become) ◊ **В університе́ті тако́ж вча́ться на ~ів.** They also study to become priests at the university. **става́ти ~ом** become a priest ◊ **Юлья́н хоті́в ста́ти ~ом.** Yul'yan wanted to become a priest.

с. + *v.* **відправля́ти** + *A.* celebrate *(mass, etc.)* ◊ **Слу́жбу відправля́ли два ~и.** Two priests celebrated the service. **відпуска́ти** + *D.* **гріхи́** absolve sb's sins; **вінча́ти** + *A.* marry sb ◊ **Моло́ду па́ру вінча́в нови́й с.** A new priest married the young couple. **освя́чувати** + *A.* bless sth ◊ **С. освяти́в що́йно збудо́вану ха́ту.** The priest blessed the just-built house. **сповіда́ти** + *A.* confess sb ◊ **Його́ сповіда́в оди́н і той са́мий с.** One and the same priest confessed him.

сеа́нс, *m.*, ~у

1 show *(in movie theaters)*, house, screening

adj. **пе́рший** first, **дру́гий** second; **оста́нній** last ◊ **Його́ улю́бленим фі́льмом є «Оста́нній с.» Пі́тера Бо́ґдановича.** His favorite movie is *The Last Picture Show* by Peter Bogdanovich. **ранко́вий** morning, **де́нний** afternoon; **вечі́рній** evening, **нічни́й** night; **до́вгий** long, **продо́вжений** extended; **коро́ткий** short

2 session, period; séance ◊ **тренува́льний с.** a training session; ◊ **С. зв'язку́ з косм́ічним корабле́м трива́в де́сять хвили́н.** The communication session with the spacecraft lasted for ten minutes. ◊ **три ~и спірити́зму** three Spiritualism séances

с|ебе́, *refl. pr.*

oneself, myself, yourself, himself, herself, itself; ourselves, yourselves, themselves ◊ **Я запита́в с.** I asked myself. ◊ **Га́ля поши́ла ~обі вечі́рню су́кню.** Halia sewed herself a night dress. ◊ **Ви самі́ ~обі пере́чите.** You contradict yourself. ◊ **Бори́с потягну́в ру́чку до ~ебе.** Borys pulled the handle toward himself. ♦ **опано́вувати с.** to pull oneself together ◊ **Лев ле́две опанува́в с.** Lev barely pulled himself together. ♦ **бу́ти (лиша́тися) сами́м ~обо́ю** to be (remain) oneself ◊ **У ко́жній ситуа́ції Ната́ля лиша́лася сама́ ~обо́ю.** In every situation, Natalia remained herself. ♦ **бу́ти (виявля́тися) ~обо́ю** *or* **з с.** to be (turn out) in essence ◊ **Марі́їн нарече́ний – весе́лий ~обо́ю** *or* **з с. чолові́к.** Maria's fiancé is in essence a happy man. ♦ **каза́ти само́му за с.** to speak for oneself ◊ **Фа́кти ка́жуть самі́ за с.** The facts speak for themselves.

prep. ♦ **в с.** at one's place, at one's home ◊ **Їй приє́мно зно́ву бу́ти в с.** She is happy to be at her own place again. **від с.** on one's behalf, from oneself ◊ **Оста́ннє ре́чення він дода́в від с.** He added the last sentence from himself. ♦ **до с.** to one's place ◊ **Ля́на жо́дного ра́зу не запроси́ла** пóдругу до с. Liana did not invite her (female) friend to her place a single time. ♦ **сам по ~обі** in and of itself ◊ **Світлúна самá по ~обі ще нічóго не довóдить.** The photograph does not prove anything in and of itself. ♦ **про с.** 1) quietly, silently ◊ **Вонá прочитáла листá про с.** She read the letter to herself. 2) to oneself ◊ **Кóжен із них дýмав щось про с.** Each of them was thinking something to himself.

сезóн, *m.*, **~у**
1 season
adj. **гаря́чий** hot ◊ **Вонú закíнчúли ремóнт до почáтку гаря́чого ~у.** They finished the repairs before the start of the hot season. **тéплий** warm; **лíтній** summer ◊ **Лíтній с. починáється із закíнченням навчáльного рóку.** The summer season starts with the end of the academic year. **пля́жний** beach; **зимóвий** winter, **холóдний** cold; **мóкрий** wet; **сóнячний** sunny ◊ **Зйóмки збігáлися із сóнячним ~ом.** The shoot coincided with the sunny season. **сухúй** dry
с. + *n.* с. бурéвіїв a hurricane season ◊ **С. бурéвіїв на Карúбському мóрі починáється у квітні.** The hurricane season in the Caribbean Sea starts in April. (**дóщів** rainy, **мусóнів** monsoon) ◊ **Він потрáпив до Íндії в рóзпал ~у мусóнів.** He got to India at the height of the monsoon season.
с. + *v.* наставáти come, **прихóдити** arrive, **починáтися** begin; **минáти** pass ◊ **Пля́жний с. минýв несподíвано.** The beach season passed unexpectedly.
See **порá 1**
2 season, period, time, spell
adj. **баскетбóльний** basketball, **гокéйний** hockey, **спортúвний** sports, **футбóльний** soccer; **оперóвий** *or* **óперний** opera, **театрáльний** theater ◊ **Вонú чекáли почáтку театрáльного ~у.** They waited for the start of the theater season. **мислúвський** hunting; **минýлий** past; **настýпний** forthcoming, **новúй** new; ♦ **мéртвий с.** off season ◊ **Готéлі порóжніють у мéртвий с.** The hotels become empty off season.
с. + *n.* с. відпýсток a vacation season (**лóвів** *and* **полювáння** hunting ◊ **Вонú приїхали почáток ~у полювáння.** They came for the start of the hunting season. **рибáлки** fishing; **телесеріáлів** TV series)
v. **+ с. відкривáти с.** open a season ◊ **Гра в Тернóполі мáла відкрúти футбóльний с.** The game in Ternopil was to open the soccer season. (**починáти** begin ◊ **Трýпа почалá театрáльний с. із сенсáції.** The company started its theatrical season with a sensation. **закíнчувати** complete) ◊ **Деся́та сéрія закíнчувала с. телесеріáлу.** Part ten completed the TV series season.
prep. **у ~і** in a season ◊ **У зимóвому ~і лишáлося ще три гри.** Another three games remained in the winter season. **на с.** for a season ◊ **квиткú на с.** tickets for a season; **пéред ~ом** before a season; **під час ~у** during a season; **прóтягом ~у** for the duration of the season ◊ **Він прохворíв прóтягом усьóго ~у.** He was sick for the duration of the entire season.

сезóнн|ий, *adj.*
seasonal, season, of or pertaining to season
с. + *n.* с. квитóк a season ticket (**робітнúк** worker; **рóзпрóдаж** sale; **турúзм** tourism); **~а алергíя** seasonal allergy (**знúжка** discount; **мíґрáція** migration; **прáця** work) ◊ **Її прáця булá не постíйна, а ~а.** Her work was not permanent but seasonal. **~е безробíття** seasonal unemployment (**зростáння** increase; **меню́** menu)
Also see **тимчасóвий**

секрéт, *m.*, **~у**
secret
adj. **велúкий** great, **малéнький** *dim.* little ◊ **Рецéпт пля́цка – малéнький с. пáні Савчáк** The cake recipe is Mrs. Savchak's little secret. **виробнúчий** production; **весь** entire
v. **+ с. знáти с.** know a secret (**розкривáти** reveal ◊ **Я не розкрúю ~у, як скажý, що не люблю́ жúти в селí.** I won't reveal a secret if I say that I dislike living in the country. **тримáти** keep ◊ **Він надíйно тримáв їхній с.** He reliably kept their secret. **ховáти** hide); **не робúти ~у з + *G.*** make no secret of sth ◊ **Вонú не робúли ~у із зарýчин.** They made no secret of the engagement. **тримáти + *A.* в ~і** keep sth secret ◊ **Давúд тримáє прохáння в ~і.** Davyd keeps the request secret. ♦ **не с., що** + *clause* it's common knowledge that, everybody knows that ◊ **Не с., що Джон volóдіє українською.** Everybody knows that John speaks Ukrainian.
prep. **під ~ом** in secret ◊ **Він розказáв про план під ~ом.** He told about the plan in secret.
Cf. **таємнúця 1, 3**

секретáр, *m.*, **~я́; ~ка**, *f.*
secretary
adj. **виконáвчий** executive; **відповідáльний с.** a secretary in charge; **генерáльний** general; **колúшній** former ◊ **колúшній Генерáльний с. ООН Кóфі Áнан** the former UN Secretary-General Kofi Annan; **нúнішній** *and* **тепéрішній** current; **щóйно признáчений** just appointed; **особúстий** personal, **привáтний** private; ♦ **держáвний с. США** the US Secretary of State, **прéсовий** press *or usu* **прес-с.** press secretary; **пéрший** first; **дрýгий** second; **учéний** learned ◊ **Її обрáли вчéним ~éм рáди.** She was elected the council's learned secretary.
v. **+ с. вибирáти ~я́** select a secretary (**обирáти** elect; **призначáти** appoint; **знахóдити** find; **шукáти** look for; **звільня́ти** let go; **призначáти на** appoint as) ◊ **Попéнка признáчили на ~я́.** Popenko was appointed a secretary. **доручáти + *A.* ~éві** charge a secretary with sth ◊ **Він доручúв ~éві вестú протокóл.** He charged the secretary with taking the minutes. (**накáзувати** order) ◊ **Вонá наказáла ~éві вестú протокóл.** She ordered the secretary to keep the minutes. **бýти ~éм** be a secretary (**обирáти + *A.*** elect sb as; **працювáти** work as; **призначáти + *A.*** appoint sb as) ◊ **Лукашукá признáчили ~éм посóльства Україíни в Румýнії.** Lukashuk was appointed as the secretary at the Ukraine Embassy to Romania.
N. pl. **~í**, *D. pl.* **~я́м**
See **спеціяліст**

секрéтн|ий, *adj.*
secret, classified, confidential ◊ **Він дістáв дóступ до ~их докумéнтів.** He obtained access to classified documents.
adv. **абсолю́тно** absolutely ◊ **Він публíкувáв абсолю́тно ~і дáні.** He was publishing absolutely secret data. **дýже** very, **сувóро** strictly
с. + *n.* с. звіт a classified report; **~а інформáція** secret information (**статúстика** statistics); **~і дáні** secret data (**кáрти** *or* **мáпи** maps, **матеріáли** materials, **папéри** papers)
v. **+ с. бýти ~им** be secret ◊ **Перемóвини сувóро ~і.** The talks are strictly secret. (**лишáтися** remain ◊ **Докумéнти лишáються ~ими п'ятдеся́т рóків.** The documents remain classified for fifty years. **робúти + *A.*** make sth)
Also see **таємнúй**

секс, *m.*, **~у**
sex
adj. **дошлю́бний** premarital ◊ **У минýлому столíтті дошлю́бний с. був табý в цій культýрі.** Last century, premarital sex was taboo in this culture. **позашлю́бний** extramarital; **груповúй** group, **публíчний** public; **анонíмний** anonymous ◊ **Тут рекламувáли анонíмний с.** Anonymous sex was being advertised here. **випадкóвий** casual, **нерозбíрливий** promiscuous ◊ **Для їхнього поколíння нерозбíрливий с. був вия́вом свобóди.** For their generation, promiscuous sex was a manifestation of freedom. **морéжевий** Internet, **телефóнний** phone; **підлíтковий** teenage ◊ **Грýпа соціóлогів дослíджує підлíтковий с.** A group of sociologists studies teenage sex. **анáльний** anal, **ваґінáльний** vaginal, **орáльний** oral; **гетеросексуáльний** heterosexual, **гомосексуáльний** homosexual, **лезбíйський** lesbian; **гаря́чий** hot, **пристрáсний** passionate, **спекóтний** *fig.* searing, **чудóвий** great, **шалéний** wild; **небезпéчний** unsafe, **незахúщений** unprotected ◊ **Вонá не прихúльниця незахúщеного ~у.** She is not a supporter of unprotected sex. **ризикóваний** risky
v. **+ с. мáти с.** have sex ◊ **Вонú мáли с. упéрше і востáннє.** They had sex for the first and last time. **домагáтися ~у** harass sb for sex ◊ **Дві працівнúці фíрми звинувáтили шéфа в тому, що він домагáвся від них ~у.** Two (female) associates of the firm accused their boss of harassing them for sex. **займáтися ~ом** engage in sex, have sex ◊ **Вонú займáлися ~ом урáнці.** They engaged in sex in the morning.
prep. **с. з + *I.*** sex with sb ◊ **Вонá не пригáдує, колú займáлася ~ом із чоловíком.** She does not recall when she had sex with her husband. **с. між + *I.*** sex between sb ◊ **с. між двомá дорóслими за згóдою** sex between two consenting adults; **с. по** sex via sth ◊ **с. по телефóну** phone sex

сéкт|а, *f.*
sect
adj. **євангелíстська** evangelical ◊ **То не цéрква, а євангелíстська с.** That is not a church, but an evangelical sect. **релігíйна** religious, **екстремíстська** extremist, **радикáльна** radical, **фундаменталíстська** fundamentalist; **дисидéнтська** dissenting ◊ **Рíшення призвелó до поя́ви дисидéнтських сект у цéркви.** The decision caused the appearance of dissenting sects in the church. **розкóльницька** splinter; **буддíйська** Buddhist, **мусульмáнська** Muslim, **християнська** Christian, **юдéйська** Jewish
n. **+ с. провіднúк ~и** the sect leader (**послідóвник** follower, **член** member; **дíяльність** activity)
v. **+ с. заснóвувати** *and* **ствóрювати ~у** found a sect ◊ **Він створúв релігíйну ~у.** He founded a religious sect. (**пропаґувáти** advertise); **вступáти до ~и** join a sect (**налéжати до** belong to; **приєднуватися до** join up with; **ставáти члéном** become a member of) ◊ **Антíн став члéном ~и.** Antin became a sect member.

сéктор, *m.*, **~а**
1 sector, section, area, zone, part
adj. **зáхідний** western, **півдéнно-схíдний** southeastern, **півнíчний** northern; **велúкий** large, **значнúй** significant; **вузькúй** narrow, **невелúкий** small; **житловúй** residential; **ідентúчний** identical, **однáковий** equal; **відмíнний** different, **íнший** other ◊ **Він перекúнув м'яч до íншого ~а пóля.** He threw the ball to a different sector of the field.
с. + *n.* с. кóла a sector of the circle (**майдáну** square, **мíста** city ◊ **Такúй заклáд не мóжна відкривáти в житловóму ~і мíста.** Such an establishment cannot be opened in a residential part of town. **повéрхні** surface)
v. **+ с. ствóрювати с.** form a sector ◊ **Два рáдіюси й дугá ствóрюють с. кóла.** Two radii and a curve form a sector of the circle. **дíлити + *A.* на ~и** divide sth into sectors ◊ **Сою́зники поділúли мíсто на чотúри ~и.** The allies divided the city into four sectors.
2 sector, part, branch, field
adj. **важлúвий** important, **ключовúй** key;

громáдський public, **держáвний** state; **незалéжний** independent, **неприбуткóвий** non-profit; **привáтний** private ◊ **Прáцю у привáтному ~і крáще оплáчують.** Work in the private sector is better paid. **бáнковий** banking, **виробни́чий** manufacturing, **ділови́й** business, **економíчний** economic, **електрóнний** electronics, **комп'ютерний** computer; **енергети́чний** energy ◊ **Кризá врáзила енергети́чний с.** The crisis affected the energy sector. **нáфто-гáзовий** oil and gas; **кооперати́вний** cooperative, **корпорати́вний** corporate, **промислóвий** industrial, **ри́нковий** market, **сільськогосподáрський** agricultural; **інформаці́йний** information, **меді́йний** media, **телекомунікаці́йний** telecommunications; **гуртови́й** wholesale, **роздрібни́й** retail; **éкспортний** export, **íмпортний** import, **торгóвий** commercial; **спожи́вчий** consumer; **туристи́чний** tourist ◊ **Прогрáму застосóвують у туристи́чному ~і.** The software is being applied in the tourist sector.

с. + *n.* **с. енергéтики** the power generation sector (**освíти** education, **охорóни здорóв'я** healthcare; **пóслуг** services; **промислóвости** industry; **тури́зму** tourism; **фінáнсових пóслуг** financial services) ◊ **Вонá працю́є у ~і фінáнсових пóслуг.** She works in the financial services sector.

prep. **у ~і** in a sector

N. pl. **~и́**

See **гáлузь**

секу́нд|а, *f.*
second

adj. **єди́на** single; **дорогоцíнна** precious ◊ **Іри́на вагáлася, втрачáючи дорогоцíнні ~и.** Iryna was hesitating, losing precious seconds. **корóтка** brief; **всьóго лишé** mere; **втрáчена** lost, **згáяна** wasted; **додаткóва** additional; **зáйва** spare ◊ **У нéї лишáлася зáйва с.** *fig.* She had a spare second left.

n. + **с. дóля ~и** a fraction of a second ◊ **Усé ви́рішила дóля ~и.** Everything was decided by a fraction of a second. **спрáва секу́нд** a matter of seconds ◊ **Перевíрити інформáцію є спрáвою двох секу́нд.** Checking the information is a matter of two seconds.

v. + **с. виграватú ~у** gain a second ◊ **На повороті велосипеди́ст ви́грав додаткóву ~у.** On the curve, the cyclist gained an additional second. (**здобувáти** win; **втрачáти** *and* **губи́ти** lose, **гáяти** waste; **займáти** take ◊ **Зупи́нка зáйме ~у.** *fig.* The stop will take a second. **мáти** have; **провóдити** spend); ♦ **рахувáти ~и** to count seconds ◊ **Лукáш рахувáв ~и до ви́ступу.** Lukash was counting seconds before the performance. ♦ **(Почекáйте) ~у!** (Hold on) One second!

с. + *v.* **залишáтися** have left ◊ **У нас залишáлося три́дцять секу́нд, щоб евакуювáтися з човнá.** We had thirty seconds left to evacuate the boat. **пролітáти** fly by, **промайну́ти** *only pf.* fly by ◊ **Промайну́ло дéсять секу́нд, а комп'ютер не вмикáвся.** Ten seconds flew by and the computer would not turn on. **проминáти** pass, **прохóдити** go by ◊ **Однá за однóю прохóдили ~и.** Seconds passed one by one.

prep. ♦ **в однý ~у** instantaneously, in a flash ◊ **У її свідóмості життя́ промайну́ло в однý ~у.** Her life instantaneously flew by in her mind. ♦ **у цю** *or* **ту ~у** at once, right away ◊ **Адрія́на в ту ж ~у зімлíла.** Adriiana right away fainted. **в ~и** *pl.* in seconds ◊ **Він перегнáв втікачá в остáнні ~и пéред трóщею.** He passed the fugitive in the final seconds before the crash. **за ~у** in a second ◊ **За ~у Мóтря знóву булá серйóзною.** In a second, Motria was serious again. ♦ **з кóжною ~ою** by the second ◊ **Йогó рішу́чість рослá з кóжною ~ою.** His resolve grew by the second. **з ~и на ~у** any moment ◊ **Літáк мав з'яви́тися з ~и на ~у.** The airplane was supposed to appear any moment now. **на ~у** for a second ◊ **Він замóвкнув на ~у.** He fell silent for a second. **чéрез ~у** in a second

Also see **годи́на, хвили́на 1, хви́ля**[2]

селезі́н|ка, *f., anat.*
spleen

adj. **врáжена** affected, **збíльшена** enlarged ◊ **У Лéсі збíльшена с.** Lesia has an enlarged spleen. **хвóра** sick; **здорóва** healthy, **нормáльна** normal

n. + **с. запáлення ~ки** inflammation of the spleen, *med.* splenitis (**збíльшення** enlargement)

с. + *v.* **болíти** + *A.* hurt sb; **докучáти** + *D.* bother sb ◊ **С. тепéр не докучáла Олéгові так чáсто.** His spleen did not bother Oleh quite so often now.

See **óрган 1**

сéлищ|е, *nt.*, **~а**
settlement, township, large village

adj. **вели́ке** large; **невели́ке** small; **новé** new; **старé** old; **окрéме** separate ◊ **Робітники́-мігрáнти живу́ть в окрéмому ~і.** The migrant workers live in a separate settlement. **гíрськé** mountain, **прибережне** coastal; **військóве** military, **рибáльське** fishing, **робітни́че** workers', **шахтáрське** mining; **ціле** entire ◊ **Тут ви́росло цíле шахтáрське с.** An entire mining settlement emerged here.

See **посéлення.** *Cf.* **мíсто 1, селó 1**

с|елó, *nt.*, **~éлá**
1 village, hamlet

adj. **вели́ке** big; **кри́хітне** tiny, **малé** small; **віддáлене** remote, **далéке** distant, **ізольóване** isolated, **одинóке** *fig.* lonely; **бли́жнє** *and* **близькé** nearby ◊ **Марти́н знайшóв собí жíнку в однóму із бли́жніх ~іл.** Martyn found a wife in one of the nearby villages. **найбли́жче** closest ◊ **До найбли́жчого ~елá дéсять кіломéтрів.** It is 10 km to the nearest village. **сусíднє** neighboring; **навкóлишнє** surrounding ◊ **Усі навкóлишні ~ела повстáли прóти нападникíв.** All the surrounding villages rose up against the invaders. **рíдне** home; **гáрне** beautiful, **гарнéньке** *dim.* pretty, **мальовни́че** picturesque, **пасторáльне** pastoral, **чарíвне** charming; **зелéне** green; **замрíяне** *poet.* dreamy, **ми́рне** peaceful, **ти́хе** quiet, **сóнне** sleepy; **відóме** well-known ◊ **Мóринці – це чи не найбíльш відóме украї́нське с.** Moryntsi is perhaps the most well-known Ukrainian village. **дáвнє** age-old, **середньові́чне** medieval, **старé** old, **стародáвнє** ancient; **коли́шнє** former ◊ **Коли́шнє с. тепéр – мíсто.** The former village is a city now. **багáте** rich, **замóжне** wealthy; **бíдне** poor, **зубóжіле** poverty-stricken, **убóге** destitute; **забу́те** forsaken, **заки́нуте** abandoned, **занéдбане** neglected, **поки́нуте** deserted; **ви́людненe** depopulated ◊ **Ти́сячі украї́нських ~іл, ви́люднених Голодомóром, заселя́ли росія́ни.** Thousands of Ukrainian villages depopulated by the Holodomor were settled by Russians. **знищене** destroyed, **зруйнóване** ruined, **спустóшене** devastated; **гíрськé** mountain, **прибережне** coastal, **примóрське** seaside, **рибáльське** fishing, **шахтáрське** mining; **відпочинкóве** holiday, **курóртне** resort; **ґлобáльне** global ◊ **З інтернéтом вонí стáли части́ною ґлобáльного ~елá.** With the Internet, they became part of the global village. **олімпíйське** Olympic

n. + **с. громáда ~елá** a village community (**життя́** life ◊ **Йомý швидко набридáло повíльне життя́ ~елá.** The slow village life quickly bored him. **мéшканець** resident; **старíйшина** elder; **центр** center; **край** edge ◊ **Цéркву збудувáли на кра́ю ~елá.** The church was built at the edge of the village. **окóлиця** outskirts)

prep. **за ~елóм** outside a village; **навкóло** *and* **довкóла ~елá** around a village ◊ **Навкóло ~елá ліс.** There is forest around the village. **сéред ~елá** in the middle of a village; **у с.** *dir.* to a village ◊ **Вони́ ї́хали у с. до батькíв.** They were traveling to their parents' village. **у ~елí** *posn.* in a village ◊ **Вони́ купи́ли хáту у ~елí.** They bought a house in the village.

See **посéлення 2.** *Cf.* **мíсто 1, сéлище**

2 *only sg.* countryside, province, country

v. + **с. перебирáтися в** *or* **на с.** move to the country; **бувáти на ~елí** visit the country ◊ **Остáннім чáсом Івáн не бувáє на ~елí.** Lately Ivan has not been to the country. (**жи́ти в** *or* **на** live in, **пóселя́тися в** settle in) ◊ **Він посели́вся в ~елí.** He has settled in the country.

prep. **на ~елí** in the country

Also see **провíнція 1**

3 *coll.* villagers, residents of the village, the village ◊ **Пси розбуди́ли все с.** Dogs woke up the whole village. ◊ **С. ви́йшло привітáти перемóжця.** The village came out to greet the winner.

4 *fig., colloq.* redneck, yokel, bumpkin ◊ **У сéксі Маркó – пóвне с.** In sex, Marko is an utter yokel.

See **селю́к 2**

селю́к, *m.*, **~á**, *colloq.*; **селю́чка**, *f.*
1 peasant, villager ◊ **Він розпізнавáє ~á по óдягу і манéрах.** He recognizes a villager by clothes and manners.

See **селяни́н**

2 *fig., pejor.* yokel, bumpkin, redneck, peasant

adj. **типóвий** typical ◊ **Він повóдився, як типóвий с., що опини́вся сéред шля́хти.** He behaved like a typical yokel who found himself among nobility. **довéршений** accomplished, **невиправни́й** irreparable ◊ **Олéкса – невиправни́й с.** Oleksa is an incorrigible redneck. **страшни́й** terrible, **пóвний** utter, **цілкови́тий** complete ◊ **Він мáє смаки́ цілкови́того ~á.** He has the tastes of a complete redneck.

Also see **селó 4**

N. pl. **~и́**

селян|и́н, *m.*, **~и́на; ~ка**, *f.*
male peasant, villager

adj. **багáтий** rich, **замóжний** wealthy; **незалéжний** independent; **бíдний** poor ◊ **Марíя народи́лася в роди́ні бíдних селя́н.** Maria was born in a poor peasant family. **колгóспний** collective-farm ◊ **Він вивчáє життя́ колгóспних селя́н Украї́ни.** He studies the life of collective-farm peasants in Ukraine. **кріпосни́й** serf; **украї́нський** Ukrainian, **францу́зький** French, *etc.*

N. pl. **~и**

Cf. **міщáнин**

селя́нств|о, *nt., coll., only sg.*
peasantry, peasants ◊ **Соціялíсти-революціонéри представля́ли інтерéси ~а.** The Socialist Revolutionaries represented the interests of peasantry.

adj. **багáте** rich, **замóжне** wealthy; **незалéжне** independent; **бíдне** poor ◊ **Вони́ спирáлися на бíдне с.** They relied on poor peasantry. **колгóспне** collective-farm, **кріпоснé** serf; **англíйське** English, **пóльське** Polish, **украї́нське** Ukrainian, **францу́зьке** French, *etc.*

семéстр, *m.*, **~у**
semester

adj. **пéрший** first; **дру́гий** second; **осíнній** fall ◊ **Він виклада́є кінокурс в осíнньому ~і.** He teaches the film course in the fall semester. **весня́ний** spring; **лíтній** summer; **пóвний** full, **цíлий** entire; **мину́лий** past ◊ **дисциплíни, що їх виклада́ли в мину́лих ~ах** the disciplines taught in the past semesters; **остáнній** last, **поперéдній** previous; **цей** this; **насту́пний** next

v. + **с. провóдити с.** spend a semester ◊ **Він**

провів останній с. у Львівському університеті. He spent the last semester at Lviv University. (**починати** begin; **закінчувати** finish; **пропускати** miss) ◊ **Іван пропустив с. через народження дочки.** Ivan missed the semester because of his daughter's birth.

с. + *v.* **починатися** begin; **продовжуватися** continue, **тривати** last ◊ **Літній с. триває сім тижнів.** The summer semester lasts for seven weeks. **закінчуватися** end ◊ **Весняний с. закінчувався.**The spring semester was coming to an end.

prep. **серед ~у** in the middle of a semester ◊ **Вона кинула навчання серед ~у.** She quit studies in the middle of the semester. **у ~і** in a semester

N. pl. **~и**

семіна́р, *m.*, **~у**

seminar

adj. **тижневий** weekly ◊ **нотатки до тижневого ~у з соціолінґвістики** notes for the weekly seminar in sociolinguistics; **двотижневий** bi-weekly; **спеціяльний** special; **науковий** scientific; **аспірантський** doctoral; ♦ **просемінар** a proseminar

n. + **с. план ~у** a seminar plan (**програма** program); **низка ~ів** a number of seminars (**цикл** series)

v. + **с. викладати с.** teach a seminar ◊ **Вона воліє викладати с., як читати лекцію.** She prefers teaching a seminar to giving a lecture. (**проводити** conduct ◊ **С. він провів ще з одним професором.** He conducted the seminar with another professor. **відвідувати** attend; **пропускати** miss ◊ **Студент знову пропустив с.** The student missed the seminar again. **записуватися на** sign up for) ◊ **Лише десять студентів могли записатися на с. Жака Деріди.** Only ten students could sign up for Jacques Derrida's seminar. **готуватися до ~у** prepare for a seminar ◊ **Він сумлінно готується до просемінару.** He is diligently preparing for the proseminar.

prep. **на с.** *dir.* to a seminar ◊ **Він запізнився на с.** He came late to the seminar. **на ~і** *posn.* at a seminar ◊ **На ~і десять студентів.** There are ten students at the seminar. **с. з** + *G.* a seminar in *(a subject)* ◊ **с. з історії** a seminar in history

See **заняття.** *Also see* **лекція 1, пара² 5, урок 1**

семіна́рі|я, *f.*, **~ї**

seminary; *hist.* college

adj. **богословська** *and* **духовна** theological ◊ **Львівська духовна с. Святого Духа** the Lviv Theological Seminary of the Holy Spirit; **вища** higher, **дієцезіяльна** diocesan, **місіонерська** missionary; **вчительська** *hist.* teachers ◊ **До 1939 року в Галичині була низка вчительських ~ій.** Before 1939, there were a number of teacher's colleges in Galicia. **греко-католицька** Greek Catholic, **католицька** Catholic, **православна** Orthodox ◊ **Він закінчив православну ~ю.** He graduated from an Orthodox seminary.

See **університет, школа**

сенс, *m.*, **~у**

1 sense, meaning

adj. **внутрішній** inner, **імпліцитний** implicit, **прихований** hidden ◊ **Записка мала прихований с.** The note had a hidden sense. **самозрозумілий** self-understood

v. + **с. ловити с.** catch the meaning ◊ **Що довше Зеня слухала, то тяжче ловила с. того, що чула.** The longer Zenia listened the harder it was for her to catch the meaning of what she heard. (**мати** have, **осягати** comprehend, **розуміти** understand)

See **значення 2, суть.** *Also see* **зміст 1, розуміння 2, символіка 2, смисл, толк 3**

2 sense, purpose, point, reason

adj. **весь** whole; **глибокий** profound; **самий** very ◊ **Самий с. цієї ідеї у тім, щоби плекати критичне мислення.** The very sense of the idea is fostering critical thinking. **очевидний** obvious ◊ **У її діях був очевидний с.** There was obvious sense in her actions. **самозрозумілий** self-understood, **самоочевидний** self-evident ◊ **С. заходу для них самоочевидний.** The sense of the action is self-evident to them. ♦ **мати с.** to be right ◊ **Він має цілковитий с.** He was completely right.

See **мета.** *Also see* **глузд 1, зміст 4, ціль 2**

сенсаці́йн|ий, *adj.*

sensational

adv. **абсолютно** absolutely ◊ **абсолютно ~а новина** absolutely sensational piece of new; **винятково** exceptionally, **вкрай** extremely, **гостро** acutely ◊ **гостро с. матеріял журналіста** an acutely sensational story by the journalist; **дуже** very; **досить** rather, **достатньо** sufficiently; **майже** almost; **ледве** scarcely

v. + **с. бути ~им** be sensational (**вважати** + *A.* consider sb/sth; **здаватися** + *D.* seem to sb, **виглядати** look, **виявлятися** turn out ◊ **Світлини виявилися ~ими.** The photographs turned out to be sensational. **лишатися** remain ◊ **Навіть найскандальніша подія не може довго лишатися ~ою.** Even the most scandalous event cannot remain a sensation for long. **ставати** become) ◊ **Заява зараз же стала ~ою.** The statement became a sensation right away.

Cf. **скандальний**

сенса́ці|я, *f.*, **~ї**

sensation

adj. **велика** great, **вибухова** explosive, **гучна** loud, **оглушлива** deafening; **маленька** *dim.* small, **невелика** small; **раптова** sudden; **кінематографічна** movie, **літературна** literary, **політична** political, **спортивна** sport; **ґлобальна** global **міжнародна** international; **місцева** local, **національна** national; **короткотривала** short-lived ◊ **С. виявилася короткотривалою.** The sensation proved to be short-lived.

v. + **с. викликати ~ю** cause a sensation (**провокувати** provoke ◊ **Документ спровокує ~ю.** The document will provoke a sensation. **створювати** create) ◊ **Вони створили маленьку ~ю.** They created a small sensation. **уникати ~ї** avoid a sensation ◊ **Вона намагалася уникнути ~ї.** She was doing her best to avoid a sensation. **бути ~єю** be a sensation (**ставати** become)

prep. **с. серед** + *G.* a sensation among sb ◊ **Постава опери стала ~єю серед меломанів.** The opera production became a sensation among the music lovers.

Also see **галас 2.** *Cf.* **скандал**

сентимента́льн|ий, *adj.*

sentimental, mawkish; slushy, weepy, maudlin

adv. **виразно** distinctly, **вкрай** extremely, **геть** totally, **дуже** very, **зворушливо** touchingly, **особливо** particularly, **перебільшено** exaggeratedly, **трохи** a little; **надмір** inordinately, **надто** too ◊ **Галя – не надто ~а жінка.** Halia is not too sentimental a woman.

с. + *n.* **с. зв'язок** a sentimental connection (**настрій** mood, **роман** novel, **телесеріял** TV series) ◊ **Він любить ~і телесеріяли.** He likes sentimental TV series. **~а балада** a sentimental ballad (**вдача** character; **історія** story, **кінокартина** movie, **пісня** song)

v. + **с. бути ~им** be sentimental (**вважати** + *A.* consider sb/sth, **виявлятися** turn out, **звучати** sound, **здаватися** + *D.* seem to sb; **робити** + *A.* make sb/sth ◊ **Алкоголь робив Поліну ~ою.** Alcohol made Polina maudlin. **ставати** become) ◊ **На старість пан В. став надмір ~им.** In his old age, Mr. V. became inordinately sentimental.

Also see **емоційний 2, ліричний 2**

сепарати́зм, *m.*, **~у**, *only sg.*

separatism

adj. **аґресивний** aggressive ◊ **Політик сповідує аґресивний с.** The politician espouses aggressive separatism. **все більший** growing; **відкритий** open, **войовничий** militant, **неприхований** undisguised; **місцевий** local, **реґіональний** regional; **каталонський** Catalan, **російський** Russian, **русинський** Ruthenian, **шотландський** Scottish, *etc.* **етнічний** ethnic, **культурний** cultural, **мовний** linguistic

v. + **с. заохочувати с.** encourage separatism ◊ **Її заяви заохочують с.** Her pronouncements encourage separatism. (**підтримувати** support, **розпалювати** fuel; **ліквідувати** eliminate ◊ **Він зліквідував с.** He eliminated separatism. **долати** overcome, **перемагати** vanquish, **придушувати** suppress); **боротися з ~ом** fight separatism ◊ **Служба державної безпеки нічого не робила, щоб боротися з ~ом.** The state security service did nothing to fight separatism. **протидіяти ~ові** counteract separatism ◊ **Влада не протидіяла ~ові.** The authorities did not counteract separatism. (**чинити опір** resist)

с. + *v.* **зростати** grow, **посилюватися** strengthen; **зменшуватися** diminish, **послаблюватися** weaken, **спадати** recede ◊ **Після поразки на референдумі шотландський с. почав спадати.** After the defeat in the referendum, Scottish separatism started to recede.

сепарати́ст, *m.*; **~ка**, *f.*

separatist

adj. **непримиренний** implacable; **аґресивний** aggressive, **безкомпромісний** uncompromising, **затятий** diehard; **поміркований** moderate; **кривавий** bloody, **кровожерливий** blood-thirsty

v. + **с. бути ~ом** be a separatist ◊ **Він – русинський с.** He is a Ruthenian separatist. (**виявлятися** turn out ◊ **Більшість місцевого офіцерського корпусу виявилася ~ами.** The greater part of the local officers' corps turned out to be separatists. **ставати** become, **лишатися** remain, **робити** + *A.* **з** + *G.* turn sb into) ◊ **Утиски російської влади робили ~ів з багатьох вольських татарів.** Persecution by the Russian authorities turned many Volga Tatars into separatists.

сепарати́стськ|ий, *adj.*

separatist

с. + *n.* **с. заклик** a separatist appeal (**з'їзд** congress, **референдум** referendum; **рух** movement ◊ **На півночі країни діє с. рух.** A separatist movement is active in the north of the country. **сайт** site; **сценарій** scenario); **~а аґітація** separatist agitation (**влада** authorities ◊ **Влада Криму була відкрито ~ою.** The Crimean authorities were openly separatist. **газета** newspaper; **партія** party; **програма** program; **пропаґанда** propaganda; **демонстрація** demonstration, **хода** march)

серве́т|ка, *f.*

napkin ◊ **На ~ці вишивка.** There is embroidery on the napkin.

adj. **біла** white, **білосніжна** snow-white, **червона** red, **фіолетова** purple, *etc.*; **бавовняна** cotton, **лляна** linen, **паперова** paper ◊ **Вона не користується паперовими ~ками.** She uses no paper napkins. **гігієнічна** sanitary ◊ **Він поклав до сумки гігієнічні ~ки.** He put sanitary napkins in his bag. **коктейльна** cocktail, **столова** table; **велика** big; **невелика** small; **випрасувана** pressed; **свіжа** fresh, **чиста** clean; **складена** folded ◊ **акуратно складена с.** a neatly folded napkin; **брудна** dirty, **заплямована** stained, **зашмарована** *colloq.* soiled

v. + **с. брати ~ку** take a napkin (**приносити** +

D. bring sb ◊ **Він приніс гостям столові ~ки.** He brought his guests table napkins. **пропонувати** + *D.* offer sb; **розгортати** unfold ◊ **Пані К. розгорнула ~ку.** Mrs. K. unfolded a napkin. **згортати** fold, **складати** double over; **витирати** + *A.* **об** wipe sth on) ◊ **Вона витерла ніж об ~ку.** She wiped the knife on a napkin. **витирати** + *A.* **~кою** wipe sth with a napkin (**користуватися** use)

сервіс, *m.*, **~у**, *only sg.*
service, serving, servicing, attendance
adj. **бездоганний** impeccable, **високоякісний** quality, **відмінний** excellent, **ефективний** efficient, **знаменитий** *colloq.* superb, **першокласний** first-class, **першорядний** first-rate, **професійний** professional, **хороший** good, **чудовий** great; **кепський** poor, **жахливий** terrible, **паскудний** *colloq.* crummy, **поганий** bad; **оперативний** prompt, **швидкий** quick; **повільний** slow; **автомобільний** car ◊ **високоякісний автомобільний с.** a high-quality car service here; **передпродажний** presales; **післяпродажний** after-sales ◊ **Компанія не пропонує післяпродажного ~у.** The company offers no after-sales service. **кімнатний** room
v. + **с. мати с.** have service ◊ **Готель має с. доставки.** The hotel has a delivery service. (**організовувати** organize ◊ **Вони зорганізували першокласний с.** They organized a first-class service. **ґарантувати** + *D.* guarantee sb ◊ **Аґенція ґарантує клієнтам відмінний с.** The agency guarantees its clients an excellent service. **забезпечувати** + *D.* provide to sb; **надавати** + *D.* give sb, **пропонувати** + *D.* offer sb; **діставати** get, **отримувати** receive; **вдосконалювати** better, **покращувати** improve; **нарікати на** *and* **скаржитися на** complain about) ◊ **Клієнти скаржаться на кімнатний с.** The guests complain about the room service. **користуватися ~ом** use a service
See **обслуговування**

сердечн|ий, *adj.*
1 cordial, affectionate, heartfelt, warm-hearted, warm
с. + *n.* **с. привіт** a cordial greeting *(typical sign-off)* ◊ **Із ~им привітом, Микола.** With a cordial greeting, Mykola; **~а вдача** a cordial nature (**зустріч** meeting; **любов** love; **людина** person ◊ **Василя знають як ~у людину.** Vasyl is known as a cordial person. **мелодія** melody, **пісня** song; **настанова** attitude; **подяка** thanks, **розмова** conversation) ◊ **Між сторонами йшла ~а розмова.** A cordial conversation was occurring between the parties. **~е слово** a cordial word (**ставлення** treatment); **~і взаємини** cordial relationships (**поздоровлення** congratulations)
See **гарячий, ніжний 1, теплий 2**
2 spiritual, mental; intimate, innermost
с. + *n.* **с. біль** a spiritual pain, heartache; **~а рана** a spiritual wound (**таємниця** secret ◊ **Її не цікавили ~і таємниці брата.** Her brother's intimate secrets were of no interest to her. **туга** longing), ♦ **~а справа** an affair of the heart
See **інтимний 2, любовний 1**
3 faithful, devoted ◊ **Вони були ~ими друзями.** They were faithful friends.
See **відданий 1, вірний 1, щирий 3**
4 cardiac, of or pertaining to the heart ◊ **с. напад** *med.* a heart attack
See **серцевий**

сердити, ~жу, ~ять; роз~, *tran.*
to anger, vex, irritate; *pf.* make angry ◊ **Валя розсердила її цим зауваженням.** Valia made her angry with the remark.
adv. **вкрай** extremely, **глибоко** deeply, **дуже** badly ◊ **Фамільярність онука дуже ~ла Ольгу.** Her grandson's overfamiliarity badly angered Olha. **легко** easily; **надовго** for a long time ◊ **Суперечка із сином не ~ила її надовго.** A fight with her son would not anger her for long. **навмисне** deliberately, **спеціяльно** on purpose; **ненавмисне** unintentionally ◊ **Ганна ненавмисне так розсердила подругу.** It was not intentional that Hanna angered her (female) friend so. **завжди** always, **знову** again, **незмінно** invariably; **без потреби** needlessly
v. + **с. починати** start ◊ **Його неувага починала с. викладачку.** His lack of attention started irritating the (female) instructor.
pa. pple. **розсерджений** angered
(роз)серди!
Also see **гнівити, дратувати**

сердит|ий, *adj.*
1 angry, cross
adv. **дуже** very; **люто** furiously, **неабияк** extraordinarily, **небезпечно** dangerously, **неймовірно** incredibly, **страшенно** terribly; **видимо** visibly, **явно** clearly; **трохи** slightly; **ледве** scarcely; **надмір** inordinately, **надто** too; **особливо** particularly; **зрозуміло** understandably; **без причини** for no good reason
с. + *n.* **с. вигляд** an angry appearance (**голос** voice; **натовп** crowd; **погляд** look ◊ **Вона кинула на двері с. погляд.** She cast an angry look at the door. **стук** knocking); **~а гримаса** an angry grimace (**міна** countenance); **~е обличчя** an angry face; **~і кроки** angry steps (**очі** eyes)
v. + **с. бути ~им** be angry (**виглядати** look ◊ **Стах виглядав ~им.** Stakh looked angry. **звучати** sound, **здаватися** + *D.* seem to sb ◊ **У ту мить Ярема здавався люто ~им.** At that moment, Yarema seemed to be furiously angry. **лишатися** remain)
prep. **с. за** + *A.* angry about sth ◊ **Люди ~і на політиків за порожні обіцянки.** People are angry with politicians about their empty promises. **с. на** + *A.* angry with sb ◊ **Устим видимо с. на нього.** Ustym is visibly angry with him.
Also see **злий 2, лихий 3, роздратований.** *Cf.* **невдоволений**
2 bad-tempered, short-tempered, angry, testy
с. + *n.* **с. батько** a bad-tempered father ◊ **Ліда має ~ого батька.** Lida has a bad-tempered father. ♦ **С. пес!** Beware of dog! **~а вдача** testy nature (**жінка** woman)
3 *fig.* fierce, bitter, vicious ◊ **с. вітер** fierce wind ◊ **У комині завивав сердитий в.** Fierce wind was howling in the chimney. (**гуркіт** roar, **мороз** cold)

серд|итися; роз~, *intr.*
1 to be angry, sulk ◊ **Пройшло стільки часу, а Ірена ще ~иться.** So much time passed, but Irena is still angry.
adv. **довго** for a long time, **все ще** *or* **ще** still; **дуже** very ◊ **Лукаш дуже ~ився на неї.** Lukash was very angry with her. **страшенно** terribly; **без причини** for no good reason, **несправедливо** unfairly; **одразу** right away ◊ **Не знаючи, як відповісти на питання, вона одразу ~илася.** Not knowing how to answer a question, she pouted right away. **про всяк випадок** just in case
v. + **с. мати всі причини** have every reason to; **мати повне право** have every right to ◊ **Ви маєте повне право с.** You have every right to be angry. **не бути** + *G.* **причин** there be no reason to ◊ **Немає жодних причин так с.** There are no reasons to be so angry.
prep. **с. за** + *A.* be angry about sth ◊ **Як можна с. за невинну витівку!** How can one be angry about an innocent prank! **с. на** + *A.* be angry with sb
See **гніватися.** *Also see* **лютувати 1, надуватися 2.** *Cf.* **дутися 3**
2 *only pf.* get angry ◊ **Ліна люто розсердилася.** Lina got furiously angry.

серед, *prep.+ G.*
1 *(relations of place)* in the middle of sth, in the midst of sth, in, among ◊ **с. вулиці** in the middle of a street ◊ **Автобус застряг с. вулиці.** The bus got stuck in the middle of the street. (**міста** city, **парку** park, **поля** field ◊ **Сосна росте простісінько с. поля.** The pine grows smack in the middle of the field. **натовпу** crowd)
◊ **С. натовпу він зауважив жінок у чорних шкірянках.** In the crowd, he noticed women in black leather jackets.
See **посеред 1.** *Cf.* **між 1**
2 *(relations of time)* in the middle of, during ◊ **с. дня** in the middle of the day (**ночі** night ◊ **Їх викинули з дому с. ночі.** They were thrown out of their home in the middle of the night. **тижня** week; **концерту** concert, **лекції** lecture, **навчального року** academic year ◊ **Не варто кидати курс с. навчального року.** It is not worth quitting the course in the middle of the academic year. **розмови** conversation)
See **посеред 2.** *Also see* **між**

серед|а, *f.*
Wednesday
adj. **перша** first ◊ **перша с. грудня** the first Wednesday of December; **минула** past, last, **остання** last *(in a month)*, **та** *colloq.* past; **наступна** next ◊ **Він зробить стіл до наступної ~и.** He will make the table by next Wednesday. **ця** this; **довгождана** long-awaited, **щаслива** lucky; **фатальна** fatal
с. + *v.* **наставати** come ◊ **Настала с.** There came Wednesday. **проходити** pass, **тривати** last
prep. **в ~у** on Wednesday ◊ **Усе сталося в ту ~у.** Everything happened on that Wednesday. **від ~и** from/since Wednesday; **на ~у** for/on Wednesday ◊ **завдання на ~у** an assignment for Wednesday; **під ~у** *or* **проти ~и** before Wednesday ◊ **Погода зіпсувалася під саму ~у.** The weather deteriorated right before Wednesday.
N. pl. **~и**
See **день**

серединн|а, *f.*
1 middle, midpoint
adj. **сама** very ◊ **Сама с. даху лишається непофарбована.** The very middle of the roof remains unpainted. ♦ **золота с.** the golden mean ◊ **триматися золотої ~и** to steer the middle course ◊ **Він тримався золотої ~и.** He steered the middle course.
с. + *n.* **с. кімнати** the middle of the room (**кухні** kitchen ◊ **~у кухні займає стіл.** The table occupies the middle of the kitchen. **майдану** square, **міста** city, **парку** park, **поля** field; **життя** life ◊ **Юрій ще не сягнув ~и життя.** Yurii did not yet reach the middle of his life. **кар'єри** career; **дня** day, **ночі** night; **місяця** month, **року** year, **семестру** semester)
prep. **на ~і** in the middle ◊ **Катря затялася на ~і речення.** Katria halted in the middle of the sentence. **по ~і** in/along the middle ◊ **Вона провела пальцем по ~і живота.** She ran her finger through the middle of her stomach.
Also see **половина 2, центр 2.** *Ant.* **край**[1] **1**
2 *as adv. and prep., only I. sg.* in the middle, through the middle + *G.* ◊ **Течія несла човни ~ою річки.** The current carried the boats in the middle of the river.
3 inside, interior, inner part ◊ **С. дуба цілком виїдена.** The inside of the oak is completely eaten out.

середміст|я, *nt.*
downtown, city center
adj. **гарне** nice, **гарненьке** *dim.* pretty ◊ **Місто знане гарненьким ~ям.** The city is known for its pretty downtown. **затишне** homey, **приємне** pleasant, **чудове** wonderful; **врятоване** rescued, **реставроване** restored; **барокове** baroque, **історичне** historical, **середньовічне** medieval, **старе** old ◊ **Звідси до старого с. десять хвилин пішки.** It's a

five-minute walk from here to the old downtown.
v. + **с. йти до с.** go downtown (**повертатися з** return from); **гуляти ~ям** walk downtown ◊ **Рановранці Юрко гуляв ~ям Флоренції.** Early in the morning, Yurko walked around the city center of Florence. **зупинятися в ~і** put up in the city center ◊ **Вона зупинилася в ~і Одеси.** She put up in the center of Odesa. (**зустрічатися в** meet) ◊ **Вони зустрілися у старому ~і.** They met in the old downtown.
prep. **біля с.** close to downtown ◊ **Бібліотека біля с.** The library is close to downtown. **в ~і** *posn.* downtown
G. pl. **~ь**
Also see **місто 2, центр 1**

серéдн|ій, *adj.*
1 middle, mid, intermediate
с. + *n.* **с. палець** a middle finger (**рівень** level, **ряд** row ◊ **Вони сиділи в ~іх рядах.** They sat in the middle rows. **брат** brother, **син** son) ◊ **Лев – їхній с. син.** Lev is their middle son. **~я величина** *math* an intermediate value; **~я дитина** a middle child (**смуга** zone, **стадія** stage) ◊ **Хвороба була на ~ій стадії.** The disease was in the middle stage. **~є вікно** a middle window (**вухо** *anat.* ear) ◊ **Юрко потерпав від запалення ~ього вуха.** Yurko suffered from an inflammation of his middle ear. **~і двері** a middle door ◊ **Він замкнув ~і двері.** He locked the middle door. ♦ **~і віки** the Middle Ages ◊ **Латинський собор збудували в ~і віки.** The Latin Cathedral was built in the Middle Ages.
2 average, medium, mean
с. + *n.* **с. бал** an average score (**врожай** harvest, **достаток** means ◊ **Вона вбирається як жінка ~ього достатку.** She dresses like a woman of average means. **заробіток** wages ◊ **У сусідній країні с. заробіток вищий, як тут.** In the neighboring country, the average wages are higher than here. ♦ **с. рівень моря** *geogr.* the mean sea level; **~я вага** an average weight (**висота** height; **густина** density; **складність** difficulty level ◊ **маршрут ~ьої складности** a medium difficulty level route. **ціна** price); ♦ **~є аритметичне** *math.* the arithmetic mean, ♦ **~є пропорційне** *math.* the mean proportional; ♦ **в ~ьому** on average ◊ **У березні опади в ~ьому не перевищували місячної норми.** The precipitation in March on average did not exceed the monthly norm. ♦ **щось ~є** something (in) between ◊ **Її пес – щось с. між доберманом і телям.** Her dog is something between a Doberman and a calf.
3 secondary *(of education)* ◊ **Олена має ~ю освіту.** Olena has secondary education. ◊ **~я школа** a secondary school.
4 *ling.* neuter ◊ **с. рід** the neuter gender, ◊ **Слово «місто» є іменником ~ього роду.** The word "місто" is a neuter noun.

середóвищ|е, *nt.*
1 environment, surroundings, habitat; milieu
adj. **близьке** close, **найближче** immediate ◊ **Мох трапляється тільки в найближчому ~і озера.** The moss occurs only in the immediate environment of the lake. **зовнішнє** external ♦ **навколишнє с.** environment ◊ **очищення навколишнього ~а** cleaning the environment; **природне** natural; **незнайоме** unfamiliar, **нове** new, **чуже** alien, **штучне** artificial; **вічно мінливе** ever-changing, **мінливе** changing, **непевне** uncertain ◊ **З огляду на непевне с. робити прогнози ніхто не ризикував.** In view of the uncertain environment, nobody took the risk of making predictions. **нестабільне** unstable; **затишне** comfortable, **захищене** protected, **стабільне** stable; **живильне** nourishing; **відповідне** adequate, **гостинне** hospitable, **ідеальне** ideal, **комфортне** comfortable ◊ **Директор створив комфортне с. в лабораторії.** The director created a comfortable environment in the laboratory. **приємне** pleasant, **сприятливе** favorable, **стимулююче** stimulating; **вороже** hostile, **небезпечне** dangerous, **несприятливе** unfavorable; **здорове** healthy; **стерильне** sterile, **чисте** clean; **екстремальне** extreme, **стресове** stressful, **суворе** harsh; **шумне** noisy; **забруднене** polluted, **отруєне** poisoned ◊ **с., отруєне промисловими відходами** the enviroment poisoned by industrial waste, **тепле** warm; **холодне** cold; **вологе** damp, **сухе** dry; **змагальне** competitive; **міське** urban, **сільське** rural ◊ **Оксана почувається краще в сільському ~і.** Oksana feels better in the rural environment. **водне** aquatic, **гірське** mountain, **лісове** forest, **морське** marine, **прибережне** coastal, **пустельне** desert; **домашнє** domestic, **родинне** *and* **сімейне** family, **своє** one's own; **емоційне** emotional, **моральне** moral; **культурне** cultural, **релігійне** religious, **робоче** working, **соціяльне** *and* **суспільне** social ◊ **Революціонер завжди конфліктує із суспільним ~ем.** A revolutionary is always in conflict with his social environment. **робітниче** workers', **селянське** peasant; **академічне** academic, **освітнє** educational, **університетське** university ◊ **Її університетське с. однаково сприяло викладанню і науковій роботі.** Her university environment equally favored teaching and scientific work. **шкільне** school; **викладацьке** teacher, **навчальне** teaching; **студентське** student; **професійне** *and* **фахове** professional; **бізнесове** business, **економічне** economic, **корпоративне** corporate, **підприємницьке** entrepreneurial, **фінансове** financial; **партійне** party, **політичне** political; **панівне** dominant
n. + **с. забруднення ~а** pollution of the environment (**збереження** preservation, **охорона** protection; **очищення** cleaning) ◊ **очищення ~а від відходів** cleaning of the environment from waste; **шкода для ~а** a damage to the environment
v. + **с. забруднювати с.** pollute the environment ◊ **Хемічне виробництво забруднює навколишнє с.** The chemical production pollutes the environment. (**знищувати** destroy, **руйнувати** ruin; **забезпечувати** + *D.* provide to sb ◊ **Бібліотека забезпечує їм с. для роботи.** The library provides a working environment to them. **зберігати** preserve; **змінювати** change; **охороняти** protect, **плекати** foster; **покращувати** improve; **контролювати** control; **формувати** shape, **створювати** create; **вивчати** study, **досліджувати** explore ◊ **Зоологи дослідили с., в якому живе вовк.** Zoologists explored the environment in which a wolf lives. **впливати на** affect); **звикати до ~а** get accustomed to the environment (**призвичаюватися до** get used to, **пристосовуватися до** adapt to) ◊ **Вони вже пристосувалися до незнайомого ~а.** They already adapted to the unfamiliar environment. **конфліктувати з ~ем** be in conflict with the environment; **опинятися в ~і** end up in the environment ◊ **Він опинився в ~і якихось підозрілих типів.** He found himself in the environment of some suspicious characters.
prep. **у ~і** in an environment
Also see **довкілля, коло**[1] **3, оточення 1**
2 *phys.* medium
adj. **безповітряне** airless; **кисле** acid, **лужне** alkaline, **невтральне** neutral; **фізичне** physical

серéж|ка, *f.*
1 earring
adj. **діямантова** diamond, **золота** gold, **мідна** copper, **срібна** silver; **гарна** beautiful; **дорога** expensive; **дешева** cheap
n. + **с. набір ~ок** a set of earrings ◊ **Він подарував Романі набір діямантових ~ок.** He gave Romana a set of diamond earrings. (**пара** pair; **ціна** price)
v. + **с. вдягати ~ки** put earrings on ◊ **Христя вдягнула найкращі ~ки.** Khrystia put on her best earrings. (**мати** have, **носити** wear ◊ **Він носив ~ку в лівому вусі.** He wore an earring in his left ear. **губити** lose; **знімати** take off) ◊ **Ольга була така втомлена, що забула зняти ~ки перед сном.** Olha was so tired she forgot to take off her earrings before going to bed.
2 *bot.* catkin, ament ◊ **На березах з'явилися жовті ~ки.** Yellow catkins appeared on birches.

сержáнт, *m.*; **~ка**, *f.*
sergeant
adj. **молодший** junior, **старший** senior ◊ **Іщенка підвищили до старшого ~а.** Ishchenko was promoted to senior sergeant.
v. + **с. бути ~ом** be a sergeant (**воювати** fight as ◊ **Війну він провоював ~ом.** He fought the war as a sergeant. **починати** + *A.* start sth as ◊ **Назар починав служити в частині ~ом.** Nazar started his service in the unit as a sergeant.
See **офіцер, солдат**

сéрі|я, *f.*, **~ї**
1 series, succession, sequence, set, line
adj. **велика** large ◊ **Часопис запланував велику ~ю репортажів на цю тему.** The magazine planned a large reportage series on the subject. **довга** long; **коротка** short, **невелика** small; **обмежена** limited ◊ **обмежена с. чорно-білих світлин** a limited series of black-and-white photographs; **окрема** separate ◊ **Її оповідання видали окремою ~єю.** Her stories were published in a separate series. **ціла** entire ◊ **ціла с. анекдотів** an entire series of jokes; **недавня** *and* **нещодавня** recent, **нова** new ◊ **Щохвилини лунала нова с. пострілів.** Every minute, a new series of shots went off. **свіжа** fresh ◊ **Вона мала от-от закінчити свіжу ~ю карикатур.** She was about to finish a fresh series of cartoons.
prep. **в ~ї** in a series; **з ~ї** from a series ◊ **герой із популярної ~ї казок** a character from a popular fairy tales series
2 part *(in film series)*, episode ◊ **У комедії двадцять ~й.** There are twenty episodes in the comedy.
adj. **захоплива** exciting, **цікава** interesting; **перша** first; **друга** second ◊ **Друга с. телесеріялу сподобалася їм більше, як перша.** They liked the second part of the TV series more than the first one. **третя** third; **наступна** next, **нова** new; **остання** last ◊ **Вони змонтували останню ~ю фільму.** They edited the last episode of the film. **фінальна** final; **попередня** previous
v. + **с. дивитися ~ю** watch an episode (**пропускати** miss ◊ **Вони пропустили ~ю улюбленого серіялу.** They missed an episode of their favorite series. **знімати** film; **накручувати** *colloq.* shoot, **режисерувати** direct ◊ **Ганна зрежисерувала наступну ~ю теледрами.** Hanna directed the next part of the TV drama. **передавати** broadcast; **показувати** screen; **повторювати** repeat, **повторно показувати** rerun) ◊ **~ю повторно показуватимуть уранці наступного дня.** The episode will be rerun the next day in the morning.
prep. **у ~ї** in an episode ◊ **Вона одружується у фінальній ~ї.** She gets married in the final episode.
See **фільм**

серіял, *m.*, **~у**
series *(on TV)*
adj. **воєнний** war, **детективний** detective ◊ **Він годинами дивився англійські ~и.** He watched English series for hours. **кримінальний** crime; **документальний** documentary, **комедійний** comedy; ♦ **радіосеріял** radio series ◊ **Він три роки продукує популярний радіосеріял.** For three years, he has produced a popular radio

series. **телевізійний** *or usu* **телесеріял** TV series; **художній** feature; **мультиплікаційний** animated; **новий** new ◊ **Вона підписала контракт на новий с.** She signed a contract for a new series. **оригінальний** original, **популярний** popular; **багатосерійний** multipart, **двосерійний** two-part, **трисерійний** three-part, **чотирисерійний** four-part; **безконечний** endless
n. + **с. початок ~у** a series beginning (**кінець** end; **сюжет** plot; **режисер** director; **сезон** season) ◊ **сьомий сезон ~у** the series' seventh season; **серія ~у** an episode of the series
v. + **с. замовляти** + *D.* **с.** commission sb a series ◊ **Їй замовили документальний с.** They commissioned her a documentary series. (**знімати** shoot, **продукувати** produce, **створювати** create; **передавати** broadcast ◊ **Канал передає кримінальний с.** The channel broadcasts a crime series. **показувати** show; **скасовувати** cancel ◊ **Після першого сезону с. скасували.** The series was canceled after the first season. **випускати на** + *L.* release on) ◊ **Наступного місяця с. випустять на компактному диску.** Next month, the series will be released on DVD. **зніматися в ~і** appear in a series ◊ **Актор уперше знявся в комедійному ~і.** The actor appeared in a comedy series for the first time.
prep. **у ~і** in a series; **с. про** + *A.* a series about sb/sth ◊ **с. про Миколу Міхновського** a series about Mykola Mikhnovsky

серйозн|ий, *adj.*
1 serious, earnest, grave
adv. **абсолютно** absolutely, **вкрай** extremely, **досить** fairly, **достатньо** sufficiently, **дуже** very, **надзвичайно** extremely, **надміру** inordinately, **надто** too, **смертельно** deadly ◊ **Обличчя дівчини стало смертельно ~им.** The girl's face became deadly serious. **справді** really, **страшенно** terribly ◊ **Левко ніколи не бачив приятеля таким страшенно ~им.** Levko had never seen his friend so terribly serious. **цілком** entirely; **більш** more; **менш** less; **особливо** particularly; **майже** almost; **ледве** barely
v. + **с. бути ~им** be serious (**виглядати** look ◊ **У чорному жакеті Галина виглядала особливо ~ою.** In a black jacket, Halyna looked particularly serious. **здаватися** + *D.* seem to sb ◊ **Іван здався їй надто ~им.** Ivan seemed to be too serious to her. **лишатися** remain; **робитися** grow, **ставати** become)
prep. **с. у** + *L.* serious about/in sb/sth ◊ **Катерина була цілком ~ою у намірі піти з посади.** Kateryna was quite serious in her intention to leave the post.
Also see **поважний 3, суворий 5.**
Ant. **жартівливий 1, 2, легковажний 1**
2 serious, intellectual, highbrow, deep ◊ **Вони не мали охоти дивитися с. фільм.** They did not feel like watching a serious movie. ◊ **Нова книжка – плід ~ого дослідження.** The new book is the fruit of serious research.
Also see **діловий 2, інтелектуальний.**
Ant. **легкий 4, легковажний 2**
3 important, significant, consequential
с. + *n.* **с. виступ** an important appearance (**вплив** influence, **недолік** drawback, **проєкт** project, **супротивник** opponent; **чинник** factor); **~а користь** an important benefit (**обставина** circumstance, **перевага** advantage; **перешкода** obstacle, **подія** event, **справа** matter); **~е застереження** an important reservation ◊ **Вона погодилася з одним ~им застереженням.** She agreed with one serious reservation. (**міркування** consideration; **питання** issue)
v. + **с. бути ~им** be serious ◊ **Справа була ~ою.** The matter was serious. (**вважати** + *A.* consider sth ◊ **Режисер вважає поставу своєю першою ~ою роботою.** The director considers the production to be his first serious work. **оголошувати** + *A.* declare sb/sth) ◊ **Критики поквапилися оголосити її ~ою поеткою.** Critics hurried to declare her a serious poet.
See **важливий.** *Also see* **вагомий 2, вартий 2, вирішальний 2, відповідальний 2, життєвий 3, значний 2, критичний 3, поважний 4, помітний 3, рішучий 3**
4 serious, severe, grave, ominous
с. + *n.* **с. брак** a serious lack ◊ **С. брак інформації не дає їй оцінити становище.** A serious lack of information prevents her from assessing the situation. (**дефіцит** deficit; **провал** failure); **~а епідемія** a serious epidemic (**недуга** sickness; **загроза** danger, **криза** crisis, **проблема** problem)
Also see **важкий 8, загрозливий 2**

серп|ень, *m.*, **~ня**
August ◊ **День незалежности України святкують двадцять четвертого ~я.** Ukrainian Independence Day is celebrated on August 24.
See **місяць 1, січень**

сер|це, *nt.*, **~ця**
1 *anat.* heart
adj. **здорове** healthy ◊ **Лікар сказав, що вона має здорове с.** The doctor said she had a healthy heart. **міцне** strong, **молоде** young; **кволе** feeble, **погане** bad, **слабке** weak, **старе** old ◊ **Його старе с. все частіше нагадувало про себе.** His old heart was ever more frequently reminding him of itself. **хворе** sick; **галопуюче** racing; **тремке** tremulous; **людське** human, **коров'яче** cow's, **свиняче** pig's, **теляче** calf's, *etc.*; **трансплантоване** transplanted; **штучне** artificial
n + **с. аритмія ~ця** heart arrythmia (**дефект** defect ◊ **Він народився з невеликим дефектом ~ця.** He was born with a small heart defect. **клапан** valve; **лікування** treatment, **операція** surgery; **порок** *and* **хвороба** disease, **проблема** problem; **ритм** rate, rhythm, **стан** condition; **трансплантація** transplant ◊ **В інституті провели успішну трансплантацію ~ця.** A successful heart transplant was conducted at the institute. **шунтування** bypass) ◊ **Хворий потребував шунтування ~ця.** The patient was in need of a heart bypass.
v. + **с. відчувати с.** feel the heart (**зупиняти** stop; **лікувати** treat; **пересаджувати** *and* **трансплантувати** transplant; **прикривати** cover ◊ **Він узяв книжку і прикрив нею с.** He took a book and covered his heart with it. **слухати** listen to ◊ **Лікар послухав її легені та с.** The doctor listened to her lungs and heart. **попадати в** hit (in) ◊ **Куля попала йому в саме с.** The bullet hit him right in the heart. **стріляти в** shoot in, **цілитися в** aim at/in) ◊ **Він цілився в с. жертві.** He was aiming at the heart of his victim.
с. + *v.* **битися** beat, **калатати(ся)** pound ◊ **В Алли закалатало(ся) с.** Alla's heart started pounding. **галопувати** race, **тріпотіти** flutter ◊ **У неї затріпотіло с.** Her heart started fluttering. **завмирати** sink ◊ **Від несподіванки в Поліни завмерло с.** Polina's heart sank with surprise. **затинатися** skip a beat ◊ **У нього з переляку затнулося с.** His heart skipped a beat with fright. **зупинятися** stop ◊ **Її с. зупинилося від електрошоку.** Her heart stopped from an electric shock.
prep. **в с.** *dir.* in/to a heart ◊ **Куля потрапила в с.** The bullet got into the heart. **в ~ці** *posn.* in a heart ◊ **шум у ~ці** murmur in the heart; **на с.** on one's heart ◊ **Левко поклав руку на с.** Levko put his hand on his heart. **під ~цем** under a heart ◊ **Інна вперше відчула, як під ~цем забилося нове життя.** Inna felt for the first time a new life start beating under her heart.
2 *fig.* heart, feelings, emotions, sentiments
adj. **велике** big ◊ **чоловік із великим ~цем** a man with a big heart; **гаряче** fervent, **добре** good, **лагідне** kind, **легке** light ◊ **Йосипа робила завдання з легким ~цем.** Yosypa was doing the assignment with a light heart. **люблячe** loving, **м'яке** soft, **ніжне** tender, **пристрасне** passionate, **чисте** pure; **веселе** cheerful, **радісне** joyful ◊ **Вона верталася домів із радісним ~цем.** She was returning home with a joyful heart. **важке** heavy, **невеселе** joyless, **сумне** sad; ♦ **золоте с.** a heart of gold ◊ **Катря мала золоте с.** Katria had a heart of gold. ♦ **камінне с.** a heart of stone; **холодне** cold ♦ **з холодним ~цем** in cold blood ◊ **документальний роман Трумена Капоте «З холодним ~цем»** Truman Capote's nonfiction novel *In Cold Blood*
v. + **с. мати с.** have a heart (**гріти** *or* **зігрівати** + *D.* warm ◊ **Андрієва приязнь зігрівала йому с.** Andrii's friendship warmed his heart. **радувати** + *D.* gladden ◊ **Весняний сад радував Левові с.** The spring garden gladdened Lev's heart. **завойовувати** conquer, **здобувати** win, **полонити** capture ◊ **Марко полонив їй с.** Marko captured her heart. **пронизувати** pierce ◊ **Іванові слова пронизали йому с.** Ivan's words pierced his heart. **ранити** wound, **розбивати** break ◊ **Свого часу Ліна розбила багато ~деьць** *or* **~ць.** In her time, Lina broke many hearts. **краяти** rip apart ◊ **Не мовчіть, не крайте мені ~ця!** Don't be silent, don't rip my heart apart! ♦ **розкривати** + *D.* **с.** to open one's heart to sb ◊ **Він розкрив Тетяні с.** He opened his heart to Tetiana. ♦ **вкладати с. в** + *A.* to put one's heart into sth ◊ **Він с. вклав у роль.** He put his heart in the role. **хапати** + *A.* **за** touch ◊ **Арія Мікаели завжди хапає його за с.** Micaela's aria always touches his heart. ♦ **не мати ~ця** *fig.* to have no heart, be cruel
с. + *v.* **боліти** ache ◊ **Він не знав, що від образи так може боліти с.** He did not know that the heart could ache so from an insult. **жадати** + *G.* desire sth ◊ **Маріччине с. жадало ніжности.** Marichka's heart desired tenderness. **завмирати** sink, **кам'яніти** turn to stone ◊ **З горя його с. скам'яніло.** His heart turned to stone with grief. **німіти** go numb ◊ **Від думки про смерть, йому німіло с.** At the thought of death, his heart went numb. **танути** melt ◊ **Василь усміхнувся, і її с. розтануло.** Vasyl smiled and her heart melted. **чути** sense ◊ **Орисине с. чуло, що це не закінчиться добром.** Orysia's heart sensed that it would not end well.
prep. **без ~ця** without heart, heartless, cruel; cruelly; ♦ **від усього ~я** from the bottom of one's heart ◊ **Я від усього ~ця бажаю вам добра.** I wish you well from the bottom of my heart. ♦ **з ~ця** with anger, angrily ◊ **Він трохи не зламав комп'ютер із ~ця.** He all but broke his computer with anger. **з ~цем** of/with a heart ◊ **дівчина з чистим ~цем** a girl of pure heart; **у ~ці** at heart ◊ **У ~ці Соломія була феміністкою.** Solomia was a feminist at heart. **від ~ця** from the heart
3 *fig.* heart, center, core ◊ **Собор збудували в самому ~ці міста.** The cathedral was built in the very heart of the city.
adj. **справжнє** true; **духовне** spiritual ◊ **Київ називають духовним ~цем України.** Kyiv is called the spiritual heart of Ukraine.
See **серцевина 2**
4 clapper ◊ **У старому дзвоні бракувало ~ця.** The old bell lacked a clapper.
N. pl. **~ця**, *G. pl.* **~деьць** *or* **~ць**

серцев|ий, *adj.*
cardiac, heart, of or pertaining to heart
с. + *n.* **с. клапан** a heart valve (**м'яз** muscle, **напад** attack ◊ **Він пережив три ~і напади.** He survived three heart attacks. **цикл** cycle); **~а недостатність** a heart failure ◊ **Дитина виявляла ознаки ~ої недостатности.** The child demonstrated signs of a heart failure. (**тканина** tissue); **~е скорочення** a heart contraction; **~і краплі** heart drops (**ліки** medicine)
Also see **сердечний 4**

серцеви́н|а, *f.*
1 *bot.* pith, medulla ◊ **С. де́рева ви́явилася м'я́кою і воло́гою.** The pith of the tree turned out to be soft and moist. ◊ **Стебло́ росли́ни має по́ристу ~у.** The plant's stem has a porous medulla.
2 *fig.* heart, core, center ◊ **Накопи́чення факти́чного матерія́лу стано́вить ~у пе́ршої ста́дії прое́кту.** Accumulation of factual material constitutes the core of the first stage of the project.
Also see **се́рце 3, центр 1**
3 *techn.* core
с. + *n.* **с. замка́** the core of a lock (**ка́беля** cable, **кітви́** anchor, **радія́тора** radiator, **реа́ктора** reactor)

се́сі|я, *f.*, **~ї**
1 session, sitting, term
adj. **інавґураці́йна** inaugural, **пе́рша** first; **кінце́ва** *and* **прикінце́ва** closing, **оста́ння** last, **фіна́льна** final; **ни́нішня** present, **пото́чна** current; **робо́ча** working; **спі́льна** joint; **відкри́та** open; **закри́та** closed ◊ **Коміте́т обговори́в законопрое́кт на закри́тій ~ї.** The committee discussed the bill in closed session. **надзвича́йна** emergency, **позачерго́ва** extraordinary, **спеція́льна** special, **терміно́ва** urgent
v. + **с. відкрива́ти ~ю** open a session (**прово́дити** hold; **склика́ти** convene; **бойкотува́ти** boycott, **відві́дувати** attend); **зверта́тися до ~ї** address a session ◊ **Президе́нт зверну́вся до надзвича́йної ~ї Верхо́вної Ра́ди.** The president addressed an extraordinary session of the Supreme Rada. **бра́ти у́часть у ~ї** take part in a session
с. + *v.* **відбува́тися** take place ◊ **Пото́чна с. місько́ї ра́ди відбува́ється при по́вному кво́румі.** The current City Council session is taking place with full quorum. **збира́тися** convene ◊ **С. законода́вчих збо́рів збира́ється втре́тє.** The legislative assembly session convenes for the third time. **прохо́дити** be underway; **відкрива́тися** open; **закрива́тися** close
prep. **на ~ї** at a session; **під час ~ї** during a session
2 examination period *(at universities)*, exams
adj. **зимо́ва** winter, **весня́на́** spring; **коро́тка** short; **трива́ла** lengthy; **пе́рша** first ◊ **Її пе́рша с. не могла́ бу́ти кра́щою.** Her first exam session could not be better. **важка́** difficult; **легка́** easy; **вда́ла** *and* **успі́шна** successful; **прова́льна** disastrous
See **і́спит, екза́мен**

сест|ра́, *f.*, **~ри́**
1 sister
adj. **вели́ка** big, **ста́рша** elder; **мале́нька** little, **моло́дша** younger; **рі́дна** biological, by birth *(as opposed to a cousin)* ◊ **Ївга була́ його́ рі́дною ~ро́ю.** Yivha was his sister. **моло́чна** milk ◊ **Марі́я й Га́нна – моло́чні ~ри, бо годува́лися ті́єю ж жі́нкою.** Maria and Hanna are milk-sisters because they were suckled by the same woman. **назва́на** *or* **наре́чена** foster ◊ **У Херсо́ні він має назва́ну ~ру́ Ори́сю.** In Kherson he has his foster sister Orysia. ♦ **двою́рідна с.** a cousin, **трою́рідна с.** second cousin; ♦ **зве́дена с.** a step-sister; **дорога́** dear, **коха́на** beloved, **улю́блена** favorite; **доку́члива** annoying, **розбе́щена** bratty; **поме́рла** dead; **неодру́жена** unmarried
v. + **с. ма́ти ~ру́** have a sister ◊ **Він має п'я́теро ~ер.** He has five sisters (**ма́ти** + *A.* **за** have sb as) ◊ **Вона́ ма́ла Христи́ну за ~ру́.** She had Khrystyna for a sister. **дово́дитися** + *D.* **~ро́ю** be sb's sister ◊ **Дівча́та дово́дилися одна́ о́дній двою́рідними ~рами.** The girls were cousins. ♦ **як брат з ~ро́ю** like brother and sister ◊ **Вони́ жили́ як бра́т з ~ро́ю.** They lived like brother and sister.
2 sister *(intimate or fam. form of address to woman)* ◊ **Він назива́в О́лю ~ро́ю.** He would call Olia sister.
3 *med.* female nurse
adj. **дипломо́вана** certified, **кваліфіко́вана** qualified; **меди́чна** *usu* **медсестра́** medical, **ста́рша** head ◊ **Па́ні Новачу́к призна́чили ста́ршою ~ро́ю ліка́рні.** Mrs. Novachuk was appointed head nurse of the hospital. **операці́йна** scrub, **педіятри́чна** pediatric, **психіятри́чна** psychiatric; **досві́дчена** experienced
See **спеція́ліст**

се́ч|а, *f.*, **~і**, *only sg.*
anat. urine
adj. **дитя́ча** baby, **лю́дська** human; **прозо́ра** transparent, **чи́ста** clear; **мутна́** cloudy, **те́мна** dark; **крива́ва** bloody
n. + **с. ана́ліз ~і** a urine test; **кра́пля ~і** a drop of urine (**за́пах** smell, **смо́рід** stench ◊ **У пала́ті стоя́в смо́рід ~і.** There was a stench of urine in the ward. **калю́жа** pool) ◊ **Чолові́к лежа́в у калю́жі ~і.** The man lay in a pool of urine.
v. + **с. пуска́ти ~у** pass urine (**бра́ти** take, **здава́ти** give) ◊ **Він здав ~у на ана́ліз.** He gave his urine to be tested.
prep. **в ~і** in urine ◊ **висо́кий рі́вень цу́кру в ~і** a high sugar level in urine

си́в|ий, *adj.*
1 gray-haired, gray, hoary
adv. **вже** already ◊ **Його́ скро́ні вже ~і.** His temples are already gray. **передча́сно** prematurely; **до́сить** fairly, **ду́же** very, **помі́тно** noticeably, **шляхе́тно** gracefully ◊ **шляхе́тно ~а борода́** a gracefully gray beard; **геть** totally, **ма́йже весь** ◊ **Її воло́сся ма́йже все ~е.** Her hair is almost all gray. **цілко́м** completely; **ле́две** barely; **тро́хи** a little; **попеля́сто-с.** ash gray, **сріблясто-с.** silvery gray, **стале́во-с.** steel gray, **те́мно-с.** dark gray, **я́сно-с.** light gray
v. + **с. бу́ти ~им** be gray ◊ **Його́ голова́ цілко́м ~а.** His head is completely gray.
Also see **бі́лий 3, сі́рий 2**
2 light gray, pale gray, gray, ashen
с. + *n.* **с. кі́нь** a gray horse (**тума́н** fog); **~а зозу́ля** a gray cuckoo (**кі́шка** she-cat, **ку́рка** hen; **далечі́нь** *poet.* distance), ♦ **маячі́ння ~ої коби́ли** gobbledygook, nonsense ◊ **Це – не ро́зповідь, а маячі́ння ~ої коби́ли.** It's gobbledygook of a story. **~е сукно́** gray cloth ◊ **штани́ із про́сто́го ~ого сукна́** pants of plain gray cloth
Also see **сі́рий 1**
3 *fig., poet.* old, age-old, ancient, distant ◊ **~а давнина́** old times ◊ **Це ста́лося в ~у давнину́.** This took place in old times. (**істо́рія** history, **мину́вшина** past) ◊ **Усі́ її дра́ми лиши́лися в ~ій мину́вшині.** All her dramas remained in the distant past.
See **стари́й 1**

си́ві|ти, ~ють; по~, *intr.*
1 to gray, turn gray
adv. **ду́же** a great deal ◊ **За рік він ду́же поси́вів.** He grayed a great deal over the last year. **помі́тно** noticeably, **шляхе́тно** gracefully; **геть** totally, **цілко́м** completely; **ле́две** barely; **де́що** somewhat ◊ **Вона́ погла́дшала і де́що поси́віла.** She put on weight and grayed somewhat. **тро́хи** a little
pa. pple. **поси́вілий** gone gray
2 **си́віти** *only impf.* stand out *(of things gray or shiny)*, show, be visible; be gray ◊ **На по́лі си́вів і́ней.** The field was gray with frost. ◊ **Кімна́та ~ла від тютюно́вого ди́му.** The room was gray with tobacco smoke.
(по)си́вій!

сигна́л, *m.*, **~у** *and* **~а**
1 **~у**, signal, sign, warning; symptom, indication; cue
adj. **ви́димий** visible ◊ **ви́димий с., що вони́ непоко́яться** a visible signal that they worry; **аварі́йний** emergency; **вира́зний** distinct, **безпомилко́вий** unmistakable, **чітки́й** clear, **я́вний** obvious; **узго́джений** agreed upon, **умо́влений** prearranged; **незрозумі́лий** incomprehensible, **спантели́чливий** confusing, **супере́чливий** contradictory; **застере́жний** cautioning ◊ **Її поведі́нка ста́ла для Се́ргія застере́жним ~ом.** Her behavior became a cautioning signal to Serhii. **попере́джувальний** warning; **закодо́ваний** coded, **секре́тний** *and* **таємний** secret
с. + *n.* **с. ли́ха** a distress signal (**небезпе́ки** danger, **повітря́ної триво́ги** air-raid ◊ **Він чув дале́кий с. повітря́ної триво́ги.** He heard a far-off air-raid signal. **попере́дження** warning, **триво́ги** alarm); **с. руко́ю** a hand signal (**сві́тлом** light)
v. + **с. дава́ти** + *D.* **с.** give sb a signal ◊ **Він дав змагуна́м с. руко́ю.** He gave a hand signal to the competitors. (**висила́ти** send out ◊ **Літа́к висила́в ~и ли́ха.** The aircraft was sending out distress signals. **посила́ти** send, **роби́ти** make; **пере-хо́плювати** intercept ◊ **Вони́ перехопи́ли ни́зку закодо́ваних ~ів.** They intercepted a series of coded signals. **прийма́ти** receive; **тлума́чити** interpret ◊ **Він не знав, як тлума́чити отри́мані ра́діосиґна́ли.** He did not know how to interpret the received radio signals. **чита́ти** read; **сприйма́ти** + *A.* **як** perceive sth as ◊ **Він сприйня́в зая́ву як с., що ме́неджмент гото́вий піти́ на посту́пки.** He perceived the statement as the signal that the management was ready to make concessions. **тлума́чити** + *A.* **як** interpret sth as; **відповіда́ти на** respond to ◊ **Вони́ зра́зу відповілі́ на с.** They responded to the signal at once. **реаґува́ти на** react to) ◊ **Її о́чі не реаґува́ли на світлові́ ~и.** Her eyes did not react to light signals. **бу́ти ~ом** be a signal ◊ **Сло́во було́ таємним ~ом небезпе́ки.** The word was the secret signal of danger. (**служи́ти** serve as; **става́ти** become) ◊ **Вбивство ста́ло ~ом до повста́ння в мі́сті.** The murder became the signal for uprising in the city.
с. + *v.* **звуча́ти** ring out, **луна́ти** sound ◊ **С. пролуна́в о дру́гій но́чі.** The signal sounded at two in the morning. **розно́ситися** spread, **надхо́дити від/з** + *G.* come from *(a source)* ◊ **С. надійшо́в від чергово́го поліція́нта.** The signal came from the police officer on duty. **прихо́дити від/з** + *G.* come from *(a source)*; **означа́ти** + *A.* indicate sth ◊ **С. означа́є капітуля́цію.** The signal indicates capitulation.
prep. **за ~ом** at a signal ◊ **Вони́ ма́ли поча́ти на́ступ за ~ом.** They were to start the attack at a signal. **с. для** + *G.* a signal to/for sb ◊ **чітки́й с. для пре́си** a distinct signal to the press; **с. до** + *G.* a signal for *(an action)* ◊ **с. до ві́дступу** a signal for retreat; **с. про** + *A.* signal about *(an action)* ◊ **с. про змі́ну ку́рсу** a signal about the change of course; **с.** + *inf.* signal to *(an action)* ◊ **с. заглуши́ти двигуни́** a signal to shut down engines; **с., що** + *clause* a signal that ◊ **Команди́р отри́мав с., що мі́ну знешко́дили.** The commander received the signal that the mine had been defused.
Also see **до́каз, знак 3, 6, пока́зник 3, сві́дчення 1**
2 **~у** *phys.* signal
adj. **акусти́чний** acoustic, **ана́логовий** analogue; **димови́й** smoke, **звукови́й** sound, **зорови́й** visual; **сателіта́рний** *or* **супу́тниковий** satellite; **нервови́й** nerve; **хемі́чний** chemical; **електромаґні́тний** electromagnetic, **електро́нний** electronic, **цифрови́й** digital; **високочасто́тний** high-frequency, **низькочасто́тний** low-frequency; **вихідни́й** output, **вхідни́й** input; **кво́лий** faint, **слабки́й** weak; **поту́жний** powerful, **си́льний** strong ◊ **Вихідни́й с. сильні́ший, як вхідни́й.** The output signal is stronger than the input one. ♦ **авдіосиґна́л** an audio signal, ♦ **відеосиґна́л** a video signal, ♦ **телесиґна́л** a TV signal
n. + **с. інтенси́вність ~у** the intensity of a signal

(**поту́жність** power, **си́ла** strength, **трива́лість** duration, **частота́** frequency)
v. + **с. випромі́нювати с.** emit a signal (**випуска́ти** give out, **ґенерува́ти** generate ◊ **Ню́хальні о́ргани твари́ни ґенеру́ють нервові́ ~и.** Animal's olfactory organs generate nerve signals. **нести́** carry, **передава́ти** transmit, **посила́ти** send, **прово́дити** conduct, **продукува́ти** produce; **поси́лювати** amplify; **виявля́ти** detect, **підбира́ти** pick up, **прийма́ти** receive; **блокува́ти** block, **глуши́ти** jam ◊ **Радіосиґна́л го́ді заглуши́ти цілко́м.** The radio signal cannot be completely jammed. **відповіда́ти на** respond to, **реаґува́ти на** react to)
с. + *n.* **йти** travel ◊ **Цифрови́й с. іде́ ка́белем до се́рвера.** The digital signal travels through the cable to the server. **глуши́тися** be jammed; **згаса́ти** fade, **зника́ти** disappear; **поглина́тися** be absorbed
prep. **с. з** + *G.* a signal from *(a source)* ◊ **с. із радіомаяка́** a signal from a radio beacon
3 ~а signal *(in a car)*, light
adj. **автомобі́льний** car; **електри́чний** electric; **гучни́й** loud; **гальмівни́й** brake
с. + *n.* **с. паркува́ння** a parking signal ◊ **Він нати́снув кно́пку ~а паркува́ння.** He pressed the parking signal button. (**поворо́ту** turn) ◊ **Не працюва́в с. лі́вого поворо́ту.** The left-turn signal did not operate.
v. + **с. дава́ти** *and* **подава́ти с.** give a signal (**вимика́ти** turn off, **вмика́ти** turn on) ◊ **Вона́ забу́ла ввімкну́ти с.** She forgot to turn on the signal.
Also see **знак 6**

сиґна́л|ити, **~ять; по~**, *tran.*
1 to signal, sign, gesture, send a signal ◊ **Вона́ ~ила їм рука́ми.** She was signaling them with her hands. ◊ **Він же́стами посиґна́лив хло́пцям зупини́тися.** He gestured to the boys to stop.
prep. **с. на** + *A.* signal for sth ◊ **Лев наказа́в с. на вече́рю.** Lev gave an order to signal for dinner.
2 to honk, sound the horn
adj. **аґреси́вно** aggressively, **го́лосно** loudly ◊ **Він го́лосно посиґна́лив, намага́ючися омину́ти їх.** He honked loudly, trying to bypass them. **впе́рто** persistently, **нетерпля́че** impatiently, **серди́то** angrily; **раз** once; **два ра́зи** twice, **три ра́зи** three times ◊ **Оста́п мав по-три ра́зи, коли́ їм мо́жна бу́де наблизи́тися.** Ostap was to honk three times when it would be safe for them to approach.
(по)сиґна́ль!

сиді́н|ня, *nt.*
1 sitting, sitting around, staying *(in one place)* ◊ **Від с. в ха́ті в Іва́на почала́ся депре́сія.** Sitting around at home gave Ivan depression.
2 seat
adj. **зру́чне** comfortable; **за́днє** back ◊ **Хтось забу́в су́мочку на за́дньому ~ні.** Somebody left a handbag on the back seat. **пе́реднє** front; **сере́днє** middle; **водíйське** driver's, **дитя́че** child, **пасажи́рське** passenger; **туале́тне** toilet ◊ **Він забу́в опусти́ти пі́сля се́бе туале́тне с.** He forgot to lower the toilet seat after himself. **наявне** available ◊ **Лиша́лося п'ять наявних ~ь.** There remained five available seats. **незáйняте** unoccupied, **поро́жнє** empty; **м'яке́** soft; **тверде́** hard; **плю́шеве** plush, **шкіряне́** leather
v. + **с. займа́ти с.** occupy a seat ◊ **Вони́ зайняли́ оста́нні с. в ря́ді.** They occupied the remaining seats in the row. (**знахо́дити** find; **сіда́ти на** sit on) ◊ **Іва́нна сі́ла на зру́чному ~ні.** Ivanna sat on a comfortable seat.
prep. **с. бі́ля** + *G.* a seat near sth ◊ **с. бі́ля вікна́** a window seat; **с. в** + *L.* a seat in *(a row)* ◊ **с. у тре́тьому ря́ді** a seat in the third row; ♦ **с. у прохо́ді** an aisle seat; ♦ **с. посере́дині** a seat in the middle
See **мі́сце 2**

сид|і́ти, **~жу́**, **~я́ть; по~**, *intr.*
1 to sit, be seated; *pf.* to sit *(for a limited time)* ◊ **Вона́ посиді́ла годи́ну й пішла́.** She sat for an hour and left.
adv. **весь час** all the time, **все** *colloq.* all the time, **до́вго** for a long time, **годи́нами** for hours, **дня́ми** for days, **ти́жнями** for weeks; **тро́хи** for a while ◊ **Вони́ тро́хи посиді́ли, щоб відпочи́ти.** They sat for a while so as to rest. **нерухо́мо** motionless, **мовча́зно** silently, **мо́вчки** in silence ◊ **Яки́йсь час він мо́вчки ~і́в, ди́влячись у вікно́.** For some time he sat in silence, looking in the window. **спокі́йно** calmly, **терпля́че** patiently, **ти́хо** quietly ◊ **Вона́ ти́хо ~і́ла і щось чита́ла.** She sat quietly and read something. **про́сто** simply; **прямі́сінько** bolt upright, **пря́мо** upright; **ве́рхи** on horseback; ♦ **с. ка́менем** sit motionless; **завжди́** always, **іно́ді** sometimes, **рі́дко** seldom, **ча́сом** at times, **ча́сто** often; **ніко́ли не** never; **ви́гідно** cozily, **зру́чно** comfortably; **неви́гідно** *and* **незру́чно** uncomfortably; **зі схре́щеними нога́ми** with one's legs crossed ◊ **Вона́ ~і́ла на кана́пі зі схре́щеними нога́ми.** She sat on the couch, her legs crossed. **по-туре́цьки** Indian style ◊ **С. по-туре́цьки йому́ не так ви́гідно, як коли́сь.** It is not as cozy for him to sit Indian style as before. **набі́к** sideways; **го́рдо** proudly, **набундю́чено** *colloq.* primly, **пиха́то** haughtily; **натя́гнуто** stiffly ◊ **Вони́ ~і́ли натя́гнуто, не зна́ючи, про що говори́ти.** They sat stiffly, not knowing what to talk about. **нело́вко** *colloq.* awkwardly; **недале́ко** not far, **по́ряд** close by ◊ **Петро́ ~і́в зо́всім по́ряд.** Petro sat right close by. **ра́зом** together; **дале́ко** far ◊ **Вони́ ~і́ли десь дале́ко, мо́же в за́дніх ряда́х.** They sat somewhere far, maybe in the back rows.
v. + **с. люби́ти** like to ◊ **Дід люби́в с. на со́нці.** Grandad liked to sit in the sun. **могти́** can ◊ **Вона́ могла́ ці́лий день с. й писа́ти.** She could sit and write all day long. **перестава́ти** stop, **продо́вжувати** continue
prep. **с. в** + *L.* sit in, inside *(a space)* ◊ **Він ~і́в у бібліоте́ці.** He sat in the library. **с. за** + *I.* sit at/behind sth ◊ **Вони́ ~і́ли за ку́хонним столо́м.** They sat at the kitchen table. **с. на** + *A.* sit on sth ◊ **Вона́ ~і́ла на піску́.** She sat on sand. **с. пе́ред** + *I.* sit in front of sb/sth ◊ **Він ~і́в пе́ред дзе́ркалом.** He sat in front of a mirror. **с. під** + *I.* sit under sth ◊ **Пое́т люби́в с. під цим ду́бом.** The poet was fond of sitting under this oak.
Cf. **сади́ти 2, сіда́ти**
2 to stay, be, linger; *pf.* **про~**
adv. **до́вго** for a long time ◊ **Учо́ра Васили́на до́вго ~і́ла в сестри́.** Yesterday Vasylyna stayed at her sister's for a long time. **годи́нами** for hours; **дня́ми** for days, **ти́жнями** for weeks; **тро́хи** for a while ◊ **Посиди́ тро́хи з на́ми.** Stay with us for a while. **звича́йно** usually ◊ **У цей час вона́ звича́йно ~і́ла в кав'я́рні.** At this time, she would usually sit in a cafe. **традиці́йно** traditionally, **як пра́вило** as a rule; **ти́хо** quietly ♦ **ти́хо с.** to be quiet ◊ **Якби́ він ~і́в ти́хо, то не мав би жо́дних пробле́м.** Had he been quiet, he would have had no problems.
prep. ♦ **с. без ді́ла** sit around idle, waste time ◊ **Марі́я не могла́ до́вго с. без ді́ла.** Maria could not sit idle for long. **с. до** + *G.* stay till *(a moment)* ◊ **Він ~і́тиме на селі́ до ли́пня.** He will stay in the country till July. **с. з** + *G.* stay from/since *(a moment)* ◊ **Ді́вчата ~я́ть тут від пе́ршої годи́ни.** The girls have stayed here since one o'clock. ♦ **с. на ши́ї в** + *G.* to live off sb ◊ **Йо́сипові три́дцять ро́ків, а він і до́сі ~и́ть у ма́тері на ши́ї.** Yosyp is thirty, but he still lives off his mother. ♦ **с. над душе́ю в** + *G.* to pester sb ◊ **Ната́лка пішла́ з ха́ти, щоб ніхто́ не ~і́в у не́ї над душе́ю.** Natalka went out so that nobody pestered her.
Also see **бу́ти 1**
3 *fig.* to pore over, work on
prep. **с. за** + *I.* work on sth ◊ **Вони́ ~я́ть за зві́том два дні.** They have worked on the report for two days. **с. на** + *L.* work on *(a task)* ◊ **Вона́ ~и́ть на обро́бці да́них.** She is working on data processing. **с. над** + *I.* work on *(task)* ◊ **Скі́льки ча́су ти ще ~і́тимеш над статте́ю?** How much more time will you be working on the article?
Also see **займа́тися 1**
4 *fig., only with prep.* to look after, be with, take care of
prep. **с. бі́ля** *or* **ко́ло** + *G.* look after sb ◊ **Вона́ ~і́ла ко́ло діте́й.** She was looking after the children. **с. з** + *I.* be with sb ◊ **Із хво́рим хтось мав с.** Somebody had to be with the sick. **с. над** + *I.* take care of sb ◊ **Він приї́хав с. над неду́жим ба́тьком.** He arrived to take care of his ailing father.
5 *colloq.* to serve time, be in prison ◊ **Мільйо́ни неви́нних люде́й ~і́ли за сове́тів у Сибі́ру.** Millions of innocent people served time in Siberia during the Soviet rule.
6 *only 3rd pers.* to be, persist, stay, hide ◊ **Нена́висть до ціє́ї люди́ни ~і́ла глибо́ко в її се́рці.** Hatred for this person sat deep in her heart.
Also see **хова́тися 2**
7 *only 3rd pers.* to fit *(of clothes, etc.)*, match, suit
adv. **бездога́нно** impeccably ◊ **Піджа́к ~і́в на ньо́му бездога́нно.** The jacket was an impeccable fit on him. **га́рно** nicely, **до́бре** well, **доскона́ло** perfectly; **ке́псько** poorly, **незґра́бно** clumsily, **пога́но** badly
prep. **с. на** + *L.* fit sb ◊ **Су́кня ~і́ла на Оле́ні не зо́всім до́бре.** The dress did not fit Plena quite so well.
Also see **пасува́ти, іти́ 15**
сиди́!

си́л|а, *f.*
1 force, power, strength, energy
adj. **вели́ка** great, **величе́зна** enormous, **значна́** considerable, **надзвича́йна** extraordinary, **надприро́дна** supernatural ◊ **Геро́й зобра́жений як яка́сь надприро́дна с.** The protagonist is portrayed as some supernatural force. **неабия́ка** unusual, **неймові́рна** incredible, **нелю́дська** superhuman ◊ **Він не міг усто́яти пе́ред нелю́дською ~ою її по́гляду.** He could not withstand the superhuman power of her gaze. **неперевéршена** unsurpassed, **страшна́** terrible; **життє́ва** life, **життєда́йна** life-giving; **все бі́льша** increasing ◊ **Ві́тер ві́яв із все бі́льшою ~ою.** The wind was blowing with increasing force. **що зроста́є** growing; **нова́** new, **новові́днайдена** *or* **новозна́йдена** new-found ◊ **Вони́ взя́лися до робо́ти з новові́днайденою ~ою.** They got down to their work with a new-found force. **сві́жа** fresh; **несподі́вана** unexpected, **раптова** sudden; **гру́ба** brute, **сама́** sheer ◊ **Сама́ с. не допомо́же.** Sheer force will not help. **залі́зна** iron, **молоде́цька** youthful; **відно́сна** relative, **максима́льна** maximal; **мініма́льна** minimal, **невели́ка** small; **додатко́ва** additional; **зага́льна** overall, **колекти́вна** collective, **суку́пна** combined; **м'я́зова** muscle, **фізи́чна** physical; **вну́трішня** inner, **духо́вна** spiritual, **емоці́йна** emotional, **інтелектуа́льна** intellectual, **мора́льна** moral, **розумо́ва** mental; **військо́ва** military; **економі́чна** economic, **фіна́нсова** financial; **політи́чна** political; **промисло́ва** industrial; ♦ **невиди́ма с.** an invisible force; **необхі́дна** required, **потрі́бна** necessary; ♦ **нечи́ста с.** *fig.* the devil; ♦ **ні́яка с.** nothing ◊ **Ні́яка с. не мо́же зупини́ти їх.** Nothing can stop them.
n. + **с. демонстра́ція ~и** a show of force ◊ **Прису́тність невідо́мих ти́пів у суді́ була́ демонстра́цією ~и.** The presence of strange characters at the trial was a show of force. (**джерело́** source; **запа́си** reserves; **переві́рка** test; **пози́ція** position) ◊ **Вони́ веду́ть перемо́вини з пози́ції ~и.** They are conducting the negotiations from a position of strength.
с. + *n.* **с. во́лі** the strength of will, will power (**почуття́** emotion; **стано́вища** position; **хара́ктеру** character)

v. + **с. віднóвлювати ~у** recover one's force (**давáти** + *D.* give sb ◊ **Ві́ра в свою́ спрáву давáла їм морáльну ~у.** The faith in their cause gave them moral strength. **повертáти** regain ◊ **Щоб поверну́ти ~у, йому́ достáтньо трьох годи́н сну.** Three hours of sleep are enough for him to regain his strength. **берегти́** conserve, **забезпéчувати** maintain, **(за)ощáджувати** save ◊ **Він намагáвся (за)ощáдити ~и пéред пóдорожжю.** He tried to save strength before his journey. **вкладáти в** + *A.* put into sth ◊ **Вонá вклáла багáто сил, щоб отри́мати цю прáцю.** She put a lot of energy into landing this job. **збирáти** gather ◊ **Зібрáвши ~у, Соломі́я ки́нулася вперéд.** Having gathered her strength, Solomia charged forward. **знахóдити** find, **набирáти** muster ◊ **Її ви́борча кампáнія набирáла ~у** *or* **~и.** Her electoral campaign mustered force. **мáти** 1) have ◊ **Він мáє ~и, щоб оду́жати.** He has the force to recover. 2) be capable of ◊ **Олéсь мáв ~у, щоб довести́ спрáву до кінця́.** Oles was capable of bringing the matter to conclusion. **посідáти** possess; **відбирáти** take away, **забирáти** take ◊ **Підготóвка до перегóнів забирáє в Сергі́я ~у і час.** Preparation for the race is taking Serhii's energy and time. **вимóтувати** drain ◊ **Лéкція ви́мотала в Натáлі всі ~и.** The lecture has drained all Natalia's energy. **виснáжувати** sap, **змéншувати** reduce, **підривáти** undermine; **виміркувати** measure, **випробóвувати** test, **оці́нювати** assess, **перевіря́ти** verify); **додавáти** + *D.* **~и** add strength to sb ◊ **Корóткий відпочи́нок додáв хлóпцям ~и.** The brief rest added strength to the boys. (**набувáти** acquire; **недооці́нювати** underestimate ◊ **Вони́ недооціни́ли морáльної ~и ціє́ї жі́нки.** They underestimated the woman's moral strength. **вибивáтися з** lose) ◊ **Кóні ви́билися з сил.** The horses lost their strength. ♦ **не шкодувáти сил** to spare no effort; **брáти** + *A.* **~ою** take sb/sth by force ◊ **Вони́ мáли накáз узя́ти йогó ~ою.** They had the order to take him by force. (**вважáти** + *A.* consider sb/sth ◊ **Вонá вважáє інформáцію ~ою.** She considers information to be a force. **здавáтися** + *D.* seem to sb; **лишáтися** remain ◊ **Вони́ лишáються впливóвою ~ою.** They remain to be an influential force. **роби́ти** + *A.* make sb; **ставáти** become) ◊ **За рік гру́па активі́стів стáла реáльною ~ою.** In a year, the group of activists became a real force. **бу́ти не в ~і** be incapable of ◊ **Батьки́ не в ~і заборони́ти їм зустрічáтися.** Their parents are incapable of forbidding them to see each other.

с. + *v.* **збі́льшуватися** increase, **зростáти** grow, **наростáти** augment ◊ **Економі́чні ~и реґіóну почали́ наростáти.** The region's economic power started augmenting. **змéншуватися** diminish, **зникáти** disappear ◊ **Івáн відчувáв, як шви́дко в ньóго зникáють ~и.** Ivan felt his strength quickly disappear. **пропадáти** vanish; **віднóвлюватися** revive, **з'явля́тися** appear, **повертáтися** come back ◊ **С. пові́льно повертáлася до нéї.** Strength was slowly coming back to her.

prep. ♦ **у рóзквіті сил** at the prime of one's life ◊ **Він помéр у рóзквіті сил.** He died at the prime of his life. ♦ **з усі́х сил** as best one can, with all one's strength ◊ **Тарáс з усі́х сил запам'ятóвував усé, що чув.** Taras as best he could was memorizing everything he heard. **з ~ою** with strength ◊ **Хлóпець пручáвся з несподі́ваною ~ою.** The boy resisted with unexpected strength. **на пóвну ~у** at full strength, at full throttle ◊ **Двигу́н працювáв на пóвну ~у.** The engine was working at full throttle. **(пó)над ~у** above one's capacity ◊ **Світлáні ви́явилося (пó)над ~у сказáти прáвду.** It proved above Svitana's capacity to tell the truth. **при ~і** strong, robust, able-bodied ◊ **Петрó був цілкóм при ~і.** Petro was completely able-bodied. **чéрез ~у** with effort ◊ **Вонá чéрез ~у вимовля́ла кóжне слóво.** She uttered every word with effort. **с. в** + *L.* strength in sth ◊ **Богдáна відчувáла свíжу ~у в рукáх.** Bohdana felt some fresh strength in her hands.

Also see **енéргія 2, ефекти́вність, снагá 1, вóля 1, інтенси́вність, харáктер 2;** *Cf.* **наси́льство**

2 *phys.* force, power, intensity

adj. **відцентрóва** centrifugal, **доцентрóва** centripetal; **ґравітаці́йна** gravitational, **електри́чна** electric; **підіймáльна** *and* **піднімáльна** lift ◊ **Завдяки́ поту́жній підіймáльній ~і літáк за хвили́ну подвóїв висоту́.** Thanks to a powerful lift, the aircraft doubled its altitude in one minute. ♦ **кі́нська с.** horsepower

с. + *n.* **с. ві́тру** the force of the wind (**інéрції** inertia, **тяжі́ння** gravitation); **с. випромі́нювання** the radiant intensity (**сві́тла** light, **стру́му** electric current) ◊ **Прилáд покáзує ~у стру́му в кóлі.** The instrument indicates the current intensity in the circuit. **с. зву́ку** sound volume ◊ **найбі́льша с. зву́ку старóго гучномóвця** the greatest sound volume of the old loudspeaker

3 power, influence, authority, force, control

adj. **безсумні́вна** unquestionable, **вели́ка** great ◊ **Її ду́мка зáвжди́ мáла в роди́ні вели́ку ~у.** Her opinion always had a great power in the family. **величéзна** enormous, **значнá** considerable, **неаби́яка** remarkable, **неймові́рна** incredible, **незаперéчна** undeniable; **дéяка** some, **пéвна** certain; **серйóзна** serious; **реáльна** real, **руші́йна** driving

v. + **с. мáти ~у** have power ◊ **Дáвні сі́льські звичáї всé ще мáли неаби́яку ~у.** Old village customs still had a remarkable power. (**здобувáти** gain; **збі́льшувати** increase; **послáблювати** diminish, **підривáти** undermine) ◊ **Результáти дослі́дження могли́ підірвáти ~у йогó авторитéту.** The research results could undermine the power of his authority. **додавáти** + *D.* **~и** add to sb's power; **бу́ти ~ою** be the power ◊ **Реáльною ~ою в міністéрстві був не мі́ністр, а йогó засту́пник.** The real power in the ministry was not the minister but his deputy. (**лишáтися** remain, **ставáти** become ◊ **Дослі́дницька фі́рма стáла руші́йною ~ою в модернізáції гáлузі.** The research firm became the driving force in the industry's modernization. **борóтися з** fight) ◊ **Він борóвся із ~ою старóї зви́чки.** He fought the force of the old habit.

с. + *v.* **зростáти** grow, **змі́цнюватися** strengthen, **лишáтися** remain ◊ **Її ~а перекóнувати будь-когó в будь-чóму лишáлася незмі́нною.** Her power to persuade just about anybody of just about anything remained unchanged. **зникáти** vanish

Also see **авторитéт 1, вплив, повáга, прести́ж, репутáція**

4 *leg.* force, effect, validity

adj. **закóнна** legal, **конституці́йна** constitutional, **юриди́чна** juridical; **пóвна** full

v. + **с. мáти ~у** have the force ◊ **Закóн мáє пóвну конституці́йну ~у.** The law has full constitutional force. (**продóвжувати** extend; **втрачáти** lose) ◊ **Пі́сля пéршого жóвтня прáвила втрачáють юриди́чну ~у.** After October 1, the rules lose their legal force. **бракувáти** + *G.* **~и** lack validity ◊ **Пóза мі́стом накáзам мéра бракýє ~и.** Outside the city, the mayor's orders lack force.

5 *usu pl.* force, body of people, group; *also fig.*

adj. **вели́кі** large, **значні́** significant, **переважáючі** superior ◊ **Вони́ відступи́ли пéред переважáючими ~ами вóрога.** They retreated in the face of the superior enemy forces. **поту́жні** strong; **невели́кі** small, **обмéжені** limited, **символі́чні** token; **елі́тні** elite, **спеціáльні** special; **багатонаціонáльні** multinational, **експедиці́йні** expeditionary ◊ **Експедиці́йні ~и складáлися з піхóти та одногó підрóзділу кіннóти.** The expeditionary forces consisted of infantry and one cavalry detachment. **коаліці́йні** coalition, **об'є́днані** joint, **сою́зні** allied; **бойові́** combat, **удáрні** strike; **миротвóрчі** peace-keeping ◊ **Він служи́в у миротвóрчих ~ах ООН.** He served in the UN peace-keeping forces. **військóві** military, **військóво-морськí** naval ◊ **Порт – основнá бáза військóво-морськи́х сил краї́ни.** The port is the main base of the country's naval forces. **військóво-повітря́ні** air, **збрóйні** armed, **оборóнні** defense ◊ **Три бригáди класифікувáли як винятко́во оборóнні ~и.** The three brigades were classified exceptionally as a defensive force. **стратегі́чні ракéтні** strategic missile, **тáнкові** armor; **назéмні** ground, **сухопу́тні** land, **такти́чні** tactical; **я́дерні** nuclear; **ворóжі** enemy, **окупаці́йні** occupation; **добровóльчі** volunteer; **реґуля́рні** regular, **резéрвні** reserve; **урядóві** government; **опозиці́йні** opposition, **партизáнські** guerrilla, **повстáнські** rebel; **проґреси́вні** progressive; **продукти́вні** production; **революці́йні** revolutionary; **фундаменталі́стські** fundamentalist

с. + *n.* **~и війни́** the forces of war (**добрá** good, **ми́ру** peace, **проґрéсу** progress, **сві́тла** light; **злa** evil, **пі́тьми́** darkness, **реáкції** reaction) ◊ **Суспі́льство опирáлося ~ам реáкції.** Society resisted the forces of reaction.

v. + **с. ввóдити ~и** bring in forces ◊ **Уря́д увів до мі́ста поліці́йні ~и.** The government brought police forces in the city. (**посилáти** send ◊ **таємний накáз послáти додаткóві тáнкові ~и на кордóн** a secret order to send additional armored forces to the border; **забезпéчувати** + *I.* provide with sth ◊ **Компáнія забезпéчує сухопу́тні ~и ди́зельним пáльним.** The company provides the land forces with diesel fuel. **застосóвувати** use, **збирáти** gather, **зосерéджувати** *and* **сконцентрóвувати** concentrate; **готувáти** train; **мобілізувáти** mobilize; **очóлювати** head; **створювати** create, **формувáти** form; **розгортáти** deploy, **розташóвувати** position ◊ **Резéрвні ~и розташувáли в лі́сі.** The reserve force was positioned in the forest. **виводити з** + *G.* withdraw from *(a place)* ◊ **Сáнкції мáли зму́сити аґрéсора ви́вести окупаці́йні ~и з пíвострова.** The sanctions were supposed to make the aggressor withdraw his occupation forces from the peninsula. **підтри́мувати** support); **приєднуватися до сил** join the forces ◊ **Полк приєднáвся до удáрних сил сою́зників.** The regiment joined the allied strike force. **комáндувати ~ами** command forces ◊ **Тáнковими ~ами комáндує генерáл.** A general commands the armor forces.

с. + *v.* **захóплювати** + *A.* capture sth; **нападáти на** + *A.* attack sb/sth ◊ **Ворóжі ~и напáли на ї́хні пози́ції внóчі.** The enemy forces attacked their positions at night. **наступáти на** + *A.* advance on sb/sth; **окупувáти** + *A.* occupy sth; **відступáти** retreat

prep. **у ~ах** in the forces ◊ **У назéмних ~ах бракýє важкóї артилéрії.** There is a dearth of heavy artillery in the land forces.

Also see **áрмія 1, слу́жба 2.** *Cf.* **угрупóвання 2**

6 *colloq., only sg.* a lot, much, a great deal + *G.* ◊ **Клим дістáв ~у чудóвих врáжень від пóдорожі.** Klym got a whole lot of great impressions from the journey.

See **багáто 1.** *Also see* **мáса 3, нáтовп 2.** *Ant.* **мáло**

силомі́ць, *adv.*

by force, forcibly ◊ **Ніхтó не тягну́в ї́х с.** Nobody dragged by force. ♦ **брáти** + *A.* **с.** to take sb/sth by force ◊ **Якщó Павли́на не віддáсть йому́ грóшей по-дóброму, то він ві́зьме ї́х с.** If Pavlyna does not return the money to him voluntarily he will take it by force. ◊ **Мáти му́сила вести́ си́на до зубнóго лі́каря с.** His mother had to take her son to the dentist forcibly.

Ant. **добрó 3**

силу́ет, *m.*, **~у**
silhouette, outline
adj. **вира́зний** clear ◊ **У вікні́ видні́лися вира́зні ~и госте́й.** Clear silhouettes of guests were visible in her window. **чітки́й** sharp; **те́мний** dark, **чо́рний** black; **дале́кий** distant; **знайо́мий** familiar; **невира́зний** vague, **нея́сний** unclear, **розпли́вчастий** fuzzy; **тума́нний** blurry, **тьмя́ний** dim; **вели́чний** magnificent ◊ **вели́чний с. собо́ру** the magnificent outline of the cathedral; **геро́їчний** heroic, **драмати́чний** dramatic, **імпоза́нтний** impressive; **химе́рний** bizarre
v. + **с. ба́чити с.** see a silhouette ◊ **Наза́р ба́чив ле́две впізна́ваний с. жі́нки.** Nazar saw a barely recognizable silhouette of a woman. (**роздивля́тися** make out ◊ **У тума́ні тя́жко роздиви́тися ~и люде́й і предме́тів.** It is difficult to make out the outlines of people and objects in the fog. **малюва́ти** draw, **окре́слювати** outline) ◊ **Кілько́ма штриха́ми маля́р окре́слив геро́їчний с. вояка́.** With a few strokes the artist outlined the soldier's heroic silhouette.
с. + *v.* **видні́тися** *or* **проглядатися** be visible ◊ **На о́брії видні́ються дале́кі ~и кораблі́в.** Distant outlines of ships are visible on the horizon. **вирі́зуватися** come forth ◊ **Розпли́вчастий с. ве́ршника ле́две вирі́зувався з хурте́лиці.** A horseman's fuzzy outline barely came forth from the blizzard. **виступа́ти** stand out; **здійма́тися** rise, **підно́ситися** tower ◊ **Химе́рні ґоти́чні ~и підно́силися над майда́ном.** Bizarre gothic silhouettes towered over the square.
Also see **фігу́ра 2**

си́льн|ий, *adj.*
1 strong, powerful, muscular, brawny
adv. **винятко́во** exceptionally ◊ **винятко́во ~і но́ги** exceptionally strong legs; **ду́же** very, **надзвича́йно** extremely, **страше́нно** terribly; **неймові́рно** incredibly, **несподі́вано** unexpectedly ◊ **Він несподі́вано с. як на тако́го худо́го юнака́.** He is unexpectedly strong for such a thin youth. **до́сить** fairly, **доста́тньо** sufficiently; **відно́сно** relatively, **порі́вняно** comparatively; **фізи́чно** physically ◊ **Робо́та потребува́ла трьох фізи́чно ~их чолові́ків.** The work needed three physically strong men.
v. + **с. бу́ти ~им** be strong (**вважа́ти** + *A.* consider sb, **вигляда́ти** look, **виявля́тися** turn out; **здава́тися** + *D.* seem to sb ◊ **Не́ля здава́лася ~ою змагу́нкою.** Nelia seemed to be a strong competitor. **лиша́тися** remain ◊ **У сімдеся́т па́ні Савчу́к лиша́лася до́сить ~ою.** At seventy, Mrs. Savchuk remained fairly strong. **става́ти** become)
prep. **с. на ви́гляд** strong in appearance ◊ **с. на ви́гляд чолові́к сере́днього ві́ку** a middle-aged man strong in appearance
Also see **залі́зний 2, міцни́й, поту́жний, стале́вий 2, туги́й 3, цупки́й 2.** *Ant.* **кво́лий 1, слабки́й 1**
2 strong, forceful, determined, tough ◊ **Ната́лка успадкува́ла від ма́тері с. хара́ктер.** Natalka inherited a strong character from her mother.
Also see **залі́зний 2, стале́вий 2, тверди́й 2.** *Ant.* **слабки́й 2**
3 strong, powerful, influential, potent ◊ **Він пра́гне збудува́ти ~у краї́ну.** He strives to build a strong country. ◊ **Сестра́ ма́є с. вплив на Васи́ля.** His sister has a strong influence on Vasyl.
Also see **міцни́й, могу́тній, поту́жний**
4 strong, powerful, intense, keen, forceful
с. + *n.* **с. апети́т** a strong appetite (**ви́бух** explosion, **го́лос** voice; **дощ** rain, **снігопа́д** snowfall; **землетру́с** earthquake; **пори́в** gust ◊ **С. пори́в ві́тру повали́в декора́ції.** A strong gust of wind toppled the scenery. **су́мнів** doubt; **уда́р** blow); **~а спра́га** intense thirst (**течі́я** current ◊ **Течі́я рі́чки роби́лася небезпе́чно ~ою.** The river current was becoming dangerously strong. **триво́га** anxiety); **~е відчуття́** a strong sensation (**вра́ження** impression ◊ **Фільм справля́є ~е вра́ження.** The film makes a strong impression. **заціка́влення** interest; **потрясі́ння** shock, **почуття́** feeling)
Ant. **кво́лий, легки́й 3, слабки́й 1**
5 strong, secure, well-built, indestructable ◊ **Ске́ля забезпе́чує їм с. за́хист.** The rock secures a strong protection for them. ◊ **~і сті́ни буди́нку зда́тні ви́стояти будь-яки́й землетру́с.** The strong walls of the building are capable of withstanding any earthquake.
Also see **міцни́й**
6 strong, impressive, compelling, convincing
с. + *n.* **с. до́каз** strong evidence ◊ **Звинува́чення спира́лося на ~і до́кази.** The prosecution relied on strong pieces of evidence. (**сюже́т** plotline); **~а карти́на** a compelling picture (**постано́вка** production; **сце́на** scene) ◊ **Пове́рнення чолові́ка – особли́во ~а сце́на п'єси.** The husband's return is a particularly strong scene of the play. ♦ **~а сторона́** a forte, strong point ◊ **Виклада́ння було́ її́ ~ою стороно́ю.** Teaching was her strong point. **~е обґрунтува́ння** a strong substantiation ◊ **Тео́рія ма́є ~е обґрунтува́ння.** The theory has a compelling substantiation. ♦ **~і слова́** scathing words
Also see **залі́зний 2.** *Ant.* **слабки́й 4**
7 strong, powerful, potent, efficient
с. + *n.* **с. за́сіб** a strong remedy (**напі́й** drink; **нарко́тик** drug, **токси́н** toxin); **~а анестезі́я** a strong anesthetic (**отру́та** poison, venom) ◊ **смерте́льно ~а отру́та** a deadly strong venom; **~е пи́во** strong beer (**сноді́йне** sleeping pill); **~і лі́ки** a strong medicine
Also see **міцни́й**
8 *colloq.* formidable, capable, able, proficient
с. + *n.* **с. виклада́ч** a formidable instructor (**знаве́ць** connoisseur; **педаго́г** educator ◊ **Вона́ не була́ ~им педаго́гом.** She was not a capable educator. **фахіве́ць** expert); **~а гімна́стка** a formidable (female) gymnast (**знавчи́ня** connoisseur ◊ **винятко́во ~а знавчи́ня кінемато́графа** an exceptionally formidable connoisseur of film, **студе́нтка** student, **шахі́стка** chess-player)
v. + **с. бу́ти ~им в** + *L.* be good at sth ◊ **Ві́та ~а в мо́вах.** Vita is good at languages.
9 *colloq.* big, sizable, great, intense, rich
с. + *n.* **с. врожа́й** a rich harvest; ♦ **с. при́ятель** a close buddy ◊ **Хло́пці ста́ли ~ими при́ятелями.** The boys became close buddies. **с. у́спіх** a great success ◊ **Альбо́м не ті́шиться ~им у́спіхом.** The album does not enjoy a great success. (**тала́нт** talent); **~а красу́ня** a great beauty ◊ **О́льга була́ ~ою красу́нею.** Olha was a great beauty. (**пробле́ма** problem)
See **вели́кий 1.** *Also see* **вели́кий 7, значни́й 1, чима́лий 1.** *Ant.* **мали́й**

си́мвол, *m.*, **~у**
1 symbol, emblem, token
adj. **важли́вий** important, **доскона́лий** perfect, **могу́тній** powerful, **поту́жний** potent, **універса́льний** universal ◊ **Го́лубка – це універса́льний с. ми́ру.** The dove is a universal symbol of peace. **зо́внішній** outward, **зорови́й** visual; **прада́вній** age-old, **стари́й** old, **старода́вній** ancient; **популя́рний** popular ◊ **Тризу́б – популя́рний с. украї́нства.** The trident is a popular symbol of Ukrainianness. **поши́рений** widespread, **традиці́йний** traditional; **держа́вний** state, **наро́дний** folk, **націона́льний** national; **духо́вний** spiritual, **культу́рний** cultural, **мора́льний** moral, **політи́чний** political, **релігі́йний** religious, **свяще́нний** sacred; **будді́йський** Buddhist, **християнський** Christian, **юде́йський** Jewish, *etc.*; **стате́вий** sexual, **фалі́чний** phallic; ♦ **секс-с.** a sex symbol ◊ **Акто́рка ста́ла секс-си́мволом поколі́ння.** The actress became a sex symbol of the generation.
с. + *n.* **с. бага́тства** a symbol of wealth (**вла́ди** power, **добро́буту** well-being; **плодю́чости** fertility; **ста́тусу** status; **ща́стя** happiness; **ві́йни** war; ♦ **с. ві́ри** creed ◊ **Він вважа́в лібералі́зм за свій політи́чний с. ві́ри.** He considered liberalism to be his political creed.
v. + **с. ство́рювати с.** create a symbol ◊ **Нова́ культу́ра створи́ла нові́ ~и.** The new culture created new symbols. (**прийма́ти** adopt, **явля́ти (собо́ю)** represent ◊ **Булава́ явля́є (собо́ю) с. викона́вчої вла́ди в Украї́ні.** The mace represents symbol of the executive power in Ukraine. **використо́вувати** + *A.* **як** use sth as, **розгляда́ти** + *A.* **як** regard sth as, **тлума́чити** + *A.* **як** interpret sth as); **бу́ти ~ом** be a symbol (**вважа́ти** + *A.* consider sth; **лиша́тися** remain; **става́ти** become) ◊ **Дороги́й мобі́льний телефо́н став ~ом ста́тусу.** An expensive mobile phone became a status symbol.
Also see **знак 3**
2 symbol, sign, character
adj. **абстра́ктний** abstract, **геометри́чний** geometric, **графі́чний** graphic; **єрогліфі́чний** hieroglyphic; **математи́чний** mathematical, **фонети́чний** phonetic
v. + **с. ма́ти с.** have a symbol (**мі́стити** bear ◊ **Моне́та мі́стить с. кня́зя Володи́мира Монома́ха.** The coin carries Prince Volodymyr Monomakh's symbol. **розшифро́вувати** decipher, **тлума́чити** interpret, **чита́ти** read); **бу́ти позна́ченим ~ом** be marked with a symbol ◊ **Готе́лі, позна́чені цим ~ом, віта́ють госте́й нетрадиці́йної стате́вої орієнта́ції.** Hotels marked with this sign welcome the guests of non-traditional sexual orientation. (**вка́зувати** indicate by, **користува́тися** use, **познача́ти** mark by) ◊ **Він позна́чив мі́нні поля́ особли́вим ~ом.** He marked the mine fields with a special symbol.
с. + *v.* **вка́зувати** + *A.* indicate sth, **застеріга́ти від** + *G.* caution against sth, **означа́ти** + *A.* mean sth ◊ **Вони́ не зна́ють, що означа́є ди́вний с.** They do not know what the strange symbol meant. **передава́ти** + *A.* express sth ◊ **Да́ний с. передає запере́чення.** The given symbol expresses negation.
prep. **під ~ом** by the symbol ◊ **Під фонети́чним ~ом |:| вка́зано до́вгі голосні́.** Long vowels are indicated by the phonetic symbol |:|.
Also see **знак 4**

симво́лі|ка, *f.*
1 *coll.* symbols, symbolism
adj. **традиці́йна** traditional; **ві́йськова** military, **корпорати́вна** corporate, **парті́йна** party, **політи́чна** political, **профспі́лко́ва** trade-union; **держа́вна** state ◊ **За́лу прикра́сили держа́вною ~кою Украї́ни та Кана́ди.** The hall was decorated with the state symbols of Ukraine and Canada. **наро́дна** folk ◊ **Візеру́нки були́ части́ною наро́дної ~ки.** The patterns were part of folk symbols. **націона́льна** national; **олімпі́йська** Olympic; **релігі́йна** religious, **свяще́нна** sacred; **будді́йська** Buddhist, **мусульма́нська** Muslim, **християнська** Christian; **імпе́рська** imperial, **комуністи́чна** communist, **росі́йська** Russian, **сепарати́стська** separatist, **сове́тська** Soviet; **націоналісти́чна** nationalist, **патріоти́чна** patriotic; **наци́стська** Nazi, **раси́стська** racist, **фаши́стська** fascist; **анархі́стська** anarchist, **революці́йна** revolutionary
v. + **с. використо́вувати ~ку** use symbols ◊ **Вони́ використо́вують олімпі́йську ~ку.** They use Olympic symbols. (**виставля́ти** put out ◊ **Лю́ди ви́ставили скрізь націона́льну ~ку.** People put out national symbols everywhere. **демонструва́ти** display; **забороня́ти** ban) ◊ **Депута́ти вимага́ли заборони́ти комуністи́чну ~ку.** The parliament members demanded to ban communist symbols.
2 meaning, symbolism, significance, implication

◊ **Ритуа́л миття́ ніг ма́є вла́сну ~ку.** The feet washing ritual has its own meaning.
See **зна́чення 2**

символі́чн|ий, *adj.*
1 symbolic, figurative
adv. **ви́разно** distinctly, **глибо́ко** deeply ◊ **глибо́ко с. жест** a deeply symbolic gesture; **ду́же** very; **винятко́во** exceptionally ◊ **Вона́ вжива́є сло́во у винятко́во ~ому зна́ченні.** She uses the word in exceptionally symbolic meaning. **го́ловно** mainly, **ті́льки** only, **чи́сто** purely; ♦ **високосимволі́чний** highly symbolic
v. + **с. бу́ти ~им** be symbolic ◊ **Жест був ~им.** The gesture was symbolic. (**вважа́ти** + *A.* consider sth, **вигляда́ти** look, **виявля́тися** turn out; **здава́тися** + *D.* seem to sb ◊ **Зна́чення сло́ва здає́ться ра́дше ~им, як прями́м.** The meaning of the word seems symbolic rather than direct. **става́ти** become)
prep. **с. для** + *G.* symbolic for sth/sb ◊ **Пі́сня ста́ла ~ою для доброво́льців.** The song became symbolic for the volunteers.
2 symbolic, token, perfunctory, nominal
◊ **Її допомо́га ра́дше ~а, як посу́тня.** Her assistance is token rather than essential. ◊ **Роль президе́нта ста́ла чи́сто ~ою.** The president's role became purely symbolic.
Also see **ви́гаданий, зо́внішній 2, пози́рний, уя́вний.** *Ant.* **реа́льний, спра́вжній**

симетри́чн|ий, *adj.*
symmetrical
adv. **абсолю́тно** absolutely, **бездога́нно** impeccably, **доскона́ло** perfectly ◊ **доскона́ло ~і части́ни буди́нку** perfectly symmetrical parts of the building, **суво́ро** strictly, **цілко́м** completely; **більш-ме́нш** more or less, **майже** almost, **приблизно** roughly; **ле́две** hardly
v. + **с. бу́ти ~им** be symmetrical ◊ **Її обли́ччя – бездога́нно ~е.** Her face is impeccably symmetrical. (**вигляда́ти** look, **видава́тися** appear ◊ **Майда́н видава́вся ма́йже ~им.** The square appeared almost symmetrical. **виявля́тися** turn out; **здава́тися** + *D.* seem to sb; **става́ти** become) ◊ **На малю́нку пірамі́да ста́ла ~ою.** In the drawing, the pyramid became symmetrical.

симетрі́|я, *f.*, **~ї**
symmetry
adj. **абсолю́тна** absolute, **бездога́нна** impeccable, **вели́ка** great ◊ **У пла́ні нема́є вели́кої ~ї.** There is no great symmetry in the plan. **доскона́ла** perfect, **ідеа́льна** ideal ◊ **Він намага́вся досягну́ти ідеа́льної ~ї в інтер'єрі буди́нку.** He strove to achieve ideal symmetry in the interior of the house. **суво́ра** strict, **цілкови́та** complete; **відно́сна** relative, **приблизна** approximate; **приє́мна** pleasing, **чудо́ва** wonderful ◊ **У всьо́му навко́ло вона́ вбача́ла чудо́ву ~ю.** She saw wonderful symmetry in everything around.
v. + **с. ма́ти ~ю** have symmetry ◊ **Візеру́нок на листку́ лопуха́ мав цілкови́ту ~ю.** The pattern on the burdock leaf had complete symmetry. (**пору́шувати** break) ◊ **Оста́ння дета́ль пору́шувала ~ю карти́ни.** The last detail broke the symmetry of the painting. **бракува́ти** + *D.* **~ї** lack symmetry ◊ **Її малю́нкові бракува́ло ~ї.** Her drawing lacked symmetry. (**досяга́ти** achieve) ◊ **Він досягну́в ~ї.** He has achieved symmetry.

симпатизу|ва́ти, **~ють;** *no pf., intr.*
to like, be fond of + *D.*
adv. **відве́рто** openly ◊ **Ори́ся відве́рто ~ва́ла ново́му коле́зі.** Orysia was openly fond of her new colleague. **ду́же** very much, **си́льно** a lot, **щи́ро** genuinely, **я́вно** obviously ◊ **Вони́ я́вно ~ють оди́н о́дному.** They obviously like each other.
See **подо́батися**

симпати́чн|ий, *adj.*
1 nice *(usu of people)*, likable, pleasant, agreeable
adv. **винятко́во** exceptionally, **ду́же** very ◊ **Він ду́же – с. чолові́к.** He is a very nice man. **надзвича́йно** extremely, **на ди́во** surprisingly, **неймові́рно** incredibly; **до́сить** fairly, **доста́тньо** enough
v. + **с. бу́ти ~им** be nice (**вважа́ти** + *A.* consider sb, **вигляда́ти** look, **видава́тися** come across; **виявля́тися** turn out ◊ **Нови́й нача́льник ви́явився ~им чолові́ком.** The new boss turned out to be an agreeable man. **здава́тися** + *D.* seem to sb; **става́ти** become)
See **га́рний 1, прива́бливий**
2 *colloq.* attractive *(of things)*, cute, appealing, pleasing, nice
adv. **ду́же** very; **надзвича́йно** extremely, **на ди́во** surprisingly, **особли́во** particularly; **до́сить** fairly; **ма́йже** almost; **не зо́всім** not entirely
v. + **с. бу́ти ~им** be attractive (**вигляда́ти** look ◊ **Пропози́ція вигляда́є до́сить ~ою.** The offer looks fairly attractive. **виявля́тися** turn out; **здава́тися** + *D.* seem to sb; **става́ти** become)
See **га́рний 1**

симпа́ті|я, *f.*, **~ї**
1 fondness, affection, attachment, liking, *often pl.*
adj. **вели́ка** great, **величе́зна** immense, **винятко́ва** exceptional, **глибо́ка** deep; **ви́разна** distinct, **я́вна** obvious; **особли́ва** special, **пе́вна** certain
v. + **с. вика́зувати ~ю** *or* **~ї** + *D. or* **до** + *G.* reveal fondness for sb (**виявля́ти** show; **відчува́ти** *or* **почува́ти** feel, **зберіга́ти** preserve, **ма́ти** have; **прихо́вувати** conceal) ◊ **Ада́м прихо́вував свої́ ~ї до Богда́на.** Adam concealed his fondness for Bohdan. **зріка́тися ~ї** *or* **~й** renounce attachment ◊ **Він зрі́кся багатьо́х парубо́цьких зви́чок і ~й.** He renounced many of his bachelor's habits and attachments. **легкова́жити ~єю** *or* **~ями** pay no attention to sb's affection ◊ **Іва́нка я́вно легкова́жить його́ ~єю** *or* **~ями.** Ivanka clearly pays no attention to his affection. (**ста́витися до** + *G.* **з** treat sb with) ◊ **Вони́ поста́вилися до Лі́ди з вели́кою ~єю.** They treated Lida with great fondness.
с. + *v.* **лиша́тися** remain ◊ **Її ~ї до Макси́ма лиша́ються незмі́нними.** Her attachment to Maksym remains unchanged.
prep. **с. до** + *G.* fondness for sb ◊ **Вона́ ма́є ~ї до полта́вців.** She has fondness for people from Poltava. ♦ **~ї та антипа́тії** likes and dislikes
2 *colloq.* favorite; darling, lover
adj. **да́вня** erstwhile, **коли́шня** former; ♦ **стара́ с.** old flame; **університе́тська** university, **шкі́льна** school ◊ **Марі́я хо́че розшука́ти коли́шню шкі́льну ~ю.** Maria wants to find her former school darling. **юна́цька** youthful; **нова́** new; **тепе́рішня** current; **зага́льна** universal; **незмі́нна** invariable, **несподі́вана** unexpected; **та́ємна** secret
v. + **с. ма́ти ~ю** have a darling ◊ **Іре́на ма́ла не одну́ ~ю в університе́ті.** Irena had more than one darling at university. **бу́ти ~єю** be sb's favorite ◊ **Наза́р – її незмі́нна с.** Nazar is her invariable favorite. (**вважа́ти** + *A.* consider sb; **лиша́тися** remain; **роби́ти** + *A.* make sb ◊ **Роль зроби́ла Кили́ну ~єю кри́тиків.** The part made Kylyna a favorite with critics. **става́ти** become) ◊ **Він став ~єю чита́чів.** He became a favorite of the readers.
Also see **коха́нець 3, коха́ний 3, коха́ння 2, любо́в 3**

симпто́м, *m.*, **~у**
1 symptom *(of sickness)*
adj. **звича́йний** common ◊ **Головни́й біль – звича́йний с. ра́нньої вагі́тности.** Headache is a common symptom of early pregnancy. **класи́чний** classical, **пошй́рений** widespread, **типо́вий** typical, **характе́рний** characteristic ◊ **Суха́ носова́ порожни́на – характе́рний с. ларингі́ту.** Dry nasal cavity is a characteristic symptom of laryngitis. **клі́нічний** clinical; **го́стрий** acute, **хроні́чний** chronic; **пога́ний** bad, **нега́тивний** negative; **грі́зний** menacing ◊ **Збі́льшені лімфати́чні вузли́ були́ грі́зним ~ом.** The enlarged lymph nodes were a menacing symptom. **пова́жний** grave, **похму́рий** grim, **серйо́зний** serious; **періоди́чний** recurring; **пе́рвісний** primary; **втори́нний** secondary, **другоря́дний** minor, **слабки́й** mild; **помі́тний** noticeable ◊ **На пе́ршій ста́дії неду́га не виявля́є помі́тних ~ів.** At the first stage, the disease does not reveal noticeable symptoms. **фізи́чний** physical, **фізіологі́чний** physiological; **алергі́чний** allergic, **астмати́чний** asthmatic, **гри́повий** flu; **психіатри́чний** psychiatric, **психологі́чний** psychological, **психосомати́чний** psychosomatic, **депреси́вний** depressive ◊ **Апа́тію класифіку́ють одни́м із депреси́вних ~ів.** Apathy is classified as one of the depressive symptoms. **невроти́чний** neurotic, **стре́совий** stress, **шизофрені́чний** schizophrenic
с. + *n.* **с. інфіка́ції** a infection symptom (**запа́лення леге́нів** lung inflammation, **отру́єння** poisoning, **серце́вого на́паду** heart attack ◊ **Валенти́н вика́зував ~и серце́вого на́паду.** Valentyn revealed symptoms of a heart attack. **хворо́би** disease)
v. + **с. вика́зувати с.** reveal a symptom (**виявля́ти** display ◊ **Ма́рченко виявля́ла ~и артри́ту.** Marchenko displayed symptoms of arthritis. **дава́ти** produce, **демонструва́ти** exhibit; **погі́ршувати** aggravate, **поглиблю́вати** exacerbate; **поле́гшувати** ease, **покра́щувати** improve, **посла́блювати** alleviate ◊ **Пігу́лки посла́блюють ~и депре́сії.** The pills alleviate the symptoms of depression. **контролюва́ти** control; **виліко́вувати** cure ◊ **За три ти́жні мазь ви́лікувала неприє́мні ~и в лі́кті.** In three weeks, the cream cured the unpleasant symptoms in the elbow. **лікува́ти** treat ◊ **Тако́го ро́ду хроні́чні ~и непро́сто лікува́ти.** The chronical symptoms of such a kind are tough to treat. **виявля́ти** detect ◊ **Апарату́ра дозволя́є виявля́ти на́віть слабкі ~и біполя́рного ро́зладу.** The equipment allows to detect even mild symptoms of bipolar disorder. **діягностува́ти** diagnose, **ідентифікува́ти** identify, **поміча́ти** notice, **розпізнава́ти** recognize, **тлума́чити** interpret ◊ **Вони́ тлума́чать оди́н і той же с. по-рі́зному.** They interpret one and the same symptom in a different manner. **опи́сувати** describe ◊ **Мико́ла докла́дно описа́в свої́ ~и.** Mykola described his symptoms in detail. **ігнорува́ти** ignore; **виклика́ти** cause) ◊ **Грибо́к ви́кликав в ньо́го астмати́чний с.** Fungus caused the asthmatic symptom in him. **набува́ти ~у** develop a symptom (**бу́ти ві́льним від** be free from ◊ **Вона́ ві́льна від ~ів СНІДу.** She is free from AIDS symptoms. **потерпа́ти від** suffer from ◊ **Ді́ти потерпа́ють від ~ів недоїда́ння.** The children are suffering from symptoms of malnutrition; **причиня́тися до** bring about); **не́хтувати ~ом** neglect a symptom ◊ **Він упе́рто не́хтує ~ами серце́вої недоста́тности.** He stubbornly neglects symptoms of heart disease.
с. + *v.* **виника́ти** arise, **з'явля́тися** appear, **розвива́тися** develop ◊ **~и харчово́го отру́єння розвива́ються про́тягом кілько́х годи́н пі́сля спожива́ння ї́жі.** Symptoms of food poisoning develop within a few hours of the food consumption. **погі́ршуватися** worsen, **покра́щуватися** improve ◊ **Андрі́єві ~и покра́щилися.** Andrii's symptoms improved. **посла́блюватися** weaken, **зника́ти** disappear ◊ **~и запа́лення леге́нів до́вго не зника́ли.** The lung inflammation symptoms took a long time to disappear.
Also see **синдро́м**
2 *fig.* expression, sign, indication
adj. **ви́разний** distinct, **незапере́чний** undeniable, **безпомилко́вий** unmistakable,

я́вний obvious ◊ **Він пи́ше про я́вні ~и ідентифіка́ційної кри́зи мо́лоді.** He writes about the obvious symptoms of young people's identity crisis. **загро́зливий** menacing, **невті́шний** disturbing, **похму́рий** grim ◊ **похму́рі ~и погі́ршення еконо́міки** grim symptoms of economy's deterioration. **оптимісти́чний** optimistic, **ра́дісний** happy
See **озна́ка 1.** *Also see* **бік 3, власти́вість, ге́ній 1, знак 3, на́хил 2, ри́са 1, струна́ 2, хара́ктер 3, характери́стика 1, я́кість 2**

симулю|ва́ти, **~ють;** *no pf., tran. and intr.*
1 *tran.* to simulate, feign; imitate
adv. **вмі́ло** skillfully, **докла́дно** in detail ◊ **Прила́д докла́дно ~є умо́ви швидко́ї їзди́.** The device simulates in detail the conditions of fast driving. **ле́гко** easily, **майсте́рно** masterfully, **перeко́нливо** convincingly, **правди́во** truthfully, **про́сто** simply ◊ **До́сі у́ряд про́сто ~ва́в рефо́рми.** Until now, the government simply simulated reforms. **я́вно** obviously
с. + *n.* **с. боже́вілля** feign madness (**потрясі́ння** shock, **розгу́бленість** confusion; **хво́робу** disease; **насоло́ду** pleasure, **орга́зм** orgasm) ◊ **Він не підо́зрював, що жі́нка ~є орга́зм.** He did not suspect that his woman simulated orgasm.
Also see **вдава́ти 1**
2 *intr.* to pretend ◊ **Ні́на не пла́кала, а ті́льки ~вала.** Nina was not crying but only pretended to. ◊ **Він збожево́лів чи, як за́вжди́, ~є?** Has he gone crazy, or does he pretend as always?
v. + **с. вмі́ти** be able to ◊ **Він умі́в с.** He was able to pretend. **могти́** can; **почина́ти** begin to; **перeста́ти** *pf.* stop ◊ **Леоні́д переста́в с.** Leonid stopped pretending. **намага́тися** try to ◊ **Він намага́вся с., що не розумі́є поліція́нта.** He tried to pretend he did not understand the policeman.
Also see **вдава́ти 2**

симуля́ці|я, *f.*, **~ї**
simulation; feigning, pretending
adj. **докла́дна** accurate, **то́чна** exact; **перeко́нлива** convincing, **правди́ва** truthful; **ке́пська** poor ◊ **Ке́пська с. ні́кого не могла́ переконати, що Сашко́ спра́вді нездужа́в.** The poor malingering could not convince anyone that Sashko was ailing. **пога́на** bad; **я́вна** obvious
v. + **с. вдава́тися до ~ї** resort to simulation ◊ **Щоб отри́мати звільнення від заня́ть, Оле́кса вда́вся до ~ї.** In order to obtain a relief from classes, Oleksa had to resort to malingering.
Cf. **брехня́**

симфо́ні|я, *f.*, **~ї**
1 symphony
adj. **пе́рша** first, **дру́га** second, *etc.* **до-мажо́р** in C major ◊ **с. до-мажо́р Мо́царта** Mozart's C major symphony, **ре міно́р** in D minor, *etc.*
v. + **с. вико́нувати ~ю** perform a symphony ◊ **Сього́дні ~ю ви́конають тут впе́рше.** Today the symphony will be performed here for the first time. (**гра́ти** play; **компонува́ти** compose, **писа́ти** write; **аранжува́ти** arrange ◊ **Він заранжува́в ~ю для ціло́ї орке́стри.** He arranged the symphony for an entire orchestra. **оркеструва́ти** orchestrate) ◊ **Він зоркестрував ще одну́ ~ю.** He orchestrated yet another symphony.
2 *fig.* harmony, accord ◊ **Полотно́ вража́ло доскона́лою ~єю барв.** The canvas impressed with its perfect harmony of colors.
See **гармо́нія**

син, *m.*
1 son
adj. **доро́слий** adult; **мале́нький** little, **наймéнший** smallest; **моло́дший** younger, **наймоло́дший** youngest ◊ **Котри́й із трьох ~ів наймоло́дший?** Which of three sons is the youngest? **сере́дній** middle, **ста́рший** elder; **найста́рший** eldest; **новонаро́джений** newborn; **шестимі́сячний** six-month old, **дворі́чний** two-year old, **трирі́чний** three-year old; **єди́ний** only ◊ **Тимі́ш, їхній єди́ний с., одру́жувався.** Now Tymish, their only son, was getting married. **вла́сний** one's own ◊ **Вона́ ста́вилася до Усти́на, як до вла́сного ~а.** She treated Ustyn like her own son. **рі́дний** biological *(as opposed to a stepson)* ◊ **Григо́рій не є рі́дним ~ом свої́х батькі́в.** Hryhorii is not his parents' biological son. **зако́нний** legitimate; **незако́нний** illegitimate ◊ **незако́нний с. короля́** king's illegitimate son; **ненаро́джений** unborn; **на́званий** *or* **наре́чений** foster; ♦ **хреще́ний с.** a godson; **дороги́й** dear, **коха́ний** beloved, **улю́блений** favorite; **ві́дданий** devoted ◊ **Він догляда́в за старо́ю жі́нкою як ві́дданий с.** He took care of the old woman like a devoted son. **до́брий** good, **слухня́ний** obedient, **ува́жний** attentive, **чу́йний** caring ◊ **Юрко́ коли́сь був таки́м до́брим і чу́йним ~ом для них.** Once Yurko was such a good and caring son to them. **вві́чливий** respectful, **ви́хований** well-bred, **че́мний** polite, **шанобли́вий** dutiful; **невдя́чний** ungrateful, **пога́ний** bad; **доку́чливий** annoying; **зіпсо́ваний** spoiled, **розбе́щений** bratty; **втра́чений** lost, **поме́рлий** dead; ♦ **блу́дний с.** a prodigal son; **неодру́жений** unmarried; **батькі́в с.** a father's son; ♦ **Бо́жий с.** the son of God; ♦ **су́чий с.** *colloq.* son of a bitch ◊ **Він обізва́в хло́пців су́чими ~а́ми.** He called the boys sons of a bitch.
v. + **с. ма́ти ~а** have a son (**наро́джувати** give birth to, bear ◊ **Вона́ народи́ла три ~и.** She gave birth to three sons. **хоті́ти** want ◊ **Вони́ хо́чуть дочку́, а по́тім – ~а.** They want a daughter and then a son. **виро́щувати** raise ◊ **Ра́зом вони́ ви́ростили ~а і дві дочки́.** Together they raised a son and two daughters. **вихо́вувати** bring up ◊ **Його́ ~а вихо́вувала ву́лиця.** *fig.* His son was brought up by the street. **ма́ти** + *A.* **за ~а** have sb for a son) ◊ **Вона́ має Мико́лу за вла́сного ~а.** She has Mykola for her own son. **дово́дитися** + *D.* **~ом** be sb's son ◊ **Лев дово́диться їм наре́ченим ~ом.** Lev is their forster son.
с. + *v.* **вироста́ти** grow up ◊ **Оби́два ~и́ шви́дко ви́росли.** Both sons grew up quickly. **доро́слішати** mature ◊ **Її с. наре́шті подоро́слішав.** Her son has finally matured.
Also see **нащадок 3, хло́пець 2**
2 *fig.* son, descendant, child, boy scion, heir
adj. **безсме́ртний** immortal ◊ **Тут народи́вся безсме́ртний с. Украї́ни Олекса́ндер Довже́нко.** The immortal son of Ukraine Oleksander Dovzhenko was born here. **вели́кий** great, **геніа́льний** brilliant; **безстра́шний** fearless, **го́рдий** proud, **незла́мний** indomitable, **непeремо́жний** invincible; **ві́дданий** devout, **ві́рний** faithful, **самозре́чений** selfless
с. + *n.* **с. гір** a son of the mountains (**мі́ста** city ◊ **У се́рці він – с. мі́ста.** At heart, he is a city boy. **наро́ду** nation ◊ **Іва́на Франка́ назива́ють вели́ким ~ом наро́ду.** Ivan Franko is called a great son of the people. **села́** country, **степі́в** steppes)
Also see **наща́док 1**

синдро́м, *m.*, **~у**
syndrome
adj. **го́стрий** acute, **клі́ні́чний** clinical; **хроні́чний** chronic; **рі́дкісний** rare; **набу́тий** acquired; **приро́джений** congenital, **спадко́вий** hereditary ◊ **С. не набу́тий, а спадко́вий.** The syndrome is not acquired but hereditary. **недіягносто́ваний** undiagnosed; **авти́чний** autistic; **стокго́льмський** Stockholm
с. + *n.* **с. Альцга́ймера** Alzheimer syndrome (**Аспе́рґера** Asperger, **Да́вна** Down, **набу́того іму́нодефіци́ту люди́ни (СНІД)** acquired immune deficiency (AIDS), **Па́ркінсона** Parkinson's)
v. + **с. виявля́ти с.** display; detect a syndrome ◊ **Він виявля́є го́стрий промене́вий с.** He displays an acute radiation syndrome. **контролюва́ти** control; **виліко́вувати** cure ◊ **Ча́сом приро́джений с. мо́жна ви́лікувати.** At times, a congenital syndrome is possible to cure. **лікува́ти** treat; **діягносту**ва́ти diagnose ◊ **С. Да́вна діягносту́ють ще до наро́дження дити́ни.** The Down syndrome is diagnosed before a child's birth. **опи́сувати** describe ◊ **С. Ре́та впе́рше описа́в австрі́єць Андре́ас Рет.** The Austrian Andreas Rett was the first to describe the Rett syndrome. **характеризува́ти** characterize ◊ **С. характеризу́є го́стра чутли́вість до до́тику.** The syndrome is characterized by acute sensitivity to touch. **виклика́ти** cause ◊ **Генети́чна мута́ція виклика́є с. Ма́рфана.** The genetic mutation causes the Marfan syndrome. **бу́ти відо́мим як** be known as ◊ **Така́ поведі́нка же́ртви відо́ма як стокго́льмський с.** Such behavior of the victim is known as the Stockholm syndrome. **наро́джуватися з ~ом** be born with a syndrome ◊ **Пе́вний відсо́ток діте́й наро́джується з авти́чним ~ом.** A certain percentage of babies are born with an autistic syndrome.
с. + *v.* **виника́ти** arise ◊ **С. виника́є у пе́рший мі́сяць по наро́дженню.** The syndrome arises in the first month after birth. **з'явля́тися** appear, **розвива́тися** develop; **зника́ти** disappear; **вплива́ти на** + *A.* influence sth, **відбива́тися на** + *A.* affect sth ◊ **С. відбива́ється на ро́звитку дити́ни.** The syndrome affects the child's development.
Also see **хворо́ба, симпто́м 1**

син|е́ць, *m.*, **~ця́**
bruise
adj. **вели́кий** large ◊ **На її́ плечі́ вели́кий с.** There is a large bruise on her shoulder. **обши́рний** extensive; **сві́жий** fresh; **багро́вий** purple, **крива́вий** bloody, **те́мний** dark; **потво́рний** ugly, **серйо́зний** serious, **си́льний** nasty; **невели́кий** minor
v. + **с. діставáти с.** *or* **~ця́** get a bruise ◊ **У бі́йці він діста́в си́льний с.** *or* **си́льного ~ця́.** In the fight, he got a nasty bruise. (**ма́ти** have; **лиша́ти** leave; **ста́вити** + *D.* give sb ◊ **Яри́на поста́вила йому́ с. під о́ком.** Yaryna gave him a black eye.
с. + *v.* **з'явля́тися** appear ◊ **У не́ї на зап'я́стях з'яви́лися пурпуро́ві ~ці від мотузки.** Purple bruises from the rope appeared on her wrists. **лиша́тися** remain; **го́їтися** heal, **зника́ти** fade ◊ **Числе́нні ~ці на його́ ті́лі до́вго не зника́ли.** Numerous bruises on his body took a long time to fade.
Also see **ра́на 1, тра́вма**

си́н|ій, *adj.*
1 blue, dark blue
adv. **геть** totally, **доскона́ло** perfectly, **ціл**ко́м completely; **до́сить** fairly, **ду́же** very; **ле́две** scarcely, **ма́йже** almost, **не зо́всім** not quite, **тро́хи** a little; **небе́сно-с.** sky blue, **те́мно-с.** dark blue, **яскра́во-с.** bright blue, **я́сно-с.** light blue ◊ **Її́ го́лову прикраша́в віно́к із я́сно-си́ніх польови́х кві́тів.** A wreath of light blue field flowers adorned her head.
с. + *n.* **с. барві́нок** blue periwinkle (**ко́лір** color; **кит** *zool.* whale, **птах** bird); **~я далечі́нь** *poet.* blue distance (**фа́рба** paint, **хви́ля** wave), ♦ **Си́ня Борода́** Bluebeard; **~є мо́ре** blue sea (**не́бо** sky, **тло** background); **~і го́ри** *poet.* blue mountains (**о́чі** eyes) ◊ **Він ма́є неймові́рно ~і о́чі.** He had incredibly blue eyes.
conj. **с., як** + *N.* blue as sth ◊ **Шовк с., як барві́нок.** The silk is periwinkle-blue. (**як воло́шка** cornflower-blue ◊ **о́чі ~і, як воло́шки** cornflower-blue eyes; **як мо́ре** sea-blue, **як не́бо** sky-blue)
See **ко́лір.** *Also see* **блаки́тний 1, 2, небе́сний 2, стале́вий 3**

2 *fig.* livid, grayish-blue ◊ **Його́ обли́ччя ~є зі зло́сти.** His face is livid with anger. ♦ **бі́дний, аж с.** abjectly poor ◊ **Яки́х п'ять ро́ків тому́ вони́ були́ бі́дні, аж ~і.** Some five years ago, they were abjectly poor.

сині́|ти, ~ють; по~, *intr.*
1 to blue, become blue ◊ **З набли́женням ве́чора бліде́ не́бо шви́дко ~ло.** With the approach of evening, the pale sky was quickly becoming blue.
adv. **вре́шті-ре́шт** eventually, **поступо́во** gradually; **шви́дко** quickly
2 *nonequiv., only impf., 3rd pers.* to show blue ◊ **Пе́ред ни́ми до само́го о́брію ~ло Чо́рне мо́ре.** The Black Sea showed blue in front of them all the way to the horizon.

сино́нім, *m.,* **~а**
1 *ling.* synonym
adj. **по́вний** complete ◊ **Два іме́нники є по́вними ~ами.** The two nouns are complete synonyms. **то́чний** exact; **частко́вий** partial; **граммати́чний** grammatical, **лекси́чний** lexical; **рі́зний** different ◊ **Сло́во мо́жна перекла́сти трьома́ рі́зними ~ами.** The word can be translated by three different synonyms.
v. + **с. використо́вувати с.** use a synonym (**зна́ти** know; **знахо́дити** find, **підбира́ти** select, **шука́ти** look for; **пропонува́ти** offer); **заміни́ти** + *A.* **~ом** replace sth with a synonym ◊ **Щоб уни́кнути тавтоло́гії, прикме́тник слід заміни́ти ~ом.** To avoid tautology, the adjective should be replaced with a synonym.
2 *fig., bookish* equivalent, analogue ◊ **Коза́к Мама́й – с. ві́льного украї́нського ду́ху.** Cossack Mamay is the equivalent of the free Ukrainian spirit.
See **аналогія, пара́лель 2.** *Also see* **ана́лог**

синта́кс|а, *f., var.* **си́нтаксис,** *m., only sg.*
syntax
adj. **елемента́рна** elementary, **про́ста́** simple, **складна́** complex; **пра́вильна** correct; **ґенерати́вна** generative, **когніти́вна** cognitive, **комп'ю́терна** computer, **комунікати́вна** communicative, **логі́чна** logical, **психологі́чна** psychological, **семанти́чна** semantic
v. + **с. аналізува́ти ~у** analyze syntax ◊ **Він проаналізува́в ~у ре́чення.** He analyzed the syntax of the sentence. (**опи́сувати** describe; **пору́шувати** violate) ◊ **Вона́ ча́сто пору́шує елемента́рну ~у.** She often violates elementary syntax. **дотри́муватися** adhere to)
Also see **грама́тика, ле́ксика, морфоло́гія**

синтети́чн|ий, *adj.*
1 synthetic
с. + *n.* **с. кавчу́к** synthetic rubber (**матерія́л** material; **ме́тод** method, **підхі́д** approach; **нарко́тик** drug, **препара́т** remedy; **о́дяг** clothes); **~а геоме́трія** synthetic geometry (**речовина́** substance, **ткани́на** cloth; **тео́рія** theory; **фо́рма** form)
2 *ling.* synthetic, one-word ◊ **~а фо́рма майбу́тнього ча́су часто́тніша за аналіти́чну.** The synthetic future tense form is used more frequently than the analytical one. ◊ **По́льську вважа́ють ~ою мо́вою.** Polish is considered to be a synthetic language.
Ant. **аналіти́чний**

синхро́нн|ий, *adj.*
synchronous, synchronic, simultaneous
adv. **абсолю́тно** absolutely, **ціл́ком** completely; **майже** almost; **ле́две** scarcely; **не зо́всім** not quite
с. + *n.* **с. двигу́н** a synchronous motor (**ґенера́тор** generator); **с. пере́клад** a simultaneous interpretation ◊ **Вона́ переста́ла роби́ти с. пере́клад.** She stopped doing simultaneous interpretation. **с. ана́ліз** a synchronic analysis (**підхі́д** approach, **при́нцип** principle)
v. + **с. бу́ти ~им** be simultaneous ◊ **Ру́хи гімна́сток були́ ціл́ком ~ими.** The (female) gymnasts' moves were completely simultaneous. (**вигляда́ти** look; **здава́тися** + *D.* seem to sb; **става́ти** become)
See **одноча́сний**

си́п|ати, ~лю, ~еш, ~лють; на~, *tran.*
1 to pour *(only of dry, friable substances)*, strew, scatter, dredge; dump + *I.* with sth
adv. **бага́то** a lot ◊ **Хуртови́на наси́пала бага́то сні́гу.** The blizzard dumped a lot of snow. **ще́дро** generously ◊ **За звича́єм, ді́ти ще́дро ~али на го́лови подру́жній па́рі пелю́стки кві́тів.** Following the custom, the children generously strewed the married couple with flower petals. **в мі́ру** moderately, **тро́хи** a little; **обере́жно** carefully, **пові́льно** slowly, **поступо́во** gradually; **шви́дко** quickly
с. + *n.* **с. бо́рошно** pour flour ◊ **Окса́на наси́пала бо́рошна в торби́нку.** Oksana poured some flour in the bag. (**пе́рець** pepper, **зе́млю** earth, **пісо́к** sand ◊ **Щоб загаси́ти вого́нь, вони́ ~али на ньо́го пісо́к.** To put out the fire, they were dumping sand on it. **по́рох** powder, **рис** rice, **сіль** salt, ♦ **с. сіль** *or* **со́ли на ра́ну** to rub it in ◊ **Не тре́ба си́пати хло́пцеві сіль** *or* **со́ли на ра́ну, він і без то́го ма́є за що жури́тися.** Do not rub it in for the boy, he already has enough to worry about. **цу́кор** sugar) ◊ **Вона́ наси́пала скля́нку цу́кру.** She poured a glass of sugar.
v. + **с. бу́ти тре́ба** + *D.* need to; **встига́ти** have the time to ◊ **Він, усти́г на~ собі́ по́вну кише́ню ри́су.** He had the time to pour a pocketful of rice. **змогти́** *pf.* manage to; **проси́ти** + *A.* ask sb to, **хоті́ти** want to
2 to pour *(liquid food, etc.)*, fill ◊ **Пили́п наси́пав го́стеві ми́ску борщу́.** Pylyp poured the guest a bowl of borshch.
3 *impers.* to pour down, rain, snow ◊ **Під ве́чір зно́ву почало́ с. спочатку дощем, а тоді́ й сні́гом.** Towards the evening it started pouring down again, first with rain and then with snow.
4 *fig.* to spout, bombard, swamp, shower, hurl + *I.* or *A.* with sth; *pf.* **за~** + *I.*
с. + *n.* **с. до́корами** *or* **до́кори** hurl rebukes ◊ **Він ~в на Іва́на до́корами.** He was hurling Ivan with rebukes. (**доте́пами** *or* **доте́пи** and **жа́ртами** *or* **жа́рти** jokes; **заува́женнями** *or* **зауважен́ня** remarks, **коментаря́ми** *or* **комента́рі** comments; **пита́ннями** *or* **пита́ння** questions ◊ **Пу́бліка заси́пала її пита́ннями.** The public bombarded her with questions. **прислі́в'ями** *or* **прислі́в'я** sayings, **слова́ми** *or* **слова́** words, **цита́тами** *or* **цита́ти** quotes ◊ **Окса́на бі́льше ~ала цита́тами, як вислов́лювала вла́сні ду́мки.** Oksana was spouting quotes more than expressing her own opinions. **прокльо́нами** curses; **ку́лями** bullets, **стрі́лами** arrows, **уда́рами** blows; **грі́шми** money, **подару́нками** gifts)
pa. pple. **наси́паний** poured
(на)си́п!
Cf. **ли́ти, кла́сти**

сир, *m.,* **~у**
cheese, cottage cheese
adj. **дома́шній** cottage ◊ **варе́ники з дома́шнім ~ом і карто́плею** cottage-cheese-and-potato dumplings; **м'яки́й** soft, **тверди́й** hard; **сві́жий** fresh ◊ **Вона́ купу́є сві́жий с. на ри́нку.** She buys fresh cheese in the market. **го́стрий** sharp, **ки́слий** sour, **соло́ний** salty ◊ **Ове́чий с. був на́дто соло́ним.** The sheep cheese was too salty. **соло́дкий** sweet; **нате́ртий** grated; **ву́джений** *and* **ко́пчений** smoked, **пла́влений** melted, **перероблений** processed; **ко́зячий** goat ◊ **Вона́ люби́ла ко́зячий с.** She liked goat cheese. **коро́в'ячий** cow, **ове́чий** sheep; **голла́ндський** Dutch, **еспа́нський** Spanish, **італі́йський** Italian, **францу́зький** French, **швайца́рський** Swiss ◊ **Зі всіх швайца́рських ~ів, апенце́лер подо́бався Га́нні найбі́льше.** Of all Swiss cheeses, Hanna liked Appenzeller best.
с. + *n.* **с. із тра́вами** herb cheese (**цві́ллю** blue ◊ **Він не лю́бить ~у із цві́ллю.** He does not like blue cheese. **часнико́м** garlic)
n + **с. кава́лок ~у** *colloq.* a piece of cheese (**ку́сень** piece, **ку́сник** *dim.* piece, **окра́єць** *or* **ски́бка** slice, **шмато́к** bit; **кружа́ло** wheel ◊ **Вони́ купи́ли два кружа́ла ~у.** They bought two wheels of cheese. **ми́ска** plate, **та́ця** platter) ◊ **та́ця ~у** a platter of cheese
v. + **с. вари́ти** *and* **роби́ти с.** make cheese ◊ **У селі́ ва́рять тверді́ ~и́.** They make cheeses in the village. (**кра́яти** slice, **рі́зати** cut ◊ **Порі́ж с. ку́биками.** Cut the cheese into cubes. **пла́вити** melt; **те́рти** grate) ◊ **Лі́на нате́рла ~у.** Lina grated some cheese. **посипа́ти** + *A.* **~ом** sprinkle sth with cheese ◊ **Він поси́пав різо́тто ~ом.** He sprinkled risotto with cheese.
prep. **з ~ом** with cheese ◊ **кана́пка з помідо́ром і ~ом** a tomato-and-cheese sandwich; ♦ **як с. у ма́слі** as snug as a bug in a rug ◊ **У Лу́цьку О́льга, як с. у ма́слі.** In Lutsk, Olha is as snug as a bug in a rug.
N. pl. **~и́**

сире́н|а, *f.*
siren, alarm
adj. **авіаці́йна** air-raid, **поже́жна** fire, **поліці́йна** police; **дале́ка** distant; **гучна́** loud, **завива́юча** wailing, **оглу́шлива** deafening, **прони́злива** piercing; **попере́джувальна** warning
с. + *n.* **с. поже́жної маши́ни** a fire truck siren (**циві́льної оборо́ни** civil defense, **швидко́ї допомо́ги** ambulance ◊ **Рух зупини́вся від ~и швидко́ї допомо́ги.**The traffic stopped at the ambulance siren.
n. + **с. виття́** *or* **завива́ння ~и** wailing of a siren (**звук** sound)
v. + **с. вмика́ти ~у** put on a siren ◊ **Хтось увімкну́в попере́джувальну ~у.** Someone put on a warning siren. (**чу́ти** hear) ◊ **Він чув дале́кі ~и корабл́ів у прото́ці.** He heard distant sirens of the ships in the strait.
с. + *v.* **ви́ти** *and* **завива́ти** wail ◊ **Десь го́лосно ви́ла поже́жна с.** Somewhere, a fire siren wailed loudly. **дохо́дити до** + *G.* reach sb/sth, **луна́ти** sound ◊ **В окупо́ваному мі́сті щодня́ луна́ли ~и.** Sirens sounded in the occupied city every day. **чу́тися** be heard
See **звук**

сир|и́й, *adj.*
1 damp, humid, moist
adv. **до́сить** rather ◊ **сі́рий і до́сить с. день** a gray and rather damp day; **геть** totally, **ду́же** very, **вкрай** extremely, **страше́нно** terribly ◊ **Підва́л виявля́ється страше́нно ~и́м.** The basement turns out to be terribly damp. **на́дто** too; **де́що** somewhat, **тро́хи** a little
v. + **с. бу́ти ~и́м** be damp (**виявля́тися** turn out; **здава́тися** + *D.* seem to sb ◊ **Підло́га здава́лася ~о́ю че́рез те, що була́ холо́дною.** The floor seemed damp, because it was cold. **лиша́тися** remain; **става́ти** become) ◊ **Узи́мку ка́мера стає́ холо́дною і ~о́ю.** In winter, the cell becomes cold and damp.
prep. **с. від** + *G.* damp from sth ◊ **Дро́ва ~і від дощу́.** The firewood is damp from rain.
See **воло́гий.** *Also see* **мо́крий 1, 2**
2 raw, uncooked
adv. **геть** totally ◊ **Сма́жена карто́пля ви́явилася геть ~о́ю.** The fried potatoes turned out to be totally uncooked. **ціл́ком** completely, **ще** still ◊ **Рис лиша́вся ще ~и́м.** The rice still remained raw. **я́вно** obviously; **ма́йже** almost, **наполови́ну** half, **тро́хи** a little
v. + **с. бу́ти ~и́м** be raw (**ї́сти** + *A.* eat sth ◊ **Тимі́ш волі́є ї́сти бара́нину наполови́ну ~о́ю.**

Tymish prefers eating lamb half raw. **спожива́ти** + *A.* consume sth ◊ **Вона́ спожива́ла горо́дину ~ою.** She consumed vegetables raw. **люби́ти** + *A.* like sth) ◊ **Він лю́бить мо́ркву лише́ ~о́ю.** He likes carrots only raw.
3 raw, unprocessed, untreated ◊ **вантажі́вка ~ої баво́вни** a truck of raw cotton
4 *fig.* unfinished, half-done, rough, half-baked ◊ **Вона́ не хо́че пока́зувати ~ого те́ксту на́віть при́ятелеві.** She does not want to show the unfinished text even to her (male) friend. ◊ **я́вно с. варія́нт програ́ми** an obviously rough version of the program

си́р|ість, *f.*, **~ости**, *only sg.*
humidity, dampness
adj. **вели́ка** high ◊ **Вели́ка с. у гурті́вні згу́бно вплива́ла на проду́кти.** High humidity in the storehouse had a detrimental effect on the products. **значна́** considerable, **помі́тна** noticeable, **невели́ка** low; **відно́сна** relative; **неприє́мна** unpleasant, **несте́рпна** unbearable
See **воло́гість**

сировин|а́, *f.*, *only sg.*
raw material(s)
adj. **пе́рвісна** primary, **промисло́ва** industrial, **сільськогоспода́рська** agricultural, **тексти́льна** textile; **втори́нна** secondary, **перероблена** recycled; **місце́ва** local, **імпорто́вана** imported; **важли́ва** important, **стратегі́чна** strategic ◊ **Приро́дний газ став стратегі́чною ~о́ю для га́лузі.** Natural gas became a strategic raw material for the industry.
n. + **с. запа́си ~и́** raw materials reserves (**вве́зення** importation, **і́мпорт** imports; **ви́везення** exporting, **е́кспорт** export; **переро́бка** processing; **купі́вля** acquisition ◊ **Фі́рма – посере́дник у купі́влі ~и́.** The firm is an intermediary in raw materials acquisition. **про́даж** sale)
v. + **с. використо́вувати ~у́** use a raw material ◊ **Нове́ виробни́цтво використо́вує винятко́во втори́нну ~у́.** The new production uses exceptionally secondary raw materials. (**переробля́ти** recycle; **постача́ти** supply) ◊ **Австра́лія постача́тиме пе́рвісну ~у́ для а́томних електроста́нцій краї́ни.** Australia will supply the primary raw material for the country's atomic power plants. **бракува́ти ~и́** be short of raw material ◊ **Фа́бриці бракує місце́вої ~и́.** The factory is short of local raw material. **забра́кнути** *only pf.* run out of ◊ **Їм забра́кло промисло́вої ~и́.** They ran out of industrial raw material.

сир|ота́, *f. and m.*
orphan; *fig.* lonely person
adj. **бі́дний** poor ◊ **Іва́на называли бі́дним ~о́ю.** Ivan was called a poor orphan. **неща́сний** wretched, **по́вний** complete, **само́тній** lonely ◊ **У нові́й шко́лі Ла́ра почува́лася як само́тня ~а́.** At the new school, Lara felt like a lonely orphan.
v. + **с. вдава́ти (з се́бе) ~у́** feign an orphan (**мо́рщити** *colloq.* pretend) ◊ **Щоб ви́кликати співчуття́, хло́пець мо́рщив ~у́.** In order to provoke sympathy, the boy pretended to be a poor orphan. **бу́ти ~о́ю** be an orphan ◊ **Він був по́вним ~ою.** He was a complete orphan. (**вироста́ти** grow up as ◊ **Із семирі́чного ві́ку Мару́ся виростáла ~о́ю.** Since the age of seven, Marusia grew up as an orphan. **виявля́тися** turn out; **лиша́тися** be left ◊ **Він із мали́м бра́том лиши́вся ~ами.** He and his little brother were left orphans. **става́ти** become)

систе́м|а, *f.*
1 system, order ◊ **Вона́ чита́є все, що мо́же знайти́, без пла́ну і ~и.** She reads everything she can find without a plan and system.
See **поря́док 3.** *Also see* **закономі́рність 1, ло́гіка 2**
2 system, method, methodology, rules
adj. **тепе́рішня** current, **чи́нна** existing ◊ **Чи́нна с. управлі́ння потребу́є змін.** The existing governance system requires changes. **моде́рна** modern, **нова́** new, **суча́сна** contemporary; **архаї́чна** archaic ◊ **Бібліо́тека кори́стується архаї́чною ~ою каталогува́ння.** The library uses an archaic system of cataloging. **віджи́ла** dated, **застарі́ла** obsolete ◊ **С. вступни́х і́спитів застарі́ла.** The entrance exams system is obsolete. **стара́** old, **старомо́дна** old-fashioned ◊ **старомо́дна с. підгото́вки ме́неджерів** an old-fashioned system of manager training; **традиці́йна** traditional ◊ **Він – прихи́льник традиці́йної ~и підбо́ру ка́дрів.** He is a proponent of the traditional personnel selection system. **станда́ртна** standard; **заплу́тана** tangled ◊ **Інжене́р не мо́же проде́ртися че́рез заплу́тану ~у ліце́нзій і до́зволів.** The engineer cannot make his way through the tangled system of licenses and permits. **складна́** complicated, **тонка́** subtle, **хитрому́дра** sophisticated; **про́ста** simple ◊ **геніа́льно про́ста с. обро́бки да́них** a brilliantly simple system of data processing; **зага́льна** general, **всеохо́пна** comprehensive; **зв'я́зана** coherent, **інтегро́вана** integrated; **ді́єва** *or* **дійова́** effective, **ефекти́вна** efficient; **життєзда́тна** viable ◊ **Лише́ життєзда́тна с. опла́ти дозволя́тиме їм лиша́тися конкуре́нтними на ри́нку.** Only a viable payment system will allow them to stay competitive in the market. **практи́чна** practical, **працю́юча** working, **функціона́льна** functional; **марнотра́тна** wasteful, **неефекти́вна** inefficient; **гнучка́** flexible; **жорстка́** stringent, **шти́вна** rigid; **стабі́льна** stable; **бездога́нна** impeccable, **дове́ршена** flawless, **доскона́ла** perfect; **недоскона́ла** imperfect; **уніка́льна** unique; **децентралізо́вана** decentralized; **централізо́вана** centralized; **відкри́та** open; **закри́та** closed; **бюрократи́чна** bureaucratic, **ієрархі́чна** hierarchical ◊ **Акаде́мія нау́к спира́ється на шти́вну ієрархі́чну ~у.** The academy of sciences relies on a rigid hierarchical system. **авторита́рна** authoritarian, **кара́льна** punitive; **заду́шлива** stifling; **наци́стська** Nazi ◊ **Між сове́тською і наци́стською ~ами не було́ істо́тної різни́ці.** There was no essential difference between the Soviet and the Nazi system. **репреси́вна** repressive, **сове́тська** Soviet, **тоталіта́рна** totalitarian, **фаши́стська** fascist; **справедли́ва** equitable, **че́сна** just; **несправедли́ва** unfair, **нече́сна** unjust; **збанкру́тіла** bankrupt, **скорумпо́вана** corrupt; **грома́дська** public, **держа́вна** state; **ви́борча** electoral, **змі́шана** mixed, **мажорита́рна** majoritarian, **пропорці́йна** proportional; **парла́ментська** parliamentary, **політи́чна** political; **ба́нкова** banking ◊ **Ба́нкова с. опини́лася над при́рвою кра́ху.** The banking system found itself at the precipice of collapse. **валю́тна** currency, **економі́чна** economic, **моне́тарна** monetary, **фіна́нсова** financial; **податко́ва** taxation; **екзаменаці́йна** examination; **осві́тня** educational, **університе́тська** university, **шкі́льна** school; **ка́рна** criminal justice, **судова́** court, **юриди́чна** legal; **випра́вна** correctional, **тюре́мна** prison; **пенсі́йна** pension ◊ **Пенсі́йна с. не відповіда́ла вимо́гам моме́нту.** The pension system was at odds with the demands of the moment. **рабовла́сницька** slave-owning, **феода́льна** feudal, **капіталісти́чна** capitalist, **комуністи́чна** communist, **соціялісти́чна** socialist ◊ **перева́ги та недо́ліки соціялісти́чної ~и еконо́міки** the merits and drawbacks of the socialist system of economy; **ка́бельна** cable; **резе́рвна** backup, **тра́нспортна** transportation; **граматична** grammatical, **мо́вна** language, **синтакси́чна** syntactic, **фонети́чна** phonetic; **класифікаці́йна** classification; **двоя́русна** two-tier ◊ **двоя́русна законода́вча с.** a two-tier legislative system; **багатоparті́йна** multiparty, **двопарті́йна** two-party, **однопарті́йна** one-party ◊ **У Кита́ї однопарті́йна с. вла́ди.** There is a one-party system of government in China. **оборо́нна** defense, **розві́дувальна** reconnaissance
с. + *n.* **с. ви́борів** an election system ◊ **Тепе́рішня с. ви́борів допуска́є ма́сові пору́шення.** The present election system allows massive irregularities. (**голосува́ння** voting; **до́гляду** care, **доста́вки** delivery; **заробі́тної пла́ти** salary, **зв'язку́** communication; **метрополіте́ну** subway ◊ **Че́рез загро́зу терористи́чного а́кту с. метрополіте́ту ви́явилася паралізо́ваною.** Because of the threat of a terrorist attack, the subway system turned out to be paralyzed. **місько́го тра́нспорту** city transit; **осві́ти** educational ◊ **одна́ з найбі́льш прогреси́вних систе́м осві́ти на сві́ті** one of the most progressive educational systems in the world; **охоро́ни здоро́в'я** health care, **соція́льного забезпе́чення** social welfare; **ви́явлення** detection, **контро́лю** control, **попере́дження** warning, **спостере́ження** monitoring; **підтри́мки** support; **безпе́ки** security ◊ **неадеква́тність систе́ми европе́йської безпе́ки** the inadequacy of the European security system; **сте́ження** surveillance; **ці́нностей** value; **штра́фів** penalty)
v. + **с. будува́ти ~у** build a system (**використо́вувати** use ◊ **Він спри́тно використо́вує ~у.** He shrewdly uses the system. **впрова́джувати** introduce, **встано́влювати** establish, **вті́лювати** implement, **запуска́ти** launch, **застосо́вувати** apply, **ма́ти** have, **налаго́джувати** set up, **організо́вувати** organize, **розгорта́ти** deploy, **ство́рювати** create, **проє́ктува́ти** design; **забезпе́чувати** maintain, **обслуго́вувати** service; **змі́нювати** change ◊ **~у заробі́тної пла́тні тре́ба зміни́ти.** The salary system must be changed. **модернізува́ти** modernize, **пристосо́вувати** adapt, **спро́щувати** simplify, **реорганізо́вувати** reorganize, **реформува́ти** reform, **трансформува́ти** transform; **організо́вувати** organize ◊ **Вони́ зорганізува́ли ~у спостере́ження за ру́хом ві́йськ.** They organized the troops movement surveillance system. **вдоскона́лювати** perfect, **змі́цнювати** strengthen, **покра́щувати** improve; **борони́ти** *and* **захища́ти** defend, **підтри́мувати** support; **зна́ти** know, **розумі́ти** understand; **демонтува́ти** dismantle, **дестабілізува́ти** destabilize, **зни́щувати** destroy ◊ **Стару́ тоталіта́рну ~у мо́жна було́ ті́льки зни́щити.** The old totalitarian system could only be destroyed. **підрива́ти** undermine, **пору́шувати** disrupt ◊ **Землетру́с пору́шив ~у постача́ння води́.** The earthquake disrupted the water supply system. **посла́блювати** weaken; **викрива́ти** denounce; **критикува́ти** criticize; **нена́видіти** hate); **бу́ти части́ною ~и** be a part of a system ◊ **Вони́ давно́ є части́ною ~ми капіталі́зму.** They have long since been a part of the capitalist system. (**відмовля́тися від** abandon ◊ **Їм слід відмо́витися від неефекти́вної ~и спри́яння мало́му бі́знесові.** They should abandon the inefficient system of small business promotion. **повстава́ти про́ти** rebel against; **приє́днуватися до** join); **чини́ти о́пір ~і** resist a system ◊ **Вони́ впе́рто чини́ли о́пір ~і.** They stubbornly resisted the system. **керува́ти ~ою** run a system ◊ **~ою супу́тникового зв'язку́ керува́тиме комп'ю́тер.** A computer will run the satellite communications system. (**зловжива́ти** abuse ◊ **Він зловжива́є ~ою компенса́ції же́ртвам війни́.** He abused the compensation system to war victims. **маніпулюва́ти** manipulate, **опе́рува́ти** operate, **управля́ти** manage; **користува́тися** make use of ◊ **Бібліо́тека кори́стується вла́сною**

~ою каталогува́ння. The library uses its own cataloging system. **боро́тися з** fight ◊ **Тре́ба зна́ти, як боро́тися з ~ою.** One needs to know how to fight the system. **става́ти** become) ◊ **Коли́шні революціоне́ри небаво́м самі́ ста́ли ~ою.** The former revolutionaries soon became the system themselves.

с. + *v.* **ді́яти** be in place ◊ **У правоохоро́нних о́рганах ді́яла ста́ра сове́тська с.** The old Soviet system was in place in the law-enforcement bodies. **існува́ти** exist ◊ **В і́нших краї́нах існу́є менш марнотра́тна с. охоро́ни здоро́в'я.** There exists a less wasteful healthcare system in other countries. **засно́вуватися на** + *L.* be based on sth; **дозволя́ти** + *A.* allow for sth; **виключа́ти** + *A.* preclude sth ◊ **Ста́ра́ с. управлі́ння виключа́є взаємоді́ю між окре́мими її́ ла́нками.** The old management system precludes cooperation among its parts. **не допуска́ти** + *G.* not allow sth; **ґаранту́вати** + *A.* guarantee sth, **забезпе́чувати** + *A.* ensure sth, **пропонува́ти** + *A.* offer sth ◊ **Чи́нна с. пропону́є широ́кі можли́вості для самореаліза́ції тво́рчої люди́ни.** The current system offers wide-ranging opportunities for the creative person's self-realization. **зазнава́ти кра́ху** suffer a fiasco, **лама́тися** break down, **розпада́тися** fall apart ◊ **С. шви́дко розпа́лася.** The system quickly fell apart.

prep. **в ~у** *dir.* in/to a system ◊ **План уво́дить нова́ції в ~у о́бміну.** The plan introduced innovations in the exchange system. **у ~і** *posn.* in a system ◊ **слабка́ ла́нка в ~і безпе́ки** a weak link in the security system

3 system, classification, arrangement

adj. **метри́чна** metric; **періоди́чна** periodic ◊ **періоди́чна с. хемі́чних елеме́нтів** the periodic system of chemical elements

4 system, structure *(parts that work together)*

adj. **автоматизо́вана** automated, **електро́нна** electronic, **електри́чна** electric, **комп'ютеризо́вана** computerized, **комп'ю́терна** computer, **механі́чна** mechanical, **ручна́** manual; **звукова́** sound ◊ **У них нема́є гро́шей на нову́ звукову́ ~у.** They have no money for a new sound system. ♦ **стереосисте́ма** stereo system; **вихлопна́** exhaust ◊ **Вихлопна́ с. вантажі́вки потребу́є ремо́нту.** The truck's exhaust system needs fixing. **ізоляці́йна** insulation; **опа́лювальна** heating ◊ **Опа́лювальна с. безпора́дна при екстрема́льних температу́рах.** The heating system is helpless in extreme temperatures. **охоло́джувальна** cooling; **вентиляці́йна** ventilation, **зро́шувальна** irrigation, **осу́шувальна** drainage; **навіґаці́йна** navigation, **телефо́нна** telephone, **сателіта́рна** *and* **супу́тникова** satellite; **раке́тна** missile; **корене́ва** root ◊ **Ка́ктус ма́є глибо́ку корене́ву ~у.** The cactus has a deep root system.

с. + *n.* **с. зро́шення** an irrigation system (**ізоля́ції** insulation ◊ **моде́рна с. ізоля́ції** a modern insulation system; **кондиціонува́ння пові́тря** air-conditioning; **озбро́єння** weapons; **попере́дження** warning, **санте́хніки** plumbing) ◊ **С. санте́хніки вимага́є модерніза́ції.** The plumbing system requires modernizing.

v. + **с. будува́ти ~у** build a system ◊ **~у зро́шення збудува́ли за кі́лька мі́сяців.** The irrigation system was built in a few months. **опрацьо́вувати** develop, **ство́рювати** create, **вдоскона́лювати** better, **оптимізува́ти** streamline, **покра́щувати** improve; **встано́влювати** install, **купува́ти** buy, **демонтува́ти** dismantle, **заміня́ти** replace) ◊ **Ста́ру ~у озбро́єння заміни́ли.** The old weapons system was replaced.

prep. **в ~і** in a system ◊ **У навіґаці́йній ~і корабля́ знайшли́ дефе́кт.** A defect was found in the ship's navigation system.

5 system *(in computer)*

adj. **інтеракти́вна** interactive; **програ́мна** software; **бездро́това** wireless, **опти́чна** optical, **цифрова́** digital; **найнові́ша** cutting-edge, **нова́** new, **передова́** advanced; **застарі́ла** outdated, **ста́ра́** old; **поту́жна** powerful; **сумі́сна** compatible; **несумі́сна** incompatible; **комп'ю́терна** computer; **інформаці́йна** information, **операці́йна** operational; **пошуко́ва** search; **клієнтно-се́рверна** client server, **се́рверна** server; **шифрува́льна** encryption ◊ **Шифрува́льну ~у неможли́во злама́ти.** The encryption system is impossible to break.

с. + *n.* **с. ба́зи да́них** database system ◊ **цілко́м інтеракти́вна с. ба́зи да́них** a fully interactive database system (**зберіга́ння** storage; **обро́бки да́них** data processing; **розпізнава́ння** recognition, **розпізнава́ння мо́влення** speech recognition ◊ **Телефо́н ма́є ~у розпізнава́ння мо́влення.** The phone has a speech-recognition system. **шифрува́ння** encryption ◊ **Вони́ перейшли́ на ~у асиметри́чного шифрува́ння.** They switched to an asymmetric encryption system.

v. + **с. встано́влювати ~у** install a system ◊ **Те́хнік установи́в на її́ комп'ю́тері нову́ операці́йну ~у.** The technologist installed a new operational system on her computer. (**перезаванта́жувати** reboot ◊ **Ні́на хоті́ла перезаванта́жити ~у.** Nina wanted to reboot the system. **будува́ти** build, **опрацьо́вувати** develop, **прое́ктува́ти** design, **ство́рювати** create, **оно́влювати** upgrade) ◊ **Оно́вити програ́мну ~у мо́жна безкошто́вно.** The software system can be upgraded for free.

6 *anat.* system

adj. **ди́хальна** respiratory, **зорова́** visual, **іму́нна** immune ◊ **зага́льне посла́блення іму́нної ~и** a general weakening of the immune system; **нерво́ва** nervous, **репродукти́вна** reproductive, **серце́во-суди́нна** cardiovascular, **слухова́** auditory, **травна́** digestive ◊ **Переїда́ння піддає́ травну́ ~у́ люди́ни стре́сові.** Overeating subjects the human digestive system to stress.

Also see **апара́т 3**

системати́чн|ий, *adj.*

1 systematic, systematized, methodical

adv. **до́сить** fairly, **доста́тньо** sufficiently, **ду́же** very ◊ **Її́ ме́тод ана́лізу ду́же с.** Her method of analysis is very systematic. **ма́йже** almost, **не зо́всім** not quite; ♦ **с. катало́г** a systematic catalogue

v. + **с. бу́ти ~им** be systematic ◊ **Ви́клад не зо́всім с.** The narrative is not quite systematic. (**лиша́тися** remain; **роби́ти** + *A.* make sth ◊ **Координа́тор зроби́в ї́хні дослі́дження більш ~ими.** The coordinator made their investigations more systematized. **става́ти** become)

Cf. **систе́мний**

2 regular, repeated, recurrent

с. + *n.* **с. до́гляд за хво́рим** regular patient care; **~і про́пуски заня́ть** regular absences from school; **~і стра́йки** recurrent strikes

See **пості́йний 1, реґуля́рний 1.** *Also see* **періоди́чний**

систе́мн|ий, *adj.*

systemic, of or pertaining to a system

с. + *n.* **с. адміністра́тор** a system administrator (**ана́ліз** analysis; **блок** block; **програмі́ст** programmer); **~а характери́стика** a systemic characteristic (**дискриміна́ція** discrimination); **~е наси́льство** systemic violence

Cf. **системати́чний 1**

си́т|ий, *adj.*

1 well-fed, satiated, replete, full

adv. **абсолю́тно** absolutely, **геть** totally, **цілко́м** completely; **доста́тньо** enough, **до́сить** fairly; **ма́йже** almost; **ле́две** barely; ♦ **с. і вкри́тий** fully provided for ◊ **Ді́ти жили́ в батькі́в ~ими і вкри́тими.** The children lived at their parents' place completely provided for.

v. + **с. бу́ти ~им** be full ◊ **Усі́ ~і і задово́лені.** Everybody is satiated and gratified. ♦ **бу́ти ~им по го́рло** + *I.* to be fed up to the teeth with sth ◊ **Лари́са ~а по го́рло його́ бре́хнями.** Larysa is fed up to the teeth with his lies. (**лиша́тися** remain ◊ **Іва́н лиша́вся ~им до ве́чора.** Ivan stayed full till the evening. **почува́тися** feel) ◊ **Вони́ почува́ються ~ими.** They feel satiated.

2 fat, plump, stout ◊ **На його́ ~ому обли́ччі було́ зацікá́влення.** There was curiosity on his plump face.

3 prosperous, affluent, wealthy ◊ **Він ще не зна́в ~ого життя́.** He did not yet experience affluent life.

See **бага́тий 1**

4 filling *(of meal)*, hearty, square, nutritious ◊ **Вона́ лю́бить, щоб борщ був густи́й і с.** She likes her borshch thick and filling. ◊ **Він загорну́в собі́ в доро́гу кава́лок ~ого са́ла з хлі́бом.** He wrapped himself a piece of square pig fat with bread for the road.

See **си́тний**

си́тн|ий, *adj.*

filling, hearty, square, nutritious

adv. **до́сить** enough, fairly, **доста́тньо** sufficiently ◊ **Сі́но – доста́тньо с. корм для ко́ней.** Hay is a sufficiently nutritious fodder for horses. **ду́же** very ◊ **Вони́ з'ї́ли ду́же ~у вечéрю.** They ate a very filling dinner. **цілко́м** completely; **ле́две** barely; **недоста́тньо** insufficiently; **не зо́всім** not quite

v. + **с. бу́ти ~им** be filling (**здава́тися** + *D.* seem to sb ◊ **Гре́чка з ку́рятиною здава́лися Окса́ні доста́тньо ~ою стра́вою.** Buckwheat with chicken seemed to be a sufficiently hearty meal to Okana. **роби́ти** + *A.* make sth) ◊ **Ба́тько вважа́в, що бага́то хлі́ба ро́бить ~им ко́жен обі́д.** Father was of the opinion that a lot of bread made every meal nutritious.

Also see **си́тий 4**

ситуа́ці|я, *f.*, **~ї**

situation

adj. **вся** whole, **зага́льна** general, **ці́ла** entire; **ни́нішня** current, **сього́днішня** today's, **тепе́рішня** present; **міжнаро́дна** international ◊ **Зни́щення пасажи́рського літака́ погі́ршило міжнаро́дну ~ю.** The destruction of the civilian airplane exacerbated the international situation. **місце́ва** local, **націона́льна** national, **світова́** world ◊ **Світова́ економі́чна с. покра́щувалася.** The world economic situation was improving. **ґлоба́льна** global; **ді́йсна** actual, **конкре́тна** concrete, **реа́льна** real, **спра́вжня** real-life; **гіпотети́чна** hypothetic ◊ **Він окре́слив не так реа́льну, як гіпотети́чну ~ю.** He outlined not a real but hypothetic situation. **неймові́рна** improbable, **неможли́ва** impossible ◊ **Вони́ намага́ються щось роби́ти в неможли́вій ~ї.** They are trying to do something in an impossible situation. **неправдоподі́бна** unlikely; **ймові́рна** probable, **можли́ва** possible; **вда́ла** happy, **ви́грашна** winning, **здоро́ва** healthy ◊ **~ю, що скла́лася, ле́две мо́жна назва́ти здоро́вою.** The situation that emerged can hardly be called healthy. **іде́альна** ideal, **сприя́тлива** favorable, **стабі́льна** stable; **важка́** difficult, **вибухо́ва** explosive, **небезпе́чна** dangerous, **несприя́тлива** unfavorable, **нестабі́льна** unstable, **складна́** complicated, **хаоти́чна** chaotic ◊ **Лари́са дивови́жно винахі́длива в хаоти́чних ~ях.** Larysa is amazingly inventive in chaotic situations. **хистка́** shaky; **делíка́тна** delicate, **компромету́юча** compromising, **липка́** *fig.* sticky ◊ **Ві́ра намага́лася уни́кнути липко́ї ~ї.** Vira was trying to avoid a sticky situation. **незру́чна** awkward, **ні́якова** embarrassing, **проблемати́чна** problematic, **чутли́ва** sensitive; **напру́жена** tense ◊ **С. на кордо́ні стає́ деда́лі бі́льш напру́женою.** The situation at the border is growing increasingly tenser. **непроста́** tough, **стре́сова** stressful; **неприє́мна** unpleasant, **нефорту́нна** unfortunate, **нещасли́ва** unhappy; **аварі́йна** emergency, **вразли́ва** vulnerable, **загро́злива** menacing, **небезпе́чна** dangerous, **ризико́ва** risky, **серйо́зна** serious; **катастрофі́чна** catastrophic, **кри́зова** crisis, **крити́чна** critical, **фата́льна** fatal ◊ **Фата́льна с. не лиша́ла їм ви́бору.** The fatal situation left them no choice. **відчайду́шна** desperate, **драмати́чна** dramatic, **страшна́** terrible, **трагі́чна** tragic, **триво́жна** alarming ◊ **До ве́чора с. ста́ла триво́жною.** The situation became alarming by the evening. **ганебна** shameful, **нестéрпна** unbearable; **безнаді́йна** hopeless, **про́грашна** losing; **тупико́ва** dead-end; **абсу́рдна** absurd, **безглу́зда** nonsensical, **божеві́льна** crazy, **глу́па** silly, **дурнува́та** stupid ◊ **Ігор опини́вся в дурнува́тій ~ї.** Ihor found himself in a stupid situation for a second time. **ідіо́тська** idiotic; **комі́чна** comical, **куме́дна** ridiculous, **сміхови́нна** ludicrous, **смішна́** funny; **ди́вна** strange, **дивови́жна** *and* **чуде́сна**, *colloq.* weird; **військо́ва** military, **економі́чна** economic, **політи́чна** political, **суспі́льна** social, **фіна́нсова** financial, **юриди́чна** legal; **бойова́** combat, **вое́нна** war, **такти́чна** tactical, **стратегі́чна** strategic; **дома́шня** domestic, **житлова́** housing ◊ **Із наро́дженням дити́ни ї́хня житлова́ с. ускла́днилася.** With the birth of the baby, their housing situation became more complicated. **сіме́йна** family

v. + **с. поро́джувати ~ю** bring about a situation ◊ **Зая́ва Кремля́ породи́ла напру́жену ~ю в росі́йсько-есто́нських взає́минах.** The Kremlin's statement brought about a tense situation in the Russo-Estonian relations. (**ство́рювати** create; **аналізува́ти** analyze ◊ **Вона́ проаналізува́ла політи́чну ~ю в подро́бицях.** She analyzed the political situation in detail. **вивча́ти** study, **дослі́джувати** research; **зва́жувати** weigh, **обгово́рювати** discuss ◊ **Вони́ обгово́рять конфлі́ктну ~ю.** They will discuss the conflict situation. **опи́сувати** describe, **оці́нювати** evaluate, **підсумо́вувати** sum up, **розгляда́ти** examine; **диви́тися на** look at ◊ **Висно́вок зале́жить від то́го, як диви́тися на ~ю.** The conclusion depends on how one looks at the situation. **осяга́ти** grasp, **розумі́ти** understand; **окре́слювати** outline ◊ **Вона́ окре́слила свою́ ~ю з випускни́ми і́спитами.** She outlined her situation with the graduation exams. **поя́снювати** + *D.* explain to sb, **проя́снювати для** + *G.* clarify for sb ◊ **Інформа́ція проя́снювала для них ~ю.** The information clarified the situation for them. **тлума́чити** + *D.* interpret for sb; **виправля́ти** rectify, **покра́щувати** improve, **розв'я́зувати** resolve, **розряджа́ти** defuse, **уре́гульовувати** settle ◊ **Лев мо́же вреґулюва́ти ~ю.** Lev can settle the situation. **рятува́ти** salvage ◊ **Маси́вна допомо́га ззо́вні врятує ~ю.** A massive external assistance will salvage the situation. **реаґува́ти на** react to); **уника́ти ~ї** avoid a situation ◊ **Йо́сип уни́кнув неприє́много ~ї.** Yosyp avoided an unpleasant situation. (**призво́дити до** cause ◊ **Вони́ усві́домлюють, до якої ~ї мо́жуть призвести́ ї́хні вчи́нки.** They realize the situation their actions can cause. **користа́тися з** take advantage of) ◊ **Конкуре́нти користу́ються з ї́хньої вразли́вої ~ї.** The competitors take advantage of their vulnerable situation. **запобіга́ти ~ї** prevent a situation (**зара́джувати** remedy) ◊ **Він не ба́чив спо́собу зара́дити катастрофі́чній ~ї.** He saw no way to remedy the catastrophic situation. **керува́ти ~єю** manage a situation ◊ **Уряд по́ки керу́є небезпе́чною ~єю.** The government has so far managed the dangerous situation. (**маніпулюва́ти** manipulate; **спостеріга́ти за** monitor ◊ **Спеція́льна місія ООН спостеріга́є за вое́нною ~єю.** The special UN mission monitors the war situation. **втрача́ти контро́ль над** lose control of; **ма́ти спра́ву з** deal with) ◊ **Вони́ ма́ють спра́ву з ва́жкою ~єю.** They are dealing with a tough situation.

с. + *v.* **вимага́ти** + *G.* require sth ◊ **С. вимага́є дій.** The situation requires actions. **потребува́ти** + *G.* need sth ◊ **Її с. в шко́лі потребува́ла ува́ги батькі́в.** Her situation at school needed her parents' attention. **виника́ти** arise; **(за) лиша́тися** remain ◊ **Його́ с. на робо́ті лиша́лася незадові́льною.** His work situation remained unsatisfactory. **існува́ти** exist ◊ **Важка́ с. з ресу́рсами існу́є кі́лька мі́сяців.** The difficult situation with raw materials has existed for several months. **трапля́тися** occur; **змі́нюватися** *or* **міня́тися** change ◊ **С. на о́строві змі́нилася.** The situation on the island has changed. **вихо́дити з-під контро́лю** get out of hand ◊ **С. вихо́дить із-під контро́лю.** The situation is getting out of hand. **заго́стрюватися** escalate; **погі́ршуватися** worsen; **покра́щуватися** improve ◊ **Весно́ю с. покра́щиться.** In spring, the situation will improve. **стабілізува́тися** stabilize

prep. **з о́гляду на ~ю** in view of the situation ◊ **З о́гляду на сприя́тливу ри́нкову ~ю вони́ купи́ли буди́нок.** In view of the favorable market situation, they bought a house. **у ~ї** in a situation; **с. в** + *L.* situation on/in/at *(a place)*; **с. на** + *L.* situation on/in/at *(a place)*

Also see **кон'юнкту́ра, стан[1] 2, обстано́вка 3, стано́вище 1, умо́ва 2**

сіда́|ти, ~ють; **сі́сти**, **ся́д|уть**; *pa. pf., m.* **сів**, *pl.* **сі́ли**, *intr.*

1 to sit down, sit, take a seat

adv. **вже** already, **наре́шті** finally; **ще не** not yet ◊ **Була́ сьо́ма, а го́сті ще не ~ли за стіл.** It was seven o'clock, but the guests did not yet take their seats at the table. **зза́ду** in the back ◊ **Огля́нувши за́лу, вона́ сі́ла зза́ду.** Having examined the hall, she sat down in the back. **навпро́ти** in front *(of sb/sth)* ◊ **Рома́н сиді́в бі́ля вікна́, а А́ся сі́ла навпро́ти.** Roman was sitting at the window and Asia sat in front *(of him)*. **посере́дині** in the middle; **спе́реду** in the front; **хапко́м** hastily, **шви́дко** quickly; ♦ **ні сі́ло ні впа́ло** for no good reason, suddenly ◊ **Клим слу́хав її, а тоді, ні сі́ло ні впа́ло розсмія́вся.** Klym listened to her, and then suddenly burst out laughing.

prep. **с. в** + *A.* sit in sth ◊ **Марко́ сів у авті́вку.** Marko took his seat in the car. **с. на** + *A.* sit on sth ◊ **Бори́с сів на холо́дну пі́длогу.** Borys sat down on the cold floor.

Cf. **сади́ти 2, сиді́ти 1**

2 to take *(bus, etc.)*, catch, board, get on

prep. **с. на** + *A.* take *(a vehicle of transportation)* **с. на авто́бус** take a bus ◊ **Він ду́мав с. на оста́нній авто́бус.** He was planning to catch the last bus. (**літа́к** airplane ◊ **Христи́на ле́две встигла сі́сти на літа́к.** Khrystyna barely had the time to board her airplane. **по́тяг** train, **таксі́вку** taxi, **трамва́й** streetcar, *etc.*)

3 to set about, get down to, start, get to work on *(only with* **до** + *G. or* **за** + *A.)* ◊ **Вони́ пообі́дали і сі́ли до робо́ти.** They had lunch and got down to work. ◊ **Він не зна́є, коли́ ся́де за перекла́д.** He does not know when he will get to work on the translation. ♦ **с. на діє́ту** *colloq.* to go on a diet ◊ **За оста́нні ро́ки Миха́йло дві́чі ~ав на діє́ту.** Over the last years, Mykhailo went on a diet twice.

See **бра́тися 2**

4 to go to jail, get a prison sentence ◊ **За таке́ мо́жна сі́сти.** One can get time in jail for such a thing.

prep. **с. за** + *A.* go to jail for sth ◊ **Ніхто́ не знав, за що са́ме Ма́рта сі́ла.** Nobody knew what Marta had gone to jail for. **с. на** + *A.* go to jail for *(period of time)* ◊ **Він сів на п'ять ро́ків.** He went to jail for five years.

5 to land, touch down, make a landing

adv. **безпе́чно** safely, **га́рно** nicely, **майсте́рно** masterfully, **профе́сійно** professionally, **ти́хо** quietly ◊ **Літа́к сів так ти́хо, що пасажи́ри не помі́тили.** The aircraft had touched down so quietly, the passengers did not notice. **одноча́сно** at the same time

v. + **с. допомага́ти** + *D.* help sb (to) ◊ **Світлові́ сиґна́ли допомага́ють піло́там с. в те́мряві.** The light signals help pilots to land in darkness. **змогти́** *pf.* manage to ◊ **Вона́ змогла́ сі́сти в неможли́вих умо́вах.** She managed to land under impossible conditions. **могти́** can; **перешкоджа́ти** + *D.* hamper sb/sth ◊ **Гроза́ перешкоджа́ла літаку́ сі́сти.** The thunderstorm hampered the aircraft's landing.

prep. **с. на** + *A.* land on sth ◊ **На дах міг сі́сти лише́ гелі́коптер.** Only a helicopter could land on the roof. ♦ **с. на мілину́** *(of a ship)* to run aground ◊ **Корабе́ль сів на мілину́.** The ship ran aground.

6 to settle *(of dust, etc.)*, fall, sink, subside ◊ **Ку́рява шви́дко сі́ла.** The dust quickly settled.

7 to set *(of sun, etc.)*, go down

adv. **вже** already, **непомі́тно** unnoticed, **пові́льно** slowly, **шви́дко** quickly

prep. **с. за** + *A. or I.* ◊ **Со́нце ~ло за о́брій** *or* **о́брієм.** The sun was setting behind the horizon.

Also see **захо́дити 5, схиля́тися 2**

8 *techn.* to die *(of battery, etc.)*, run down ◊ **Його́ телефо́н сів.** His phone died. ◊ **Не купу́й цих батаре́йок, вони́ шви́дко ~ють.** Don't buy these batteries, they run out quickly.

сіда́й! сядь!

сід|ло́, *nt.*

saddle

adj. **в'ючне́** pack, **да́мське** side; **англі́йське** English, **військо́ве** military, **кі́нське** horse, **коза́цьке** Cossack; **старе́** old; **зру́чне** comfortable; **незру́чне** uncomfortable ◊ **Старе́ с. ви́явилося незру́чним.** The old saddle turned out to be uncomfortable. ♦ **як на коро́ві с.** like a saddle on a sow ◊ **Су́кня сиді́ла на Оле́ні, як на коро́ві с.** The dress fit Olena like a saddle fits a sow.

с. + *n.* **с. велосипе́да** a bicycle saddle (**коня́** horse, **мото́ролера** scooter, **мотоци́кла** motorcycle)

v. + **с. вдяга́ти** *and* **заклада́ти с.** put on a saddle ◊ **Він до́вго не міг закла́сти с. на коня́.** It took him a long time to saddle the horse. (**прив'я́зувати** fasten; **зніма́ти** take off; **ши́ти** make) ◊ **Він заробля́в на життя́ тим, що шив кі́нські ~ла.** He earned his living by making horse saddles.

prep. **без ~ла́** without a saddle, bareback ◊ **Ко́жен змагу́н ї́хав на коні́ без ~ла́.** Each competitor rode the horse bareback. **в с.** *dir.* in/to a saddle ◊ **Він стрибну́в у с.** He jumped into the saddle. **в ~лі́** *posn.* in a saddle ◊ **Вона́ ґраці́йно сиді́ла в ~лі́.** She graciously sat in the saddle. **із ~ло́м** with a saddle ◊ **Кінь був із ~ло́м.** The horse was saddled.

G. pl. **~ел**

сідни́ц|я, *f., anat.*

buttock

adj. **вели́ка** big, **гладка́** plump, **товста́** thick; **мала́** small; **худа́** lean; **га́рна** nice, **розкі́шна** *colloq.* gorgeous; **м'язи́ста** muscular; **го́ла** bare; **лі́ва** left, **пра́ва** right ◊ **Він уда́рився пра́вою ~ею.** He hit his right buttock.

v. + **с. ля́снути** + *A.* **по ~і** slap sb on a buttock ◊ **Вона́ ля́снула Петра́ по го́лій ~і.** She slapped Petro on his bare buttock.

prep. **на ~і** on a buttock ◊ **Він мав татуюва́ння на лі́вій ~і.** He had a tattoo on his left buttock.

Also see **зад 2, сра́ка**

сі|к, *m.*, **~о́ку**

juice

adj. **овоче́вий** vegetable, **фрукто́вий** fruit; **натура́льний** natural; **сві́жий** fresh, **свіжови́чавлений** fresh-squeezed ◊ **Він** п'є лише́ свіжови́чавлений с. He drinks only fresh-squeezed juice. холо́дний cold; концентро́ваний concentrated; підсоло́джений sweetened; абрико́совий apricot, вишне́вий cherry, лимо́нний *or* цитри́новий lemon, пе́рсиковий peach, я́блучний apple; мали́новий raspberry, черни́чний bilberry; ♦ бере́зовий с. birch sap

v. + с. вича́влювати с. з + *G.* squeeze juice from sth ◊ Він ви́чавив с. з помара́нч. He squeezed the juice from oranges. (пи́ти drink, смакува́ти relish, сьо́рбати sip; висмо́ктувати suck out; проці́джувати strain); налива́ти + *D.* ~о́ку pour sb some juice ◊ Сашко́ нали́в йому́ вишне́вого ~о́ку. Sashko poured him some cherry juice. спри́скувати + *A.* ~о́ком sprinkle sth with juice ◊ Іре́на спри́скала ри́бу цитри́новим ~о́ком. Irena sprinkled the fish with lemon juice. ♦ вари́тися у вла́сному ~оку́ to work alone, keep to oneself ◊ Три дні Софія вари́лася у вла́сному ~оку́, склада́ючи рі́чни́й звіт. For three days, Sofia worked alone, putting together the yearly report.

L. в ~о́ці *or* ~оку́, *N. pl.* ~о́ки

Also see вода́

с|іль, *f.*, **~о́ли**

1 salt

adj. звича́йна common, йодо́вана iodized, кам'яна́ rock, мінера́льна mineral, морська́ sea, столо́ва table; коше́рна kosher; селе́рова celery, часнико́ва garlic; розчи́нна soluble; ки́сла acid; ню́хальна smelling; проносна́ Epsom

v. + с. відчува́ти с. taste salt (мі́сти́ти contain ◊ Вода́ мі́стить бага́то мінера́льних ~оле́й. The water contains many mineral salts. передава́ти pass ◊ Він попроси́в Андрія переда́ти с. He asked Andrii to pass the salt. розчиня́ти dissolve; си́пати scatter) ◊ Васи́ль сипну́в усю́ с. на схо́ди. Vasyl scattered all the salt on the steps. ♦ Не сип мені́ с. на ра́ну *or* ра́ни! Don't rub it in! додава́ти ~о́ли add salt ◊ Ку́хар забу́вся дода́ти ~о́ли в ю́шку. The cook forgot to add some salt to the soup. (си́пати put ◊ О́ля сипну́ла в баня́к тро́хи ~о́ли. Olia put a little salt in the pot. бракува́ти + *D.* lack ◊ Підли́ві бракува́ло ~о́ли. The gravy lacked salt. уника́ти avoid) ◊ Вона́ уника́є ~о́ли. She avoids salt. посипа́ти + *A.* ~і́ллю sprinkle sth with salt ◊ Ри́бу посипали ~і́ллю. The fish was sprinkled with salt. (приправля́ти season) ◊ Він припра́вив стра́ву ~і́ллю. He seasoned the dish with salt. ♦ зароби́ти на с. до оселе́дця to end up empty-handed, not to earn a thing

prep. без ~о́ли without salt, saltless

2 *fig.* essence, point, jist, heart of the matter, meaning ◊ Він не зрозумі́в, у чім же с. опові́дання. He did not understand what was the point of the story. ♦ с. землі́ the salt of the earth; ♦ додава́ти + *D.* ~о́ли to spice sth up ◊ Наро́дні ви́рази оживля́ли о́повідь, додава́ли їй ~о́ли. The folk expressions enlivened the narrative and spiced it up.

See суть. *Also see* душа́ 4, зерно́ 4, зна́чення 2, розумі́ння 2, симво́ліка 2, сенс, смисл, толк 3

сільськ|и́й, *adj.*

village, of or pertaining to a village or the countryside

с. + *n.* с. звича́й a village custom (ме́шканець inhabitant; клуб club, майда́н square ◊ На ~о́му майда́ні бага́то лю́ду. There are a lot of people on the village square. млин mill; ресторан restaurant ◊ С. ресторан сла́виться чудо́вою ку́хнею. The village restaurant is famous for its great cuisine. шино́к tavern, ставо́к pond); ~а́ грома́да a village community (жі́нка woman ◊ Іва́нна була́ звича́йною ~о́ю жі́нкою. Ivanna was a regular village woman. культу́ра culture ◊ Її захо́плює ~а́ культу́ра Поді́лля. The village culture of Podillia fascinates her. ра́да council; ву́лиця street, пло́ща square, це́рква church); ~е́ весі́лля a village wedding (життя́ life), ♦ ~е́ господа́рство agriculture; ~і́ нови́ни village news ◊ Петро́ дові́дувався про ~і́ нови́ни в це́ркві. Petro learned the village news in church. (спра́ви matters)

Cf. провінці́йний 2

сім|'я́, *f.*, **~ї́**

1 family ◊ У буди́нку живе́ шість ~е́й. Six families live in the building. ◊ Оби́дві ~'ї́ близькі́. Both families are close.

adj. багатоді́тна of many children ◊ Іва́нко виро́став у багатоді́тній ~'ї́. Ivanko grew up in a family of many children. вели́ка big, вся all ◊ Уся́ ї́хня с. склада́лася з батькі́в і двох діте́й. All their family consisted of parents and two children. ці́ла entire; невели́ка small; згурто́вана close-knit; лю́бляча loving, щасли́ва happy; відо́ма well-known ◊ відо́ма лі́карська с. a well-known doctor's family; аристократи́чна aristocratic, короліве́ська royal, шляхе́тна noble; робітни́ча working-class, селя́нська peasant, *etc.*

See роди́на 1. *Also see* дім 3, дома́шній 4, рі́дний 3

2 *zool.* family, phylum, order, class; brood

adj. бджоли́на bee; леви́на *or* ле́в'яча lion ◊ Тепе́р зоопа́рк має ці́лу ле́в'ячу ~'ю. Now the zoo has an entire lion family. пташи́на avian, *etc.*

See клас 1

3 *ling.* family ◊ Украї́нська мо́ва нале́жить до індоевропе́йської мо́вної ~'ї. The Ukrainian language belongs to the Indo-European language family.

сі́н|о, *nt.*, *only sg.*

hay

adj. сві́же fresh ◊ Ві́тер розно́сив по лева́ді за́пах сві́жого ~а. The wind carried the smell of fresh hay around the meadow. сухе́ dry; воло́ге damp ◊ Від тума́нів с. ста́ло воло́гим. The hay became damp because of fogs. мо́кре wet; гнилé rotten

n. + с. копи́ця ~а a stack of hay ◊ Вони́ ночува́ли в копи́ці ~а. They slept in a stack of hay. (в'я́зка bundle, обере́мок armful, сніп bale); гори́ще з ~ом a hay loft (стодо́ла barn) ◊ Він захова́в збро́ю у стодо́лі з ~ом. He hid the arms in the hay barn.

v. + с. заготовля́ти с. make hay ◊ У тра́вні село́ заготовля́є с. на зи́му. In May, the village makes hay for the winter. (коси́ти cut, переверта́ти ted, суши́ти dry; скиртува́ти stack) ◊ Сухе́ с. тепе́р мо́жна скиртува́ти. Now the dry hay can be stacked. ♦ шука́ти го́лку в ~і to look for a needle in a haystack

prep. в с. *dir.* in/to hay ◊ Він схова́вся в с. He hid in hay. в ~і *posn.* in hay ◊ Кво́чка зроби́ла гні́здо в ~і. The brooding hen made herself a nest in the hay.

Also see соло́ма

сі́па|ти, **~ють; сі́пн|ути**, **~уть**, *tran. and intr.*

1 *tran.* to tug, yank, pull; jerk around; за~ *pf.* to start tugging ◊ До Йоси́пи підійшли́ які́сь жінки́ і засі́пали її́ зусі́біч. Some women approached Yosypa and started pulling at her from all sides.

adv. впере́д forward, наза́д backward, звідусі́ль *or* зусі́біч, з усі́х бокі́в from all sides, навсі́біч *or* на всі бо́ки, урізно́біч to all sides; ґвалто́вно abruptly, несподі́вано unexpectedly, ра́птом suddenly; з усіє́ї си́ли with all one's force, си́льно forcefully; леге́нько *dim.* gently ◊ Вона́ леге́нько сі́пнула две́рі. She gently yanked the door. ле́гко gently; безпереста́нку nonstop ◊ Хло́пчик безпереста́нку ~в ба́тька за ру́ку. The little boy tugged at his father's hand nonstop. все *colloq.* all the time, весь час all the time, пості́йно constantly

v. + с. намага́тися try to, хоті́ти want to; почина́ти begin to, ста́ти *pf.* start ◊ Пес став с. ланцю́г. The dog started yanking the chain. перестава́ти stop

prep. с. за + *A.* yank at sth ◊ Вона́ сі́пнула Пили́па за рука́в *or* рукава́. She yanked at Pylyp's sleeve.

Cf. си́пати

2 *intr.* to twitch, jerk, yank, tremble, quiver + *I.* *also impers.* ◊ Його́ колі́но сі́пнуло. His knee twitched. ◊ Да́рчині гу́би ~лися від хвилюва́ння. Darka's lips quivered with anxiety. ◊ Коби́ла ~ла голово́ю. The mare jerked her head.

3 *tran., fig., colloq.* to bother, pester, badger ◊ Ро́дичі хво́рих ~ють лі́каря вся́кими запи́тами. Patients' relatives pester the doctor with all kinds of inquiries.

Also see дошкуля́ти, набрида́ти 2, надокуча́ти 2

4 *tran.* to cause to twitch, jerk, yank; *also impers.* ◊ Спазм сі́пнув йому́ ли́тку. A spasm jerked his calf. ◊ Зі́ні ~ло що́ки. *impers.* Zina's cheeks were twitching. ♦ аж жи́жки с. 1) to have a strong desire to, hanker after/to ◊ Да́ну аж жи́жки ~ло розказа́ти дру́зями, що вона́ ба́чила. *impers.* Dana hankered to tell her friends what she saw. 2) to shudder with fear, go weak at the knees ◊ Від Ма́ртиного лю́того по́гляду у хло́пця аж жи́жки засі́пало. The boy shuddered with fear from Marta's furious look.

pa. pple. сі́пнутий yanked, twitched

сі́пай! сі́пни́!

сі́па|тися; сі́пнутися, *intr.*

to twitch, jerk ◊ Володи́мир так рида́в, що в ньо́го все ті́ло ~лося. Volodymyr sobbed so hard, his whole body twitched.

See сі́пати 2. *Cf.* си́патися

сі́пну|ти *pf., see* **сі́пати**

to yank, *etc.* ◊ Візни́к леге́нько ~в за ві́жки, і кінь слухня́но зупини́вся. The coachman gently yanked the reins and the horse obediently stopped.

Cf. сипну́ти

сі́пну|тися *pf., see* **сі́патися**

to twitch, *etc.* ◊ Павло́ ~вся від бо́лю у плечі́. Pavlo twitched with pain in his shoulder. ◊ В О́льги ~лося се́рце. Olha's heart jumped.

сі́р|ий, *adj.*

1 gray

adv. ду́же very, одна́ково equally, рівномі́рно uniformly ◊ Не́бо ста́ло рівномі́рно ~им. The sky became uniformly gray. геть totally, до́сить rather, цілко́м completely; блі́до-с. pale gray, попеля́сто-с. ash gray, сріблясто-с. silvery gray, стале́во-с. steel gray, те́мно-с. dark gray ◊ піджа́к те́мно-сі́рого ко́льору a dark gray jacket, я́сно-с. light gray; ◊ ~а речовина́ *anat.* the gray matter; ◊ Він лю́бить носи́ти ~е. He likes to wear gray.

See ко́лір. *Also see* си́вий 2, стале́вий 3

2 gray *(of hair)*, white ◊ ~і па́сма воло́сся gray strands of hair

See си́вий 1

3 cloudy *(of weather)*, gloomy, gray ◊ Ві́ктор особли́во продукти́вний в ~у, дощову́ пого́ду. Viktor is particularly productive in gray rainy weather.

4 *fig.* gray, plain, boring, colorless, dull, incipid

adv. гніту́че depressingly ◊ Музе́й очо́лює гніту́че ~а і посере́дня люди́на. A depressingly gray and mediocre individual heads the museum. до́сить rather, ду́же very; на́дто too, нестерпно unbearably ◊ Його́ фільм ви́явився нестерпно ~им. His film turned out to be unbearably gray.

v. + с. бу́ти ~им be gray ◊ Ле́кція була́ ~ою і ніціка́вою. The talk was gray and dull.

(виявля́тися turn out; здава́тися + *D.* seem to sb ◊ **Сцена́рій зда́вся їй ~им.** The script seemed dull to her. **назива́ти** + *A.* call sth ◊ **Його́ тво́ри мо́жна назва́ти ~ими.** His works can be called incipid. **роби́ти** + *A.* make sth; **става́ти** become) ◊ **Її життя́ в Луга́нську ста́ло ~им.** Her life in Luhansk became gray.
See **нудни́й.** *Also see* **моното́нний 2**
5 gray, ashen, pale ◊ **Оле́ну шокува́ло його́ ~е висна́жене обли́ччя.** His gray and haggard face shocked Olena.
See **бліди́й 1.** *Also see* **бі́лий 2, жо́втий 2**

сірі́|ти, ~ють; по~, *intr.*
1 to gray, become gray ◊ **За два дні сніг посірі́в.** In two days, the snow grayed.
adv. **вре́шті-ре́шт** eventually, **зго́дом** later, **поступо́во** gradually
2 *nonequiv., only impf., 3rd pers.* to show gray ◊ **На сто́вбурі ду́ба щось ~ло.** Something showed gray on the oak trunk.
3 *impers., only 3rd pers.* to dawn ◊ **Вони́ проки́нулися, коли́ ще не ~ло.** They woke up before the break of day.
See **світа́ти**

сірни́к, *m.,* **~а́**
1 match ◊ **Лі́да запали́ла с.** *or* **~а́.** Lida lit up a match.
adj. **до́вгий** long; **запа́лений** lit ◊ **Він підні́с до свíчки запа́лений с.** He raised a lit match to the candle. **зла́маний** broken
n. + **с. коро́бка ~і́в** a matchbox, box of matches ◊ **Наза́р захова́в моне́ти до поро́жньої коро́бки ~і́в.** Nazar hid the coins in an empty matchbox.
v. + **с. запа́лювати с.** *or* **~а́** light a match (**черка́ти** strike ◊ **Дарма́ вона́ черка́ла сири́й с.** *or* **сиро́го ~ка́, він не запа́лювався.** She struck the damp match in vain, it would not light up. **гаси́ти** blow out)
с. + *n.* **горі́ти** burn ◊ **Ці ~и́ горя́ть до́вше, як зви́клі.** The matches burn longer that the regular ones. **загоря́тися** *and* **запа́люватися** light up, **га́снути** go out
2 *only pl.* box of matches, *coll.* matches ◊ **Вони́ ма́ли ~и́ і свічки́ про вся́к ви́падок.** They had matches and candles, just in case. ◊ **Хтось забра́в із поли́ці його́ ~и́.** Somebody took his matches from the shelf.

сі́|сти, *pf., see* **сіда́ти**
to take a seat, *etc.* ◊ **Вони́ ~ли посере́дині.** They took seats in the middle.

сі́т|ка, *f.*
1 net, fishnet, dragnet; netting, meshwork
adj. **вели́ка** big, **широ́ка** wide; **невели́ка** small ◊ **В о́зері мо́жна лови́ти лише́ невели́кою ~кою.** One can fish only with a small net in the lake. **тонка́** thin, **дрібна́** fine; **дротяна́** wire, **капро́нова** nylon, **мета́лева** metal, **шовко́ва** silk; **волейбо́льна** volleyball; **риба́льська** fishing; **пола́тана** mended; **по́рвана** torn, **стара́** old; **него́дяща** useless; **нова́** new, **нове́нька** brand-new
v. + **с. закида́ти ~ку** cast a net ◊ **Вони́ закида́ли ~ку кі́лька разі́в, але́ ні́чого не пійма́ли.** They cast the net several times, but did not catch a thing. (**розставля́ти** spread out, **ста́вити** spread; **лата́ти** mend) ◊ **Стару́ ~ку давно́ не лата́ли.** The old net has not been mended for a long time. **вислиза́ти із ~ки** slip out of a net ◊ **Туне́ць в оста́нню мить ви́слизнув із ~ки.** The tuna slipped out of the net at the last moment. **потрапля́ти в ~ку** get into a net ◊ **У ~ку потра́пила коза́цька гарма́та.** A Cossack cannon got into the net.
prep. **в ~ку** *dir.* in/to a net; **в ~ці** *posn.* in a net ◊ **У ~ці зо́всім не було́ ри́би.** There was no at all fish in the net. **с. на** + *A.* a net for sth ◊ **с. на звíра** a net for animals (**пта́ха** birds, **ри́бу** fish)
Also see **мере́жа 4**
2 network, web, chain ◊ **Вона́ – засно́вниця ~ки рестора́нів.** She is the founder of a restaurant chain.
adj. **зро́шувальна** irrigation, **залізни́чна** railroad, **тра́нспортна** transportation ◊ **Ава́рія паралізува́ла тра́нспортну ~ку мі́ста.** The accident paralyzed the city transportation network.
See **мере́жа 1, 2**
3 *geogr.* graticule, grid ◊ **координа́тна с.** a coordinate grid; ◊ **На ма́пі чі́тко ви́дно с. мередія́нів і парале́лей.** The graticule of meridians and parallels is clearly visible on the map.
4 *colloq.* string bag ◊ **Він носи́в підру́чники в ~ці.** He carried his textbooks in a string bag.
See **су́мка**
G. pl.~ок

сі́ч|ень, *m.,* **~ня**
January ◊ **Бага́то украї́нців святку́є Рі́здво́ сьо́мого ~ня.** Many Ukrainians celebrate Christmas on January 7.
prep. **від ~ня** from January; **до ~ня** to/till January ◊ **Рік гре́цької культу́ри трива́тиме від цього́ ~ня аж до насту́пного.** The year of Greek culture will last from this January all the way to the next. **від** *or* **з ~ня** since January ◊ **Вона́ без робо́ти від ~ня мину́лого ро́ку.** She has been unemployed since last January. **на с.** for January ◊ **І́спит із матема́тики відкла́ли на с.** The math exam has been put off until January. **у ~ні** in January
See **мі́сяць 1**

сі́|яти, ~ють; по~, *tran.*
1 to sow
adv. **вже** already ◊ **Вони́ вже посі́яли пшени́цю.** They have already sown the wheat. **наре́шті** finally; **вча́сно** on time, **ра́но** early, **пі́зно** late ◊ **Че́рез пого́ду буряки́ того́ ро́ку ~яли пі́зно.** Because of the weather, the beets were sown late that year. **ра́зом** together; **шви́дко** quickly
с. + *n.* **жи́то** sow rye (**кукуру́дзу** corn, **мак** poppy, **насі́ння** seeds, **пе́рець** peppers, **пшени́цю** wheat, **со́няшник** sunflower) ◊ **Вони́ за́вжди́ ~ють со́няшник ко́ло ха́ти.** They always sow sunflowers near their house.
2 *colloq., fig.* to spread, scatter; give off, emanate
с. + *n.* **с. зневі́ру** spread dispondency ◊ **Такі́ нови́ни ~яли с. зневі́ру се́ред насе́лення.** Such news spread dispondency among the population. (**па́ніку** panic, **сму́ток** sadness, **страх** fear; **недо́брі ві́сті** bad news ◊ **Він ~яв недо́брі ві́сті у грома́ді.** He spread bad news in the community. **чу́тки́** rumors; **впе́вненість** confidence, **енергі́ю** energy, **наді́ю** hope, **оптимі́зм** optimism ◊ **Нова́ дире́кторка ~яла енергі́ю й оптимі́зм.** The new (female) director gave off energy and optimism. **ра́дість** joy, **ща́стя** happiness)
3 to sift, sieve; *pf.* **про~** ◊ **Бо́рошно тре́ба споча́тку про~.** First the flour needs to be sifted.
4 to shower *(of rain)*, rain, drizzle; *also impers.* ◊ **Весь день ~є холо́дна осі́ння мжи́чка.** All day long, it has been a cold autumn drizzle. ◊ **Із хма́ри ря́сно ~яло.** *impers.* It rained profusely from the cloud.
5 *colloq., fig.* to lose ◊ **с. гро́ші** lose money; ◊ **Лев посі́яв гамане́ць в па́рку.** Lev lost his wallet in the park.
pa. pple. **посі́яний** sown; lost; **просі́яний** sifted
(по)сі́й!

скаже́н|ий, *adj.*
1 rabid, rabies-infected, mad ◊ **Тимі́ш напа́в на не́ї, на́че с. пес.** Tymish pounced on her like a rabid dog.
2 furious, enraged, raving, wild
adv. **абсолю́тно** absolutely ◊ **Він подиви́вся на Ада́ма абсолю́тно ~ими очи́ма.** He looked at Adam with absolute rage in his eyes. **геть** totally, **цілко́м** completely; **про́сто** simply
v. + **с. бу́ти ~им** be furious (**виявля́тися** turn out ◊ **Кінь ви́явився про́сто ~им.** The horse turned out to be simply wild. **здава́тися** + *D.* seem to sb; **роби́тися** + *A.* grow ◊ **Жі́нка роби́лася ~ою від зга́дки його́ і́мени.** The woman grew rabid from the mention of his name. **става́ти** become)
3 *fig.* great, intense, fierce, rabid; fast
с. + *n.* **с. біль** a fierce pain ◊ **Васи́ль завереща́в від ~ого бо́лю в нозі́.** Vasyl screamed from a fierce pain in his leg. (**ві́тер** wind, **гало́п** gallop, **поті́к** stream, **што́рм** storm; **гнів** anger, **по́тяг** attraction) ◊ **Іре́на відчува́ла с. по́тяг до ціє́ї люди́ни.** Irena felt a fierce attraction to this person. **~а амбі́тність** a fierce ambition (**за́здрість** envy ◊ **Ле́ваа охопи́ла ~а за́здрість.** Lev was gripped by fierce envy. **лють** fury, **при́страсть** passion; **зима́** winter, **спе́ка** heat); **~е заціка́влення** fierce curiosity (**коха́ння** love, **самолю́бство** selfishness); **~і ре́внощі** fierce jealousy
4 *fig.* mind-boggling, jaw-dropping, incredible, crazy, insane ◊ **Вона́ за одну́ ніч ви́грала ~і гро́ші.** In one night, she won a mind-boggling sum of money. ◊ **П'є́са ті́шилася ~им у́спіхом.** The play was a mind-boggling success. ◊ **Аґе́нт назва́в ~у ці́ну за буди́нок.** The agent named an insane price for the house.

сказа́|ти, *pf., see* **каза́ти** *and* **говори́ти**
to say, utter ◊ **Оста́нню фра́зу Лі́да ~ла по́шепки.** Lida said the last phrase in a whisper. ◊ **Юрко́ пообіця́в їй, що ні́кому ні́чого не ска́же.** Yurko promised her that he would say nothing to anybody. ♦ **ле́гше с., ніж зроби́ти** easier said than done
v. + **с.** ♦ **не ма́ти що с.** to have nothing to say; **обіця́ти** + *D.* promise sb to; **хоті́ти** want to ◊ **Він хоті́в щось с. їм, але́ не нава́жився.** He wanted to say something to them but did not have the courage.

скака́ти, ~у́, ска́ч|уть; ско́ч|ити, ~ать, *intr.*
1 to jump, leap, hop, bound
adv. **вбік** to the side ◊ **Щоб уни́кнути уда́ру, він ско́чив убі́к.** To avoid the blow, he jumped to the side. **з бо́ку в бік** from side to side, **туди́ й сюди́** here and there; **наза́д** backward; **вго́ру** upward; **ви́соко** high ◊ **Він мо́же ви́соко с.** He can jump high. **вниз** *or* **додо́лу** downward; **ґвалто́вно** abruptly, **несподі́вано** unexpectedly, **ра́птом** suddenly, **рі́зко** sharply ◊ **Ці́ни на на́фту рі́зко ско́чили вго́ру.** Oil prices sharply jumped up. **на одні́й нозі́** on one foot
v. + **с. могти́** can ◊ **Вона́ мо́же до́вго с. на одні́й нозі́.** She can jump on one foot for quite some time. **почина́ти** begin to, **ста́ти** *pf.* start, **перестава́ти** stop, **продо́вжувати** continue to; **нама́гатися** want to ◊ **Він намага́вся ско́чити з да́ху на балко́н.** He was trying to jump from the roof onto the balcony.
prep. **с. в** + *A. dir.* jump in/to sth ◊ **Жа́би ста́ли с. у во́ду.** The frogs started leaping in the water. ♦ **с. у гре́чку з** + *I.* to have extramarital sex with sb ◊ **Ходи́ла чу́тка, що він ~е в гре́чку зі свое́ю секрета́ркою.** The rumor had it that he slept with his secretary. **с. з** + *G.* jump from sth ◊ **Він ско́чив із дру́гого по́верху.** He jumped from the second floor. **с. на** + *A. dir.* jump on/to sb/sth ◊ **Ма́впа ско́чила на стіл і вхопи́ла бана́н.** The monkey leaped on the table and grabbed a banana. **с. по** + *L.* jump around sth ◊ **Чо́рні ті́ні скака́ли по сті́нах.** Black shadows jumped around the wall. **с. че́рез** + *A.* jump over sth ◊ **Хло́пець ско́чив че́рез парка́н і вті́к.** The boy jumped over the fence and ran away. ♦ **с. під ду́дку** + *G. only impf.* to dance to sb's tune

◊ **Мари́на відмовля́ється с. під її ду́дку.** Maryna refuses to dance to her tune.
Also see **стриба́ти 1**
2 *only impf.* to race *(of horse, etc.)*, gallop, career, careen; *pf.* **про~** race by ◊ **Колісни́ця проскака́ла повз них на шале́ній шви́дкості.** The chariot careened past them at an insane speed. ◊ **Вони́ скака́ли назу́стріч схо́ду со́нця.** They galloped towards the sunrise.
Also see **леті́ти 4**
скач|и́! скоч!

скаламу́ти|ти, *pf., see* **каламу́тити**
to muddy, roil ◊ **Ді́ти ~ли во́ду у ставку́.** The children muddied the water in the pond.

сканда́л, *m.*, **~у**
scandal
adj. **вели́кий** great, **величе́зний** enormous, **епі́чний** epic; **безпрецеде́нтний** unprecedented, **нечу́ваний** unheard-of; **гучни́й** loud, **оглу́шливий** deafening; **несподі́ваний** unexpected ◊ **С. ви́явився абсолю́тно несподі́ваним для них.** The scandal turned out to be absolutely unexpected to them. **рапто́вий** sudden; **ни́нішній** current ◊ **Він – головни́й геро́й ни́нішнього ~у.** He is the protagonist of the current scandal. **тепе́рішній** present; **спра́вжній** real ◊ **Рі́шення о́скарівського коміте́ту ви́кликало спра́вжній с.** The Oscar committee's decision caused a true scandal. **корупці́йний** corruption, **літерату́рний** literary, **політи́чний** political ◊ **Вона́ жи́виться рі́зного шти́бу політи́чними ~ами.** She feeds off political scandals of all kind. ◊ **секс-с.** a sex scandal; **спорти́вний** sport ◊ **Спра́ва ста́ла спорти́вним ~ом десятирі́ччя.** The case became the sport scandal of the decade. **міжнаро́дний** international; **місце́вий** local, **націона́льний** national; **короткотрива́лий** short-lived
n. + **с. ни́зка ~ів** a spate of scandals ◊ **Його́ перебува́ння на поса́ді міні́стра пов'я́зане з ни́зкою корупці́йних ~ів.** His tenure as minister is connected with a spate of corruption scandals. (**се́рія** series, **хви́ля** wave) ◊ **Хви́ля ~ів залила́ ме́неджмент фі́рми.** A wave of scandals inundated the firm's management.
v. + **с. виклика́ти с.** cause a scandal ◊ **Ви́тік інформа́ції влашто́вано, щоб ви́кликати с.** The information leak was arranged in order to cause a scandal. (**провокува́ти** provoke ◊ **Призна́чення спровокува́ло с.** The appointment provoked a scandal. **виявля́ти** reveal, **викрива́ти** expose; **замо́вчувати** hush up, **прихо́вувати** cover up; **перероста́ти в** grow into ◊ **Нови́на переросла́ в націона́льний с.** The news grew into a national scandal. **перетво́рюватися на** turn into); **боя́тися ~у** be afraid of a scandal (**не допуска́ти** avert ◊ **Кардина́л намага́вся не допусти́ти ~у.** The cardinal tried to avert a scandal. **уника́ти** avoid ◊ **Якщо́ про програ́му ста́не ві́домо, у́рядові не уни́кнути ~у.** If the program becomes known, there is no avoiding a scandal for the government. **бу́ти приче́тним до** be involved in) ◊ **До ~у приче́тна жі́нка прем'є́ра.** The prime minister's wife is involved in the scandal. **запобіга́ти ~ові** avert a scandal ◊ **Лі́на запобі́гла ~ові.** Lina averted a scandal. **бу́ти ~ом** be a scandal (**става́ти** become)
с. + *v.* **вибуха́ти** erupt ◊ **Епі́чний секс-с. ви́бухнув ґвалто́вно.** The epic sex scandal erupted abruptly. **визріва́ти** be brewing ◊ **У міністе́рстві фіна́нсів визріва́є масшта́бний с.** A large-scale scandal is brewing at the ministry of finance. **нароста́ти** grow, **розгорта́тися** unfold; **охо́плювати** + *A.* engulf sth ◊ **Безпрецеде́нтний с. охопи́в всю прокурату́ру.** An unprecedented scandal engulfed all of the prosecutor's office. **потряса́ти** + *A.* rock sth; **поши́рюватися на** + *A.* spread to sth ◊ **С. шви́дко поши́рився на весь у́ряд.** The scandal quickly spread to involve the entire government.
prep. **у ~і** in a scandal ◊ **Усе́ в ново́му ~і було́ знайо́ме бува́лому репорте́рові.** Everything in the new scandal was familiar to the seasoned reporter. **с., пов'я́заний з** + *I.* a scandal over sth ◊ **с., пов'я́заний зі зди́рством у полі́ції** a scandal over police extortion
Also see **крик 2.** *Cf.* **сенса́ція**

сканда́льн|ий, *adj.*
scandalous
adv. **ді́йсно** truly ◊ **ді́йсно ~а зая́ва** a truly scandalous statement, **напра́вду** truly, **спра́вді** really; **до́сить** rather, **доста́тньо** sufficiently; **ма́йже** almost; **не зо́всім** not quite
с. + *n.* **с. ви́падок** a scandalous incident (**проце́с** trial; **тип** type) ◊ **Марко́ не знав, з яки́м ~им ти́пом мав спра́ву.** Marko did not know what a scandalous type he was dealing with. **~а бі́йка** a scandalous brawl ◊ **Пре́са до́вго смакува́ла ~у бі́йку.** The press relished the scandalous brawl for a long time. (**зая́ва** statement, **істо́рія** story, **нови́на** piece of news; **люди́на** person); **~е ві́део** a scandalous video (**інтерв'ю** interview; **призна́чення** appointment, **рі́шення** decision)
v. + **с. бу́ти ~им** be scandalous ◊ **Рі́шення су́ддів було́ про́сто ~им.** The judges' decision was simply scandalous. (**вважа́ти** + *A.* consider sb/sth ◊ **Вона́ вважа́є ді́ї реда́кції ~ими.** She considers the editorial board's actions to be scandalous. **лиша́тися** remain; **става́ти** become)
Cf. **сенсаці́йний**

скарб, *m.*, **~у**
1 treasure
adj. **вели́кий** great ◊ **вели́кі ~и́ єги́петських фарао́нів** the great treasures of Egyptian pharaohs; **величе́зний** vast, **невиче́рпний** inexhaustible; **весь** all; **втра́чений** lost, **зако́паний** buried, **затону́лий** sunken ◊ **Він мрі́яв ста́ти шукаче́м затону́лих ~ів.** He dreamed of becoming a hunter of sunken treasures. **захо́ваний** *and* **прихо́ваний, схо́ваний** hidden; **короля́вський** royal, **пі́ра́тський** pirate, **казко́вий** fabulous; ♦ **ні за які́ ~и́ у сві́ті** for nothing in the world ◊ **Алла́ не хоті́ла це роби́ти ні за які́ ~и́ у сві́ті.** Alla did not want to do it for anything in the world.
v. + **с. знахо́дити с.** find a treasure ◊ **Вони́ знайшли́ с. у му́рі форте́ці.** They found a treasure in the fortress wall. **шука́ти** look for; **відко́пувати** dig up, **відкрива́ти** uncover; **викрада́ти** steal; **зако́пувати** bury ◊ **Він знав, де закопа́ли с.** He knew where the treasure had been buried. **хова́ти** hide
2 *fig.* treasure trove, treasure ◊ **Вона́ знайшла́ у монастирі́ с. невідо́мих докуме́нтів.** *fig.* She found a treasure trove of unknown documents in the monastery.
adj. **безці́нний** priceless ◊ **безці́нний с. стари́х руко́писів** a priceless treasure of old manuscripts; **вели́кий** great; **забу́тий** forgotten; **рі́дкісний** rare; **старода́вній** ancient; **духо́вний** spiritual, **культу́рний** cultural, **мисте́цький** artistic; **свяще́нний** sacred, **націона́льний** national, **роди́нний** *and* **сіме́йний** family; **несподі́ваний** unexpected ◊ **За́писи ста́ли для істо́рика несподі́ваним ~ом інформа́ції.** The notes became an unexpected treasure trove of information for the historian. **таємни́й** secret; ♦ **єди́ний с.** the apple of one's eye ◊ **Катру́ся – його́ єди́ний с.** Katrusia is the apple of his eye.
v. + **с. виявля́ти с.** reveal a treasure ◊ **На горі́ ви́явили с. світли́н.** A treasure trove of photos was revealed in the attic. (**знахо́дити** find; **зберіга́ти** keep) ◊ **Музе́й зберіга́є рі́дкісні ~и́ наро́дної кера́міки.** The museum keeps rare treasures of folk pottery.
Also see **капіта́л 2, скарбни́ця 2**
3 *colloq., only sg., coll.* possessions, utensils, implements, things ◊ **У кімна́ті коро́бки з рі́зним ~ом.** There are boxes with all kinds of possessions in the room. ♦ **дома́шній** *or* **ха́тній с.** household goods ◊ **У поже́жі згорі́в уве́сь ха́тній с.** All the household goods burned in the fire.
Also see **бага́тство 1, за́сіб 3, майно́**
N. pl. **~и́**

скарбни́ц|я, *f.*
1 treasury
adj. **держа́вна** state, **націона́льна** national; **місько́а** city ◊ **Місько́а с. ви́явилася поро́жньою.** The city treasury turned out to be empty. **обласна́** provincial, **райо́нна** county, **сільська́** village; **університе́тська** university; **перепо́внена** overflowing, **по́вна** full; **пограбо́вана** robbed, **поро́жня** empty, **спусто́шена** devastated
v. + **с. використо́вувати ~ю** use a treasury ◊ **Він не вага́вся використо́вувати університе́тську ~ю для особи́стих потре́б.** He did not hesitate to use the university treasury for personal needs. (**запо́внювати** + *I.* fill with sth; **плюндрува́ти** plunder, **спусто́шувати** devastate) ◊ **Вони́ спусто́шили ~ю.** They devastated the treasury. **ко́штува́ти ~і** cost the treasury ◊ **Охоро́на у́ряду ко́штує держа́вній ~і мілья́рдів.** The protection of government costs the state treasury billions.
с. + *v.* **забезпе́чувати** + *A.* provide sth ◊ **Поро́жня с. не в ста́ні забезпе́чувати фінансува́ння міськи́х служб.** The empty treasury is in no position to provide the funding for city services. **покрива́ти** + *A.* cover sth ◊ **Ви́трати на відно́влення моста́ покри́ла держа́вна с.** The state treasury covered all the expenses for the bridge renovation. **фінансува́ти** + *A.* finance sth ◊ **Нову́ доро́гу фінансува́тиме обласна́ с.** The new road will be financed by the provincial treasury.
prep. **за раху́нок ~і** at treasury's expense ◊ **Шко́лу відремонтува́ли за раху́нок сільсько́ї ~і.** The school was repaired at the village treasury's expense.
2 *fig.* treasure trove, treasure, wealth ◊ **Мо́ва – це невиче́рпна с. наро́ду.** Language is the cultural treasure trove of the people.
See **скарб 2.** *Also see* **бага́тство 1, за́сіб 3, капіта́л 2, майно́**

ска́р|га, *f.*
complaint, grievance
adj. **звича́йна** common, **знайо́ма** familiar, **поши́рена** widespread, **ча́ста** frequent; **вели́ка** major ◊ **вели́кою ~гою від гру́пи покупці́в** a major complaint from a group of customers; **головна́** principal, **найбі́льша** biggest, **серйо́зна** serious; **ви́правдана** justified, **зако́нна** legitimate, **небезпідста́вна** not without grounds ◊ **С. небезпідста́вна.** The complaint is not without grounds. **слу́шна** valid ◊ **Інспе́ктор вважа́є, що ї́хня с. – ціл́ко́м слу́шна.** The inspector is of the opinion that their complaint is quite valid. **справедли́ва** fair; **безпідста́вна** groundless, **невмотиво́вана** unwarranted ◊ **Комі́сія відкида́є ~гу як невмотиво́вану.** The commission rejects the complaint as entirely unwarranted. **колекти́вна** collective, **особи́ста** personal; **офіці́йна** official, **форма́льна** formal ◊ **Вона́ зобов'я́зана розгля́нути ко́жну форма́льну ~гу.** She is obliged to consider every formal complaint. **письмо́ва** written, **у́сна** oral; **ни́нішня** current, **тепе́рішня** present; **попере́дня** previous; **слі́зна** *iron.* tearful; **ма́рна** futile ◊ **Усі́ його́ ~ги були́ ма́рними.** All his complaints were futile.
n. + **с. кни́га скарг** a complaints book ◊ **Кни́га скарг лежа́ла тут же, на прила́вкові.** The complaints book lay right there on the counter. (**поті́к** stream)
v. + **с. висло́влювати ~гу** voice a complaint

(**ма́ти** have; **вислухо́вувати** hear out ◊ **Він терпля́че ви́слухав усі́ до́ччині ~ги.** He patiently heard out all of his daughter's complaints. **розсте́жувати** investigate ◊ **Їй доручи́ли розсте́жити ї́хню ~гу.** She was charged with investigating their complaint. **надсила́ти** + *D.* send sb; **писа́ти** write, **подава́ти** + *D.* file to sb; **отри́мувати від** + *G.* receive from sb, **реєструва́ти** register ◊ **Його́ ~гу операти́вно зареєстрували й забу́ли.** They promptly registered his complaint and forgot about it. **відкида́ти** reject, **іґнорува́ти** ignore; **ста́вити під су́мнів** question; **відповіда́ти на** respond to, **реаґува́ти на** react to) ◊ **Дире́кція до́сі не зареаґува́ла на ~гу партне́рів.** The director's office has so far failed to react to the complaint from the partners. **ма́ти спра́ву зі ~гою** deal with a complaint (**розбира́тися зі** handle) ◊ **Вербові́й тре́ба розібра́тися із двома́ ~гами.** Verbova has to handle two complaints.

с. + *v.* **бу́ти пов'я́заною з** + *G.* arise from sth ◊ **С. пов'я́зана з пору́шеннями безпе́ки пра́ці.** The complaint arises from work safety violations. **стосува́тися** + *G.* concern sth; **торка́тися** + *G.* relate to sth

prep. **у ~зі** in a complaint; **с. від** + *G.* a complaint from sb ◊ **ча́ста с. від відві́дувачів музе́ю** a frequent complaint from museum visitors; **с. на** + *A.* a complaint about sb/sth ◊ **с. на нестéрпні умо́ви пра́ці** a complaint about intolerable work conditions; **с. на** + *A.* a complaint against sb ◊ **с. на заві́дувачку кате́дри** a complaint against the department chairwoman

ска́рж|итися, ~аться; по~ *intr.*
to complain

adv. **го́лосно** loudly ◊ **Покупе́ць го́лосно ~ився на продавця́.** The customer was loudly complaining about the salesman. **серди́то** angrily; **ви́правдано** justifiably, **зако́нно** legitimately, **небезпідста́вно** not without grounds ◊ **Вони́ ~аться на умо́ви в го́телі небезпідста́вно.** They complain about the conditions at the hotel not without grounds. **слу́шно** for a good reason, **справедли́во** fairly; **безпідста́вно** for no good reason; **дарма́** uselessly, **ма́рно** in vain; **безпереста́нку** nonstop, **за́вжди́** always, **пості́йно** constantly; **найбі́льше** most of all ◊ **Він найбі́льше ~ився на пого́ду.** Most of all he complained about the weather. **і́ноді** sometimes, **рі́дко** rarely ◊ **Гали́на рі́дко ~иться.** Halyna rarely complains. **ча́сом** at times; **ні за яки́х обста́вин** under no circumstance, **ні́коли не** never

v. + **с. бу́ти ви́мушеним** be compelled to, **збира́тися** be going to, **люби́ти** like to ◊ **Леоні́д люби́в с. на життя́.** Leonid liked to complain about life. **погро́жувати** + *D.* threaten sb to ◊ **Він погро́жував по~ на фі́рму.** He threatened to register a complaint about the firm. **не збира́тися** not be going to ◊ **Васи́ль не збира́вся с. на жорсто́ку до́лю.** Vasyl was not going to complain about his cruel fate. **не хоті́ти** not to want; **намага́тися** try to ◊ **Він намага́вся с., але́ все дарма́.** He tried to complain, but all to no avail. **ра́дити** + *D.* advise sb to

prep. **с. в** + *A.* complain to *(an institution)*; **с. на** + *A.* complain about/at/of sth ◊ **Він поска́ржився в полі́цію на га́лас в сусі́дньому поме́шканні.** He complained to the police about the noise in the adjacent apartment.

(по)ска́ржся!

Also see **стогна́ти 3**

скасо́ву|вати, ~ють; скасу|ва́ти, ~ють, *tran.*
1 to annul, invalidate, eliminate, cancel

adv. **в оста́нню хвили́ну** at the last moment ◊ **Вони́ скасува́ли ве́чірку в оста́нню хвили́ну.** They canceled the party at the last moment. **нега́йно** immediately ◊ **За́хід нега́йно скасува́ли.** The event was immediately cancelled. **за́раз же** right away, **ґвалто́вно** abruptly, **несподі́вано** unexpectedly ◊ **Її ві́зу несподі́вано скасува́ли.** Her visa was unexpectedly annulled. **ра́птом** suddenly; **чому́сь** for some reason

с. + *n.* **с. заборо́ну** lift a prohibition (**пода́ток** tax); **с. ви́ступ** cancel an appearance (**конфере́нцію** conference, **ле́кцію** lecture, **перемо́вини** talks ◊ **Вони́ зму́шені скасува́ти перемо́вини.** They are compelled to cancel the talks. **по́каз** screening; **по́дорож** trip, **рейс** flight; **спо́нсорство** sponsorship, **фінансува́ння** financing)

v. + **с. бу́ти зму́шеним** be compelled to; **ви́рішувати** decide to, **збира́тися** be going to, **ма́ти на́мір** have the intention to; **вимага́ти** demand to; **проси́ти** + *A.* ask sb to; **відмовля́тися** refuse to ◊ **Вона́ відмо́вилася с. ле́кцію.** She refused to cancel the lecture.

2 to validate *(a bus ticket, etc.)* ◊ **Квито́к тре́ба скасува́ти, сі́вши в авто́бус.** The ticket needs to be validated upon having taken the bus.

pa. pple. **скасо́ваний** validated *(ticket);* cancelled *(event)*

скасо́вуй! скасу́й!

скасува́нн|я, *nt., only sg.*
cancellation, abolishment, abolition, invalidation, elimination, revocation ◊ **С. передпла́ти на газе́ти заоща́джує Оле́ні тро́хи гро́шей.** The cancellation of her newspapers subscription saves Olena some money.

adj. **нега́йне** immediate ◊ **Протестува́льники вимага́ли нега́йного с. антиконституці́йного зако́ну.** The protesters demanded an immediate abolition of the unconstitutional law. **несподі́ване** unexpected, **ра́птове** sudden; **остато́чне** final; **потрі́бне** necessary; **зако́нне** lawful, **леґа́льне** legal; **незако́нне** unlawful, **нелеґа́льне** illegal

с. + *n.* **с. валю́тних обме́жень** an abolition of currency restrictions; **с. ви́року** *leg.* a repeal of sentence; **с. ві́зи** a visa revocation, **с. замо́влення** an order cancellation, ♦ **с. нака́зу** a countermand **Про с. нака́зу не мо́же бу́ти й мо́ви.** A countermand is out of the question. **с. пода́тку** an abolition of tax, **с. привіле́їв** a revocation of privileges; **с. ре́йсу** flight cancellation ◊ **Васи́ль не почу́в повідо́млення про с. його́ ре́йсу.** Vasyl did not hear the announcement about his flight cancellation. **с. рі́шення** an annulment of decision (**розпоря́дження** directive)

скасува́|ти, *pf., see* **скасо́вувати**
to cancel, *etc.* ◊ **Ко́нкурс ~ли.** The competition has been cancelled.

ске́л|я, *f.*
rock, cliff, crag

adj. **вели́ка** big, **висо́ка** high; **маси́вна** massive ◊ **Над о́зером підніма́ються маси́вні ~і.** Massive rocks rise over the lake. **моноліт́на** monolithic, **тверда́** solid ◊ **Під опа́лим ли́стям тверда́ с.** There is a solid rock under the fallen leaves. **гладка́** smooth, **го́ла** bare, **го́стра** sharp, **жорстка́** rough; **грі́зна** formidable, **крута́** steep, **прямови́сна** precipitous, **стрімка́** sheer; **непохи́тна** firm ◊ **Ори́ся, стоя́ла непохи́тна як с.** *fig.* Orysia stood firm as a rock. **пласка́** *and* **пло́ска** flat, **поко́тиста** sloping, **рі́вна** even; **слизька́** slippery ◊ **Він ліз слизько́ю ~ею.** He was climbing a slippery cliff.

v. + **с. дола́ти ~ю** conquer a cliff ◊ **Бу́де непро́сто подола́ти круту́ ~ю.** It will be tough to conquer the steep cliff. (**розбива́ти** smash; **вила́зити на** ascend, **здира́тися на** climb ◊ **Він ле́гко зде́рся на ске́лю.** He easily climbed the rock.

с. + *v.* **височі́ти над** + *I.* tower over sth, **нависа́ти над** + *I.* overhang sth ◊ **~і нависа́ли над прі́рвою.** The cliffs overhung the abyss. **підійма́тися** *or* **підніма́тися над** + *I.* rise over sth; **захища́ти** + *A.* protect sth ◊ **Поко́тиста с. захища́ла ї́х від ві́тру.** The sloping rock protected them from the wind. **стоя́ти** stand

Also see **гора́ 1.** *Cf.* **ка́мінь**

скеля́ст|ий, *adj.*
rocky, mountainous

с. + *n.* **с. бе́рег** a rocky shore ◊ **С. бе́рег усклáднює ви́садку.** The rocky shore complicates the landing. (**о́стрів** island, **яр** ravine); **~а доли́на** a rocky valley (**пече́ра** cave; **доро́га** road, **сте́жка** path; **місце́вість** terrain); **~е гі́рське па́смо** a rocky mountain chain; **~і го́ри** rocky mountains

скептици́зм, *m.,* **~у,** *only sg.*
skepticism ◊ **У його́ го́лосі чу́ти холо́дний с.** Cold skepticism is heard in his voice.

adj. **вели́кий** great, **відчу́тний** manifest, **відкри́тий** open, **все бі́льший** growing, **глибо́кий** deep, **значни́й** considerable, **неприхо́ваний** undisguised, **пе́вний** certain, **пога́но прихо́ваний** poorly-disguised, **помі́тний** noticeable, **скра́йній** extreme, **упе́ртий** stubborn, **холо́дний** cold, **я́вний** obvious; **здоро́вий** healthy ◊ **Вона́ віта́є здоро́вий с.** She welcomes healthy skepticism. **зага́льний** general, **широ́кий** widespread; **грома́дський** public; **нищі́вний** scathing; **пе́рвісний** initial

n. + **с. до́за ~у** a dose of skepticism ◊ **Усе́, що Левко́ ка́же, слід сприйма́ти з до́зою ~у.** Everything Levko says should be taken with a dose of skepticism. (**рі́вень** degree, **тінь** shadow) ◊ **У її слова́х нема́є і ті́ні ~у.** There is not a shadow of skepticism in her words.

v. + **с. висло́влювати с.** express skepticism ◊ **Га́нна не поспіша́ла висло́влювати с.** Hanna was not in a hurry to express her skepticism. (**відчува́ти** sense; **ма́ти** have; **поділя́ти з** + *I.* share with sb); **диви́тися зі ~ом на** + *A.* view sth with skepticism ◊ **На можли́вість у́спіху вони́ ди́вляться зі ~ом.** They view the possibility of success with skepticism. (**зустріча́ти** + **зі** *A.* greet sth with ◊ **Іде́ю зу́стріли зі ~ом.** The idea was greeted with skepticism. **ста́витися до** + *G.* **зі** treat sth with)

prep. **без ~у** without skepticism ◊ **Він диви́вся на Ма́рка без ~у.** He was looking at Marko without skepticism. **зі ~ом** with skepticism; **с. до** + *G.* skepticism towards sb/sth, **с. стосо́вно** + *G.* skepticism about sb/sth; **с. що́до** + *G.* skepticism as to sb/sth ◊ **І́гор ма́є пе́вний с. що́до щи́рости ї́хніх на́мірів.** Ihor has certain skepticism as to sincerity of their intentions.

Also see **цині́зм.** *Cf.* **сарка́зм**

скепти́чн|ий, *adj.*
skeptical

adv. **вкрай** extremely, **гли́бо́ко** deeply, **до́сить** fairly, **доста́тньо** sufficiently, **ду́же** very ◊ **Її настано́ва до сою́зу ду́же ~а.** Her attitude towards the alliance is very skeptical. **винятко́во** exceptionally, **надзвича́йно** extraordinarily; **пе́рвісно** initially, **споча́тку** first; **на́дто** too, **надмі́ру** inordinately; **зрозумі́ло** understandably, **приро́дно** naturally; **тро́хи** a little; **вира́зно** distinctly, **помі́тно** manifestly, **я́вно** obviously; **незмі́нно** invariably, **передба́чувано** predictably, **як за́вжди́** as always

v. + **с. бу́ти ~им** be skeptical (**звуча́ти** sound ◊ **На́дя звуча́ла ~ою.** Nadia sounded skeptical. **здава́тися** + *D.* seem to sb, **вигляда́ти** look; **лиша́тися** remain; **става́ти** become) ◊ **Її обли́ччя ста́ло ~им.** Her face became skeptical.

prep. **с. до** + *G.* skeptical towards sb/sth; **с. стосо́вно** + *G.* skeptical about sb/sth ◊ **Вона́ була́ ~ою стосо́вно запе́внень чолові́ка.** She was skeptical about her husband's reassurances. **с. що́до** + *G.*skeptical as to sb/sth ◊ **Він здава́вся ~им що́до пла́ну.** He seemed skeptical as to the plan.

Cf. **саркасти́чний**

скеро́ву|вати, ~ють; скеру|ва́ти, ~ють, *tran.*
1 to direct, steer, maneuver, shepherd, channel
adv. **обере́жно** carefully ◊ **Ната́лка обере́жно ~вала чо́вен до бе́рега.** Natalka was carefully steering the boat to the shore. **поступо́во** gradually, **потихе́ньку** *dim.* little by little ◊ **Вона́ потихе́ньку ~вала тури́стів до крамни́ці сестри́.** Little by little she shepherded the tourists to her sister's store. **ґвалто́вно** abruptly, **рі́зко** sharply; **навми́сно** deliberately, **свідо́мо** consciously; **про́сто** *and* **пря́мо** straight; **на за́хід** westward, **на півде́нний схід** southwest, **на пі́вніч** northward, *etc.*
с. + *n.* **с. автівку** steer a car ◊ **Самогу́бець на по́вній шви́дкості скерува́в автівку в де́рево.** The suicide steered the car at full speed into the tree. (**кора́бель** ship, **літа́к** airplane, **чо́вен** boat; **дії** actions, **дослі́дження** research, **робо́ту** work, **розсте́ження** investigation; **по́гляд** gaze) ◊ **Він скерува́в по́гляд на Лі́ду.** He directed his gaze at Lida.
prep. **с. в** + *G.* steer in/to *(space)* ◊ **Кана́л ~є поті́к пря́мо в по́ле.** The canal channels the stream directly into the field. **с. на** + *G.* steer at/toward *(direction)* ◊ **Піло́т скерува́в літа́к на схід.** The pilot steered the airplane eastward. **с. про́ти** + *G.* steer against sb
Also see **направля́ти 1, спрямо́вувати 1, 2**
2 to aim, point, train ◊ **Вона́ скерува́ла телеско́п на сузі́р'я Плея́д.** She aimed the telescope at the constellation of the Pleiades.
Also see **направля́ти 1, спрямо́вувати 1, 2**

скерува́|ти, *pf., see* **скеро́вувати**
to direct, steer, channel; aim, point ◊ **Вчи́телька ~ла ука́зку на Севасто́поль.** The (female) teacher aimed her pointer at Sevastopol.

скида́|ти, ~ють; ски́н|ути, ~уть, *tran.*
1 to throw down, cast down, push off; drop
adv. **обу́рено** indignantly ◊ **Ні́на обу́рено ски́нула його́ ру́ку з колі́на.** Nina indignantly pushed his hand off her knee. **серди́то** angrily; **несподі́вано** unexpectedly, **ра́птом** suddenly, **шви́дко** quickly; **про́сто** simply
prep. **с. в** + *A.* throw in/to sth; **с. з** + *G.* throw from sth ◊ **Хло́пці ски́нули Петра́ з мо́сту в рі́чку.** The boys threw Petro from the bridge into the river. **с. на** + *A.* throw on/to sth ◊ **Кінь ски́нув ве́ршника на зе́млю.** The horse threw the rider on the ground; ♦ **с. на ку́пу** to pile ◊ **Вояки́ ски́нули всю збро́ю на ку́пу.** The soldiers piled all the weapons.
2 to unload, offload, discharge, dump; shed ◊ **Вугі́лля ски́нули у дворі́ шко́ли.** The coal was unloaded in the school yard. ◊ **Да́на ски́нула на бра́та всю ха́тню робо́ту.** Dana dumped all domestic work on her brother.
3 to topple, overthrow ◊ **Повста́ння ски́нуло оліга́рхічний у́ряд.** The uprising toppled the oligarchic government.
v. + **с. змогти́** *pf.* succeed in; **змовля́тися** conspire to; **намага́тися** attempt to ◊ **Заколо́тники намага́лися ски́нути у́ряд.** The rebels attempted to overthrow the government. **ста́вити (собі́) за мету́** set a goal of; **хоті́ти** want to ◊ **Вони́ хоті́ли ски́нути короля́.** They wanted to overthrow the king. **не змогти́** *pf.* fail to
4 to take off, throw off, remove ◊ **Швидки́м ру́хом вона́ ски́нула з плече́й наки́дку.** With a quick move, she threw the cape off her shoulders. ◊ **Ски́нувши капелю́хи, вони́ зайшли́ до це́ркви.** Having taken off their hats, they entered the church. ♦ **с. тяга́р** to shed a burden ◊ **Вона́ хоті́ла ски́нути тяга́р відповіда́льности за шко́лу.** She wanted to shed the burden of responsibility for the school. ♦ **с. ярмо́** to shed the yoke
See **зніма́ти 1.** *Also see* **стя́гувати 3**
5 *only impf.* to resemble, take after + *I.* ◊ **Мане́рами Анато́лій ~є на ді́да.** By his manners Anatolii takes after his grandfather.
See **скида́тися 3**
pa. ppla. **ски́нутий**
скида́й! скинь!

скида́|тися; ски́нутися, *intr.*
1 to rise, shoot up ◊ **Її бро́ви ски́нулися.** Her brows rose.
2 to chip in, fork out, shell out ◊ **Студе́нти ски́нулися і купи́ли пра́льну маши́ну.** The students chipped in and bought a washing machine.
prep. **с. для** + *G.* chip in for sb/sth ◊ **Уся́ грома́да ски́нулася йому́ на опера́цію.** The whole community chipped in for his surgery.
с. по + *A.* donate *(a sum)* ◊ **Ко́жен ски́нувся по сто гри́вень.** Each chipped in ₴100.
Also see **склада́тися 5**
3 *only impf.* to look like, resemble, take after *only with* **на** + *A.* ◊ **Незнайо́мка ~лася Хомі́ на кого́сь.** The strange woman resembled somebody to Khoma.
adv. **бли́зько** closely, **геть** totally, **ду́же** greatly, **як дві кра́плі води́** like two drops of water ◊ **Вони́ ~ються оди́н на одного́, як дві кра́плі води́.** They look like two drops of water. **ле́две** barely, **тро́хи** a little; **зо́всім не** not at all, **нітро́хи** not in the least ◊ **Вони́ нітро́хи не ~лися на се́бе.** They did not resemble one another in the least.
prep. **с.** + *I.* **на** + *A.* resemble sb by sth ◊ **Ді́ти ~ються хара́ктером на ба́тька, а ви́глядом – на ма́тір.** The children resemble their father by character, and their mother by appearance.
Also see **скида́ти 5**

ски́ну|ти, *pf., see* **скида́ти**
to throw down, *etc.* ◊ **Непотрі́бні папе́ри ~ли в я́щик на перeróбку.** The useless paper was dumped in the box for recycling.

ски́ну|тися, *pf., see* **скида́тися**
to rise; chip in, *etc.* ◊ **Дру́зі ~лися їй на подару́нок.** Her friends chipped in to buy her a present.

скип'яти́|ти, *pf., see* **кип'яти́ти**
to boil, *etc.* ◊ **Ва́ля ~ла води́.** Valia boiled some water.

скиса́|ти, ~ють; ски́сн|ути, ~уть; *pa. pf., m.* **скис** *or* **ски́снув,** *pl.* **ски́сли** *or* **ски́снули,** *intr.*
1 to turn sour *(of milk, etc.)*, curdle
adv. **вже** already ◊ **Суп уже́ скис.** The soup already turned sour. **наре́шті** finally; **поступо́во** gradually, **потихе́ньку** *dim.* little by little; **ско́ро** fast, **шви́дко** quickly, **шви́дше** quicker ◊ **Він лиши́в молоко́ на підвіко́ннику, щоб воно́ шви́дше ски́сло.** He left the milk on the window sill so that it curdle quicker.
v. + **с. встигнути** manage to; **не могти́** cannot ◊ **Ву́джене м'я́со не мо́же так ско́ро ски́снути.** Smoked meat cannot turn sour so quickly. **не дава́ти** + *D.* not allow sth to ◊ **Він скип'ятив молоко́, щоб не да́ти йому́ ски́снути.** He boiled the milk so as not to allow it to curdle. **почина́ти** begin, **ста́ти** *pf.* start ◊ **По за́паху ви́дно, що молоко́ ста́ло с.** It is clear by the smell that the milk had started turning sour.
2 *colloq.* to become dispirited, get disheartened, lose one's good mood ◊ **Прийшло́ ма́ло люде́й, і Лі́на почала́ с.** Few people came and Lina began to lose her good mood.
pa. pple. **ски́слий** curdled; dispirited
скиса́й! ски́сни!

ски́сну|ти, *pf., see* **скиса́ти**
to turn sour, curdle; become dispirited ◊ **Гали́на ~ла від пе́ршої мало́ї пора́зки.** Halyna got dispirited from her first small defeat.

скі́льк|и, *pr., adv.*
1 *pr.* **~о́х** *(in questions)* how many, how much + *G.* ◊ **С. хлі́ба ти ма́єш?** How much bread do you have? ◊ **С. ро́ківОкса́ні?** How old is Oksana?
2 *pr.* **~о́х** *(in statements)* how many, how much ◊ **Ви не уявля́єте, с. люде́й хо́чуть познайо́митися з ва́ми!** You don't imagine how many people want to meet you! ♦ **с. літ, с. зим!** I have not seen you for so long! ◊ **Се́рвус, Гри́цю! С. літ, с. зим!** Hello, Hryts! We haven't see each other for years!
3 *adv.* how much, how many, what ◊ **Ві́ктор не пам'ята́є, с. ви́нен сусі́дові за робо́ту.** Viktor does not remember what he owes his neighbor for the work.
4 *adv., pr.* as much as, to the extent that, to the degree that, for as long as ◊ **Ось сві́жі я́блука. Бері́, с. тре́ба.** Here are some fresh apples. Take as many as you need. ◊ **Рома́на все зро́бить по-сво́єму, с. її не проси́.** Romana will do everything her own way, never mind how much you ask her. ♦ **с. ви́дно** *or* **с. о́ка** as far as the eye can see ◊ **Навко́ло, скі́льки о́ка, був степ.** There was steppe all around, as far as the eye could see. ♦ **с. душа́ забажа́є** to one's heart's pleasure ◊ **Мо́жете слу́хати, с. душа́ забажа́є.** You can listen to your heart's pleasure. ♦ **с. хо́чеш (хо́чете)** as much (many) as you wish; ◊ **О́ля не ба́чила тако́ї краси́, с. живе́.** Olia did not see such beauty for as long as she lived.

скінчи́|ти, *pf., see* **кінча́ти**
to finish ◊ **Та́ня ~ла готува́ти вече́рю.** Tania finished cooking dinner.

склад[1]**,** *m.,* **~у**
1 warehouse, storehouse, depot, storeroom
adj. **вели́кий** big, **величе́зний** enormous ◊ **У величе́зному ~і ле́гко згуби́тися.** It is easy to get lost in the enormous warehouse. **мі́сткий** spacious ◊ **Шкі́льний с. ви́явився містки́м.** The school warehouse turned out to be spacious. **поро́жній** empty; **невели́кий** small, **перепо́внений** crammed, **тісни́й** crowded; **гуртови́й** wholesale, **гурто́вороздрі́бний** wholesale and retail, **роздрі́бни́й** retail; **зане́дбаний** *and* **занеха́яний** neglected ◊ **У занеха́яному ~і панува́в хао́с.** Chaos ruled in the neglected warehouse. **поки́нутий** abandoned, **стари́й** old; **овоче́вий** vegetable, **продукто́вий** food, **това́рний** goods; **припортови́й** dockside, **університе́тський** university, **фабри́чний** factory, **шкі́льний** school
с. + *n.* **с. баво́вни** a cotton warehouse (**во́вни** wool; **ме́блів** furniture ◊ **Сове́ти перетвори́ли косте́л на с. ме́блів.** The Soviets converted the Catholic church to a furniture warehouse. **збі́жжя** grain)
n. + **с. дире́ктор ~у** the warehouse manager ◊ **Па́влів став дире́ктором продукто́вого ~у.** Pavliv became the food warehouse manager. (**персона́л** staff, **працівни́к** worker)
v. + **с. будува́ти с.** build a warehouse ◊ **Фі́рма збудува́ла вели́кий с.** The firm built a big warehouse. (**використо́вувати** use; **знахо́дити** find; **перетво́рювати** + *A.* **на** convert sth to ◊ **Коли́шній суперма́ркет перетвори́ли на с.** The former supermarket was converted to a warehouse. **перебудо́вувати** + *A.* **на** rebuild sth into) ◊ **Галере́ю перебудува́ли на фабри́чний с.** The gallery was rebuilt into a factory warehouse. **зберіга́ти** + *A.* **на ~і** keep sth in a warehouse (**лиша́ти** + *A.* **на** leave sth in) ◊ **Ванта́ж лиши́ли на ~і.** The freight was left in the warehouse.
с. + *v.* **бу́ти перепо́вненим** + *I.* overflow with ◊ **С. перепо́внений ме́блями.** The warehouse overflows with furniture.
prep. **на с.** *dir.* to a warehouse ◊ **Робітники́ пішли́ на меблеви́й с.** The workers went to the furniture warehouse. **на ~і** *posn.* in/at a warehouse

◊ **На ~і зимно.** It is cold in the warehouse.
Also see **книгосховище, склеп 2, сховище 1**
2 composition, makeup
adj. **загальний** general, **докладний** exact, **достеменний** accurate ◊ **Він знає достеменний с. суміші.** He knows the accurate composition of the mixture. **точний** precise; **мінливий** changing, **різноманітний** diverse, **строкатий** motley; **віковий** age, **демографічний** demographic, **етнічний** ethnic, **класовий** class, **професійний** *and* **фаховий** professional, **расовий** racial, **релігійний** religious ◊ **Релігійний с. населення Львова строкатий.** The religious composition of the population of Lviv is motley. **статевий** gender, **соціяльний** social; **художній** artistic; **атомний** atomic, **видовий** species, **мінеральний** mineral, **молекулярний** molecular, **хемічний** chemical
v. + **с. аналізувати с.** analyze the composition ◊ **Вона проаналізувала етнічний с. країни.** She analyzed the country's ethnic composition. (**вивчати** study, **визначати** determine ◊ **Дослідження визначило соціяльний с. прихильників партії.** The study determined the social composition of the party's supporters. **досліджувати** investigate; **описувати** describe; **змінювати** change) ◊ **Голод докорінно змінив етнічний с. реґіону.** The famine radically changed the ethnic composition of the region.
с. + *v.* **відрізнятися від** + *G.* differ from sth; **змінюватися** change ◊ **За останнє десятиріччя с. середньої родини не змінився.** Over the last decade, the average family composition has not changed. **лишатися незмінним** stay the same
See **будова 3, структура.** *Also see* **організація 4, хемія 2**
3 staff, membership, employees, personnel
adj. **висококваліфікований** highly qualified, **досвідчений** experienced; **новий** new; **старий** old; ◊ **весь с.** all the members, ♦ **усім ~ом** completely, entire personnel ◊ **Лабораторія усім ~ом припинила роботу.** The entire lab personnel stopped working. ♦ **викладацький с.** faculty, instructors ◊ **Лист від викладацького ~у університету.** The letter is from the university faculty. ♦ **особовий с.** personnel ◊ **весь особовий с. міської прокуратури** the entire personnel of the city prosecutor's office; ♦ **офіцерський с.** officers; ♦ **словниковий с.** vocabulary, wordstock ◊ **Лексикологія вивчає словниковий с.** Lexicology studies vocabulary. ♦ **у повному ~і** with a full complement, all, to the last one ◊ **Директор звільнив усіх авдиторів у повному ~і.** The new director let go all the auditors to the last one. ◊ **Викладачі школи в повному ~і пішли на війну.** The entire school faculty went to the war. ♦ **с. злочину** *law* corpus delicti, body of the crime
v. + **с. збільшувати с.** increase the staff (**поширювати** expand; **звільняти** fire, **скорочувати** reduce) ◊ **С. міністерства скоротили на третину.** The ministry staff was reduced by a third. **ввійти до ~у** *pf.* become part of sth ◊ **Партія ввійшла до ~у коаліції.** The party became part of the coalition. (**входити до** be part of) ◊ **Група не входить до ~у жодної асоціяції.** The group is not part of any association. **опинятися поза ~ом** find oneself outside *(organization)* ◊ **Вона опинилася поза ~ом журі конкурсу.** She found herself outside the competition jury.
prep. ♦ **у ~і** + *G.* consisting of, numbering ◊ **офіційна делеґація у ~і п'яти урядовців** an official delegation consisting of five officials
N. pl. **~и**

склад², *m.*, ~у

1 structure, shape, anatomy, build
adj. **делікатний** delicate; **жилавий** sinewy, **масивний** massive, **міцний** sturdy, **м'язистий** muscular, **потужний** powerful, **приземкуватий** squat ◊ **Для цієї породи коней властивий приземкуватий с.** A squat build is typical of this breed of horses. **типовий** typical; **український** Ukrainian ◊ **типовий український с. обличчя** a typical Ukrainian shape of face
v. + **с. мати с.** have an anatomy ◊ **Микола має жилавий с. тіла.** Mykola has a sinewy body build.
See **анатомія 2, будова 3**
2 nature, character, predisposition, proclivity
adj. **душевний** spiritual; **іронічний** ironical, **скептичний** skeptical; **прагматичний** pragmatic ◊ **Він – людина прагматичного ~у.** He is a person of pragmatic predisposition. **приземлений** down-to-earth, **тверезий** sober; **мрійливий** dreamy, **наївний** naive, **поетичний** poetic, **романтичний** romantic, **сентиментальний** sentimental ◊ **герой із сентиментальним ~ом душі** a character of sentimental soul predisposition
с. + *n.* **с. мислення** the nature of thinking (**розуму** mind, **темпераменту** temperament)
See **вдача, природа 2, характер 1.** *Also see* **душа 2, натура 1, організація 3**
3 manner, way, style ◊ **Кожна мова має неповторний с. вербалізації світу.** Every language has its inimitable manner of verbalizing the world. ◊ **Професора вражав ориґінальний с. її мислення.** Her original way of thinking impressed the professor.
See **манера 3, стиль.** *Also see* **жанр 2, фасон 2**
4 *ling.* syllable
adj. **відкритий** open; **закритий** closed; **кінцевий** final, **початковий** initial
v. + **с. змінювати с.** change a syllable ◊ **Закінчення змінює с. із закритого на відкритий.** The ending changes the syllable from a closed to an open one. (**утворювати** *or* **формувати** form), **розбивати** + *A.* **на ~и** to syllabify *(a word)* ◊ **Слово слід розбити на ~и.** The word should be syllabified. **читати** + *A.* **по ~ах** read sth syllable by syllable, *fig.* read very slowly ◊ **Павло читав по ~ах навіть у десятому класі школи.** Pavlo read very slowly even in the tenth grade of school.

склада|ти, ~ють; скласти, склад|уть; *pa. pf., m.* склав, *pl.* склали, *intr.*

1 to put together, gather, pack ◊ **Склавши речі, вони сіли чекати машину.** Having packed their things, they sat down to wait for the car. ◊ **Працівники склали снопи у стіг.** The workers put the bales in a stack.
2 to tidy up, clean ◊ **Він звик ніколи не с. після себе.** He got accustomed never to tidy up after himself.
See **прибирати 1**
3 to fold, crease, double
adv. **акуратно** neatly ◊ **Прочитавши листа, Мотря акуратно склала його і поклала в кишеню.** Having read the letter, Motria folded it neatly and put it in her pocket. **гарно** nicely ◊ **Він гарно склав усю білизну.** He folded nicely all the laundry. ♦ **с. руки** to give up, do nothing ◊ **Вона не може довго сидіти склавши руки.** She cannot sit around, doing nothing for long.
Also see **згортати 1**
4 to furl, roll, fold up
с. + *n.* **с. вітрило** furl a sail (**парасолю** umbrella, **прапор** flag ◊ **Солдати зняли прапор зі щогли і склали його.** The soldiers took the flag off the mast and furled it.
Also see **згортати 1**
5 to compose, write, formulate
с. + *n.* **с. вірші** compose poems (**історії** stories, **леґенду** legend; **мапу** map, **оповідання** narrative; **запит** inquiry, **петицію** petition, **прохання** request, **схему** scheme) ◊ **Вона склала схему каналізаційних ходів.** She composed a scheme of sewage passages.
6 to write up ◊ **Видавництво склало контракт.** The publishers wrote up a contract.
7 to take *(an exam, etc.)*; *pf.* to pass *(an exam, etc.)* ◊ **Студенти ~тимуть іспит у четвер.** The students will be taking the exam on Thursday. ◊ **Антін успішно склав екзамен.** Antin successfully passed his exam.
Also see **здавати 4**
8 *math* to add up ◊ **Склавши два результати, він отримав надто велику суму.** Having added up the two results, he obtained too big a sum.
9 *(in set expressions with objects)* to make, give, put, form ♦ **с. вину на** + *A.* to lay blame on sb; ♦ **с. вирок** *or* **присуд** + *D.* to sentence sb ◊ **Сама історія складе їм вирок.** *fig.* History itself will sentence them. ♦ **с. подяку** + *D.* to give thanks to ◊ **Хочу скласти вам подяку за підтримку.** I want to give you thanks for your support. ♦ **с. надію на** + *A.* to lay hope on sb/sth; ♦ **с. присягу** to take an oath ◊ **Вони складуть присягу на вірність народові.** They will take an oath of loyalty to the people. ♦ **с. уявлення** to form an idea, understand ◊ **Він не ~є уявлення про наслідки свого рішення.** He does not understand the consequences of his decision. ♦ **с. ціну** + *D.* to evaluate sth, assess, put a price on ◊ **Шедеврові годі скласти ціну.** There is no putting a price on the masterpiece.

склада|тися; скластися, *intr.*

1 to form, shape, take shape, be composed ◊ **Із її переписки легко складеться три томи.** Her correspondence will easily form three volumes. ◊ **Із конспектів склався цілий цикл лекцій.** An entire lecture series took shape from the notes. ◊ **Вона показала Юркові, як з літер ~ються слова.** She showed Yurko how words are composed of letters. ◊ **Її губи склалися в усмішку.** Her lips formed a smile.
2 *only impf.* to consist of, *with prep.*
prep. **с. з** + *G.* consist of sb/sth ◊ **Університет ~ється з шести факультетів.** The university consists of six departments. ◊ **Рік ~ється з дванадцяти місяців.** A year consists of twelve months. ◊ **Пошукова група ~лася із двадцяти членів.** The search party consisted of twenty members.
Also see **ділитися 1**
3 *pass.* be assembled, be put together ◊ **Стіл легко ~ється.** The table is easy to assemble.
4 to pack ◊ **Софія ще не склалася в подорож.** Sofia did not yet pack for her journey.
5 to chip in, fork out, shell out ◊ **Дівчата часом ~лися по двадцять гривень, щоб купити пляшку вина.** Every now and then the girls would chip in ₴20 each to buy a bottle of wine.
See **скидатися 2**
складайся!

складн|ий, *adj.*

articulate, coherent, comprehensible, cogent
adv. **все більш** more and more, **достатньо** sufficiently, **досить** fairly ◊ **Її презентація продумана і досить ~а.** Her presentation is thought through and fairly articulate. **дуже** very, **надзвичайно** extraordinarily, **надто** too ◊ **Сюжет оповідання не надто с.** The story's plotline is not too coherent. **особливо** particularly; **відносно** relatively ◊ **відносно с. виклад подій** a relatively coherent narrative of the events; **порівняно** comparatively; **не зовсім** not quite
v. + **с. бути ~им** be coherent (**вважати** + *A.* consider sth, **виявлятися** turn out, **здаватися** + *D.* seem to sb; **робитися** get, **ставати** become) ◊ **Її стиль стає все більш ~им.** Her style becomes more and more cogent.

складн|ий, *adj.*

1 complicated, hard, intricate, sophisticated
adv. **божевільно** insanely, **вкрай** extremely ◊ **Погодні умови того дня виявилися вкрай ~ими.** The weather conditions proved to be extremely hard that day. **все більше** increasingly,

геть totally, **достáтньо** sufficiently, **дóсить** rather ◊ **дóсить ~é питáння** a rather complicated question; **дýже** very, **жахлúво** awfully, **надзвичáйно** extraordinarily, **надмíрно** inordinately, **нáдто** too, **неможлúво** impossibly, **страшéнно** terribly; **віднóсно** relatively, **особлúво** particularly, **порíвняно** comparatively; **неймовíрно** incredibly; **несподíвано** unexpectedly, **непотрíбно** needlessly; **омáнливо** misleadingly; **позíрно** seemingly ◊ **позíрно ~á мíсія** a seemingly hard mission; **дéщо** somewhat, **трóхи** a little

v. + **с. бýти ~им** be complicated (**виглядáти** look ◊ **Проéкт виглядáє божевíльно ~им.** The project looks insanely complicated. **виявлятися** turn out, **здавáтися** + *D.* seem to sb ◊ **Завдáння здалóся Óльзі ~им.** The task seemed to be complicated to Olha. **робúти** + *A.* make sth ◊ **Модернізáція зробúла прóстий процéс неможлúво ~им.** The modernization made a simple process impossibly complicated. **робúтися** get, **ставáти** become) ◊ **Із кóжним заняттям грамáтика ставáла бíльш ~óю.** With every class, the grammar was becoming more complicated.

See **важкúй 5, тонкúй 8.** *Ant.* **прóстий**

2 complex, compound, composite

с. + *n.* **с. додáток** *ling.* a complex object (**пíдмет** subject, **присýдок** predicate); **~á частúнка** a compound particle ◊ **Вонú дослíджують ~í частúнки.** They study complex particles. **~é рéчення** *ling.* a complex *and* compound sentence (**слóво** *ling.* word; **числó** *math* number) ◊ **сýма трьох ~úх чúсел** a sum of three complex numbers; **~é дóбриво** a composite fertilizer; **~í відсóтки** a compound interest

3 folding, collapsible, portable

с. + *n.* **с. ніж** a folding knife ◊ **С. ніж не раз ставáв їй у пригóді.** The folding knife more than once was of help to her. (**стілéць** chair); **~а парасóля** a folding umbrella; **~é лíжко** a folding bed ◊ **Для гостéй вонú тримáли ~é лíжко.** For guests they kept a folding bed.

склáдн|ість, *f.*, **~ости**, *only sg.*

1 difficulty, complexity, intricacy

adj. **велúка** great ◊ **велúка с. хемíчної сполýки** a great complexity of the chemical compound; **винятковá** exceptional, **значнá** considerable ◊ **Значнá с. процедýри знеохóчувала їх.** The considerable complexity of the procedure discouraged them. **помíтна** manifest, **явна** obvious; **дéяка** some, **пéвна** certain; **мінімáльна** minimal; **невелúка** little

See **склáдний 1, 2.** *Ant.* **лéгкість 1, 2**

2 articulateness, cogency, coherence ◊ **Її ритóрика відрізнялася ~істю.** Her rhetoric stood out for its articulateness. ◊ **Лéгкість і с. йогó письмá прóсто вражáли.** The facility and articulateness of his writing were simply impressive.

See **склáдний 1**

склá|сти, *pf., see* **складáти**

to put togother; pass, *etc.* ◊ **Зóя ~дé íспити, і батькú повезýть її в мандрíвку до Атéн.** Zoya will pass her examinations and her parents will take her on a trip to Athens.

склá|стися, *pf., see* **складáтися**

to chip in, *etc.* ◊ **Підприємці ~лися і купúли дíтям комп'ютери.** The businessmen chipped in and bought computers for the children.

склéї|ти, *pf., see* **клéїти**

to glue, bond ◊ **Володúмир ~в докýпи розбúту статуéтку.** Volodymyr glued together the broken statuette.

склеп, *m.*, **~у**

1 vault, crypt

adj. **могúльний** burial ◊ **Тéкля чýлася мóторошно, нáче опинúлася в могúльному ~і.** Teklia felt creepy, as if she found herself in a burial crypt. **камíнний** *and* **кам'янúй** stone, **тéмний** dark, **тьмяний** dim

Cf. **крамнúця, магазúн**

2 storeroom ◊ **У глибинí будúнку містúвся с. на реманéнт.** In the depth of the building, there was a storeroom for implements.

See **склад[1] 1**

склéю|вати, ~ють; склé|їти, ~ять, *tran.*

to glue, glue together

adv. **впрáвно** skillfully, **майстéрно** masterfully, **одрáзу** immediately, **зáраз же** right away ◊ **Адáм позбирáв шматкú вáзи, щоб зáраз же склéїти їх.** Adam collected the pieces of the vase in order to glue them together right away. **швúдко** quickly; **лéдве** barely; **дóбре** well; **докýпи** together; **мíцно** firmly, **надíйно** reliably, **налéжно** properly

v. + **с. бýти трéба** + *D.* need to ◊ **Пластúни трéба склéїти.** The plates need to be glued. **вдавáтися** + *D.* succeed in, **змогтú** *pf.* manage to; **намагáтися** try to, **хотíти** want to; **просúти** + *A.* ask sb to

pa. pple. **склéєний** glued together

склéюй! склей!

скл|о, *nt.*

1 *only sg.* glass *(material)*

adj. **безбáрвне** colorless, **прозóре** clear, **чúсте** clean; **звичáйне** plain; **богéмське** Bohemian, **кольорóве** colored; **затéмнене** tinted ◊ **Він носúв окуляри з затéмненого ~а.** He wore tinted glass spectacles. **мáтове** opaque, **тьмяне** dim; **бúте** broken; **кулетривкé** bulletproof ◊ **С. в автомобíлі кулетривкé.** The glass in the car is bulletproof. **органíчне** organic, **неорганíчне** inorganic; **грýбе** thick ◊ **Вáза зрóблена з кольорóвого ~а.** The vase is made of colored glass. **тонкé** thin; **рідкé** liquid, **розтóплене** melted; **вікóнне** window, **годúнникове** watch; ♦ **вітровé с.** a windshield

n. + **с. дрýзка** *or* **оскóлок ~á** a shard of glass (**фраґмéнт** fragment, **шматóк** piece) ◊ **На столí лежáли шматкú бúтого ~а.** Pieces of broken glass lay on the table.

v. + **с. робúти с.** make glass ◊ **Тут рóблять мáтове с.** Opaque glass is made here. (**бúти** break, **розбивáти** shatter ◊ **Люда розбúла с.** Liuda broke the glass. **трощúти** smash; **рíзати** cut; **витирáти** wipe, **мúти** wash) ◊ **Вітровóго ~а давнó не мúли.** The windshield had not been washed for a long time. **притулятися** + *I.* **до ~а** press sth against glass ◊ **Він притулúвся облúччям до холóдного ~а.** He pressed his face against the cold glass.

с. + *v.* **бúтися** break ◊ **Тонкé с. лéгко б'ється.** The thin glass easily breaks. **розбивáтися** shatter; ♦ **давáти трíщину** to crack ◊ **С. в кутóчку картúни далó трíщину.** The glass in the corner of the picture had cracked.

prep. **зі ~а** of glass ◊ **Кýхоль зрóблено з богéмського ~á.** The mug is made of Bohemian glass.

2 pane, sheet of glass, glass ◊ **Вікóнні стéкла покрúв íней.** The frost covered the window panes. ◊ **Він розбúв с. у двéрях.** He broke the pane in the door.

v. + **с. вставляти с.** insert glass ◊ **Він устáвив с. у рáму.** He inserted the glass into the frame.

G. pl. **стéкол**

3 *coll.* glassware, glass ♦ **худóжнє с.** art *or* studio glass ◊ **Íнна тримáє крамнúцю худóжнього ~а багáто рокíв.** Inna has kept the art glass store for many years.

v. + **с. видувáти** *and* **дýти с.** blow glass ◊ **Орéст дув с. і так заробляв.** Orest blew glass and thus earned his living. (**робúти** make; **виставляти** exhibit, **рекламувáти** advertise; **купувáти** buy, **продавáти** sell) ◊ **У салóні продають перевáжно кольорóве с.** Mostly colored glass is sold at the boutique.

склян|úй, *adj.*

1 glass, of or pertaining to glass

с. + *n.* **с. ґýдзик** a glass button (**завóд** works; **звірúнець** managery; **пóсуд** *coll.* dishes, glassware ◊ **У ~óму пóсуді чай смакýє Ярúні крáще.** Tea tastes better to Yaryna in glassware. **стіл** table) ◊ **Посерéдині кабінéту стояв с. стіл.** There was a glass table in the middle of the study. ♦ **молúтися ~óму бóгові** abuse alcohol ◊ **Щосубóти вонú молúлися ~óму бóгові.** Every Saturday, they abused alcohol. **~á бáнка** a glass jar (**вáза** vase, **тарíлка** plate); **~é виробнúцтво** glass production (**волокнó** fiber; **намúсто** beads) ◊ **Вонá подарувáла Катерúні гáрне ~é намúсто.** She gave Kateryna nice glass beads. **~í двéрі** door ◊ **Він удáрився головóю в ~í двéрі.** He hit his head on the glass door.

2 *fig.* glasslike, glassy, smooth, slippery ◊ **По ~íй повéрхні óзера кóвзали школярí.** Schoolchildren skated on the glassy surface of the lake.

See **слизькúй 1**

3 *fig.* glasslike, motionless, expressionless, frozen, vacant, glazed ◊ **У йогó ~úх очáх булó здивувáння.** Surprise was in his glassy eyes. ◊ **С. пóгляд жíнки не виражáв жóдних почуттíв.** The woman's glassy gaze expressed no emotions.

See **нерухóмий**

склян|ка, *f.*, **~ки**

glass *(vessel)*

adj. **велúка** big; **малéнька** *dim.* small, **невелúка** small; **висóка** tall; **грýба** *or* **товстá** thick, **тонкá** thin; **напівпóвна** half-full, **перепóвнена** brimming, **пóвна** full; **напівпорóжня** half-empty; **бруднá** dirty ◊ **На столí вонú лишúли кýпу бруднúх ~óк.** They left a heap of dirty glasses on the table. **маснá** greasy, **непомúта** unwashed; **надщéрблена** chipped ◊ **Мúша порíзався надщéрбленою ~кою.** Mysha cut himself on a chipped glass. **розбúта** broken, **трíснута** cracked; **чúста** clean; **новá** fresh ◊ **Вонá постáвила пéред гóстем новý ~ку чáю.** She put a fresh glass of tea in front of her guest. **криштал́ева** crystal

с. + *n.* **с. водú** a glass of water (**молокá** milk, **сóку** juice; **винá** wine; **чáю** tea) ◊ **Гнат налúв їм по ~ці чáю.** Hnat poured them a glass of tea each.

n. + **с. дно ~ки** the bottom of a glass ◊ **На днí ~ки був нáпис.** There was an inscription on the bottom of the glass. (**край** rim, **стíнка** wall, **фóрма** shape)

v. + **с. випивáти** *and* **пúти ~ку** have a glass ◊ **Áлла вúпила ~ку винá на вечéрю.** Alla had a glass of wine for dinner. (**гасúти** *colloq.* drain ◊ **Він гасúв однý ~ку каберне за íншою, докú не впúвся.** He drained one glass of Cabernet after another, till he got drunk. **опорожняти** empty ◊ **Кáтря зáлпом опорожнúла ~ку молокá.** Katria emptied a glass of milk with one gulp. **наливáти** pour, **напóвнювати** fill; **мúти** wash, **полоскáти** rinse; **протирáти** wipe; **розбивáти** break; **стáвити** put down; **розставляти** set) ◊ **Кéльнер розстáвив на столí ~кú для водú й винá.** The waiter set the water and wine glasses on the table. **пúти** + *A.* **зі ~ки** drink sth from a glass ◊ **Він п'є чай зі ~ки зáмість філіжáнки.** He drinks tea from a glass, instead of a cup. **сьóрбати з** sip from); **стýкатися ~кою** *and* **~ками** clink a glass(es) ◊ **Вонú постýкалися ~кáми.** They clinked their glasses.

с. + *v.* **дзеленчáти** *and* **дзвенíти** clink ◊ **~кú у крéденсі задзеленчáли** *and* **задзвенíли.** The glasses in the cupboard clanked. **пáдати** fall; **розбивáтися** break; **перевертáтися** overturn, **стояти** stand

prep. **зі ~ки** from a glass ◊ **Вонá налилá водú зі ~ки на рушнúк.** She poured some water from the glass on the towel. **зі ~кою** with a glass

◊ **Вона́ вста́ла зі ~кою в руці́.** She stood up with a glass in her hand. **по ~ці** a glass apiece ◊ **Вони́ ви́пили по ~ці пи́ва.** They drank a glass of beer apiece. **у ~ку** *dir.* in/to a glass ◊ **Він підли́в ще води́ у ~ку.** He added more water in the glass. **у ~ці** *posn.* in a glass ◊ **У ~ці пла́вала му́ха.** There was a fly floating in the glass.
Cf. **ку́бок 1, філіжа́нка, ча́ша 1, ча́шка 1**

скомпрометува́|ти, *pf., see* **компрометува́ти**
to compromise, *etc.* ◊ **Він серйо́зно ~в свою́ адвока́тську фі́рму.** He seriously compromised his law firm.

скоордину|ва́ти, *pf., see* **координува́ти**
to coordinate ◊ **Засту́пник дире́ктора ~в ді́ї двох відді́лів.** The deputy director coordinated the actions of the two departments.

скопіюва́|ти, *pf., see* **копіюва́ти**
to copy, *etc.* ◊ **Він ~в фі́льми.** He copied the films.

скориста́|тися, *pf., see* **кори́стува́тися**
to use, *etc.* ◊ **Ми ра́до ~ємося ї́ї пора́дами й рекоменда́ціями.** We will gladly use her advice and recommendations.

ско́ро[1], *adv.*
1 soon, before long ◊ **С. бу́де Нови́й рік.** Soon it will be the New Year.
adv. **вже** already ◊ **Вака́ції закі́нча́ться вже с.** The vacation will be over already soon. **геть** quite, **до́сить** fairly ◊ **Прису́тні до́сить с. зрозумі́ли, в чо́му спра́ва.** Those present understood fairly soon what the matter was. **на́дто** too, **несподі́вано** unexpectedly
Also see **незаба́ром**
2 quickly, fast, promptly ◊ **Він не мо́же так с. ходи́ти.** He cannot walk so fast.

ско́ро[2], *conj.*
1 as soon as, once ◊ **Вони́ змо́жуть відпочи́ти, с. кі́нчать завда́ння.** They will be able to rest, once they finish the assignment.
See **як 6**
2 if, in case that, when ◊ **Фільм пока́жуть, с. зберу́ться глядачі́.** They will show the film if the viewers gather.
See **коли́ 4, якщо́ 1, якби́**

скороти́|ти, *pf., see* **скоро́чувати**
to reduce, *etc.* ◊ **Він ~в своє́ наванта́ження удві́чі.** He reduced his load twice.

скоро́чен|ня, *nt.*
1 reduction, cutting, cut; decrease, lessening
adj. **безпрецеде́нтне** unprecedented ◊ **Стано́вище вимага́ло безпрецеде́нтного с. вида́тків.** The situation demanded an unprecedented reduction of expenses. **вели́ке** big, **ви́диме** visible, **відчу́тне** perceptible, **значне́** significant, **істо́тне** essential, **неаби́яке** remarkable, **небува́ле** unparalleled; **помі́тне** noticeable; **величе́зне** huge, **ґвалто́вне** abrupt, **драмати́чне** dramatic, **маси́вне** massive, **нега́йне** immediate, **несподі́ване** unexpected, **раптове** sudden, **різке́** sharp, **швидке́** rapid; **мініма́льне** minimal, **невели́ке** small, **незначне́** minor, **пові́льне** slow, **поступо́ве** gradual, **стабі́льне** steady; **реа́льне** real, **серйо́зне** serious; **символі́чне** token ◊ **С. персона́лу було́ ра́дше символі́чним, як реа́льним.** The personnel cuts were rather token than real. **двокра́тне** twofold ◊ **двокра́тне с. фінансува́ння** a twofold reduction in financing; **трикра́тне** threefold, **чотирикра́тне** fourfold, **десятикра́тне** tenfold, **сорококра́тне** fortyfold, *etc.*; **да́льше** *and* **пода́льше** further, **додатко́ве** additional, **майбу́тнє** future, **насту́пне** subsequent; **неда́внє** *and* **нещода́внє** recent; **довготермі́но́ве** long-term, **пості́йне** permanent; **запропоно́ване** proposed, **обі́цяне** promised ◊ **Обі́цяне с. ви́кидів двоо́кису вуглецю́ зно́ву відклада́ли.** The promised reduction of the carbon dioxide emission was being postponed again. **оголо́шене** announced; **плано́ване** planned; **імові́рне** probable, **можли́ве** possible; **всеохо́пне** comprehensive, **зага́льне** general, **поголо́вне** across-the-board, **суці́льне** total
c. + *n.* **с. бо́ргу** debt reduction ◊ **стабі́льне с. бо́ргу** a steady debt reduction (**ва́ртости** cost ◊ **відчу́тне с. ва́ртости виробни́цтва папе́ру** a susceptible paper production costs reduction; **ви́плати** pay, **дефіци́ту** deficit, **пода́тку** tax ◊ **пості́йне с. пода́тку на до́дану ва́ртість** a permanent added value tax reduction; **тари́фів** tariff, **ціни́** price; **ви́кидів** emission, **відхо́дів** waste ◊ **серйо́зне с. промисло́вих відхо́дів** a serious industrial waste reduction; **занечи́щення** pollution, **шу́му** noise; **ваги́** weight, **ро́зміру** size; **наро́джуваности** birth rate, **сме́ртности** mortality; **стре́су** stress); **с. відсо́тка** a reduction in percentage (**кі́лькости** quantity, **ма́си** mass, **числа́** number) ◊ **значне́ с. числа́ безробі́тної мо́лоді** a significant reduction in the number of unemployed youth
v. + **с. забезпе́чувати с.** secure a reduction (**прово́дити** carry out, **роби́ти** make; **обіця́ти** + *D.* promise sb, **оголо́шувати** announce, **планува́ти** plan, **пропонува́ти** + *D.* propose to sb; **означа́ти** mean, **сві́дчити про** be evidence of) ◊ **Да́ні сві́дчать про с. сме́ртности в реґіо́ні.** The data are evidence of mortality reduction in the region. **вимага́ти с.** demand a reduction (**домага́тися** press for, **досяга́ти** achieve ◊ **Уряд досягну́в потрі́бного с. ви́трат на оборо́ну.** The government achieved the required defense expenses reduction. **уника́ти** avoid ◊ **До́сі вони́ уника́ли с. ви́плат.** Until now they have avoided pay reduction. **потребува́ти** require; **призво́дити до** cause); **запобіга́ти ~ю** prevent a reduction
с. + *v.* **відбува́тися** be, take place ◊ **С. дефіци́ту відбува́лося впе́рше за оста́нні два́дцять ро́ків.** The deficit reduction was for the first time in the last twenty years.
prep. **для с.** for reduction; **с. в** + *L.* a decrease in sth ◊ **істо́тне с. в кі́лькості бі́женців** an essential decrease in the number of refugees; **с. на** + *A.* a reduction by *(value)* ◊ **с. спожива́ння води́ на 5%** water consumption reduction by 5%
Also see **зме́ншення, зни́ження.** *Ant.* **збі́льшення, підви́щення 1**
2 abridgement, shortening ◊ **Стаття́ потребува́ла значни́х ~ь.** The article needed cosiderable abridgements.
3 abbreviation, acronym ◊ **Евфемісти́чне с. прикраша́ло футбо́лки багатьо́х украї́нських тури́стів.** The euphemistic abbreviation adorned the T-shirts of many Ukrainian tourists.
See **абревіату́ра**
4 *colloq.* firing, dismissal, layoff
adj. **вели́ке** big ◊ **Оголо́шено про вели́ке с. робітникі́в на заво́ді.** A big layoff of workers at the plant was announced. **ма́сове** massive, **широкомасшта́бне** large-scale; **неуни́кне** inevitable
v. + **с. прово́дити с.** conduct lay-offs (**оголо́шувати (про)** announce; **потрапля́ти під** be layed off) ◊ **Вони́ потра́пили під с.** They have been laid off.
5 *anat.* contraction ◊ **норма́льне с. серце́вого м'я́за** a regular heart muscle contraction

скоро́чу|вати, ~ють; скорот|и́ти, скорочу́, ~ять, *tran.*
1 to shorten, reduce, lessen, slash
adv. **багатокра́тно** manyfold ◊ **Нови́й маршру́т багатокра́тно ~вав їм по́дорож.** The new route reduced their travel manyfold. **вдві́чі** twice, **відчу́тно** perceptibly, **ґвалто́вно** abruptly ◊ **Він ґвалто́вно скороти́в спожива́ння со́ли.** He abruptly reduced his salt consumption. **до мі́німуму** to the minimum, **драмати́чно** dramatically, **ду́же** greatly, **зна́чно** significantly, **істо́тно** essentially, **максима́льно** maximally, **маси́вно** massively, **набага́то** greatly ◊ **Текст слід набага́то скороти́ти.** The text needs to be greatly shortened. **помі́тно** noticeably; **безжа́льно** ruthlessly ◊ **Він безжа́льно скороти́в бюрократи́чний апара́т.** He ruthlessly slashed the bureaucratic apparatus. **нега́йно** immediately, **несподі́вано** unexpectedly ◊ **Краї́ни ОПЕ́К несподі́вано скороти́ли ви́добуток на́фти.** The OPEC countries unexpectedly slashed oil extraction. **рапто́во** suddenly, **рі́зко** sharply, **шви́дко** rapidly; **пові́льно** slowly, **поступо́во** gradually, **стабі́льно** steadily; **символі́чно** symbolically; **де́що** somewhat, **ле́две** scarcely, **мініма́льно** minimally, **тро́хи** a little; **да́лі** further, **додатко́во** additionally; **пості́йно** permanently; **зага́ло́м** generally, **поголо́вно** across-the-board, **суці́льно** totally
v. + **с. бу́ти ле́гко** be easy to, **бу́ти слід** + *D.* should, **бу́ти тре́ба** + *D.* need to, **вимага́ти** demand to ◊ **Вони́ вимага́ють скороти́ти персона́л.** They demand to make cuts in the personnel. **виріш́увати** decide to; **му́сити** have to ◊ **Він му́сив скороти́ти час на чита́ння пре́си.** He had to reduce the time for reading the press. **нама́га́тися** try to, **хоті́ти** want to; **обіця́ти** + *D.* promise sb to; **заклика́ти** + *A.* call on sb to, **переко́нувати** + *A.* convince sb to, **пропонува́ти** + *D.* propose to sb to; **планува́ти** plan to
prep. **с. в** + *A.* reduce by *(measure)* ◊ **с. втра́ти сировини́ в два ра́зи** to reduce the loss of raw materials two times; **с. на** + *A.* reduce by *(value)* ◊ **Міст ~є доро́гу до лето́вища на чве́рть годи́ни.** The bridge shortens the trip to the airport by a quarter hour.
Also see **зме́ншувати**
2 to abbreviate ◊ **Вона́ скороти́ла на́зву устано́ви до трьох лі́тер.** She abbreviated the name of the institution to three letters.
3 to lay off, let go ◊ **Ната́лку скороти́ли без попере́дження.** Natalka was let go without a warning.
pa. pple. **скоро́чений** reduced
скоро́чуй! скороти́!
Also see **зме́ншувати.** *Ant.* **підви́щувати**

скоро́чу|ватися; скороти́тися, *intr.*
1 to reduce, shorten, lessen, diminish ◊ **З ко́жною хвили́ною ї́хні можли́вості ~ються.** Their opportunities diminish by the minute.
See **зме́ншуватися**
2 *anat.* to contract *(of muscle)* ◊ **Унаслі́док пора́нення ли́тковий м'яз утра́тив зда́тність с.** As a result of the injury, the calf muscle lost its ability to contract.

скорумпу|ва́ти, *pf., see* **корумпува́ти**
to corrupt ◊ **Гро́ші ~ва́ли цю люди́ну.** Money has corrupted this person.

ско́са, *adv.*
1 askance, askew ◊ **Зоря́на погля́нула на ньо́го с.** Zoriana looked askance at him.
2 *fig.* askance, with suspicion, skeptically, cynically ◊ **Він диви́вся на ї́хню пропози́цію ви́разно с.** He looked at their proposal clearly askance.

ско́чи|ти, *pf., see* **скака́ти**
to jump, leap ◊ **Кіт ~в із фоте́лю на підло́гу.** The cat jumped from the armchair onto the floor.

скра́йн|ій, *adj.*
extreme ◊ **Вона́ – украї́нська націоналі́стка ~іх лі́вих перекона́нь.** She is a Ukrainian nationalist of extreme left-wing convictions. ◊ **Хо́чу ви́словити своє́ ~є розчарува́ння ва́шою зая́вою.** I want

to express my extreme disappointment over your statement.
adv. **більш** more, **до́сить** rather, **ду́же** very, **особли́во** particularly; **(за)на́дто** too; **напра́вду** truly, **спра́вді** really; **де́що** somewhat, **ма́йже** almost, **тро́хи** a little; **не зо́всім** not quite
v. + **с. бу́ти ~ім** be extreme ◊ **Така́ пого́да для цих реґіо́нів напра́вду ~я.** Such weather is truly extreme for those regions. (**вважа́ти** + *A.* consider sb/sth ◊ **Поді́бні пере́пади температу́р у пусте́лі не вважа́ють ~іми.** Such temperature fluctuations in a desert are not considered to be extreme **виявля́тися** turn out, **здава́тися** + *D.* seem to sb, **знахо́дити** + *A.* find sth ◊ **Ма́рта знахо́дить його́ кри́тику де́що ~ьою.** Marta finds his criticism to be somewhat extreme. **лиша́тися** remain, **назива́ти** + *A.* call sth ◊ **Міні́стр назва́в і́хні вимо́ги ~іми.** The minister called their demands extreme. **става́ти** become) ◊ **Мето́ди гру́пи става́ли ~іми.** The group's methods were becoming extreme.
prep. **с. для** + *G.* extreme for sb ◊ **Він займа́є на́дто ~і для посере́дника пози́ції.** He takes positions that are too extreme for a mediator.
Also see **екстрема́льний, кра́йній 2, радика́льний 1.** *Ant.* **помірко́ваний 2**

скри́нь|ка, *f.*

box, small box, case, chest
adj. **квадра́тна** square, **прямоку́тна** rectangular; **по́вна** full, **поро́жня** empty; **бляша́на** tin ◊ **О́ля ки́дала дрі́б'язок до бляша́ної ~ки.** Olia would throw change into a tin box. **дерев'я́на** wooden, **карто́нна** cardboard, **метале́ва** metal, **пластма́сова** plastic; **пошто́ва** mail; **га́рна** beautiful, **гарне́нька** pretty; **зеле́на** green, **си́ня** blue, **черво́на** red, **чо́рна** black
с. + *n.* **с. для компактди́сків** a CD box (**сиґа́р** cigar, **цу́кру** sugar, **шокола́ду** chocolate, **яє́ць** egg; **бюлете́нів** ballot ◊ **Вони́ ви́крали ~ку для бюлете́нів.** They stole the ballot box. **поже́ртв** donation) ◊ **С. для поже́ртв по́вна.** The donation box is full.
v. + **с. відмика́ти ~ку** unlock a box ◊ **Лев відімкну́в метале́ву ~ку.** Lev unlocked the metal box. (**відкрива́ти** open, **закрива́ти** close, **замика́ти** lock; **ста́вити** put ◊ **Він поста́вив ~ку до ша́фи.** He put the box in the wardrobe. **запо́внювати** + *I.* fill with sth ◊ **Ві́ктор запо́внив ~ку кольоро́вими олівця́ми.** Viktor filled the box with colored pencils. **випоро́жняти від** + *G.* empty of sth ◊ **Він ви́порожнив ~ку від смі́ття.** He emptied the box of garbage. **покла́сти** + *A.* **у** put sth in) ◊ **Зібра́вши світли́ни, Га́нна покла́ла їх у спеція́льну ~ку.** Having gathered the photographs, Hanna put them in a special box. **покла́сти** + *A.* **до ~ки** put sth into a box ◊ **Він покла́в листа́ до ~ки.** He put the letter in the box.
с. + *v.* **бу́ти по́вною** + *G.* be full of sth, **бу́ти запо́вненою** + *I.* be filled with sth ◊ **С. вщент запо́внена моне́тами.** The box is completely filled with coins. **місти́ти** + *A.* contain sth ◊ **С. місти́ла конве́рти й ма́рки.** The box contained envelopes and stamps.
prep. **в ~ку** *dir.* in/to a box ◊ **Тетя́на покла́ла біжуте́рію у ~ку.** Tetiana put the jewelry in the box. **в ~ці** *posn.* in a box ◊ **Папе́ри у ~ці.** The papers are in the box. **до ~ки** in/to a box ◊ **Ро́за схова́ла все до таємно́ї ~ки під лі́жком.** Rosa hid everything in the secret box under her bed. **зі ~ки** from/out of a box ◊ **Вона́ ви́йняла зі ~ки перо́.** She took a pen out of the box.
Also see **коро́бка 1**

скри́п|ка, *f.*

violin, fiddle
adj. **нова́** new; **антиква́рна** antique ◊ **коле́кція антиква́рних ~ок** an antique violin collection; **стара́** old, **старови́нна** age-old, **уніка́льна** unique; ♦ **пе́рша с.** the first violin *(in orchestra)* ◊ **Тама́ру попроси́ли гра́ти пе́ршу ~ку у конце́рті.** Tamara was asked to play the first violin in the concerto. ♦ **дру́га с.** second violin *(in orchestra)*; **со́льна** solo; ◊ **еле́ктроскри́пка** an electric violin
с. + *n.* **с. Ґвадані́ні** a Guadagnini violin (**Ґварне́рі** Guarneri, **Страдива́рі** Stradivarius)
v. + **с. виготовля́ти ~ку** make a violin ◊ **Старови́нну ~ку ви́готовили у Ві́дні.** The age-old violin was made in Vienna. (**вибира́ти** select, **купува́ти** buy ◊ **Батьки́ купи́ли йому́ ~ку.** His parents bought him a violin. **настро́ювати** tune ◊ **Настро́ївши ~ку, Ні́на загра́ла.** Having tuned her violin, Nina started playing. **гра́ти на** play) ◊ **Вона́ віртуо́зно грає на ~ку.** She plays the violin like a virtuoso. ♦ **гра́ти пе́ршу (головну́) ~ку** to play first fiddle ◊ **І́нна зви́кла скрі́зь гра́ти пе́ршу ~ку.** *fig.* Inna is accustomed to playing first fiddle everywhere. ♦ **гра́ти свою́ ~ку** to pursue one's own course, do one's own work ◊ **У спі́льній спра́ві ко́жен грає свою́ ~ку.** In the common cause, everyone does his own job. **гра́ти на ~ці** play a violin ◊ **Юрко́ вчи́ться гра́ти на ~ці.** Yurko is learning to play the violin.
See **інструме́нт 1**

скрі́зь, *adv.*

everywhere ◊ **Че́рез епіде́мію с. запрова́джено суво́рі за́ходи каранти́ну.** Because of the epidemic, strict quarantine measures were introduced everywhere. ◊ **С., куди́ не гля́нь, росту́ть дуби́.** Everywhere you look there are oaks growing.
Also see **все[1] 2, геть 4, круго́м 2**

скро́мн|ий, *adj.*

1 modest, humble
adv. **бо́лісно** painfully ◊ **Воло́дя був бо́лісно ~им.** Volodia was painfully modest. **доста́тньо** sufficiently, **до́сить** fairly ◊ **до́сить ~а вече́ря** a fairly modest dinner; **ду́же** very ◊ **Па́нна Ковальчу́к ма́є репута́цію ду́же ~ої молодо́ї осо́би.** Ms. Kovalchuk has the reputation of a very modest young person. **надзвича́йно** extraordinarily, **надмі́рно** excessively, **на́дто** too; **невпізна́нно** unrecognizably; **ома́нливо** misleadingly ◊ **Марі́ччині ома́нливо ~і мане́ри ма́ло кого́ переко́нували.** Marichka's misleadingly modest manners convinced few people. **пози́рно** seemingly ◊ **Її пози́рно с. ви́гляд не вво́дить Ле́ва в ома́ну.** Her seemingly modest appearance does not mislead Oleh. **фальши́во** falsely; **де́що** somewhat, **тро́хи** a little
v. + **с. бу́ти ~им** be modest ◊ **Вона́ не є надмі́рно ~ою жі́нкою.** She is not an excessively modest woman. (**вигляда́ти** look ◊ **Він намага́вся вигляда́ти про́сти́м і ~им.** He tried to look simple and modest. **виявля́тися** turn out, **здава́тися** + *D.* seem to sb ◊ **Я́рка мо́же зда́тися ~ою лише́ комусь наї́вному.** Yarka can seem modest only to somebody naive. **става́ти** become) ◊ **Він опусти́в о́чі й став невпізна́нно ~им.** He lowered his eyes and became unrecognizably humble.
Also see **помірко́ваний 1**
2 modest, simple, plain, unpretentious ◊ **Його́ о́дяг с., ма́йже аскети́чний.** His dress is modest, almost ascetic.
с. + *n.* **с. буди́нок** a modest building ◊ **Вони́ жили́ у ~ому буди́нку.** They lived in a modest house. (**ви́гляд** appearance, **інтер'є́р** interior; **костю́м** suit; **подару́нок** gift) ◊ **Вони́ піді́бра́ли Оле́ні с. подару́нок.** They chose a modest gift for Olena. **~а вече́ря** a modest dinner (**ї́жа** food ◊ **Ї́жа в монастирі́ незмі́нно ~а, хоч і здоро́ва.** The food at the monastery is invariably modest, though healthy. **обкла́динка** book cover ◊ **Обкла́динка не те, щоб ~а, а безба́рвна.** The book cover is not so much modest as colorless. **су́кня** dress; **су́ма** sum) ◊ **~а су́ма гро́шей ма́є ви́стачити їм на мі́сяць.** The modest sum of money is supposed to suffice them for a month. **~е весі́лля** a modest wedding (**офо́рмлення** design, **святкува́ння** celebration); **~і кві́ти** modest flowers (**стра́ви** dishes ◊ **Се́ред ~их страв на столі́ були́ пі́сні голубці́.** There were stuffed cabbages among the modest dishes on the table. **вимо́ги** demands; **умо́ви** conditions); **~і народи́ни** a modest birthday party
See **про́сти́й 5**

скро́мн|ість, *f.*, **~ости**, *only sg.*

modesty, humbleness ◊ **С. не найбі́льша се́ред її́ чесно́т.** Modesty is not the greatest one among her virtues. ◊ **За Дави́довою ~істю кри́вся тала́нт і го́стрий ро́зум.** Talent and keen intelligence were hiding behind Davyd's modesty.

скуйо́вджен|ий, *adj.*

disheveled *(of hair, etc.)*, messed up, tousled ◊ **Зі ~им воло́ссям Окса́на подо́балася йому́ куди́ бі́льше.** He liked Oksana way better with her hair disheveled.
adv. **ду́же** greatly, **стра́шно** terribly; **мо́дно** fashionably ◊ **Він віддава́в перева́гу мо́дно ~ому воло́ссю.** He preferred a fashionably messed up hair. **навми́сно** deliberately; **недба́ло** carelessly; **де́що** somewhat, **тро́хи** a little
с. + *n.* **с. чуб** a disheveled forelock ◊ **Пе́трів ч. геть с.** Petro's forelock is totally disheveled. **~а борода́** a disheveled beard (**голова́** head; **во́вна** wool); **~е воло́сся** disheveled hair
v. + **с. бу́ти ~им** be disheveled ◊ **Його́ воло́сся було́, як за́вжди́, ~им.** His hair was disheveled as always. (**лиша́ти** + *A.* leave sth ◊ **І́нна лиши́ла воло́сся навми́сно ~им.** Inna left her hair deliberately messed up. **лиша́тися** remain, **става́ти** become)

скуйо́вджу|вати, **~ють; скуйо́вд|ити**, **~жу**, **~ять**, *tran.*

1 to dishevel, mess up, ruffle, tousle *(of hair, etc.)* ◊ **Ле́две Лю́да ви́йшла з ха́ти, як ві́тер скуйо́вдив їй воло́сся.** Hardly had Liuda gone outdoors, when the wind messed up her hair.
adv. **ду́же** greatly; **помі́тно** noticeably, **тро́хи** a little; **мо́дно** fashionably; **навми́сно** deliberately
2 *fig., colloq.* to disarrange, jumble, mess up ◊ **Нова́ обста́вина скуйо́вдила і́хні пла́ни.** The new circumstance messed up their plans.
pa. pple. **скуйо́вджений** disheveled, messed up
скуйо́вджуй! скуйо́вдь!

скуйо́вди|ти, *pf., see* **куйо́вдити, скуйо́вджувати**

dishevel, mess up ◊ **Перш, як ви́йти на сце́ну, він обома́ рука́ми ~в воло́сся.** Prior to coming out on the stage, he disheveled his hair with both hands.

ску́льптор, *m.*, **~а; ~ка**, *f.*

sculptor
adj. **важли́вий** important, **вели́кий** great, **відо́мий** well-known, **геніа́льний** brilliant ◊ **Йога́н Ґеорґ Пі́нзель – геніа́льний с. пі́знього баро́ка.** Johann Georg Pinzel is a brilliant sculptor of the baroque period. **славе́тний** famous, **талано́вити́й** talented; **абстра́ктний** abstract; **баро́ковий** baroque, **ренеса́нсовий** Renaissance; **моде́рний** modern, **суча́сний** contemporary; **невідо́мий** unknown
с. + *v.* **ліпи́ти** + *A.* mold sth; **працюва́ти над** + *I.* work on sth ◊ **С. працюва́в над компози́цією де́сять ро́ків.** The sculptor worked on the composition for ten years. **створю́вати** + *A.* create sth
Also see **ма́йстер, маля́р**

скульпту́р|а, *f.*

1 sculpture, piece of sculpture, statue, carving + *G.* of/by ◊ **У старі́й це́ркві знайшли́ ~у Пі́нзеля.** A sculpture by Pinzel was found in the old church.
adj. **гре́цька** Greek, **єги́петська** Egyptian,

ри́мська Roman; **баро́кова** baroque, **ренеса́нсова** Renaissance; **монумента́льна** monumental; **бро́нзова** bronze ◊ **Бро́нзова анти́чна с. – це рі́дкість.** A bronze ancient sculpture is a rarity. **абстра́ктна** abstract ◊ **абстра́ктна с. Архи́пенка** an abstract sculpture by Arkhypenko; **дерев'я́на** wooden, **звукова́** sound, **камі́нна** *and* **кам'яна́** stone, **кінети́чна** kinetic, **крижана́** ice, **мармуро́ва** marble ◊ **мармуро́ва с. го́лого атле́та** a marble sculpture of a naked athlete; **мета́лева** metal, **скляна́** glass; **вели́ка** big, **величе́зна** enormous, **гіга́нтська** gigantic, **колоса́льна** colossal; **кри́хітна** tiny, **мале́нька** *dim.* small, **мініатю́рна** miniature, **невели́ка** small; ♦ **с. у натура́льну величину** a life-size sculpture

v. + **с. виставля́ти ~у** put on a sculpture ◊ **Музе́й ви́ставив що́йно при́дбані ~и.** The museum has put on the just acquired sculptures. (**пока́зувати** show; **замовля́ти** + *D.* commission from sb ◊ **Монасти́р замо́вив ма́йстрові дерев'я́ну ~у.** The monastery commissioned a wooden sculpture from the master. **ство́рювати** create) ◊ **~у Зе́вса створи́в Фі́дій.** Phidias created the gigantic sculpture of Zeus.

с. + *v.* **стоя́ти** stand ◊ **При вхо́ді до хра́му стоя́ть ~и.** Sculptures stand at the temple entrance. **прикраша́ти** + *A.* adorn sth ◊ **Коли́сь Парте́но́н прикраша́ли ~и з паро́ського ма́рмуру.** Once sculptures of Parian marble adorned the Parthenon.

prep. **с. з** + *G.* a sculpture of *(material)* ◊ **с. з бро́нзи** a sculpture made of bronze

Also see **рельє́ф 2, ста́туя, фігу́ра 3**

2 *only sg.* sculpture *(as art)*

adj. **анти́чна** ancient, **класи́чна** classical ◊ **збі́рка класи́чної ~и** a classical sculpture collection; **моде́рна** modern, **суча́сна** contemporary; **гре́цька** Greek, **єги́петська** Egyptian, **ри́мська** Roman, **баро́кова** baroque, **ренеса́нсова** Renaissance; **монумента́льна** monumental ◊ **Кни́жка є про монумента́льну ~у.** The book is about monumental sculpture.

See **мисте́цтво 1.** *Cf.* **гра́фіка, маля́рство 1**

скуп|и́й, *adj.*

1 cheap, stingy, avaricious, niggardly

adv. **винятко́во** exceptionally ◊ **Його́ ба́тько був винятко́во ~и́м.** His father was exceptionally cheap. **вкрай** extremely, **все бі́льше** increasingly more ◊ **Він здава́вся все бі́льше ~и́м.** He seemed increasingly stingier. **ду́же** very; **на́дто** too ◊ **Вона́ на́дто ~а́, щоб запа́лювати сві́тло так ра́но.** She is too cheap to turn on the light so early. **надмі́ру** excessively; **ганéбно** shamefully, **нечу́вано** unprecedentedly, **страше́нно** terribly

v. + **с. бу́ти ~и́м** be cheap (**вважа́ти** + *A.* consider sb ◊ **Усі́ вважа́ли його́ ~и́м.** Everybody considered him to be cheap. **виявля́тися** turn out ◊ **Він ви́явився ~и́м.** He turned out to be cheap. **здава́тися** + *D.* seem to sb; **лиша́тися** remain; **става́ти** become) ◊ **На ста́рість вона́ ста́ла ~о́ю.** In her old age, she became stingy.

Also see **жа́дібний**

2 *fig.* meager, stingy, niggardly, poor, negligible

с. + *n.* **с. компліме́нт** a meager compliment ◊ **С. компліме́нт від учи́теля був для Олекса́ндер вели́кою винагоро́дою.** A meager compliment from his teacher was a great reward for Oleksander. (**обі́д** lunch); **~а́ воло́га** meager moisture (**мо́ва** speech, **пе́нсія** pension, **поже́ртва** donation; **росли́нність** flora); **~е́ ли́стя** meager foliage (**сві́тло** light) ◊ **На́дя ле́две щось прочита́є при ~о́му сві́тлі сві́чки.** Nadia will scarcely read anything in the meager candlelight. **~і́ да́ні** meager data (**нови́ни** news; **кра́плі** drops) ◊ **~і́ кра́плі води́ не задовольни́ли її спра́ги.** Meager drops of water did not quench her thirst.

prep. **с. на** + *A.* stingy with sth ◊ **Він с. на похвали́.** He is stingy with praise.

слаб|и́й, *adj., n.*

1 *adj.* sick, ill, ailing ◊ **Вони́ провіда́ли ~о́го ба́тька.** They visited their sick father.

See **хво́рий 1**

2 *n.* patient, the sick ◊ **Оста́ння кімна́та відве́дена для всіх ~и́х.** The last room is designated for all the sick. ◊ **~а́ хоті́ла зна́ти свій діа́гноз.** The (female) patient wanted to know her diagnosis.

See **хво́рий 3.** *Also see* **наркома́н, паціє́нт**

3 *adj.* weak, feeble ◊ **С. на ви́гляд юна́к ви́явився грі́зним супе́рником.** The youth, weak in appearance, proved to be a formidable rival. ◊ **О́льга ще кі́лька днів почува́лася ~о́ю в нога́х.** For several more days Olha felt weak in the legs.

See **слабки́й 1.** *Also see* **кво́лий 1, худи́й 3**

сла́б|ість, *f.*, ~ости

1 weakness, feebleness, frailty

adj. **вели́ка** great, **глибо́ка** profound, **засадни́ча** basic, **найбі́льша** greatest, **разю́ча** striking, **серйо́зна** serious, **фундамента́льна** fundamental ◊ **Фундамента́льна с. її теорі́ї в то́му, що її ще нале́жить підтве́рдити на пра́ктиці.** The fundamental weakness of her theory is that it is still to be proven in practice. **безнаді́йна** hopeless, **фата́льна** fatal; **невели́ка** small; **ди́вна** strange ◊ **Він відчува́є ди́вну с. у кінці́вках.** He feels a strange weakness in his limbs. **незнайо́ма** unfamiliar; **паралізу́юча** paralyzing; **пе́вна** certain; **виразна** distinct ◊ **вира́зна с. сюже́тної лі́нії п'є́си** the distinct weakness of the play's plot line; **незапере́чна** incontrovertible ◊ **незапере́чна с. пози́ції ме́неджменту ба́нку** an incontrovertible weakness in the bank management's position. **помі́тна** noticeable, **я́вна** obvious; **підсту́пна** treacherous ◊ **Нау́мові но́ги охопи́ла підсту́пна с.** Treacherous weakness seized Naum's legs. **методологі́чна** methodological, **структу́рна** structural; **м'я́зова** muscle, **фізи́чна** physical ◊ **Фізи́чна с. – оди́н із симпто́мів її неду́ги.** Physical weakness is one of the symptoms of her ailment. **економі́чна** economic, **фіна́нсова** financial; **інституці́йна** institutional; **особи́ста** personal; **політи́чна** political; **духо́вна** spiritual, **лю́дська** human, **мора́льна** moral; **стратегі́чна** strategic; **позі́рна** seeming; **можли́ва** possible, **потенці́йна** potential; **реа́льна** real

v. + **с. використо́вувати с.** use a weakness ◊ **Во́рог використо́вує ідентифікаці́йну с. пе́вної части́ни насе́лення.** The enemy is using the identificational weakness of a certain part of the population. (**вика́зувати** reveal ◊ **Диплома́т намага́вся не вика́зувати ~ости пе́ред сво́їми викрадача́ми.** The diplomat tried not to reveal weakness in front of his kidnappers. **виявля́ти** display, **демонструва́ти** demonstrate, **пока́зувати** show; **зна́ти** know ◊ **Він зна́є с. запропоно́ваного ме́тоду.** He knows the weakness of the proposed method. **викрива́ти** expose; **прихо́вувати** conceal; **підкре́слювати** underscore, **вка́зувати на** point to; **визнава́ти** acknowledge; **відчува́ти** feel; **ма́ти** have ◊ **Держа́ва ма́є інституці́йні ~о́сті.** The state has institutional weaknesses. **оці́нювати** assess; **признава́тися до** admit to); **користува́тися ~і́стю** exploit a weakness (**поя́снюватися** be explained by)

prep. **від ~ости** with weakness ◊ **Її колі́на підгина́ються від ~ости.** Her knees are buckling with weakness.

2 sickness, illness ◊ **Яка́сь страшна́ с. точи́ла Миро́на зсере́дини.** Some horrible sickness was eating at Myron from within.

See **хворо́ба**

3 weakness, fault, defect, failing ◊ **Анастасі́я за́вжди вважа́ла себе́ ві́льною від лю́дських ~осте́й.** Anastasiia has always considered herself to be free of human weaknesses.

See **ва́да, недо́лік.** *Also see* **мі́нус 3, нега́тив 2, прови́на 3**

4 weakness, timidity, cowardliness, lack of will ◊ **Ада́м намага́вся прихова́ти свою́ с. за войовни́чими слова́ми.** Adam tried to hide his weakness behind belligerent words.

5 weakness, fondness, liking, penchant

prep. **с. до** + *G.* weakness for sb/sth ◊ **Він не в ста́ні опира́тися ~ості до до́брого вина́.** He is incapable of resisting his weakness for good wine. ◊ **Ма́рта ма́ла с. до чолові́ків із боро́дами.** Marta had a weakness for bearded men.

See **вподо́бання, при́страсть 3.** *Also see* **любо́в 5, захо́плення, сла́бкість 2**

слабк|и́й, *adj.*

1 weak, feeble

adv. **винятко́во** exceptionally, **вкрай** extremely ◊ **Сашко́ вкрай с. і ви́снажений.** Sashko is extremely weak and exhausted. **до́сить** fairly, **доста́тньо** sufficiently, **ду́же** very, **надзвича́йно** extremely, **неймові́рно** incredibly, **несподі́вано** unexpectedly, **ра́птом** suddenly; **рі́шуче** decidedly, **страше́нно** terribly; **загро́зливо** perilously, **небезпе́чно** dangerously ◊ **небезпе́чно с. імуніте́т** dangerously weak immunity; **серйо́зно** seriously ◊ **Оборо́на над доро́гою ви́явилася серйо́зно ~о́ю.** Defense along the road turned out to be seriously weak. **ди́вно** curiously, **підозрі́ло** suspiciously; **відно́сно** relatively ◊ **Вона́ ма́є відно́сно ~у́ відпі́рність до пересту́д.** She has a relatively weak resistance to colds. **де́що** somewhat, **місця́ми** at times ◊ **Сюже́т рома́ну місця́ми с.** The plot of the novel is at times weak. **тро́хи** a little; **особли́во** especially; **порі́вняно** comparatively; **зана́дто** *and* **на́дто** too; **гане́бно** shamefully, **жалюгі́дно** pathetically; **фізи́чно** physically, ♦ **с. ті́лом** weak of body ◊ **Самі́йло хоч с. ті́лом, зате́ си́льний ду́хом.** Samiylo, though weak of body, is strong of spirit. **військо́во** militarily ◊ **Краї́на ви́явилася військо́во ~о́ю.** The country proved to be militarily weak. **економі́чно** economically, **фіна́нсово** financially; **політи́чно** politically; **духо́вно** spiritually, **мора́льно** morally; **інтелектуа́льно** intellectually, **розумо́во** mentally; **психі́чно** psychologically ◊ **Злочи́нець вишу́кує психологі́чно ~и́х жертв.** The criminal seeks out psychologically weak victims.

v. + **с. бу́ти ~и́м** be weak ◊ **Він на́дто с., щоб іти́ на робо́ту.** He is too weak to go to work. (**вважа́ти** + *A.* consider sb ◊ **У шко́лі всі вважа́ють його́ ~и́м і несміли́вим.** At school, everybody considers him weak and timid. **вигляда́ти** look, **виявля́тися** turn out; **здава́тися** + *D.* seem to sb ◊ **Банк лише́ здає́ться фіна́нсово ~и́м.** The bank only seems financially weak. **лиша́тися** remain; **почува́тися** feel ◊ **Пі́сля скля́нки вина́ вона́ почу́лася п'я́ною і жалюгі́дно ~о́ю.** After a glass of wine, she felt drunk and pathetically weak. **роби́тися** go ◊ **Від її по́гляду він зроби́вся ~и́м в колі́нах.** He went weak at the knees from her look. **става́ти** become)

prep. **с. у** + *L.* weak in/at sth ◊ **Він до́сить с. у матема́тиці.** He is rather weak at math. **с. від** + *G.* weak with sth ◊ **Вони́ були́ ~и́ми від го́лоду.** They were weak with hunger. **с. на ви́гляд** weak in appearance

Also see **ви́снажений, занепа́лий 2, кво́лий 1, слаби́й 3, худи́й 3.** *Ant.* **мі́цний, си́льний 1**

2 weak, spineless ◊ **Йо́сип на́дто с. хара́ктером, щоб іти́ про́ти те́чії.** Yosyp is too weak of character to go against the flow.

Ant. **мі́цний, си́льний 2**

3 weak, faint, feeble, dim, slight ◊ **На Лі́диному обли́ччі з'яви́вся с. рум'я́нець.** A faint blush appeared on Lida's face. ◊ **При ~о́му сві́тлі ва́жко чита́ти.** With the dim light, reading is hard. ◊ **До її вух долеті́ли ~і́ зву́ки сопі́лки.** Faint

sounds of flute reached her ears. ◊ **Окуля́ри зара́джували його́ ~о́му зо́рові.** The spectacles helped his weak sight.
Also see **кво́лий.** *Ant.* **поту́жний, си́льний**
4 weak, tenuous, inadequate ◊ **Оста́нній фі́льм режисе́ра худо́жньо с.** The director's last movie is artistically weak. ◊ **Він з'яви́вся в суді́ зі ~и́ми до́казами.** He appeared in court with weak evidence.
Ant. **поту́жний, си́льний 6**
5 weak, diluted, watered down, thin ◊ **Ка́ва була́ на́дто ~о́ю.** The coffee was too weak. ◊ **с. фізіологі́чний ро́зчин** a weak saline solution
Ant. **міцни́й, си́льний**
6 slack, loose, limp ◊ **Струни́ скри́пки тро́хи ~і́.** The strings of the violin are a little slack.
Ant. **туги́й 1**
comp. **слабші́й**

сла́бк|ість, *f.*, **~ости**
1 weakness, feebleness; *fig.* spinelessness; dimness; tenuousness; slackness ◊ **План має фата́льну с.** The plan has a fatal weakness.
с. + *n.* **с. арґумента́ції** a weakness of arguments (**ві́тру** wind; **кана́та** rope; **хара́ктеру** character) ◊ **С. хара́ктеру – неба́жана ри́са для провідника́.** Weakness of character is an undesirable trait for a leader.
See **сла́бість, слабки́й**
2 weakness, fondness, liking, penchant ◊ **Валенти́на має неви́нну с. ї́сти забага́то шокола́ду.** Valentyna has an innocent weakness to eat too much chocolate.
See **сла́бість 5**

сла́в|а, *f., only sg.*
1 glory, fame
adj. **вели́ка** great, **значна́** considerable, **неаби́яка** remarkable, **помі́тна** noticeable; **всенаро́дна** national, **світова́** worldwide; **заслу́жена** well-deserved; **жа́дана** much-desired; **безсме́ртна** undying, **ві́чна** everlasting, **невмиру́ща** immortal, **нетлі́нна** imperishable; **посме́ртна** posthumous; **несподі́вана** unexpected, **раптова** sudden; **новозна́йдена** new-found, **новоздобу́та** newly-gained; **нечу́вана** unheard-of; **ефеме́рна** ephemeral ◊ **Її ма́ло ціка́вила ефеме́рна с. се́ред люде́й.** She had little interest in ephemeral fame among people. **мину́ща** transient, **митте́ва** instantaneous, **недовгові́чна** short-lived ◊ **Його́ с. ви́явилася недовгові́чною.** His fame turned out to be short-lived. **швидкопли́нна** fleeting; **коза́цька** *and* **коза́ча** Cossack ◊ **Поет співає про коза́цьку ~у.** The poet sings about the Cossack glory. **військо́ва** military, **воя́цька** soldier's
n. + **с. апоге́й ~и** the apogee of glory ◊ **Режисе́рка перебува́є в апоге́ї ~и.** The (female) director is at the apogee of fame. **пік** height) ◊ **Він був на пі́ку ~и.** He was at the height of his fame. ♦ **с. Бо́гові** *or* **Бо́гу** glory be to God, thank God ◊ **«С. Бо́гові, що не було́ ускла́днень,» – сказа́ла Мари́на.** "Thank God, there were no complications," Maryna said.
v. + **с. завойо́вувати ~у** win fame (**заробля́ти** earn, **здобува́ти** gain ◊ **Роль у фі́льмі здобула́ їй ~у.** The part in the movie gained her fame. **прино́сити** + *D.* bring sb) ◊ **П'єси принесли́ йому́ жа́дану ~у.** His plays brought him much-desired fame. **досяга́ти ~и** achieve fame (**зажи́ти** *pf.* gain ◊ **Свої́ми промо́вами вона́ зажила́ ~и.** Her speeches gained her fame. **домага́тися** be in a quest for ◊ **Він домага́вся ~и й бага́тства.** He was in a quest for fame and fortune. **шука́ти** seek) ◊ **Він шука́є ~и і впли́ву.** He seeks fame and influence. **насоло́джуватися ~ою** enjoy fame (**покрива́ти себе́** cover oneself in) ◊ **Геро́ї Небе́сної со́тні покри́ли себе́ нетлі́нною ~ою.** The heroes of the Heavenly Hundred covered themselves in imperishable glory. **купа́тися у ~і** bask in glory ◊ **Змагу́нки купа́лися в ~і перемо́ги.** The (female) competitors were basking in the glory of victory.
с. + *v.* **базува́тися на** + *L.* rest on sth ◊ **Її с. базу́ється на одно́му фі́льмі.** Her fame rests on one film. **жи́ти** live; **зроста́ти** grow; **дохо́дити до** + *G.* reach sth; **йти** + *I.* travel around *(space)* ◊ **Сла́ва про ньо́го йшла сві́том.** The fame about him traveled around the world. **поши́рюватися** *and* **ши́ритися** + *I* spread around *(space)*; **ли́нути** *poet., only impf.* travel ◊ **Ї́хня с. ли́нула в найда́льші за́кутки мере́жі.** Their fame was traveling to the farthest nooks of the Internet.
prep. **зара́ди ~и** for fame; **на ~у** 1) to someone's glory ◊ **Вона́ хоті́ла перемогти́ на ~у своє́ї шко́ли.** She wanted to win for the glory of her school. 2) *as adv., colloq.* well, to one's heart's pleasure ◊ **Вони́ на ~у потанцюва́ли.** They danced to their hearts' pleasure.
2 repute, reputation, name, renown, notoriety
adj. **га́рна** *and* **до́бра** good ◊ **Нова́ ма́рка автомобі́ля здобула́ га́рну ~у.** The new make of the car gained a good reputation. **хоро́ша** good; **ке́пська** poor, **недо́бра** ill ◊ **Недо́бра с. скрізь випереджа́ла чолові́ка.** Ill fame preceded the man everywhere. ♦ **зазнава́ти недо́брої ~и** to fall into disrepute; **незави́дна** inenviable; **пога́на** bad, **похму́ра** grim; ♦ **сумна́ с.** notoriety ◊ **Із сумно́ю ~ою йому́ бу́де скла́дно знайти́ робо́ту.** With his notoriety, it will be tough for him to find work. **сумні́вна** questionable
v. + **с. ма́ти ~у** have a reputation ◊ **Він має пону́ру ~у сади́ста.** He has the grim repute of a sadist.
с. + *v.* **переслі́дувати** + *A.* pursue sb ◊ **Діте́й переслі́дує незави́дна с. ба́тька.** The children are pursued by their father's inenviable fame. **ходи́ти за** + *I.* follow sb ◊ **За Марі́єю хо́дить с. до́брої акуше́рки.** The reputation of a good midwife follows Maria.
See **репута́ція**

славе́тн|ий, *adj.*
famous, famed, renowned, celebrated + *I.* for sth ◊ **Ось воно́, ~е мі́сто Коломи́я!** Here it is, the famous city of Kolomyia.
adv. **надзвича́йно** extremely ◊ **Форте́ця в Кам'я́нці – надзвича́йно с. па́м'ятник архітекту́ри.** The Kamianets Fortress is an extremely famous monument of architecture. **ді́йсно** really, **спра́вді** truly; **заслу́жено** deservedly, **справедли́во** justly; **несподі́вано** unexpectedly, **ра́птом** suddenly; **вже** already, **наре́шті** finally; **ще не** not yet, **аж нія́к не** not at all ◊ **Молоди́й архіте́ктор був маловідо́мим і аж нія́к не ~им.** The young architect was little known and not at all famous.
v. + **с. бу́ти ~им** be famous ◊ **Жі́нка, з яко́ю вони́ познайо́милися, була́ ~ою співа́чкою.** The woman they had was a famous singer. (**виявля́тися** turn out ◊ **Мі́стечко ви́явилося ~им цілю́щими соляни́ми копа́льнями.** The small town turned out to be famous for its curative salt mines. **здава́тися** + *D.* seem to sb ◊ **Незнайо́мець зда́вся Оле́ні ки́мось ~им.** The stranger seemed to be somebody famous to Olena. **роби́ти** + *A.* make sb ◊ **Істо́рія про газе́ту зроби́ла їх ~ими.** The story of the newspaper made them famous. **прокида́тися** wake up ◊ **Одно́го со́нячного ра́нку Лі́за прокину́лася ~ою.** One sunny morning, Liza woke up famous. **става́ти** become) ◊ **Маля́р так ніко́ли й не став ~им.** The artist never became famous.
prep. **с. як** + *N.* famous as sb ◊ **Вона́ бі́льше ~а як поетка.** She is more famous as a poet.

сла́в|ити, **~лю**, **~иш**, **~лять; про~**, *tran.*
to glorify; *pf.* to make famous
adv. **го́лосно** *and* **гу́чно** loudly; **ра́зом** together, **хо́ром** in chorus; **на весь світ** for the entire world, **при ко́жній наго́ді** at every opportunity, **публі́чно** publicly, **широ́ко** widely; **по-ра́бськи** slavishly ◊ **Пре́са по-ра́бськи ~ла оліга́рхічний режи́м.** The press slavishly glorified the oligarchic regime. **лицемі́рно** hypocritically
v. + **с. бра́тися** set about ◊ **Він узя́вся с. спо́нсора музе́ю.** He set about glorifying the museum's sponsor. **почина́ти** begin to, **ста́ти** *pf.* start
pa. pple. **просла́влений** glorified
(про)сла́в!

сла́ви|тися; про~, *intr.*
to be famous, be renowned + *I.* for sth; *pf.* to become famous, *iron.* become notorious
adv. **ду́же** very ◊ **Коли́сь це село́ ду́же ~лося наро́дним мисте́цтвом.** Once the village was very famous for its folk art. **на весь світ** all over the world, **скрі́зь** everywhere, **широ́ко** widely ◊ **Полта́вщина широ́ко ~лася літерату́рними тала́нтами.** The Poltava Province was widely famous for its literary talents. ◊ **Він просла́вився наха́бністю й пихо́ю.** *iron.* He became notorious for his brazenness and arrogance.

сла́вн|ий, *adj.*
1 famous, famed, renowned, popular, well-known ◊ **Він народи́вся у ~ому мі́сті Са́мборі.** He was born in the famous city of Sambir. ◊ **Бі́ле о́зеро було́ коли́сь ~им до́брою риба́лкою.** The White Lake was once famous for good fishing.
2 *colloq.* nice, pleasant, likable, enjoyable ◊ **Сте́фа – ~а ді́вчи́на.** Stefa is a nice girl. ◊ **Імпре́за ви́йшла ~ою.** The event came out nice.
See **симпати́чний.** *Also* **ми́лий 1**
3 *colloq.* excellent, outstanding, superb, very good ◊ **Вони́ досягну́ли ~их результа́тів.** They achieved excellent results. ◊ **Іри́на написа́ла с. репорта́ж.** Iryna wrote an excellent coverage.
See **відмі́нний 2.** *Also see* **до́брий 3**

сла́ти[1], **шл|ють; по~, розі~**, *tran.*
to send, dispatch; mail ◊ **Па́ні Запото́чна ~е вам найкра́щі побажа́ння.** Mrs. Zapotochna sends you her best wishes. ◊ **Він посла́в сестрі́ три листи́.** He sent three letters to his sister.
с. + *n.* **с. віта́ння** send greetings ◊ **Не́стор за́вжди слав їй віта́ння.** Nestor would always send her greetings. (**приві́т** regards, **поздоро́влення** best wishes; **погро́зи** threats, **прокля́ття** *and* **прокльо́ни** curses) ◊ **Які́сь «добрози́чливці» ста́ли с. Тетя́ні прокля́ття.** Some "well-wishers" started sending Tetiana curses.
pa pple. **по́сланий** sent, **розі́сланий** distributed
See **посила́ти 1.** *Also see* **відправля́ти 1, направля́ти 2**

сла́ти[2], **~ю́, стел|я́ть; посл|а́ти** *and* **розстел|и́ти, ~ять**, *tran.*
to spread, lay out, open out ◊ **Марі́я посла́ла на траві́ о́бру́с для пікні́ка.** Maria spread a tablecloth on the grass for the picnic.
adv. **акура́тно** neatly ◊ **Оста́п акура́тно розстели́в ко́ца на підло́зі.** Ostap neatly laid out the blanket on the floor. **обере́жно** carefully; **спри́тно** nimbly ◊ **Він спри́тно посла́в ма́пу на столі́.** He nimbly spread the map on the table. **шви́дко** quickly, **широ́ко** widely
pa pple. **по́сланий** *and* **розсте́лений** spread

сленґ, *m.*, **~у**, *coll., only sg.*
slang
adj. **армі́йський** army, **військо́вий** military, **ву́личний** street, **звича́йний** common, **криміна́льний** criminal, **місьќи́й** urban, **молодіжни́й** youth, **суча́сний** contemporary, **тепе́рішній** current, **університе́тський** university, **шкільни́й** high-school; **оригіна́льний** innovative, **сокови́тий** juicy; **запози́чений** borrowed, **зрусифіко́ваний** Russified ◊ **Він вважа́є, що молоді́жний с. є ду́же зрусифіко́ваним.** He is of the opinion that youth slang is very much Russified.

v. + **с. вжива́ти с.** use slang ◊ **Ле́ся вжива́є с. при ко́жній наго́ді.** Lesia uses slang on every occasion. (**запи́сувати** record, **зна́ти** be familiar with ◊ **Він до́бре зна́є місько́й с.** He is well familiar with urban slang. **твори́ти** create; **чу́ти** hear) ◊ **У середо́вищі студе́нтів вона́ чу́є оригіна́льний і сокови́тий с.** In the student environment, she hears innovative and juicy slang. **не розумі́ти ~у** not understand slang ◊ **Він розумі́є криміна́льний с.** He understands criminal slang. **кори́стува́тися ~ом** use slang (**розмовля́ти** speak, **ціка́витися** take interest in)
See **мо́ва 1**

сли́в|а, *var.* **~ка**, *f.*
1 plum tree ◊ **Про́сто бі́ля альта́нки вона́ посади́ла ~у.** Right next to the gazebo, she planted a plum tree.
See **де́рево**
2 plum *(fruit)* ◊ **Щоро́ку Бори́с роби́в варе́ння зі слив.** Every year, Borys would make plum preserves. ♦ **сиді́ти, на́че в ~ах** to feel ill at ease ◊ **Вони́ слу́хали все це, сидячи́, на́че в ~ах.** They were listening to it all, feeling ill at ease. ◊ **На пирі́г тре́ба два кілогра́ми слив.** Two kilograms of plums are required for the pie. ◊ **На десе́рт па́ні І́нна подала́ ~и, начи́нені воло́ськими горі́хами.** For dessert, Mrs. Inna served plums stuffed with walnuts.
See **плід 1**

слизьк|и́й, *adj.*
1 slippery, slick
adv. **винятко́во** exceptionally, **вкрай** extremely ◊ **Пі́сля дощу́ доро́га зроби́лася вкрай ~о́ю.** After the rain the road turned extremely slippery. **до́сить** fairly, **доста́тньо** sufficiently, **ду́же** very, **надзвича́йно** extremely, **неймові́рно** incredibly, **несподі́вано** unexpectedly, **ра́птом** suddenly; **страше́нно** terribly; **небезпе́чно** dangerously; **де́що** somewhat, **місця́ми** at times, places ◊ **С. була́ місця́ми ~о́ю.** The path was slippery at times. **тро́хи** a little; **особли́во** especially; **зана́дто** *and* **на́дто** too; **зо́всім не** not at all, **ні́трохи не** not in the least ◊ **Підло́га ні́трохи не ~а́.** The floor is not in the least slick.
v. + **с. бу́ти ~и́м** be slippery ◊ **На схи́лі ву́лиця небезпе́чно ~а́.** On the slope, the street is dangerously slippery. (**вигляда́ти** look ◊ **Пове́рхня сто́лу вигляда́є ~о́ю.** The table surface looks slippery. **виявля́тися** turn out ◊ **Заме́рзла рі́чка ви́явилася ~о́ю.** The frozen river turned out to be slippery. **здава́тися** + *D.* seem to sb; **лиша́тися** remain; **роби́тися** turn, **става́ти** become) ◊ **Під сльото́ю автостра́да ста́ла ~о́ю.** Under sleet, the highway became slippery. ♦ **попада́ти на ~е́** *fig.* to get in the soup, get into trouble
prep. **с. від** + *G.* slippery with sth ◊ **Її доло́ні ~і́ від кре́му.** Her palms are slippery with the cream.
Also see **скляни́й 2**
2 slimy ◊ **~і створі́ння не виклика́ють у не́ї тако́ї відра́зи, як волоха́ті.** Slimy creatures do not revolt her so much as the hairy ones.
3 *fig.* dangerous, risky, dicey; devious, deceitful, dishonest ◊ **Вони́ намага́лися уника́ти ~и́х тем.** They tried to stay away from dicey subjects. ◊ **Хома́ не хо́че ма́ти спра́ву зі ~и́ми ти́пами.** Khoma is reluctant to deal with devious types.
v. + **с. бу́ти ~и́м** be devious (**вважа́ти** + *A.* consider sb; **виявля́тися** turn out ◊ **Чолові́к, що кри́вся за ма́скою при́ятеля, ви́явився ~и́м і підсту́пним.** The man, hiding behind the friendly veneer, turned out to be devious and treacherous. **здава́тися** + *D.* seem to sb)
Also see **лицемі́рний, фальши́вий 3**

сли́н|а, *f., only sg.*
saliva, spittle, drool
v. + **с. виділя́ти ~у** secrete saliva ◊ **При за́паху м'я́са за́лози пса виділя́ють ~у.** At the smell of meat, the dog's glands start secreting saliva. (**витира́ти** wipe ◊ **Він ви́тер ~у з губ.** He wiped saliva off his lips. **пуска́ти** slobber), ♦ **ковта́ти ~у** to lick one's lips ◊ **Вони́ диви́лися на пля́цок, ковта́ючи ~у.** They were looking at the cake, greedily licking their lips. **бри́зкати(ся) ~ою** sputter saliva ◊ **Бори́с вереща́в, бри́зкаючи ~ою.** Borys was screaming, sputtering saliva.
с. + *v.* **ка́пати** dribble, **текти́** flow ◊ **У хво́рого з ро́та текла́ с.** Saliva flowed from the patient's mouth.

слід[1], *m.*, **~у**
1 tracks, footsteps, trail; scent
adj. **гаря́чий** *and* **живи́й** hot ◊ **Пси бі́гли по гаря́чих ~а́х кабана́.** The dogs followed the boar's hot scent. **глибо́кий** deep ◊ **На ґру́нті лиша́вся глибо́кий с. від колі́с.** A deep track from wheels remained on the ground. **сві́жий** fresh; **автомобі́льний** car, **во́вчий** wolf ◊ **Мисли́вець розпізна́в на сні́гу во́вчі ~и́.** The hunter recognized wolf tracks on the snow. **звіри́ний** animal, **кі́нський** horse, **ли́сячий** fox, **соба́чий** dog
v. + **с. лиша́ти с.** leave tracks ◊ **Грабі́жники лиши́ли сві́жі ~и́ на мі́сці зло́чину.** The robbers left fresh tracks at the place of the crime. (**заплу́тувати** *and* **покрива́ти** cover ◊ **Відмива́ючи гро́ші, вони́ хо́чуть покри́ти ~и́.** Laundering money, they want to cover their tracks. **хова́ти** hide; **знахо́дити** find, **натрапля́ти на** happen upon); **збива́ти** + *A.* **з ~у** put sb off the scent ◊ **Щоб зби́ти соба́к зі ~у, він розли́в аміа́к.** In order to put the dogs off the scent he spilled ammonia. (**збива́тися з** lose) ◊ **Поліціа́нти зби́лися зі ~у вби́вці.** *fig.* The policemen lost the trail of the assassin. **бі́гти** *and* **йти по ~у́** follow sb's track ◊ **По́гоня бі́гла по ~а́х втікачі́в.** The pursuit party was following the fugitives' tracks.
с. + *v.* **лиша́тися** remain ◊ **Його́ ~и́ ще лиша́лися на траві́.** His tracks still remained on the grass.
Also see **хвіст 2**
2 trace, sign, mark, remnants, ruins, *often pl.*
adj. **археологі́чний** archeological ◊ **Прада́вня цивіліза́ція лиши́ла ма́ло археологі́чних ~ів.** The ancient civilization left few archeological traces. **істори́чний** historical, **культу́рний** cultural, **матеріа́льний** material, **фізи́чний** physical; **незми́вний** indelible, **пості́йний** permanent
v. + **с. досліджувати ~и́** study the remnants (**знахо́дити** find; **лиша́ти** leave ◊ **Малюва́ння лиша́є на її па́льцях ~и́ олі́йних фарб.** Painting leaves oil paint traces on her fingers. **натрапля́ти на** happen upon ◊ **Архео́логи натра́пили на ~и́ міти́чної Атланти́ди.** The archeologists happened upon the remnants of mythical Atlantis. ♦ **нести́ (на собі) ~и́** to carry the marks ◊ **Украї́нська літерату́ра XVII столі́ття несе́ ~и́ епо́хи баро́ка.** The Ukrainian literature of the 17th century carries the marks of the baroque epoch.
с. + *v.* **вирина́ти** emerge, **зни́кати** vanish, **лиша́тися** remain
prep. ♦ **без ~у** without a trace ◊ **Її гнів пропа́в без ~у.** Her anger vanished without a trace. ♦ **ні ~у** not a trace
Also see **знак 2**

слід[2], *mod., pred.*
should, ought to *(in expressions of advice, obligation + D. + inf.* ◊ **Їй с. сказа́ти про своє́ рі́шення батька́м.** She should tell her parents about her decision.
v. + **с. бу́ти с.** should, ought to + *inf.* ◊ **Студе́нтам не с. було́ пропуска́ти ле́кцію.** The students should not have missed the lecture. ◊ **Богда́ні с. покра́щити свою́ німе́цьку пе́ред тим, як ї́хати до Ві́дня.** Bohdana should improve her German before traveling to Vienna. ◊ **Не с. довіря́ти ці́й люди́ні.** The person should not be trusted. ♦ **як с.** 1) well ◊ **Працеда́вець пообіця́в їм заплати́ти як с. за робо́ту.** The employer promised them to pay well for the work. 2) properly, in proper way ◊ **Перемо́вини були́ влашто́вані як с.** The talks were arranged in a proper way.
Also see **ва́рто 2, випада́ти 5, годи́тися 3, 4, зру́чно 2, ли́чити 2, нале́жати 3**

слі́дом, *adv.*
immediately after, right after ◊ **Спочатку ї́хала кінно́та, а с. піхо́та.** First came the cavalry and right after, the infantry followed.
prep. **с. за** + *I.* after sb/sth ◊ **Вона́ намага́лася йти с. за своє́ю наста́вницею.** She strove to follow after her (female) mentor.

слі́дств|о, *nt., only sg.*
investigation, inquest, inquiry ◊ **Адвока́тові нада́ли матеріа́ли ~а.** The attorney was provided with the investigation materials. ◊ **С. закри́ли че́рез відсу́тність до́казів.** The investigation was closed for absence of evidence.
See **розсте́ження.** *Also see* **розслі́дування**

слі́дч|ий, *adj., n.*, **~ого**
1 *adj.* investigative, investigatory, of or pertaining to investigation
с. + *n.* **с. експериме́нт** an investigative experiment (**матеріа́л** material, **о́рган** body); **~а ді́я** an investigative action (**komі́сія** committee ◊ **Са́вків обра́ли голово́ю ~ої комі́сії парла́менту.** Savkiv was elected the head of the parliamentary investigative committee. **~і захо́ди** investigative actions ◊ **Він дав нака́з провести́ ~і захо́ди.** He gave the order to conduct the investigative actions. (**зловжива́ння** abuses) ◊ **Розсте́ження ви́явило ни́зку ~их зловжива́нь.** The inquiry uncovered a chain of investigatory abuses.
2 *n., m.* investigator, detective
adj. **блиску́чий** brilliant, **хоро́ший** good; **бува́лий** seasoned, **досві́дчений** experienced, **професі́йний** qualified; **головни́й** chief, **провідни́й** lead, **ста́рший** senior; **моло́дий** young ◊ **Розсте́ження очо́лює моло́дий с.** A brilliant detective heads the investigation. **моло́дший** junior; **ке́пський** poor, **пога́ний** bad, **посере́дній** mediocre, **таки́й собі** so-so; **недосві́дчений** inexperienced; **скорумпо́ваний** corrupt; **амбі́тний** ambitious; **відо́мий** well-known, **славе́тний** famous; **незале́жний** independent, **прива́тний** private
v. + **с. признача́ти ~ого** appoint an investigator ◊ **Призначи́ли ново́го ~ого.** A new investigator was appointed. (**звільня́ти** fire; **усува́ти** remove; **виклика́ти** summon ◊ **За́хист ви́кликав ~ого до су́ду.** The defense summoned the investigator to the trial. **вчи́тися на** train to be ◊ **Він учи́ться на ~ого.** He is training to be a detective. **залуча́ти** bring in ◊ **До розсте́ження залучи́ли скорумпо́ваного ~ого.** A corrupt investigator was brought into the investigation. **найма́ти** hire); **зверта́тися до ~ого** turn to an investigator ◊ **Вони́ планува́ли зверну́тися до незале́жного ~ого.** They planned to turn to an independent investigator. **бу́ти ~им** be an investigator (**працюва́ти** work as, **признача́ти** + *A.* appoint sb as ◊ **Йосипе́нка призна́чили ~им.** Yosypenko was appointed investigator. **става́ти** become)
Also see **детекти́в 1**

сліп|и́й, *adj., n.*, **~ого**
1 *adj.* blind, sightless; *also fig.*
adv. **абсолю́тно** absolutely ◊ **Тре́ба бу́ти абсолю́тно ~и́м, щоб не зауважи́ти пору́шень.** One needs to be absolutely blind not to notice the violations. **геть** totally, **незворо́тно** irreparably, **факти́чно** effectively ◊ **Чолові́к був факти́чно ~и́м.** The man was effectively blind. **цілко́м** completely, **від наро́дження** congenitally ◊ **Кіт с. від наро́дження.** The cat is congenitally

blind. **зро́ду** since birth; **тимчасо́во** temporarily, **частко́во** partially, **ма́йже** almost; **ети́чно** *fig.* ethically, **мора́льно** *fig.* morally
с. + n. **с. банду́рист** a blind bandura-player (**ви́падок** *fig.* chance ◊ **Вона́ не хоті́ла лиша́ти все на ми́лість ~ого ви́падку.** She did not want to leave it all to the mercy of a blind chance. **полі́т** *fig.* flight); **~а́ ки́шка** *anat.* the blind gut (**поса́дка** *fig.* landing) ◊ **Пі́лот зді́йсни́в ~у́ поса́дку в неможли́вих умо́вах.** The pilot executed a blind landing in impossible conditions. ♦ **~а́ ку́ля** *fig.* a stray bullet ◊ **Його́ пора́нила ~а́ ку́ля.** A stray bullet wounded him. **~е́ кошеня́** a blind kitten
v. + **с. вдава́ти ~ого** pretend to be ◊ **Він удає ~ого.** He pretends to be blind. **бу́ти ~им** be blind ◊ **Боги́ня правосу́ддя Теміда пови́нна бу́ти абсолю́тно ~ою.** The goddess of justice Themis is to be absolutely blind. (**виявля́тися** turn out ◊ **Головна́ геро́їня дра́ми ви́явилася ~ою.** The (female) protagonist of the drama turned out to be blind. **здава́тися** + *D.* seem to sb ◊ **В окуля́рах він здава́вся ~им.** He seemed blind in the spectacles. **прокида́тися** wake up ◊ **Якось ура́нці Іва́н проки́нувся ~им.** One morning, Ivan woke up blind. **ставá́ти** become) ◊ **Працю́ючи в у́ряді, па́ні П. става́ла мора́льно ~ою.** *fig.* Working for the government, Mrs. P. was becoming morally blind.
prep. **с. на одне́ о́ко** blind in one eye ◊ **Вона́ ~а́ на ліве о́ко.** She is blind in her left eye.
Cf. **глухи́й**
2 *adj., fig.* impenetrable, pitch-dark ◊ **Вона́ напру́жила зір, щоб розди́витися сте́жку в ~ій те́мряві.** She exerted her sight to discern the path in the impenetrable darkness.
3 *n.* blind man, the blind ♦ **і ~ому ви́дно** *(of sth quite obvious)* even the blind can see ◊ **Тут і ~ому ви́дно, що Лукаше́нко ама́тор.** Even the blind can see that Lukashenko is a dabbler.

сліп|и́ти, ~лю́, ~иш, ~лять; за~, о~, *tran.*
1 to make blind, deprive of sight; *pf.* **о~**
adv. **наза́вжди** forever ◊ **Його́ наза́вжди осліпи́ло.** *impers.* He was forever deprived of sight. **остато́чно** ultimately ◊ **Коли́-не́будь тьмяне́ осві́тлення осліпить його́ остато́чно.** One day, the dim lighting will make him ultimately blind. **ціл ко́м** completely; **ма́йже** almost; **тимчасо́во** temporarily, **частко́во** partially; **фата́льно** fatally
v. + **с. загро́жувати** threaten to ◊ **Викрадачі́ загро́жують о~ його́.** The kidnappers threaten to blind him. **могти́** can; **хоті́ти** want to; **не дава́ти** + *D.* not allow sb to
2 to blind, dazzle; *pf.* **за~** *and* **о~**
adv. **момента́льно** instantaneously, **на мить** for a moment ◊ **На коро́тку мить Да́ну засліпи́ло со́нце.** For a brief moment, the sun blinded Dana. **спочáтку** initially ◊ **Спочáтку сніг ~ив їх.** Initially the snow blinded them. **на якийсь час** for a time, **тимчасо́во** temporarily ◊ **Спа́лах міг тимчасо́во о~ люди́ну.** The flash could temporarily blind a person.
3 *fig.* to dazzle, overwhelm, impress; *pf.* **за~** *and* **о~** ◊ **Розкі́ш пала́цу ~и́ла ко́жного, хто її ба́чив.** The luxury of the palace dazzled every one who saw it.
v. + **с. ма́ти на́мір** have the intention to, **намага́тися** try to, **сподіва́тися** hope to ◊ **Вони́ сподіва́лися за~ ді́вчину бага́тством.** They hoped to dazzle the girl with their wealth. **хоті́ти** want to
pa. pple. **засліплений** *and* **осліплений** blinded; dazzled
(за)сліпи́!

сліпн|ути, ~уть; о~; *pa. pf., m.* **осліп** *or* **осліпнув**, *pl.* **осліпли** *or* **осліпнули**, *intr.*
to go blind, lose one's sight; *also fig.*
adv. **від лю́ті** with rage ◊ **Мар'я́ні здава́лося, що вона́ осліпне від лю́ті.** *fig.* It seemed to Mariiana that she would go blind with rage. **з го́ря** with grief; **наза́вжди** forever, **на мить** for a moment; **остато́чно** ultimately, **ціл ко́м** completely ◊ **Щоб ціл ко́м не о~, їй тре́ба зроби́ти опера́цію.** In order not to lose sight completely, she needs to have a surgery. **тимчасо́во** temporarily, **частко́во** partially; **ма́йже** almost, **тро́хи не** nearly ◊ **Він тро́хи не осліп у автотро́щі.** He nearly lost his sight in a car crash.
v. + **с. могти́** can; **почина́ти** begin to, **ста́ти** *pf.* start ◊ **Вона́ ста́ла с.** She started losing her sight. **не хоті́ти** not to want to
prep. **с. від** + *G.* go blind with sth; **с. че́рез** + *A.* become blind because of sth ◊ **Він відчува́в, що ~е, че́рез пога́ні окуля́ри.** He felt he was losing his sight because of the bad glasses.
(о)сліпни!

сліпот|á, *f., only sg.*
blindness; *also fig.*
adj. **по́вна** utter ◊ **Хворо́ба прирекла́ її на по́вна ~у́.** The disease doomed her to utter blindness. **приро́джена** congenital ◊ **Уро́джена с. не заважа́є йому́ писа́ти чудо́ві пі́сні.** Congenital blindness is not an obstacle for him to compose great songs. **цілкови́та** complete; **ґвалто́вна** abrupt ◊ **Її ґвалто́вна с. пройшла́.** Her abrupt blindness passed. **несподі́вана** unexpected, **раптова** sudden; **тимчасо́ва** temporary, **частко́ва** partial; ♦ **ку́ряча с.** 1) *med.* nyctalopia; 2) *bot.* buttercup. ♦ **сні́гова́ с.** snow blindness; **ети́чна** *fig.* ethical, **мора́льна** *fig.* moral ◊ **Він ви́явив дивови́жну мора́льну ~у́.** He displayed amazing moral blindness.
v. + **с. виклика́ти ~у́** cause blindness ◊ **Отру́та виклика́є ~у́.** The poison causes blindness. (**лікува́ти** treat) ◊ **Вона́ ви́найшла спо́сіб лікува́ти ~у́.** She invented a method to treat blindness. **запобіга́ти ~і** prevent blindness ◊ **Те́мні окуля́ри запобіга́ють сні́говій ~і.** Dark glasses prevent snow blindness.
Cf. **глухота́**

сліпу́ч|ий, *adj.*
1 blinding, glaring, brilliant ◊ **Він примру́жив о́чі від ~ого сні́гу.** He squinted his eyes from the blinding snow. ◊ **с. спа́лах бли́скавки** a blinding lightning flash
2 *fig.* dazzling, amazing, impressive ◊ **На її обли́ччі ще мо́жна впізна́ти за́лишки коли́шньої ~ої краси́.** Remnants of her former dazzling beauty can still be recognized on her face.

слове́сн|ий, *adj.*
1 verbal, of or pertaining to word; oral ◊ **Її ~і о́брази виріжня́ються оригіна́льністю.** Her verbal images stand out by their novelty. ◊ **Письме́нник ство́рює чудо́вий с. портре́т мі́ста.** The writer creates a magnificent picture of the city. ◊ **Він дав Оле́ні лише́ ~у обіця́нку.** He gave Olena but a verbal promise. ◊ **Оле́ксіподо́бається вести ~і бата́лії з коле́ґами.** Oleksa is fond of waging verbal battles with his colleagues.
2 literary ◊ **~а тво́рчість** literary creativity; **~е мисте́цтво** literary art

словни́к, *m.*, **~á**
1 dictionary, wordbook
adj. **до́брий** good; **найнові́ший** newest, **суча́сний** modern; **ке́пський** poor, **пога́ний** bad; **застарі́лий** obsolete; **всеохо́пний** comprehensive, **по́вний** complete; **непо́вний** incomplete ◊ **Нови́й с. непо́вний.** The new dictionary is incomplete. **скоро́чений** abridged; **електро́нний** electronic, **мере́жевий** online; **ілюстро́ваний** picture; **кишенько́вий** pocket; **англі́йський** English, **украї́нський** Ukrainian, **українсько-англі́йський** Ukrainian-English; **перекладни́й** bilingual, **тлума́чний** monolingual ◊ **Студе́нти шука́ють украї́нський тлума́чний с.** The students are looking for a monolingual Ukrainian dictionary. **навча́льний** learner's; **етимологі́чний** etymological, **зворо́тний** reverse, **істори́чний** historical, **комбінато́рний** collocations, **орфоепі́чний** pronunciation ◊ **Ортоепі́чний с. у не́ї в комп'ю́тері.** The pronunciation dictionary is in her computer. **правопи́сний** spelling; **біографі́чний** biographical, **енциклопеди́чний** encyclopedic, **меди́чний** medical, **термінологі́чний** terminological, **часто́тний** frequency; **академі́чний** academic, **науко́вий** scientific; **дитя́чий** children's ◊ **Брат купи́в їй дитя́чий с.** Her brother bought her a children's dictionary. **двото́мний** two-volume, **одинадцятито́мний** eleven-volume, *etc.*
с. + n. **с. іме́н** a dictionary of names (**на́голосів** stresses ◊ **Він постійно ди́виться у с. на́голосів.** He constantly consults the dictionary of stresses. **рим** rhymes; **лінґвісти́чної термінолóгії** linguistic terminology); **с. ви мо́ви** a pronunciation dictionary
v. + **с. вжива́ти с.** use a dictionary ◊ **Вона́ вжива́є етимологі́чний с.** She uses an etymological dictionary. (**ма́ти** have ◊ **Воло́дя ма́є с. украї́нських рим.** Volodia has the dictionary of Ukrainian rhymes. **потребува́ти** need ◊ **Вони́ потребу́ють зворо́тний с.** They need a reverse dictionary. **писа́ти** write ◊ **Він планува́в написа́ти комбіна́торний с. за п'ять ро́ків.** He planned to write his collocations dictionary in five years. **склада́ти** compile ◊ **Па́мва Бери́нда склав оди́н із пе́рших украї́нських ~ів.** Pamva Berynda compiled one of the first Ukrainian dictionaries. **видава́ти** issue, **друкува́ти** print, **публікува́ти** publish ◊ **Навча́льний украї́нський с. публікува́ли впе́рше.** A learner's Ukrainian dictionary was being published for the first time. **поправля́ти** correct, **редаґува́ти** edit) ◊ **Він міг зредаґува́ти украї́нсько-англі́йський с.** He could edit a Ukrainian-English dictionary. **загляда́ти до ~á** look in a dictionary ◊ **Вона́ не вага́лася загляда́ти до ~á.** She did not hesitate to look in a monolingual dictionary. (**зверта́тися до** turn to); **користува́тися ~о́м** use a dictionary ◊ **Він люби́в користува́тися істори́чним ~о́м.** He liked to use a historical dictionary. (**переві́ряти** + *A.* **за** check sth by) ◊ **Ко́жне складне́ сло́во вона́ переві́рила за ~о́м.** She checked every difficult word by the dictionary. **диви́тися** + *A.* **в ~у́** look sth up in a dictionary ◊ **Коли́ Наза́р не зна́є сло́ва, він ди́виться його́ в ~у́.** When Nazar does not know a word he looks it up in the dictionary.
prep. **без ~á** without a dictionary ◊ **Студе́нти перекла́ли текст без ~á.** The students translated the text without a dictionary. **в ~у́** in a dictionary
2 *only sg.* vocabulary, lexicon, words
adj. **бага́тий** rich, **вели́кий** big, **доста́тній** sufficient, **значни́й** sizeable, **розви́нений** developed, **широ́кий** wide; **стратифіко́ваний** stratified ◊ **С. украї́нської мо́ви вже був стилісти́чно стратифіко́ваним.** The Ukrainian language lexicon was already stylistically stratified. **ба́зовий** basic, **засадни́чий** essential, **ключови́й** key, **необхі́дний** indispensible; **бі́дний** poor, **убо́гий** meager, **жалюгі́дний** pathetic, **примітивни́й** primitive; **мали́й** small, **обме́жений** limited; **барви́стий** colorful, **експреси́вний** expressive ◊ **С. її ді́да барви́стий і експреси́вний.** Her grandfather's vocabulary is colorful and expressive. **сокови́тий** juicy; **акти́вний** active; **паси́вний** passive; **бу́денний** everyday, **вульґа́рний** vulgar, **жарґо́нний** jargon, **розмо́вний** colloquial, **сле́нґовий** slang ◊ **Ува́гу дослі́дниці приверта́в сле́нґовий с.** The slang vocabulary attracted the (female) researcher's attention. **макаронічний** macaronic; **спеціялізо́ваний** specialized; **кни́жний** bookish, **форма́льний** formal; **нови́й** new; **бізнесо́вий** business, **музи́чний** musical, **меди́чний** medical,

науко́вий scientific, політи́чний political, термінологі́чний terminological, техні́чний technical; зага́льний common, спі́льний shared ◊ **с., спі́льний для кілько́х груп мо́вців** the vocabulary, shared by several groups of speakers. **високочасто́тний** high-frequency; **індивідуа́льний** individual

n. + **с. збага́чення ~á** vocabulary enrichment ◊ **Чита́ння ґаранту́є збага́чення ~á.** Reading guarantees vocabulary enrichment. (**попо́внення** replenishment, **ро́звиток** development)

v. + **с. вивча́ти с.** learn a vocabulary ◊ **Його́ мета́ – ви́вчити високочасто́тний с.** His goal is learning the high-frequency vocabulary. (**засво́ювати** acquire; **ма́ти** have ◊ **Дити́на вже ма́ла значни́й с.** The child already had a sizable vocabulary. **збага́чувати** enrich, **збі́льшувати** enlarge, **попо́внювати** replenish, **розбудо́вувати** build up ◊ **Вони́ розбудо́вують с.** They build up their vocabulary. **розвива́ти** develop, **розширя́ти** broaden; **використо́вувати** use ◊ **Проза́їк використо́вує діале́ктний с.** The prose writer makes use of a dialectal lexicon. **збі́днювати** impoverish) ◊ **Непотрі́бні запози́чення збі́днюють с.** Needless borrowings impoverish the lexicon. **вхо́дити до ~á** 1) *only impf.* belong to a lexicon ◊ **Іме́нник «мешт» не вхо́дить до станда́ртного ~á.** The noun *mesht* does not belong to the standard lexicon. 2) enter a lexicon ◊ **Сло́во що́йно ввійшло́ до суча́сного ~á.** The word has just entered the modern lexicon. (**вво́дити** + *A.* **до** introduce sth into; **виштóвхувати з** push out of) ◊ **Русифіка́ція виштóвхує зі ~á пито́мі украї́нські сино́німи.** Russification pushes indigenous Ukrainian synonyms out of the lexicon.

Also see **ле́ксика, терміноло́гія**

словнико́в|ий, *adj.*
vocabulary, dictionary, of or pertaining to vocabulary or dictionary

с. + *n.* **с. відпові́дник** a vocabulary equivalent (**і́спит** test; **пласт** layer; **ро́звиток** development; **спи́сок** list); **~а одини́ця** a vocabulary item, **~а статтяʹ** a dictionary entry ◊ **~а статтяʹ ви́йшла завели́кою.** The dictionary entry came out too big. **~е ви́значення** a dictionary definition ◊ **Вона́ дві́чі чита́ла ~е ви́значення, щоб зрозумі́ти зна́чення сло́ва.** She read the dictionary definition twice, in order to understand the meaning of the word. (**поя́снення** explanation)

сл|о́во, *nt.*, **~о́ва**
1 word

adj. **вели́ке** big ◊ **Журналі́ст полюбля́є вели́кі ~ова́.** The journalist is fond of big words. **до́вге** long; **важке́** difficult, **складне́** complicated, compound ◊ **Прикме́тник «однобо́кий» класифіку́ють як складне́ с.** The adjective "one-sided" is classified as a compound word. **скла́дене** composite; **коро́тке** short; **вла́сне** one's own, **пито́ме** indigenous, **своє́** native; **екзоти́чне** exotic, **незнайо́ме** unfamiliar; **запози́чене** borrowed, **чуже́** foreign, **чужорі́дне** alien ◊ **~ова́ з на́ростком ~ір чужорі́дні для украї́нської мо́ви.** Words with the suffix *~ip* are alien for the Ukrainian language. **знайо́ме** familiar; **багатоскладо́ве** polysyllabic, **двоскладо́ве** two-syllable, **трискладо́ве** three-syllable, **чотирискладо́ве** four-syllable, *etc.*; **англі́йське** English, **гре́цьке** Greek ◊ **У науко́вій терміноло́гії бага́то гре́цьких ~ів.** There are many Greek words in scientific terminology. **лати́нське** Latin, *etc.*; **то́чне** exact, **саме́** itself ◊ **Саме́ с. «су́ші» звуча́ло екзоти́чно для її ву́ха.** The word *sushi* itself sounded exotic to her ear. **зрозумі́ле** understandable, **недвозна́чне** unambiguous, **присту́пне** accessible, **про́сте́** simple ◊ **Ві́ра підбира́ла про́сті́, і присту́пні ~ова́.** Vira chose simple and accessible words. **я́сне́** clear; **двозна́чне** ambiguous, **розпли́вчасте** *or* **розпли́вчате** vague, **незрозумі́ле** incomprehensible, **нея́сне́** unclear; **брудне́** dirty, **вульґа́рне** vulgar, **гру́бе** rude, **жарґо́нне** jargon ◊ **Мо́ва ді́вчини пересі́пана жарґо́нними ~ова́ми.** The girl's speech is peppered with jargon words. **наро́дне** vernacular, **паску́дне** *colloq.* smutty, **розмо́вне** colloquial, **сле́нґове** slangy; **вира́зне** *and* **експреси́вне** expressive, **емоти́вне** emotive, **емоці́йне** emotional, **забар́влене** colored ◊ **Емоці́йно забарвлені ~ова́ не притама́нні науко́вій про́зі.** Emotively colored words are not inherent in scientific prose. **красномо́вне** eloquent, **сокови́те** juicy; **високопа́рне** highfalutin, **помпе́зне** pompous ◊ **Час від ча́су Тимі́ш вставля́в яке́сь помпе́зне с.** From time to time, Tymish would insert a pompous word. **заборо́нене** forbidden, **табуйо́ване** taboo; **кни́жне** bookish, **форма́льне** formal; **нове́** new; **науко́ве** scientific, **термінологі́чне** terminological, **техні́чне** technical; **оказіона́льне** *ling.* nonce word, **рідкі́сне** rare; **шту́чне** artificial; **спі́льне** shared, **спорі́днене** cognate ◊ **~ова́ «пога́ний» та «пога́нин» спорі́днені.** The words for *bad* and *pagan* are cognate. **високочасто́тне** high-frequency, **вжи́ване** common; **абстра́ктне** abstract, **конкре́тне** concrete; **архаї́чне** archaic, **застарі́ле** obsolete ◊ **Його́ при́страстю ста́ли застарі́лі ~ова́.** Obsolete words became his passion. **старі́юче** obsolescent; **непра́вильне** wrong; **потрі́бне** required, **пра́вильне** right ◊ **Тут головне́ знайти́ пра́вильне с.** The main thing here is to find the right word. **ко́дове** code; **мо́дне** vogue; **чарівне́** magic; **друко́ване** printed, **пи́сане** written; **відмі́нне** different, **протиле́жне** opposite ◊ **Дру́ге с. протиле́жне пе́ршому за стилісти́чним забарвленням.** The second word is opposite to the first one by its stylistic coloring. **поді́бне** similar, **синоні́мічне** synonymous; **пита́льне** *ling.* interrogative ◊ **На насту́пне за́няття студе́нти ма́ли зна́ти всі пита́льні ~ова́.** For their next class, the students were to know all the interrogative words. **озна́чуване** *ling.* head, **похідне́** *ling.* derivative, **поя́снювальне** *ling.* modifying, **самості́йне** *ling.* notional, **службо́ве** *ling.* auxiliary; **мода́льне** *ling.* modal, **присудко́ве** *ling.* predicative, **сполу́чне** *ling.* link ◊ **Дієсло́во «працюва́ти» мо́же бу́ти сполу́чним ~о́вом.** The verb to *work* can be a link-word.

n. + **с. ана́ліз ~о́ва** a word analysis (**ви́мова** pronunciation, **на́голос** stress; **утво́рення** formation ◊ **Окре́ма дисципліна вивча́є утво́рення ~о́ва.** A separate discipline studies word formation. **закі́нчення** ending, **ко́рінь** root ◊ **чергува́ння голосни́х у ко́рені ~о́ва** a vowel alternation in the root of the word; **на́росток** *and* **су́фікс** suffix, **осно́ва** stem, **при́росток** *and* **пре́фікс** prefix); **зна́чення ~о́ва** a sense of the word ◊ **Вона́ – ге́ній у спра́вжньому зна́ченні ~о́ва.** She is a genius in the true sense of the word. (**анто́нім** antonym, **сино́нім** synonym; **по́діл** division) ◊ **морфологі́чний по́діл ~о́ва** the morphological division of the word

v. + **с. вимовля́ти с.** pronounce a word ◊ **Іре́на вимовля́ла ко́жне с. з роздратува́нням.** Irena pronounced every word with irritation. (**каза́ти** utter ◊ **Павло́ві ва́рто сказа́ти с., і все ста́не на мі́сце.** Pavlo needs to utter a word and everything will fall into place. **вчи́ти** learn, **запам'ято́вувати** memorize ◊ **За день Га́ля запам'ято́вувала де́сять нови́х ~ів.** In a day, Halia memorized twenty new words. **зна́ти** know, **поди́бувати** encounter; **диви́тися в словнику́** look up in a dictionary ◊ **Він му́сить диви́тися ко́жне тре́тє с. у словнику́.** He has to look up every third word in a dictionary. **знахо́дити** find; **вибира́ти** choose, **підбира́ти** pick, **шука́ти** look for ◊ **Ві́ра шука́ла в пам'я́ті потрі́бне с.** Vira was looking for the required word in her memory. **ма́ти** have; **писа́ти** write, **чита́ти** read; **викре́слювати** cross out, **витира́ти** wipe out ◊ **Окса́на ви́терла з до́шки брудне́ с.** Oksana wiped the dirty word off the blackboard. **закре́слювати** cross, **стира́ти** delete; **виду́мувати** invent, **ство́рювати** *and* **твори́ти** create ◊ **Ді́ти ча́сто тво́рять вла́сні ~ова́.** Children often create their own words. **утво́рювати** form ◊ **На́росток ужива́ють, щоб утво́рювати нове́ с.** The prefix is used to form a new word. **забува́ти** forget; **згáдувати** 1) recall ◊ **Левко́ ні́як не міг згада́ти це с.** Levko could in no way recall this word. 2) mention ◊ **Вона́ не нава́жилася згада́ти йому́ саме́ с. «обі́цянка».** She did not dare mention the very word *promise* to him. **вжива́ти** use; **переклада́ти** translate, **поя́снювати** + *D.* explain to sb ◊ **Ні́на терпля́че поя́снювала хло́пцеві ко́жне незнайо́ме с.** Nina patiently explained every unfamiliar word to the boy. **тлума́чити** interpret) ◊ **Оста́ннє с. мо́жна тлума́чити по-рі́зному.** The last word can be interpreted in different ways. **уника́ти ~о́ва** avoid a word ◊ **Він, як мо́же, уника́є запози́чених ~ів.** He avoids borrowed words as best he can. (**вдава́тися до** resort to) ◊ **Па́ні Мару́ся ча́сом удава́лася до паску́дного ~о́ва.** Mrs. Marusia would sometimes resort to a smutty word. **користува́тися ~о́вом** use a word

с. + *v.* **виража́ти** + *A.* express sth ◊ **Нема́є ~ів, щоб вирази́ти мою́ ра́дість.** There are no words to express my joy. **конотува́ти** + *A. ling.* connote sth ◊ **Його́ ~ова́ коноту́ють до́кір.** His words connote reproach. **означа́ти** + *A.* mean sth ◊ **Він не зна́є, що означа́є це с.** He does not know, what the word means. **опи́сувати** + *A.* describe sb/sth; **передава́ти** + *A.* convey sth, **познача́ти** + *A.* denote sth ◊ **~ова́, що познача́ють тото́жні ре́чі, назива́ють сино́німами.** The words that denote identical things are called synonyms. **імпліку́вати** + *A.* imply sth; **виклика́ти** + *A.* evoke sth; **зра́джувати** + *A.* betray sth ◊ **Її ~ова́ зра́джували зацікáвленість.** Her words betrayed curiosity. **нести́** + *A.* carry sth; **ма́ти** + *A.* have sth ◊ **С. ма́є кі́лька зна́чень.** The word has several meanings. **набува́ти** + *G.* acquire sth ◊ **У панегі́рику на́віть невтра́льні ~ова́ набува́ють урочи́стих відті́нків.** In a panegyric, even neutral words acquire solemn shades. **бракува́ти** + *G.* lack sth, be short of sth; *pf.* run out of ◊ **Від хвилю́вання Ада́мові забра́кло ~ів.** From excitement, Adam ran out of words. **стосува́тися** + *G.* refer to sb/sth ◊ **Його́ ~ова́ стосу́ються тих драмати́чних поді́й.** His words refer to those dramatic events. **похо́дити від** + *G.* originate from sth ◊ **С. «хви́ля» похо́дить від герма́нського ко́реня.** The word *khvylia* originates from a Germanic root. **почина́тися** + *I.* begin with sth ◊ **Пито́мі ~ова́ типо́во почина́ються при́голосним.** Indigenous words typically begin with a consonant. **закі́нчуватися на** + *A.* end in sth ◊ **~ова́, що закі́нчуються на ~а** the words that end in ~a; **мі́стити** + *A.* contain sth ◊ **С. мі́стить два голосні́.** The word contains two vowels. **склада́тися з** + *G.* consist of sth; **звуча́ти як** + *N.* sound like sth ◊ **Ко́жне її с. звуча́ло як обра́за.** Her every word sounded like an insult. **римува́тися з** + *I.* rhyme with sth ◊ **С. «гай» риму́ється зі ~о́вом «край».** The word *hai* rhymes with the word *krai.*

prep. **від ~о́ва** from the word ◊ **Почина́йте від пе́ршого ~о́ва.** Start from the first word. **до ~о́ва** to/till the word ◊ **Він перекла́в вірш до оста́ннього ~о́ва.** He tranlsated the poem to the last word. ♦ **від ~о́ва до ~о́ва** from beginning to end ◊ **Він розказа́в усе́ від ~о́ва до ~о́ва.** He told everything from beginning to end. **за ~о́вами** behind the words ◊ **За її ~о́вами кри́вся прихо́ваний змі́ст.** A hidden meaning was hiding behind plain words. **між ~о́вами** between words ◊ **Між ~о́вами ма́є бу́ти ри́ска.** There needs to be a dash between the words. **пе́ред ~о́вом** before a word, **пі́сля ~о́ва** after a word ◊ **кра́пка пі́сля оста́ннього ~о́ва** a period after the last word; **у ~о́ві** in a word ◊ **У ~о́ві де́сять лі́тер.**

There are ten letters in the word. ♦ **с. у с.** word for word ◊ **Він передáв зміст ýступу с. у с.** ◊ He conveyed the content of the passage word for word.
Also see **тéрмін**[1] **1, 2**
2 word, talk, conversation, verbal expression; *often pl.*
adj. **дóбре** nice, **дрýжнє** friendly ◊ **Йомý трéба не кри́тика, а дрýжнє с.** What he needs is not criticism but a friendly word. **лáгідне** gentle, **ласкáве** kind, **ніжне** tender, **сердéчне** cordial, **тéпле** warm, **гарячé** ardent, **при́страсне** passionate, **полум'я́не** fiery; **безсердéчне** heartless ◊ **Ві́ктор не сподіва́вся почýти від нéї такí безсердéчні ~ова́.** Viktor did not expect to hear such heartless words from her. **жорстóке** cruel, **злé** evil, **лихé** nasty, **обрáзливе** insulting, **отрýйне** poisonous, **ядови́те** venomous; **гнíвне** angry, **лю́те** furious, **серди́те** cross; **гóстре** harsh, **дошкýльне** scathing, **нищíвне** devastating; **істори́чне** historic, **незабýтнє** unforgettable, **пам'я́тне** memorable, **прорóче** prophetic, **святé** sacred; **остáннє** final, last ◊ **Остáнні ~ова́ потонýли в кри́ках ю́рби.** The last words drowned in the shouts of the crowd. **остатóчне** *only sg.* last ◊ **Остатóчне с. нале́жить нарóдові.** The people have the last word. **прощáльне** farewell
с. + *n.* с. заохóчення a word of encouragement ◊ **Він не почýв від них ~óва заохóчення.** He did not hear a word of encouragement from them. (**підтри́мки** support, **прáвди** truth ◊ **У зізнáнні немá і ~óва прáвди.** There is not a word of truth in the confession. **солідáрности** solidarity)
n. + **с.** ♦ **дар ~óва** the gift for language ◊ **Вонá посідáла рíдкісний дар ~óва.** She possessed a rare gift for language. **мистéцтво ~óва** *poet.* the literary art; **мáйстер ~óва** *poet.* a literary master ◊ **Він – ви́знаний мáйстер ~óва.** He is a recognized literary master.
v. + **с. вставля́ти с.** insert a word ◊ **Редáктор устáвив влáсне с. у передмóву.** The editor inserted his own word in the preface. (**замовля́ти** put in ◊ **Вонá замóвила за Мáрка с. пéред керівникóм.** She put in a word for Marko with the director. **вимовля́ти** utter, **говори́ти** speak, **казáти** say ◊ **Він сказáв прорóчі ~ова́.** He said prophetic words. **горлáти** yell, **кричáти** shout ◊ **Вони́ кричáли ~ова́ підтри́мки своїй дружи́ні.** They shouted words of support to their team. **повтóрювати** repeat, **шептáти** whisper ◊ **Кáтря шептáла йомý на вýхо гарячí ~ова́ кохáння.** Katria whispered ardent words of love into his ear. **змáзувати** slur ◊ **Що п'я́нішою ставáла Зéня, то бíльше змáзувала ~ова́.** The drunker Zenia grew, the more she slurred her words. **карбувáти** enunciate ◊ **Він карбувáв кóжне с.** He enunciated every word. **друкувáти** type, **писáти** write, **шкря́бати** scribble; **читáти** read; **чýти** hear); ♦ **брáти свої́ ~ова́ назáд** to take one's words back
prep. **без ~óва** without a word ◊ **Ві́ктор без жóдного ~óва склáвся і пішóв.** Without a single word, Viktor packed up and left. **с. від** + *G.* a word from sb ◊ **А тепéр кíлька ~ів від нáших дрýзів у Черкáсах.** And now a few words from our friends in Cherkasy. **с. на** + *A.* a word for sth ◊ **~ова́ подя́ки на дорóгу** a word of gratitude for the road; **с. про** + *A.* a word about sb/sth ◊ **Він ніко́ли не сказáв погáного ~óва про сусíда.** He never said a bad word about his neighbor. **наголóшувати на ~óві** emphasize a word; ♦ **~óвом** in short, in a word
3 word, promise, pledge
adj. **залíзне** *poet.* iron-clad ◊ **Її с. залíзне.** Her word is iron-clad. **твердé** firm, **чéсне** honest, ♦ **Чéсне с.!** I assure you!
с. + *n.* с. гóнору *or* **чéсти** a word of honor ◊ **С. гóнору, що я повернýся.** My word of honor that I will return. ♦ **с. чéсти!** on my word! ◊ **Я нíчого нікóму не казáв. С. чéсти!** I did not say anything to anybody. On my word!
v. + **с. давáти** + *D.* **с.** give sb one's word ◊ **Вонá далá їм чéсне с.** She gave them her word of honor. (**ламáти** break ◊ **Вонá не зламáла свогó ~óва.** She did not break her word. **порýшувати** go back on ◊ **Він щорáзу порýшував с.** Every time, he went back on his word. **тримáти** keep; **вíрити** + *D.* **на** trust) ◊ **Ярéма повíрив йомý на с.** Yarema trusted his word. **дотри́мувати(ся) ~óва** be true to one's word ◊ **Слáвка дотри́мала ~óва.** Slavka was true to her word. **сумнівáтися в ~óві** doubt sb's word ◊ **Вони́ серйóзно сумнівáються в її́ ~óві.** They seriously doubt her word.
See **обіця́нка**
4 *only sg.* speech, address, remark
adj. **вступнé** opening ◊ **Її́ запроси́ли сказáти вступнé с.** She was invited to give an opening address. **прикінцéве** closing ◊ **Йогó прикінцéве с. ви́йшло сíрим.** His closing remarks came out colorless. **вітáльне** welcome; **надгрóбне** funeral ◊ **Вонá ви́голосила зворýшливе надгрóбне с.** She gave a moving funeral speech. **напýтнє** farewell ◊ **Дирéктор шкóли сказáв напýтнє с.** The school principal made a farewell speech. **урочи́сте** solemn
v. + **с.** ♦ **брáти с.** to take the floor ◊ **Настáла йогó чéрга взя́ти с.** It was his turn to take the floor. (♦ **давáти** + *D.* give sb ◊ **Спíкер дав с. опози́ції.** The speaker gave the floor to the opposition. ♦ **мáти** have) ◊ **С. мáє головá профспíлки.** The trade union president has the floor. ♦ **позбавля́ти** + *G.* **~óва** deprive sb of the floor (♦ **вимагáти** *only impf.* demand ◊ **Вонá вимагáла ~óва.** She was demanding the floor. ♦ **проси́ти** + *A.* ask sb for) ◊ **Кíлька депутáтів проси́ли ~óва.** Several members of parliament were asking for the floor.
See **промóва**
5 *only pl.* lyrics, words, lines, libretto
adj. **нарóдні** folk ◊ **Пíсня мáє нарóдні ~ова́.** The song has folk lyrics. **поети́чні** poetic; **весéлі** happy, **гумористи́чні** humorous ◊ **Йомý лéгко даю́ться гумористи́чні ~ова́ до пíсéнь.** Humorous song lyrics come easy to him. **дотéпні** witty; **задýмливі** thoughtful, **зворýшливі** moving, **сентиментáльні** sentimental, **щемли́ві** poignant; **банáльні** banal, **примітивні** primitive, **прóсті** simple; **абсýрдні** absurd, **безглýзді** nonsensical, **глýпі** silly, **дурнувáті** stupid
v. + **с. клáсти ~ова́ на** + *A.* set lyrics to *(music)* ◊ **Він поклáв ~ова́ на мýзику.** He set the lyrics to music. (**писáти** write, **складáти** put together; **перекладáти** translate; **горлáти** scream, **співáти** sing, **читáти** read; **декламувáти** recite; **цитувáти** quote)
prep. **~ова́ про** + *A.* lyrics about sb/sth ◊ **~ова́ про вíрність і зрáду** lyrics about fidelity and betrayal; **~ова́ до** + *G.* lyrics to/for sth ◊ **~ова́ до мелóдії** lyrics to a tune

слóїк, *m.*, ~а
jar
adj. **вели́кий** big ◊ **вели́кий с. квáшеної капýсти** a big jar of sauerkraut, **мали́й** *and* **невели́кий** small; **пóвний** full; **напівпорóжній** half-empty, **порóжній** empty; **бляшáний** tin ◊ **Вони́ збирáли дрíб'язок у бляшáному ~у з-під печи́ва.** They collected small change in a tin cookie jar. **пластмáсовий** plastic, **скляни́й** glass; **гермети́чний** airtight, **запечáтаний** sealed; **півлітрóвий** half-a-liter, **літрóвий** one-liter, **дволітрóвий** two-liter, **трилітрóвий** three-liter, *etc.* ◊ **Він узя́в зі собóю трилітрóвий с. маринóваних помідóрів.** He took along a three-liter jar of pickled tomatoes.
с. + *n.* с. варéння a jar of preserves (**вершкíв** cream, **кисляќу** sour milk, **молокá** milk, **сметáни** sour cream ◊ **півлітрóвий с. сметáни** a half-a-liter jar of sour cream; **гíрчиці** *and* **муштáрди** mustard, **майонéзу** mayonnaise, **огíркíв** cucumbers, **помідóрів** tomatoes)
v. + **с. відкривáти с.** open a jar ◊ **Він відкри́в с. огíркíв.** He opened a jar of cucumbers. (**закрýчувати** seal ◊ **Пóтім ~и з варéнням закрýчували.** Then they sealed the jars with preserves. **напóвнювати** + *I.* fill with sth) ◊ **Натáлка напóвнила с. сли́вкáми.** Natalka filled the jar with plums. **зберігáти** + *A.* **в ~у** store sth in a jar ◊ **Олéг зберігáв колéкцію значкíв у ~у.** Oleh stored his collection of badges in a jar.
с. + *v.* бýти напóвненим + *I.* be filled with sth ◊ **Скляни́й с. ущéрть напóвнений бóрошном.** The glass jar is completely filled with flour. **бýти пóвним** + *G.* be full of sth ◊ **С. був пóвним копíйóк.** The jar is full of coins. **місти́ти** + *A.* contain sth ◊ **Бляшáний с. місти́в щось дóсить вáжкé.** The tin jar contained something fairly heavy inside.
prep. **в с.** *dir.* in/to a jar ◊ **Вонá наси́пала цýкру в с.** She poured some sugar in a jar. **в ~у** *posn.* in a jar; **до ~а** in/to a jar; **зі ~а** out of a jar ◊ **Він ви́йняв дві осí зі ~а мéду.** He took two wasps out of a honey jar.
Cf. **пля́шка**

слон, *m.*, ~á
elephant, male elephant, elephant bull
adj. **азíйський** Asian ◊ **Азíйський с. сягáє трьох мéтрів заввишки.** An Asian elephant reaches 3 m in height. **африкáнський** African, **індíйський** Indian; **ди́кий** wild, **тренóваний** trained
n. + **с. самéць ~á** an elephant bull (**сáмка** cow ◊ **Пíсля смéрти самця́ ~á в зоопáрку лиши́лися самá сáмка.** After the death of the elephant bull, only the cow remained in the zoo. **би́вень** tusk ◊ **Торгувáти би́внями ~á заборóнено.** It is forbidden to trade in elephant tusks. **хóбот** trunk); **збережéння ~ів** elephant preservation (**охорóна** protection, **розмнóження** reproduction; **стáдо** herd) ◊ **Савáною ішлó стáдо ~ів.** An elephant herd was going across the savannah.
v. + **с. бáчити ~á** see an elephant. (**полювáти на** hunt; **стріля́ти в** shoot at); **відстрíлювати ~ів** cull elephants ◊ **~ів стáло так багáто, що їх стáли відстрíлювати.** Elephants became so numerous, that they started culling them. ♦ **роби́ти з мýхи ~á** to make a mountain out of a molehill.
с. + *v.* ки́датися на + *A.* charge at sb ◊ **Розлю́чений с. ки́нувся на турíстів.** The enraged elephant charged at the tourists. **розтóптувати** + *A.* trample sb; **труби́ти** trumpet ◊ **Піднявши хóбота, с. став труби́ти.** Having lifted his trunk, the elephant started trumpeting.
Also see **звір, мáмут, твари́на**

слу|гá, *m. and f.*; **служни́ця**, *f.*
1 servant ◊ **с. королЯ** a servant of the king
adj. **вíдданий** devoted, **вíрний** faithful, **дóбрий** good, **довíрений** trusted; **незмíнний** invariable ◊ **Хомá був її незмíнним ~гóю прóтягом дóвгих рокíв.** Khoma was her invariable servant for many years. **ви́пробуваний** tested, **надíйний** reliable; **покíрний** humble ◊ **ваш покíрний с.** your humble servant; **слухня́ний** obedient; **домáшній** domestic, **осóбистий** personal; **нáйманий** hired; **озбрóєний** armed ◊ **Їх супровóджує пóчет озбрóєних ~г.** An escort of armed servants accompanies them.
v. + **с. кли́кати ~гý** call a servant ◊ **Він кли́кав ~гý.** He was calling his servant. (**мáти** have; **наймáти** employ); **накáзувати ~зí** order a servant ◊ **Він наказáв ~зí прибрáти в бібліотéці.** He ordered his servant to clean in the library.
с. + *v.* ки́датися rush ◊ **Щóйно пáні ви́йшла з áвта, як до нéї ки́нулися два ~ги́.** The moment the lady got out of the car two servants rushed to her. **вклоня́тися** *and* **клáнятися** bow; **гасáти** scamper, **метуши́тися** bustle ◊ **У вели́кій вітáльні метуши́лися ~ги.** Servants bustled in the big living room. **сновигáти** scurry, **шáстати** scuttle; **обслугóвувати** + *A.* wait on sb, **працювáти** work, **служи́ти** + *D.* serve sb
2 *fig.* servant, helper, supporter, follower ◊ **Вонá лишáється вíрною ~гóю закóну.** She remains

a faithful servant of the law. ◊ **с. наро́ду** a servant of the people; ♦ **Бо́жий (Госпо́дній, Христо́вий) с.** a servant of God, priest
L. **на ~зі**

слу́жб|а, *f.*
1 service, employment, work, job
adj. **відмі́нна** outstanding ◊ **підви́щення платні́ за відмі́нну ~у компа́нії** a salary raise for outstanding service to the company; **гі́дна** commendable ◊ **Їй подя́кували за гі́дну ~у грома́ді.** She was thanked for her commendable service to the community. **до́бра** good, **досто́йна** meritorious, **нале́жна** worthy, **похва́льна** praiseworthy; **до́вга** long, **трива́ла** lengthy; **коро́тка** brief, **короткоча́сна** short-term; **військо́ва** military, **держа́вна** public, **урядо́ва** government ◊ **Га́нну взяли́ на урядо́ву ~у.** Hanna was hired for a government job. **грома́дська** community, **суспі́льна** social; **доброво́льча** volunteer, **контра́ктна** contract
v. + **с. вико́нувати ~у** do service (**вступа́ти на** enter, **найма́тися на** get hired in ◊ **Вона́ найняла́ся на військо́ву ~у.** She got hired in the military service. **перехо́дити на** switch over to ◊ **Він хоті́в перейти́ на і́ншу ~у.** He wanted to switch over to a different job. **почина́ти** begin; **закі́нчувати** complete ◊ **Він закі́нчив п'ять ро́ків контра́ктної ~и.** He completed five years of contract service. **лиша́ти** leave ◊ **Досягну́вши пенсі́йного ві́ку, вона́ лиши́ла держа́вну ~у.** Having reached the retirement age, she left public service.
с. + *v.* **почина́тися** begin ◊ **Його́ с. в бібліоте́ці почала́ся ще у старо́му приміщенні.** His job at the library began in the old building. **продо́вжуватися** go on, **трива́ти** + *A.* last for *(time)*, **закі́нчуватися** end
prep. **на ~у** *dir.* to work ◊ **Лі́да ї́здить на ~у авто́бусом.** Lida goes to work by bus. **на ~і** *posn.* in the service, at work ◊ **Тетя́на ну́дилася на держа́вній ~і.** Tetiana was bored in the public service. ◊ **підви́щення по ~і** promotion at work
See **робо́та 2.** *Also see* **аге́нція**
2 services, military, army, military service
adj. **військо́ва** military ◊ **Юна́к мріє про військо́ву ~у.** The youth dreams of military service. **ді́йсна військо́ва** active military; **ґарнізо́нна** garrison; **інтенда́нтська** quartermaster, **корабе́льна** ship, **прикордо́нна** border patrol, **саніта́рна** medical; **украї́нська** Ukrainian
v. + **с. йти на ~у** go to service ◊ **Бага́то з них пішло́ з Майда́ну на військо́ву ~у.** Many of them went from the Maidan to military service.
prep. **на ~у** *dir.* to military service; ♦ **пові́стка на військо́ву ~у** a draft notice; **на ~і** *posn.* in the military service ◊ **Вона́ провела́ на військо́вій ~і де́сять ро́ків.** She spent ten years in the military service.
See **а́рмія 1, ві́йсько, си́ла 5**
3 service, amenity, facility
adj. **відмі́нна** excellent, **відпові́дна** requisite, **ді́єва** effective, **до́бра** good, **ефекти́вна** efficient, **нале́жна** adequate, **операти́вна** prompt, **швидка́** quick; **ці́нна** valuable; **жахли́ва** terrible ◊ **жахли́ва с. прибира́ння смі́ття́** a terrible garbage removal service; **ке́пська** poor, **неадеква́тна** inadequate ◊ **неадеква́тна с. доста́вки по́шти** an inadequate mail delivery service; **невідпові́дна** inferior; **мере́жева** online; **ная́вна** available, **невідкла́дна** emergency; **резе́рвна** back-up; **дипломати́чна** diplomatic; **іміґраці́йна** immigration ◊ **Вони́ зроби́ли пода́ння́ у відді́ленні іміґраці́йної ~и.** They filed the claim with the office of the immigration service. **інформаці́йна** information; **консультаці́йна** consulting; **меди́чна** medical; **метеорологі́чна** meteorological ◊ **Кана́л створи́в метеорелогі́чну ~у.** The channel created a meteorological service. **ми́тна** customs, **пошто́ва** postal ◊ **Пошто́ва с. працюва́ла і по субо́тах.** The postal service also worked on Saturdays. **рекла́мна** advertising, **ритуа́льна** funeral, **розві́дувальна** intelligence, **ряту́ва́льна** rescue ◊ **Він додзвони́вся до ряту́ва́льної ~и.** He got through to the rescue service. **сателіта́рна** *and* **супу́тникова** satellite ◊ **Телефо́н підключа́ється до сателіта́рної ~и.** The phone connects to a satellite service. **телекомуніка́ці́йна** telecommunication, **телефо́нна** telephone; **суспі́льна** social; **ба́нкова** banking, **фіна́нсова** financial
с. + *n.* **с. ана́лізу да́них** a data analysis service ◊ **Компа́нія має ~у ана́лізу да́них.** The company has a data analysis service. (**безпе́ки** security ◊ **С. Безпе́ки Украї́ни** the Security Service of Ukraine; **охоро́ни** protection; **збо́ру да́них** data collection, **збо́ру інформа́ції** information gathering, **ро́звідки** intelligence, **сте́ження** surveillance; **доста́вки** delivery; **знайо́мств** dating; **нови́н** news ◊ **Вона́ працю́є репорте́ркою в телевізі́йній ~і нови́н.** She works as a reporter for a television news service. **передпла́ти** subscription; **пого́ди** weather; **тра́нспорту** transportation, **швидко́ї допомо́ги** ambulance)
v. + **с. ґарантува́ти ~у** guarantee a service (**забезпе́чувати** ensure, **ма́ти** have ◊ **Село́ має ритуа́льну ~у.** The village has a funeral service. **надава́ти** + *D.* provide sb with; **нала́го́джувати** set up ◊ **У нові́й дільни́ці мі́ста налаго́дили ~у доста́вки поси́лок.** The parcel delivery service was set up in the new part of town. **організо́вувати** organize ◊ **Лю́ди організува́ли ~у охоро́ни наме́тового мі́сте́чка.** People organized the tent city protection service. **пропонува́ти** + *D.* offer sb; **ство́рювати** create; **комп'ютеризува́ти** computerize, **модернізува́ти** modernize, **реорганізо́вувати** reorganize ◊ **Садова́ реорганізува́ла інформаці́йну ~у архі́ву.** Sadova reorganized the archive's information service. **покра́щувати** improve, **удоскона́лювати** better; **поши́рювати** extend, **розбудо́вувати** build up, **розширя́ти** expand; **ска́ржитися на** complain about) ◊ **Вона́ ска́ржилася на метеорологі́чну ~у.** She complained about the meteorological service. **зверта́тися до ~и** turn to a service ◊ **Дедалі бі́льше жіно́к зверта́ється до служб знайо́мств у по́шуках партне́ра.** An increasing number of women turn to dating services in search of a partner. **користува́тися ~ою** use a service ◊ **Він користу́ється прива́тною ~ою збо́ру інформа́ції.** He is using a private information gathering service.
с. + *v.* **погі́ршуватися** deteriorate; **покра́щуватися** improve ◊ **Рекла́мна с. компа́нії покра́щилася.** The advertising sevice of the company has improved. **розширя́тися** expand; **ті́шитися популя́рністю в** + *G.* enjoy popularity with sb
prep. **до ~и** to a service ◊ **Він зверну́вся до ~и охоро́ни.** He turned to a protection service. **у ~і** in/at a service ◊ **Він – техно́лог у вели́кій ~і обро́бки да́них.** He is a technologist at a big data processing service.
Also see **обслуго́вування**
4 service, liturgy, mass
adj. **Вели́кодня** Easter ◊ **Правосла́вна Вели́кодня с. трива́є бага́то годи́н.** The Orthodox Easter service lasts for many hours. **Різдвя́на** Christmas; **неді́льна** Sunday; **ра́нкова** morning, **полу́днева** afternoon ◊ **Він відві́дує полу́дне́ву ~у.** He attends the afternoon service. **вечі́рня** evening; **вінча́льна** *and* **шлю́бна** marriage, **похова́льна** *and* **похоро́нна** funeral; **меморіа́льна** *and* **пропа́м'ятна** memorial; **церко́вна** church; ♦ **с. Бо́жа** a divine liturgy
v. + **с. відві́дувати ~у** attend a service (**відправля́ти** celebrate ◊ **Різдвя́ну ~у відправля́тимуть три свяще́ники.** Three priests will celebrate the Christmas service. **прово́дити** hold; **пропуска́ти** miss; **ходи́ти на** go to ◊ **У неді́лю Лука́ш пі́де на ~у Бо́жу.** On Sunday, Lukash will go to the divine liturgy.
с. + *v.* **відбува́тися** occur, **почина́тися** begin ◊ **Вінча́льна с. почала́ся о тре́тій годи́ні.** The marriage service began at three o'clock. **трива́ти** last, **прохо́дити** take place ◊ **С. прохо́дила про́сто не́ба.** The service took place outdoors. **закі́нчуватися** end
prep. **на ~у** *dir.* to a liturgy ◊ **Він іде́ на ранко́ву ~у.** He is going to the morning liturgy. **на ~і** *posn.* at a liturgy. **с. за** + *G.* service for sb/sth ◊ **пропа́м'ятна с. за вояків, що заги́нули на Донба́сі** a memorial service for the soldiers who perished in the Donbas

службо́в|ець, *m.*, **~ця; ~ка**, *f.*
employee, white-collar worker, clerk, servant
adj. ♦ **держа́вний с.** a civil servant ◊ **Си́мон пропрацю́є держа́вним ~цем.** Symon works as a civil servant. **канцеля́рський** office ◊ **До шинку́ перева́жно наві́дувалися канцеля́рські ~ці.** The tavern was mostly patronized by office workers. **корпорати́вний** corporate
See **праці́вни́к**

службо́в|ий, *adj.*
1 service, official, business, company
с. + *n.* **с. автомобі́ль** a company car; **с. вхід** a service entrance, **с. докуме́нт** an official document, **с. етике́т** business etiquette, ♦ **с. зло́чин** a violation of duty ◊ **Його́ підо́зрюють у ~ому зло́чині.** He is suspected of violation of duty. **с. обо́в'язок** a call of duty, **с. поря́док** a business routine (**телефо́н** telephone); **~а ві́за** a business visa, **~а дисципліна** service discipline, **~а запи́ска** an official note, memorandum (**інформа́ція** information), **~а кварти́ра** a company apartment; ♦ **~а осо́ба** an official ◊ **Вона́ каза́ла це як ~а осо́ба.** She said it as an official. **~а підгото́вка** business training; **~е відря́дження** a business trip, **~е листува́ння** an official correspondence (**посві́дчення** identification ◊ **Охоро́на не пропусти́ла її без ~ого посві́дчення.** The guards did not let her in without the official identification. **розсте́ження** investigation) ◊ **Усі чека́ли результа́тів ~ого розсте́ження.** Everybody waited for the outcome of the official investigation.
2 *ling.* auxiliary ◊ **~а части́на мо́ви** an auxiliary part of speech; **~е сло́во** an auxiliary word

служ|и́ти, **~ать; по~, про~, від~**, *intr.*
1 to serve, work *(only as white-collar worker)*, serve in the military; *pf.* **про~**
adv. **ві́ддано** devotedly ◊ **Ко́жен праці́вник ві́ддано ~ить компа́нії.** Each employee devotedly serves the company. **ві́рно** faithfully, **кра́ще** better, **наді́йно** reliably; **до́вго** for a long time, **незмі́нно** invariably; **покі́рно** humbly, **слухня́но** obediently; **да́лі** further ◊ **Левчу́к ~ить каси́ром у ба́нку.** Levchuk continues to work as a bank teller. **за́раз** currently, **тепе́р** now
v. + **с. готува́тися** prepare to ◊ **Хома́ готу́ється с. диплома́том.** Khoma is preparing to serve as a diplomat. **запро́шувати** + *A.* invite sb to; **мрі́яти** dream of ◊ **Вона́ мрі́є с. у вели́кій юриди́чній фі́рмі.** She dreams of serving at a big law firm. **хоті́ти** want to ◊ **Він хо́че с. в а́рмії.** He wants to serve in the army. **почина́ти** begin to, **продо́вжувати** continue; **ки́дати** quit ◊ **Він ки́нув с. на безперспекти́вній поса́ді.** He quit serving in a dead-end position. **відмовля́тися** refuse to
prep. **с. в** + *L.* to serve in/at *(company, etc.)*; **с. в ра́нзі** + *G.* serve in the rank of *(officer)* ◊ **Три ро́ки вона́ ~ить в ра́нзі полко́вника.** For three years, she has served in the rank of colonel. **с. на** + *L.* to serve in/at *(institution)* ◊ **с. на по́шті** serve at a post office; ◊ **Він ~ить на фло́ті.** He serves in the navy.
See **працюва́ти 1.** *Also see* **роби́ти 7, труди́тися 1**
2 to serve, be of service to, be of use to; devote

oneself to; *pf.* **по~** *and* **про~** + *D.* to sb
adv. **віддано** devotedly, **вірно** faithfully ◊ **Десять років вірно прослужив Миколі пес Рябко.** Mykola's dog Riabko faithfully served him for ten years. **добре** well ◊ **Його твори добре ~или не одному поколінню.** His writings served well many a generation. **з гонором** *or* **з честю** with honor, **радо** gladly ◊ **Романченко радо ~в громаді.** Romanchenko gladly served his community. **довго** for a long time, **краще** better, **незмінно** invariably; ♦ **с. і нашим, і вашим** to run with the hare and hunt with the hounds ◊ **Щоб вижити під час війни, він ~ив і нашим, і вашим.** In order to survive during the war, he ran with the hare and hunted with the hounds. ♦ **Чим можу с.?** How can I help you?
v. + **с. бути готовим** be ready to, **бути радим с.** be glad to ◊ **Ми раді с. нашим гостям.** We are glad to serve our guests. **хотіти** want to
prep. **служити на** + *A.* serve for/to *(good)* ◊ **Новий рух мав с. на благо всього народу.** The new movement was supposed to serve for the good of the entire people. ◊ **с. на користь спільної справи** serve to the benefit of the common cause
3 to serve as, act as, function as, be; *pf.* **по~** + *I.*
adv. **всього-на-всього** merely, **головно** mainly, **лише** *or* **тільки** only ◊ **Історія лише ~ить доказом того, як багато може залежати від однієї людини.** The story is but a proof of what a difference one person can make. **насамперед** primarily ◊ **Її успіх насамперед ~ить прикладом для кожного.** Her success primarily serves as an example to everybody.
prep. **с. для** + *G.* serve to/for sth ◊ **Його дії ~или для того, щоб відволікти увагу.** His actions served to divert attention. **с. як** + *N. or no prep.* + *I.* ◊ **Заява ~ла с. як димова завіса** *or* **димовою завісою, щоб приховати її наміри.** The statement served as a smokescreen to hide her intentions.
Also see **бути 3**
4 to be sb's servant, serve, be in sb's employ ◊ **Їй ~ить дві служниці.** Two maids serve her. ◊ **Марта ~ила нянькою їхнім дітям.** Marta served as nanny to their kids.
5 to hold *(liturgy, etc.)*, conduct, celebrate; *pf.* **від~** ◊ **Наступної неділі він мав с. свою першу літургію.** Next Sunday, he was to celebrate his first liturgy. ◊ **Відслуживши відправу, парох запросив їх на обід.** Having held the service, the parish priest invited them to lunch.
(по)служи!

слух, *m.*, ~у

1 hearing, ability to hear
adj. **бездоганний** flawless, **відмінний** excellent ◊ **Ольжин відмінний с. не допоміг їй розібрати, що він шепче.** Olha's excellent hearing did not help her make out what he was whispering. **гострий** sharp, **добрий** good, **ідеальний** ideal; ♦ **абсолютний с.** perfect pitch ◊ **Він має абсолютний с.** He has a perfect pitch. **кепський** poor, **ненайкращий** not the best, **поганий** bad, **такий собі** *colloq.* so-so; **втрачений** lost, **ушкоджений** damaged; ♦ **музикальний с.** an ear for music ◊ **Ользі дуже помагає тонкий музикальний с.** Her keen ear for music is of great help to Olha.
v. + **с. мати с.** have a hearing (**відновлювати** regain ◊ **Він не втрачав надії відновити с.** He did not lose hope to regain his hearing. **повертати** get back ◊ **Завдяки вчасному лікуванню Орися повернула с.** Thanks to the timely treatment, Orysia got back her hearing. **відбирати** + *D. or* **в** + *G.* deprive sb of ◊ **Вістка на мить відібрала Левкові** *or* **в Левка с.** The news momentarily deprived Levko of hearing. **втрачати** lose; ♦ **нагострити с.** *pf.* to prick up one's ears ◊ **Почувши, що про неї мова, Богдана нагострила с.** Having heard that she was being spoken about, Bohdana pricked up her ears. **впливати на** affect); **позбавляти** + *A.* **~у** deprive sb of hearing, ♦ **доходити до ~у** to reach sb's ears ◊ **Якби її слова дійшли до ~у директора, був би скандал.** If her words reached the director's ears, there would be a scandal. **не вірити власному ~ові** not believe one's own ears ◊ **Вони не вірили власному ~ові.** They did not believe their own ears.
prep. **на с.** by hearing ◊ **Вона розпізнає композиторів на с.** She recognizes composers by hearing.
2 rumor, hearsay, gossip ◊ **Університетом ширяться ~и про відставку ректора.** Rumors of the president's resignation are spreading around the university. ♦ **ні ~у ні духу** neither hide, nor hair ◊ **Тепер про цілителя ні ~у ні духу.** There is neither hide nor hair of the healer now.
See **чутка.** *Also see* **брехня 2, плітка**

слухан|ня, *nt.*

1 *only sg.* hearing ◊ **Він намагався змусити їх до с. радіо.** He tried to compel them to listen to the radio.
See **слухати 1**
2 *leg.* hearing
adj. **відкрите** open, **закрите** closed, **приватне** private, **таємне** secret; **додаткове** additonal, **останнє** last, **повне** full, **попереднє** preliminary; **імміграційне** immigration, **касаційне** appeal, **досудове** pretrial, **дисциплінарне** disciplinary; **парламентське** parliamentary, **судове** court, **формальне** formal
v. + **с. запланoвувати с.** schedule a hearing ◊ **Її імміграційне с. запланували на жовтень.** Her immigration hearing was scheduled for October. (**відкривати** ope; **закривати** close; **організовувати** organize; **проводити** hold; **відкладати** postpone, **затримувати** hold back, **переносити** reschedule; **просити** + *A.* **про** ask sb for) ◊ **Він просив комісію про додаткове с.** He asked the committee for an additional hearing. **вимагати с.** demand a hearing (**домагатися** press for; **уникати** avoid) ◊ **Вона уникала публічного с. у справі.** She avoided a public hearing on the matter. **перешкоджати ~ню** obstruct a hearing ◊ **Кілька осіб намагалося перешкодити парламентському ~ню.** A few individuals attempted to obstruct the parliamentary hearing. (**повідомляти** tell) ◊ **Економіст повідомив ~ню, що він підробив бухгалтерську книгу.** The economist told the hearing that he had forged the accounting book.
с. + *v.* **відбуватися** occur, take place ◊ **С. відбулося за зачиненими дверима.** The hearing occurred behind the closed door. **відкриватися** open, **тривати** + *A.* last for *(period)* ◊ **С. тривало годину.** The hearing lasted for an hour. **починатися** begin ◊ **Касаційне с. почалося із запізненням.** The appeal hearing began with a delay. **продовжуватися** continue; **закінчуватися** end ◊ **С. закінчилося примиренням сторін.** The hearing ended in reconciliation of the parties.
prep. **на с.** *dir.* to/for a hearing ◊ **Вона запросила на с. нових свідків.** She invited new witnesses to the hearing. **на ~ні** *posn.* at a hearing ◊ **На ~ні виступатиме три експерти.** Three experts will be speaking at the hearing. **перед ~ням** before a hearing; **після с.** after a hearing

слуха|ти, ~ють; по~, ви~, *tran.*

1 to listen to *(no prep.)*; *pf.* to hear out *(to the end)*
adv. **активно** actively, **багато** a lot ◊ **Віктор багато ~є і мало каже.** Viktor listens a lot and talks little. **жадібно** avidly ◊ **Діти жадібно ~ють.** The children are avidly listening. **залюбки** gladly, **зацікавлено** *and* **з цікавістю** with interest ◊ **Учні з цікавістю ~ли вчительку.** The pupils listened to their (female) teacher with interest. **напружено** hard, **пильно** closely, **уважно** carefully ◊ **Усі уважно ~ли інструктора.** Everybody was carefully listening to the instructor. **безперестанку** nonstop, **весь час** all the time, **все** *colloq.* all the time, **завжди** always ◊ **Наталя завжди ~є джаз.** Natalia always listens to jazz. **часто** often, **іноді** sometimes, **рідко** seldom, **час від часу** from time to time; **ніколи не** never ◊ **Оля ніколи не ~ла цієї опери.** Olia had never listened to this opera. **просто** simply; **неохоче** reluctantly, **нервово** nervously, **нетерпляче** impatiently, **пасивно** passively; **понуро** glumly, **похмуро** gloomily, **сердито** angrily; **з острахом** in awe, **зі страхом** with fear ◊ **Вони ~ли новини зі страхом.** They listened to the news with fear. **тривожно** anxiously; **ввічливо** respectfully, **ґречно** courteously, **чемно** politely ◊ **Іван чемно вислухав його поради.** Ivan politely listened to his advice. **співчутливо** sympathetically; **мовчки** silently, **тихо** quietly; **крадькома** furtively; ♦ **с. обома вухами** *or* **вушима** to be all ears ◊ **Розказуй, що сталося. Я тебе ~ю обома вушима.** Tell me what happened. I am all ears.
с. + *n.* **с. музику** listen to music (**пісню** song, **радіо** radio, **концерт** concert, concerto, **п'єсу** play; **гітару** guitar, **скрипку** violin, **фортеп'яно** piano) ◊ **Катерина годинами ~ла фортеп'яно.** Kateryna listened to the piano for hours. **с. дихання** listen to sb's breathing (**легені** lungs, **пульс** pulse, **серце** heart) ◊ **Лікарка послухала йому легені й серце.** The (female) doctor listened to his lungs and heart.
v + **с. бути готовим** be ready to ◊ **Власник готовий ви~ клієнтку.** The owner is ready to hear out the (female) customer. **хотіти** want to; **бути змушеним** be forced to ◊ **У гуртожитку він змушений с. кожну сварку в коридорі.** In the dormitory, he is forced to listen to every argument in the corridor. **пропонувати** + *D.* offer sb to, **просити** + *A.* ask sb to; **починати** begin to, **продовжувати** continue to; **кидати** quit ◊ **Лев кинув с. плівку і побіг відчинити двері.** Lev quit listening to the tape and ran to open the door. **відмовлятися** refuse to, **не бажати** not want to
Cf. **чути 1**
2 *leg.* to hear *(a case)*, adjudicate; *pf.* **за~** *and* **по~** ◊ **За один день суддя ~в десятки справ.** In one day, the judge heard dozens of cases. ◊ **Заслухавши свідка, присяжні вийшли на перерву.** Having heard the witness, the jurors went out for recess.
3 to take *(a course)*, be enrolled *(in a course)*; listen to *(a lecture)*, attend ◊ **С. лекції професора К. – справжня насолода.** Taking professor K.'s lectures is a genuine pleasure.
v. + **с. вирішувати** decide to ◊ **Вона вирішила с. чотири курси в осінньому семестрі.** She decided to take four courses in the fall semester. **збиратися** be going to, **планувати** plan to
4 to obey, be obedient to, listen to ◊ **Він не завжди ~є матір.** He does not always listen to his mother. ◊ **Не по~ наказу командира означало зрадити товаришів по зброї.** Not obeying the commander's order meant betraying one's comrades-in-arms.
See **підкорятися.** *Also see* **слухатися 1**
5 to listen, heed, take notice, pay attention to; *neg.* to ignore ◊ **Він ~є, що кажуть друзі, але робить по-своєму.** He listens to what his friends says, but does things his way. ◊ **Політик повинен с., що говорять його виборці.** A politician must listen to what his voters say. ◊ **Вона продовжувала критикувати уряд, не ~ючи погроз.** She continued to criticize the government, ignoring the threats.
Also see **іґнорувати 1, 2, нехтувати**
pa. pple. **послуханий** *also* **прослуханий** listened to
(по)слухай!

слýха|тися; по~, *intr.*
1 to obey, follow orders, conform to, comply with, heed, listen to + *G.* ◊ **Вíктор ~вся її у всьомý.** Viktor obeyed her in everything. ◊ **Тамáра вперше не ~лася батькíв.** Tamara disobeyed her parents for the first time.
с. + *n.* **с. бáтька** obey one's father (**мáтері** mother; **батькíв** parents; **начáльника** boss, **поліцiянта** policeman, **стáршого** superior; **вимóги** demand, **накáзу** command; **порáди** advice, **прохáння** request) ◊ **Вонá неохóче послýхалася прохáння сестрí.** She reluctantly complied with her sister's request.
See **підкорятися.** *Also see* **слýхати 4**
2 *fig.* to obey sb *(of one's body, mechanisms, etc)*, be obedient to sb ◊ **Автíвка дóбре ~лася кермá.** The car obeyed the steering wheel well. ◊ **Її холóдні пáльці відмовлялися с.** Her cold fingers refused to obey her.

слухáч, *m.*, **~á; ~ка**, *f.*
1 listener
adj. **дóбрий** good ◊ **Він вúявився дóбрим ~éм.** He turned out to be a good listener. **жáдібний** avid, **зацікáвлений** interested ◊ **Прогрáма розрахóвана на зацікáвленого ~á.** The show is meant for an interested listener. **ідеáльний** ideal, **прекрáсний** great, **співчутлúвий** sympathetic, **увáжний** attentive, **чудóвий** wonderful; **вимóгливий** demanding, **інтелігéнтний** intelligent, **розбíрливий** discriminating; **мáсовий** mass, **нерозбíрливий** indiscriminate; **кéпський** poor, **погáний** bad
v. + **с. апелювáти до ~á** appeal to a listener ◊ **Він апелює до естетúчно розбíрливого ~á.** He appeals to an esthetically discriminating listener. (**звертáтися до** address; **бýти розрахóваним на** be meant for)
Also see **глядáч 1, читáч**
2 *only sg., coll.* listeners, audience
adj. **пересíчний** average, **посполúтий** *or* **звичáйний** common; **дорóслий** adult, **зрíлий** mature, **молодúй** young; **волúнський** Volynian, **подíльський** Podillian, **украïнський** Ukrainian, *etc.*
Also see **глядáч 2**
3 student *(only of university)* ◊ **Ромáн – с. другóго кýрсу біолóгії.** Roman is a second-year biology student.
See **студéнт**

слухнян|ий, *adj.*
obedient
adv. **винятк**ó**во** exceptionally, **геть** totally, **дýже** very, **цілкóм** completely; **на дúво** surprisingly; **віднóсно** relatively, **дóсить** fairly, **достáтньо** sufficiently; **особлúво** particularly, **порíвняно** comparatively ◊ **порíвняно с. пес** a comparatively obedient dog
с. + *n.* **с. син** an obedient son; **~а дочкá** an obedient daughter (**невíстка** daughter-in-law; **підлéглий** subordinate, *etc.*)
v. + **с. бýти ~им** be obedient ◊ **Молодúй жеребéць винятк**ó**во с.** The young foal is exceptionally obedient. (**вважáти** + *A.* consider sb; **лишáтися** remain, **ставáти** become) ◊ **Дівчúна стáла чéмною і ~ою.** The girl became polite and obedient.
Also see **овéчий 2, покíрний, свíйський 2**

слухнян|íсть, *f.*, **~ости**, *only sg.*
obedience + *D.* to sb/sth ◊ **Черницí вихóвували в дíтях с.** The nuns instilled obedience in the children.
adj. **абсолю́тна** absolute, **безумóвна** unconditional, **винятк**ó**ва** exceptional, **зразкóва** exemplary, **незвичáйна** unusual, **пóвна** full, **цілковúта** total; **сліпá** blind; **підозрíла** suspicious
v. + **п. виявляти с.** show obedience ◊ **Дóсі Богдáн виявля́в тíльки с.** So far, Bohdan has shown nothing but obedience. (**винагорóджувати** + *A.* **за** award sb for) ◊ **Марíя винагорóджувала пéсика за с.** Maria rewarded her little dog for obedience. **вимагáти ~ости** demand obedience ◊ **Офіцéр вимагáє абсолю́тної ~ости від курсáнтів.** The officer demands absolute obedience from the cadets. (**домагáтися** insist on, **потребувáти** require; **очíкувати від** + *G* expect from) ◊ **Він не очíкував від дітéй пóвної ~ости.** He did not expect his children to be completely obedient.

слухов|úй, *adj.*
acoustic, auditory, auricular; of or pertaining to ear
с. + *n.* **с. апарáт** 1) a hearing aid ◊ **Вонá корúстується ~úм апарáтом.** She uses a hearing aid. 2) *anat.* an auditory system ◊ **с. апарáт слонá** the elephant's auditory system; **с. прохíд** *anat.* an ear canal; **~á актúвність** auditory activity (**інформáція** information; **трубá** *anat.* tube; **чутлúвість** sensitivity); ♦ **~á пам'ять** echoic memory ◊ **Дівчúна мáє винятк**ó**ву ~ý пáм'ять.** The girl has exceptional echoic memory.
Cf. **звуковúй**

слýшн|ий, *adj.*
1 appropriate, fitting, suitable, opportune, good
adv. **абсолю́тно** absolutely ◊ **Догáна булá абсолю́тно ~ою.** The reprimand was absolutely appropriate. **винятк**ó**во** exceptionally ◊ **винятк**ó**во ~а нагóда для розмóви** an exceptionally appropriate opportunity for conversation; **вкрай** extremely, **дóсить** fairly, **дýже** very, **пóвністю** entirely, **цілкóм** completely; **дíйсно** really, **єдúно** solely; **без сýмніву** undoubtedly, **вирáзно** clearly; **не зóвсім** not quite, **не цілкóм** not entirely; **лéдве** scarcely; ◊ **~е питáння** a good question
v. + **с. бýти ~им** be appropriate ◊ **Заувáги комíсії ~і.** The committee's comments are appropriate. (**вважáти** + *A.* consider sth, **виглядáти** look, **здавáтися** + *D.* seem to sb) ◊ **Нагóда здалáся їй ~ою для екскýрсії мíстом.** The occasion seemed suitable to her for an excursion around the city.
Also see **властúвий 2, дорéчний**
2 right, correct, justified, relevant, well-grounded, pertinent ◊ **Її зáкиди здавáлися ~ими.** Her reproaches seemed justified. ◊ **Áвтор вислóвлює нúзку ~их думóк.** The author expresses a number of relevant thoughts. ◊ **Вонá озвýчила ~у пропозúцію.** She vocalized a pertinent proposal.
Also see **дорéчний, прáвильний 1**

сл|ьозá, *f.*
tear, *often pl.*
adj. **вéликі** large, **величéзні** immense ◊ **Усé, що вонú мáли, кóштувало їм тяжкóї прáці й величéзних ~із.** Everything they had cost them hard labor and immense tears. **гарячí** hot, **гíркі** bitter, **пекýчі** burning; **неконтрольóвані** uncontrollable, **несподíвані** sudden, **ряснí** copious; **солóні** salty; **правдúві** genuine, **спрáвжні** real, **щúрі** sincere; **мовчазнí** silent, **тúхі** quiet; **лицемíрні** hypocritical; **крокодúлячі** *fig.* crocodile ◊ **Вонú ллють крокодúлячі ~ьози за тих, хто воює.** *fig.* They shed crocodile tears for those who fight.
с. + *n.* **~ьози рáдости** tears of joy (**тріюмфу** triumph, **щáстя** happiness; **безнадíї** hopelessness, **порáзки** defeat, **рóзпачу** despair, **розпýки** frustration; **обýрення** indignation, **гнíву** anger) ◊ **Петрóві óчі напóвнилися ~ізьмú** *or* **~ьозáми гнíву.** Petro's eyes welled up with tears of anger.
n. + **с.** ◊ **Пролúто рíки ~із.** Rivers of tears were shed.
v. + **с. витирáти ~ьóзи** wipe away the tears ◊ **Івáн вúтер з облúччя ~ьóзи рáдости.** Ivan wiped away the tears of joy from his face. (**втирáти** wipe, **змáхувати** brush away; **душúти** choke back, **стрúмувати** hold back ◊ **Вонá лéдве стрúмувала ~ьóзи щáстя.** She barely held back the tears of happiness. **тамувáти** fight back, **зупинЯти** stop; **лúти** weep, **проливáти** cry; **ховáти** hide ◊ **Він опустúв óчі, ховáючи гíркі ~ьóзи порáзки.** He lowered his eyes, hiding the bitter tears of defeat. **зронúти ~озý** *pf.* shed a tear) ◊ **Стефáн зронúв однý-єдúну ~озý.** Stefan shed one single tear. **довóдити** + *A.* **до ~із** reduce sb to tears ◊ **Її істóрія довелá Павлá до ~із.** Her story reduced Pavlo to tears. **закíнчуватися ~ізьмú** *or* **~ьозáми** end in tears ◊ **Гра закінчúлася ~ізьмú.** The game ended in tears. (**заливáтися** burst into ◊ **Почýвши вúрок, він залúвся ~ізьмú.** Having heard the verdict, he burst into tears. **напóвнюватися** fill with) ◊ **Йогó óчі напóвнилися ~ьозáми розчарувáння.** His eyes filled with tears of disappointment.
с. + *v.* **з'являтися** appear ◊ **В Áсиних очáх з'явúлися ~ьóзи.** Tears appeared in Asia's eyes. **бíгти по** + *L.* run down sth, **кáпати** drop, **котúтися по** + *L.* roll down sth ◊ **По щокáх хлóпця котúлися ряснí ~ьóзи.** Copious tears rolled down the boy's cheeks. **лúтися з** + *G.* flow from sth, **текти́ по** + *L.* pour down sth; **стоЯти в** + *L.* be in *(eyes)* ◊ **У йогó очáх стоЯли ~ьóзи.** There were tears in his eyes. **застилáти** + *A.* fog sth, cloud sth ◊ **~ьóзи заслáли йомý зір.** Tears clouded his vision. **затумáнювати** + *A.* blur sth; **блищáти** glisten, **тремтíти** shimmer ◊ **У Хомú на очáх тремтíли ~и.** Tears shimmered in Khoma's eyes. **висихáти** dry up, **зупинЯтися** stop
prep. **від ~із** with tears ◊ **Йогó облúччя набрЯкло від ~із.** His face got puffed up with tears. **до ~із** to tears ◊ **Вонú сміЯлися до ~із.** They laughed to the point of tears. **зі ~ізьмú** *or* **~ьозáми** with tears ◊ **Вонú розлучúлися зі ~ьозáми на очáх.** They parted with tears in their eyes. **крізь ~ьóзи** through tears ◊ **Олéна усміхáлася крізь ~ьóзи.** Olena was smiling through tears. ♦ **як у котá ~із** very little ◊ **У них грóшей, як у котá ~із.** They do not have two pennies to rub together. ♦ **у ~ьóзи** to start crying, break down in tears ◊ **Хрúстя сидíла мóвчки, а тодí рáптом у ~ьóзи.** Khrystia sat silently, and then all of a sudden broke down in tears. **у ~ьозáх** in tears ◊ **Маркó прийшóв додóму весь у ~ьозáх.** Marko came home all in tears.

сльот|á, *f., only sg.*
1 slush, sleet, wet snow, drizzle; bad weather ◊ **С. виклúкає в нéї відчуттЯ самóтности.** Sleet provokes the feeling of loneliness in her. ◊ **Метеорологíчна слýжба заповілá ~ý.** The weather service forecast slush.
2 *fig., colloq.* drag, pain in the neck, buzzkill; ♦ **як с.** like pestilence ◊ **Перестáнь ходúти за мнóю, як с.!** Stop following me like some pestilence!

смáжен|ий, *adj.*
roasted, fried
adv. **дóбре** well, **достáтньо** sufficiently; **лéгко** lightly, **лéдве** barely ◊ **лéдве ~а качúна печíнка** a barely fried duck liver; **трóхи** a little
prep. **с. на** + *L.* fried in sth ◊ **с. на олíї** fried in oil (**сáлі** pig fat, **смáльці** lard) ◊ **Подалú картóплю, ~у на смáльці.** Potatoes fried in lard were served.

смáж|ити, **~ать; зі~, на~, під~**, *tran.*
1 to fry
adv. **дóвго** long ◊ **Зéня нáдто дóвго ~ила грибú.** Zenia fried the mushrooms for too long. **дóбре** well, **достáтньо** sufficiently; **лéгко** lightly ◊ **Лéгко підсмáживши м'Ясо з обóх сторíн, Сашкó додáв до ньóго червóного винá.** Having lightly fried the meat on both sides, Sashko added some red wine to it. **лéдве** barely; **пóвільно** slowly, **швúдко** quickly ◊ **Рúбу слід с. швúдко і на велúкому вогнí.** Fish should be fried quickly and over high heat.
v. + **с. починáти** begin to, **давáй** *colloq.* set

about ◊ **Прийшо́вши з заня́ть, хло́пці дава́й с. карто́плю.** Having come from classes, the boys set about frying potatoes. **ста́ти** *pf.* start, **ду́мати** *only impf.* intend to ◊ **Він ду́мав на~ картопля́ників.** He intended to fry some potato pancakes. **хоті́ти** want to

prep. **с. на** + *L.* fry in/on sth ◊ **с. на жиру́** fry in fat (**ма́слі** butter, **олі́ї** oil ◊ **Оста́ннім ча́сом вона́ ~ить усе́ на олі́ї.** She has lately fried everything in oil. **са́лі** pig fat, **сма́льці** lard); **с. на бага́тті** fry on campfire (**вогні́** fire) ◊ **Вони́ ~итимуть ко́ропів на бага́тті.** They will fry the carp on a campfire.

Also see **пекти́ 1, пря́жити 1.** *Cf.* **вари́ти 1**

2 *fig., colloq.* to scorch, burn, parch ◊ **Опі́вдні со́нце ~ило нестéрпно.** At noon, the sun scorched unbearably. ◊ **Спра́га ~ила Наді́ї гу́би.** Thirst parched Nadiia's lips.

See **пекти́ 2.** *Also see* **пря́жити 2**

pa. pple. **зісма́жений, насма́жений, підсма́жений** fried

(зі)сма́ж!

смак, *m.*, **~у́**

1 taste, flavor, savor

adj. **гірки́й** bitter ◊ **гірки́й с. трав'яно́го ча́ю** a bitter taste of herbal tea; **го́стрий** sharp ◊ **го́стрий с. її фі́рмово́ї стра́ви** the sharp taste of her signature dish, **піка́нтний** piquant, **пря́ний** spicy; **ви́шуканий** refined, **делікáтний** delicate, **кре́мовий** creamy, **м'яки́й** smooth ◊ **Він віддає перева́гу ка́ві з м'яки́м ~о́м.** He gives preference to coffee with smooth taste. **соло́дкий** sweet, **соло́ний** salty, **терпки́й** pungent; **винятко́вий** exceptional, **вира́зний** distinctive, **до́брий** delicious, **незабу́тній** unforgettable, **незвича́йний** unusual, **особли́вий** peculiar; **густи́й** dense, **інтенси́вний** intense, **си́льний** strong; **бага́тий** rich, **га́рний** nice, **неповто́рний** inimitable ◊ **неповто́рний с. херсо́нського кавуна́** an inimitable taste of the Kherson watermelon, **ні́жний** tender, **приє́мний** pleasant, **розкі́шний** luxuriant, **свíжий** fresh; **боже́ственний** divine, **неземни́й** unearthly, **ра́йський** heavenly; **чудо́вий** wonderful; **металі́чний** metallic ◊ **Пігу́лки ма́ють металі́чний с.** The pills have a metallic taste. **гидки́й** foul, **жахли́вий** awful, **неприє́мний** unpleasant, **оги́дний** revolting, **паску́дний** *colloq.* nasty; **автенти́чний** authentic, **спра́вжній** genuine

v. + **с. відчува́ти с.** feel the taste ◊ **Оле́кса відчува́в на губа́х с. її поцілу́нку.** Oleksa felt the taste of her kiss on his lips. (**лиша́ти** leave, **ма́ти** have ◊ **Вино́ ма́ло вира́зний с. я́блук.** The wine had a distinct taste of apples. **покра́щувати** improve ◊ **Сіль покра́щує с. стра́ви.** Salt improves the taste of a dish. **поси́лювати** enhance; **втрача́ти** lose, **псува́ти** spoil ◊ **Вона́ зіпсува́ла делікáтний с. кре́мових пу́ндиків цинамо́ном.** She spoiled the delicate taste of the cream puffs with cinnamon. **вплива́ти на** affect); **насоло́джуватися ~о́м** enjoy the taste ◊ **Га́нна насоло́джувалася ~о́м різо́тта.** Hanna was enjoying the taste of risotto. (**упива́тися** relish) ◊ **Вони́ упива́лися ~о́м грибо́вої ю́шки.** They were relishing the taste of the mushroom soup.

с. + *v.* **лиша́тися** linger ◊ **У ньо́го на язику́ лиша́вся с. незнайо́мого напо́ю.** The taste of the unfamiliar drink lingered on his tongue.

prep. **без ~у́** without taste, tasteless ◊ **Овоче́вий ґарні́р ви́йшов без ~у́.** The vegetable garnish came out tasteless. ♦ **у с.** 1) with appetite, with gusto ◊ **Вони́ повече́ряли у с.** They ate their dinner with gusto. 2) fully, completely, to one's heart's content ◊ **Ді́вчата хо́дять на інді́йські фі́льми, щоб у с. попла́кати.** The girls go to Indian movies to cry to their hearts' content. ♦ **на ко́жен** *or* **ко́жний с.** to every taste ◊ **Тут капелю́хи на ко́жен с.** There are hats here to every taste. ♦ **бу́ти на с.** to taste a certain way ◊ **Пирі́г бу́в засоло́дким на с.** The pie tasted too sweet. **зі ~о́м** with appetite, with relish, with pleasure ◊ **Він з'ї́в голубці́ зі ~о́м.** He ate his stuffed cabbage with pleasure.

2 taste, liking, sense of taste, refinement

adj. **аристократи́чний** aristocratic, **бездога́нний** impeccable, **вели́кий** great, **винятко́вий** exceptional ◊ **Лю́да має винятко́вий с. у біжуте́рії.** Liuda has an exceptional taste in jewelry. **ви́шуканий** refined, **ди́вний** strange ◊ **Назва́ти її с. на чолові́ків ди́вним було́ б недомо́вкою.** To call her taste for men strange would be an understatement. **дороги́й** expensive, **еклекти́чний** eclectic, **екстраваґа́нтний** extravagant, **розбі́рливий** discriminating, **шляхе́тний** noble; **мінли́вий** changeable, **непередба́чуваний** unpredictable, **примхли́вий** capricious ◊ **Вона́ догоджа́є примхли́вим ~а́м нача́льника.** She gratifies her boss's capricious tastes. **про́сти́й** simple; **набу́тий** acquired; **індивідуа́льний** individual, **особи́стий** personal, **приро́джений** inborn ◊ **Він – люди́на із приро́дженим ~о́м.** He is a man with an inborn taste. **приро́дний** natural; **моде́рний** modern, **суча́сний** contemporary; **архаї́чний** archaic, **застарі́лий** dated, **старомо́дний** old-fashioned; **естети́чний** esthetic, **культу́рний** cultural, **літерату́рний** literary, **музи́чний** musical, **худо́жній** artistic; **гляда́цький** viewer's, **спожи́вчий** consumer, **чита́цький** reading

v. + **с. зна́ти** *or* **ма́ти, тя́мити с.** have taste ◊ **Те́кля зна́ла с. у маля́рстві.** Teklia had taste in painting. (**поділя́ти** share ◊ **Вони́ поділя́ли с. до англі́йських детекти́вних рома́нів.** They shared their taste for English detective novels. **культивува́ти** cultivate ◊ **Ні́на культиву́є с. до до́брих вин.** Nina cultivates a taste for good wines. **плека́ти** foster, **розвива́ти** develop ◊ **Анті́н розви́нув с. до антиква́рних ме́блів.** Antin developed a taste for vintage furniture. **втрача́ти** lose ◊ **Він утра́тив с. до танцюва́льної му́зики.** He lost taste in dance music. **задовольня́ти** satisfy, **ублажа́ти** indulge; **демонструва́ти** demonstrate, **пока́зувати** display; **вплива́ти на** affect) ◊ **Навча́ння впливає на ї́хні літерату́рні ~и́.** Studies affect their literary tastes. **набува́ти ~у́** acquire taste ◊ **У чолові́чому товари́стві Га́ля набула́ ~у́ до гоке́ю.** In the male company, Halia acquired a taste for hockey. (**припада́ти** + *D.* **до** *or* **прихо́дити(ся)** + *D.* **до** be to) ◊ **Мі́сто припа́ло** *or* **прийшло́(ся) ї́м до ~у́.** The city was to their liking.

с. + *v.* **відрізня́тися** differ ◊ **Музи́чні ~и́ двох дру́зів ду́же відрізня́ються.** The two friends' musical tastes greatly differ. **збіга́тися** coincide; **лиша́тися незмі́нним** stay the same ◊ **Кири́лові ~и́ лиша́ються незмі́нними.** Kyrylo's tastes remain the same. **змі́нюватися** *and* **міня́тися** change

prep. **без ~у́** without taste ◊ **люди́на без ~у́** a person without taste; **до ~у́** to sb's liking ◊ **Його́ жа́рти були́ не до ~у́ ре́шті товари́ства.** His jokes were not to the liking of the rest of the company. **зі ~о́м** with taste, with refinement ◊ **Кімна́та умебльо́вана зі ~о́м.** The room is furnished with taste. **на с.** for sb's taste ◊ **Фі́льм загучни́й, як на її с.** The movie is too noisy for her taste. ♦ **на ко́жний с.** to every taste; **с. у** + *L.* a taste in sth ◊ **ви́тончений с. у пое́зії** a refined taste in poetry; **с. до** + *G.* a taste for sth ◊ **с. до о́пери** a taste for opera

Also see **вподо́бання 1**

смачн|и́й, *adj.*

1 tasty, savory

adv. **винятко́во** exceptionally, **до́сить** fairly, **ду́же** very, **ді́йсно** really, **спра́вді** truly; **дивови́жно** wonderfully, **неймові́рно** incredibly, **несподі́вано** unexpectedly; **страше́нно** terribly; **на ди́во** amazingly, **незвича́йно** unusually; **особли́во** particularly ◊ **Че́рез день борщ став особли́во ~и́м.** In a day, the borshch became particularly tasty. **не зо́всім** not quite, **не особли́во** not particularly

с. + *n.* **с. борщ** a tasty borshch ◊ **Да́на ва́рить ду́же ~і́ борщі́.** Dana cooks very tasty borshches. (**десе́рт** dessert; **обі́д** lunch, **напі́й** *or* **тру́нок** drink; **пирі́г** pie, **пляцо́к** *and* **торт** cake); **~а́ вече́ря** a tasty dinner (**ї́жа** food, **стра́ва** dish) ◊ **Із ку́хні па́хла яка́сь ~а́ стра́ва.** Some tasty dish smelled from the kitchen.

v. + **п. бу́ти ~и́м** be tasty ◊ **Сала́т винятко́во с.** The salad is exceptionally tasty. (**вихо́дити** came out; **виявля́тися** turn out, **здава́тися** + *D.* seem to sb ◊ **Споча́тку вино́ здало́ся їй не особли́во ~и́м.** Initially the wine seemed to her to be not particularly tasty. **роби́ти** + *A.* make sth ◊ **Припра́ва зроби́ла печеню́ ду́же ~о́ю.** The seasoning made the roast very tasty. **става́ти** become);

♦ **~о́го!** Bon appétit!

Also see **до́брий 4, ла́сий 3**

2 *fig.* delicious, pleasant, pleasurable, enjoyable, delightful ◊ **Він ще пам'ята́є той с. поцілу́нок.** He still remembers that delicious kiss. ◊ **Пе́ред ни́ми була́ ~а́ перспекти́ва відпочи́нку в Гру́зії.** They were faced with the delicious prospect of vacation in Georgia.

See **приє́мний**

сма́чно, *adv.*

1 with relish, with appetite, willingly, happily ◊ **Вони́ почали́ с. ї́сти.** They started eating with relish.

2 deliciously, tastily ◊ **У ї́хній ха́ті Ма́рко за́вжди́ с. їв.** At their home, Marko had always had delicious food. ◊ **Вони́ не від то́го, щоб с. пої́сти.** They are not against having a tasty meal.

3 *fig., pred.* well, nicely ◊ **Їм с. живе́ться у вла́сній ха́ті.** They have it nice, living in their own house. ◊ **Спа́ти в наме́ті, на січне́вому моро́зі ле́две с.** Sleeping in a tent in January cold is hardly nice.

смерд|і́ти, **~жу́, ~и́ш, ~я́ть; за~** *intr.*

1 to stink, reek; have a foul smell; *pf.* **за~** to start stinking + *I.* of ◊ **Засмерді́ло ту́хлими я́йцями.** It started stinking of rotten eggs.

adv. **ду́же** badly ◊ **Із кімна́ти ду́же ~і́ло тютюно́м.** It badly stank of tobacco from the room. **несте́рпно** unbearably, **вира́зно** distinctly, **си́льно** strongly, **страше́нно** terribly ◊ **Су́кня страше́нно ~і́ла по́том.** The dress stank terribly of sweat. **неприє́мно** unpleasantly, **тро́хи** a little ◊ **Від ньо́го тро́хи ~і́ло алкого́лем.** He reeked of alcohol a little. **все́ ще** still ◊ **Поме́шкання все́ ще ~ить фа́рбою.** The apartment still stinks of paint.

v. + **с. почина́ти** begin to, **ста́ти** *pf.* start; **перестава́ти** stop ◊ **У не́ї ні́коли не перестає́ с. з ро́та.** Her mouth never stops having a foul smell. **продо́вжувати** continue to ◊ **Бідола́шний пес продо́вжував смерді́ти тхоро́м.** The hapless dog continued to stink of skunk.

prep. **с. від** + *G.* from *(a person, etc.)* ◊ **Від свині́ ~і́ло гно́єм.** The pig smelled of manure. **с. з** + *G.* from *(a place, etc.)* ◊ **Зі скла́ду ~и́ть амія́к.** Ammonia reeks from the depot.

Also see **тягти́ 8.** *Ant.* **па́хнути 1**

2 *fig., colloq.* be repulsive, be abhorrent + *D.* to ◊ **Цей лицемі́р одна́ково ~і́в ко́жному, хто мав із ним спра́ву.** This hypocrite was equally repugnant to everybody who dealt with him.

3 *fig., colloq., pejor.* to smoke ◊ **При вхо́ді до гурто́житку тро́є студе́нток ~і́ли цига́рками.** Three (female) students smoked stinky cigarettes at the dormitory entrance.

See **кури́ти 1, 2.** *Also see* **пали́ти 5**

(за)смерди́!

смерка́|ти(ся), **~ють(ся); сме́ркн|ути(ся)**, **~уть(ся);** *pa. only nt.* **сме́ркло(ся)**, *intr.*

1 *impers., only 3rd pers., sg.* to dusk, grow dark

adv. **вже** already, **до́вго** long, **наре́шті** finally, **непомі́тно** imperceptibly, **пові́льно** *or* **пово́лі** slowly, **поступо́во** gradually; **шви́дко** quickly

◊ **Шви́дко ~ло.** It was quickly growing dark. ◊ **Зайня́та робо́тою Окса́на не зува́жила, як сме́ркло(ся).** Occupied with her work, Oksana did not notice that it had dusked.
2 *fig., poet.* to end, come to an end; grow dim ◊ **Життя́ покида́ло його́, ~ли(ся) його́ о́чі.** Life was abandoning him, his eyes were growing dim. ◊ **О, якби́ ніко́ли не сме́ркло ї́хнє коха́ння!** If only their love never ended!
See **закі́нчуватися, кінча́тися 1**

смерте́льн|ий, *adj.*

1 deadly, lethal, fatal, mortal
adv. **абсолю́тно** absolutely, **за́вжди́** always, **незмі́нно** invariably, **звича́йно** usually; **і́ноді** sometimes; **ча́сто** often; **ма́йже** almost ◊ **Він не сіда́є за кермо́ пі́сля того́ ма́йже ~ого ви́падку.** He does not sit behind the wheel after that almost deadly accident. **можли́во** possibly; **потенці́йно** potentially ◊ **потенці́йно ~а до́за** a potentially lethal dose
с. + *n.* **с. ви́падок** a fatal accident (**стан** condition); **~а епіде́мія** a deadly epidemic (**інфе́кція** infection, **хворо́ба** sickness); **~е пора́нення** a mortal wound
v. + **с. бу́ти ~им** be fatal ◊ **пе́рша ~а авіатро́ща** the first deadly air crash (**виявля́тися** prove ◊ **Інфе́кція ви́явилася ~ою.** The infection proved deadly. **здава́тися** + *D.* seem to sb ◊ **Висота́ здава́лася хло́пцеві ~ою.** The height seemed deadly to the boy. **става́ти** become) ◊ **Без меди́чної допомо́ги її ра́на мо́же ста́ти ~ою.** Without medical assistance, her wound can become fatal.
prep. **с. для** + *G.* deadly to sb ◊ **Со́нячне сві́тло ~е для багатьо́х ви́дів мікро́бів.** Sunlight is deadly to many types of microbes.
Also see **вбивчий 1, сме́ртний 3, фата́льний 1**
2 death, of or pertaining to death; mortal ◊ **Скрізь чу́ти було́ ~і кри́ки і сто́гін.** Everywhere one heard cries of death and moaning. ◊ **Вона́ – не бо́гиня, а ~а жі́нка.** She is not a goddess, but a mortal woman. ♦ **с. сон** *fig.* death; ♦ **~е ло́же** a death bed
See **сме́ртний 1**
3 *fig.* deadly, deathly, ghostly, ashen ◊ **Його́ обли́ччя вкри́ла ~а блі́дість.** Deathly paleness covered his face.
4 *fig.* deadly, great, mortal, complete, absolute
с. + *n.* **с. бій** a mortal combat ◊ **Вони́ йшли у с. бій.** They were going into a mortal combat. (**во́рог** enemy ◊ **Він знав, хто його́ с. во́рог.** He knew who his mortal enemy was. **жах** horror; **хо́лод** cold) ◊ **С. хо́лод паралізува́в йому́ кінці́вки.** Deadly cold paralyzed his limbs. **~а вто́ма** deadly exhaustion (**небезпе́ка** danger; **обра́за** insult; **ти́ша** silence; **ту́га** anxiety) ◊ **Людми́лу охопи́ла ~а ту́га.** Deadly anxiety gripped Liudmyla.

смерте́льно, *adv.*

1 deadly, lethally, fatally, mortally ◊ **Він лежа́в с. хво́рим.** He lay mortally sick.
2 *fig.* extremely, completely, utterly, deathly ◊ **На її с. бі́лому лиці́ не було́ жо́дних почутті́в.** There were no emotions on her deathly white face. ◊ **Пі́сля ле́кції всі були́ с. зну́джені.** After the lecture, everybody was bored to death.
See **ду́же**

сме́ртн|ий, *adj., n.*

1 *adj.* mortal, perishable ◊ **Всі лю́ди ~і.** All people are mortal. ◊ **~і оста́нки** mortal remains
2 *adj.* death, of or pertaining to death
с. + *n.* **с. бій** a mortal combat (**гріх** sin), **с. піт** the sweat of death ◊ **Чоло́ хво́рого покри́в с. піт.** The sweat of death covered the patient's forehead. (**час** time) ◊ **Він знав, що коли́сь наста́не і його́ с. час.** He knew that one day his time of death would come as well. **~а годи́на** an hour of death ◊ **Дани́ло не нава́житься відкри́ти таємни́цю на́віть у ~у годи́ну.** Danylo will not dare reveal the secret even in his hour of death. **~а по́стіль** *and* **~е ло́же**, *arch.* a death bed
Also see **смерте́льний 2**
3 *adj.* deadly, lethal, fatal
с. + *n.* **с. ви́рок** a death sentence ◊ **Адвока́т клопо́че, щоб с. ви́рок замінили довічним ув'я́зненням.** The lawyer is petitioning to commute the death sentence to life in prison. **~а ка́ра** a death penalty, **~а па́стка** a deadly trap ◊ **Вони́ ле́две ви́рвалися зі ~ої па́стки.** They barely got out of the deadly trap.
Also see **смерте́льний 1**
4 *n.* mortal, human ◊ **Таке́ під си́лу бо́гові, а не ~ому.** Such a thing is within the capacity of a god, not a mortal.
adj. **всього́-на́-всього** merely, **глу́пий** foolish, **звича́йний** common, **про́сти́й** ordinary ◊ **Вона́ – про́ста́ ~а.** She is an ordinary mortal.
See **люди́на 1**

сме́ртн|ість, *f.*, **~ости**, *only sg.*

1 mortality, impermanence, perishability ◊ **Ду́мка про с. ча́сто відві́дує Марі́ю.** The thought of her mortality often visits Maria.
Ant. **безсме́ртя**
2 mortality, death, death rate
adj. **висо́ка** high, **низька́** low, **сере́дня** average; **дитя́ча** infant, **доро́сла** adult, **жіно́ча** female, **підлі́ткова** teenage, **чолові́ча** male, **юна́цька** juvenile; **прихо́вана** latent
v. + **с. поро́джувати с.** cause mortality ◊ **Отру́єне до́вкілля поро́джує ви́щу с.** Poisoned environment causes higher mortality. (**збі́льшувати** increase, **зме́ншувати** diminish, **скоро́чувати** reduce; **визнача́ти** determine ◊ **Ви́значити підлі́ткову с. непро́сто.** Determining teenage mortality is not easy. **виявля́ти** reveal, **реєструва́ти** record); **бу́ти причи́ною ~ости** be the cause of mortality ◊ **Алкоголі́зм – головна́ причи́на висо́кої чолові́чої ~ости в реґіо́ні.** Alcohol abuse is the principal cause of the high male mortality in the region. (**призво́дити до** lead to)
с. + *v.* **збі́льшуватися** increase, **зроста́ти** grow; **зме́ншуватися** decrease, **па́дати** fall
prep. **с. від** + *G.* mortality from sth ◊ **дитя́ча с. від недоїда́ння** infant mortality from malnutrition; **с. се́ред** + *G.* mortality among sb ◊ **С. се́ред некурці́в ме́нша.** Mortality among non-smokers is lower.

смерт|ь, *f.*, **~и**

death
adj. **випадко́ва** accidental; **передча́сна** premature ◊ **Пое́та забра́ла передча́сна с.** The poet was taken away by premature death. **ра́ння** early; **ґвалто́вна** abrupt, **на́гла** *and* **раптова** sudden ◊ **На́гла с. перерва́ла його́ життя́.** Sudden death interrupted his life. **несподі́вана** unexpected; **момента́льна** instant, **нега́йна** immediate, **швидка́** quick; **агонізу́юча** agonizing, **пові́льна** slow ◊ **Маля́р поме́р пові́льною ~ю.** The artist died a slow death. **наси́льницька** violent; **близька́** imminent, **ві́рна** certain, **невідворо́тна** unpreventable ◊ **За відсу́тности пеніциліни с. від пневмо́нії була́ невідворо́тною.** In the absence of penicillin, death by pneumonia was unpreventable. **немину́ча** unavoidable, **неуни́кна** inevitable; **клі́ні́чна** clinical ◊ **Вона́ перебува́ла у ста́ні клі́ні́чної ~и.** She was in the state of clinical death. **безглу́зда** senseless, **глу́па** foolish, **дурна́** stupid, **непотрі́бна** unnecessary; **жахли́ва** awful, **мо́торошна** gruesome, **страхітли́ва** horrifying ◊ **Її пості́йно переслі́дує ду́мка про страхітли́ву с. в авіатро́щі.** She is constantly haunted by the thought of a horrifying death in an air crash. **ди́вна** strange, **непоя́снена** unexplained, **підозрі́ла** suspicious ◊ **Полі́ція розсте́жує ко́жен ви́падок підозрі́лої ~и окре́мо.** The police investigate each case of suspicious death separately. **таємни́ча** mysterious; **трагі́чна** tragic; **страшна́** horrible; **біологі́чна** biological, **приро́дна** natural, **фізіологі́чна** physiological; **духо́вна** *fig.* spiritual, **мора́льна** *fig.* moral, **політи́чна** *fig.* political; **потенці́йна** potential; **реа́льна** real; **неприро́дна** unnatural; **болю́ча** painful, **брута́льна** brutal, **жорсто́ка** cruel, **немилосе́рдна** merciless; **безбо́лісна** painless, **легка́** easy; **нелю́дська** inhumane; **безсла́вна** inglorious, **ганéбна** shameful, **жалюгі́дна** pathetic; **безстра́шна** fearless, **герої́чна** hero's, **зухва́ла** defiant, **сла́вна** glorious; **шляхе́тна** noble ◊ **Карти́на прославля́є шляхе́тну с. в ім'я́ свобо́ди.** The picture glorifies a noble death in the name of freedom. ♦ **голо́дна с.** a death of starvation; ♦ **лю́та с.** cruel death; ♦ **холо́дна с.** a death of cold
n. + **с. ескадро́н ~и** a death squad (**ви́рок** sentence ◊ **Ви́рок ~и прийняли́ на показо́вому суді́.** The death sentence was passed at a show trial. **ка́ра** penalty; **культ** cult, **та́бір** camp; **сце́на** scene); **причи́на ~и** the cause of death; ♦ **спра́ва життя́ і ~и** a matter of life and death
v. + **с. запо́діювати** + *D.* **с.** inflict death on sb ◊ **У на́паді ре́внощів вона́ заподі́яла с. чолові́кові.** In a fit of jealousy she inflicted death on her husband. (**зустріча́ти** meet; **означа́ти** mean ◊ **Його́ нака́з означа́в ві́рну с. для со́тні.** His order meant sure death for the company. **нести́** bring, **сі́яти** sow ◊ **Епіде́мія еспа́нського гри́пу сі́яла с. по всій Євро́пі.** The epidemic of Spanish flu sowed death all around Europe. **обма́нювати** cheat ◊ **Їй пощасти́ло обману́ти немину́чу с.** Then she was lucky enough to cheat unavoidable death. **відтяга́ти** delay; **приско́рювати** *or* **пришви́дшувати** hasten ◊ **Вона́ зна́ла, що курі́ння пришви́дшує с., але́ не могла́ ні́чого на це пора́дити.** She knew that smoking hastened her death, but could not do anything about it. **пережива́ти** experience ◊ **Сам лі́кар пережи́в клі́нічну с. і написа́в про це.** The doctor experienced a clinical death himself and wrote about it. **вдава́ти** fake ◊ **Він уда́в вла́сну с., щоб врятува́ти життя́.** He faked his own death, in order to save his life. **опла́кувати** mourn ◊ **Вони́ опла́кують с. ба́тька.** They are mourning their father's death. **реєструва́ти** record ◊ **Вла́да забороня́ла реєструва́ти ~і від го́лоду.** The authorities prohibited recording deaths of starvation. **розсте́жувати** *or* **розслі́дувати** investigate ◊ **Він розсте́жує с. банкі́ра.** He is investigating the banker's death. **ду́мати про** think about, **розду́мувати про** contemplate; **мсти́тися за** avenge) ◊ **Вона́ покляла́ся помсти́тися за с. товариші́в.** She gave an oath to avenge the death of her comrades. **боя́тися ~и** fear death ◊ **Миха́йло боя́вся ~и під колеса́ми авті́вки.** Mykhailo feared he would die under the wheels of a car. (**бу́ти сві́дком** witness; **ста́ти сві́дком** *pf.* become witness to ◊ **Па́ні В. ста́ла сві́дком ~и двох люде́й.** Mrs. V. became witness to the death of two people. **зазнава́ти** suffer ◊ **Вона́ не побажа́ла б найгі́ршому во́рогові зазна́ти тако́ї ~и.** She would not wish on her worst enemy to suffer such a death. **уника́ти** avoid; **чека́ти** await; **втіка́ти від** escape from; **наближа́тися до** approach; **бу́ти причи́ною** be the cause of ◊ **Переїда́ння є причи́ною вели́кого числа́ ~е́й.** Overeating is the cause of a huge number of deaths. **вести́ до** lead to, **призво́дити до** cause) ◊ **Землетру́с призві́в до ~и ти́сяч.** The earthquake caused the death of thousands. **запобіга́ти ~і** prevent death (**ки́дати ви́клик** defy) ◊ **О́льга ки́нула ви́клик самі́й ~і.** Olha defied death itself. **вмира́ти** *and* **помира́ти ~ю** die a death ◊ **Він волі́в жи́ти, як поме́рти герої́чною ~ю.** He preferred living to dying a hero's death.
с. + *v.* **настава́ти** happen ◊ **С. наста́ла пові́льно, але́ невідворо́тно.** The death

happened slowly, but irrevocably. **прихóдити** come, **трапля́тися** occur ◊ **Тут трапля́лися абсолю́тно безглу́зді ~і.** Absolutely senseless deaths occurred here. **наближа́тися** approach ◊ **Він відчува́в, як наближа́ється немилосе́рдна с.** He felt his merciless death approach.

prep. **до ~и** 1) before/to/till death ◊ **Васи́ль коха́в її до само́ї ~и.** Vasyl loved her all the way to his death. 2) ♦ *colloq.* like crazy, a lot ◊ **Мико́ла до ~и лю́бить пліткува́ти.** Mykola likes gossiping like crazy. ♦ **до ~и хоті́тися** + *inf.* to be dying to do sth ◊ **Га́нні до ~и хо́четься моро́зива.** Hanna is dying to have some ice cream. **на с.** to death ◊ **заби́ти** + *A.* **на с.** *pf.* beat sb to death (**заму́чити** + *A.* **на** *pf.* torture sb to, **затопта́ти** + *A.* **на** *pf.* trample sb to; **залоскота́ти** + *A.* **на** tickle sb to; **засу́джувати** + *A.* **на** condemn sb to, **прирі́кати** + *A.* **на** doom sb to) ◊ **Необа́чність прирекла́ їх на с.** Recklessness doomed them to death. **пе́ред ~ю** before death ◊ **Пе́ред ~ю, вона́ оприто́мніла.** Before dying, she regained consciousness. **пі́сля** *or* **по ~и** after death ◊ **Визна́ння прийшло́ до вче́ного пі́сля** *or* **по ~и.** Recognition came to the scientist after death. **про с.** about death ◊ **за́пис про с.** a death record, ◊ **оголо́шення про с.** a death notice, ◊ **по́свідка про с.** a death certificate; ♦ **гі́рший (від лю́тої) ~и** worse than cruel death ◊ **Життя́ се́ред цих люде́й для ньо́го гі́рше від лю́тої ~и.** Life among those people was worse than cruel death for him. ♦ **с. як** *and* **с. як** *and* **яки́й** + *pred. colloq.* like crazy, a lot, absolutely ◊ **Мела́нія с. як лю́бить чита́ти істори́чні рома́ни.** Melania absolutely loves reading historical novels. ◊ **В ю́ності він був с. яки́м вродли́вим.** In his youth, he was crazily handsome.

Also see **домови́на 2, кіне́ць 2, 3, моги́ла 2, труна́ 2.** *Cf.* **стра́та.** *Ant.* **життя́ 1, наро́дження**

смерч, *m.*, **~у**
twister, tornado

adj. **вели́кий** big, **величе́зний** enormous, **потужний** powerful ◊ **спра́вді поту́жний с.** a truly powerful twister; **руї́нівний** ruinous, **смерте́льний** deadly; **неба́чений** unprecedented ◊ **По степу́ проні́сся неба́чений за си́лою с.** A twister of unprecedented force swept across the steppe.

v. + **с. ба́чити с.** see a tornado ◊ **Вони́ впе́рше в житті́ ба́чили с.** They saw a tornado for the first time in their life. **попереджа́ти про с.** give a tornado warning; **втіка́ти від ~у** flee a tornado (**рятува́ти** + *A.* **від** rescue sb from) ◊ **Підва́л урятува́в їх від ~у.** The basement saved them from the twister.

с. + *v.* **наближа́тися до** + *G.* approach sth ◊ **До села́ з трі́скотом наближа́вся с.** A tornado was approaching the village with a rumble. **наліта́ти на** + *A.* strike sth ◊ **Упе́рше за столі́ття на мі́сто налеті́в с.** For the first time in a century, a twister struck the city. **спуска́тися** touch down; **проно́ситися** + *I. or* **по** + *L.* sweep through ◊ **С. проні́сся пі́вднем** *or* **по пі́вдню о́бласті.** A twister swept through the south of the province. **прохо́дити** + *I. or* **по** + *L.* come through; **завдава́ти шко́ди** + *D.* damage sth ◊ **С. завда́в шко́ди шко́лі.** The twister damaged the school. **зни́щувати** + *A.* destroy sth, **руйнува́ти** + *A.* ruin sth, **спусто́шувати** + *A.* devastate sth, **трощи́ти** + *A.* shatter sth

Cf. **буреві́й, бу́ря 1**

смета́н|а, *f., only sg.*
nonequiv. sour cream

adj. **сві́жа** fresh; **ста́ра** old; **густа́** thick; **ріdка́** thin; **жи́рна** heavy; **знежи́рена** fat free, **нежи́рна** low-fat, **двопроце́нтна** 2%, **п'ятипроце́нтна** 5%; **дома́шня** homemade, **фе́рмерська** farmer's

v. + **с. роби́ти ~у** make sour cream ◊ **Вона́ ро́бить вла́сну ~у.** She makes her own sour cream. (**розмі́шувати з** + *I.* mix with sth ◊ **~у тре́ба розміша́ти з цу́кром.** Sour cream should be mixed with sugar. **подава́ти** serve) ◊ **До варе́ників подаю́ть ~у.** Sour cream is served to go with dumplings. **налива́ти** + *D.* **~и** pour sb some sour cream ◊ **Він нали́в у сло́їк ~и.** He poured some sour cream in the jar. (**додава́ти** add, **подава́ти** + *D.* serve sb, **пропонува́ти** + *D.* offer sb) ◊ **Вона́ запропонува́ла го́стеві ~и.** She offered her guest some sour cream. **напо́внювати** + *A.* **~ою** fill sth with sour cream ◊ **Вона́ напо́внила сло́їк ~ою.** She filled the jar with sour cream.

с. + *v.* **гу́снути** thicken ◊ **За ніч с. загу́сла.** Overnight the sour cream thickened. **псува́тися** go bad

prep. **без ~и** without sour cream ◊ **Юрко́ їсть борщ без ~и.** Yurko has his borshch without sour cream. **зі ~ою** with sour cream ◊ **голубці́ зі ~ою** stuffed cabbage with sour cream; **у ~і** in sour cream ◊ **карто́пля, тушко́вана у ~і** potatoes stewed in sour cream

Cf. **вершки́ 1**

смисл, *m.*, **~у**
sense, meaning; goal, purpose; benefit, good ◊ **Оре́ст ужи́в сло́во в перено́сному ~і.** Orest used the word in a figurative sense. ◊ **Крім практи́чного, ї́хній крок ма́є політи́чний с.** Beside practical, their step has a political meaning. ◊ **Яки́й їй с. сиді́ти тут ці́лий день?** What is the benefit for her to sit around here all day?

See **зна́чення 2, суть.** *Also see* **змі́ст 1, розумі́ння 2, симво́ліка 2, сенс 1, толк 3**

смислов|и́й, *adj.*
of or pertaining to meaning, semantic, notional

с. + *n.* **с. аспе́кт** a semantic aspect, **с. відті́нок** a shade of meaning; **~а́ будо́ва сло́ва** the semantic structure of the word, ◊ **Прийме́нник «на» змі́нює всю ~у структу́ру фра́зи.** The preposition *on* alters the entire semantic structure of the expression. (**відмі́нність** difference); **~е́ наванта́ження** the semantic load ◊ **Оста́ннє сло́во несе́ вели́ке ~е́ наванта́ження.** The last word carries a great semantic load.

смі|ти, **~ють; по~**, *intr.*
to dare, have the courage to, be brave enough to + *inf.*

adv. **ле́две** scarcely ◊ **Він був таки́й переля́каний, що ле́две ~в ди́хати.** He was so frightened he scarcely dared breathe. **наси́лу** barely ◊ **Ори́ся наси́лу посмі́ла запере́чити ма́тері.** Orysia barely had the courage to object to her mother. ♦ **не ~й! (~йте!)** don't you dare! ◊ **Не ~йте вчи́ти мене́, що роби́ти!** Don't you dare teach me what to do! ♦ **~ю запита́ти** may I ask; ◊ **Як він ~є так себе́ пово́дити!** How dare he behave this way!

(по)смі́й!

Also see **відва́жуватися**

смі́т|ити, **смічу́**, **~ять; на~**, *intr.*
1 to litter, leave litter ◊ **Вони́ насмі́тили у віта́льні.** They littered the living room.

adv. **за́вжди́** always, **незмі́нно** invariably, **пості́йно** constantly; **скрізь** everywhere ◊ **Він скрізь ~ить.** He litters everywhere. **як свиня́** *pejor.* like a pig

prep. **с. по** + *L.* litter around *(space)* ◊ **Люд пості́йно ~ить по па́рку.** People constantly litter the park.

2 *fig., colloq.* to throw around + *I.* ◊ **Мико́ла поча́в безду́мно с. грі́шми.** Mykola started throwing money around thoughtlessly.

(на)смі́ти!

смі́тни́к, *m.*, **~а́**
1 dump, garbage dump, rubbish heap

adj. **вели́кий** large; **відкри́тий** open; **мі́ський** city; **нелега́льний** illegal ◊ **Скрізь навко́ло мі́ста нелега́льні ~и́.** Everywhere around the city there are illegal dumps.

v. + **с. вашто́вувати с.** arrange a dump ◊ **Вони́ влаштува́ли у дворі́ музе́ю с.** They arranged a garbage dump in the museum courtyard. (**роби́ти** make; **викида́ти** + *A.* **на** throw sth on, **висипа́ти** + *A.* **на** dispose of sth on, **зва́лювати** + *A.* **на** dump sth on, **вивó зити** + *A.* **на** take sth out to; **перетво́рювати** + *A.* **на** turn sth into) ◊ **Страйк перетвори́в мі́сто на с.** The strike turned the city into a garbage dump. **копоши́тися в ~у́** rummage in/through a dump ◊ **Поліці́янти копоши́лися у ~у́, шука́ючи щось.** Policemen were rummaging through the dump, looking for something. (**ла́зити по** wander around)

prep. **на с.** *dir.* to a garbage dump ◊ **Відхо́ди виво́зять на мі́ський с.** The waist is taken out to the city garbage dump. **на ~у́** *posn.* on a dump ◊ **Ті́ло знайшли́ на ~у́.** The body was found on a garbage dump.

2 *fig.* pigsty, dump

adj. **брудни́й** filthy, **оги́дний** repulsive, **смердя́чий** stinking, **страшни́й** awful; **спра́вжній** real ◊ **За кі́лька днів вони́ перетвори́ли помé шкання на спра́вжній с.** In a few days, they turned the apartment into a real garbage dump.

♦ **с. істо́рії** dustbin of history

3 trash can, garbage can

adj. **невели́кий** small; **дерев'я́ний** wooden, **металéвий** metal, **пластма́совий** plastic

v. + **с. випоро́жнювати с.** empty a trash can ◊ **Вона́ ви́порожнила с. на зе́млю.** She emptied the trash can on the ground. (**висипа́ти** unload, **переверта́ти** overturn, **ста́вити** put ◊ **Він поста́вив металéвий с. у куто́к.** He put the metal trash can in the corner. **викида́ти** + *A.* **в** toss sth in ◊ **Розірва́вши докуме́нт, дире́ктор ви́кинув його́ у с. під сто́лом.** Having ripped the document, the director tossed it in the trash can under the table. **викида́ти** + *A.* **до ~а́** toss sth in a garbage can

с. + *v.* **переверта́тися** overturn; **стоя́ти** stand ◊ **За буди́нком стоя́ть два ~и́.** There are two trash cans standing behind the building.

смі́тт|я́, *nt., only sg.*
1 garbage, junk, rubbish, waste

adj. **дома́шнє** household, **ку́хонне** kitchen; **органі́чне** organic, **папе́рове** paper; **канцеля́рське** office

v. + **с. викида́ти с.** throw out garbage (**вивó зити** ferry out ◊ **До́сі с. виво́зили за мі́сто.** Until now, the garbage was ferried outside the city. **вино́сити** take out; **висипа́ти** unload, **зва́лювати** dump; **зако́пувати** bury; **лиша́ти** leave ◊ **Студе́нти лиши́ли с. в чита́льній кімна́ті.** The students left garbage in the reading room. **підбира́ти** pick up; **пали́ти** burn, **переробля́ти** process, **спа́лювати** incinerate; **розсипа́ти** scatter) ◊ **Вантажі́вка розсипа́ла с. скрізь по ву́лиці.** The truck scattered garbage everywhere on the street. **позбува́тися с.** get rid of garbage; ♦ **вино́сити с. з ха́ти** to wash one's dirty linen in public ◊ **Вони́ ви́рішили не роби́ти сканда́лу, щоб не вино́сити с. з ха́ти.** They decided not to make a scandal so as not to wash their dirty linen in public. ♦ **як с.** a lot, galore ◊ **Вона́ ма́є зіпсо́ваних годи́нників, як с.** She has broken watches galore.

Cf. **відхо́ди**

2 *fig., colloq.* junk, trash, rubbish ◊ **До́пис був по́вен слове́сного с.** The post was full of verbal rubbish. ◊ **Для одни́х це абстра́ктне мисте́цтво, а для і́нших – очеви́дне с.** For certain people this is abstract art, for others obvious rubbish.

сміх, *m.*, **~у**, *only sg.*
laughter; *fig.* ridicule

adj. **весе́лий** happy, **ра́дісний** joyful; **гомери́чний** Homeric, **гучни́й** loud, **дзвінки́й** reverberating, **оглу́шливий** deafening ◊ **Її го́лос потону́в у оглу́шливому ~у.** Her voice drowned in the deafening laughter. **беззву́чний** silent, **приглу́шений** muffled, **приду́шений** repressed, **тихе́нький** *dim.* quiet, **ти́хий** quiet; **до́брий** kind, **добрози́чливий** friendly; **дитя́чий** children's ◊ **Ната́лю заспоко́ював дитя́чий с. знадво́ру.** Children's laughter from the outside calmed Natalia down. **жіно́чий** women's; **чолові́чий** men's; **злий** mean, **злі́сний** malicious ◊ **С. старо́го чаклуна́ був злі́сним.** The old warlock's laughter was malicious. **знева́жливий** spiteful, **знуща́льний** mocking, **лихи́й** nasty, **недобрози́чливий** unfriendly, **прези́рливий** disdainful; **зара́зний** infectious ◊ **Ві́ра має зара́зний с.** Vira has infectious laughter. **божеві́льний** insane, **ди́кий** wild, **дику́нський** savage, **істери́чний** hysterical, **маніяка́льний** maniacal; **неконтрольо́ваний** uncontrollable, **нестри́мний** irrepressible; **нерво́вий** nervous ◊ **Васи́лів нерво́вий с. ле́две прихо́вував його́ триво́гу.** Vasyl's nervous laughter barely concealed his anxiety. **п'я́ний** drunken ◊ **Із сусі́дньої кварти́ри чу́ти ви́бухи п'я́ного ~у.** Bursts of drunken laughter are heard from the neighboring apartment.

n. + **с. ви́бух ~у** a burst of laughter (**на́пад** fit; **рев** roar; **хви́ля** wave) ◊ **Коридо́ром прокоти́лася хви́ля ~у.** A wave of laughter rolled through the corridor.

v. + **с. виклика́ти с.** elicit laughter ◊ **Алли́н акце́нт ча́сто виклика́в с.** Alla's accent often elicited laughter. (**провокува́ти** provoke; **души́ти** choke back, **контролюва́ти** control, **потамо́вувати** suppress, **стри́мувати** hold back, **хова́ти** hide) ◊ **Він ле́две хова́в с.** He was barely hiding his laughter. **вибуха́ти ~ом** burst into laughter ◊ **Глядачі́ ви́бухнули ~ом.** The viewers burst into laughter. (**залива́тися** *and* **заляга́тися** dissolve into) ◊ **Хри́стя залива́лася** *and* **заляга́лася ~ом від ко́жного його́ жа́рту.** Khrystia dissolved into laughter at his every joke. **вереща́ти від** *or* **зі ~у** scream with laughter (**ви́ти від** howl with; **кача́тися від** roll with ◊ **Слухачі́ кача́лися зі ~у.** The listeners were rolling with laughter. **лу́скати** *or* **розрива́тися зі, труси́тися від** shake with) ◊ **Її пле́чі труси́лися від ~у.** Her shoulders shook with laughter. ♦ **наро́бити собі́ ~у** *only pf.* to make a fool of oneself ◊ **Іва́н лише́ наро́бить собі́ ~у пе́ред коле́гами.** Ivan will only make a fool of himself in front of his colleagues.

с. + *v.* **луна́ти** resonate ◊ **Скрізь луна́в с.** Laughter resonated everywhere. **розно́ситися** spread; **чу́тися** be heard; **души́ти** + *A.* choke with ◊ **Ларису души́в с.** Larysa choked with laughter. **охо́плювати** + *A.* overtake sb ◊ **Його́ охопи́в істери́чний с.** He was overtaken by hysterical laughter. **розбира́ти** + *A.* overcome sb ◊ **Стефа́на розібра́в неконтрольо́ваний с.** Stefan was overcome with uncontrollable laughter.

prep. **без ~у** without laughing ◊ **Зе́ня не мо́же диви́тися фільм без ~у.** Zenia cannot watch the film without laughing. **зара́ди ~у** for laughs ◊ **Це тре́ба зроби́ти серйо́зно, а не зара́ди ~у.** You need to do it in earnest and not for laughs. **зі ~у** with laughter ◊ **Вони́ про́сто вмира́ли зі ~у.** They were simply dying with laughter. **зі ~ом** with laughter ◊ **Ді́ти розбі́глися з ра́дісним ~ом.** The children dispersed with joyful laughter. **на с.** for ridicule ♦ **підійма́ти** + *A.* **на с.** to ridicule sb/sth ◊ **Вона́ підняла́ на с. усе́, що розпові́в Оста́п.** She ridiculed everything Ostap had told. ♦ **бу́ти (ста́ти)** + *D.* **не до ~у** to be in no mood for laughter, be past laughter ◊ **Їм не до ~у.** They are in no mood for laughter. ♦ **як на с.** as if on purpose ◊ **Не встигла Марі́я ви́йти надві́р, а тут, як на с., почала́ся зли́ва.** No sooner had Maria gone outside when, as if on purpose, it started pouring. ♦ **с. крізь сльо́зи** laughter through tears

смішн|и́й, *adj.*
funny, comical

adv. **вкрай** extremely, **ґеніа́льно** brilliantly, **до́сить** fairly, **доста́тньо** sufficiently; **ду́же** very; **божеві́льно** crazily, **ґроте́скно** grotesquely; **надзвича́йно** unusually, **несамови́то** insanely, **до сліз** to tears, **страше́нно** terribly; **напра́вду** really, **спра́вді** truly; **навдиво́вижу** surprisingly; **ненаві́рено** unintentionally, **несподі́вано** unexpectedly; **ма́йже** almost, **тро́хи** a little ◊ **Вони́ потра́пили у тро́хи ~е стано́вище.** They ended up in a somewhat funny situation. **зо́всім не** not at all, **не зо́всім** not entirely, **нітро́хи не** not in the least

v. + **к. бу́ти ~им** be funny (**вигляда́ти** look ◊ **У капелю́сі Ма́рта вигляда́є ~о́ю.** Marta looks funny in the hat. **виявля́тися** turn out ◊ **Він ви́явився тро́хи ~и́м, а тро́хи ди́вним.** He turned out to be a little funny, and a little strange. **здава́тися** + *D.* seem to sb; **роби́ти** + *A.* make sth ◊ **Си́льний акце́нт роби́в її англі́йську мо́ву ~о́ю до сліз.** The heavy accent made her English funny to tears. **става́ти** become) ◊ **Під кіне́ць п'є́са ста́ла ґроте́скно ~о́ю.** Towards the end, the play became grotesquely funny.

Also see **куме́дний**. *Ant.* **трагі́чний**

смі́шно, *adv., pred.*
1 *adv.* funny, in a funny way ◊ **Розмовля́ючи, Кали́на с. жестикулю́вала.** While speaking, Kalyna gestured in a funny way. ◊ **Він захихи́кав так с., що всі навко́ло розреготáлися.** He giggled in such a funny way that all those around burst out laughing.

See **смішни́й**

2 *pred.* funny, laughable, ridiculous + *D.*

v. + **с. бу́ти с.** be funny ◊ **Миха́йлові с. ду́мати про весі́лля.** It is ridiculous for Mykhailo to think about the wedding. (**става́ти** feel) ◊ **Йому́ ста́ло с. у найбі́льш невідпові́дну мить.** He felt like laughing at the most inappropriate moment.

смі|я́тися, ~ю́ться; за~, роз~, *intr.*
1 to laugh; *pf.* **за~** *and* **роз~** to start laughing, *pf.* **по~** to laugh *(for a while)*, have a laugh

adv. **бага́то** hard, **від душі́** heartily ◊ **Вони́ від душі́ посмія́лися на спекта́клі.** They laughed heartily at the performance. **ду́же** a lot; **спра́вді** really; **всього́-на́-всього́** merely ◊ **На ко́жне звинува́чення Пара́ска всього́-на́-всього́ ~я́лася.** To every accusation, Paraska merely laughed. **про́сто** simply; **ве́село** happily ◊ **Вони́ ве́село засмія́лися** *or* **розсмія́лися.** They started laughing happily. **задово́лено** contentedly, **з приє́мністю** with pleasure ◊ **Коли́ все це мине́, мо́жна бу́де з приє́мністю по~ з на́ших по́милок.** When all this is over will we be able to laugh at our mistakes with pleasure. **ра́дісно** joyfully, **щасли́во** happily; **гомери́чно** Homerically ◊ **Пое́т уже́ чув, як кри́тики гомери́чно ~ю́ться з його́ збі́рки.** The poet already heard his critics laugh Homerically at his collection. **го́лосно** *and* **гу́чно** loudly, **оглу́шливо** deafeningly ◊ **Кінотеа́тр оглу́шливо ~я́вся.** The movie theater was laughing deafeningly. **беззву́чно** silently, **приглу́шено** in a muffled manner, **тихе́нько** *dim.* quietly, **ти́хо** quietly; **крадькома́** furtively ◊ **Усі́ крадькома́ ~я́лися з Лі́ни.** Everyone furtively laughed at Lina. **доброду́шно** good-naturedly, **добрози́чливо** amicably; **злі́сно** maliciously, **зло** in an evil way, **злі́бно** meanly; **загро́зливо** menacingly, **мо́торошно** macabrely, **поню́ро** gloomily; **знева́жливо** spitefully, **зі знуща́нням** mockingly, **прези́рливо** disdainfully; **саркасти́чно** sarcastically; **ціні́чно** cynically; **зара́зно** infectiously ◊ **О́ля зара́зно ~я́лася.** Olia laughed in an infectious manner. **божеві́льно** insanely, **ди́ко** wildly, **по-дику́нськи** savagely, **істери́чно** hysterically, **маніяка́льно** maniacally; **неконтрольо́вано** uncontrollably, **нестри́мно** irrepressibly; **нерво́во** nervously; **бо́язко** sheepishly, **несмі́ливо** timidly; **несподі́вано** unexpectedly ◊ **Він несподі́вано засмія́вся.** Unexpectedly he started laughing. **ра́птом** suddenly; **ма́йже** almost, **тро́хи не** all but; **тро́хи** for a while ◊ **Тро́хи посмія́вшись, ді́ти заспоко́їлися.** Having laughed for a while, the children calmed down. **перемо́жно** triumphantly; **безпора́дно** helplessly, **кво́ло** weakly; **че́мно** politely; **су́хо** drily; **ви́клично** defiantly, **з ви́кликом** with defiance; **відкри́то** openly; **ви́мушено** in a strained manner, **неприро́дно** unnaturally ◊ **Фе́дір ~я́вся я́кось неприро́дно.** Fedir laughed in an unnatural manner. **нещи́ро** insincerely, **перебі́льшено** exaggeratedly, **удава́но** affectedly, **фа́льшиво** in a phony way, **шту́чно** artificially

v. + **с. люби́ти** like to ◊ **Вона́ лю́бить від душі́ по~.** She likes to have a hearty laugh. **намага́тися** try to; **не могти́ не** cannot help; **хоті́ти** want to; **почина́ти** begin to, **не перестава́ти** not to stop ◊ **Протягом годи́ни вони́ не перестава́ли с.** They would not stop laughing for an hour. **перестава́ти** stop; **навчи́тися** *pf.* learn ◊ **Йому́ слід навчи́тися с., коли́ все здає́ться втра́ченим.** He should learn to laugh when all seems lost. **змýшувати** + *A.* make sb ◊ **Наві́ть улю́блений ко́мік не міг зму́сити її с.** Even her favorite comedian could not make her laugh.

prep. **с. від** + *G.* laugh with *(emotion)* ◊ **Вони́ засмія́лися від поле́гшення.** They laughed with relief. **с. з** + *G.* laugh at sth ◊ **Га́нна ~я́лася з ко́жного жа́рту.** Hanna laughed at every joke. **с. (ра́зом) з** + *I.* laugh (together with sb) ◊ **Студе́нти ~я́лися ра́зом із викладаче́м.** The students laughed together with the instructor. ♦ **с. крізь сльо́зи** to laugh through tears; ♦ **с. на ку́тні (зу́би)** to cry ◊ **~єте́ся з чужо́го го́ря? А щоб ви ~я́лися на ку́тні (зу́би)!** You laugh at somebody else's misfortune? I hope you cry!

2 laugh at, mock, jeer at

adv. **безжа́льно** ruthlessly ◊ **У шко́лі з Левка́ безжа́льно ~я́лися.** At school, they ruthlessly jeered at Levko. **в'ї́дливо** bitingly, **жорсто́ко** cruelly, **немилосе́рдно** mercilessly; **з прези́рством** with disdain, **прези́рливо** scornfully; **грайли́во** playfully, **ле́гко** gently, **по-дру́жньому** amicably; **то́нко** subtly, **тро́хи** a little; **відве́рто** frankly, **відкри́то** openly, **в о́чі** *or* **у ві́чі** to the face ◊ **Ді́вчина ~я́лася з Па́влових почу́ттів про́сто йому́ в о́чі.** The girl mocked Pavlo's feelings straight to his face.

prep. **с. з** + *G.* jeer at ◊ **Із президе́нта всі ~лися.** Everybody laughed at the president. **с. над** + *I.* jeer at sb ◊ **Над ни́ми ~ю́ться.** They are being jeered at.

See **глузува́ти 1**. *Also see* **жартува́ти 2, насміха́тися, ті́шитися 3**

3 to joke, fool around ◊ **Ви ~єте́ся, чи серйо́зно?** Are you joking or in earnest?

See **жартува́ти 1**. *Also see* **глузува́ти 2, гра́тися 3**

(по)смі́йся!

сморі́|д, *m.*, **~оду**, *only sg.*
stench, stink

adj. **блюво́тний** nauseating, **відворо́тний** repugnant, **го́стрий** acute, **нестéрпний** unbearable, **оги́дний** disgusting, **си́льний** powerful; **жахли́вий** horrible, **страшни́й** terrible; **гнили́й** putrid

v. + **с. чу́ти с.** smell stench ◊ **Він чув страшни́й с. її хво́рих зу́бів.** He smelled the terrible stench of her bad teeth. **запо́внюватися ~одом** fill with stench ◊ **Кімна́та запо́внилася гнили́м ~одом.** The room filled with a putrid stench.

с. + *v.* **прони́кати в** + *A.* penetrate sth ◊ **С. сме́рті, здає́ться, прони́к у ко́жну шпари́ну коли́шньої катівні.** The stench of death seems to have penetrated every crack of the former

torture house. **ширитися** + *I. or* **по** + *L.* spread through *(space)* ◊ **С. каналізації ширився містом** *or* **по місту.** The stench of the sewer was spreading through the city.
See **запах.** *Ant.* **аромат**

смý|га, *f.*, **~ги**
1 strip, strap, stripe, streak, line
adj. **вузенька** *dim.* narrow ◊ **На підлогу падала вузенька с. сонячного світла.** A narrow strip of sunlight fell on the floor. **вузька** narrow, **тоненька** *dim.* thin, **тонка** thin, **широка** wide ◊ **широка с. пшениці** a wide strip of wheat; **довга** long, **коротка** short; **біла** white, **брунатна** brown, **сіра** gray, **червона** red, **чорна** black, *etc.* **вертикальна** vertical, **горизонтальна** horizontal, **діагональна** diagonal; ♦ **злітна с.** a runway ◊ **Злітна с. покрита снігом.** The runway is covered with snow.
v. + **с. залишати** *or* **лишати ~гу** leave a streak ◊ **Літак лишав після себе білу ~гу.** The airplane was leaving behind a white streak. (**проводити** draw, **утворювати** form; **ставати в** stand in) ◊ **Люди стали у ~гу.** The people stood in line.
с. + *v.* **виднітися** be seen ◊ **Внизу видніється блакитна с. каналу.** Underneath, a blue stripe of the canal is visible. **пролягати** *and* **проходити по** + *L.* run through sth ◊ **Брунатна с. проходила через поле.** The brown stripe ran through the field.
prep. **у ~ги** in/of stripes ◊ **матерія у жовті й сині ~ги** the cloth in yellow and blue stripes
Also see **стрічка 2**
2 welt, stripe, mark ◊ **По її спині проходили червоні ~ги від нагайки.** Red whip stripes ran down her back. ◊ **Його руки покривали темні ~ги.** Dark stripes covered his hands.
See **знак 2**
3 zone, area, belt, stretch, sector ◊ **Містечко оточує лісова с.** The township is surrounded by a forest belt. ◊ **У південній ~зі країни пустеля.** There is a desert in the southern area of the country.
See **зона 1.** *Also see* **пояс 3**
4 *fig.* period, spell, interval, stretch ◊ **~зі невдач не було кінця.** There was no ending to the spell of bad luck. ◊ **с. політичних потрясінь** a period of political upheavals
See **період 1, доба 2**
prep. **на ~зі** on a strip ◊ **Коні паслися на ~зі незораного поля.** The horses grazed on the strip of unplowed field.

смýж|ка, *f.*
1 strip, slip, shred
с. + *n.* **с. матерії** a strip of cloth ◊ **Таня зробила коц із барвистих ~ок матерії.** Tania made a blanket of colorful strips of cloth. (**паперу** paper; **землі** ground, **лісу** forest, **поля** field, **степу** steppe)
prep. **у ~ку** striped, stripy, in stripes ◊ **На Ларисі сірий діловий костюм у чорну ~ку.** Larysa has on a gray business suit in black stripes.
See **смуга 1, 2, 3**
2 streak, puff ◊ **За трактором тягнулася с. диму.** A streak of smoke stretched behind the tractor.
с. + *n.* **с. диму** a puff of smoke (**пари** steam) ◊ **Чайник випустив ~ку пари і засвистів.** The kettle released a puff of steam and gave a whistle.
prep. **на ~ку** *dir.* on/to a strip; **на ~ці** *posn.* on a strip

смýт|ок, *m.*, **~ку**, *only sg.*
sadness, melancholy
adj. **безконечний** endless, **безмежний** boundless; **великий** great, **глибокий** deep, **неабиякий** extraordinary, **невимовний** unspeakable, **неймовірний** incredible, **правдивий** genuine, **справжній** real, **щирий** true; **легкий** mild, **світлий** radiant; **тихий** quiet
n. + **с. відчуття ~ку** a sense of sadness (**нота** note; **почуття** feeling ◊ **Мирослав ніяк не міг позбутися гнітючого почуття ~ку.** Myroslav could in no way get rid of a depressing feeling of sadness. **слід** trace, **хвиля** wave)
v. + **с. бачити с.** see sadness ◊ **Він бачив глибокий с. у усмішці мадонни.** He saw deep sadness in Madonna's smile. (**викликати** cause; **відчувати** feel; **навіювати** *or* **наводити, наганяти на** + *A.* bring sb ◊ **Мелодія навіювала на Марію легкий с.** The melody brought Maria mild sadness. **долати** overcome, **пересумувати** *pf.* get the better of; **приносити** + *D.* bring sb; **полегшувати** + *D.* alleviate for sb) ◊ **Робота полегшує їй с.** Work alleviates her sadness. **бути сповненим ~ку** be filled with sadness (**плакати від** cry with); **переповнюватися ~ком** be filled with sadness
с. + *v.* **обіймати** *or* **облягати, опановувати** + *A.* overtake sb ◊ **Легкий с. опанував Сашка.** Gentle sadness overtook Sashko. **охоплювати** + *A.* overwhelm sb; **підкрадатися до** + *G.* creep over sb ◊ **С. підкрався Дані до серця.** Sadness crept over Dana's heart.
prep. **у ~ку** in sadness, sad ◊ **Усі у глибокому ~ку.** Everybody is deeply sad. **від** *or* **зі ~ку** with sadness ◊ **Він готовий плакати від** *or* **зі ~ку.** He is ready to weep with sadness. ♦ **до (синього) ~ку** up to the eyeballs, a lot ◊ **Михайлина завантажена роботою до синього ~ку.** Mykhailyna is saddled with work up to her eyeballs. **зі ~ком** with sadness ◊ **Лікарка усміхалася зі ~ком в очах.** The (female) doctor was smiling with sadness in her eyes. **с. через** + *A.* sadness over/at/about sth ◊ **с. через їхнє розлучення** sadness over their separation
See **почуття.** *Also see* **горе, меланхолія, туга 2.** *Ant.* **радість, щастя**

снаг|á, *f.*, *only sg.*
1 strength, energy, vigor; ability, capacity ◊ **Наталці вистачає ~ги дати раду цьому типові.** Natalka has enough ability to handle this character. ◊ **Під кінець дня в них не лишається ~ги.** By the end of the day, they have no energy left.
prep. **без ~ги** without energy; ♦ **бути** + *D.* **до ~ги** to be capable of, be within sb's ability ◊ **Скласти великий словник було до ~ги лише групі вчених.** Only a group of scholars was capable of putting together a big dictionary. **з усієї ~ги** with all one's strength
See **сила 1.** *Also see* **енергія 2**
2 *fig.* drive, urge, passion; motivation ◊ **Віктор узявся до роботи з новою ~гою.** Viktor got down to work with a new drive. ◊ **Її статева с. здавалася невичерпною.** Her sexual drive seemed to be inexhaustible.
See **запал.** *Also see* **енергія 2**
3 *fig.* will, desire ◊ **Відчуття гіркої поразки позбавило їх ~ги до боротьби.** The sense of defeat deprived them of the will to fight.
See **бажання 1.** *Also see* **жадання 1**
4 thirst ◊ **Його губи пересохли від ~ги.** His lips got parched with thirst.
See **спрага 1.** *Also see* **жага 1**
L. **у ~зі**

сн|итися, **~яться; при~**, *intr.*
to dream of, have dreams, see in a dream, appear in a dream + *D.* ◊ **Що вам ~илося?** What did you dream of?
adv. **завжди** always, **знову** again ◊ **Олі знову ~илися вакації в Альпах.** Olia dreamed of a vacation in the Alps again. **іноді** sometimes, **рідко** rarely, **часом** at times ◊ **Часом Яремі ~иться, що він літає, неначе птах.** At times Yarema dreams that he flies like a bird. **ніколи не** never ◊ **Катрусі ніколи нічого не ~иться.** Katrusia never dreams of anything. ♦ **й уві сні не ~илося (~иться)** + *D.* + *inf.* *(of an idea)* to never cross sb's mind, never occur to sb ◊ **Дівчині й уві сні не ~илося довірятися Стефанії.** It never even crossed the girl's mind to confide in Stefania.
(**при**)**снися!**

сніг, *m.*, **~у**
snow
adj. **густий** thick, **сильний** heavy; **дрібний** fine, **легенький** *dim.* light ◊ **Землю притрусило легеньким ~ом.** *impers.* Light snow dusted the ground. **легкий** light; ♦ **лапатий с.** large flakes of snow ◊ **Пішов лапатий с.** Large flakes of snow began to fall. **м'який** soft, **пухнастий** fluffy, **розсипчастий** powdery; **новий** new, **перший** first, **свіжий** fresh; **весняний** spring, **зимовий** winter, **листопадовий** November; **новорічний** New Year, **різвяний** Christmas; **білий** white, **жовтий** yellow, **рудий** red, **сірий** gray; **сліпучий** blinding; **глибокий** deep, **непрохідний** impassible; **утоптаний** packed, **утрамбований** compacted ◊ **Вона йшла по втрамбованому ~ý.** She walked on the compacted snow. **замерзлий** frozen, **мокрий** wet, **розталий** *or* **талий** melted ◊ **Від талого ~у ґрунтова дорога стала болотом.** The dirt road turned to mud with melted snow. **хрусткий** crisp ◊ **Хрусткий с. рипів під ногами.** Crisp snow crunched under the feet. **твердий** hard; **несподіваний** unexpected, **раптовий** sudden; **штучний** artificial
n. + **с. грудка ~у** a lump of snow ◊ **грудка ~у** a lump of snow (**замет** bank, **кучугура** drift, **килим** carpet; **купа** pile; **жменя** handful, **смуга** stretch; **стіна** wall; **хмара** cloud; **шар** layer; **вантажівка** truckload; **метр** meter, **пів метра** half a meter, **сантиметр** centimeter)
v. + **с. відгортати с.** plow the snow ◊ **Вони відгортали с. спеціяльно пристосованою вантажівкою.** They plowed the snow with a specially fitted truck. (**відкидати** shovel, **змітати** sweep away, **підмітати** sweep; **зчищати** brush; **нести** blow *(of wind)*; **обтрушувати** shake off ◊ **Сергій обтрусив с. із капелюха.** Serhii shook the snow off his hat; **заповідати** forecast ◊ **Заповідають сильний с.** Heavy snow was in the forecast. **очікувати** expect; **плентатися через** trudge through ◊ **Вони пленталися через глибокий с.** They trudged through deep snow. **пробиратися через** struggle through); **покривати** + *A.* **~ом** cover sth with snow (**покриватися** get covered with); **йти по ~ý** walk through the snow. ♦ **боятися** + *G.* **як торішнього ~у** to be not at all afraid of sth/sb ◊ **Роман боявся брата, як торішнього ~у.** Roman was not one bit scared of his brother; ♦ **як с. на голову** like a bolt from the blue
с. + *v.* **йти** come down, **падати** fall ◊ **Там рідко коли падає сильний с.** Heavy snow rarely ever falls here. ♦ **Падає с.** It's snowing. **крутитися** swirl ◊ **Скрізь навколо крутився густий с.** Thick snow swirled all around. **лежати** lie ◊ **Від дороги до обрію лежав білий сліпучий с.** White blinding snow lay from the road to the horizon. **летіти** fly, **збиратися** pile up, **накопичуватися** accumulate; **насипатися** pile ◊ **За кілька годин насипалося пів метра ~у.** In a few hours, there piled half a meter of snow. **покривати** + *A.* cover sth, **проникати в** + *A.* penetrate sth; **розтавати** thaw, **танути** melt ◊ **Вдень с. починав танути.** During the day, the snow started melting.
prep. **в ~ý** in snow, covered in snow ◊ **Вони качалися у ~ý** .They were rolling in the snow. **на ~ý** on snow ◊ **сліди лисиці на ~ý** fox tracks on the snow; **під ~ом** under the snow ◊ **Хризантеми опинилися під ~ом.** The mums ended up under the snow. **по ~ý** across the snow
N. pl. **~и**

сніго́в|и́й, *adj.*
snow, of or pertaining to snow
с. + *n.* **с. намет** a snow bank (**покрив** cover; **халат** camouflage) ◊ **Вояки одягнені у ~і халати.** The soldiers have snow camouflages on. **~á бýря** a snow storm (**вершина** peak; **гірка** hill; **лавина** avalanche; **лінія** line, **пустеля** desert)

◊ **Краєви́д був ~ою пусте́лею.** The landscape was a snow desert. **~а́ ба́ба** a snowman ◊ **Ді́ти зліпи́ли ~у́ ба́бу.** The children made a snowman.

сніговi|й, *m.*, **~ю**
blizzard, snow blizzard
adj. **вели́кий** big, **лю́тий** fierce, **си́льний** heavy, **скаже́ний** violent, **шале́ний** furious ◊ **Над мі́стом лютува́в шале́ний с.** A furious snow blizzard raged over the city. **непрогля́дний** impenetrable ◊ **Вони́ зби́лися з доро́ги в непрогля́дному ~ї.** They lost their way in an impenetrable blizzard. **зимо́вий** winter; **спра́вжній** real
v. + **с. йти назу́стріч ~єві** *fig.* brave a blizzard ◊ **Він, напе́вно, збожево́лів, ідучи́ назу́стріч лю́тому ~єві.** He must have lost his mind braving the fierce blizzard. **с.** + *v.* **лютува́ти** rage, **налiта́ти на** + *A.* strike sth ◊ **На ху́тір нале́тів с.** A blizzard struck the homestead. **почина́тися** start, **розбу́рхатися** *and* **розгуля́тися** *pf.* break loose ◊ **Пі́сля пі́вночі розгуля́вся спра́вжній с.** A real blizzard broke loose after midnight.
prep. **у с.** *dir.* into a blizzard ◊ **Мандрівники́ ви́рушили у с.** The travelers set out into the blizzard. **у ~ї** *posn.* in a blizzard ◊ **Він нічо́го не ба́чив у ~ї.** He saw nothing in the blizzard. **че́рез с.** through a blizzard ◊ **Вона́ пробра́лася до та́бору че́рез си́льний с.** She made it to the camp through a heavy blizzard.

сніда́н|ок, *m.*, **~ку**
breakfast
adj. **вели́кий** big, **гі́дний** *colloq.* decent ◊ **Упе́рше за оста́нні дні Іва́нна ї́ла гі́дний с.** For the first time in recent days, Ivanna was having a decent breakfast. **нале́жний** proper; **до́брий** *or* **смачни́й** tasty; **си́тий** hearty, **си́тний** substantial, **солі́дний** solid; **легки́й** light, **скро́мний** modest ◊ **Пі́сля скро́много ~ку Си́мон зно́ву зголоднів.** After a modest breakfast, Symon got hungry again. **традиці́йний** traditional; **украї́нський** Ukrainian ◊ **На столі́ стоя́в украї́нський с.** A Ukrainian breakfast was on the table. **гаря́чий** hot; **здоро́вий** healthy; **робо́чий** working ◊ **Вони́ зустрі́лися за робо́чим ~ком.** They got together at a working breakfast. **зімпровізо́ваний** impromptu, **поспі́шний** hasty, **швидки́й** quick; **до́вгий** long; ♦ **дру́гий с.** *or* **снобі́д** a brunch; **пі́зній** late, **ра́нній** early
v. + **с. готува́ти с.** prepare breakfast ◊ **Ба́тько готу́є с. для всіє́ї роди́ни.** Father prepares breakfast for the entire family. (**подава́ти** + *D.* serve sb; **пропуска́ти** skip ◊ **Рома́н пропусти́в с.** Roman skipped breakfast. **домовля́тися про** agree to have ◊ **Вони́ домо́вилися про с.** They agreed to have breakfast. **накрива́ти на** set the table for)
prep. **без ~ку** without breakfast ◊ **Ді́ти лиши́лися без ~ку.** The children remained without breakfast. **за ~ком** at/during breakfast; **на с.** for breakfast ◊ **На с. Ю́рій випива́в ка́ву з рога́ликом.** For breakfast, Yurii had coffee with a roll.
Cf. **вече́ря, обі́д 1**

сні́да|ти, **~ють; по~**, *intr.*
to have breakfast + *I.* ◊ **О́ля ~є кукуру́дзяними пластівця́ми з молоко́м.** Olia has cornflakes with milk for breakfast. ◊ **Вони́ ле́гко по~.** They had a light breakfast.
(по)сніда́й!
Cf. **вече́ряти, обі́дати**

соба́|ка, *m. and f.*
dog ◊ **Кудла́тий с. ки́нувся до Полі́ни, ра́дісно маха́ючи хвосто́м.** A shaggy dog dashed to Polina, wagging his tail joyfully. ◊ **На́ ніч він спуска́в ~к.** He would unleash the dogs for the night. ♦ **бу́ти голо́дним, як с.** to be ravenously hungry; ♦ **стоми́тися, як с.** to get dog-tired; ♦ **жи́ти, як с. з кі́шкою** to live a cat-and-dog life; ♦ **ось де с. зари́тий** this is where the shoe pinches; ♦ **(як) с. на сі́ні** *fig.* a dog in the manger
prep. **на ~ці** on a dog
See **пес.** *Also see* **су́ка 1**

соба́ч|ий, *adj.*
1 dog's, dog, canine, of or pertaining to dog ◊ **Чу́вся с. га́вкіт.** Dog's barking was heard. **~а бу́да** a dog-kennel; **~а згра́я** a pack of dogs
2 *fig.* doggish, doggy, doglike ◊ **~а ві́рність** a doglike devotion; ◊ **Марко́ диви́вся на не́ї ~ими очи́ма.** Marko was looking at her with doggy eyes.
3 *fig.* dreadful, harsh, wretched, tough, terrible ◊ **с. хо́лод** bitter cold; **~а робо́та** hard work; ♦ **~а смерть** ignominious death ◊ **Він поме́р ~ою сме́ртю.** He died an ignominious death. **~е життя́** a wretched life (**існува́ння** existence); **~і умо́ви** wretched conditions
See **жахли́вий, страшни́й 1**

собо́р, *m.*, **~у**
1 cathedral
adj. **вели́кий** big, **величе́зний** enormous, **величний** magnificent; **бароко́вий** baroque, **ґоти́чний** Gothic, **середньові́чний** medieval; **католи́цький** Catholic, **правосла́вний** Orthodox; **Софі́йський с.** St. Sophia Cathedral, **С. св. Ю́ра** St. George's Cathedral; ♦ **катедра́льний с.** a cathedral church, cathedral
v. + **с. будува́ти с.** build a cathedral (**спору́джувати** erect; **реставрува́ти** restore; **ба́чити** see, **відві́дувати** visit; **виса́джувати в пові́тря** blow up ◊ **Відступа́ючи сові́тські ві́йська ви́садили в пові́тря Успе́нський с.** While retreating, the Soviet troops blew up the Dormition Cathedral. **зни́щувати** destroy, **руйнува́ти** ruin ◊ **Перемо́жні ту́рки не нава́жилися зруйнува́ти с. Св. Софі́ї.** The victorious Turks did not dare ruin St. Sophia Cathedral.
с. + *v.* **височі́ти над** + *I.* tower over sth, **панува́ти над** + *I.* dominate sth ◊ **Над середмі́стям Льво́ва пану́є Лати́нський с.** The Latin Cathedral dominates the center of Lviv.
prep. **у ~і** in a cathedral ◊ **Відпра́ва відбула́ся в найбі́льшому ~і мі́ста.** The service took place in the biggest cathedral of the city.
Also see **храм 1, це́рква 1**
2 *hist.* council, assembly, synod ◊ **вселе́нський с.** an ecumenical council (**церко́вний** ecclesiastic)
See **з'ї́зд, конфере́нція**

со́в|ість, *f.*, **~істи**, *only sg.*
conscience
adj. **спокі́йна** easy, **чи́ста** clear; **пога́на** bad, **нечи́ста** guilty; **грома́дянська** civic, **індивідуа́льна** individual, **колекти́вна** collective, **лю́дська́** human, **кла́сова** class, **парті́йна** party, **політи́чна** political, **суспі́льна** social
n. + **с. го́лос ~істи** a voice of conscience (**до́кори** pangs ◊ **Вона́ ма́є до́кори ~істи.** She has pangs of conscience. **за́лишки** remnants ◊ **оста́нні за́лишки ~істи** the last remnants of conscience; **му́ки** torments; **свобо́да** freedom) ◊ **Вони́ борони́ли свобо́ду ~істи всіма́ присту́пними ме́тодами.** They defended freedom of conscience with all available methods.
v. + **с. втрача́ти с.** lose conscience ◊ **Здава́лося, полі́тик втрача́є лю́дську с.** The politician seemed to be losing his human conscience. (**заспоко́ювати** assuage, **ма́ти** have, **присипа́ти** lull; **слу́хати** listen to; **поклада́тися на** rely on); **не ма́ти ~істи** not to have conscience (**апелюва́ти до** appeal to ◊ **Дарма́ Ні́на апелю́є до його́ ~істи.** Nina appeals in vain to his conscience. **дослуха́тися до** listen to); **керува́тися ~істю** follow one's conscience
с. + *v.* **диктува́ти** + *A.* dictate sth ◊ **Він роби́в так, як дикту́є йому́ с.** He did what his conscience dictated him. **заговори́ти** *pf.* speak, **каза́ти** tell; **гри́зти** + *A.* prick sb ◊ **Наза́ра гризе́ с.** Nazar is pricked by his conscience. **му́чити** + *A.* bother sb, **прокину́тися** *pf.* wake up
prep. **всу́переч ~і́сті** contrary to one's conscience; **з ~істю** with conscience ◊ **Ма́рта живе́ зі спокі́йною ~істю.** Marta lives with easy conscience. ♦ **на с.** very well, excellently, superbly ◊ **Череви́ки зро́блені на с.** The boots are superbly made. ♦ **нечи́стий на с.** dishonest, deceitful, criminal ◊ **Він був нечи́стим на с. чолові́ком.** He was a dishonest man. **на ~і́сті** on one's conscience ◊ **Пан Т. мав щось недо́бре на ~і́сті.** Mr. T. had something bad on his conscience. **про́ти ~істи** against one's conscience ◊ **Вона́ йшла про́ти ~істи, пого́джуючись на такі́ ганéбні умо́ви.** She was going against her conscience, agreeing to such shameful terms.
See **сумлі́ння**

соки́р|а, *f.*
ax
adj. **вели́ка** big; **мале́нька** *dim.* small; **го́стра** sharp; **тупа́** blunt; **ржа́ва** rusty, **нагó́стрена** sharpened; **важка́** heavy; **бойова́** battle, **двосі́чна** double, **кам'яна́** stone ◊ **При розко́пках знайшли́ кам'яну́ ~у без сокири́ща.** During the excavation, they found a stone ax without a haft. **лісору́бна** felling, **мисли́вська** hunting, **м'ясни́цька** butcher's, **поже́жна** fire-fighter's, **поясна́** belt, **столя́рська** carpenter's, ♦ **тесля́рська с.** a broadax
n. + **с. ле́зо ~соки́ри** the blade of an ax (**о́бух** butt, **ру́чка** handle, **держа́к** *or* **сокири́ще, топори́ще** haft) ◊ **Топори́ще ~и тре́ба було́ заміни́ти.** The haft of the ax needed replacing.
v. + **с. бра́ти ~у** take an ax ◊ **Він узя́в мисли́вську ~у.** He took along a hunter's ax. (**вийма́ти** draw, **витяга́ти** pull out, **кла́сти** put down; **гостри́ти** sharpen; **надще́рблювати** chip; **ки́дати** throw, **трима́ти** hold); **зру́бувати** + *A.* **~ою** fell sth with an ax ◊ **Де́рево зруба́ли тупо́ю ~ою.** The tree was felled with a blunt ax. (**маха́ти** swing, **розма́хувати** brandish ◊ **Хло́пець розма́хував ~ою, відля́куючи напа́дників.** The boy was brandishing an ax, scaring off the attackers. **руба́ти** + *A.* cut sth with; **бу́ти озбро́єним** be armed with; **відру́бувати** + *A.* cut sth off with, **ки́датися на** + *A.* **з** spring at sb with ◊ **Він ки́нувся на перехо́жого з ~ою.** He sprang at the passerby with an ax. **користува́тися** use; **погро́жувати** + *D.* threaten sb with, **уда́рити** + *A.* *pf.* hit sb with; **напада́ти на** + *A.* **з** attack sb with)
с. + *v.* **руба́ти** + *A.* cut sth, **коло́ти** + *A.* cleave sth ◊ **Стара́ с. до́бре ко́ле дро́ва.** The old ax is good for cleaving the wood. **тупи́тися** become blunt, **лама́тися** break, **надще́рблюватися** chip
Cf. **ніж**

сокови́т|ий, *adj.*
1 juicy, succulent
adv. **винятко́во** exceptionally, **до́сить** fairly, **ду́же** very, **ді́йсно** really, **спра́вді** truly; **особли́во** particularly; **дивови́жно** wonderfully, **неймові́рно** incredibly, **несподі́вано** unexpectedly; **страше́нно** terribly; **на ди́во** amazingly, **на рі́дкість** exceptionally, **незвича́йно** unusually; **особли́во** particularly; **не зо́всім** not altogether, **не особли́во** not particularly
с. + *n.* **с. каву́н** a juicy watermelon (**пирі́г** pie; **плід** fruit; **стейк** steak); **~а гру́шка** juicy pear (**трава́** grass; **пече́ня** roast); **~е м'я́со** a juicy meat (**я́блуко** apple)
v. + **с. бу́ти ~им** be juicy ◊ **На поча́тку тра́вня трава́ в степу́ особли́во ~а.** In early May, the grass in the steppe is particularly juicy. (**виявля́тися** turn out ◊ **Гру́ша ви́явилася ~ою.** The pear turned out to be juicy. **става́ти** become) ◊ **Сли́ви сти́гнуть і стаю́ть неймові́рно ~ими.** The plums ripen and become incredibly juicy.

2 *fig.* succulent, fresh, delectable; verdant ◊ **с. ліс** a verdant forest; **~і вуста́** succulent lips (**лу́ки** meadows)
3 *fig.* juicy, rich, full, intense, expressive
с. + *n.* **с. барито́н** a rich baritone ◊ **Він має с. барито́н.** He has a rich baritone. (**го́лос** voice; **ви́раз** expression, **діало́г** dialogue, **епі́тет** epithet, **жарт** joke; **ко́лір** color); **~а мо́ва** a juicy language ◊ **Таку́ ~у мо́ву, як у Марії, годі ще від когось почу́ти.** One is hard-pressed to hear such a juicy language like Maria's from anybody else. (**сце́на** scene); **~е мисте́цтво** expressive art (**сло́во** word) ◊ **Вона́ за́вжди́ має напоготові ~е сло́во.** She always has a juicy word at the ready.
See **експреси́вний.** *Also see* **барви́стий 2, яскра́вий 3**

солда́т, *m.*; ~ка, *f.*

soldier, GI
adj. **безстра́шний** fearless ◊ **Студе́нт став безстра́шним ~ом.** The student became a fearless soldier. **бра́вий** valiant, **вели́кий** great, **відва́жний** audacious, **до́брий** good, **самові́дданий** selfless, **смілі́вий** courageous, **фа́йний** fine, **хоро́брий** brave ◊ **Вони́ віддали́ ша́ну хоро́брим ~ам, що полягли́ за Украї́ну.** They paid tribute to the brave soldiers who fell for Ukraine. **бува́лий** seasoned, **досві́дчений** experienced, **навче́ний** trained; **відставни́й** retired, **коли́шній** former, **стари́й** old; **нагоро́джений** decorated; **ка́дровий** career, **професі́йний** *and* **фахови́й** professional ◊ **У ї́хній роди́ні було́ аж три професі́йні ~и.** There were as many as three professional soldiers in their family. **реґуля́рний** regular; **звича́йний** ordinary, **рядови́й** private; **ві́дданий** devoted ◊ **Він зарекомендува́в себе́ ві́дданим ~ом спра́ви.** *fig.* He proved himself a devoted soldier for the cause. **ві́рний** loyal; **заги́блий** perished, **ме́ртвий** dead, **поле́глий** fallen ◊ **На сте́лі імена́ ~ів, поле́глих під Ілова́йськом.** The names of soldiers fallen at Ilovaysk are on the stela. **пора́нений** wounded; **кі́нний** mounted, **озбро́єний** armed; **бойови́й** combat; **повста́нський** rebel; **воро́жий** enemy; **на́йманий** mercenary; **чужозе́мний** foreign; **америка́нський** American, **украї́нський** Ukrainian; **на́тівський** NATO, **сою́зний** allied; **беззбро́йний** weaponless, **знезбро́єний** disarmed, **неозбро́єний** unarmed; **полоне́ний** captured ◊ **Полоне́них ~ів провели́ ву́лицями мі́ста.** The captured soldiers were led through the city streets.
с. + *n.* **с.-ветера́н** a veteran soldier (**-відставни́к** retired, **-доброво́лець** volunteer, **-на́йманець** mercenary, **-новобра́нець** a conscript, **-піхоти́нець** foot); ♦ **с. форту́ни** a soldier of fortune
n. + **с. гру́па ~ів** a group of soldiers (**підро́зділ** detachment, **рій** squad, **со́тня** company, **чота́** platoon) ◊ **три чоти́ до́бре озбро́єних ~ів** three platoons of well-armed soldiers
v. + **с. готува́ти ~а** train a soldier (**вести́ в бій** lead into battle; **посила́ти в бій** send into battle) ◊ **Він посла́в у бій ще сто ~ів.** He sent a hundred more soldiers into battle. **гра́тися в ~ів** play soldiers ◊ **Ді́ти люби́ли гра́тися в ~ів.** The children liked to play soldiers. ♦ **йти в ~и** to enlist as a soldier ◊ **Вони́ пішли́ в ~и.** They enlisted as soldiers. **бу́ти ~ом** be a soldier (**служи́ти** serve as, **става́ти** become)
с. + *v.* **би́тися** battle, **воюва́ти** fight, **захища́ти** + *A.* defend sb/sth, **охороня́ти** + *A.* protect sb/sth, **патрулюва́ти** + *A.* patrol sth, **стоя́ти на ва́рті** stand guard; **відкрива́ти вого́нь по** + *L.* open fire on sb ◊ **С. відкри́в вого́нь по во́рогові без попере́дження.** The soldier opened fire on the enemy without warning. **стріля́ти** shoot; **бу́ти розквартиро́ваним** be billeted ◊ **~и розквартиро́вані по прива́тних поме́шканнях.** The soldiers were billeted in private quarters. **бу́ти розмі́щеним** be stationed ◊ **Кі́нні ~и розмі́щені та́бором бі́ля лі́су.** The mounted soldiers are stationed as a camp near the forest. ♦ **йти на війську́ву слу́жбу** to enlist, **служи́ти** serve ◊ **Украї́нські ~и слу́жать у миротво́рчих си́лах ООН.** Ukrainian soldiers serve in UN peace-keeping forces. **бу́ти вби́тим у бою́** be killed in action; **вмира́ти** die, **ги́нути** perish, **поляга́ти** *poet.* fall; **дістава́ти пора́нення** be wounded; **дезертува́ти** desert ◊ **У пе́рші дні війни́ ти́сячі сове́тських ~ів дезертува́ли.** In the first days of the war, thousands of Soviet soldiers deserted. **лиша́тися живи́м** stay alive ◊ **Усі́ ~и в рою́ лиши́лися живи́ми.** All the soldiers in the squad stayed alive. **поверта́ти** return; **потрапля́ти в поло́н** be taken prisoner
Cf. **офіце́р**

соли́|ти, ~ять; по~ *tran.*

1 to salt, brine
adv. **бага́то** much, **до́бре** a lot, **до смаку́** to taste ◊ **При кінці вона́ посоли́ла підли́ву до смаку́.** At the end, she salted the gravy to taste. **ду́же** a lot, **надмі́рно** excessively, **на́дто** too much, **ще́дро** generously; **ле́две** scarcely, **мало́** little, **тро́хи** a little; **зо́всім не** not at all ◊ **Марко́ зо́всім не ~ть ї́жі.** Marko does not salt his food at all. **ніко́ли не** never, **нія́к не** in no way
v. + **с. забува́ти** forget to ◊ **Ку́хар забу́в по~ м'я́со.** The cook forgot to salt the meat. **люби́ти** like to ◊ **Він лю́бить с. все, що клав до вуст.** He likes to salt everything he puts in his mouth.
2 to pickle, preserve, conserve; *pf.* **на~** ◊ **Торі́к вони́ насоли́ли так бага́то помідо́рів, що ви́стачило до кінця́ весни́.** Last year, they pickled so many tomatoes, that they lasted them till late spring.
pa. pple. **(по)со́лений** salted
(по)соли́!
Cf. **перчи́ти**

солідарн|ість, *f.*, ~ости, *only sg.*

solidarity
adj. **вели́ка** great, **поту́жна** powerful; **реа́льна** real, **правди́ва** true, **спра́вжня** real; **традиці́йна** traditional; **громадя́нська** civic, **групова́** group, **духо́вна** spiritual, **етні́чна** ethnic, **кла́сова** class, **культу́рна** cultural, **лю́дська** human, **міжнаро́дна** international, **мо́вна** language, **націона́льна** national, **політи́чна** political, **профспі́лкова** union, **ра́сова** racial, **реґіона́льна** regional, **релігі́йна** religious, **робітни́ча** working-class, **роди́нна** family, **суспі́льна** social
n. + **с. ви́раз ~ости** an expression of solidarity ◊ **Як ви́раз ~ости з Украї́ною, поля́ки ви́вісили жо́вто-блаки́тні прапори́ на буди́нках.** As an expression of solidarity with Ukraine, Poles hang out yellow-and-blue flags on buildings. (**ви́яв** display, **відчуття́** sense, **демонстра́ція** show, **жест** gesture, **почуття́** feeling, **си́мвол** symbol)
v. + **с. виража́ти с.** express one's solidarity (**висло́влювати** voice, **виявля́ти** display, **відчува́ти** feel; **демонструва́ти** demonstrate, **наро́джувати** give rise to ◊ **Страйк народи́в се́ред шахтарі́в вели́ку с.** The strike gave rise to great solidarity among the miners. **пока́зувати** show; **плека́ти** foster); **сприя́ти ~ості** promote solidarity
prep. **в ~ості з** + *I.* in solidarity with sb ◊ **Вони́ в по́вній ~ості із грузи́нами.** They are in full solidarity with Georgians. **з ~ости** in solidarity with sb ◊ **Робітники́ ви́йшли на ву́лицю з ~ости зі студе́нтами.** The workers took to the streets in solidarity with the students. **на знак ~ости** as a token of solidarity; **с. з** + *I.* solidarity with sb; **с. між** + *I.* solidarity among/between sb ◊ **ви́яв мо́вної ~ости між украї́нцями рі́зних краї́н** a display of language solidarity among Ukrainians of different countries; **с. про́ти** + *G.* solidarity against sb/sth ◊ **с. про́ти аґре́сії** solidarity against aggression
Also see **є́дність 1**

солі́дн|ий, *adj.*

1 solid, strong, massive, sizable, considerable
с. + *n.* **с. за́хист** a solid protection (**мур** wall ◊ **Вони́ почува́лися безпе́чніше за ~ими форте́чними му́рами.** They felt safer behind the solid fortress walls. **~а ба́за** a solid basis (**осно́ва** foundation; **спору́да** edifice, **структу́ра** structure, **цитаде́ль** citadel)
See **міцни́й, си́льний**
2 imposing, respectable, impressive, authoritative, serious, reliable
с. + *n.* **с. ви́гляд** a respectable appearance (**ви́раз** expression ◊ **Вона́ намага́лася нада́ти обли́ччю ~ого ви́разу.** She was trying to give her face a respectable expression. **го́лос** voice; **керівни́к** leader, **фахіве́ць** specialist, **пан** gentleman, **чолові́к** man; **партне́р** partner; **вне́сок** contribution; **приз** prize; **часо́пис** magazine); **~а клі́ніка** a respectable clinic (**компа́нія** company, **публіка́ція** publication, **устано́ва** institution; **вче́на** scientist, **журналі́стка** journalist, **па́ні** lady ◊ **~а на ви́гляд па́ні** a lady of respectable appearance. **пла́тня** salary; **конкуре́нція** competition, **пропози́ція** offer, **я́кість** quality); **~і зв'язки** serious connections
See **авторите́тний**
3 solid, well-founded, compelling, sound; convincing
с. + *n.* **с. арґуме́нт** a solid argument; **~а дисерта́ція** a solid dissertation ◊ **Полі́на написа́ла абсолю́тно ~у дисерта́цію.** Polina wrote an absolutely solid dissertation. (**кни́жка** book ◊ **Свашенко відо́мий як а́втор кілько́х ~их кни́жок з істо́рії скі́тів.** Svashenko is known as the author of several solid books on the history of the Scythians. **осві́та** education; **робо́та** work, **тео́рія** theory); **~е вихова́ння** a sound upbringing (**дослі́дження** research; **припу́щення** assumption); **~і до́кази** compelling evidence ◊ **Такі́ ~і до́кази немо́жли́во спростува́ти.** Such compelling evidence is impossible to refute.
See **ґрунто́вний 1, переко́нливий**

солод|и́ти, ~жу́, ~ять; по~, *tran.*

to sweeten, sugar, put sugar in
adv. **до́бре** much ◊ **Лев до́бре посолоди́в ка́ву.** Lev put much sugar in his coffee. **ду́же** a lot, **надмі́рно** excessively, **на́дто** too much, **ще́дро** generously; **ле́две** scarcely, **ма́ло** little, **ме́нше** less ◊ **Послу́хавши пора́ди лі́каря, він став ме́нше с. чай.** Having followed his doctor's advice, he started putting less sugar in his tea. **тро́хи** a little; **за́вжди́** always, **рі́дко** rarely, **як пра́вило** as a rule; **зо́всім не** not at all, **ніко́ли не** never
v. + **с. во́літи не** prefer not to ◊ **Вони́ волі́ють не с. собі́ напо́їв.** They prefer not to sweeten their drinks. **забува́ти** forget to; **люби́ти** like to; **перестава́ти** stop ◊ **Він переста́в с. ка́ву.** He stopped putting sugar in his coffee. ♦ **с. ду́шу** + *D.* to cheer one's soul ◊ **Комéдії ~или йому́ ду́шу.** Comedies cheered his soul.
pa. pple. **посоло́джений** sweetened
(по)солоди́!

соло́дк|ий, *adj., n.*

1 *adj.* sweet (*of taste*), sugary
adv. **вкрай** extremely, **ду́же** very, **надзвича́йно** extraordinarily; **несподі́вано** unexpectedly ◊ **Я́блука ви́явилися несподі́вано ~ими.** The apples turned out to be unexpectedly sweet. **прие́мно** pleasantly, **спра́вді** really; **на́дто** too, **нестерпно** unbearably, **нудо́тно** nauseously ◊ **нудо́тно ~е ті́стечко** a nauseously sweet cake; **де́що** somewhat, **до́сить** fairly, **тро́хи** a little; **недоста́тньо** insufficiently
с. + *n.* **с. виногра́д** sweet grapes (**десе́рт** dessert, **мед** honey; **напі́й** drink, **сік** juice, **чай** tea; **при́смак** aftertaste, **смак** taste); ♦ **с. горо́шок** sweet pea, ♦ **с. пе́рець** bell (sweet)

pepper; **~а гру́ша** a sweet pear (**карто́пля** potato, **кукуру́дза** corn, **полуни́ця** strawberry; **ка́ва** coffee)

v. + **с. бу́ти ~им** be sweet ◊ **Полуни́ця була́ надзвича́йно ~ою.** The strawberries were extraordinarily sweet. (**виявля́тися** turn out, **здава́тися** + *D.* seem to sb, **знахо́дити** + *A.* find sth ◊ **Марі́я знайшла́ десе́рт на́дто ~им.** Maria found the dessert too sweet. **става́ти** become)

Ant. **гірки́й 1.** *Cf.* **ки́слий, соло́ний**

2 *n., nt.* dessert, sweet course ◊ **Коли́ вони́ прийшли́, вже подава́ли ~е.** When they came dessert was already being served.

prep. **на ~е** for dessert ◊ **ма́ковий стру́дель на ~е** poppyseed strudel for dessert

See **десе́рт**

3 *fig.* sweet, fragrant; pleasant; cute, lovable; dear

с. + *n.* **с. арома́т** a sweet aroma (**го́лос** voice, **звук** sound; **до́тик** touch, **поцілу́нок** kiss; **сон** slumber; **юна́к** youth) ◊ **О́льга не впізна́ла не́божа в цьо́му ~ому юнако́ві.** Olha did not recognize her nephew in this cute youth. **~а ді́вчи́на** a lovable girl (**вто́ма** exhaustion, **перемо́га** victory); **~е відчуття́** a sweet sensation (**життя́** life, **коха́ння** love); **~і мрії** sweet dreams (**обі́йми** embrace, **почуття́** feelings; **турбо́ти** troubles) ◊ **У пе́рші мі́сяці шлю́бу навіть бу́денні дома́шні кло́поти здава́лися йому́ ~ими.** In the first months of marriage, even daily chores around the house seemed sweet to him.

Ant. **гірки́й 2**

4 *fig.* sugary, saccharine, cloying, obsequious ◊ **Його́ с. го́лос зра́джував нещи́рість.** His sugary voice betrayed insincerity. ◊ **Вона́ подиви́лася на ше́фа ~им по́глядом.** She took an obsequious look at her boss.

comp. **соло́дший**

соло́м|а, *f., only sg.*

straw

adj. **сві́жа** fresh ◊ **Він розки́дав по дити́нцю сві́жу ~у.** He scattered some fresh straw around the patio. **чи́ста** clean; **мо́кра** wet, **суха́** dry; **гнила́** *and* **прі́ла** rotten, **вівся́на** oat, **жи́тня** rye, **пшени́чна** wheat

n. + **с. копи́ця ~и** a stack of straw ◊ **Стара́ копи́ця ~и киші́ла польови́ми ми́шами.** The old stack of straw was crawling with field mice. (**в'я́зка** bundle, **обере́мок** armful, **сніп** bale) ◊ **Вони́ зроби́ли у хліві́ перегоро́дку зі снопі́в ~и.** They made a partition of straw bales in the barn.

v. + **с. заготовля́ти с.** make straw ◊ **У ли́пні селя́ни заготовля́ють ~у.** In July, peasants make straw. (**переверта́ти** ted, **суши́ти** dry; **скиртува́ти** stack); ♦ **шука́ти го́лку в ~і** to look for a needle in a haystack

prep. **у ~і** in the straw ♦ **зни́кнути, як (мов, на́че) го́лка у ~і** *pf.* to vanish into thin air

Also see **сі́но**

соло́м'ян|ий, *adj.*

1 straw, made of straw, of or pertaining to straw

с. + *n.* **с. бриль** a straw hat (**корм** fodder, **ку́рінь** hut; **по́піл** ashes); **~а по́стіль** a straw bed, **~а стрі́ха** a straw-thatched roof; ♦ **с. вдіве́ць** a grass widower, ♦ **~а вдова́** a grass widow

2 yellow, straw, pale yellow ◊ **Зеле́на су́кня чудо́во пасу́є до Лі́диного ~ого воло́сся.** The green dress is wonderfully becoming Lida's straw hair.

See **жо́втий 1**

соло́н|ий, *adj.*

1 salt, salty, salted; pickled ◊ **Тут традиці́йно п'ють пи́во з ~ою ри́бою.** Beer is traditionally drunk here with salted fish. ◊ **~і огірки́** pickled cucumbers

adv. **вкрай** extremely, **ду́же** very, **надзвича́йно** extraordinarily, **спра́вді** really, **ціл́ко́м** completely; **на́дто** too, **несте́рпно** unbearably; **де́що** somewhat, **до́сить** fairly, **тро́хи** a little

v. + **с. бу́ти ~им** be salty ◊ **Вода́ в о́зері ціл́ко́м ~а.** The water in the lake is completely salty. (**виявля́тися** turn out; **здава́тися** + *D.* seem to sb ◊ **Борщ зда́вся Мико́лі на́дто ~им.** The borshch seemed too salty to Mykola. **става́ти** become) ◊ **Че́рез ти́ждень ~і помідо́ри ста́ли на́дто ~ими.** In a week, the pickled tomatoes became too salty.

Cf. **гірки́й, ки́слий, соло́дкий**

2 *fig., colloq.* hard, tough, grueling ◊ **~а до́ля** a tough fate (**пра́ця** work); **~е життя́** a tough life; ♦ **сьорбну́ти ~ого** *pf.* to experience hardship ◊ **Сьорбну́вши в ю́ності ~ого, Га́ля не бої́ться випро́бувань.** Having experienced hardship as a youth, Halia is not afraid of trials.

See **важки́й 5, тяжки́й 2**

3 *fig., colloq.* crude, indecent, salacious ◊ **Я́рка шокува́ла госте́й ~им жа́ртом.** Yarka shocked the guests with her crude joke.

Cf. **гірки́й, ки́слий, соло́ний**

с|он, *m.*, **~ну**

1 sleep, sleeping

adj. **до́брий** sound, **здоро́вий** healthy; **до́вгий** long, **глибо́кий** deep ◊ **На дві годи́ни Лі́ля провали́лася у глибо́кий с.** For two hours, Lilia sunk into a deep sleep. **неперéрвний** uninterrupted; **короте́нький** *dim.* short, **коро́ткий** short, **легки́й** light, **мале́нький** little; **спокі́йний** calm, **ми́рний** peaceful; **важки́й** heavy, **ме́ртвий** *fig.* dead, **міцни́й** sound; **неспокі́йний** restless, **пога́ний** poor, **тонки́й** *fig.* fitful, **триво́жний** troubled; **п'я́ний** drunken ◊ **Вона́ бурмоті́ла щось у п'я́ному ~ні.** She murmured something in her drunken sleep. **ду́же необхі́дний** much-needed; **норма́льний** normal; **летаргі́йний** lethargic; **гарячко́вий** fevered; **ві́чний** *fig.* eternal ♦ **засина́ти ві́чним ~ном** to die; ♦ **зимо́вий с.** hibernation ◊ **Ведмі́дь збуди́вся від зимо́вого ~ну.** The bear woke up from his hibernation.

n. + **с. втра́та ~ну** sleep loss (**дефіци́т** deficit, **позба́влення** deprivation; **пору́шення** disorder; **ста́дія** stage, **фа́за** phase; **цикл** cycle; **гра́фік** schedule); **брак ~ну** a lack of sleep ◊ **Хроні́чний брак ~ну познача́вся на його́ ми́сленні.** The chronic lack of sleep was affecting his thinking.

v. + **с. перебива́ти** + *D.* **с.** interrupt sb's sleep ◊ **Її с. переби́в соба́чий га́вкіт.** Dog's barking interrupted her sleep. (**виклика́ти** induce ◊ **Щоб полегши́ти шок, лікарі́ виклика́ють у постражда́лих с.** So as to alleviate the shock, doctors induce sleep in the victims. **втрача́ти** lose; **псува́ти** + *D.* ruin ◊ **Кри́ки з ву́лиці зіпсува́ли їй с. ті́єї но́чі.** Screams from the street ruined her sleep that night. **проганя́ти** chase away ◊ **Він сподіва́вся, що міцно́ю ка́вою прожене́ с.** He hoped to chase the sleep away with strong coffee. **вганя́ти** + *A.* **в** send sb to ◊ **Її мане́ра говори́ти вганя́ла студе́нтів у с.** Her manner of speaking sent the students to sleep. **зану́рюватися в** submerge into, **мори́ти** + *A.* **на** lull sb into ◊ **Від ти́хої му́зики його́ мори́ло на с.** *impers.* The soft music lulled him into sleep. **порина́ти в** fall into, **прова́люватися в** sink into); **потребува́ти ~ну** need sleep ♦ **Ро́стик го́стро потре́бував хоч недо́вгого ~ну.** Rostyk acutely needed at least a short sleep. (**буди́тися зі** wake from, **прокида́тися зі** awake from) ◊ **Обри́длива му́ха зму́сила Кили́ну проки́нутися з легко́го ~ну.** An annoying fly made Kylyna awaken from the light sleep. **сприя́ти ~ну** promote sleep ◊ **Ру́ханка сприя́є здоро́вому ~ну.** Exercising promotes healthy sleeping.

с + *v.* **дола́ти** *or* **змо́рювати, змага́ти** + *A.* overcome sb ◊ **Під ра́нок його́ здола́в** *or* **зmори́в, зміг с.** Toward morning, sleep overcame him. **йти** *and* **прихо́дити до** + *G.* ◊ **Було́ за пі́вніч, а с. усе́ не йшов до Со́лі.** It was after midnight, but sleep would not come to Solia. **охо́плювати** + *A.* overtake sb ◊ **О́лю охопи́в соло́дкий с.** Sweet sleep overtook Olia.

prep. **для ~ну** for sleeping ◊ **пігу́лки для ~ну** sleeping pills; **зі ~ну** after sleep ◊ **Зі ~ну Га́лин го́лос був хри́плий, як у затя́того курця́.** After sleep, Halia's voice was hoarse like that of an inveterate smoker. **крізь с.** in one's sleep ◊ **Він усміхну́вся крізь с.** He smiled in his sleep. **на с.** for sleeping; **пе́ред ~ном** before going to bed ◊ **Пе́ред ~ном вона́ випива́ла скля́нку молока́.** She would drink a glass of milk before going to bed. **під час ~ну** during sleep ◊ **упові́льнене ди́хання під час ~ну** a slowed breathing during sleep; **у** *or* **уві ~ні** in one's sleep ◊ **Рані́ше він ча́сто крича́в уві ~ні.** Earlier he often screamed in his sleep. ♦ **нена́че** *or* **на́че, як уві ~ні** as if in a dream. ♦ **впада́ти у с.** to fall in a sleep ◊ **Вони́ нена́че впа́ли в летаргі́йний с.** It was as if they fell in a lethargic sleep.

2 dream

adj. **золоти́й** golden, **пи́шний** luxurious, **прие́мний** pleasant, ♦ **Прие́мних ~нів!** Sweet dreams! **соло́дкий** sweet, **улю́блений** favorite, **чудо́вий** wonderful; **дитя́чий** childhood, **юна́цький** youthful ◊ **Його́ улю́бленим юна́цьким ~ном була́ мандрі́вка до Пари́жу.** His favorite youthful dream was a trip to Paris. **еротичний** erotic ◊ **Лука́ш три но́чі по́спіль ба́чив еротичні ~ни.** Lukash dreamed erotic dreams three nights in a row. **ефеме́рний** ephemeral, **мимолі́тний** fleeting; **жахли́вий** horrible, ♦ **кошма́рний с.** a nightmare ◊ **Те, що вони́ пережили́, мо́жна поба́чити лише́ в кошма́рному ~ні.** What they had gone through can only be seen in a nightmare. **пога́ний** bad, **лихи́й** *and* **страшни́й** terrible ◊ **Два дні у Дніпрі́ були́ для А́лли як лихи́й с.** Two days in Dnipro were like a terrible dream for Alla. **ві́щий** *and* **проро́чий** prophetic ◊ **Її с. ви́явився ві́щим.** Her dream turned out to be prophetic. **ди́вний** strange, **дивови́жний** odd, **чудерна́цький** weird, **химе́рний** bizarre ◊ **Зу́стріч пропли́вала в її свідо́мості як химе́рний с.** The encounter drifted in her conscience like a bizarre dream.

v. + **с. ба́чити с.** dream a dream ◊ **Він ба́чив ди́вний с.** He dreamed a strange dream. (**ма́ти** have; **пам'ята́ти** remember; **тлума́чити** *and* **чита́ти** interpret ◊ **Каза́ли, що стара́ вмі́є чита́ти ~ни.** It was rumored that the old woman could interpret dreams. **забува́ти** forget

с + *v.* **збува́тися** come true ◊ **Він надія́вся, що с. про щасли́вий лоте́рейний квито́к збу́деться.** He hoped that his dream about a lucky lottery ticket would come true. **му́чити** + *A.* torture sb, **переслі́дувати** + *A.* haunt sb ◊ **Андрі́я переслі́дував кошма́рний с., що він запізни́вся на літа́к.** Andrii was haunted by the nightmare that he had missed his flight. **розтава́ти** *and* **та́нути** fade away ◊ **Він розплю́щив о́чі, і страшни́й с., що му́чив його́, роста́нув.** He opened his eyes, and the terrible dream that had tortured him, faded away.

prep. **у** *or* **уві ~ні** in a dream ◊ **Ні́ні здава́лося, що коха́ння було́ в чудо́вому ~ні.** ◊ It seemed to Nina that the love affair was in a wonderful dream. ♦ **нена́че** *or* **на́че уві ~ні** as if in a dream; ♦ **с. в ру́ку** prophetic dream

Also see **кошма́р 1.** *Cf.* **мрі́я**

сонли́в|ий, *adj.*

1 lethargic, sluggish, inert ◊ **Нови́й працівни́к ви́явився ~им і не ду́же ско́рим до робо́ти.** The new employee turned out to be lethargic and not in a great hurry to work.

2 sleep-inducing, somnolent ◊ **У полу́денну спе́ку мі́сто порожні́ло, роби́лося ~им.** In the afternoon heat, the city grew empty and somnolent. ◊ **С. ше́лест лі́су заспоко́ював її.** The sleep-inducing rustle of the forest calmed her down.

3 sleepy, drowsy, groggy ◊ **Окса́на пові́льно підняла́ на ньо́го ~і о́чі.** Oksana slowly raised her sleepy eyes at him. ◊ **Хло́пчик става́в помі́тно**

~им. The little boy was becoming noticeably groggy.
See **со́нний 1.** *Cf.* **дрімо́тний**

со́нн|ий, *adj.*
sleepy, drowsy, lethargic, sluggish; of or pertaining to sleep, sleeping; *also fig.*
adv. **вкрай** extremely, **до́сить** fairly, **ду́же** very, **надзвича́йно** extraordinarily ◊ **Че́рез упе́рту сі́ру мжи́чку день ви́дався надзвича́йно ~им.** Because of the relentless gray drizzle, the day proved to be extraordinarily drowsy. **ціл́ко́м** completely, **я́вно** clearly; **грами́нку** *colloq.* a tad, **ма́йже** almost, **тро́хи** a little
с. + *n.* **с. ви́гляд** a sleepy appearance ◊ **Вона́ ма́ла я́вно с. ви́гляд.** She had a clearly sleepy appearance. (**ви́раз** expression, **на́стрій** mood; **день** day); **~а атмосфе́ра** sleepy atmosphere (**жі́нка** woman; **му́ха** fly; **пора́** time; **терапі́я** therapy) ◊ **Йому́ пора́дили вда́тися до ~ої терапі́ї.** He was advised to resort to sleep therapy. ♦ **~а арте́рія** *anat.* a carotid artery, ♦ **~а хворо́ба** *med.* sleeping sickness; **~е дитя́** a sleepy child (**ди́хання** breathing; **забуття́** oblivion ◊ **Він опусти́вся в ~е забуття́.** He slipped into a sleepy oblivion. **обли́ччя** face; **село́** *fig.* village) ◊ **Їм чудо́во в цьо́му ~ому селі́, де нічо́го не ді́ялося.** They feel great in this sleepy village where nothing happened. **~і о́чі** sleepy eyes
v. + **с. бу́ти ~им** be sleepy (**вигляда́ти** look ◊ **Вони́ вигляда́ли ~ими і роздрато́ваними.** They looked sleepy and irritated. **виявля́тися** turn out; **звуча́ти** sound, **здава́тися** + *D.* seem to sb; **почува́тися** feel ◊ **Під упли́вом уто́ми Марі́я почува́лася тро́хи ~ою.** Under the influence of exhaustion, Maria felt a little drowsy. **роби́ти** + *A* make sb/sth, **роби́тися** turn ◊ **Від те́плого ле́готу степ роби́вся ~им.** *fig.* The steppe was turning sleepy from the warm breeze. **става́ти** become)
Also see **сонли́вий 3**

со́нц|е, *nt.*, **~я**
sun; *astr.* the Sun; sunlight
adj. **гаря́че** hot, **палю́че** scorching ◊ **Парасо́ля закрива́ла її від палю́чого ~я.** The umbrella gave her protection from the scorching sun. **пеку́че** blazing, **си́льне** strong, **спеко́тне** burning ◊ **Спеко́тне с. за́раз же ви́сушило біли́зну.** The burning sun dried the laundry right away. **безжа́льне** pitiless, **жорсто́ке** cruel, **немилосе́рдне** ruthless; **ла́гідне** gentle, **ласка́ве** tender, **те́пле** warm; **кво́ле** faint, **слабке́** weak, **холо́дне** cold; **сліпу́че** blinding, **яскра́ве** bright; **жо́вте** yellow, **золоте́** golden, **черво́не** red; **пополу́дне́ве** afternoon ◊ **Буру́льки та́нули на пополудне́вому ~і.** The icicles were melting in the afternoon sun. **полудне́ве** noon, **світанко́ве** rising, **схі́дне** eastern, **вечі́рнє** evening, **за́хідне** western, **приза́хідне** setting; **півні́чне** northern ◊ **Холо́дне півні́чне с. ле́две могло́ зігрі́ти їх.** The cold northern sun could hardly warm them up. **півде́нне** southern; **весня́не** spring, **зимо́ве** winter, **лі́тнє** summer, **осі́ннє** fall; **березне́ве** March, **серпне́ве** August, **січне́ве** January, *etc.* **пусте́льне** desert, **степове́** steppe, **тропі́чне** tropical; **воли́нське** Volynian, **карпа́тське** Carpathian, **кри́мське** Crimean, **полі́ське** Polissian, **украї́нське** Ukrainian, **чорномо́рське** Black Sea
n. + **с. за́хід ~я** sunset (**схід** sunrise), **орбі́та ~я** the Sun's orbit ◊ **Вісь Землі́ нахи́лена відно́сно орбі́ти ~я.** The Earth's axis is tilted relative to the Sun's orbit. **промі́ння ~я** *coll.* sunrays; **сві́тло ~я** sunlight; **тепло́ ~я** sun heat
v. + **с. закрива́ти с.** block the sun ◊ **Він нама́гався роздиви́тися пам'я́тник, закри́вши доло́нею со́нце.** He was trying to examine the monument, having blocked the sun with his hand. (**зате́мнювати** obliterate ◊ **Час від ча́су густі́ хма́ри зате́мнювали ~е.** From time to time, thick clouds obliterated the sun. **прикрива́ти** cover; **вбира́ти** absorb, **відбива́ти** reflect ◊ **Те́мна пове́рхня до́бре вбира́є с., а бі́ла відбива́є його́.** A dark surface absorbs the sun well, while a white one reflects it. **обліта́ти** orbit ◊ **Космі́чний апара́т дві́чі облеті́в С.** The spacecraft orbited the Sun twice. **дістава́ти** *and* **отри́мувати ~я** get some sun ◊ **Ця части́на са́ду діста́є ма́ло ~я.** This part of the garden gets little sun.
с. + *v.* **вихо́дити** be out ◊ **С. вже ви́йшло, а вони́ ще спа́ли.** The sun was already out, but they were still sleeping. **встава́ти** come up, **з'явля́тися** appear, **підійма́тися** *or* **підніма́тися** climb ◊ **Тропі́чне с. підійма́лося до зені́ту.** The tropical sun was climbing to the zenith. **схо́дити** rise ◊ **Над лі́сом зійшло́ с.** The sun rose above the forest. **захо́дити** set; **опуска́тися за** + *A.* drop behind sth ◊ **Величе́зне с. опусти́лося за о́брій.** The huge sun dropped behind the horizon. **сіда́ти** go down, **хова́тися за** + *I.* hide behind sth ◊ **С. схова́лося за дере́вами.** The sun hid behind the trees. **вигляда́ти з-за** + *G* peek out of *(cloud)*, **прогляда́ти крізь** *or* **че́рез** + *A.* peek through sth, **пробива́тися крізь** *or* **че́рез** + *A.* break through sth ◊ **С. проби́лося крізь хма́ри.** The sun broke through the clouds **зігріва́ти** + *A.* warm sb/sth; **пали́ти** burn, **пекти́** blaze down ◊ **Була́ дев'я́та ра́нку, а с. нещадно пекло́.** It was nine in the morning, but the sun was blazing down ruthlessly. **вибли́скувати на** + *L.* glint on sth ◊ **С. вибли́скувало на сріб́ній пове́рхні автомобі́ля.** The sun glinted on the silvery surface of the car. **осві́чувати** + *A.* illuminate sth, **сліпи́ти** + *A.* blind sb, **ся́яти** shine; **залива́ти** + *A.* flood sth ◊ **Вра́нці спа́льню залива́є с.** In the morning, the sunlight floods the bedroom. **ли́тися** stream; **відбива́тися від** + *G.* reflect off sth ◊ **С. відбива́лося від пове́рхні о́зера.** The sun reflected off the surface of the lake. **ки́дати тінь на** + A. cast a shadow on sth ◊ **Приза́хідне с. ки́дає до́вгі ті́ні на по́ле.** The setting sun casts long shadows on the field.
prep. **від ~я** from the sun ◊ **Ле́ся нама́галася бу́ти пода́лі від ~я.** Lesia tried to stay well away from the sun. **на с.** *dir.* in/to the sun ◊ **Лев поста́вив кві́ти на с.** Lev put the flowers in the sun. ◊ **Вони́ ви́йшли з ті́ні на с.** They went from the shadow into the sun. **на ~і** *posn.* in the sun ◊ **Вона́ сиді́ла на ~і.** She sat in the sun. ♦ **за ~ем** clockwise, ♦ **навпаки́ ~я** against the sun; **під ~ем** 1) under the sun ◊ **Вони́ півдня́ пробули́ під ~ем.** They spent half a day under the sun. 2) ♦ *fig.* under the sun, on earth, in existence ◊ **Нема́є нічо́го ві́чного під ~ем.** There is nothing eternal under the sun. ♦ **мі́сце під ~ем** place in the sun; **про́ти ~я** facing the sun ◊ **Шху́на пливла́ на пі́вдень про́ти ~я.**The schooner sailed south, facing the sun. (**ра́зом**) **із ~ем** with the sun ◊ **Вони́ вста́ли ра́зом із ~ем.** They woke up with the sun.
G. pl **~ь**

со́нячн|ий, *adj.*
1 sun, solar, of or pertaining to sun
с. + *n.* **с. дощ** sun shower, **с. годи́нник** a sundial ◊ **Се́ред майда́ну стоя́в с. годи́нник.** A sundial stood in the middle of the square. **с. про́мінь** a sunbeam, **с. уда́р** a sunstroke ◊ **Яри́на взяла́ капелю́ха, щоб не діста́ти ~ого уда́ру.** Yaryna took her hat along not to get sunstroke. **~а батаре́я** a solar battery (**ене́ргія** energy, **коро́на** *astr.* crown, **радія́ція** radiation, **систе́ма** *astr.* System ◊ **плане́ти ~ої систе́ми** the planets of the Solar System; **~а ва́нна** a sunbath ◊ **Вона́ прийняла́ ~у ва́нну.** She took a sunbath. **~е зате́мнення** *astr.* a solar eclipse (**сплетіння** *anat.* plexus), **~е сві́тло** sunlight
2 sunny, full of light
с. + *n.* **с. бік** a sunny side ◊ **Тама́ра йшла́ ~им бо́ком ву́лиці.** Tamara was walking down the sunny side of the street. (**день** day, **пері́од** spell, **ти́ждень** week; **клі́мат** climate ◊ **Його́ прива́блював с. клі́мат Кри́му.** He was attracted by the sunny climate of the Crimea. **край** land); **~а кімна́та** a sunny room (**пого́да** weather)
3 *fig.* sunny, joyful, happy
с. + *n.* **с. ви́раз** a sunny expression (**на́стрій** mood) ◊ **Лю́ба була́ в ~ому на́строї.** Liuba was in a sunny mood. **~а у́смішка** a sunny smile; **~е обли́ччя** a happy face
See **весе́лий, щасли́вий 1**

со́ром, *m.*, **~у**, *only sg.*
1 shame
adj. **вели́кий** great, **невимо́вний** unspeakable, **нестерпний** unbearable, **страшни́й** terrible; **жагу́чий** burning, **палю́чий** *and* **пеку́чий** blistering; **глибо́кий** deep
v. + **с. відчува́ти с.** feel shame ◊ **Зга́дуючи той ви́падок, Лі́на відчува́ла страшни́й с.** Recalling that occurrence, Lina felt terrible shame. (**пережива́ти** endure; **роби́ти** + *D.* bring on sb) ◊ **Його́ язи́к тільки ро́бить йому́ с.** His tongue only brings shame on him. **не ма́ти ~у** have no shame ◊ **Він не ма́є ~у.** He has no shame. (**бу́ти спо́вненим** be filled with; **згоря́ти від** *and* **палені́ти від, спопелі́ти**, *pf.* **від** burn with ◊ **Юна́к згоря́в** *or* **палені́в від ~у.** The youth was burning with shame. **червоні́ти від** *or* **з** blush with; ◊ **Він почервоні́в від ~у.** He blushed with shame. ♦ **нае́стися ~у** *pf., colloq.* to bring shame on oneself ◊ **Петро́ полі́з у бі́йку й лише́ ~у нає́вся.** Petro picked up a fight only to bring shame on himself.
n. + **с. відчуття́ ~у** a feeling of shame (**почуття́** sense) ◊ **Да́ну охопи́ло почуття́ ~у.** A sense of shame got a hold of Dana.
с. + *v.* **лиша́тися** be left ◊ **Припині́ть, якщо́ у вас лиши́лося хоч тро́хи ~у!** Stop, if you have at least some shame left. **охо́плювати** + *A.* overcome sb; **паралізува́ти** + *A.* paralyze sb, **переслі́дувати** + *A.* haunt sb ◊ **Його́ переслі́дує невідсту́пний с.** Relentless shame is haunting him.
prep. **без ~у** without shame ◊ **Молода́ ма́ма без вся́кого ~у году́вала гру́дьми немовля́ на ла́вці в па́рку.** A young mom was breast-feeding her baby without any shame on a bench in the park. **від ~у** from shame ◊ **Він мовча́в від ~у за те, що підві́в дру́зів.** He was silent from the shame that he had let his friends down. **з ~у** with shame ◊ **Він ду́мав, що вмре з ~у.** He thought he would die with shame. **на с.** to sb's shame ◊ **На мій вели́кий с., я не попере́див їх.** To my great shame I did not warn them. **с. від** + *G.* shame about/at/over sth ◊ **Гео́ргій відчува́в с. від того́, що сказа́в.** Heorhii felt shame at what he had said. **с. за** + *A.* shame for sth ◊ **Тимі́ш не відчува́в ~у за своє́ запита́ння.** Tymish felt no shame for his question.
2 disgrace, dishonor, infamy, ill fame
v. + **с. прино́сити** + *D.* **с.** bring sb disgrace ◊ **У́часть у фі́льмі не принесла́ акто́рові нічо́го крім ~у.** His participation in the movie brought the actor nothing but disgrace. (**роби́ти** + *D.* cause sb) ◊ **Його́ комента́р наро́бив політи́кові вели́кого ~у.** His commentary caused great disgrace to the politician. **завдава́ти** + *D.* **~у** bring sb disgrace, ♦ **набира́тися ~у** to disgrace oneself ◊ **Адвока́т ре́тельно готува́вся до проце́су, що не набра́тися ~у пе́ред усі́м сві́том.** The lawyer was thoroughly preparing for the trial so as not to disgrace himself in front of the whole world. **покрива́ти себе́ ~ом** cover oneself with disgrace
See **ганьба́**
3 *pred.* ashamed *in* **бу́ти с.** + *D.* be ashamed ◊ **Зе́ні с. проси́ти гро́ші у батькі́в.** Zenia is ashamed to ask her parents for money. ◊ **Як вам не с. бре́хати!** Shame on you for lying! ◊ **Сергі́єві с. за си́на.** Serhii feels ashamed for his son.
See **со́ромно**
4 *as interj.* shame on you! ◊ **Дві́йка з украї́нської мо́ви? С.!** An F in Ukrainian? Shame on you!
See **ганьба́**

соро́м|ити, ~лю, ~иш, ~лять; по~, при~, *tran.*
to shame, put shame on
adv. **навми́сне** deliberately; **немилосе́рдно** mercilessly ◊ **Сестра́ немилосе́рдно ~ить його́ за лі́нощі.** His sister mercilessly shames him for laziness. **несправедли́во** unfairly; **весь час** or **повсякча́с** all the time, **пості́йно** constantly; **публі́чно** publicly
prep. **с. за** + *A.* shame for sth; **с. пе́ред** + *I.* shame in front of sb ◊ **Її присоро́мили пе́ред усіє́ю шко́лою.** She was shamed in front of the entire school.
pa. pple. **засоро́млений, присоро́млений** shamed
(за)соро́м!

соро́м|итися; за~, *tran.*
1 to be ashamed, feel ashamed
adv. **ду́же** very much ◊ **Че́рез свою́ вимо́ву, він ду́же ~иться говори́ти по́льською.** Because of his pronunciation, he is very much ashamed of speaking Polish. **страше́нно** terribly; **де́що** somewhat, **тро́хи** a little; **зо́всім не** not at all, **нія́к не** in no way
2 *only pf.* **по~** *with negation* to be brave enough, have courage, dare ◊ **Лі́на не посоро́милася попроси́ти допомо́ги в дру́зів.** Lina dared ask her friends for help.

соромі́цьк|ий, *adj.*
1 shameful, indecent, obscene, dirty ◊ **Письме́нник запи́сував ~і пі́сні, що їх чув у наро́ді.** The writer wrote down obscene songs he heard among the people. ◊ **~а світли́на** a dirty photograph; ◊ **Почу́вши від не́ї ~і слова́, Павло́ зашарі́вся.** Having heard obscene words from her, Pavlo blushed.
2 shameless ◊ **Лі́на ~ими очи́ма диви́лася йому́ в пах.** Lina was looking at his crotch with shameless eyes.

соромли́в|ий, *var.* **сором'язли́вий**, *adj.*
shy, bashful, sheepish
adv. **бо́лісно** painfully ◊ **Вона́ не впізна́ла в молоді́й жі́нці бо́лісно ~у коли́сь Оле́нку.** She did not recognize once painfully shy Olenka in the young woman. **від приро́ди** naturally, **відчайду́шно** desperately, **до́сить** rather, **ду́же** very ◊ **Са́ра не з ду́же ~их.** Sara was not of a very shy lot. **надзвича́йно** extraordinarily, **надмі́рно** inordinately, **на́дто** too, **страше́нно** terribly; **пози́рно** seemingly, **фальши́во** falsely; **де́що** somewhat, **ма́йже** almost, **тро́хи** a little
v. + **с. бу́ти ~им** be shy (**виявля́тися** turn out, **здава́тися** + *D.* seem to sb ◊ **Я́рко зда́вся їй тро́хи ~им.** Yarko seemed a little shy to her. **роби́тися** grow ◊ **Коли́ розмо́ва торкну́лася опла́ти, він зроби́вся ~им.** When the conversation touched upon payment, he grew shy. **става́ти** become)
Also see **ди́кий 4**

со́ромно, *pred.*
ashamed, embarrassed + *D.*
v. + **с. бу́ти с.** be ashamed, feel embarrassed ◊ **Фроси́ні с. призна́тися собі́, що вона́ зако́халася.** Frosyna is embarrassed to admit it to herself that she has fallen in love. (**роби́тися** *and* **става́ти** feel) ◊ **Йому́ зроби́лося** *and* **ста́лося с. за свій вчи́нок.** He felt ashamed for his action. ♦ **с. сказа́ти** I am embarrassed to say ◊ **С. сказа́ти, але́ я ні́коли не бува́в у Су́мах.** I am embarrassed to say that I have never been to Sumy.
Also see **со́ром 3**

соро́ч|ка, *f.*
shirt
adj. **га́рна** nice, **мо́дна** fashionable ◊ **На Окса́ні мо́дна с.** Oksana has a fashionable shirt on. **сти́льна** stylish; **ві́льна** loose; **вузька́** tight; **до́вга** long; **коро́тка** short; **бі́ла** white, **си́ня** blue, **чо́рна** black; **баво́вняна** cotton, **бати́стова** cambric, **джи́нсова** denim, **лляна́** linen, **си́тцева** calico, **флане́лева** flannel, **шовко́ва** silk; **карта́та** checkered, **смуга́ста** striped; **вихідна́** dress; **буде́нна** plain, **про́ста́** simple ◊ **Рома́н одягну́в про́сту́ лляну́ ~ку.** Roman put on a simple linen shirt. **ви́прасувана** ironed, **крохма́льна** *or* **накрохма́лена** starched, **сві́жа** fresh, **чи́ста** clean ◊ **Щодня́ Миха́йло з'являвся на робо́ту в чи́стій, накрохма́леній ~ці.** Every day, Mykhailo showed up at work in a clean and starched shirt. **дитя́ча** children's, **жіно́ча** female, **чолові́ча** male; **вишива́на** embroidered ◊ **Степа́н подарува́в до́чці вишива́ну ~ку.** Stepan gave his daughter an enbroidered shirt. **засті́бнута** buttoned-up, **розсті́бнута** unbuttoned; **завели́ка** oversized, **мішкува́та** baggy; **ве́рхня** upper, **спі́дня** under (*usu.* undershirt); ♦ **гамівна́ с.** a straightjacket
с. + *n.* **с. з до́вгими рукава́ми** a long-sleeved shirt (**з коро́ткими рукава́ми** short-sleeved), **с. з ко́міром** *or* **комірце́м** a collared shirt, **с. з капту́ром** a hooded shirt; **с. без ко́міра** *or* **комірця́** a collarless shirt; **с. без рукаві́в** a sleeveless shirt
n. + **с. ґу́дзик ~ки** a shirt button (**за́понка** cufflink, **кише́ня** pocket; **ко́мір** collar, **вило́га** *or* **закарва́ш** cuff ◊ **Вило́ги ~ки засті́бнуті на за́понки.** The shirt cuffs are fastened with cufflinks. **пере́д** front)
v. + **с. застіба́ти ~ку** button up a shirt ◊ **Воло́дя застібну́в ~ку.** Volodia buttoned up his shirt. (**розстіба́ти** unbutton ◊ **Іре́на така́ вто́млена, що ле́две розсті́бну́ла ~ку.** Irena is so tired, she barely unbuttoned her shirt. **заправля́ти** tuck in ◊ **Він запра́вив ~ку в штани́.** He tucked his shirt in his pants. **носи́ти** wear ◊ **Улі́тку Анті́н носи́в ~ки́ з коро́тким рукаво́м.** In summer, Antin wore short-sleeved shirts. **купува́ти** buy; **одяга́ти** put on; **зніма́ти** take off, **стя́гувати** pull off ◊ **Ні́на стягну́ла штани́ й ~ку зі спля́чого чолові́ка.** Nina pulled the pants and shirt off her sleeping husband. **прасува́ти** iron ◊ **Ва́ля має ви́прасувати всі ~ки́.** Valia had to iron all the shirts. **пра́ти** wash; **рва́ти** rip; **бру́дни́ти** soil; **зашива́ти** mend); **ходи́ти в ~ці** wear a shirt ◊ **На ле́кції він хо́дить лише́ в ~ка́х із до́вгим рукаво́м.** She wears only long-sleeved shirts to the lectures. ♦ **зали́шитися без ~ки** *pf.* to lose one's shirt ◊ **Пого́джуючись на ї́хні умо́ви, Полі́на ризику́є зали́шитися без ~ки.** Agreeing to their terms, Polina runs the risk of losing her shirt. ♦ **віддава́ти** *or* **зніма́ти, скида́ти з се́бе оста́нню ~ку** to give one's shirt off one's back ◊ **Оле́кса ла́ден зня́ти з се́бе оста́нню ~ку для них.** Oleksa is ready to give his shirt off his back for them. ♦ **народи́тися в ~ці** *pf.* to be born with a silver spoon in one's mouth
prep. **в ~ці** in a shirt ◊ **У ~ці нема́є кише́нь.** There are no pockets in the shirt. **під ~кою** under a shirt ◊ **Він нічо́го не має під ~кою.** He has nothing under his shirt. ♦ **Своя́ с. бли́жча до ті́ла.** Charity begins at home.

сорт, *m.*, **~у**
sort, brand, category, type, variety, kind ◊ **рі́зні ~и́ сві́жої ри́би** various sorts of fresh fish
adj. **хоро́ший** good ◊ **Тут продаю́ть лише́ хоро́ші ~и́ бо́рошна.** Only good brands of flour are sold here. **найви́щий** highest ◊ **Вона́ – спеціялі́стка найви́щого ~у.** She is a specialist of the highest sort. **найкра́щий** best; ◊ **пе́рший с.** first rate, **дру́гий с.** second rate ◊ **Партне́р підсу́нув їм това́р дру́гого ~у.** The partner slipped them a second-rate merchandise. **низьки́й** low, **пога́ний** bad, **найни́жчий** lowest; **іденти́чний** identical, **одна́ковий** same, **поді́бний** similar ◊ **Це поді́бний с. кукуру́дзи.** This is a similar variety of corn. **ди́вний** strange, **особли́вий** special, **рі́дкісний** rare ◊ **Вона́ ма́ла кі́лька рі́дкісних ~ів жоржи́ни.** She had several rare sorts of dahlia. **незна́ний** unknown; **нови́й** new; **популя́рний** popular, **поши́рений** widespread; **пра́вильний** right; **не той** wrong; **будь-яки́й** any, **ко́жен** every ◊ **Вона́ порозумі́ється з люди́ною ко́жного ~у.** She will get on with a person of any kind.
Also see **вид**[2] **1, про́філь 3, рід 4, тип**

сорту|ва́ти, ~ю́ть; по~ *tran.*
to sort, categorize, group, organize
adv. **акура́тно** neatly, **рете́льно** meticulously, **сумлі́нно** assiduously, **ува́жно** carefully; **пові́льно** slowly, **шви́дко** quickly
v. + **с. бра́тися** set about ◊ **Він узя́вся рете́льно с. квита́нції.** He set about meticulously sorting the receipts. **бу́ти тре́ба** + *D.* need to ◊ **Їм тре́ба по~ насі́ння.** They need to sort all the seeds. **(до) помага́ти** + *D.* help sb to; **почина́ти** begin to, **сіда́ти** sit down to ◊ **Вони́ сі́ли с. листи́.** They sat down to sort the letters. **ста́ти** *pf.* start
prep. **с. за** + *I.* sort by sth ◊ **Вона́ посортува́ла за́писи істо́рика за да́тами.** She sorted historian's notes by dates. **с. по** + *L.* sort into sth ◊ **Бібліоте́кар ~є книжки́ по темати́чних поли́цях.** The librarian categorizes the books into thematic shelves.
pa. pple. **посорто́ваний** sorted
(по)сорту́й!

со́т|ня, *f.*
1 hundred ◊ **За́ла могла́ вмісти́ти кі́лька ~ень глядачі́в.** The hall could seat a few hundred viewers. ◊ **На чита́ння прийшло́ близько́ ~ні.** Close to a hundred came for the reading. ◊ **Вона́ отри́мала ~ні листі́в.** She received hundreds of letters.
2 *colloq.* a hundred hryvnias ◊ **Таксі́ з лето́вища до мі́ста ко́штує три ~ні гри́вень.** A taxi ride from the airport to the city cost three hundred hryvnias.
3 *mil.* company
adj. **бойова́** combat, **повітря́но-деса́нтна** airborne, **кавалері́йська** cavalry, **кі́нна** mounted, **міноме́тна** mortar, **моторизо́вана** motorized, **пі́хо́тна** infantry, **резе́рвна** reserve, **стріле́цька** rifle, **та́нкова** tank; **боєзда́тна** combat-ready ◊ **Він ма́є три боєзда́тні ~ні.** He had three combat-ready companies.
v. + **с. очо́лювати ~ню** head a company (**розгорта́ти** deploy ◊ **На фла́нгах розгорну́ли дві та́нкові ~ні.** Two tank companies were deployed on the flanks. **розташо́вувати** position; **формува́ти** form); **кома́ндувати ~нею** command a company ◊ **Вона́ кома́ндує стріле́цькою ~нею.** She commands a rifle company.
prep. **у ~ні** in a company ◊ **У ~ні дві́сті вояки́в.** There are two hundred soldiers in the company.

со́ус, *m.*, **~у**
sauce, dressing, dip
adj. **густи́й** thick, **кре́мовий** creamy, **легки́й** light, **рі́де́нький** *dim.* thin, **рідки́й** thin; **го́стрий** hot, **ки́сло-соло́дкий** sweet-and-sour, **піка́нтний** spicy, **різки́й** tangy ◊ **Сала́т заправля́ють різки́м ~ом з олі́ї та бальзамі́чного о́цту.** The salad is dressed in a tangy sauce of oil and balsamic vinegar. **ла́гідний** smooth, **соло́дкий** sweet; **дома́шній** homemade; **гірчи́чний** *or* **мушта́рдовий** mustard, **грибо́вий** mushroom, **кро́повий** dill ◊ **Він зроби́в инди́ка у кро́повому ~і.** He made turkey in dill sauce. **м'ясни́й** meat, **ри́бний** fish; **бі́лий** white, **бруна́тний** brown, **тома́тний** tomato, **черво́ний** red; **беарне́зький** Béarnaise, **ву́стерський** Worcestershire, **голла́ндський** hollandaise ◊ **я́йця під голла́ндським ~ом** eggs under sauce hollandaise; **си́рний** cheese, **смета́нний** cream; **шокола́дний** chocolate; **журавли́новий** cranberry, **сливо́вий** plum, **я́блучний** apple

v. + **с. вари́ти с.** cook a sauce (**готува́ти** prepare, **роби́ти** make ◊ **Вона́ зроби́ла ки́сло-соло́дкий я́блучний с. до пе́ченої ку́рки.** She made sweet-and-sour apple sauce for the roast chicken. **випаро́вувати** reduce ◊ **По́тім с. випаро́вують на трети́ну.** Then the sauce is reduced by a third. **згу́щувати** thicken; **дово́дити до кипі́ння** bring to a boil ◊ **Смета́нний с. слід поступо́во довести́ до кипі́ння.** The cream sauce should gradually be brought to a boil. **куштува́ти** taste, **перчи́ти** pepper, **приправля́ти** spice, **соли́ти** salt; **ли́ти** pour; **мі́шати** mix; **подава́ти** serve, **пропонува́ти** + *D.* offer sb); **додава́ти ~у до** + *G.* add sauce to sth ◊ **Він дода́в до ши́нки хроно́вого ~у.** He added horseradish sauce to the ham. **полива́ти** + *A.* **~ом** pour sauce over sth ◊ **Вона́ полила́ ко́ропа бі́лим ~ом.** She poured white sauce over the carp.
prep. **у ~і** in sauce ◊ **картопля́ники у грибо́вому ~і** potato pancakes in mushroom sauce; **з ~ом** with sauce ◊ **бара́нина з м'я́тним ~ом** lamb with mint sauce; ♦ **під ~ом** under the guise of sth ◊ **Ініціяти́ву подали́ під ~ом рефо́рми судово́ї систе́ми.** The initiative was pitched under the guise of the judicial system reform.

со́хн|ути, ~уть; ви́~; *pa. m.* **сох** *or* **со́хнув**, *pl.* **со́хли** *or* **со́хнули**, *intr.*
1 to get dry, dry; parch *(of lips, etc.)*, *pf.* **пере~**
adv. **геть** totally ◊ **За годи́ну фа́рба геть ви́сохла.** In an hour, the paint totally dried. **зо́всім** entirely, **цілко́м** completely ◊ **Від спра́ги в Га́лі цілко́м ви́сохло го́рло.** Halia's throat was completely parched from thirst. **поча́сти** in part, **частко́во** partially, **пові́льно** slowly ◊ **У хо́лод біли́зна пові́льно ~утиме.** In cold, the laundry will dry slowly. **поступо́во** gradually; **за́ ніч** overnight, **одра́зу** at once, **шви́дко** quickly ◊ **Від палю́чого со́нця калю́жі шви́дко ви́сохли.** The puddles quickly dried from the scorching sun. **до́бре** well, **як слід** properly, **ле́две** barely **ма́йже** almost, **ке́псько** poorly, **пога́но** badly ◊ **Простира́дло пога́но ви́сохло.** The sheet did not dry well enough.
v. + **с. дава́ти** + *D.* + *pf. inf.* allow sth to ◊ **Дай біли́зні як слід ви́~!** Allow the laundry to dry properly! **лиша́ти** + *A.* leave sth to ◊ **Він лиши́в коц с. під со́нцем.** He left the blanket to dry under the sun.
2 to wither, shrivel, dry up ◊ **Степ геть ви́сох.** The steppe totally withered.
3 *fig.* to pine away, waste away, languish
prep. **с. від** + *G.* pine away with *(emotion)* ◊ **Да́на ~ула від нерозді́леного коха́ння.** Dana pined away with unrequited love. ♦ **с. від зло́сти** to wither away from anger; **с. за** + *I.* pine away for sb ◊ **Гриць про́сто ~ув за не́ю.** Hryts was simply pining away for her.

соціоло́гі|я, *f.*, **~ї**, *only sg.*
sociology
adj. **ве́берівська** Weberian ◊ **По́ля захо́плюється ве́берівською ~єю.** Polia takes interest in Weberian sociology. **класи́чна** classic, **пост-структураліст́ська** poststructuralist, **структураліст́ська** structuralist, **традиці́йна** traditional; **економі́чна** economic, **істори́чна** historical, **меди́чна** medical, **місь́ка** urban, **політи́чна** political, **публі́чна** public, **сільсь́ка** rural
See **дисципли́на 2, нау́ка, предме́т 2**

соціялі́зм, *m.*, **~у**, *only sg.*
socialism
adj. **демокра́тичний** democratic ◊ **Він – палки́й прихи́льник демократи́чного ~у.** He is an ardent supporter of democratic socialism. **маркси́стський** Marxist, **науко́вий** scientific, **націона́л-** national ◊ **Нацизм евфемісти́чно назива́ють націона́л-соціялі́змом.** Nazism is euphemistically called national socialism. **революці́йний** revolutionary; **більшови́цький** Bolshevik, **росі́йський** Russian, **украї́нський** Ukrainian ◊ **Володи́мир Винниче́нко був чі́льним представнико́м украї́нського ~у.** Volodymyr Vynnychenko was a leading representative of Ukrainian socialism. **шве́дський** Swedish; **держа́вний** state; **ри́нковий** market
v. + **с. будува́ти с.** build socialism ◊ **Спро́ба збудува́ти с. у Росі́ї призвела́ до тоталітари́зму.** The attempt to build socialism in Russia resulted in totalitarianism. (**впрова́джувати** introduce, **встано́влювати** establish; **демонтува́ти** dismatle)
prep. **при ~і** under socialism ◊ **При ~і ко́жен ма́є соція́льний за́хист.** Everyone has social protection under socialism.

соціялі́ст, *m.*; **~ка**, *f.*
socialist
adj. **відда́ний** committed, **затя́тий** staunch, **непохи́тний** unswerving, **переко́наний** convinced, **послідо́вний** consistent, **радика́льний** radical, **революці́йний** revolutionary; **демократи́чний** democratic, **ліберальний** liberal, **помірко́ваний** moderate; **націона́л-с.** a national socialist ◊ **Він – націона́л-соціялі́ст, то́бто наци́ст.** He is a national socialist, that is a Nazi. **чі́льний** leading
v. + **с. бу́ти ~ом** be a socialist (**вважа́ти себе́** regard oneself ◊ **Ві́ктор вважа́є себе́ послідо́вним ~ом.** Viktor regards himself as a consistent socialist. **виявля́тися** turn out, **здава́тися** + *D.* seem to sb, **лиша́тися** remain, **роби́ти** + *A.* make sb, **става́ти** become) ◊ **Пан Р. став переко́наним ~ом.** Mr. R. became a convinced socialist.
с. + *v.* **прихо́дити до вла́ди** come to power ◊ **До вла́ди прийшли́ ~и.** Socialists came to power.

соція́льн|ий, *adj.*
1 social, of or pertaining to society ◊ **Мо́ва вико́нує важли́ві ~і фу́нкції.** Language fulfills important social functions. ◊ **~а вага́** social weight; ♦ **с. за́хист** social security, ♦ **~е забезпе́чення** *and* **страхува́ння** social insurance
Cf. **суспі́льний**
2 *euph.* reduced, subsidized ◊ **Держа́ва продає́ насе́ленню газ за ~ою ціно́ю.** The government sells gas to the population at a subsidized price. ◊ **Па́ні Мо́кра не мо́же купува́ти харчі́ на́віть за ~ими цінами.** Mrs. Mokra cannot buy food even at reduced prices.
See **дешеви́й 1**

сою́з, *m.*, **~у**
1 alliance, coalition, league
adj. **вели́кий** grand, **тісни́й** close, **широ́кий** broad; **могу́тній** mighty, **поту́жний** powerful ◊ **Він створи́в поту́жний с. антиколонія́льних сил.** He created a powerful alliance of anticolonial forces. **си́льний** strong; **ві́льний** loose, **доброві́льний** voluntary; **крихки́й** fragile, **слабки́й** weak, **хистки́й** shaky; **ви́мушений** forced, **примусо́вий** coerced; **короткоча́сний** short-term; **ситуати́вний** situational; **тимчасо́вий** temporary; **трива́лий** durable; **стратегі́чний** strategic, **такти́чний** tactical; **військо́вий** military ◊ **Оби́дві краї́ни вступи́ли у військо́вий с.** Both countries entered the military alliance. **економі́чний** economic ◊ **економі́чний с. краї́н-виробникі́в на́фти** the economic alliance of oil-producing nations; **політи́чний** political, **релігі́йний** religious; ♦ **Свяще́нний С.** *hist.* the Holy Alliance; **гане́бний** shameful ◊ **гане́бний с. між сове́тською Росі́єю та наци́стською Німе́ччиною** the shameful alliance between Soviet Russia and Nazi Germany; **непра́ведний** unholy; **оборо́нний** defensive; **ґлоба́льний** global, **за́хідний** Western, **трансатланти́чний** trans-Atlantic; **опозиці́йний** opposition; **передви́борчий** electoral; **евразі́йський** Eurasian, **каба́льний** *fig.* usurious, **неосове́тський** neo-Soviet ◊ **Неосове́тський с. части́ше відо́мий як С. незале́жних держав.** The neo-Soviet alliance is more often known as the Commonwealth of Independent States. **закономі́рний** logical, **приро́дний** natural; **багатосторо́нній** multilateral, **двосторо́нній** bilateral; **та́ємний** secret; **нефорáльний** informal, **факти́чний** effective, **форма́льний** formal; ♦ **сіме́йний с.** matrimony, marriage
v. + **с. оголо́шувати с.** announce an alliance ◊ **Про стратегі́чний с. оголоси́ли на прес-конфере́нції.** The strategic alliance was announced at a press conference. (**ство́рювати** create, **утво́рювати** *and* **формува́ти** form, **змі́цнювати** strengthen ◊ **Нови́й у́ряд у Ки́єві змі́цнює військо́вий с. із НАТО.** The new government in Kyiv is strengthening its military alliance with NATO. **консолідува́ти** consolidate; **підтри́мувати** maintain; **підрива́ти** undermine, **розрива́ти** break; **вступа́ти в** enter) ◊ **Вони́ вступи́ли в с. з республіка́нцями.** They entered an alliance with the republicans. **домага́тися ~у** seek an alliance ◊ **Вони́ домага́ються передви́борчого ~у з лі́вими па́ртіями.** They seek an electoral alliance with left-wing parties. (**приє́днуватися до** join); **перебува́ти в ~і з** + *I.* be in alliance with sb
prep. **у с.** *dir.* in/to alliance with, **у ~і** *posn.* in alliance with ◊ **В ~і з ре́штою сві́ту вони́ ізолюва́ли Півні́чну Коре́ю.** In alliance with the rest of the world, they isolated North Korea. **с. з** + *I.* an alliance with sb ◊ **економі́чний с. із Гру́зією** an economic alliance with Georgia; ♦ **с. за розраху́нком** an alliance of convenience ◊ **Шлюб нага́дує с. за розраху́нком** The marriage resembles an alliance of convenience. **с. між** + *I.* an alliance between/among sb; **с. про́ти** + *G.* an alliance against sb ◊ **та́ємний с. про́ти інтеґра́ції Украї́ни в Євро́пу** a secret alliance against Ukraine's integration into Europe
Also see **блок 1**
2 union
adj. **валю́тний** monetary; **ми́тний** customs ◊ **Ско́ро до ми́тного ~у приє́дна́ються ще дві краї́ни.** Soon another two nations will join the customs union. ♦ **Сове́тський С.** *hist.* the Soviet Union, ◊ **С. Сове́тських Соціялісти́чних Респу́блік (СССР)** *hist.* the Union of Soviet Socialist Republics

сою́зн|ий, *adj.*
allied, union, of or pertaining to alliance ◊ **С. до́говір підписа́ли чоти́ри краї́ни.** Four countries signed the union treaty. ◊ **~і держа́ви** allied countries; ◊ **~а респу́бліка** *hist.* a Union (Soviet) republic ◊ **Лю́ди несли́ прапори́ коли́шніх ~их респу́блік.** The people carried the flags of the former Union republics.
Cf. **сою́зницький**

сою́зник, *m.*; **сою́зниця**, *f.*
ally
adj. **бли́зький** close ◊ **Лев – її бли́зький с.** Lev is her close ally. **важли́вий** important, **вели́кий** great, **ви́пробуваний** tested, **ві́рний** loyal ◊ **В украї́нцях Кана́ди вони́ ма́ють ві́рних ~ів.** They have loyal allies in the Ukrainians of Canada. **наді́йний** reliable, **непохи́тний** steadfast; **да́вній** long-time, **стари́й** old, **традиці́йний** traditional ◊ **Литва́ й Украї́на – традиці́йні ~и.** Lithuania and Ukraine are traditional allies. **могу́тній** mighty, **поту́жний** powerful, **си́льний** strong; **ко́рисний** useful, **ці́нний** valuable; **приро́дний** natural, **стратегі́чний** strategic; **військо́вий** military, **воє́нний** war-time, **духо́вний** spiritual, **економі́чний** economic, **політи́чний** political; **коли́шній** former, **потенці́йний** potential, **факти́чний** effective; **європе́йський** European, **за́хідний** Western, **на́тівський** NATO; **імові́рний** likely; **несподі́ваний** unexpected, **малоімові́рний** unlikely

v. + **с. здобува́ти ~а** gain an ally ◊ **Уряд здобу́в ново́го ~а.** The government gained a new ally. (**знахо́дити** find, **ма́ти** have; **шука́ти** look for ◊ **Вона́ шука́ла ~ів не там, де тре́ба.** She looked for allies in the wrong place. **втрача́ти** lose; **відшто́вхувати** alienate); **бу́ти ~ом** be an ally ◊ **Страх не є їй до́брим ~ом.** *fig.* Fear is not her good ally. (**вважа́ти** + *A.* regard sb, **виявля́тися** turn out, **лиша́тися** remain, **роби́ти** + *A.* make sb ◊ **Спі́льна біда́ зроби́ла їх ~ами.** Shared misfortune made them allies. **става́ти** become)
prep. **с. у** + *L.* an ally in sth ◊ **с. у боротьбі́ з гомофо́бією** an ally in the struggle against homophobia; **с. про́ти** + *G.* an ally against sb/sth ◊ **наді́йний с. про́ти кумі́вства** a reliable ally against nepotism
Cf. **друг, прибі́чник 1**

сою́зницьк|ий, *adj.*
allied, of or pertaining to allies or alliance
с. + *n.* **с. до́говір** an alliance treaty (**дух** spirit; **мане́вр** maneuver, **на́ступ** offensive, **солда́т** soldier); **~а авія́ція** an allied air force (**артиле́рія** artillery; **допомо́га** assistance; **збро́я** weapons; **соліда́рність** solidarity) ◊ **Його́ ді́ями ру́хала ~а соліда́рність.** His actions were driven by ally's solidarity. **~е кома́ндування** an allied command (**рі́шення** decision; **ста́влення** attitude); **~і війська́** allied troops (**ді́ї** actions)
Cf. **сою́зний**

спад, *m.*, **~у**
1 decline, recession, decrease
adj. **безпрецеде́нтний** unprecedented ◊ **На поча́тку 1930-х ро́ків світова́ еконо́міка вступа́є в безпрецеде́нтний с.** In the early 1930s, the world economy enters an unprecedented decline. **вели́кий** large, **ґвалто́вний** abrupt, **драмати́чний** dramatic, **катастрофі́чний** catastrophic, **неба́чений** unparalleled, **несподі́ваний** unexpected, **рапто́вий** sudden, **різки́й** precipitous, **швидки́й** rapid; **всеохо́пний** comprehensive, **зага́льний** general, **маси́вний** massive, **неабия́кий** major, **серйо́зний** serious; **значни́й** considerable, **помі́тний** noticeable; **невели́кий** slight, **помі́рний** moderate; **пові́льний** slow, **поступо́вий** gradual; **безпере́рвний** uninterrupted, **все бі́льший** progressive, **довготермінови́й** long-term, **постійний** constant, **трива́лий** sustained; **незворо́тний** irreversible, **неуни́кний** inevitable, **остато́чний** terminal; **загро́зливий** menacing, **небезпе́чний** dangerous; **короткоча́сний** short-term, **сезо́нний** seasonal ◊ **сезо́нний с. зайнятости** a seasonal employment decrease; **тимчасо́вий** temporary; **демографі́чний** demographic, **економі́чний** economic, **промисло́вий** industrial, **ціно́вий** price
v. + **с. виклика́ти с.** bring about a decline ◊ **Фіна́нсова кри́за ви́кликала зага́льний економі́чний с.** The financial crisis caused the general economic decline. (**затри́мувати** halt, **зупиня́ти** arrest; **пришви́дшувати** accelerate, **спові́льнювати** slow down) ◊ **Оста́нні за́ходи спові́льнили с. виробни́цтва.** The latest measures slowed down the decline in production. **зазнава́ти ~у** suffer a decline ◊ **Друкува́ння книжо́к зазнає загро́зливого ~у.** Book printing has suffered a menacing decline. (**спричиня́тися до** cause, **призво́дити** lead to)
с. + *v.* **відбува́тися** occur, take place; **почина́тися** begin, **продо́вжуватися** continue; **набира́ти о́бертів** gain momentum, **приско́рюватися** accelerate; **зупиня́тися** stop, **спові́льнюватися** slow down; **виклика́ти** + *A.* provoke sth ◊ **С. цін на на́фту ви́кликав економі́чний засті́й у Росі́ї.** The decline in the oil prices provoked an economic recession in Russia. **призво́дити до** + *G.* lead to sth
prep. **на с.** *dir.* into decline ♦ **йти** *and* **зверта́ти на с.** enter a decline; diminish, decrease, be on the wane, approach one's end ◊ **Дротови́й телефо́нний зв'язо́к іде́ на с.** Wire telephone communication is on the wane. ◊ **Бій зверну́в на с.** The battle was approaching an end. **на ~і** *posn.* 1) at an end ◊ **Театра́льний сезо́н на ~і.** The theater season is at an end. 2) in decline ◊ **Він дово́дить, що за́хідна цивіліза́ція на ~і.** He argues that the Western civilization is in decline.
Cf. **занепа́д**
2 slope ◊ **По схі́дному ~у відва́житься ката́тися хіба́ відчайду́шний лижва́р.** Only an audacious skier will have the courage to ski down the eastern slope.
See **схил**

спада́|ти, ~ють; спа́сти, спад|у́ть; *pa. pf., m.* **спав**, *pl.* **спа́ли**, *intr.*
1 to fall, drop, go down, subside, settle
adv. **вже** already, **наре́шті** finally ◊ **На доро́зі спав пил.** The dust settled on the road. **ґвалто́вно** abruptly, **драмати́чно** dramatically, **катастрофі́чно** catastrophically, **несподі́вано** unexpectedly, **рапто́во** suddenly, **рі́зко** precipitously ◊ **По дощу́ температу́ра рі́зко спа́ла.** After the rain, the temperature precipitously dropped. **шви́дко** rapid; **загало́м** generally; **зна́чно** considerably, **істо́тно** substantially ◊ **Він чека́в, щоб ціна́ на зо́лото істо́тно спа́ла.** He waited for the gold price to drop substantially. **помі́тно** noticeably; **де́що** somewhat, **тро́хи** a bit ◊ **На́двечір спе́ка тро́хи спа́ла.** The heat subsided a bit toward the evening. **помі́рно** moderately; **пові́льно** slowly, **поступо́во** gradually ◊ **Він прийня́в пі́ґулку і тиск поступо́во спав.** He took the pill and his blood pressure gradually went down. **ти́хо** quietly ◊ **Із дере́в ти́хо ~є ли́стя.** Leaves quietly fall off the trees. ♦ **с.** + *D.* **на ду́мку** to occur *(of a thought, etc.)* ◊ **Їй не ~ло на ду́мку пора́дитися з коле́ґами.** It somehow did not occur to her to consult with her colleagues.
See **па́дати 1.** *Also see* **схо́дити 3**
2 to droop, hang down, sag, dangle ◊ **Його́ до́вгі ву́са ~ють униз.** His long mustache droops down. ◊ **Густе́ воло́сся ~ло по її плеча́х.** Thick hair rolled down her shoulders.

спадко́в|ий, *adj.*
1 hereditary *(genetic)* ◊ **Вона́ ма́є ~у не́рвову хворо́бу.** She has a hereditary nervous system disease.
2 hereditary *(inherited)* ◊ **Вчителюва́ння було́ ~ою профе́сією її ро́ду.** Teaching was the hereditary occupation of her family. ◊ **Він нале́жав до ~ого дворя́нства.** He belonged to hereditary nobility. ♦ **~е пра́во** *leg.* inheritance law

спадкоє́м|ець, *m.*, **~ця; ~иця**
inheritor, heir, successor
adj. **єди́ний** *and* **одино́кий** only ◊ **Лаврі́н ви́явився єди́ним ~цем роди́нних боргі́в.** Lavrin turned out to be the only inheritor of the family debts. **зако́нний** legal, **щасли́вий** lucky; ♦ **імові́рний с.** *leg.* an heir presumptive, **прями́й с.** an heir apparent
v. + **с. ма́ти ~ця** have an heir ◊ **Па́ні Климе́нко не ма́ла ~ців.** Mrs. Klymenko had no heirs. (**залиша́ти** leave) ◊ **Він поме́р, не залиши́вши ~ця.** He died without leaving a successor. **передава́ти** + *A.* **~цеві** hand sth down to an heir ◊ **Вона́ переда́ла свою́ майсте́рність ~цям.** She handed her professional mastery down to successors.
See **насту́пник.** *Also see* **нащадок 1**

спа́д|ок, *m.*, **~ку**
1 inheritance
adj. **вели́кий** big ◊ **Він діста́в вели́кий с. від ро́дича в Австра́лії.** He received a big inheritance from a relative in Australia. **значни́й** sizable, **неаби́який** major; **кри́хітний** tiny, **величе́зний** huge, **невели́кий** small; **зако́нний** rightful
v. + **с. дістава́ти с.** get an inheritance (**ма́ти** have; **отри́мувати** receive; **кра́сти у** + *G.* steal from sb ◊ **Ба́тько-алкого́лік крав у си́на зако́нний с.** The alcoholic father was stealing the rightful inheritance from his son. **дістава́ти** + *A.* **у** get sth as ◊ **Буди́нок вони́ діста́ли у с. від дя́дька.** They got the house as inheritance from their uncle. **заповіда́ти** + *A.* **у** bequeath sb as; **лиша́ти** + *A.* **в** leave sth as ◊ **Батьки́ лиши́ли їй у с. вели́кий ма́єток.** Her parents left her a big fortune as inheritance. **передава́ти** + *A.* **у** hand sth down as) ◊ **Вона́ передала́ світли́ни ону́ці у с.** She handed the photos down to her granddaughter as inheritance. **позбавля́ти** + *A.* **~ку** deprive sb of inheritance
prep. **без ~ку** without inheritance; **у с.** as inheritance
Also see **ба́тьківщина**[1]**, спа́дщина**
2 legacy, heritage ◊ **Дослі́дник знайшо́в бага́то ціка́вого в її епістоля́рному ~ові.** The researcher found a lot of interesting things in her epistolary legacy.
adj. **бага́тий** rich, **важли́вий** important, **вели́кий** great, **вели́чний** grand; **безсме́ртний** immortal, **ві́чний** eternal, **невмиру́щий** undying ◊ **Текст – невмиру́щий с. пое́та насту́пним поколі́нням.** The text is the poet's undying legacy for the coming generations. **нетлі́нний** imperishable; **духо́вний** spiritual, **ідеологі́чний** ideological, **кінематографі́чний** filmic ◊ **Він лиши́в бага́тий кінематографі́чний с.** He left a rich filmic legacy. **культу́рний** cultural, **літерату́рний** literary, **політи́чний** political, **тво́рчий** creative ◊ **У тво́рчому ~кові Іва́на Франка́ є про́за, пое́зія, драматургі́я, літерату́рна кри́тика.** There are prose, poetry, play-writing, and literary criticism in Ivan Franko's creative legacy. **гірки́й** bitter, **жахли́вий** horrifying, **крива́вий** bloody, **поню́рий** gruesome ◊ **Ста́лін лиши́в по собі́ поню́рий с. зло́чинів.** Stalin left a gruesome legacy of crime behind. **страшни́й** terrible
v. + **с. зберіга́ти с.** preserve a legacy (**охороня́ти** protect; **поши́рювати** spread, **пропаґува́ти** propagate, **популяризува́ти** popularize, **святкува́ти** celebrate) ◊ **Конфере́нція святкува́ла с. філо́софа.** The conference celebrated the philosopher's legacy. **позбува́тися ~ку** get rid of a legacy ◊ **Нове́ поколі́ння позбува́ється росі́йського колонія́льного ~ку.** The new generation is getting rid of the Russian colonial legacy. **порива́ти зі ~ком** break up with a legacy ◊ **Вона́ порва́ла з ідеологі́чним ~ком комуні́зму.** She broke up with the ideological legacy of communism.
Also see **естафе́та 2, спра́ва 3, тво́рчість 2, тради́ція**

спазм, *m.*, **~у**
spasm
adj. **болю́чий** painful ◊ **Він проки́нувся від болю́чого ~у в ли́тці.** He was woken up by a painful spasm in his calf. **го́стрий** severe, **нестé́рпний** unbearable, **си́льний** intense; **ґвалто́вний** abrupt, **неконтрольо́ваний** uncontrollable, **несподі́ваний** sudden, **паралізу́ючий** paralyzing; **постійний** constant, **ча́стий** frequent; **м'язови́й** muscular, **нерво́вий** nervous, **спинни́й** back
с. + *n.* **с. безпора́дности** *fig.* a spasm of helplessness (**бо́лю** pain; **ностальгі́ї** nostalgia; **па́ніки** panic, **стра́ху́** fear ◊ **Іва́на паралізува́в с. стра́ху́.** Ivan was paralyzed by a spasm of fear. **триво́ги** anxiety; **ра́дости** joy, **ща́стя** happiness)
v. + **с. відчу́ти с.** *pf.* feel a spasm ◊ **Катери́на відчу́ла го́стрий с. у плечі́.** Kateryna felt a severe spasm in her shoulder. (**виклика́ти** cause ◊ **Напру́ження м'я́за ви́кликало с.** Exertion of the muscle caused a spasm. **ма́ти** have); **позбува́тися ~у** get rid of a spasm

с. + *v.* **охо́плювати** + *A.* sweep over sb; **става́тися в** + *G.* suffer ◊ **У Сте́фи ста́вся си́льний с. го́рла.** Stefa suffered an intense throat spasm. **мина́ти** *or* **прохо́дити** pass ◊ **С. бо́лю мину́в.** The spasm of pain passed.

спакува́|ти, *pf., see* **пакува́ти**
to pack, *etc.* ◊ **Оле́ся ~ла си́нові обі́д.** Olesia packed lunch for her son.

спакува́|тися, *pf., see* **пакува́тися**
to pack, *etc.* ◊ **На́дя ~лася.** Nadia finished packing.

спа́лах, *m.*, **~у**
1 flash, flare
adj. **вели́кий** great, **ґвалто́вний** abrupt, **інтенси́вний** intense, **поту́жний** powerful, **си́льний** strong, **сліпу́чий** blinding ◊ **сліпу́чий с. його́ у́смішки** a blinding flash of his smile; **яскра́вий** bright; **дале́кий** distant ◊ **Ча́сом у не́бі ви́дно дале́кі ~и літакі́в.** Sometimes distant flashes of airplanes are seen in the sky. **коро́ткий** brief, **миттє́вий** instantaneous, **швидки́й** quick; **вогняни́й** fiery; **гаря́чий** hot, **холо́дний** cold; **си́ній** blue, **черво́ний** red; **со́нячний** solar
с. + *n.* **с. бли́скавки** a flash of lightning ◊ **Їх осліпи́в с. бли́скавки.** A lightning flash blinded them. (**ви́буху** explosion, **вогню́** fire, **по́стрілу** shot, **сві́тла** light, **со́нця** sun)
v. + **с. ба́чити с.** see a flash ◊ **Вони́ ба́чили ~и від ви́бухів.** They saw flashes of explosions. (**відчува́ти** feel, **поміча́ти** notice)
с. + *v.* **засліплювати** + *A.* blind sb; **осві́тлювати** + *A.* illuminate sth ◊ **Поту́жний с. освіти́в усе́ навко́ло.** A powerful flash illuminated everything around.
2 flash *(of a camera)*
adj. **автомати́чний** automatic, **вбудо́ваний** built-in, ♦ **фотоспа́лах** a camera flash ◊ **Він відверну́в о́чі від фотоспа́лахів.** He averted his eyes from camera flashes.
v. + **с. користува́тися ~ом** use a flash ◊ **У музе́ї заборо́нено користува́тися ~ом.** It is forbidden to use a flash in the museum.
L. **в ~у**

спалахну́|ти, *pf., see* **спала́хувати**
to light up, *etc.* ◊ **Її щоки ~ли рум'янцем.** Her cheeks flared up with blush.

спала́ху|вати, **~ють; спалахн|у́ти**, **~у́ть**, *intr.*
1 to flash, light up, ignite, burst into flames; flare up
adv. **ґвалто́вно** abruptly, **несподі́вано** unexpectedly, **ра́птом** suddenly, **си́льно** powerfully, **на мить** for an instant ◊ **Спалахну́вши на мить, вого́нь пога́с.** Having lit up for an instant, the fire went out. **на секу́нду** for a second; **від ча́су до ча́су** from time to time, **періоди́чно** periodically, **пості́йно** constantly, **час від ча́су** every now and then ◊ **Час від ча́су в те́мряві ~вало ві́кно поме́шкання.** Every now and then an apartment window would light up in the dark. **рі́дко** rarely
2 to start shining *(of light, fire, etc.)*, start glowing, begin to burn ◊ **Схід от-о́т спалахне́ черво́ною загра́вою.** The east is about to light up in red glow any moment.
3 to erupt, break out, flare up, ignite, start; *also fig.* ◊ **У мі́сті спалахну́ли стихі́йні проте́сти.** Spontaneous protests erupted in the city. ◊ **Між уча́сниками зу́стрічі спалахну́ла супере́чка.** An argument flared up among the participants of the meeting. ◊ **При́страсті ~вали протягом перемо́вин.** Passions flared up during the talks. ◊ **Її обли́ччя спалахну́ло лю́ттю.** Her face ignited with fury.
See **почина́тися.** *Also see* **вибуха́ти 2, заво́дитися 2, зніма́тися 6, розпочина́тися.** *Ant.* **закі́нчуватися**

4 *fig.* to blush, flush, redden ◊ **О́льга спалахну́ла зі зло́сті.** Olha flushed with anger.
prep. **с. від** + *G.* blush with *(emotion)* ◊ **Зено́вій спалахну́в від со́рому.** Zenovii blushed with shame.
спала́хуй! спалахни́!

спали́|ти, *pf., see* **пали́ти** *and* **спа́лювати**
to burn down, *etc.* ◊ **Іри́на ~ла компромету́ючі докуме́нти.** Iryna burned the compromising documents.

спа́л|ьня, *f.*
bedroom
adj. **вели́ка** large, **просто́ра** spacious; **кри́хітна** tiny, **мала́** small, **невели́ка** little, **тісна́** cramped; **за́тишна** cozy, **зру́чна** comfortable; **сві́тла** bright; **головна́** master ◊ **Головна́ с. вели́ка і сві́тла.** The master bedroom is big and bright. **дитя́ча** children's; **гостьова́** guest; **окре́ма** separate; **спі́льна** shared ◊ **Їм дали́ просто́ру спі́льну ~ю.** They were given a spacious shared bedroom. **те́пла** warm, **холо́дна** cold
n. + **с. вікно́ ~і** a bedroom window (**две́рі** door, **ко́лір** color, **ме́блі** furniture, **підло́га** floor, **стіна́** wall; **шпале́ри** wallpaper) ◊ **Шпале́ри ~і лиши́лися від попере́дніх вла́сників.** The bedroom wallpaper remained from the previous owners.
v. + **с. вмебльо́вувати ~ю** furnish a bedroom ◊ **~ю вмеблюва́ли найнеобхі́днішим.** The bedroom is furnished with the most indispensible things. (**обставля́ти** fit out ◊ **Павлюки́ обста́вили ~ю стари́ми ме́блями.** The Pavliuks fitted the bedroom out with old furniture. **діли́ти** share ◊ **Хло́пці діли́ли гостьову́ ~ю на дру́гому по́версі.** The boys shared the guest bedroom on the second floor. **займа́ти** occupy; **обставля́ти** fit out, **прикраша́ти** decorate; **малюва́ти** *or* **фарбува́ти** paint ◊ **Вони́ помалюва́ли ~ю жо́втим.** They painted the bedroom yellow. **ремонтува́ти** refurbish; **переобла́днувати на** + *A.* convert into sth ◊ **~ю переобладна́ють на кабіне́т.** The bedroom will be converted into a study.
prep. **до ~і** *posn.* to a bedroom ◊ **До ~і веде́ вузьки́й коридо́р.** A narrow corridor leads to the bedroom. **у ~ю** *dir.* in/to a bedroom ◊ **У ~ю відчиня́лися широ́кі две́рі.** A wide door opened into the bedroom. **у ~і** *posn.* in a bedroom ◊ **У ~і нема́є ве́рхнього сві́тла.** There is no upper light in the bedroom. **по ~і** around a bedroom ◊ **Він мета́вся по ~і, як шале́ний.** He tossed around the bedroom like crazy.
G. pl. **~ень**
See **кімна́та**

спа́лю|вати, **~ють; спал|и́ти**, **~ять**, *tran.*
to burn, incinerate ◊ **Поже́жа ~вала все на своє́му шляху́.** The fire burned everything in its path. ♦ **пали́ти свої́** *or* **за собо́ю кораблі́** to burn one's boats; ♦ **спали́ти за собо́ю мости́** *pf.* to burn one's bridges ◊ **Спали́вши за собо́ю мости́, він не міг верну́тися.** Having burned his bridges, he could not return to him.
pa. pple. **спа́лений** burned, incinerated
спа́люй! спали́!
See **пали́ти 1**

спантели́чи|ти, *pf., see* **спантели́чувати**
to baffle, *etc.* ◊ **Проха́ння жі́нки ~ло Анато́лія.** His wife's request had Anatolii bewildered.

спантели́чу|вати, **~ють; спантели́ч|ити**, **~ать**, *tran.*
to baffle, confuse, bewilder
adv. **абсолю́тно** absolutely, **безнаді́йно** hopelessly, **вкрай** extremely, **геть** totally, **ду́же** very, **остато́чно** ultimately, **по́вністю** entirely, **цілко́м** completely; **де́що** somewhat, **ле́гко** easily ◊ **Вона́ ле́гко спантели́чила Матві́я.** She easily baffled Matvii. **тро́хи** a little; **на мить** for an instant; **навми́сно** on purpose ◊ **Він навми́сно ~в слі́дчого двозна́чними відповідями.** He confused the detective with equivocal responses on purpose. **спеція́льно** intentionally; **лише́** *or* **ті́льки** ◊ **Ви ті́льки всіх ~єте.** You are only confusing everybody. **я́кось** somehow; **ще бі́льше** even more ◊ **Почу́те, ще бі́льше ~вало її.** What she had heard baffled her even more.
v. + **с. нама́гатися** try to ◊ **На до́питі прокуро́р нама́гався спантели́чити підсу́дного.** At the interrogation, the prosecutor tried to confuse the defendant. **про́бувати** attempt to; **хоті́ти** want to ◊ **Профе́сор хоті́в спантели́чити її несподі́ваним пита́нням.** The professor wanted to confuse her by the unexpected question.
pa. pple. **спантели́чений** baffled, confused, bewildered
спантели́чуй! спантели́ч!
Also see **заплу́тувати 3, панте́ли́к, плу́тати 2**

спас|ти, *pf., see* **спада́ти**
to fall, *etc.* ◊ **По́вінь на рі́чці спаде́ за кі́лька днів.** The high water on the river will subside in a few days.

сп|а́ти, **~лю**, **~иш**, **~имо́**, **~ите́**, **~лять**; *no pf. intr.*
1 to sleep; **по~** *pf.* to sleep *(for a while)*
adv. **гли́бо́ко** deeply ◊ **Михайли́на гли́бо́ко ~а́ла.** Mykhailyna was in a deep sleep. **до́бре** well, **ле́гко** lightly ◊ **Вона́ ~а́ла ле́гко і все чу́ла.** She slept lightly and heard everything. **ми́рно** peacefully, **мі́цно** fast ◊ **Сашко́ мі́цно ~ав.** Sashko was fast asleep. **спокі́йно** calmly, **чудо́во** wonderfully ◊ **Севери́н до́бру годи́ну чудо́во ~ав.** Severyn had a wonderful sleep for a good hour. **жахли́во** terribly, **ке́псько** poorly, **пога́но** badly, **триво́жно** fitfully ◊ **Пе́ред доро́гою Тама́ра за́вжди́ триво́жно ~ить.** Before the road, Tamara always sleeps fitfully; **ле́две** barely ◊ **Вона́ ле́две ~а́ла в тако́му га́морі.** She barely slept in such clamor. **тро́хи** a little; **ра́зом** together; **окре́мо** separately ◊ **Подру́жжя ~а́ло окре́мо.** The married couple slept separately. **сам** alone ◊ **Сього́дні вона́ ~ить сама́.** Tonight she sleeps alone.
v. + **с.** ♦ **йти с.** to go to bed ◊ **У новорі́чну ніч вони́ пішли́ с. за годи́ну до пі́вночі.** On the New Year night, they went to bed an hour before midnight. ♦ **кла́стися** *and* **ляга́ти с.** go to bed ◊ **Вона́ ра́но покла́лася** *or* **ягла́ с.** She went to bed early. ♦ **не ляга́ти с.** *only impf.* to sit up ◊ **Мину́лої но́чі вони́ не ляга́ли с. до тре́тьої.** Last night, they sat up till three o'clock. **нама́гатися** try to; **не могти́** cannot; **дава́ти** + *D.* let sb ◊ **Ква́кання жаб не дава́ло їм с. ці́лу ніч.** The croaking of frogs would not let them sleep all night long. **кла́сти** + *A.* put sb to ◊ **Петро́ покла́в ді́тей с. о дев'я́тій.** Petro put the children to sleep at nine. ♦ **хоті́ти с.** to feel *or* be sleepy ◊ **Зазвича́й він так ра́но не хо́че с.** Usually he does not feel sleepy so early.
prep. **с. з** + *I.* sleep with sb ◊ **У дити́нстві Га́ля люби́ла с. з ма́тір'ю.** When a child, Halia liked to sleep with her mother. **с. про́тягом** *or* + *A.* sleep for *(period)* ◊ **Уде́нь ді́ти ~а́ли про́тягом двох годи́н** *or* **дві годи́ни.** In the day time, the children slept for two hours. ♦ **с., як зби́тий** *or* **уби́тий** to sleep like a log; ♦ **с., як немовля́** to sleep like a baby
Also see **хропі́ти 2.** *Cf.* **дріма́ти, ночува́ти**
2 *colloq.* to sleep with, have sex with, *only with prep.* **з** + *I.* ◊ **Він підо́зрював, що жі́нка з ки́мось ~ить.** He suspected that his wife slept with somebody.
See **ї́батися 1**
(по)спи́!

спе́|ка, *f., only sg.*
heat, hot weather, heatwave
adj. **вели́ка** great ◊ **Давно́ не було́ вели́кої ~ки.** There was no great heat wave for a long time. **ду́шна** stifling ◊ **Ната́лка ніде́ не могла́ схова́тися від ду́шної ~ки.** Natalka could not hide anywhere from the stifling heat. **заду́шлива** suffocating, **надзвича́йна** extraordinary, **несамови́та** insane, **нестéрпна** unbearable, **нечу́вана** unprecedented, **палю́ча** scorching, **пеке́льна** infernal, **пеку́ча** searing ◊ **Пі́сля ти́жня пеку́чої ~ки трава́ геть ви́горіла.** After a week of searing heat, the grass totally scorched. **страшна́** terrible, **шале́на** crazy; **лі́тня** summer, **серпне́ва** August, *etc.*; **пусте́льна** desert, **тропі́чна** tropical; **півде́нна** southern; **воло́га** humid, **парка́** steamy; **суха́** dry ◊ **Суху́ ~ку ле́гше перено́сити.** It is easier to bear dry heat. **сорокагра́дусна** 40-degree, *etc.*; **полу́денна** noon, **пополу́денна** afternoon, **ранко́ва** morning
v. + **с. перено́сити ~ку** bear the heat (**терпі́ти** suffer ◊ **Він дня́ми му́сив терпі́ти ~ку.** For days, he had to suffer the heat. **заповіда́ти** predict, **прогнозува́ти** forecast) ◊ **На насту́пні три доби́ прогнозу́ють сорокагра́дусну ~ку.** A 40-degree heat is being forecast for the next three days. **хова́тися від ~ки** hide from heat
с. + *v.* **зроста́ти** *or* **нароста́ти** grow ◊ **Із ко́жною годи́ною с. в поме́шканні зроста́ла.** The heat in the apartment grew by the hour. **спада́ти** subside ◊ **Пі́сля дощу́ с. спа́ла.** After the rain, the heat subsided. **настава́ти** arrive ◊ **Наста́ла вели́ка с.** A great heatwave arrived. **трива́ти** + *A.* last for *(period)*; **закі́нчуватися** end, **мина́ти** *or* **прохо́дити** pass
prep. **від ~ки** from heat ◊ **Кві́ти зів'я́ли від ~ки.** The flowers withered from heat. **на ~ку** *dir.* in/to the heat ◊ **Він ви́йшов з ті́ні на пеке́льну ~ку.** He went out from the shade into infernal heat. **на ~ці** *posn.* in the heat; **по ~ці** in heat ◊ **Вони́ йшли́ по нестéрпній ~ці три кіломе́три.** They walked 3 km in unbearable heat. **у ~ку** in hot weather ◊ **У ~ку вона́ не мо́же ні́чого роби́ти.** She cannot do anything in the heat.
Also see **жар 2, пе́кло 3.** *Cf.* **тепло́**

спекта́кл|ь, *m.*, **~ю**
performance, play, show
adj. **музи́чний** musical, **театра́льний** theatrical; **вечі́рній** evening, **де́нний** matinee; **пе́рший** first, **оста́нній** last; **нови́й** new; **амато́рський** amateur, **шкі́льни́й** school ◊ **Софі́йка запроси́ла батькі́в на шкі́льни́й с.** Sofiyka invited her parents to a school play. **професі́йний** professional; **дебю́тний** debut; **повто́рний** repeat; ♦ **моноспекта́кль** a solo performance, one-person show ◊ **Він чу́дово грав у моноспекта́клі.** He played superbly in the solo performance. ♦ **радіоспекта́кль** a radio play, **телевізі́йний** TV; **захо́пливий** captivating, **незабу́тній** unforgettable, **особли́вий** special, **ціка́вий** interesting; **безконе́чний** endless, **нудни́й** boring
v. + **с. гра́ти с.** play a performance (**дава́ти** give ◊ **Дру́гого че́рвня тру́па дасть оста́нній с. сезо́ну.** The company will give the last performance of the season on June 2. **інсценізува́ти** stage, **ста́вити** put on; **диви́тися** see; **перено́сити на** + *A.* put off for *(date)* ◊ **С. перенесли́ на субо́ту.** The performance was put off for Saturday. **скасо́вувати** cancel; **йти на** go to) ◊ **За́втра вони́ йду́ть на де́нний с. у Теа́трі коме́дії.** Tomorrow they are going to a matinee performance at the Comedy Theater. **бра́ти у́часть у ~і** take part in a performance (**гра́ти в** play in) ◊ **Він гра́тиме у своє́му пе́ршому ~і.** He will be playing in his first play.
с. + *v.* **відбува́тися** take place; **подо́батися** + *D.* like ◊ **Радіоспекта́кль сподо́бався Мари́ні.** Maryna liked the radio show. **справля́ти вра́ження на** + *A.* make an impression on sb ◊ **Амато́рський с. спра́вив неаби́яке вра́ження на кри́тиків.** The amateur performance made a major impression on critics.
prep. **пе́ред ~ем** before a performance ◊ **Ді́вча́та зустрі́лися на ка́ву пе́ред ~ем.** The girls met for coffee before the performance. **під час ~ю** during a performance ◊ **Захо́дити до глядаче́вої за́ли під час ~ю заборо́нено.** It is forbidden to enter the auditorium during a performance. **пі́сля ~ю** after a performance ◊ **Пі́сля ~ю відбула́ся зу́стріч із режисе́ром.** There was a meeting with the director after the performance. **се́ред ~ю** in the middle of a performance ◊ **Сві́тло пога́сло се́ред ~ю.** The lights went out in the middle of the performance. **у ~і** in a performance ◊ **У ~і бере́ у́часть се́меро акто́рів.** Seven actors take part in the performance.
See **п'є́са 1**

спек|ти́, *pf., see* **пекти́**
to bake, *etc.* ◊ **Із тако́ї особли́вої наго́ди ма́ма ~ла́ свій фі́рмо́вий хліб.** For such a special occasion, mother baked her signature bread.

спектр, *m.*, **~а**
1 *phys.* spectrum
adj. **а́томний** atomic, **електромаґні́тний** electromagnetic, **маґні́тний** magnetic; **молекуля́рний** molecular; **ви́димий** visible, **кольоро́вий** color, ♦ **радіоспе́ктр** a radio spectrum
с. + *n.* **с. випромі́нювання** an emission spectrum (**поглина́ння** absorption) ◊ **Ко́жна речовина́ має́ с. поглина́ння.** Every substance has its absorption spectrum.
n. + **с. ділянка ~а** a portion of the spectrum (**зо́на** region, **кіне́ць** end, **ко́лір** color ◊ **Де́які твари́ни здатні ба́чити кольори́ ~а, неви́димі лю́дському о́кові.** Some animals are capable of seeing the colors of the spectrum invisible to the human eye. **части́на** part) ◊ **інфрачерво́на части́на ~а** the infrared part of the spectrum
2 *fig.* range, scope, extent
adj. **вели́кий** great, **величе́зний** huge, **необме́жений** unlimited, **широ́кий** wide; **ви́значений** determined, **вузьки́й** narrow, **невели́кий** small, **обме́жений** limited, **скро́мний** modest; **по́вний** complete, **ці́лий** whole
с. + *n.* **с. дії** a range of action (**застосува́ння** application ◊ **Ме́тод має́ ви́значений с. застосува́ння.** The method has a determined range of application. **емо́цій** emotions ◊ **Музи́ка передає́ вели́кий с. емо́цій.** The musician expresses a great range of emotions. **почутті́в** sensations; **думо́к** opinions, **переко́нань** convictions, **по́глядів** views; **підхо́дів** approaches, **смакі́в** tastes; **сти́лів** styles)
v. + **с. включа́ти с.** include a range (**охо́плювати** span, **покрива́ти** cover; **представля́ти** represent) ◊ **Архітекту́ра Льво́ва представля́є широ́кий с. сти́лів і шкіл.** The architecture of Lviv represents a wide range of styles and schools.
prep. **по ~у** across a range ◊ **Вони́ досягли́ консе́нсусу по всьо́му ~у пита́нь.** They reached consensus on the entire range of issues. **у ~і** in a range
Also see **діяпазо́н**

спе́реду, *adv.*
from the front, in front ◊ **Покупці́ огля́нули буди́нок і с., і зза́ду.** The buyers examined the building both from the front and the back. ◊ **Він пові́сив пра́пор с.** He hung the flag in front. ♦ **ні скла́ду, ні ла́ду, ні с., ні зза́ду** not much to look at, unattractive ◊ **Її́ кінокарти́на – ні скла́ду, ні ла́ду, ні с., ні зза́ду.** Her movie turned out to be nothing to look at.
Cf. **попе́реду.** *Ant.* **зза́ду**

спереча́|тися, **~ються;** *no pf., intr.*
to argue, disagree, fight, squabble; *pf.* **по~** to argue for a while ◊ **Хло́пці тро́хи посперечáлися і розійшли́ся.** The boys argued for a while and split.
adv. **безкомпромі́сно** uncompromisingly, **впе́рто** stubbornly, **гаряче́** heatedly, **го́лосно** loudly ◊ **Про що це вони́ так го́лосно ~ються?** What are they fighting over so loudly? **до́вго** for a long time, **затя́то** bitterly, **лю́то** furiously, **при́страсно** fiercely; **без кінця́** endlessly, **безпереста́нку** nonstop, **пості́йно** constantly
v. + **с. вмі́ти** be able to ◊ **Тре́ба вмі́ти с.** One needs to be able to argue. **могти́** can; **люби́ти** like to, **почина́ти** start to ◊ **Студе́нти почали́ с. про полі́тику.** The students started fighting about politics. **продо́вжувати** go on; **не бажа́ти** be unwilling to, **не хоті́ти** be reluctant to ◊ **Вона́ не хоті́ла с. з ду́рнем.** She was reluctant to have an argument with a fool.
prep. **с. з** + *I.* argue with sb ◊ **Зе́ня не ~ється з батька́ми.** Zenia does not argue with her parents. **с. про** *or* **за** + *A.* argue about sth; ♦ **Про смаки́ не ~ються.** Tastes differ.

спе́р|тися, *pf., see* **спира́тися**
to rely, lean on ◊ **Він ~ся на парка́н, щоб не впа́сти.** He leaned on the fence, not to fall down.

спеціяліза́ці|я, *f.*, **~ї**
major, specialization ◊ **С. виробни́цтва сприя́є ви́щій продукти́вності пра́ці.** Production specialization promotes greater work productivity.
adj. **все бі́льша** increasing, **підви́щена** increased; **міжнаро́дна** international; **академі́чна** academic, **економі́чна** economic, **мо́вна** linguistic, **науко́ва** scientific, **професі́йна** professional; **головна́** principal, **пе́рша** first, **дру́га** second ◊ **За пе́ршу ~ю він ви́брав конститу́ці́йне пра́во, а за дру́гу – порівня́льну політоло́гію.** He chose constitutional law as his first major, and comparative politics as his second one.

спеціялізу|ва́тися, **~ються;** *no pf., intr.*
to specialize, major ◊ **Студе́нти меди́чного університе́ту почина́ють с. на п'я́тому ку́рсі.** The students of the medical university start specializing in their fifth year.
v. + **с. ви́рішувати** decide to ◊ **Вона́ ви́рішила с. з педагогі́чної психоло́гії.** She decided to specialize in pedagogical psychology. **збира́тися** be going to, **ма́ти на́мір** have the intention to; **ра́дити** + *D.* advise sb to ◊ **Професо́р ра́дить йому́ с. з інтелектуа́льної істо́рії.** The professor advises him to specialize in intellectual history. **почина́ти** begin to, **ста́ти** *pf.* start
prep. **с. з** + *G.* specialize in *(discipline)*
спеціялізу́йся!

спеціялі́ст, *m.*; **~ка**, *f.*
specialist, expert, professional
adj. **блиску́чий** brilliant, **до́брий** good ◊ **Про ньо́го відгу́куються як про до́брого ~а.** He is spoken about as a very good specialist. **відмі́нний** excellent **неперевéршений** unsurpassed, **тяму́щий** *colloq.* adept, **чудо́вий** great; **першоря́дний** first-rate, **провідни́й** leading ◊ **Профе́сор Запото́чний – провідни́й с. у неврохірургі́ї.** Professor Zapotochny is a leading specialist in neurosurgery. **чі́льний** top; **диплómо́ваний** certified ◊ **Він став диплómо́ваним ~ом.** He became a certified professional. **досві́дчений** experienced, **кваліфіко́ваний** qualified, **осві́чений** educated; **незале́жний** independent, **професі́йний** *or* **фахови́й** professional; **клі́нічний** clinical, **меди́чний** medical, **техні́чний** technical; **авторите́тний** respected, **ви́знаний** recognized, **відо́мий** well-known ◊ **Се́ред а́второв винахо́ду нема́є жо́дного відо́мого ~а.** There is not a single

well-known specialist among the authors of the invention. **впливовий** influential; **молодий** young
n. + **с. група ~ів** a group of specialists (**колектив** team) ◊ **Над проєктом працює колектив молодих ~ів.** A team of young specialists work on the project.
v. + **с. залучати ~а** bring in a specialist ◊ **Вона залучила досвідченого ~а.** She brought in an experienced specialist. (**діставати** get, **знаходити** find, **наймати** hire; **мати** have; **давати** + *D.* give sb ◊ **Інститут дав їм першорядного ~а.** The institute gave them a first-rate specialist. **призначати** appoint; **потребувати** need); **звертатися до ~а** turn to a specialist; **бути ~ом** be a specialist ◊ **Левчук – чудовий с.** Levchuk is a great specialist. (**вважати** + *A.* consider sb, **виявлятися** turn out; **ставати** become; **говорити зі** talk with ◊ **Марта говорила про це не з одним ~ом.** Marta talked with more than one specialist about it. **консультуватися зі** consult ◊ **Адвокат порадив їм проконсультуватися зі ~ом.** The lawyer advised that they consult a specialist. **радитися зі** take advice from)
с. + *v.* **давати поради** + *D.* give sb advice ◊ **Видно, поради йому давав не дуже добрий с.** Apparently not a very good specialist was giving him advice. **консультувати** + *A.* counsel sb ◊ **Його консультує дипломований с.** A certified specialist is counseling him. **радити** + *D.* give sb advice, **представляти** + *A.* represent sb; **застерігати** + *A.* **від** + *G.* caution sb against sth ◊ **Кілька чільних ~ів застерегли уряд від поквапних дій.** Several top specialists cautioned the government against hasty actions.
prep. **як с.** as a specialist ◊ **Він радить їм як с.** He advises them as a specialist. **с. з** + *G.* a specialist in *(a field)* ◊ **с. із дитячих хвороб** a specialist in child diseases
Also see **професіонал, фахівець**

спеціяльн|ий, *adj.*

1 special, particular
adv. **винятково** exceptionally ◊ **винятково ~а мутація** an exceptionally particular mutation; **досить** fairly, **дуже** very
с. + *n.* **с. випуск** a special issue ◊ **Стаття вийшла у ~ому випуску газети.** The article came out in a special issue of the paper. (**догляд** care; **кореспондент** correspondent; **розпродаж** sale); **~а комісія** a special committee (**місія** mission; **пропозиція** offer); **~е призначення** a special designation
2 specialized, special
с. + *n.* **с. заклад** a specialized institution (**курс** course; **набір** recruitment; **підхід** approach) ◊ **Успішне лікування зворобі вимагає ~ого підходу.** Successful treatment of the disease requires a specialized approach. **~а дисципліна** a specialized discipline (**освіта** education, **підготовка** preparation; **публікація** publication; **школа** school) ◊ **Вона навчається в ~ій школі для незрячих.** She studies is a specialized school for the blind.

спеціяльн|ість, *f.*, **~ости**

profession, qualification, specialization, occupation
adj. **базова** basic; **особлива** special ◊ **Ярина мала досить особливу с. археолога.** Yaryna had a fairly special profession of archeologist. **рідкісна** rare; **популярна** popular, **поширена** widespread; **відмінна** different; **аналогічна** identical, **подібна** similar
v. + **с. здобувати с.** acquire a profession ◊ **Василь здобув с. будівельника.** Vasyl acquired the profession of construction worker. (**мати** have; **діставати** get, **отримувати** obtain); **володіти ~істю** possess a qualification ◊ **Вона володіє рідкісною ~істю реставратора ікон.** She possesses a rare profession of icon restorer. (**оволодівати** master)
prep. **за ~істю** by qualification ◊ **Хто він за ~істю?** What is he by speciality? **зі ~істю** with a qualification ◊ **Вони не змогли знайти людину з подібною ~істю.** They failed to find a person with a similar qualification.
Also see **кваліфікація**. *Cf.* **професія**

спин|а, *f.*, **~и**

1 *anat.* back *(of a person)*
adj. **вузька** narrow, **широка** broad ◊ **Вона ховалася за Левовою широкою ~ою.** She was hiding behind Lev's broad back. **міцна** strong, **могутня** powerful, **м'язиста** muscular; **згорблена** hunched, **зігнута** bent, **сутула** stooped ◊ **Він випростав сутулу ~у.** He straightened his stooped back. **пряма** straight, **струнка** upright ◊ **Її с. струнка, як у танцюристки.** Hers is an upright back of a dancer. **заклякла** stiff, **зламана** broken, **паралізована** paralyzed, **хвора** bad ◊ **Хвора с. не перестає боліти.** The bad back would not stop aching.
v. + **с. випростувати** *or* **розпростувати** *or* **випрямляти ~у** straighten one's back (**згинати** bend ◊ **Він зігнув ~у, пролазячи у вікно.** He bent his back, getting in the window. **згорблювати** hunch; **вигинати** arch ◊ **Побачивши чужого, кішка вигнула ~у і зашипіла.** Having seen a stranger, the she-cat arched her back and hissed. **гладити** caress, **масажувати** massage, **підпирати** prop up ◊ **Оксана підпирає ~у подушкою.** Oksana props her back up with a pillow. **підтримувати** support; **терти** rub; **вдарити** + *A.* **у** *pf.* hit sb in, **штовхати** + *A.* **в** push sb in) ◊ **Хтось легенько штовхнув Андрія у ~у.** Somebody gently pushed Andrii in the back. **плескати по ~і** pat sb on the back
с. + *v.* **боліти** ache ◊ **Галину боліла с.** Halyna's back ached. **вигинатися** arch ◊ **С. пантери вигнулася.** The panther's back arched. **випростуватися** *or* **розпростуватися, випрямлятися** straighten, **згинатися** bend, **згорблюватися** hunch; **заклякати** stiffen ◊ **Від довгого сидіння його с. заклякла.** His back stiffened from sitting long.
prep. **за ~у** *dir.* behind sb's back ◊ **Лариса сховала пакунок за ~у.** Larysa hid the package behind her back. ♦ **ховатися за чужу ~у** to skulk behind sb's back; **за** *or* **поза ~ою** *posn.* 1) behind sb's back ◊ **Йому зв'язали руки за ~ою.** They tied his hands behind his back. 2) *fig.* behind sb's back, without sb's knowledge ◊ **Він говорить про Меланію жахливі речі за її ~ою.** He says terrible things about Melania behind her back. 3) behind sb ◊ **За його ~ою лишилася домівка.** His home remained behind him. 4) in the past ◊ **Неприємна зустріч була поза ~ою.** The unpleasant encounter was in the past. **по ~і** down/on one's back ◊ **Піт лився Дані по ~і.** Sweat streamed down Dana's back. ♦ **мороз по ~і перебігає в** + *G.* sth sends shivers down sb's spine ◊ **Від згадки про Сибір у Катрі мороз перебігає по ~і.** The recollection of Siberia sends shivers down Katria's spine. **у ~у** *dir.* in/to sb's back ♦ **встромити ножа у ~у** *pf.* to stab sb in the back; **~ою до** + *G.* back to sb/sth ◊ **Данило стояв ~ою до входу.** Danylo stood with his back to the entrance. ♦ **гнути ~у перед** + *I.* to bow to sb
Also see **хребет 2**
2 *fig.* back *(in clothes)* ◊ **С. пальта цілком промокла від дощу.** The back of the coat got wet through with rain.

спини|ти, *pf., see* **спиняти**

to stop, *etc.* ◊ **Тетяна ~ла вантажівку.** Tetiana stopped a truck.

спини|тися, *pf., see* **спинятися**

to stop, *etc.* ◊ **Потяг ~вся серед лісу.** The train stopped in the middle of the forest.

спиня|ти, ~ють; спин|ити, ~ю, ~ять, *tran.*

1 to stop, flag down; put an end, halt; hold back
с. + *n.* **с. автобус** stop a bus (**таксівку** taxicab ◊ **Марно с. таксівку в таку пізню годину.** It is futile to flag down a taxicab at such a late hour. **двигун** engine ◊ **Капітан наказав спинити двигун.** The captain ordered to stop the engine. **кров** blood, **подих** breathing ◊ **Від страху Мар'яна спинила подих.** Mar'yana held her breath with terror. **сльози** tears; **діяльність** activity, **процес** process, **роботу** work; **музику** music, **оркестру** orchestra, **спектакль** play ◊ **Було запізно с. спектакль.** It was too late to stop the play. **розмову** conversation, **сміх** laughter)
See **зупиняти**
2 to restrain, prevent, stop
prep. **с. від** + *G.* stop from *(doing sth)* ◊ **Батьки намагалися спинити Тараса від шлюбу.** His parents tried to stop Taras from getting married.

спиня|тися; спинитися, *tran.*

1 to stop, halt, come to a stop ◊ **Шостий автобус ~ється на вимогу.** The six bus stops at request. ◊ **У майстерні ніколи не ~ється робота.** Work never stops in the workshop. ◊ **У Фані при кожному звуці ~лося серце.** *fig.* Fania's heart stopped at every sound.
See **зупинятися 1**
2 to dwell, linger over, mull over
prep. **с. на** + *L.* dwell on sth ◊ **Сторони докладно спинилися на співпраці між двома країнами.** The parties dwelled in detail on the cooperation between the two countries.

спира|тися, ~ють; спертися; *pa. pf., m.* **сперся**, *pl.* **сперлися**; *fut. pf.* **зіпр|уться**, *intr.*

1 to lean on, rest on ◊ **Доки з ноги не знімуть гіпсу, Матвій ходитиме, ~ючися на милиці.** Until they remove the cast from his leg, Matvii will walk, leaning on crutches.
prep. **с. на** *or* **об** + *A.* lean on/against sth ◊ **Пасажирів просять не с. об двері вагона.** The passengers are asked not to lean against the car doors. ◊ **Здавалося, що небо ~ється на землю.** The sky seemed to be resting on earth.
Also see **опиратися 1**
2 *fig.* to rely on, depend on, count on
adv. **дуже** a lot, **сильно** strongly, **повністю** entirely, **цілком** completely; **все більше** increasingly ◊ **Із часом вони все більше ~ються на власні сили.** As time goes by, they increasingly rely on their own means. **традиційно** traditionally; **завжди** always, **частіше** more often, **як правило** as a rule
See **покладатися 1.** *Also see* **надіятися 2, опиратися 2, покладатися, рахувати 3, розраховувати 5**

спирт, *m.*, **~у**

alcohol, spirits
adj. **деревний** wood, **етиловий** ethyl, **медичний** rubbing, **технічний** isopropyl, **харчовий** drinking; **чистий** pure; **розведений** diluted
v. + **с. використовувати с.** use alcohol (**додавати до** + *G.* add to sth; **містити** contain ◊ **Усі алкогольні напої за визначенням містять с.** All alcoholic drinks by definition contain alcohol. **пити** drink; **розводити** dilute) ◊ **Анатолій розвів чистий с. водою.** Anatolii diluted pure alcohol with water. **дезинфікувати** + *A.* **~ом** disinfect sth with alcohol (**користуватися** use ◊ **У лікарнях користуються медичним ~ом.** Rubbing alcohol is used in hospitals. **натирати** + *A.* rub sth with, **протирати** + *A.* swab sth with) ◊ **Медсестра ретельно протерла подряпину медичним ~ом.** The nurse thoroughly swabbed the scratch with rubbing alcohol.

спи́с|ок, *m.*, **~ку**
list, listing, roster
adj. **вели́кий** large, **вичéрпний** exhaustive ◊ **С. запрóшених був вичéрпним.** The list of the invited was exhaustive. **всеохóпний** comprehensive, **дóвгий** long ◊ **Іри́на показáла йомý дóвгий с. продýктів, які́ трéба булó купи́ти.** Iryna showed him a long list of groceries they needed to buy. **доклáдний** detailed, **нескінчéнний** endless, **пóвний** complete ◊ **Ось пóвний с. справ на зáвтра.** Here is a complete list of issues for tomorrow. **корóткий** short, **невели́кий** small; **непóвний** incomplete ◊ **С. побíчних ефéктів нóвого препарáту я́вно непóвний.** The list of the side effects of the new drug is clearly incomplete. **обмéжений** limited; **прибли́зний** tentative; **разю́чий** impressive; **алфаві́тний** alphabet; ♦ **чóрний с.** a blacklist ◊ **Він потрáпив до чóрного ~ку дирéктора.** He ran the risk of getting on the director's blacklist. **с. учáсників** a list of participants
с. + *n.* **с. актóрів** a cast list ◊ **Постанóвка мáє разю́чий с. актóрів.** The production boasts an impressive cast list. (**бестсéлерів** bestseller, **бібліогрáфії** bibliography; **гостéй** guest; **побажáнь** wish; **покýпок** shopping, **продýктів** groceries; **пріоритéтів** priority; **розси́лки** mailing; **свíдків** witness, **члéнів** membership ◊ **Полíція дістáла пóвний с. члéнів організáції.** The police obtained the complete membership list of the organization.
v. + **с. писáти с.** write a list (**збирáти** assemble, **накидáти** draw up ◊ **Кири́ло наки́дав с. карти́н, відíбраних на ви́ставку.** Kyrylo drew up a list of paintings, selected for the exhibition. **роби́ти** make, **склáдати** compile, **ствóрювати** create; **очóлювати** head; **звýжувати до** + *G.* narrow down to ◊ **Слíдчий звýзив с. свíдків до чотирьóх.** The detective narrowed the witness list down to four. **розширя́ти** expand; **оприлю́днювати** release, **подавáти** + *D.* submit to sb ◊ **Компáнія подалá інспéкторові с. підря́дників.** The company submitted the list of subcontractors to the inspector. **публікувáти** publish; **обнóвлювати** *or* **оновля́ти** update ◊ **Адміністрáтор постíйно оновля́є с. розси́лки.** The administrator constantly updates the mailing list. **вивчáти** study, **переглядáти** examine, **диви́тися на** look at); **внóсити до ~ку** put sb on a list ◊ **Сім осíб попроси́ло внести́ їх до ~ку розси́лки кіноклýбу.** Seven individuals asked to be put on the film club's mailing list. (**викрéслювати зі** strike sb off; **приєднуватися до** join) ◊ **Так вонá мимохíть приєднáлася до ~ку жертв корпорати́вного шахрáйства.** Thus she unwillingly joined the corporate fraud victim list.
с. + *v.* **включáти** + *A.* include sb/sth ◊ **С. нови́х признáчень включáє п'ятдеся́т три відсóтки жінóк.** The list of new appointees includes 53% of women. **місти́ти** + *A.* contain sth, **склáдатися з** + *G.* consist of sth ◊ **С. покýпок склáдався із трьох категóрій: горóдина, набíл і напóї.** The shopping list consisted of three categories: vegetables, dairy, and drinks. **збíльшуватися на** + *A.* increase by *(measure)*; **продóвжуватися** continue, **роздувáтися до** + *G.* balloon to *(quantity)* ◊ **С. роздýвся до сорокá пози́цій.** The list ballooned to forty positions. **рости́** grow ◊ **Із кóжним днем с. жертводáвців рóсте.** The list of contributors grows by the day.
prep. **за ~ком** by a list ◊ **Відвíдувачів запрóшували за ~ком.** The visitors were invited by the list. **на ~ку** on a list; **у ~ку** in/on a list ◊ **Він сподівáвся побáчити фільм в корóткому ~ку номінáнтів на «Óскар».** He hoped to see the movie in the short list of Oscar nominees. ♦ **мíсце у ~ку** a position on the list ◊ **Бóндарі були́ на сьóмому мíсці у ~ку запрóшених.** The Bondars held the sixth position on the list of those invited. ♦ **бýти ви́соко у ~ку** to be high on a list; **с. з** + *G.* a list of *(points, etc.)* ◊ **с. бібліогрáфії зі ста пози́цій** a bibliography list of one hundred positions
Also see **óпис 2**

спитá|ти(ся), *pf., see* **питáти(ся)**
to ask, pose a question, inquire ◊ **Орéст узя́в кни́жку, не ~вши дóзволу.** Orest took the book without asking for permission. ◊ **«Коли́ починáється лéкція?»– ~в(ся) він.** "When does the lecture start?" he asked.

спів, *m.*, **~у**
singing
adj. **гáрний** beautiful, **фáйний** *colloq.* fine, **харóший** good, **чудóвий** great; **зворýшливий** moving ◊ **С. хóру був глибóко зворýшливим.** The choir singing was deeply moving. **акапéльний** a cappella, **нарóдний** folk, **óперний** *or* **опeрóвий** opera ◊ **Натáлія набулá смакý до оперóвого ~у.** Natalia acquired a taste for opera singing. **хорови́й** choir, **церкóвний** church; **гучни́й** loud, **нíжний** tender ◊ **нíжний с. її скри́пки** the tender singing of her violin; **ти́хий** soft; **бадьóрий** lively ◊ **Вони́ чýли бадьóрий с. вóяків на мáрші.** They heard the lively singing of soldiers on the march. **весéлий** cheerful, **рáдісний** joyful, **щасли́вий** happy; **жалóбний** funereal, **журли́вий** sorrowful, **сумни́й** sad; **віртуóзний** virtuoso; ♦ **лебеди́ний с.** *or* **лебеди́на пíсня** a swan song
v. + **с. супровóджувати с.** accompany singing ◊ **Óля супровóджує с. грóю на піяні́ні.** Olia accompanies the singing by playing the paino. (**слýхати** listen ◊ **Вони́ пішли́ до філармóнії послýхати церкóвний с.** They went to the Philharmonic Society to listen to church singing. **чýти** hear)
See **звук**

співáк, *m.*, **~á; співáчка**, *f.*
singer
adj. **блю́зовий** blues ◊ **улю́блений блю́зовий с.** a favorite blues singer; **весíльний** wedding ◊ **Він заробля́є весíльним ~óм.** He earns a living as a wedding singer. **джáзовий** jazz, **óперний** *or* **оперóвий** opera, **хорови́й** choir ◊ **У шкóлі Назáр був хоровим ~óм.** At school, Nazar was a choir singer. **бездогáнний** impeccable ◊ **Кри́тик оголоси́в йогó техні́чно бездогáнним ~óм.** The critic declared him to be a technically impeccable singer. **блиску́чий** brilliant, **вели́кий** great, **видатни́й** outstanding, **винятко́вий** exceptional, **віртуóзний** virtuoso, **дóбрий** good, **довéршений** accomplished, **досконáлий** perfect; **лóвкий** *colloq.* skillful, **майстéрний** masterful, **неперевéршений** unsurpassed, **обдарóваний** gifted; **талановитий** talented, **унікáльний** unique, **чíльний** leading; **відóмий** renowned, **знáний** well-known, **леґендáрний** legendary, **славéтний** famous, **услáвлений** famed ◊ **В Одéській óпері виступáло богáто услáвлених ~ів.** Many famed singers performed at the Odesa Opera House. **маловідóмий** little-known, **невідóмий** unknown; **місцéвий** local; **америкáнський** American, **італíйський** Italian, **украї́нський** Ukrainian, *etc.*; **світови́й** world; **професíйний** professional; **сучáсний** contemporary; **ганéбний** deplorable ◊ **Ніхтó не навáжувався сказáти пáнові Л., що він – ганéбний с.** Nobody dared tell Mr. L. that he was a deplorable singer. **жахли́вий** awful, **кéпський** poor, **погáний** bad; **другоря́дний** second-class, **посерéдній** mediocre, **таки́й сóбі** so-so; **непрофесíйний** unprofessional
с. + *v.* **виступáти** perform, **горлáти** belt out ◊ **С. прогорлáв ще однý популя́рну пíсню.** The singer belted out yet another popular song. **звучáти** sound ◊ **Молоди́й с. звучáв як Френк Синáтра.** The young singer sounded like Frank Sinatra. **практикувáти** practice, **тренувáтися** rehearse; **запи́сувати** record ◊ **Джáзовий с. записáв трéтій альбóм.** The jazz singer recorded his third album.

співá|ти, **~ють; про~**, *tran.*
to sing; *pf.* **за~** to start singing, *pf.* **про~** to sing to the end
adv. **гáрно** beautifully ◊ **У дити́нстві Юркó гáрно ~в.** In his childhood, Yurko was a good singer. **дóбре** well, **прекрáсно** superbly ◊ **Вонá прекрáсно ~є áрію Тóски.** She sings the Tosca aria superbly. **сóлодко** sweetly ◊ **У лíсі сóлодко ~ють птахи́.** Birds sing sweetly in the woods. **чарíвно** charmingly, **чудóво** wonderfully; **гóлосно** *or* **гýчно** loudly ◊ **Вонá гóлосно проспівáла остáнню фрáзу.** She sang the last phrase loudly. **нíжно** tenderly, **ти́хо** softly ◊ **Мáти працювáла в горóді, ти́хо ~ючи.** Mother worked in the kitchen garden, while softly singing. **бадьóро** vigorously ◊ **Хор бадьóро ~в «Марш Сíчових стрíльців».** The choir sang the *Sich Riflemen March* with vigor. **вéсело** cheerfully, **рáдісно** joyfully, **щасли́во** happily; **віртуóзно** like a virtuoso ◊ **Хмелькó ~є віртуóзно.** Khmelko sings like a virtuoso. **вмíло** skillfully, **майстéрно** masterfully, **професíйно** professionally; **мáло не** all but ◊ **Він мáло не ~в на рáдощах.** He was all but singing with joy. **трóхи** a little; **a капéла** a cappella, **без сýпроводу** without accompaniment, **нажи́во** live ◊ **Вонá вдавáла, що ~є нажи́во.** She pretended to be singing live. **рáзом** together
с. + *n.* **с. áрію** sing an aria (**гімн** *or* **слáвень** national anthem ◊ **Деся́тки ти́сяч на Майдáні, заспівáли гімн Украї́ни.** Tens of thousands on the Maidan sang the national anthem of Ukraine. **колискóву** lullaby, **коля́дку** carol, **моли́тву** prayer, **пíсні** *and* **пíсень** songs, **пíсню** song) ◊ **Вонá проспівáла новý пíсню від почáтку до кінця́.** She sang the new song from beginning to end. ♦ **с.** + *D.* **дифірáмби** *or* **осáнну** to sing sb Hosanna, praise sb; ♦ **с. íншої (пíсні)** to sing a different tune ◊ **Учóра Олéсь обіця́в однé, а сьогóдні заспівáв íншої.** Yesterday Oles promised one thing, and today he started singing a different tune.
v. + **с. вмíти** be able to, **могти́** can; **не вмíти** be unable to ◊ **Йогó брат зóвсім не вмів с.** His brother was completely unable to sing. **люби́ти** like to ◊ **Марíя люби́ла с.** Maria liked to sing. **починáти** begin to ◊ **Щоб підня́ти собí нáстрій, Я́ків почáв с.** In order to lift his spirits, Yakiv began to sing. **стáти** *pf.* start, **переставáти** stop; **проси́ти** ask sb to
prep. **с. для** + *G.* *or* **с.** + *D.* sing for sb ◊ **Вонá ~ла коля́дки бáтькові** *or* **для бáтька.** She sang carols for her father. **с. про** + *A.* sing about sb/sth ◊ **Бандури́ст ~в про Марýсю Чурáй.** The bandura-player was singing about Marusia Churay.
pa. pple. **проспíваний** sung
(про)співáй!

співбéсід|а, *f.*
interview, discussion; job interview
adj. **дóвга** long, **доклáдна** detailed, **погли́блена** in-depth ◊ **Кóжна погли́блена с. тривáтиме годи́ну.** Each in-depth interview will last an hour. **тривáла** lengthy; **корóтка** short, **операти́вна** prompt, **прискóрена** *or* **пришви́дшена** expedited; **наступна** follow-up; **груповá** group; **особи́ста** personal; **скáйпова** Skype, **телефóнна** telephone ◊ **Вонá щóйно мáла телефóнну ~у з партнéрами.** She has just had a phone conversation with partners.
v. + **с. влаштóвувати ~у** arrange an interview (**планувáти** schedule ◊ **Настýпну ~у запланувáли на сéреду.** The follow-up interview was scheduled for Wednesday. **мáти** have; **організóвувати** organize, **прово́дити** carry out ◊ **Адрія́на провелá три ~и з кандидáтами на вакáнсію.** Andriana carried out

three interviews with candidates for the vacancy. **пропуска́ти** miss ◊ **Він ні в яко́му ра́зі не міг пропусти́ти ~у.** He could in no case miss the interview. **прохо́дити** pass; **провалювати** fail; **виклика́ти** + *A.* **на** call sb for, **запро́шувати** + *A.* **на** invite sb for, **з'явля́тися на** show up for ◊ **Тетя́на з'яви́лася на ~у в діловому костю́мі.** Tetiana showed up for the interview in a business suit. **прихо́дити на** come to, **запізнюватися на** be late for ◊ **Йо́сип фата́льно запізни́вся на ~у.** Yosyp came fatally late for his interview. **проси́ти** + *A.* **про** ask sb for) ◊ **Працівни́к попроси́в ме́неджера про ~у.** The employee asked the manager for an interview. **готува́тися до ~и** prepare for an interview ◊ **Вона́ рете́льно приготува́лася до ~и на пра́цю.** She thoroughly prepared for her job interview.

с. + *v.* **відбува́тися** occur, take place, ◊ **С. віч-на́-віч із дире́ктором компа́нії відбу́деться за ти́ждень.** The face-to-face interview with the company director will occur in one week. **прохо́дити** be ◊ **Його́ с. прохо́дила у прису́тності всіє́ї кате́дри.** His interview was in the presence of the entire department. ◊ **Ска́йпова с. пройшла́ успі́шно.** The skype interview was a success. **почина́тися** begin; **трива́ти** last ◊ **С. трива́ла лише́ де́сять хвили́н.** The interview lasted for only ten minutes. **закі́нчуватися** end

prep. **с. з** + *I.* an interview with sb; ♦ **с. на пра́цю** a job interview ◊ **його́ тре́тя с. на пра́цю за мі́сяць** his third job interview in a month

Cf. **інтерв'ю**

співвітчи́зник, *m.*; **співвітчи́зниця**, *f.*
compatriot, countryman

adj. **дороги́й** dear; **єди́ний** only; **знайо́мий** familiar ◊ **Марко́ – її знайо́мий с. у Берлі́ні.** Marko is the compatriot she knows in Berlin. **відо́мий** well-known, **славе́тний** famous, **украї́нський** Ukrainian

v. + **с. шука́ти ~ів** look for countrymen; **знайо́митися зі ~ом** make an acquaintance with a countryman

співіснува́нн|я, *nt., only sg.*
co-existence

adj. **добросусі́дське** good-neighborly, **ми́рне** peaceful ◊ **Альтернати́ви ми́рному ~ю з сусі́дами вони́ не ма́ють.** They have no alternative to peaceful coexistence with their neighbors. **ви́мушене** forced, **напру́жене** tense, **нелегке́** uneasy, **непро́сте́** tough, **проблемати́чне** problematic

співісну|ва́ти, **~ють**; *no pf., intr.*
to coexist

adv. **ми́рно** peacefully ◊ **Рі́зні етні́чні грома́ди мі́ста ми́рно ~ва́ли.** Different ethnic communities of the city peacefully coexisted.

prep. **с. з** + *I.* coexist with sb ◊ **У ї́хній ха́ті коти́ без особли́вих пробле́м ~вали із пса́ми.** In their home, cats have coexisted with dogs without particular problems.

See **існува́ти**

співпрацю|ва́ти, **~ють**; *no pf., intr.*
to cooperate, work together ◊ **Три інститу́ти ~ють у га́лузі відновлювано́ї ене́ргії.** Three institutes cooperate in the field of renewable energy.

adv. **акти́вно** actively, **залюбки́** gladly ◊ **Ми залюбки́ ~ва́тимемо з ва́ми.** We will gladly cooperate with you. **плі́дно** fruitfully, **по́вністю** fully ◊ **Очеви́дці події́ по́вністю ~ють зі слі́дством.** The eyewitnesses of the event are fully cooperating with the investigation. **ті́сно** tightly, **цілко́м** completely; **вага́ючись** hesitantly, **ви́мушено** forcibly, **неохо́че** reluctantly

v. + **с. бу́ти гото́вим** be ready to, **виявля́ти бажа́ння** reveal the desire to, **могти́** can, **пого́джуватися** agree to, **хоті́ти** want to; **бу́ти зму́шеним** have to, be forced to ◊ **Вона́ зму́шена с. із двома́ дослі́дниками.** She has to cooperate with two researchers. **зму́шувати** + *A.* compel sb to, **му́сити** have to; **відмовля́тися** refuse to, **не збира́тися** not be going to, **не хоті́ти** be reluctant to

prep. **с. з** + *I.* cooperate with sb

співпра́ц|я, *f., only sg.*
cooperation

adj. **акти́вна** active, **бі́льша** greater, **кра́ща** better; **по́вна** full ◊ **Вони́ запропонува́ли полі́ції по́вну ~ю в розсте́женні зло́чину.** They offered the police their full cooperation in the investigation of the crime. **цілкови́та** complete; **тісні́ша** close, **тісні́ша** closer; **ефекти́вна** efficient; **ґлоба́льна** global, **міжнаро́дна** international ◊ **Успі́шні дослі́дження ко́смосу неможли́ві без міжнаро́дної ~і.** Successful space exploration is impossible without international cooperation. **багатосторо́ння** multilateral, **двосторо́ння** bilateral, **місце́ва** local; **військо́ва** military, **економі́чна** economic, **культу́рна** cultural, **науко́ва** scientific ◊ **Оби́два інститу́ти підписа́ли уго́ду про науко́ву ~ю.** Both institutes signed an agreement on scientific cooperation. **політи́чна** political

n. + **с. брак ~і** a lack of cooperation (**необхі́дність** necessity of, **потре́ба** need for ◊ **Існу́є потре́ба ґлоба́льної ~і в боротьбі́ з ебо́лою.** There is a need for global cooperation in the fight against ebola. **умо́ви** terms of) ◊ **реа́льні умо́ви двосторо́нньої ~і** real conditions of bilateral cooperation

v. + **с. ґарантува́ти ~ю** guarantee cooperation ◊ **Уго́да ґаранту́є культу́рну ~ю між сто́ронами.** The agreement guarantees cultural cooperation between the parties. (**забезпе́чувати** secure; **погли́блювати** deepen ◊ **Краї́ни да́лі погли́блюють військо́ву ~ю.** The countries further deepen their military cooperation. **покра́щувати** improve, **пропонува́ти** + *D.* offer sb; **розвива́ти** develop); **вимага́ти ~і від** + *G.* require cooperation from sb ◊ **Вча́сне закі́нчення прое́кту вимага́є від них бі́льшої ~і.** A timely completion of the project requires greater cooperation from them. (**потребува́ти** need; **заклика́ти** + *A.* **до** call on sb for) ◊ **Він закли́кав усі́х до с.** He called on everybody for cooperation. **спри́яти ~і** facilitate cooperation ◊ **Мі́ністр осві́ти спри́яє ~і між університе́тами.** The Education Minister facilitates cooperation between the universities.

prep. **без ~і** without cooperation ◊ **Він ді́ятиме без ~і з ві́дділом грома́дських відно́син.** He will act without cooperating with the public relations department. **у ~і з** + *I.* in cooperation with sb ◊ **Рефо́рми гото́ють у ~і з чі́льними вче́ними.** The reforms are being prepared in cooperation with leading scientists. **за ~і** with sb's cooperation ◊ **Хаба́рництво мо́жна ви́корінити лише́ за акти́вної ~і грома́ди.** Bribery can be rooted out only with active cooperation of the community. **с. в** + *L.* cooperation in *(sphere)* ◊ **с. в запобіга́нні ВІЛ-інфе́кції** a cooperation in HIV-infection prevention; **с. між** + *I.* cooperation between/among sb ◊ **економі́чна с. між у́рядом та інве́сторами** economic cooperation between the government and investors

співробі́тник, *m.*; **співробі́тниця**, *f.*
1 employee, official, associate,

adj. **близьки́й** close, **моло́дший** junior, **ста́рший** senior; **науко́вий** research ◊ **Його́ підви́щили до ста́ршого науко́вого ~а.** He has been promoted to senior research associate. **нови́й** new, **стари́й** old; **ці́нний** valuable

с. + *n.* **с. газе́ти** a newspaper employee ◊ **У кав'я́рні бува́ють журналі́сти й і́нші ~и газе́ти.** Journalists and other newspaper employees frequent the café. **с. амбаса́ди** an embassy official (**міністе́рства** ministry, **університе́ту** university)

See **працівни́к.** *Also see* **урядо́вець**

2 fellow-worker, co-worker ◊ **Вона́ діли́ла о́фіс з п'ятьма і́ншими ~ами.** She shared the office with five other fellow-workers.

співчува́|ти, **~ють**; **по~**, *intr.*
1 to sympathize, feel for, pity + *D.* with ◊ **Лю́ди могли́ лише́ по~ хло́пцеві.** People could only pity the boy.

adv. **від усіє́ї душі́** with all one's heart, **гли́бо́ко** deeply ◊ **Вони́ гли́бо́ко ~ли всім, хто втра́тив близьки́х у траге́дії.** They deeply sympathized with everybody who had lost their close ones in the tragedy. **ді́йсно** really, **на всі сто** *colloq.* a hundred percent, **спра́вді** truly, **цілко́м** completely, **щи́ро** sincerely

v. + **с. могти́** can; **бу́ти тя́жко не** + *D.* be hard not to ◊ **Наві́ть затя́тим опоне́нтам полі́тика було́ тя́жко не с. його́ го́рю.** Even to the politician's die-hard detractors, it was hard not to sympathize with his grief.

Also see **жалі́ти 1, шкодува́ти 2**

2 to empathize with, agree, support, relate to ◊ **Вони́ на всі сто ~ють його́ по́глядам на шлю́б.** They agree 100% with his views of marriage.

prep. **с. в** + *L.* sympathize in sth ◊ **Любо́в ~ла по́друзі в усьо́му, що та чини́ла.** Liubov agreed with her (female) friend in everything the latter was doing.

See **підтри́мувати 1.** *Also see* **пого́джуватися 1**

співчутли́в|ий, *adj.*
sympathetic, compassionate; understanding

adv. **вкрай** extremely, **до́сить** fairly, **доста́тньо** sufficiently, **ду́же** very; **гли́бо́ко** deeply, **ді́йсно** really, **спра́вді** truly ◊ **Він каза́в це як спра́вді ~ий пора́дник.** He was saying it like a truly compassionate advisor. **цілко́м** completely, **щи́ро** sincerely; **загало́м** generally ◊ **Дави́д уважа́в себе́ загало́м ~ою люди́ною.** Davyd considered himself to be a generally sympathetic individual. **особли́во** particularly; **(аж) ні́як не** in no way

v. + **с. бу́ти ~им** be sympathetic (**вигляда́ти** look ◊ **Він вигляда́в ува́жним, наві́ть ~им.** He looked attentive, even sympathetic. **видава́тися** + *D.* appear to sb, **здава́тися** + *D.* seem to sb, **лиша́тися** remain, **роби́ти** + *A.* make sb, **става́ти** become) ◊ **Його́ го́лос став щи́ро ~им.** His voice became sincerely sympathetic.

prep. **с. до** + *G.* sympathetic about/to/toward sb/sth ◊ **Пан З. не був особли́во ~им до ї́хніх пробле́м.** Mr. Z. was not particularly sympathetic to their problems.

співчутт|я́, *nt., usu sg.*
sympathy, commiseration, compassion, pity

adj. **вели́ке** great, **глибо́ке** deep, **правди́ве** true, **серде́чне** heartfelt ◊ **серде́чне с. роди́ні і дру́зям полеглого геро́я** heartfelt commiseration with the family and friends of the fallen hero, **си́льне** strong, **спра́вжнє** genuine, **щи́ре** sincere; **відкри́те** open, **я́вне** obvious; **особли́ве** particular; **зага́льне** general; **людське́** human, **наро́дне** popular; **хоч яке́сь** at least some

v. + **с. виклика́ти с.** arouse sympathy ◊ **Почу́та істо́рія ви́кликала в них с.** The story heard aroused sympathy in them. (**відчува́ти** feel; **вика́зувати** *and* **виража́ти, висло́влювати** express ◊ **Він ви́словив Ні́ні щи́ре с.** He expressed his sincere sympathy to Nina. **виявля́ти** show ◊ **Вони́ ви́явили с. супе́рникам.** They showed sympathy for their rivals. **знахо́дити** find, **заслуго́вувати на** deserve) ◊ **Хло́пці заслуго́вують на с.** The boys deserve sympathy. **бажа́ти с.** desire sympathy ◊ **Його́ розби́те се́рце бажа́ло с.** His broken

heart desired sympathy. (**вимагáти** demand; **заслугóвувати** deserve ◊ **Жíнка заслугóвує с.** The woman deserves sympathy. **потребувáти** need, **хотíти** want, **шукáти** look for) ◊ **Марúна дармá шукáла ~ів сéред колéґ.** Maryna was looking for sympathies among her colleagues in vain.
prep. **без с.** without sympathy ◊ **Калю́жна дивúлася на хлóпця без особлúвого с.** Kaliuzhna was looking at the boy without particular sympathy, **від с.** with sympathy ◊ **В Олéга затрíпотíло сéрце від с.** Oleh's heart fluttered with sympathy. **зі ~я́м** with sympathy ◊ **Вонá стáвиться до полíтика з я́вним ~я́м.** She treats the politician with obvious sympathy. **с. до** + *G.* sympathy for sb/sth ◊ **вияв с. до жертв землетру́су** a manifestation of sympathy for the earthquake victims
Also see **жáлість, жаль**[1] **2.** *Cf.* **жаль**[1] **1**

спіднúц|я, *f.*
skirt
adj. **дóвга** long; **корóтка** short, **гáрна** nice; **мóдна** fashionable, **стúльна** stylish; **вузькá** tight; **ширóка** wide ◊ **Гáля віддáє перевáгу ширóким ~ям.** Halia gives preference to wide skirts. **сúня** blue, **чóрна** black; **бавóвняна** cotton, **джúнсова** denim, **ллянá** linen, **шовкóва** silk; **картáта** checkered, **смугáста** striped; **вихіднá** dress; **будéнна** plain, **прóстá** simple; **вúпрасувана** ironed; **пом'я́та** wrinkled; **чúста** clean ◊ **На ній чúста с.** She has a clean skirt on. **зíбрана** *or* **призбúрана** gathered; ♦ **міні-спіднúця** a miniskirt ◊ **У мóду вхóдили міні-спіднúці.** Miniskirts were coming into fashion. ♦ **с.-кльош** a flared skirt, ♦ **с. до колíн** a knee-length skirt, ♦ **с. на запáх** a wrap-around skirt, ♦ **с. у склáдку** a pleated skirt
n. + **с. дóвжинá ~і** the skirt length (**замóчок** zipper, **кишéня** pocket; **пáсок** belt, **склáдка** pleat; **бік** side ◊ **Замóчок з лíвого бóку ~і.** The zipper is on the left side of the skirt. **зад** back, **перéд** front) ◊ **Перéд новомóдної ~і помíтно корóтший, як зад.** The front of the new-fangled skirt is noticeably shorter than its back.
v. + **с. застібáти ~ю** zip up a skirt (**розстібáти** unzip ◊ **Дáна розстібнýла ~ю.** Dana unzipped the skirt. **заправля́ти** + *A.* **у** tuck sth in/to ◊ **Óля запрáвила сорóчку у ~ю.** Olia tucked her shirt into her skirt. **купувáти** buy; **носúти** wear; **вдягáти** *or* **одягáти** put on ◊ **На робóту Лíдія вдягáла ~ю й жакéт.** Lidiia would put on a skirt and jacket for work. **задирáти** hitch up, **обсмúкувати** pull down, **підбирáти** pick up ◊ **Мóтря підібрáла дóвгу ~ю, щоб не перечепúтися.** Motria picked up her long skirt so as not to trip over. **піднімáти** lift, **розглáджувати** smooth, **розправля́ти** smooth down; **знімáти** take off, **стя́гувати** pull off ◊ **Олéна лéдве стягнýла тíсну ~ю.** Olena barely pulled off her tight skirt. **прасувáти** iron); **ходúти у ~і** wear a skirt ◊ **Христúна ходúть у ~ях.** Khrystyna wears skirts.
prep. **під ~ею** under a skirt; ♦ **тримáтися за ~ю** to cling to sb's apron strings ◊ **Юнáк не повúнен тримáтися за мáтерину ~ю.** A youth must not cling to his mother's apron strings. **у ~ці** in a skirt
Also see **пáчка 4**

спіймá|ти, *pf., see* ловúти
to catch, *etc.* ◊ **Óля ~ла велúкого сомá.** Olia caught a large catfish. ♦ **спіймáти** + *A.* **на гаря́чому** to surprise sb in the act

спíл|ка, *f.*
association, league, union, alliance, society
adj. **братéрська** brotherly; **велúка** great, **велúчна** grand, **тíснá** close; **могýтня** powerful, **сúльна** strong; **вíльна** loose, **крихкá** fragile, **ненадíйна** unreliable, **слабкá** weak, **хисткá** shaky; **кон'юнктýрна** opportunistic, **ситуатúвна** situational ◊ **Ситуатúвна с. вúявилася хисткóю.** The situational association turned out to be shaky. **формáльна** formal; **незалéжна** independent; **неформáльна** informal; **робóча** working; **культýрна** cultural, **молодéча** *and* **молодíжна** youth, **наукóва** scientific, **професíйна** *or usu* **профспíлка** trade ◊ **Ýряд переслíдував незалéжні профспíлки.** The government subjected independent trade unions to persecution. **політúчна** political, **торгóва** trade
v. + **с. закладáти ~ку** establish an association ◊ **Чотúри краї́ни заклáли торгóву ~ку.** Four nations established a trade association. (**заснóвувати** found, **ствóрювати** create; **очóлювати** head; **вступáти у** enter ◊ **Їй трéба вступúти у ~ку з самúм дíдьком.** She needs to enter a league with the devil himself. **об'єднуватися у** unite into) ◊ **Студéнти об'єднáлися у ~ку.** The students united into a union, ♦ **тримáти ~ку з** + *I.* to keep friends with sb ◊ **Нíна тримáла ~ку зі стáршими від сéбе людьмú.** Nina kept friends with people who were her senior.
prep. **у ~ці з** + *I.* 1) in union with sb; 2) together with sb, jointly with sb ◊ **Вонú блокýють парлáмент у ~ці з незалéжними депутáтами.** They are blocking the parliament together with independent MPs. **с. між** + *I.* an association between/among sb ◊ **с. між релігíйними громáдами мíста** a union among the city's religious communities
N. pl. **~кú**, *G. pl.* **~óк**
Cf. **союз**

спілкувáнн|я, *nt., only sg.*
contact, intercourse, communication, encounter, talk
adj. **блúзьке** close, **інтенсúвне** intense; **періодúчне** periodic, **постíйне** constant, **реґуля́рне** regular, **чáсте** frequent; **прямé** direct; **непрямé** indirect ◊ **Микóла знáє Сáда лишé з непрямóго с.** Mykola knows Sad only due to their indirect contacts. **особúсте** personal ◊ **Оцíнка спирáється на особúсте с. свíдка з підóзрюваним.** The assessment is based on the witness's personal communication with the suspect.
v. + **с. підтрúмувати с.** maintain communication ◊ **Вонú домóвилися підтрúмувати с. чéрез мерéжу.** They agreed to maintain communication through the Internet. (**поглиблювати** deepen, **розвивáти** develop; **починáти** initiate, **продóвжувати** continue, **переривáти** interrupt ◊ **Війнá перервáла ї́хнє с.** The war interrupted their contacts. **вступáти в** enter into) ◊ **Репортéр трúчі вступáв у с. з терорúстами.** The reporter entered into contact with the terrorists three times. **уникáти с.** avoid contact ◊ **Íнна уникáє будь-якóго с. з очíльником.** Inna avoids any contact with her boss. **перешкоджáти ~ю** impede communication ◊ **Джóнове кéпське знáння мóви перешкоджáє ї́хньому ~ю.** John's poor command of the language impedes their communication.
с. + *v.* **віднóвлюватися** resume, **починáтися** begin, **продóвжуватися** go on, **переривáтися** be interrupted, **припиня́тися** stop ◊ **С. між нúми припинúлося.** The communication between them stopped.
prep. **с. з** + *I.* a communication with sb ◊ **Телефóн умóжлúвлює с. Дем'я́нові з родúною.** The telephone makes Dem'ian's communication with his family possible. **с. між** + *I.* a communication between/among sb

спілку|вáтися, ~ються; *no pf., intr.*
to communicate, talk with, be in contact with; *pf.* **по~** to communicate *(for a while)*
adv. **блúзько** closely, **інтенсúвно** intensively ◊ **Вонú інтенсúвно ~ýються.** They have intense contacts. **періодúчно** periodically, **постíйно** constantly, **реґуля́рно** regularly, **чáсто** frequently; **пря́мо** directly; **непря́мо** *and* **опосередкóвано** indirectly; **віч-нá-віч** face-to-face, **особúсто** personally ◊ **Вонá волíє с. з інформáнтом особúсто.** She prefers to be in personal contact with her informant.
v. + **с. бýти лéгко** + *D.* be easy to ◊ **Із дóступом до мерéжі ї́м лéгко с.** With the Internet access, it is easy for them to communicate. **бýти вáжко** + *D.* be difficult to, **бýти неможлúво** be impossible to; **бýти трéба** + *D.* need to ◊ **Слíдчим трéба постíйно с.** The detectives need to talk constantly. **могтú** can; **намагáтися** try to; **починáти** begin to; **продóвжувати** continue to; **переставáти** stop ◊ **Вонú не переставáли с. ні на день.** They did not stop their contacts for a single day.
prep. **с. з** + *I.* communicate with sb ◊ **Ірéна дóвго не ~лася з дрýзями.** Irena has not spoken with her friends for a long time.

спíльн|ий, *adj.*
joint, common, mutual, shared
с. + *n.* **с. вúтвір** a joint creation (**обíд** lunch) ◊ **Вонú домóвилися про с. обíд у четвéр.** They arranged for a joint lunch on Thursday. **с. вóрог** a mutual enemy; **~а вáнна** a shared bathroom (**метá** purpose) ◊ **Грузúнів і украї́нців об'єднувала ~а метá.** A shared purpose united Georgians and Ukrainians. **~а війнá** a mutual war (**проблéма** problem), **~а влáсність** joint property (**прáця** work, **сéсія** session) ◊ **Комíтети провелú ~у сéсію.** The committees held a joint session. **~е занепокóєння** a mutual concern (**зацікáвлення** interest; **порозумíння** understanding), **~е засíдання** joint seating (**обговóрення** discussion; **підприéмство** venture); **~і дії** joint actions (**зáходи** measures, **зусúлля** efforts); ♦ **мáти багáто ~ого** to have much in common ◊ **Дрýзі мáють багáто ~ого.** The friends have much in common. ♦ **не мáти нíчóго ~ого** to have nothing in common; have nothing to do with sb/sth ◊ **Марúна не мáє нíчóго ~ого з цим листóм.** Maryna has nothing to do with the letter.
Also see **єдúний 3, загáльний 2, колектúвний, об'єднаний 2, сукýпний 2, сумíсний 1.** *Ant.* **індивідуáльний, одноосíбний, окрéмий 1**

спíльн|íсть, *f.*, ~ости
1 commonality, sameness, identity, unity ◊ **С. інтерéсів обóх фірм – запорýка плíдної співпрáці між нúми.** The commonality of interest of both firms is a guarantee for fruitful cooperation between them.
adj. **духóвна** spiritual, **культýрна** cultural, **мóвна** linguistic, **релігíйна** religious; **незаперéчна** undeniable, **очевúдна** obvious, **реáльна** real; **міти́чна** mythical, **надýмана** contrived ◊ **надýмана с. істори́чної дóлі колонізáтора й колонізóваного** the contrived commonality of the historical fate of the colonizer and the colonized; **фіктúвна** fictitious
Also see **єдність 2, збіг 3, подíбність 1, схóжість, спільнóта 2**
2 community ◊ **Кремль намагáвся асиміл̓ювáти неросія́н в нову с. під нáзвою «совєтський нарóд».** The Kremlin strove to assimilate the non-Russians into a new community named the 'Soviet people.'
See **громáда, спільнóта 1**

спільнóт|а, *f.*
1 community, union ♦ **Європéйська економíчна с.** *hist.* the European Economic Community
adj. **велúка** large ◊ **велúка с. украї́нців Італії** the large community of Ukrainians of Italy; **малá** small; **відкрúта** open, **закрúта** closed ◊ **закрúта с. офіцéрів рóзвідки** a closed community of intelligence officers; **згуртóвана** close-knit, **тíснá** tight-knit; **ґлобáльна** global, **міжнарóдна** international, **місцéва** local; **ширóка** wide, **шúрша** wider ◊ **пúльна увáга місцéвої й шúршої ~и студéнтів** a close attention of the local and wider student community; **академíчна** academic, **медúчна** medical, **наукóва** scientific; **ділова**

business ◊ **Газе́та обслуго́вуватиме ділову́ ~у краї́ни.** The newspaper will cater to the nation's business community. **духо́вна** spiritual, **етні́чна** ethnic, **корінна́** indigenous; **культу́рна** cultural, **мо́вна** language ◊ **У Брюсе́лі є невели́ка украї́нська мо́вна с.** There is a small Ukrainian language community in Brussels. **політи́чна** political, **релігі́йна** religious; **азія́тська** Asian, **африка́нська** African, **сирі́йська** Syrian; **будді́йська** Buddhistic, **мусульма́нська** Muslim, **християнська** Christian, **юде́йська** *rel.* Jewish ◊ **храм юде́йської ~и мі́ста** a temple of the city's Jewish community; **риба́льська** fishing, **селя́нська** peasant, **фе́рмерська** farming, **шахта́рська** mining; **місьќа** urban, **сільська́** rural; **гомосексуа́льна** homosexual, **лезбі́йська** lesbian
prep. **в ~і** in a community; **в ме́жах ~и** within a community ◊ **політи́чна поляриза́ція в ме́жах цига́нської ~и** political polarization within the Gypsy community
Also see **спі́льність 2**
2 commonality, sameness, identity ◊ **Різноше́рсті політи́чні гру́пи об'є́днує с. ціле́й.** Commonality of goals unites a motley crew of political groups.
See **спі́льність 1**

спіра́л|ь, *f.*
1 spiral, helix, coil ◊ **Дріт скру́чено акура́тною ~лю.** The wire is rolled in a neat spiral. ◊ **У тако́му годи́ннику нема́є ~і.** There is no spiral in such a clock. ◊ **с. Архіме́да** *geom.* the Archimedean spiral
v. + **с. ру́хатися по ~і** move in a spiral ◊ **Об'є́кт ру́хався по ~і Архіме́да.** The object was moving in the Archimedean spiral.
2 *fig.* spiral, drop, rise
adj. **висхідна́** upward, **низхідна́** downward ◊ **Ніхто́ не знав, що стої́ть за низхідно́ю ~лю цін на зо́лото.** Nobody knew what was behind the downward spiral of gold prices. **дефляці́йна** deflationary, **інфляці́йна** inflationary, **цінова́** price

спітні́|ти, *pf., see* **пітні́ти**
to get sweaty, *etc.* ◊ **Тимі́ш ду́же ~в, пробі́гши лише́ п'ять хвили́н.** Tymish got very sweaty, having run for only five minutes.

спові́льнен|ня, *nt.*
slowdown, deceleration
adj. **вели́ке** great, **значне́** considerable, **помі́тне** perceptible ◊ **Причи́на ожирі́ння хво́рої у помі́тному ~ні о́бміну речови́н.** The reason for the patient's obesity is in the perceptible slowing down of her metabolism. **рі́зке** precipitous, **швидке́** quick; **несподі́ване** unexpected, **рапто́ве** sudden; **загро́зливе** menacing, **катастрофі́чне** catastrophic, **серйо́зне** serious; **непомі́тне** unnoticeable, **пла́вне** smooth, **поступо́ве** gradual; **нега́йне** immediate; **тимчасо́ве** temporary
v. + **с. ґарантува́ти с.** guarantee a slowdown ◊ **Скоро́чення робітникі́в ґаранту́є с. виробни́цтва.** The laying-off of workers guarantees a slowdown of production. (**забезпе́чувати** ensure, **обіця́ти** + *D.* promise sb); **призво́дити до с.** lead to a slowdown (**уника́ти** avoid) ◊ **Їм удало́ся уни́кнути ~ь у будівни́цтві.** They have managed to avoid slowdowns in the construction. **спри́яти ~ню** facilitate a slowdown
с. + *v.* **відбува́тися** occur, take place; **настава́ти** ensue ◊ **Наста́ло с. прикордо́нної торгі́влі.** There ensued a slowdown of the transborder trade. **почина́тися** begin, **продо́вжуватися** continue, **припиня́тися** stop ◊ **С. інвести́цій припини́лося.** The investment slowdown stopped.

спові́льни|ти, *pf., see* **спові́льнювати**
slow down, *etc.* ◊ **Він ~в маши́ну, щоби кра́ще ба́чити на́зви ву́лиць.** He slowed down the car, to better see the street names.

спові́льни|тися, *pf., see* **спові́льнюватися**
slow down, *etc.* ◊ **Зайшо́вши в туне́ль, по́тяг ~вся.** On entering the tunnel, the train slowed down.
Ant. **приско́ритися**

спові́льню|вати, ~ють; спові́льн|ити, ~ять, *tran.*
to slow down, decelerate, reduce speed; hold back
adv. **ґвалто́вно** abruptly, **ду́же** greatly, **зна́чно** considerably ◊ **Уче́ні шука́ють спо́сіб зна́чно спові́льнити хімі́чну реа́кцію.** The scientists are looking for a way to considerably slow down the chemical reaction. **максима́льно** to the maximum, **помі́тно** noticeably, **рі́зко** precipitously, **шви́дко** quickly; **пла́вно** smoothly, **пові́льно** slowly, **поступо́во** gradually; **де́що** somewhat, **тро́хи** a little
v. + **с. бу́ти мо́жна** be possible to ◊ **Спові́льнити літа́к мо́жна за допомо́гою спеція́льного парашу́та.** It is possible to decelerate the aircraft with the help of a special parachute. **намага́тися** attempt to, **про́бувати** try to; **почина́ти** begin to
Also see **гальмува́ти 2.** *Ant.* **приско́рювати**

спові́льню|ватися; спові́льнитися, *tran.*
to slow down, decelerate, reduce speed
v. + **с. почина́ти** begin to, **ста́ти** *pf.* start ◊ **По́тяг ~вався с. з пе́ред ста́нцією.** The train was reducing speed before the station.
See **гальмува́ти 1.** *Ant.* **приско́рюватися**

спо́вна, *adv.*
in full, fully, completely, in full measure ◊ **За мі́сяць насе́лення с. відчу́ло, що таке́ війна́.** Over a month, the population has fully experienced what war is all about. ♦ **бу́ти с. ро́зуму** to be in one's right mind ◊ **Ні́на побо́юється, що він не с. ро́зуму.** Nina fears that he is not in his right mind.
Also see **геть 1, живце́м 2, зо́всім 1, по́вністю, рішу́че 2, ціл́ком 2, чи́сто 2**

спо́гад, *m.*, **~у**
1 recollection, remembrance, reminiscence, memories ◊ **С. про знайо́мство до́вго лиша́вся в її́ пам'я́ті.** The memory of the acquaintance lingered long in her memory.
adj. **вира́зний** *and* **чітки́й** distinct, **яскра́вий** vivid, **я́сни́й** clear; **невира́зний** indistinct, **нея́сни́й** vague, **тума́нний** misty, **тьмя́ний** dim; **єди́ний** only ◊ **Стара́ світли́на була́ йому́ єди́ним ~ом про по́дорож.** The old photo was his only memory of the trip. **га́рний** nice, **лю́бий** fond, **ми́лий** agreeable, **прие́мний** pleasant ◊ **Вона́ ма́є лише́ прие́мні ~и про по́дорож до Ме́ксики.** She has only pleasant memories of her trip to Mexico. **ра́дісний** joyful, **соло́дкий** sweet; **бо́лісний** painful, **жахли́вий** horrible, **неприє́мний** unpleasant, **страшни́й** horrible, **сумни́й** sad, **травмати́чний** traumatic, **щемни́й** poignant; **дитя́чий** childhood, **юна́цький** youthful; **особи́стий** personal; **незабу́тній** unforgettable, **пам'ятний** memorable
v. + **с. ма́ти с.** have a recollection; **діли́тися ~ами** share one's memories ◊ **Вони́ зустріча́лися за пля́шкою вина́, поділи́тися пам'ятними ~ами ро́ку.** They would meet over a bottle of wine, to share their memorable recollections of the year.
с. + *v.* **вирина́ти** emerge ◊ **У його́ голові́ ви́ринув с. про навча́ння в консервато́рії.** The memory of his studies in the conservatory emerged in his mind. **лиша́тися** remain ◊ **Від тих днів лиша́ються самі́ ~и.** Nothing but memories remain of those days.
prep. **на с.** as a memento ◊ **Васи́ль дав йому́ світли́ну на с. про ї́хню зу́стріч.** Vasyl gave him the picture as a memento of their encounter. **у ~ах** in recollection ◊ **Вона́ все ще ба́чила ці поді́ї у ~ах.** She still saw those events in her recollection. **с. про** + *A.* recollection of sth ◊ **Фільм засно́ваний на ~ах режисе́ра про дити́нство.** The film is based on the director's recollection of his childhood.
prep. **в ~ці** in a memory ◊ **У її́ ~ці про зу́стріч був по́смак гіркоти́.** There was a tinge of bitterness in her memory of the encounter. **на ~ку про** + *A* 1) as a memento of sb/sth ◊ **Ві́та зберегла́ цей камі́нчик на ~ку про Помпе́ї.** Vita kept the little rock as a memento of Pompei. 2) at the mention of sb/sth ◊ **Ада́мове се́рце тьо́хнуло на ~ку про той ве́чір.** Adam's heart skipped a beat at the mention of that evening. **з. про** + *A.* memory of sb/sth
Also see **зга́дка 2, пам'ять 2**
2 mention, reference, allusion ◊ **У те́ксті мо́жна поди́бати ~и про гре́цьку грома́ду мі́ста.** One can come across mentions of the city's Greek community in the text.
See **зга́дка 1**
3 *only pl.* memoirs, life story
adj. **відо́мі** well-known; **докла́дні** detailed; **зна́йдені** discovered; **невідо́мі** unknown, **неопублі́ковані** unpublished; **опублі́ковані** published; **рукопи́сні** handwritten; **сенсаці́йні** sensational, **сканда́льні** scandalous; **ціка́ві** interesting
v. + **с. писа́ти ~и** write memoirs (**чита́ти** read; **знахо́дити** find; **(за)лиша́ти** leave ◊ **Вона́ лиши́ла ціка́ві ~и про свій час.** She left interesting memoirs of her time. **публікува́ти** publish ◊ **За запові́том маляра́, його́ ~и мо́жна опублікува́ти че́рез де́сять ро́ків пі́сля сме́рти.** According to the artist's will, his memoirs can be published ten years after his death.

сподіва́|тися, ~ються; *no pf., intr.*
to hope, expect
adv. **бага́то** a great deal ◊ **Від люди́ни на висо́кій поса́ді бага́то ~ються.** A great deal is expected of an individual in a high position. **ма́ло** little; **все ще** still ◊ **Валенти́на все ще ~лася всти́гнути до батькі́в на Різдво́.** Valentyna still hoped to make it to her parents' for Christmas. **пе́рше** first, **споча́тку** initially; **наї́вно** naively ◊ **П'ять ро́кі́в Зе́ня наї́вно ~лася на підви́щення.** For five years, Zenia naively expected a promotion. **серйо́зно** seriously ◊ **Вони́ серйо́зно ~ються, що в цей день наста́не кіне́ць сві́ту.** They seriously expect that the end of the world will occur on this day. **по́вністю** fully, **ціл́ко́м** completely, **я́вно** clearly
v. + **с. бу́ти ва́рто** be fair to ◊ **Від Ада́ма, ва́рто с. будь-чого́.** It is fair to expect anything from Adam. **бу́ти приро́дно** be natural to ◊ **Пі́сля мі́сяця злив приро́дно с. пове́ні.** After a month of showers, it is natural to expect a flood. **ма́ти підста́ви** have grounds to ◊ **Він ма́є підста́ви с., що Ма́рті ста́не кра́ще.** He has the grounds to expect that Marta would feel better.
Also see **гада́ти 3, наді́ятися 1, розрахо́вувати 4, чека́ти**

сподо́ба|тися, *pf., see* **подо́батися**
to like, *etc.* ◊ **Черні́гів ~вся Марі́ї.** Maria liked Chernihiv.

споживанн|я, *nt., only sg.*
consumption, use
adj. **бі́льше** greater, **все бі́льше** increasing ◊ **все бі́льше с. нарко́тиків** an increasing drug consumption; **висо́ке** high, **інтенси́вне** heavy; **мале́** low, **невели́ке** small; **помірко́ване** modest, **помі́рне** moderate, **сере́днє** average; **зага́льне** overall, **сума́рне** total; **надмі́рне** excessive, **необме́жене** unlimited; **де́нне** daily, **мі́сячне** monthly, **тижне́ве** weekly, **рі́чне** yearly; **ни́нішнє** current, **тепе́рішнє** present; **пості́йне** constant, **реґуля́рне** regular; **своєча́сне** timely; **індивідуа́льне** individual, **осо́бисте** personal; **ма́сове** mass

с. + *n.* **с. алкогóлю** alcohol consumption (**винá** wine, **горíлки** vodka, **пúва** beer; **водú** water, **молокá** milk; **м'я́са** meat, **продýктів** food; **тютюнý** tobacco; **бензúну** gasoline; **вугíлля** coal, **гáзу** gas, **елéктрики** electricity, **енéргії** energy)
n. + **с. рíвень с.** ◊ a level of consumption ◊ **Фрáнція вирізня́ється висóким рíвнем с. винá.** France stands out for its high level of wine consumption. (**частотá** frequency)
v. + **с. заохóчувати с.** encourage consumption (**збíльшувати** increase, **стимулювáти** stimulate; **змéншувати** reduce, **знúжувати** lower, **скорóчувати** cut down); **сприя́ти ~ю** promote consumption ◊ **Нóвий подáток не сприя́в ~ю вугíлля.** The new tax did not promote coal consumption.
с. + *v.* **збíльшуватися** increase ◊ **С. тютюнý сéред студéнток дéщо збíльшилося.** The tobacco consumption among the female students increased somewhat. **зростáти** go up, **піднімáтися** rise; **змéншуватися** decrease, **пáдати** fall, **скорóчуватися** go down ◊ **За п'ять рóків серéднє с. нáфти скоротúлося.** In five years, the average oil consumption went down.
prep. **с. на** + *A.* consumption per *(unit)* ◊ **с. на дýшу населéння** per capita consumption (**на родúну** per family)

спожива́|ти, **~ють; спожи́ти, спожив|ýть**, *tran.*
1 to consume, ingest
adv. **постíйно** constantly, **реґуля́рно** regularly ◊ **Вонá реґуля́рно ~є горíхи.** She consumes nuts regularly. **íноді** sometimes, **рíдко** rarely ◊ **Вонú ~ють алкогóль рíдко, тíльки на святá.** They consume alcohol rarely, only on holidays. **нíколи не** never
с. + *n.* **с. ї́жу** consume food (**картóплю** potato, **молокó** milk, **м'я́со** meat)
See **ї́сти 1, пúти 1.** *Also see* **жéрти 1, приймáти 3, трощúти 3**
2 to consume, utilize, use
adv. **мáсово** massively; **постíйно** constantly; **íноді** sometimes, **рíдко** rarely; **нíколи не** never ◊ **Івáн нíколи в життí не ~в тютюнý.** Ivan never in his life used tobacco. **до кінця́** to the end, **цілкóм** completely. ◊ **За її розрахýнками вонú цілкóм споживýть збíжжя до лю́того.** By her calculations, they will have completely consumed the grain by February.
с. + *n.* **с. вóлогу** consume moisture ◊ **Рослúни ~ють вóлогу безперéвно.** Plants consume moisture nonstop. (**дóбрива** fertilizers, **енéргію** energy, **пальнé** fuel; **товáри** goods)
See **використóвувати 1.** *Also see* **експлуатувáти 2, застосóвувати, оперувáти 3, розпоряджáтися 3**
pa. pple. **спожúтий** consumed
споживáй! спожúй! ♦ Споживáй(те) на здорóв'я! Enjoy it!

спожива́ч, *m.*, **~á; ~ка**, *f.*
consumer
adj. **вимóгливий** demanding, **прискíпливий** exacting; **пересíчний** run-of-the-mill, **серéдній** average ◊ **Цінá розрахóвана на серéднього ~á.** The price is meant for the average consumer. **тиπóвий** typical; **міськúй** urban, **сíльський** rural; **дорóслий** adult; **молодúй** young; **ощáдний** thrifty; **поінформóваний** informed, **освíчений** educated; **наївний** naive; **задовóлений** pleased ◊ **С. задовóлений я́кістю нóвої модéлі телефóна.** The consumer is pleased with the new telephone model's quality. **обмáнутий** deceived, **розчарóваний** disappointed
v. + **с. замáнювати ~á** entice a consumer ◊ **Реклáма замáнювала ~á купúти непотрíбне забезпéчення.** The commercial enticed the consumer to purchase a needless insurance. (**перекóнувати** convince, **привáблювати** attract, **спокушáти** seduce; **обмáнювати** deceive); **бýти признáченим для ~á** be meant for a consumer; **обіцяти ~éві** promise a consumer ◊ **Авіялíнія обіця́ла ~éві виняткóвий рíвень пóслуг.** The airline promised the consumer an exceptional level of services. **маніпулювáти ~éм** manipulate a consumer ◊ **Компáнія свідóмо маніпулювáла ~éм.** The company was consciously manipulating the consumer.
с. + *v.* **вимагáти** + *G.* demand sth, **потребувáти** + *G.* require sth; **сподівáтися** + *G.* expect sth, **хотíти** + *G.* want sth ◊ **Чóго хóче пересíчний с.?** What does a run-of-the-mill consumer want? **скáржитися на** + *A.* complain of sth ◊ **Багáто ~ів скáржаться на низькý я́кість холодникíв.** Many consumers complain of the low quality of the refrigerators.
Also see **клієнт**

спожú|ти, *pf.*, *see* **споживáти**
to consume, *etc.* ◊ **Гóсті з апетúтом ~лú все, що подалú.** The guests consumed everything that had been served with appetite.

спóк|ій, *m.*, **~ою**, *only sg.*
1 quiet, calm, stillness, peace, quietude
adj. **абсолю́тний** absolute ◊ **Скрізь у мíсті булú с. і тúша.** Calm and quietude were everywhere in the city. **велúкий** great, **віднóсний** relative, **несподíваний** sudden ◊ **На фóндовій бíржі панувáв несподíваний с.** Sudden calm held at the stock exchange. **мóторошний** spooky, **похмýрий** grim, **тривóжний** disquieting; **благословéнний** blessed, **свя́тий** holy; **довгождáний** long-awaited, **жадáний** desired, **заповíтний** cherished, **омрíяний** much-desired
v. + **с. віднóвлювати с.** restore calm (**встанóвлювати** instill; **перевивáти** interrupt, **порýшувати** break), ♦ **йти на с.** 1) to go to rest; 2) *fig.* to die ◊ **Пáні Марíя ще не дýмала йти на с.** Mrs. Maria did not yet plan to die. **не знáти ~ою** not to know no peace ◊ **Мíсто другúй тúждень не знáє ~ою від протéстів.** For the second week, the city has known no peace from protests. (**прáгнути** long for; **просúти** ask for)
с. + *v.* **наставáти** ensue ◊ **Рáно чи пíзно пíсля бýрі настає с.** Sooner or later calm ensues after a storm. **панувáти в** + *L.* prevail in sth ◊ **Вонú вже не вíрили, що в сім'ї колú-небудь запанýє с.** They did not believe any longer that peace will ever prevail in the family. **тривáти** + *A.* last for *(a period)*; **зникáти** disappear, **щезáти** vanish
prep. **у ~ої** *or* **~ою** in peace ◊ **Оксáна нарéшті мóже відпочúти у ~ої.** Oksana can finally rest in quietude.
Also see **згóда 2, мир**[1]
2 calm, peace of mind, composure, self-possession
adj. **абсолю́тний** absolute ◊ **В її очáх абсолю́тний с.** There is absolute calm in her eyes. **велúкий** great, **незворýшний** unperturbed, **нелю́дський** inhuman, **олімпíйський** *fig.* Olympian, **пóвний** complete; **холóдний** cold ◊ **Лíна споглядáла сцéну з холóдним ~оєм.** Lina contemplated the scene with cold calm. **віднóсний** relative; ◊ **душéвний с.** a peace of mind
v. + **с. втрачáти с.** lose one's peace of mind (**давáти** + *D.* leave sb in peace ◊ **Він просúв журналíстів дáти йомý с.** He was asking journalists to leave him in peace. ♦ **Дай(те) с.!** Leave me alone! Stop it! **ґарантувáти** + *D.* guarantee to sb, **забезпéчувати** + *D.* ensure for sb ◊ **Нóвий рóзклад забезпéчував Тамáрі віднóсний с. і можлúвість писáти.** The new schedule ensured a relative peace of mind and the opportunity to write for Tamara. **оберігáти** protect ◊ **Сúльна áрмія оберігáє с. країни.** A strong army protects the peace of the country. **перевивáти** interrupt, **порýшувати** break); **не давáти** + *D.* **~ою** not to leave sb in peace ◊ **Підóзра про зрáду не давáла Богдáні ~ою.** The suspicion of betrayal would not leave Bohdana in peace. (**не знáти** know no ◊ **Нíна не знáє ~ою, намагáючися закíнчити фíльм.** Nina knows no peace of mind, trying to finish the movie. **прáгнути** long for ◊ **Її душá прáгне ~ою і рівновáги.** Her soul longs for calm and equilibrium. **просúти** ask for)
с. + *v.* **наставáти** ensue; **панувáти** prevail; **тривáти** last; **зникáти** disappear, **щезáти** vanish ◊ **Гáлин с. щез без слíду.** Halia's calm vanished without a trace.
prep. **без ~ою** without peace of mind; **для ~ою** for peace of mind; **у ~ої** *or* **~ою** in peace ◊ **Лишú менé нарéшті у ~ої!** Finally leave me in peace!
See **рівновáга.** *Ant.* **тривóга 1, 3**

спокíйн|ий, *adj.*
1 calm, quiet, still, motionless
adv. **абсолю́тно** absolutely, **дóсить** fairly, **достáтньо** sufficiently, **дýже** very, **надзвичáйно** extraordinarily; **неймовíрно** incredibly; **мáйже** almost, **практúчно** practically ◊ **практúчно ~е мóре** practically still sea, **сливé** *colloq.* nearly; **мóторошно** spookily, **похмýро** grimly, **тривóжно** eerily; **страшéнно** terribly; **віднóсно** relatively, **порíвняно** comparatively; **дúвно** strangely, **загрóзливо** menacingly, **неприрóдно** unnaturally
с. + *n.* **с. день** a calm day (**ліс** forest; **рáнок** morning; **стан** state) ◊ **Експеримéнт вимагáв ~ого стáну водú.** The experiment required motionless state of water. **~а вýлиця** a quiet street ◊ **Вонú живýть на ~ій вýлиці.** They live on a quiet street. (**кімнáта** room; **погóда** weather); **~е óзеро** a still lake (**повíтря** air)
v. + **с. бýти ~им** be calm (**вважáти** + *A.* consider sb/sth ◊ **Антóна вважáють чоловíком ~им.** Antin is considered to be a calm man. **виявля́тися** prove, **здавáтися** + *D.* seem to sb, **лишáтися** remain, **робúти** + *A.* make sb/sth ◊ **Пігýлки зробúли йогó ~им, якúмось відсýтнім.** The pills made him calm, unavailable in a way. **ставáти** become) ◊ **Актóрка стáла ~ою, без слíду емóцій на облúччі.** The actress became calm without a trace of emotion on her face.
Also see **мúрний 3, тúхий 1.** *Ant.* **збýджений 2, схвильóваний, тривóжний**
2 calm, serene, tranquil, composed
adv. **абсолю́тно** absolutely, **вкрай** extremely, **дóсить** fairly ◊ **Вонá в дóсить ~ому настрóї.** She is in a fairly calm mood. **достáтньо** sufficiently, **дýже** very, **надзвичáйно** extraordinarily; **надмíру** excessively, **нáдто** too, **неймовíрно** incredibly; **мáйже** almost; **похмýро** grimly, **тривóжно** eerily; **страшéнно** terribly; **дúвно** strangely, **загрóзливо** menacingly, **неприрóдно** unnaturally; **омáнливо** deceptively
с. + *n.* **с. вúраз** a calm expression ◊ **Ромáна мáла с. вúраз на облúччі.** Romana had a calm expression on her face. (**нáстрій** mood; **нáтовп** crowd ◊ **Щось булó не так в омáнливо ~ому нáтовпі.** Something was wrong in the deceptively calm crowd. **пóгляд** look; **стан** state; **чоловíк** man); **~а дівчúна** a calm girl (**кобúла** mare, **людúна** person; **розмóва** conversation); **~е слóво** a calm word (**сýдження** assessment)
Also see **рíвний 3**
3 even, balanced, measured, steady
с. + *n.* **с. вíтер** a steady wind (**гóмін** clamor, **ритм** rhythm); **~а інтонáція** a measured intonation (**манéра** manner, **ходá** gait); **~і бáрви** balanced colors (**рýхи** movements)
Also see **рíвний 3, тúхий 2**

спокýс|а, *f.*
temptation
adj. **велúка** great ◊ **велúка с. полáсувати морóзивом** a great temptation to relish some ice cream; **величéзна** huge, **легкá** easy, **невідпíрна** irresistible, **сúльна** strong; **впéрта** persistent, **невідстýпна** relentless, **постíйна** constant; **несподíвана** sudden; **невúнна** innocent; **сатанúнська** satanic; **статéва** sexual ◊ **Там стíльки статéвих спокýс!** There are so

many sexual temptations there!
v. + **с. відчува́ти ~у** feel a temptation ◊ **Ната́ля відчува́ла ~у сказа́ти А́ллі все, що про не́ї ду́має.** Natalia felt the temptation to tell Alla everything she thought of her. (**дола́ти** overcome, **задовольня́ти** satisfy, **ма́ти** have); **уника́ти ~и** avoid a temptation (**стри́мuватися від** hold back from) ◊ **Вона́ ле́две стри́мувалася від ~и ви́пити п'я́ту філіжа́нку ка́ви.** She barely held back from the temptation to have her fifth cup of coffee. **опира́тися ~і** resist a temptation (**піддава́тися** give in to ◊ **Найкра́щий спо́сіб подола́ти ~у – це підда́тися їй.** The best way to overcome a temptation was to give in to it. **уляга́ти** succumb to); **боро́тися зі ~ою** fight a temptation ◊ **Софі́я боро́лася із ~ою з'ї́сти соло́дкого.** Sofiia fought the temptation to have something sweet. (**вясто́яти пе́ред** *pf.* resist) ◊ **Лі́ля всто́яла пе́ред ~ою піти́ з ле́кції ра́ніше.** Lilia resisted the temptation to leave the lecture earlier.
с. + *v.* **виника́ти** appear, **наро́джуватися** emerge; **зника́ти** disappear, **пропада́ти** vanish ◊ **С. поцілува́ти його́ пропа́ла.** The temptation to kiss him vanished. **мина́ти** *or* **прохо́дити** pass; ♦ **да́лі від ~и** out of temptation's way
See **бажа́ння 1, жада́ння 2**

спокуси́|ти, *pf., see* **спокуша́ти**
to seduce, *etc.* ◊ **Низька́ ціна́ ~ла Луку́ купи́ти мотоbooро́лер.** The low price seduced Luka into buying the scooter.

спокуси́|тися, *pf., see* **спокуша́тися**
to be seduced, *etc.* ◊ **Іва́н ле́гко ~вся її́ обіця́нками.** Ivan got easily seduced by her promises.

споку́слив|ий, *adj.*
tempting, seductive, sexy, alluring
adv. **вкрай** extremely, **до́сить** rather, **доста́тньо** sufficiently; **надзвича́йно** unusually, **небезпе́чно** dangerously ◊ **молода́ люди́на з небезпе́чно ~им ви́глядом** a young person of a dangerously seductive appearance; **страше́нно** terribly; **напра́вду** really, **спра́вді** truly; **ле́две** scarcely
v. + **с. бу́ти ~им** be seductive ◊ **Запро́шення було́ ~им.** The invitation was tempting. (**вигляда́ти** look ◊ **Він вигляда́є до́сить ~им.** He looks fairly sexy. **виявля́тися** turn out; **звуча́ти** sound ◊ **Іде́я звуча́ла вкрай ~ою.** The idea sounded extremely tempting. **здава́тися** + *D.* seem to sb; **роби́ти** + *A.* make sth ◊ **М'які́ кольори́ роби́ли її́ о́дяг ~им.** Soft colors made her attire seductive. **става́ти** become)
prep. **с. для** + *G.* seductive for/to sb ◊ **Зни́жка ви́явилася ~ою для спожива́ча.** The discount turned out to be seductive to the consumer.
Also see **ла́сий 2, прива́бливий**

спокуша́|ти, ~ють; спокус|и́ти, споку́шу́, ~ять, *tran.*
to seduce, tempt, allure + *I.* with sth ◊ **Вона́ наді́ялася спокуси́ти Андрі́я ще́дрою пропози́цією.** She hoped to allure Andrii with her generous offer.
adv. **ду́же** very much, **найбі́льше** most ◊ **Наго́да попла́вати чо́вно́м по о́зеру ~ла хло́пців найбі́льше.** The chance to go boating on the lake tempted the boys the most. **ма́ло** little, **найме́нше** least; **ле́гко** easily, **одра́зу** immediately, **за́раз же** right away, **шви́дко** quickly; **ле́две** scarcely; **наре́шті** finally; **наси́лу** barely, **сливе́** *colloq.* scarcely
v. + **с. могти́** can ◊ **Юна́к ду́мав, що мо́же спокуси́ти її́.** The youth thought he could seduce her. **намага́тися** attempt to ◊ **Іва́нна намага́лася с. сестру́ обіця́нками.** Ivanna attempted to allure her sister with promises. **стара́тися** try to; ♦ **с. до́лю** *only impf.* to tempt fate ◊ **Андрі́й ви́рішив не с. до́лі.** Andrii decided not to tempt fate.

prep. **с. на** + *A.* seduce sb into sth ◊ **Він спокуси́в Ори́сю на аванту́ру.** He seduced Orysia into an adventure.
pa. pple. **споку́шений** seduced
споку́шуй! спокуси́!

спокуша́|тися; спокуси́тися, *intr.*
to be seduced, get tempted, give in to temptation + *I.* with sth ◊ **Він не диви́ться на ї́жу, щоб не с.** He does not look at the food so as not to tempt himself. **Вона́ спокуси́лася і купи́ла нові́ парфу́ми.** She gave in to the temptation and bought herself a new perfume.

сполу́|ка, *f.*
1 *chem.* compound + *G.* of sth ◊ **де́які ~ки вугле́цю** some carbon compounds
adj. **хемі́чна** chemical; **молекуля́рна** molecular, **неоргані́чна** inorganic, **органі́чна** organic, **приро́дна** natural, **про́ста́** simple ◊ **Речовина́ склада́ється з трьох про́сти́х ~к.** The substance consists of three simple compounds. **синтети́чна** synthetic; **акти́вна** active; **отру́йна** poisonous, **токси́чна** toxic; **азо́тна** nitrogen, **водне́ва** hydrogen, **вуглеце́ва** carbon, **ка́льцієва** calcium, **ма́рґанцева** manganese, **сірча́на** sulfric, *etc.*
v. + **с. виробля́ти ~ку** produce a compound ◊ **Синтети́чну ~ку виробля́ють на двох заво́дах.** Two factories produce the synthetic compound. (**роби́ти** make, **розробля́ти** develop, **синтезува́ти** synthesize, **утво́рювати** form; **відкрива́ти** discover; **відділя́ти** isolate)
с. + *v.* **мі́стити** + *A.* contain sth ◊ **С. мі́стить чоти́ри хемі́чні елеме́нти.** The compound contains four chemical elements. **склада́тися з** + *G.* consist of sth; **похо́дити від** + *G.* be derived from sth; **розпада́тися на** + *A.* disintegrate into sth ◊ **умо́ви, за яки́х с. розпада́ється на компоне́нти** conditions under which the compound disintegrates into its components
prep. **у ~ці** in a compound ◊ **У ~ці є три скла́дники.** There are three constituents in the compound. **с. з** + *I.* a compound of sth ◊ **Вода́ – це с. ки́сню з во́днем.** Water is a compound of oxygen and hydrogen.
2 combination, blend ◊ **С. наполе́гливості та працьови́тості ста́ла реце́птом її́ у́спіху.** The combination of persistence and industriousness became the recipe of her success.
See **поє́днання.** *Also see* **комбіна́ція, сполу́чення 3, су́міш**

сполуча́|ти, ~ють; сполуч|и́ти, ~ать, *tran.*
1 to connect, attach ◊ **Він забу́в сполучи́ти кінці́ дро́ту.** He forgot to connect the ends of the wire.
adv. **на ві́дстані** remotely, **пря́мо** directly, **фізи́чно** physically; **наді́йно** reliably ◊ **Підзе́мний хід наді́йно ~в форте́цю з мі́стом.** The underground passage reliably connected the fortress with the town. **врешті-ре́шт** eventually, **зно́ву** again, **наре́шті** finally; **операти́вно** promptly, **шви́дко** quickly
v. + **с. вдава́тися** + *D.* succeed in ◊ **Наре́шті вдало́ся сполучи́ти мі́сто з електромере́жею.** They finally succeeded in connecting the city to the electric grid. **змогти́** *pf.* manage to; **ма́ти** be supposed to ◊ **Нови́й порт ма́є с. краї́ну зі сві́том.** The new port is supposed to connect the country with the world. **ма́ти завда́ння** have the task to, **намага́тися** try to, **планува́ти** plan to, **хоті́ти** want to
prep. **с. з** + *I.* connect with sth
Also see **една́ти 2**
2 to combine ◊ **Тетя́на намага́лася с. прие́мне з ко́рисним.** Tetiana tried to combine the pleasant with the useful.
prep. **с. з** + *I.* combine with sth
See **поє́днувати 1**

3 *fig.* to unite, connect, tie ◊ **Їх всіх ~ло почуття́ обо́в'язку.** A sense of duty united them all.
prep. **с. в** + *A.* unite into sth ◊ **На чужи́ні мо́ва ~ла іміґра́нтів в одну́ роди́ну.** In the foreign land, language united the immigrants into one family.
See **єдна́ти 1.** *Also see* **відно́сити 2, в'яза́ти 1, 2, зв'я́зувати 3, пов'я́зувати 2, поє́днувати 2**
pa. pple. **сполу́чений** connected
сполуча́й! сполучи́!

сполуча́|тися, *pf., see* **сполучи́тися**
1 to combine, be combined, merge ◊ **~ючись із ки́снем, во́день утво́рює во́ду.** Combining with oxygen, hydrogen forms water. ◊ **У тво́рах маля́ра ~ються ко́лір і простота́ лі́нії.** Color and the simplicity of line merge in the artist's works. ◊ **У його́ ри́сах сполучи́лися чуттє́вість із му́жністю.** Sensuality combined with virility in his features.
2 to connect, get attached, be connected ◊ **Ставки́ ~ються кана́лом.** The ponds connected by a canal.
3 to unite, be united ◊ **Поступо́во кі́лька пле́мен сполучи́лися в оди́н наро́д.** Gradually several tribes united into one nation.
See **об'є́днуватися 1.** *Also see* **єдна́тися 2, об'є́днувати 1, поє́днуватися 1**

сполу́чен|ня, *nt.*
1 connection, communication
adj. **авто́бусне с.** a bus connection ◊ **Між се́лами нема́є авто́бусного с.** There is no bus connection among the villages. (**автомобі́льне** highway, **залізни́чне** railroad, **трамва́йне** streetcar, **троле́йбусне** trolleybus; **до́бре** good, **ефекти́вне** efficient; **жахли́ве** awful, **ке́пське** poor, **пога́не** bad; **пряме́** direct); ♦ **авіасполу́чення** an air communication (**мо́рське** maritime, **сухопу́тне** overland) ◊ **Міст установи́в сухопу́тне с. між міста́ми.** The bridge established an overland communication between the cities. ◊ **Він користува́вся хо́дом с. між ша́нцями.** He used a connecting passage between trenches.
v. + **с. відкрива́ти с.** open a connection ◊ **Залізни́чне с. між краї́нами відкри́ли сто ро́ків тому́.** The railroad connection between the countries was opened a hundred years ago. (**стано́влювати** establish; **покра́щувати** improve, **розвива́ти** develop; **перерива́ти** interrupt, **припиня́ти** stop, **усклад́нювати** complicate)
с. + *v.* **існува́ти** exist; **погі́ршуватися** worsen ◊ **Порі́вняно з мину́лим ро́ком авіасполу́чення столи́ці краї́ни з Єги́птом погі́ршилося.** Compared to last year, the air communication of the nation's capital with Egypt worsened. **покра́щуватися** improve
prep. **с. з** + *I.* a communication with sth/sb; **між** + *I.* a connection between sb/sth
2 *techn.* connection, link; circuit
adj. **бездротове́** wireless, Wi-Fi, **дротове́** wire, **електри́чне** electrical, **ка́бельне** cable, **мере́жеве** Internet, **мобі́льне** mobile, **сті́льникове** cellular, **телефо́нне** phone ◊ **План покра́щив телефо́нне с.** The plan improved the phone connection. **шви́дкісне** high-speed; ♦ **парале́льне с.** *phys.* a parallel circuit ◊ **звича́йне парале́льне с. рези́сторів** a regular parallel resistor circuit; ♦ **послідо́вне с.** *phys.* a series circuit; **бездога́нне** flawless, **відмі́нне** excellent, **до́бре** good, **ефекти́вне** efficient; **жахли́ве** awful, **ке́пське** poor, **пога́не** bad, **хистке́** shaky; **непередба́чуване** unpredictable; **пряме́** direct
v. + **с. відно́влювати с.** restore a link (**встано́влювати** establish; **перерива́ти** interrupt) ◊ **Землетру́с перерва́в с. реґіо́ну зі сві́том.** The earthquake interrupted the region's connection to the world.
prep. **с. між** + *I.* a link between sth ◊ **С. між**

репорте́ром і реда́кцією газе́ти було́ ненаді́йним. The link between the reporter and the editorial office was unreliable.
Also see **зв'язо́к 3**
3 combination, blend; combining, blending ◊ **Зеле́ну ба́рву отри́мують ~ням си́ньої з жо́втою.** The green color is obtained by blending blue and yellow ones.
See **поєдна́ння.** *Also see* **комбіна́ція, сполу́ка 2, су́міш**
G. pl. **~ь**

сполучи́|ти, *pf., see* **сполуча́ти**
to connect, *etc.* ◊ **Нови́й мо́дем за́раз же ~в її комп'ю́тер з мере́жею.** The new modem connected her computer to the Web right away.

сполучи́|тися, *pf., see* **сполуча́тися**
to get connected, *etc.* ◊ **Со́рок депута́тів ~лося в одну́ фра́кцію.** Forty members of parliament united into one faction.

спо́нсор, *m.*, **~а; ~ка**, *f.*
sponsor + *G.* for sth ◊ **с. поста́ви п'є́си** the sponsor of the play's production
adj. **бага́тий** rich; **важли́вий** important, **генера́льний** general, **головни́й** main, **основни́й** principal, **ти́тульний** title ◊ **Футбо́льна дружи́на мі́ста шука́є ти́тульного ~а.** The city soccer team is looking for a title sponsor. **чі́льний** leading; **офіці́йний** official; **ще́дрий** generous ◊ **За́хід став можли́вим завдяки́ ще́дрим ~ам.** The event became possible thanks to generous sponsors. **комерці́йний** commercial, **корпорати́вний** corporate, **фіна́нсовий** financial; **аноні́мний** anonymous; **потенці́йний** potential; **традиці́йний** traditional; **ча́стий** frequent
v. + **с. втрача́ти ~а** lose a sponsor (**дістава́ти** get, **знахо́дити** find ◊ **Щоб модернізува́ти теа́тр знайшли́ бага́того корпорати́вного ~а.** A rich corporate sponsor was found to modernize the theater. **прива́блювати** attract, **шука́ти** look for); **зверта́тися до ~а** turn to a sponsor ◊ **Шко́ла зверну́лася до прива́тних ~ів.** The school turned to private sponsors. **бу́ти ~ом** be a sponsor (**виступа́ти** serve as; **виявля́тися** turn out; **става́ти** become) ◊ **Кі́лька підприє́мців ста́ли ~ами іде́ї.** Several businessmen became sponsors of the idea.
с. + *v.* **зголо́шуватися** come forward ◊ **Допомогти́ в ліку́ванні ді́вчинки зголоси́вся оди́н с.** A sponsor came forward to help with the little girl's treatment. **опла́чувати** pay sth; **підтри́мувати** + *A.* support sth

спо́нсорств|о, *nt., only sg.*
sponsorship
adj. **вели́ке** major; **ви́гідне** lucrative; **наді́йне** reliable; **пості́йне** constant; **традиці́йне** traditional; **ще́дре** generous; **бізне́сове** *and* **ділове́** business, **комерці́йне** commercial, **рекла́мне** advertising; **поперемі́нне** alternate ◊ **Па́ні Кирилю́к домо́вилася про поперемі́нне с. ко́нкурсу.** Mrs. Kyryliuk arranged for an alternate sponsorship of the competition. **держа́вне** state ◊ **Зако́н заборо́няв держа́вне с. церко́вних шкіл.** The law forbade state sponsorship of church schools. **урядо́ве** government; **корпорати́вне** corporate, **прива́тне** private
v. + **с. втрача́ти ~о** lose sponsorship (**дістава́ти** get, **забезпе́чувати** secure, **здобува́ти** win, **знахо́дити** find, **отри́мувати** receive; **прива́блювати** attract, **шука́ти** look for; **поно́влювати** renew, **продо́вжити** *only pf.* resume ◊ **Телекана́л продо́вжив с. кінофестива́лю.** The TV channel resumed its sponsorship for the film festival. **припиня́ти** withdraw ◊ **Че́рез сканда́л компа́нія припини́ла с. теніси́ста.** Because of the scandal, the company withdrew its sponsorship for the tennis-player. **зверта́тися до** + *G.* **по** turn to sb for ◊ **А́втор зверну́вся до місце́вого мецена́та по с. кни́жки.** The author turned to a local patron for sponsorship of the book.
prep. **без ~а** without sponsorship ◊ **Клуб ді́є без фіна́нсового ~а.** The club functions without financial sponsorship. **зі ~ом** with sponsorship; **за ~а** + *G.* under/with sponsorship of sb ◊ **Ґалере́ю збудува́ли за ~а прива́тних осі́б.** The gallery was built under the sponsorship of private individuals. **завдяки́ ~у** + *G.* thanks to the sponsorship of sb; **с. від** + *G.* a sponsorship from sb ◊ **Книжко́вий я́рмарок отри́мав с. від держа́ви.** The book fair got sponsorship from the government.
Cf. **підтри́мка**

спонсору|ва́ти, ~ю́ть; *same, tran.*
to sponsor
adv. **поча́сти** in part, **частко́во** partially ◊ **Хому́ частко́во ~є церко́вна грома́да.** Khoma is partially sponsored by his church community. **по́вністю** in full, **цілко́м** completely; **колекти́вно** collectively, **одноосі́бно** single-handedly ◊ **Він одноосі́бно ~є літерату́рну пре́мію.** He single-handedly sponsors the literary prize. **ра́до** gladly; **традиці́йно** traditionally
v. + **с. бу́ти гото́вим** be ready to; **виріша́вати** decide to; **виявля́ти бажа́ння** express one's desire to ◊ **Банк не ви́явив особли́вого бажа́ння с. за́хід.** The bank expressed no particular desire to sponsor the event. **пропонува́ти** + *D.* offer sb to; **запро́шувати** + *A.* invite sb to, **проси́ти** + *A.* ask sb to; **відмовля́тися** refuse to
pa. pple. **спонсоро́ваний** sponsored
спонсору́й!
Also see **плати́ти 1**

спонта́нн|ий, *adj.*
spontaneous ◊ **Її заува́ження здава́лося ра́дше ~им, як зва́женим.** Her remark seemed spontaneous rather than judicious.
adv. **абсолю́тно** absolutely, **до́сить** quite; **пози́рно** seemingly; **спра́вді** really, **цілко́м** completely ◊ **цілко́м с. ви́яв співчуття́** a completely spontaneous manifestation of sympathy; **я́вно** obviously
v. + **с. бу́ти ~им** be spontaneous ◊ **Його́ гні́вна реа́кція була́ лише́ пози́рно ~ою.** His angry reaction was only seemingly spontaneous. (**вигляда́ти** look ◊ **Окса́нині ру́хи вигляда́ли абсолю́тно ~ими.** Oksana's movements looked absolutely spontaneous. **здава́тися** + *D.* seem to sb)
Also see **стихі́йний**

спонта́нн|ість, ~ости, *f., only sg.*
spontaneity
adj. **абсолю́тна** absolute, **правди́ва** true, **цілкови́та** complete, **я́вна** obvious; **пози́рна** seeming; **приро́дна** natural ◊ **приро́дна с. мо́влення** a natural spontaneity of speech; **надмі́рна** excessive, **небезпе́чна** dangerous, **непотрі́бна** unnecessary
v. + **с. виявля́ти с.** show spontaneity ◊ **Прийма́ючи рі́шення, він ча́сто виявля́є небезпе́чну с.** In his decision-making, he has often shown dangerous spontaneity.
с. + *v.* **бу́ти притама́нною** + *D.* be typical of sb ◊ **Надмі́рна с. су́джень притама́нна юна́цькому ві́кові.** Excessive spontaneity of judgments is typical of youthful age. **характеризува́ти** + *A.* characterize sb/sth
Also see **стихі́йність**

спону́|ка, *f.*
incentive, inducement, motivation, stimulus
adj. **вели́ка** great ◊ **Прису́тність батькі́в була́ для піані́стки вели́кою ~кою гра́ти натхне́нно.** Her parents' presence was a great incentive for the (female) pianist to play with inspiration. **велике́зна** huge, **ді́єва** efficient, **до́бра** good, **доста́тня** sufficient, **ефекти́вна** effective, **поту́жна** powerful, **си́льна** strong, **важли́ва** important, **головна́** main, **неаби́яка** major; **нале́жна** adequate; **реа́льна** real; **додатко́ва** additional, **за́йва** extra; **мініма́льна** minimal, **невели́ка** little; **я́вна** clear; **особли́ва** special; **прива́блива** attractive; **пряма́** direct; **довготермін́ова** long-term; **грошова́** monetary, **економі́чна** economic, **матерія́льна** material, **податко́ва** tax, **фіна́нсова** financial; **мора́льна** moral; **політи́чна** political
v. + **с. дава́ти** + *D.* **~ку** give sb an incentive ◊ **Учи́тель ма́є дава́ти ко́жному у́чневі ~ку до́бре вчи́тися.** The teacher must give every pupil an incentive to study well. (**забезпе́чувати** + *A.* provide sb, **збі́льшувати** increase; **зме́ншувати** reduce; **ліквідува́ти** eliminate ◊ **ліквідува́ти ~ку вжива́ти нарко́тики** to eliminate the incentive for drug abuse; **підрива́ти** undermine, **усува́ти** remove; **ма́ти** have, **отри́мувати** receive; **пропонува́ти** + *D.* offer sb; **ство́рювати** create) ◊ **Зако́н ство́рює податко́ві ~ки для кінемато́графа.** The law creates tax incentives for filmmaking. **потребува́ти ~ки** need an incentive ◊ **Він потребу́є додатко́вої ~ки.** He needs an additional incentive. (**позбавля́ти** + *A.* deprive sb of ◊ **Кору́пція позбавля́є поліція́нта ~ки че́сно служи́ти.** Corruption deprives a policeman of the incentive to serve honestly. **позбува́тися** get rid of); **бу́ти ~кою** be an incentive ◊ **Знуща́ння було́ ~кою для хло́пця втекти́ з до́му.** Abuse was an incentive for the boy to flee home. (**служи́ти** + *D.* serve sb as, **става́ти** become)
prep. **с. для** + *G.* an incentive for sb; **с. до** + *G.* an incentive to sth ◊ **Ко́нкурс служи́в їм ~кою до по́шуків іннова́цій.** The competition served them as an incentive to look for innovations.
L. **у ~ці**
Also see **сти́мул**

спонука́|ти, ~ють; *rare* **спонукн|у́ти, ~у́ть,** *tran.*
to prompt, urge, induce, push ◊ **Захо́плення літерату́рою ~ло її зміни́ти спеція́лізацію.** Her fascination with literature prompted her to change her major.
adv. **ду́же** greatly, **си́льно** strongly ◊ **Бажа́ння ста́ти журналі́стом си́льно ~ло Хому́ опанува́ти мо́ву.** His desire to become a journalist strongly pushed Khoma to attain a mastery of the language. **відкри́то** openly; **впе́рто** persistently, **насті́йливо** insistently, **невідсту́пно** relentlessly; **неодноразо́во** repeatedly, **послідо́вно** consistently, **пості́йно** constantly; **публі́чно** publicly; **всіля́ко** each and every way ◊ **Батьки́ всіля́ко ~ють дочку́ вчи́тися на лі́карку.** The parents urge their daughter each and every way to study to be a physician. **м'я́ко** gently, **ти́хо** quietly
v. + **с. могти́** can ◊ **Що могло́ с. Петра́ поїхати з мі́ста.** What could prompt Petro to leave town. **намага́тися** try to; **почина́ти** begin to, **ста́ти** *pf.* start ◊ **Полі́на ста́ла с. чолові́ка стоя́ти на своє́му.** Polina started urging the man to stand his ground. **продо́вжувати** continue to
prep. **с. до** + *G.* urge to sth ◊ **Воро́жі летю́чки ~ли захисникі́в мі́ста до зра́ди.** The enemy's flyers urged the defenders of the city to treason. **с. на** + *A.* to urge to do sth ◊ **Обста́вини ~ють опози́цію на рішу́чі кро́ки.** The circumstances push the opposition to take resolute actions.
no pa. pple.
спонука́й!

спонукну́|ти, *rare, pf., see* **спонука́ти**
to prompt, *etc.* ◊ **Брута́льність полі́ції ~ла люде́й узя́ти у́часть у проте́сті.** Police brutality prompted people to take part in the protest.

спорі́днен|ий, *adj.*
1 kindred, related, kin
adv. **бли́зько** closely ◊ **два бли́зько ~і герма́нські пле́мени** two closely related Germanic tribes; **генети́чно** genetically, **кре́вно**, *colloq. or* **кро́вно** by blood ◊ **Лі́дія і Миха́йло кро́вно ~і.** Lidiia and Mykhailo are related by blood. **нерозри́вно** inextricably, **про́сто** *or* **пря́мо** directly; **відда́лено** remotely; **можли́во** possibly; **очеви́дно** obviously, **я́вно** clearly; **зо́всім не** not at all, **нітро́хи не** not in the least ◊ **Два пта́хи ду́же поді́бні на ви́гляд, але́ нітро́хи не ~і.** The two birds are very much alike in appearance but not at all related.
v. + **с. бу́ти ~им** be related ◊ **Обидва ві́руси ~і.** Both viruses are related. (**вважа́ти** + *A.* consider sb/sth; **виявля́тися** turn out, **здава́тися** + *D.* seem to sb) ◊ **Три ви́ди риб здаю́ться ~ими.** The three types of fish seem related.
prep. **с. з** + *I.* related to sb/sth ◊ **Жоржи́на є ~ою з со́няшником.** Dahlia is related to sunflower. **с. між** + *I.* related among/with sb/sth ◊ **Усі́ плазуни́ ~і між собо́ю.** All the reptiles are related among themselves.
2 *fig.* related, similar, alike, connected
adv. **бли́зько** closely ◊ **Че́ська мо́ва бли́зько ~а зі слова́цькою.** The Czech language is closely related to Slovak. **нерозри́вно** inextricably, **про́сто** *or* **пря́мо** directly; **загало́м** largely; **відда́лено** remotely, **непря́мо** indirectly; **поча́сти** in part, **частко́во** partially; **можли́во** possibly, **очеви́дно** obviously, **я́вно** clearly; **духо́вно** spiritually, **ідеологі́чно** ideologically, **релігі́йно** religiously; **логі́чно** logically, **структу́рно** structurally, **темати́чно** thematically
Also see **близьки́й 2**

спорі́дню|вати, **~ють; спорі́дн|ити**, **~ять**, *tran.*
to draw together, bring together, bind, connect, bond
adv. **бі́льш за все** more than anything, **найбі́льше** most of all, **бли́зько** closely ◊ **Те, що вони́ з одного́ мі́ста, бли́зько ~є ї́хні сім'ї.** The fact that they come from the same city brings both families closely together. **кре́вно**, *colloq. or* **кро́вно** by blood, **нерозри́вно** inextricably, **пря́мо** directly; **за́раз же** right away ◊ **Любо́в до джа́зу за́раз же спорі́днила нови́х знайо́мих.** Their fondness for jazz right away drew the new acquaintances together. **шви́дко** quickly; **очеви́дно** obviously, **я́вно** clearly; **духо́вно** spiritually, **ідеологі́чно** ideologically, **політи́чно** politically ◊ **Лібера́льна орієнта́ція політи́чно ~вала ї́хні па́ртії.** Liberal orientation bound their parties politically. **релігі́йно** religiously; **контекстуа́льно** contextually, **логі́чно** logically, **структу́рно** structurally, **темати́чно** thematically ◊ **Украї́нське мі́сто темати́чно спорі́днює тво́рчість проза́їків Донба́су.** The Ukrainian city connects the works of the Donbas prose writers thematically. **зо́всім не** not at all, **нітро́хи не** not in the least ◊ **Навча́ння нітро́хи не ~вало Маркія́на з ре́штою однокла́сників.** Studies did not in the least bind Markiian with the rest of his classmates.
v. + **с. могти́** can ◊ **При́страсть до риба́лки мо́же с. рі́зних люде́й.** A passion for fishing can draw different people together. **почина́ти** begin to, **ста́ти** *pf.* start; **продо́вжувати** continue to ◊ **Волонте́рство продо́вжує с. молоди́х жіно́к.** Volunteering activity continues to bring the young women together.
prep. **с. з** + *I.* bind with sb/sth

спорт, *m.*, **~у**, *sg. only*
sport(s)
adj. **ама́торський** *and* **люби́тельський** amateur, **професі́йний** professional; **дитя́чий** children's, **молоді́жний** *and* **юна́цький** youth, **студе́нтський** student, **університе́тський** university ◊ **У мі́сті популя́рний університе́тський с.** University sports are popular in the city. **шкі́льний** school ◊ **Вони́ не надаю́ть ваги́ ро́звиткові шкі́льного ~у.** They do not attach weight to the development of school sports. **автомобі́льний** motor, **вітри́льний** sailing, **во́дний** aquatic, **гребни́й** rowing, **дельтапла́нерний** hand-gliding, ♦ **кі́нний с.** horseback riding; ♦ **лижва́рський с.** skiing; **індивідуа́льний**, *usu* **індивідуа́льний вид ~у** individual, **кома́ндний**, *usu* **кома́ндний вид ~у** team; **екстрема́льний** extreme
v. + **с. розвива́ти с.** develop sports ◊ **Вона́ стара́лася розвива́ти дитя́чий с.** She strove to develop children's sports. **спри́яти ~ові** promote sports; **займа́тися ~ом** do *or* play sports ◊ **А́лла щодня́ займа́ється ~ом.** Alla does sports every day. (**захо́плюватися** be fond of, **ціка́витися** take interest in) ◊ **Він заціка́вився кі́нним ~ом.** He started taking interest in horseback riding.
prep. **у ~і** in sports ◊ **спо́нсорські гро́ші в ама́торському ~і** sponsors' money in amateur sports; **зі ~у** in sports ◊ **змага́ння з вітри́льного ~у** a sailing competition; ◊ **Вони́ готува́лися до чемпіона́ту з во́дного ~у.** They were preparing for an aquatic sports championship.

спортклу́б, *m.*, **~у**
fitness club, gymnasium ◊ **С. має та́бір у Криму́.** The fitness club has its camp in the Crimea.
adj. **деше́вий** cheap, **дороги́й** expensive; **місце́вий** local, **університе́тський** university; **ексклюзи́вний** exclusive, **елі́тний** elite, **мо́дний** fashionable; **молоді́жний** youth; **студе́нтський** student; **прива́тний** private
v. + **с. відкрива́ти с.** open a fitness club ◊ **У буди́нку відкри́ли с.** A fitness club was opened in the building. **става́ти чле́ном ~у** become a member of a fitness club ◊ **Він став чле́ном ~у.** He became a fitness club member. (**запи́суватися до** join, **нале́жати до** belong to ◊ **Ната́лка нале́жить до прива́тного ~у.** Natalka belongs to a private fitness club. **ходи́ти до** go to); **займа́тися в ~і** workout in a fitness club ◊ **Юрко́ займа́ється у ~і принаймні три́чі на ти́ждень.** Yurko works out in his fitness club at least three times a week.
See **клуб**

спорто́в|ий, *var.* **спорти́вний**, *adj.*
sports, of or pertaining to sports
с. + *n.* **с. бар** a sports bar ◊ **Вони́ збира́ються в ~ому ба́рі подиви́тися футбо́л.** They gather at the sports bar to watch soccer. (**вболіва́льник** fan; **кана́л** channel; **клуб** club, gymnasium; **журналі́ст** writer, **комента́тор** commentator, **кореспонде́нт** correspondent, **огляда́ч** columnist, **реда́ктор** editor, **репорте́р** reporter, **фото́граф** photographer; **майда́нчик** ground, **стадіо́н** stadium; **тре́нер** coach, **турні́р** tournament, **чемпіона́т** championship); **~а аре́на** sports arena (**дружи́на** team; **за́ла** hall; **крамни́ця** store; **лі́ґа** league; **медици́на** medicine; **програ́ма** program; **ру́брика** section ◊ **У газе́ті Оле́сю ціка́вила ті́льки ~а ру́брика.** All that interested Olesia in the newspaper was its sports section. **сторі́нка** page; **су́мка** bag; **фо́рма** clothing); **~е змага́ння** a sports event (**по́ле** field; **споря́дження** equipment; **харчува́ння** nutrition); **~і змага́ння** sports competitions (**і́гри** games; **нови́ни** news) ♦ **~і ко́ла** sports circles ◊ **Вона́ – відо́ма репорте́рка у ~их ко́лах.** She is a well-known reporter in the sports circles.

спортсме́н, *m.*, **~а; ~ка**, *f.*
athlete, sportsman
adj. **блиску́чий** brilliant, **вели́кий** great, **видатни́й** outstanding, **винятко́вий** exceptional, **до́брий** good, **завзя́тий** *and* **заповзя́тий** keen ◊ **За коро́ткий час він став заповзя́тим ~ом.** He became a keen athlete in short time. **найкра́щий** top, **неперевéрший** unrivaled, **хоро́ший** fine, **чудо́вий** wonderful; **елі́тний** elite, **провідни́й** leading, **чі́льний** top; **спра́вжній** real; **олімпі́йський** Olympic; **досві́дчений** experienced, **майсте́рний** masterful; **обдаро́ваний** gifted, **талановúтий** talented; **непередмо́жний** invincible; **професі́йний** professional; ♦ **с.-ама́тор** an amateur athlete
v. + **с. готува́ти ~а** prepare an athlete (**тренува́ти** train) ◊ **Тут трену́ють обдаро́ваних ~ів.** They train gifted athletes here. **бу́ти ~ом** be an athlete ◊ **Лев був чі́льним ~ом дружи́ни.** Lev was the top athlete of his team. (**вигляда́ти** look like ◊ **Хло́пець вигляда́є спра́вжнім ~ом.** The boy looks like a real athlete. **става́ти** become) ◊ **Ві́ктор став неперевéршеним ~ом.** Viktor became an unrivaled athlete.
с. + *v.* **вигрива́ти** + *A. or* **в** + *L.* win sth ◊ **На́ші ~и ви́грали чемпіона́т** *or* **в чемпіона́ті.** Our athletes won the championship. **програва́ти** + *A. or* **в** + *L.* lose sth ◊ **До́сі цей с. не програва́в.** So far, the athlete did not lose. **вико́нувати** + *A.* do, perform *(a routine)*; **виступа́ти** perform; **готува́тися** prepare, **змага́тися** compete, **змага́тися за** + *A.* compete for *(a prize)* ◊ **~и змага́лися за срі́бну меда́ль.** The athletes competed for a silver medal. **змага́тися на** + *L.* compete in *(a championship)* ◊ **С. упе́рше змага́ється на чемпіона́ті сві́ту.** The athlete is competing in a world championship for the first time. **тренува́тися** train ◊ **Ко́жен с. трену́ється п'ять годи́н на добу́.** Each athlete trains five hours a day.
Also see **змагу́н**

спо́с|іб, *m.*, **~обу**
1 way, manner, method
adj. **ді́євий** effective ◊ **Він шука́в ді́євого ~обу контролюва́ти ситуа́цію.** He was looking for an effective way to control the situation. **до́брий** good, **ефекти́вний** efficient, **зру́чний** convenient, **ідеа́льний** ideal, **ко́рисний** useful, **легки́й** easy, **найкра́щий** best, **практи́чний** practical, **продукти́вний** productive, **швидки́й** quick; **нале́жний** proper, **пра́вильний** correct; **непра́вильний** wrong; **ґаранто́ваний** sure-fire ◊ **ґаранто́ваний с. настро́їти про́ти се́бе на́віть прихи́льників** a sure-fire way to turn even one's supporters against oneself; **наді́йний** reliable, **переві́рений** tested; **істо́тний** meaningful, **логі́чний** logical; **раціона́льний** rational; **система́тичний** systematic ◊ **Матерія́л класифіку́ють система́тичним ~обом.** The material is being classified in a systematic way. **скоордино́ваний** coordinated; **довільний** arbitrary, **випадко́вий** haphazard; **нова́торський** innovative, **нови́й** new, **ориґіна́льний** creative; **да́вній** age-old, **допото́пний** antediluvian, **стари́й** old, **старомо́дний** old-fashioned; **ди́вний** strange ◊ **ди́вний с. висло́влювати захо́плення** a strange way to express fascination; **таємни́чий** mysterious; **звича́йний** usual, **норма́льний** normal, **станда́ртний** standard ◊ **Вони́ користу́ються станда́ртним ~обом переві́рки да́них.** They use a standard method of data verification. **традиці́йний** traditional; **я́вний** obvious; **винахі́дливий** ingenious, **спри́тний** clever; **тонки́й** subtle; **важли́вий** important; **імові́рний** plausible, **можли́вий** possible; **єди́ний** only ◊ **Чо́вен – єди́ний с. діста́тися на пляж.** The boat is the only way of getting to the beach. **уніка́льний** unique; **однако́вий** identical, **поді́бний** similar, **таки́й са́мий** same, **альтернати́вний** alternative ◊ **альтернати́вні ~оби виробля́ти електроене́ргію** alternative ways of power generation; **відмі́нний** different, **і́нший** other, **рі́зний** *only pl.* various ◊ **Розв'яза́ти пробле́му мо́жна рі́зними ~обами.** The problem can be solved in various ways. ♦ **куста́рним ~обом**

by hand ◊ **Примітúвну бо́мбу роби́ли куста́рним ~обом.** The crude bomb was made by hand. ♦ **пе́вним ~обом** in a certain way; ♦ **своїм ~обом** in one's own way

c. + *n.* **c. дій** a way of acting (**допомо́ги** helping, **ду́мання** thinking, **життя́** life ◊ **Дисиде́нта засуди́ли за «очо́рнення сове́тського ~обу життя́».** The dissident was convicted for "besmirching the Soviet way of life." **збага́чення** enrichment; **лікува́ння** treatment; **порятýнку** rescuing); ♦ **c. виробни́цтва** a method of production

v. + **c. вивча́ти c.** study a way ◊ **Гру́па вивча́є нові ~оби перео́бки відхо́дів.** The group studies new ways of garbage recycling. (**дослі́джувати** explore; **винахо́дити** invent, **відкрива́ти** discover, **знахо́дити** find; **демонструва́ти** demonstrate, **пока́зувати** show; **ма́ти** have ◊ **Він ма́є c. переконáти будь-кого́ в будь-чо́му.** He has a way of convincing anybody of anything. **опрацьо́вувати** develop, **шука́ти** seek; **вибира́ти** choose, **добира́ти** select; **міня́ти** change) ◊ **Їм слід зміни́ти c. ду́мання.** They should change their manner of thinking.

prep. **у c.** in a manner ◊ **у таки́й c.** this way, in such a manner; ♦ **в той чи і́нший c.** *or* **тим чи і́ншим ~обом** one way or another ◊ **Вона́ знайде́ потрі́бні гро́ші в той чи і́нший c.** She'll find the needed money, one way or another. ♦ **всіма́ ~обами** by all means

Also see **склад**[2] **3.** *Cf.* **мане́ра 3, стать 2, фасо́н 1**

2 *ling.* mood ◊ **Ді́йсний c. украї́нського дієсло́ва ма́є три часові́ фо́рми.** The indicative mood of the Ukrainian verb has three tense forms.

adj. **ді́йсний** indicative, **наказо́вий** imperative, **умо́вний** conditional ◊ **Їй тре́ба перетвори́ти ви́раз з ді́йсного на умо́вний c.** She needs to transform the utterance from indicative to conditional mood.

спостерегти́, *rare, pf., see* спостеріга́ти 2

to notice, *etc.* ◊ **У цю мить слі́дчий спостері́г, як затремті́в го́лос затри́маного.** At this moment, the detective noticed the detainee's voice start trembling.

спостере́жен|ня, *nt.*

observation; finding; *often pl.*

adj. **безпере́рвне** nonstop, **невідсту́пне** relentless, **пості́йне** constant, **трива́ле** lengthy, **цілодобо́ве** round-the-clock; **відкри́те** open, **докла́дне** detailed, **пряме́** direct; **пи́льне** close, **методи́чне** methodical, **рете́льне** thorough, **системати́чне** systematic, **скрупульо́зне** scrupulous, **ува́жне** careful; **астрономі́чне** astronomical ◊ **Вони́ веду́ть астрономі́чні c.** They conduct detailed astronomical observations. **візуа́льне** visual, **польове́** field; **емпіри́чне** empirical, **науко́ве** scientific ◊ **вели́ка кі́лькість науко́вих ~ь** a great number of scientific observations; **клі́нічне** clinical, **меди́чне** medical

v. + **c. вести́ c.** conduct an observation ◊ **Слу́жба безпе́ки вела́ цілодобо́ве c. за буди́нком.** The security service conducted an around-the-clock observation of the building. (**вико́нувати** execute ◊ **Вони́ ви́конали c. за інфіко́ваними ді́тьми.** They executed observations of the infected children. **організо́вувати** organize, **прово́дити** carry out, **роби́ти** perform; **почина́ти** start, **продо́вжувати** continue, **перерива́ти** interrupt, **припиня́ти** cease; **узага́льнювати** sum up) ◊ **Стаття́ узага́льнювала c. оста́нніх двох ро́ків.** The article was a summary of the observations of the last two years.

prep. **для c.** for observation ◊ **обла́днання для ~ь** the equipment for observations; **під ~ням** under observation ◊ **Насту́пний мі́сяць вона́ бу́де під ~ням лі́каря.** For the next month, she will be under the observation of her doctor. **c. за** + *I.* observation of sb/sth ◊ **пряме́ c. за мура́хами** a direct observation of ants

спостеріга́|ти, ~ють; *rare* спостерегти́, спостереж|у́ть; *pa. pf., m.* спостері́г, *pl.* спостерегли́, *tran.*

1 *only impf.* to observe, watch, follow

adv. **пря́мо** directly ◊ **Вони́ пря́мо ~ли по́діл кліти́ни.** They directly observed the cell division. **бли́зько** closely, **невідсту́пно** persistently ◊ **Вона́ невідсту́пно ~є за ру́хом воро́жих сил.** She persistently observes the movement of the enemy forces. **пи́льно** intently, **ува́жно** carefully; **безпере́рвно** nonstop, **весь час** all the time, **пості́йно** constantly, **цілодобо́во** around the clock; **про́сто** simply; **крадькома́** stealthily, **та́ємно** secretly, **ти́хо** quietly; **залю́бки́** gladly; **з ціка́вістю** with interest ◊ **Ні́на з ціка́вістю ~є за нови́нами з Ме́ксики.** Nina is following the news from Mexico with interest.

v. + **c. бу́ти мо́жна** *and* **бу́ти можли́во** be possible to ◊ **Об'є́кт можли́во c. цілодобо́во.** It is possible to observe the object around the clock. **бу́ти потрі́бно** be necessary to; **бу́ти тре́ба** + *D.* need to ◊ **Лабора́нтці тре́ба пості́йно c. за ми́шами.** The (female) lab assistant needs to constantly observe the mice. **бу́ти ціка́во** be interesting to; **могти́** can; **продо́вжувати** continue

prep. **c. за** + *I.* observe sb/sth

Also see **диви́тися 1, нагляда́ти 4, сте́жити 2.** *Cf.* **сте́жити 1**

2 *only pf.* to notice, take note, see, register ◊ **Ра́птом Мо́тря спостерегла́, що на дру́гому по́версі зга́сло сві́тло.** Suddenly Motria noticed that the lights went out on the second floor.

See **заува́жувати 2**

pa pple. **спостере́жений** noticed, seen

спостеріга́й! спостережи́!

спотво́ри|ти, *pf., see* спотво́рювати

to distort, *etc.* ◊ **Лють ~ла обли́ччя чолові́ка.** Rage distorted the man's face.

спотво́рю|вати, ~ють; спотво́р|ити, ~ю, ~ять, *tran.*

1 to distort, disfigure, deform, mar

adv. **геть** totally, **до невпізна́ння** beyond recognition ◊ **Рубе́ць до невпізна́ння ~є її обли́ччя.** A scar disfigures her face beyond recognition. **ду́же** badly; **де́що** somewhat, **тро́хи** a little; **на мить** for a moment, **ра́птом** suddenly; **наза́вжди́** forever, **незворо́тно** irreparably; **зо́всім не** not at all ◊ **Висна́ження зо́всім не ~вало краси́ її обли́ччя.** Exhaustion did not at all mar the beauty of her face.

2 *fig.* to distort, pervert, twist

adv. **геть** totally, **до невпізна́ння** beyond recognition **ду́же** badly, **серйо́зно** seriously ◊ **Він серйо́зно ~вав змі́ст листа́.** He seriously distorted the letter's content. **гру́бо** grossly, **цілко́м** completely; **зуми́сне** *or* **навми́сне** deliberately ◊ **Росі́йська пре́са зуми́сне ~вала поді́ї в Ки́єві.** The Russian press deliberately distorted the developments in Kyiv. **підсту́пно** treacherously, **свідо́мо** consciously, **хи́тро** cunningly; **духо́вно** spiritually ◊ **Нена́висть духо́вно ~є ко́жного, хто стає́ її же́ртвою.** Hate spiritually perverts everybody who falls its victim. **мора́льно** morally, **фізи́чно** physically

v. + **c. бу́ти мо́жна** be possible to ◊ **Як мо́жна до невпізна́ння спотвори́ти чу́дову ініціати́ву!** How can a wonderful initiative be perverted beyond recognition! **вмі́ти** be able to, **могти́** can; **намага́тися** try to; **не дозволя́ти** + *D.* not allow sb to

pa. pple. **спотво́рений** distorted, disfigured

спотво́рюй! спотвори́!

спотика́|тися, ~ються; спіткн|у́тися, *var.* спотикн|у́тися, ~у́ться, *intr.*

1 to stumble, trip over

adv. **ґвалто́вно** abruptly, **ра́птом** suddenly; **тро́хи не** almost ◊ **У те́мряві Петро́ тро́хи не спіткну́вся об яку́сь жерди́ну.** In the dark, Petro all but tripped over some pole. **час від ча́су** from time to time

prep. **c. об** + *A.* stumble on sth ◊ **Спітку́вшись об чию́сь но́гу, Йо́сип ма́ло не впав.** Having tripped over somebody's foot, Yosyp nearly fell. **c. че́рез** + *A.* trip over sth

2 *only impf.* to stagger, stumble, teeter

adv. **на ко́жному кро́ці** every step of the way, **си́льно** *fig.* badly ◊ **Прое́кт будівни́цтва став си́льно c.** The construction project started teetering badly. **тро́хи** a little ◊ **Вона́ йшла́, тро́хи ~ючись.** She walked, stumbling a little. **час від ча́су** from time to time

v. + **c. намага́тися не** try not to ◊ **Він поспіша́в до ви́ходу, намага́ючися не c.** He walked to the exit in a hurry, trying not to stumble. **почина́ти** begin to, **ста́ти** *pf.* start

3 *fig., colloq.* to make a mistake, err ◊ **Недосві́дчені перекладачі́ ча́сто ~ються на омо́німах.** Inexperienced translators often make mistakes with homonyms.

See **помиля́тися**

спотика́йся! спіткни́ся *or* **спотикни́ся!**

спотикн|у́тися, *var.* спіткну́тися, *pf., see* спотика́тися

to stumble, *etc.* ◊ **Йду́чи че́рез двір у те́мряві, Ма́рта боя́лася c. і впа́сти.** Walking through the yard in darkness, Marta feared that she would stumble and fall.

споча́тку, *adv.*

1 first, at the beginning; at first, earlier ◊ **Кали́на c. почу́ла кро́ки, а тоді́ поба́чила чолові́ка.** First Kalyna had heard steps and then she saw a man. ◊ **C. Да́рка ду́мала, що все мине́ться.** Initially Darka thought everything would be fine. ◊ **Вони́ жили́ до́бре, але́ лише c.** They live well, but only initially. ◊ **Він поба́чив c. що́глу, а зго́дом і ко́рпус вітри́льника.** He saw the mast first, and then the hull of the tallship.

Also see **попе́реду 2**

2 from the beginning, from the start, from the get-go ◊ **Вона́ попроси́ла Ві́ктора розказа́ти все c.** She asked Viktor to tell everything from the start.

спра́в|а, *f.*

1 matter, business, affair

adj. **ваго́ма** weighty, **важли́ва** important, **нага́льна** pressing ◊ **Вона́ ма́є кі́лька нага́льних спра́в.** She had several pressing matters. **невідкла́дна** urgent, **пова́жна** *and* **серйо́зна** serious; **особи́ста** personal ◊ **Лю́ди зверта́лися до не́ї в особи́стих ~ах.** People turned to her with their personal matters. **прива́тна** private, **сіме́йна** family; **бана́льна** trivial, **про́ста́** simple; **болю́ча** painful; **деліка́тна** delicate, **дражли́ва** sensitive ◊ **Вони́ обгово́рювали дражли́ву ~у.** They were discussing a sensitive matter. **контроверсі́йна** controversial, **нелегка́** no easy ◊ **нелегка́ c.** no easy matter; **непро́ста́** no simple ◊ **Проси́ти підви́щення платні́ – непро́ста́ c.** Asking for a raise is no simple matter. **складна́** complicated, **супере́члива** contentious, **тонка́** tricky, **трудна́** tough; **практи́чна** practical, **процеду́рна** procedural, **техні́чна** technical, **форма́льна** formal; **бі́знесо́ва** business, **економі́чна** economic; **службо́ва** office; **фіна́нсова** financial; **юриди́чна** legal; **духо́вна** spiritual, **ети́чна** ethical, **мора́льна** moral; **політи́чна** political, **релігі́йна** religious; **ина́кша** *or* **і́нша** different ◊ **Я не про́ти гіта́ри, але́ фортеп'я́но – це і́нша c.** I have nothing against the guitar, but the piano is a different matter. **пов'я́зана** related; **держа́вна с.** a matter of the state; ♦ **Не твоя́ с.** None of your business; ♦ **Як ~и?** How are things? **вну́трішні ~и** internal affairs ◊ **Міністе́рство вну́трішніх справ Украї́ни** the Ministry of Internal Affairs of Ukraine; **міжнаро́дні ~и** international affairs ◊ **Часо́пис пи́ше про міжнаро́дні ~и.** The magazine covers international affairs. ♦ **повірений у ~ах** *pol.* chargé d'affaires ◊ **Пані Новачу́к призна́чено до Ри́му пові́реною у ~ах.** Mrs. Novachuk was appointed a chargé d'affaires in Rome.

v. + **с. вивча́ти ~у** study a matter (**вирі́шувати** decide, **вреґульо́вувати** settle ◊ **Вона́ вреґулюва́ла дві важли́ві ~и.** She settled two important matters. **вести́** conduct ◊ **Га́нна да́лі веде́ ~у злиття́ двох профспіло́к.** Hanna further conducts the matter of the two unions merger. ♦ **ма́ти ~у з** + *I.* to deal with sb/sth ◊ **Вони́ ма́ли ~у з шахрая́ми.** They were dealing with fraudsters. **просува́ти** advance; **розв'я́зувати** resolve; **дебатува́ти** debate, **обговóрювати** discuss ◊ **Перш, як обговóрювати с., її слід ви́вчити.** Prior to discussing the matter, it should be studied. **зна́ти** know; **підійма́ти** raise, **пору́шувати** bring up ◊ **О́льга знóву пору́шила ~у розпóділу майна́.** Olha once again brought up the matter of property division. **лаго́дити** *or* **полаго́джувати** arrange ◊ **Вона́ полаго́дить ~у опла́ти.** She will arrange the matter of payment. **розгляда́ти** examine, **розсте́жувати** investigate; **проя́снювати** clarify; **вника́ти у** go into) ◊ **Вона́ має ли́ше годи́ну, щóби вни́кнути у ~у.** She has but an hour to go into the matter. **стосува́тися ~и** concern a matter ◊ **Його́ схи́льності ~и не стосу́ються.** His proclivities do not concern the matter. (**торка́тися** touch upon; **уника́ти** avoid ◊ **Ада́м унику́в ~и пове́рнення по́зики.** Adam avoided the matter of repaying the loan. **перехо́дити до** take up ◊ **Хома́ чека́в, коли́ вони́ перейду́ть до його́ ~и.** Khoma waited for them to take up his matter. **підхо́дити до** approach) ◊ **Вона́ бої́ться підхо́дити до болю́чої ~и компенса́ції.** She is afraid to approach the painful matter of compensation. ♦ **бу́ти в ку́рсі ~и** *or* **справ** be in the know ◊ **Реві́зор у ку́рсі всіх його́ ба́нкових справ.** The auditor is in the know of all his banking matters. **бу́ти у ~ах** be on business ◊ **Мико́ла тут у ~ах на три дні.** Mykola is on business here for three days. (**приїжджа́ти у** come on) ◊ **Він приї́хав на відпочи́нок чи у ~ах?** Has he come for pleasure or on business? ♦ **ма́ти ~у з** + *I.* to deal with sb/sth; ♦ **Не втруча́йся не в свої́ ~и!** Mind your own business!

с. + *v.* **ма́ти відно́шення до** + *G.* be concen sb/sth ◊ **С. має відно́шення до її звільне́ння з пра́ці.** The matter concerns her dismissal from work. **стосува́тися** + *G.* relate to sb/sth ◊ **С. стосу́ється ї́хнього ба́нку.** The matter relates to their bank.

prep. **у ~і** + *G.* 1) in a matter of sth ◊ **Він орієнту́ється у ~ах статисти́чного ана́лізу.** He is versed in the matters of statistical analysis. 2) on a matter ◊ **Я пишу́ вам у ~і ґра́нту.** I am writing to you on the matter of the grant.

Also see **ді́ло 1, кло́піт 2, пита́ння 2**

2 job, task, piece of work ♦ **зроби́ти свою́ ~у** to do one's part ◊ **Зроби́вши ~у, вони́ пішли́.** Having done their part, they left.

v. + **с. відклада́ти ~у** put off a job (**ки́дати** abandon; **роби́ти** do) ◊ **Вона́ обов'язко́во зро́бить ~у.** She will do the job by all means. **бра́тися до ~и** get down to a task ◊ **Три детекти́ви взяли́ся до ~и затри́мання грабі́жників.** Three detectives got down to the task of apprehending the robbers. **віддава́тися ~і** abandon oneself to a job ◊ **Катери́на віддала́ся ~і реорганіза́ції бібліоте́ки.** Kateryna abandoned herself to the task of reorganizing the library. **оволоді́вати ~ою** master a task

See **завда́ння 1.** *Also see* **дору́чення 1, мі́сія 1, робо́та 1**

3 cause, ideal, principle

adj. **ва́рта** worthy, **вели́ка** great, **до́бра** good, **доброчи́нна** charitable, **досто́йна** deserving, **пра́ведна** righteous, **справедли́ва** just; **держа́вна** state, **людська́** human, **спі́льна** common ◊ **Цих люде́й об'є́днує спі́льна с.** These people are united by a common cause. **лиха́** bad, **непра́ведна** unjust; **безнаді́йна** hopeless, **втра́чена** lost; **улю́блена** favorite, **шляхе́тна** noble; **гуманіта́рна** humanitarian; **комуністи́чна** communist, **наци́стська** Nazi; **консервати́в-на** conservative, **ліберáльна** liberal, **соціялісти́чна** socialist; **націона́льна** national, **суспі́льна** social, **політи́чна** political

v. + **с. відсто́ювати ~у** champion a cause ◊ **Вона́ відсто́ює ~у соція́льної справедли́вости.** She champions the cause of social justice. (**підтри́мувати** support, **просува́ти** further; **боро́тися за** fight for ◊ **Ко́жен з них бо́реться за наро́дну ~у.** Each of them fights for the people's cause. **бу́ти відданим ~і** be devoted to a cause (**віддава́тися** commit to, **присвя́чувати себе́** dedicate oneself to, **служи́ти** serve; **співчува́ти** sympathize with); **бу́ти соліда́рним зі ~ою** be in solidarity with a cause (**солідаризува́тися з** solidarize with) ◊ **Євро́па солідаризува́лася зі ~ою Майда́ну.** Europe solidarized with the cause of the Maidan.

prep. **для ~и** for a cause ◊ **Вони́ працюва́ли для ~и.** They worked for the cause; **за ~у** for a cause ◊ **Юнаки́ полягли́ за пра́ведну ~у.** *poet.* The youths died for a righteous cause. **зара́ди ~и** for the sake of a cause ◊ **Зара́ди до́брої ~и вона́ му́сила бреха́ти.** For the sake of a good cause she had to lie.

Also see **естафе́та 2.** *Cf.* **ідеа́л 1**

4 *leg.* case

adj. **іміграці́йна** immigration, **криміна́льна** criminal, **судова́** court, **циві́льна** civil; **віхова́** landmark ◊ **С. ста́ла віхо́вою в конституці́йному пра́ві.** The case became landmark in constitutional law. **гучна́** high-profile; **сенсаці́йна** sensational, **сканда́льна** scandalous, **сумнозві́сна** notorious; **сфабрико́вана** fabricated

v. + **с. відкрива́ти ~у** open a case (**закрива́ти** close; **представля́ти пе́ред** + *I.* bring to sb ◊ **Вона́ предста́вила ~у пе́ред апеляці́йним судо́м.** She brought the case to the appellate court. **прова́дити** pursue; **розв'я́зувати** solve; **розплу́тувати** crack ◊ **Отри́мана інформа́ція допомогла́ розплу́тати ~у.** The information received helped crack the case. **розсте́жувати** investigate ◊ **Слі́дчий розсте́жує заплу́тану ~у.** The detective is investigating a tangled case. **бра́тися за** take ◊ **Адвока́тка неохо́че взяла́ся за ~у.** The (female) lawyer reluctantly took the case. **розгляда́ти** consider, **слу́хати** hear, **повто́рно слу́хати** rehear; **суди́ти** try ◊ **Його́ ~у суди́ли в закри́тому засі́данні.** His case was tried in a closed session. **виграва́ти** win, **програва́ти** lose ◊ **Ма́рків рі́дко коли́ програє́ іміграці́йні ~и.** Markiv rarely every loses immigration cases. **вирі́шувати** decide; **відхиля́ти** dismiss ◊ **Суддя́ відхили́в я́вно сфабрико́вану ~у.** The judge dismissed the clearly fabricated case. **припиня́ти** drop ◊ **Усі́ спону́кали її припини́ти ~у й домо́витися з чолові́ком по́за судо́м.** Everybody urged her to drop the case and settle with her husband outside the court.

с. + *v.* **іти́ до су́ду** go to court ◊ **С. має йти до су́ду насту́пного ти́жня.** The case is supposed to go to court next week. **надхо́дити до су́ду** come to court; **зосере́джуватися на** + *L.* center on sth; **пору́шувати** + *A.* raise sth ◊ **С. пору́шувала пита́ння безпе́ки.** The case raised issues of security. **розва́люватися** fall apart ◊ **С. про́ти ньо́го розвали́лася.** The case against him fell apart. **стосува́тися** + *G.* concern sb/sth ◊ **С. про меди́чну недба́лість стосува́лася кілько́х деся́тків хво́рих.** The medical malpractice case concerned several dozen patients. **торка́тися** + *G.* involve sb/sth; **засно́вуватися на** + *L.* hinge on sth ◊ **С. засно́вувалася на непрями́х до́казах.** The case hinged on indirect evidence. **спира́тися на** + *A.* rest on sth; **ста́вити під су́мнів** + *A.* question sth ◊ **С. ста́вила під су́мнів зако́нність дій прокуро́ра.** The case questioned the legality of the prosecutor's actions.

prep. **у ~і** in a case ◊ **Вона́ сві́дчитиме у ~і про ви́крадення.** She will testify in a kidnapping case. **с. про банкру́тство** a bankruptcy case (**вби́вство** murder, **ви́крадення** kidnapping, **зґвалтува́ння** rape, **на́клеп** libel, **опіку́нство** custody, **розлу́чення** divorce)

Also see **пересліду́вання 3, розсте́ження.** *Cf.* **досьє́**

5 calling, discipline, profession

adj. **будіве́льна** building ◊ **Його́ прива́блює будіве́льна с.** He is attracted by the building profession. **військо́ва** military, **гірни́ча** mining, **інжене́рна** engineering, **лі́карська** medical, **словника́рська** dictionary-writing, **ювелі́рна** jeweller's, *etc.*

See **профе́сія, фах**

спра́вді, *adv., part.*

1 *adv.* really, in reality, in fact, in actual fact ◊ **Її ба́тько – с. грузи́н.** Her father is really Georgian. ◊ **Су́зан ста́ла с. пе́ршою за́хідною журналі́сткою, акредито́ваною в Украї́ні.** Susan became in actual fact the first Western journalist accredited in Ukraine.

2 *part.* really, indeed, truly ◊ **Він с. ніко́му про це не розка́зував.** He really did not tell anybody about it.

3 *interr. part.* really ◊ **Вона́ порва́ла з Тара́сом. С.?** She broke up with Taras. Really?

See **невже́ 2, хіба́ 3**

справедли́в|ий, *adj.*

just, fair, equitable

adv. **абсолю́тно** absolutely, **ду́же** very, **цілко́м** completely; **до́сить** fairly, **доста́тньо** sufficiently; **ле́две** scarcely; **зо́всім не** not at all, **не зо́всім** not quite, **не цілко́м** not entirely

с. + *n.* **с. ви́рок** a just verdict (**мир** peace, **розпо́діл** distribution, **суд** trial ◊ **пра́во на с. суд** the right to fair trial; **суддя́** judge; **суспі́льний лад** social order); **~а ва́ртість** a fair value, **~а ви́мо́га** a just demand (**війна́** war; **ка́ра** punishment); **~е рі́шення** a fair decision (**розсте́ження** investigation, **ста́влення** treatment); **~і ви́бори** a fair election (**прете́нзії** claims)

v. + **с. бу́ти ~им** be just ◊ **Суддя́ Гайова́ була́ ~ою в рі́шеннях.** Judge Hayova was fair in her rulings. (**вважа́ти** + *A.* consider sb/sth ◊ **Вона́ вважа́є ї́хні ви́моги ~ими.** She considers their demands to be just. **здава́тися** + *D.* seem to sb) ◊ **Рі́шення здало́ся їй не зо́всім ~им.** The ruling seemed to her not quite fair.

prep. **с. в** + *L.* just in sth ◊ **Профе́сор цілко́м с. в оці́нюванні студе́нтів.** The professor is completely fair in his grading of students. **с. до** + *G.* fair to sb/sth ◊ **Вона́ не ~а до Андрі́я.** She is not fair to Andrii. **с. стосо́вно до** + *G.* fair in relation to sb/sth

Ant. **несправедли́вий**

справедли́в|ість, *f.*, **~ости**, *only sg.*

justice, fairness

adj. **елемента́рна** elementary, **засадни́ча** basic; **екологі́чна** environmental, **економі́чна** economic, **істори́чна** historical, **приро́дна** natural, **ра́сова** racial, **соція́льна** social; **Бо́жа** God's, **боже́ственна** divine ◊ **Катери́на не ві́рила в боже́ственну с.** Kateryna did not have faith in divine justice.

n. + **с. заса́ди ~ости** principles of justice

(поня́ття concept, проблéма problem, сýтність essence; теóрія theory) ◊ **На семінáрі студéнти обговóрювали сучáсні теóрії ~ости.** At the seminar, the students discussed modern theories of justice.
v. + **с. ґарантувáти с.** guarantee justice ◊ **Закóн ґарантýє екологíчну с. усíм громадя́нам.** The law guarantees environmental justice for all citizens. (**давáти** + *D.* give sb, **діставáти** get, **забезпéчувати** + *D.* ensure to sb, **знахóдити** find ◊ **Нíна сподівáлася знайти́ с. у судí.** Now Nina hoped to find justice in court. **вíрити в** have faith in); **вимагáти ~ости** demand justice ◊ **Лю́ди зібрáлися на майдáні вимагáти ~ости.** People gathered on the square to demand justice. (**досягáти** achieve, **жадáти** desire, **хотíти** want, **шукáти** seek) ◊ **Вонá мáрно шукáла ~ости в дирéктора.** She sought justice with the director in vain. **відмовля́ти** + *D.* **у ~і** deny sb justice ◊ **Чи́нна судовá систéма відмовля́є їм в елементáрній ~і.** The current judicial system denies them elementary justice.
с.+ *v.* **перемагáти** win, **тріумфувáти** triumph ◊ **Рáно чи пíзно с. тріумфýє.** Justice triumphs sooner or later.
Also see **прáвда 2, суд 3.** *Cf.* **правосýддя**

спрáвжн|ій, *adj.*
genuine, authentic, real, true
adv. **абсолю́тно** absolutely, **без сýмніву** doubtlessly, **геть** totally, **цілкóм** completely; **лéдве** hardly; **мáйже** almost, **сливé** *colloq.* almost; **не зóвсім** not entirely ◊ **Кýртка зі шкíри, хоч не зóвсім ~ьої.** The jacket is made of leather, though not entirely genuine.
с. + *n.* **с. друг** a true friend (**кия́нин** citizen of Kyiv, **ліберáл** liberal, **украї́нець** Ukrainian; **ориґінáл** original); **~я вчи́телька** a genuine teacher (**зацікáвленість** interest; **ýсмішка** smile, **рáдість** joy ◊ **В Óльжиних очáх ~я рáдість.** There is genuine joy in Olha's eyes. ♦ **~я пíвніч** *geogr.* true north); **~є áвто** a real car ◊ **Час навчи́тися ї́здити не іграшкóвим, а ~ім áвтом.** It's time to learn to drive not a toy but real car. (**зóлото** gold; **ім'я́** name ♦ **називáти рéчі ~іми іменáми** to call a spade a spade; **мíсто** city; **óбличчя** face, ♦ **покáзувати ~є óбличчя** to show one's true colors ◊ **Суперéчка змýсила йогó показáти ~є óбличчя.** The argument made him show his true colors. **~і квíти** real flowers ◊ **букéт зі ~іх квíтів** a bouquet of real flowers
v. + **с. бýти ~ім** be genuine ◊ **Її́ пéрли абсолю́тно ~і.** Her pearls are absolutely genuine. (**вважáти** + *A.* consider sb/sth, **вигляда́ти** look ◊ **Вóргол, що спочáтку виглядáв цілкóм ~ім, в дíйсності був підрóбкою.** The Warhol that first looked completely authentic, was in reality a forgery. **виявля́тися** turn out, **здавáтися** + *D.* seem to sb) ◊ **Знáйдений текст Єфрéмова здаєтся ~ім.** The found text by Yefremov seems genuine. **оголóшувати** + *A.* declare sth)
Also see **правди́вий 2, притамáнний 2, реáльний, цíлий 7, чи́стий 10, щи́рий 3.** *Ant.* **ви́гаданий, позíрний, уя́вний, фальши́вий**

спрáв|ити, *pf., see* **справля́ти**
to make, *etc.* ◊ **Хлóпці ~или на всіх дóбре врáження.** The boys made a good impression on everybody.

спрáв|итися, *pf., see* **справля́тися**
to manage, *etc.* ◊ **Робітники́ ~лися із завдáнням.** The workers finished the task.

справля́|ти, ~ють; спрáв|ити, ~лю, ~иш, ~лять, *tran.*
1 to make *(impression, etc.)*, produce, cause, bring
с. + *n.* **с. агóнію** cause agony (**біль** pain ◊ **Недбáла заувáга спрáвила Нáді гóстрий біль.** The careless remark caused Nadia acute pain. **журбý** anguish, **мýку** suffering, **смýток** sadness; **втíху** gladness, **задовóлення** satisfaction, **приє́мність** pleasure ◊ **Менí спрáвиті приє́мність бáчити вас на нáшому захóді.** It will give me pleasure to see you at our event. **рáдість** joy; **вплив** influence ◊ **Вели́кий вплив ~ла на ньóго філосóфія Гáйдеґера.** Heidegger's philosophy made a great influence on him. **врáження** impression) ◊ **Мíсто спрáвило на них незабýтнє врáження.** The city made an unforgettable impression on them.
See **роби́ти 1**
2 *colloq.* to celebrate, mark; hold, organize, have
с. + *n.* **с. бал** hold a ball (**бенкéт** banquet, **весíлля** wedding, **гуля́нку** *colloq.* party ◊ **На День незалéжности вони́ спрáвили гуля́нку.** On Independence Day, they threw a party. **зарýчини** engagement, **народи́ни** birthday, **панахи́ду** wake, **рокови́ни** anniversary); ♦ **с. гáлас** to make noise ◊ **Навíщо с. гáлас чéрез дурни́цю!** Why make noise over a trifle! ♦ **с. нуждý** *euph.* to use a restroom, *fig.* take care of business, use the facilities ◊ **П'ять годи́н вонá не мáла можли́вости спрáвити нуждý.** For five hours, she had had no opportunity to use the facilities.
See **святкувáти.** *Also see* **бáвитися 1, гуля́ти 4**
3 to perform, do, carry out, execute
с. + *n.* **с. завдáння** perform one's task ◊ **Він професíйно спрáвив завдáння.** He did the task in a professional manner. (**метý** goal, **мíсію** mission, **робóту** work, **слýжбу** service)
See **роби́ти 1**
4 to fix, repair ◊ **Бори́с спрáвив велосипéд до кінця́ ти́жня.** Borys fixed his bicycle by the end of the week.
See **лáгодити 1, ладнáти 2**
5 *colloq.* to correct *(mistake)* ◊ **Комп'ю́тер сам ~є поми́лки в тéксті.** The computer corrects mistakes in the text itself.
See **виправля́ти 1.** *Also see* **поправля́ти 2, редаґувáти**
6 *colloq.* to buy, acquire ◊ **Він спрáвив собí нови́й ділови́й костю́м.** He bought a new business suit.
See **купувáти 1, придбáти**
pa. pple. **спрáвлений**
справля́й! справ!

справля́|тися; спрáвитися, *intr.*
1 to manage, cope, make do, solve, handle; do
adv. **блискýче** brilliantly ◊ **Вонá блискýче спрáвилася з перéкладом.** She managed the translation brilliantly. **відмíнно** excellently, **гáрно** nicely, **дóбре** well, **досконáло** perfectly, **дýже дóбре** very well, **лéгко** easily, **майстéрно** masterfully, **спри́тно** deftly, **успíшно** successfully, **чудóво** superbly; **миттєво** instantaneously, **операти́вно** promptly, **шви́дко** quickly ◊ **Він шви́дко ~вся з рівня́нням.** He quickly did the equation. **вже** already, **врéшті-рéшт** eventually, **нарéшті** finally, **ди́вом** *or* **чýдом** miraculously ◊ **Вони́ ди́вом ~ються з напли́вом клієнтів.** They miraculously manage the influx of customers. **я́кось** somehow; **лéдве** scarcely, **наси́лу** barely; **мáйже** almost; **сяк-тáк** so-so ◊ **Він сяк-тáк ~вся з обов'я́зками.** He managed his obligations so-so. **ганéбно** *colloq.* pathetically, **кéпсько** poorly, **погáно** badly ◊ **Вонá дóсить погáно ~лася на кýхні.** Initially she handled the kitchen rather badly.
v. + **с. бýти лéгко** be easy to, **бýти тя́жко** be difficult to; **вмíти** be able to ◊ **Солóмія вміє с. і в сім'ї, і на прáці.** Solomiia is able to manage both her family and work. **вдавáтися** + *D.* succeed in, **змогти́** *pf.* manage to; **мáти** have to, be supposed to ◊ **Надíя мáє щодня́ с. з кýпою проблéм.** Nadiia has to cope with a slew of problems. **могти́** can; **намагáтися** try to, **старáтися** strive to
prep. **с. без** + *G.* manage without sb/sth, **с. з** + *I.* manage sth ◊ **Юркó з усíм ~ється сам.** Yurko handles everything on his own.
2 *only pf.* to finish, complete, be through ◊ **Пройшлá годи́на, а вони́ вже спрáвилися.** An hour passed, but they already finished. ◊ **Дай менí знáти, як тíльки спрáвишся.** Let me know, as soon as you are through.
v. + **с. встигáти** have the time to; **вдавáтися** + *D.* succeed in, **змогти́** *pf.* manage to; **мáти** have to, be supposed to; **обіця́ти** + *D.* promise sb to ◊ **Він обіця́в с. за день.** He promised to be through in a day.
See **закíнчувати 1, кінчáти 1**
3 to win, beat, defeat, get the upper hand over, overcome, control ◊ **Були́ часи́, коли́ козаки́ ~лися з найгрізнíшими ворогáми.** There were times when the Cossacks defeated the most formidable of enemies. ◊ **Штангíст спрáвився з олімпíйською вагóю.** The weightlifter conquered an Olympic weight. ◊ **Івáн лéдве ~вся з тривóгою, що охопи́ла йогó.** Ivan barely controlled the anxiety that had overtaken him.
See **перемагáти 1, 2.** *Also see* **би́ти 3, вигравáти 1, долáти 1, завойóвувати 1, розбивáти 2**
4 to find out, learn
prep. **с. про** + *A.* learn about ◊ **Івáнна подзвони́ла до дрýга спрáвитися про зýстріч з викладачéм.** Ivanna called her friend to find out about the meeting with the instructor.
See **дізнавáтися 1.** *Also see* **провíдувати 2, розвíдувати 1, розкóпувати 2**

спрáвн|ий, *adj.*
1 functional, working, in good repair, in working order
adv. **абсолю́тно** absolutely ◊ **Комп'ю́тер абсолю́тно с.** The computer is absolutely functional. **пóвністю** fully, **цілкóм** completely; **лéдве** barely ◊ **Їм продали́ лéдве ~у прáльну маши́ну.** They were sold a barely working washing machine. **мáйже** almost, **частковo** partially
v. + **с. бýти ~им** be functional (**виглядáти** look ◊ **Маши́на виглядáла новóю і ~ою.** The car looked new and functional. **видавáтися** + *D.* appear to sb, **виявля́тися** turn out, **здавáтися** + *D.* seem to sb; **лишáтися** stay) ◊ **Порохотя́г лишáвся ~им багáто рóків.** The vacuum cleaner stayed in good repair for many years.
Ant. **зíпсований 1, несправний 1**
2 skillful, able, apt, smart ◊ **Зóя ви́явилася ~ою помічни́цею.** Zoya turned out to be an able assistant. ◊ **Він шукáє ~ого архівíста.** He is looking for a skillful archivist.
See **впрáвний**
3 diligent, industrious, hard-working ◊ **Хомá зарекомендувáв себé ~им дослíдником.** Khoma proved to be a diligent researcher.
See **старáнний**

спрá|га, *f., only sg.*
1 thirst
adj. **вели́ка** great, **гóстра** acute, **лю́та** raging, **невсити́ма** *and* **непогамóвна** unquenchable, **нестéрпна** unbearable, **си́льна** intense, **страшнá** terrible
v. + **с. відчувáти ~гу** be/get thirsty ◊ **Наї́вшись ри́би, він відчýв ~гу.** Having eaten his fill of fish, he got thirsty. **вдовольня́ти ~гу** satisfy one's thirst (**потамóвувати** quench, **розпáлювати** work up); **вмирáти** *or* **помирáти від ~ги** die of thirst ◊ **Багáто з них помéрли в пустéлі від ~ги.** Many of them died in the desert of thirst. (**потерпáти від** *or* **терпíти від** suffer from) ◊ **Три дні вони́ тéрплять від ~ги.** For three days they have suffered from thirst.
с. + *v.* **доймáти** + *A.* plague sb ◊ **Матвíя доймáла с.** Matvii was plagued by thirst. **мýчити** + *A.* torment sb ◊ **Її́ мýчила лю́та с.** Raging thirst tormented her.
prep. **від ~ги** from/with thirst ◊ **Від нестéрпної ~ги він нíчого не міг роби́ти.** He could not

do anything from unbearable thirst. ◊ **У Марії вúсохло в рóті від ~ги.** Maria's mouth was dry with thirst.
Also see **жагá 1, снагá 1.** *Cf.* **гóлод**
2 *fig.* desire, thirst
с. + *n.* **с. перемóги** a thirst for victory ◊ **Від йогó ~ги перемóги нічóго не залишилося.** There was nothing left of his desire to win. (**слáви** fame, **ýспіху** success; **пóмсти** revenge) ◊ **Їхніми діями рýхає с. пóмсти.** Thirst for revenge drives their actions.
prep. **с. до** + *G.* a thirst for sth ◊ **с. до мáндрів** a thirst for traveling
See **бажáння 1.** *Also see* **жадáння 1, згáга 3, снагá 3, спокýса**
L. **у ~зі**

спрáгл|ий, *adj.*

1 thirsty
adv. **геть** totally, **дýже** very, **нестéрпно** unbearably **страшéнно** terribly, **цілкóм** completely ◊ **Вонú вернýлися домів цілкóм ~ими й голóдними.** They returned home completely thirsty and hungry.
v. + **с. бýти ~им** be thirsty ◊ **Він страшéнно с.** He is terribly thirsty. (**почувáтися** feel) ◊ **Дівчáта почувáлися дýже ~ими.** The girls felt very thirsty.
Cf. **голóдний**
2 *fig.* parched, dry, dehydrated
с. + *n.* **с. краєвúд** a parched landscape ◊ **Пéред їхніми очúма відкривáвся с. краєвúд.** A parched landscape opened before their eyes. (**степ** steppe; **язúк** tongue); **~а землá** a parched land (**пустéля** desert); **~е пóле** a parched field; **~і гýби** parched lips
See **сухúй 1.** *Also see* **запéклий 1**
3 *fig.* impassionate, passionate, fervent, avid, vehement
с. + *n.* **с. поцілýнок** a passionate kiss ◊ **Її с. поцілýнок був для Івáна несподíванкою.** Her passionate kiss was a surprise to Ivan. **~а надíя** a vehement hope; **~і обíйми** a passionate embrace
See **прúстрасний.** *Also see* **гарячий 3, жадíбний 2**

сприймá|ти, **~ють; сприйнúти, сприйм|уть**, *tran.*

1 to take, receive, react to, greet, meet
adv. **захóплено** excitedly, **із задовóленням** with satisfaction ◊ **Вонú сприйнялú її пропозúцію із задовóленням.** They took her offer with satisfaction. **із захóпленням** with fascination, **із зацікáвленням** with interest ◊ **Пýбліка сприйнялá ромáн із зацікáвленням.** The public received the novel with interest. **з рáдістю** with gladness, **з розчаровáнням** with disappointment ◊ **Олéна сприйнялá новинý з розчаровáнням.** Olena took the news with disappointment. **з сýмом** with sadness, **з цікáвістю** with curiosity, **рáдо** gladly; **нервóво** nervously, **обережно** cautiously; **спокíйно** calmly, **стоїчно** stoically; **по-філосóфському** philosophically
v. + **с. бýти вáжко** + *D.* be difficult to ◊ **Вáжко с. її характеристики як заохóчення.** It is difficult to take her characterizations as encouragement. **бýти здáтним** be capable of ◊ **Людськé вýхо не здáтне с. звýки дýже низькóї частотú.** The human ear is incapable of receiving sounds of very low frequency. **бýти неможлúво** be impossible to; **вміти** be able to, **могтú** can; **вчúтися** learn to ◊ **Вонá навчúлася стоїчно с. зауваження.** She learned to receive remarks stoically. **намагáтися** try to ◊ **Він намагáється с. крúтику спокíйно.** He tries to receive criticism calmly. **хотíти** want to
See **реагувáти 1**
2 to perceive, comprehend, appreciate; understand ◊ **Він читáв статтю, не ~ючи її змíсту.** He was reading the article without comprehending its content.
adv. **вирáзно** distinctly, **дóбре** well, **лéгко** easily, **чíтко** distinctly, **яснó** clearly; **інáкше** differently ◊ **Після анéксії Крúму вонú ~ють російську культýру й мóву дéщо інáкше.** After the annexation of the Crimea, they perceive Russian culture and language somewhat differently. **прямо** directly; **доклáдно** exactly, **прáвильно** correctly, **тóчно** accurately; **непрáвильно** wrongly, **помилкóво** mistakenly; **на слух** aurally, on hearing ◊ **Федóрі тяжко с. пóльські вíрші на слух.** It is difficult for Fedora to perceive Polish poems on hearing. **по-свóєму** in one's own way
v. + **с. бýти мóжна** *or* **бýти можлúво** be possible to, **бýти схúльним** be inclined to ◊ **Він схúльний с. Маркá за когутá.** He is inclined to take Marko for a yokel. **могтú** can ◊ **Кóжен мóже с. йогó писáння як аполóгію споживáцтва.** Everybody can perceive his writings as an apology for consumerism.
See **розумíти 1.** *Also see* **брáти 6, мáти 4, розцíнювати 2**
3 to accept, borrow ◊ **Украïнська мóва сприйнялá велúку кíлькість латúнських слíв.** The Ukrainian language accepted a great number of Latin words.
See **приймáти 1**
4 to put up with, tolerate ◊ **Надíя не з тих, що ~ють шантáж і погрóзи.** Nadiia is not the kind who take kindly to blackmail and threats.
See **терпíти 3**
pa. pple. **сприйнятий** perceived, received
сприймáй! сприймú!

сприйня|ти, *pf.*, *see* **сприймáти**

to react, *etc.* ◊ **Він ~в вірш як зáклик до дії.** He took the poem as a call to action.

сприйнятт|я, *nt.*, *only sg.*

perception; understanding + *G.* of ◊ **Йогó с. крúтики дóсить незвичáйне.** His perception of criticism is rather unusual.
adj. **вирáзне** distinct, **гóстре** keen, **загóстрене** heightened ◊ **загóстрене с. несправедлúвости** a heightened perception of injustice; **чіткé** sharp, **яснé** clear; **загáльне** general, **звичáйне** common, **популярне** popular, **пошúрене** widespread ◊ **дóсить пошúрене сéред мóлоді с. фемінíзму** the perception of feminism fairly widespread among the youth; **ширóке** widely held; **прáвильне** accurate, **тóчне** exact; **інформóване** informed; **непоінформóване** uninformed; **непрáвильне** wrong, **нетóчне** inexact, **помилкóве** mistaken, **спотвóрене** distorted, **хúбне** false; **негатúвне** negative; **позитúвне** positive; **відмíнне** distinct, **íнше** different, **змíнене** altered, **мінлúве** changing; **незвичáйне** unusual, **особлúве** special, **своєрíдне** peculiar; **вибіркóве** selective ◊ **Вибіркóве с. дíйсности чáсом допомагáє під час війнú.** Selective perception of reality sometimes helps during war. **свідóме** conscious; **індивідуáльне** individual, **особúсте** personal; **колектúвне** collective, **публíчне** public; **панівнé** dominant, **традицíйне** traditional; **батьківськé** parental, **дитяче** children's, **зрíле** mature, **людськé** human; **ідеологíчне** ideological, **культýрне** cultural, **релігíйне** religious, **філосóфське** philosophical; **суб'єктúвне** subjective; **екстрасенсóрне** extrasensory, **візуáльне** *and* **зоровé** visual, **сенсóрне** *and* **чуттєве** sensory, **слуховé** auditory; **просторóве** spacial
с. + *n.* **с. глибинú** depth perception (**кóльору** color, **фóрми** shape, **прóстору** spatial, **загрóзи** threat, **небезпéки** hazard, **рúзику** risk)
v. + **с. виправляти с.** correct perception ◊ **Статтá допомагáє вúправити помилкóве с. глобалізáції.** The article helps correct a mistaken perception of globalization. (**віддзеркáлювати** mirror, **відображáти** reflect ◊ **Твóри письмéнниці відображáють с. незалéжної жíнки.** The (female) writer's works reflect the perception of an independent woman. **допóвнювати** supplement, **змíнювати** change ◊ **Курс лéкцій змінúв її с. украïнської літератýри.** The lecture course changed her perception of the Ukrainian literature. **мáти** have, **перетвóрювати** transform, **підтвéрджувати** confirm; **загóстрювати** heighten, **поглúблювати** deepen, **покрáщувати** improve, **посúлювати** enhance; **розвíювати** dispel, **стáвити під сýмнів** question ◊ **Áвтор стáвить під сýмнів традицíйне с. людськóї сексуáльности.** The author questions the traditional perception of human sexuality. **викривляти** twist, **перекóшувати** skew, **спотвóрювати** distort; **ствóрювати** create, **формувáти** shape; **вивчáти** study, **оцíнювати** assess; **пояснювати** expain ◊ **Дóслід пояснює своєрíдне с. мýзики в мишéй.** The experiment explains the peculiar perception of music by mice. **впливáти на** influence) ◊ **Вихóвання впливáє на с. людúною íнших.** Upbringing influences a person's perception of others. **позначáтися на ~і** affect perception ◊ **Свíтло позначáється на ~і кóльору.** Light affects the perception of color.

спрúтн|ий, *adj.*

1 nimble, agile, deft, dexterous
adv. **вéльми** very ◊ **Злóдій вúявився вéльми ~им.** The thief turned out to be very nimble. **дóсить** rather, **дýже** very, **надзвичáйно** extraordinarily, **спрáвді** truly; **надмíру** excessively, **нáдто** too, **неймовíрно** incredibly, **страшéнно** terribly; **віднóсно** relatively
с. + *n.* **с. в'юн** a nimble eel ◊ **Він, як с. в'юн, вúслизнув із рук поліції.** He slipped from the police's hands like a nimble eel. (**злóдій** thief, **юнáк** youth; **крок** step, **рух** movement, **стрибóк** leap, **удáр** blow); **~а дівчúна** an agile girl (**ногá** foot, **рукá** hand, **ходá** gait) ◊ **Павлóва ~а ходá впадáла в óко.** Pavlo's nimble gait caught the eye.
v. + **с. бýти ~им** be nimble (**виявлятися** turn out, **здавáтися** + *D.* seem to sb ◊ **Юнáк здавáвся дóсить ~им.** The youth seemed rather nimble. **лишáтися** remain; **ставáти** become)
Also see **лóвкий 2**
2 skillful, masterful, deft ◊ **Пáні Зóю знáють у мíсті, як ~у кравчúню.** Mrs. Zoya is known in the city as a skillful seamstress. ◊ **Хомá став ~им футболíстом.** Khoma became a skillful soccer player.
See **майстéрний 1**
3 clever, smart, shrewd; crafty ◊ **Тамáра готóва зі ~ою вíдповіддю на кóжне питáння.** Tamara is ready with a clever answer to every question.
с. + *n.* **с. підхíд** a shrewd approach (**план** plan, **рóзум** mind ◊ **посáда для людúни зі ~им рóзумом** a position for a person with a shrewd mind; **бізнесмéн** businessman, **юрúст** lawyer); **~а стратéгія** a shrewd strategy (**схéма** scheme, **тáктика** tactic)
See **розýмний 1.** *Also see* **вигáдливий 1, кмітлúвий 1**

спричинú|ти, *pf.*, *see* **спричиняти**

to cause, *etc.* ◊ **Падíння цін на срíбло ~ло пáніку.** The drop of silver prices caused a panic.

спричинú|тися, *pf.*, *see* **спричинятися**

to cause, *etc.* ◊ **Холóдна погóда ~ться до змéншення числá турúстів у Бердянську.** Cold weather will bring about the diminishing in the number of tourists in Berdiansk.

спричиня|ти, **~ють; спричин|úти, ~ю, ~ять**, *tran.*

to cause, bring about, give rise to, lead to
adv. **закономíрно** logically ◊ **Неконтрольóвана емíсія грóшей закономíрно ~є інфляцію.** Uncontrolled money emission logically gives rise to inflation. **лéгко** easily, **неунúкно** inevitably, **обов'язкóво** surely, **передбáчувано** predictably; **одрáзу** at once, **зáраз же** right away, **швúдко**

quickly; **тро́хи не** all but; **частко́во** in part; **пря́мо** directly; **опосередко́вано** indirectly; **ча́сом** sometimes; **ча́сто** often

v. + **с. ма́ти** be supposed to ◊ **Уби́вство ма́ло спричини́ти війну́.** The assassination was supposed to bring about a war. **могти́** can ◊ **Дощі́ мо́жуть с. па́водок.** Rains can bring about a flood. **намага́тися** try to

pa. pple. **спричи́нений** caused

спричиня́й! спричини́!

See **призводи́ти 1, 2, приво́дити 2, провокува́ти.**

сприя́тлив|ий, *adj.*

favorable, advantageous, beneficial

adv. **винятко́во** exceptionally, **вкрай** extremely, **го́ловно** mainly, **до́сить** fairly, **доста́тньо** sufficiently, **ду́же** very, **загало́м** generally, **надзвича́йно** extraordinarily, **на ди́во** amazingly, **на рі́дкість** uniquely; **незмі́нно** invariably, **особли́во** particularly, **як за́вжди́** as always; **відно́сно** *and* **порі́вняно** relatively ◊ **Атмосфе́ра відно́сно ~а для відве́ртого обгово́рення.** The atmosphere is relatively favorable for a frank discussion. **ле́две** scarcely; **перева́жно** mostly ◊ **перева́жно с. ві́тер** a mostly favorable wind; **не на́дто** not too ◊ **Ситуа́ція здава́лася не на́дто ~ою для доброчи́нности.** The situation seemed not too favorable for charity work. **не зо́всім** not quite

v. + **с. бу́ти ~им** be favorable (**вважа́ти** + *A.* consider sth; **виявля́тися** turn out ◊ **Підсо́ння ви́явилося на ди́во ~им для дослі́джень.** The climate turned out to be amazingly favorable for research. **здава́тися** + *D.* seem to sb; **лиша́тися** remain ◊ **Пого́да лиша́лася ~ою для наві́гації.** The weather remained favorable for navigation. **роби́ти** + *A.* make sb ◊ **Відсу́тність ві́тру роби́ла день ~им для гри в те́ніс.** The absence of the wind made the day favorable for playing tennis. **става́ти** become)

prep. **с. для** + *G.* favorable for sb/sth

Also see **позити́вний 1**

спро́б|а, *f.*

attempt

adj. **вда́ла** effective, **успі́шна** successful, **плі́дна** fruitful, **результати́вна** gainful; **відва́жна** valiant, **зухва́ла** audacious, **рішу́ча** determined, **смілива** courageous, **серйо́зна** serious; **пе́рша** first, **оста́ння** last-ditch; **наха́бна** brazen; **жалюгі́дна** pathetic, **кво́ла** feeble, **культа́ва** lame, **незгра́бна** clumsy ◊ **Він зроби́в незгра́бну ~у загла́дити непорозумі́ння.** He made a clumsy attempt to smooth over the misunderstanding. **відчайду́шна** desperate, **гарячко́ва** frantic; **безрезульта́тна** fruitless, **ма́рна** futile, **невда́ла** unsuccessful, **нефорту́нна** ill-fated, **прире́чена** doomed, **прова́льна** failed; **зуми́сна** deliberate, **свідо́ма** conscious; **впе́рта** *only pl.* persistent, **невідсту́пна** *only pl.* relentless, **повто́рна** repeated, **пості́йна** *only pl.* constant; **чи́сле́нна** *only pl.* numerous ◊ **Чи́сле́нні ~и переписа́ти текст ні до чо́го до́брого не привели́.** The numerous attempts to rewrite the text led to nothing good.

с. + *n.* **с. вби́вства** an assassination attempt (**самогу́бства** suicide; **ви́крадення** kidnapping, **краді́жки** theft, **отру́єння** poisoning, **пограбува́ння** robbery, **терористи́чного а́кту** terrorist act, **переворо́ту** coup ◊ **Газе́та факти́чно запобі́гла ~і переворо́ту.** The newspaper in fact thwarted a coup attempt. **втечі** escape; **поряту́нку** rescue) ◊ **С. поряту́нку була́ приречено́ю.** The rescue attempt was doomed.

v. + **с. ки́дати ~у** abandon an attempt ◊ **Вони́ ки́нули ~и врятува́ти ліс від поже́жі.** They abandoned their desperate attempts to save the forest from fire. (**організо́вувати** organize ◊ **Вона́ організува́ла успі́шну ~у бойко́ту газе́ти.** She organized a successful attempt to boycott the newspaper. **роби́ти** make) ◊ **Світла́на зроби́ла ~у переконати батькі́в прода́ти буди́нок.** Svitlana made an attempt to talk her parents into selling the house. **вдава́тися до ~и** resort to an attempt ◊ **Він уда́вся до ~и сфабрикува́ти результа́ти голосува́ння.** He resorted to an attempt at falsifying the voting results. (**відмовля́тися від** give up) ◊ **Вони́ відмо́вилися від спроб схили́ти опоне́нтів на свій бік.** They gave up attempts to win over their adversaries. **запобіга́ти ~і** prevent an attempt (**опира́тися** resist) ◊ **Він опира́вся ~ам скороти́ти штат ві́дділу.** He resisted the attempts to slash the departmental staff.

с. + *v.* **ма́ти у́спіх** be a success ◊ **С. зміни́ти пра́вила ма́ла у́спіх.** The attempt to change the rules was a success. **прова́люватися** fail ◊ **~и знайти́ спо́нсорів провали́лися.** The attempts to find sponsors failed. **відно́ситися до** + *G.* date back to ◊ **Її пе́рші ~и писа́ти відно́сяться ще до сере́дньої шко́ли.** Her first attempts to write date back yet to secondary school.

prep. **у ~і** + *G. or inf.* in an attempt of *or* to ◊ **Він покалі́чив себе́ в невда́лій ~і самогу́бства.** He maimed himself in a failed suicide attempt.

Also see **за́мах 2**

спро́бува|ти, *pf., see* **про́бувати**

to make an attempt, *etc.* ◊ **До́ра ~ла усміхну́тися.** Dora attempted a smile. ◊ **Степани́шин ~в поясни́ти свої́ моти́ви.** Stepannyshyn tried to explain to them his motives. ♦ **с. ща́стя** to try one's luck

спровокува́|ти, *pf., see* **провокува́ти**

to provoke, *etc.* ◊ **Оле́ксин сміх ~в у не́ї ви́бух лю́ті.** Oleksa's laughter provoked her into an outburst of fury.

спрости́|ти, *pf., see* **спро́щувати**

to simplify, *etc.* ◊ **Дослі́дниця тро́хи ~ла до́повідь.** The (female) researcher simplified her presentation a little.

спросто́ву|вати, ~ють; спросту|ва́ти, ~ють, *tran.*

to refute, debunk, disprove

adv. **категори́чно** categorically, **ле́гко** easily, **переко́нливо** in a compelling manner; **наре́шті** finally, **остато́чно** ultimately ◊ **Докуме́нт остато́чно ~вав звинува́чення про́ти па́ні Оста́пів.** The document ultimately debunked the accusations against Mrs. Ostapiv. **послідо́вно** consistently, **пункт за пу́нктом** point by point ◊ **Вона́ пункт за пу́нктом ~вала ви́сновки комі́сії.** She was refuting the committee's conclusions point by point. **публі́чно** publicly; **вко́тре** yet again, **зно́ву** again, **зно́ву й зно́ву** time and again, **неоднора́зо́во** repeatedly

v. + **с. бу́ти ле́гко** + *D.* be easy to; **бу́ти тре́ба** + *D.* need to; **вдава́тися** + *D.* succeed in, **змогти́** *pf.* manage to; **могти́** can, **намага́тися** try to; **відмовля́тися** refuse to ◊ **Ре́чниця відмо́вилася с. репорте́ра.** The spokeswoman refused to refute the reporter. **не могти́** be unable to

pa. pple. **спросто́ваний** debunked, refuted

спросто́вуй! спросту́й!

Also see **запере́чувати 1, розбива́ти 3**

спростува́н|ня, *nt.*

refutation, rejection, debunking

adj. **категори́чне** categorical, **однозна́чне** unequivocal, **переко́нливе** compelling, **по́вне** full, **рішу́че** resolute, **тверде́** firm, **ці́лкови́те** complete, **чітке́** clear; **негайне** immediate; **двозна́чне** ambiguous ◊ **Пре́са сприйняла́ с. як двозна́чне.** The press perceived the refutation as ambiguous.

v. + **с. дава́ти с.** give a refutation ◊ **Слі́дчий дав с. попере́дньої зая́ви.** The detective gave a refutation of the previous statement. (**публікува́ти** publish, **роби́ти** make); **вимага́ти с. від** + *G.* demand a refutation from sb ◊ **Полі́тик вимага́в від газе́ти с. інформа́ції як неправди́вої.** The politician demanded that the paper refute the information as untrue.

G. pl. **~ь**

Also see **запере́чення 2**

спростува́|ти, *pf., see* **спросто́вувати**

to refute, *etc.* ◊ **Він ~в сканда́льну чу́тку.** He refuted the scandalous rumor.

спро́щен|ня, *nt.*

simplification ◊ **С. у те́ксті ці́лко́м ви́правдані.** The simplifications in the text are quite justifiable.

adj. **вели́ке** great, **гру́бе** gross, **значне́** considerable, **максима́льне** maximal, **надмі́рне** excessive, **неви́правдане** unjustified ◊ **Він вда́вся до абсолю́тно неви́правданого с. поді́й.** He resorted to an absolutelyunjustified simplification of the events. **пе́вне** certain; **ви́правдане** justifiable, **зрозумі́ле** understandable, **зру́чне** convenient; **неуни́кне** inevitable; **потрі́бне** necessary; **зуми́сне** *or* **навми́сне** deliberate, **намі́рене** intentional, **свідо́ме** conscious

v. + **с. роби́ти с.** make a simplification ◊ **Реда́ктор зроби́в ни́зку ~ь у те́ксті.** The editor made a number of simplifications in the text. **вдава́тися до с.** resort to a simplification ◊ **Доповіда́ч уда́вся до ~ь.** The presenter resorted to simplifications. (**обхо́дитися без** do without) ◊ **Пояснююючи план, він не міг обійти́ся без ~ь.** Explaining the plan, he could not do without simplifications.

prep. **без ~ь** without simplifications

Ant. **ускла́днення**

спро́щу|вати, ~ють; спрост|и́ти, спрощу́, ~я́ть, *tran.*

to simplify

adv. **гру́бо** grossly ◊ **Її тео́рія гру́бо ~є суспі́льні взає́мини.** Her theory grossly simplifies social relationships. **ду́же** greatly, **зна́чно** considerably, **істо́тно** significantly, **помі́тно** noticeably, **радика́льно** radically; **(за)на́дто** overly; **я́вно** clearly ◊ **Він я́вно ~є складне́ я́вище.** He clearly simplifies a complicated phenomenon. **де́що** somewhat, **тро́хи** slightly

v. + **с. бу́ти мо́жна** be possible to, **бу́ти необхі́дно** be necessary to ◊ **Щоб упристу́пнити текст для широ́кого читача́, необхі́дно спрости́ти його́.** To make the text accessible to a wide readership, it is necessary to simplify it. **бу́ти тре́ба** + *D.* need to; **вдава́тися** + *D.* succeed in, **змогти́** *pf.* manage to; **намага́тися** try, **хоті́ти** want to

prep. **с. до** + *G.* simplify to sth ◊ **Він спрости́в тео́рему до кілько́х рівня́нь.** He simplified the theorem to a few equations.

Ant. **ускла́днювати**

спрямо́ву|вати, ~ють; спряму|ва́ти, ~ють, *tran.*

1 to direct, steer, aim at, point at ◊ **Він спрямува́в по́гляд на балко́н.** He directed his gaze at the balcony. ◊ **Кири́ло розверта́ється і ~є коня́ лі́воруч.** Kyrylo turns around and steers his horse left.

prep. **с. на** + *A.* direct at sb/sth ♦ **с. ува́гу на** + *A.* to direct one's attention at sb/sth ◊ **Вони́ ~ватимуть ува́гу на нові́ да́ні.** They will be directing attention to the new data. **с. про́ти** + *G.* direct against sb/sth ◊ **Еконо́міст ~є кри́тику про́ти прихи́льників ві́льного ри́нку.** The economist directs his criticism against the free market proponents.

See **скеро́вувати 2.** *Also see* **направля́ти 1**

2 *fig.* to concentrate on, focus on, zero in on, ◊ **Вони́ ~ють зуси́лля на те, щоб закі́нчити**

дах. They focus their efforts on finishing the roof.
See **скерóвувати 2.** *Also see* **направля́ти 1**
pa. pple. **спрямóваний** directed
спрямóвуй! спрямýй!

спрямувá|ти, *pf., see* **спрямóвувати**
to direct, *etc.* ◊ **Він ~в лíтак на аеродрóм.** He steered the aircraft to the airfield.

спря́жи|ти, *pf., see* **пря́жити**
to fry, *etc.* ◊ **Олéна ~ла молокó.** Olena boiled the milk.

спускá|ти, ~ють; спуст|йти, спущý, ~ять, *tran. and intr.*
1 *tran.* to lower, drop, bring down, submerge
adv. **вниз** *or* **дóлі** down ◊ **Він почáв с. вітри́ло дóлі.** He started taking the sail down. **оберéжно** carefully, **повóлі** *or* **помáлу** slowly; **рíзко** abruptly, **спри́тно** deftly, **хýтко** rapidly, **шви́дко** quickly
с. + *n.* **с. вітри́ло** lower a sail (**домови́ну** casket ◊ **Вони́ спусти́ли домови́ну в моги́лу.** They lowered the casket in the grave. **віз** wagon, **сáни** sleigh; **нóги** feet, **рýки** hands; **водолáза** diver ◊ **Затонýлий чóвен знайшли́, лишé спусти́вши водолáзів на дно óзера.** They found the sunken boat, only after having sent the divers to the bottom of the lake. **кíтву** anchor ◊ **Я́хта спусти́ла кíтву за сто мéтрів від пíрса.** The yacht dropped anchor a hundred meters from the pier. **ли́нву** rope, **шлю́пку** boat; **штани́** pants, **штóру** certain
Cf. **опускáти 1**
2 *tran.* to release, let go, let loose, unchain ◊ **Він ~є псів нá ніч.** He releases the dogs for the night. ◊ **Лáда прицíлилася і спусти́ла курóк.** Lada took aim and released the trigger.
3 *tran.* to drain, flush, deflate ◊ **Він не спусти́в туалéту.** He did not flush the toilet. ◊ **Щорóку ставóк ~ли і чи́стили.** Every year the pond would be drained and cleaned. ◊ **Маркó ~в пузирí і ховáв ї́х до кишéні.** Marko deflated the balloons and hid them in his pocket.
4 *intr.* to deflate, go down, go flat ◊ **У них спусти́ло кóлесо.** A tire in their car went flat.
5 *tran., colloq.* to lower *(price)*, reduce, decrease, cut ◊ **Він мýсив спусти́ти цінý.** He had to lower the price.
6 to temper, moderate, lower, soften
с. + *n.* **с. вимóги** temper one's demands (**гнів** anger, **роздратувáння** irritation); **с. гóлос** lower one's voice (**звук** volume ◊ **Олéна спусти́ла звук у телевíзорі.** Olena lowered the TV volume. **тон** tone)
7 *tran., colloq.* to sell ◊ **Їм пощасти́ло ви́гідно спусти́ти старý автíвку.** They were lucky to sell their old car profitably. ♦ **с. з рук** to get rid ◊ **Він спусти́в із рук усé, що мав.** He got rid of all he had.
See **продавáти 1**
8 *intr. and tran, colloq.* to pander to, indulge; forgive, pardon ◊ **Мáти зáвжди́ ~ла улю́бленому си́нові.** Mother always pandered to her favorite son. ◊ **Такóї óбрази він нікóму не ~в би.** He would not forgive anybody such an insult.
See **дарувáти 2, пробачáти**
9 *intr., vulg. (only of men)* to ejaculate, come, have orgasm ◊ **Кохáючись, він міг не с. стíльки, скíльки хотíв.** Making love, he could refrain from coming for as long as he wanted to.
Also see **кінчáти 3**
pa. pple. **спýщений** lowered
спускáй! спусти́!

спускá|тися; спусти́тися, *intr.*
1 to descend, go down, come down; sink, drop ◊ **Сóнце ~лося до óбрію.** The sun was going down to the horizon. ◊ **Уночí на мíсто ~вся тумáн.** Fog would descend on the city at night.
с. + *n.* **с. велосипéдом** go down by bicycle (**лíфтом** elevator; **сaня́ми** sleigh, **фунікулéром** cable car); **с. мýром** go down a wall ◊ **Павýк ~вся кам'я́ним мýром.** The spider was going down the stone wall. (**пáгорбом** hill, **скéлею** cliff, **схи́лом** slope, **схóдами** stairs) ◊ **Вони́ оберéжно ~лися схóдами до пля́жу.** They were carefully going down the stairs to the beach.
prep. **с. в** + *A.* go down in/to sth ◊ **Вéршники оди́н за одни́м ~лися стéжкою в доли́ну.** The horsemen one by one went down the path into the valley. **с. до** + *G.* go down to sth; **с. з** + *G.* descend from sth ◊ **Зéні довелóся с. із трéтього пóверху, щоб відчини́ти ї́м двéрі.** Zenia had to descend from the third floor, to open the door for them. **с. на** + *A.* to descend on/to sth ◊ **Він спри́тно спусти́вся зі щóгли на чардáк.** He deftly climbed down from the mast onto the deck.
2 *fig.* to stoop, lower oneself, sink ◊ **Як пан Ґ. міг так ни́зько спусти́тися!** How could Mr. G. stoop so low!
Cf. **опускáтися**

спусти́|ти, *pf., see* **спускáти**
to lower, *etc.* ◊ **Як ~ть кóлесо, є мáє запаснé.** If a tire should go flat, there is a spare one.

спусти́|тися, *pf., see* **спускáтися**
to descend, *etc.* ◊ **На гíлку ~лася гóрлиця.** A turtledove alighted on the branch.

спустóшенн|я, *nt.*
devastation, ruin
adj. **вели́ке** great, **небáчене** unprecedented, **нечýване** unheard-of, **страшнé** terrible **масштáбне** large-scale, **пóвне** total, **цілкови́те** complete; **прaвди́ве** true, **спрáвжнє** real; **екологíчне** ecological, **економíчне** economic, **духóвне** spiritual, **емоцíйне** emotional, **морáльне** moral ◊ **Він пережи́в морáльне с.** He experienced a moral devastation.
v. + **с. спричиня́ти с.** cause devastation ◊ **Копáння бурштинý спричини́ло екологíчне с. Полíсся.** Amber mining caused environmental devastation of Polissia. **призвóдити до с.** lead to devastation ◊ **Пóвінь призвелá до с. в реґіóні.** The flood led to devastation in the region. (**спричиня́тися до** bring about)
Also see **руї́на**

срá|ка, *f., vulg.*
1 ass, arse
adj. **вели́ка** big ◊ **Хлóпець мав вузькí плéчі і вели́ку ~ку.** The boy had narrow shoulders and a big ass. **гладкá** plump, **грýба** thick, **товстá** fat; **сухá** lean, **худá** thin
v. + **с. би́ти в ~ку** hit sb in the ass (**кóпати в** kick in); ♦ **лизáти** + *D.* **~ку** lick sb's ass ◊ **Вонá зáвжди́ готóва лизáти начáльникові йогó товстý ~ку.** She is always ready to lick her boss's fat ass. ♦ **цілувáти** + *A.* **в ~ку** kiss sb on the ass ◊ **Знáєш що, – поцілýй мене у ~ку!** Know what, kiss my ass! ♦ **Іди́ в ~ку!** Fuck off! ♦ **бýти до ~ки** + *D.* not to give a shit ◊ **Усé, що він кáже, ї́й до ~ки.** She doesn't give a shit about anything he says. ♦ **до ~ки** bad, shoddy, junky; ♦ **мáти** + *A.* **у ~ці** not to give a fuck about sb/sth ◊ **Він мáє ї́хні прáвила у ~ці.** He does not give a fuck about their rules. ♦ **як с.** butt ugly ◊ **У неї́ мóрда, як с.** She has a butt ugly mug.
See **сідни́ця.** *Also see* **зад 2**
2 *fig.* end, death; fuck-up, snafu, mess ◊ **Петрó дýмав, що всім ї́м бýде с.** Petro thought that that would be it to them. ◊ **Із ї́хнього чудóвого зáдуму ви́йшла пóвна с.** Their wonderful plan turned out to be a complete fuck-up.
See **кінéць 3**

срáти, ~ý, сéр|уть; на~, *intr., vulg.*
1 to shit, take a crap ◊ **Він із переля́ку трóхи не насрáв у штани́.** He all but shat in his pants with fear.
v. + **с. сідáти** sit down to; ◊ **Ярéма з ним на одномý пóлі с. не сíв би.** *fig.* Yarema would not think of having anything to do with him. **хотíти** want to ◊ **Він нестéрпно хотíв с.** He had an unbearable desire to shit. **хотíтися** + *D.* want ◊ **Йомý хóчеться с.** He wants to take a crap. ♦ **пíти́, як за мóре с.** to vanish ◊ **Вони́ пішли́ по продýкти, як за мóре с.** They went to get groceries and vanished. ♦ **на~ в дýшу** + *D.* to spoil sb's mood ◊ **Чомý він зáвжди́ мýсить на~ людині в дýшу!** Why does he always have to spoil it for people!
2 *fig.* to despise, not to give a shit about ◊ **С. він хотíв на полíцію.** He doesn't give a shit about the police. ◊ **Вонá срáла на всі ї́хні заборóни.** She wiped her feet on all their prohibitions.
See **зневажáти 1**
3 to shit oneself, be afraid, fear ◊ **Чогó ти ~еш? Усé бýде дóбре.** Don't shit yourself, everything will be all right. ◊ **Мишкó ~е йти сам чéрез цви́нтар сéред нóчі.** Myshko is afraid to go through the cemetery alone in the middle of the night.
See **боя́тися.** *Also see* **ця́ти 2**

срíбл|о, *nt., only sg.*
1 silver
adj. **спрáвжнє** solid ◊ **ланцюжóк зі спрáвжнього ~а** a chain of solid silver; **чи́сте** pure, sterling, **щи́ре** genuine; **блискýче** shining, **сліпýче** blinding; ♦ **живé с.** quicksilver, mercury
v. + **с. добувáти с.** mine silver; **інкрустувáти** + *A.* **~ом** inlay sth in silver ◊ **Він наказáв інкрустувáти збрýю коня́ ~ом.** He ordered to inlay the horse's harness in silver. (**оздóблювати** + *A.* decorate sth) ◊ **Шкатýлка оздóблена щи́рим ~ом.** The box is decorated with genuine silver.
prep. **зі ~а** of silver ◊ **пéрстень з чи́стого ~а** ring of sterling silver
2 *coll.* silver, silverware ◊ **Він знайшóв це старé с. на блоши́ному ри́нку.** He found this old silverware in a flea market.
3 *fig.* silver medal, second place
v. + **с. брáти с.** take silver ◊ **На змагáннях вонá взялá с.** She took silver in competition. (**вибóрювати** get, **вирувáти в** + *G.* snatch from sb ◊ **Адáм ви́рвав у супéрника с.** Adam snatched silver from his rival. **вигравáти** win, **забезпéчувати** + *A.* secure for sb ◊ **Тамáрин результáт достáтньо висóкий, щоб забезпéчити ї́й с.** Tamara's result is high enough to secure silver for her. **здобувáти** gain); **нагорóджувати** + *A.* **~ом** award sb silver

срíбн|ий, *adj.*
silver, silvery, made of silver, decorated with silver
с. + *n.* **с. кéлих** a silver cup ◊ **Археóлоги знайшли́ с. кéлих.** The archeologists found a silver cup. (**ланцюжóк** chain; **стандáрт** standard), ♦ **с. пóсуд** *coll.* silverware; **~а видéлка** a silver fork (**лóжка** spoon; **гри́вня** hryvnia, **медáль** medal, **монéта** coin; **підкóва** horseshoe; **рудá** ore); **~е блю́дечко** a silver saucer, ♦ **~е весíлля** a silver wedding anniversary; **~е вóлосся** *fig.* gray hair

стабілізу|вáти, ~ють; *same, tran.*
to stabilize, make stable
adv. **негáйно** immediately ◊ **Ý́рядові трéба негáйно с. ситуáцію на ри́нку збíжжя.** The government needs to stabilize the situation on the grain market immediately. **шви́дко** quickly; **успíшно** successfully; **поступóво** gradually; **врéшті-рéшт** eventually, **нарéшті** finally, **лéдве** scarcely, **наси́лу** barely; **мáйже** almost; **раз і назáвжди́** once and for all; **тимчасóво** temporarily ◊ **Нóві захóди ~вали націонáльну валю́ту лишé тимчасóво.** The new measures stabilized the national currency only temporarily.
v. + **с. бýти необхíдно** be necessary to, **бýти трéба** + *D.* need to; **вимагáти** demand to; **змогти́** *pf.* manage to ◊ **Лíкар зміг с. хвóрому тиск.** The doctor managed to stabilize the patient's blood pressure. **мáти на метí** purport to, **могти́** can;

намагáтися try to, прóбувати attempt to
pa. pple. стабілізóваний stabilized
стабілізýй!

стабíльн|ий, *adj.*

stable
adv. абсолю́тно absolutely ◊ Прогрáма спирáється на абсолю́тно ~у фінáнсову оснóву. The program relies on an absolutely stable financial basis. винятко́во exceptionally, вкрай extremely, дóсить fairly, достáтньо sufficiently, ду́же very, надзвичáйно extraordinarily, на дúво amazingly, на рідкість uniquely; незмíнно invariably, осóбливо particularly, як зáвжди as always; віднóсно *and* порíвняно relatively ◊ Бáнкова систéма залишáється віднóсно ~ою. The banking system remains relatively stable. лéдве scarcely; не нáдто not too ◊ У кредитóрів виклика́є занепокóєння не нáдто ~е євро. The not too stable euro causes concern among creditors. не зóвсім not quite
v. + с. бу́ти ~им be stable ◊ В остáнні рóки валю́та країни є дóсить ~ою. Over the last years, the country's currency has been fairly stable. (виглядáти look, виявля́тися turn out, здавáтися + *D.* seem to sb; лишáтися remain; робúти + *A.* make sb ◊ Уряд зробúв економíчне зростáння гáлузі ~им і прогнозóваним. The government made the economic growth of the industry stable and predictable. ставáти become) ◊ Грошовúй óбіг стає ~им. The money circulation is becoming stable.

стабíльн|ість, *f.*, ~ости, *only sg.*

stability
adj. бíльша greater, велúка great, підвúщена increased; віднóсна relative; загáльна overall, довготермінóва long-term, довготривáла long-lasting; короткотермінóва short-term, нетривáла short-lived; пéвна certain, хисткá shaky; внýтрішня internal; ґлобáльна global, міжнарóдна international, реґіонáльна regional, валю́тна monetary, економíчна economic, фінáнсова financial, цінова́ price; інституцíйна institutional, конституцíйна constitutional ◊ Росíйське втручáння у вúбори підривáло конституцíйну с. Сполýчених Штáтів. The Russian interference in the election undermined the constitutional stability of the United States. політúчна political, соціáльна social
n. + с. мíра ~ости a degree of stability (перíод period ◊ десятирíчний перíод фінáнсової ~ости a ten-year period of financial stability; рíвень level; зóна zone, óстрів isle; брак lack ◊ Брак політúчної ~ости не дозволя́є робúти прогнóзи. The lack of political stability does not allow making forecasts. відчуття́ sense); загрóза ~ості a threat to stability ◊ Відкрúтий кордóн ствóрює загрóзу ~ості реґіóну. The open border creates a threat to the region's stability.
v. + с. ґарантувáти с. guarantee stability (давáти + *D.* give sb, забезпéчувати + *D.* provide sb with ◊ Мúрна передáча влáди забезпéчує інституцíйну с. у країні. A peaceful transfer of power provides the country with institutional stability. ствóрювати create; підвúщувати increase, покрáщувати improve, посúлювати enhance; зберігáти preserve, утрúмувати maintain; підривáти undermine) ◊ Оперáція мáла підірвáти суспíльну с. у країні. The operation was supposed to undermine social stability in the country. досягáти ~ости achieve stability ◊ Завдякú компромíсові досягнуто політúчної ~ости. Thanks to the compromise, political stability was achieved. загрóжувати ~ості threaten stability ◊ Він вважáв, що фемінíзм загрóжує ~ості традицíйної родúни. He was of the opinion that feminism threatened the stability of the traditional family. (допомагáти promote, сприя́ти contribute to) ◊ Втручáння ýряду сприя́ло ціновíй ~ості на рúнку нерухóмости. The government intervention contributed to the price stability in the real estate market.

ста|вáти, ~ю́ть; встáти *and* стáти, стáн|уть, *intr.*

1 to get up, stand up, rise to one's feet; rise; stand; *pf.* встáти *and* стáти
adv. рáптом suddenly ◊ Вонá рáптом встáла. She suddenly got up. швúдко quickly; повíльно slowly; догорú upwards, дúбки *and* сторч, сторчакá, on end ◊ Із перепля́ку у Лéва волóсся ~ло сторчакá. Out of terror, Lev's hair stood on end. навкóлішки *or* навпóчіпки on one's knees ◊ Парафія́ни ~ли навкóлішки. The parishioners got down on their knees. навшпúньки on one's toes; ♦ с. рáка *or* рáком, рáчки *colloq.* to get down on all fours ◊ Борéць ~в рáком на мáті. The wrestler got down on all fours on the mat. грýпами in groups, кóлом in a circle, шерéнгою in a line ◊ Сержáнт наказáв чоловíкам стáти шерéнгою. The sergeant commanded the men to stand in a line.
prep. с. в + *A.* stand in *(in a line, etc.)* ◊ с. в ряд stand in a row; ♦ с. в чéргу to line up ◊ Тарáс ~в у чéргу по квиткú. Taras took a place in a ticket line. ♦ с. в пóзу to strike a pose; ♦ с. у пригóді to prove of use ◊ Вáша порáда ~ла менí у велúкій пригóді. Your advice proved to be of great use to me. с. на + *A.* rise to, stand on sth ◊ с. на весь зріст rise to one's full height (на колíна on one's knees ◊ Назáр підхóдить до вівтаря́ і ~є на прáве колíно. Nazar approaches the altar and gets down on his right knee. на пáльці *or* навшпúньки on one's toes) ◊ Щоб побáчити сцéну, Єва мýсила ~ти навшпúньки. To see the stage, Yeva had to stand on her toes. ♦ с. на бік + *G.* to side with sb ◊ В кóжній родúнній суперéчці Гáнна ~вáла на бік бáтька. In every family argument, Hanna sided with her father. ♦ с. на зáхист + *G.* to rise to the defense of sb/sth ◊ Вонá зáвжди ~є на зáхист слáбших. She always rises to the defense of the weak. ♦ с. + *D.* на змíну to replace sb ◊ Íгор попросúв її стáти йомý на змíну. Ihor asked her to replace him. ♦ с. на нóги 1) to get on one's feet; 2) *fig.* to become independent ◊ За рік підприéмство ~ло на нóги. The business became independent in a year.
See вставáти 1
2 to become + *I.* ◊ Він ~в велúким оптимíстом. He became a great optimist.
adv. все бíльше increasingly; блискавúчно instantaneously, ґвалтóвно abruptly, несподíвано unexpectedly, рáптом suddenly, скóро swiftly, хýтко rapidly, швúдко quickly; вже already, врéшті-рéшт eventually ◊ Дíвчáта врéшті-рéшт ~ли пóдругами. The girls eventually became friends. нарéшті finally; з кóжним днем by the day, повíльно slowly, поступóво gradually; я́кось somehow
c. + *n.* с. вчúтелем become a teacher (інженéром engineer, лíкарем doctor, робітникóм worker ◊ Сергíй учúвся на перекладачá, а ~в робітникóм. Serhii trained to be an interpreter and became a worker. фахівцéм professional; звúчкою habit; мóдою fashion) ◊ У Мóтрі ~ло мóдою пúти чай о четвéртій пополýдні. It became a fashion with Motria to have tea at 4:00 PM. ♦ с. жéртвою + *G.* to fall victim to sb/sth ◊ Вонú ~ли жéртвами влáсної наївности. They fell victims to their own naivité. ♦ с. причúною + *G.* to become the reason for sth ◊ Її відмóва ~ла причúною Івáнового від'їзду. Her refusal became the reason for Ivan's departure.
v. + с. бу́ти необхíдно be necessary ◊ Мирóнові необхíдно булó стáти бíльш розвáжливим. It was necessary for Myron to become more judicious. бу́ти трéба + *D.* need to; збирáтися be going to, планувáти plan to; змогтú *pf.* manage to, могтú can; намагáтися try to, хотíти want to ◊ Ким хóче ~ти малá Óля? What does little Olia want to become? запрóшувати + *D.* invite sb to, пропонувáти + *D.* offer sb to ◊ Пáні К. пропонýють ~ти члéнкою товарúства. They offer Mrs. K. to become a member of the association. відмовля́тися refuse to, не бажáти not wish to
prep. с. + *D.* за + *A.* become sth to sb ◊ Олéна ~ла йомý за сестрý. Olena became (like) a sister to him. ◊ Спúсок ~в Світлáні за оснóву дóповіді. The list became the basis of Svitlana's report.
Also see бу́ти 11, вхóдити 6, ітú 6, робúтися 1
3 *impers.* to feel, grow, turn + *D.* ♦ с. крáще to feel better ◊ Із кóжним днем Марíї ~вáло крáще. Maria felt better by the day. (гíрше worse; дúвно strange, незрýчно awkward, не по собí ill at ease ◊ Їй ~ло не по собí. She felt ill at ease. сóромно ashamed, стрáшно frightened) ◊ Їй ~ло стрáшно. She felt frightened. ◊ Надвóрі ~є тéмно. It is growing dark outside. ♦ с. пáном станóвища to become master of the situation; ♦ с. прáвою рукóю + *G.* to become sb's right hand
Also see робúтися 2
4 to get down to, set about ◊ Вонá не хотíла с. до робóти. She was reluctant to get down to work.
prep. с. до + *G.* set about sth, work sth, ◊ с. до косú work the scythe (плýга plow ◊ Остáнній раз Васúль ~вáв до плýга двáдцять рóків томý. The last time Vasyl worked the plow was twenty years ago. робóти work; тáнцю dancing), ♦ с. до бóю to go into battle ◊ Вонú всі ~нуть до бóю за профспíлку. All of them will go into battle for the trade union.
See брáтися 2
5 *only pf.* to start, begin, take to + *impf. inf.* ◊ Васúль ~в поя́снювати їм, як потрáпити до помéшкання. Vasyl started explaining to them how to get to the apartment. ◊ Ля́на ~ла пúти забагáто кáви. Liana started drinking too much coffee.
See починáти. *Also see* вдаря́тися 2
6 to stop, cease ◊ Мíськúй автóбус ~є бíля її дóму. The city bus stops near her house. ◊ Почýвши голосú, Івáнна ~ла і прислýхалася. Having heard voices, Ivanna stopped and pricked up her ears. ◊ У нього ~ло сéрце. 1) His heart stopped. 2) *fig.* His heart froze. ♦ с. стовпóм to stop dead
See зупиня́тися 1. *Also see* завмирáти 2
7 to arise, appear, emerge ◊ У її уя́ві ~вáли сцéни палкóго кохáння. Scenes of passionate lovemaking emerged in her imagination. ◊ Пéред нúми ~в величний палáц. A magnificent palace arose before them. ♦ с. пéред судóм to appear before the court ◊ Він ~в пéред судóм. He appeared before the court.
8 *usu impers.* to happen, occur, come to pass ◊ ~ло те, чогó він найбíльше побóювався. What came to pass was what he had feared most.
9 *impers. only with neg., in 3rd pers.* to die, pass away; vanish, disappear ◊ За п'ять хвилúн сóнця не ~ло. In five minutes, the sun disappeared. ◊ Торíк не ~ло йогó бáтька. Last year, his father passed away.
See зникáти, вмирáти 1
10 *colloq., impers. in 3rd pers.* to suffice, be enough, have enough ◊ Натáлі ~не здорóвого глýзду почекáти. Natalia has enough common sense to wait. ◊ Їм ~ло грóшей на нóвий телевíзор. They had enough money for a new TV set.
Also see бу́ти 5, вистачáти
11 *as auxiliary for impf. fut., only pf.* + *inf.* ◊ Колú Полíна ~не самá заробля́ти? When will Polina earn her own living? ◊ Він не ~не сперечáтися з Лíдóю. He will not argue with Lida.
See бу́ти 6
ставáй! стань!

ста|вáтися; стáтися, *intr.*

to happen, occur, take place ◊ Істори́чна пожéжа ~лася сьóмого чéрвня. The historic fire happened on June 7.
See відбувáтися 1, траплятися 1. *Also see* бу́ти 4, дíятися, робúтися 3, трапля́тися 1

ста́в|ити, ~лю, ~иш, ~лять; по~, *tran.*
1 to put, stand, place, set *(as opposed to* **класти**, *to put in prone position)* ◊ **Полиця вміщає більше книжо́к, коли́ їх с., а не класти.** More books fit on the shelf when you stand them up, instead of stacking them.
adv. **акура́тно** neatly ◊ **Да́на акура́тно поста́вила парасо́льку біля двере́й.** Dana neatly placed the umbrella by the door. **бе́режно** *and* **обере́жно** carefully; **догори́** upwards, **ди́бки** *and* **сторч, сторчака́** on end; **навко́лішки** *or* **навпо́чіпки** on one's knees
prep. **с. в** + *A.* put in sth ◊ **с. в духо́вку** put in an oven ◊ **Григо́рій поста́вив пиріг у духо́вку пекти́ся.** Hryhorii put the pie in the oven to bake. (**ряд** row, **че́ргу** line) ◊ **Ма́рта поста́вила дочку́ в че́ргу по квитки́.** Marta put her daughter in the ticket line. ♦ **с.** + *D.* **па́лиці в колеса** to undermine sb, salt sb's game ◊ **Я не хо́чу с. вам па́лиці в колеса.** I don't want to salt your game. **с. до** + *G.* put to sth ◊ **Вони́ поставлять стіл до вікна́.** They will put the table to the window. ♦ **с. до ві́дома** to inform sb ◊ **Поста́вте їх до ві́дома про своє рішення.** Inform them of your decision. **с. на** + *A.* put on sth ◊ **Оле́г поста́вив на підвіко́нник ва́зу із квітами.** Oleh put a vase with flowers on the window sill. ♦ **с. годи́нник на** + *A.* to set a clock for *(hour)* ◊ **Інна поста́вила годи́нник на шо́сту ра́нку.** Inna set her clock for six in the morning. ♦ **с.** + *A.* **на колі́на** *also fig.* to bring sb to their knees ◊ **Він не поста́вить Козаче́нка на колі́на.** He will not bring Kozachenko to his knees. ♦ **с. на стіл** to set the table ◊ **Вона́ допомагає ба́тькові с. на стіл вечéрю.** She helps her father to set the table for dinner.
v. + **с. бу́ти тре́ба** + *D.* need to; **бу́ти де** *and* **ма́ти де** have the room to ◊ **На столі́ вже не було́ де с. їжу.** There was no more room on the table to put food. ◊ **У Ло́ри сті́льки книжо́к, що вона́ вже не ма́є де їх с.** Lora has so many books that she has no room to put them. **могти́** can, **намага́тися** try to, **хоті́ти** want to ◊ **Він хоті́в по~ авті́вку в ґара́ж.** He wanted to put the car in the garage.
Also see **розміща́ти, розставля́ти 1, розташо́вувати.** *Cf.* **кла́сти 2**
2 to appoint, install as, put, assign + *I.* ◊ **Його́ поставлять завідувачем відділу.** He will be appointed the department chair.
prep. **с. на** + *A.* appoint as/to sb ◊ **Її поста́вили на засту́пницю головно́го інжене́ра.** She was appointed as the deputy chief engineer. ◊ **Яре́му поста́вили на де́нну змі́ну.** Yarema was assigned to the day shift.
See **признача́ти 2**
3 to install, put; *comput.* load ◊ **На чо́вен тре́ба по~ нови́й двигу́н.** The boat needs a new engine to be installed. ◊ **У буди́нку поставлять кондиціоне́ри.** Air conditioners will be installed in the building.
4 to write, put, make a mark, stamp; give
с. + *n.* **с. ві́зу** + *D.* give sb a visa ◊ **Китайці поста́вили На́дії багаторазо́ву ві́зу.** The Chinese gave Nadiia a multiple visa. **с. да́ту** put a date; **с.** + *D.* **оці́нку** give sb a grade ◊ **Він му́сить с. студе́нтам зави́щені оці́нки.** He is forced to give students inflated grades. ♦ **с. кра́пку в** + *L.* 1) to put a period; 2) *fig.* to put an end to sth ◊ **Мела́нія могла́ по~ кра́пку в цій несмачні́й істо́рії.** Melania could put an end to this unsavory story. ♦ **с. кра́пки над і** to dot the i's and cross the t's; **с. печа́тку на** + *A.* put a stamp on sth; **с. пі́дпис** put one's signature ◊ **Ля́на забула по~ пі́дпис під листо́м.** Liana forgot to put her signature on the letter. **с. помі́тку** make a note ◊ **Чита́ючи текст, він ~ив помі́тки черво́ним.** Reading the text, he made notes in red. ♦ **с. хрест на** + *L.* to break with, put sth behind ◊ **Андрі́й давно́ поста́вив хрест на мину́лому.** Andrii put the past behind him long ago.
See **писа́ти 1.** *Cf.* **заво́дити 7**
5 to build, erect, mount, set up, pitch ◊ **Побо́жний вла́сник поста́вив бі́ля свого́ буди́нку капли́цю.** The devout owner had a chapel built near his house. ◊ **Вони́ поста́вили три шатра́.** They pitched three tents. ◊ **Па́м'ятник поста́вили ще до сов́єтів.** The monument was erected before the Soviets.
See **будува́ти 1**
6 to produce, stage, put on ◊ **Режисе́рка впе́рше щось ~ила на сце́ні Молодо́го теа́тру.** The (female) director produced something on the stage of the *Molody Theater* for the first time. ◊ **Вони́ запроси́ли відо́мого продю́сера по~ відкриття́ фестива́лю.** They invited a well-known producer to put on the opening of the festival.
7 *in set expressions with prep.* to subject, bring under, put, expose; ♦ **с.** + *A.* **у зале́жність від** + *G.* to make sth contingent on sth ◊ **Вони́ ~лять економі́чну допомо́гу у́рядові в зале́жність від рефо́рмування судово́ї систе́ми.** They make the economic assistance to the government contingent on reforming the judiciary system. ♦ **с. (собі́) за мету́** set oneself a goal ◊ **Вона́ поста́вила (собі́) за мету́ закінчи́ти дисерта́цію до кінця́ о́сени.** She set herself the goal of finishing her dissertation by the end of the fall. ♦ **с.** + *A.* **під контро́ль** to bring sth under control ◊ **Прем'є́р поста́вив міністе́рство під свій контро́ль.** The premier brought the ministry under his control. ♦ **с.** + *A.* **під су́мнів** to question sth ◊ **Ніхто́ не ~ить під су́мнів її моти́вів.** Nobody questions her motives. ♦ **с.** + *A.* **під уда́р** to expose + *A.*, lay open, put in jeopardy ◊ **Його́ безвідповіда́льність ~ила під уда́р усю́ компа́нію.** His irresponsibility put the whole company in jeopardy.
8 *fig. in set expressions* to set, put, put forward, offer, advance ♦ **с.** + *D.* **дія́гноз** to make a diagnosis to sb ◊ **Лі́кар поста́вив їй дія́гноз.** The doctor made her diagnosis. ♦ **с. до́слід** conduct an experiment ◊ **Вони́ поста́вили ни́зку до́слідів.** They conducted a series of experiments. ♦ **с.** + *D.* **завда́ння** to set sb a task; ♦ **с.** + *D.* **пита́ння** to pose sb a question ◊ **Га́нна поста́вила доповідаче́ві пита́ння.** Hanna posed a question to the presenter. ♦ **с. реко́рд** to set a record ◊ **Вона́ поста́вила націона́льний реко́рд.** She set a national record.
pa. pple. **поста́влений** put, appointed, *etc.*
(по)ста́в!

ста́в|итися; по~, *intr.*
to treat, act toward, take
adv. **до́бре** well, **ла́гідно** kindly, **м'я́ко** leniently ◊ **Полі́ція м'я́ко ~илася до підо́зрюваного.** The police treated the suspect leniently. **по-дру́жньому** in a friendly way, **приві́тно** affably ◊ **Лі́на ~илася до всіх приві́тно.** Lina treated everybody affably. **прихи́льно** favorably, **при́язно** amicably, **прекра́сно** superbly, **серде́чно** cordially, **те́пло** warmly, **ува́жно** attentively, **чудо́во** great; **іна́кше** differently; **так са́мо** in the same way; **одна́ково** equally; **жахли́во** abominably, **ке́псько** poorly, **несправедли́во** unfairly, **пога́но** badly, **як до чужо́го** like a stranger
v. + **с. намага́тися** try to ◊ **Макси́м намага́вся по~ до хло́пця з розумі́нням.** Maksym tried to treat the boy with understanding. **почина́ти** begin to, **ста́ти** *pf.* start ◊ **Вона́ ста́ла с. з підо́зрою до Оле́кси.** She started treating Oleksa with suspicion. **продо́вжувати** continue
prep. **с. до** + *G.* treat sb/sth; **с. з** + *I.* treat with *(sentiment)* ◊ **с. з байду́жістю** treat with indifference ◊ **Він ~ився до Сергі́я з байду́жістю.** He treated Serhii with indifference. (**пова́гою** deference, **любо́в'ю** love, **ні́жністю** tenderness, **розумі́нням** understanding, **ціка́вістю** interest; **нена́вистю** hatred, **прези́рством** disdain)
(по)ста́вся!

ста́вленн|я, *nt., only sg.*
attitude, treatment
adj. **до́бре** good, **дру́жнє** friendly, **ла́гідне** kind, **лю́дяне** humane, **м'яке́** lenient, **приві́тне** affable, **примирли́ве** conciliatory, **прихи́льне** favorable, **при́язне** amicable, **прекра́сне** superb, **серде́чне** cordial, **те́пле** warm, **ува́жне** attentive, **чудо́ве** great; **здоро́ве** healthy, **позити́вне** positive, **пра́вильне** right; **байду́же** indifferent, **безтурбо́тне** carefree, **відсторо́нене** aloof; **воро́же** hostile, **підозрі́ле** suspicious, **холо́дне** cold; **відповіда́льне** responsible, **пова́жне** *and* **серйо́зне** serious, **суво́ре** stern ◊ **Його́ с. до у́чнів було́ одна́ково суво́рим і вимо́гливим.** His treatment of the pupils was equally stern and demanding. **безвідповіда́льне** irresponsible, **легкова́жне** cavalier ◊ **легкова́жне с. медсестри́ до обов'я́зків** a cavalier attitude of the nurse toward her obligations; **недба́ле** careless; **політи́чно коре́ктне** politically correct; **спра́вжнє** real; **аґреси́вне** aggressive ◊ **Її аґреси́вне с. не є для Тетя́ни несподі́ванкою.** Her aggressive attitude is no surprise to Tetiana. **неґати́вне** negative, **непра́вильне** wrong, **пога́не** bad; **зарозумі́ле** conceited, **зве́рхнє** superior, **пиха́те** arrogant ◊ **Це була́ розпла́та за пиха́те с. до однокла́сників.** That was his comeuppance for the arrogant attitude to his fellow-students. **пого́рдливе** haughty, **поблажли́ве** condescending, **хвалькува́те** boastful, **чванли́ве** imperious; **ві́льне** lax, **гнучке́** flexible ◊ **Вона́ виявля́є гнучке́ с. до спра́ви.** She displays a flexible attitude to business. **очі́кувальне** wait-and-see, **розсла́блене** *colloq.* laid-back, **толера́нтне** tolerant; **безкомпромі́сне** uncompromising, **консервати́вне** conservative ◊ **Вони́ му́сять зважа́ти на консервати́вне с. пу́бліки.** They need to take heed of the conservative attitude of the public. **негнучке́** inflexible, **однозна́чне** unequivocal, **шти́вне** rigid; **зага́льне** general, **пані́вне** prevailing, **типо́ве** typical; **двозна́чне** ambivalent; **мінли́ве** changing
n. + **с. змі́на с.** a change of attitude ◊ **Вони́ слі́дкували за змі́ною с. до релі́гії в суспі́льстві.** They monitored the change of attitude to religion in society.
v. + **с. виража́ти** *and* **вислов́лювати с.** express an attitude ◊ **Він висло́влює прихи́льне с. до нова́ції.** He expresses a favorable attitude to the innovation. (**виявля́ти** display, **зра́джувати** betray ◊ **Текст зра́джує спра́вжнє с. а́втора до Голодомо́ру.** The text betrays its author's real attitude to the Holodomor. **ма́ти** have; **відобража́ти** reflect; **забезпе́чувати** maintain, **культивува́ти** cultivate, **плека́ти** foster ◊ **плека́ти позити́вне с. світово́ї спільно́ти до краї́ни** to foster a positive attitude of the world community to the country; **змі́нювати** *and* **міня́ти** change, **поси́лювати** reinforce ◊ **Трива́ла ізоля́ція поси́лила його́ підозрі́ле с. до люде́й.** Lengthy isolation reinforced his suspicious attitude to people. **формува́ти** shape ◊ **Війна́ сформува́ла в них нове́ с. до вла́сної націона́льної тото́жности.** The war shaped a new attitude towards their own national identity in them. **вплива́ти на** influence); **вимага́ти с.** demand an attitude ◊ **Він вимага́є терпи́мого с. до ві́дмінних думо́к.** He demands a tolerant attitude to different opinions. (**потребува́ти** require) ◊ **Завда́ння потребу́є серйо́зного с.** The task requires to be treated seriously. **познача́тися на ~і** affect sb's attitude
с. + *v.* **бу́ти власти́вим** + *D.* be typical of sb ◊ **Бі́льш споки́йне с. до нетрадиці́йної стате́вої орієнта́ції власти́ве осві́ченій мо́лоді.** A more laid-back attitude to non-traditional sexual orientation is typical of educated youth. **виявля́тися** be manifest ◊ **До́бре с. до Марі́ї виявля́ється в ко́жному вчи́нку хло́пця.** The boy's good attitude towards Maria is manifest in his every deed. **залиша́тися**

remain; **змінюватися** *and* **мінятися** change; **зникати** vanish ◊ **Її зарозуміле с. зникло без сліду.** Her conceited attitude vanished without a trace. **існувати** exist; **панувати** prevail ◊ **Серед мистецького аванґарду панувало позитивне с. до української мови.** A positive attitude to the Ukrainian language prevailed among the artistic avant-garde. **формуватися** take shape

prep. **зі ~ям** with an attitude ◊ **Із її байдужим ~ям ніхто не візьме його партнером.** With his indifferent attitude, nobody will take him as a partner. **у ~і** in one's attitude ◊ **Вона уважна у ~і до хворих.** She is attentive in her attitude to patients. **с. до** + *G.* an attitude to/towards sb/sth

Also see **настанова 2, орієнтація, орієнтир**

стадіон, *m.*, **~у**

stadium

adj. **великий** big, **величезний** huge; **запакований** *or* **напханий** packed; **напівпорожній** half-empty, **порожній** empty; **гокейний** hockey, **футбольний** soccer; **олімпійський** Olympic; **місцевий** local, **міський** city, **сільський** village, **університетський** university, **шкільний** school

n. + **с. доріжка ~у** a stadium track (**поле** field, **трибуна** stand) ◊ **Трибуни ~у вщерть запаковані вболівальниками.** The stands of the stadium are packed to the rafters with fans.

v. + **с. запаковувати с.** pack a stadium (**заповнювати** fill ◊ **Футбольний с. заповнили глядачі.** Spectators filled the soccer stadium. **будувати** build, **споруджувати** *book.* build)

prep. **на с.** *dir.* to a stadium ◊ **Вони пішли на с.** They went to the stadium. **на ~і** *posn.* at a stadium ◊ **Дівчата провели три години на ~і.** The girls spent three hours at the stadium.

стаді|я, *f.*, **~ї**

stage

adj. **перша** first ◊ **Він приєднався до роботи на її першій стадії.** He joined the work at its first stage. **первинна** initial, **підготовча** preliminary; **минула** past, **попередня** previous, **початкова** beginning, **рання** early; **наступна** next, **прийдешня** coming; **виразна** distinct, **окрема** separate ◊ **окрема с. еволюції організму** a separate stage in the evolution of the organism; **завершальна** closing, **остання** last, **пізня** late ◊ **Вона захворіла грипом на пізній ~ї вагітності.** She came down with the flu at a late stage of pregnancy. **поглиблена** advanced, **прикінцева** final; **серединна** halfway, **середня** intermediate; **важлива** important, **головна** principal, **ключова** key, **критична** critical, **основна** main ◊ **Процес складається з чотирьох основних ~ій.** The process consists of four main stages. **наступна** next, successive ◊ **Те ж саме відбувається на наступних стадіях процесу.** The same occurs at successive stages of the process. **перехідна** transitional; **важка** difficult, **вразлива** vulnerable, **делікатна** delicate, **складна** complicated; **випробувальна** trial, **дослідницька** exploratory, **експериментальна** experimental; **проектувальна** design; **життєва** life; **репродуктивна** reproductive, **доросла** adult, **зародкова** embryonic, **зріла** mature

с. + *n.* **с. життя** a stage of life (**занепаду** decline; **історії** history; **капіталізму** capitalism, **феодалізму** feudalism; **перевірки** verification; **планування** planning, **розробки** design; **розвитку** development ◊ **рання с. психологічного розвитку особи** an early stage of the person's psychological development; **формування** formation) ◊ **Допомога особливо важлива на ~ї формування підлітка.** Assistance is particularly important at the stage of the teenager's formation.

n. + **с. початок ~ї** the beginning of a stage (**середина** middle; **кінець** end)

v. + **с. переживати ~ю** experience a stage (**проходити** go through; **позначати** mark ◊ **Поразка позначила нову ~ю історії князівства.** The defeat marked a new stage in the history of the principality. **представляти** represent, **становити** constitute ◊ **Столітня війна становить виразну ~ю в аналах Європи.** The Hundred Years' War constitutes a distinct stage in the annals of Europe. **формувати** form, **являти собою** *book.* be, represent ◊ **Це являє собою попередню ~ю колонізації материка.** This is a preliminary stage in the colonization of the continent. **пропускати** skip; **вступати у** *and* **переходити у** enter) ◊ **Тоді клітина вступає в репродуктивну ~ю.** Then the cell enters its reproductive stage. **поділяти** + *A.* **на ~ї** divide sth into stages ◊ **Виробництво світлини поділяють на ~ї.** The production of a photo is divided into stages. **досягати ~ї** reach a stage ◊ **Він досягнув зрілої ~ї.** He reached his mature stage.

с. + *v.* **починатися** begin; **закінчуватися** + *I.* end in; **тривати** + *A.* last for *(period)* ◊ **С. акліматизації триває кілька хвилин.** The stage of acclimatization lasts a few minutes.

prep. **на ~ї** at/in a stage ◊ **на першій ~ї будівництва стадіону** at the first stage of the stadium construction

Cf. **період**

стад|о, *nt.*

1 herd *(of animals)*, flock *(of birds)*

adj. **велике** large, **величезне** huge; **маленьке** *dim.* small, **невелике** small; **молочне** dairy, **яловиче** beef ◊ **За рік яловиче с. країни зросло на десять відсотків.** In a year, the beef herd of the country grew by 10%. **все** whole, **ціле** entire; **козяче** goat, **коров'яче** cow, **овече** sheep; **гусяче** goose, **качине** duck

с. + *n.* **с. кіз** a herd of goats (**корів** cows, **овець** sheep, **свиней** pigs; **антилоп** antelope(s), **жираф** giraffe(s), **лосів** moose, **слонів** elephants); **с. ворон** a flock of ravens (**горобців** sparrows, *etc.*)

Cf. **зграя 1, отара**

2 *fig.* herd *(of people)*, crowd

adj. **галасливе** thundering ◊ **Із зали вирвалося галасливе с. голодних студентів.** A thundering herd of hungry students rushed out of the auditorium. **дике** wild, **некероване** uncontrollable; **звичайне** common ◊ **Це не полк, а звичайне с.** This is not a regiment but a common herd.

See **натовп.** *Also see* **збіговисько 1, 2, зграя 2**

стаж, *m*, **~у**, *only sg.*

experience, practical knowledge, length of service, record

adj. **короткий** brief ◊ **Ліна має короткий с. роботи на посаді.** Lina has a brief work experience in her post. **мінімальний** minimal, **невеликий** short, **обмежений** limited; **довгий** long, **значний** considerable, **солідний** impressive, **тривалий** lengthy; **необхідний** necessary, **обов'язковий** mandatory, **потрібний** required; **відповідний** adequate, **певний** certain; **дворічний** two-year, **п'ятирічний** five-year, **десятирічний** ten-year; **викладацький** instructor's ◊ **Тривалий викладацький с. ставив його поза конкуренцією.** His lengthy instructor's record put him outside competition. **вчительський** teaching, **педагогічний** pedagogical; **дослідницький** research, **журналістський** journalistic, **лікарський** doctor's, **перекладацький** translation, **професійний** professional, **шахтарський** miner's, *etc.*

v. + **с. мати с.** have experience ◊ **Він має як педагогічний, так і дослідницький с.** He has both pedagogical, and research experience. (**накопичувати** accumulate ◊ **Ніна накопичила половину фахового ~у на одній фабриці.** Nina accumulated half of her professional experience at one factory. **спиратися на** rely on); **бракувати** + *D.* **~у** lack experience ◊ **Йому бракує ~у.** He lacks experience.

prep. **без ~у** without practical experience ◊ **Вона прийшла на посаду без журналістського ~у.** She came to the post without journalistic experience. **зі ~ем** with practical experience ◊ **людина з шахтарським ~ем** a person with miner's experience

сталев|ий, *adj.*

1 steel, of or pertaining to steel

с. + *n.* **с. багнет** a steel bayonet (**дріт** wire, **лист** sheet, **ніж** knife, **трос** cable, **цвях** nail); **~а ложка** a steel spoon; **~е виробництво** steel production (**лезо** blade) ◊ **~е лезо ножа виблискувало на сонці.** The steel knife blade glinted in the sun.

Also see **бронзовий 1, залізний 1, металевий 1**

2 *fig.* steel-like, steely, strong as steel; cold; firm

с. + *n.* **с. голос** steely voice (**погляд** look ◊ **Ганна кинула на нього с. погляд.** Hanna cast a steely look at him. (**хребет нації** backbone of the nation), ♦ **с. птах** *fig.* an aircraft; **~а вірність** *fig.* unshakable loyalty (**сила волі** willpower), ♦ **~а дорога** *fig.* a railroad; **~і нерви** nerves of steel ◊ **Її ~і нерви не підвели.** Her nerves of steel did not let her down.

See **твердий 2.** *Also see* **залізний 2, кам'яний 2, крижаний 2, сухий 4, черствий 2**

3 *fig.* steel-blue, gray-blue ◊ **Олена милувалася його ~ими очима.** Olena admired his steel-blue eyes.

See **синій, сірий 1**

стал|ий, *adj.*

steady, stable, constant, permanent

adv. **абсолютно** absolutely ◊ **абсолютно ~а математична величина** an absolutely constant mathematical value; **цілком** completely; **більш-менш** more or less; **досить** fairly, **відносно** relatively, **в міру** reasonably, **порівняно** comparatively; **на диво** surprisingly; **на рідкість** exceptionally; **більш** more, **менш** less ◊ **Тиск у неї ставав менш ~им.** Her blood pressure was becoming less stable. **більш-менш** more or less; **ледве** scarcely; **майже** almost ◊ **майже ~а праця** an almost permanent job

с. + *n.* **с. зв'язок** a steady connection (**курс** rate; **дохід** revenue, **прибуток** income ◊ **Праця даватиме їй с. прибуток.** The job will give her a stable income. **склад** staff ◊ **Працювати зі ~им складом слідчих легше.** It is easier to work with a permanent staff of detectives. **характер** character ◊ **с. характер змін в атмосфері** a stable character of changes in the atmosphere), ◊ **с. наголос** *ling.* a fixed stress ◊ **Словесний наголос буває ~им і рухомим.** The word stress can be fixed and mobile. **~а адреса** a permanent address (**основа** basis; **посада** position; **форма** form; **ціна** price) ◊ **Ціни лишаються відносно ~ими.** Prices remain relatively stable. ♦ **~а рівновага** *phys.* a stable equilibrium; **~е заняття** a steady occupation (**зростання** growth; **покращення** improvement); **~і врожаї** steady yields ◊ **Зрошення допомагає забезпечувати ~і врожаї рису.** Irrigation helps to ensure steady rice yields.

See **постійний 1.** *Also see* **незмінний 1**

стал|ь, *f.*

steel

adj. **ґальванізована** galvanized, **дамаська** Damascus, **кована** forged, **нержавіюча** stainless, **прокатна** rolled, *etc.*

v. + **с. варити с.** make steel ◊ **Тут варять найкращу в країні с.** They make the best steel in the country here. (**виготовляти** manufacture, **продукувати** produce; **гартувати** temper; **зварювати** weld)

prep. **зі ~і** of steel ◊ **Меч ви́кований зі щи́рої дама́ської ~і.** The sword is forged of genuine Damascus steel.
See **мета́л.** *Also see* **бро́нза 1, залі́зо 1**

стан[1], *m.*, **~у**
1 state, condition; status
adj. **до́брий** good ◊ **Іре́на тримає авті́вку в до́брому ~і.** Irena keeps her car in good condition. **задові́льний** satisfactory ◊ **С. фіна́нсів ви́явився далеки́м від задові́льного.** The state of finance turned out to be far from satisfactory. **здоро́вий** healthy, **нале́жний** proper, **прийня́тний** acceptable, **хоро́ший** fine; **мрі́йли́вий** dreamy; **екстати́чний** ecstatic, **приє́мний** pleasant; **жалюгі́дний** pitiful, **жахли́вий** terrible, **ке́пський** poor, **незави́дний** inenviable, **пога́ний** bad, **розпа́чливий** desperate, **серйо́зний** serious, **тяжки́й** grave ◊ **Його́ привезли́ до ліка́рні в тяжко́му ~і.** He was brought to the hospital in a grave condition. **затьма́рений** dazed, **нетвере́зий** intoxicated, **приголо́мшений** stunned, **спантели́чений** confused, **шо́ковий** shocked; **економі́чний** economic ◊ **Економі́чний с. мі́ста залиша́є бажа́ти кра́щого.** The city's economic condition leaves much to be desired. **сіме́йний** family; **майнови́й** property, **фіна́нсовий** financial ◊ **Ліка́ря наса́мперед ціка́вив фіна́нсовий с. паціє́нта.** The doctor was primarily interested in the patient's financial status. **грома́дя́нський** citizenship, **соціа́льний** *and* **суспі́льний** social ◊ **Оби́два чолові́ки різня́ться суспі́льним ~ом.** Both men differ by their social status. ♦ **во́єнний с.** martial law ◊ **Парла́мент увів во́єнний с.** The parliament introduced martial law. **емоці́йний** emotional, **мора́льний** moral, **психі́чний** psychological ◊ **Він у жахли́вому психологі́чному ~і.** He is in a terrible psychological state. **розумо́вий** mental, **фізи́чний** physical; **веґетати́вний** *med.* vegetative; **грани́чний** borderline; **приро́дний** natural; **ни́нішній** current, **тепе́рішній** present; **коли́шній** former, **попере́дній** previous; **ві́чний** perpetual, **пості́йний** constant ◊ **Вона́ в пості́йному ~і збу́дження.** She is in a constant state of agitation. **ста́лий** steady; **змі́нений** altered
с. + *n.* **с. господа́рства** *or* **еконо́міки** a state of economy (**краї́ни** country; **здоро́в'я** health; **гото́вности** readiness ◊ **Флот у ~і бойово́ї гото́вности.** The fleet is in state of combat readiness. **обло́ги** siege ◊ **Вони́ опини́лися у ~і обло́ги.** They found themselves in a state of siege. **депре́сії** *and* **пригні́чення** depression ◊ **До́сі с. пригні́чення був невідо́мим Ори́сі.** Until now, the state of depression was unknown to Orysia. **ейфо́рії** euphoria; **забуття́** oblivion, **збу́дження** agitation, **стате́вого збу́дження** sexual arousal; **триво́ги** anxiety; **пара́лічу** paralysis; **шо́ку** shock; **зане́паду** decline, **розва́лу** collapse; **рече́й** things, **справ** affairs ◊ **С. її справ здає́ться незави́дним.** The state of her affairs seems inenviable.
v. + **с. навіюва́ти** + *D.* **с.** get sb in a state ◊ **Му́зика наві́ює Матві́єві приє́мний с. забуття́.** The music gets Matvii into a pleasant state of oblivion. (**опи́сувати** describe; **продо́вжувати** prolong ◊ **Вона́ намага́лася продо́вжити свій підне́сений с.** She tried to prolong her exalted state. **поринá́ти у** submerge in ◊ **На кі́лька ро́кі́в краї́на пори́нула у с. хао́су.** For several years, the country submerged into a state of chaos. **потрапля́ти у** get into) ◊ **Компа́нія потра́пила у розпа́чливий с.** The company got in a desperate state. **досяга́ти ~у** reach a state ◊ **Він досягну́в ~у нірва́ни.** He reached the state of nirvana. (**уника́ти** avoid; **вихо́дити з** get out of); ♦ **бу́ти у ~і** + *inf.* to be capable of ◊ **Марі́я у ~і розв'яза́ти конфлі́кт.** Maria is capable of resolving the conflict. (**бу́ти не у** + *inf.* be incapable of ◊ **Він був не у ~і стоя́ти.** He was incapable of standing. **жи́ти у** live in) ◊ **Вони́ живу́ть у пості́йному ~і триво́ги.** They live in a constant state of anxiety.
prep. **зі ~у** from a state ◊ **Він до́вго вихо́див із шо́кового ~у.** It took him long to get out of the state of shock. ♦ **з о́гляду на с.** + *G.* given the state of sth/sb ◊ **Ка́тря не пої́хала в го́ри з о́гляду на хистки́й с. здоро́в'я.** Katria did not go to the mountains given the fragile state of her health. **за ~ом** 1) by one's status ◊ **Вона́ була́ міща́нкою за суспі́льним ~ом.** She was a bourgeois by social status. 2) as of *(date)* ◊ **За ~ом на сього́днішній день у конфере́нції ма́ють взя́ти у́часть со́рок доповіда́чів.** As of today, forty presenters are to take part in the conference. **у ~і** + *G.* in a state of sth; ♦ **у нетвере́зому ~і** intoxicated ◊ **Ло́ра була́ за кермо́м у нетвере́зому ~і.** Lora was intoxicated behind the wheel.
2 situation ◊ **Вони́ обговорю́ватимуть вну́трішній с. краї́ні.** They will discuss the internal situation of the country.
See **ситуа́ція.** *Also see* **кон'юнкту́ра, стано́вище 1, умо́ва 2**
3 *phys.* state
adj. **газоподі́бний** gaseous, **пла́змовий** plasmatic **рідки́й** liquid, **тверди́й** solid ◊ **Вода́ трапля́ється в газоподі́бному, рідко́му й твердо́му ~і.** Water occurs in gaseous, liquid, and solid state. ♦ **аґреґа́тний с.** *phys.* a state of matter
4 *ling.* voice
adj. **акти́вний** active, **паси́вний** passive ◊ **Діє́слово набува́є цього́ зна́чення ті́льки в паси́вному ~і.** The verb acquires this meaning only in its passive voice.
5 *hist.* estate, class, social stratum, order
adj. **духо́вний** clerical, **купе́цький** merchant, **шляхе́тний** noble; **пе́рший** first ◊ **У Сере́дні віки́ свяще́нництво станови́ло пе́рший с.** In the Middle Ages, the priesthood constituted the first estate. **дру́гий** second, **тре́тій** third ◊ **До тре́тього ~у королі́вства нале́жали мі́ська буржуазі́я та ві́льне селя́нство.** Urban bourgeoisie and free peasantry belonged to the third estate of the realm. **четве́ртий с.** *fig.* the fourth estate ◊ **ЗМІ ча́сом назива́ють «четве́ртим ~ом».** The media are sometimes called 'the Fourth Estate'.
See **клас 4**
6 *mus.* staff ♦ **но́тний с.** a staff, stave ◊ **Но́тний с. склада́ється з п'яти́ горизонта́льних ліні́й.** A staff consists of five horizontal lines.

стан[2], *m.*, **~у**
figure, stature, body
adj. **висо́кий** tall, **гнучки́й** supple, **рі́вний** upright, **струнки́й** shapely ◊ **Вона́ ма́є струнки́й с.** She has a shapely body. **га́рний** beautiful, **ґраціо́зний** lithe, **звабли́вий** seductive, **прина́дний** sexy; **делі́катний** delicate, **тенді́тний** fragile, **тонки́й** slim; **міцни́й** strong, **поту́жний** robust, **спорто́вий** athletic; **згро́блений** hunched, **зі́гнутий** bent; **юна́цький** youth's, **діво́чий** girl's, **жіно́чий** woman's, **чолові́чий** man's; **молоди́й** young, **старе́чий** old ◊ **О́дяг ви́сів недола́дно на його́ старе́чому ~і.** Clothes hung clumsily on his old man's body. **вели́кий** large, **гладки́й** plump, **по́вний** full; **незґра́бний** clumsy
v. + **с. ма́ти с.** have a figure (**зберіга́ти** keep ◊ **У зрі́лому ві́ці Іва́н зберіг молоди́й і спорти́вний с.** At a mature age, Ivan kept a young and athletic stature. **облягá́ти** cling to) ◊ **Су́кня звабли́во облягá́є її тонки́й с.** The dress seductively clings to her slim figure. **бу́ти висо́ким ~ом** be tall ◊ **Ма́рта краси́ва та висо́ка ~ом.** Marta is beautiful and tall.
Also see **ко́рпус 1, ті́ло 1, ту́луб 1**

стан[3], *m.*, **~у**
1 camp
adj. **військо́вий** military, **партиза́нський** guerrilla, **польови́й** field ◊ **Вони́ жили́ в польово́му ~і, збира́ючи горо́дину.** They lived in a field camp harvesting vegetables. **воро́жий** enemy's
v. + **с. поверта́тися до ~у** return to camp; **ставá́ти ~ом** set up camp ◊ **Со́тня ста́ла ~ом у яру́.** The company set up camp in the ravine.
2 *fig.* camp, wing, side, faction
adj. **ворогу́ючий** warring ◊ **Ворогу́ючі ~и розді́лені мі́нним по́лем.** The warring camps are divided by a minefield. **воро́жий** hostile, **протиле́жний** opposing; **сою́зницький** allied; **консервати́вний** conservative, **ліберá́льний** liberal ◊ **Він намага́ється підрива́ти ліберá́льний с. зсере́дини.** He strives to undermine the liberal faction from within.
See **па́ртія, фра́кція**

стан[4], *m.*, **~у**
1 *metallurgy* mill, foundry
adj. **листопрока́тний** plate ◊ **Заво́д ма́є нови́й листопрока́тний с.** The plant has a new plate mill in the country. **обтискни́й** blooming, **прока́тний** rolling, **рейкоба́лковий** rail and structural steel, **рейкопрока́тний** rail, **сталедротови́й** steel-wire, **трубопрока́тний** tube ◊ **Вони́ працю́ють на трубопрока́тному ~і.** They work at a tube mill.
See **заво́д, фа́брика**

станда́рт, *m.*, **~у**
standard + *G.* of ◊ **прийня́тий с. літерату́рної вимо́ви** the accepted literary pronunciation standard
adj. **висо́кий** high ◊ **висо́кі ~и дослі́джень** high standards of research; **низьки́й** low; **відпові́дний** adequate, **мініма́льний** minimal, **нале́жний** proper, **прийня́тний** acceptable, **присто́йний** decent, **пе́вний** certain, **розу́мний** reasonable; **нови́й** new; **архаї́чний** archaic ◊ **~и виробни́цтва на заво́ді виглядá́ють архаї́чними.** The production standards at the plant look archaic. **застарі́лий** obsolete, **стари́й** old; **покра́щений** improved; **ни́нішній** current, **суча́сний** modern, **тепе́рішній** present; **зрозумі́лий** clear; **об'єкти́вний** objective; **держа́вний** state, **націона́льний** national, **офіці́йний** official, **урядо́вий** government; **встано́влений** established, **прийня́тий** accepted; **європе́йський** European ◊ **Націона́льні ~и осві́ти відрізня́лися від європе́йських.** The national standards of education differed from the European ones. **міжнаро́дний** international, **світови́й** world; **зага́льний** common, **загальноприйня́тий** generally accepted, **звича́йний** usual; **універса́льний** universal; **суво́рий** strict; **професі́йний** *and* **фахови́й** professional, **техні́чний** technical ◊ **Текст відповіда́є техні́чним ~ам.** The text is up to the technical standards. **екологі́чний** environmental, **ети́чний** ethical, **журналі́стський** journalistic, **культу́рний** cultural, **літерату́рний** literary, **мо́вний** language, linguistic, **науко́вий** academic, **облі́ко́вий** accounting, **осві́тній** educational, **правови́й** legal; **золоти́й** gold
с. + *n.* **с. безпе́ки** a security standard (**вимо́ви** pronunciation, **ефекти́вности** performance, **оці́нки** assessment, **тестува́ння** testing, **я́кости** quality) ◊ **ви́щий с. я́кости виклада́ння** a higher teaching quality standard
v. + **с. визнача́ти с.** define a standard (**впрова́джувати** introduce, **встано́влювати** establish, **прийма́ти** adopt; **застосо́вувати** apply ◊ **Шко́ла застосо́вуватиме нови́й с. оці́нки у́чнів.** The school will apply a new students evaluation standard. **надава́ти** + *D.* provide sb with, **пропонува́ти** + *D.* offer sb, **розробля́ти** develop; **підтри́мувати** sustain, **утри́мувати** maintain; **задовольня́ти** meet; **ма́ти** have; **підви́щувати** increase, **підно́сити** raise, **покра́щувати** improve; **пони́жувати** lower; **відкида́ти** reject, **пору́шувати** violate ◊ **Бага́то журналі́стів пору́шує мо́вні ~и.** Many journalists violate the

language standards. стáвити під сýмнів question; досягáти ~у reach a standard (дотрúмуватися adhere to; довóдити до bring up to); відповідáти ~ові be up to the standard ◊ **Кóжен спортсмéн мýсить відповідáти ~ові, щóби бýти в націонáльній збíрній.** Each athlete must be up to the standard to be in the national team **керувáтися ~ом** follow a standard ◊ **Вонú керýються встанóвленим ~ом ефектúвності.** They follow the established performance standard. (**оцíнювати** + *A.* **за** assess sth by; **розхóдитися з** be at variance with ◊ **Йогó вимóги явно розхóдяться зі ~ами.** His requirements are clearly at variance with the standards. **судúти про** + *A.* **за** judge sb/sth by) ◊ **Про явище слід судúти за об'єктúвним ~ом.** One should judge the phenomenon by an objective standard.

с. + *v.* **дíяти** apply ◊ **Тут мáли б дíяти пéвні етúчні ~и.** Certain ethical standards should apply here. **застосóвуватися** be used, be applied ◊ **Цей с. ужé не застосóвують.** The standard is not used any longer. **існувáти** exist ◊ **Існýє с. літератýрної вимóви, обов'язкóвий для профéсії дúктора.** There exists a literary pronunciation standard, mandatory for the announcer's profession. **реґулювáти** + *A.* regulate sth ◊ **Урядóві екологíчні ~и реґулю́ють допустúмий рíвень шкідлúвих вúкидів.** The government environmental standards regulate the permissible level of hazardous emissions.

prep. **за ~ами** by standards ◊ **Мéблі рóблять за однáковими ~ами.** The furniture is made by the same standards. **згíдно зі ~ом** according to a standard

Also see **еталóн 1, нóрма 1.** *Cf.* **прúнцип**

стандáртн|ий, *adj.*

1 standard, regular, normal, usual

adv. **абсолю́тно** absolutely ◊ **Це абсолю́тно ~а прáктика.** This is an absolutely standard practice. **цілкóм** completely; **віднóсно** relatively, **дóсить** fairly; **мáйже** almost

с. + *n.* **с. будúнок** a standard building (**вúгляд** appearance; **óдяг** clothes ◊ **На ньóму був с. робóчий óдяг.** He had standard issue working clothes on. **зразóк** sample; **мéтод** method, **підхíд** approach; **рóзчин** *chem.* solution); **~а вимóва** a standard pronunciation (**відповíдь** response, **реáкція** reaction; **кімнáта** room ◊ **Лíза замóвила ~у кімнáту.** Liza booked a standard room. **мóва** language; **модéль** pattern; **оперáція** operation, **процедýра** procedure; **ситуáція** situation); **~е відхúлення** a standard deviation (**лíжко** bed; **рíшення** solution); **~і вимóги** standard requirements (**умóви** terms; **мéблі** furniture) ◊ **~і совéтські мéблі** standard Soviet furniture

2 *fig.* trite, banal, clichéd, colorless ◊ **Йогó смак здавáвся Марíї нáдто ~им.** His taste seemed too cliché to Maria.

See **нуднúй**

станов|úти, ~лю́, ~иш, ~лять; *no pf.*, *tran.*

to be, represent, constitute, make up ◊ **У той час грéки ~úли бíльшість населéння мíста.** At the time, Greeks constituted the majority of the city's population.

adv. **вирáзно** distinctly, **швúдше за все** most probably, **явно** obviously

с. + *n.* **с. вúняток** constitute an exception ◊ **Вúпадок ~ить вúняток із прáвила.** The case constitutes an exception to the rule. (**засáду** basis ◊ **Дослíдження ~ить емпірúчну засáду новóї теóрії.** The research represent the empirical basis of the new theory. **зміст** meaning, **причúну** reason; **рáцію** rationale; **фóрму** form, **явище** phenomenon) ◊ **Нарóдний рух ~úв новé явище в істóрії Украї́ни.** The Popular Movement was a new phenomenon in the history of Ukraine.

See **бýти 1**
становú!

станóвищ|е, *nt.*, ~а

1 circumstance, situation

adj. **безнадíйне** hopeless ◊ **Ї́хнє с. здавáлося геть безнадíйним.** Their situation seemed totally hopeless. **безпорáдне** helpless, **важкé** difficult, **відчайдýшне** desperate ◊ **Оксáна опинúлася у відчайдýшному ~і.** Oksana found herself in a desperate situation. **незрýчне** awkward, **неприє́мне** unpleasant, **нíякове** embarrassing, **прúкре** irksome, **принúзливе** humiliating ◊ **Вонá стáвила Мéльника у принúзливе с.** She put Melnyk in a humiliating situation. **розпáчливе** wretched, **складнé** tough, ♦ **скрутнé с.** a tough spot ◊ **Вонú перебувáють у скрутнóму ~і.** They are in a tough spot. **тяжкé** grave; **абсýрдне** absurd, **дúвне** weird ◊ **Герóй комéдії перебувáє у вирáзно дúвному ~і.** The protagonist of the comedy is in a distinctly weird situation. **кумéдне** comical, **смішнé** funny ◊ **Ї́ї с. з трагíчного ставáло смішнúм.** Her situation was going from tragic to ridiculous. **життє́ве** life, **професíйне** professional; **дипломатúчне** diplomatic, **економíчне** economic, **міжнарóдне** international, **політúчне** political, **фінáнсове** financial

с. + *n.* **с. безпритýльного** the situation of a homeless person (**безробíтного** unemployed, **бíженця** refugee, **людúни без громадя́нства** person without nationality, **пáрії** outcast) ◊ **Вонá опинúлася у ~і суспíльної пáрії.** She found herself in the situation of a social outcast.

v. + **с. рятувáти с.** salvage a situation ◊ **Дáна робúла все, щоб врятувáти с.** Dana did her best to salvage the situation. (**потрапля́ти в** get in); **вихóдити зі ~а** get out of a situation; ♦ **бýти (лишáтися) госпóдарем ~а** to be (remain) in control of the situation ◊ **Прем'єр намагáвся лишáтися госпóдарем с.** The premier strove to remain in control of the situation.

prep. **у с.** *dir.* in/to a situation ◊ **Вонú потрáпили у несприя́тливе с.** They got into an unfavorable situation. **у ~і** *posn.* in a situation ◊ **Він у незавúдному ~і.** He is in an inenviable situation.

See **ситуáція.** *Also see* **кон'юнктýра, стан[1] 2, умóва 2**

2 status, position

adj. **висóке** high, **впливóве** influential, **особлúве** special, **престúжне** prestigious, **привілейóване** privileged, **провіднé** leading; **рíвне** *and* **рівнопрáвне** equal; **нúнішнє** current, **тепéрішнє** present; **нелеґáльне** illegal; **професíйне** professional; **дипломатúчне** diplomatic ◊ **Вонá мáє висóке дипломатúчне с.** She has a high diplomatic status. **економíчне** economic, **майновé** property, **соціáльне** social ◊ **Предмéти, знáйдені в поховáнні, свíдчать про привілейóване соціáльне с. небíжчика.** The articles found in the burial are evidence of a privileged social status of the deceased.

v. + **с. завойóвувати с.** win a status (**здобувáти** gain; **мáти** have, **посідáти** hold ◊ **Пáні Б. посідáє провіднé с. в надзíрній рáді музéю.** Mrs. B. holds a leading position in the supervisory board of the museum. **утрúмувати** maintain); **зловживáти ~ем** abuse one's position ◊ **Він зловживáє ~ем.** He abuses his position.

с. + *v.* **допомагáти** + *D.* help sb; **заснóвуватися на** + *L.* be based on sth ◊ **Йогó с. заснóвується на актúвах і нерухóмості, успадкóваних від дíда.** His status is based on assets and real estate, inherited from his grandfather.

prep. ♦ **на нелеґáльному ~і** in an illegal status, illegally ◊ **Вонú тут на нелеґáльному ~і.** They are here illegally.

See **стáтус.** *Also see* **положéння 3**

стáнці|я, *f.*, ~ї

1 station *(usually smaller)*, stop

adj. **велúка** big; **невелúка** small; **важлúва** important; **автóбусна** *or usu* **автостáнція** bus, **залізнúчна** train, **товáрна** freight; **місцéва** local ◊ **Він прáцює вантáжником на місцéвій ~ї.** He works as a loader at the local station. **настýпна** next; **новá** new ◊ **Скóро відкрúють новý ~ю метрá.** Soon a new subway station will be opened. **кінцéва** terminal; **сортувáльна** sorting; ♦ **вузловá с.** a junction

с. + *n.* **с. автóбуса** a bus station (**метрá**, *colloq. or* **метрополітéну** subway) ◊ **С. метрополітéну «Університéт» тут неподалíк.** The *Universytet* subway station is nearby from here. **с. відпрáвлення** a station of origin (**признáчення** destination)

n. + **с. будúнок ~ї** a station building (**облáднання** equipment, **примíщення** premises; **пáркінг** parking; **перóн** platform ◊ **Вонá побáчила брáта на перóні ~ї.** She saw her brother on the station platform. **начáльник** master, **персонáл** staff) ◊ **Начáльник зібрáв персонáл ~ї.** The master gathered the station staff.

v. + **с. шукáти ~ю** look for a station ◊ **Вонú шукáли автóбусну ~ю.** They looked for a bus station. (**прибувáти** *and* **приї́жджати на** get to) ◊ **Пóтяг приї́хав на ~ю із запíзненням.** The train got to the station with a delay. **відхóдити зі ~ї** leave a station ◊ **Автóбус на Рíвне вже відійшóв зі ~ї.** The Rivne-bound bus has already left the station.

с. + *v.* **розташóвуватися** *or* **бýти розташóвамим** be located ◊ **Кінцéва с. помарáнчевої лíнії метрá розташóвана зáраз за рíчкою.** The terminal station of the orange metro line is located right across the river.

prep. **до ~ї** till/to a station ◊ **До настýпної ~ї лишáється годúна.** An hour remains to the next station. **на ~ю** *dir.* to a station ◊ **Гість попросúв вúкликати таксíвку на залізнúчну ~ю.** The guest asked to call a taxi to the train station. **на ~ї** *posn.* at a station ◊ **На ~ї не булó пасажúрів.** There were no passengers at the station. **між ~ями** between stations ◊ **Злóдій вúстрибнув із пóтяга між ~ями.** The thief jumped off the train between stations. **пéред ~єю** before a station ◊ **Провіднúця розбудúла Лéсю пéред ~єю.** The conductor woke Lesia up before the station. **пíсля ~ї** after a station ◊ **Бердúчів бýде пíсля цíєї ~ї.** Berdychiv will be after this station. **у ~ю** *dir.* in/to a station ◊ **Кіóск перенеслú з вýлиці у автостáнцію.** The booth was moved from outside into the bus station itself. **чéрез ~ю** in a station ◊ **Їм трéба вихóдити чéрез три ~ї.** They need to get off in three stops.

Also see **вокзáл, зупúнка 2**

2 station, camp, post, plant, facility

adj. **автозапрáвна** *or usu* **автозапрáвка** gas; **áтомна** nuclear, **електрúчна** *or usu* ♦ **електростáнція** power ◊ **Чорнóбильська áтомна електростáнція (ЧАЕС)** the Chornobyl Nuclear Power Plant; **космíчна** space, **міжпланéтна** interplanetary, **орбітáльна** orbiting; **метеорологíчна** weather, **пожéжна** fire, **поля́рна** polar, **радіолокацíйна** radar, **радіомóвна** broadcasting *or* ♦ **радіостáнція** a radio station, **телевізíйна** television, **телефóнна** telephone

с. + *n.* **с. стéження** a tracking station (**технíчного обслугóвування** service ◊ **Зóя завезлá автíвку на ~ю технíчного обслугóвування.** Zoya took the car to the service station. **швидкóї допомóги** ambulance)

v. + **с. будувáти ~ю** build a station ◊ **За мíстом збудувáли автозапрáвну ~ю.** Right outside the city, a gas station was built. (**відкривáти** open, **розгортáти** deploy ◊ **Інститýт розгорнýв метеорологíчну ~ю в Карпáтах.** The institute deployed a weather station in the Carpathians. **закривáти** close); **керувáти ~єю** run a station (**комáндувати** be in command) ◊ **Він комáндує пожéжною ~ю.** He is in command of a fire station.

Also see **електростáнція**

стара́нн|ий, *adj.*
diligent, industrious, assiduous
adv. **винятко́во** exceptionally, **вкрай** extremely, **ду́же** very, **зразко́во** exemplarily ◊ **зразко́во с. у́чень** an exemplarily diligent pupil; **надзвича́йно** extraordinarily, **особли́во** especially; **незмі́нно** invariably, **як за́вжди́** as always; **надмі́ру** beyond measure, **на́дто** too
v. + **с. бу́ти ~им** be diligent (**виявля́тися** turn out, **лиша́тися** remain, **става́ти** become) ◊ **Пе́тро став ~им.** Petro became diligent.
prep. **с. у** + *L. or* **до** + *G.* diligent about sth ◊ **Оле́г ви́явився особли́во ~им у переві́рці** *or* **до переві́рки фа́ктів.** Oleh turned out to be especially diligent about fact-checking.
Also see **пи́льний 4, спра́вний 3, сумлі́нний**

стара́|тися, ~ються; по~, *intr.*
1 to try, attempt, make an effort ◊ **Хома́ ~вся ходи́ти на всі ле́кції.** Khoma tried to attend all the lectures.
adv. **акти́вно** actively, **відва́жно** valiantly ◊ **Гриць відва́жно ~вся не закрича́ти від бо́лю.** Hryts valiantly tried not to cry out with pain. **відчайду́шно** desperately ◊ **Вона́ відчайду́шно ~ється не посковзну́тися на кри́зі.** She is desperately trying not to slip on the ice. **ду́же** hard, **щоси́ли** as best one can ◊ **Він щоси́ли ~вся догоди́ти Оле́ні.** He tried as best he could to please Olena. **спра́вді** really; **тако́ж** *or* **теж** also; **дарма́** *and* **ма́рно** in vain ◊ **Ла́да ма́рно ~лася відмо́вити його́ від на́міру ки́нути шко́лу.** Lada tried in vain to talk him out of the intention to quit school.
v. + **с. бу́ти тре́ба** + *D.* need to ◊ **Дани́лові тре́ба було́ по~, і все ви́йшло б.** Danylo needed to try and everything would come out fine. **виріш́увати** decide to; **обіця́ти** + *D.* promise sb to; **могти́** can ◊ **Я мо́жу по~ допомогти́ вам.** I can try and help you. **почина́ти** begin to, **ста́ти** *pf.* start, **продо́вжувати** continue to, **переста́ти** stop ◊ **Він переста́в с. у шко́лі.** He stopped trying at school.
Also see **намага́тися, про́бувати 2, труди́тися 2**
2 *pf.* to exert oneself, do one's best, try hard ◊ **Яре́ма постара́ється закі́нчи́ти робо́ту до середи́.** Yarema will do his best to finish the job by Wednesday.
v. + **с. бу́ти ва́рто** be worth ◊ **Для тако́ї спра́ви ва́рто с.** It is worth exerting oneself for such a cause. **бу́ти тре́ба** + *D.* need to ◊ **Щоб отри́мати до́бру оці́нку, тре́ба неаби́як по~.** To get a good grade one needs to try really hard. **не перестава́ти** not stop ◊ **Він не перестає с., гото́уючись до ко́нкурсу.** He does not stop exerting himself, preparing for the competition.
prep. **с. для** + *G.* try for sb/sth ◊ **Вона́ ~ється для ді́тей.** She does her best for her children. **с. на бла́го** + *G.* to do one's best for the good of sb/sth
Also see **розрива́тися 4**
(по)стара́йся!

стар|и́й, *adj.*
old ◊ **Лю́да – моя́ ~а́ по́друга.** Liuda is my old friend.
adv. **безнаді́йно** hopelessly ◊ **безнаді́йно с. підхі́д до життя́** a hoplessly old approach to life; **до́сить** rather; **геть** totally, **ду́же** very, **зо́всім** completely; **неймові́рно** incredibly; **спра́вді** really; **помі́тно** noticeably; **порі́вняно** comparatively; **страше́нно** terribly; **ле́две** scarcely, **ма́йже** almost, **трі́шки** *colloq.* slightly, **тро́хи** a little; **зо́всім не** not at all
с. + *n.* **с. ба́тько** an old father (**дід** man ◊ **Він став кво́лим, як с. дід.** He became frail like an old man. **пан** gentleman, **па́рубок** bachelor; **вік** age; **кіт** cat, **пес** dog; **при́ятель** friend; **буди́нок** building, **за́мок** castle, **пала́ц** palace; **на́пис** inscription, **перга́мент** parchment, **руко́пис** manuscript; **звича́й** custom, **стиль** style), ♦ **с. перду́н** *colloq., fig.* an old fart ◊ **Васи́ль усе́ нарі́кає, як с. перду́н.** Vasyl complains all the time like an old fart. **~а́ ворожне́ча** old animosity (**дру́жба** friendship; **голова́** head; **жі́нка** woman, **па́ні** lady ◊ **Та ~а́ па́ні ви́явилася його́ ті́ткою.** That old lady turned out to be his aunt. **по́друга** friend); ♦ **~е́ коха́ння** *fig.* old flame ◊ **Христя́ – його́ ~е́ коха́ння.** Khrystia is his old flame. (**мі́сто** city; **ті́ло** body); **~і ба́тьки́** old parents (**лі́та́** years; **о́чі** eyes ◊ **У її ~и́х оча́х була́ ра́дість.** There was joy in her old eyes. **часи́** time) ◊ **Усе́ тут як у ~і часи́.** Everything here is like in the old times.
v. + **с. бу́ти ~и́м** be old (**вважа́ти** + *A.* consider sb/sth ◊ **Він не вважа́в п'ятдесятилі́тню жі́нку стра́шно ~о́ю.** He did not consider a fifty-year old woman to be terribly old. **вигляда́ти** look, **виявля́тися** turn out; **здава́тися** + *D.* seem to sb ◊ **Ви́снажений Лев здава́вся зо́всім ~и́м.** Exhausted Lev seemed completely old. **почува́тися** feel ◊ **У сімдеся́т па́ні Савча́к не почува́лася ~о́ю.** At seventy, Mrs. Savchak did not feel to be old. **роби́ти** + *A.* make sb look) ◊ **Костю́м ро́бить Бори́са ~и́м.** The suit makes Borys look old.
Also see **лі́тній 2, пова́жний 2, похи́лий 2, си́вий 3, старови́нний, старода́вній.** *Cf.* **старі́ший, ста́рший.** *Ant.* **молоди́й**[1] **1**

ста́р|ість, *f.*, **~ости**, *only sg.*
old age
adj. **глибо́ка** deep ◊ **Вона́ писа́ла до глибо́кої ~ости.** She wrote till her deep old age. **ра́ння** early; **несподі́вана** sudden ◊ **Він негото́вий до несподі́ваної ~ости.** He is unprepared for sudden old age. **передча́сна** premature; **невблага́нна** implacable ◊ **Космети́чна опера́ція не відве́рне невблага́нної ~ости.** The cosmetic surgery will not avert implacable old age. **неуни́кна** inevitable; **акти́вна** active, **енергі́йна** vigorous, **неспокі́йна** turbulent; **безтурбо́тна** carefree, **забезпе́чена** well-provided-for ◊ **Оща́дження ґаранту́ють па́ні Т. забезпе́чену с.** Her savings ensure Mrs. T., a well-provided-for old age. **спокі́йна** calm, **ти́ха** serene; **здоро́ва** healthy; **щасли́ва** happy; **крихка́** fragile, **неду́жа** weak, **не́мічна** frail, **хвороблива** sickly; **до́вга** long; **продукти́вна** productive
v. + **с. прово́дити с.** spend one's old age ◊ **Він хоті́в провести́ с. десь над мо́рем.** He wanted to spend his old age some place by the sea. (**прожива́ти** live ◊ **Ра́нню с. Тама́ра прожила́ подорожу́ючи.** Tamara lived her early old age traveling. **планува́ти** plan for ◊ **Він уже́ став планува́ти неуни́кну с.** He already started planning for his inevitable old age. **оща́джувати на** save for) ◊ **Із тако́ю платне́ю вони́ ле́две могли́ щось оща́дити на с.** With such a salary they could barely save anything for their old age. **боя́тися ~ости** be afraid of old age ◊ **Іва́н не бої́ться ~ости.** Ivan is not afraid of old age. (**дожива́ти** *or* **дохо́дити до** live till ◊ **У своє́му мале́нькому ма́єтку він дожи́в до ~ости.** He lived till his old age in his small estate.
с. + *v.* **прихо́дити** come ◊ **С. прийшла́ ра́зом із хворо́бою.** Old age came together with a disease.
prep. **до ~ости** till one's old age ◊ **Марко́ до ~ости серйо́зно не хворі́в.** Marko had not been seriously sick till his old age. **на с.** *or* **~ости** *or* **під с.** at one's old age. toward one's old age ◊ **На с. Ма́рта ста́ла підозрі́лою до люде́й.** At her old age, Marta became suspicious of people. ◊ **Він ма́ло зміни́вся під с.** He changed little toward his old age. **у ~ості** at one's old age ◊ **У ~ості Кили́на ви́явилася акти́вні́шою, як у три́дцять ро́ків.** Kylyna proved more active in her old age than in her thirties.
I. **~істю**
Ant. **мо́лодість**

ста́рі|ти, ~ють; по~, *intr.*
1 to age, get old
adv. **до́сить** fairly, **ду́же** a lot ◊ **Вона́ ду́же поста́ріла.** She aged a lot. **помі́тно** noticeably; **зара́но** too prematurely, **ра́но** prematurely; **скоро** rapidly, **шви́дко** quickly; **ді́йсно** really, **до невпізна́ння** beyond recognition ◊ **Ада́м до невпізна́ння поста́рі́в.** Adam aged beyond recognition. **ле́две** barely; **га́рно** well, **шляхе́тно** gracefully ◊ **На відмі́ну від ста́ршого бра́та Рома́н ~є шляхе́тно.** As opposed to his elder brother, Roman ages gracefully.
v. + **с. встигнути** *pf.* manage to ◊ **За рік Тимі́ш усти́гнув помі́тно по~.** In a year, Tymish managed to age noticeably. **не хоті́ти** not want to; **почина́ти** begin to ◊ **Мака́р поча́в ра́но с.** Makar began to age early. **ста́ти** *pf.* start; **перестава́ти** stop
prep. **с. на** + *A.* age *(number of years)* ◊ **За мі́сяць він поста́рі́в на три ро́ки.** In a month, he aged three years.
Ant. **молоді́ти 1**
2 *fig.* to become old *(of things, etc.)*, become dated, grow obsolete; *pf.* **за~** ◊ **Відеокасе́ти вже заста́ріли.** Video cassettes have already grown obsolete.
(по)ста́рі́й!
Also see **застаріва́ти**

старі́ш|ий, *adj., comp. of* **стари́й**
older *(of those who are old)* ◊ **У цьо́му старо́му подру́жжі жі́нка ~іша за чолові́ка.** In this old marriage, the wife is older than the husband.
с. + *n.* **с. вік** an older age (**дуб** oak, **мох** moss; **музе́й** museum, **університе́т** university, **чолові́к** man; **сир** cheese ◊ **Котри́й із цих сирі́в с.?** Which of these cheeses is older? **~а дружи́на** 1) an older wife; 2) an older team (**жі́нка** woman; **ма́ти** mother; **поса́дка** plantation) ◊ **~а поса́дка густі́ша.** The older plantation is thicker. **~е вино́** an older wine ◊ **Він ви́брав пля́шку ~ого вина́.** He chose a bottle of older wine. (**де́рево** tree, **насі́ння** seed; **мі́сто** city, **утво́рення** formation)
v. + **с. бу́ти ~им** *or* **ста́ршим** be older ◊ **Із двох його́ ті́ток ті́тка Яри́на ~а** *or* **ста́рша.** Of his two aunts, Aunt Yaryna is older. (**вважа́ти** + *A.* consider sb, **здава́тися** + *D.* seem to sb **прикида́тися** pretend to be) ◊ **Тара́с прикида́ється ~им** *or* **ста́ршим, щоб його́ бі́льше поважа́ли.** Taras pretends to be older so that they respect him more.
See **ста́рший 1.** *Cf.* **ста́рший 2**

старови́нн|ий, *adj.*
antique, old, age-old, ancient
с. + *n.* **с. герб** an ancient coat of arms ◊ **На ~ому ге́рбі мі́ста зобража́ють св. Ю́рія.** The city's ancient coat of arms features St. George. (**за́мок** castle; **звича́й** custom; **меч** sword; **папі́рус** papyrus; **рід** family); **~а кни́жка** an ancient book (**ма́па** map, **моне́та** coin, **меда́ль** medal; **пі́сня** song; **робо́та** make, craftsmanship ◊ **скри́пка ~ої робо́ти** a violin of antique craftsmanship; **спору́да** edifice, **форте́ця** fortress ◊ **Кам'яне́ць ві́домий ~ою форте́цею.** Kam'yanets is known for its age-old fortress. **~е вбрання́** ancient clothes ◊ **Він ма́є коле́кцію ~ого вбрання́.** He has a collection of old clothes. (**кла́довище** cemetery, **похова́ння** burial; **мі́сто** city; **прі́звище** family name); **~і гро́ші** ancient money (**часи́** times; **ме́блі** furniture) ◊ **У мі́сті є музе́й ~их ме́блів.** The city has a museum of age-old furniture.
See **стари́й.** *Also see* **старода́вній**

старода́вн|ій, *adj.*
1 ancient, of or pertaining to Ancient Egypt, Greece, Rome, *etc.*
с. + *n.* **с. ритуа́л** an ancient ritual (**світ** world ◊ **істо́рія Старода́внього сві́ту** history of the Ancient World; **храм** temple); **~я держа́ва** an ancient state (**релі́гія** religion, **цивіліза́ція** civilization) ◊ **~я цивіліза́ція ацте́ків** the ancient

Aztec civilization; **~є мисте́цтво** ancient art (**ца́рство** kingdom) ◊ **Уче́ні відно́сять зна́хідку до ~ього ца́рства Ура́рту.** Scientists date the discovery back to the ancient Kingdom of Urartu. **~і гре́ки й ри́мляни** ancient Greeks and Romans (**пірамі́ди** pyramids; **хро́ніки** chronicles)
2 age-old, ancient, time-worn
c. + *n.* **c. вoя́к** an ancient warrior (**літопи́сець** chronicler, **поéт** poet, **філо́соф** philosopher; **спис** spear; **стиль** style); **~я архіте́кту́ра** ancient architecture (**леґе́нда** legend, **моги́ла** grave; **ґравю́ра** engraving, **скульпту́ра** sculpture, **ста́туя** statue; **релі́гія** religion); **~є мі́сто** an ancient city (**посе́лення** settlement; **пові́р'я** tale; **ремесло́** craft); **~і ві́рування** ancient beliefs (**упере́дження** prejudices)
See **стари́й.** *Also see* **старови́нний**

старомо́дн|ий, *adj.*
old-fashioned
adv. **вкрай** extremely ◊ **Він хо́дить в акура́тному, хоч і ~ому костю́мі.** He wears a neat, though old-fashioned, suit. **геть** totally, **ду́же** very, **зо́всім** completely; **де́що** somewhat, **до́сить** fairly, **трі́шки** *colloq.* slightly, **тро́хи** a little; **безнаді́йно** hopelessly, **про́сто** plain, **страше́нно** terribly; **чарі́вно** charmingly; **несподі́вано** unexpectedly; **зо́всім не** not at all
v. + **c. бу́ти ~им** be old-fashioned (**вважа́ти** + *A.* consider sb/sth ◊ **Ді́ти вважа́ли ба́тька ~им.** The children considered their father to be hopelessly old-fashioned. **вигляда́ти** look, **виявля́тися** turn out; **здава́тися** + *D.* seem to sb ◊ **У ма́миній су́кні Соломі́я здава́лася йому́ чарі́вно ~ою.** Solomiia seemed to him charmingly old-fashioned in her mom's dress. **става́ти** become)
prep. **c. y** + *L.* old-fashioned about/in sth ◊ **Фе́дір ви́явився ~им у смака́х.** Fedir turned out to be old-fashioned in his tastes.

ста́рш|ий, *adj., comp.* of **стари́й**
1 older *(of people's age)*, elder ◊ **Її ~ого бра́та зва́ти Іва́н.** Her elder brother's name is Ivan.
adv. **зна́чно** significantly, **набага́то** much, **куди́** *colloq.* way, **геть** totally, **ціл́ко́м** completely; **відно́сно** relatively, **порі́вняно** comparatively; **помі́тно** noticeably, **серйо́зно** seriously, **я́вно** clearly; **тро́хи** a little ◊ **Йому́ потрі́бен тро́хи c. помічни́к.** He needs a little older assistant.
c. + *n.* **c. брат** an elder brother (**зять** son-in-law, **не́біж** nephew, **ону́к** grandson, **син** son); **~a не́бо́га** an elder niece (**ону́ка** granddaughter, **неві́стка** daughter-in-law, **сестра́** sister)
prep. **c. від** + *G. or* **за** + *A. or* **ніж** *or* **як** + *N.* older than sb ◊ **Ма́рта ~a, як Дани́ло.** Marta is older than Danylo. **c. на** + *A.* older *(number of years)* ◊ **Дмитро́ здає́ться ~им за Левка́ принайм́ні на п'ять ро́кі́в.** Dmytro seems at least five years older than Levko.
Also see **старі́ший.** *Ant.* **молоді́ший, моло́дший 1**
2 senior *(with family names)* ◊ **Цю істо́рію їм розказа́ла ~a Лісо́вська.** Lisovska, Sr. told them the story.
Ant. **моло́дший 2**
3 senior *(of rank, position)*
c. + *n.* **c. бухга́лтер** a senior accountant (**дослі́дник** researcher, **економі́ст** economist, **інжене́р** engineer), ♦ **c. лейтена́нт** *mil.* a second lieutenant; **~a виклада́чка** a senior instructor (**сестра́** nurse) ◊ **Новачу́к призна́чили ~ою сестро́ю лі́карні.** Novachuk was appointed the senior nurse of the hospital.
Ant. **моло́дший 2**
4 *as n., m. or f.* boss, chief, leader, in charge ◊ **Іва́нна не мо́же зрозумі́ти, хто в фі́рмі c.** Ivanna cannot figure out who is in charge at the firm. ♦ **признача́ти** + *A.* **~им** to put sb in charge ◊ **Левка́ призна́чили ~им у гурто́житку.** Levko was put in charge of the dormitory.
5 *as n., only in pl.* adults, grown-ups, elders ◊ **Бабу́ся вчи́ла його́, що ді́ти ма́ють слу́хати ~их.** Grandma taught him that children were obliged to obey the adults.

стате́в|ий, *adj.*
sexual, sex, of or pertaining to sex; gender
c. + *n.* **c. акт** sexual intercourse (**добі́р** selection; **інсти́нкт** instinct; **по́тяг** attraction; **склад** composition) ◊ **c. склад насе́лення** the gender composition of population; ◊ **c. стереоти́п** a gender stereotype; **~a зрі́лість** sexual maturity (**орієнта́ція** orientation ◊ **Зако́н забороня́є дискриміна́цію з о́гляду на ~у орієнта́цію.** The law prohibits discrimination based on sexual orientation. **прива́бливість** appeal), **~a іденти́чність** *or* **тото́жність** a gender identity (**но́рма** norm; **рі́вність** equality; **роль** role, **упере́дженість** bias); **~e вихова́ння** sex education (**життя́** life), **~e наси́льство** sexual violence (**дозріва́ння** maturation), ♦ **~e безси́лля** *med.* impotence; **~і домага́ння** sexual harrassment ◊ **Дире́ктор не розумі́в само́го поня́ття ~их домага́нь.** The director did not understand the very concept of sexual harrassment. ◊ **~і о́ргани** *anat.* genitals, **~і відмі́ності** gender differences

ста́|ти, *pf., see* **става́ти**
to become, *etc.* ◊ **Софі́я ~не економі́сткою.** Sofia will become an economist.

ста́|тися, *pf., see* **става́тися**
to happen, *etc.* ◊ **Між дру́зями ~лося при́кре непорозумі́ння.** An unfortunate misunderstanding occurred between the friends.

статт|я́, *f.*, **~і́**
1 article *(in newspaper)*
adj. **вели́ка** large, **до́вга** long, **обши́рна** extended, **коро́тка** short, **невели́ка** small, **сти́сла** brief; **газе́тна** newspaper, **журна́льна** magazine, **мере́жева** online; **передова́** lead ◊ **А́втора сканда́льної передово́ї статті́ ще не встано́влено.** The author of the scandalous lead article has not yet been identified. **редакці́йна** editorial; **блиску́ча** brilliant, **видатна́** outstanding, **відмі́нна** excellent, **знамени́та** *and* **сла́вна** *colloq.* great; **аналіти́чна** analytical, **зага́льна** general, **огля́до́ва** overview; **вду́млива** thoughtful, **вичépпна** exhaustive, **вплиꞵо́ва** influential, **глибо́ка** profound, **ґрунто́вна** in-depth, **до́бра** good, **до́бре напи́сана** well-written, **інформати́вна** informative, **прони́клива** insightful, **розу́мна** intelligent, **солі́дна** impressive; **ціка́ва** interesting; **своєча́сна** timely; **пов'я́зана** related, **супрові́дна** accompanying; **відо́ма** well-known; **важли́ва** important, **впливо́ва** influential; **поверхо́ва** superficial; **дошку́льна** scathing, **крити́чна** critical; **сканда́льна** scandalous; **тенденці́йна** tendentious, **упере́джена** biased; **опублі́ко́вана** published; **науко́ва** scientific; **популя́рна** popular; **прорецензо́вана** reviewed
n. + **c. а́втор ~і** the author of an article ◊ **А́втор ~і – маловідо́мий кри́тик.** A little-known critic is the author of the article. (**співа́втор** co-author; **ве́рсія** version ◊ **Вона́ зберіга́є всі ве́рсії свої́х ~е́й.** She keeps all the versions of her articles. **ко́пія** copy; **те́ма** subject); **черне́тка ~і** a draft article; **цикл ~е́й** a series of articles ◊ **цикл ~е́й на те́му европе́йської інтеґра́ції** a series of articles on the subject of European integration
v. + **c. писа́ти ~ю** write an article ◊ **За контра́ктом Ода́рка ма́є писа́ти по одні́й ~і на ти́ждень.** According to the contract, Odarka is to write one article a week. (**замовля́ти** + *D. or* **в** + *G.* commission sb ◊ **Реда́кторка замо́вила йому́** *or* **в ньо́го дві ~і́.** The (female) editor commissioned him to write two articles. **друкува́ти** print ◊ **Газе́та відмо́вилася друкува́ти її ~ю.** The newspaper refused to publish her article. **передруко́вувати** reprint ◊ **Деся́ток вида́нь передрукува́ли її блиску́чу ~ю.** A dozen publications reprinted her brilliant article. **оприлю́днювати** make public, **публікува́ти** publish ◊ **Журна́л опублі́кує ~ю напередо́дні ви́борів.** The magazine will publish the article on the eve of the election. **подава́ти** submit ◊ **Він пода́в ~ю до авторите́тного тижне́вика.** He submitted the article to an authoritative weekly. **посила́ти** + *D.* send sb, **пропонува́ти** + *D.* offer sb; **ба́чити** see, **знахо́дити** find, **натрапля́ти на** happen upon ◊ **Вона́ натра́пила на ~ю про Максимо́вича.** She happened upon an article about Maksymovych. **перегляда́ти** look through, **чита́ти** read; **поклика́тися** *or* **посила́тися на** make reference to, **цитува́ти** quote; **ви́рі́зувати** *and* **витина́ти** cut out; **зберіга́ти** keep; **відкида́ти** reject, **відхиля́ти** turn down; **критикува́ти** criticize; **редаґува́ти** edit ◊ **Йому́ залиши́лося відредаґува́ти ще три ~і.** He had three more articles left to edit. **рецензува́ти** review; **реаґува́ти на** react to) ◊ **Вони́ ви́рішила не реаґува́ти на ~ю.** They decided not to react to the article. **ознайо́млюватися зі ~ею** familiarize oneself with an article ◊ **У Ю́рія не лиша́лося ча́су ознайо́митися зі ~ею.** Yurii had no time left to familiarize himself with the article. **працюва́ти над ~ею** work on an article ◊ **Вона́ працю́є над насту́пною ~ею.** She works on her next article.
c. + *v.* **вихо́дити дру́ком** come out in print ◊ **Його́ c. ви́йде дру́ком у філологі́чному часо́писі.** His first article will come out in print in a philological magazine. **з'явля́тися** appear; **мі́сти́ти** + *A.* contain sth ◊ **C. не мі́стить поклика́нь на джере́ла.** The article contains no references to sources. **окре́слювати** + *A.* outline sth ◊ **C. окре́слює ключові́ моме́нти біогра́фії філо́софа.** The article outlines the key moments of the philosopher's biography. *(all in impers. sentences with* **c.** *in L.)*; **аналізува́тися** + *A.* analyze sth ◊ **У ~і аналізува́лися причи́ни повста́ння.** The article analyzed the reasons for the uprising. **виявля́тися** reveal sth, **деталізува́тися** detail sth, **зга́дуватися** mention sth ◊ **П'єси Куліша́ зга́дуються в кілько́х ~ях літературозна́вця.** Several articles by the literary scholar mention the plays by Kulish. **опи́суватися** + *L.* describe sth, **писа́тися, що** + *clause or* **про** + *A.* talk about sth ◊ **У ~і писа́лося про уго́ду між двома́ у́рядами.** The article talked about the agreement between the two governments. **повідомля́тися** report sth ◊ **У ~і повідомля́лися подро́биці пла́ну держа́вного переворо́ту.** The article reported details of the coup d'état plan. **подава́тися** feature sth ◊ **У ~і подаю́ться репроду́кції кілько́х поло́тен маляра́.** The article features reproductions of the artist's several canvases. **поя́снюватися** explain sth, **презентува́тися** present sth, **тлума́читися** interpret sth, **узаса́днюватися** substantiate sth; **критикува́тися** criticize sth, **наголо́шуватися** emphasize sth, **стве́рджуватися** assert sth; **цитува́тися** quote sth
prep. **y ~і** in an article; **c. про** + *A.* an article about/on sth ◊ **c. про мо́вне пита́ння** an article on the language issue; ♦ **c. з на́звою** an article called ◊ **c. під на́звою «Кіне́ць кінемато́графа»** the article called "The End of Cinema"; **c. під заголо́вком** an article titled ◊ **c. під заголо́вком «Край упирі́в»** an article titled "The Land of Vampires"
Also see **замі́тка 1, кореспонде́нція 2, матерія́л 3, нота́тка 2, редакці́йна, репорта́ж 2** article *(part of law, document, etc.)*
adj. **важли́ва** important, **відпові́дна** respective ◊ **Вимо́ги окре́слені у відпові́дній ~і докуме́нта.** The terms are outlined in the respective article of the document. **ключова́** key
v. + **c. пору́шувати** + **c. пору́шувати** violate an article ◊ **Нака́з мі́ністра пору́шує ~ю дру́гу «Зако́ну про місце́ве самоврядува́ння».** The minister's

order violates Article 2 of the Law *On Local Self-Government.* (**підпада́ти під** fall under ◊ **Рі́шення не підпада́є під жо́дну ~ю зако́ну.** The decision does not fall under any article of the law. **поклика́тися на** invoke) ◊ **У́ряд покли́кався на Статтю 50 уго́ди про асоція́цію.** The government invoked Article 50 of the association agreement. **відповіда́ти ~і** be in compliance with an article

с. + *v.* **передбача́ти** + *A.* provide for sth ◊ **В таки́х ви́падках с. одина́дцята передбача́є грошове́ стя́гнення.** In such cases, Article 11 provides for a monetary penalty. **писа́тися що** + *clause* specify sth ◊ **У ~і де́в'ятій пи́шеться, що по́діл майна́ слід здійснювати за зго́дою приче́тних сторі́н.** Article 9 specifies that the property be divided by the consent of the parties involved.

prep. **згі́дно зі ~ею** in accordance with an article; **у відпові́дності до ~і** under an article ◊ **Рі́шення при́йнято у відповідності до ~і три зако́ну.** The decision has been passed under Article 3 of the law.

Also see **ро́зділ 1**

ста́тус, *m.*, **~у**

status

adj. **висо́кий** high, **ви́щий** superior, **особли́вий** special, **привілейо́ваний** privileged; **низьки́й** low, **ни́жчий** lower; **незале́жний** independent; **по́вний** full; **особли́вий** special; **рівнопра́вний** equal; **ни́нішній** current, **тепе́рішній** present; **зако́нний** *and* **леґа́льний** legal ◊ **Без її́ пі́дпису докуме́нт не мав зако́нного ~у.** Without her signature, the document had no legal status. **леґіти́мний** legitimate; **незако́нний** unlawful, **нелеґа́льний** illegal; **професі́йний** professional; **дипломати́чний** diplomatic, **економі́чний** economic, **майнови́й** property, **соція́льний** social, **суспі́льний** societal; **міжнаро́дний** international; **каноні́чний** canonical, **ку́льтовий** cult ◊ **Для ї́хнього поколі́ння цей рок-гу́рт набу́в ку́льтового ~у.** For their generation, the rock group acquired a cult status. **подру́жній** marital, **роди́нний** *or* **сіме́йний** family; **неприбутко́вий** non-profit; ♦ **с.-кво́** status quo ◊ **Коли́шня імпе́рська менши́на виступа́є за збере́ження с.-кво́.** The former imperial minority advocates the preservation of status quo.

с. + *n.* **с. бі́женця** a refugee status ◊ **Він пода́в зая́ву на с. бі́женця.** He filed a refugee status application. (**військовополоне́ного** prisoner of war; **менши́ни** minority; **дипломати́чної недоторка́нности** diplomatic immunity, **іміґра́нта** immigrant, **осо́би без грома́дянства** stateless person, **перемі́щеної осо́би** displaced person, **пості́йного ме́шканця** permanent resident; **найбі́льшого сприя́ння** most-favored-nation ◊ **Вони́ ті́шилися ~ом найбі́льшого сприя́ння.** They enjoyed the most-favored-nation status. **зі́рки** star, **і́дола** idol, **су́перзірки** superstar)

n. + **с. втра́та ~у** a loss of status; **змі́на ~у** a change in status; **си́мвол ~у** a status symbol ◊ **Нова́ моде́ль телефо́ну для не́ї – важли́вий си́мвол соція́льного ~у.** The new phone model is an important social status symbol for her.

v. + **с. ма́ти с.** have a status (**дістава́ти** get, **отри́мувати** receive; **надава́ти** + *D.* give sb; **посіда́ти** hold ◊ **Як амбаса́дорка, вона́ посіда́є с. дипломати́чної недоторка́нности.** As an ambassador, she holds a diplomatic immunity status. **втрача́ти** lose ◊ **Організа́ція мо́же втра́тити неприбутко́вий с.** The organization can lose its non-profit status. **визнава́ти** recognize; **клопота́тися про** apply for ◊ **Вони́ клопо́чуться про с. пості́йних ме́шканців.** They are applying for a permanent resident status; **подава́тися на** file application for) ◊ **Він пода́вся на с. ветера́на війни́.** He filed the application for war veteran status. **домага́тися ~у від** + *G.* pressure for a status from sb ◊ **У́ряд домага́ється від Брюсе́лю ~у найбі́льшого сприя́ння.** The government pressures Brussels for the most-favored-nation status. (**домогти́ся** *only pf.* win ◊ **Вони́ змогли́ домогти́ся ~у перемі́щених осі́б.** They managed to win the displaced person status. **досяга́ти** attain; **набува́ти** obtain; **позбавля́ти** + *A.* strip sb of ◊ **Споча́тку тре́ба позба́вити його́ ~у депута́та.** First they need to strip him of his member of parliament status. **позбува́тися** get rid of); **відповіда́ти ~ові** befit a status ◊ **Рома́нин автомобі́ль зо́всім не відповіда́є її́ суспі́льному ~ові.** Romana's car does not at all befit her societal status. **зловжива́ти ~ом** abuse one's status (**користува́тися** *and* **ті́шитися** enjoy) ◊ **Ге́рцоґ користува́вся** *and* **ті́шився особли́вим ~ом при дворі́.** The duke enjoyed a special status at the court. **відмовля́ти** + *D.* **у ~і** refuse sb status ◊ **Їм відмо́вили у ~і бі́женців.** They were refused the refugee status.

prep. **у ~і** in a status ◊ **Вона перебува́є в Да́нії в леґа́льному ~і.** She is in legal status in Denmark.

Also see **поло́ження 3, ста́новище 2**

ста́тус-кво́, *m., indecl.*

status quo

adj. **ни́нішній** current, **тепе́рішній** present; ♦ **попере́дній с.** status quo ante ◊ **Пове́рнення до попере́днього с. ста́ло для ньо́го нав'я́зливою іде́єю.** The return to the status quo ante became an idée fixe for him. **недовгові́чний** short-lived, **хистки́й** shaky; **економі́чний** economic, **культу́рний** cultural, **мо́вний** linguistic, **політи́чний** political, *etc.*

n. + **с. відно́влення с.** restoration of the status quo (**змі́на** change; **пове́рнення** return)

v. + **с. забезпе́чувати с.** maintain the status quo ◊ **Репреси́вний апара́т забезпе́чує с. у краї́ні.** The repressive apparatus maintains the status quo in the country. (**захища́ти** defend, **зберіга́ти** preserve, **прийма́ти** accept ◊ **До́свід навчи́в Лі́ну прийма́ти с.** Experience taught Lina to accept the status quo. **утри́мувати** keep; **відно́влювати** restore; **відкида́ти** reject, **підрива́ти** undermine, **пору́шувати** upset); **загро́жувати с.** threaten status quo ◊ **Рух загро́жує хистко́му с.** The movement threatens the shaky status quo.

стату́т, *m.*, **~у**

statute, regulations, charter, constitution, ordinance

adj. ♦ **бойови́й с.** *mil.* a field manual, **військо́вий с.** *mil.* military service regulations, **корабе́льний** *or* **кораблеви́й с.** *mil.* navy regulations, **польови́й с.** *mil.* field service regulations, **стройови́й** *mil.* drill regulations; **парті́йний с.** a party constitution; ◊ **Лито́вський С.** *hist.* the Statute of Lithuania; **Ри́мський с. Міжнаро́дного криміна́льного су́ду** the Rome Statute of the International Criminal Court

с. + *n.* **с. корпора́ції** a corporation bylaw, **с. па́ртії** a party constitution, **с. Лі́ґи На́цій** *hist.* the Covenant of the League of Nations; **с. Організа́ції Об'є́днаних На́цій** the United Nations Charter

v + **с. вво́дити в си́лу с.** enact a statute (**прийма́ти** adopt, **ратифі́кувати** ratify ◊ **Ки́їв відмовля́вся ратифі́кувати Ри́мський с.** Kyiv refused to ratify the Rome Statute. **пору́шувати** violate) ◊ **Пору́шивши парті́йний с., він поста́вив себе́ по́за па́ртією.** Having violated the party constitution, he put himself outside the party. **дотри́муватися ~у** comply with a statute

с. + *v.* **вимага́ти** + *G.* require sth ◊ **С. вимага́в від ко́жного чле́на організа́ції спла́ти чле́нських вне́сків.** The constitution required that every member of the organization pay membership dues. **забороня́ти** + *A.* prohibit sth ◊ **Військо́вий с. забороня́є обгово́рювати нака́зи команди́ра.** The military Service Regulations prohibit to discuss commander's orders. **передбача́ти** + *A.* provide for, **уповнова́жувати** + *A.* authorize sb

prep. **за ~ом** under a charter; **згі́дно зі ~ом** according to a bylaw ◊ **Голова́ діє згі́дно зі ~ом товари́ства.** The chair is acting according to the society's bylaw.

ста́ту|я, *f.*, **~ї**

statue

adj. **вели́ка** large, **величе́зна** huge, **гіга́нтська** giant, **колоса́льна** colossal; **мале́нька** *dim.* small, **невели́ка** small; ◊ **с. в натура́льну величину́** a life-size statue; **кі́нна** equestrian; **анти́чна** ancient ◊ **Музе́й ма́є коле́кцію анти́чних ~й.** The museum has an ancient statues collection. **старови́нна** age-old, **старода́вня** ancient; **гре́цька** Greek, **ри́мська** Roman; **будді́йська** Buddhist; **бро́нзова** bronze, **ґрані́тна** granite, **дерев'я́на** wooden, **залі́зна** iron, **камі́нна** *or* **кам'яна́** stone, **ма́рмурова** marble; **золота́** golden, **позоло́чена** gilded

v. + **с. відкрива́ти** *and* **відслоня́ти ~ю** unveil a statue (**зво́дити** erect, **ста́вити** put up; **скида́ти** topple ◊ **Оста́нню ~ю Ле́ніна в Ки́єві ски́нули в гру́дні 2013 ро́ку.** The last statue of Lenin in Kyiv was toppled in December 2013. **трощи́ти** smash; **зберіга́ти** keep; **реставрува́ти** restore, **рятува́ти** rescue)

с. + *v.* **стоя́ти** stand ◊ **У за́лі стоя́ла гре́цька с. вої́на в натура́льну величину́.** A Greek life-size statue of a warrior stood in the hall.

Also see **скульпту́ра 1**

стат|ь, *f.*

1 sex, gender

adj. **жі́ноча** female ◊ **Го́лос нале́жав осо́бі жіно́чої ~і.** The voice belonged to a person of female gender. **прекра́сна** *fig.* fair, **слабка́** *fig.* gentle; **си́льна** *fig.* sterner, **чолові́ча** male; **одна́** same ◊ **твари́ни одніє́ї ~і** animals of the same sex; **протиле́жна** opposite

n. + **с. змі́на ~і** a sex change; **нері́вність ~ей** gender inequality (**рі́вність** equality) ◊ **У суспі́льстві не було́ рі́вности ~ей.** There was no gender equality in society. **пое́динок ~ей** a battle of sexes; ◊ **представни́к протиле́жної ~і** member of the opposite sex ◊ **Рік він не спілкува́вся із представни́цями протиле́жної ~і рік.** He had not socialized with members of the opposite sex for a year.

v. + **с. визнача́ти с.** determine a sex ◊ **Існу́ють наді́йні спо́соби ви́значити с. за́родка.** There are reliable ways to determine an embryo's sex. (**змі́нювати** change) ◊ **Перш як змі́нювати с., він пора́дився з багатьма́ фахівця́ми.** Before changing his sex, he got advice from many specialists.

с. + *v.* **прива́блювати** + *A.* attract sb ◊ **Іва́на прива́блює протиле́жна с.** Ivan is attracted by the opposite sex.

prep. **без о́гляду на с.** regardless of sex; **між ~ями** between sexes ◊ **Вона́ вивча́є мо́вні відмі́нності між ~ями.** She studies language differences between the sexes; ♦ **дискриміна́ція за ~тю** *or* **за озна́кою ~і** discrimination on the basis of sex

Cf. **рід 5**

2 *rare* way, manner; ♦ **під с.** + *D.* 1) worthy of sb ◊ **Лев і Ната́лка здава́лися під с. одне́ одному́.** Lev and Natalka seemed well worthy of one another. 2) suitable to sb, fitting to sb ◊ **Йому́ не під с. так ла́ятися.** It is not at all fitting to him to swear like that.

See **спо́сіб 1**

стве́рджу|вати, ~ють; стве́рд|ити, ~жу, ~ять, *tran.*

1 to assert, affirm, state; say; claim, maintain

adv. **впе́внено** confidently ◊ **Лі́на впе́внено ~є, що ба́чила цю люди́ну рані́ше.** Lina confidently asserts that she saw the person earlier. **впе́рто** stubbornly, **гаря́че** ardently ◊ **Вона́ гаря́че**

ствéрдила, що кохáє Василя́. She ardently said she loved Vasyl. **експліцúтно** explicitly, **емфатúчно** emphatically, **затя́то** relentlessly, **категорúчно** categorically, **однозначно** unequivocally, **прямо** directly, **твéрдо** firmly; **прáвильно** correctly; **помилкóво** mistakenly, **хúбно** wrongly; **всьóго лиш(é)** merely ◊ **Я всьóго лишé ~ю те, що почýв.** I merely assert what I heard. **прóсто** simply; **лишé** *or* **тíльки** only; **безперестáнку** nonstop, **неоднораз****óво** repeatedly ◊ **Він неоднорaзóво ~вав, що майóр – зрáдник.** He repeatedly asserted that the major was a traitor.

See **казáти 1.** *Also see* **свíдчити 1, твердúти 2** to confirm, prove, be evidence of ◊ **Археологíчні знáхідки ~ють вплив грéцької культýри на скúтів.** The archeological finds prove the influence of Greek culture on the Scythians. ◊ **Вонá заквáла головóю, ~ючи, що Степáн кáже прáвду.** She started nodding her head, confirming that Stepan was telling the truth.

See **підтвéрджувати.** *Also see* **посвíдчувати**

pa. pple. **ствéрджений** confirmed

ствéрджуй! стверди!

створю|вати, ~ють; створ|úти, ~ять, *tran.*

to create; make, organize, put in place ◊ **Він створúв óбраз, якúй мáє мáло спíльного з життя́м.** He created an image that had little to do with life.

adv. **крок за крóком** step by step, **поступóво** gradually; **врéшті-рéшт** eventually, **зáраз же** right away ◊ **Студéнти зáраз же створúли ініціятúвну грýпу.** The students right away formed an initiative group. **одрáзу** immediately ◊ **Мýзика одрáзу створúла приємний нáстрій.** The music immediately created a pleasant mood. **швúдко** quickly; **я́кось** somehow; **одноосíбно** alone, **самостíйно** single-handedly

pa. pple. **ствóрений** created

створюй! створи!

See **творúти 1.** *Also see* **встанóвлювати 2, заснóвувати 1, робúти 2, утвóрювати 1.** *Ant.* **знищувати 1, 2**

стег|нó, *nt., anat.*

thigh

adj. **велúке** big ◊ **натýрниця з велúкими ~нами** a (female) sitter with big thighs; **величéзне** huge ◊ **Величéзні ~на не заважáли Я́кову зґрáбно рýхатися.** His huge thighs did not prevent Yakiv from moving nimbly. **гладкé** plump, **грýбе** thick, **товстé** fat; **обвúсле** flabby; **жúлаве** sinewy, **міцнé** sturdy, **м'язúсте** *and* **мускуля́сте** muscular, **потýжне** powerful, **сúльне** strong; **прýжнé** *and* **тугé** firm, **твердé** hard; **стрункé** shapely, **тонкé** slim, **худé** thin; **гóле** bare; **вéрхнє** *or* **горíшнє** upper ◊ **Грúця порáнило в горíшнє с.** Hryts was wounded in the upper thigh. **долíшнє** *or* **нúжнє** lower; **гýсяче** goose, **индúче** turkey, **качúне** duck, **кýряче** chicken ◊ **Він купúв кýрячих ~он.** He bought some chicken thighs.

n. + **с. кíстка ~нá** a thigh bone ◊ **Кýля застря́ла в кíстці ~нá.** The bullet lodged in the thigh bone. (**м'яз** muscle; **перелóм** fracture ◊ **Вонá мáє перелóм ~нá.** She has a thigh fracture. **порáнення** wound)

стéженн|я, *nt., only sg.*

surveillance, trailing, watch

adj. **безперéрвне** nonstop ◊ **Лáра відчувáла, що перебувáє під безперéрвним ~ям.** Lara felt she was under a nonstop surveillance. **невідстýпне** relentless, **постíйне** constant, **цілодобóве** round-the-clock ◊ **Слýжбі бракýє ресýрсів на цілодобóве с. за підóзрюваним.** The service lacks resources for a round-the-clock surveillance of the suspect. **відкрúте** overt, **неприхóване** undisguised ◊ **Неприхóване с. не ля́кає активíстів.** The undisguised trailing fails to intimidate the activists. **пúльне** close, **систематúчне** systematic, **увáжне** careful; **обережне** discreet, **прихóване** covert, **таємне** secret; **незакóнне** illegal; ♦ **відеостéження** video surveillance, **мерéжеве** Internet, **повітря́не** aerial, **супýтникове** *or* **сателітáрне** satellite

v. + **с. вестú с.** conduct a surveillance ◊ **С. ведýть досвíдчені лю́ди.** The surveillance is conducted by experienced people. (**організóвувати** organize ◊ **Він зорганізувáв відеостéження за суб'єктом.** He organized video surveillance of the subject. **провóдити** carry out; **починáти** begin, **продóвжувати** continue, **переривáти** interrupt, **припиня́ти** cease; **посúлювати** increase, **послáблювати** relax ◊ **Аґéнція послáбила мерéжеве с. за терорúстами.** The agency relaxed the Internet surveillance of the terrorists. **потрапля́ти під** get under) ◊ **Дарéвич потрáпив під с. поліції.** Darevych got under the police surveillance. **бýти** *or* **перебувáти під ~ям** be under surveillance

prep. **с. за** + *I.* surveillance of sb/sth

Cf. **спостерéження**

стéж|ити, ~ать; про~, *intr.*

1 to watch, follow, track, survey, shadow

adv. **безперéрвно** nonstop ◊ **За ним безперéрвно ~ать підозрíлі осóби.** Suspicious individuals have been watching him nonstop. **весь час** all the time, **захóплено** with fascination ◊ **Стефáнія захóлено ~ила за кóжним рýхом актóра.** Stefania watched the actor's every move with fascination. **методúчно** methodically, **невідстýпно** relentlessly, **неухúльно** unremittingly, **пúльно** closely, **постíйно** constantly, **увáжно** carefully; **крадькомá** stealthily, **обережно** discreetly, **підстýпно** treacherously, **прихóвано** covertly, **таємно** secretly; **мóвчки** silently, **тúхо** quietly; **електрóнно** electronically; **нелеґáльно** illegally; **лéгко** easily

v. + **с. бýти необхíдно** be necessary to ◊ **За утвóренням штýчного алмáзу необхíдно булó с.** It was necessary to follow the artificial diamond formation. **бýти трéба** + *D.* need to; **могтú** can; **накáзувати** + *D.* order sb to ◊ **Їм наказáли с. за підóзрюваним.** They had the order to survey the suspect. **починáти** begin to, **стáти** *pf.* start; **продóвжувати** continue to

prep. **с. за** + *I.* watch sb/sth

Also see **наглядáти 4, ходúти 5**

2 to control, make sure, ensure, monitor ◊ **Командúр ~ив, щоб ніхтó з вoя́ків не відставáв.** The commander ensured that none of the soldiers lag behind.

adv. **методúчно** methodically, **невідстýпно** relentlessly ◊ **Вонú невідстýпно ~или за політúчною корéктністю партíйних публікáцій.** They relentlessly monitored the political correctness of the party publications. **неухúльно** unremittingly, **пúльно** closely, **постíйно** constantly, **сувóро** strictly, **увáжно** carefully

prep. **с. за** + *I.* ensure sb/sth

See **контролювáти.** *Also see* **наглядáти 2, спостерігáти 1**

(про)стеж!

стéж|ка, *f.*

1 path, pathway

adj. **вузéнька** *dim.* narrow, **вузькá** narrow, **дóвга** long; **прямá** straight; **звúвиста** winding ◊ **Грýпа рýхається вгóру звúвистою ~кою.** The group moves up a winding path. **петля́ста** meandering; **кам'янúста** rocky, **крутá** *and* **стрімкá** steep; **гірськá** mountain, **лісовá** forest, **прибережна** coastal, **польовá** field, **степовá** steppe; **ґрáвієва** gravel, **ґрунтовá** dirt ◊ **Пíсля злúви ґрунтовá с. стáла непрохіднóю.** After the downpour, the dirt path became unpassable. **зарóсла** overgrown, **мóщена** paved; **велосипéдна** bicycle, **вóвча** wolf's, **звірúна** animal, **мисливська** hunting, **пішохíдна** pedestrian; **вторóвана** trodden, **дóбре вторóвана** well-trodden, **знайóма** familiar, **старá** old; **невторóвана** untrodden, **незнáна** unknown, **новá** new

v. + **с. вторóвувати** *or* **протóптувати ~ку** tread down a path ◊ **Лю́ди ще не встúгли протоптáти ~ку по свíжому снігý.** People have not yet managed to tread down a path across the fresh snow. (**робúти** make ◊ **Натáля поробúла ~кú між гря́дкáми.** Natalia made paths between the garden beds. **очищáти** clear); **йти ~кою** follow a path ◊ **Вонú йшли дóбре вторóваною ~кою.** They followed a well-trodden path. (**здирáтися** climb, **підіймáтися** *or* **піднімáтися** go up, **спускáтися** *or* **схóдити** go down ◊ **Стрімкóю гíрською ~кою булó лéгше підіймáтися, як спускáтися.** It was easier to go up than down the steep mountain path. **пітú** *pf.* take ◊ **Він пішóв зарóслою ~кою.** He took an overgrown path. **губúти** lose) ◊ **Мар'я́на згубúла лéдве помíтну ~ку.** Mar'yana lost the barely noticeable path. **тримáтися ~ки** keep to a path ◊ **Хлóпці впéрто тримáються ~ки.** The boys persistently keep to the path. (**відхиля́тися від** *or* **збóчувати зі** stray off, **схóдити зі** leave) ◊ **Пíсля містка́ вонú зійшлú зі ~ки.** After a small bridge, they left the path.

с. + *v.* **бíгти** run ◊ **Петля́ста с. бíгла чéрез ліс до óзера.** The meandering path ran through the woods to the lake. **вестú до** + *G.* lead to *(a place)* ◊ **С. ведé до крáю прíрви.** The path led to the edge of the precipice. **йти** *and* **простеля́тися, стелúтися** go; **підіймáтися** *or* **піднімáтися** go up; **збігáти** run down to ◊ **С. підіймáється полóгим схúлом пáгорба, а тоді збігáє до я́ру.** The path goes up the gentle slope of the hill and then runs down to the ravine. **вýжчати** *or* **звýжуватися** narrow; **розшúрюватися** *or* **розширя́тися, шúршати** widen ◊ **Дóвга с. шúршала.** The long trail was widening. **спускáтися** descend; **петля́ти** wind ◊ **С. петля́є між деревáми.** The path winds among the trees. **заростáти** + *I.* overgrow with sth ◊ **~кú йогó дитúнства позаростáли бур'я́нами забуття́.** *poet.* The paths of his childhood overgrew with weeds of oblivion. **розгалýжуватися** branch off, **розділя́тися** divide, **розхóдитися** fork ◊ **С. розхóдиться бíля дýба.** The path forks near the oak.

prep. **вздовж ~ки** along a path; **на ~ку** *dir.* on/to a path ◊ **Він не хóче ставáти на ~ку конфронтáції.** *fig.* He is reluctant to embark on the path of confrontation. **на ~ці** *posn.* on a path ◊ **Хтось згубúв гаманéць на с. в пáрку.** Somebody lost a wallet on a path in the park. **по ~ці** *or no prep.* **~кою** along a path ◊ **Він біг ~кою** *or* **по ~ці до альтáнки.** He ran along the path to the gazebo. **с. вздовж** + *G.* a path along sth ◊ **вузéнька с. вздовж паркáну** a narrow path along the fence. **с. від** + *G.* **до** + *G.* a path from sth to sth ◊ **с. від її хáти до мóря** the path from her home to the sea; **с. над** + *I.* a path along sth ◊ **с. над струмкóм** a path along the creek; **с. чéрез** + *A.* a path across *(space)* ◊ **с. чéрез сад** a path across the garden

Also see **дорíжка 1.** *Cf.* **дорóга, шлях 1**

2 *fig.* path, course, route, direction

adj. **життєва** life, **наукóва** scientific, **професíйна** professional, **революціїйна** revolutionary; **íнша** different ◊ **Він пішóв íншою життєвою ~кою.** He took a different life path. ♦ **звертáти розмóву на íншу ~ку** to turn a conversation to a different topic ◊ **Вонá намагáлася звернýти розмóву на íншу ~ку.** She kept trying to turn the conversation to a different topic.

v. + **с. вибирáти ~ку** choose a path (**прокладáти** blaze) ◊ **Олéна самá проклáла ~ку до заповíтної мрíї.** Olena single-handedly

blazed her path to her cherished dream. **йти ~кою** follow a path ◊ **Анті́н не хоті́в іти́ одніє́ю ~кою з бра́том.** Antin was reluctant to follow the same path as his brother.
Also see **доро́га, курс, шлях 2**

сте́л|я, *f.*

1 ceiling
adj. **висо́ка** high, **низька́** low; **похи́ла** sloping, **рі́вна** flat, **склепі́нчаста** vaulted; **підві́шена** suspended, **розпи́сана** painted ◊ **С. у за́лі розпи́сана Мікела́нджелом.** The ceiling in the hall is painted by Michelangelo.
v. + **с. біли́ти ~ю** whitewash a ceiling ◊ **Найтя́жче було́ біли́ти ~лі в ха́ті.** It was the hardest to whitewash the ceilings in the house. (**малюва́ти** *or* **фарбува́ти** paint *(with paints)* ◊ **Вона́ помалю́є ~ю о́хрою.** She will paint the ceiling ocher. **розмальо́вувати** *or* **розпи́сувати** paint *(with images)* ◊ **Церко́вну ~ю розмалюва́в місце́вий маля́р.** A local artist painted the church ceiling. **лата́ти** patch; **опуска́ти** lower, **піді́ймати** *or* **підніма́ти** raise; **ремонтува́ти** fix; **тинькува́ти** *or* **штукату́рити** plaster; **підпира́ти** support) ◊ **~ю підпира́є шість коло́н.** Six columns support the ceiling. **сяга́ти ~і** reach a ceiling (**торка́тися** touch) ◊ **Яли́нка торка́лася ~і.** The Christmas tree touched the ceiling.
с. + *n.* **обва́люватися** collapse ◊ **Стара́ с. могла́ обвали́тися.** The old ceiling could collapse. **па́дати** fall; **трі́скатися** crack
prep. **до ~і** to a ceiling ◊ **Книжко́ві ша́фи до само́ї ~і.** The bookcases are all the way to the ceiling. **на ~ю** *dir.* at/on/to a ceiling ◊ **Вона́ підняла́ о́чі на ~ю.** She raised her eyes at the ceiling. **на ~і** *posn.* on a ceiling ◊ **На ~і ви́ступила пля́ма.** A spot appeared on the ceiling. **під ~ею** under a ceiling
Cf. **дах 1**
2 *fig.* ceiling, upper limit, maximum
prep. **допусти́ма** admissible, **ймові́рна** plausible, **практи́чна** practical, **прогнозо́вана** prognosticated, **факти́чна** actual ◊ **Факти́чна с. літака́ ви́явилася тро́хи ни́жчою.** The actual ceiling of the aircraft turned out to be a bit lower.
v. + **с. досяга́ти** *or* **сяга́ти ~і** reach a ceiling (**наближа́тися до** near) ◊ **Ви́трати на рекла́му наближа́лися до допусти́мої ~і.** The promotion expenditures were nearing the admissible ceiling.
See **межа́ 1**

степ, *m.*, ~у

steppe
adj. **безлі́сий** woodless; **безкра́їй** boundless, **неозо́рий** limitless; **рі́вний** flat, **широ́кий** wide; **гаря́чий** hot; **сухи́й** dry; **засні́жений** snowy; **квіту́чий** blooming; **трав'яни́стий** grassy; **півде́нний** southern, **украї́нський** Ukrainian ◊ **Вони́ пої́дуть у по́дорож украї́нськими ~а́ми.** They will go on a trip to the Ukrainian steppes.
v. + **с. пересіка́ти с.** cross a steppe (**проїжджа́ти** cross *(by a vehicle)*) ◊ **Вона́ проїхала ве́рхи весь степ аж до мо́ря.** She crossed the entire steppe on horseback all the way to the sea. **ї́хати ~ом** travel through a steppe
с. + *v.* **простира́тися** *or* **простяга́тися** extend ◊ **~и́ тягну́лися на всі бо́ки, по́ки сяга́ло о́ко.** The steppes extended in all directions as far as the eye could see. **тягну́тися** stretch
prep. **над ~ом** over the steppe ◊ **Над ~ом ширя́в я́струб.** A hawk was hovering over the steppe. **у с.** *dir.* in/to a steppe ◊ **Вони́ ви́йшли у с.** They went out into the steppe. **у ~у́** *posn.* in the steppe ◊ **Час від ча́су у ~у́ з'явля́лися моги́ли.** From time to time, mounds would appear in the steppe. **че́рез с.** across the steppe

стереоти́п, *m.*, ~у

stereotype + *G.* of/about sb ◊ **поши́рений с. англі́йців** a widespread stereotype of the English
adj. **звича́йний** common, **популя́рний** popular, **поши́рений** widespread, **традиці́йний** traditional; **гру́бий** crude, **примітиви́й** primitive; **імпе́рський** imperial, **колонія́льний** colonialist ◊ **колонія́льний с. украї́нця як селя́нина у виши́ванці й шарова́рах** the colonialist stereotype of a Ukrainian man as the peasant in an embroidered shirt and baggy pants; **нега́тивний** negative; **культу́рний** cultural, **націона́льний** national, **ра́совий** racial, **стате́вий** gender, **суспі́льний** social; **меді́йний** media ◊ **Продю́сер телепрогра́ми я́вно ми́слить меді́йними ~ами.** The TV show producer is obviously thinking in media stereotypes.
v. + **с. використо́вувати с.** use a stereotype ◊ **Він спро́щує світ, використо́вуючи ~и.** He simplifies the world, using stereotypes. (**підтве́рджувати** confirm; **ство́рювати** create, **продукува́ти** produce; **поси́лювати** reinforce, **увікові́чувати** perpetuate ◊ **Така́ репрезента́ція увікові́чує гру́бі ~и.** Such a representation perpetuates crude stereotypes. **відкида́ти** reject, **лама́ти** break, **розві́ювати** dispel, **ста́вити під су́мнів** challenge, **трощи́ти** shatter; **спира́тися на** rely on); **відповіда́ти ~ові** conform to a stereotype
с. + *v.* **існува́ти** exist, **побутува́ти** be common, **поши́рюватися** gain currency ◊ **Вони́ вивча́ють стате́ві ~и, поши́рюються се́ред метросексуа́льної мо́лоді.** They study the gender stereotypes that gain currency amidst metrosexual youth.

стерп|і́ти, *pf.*, *see* терпі́ти

to tolerate, *etc.* **Левко́ не ~і́в обра́зи й ля́снув кри́вдника по обли́ччю.** Levko did not tolerate the insult and slapped his offender on the face.

сте́р|ти, *pf.*, *see* стира́ти

to clean, *etc.* ◊ **Марі́я ~ла рушнико́м піт із чола́.** Maria wiped the sweat off her brow with a towel.

стика́|тися, ~ються; зіткн|у́тися, ~у́ться, *intr.*

1 to clash, collide; *also fig.*
adv. **ма́йже** almost, **тро́хи не** nearly ◊ **Мусі́й тро́хи не зіткну́вся з велосипеди́стом.** Musii all but collided with a bicyclist. **несподі́вано** unexpectedly, **ра́птом** suddenly; **ло́бом** head-on ◊ **Оби́дві авті́вки зіткну́лися ло́бом.** Both cars collided head-on. **го́стро** fiercely, **драмати́чно** dramatically
prep. **с. з** + *I.* collide with sb/sth ◊ **У її́ житті́ коха́ння ~ється з ві́дданістю спра́ві.** In her life, love collides with her dedication to the cause.
2 to encounter, run into, bump into, happen upon
adv. **впе́рше** for the first time ◊ **Дослі́дники ~ються з таки́м я́вищем упе́рше.** Researchers encounter such a phenomenon for the first time. **звича́йно** commonly, **реґуля́рно** regularly, **ча́сто** often; **ніко́ли не** never, **рі́дко** rarely; **несподі́вано** unexpectedly, **ра́птом** suddenly, **я́кось** on one occasion
v. + **с. могти́** can ◊ **Тут вони́ мо́жуть зіткну́тися з пова́жними тру́днощами.** Here they can bump into serious difficulties. **намага́тися не** try not to ◊ **Вона́ намага́ється не с. з Рома́ном.** She tries not to run into Roman.
prep. **с. з** + *I.* encounter sb/sth
See **зустріча́тися 1.** *Also see* **знахо́дити 3, натрапля́ти 2, ншто́вхуватися 1**
3 to meet, be in contact, deal with
adv. **бли́зько** closely ◊ **Щодня́ дослі́дниця бли́зько ~ється з про́стими людьми́.** The (female) researcher is in close contact with common people every day. **пря́мо** directly
See **зустріча́тися 1, 4**
4 to be connected, have to do with ◊ **Кіно́ пря́мо ~ється з і́ншими ви́дами мисте́цтва.** Filmmaking is directly connected with other arts.
стика́йся! зіткни́ся!

стилі́сти|ка, *f.*, *only sg.*

stylistics
adj. **лекси́чна** lexical, **літерату́рна** literary, **мо́вна** language; **архітекту́рна** architectural, **кінематографі́чна** cinematographic, **музи́чна** musical, **сцені́чна** stage, **театра́льна** theatrical
v. + **с. вивча́ти ~ку** study stylistics (**виклада́ти** teach) ◊ **Вона́ виклада́є лекси́чну ~ку.** She teaches lexical stylistics. **ціка́витися ~кою** be interested in stylistics ◊ **Він ціка́виться ~кою, як нау́кою.** He is interested in stylistics as science.
с. + *v.* **захо́плювати** + *A.* fascinate sb ◊ **Сцені́чна с. захо́плювала студе́нтів.** Stage stylistics fascinated the students.

стилісти́чн|ий, *adj.*

stylistic, of or pertaining to style
adv. **винятко́во** exceptionally, **го́ловно** mainly, **чи́сто** purely, **я́вно** obviously
с. + *n.* **с. ана́ліз** a stylistic analysis (**аспе́кт** aspect ◊ **Її́ ціка́вить го́ловно с. аспе́кт те́ксту.** She is mainly interested in the stylistic aspect of the text. **відті́нок** shade ◊ **с. відті́нок сло́ва** the stylistic shade of the word; **компоне́нт** component; **конте́кст** context; **о́пис** description; **прийо́м** device; **словни́к** dictionary); **~а диференція́ція** a stylistic differentiation (**но́рма** norm; **поми́лка** mistake; **систе́ма** system; **стратифіка́ція** stratification ◊ **ціка́вий при́клад ~ої стратифіка́ції словника́** an interesting example of the vocabulary stylistic stratification. **фу́нкція** function); **~е вжива́ння** stylistic use ◊ **~е вжива́ння діялекти́змів** a stylistic use of dialectal words (**заба́рвлення** coloring, **зна́чення** meaning, **наванта́ження** *fig.* charge); **~і відмі́нності** stylistic differences (**за́соби** means; **особли́вості** peculiarities)

стил|ь, *m.*, ~ю

style
adj. **моде́рний** modern, **нови́й** new, **суча́сний** contemporary ◊ **Суча́сний с. його́ о́дягу впада́є в о́чі.** The contemporary style of his clothes catches the eye. **стари́й** old, **старомо́дний** old-fashioned, **традиці́йний** traditional; **виразни́й** distinctive, **відмі́нний** different ◊ **помі́тно відмі́нний с. керівни́цтва** a perceptibly different management style; **індивідуа́льний** individual, **неповто́рний** inimitable, **ориґіна́льний** original, **особи́стий** personal, **своєрі́дний** unconventional, **типо́вий** typical, **унікальний** unique, **фі́рмовий** signature, **характе́рний** characteristic; **архітекту́рний** architectural; **візуа́льний** visual, **музи́чний** musical; **акто́рський** acting, **бойови́й** fighting ◊ **Боксе́р має своєрі́дний бойови́й с.** The boxer has an unconventional fighting style. **ігрови́й** playing, **маля́рський** painting; **виклада́цький** teaching, **ме́неджерський** managerial; **літерату́рний** literary, **нарати́вний** narrative, **пи́семний** writing, **письмо́вий** written ◊ **письмо́вий с. мо́влення** the written style of speech; **поети́чний** poetic, **прозо́вий** prose; **розмо́вний** colloqulal, conversational ◊ **Ча́стка «о» характе́рна для розмо́вного ~ю.** The particle "oh" is characteristic of the colloquial style. **вига́дливий** fancy, **ви́шуканий** refined, **елеґа́нтний** elegant; **жва́вий** lively; **ди́вний** strange, **екстраваґа́нтний** extravagant ◊ **Його́ екстраваґа́нтний с. не всім до впо́доби.** His extravagant style is not to everybody's liking. **незвича́йний** odd, **химе́рний** whimsical, **чудерна́цький** outlandish, **чудни́й** weird; **вульґа́рний** vulgar, **крикли́вий** flamboyant; **бу́денний** casual, **повсякде́нний** everyday, **призе́млений** down-to-earth; **висо́кий** elevated, **кни́жний** bookish, **форма́льний** formal; **академі́чний** academic, **газе́тний** newspaper, **науко́вий** scientific, **публіцисти́чний** publicistic; **аґреси́вний** aggressive, **сваві́льний** arbitrary; **бароко́вий** baroque, **ґоти́чний** Gothic, **класи́чний** classical, **рома́нський** Romanesque,

etc.; **аскети́чний** ascetic; **ненав'я́зливий** unobtrusive, **скро́мний** modest, **стри́маний** restrained, **стро́гий** stern; **еспа́нський** Spanish, **німе́цький** German, **украї́нський** Ukrainian, **япо́нський** Japanese, *etc.*
с. + *n.* **с. доби́** the style of an epoch (**керівни́цтва** management; **мо́ви** language; **о́дягу** clothing; **письма́** writing; **пла́вання** swimming ◊ **Вона́ володі́є всіма́ ~ями пла́вання.** She is apt at all styles of swimming. **архітекту́ри** architecture, **літерату́ри** literature, **мисте́цтва** art)
n. + **с. відчуття́ ~ю** a sense of style ◊ **Іва́н у всьо́му має́ відчуття́ ~ю.** Ivan has a sense of style in all things. (**озна́ка** mark); **діапазо́н ~ів** a range of styles (**різномані́ття** variety) ◊ **Ретроспекти́ва демонстру́є різномані́ття маля́рських ~ів.** The retrospective demonstrates a variety of painting styles.
v. + **с. знахо́дити с.** find a style ◊ (**відтво́рювати** reproduce, **імітува́ти** imitate, **насліду́вати** emulate ◊ **Він насліду́є с. стародáвнього Вавіло́ну.** He emulates the style of Ancient Babylonia. **встано́влювати** establish; **адаптува́ти** adapt, **достосо́вувати до** + *G.* adjust to ◊ **Він достосо́вує с. до вимо́г замо́вника.** He adjusts his style to his customer's demands. **змі́нювати** change; **ма́ти** have ◊ **Оста́п мав скро́мний с. життя́.** Ostap had a modest style of life. **розвива́ти** evolve, **формува́ти** form; **вплива́ти на** influence); **набува́ти ~ю** develop a style ◊ **Вона́ набула́ вла́сного ~ю письма́.** She developed her own style of writing. **вирізня́тися ~ем** stand out by one's style (**вража́ти** + *A.* impress sb by ◊ **Єпи́скоп врази́в їх аскети́чним ~ем резиде́нції.** The bishop impressed them by the ascetic style of his residence. **сла́витися** be famous for)
с. + *v.* **виника́ти** arise, **формува́тися** take shape; **ши́ритися** + *I.* spread around *(space)* ◊ **Нови́й с. ши́рився Євро́пою.** The new style quickly spread around Europe.
prep. **у ~і** + *G.* in a style of sb/sth ◊ **Ка́мпус збудо́вано в ~і гре́цької аго́ри.** The campus is built in the style of a Greek agora.
Also see **жанр 2, мане́ра 3, по́черк 2, склад**[2] **3, спо́сіб, фасо́н 1**

сти́мул, *m.*, **~у**
stimulus, incentive, impetus
adj. **вели́кий** great, **могу́тній** powerful, **неаби́який** major, **поту́жний** mighty, **си́льний** strong; **необхі́дний** necessary, **потрі́бний** needed; **зо́внішній** external ◊ **систе́ма зо́внішніх ~ів** a system of external stimuli; **нега́ти́вний** negative, **позити́вний** positive; **пе́рвісний** initial, **пе́рший** first; **емоці́йний** emotional, **мора́льний** moral; **розумо́вий** intellectual; **стате́вий** sexual; **зорови́й** visual, **нюхови́й** olfactory, **слове́сний** verbal, **слухови́й** auditory, **чуттє́вий** sensory; **грошови́й** monetary, **економі́чний** economic, **матеріа́льний** material, **фіна́нсовий** financial ◊ **По́зика служи́ла фіна́нсовим ~ом до рефо́рм.** The loan served as a financial stimulus to reforms.
See **спону́ка**

стипе́нді|я, *f.*, **~ї**
grant, scholarship, stipend, fellowship
adj. **вели́ка** large ◊ **Міні́стр призначи́в вели́ку ~ю на розро́бку ново́го підру́чника з істо́рії.** The minister allocated a large grant for the development of a new history textbook. **значна́** considerable, **солі́дна** substantial; **невели́ка** small, **обме́жена** limited, **скро́мна** modest; **дослі́дницька** research, **навча́льна** educational, **науко́ва** scientific, **студе́нтська** student ◊ **Ре́ктор оголоси́в скоро́чення числа́ студе́нтських ~ій.** The (university) president announced the reduction of the number of student scholarships. **до́кторська** doctoral; **прива́тна** private, **урядо́ва** government; **прести́жна** prestigious; **щорі́чна** annual
n. + **с. вимо́ги ~ї** requirements of a scholarship (**мета́** goal, **ро́змір** size; **умо́ви** terms)
v. + **с. дістава́ти ~ю** get a grant ◊ **Со́ля діста́ла до́кторську ~ю в Га́рварді.** Solia got a doctoral fellowship at Harvard. (**отри́мувати** receive; **здобува́ти** win; **дава́ти** + *D.* give sb, **надава́ти** + *D.* grant sb ◊ **Цього́річ інститу́т надає́ бі́льше ~ій, як торі́к.** This year, the institute grants more scholarships than last year. **пропонува́ти** + *D.* offer sb; **збі́льшувати** increase, **зме́ншувати** reduce, **скоро́чувати** cut; **заснóвувати** found ◊ **Вони́ заснува́ли дослі́дницьку ~ю сво́го і́мени.** They founded a research fellowship in their name. **признача́ти** + *D.* allocate sb; **подава́ти(ся) на** apply for) ◊ **На ~ю мо́жуть подава́ти(ся) лише́ громадя́ни краї́ни.** Only citizens of the country can apply for the scholarship. **забезпе́чувати** + *A.* **~єю** provide sb with a scholarship (**нагоро́джувати** + *A.* award sb) ◊ **Ма́рту нагороди́ли ~єю.** Marta was awarded a scholarship. **ма́ти пра́во на ~ю** be eligible for a scholarship (**могти́ претендува́ти на** qualify for) ◊ **Лише́ аспіра́нти суспі́льних дисципл́ін мо́жуть претендува́ти на нову́ ~ю.** Only doctoral candidates of social sciences qualify for the new grant.
prep. **с. від** + *G.* grant from sb ◊ **с. від Украї́нської науко́вої фунда́ції** a scholarship from the Ukrainian Science Foundation; **с. для** + *G.* a grant for sb/sth ◊ **с. для особли́во талано́ви́тої мо́лоді** a scholarship for especially talented youth; **с. і́мени** + *G.* a scholarship named after sb ◊ **дослі́дницька с. і́мени Ю́джина та Да́ймел Шкля́рів** the Eugene and Daymel Shklar Research Fellowship; **с. на** + *A.* grant for sth ◊ **с. на тра́нспортні ви́трати** a travel grant

стира́|ти, ~ють; сте́рти, зітр|у́ть; *pa. pf., m.* **стер**, *pl.* **сте́рли**, *tran.*
1 to wipe, rub, clean, mop; *also fig.*
adv. **акура́тно** neatly, **ле́гко** gently, **обере́жно** carefully ◊ **Він обере́жно ~є по́рох, щоб не розби́ти порцеля́ни.** He is wiping the dust off carefully, so as not to break the china. **рете́льно** thoroughly, **стара́нно** diligently; **вмить** instantly, **поква́пно** hastily, **за́раз же** right away, **шви́дко** quickly; **пові́льно** slowly; **чи́сто** clean ◊ **Тре́ба зна́ти, як чи́сто с. ши́би.** One needs to know how to wipe the panes clean.
с. + *n.* **с. бруд** wipe off dirt (**кри́хти** crumbs; **піт** sweat ◊ **Час від ча́су Кві́тка ~ла з чола́ піт рушнико́м.** From time to time, Kvitka wiped the sweat off her forehead with a towel. **по́рох** dust, **са́жу** soot)
v. + **с. бу́ти тре́ба** + *D.* need to, **ма́ти** have to, be supposed to; **встига́ти** have the time to; ◊ **Прибира́льники встигли сте́рти весь бруд із підло́ги.** The janitors had the time to wipe off all the dirt from the floor. **бра́тися** get down to, **ква́питися** hasten to ◊ **Він ква́пився сте́рти по́рох із ме́блів.** He was in a hurry to wipe the dust off the furniture. **почина́ти** begin to, **ста́ти** *pf.* start; **проси́ти** + *A.* ask sb to
prep. **с. з** + *G.* wipe off sth ◊ **Ні́ла сте́рла сльо́зи йому́ з обли́ччя.** Nila wiped the tears off his face.
See **витира́ти 1**
2 to delete, erase, scratch out
adv. **без слі́ду** without a trace, **геть** totally, **чи́сто** clean, **цілко́м** completely; **ма́йже** almost, **ма́ло не** all but ◊ **Він ма́ло не стер усе́, що написа́в за пів дня пра́ці.** He all but deleted everything he had written in half a day of work. **практи́чно** practically, **факти́чно** virtually; **навми́сно** deliberately ◊ **Виклада́чка навми́сно сте́рла все з до́шки.** The (female) instructor deliberately erased everything from the blackboard.
v. + **с. ква́питися** hasten to ◊ **Вона поква́пилася сте́рти обра́зливе сло́во.** She hastened to delete the insulting word. **намага́тися** try to
Also see **викре́слювати 1**
3 *fig.* to obliterate, eradicate, destroy, wipe off ◊ **По́вінь загро́жувала сте́рти мі́сто з лиця́ землі́.** The flood threatened to wipe the city off the face of the earth.
Also see **викре́слювати 2**
4 to grind, crush, pulverize
prep. **с. на** + *A.* grind to/into sth ◊ **Млинко́м вона́ ~є ка́вові зе́рна на порошо́к.** She grinds the coffee beans to powder with the coffee mill.
pa. pple. **сте́ртий** deleted
стира́й! зітри́!

стира́|тися; сте́ртися, *intr.*
1 to fade, get erased, be effaced, get obliterated; *fig.* disappear
adv. **де́що** somewhat, **наполови́ну** half ◊ **За́писи, зро́блені олівце́м, наполови́ну сте́рлися.** The notes done in pencil were half-erased. **тро́хи** a little; **до́бре** a great deal, **зо́всім** totally, **ціль́ком** completely; **поступо́во** gradually ◊ **Ті поді́ї поступо́во ~лися в його́ па́м'яті.** Those events gradually faded in his memory. **ма́йже** almost; **без слі́ду** without a trace ◊ **Почуття́ обра́зи сте́рлося без слі́ду.** The sense of insult disappeared without a trace. **вре́шті-ре́шт** eventually, **неуни́кно** inevitably, **остато́чно** ultimately
v. + **с. встигнути** *pf.* manage to ◊ **За мі́сяць ґрафі́ті встигло до́бре сте́ртися.** After a month, the graffiti managed to get erased quite a bit.
Also see **зника́ти**
2 *pass.* to be deleted, be erased; be ground, *etc.* ◊ **У маля́ровій сту́дії міне́рали рете́льно ~лися на по́рох.** In the artist's studio, minerals were thoroughly ground into powder.
See **стира́ти 1-4**

стиска́|ти, *var.* **сти́ску|вати, ~ють; сти́сн|ути, ~уть**; *pa. pf., m.* **стис**, *or* **сти́снув**, *pl.* **сти́сли**, *or* **сти́снули**, *tran.*
1 to squeeze, press, squash, clench
adv. **мі́цно** tightly ◊ **Іва́н мі́цно ~в ки́йок у руці́.** Ivan was tightly squeezing the stick in his hand. **си́льно** hard; **леге́нько** *dim.* slightly ◊ **Вона́ леге́нько сти́снула Ні́ну за ру́ку, подаючи́ знак.** She slightly squeezed Nina by the hand, giving her a sign. **ле́гко** gently, **обере́жно** carefully; **на мить** for a moment; ♦ **с. плечи́ма** to shrug one's shoulders ◊ **Вона́ ні́чого не сказа́ла, а лише́ сти́снула плечи́ма.** She said nothing, but only shrugged her shoulders.
с. + *n.* **с. гу́би** press one's lips together; **с. зу́би** clench one's teeth ◊ **Біль зму́сив І́горя сти́снути зу́би.** The pain made Ihor clench his teeth. (**кулаки** fists) ◊ **Лі́на від гні́ву сти́снула кулаки́.** Lina clenched her fists with anger. ♦ **с. ру́ку** to shake sb's hand ◊ **Вони́ ста́ли проща́тися, обійма́тися, с. оди́н одному́ ру́ки.** They started saying goodbyes, hugging, and shaking each other's hands.
prep. **с. за** + *A.* squeeze by sth ♦ **Напа́дник так си́льно сти́снув хло́пця за го́рло, що той поси́нів.** The assailant squeezed the boy so hard by the throat, that the latter turned blue.
2 *colloq.* to embrace ◊ **Васи́ль ні́жно ~в її́.** Vasyl was tenderly embracing her.
See **обійма́ти 2**
pa. pple. **сти́снутий** squeezed, clenched ◊ **О́льга сказа́ла це крізь сти́снуті зу́би.** Olha said it through her clenched teeth.
стиска́й! сти́сни!

стиска́|тися; сти́снутися, *intr.*
1 to compress, contract, clench ◊ **Від ру́ху по́ршня вго́ру пові́тря в цилі́ндрі ~ється.** With the piston moving upwards, the air in the cylinder compresses. ◊ **Від триво́ги в не́ї сти́снулося се́рце.** Her heart clenched with anxiety.
prep. **с. в** + *A.* clench into sth ◊ **Його́ па́льці сти́снулися в кула́к.** His fingers clenched into a fist.
2 to cling, huddle, cluster, gather
prep. **с. в** + *A.* cling into sth ◊ **Щоб не**

ме́рзнути, лю́ди ті́сно сти́снулися в ку́пу. In order to keep warm, the people clung tightly into a group. **с. навко́ло** + *G.* huddle around sth ◊ **Навко́ло ри́нку сти́снулися старі́ кам'яни́ці.** Old stone houses huddled around the market.
3 to embrace, hug ◊ **Вони́ те́пло сти́снулися на проща́ння.** They warmly hugged before parting.
See **обійма́тися**

сти́сл|ий, *adj.*
concise, succinct, pithy, short
adv. **більш** more, **відно́сно** relatively ◊ **Ви́клад відно́сно с. і по су́ті.** The account is relatively pithy and to the point. **вкрай** extremely ◊ **Вони́ закі́нчили у вкрай ~ий час.** They finished in an extremely short time. **до́сить** fairly, **доста́тньо** sufficiently, **ду́же** very, **порі́вняно** comparatively; **милосе́рдно** mercifully ◊ **Рі́чний звіт ви́явився милосе́рдно ~им.** The yearly report turned out to be mercifully concise. **невипра́вдано** unjustifiably, **на́дто** too
v. + **с. бу́ти ~им** be concise (**виявля́тися** turn out; **здава́тися** + *D.* seem to sb; **роби́ти** + *A.* make sth) ◊ **Реда́ктор зроби́в стаття́ більш ~ою.** The editor made the article more concise.
See **коро́ткий 2.** *Also see* **лаконі́чний**

сти́сну|ти, *pf., see* **стиска́ти**
to squeeze, *etc.* ◊ **Га́ля ~ла його́ за колі́но.** Halia squeezed him by the knee.

сти́сну|тися, *pf., see* **стиска́тися**
to compress, *etc.* ◊ **Від вели́кого зуси́лля її́ гу́би ~лися.** Her lips pressed together with great exertion.

стихі́йн|ий, *adj.*
spontaneous, elemental ◊ **Він милува́вся ~ою красо́ю мо́ря.** He was admiring the elemental beauty of the sea. ◊ **~ а си́ла** elemental force; ♦ **~е ли́хо** a natural calamity
adv. **абсолю́тно** absolutely, **цілко́м** completely; **до́сить** quite; **пози́рно** seemingly ◊ **пози́рно ~і проте́сти** the seemingly spontaneous protests; **спра́вді** really; **я́вно** obviously
v. + **с. бу́ти ~им** be spontaneous ◊ **О́пір був абсолю́тно ~им.** The resistance was absolutely spontaneous. (**вигляда́ти** look ◊ **Те, що пе́рві́сно вигляда́ло ~им, ви́явилося сплано́ваною провока́цією.** What initially looked spontaneous proved to be a planned provocation. **здава́тися** + *D.* seem to sb) ◊ **Проце́с здава́вся ~им і некеро́ваним.** The process seemed spontaneous and uncontrolled.
Also see **спонта́нний**

стихі́йн|ість, *f.*, **~ости**, *only sg.*
spontaneity
adj. **абсолю́тна** absolute, **правди́ва** true, **цілкови́та** complete, **я́вна** obvious; **небезпе́чна** dangerous, **непотрі́бна** unnecessary
с. + *v.* **бу́ти притама́нною** + *D.* be typical of sb ◊ **Небезпе́чна с. бува́є притама́нною на́товпові.** Dangerous spontaneity tends to be typical of a mob. **характеризува́ти** + *A.* characterize sb/sth
Also see **спонта́нність**

стихі́|я, *f.*, **~ї**
1 elements, bad weather, might, nature
adj. **вели́чна** magnificent, **грі́зна** awesome ◊ **Грі́зна с. мо́ря прива́блювала Га́нну.** The awesome might of the sea attracted Hanna. **могу́тня** mighty, **неперебо́рна** insuperable, **нищі́вна** devastating, **руйні́вна** ruinous; **жорсто́ка** cruel, **невблага́нна** implacable, **розлю́чена** infuriated, **серди́та** angry
v. + **с. завойо́вувати ~ю** conquer the elements (**підкоря́ти** *and* **прибо́ркувати** tame); **шука́ти за́хисту від ~ї** look for protection from the elements ◊ **Вони́ шука́ють за́хисту від ~ї.** They are looking for protection from the elements. **ки́дати ви́клик ~ї** brave the elements ◊ **Яре́ма гото́вий ки́нути ви́клик ~ї.** Yarema is ready to brave the elements. **бо́ротися зі ~єю** battle the elements (**бу́ти беззбо́ронним пе́ред** be exposed to ◊ **Моряки́ були́ беззбо́ронними пе́ред ~єю.** The sailors were exposed to the elements. **бу́ти відкри́тим пе́ред** be open to ◊ **Хати́на цілко́м відкри́та пе́ред ~єю.** The hut is completely open to the elements. **виявля́тися незахи́щеним пе́ред** turn out to be unprotected from)
2 *fig.* chaos, mayhem, disorder, turmoil ◊ **Миро́н знав, як роби́ти гро́ші в умо́вах ри́нкової ~ї.** Myron knew how to make money in the conditions of the market mayhem.
See **хаос**
3 *fig.* natural environment, element ◊ **Заня́ття, ле́кції, семіна́ри – все це ста́ло Окса́ниною приро́дною ~єю.** Classes, lectures, seminars – all that became Oksana's natural environment. ♦ **почува́тися у свої́й ~ї** to feel in one's element ◊ **У Нью-Йо́рку він почува́вся у свої́й ~ї.** In New York, he felt in his element.

ст|іл, *m.*, **~ола́** *or* **~о́лу**
1 table
adj. **вели́кий** big, **величе́зний** huge, **висо́кий** tall, **до́вгий** long, **широ́кий** wide; **важки́й** heavy, **маси́вний** massive ◊ **Посе́ред за́ли стоя́в маси́вний с.** A massive table stood in the middle of the hall. **мали́й** *and* **невели́кий** small, **низе́нький** *dim.* low, **низьки́й** low; **кру́глий** round ♦ **зу́стріч за кру́глим ~оло́м** a roundtable meeting; **ова́льний** oval; **квадра́тний** square, **прямоку́тний** rectangular ◊ **Для кімна́ти піді́йшов би прямоку́тний с.** A rectangular table would fit the room. **дерев'я́ний** wooden, **метале́вий** metal, **пластма́совий** plastic, **дубо́вий** oak, **мармуро́вий** marble ◊ **Щове́чора він сіда́в за мармуро́вим ~оло́м надво́рі писа́ти щоде́нник.** Every evening he would sit down at the marble table outdoors to write his journal. **скляни́й** glass, **стале́вий** steel; **го́лий** bare, **поро́жній** empty; **білья́рдний** billiard, **картя́рський** card ◊ **Атмосфе́ра навко́ло картя́рського ~о́лу ста́ла напру́женою.** The atmosphere around the card table became tense. **ку́хонний** kitchen, **маса́жний** massage, **операці́йний** operating; **банке́тний** banquet, **буфе́тний** buffet, **обі́дній** lunch, **рестора́нний** restaurant; **конференці́йний** conference, **кресля́рський** drafting, drawing, ♦ **письмо́вий с.** a desk ◊ **Він працюва́в за письмо́вим ~оло́м.** He worked at a desk. **журна́льний** coffee, **те́нісний** tennis, **ша́ховий** chess; **імпровізо́ваний** makeshift ◊ **Із до́щок Ка́тря зроби́ла імпровізо́ваний с.** Katria made a makeshift table from boards.
с. + *n.* ♦ **с. перегово́рів** a negotiating table ◊ **Вони́ сі́ли за с. перемо́вин.** They sat down to the negotiating table.
n. + **с. край ~ола́** *or* **~о́лу** a table edge (**ні́жка** *and* **ного́** ◊ **Одна́ ні́жка ~о́лу тро́хи коро́тша.** One table leg is a little shorter. **оздо́блення** decoration; **шухля́да** drawer) ◊ **Марі́я трима́є па́спорт у шухля́ді ~ола́.** Maria keeps her passport in the table drawer. **кіне́ць ~ола́** *or* **~о́лу** the end of a table (**сере́дина** middle, **центр** center, **чоло́** head) ◊ **Вона́ сиді́ла на чолі́ ~ола́.** She sat at the head of the table.
v. + **с. займа́ти с.** occupy a table ◊ **Ді́ти зайняли́ с. у ї́дальні.** The children occupied the table in the canteen. (**витира́ти** wipe ◊ **Рома́н чи́сто ви́тер ~олú.** Roman wiped the tables clean. **замовля́ти** reserve; **обслуго́вувати** wait ◊ **Ке́льнер обслуго́вує шість ~олі́в.** The waiter waits six tables. **переверта́ти** overturn; **переставля́ти** move ◊ **Щоб зроби́ти мі́сце, с. перест́авили до вікна́.** To make room, the table was moved to the window. **ста́вити** put; **накрива́ти (на)** set ◊ **Вона́ накри́ла с. на шість осі́б.** She set the table for six people. **подава́ти** + *A.* **на** serve sth ◊ **Подаючи́ вече́рю на с., Ната́лка пи́льно слідкува́ла за хло́пцями.** Serving the dinner, Natalka was closely watching the boys. **сіда́ти за** sit down at); **встава́ти** *or* **підво́дитися з-за ~о́лу** get up from a table ◊ **Усі́ вста́ли з-за ~о́лу.** Everybody got up from the table. (**збира́ти** *or* **прибира́ти з** clear ◊ **Сашко́ допомі́г при́ятелеві зібра́ти** *or* **прибра́ти зі ~о́лу.** Sashko helped his friend to clear the table. **сіда́ти до** sit down at a table ◊ **Газди́ня запроси́ла госте́й сіда́ти до ~о́лу.** The lady of the house invited her guests to sit down at the table. **сиді́ти навко́ло** be seated around) ◊ **Уча́сники симпо́зіюму сиді́ли навко́ло ~о́лу.** The symposium participants sat around a huge table. **сиді́ти за ~оло́м** be seated at a table (**схиля́тися над** lean over)
с. + *v.* **бу́ти зава́леним** + *I.* be piled with sth ◊ **Його́ с. зава́лений папе́рами.** His table is piled with papers. **підхо́дити** + *D.* fit sb/sth; **стоя́ти** stand
prep. **бі́ля ~о́лу** near a table ◊ **Телеві́зор стоя́в бі́ля само́го ~о́лу.** The TV set stood right near the table. **до ~ола́** *or* **~о́лу** to/for a table ♦ **щось до ~о́лу** sth to eat ◊ **Він за́вжди́ прино́сив із собо́ю щось до ~о́лу.** He would always bring along something to eat. **за с.** *dir.* at/to a table ◊ **Ївга посади́ла ї́х за с.** Yivha sat them at the table. **за ~о́м** 1) *posn.* at a table ◊ **Ві́ктор писа́в за ~оло́м.** Viktor wrote at the table. 2) *fig.* over a table, while eating, *also* **при ~олі́** ◊ **Вони́ бага́то смія́лися за ~оло́м** *or* **при ~олі́.** They laughed a lot over the table. **на с.** *dir.* on/to a table ◊ **Вона́ ки́нула па́пку на с.** She threw the file on the table. **на ~олі́** *posn.* on a table ◊ **На ~олі́ стоя́ть живі́ кві́ти.** There are fresh flowers on the table. **навко́ло ~ола́** *or* **~о́лу** around a table ◊ **Навко́ло ~ола́** *or* **~о́лу не лиша́лося жо́дного ві́льного стільця́.** There was not a single vacant chair left around the table. **під с.** *dir.* under a table ◊ **Ді́ти схова́лися під с.** The children hid under the table. **під ~оло́м** *posn.* under a table ◊ **Вона́ знайшла́ світли́ну під ~оло́м.** She found the photograph under the table. **у ~олі́** in a table, in a table drawer ◊ **Ма́рта хова́є гро́ші у ~олі́.** Marta hides her money in the table.
Cf. **бю́рко**
2 *fig.* meal, table, food, menu ◊ **Рестора́н пропону́є ви́шуканий с.** The restaurant offers an exquisite menu.
adj. **бага́тий** rich; **веґетарія́нський** vegetarian, **здоро́вий** healthy; **різномані́тний** varied; **вели́ко́дній** Easter, **святко́вий** festive; **типо́вий** typical, **традиці́йний** traditional; **украї́нський** Ukrainian, **францу́зький** French, **шве́дський** Swedish, smorgasbord; **ви́шуканий** exquisite, **га́рний** nice
See **діє́та, ї́жа.** *Also see* **2, пере́куска, стра́ва 1**
3 *fig.* bureau, agency
adj. **па́спортний** passport ◊ **Він шука́є па́спортний с.** He is looking for the passport bureau. ♦ **с. зна́хідок** a lost and found office
See **аге́нція**

стіл|е́ць, *m.*, **~ьця́**
chair
adj. **ви́гідний** *and* **зру́чний** *and* **комфо́ртний** comfortable ◊ **С. був ви́гідним.** The chair was comfortable. **незру́чний** uncomfortable, **тверди́й** hard ◊ **Тя́жко сиді́ти на таки́х тверди́х ~ьця́х.** It is difficult to sit on such hard chairs. **висо́кий** tall, **низьки́й** low; **розхи́таний** rickety; **склада́ний** *and* **розкладни́й** folding; **поро́жній** empty ◊ **У ряді́ залиша́лося кі́лька поро́жніх ~ьці́в.** Several empty chairs remained in the row. **ві́денський** Vienna, **ку́хонний** kitchen, **офі́сний** office, **пля́жний** beach, **садо́вий** garden ◊ **Навко́ло стола́ стоя́ли бі́лі садо́ві ~ьці́.** White garden chairs stood around the table. **дерев'я́ний** wooden, **метале́вий** metal, **пластма́совий** plastic, **пле́тений** wicker, **стале́вий** steel; **антиква́рний** antique ◊ **Юрко́ купи́в шість антиква́рних ~ьці́в.**

Yurko bought six antique chairs. **старий** old; **з високою спинкою** high-backed ◊ **Він сидів на ~ьці з високою спинкою.** She sat on a high-backed chair. **із прямою спинкою** straight-backed; ♦ **електричний с.** *hist.* the electric chair

n. + **с. бильце ~ьця** the arm of a chair ◊ **Олена поклала лікті на оббиті шкірою бильця ~ьця.** Olena put her elbows on the leather-upholstered arms of the chair. (**ніжка** leg, **сидіння** seat, **спинка** back); **набір ~ьців** a set of chairs (**ряд** row)

v. + **с. брати с.** *or* **~ьця** take a chair ◊ **Ліна взяла плетений с.** *or* **плетеного ~ьця на веранду.** Lina took a wicker chair to the porch. (**виставляти** put out, **витягати** pull out ◊ **Роман витягнув із-під стола кухонний с.** Roman pulled out a kitchen chair from under the table. **відсовувати** push back ◊ **Вона встала, відсунувши с.** She stood up, having pushed back her chair. **давати** + *D.* give sb ◊ **Христя дала гостеві с. зі спальні.** Khrystia gave her guest the chair from her bedroom. **хапати** grab; **опускатися на** lower oneself on); **вставати зі ~ьця** stand up from a chair ◊ **Вона встала зі ~ьця й підійшла до мікрофона.** She stood up from her chair and approached the microphone. (**підійматися** *or* **підніматися з** rise from) ◊ **Присутні піднялися зі ~ьців.** Those present rose from their chairs.

с. + *v.* **крутитися** swivel ◊ **Степан має с., що крутиться.** Stepan has a chair that swivels. **ламатися** break ◊ **С. поламався.** The chair broke. **падати** fall, **перевертатися** topple over, **перекидатися** fall over ◊ **Вона піднялася так енергійно, що с. перекинувся.** She rose with such vigor that her chair fell over. **скрипіти** creak ◊ **Старий с. скрипів від кожного її руху.** The old chair creaked from her every movement. **стояти** stand

prep. **на с.** *dir.* on/to a chair ◊ **Слава поставила сумку на с.** Slava put the bag on the chair. **на ~ьці** *posn.* on a chair ◊ **Кіт спить на дерев'яному ~ьці.** The cat is sleeping on the wooden chair.

Cf. **крісло**

стільки, *dem. pr. and adv.*

1 *dem. pr.* so much, so many, as much as + *G.* ◊ **с. часу** so much time; ◊ **У нас с. роботи.** We have so much work. ◊ **Хома має лише с. грошей.** Khoma has only so much money. ◊ **За с. часу закінчити роботу ледве можна.** To finish the work in so much time is hardly possible. **с., скільки** as much (many) as ◊ **Вони готові дати с. зерна, скільки треба, щоб засіяти поле.** They are ready to give as much grain as is needed to sow the field. **с., що** + *clause* so much (many) as to + *inf.* ◊ **Вони с. працювали, що ледь могли стояти на ногах.** They had worked so much that they were barely capable of standing on their feet.

Also see **так 3**

2 *adv.* so much, so many, as much (many); in such quantity ◊ **Новачуки с. бачили в Криму.** The Novachuks have seen so much in the Crimea. ♦ **два рази** *or* **двічі с.** twice as much ◊ **Гнат має сто тисяч позики, а Остап – два рази с.** Hnat has a 100,000 loan, and Ostap twice as much. ♦ **с. само** the same amount; ♦ **не с., скільки** not so much ... as ... ◊ **Нею мотивувала не с. любов, скільки хтивість.** It was not so much love that drove her as lust.

стін|á, *f.*, **~и**

wall

adj. **висока** high, **низька** low; **безкінечна** endless, **довга** long, **коротка** short; **гола** bare, **порожня** blank; **глуха** solid, **товста** thick, **тонка** thin ◊ **Квартира має тонкі ~и.** The apartment has thin walls. **масивна** massive, **могутня** *and* **потужна** powerful; **бокова** side, **задня** back, **передня** front; **внутрішня** internal, **зовнішня** external ◊ **Внутрішні ~и будинку тонші, як зовнішні.** The internal walls of the house are thinner than the external ones. **протилежна** opposite; **суміжна** adjoining; **капітальна** load-bearing; **кухонна** kitchen; **бетонна** concrete, **дерев'яна** wooden, **камінна** *or* **кам'яна** stone, **мурована** masonry, **цегляна** brick; **побілена** whitewashed, **помальована** *or* **пофарбована** painted, **потинькована** plastered; **потріскана** cracked, **стара** old; **замкова** castle, **міська** city, **тюремна** prison

с. + *n.* **с. будинку** a building wall (**квартири** apartment; **в'язниці** *or* **тюрми** prison, **камери** cell; **замку** castle, **міста** city, **палацу** palace, **фортеці** fortress, **печери** cave; **посудини** vessel); **с. вогню** *fig.* a wall of fire (**води** water ◊ **Водоспад утворює ~у води.** The waterfall forms a wall of water. **диму** smoke, **туману** fog)

v. + **с. будувати ~у** build a wall (**зводити** put up, **мурувати** construct; **валити** demolish, **розбивати** break, **розвалювати** destroy; **закривати** cover ◊ **~у закриває гобелен.** A tapestry covers the wall. **прикрашати** decorate ◊ **Полотна місцевих малярів прикрашали потиньковані ~и зали.** Canvases by local artists decorated the plastered walls of the hall. **білити** whitewash ◊ **Іван білив ~и, а його жінка – стелі.** Ivan whitewashed the walls and his wife the ceilings. **малювати** *or* **фарбувати** paint ◊ **Віра помалювала ~и вітальні бежевим кольором.** Vira painted the living room walls beige. **тинькувати** plaster; **вішати** + *A.* **на** hang sth on; **перелазити** climb over, **перестрибувати (через)** jump over ◊ **Ледве хто перестрибне таку високу ~у** *or* **через таку високу ~у.** Hardly anybody will jump over such a high wall. **дертися** *or* **лізти на** scale ◊ **Він видерся на фортечну ~у.** He scaled the fortress wall. **підпирати** prop up ◊ **Дерев'яна колода підпирала ~у.** The wooden log propped up the wall. **вилазити на** climb; **дивитися на** stare at ◊ **Він мовчки дивився на ~у камери.** He stared silently at the wall of his cell. **спілкуватися через** communicate through); **припирати** + *A.* **до ~и** press sb against a wall (**приставляти** + *A.* **до** put sth to, **притулятися до** lean against); **дертися по ~і** shin up a wall (**лізти по** climb)

с. + *v.* **обвалюватися** collapse, **розвалюватися** fall apart, **рухнути** *only pf.* fall down; **стояти** stand ◊ **Задня с. собору стояла цілою.** The back wall of the cathedral stood intact. **оточувати** + *A.* surround sth ◊ **Товсті кам'яні ~и оточували дитинець замку.** Thick stone walls surrounded the castle courtyard. **відділяти** + *A.* separate sth, **поділяти на** + *A.* *or* **розділяти на** + *A.* divide into sth ◊ **Тонкі ~и поділяли колишню залу на три спальні.** Thin walls divided the former sitting room into three bedrooms.

prep. **за ~ою** behind a wall ◊ **Він чув голоси за ~ою.** He heard voices behind the wall. **на ~і** on a wall ◊ **На ~і висить картина.** There is a picture hang-ing on the wall. **понад ~ою** *and* **уздовж ~и** along a wall ◊ **Уздовж ~и тягнеться рів із водою.** A moat with water runs along the wall. **у ~у** *dir.* into a wall ◊ **Забивши цвяха у ~у, вона повісила на нього картину.** Having hammered a nail into the wall, she hung a picture on it. **у ~і** *posn.* in a wall; **через ~у** over/through a wall ◊ **Вони спілкуються через ~у.** They communicate through the wall.

стлі|ти, *pf.*, *see* **тліти**

to smoulder *(to the end), etc.* ◊ **До весни торішнє листя майже ~є.** By spring, the last-year's leaves will almost have decayed.

стовбур, *m.*, **~а**

trunk *(of a tree)*; stem *(of a bigger plant)*

adj. **великий** big ◊ **Поперек дороги лежить великий с.** A big trunk lies across the road. **величезний** huge, **грубий** thick, **масивний** massive, **могутній** *and* **потужний** powerful; **випорожнений** hollowed-out, **порожній** hollow; **гнилий** decaying, **трухлявий** rotten ◊ **С. наполовину трухлявий.** The trunk is half rotten. ♦ **генеалогічний с.** a genealogical tree

с. + *n.* **с. дерева** a tree trunk (**дуба** oak, **клена** maple, **липи** linden, **сосни** pine, **тополі** poplar); **с. будяка** a thistle stem (**квітки** flower, **рослини** plant, **соняшника** sunflower)

стовп, *m.*, **~á**

1 post, pole, pillar

adj. **великий** big, **високий** high, **масивний** massive ◊ **Чотири масивні ~и тримають будинок метр над водою.** Four massive pillars hold the house a meter above the water. **бетонний** concrete, **ґранітний** granite, **дерев'яний** wooden, **камінний** *or* **кам'яний** stone, **мармуровий** marble; **дорожній** road, **телеграфний** telegraph ◊ **Уздовж дороги стоять телеграфні ~и.** Telegraph posts stand along the road. ♦ **хребетний с.** *anat.* a spine

с. + *n.* **с. диму** a pillar of smoke ◊ **С. густого диму піднімається над комином.** A pillar of thick smoke rises over the chimney.

v. + **с. встановлювати с.** *or* **~á** erect a post ◊ **У центрі майдану встановили мармуровий с.** They erected a marble pillar in the center of the square. (**ставити** put ◊ **На кожному кілометрі поставили дорожній с.** *or* **дорожнього ~á.** A road post was put at every kilometer. **вилазити на** climb); **прибивати** + *A.* **до ~á** nail sth to a post

с. + *v.* **підпирати** + *A.* prop sth up ◊ **Бетонні ~и підпирають міст.** Concrete pillars prop up the bridge. **стояти** stand; **тримати** + *A.* hold sth up

2 *fig.* pillar, stalwart, mainstay ◊ **Пан В. був ~ом громади.** Mr. V. was a pillar of the community.

See **підтримка**

3 *fig., collog.* dumbhead, dimwit, dolt ◊ **Його вважали безнадійним ~ом.** He was considered a hopeless dolt.

See **дурень.** *Also see* **жлоб 1, нещастя 2, туман 3**

стогн|ати, **~уть;** *no pf., intr.*

1 to moan, groan; *pf.* **за~** to start moaning ◊ **Хтось тихо застогнав.** Somebody gave a quiet moan.

adv. **відчайдушно** desperately ◊ **Хлопець відчайдушно застогнав.** The boy started moaning with despair. **голосно** loudly, **надривно** shrilly, **жалібно** desolately; **тихо** quietly ◊ **У палаті тихо ~али поранені.** The wounded quietly groaned in the ward.

v. + **с. стати** *pf.* start, **переставати** stop; **намагатися не** try not to ◊ **Він намагався не с.** He tried not to groan.

prep. **с. від** + *G.* groan with *(pain, etc.)* ◊ **Він ~ав від болю.** He was groaning with pain.

2 *fig.* to suffer

prep. **с. в** + *L.* suffer in sth ◊ **Століттями народ ~е в рабстві.** For centuries, the people has suffered in slavery. ◊ **с. під** + *I.* suffer under *(oppression)* ◊ **с. під ярмом завойовника** suffer under the invader's yoke

See **страждати.** *Also see* **діставатися 3, потерпати 1**

3 *fig.* to complain ◊ **Ніхто не любить с. так, як Микола.** Nobody likes to complain as much as Mykola.

See **скаржитися**

стогни!

столиц|я, *f.*

capital *(city)*

adj. **велика** great; **австрійська** Austrian, **білоруська** Belarusian, **європейська** European, **китайська** Chinese, *etc.* **світова** world, **українська** Ukrainian; **закордонна** foreign, **провінційна** provincial, **реґіональна** regional, **штатова** state; **духовна** spiritual, **історична** historical ◊ **Місто Луцьк – історична с. Волині.** The city of Lutsk is the historical capital of Volyn. **культурна** cultural ◊ **Кілька міст претендують на те, щоб називатися культурною ~ею світу.** Several cities claim to be called the cultural capital of the world.

оперо́ва opera, **театра́льна** theatrical; **бізнесо́ва** business, **фіна́нсова** financial
с. + *n.* **с. держа́ви** the capital of a nation (**Євро́пи** Europe ◊ **Міла́н вважа́ли оперо́вою ~ею Євро́пи.** Milan was considered to be the opera capital of Europe. **краї́ни** country, **кра́ю** land, **о́бласти** oblast, **сві́ту** world)
prep. **до ~і** to a capital ◊ **До ~і лиша́ється годи́на.** An hour remains to get to the capital. **зі ~і** from a capital ◊ **Ла́на вчо́ра поверну́лася зі ~і.** Lana returned from the capital yesterday. **у ~ю** *dir.* to/in a capital ◊ **Коли́ вони́ приї́хали у ~ю?** When did they arrive in the capital? **у ~і** *posn.* in a capital ◊ **Чудо́ві теа́три трапля́ються не ті́льки у ~і краї́ни.** Superb theaters can be found not only in the capital of the country.
See **мі́сто, центр** 1

столі́т|тя, *nt.*
1 century ◊ **два́дцять пе́рше с.** the twenty-first century
adj. **ни́нішнє** *and* **тепе́рішнє** present; **насту́пне** next, **нове́** new; **мину́ле** past, **попере́днє** previous; **чергове́** *and* **ще одне́** another
n. + **с. злам с.** the turn of a century ◊ **Поді́я ста́лася на зла́мі с.** The event occurred at the turn of the century. (**кіне́ць** end ◊ **під кіне́ць с.** towards the end of the century, ◊ **при кінці́ с.** at the end of the century; **полови́на** half; **поча́ток** beginning ◊ **на поча́тку с.** at the beginning of the century; **сере́дина** middle)
v. + **с. почина́ти с.** begin a century ◊ **Краї́на почина́ла нове́ с.** The country was beginning a new century. (**охо́плювати** span ◊ **Експози́ція охо́плює п'ять ~ь.** The exhibition spans five centuries. **вступа́ти в** enter) ◊ **Вони́ вступи́ли у нове́ с., спо́внені оптимі́зму.** They entered the new century filled with optimism.
с. + *v.* **надхо́дити** dawn ◊ **Надійшло́ с. інтерне́ту.** The century of the Internet has dawned. **почина́тися** begin ◊ **С. почало́ся з во́єн і катастро́ф.** The century began with wars and catastrophes. **прихо́дити** come; **продо́вжуватися** continue, **мина́ти** pass, **прохо́дити** wear on; **добіга́ти кінця́** reach an end, **закі́нчуватися** end
prep. **про́тягом с.** during a century; **у ~ті** in a century ◊ **У яко́му ~ті це ста́лося?** In what century did it happen? ♦ **~тями** for centuries ◊ **Війни точи́лися в Євро́пі ~тями.** Wars were waged in Europe for centuries.
Also see **вік 3**
2 centenary, one hundredth anniversary ◊ **Па́м'ятник поста́вили на с. пое́та.** The monument was erected on the poet's centenary.
See **річни́ця**

столо́в|ий, *adj.*
table, of or pertaining to table, dining or food consumption
с. + *n.* **с. набі́р** a dinner set ◊ **Господи́ня вийма́ла с. набі́р виня́тково на спеціа́льні ока́зії.** The lady of the house got out the dinner set exclusively on special occasions. **~а бі́ли́зна** table linen (**сіль** salt), **~а ло́жка** a tablespoon ◊ **дода́ти в ро́зчин дві ~і ло́жки цу́кру** to add two tablespoons of sugar to the batter; **~е вино́** table wine (**срі́бло** silver) ◊ **Марі́я успадкува́ла ~е срі́бло від бабу́сі.** Maria inherited the table silver from her grandma.

стоми́|ти, *pf., see* **сто́млювати**
to tire, *etc.* ◊ **Заня́ття ~ли його́, як ніко́ли.** Classes made him tired as never before.

стоми́|тися, *pf., see* **сто́млюватися**
to get tired, *etc.* ◊ **Ле́ся ~лася ї́здити грома́дським тра́нспортом.** Lesia got tired of riding public transportation.

сто́млен|ий, *adj.*
tired
adv. **вкрай** extremely, **до́сить** fairly, **ду́же** very, **жахли́во** awfully, **неймові́рно** incredibly, **смерте́льно** dead, **страше́нно** terribly, **цілко́м** completely, **як ніко́ли** like never before; **ви́димо** visibly, **помі́тно** noticeably ◊ **На її́ помі́тно ~ому обли́ччі з'яви́лася у́смішка.** A smile appeared on her noticeably tired face. **я́вно** clearly; **де́що** somewhat, **тро́хи** a little; **зо́всім не** not at all, **ні́тро́хи не** not in the least; **психі́чно** psychologically, **розумо́во** mentally, **фізи́чно** physically
v. + **с. бу́ти ~им** be tired ◊ **Любоми́р був укра́й ~им.** Liubomyr was extremely tired. (**вигляда́ти** look ◊ **Петру́к вигляда́є ~им.** Petruk looks tired. **звуча́ти** sound, **здава́тися** + *D.* seem to sb, **почува́тися** feel ◊ **Катери́на почува́ється ~ою.** Kateryna feels tired; **поверта́тися** come back, **прихо́дити** come) ◊ **Вони́ прийшли́ ~ими.** They came tired.
prep. **с. від** + *G.* tired from sth ◊ **І́нна ~а від робо́ти.** Inna is tired from work.
Also see **висна́жений, зму́чений**

сто́млю|вати, ~ють; стом|и́ти, ~лю́, ~иш, ~лять, *tran.*
1 to tire, fatigue, tire out, wear out, drain
adv. **ле́гко** easily, **шви́дко** quickly, **шви́дше** quicker; **вкрай** extremely, **до́сить** fairly, **ду́же** very, **жахли́во** awfully ◊ **Робо́та жахли́во ~вала їх.** The work gave them an awful fatigue. **смерте́льно** dead, **страше́нно** terribly, **цілко́м** completely, **як ніко́ли** like never before; **ви́димо** visibly, **помі́тно** noticeably ◊ **Інтерв'ю помі́тно стоми́ло Ю́рія.** The interview noticeably tired Yurii out. **де́що** somewhat, **тро́хи** a little; **зо́всім не** not at all, **ні́тро́хи не** not in the least; **психі́чно** psychologically, **розумо́во** mentally, **фізи́чно** physically
v. + **с. могти́** can; **почина́ти** begin to ◊ **До́вгий похі́д пусте́лею поча́в с. вояків.** The long march through the desert began to tire the soldiers. **ста́ти** *pf.* start; **намага́тися не** try not to ◊ **А́втор намага́вся не с. чита́ча одномані́тною синта́ксою.** The author tried not to tire the reader out with monotonous syntax. **проси́ти** + *A.* **не** ask sb not to
Also see **висна́жувати 1, замо́рювати 2, заму́чувати, запа́рювати 3**
2 to bore, stultify ◊ **Фільм ~вав їх до ві́дчаю.** The film bored them to despair.
Also see **ну́дити 1**
pa. pple. **сто́млений** tired
сто́млюй! стоми́!

сто́млю|ватися; стоми́тися, *intr.*
to get tired, tire, be tired; *fig.* to get bored, *only pf.* to have had enough
adv. **ле́гко** easily ◊ **Оста́ннім ча́сом Мела́нія ле́гко ~ється.** Lately Melania gets easily tired. **шви́дко** quickly, **шви́дше** quicker ◊ **Від моното́нної пра́ці шви́дше ~ються.** One gets tired quicker from a monotonous job. **вкрай** extremely, **до́сить** fairly, **ду́же** very, **жахли́во** awfully, **смерте́льно** dead, **страше́нно** terribly, **цілко́м** completely, **як ніко́ли** like never before; **ви́димо** visibly ◊ **Тама́ра ви́димо стоми́лася.** Tamara got visibly tired. **помі́тно** noticeably; **де́що** somewhat, **тро́хи** a little; **зо́всім не** not at all, **ні́тро́хи не** not in the least; **психі́чно** psychologically, **розумо́во** mentally, **фізи́чно** physically
v. + **с. почина́ти** begin to ◊ **Глі́б почина́є психі́чно с. на фа́бриці.** Hlib begins to get psychologically tired at the factory. **ста́ти** *pf.* start; **намага́тися не** try not to
prep. **с. від** + *G.* get tired from sb/sth; **с.** + *inf.* get tired doing sth ◊ **Він стоми́вся писа́ти зві́ти.** He got tired writing reports.
Also see **запа́рюватися 1**

ст|опа́, *f.*
foot
adj. **лі́ва** left, **пра́ва** right ◊ **Оре́ст наступи́в їй на пра́ву ~опу́.** Orest stepped on her right foot. **за́дня** back ◊ **У коро́ви пора́нена лі́ва за́дня с.** The cow has her left back foot wounded. **пе́редня** front; **вели́ка** big, **величе́зна** enormous, **гіга́нтська** giant; **вузька́** narrow, **широ́ка** wide ◊ **Зе́ня не за́вжди́ мо́же знайти́ взуття́ на свою́ широ́ку ~опу́.** Zenia cannot always find shoes for her wide foot. **пло́ска** flat ◊ **Його́ не взяли́ до ві́йська че́рез пло́скі ~опи.** He was not drafted to the army because of his flat feet. **кри́хітна** tiny, **мале́нька** *dim.* small, **мала́** small; **делі́катна** delicate, **тенді́тна** dainty; **напу́хла** swollen, **перела́мана** broken, **пора́нена** wounded
n. + **с. маса́ж ~опи́** a foot massage (**ушко́дження** injury) ◊ **Він не зверта́в ува́ги на ушко́дження ~опи́.** He paid no attention to his foot injury. **пі́до́шва ~опи́** the sole of a foot (**поду́шечка** ball)
v. + **с. опуска́ти ~опу́** lower one's foot (**піді́йма́ти** *or* **підніма́ти** lift ◊ **Він підня́в ~опу́.** He raised his foot. **кла́сти** place ◊ **Лі́кар покла́в її ~опу́ на кана́пу.** The doctor placed her foot on the couch. **ста́вити на** + *A.* put on ◊ **Він поста́вив ~опу́ на табуре́тку.** He put his foot on the stool. **діставати до ~опи́** reach one's foot ◊ **Він намага́вся діста́ти руко́ю до ~опи́.** He tried to reach his foot with his hand. **стоя́ти на ~опі́** stand on one's foot.
с. + *v.* **болі́ти** hurt ◊ **Його́ болі́ли оби́дві ~опи́.** Both of his feet hurt.
prep. **від ~іп до голови́** from head to toe; **на ~опі́** on one's foot ◊ **У Ма́рти на лі́вій ~опі́ з'яви́лася водя́нка.** A blister appeared on Marta's left foot. ♦ **на вели́ку** *or* **па́нську ~опу́** lavishly, opulently ◊ **Батьки́ влаштува́ли до́чці весі́лля на па́нську ~опу́.** The parents threw a lavish wedding for their daughter. ♦ **йти ~опа́ми** *or* **по ~опа́х** to follow in sb's footsteps ◊ **Він піше́в ~опа́ми ба́тька.** He followed in his father's footsteps.
Cf. **нога́**

сторі́н|ка, *f.*
1 page
adj. **пе́рша** first, front, **ти́тульна** title, **кінце́ва** final, **оста́ння** last; **вну́трішня** inside; **зворо́тня** reverse, **протиле́жна** opposite; **насту́пна** next, **попере́дня** previous; **лі́ва** lefthand, **пра́ва** righthand; **окре́ма** loose; **поро́жня** empty, **чи́ста** blank, **нова́** new, **ці́ла** full ◊ **Газе́та присвяти́ла істо́рії ці́лу ~ку.** The newspaper dedicated a full page to the story. **ви́дерта** torn out, **по́рвана** torn; **пожо́вкла** yellowed; **ґля́нцева** glossy; **друко́вана** printed *and* typed, **пи́сана** written, **рукопи́сна** handwritten ◊ **Текст займе́ де́сять рукопи́сних ~ки.** The text will take ten handwritten pages. **вступна́** introductory; **бі́знесо́ва** business ◊ **Вона́ допи́сує для бізнесо́вої ~ки тижне́вика.** She writes for the business page of the weekly. **політи́чна** political, **редакці́йна** editorial, **рекла́мна** advertising, **спорти́вна** sports, **фіна́нсова** financial ◊ **Гали́ну ціка́вить фіна́нсова с. газе́ти.** Halyna is interested in the financial page of the newspaper.
с. + *n.* **с. газе́ти** a newspaper page (**зо́шита** notebook, **журна́лу** magazine, **календаря́** calendar, **кни́жки** book; **щоде́нника** diary)
n. + **с. диза́йн ~ки** a page design (**но́мер** number, **ро́змір** size) ◊ **Обме́жений ро́змір ~ки вимага́є скоро́чень.** The limited page size required cuts. **ше́лест** *or* **шелесті́ння ~о́к** rustle of pages
v. + **с. видира́ти ~ку** rip out a page ◊ **Дмитро́ ви́дер компромету́ючі ~ки́ зі щоде́нника.** Dmytro ripped out the compromising pages of the diary. (**вирива́ти** tear out, **рва́ти** tear up; **горта́ти** leaf through ◊ **Вона́ нерво́во горта́є ~ки́ альбо́му в по́шуках потрі́бної світли́ни.** She is nervously leafing through the pages of the album in

search of the required photograph. **перегорта́ти** turn, **перекида́ти** turn over ◊ **Дослі́дник обере́жно перекида́є важкі́ ~ки бі́блії.** The researcher carefully turns over the heavy pages of the bible. **писа́ти** write ◊ **Ле́ся пи́ше три ~ки за день.** Lesia writes three pages a day. **перегляда́ти** scan, **пробіга́ти** skim ◊ **Реда́ктор пробіга́є ~ку за ~кою.** The editor skims one page after another. **чита́ти** read ◊ **За годи́ну Йо́сип чита́в не бі́льше двадцяти́ ~о́к.** In one hour, Yosyp would read no more than twenty pages. **переска́кувати** skip ◊ **Вона́ переска́кувала ~ки́ зі стати́стикою.** She skipped the pages with statistics. **пропуска́ти** miss; **запо́внювати** fill ◊ **Карикату́ри запо́внювали яки́х п'ять ~о́к журна́лу.** Caricatures filled some five pages of the magazine. **прикраша́ти** grace ◊ **Обли́ччя чемпіо́на прикраша́є пе́рші ~ки́ газе́т сві́ту.** The champion's face graces the front pages of world papers. **присвя́чувати** + *D.* dedicate to sth)

с. + *v.* **випада́ти** fall out ◊ **Із па́пки ви́пало кі́лька ~о́к до́повіді.** Several pages of the presentation fell out of the folder. **губи́тися** get lost; **місти́ти** + *A.* contain sth ◊ **Сьо́ма с. місти́ть о́пис пала́цу.** Page seven contains the description of the palace. **валя́тися по** + *L.* strew sth ◊ **~ки́ архі́ву валя́лися по підло́зі кварти́ри.** Pages of the archive strewed the apartment floor.

prep. **на ~ці** at/in/on a page ◊ **діяло́г на тре́тій ~ці** the dialogue at page three; **по ~ці** over a page ◊ **Її́ о́чі сковзну́ли по ~ці.** Her eyes slid over the page. **у ~ці** in/to a page ◊ **У ~ці тридця́ть рядкі́в.** There are thirty lines to a page.

Also see **а́ркуш, ка́ртка 3, лист¹ 2**

2 page *(on Internet)*, website, web page

adj. **мере́жева** web; **вхідна́** login, **головна́** home, **пов'я́зана** linked, **пошуко́ва** search

v. + **с. відві́дувати ~ку** visit a page (**чита́ти** read; **проє́ктува́ти** design ◊ **~ку проєктува́ли два техно́логи.** Two technologists designed the web page. **роби́ти** make, **створю́вати** create ◊ **Вони́ створи́ли мере́жеву ~ку кіноклу́бу.** They created the web page of the film club. **заванта́жувати** download; **оно́влювати** update, **освіжа́ти** refresh; **заклада́ти** bookmark ◊ **Вона́ заклала ~ку газе́ти.** She bookmarked the newspaper's webpage. **пока́зувати** display; **схо́дити надоли́ну ~ки** scroll down a page) ◊ **Що́би поба́чити потрі́бну ла́нку, слід зійти́ надоли́ну ~ки.** In order to see the required link, one should scroll down the page.

с. + *v.* **відкрива́тися** open ◊ **Тре́ба почека́ти, щоб с. відкри́лася.** One needs to wait for the page to open. **заванта́жуватися** load ◊ **С. до́вго заванта́жується.** The page takes some time to load.

prep. **на ~ці** on a page ◊ **Комента́рі мо́жна зали́шити на окре́мій ~ці.** Comments can be left on a separate page.

3 *fig.* page, period, time, stage, chapter

adj. **блиску́ча** brilliant ◊ **Режисе́р започаткува́в блиску́чу ~ку в істо́рії теа́тру.** The director started a brilliant page in the history of theater. **забу́та** forgotten, ♦ **золота́ с.** a golden chapter ◊ **Правлі́ння Пери́кла – золота́ с. істо́рії Старода́вньої Гре́ції.** Pericles' reign is a golden chapter of Ancient Greek history. **незна́на** unknown, **нова́** new; **па́м'ятна** memorable, **сла́вна** glorious, **ціка́ва** interesting, **чудо́ва** wonderful

v. + **с. відкрива́ти ~ку** discover a page ◊ **Він відкри́в забу́ту ~ку Ру́ху о́пору.** He discovered a forgotten page of the Resistance Movement. (**вписувати** write; **започатко́вувати** start)

See **пері́од 1.** *Also see* **е́ра 2**

стор|она́, *f.*

1 land, country, area, part; *often pl.*

adj. **гаря́ча** hot, **холо́дна** cold ◊ **Він до́вго звика́в до життя́ в холо́дних ~она́х.** He took a long time to get accustomed to living in cold climes. **гости́нна** hospitable, **неприві́тна** hostile; **дале́ка** distant; **ди́ка** wild; **рі́дна** native ♦ **рі́дна с.** homeland, home country ◊ **Ду́мками Яри́на була́ в рі́дній ~оні́.** In her thoughts, Yaryna was in her homeland. **замо́рська** strange, **чужа́** foreign ◊ **Вони́ переселя́лися в чужу́ ~ону.** They were moving to a foreign land.

See **краї́на.** *Also see* **земля́ 4, край¹ 2, місце́вість 2**

2 side, direction

adj. **протиле́жна** opposite ◊ **Жі́нка показа́ла руко́ю в протиле́жну ~ону.** The woman pointed her hand in the opposite direction. ◊ **чоти́ри ~они сві́ту** the four sides of the world

prep. **у ~ону** in the direction ◊ **Ситуа́ція розвива́лася в несприя́тливу ~ону.** The situation was developing in an unfavorable direction.

See **на́прям 1.** *Also see* **бік 5, курс 1, на́прямок 3**

side, part, half

adj. **зворо́тна** reverse ◊ **зворо́тна с. меда́лі** the reverse side of the medal; **і́нша** other, different; **лицева́** front ◊ **Ви́шивка була́ на лицеві́й ~оні́ све́тра.** The embroidery was on the front side of the sweater. **лі́ва** lefthand ◊ **По лі́вій ~оні́ рі́чки тягну́вся степ.** The steppe stretched along the left side of the river. **пра́ва** righthand; ♦ **в ~оні́** apart, at a distance ◊ **Гру́па спостеріга́чів стоя́ла в ~оні́.** A group of observers stood at a distance.

See **бік 2.** *Also see* **край¹ 1**

4 *fig.* aspect, quality, element, point

adj. **позити́вна** positive, **прие́мна** pleasant ◊ **У контра́кті є зворо́тна, не така́ прие́мна с.** The contract has a reverse, not so pleasant, aspect. **си́льна** strong; **вразли́ва** vulnerable, **слабка́** weak ◊ **Нова́ мето́дика ма́ла си́льні та слабкі́ ~они.** The new methodology had strong and weak points.

See **аспе́кт.** *Also see* **бік 3, моме́нт 3**

5 side, party, faction ◊ **Воро́гуючі ~они припини́ли конта́кти.** The warring sides stopped contacts.

с. + *n.* **с. до́говору** a party to a treaty (**порозумі́ння** understanding); **~они конфлі́кту** parties of the conflict (**шлю́бу** marriage); ♦ **Висо́кі Догові́рні ~они** the High Contracting Parties

v. + **с. трима́ти ~ону** + *G.* support a side ◊ **У конфлі́кті Андрі́й трима́є сто́рону адміністра́ції.** In the conflict, Andrii supports the administration's side. (**перехо́дити** *or* **става́ти на** side with sb ◊ **Жо́ден із них не перейшо́в** *or* **став на ~ону режи́му.** None of them sided with the regime. **бу́ти** *or* **стоя́ти на ~оні́** + *G.* be *or* stand on sb's side ◊ **Оле́нка стоя́ла на ~оні́ зако́ну.** Olenka stood on the side of the law.

Also see **бік 4**

6 *as adv., only I.* sideways, in a roundabout way, at a distance; indirectly ◊ **Гроза́ пройшла́ ~оно́ю.** The thunderstorm passed sideways. ◊ **Загі́н обхо́див ~оно́ю всі се́ла.** The detachment bypassed at a distance all villages. ◊ **Вони́ отри́мали да́ні ~оно́ю.** They obtained the data in a roundabout way.

7 *geom.* side ◊ **ymі́жні ~они квадра́та** the adjacent sides of the square.

8 side, point of view, angle ◊ **Вона́ диви́лася на спра́ву із прагмати́чної ~они́.** Oksana looked at the matter from a pragmatic side.

See **то́чка.** *Also see* **бік 3**

стосу|ва́тися, **~ються;** *no pf. intr.*

to pertain to, relate to, concern, be about

adv. **пря́мо** directly ◊ **Папе́ри пря́мо ~ва́лися па́кту Рі́бентро́па-Мо́лотова.** The papers directly pertained to the Ribbentrop-Molotov Pact. **так чи іна́кше** one way or another, **я́кось** somehow; **ні́трохи не** not in the least ◊ **План ні́трохи не ~ва́вся судово́ї систе́ми.** The plan did not in the least relate to the court system. **ні́як не** in no way

prep. **с. до** + *G.* pertain to sb/sth ◊ **Святосла́в ду́же обере́жний у всьому́, що ~ється гро́шей.** Sviatoslav is very careful in everything that pertains to money.

Also see **відно́ситися 1, торка́тися 4, чіпа́ти 4**

стосу́н|ок, *m.*, **~ку**

1 *only pl.* relation, relationship

adj. **близькі́** close, **гармоні́йні** harmonious, **до́брі** *and* **хоро́ші** good, **дру́жні** *and* **приязні** friendly, **те́плі** warm, **товари́ські** amicable ◊ **~ки між ни́ми мо́жна охарактеризува́ти як товари́ські.** The relations between them can be characterized as amicable. **здоро́ві** healthy, **серде́чні** cordial, **чудо́ві** wonderful ◊ **У ньо́го чудо́ві ~ки з те́щею.** He has a wonderful relationship with his mother-in-law. **інти́мні** intimate; **важкі́** difficult, **ке́пські** poor, **натя́гнуті** strained, **пога́ні** bad, **складні́** tough; **лю́дські** human ◊ **Він – тонки́й знаве́ць лю́дських ~ків.** He is a shrewd connoisseur of human relations. **міжлю́дські** interpersonal, **осо́бисті** personal, **роди́нні** *and* **сіме́йні** family, **шлю́бні** marital, **стате́ві** sexual; **двосторо́нні** bilateral, **диплома́ти́чні** diplomatic, **закордо́нні** foreign, **міжнаро́дні** international ◊ **Її́ захо́плювали міжнаро́дні ~ки.** She was fascinated by international relations. **політи́чні** political, **торго́ві** *and* **торго́ві** trade ◊ **Курсова́ про торго́ві ~ки Украї́ни з Туре́ччиною.** The course paper is about the trade relations between Ukraine and Turkey.

v. + **с. встано́влювати ~и** establish relations ◊ **Кана́да та По́льща пе́ршими встанови́ли диплома́ти́чні ~ки з незале́жною Украї́ною.** Canada and Poland were the first to establish diplomatic relations with independent Ukraine. (**налаго́джувати** set up; **змі́цнювати** strengthen, **покра́щувати** improve ◊ **Нови́й очі́льник у́ряду обіця́в покра́щити ~и з півні́чним сусі́дом.** The new head of government promised to improve the relations with the northern neighbor. **культивува́ти** cultivate, **плека́ти** foster, **розвива́ти** develop; **утри́мувати** maintain; **реґулюва́ти** regulate; **отру́ювати** poison, **припиня́ти** stop, **розрива́ти** break off; **відно́влювати** resume, **поно́влювати** reestablish; **ла́годити** repair, **нормалізува́ти** normalize; **вплива́ти на** influence) ◊ **Стате́ве життя́ вплива́є на шлю́бні ~ки.** Sex life influences marital relations. **шко́дити ~кам** damage relations; **відбива́тися на ~ках** affect relations ◊ **Пе́трів шлюб відби́вся на його́ ~ках із дру́зями.** Petro's marriage affected his relations with his friends.

с. + *v.* **погі́ршуватися** worsen, **псува́тися** sour; **покра́щуватися** improve; **розвива́тися** develop

prep. **с. між** relations between/among sb

See **взає́мини.** *Also see* **відно́сини**

2 *only sg.* relation, connection, relevance

adj. **вся́кий** any, **прями́й** direct ◊ **Рі́шення ма́ло прями́й с. до пода́льшого ро́звитку поді́й.** The decision had a direct relevance to the subsequent development of the events. **широ́кий** wide; **мініма́льний** minimal, **обме́жений** limited, **сумні́вний** dubious; **ді́йсний** real; **зага́льний** general, **особли́вий** particular, **спеціа́льний** special; **можли́вий** possible, **потенці́йний** potential; **очеви́дний** obvious; **політи́чний** political, **практи́чний** practical

v. + **с. встано́влювати с.** establish relevance (**втрача́ти** lose ◊ **Її́ публіка́ції сього́дні втра́тили вся́кий с. до реа́льного життя́.** Today, her publications lost any relevance to real life. **демонструва́ти** demonstrate, **дово́дити** prove; **зберіга́ти** maintain, **ма́ти** have; **підкре́слювати** underscore; **ба́чити** see, **вивча́ти** study ◊ **Вони́ вивча́ли с. цих тео́рій до економі́чного прогнозува́ння.** They studied the relevance of these theories to economic prognostication. **дослі́джувати** explore, **оці́нювати** assess, **розгляда́ти** examine)

prep. **с. до** + *G.* an involvement in/with sb/sth

Also see **у́часть**

сто|я́ти, ~я́ть; *no pf., intr.*
1 to stand, be erect, be upright; *pf.* **постоя́ти** to stand for a while
adv. **рі́вно** erect, **стру́нко** upright ◊ **Солда́т му́сив с. стру́нко.** The soldier was obliged to stand upright. **мі́цно** firmly, **непору́шно** motionless, **рі́шуче** steadfastly; **спокі́йно** calmly, **тве́рдо** rigidly, firmly; **го́лим** naked ◊ **Га́нна ~я́ла пе́ред ни́ми цілко́м го́лою.** Hanna stood in front of them stark naked. **навшпи́ньках** on tiptoes, **незґра́бно** awkwardly; **ле́две** barely ◊ **Вона́ ле́две ~я́ла на нога́х.** She barely stood on her feet. **мо́вчки** silently ◊ **Хло́пці ~я́ть мо́вчки, ко́жен ду́маючи про своє́.** The boys stand silently, each thinking about his own thing. **го́рдо** proudly, **незвору́шно** dispassionately, **урочи́сто** solemnly; **паси́вно** passively, **про́сто** simply, **ти́хо** quietly; **покі́рно** meekly; **до́вго** for a long time, **тро́хи** for a while, **яки́йсь час** for some time ◊ **Глядачі́ постоя́ли яки́йсь час пі́сля конце́рту.** The spectators stood around for some time after the concert.
v. + **с. бу́ти в ста́ні** be capable of, **могти́** can ◊ **Іва́н міг с. годи́нами, милу́ючись мо́рем.** Ivan could stand for hours, admiring the sea. **бу́ти не в ста́ні** be incapable of, **не могти́** cannot ◊ **Софі́я бі́льше не могла́ с. на тако́му хо́лоді.** Sofia could not stand any more in such cold. **му́сити** be obliged, have to
prep. **с. бі́ля** + *G.* stand near sb/sth ◊ **Бу́дка ~я́ла бі́ля бра́ми університе́ту.** The booth stood near the university gate. **с. в** + *L.* stand in *(a place)* ◊ **Велосипе́д ~ї́ть у ґаражі́.** The bicycle stands in the garage. ♦ **с. в че́рзі по** + *A.* to stand in line for sth ◊ **Вони́ ~я́ть у че́рзі по моро́зиво.** They are standing in line for ice cream. **с. за** + *I.* stand at/behind sth ◊ **Че́рез пробле́ми із хребто́м Си́мон міг лише́ с. за комп'ю́тером.** Because of the problems with his spine, Symon could only stand at the computer. **с. на** + *L.* stand on sth ◊ **Ва́за ~ї́ть на столі́.** The vase stands on the table. ♦ **с. на нога́х** to stand on one's feet; **с. пе́ред** + *I.* stand in front of sb/sth ◊ **Пе́ред його́ вікно́м ~ї́ть ли́па.** A linden stands in front of his window.
Cf. **лежа́ти**
2 to be situated, be located ◊ **Черні́гів ~ї́ть на рі́чці Десні́.** Chernihiv is situated on the Desna River. ◊ **Музе́й мав с. на мі́сці коли́шнього дитя́чого садка́.** The museum was supposed to be located on the site of the former kindergarten.
See **розташо́вуватися 1.** *Also see* **бу́ти 1, знахо́дитися 3, перебува́ти 1, пробува́ти 1, розміща́тися 2**
3 to stop, come to a stop ◊ **Скі́льки ча́су авто́бус ~ї́ть у Ні́жині?** For how long does the bus stop at Nizhyn? ◊ **Іва́нів годи́нник давно́ ~я́в.** Ivan's watch had long stopped. ♦ **Стій!** *or* **Стоя́ти!** Stop! Freeze!
4 *(in set expressions)* to be, lie, keep, act as ◊ **Ці́лий ти́ждень пого́да ~я́ла суха́.** For an entire week, the weather kept dry. ♦ **с. в опози́ції до** + *G.* be opposed to sb/sth ◊ **Вона́ ~я́ла в опози́ції до у́ряду.** She opposed the government. ♦ **с. бі́ля керма́** to stand at the helm; ♦ **с. на ва́рті** to stand guard ◊ **Він ці́лу ніч ~я́в на ва́рті скла́ду.** He stood guard at the depot all night long. ♦ **с. на кі́тві** to lie at anchor ◊ **Сашко́ва я́хта ~я́ла на кі́тві бі́ля Вишгоро́да.** Sashko's yacht lay at anchor near Vyshhorod. ♦ **с. на прича́лі** to be docked; ♦ **с. на поря́дку де́нному** to be on the agenda; ♦ **с. на чолі́** + *G.* be at the helm of sth ◊ **Сліпче́нко бага́то ро́ків ~ї́ть на чолі́ інститу́ту.** Slipchenko has been at the helm of the institute for many years.
5 to persevere, keep on, be persistent, hold out ♦ **с. на своє́му** to stick to one's guns ◊ **Марі́я впе́рто ~я́ла на своє́му, що б їй хто не каза́в.** Maria stubbornly stuck to her guns never mind what people said. ♦ **с. на смерть** to fight to the death
стій!

стра́в|а, *f.*
1 dish ◊ **Джо́нові подо́баються украї́нські ~и.** John likes Ukrainian dishes.
adj. **головна́** main; **відо́ма** well-known, **популя́рна** popular, **улю́блена** favorite ◊ **Тара́с має кі́лька улю́блених страв.** Taras has several favorite dishes. **апети́тна** appetizing, **до́бра** *or* **смачна́** tasty, **ла́са** mouthwatering, **смачню́ча** delicious, **смакови́та** toothsome, **чудо́ва** wonderful; **про́ста́** simple, **складна́** elaborate; **екзоти́чна** exotic ◊ **Мари́ну не здиву́єш екзоти́чною ~ою.** You won't take Maryna by surprise by an exotic dish. **замо́рська** *iron.* foreign; **міжнаро́дна** international, **місце́ва** local, **націона́льна** national, **реґіона́льна** regional; **фі́рмо́ва** signature ◊ **Голубці́ – це фі́рмо́ва с. рестора́ну.** Stuffed cabbage is the restaurant's signature dish. **класи́чна** classic, **традиці́йна** traditional; **го́стра** spicy, **соло́дка** sweet, **соло́на** salty; **гаря́ча** hot, **те́пла** warm ◊ **С., що ма́ла подава́тися гаря́чою, була́ ле́две те́плою.** The dish that was supposed to be served hot was barely warm. **холо́дна** cold; **еспа́нська** Spanish, **італі́йська** Italian, **кита́йська** Chinese, **украї́нська** Ukrainian ◊ **Борщ – це чи не найпопуля́рніша украї́нська с.** Borshch is perhaps the most popular Ukrainian dish. **францу́зька** French, *etc.*; **веґетаріа́нська** vegetarian, **м'ясна́** meat, **ри́бна** fish; **жи́рна** fatty, **пісна́** lean, lenten, meatless ◊ **На Святве́чір гото́ують двана́дцять пісни́х страв.** They prepare twelve meatless dishes for Christmas Eve. **обі́дня** lunch
v. + **с. вари́ти ~у** cook a dish (**готува́ти** prepare, **приставля́ти** make ◊ **Була́ вже п'я́та, а Мико́ла ще й не почина́в приставля́ти ~и на ве́че́рю.** It was already five, but Mykola did not even start making dishes for dinner. **замовля́ти** order, **ї́сти** eat, **куштува́ти** sample, **про́бувати** try ◊ **Він кі́лька раз про́бував цю ~у.** He tried this dish several times. **подава́ти** + *D.* serve sb, **прино́сити** + *D.* bring sb; **рекомендува́ти** + *D.* recommend sb
Also see **заку́ска 2, пере́куска, стіл 2, харчі́ 1, харчува́ння 2, хліб 5**
2 course *(in a meal)*
adj. **пе́рша** first, **дру́га** second; ♦ **соло́дка с.** a dessert
prep. **на ~у** for the course ◊ **На пе́ршу ~у вони́ замо́вили ку́рячу ю́шку.** They ordered chicken soup for the first course.
Also see **десе́рт, дру́гий 5, соло́дкий 2**
3 food, meal ◊ **У ньо́го за́вжди́ до́брі ~и.** He always has tasty food at his place. ◊ **На столі́ вже стоя́ли ~и й напо́ї.** The food and drinks were already on the table.
See **ї́жа, меню́**

страждá́н|ня, *nt.*
suffering; *often pl.*
adj. **вели́ке** great ◊ **Вона́ пережила́ вели́кі с.** She endured great suffering. **величе́зне** enormous, **го́стре** intense, **жахли́ве** awful, **невимо́вне** *or* **несказа́нне** untold, **несте́рпне** unbearable, **страшне́** horrible; **правди́ве** true, **спра́вжнє** genuine; **ма́рне** futile, **непотрі́бне** needless; **ві́чне** eternal ◊ **Гріх при́рік геро́я на ві́чне с.** Sin doomed the protagonist to eternal suffering. **нескінче́нне** endless, **трива́ле** prolonged; **духо́вне** spiritual, **емоці́йне** emotional, **мора́льне** moral, **розумо́ве** mental, **фізи́чне** physical
v. + **с. пережива́ти с.** endure suffering (**поси́лювати** increase, **прино́сити** + *D.* bring sb ◊ **Його́ вчи́нок прині́с його́ роди́ні бага́то ~ь.** What he had done caused his family much pain. **продо́вжувати** prolong ◊ **Так зва́не «лікува́ння» продо́вжувало с. смерте́льно хворо́ї люди́ни.** The so-called "treatment" prolonged the suffering of a mortally sick person. **ба́чити** see; **зме́ншувати** reduce, **поле́гшувати** ease ◊ **Приї́зд дівчи́ни не поле́гшив Павло́ві с.** The girl's arrival did not ease Pavlo's suffering. **припиня́ти** stop); **завдава́ти** + *D.* **с.** *or* **~ь** inflict suffering on sb ◊ **Її́ відмо́ва завдала́ Хри́сті непотрі́бних ~ь.** Her refusal inflicted needless suffering on Khrystia. (**бу́ти сві́дком** witness); **кла́сти край ~ням** put an end to suffering
prep. **с. від** + *G.* suffering from sth ◊ **с. люде́й від го́лоду** people's suffering from hunger
See **біль 1.** *Also see* **му́ка**

страждá́|ти, ~ють; по~, *intr.*
to suffer, hurt + *I.* from sth ◊ **Мела́нія ~є безсо́нням.** Melania suffers from insomnia.
adv. **бага́то** much, a lot, **ду́же** badly, **жахли́во** dreadfully ◊ **Наді́я жахли́во ~є від того́, що бі́льше ніко́ли не поба́читься з бра́том.** Nadiia suffers dreadfully from the fact that she will never see her brother again. **несте́рпно** unbearably, **невимо́вно** *and* **несказа́нно** inexpressibly, **стра́шно** horribly; **за́вжди́** always; **даре́мно** futilely, **ма́рно** in vain; **духо́вно** spiritually, **мора́льно** morally, **фізи́чно** physically; **у нево́лі** in captivity, **у ра́бстві** in slavery; **на самоті́** alone
v. + **с. бу́ти схи́льним** tend to ◊ **Ді́ти, наро́джені в реґіо́ні, схи́льні с. від серце́вих анома́лій.** The children born in the region tend to suffer from cardiac abnormalities. **заслуго́вувати** deserve to; **зму́шувати** + *A.* make sb; **продо́вжувати** continue to
prep. **с. без** + *G.* suffer without sb/sth ◊ **Вони́ ~ють без води́.** They are suffering without water. **с. від** + *G.* suffer from sb/sth ◊ **Він страждáв від її́ зра́ди.** He suffered from her betrayal. **с. за** + *A.* suffer for sb/sth
(по)страждáй!
Also see **дістава́тися 3, потерпа́ти 1, стогна́ти 2, терпі́ти 4**

стра́йк, *m.*, **~у**
strike
adj. **безстроко́вий** indefinite ◊ **Безстроко́вий с. комуна́льних служб паралізува́в мі́сто.** The indefinite utility services strike has paralyzed the city. **де́нний** one-day, **дводе́нний** two-day, **добови́й** 24-hour, **дводобови́й** 48-hour; **до́вгий** long, **коро́ткий** short; **паралізу́ючий** crippling; **вели́кий** big, **всеохо́пний** all-encompasing, **ма́совий** massive, **найбі́льший** biggest; **офіці́йний** official; **незако́нний** illegal, **неофіці́йний** unofficial, **символі́чний** token, **спра́вжній** real ◊ **С. був ра́дше символі́чним, як спра́вжнім.** The strike was more token than real. **зага́льний** general, **націона́льний** national; **голо́дний** hunger, **політи́чний** political, **попере́джувальний** warning, **сидя́чий** sit-down; **вчи́тельський** teachers', **залізни́чний** railroad, **пошта́рський** postal, **шахта́рський** miners'
n. + **с. загро́за ~у** a strike threat (**очі́льник** *or* **провідни́к** leader); **ни́зка ~ів** a number of strikes (**се́рія** series, **хви́ля** wave) ◊ **Краї́ною прокоти́лася хви́ля ~ів.** A strike wave rolled up and down the country.
v. + **с. оголо́шувати с.** announce a strike ◊ **Профспі́лка оголоси́ла зага́льний с.** The union announced a general strike. (**організо́вувати** organize, **почина́ти** begin, **прово́дити** stage; **відверта́ти** avert ◊ **По́ступки відверну́ли пошта́рський с.** The concessions averted the postal strike. **відклика́ти** call off ◊ **Мі́ський голова́ переко́нував їх відкли́кати с.** The mayor reasoned with them to call the strike off. **забороня́ти** ban, **приду́шувати** crush ◊ **Уряд придуши́в с. авіадиспе́черів з само́го поча́тку.** The government crushed the air traffic controllers' strike from the very start. **припиня́ти** stop; **вихо́дити на** go out on ◊ **Студе́нти ви́йшли на дводе́нний с.** Students came out on a two-day strike. **голосува́ти за** vote for); **заклика́ти** + *A.* **до** call sb out on ◊ **Опози́ція закли́кала шахтарі́в до ~у.** The opposition called the miners out on a strike. **запобіга́ти ~ові** *and* **~у** avert a strike;

погрóжувати ~ом threaten a strike ◊ **Вонú домоглúся збíльшення платнí, погрóжуючи ~ом.** They gained a salary hike, by threatening a strike. **брáти ýчасть у ~у** take part in a strike
с. + *v.* **вибухáти** erupt, **відбувáтися** occur, take place ◊ **Одноденні ~и відбувáлися в усíх головнúх цéнтрах країни.** One-day strikes took place in all major centers of the country. **вражáти** + *A.* affect sth, **зупинúти** + *A.* stop sth, **паралізувáти** + *A.* paralyze sth, **починáтися** start, **ширюватися на** + *A.* spread to sth ◊ **С. поширився на інші містá.** The strike spread to other cities. **продóвжуватися** continue, **тривáти** go on, **закíнчуватися** end; **зазнавáти порáзки** suffer defeat
prep. **під час ~у** during a strike; **с. на знак протéсту прóти** + *G.* a strike in protest against sth ◊ **Вонú почалú с. на знак протéсту прóти економíчної політики ýряду.** They started a strike in protest against the government economic policies. **с. на підтрúмку** + *G.* a strike in support of sb/sth ◊ **Сталевáри провелú с. на підтрúмку студéнтів.** Steel workers staged a strike in support of the students. **с. прóти** + *G.* a strike against sb/sth ◊ **дводобовúй с. прóти полíтики еконóмії** a 48-hour strike against austerity policies
Also see **голодувáння 2**

страйку|вáти, **~ють;** *no pf.*, *intr.*
to strike, be on strike; *pf.* **за~** to start striking, go on strike
adv. **дóвго** for a long time ◊ **Санітáрні слýжби міста дóвго ~ють.** The city's sanitation services have been on strike for a long time. **час від чáсу** from time to time, **періодúчно** periodically; **нíколи не** never
v. + **с. вирíшувати** decide to ◊ **Профспíлка вирíшила с.** The trade union decided to go on strike. **починáти** begin to; **продóвжувати** continue, **припинúти** stop
prep. **с. на підтрúмку** + *G.* to strike in support of sb/sth ◊ **Вонú ~ють на підтрúмку вимóг опозúції.** They are striking in support of the opposition's demands. **с. прóти** + *G.* to strike against sth ◊ **Домогосподáрки застрайкувáли прóти підвúщення цін на продýкти харчувáння.** Housewives went on strike against the rising food prices.
страйкýй!

стрáт|а, *f.*
execution
adj. **мáсова** mass, **публíчна** public, **свавíльна** arbitrary, **незакóнна** extrajudicial; **інсценізóвана** mock ◊ **Щоб морáльно зламáти журналíстів, нáйманці піддалú їх інсценізóваній ~і.** In order to break the journalists morally, the mercenaries subjected them to a mock execution. **признáчена** scheduled; **близькá** impending, **невідворóтна** imminent
с + *n.* **с. пíдлітків** juvenile execution ◊ **Конститýція забороняє ~у пíдлітків.** The constitution bans juvenile execution.
v. + **с. відкладáти ~у** postpone an execution ◊ **Суддя відклáв ~у.** The judge postponed the execution. (**затрúмувати** delay, **зупинúти** stop; **признáчати** schedule; **провóдити** carry out; **дивúтися** watch) ◊ **Цíлий майдáн людéй зібрáвся подивúтися ~у королá.** There gathered a square full of people to watch the king's execution. ♦ **йти на ~у** to go to one's execution ◊ **Вонá пішлá на ~у з гóрдо піднятою головóю.** She went to her execution, her head held high. **уникáти ~и** avoid an execution ◊ **єдúний спóсіб унúкнути ~и** the only way to avoid execution (**бýти свíдком** witness ◊ **Чоловíк був випадкóвим свíдком ~и заручникíв.** The man accidentally witnessed the hostages' execution. **ставáти свíдком** become witness of; **чекáти** await; **втікáти від** escape); **наглядáти за ~ою** oversee an execution (**спостерігáти за** observe)
с. + *v.* **відбувáтися** occur, take place; **загрóжувати** + *D.* threaten sb ◊ **За злóчин йомý загрóжувала с.** For the crime, he was faced with the threat of execution.
prep. **до ~и** to death ◊ **Повстáнців засудúли до ~и.** The rebels were sentenced to death.
♦ **с. без сýду і слíдства** *or* **с. на мíсці** a summary execution
Cf. **смерть**

стратéг, *m.*
strategist, *also fig.*
adj. **блискýчий** brilliant ◊ **Мазéпа був блискýчим ~ом.** Mazepa was a brilliant strategist. **винятковúй** exceptional, **дóбрий** good, **неперевéршений** unsurpassed, **прирóджений** born, **спрúтний** shrewd; **жалюгíдний** pathetic, **кéпський** poor, **погáний** bad, **посерéдній** mediocre; **військóвий** military, **політúчний** political
v. + **с. бýти ~ом** be a strategist (**вважáти** + *A.* consider sb, **виявлятися** turn out ◊ **Вонá вúявилася дóсить посерéднім ~ом.** She turned out to be a rather mediocre strategist. **лишáтися** remain; **нарóджуватися** be born, **ставáти** become) ◊ **~ом не нарóджуються, а стають.** One is not born but becomes a strategist.
See **мáйстер, фахівéць**; *Ant.* **тáктик**

стратегíчн|ий, *adj.*
strategic
с. + *n.* **с. анáліз** a strategic analysis ◊ **Інститýт провóдив с. анáліз енергетúчного рúнку.** The institute did a strategic analysis of the energy market. (**бомбардувáльник** bomber, **підхíд** approach, **план** plan; **пóгляд** viewpoint; **рóзвиток** development; **сою́з** alliance); **~а ініціятúва** a strategic initiative (**метá** goal; **перемóга** victory; **пóмилка** mistake; **ситуáція** situation); **~е бáчення** a strategic vision (**завдáння** assignment; **мúслення** thinking ◊ **Пáні Я. вражáє ~им мúсленням.** Mrs. Ya. impresses with her strategic thinking. **планувáння** planning; **шосé** highway); **~і здíбності** strategic skills (**сúли** forces)
Cf. **тактúчний**

стратéгі|я, *f.*, **~ї**
strategy; *fig.* master plan + *G.* for ◊ **с. реfóрми** the reform strategy
adj. **блискýча** brilliant, **вúпробувана** tested, **дієвá** efficient, **дóбра** good, **ефектúвна** effective, **зв'язнá** coherent, **зрозумíла** intelligible, **консеквéнтна** *book.* articulate, **логíчна** logical, **надíйна** reliable, **перемóжна** winning ◊ **Він перекóнаний, що пропонýє перемóжну ~ю.** He is convinced that he is offering a winning strategy. **послідóвна** consistent, **спрúтна** shrewd, **успíшна** successful; **кéпська** poor, **погáна** bad; **бáзова** basic, **всеохóпна** comprehensive, **ґлобáльна** global, **загáльна** general, **засаднúча** fundamental, **міжнарóдна** international, **національна** national, **ширóка** broad; **альтернатúвна** alternative, **відмíнна** different; **простá** simple, **чіткá** clear, **яснá** coherent; **евентуáльна** *book.* feasible, **здійснéнна** viable, **можлúва** possible; **довготермінóва** long-term, **короткотермінóва** short-term, **середньотермінóва** medium-term; **майбýтня** future; **аґресúвна** aggressive, **актúвна** pro-active; **новáторська** innovative, **радикáльна** radical ◊ **Запропонóвана с. здається надмíрно радикáльною.** The strategy put out seems to be excessively radical. **революцíйна** revolutionary, **ризикóвана** high-risk; **провáльна** failing; **наступáльна** offensive, **оборóнна** defensive; **випереджáльна** preemptive, **запобíжна** *and* **превентúвна** preventive ◊ **Їм бракýє превентúвної ~ї.** They lack a preventive strategy. **зумúсна** *or* **навмúсна** deliberate, **продýмана** well-thought-out, **свідóма** conscious; **індивідуáльна** individual, **колектúвна** collective, **скоординóвана** coordinated, **спíльна** joint; **вúборча** electoral, **військóва** military, **дослíдницька** research, **економíчна** economic, **законодáвча** legislative, **інвестицíйна** investment ◊ **Головнúм пýнктом порядку дéнного є інвестицíйна с.** The main point on the agenda is investment strategy. **мáркетингова** marketing, **освíтня** educational, **педагогíчна** pedagogical ◊ **Консеквéнтна педагогíчна с. дозвóлила їй досягнýти велúких успíхів.** Consistent pedagogical strategy allowed her to achieve great success. **політúчна** political, **реклáмна** promotion, **рúнкова** market; **урядóва** government
с. + *n.* **с. адаптáції** an adaptation strategy (**вижувáння** survival; **вúснаження** attrition; **вúходу** exit ◊ **Тéмою перемóвин булá евентуáльна с. вúходу для Націонáльного бáнку.** The topic of the talks was the feasible exit strategy for the National Bank. **знúщення** annihilation; **мéнеджменту** management, **оборóни** defense, **пристосувáння** coping, **реfóрм** reform, **рóзвитку** development)
n. + **с. втíлення ~ї** the implementation of a strategy (**окрéслення** articulation, **прийняття** adoption; **частúна** part) ◊ **Це лишé частúна ~ї.** This is only a part of the strategy. **змíна ~ї** a change in strategy; **перéгляд ~ї** a strategy revision (**розрóбка** development) ◊ **На розрóбку ~ї комп'ютеризáції пíде кíлька мíсяців.** The computerization strategy development will take several months.
v. + **с. виробляти ~ю** work out a strategy ◊ **Вонú вúробили спíльну рúнкову ~ю.** They worked out a joint market strategy. (**втíлювати** implement, **застосóвувати** use ◊ **Вонá не рáдить застосóвувати такý ризикóву ~ю.** She advises against using such a high-risk strategy. **мáти** have; **опрацьóвувати** develop, **викладáти** lay out, **окрéслювати** outline, **опúсувати** describe ◊ **Доповідáчка опúсала ~ю запобігáння пандемії кóру.** The (female) presenter described the strategy to prevent a measles pandemic. **пропонувáти** suggest; **планувáти** plan, **придýмувати** devise; **вибирáти** choose, **змíнювати** change; **аналізувáти** analyze, **вивчáти** study, **дослíджувати** explore, **критикувáти** criticize, **обговóрювати** discuss, **обдýмувати** think over, **переглядáти** revise; **приймáти** adopt, **схвáлювати** endorse; **відкидáти** reject) ◊ **Вонá відкúнула ~ю як нереалістúчну.** She rejected the strategy as unrealistic. **вдавáтися до ~ї** resort to a strategy ◊ **Вонú вдалúся до ~ї вúснаження.** They resorted to an attrition strategy. (**відмовлятися від** abandon) ◊ **Брак ресýрсів змýшує їх відмóвитися від коштóвної ~ї.** A lack of resources makes them abandon the costly strategy.
с. + *v.* **базувáтися на** + *A. or L.* be based on sth, **заснóвуватися на** + *A. or L.* be founded on sth, **спирáтися на** + *A. or L.* rely on sth ◊ **Урядóва с. спирáється на ýчасть усíх рíвнів адміністрáції.** The government strategy relies on participation of all the levels of administration. **бýти спрямóваною на** + *A.* be aimed at sth ◊ **С. спрямóвана на змéншення смéртности на дорóгах.** The strategy is aimed at reducing mortality on the roads. **дíяти** work ◊ **Дóсі її с. дóбре дíяла.** So far, her strategy has worked well. **мáти ýспіх** succeed; **провáлюватися** fail; **стáвити (собí) за метý** + *inf. or less usu n.* have the purpose of ◊ **С. стáвить за метý поклáсти край енергетúчній залéжності країни.** The strategy has the purpose of ending the country's dependency for energy. **залéжати від** + *G.* depend on sth; **полягáти на** + *L.* consist in sth; **складáтися з** + *G.* consist of sth
prep. **у ~ї** in a strategy ◊ **ключовúй елемéнт у ~ї** the key element in the strategy
Also see **полíтика 2.** *Ant.* **тáктика**

стра́ти|ти, *pf., see* **стра́чувати**
to execute ◊ **Засу́джених ~ли на сві́танку.** The convicted were executed at dawn.

страх, *m.*, **стра́х|у**
1 fear, fright, terror + *G. or inf.* of ◊ **с. заблуди́тися** the fear of getting lost ◊ **С. відкри́того про́стору іна́кше назива́ють агорафо́бією.** The fear of open space is called agoraphobia.
adj. **вели́кий** great, **глибо́кий** deep, **невимо́вний** unspeakable, **нездола́нний** insurmountable, **си́льний** intense, **правди́вий** genuine, **спра́вжній** real; **укорі́нений** deep-seated, **чи́стий** pure; **нестя́мний** crazy, **шале́ний** insane; **все бі́льший** growing, **зага́льний** general, **невідсту́пний** nagging, **постійний** constant, **пошире́ний** widespread; **безглу́здий** senseless, **безпідста́вний** unfounded, **незрозумі́лий** incomprehensible, **нераціона́льний** irrational; **несподі́ваний** sudden; **зако́нний** legitimate; **інстинкти́вний** instinctive, **пе́рвісний** primal, **примiти́вний** primitive, **твари́нний** visceral; **паралізу́ючий** paralyzing, **смерте́льний** mortal; **дитя́чий** childhood
v. + **с. відчува́ти с.** feel fear (**ма́ти** have; **виража́ти** express ◊ **Обли́ччя люде́й на сві́тлині виража́ють страх.** The people's faces in the picture express fear. **вислóвлювати** voice; **виклика́ти в** + *G.* cause in sb, **вселя́ти в** + *A.* instill in sb ◊ **Ім'я́ прокуро́ра вселя́ло в корупціоне́рів невимо́вний с.** The prosecutor's name instilled unspeakable fear in corrupt officials. **наво́дити** *or* **наганя́ти на** + *A.* inspire in sb ◊ **Козаки́ наво́дили глибо́кий с. на шля́хту.** The Cossacks inspired deep fear in the nobility. **підігріва́ти** fuel, **погли́блювати** heighten, **поси́лювати** stoke ◊ **Цей ви́падок лише́ поси́лював с. кри́зи.** The incident only stoked fears of crisis. **підтве́рджувати** confirm ◊ **Результа́ти ана́лізів підтве́рджували його́ найбі́льш поню́рі ~й.** The test results confirmed his grimmest fears. **дола́ти** overcome, **заспоко́ювати** calm, **контролюва́ти** control, **погамо́вувати** assuage, **посла́блювати** alleviate, **розвíювати** dispel; **використо́вувати** exploit, **виявля́ти** display, **зра́джувати** betray, **пока́зувати** show; **опано́вувати** conquer ◊ **Він ле́две опанува́в с.** He barely conquered his fear. **маскува́ти** mask, **хова́ти** hide) ◊ **Усмі́шка змагуна́ ма́ла схова́ти с.** The competitor's smile was supposed to hide his fear. **зазнава́ти ~у́** experience fear (**натерпі́тися** *only pf.* suffer a lot of ◊ **За кі́лька годи́н по́дорожі мо́рем ді́ти натерпі́лися ~у́.** The children suffered a great deal of fear over a few hours of travel at sea. **вмира́ти від** be dying of ◊ **Вони́ стоя́ли і вмира́ли від ~у́.** They were standing, dying of fear. **тремті́ти від** tremble with); **бу́ти охо́пленим ~о́м** be gripped by fear ◊ **Охо́плена ~о́м Світла́на була́ не в ста́ні щось сказа́ти.** Gripped by fear, Svitlana was incapable of saying anything. (**бу́ти паралізо́ваним** be paralyzed with, **бу́ти спо́вненим** be filled with) ◊ **Ме́неджер спо́внений ~о́м.** The manager is filled with fear. ♦ **гля́нути ~о́ві в о́чі** to look fear in the eye ◊ **Оле́на ма́ла доста́тньо відва́ги гля́нути ~о́ві в о́чі.** Olena had enough courage to look fear in the eye. **держа́ти** *or* **трима́ти** + *A.* **в ~у́** keep sb in ◊ **Викрадачі́ трима́ли жіно́к у пості́йному ~у́.** The kidnappers kept the women in constant fear.
с. + *v.* **зроста́ти** grow ◊ **У краї́ні зроста́є с. наси́льства.** The fear of violence is growing in the country. **погли́блюватися** deepen, **поси́люватися** increase, **ши́ритися** spread; **зме́ншуватися** abate, **зника́ти** disappear, **посла́блюватися** subside, **розвíюватися** vanish ◊ **Його́ с. розвíявся без слі́ду.** His fear vanished without a trace. **опано́вувати** + *A. or* + *I.* take over sb ◊ **При ви́ді води́ Га́нну** *or* **Га́нною опанува́в с.** At the sight of water, fear would take over Hanna. **охо́плювати** + *A.* grip sb, **паралізо́вувати** + *A.* paralyze sb, **пересл́ідувати** + *A.* haunt sb ◊ **Се́ргія пересл́ідував с. павукі́в.** A fear of spiders haunted Serhii. **пройма́ти** + *A.* wash over sb ◊ **Його́ пройня́в глибо́кий с.** A deep fear washed over him.
prep. **без ~у́** without fear; **зі** *or* **зо ~у́** out of fear ◊ **Со́ля зі ~у́ переплу́тала слова́ ро́лі.** Solia mixed up the lines of her part out of fear. ♦ **на свій с. і ри́зик** at one's own peril ◊ **Йо́сип нава́жився прийти́ на свій с. і ри́зик.** Yosyp had the courage to come at his own peril. ♦ **під ~о́м сме́рті** under pain of death; **с. із при́воду** + *G.* a fear concerning sth ◊ **с. із при́воду того́, що могло́ ста́тися** the fear over what could happen
Also see **жах 1.** *Cf.* **пере́ляк**
2 *colloq. pred.* to pain to + *inf. in*: ♦ **бу́ти с.** + *D.* + *inf.* to pain sb to do sth, shudder doing sth ◊ **Андрі́й так схуд, що мені́ с. диви́тися на ньо́го.** Andrii lost so much weight it pains me to look at him.
Also see **жах 4**
3 *colloq., as adv.* very much, a lot, extremely, *etc.* ◊ **Хома́ с. розсе́рдився.** Khoma got terribly angry. ♦ **с. як** much, a lot, very ◊ **Ї́й с. як хоті́лося спа́ти.** She was very sleepy.
See **ду́же.** *Also see* **жах 3**
D. **стра́хові** *or* **стра́ху́**, *L.* **у стра́хові** *or* **стра́ху́**

страхов|и́й, *adj.*
1 insurance, of or pertaining to insurance
с. + *n.* **с. бі́знес** an insurance business (**ви́падок** accident, **вне́сок** contribution; **фонд** fund); **~а́ компа́нія** an insurance company (**оці́нка** assessment; **пла́та** payment; **по́свідка** certificate; **по́слуга** service; **су́ма** sum); **~е́ бюро́** an insurance bureau (**відшкодува́ння** indemnity, **покриття́** coverage; **посві́дчення** policy; **пра́во** law; **товари́ство** company; **шахра́йство** fraud)
2 contingency, emergency ◊ **Вони́ створи́ли с. запа́с збі́жжя на ви́падок приро́дного ли́ха.** They created a contingency grain reserve in case of a natural disaster.

страхува́н|ня, *nt.*
insurance, coverage
adj. **авіаці́йне** aviation, **автомобі́льне** (*usu* **автострахува́ння**) car, **космі́чне** satellite ◊ **Збитки від невда́лого за́пуску сателі́та компенсу́є космі́чне с.** The losses from a failed satellite launch are covered by satellite insurance. **майнове́** property, **меди́чне** health, **морське́** marine, **соціа́льне** social; **туристи́чне** travel; **взає́мне** mutual, **держа́вне** state, **комерці́йне** commercial; **додатко́ве** additional, **зага́льне** universal; **обме́жене** limited, **частко́ве** partial; **по́вне** full ◊ **Лі́да за́вжди́ винайма́є маши́ну з по́вним ~ням.** Lida always rents a car with a full coverage. **довготермінове́** long-term, **короткотермінове́** short-term; **зага́льне** comprehensive; **доброві́льне** voluntary, **обов'язко́ве** compulsory; **спеціа́льне** special; **індивідуа́льне** individual; **групове́** group, **колекти́вне** collective; **прива́тне** private ◊ **пра́вила прива́тного меди́чного с.** rules of private medical insurance
с. + *n.* **с. вантажу́** a cargo insurance (**житла́** home, **життя́** life, **креди́ту** credit, **майна́** property, **ха́тнього майна́** domestic property)
n. + **с. вид с.** a type of insurance ◊ **Фі́рма пропону́є бага́то ви́дів с.** The firm offers many types of insurance. (**інду́стрія** industry, **ри́нок** market, **се́ктор** sector; **пра́вила** rules, **умо́ви** terms; **по́свідка** certificate, **свідо́цтво** policy) ◊ **Воді́й загуби́в свідо́цтво с.** The driver lost his insurance policy.
v. + **с. ма́ти с.** have an insurance (**дістава́ти** get, **отри́мувати** receive; **достача́ти** *and* **забезпе́чувати** + *D.* maintain for sb ◊ **Університе́т забезпе́чує виклада́чам с. житла́.** The university maintains home insurance for its faculty. **пропонува́ти** + *D.* offer sb; **дозволя́ти собі́** afford ◊ **Хома́ міг дозво́лити собі́ ті́льки обме́жене с.** Khoma could afford only a limited insurance. **купува́ти** buy, **придба́ти** *pf.* acquire ◊ **Бюдже́т дозволя́є їм придба́ти лише́ частко́ве с. життя́.** Their budget allows them to acquire but a partial life insurance. **продава́ти** sell; **плати́ти за** pay ◊ **Він пла́тить за с. в мере́жі.** He pays his insurance online. **подава́тися на** apply for) ◊ **Він пода́вся на с. від поже́жі.** He applied for fire insurance. **потребува́ти с.** need an insurance ◊ **Іва́нна потребу́є меди́чного с.** Ivanna needs health insurance. **забезпе́чувати** + *A.* **~ням** provide sb with an insurance ◊ **Фі́рма забезпе́чує кліє́нтів ~ням від банкру́тства.** The firm provides customers with a bankruptcy insurance.
с. + *v.* **вигаса́ти** expire ◊ **Його́ меди́чне с. вига́сло.** His health insurance had expired. **плати́ти за** + *A.* pay for sth, **покрива́ти** + *A.* cover sth ◊ **С. покри́ло ті́льки полови́ну зби́тків від по́вені.** The insurance covered only half of losses from the flood.
prep. **с. від** + *G.* an insurance against/for sth ◊ **с. від неща́сних ви́падків** an accident insurance (**банкру́тства** bankruptcy, **землетру́су** earthquake, **меди́чної по́милки** medical malpractice ◊ **Значну́ части́ну зароблених гро́шей лі́кар видає на с. від меди́чної по́милки.** The physician spends a significant part of the money earned for medical malpractice insurance. **поже́жі** fire, **по́вені** flood, **ри́зику** risk, **цуна́мі** tsunami); **с. на ви́падок** + *G.* insurance against sth ◊ **с. на ви́падок на́глої сме́рті** insurance against sudden death
See **забезпе́чення 2**

стра́чу|вати, ~ють; стра́т|ити, стра́чу, ~ять, *tran.*
to execute (*kill*), put to death
adv. **ма́сово** en masse, **публі́чно** publicly; **незако́нно** illegally; ♦ **с. без су́ду і слі́дства** *or* **на мі́сці** to execute summarily ◊ **Полоне́них стра́тили на мі́сці.** The prisoners were summarily executed. **нега́йно** immediately
v. + **с. готува́тися** be preparing to, **збира́тися** be going to; **поспіша́ти** be in a hurry to ◊ **Вла́да поспіша́ла стра́тити провідникі́в опози́ції.** The authorities were in a hurry to put the opposition leaders to death. **не дава́ти** + *D.* not let sb
prep. **с. за** + *A.* execute for sth ◊ **Його́ стра́тили за вби́вство.** He was executed for murder. **с. як** + *A.* execute as sb ◊ **Ко́жного стра́тили як во́рога наро́ду.** Each (of them) was executed as the enemy of the people.
стра́чений executed
стра́чуй! страть!
Also see **ві́шати 2**

страше́нн|ий, *adj.*
1 terrible, dreadful, horrific, fearful ◊ **Усти́м ба́чив у́ві сні ~ого змія́.** Ustym saw a dreadful dragon in his sleep.
See **страшни́й 1**
2 *fig.* terrible, great, severe, massive, intense ◊ **І́нна потерпа́ла від ~ого бо́лю.** Inna suffered from a terrible pain. ◊ **Їх розділя́є ~а ві́дстань.** A great distance separates them. ◊ **У Ки́єві їх чека́є ~е розчарува́ння.** A terrible disappointment awaits them in Kyiv. ◊ **Лю́ди задиха́лися від ~ої спе́ки.** People were suffocating from terrible heat.
See **вели́кий 1.** *Also see* **жахли́вий 2, страшни́й 2, тяжки́й 5**

страше́нно, *adv.*
terribly, awfully, badly, very, very much, extremely ◊ **Ори́ся с. лю́бить о́перу.** Orysia likes opera very much. ◊ **Вони́ с. посвари́лися.** They had a terrible fight. ◊ **Мо́ре було́ с. те́плим.** The sea was terribly warm. ◊ **Ада́м почува́вся с. незру́чно.** Adam felt terribly awkward.
See **ду́же.** *Also* **стра́шно 1**

страшн|и́й, *adj.*
1 horrible, terrible, horrifying, frightening, ghastly
adv. **абсолю́тно** absolutely, **геть** totally, **ді́йсно** really, **до́сить** rather, **ду́же** very ◊ **Він пережи́в кі́лька ду́же ~и́х годи́н.** He went through a few very terrible hours. **неймові́рно** incredibly, **неправдоподі́бно** improbably, **спра́вді** truly, **про́сто** simply; **зо́всім не** not at all, **не таки́й** not so ◊ **Закі́нчення рома́ну не аж таке́ ~е́.** The ending of the novel is not quite so horrifying.
с. + *n.* **с. ви́гляд** a ghastly appearance (**ви́падок** incident; **по́гляд** look; **сон** dream ◊ **Усе́ це поді́бне на с. сон.** All this is like a horrible dream. **фільм** film) ◊ **У дити́нстві Іва́н люби́в диви́тися ~і фі́льми.** When a child, Ivan was fond of watching frightening movies. ♦ **с. суд** 1) *rel.* doomsday, the Last Judgment; 2) *fig.* pandemonium, bedlam, chaos ◊ **Коли́ вчи́тель поверну́вся, у кла́сі був с. суд.** When the teacher returned, there was pandemonium in the classroom. **~а́ ві́дьма** a ghastly witch (**люди́на** person ◊ **Він ви́явився ~о́ю люди́ною.** He proved to be a ghastly person. **істо́рія** story; **нови́на** news; **потво́ра** monster); **~е́ життя́** a horrible life (**передчуття́** presentiment; **сло́во** word ◊ **це ~е́ сло́во «ві́йна»** that horrible word *war*); **~і часи́** horrible times ◊ **Надхо́дять ~і часи́.** Horrible times are coming.
v. + **с. бу́ти ~и́м** be horrible (**вигляда́ти** look ◊ **Він вигляда́в до́сить ~и́м.** He looked rather frightening. **виявля́тися** prove; **здава́тися** + *D.* seem to sb)
Also see **жахли́вий 1, мо́торошний, соба́чий 3**
2 terrible, great, extreme, bad, intense
adv. **надзвича́йно** extremely, **про́сто** simply, **спра́вді** truly ◊ **Су́тичка закінчи́лося спра́вді ~о́ю пора́зкою.** The clash ended in a truly terrible defeat.
с. + *n.* **с. біль** a terrible pain (**ле́мент** racket ◊ **Зчини́вся с. ле́мент.** A terrible racket erupted. **ві́тер** wind, **землетру́с** earthquake); **~а́ зли́ва** a terrible downpour (**недо́ля** misfortune ◊ **Їх спітка́ла ~а́ недо́ля.** A terrible misfortune befell them. **несправедли́вість** injustice; **ра́на** wound, **торту́ра** torture); **~е́ непорозумі́ння** a terrible misunderstanding (**розчарува́ння** disappointment, **стражда́ння** suffering) ◊ **Ві́йна прирекла́ люде́й на ~і стражда́ння.** War doomed people to terrible suffering.
See **вели́кий 1.** *Also see* **жахли́вий 2, тяжки́й 5**

стра́шно, *adv., pred.*
1 *adv.* terribly, dreadfully, awfully, very, *etc.* ◊ **На́дя с. перебі́рлива у знайо́мствах.** Nadia is terribly picky in her acquaintances. ◊ **Лука́ш с. йому́ сподо́бався.** He liked Lukash very much. ◊ **Вони́ с. задово́лені опера́цією.** They are awfully happy about the surgery.
See **ду́же.** *Also see* **страше́нно**
2 *pred., impers.* frightened, scared, freaked out + *D.*
v. + **с. бу́ти с.** be frightened ◊ **Мико́лі с. спа́ти під одни́м да́хом із незнайо́мцем.** Mykola is frightened to sleep under the same roof with the stranger. (**поду́мати** *pf.* think ◊ **С. поду́мати, що він му́сить роби́ти все сам.** It is frightening to think that he is obliged to do everything alone. **уяви́ти** imagine; **роби́тися** grow, **става́ти** feel)
prep. **с. від** + *G.* frightened at/by *(thought, etc.)* ◊ **Іва́нні зроби́лося с. від свідо́мости свого́ стано́вища.** Ivanna grew frightened at the realization of her situation.
Also see **мо́торошно 2**

стрес, *m.*, **~у**
stress
adj. **вели́кий** great, **го́стрий** acute, **значни́й** significant ◊ **Оста́ннім ча́сом вони́ перебува́ють під значни́м ~ом.** Lately they have been under a significant stress. **надмі́рний** excessive, **неабия́кий** major, **серйо́зний** serious, **си́льний** severe, **скра́йній** extreme, **шале́ний** insane; **бі́льший** greater, **додатко́вий** added, **підви́щений** heightened; **незначни́й** insignificant, **низьки́й** low; **постійний** constant ◊ **Постійний с. підрива́є імуніте́т органі́зму.** Constant stress undermines the immunity of the body. **хроні́чний** chronic, **щоде́нний** daily; **емоці́йний** emotional, **посттравмати́чний** posttraumatic, **психологі́чний** psychological, **розумо́вий** mental
n. + **с. джерело́ ~у** a source of stress (**причи́на** cause; **рі́вень** level ◊ **Лаборато́рія сліду́є за рі́внем ~у на заво́ді.** The laboratory monitors the stress level at the works. **симпто́м** symptom)
v. + **с. витри́мувати с.** endure stress (**ма́ти** have; **поро́джувати** cause ◊ **Сіме́йні сва́рки поро́джують у діте́й с.** Family quarrels cause stress in children. **ство́рювати** create; **збі́льшувати** increase, **підви́щувати** heighten, **поси́лювати** add to; **зме́ншувати** reduce, **зніма́ти** remove, **мінімалізува́ти** minimize, **посла́блювати** alleviate) ◊ **М'яки́й ко́лір стін посла́блює с. від одномані́тної пра́ці.** Soft color of the walls alleviates the stress of monotonous work. **зазнава́ти ~у** experience stress (**уника́ти** avoid; **потерпа́ти від** *or* **стражда́ти від** suffer from) ◊ **Ната́ля потерпа́є від шале́ного ~у робо́ти з бі́женцями.** Natalia suffers from the insane stress of working with refugees. **бу́ти** *and* **перебува́ти під ~ом** be under stress ◊ **Виклада́ч шко́ли за́вжди бу́де під значни́м ~ом.** A school teacher will always be under considerable stress. (**виявля́тися** *or* **опиня́тися під** find oneself under; **дава́ти (собі́) ра́ду зі** cope with ◊ **Він ле́две дає (собі́) ра́ду зі ~ом від пра́ці слі́дчого.** He barely copes with the stress of the detective's work. **лиша́тися під** remain under; **справля́тися з** handle) ◊ **Із таки́м ~ом спра́виться не ко́жний.** Not everyone will handle such stress.
с. + *v.* **виклика́ти** + *A.* trigger sth, **підрива́ти** + *A.* undermine sth, **призво́дити до** + *G.* bring sth about ◊ **Хроні́чний с. призво́дить до ра́ннього старі́ння.** Chronic stress brings about early aging. **става́ти причи́ною** cause sth ◊ **С. став причи́ною нерво́вого зри́ву в Оста́па.** Stress caused Ostap to have a nervous breakdown.
prep. **під ~ом** under stress; **с. від** + *G.* stress from sth ◊ **с. від важко́ї пра́ці** stress from hard work
Also see **наванта́ження 2**

стриба́|ти, ~ють; стрибн|у́ти, ~уть, *intr.*
1 to jump, leap, hop ◊ **Вона́ не раз ~ла з парашу́том.** She jumped with a parachute more than once.
adv. **вго́ру** up ◊ **Кі́шка стрибну́ла вго́ру, ло́влячи мете́лика.** The she-cat jumped up, catching a butterfly. **вниз** *or* **надоли́ну** down, **вбік** sideways; **висо́ко** high, **дале́ко** far, **навко́ло** around; **ра́птом** suddenly; **безла́дно** in a disorderly manner, **хаоти́чно** chaotically ◊ **Доповіда́ч хаоти́чно ~в з одніє́ї те́ми на і́ншу.** *fig.* The presenter jumped chaotically from one topic to another.
prep. **с. з** + *G.* jump from sth; **с. на** + *A. dir.* jump onto sth ◊ **Пе́сик ~є з підві́костя на стіл.** The little dog jumps from the window sill onto the table. **с. на** + *L. posn.* jump on sth ◊ **Про́мені со́нця ~ли на пове́рхні о́зера.** Sunrays jumped on the surface of the lake. **с. по** + *L.* jump around sth ◊ **Лоша́та ~ли по лева́ді.** The foals jumped around the meadow. **с. че́рез** + *A.* jump over sth ◊ **Андрі́й ~є че́рез парка́н.** Andrii jumps over the fence.
See **скака́ти 1.** *Also see* **плига́ти, схо́плюватися 1**
2 *sport* to jump
adv. ♦ **с. у висоту́** do the high jump ◊ **Лев непога́но ~є у висоту́.** Lev is good at high jump. ♦ **с. у довжину́** do the broad jump; ♦ **с. но́жицями** do scissors high jump ◊ **Спортсме́ни ~ють но́жицями.** The athletes do scissors high jump. **с. перекидни́м** do straddle jump
стриба́й! стрибни́!

стрибну́|ти, *pf., see* **стриба́ти**
to jump, leap ◊ **Мо́тря ~ла у во́ду.** Motria jumped in the water.

стриб|о́к, *m.*, **~ка́**
1 jump, leap
adj. **висо́кий** high, **до́вгий** long, **широ́кий** wide ◊ **Він перетну́в струмо́к кілько́ма широ́кими ~ка́ми.** He crossed the creek in a few broad leaps. **мале́нький** small, **невели́кий** little; **відчайду́шний** desperate, **небезпе́чний** dangerous, **ризико́вий** risky; ♦ **затяжни́й с.** a delayed drop
v. + **с. роби́ти с.** make a jump
prep. **с. з** + *G.* a jump from sth ◊ **с. із сере́дньої висоти́** a jump from a medium altitude. ♦ **с. із мі́сця** a standing jump, ♦ **с. із розго́ну** a running jump ◊ **Гри́ць віді́йшов від бе́рега на де́сять кро́ків, щоб зроби́ти с. із розго́ну.** Hryts went ten steps away from the bank to make a running jump. **с. з** + *I.* jump with sth ◊ **с. з парашу́том** a parachute jump; **с. че́рез** + *A.* jump over sth ◊ **с. з мі́сця че́рез кана́ву** a standing jump over a ditch
2 *sport, usu pl.* jump ◊ **~ки́ у висоту́** high jump (**у довжину́** broad *or* long) ◊ **змага́ння зі ~кі́в у довжину́** a broad-jump competition; **потрі́йний с.** a triple jump; ♦ **~ки́ з жерди́ною** pole vaulting; **с. з упо́ром** a vault
v. + **с. вправля́ти ~ки́** practice the jump ◊ **Га́нна рік вправля́є ~ки́ в довжину́.** For a year, Hanna has practiced long jump.
prep. **у ~ка́х** in the jump ◊ **Ні́на ви́грала бро́нзу у ~ка́х із жерди́ною.** Nina won bronze in the pole vault.
3 *fig.* jump, rise, leap, increase
adj. **вели́кий** great, **величе́зний** huge, **гіга́нтський** giant, **ґвалто́вний** abrupt, **рі́зкий** sharp, **несподі́ваний** unexpected, **рапто́вий** sudden ◊ **рапто́вий с. цін на збі́жжя** a sudden jump in grain prices
v. + **с. здійсню́вати с.** effect a jump (**роби́ти** make) ◊ **Компа́нія зроби́ла вели́кий с. у продукти́вності пра́ці.** The company made a great leap in labor productivity.
L. **в ~ку́** *and* **~ко́ві**
See **підви́щення 1.** *Also see* **зріст 2, збі́льшення, підйо́м 2**

стриво́ж|ити, *pf., see* **триво́жити**
to disturb, *etc.* ◊ **Світли́ни глибо́ко ~или її́.** The photographs deeply unsettled her.

стри́гти, стриж|у́ть; по~; *pa., m.* **стриг**, *pl.* **стри́гли**, *tran.*
to cut *(hair, etc.)*, crop, clip, shear; trim ◊ **Мико́ла до́вго не стриг воло́сся.** Mykola has had no haircut in a long time. ♦ **с. кого́сь** to cut sb's hair, give sb a haircut ◊ **Ла́на за́вжди ~ла Юрка́.** Lana always cut Yurko's hair.
adv. **га́рно** nicely ◊ **Де тебе́ так га́рно постри́гли?** Where did they give you such a nice haircut? **ко́ротко** short ◊ **Наза́р ко́ротко постри́г воло́сся.** Nazar had his hair cut short. **мо́дно** stylishly, **старомо́дно** in an old-fashioned way; **майсте́рно** skillfully, **професі́йно** professionally; **періоди́чно** periodically, **час від ча́су** from time to time, **ча́сто** often; **і́ноді** sometimes, **рі́дко** rarely
с. + *n.* **с. бо́роду** cut a beard (**воло́сся** hair, **косу́** braid; **во́вну** *and* **шерсть** wool, **ове́ць** sheep ◊ **У тра́вні зазвича́й ~у́ть ове́ць.** In May, they usually shear sheep. **худо́бу** cattle; **гі́лки** branches, **живопліт** hedge ◊ **Живопліт ~ли мі́сяць тому́.** They trimmed the hedge a month ago. **травни́к** *and* **газо́н** lawn, **траву́** grass) ◊ **Траву́ на футбо́льному полі періоди́чно ~ли.** The grass on the soccer field was periodically mowed.
v. + **с. бу́ти тре́ба** + *D.* need to ◊ **Їм тре́ба по~ ове́ць за півдня́.** They need to shear the sheep in half a day. **вмі́ти** be able to, **могти́** can ◊ **Оле́ся за́вжди мо́же по~ сестру́.** Olesia can always cut

her sister's hair. **вчитися** learn to, **навчати** + *A.* teach sb to; **казати** + *A.* **як** tell sb how to ◊ **Назар сказав перукареві, як його с.** Nazar told the hairdresser how to cut his hair. **просити** + *A.* ask sb to ◊ **Ірена попросила хлопця по~ травник.** Irena asked the boy to mow the lawn. **братися** take it upon oneself ◊ **Він уперше береться с. жінку.** He takes it upon himself to give a haircut to a woman for the first time.
pa. pple. **пострижений** cut, cropped
(по)стрижи!
Cf. **краяти, різати 1, рубати**

стриж|ень, *m.*, **~ня**
1 rod, stick, shaft, bar
adj. **довгий** long, **короткий** short; **грубий** thick, **тонкий** thin; **зігнутий** bent; **прямий** straight; **залізний** iron, **металевий** metal, **іржавий** rusty ◊ **З підлоги стирчав іржавий с.** A rusty rod jutted out from the floor.
2 core, heart ◊ **Кийок має металевий с.** The stick has a metal core. ◊ **с. кукурудзяного качана** a corn cob core
prep. **с. від** + *G.* a core of sth ◊ **с. від соснової шишки** the core of a pinecone
3 *fig.* core, heart, essence, center ◊ **Модернізація стане ~нем реформи освіти.** Modernization will become the core of the education reform.
See **основа 2**

стриман|ий, *adj.*
reserved, restrained, reticent, taciturn
adv. **більше** more, **винятково** exceptionally, **вкрай** extremely ◊ **вкрай ~а особа** an extremely reserved person; **досить** rather ◊ **досить ~а відповідь на провокацію** a rather restrained response to an obvious provocation; **достатньо** sufficiently, **дуже** very, **помітно** significantly; **виразно** distinctly, **явно** clearly; **геть** totally, **цілковито** completely; **дещо** somewhat, **ледве** scarcely, **майже** almost, **трохи** a little; **відносно** relatively, **особливо** particularly, **порівняно** comparatively
с. + *n.* **с. гнів** restrained anger (**сміх** laughter, **стиль** style; **уклін** bow; **шепіт** whisper); **~а відповідь** a restrained response (**людина** person; **манера** manner; **мова** language; **усмішка** smile) ◊ **~а мова не є властивою цьому політикові.** Restrained language is not typical of this politician. **~е ридання** restrained sobbing; **~і кольори** restrained colors (**оплески** applause)
v. + **с. бути ~им** be reserved (**вважати** + *A.* consider sb ◊ **Він вважав цього критика достатньо ~им у судженнях.** He considered this critic to be sufficiently restrained in his judgments. **здаватися** + *D.* seem to sb, **лишатися** remain)
prep. **с. у** + *L.* ◊ **Ярослав став ~им у жестикуляції.** Yaroslav became restrained in his gestures. **с. з** + *I.* restrained with sb/sth ◊ **Їй слід бути більше ~ою з обіцянками.** She should be more restrained with her promises.
Also see **консервативний 2, обережний 1, поміркований 2, сухий 4.** *Ant.* **екстремальний, радикальний 1, скрайній**

стриман|ість, *f.*, **~ости**, *only sg.*
restraint, reserve ◊ **Йосипі не бракувало ~ости.** Yosypa did not lack restraint.
adj. **велика** great, **виняткова** exceptional, **завидна** enviable, **значна** considerable, **зразкова** exemplary. **невірогідна** incredible; **помітна** noticeable, **типова** typical; **емоційна** emotional; **статева** sexual ◊ **Автор переконує читача, що статева с. є розв'язанням проблеми.** The author convinces his reader that sexual restraint is the solution to the problem.
v. + **с. виявляти с.** show restraint ◊ **Ольга виявила завидну с.** Olha showed enviable restraint. (**демонструвати** demonstrate; **лишати** abandon ◊ **Лишивши с., Костя сказав начальникові все, що думав про нього.** Having abandoned restraint, Kostia told his boss everything he thought about him. **мати** have; **практикувати** practice); **вимагати ~ости** require restraint (**закликати до** call for ◊ **Уряд закликав громадян до ~ости в використанні автомобілів.** The government called on citizens for restraint in the use of cars. **заохочувати до** + *G.* urge)
prep. **без ~ости** without restraint ◊ **Борис плакав без жодної ~ости.** Borys wept without any restraint. **зі ~істю** with restraint ◊ **Вона пояснює зі ~істю в голосі.** She is explaining with restraint in her voice.
Also see **поміркованість 2**

стрима|ти, *pf.*, *see* **стримувати**
to hold back, *etc.* ◊ **Солдати не ~ли натиску й кинулися втікати.** The soldiers did not hold off the onslaught and started fleeing.

стрима|тися, *pf.*, *see* **стримуватися**
to refrain, *etc.* ◊ **Ніна ~лася від коментарів.** Nina refrained from comments.

стриму|вати, **~ють; стрима|ти**, **~ють**, *tran.*
1 to hold back, restrain, curb; hold off, keep at bay
adv. **важко** hard ◊ **Людині її темпераменту важко с. емоції.** It is hard for a person of her temperament to hold back emotions. **ледве** scarcely ◊ **Ярема ледве ~є сльози.** Yarema is scarcely holding back the tears. **насилу** barely ◊ **Візник насилу ~вав переляканих коней.** The coachman barely curbed the frightened to death horses. **силою** forcibly, **фізично** physically ◊ **Ніхто фізично не стримував її.** Nobody physically held her back. **легко** easily; **навмисне** deliberately, **намірено** intentionally, **свідомо** consciously
с. + *n.* **с. емоції** hold back emotions (**почуття** feelings, **тривогу** trepidation, **хвилювання** anxiety; **паніку** panic ◊ **Він вистрілив у повітря, щоб стримати паніку серед біженців.** He shot in the air to curb the panic among the refugees. **хаос** chaos; **поступ** progress, **розвиток** development; **ворога** enemy, **наступ** offensive ◊ **Сотня добровольців ~вала ворога.** A company of volunteers had held off the enemy. **натиск** onslaught, **приплив** influx; **язик** *or* **язика** tongue ◊ **Василь не з тих, хто може стримати язика.** Vasyl is not the kind who can curb his tongue. ♦ **с. себе** restrain oneself ◊ **Ліна ледве стримувала себе від тютюну.** Lina barely restrained herself from tobacco.
v. + **с. бути важко** be hard to; **вдаватися** manage to ◊ **Їй якось вдавалося с. хвилювання.** She somehow managed to hold back her anxiety. **могти** can; **намагатися** try to, **робити спробу** attempt to; **помагати** + *D.* help sb to, **просити** + *A.* ask sb to
prep. **с. від** + *G.* hold back from sth
Also see **гальмувати 3**
2 to suppress, subdue, conceal, stifle ◊ **Хлопець опустив голову, ~ючи усмішку.** The boy lowered his head, suppressing a smile. ◊ **Він насилу ~вав кашель.** He barely suppressed his cough. ♦ **с. обіцянку** *or* **слово** to keep one's promise; ♦ **с. подих** hold one's breath ◊ **Почувши кроки, він стримав подих.** Having heard steps, he held his breath.
pa. pple. **стриманий** held back, restrained
стримуй! стримай!

стриму|ватися; стриматися, *intr.*
1 to refrain, hold back from, abstain from, control oneself ◊ **Настя може легко с. від кави кілька днів.** Nastia can easily abstain from coffee for a few days.
prep. **с. від** + *G.* refrain from sth; **с., щоб не** + *inf.* refrain from ◊ **Вона ледве ~ється, щоб не розказати їм таємниці.** She barely refrains from telling them the secret.
2 *only impf., pass.* to be held back, be restrained, be curbed ◊ **Повені ~ються дамбами.** Floods are held back by levees.

стр|ій[1], *m.*, **~ою**
1 *mil.* formation, order, line
adj. **військовий** military; **досконалий** perfect, **рівний** straight, **тісний** tight; **поламаний** broken; ♦ **зімкнутий с.** a close order formation ◊ **Піхотинці йдуть у зімкнутому ~ою.** The infantrymen march in a close order formation. **розгорнутий** open, **розсипний** extended; **бойовий** battle, **тактичний** tactical; **кінний** mounted, **польотний** flying; **фаланговий** phalanx
v. + **с. зберігати с.** keep a formation (**оглядати** survey ◊ **Майор оглядає поламаний с. курсантів.** The major surveys the broken formation of cadets. **утримувати** maintain) ◊ **Вояки утримують с.** The soldiers maintain the formation. **йти у ~ою** walk in a formation (**летіти у** fly in; **бути у** 1) be in; 2) *fig.* serve, be on duty ◊ **Він має намір бути у ~ою три роки.** He has the intention of serving for three years. **стояти в** stand in) ◊ **Вони мовчки стояли у кінному ~ою.** They stood silently in a mounted formation.
prep. **у с.** *dir.* in/to a formation ◊ **Вона стала у с.** She took her place in the formation. **у ~ою** *posn.* 1) in a formation ◊ **Він почувався безпечнішим у ~ою.** He felt safer in a formation. 2) ♦ in service, on duty ◊ **Антін непридатний до служби у ~ою.** Antin is unfit for active service. **перед ~оєм** in front of the formation
2 *as adv., only in I.* in a column, in formation
v. + **с. йти ~оєм** walk in a line *or* column ◊ **Учні йшли ~оєм.** The schoolchildren walked in a column. (**летіти** fly in) ◊ **Ескадрилья летить розгорнутим ~оєм.** The squadron flies in an open order formation.
3 order, line, sequence, structure, system ◊ **рівний с. пляшок на полиці** a straight line of bottles on the shelf; ◊ **Мова має власний синтактичний с.** Language has its own syntactic structure. ◊ **Оксана має своєрідний с. думок.** Oksana has an unconventional manner of thinking.
N. pl. **~ої**

стр|ій[2], *m.*, **~ою**
dress, attire, costume, clothes
adj. **найкращий** best ◊ **До церкви вони ходять у найкращих ~оях.** They go to church in their best clothes. **простий** simple, **святковий** festive, **урочистий** solemn; **військовий** military, **народний** folk, **селянський** peasant, **студентський** student, **шкільний** school
prep. **у ~ої** *or* **~ою, ~оєві** ◊ **Він позує у народному ~ої.** He is posing in a folk costume.
N. pl. **~ої**
See **одяг**

стріл|а, *f.*
arrow
adj. **отруєна** poisoned, **отруйна** poison; **мисливська** hunting, **спортивна** sports; **Амурова** *and* **Купідонова** Cupid's
n. + **с. вістря ~и** an arrow tip (**наконечник** head; **древко** shaft) ◊ **Древко ~и зроблене з очеретини.** The arrow shaft is made of a reed stalk.
v. + **с. випускати ~у** release an arrow ◊ **Він прицілився і випустив ~у в мішень.** He took aim and released the arrow at the target. (**вистрелювати** shoot; **виймати** draw) ◊ **Ніна вийняла ~у з сагайдака.** Nina drew an arrow from her quiver. **влучати ~ою в** + *A.* strike sth with an arrow ◊ **Він влучив ~ою в яблучко.** He struck the bullseye with the arrow.
с. + *v.* **летіти** fly ◊ **На них летіли десятки стріл.** Dozens of arrows flew at them. **влучати в** + *A.* strike sb/sth, **потрапляти в** + *A.* hit sb/sth ◊ **Йому в литку потрапила отруєна с.** A poisoned arrow hit him in the calf. **ранити** + *A.* **в** + *A.* wound sb in sth ◊ **С. поранила її в бік.** The arrow

wounded her in the side. **промáзувати** miss *(the target)* ◊ **П'ять із семи́ стріл промáзали.** Five of seven arrows missed. **прони́зувати** + *A.* pierce sth; **пáдати** land; **свистíти** whizz ◊ **Над їхніми гóловами свистíла однá с. за íншою.** One arrow after another whizzed over their heads.
Cf. **стрíлка**

стрíл|ка, *f.*
1 *dim.* arrow, small arrow ◊ **Дорóга простягáється прямá, як с.** The road stretches straight as an arrow. ♦ **бі́гти** *or* **мчáтися, як с.** to run fast, go like the wind
See **стрілá**
2 hand *(of a clock)*, pointer, indicator, cursor *(on computer screen)*, cock *(of a balance)* ◊ **С. на екрáні комп'ютера час від чáсу зникáла.** The cursor on the computer screen would disappear from time to time.
adj. **годинникóва с.** hand of a clock *or* watch ◊ **Годинникóві ~ки завмéрли.** The hands of the clock froze. **годи́нна** hour, **секýндна** second ◊ **Годи́нник не мáє секýндної ~ки.** The clock does not have a second hand. **хвили́нна** minute
c. + n. **с. годи́нника** the hand of a clock *or* watch; **с. індикáтора** an indicator pointer *or* needle (**кóмпаса** compass) ◊ **маґнíтна с. кóмпаса** the magnetic needle of a compass; **с. терезі́в** the cock of a balance
c. + v. **завмирáти** freeze, **зупиня́тися** stop ◊ **С. терезі́в зупини́лася на пóзначці оди́н кілогрáм.** The cock of the balance stopped at the one kilogram mark. **рýхатися** move
3 arrow *(sign)*
adj. **лíва** left, **прáва** right; **вертикáльна** vertical, **горизонтáльна** horizontal, **кривá** curved, **пункти́рна** dashed; **с. вгóру** an up arrow, **с. додóлу** a down arrow
v. + **с. малювáти ~ку** draw an arrow; **позначáти** + *A.* **~кою** mark sth with an arrow ◊ **Він познáчив схóвище пункти́рною ~кою.** He marked the shelter with an arrow. (**йти за** follow) ◊ **Щоб ви́йти з лабіри́нту, слід йти за червóними ~ками.** To get out of the maze, one should follow the red arrows.
c. + v. **вкáзувати (на)** + *A.* point sth ◊ **Жи́рна с. (на) вкáзує пíвніч.** A bold arrow points (to) the north. **позначáти** + *A.* indicate sth
See **знак.** *Also see* **пóзначка**

стрiля́|ти, ~ють; (за)стрéл|ити, ~ять, *tran.*
1 to shoot, fire; *pf.* **застрéлити** to shoot to death
adv. **вгóру** upwards, **вниз** *or* **надоли́ну** down, **у повíтря** in the air; **влýчно** accurately ◊ **Макси́м влýчно ~є.** Maksym is an accurate shooter. **вмíло** skillfully, **дóбре** well, **майстéрно** masterfully; **кéпсько** poorly, **погáно** badly; **прóсто** *and* **пря́мо** straight ◊ **Вонá стрéлила нападникові прóсто в живíт.** She shot the attacker straight in the stomach. **без розбóру** indiscriminately ◊ **Воякí стáли без розбóру с. в повíтря.** The soldiers started shooting indiscriminately in the air. **випадкóво** accidentally, **навмання́** randomly, **поголóвно** summarily ◊ **Окупáнти ~ли поголóвно всіх, хто розмовля́в украї́нською.** The occupiers would summarily shoot all those who spoke Ukrainian.
v. + **с. вмíти** know how to ◊ **Бори́с умíє дóбре с.** Borys knows how to shoot well. **могти́** can; **вчи́ти** + *A.* teach sb to; **вчи́тися** learn to; **збирáтися** to be going to ◊ **Вáрта не збирáлася с.** The guards were not going to shoot. **намагáтися** try to; **хотíти** want to; **починáти** begin to, **стáти** *pf.* start ◊ **Почýвши шум у кущáх, вони́ стáли с.** Having heard the noise in the bushes, they started shooting. **продóвжувати** continue ◊ **У селí продóвжують с.** They continue shooting in the village. **переставáти** cease, **припиня́ти** stop ◊ **Мисли́вці припини́ли с.** The hunters stopped shooting.
prep. **с. в** + *A.* shoot at/into sb ◊ **Він стріля́в у вóду по ри́бах.** He shot in the water at fish. **с. з** + *G.* fire sth *or* from sth ◊ **с. з автомáта** fire (from) an assault rifle (**пістолéта** pistol, **рушни́ці** rifle, **гармáти** cannon), **с. з лýка** shoot from a bow ◊ **Яри́на навчи́лася с. з лýка.** Yaryna learned to shoot from a bow. ♦ **с. на врáження** to shoot to kill ◊ **Полíція ~ла на врáження.** The police shot to kill. **с. по** + *L.* shoot at sb/sth
Also see **вдáрити 3**
2 *colloq.* to bum, scrounge ◊ **Вíта нíколи не мáла своїх сигарéт і ~ла їх у кóгось.** Vita never had her own cigarettes and would bum them off somebody.
pa. pple. **застрéлений** shot to death
стріля́й! застрéль!

стрíч|ка, *f.*
1 band, ribbon
adj. **вузькá** narrow, **ширóка** wide ◊ **Він перев'я́зує волóсся ширóкою ~кою.** He ties his hair with a wide band. **дóвга** long, **корóтка** short; **тонкá** thin; **оксами́това** velvet, **шовкóва** silk; **жóвта** yellow, **си́ня** blue, **червóна** red, *etc.*
n. + **с. клáпоть** *and* **шматóк ~ки** a piece of ribbon ◊ **клáпоть жóвто-си́ньої ~ки на наплéчнику** a piece of yellow-and-blue ribbon on the backpack
v. + **с. зав'я́зувати ~ку** tie a ribbon (**розв'я́зувати** untie; **носи́ти** wear ◊ **Вонá носи́ла шовкóву ~ку.** She wore a silk ribbon. **перерізáти** cut) ◊ **Її попроси́ли перерíзати ~ку на відкри́тті бібліотéки.** She was asked to cut the ribbon at the opening of the library. **зав'я́зувати** + *A. or* **перев'я́зувати** + *A.* **~кою** tie sth with a ribbon ◊ **Гри́ву конéві зав'язáли барви́стими ~кáми.** The horse's mane was tied with colorful ribbons. **підв'я́зувати** + *A.* **~кою** tie sth up with a ribbon
2 *fig.* strip, stripe, strap, line ◊ **Рíвна с. автострáди зайшлá в ліс.** The straight strip of the highway entered a forest.
See **смýга 1**
3 *techn.* tape, band, strip, strap, belt
♦ **с. транспортéра** *techn.* a conveyer belt
adj. **вимíрювальна** measuring, **ізоляцíйна** insulation; **звуковá** audio ◊ **В архíві багáто унікáльних звукови́х ~óк.** There are many unique audio tapes in the archive. **маґнíтна** magnetic, **маґнітофóнна** recording; ♦ **гальмовá с.** *techn.* a brake-band; ♦ **гýсенична с.** *techn.* a caterpillar track; ♦ **патрóнна с.** *techn.* a cartridge belt
See **пас 1.** *Also see* **пáсок, пóяс**
4 *fig.* movie, film, filmstock ◊ **У пригóдницькій ~ці вонá грáла роль слíдчої.** She played the part of the detective in the adventure movie. ◊ **Фáбрика випускáє чóрно-бíлу та кольорóву ~ку.** The factory produces black-and-white and color filmstock. ♦ **кінострíчка** film, movie ◊ **її пéрша повнометрáжна кінострíчка** her first full-length movie
See **фíльм.** *Also see* **екранізáція, карти́на 3**
5 *only I., as adv.* in a file, in a line, in a column ◊ **Лю́ди розтягнýлися вздовж пóля дóвгою ~кою.** People stretched in a long line along the field.
N. pl. **~кú**

строкáт|ий, *adj.*
1 colorful, multicolored; motley, disparate, diverse
adv. **винятко́во** exceptionally, **вкрай** extremely, **дóсить** fairly, **дýже** very ◊ **Її дýже с. стиль межувáв із нéсмаком.** Her very colorful style bordered on tastlessness. **надмíрно** excessively, **нáдто** too, **страшéнно** terribly; **типóво** typically ◊ **Нарóдний стрій у реґіóні типóво с.** The folk costume in the region is typically colorful. **культýрно** culturally, **мóвно** linguistically, **політи́чно** politically, **релігíйно** religiously, **стилісти́чно** stylistically, *etc.*
v. + **с. бýти ~им** be colorful (**вигляда́ти** look ◊ **Сýкня в чотирьóх кольорáх виглядáє нáдто ~ою.** With four colors, the dress looks too motley. **виявля́тися** turn out ◊ **Мíсто ви́явилося культýрно ~им.** The city turned out to be culturally diverse. **здавáтися** + *D.* seem to sb; **роби́ти** + *A.* make sth ◊ **Вони́ зроби́ли дискýсію цікáвою, хочá й ідеологíчно ~ою.** They made the discussion interesting if ideologically diverse. **ставáти** become)
See **барви́стий 1**
2 *fig.* capricious, fickle ◊ **Її не люби́ли за с. харáктер і непередбáчувану поведíнку.** She was disliked for her capricious character and unpredictable behavior.
See **примхли́вий**

структýр|а, *f.*
structure
adj. **бáзова** basic ◊ **Підмýрок вéжі мáє солíдну бáзову ~у.** The tower foundation has a solid basic structure. **стабíльна** stable; **хисткá** flimsy; **глиби́нна** deep, **поверхóва** surface; **граматИ́чна** grammatical, **морфологíчна** morphological, **семанти́чна** semantic, **синтакси́чна** syntactic, **фонети́чна** phonetic; **нарати́вна** narrative, **сюжéтна** plot; **адміністрати́вна** administrative, **ієрархíчна** hierarchical ◊ **ієрархíчна с. цéркви** the church hierarchical structure; **інституцíйна** institutional, **корпорати́вна** corporate, **організацíйна** organizational; **економíчна** economic, **політи́чна** political; **клáсова** class, **соціяльна** social
c. + n. **с. подáтків** the tax structure ◊ **Нові прáвила змíнюють ~у подáтку із прибýтку.** The new rules change the income tax structure. (**платні́** salary, **цін** price)
v. + **с. аналізувáти ~у** analyze a structure (**мáти** have ◊ **Клíтина мáє прóсту ~у.** The cell has a simple structure. **будувáти** build, **ствóрювати** create, **змíнювати** change, **модифікувáти** modify, **розвивáти** develop, **спрóщувати** simplify, **встанóвлювати** establish); **бракувáти** + *D.* **~и** lack a structure ◊ **П'єсі бракýє сюжéтної ~и.** The play lacks a plot structure.
c. + v. **заснóвуватися на** + *L.* be based on sth
prep. **у ~у** *dir.* in/to a structure ◊ **Вонá внеслá змíни у ~у стáтті.** She introduced changes in the structure of the article. **у ~і** *posn.* in a structure ◊ **головни́й складни́к в організацíйній ~і пáртії** the principal element in the party's organizational structure
See **будóва 3.** *Also see* **архітектýра 2, організáція 4, органíзм 3, склад[1] 2, хéмія 2**

структýрн|ий, *adj.*
structural
c. + n. **с. анáліз** a structural analysis (**компонéнт** component, **підхíд** approach; **рóзвиток** development); **~а єдність** a structural unity (**кри́за** crisis; **лінґвíстика** linguistics; **мáпа** map; **модéль** model; **організáція** organization); **~е безробíття** structural unemployment (**обстéження** examination; **платó** plateau; **програмувáння** programming); **~і відхи́лення** structural deviations (**змíни** changes)

струм, *m.*, **~у**
electricity, electric current
adj. **електри́чний** electric; **пості́йний** direct, **перемíнний** alternate, **пульсýючий** pulsating; **си́льний** strong, **слабки́й** weak; **вихідни́й** output, **вхідни́й** input
c. + n. **с. висóкої напрýги** a high-tension current, **с. висóкої частоти́** a high-frequency current
v. + **с. виробля́ти с.** produce current (**ґенерувáти** generate ◊ **Панéлі ґенерýють електри́чний с. від сóнця.** The panels generate electricity from the sun. **використóвувати** use ◊ **Прилáд використóвує пості́йний с.** The device uses the direct current. **вимикáти** switch off, **вмикáти** switch on ◊ **Він не знáє, як увімкнýти с. у бýдинку.** He does not know how to switch on the electricity in the building. **підвóдити до** + *G.* connect to sth ◊ **Елéктрик підведé с. до**

ґаража́. The electrician will connect electricity to the garage. **передава́ти** transmit, **подава́ти** supply; **прово́дити** conduct ◊ **Мі́дний дріт до́бре прово́дить с.** Copper wire is a good conductor of electricity.
с. + *v.* **йти по** + *L.* flow through sth ◊ **Вона́ кла́цнула вмикаче́м, і по прота́х пішов с.** She clicked the switch and the current flowed through the wires. **прохо́дити че́рез** + *A.* pass through sth
prep. **без ~у** without electricity ◊ **Уда́р бли́скавки лиши́в мі́сто без ~у.** A lightning bolt left the city without electricity.
Also see **еле́ктрика 1**

струм|о́к, *m.*, ~ка́

1 creek, stream, brook
adj. **би́стрий** swift; **мале́нький** small, **невели́кий** little; **гі́рський** mountain; **вузьки́й** narrow, **широ́кий** wide; **глибо́кий** deep, **мілки́й** shallow ◊ **У доли́ні гі́рський с. стає широ́ким і мілки́м.** In the valley, the mountain creek becomes wide and shallow. **брудни́й** dirty; **прозо́рий** transparent, **чи́стий** clear; **крижани́й** ice-cold, **холо́дний** cold; **підзе́мний** underground
n. + **с. бе́рег ~ка́** the bank of a creek (**дно** bottom ◊ **Дно ~ка́ дивови́жно чи́сте.** The bottom of the creek is amazingly clean. **русло́** bed)
v. + **с. перехо́дити с.** cross a creek ◊ **С. не так про́сто перейти́.** It is not so easy to cross the creek. (**перестри́бувати** jump over)
с. + *v.* **бі́гти** run; **пі́нитися** foam ◊ **С. реві́в і пі́нився.** The creek was roaring and foaming.
prep. **у с.** *dir.* in/into a stream ◊ **Він ки́нув ка́мінь у с.** He tossed the rock in the stream. **у ~ку́** *or* **~ко́ві** *posn.* in a stream ◊ **У крижано́му ~ко́ві во́диться ри́ба.** There is fish in the ice-cold stream. **вго́ру ~ко́м** up a stream, **надоли́ну ~ко́м** down a stream
See **рі́чка 1**
2 stream, flow, rush, jet
adj. **тоне́нький** *dim.* thin, very thin, **тонки́й** narrow, **сві́жий** fresh; **гаря́чий** hot, **холо́дний** cold
с. + *n.* **с. ди́му** a stream of smoke (**па́ри** steam, **пові́тря** air; **кро́ви** blood, **сліз** tears ◊ **Їй по щока́х текли́ тоне́нькі ~ки́ сліз.** Thin streams of tears ran down her cheeks.
v. + **с. випуска́ти с.** emit a stream ◊ **Тара́с ви́пустив із вуст тонки́й с. тютюно́вого ди́му.** Taras emitted a thin stream of tobacco smoke from his lips.
с. + *v.* **ві́яти** blow ◊ **У вікно́ пові́яв сві́жий с. пові́тря.** A fresh stream of air blew into the window. **ли́тися** pour, **повзти́** creep, **текти́** flow

струн|а́, *f.*

1 string *(in musical instrument)*
adj. **натя́гнена** tight, **тонка́** thin, **туга́** taut; **по́рвана** torn; **нейло́нова** nylon, **стале́ва** steel, **шовко́ва** silk; **золота́** *poet.* golden, **срі́бна** *poet.* silver ◊ **срі́бні ~и поезі́ї** the silver strings of poetry
с. + *n.* **с. а́рфи** a harp string (**банду́ри** bandura, **віолонче́лі** cello, **гіта́ри** guitar, **скри́пки** violin, **фортеп'я́на** piano)
v. + **с. натя́гувати ~у́** string a string ◊ **За́мість по́рваної ~и́ він натягну́в нову́.** In place of the broken string, he strung a new one. **торка́тися ~и́** touch a string ◊ **Її рука́ ле́две торкну́лася струн гіта́ри.** Her hand barely touched the strings of the guitar. **гра́ти на ~ах** play on the strings ◊ **Істо́рія знову гра́ла трагі́чну му́зику на ~ах часу.** *fig.* Again history played a tragic tune on the strings of time.
с. + *v.* **вібрува́ти** vibrate; **рва́тися** tear ◊ **У скри́пці порва́лася с.** A string tore in the violin.
2 *fig.* feeling, sensibility, weak spot; spot, aspect, side *(of character)*
adj. **болю́ча** painful ◊ **Мо́вне пита́ння ста́ло для Світла́ни болю́чою ~о́ю.** The language issue became Svitlana's painful spot. **вразли́ва** sensitive, **слаба́** *or* **сла́бка́** delicate, **тонка́** fine, **чутли́ва** sensitive
v. + **с. зачі́пати ~у́** touch sb's weak spot (**зна́ти** know) ◊ **Вона́ зна́ла доччи́ні чутли́ві стру́ни.** She knew her daughter's sensitive sides. ♦ **гра́ти на болю́чій ~і** to tug at sb's heartstrings, exploit sb's weak spot
See **почуття́ 1, ри́са 1**

струнк|и́й, *adj.*

1 slender, trim, slim, shapely, svelte, well-proportioned ◊ **Лев має га́рну ~у́ фігу́ру.** Lev has a nice trim figure.
adv. **доскона́ло** perfectly, **до́сить** fairly, **доста́тньо** sufficiently, **ду́же** very
с. + *n.* **с. чолові́к** a trim man (**юна́к** youth; **гле́чик** jug; **клен** maple tree; **хмарося́г** skyscraper); **~а́ дівчи́на** a shapely girl (**люди́на** person; **по́стать** frame ◊ **жі́нка зі ~о́ю по́статтю** a woman of shapely frame; **фігу́ра** figure; **ва́за** vase; **топо́ля** poplar) ◊ **~і топо́лі стоя́ли по оби́два бо́ки доро́ги.** Slender poplars stood along both sides of the road.
v. + **с. бу́ти ~и́м** be slender (**здава́тися** + *D.* seem to sb, **лиша́тися** remain ◊ **Пан Хома́ лиша́вся ~и́м і енергі́йним чолові́ком.** Mr. Khoma remained a trim and vigorous man. **става́ти** become)
2 straight, unbending, even ◊ **Спортсме́ни крокува́ли ~и́ми ряда́ми по стадіо́ну.** The athletes marched in straight files around the stadium.
See **прями́й 1**
3 *fig.* logical, cogent, well-thought-out; consistent, well-organized, clear ◊ **Вче́на опрацюва́ла ~у́ тео́рію мо́вних конта́ктів.** The (female) scientist developed a well-thought-out theory of language contacts. ◊ **Сюже́тна лі́нія фі́льму ~а́ і зрозумі́ла.** The plot line of the film is cogent and comprehensible.

струхля́ві|ти, *pf., see* трухля́віти, *intr.*

to rot, *etc.* ◊ **Дах це́ркви почасти ~в.** The church roof rotted in part.

студе́нт, *m.*; ~ка, *f.*

student *(of college and university, not of secondary school)*
adj. **блиску́чий** brilliant, **відмі́нний** excellent ◊ **Його́ зна́ли як відмі́нного ~а.** He was known as an excellent student. **до́брий** good, **зді́бний** skillful, **найкра́щий** best ◊ **Він – найкра́щий с. на факульте́ті.** He is the best student at the department. **обдаро́ваний** gifted, **талановитий** talented, **хоро́ший** fine; **посере́дній** mediocre; **ке́пський** poor ◊ **Гук вия́вився ке́пським ~ом.** Huk turned out to be a poor student. **пога́ний** bad; **наполе́гливий** assiduous, **працьови́тий** hard-working, **стара́нний** diligent, **сумлі́нний** conscientious, **ува́жний** attentive; **міжнаро́дний** international ◊ **Міжнаро́дні ~и стано́влять трети́ну всіх, хто вчи́ться в акаде́мії.** International students account for a third of all those who study at the academy. **чужи́й** *and* **чужозе́мний** foreign; **колишні́й** former; **майбу́тній** future
с. + *n.* **с. аспіранту́ри** a PhD student (**бакалаврату** B.A., **маґістрату́ри** MA ◊ **Він – с. маґістрату́ри.** He is an MA student. **пе́ршого ку́рсу** first-year, **дру́гого ку́рсу** second-year ◊ **Тими́ш – с. дру́гого ку́рсу.** Tymish is a second-year student. **четве́ртого ку́рсу** fourth-year; **астроно́мії** astronomy, **бі́знесу** business, **медици́ни** medical, **міжнаро́дних відно́син** international relations, **пра́ва** law; **с. вечі́рнього відді́лення** an evening student (**стаціона́ру** full-time), **зао́чного відді́лення** a student by correspondence
v. + **с. вчи́ти ~а** teach a student ◊ **Профе́сор Мака́р учи́в ~ів і водно́час учи́вся в них.** Professor Makar taught students and at the same time learned from them. (**готува́ти** prepare ◊ **Вона́ готу́є до і́спитів ~а, що відстає.** She prepares a student who lags behind for exams. **заохо́чувати** encourage, **мотивува́ти** motivate; **запи́сувати на** + *A.* enroll in ◊ **На курс запи́сують ті́льки ~ів філосо́фії.** They enroll only philosophy students in the course. **навча́ти** instruct; **оці́нювати** assess; **виключа́ти з** + *G.* expel from *(school)* ◊ **~а ви́ключили з університе́ту за про́пуски заня́ть.** The student was expelled from the university for missing classes. **прийма́ти** accept ◊ **На до́кторську програ́му прийма́ють чотирьо́х ~ів.** Four students are accepted into the PhD program. **плати́ти за** pay for); **допомага́ти ~ові** assist a student (**ра́дити** advise); **бу́ти ~ом** be a student (**запи́сувати** + *A.* register sb as ◊ **Матві́я записа́ли ~ом дру́гого ку́рсу.** Matvii was registered as a second-year student. **лиша́тися** remain; **става́ти** become) ◊ **Ада́м став ~ом ви́шу.** Adam has become a student at a university.
с. + *v.* **вчи́тися** *and* **навча́тися** study ◊ **Де вчи́ться цей с.?** Where does this student study? **готува́тися до** + *G.* prepare for sth; **закі́нчувати** + *A.* graduate from *(a school)* ◊ **Де́сять ~ів, що закі́нчили педагогі́чний університе́т, не хо́чуть працюва́ти вчителя́ми.** Ten students who graduated from the pedagogical university do not want to work as teachers. **склада́ти і́спит** take an exam ◊ **Насту́пного ти́жня ~и склада́ють і́спити.** Next week, the students take their exams. **скла́сти і́спит** *pf.* pass an exam ◊ **С. ле́две склав оста́нній і́спит.** The student barely passed his last exam. **прова́люватися на і́спиті** fail an exam ◊ **Сім ~ів провали́лися на і́спиті з фі́зики.** Seven students failed the physics exam.
Also see **слуха́ч 3.** *Cf.* **у́чень**

студе́нтськ|ий, *adj.*

student, of or pertaining to student(s)
с. + *n.* **с. активі́ст** a student activist (**гурто́житок** dormitory; **квито́к** ID ◊ **Вона́ не мо́же зайти́ до бібліоте́ки без ~ого квитка́.** She cannot enter the library without a student ID. **сленґ** slang ◊ **Він збира́є с. сленґ.** He collects student slang. **страйк** strike); **~а ві́за** a student visa ◊ **Їй не дозво́лено працюва́ти зі ~ою ві́зою.** She may not work on a student visa. (**газе́та** newspaper; **грома́да** community; **демонстра́ція** demonstration; **ра́да** council; **спі́лка** union ◊ **Вона́ вступи́ла до ~ої спі́лки.** She joined the student union. **стипе́ндія** scholarship); **~е життя́** student life (**самоврядува́ння** self-government); **~і завору́шення** student unrest (**часи́** days) ◊ **У ~і часи́ Рома́н носи́в бо́роду.** In his student days, Roman wore a beard.
Cf. **учні́вський**

сту́ді|я, *f.*, ~ї

1 studio
adj. **анімаці́йна** animation, **архітекту́рна** architectural, **дома́шня** home ◊ **Вона́ записа́ла альбо́м на дома́шній ~ї.** She recorded her album in a home studio. **звукова́** sound, ♦ **кіносту́дія** a film studio; **мисте́цька** *and* **худо́жня** art, **ску́льпторська** sculptor's, **телевізі́йна с.** *usu* ♦ **телесту́дія** a television studio, **фотографі́чна с.** *usu* ♦ **фотосту́дія** a photo studio; **вели́ка** large, **просто́ра** spacious; **кри́хітна** tiny, **невели́ка** small; **незале́жна** independent; **прива́тна** private; **(з)імпровізо́вана** makeshift ◊ **Ґара́ж пра́вить їм за (з)імпровізо́вану звукову́ ~ю.** The garage serves them as a makeshift sound studio. **професі́йна** professional
с. + *n.* **с. диза́йну** a design studio (**звукоза́пису** sound-recording)
v. + **с. найма́ти ~ю** rent a studio ◊ **Ма́рта найняла́ професі́йну фотосту́дію.** Marta rented a professional photo studio. **обла́днувати** equip, outfit ◊ **Кіносту́дію обладна́ли найнові́шою апарату́рою.** The movie studio is outfitted with the latest equipment.
prep. **на ~ю** *dir.* to/at a studio ◊ **Він приї́хав**

на ~ю о треті́й. He came to the studio at three. на ~ї *posn.* at a studio ◊ Музика́нти зустрі́нуться на ~ї. The musicians will meet at the studio. у ~ї in a studio ◊ Вони́ провели́ день у фотосту́дії. They spent a day in a photo studio.
Also see майсте́рня 2
2 studio *(school)*
adj. акто́рська actor's ◊ Вона́ закі́нчи́ла акто́рську ~ю. She graduated from an actor's studio. бале́тна ballet, музи́чна music, опе́рова *and* о́перна opera, танцюва́льна dance, театра́льна theater
See шко́ла 1
3 *only pl.* studies, research
adj. істори́чні historical, мовозна́вчі language, літературозна́вчі literary, науко́ві scientific, словнико́ві vocabulary; славісти́чні Slavic, украї́нські Ukrainian ◊ найбі́льша програ́ма украї́нських ~й у Кана́ді the biggest Ukrainian studies program in Canada; докла́дні detailed, рете́льні thorough
See дослі́дження

стук, *m.*, **~у**
knock, knocking, tapping, clatter, rattle; beat, beating
adj. голосни́й *or* гучни́й loud, громоподі́бний thunderous; вира́зний distinct; ґвалто́вний abrupt, коро́ткий short, раптови́й sudden, різки́й sharp; леге́нький *dim.* light, легки́й light, приглу́шений muffled, тихе́нький *dim.* quiet, ти́хий quiet; несміли́вий timid
c. + *n.* с. колі́с clatter of wheels (копи́т hooves; коваля́ blacksmith; се́рця heart) ◊ Сергі́й чув с. вла́сного се́рця. Serhii heard his own heartbeat. знайо́мий familiar
v. + с. чу́ти с. hear a knock (відповіда́ти на answer) ◊ Він має відповісти́ на с. умо́вленим спо́собом. He has to answer the knock in an agreed upon manner.
c. + *v.* буди́ти + *A.* wake sb up ◊ Їх розбуди́в гучни́й с. колі́с. A loud clatter of wheels woke them up. луна́ти sound; чу́тися be heard ◊ Звідкись чу́вся с. коваля́. The blacksmith's clatter was heard from somewhere.
prep. без ~у without knocking ◊ Він зайшо́в без ~у. He entered without knocking. с. в + *A.* knock on sth ◊ леге́нький с. у две́рі a light knock on the door. с. об + *A.* a knock against sth ◊ с. об щось метале́ве a knock against something metallic
See звук. *Also see* дріб 3

сту́ка|ти, ~ють; сту́кн|ути, ~уть, *tran. and intr.*
1 *intr.* to knock, bang, thud, boom, hammer; *pf.* по~
adj. го́лосно *or* гу́чно loudly; дале́ко far away ◊ Десь ~ли гарма́ти. Somewhere cannons boomed. вира́зно distinctly; ґвалто́вно abruptly, рапто́во suddenly, рі́зко sharply; леге́нько *dim.* lightly ◊ Соломі́я леге́нько посту́кала у вікно́. Solomia knocked on the window lightly. ле́гко lightly, приглу́шено in a muffled way, тихе́нько *dim.* quietly, ти́хо quietly; несміли́во timidly, че́мно politely; оди́н раз once, дві́чі *and* два ра́зи twice ◊ Він дві́чі посту́кав у две́рі. He twice knocked on the door. три́чі *and* три ра́зи three times
v. + с. бу́ти тре́ба + *D.* need to, ма́ти be supposed to ◊ Вона́ ма́ла по~ два ра́зи. She was supposed to knock twice. почина́ти begin to, ста́ти *pf.* start; нава́жуватися have the courage to ◊ На́дя стоя́ла пе́ред двери́ма, не нава́жуючись по~. Nadia was standing in front of the door, having no courage to knock. хоті́ти want to ◊ Він хоті́в по~, та переду́мав. He wanted to knock, but changed his mind.
prep. с. в + *A.* knock at/on sth; с. по + *L.* knock on sth ◊ Суддя́ посту́кав по столу́, щоб заспоко́їти пу́бліку. The judge banged on the table to calm down the public.
2 *tran.* to hit, strike, knock ◊ Хтось сту́кнув її у плече́. Somebody hit her in the shoulder.
prep. с. в + *A.* knock at/on sth; с. об + *A.* knock against sth ◊ Ната́ля сту́кнула но́гу об схі́дцю. Natalia hit her feet against the step.
3 *fig., colloq., impers.* to reach *(the age)*, complete ◊ За мі́сяць їй сту́кне со́рок. In a month, she will reach forty.
pa. pple. сту́кнутий hit; *fig., colloq.* crazy, funny upstairs ◊ Він сту́кнутий. He is funny upstairs.
4 to beat *(of heart)*; *pf.* за~ to start beating ◊ В Андрі́я шале́но засту́кало се́рце. Andrii's heart started beating like crazy.
See би́тися 6
сту́кай! сту́кни!

сту́ка|тися; сту́кнутися, *intr.*
1 *only impf.* to knock, bang ◊ Якийсь чужи́нець ~вся до них у две́рі. A stranger was knocking on their door.
2 to hit, bump ◊ Вона́ бо́ляче сту́кнулася лі́ктем об підві́конник. She painfully hit her elbow against the window sill.
3 to clink *(glasses)* ◊ Вони́ повстава́ли і почали́ с. ке́лихами. They rose and started clinking their glasses.

сту́кну|ти, *pf., see* **сту́кати**
to knock, *etc.* ◊ Вона́ ~ла ліні́йкою по столу́. She hit the ruler on the table.

сту́кн|утися, *pf., see* **сту́катися**
to hit, *etc.* ◊ Обере́жно, не ~іться голово́ю об сте́лю. Careful, don't hit your head on the ceiling.

ступа́|ти, ~ють; ступ|и́ти, ~лю́, ~иш, ~лять, *intr.*
1 to step, tread *(mostly used with prep.* в *into,* на *on)*
adv. ва́жко heavily ◊ Оста́п ва́жко ~в по коридо́ру. Ostap trod heavily along the corridor. м'я́ко softly, нечу́тно quietly, ти́хо silently; обере́жно carefully ◊ Гали́на ~є обере́жно, щоб не спіткну́тися. Halyna steps carefully so as not to stumble. ненаро́ком inadvertently ◊ Чолові́к ненаро́ком ступи́в йому́ на но́гу. The man inadvertently stepped on his foot.
prep. с. в + *A.* step in/into sth ◊ Антоні́на ступи́ла в калю́жу. Antonina stepped in a puddle. с. на + *A.* step onto sth ◊ Він ти́хо ~в з одніє́ї схо́дину на і́ншу. He quietly stepped from one rung onto the other. с. че́рез + *A.* step over sth, cross sth ♦ с. че́рез по́ріг to step across a threshold ◊ Вона́ завага́лася, перш як ступи́ти че́рез по́ріг. She hesitated, prior to stepping across the threshold.
2 to walk, go ◊ Він ~в широ́ко і впе́внено. He walked in a wide and confident step. ◊ Ко́ні тягну́ли віз, ле́две ~ючи. The horses tugged the wagon, barely walking.
See іти́ 1
3 to enter, go in, come in, set foot in ◊ Ві́ра ступи́ла до кімна́ти. Vira stepped into the room.
See захо́дити 1
ступа́й! ступи́!

ступи́|ти, *pf., see* **ступа́ти**
to step, *etc.* ◊ Він ~в на кра́єчок балко́на. He stepped on the edge of the balcony.

сту́п|інь, *m.*, **~еня**
1 degree, level, amount
adj. вели́кий great, висо́кий high ◊ висо́кий с. напру́ги у відно́синах між двома́ краї́нами a high degree of tension in the relations between the two countries; значни́й considerable, максима́льний maximum ◊ Робо́та в ко́смосі вимага́ла обла́днання із максима́льним ~енем наді́йности. Work in outer space required equipment with the maximum degree of reliability. найви́щий utmost, неаби́який major, суттє́вий substantial; безпрецеде́нтний unprecedented, винятко́вий exceptional, дивови́жний amazing, надзвича́йний extraordinary, незвича́йний unusual, несподі́ваний surprising; ме́нший lesser, невели́кий small, низьки́й low; іна́кший *or* і́нший different, мінли́вий changing, рі́зний *or* рі́жний varying; однако́вий equal ◊ Оби́дві гру́пи досягну́ли однако́вого ~еня ефекти́вности. Both groups attained the equal degree of efficiency. таки́й са́мий same; небезпе́чний dangerous; власти́вий proper, нале́жний adequate, потрі́бний necessary, прийня́тний acceptable ◊ Фі́рма пропону́є прийня́тний с. безпе́ки. The firm offers an acceptable degree of safety.
v. + с. визнача́ти с. determine a degree (встано́влювати establish ◊ Нале́жало встанови́ти с. отру́єння середо́вища. The degree of environmental pollution needed to be established. оці́нювати assess; підійма́ти *or* підніма́ти raise; зме́ншувати reduce)
prep. зі ~енем + *G.* with a degree of sth ◊ Він стріля́є з рі́жним ~енем то́чности. He shoots with a varying degree of accuracy.
Also see мі́ра 2
2 degree *(scholarly)*, qualification
adj. вче́ний learned ◊ Лише́ 60% виклада́чів ма́ють уче́ні ~ені. Only 60% of the faculty have learned degrees. науко́вий scientific, університе́тський university ◊ У ві́ці двадцяти́ восьми́ ро́ків Яри́на ма́ла два університе́тські ~ені. At the age of twenty-eight, Yaryna had two university degrees. бакала́врський bachelor's, до́кторський doctoral, маґісте́рський master's; ви́щий higher; поче́сний honorary; професі́йний professional; меди́чний medical, юриди́чний law
c. + *n.* с. бакала́вра a bachelor's degree (до́ктора doctoral, маґі́стра master's, поче́сного до́ктора honorary doctoral) ◊ Університе́т присуди́в йому́ с. поче́сного до́ктора. The university conferred on him an honorary doctoral degree.
v. + с. здобува́ти с. obtain a degree ◊ Він здобу́в с. до́ктора філоло́гії. He obtained a doctoral degree in philology. (ма́ти have, посіда́ти possess; дава́ти + *D.* award sb, прису́джувати + *D.* confer on sb; дістава́ти get; отри́мувати receive) ◊ Він отри́мав с. маґі́стра пра́ва. He received the degree of Master of Laws. позбавля́ти + *G.* ~еня strip sb of a degree ◊ Його́ позба́вили ~еня. He was stripped of his degree.
prep. с. з + *G.* a degree in *(a discipline)* ◊ с. з істо́рії мисте́цтва a degree in art history
3 level, stage ◊ У 1920-х рока́х украї́нська мо́ва досяга́є ново́го ~еня ро́звитку. In the 1920s, the Ukrainian language attains a new level of development.
v. + с. підно́сити + *A.* на с. raise sth to a level ◊ Нова́ техноло́гія підно́сить охоро́ну довкі́лля на я́кісно ви́щий с. The new technology raises the environmental protection to a qualitatively higher level.
See рі́вень 1. *Also see* ета́п 1, ешело́н 3, пері́од 1
4 *ling.* degree *(of comparison)* ◊ Прикме́тники ма́ють ~ені порівня́ння. Adjectives have degrees of comparison.
adv. звича́йний positive, порівня́льний *or* ви́щий comparative, найви́щий superlative ◊ Сло́во «найкра́щий» – це фо́рма найви́щого ~еня прикме́тника «до́брий». The word "best" is the form of the superlative degree of the adjective "good."

стурбо́ван|ий, *adj.*
concerned, worried, anxious + *I.* with sth ◊ Він чи́мось с. He is concerned with something.
adv. вкрай extremely, гли́боко deeply, деда́лі бі́льше increasingly, до́сить rather ◊ О́ля має до́сить с. ви́гляд. Olia has a rather anxious look. доста́тньо sufficiently; неаби́як greatly,

страше́нно terribly; **напра́вду** really, **особли́во** especially, **серйо́зно** gravely, **спра́вді** truly; **тро́хи** a little; **зрозумі́ло** understandably; **вира́зно** distinctly, **я́вно** clearly

v. + **с. бу́ти ~им** be worried (**вигляда́ти** look; **звуча́ти** sound ◊ **По телефо́ну Кали́на звуча́ла неаби́як ~ою.** Over the phone, Kalyna sounded greatly worried. **здава́тися** + *D.* seem to sb ◊ **Жі́нка здала́ся йому́ ~ою.** His wife seemed to him to be worried. **лиша́тися** remain; **роби́ти** + *A.* make sb; **става́ти** become) ◊ **Слу́хаючи його́, Тама́ра става́ла деда́лі ~ішою.** Listening to him, Tamara became increasingly more concerned.

See **турбува́ти**

стурбува́|ти, *pf., see* **турбува́ти**

to trouble, *etc.* ◊ **Зві́стка глибо́ко ~ла Ната́лію.** The news got Natalia deeply concerned.

стяга́|ти, *var.* **стягу|ва́ти**, **~ють; стягн|у́ти**, *var.* **стягти́**, **~уть;** *pa. pf., m.* **стяг**, *var.* **стягну́в**, *pl.* **стягли́**, *var.* **стягну́ли**, *tran.*

1 to fasten, tighten, tie up, pull together

adv. **доку́пи** into a piece ◊ **Павло́ стягну́в соло́му доку́пи мотузко́м.** Pavlo tied the straw into one piece with a rope. **ра́зом** together; **мі́цно** firmly, **ті́сніше** tighter ◊ **Він ті́сно стя́гує па́сок у штана́х.** He fastens the belt tight in his pants. **ті́сно** tight; **ле́две** scarcely, **наси́лу** barely

2 to gather, collect, put together ◊ **Оліга́рх стягну́в прива́тну а́рмію собі́ для охоро́ни.** The oligarch gathered a private army for his protection. ◊ **Школярі́ підміта́ли але́ї у па́рку, ~ли в ку́пи сухе́ ли́стя.** The schoolchildren swept the walkways in the park and put the dry leaves into piles. ◊ **с. резе́рви** to pull together reserves; ♦ **с. біду́** *or* **кло́піт на** + *A.* to cause sb trouble; ♦ **с. підо́зру на** + *A.* to cast suspicion on sb ◊ **Поя́ва інспе́ктора могла́ стягну́ти на них підо́зру.** The inspector's appearance could cast suspicion on them.

3 to take off, pull off ◊ **Стягну́вши з се́бе піджа́к, Йо́сип пові́сив його́ до ша́фи.** Having taken off his jacket, Yosyp hung it in the wardrobe. ◊ **Її́ напівсо́нною стягну́ли з лі́жка.** She was pulled out of her bed half-asleep.

See **зніма́ти 1.** *Also see* **скида́ти 4**

4 to levy, charge, exact

с. + *n.* **с. гро́ші** levy money (**десяти́ну** tithe, **ка́ру** penalty, **ми́то** duty, **пла́ту** fee, **пода́ток** tax ◊ **Тут переста́ли с. пода́ток із про́дажу.** They long since stopped levying sales tax. **тари́ф** tariff, **чинш** toll, **штраф** fine) ◊ **Поліція́нт стяг з Оле́ни штраф.** The policeman slapped Olena with a fine. ♦ **с. шку́ру** *or* **три шку́ри** *or* **сім шкур з** + *G.* 1) rip sb off ◊ **За дрібну́ по́слугу з ньо́го стягну́ли три шку́ри.** For a small service, they ripped him off blind. 2) to give sb a beating

5 *colloq., only pf.* to steal, lift, rob ◊ **Ді́вчи́на стягну́ла су́кню у крамни́ці.** The girl lifted a dress in a store.

See **кра́сти 1.** *Also see* **свиста́ти 4**

pa. pple. **стя́гнений** *or* **стя́гнутий** levied, charged, *etc.*

стя́гнен|ня, *nt.*

1 fastening, tying, tightening; pulling together; levying, *etc.* ◊ **Лю́ди опира́лися ~ню пода́тків.** People resisted the levying of taxes.

See **стяга́ти 1-4**

2 penalty, sanction, fine, punishment ◊ **Суддя́ накла́в на фі́рму фіна́нсове с.** The judge imposed a financial penalty on the firm. ◊ **Він отри́мав ряд адміністрати́вних ~ь.** He received a number of administrative sanctions.

See **пока́рання, штраф.** *Also see* **ка́ра 2**

стягну́|ти, *pf., see* **стяга́ти**

to fasten; pull off, *etc.* ◊ **Жі́нка наси́лу ~ла череви́ки.** The woman barely pulled off her boots.

суб'є́кт, *m.*, **~а**

1 subject ◊ **У підру́чнику украї́нський наро́д є ~ом істо́рії, а не її́ об'є́ктом.** In the textbook, the Ukrainian nation is the subject of history, and not its object.

2 *leg., philos.* subject, the self, the ego ◊ **Колі́шня коло́нія неуни́кно стає ~ом міжнаро́дного пра́ва.** The former colony inevitably becomes the subject of international law.

3 *colloq.* fellow, character, customer ◊ **Про Коле́сника пита́в яки́йсь підозрі́лий с.** A suspicious character asked about Kolesnyk.

See **тип 3.** *Also see* **фрукт 2**

суб'єкти́вн|ий, *adj.*

subjective, personal, individual

adv. ♦ **високосуб'єкти́вний** highly subjective, **вкрай** extremely ◊ **Його́ ба́чення стано́вища вкрай ~е.** His vision of the situation is extremely subjective. **до́сить** fairly, **ду́же** very; **геть** totally, **цілко́м** completely, **чи́сто** purely, **я́вно** clearly ◊ **я́вно ~і критері́ї** clearly subjective criteria; **на́дто** too; **го́ловно** mainly; **неуни́кно** inevitably

v. + **с. бу́ти ~им** be subjective ◊ **Це було́ її́ чи́сто ~е відчуття́.** This was her purely subjective feeling. (**вважа́ти** + *A.* consider sth, **виявля́тися** prove; **здава́тися** + *D.* seem to sb) ◊ **Ана́ліз здає́ться Оле́ксі зана́дто ~им.** The analysis seems all too subjective to Oleksa.

Also see **тенденці́йний.** *Cf.* **упере́джений.** *Ant.* **об'єкти́вний**

субмари́н|а, *f.*

submarine

adj. **звича́йна** conventional, **а́томна** atomic, **я́дерна** nuclear; **дослі́дницька** research ◊ **Інститу́т має дослі́дницьку ~у.** The institute has a research submarine. **воро́жа** enemy

n. + **с. екіпа́ж ~и** a submarine crew (**капіта́н** captain, **команди́р** commander; **ба́за** base)

v. + **с. будува́ти ~у** build a submarine (**зни́щувати** destroy ◊ **На вели́кій глибині́ ~у тя́жко зни́щити.** It is hard to destroy a submarine at great depth. **топи́ти** sink; **обла́днувати** + *I.* equip with sth, **озбро́ювати** + *I.* arm with sth) ◊ **~у озбро́їли я́дерними раке́тами.** The submarine was armed with nuclear missiles.

с. + *v.* **зану́рюватися** submerge ◊ **С. зану́рюється беззву́чно.** The submarine submerges silently. **опуска́тися** sink, **пірна́ти** dive; **виринá́ти** surface, **сплива́ти** come up; **атакува́ти** + *A.* attack sth; **патрулюва́ти** + *A.* patrol sth; **топи́ти** + *A.* sink sth; **бу́ти обла́дна́ною** + *I.* be equipped with sth; **нести́** + *A.* carry sth ◊ **С. несе́ звича́йну збро́ю.** The submarine carries conventional weapons.

субо́т|а, *f.*

Saturday

adj. **пе́рша** first ◊ **Програ́му пока́зують у пе́ршу ~у мі́сяця.** They show the program on the first Saturday of the month. **мину́ла** past, last, **оста́ння** last *(in a month)*, **та** *colloq.* last ◊ **Вони́ ходи́ли на ве́чéрю ті́єї ~и.** They went to dinner last Saturday. **насту́пна** next, **ця** this; **довгожда́на** long-awaited, **щасли́ва** lucky; **фата́льна** fatal

с. + *v.* **настава́ти** come, **прохо́дити** pass, **трива́ти** last; **почина́тися з** + *I.* start with sth

prep. **від ~и** from/since Saturday; **на ~у** for/on Saturday ◊ **Вони́ домо́вилися на ~у.** They made arrangements for Saturday. **під ~у** *or* **про́ти ~и** before Saturday, on Saturday eve; **у ~у** on Saturday

See **день**

субси́ді|я, *f.*, **~ї**

subsidy

adj. **вели́ка** large, **величе́зна** huge, **значна́** significant, **маси́вна** massive ◊ **Маси́вні урядо́ві ~ї га́лузі унеможли́влювали че́сну конкуре́нцію на ри́нку.** The massive government subsidies to the industry made a fair market competition impossible. **неаби́яка** major, **ще́дра** generous; **мале́нька** *dim.* little, **невели́ка** small ◊ **Невели́кі ~ї дозволя́ли музи́чній шко́лі я́кось трима́тися на плаву́.** Small subsidies allowed the music school to somehow keep afloat. **непряма́** indirect ◊ **Низьки́й пода́ток є непрямо́ю ~єю фе́рмерам.** The low tax is an indirect subsidy to the farmers. **по́вна** full, **частко́ва** partial; **прихо́вана** hidden; **незако́нна** illegal; **періоди́чна** periodic, **пості́йна** constant, **щорі́чна** annual; **держа́вна** state, **урядо́ва** government, **корпорати́вна** corporate, **податко́ва** tax, **фіна́нсова** financial, **сільськогоспода́рська** agricultural, **е́кспортна** export; **додатко́ва** additional, **необхі́дна** necessary, **потрі́бна** needed

n. + **с. величина́ ~ї** the amount of subsidy ◊ **Величину́ ~ї бу́де ви́значено окре́мо.** The amount of the subsidy will be determined separately. (**рі́вень** level, **ро́змір** size; **скасува́ння** abolition), **скоро́чення ~ї** a reduction in subsidy

v. + **с. дава́ти** + *D.* **~ю** give sb a subsidy (**надава́ти** + *D.* grant sb ◊ **Ба́нк пого́дився нада́ти її́ бі́знесу ~ю.** The bank agreed to grant her business a subsidy **плати́ти** + *D.* pay sb, **признача́ти** + *D.* allocate sb, **пропонува́ти** + *D.* offer sb; **ґарантува́ти** ensure ◊ **Рі́шення ра́ди ґаранту́є по́вну ~ю для ново́ї поста́ви теа́тру.** The council's decision ensures a full subsidy for the theater's new production. **втрача́ти** lose; **дістава́ти** get, **отри́мувати** receive; **збі́льшувати** increase, **зме́ншувати** cut, **скоро́чувати** reduce, **скасо́вувати** eliminate) ◊ **Мі́ністр скасува́в додатко́ві ~ї для бібліоте́к.** The minister eliminated additonal subsidies for libraries. **забезпе́чувати** + *A.* **~єю** provide sb with a subsidy ◊ **Фонд забезпе́чує ~ями нова́торські прое́кти.** The fund provides innovative projects with subsidies.

с. + *v.* **допомага́ти** + *D.* help sb; **покрива́ти** + *A.* cover sth, **уможли́влювати** + *A.* make sth possible ◊ **С. уможли́вить ремо́нт бібліоте́ки.** The subsidy will make it possible to renovate the library.

prep. **с. для** + *G.* a subsidy for sth ◊ **с. для виробникі́в націона́льного проду́кту** a subsidy for the manufacturers of the national product; **с. на** + *A.* a subsidy to sth ◊ **~ї на рефо́рму охоро́ни здоро́в'я** subsidies to the health care reform

субти́тр, *m.*, **~у**

subtitle *(in a movie)*, *usu pl.*

adj. **англі́йські** English, **еспа́нські** Spanish, **по́льські** Polish, **украї́нські** Ukrainian, **францу́зькі** French; **до́брі** good, **я́кісні** high-quality; **ганéбні** *colloq.* shoddy ◊ **Фільм «За двома́ зайця́ми» ви́пустили з до́сить ганéбними англі́йськими ~ами.** The movie *Chasing the Two Hares* was released with rather shoddy English subtitles. **ке́пські** poor, **пога́ні** bad

v. + **с. роби́ти ~и** make subtitles (**ство́рювати** generate) ◊ **Для ко́жного фі́льму ство́рюють я́кісні ~и кількома́ мо́вами.** High-quality subtitles in several languages are generated for every movie.

prep. **без ~ів** without subtitles ◊ **Кінокарти́на йде без ~ів.** The movie is screened without subtitles. **з ~ами** with subtitles

сувені́р, *m.*, **~а**

gift, present; souvenir, keepsake, memento

adj. **ви́шуканий** refined ◊ **Лі́дія за́вжди ма́є для ньо́го ви́шуканий с.** Lidiia would always have a refined gift for him. **га́рний** beautiful, **ґусто́вний** tasteful, **дороги́й** expensive; **дорогоці́нний** precious; **звору́шливий** touching; **ориґіна́льний** original; **мале́нький** *dim.* little, **невели́кий** small; **непретензі́йний** unpretentious, **прости́й** simple

v. + **с. дарува́ти** + *D.* give sb ◊ **Матві́й ча́сто дару́є їй ґусто́вні ~и.** Matvii often gives her tasteful gifts. (**зберіга́ти** keep ◊ **У книжко́вій**

шáфі вонá зберігáла ~и з пóдорожей світом. In the bookcase, she kept the mementos of her travels around the world. **купувáти** + *D.* buy sb; **продавáти** + *D.* sell to sb ◊ **Тут продаю́ть ~и.** They sell souvenirs here. **пропонувáти** + *D.* offer sb; **отри́мувати від** + *G.* receive from sb)
prep. **с. від** + *G.* a memento from sb ◊ **Світли́на – її єди́ний с. від учи́теля.** The photo is her only memento from her teacher. **с. з** + *G.* a memento from sth ◊ **Кóжен маґні́т був ~ом з íншої краї́ни.** Every magnet was a memento from a different country.
See **подару́нок**

суверенітéт, *m.*, **~у**
sovereignty
adj. **абсолю́тний** absolute ◊ **необмéжений** unlimited, **пóвний** full, **цілкови́тий** complete; **обмéжений** limited, **спі́льний** joint; **держáвний** state, **нарóдний** people's, **національний** national; **украї́нський** Ukrainian, **япóнський** Japanese, *etc.*; **економі́чний** economic, **парлáментський** parliamentary, **племенни́й** tribal, **політи́чний** political, **територіáльний** territorial, **юриди́чний** legal; **реáльний** real, **спрáвжній** genuine, **формáльний** formal ◊ **Дóвгий час с. краї́ни над терито́рією був рáдше формáльним, як спрáвжнім.** For a long time, the country's sovereignty over the territory was formal rather than genuine.
с. + *n.* **с. краї́ни** the sovereignty of the nation (**нарóду** people, **парлáменту** parliament)
n. + **с. втрáта ~у** a loss of sovereignty ◊ **Полі́тика у́ряду призвелá до втрáти націонáльного ~у над схíдною терито́рією краї́ни.** The government's policies brought about the loss of national sovereignty over the eastern part of the country. (**передáча** handover, **повéрнення** return); ♦ **парáд ~ів** *hist.* a parade of sovereignties
v. + **с. віднóвлювати с.** restore sovereignty ◊ **Віднови́ти с. над мíстом тепéр мóжна ли́шé си́лою.** Now it is possible to restore sovereignty over the city only by force. (**встанóвлювати** establish ◊ **Нови́й у́ряд не поспішáв встанóвлювати с. над áрмією коли́шньої імпéрії.** The new government was not in a hurry establishing its sovereignty over the army of the former empire. **здíйснювати** exercise ◊ **Відтáк краї́на здíйснюватиме пóвний с. над óстровом.** From now on, the country will exercise full sovereignty over the island. **захищáти** *and* **борони́ти** defend; **мáти** have; **віддавáти** + *D.* cede sb; **втрачáти** lose, **передавáти** + *D.* turn over to sb; **визнавáти** recognize, **поважáти** respect; **давáти** + *D.* give sb, **надавáти** + *D.* grant sb; **підривáти** undermine, **пору́шувати** violate, **стáвити під су́мнів** question); **загрóжувати ~ові** threaten sovereignty; **поступáтися** + *D.* **~ом** surrender sovereignty to sb ◊ **Краї́на не пості́питься аґрéсорові ~ом.** The country will not surrender sovereignty to the aggressor.
с. + *v.* **налéжати** + *D.* reside with sb ◊ **С. держáви налéжить не у́рядові, а нарóдові.** The nation's sovereignty resides not with its government, but its people.
prep. **с. над** + *I.* sovereignty over sth
Cf. **незалéжність**

суверéнн|ий, *adj.*
sovereign
adv. **абсолю́тно** absolutely, **цілкóм** completely; **напрáвду** truly, **спрáвді** genuinely; **економíчно** economically ◊ **Терито́рія є економíчно ~ою лишé почáсти.** The territory is economically sovereign only in part. **політи́чно** politically, **територіáльно** territorially
v. + **с. бу́ти ~им** be sovereign (**вважáти** + *A.* consider sb ◊ **США вважáють Украї́ну ~ою держáвою.** The USA considers Ukraine to be a sovereign nation. **лишáтися** remain; **ставáти** become) ◊ **Новá держáва не одрáзу стáла спрáвді ~ою.** It was not at once that the new state became genuinely sovereign.
Cf. **незалéжний**

сувóр|ий, *adj.*
1 strict, stern, severe, demanding
adv. **винятко́во** exceptionally ◊ **Пáні Ломакíвську знáли як винятко́во ~у вчи́тельку.** Mrs. Lomakivska was known as an exceptionally strict teacher. **вкрай** extremely, **дóсить** rather ◊ **Зóя ки́нула на нéї дóсить с. пóгляд.** Zoya cast a rather stern look at her. **ду́же** very, **надзвичáйно** extremely, **несподíвано** unexpectedly, **незаслу́жено** undeservedly, **непотрíбно** needlessly
v. + **с. бу́ти ~им** be strict (**виглядáти** look ◊ **Йогó обли́ччя виглядáє ~им.** His face looks stern. **виявля́тися** turn out; **здавáтися** + *D.* seem to sb; **лишáтися** remain; **ставáти** become) ◊ **Жíнка стáла ~ою.** The woman became stern.
prep. **с. до** + *G.* strict with sb ◊ **Мóтря лишáлася ~ою до юнакá.** Motria remained harsh with the young man. **с. на ви́гляд** stern in appearance ◊ **пáні ду́же ~а на ви́гляд** a lady very stern in appearance
See **жорстки́й 2.** *Ant.* **лáгідний 1, 2**
2 gloomy, grim, unfriendly ◊ **Кáжуть, що в гóрах живу́ть ~і лю́ди.** Grim people are said to live in the mountains.
See **пону́рий 3, похму́рий 1**
3 strict, stringent, rigorous, severe
с. + *n.* **с. звичáй** a strict custom (**контрóль** control, **накáз** order; **протокóл** protocol, **режи́м** regimen, **розпоря́док прáці** work schedule); **~а вимóга** a strict requirement (**вказíвка** directive, **дисциплíна** discipline ◊ **Від пéршого ж дня він запровáдив ~у дисциплíну.** From the very first day, he introduced strict discipline. **дíєта** diet; **заборóна** prohibition; **послідóвність** sequence ◊ **Вечéрю подавáли в ~ій послідóвності страв.** The dinner was served in strict sequence of dishes. **таємни́ця** secret); **~е дотри́мання поря́дку** a strict adherence to the order (**підпорядкувáння** subordination)
See **жорстки́й 3**
4 harsh, severe, cruel, tough
с. + *n.* **с. клíмат** a harsh climate; **~а дíйсність** harsh reality (**веснá** spring, **зимá** winter, **погóда** weather; **кáра** punishment; **прáвда** truth) ◊ **Прáвда про те, що стáлося, ви́явилася ~ою.** The truth about what had happened turned out to be harsh. **~е випробувáння** a harsh trial (**підсóння** climate); **~і зáходи** harsh measures (**обстáвини** circumstance, **умóви** conditions)
Also see **жорстки́й 2, жорстóкий 2**
5 firm, earnest, serious ◊ **Все це булó скáзане ~им тóном.** All this was said in a serious tone.
See **серйóзний 1.** *Also see* **pováжний 3**

суглóб, *m.*, **~а**, *anat.*
joint, articulation
adj. **колíнний** knee, **ліктьови́й** elbow, **плечови́й** shoulder, **стегнови́й** hip; **запáлений** inflamed, **хвóрий** bad, sore; **нови́й** new, **шту́чний** artificial
v. + **с. замінáти с.** replace a joint ◊ **Їй заміни́ли с.** They replaced her joint. (**змáщувати** lubricate; **вплив́ати на** affect) ◊ **Біг зґу́бно вплива́в на її́ колíнні ~и.** Jogging affects her knee joints. **скрипíти** *and* **хряскотíти ~ом** creak one's joint ◊ **Пóтяг зру́шив із мíсця, хряскотя́чи залíзними ~ами.** *poet.* The train started moving, creaking its iron joints.
с. + *v.* **болíти** ache ◊ **Маркá болíв с.** Marko's joint ached. **бу́ти запáленим** *med.* be inflamed ◊ **Йогó ~и запáлені артри́том.** His joints are inflamed with arthritis. **ру́хатися** move ◊ **Її́ ~и ру́хаються нормáльно.** Her joints move normally. **скрипíти** *and* **хряскотíти** creak ◊ **Штучний с. скрипи́ть.** The artificial joint creaks.
prep. **у ~і** in a joint ◊ **Óльга відчувáє біль у ~і.** Olha feels pain in her joint. **між ~ами** between joints

суд, *m.*, **~у**
1 court, court of law, tribunal
adj. **адміністрати́вний** administrative, **апеляцíйний** appeals, **арбітрáжний** arbitration, **військóвий** military, ♦ **військóво-польови́й с.** a court martial; **господáрський** economic ◊ **Спрáву слу́хатиме Ви́щий господáрський с. Украї́ни.** The case will be heard by the Supreme Economic Court of Ukraine. **конституцíйний** constitutional ◊ **Конституцíйний С. ви́знав результáти ви́борів недíйсними.** The Constitutional Court ruled the election results invalid. **кримінáльний** criminal, **сімéйний** family, **товари́ський** burlaw ◊ **Вони́ створи́ли товари́ський с.** They created a burlaw court. **цивíльний** civil ◊ **Терори́стів суди́тимуть не в цивíльному, а військóвому ~і.** The terrorists will be tried not in a civil but military court. **міськи́й** municipal, **райóнний** district, **обласни́й** provincial ◊ **Він – суддя́ обласнóго ~у.** He is a judge of the Provincial Court. **міжнарóдний** international ◊ **Міжнарóдний кримінáльний суд у Гаáзі** the International Criminal Tribunal in the Hague; **ви́щий** higher, **найви́щий** highest, supreme; **ни́жчий** lower; **третéйський с.** a court of arbitration; **церкóвний** ecclesiastical; ♦ **Стрáшни́й с.** the Final Judgment, *fig.* doomsday
с. + *n.* ♦ **с. прися́жних** a jury ◊ **Спрáву ви́рішує с. прися́жних.** The case is being decided by a jury.
n. + **с. постанóва ~у** a court ruling (**рíшення** decision, **розпоря́дження** order ◊ **Він му́сить кори́тися розпоря́дженню ~у.** He must obey the court order. **докумéнти** documents; **протокóл** record ◊ **Протокóл ~у виглядáє непóвним.** The court record looks incomplete. **процеду́ра** procedure; **буди́нок** building ◊ **Слу́хання провóдиться в буди́нку апеляцíйного ~у.** The hearing is held in the appeals court building. **примíщення** house; **секретáр** clerk, **стенографíст** stenographer, **уря́дник** official) ◊ **Він – уря́дник арбітрáжного ~у.** He is an arbitration court official. ♦ **неповáга до ~у** contempt of court ◊ **Її́ ки́нули до в'язни́ці за неповáгу до ~у.** She was thrown in jail for contempt of court.
v. + **с. заклика́ти с.** urge a court ◊ **Він закли́кав с. відхили́ти спрáву як фабрикáцію.** He urged the court to dismiss the case as a fabrication. (**перекóнувати** convince ◊ **Адвокáт переконáв с. відпусти́ти затри́маного під застáву.** The attorney convinced the court to release the detainee on bail. **проси́ти** ask; **йти в** go to ◊ **Оскáржений ішóв у с. без надíї на виправдувáльний ви́рок.** The accused went to court without hope for a verdict of not guilty. **прихóдити в** come to ◊ **Свíдок погóдився прийти́ в с.** The witness agreed to come to court. **подавáти на** + *A.* **в** take sb to court ◊ **Сусíди погрóжували подáти на нéї в с.** The neighbors threatened to take her to court. **позивáти** + *A.* **на** *and* **в** *and* **до ~у** sue sb) ◊ **Козачéнко не мав грóшей, щоб позивáти свогó кри́вдника на** *or* **в с.** *and* **до ~у.** Kozachenko had no money to sue his offender. **уникáти ~у** avoid court (**притягáти** + *A.* **до** bring sb to) ◊ **Вонá намагáлася притягну́ти мінíстра до ~у.** She tried to bring the minister to court. **казáти ~óві** *and* **~у́** tell a court ◊ **Він не сказáв ~óві прáвди.** He did not tell the court the truth. (**брехáти** lie to) ◊ **Свíдки брéшуть ~óві нáвіть під прися́гою.** Witnesses lie to court even under oath. **клопотáти пéред ~óм** petition the court ◊ **Оскáрження клопóче пéред ~óм, щоб тéрмін покарáння збíльшили.** The prosecution petitions the court to increase the length of the prison term. (**постав́ати пéред** appear before) ◊ **Трáвма не дозволя́ла їй постáти пéред ~óм.** The trauma did not allow her to appear before court. **головувáти на ~і** preside over court ◊ **Вонá голову́є на міжнарóдному ~і.** She presides over an international court. (**з'явля́тися в ~і** appear in) ◊ **Він з'яви́вся в ~і**

в су́проводі адвока́та. He appeared in court accompanied by an attorney.

с. + v. **вирі́шувати** *+ A.* decide sth ◊ **С. ви́рішив спра́ву на ко́ристь позивача́.** The court decided the case in favor of the plaintiff. **постановля́ти** *+ inf. or* **що** *+ clause* rule sth ◊ **С. постанови́в, що до́кази не мо́жуть бу́ти прийняті.** The court ruled that the evidence was inadmissible. **дохо́дити ви́сновку** conclude that ◊ **С. дійшо́в ви́сновку, що полі́ція переви́щила повнова́ження.** The court concluded that the police had exceeded their authority. **пого́джуватися з** *+ I.* agree with sth ◊ **С. пого́дився з оска́рженням.** The court agreed with the prosecution. **заявля́ти, що** *+ clause* declare that; **розгляда́ти** *+ A.* consider sth, **слу́хати** *+ A.* hear sth ◊ **Спра́ву слу́хатиме господа́рський с.** The case will be heard by the economic court. **виправдо́вувати** *+ A.* acquit sb ◊ **С. ви́правдав її за всіма́ пу́нктами.** The court acquitted her on all counts. **визнава́ти** *+ A.* **неви́нним** find sb not guilty ◊ **С. ви́знав її неви́нною.** The court found her not guilty. **визнава́ти** *+ A.* **ви́нним** *+ A.* find sb guilty; **відміня́ти** *+ A.* overturn sth ◊ **Адміністрати́вний с. відміни́в постано́ву ни́жчого ~у за ска́ргою.** The administrative court overturned the ruling of the lower court on the complaint. **скасо́вувати** *+ A.* abolish sth ◊ **С. скасува́в держа́вну монопо́лію на експо́рт збі́жжя.** The court abolished the government monopoly on grain exports. **унева́жнювати** invalidate ◊ **С. унева́жнив розпоря́дження місько́го голови́.** The court invalidated the city mayor's directive. **засу́джувати** *+ A.* convict sb ◊ **Жо́дний с. не засу́дить його́ з таки́ми до́казами.** No court will convict him on such evidence. **засу́джувати** *+ A.* **до** *+ G.* sentence sb to *(prison term)* ◊ **С. засуди́в її до п'яти́ ро́ків.** The court sentenced her to five years. **відкида́ти** *+ A.* dismiss *(a charge)* ◊ **С. відки́нув усі́ звинува́чення.** The court dismissed all the charges. **відхиля́ти** *+ A.* dismiss *(a case)* ◊ **С. відхили́в по́зов за бра́ком до́казів.** The court dismissed the suit for lack of evidence. **підтве́рджувати** *+ A.* uphold sth ◊ **Сіме́йний с. підтве́рдив пра́во ба́тька на пості́йні конта́кти з си́ном.** The family court upheld the father's right to have permanent contacts with his son.

prep. **в ~і** in court ◊ **Вона́ провела́ два ти́жні в ~і.** She spent two weeks in court. **на ~і** at/in court ◊ **Він поме́р про́сто на ~і.** He died right in court. **по́за ~о́м** out of court ◊ **Ска́ргу врегу́лювали по́за ~о́м.** The complaint was settled out of court.

Also see **трибуна́л**

2 trial, court case, lawsuit

adj. **до́вгий** long, **трива́лий** lengthy; **коро́ткий** short; **справедли́вий** fair ◊ **Процеду́ра ґаранту́є ко́жному справедли́вий с.** The procedure guarantees everybody a fair trial. **че́сний** just, **несправедли́вий** unfair; **відкри́тий** open, **грома́дський** civil, **публі́чний** public; **закри́тий** closed, **таємни́й** secret ◊ **Дисиде́нтів суди́ли таємни́м ~о́м.** The dissidents were put on a secret trial. **показо́вий** show; **ганебний** shameful; **істори́чний** historic, **пам'я́тний** memorable; **сенсаці́йний** sensational, **сканда́льний** scandalous, **сумнозві́сний** notorious

c. + n. **с. за звинува́ченням у вби́встві** a murder trial ◊ **Найбі́льшою популя́рністю се́ред пу́бліки ті́шилися ~и́ за звинува́ченням у вби́встві.** Murder trials enjoyed the greatest popularity with the public. (**зґвалтува́нні** rape, **на́клепі** libel, **пі́дкупі** subornation, **хаба́рництві** bribery)

n. + **с. да́та ~у** a trial date ◊ **Він призна́чив да́ту ~у.** He appointed the trial date. (**мі́сце** venue ◊ **За́хист домага́ється зміни́ти мі́сце ~у.** The defense demands that the trial venue be changed. **докуме́нти** documents; **протоко́л** record) ◊ **Вона́ ви́явила прога́лини в протоко́лі ~у.** She discovered gaps in the trial records.

v. + **с. прово́дити с.** hold a trial ◊ **Суддя́ прово́див два́ ~и того́ дня.** The judge held two trials that day. (**відклада́ти** adjourn ◊ **За́хист клопо́четься про те, щоб відкла́сти с. на три дні.** The defense petitions for the trial to be adjourned for three days. **зупиня́ти** *and* **припиня́ти** stop ◊ **Демонстра́нти вимага́ли припини́ти показо́вий с.** The demonstrators demanded that the show trial be stopped. **перерива́ти** adjourn; **продо́вжити** *only pf.* resume ◊ **С. продо́вжать пі́сля пере́рви.** The trial will resume after a recess. **продо́вжувати** continue; **виклика́ти** *+ A.* **на** summon sb to), ♦ **клі́кати** *+ A.* **на** to sue sb ◊ **Він покли́кав партне́ра на с. за пору́шення контра́кту.** He sued his partner for breach of contract. ♦ **потрапля́ти під с.** to be put on trial ◊ **Те, що він потра́пив під с., ма́ло кого́ здивува́ло.** The fact that he was put on trial surprised few people. **уника́ти ~у** avoid trial (**очі́кувати** *and* **чека́ти** await ◊ **Вона́ очі́кувала** *and* **чека́ла ~у.** She awaited the trial. **дохо́дити до** come to ◊ **Уряд не допусти́в, щоб спра́ва дійшла́ до ~у.** The government prevented the case from coming to trial. **клі́кати** *+ A.* **до** take sb to; **притяга́ти** *+ A.* **до** put sb on)

c. + v. **відбува́тися** occur, take place ◊ **С. відбу́вся в поне́ді́лок.** The trial took place on Monday. **відкрива́тися** open, **почина́тися** begin ◊ **С. поча́вся рі́вно о дев'я́тій ра́нку.** The trial began exactly at 9:00 AM. **продо́вжитися** *only pf.* resume, **продо́вжуватися** go on ◊ **С. продо́вжується п'ять днів.** The trial has gone on for five days. **заве́ршуватися** conclude, **закі́нчуватися** end

prep. **без ~у** without trial ◊ **Їх ки́нули до в'язни́ці без ~у.** They were thrown in prison without trial. **на с.** *dir.* to/for a trial ◊ **Ві́ту ви́кликали на с.** Vita was summoned to the trial. **на ~і** *posn.* at a trial ◊ **На ~і прису́тні кі́лька деся́тків люде́й.** Several dozen people are present at the trial. **під ~о́м** *posn.* on trial ◊ **Вона́ під ~о́м за хаба́рництво.** She is on trial for bribery. **під час ~у** during a trial ◊ **Нови́й сві́док зголоси́вся під час ~у.** The new witness came forward during the trial. **с. над** *+ I.* a trial of sb ◊ **с. над сепарати́стами** a trial of separatists

Also see **проце́с 2**

3 *fig.* justice; punishment, ♦ **пра́вий с.** fair justice

v. + **с. знахо́дити с.** find justice; **шука́ти ~у на** *+ A.* seek justice against sb ◊ **Відча́єна роди́на була́ гото́ва шука́ти ~у в столи́ці краї́ни.** The desperate family was ready to seek justice in the nation's capital.

See **справедли́вість 1**

4 judgment, opinion ◊ **Маля́р ви́ставив карти́ну на с. глядача́.** The artist offered his painting for the viewer's judgment.

See **ду́мка 2, оці́нка 1**

N. pl. **~и́**

судд|я́, *m. and f.*

1 judge

adj. **бува́лий** seasoned, **досві́дчений** experienced, **стари́й** old; **ви́борний** elected, **призна́чений** appointed, **професі́йний** career ◊ **Він зверну́вся по консульта́цію до професі́йного ~і.** He turned to a career judge for advice. **адміністрати́вний** administrative, **військо́вий** military, **криміна́льний** criminal, **циві́льний** civil; ♦ **мирови́й с.** a magistrate, justice of the peace, ♦ **наро́дний с.** *old* people's judge, ♦ **трете́йський с.** an arbitrator; **головни́й** chief; **голову́ючий** presiding ◊ **Адвока́тка зверну́лася до голову́ючого ~і.** The (female) attorney addressed the presiding judge. **рядови́й** ordinary; **консервати́вний** conservative, **ліберáльний** liberal; **незале́жний** independent, **непідку́пний** incorruptible, **справедли́вий** fair, **че́сний** honest ◊ **Вона́ ма́є репута́цію че́сної ~і.** She has the reputation of an honest judge. **нече́сний** dishonest, **скорумпо́ваний** corrupt; **милосе́рдний** merciful, **поблá́жливий** lenient; **безсерде́чний** heartless, **невблага́нний** implacable, **немилосе́рдний** merciless, **суво́рий** strict ◊ **Йому́ попа́вся суво́рий с.** He ended up with a strict judge. **місько́й** city, **райо́нний** district, **обласни́й** provincial; **моло́дший** junior, **ста́рший** senior

c. + n. **с. апеляці́йного су́ду** an appellate judge; **с. Верхо́вного Су́ду** a Supreme Court justice; **с. місько́го су́ду** a city court judge (**райо́нного** district ◊ **Тихола́з працю́є ~е́ю райо́нного су́ду.** Tykholaz works as a district court judge. **обласно́го** provincial; **адміністрати́вного** administrative, **господа́рського** economic, *etc.*)

n. + **с. помічни́к ~і** a deputy judge ◊ **Трибуна́л склада́ється з ~і та двох помічникі́в.** The tribunal consists of a judge and two deputy judges.

v. + **с. вибира́ти ~ю** elect a judge ◊ **~ів місько́го су́ду вибира́ють на п'ять ро́ків.** The municipal court judges are elected for five years. (**признача́ти** appoint ◊ **Прем'є́р признача́є адміністрати́вних ~ів.** The premier appoints administrative judges. **переко́нувати** convince ◊ **Він переконá́в ~ю, що полі́ція ді́яла незако́нно.** He convinced the judge that the police had acted illegally. **підкупо́вувати** bribe ◊ **Цьо́го ~ю неможли́во підкупи́ти.** This judge is impossible to bribe. **справля́ти вра́ження на** impress) ◊ **Ка́яття́ засу́дженого не спра́вило вра́ження на ~ю.** The convict's repentance did not impress the judge. **зверта́тися до ~і** address a judge ◊ **Вона́ зверну́лася до ~і із проха́нням про пере́рву.** She addressed the judge with a request for a recess. **каза́ти ~і** tell a judge; **бу́ти ~е́ю** be a judge (**обира́ти** *+ A.* elect sb ◊ **Її вдру́ге обира́ють ~е́ю обласно́го су́ду.** She is elected a provincial court judge for the second time. **працюва́ти** work as; **признача́ти** *+ A.* appoint sb as; **става́ти** become)

c. + v. **вести́ суд** hold a trial; **головува́ти на** *+ L.* preside at/over sth ◊ **На слу́ханні головува́в с. Самсоню́к.** Judge Samsoniuk presided at the hearing. **засіда́ти** sit; **відкида́ти** *+ A.* reject sth, **відмовля́тися** refuse to, **відхиля́ти** *+ A.* overrule sth ◊ **С. відхили́в запере́чення за́хисту.** The judge overruled the defense's objection. **каза́ти** *+ A.* say sth ◊ **С. сказа́в своє́ оста́точне сло́во.** The judge said his final word. **запи́тувати** *+ A. and* **пита́ти** *+ A.* ask sth ◊ **С. запита́в адвока́та те, чого́ той найбі́льше побо́ювався.** The judge asked the lawyer what he had feared most. **дозволя́ти** *+ A.* allow sth, **зва́жувати** *+ A.* weigh sth, **підтри́мувати** *+ A.* sustain sth ◊ **С. підтри́мав клопота́ння прокуро́ра.** The judge sustained the prosecutor's motion. **пого́джуватися з** *+ I.* agree with sb/sth, **розгляда́ти** *+ A.* examine sth; **підтве́рджувати** *+ A.* uphold sth, **схва́лювати** *+ A.* approve sth; **вирі́шувати** decide ◊ **С. ви́рішив зупини́ти проце́с.** The judge decided to stop the trial. **нака́зувати** *+ D.* order sb ◊ **С. наказа́в компа́нії сплати́ти мі́сту компенса́цію.** The judge ordered the company to pay the city the compensation. **наклада́ти стя́гнення на** *+ A.* impose a penalty on sb; **постановля́ти** *+ inf. or* **що** *+ clause* rule sth; **дохо́дити ви́сновку, що** conclude that ◊ **С. прийшо́в до ви́сновку, що зако́н дотри́мано.** The judge concluded that the law had been observed. **слу́хати** *+ A.* hear sth; **відміня́ти** *+ A.* overturn sth ◊ **С. апеляці́йного су́ду відміни́в постано́ву моло́дшого ~і.** An appellate court judge overturned the ruling of the junior judge. **скасо́вувати** *+ A.* abolish sth, **унева́жнювати** *+ A.* invalidate sth; **засу́джувати** *+ A.* convict sb, **засу́джувати** *+ A.* **до** *+ G.* sentence sb to *(prison term)* ◊ **С. засуди́в уби́вцю до дові́чного ув'я́знення.** The judge sentenced the murderer to life in prison. **відкида́ти** *+ A.* dismiss *(a charge)* ◊ **С. відки́нув звинува́чення про́ти не́ї.** The judge dismissed the charges against her. **відхиля́ти** dismiss *(a case)* ◊ **С. відхили́в спра́ву за бра́ком до́казів.** The judge dismissed the case

for lack of evidence.
2 *sport* judge, referee, umpire
adj. **головний** chief; **незалежний** independent; **баскетбольний** basketball, **волейбольний** volleyball, **футбольний** soccer, *etc.*; **міжнародний** international; **професійний** professional
с. + *v.* **виганяти** + *A.* send sb off ◊ **С. вигнав гравця за агресивну поведінку.** The referee sent the player off for aggressive behavior. **давати сигнал** signal; **показувати** + *D.* **жовту (червону) картку** issue sb a yellow (red) card ◊ **С. показав футболістові жовту картку.** The referee issued the soccer player a yellow card. **присуджувати** + *D.* award sb; **свистати** blow the whistle ◊ **С. свиснув, і гра зупинилася.** The referee blew the whistle and the game stopped.
N. pl. **~і**, *G. pl.* **~ів** ◊ **більшість ~ів** the majority of judges

суд|ити, ~жу, ~ять; *no pf., tran. and intr.*

1 *intr.* to judge, form an opinion, think
adv. **відповідно** accordingly, **належним чином** properly, **об'єктивно** objectively ◊ **Петрові тяжко с. про неї об'єктивно.** It is hard for Petro to judge her objectively. **мудро** wisely ◊ **Олена мудро ~ить.** Olena is wise of judgment. **правильно** correctly, **розважливо** prudently, **розумно** judiciously, **справедливо** fairly, **точно** accurately; **несправедливо** unfairly, **суворо** harshly
v. + **с. бути тяжко** be hard to, **вміти** be capable of, **могти** can; **намагатися** try to
prep. **с. з** + *G. and* **с. по** + *L.* judge by sth; **с. про** + *A.* judge sb/sth ◊ **Не варто с. про людину з її вигляду.** It is not worth judging a person by her appearance. ♦ **не мені с.** It is not my place to judge. ◊ **Правильно вчинила Оксана чи ні – не мені с.** Whether or not Oksana did the right thing, is not my place to judge. ♦ **наскільки я можу с.** as far as I can tell
See **думати 2**
2 *tran.* to judge, assess; criticize, condemn ◊ **Не ~іть її надто суворо.** Don't judge her too harshly. ◊ **Преса немилосердно ~йла акторку з приводу й без.** The press criticized the actress with and without good reason. ♦ **Не ~іть, то й вас не ~итимуть.** Judge not and ye shall not be judged (Luke 6:37).
See **критикувати.** *Also see* **засуджувати 2, рознosити 5**
3 *leg., tran.* to judge, try ◊ **Його ~ить суд присяжних.** He is being judged by a jury.
v. + **с. бути необхідно** be necessary to; **вимагати** demand to, **закликати** + *A.* call on sb to; **обіцяти** + *D.* promise sb ◊ **Він обіцяв с. всіх оскаржених.** He promised to try all those accused. **хотіти** want to
Also see **розсуджувати 1**
4 *sport* to judge, adjudicate, arbitrate ◊ **Конкурс ~итимуть три міжнародних судді.** Three international referees will judge the competition.
pa. pple. **суджений** judged
(за)суди!

суд|но, *nt.*, ~на

vessel, craft
adj. **вантажне** cargo, **військове** military, **військово-морське** naval ◊ **Через туман вантажне с. зіткнулося з військово-морським.** Because of fog, a cargo vessel collided with a navy one. **дослідницьке** research, **гідрографічне** surveying, **гребне** rowing, **каботажне** coasting, **пасажирське** passenger, **патрульне** patrol, **рибальське** fishing, **сейнерне** seiner, **супровідне** escort, **торгове** *or* **торгівельне** merchant ◊ **кілька торгових ~ен** several merchant vessels; **транспортне** transport; **вороже** enemy; **чуже** foreign; **швидкісне** high-speed ◊ **Контрабандисти користувалися швидкісними ~нами.** The smugglers used high-speed craft. **вітрильне** sailing; ♦ **двощоглове с.** a two-master, ♦ **трищоглове с.** a three-master ◊ **Лише трищоглові ~на братимуть участь у реґаті.** Only three-masters will take part in the regatta. ♦ **наливне с.** a tanker
с. + *n.* ♦ **с. водотоннажністю в 10.000 тон** a 10,000-tonner
v. + **с. вести**, *uni. and* **водити**, *multi.* **с.** operate a vessel ◊ **Суворо заборонено водити с. в нетверезому стані.** It is strictly forbidden to operate a vessel while intoxicated. (**реєструвати** register; **швартувати** moor ◊ **До пірса швартували лише рибальські ~на.** They moored only fishing vessels to the pier. **зупиняти** stop ◊ **Якби капітан не зупинив с., воно протаранило б вітрильник.** Had the captain not stopped the vessel, it would have rammed the tallship. **ставити на кітву** anchor ◊ **С. поставили на кітву далі від берега.** The vessel is anchored farther from the shore. **захоплювати** seize, **перехоплювати** intercept; **таранити** ram, **топити** sink; **сідати на** board) ◊ **Вони не могли сісти на с. без належних документів.** They could not board the vessel without proper documents. **кермувати**, *colloq. and* **керувати ~ном** steer a vessel ◊ **Вона вправно кермувала ~ном по вузькому каналу.** She skillfully steered the vessel down the narrow canal.
с. + *v.* **везти** + *A.* carry sth ◊ **С. везло збіжжя.** The vessel carried grain. **виходити з** + *G.* leave sth ◊ **С. вийшло з Херсону пополудні.** The vessel left Kherson in the afternoon. **заходити до** + *G.* enter sth ◊ **С. зайшло до порту Севастополя.** The vessel entered the port of Sevastopol. **наскакувати на мілину** run aground ◊ **Щоб с. не наскочило на мілину, капітан узяв на борт місцевого лоцмана.** For the vessel not to run aground, the captain took a local pilot aboard. **обходити** + *A.* go around sth ◊ **С. обійшло небезпечне місце.** The vessel went around the dangerous spot. **плавати** sail, **тонути** sink; **йти до** + *G. and* **пливти** *or* **плисти до** + *G.* be bound for ◊ **С. пливе до Маріюполя.** The vessel is bound for Mariupol.
prep. **на с.** *dir.* on/to a vessel ◊ **Їм треба потрапити на с.** They need to get on the vessel. **на ~ні** *posn.* on a vessel ◊ **Вони провели цілий день на ~ні, ховаючись від переслідування.** They spent the entire day on the vessel, hiding from pursuit. **на борт ~на** *dir.* on board a vessel ◊ **Нарешті він став на борт ~на, що йшло до Одеси.** Finally he set foot on board the vessel bound for Odesa. **на борту ~на** *posn.* on board a vessel ◊ **На борту ~на вибухнула пожежа.** A fire erupted on board the vessel. ♦ **с. на підводних крилах** a hydrofoil (vessel); ♦ **с. на повітряній подушці** a hovercraft
See **корабель.** *Also see* **яхта**

судов|ий, *adj., leg.*

judicial, of or pertaining to courts; forensic
с. + *n.* ♦ **с. виконавець** a marshal, officer of the law; **с. імунітет** legal immunity; **с. орган** a judicial body; ♦ **с. процес** a trial ◊ **С. процес відклали на невизначений термін.** The trial is postponed indefinitely. **~а гілка влади** a judicial branch of power (**помилка** error ◊ **Це – ~а помилка.** This is a judicial error. **практика** practice; **справа** case), ♦ **~а колеґія** a board of justices, **~а медицина** forensic medicine (**психіятрія** psychiatry, **хемія** chemistry); **~е засідання** a court hearing (**рішення** decision, **розпорядження** ruling); **~і витрати** court expenses ◊ **~і витрати прирікали його на банкрутство.** Court expenses doomed him to bankruptcy.
Cf. **виконавчий, законодавчий, юридичний**

судом|а, *f.*

cramp, spasm
adj. **болісна** *or* **болюча** painful, **гостра** acute, **ґвалтовна** abrupt, **несподівана** sudden ◊ **Вона застогнала від несподіваної ~и в литці.** She moaned from a sudden cramp in her calf. **страшна** terrible; **нервова** nervous; **часта** *usu pl.* frequent
с. + *n.* **с. живота** a stomach cramp (**м'яза** muscle ◊ **Холодна вода викликала в Кирила ~у м'язів.** Cold water caused Kyrylo to have muscle cramps. **ноги** leg, **спини** back, **стегна** hip, **шиї** neck, *etc.*)
n. + **с. напад ~и** an attack of cramps ◊ **черговий напад ~и** another attack of cramps
v. + **с. мати ~у** have cramps ◊ **Після тренувань він мав часті ~и.** After workouts, he had frequent cramps. (**знімати** relieve ◊ **Укол голкою може зняти ~у.** A needle prick can relieve a cramp. **полегшувати** ease; **провокувати** provoke) ◊ **Лікар не міг сказати, що провокує такі болісні ~и.** The doctor could not say what provoked such painful cramps. **потерпати від судом** suffer from cramps ◊ **Він особливо не потерпав від судом.** He did not particularly suffer from cramps. **запобігати ~і** prevent a cramp ◊ **Давній засіб запобігає ~ам.** An ancient remedy prevents cramps.
с. + *v.* **вражати** + *A.* afflict sb ◊ **Меланію вразила с. так, що вона мало не втопилася.** A cramp afflicted Melania, so that she nearly drowned. **хапати за** + *A.* seize sth ◊ **С. вхопила його за спину.** His back was seized up with a spasm.
prep. **с. в** + *L.* a cramp in *(part of body)* ◊ **с. в долішній частині живота** a cramp in the lower part of the stomach

су́|ка, *f.*

1 *zool.* bitch, female dog ◊ **Усі її улюбленці – ~ки.** All of her pets are bitches.
adj. **вірна** devoted; **лиха** mean, **скажена** rabid
See **пес**
2 *vulg.* bitch *(usu of females)*, bastard, jerk
adj. **виняткова** exceptional, **найбільша** greatest, **небачена** unheard-of, **неперевершена** unsurpassed, **порядна** quite some, **справжня** real
v. + **с. бути ~кою** be a bitch (**виявлятися** turn out ◊ **Солодка панна виявилася порядною ~кою.** The sweet young lady turned out to be quite some bitch. **лишатися** remain; **називати** *and* **обзивати** + *A.* call sb ◊ **Іванна не могла обізвати подругу ~кою.** Ivanna could not call her (female) friend a bitch. **ставати** become) ◊ **Щоб вижити в такому оточенні, їй треба було стати справжньою ~кою.** In order to survive in such an environment, she needed to become a real bitch.
Cf. **курва 2**
L. **на ~ці**

сук|но, *nt.*

cloth *(usu woolen)*, fabric
adj. **грубе** coarse, **м'яке** soft, **тонке** thin; **вовняне** woolen; **синє** blue, **червоне** red ◊ **Стіл заслано м'яким червоним ~ном.** The table is covered with soft red cloth. **чорне** black, *etc.*
n. + **с. відріз ~на** a length of cloth (**клапоть** scrap, **смужка** strip, **сувій** bolt ◊ **На полицях лежали сувої ~на різних кольорів.** There were bolts of cloth of different colors lying on the shelves. **шматок** piece)
v. + **с. виробляти с.** produce cloth ◊ **Тут виробляють с.** Cloth is produced here. (**робити** make, **ткати** weave; **фарбувати** dye); ♦ **класти** + *A.* **під с.** to shelve sth ◊ **Вона воліє покласти справу під с.** She prefers to shelve the matter.
N. pl. **~на**, *G. pl.* **~он** ◊ **Крамниця пропонує багато імпортних ~он.** The store offers many imported fabrics.
See **тканина 1.** *Also see* **матерія 1**

сук|ня, *nt.*

dress, robe
adj. **гарна** beautiful, **елеґантна** elegant, **модна** fashionable, **нарядна** dressy, **ошатна** graceful, **пишна** sumptuous, **розкішна** gorgeous, **святкова** holiday, **чудова** magnificent, **шикарна**

chic; дорогá expensive, дешéва cheap, недорогá inexpensive; звичáйна plain, прóстá simple ◊ Нáдя прийшлá у прóстій ~ні. Nadia came in a simple dress. дóвга long, корóтка short; безфóрмна shapeless, вíльна loose, мішкувáта baggy; бíла white, жóвта yellow, зелéна green, си́ня blue, червóна red, чóрна black, *etc.*; вузькá tight, обти́сла tight-fitting, тіснá skin-tight; бáльна ball, весíльна wedding, вечíрня evening, випускнá prom; бавóвняна cotton, вóвняна wool, си́тцева calico, шовкóва silk; ви́шита embroidered

n. + с. довжинá ~ні the dress length (рóзмір size, ширинá width; крій cut, стиль style, фасóн fashion, цінá price)

v. + с. вбирáти *or* одягáти ~ню put on a dress ◊ На зáхист дисертáції Марíя вбрáла найкрáщу ~ню. For her dissertation defense, Maria put on her best dress. (знімáти *or* скидáти take off ◊ Ски́нувши ~ню, Лáра вбрáла нíчну сорóчку. Having taken off her dress, Lara put on her nightgown. купувáти buy, прасувáти press, прáти wash; задирáти pull up; підбирáти lift ◊ Яри́на підібрáла дóвгу ~ню. Yaryna lifted her long dress. розглáджувати smooth, розправля́ти straighten; дéрти rip ◊ Сóля не знáє, як подéрла ~ню. Solia does not know how she ripped her new dress. рвáти tear; застібáти zip up, розстібáти unzip; крóїти tailor, ши́ти make ◊ Натáля поши́ла багáто ~онь. Natalia made many dresses.

с. + *v.* виглядáти look ◊ Вечíрня ~ня вигляда́ла на Мáрті прóсто пи́шно. An evening dress looked simply gorgeous on Marta. лежáти на + *L.* sit on sb, пасувáти + *D.* become sb ◊ С. я́вно не пасувáла Катери́ні. The dress clearly did not become Kateryna. поєднуватися з + *I.* go with sth ◊ С. гáрно поєднується з червóними тýфлями. The dress goes nicely with red shoes.

prep. на ~ню *dir.* on/to a dress ◊ Гáнна пришпили́ла на ~ню трóянду. Hanna pinned a rose onto her dress. на ~ні *posn.* on a dress ◊ Він помíтив на ~ні пля́му. He noticed a stain on the dress. під ~нею under a dress ◊ Вонá мáє сорóчку під ~нею. She has a shirt under her dress. у ~ні in a dress ◊ Тамáра у бруна́тній ~ні. Tamara has a brown dress on. с. без + *G.* ◊ с. без рукавíв a sleeveless dress (бретéльок strapless); с. до + *G.* a dress to sth ◊ с. до колíн a knee-length dress (підлóги floor-length, кісточóк *or* щи́колоток ankle-length); с. з + *I.* a dress with sth ◊ с. з відкри́тою спи́ною a backless dress (глибóким ви́рiзом low-cut); с. на + *A.* a dress for *(occasion, etc.)* ◊ бíла с. на випускни́й a white prom dress (пéрше причáстя communion) ◊ С. на пéрше причáстя мáє бýти бíлою. A communion dress is to be white. ♦ с. напрокáт a dress to rent; с. на + *L.* a dress with sth ◊ с. на бретéльках a strap dress (замкý zipper, пáску belt)

сукýпн|ий, *adj.*

1 aggregate, combined, total

с. + *n.* с. капітáл an aggregate capital (пóпит demand, прибýток income); ~а пропози́ція an aggregate supply; ~і ви́трати aggregate expenses

2 joint, mutual, shared

с. + *n.* с. продýкт a joint product; ~а прáця joint work; ~і зуси́лля joint efforts

See спíльний

сýм|а, *f.*

1 sum

adj. астрономíчна astronomical, вели́ка large, величéзна huge, величéнька *colloq.* substantial, висóка high, дóбра good, добря́ча *colloq.* sizable ◊ Їм потрíбна добря́ча с. грóшей. They need a sizable sum of money. значнá considerable, колосáльна colossal, крýгла significant, максимáльна maximal, надмíрна exorbitant, неаби́яка not insignificant, неймовíрна incredible ◊ Лотерéя станóвить неймовíрну ~у. The lottery constitutes an incredible sum. немалá large, рекóрдна record, чималá tidy, щéдра generous; дріб'язкóва trifling, малá little, малéнька *dim.* little, невели́ка small, незначнá insignificant, номінáльна nominal, помíрна moderate, резóнна reasonable ◊ С. здає́ться Ми́ші резóнною. The sum seems reasonable to Mysha. символíчна token, скрóмна modest; жалюгíдна pitiable, мізéрна paltry, сміхови́нна derisory, смішнá laughable; загáльна overall, пóвна full; ви́значена determined, ґарантóвана guaranteed, окрéслена outlined, стáла fixed ◊ Щомíсяця він кладé на рахýнок стáлу ~у. Every month, he deposits a fixed sum to the account. умóвлена agreed upon; п'ятизнáчна five-figure, шестизнáчна six-figure; пóвна full ◊ Вони́ не знáли пóвної ~и бóргу компáнії. They did not know the full sum of the company's debt. неви́значена unspecified, ненáзвана undisclosed; прибли́зна approximate; серéдня average; тóчна exact; щомíсячна monthly, щорíчна annual

с. + *n.* с. готíвкою a cash sum; с. грóшей a sum of money (зби́тків losses ◊ Він устанoви́в загáльну ~у зби́тків. He determined the overall sum of losses. компенсáції compensation, стя́гнення penalty, штрáфу fine)

v. + с. брáти ~у obtain a sum ◊ Натáля не знáє, де взя́ти потрíбну ~у. Natalka does not know where to get the requisite sum. (давáти + *D.* give sb ◊ Бáтько дав їй невели́ку ~у на дорóгу. Father gave her a small sum for the road. жéртвувати donate, пропонувáти offer; інвестувáти invest, трáтити spend; діставáти get, отри́мувати receive; плати́ти *and* сплáчувати + *D.* pay sb ◊ Фíрма сплати́ла потерпíлим ненáзвану ~у компенсáції. The firm paid the injured party an undisclosed sum in compensation. повертáти + *D.* repay sb; брáти + *D.* у борг *or* пози́чáти в + *G.* borrow from sb ◊ Вíктор пози́чив пéвну ~у в сусíда. Viktor borrowed a certain sum from his neighbor. давáти + *D.* в борг *or* пози́чáти + *D.* lend sb ◊ Сусíд пози́чив їм малý ~у. The neighbor lent them a small sum. збирáти raise ◊ Волонтéри зібрáли ~у, достáтню, щоб купи́ти дéсять окуля́рів нíчнóго бáчення. The volunteers raised the sum sufficient to buy ten night-vision goggles. кóштувати + *D.* cost sb; домовля́тися про agree ◊ Вони́ домóвилися про ~у пéршого внéску. It agreed on the sum of the first installment.

с. + *v.* дорíвнювати + *D.* be equal to ◊ С. стя́гнення дорíвнює десяти́ мíсячним зарплáтам. The sum of penalty is equal to ten monthly salaries. перевищувати + *A.* exceed sth

prep. с. в рóзмірі + *G.* a sum in the amount of ◊ с. допомóги в рóзмірі мільйóна гри́вень the sum of assistance in the amount of one million hryvnias; у ~і + *G.* in the amount of sth ◊ пóзика в ~і мілья́рда дóларів a loan in the amount of a billion dollars

2 *math.* sum

adj. алгебраїчна algebraic

v. + с. виводи́ти ~у work out a sum (ділúти на + *A.* divide by ◊ ~у слід поділи́ти на сім. The sum should be divided by seven. мнóжити на + *A.* multiply by; знахóдити find, обчи́слювати calculate) ◊ Вонá обчи́слила ~у інвести́цій. She calculated the sum of the investments.

сумíжн|ий, *adj.*

adjoining, adjacent, neighboring, proximate; related

adv. практи́чно practically, пря́мо directly

с. + *n.* с. кут *geom.* an adjacent angle (нóмер hotel room) ◊ Гостя́м запропонувáли три ~і нóмери. They offered the guests three adjoining (hotel) rooms. ~а кімнáта a neighboring room (краї́на country, óбласть *(in Ukraine)* province); ~е пóле an adjoining field, ~е помéшкання an adjacent apartment ◊ Вони́ займáють ~і помéшкання. They occupy adjacent apartments. ~і правá *leg.* related rights (гáлузі fields, мóви languages ◊ Три ви́ди вважáють ~ими. The three species are considered to be related. спеціяльності specialities)

v. + с. бýти ~им be adjacent (вважáти + *A.* consider sth; виявля́тися prove) ◊ Спáльні ви́явилися ~ими. The bedrooms proved to be adjacent.

prep. с. до + *G. or* з + *I.* ◊ Сергíй опанувáв ще дві мóви, ~і до італíйської *or* з італíйською. Serhii mastered two more languages that are related to Italian.

сумíсн|ий, *adj.*

1 joint, shared, mutual; simultaneous, concerted ◊ Так почалóся їхнє ~е життя́. Thus their joint living began. ◊ Будинок був їхньою ~ою влáсністю. The building was their joint property. ◊ Хлóпців об'є́днує с. дóсвід. A shared experience unites the boys. ~і дії concerted actions

See спíльний. *Also see* єди́ний 3, об'є́днаний 2

2 compatible, consistent

adv. абсолю́тно absolutely, ♦ високосумíсний highly compatible, достáтньо sufficiently, дýже very ◊ Оксáна ви́явилася люди́ною, дýже ~ою з носíями и́нших культýр. Oksana turned out to be a person very compatible with carriers of other cultures. лéгко easily, пóвністю fully, пря́мо directly, цілкóм completely; бíльше more, бíльш-мéнш more or less, мéнше less; на ди́во amazingly; взаємно mutually; лéдве barely; мáйже almost; ідеологíчно idealogically, логíчно logically, морáльно morally, психологíчно psychologically, сексуáльно sexually ◊ Молодé подрýжжя не є сексуáльно ~им. The young married couple is not sexually compatible. технологíчно technologically; не зóвсім not quite, не цілкóм not fully

v. + с. бýти ~им be compatible ◊ Партнéри є бíльш-мéнш психологíчно ~ими. The partners are more or less psychologically compatible. (виявля́тися turn out ◊ Новá комп'ю́терна прогрáма ви́явилася на ди́во ~ою з поперéдньою. The new computer application turned out to be amazingly compatible with the previous one. здавáтися + *D.* seem to sb ◊ Йогó зая́ви здавáлися не зóвсім ~ими із прогрáмою пáртії. His statements seemed to be not quite consistent with the party program. ставáти become)

prep. с. з + *I.* compatible with sb/sth

сýміш, *f.*, ~і

mixture, mix, blend

adj. багáта rich, інтригýюча intriguing, смілúва daring ◊ Будúнок – смілúва с. архітектýрних сти́лів. The building is a daring mixture of architectural styles. збалансóвана balanced, звáжена judicious, обережна cautious, прáвильна right, цікáва interesting; вибухóва explosive, горю́ча combustible, небезпéчна dangerous, токси́чна toxic; потýжна potent ◊ Потýжна с. медикамéнтів призвóдить до рíжних побíчних ефéктів. The potent mixture of drugs provokes various side effects. руйнівнá ruinous; п'янкá heady; складнá complex; ди́вна strange, незвичáйна extraordinary, особли́ва peculiar, підозрíла suspicious; безлáдна messy ◊ Цей концéрт – не мýзика, а безлáдна с. промислóвих шýмів. Theis concerto is not music but a messy mix of industrial noises. випадкóва accidental, довíльна arbitrary, незрозумíла incomprehensible, хаоти́чна chaotic; еклекти́чна eclectic, різноманíтна diverse, строкáта motley; бруднá dirty, тéмна dark; мýтна muddy, непрозóра intransparent; брунáтна brown, зелéна green, *etc.* ◊ Жíнка сьóрбала якýсь зелéну с. The woman was sipping some green mixture. м'ясна meat,

овоче́ва vegetable, **фрукто́ва** fruit; **млинце́ва** pancake, **торто́ва** cake; **бето́нна** concrete, **земляна́** earth, **піща́на** sand, **цеме́нтна** cement; **емоці́йна** emotional ◊ **Лист ви́кликав у Павли́ни емоці́йну с. сліз і ра́дости.** The letter brought forth an emotional mix of tears and joy in Pavlyna. **етні́чна** ethnic, **ідеологі́чна** ideological, **культу́рна** cultural, **мо́вна** language ◊ **З вуст телеведу́чого лила́ся ди́вна мо́вна с.** A strange language mixture flowed from the TV anchor's mouth. **ра́сова** racial

v. + **с. роби́ти с.** make a mixture ◊ **Він зроби́в с. із бо́рошна, ма́сла та яє́ць.** He made a mixture of flour, butter, and eggs. (**випробо́вувати** test; **застосо́вувати** apply, **місти́ти** contain; **збива́ти** whisk ◊ **Да́лі тре́ба зби́ти с. білкі́в із цу́кром.** Then one needs to whisk the mixture of egg whites with sugar. **проці́джувати** strain; **розмі́шувати** stir; **вилива́ти** pour); **додава́ти до ~і** add to a mixture ◊ **Федо́ра додала́ вані́лі до торто́вої ~і.** Fedora added vanilla to the cake mixture.

prep. **до ~і** to a mixture. **з ~шю** with a mixture ◊ **Лев подиви́вся на бра́та з ~шю зневі́ри й обу́рення.** Lev looked at his brother with a mixture of incredulity and indignation. **у с.** *dir.* in/to a mixture ◊ **Вби́вця дода́в у с. отру́ти.** The assassin added poison to the mixture. **у ~і** *posn.* in a mixture ◊ **Він відчу́в у ~і ром.** He tasted rum in the mixture. ♦ **у ~і з** + *I.* mixed with sth ◊ **о́пера в ~і з джа́зом** opera mixed with jazz; **с. з** + *G.* mixture of sth ◊ **с. яри́ни́ з фру́ктами** a mixture of vegetables and fruit

Also see **комбіна́ція, поє́днання, спо́лука 2**

су́м|ка, *f.*

bag, handbag, purse

adj. **вели́ка** big ◊ **Її вели́ка с. була́ поро́жньою.** Her big bag was empty. **велике́зна** huge, **мі́стка́** roomy; **важка́** *and* **тяжка́** heavy ◊ **Він змі́г підня́ти важку́ ~ку.** He managed to lift the heavy bag. **міцна́** strong; **мала́** little, **невели́ка** small, **невели́чка** *dim.* small; **парусино́ва** canvas, **полотня́на** burlap, **шкіряна́** leather; **господа́рча** grocery, **космети́чна**, *usu* ♦ **космети́чка** a makeup bag, **мисли́вська** hunting ◊ **Ната́ля подарува́ла мисли́вську ~ку чолові́кові на народи́ни.** Natalia gave her husband a hunting bag for his birthday. **пля́жна** beach, **подоро́жня** travel, **спорти́вна** sports, **учні́вська** school; ♦ **жіно́ча с.** a handbag, ♦ **польова́ с.** *mil.* a map case; **пошто́ва** mail; **бруна́тна** brown, **зеле́на** green, **сі́ра** gray, **чо́рна** black, *etc.*; **по́вна** full; **напівпоро́жня** half-empty, **поро́жня** empty

v. + **с. бра́ти ~ку** take a bag ◊ **Наза́р взя́в до крамни́ці господа́рчу ~ку.** Nazar took a grocery bag to the store. (**залиша́ти** leave; **опуска́ти на** + *A.* put down on/to sth ◊ **опуска́ти ~ку на підло́гу** put a bag down on the floor; **ста́вити на** + *A.* put on sth ◊ **Вона́ поста́вила ~ку на сиді́ння.** She put the bag on the seat **відчиня́ти** open *or* unzip ◊ **Лі́да ле́две змогла́ відчини́ти ~ку.** Lida could barely open the bag. **відсті́бати** unfasten; **закрива́ти** close, zip up; **застіба́ти** fasten; **ки́дати** throw, **перекида́ти че́рез** + *A.* sling over sth ◊ **Хома́ переки́нув ~ку че́рез плече́.** Khoma slung the bag over his shoulder. **нести́** carry, **стиска́ти** clutch, **трима́ти** hold; **випоро́жня́ти** empty ◊ **Поліція́нт ви́порожнив її ~ку на стіл.** The policeman emptied her bag onto the table. **вирива́ти в** + *G.* snatch from sb ◊ **Він стиска́в у рука́х ~ку, щоб її ніхто́ не ви́рвав.** He clutched the bag lest somebody snatch it. **хапа́ти** grab; **розпако́вувати** unpack ◊ **Вона́ впа́ла на лі́жко, не розпако́вуючи ~ки.** She fell on the bed without unpacking her bag. **напиха́ти** + *I.* cram with sth ◊ **Воло́дя напха́в ~ку книжка́ми.** Volodia crammed the bag with books. **пакува́ти** + *I.* pack with sth; **вантажи́ти на** + *A.* load onto sth ◊ **~ки́ вантажи́ли на причі́п.** The bags were being loaded onto the trailer. **вийма́ти з** + *G.* retrieve from sth ◊ **Він відімкну́в баґа́жник і ви́йняв із ньо́го дві ~ки.** He unlocked the trunk and retrieved two bags from it. **розванта́жувати з** + *G.* unload from sth; **обшуко́вувати** search, **перегляда́ти** look through; **кла́сти** + *A.* **в** put sth in, **пакува́ти** + *A.* **в** pack sth into, **пха́ти** + *A.* **в** shove sth into) ◊ **Катери́на пхну́ла ру́ку в ~ку.** Kateryna shoved her hand into her bag. **видобува́ти** + *A.* **з ~ки** draw sth from a bag ◊ **Хло́пець ви́добув те́нісний м'яч зі спорти́вної ~ки.** The boy drew a tennis ball from his sports bag. (**витя́гувати з** + *A.* pull sth out of, **дістава́ти** + *A.* **з** take sth out of; **кла́сти** + *A.* **до** put sth in ◊ **Він покла́в кана́пки до ~ки.** He put the sandwiches in the bag. **пакува́ти** + *A.* **до** pack sth into, **пха́ти** + *A.* **до** shove sth into); **копа́тися в ~ці** *colloq.* dig through a bag (**копирса́тися в** fumble in ◊ **Покопирса́вшись у ~ці хви́лю, Іва́нка діста́ла дзе́ркальце.** Having fumbled around in her bag awhile, Ivanka took a looking glass out. **по́рпатися в** *colloq.* rummage in, **ри́тися в** *colloq.* search through, **шпо́ртати в** *colloq.* ferret in)

с. + *v.* **бу́ти на́пханою** + *I.* be stuffed with sth ◊ **С. ущерть на́пхана о́дягом.** The bag is completely stuffed with clothes. **ви́сі́ти на** + *A.* hang on sth, **гойда́тися на** + *A.* swing on sth, **теліпа́тися на** + *A.* dangle on sth; **місти́ти** + *A.* contain sth

prep. **з ~ки** from a bag ◊ **Її ключі́ ви́пали з ~ки.** Her keys fell out of her handbag. **у ~ку** *dir.* in/to a bag ◊ **Вона́ загля́нула в ~ку.** She looked into the bag. **у ~ці** *posn.* in a bag ◊ **Гаври́ло знайшо́в світли́ну в бабу́синій ~ці.** Havrylo found the photograph in his grandma's handbag. **с. че́рез плече́** a shoulder bag

N. pl. **су́мки́**, *G. pl.* **су́мо́к**

Also see **диплома́т 2, портфе́ль 1, сі́тка 4**

сумлі́нн|ий, *adj.*

conscientious, diligent

adv. **винятко́во** exceptionally ◊ **Лі́кар – винятко́во с. фахіве́ць.** The doctor is an exceptionally conscientious expert. **вкрай** extremely, **до́сить** fairly, **ду́же** very, **зави́дно** enviably; **надзвича́йно** extraordinarily, **особли́во** especially; **незмі́нно** invariably, **як за́вжди́** as always

v. + **п. бу́ти ~им** be conscientious ◊ **Ори́ся не є надмі́ру ~ою медсестро́ю.** Orysia is not an excessively conscientious nurse. (**виявля́тися** turn out, **здава́тися** + *D.* seem to sb ◊ **Робо́та, яку́ наре́шті закі́нчили, не здава́лася ду́же ~ою.** The work that had finally been finished did not seem to be very diligent. **лиша́тися** remain, **роби́ти** + *A.* make sb/sth, **става́ти** become)

prep. **с. в** + *L. or* **до** + *G.* diligent about sth ◊ **Із ча́сом Ївга ста́ла ~ою до о́пису до́слідів.** With time, Yivha became diligent in her description of experiments. ◊ **Його́ зна́ють як ме́неджера, ~ого в обо́в'язках.** He is known as a manager diligent about his duties.

Also see **пи́льний 4, працьови́тий, робо́чий 4, стара́нний, че́сний 3**

сумлі́нн|я, *nt., only sg.*

conscience

adj. **вла́сне** one's own; **безгрі́шне** sinless, **незаплямо́ване** unblemished, **спокі́йне** easy, **че́сне** honest, **чи́сте** clear ◊ **Га́нна призна́лася їм із чи́стим ~ям.** Hanna confessed to them with a clear conscience. **нечи́сте** guilty; **громадя́нське** civic, **лю́дське** human, **кла́сове** class, **парті́йне** party, **політи́чне** political, **робітни́че** worker's, **суспі́льне** social, **християнське** Christian

n. + **с. го́лос с.** a voice of conscience ◊ **Наді́я дослуха́лася до го́лосу сво́го с.** Nadiia heeded the voice of her conscience. (**гризо́та** *or* **до́кори** pricks; **кри́за** crisis ◊ **Вла́сне боягу́зтво ви́кликало в Андрі́я кри́зу с.** His own cowardice precipitated a crisis of conscience in Andrii. **му́ки** torments; **напа́д** attack, **свобо́да** freedom)

v. + **с. заспоко́ювати с.** assuage sb's conscience ◊ **Він намага́вся заспоко́їти нечи́сте с.** He tried to assuage his guilty conscience. (**ма́ти** have, **присипа́ти** lull; **слу́хати** listen to; **поклада́тися на** rely on); **йти́** *or* **ді́яти, чини́ти про́ти вла́сного с.** act against one's conscience ◊ **Ната́лка я́вно чи́нить про́ти вла́сного с.** Natalka is obviously going against her conscience. **керува́тися ~ям** follow one's conscience ◊ **Вона́ керу́ється християнським ~ям.** She follows her Christian conscience. **залиша́ти** + *A.* **на ~і** leave sth weighing on sb's conscience ◊ **Ада́м нічи́м не доріка́в Лі́зі, залиши́вши все на її ~і.** Adam did not reproach Liza for anything, having left it all to her conscience. (**лежа́ти на** weigh on) ◊ **Розмо́ва з Оле́гом лежа́ла в не́ї на ~і.** Her conversation with Olen weighed on her conscience.

с. + *v.* **диктува́ти** + *A.* dictate sth ◊ **С. диктува́ло Хоми́шину сказа́ти пра́вду.** Khomyshyn's conscience dictated to him to tell the truth. **заговори́ти** *pf.* come through ◊ **Івані́нко наді́явся, що в не́ї заговори́ть лю́дське с.** Ivanenko hoped that her human conscience would come through. **каза́ти** + *D.* tell sb ◊ **С. каза́ло йому́ так чини́ти.** His conscience told him to act that way. **підка́зувати** + *D.* prompt sb ◊ **Са́ме так мені́ підка́зує с.** That is exactly what my conscience prompts me. **гри́зти** + *A.* prick sb; **му́чити** + *A.* bother sb, **прокину́тися** *pf.* wake up

prep. **всу́переч ~ю** contrary to one's conscience; **з ~ям** with conscience; **на ~і** on one's conscience; **про́ти ~я** against one's conscience

Also **со́вість**

сумн|и́й, *adj.*

sad ◊ **Гали́на спостеріга́ла сце́ну з ~о́ю у́смішкою.** Halyna observed the scene with a sad smile.

adv. **безме́жно** boundlessly ◊ **Він затри́мав у па́м'яті ті безме́жно ~і о́чі.** He retained those boundlessly sad eyes in his memory. **відчайду́шно** desperately ◊ **Усе́ було́ ска́зано відчайду́шно ~и́м го́лосом.** All was said in a desperately sad voice. **вкрай** extremely, **геть** totally, **глибо́ко** profoundly, **до́сить** fairly, **ду́же** very, **несте́рпно** unbearably ◊ **Істо́рія ви́далася Арте́мові несте́рпно ~о́ю.** The story appeared unbearably sad to Artem. **ви́димо** visibly, **я́вно** clearly; **надмі́ру** excessively, **на́дто** too; **особли́во** particularly, **як ніко́ли** as never before; **де́що** somewhat, **тро́хи** a little

v. + **с. бу́ти ~и́м** be sad ◊ **Ко́жне тре́тє опові́дання у збі́рці було́ ~и́м.** Every third short story in the collection was sad. (**видава́тися** + *D.* appear to sb, **здава́тися** + *D.* seem to sb; **почува́тися** feel, **става́ти** become ◊ **Ви́раз її обли́ччя став ~и́м.** Her face expression became sad. **ходи́ти** walk around ◊ **Оле́на ходи́ла ви́димо ~о́ю.** Olena walked around visibly sad.

Also see **важки́й 6, меланхолі́йний, пону́рий 2, тяжки́й 4.** *Ant.* **весе́лий, ра́дісний, щасли́вий 1**

су́мнів, *m.*, **~у**, *often pl.*

doubt

adj. **вели́кий** great ◊ **Лі́за ма́ла вели́кі ~и в його́ правди́вості.** Liza had great doubts about his truthfulness. **все бі́льший** increasing, **глибо́кий** profound, **го́стрий** severe, **значни́й** considerable, **серйо́зний** serious; **де́який** *usu pl.* some, **пе́вний** certain; **вперти́й** lingering, **насти́рливий** relentless, **невідсту́пний** nagging, **постійний** persistent; **небезпідста́вний** not unreasonable ◊ **Її ~и ви́явилися небезпідста́вними.** Her doubts proved to be not without a reason. **резо́нний** reasonable; **особи́стий** personal; **найме́нший** smallest ◊ **Вона́ не ма́є найме́нших ~ів, що все так і було́.** She has not the smallest doubt

that that is exactly what happened.
v. + **с. ма́ти с.** have doubts (**виклика́ти** raise *or* cast ◊ **О́лині зая́ви виклика́ють с. в її́ неупере́дженості.** Olia's statements cast doubts about her objectivity. **висло́влювати** express ◊ **Ко́жен член комі́сії ви́словив ~и щодо пла́ну.** Each committee member expressed doubts over the plan. **відкида́ти** reject, **розганя́ти** clear up, **розві́ювати** dispel) ◊ **Сподіва́юся, докуме́нт розві́є ва́ші ~и.** I hope the document dispels your doubts. ♦ **бра́ти** + *A.* **під с.** to call sth into question ◊ **Він бере́ під с. її́ шляхе́тні моти́ви.** He calls into question her noble motives. **бу́ти спо́вненим ~ів** be filled with doubt ◊ **Його́ се́рце було́ спо́вненим ~ів.** His heart was filled with doubts; ♦ **нема́(є) ~ів, що** there is no doubt that ◊ **У них нема́ ~ів що́до наді́йности ме́тоду.** They have no doubts as to the reliability of the method. ♦ **піддава́ти** + *A.* **~у** to question sth ◊ **Вона́ піддає́ ~у безсторо́нність репорте́ра.** She questions the reporter's impartiality. ♦ **піддава́тися ~у** *or* **~ові** to start doubting ◊ **Що до́вше він роздивля́вся докуме́нт, то бі́льше піддава́вся ~ові.** The more he scrutinized the document, the greater were his doubts. ♦ **не підляга́ти ~у** to be beyond doubt ◊ **Її́ кваліфіка́ція не підляга́є ~у.** Her qualification is beyond doubt.
с. + *v.* **бра́ти** + *A.* feel *(doubt)* ◊ **Макси́ма бра́ли ~и.** Maksym felt doubtful. **виявля́тися** turn out; **лиша́тися** remain ◊ **У Тетя́ни не лиша́ється жо́дних ~ів.** Tetiana has no doubts left. **зрина́ти** *poet.* appear, **з'явля́тися** arise ◊ **У багатьо́х з'яви́лися глибо́кі ~и.** Deep doubts arose in many people. **існува́ти** exist
prep. **без ~у** without a doubt ◊ **Без жо́дного ~у, це – важли́ве міркува́ння.** This is without a doubt an important consideration. **по́за ~ом** beyond doubt ◊ **Марі́їна че́сність лиша́ється по́за вся́ким ~ом.** Maria's integrity remains beyond any doubt. **с. в** + *L.* doubt about sb/sth; **с. стосо́вно** + *G.* doubts about/over sth, **с. що́до** + *G.* doubts about/over sb/sth
Also see **вага́ння, застере́ження 2**

сумніва́|тися, **~ються;** *no pf., intr.*
to doubt, have doubts; hesitate; *pf.* **за~** to begin to doubt
adv. **безпереста́нку** nonstop, **весь час** all the time, **пості́йно** constantly ◊ **Васи́ль пості́йно ~ється.** Vasyl has constant doubts. **гли́бо́ко** deeply, **ду́же** very much, **серйо́зно** seriously ◊ **Леоні́да серйо́зно ~лася в ї́хніх до́брих на́мірах.** Leonida seriously doubted their good intentions. **ні на хвили́ну не** not for a moment ◊ **Наза́р ні на хвили́ну не сумніва́вся, що зроби́в пра́вильний ви́бір.** Nazar did not doubt for a moment he had made the right choice. **ра́птом** suddenly ◊ **Да́рка ра́птом засумніва́лася.** Darka suddenly began to doubt.
v. + **с. бу́ти схи́льним** be inclined to ◊ **Ві́ктор схи́льний с., перш як прийня́ти рі́шення.** Viktor is inclined to hesitate before making a decision. **могти́** can; **поча́ти** begin to, **ста́ти** *pf.* start; **продо́вжувати** continue to ◊ **Він продо́вжує с.** He continues to be doubtful. **переста́ти** stop
prep. **с. в** + *L.* doubt sb/sth ◊ **Рома́на ~ється в його́ відве́ртості.** Romana doubts his sincerity.
Also see **вага́тися**

сумні́вн|ий, *adj.*
questionable, doubtful
adv. **вкрай** extremely ◊ **Вона́ трима́ється вкрай ~их ці́нностей.** She adheres to extremely questionable values. **глибо́ко** deeply, **до́сить** rather, **доста́тньо** sufficiently, **ду́же** very, **геть** totally, **одна́ково** equally, **ціл́ко́м** completely, **я́вно** obviously; **де́що** somewhat ◊ **люди́на з де́що ~ою репута́цією** a person of a somewhat questionable reputation
v. + **с. бу́ти ~им** be questionable (**вважа́ти** + *A.* consider sth ◊ **Слі́дчий вважа́в її́ тве́рдження ~ими.** The detective considered her claims questionable. **вигляда́ти** + *D.* look to sb, **звуча́ти** sound ◊ **Його́ запе́внення звуча́ть ~ими.** His assurances sound questionable. **здава́тися** + *D.* seem to sb)
Also see **дискусі́йний 2.** *Ant.* **пе́вний 2**

су́мно, *adv., pred.*
1 *adv.* sadly ◊ **Вона́ с. подиви́лася на Оре́ста.** She cast a sad look at Orest. ◊ **У сусі́дній кімна́ті хтось с. співа́в.** Somebody was singing sadly in the adjacent room.
2 *pred.* sad ◊ **Як не с., але́ для них наста́в час розлуча́тися.** Sad as it is, the time has come for them to part.
v. + **с. бу́ти с.** + *D.* feel sad ◊ **Йоси́пі невимо́вно с. ду́мати про це.** Yosypa feels inexpressibly sad thinking about it. (**ро́битися** grow, **става́ти** turn) ◊ **Від спо́гадів О́льзі ста́ло відчайду́шно с.** Olha grew desperately sad from the recollections.
prep. **с. від** + *G.* sad from sth
See **сумни́й**

суму|ва́ти, **~ють; за~** *and* **по~**, *intr.*
1 to feel sad, sorrow over; *pf.* **за~** to become sad; *pf.* **по~** to be sad for a while ◊ **Почу́вши про це, Лари́са засумува́ла.** Having heard about it, Larysa became sad. ◊ **Тимі́ш посумува́в тро́хи, а тоді́ забу́в усе́.** Tymish was sad for a while and then forgot everything.
adv. **ду́же** very, **страше́нно** terribly ◊ **Яри́на страше́нно ~є.** Yaryna feels terribly sad. **тро́хи** a little; **інко́ли** sometimes, **рі́дко** rarely, **ча́сом** at times ◊ **Ча́сом Андрі́й ~ва́в.** At times, Andrii felt sad. **ніко́ли не** never ◊ **Світла́на ніко́ли не ~є, як ма́є робо́ту.** Svitlana is never sad when she has work to do. ♦ **су́мом с.** to feel deeply sad ◊ **Ти́ждень пі́сля її́ від'ї́зду батьки́ су́мом ~ва́ли.** The parents were very sad for a week after her departure.
v. + **с. почина́ти** begin to, **ста́ти** *pf.* start; **перестава́ти** stop, **продо́вжувати** go on
prep. **с. без** + *G.* feel sad without sb ◊ **Бровко́ ~ва́в без хазя́їна.** Brovko *(dog)* felt sad without his master. **с. че́рез** + *A.* be sad because of sb/sth ◊ **Вона́ ~є че́рез від'ї́зд хло́пця.** She is sad because of her boyfriend's departure.
Also see **жури́тися 1, тужи́ти 1**
2 to miss, pine for, yearn for; *pf.* **за~** to start missing
adv. **ду́же** badly ◊ **Яре́ма ду́же ~є за ним.** Yarema badly misses him. **страше́нно** terribly; **весь час** all the time, **незмі́нно** invariably, **ча́сто** often; **ра́птом** suddenly ◊ **Ната́ля ра́птом засумува́ла за мі́стом, яке́ коли́сь ненави́діла.** Natalia suddenly started missing the city she once hated.
v. + **с. почина́ти** begin to, **ста́ти** *pf.* start; **перестава́ти** stop ◊ **Христя переста́ла с. за до́мом.** Khrystia stopped missing her home. **намага́тися не** try not to ◊ **Іва́н намага́вся не с. за стари́м життя́м.** Ivan tried not to yearn for his old life.
prep. **с. за** + *I.* miss sb
Also see **бракува́ти**[1] **2, жури́тися 3, нудьгува́ти 3, тужи́ти 2**
(за)суму́й! ♦ **Не ~й!** Cheer up!

супере́ч|ити, **~ать;** *no pf., intr.*
to contradict, argue against, be at variance with + *D.* sb/sth
adv. **абсолю́тно** absolutely ◊ **Дії́ урядо́вців абсолю́тно ~ать ї́хнім слова́м.** The officials' actions absolutely contradict their words. **відкри́то** openly, **експліци́тно** explicitly, **пря́мо** directly, **ціл́ко́м** totally, **я́вно** clearly; **імпліци́тно** implicitly, **непря́мо** indirectly; **де́що** somewhat, **поча́сти** in part, **частко́во** partially; ♦ **с. само́му собі́** to contradict oneself ◊ **Оле́на тепе́р сама́ собі́ ~ила.** Olena was now contradicting herself.
v. + **с. ма́ти зухва́лість** have the temerity to ◊ **Ніхто́ зі студе́нтів не мав зухва́лости с. професо́рові.** None of the students had the temerity to argue against the professor. **нава́жуватися** dare; **намага́тися не** try not to
супере́ч!

супере́ч|ка, *f.*
argument, dispute, quarrel, squabble, fight
adj. **вели́ка** big, **гаря́ча** heated, **го́стра** bitter, **гучна́** loud, **затя́та** relentless; **дрібна́** petty, **невели́ка** little, **невели́чка** *dim.* little; **глу́па** silly, **дурнува́та** stupid; **ма́рна** futile, **непотрі́бна** unnecessary; **періоди́чна** periodic, **пості́йна** constant, **ча́ста** frequent, **чергова́** another; **ідеологі́чна** ideological, **релігі́йна** religious, **політи́чна** political ◊ **Відкри́та політи́чна с. мо́же до́рого ї́м ко́штувати.** An open political argument can cost them dearly.
v. + **с. вести́ ~ку** hold an argument ◊ **Студе́нти вели́ гучну́ ~ку.** The students held a loud argument. (**ма́ти** have; **почина́ти** start; **провокува́ти** provoke, **розпа́лювати** fuel; **вигравати** win; **програва́ти** lose; **припиня́ти** stop); **уника́ти ~ки** avoid an argument ◊ **Він уника́в глу́пих ~ок.** He avoided silly arguments. (**призво́дити до** lead to) ◊ **До́пис призві́в до го́строї ~ки.** The post led to a bitter argument. **встрява́ти в ~ку** get into an argument
с. + *v.* **вибуха́ти** erupt ◊ **На конфере́нції ви́бухнула ідеологі́чна с.** An ideological argument erupted at the conference. **виника́ти** come about, **спала́хувати** flare up; **закі́нчуватися** end, **затиха́ти** quiet down, **почина́тися** begin, **точи́тися** go on, **трива́ти** last, **розпа́люватися** heat up
prep. **в ~ку** *dir.* in/to an argument ◊ **Богда́ні не слід втруча́тися в ї́хні ~ки.** Bohdana should not interfere in their fights. **в ~ці** *posn.* in an argument ◊ **У ~ці бра́ло у́часть сім осі́б.** Seven people took part in the fight. **с. в** + *L.* an argument in sth ◊ **~ки у фра́кції точи́лися дру́гий мі́сяць.** Fights in the faction had gone on for the second month. **с. з** + *I.* an argument with sb; **с. між** + *I.* an argument between/among sb ◊ **с. між студе́нтами** an argument among the students; **с. навко́ло** + *G.* an argument around sth; **с. про** + *A.* an argument about sb/sth ◊ **с. про філосо́фські по́гляди Франка́** an argument about Franko's philosophical views; **с. се́ред** + *G.* an argument among sb ◊ **ча́сті ~ки се́ред семінари́стів** frequent arguments among the seminarians

супере́члив|ий, *adj.*
contradictory, discrepant, divergent
adv. **бі́льш** more, **найбі́льш** most; **вкрай** extremely ◊ **Тя́жко поклада́тися на вкрай ~у інформа́цію.** It is difficult to rely on the extremely contradictory information. **ду́же** very, **геть** totally, **ціл́ко́м** completely, **я́вно** obviously; **де́що** somewhat ◊ **Де́що ~і результа́ти псува́ли зага́льну карти́ну.** The somewhat contradictory results spoiled the general picture. **до́сить** rather, **доста́тньо** sufficiently; **менш** less
v. + **с. бу́ти ~им** be contradictory (**вважа́ти** + *A.* consider sth, **вигляда́ти** + *D.* look to sb, **звуча́ти** sound, **здава́тися** + *D.* seem to sb; **става́ти** become) ◊ **Сві́док става́в усе́ бі́льш ~им.** The eyewitness was becoming ever more contradictory.
prep. **с. у** + *L.* contradictory in sth ◊ **До́повідь ~а у ви́сновках.** The report is contradictory in its conclusions.

супере́чн|ий, *adj.*
1 contrary to, conflicting with, discrepant with, contradicting, at variance with + *D.*
adv. **абсолю́тно** absolutely, **геть** totally, **глибо́ко** profoundly, **засадни́чо** essentially, **фундамента́льно** fundamentally, **ціл́ко́м** completely, **я́вно** clearly

v. + **с. вважа́ти** + *A.* **~им** consider sth contrary ◊ **Він вважа́є поведі́нку ко́нсула абсолю́тно ~ою протоко́лові.** He considers the consul's conduct to be absolutely contrary to the protocol. (**виявля́тися** turn out; **здава́тися** + *D.* seem to sb) ◊ **Їхні ді́ї здаю́ться ~ими підпи́саним уго́дам.** Their actions seem to be at variance with the signed agreements.
prep. **с. з** + *G* discrepant with sth ◊ **Результа́ти зу́стрічі ви́явилися ~ими з зага́льними очі́куваннями.** The results of the meeting turned out to be contrary to general expectations.
2 contradictory, divergent ◊ **Га́нну розрива́ли два ~і почуття́.** Two contradictory emotions were tearing at Hanna.
See **супере́чливий**

супере́чн|ість, *f.*, **~ости**

1 contradiction, disagreement
adj. **абсолю́тна** absolute ◊ **Між слова́ми та ді́ями полі́тика є абсолю́тна с.** There is an absolute contradiction between the politician's words and deeds. **очеви́дна** apparent, **по́вна** total, **пряма́** direct, **цілкови́та** complete, **я́вна** obvious; **глибо́ка** profound, **го́стра** sharp, **засадни́ча** basic, **непримире́нна** irreconcilable, **фундамента́льна** fundamental; **вну́трішня** inner, internal, **притама́нна** inherent; **ети́чна** ethical ◊ **Вона́ вбача́є ети́чну с. у вимо́зі плати́ти за духо́вні настано́ви.** She see an ethical contradiction in the demand to pay for spiritual guidance. **логі́чна** logical; **позі́рна** seeming; **реа́льна** real, **спра́вжня** true
v. + **с. ба́чити** *and* **вбача́ти с.** see a contradiction (**викрива́ти** expose, **виявля́ти** reveal; **ігнорува́ти** ignore; **згла́джувати** play down; **підкре́слювати** emphasize; **зверта́ти ува́гу на** pay attention to, take a note of) ◊ **Вона́ зверну́ла ува́гу на с. між його́ по́глядами й похо́дженням.** She took a note of the contradiction between his views and origin. ♦ **вступа́ти в с. з** + *I.* to contradict sth ◊ **Га́лині вчи́нки вступа́ють у пряму́ с. з її обіця́нками.** Halia's actions directly contradict her promises. **не поміча́ти ~ости** not to notice a contradiction; **бу́ти в ~ості з** + *I.* be at variance with sth ◊ **Її ді́ї були́ в ~ості із зако́ном.** Her actions were at variance with the law.
с. + *v.* **бу́ти притама́нною** + *D.* be characteristic of sb/sth ◊ **Його́ філосо́фії притама́нні логі́чні ~ості.** Some logical contradictions are characteristic of his philosophy. **вихо́дити на пере́дній план** come to the fore; **існува́ти** exist
prep. **с. з** + *I.* contradiction with sth ◊ **Нака́з уступа́є в с. з чи́нними пра́вилами.** The order comes into contradiction with the current regulations. **с. між** + *I.* contradiction between/among sb/sth
2 *fig.* contradiction, conflict, clash, *often pl.*
adj. **антагоністи́чна** antagonistic, **глибо́ка** profound, **го́стра** sharp, **непримире́нна** irreconcilable; **кла́сова** class, **націона́льна** national, **політи́чна** political, **суспі́льна** social ◊ **суспі́льство, позба́влене антагоністи́чних ~осте́й** a society deprived of antagonistic contradictions
с. + *v.* **роздира́ти** + *A.* tear at sb ◊ **Опози́цію роздира́ли го́стрі політи́чні ~ості.** Sharp political contradictions were tearing at the opposition.
Also see **конфлі́кт, тертя́ 2**

супе́рник, *m.* **~а; супе́рниця**, *f.*

rival
adj. **грі́зний** formidable ◊ **Їх не ляка́в грі́зний с.** The formidable rival did not intimidate them. **страшни́й** fearsome; **запе́клий** bitter, **затя́тий** relentless; **злий** wicked, **лю́тий** fierce, **нена́висний** hated; **підсту́пний** treacherous, **хи́трий** cunning; **могу́тній** mighty ◊ **Вона́ протисто́їть могу́тньому ~ові.** She opposes a mighty rival. **си́льний** powerful; **серйо́зний** serious; **найбі́льший** biggest, **головни́й** main, **провідни́й** leading; **найбли́жчий** nearest ◊ **Найбли́жчий с. відстава́в від ньо́го на сто ме́трів.** His nearest rival was a hundred meters lagging behind. **рівноці́нний** equal; **непереможни́й** invincible; **нови́й** new; **ві́чний** eternal, **да́вній** long-time, **колишні́й** former, **незмі́нний** invariable, **стари́й** old, **традиці́йний** traditional; **та́ємний** secret; **імени́тий** celebrated ◊ **Імени́тий с. надихáв Ма́рту на перемо́гу.** The celebrated rival inspired Marta to win. **славе́тний** famous; **потенці́йний** potential; **любо́вний** romantic, **міжнаро́дний** international, **чужозе́мний** foreign; **бізнесо́вий** business, **політи́чний** political
v. + **с. ма́ти ~а** have a rival ◊ **У сво́їй га́лузі Окса́на ма́є єди́ного ~а.** In her field, Oksana has a single rival. (**дола́ти** overcome ◊ **Подола́ти ~ів мо́жна спі́льними зуси́ллями.** The rivals can be overcome by concerted efforts. **ліквідува́ти** eliminate, **перемага́ти** defeat); **позбува́тися ~а** get rid of a rival ◊ **Компа́нії тре́ба позбу́тися несподі́ваного ~а.** The company needs to get rid of the unexpected rival. ♦ **не ма́ти ~ів** to be unrivaled ◊ **Як компози́тор, він не ма́є ~ів.** As composer, he is unrivaled. **боро́тися з ~ом** fight a rival ◊ **Вони́ боро́лися з підсту́пним ~ом.** They fought a treacherous rival. (**змага́тися** *and* **конкурува́ти з** compete with; **стоя́ти пе́ред** face ◊ **Гали́на стоя́ла пе́ред сво́їм найбі́льшим ~ом.** Halyna faced her biggest rival. **става́ти** become) ◊ **Коли́шні дру́зі ста́ли ~ами.** The former friends became rivals.
prep. **с. за** + *A.* a rival for sth ◊ **с. за її ру́ку** a rival for her hand in marriage
Also see **змагу́н, конкуре́нт, конкурса́нт.** *Cf.* **во́рог**

супе́рництв|о, *nt., only sg.*

rivalry
adj. **вели́ке** big, **гаря́че** heated, **го́стре** ferocious, **запе́кле** bitter, **затя́те** relentless, **інтенси́вне** intense ◊ **Між двома́ хло́пцями існува́ло інтенси́вне с.** There was an intense rivalry between the two boys. **лю́те** fierce; **серйо́зне** serious; **рівноці́нне** equal ◊ **Спорти́вне с. між здоро́вим та сла́бким юнака́ми не мо́же бу́ти рівноці́нним.** Sports rivalry between healthy and weak youths cannot be equal. **нове́** new; **ві́чне** eternal, **да́внє** long-time, **коли́шнє** former, **незмі́нне** invariable, **старе́** old, **традиці́йне** traditional; **дру́жнє** friendly; **та́ємне** secret; **любо́вне** romantic; **міжнаро́дне** international, **чужозе́мне** foreign, **бізнесо́ве** business, **політи́чне** political; **здоро́ве** healthy
v. + **с. поро́джувати с.** bring about rivalry (**розпа́лювати** fuel) ◊ **Відкриття́ розпали́ло да́внє с. між університе́тами.**The discovery fueled the time-old rivalry between the universities.
с. + *v.* **існува́ти** exist ◊ **Між ни́ми існу́є здоро́ве с.** There exists a healthy rivalry between them. **поси́люватися** grow
prep. **с. з** + *I.* a rivalry with sb ◊ **с. з по́льськими фе́рмерами** a rivalry with Polish farmers; **с. за** + *A.* a rivalry for/over sth ◊ **с. за спожи́вчі ри́нки** a rivalry for consumer markets
Also see **конкуре́нція.** *Cf.* **ворожне́ча, конфлі́кт**

су́пров|ід, *m.*, **~оду**

1 accompaniment, addition, supplement, company
adj. **вда́лий** suitable ◊ **Він знайшо́в уда́лий с. до пече́ні.** He found a suitable accompaniment for the roast. **до́брий** good, **доскона́лий** perfect, **ідеа́льний** ideal, **найкра́щий** best; **приє́мний** pleasant; **обов'язко́вий** obligatory; **непро́ханий** uninvited; **військо́вий** military
v. + **с. пропонува́ти** + *D.* **с.** offer sb accompaniment (**станови́ти** make) ◊ **Спа́ржа стано́вить до́брий с. для ри́би.** Asparagus makes a good accompaniment to fish. **потребува́ти ~оду** need an accompaniment; **бу́ти ~одом** be an accompaniment (**става́ти** become)
prep. ♦ **у ~оді** + *G.* accompanied by sth ◊ **Кандида́т був у ~оді охоро́нців.** The candidate was accompanied by guards. **з ~одом** + *G.* with accompaniment of sb ◊ **Із ~одом вам ні́чого боя́тися.** With accompaniment, you have nothing to fear. **під с.** + *G.* to the accompaniment of sb/sth ◊ **Уряд оголоси́в план стабіліза́ції валю́ти під с. кри́тики пре́си.** The government announced its plan for the currency stabilization to the accompaniment of press criticism.
2 *mus.* accompaniment + *G.* of *(an instrument)*
adj. **інструмента́льний** instrumental, **музи́чний** musical, **оркестро́вий** orchestral, **стру́нний** string, **фортеп'я́нний** piano, *etc.* **доскона́лий** perfect, **майсте́рний** masterful, **професі́йний** professional; **ама́торський** amateur; **жахли́вий** terrible, **ке́пський** poor, **пога́ний** bad
v. + **с. забезпе́чувати с.** provide an accompaniment ◊ **Він забезпе́чив хо́рові музи́чний с.** He provided musical accompaniment to the choir. (**підбира́ти** select ◊ **Вона́ підібра́ла до́сить ке́пський с.** She selected a rather poor accompaniment. **співа́ти під** sing to) ◊ **Стефа́нія співа́ла під фортеп'я́нний с.** Stefaniia sang to a piano accompaniment.
prep. **під с.** + *G.* to an accompaniment of sb/sth ◊ **Він співа́тиме весь конце́рт під с. акусти́чної гіта́ри.** He will be singing to the entire concert to the accompaniment of an acoustic guitar.

супрово́джу|вати, **~ють;** *no pf., tran.*

1 to accompany, go with, travel with; escort; follow
adv. **за́вжди́** always ◊ **Вона́ за́вжди́ ~є ле́кції світли́нами й відеокли́пами.** She always accompanies her lectures with photographs and video clips. **і́ноді** sometimes, **незмі́нно** invariably ◊ **Дипломати́чні ініціяти́ви Кремля́ незмі́нно ~є кампа́нія дезінформа́ції.** The Kremlin's diplomatic initiatives are invariably accompanied by a disinformation campaign. **рі́дко** rarely, **як пра́вило** as a rule; **з гото́вністю** readily, **ра́до** gladly; **осо́бисто** personally; **впе́рто** persistently, **невідсту́пно** tenatiously, **пості́йно** constantly, **скрізь** everywhere ◊ **Лю́ди в циві́льному впе́рто ~вали їх скрізь.** Plain-clothed men persistently accompanied them everywhere. **ні́коли не** never
v. + **с. бу́ти кра́ще** be better to ◊ **У непе́вних обста́винах кра́ще с. вантáж озбро́єною ва́ртою.** In the uncertain circumstance, it is better for the cargo to be accompanied by armed guards. **бу́ти необхі́дно** be necessary to, **бу́ти тре́ба** + *D.* need to ◊ **Їм не тре́ба с. відві́дувачів по бібліоте́ці.** They do not need to accompany the visitors around the library. **відмовля́тися** refuse to; **могти́** can; **бу́ти гото́вим** be ready to, **пропонува́ти** + *D.* offer sb to; **проси́ти** + *A.* ask sb to; **хоті́ти** want to
prep. **с. до** + *G.* accompany to *(a place)* ◊ **Зо́я ~ватиме їх до середмі́стя.** Zoya will accompany them downtown. **с. на** + *A.* accompany to *(an event)* ◊ **На до́пит Наді́ю ~вав офіце́р.** An officer escorted Nadiia to the interrogation.
Also see **товаришува́ти 2**
2 *mus.* to accompany ◊ **Щове́чора піані́ст ~вав ні́ми́й фільм.** Every evening, a pianist accompanied the silent film.
супрово́дь!

супу́тник, *m.*; **супу́тниця**, *f. (only in meaning 1)*

1 fellow traveler, companion; *also fig.*
adj. **до́брий** good, **заба́вний** entertaining, **приє́мний** pleasant ◊ **Вона́ діли́ла купе́ із приє́мним ~ом.** She shared the compartment with a pleasant companion. **чудо́вий** wonderful; **близьки́й** close, **ві́рний** faithful, **незмі́нний** invariable, **нерозлу́чний** inseparable ◊ **Планше́т став її нерозлу́чним ~ом у по́дорожах.** The tablet became her inseparable companion in travels. **да́вній** long-time, **пості́йний** constant

◊ **Страх захворі́ти – О́льжиним постíйний с.** The fear of falling sick is Olha's constant companion. **традиці́йний** traditional; **улю́блений** favorite; ♦ **с. життя́** a life companion
2 satellite
adj. **військо́вий** military, **розві́дувальний** reconnaissance, **шпигу́нський** spy; **дослíдницький** research, **комерці́йний** commercial, **комунікаці́йний** communications, **метеорологі́чний** meteorological; **штýчний** artificial; **стаціона́рний** geostationary
v. + **с. виво́дити на орбі́ту с.** put a satellite into orbit ◊ **Ракéта ви́вела розві́дувальний с. на еліпти́чну орбі́ту.** The rocket put the reconnaissance satellite into an elliptical orbit. (**виво́дити в ко́смос** put into space, **запуска́ти** launch, **посила́ти в ко́смос** send into space); ♦ **мі́сто-с.** a satellite city ◊ **Бровари́ – мі́сто-с. Ки́єва.** Brovary is a satellite city of Kyiv.
с. + *v.* **забезпе́чувати** + *A. or* + *I.* provide sth ◊ **С. забезпе́чує телевізі́йний сиґна́л для всіє́ї краї́ни.** The satellite provides a television signal to the entire country. **облíта́ти** + *A.* orbit sth ◊ **С. облі́тає плане́ту за день.** The satellite orbits the planet in a day. **перебува́ти на орбі́ті** be in orbit; **слідкува́ти за** + *I.* monitor sth ◊ **С. слідку́є за перемі́щенням ві́йськ.** The satellite monitors the movements of troops.

супу́тников|ий, *adj.*
satellite, of or pertaining to satellites
с. + *n.* **с. зв'язо́к** satellite communication (**передава́ч** broadcaster, **прийма́ч** receiver; **телефо́н** phone); **~а анте́на** a satellite antenna (**наві́ґа́ція** navigation; **світли́на** photo; **систе́ма** system; **ста́нція** station; **техноло́гія** technology); **~е зобра́ження** a satellite image (**обла́днання** equipment; **телеба́чення** television); **~і да́ні** satellite data

сусі́д, *m.*, **~а; ~ка**, *f.*
neighbor; companion
adj. **до́брий** *and* **хоро́ший** good ◊ **По́ки Мокре́нки відпочива́ли на мо́рі, до́брі ~и нагляда́ли за ха́тою.** While the Mokrenkos vacationed by the sea, their good neighbors watched their house. **дружелю́бний** friendly; **допи́тливий** nosy; **лі́тній** elderly; **близьки́й** close; **но́вий** new; **жахли́вий** terrible, **неприє́мний** unpleasant, **пога́ний** bad, **сварли́вий** quarrelsome; **галасли́вий** noisy ◊ **Ю́рій ча́сто чу́є над собо́ю галасли́вих ~ів.** Yurii often hears his noisy neighbors above him.
v. + **с. буди́ти ~а** wake up a neighbor ◊ **Мико́ла навшпи́ньках пройшо́в коридо́р, щоб не збуди́ти ~а.** Mykola tiptoed through the corridor so as not to wake up his neighbor. (**запро́шувати** invite ◊ **Ві́ктор запроси́в ~а по купе́ розділи́ти з ним обі́д.** Viktor invited his companion in the compartment to share his lunch with him. **ма́ти** have ◊ **Вони́ ма́ли сварли́вих ~ів.** They had quarrelsome neighbors. **пригоща́ти** + *I.* treat to sth ◊ **Ма́ти пригоща́є ~ів пирого́м.** Mother treats the neighbors to her pie. **провíдувати** visit, **проси́ти** ask) ◊ **Іре́на попроси́ла ~а підлива́ти вазо́ни.** Irena asked her neighbor to water her room flowers. **зверта́тися до ~а** turn to a neighbor ◊ **Вони́ зверну́лися до ~а по пора́ду.** They turned to their neighbor for advice. **заважа́ти ~ові** disturb a neighbor; **става́ти ~ом** become a neighbor (**знайо́митися з** meet ◊ **Вони́ познайо́милися з нови́м ~ом.** They met their new neighbor. **ла́ятися з** *or* **свари́тися з** have a fight with) ◊ **Учо́ра Іва́нка пола́ялася з ~ом.** Yesterday, Ivanka had a fight with her neighbor. **ходи́ти по ~ах** visit neighbors
с. + *v.* **поселя́тися в** + *A.* move in/to *(a place)* ◊ **У поме́шкання посели́лися нові́ ~и.** New neighbors moved into the apartment. **нарі́кати** *or* **ска́ржитися на** + *A.* complain about sb/sth ◊ **С. нарі́кає, що вони́ на́дто го́лосно гра́ють му́зику.** Their neighbor complains about their playing the music too loud.
2 neighbor *(country)*
adj. **європе́йський** European; **за́хідний** western, **схі́дний** eastern, **півні́чний** northern ◊ **Краї́на лиша́ється вразли́вою пе́ред схі́дним ~ом.** The country remains vulnerable to its eastern neighbor. **воро́жий** hostile; **замо́жній** wealthy; **могу́тній** powerful
с. + *v.* **загро́жувати** + *D.* threaten sb ◊ **Мі́сту загро́жує півні́чний с.** The city is threatened by its northern neighbor. **напада́ти на** + *A.* attack sb; **окупо́вувати** + *A.* occupy sth

сусі́дств|о, *nt., only sg.*
proximity, nearness, propinquity
adj. **близьке́** close; **географі́чне** geographic, **простóрове** spacial, **фізи́чне** physical; **благотво́рне** beneficial, **приє́мне** pleasant, **п'янке́** intoxicating; **неприє́мне** unpleasant, **похму́ре** grim; **неба́жане** undesirable
v. + **с. відчува́ти с.** feel proximity ◊ **Марко́ відчу́в с. мо́ря.** Marko felt the proximity of the sea. **пра́гнути ~а** desire proximity (**шука́ти** seek) ◊ **Він шука́є ~а з і́ншими украї́нцями.** He seeks proximity with other Ukrainians.
prep. **по ~у з** + *I.* close to sth ◊ **По ~у із за́мком є став.** There is a pond close to the castle. **у ~і з** + *I.* in proximity to sb/sth, close to ◊ **У ~і з ї́хнім до́мом –поже́жна.** There is a fire brigade close to their house.

суспі́льн|ий, *adj.*
social, of or pertaining to society; public
с. + *n.* **с. до́говір** a social contract (**лад** order; **обо́в'язок** duty; **ро́звиток** development; **рух** movement); **~а вла́сність** public property, **~а істо́та** a social being (**твари́на** animal) ◊ **Вовк – ~а твари́на.** The wolf is a social animal. **пробле́ма** problem; **тенде́нція** trend); ♦ **~а ду́мка** the public opinion; **~е виробни́цтво** social production (**життя́** life); **~і відно́сини** social relations (**нау́ки** sciences), **~і фо́нди** public funds
Cf. **соція́льний**

суспі́льств|о, *nt.*
society
adj. **широ́ке** wide, **ши́рше** wider; **все** entire, **ці́ле** whole; **моде́рне** modern, **сучá́сне** contemporary; **старе́** old, **традиці́йне** traditional ◊ **Нерівнопра́вне стано́вище жі́нки – типо́ва ри́са традиці́йних суспі́льств.** The unequal status of women is a typical trait of traditional societies. **нове́** new; **розви́нене** developed; **лю́дське** human ◊ **Лю́дське с. засно́ване на пе́вних пра́вилах поведі́нки.** Human society is based on certain rules of behavior. **відкри́те** open, **ві́льне** free, **гума́нне** human, **демократи́чне** democratic, **до́бре** good, **ліберá́льне** liberal, **рівнопра́вне** egalitarian, **справедли́ве** just ◊ **Кору́пція несумі́сна зі справедли́вим ~ом.** Corruption is incompatible with a just society. **цивілізо́ване** civilized, **бага́те** rich, **замо́жне** affluent; **споживá́цьке** consumerist; **буржуа́зне** bourgeois, **капіталісти́чне** capitalist, **комуністи́чне** communist, **соціалісти́чне** socialist, **февда́льне** feudal ◊ **У ново́му ла́ді до́вгий час лиша́лися елеме́нти февда́льного ~а.** Elements of a feudal society lingered for a long time in the new order. **пе́рві́сне** primitive, **рабовла́сницьке** slave owning; **тоталіта́рне** totalitarian ◊ **Перéхід від тоталіта́рного до демократи́чного ~а зайня́в ро́ки́.** Transition from a totalitarian to democratic society took years. **доіндустрія́льне** preindustrial, **індустрія́льне** industrial, **постіндустрія́льне** postindustrial, **постколонія́льне** postcolonial, **постсове́тське** post-Soviet; **аґра́рне** agrarian, **інформаці́йне** information; **постмоде́рне** postmodern; **багатокульту́рне** multicultural, **багатора́сове** multiracial, **плюралісти́чне** pluralist, **різномані́тне** diverse; **поді́лене** divided, **поляризо́ване** polarized, **розшаро́ване** stratified; **безкла́сове** classless; **кла́сове** class; **сві́тське** secular; **матріярха́льне** matriarchal, **патріярха́льне** patriarchal; **племінне́** tribal; **аристократи́чне** aristocratic, **висо́ке** high ◊ **Висо́ке с. диви́лося на пое́та з пого́рдою.** High society looked down at the poet. **мусульма́нське** Muslim, **правосла́вне** Orthodox, **протеста́нтське** Protestant ◊ **Капіталі́зм шви́дко розвива́вся у протеста́нстських ~ах Євро́пи.** Capitalism quickly developed in the Protestant societies of Europe. **христия́нське** Christian; **ґлоба́льне** global, **мі́ське** urban, **сільське́** village
n. + **с.** ♦ **вершки́ ~а** the upper crust of society ◊ **Вершки́ ~а не поспіша́ли шука́ти компромі́су з його́ ре́штою.** The upper crust of society was not in a hurry looking for a compromise with the rest of it. (**деґрада́ція** degradation, **зане́пад** decline ◊ **Його́ про́за документу́є мора́льний зане́пад сове́тського ~а.** His prose chronicles the moral decline of Soviet society. **ро́звиток** development; **ієра́рхія** hierarchy ◊ **клас, що займа́є найни́жчий щабе́ль ієра́рхії ~а** the class that occupied the lowest rung of society; **організа́ція** organization, **структу́ра** structure ◊ **складна́ структу́ра февда́льного ~а Фра́нції** the complex structure of France's feudal society; **про́шарок** section, **рі́вень** level, **сегме́нт** segment, **шар** stratum; **стовп** pillar; **ре́шта** rest) ◊ **Він почува́вся так, на́че перебува́в у конфлі́кті з ре́штою ~а.** He felt as if he were in conflict with the rest of society.
v. + **с. будува́ти с.** build a society ◊ **Спро́би збудува́ти справедли́ве с. провали́лися.** Attempts to build a just society failed. (**ство́рювати** create, **змі́нювати** change, **мобілізува́ти** mobilize, **трансформува́ти** transform; **формува́ти** shape; **поділя́ти** divide; **поляризува́ти** polarize ◊ **Пита́ння подві́йного громадя́нства поляризува́ло постсове́тське с. Есто́нії.** The issue of dual citizenship polarized the post-Soviet society of Estonia. **провокува́ти** provoke ◊ **Режисе́рка провоку́є с. свої́ми карти́нами.** The (female) director provokes society with her films. **прони́зувати** permeate ◊ **С. прони́зує апа́тія.** Apathy permeates society. **вплива́ти на** influence) ◊ **Він вважа́в, що на с. слід вплива́ти.** He believed that society should be influenced. **зале́жати від ~а** depend on society; **панува́ти над ~ом** dominate society ◊ **Над росі́йським ~ом панува́ла вое́нна істе́рія.** Military hysteria dominated Russian society. **жи́ти в ~і** live in society ◊ **Він жив у патріярха́льному ~і.** He lived in a patriarchal society.
с. + *v.* **засно́вуватися на** + *L.* be based on sth ◊ **Демократи́чне с. засно́вується на верхове́нстві пра́ва.** Democratic society is based on the rule of law. **змі́нюватися** *or* **міня́тися** change ◊ **За два десятирі́ччя с. зміни́лося.** In two decades, society has changed. **става́ти** become; **мобілізува́тися** mobilize
prep. ♦ **на бла́го ~а** for the good of society; **по́за ~ом** outside society ◊ **Він опини́вся по́за цивілізо́ваним ~ом.** He found himself outside civilized society. **у ~і** in society

су́тич|ка, *f.*
1 skirmish, melée, scuffle
adj. **випадко́ва** accidental, **несподі́вана** sudden; **коро́тка** short, **невели́ка** little, **незначна́** minor; **пе́рша** first; **крива́ва** bloody ◊ **Він діста́в пора́нення у ~ці з повста́нцями.** He got wounded in a skirmish with the insurgents. **п'я́на** drunken, **рукопа́шна** hand-to-hand; **слове́сна** verbal
v. + **с. виграва́ти ~ку** win a skirmish (**вступа́ти в** get into; **ма́ти** have); **уника́ти ~ки** avoid a skirmish ◊ **Вони́ ру́халися ті́лом во́рога, уника́ючи ~ок.** They moved through the rear of the enemy avoiding skirmishes.

с. + v. **вибухáти** erupt ◊ **Між страйкарями та поліцією вибухáли ~ки.** Skirmishes erupted between the strikers and the police. **виникáти** happen ◊ **У бáрі вйникла п'яна с.** A drunken scuffle happened in the bar. **відбувáтися** occur, take place, **продóвжуватися** go on, **тривáти** continue; **закінчуватися** + *I.* end in sth ◊ **С. закінчилася втечею нападника.** The skirmish ended in the assailant's flight. **тривáти** + *A.* continue for *(a period of time)*
prep. **у ~ці** in a skirmish; **с. з** + *I.* a skirmish with sb; **с. за** + *A.* skirmish over sth ◊ **с. за прáво контролювáти постачáння пальнóго** a skirmish over the right to control the fuel supplies
Also see **бій 1**
2 fight, argument ◊ **Між мáтір'ю і дочкóю відбулáся гóстра с. чéрез Андрія.** There occurred a bitter fight between mother and daughter over Andrii.
See **свáрка 1**
3 conflict, clash
adj. **гóстра** bitter, **запéкла** fierce, **збрóйна** armed ◊ **Оди́н необерéжний крок міг спричини́тися до збрóйної ~ки з вóрогом.** One indiscreet step could bring about an armed conflict with the enemy. **кривáва** bloody; **неуни́кна** inevitable
See **конфлі́кт.** *Also see* **бій 1, тертя́ 2**

сýтінк|и, *only pl.*, **~ів**
twilight, dusk; semidarkness, gloom
adj. **весняні́** spring, **лі́тні** summer; **ні́жні** *poet.* tender; **вечі́рні** evening, **ранкóві** morning ◊ **Ранкóві с. не поспішáли зникáти.** The morning gloom was not in a hurry to disappear.
с. + *v.* **наближáтися** approach ◊ **Наближáлися с.** Dusk was approaching. **огортáти** + *A.* envelop sb/sth ◊ **Мі́сто огортáють вечі́рні с.** Evening twilight is enveloping the city. **опускáтися на** + *A.* settle on sth ◊ **На степ опускáються лі́тні с.** Summer twilight is settling on the steppe. **зникáти** disappear, **розтавáти** melt out; **спадáти на** + *A.* fall on sth ◊ **На зéмлю спáли с.** Dusk to fell on earth.
prep. **в ~ах** in the gloom ◊ **Він лéдве роздиви́вся пóстать у ~ах майстéрні.** He hardly discerned a figure in the gloom of the workshop.
Cf. **тéмрява 1**

сут|ь, *f., only sg.*
essence, substance, core, point
adj. **внýтрішня** inner ◊ **Зóвнішність люди́ни чáсто не відповідáє її внýтрішній сýті.** A person's looks often do not correspond to her inner essence. **головнá** principal, **дíйсна** real, **самá** very, **спрáвжня** true, **чи́ста** pure; **божéственна** divine, **духóвна** spiritual
с. + *n.* **с. ідéї** the essence of an idea ◊ **С. її ідéї полягáє у спрóщенні процедýри анáлізу.** The essence of her idea consists in streamlining the analysis procedure. (**конфлі́кту** conflict, **кри́тики** criticism, **непорозумі́ння** misunderstanding, **пи́тання** issue, **проблéми** problem, **пропози́ції** proposal, **процéсу** process; **розмóви** conversation ◊ **Натáля ви́клала с. розмóви у трьох рéченнях.** Natalia laid out the essence of the conversation in three sentences. ♦ **с. спрáви** the point of the matter) ◊ **С. спрáви в тóму, що дáні сфабрикóвані.** The point of the matter is that the data have been fabricated.
v. + **с. визначáти с.** define the essence ◊ **Як би ви ви́значили спрáвжню с. проблéми?** How would you define the true essence of the problem? (**виражáти** express; **виявля́ти** reveal ◊ **Він ви́явив дíйсну с. пропози́ції.** He revealed the real essence of the proposal. **влóвлювати** capture ◊ **Вíра намагáлася влови́ти с. кри́тики.** Vira tried to capture the essence of the criticism. **зберігáти** preserve ◊ **Скорóчений óпис, однáк, зберігáє с. винахóду.** The shortened description still preserves the essence of the discovery. **передавáти** convey, **підсумóвувати** sum up, **представля́ти** represent ◊ **Карти́на представля́є с. естéтики Відрóдження.** The painting represents the essence of the Renaissance esthetic. **схóплювати** grasp; **розумі́ти** understand; **губи́ти** lose; **заперéчувати** deny); ♦ **дохóдити** *or* **добирáтися до ~і** to come to the point; **відповідáти по ~і** answer to the point (**говори́ти по** speak to) ◊ **Пі́сля вступу вонá заговори́ла по ~і.** After an introduction, she started speaking to the point.
prep. ♦ **за своєю ~тю** by its nature ◊ **Мари́на за своєю ~тю – розсýдлива люди́на.** By her nature, Maryna is a judicious person. ♦ **по ~і** essentially; ♦ **по ~і спрáви** as a matter of fact; ♦ **по ~і й по фóрмі** in letter and in spirit ◊ **Вони́ тримáються чи́нних закóнів по ~і й по фóрмі.** They follow the applicable laws in letter and in spirit.
Also see **анатóмія 3, душá 4, зернó 4, знáчення 2, розумі́ння 2, символíка 2, сенс, сіль 2, смисл, толк 3**

сух|и́й, *adj.*
1 dry, arid, parched, waterless
adv. **геть** totally, **дóсить** fairly, **дýже** very, **зóвсім** utterly, **цілкóм** completely ◊ **Чéрез годи́ну пі́сля дощý хідники́ були́ цілкóм ~и́ми.** An hour after the rain, the sidewalks were completely dry. **лéдве** scarcely, **мáйже** almost, **занáдто** *or* **нáдто** too, **надмі́рно** excessively; **не зóвсім** not quite
с. + *n.* **с. ві́тер** dry wind ◊ **Подýв с. пусте́льний в.** A dry desert wind started blowing. (**день** day; **кáшель** cough; **óдяг** clothes; **сніг** snow; ♦ **с. закóн** *hist. US* Prohibition); **~á земля́** dry soil (**пáра** steam; **перегóнка** distillation; **погóда** weather ◊ **Щоб закінчи́ти зйóмку, їм трéба два дні ~óї погóди.** They need two days of dry weather to finish the shoot. **травá** grass) ♦ **~á ні́чия** *sport.* a goalless draw; **~é волóсся** (dry hair; **лі́то** summer; **мі́сце** spot ◊ **Намéт напнýли на ~óму мі́сці.** The tent was pitched in a dry spot. **пові́тря** air), ♦ **~é винó** dry wine; **~і́ гýби** dry lips (**óчі** eyes; **пелюшки́** diapers; **штани́** pants)
v. + **с. бýти ~и́м** be dry (**вигляд́ати** look ◊ **На світли́нах повéрхня плане́ти вигляд́ає цілкóм ~óю.** In the photos, the planet's surface looks completely arid. **виявля́тися** turn out ◊ **Підсóння тут ви́явилося ~и́м.** The climate here turned out to be dry. **здавáтися** + *D.* seem to sb ◊ **Печеня́ здалáся Олéксі нáдто ~óю.** The roast seemed to be too dry to Oleksa. **лишáтися** stay ◊ **Завдяки́ лю́тому морóзові сніг лиша́вся ~и́м, ідеáльним для лиж.** Thanks to the bitter cold, the snow remained dry, ideal for skiing. **ставáти** become ◊ **За пів рóку посýхи дно óзера стáло ~и́м.** In half a year of the drought, the bottom of the lake became dry. **зберігáти** *and* **тримáти** + *A.* keep sth) ◊ **Бóрошно слід тримáти ~и́м.** The flour should be kept dry. ♦ **вихóдити ~и́м із води́** to come out unscathed ◊ **Їй знóву ви́йшла ~óю з води́.** Yet again she came out unscathed.
Also see **запéклий 1, спрáглий 2.** *Ant.* **мóкрий 1, 2**
2 dried, dehydrated; powdered
с. + *n.* **с. виногрáд** dried grapes; **~á муштáрда** dried mustard; **~á ковбасá** smoked sausage; **~é молокó** powdered milk ◊ **слóїк ~óго молокá** a can of powdered milk; **~і́ грýші** dried pears (**фрýкти** fruit; **я́годи** berries)
3 skinny, thin, lean; drained, haggard
с. + *n.* **с. кулáк** a skinny fist (**пес** dog, **юнáк** youth); **~á рукá** a skinny hand; **~é обли́ччя** a skinny face (**ті́ло** body); **~і́ пáльці** skinny fingers (**щóки** cheeks)
See **худи́й 1.** *Ant.* **гладки́й, жи́рний 1, товсти́й 2**
4 *fig.* dry, chilly, cool, cold, stiff, reserved ◊ **На делеґáцію чекáв дóсить с. прийóм.** A rather chilly reception awaited the delegation. ◊ **Мáртине обли́ччя лишáлося ~и́м і незворýшним.** Marta's face remained cold and unmoved.
See **стри́маний, холóдний 2.** *Also see* **кам'яни́й 2, крижани́й 2, сталéвий 2, черстви́й 2**
5 *fig.* dry, bare, basic ◊ **Комі́сію ціка́влять ~і́ ци́фри без комента́рів.** The committee is interested in bare figures without comments. ◊ **Слáва втоми́лася читáти ~і́ урядóві зві́ти.** Slava is tired of reading dry government reports.
Also see **гóлий 5**
6 *fig.* colorless, boring, dull ◊ **Ви́ступ Зенóвія на крýглому столі́ був ~и́м.** Zenovii's presentation at the roundtable was dull.
See **нудни́й**

сýхо, *adv., pred.*
1 *adv.* dryly, coldly, tepidly, coolly, in a reserved way ◊ **Вонá с. посміхнýлася.** She sneered dryly. ◊ **Степáн розповідáв с. і без прикрáс.** Stepan spoke dryly and without embellishment.
2 *pred.* dry *(of weather)*, without rain or snow
adv. **вкрай** extremely, **геть** totally, **дóсить** fairly, **дýже** very, **страшéнно** terribly, **зóвсім** utterly, **цілкóм** completely; **лéдве** scarcely, **мáйже** almost
v. + **с. бýти с.** be dry ◊ **Учóра булó дóсить с.** It was fairly dry yesterday. (**лишáтися** remain, **роби́тися** turn ◊ **У Кáтрі в гóрлі зроби́лося с.** Katria's throat turned dry. **ставáти** become)
Ant. **мóкро**

суці́льн|ий, *adj.*
1 continuous, solid, uninterrupted, ongoing, ceaseless
с. + *n.* **с. гýркіт** uninterrupted roar ◊ **с. гýркіт мóря** the uninterrupted roar of the sea; **с. мáрмур** solid marble (**шматóк** piece) ◊ **с. шматóк дéрева** a solid piece of wood; **~а бри́ла** a solid block ◊ **Колóни хрáму ви́січені з ~их бри́л базáльту.** The temple columns are cut of solid basalt blocks. (**лі́нія** line); **~е багнó** an uninterrupted marsh (**пóле** field) ◊ **~е пóле червóних мáків** a ceaseless field of red poppies
2 *fig.* complete, utter, absolute, all-out ◊ **~е непорозумі́ння** an utter misunderstanding; ◊ **Пýбліка насолóджувалася ~ою гармóнією концéрту.** The public relished in the utter harmony of the concerto. ◊ **Усе, що він сказáв, ви́явилося ~ою брехнéю.** Everything he had said turned out to be a complete lie. ◊ **~а корýпція** all-out corruption; **~а русифікáція** an all-out Russification
See **цілкови́тий 1.** *Also see* **пóвний 2**

сучáсн|ий, *adj.*
1 contemporary, today's, present
adv. **бі́льш-мéнш** more or less, **мáйже** almost, **приблизно** approximately, **якрáз** exactly
с. + *n.* **с. момéнт** a contemporary moment ◊ **С. момéнт ціка́вить їх найбі́льше.** The contemporary moment is of greatest interest to them. (**періóд** period; **письмéнник** writer, **поéт** poet, **режисéр** director); **~а літератýра** contemporary literature (**мóда** fashion, **мóлодь** youth); **~е мистéцтво** contemporary art (**поколі́ння** generation; **суспі́льство** society); **~і потрéби** contemporary needs (**проблéми** problems)
v. + **с. бýти ~им** be contemporary ◊ **Філóсоф Жак Дерідá був бі́льш-мéнш ~им з Мішéлем Фукóм.** Philosopher Jacques Derrida was more or less contemporary with Michel Foucault. (**лишáтися** stay)
prep. **с. для** + *G.* contemporary for sb; **с. з** + *I.* contemporary with sb/sth ◊ **Храм був ~им з éрою Перíкла.** The temple was contemporary with the Pericles' era.
Also see **сьогóднішній.** *Cf.* **модéрний**
2 *as n., only nt.* the present time, present ◊ **Мáляр змальóвує ~е рі́дного мі́ста.** The artist portrays the present of his home town.

3 modern, up-to-date, current
adv. **без сумніву** without a doubt, **виразно** distinctly, **досить** fairly, **дуже** very; **загалом** generally ◊ **загалом ~і погляди на сексуальність** generally modern views of sexuality; **цілком** completely, **явно** clearly
с. + *n.* **с. вплив** modern influence (**письменник** writer, **поет** poet, **режисер** director); **~а інтерпретація** a modern interpretation ◊ **Він відкидає ~і інтерпретації Шевченка.** He rejects modern interpretations of Shevchenko. (**людина** person; **тенденція** trend); **~е виховання** a modern upbringing ◊ **Марко – продукт виразно ~ого виховання.** Marko is a product of a distinctly modern upbringing. (**життя** life ◊ **Він скрізь помічав ознаки ~ого життя.** He noticed signs of modern life everywhere. **розуміння** understanding)
v. + **с. бути ~им** be modern ◊ **Танині смаки добрі, хоча і ледве ~і.** Tania's tastes are good, though scarcely modern. (**вважати** + *A.* consider sb ◊ **Її малярство вважали, без сумніву, ~им.** Her paintings were considered to be doubtlessly modern. **виглядати** look, **виявлятися** turn out; **здаватися** + *D.* seem to sb) ◊ **Микола здається цілком ~ою людиною.** Mykola seems to be a completely modern man.
Cf. **модний 1**

сучасник, *m.*; сучасниця, *f.*
contemporary
adj. **великий** great, **геніяльний** brilliant, **іменитий** celebrated, **славетний** famous ◊ **Тарас знає твори свого славетного ~а.** Taras knows the works of his famous contemporary. **вузьколобий** narrow-minded ◊ **Вузьколобим ~ам письменника не до снаги оцінити глибину його таланту.** The writer's narrow-minded contemporaries do not have it in them to appreciate the depth of his talent. **обмежений** narrow; **нефортунний** unfortunate
v. + **с. бути ~ом** be a contemporary ◊ **Олекса – с. Революції на ґраніті.** Oleksa is a contemporary of the Revolution on the Granite. (**виявлятися** turn out; **ставати** become) ◊ **Вони стали нефортунними ~ами війни.** They became unfortunate contemporaries of war.

сучасн|ість, *f.*, ~ости, *only sg.*
reality; modernity, contemporaneity
v. + **с. знати с.** know reality ◊ **Історик добре знає тогочасну с.** The historian knows well the reality of that time. (**описувати** describe); **жити ~істю** live in reality ◊ **Вона ще мусила навчитися жити власною ~істю.** She still had to learn to live in her own reality.
с. + *v.* **захоплювати** + *A.* captivate sb, **інтриґувати** + *A.* intrigue sb, **цікавити** + *A.* interest sb; **шокувати** shock sb ◊ **С. зламу століть не могла не шокувати.** The reality of the turn of the century could not but shock.

суш|ити, ~ать; ви~, *tran.*
1 to dry, desiccate, parch, scorch
adv. **геть** totally ◊ **Гаряче сонце геть висушило поле.** The hot sun has totally dried up the field. **добре** well ◊ **Сковороду слід добре ви~.** The skillet should be dried well. **довго** for a long time ◊ **У таку погоду йому доведеться довго с. сорочку.** In such weather, he will have to dry his shirt for a long time. **ретельно** thoroughly, **старанно** carefully; **почасти** partially, **цілком** completely; **повільно** slowly; **швидко** quickly; **за ніч** overnight ◊ **Ви не встигнете ви~ білизну за ніч.** You won't manage to dry the laundry overnight.
с. + *n.* **с. білизну** dry laundry (**простирадло** sheet, **сорочку** shirt, **шкарпетки** socks; **волосся** one's hair ◊ **Стефан не має часу с. волосся.** Stefan has no time to dry his hair. **груші** pears, **сливи** plums, **яблука** apples ◊ **Щороку вони ~ать груші та яблука.** Every year, they dry pears and apples. **сіно** hay, **траву** grass)
v. + **с. починати** begin to ◊ **Спрага почала с. Мотрі вуста.** Thirst began to parch Motria's lips. **розвішувати** hang out to ◊ **Василь розвісив с. намет просто на плоті.** Vasyl hung the tent out to dry right on the fence.
2 *fig.* to exhaust, drain; torture ◊ **Тривога ~ила їй серце.** Anxiety drained her heart. ♦ **с. (собі) голову** to rack one's brains ◊ **Мірка довго ~ила голову, де взяти гроші.** For a long time, Mirka racked her brains where to get the money.
pa. pple. **висушений** dried
(ви)суши!

сфальшив|ити, *pf., see* фальшивити
mus. to sing or play out of tune ◊ **Скрипаль ~в фінал.** The violinist played the finale out of tune.

сфальшува|ти, *pf., see* фальшувати
to falsify, *etc.* ◊ **Бухгалтер ~в фінансовий звіт.** The accountant falsified the financial report.

сфер|а, *f.*
1 *math.* sphere ◊ **геометричний центр ~и** the geometrical center of a sphere
2 sphere, ball, globe ◊ **На світлині видно ідеальну ~у планети.** One can see the perfect sphere of the planet in the photograph.
3 sphere, area, field
adj. **вужча** narrower ◊ **Зацікавлення дослідника пов'язані з вужчою ~ою органічної хемії.** The researcher's interests are connected to the narrower sphere of organic chemistry. **вузька** narrow; **широка** wide, **ширша** wider ◊ **Модель застосовують у ширшій ~і прогнозування.** The model is used in a wider sphere of prognostication. **окрема** separate; **академічна** academic, **банкова** banking ◊ **Він – фахівець у банковій ~і.** He is an expert in the banking sphere familiar to her. **бізнесова** business, **військова** military, **духовна** spiritual, **економічна** economic, **культурна** cultural, **політична** political, **релігійна** religious, **фінансова** financial; **приватна** private, **публічна** public
с. + *n.* **с. впливу** a sphere of influence ◊ **Країна залишалася у ~і впливу колишнього колонізатора.** The country remained in the former colonizer's sphere of influence. (**життя** life, **зацікавлення** interest; **компетенції** competence)
prep. **поза ~ою** outside a sphere ◊ **Нарешті він поза ~ою впливу батьків.** He is finally outside his parents' sphere of influence. **у межах ~и** within a sphere; **у ~і** in a sphere ◊ **Справа якраз у ~і його відповідальности.** The matter is right in his sphere of responsibility.
See **царина.** *Also see* **галузь, ділянка 3, коло[1] 4**

сформува|ти, *pf., see* формувати
to form, *etc.* ◊ **Шовіністична пропаґанда ~ла менталітет кількох поколінь.** The chauvinist propaganda shaped the mentality of several generations.

сфотографува|ти, *pf., see* фотографувати
to photograph, *etc.* ◊ **Марія ~ла кілька сцен із нової постанови.** Maria photographed several scenes from the new production.

схвали|ти, *pf., see* схвалювати
to approve, *etc.* ◊ **Начальниця ~ла бюджет.** The (female) boss approved the budget.

схвалю|вати, ~ють; схвал|ити, ~ять, *tran.*
to approve, endorse, support; agree with
adv. **без застережень** without reservations ◊ **Комісія схвалила план без застережень.** The committee approved the plan without reservations. **всім серцем** wholeheartedly, **гаряче** heartily, **дуже** strongly ◊ **Батьки дуже ~ють бажання дочки вчитися далі.** The parents strongly support their daughter's desire to continue her studies. **одностайно** unanimously ◊ **Студентська рада схвалила рішення одностайно.** The student council approved the decision unanimously. **цілком** completely, **щиро** ardently; **особисто** personally ◊ **Вона особисто не ~вала такого стилю життя.** Personally, she did not approve of such a lifestyle. **врешті-решт** eventually; **офіційно** officially, **формально** formally; **із застереженнями** with reservations ◊ **Пропозицію схвалили з кількома застереженнями.** The proposal was approved with a few reservations. **ледве** narrowly, **нарешті** finally, **неохоче** reluctantly
v. + **с. бути готовим** be ready to; **закликати** + *A.* urge sb to ◊ **Депутат закликав парламент схвалити поправку.** The MP urged the parliament to endorse the amendment. **переконувати** + *A.* persuade sb to ◊ **Ніхто не переконає її схвалити купівлю обладнання.** Nobody will persuade her to approve the purchase of the equipment. **пропонувати** + *D.* propose to sb to ◊ **Він запропонував правлінню схвалити позику.** He proposed to the board to endorse the loan. **відмовлятися** refuse to ◊ **Міністр відмовився схвалити фінансування автостради.** The minister refused to approve the funding of the highway.
pa. pple. **схвалений** approved
схвалюй! схвали!

схвильован|ий, *adj.*
agitated, anxious, worried, concerned
adv. **вкрай** extremely, **все більше** increasingly, **досить** rather, **достатньо** sufficiently, **дуже** very; **неабияк** quite, **неймовірно** incredibly, **страшенно** terribly; **видимо** visibly ◊ **Вона завмерла, видимо ~а.** She stopped dead, visibly anxious. **явно** clearly; **трохи** a little; **ледве** scarcely; **надміру** inordinately, **надто** too; **особливо** particularly; **зрозуміло** understandably; **без причини** for no reason
с. + *n.* **с. вигляд** an anxious look ◊ **Лукаш мав с. вигляд.** Lukash had an anxious look. (**голос** voice ◊ **Марія проказала це вкрай ~им голосом.** Maria said it in an extremely agitated voice. **натовп** crowd) ◊ **За вікном чути с. натовп.** An agitated crowd is heard outside the window. **~а жінка** a worried woman (**країна** country ◊ **Країна ~а становищем в окупованому Криму.** The country is concerned over the situation in the occupied Crimea. **рада** council) ◊ **Рада Европи ~а проявами ксенофобії в Росії.** The Council of Europe is concerned about the manifestations of xenophobia in Russia. **~е дихання** anxious breathing (**обличчя** face; **серце** heart); **~і люди** agitated people (**очі** eyes, **рухи** moves; **слова** words)
v. + **с. бути ~им** be agitated ◊ **Вони були неабияк ~ими від почутого.** They were quite agitated at what they had heard. (**виглядати** look ◊ **Хлопчик виглядав украй ~им.** The boy looked extremely agitated. **звучати** sound ◊ **По телефону вона звучала явно ~ою.** Over the phone, she sounded clearly agitated. **здаватися** + *D.* seem to sb; **робитися** grow, **ставати** become) ◊ **Павлина стала страшенно ~ою.** Pavlyna became terribly anxious.
Also see **неспокійний, тривожний**; *Cf.* **збуджений 2**

схвилю|вати, *pf., see* хвилювати
to disturb, *etc.* ◊ **Порив вітру ~вав поверхню ставу.** A wind gust ruffled the surface of the pond.

схвилюва|тися, *pf., see* хвилюватися
to grow concerned; rise, *etc.* ◊ **Море ~лося й розревілося, як звір.** The sea rose in waves and started roaring like a beast.

схе́м|а, *f.*
1 scheme, plan, design, blueprint, procedure
adj. **до́бра** good, **дове́ршена** accomplished, **доскона́ла** perfect, **прекра́сна** excellent, **проду́мана** thought-out, **розу́мна** wise, **спри́тна** shrewd, **хи́тра** cunning; **про́ста́** simple, **спро́щена** simplified, **ясна́** clear; **заплу́тана** tangled ◊ **заплутана с. оподаткува́ння** a tangled taxation scheme; **складна́** complicated; **ви́пробувана** tested, **наді́йна** reliable; **зага́льна** overall; **секре́тна** classified ◊ **секре́тна с. збо́ру інформа́ції** a secret scheme of intelligence gathering; **узго́джена** agreed upon; **ке́пська** poor, **пога́на** bad; **остато́чна** final; **експеримента́льна** experimental; **попере́дня** preliminary, **про́бна** tentative; **нова́** new, **нова́торська** innovative, **оригіна́льна** original, **су́часна** modern; **застарі́ла** obsolete, **стара́** old ◊ **За́мість старо́ї вони́ пропону́ють нову́ ~у постача́ння води́.** In lieu of the old one, they propose a new design of water supply. **традиці́йна** traditional
v. + **с. кре́слити ~у** draw up a plan ◊ **Вона́ накре́слила на папе́рі ~у би́тви.** She drew up the plan of battle on paper. (**малюва́ти** draw; **пропонува́ти** + *D.* propose to sb; **розробля́ти** develop, **склада́ти** put together, **ство́рювати** create; **використо́вувати** use, **застосо́вувати** apply; **змі́нювати** alter, **модифікува́ти** modify, **спро́щувати** simplify, **удоскона́лювати** perfect; **унеможли́влювати** make impossible ◊ **Механі́зм унеможли́влює традиці́йні ~и пі́дкупу.** The mechanism makes traditional schemes of bribing impossible. **виявля́ти** reveal) ◊ **Полі́ція ви́явила спри́тну ~у відмива́ння гро́шей.** The police revealed a shrewd scheme of money laundering. **дотри́муватися ~и** follow a design; **користува́тися ~ою** use a plan
с. + *v.* **дава́ти** + *D.* **можли́вість** enable sb ◊ **С. дає́ уча́сникам можли́вість отри́мувати найнові́ші да́ні.** The scheme enables the participants to receive the latest data. **дозволя́ти** + *D.* allow sb, **забезпе́чувати** + *A.* provide sth, **пропонува́ти** + *D.* offer sb ◊ **С. пропону́є вам про́стір для мане́вру.** The scheme offers you room to maneuver, **уможли́влювати** + *A.* make sth possible; **ста́вити за мету́** + *inf.* aim at sth; **базува́тися на** + *L.* be based on sth, **засно́вуватися на** + *L.* rely on sth; **вступа́ти в ді́ю** come into effect ◊ **С. вступа́є в ді́ю у жо́втні.** The scheme comes into effect in October.
prep. **за ~ою** under a scheme ◊ **За ~ою, гро́ші вно́сять щомі́сяця.** Under the scheme, money is deposited every month. **згі́дно ~и** according to a scheme
Cf. **план 1**
2 plan, design, sketch, outline, description ◊ **Він користува́вся застарі́лою ~ою метрополіте́ну.** He used an obsolete subway plan.
adj. **вичерпна** exhaustive, **всеохо́пна** all-inclusive, **докла́дна** *and* **дета́льна** detailed, **по́вна** complete ◊ **по́вна с. пе́ршого телефо́ну** a complete design of the first telephone; **інтеракти́вна** interactive
с. + *n.* **с. грома́дського тра́нспорту** a public transportation plan (**залізни́чного вокза́лу** railway station, **лето́вища** airport, **метра́** metro, **трамва́йних маршру́тів** streetcar; **музе́ю** museum)
See **кре́слення 2**

схи́би|ти, *pf., see* **хи́бити**
to err, *etc.* ◊ **Із десяти́ по́стрілів він ~в дві́чі.** Of ten shots, he missed twice.

схил, *m.*, **~у**
slope, hillside, descent
adj. **крути́й** steep, **стрімки́й** precipitous; **поло́гий** *and* **поло́жистий** gentle, **поступо́вий** gradual; **до́вгий** long, **коро́ткий** short; **за́хідний** western ◊ **Він спуска́вся за́хідним схи́лом.** He descended the western slope. **пів́де́нний** southern, *etc.* **відкри́тий** open, **го́лий** bare; **лісни́стий** forested, **піща́ний** sandy, **трав'яни́стий** grassy, **засні́жений** snow-covered, **покри́тий кри́гою** icy; **кам'яни́стий** rocky, **скеля́стий** craggy; **небезпе́чний** dangerous, **слизьки́й** slippery; **сухи́й** dry
v. + **с. ма́ти с.** have a slope ◊ **З одно́го бо́ку яр мав кру́ті ~и, а з і́ншого – поло́гі.** On one side, the ravine had steep slopes, and on the other, gentle ones. (**покрива́ти** cover) ◊ **Сніг покрива́є півні́чний с. гори́.** Snow covers the northern slope of the mountain. **здира́тися ~ом** clamber up a slope (**підійма́тися** *or* **підніма́тися** ascend; **ско́чуватися** roll down; **спуска́тися** descend) ◊ **Вони́ спусти́лися ~ом до мо́ря.** They went down the slope to the sea.
с. + *v.* **вести́ до** + *G.* lead to sth; **вирі́внюватися** level off ◊ **Тут крути́й с. гори́ тро́хи вирі́внюється.** Here the steep mountain slope levels off a little.
prep. **на ~і** on a slope ◊ **На го́лому ~і я́ру росте́ дуб.** An oak grows on the bare slope of the ravine. ♦ **на ~і дня (зими́, ро́ку)** at the end of the day (winter, year, *etc.*), ♦ **на ~і ві́ку** *or* **життя́, літ** in one's old age ◊ **На ~і життя́, вона́ бі́льше ціну́є вла́сний час.** In her old age, she values her time more. **по ~у** down/up a slope ◊ **Вони́ підійма́лися по кам'яни́стому ~у.** They were going up the rocky slope.
Also see **кут 1, на́хил 3, спад 2**

схили́|ти, *pf., see* **схиля́ти**
to bend, *etc.* ◊ **Олекса́ндер слу́хав, че́мно ~вши го́лову.** Oleksander listened, having politely bowed his head.

схили́|тися, *pf., see* **схиля́тися**
to stoop, *etc.* ◊ **Сла́вка ~лася, щоб підня́ти моне́ту.** Slavka stooped to pick up a coin.

схи́льн|ий, *adj.*
prone, inclined, predisposed, given to, likely + *inf. or prep.* ◊ **Богда́на ~а ду́мати, що все це – про́сто жарт.** Bohdana is prone to think that all this is simply a joke.
adv. **бі́льше** more, **все бі́льше** increasingly, **ду́же** very; **найбі́льше** most of all, **швидше** rather ◊ **Я шви́дше с. ві́рити вла́сним оча́м.** I am rather predisposed to trust my own eyes. **я́вно** clearly; **ма́ло** little, **ме́нше** less, **найме́нше** least of all, **тро́хи** a little; **ле́две** scarcely; **на́дмір** inordinately, **на́дто** too; **особли́во** particularly; **генети́чно** genetically
v. + **с. бу́ти ~им** be prone ◊ **Се́ред студе́нтів Га́нна найбі́льш ~а виявля́ти ініціяти́ву.** Of the students, Hanna is the most likely to show initiative. (**вважа́ти** + *A.* consider sb ◊ **Вона́ вважа́ла полко́вника бі́льше ~им до зра́ди.** She considered the colonel to be more prone to treason. **вигляда́ти** look; **виявля́тися** turn out ◊ **Тара́с ви́явився ~им надужива́ти алкого́лем.** Taras proved prone to abuse alcohol. **здава́тися** + *D.* seem to sb; **става́ти** become) ◊ **Із ча́сом Іри́на ста́ла ~ою до парано́ї.** With time, Iryna became given to paranoia.
prep. **с. до** + *G.* prone to sth

схи́льн|ість, *f.*, **~ости**
1 tendency, proclivity, inclination, predisposition; susceptibility
adj. **вели́ка** great, **ви́разна** distinct, **значна́** significant, **помі́тна** considerable ◊ **Ді́вчина виявля́ла помі́тну с. до му́зики.** The girl revealed a considerable inclination for music. **си́льна** strong; **дивови́жна** amazing, **рі́дкісна** rare, **уніка́льна** unique; **вла́сна** own, **осо́би́ста** personal, **де́яка** *and* **пе́вна** certain; **генети́чна** genetic, **приро́дна** natural, **уро́джена** inborn, **успадко́вана** inherited; **гомосексуа́льна** homosexual ◊ **Окса́на ма́ла гомосексуа́льні ~ості.** Oksana had homosexual proclivities. **стате́ва** sexual; **аналіти́чна** analytical, **тво́рча** creative, **худо́жня** artistic ◊ **Іва́н – юна́к уніка́льних худо́жніх ~осте́й.** Ivan is a youth of unique artistic predispositions. **мазохі́стська** masochistic, **сади́стська** sadistic ◊ **Вби́вцею керува́ли я́вно сади́стські ~ості.** The killer was driven by obviously sadistic proclivities. **садомазохі́стська** sadomasochistic
v. + **с. виявля́ти с.** reveal a proclivity (**відчува́ти** feel, **демонструва́ти** display, **ма́ти** have; **прихо́вувати** conceal, **хова́ти** hide; **вихо́вувати** instill, **плека́ти** foster ◊ **Батьки́ плека́ли в Андрі́яні с. до літерату́ри.** Her parents fostered a predisposition to literature in Andriiana. **розвива́ти** develop); **бракува́ти** + *D.* **~ости** lack a proclivity ◊ **Марко́ві браку́є ~ости до спо́рту.** Marko lacks a proclivity for sports. (**не ма́ти** not to have, **позбува́тися** get rid of) ◊ **Він позбу́вся ~ости до тютюну́.** He got rid of his inclination for tobacco. **опира́тися ~ості** resist an inclination ◊ **Людми́ла не опира́лася ~ості до аза́ртних і́гор.** Liudmyla did not resist her inclination to gambling. **боро́тися зі ~істю** fight an inclination ◊ **Вона́ бо́реться зі спадко́вою ~істю до а́стми.** She has been fighting a hereditary predisposition for asthma.
prep. **за ~істю** *and* **за ~остями** by proclivity ◊ **Вона́ – пое́тка за ~істю.** She is a poet by inclination. **с. до** + *G.* a proclivity for sth ◊ **с. до повноти́** a proclivity for corpulence (**імпровіза́ції** improvization, **малюва́ння** drawing, **мов** languages ◊ **Із дити́нства він ма́є вели́ку с. до мов.** Since childhood, he has had a great proclivity for languages. **му́зики** music, **спі́ву** singing)
Also see **жи́лка 3, на́хил 1, тенде́нція 2**
2 interest, passion, love, appetite ◊ **Вона́ ма́є с. до соло́дкого.** She has an appetite for sweet things.
See **при́страсть.** *Also see* **любо́в 5**

схиля́|ти, ~ють; схил|и́ти, ~ю́, ~ять, *tran.*
1 to bend, bow, incline, lower
adv. **ни́зько** low; **ле́гко** slightly, **тро́шки** *dim.* slightly; **ґре́чно** politely ◊ **Віта́ючися з ко́жним го́стем, господа́р ґре́чно ~в го́лову.** Greeting each guest, the host bowed his head politely. **з пова́гою** respectfully, **покі́рно** humbly, **почти́во** reverently; ♦ **с. колі́на** to kneel, genuflect
prep. **с. до** + *G.* lower to/ towards sth ◊ **Ста́вши на колі́на, вона́ схили́ла доло́ню до джерела́.** Having knelt, she lowered her palm to the spring. **с. на** + *A.* lower on/to sth ◊ **Рома́н схили́в го́лову на спи́нку крі́сла.** Roman lowered his head on the back of the armchair. **с. над** + *I.* bend over sth; ♦ **с. го́лову пе́ред** + *I.* 1) to bow to sb (*as a sign of respect or in greeting*); 2) *fig.* to obey sb, surrender to sb ◊ **Він не ду́має с. го́лову пе́ред во́рогом.** He has no intention to bow his head to the enemy. ♦ **не с. збро́ї** *or* **пра́пора** not to give up, not to surrender
2 *fig.* to predispose, sway, influence ◊ **Атмосфе́ра кав'я́рні ~є до інти́мности.** The atmosphere of the coffeehouse predisposes to intimacy.
3 *fig.* to win over, persuade, talk into
v. + **с. бу́ти тре́ба** need to; **могти́** can ◊ **Гали́на мо́же схили́ти кого́ завго́дно.** Halyna can persuade anybody. **намага́тися** try to ◊ **Воро́жа пропаґа́нда ~ла захисникі́в мі́ста до капітуля́ції.** The enemy propaganda was persuading the defenders of the city to capitulate. **хоті́ти** want to ◊ **Він хоті́в схили́ти Ма́рту до се́ксу.** He wanted to talk Marta into having sex.
pa. pple. **схи́лений** inclined
схиля́й! схили́!
See **переко́нувати**

схиля́|тися; схили́тися, *intr.*
1 to incline, bend, bow, lean ◊ **Він схили́вся над кни́жкою.** He bent over the book. ◊ **Він схили́вся підня́ти пати́к.** He bent to pick up the stick.
prep. **с. до** + *G.* bend to sth ◊ **Плющ ~вся до землі́.** The ivy bent down to the ground. **с. на** + *A*

bend on/to sth ◊ **Від утоми Ореста схилилася на паркан.** From exhaustion, Oresta leaned on the fence. ♦ **с. на коліна** to kneel ◊ **Віктор ~ється на коліна і починає молитися.** Viktor kneels and begins to pray. **с. над** + *I.* bend over sth
2 to set *(of the sun)*, go down ◊ **Сонце ~лося до обрію.** The sun was going down to the horizon. ♦ **с. до вечора** *or* **на вечір** to approach evening ◊ **День ~ється на вечір.** The day is coming to an end.
See **сідати 7**
3 *fig., only impf.* to be inclined, be prone, lean, gravitate; accede, comply, give in ◊ **Він все більше ~ється до лібералізму.** He increasingly gravitates toward liberalism.
prep. **с. до** + *G.* lean towards sth ◊ **с. до висновку** lean to a conclusion (**думки** opinion; **символіки** symbolism); ♦ **с. на бік** be inclined to sb's side ◊ **Вони ~ються на бік народу.** They are inclined to side with the people. ♦ **с. на користь** to tend to favor sb/sth ◊ **Він ~вся на користь законопроєкту.** He tended to favor the bill. ◊ **Софія схилилася на пропозицію.** Sofia accepted the offer.
4 *fig.* to bow to, surrender before ◊ **Оля не ~лася перед долею.** Olia would not bow to her fate.

сх|ід¹, *m.*, ~оду
1 *geogr.* east
adj. **південний** south, **північний** north ◊ **Північний с. міста поспіль промисловий.** The northeast of the city is entirely industrial.
prep. **зі ~оду** from the east ◊ **Гроза йде зі ~оду.** The thunderstorm is coming from the east. **на с. від** + *G. dir.* to the east of sth ◊ **На с. від села лежить степ.** The steppe lies to the east of the village. **на ~оді** + *G. posn.* in the east of sth ◊ **Луганськ розташований на ~оді України.** Luhansk is located in the east of Ukraine.
Ant. **захід² 1**
2 the East, the Orient ◊ **країни ~оду** the nations of the East; ♦ **Близький С.** the Middle East ◊ **На Близькому ~оді війна.** There is war in the Middle East; ♦ **Далекий С.** the Far East ◊ **Японія – її перша країна Далекого ~оду.** Japan is her first country of the Far East.
adj. **дикий** *fig.* wild; **загадковий** enigmatic, **незнаний** unknown, **непривітний** inhospitable
Ant. **захід² 3**

сх|ід², *m.*, ~оду
1 rising, ascending, climbing ◊ **тяжкий с. на найвищий пік Європи** a hard climb to the highest peak of Europe
2 sunrise, dawn ♦ **від** *or* **од с. сонця** from the east; from the break of day ◊ **Вони почали класти підмурок від с. сонця і закінчили до вечора.** They started laying the foundation with the sunrise and finished by the evening. ♦ **до с. сонця** before the dawn ◊ **Узимку всі вставали до с. сонця.** In winter, everybody rose before the dawn. ♦ **на с. сонця** *dir.* to the east, east ◊ **Річка повертала на с. сонця.** The river turned east
Ant. **захід² 3**

східн|ий, *adj.*
eastern, east
adv. **північно-с.** northeastern ◊ **Вони знайшли помешкання в північно-східній частині Тернополя.** They found an apartment in the northeastern part of Ternopil. **південно-с.** southeastern
с. + *n.* **с. вітер** an eastern wind (**кордон** border ◊ **С. кордон країни виявився незахищеним.** The eastern border of the country turned out to be unprotected. **напрямок** direction; **фронт** front); **~а кухня** eastern cuisine (**околиця** neighborhood ◊ **~а околиця міста ставала богемною.** The city's eastern neighborhood was becoming bohemian. **частина** part); **~е крило** an east wing; **~і впливи** eastern influences (**країни** nations)

схова|ти, *pf., see* ховати
to hide, *etc.* ◊ **Ніхто не знав, де батько ~в старий сімейний альбом.** Nobody knew where the father had hidden the old family album.

сховищ|е, *nt.*, ~а
1 depot, storehouse, storage ◊ **Ці картини тримали у ~і.** These paintings have been kept in storage. ◊ **Він працює вантажником у ~і городини і фруктів.** He works as a loader in a vegetable and fruit storehouse.
See **склад¹ 1**
2 shelter, cover, refuge, sanctuary
adj. **аварійне** emergency; **імпровізоване** makeshift ◊ **Підвал править їм за імпровізоване с.** The basement serves them as a makeshift shelter. **тимчасове** temporary; **бетонне** concrete, **дерев'яне** wooden, **кам'яне** stone, **підземне** underground; **постійне** permanent, **спеціяльне** special; ♦ **бомбосховище** a bomb shelter ◊ **Будинок має бомбосховище.** The building has a bomb shelter.
v. + **с. будувати с.** build a shelter (**влаштовувати** arrange ◊ **У ґаражі влаштували тимчасове с.** A temporary shelter was arranged in the garage. **робити** make; **давати** + *D.* give sb, **забезпечувати** + *D.* provide sb with, **пропонувати** + *D.* offer sb; **знаходити** find; **шукати** look for ◊ **Вони шукали с.** *or* **~а від бомбардування.** They were looking for shelter from bombardment. **правити** + *D.* **за** serve sb as) ◊ **Станція метра правила їм за с.** The subway station served them as a shelter. **відмовляти** + *D.* **у ~і** refuse sb shelter ◊ **Тут ще ніхто нікому не відмовив у ~і.** Here, nobody has yet refused anybody shelter. (**ховатися у** hide in) ◊ **Діти сховалися у ~і.** The children hid in a shelter.
prep. **до ~а** *dir.* in/to a shelter ◊ **Вони забігли до ~а.** They ran into a shelter. **у ~і** *posn.* in a shelter; **с. від** + *G.* a shelter from sth ◊ **с. від дощу** a shelter from rain; **с. для** + *G.* shelter for sth ◊ **с. для коней** shelter for horses

сход|и, *only pl.*, ~ів
staircase, stairs, steps
adj. **великі** big, **величні** grand; **круті** steep, **стрімкі** precipitous; **вузькі** narrow, **широкі** wide; **довгі** long, **короткі** short; **ґвинтові** spiral, **звивисті** winding; **переносні** moving; **внутрішні** internal, **зовнішні** external; **бетонні** concrete, **дерев'яні** wooden, **залізні** iron, **кам'яні** stone, **мармурові** marble ◊ **На другий поверх ведуть мармурові с.** A marble staircase leads to the second floor. **металеві** metal, **сталеві** steel, **цементні** cement; **розхитані** rickety, **хисткі** shaky; **бокові** side; **головні** main, **парадні** central ◊ **Він зайшов до будинку парадними ~ами.** He went into the building up the central staircase.
n. + **с. верх ~ів** the top of a staircase (**долина** *or* **низ** bottom)
v. + **с. вибігати ~ами** run up a staircase ◊ **Він вибіг ~ами на третій поверх.** He ran up the staircase to the third floor. (**виходити** go up, **підійматися** *or* **підніматися** ascend, **здиратися** climb; **збігати** run down, **опускатися** descend, **сходити** go down ◊ **Марія обережно зійшла розхитаними ~ами до пивниці.** Maria carefully went down the rickety staircase into the cellar. **користуватися** use ◊ **Замість ліфта вона користується ~ами.** Instead of the elevator she uses the stairs.
с. + *v.* **вести до** + *G. and* **на** + *A.* lead to sth ◊ **С. вели до автостоянки.** The stairs led to a parking garage. **скрипіти** creak ◊ **Як би м'яко він не ступав, с. все одно скрипіли.** However softly he stepped, the stairs still creaked. **хитатися** shake ◊ **С. хиталися під ним.** The staircase shook under him.
prep. **на ~ах** on a staircase ◊ **Студенти стояли на ~ах, розмовляючи.** The students stood on the staircase, talking. **під ~ами** under a staircase ◊ **Під ~ами спав пес.** A dog slept under the staircase.
Cf. **драбина 1**

сход|ити, ~жу, ~ять; зійти, зійд|уть, *intr.*
1 to descend, go down
adv. **вниз** *or* **додолу** down ◊ **Вони повільно ~ли стежкою додолу.** They were slowly descending down the path. **крок за кроком** step by step; **обережно** carefully, **повільно** slowly, **швидко** quickly; **крадькома** stealthily, **тихо** quietly
prep. **с. в** + *A. or* **до** + *G.* descend to sth; ♦ **с. в могилу** to die, go to one's grave; **с. з** + *G.* descend from sth, dismount ◊ **Богдан зійшов із коня.** Bohdan dismounted. ♦ **с. зі світу** to die; **с. на** + *A.* descend to sth, go down to ◊ **Злодії крадькома зійшли на перший поверх банку.** The robbers stealthily went down to the first floor of the bank.
2 to get off, alight from, deplane, disembark
adv. **незабаром** shortly ◊ **Незабаром він зійде.** He will get off shortly. **скоро** soon, **на наступній зупинці** at the next stop, **через дві зупинки** in two stops; **в останній момент** at the last moment, **несподівано** suddenly ◊ **Жінка несподівано зійшла.** The woman suddenly got off.
prep. **с. з** + *G.* get off sth ◊ **с. з автобуса** get off a bus (**корабля** ship, **літака** plane, **потяга** train); ♦ **с. на берег** to disembark, go ashore
v. + **с. бути пора** + *D.* be time to ◊ **Миколі пора с.** It is time for Mykola to get off. **бути слід** + *D.* should ◊ **Вам слід зійти на наступній зупинці.** You should get off at the next stop. **бути треба** + *D.* need to ◊ **Мені треба с.** I need to get off. **мати** be supposed to ◊ **Ми маємо с.** We are supposed to get off.
3 to go off, veer off, run off ◊ **Група зійшла з дороги в ліс.** The group went off the road into the forest.
prep. **с. з** + *G.* go off sth ◊ **Капітан зійшов із курсу.** The captain went off course. ◊ **Акторка не думає с. зі сцени через кілька кепських рецензій.** The actress does not intend to leave the stage over a few bad reviews. ♦ **с. з глузду** to lose one's mind, go crazy ◊ **Оля ~ила з глузду, не знаючи, де вони.** Olia was losing her mind not knowing where they were. ♦ **не с. з гадки** *or* **голови** to haunt sb, weigh on sb ◊ **Очі юнака не ~или Адамові з гадки.** The youth's eyes haunted Adam. ♦ **с.** + *D.* **на думку** to occur to sb ◊ **Їй зійшло на думку запитатися про завдання в Леся.** It occurred to her to ask Les about the assignment.
Also see **спадати 1**
4 to disappear, vanish, melt, dissolve ◊ **Сніг почав с.** The snow began melting. ◊ **Сарказм не ~ив з її обличчя.** Sarcasm would not disappear from her face.
5 *fig.* to come, arrive, descend on, envelop *(of evening, night, etc.)* ◊ **На землю ~ив теплий вечір.** A warm evening was descending on earth.
prep. **с. на** + *A.* descend on sb, envelop sb ◊ **На Олю зійшов відчай.** Despair enveloped Olia.
6 to ascend *(of sun, moon, etc.)*, climb, go up; rise
adv. **вгору** upwards, **високо** high ◊ **Коли вона прокинулася, сонце зійшло досить високо.** When she woke up, the sun had risen quite high. **крок за кроком** step by step ◊ **Марта крок за кроком ~ила пагорбом.** Step by step, Marta was going up the hill. **обережно** carefully, **повільно** slowly, **потихеньку** *dim.* gently, **швидко** quickly ◊ **Коні швидко зійшли на гору.** The horses quickly climbed the hill.
v. + **с. могти** can; **намагатися** try to; **починати** begin to ◊ **О третій ночі місяць тільки починав с.** At three in the morning, the moon only began to rise. **стати** *pf.* start
prep. **с. в** + *A.* ascend in/to sth ◊ **Пілот зійшов у кабіну літака.** The pilot climbed into the aircraft cockpit. **с. до** + *G.* descend to sth; **с. на** + *A.* ascend sth ◊ **Зійшовши на трибуну, він звернувся до натовпу.** Having ascended the platform, he addressed the crowd. ♦ **с. на трон** to

ascend a throne ◊ **Насту́пник короля́ гото́вий зійти́ на т.** The royal heir is ready to ascend the throne. **с. над** + *I.* rise above sth ◊ **Мі́сяць зійшо́в над со́нним мі́стом.** The moon rose above the sleepy city.
7 to sprout *(of seeds)*, spring, germinate
adv. **вча́сно** on time, **пі́зно** late, **ра́но** early ◊ **Че́рез несезо́нно те́плу пого́ду жи́то зійшло́ ра́но.** Because of unseasonably warm weather the rye sprouted early.
v. + **с. могти́** can ◊ **Жи́то ще мо́же зійти́.** The rye can still sprout. **почина́ти** begin to, **ста́ти** *pf.* start
сходь! зійди́!

схо́д|итися; зійти́ся, *intr.*

1 to gather, congregate, meet, assemble ◊ **На ле́кцію зійшло́ся зі сто студе́нтів.** Some one hundred students gathered for the lecture.
adv. **звідусі́ль** from everywhere ◊ **Звідусі́ль ~илися ціка́ві лю́ди.** Curious people were gathering from everywhere. **з усі́х бо́ків** from all sides; **доку́пи** *and* **ра́зом** together, **навко́ло** around ◊ **Навко́ло промо́вця зійшла́ся вели́ка гру́па.** A big group gathered around the speaker. **шви́дко** quickly; **іно́ді** sometimes, **реґуля́рно** regularly, **ча́сто** often
v. + **с. домовля́тися** agree to; **люби́ти** like to, **полюбля́ти** be fond of ◊ **Петро́ полюбля́в с. з коли́шніми однокла́сниками.** Petro was fond of congregating with his former school mates. **почина́ти** begin
prep. **с. в** + *A. dir.* gather in sth ◊ **Страйкарі́ ~илися в гру́пи.** The strikers gathered in groups. ◊ **Усі́ шляхи́ ~яться в Ки́єві.** All the roads meet in Kyiv. **с. в** + *L. posn.* gather in/inside sth ◊ **У кав'я́рні ~иться боге́ма.** The bohemian set congregates in the coffee house. **с. до** + *G.* gather at *(a place)* ◊ **Вони́ домо́вилися зійти́ся до старо́ї альта́нки.** They agreed to meet at the old gazebo. **с. з** + *I.* meet with sb ◊ **Ві́ктор ча́сом ~ився з коле́ґами на пи́во.** Viktor would sometimes meet with colleagues for beer. **с. (по) се́ред** + *G.* gather in the middle of *(a place)* ◊ **Я́хти зійшли́ся се́ред о́зера.** The yachts gathered in the middle of the lake.
Also see **збира́тися 1, зустріча́тися 1**
2 to lock, meet, join, merge, close, converge ◊ **Гі́лля́ над доро́гою ~илося доку́пи.** The branches above the road converged. ◊ **Старі́ штани́ ле́две ~илися на па́ску.** The old pants barely met at the waist. ◊ **Там, де ліс схо́дився з по́лем, була́ кана́ва.** There was a ditch where the forest met the field.
3 to make friends with, find common ground with ◊ **Іва́нна ле́гко ~иться з людьми́.** Ivanna easily makes friends with people. ◊ **Оле́кса і Андрі́й шви́дко зійшли́ся.** Oleksa and Andrii quickly became friendly.
4 *colloq.* to become intimate with ◊ **Вона́ ки́нула Степа́на і зійшла́ся з і́ншим чолові́ком.** She left Stepan and became intimate with another man.
5 to agree, concur; settle on; be similar, coincide
prep. **с. в** + *L.* concur in sth ◊ **Сто́рони ~илися в ба́ченні ситуа́ції.** The parties concurred in their vision of the situation. **с. з** + *I.* coincide with sth ◊ **У її́ істо́рії ви́гадка ~иться з ді́йсністю.** In her story, fiction coincides with reality. **с. на** + *L.* settle on sth ◊ **Вони́ зійшли́ся на ціні́.** They settled on the price.
See **пого́джуватися 1**
6 to add up, tally, conform, be correct ◊ **Раху́нок за обі́д не ~ився.** The check for lunch did not add up. ◊ **Розраху́нки ~яться.** The calculations tally.

схо́ж|ий, *adj.*

1 similar, alike ◊ **Чолові́ки ма́ли ~у політи́чну орієнта́цію.** The men had a similar political orientation.
v. + **с. бу́ти ~им на** resemble sb ◊ **Лесь с. на ді́да.** Les resembles his grandfather. (**здава́тися** + *D.* seem to sb ◊ **О́ля здава́лася ~ою на Попелю́шку.** Olia seemed to resemble Cinderella. **става́ти** become) ◊ **Олекса́ндра стає́ деда́лі бі́льше ~ою на ба́тька.** Oleksandra is becoming increasingly like her father.
prep. **с. на** + *A.* similar to sb ◊ **Кроля́тина не ду́же ~а на куря́тину.** Rabbit meat is not very similar to chicken. ♦ **бу́ти ~им на** + *A.*, **як кра́пля** *or* **дві кра́плі води́** to be the spitting image of sb ◊ **Вони́ ~і, як дві кра́плі води́.** They are spitting images of each other.
See **поді́бний 1.** *Also see* **парале́льний 2**
2 *as pred. in* **бу́ти ~е, що** + *clause or* **бу́ти ~е на те, що** + *clause* to look like, seem ◊ **~е., що вони́ все зна́ють.** It looks like they know everything. ◊ **Було́ ~е на те, що він діста́в по́зику.** It looked like he got the loan.

схопи́|ти, *pf., see* **схо́плювати** *and* **хапа́ти**

to seize, *etc.* ◊ **Жі́нка ~ла Миха́йла за ру́ку.** The woman grabbed Mykhailo by the hand.

схо́плю|вати, ~ють; схоп|и́ти, ~лю́, ~иш, ~лять, *tran.*

1 to seize, grab ◊ **Ра́птом Со́ля ~є су́мочку і вибіга́є з кімна́ти.** Suddenly Solia grabs her purse and runs out of the room.
prep. **с. за** + *A.* seize by sth ◊ **Учи́тель схопи́в її́ за комі́р.** The teacher seized her by the collar.
See **хапа́ти 1**
2 to catch, capture, arrest ◊ **Їх схопи́ла слу́жба безпе́ки.** The security service arrested them.
3 *colloq.* to get, receive ◊ **Він схопи́в низьку́ оці́нку за і́спит.** He got a low grade for his exam. ◊ **Час від ча́су кінь ~вав батого́м по кру́пі.** From time to time, the horse would get a whiplash on the rump.
4 *usu pf., colloq.* to catch a sickness, fall sick ◊ **Він схопи́в запа́лення леге́нів.** He caught pneumonia.
See **хворі́ти.** *Also see* **захво́рювати, терпі́ти 4**
5 *usu pf., colloq.* to attack *(of pain, etc.)*, seize, afflict ◊ **Посе́ред рі́чки його́ схопи́в го́стрий спазм.** In the middle of the river, Maksym had a severe cramp.
See **хапа́ти 1**
6 *fig., colloq.* to grasp, understand, conprehend, discern, make out ◊ **Рома́на не все ~вала в ї́хній розмо́ві.** Romana did not grasp everything in their conversation.
See **розумі́ти 1.** *Also see* **хапа́ти 3**
7 *fig., colloq.* to memorize, retain, remember ◊ **Вона́ ~є вірш, прочита́вши його́ дві́чі.** She memorizes a poem, after having read it twice.
See **запам'ято́вувати**
pa. pple. **схо́плений** captured
схо́плюй! схопи́!

схо́плю|ватися; схопи́тися, *intr.*

1 to spring up, get up, jump, rush
prep. **с. з** + *G.* spring from sth ◊ **Вартови́й схопи́вся з крі́сла і підійшо́в до двере́й.** The guard sprang out of the armchair and approached the door. **с. з-за** + *G.* spring from behind sth ◊ **Ді́вчи́на схопи́лася з-за письмо́вого сто́лу й побі́гла до спа́льні.** The girl sprang up from behind the desk and ran to the bedroom. **с. з-під** + *G.* spring from under sth ◊ **З-під колі́с вантажі́вки схопи́вся за́єць.** A hare sprang from under the wheels of the truck.
See **стриба́ти 1**
2 to rise, get out of bed ◊ **Він схопи́вся ні світ ні зоря́.** He got up at the crack of dawn.
3 to seize, grab, grasp
adv. **за́раз же** right away; **мі́цно** firmly, **обі́руч** *or* **обома́ рука́ми** with both hands
prep. **с. за** + *A.* grab sth ◊ **Він обі́руч схопи́вся за ру́чку.** He grabbed the handle with both hands.
See **хапа́ти 1.** *Also see* **схо́плювати 1**
4 to start *(of wind, fire, sound, etc.)*; appear, erupt ◊ **У теа́трі схопи́лися кри́ки.** Shouts erupted in the theater. ◊ **Поже́жа схопи́лася се́ред глухо́ї но́чі.** The fire started in the dead of night. ◊ **На її́ обли́ччі схопи́лася у́смішка.** A smile appeared on her face.
5 *only with inf.* to start, set about, get down to ◊ **Він схопи́вся ста́вити на стіл пере́куски.** He started putting snacks on the table.
See **бра́тися 2.** *Also see* **става́ти 4**

схоті́|ти, *pf., see* **хоті́ти**

to want, *etc.* ◊ **І́гор ~в призна́тися їй у свої́х передчуття́х.** Ihor wanted to confide his premonitions to her.

схуд|нути, *pf., see* **ху́днути**

to lose weight, *etc.* ◊ **Він схуд** *or* **~нув.** He lost weight.

сце́н|а, *f.*

1 stage; *fig.* stage, theater
adj. **вели́ка** large; **головна́** main ◊ **На головні́й ~і теа́тру пока́зують «Макбе́та».**They show *Macbeth* on the main stage of the theater. **центра́льна** center; **ка́мерна** chamber, ♦ **мала́ с.** a black-box theater; **кри́хітна** tiny, **невели́ка** small; **поро́жня** *and* **пуста́** empty ◊ **Вона́ вигляда́ла мале́нькою на поро́жній ~і.** She looked small on the empty stage. **зімпровізо́вана** makeshift ◊ **Дерев'я́ний помі́ст служи́в їм зімпровізо́ваною ~ою.** The wooden platform served them as a makeshift stage.
n. + **с. бік ~и** a side of the stage ◊ **Стіл із пра́вого бо́ку ~и.** The table is on the right side of the stage *or* stage right. (**зад** back, **пере́д** front ◊ **Ме́блі шви́дко перемісти́ли на зад ~и.** The furniture was quickly moved upstage. **край** edge ◊ **Вона́ підійшла́ до кра́ю ~и.** She went to the edge of the stage. **осві́тлення** lighting; **підло́га** floor)
v. + **с. будува́ти ~у** build a stage (**зво́дити** erect ◊ **На майда́ні звели́ невели́ку ~у.** A small stage was erected on the square. **лиша́ти** leave ◊ **Співа́к лиши́в ~у під о́плески.** The singer left the stage to applause. **ділити з** + *I.* share with sb ◊ **Якось він діли́в ~у з Солов'я́ненком.** Once he shared the stage with Solov'yanenko. **готува́ти** *also fig.* set ◊ **Його́ кри́тика підготува́ла ~у для цього́ політи́чного двобо́ю.** His criticism set the stage for the political showdown. **виска́кувати на** jump on ◊ **Кі́лька фана́тів ви́скочити на ~у.** Several fans jumped on the stage. **вихо́дити на** enter ◊ **Вона́ ви́йшла на ~у зосере́дженою.** She entered the stage focused. **поверта́тися на** return to) ◊ **Балери́на поверта́лася на ~у три́чі.** The ballerina returned to the stage three times. ♦ **попада́ти** *or* **потрапля́ти на** *(of a play)* to be put on stage ◊ **П'є́са «Блаки́тна троя́нда» шви́дко потра́пила на ~у.** The play *Blue Rose* was quickly put on stage. **схо́дити зі ~и** exit the stage; **гра́ти** *or* **виступа́ти на ~і** perform on stage ◊ **Студе́нтом Юрко́ грав на ~і в ама́торських поста́вах.** When a student, Yurko performed on stage in amateur productions. (**ста́вити** + *A.* **на** produce sth on) ◊ **За сезо́н на ка́мерній ~і поста́вили п'ять п'є́с.** In the season, five plays were produced on the chamber stage.
с. + *v.* **зава́люватися** collapse ◊ **С. ма́ло не завали́лася.** The stage all but collapsed.
prep. **на ~у** *dir.* on/to a stage ◊ **Вони́ ви́йшли на ~у.** They went on the stage. **на ~і** *posn.* on a stage ◊ **На ~і не було́ декора́цій.** There was no scenery on the stage. **над ~ою** above a stage ◊ **Над ~ою пові́сили ґірля́нду.** A garland was hung above the stage. **пе́ред ~ою** before/in front of a stage ◊ **місця́ за́раз пе́ред ~ою** seats right in front of the stage
2 *fig.* stage, theater
adj. **музи́чна** musical, **театра́льна** theater ◊ **Вона́ присвяти́ла життя́ театра́льній ~і.** She devoted her life to theater. **америка́нська** American, **украї́нська** Ukrainian, *etc.* ◊ **Амбро́сій Бу́чма – вели́кий акто́р украї́нської ~и.**

Ambrosii Buchma is a great actor of the Ukrainian theater. **ама́торська** amateur, **професі́йна** professional
n. + **с. гені́й ~и** a genius of the stage (**корифе́й** luminary, **ма́йстер** master) ◊ **Режисе́ра оголоси́ли ма́йстром ~и.** The producer was declared a master of the stage.
v. + **с. кида́ти ~у** abandon the stage (**лиша́ти** leave ◊ **Катери́на лиша́є ~у.** Kateryna is leaving the stage. **вихо́дити на** go on) ◊ **Вона́ ви́йшла на ~у в со́рок ро́ків.** She went on stage at the age of forty.
Also see **теа́тр 2**
3 scene *(in a book, play, etc.)*
adj. **вступна́** opening, **пе́рша** first; **заклю́чна** concluding, **кульмінаці́йна** climactic, **насту́пна** next, **оста́ння** last, **фіна́льна** final; **драмати́чна** dramatic, **звору́шлива** touching, **комі́чна** comical, **куме́дна** *and* **смішна́** funny, **трагікомі́чна** tragicomical, **трагі́чна** tragic; **еротична** erotic ◊ **Вона́ зігра́ла еротичну ~у у фі́льмі.** She played an erotic scene in the movie. **любо́вна** love ◊ **Письме́нникові до́бре вдаю́ться любо́вні ~и.** The writer is apt at love scenes. **романти́чна** romantic; **бата́льна** battle; **ви́далена** deleted, **ви́різана** cut; **ма́сова** mass; ♦ **німа́ с.** dumbshow
с. + *n.* **с. су́тички** a clash scene (**пого́ні** chase; **поєди́нку** showdown; **се́ксу** sex; **сме́рти** death; **стріляни́ни** shooting)
v. + **с. гра́ти ~у** play a scene (**готува́ти** prepare, **проганя́ти** run through ◊ **Акто́ри ще раз прогна́ли вступну́ ~у.** The actors ran through the opening scene one more time. **відтво́рювати** recreate ◊ **Вона́ зна́ла, як відтво́рить ~у пого́ні.** She knew how she would recreate the chase scene. **перепи́сувати** rewrite ◊ **Сценари́ст переписа́в фіна́льну ~у.** The scriptwriter rewrote the final scene. **писа́ти** write, **зніма́ти** *and* **накру́чувати**, *colloq.* shoot, **фільмува́ти** film; **ста́вити** stage; **тренува́ти** rehearse) ◊ **~у тренува́ли три дні, а зафільмува́ли за три годи́ни.** The scene was rehearsed for three days and filmed in three hours.
с. + *v.* **відбува́тися** happen, take place ◊ **С. зу́стрічі ма́є мі́сце се́ред руї́н за́мку.** The encounter scene takes place amidst the ruins of the castle. **кульміну́вати** + *I.* culminate in sth; **перехо́дити до** + *G.* shift to ◊ **Із ха́ти с. сва́рки перехо́дить до ґаража́ і кульміну́є прими́ренням.** From the house, the quarrel scene shifts to the garage and culminates in reconciliation. **зобража́ти** + *A.* depict sth, **пока́зувати** + *A.* show sth, **міс́тити** + *A.* contain sth ◊ **Любо́вна с. міст́ила наготу́.** The love scene contained nudity. **почина́тися** begin ◊ **С. почина́ється з ви́буху.** The scene begins with an explosion.
prep. **про́тягом ~и** for the duration of a scene ◊ **Він невті́шно пла́че про́тягом усіє́ї ~и.** He cries inconsolably for the duration of the entire scene. **у ~і** in a scene ◊ **У цій ~і вона́ ги́не.** In this scene, she perishes.
Also see **епізо́д 2**
4 *fig.* scene, quarrel, fuss
adj. **важка́** depressing, **вели́ка** big, **гні́вна** angry, **гучна́** noisy, **жахли́ва** terrible, **істери́чна** hysterical, **неприє́мна** unpleasant, **огі́дна** ugly; **бана́льна** banal, **чергова́** another; **подру́жня** marriage, **сі́ме́йна** family
v. + **с. влашто́вувати** + *D.* **~у** make a scene for sb ◊ **Ми́ша влаштува́в ма́тері ~у про́сто пе́ред гостя́ми.** Mysha made a scene for his mother right in front of the guests. (**провокува́ти** provoke); **уника́ти ~и** avoid a scene ◊ **Анаста́сія я́кось уни́кла чергово́ї гні́вної ~и чолові́ка.** Anastasiia somehow avoided another of her husband's angry scenes. (**става́ти сві́дком** witness) ◊ **Га́ля ста́ла сві́дком огі́дної ~и між бра́том і сестро́ю.** Halia witnessed an ugly scene between brother and sister.
See **видо́вище 1.** *Cf.* **сва́рка 1**
5 *fig.* arena, sphere
adj. **америка́нська** American, **ґлоба́льна** global, **європе́йська** European, **світова́** world; **істори́чна** historical ◊ **На істори́чну ~у ви́йшли новонезале́жні краї́ни.** Newly independent nations entered the historical arena.
See **аре́на 2**

сцена́рі|й, *m.*, **~ю**
1 script, screenplay, scenario
adj. **ориґіна́льний** original ◊ **Фільм зніма́ли за ориґіна́льним ~єм.** The movie was shot from an original screenplay. **остато́чний** final; **пе́рший** first; ♦ **кіносцена́рій** a movie script; **чорнови́й** draft; **блиску́чий** excellent, **геніа́льний** brilliant, **до́бре напи́саний** well-written, **до́брий** good; **ама́торський** amateur, **ке́пський** poor, **пога́ний** bad; **літерату́рний** literary, ♦ **режисе́рський** *or* **постано́вочний с.** a script breakdown, **робо́чий** shooting; **закі́нчений** finished, **затве́рджений** approved
с. + *n.* **с. бале́ту** a ballet scenario ◊ **Він змін́ив фіна́льну сце́ну у ~ї бале́ту.** He altered the final scene in the ballet scenario. (**конце́рту** concert, **о́пери** opera, **оповіда́ння** story, **п'є́си** play, **поста́ви** production, **фі́льму** movie)
v. + **с. адаптува́ти с.** adapt a script ◊ **Він адаптува́в с., врахо́вуючи заува́ження режисе́ра.** He adapted the script taking into account the director's comments. (**змі́нювати** alter, **перепи́сувати** rewrite, **писа́ти** write ◊ ** Іре́на пи́ше до́брі ~ї.** Irena writes good scripts. **знахо́дити** find, **шука́ти** look for; **замовля́ти** + *D.* commission from sb ◊ **Їй замо́вили с. шести́ се́рій.** They commissioned the script of six episodes from her. **прийма́ти** accept, **схва́лювати** approve; **чита́ти** read) ◊ **Він прочита́в с. за три годи́ни.** He read the script in three hours. **притри́муватися ~ю** stick to a script ◊ **Вона́ притри́мувалася ~ю.** She stuck to the script. (**обхо́дитися без** do without) ◊ **Вони́ обійшли́ся без ~ю.** They did without a script.
prep. **у ~ї** in a script ◊ **Сце́ни поєди́нку нема́є в остато́чному ~ї.** The showdown scene is not in the final script. **за ~єм** according to a script ◊ **За ~єм він вре́шті божево́ліє.** According to the script, eventually he goes crazy.
2 *fig.* scenario *(sequence of events)*
adj. **звича́йний** usual ◊ **звича́йний с. тижне́вих зу́стрічей ба́тька з ді́тьми** the usual scenario of the father's weekly meetings with his kids; **знайо́мий** familiar ◊ **Дії́ проре́ктора вклада́лися у знайо́мий уже́ с.** The provost's actions fit into an already familiar scenario. **ймові́рний** likely ◊ **Запропоно́ваний с. здава́вся ймові́рним.** The scenario offered seemed likely. **можли́вий** possible, **реалісти́чний** realistic; **традиці́йний** traditional; **доскона́лий** perfect, **ідеа́льний** ideal, **найкра́щий** best-case ◊ **Це був би найкра́щий с. двосторо́нніх перемо́вин.** This would be a best-case scenario of the bilateral negotiations. **оптима́льний** optimal, **оптимісти́чний** optimistic; **апокаліпти́чний** apocalyptic, **кошма́рний** nightmare, **найгі́рший** worst-case, **песимісти́чний** pessimistic, **поху́рий** grim
v. + **с. вибудо́вувати с.** construct a scenario ◊ **Вона́ вибудо́вувала рі́жні ~ї поді́й.** She constructed various scenarios of events. (**зва́жувати** consider; **малюва́ти** paint ◊ **Він малюва́в до́сить поху́рий с. життя́.** He painted a rather grim scenario of life. **накре́слювати** outline, **опи́сувати** describe, **презентува́ти** + *D.* present to sb, **пропонува́ти** + *D.* offer sb; **здійсню́вати** carry out, **реалізо́вувати** realize; **розробля́ти** develop ◊ **Кри́зовий штаб розроби́в ни́зку можли́вих ~їв.** The crisis headquarters developed a number of possible scenarios. **ство́рювати** create, **уявля́ти (собі́)** imagine) ◊ **Їм тя́жко уяви́ти (собі́) таки́й с.** It is hard for them to imagine such a scenario.
с. + *v.* **матеріялізува́тися** materialize ◊ **Вре́шті-ре́шт матеріялізува́вся найкра́щий с.** Eventually the best-case scenario materialized. **розгорта́тися** unfold, **розіграва́тися** play out
See **план 1.** *Also see* **іде́я, за́дум**

сцені́чн|ий, *adj.*
stage, of or pertaining to stage
с. + *n.* **с. дебю́т** a stage debut ◊ **С. дебю́т акто́рки відбу́вся в Ха́ркові.** The actress's stage debut took place in Kharkiv. (**о́браз** character) ◊ **Га́млет – найкра́щий с. о́браз, що його́ створи́в акто́р.** Hamlet is the best stage character created by the actor. **~а ве́рсія** a stage version (**кар'є́ра** career, **постано́вка** production; **роль** role); **~е мисте́цтво** stage art (**мо́влення** speech, **осві́тлення** lighting); **~і декора́ції** stage set (**механі́зми** mechanisms; **рема́рки** directions) ◊ **~і рема́рки даю́ть режисе́рові про́стір для імпровіза́ції.** The stage directions give the director room for improvisation.

сц|я́ти, ~ять; на~, по~, *intr., vulg.*
1 to piss ◊ **На таки́й па́м'ятник і пес с. не захо́че.** Even a dog will not want to piss on such a monument.
prep. **с. в** + *A.* piss in/to sth ◊ **Він із переля́ку насця́в у штани́.** He pissed in his pants from fear. **с. на** + *A.* piss on/to sb/sth ◊ **Хтось насця́в на ла́вку.** Somebody pissed on the bench.
Cf. **мочи́тися 2, пі́сяти**
2 *fig.* to fear, be afraid of + *G.* ◊ **Хло́пці, кого́ ви тут ~ите? Невже́ цього́ деб́іла!** Guys, who are you afraid of here? This dumbass, for real?
(по)сци́! ♦ **Не ~и!** Don't be afraid!
See **боя́тися.** *Also see* **сра́ти 3**

сього́дні, *adv.*
1 today, now, nowadays ◊ **Яке́ с. число́?** What date is it today? ◊ **Пого́да с. дощова́ і сі́ра.** The weather today is rainy and gray. ◊ **С. ти – студе́нт, а за́втра – фахіве́ць.** You are a student today, and tomorrow a specialist. ♦ **не с.-за́втра** *and* **не с., так за́втра** any day now, soon ◊ **Не с.-за́втра закі́нчиться ревізія.** The audit will be over any day now. ♦ **с. гу́сто, а за́втра пу́сто** feast today, fast tomorrow; **с. вра́нці** this morning (**вдень** afternoon, **вве́чері** evening, **вночі́** night) ◊ **Вони́ від'їжджа́ють с. вночі́.** They are leaving tonight.
prep. **від с.** as of today ◊ **Він пообіця́в собі́, що від с. не пали́тиме.** He gave himself a promise that as of today he would not smoke. **до с.** till today; **на с.** at present; for now ◊ **На с. в мі́сті не лиши́лося кінотеа́трів.** At present there are no movie theaters left in the city. ♦ **На с. до́сить.** Let's call it a day.
Also see **за́раз 1**
2 *as n., nt.* present, present time, reality ◊ **Таке́ с. ма́ло кого́ задовольня́є.** Such reality satisfies hardly anybody.
See **дійсні́сть.** *Also see* **реа́льність 1**

сього́дніш|ній, *adj.*
today's, contemporary, present-day
с. + *n.* **с. день** this day ♦ **жи́ти ~ім днем** to live in the present; **~я газе́та** today's newspaper (**мо́лодь** youth; **по́шта** mail; **робо́та** work); **~є завда́ння** today's assignment ◊ **Він попроси́в поясни́ти йому́ ~є завда́ння з мо́ви.** He asked to explain today's language assignment to him. (**поколі́ння** generation; **суспі́льство** society); **~і ви́клики** today's challenges ◊ **Вони́ гото́ві до ~іх ви́кликів.** They are ready for present-day challenges. (**збо́ри** meeting ◊ **поря́док де́нний ~іх збо́рів** the agenda of today's meeting; **пробле́ми** problems)
Also see **суча́сний 1**

сюди́, *adv., dir.*
to this place, here ◊ **С. на пікні́к приї́хало бага́то люде́й.** Many people came here for a picnic. ◊ **Зву́ки з ву́лиці с. не доліта́ють.** No street sounds reach this spot. ◊ **Іди́** *or* **ходи́ с.!** Come here! ♦ **(і) туди́, і с.** *or* **то туди́, то сюди́** here and there ◊ **Ра́птом моряки́ забіга́ли по чардаку́ туди́ і с.** Suddenly the sailors started running around the deck here and there.

сюжéт, *m.*, **~у**
plot, plot line, storyline
adj. **прости́й** simple, **стрункий** cogent; **заплу́таний** tangled ◊ **Не ко́жен розбере́ться в заплу́таному ~і оповіда́ння.** Not everyone will make heads or tails of the tangled plot of the story. **складни́й** complicated; **головни́й** main, **парале́льний** parallel; **бана́льний** banal, **знайо́мий** familiar, **ціка́вий** interesting; **ориґіна́льний** original
с. + *n.* **с. істо́рії** a story plot line ◊ **С. істо́рії знайо́мий багатьо́м.** The story plot line is familiar to many. (**о́пери** opera, **оповіда́ння** tale, **п'є́си** play, **рома́ну** novel, **фі́льму** movie)
v. + **с. будува́ти с.** construct a plot (**ма́ти** have ◊ **О́пера має бана́льний с.** The opera has a banal plot. **аналізува́ти** parse, **виклада́ти** lay out ◊ **Вона́ у двох слова́х ви́клала с. п'є́си.** In a couple of words, she laid out the plot of the play. **зра́джувати** give away ◊ **Кри́тик не хоті́в зра́джувати с. для тих, хто ще не ба́чив поста́ви.** The critic did not want to give away the plot for those who had not yet seen the production.

сяга́|ти, **~ють; сягн|у́ти**, **~у́ть**, *intr.*
1 to reach, extend, stretch + *G.* ◊ **Тоді́ ґо́ти сягну́ли Кри́му.** Then the Goths reached the Crimea.
adv. **вже** already, **наре́шті** finally; **дале́ко** far ◊ **Сла́ва теа́тру ~є дале́ко за ме́жі кра́ю.** The theater's fame reaches far beyond the bounds of the land. **сюди́** this place, **туди́** that place ◊ **Туди́ не ~ло промі́ння со́нця.** Sunrays did not reach that place. **шви́дко** quickly; ♦ **скі́льки сягне́ш о́ком** as far as the eye can see ◊ **Навко́ло них, скі́льки сягне́ш о́ком, був степ.** Around them, there was steppe as far as the eye could see. ♦ **скі́льки ~є пам'ять** as far as one can remember ◊ **Ната́ля зна́ла місте́чко чи́стим і приві́тним, скі́льки ~ла па́м'ять.** Natalia knew the town to be clean and welcoming as far as she could remember.
prep. **с. до** + *G.* reach sth ◊ **Со́сни, здава́лося, ~ли до хмар.** The pines seemed to reach the clouds. **с. по** + *A.* reach for sth ◊ **Тама́ра механі́чно сягну́ла по ка́ву.** Tamara mechanically reached for her coffee.
2 to reach *(of value, etc.)*, attain, rise to, fall to ◊ **Температу́ра сягну́ла плюс сорока́ гра́дусів.** The temperature reached +40°C. ◊ **Ці́ни на на́фту сягну́ли реко́рдно низько́го рі́вня.** Oil prices dropped to a record low.
prep. **с. за** + *A.* reach beyond *(a mark)*, rise above ◊ **Як тиск ~в за но́рму, відкрива́вся кла́пан.** When the pressure rose above the norm, the valve would open.
3 to go back to, date from + *G.* ◊ **Тради́ції друка́рства в Украї́ні ~ють XVI столі́ття.** The tradition of book printing in Ukraine goes back to the 16th century.
prep. **с. в** + *A.* go back into *(time)* ◊ **Істо́рія мі́ста ~є у глибину́ віків.** The city history goes back into the depth of centuries.
сяга́й! сягни́!

сяк-та́к, *adv.*
1 one way or another, somehow ◊ **Ві́ктор с. пересува́є но́ги.** Viktor moves his feet one way or another. ◊ **На́віть у похи́лому ві́ці вона́ с. догляда́ла горо́д.** Even at her advanced age, she somehow tended her kitchen garden.
See **я́кось 1**. *Also see* **як-не́будь 1**
2 so-so, all right ◊ **Спочатку було́ с.** At the beginning it was all right.
3 carelessly, negligently, sloppily, haphazardly ◊ **Марко́ зроби́в завда́ння с.** Marko did the assignment sloppily. ◊ **У шко́лі вона́ вчи́лася с.** She was a poor student at school.

ся́|яти, **~ють; за~**, *intr.*
1 to shine; *pf.* to start shining
adv. **пи́шно** spectacularly ◊ **Інтер'є́р пала́цу пи́шно ~яв позоло́тою.** The gilt of the palace interior shone spectacularly. **сліпу́че** blindingly, **яскра́во** brightly ◊ **На не́бі яскра́во ~яло со́нце.** The sun shone brightly in the sky.
See **блища́ти 1**
2 *fig.* to radiate *(emotion)*, be radiant with, beam with ◊ **Миха́йлове обли́ччя ~яло ща́стям.** Mykhailo's face radiated happiness.
prep. **с. від** + *G.* be radiant with *(emotion)* ◊ **Оле́на ~яла від ра́дости.** Olena was radiant with joy. ◊ **Юрі́й ви́димо ~яв від задово́лення.** Yurii visibly beamed with satisfaction.
(за)ся́й!

T

та[1], *conj.*
1 and ◊ **Їм тре́ба купи́ти ка́ви т. молока́.** They need to buy some coffee and milk. ◊ **Вона́ нагну́лася до ді́вчини т. щось прошепта́ла на ву́хо.** She bent down to the girl and whispered something in her ear.
Also see **і, й**
2 but, however, yet ◊ **ти́хий, т. небезпе́чний** quiet but dangerous; ◊ **Вона́ намага́лася переконати Петра́, т. він і слу́хати не хоті́в.** She tried to persuade Petro, but he would not even listen. ◊ **Юлья́н купи́в годи́нник, та шви́дко пошкоду́вав про це.** Yulyan had bought the clock but soon regretted it. ♦ **т. ба** alas ◊ **Вона́ хоті́ла допомогти́ їм, т. ба, не ма́ла бі́льше гро́шей.** She wanted to help them, alas she had no more money.
Also see **але́, одна́к, проте́**

та[2], *part.*
1 *used at the beginning of sentence to emphasize it* ◊ **Т. це він, Левкі́в син!** This is him, Levko's son, can't you see!
2 *used with* **так** *to intensify the following word* so, so very ◊ **Вона́ зроби́ла все, т. так доскона́ло.** She did everything and in such a perfect way.
3 *used with* **невже́** *and* **що** *for emphasis* really; never mind ◊ **Т. невже́ ви не чита́ли її́ статті́?!** You did not read her article, really? ◊ **Бі́гти? Т. що бі́гти, я ле́две мо́жу йти!** Run? Never mind running, I can barely walk!
4 *used to dismiss an idea* never mind; oh well ◊ – **Оле́но, чому́ б вам не поговори́ти з ним особи́сто? – Т., обі́йдеться.** Olena, why not speak with him personally? Never mind that, I'll do without it.

та́б|ір, *m.*, **~ору**
1 camp, encampment
adj. **армі́йський** army, **військо́вий** military, **тренува́льний** training; **баскетбо́льний** basketball, **спорти́вний** sports, **футбо́льний** soccer ◊ **Макси́м трену́ється у футбо́льному ~орі.** Maksym trains in a soccer camp. **мисли́вський** hunting, **риба́льський** fishing; **польови́й** field, **степови́й** steppe ◊ **Хло́пці живу́ть у степово́му ~орі.** The boys live in a steppe camp. **зімпровізо́ваний** makeshift, **тимчасо́вий** temporary; **альпіні́стський** mountaineer, **лі́тній** summer, **пластови́й** scout, **піоне́рський** *old* pioneer ◊ **Вони́ здружи́лися в піоне́рському ~орі «Ча́йка».** They became friends in the *Seagull* Pioneer Camp. **циґа́нський** Gypsy ◊ **Вона́ приє́дналася до циґа́нського ~ору.** She joined a Gypsy camp. **повста́нський** rebel, **сепаратистський** separatist, **терористи́чний** terrorist
т. + *n.* **т. іміґра́нтів** an immigrant camp (**переселе́нців** migrant)
v. + **т. розбива́ти т.** set up camp ◊ **Вони́ розби́ли т. до те́мряви.** They set up camp before darkness. (**ста́вити** pitch; **згорта́ти** strike) ◊ **Є нака́з згорну́ти т.** The order is to strike camp. **вируша́ти з ~ору** set out from a camp ◊ **Вони́ ви́рушили з ~ору у снігопа́д.** They set out from the camp in a snowfall. (**вихо́дити з** leave; **зніма́тися з** break ◊ **Насту́пного дня вояки́ зняли́ся з ~ору.** Next day, the soldiers broke camp. **поверта́тися з** return from); **розташо́вуватися ~ором** establish a camp ◊ **Теро́ристи розташува́лися ~ором в уще́лині.** The terrorists established camp in a gorge. (**става́ти** make); ♦ **стоя́ти ~ором** to be encamped ◊ **Альпіні́сти стоя́ли ~ором бі́ля рі́чки.** The mountaineers were encamped by the river.
т. + *v.* **розташо́вуватися** *or* **бу́ти розташо́ваним** be located ◊ **Т. розташо́вувався бі́ля лі́су.** The camp was located near the forest.
prep. **в ~орі** at/in a camp ◊ **Вони́ лиши́лися в ~орі на одну́ ніч.** They stayed at the camp for a night.
2 camp, prison
adj. **трудови́й** labor; **тюре́мний** prison; ◊ **концентраці́йний т.** *or usu* ♦ **концта́бір** a concentration camp ◊ **поколі́ння украї́нців, що пройшло́ росі́йські концтабори́** the generation of Ukrainians that went through the Russian concentration camps;
т. + *n.* **т. бі́женців** a refugee camp ◊ **Вони́ ви́йшли з ~ору бі́женців.** They got out of the refugee camp. (**військовополоне́них** prisoners of war, **сме́рти** death)
v. + **т. відсила́ти** + *A.* **до ~ору** send sb to a camp (**втіка́ти з** escape from) ◊ **Він утік із ~ору для військовополоне́них.** He escaped from a POW camp. **ув'я́знювати** + *A.* **в ~орі** imprison sb in a camp ◊ **На три ро́ки її́ ув'язни́ли у трудово́му ~орі.** For three years, she was imprisoned in a labor camp.
prep. **в ~орі** at a camp
Also see **в'язни́ця**
3 *fig.* camp, faction, wing
adj. **воро́жий** hostile, **протиле́жний** opposing; **збро́йний** armed; **ідеологі́чний** ideological, **політи́чний** political
v. + **т. ство́рювати т.** create a camp ◊ **Він створи́в т. прихи́льників.** He created a camp of supporters. (**формува́ти** form), **поділя́ти** *or* **розділя́ти** + *A.* **на ~ори́** divide sth into camps ◊ **Оста́нні по́дії розділи́ли мі́сто на два протиле́жні ~ори́.** The latest events divided the city into two opposing camps. (**розко́лювати** + *A.* **на** split sth into)
т. + *v.* **розко́люватися на** + *A.* split into sth ◊ **Т. розколо́вся на дві гру́пи.** The camp split into two groups.

табле́т|ка, *f.*
pill + *G.* ◊ **т. аспіри́ни** an aspirin pill
adj. **діє́тична** diet, **заспокі́йлива** sedative, **сноді́йна** sleeping
v. + **т. ковта́ти ~ку** swallow a pill (**пи́ти** *and* **прийма́ти** take;. **випи́сувати** + *D.* prescribe sb ◊ **Лі́карка ви́писала Хомі́ ~ки від спа́змів м'я́зів.** The (female) doctor prescribed Khoma pills for muscle spasms. **дава́ти** + *D.* give sb; **ма́ти** have; **трима́ти** keep)
prep. **по ~ці ко́жні три годи́ни** a pill every three hours; **т. від** + *G.* a pill for sth ◊ **т. від ти́ску** a pill for blood pressure
G. pl. **~ок**

табли́ц|я, *f.*
table, chart
adj. **математи́чна** mathematical, **статисти́чна** statistical; ♦ **періоди́чна т. елеме́нтів** *chem.* the periodic table of elements
т. + *n.* **т. логари́тмів** a logarithm table (**мно́ження** multiplication) ◊ **Він не пам'ята́є ~і мно́ження.** He does not remember his multiplication table.
v. + **т. склада́ти ~ю** compile a table ◊ **Ївга скла́ла ~ю культу́рних за́ходів на семе́стр.** Yivha compiled a table of cultural events for the semester. (**диви́тися в** consult ◊ **Він диви́вся**

в періоди́чну ~ю. He consulted the periodical table. організо́вувати + *A.* в organize sth into) ◊ Вони́ організува́ли стати́стику в ~ю. They organized the statistics into a chart.
prep. в ~і in a table ◊ У ~і ціка́ва інформа́ція. There is interesting information in the table.

табл|о́, *nt.*, **~á**
indicator board, information display, scoreboard
adj. **електро́нне** electronic, **світлове́** illuminated, **цифрове́** digital; **кольоро́ве** color; **вели́ке** big ◊ **На платфо́рмі вели́ке цифрове́ т.** There is a big digital display on the platform. **величе́зне** huge; **невели́ке** small; **переносне́** portable; **вокза́льне** train *or* bus station display
v. + **т. встано́влювати т.** install a display ◊ **Над ви́ходом установи́ли світлове́ т.** An illuminated indicator board was installed above the exit. (**диви́тися на** look at, **погляда́ти на** glance at) ◊ **Заха́р нерво́во поглядáв на вокза́льне т.** Zakhar kept nervously glancing at the train station display. **з'явля́тися на ~і** appear on a display ◊ **На ~і летовища́ чому́сь не з'явля́лася інформа́ція про ї́хній рейс.** For some reason, the information about their flight would not appear on the airport information display. (**пока́зувати на** show on) ◊ **На ~і стадіо́ну показа́ли раху́нок ма́тчу.** The match score was shown on the stadium scoreboard.
т. + *v.* **га́снути** go out ◊ **Електро́нне т. зга́сло.** The electronic information display went out. **загоря́тися** *or* **запа́люватися** light up

табу́, *nt., indecl.*
taboo; *also fig.*
adj. **абсолю́тне** absolute ◊ **Викида́ти хліб до смітника́ – для них абсолю́тне т.** Throwing bread out in the garbage is absolute taboo for them. **вели́ке** great, **да́внє** ancient, **старе́** old; **суво́ре** strict; **непи́сане** unwritten; **культу́рне** cultural, **релігі́йне** religious, **свяще́нне** sacred, **соція́льне** social
v. + **т. лама́ти т.** break a taboo ◊ **Вони́ злама́ли непи́сане т. на міжконфесі́йні шлю́би.** They broke the unwritten taboo on interfaith marriages. (**пору́шувати** violate, **трощи́ни** shatter; **наклада́ти на** + *A.* impose on sth) ◊ **Валенти́на накла́ла т. на розмо́ви про нарко́тики у своїй прису́тності.** Valentyna imposed a taboo on conversations about drugs in her presence.
т. + *v.* **зберіга́тися** persist ◊ **У грома́ді імігра́нтів зберіга́лося т. на шлюб із чужи́нцями.** The taboo on marriage with foreigners persisted in the immigrant community. **існува́ти** exist; **лиша́тися** remain
prep. **т. на** + *A.* a taboo on sth; **т. про́ти** + *G.* a taboo against sth ◊ **У суспі́льстві існува́ло т. про́ти одностате́вого коха́ння.** A taboo against same-sex love existed in society.
See **заборо́на**

тає́мн|ий, *adj.*
1 secret, confidential; clandestine
adv. **абсолю́тно** absolutely, **глибо́ко** deeply, **ду́же** very, **суво́ро** strictly, **цілко́м** completely; **ні́бито** supposedly; **коли́сь** once, **рані́ше** previously
т. + *n.* **т. во́рог** a secret enemy (**докуме́нт** document ◊ **У се́йфі вона́ трима́ла які́сь ~і докуме́нти.** In the safe, she kept some secret documents. **на́гляд** surveillance; **нака́з** order; **на́мір** intention; **коха́нець** lover ◊ **Мари́на ма́є ~ого коха́нця в Оде́сі.** Maryna has a secret lover in Odesa. **план** plan; **прихи́льник** admirer; **шлюб** marriage); **~а коха́нка** a secret (female) lover (**мі́сія** mission; **опера́ція** operation; **полі́ція** police; **при́страсть** passion; **друка́рня** printing shop; **шухля́да** drawer) ◊ **У столі́ є ~а шухля́да.** There is a secret drawer in the table. **~е бажа́ння** a secret desire (**голосува́ння** ballot ◊ **Го́лову коміте́ту обира́ли ~им голосува́нням.** The committee chair was elected by secret ballot. **життя́** life; **порозумі́ння** understanding; **посла́ння** message; **товари́ство** society) ◊ **Він – член ~ого товари́ства.** He is a member of a secret society.
v. + **т. бу́ти ~им** be secret ◊ **Суд був ~им.** The court was secret. (**лиша́тися** remain ◊ **Розмо́ва лиша́ється ~ою.** The conversation remains secret. **роби́ти** + *A.* make sth) ◊ **Уряд зроби́в ~ими протоко́ли до́питів.** The government made the interrogation records secret.
Also see **секре́тний**
2 unspoken, tacit; obscure, vague ◊ **Іва́на охо́пила ~а ту́га від ціє́ї мело́дії.** Unspoken anguish took over Ivan because of this melody.
3 mysterious ◊ **О цій годи́ні до ха́ти прихо́дить яки́йсь т. гість.** A mysterious guest comes to the house at this hour. ◊ **Для не́ї сло́во «Мама́й» ма́є т. зміст.** For her, the word *Mamai* has a mysterious meaning.
See **таємни́чий**

таємни́ц|я, *f.*
1 secret; secrecy, confidentiality
adj. **вели́ка** great, **глибо́ка** deep; **брудна́** dirty, **гане́бна** shameful ◊ **Зале́жність від алкого́лю була́ її гане́бною ~ею.** Alcohol dependency was her shameful secret. **мо́торошна** macabre, **поху́ра** grim, **похму́ра** gloomy, **страшна́** terrible, **те́мна** dark; **мале́нька** little; **ре́вно стереже́на** jealously guarded; **військо́ва** military, **держа́вна** state ◊ **Архі́в – величе́зний схов держа́вних ~ь.** The archive is a huge storage of state secrets. **парті́йна** party; **комерці́йна** commercial, **професі́йна** trade, **службо́ва** official; **роди́нна** *and* **сіме́йна** family ◊ **Похо́дження карти́ни – ї́хня сіме́йна т.** The provenance of the painting is their family secret.
♦ **лі́карська т.** patient's confidentiality
т. + *n.* **т. ба́нкових вкла́дів** financial privacy ◊ **Вони́ ґаранту́ють ~ю ба́нкових вкла́дів.** They guarantee financial privacy. ♦ **т. спо́віді** the seal of confession *or* confessional
v. + **т. берегти́** *or* **зберіга́ти ~ю** guard a secret ◊ **Він гото́вий берегти́ ї́хню ~ю до са́мої сме́рти.** He is ready to guard their secret till the day he dies. (**прихо́вувати** conceal, **хова́ти** hide ◊ **Ори́ся хова́є від чолові́ка яку́сь те́мну ~ю.** Orysia is hiding some dark secret from her husband. **видава́ти** + *D.* give away to sb, **відкрива́ти** + *D. or* **пе́ред** + *I.* reveal to sb ◊ **Мо́ва відкрива́є свої́ ~і лише́ допи́тливим** *or* **пе́ред допи́тливими.** Language reveals its secrets only to the curious. **зра́джувати** + *D.* betray to sb ◊ **Зра́дивши бра́тові свою́ ~ю, Зе́нко гі́рко пошкодува́в про це.** Having betrayed his secret to his brother, Zenko bitterly regretted it. **довіря́ти** + *D.* let sb in on ◊ **Вона́ не зна́ла, чи могла́ дові́рити страшну́ ~ю кому́-не́будь.** She did not know whether or not she could let anybody in on the terrible secret. **каза́ти** + *D.* tell sb; **зна́ти** know; **дізнава́тися** *or* **дові́дуватися про** find out) ◊ **Вона́ зроби́ла все, щоб ніхто́ не дові́дався про її ~ю.** She did everything so that nobody found out her secret. **бу́ти ~ею** be a secret ◊ **Не є ~ею, що він ма́є подві́йне громадя́нство.** It is no secret that he has dual citizenship. (**ділі́тися з** + *I.* share with sb ◊ **Яросла́в поділи́вся з не́ю ~ею, що він одру́жується.** Yaroslav shared the secret that he was getting married with her. **лиша́тися** remain) ◊ **Сто́сунки між ни́ми лиша́ються ~ею.** The relations between them remain a secret.
т. + *v.* **става́ти відо́мою** get out ◊ **Його́ т. ста́ла відо́мою.** His secret got out.
prep. **у ~і** in secret ◊ **Усі́ приготува́ння ро́блять у ~і.** All the preparations are done in secret. **т. від** + *G.* a secret from sb ◊ **У Ле́ва нема́є ~ь від жі́нки.** Lev has no secrets from his wife. **т. навко́ло** + *G.* a secret about sb/sth ◊ **Навко́ло те́ксту нема́є жо́дної ~і.** There is no secret about the text.
Also see **секре́т**
2 mystery, enigma, puzzle
adj. **вели́ка** great ◊ **Ліс був для не́ї вели́кою ~ею.** The forest was a great mystery to her. **мале́нька** little, **невели́ка** minor; **пе́вна** certain; **абсолю́тна** absolute, **по́вна** total, **цілкови́та** complete ◊ **Наза́р лиша́вся для не́ї цілкови́тою ~ею.** Nazar remained a complete mystery to her. **вся** whole; **дивови́жна** amazing; **правди́ва** genuine, **спра́вжня** real; **головна́** central; **глибо́ка** deep; **ві́чна** eternal, **да́вня** ancient, **стара́** old, **трива́ла** long-standing; **те́мна** dark; **незбагне́нна** unfathomable, **непоя́снена** unexplained, **непрони́кна** impenetrable, **нерозв'я́зана** unsolved, **нерозв'я́зна** unsolvable; **археологі́чна** archeological, **космі́чна** space, **науко́ва** scientific; **боже́ственна** divine, **духо́вна** spiritual, **релігі́йна** religious, **свяще́нна** sacred ◊ **свяще́нна т. наро́дження і сме́рти** the sacred mystery of birth and death; ◊ **покри́тий ~ею** shrouded in mystery ◊ **Поді́я покри́та ~ею.** The event is shrouded in mystery.
т. + *n.* **т. а́тому** the mystery of atom (**ві́ри** faith; **буття́** existence; **ко́смосу** space; **приро́ди** nature)
v. + **т. відкрива́ти ~ю** discover a mystery ◊ **Він відкри́в їм ~ю дубо́вої скри́ньки.** He revealed the mystery of the oak box to them. (**вичисля́ти** *colloq.* figure out, **поя́снювати** explain, **проя́снювати** clear up, **розв'я́зувати** solve; **вивча́ти** study, **дослі́джувати** explore, **збагну́ти** *only pf.* fathom ◊ **Збагну́ти ~ю його́ перетво́рення мо́же люди́на з непересі́чним ми́сленням.** A person of unconventional thinking can fathom the mystery of his transformation. **прони́кнути в** penetrate, **пролива́ти сві́тло на** shed light on; **розумі́ти** understand; **зберіга́ти** retain ◊ **По́стать Домонто́вича зберіга́є свою́ ~ю для дослі́дників.** The figure of Domontovych retains its mystery for researchers. **ма́ти** have, **хова́ти** hide; **представля́ти** present, **станови́ти** constitute; **погли́блювати** deepen) ◊ **Нові́ фа́кти погли́блювали ~ю її зни́кнення.** The new facts deepened the mystery of her disappearance. **бу́ти ~ею** be a mystery (**лиша́тися** remain, **покрива́ти** shroud sth ◊ **Час покрива́є вби́вство непрони́кною ~ею.** Time shrouds the murder in an impenetrable mystery. **става́ти** become)
т. + *v.* **(за)лиша́тися** remain ◊ **Т. на́пису лиша́ється без ві́дповіді.** The mystery of the inscription remains without an answer. **існува́ти** exist; **зника́ти** disappear, **розві́юватися** dissipate, **погли́блюватися** deepen ◊ **Із ча́сом т. ви́крадення міні́стра погли́билася.** With time, the mystery of the minister's kidnapping deepened. **ото́чувати** + *A.* surround sth ◊ **Скарбника́ па́ртії ото́чують ~і.** Mysteries surround the party's treasurer.
prep. **т. для** + *G.* a mystery to sb; **т. навко́ло** + *G.* a mystery around sth ◊ **нерозв'я́зані ~і навко́ло поже́жі в бібліоте́ці** unsolved mysteries around the library fire; **т. стосо́вно** *and* **що́до** + *G.* a mystery as to sb/sth ◊ **Існу́є бага́то ~ь що́до відста́вки у́ряду.** There exist many mysteries as to the government's resignation.
Also see **зага́дка 2**
3 secret, recipe, formula ◊ **Учені́ не змогли́ розгада́ти ~ю його́ ме́тоду.** Scientists failed to figure out the secret of his method.
adj. **журналі́стська** journalist, **кінематографі́чна** filmmaking, **тво́рча** creative ◊ **У сту́дії вони́ навчи́лися багатьо́х тво́рчих ~ь.** In the studio, they learned many creative secrets.
See **секре́т**

таємни́ч|ий, *adj.*
mysterious, enigmatic, inscrutable
adv. **до́сить** fairly, **ду́же** very ◊ **Обста́вини її по́яви в теа́трі ду́же ~і.** The circumstances of her appearance in the theater are very mysterious. **напра́вду** truly, **спра́вді** really; **намі́рено** intentionally

т. + *n.* **т. гість** a mysterious guest (**добро́дій** benefactor, **покупе́ць** buyer, **прихи́льник** supporter ◊ **чек від ~ого прихи́льника** a check from a mysterious supporter; **чолові́к** man; **ше́піт** whisper); **~а жі́нка** a mysterious woman (**си́ла** force) ◊ **~а си́ла штовхала Хому́ в обі́йми ціє́ї люди́ни.** Some mysterious force pushed Khoma into the embrace of this individual. **~е зі́лля** mysterious herbs, **~е передба́чення** an enigmatic prediction; **~і слова́** enigmatic words

v. + **т. бу́ти ~им** be mysterious ◊ **Він – осо́ба ~а.** He is a mysterious person. (**здава́тися** + *D.* seem to sb; **лиша́тися** remain; **става́ти** become) ◊ **Її го́лос став ~им.** Her voice became mysterious.

prep. **т. для** + *G.* mysterious for sb ◊ **Для Оле́га нічо́го ~ого в її слова́х не було́.** There was nothing enigmatic in her words for Oleh.

Also see **таємний 3, те́мний 5, химе́рний 5**

так, *part., adv., conj.*

1 *part. yes (affirmative answer to a question, opposite of* **ні** *no)*; ◊ **т. чи ні?** yes or no? ◊ **Ви йдете́ на виста́ву? – Т., звісно!** Are you going to the performance? – Yes, certainly!

Also see **звича́йно 3, зго́да 3**

2 *adv.* so, thus, like this, this way, the way ◊ **Лука́ш т. хо́че поба́чити Пари́ж.** Lukash so wants to see Paris. ◊ **Чому́ ти т. ди́вишся?** Why are you looking so? ♦ **т. і не ина́кше** this and no other way; ♦ **Це т. тя́жко чита́ти.** This is so hard to read. ♦ **Дівча́там це т. подо́бається.** The girls like it so. ◊ **Вона́ розказа́ла все т., як чу́ла від очеви́дців.** She told everything the way she had heard it from the eyewitnesses. ♦ **як, т. і** the moment ... at once ◊ **Ори́ся як зачу́ла кро́ки в коридо́рі, т. і ки́нулася до двере́й.** The moment Orysia heard the steps in the corridor, she dashed to the door. ◊ **Т. вони́ познайо́милися.** Thus they met. ♦ **не т.** the wrong way ◊ **Що я не зроблю́ – все не т.!** Never mind what I do–everything is wrong! ◊ **Ході́мо ціє́ю доро́гою, т. скорі́ше.** Let's take this road–it is quicker that way. ♦ **давно́ б т.** way to go; high time you (he, she, *etc.*) did it; ♦ **са́ме т.** exactly; ♦ **і т. да́лі** and so on; ♦ **т. би мо́вити** so to speak; ♦ **т. і є** indeed, really; ♦ **т. зва́ний** so-called ◊ **Цей т. зва́ний уря́д т. зва́ної респу́бліки не ма́є леґіти́мности.** This so-called government of the so-called republic has no legitimacy. ♦ **т. тобі́ й тре́ба** serves you right; ♦ **т. са́мо** the same way, also ◊ **Він т. са́мо лю́бить поговори́ти про мисте́цтво.** He also likes to talk about arts. ♦ **т. чи ина́к** *or* **ина́кше** this way or the other, anyway ◊ **Т. чи ина́к, але́ вам доведе́ться поважа́ти зако́н.** This way or the other, but you will have to respect the law.

3 *adv.* so much, to such an extent ◊ **Тому́ вони́ т. ці́нять ко́жну годи́ну відпочи́нку.** That's why they value every hour of rest so much.

Also see **сті́льки 1**

4 without consequences, for free, free of charge ◊ **Зая́ва їй про́сто т. не мине́ться.** The statement will not slide without consequences for her. **за т.** free of charge ◊ **Пе́рший фільм вони́ диви́лися за т.** They watched the first movie free of charge. ♦ **т. собі́** so-so, all right, not too bad ◊ **Марко́ почува́вся т. собі́.** Marko felt not too bad.

5 *part. (used at the beginning of question to express doubt, wonder, disbelief)* ◊ **Т. це ви тут нача́льник?** Are you the boss here? ◊ **Т. це і є акто́рка, про яку́ сті́льки пи́шуть?!** And that is the actress they write about so much, isn't that?!

6 *conj.* but, however, yet ◊ **Зінке́вич, хоч і ни́жчий за Сердюка́, т. сильні́ший.** Though shorter than Serdiuk, Zinkevych is yet stronger. ◊ **Хоч дурна́, т. хи́тра.** She is stupid but cunning.

See **але́, зате́, проте́**

таки́, *part. (used both before and after the word)*

1 indeed, exactly; still, yet ◊ **Це т. її маши́на.** This is indeed her car. ◊ **Кни́жка ви́явилася т. ді́йсно** *or* **ді́йсно т. ціка́вою.** The book turned out to be interesting indeed. ◊ **О́ля т. не ма́ла ра́ції.** Still Olia was wrong.

2 finally, in the long run, after all ◊ **Він до́вго збира́в гро́ші на комп'ю́тер і т. назбира́в.** For a long time he had been saving money for a computer and finally he saved enough. ◊ **Оле́на т. пого́дилася на у́часть у за́ході.** Olena agreed to a part in the event after all. ♦ **все-т.** still, all the same ◊ **Вони́ все-т. поїхали на Донба́с.** They went to Donbas all the same. ♦ **т. так** yes indeed

так|и́й, *adj.*

such ◊ **Я зна́ю ~о́го фахівця́.** I know such an expert. ◊ **~і фі́льми за́вжди́ ціка́ві.** Such films are always interesting. ♦ **т., як** + *N.* such as ◊ **Ми побува́ли в ~их міста́х, як Ки́їв, Оде́са та Ха́рків.** We visited such cities as Kyiv, Odesa, and Kharkiv. ♦ **т. са́мий** the same ◊ **Рома́на ~а́ са́ма студе́нтка, як і Стефа́н.** Romana is the same kind of student as Stefan. ♦ **в ~о́му ра́зі** in that case ◊ **У ~о́му ра́зі я лишу́ся вдо́ма.** In that case, I'll stay home. ♦ **нічо́го ~о́го** nothing special, nothing to write home about ◊ **У лі́тніх табора́х дівча́та нічо́го ~о́го не роби́ли.** The girls did nothing to write home about at the summer camps. ♦ **хто т.** + *n.* what kind, who is ◊ **Хто ~а́ па́ні Стрільчу́к?** Who is Mrs. Strilchuk? ♦ **що ~е́** + *n. (asking for explanation)* what is ◊ **Що ~е́ «новина́р»?** What does *novynar* mean? ♦ **Що ~е́?** What did you say? Come again? ♦ **як т.** as such, in and of itself ◊ **Пое́зія як ~а́ ма́ло ціка́вила Зо́ю.** Poetry as such was of little interest to Zoya.

Also see **поді́бний 2**

та́ко́ж, *adv., conj.*

1 *adv.* also, as well, too, **Оре́ст т. хо́че поба́чити його́.** Orest also wants to see him. ◊ **Вона́ т. була́ на прем'є́рі.** She was at the premiere too.

Also see **теж**

2 *conj., usu after* **а** as well as ◊ **Ка́тря поба́чилася зі стари́ми дру́зями, а т. познайо́милася з нови́ми.** Katria saw her old friends as well as met some new ones.

таксі́в|ка, *f.*

taxi, taxicab, cab

adj. **ванта́жна** cargo, **місь́ка** city; **неліцензо́вана** unlicensed; **прива́тна** private; **екологі́чна** ecological ◊ **На ву́лицях мі́ста з'яви́лися екологі́чні ~ки.** Ecological taxicabs appeared on the city streets. **зеле́на** green

n. + **т. водій ~ки** a taxi driver (**зупи́нка** stand); **пла́та за ~ку** taxi fare

v. + **т. бра́ти ~ку** take a taxi ◊ **Щоб не запізни́тися, вони́ взяли́ ~ку.** In order not to be late, they took a taxi. (**виклика́ти** call ◊ **Він ви́кликав ванта́жну ~ку.** He called a cargo taxi. **(ви)найма́ти** hire, **замовля́ти** order ◊ **Вона́ замо́вить ~ку по телефо́ну.** She will order a taxi over the phone. **злови́ти** *or* **пійма́ти** *pf.* catch ◊ **У цю по́ру доби́ пійма́ти ~ку не так ле́гко.** It is not so easy to catch a taxi at this time of day. **знайти́** *pf.* find, **зупиня́ти** flag down ◊ **Га́ля підняла́ ру́ку, щоб зупини́ти ~ку.** Halia raised her hand to flag down a taxi. **вести́** *and* **води́ти** drive ◊ **Жі́нка, що вела́ ~ку, була́ балаку́чою.** The woman who drove the cab was talkative. **дзвони́ти по** call for; **плати́ти за** pay for; **сіда́ти в** get into) ◊ **Він шви́дко сів у ~ку.** He quickly got into the taxi. **вихо́дити з ~ки** get out of a taxi; **діли́тися ~кою з** + *I.* share a taxi with sb ◊ **Вони́ поділи́лися ~кою.** They shared a taxi. (**ї́хати** go by) ◊ **Поїдемо ~кою.** We'll go by taxi.

prep. **у ~ку** *dir.* in/to a taxi; **у ~ці** *posn.* in a taxi ◊ **Він забу́в комп'ю́тер у ~ці.** He left his computer in the taxi.

G. pl. **~ок**

такт[1], *m.*,**~у**, *mus.*

beat, time, rhythm; measure *(in a music score)*

adj. **ва́льсовий т.** a waltz rhythm; **подві́йний т.** a double beat, **шви́дки́й т.** a quick beat

v. + **т. вибива́ти** *or* **відбива́ти, всту́кувати т.** clock measure ◊ **Вона́ гра́ла в той час, як учи́тель відбива́в т.** She played, while her teacher clocked measure. (**трима́ти** keep) ◊ **Дириґе́нт трима́в т.** The conductor kept the measure. **збива́ти** + *A.* **з ~у** throw sb off rhythm ◊ **Гу́пання збива́ло її з ~у.** Thumping threw her off rhythm. (**збива́тися з** lose) ◊ **Танцюри́сти зби́лися з ~у.** The dancers lost their beat.

prep. **в т.** *or* **під т.** *dir.* in time ◊ **Він грав, а пу́бліка пле́скала в т.** *or* **під т.** He played, while the audience clapped in time. **у т.** *or* **під т. з** + *I.* in time with sth ◊ **Лев всту́кує па́льцями по колі́ну в т. із му́зикою.** Lev tapped his fingers on his knee in time with the tune. **не в т. з** + *I.* out of time with sth ◊ **Він танцюва́в не в т. із му́зикою.** He danced out of time with the music.

See **ритм**

такт[2], *m.*,**~у**

tact, tactfulness, subtlety, sensitivity

adj. **вели́кий** great, **винятко́вий** exceptional, **значни́й** considerable, **неаби́який** extraordinary, **приро́джений** inborn, **приро́дний** natural, **спра́вжній** genuine; **диплома́ти́чний** diplomatic; **переклада́цький** translator's, **худо́жній** artistic; **елемента́рний** elementary, **засадни́чий** basic, **звича́йний** common, **примі́ти́вний** rudimentary ◊ **Вона́ не ма́є поня́ття про примі́ти́вний т.** She has no idea about rudimentary tactfulness.

n. + **т. брак ~у** lack of tact (**відчуття́** sense ◊ **Вона́ ма́є приро́джене відчуття́ ~у.** She has an inborn sense of tact. **на́длишок** excess)

v. + **т. виявля́ти т.** show tactfulness ◊ **Вона́ ви́явила т. у супере́чці.** She showed tact in an argument. (**демонструва́ти** display; **ма́ти** have); **бракува́ти** + *D.* **~у** lack tact ◊ **Іри́ні браку́є ~у.** Iryna lacks tact. (**вимага́ти** require ◊ **Робо́та психо́лога вимага́є неаби́якого ~у.** The work of a psychologist requires extraordinary tactfulness. **потребува́ти** need) ◊ **Переклада́ч пое́зії потребу́є худо́жнього ~у.** A poetry translator needs artistic sensitivity.

т. + *v.* **диктува́ти** + *D.* dictate to sb ◊ **Засадни́чий т. диктува́в Роксоля́ні мовча́ти.** Basic tactfulness dictated to keep mum to Roksolana. **підка́зувати** + *D.* prompt sb ◊ **Т. підка́зував йому́ не втруча́тися в супере́чку.** His tactfulness prompted him not to interfere in the argument.

prep. **без ~у** without tact; **з ~ом** with tact ◊ **До деліка́тної спра́ви слід підхо́дити з вели́ким ~ом.** A sensitive matter should be approached with great tact.

Also see **диплома́тія 2, диплома́ти́чність, чутли́вість**

та́ктик, *m.*

tactician

adj. **вели́кий** great, **видатни́й** outstanding ◊ **Вона́ – видатни́й т. політи́чної війни́ на ви́снаження.** She is an outstanding tactician of the political war of attrition. **генія́льний** brilliant; **ви́пробуваний** tested, **дові́дчений** experienced; **розу́мний** clever, **спри́тний** astute, **твере́зий** sober, **хи́трий** sly; **доскона́лий** accomplished, **неперевéршений** unrivaled, **приро́джений** born; **військо́вий** military ◊ **Він – вели́кий військо́вий т. і страте́г.** He is a great military tactician and strategist. **вое́нний** war, **політи́чний** political

v. + **т. зна́ти** + *A.* **як** know sb as ◊ **Його́ зна́ють як неперевéршеного ~а.** He is known as an unrivaled tactician. **бракува́ти** + *D.* **~а** lack a tactician ◊ **Військо́ві бракува́ло до́брого ~а.** The troops lacked a good tactician. (**потребува́ти** need); **бу́ти ~ом** be a tactician (**виявля́тися** turn out; **лиша́тися** remain, **става́ти** become) ◊ **Вона́**

стáла неабиякúм ~ом. She has become an extraordinary tactician.
Ant. **стратéг**

тáкти|ка, *f.*
tactic, tactics
adj. **бойовá** combat, **військóва** military ◊ **знáний фахівéць із військóвої ~ки** a well-known expert in military tactics; **морськá** naval; **агресúвна** aggressive, **наступáльна** offensive; **оборóнна** defensive; **короткотермінóва** short-term; **вúборча** electoral, **законодáвча** legislative, **парлáментська** parliamentary, **політúчна** political; **мáркетингова** marketing, **реклáмна** promotional, **торгóва** sales; **закóнна** legitimate, **тонкá** subtle; **кáверзна** devious, **обхіднá** roundabout, **підстýпна** treacherous, **потайнá** stealth ◊ **Тут моглá бýти дієвою тíльки потайнá т.** Only stealth tactics could be effective here. **сумнíвна** dubious ◊ **Щоб досягнýти метú, він не спинúвся пéред усякого рóду сумнíвною ~кою.** To achieve his goal, he did stop at all sorts of dubious tactics. **хúтра** cunning; **скрáйня** extreme ◊ **Її скрáйня т. далá результáт, протилéжний бáжаному.** Her extreme tactic yielded the result, opposite to the desired one. **войовнúча** militant, **насúльницька** violent, **партизáнська** guerrilla, **радикáльна** radical, **революцíйна** revolutionary, **терористúчна** terrorist, **шóкова** shock; **психологíчна** psychological; **знайóма** familiar, **ортодоксáльна** orthodox, **типóва** typical, **хрестоматíйна** textbook; **неортодоксáльна** unorthodox, **новá** new; **звáжена** discreet, **мýдра** wise, **оберéжна** cautious, **розýмна** intelligent, **спрúтна** shrewd; **послідóвна** consistent; **авантюрна** reckless, **необдýмана** thoughtless
т. + *n.* **т. відволікáння** a diversionary tactic (**дóпиту** interrogation ◊ **Він застосóвував неортодоксáльну ~ку дóпиту.** He used an unorthodox interrogation tactic. **залякування** scare, **зволікáння** delay ◊ **Перемóвини – ніщó íнше, як ~ка зволікáння.** The talks are nothing other than a delay tactic. **терóру** terror, **уникáння** avoidance); **т. гри** the tactics of the game (**дій** actions; **нáступу** offensive, **оборóни** defense; **переговóрів** negotiations, **поведíнки** behavior)
v. + **т. вибирáти ~ку** choose a tactic ◊ **Він вúбрав оберéжну ~ку.** He chose a cautious tactic. (**використóвувати** use, **застосóвувати** apply, **розгортáти** deploy; **приймáти** adopt; **змíнювати** *or* **мінúти** change ◊ **Фáня мінила ~ку залéжно від обстáвин.** Fania changed tactic, depending on the circumstance. **переглядáти** review, **переосмúслювати** rethink; **стáвити під сýмнів** question; **обговóрювати** discuss ◊ **Усí зібрáлися обговорúти ~ку дій.** Everybody gathered to discuss the tactic of actions. **планувáти** plan, **розроблúти** develop); **вимагáти ~ки** require a tactic ◊ **Ситуáція вимагáє звáженої ~ки.** The situation requires a discreet tactic. (**вдавáтися до** resort to) ◊ **Він удáвся до ~ки уникáння.** He resorted to avoidance tactic. **відмовлятися від** give up)
т. + *v.* **бýти успíшною** succeed, **виправдóвувати себé** pay off ◊ **Т. пáртії вúправдала себé.** The party's tactic paid off. **зазнавáти порáзки** fail, **провáлюватися** bomb ◊ **Новá т. із трíском провалúлася.** The new tactic bombed spectacularly.
Ant. **стратéгія**

тактúчн|ий, *adj.*
tactical ◊ **Вонú опрацювáли ~і зáходи на вúпадок стихíйного лúха.** They developed tactical measures for the eventuality of a natural disaster. ◊ **Вонú мáли новí ~і ракéти.** They had new tactical missiles. ◊ **Генерáл керувáвся винятковó ~ими міркувáннями.** The general was driven exceptionally by tactical considerations.
Ant. **стратегíчний**

тактóвн|ий, *adj.*
tactful, sensitive, subtle
adv. **винятковó** exceptionally, **дóсить** fairly, **дýже** very, **надзвичáйно** extremely; **(за) нáдто** too ◊ **Він не мáє репутáції занáдто ~ої людúни.** He does not have the reputation of too tactful a person. **осóбливо** especially, **спрáвді** really, **страшéнно** awfully
v. + **т. бýти ~им** be tactful ◊ **Він т., як і належить дипломáтові.** He is tactful, as befits a diplomat. (**вважáти** + *A.* consider sb/sth ◊ **Вонá не вважáє заувáгу ~ою.** She does not consider the remark to be tactful. **виявлятися** turn out, **здавáтися** + *D.* seem to sb)
prep. **т. з** + *I.* with sb ◊ **Лíкар т. із пацієнтами.** The doctor is tactful with patients. **т. у** + *L.* tactful about sth ◊ **Він т. у вúборі тем для обговóрення.** He is tactful in his choice of topics for discussion.
Also see **дипломатúчний 2, чутлúвий**

таланови́т|ий, *adj.*
1 talented *(of a person)*, gifted
adv. **винятковó** exceptionally ◊ **Дéякі танцюрúсти в грýпі булú винятковó ~ими.** Some dancers in the group were exceptionally talented. **дóсить** fairly, **дýже** very, **надзвичáйно** extremely, **напрóчуд** amazingly, **неймовíрно** incredibly, **неправдоподíбно** improbably, **нечýвано** without precedent, **страшéнно** terribly, **фантастúчно** fantastically; **(за)нáдто** too, **осóбливо** especially, **напрáвду** truly ◊ **напрáвду ~а молодá поéтка** a truly talented young (female) poet; **спрáвді** really, **страшéнно** awfully
v. + **т. бýти ~им** be talented ◊ **Як музúка, Антíн не був занáдто ~им, хоч дýже старáнним.** As a musician, Antin was not too talented, but very diligent. (**вважáти** + *A.* consider sb, **виявлятися** turn out ◊ **Мáрта вúявилася ~ою дівчúною.** Marta turned out to be a talented girl. **здавáтися** + *D.* seem to sb) ◊ **Він здáвся дóсить ~им сценарúстом.** He seemed a fairly talented scriptwriter.
Also see **геніáльний, здáтний 2, здíбний, обдарóваний**
2 masterly *(of a work of art, etc.)*, masterful, accomplished, done with talent ◊ **Кóжен її фільм т.** Each of her movies is accomplished.
Also see **довéршений 2, досконáлий 1**

талáнт, *m.*, **~у**
talent, gift; *also fig.* talented person
adj. **велúкий** great ◊ **Такúй велúкий т., як у нéї, рíдко трапляється.** Such a great talent as hers is rarely found. **величéзний** immense, **видатнúй** outstanding, **дивовúжний** amazing, **значнúй** considerable, **колосáльний** colossal ◊ **жíнка з колосáльним ~ом педагóга** a woman of a colossal educator's talent; **неабиякúй** extraordinary, **неймовíрний** incredible, **непересíчний** uncommon, **неправдоподíбний** improbable; **винятковúй** exceptional, **особлúвий** special, **рíдкісний** rare, **унікáльний** unique; **безсумнíвний** indubitable, **незаперéчний** undeniable, **правдúвий** true, **спрáвжній** real; **спрáвжній** God-given ◊ **Вонá мáє т. оповідáти istóрії.** She has a real talent of story-telling. **прирóджений** inborn; **нерозкрúтий** undiscovered, **прихóваний** hidden; **доморóщений** home-grown; **молодúй** young ◊ **Сéред їхніх знайóмих багáто молодúх ~ів.** *fig.* There are many young talents among their acquaintances. **новúй** new, **рáнній** precocious, **свíжий** fresh; **актóрський** acting ◊ **Її актóрський т. незаперéчний.** Her acting talent is undeniable. **вокáльний** vocal ◊ **Робóта в óпері вимагáє неабиякого вокáльного ~у.** Work in opera requires an extraordinary vocal talent. **літератýрний** literary, **музúчний** musical, **наукóвий** scientific, **ораторський** speaker's, **сценíчний** stage, **педагогíчний** pedagogical, **письмéнницький** writing ◊ **Письмéнницький т. хлóпця вражáв кóжного.** The boy's writing talent impressed everyone. **твóрчий** creative; **найкрáщий** best ◊ **Тúсячі найкрáщих ~ів країни вúїхали за кордóн.** *fig.* Thousands of the country's best talents went abroad.
v. + **т. мáти т.** have a talent (**посідáти** possess ◊ **Єва посідáє унікáльний т. психологíчного перевтíлення.** Yeva possesses a unique talent of psychological reincarnation. **розвивáти** develop; **виявляти** reveal, **демонструвáти** demonstrate, **покáзувати** show ◊ **Фестивáль був нагóдою показáти кінематографíчні ~и країни.** The festival was an occasion to show the filmmaking talents of the country. **проявляти** display; **бáчити** see, **відкривáти** discover, **впізнавáти** recognize, **знахóдити** find, **помічáти** spot; **використóвувати** use, **культивувáти** cultivate, **плекáти** foster, **реалізувáти** realize, **розвивáти** develop ◊ **Її прирóджений т. слід упóвні розвúнути.** Her inborn talent should be fully developed. **залучáти** bring in ◊ **Він залучúв до прогрáми свíжі ~и.** He brought in some fresh talent to the program. **привáблювати** attract; **марнувáти** squander, **розтрáчувати** waste ◊ **Рокáми Лíна розтрáчувала педагогíчний т.** For years, Lina had wasted her pedagogical talent.
т. + *v.* **крúтися в** + *L.* lie in sth ◊ **Її твóрчий т. крúвся в режисýрі, а не у грі.** Her creative talent lay in his directing not in acting. **полягáти в** + *L.* consist in sth ◊ **Її т. полягáє в здáтності заворóжувати слухачá.** Her talent consists in her capacity to enchant the listener.
prep. **без ~у** without talent ◊ **дитúна не без музúчного ~у** a child not without musical talent; **з ~ом** with talent ◊ **На курс запúсували студéнтів зі сценíчним ~ом.** Students with stage talent were admitted to the course. **т. до** + *G.* a talent for sth ◊ **Кáтря проявляла непересíчний т. до малювáння.** Katria displayed an uncommon talent for drawing.
Also see **гéній 1, дáні 3**

тáлі|я, *f.*, **~ї**
waist, waistline, middle
adj. **вузькá** slim, **малéнька** small, **тонкá** slender ◊ **Óля мáє неймовíрно тонкý ~ю.** Olia has an incredibly slender waist. **ширóка** wide
v. + **т. обіймáти ~ю** hug sb's waist (**охóплювати** clasp ◊ **Любомúр охопúв її ~ю.** Liubomyr clasped her waist. **обіймáти за** hug sb by) ◊ **Івáнна обнялá йогó за ~ю.** Ivanna hugged him by the waist.
prep. **від ~ї вгóру** from the waist up ◊ **Йогó тíло засмáгло лишé від ~ї вгóру.** His body got suntanned only from the waist up. **від ~ї вниз** *or* **додóлу** from the waist down ◊ **Сарóнг огортáв її стан від ~ї додóлу.** The sarong wrapped her figure from the waist down. **навкóло ~ї** around a waist ◊ **Лáна нóсить ширóкий пáсок навкóло ~ї.** Lana wares a wide belt around her waist.
See **пóперек**[1]. *Also see* **пóяс 2**

там, *adv., part.*
1 *adv.* there ◊ **Ярéма чекáтиме т., бíля вхóду.** Yarema will be waiting there, near the entrance. ◊ **Хто т.?** Who's there? ♦ **т. же** *or* **т. сáмо** the same place ◊ **Ірúна вчúться т. же** *or* **т. самó, що й Гáнна.** Iryna and Hanna study at the same place. ♦ **т. і сям** *or* **сям і т.** here and there ◊ **Підлóга в хáті т. і сям погнилá.** The floor in the house rotted here and there.
Ant. **тут**
2 *colloq., adv.* then, thereafter ◊ **Спочáтку Вíта розказáла це менí, т. Микóлі, а т. і всім íншим.** First Vita told me about it, then Mykola, and then everybody else. ♦ **Т. вúдно бýде.** We'll see when we get there. ◊ **Їм трéба дійтú додóму, а т. вúдно бýде.** They need to get home, then we'll see.
3 *part. (for emphasis)* ◊ **Я знайдý йогó, де б він т. не ховáвся.** I'll find him, wherever he may hide.

◊ **Скі́льки б це т. не ко́штува́ло.** However much it may cost. ◊ **Хто б т. не був.** Whoever it may be.

та́н|ець, *m.*, **~цю**
1 dance; *only sg.* dance *(as art)*
adj. **ба́льний** ballroom ◊ **Вальс – це ба́льний т.** The waltz is a ballroom dance. **наро́дний** folk; **традиці́йний** traditional; **гуцу́льський** Hutsul, **поді́льський** Podillia, **цига́нський** Gypsy; **еспа́нський** Spanish, **украї́нський** Ukrainian, *etc.* ◊ **сту́дія украї́нського наро́дного ~цю** a Ukrainian folk dance studio; **весі́льний** wedding; **ритуа́льний** ritual; **пе́рший** first ◊ **Вона́ пообіця́ла Хомі́ пе́рший т.** She promised Khoma the first dance. **оста́нній** last; **жва́вий** lively ◊ **Васи́ль віддає́ перева́гу жва́вим ~цям.** Vasyl gives preference to lively dances. **запа́льний** fiery, **ритмі́чний** rhythmic, **швидки́й** fast; **велича́вий** stately, **пові́льний** slow, **урочи́стий** solemn; **мо́дний** fashionable ◊ **У часи́ ї́хньої ю́ності мо́дним ~ем був шейк.** In times of their youth, the shake was a fashionable dance. **популя́рний** popular; **нови́й** new, **стари́й** old, **старови́нний** ancient
v. + **т. вико́нувати т.** perform a dance ◊ **Чоти́ри па́ри ви́конали старови́нний весі́льний т.** Four pairs performed an ancient wedding dance. (**танцюва́ти** dance; **обіця́ти** + *D.* promise sb; **вивча́ти** learn; **люби́ти** like ◊ **Яри́на лю́бить наро́дні ~ці.** Yaryna likes folk dances. **запро́шувати** + *A.* **на** ask sb to) ◊ **На т. тепе́р чолові́ків запро́шують жі́нки.** Now women asked men to a dance.
2 *only pl.* dance *(as social meeting)*
adj. **шкі́льні** school ◊ **Щосубо́ти Оле́на хо́дить на шкі́льні ~ці.** Every Saturday, Olena goes to a school dance.
v. + **т. організо́вувати ~ці** organize a dance (**прово́дити** hold); ♦ **ходи́ти на ~і** go dancing ◊ **Оле́г лю́бить ходи́ти на ~і.** Oleh likes to go dancing.
prep. **на ~ці** *dir.* to a dance; **на ~цях** *posn.* at a dance ◊ **Вони́ познайо́милися на ~цях у клу́бі.** They met at a dance in the club.

танк, *m.*, **~а**
mil. tank
adj. **армі́йський** army, **бойови́й** battle; **найнові́ший** state-of-the-art ◊ **Диві́зія має на озбро́єнні найнові́ші ~и.** The division is armed with state-of-the-art tanks. **нови́й** new; **секре́тний** secret
n. + **т. екіпа́ж ~а** a tank crew (**команди́р** commander; **па́нцир** armor; **шви́дкість** speed)
v. + **т. вести́** *and* **води́ти т.** drive a tank ◊ **В а́рмії вона́ навчи́лася води́ти т.** In the army, she learned to drive a tank. (**використо́вувати** use, **застосо́вувати** employ ◊ **Застосува́вши ~и, вони́ забезпе́чили б собі́ перемо́гу.** By employing tanks, they would ensure themselves a victory. **зни́щувати** destroy ◊ **Він зни́щив два ~и.** He destroyed two tanks. **підрива́ти** blow up); **вила́зити з ~а** get out of a tank (**зала́зити до** climb into) ◊ **Він залі́з до ~а.** He climbed into the tank.
т. + *v.* **атакува́ти** + *A.* attack sb/sth ◊ **Пози́ції по́лку заатакува́ли ~и.** Tanks attacked the regiment's positions. **наступа́ти на** + *A.* advance on sth ◊ **На залізни́чну ста́нцію наступа́ли ~и.** Tanks advanced on the train station. **обстрі́лювати** + *A.* shell sb/sth, **стріля́ти в** + *A. or* **по** + *L.* fire at sb/sth ◊ **Т. стріля́в у дзвіни́цю** *or* **по дзвіни́ці.** The tank fired at the belfry.

та́н|ути, **~уть**; **роз~**; *pa. m.* **тав** *or* **та́нув**, *pl.* **та́ли** *or* **та́нули**, *intr.*
1 to thaw, melt, melt away
adv. **вже** already, **вре́шті-ре́шт** eventually, **наре́шті** finally, **ра́но чи пі́зно** sooner or later; **все бі́льше** more and more, **поступо́во** gradually ◊ **Потепліло, і сніг став поступо́во т.** It got warmer, and the snow started melting gradually. **потро́ху** little by little ◊ **Сві́чка потро́ху ~ула.** The candle melted little by little. **частко́во** partially; **шви́дко** quickly; **геть** totally ◊ **За ніч кри́га на да́ху геть розта́ла.** Overnight, the ice on the roof totally melted away. **по́вністю** fully ◊ **О́лово по́вністю розта́ло.** The tin melted fully. **ціл́ко́м** completely; **ле́две** barely, **ма́йже** almost, **тро́хи** a little; **не зо́всім** not quite, **ще не** not yet ◊ **Сніг на по́лі ще не розта́нув.** The snow in the field has not yet melted away.
v. + **т. перестава́ти** stop; **почина́ти** begin to, **ста́ти** *pf.* start; **продо́вжувати** continue to ◊ **Са́ло продо́вжувало т. на сковороді́.** The pig fat continued to melt on the skillet.
See **розтава́ти 1**
2 to dissolve ◊ **Мед роста́нув у те́плому молоці́.** The honey dissolved in warm milk.
See **розтава́ти 2.** *Also see* **розчиня́тися**[1]
3 *fig.* to lessen, diminish, decrease; thin out, dissipate, disappear ◊ **Мі́тинг закі́нчився, і юрба́ ста́ла т.** The meeting ended, and the crowd started thinning out. ◊ **Коли́ зійшло́ со́нце, тума́н розта́в.** When the sun went up the fog dissipated. ◊ **Заоща́дження роди́ни з ко́жним днем ~ули.** The family savings diminished by the day. ♦ **т., мов сніг на со́нці** *and* **т. мов віск на вогні́** *fig.* to melt like wax on fire, disappear quickly ◊ **Си́ли во́рога ~ули, мов віск на вогні́.** The enemy forces were melting like wax on fire.
pa. pple. **розта́лий** melted, dissolved
(роз)тань!

танцюва́льн|ий, *adj.*
dance, dancing, of or pertaining to dance
т. + *n.* **т. ве́чір** a dancing party (**ви́ступ** performance; **клуб** club; **ко́нкурс** competition; **крок** step; **ритм** rhythm; **рух** move, **стиль** style); **~а культу́ра** dance culture (**мело́дія** tune, **му́зика** music; **орке́стра** orchestra, **програ́ма** program; **шко́ла** school) ◊ **Він де́сять ро́ків ходи́в до ~ої шко́ли.** For ten years, he attended a dance school. **~е взуття́** dance shoes (**мисте́цтво** art; **трі́о** trio; **шо́у** show)

танцю|ва́ти, **~ють**; **про~**, *tran. and intr.*
to dance, dance; *pf.* **про~** to dance to the end ◊ **Оре́ст не ~є.** Orest does not dance. ◊ **Вони́ протанцюва́ли три та́нці по́спіль.** They danced three dances in a row.
adv. **до́бре** well ◊ **Іва́н до́бре ~є та́нґо.** Ivan dances tango well. **пові́льно** slowly, **романти́чно** romantically; **ди́ко** wildly ◊ **Чолові́ки ди́ко ~вали навко́ло вогню́.** The men danced wildly around the fire. **при́страсно** passionately, **шви́дко** quickly; **ке́псько** poorly, **ле́две** barely, **незґра́бно** clumsily, **пога́но** badly
т. + *n.* **т. арка́н** dance the arkan *(Ukrainian folk dance)* (**вальс** waltz, **гопа́к** hopak *(Ukrainian folk dance)*) ◊ **Не ко́жен мо́же т. гопа́к** *or* **гопака́.** Not everyone can dance hopak. **по́льку** polka, **ру́мбу** rumba, **са́льсу** salsa, **та́нґо** tango; **бале́т** ballet, **па-де-де́** pas de deux, **па-де-труа́** pas de trois, **соло́** solo; **па́ртію** part; **Карме́н** Carmen) ◊ **Вона́ ~вала Карме́н.** She danced (the part of) Carmen.
v. + **т. відмовля́тися** refuse to; **вмі́ти** know how to ◊ **єди́ний та́нець, яки́й Лев умі́є т.** the only dance Lev knows how to dance; **могти́** can; **вчи́ти** + *A.* teach sb to; **навча́тися** learn to ◊ **Полі́на навчи́лася т. вальс.** Polina learned to dance the waltz. **запро́шувати** + *A.* invite sb to ◊ **Іва́н запроси́в Сла́ву т. з ним.** Ivan invited Slava to dance with him. **перестава́ти** stop; **почина́ти** begin to, **ста́ти** *pf.* start; **продо́вжувати** continue; **люби́ти** like to ◊ **Га́ля лю́бить т.** Halia likes to dance. **хоті́ти** want to
prep. **т. з** + *G.* dance for *(joy, etc.)* ◊ **Почу́вши нови́ну, вони́ ста́ли т. з ра́дости.** Having heard the news, they started dancing for joy. **т. з** + *I.* dance with sb ◊ **У цьо́му та́нці чолові́ки ~ють із чолові́ками.** In this dance, men dance with men. **т. під** + *A.* dance to *(a tune)* ◊ **Вони́ ~ють під стари́й програва́ч.** They dance to an old record player. ♦ **т. під ду́дку** to dance to sb's tune ◊ **Вона́ ~є під ду́дку нача́льника.** She dances to her boss's tune.
pa. pple. **протанцьо́ваний** danced
(про)танцю́й!

танцюри́ст, *m.*; **~ка**, *f.*
dancer; ballet dancer
adj. **блиску́чий** brilliant, **вели́кий** great, **видатни́й** outstanding, **до́брий** good, **дове́ршений** accomplished, **леґенда́рний** legendary, **неперевéршений** unsurpassed, **обдаро́ваний** gifted, **талановитий** talented, **хоро́ший** fine, **чудо́вий** wonderful ◊ **Вона́ ма́є за партне́ра чудо́вого ~а.** She has a wonderful dancer for her partner. **досві́дчений** experienced, **на́вчений** trained, **професі́йний** professional; **головни́й** principal, **найкра́щий** best, **провідни́й** *or* **чоло́вий** lead ◊ **Зінчу́к був чоло́вим ~ом бале́тної тру́пи.** Zinchuk was the lead dancer of the ballet company.
т. + *n.* **т. бале́ту** a ballet dancer (**ба́льного та́нцю** ballroom, **екзоти́чного та́нцю** exotic, **класи́чного та́нцю** classical, **наро́дного та́нцю** folk) ◊ **Він був ~ом наро́дного та́нцю.** Viktor was a folk dancer.
v. + **т. працюва́ти ~ом** work as dancer ◊ **Ада́м працюва́в ~ом.** Adam worked as dancer. (**става́ти** become) ◊ **Він став до́брим ~ом.** He became a good dancer.
т. + *v.* **вико́нувати** + *A.* perform sth ◊ **Молоди́й т. блиску́че вико́нує па́ртію Спартака́.** The young dancer performs the part of Spartacus brilliantly. **виступа́ти** *intr.* perform ◊ **Т. переста́в виступа́ти рік тому́.** The dancer stopped performing a year ago. **ру́хатися** move

тари́ф, *m.*, **~у**
tariff, rate
adj. **висо́кий** high ◊ **висо́кі ~и на прої́зд у тра́нспорті** high transportation fare rates; **гнучки́й** flexible; **єди́ний** uniform; **зни́жений** discounted, **низьки́й** low, **помірко́ваний** moderate; **захисни́й** protective ◊ **Селя́нин потребу́є захисни́х ~ів.** The peasant is in need of protective tariffs. **пі́льговий** preferential, **протекціоні́стський** protectionist, **штрафни́й** punitive; **вну́трішній** internal, **зо́вні́шній** external; **е́кспортний** export, **і́мпортний** import, **ми́тний** customs; **промисло́вий** industrial, **сільськогоспода́рський** agricultural; **зага́льний** across-the-board; **десятивідсо́тковий** 10%
n. + **т. впрова́дження ~у** introduction of tariff (**накла́дення** imposition, **збі́льшення** increase **скасува́ння** elimination, **скоро́чення** reduction); **рі́вень ~ів** a tariff level (**систе́ма** system, **структу́ра** structure)
v. + **т. впрова́джувати т.** introduce a tariff ◊ **Уряд упрова́див висо́кий і́мпортний т. на вжи́вані автомобі́лі.** The government introduced a high import tariff on used cars. (**встано́влювати** fix, **наклада́ти на** + *A.* impose on sth ◊ **Росі́я накла́ла стовідсо́тковий т. на грузи́нські ви́на.** Russia imposed a 100% tariff on Georgian wines. **підійма́ти** *or* **підніма́ти** increase, **підно́сити** raise; **скасо́вувати** eliminate ◊ **Уряд скасува́в ~и на сталь.** The government eliminated the steel tariffs. **зни́жувати** lower, **скоро́чувати** reduce
prep. **т. на** + *A.* a tariff on sth ◊ **т. на ши́нку** ham tariff

тарі́л|ка, *f.*
plate, dish; plateful
adj. **вели́ка** big ◊ **Він ї́сть із вели́ких ~о́к.** He eats from big plates. **мала́** small, **мале́нька** *dim.* little, **невели́ка** small, **сере́дня** medium; **по́вна** full, **напівпоро́жня** half-empty, **поро́жня**

empty; **алюмі́нієва** aluminum, **гли́няна** earthen, **дерев'я́на** wooden, **керамі́чна** ceramic, **паперо́ва** paper, **пінопла́стова** styrofoam, **пластма́сова** plastic, **порцеля́нова** porcelain ◊ **Вече́рю подава́ли на порцеля́нових ~ка́х.** The dinner was served on porcelain plates. **десе́ртна** dessert; **брудна́** dirty, **масна́** greasy, **чи́ста** clean

т. + *n.* **т. варе́ників** a plateful of varenyks (**голубці́в** stuffed cabbage, **гре́чки** buckwheat, **пече́ні** roast, **ри́су** rice, **сала́ти** salad)

v. + **т. бра́ти ~ку** take a plate ◊ **Він узя́в із ми́сника невели́ку ~ку.** He took a small dish from the cupboard. (**витира́ти** wipe, **ми́ти** wash; **ста́вити** put ◊ **Господи́ня поста́вила пе́ред не́ю ~ку сала́ти.** The hostess put a plate of salad in front of her. **збира́ти** collect, **прибира́ти** clear away; **наклада́ти** load ◊ **На́дя накла́ла ~ку ри́су.** Nadia loaded a plate of rice. **ї́сти** eat, clear ◊ **Він з'їв ~ку спаге́ті.** He cleared a plate of spaghetti. **розбива́ти** break ◊ **За звича́єм, режисе́р розби́в ~ку на ща́стя.** By custom, the director broke a plate for good luck.

prep. **на ~ку** *dir.* on/to a plate ◊ **Він поста́вив го́рщик на ~ку.** He put the pot on a plate. **на ~ці** *posn.* on a plate ◊ **Го́рщик стоя́в на ~ці.** The pot stood on a plate. **у ~ку** *dir.* on/to a plate ◊ **Він покла́в у ~ку ло́жку смета́ни.** He put a spoonful of sour cream on his plate. **у ~ці** *posn.* on a plate ◊ **У ~ці вже є смета́на.** There already is sour cream on the plate. ♦ **бу́ти не у своі́й ~ці** to be not quite oneself, be ill at ease ◊ **Тут Софі́я була́ не у свої́й ~ці.** Here, Sofia was not quite herself.

Also see **ми́ска**

твари́н|а, *f.*
animal

adj. **дома́шня** household ◊ **Вони́ ма́ють ку́ри, сви́ні та і́нші дома́шні ~и.** They have chickens, pigs, and other household animals. **сві́йська** domestic ◊ **Коро́ва є сві́йською ~ою.** The cow is a domestic animal. **в'ючна́** pack ◊ **Віслюка́ використо́вують як в'ю́чну ~у.** Donkeys are used as pack animals. **тяглова́** draft; **ди́ка** wild, **здичаві́ла** ferral; **водяна́** aquatic, **лісова́** forest, **морська́** marine, **пір'я́ста** feathered ◊ **скеле́т пір'я́стої твари́ни** a skeleton of a feathered animal; **хутрова́** furry ◊ **Руда́ ві́вірка – чи не найвідо́міша хутрова́ т. в Украї́ні.** The red squirrel is perhaps the most well-known furry animal in Ukraine. **ви́ща** higher, **ни́жча** lower; **жива́** living, **ме́ртва** dead; **теплокро́вна** warm-blooded, **холоднокро́вна** cold-blooded; **загро́жена** endangered, **рі́дкісна** rare; **ви́мерла** extinct; **само́тня** solitary, **ста́дна** *and* **суспі́льна** social ◊ **Відо́мо, що люди́на – ста́дна** *and* **суспі́льна т.** Man is known to be a social animal. **піддо́слідна** laboratory; **небезпе́чна** dangerous; **екзоти́чна** exotic; **приблу́дна** stray

v. + **т. ма́ти ~у** have an animal (**виро́щувати** raise ◊ **Вони́ виро́щують таки́х екзоти́чних твари́н, як стру́сі.** They raise such exotic animals as ostriches. **розво́дити** breed, **трима́ти** keep, **годува́ти** feed, **дресува́ти** train, **навча́ти** teach; **одома́шнювати** domesticate; **вбива́ти** kill, **рі́зати** slaughter; **клонува́ти** clone ◊ **Ві́вці – пе́рші ~и, яки́х успі́шно клонува́ли.** Sheep are the first animals to be successfully cloned. **лови́ти в па́стку** trap; **полюва́ти на** hunt **прино́сити в же́ртву** sacrifice)

твари́нн|ий, *adj.*
animal, of or pertaining to animals; *fig.* base, brutal, fierce, savage

т. + *n.* **т. біло́к** animal protein (**жир** fat ◊ **Лі́кар пора́див її́ не вжива́ти ~их жирі́в.** The doctor advised her against using animal fats. **інсти́нкт** instinct, **світ** world) ◊ **У зоопа́рку є зразки́ ~ого сві́ту краї́ни.** There are specimens of the animal world of the country in the zoo. **~а кліти́на** an animal cell (**су́тність** essence ◊ **~а су́тність хижакі́в** the animal essence of predators; **фе́рма** farm) ◊ **Вони́ працю́ють на ~ій фе́рмі.** They work at an animal farm. **~е бажа́ння** *fig.* a fierce desire (**завива́ння** howling; **почуття́** feeling) ◊ **~е почуття́ го́лоду** *fig.* a fierce feeling of hunger

тве́рджен|ня, *nt.*
assertion, claim, affirmation, contention

adj. **впе́внене** confident, **всеохо́пне** sweeping, **догмати́чне** dogmatic, **зага́льне** general ◊ **Зага́льні т. виклика́ють бі́льше запита́нь, як даю́ть відпові́дей.** General assertions provoke more questions than they give answers. **безапеляці́йне** peremptory, **категори́чне** categorical; **пра́вильне** correct, **про́сте** simple, **пряме́** direct; **безпідста́вне** groundless ◊ **Її́ т. безпідста́вне.** Her assertion is groundless. **необґрунто́ване** unsubstantiated, **непідтве́рджене** unsupported, **непра́вильне** wrong, **помилко́ве** erroneous, **хи́бне** false ◊ **пра́вильне чи хи́бне т.** a correct or false claim; **ди́вне** strange, **сумні́вне** questionable; **брехли́ве** mendatious, **накле́пницьке** libelous, **сканда́льне** scandalous ◊ **Сканда́льне т. ко́штувало їй вели́кого прини́ження.** The scandalous statement cost her a great deal of assertion.

v. + **т. роби́ти т.** make an assertion ◊ **Він ро́бить бага́то сумні́вних ~ь для пре́си.** He makes many questionable assertions to the press. (**дово́дити** prove ◊ **Йому́ тре́ба фа́кти, щоб довести́ ко́жне т.** He needs facts to prove each assertion. **обґрунто́вувати** substantiate, **узаса́днювати** justify; **прийма́ти** accept ◊ **Його́ т. тя́жко прийня́ти.** It is difficult to accept his assertions. **повто́рювати** repeat; **відкида́ти** reject ◊ **Вона́ відки́нула т. газе́ти як брехли́ві.** She rejected the newspaper's assertions as mendatious. **спросто́вувати** refute); **супере́чити ~ню** contradict an assertion ◊ **Нові́ да́ні супере́чать ~ням дослі́дника.** The new findings contradict the researcher's assertions. **пого́джуватися з ~ням** agree with an assertion

prep. **т. про** + *A.* an assertion about sth ◊ **т. про неспромо́жність ба́нку** assertions about the bank's insolvency; **т. що́до** + *G.* an assertion concerning sth ◊ **т. що́до його́ приче́тности до банкру́тства** the assertion concerning his involvement in the bankruptcy

Also see **зая́ва 1, те́за 1**

тверд|и́й, *adj.*
1 solid, hard, stiff, firm *(not soft)* ◊ **Ті́ла́, що зберіга́ють фо́рму, вважа́ються ~ими.** Bodies that maintain their form are considered solid. ◊ **Він відмо́вився від ~ої ї́жі.** He forewent solid food. ♦ **~а́ земля́** terra firma, dry land ◊ **Три мі́сяці ї́хні но́ги не стоя́ли на ~ій землі́.** For three months, their feet had not stood on terra firma. ♦ **т., як** *or* **мов, немо́в ка́мінь** hard as stone

adv. **абсолю́тно** absolutely, **геть** totally, **ціл́ком** completely ◊ **Заме́рзле по́ле ціл́ком ~е́.** The frozen field is completely hard. **до́сить** rather ◊ **до́сить т. ко́мір соро́чки** a fairly stiff shirt collar; **доста́тньо** sufficiently, **ду́же** very, **(за)на́дто** too, **ле́две** scarcely, **ма́йже** almost; **ви́дно** apparently, **ома́нливо** deceptively, **позі́рно** seemingly

v. + **т. бу́ти ~и́м** be hard (**вигляда́ти** look ◊ **Підло́га вигляда́є ома́нливо ~о́ю.** The floor looks deceptively solid. **виявля́тися** turn out, **здава́тися** + *D.* seem to sb ◊ **Лі́жко здава́лося Мари́чці ~им і незру́чним.** The bed seemed hard and uncomfortable to Marichka. **лиша́тися** stay ◊ **Незважа́ючи на дощі́, земля́ лиша́ється до́сить ~о́ю.** Despite the rains, the soil remains rather firm. **роби́ти** + *A.* make sth, **става́ти** become) ◊ **За ніч хліб став геть ~и́м.** Overnight the bread became totally hard.

Also see **цупки́й 1.** *Ant.* **газоподі́бний, рідки́й; м'яки́й**

2 *fig.* firm, resolute, unwavering, determined, definite, clear ◊ **По́тиск Га́линої руки́ був ~и́м і впе́вненим.** Halia's handshake was firm and self-assured.

adv. **до́сить** fairly ◊ **Ва́ля ма́є до́сить т. на́мір позбу́тися його́ товари́ства.** Valia has a fairly firm intention to get rid of his company. **доста́тньо** sufficiently, **ду́же** very, **напра́вду** truly, **спра́вді** really ◊ **люди́на зі спра́вді ~им хара́ктером** a person with a really firm character; **несподі́вано** unexpectedly; **приє́мно** pleasantly

т. + *n.* **т. ви́раз** a firm expression (**го́лос** voice, **дух** spirit, **по́гляд** look; **крок** step; **на́мір** intention; **поря́док** order; **хара́ктер** character; **чолові́к** man); **~а́ во́ля** firm will (**ґара́нтія** guarantee; **ду́мка** opinion, **перекона́ність** conviction; **жі́нка** woman; **настано́ва** attitude, **обіця́нка** promise; **рука́** hand) ◊ **Рефо́рми мо́жна провести́ ті́льки ~о́ю руко́ю.** The reforms can be conducted only with a firm hand. **~е́ бажа́ння** a firm desire; **~і́ пла́ни** definite plans; **~і́ пра́вила** rigid rules; **~і́ ці́ни** firm prices

v. + **т. бу́ти ~и́м** be firm ◊ **Оле́син го́лос був ~и́м.** Olesia's voice was firm. (**вигляда́ти** look ◊ **Вони́ вигляда́ють ~и́ми, як ніко́ли.** They look firm as never before. **виявля́тися** turn out ◊ **Нови́й команди́р ви́явився не таки́м ~и́м, як попере́дник.** The new commander turned out to be not as firm as his predecessor. **здава́тися** + *D.* seem to sb; **лиша́тися** stay ◊ **Андрі́єве бажа́ння поверну́тися лиша́ється ~и́м.** Andrii's desire to return remains firm. **става́ти** become) ◊ **Її́ обли́ччя ста́ло ~и́м.** Her face became firm.

Also see **рішу́чий 1, стале́вий 2**

3 *ling.* hard *(consonant)*, non-palatalized ◊ **~и́й при́голосний** a hard consonant ◊ **В украї́нській мо́ві де́які при́голосні за́вжди́ ~і.** In the Ukrainian language, some consonants are always hard. ◊ **~а́ гру́па** a hard group ◊ **іме́нники ~о́ї гру́пи** hard nouns (**осно́ва** stem)

Ant. **м'яки́й 7**

тве́рд|ити, ~джу, ~ять; с~, *tran.*
to assert, affirm, insist, claim

adv. **безапеляці́йно** peremptorily ◊ **Усе́, що він так безапеляці́йно ~ить, – нісені́тниця.** Everything he asserts so peremptorily is nonsense. **впе́внено** confidently, **експліци́тно** explicitly, **емфати́чно** emphatically, **переко́нано** self-assuredly, **переко́нливо** convincingly, **пря́мо** directly; **всього́ лише́** merely, **про́сто** simply; **пра́вильно** correctly; **безпідста́вно** groundlessly; **наха́бно** brazenly ◊ **Президе́нт наха́бно ~ив, що його́ солда́ти не приче́тні до окупа́ції чужо́ї терито́рії.** The president brazenly claimed that his soldiers had no part in the occupation of the foreign territory. **пиха́то** arrogantly; **впе́рто** stubbornly, **да́лі** still, **неоднора́зово** repeatedly; **незважа́ючи ні на що́** despite everything

v. + **т. продо́вжувати** continue to ◊ **Він продо́вжує т. те са́ме.** He continues to assert the same thing.

pa. pple. **стве́рджений** affirmed

(с)тверд́ь!

See **стве́рджувати 1, повто́рювати 1**

тве́рд|ість, *f.*, **~ости**, *only sg.*
firmness, hardness; *also fig.*

adj. **вели́ка** great, **відчу́тна** tangible ◊ **Вона́ ка́же це без відчу́тної ~ости.** *fig.* She is saying it without tangible firmness. **значна́** considerable, **надзвича́йна** extraordinary ◊ **Нови́й матерія́л відрізня́ється надзвича́йною ~істю.** The new material stands out for its extraordinary firmness. **неймові́рна** incredible; **несподі́вана** unexpected; **відно́сна** relative; **приє́мна** pleasant, **чудо́ва** wonderful; **типо́ва** typical ◊ **Уля́нина типо́ва т. не врятува́ла стано́вища.** Uliana's typical firmness did not save the situation.

v. + **т. виявля́ти т.** show firmness ◊ **У складни́х перемо́винах він ви́явив т.** In the tough talks, he showed firmness. (**демонструва́ти** + *D.*display to sb; **відчува́ти** feel; **збі́льшувати** increase, **поси́лювати** enhance) ◊ **Речовина́ поси́лила т. цеме́нту.** The substance enhanced the hardness of the cement.
prep. **т. у** + *L.* firmness about/in sth ◊ **т. у го́лосі** firmness in the voice
See **твердий.** *Ant.* **м'я́кість**

тверді|ти, ~ють; за~, *intr.*
to solidify, harden, set; *also fig.*
adv. **все бі́льше** increasingly, **поступо́во** gradually, **пові́льно** slowly; **шви́дко** quickly ◊ **На пові́трі сосно́ва живи́ця шви́дко ~є.** In the open, the pine resin quickly hardens. **вже** already, **наре́шті** finally, **я́кось** somehow
v. + **т. могти́** can ◊ **За ніч ро́зчин мо́же ціл́ком за~.** Overnight, the solution can completely solidify. **почина́ти** begin to ◊ **Зерно́ в кукуру́дзяних кача́нах почина́є т.** The grain in the corn ears begins to harden. **ста́ти** *pf.* start; **лиша́ти** + *A.* leave sth to ◊ **Він лиши́в цеме́нт т.** He left the cement to harden.
pa. pple. **затверді́лий** solidified
(за)тверді́й!
Ant. **м'я́кнути**

тве́рд|о, *adv., pred.*
1 *adv.* firmly, steadfastly, resolutely, unwaveringly ◊ **О́ля т. ви́рішила лиши́тися в мі́сті.** Olia has made a firm decision to stay in the city. ◊ **Іва́н т. знав, що здобу́де перемо́гу.** Ivan firmly knew he would win. ◊ **Він говори́в т. і без вага́нь.** He spoke firmly and without hesitation. ♦ **т. стоя́ти на нога́х** to be on a sound footing ◊ **За пів ро́ку їхній бі́знес т. стоя́в на нога́х.** In six months, their business was on a sound footing.
v. + **т. звуча́ти т.** sound firm ◊ **Ко́жне її сло́во звуча́ло т.** Her every word sounded firm. (**стоя́ти** stand ◊ **Оборо́нці мо́сту т. стоя́ли до прихо́ду головни́х сил.** The bridge defenders stood firm until the arrival of the main forces. **трима́тися** hold) ◊ **На до́питі жі́нка трима́лася т.** At the interrogation, the woman held first.
See **тверди́й**
2 *pred.* to be, feel hard, feel rigid + *D.* ◊ **О́лі т. спа́ти на лі́жку.** The bed is hard to sleep on for Olia. ♦ **М'я́ко сте́лить, та т. спа́ти.** Sweet as honey, bitter as gall.
Also see **рішу́че 3**

твере́з|ий, *adj.*
1 sober; abstinent, teetotal ◊ **Макси́ма всі зна́ли як люди́ну ~у.** Everybody knew Maksym as a sober person.
adv. **абсолю́тно** absolutely ◊ **Жі́нка повто́рювала, що вона́ абсолю́тно ~а.** The woman kept repeating that she was absolutely sober. **геть** totally, **цілко́м** completely; **до́сить** fairly, **доста́тньо** enough; **ле́две** scarcely, **ма́йже** almost; **відно́сно** relatively ◊ **Він прийшо́в відно́сно ~им.** He came relatively sober. **види́мо** visibly; ♦ **т., як ске́льце** sober as a judge
v. + **т. бу́ти ~им** be sober ◊ **Пе́трів по́гляд був цілко́м ~им.** Petro's look was completely sober. (**вигляда́ти** look, **звуча́ти** sound, **здава́тися** + *D.* seem to sb ◊ **Його́ го́лос здава́вся Андрі́єві ~им.** His voice seemed sober to Andrii. **лиша́тися** stay ◊ **Іллі́я лиша́ється ~им п'ять мі́сяців.** Illia has stayed sober for five months. **почува́тися** feel) ◊ **Бори́с почува́вся ~им.** Borys felt sober.
2 *fig.* sound, sensible, level-headed, sober ◊ **Його́ ба́чення стано́вища ~е і реалісти́чне.** His view of the situation is sober and realistic. ♦ **т. го́лос** a sensible voice ◊ **Т. го́лос па́ні Матвіє́нко заспоко́їв пора́зницькі на́строї в кімна́ті.** Mrs. Matviyenko's sober voice calmed down the defeatist attitudes in the room.
Also see **прито́мний 2, холо́дний 3**

тв|ір, *m.*, **~о́ру**
1 work, creation, opus, oeuvre
adj. **бездога́нний** impeccable; **вели́кий** great, **вели́чний** grand, magnificent, **ви́шуканий** refined, **га́рний** fine, **геніа́льний** brilliant, **ґрандіо́зний** grandious ◊ **На цей ґрандіо́зний т. у неї пішло́ два́дцять ро́ків життя́.** This grandious work took twenty years of her life. **доскона́лий** perfect, **класи́чний** classic, **талано́витий** accomplished, **чудо́вий** wonderful; **відо́мий** well-known, **популя́рний** popular, **славе́тний** famous; **амбі́тний** ambitious; **вплив́овий** influential, **важли́вий** important; **автобіографі́чний** autobiographic ◊ **Фільм ча́сто розгляда́ють як автобіографі́чний т.** The film is often regarded as an autobiographic work. **біографі́чний** biographic; **драмати́чний** dramatic, **кінематографі́чний** cinematographic, **літерату́рний** literary, **мисте́цький** artistic, **музи́чний** musical; **нена́званий** untitled; **закі́нчений** finished; **незакі́нчений** unfinished ◊ **Т. лиша́ється незакі́нченим.** This work remains unfinished. **замо́влений** + *I.* commissioned by sth ◊ **т. ску́льптора, замо́влений у́рядом** the sculptor's work commissioned by the government; **абстра́ктний** abstract, **графі́чний** graphic; **оркестро́вий** orchestral, **симфоні́чний** symphonic, **фортеп'я́нний** piano, **хорови́й** choral ◊ **До збі́рки ввійшли́ симфоні́чні та хорові́ ~о́ри.** Symphonic and choral works are included in the collection. **зрі́лий** mature ◊ **пе́рший зрі́лий т. компози́тора** the first mature work of the composer; **найнові́ший** latest, **насту́пний** subsequent, **неда́вній** recent, **оста́нній** last *and* latest, **попере́дній** previous ◊ **Два оста́нні ~о́ри маляра́ абстра́ктніші, як попере́дні.** The two latest works by the artist are more abstract than the previous ones. **тепе́рішній** present; **пе́рший** first, **пі́зній** late, **ра́нній** early; **нова́торський** innovative, **ориґіна́льний** unconventional; **втори́нний** derivative; **опублі́кований** published
n. + **т. ви́ставка ~о́рів** an exhibition of works (**збі́рка** *or* **коле́кція** collection ◊ **Музе́й посіда́є вели́ку збі́рку ~о́рів Оле́кси Новакі́вського.** The museum possesses a large collection of Oleksa Novakivsky's works. **се́рія** series); **іде́я ~о́ру** the concept of the work ◊ **Іде́я її найнові́шого ~о́ру ви́никла під час по́дорожі до Херсоне́су.** The concept of her latest work came about during her trip to Khersonesus. (**на́зва** title)
v. + **т. замовля́ти т.** + *D.* commission a work from sb ◊ **Т. маля́рові замо́вив міце́вий банкі́р.** A local banker commissioned the work from the artist. (**компонува́ти** compose ◊ **Він компону́є хорові́ ~о́ри.** He composes choral pieces. **писа́ти** write, **ство́рювати** create; **ба́чити** see ◊ **На ви́ставці мо́жна поба́чити ~о́ри Клі́мта з рі́зних музе́їв.** At the exhibit, one can see Klimt's works from various museums. **диви́тися** watch, **слу́хати** listen to; **публікува́ти** publish; **гра́ти** play, **вико́нувати** perform, **інтерпретува́ти** interpret ◊ **Її драмати́чний т. мо́жна інтерпретува́ти по-рі́зному.** Her dramatic work can be interpreted in different ways. **ста́вити** put on; **виставля́ти** exhibit, **пока́зувати** show; **аналізува́ти** analyze, **критикува́ти** critique, **обгово́рювати** discuss; **вихваля́ти** extol, **хвали́ти** praise; **надиха́ти** inspire ◊ **Її ~о́ри надиха́є наро́дна культу́ра.** Her works are inspired by folk culture. **вплива́ти на** infuence) ◊ **Тиція́н вплину́в на ~о́ри еспа́нського ма́йстра.** Titian influenced the Spanish master's works. **захо́плюватися ~о́ром** admire a work ◊ **Він захо́плюється пі́зніми ~о́рами Берні́ні.** He admires Bernini's late works. (**насоло́джуватися** relish)
т. + *v.* **ма́ти на́зву** be entitled ◊ **Т. ма́є на́зву «О́да гі́дності».** The work is entitled *The Ode to Dignity.* **называ́тися** be called; **змальо́вувати** + *A.* depict sth, **представля́ти** + *A.* represent sth ◊ **Цито́ваний т. представля́є пі́зній пері́од тво́рчости письме́нниці.** The work cited represents the late period of the (female) writer's creative life. **включа́ти** + *A.* include sth, **склада́тися з** + *G.* consist of sth ◊ **Т. склада́ється із чотирьо́х части́н.** The work consists of four parts. **бу́ти в експози́ції** be on display ◊ **Три з шести́ ~ів маляра́ в постійній експози́ції музе́ю.** Three of six artist's works are on a permanent display in the museum. **з'явля́тися** appear
Also see **ви́твір, п'є́са, пра́ця 2, річ 6**
2 essay, composition ◊ **Учи́тель загада́в їм написа́ти т. на те́му «Я і змі́на підсо́ння».** The teacher assigned them to write an essay on the topic *Myself and Climate Change.*
See **есе́й**

твор|и́ти, ~ю́, ~ять; с~, *tran. and intr.*
1 to create, produce, set; make sb sth + *I.* ◊ **Вона́ ка́же, що Бог створи́в усі́х люде́й рі́вними.** She says that God created all people equal.
adv. **крок за кро́ком** step by step ◊ **Вони́ крок за кро́ком ~и́ли нову́ літерату́ру.** Step by step, they created new literature. **незаба́ром** soon, **поступо́во** gradually, **шви́дко** quickly; **ві́льно** freely; **намі́рено** intentionally, **одноосі́бно** single-handedly, **самості́йно** independently, **свідо́мо** consciously ◊ **Він свідо́мо ~и́в нову́ культу́рну тради́цію.** He was consciously creating a new cultural tradition.
v. + **т. бу́ти тре́ба** + *D.* need to ◊ **Йому́ тре́ба було́ с~ прецеде́нт.** He needed to set a precedent. **ма́ти намі́р** have the intention to, **хоті́ти** want to; **вдава́тися** + *D.* succeed in ◊ **Їй удало́ся с~ ориґіна́льну методоло́гію.** She succeeded in creating an unconventional methodology. **змогти́** *pf.* manage to; **намага́тися** attempt to ◊ **Він щора́зу намага́вся с~ шеде́вр і щора́зу зазнава́в пора́зки.** Every time, he would attempt to create a masterpiece, and every time he would fail. **про́бувати** try to, **почина́ти** begin to, **продо́вжувати** continue to; **не дозволя́ти** + *D.* not allow sb to ◊ **Тюре́мні умо́ви не дозволя́ли йому́ т.** Prison conditions did not allow him to create. **не дава́ти** + *D.* not let sb
Also see **роби́ти 2, ство́рювати**
2 to bring about, accomplish, do ◊ **Люди́на пови́нна т. добро́.** A person must do good. ♦ **т. ди́во** *or* **дива́** to work miracles ◊ **Яре́ма вам не чаклу́н, що́би т. дива́.** Yarema is not your wizard to work miracles.
3 to perpetrate, do *(evil)*; *pf.* **на~** ◊ **Полі́тик зда́тен т. зло.** The politician is capable of doing evil.
т. + *n.* **т. беззако́ння** perpetrate lawlessness (**зві́рство** atrocity ◊ **Під при́водом за́хисту «співвітчи́зників» окупа́нти ~и́ли зві́рства.** Under the excuse of protecting "compatriots" the occupiers perpetrated atrocities. **зло** evil, **зло́чин** crime, **нару́гу** profanation, **наси́льство** violence)
pa. pple. **ство́рений**
(с)твори́!

тво́рч|ий, *adj.*
1 creative, of or pertaining to creative work, productive
adv. **бі́льш** more, **найбі́льш** most; **менш** less; **дивови́жно** amazingly, **до́сить** fairly, **ду́же** very, **напра́вду** truly, **спра́вді** really ◊ **А́втор ма́є спра́вді т. на́стрій.** The author has a really creative mood. **особли́во** particularly
т. + *n.* **т. ви́бір** a creative choice (**вплив** influence; **на́стрій** mood, **пері́од** period ◊ **особли́во т. пері́од в її житті** a particularly creative period in her life; **під́хід до ви́рішення пробле́м** approach to problem-solving; **стиль** style); **~а ініціати́ва** a creative initiative (**майсте́рня** workshop; **мане́ра** manner ◊ **неповто́рна ~а мане́ра офо́рмлювача** the designer's inimitable creative manner; **мо́лодь**

youth; **робóта** work) ◊ **Усá атмосфéра тут сприя́є ~ій робóті.** The entire atmosphere here facilitates creative work. **~е досягнення** a creative achievement (**змагáння** competition); **~і мýки** *fig.* creative torment ◊ **Пéрший ромáн кóштував áвторові неабияких ~их мук.** His first novel cost the author extraordinary creative torment.
v. + **т. бýти ~им** be creative (**виявля́тися** prove; **лишáтися** stay; **ставáти** become) ◊ **Із рокáми маля́р стає менш ~им і більш банáльним.** As years pass, the artist becomes less creative, more banal.
prep. **т. у** + *L.* creative in/about sth ◊ **Мар'я́на – люди́на ~а і в робóті, й у житті.** Mar'yana is a creative person both in work and in life.
2 *fig.* artistic, creative
т. + *n.* **т. вéчір** an artistic evening (**захід** event ◊ **Ось план ~их захóдів на семéстр.** Here is a plan of artistic events for the semester. **колекти́в** collective, **кóнкурс** competition, **концéрт** concert, **центр** center); **~а душá** an artistic soul (**інтуїція** intuition; **уя́ва** imagination) ◊ **Її ~а уя́ва не мáє меж.** Her artistic imagination has no limits. **~е натхнéння** artistic inspiration

твóрч|ість, *f.*, **~ости**, *only sg.*

1 creativity, creative activity, work, pursuit
adj. **висóка** high; **спрáвжня** genuine; **літератýрна** literary, **мóвна** linguistic, **поети́чна** poetic, **сценічна** stage, **театрáльна** theater, **худóжня** artistic; **актóрська** actor's, **режисéрська** director's, **сценáрна** scriptwriter's
v. + **т. заохóчувати т.** encourage creativity (**надихáти** inspire ◊ **Біблія надихáла поети́чну т. Шевчéнка.** The Bible inspired Shevchenko's poetry. **плекáти** foster; **паралізувáти** paralyze, **скóвувати** hamper ◊ **Двомóвність скóвує мóвну т.** Bilingualism hampers linguistic creativity. **вплива́ти на** influence); **перешкоджáти ~ості** hinder creativity
2 *coll.* oeuvre, body of work, works, writings
adj. **зрíла** mature, **пíзня** late, **рáння** early; **багáта** rich, **багатогрáнна** multifaceted; **вся** entire ◊ **Збірка включáє всю рáнню т. Кри́мського.** The collection includes all the early oeuvre by Krymsky. **неви́вчена** unresearched, **незнáна** unknown
v. + **т. вивчáти т.** study the oeuvre ◊ **Він вивчáє т. Валéрія Шевчукá.** He studies Valerii Shevchuk's oeuvre. (**досліджувати** research, **знáти** know; **порівнювати** compare; **писáти про** write about) ◊ **Вонá пи́ше про т. неоклáсиків.** She writes about the works of the neoclassicists. **захóплюватися ~істю** be fascinated by works (**цікáвитися** take interest in) ◊ **Вонá цікáвилася ~істю Жáна Женé.** She took interest in Jean Genet's writings.
See **спáдок 2, твір**

теáтр, *m.*, **~у**

1 theater *(place)*
adj. **вели́кий** large, **простóрий** spacious ◊ **Дитя́чий т. був простóрим.** The children's theater was spacious. **малéнький** *dim.* small, **невели́кий** small ◊ **У палáці є невели́кий т.** There is a small theater in the palace. **запакóваний** packed, **перепóвнений** crowded, **пóвний** full; ♦ **кінотеáтр** a movie theater; ♦ **операційний т.** *med.* an operating theater; ♦ **т. вoєнних дій** *mil.* a theater of war
n. + **т. дах ~у** a theater roof (**схóди** staircase, **сцéна** stage, **фоє** foyer; **будівни́цтво** construction, **реставрáція** renovation)
v. + **т. будувáти т.** build a theater ◊ **Це пéрший т., яки́й збудувáли за остáнню чверть столíття.** This is the first theater they built over the last quarter century. (**відвíдувати** visit) ◊ **Валенти́н чáсто відвíдує т.** Valentyn often visits the theater. **вихóдити з ~у** leave a theater (**захóдити до** enter; **йти** *and* **ходи́ти до** go to) ◊ **Скрóмна платня́ не дозволя́є Оксáні чáсто ходи́ти до ~у.** Her modest salary does not allow Oksana to go to the theater often. ◊ **Сьогóдні вони́ йдуть до музи́чного ~у.** They are going to the musical theater today. **бувáти в ~і** frequent a theater ◊ **Вони́ стáли частíше бувáти в ~і.** They started to frequent the theater more often. (**йти в** be on at *(of a play)*) ◊ **У місцéвому ~і йде п'єса «Маклéна Ґрáса».** The play *Maklena Grasa* is on at the local theater.
prep. **у ~і** at/in a theater; **до ~у** to a theater ◊ **Він купи́в квиткú до ~у.** He bought theater tickets.
See **будúнок 1**
2 theater *(institution)*
adj. **вели́кий** large, **малéнький** *dim.* small ◊ **Увéчері áктова зáла шкóли ставáє малéньким ~ом.** At night, the school assembly hall becomes a small theater. **академíчний** academic, **держáвний** state, **місцéвий** local, **міськи́й** municipal, **національний** national, **обласни́й** regional; **драмати́чний** drama, **дитя́чий** children's, **лялькóвий** puppet, **музи́чний** music; **мандрівни́й** traveling, **пересувни́й** itinerant
т. + *n.* **т. дрáми** a drama theater (**комéдії** comedy, **сати́ри** satire ◊ **Кíлька однодýмців зібрáлися й заснувáли т. політи́чної сати́ри.** A few like-minded people got together and founded a political satire theater. **тáнцю** dance)
v. + **т. запрóшувати т.** invite a theater ◊ **Т. дрáми й комéдії запрóшують до мíста впéрше.** This is the first time a drama and comedy theater is invited to the city. (**заснóвувати** found; **підтри́мувати** support; **закривáти** close down); **працювáти в ~і** work at a theater; **керувáти ~ом** run a theater ◊ **Вонá нарóджена керувáти ~ом.** She was born to run a theater.
т. + *v.* **виступáти** perform; **гастролювáти** + *I.* tour sth ◊ **Т. комéдії гастролювáтиме пíвднем країни в трáвні.** The Comedy Theater will be touring the south of the country in May. **тíшитися ýспіхом** enjoy a success
prep. **у ~і** at/in a theater ◊ **У ~і шукáють актóрів.** They seek actors at the theater.
Also see **сцéна 2**
3 theater *(art)*
adj. **блискýчий** brilliant ◊ **Новá постáва «Корóля Лíра» – зразóк блискýчого ~у.** The new *King Lear* production is an example of brilliant theater. **дóбрий** good, **знамени́тий** *colloq.* superb, **чудóвий** great; **живи́й** live; **аванґáрдовий** avant-garde ◊ **Кýрбас – чи не найважливíший представни́к украї́нського аванґáрдового ~у.** Kurbas is perhaps the most important representative of the Ukrainian avant-garde theater. **експериментáльний** experimental, **класи́чний** classical, **модéрний** modern, **модерністський** modernist, **національний** national, **незалéжний** independent, **сучáсний** contemporary, **комерційний** commercial ◊ **П'єси такóго ти́пу – чи́сто комерційний т.** The plays of such sort are purely commercial theater. **амáторський** amateur, **професíйний** professional; **вýличний** street, **дитя́чий** children's, **молодíжний** youth, **музи́чний** musical, **нарóдний** folk ◊ **Різдвя́ний вертéп – це украї́нський нарóдний т.** Christmas vertep is a Ukrainian folk theater. **сатири́чний** satirical, **танцювáльний** dance; ♦ **радіотеáтр** a radio theater, ♦ **телетеáтр** a TV theater
v. + **т. вивчáти т.** study theater (**заснóвувати** found ◊ **Вважáють, що три драматýрги факти́чно заснувáли національний т.** The three playwrights are considered to have effectively founded the national theater. **розвивáти** develop; **зни́щувати** destroy ◊ **Совéтський режи́м зни́щив модерністський т. у 1930-х рокáх.** The Soviet regime destroyed modernist theater in the 1930s. **русифікувáти** Russify).
т. + *v.* **захóплювати** + *A.* captivate sb, **привáблювати** + *A.* attract sb, **цікáвити** + *A.* interest sb ◊ **Зéню цікáвить класи́чний т.** Classical theater interests Zenia.

театрáльн|ий, *adj.*

theatrical, theater, stage, of or pertaining to theater
т. + *n.* **т. актóр** a stage actor (**режисéр** director; **спектáкль** show), **т. квитóк** a theater ticket (**колекти́в** group, **композитор** composer, **сезóн** season; **талáнт** talent; **факультéт** department) ◊ **Ромáна навчáлася на ~ому факультéті університéту.** Romana studied at the theater department of the university. **~а афíша** a theater poster ◊ **Кили́на зберігáє ~у афíшу свогó пéршого спектáклю.** Kylyna keeps the theater poster of her first show. (**вистáва** performance, **п'єса** play, **постанóвка** production; **стýдія** studio; **трýпа** company); **~е мистéцтво** theater art (**товари́ство** society) ◊ **Юркó – член студéнтського ~ого товари́ства.** Yurko is a member of the student theatrical society.
2 *fig.* theatrical, histrionic, affected, overacted ◊ **фальши́вий т. тон** a fake histrionic tone; ◊ **Івáнна стáла в ~у пóзу із ви́разом презирства на обли́ччі.** Ivanna struck a theatrical pose, an expression of contempt on her face.

теж, *adv., part.*

1 *adv.* also, as well ◊ **Натáлка т. ї́здила до Грýзії.** Natalka also traveled to Georgia. ◊ **Він лиши́в удóма читáцький квитóк і т. бібліогрáфію.** He left at home his library card and bibliography as well.
See **тáкóж**
2 *part., colloq. (expresses disapproval, irony, doubt)* ◊ **Укрáла пáру панчóх? Т. знайшлá, чим пишáтися!** You stole a pair of stockings? That's something to be proud of! ◊ **Уни́кнув конфронтáції? Т. герóй знайшóвся!** You avoided a confrontation? What a hero you are!

тéз|а, *f.*

1 *often pl.* argument, assertion, main point, proposition, thesis
adj. **головнá** principal, **центрáльна** central; **обґрунтóвана** well-argued, **перекóнлива** convincing, **си́льна** strong; **необґрунтóвана** unsubstantiated, **сумнíвна** questionable ◊ **Головнá т. кни́жки дóсить сумнíвна.** The principal argument of the book is rather questionable.
v. + **т. викладáти ~и** lay out arguments (**перекáзувати** recap; **запи́сувати** write down, **писáти** write ◊ **Він написáв ~и стáттí.** He wrote the main points of the article. **складáти** put together)
prep. **по ~ах** point by point ◊ **Марíя ви́клала план по ~ах.** Maria laid out the plan point by point.
See **твéрдження**
2 *log.* preposition ◊ **Т. – це твéрдження, íстинність якóго трéба довести́.** A proposition is a statement whose veracity needs to be proven.

текст, *m.*, **~у**

1 text
adj. **головни́й** main ◊ **У головнóму ~і багáто поси́лань.** There are many footnotes in the main text. **додаткóвий** additional ◊ **На звóроті сторíнóк він чáсом знахóдив додаткóві ~и.** He would sometimes find additional texts on the reverse of the pages. **супровíдний** accompanying ◊ **Супровíдний т. був си́нім.** The accompanying text was in blue. **оригінáльний** original, **пóвний** complete, **цíлий** entire; **закíнчений** completed, **дописаний** finished; **скорóчений** abridged ◊ **Газéта опублікувáла скорóчений т. ви́ступу мінíстра.** The newspaper published an abridged text of the minister's address. **чернéтковий** draft; **друкóваний** printed, **пи́саний** written; **двомóвний** bilingual
n. + **т. варіáнт ~у** a version of the text ◊ **Він шукáв поперéдній варіáнт ~у.** He was looking for the previous version of the text. (**кóрпус** body, **рядóк** line, **сторíнка** page ◊ **Вонá ви́правила сторíнку ~у.** She corrected a page of the text.

ýступ paragraph, **части́на** portion, **шматóк** chunk) ◊ **Їй трéба переписáти шматóк ~у.** She needs to rewrite a chunk of the text.

v. + **т. друкувáти т.** print, type a text ◊ **Ірéна самá друкувáла т.** Irena typed the text herself. (**писáти** write ◊ **Т. писáли лíвою рукóю.** The text is written with a left hand. **продукувáти** produce, **ствóрювати** create; **виділя́ти** highlight ◊ **Т., яки́й слід булó скороти́ти, редáктор ви́ділив жóвтим.** The editor highlighted in yellow the text that needed to be abridged. **виправля́ти** correct, **прáвити** proofread, **редаґувáти** edit ◊ **Т. мáє редаґувáти люди́на, що дóбре знáє мóву.** The text is to be edited by an individual who knows the language. **витинáти** cut, **витирáти** *and* **стирáти** delete, **вставля́ти** paste ◊ **Він устáвив т. на початку сторíнки.** He pasted the text at the beginning of the page. **зберігáти** save, **копіювáти** copy; **сканувáти** scan; **інтерпретувáти** interpret, **переклáдáти** translate, **читáти** read; **вивішувáти** post) ◊ **Вонá ви́вісила т. на мерéжевій сторíнці кіноклýбу.** She posted the text on the club's web site. **публікувáти** publish

т. + *v.* **поя́снювати** + *A.* explain sth, **супровóджувати** accompany ◊ **Т. супровóджує кóжну світли́ну в альбóмі.** Text accompanies every photo in the album.

prep. **у т.** *dir.* in/to a text ◊ **Антíн уніс ви́правлення в т.** Antin introduced corrections in the text. **у ~і** *posn.* in a text ◊ **Вонá знайшлá в ~і поми́лки.** She found mistakes in the text.

Also see **читáння 3**

2 text *(book)*

adj. **вступни́й** introductory ◊ **Нíна пи́ше вступни́й т.** Nina is writing an introductory text. **головни́й** main, **засадни́чий** basic, **ключови́й** key, **основни́й** principal ◊ **Твóри Платóна нале́жать до основни́х ~ів європéйської дýмки.** Plato's works belong to the principal texts of the European thought. **визначáльний** definitive, **впливóвий** influential; **канонíчний** canonical ◊ **Гностúчні Євáнгелія не дістáли стáтусу канонíчних ~ів.** Gnostic gospels did not get the status of canonical texts. **класи́чний** classic, **стандáртний** standard; **стари́й** old, **старови́нний** ancient; **поя́снювальний** explanatory; **втори́нний** secondary, **перви́нний** primary; **обов'язкóвий** required, **рекомендóваний** recommended; **готóвий** ready, **приготóваний** prepared, **академíчний** academic, **біблíйний** biblical, **літератýрний** literary, **наукóвий** scientific, **поети́чний** poetic, **релігíйний** religious, **свящéнний** sacred; **аналіти́чний** analytical, **крити́чний** critical, **математи́чний** mathematical, **меди́чний** medical, *etc.*

n. + **т. анáліз ~у** analysis of the text ◊ **Її анáліз ~у глибóкий.** Her analysis of the text is deep. (**анотáція** annotation, **перéказ** recapping, **перéклад** translation, **скорóчення** abridgement)

v. + **т. аналізувáти т.** analyze a text ◊ **Кóжен т. слід аналізувáти в контéксті.** Each text should be analyzed in its context. (**деконструювáти** deconstruct; **інтерпретувáти** interpret ◊ **Т. інтерпретýють по-рíзному.** The text is interpreted in different ways. **переклáдáти** translate ◊ **Гáля переклáде т.** Halia will translate the text. **читáти** read); **зачи́тувати** + *A.* **з ~у** read sth from a text ◊ **Студéнт зачитáв із ~у ýступ, що ілюстрýє йогó тéзу.** The student read a paragraph from the text that illustrated his point. (**звертáтися до** turn to) ◊ **Леонíд лю́бить звертáтися до ~ів Цицерóна.** Leonid likes to turn to Cicero's texts.

т. + *v.* **включáти** + *A.* include sth ◊ **Т. включáє дéв'ять варіáнтів автобіогрáфії митця́.** The text includes all nine versions of the artist's autobiography. **місти́ти** + *A.* contain sth, **опи́суватися** describe sth ◊ **У ~і опи́сується ритуáл нарóдного весíлля.** The text describes a folk wedding ritual. **виявля́ти** + *A.* reveal sth, **свідчити про** + *A.* be a proof of sth ◊ **Нáвіть пéрші ~и Лíни свідчáть про її літератýрний талáнт.** Even Lina's first texts are proof of her literary talent.

prep. **у ~і** in a text ◊ **Вонá знайшлá мітологíчні алю́зії у ~і.** She found mythological allusions in the text. **т. про** + *A.* a text about sth ◊ **Про що цей т.?** What is this text about?

Also see **друк 3, 4, кни́жка**

текти́, теч|ýть; про~; *pa., m.* тік, *pl.,* текли́, *intr.*

1 to flow, stream, run

adv. **безшýмно** silently, **тихéнько** *dim.* quietly ◊ **Водá напóвнила бари́ло і сталá тихéнько т. дóлі, на травý.** The water filled the barrel and started flowing quietly down on the grass. **ти́хо** quietly; **вíльно** freely, **лéгко** easily, **м'я́ко** gently, **неви́мушено** effortlessly, **плáвно** smoothly, **повíльно** slowly, **рíвно** steadily, **безперéрвно** nonstop, **постíйно** constantly; **прýдко** rapidly, **шви́дко** quickly; **повз** past ◊ **Повз протікáв швидки́й струмóк.** A rapid brook flowed past. **прóсто** straight, **пря́мо** directly; **вниз** *or* **дóлі, надоли́ну** down, **дáлі** farther, **на схід** eastwards ◊ **Струмóк тік на схід до рíчки.** The creek flowed eastwards to the river. **на пíвдень** southwards, *etc.* **потóком** in a stream

v. + **т. починáти** begin to, **стáти** *pf.* start; **продóвжувати** continue to ◊ **Рíчка повертáла на зáхід і продóвжувала т. ще сто кілометрíв.** The river turned west and continued to flow for another 100 km.

prep. **т. до** + *G.* flow to *(a place)*; **т. по** + *L.* flow down sth ◊ **Сніг розтавáв і тік по крути́х схи́лах я́ру.** The snow melted and flowed down the steep slopes of the ravine. ◊ **По йогó щокáх текли́ сльóзи.** Tears streamed down his cheeks. **т. з** + *G.* flow from sth ◊ **У Микóли з нíздрів теклá водá.** Water ran from Mykola's nostrils.

Also see **ітú 12, ли́ти 4, ли́тися 1, пливти́ 3**

2 *fig.* to flow, spread, travel *(of sound, smell, etc.)*, move, pass; cascade *(of hair)* ◊ **Її гóлос тік м'я́ко, мáйже гіпноти́чно.** Her voice flowed gently almost hypnotically. ◊ **Чарíвні звýки скри́пки текли́ зáлою.** The enchanting sounds of violin spread through the hall. ◊ **Розмóва ~é неви́мушено.** The conversation is flowing effortlessly. ◊ **Нáтовп ~é вýлицею до головнóго майдáну.** The crowd is flowing down the street to the main square.

Also see **пливти́ 3; звучáти**

3 to pass *(of time, etc.)* ◊ **На вакáціях час ~é шви́дко.** When on vacation, time passes quickly. ◊ **Лíто протеклó, як оди́н день.** The summer passed like one day.

See **минáти 3, 4.** *Also see* **бíгти 6, відхóдити 9, ітú 10, летíти 5, пливти́ 3, прохóдити 4**

4 to leak ◊ **Чóвен тік, алé не дýже.** The boat leaked but not badly. ◊ **Йогó череви́ки ~ýть.** His boots leak.

(про)течи́!

телебáченн|я, *nt., only sg.*

television

adj. **високодоклáдне** *or* **високочíтке** high-definition ◊ **Кóжен нóмер готéлю мав високодоклáдне т.** Each hotel room had a high-definition television. **голографíчне** holographic, **етéрове** broadcast ◊ **Телевíзор не підклю́чений до антéни етéрового т.** The TV set is not connected to the broadcast TV antenna. **зáмкнене** closed-circuit, **кáбельне** cable, **сателíтáрне** *and* **супýтникове** satellite, **стереоскопíчне** 3D *or* stereoscopic, **цифровé** digital; **кольорóве** color, **чóрно-бíле** black-and-white; **громáдське** public, **комерцíйне** commercial; **місцéве** local, **мíське** municipal, **обласнé** regional *and* provincial ◊ **Йогó запроси́ли на обласнé т.** He was invited to the provincial TV. **націонáльне** national; **інтеракти́вне** interactive

n. + **т. канáл т.** a television channel ◊ **Серіáл покáзують на шóстому канáлі кáбельного т.** The series is shown on Channel 6 of the cable TV. (**мерéжа** network, **прогрáма** program, **стýдія** studio)

v. + **т. вимикáти т.** switch off television ◊ **Прогрáма вимикáє т. автомати́чно.** The software switches the television off automatically. (**вмикати** switch on; **диви́тися** watch; **мáти** have) ◊ **Вони́ не ди́вляться т. томý, що не мáють йогó в хáті.** They do not watch television because they do not have it at home. **бáчити** + *A.* **по ~ю** see sth on television (**покáзувати** + *A.* **по** show sth on) ◊ **Її нови́й фíльм мáють показáти по ~ю.** Her new film is to be shown on television.

prep. **для т.** for television ◊ **Серіáл зрóбили для т.** The series is made for television. **на ~і** on television ◊ **Вонá працю́є на ~і.** She works on television. **по ~ю** on television

Cf. **рáдіо**

телевізíйн|ий, *adj., usu used as the prefix* тéле~

TV, of or pertaining to television

т. + *n.* **т. бíзнес** a television business (**глядáч** viewer; **канáл** channel; **актóр** actor, **герóй** character, **журналíст** journalist, **коментáтор** commentator, **кри́тик** critic, **оператóр** cameraman, **продю́сер** producer, **редáктор** editor, **режисéр** director, **репортéр** reporter; **приймáч** receiver, **репортáж** report, **серіáл**, *usu* ♦ **телесеріáл** a TV series) ◊ **Вони́ знімáють телесеріáл.** They are shooting a TV series. **~а антéна** a television antenna (**дрáма** drama, **комéдія** comedy; **компáнія** company, **мерéжа** network, **передáча** broadcast, **прогрáма** show, **стýдія** studio; **зíрка** star, **імени́тість** celebrity, **особи́стість** personality) ◊ **Пáні Т. стáла ~ою особи́стістю.** Mrs. T. became a television personality. **~е вирóбни́цтво** a television production (**інтерв'ю** interview); **~і дебáти** television debates

телевíзор, *m.,* ~а

television set, TV; *fig.* television

adj. **вели́кий** large, **величéзний** huge; **високодоклáдний** *or* **високочíткий** high-definition, **голографíчний** holographic, **плáзмовий** plasma-screen ◊ **У вітáльні стоя́в плáзмовий т.** There was a plasma-screen television set in her living room. **плóский** flat-screen, **стереоскопíчний** 3D *or* stereoscopic, **цифрови́й** digital, **широкоекрáнний** wide-screen; **кольорóвий** color, **чóрно-бíлий** black-and-white; **портати́вний** portable

v. + **т. вимикáти т.** switch off a TV set ◊ **Він ви́мкнув т.** He switched off the TV set. (**вмикати** switch on; **диви́тися** watch; **купувáти** buy ◊ **Вони́ купи́ли високодоклáдний т.** They bought an HD television set. **ламáти** *or* **псувáти** break; **стáвити** put, **вíшати** hang)

т. + *v.* **вимикáтися** switch off, **вмикáтися** switch on ◊ **Т. чомусь не вмикáвся.** The TV set would not switch on for some reason. **ламáтися** *or* **псувáтися** break ◊ **За дéсять рокíв йогó т. жóдного рáзу не зіпсувáвся.** In ten years, his TV set did not break a single time.

prep. **по ~у** on TV ◊ **Що по ~у?** What's on TV?

Cf. **телебáчення**

телефóн, *m.,* ~у

1 telephone, phone; telephone connection

adj. **бездротови́й** cordless ◊ **Вони́ корúстуються бездротови́м ~ом.** They use a cordless phone. **мобíльний** mobile, **портати́вний** portable, **сателíтáрний** *and* **супýтниковий** satellite, **стíльникóвий** cellular, **цифрови́й** digital; **найновíший** latest, **нови́й** new; **громáдський** public, **плáтний** pay ◊ **Зáраз непрóсто знайти́ плáтний громáдський т.** Finding a public pay phone is not so easy now. **службóвий** office; ♦ **радіотелефóн** radio telephone; ♦ **т.-автомáт** a pay phone *n.* + **т. но́мер** *or* **число́ ~у** telephone number ◊ **Число́ ~у мініс́тра було́ недосту́пним для пре́си.** The minister's telephone number was inaccessible for the press. (**підслухо́вування** tapping ◊ **Підслухо́вування ~у прово́дилося без о́рдеру.** The phone tapping was conducted without a warrant. **слу́хавка** receiver) ◊ **Він підня́в слу́хавку ~у.** He picked up the phone receiver.

v. + **т. вмика́ти т.** turn on a telephone ◊ **Га́ля не увімкну́ла мобі́льного ~у.** Halia did not switch her mobile phone on. (**вимика́ти** switch off ◊ **Глядачі́в попроси́ли ви́мкнути ~и.** The audience was asked to switch off their phones. **встано́влювати** install, **ма́ти** have; **під'є́днувати до** + *G.* connect to sth; **від'є́днувати від** + *G.* disconnect from sth ◊ **Її т. від'єдна́ли від мере́жі за несплату́.** Her phone was disconnected from the network for non-payment. **блокува́ти** block; **підслухо́вувати** tap ◊ **Його́ т. підслухо́вують.** His phone is tapped. **бра́ти** *or* **підніма́ти** pick up ◊ **Він не поспіша́в бра́ти т.** He was not in a hurry picking up the phone. **слу́хати** get ◊ **Ларисо, послу́хай т., будь ла́ска!** Larysa, get the phone please! **ві́шати** hang up; **відповіда́ти на** answer); **кли́кати** + *A.* **до ~у** call sb to a phone ◊ **Іре́на попроси́ла покли́кати до ~у реда́ктора.** Irena asked for the editor to be called to the phone. **користува́тися ~ом** use a phone ◊ **Він користу́ється сателіта́рним ~ом.** He uses a satellite phone. **бу́ти на ~і** be on the phone (**сиді́ти на** *colloq.* stay on) ◊ **Пі́сля пра́ці Ма́рта годи́нами сиди́ть на ~і.** After work, Marta stays on the phone for hours.

т. + *v.* **вібрува́ти** vibrate ◊ **На столі́ вібрува́в його́ мобі́льний т.** His mobile phone vibrated on the table. **дзвені́ти** ring; **замовка́ти** go silent ◊ **Т. тричі́ продзвені́в і замо́вк.** The phone rang three times and went silent. **псува́тися** break down; **розряджа́тися** discharge ◊ **Її т. розряди́вся.** Her phone has discharged.

prep. **по ~у** by/on/over a phone ◊ **Яри́на дикту́є інстру́кції по ~у.** Yaryna dictates the instructions over the phone.

2 *colloq.* telephone number ◊ **Ти мо́жеш да́ти мені́ її т.?** Can you give me her phone number? ◊ **Сергі́й не мав ї́хніх конта́ктних ~ів.** Serhii did not have their contact phone numbers.

телефо́нн|ий, *adj.*

telephone, of or pertaining to a telephone

т. + *n.* **т. апара́т** a telephone set ◊ **На столі́ стоя́ло чоти́ри ~і апара́ти.** There were four telephone sets on the table. (**дзвіно́к** call, **дові́дник** directory ◊ **Те́пер ~і дові́дники ви́йшли з ужи́тку.** Now telephone directories have gone out of use. **ка́бель** cable; **но́мер** number; **опера́тор** operator; **раху́нок** bill) ◊ **Вони́ очі́кували ~ого раху́нку.** They awaited their phone bill. **~а бу́дка** a phone booth (**лі́нія** line, **компа́нія** company; **мере́жа** network; **розмо́ва** conversation; **систе́ма** system; **слу́хавка** receiver); **~е інтерв'ю** a phone interview (**опи́тування** poll; **повідо́млення** message); **~і по́слуги** phone services ◊ **Компа́нія пропону́є конкуре́нтний паке́т ~их по́слуг.** The company offers a competitive package of phone services.

теля́, *nt.*, **~ти**

calf ◊ **Ра́зом з коро́вою па́слося тро́є гарне́ньких ~т.** Three cute calves grazed together with the cow.

adj. **вгодо́ване** fatted, **молоде́** young; **гарне́ньке** cute; **мі́сячне** one-month-old, **двомі́сячне** two-month-old, **тримі́сячне** three-month-old, *etc.*

v. + **т. виро́щувати т.** rear a calf ◊ **~та** *or* **~т виро́щують на м'я́со.** They rear calves for beef. (**відгодо́вувати** fatten, **годува́ти** feed; **наро́джувати** give birth to, **приво́дити** produce) ◊ **Коро́ва приво́дить ~та** *or* **~т удру́ге.** The cow produces calves for the second time.

т. + *v.* **вироста́ти** grow; **па́стися** graze

I. **~м**

те́м|а, *f.*

theme, topic, subject

adj. **важли́ва** important ◊ **Бруталіза́ція люди́ни люди́ною є важли́вою ~ою фі́льмів режисе́ра.** Brutalization of man by man is an important theme of the director's films. **головна́** main, **ключова́** key, **маґістра́льна** overriding, **основна́** principal, **провідна́** dominant, **стрижне́ва** core, **центра́льна** central; **зага́льна** general, **широ́ка** broad; **звича́йна** usual ◊ **Провідна́ роль комуністи́чної па́ртії – це звича́йна т. для літерату́ри соціялісти́чного реалі́зму.** The leading role of the Communist Party is the usual theme for the literature of socialist realism. **популя́рна** popular; **універса́льна** universal; **знайо́ма** familiar, **улю́блена** favorite; **пості́йна** constant; **пов'я́зана** related; **бібллі́йна** biblical, **істори́чна** historical ◊ **Режисе́рка зняла́ фільм на істори́чну ~у.** The (female) director shot a movie on a historical topic. **музи́чна** musical, **релігі́йна** religious; **суча́сна** contemporary; **вибухо́ва** explosive, **контроверсі́йна** controversial, **небезпе́чна** dangerous, **неприє́мна** unpleasant, **непро́ста́** tough, **складна́** complicated

т. + *n.* **т. дисерта́ції** a dissertation topic (**дослі́дження** research, **конфере́нції** conference) ◊ **Т. конфере́нції була́ «Сто ро́ків украї́нської револю́ції.»** The conference topic was *One Hundred Years of the Ukrainian Revolution.*

v. + **т. вивча́ти ~у** study a topic ◊ **Вона́ вивча́є фемініс́тські ~и в украї́нській літерату́рі.** She studies feminist themes in Ukrainian literature. (**дослі́джувати** explore; **зачіпа́ти** broach ◊ **Істо́рик зачіпа́є ~у війни́.** The historian broaches the theme of war. **обгово́рювати** discuss, **погли́блювати** deepen, **продо́вжувати** continue, **розвива́ти** develop, **розгляда́ти** examine ◊ **Вони́ розгля́нуть ~у рі́вности стате́й.** They will examine the topic of gender equality. **відобража́ти** reflect, **репрезентува́ти** represent); **торка́тися ~и** touch on a topic ◊ **Журналі́ст торка́ється непросто́ї ~и.** The journalist touches on a tough topic. (**уника́ти** avoid ◊ **Доповіда́ч уника́є одніє́ї ~и.** The presenter is avoiding one topic. **зверта́тися до** address) ◊ **Вона́ зверта́ється до ~и мо́ви.** She addresses the language theme.

т. + *v.* **виника́ти** emerge ◊ **На перемо́винах т. репара́цій вини́кала кі́лька разі́в.** In the talks, the theme of reparations emerged several times. **вирина́ти** surface, **постава́ти** come forth; **прони́зувати** + *A.* run through sth ◊ **Т. нерозді́леного коха́ння прони́зує її ра́нню тво́рчість.** The theme of unrequited love runs through her early works.

prep. **на ~у** + *G.* on the theme of sth ◊ **конфере́нція на ~у культу́рних конта́ктів** a conference on the topic of cultural contacts

Also see **предме́т 3; матерія 3**

те́мн|ий, *adj.*

1 dark, unlit

adv. **абсолю́тно** absolutely, **вкрай** extremely, **геть** totally, **до́сить** rather, **доста́тньо** sufficiently, **ду́же** very, **(за)на́дто** too ◊ **Маркове поме́шкання на́дто те́мне для орхіде́й.** Marko's apartment is too dark for orchids. **ціл́ком** completely; **ле́две** scarcely, **ма́йже** almost; **вже** already, **все ще** still; **тро́хи** a little

v. + **т. бу́ти ~им** be dark ◊ **Коридо́р т.** The corridor is dark. (**вигляда́ти** look, **видава́тися** come out; appear ◊ **Та ніч ви́далася страше́нно ~ою.** That night came out terribly dark. **виявля́тися** turn out, **здава́тися** + *D.* seem to, **роби́ти** + *A.* make sth)

Also see **тіньови́й 1, чо́рний 3.** *Ant.* **сві́тлий 1**

2 dark *(of colors)*, deep ◊ **Тепе́р її воло́сся було́ ~им.** Now her hair was dark. ◊ **Петро́ва шкі́ра ви́далася незвича́йно ~ою.** Petro's skin appeared to be unusually dark. ◊ **~і свинце́ві хма́ри обіця́ли сні́г.** The dark leaden clouds promised snow.

Also see **чо́рний 3**

3 *fig.* dark, gloomy, joyless; calamitous ◊ **У житті́ Ка́трі почали́ся ~і дні.** Dark days began in Katria's life. ◊ **Її огорну́ла ~а ту́га.** Dark angst enveloped her. ◊ **Ду́шу хло́пця спо́внював т. сум.** Black sadness filled the boy's soul.

Also see **чо́рний 7**

4 *fig.* dark, evil, wicked ◊ **Коли́сь йому́ доведе́ться розпла́чуватися за свої́ ~і спра́ви.** One day, he will have to pay for his dark deeds. ◊ **Лі́дією ру́хала ~а нена́висть.** Lidiia was driven by dark hatred.

Also see **чо́рний 8**

5 *fig.* dark, obscure, mysterious, unfathomable, shady ◊ **За чарі́вною у́смішкою кри́лася ~а сторона́ її нату́ри.** Behind the charming smile a dark aspect of her nature was hiding. ◊ **На́дині слова́ до́вго лиша́лися для Андрі́я ~ими й таємни́чими.** For a long time, Nadia's words remained dark and mysterious for Andrii. ◊ **осо́ба з ~им мину́лим** a person with a dark past

See **таємни́чий.** *Also see* **тума́нний 2**

6 *fig.* ignorant, uncouth ◊ **забобо́ни й упере́дження ~их люде́й** superstitions and prejudices of ignorant people

темні́|ти, ~ють; по~ *or* **с~**, *intr.*

to darken, grow dark

adv. **пові́льно** slowly, **поступо́во** gradually; **наре́шті** finally, **ра́птом** suddenly ◊ **Її обли́ччя ра́птом потемні́ло.** Her face suddenly grew dark. **незаба́ром** soon, **ско́ро** quickly, **шви́дко** rapidly ◊ **Со́нце зайшло́, і ліс шви́дко потемні́в.** The sun set and the woods quickly grew dark.

v. + **т. почина́ти** begin to ◊ **Узи́мку т. почина́є десь о п'я́тій.** In winter, it begins to grow dark around five. **ста́ти** *pf.* start

Also see **смерка́ти(ся)**

те́мно, *adv., pred.*

1 dark ◊ **Окса́на ви́словлювалася т. і незрозумі́ло.** Oksana expressed herself in a dim and incomprehensible manner.

2 deep *(of colors)* ◊ **те́мно-зеле́ний** dark green, ◊ **те́мно-бруна́тний** dark brown, ◊ **те́мно-черво́ний** dark red; ◊ **О́ля прийшла́ у те́мно-си́ній су́кні.** Olia came in a dark blue dress.

3 *pred.* dark ◊ **У спа́льні ще було́ т.** It was still dark in the bedroom.

v. + **т. бу́ти т.** be dark (**роби́тися** grow ◊ **Зроби́лося т., як пе́ред грозо́ю.** It grew dark as if before a thunderstorm. **става́ти** become) ◊ **Става́ло на́дто т., щоб чита́ти.** It was becoming too dark to read. ♦ **т., хоч о́ко ви́коли** pitch dark ◊ **Надво́рі т., хоч о́ко ви́коли.** It is pitch dark outdoors.

Ant. **сві́тло**

темп, *m.*, **~у**

tempo, rate, speed

adj. **висо́кий** fast ◊ **Т. мо́влення був на́дто висо́ким, щоб Ро́берт міг зрозумі́ти діяло́г.** The speech tempo was too fast for Robert to understand the dialogue. **енергі́йний** upbeat, **жва́вий** vivacious, **що нароста́є** increasing, **приско́рений** accelerated, **шви́дкий** quick, fast, **шпа́ркий** *colloq.* zippy; **пла́вний** smooth ◊ **Вальс вико́нували у пла́вному ~і.** The waltz was performed at a smooth tempo. **пові́льний** slow, **помі́рний** moderate, **розсла́блений** relaxed, **спокі́йний** calm; **зру́чний** comfortable

т. + *n.* **т. життя́** the tempo of life ◊ **Т. життя́ в Херсо́ні бі́льш розсла́блений, як в Оде́сі.** The tempo of life in Kherson is more relaxed than that in Odesa. (**мо́влення** speech, **му́зики** music;

на́ступу offensive; ро́звитку development, та́нцю dancing, фі́льму movie, чита́ння reading) ◊ **Вона́ ви́брала висо́кий т. чита́ння.** She chose a fast tempo of reading.

v. + **т. змі́нювати** *or* **мі́няти т.** change a tempo ◊ **Ні́на пості́йно мі́няла т. п'є́си.** Nina constantly changed the tempo of the piece. (**пришви́дшувати** quicken, **спові́льнювати** slow)

prep. **в ~і** at a tempo ◊ **Норма́льно вона́ говори́ла в помі́рному ~і.** Normally she spoke at a moderate tempo.

темпера́мент, *m.*, ~у

1 temperament, disposition, character

adj. **вогняни́й** fiery ◊ **Христи́н вогняни́й т. заважа́в їй твере́зо ду́мати.** Khrystia's fiery temperament would prevent her from thinking in a sober way. **гаря́чий** fervent, **запальни́й** volatile, **нерво́вий** nervous, **невгамо́нний** sanguine, **невто́мний** untiring; **рі́вний** even, **розва́жливий** judicious ◊ **Ця пра́ця вимага́є люди́ну з розва́жливим ~ом.** The work requires a person of judicious temperament. **спокі́йний** calm, **ти́хий** quiet, **холо́дний** cool; **артисти́чний** artistic, **мрійли́вий** dreamy, **романти́чний** romantic, **сентимента́льний** sentimental; **науко́вий** scientific; **важки́й** difficult, **нестерпни́й** insufferable

v. + **т. виявля́ти т.** show temperament ◊ **Матві́й виявля́в артисти́чний т.** Matvii showed an artistic temperament. (**ма́ти** have) ◊ **Його́ ста́рший брат ма́є важки́й т.** His elder brother has a difficult temperament.

prep. **за ~ом** by temperament ◊ **За ~ом Бори́с – типо́вий півде́нець.** By temperament, Borys is a typical southerner.

See **хара́ктер 1**

2 vigor, ardor, passion ◊ **Іва́нів т. заряджа́є всіх ене́ргією.** Ivan's vigor charged everybody with energy.

prep. **з ~ом** vigorously, ardently, with ardor ◊ **Іре́на щось поя́снювала їм з усе́ бі́льшим ~ом.** Irena was explaining something to them with increasing ardor.

See **при́страсть 2**

температу́р|а, *f.*, ~и

1 temperature

adj. **висо́ка** high; **низька́** low, **помі́рна** moderate; **максима́льна** maximal, high, **найви́ща** highest; **мініма́льна** minimal, low ◊ **За́втра максима́льна температу́ра бу́де сім гра́дусів, а мініма́льна – два гра́дуси.** The high for tomorrow will be 7° and the low will be 2°. **найни́жча** lowest, **нульова́** zero; **норма́льна** normal; **абсолю́тна** absolute, **крити́чна** critical; **пості́йна** constant, **сере́дня** average, **стабі́льна** stable, **ста́ла** steady ◊ **Протягом доби́ хво́рий мав ста́лу ~у.** Over twenty-four hours, the patient had a steady temperature. **де́нна** daytime, **нічна́** nighttime ◊ **Нічна́ т. впа́ла до мі́нус десяти́ гра́дусів Це́льсія.** The nighttime temperature dropped to -10° C. **рі́чна** annual, **щоде́нна** daily; **екстрема́льна** extreme; **весняна́** spring, **лі́тня** summer, *etc.* **липне́ва** July, **січне́ва** January, *etc.* **вну́трішня** internal, **зо́внішня** external; **ґлоба́льна** global; **кімна́тна** room ◊ **Плі́вку проявля́ли при кімна́тній ~і.** The film was developed at room temperature.

т. + *n.* **т. во́ди** water temperature (**мо́ря** sea, **океа́ну** ocean, **ото́чення** ambient; **замерза́ння** freezing, **кипі́ння** boiling, **та́нення** melting, **тве́рднення** hardening ◊ **т. тве́рднення вуглеце́вої ста́лі** the hardening temperature for carbon steel; **духо́вки** oven; **пове́рхні** surface; **ті́ла** body)

n. + **т. збі́льшення ~и** temperature rise (**зроста́ння** increase ◊ **загро́зливе зроста́ння ~и** a menacing temperature rise; **зме́ншення** reduction; **змі́на** change, **колива́ння** fluctuation; **вимі́рювання** measurement; **се́нсор** sensor)

v. + **т. ма́ти ~у** have a temperature ◊ **Газ ма́є екстрема́льно низьку́ ~у.** The gas has an extremely low temperature. (**витри́мувати** withstand ◊ **Сплав зда́тен ви́тримати висо́ку ~у.** The alloy is capable of withstanding a high temperature. **підви́щувати** increase, **піді́ймати** *or* **підніма́ти** raise; **зме́ншувати** lower, **скоро́чувати** reduce; **вимі́рювати** *or* **мі́ряти** measure ◊ **Сестра́ мі́ряє йому́ ~у щогоди́ни.** The nurse measures his temperature every hour. **забезпе́чувати** provide; **запи́сувати** record; **контролюва́ти** control; **реґулюва́ти** regulate, **утри́мувати** maintain) ◊ **При́лад утри́мує ~у во́ди на нале́жному рі́вні.** The device maintains the water temperature at the right level. **досяга́ти** *or* **сяга́ти ~и** reach a temperature ◊ **Бало́н досягну́в ~и у плюс три́ста гра́дусів.** The tank reached the temperature of +300°. (**охоло́джувати** + *A.* **до** cool sth down to ◊ **Залі́зо охоло́джують до ~и ото́чення.** The iron is cooled down to the ambient temperature. **підігріва́ти** + *A.* **до** heat sth up to); **піддава́ти** + *A.* **~і** expose sth to temperature; **слідкува́ти за ~ою** monitor temperature

т. + *v.* **збі́льшуватися** increase, **зроста́ти** grow, **піді́йматися** *or* **підніма́тися** rise ◊ **Т. двигуна́ підійма́ється.** The engine temperature is rising. **підска́кувати до** + *G.* jump to *(value)*; **зме́ншуватися до** + *G.* drop to *(value)*, **опуска́тися до** + *G.* dip to *(value)*, **па́дати** fall; **варіюва́тися** vary, **змі́нюватися** *or* **мі́нятися** change ◊ **Т. в са́вні не пови́нна мі́нятися ко́жні де́сять хвили́н.** The temperature in a sauna should not change every ten minutes. **колива́тися** fluctuate ◊ **Т. океа́ну колива́лася в ме́жах десяти́ гра́дусів.** The ocean temperature fluctuated within ten degrees. **досяга́ти** *or* **сяга́ти** + *G.* reach sth, **переви́щувати** + *A.* exceed sth ◊ **Т. молока́ переви́щує со́рок гра́дусів.** The milk temperature exceeds 40°.

prep. **при ~і** at/in temperature ◊ **При кімна́тній ~і лід шви́дко роста́не.** At room temperature the ice will quickly melt. ◊ **Росли́на до́бре почува́ється при холо́дній ~і.** The plant does well in a low temperature.

2 *colloq.* fever, temperature

adj. **висо́ка** high; **слабка́** slight; **пості́йна** constant

v. + **т. ма́ти ~у** have a fever (**збива́ти** bring down) ◊ **Звича́йними за́собами не зби́ти тако́ї висо́кої ~и.** Such a high fever cannot be brought down by conventional remedies. **позбува́тися ~и** get rid of a fever

See **гаря́чка 1**

те́мряв|а, *f.*, *only sg.*

1 darkness

adj. **все бі́льша** growing ◊ **Кімна́ту огорта́є все бі́льша т.** Growing darkness is enveloping the room. **глибо́ка** deep, **густа́** thick, **кромі́шня** impenetrable, **по́вна** total, **цілкови́та** complete ◊ **У цілкови́тій ~і не мо́жна поба́чити вла́сної руки́.** In complete darkness, one cannot see one's own hand.

v. + **т. прони́зувати ~у** pierce darkness ◊ **Про́мінь ліхта́рика пронизав ~у кінотеа́тру.** A ray of flashlight pierced the darkness of the movie theater. (**розганя́ти** dispel ◊ **Час від ча́су ~у розганя́ла бли́скавка.** From time to time, lightning would dispel the darkness. **опуска́тися в** immerse into, **порина́ти в** plunge into); **вирина́ти з ~и** emerge from darkness ◊ **З ~и но́чі ви́ринули чоти́ри фігу́ри.** Four figures emerged from the darkness of night. **лежа́ти в ~і** lie in darkness (**стоя́ти в** stand in) ◊ **Вони́ мо́вчки стоя́ли в ~і.** Silent, they stood in the darkness.

т. + *v.* **наступа́ти** come ◊ **На лісову́ галя́вину наступа́ла вечі́рня т.** Evening darkness was coming onto the forest glade. **насува́тися** advance, **огорта́ти** + *A.* envelop sth, **опуска́тися на** + *A.* decend onto sth, **ото́чувати** + *A.* surround sth ◊ **Їх ото́чувала кромі́шня т.** Impenetrable darkness surrounded them. **підступа́ти до** + *G.* creep up on sth, **поглина́ти** + *A.* devour sth, **проковта́ти** + *A.* swallow sth ◊ **Марі́чку проковтну́ла півні́чна т.** The midnight darkness swallowed Marichka. **зника́ти** disappear, **розхо́дитися** dissipate

prep. **з ~и** out of darkness; ♦ **під покро́вом ~и** under the cover of darkness ◊ **Партиза́ни підкра́лися до каза́рм під покро́вом ~и.** The partisans crept up on the barracks under the cover of darkness. **у ~у** *dir.* into darkness ◊ **Ве́ршники пори́нули в ~у лі́су.** The horsemen plunged into the darkness of the forest. **в ~і** *posn.* in darkness

Cf. **су́тінки, тума́н 1.** *Ant.* **еле́ктрика 2, сві́тло**

2 *fig.* darkness, evil, backwardness, reaction ◊ **Реґіо́н усе́ гли́бше опуска́вся в ~у війни́.** *fig.* The region immersed deeper into the darkness of war.

тенденці́йн|ий, *adj.*

biased, tendentious; subjective, prejudiced

adv. **безнаді́йно** hopelessly ◊ **Матеря́л безнаді́йно т.** The story is hopelessly biased. **вкрай** extremely ◊ **Її моногра́фія пропонува́ла чита́чеві вкрай ~е прочита́ння істо́рії.** Her monograph offered the reader an extremely tendentious reading of history. **до́сить** rather, **ду́же** very, **особли́во** particularly; **де́що** somewhat, **тро́хи** a little; **відве́рто** patently ◊ **Пода́ча нови́н у програ́мі відве́рто ~а.** The news coverage in the show is patently tendentious. **відкри́то** overtly, **я́вно** clearly

v. + **т. бу́ти ~им** be tendentious (**вважа́ти** + *A.* regard sb/sth ◊ **Зі́на вважа́ла їхній ана́ліз ~им.** Zina regarded their analysis to be tendentious. **видава́тися** + *D.* appear to sb, **виявля́тися** turn out, **звуча́ти** sound, **зда́ватися** + *D.* seem to sb; **лиша́тися** remain ◊ **Кри́тик лиша́ється ~им.** The critic remains tendentious. **става́ти** become)

prep. **т. до** + *G.* biased against/to sth ◊ **Публіка́ція ~а до фемінізму.** The publication is biased against feminism. **т. у** + *G.* biased in sth ◊ **Суддя́ став ~им у рі́шеннях.** The judge became biased in his rulings.

Also see **суб'єкти́вний, упере́джений 1**

тенде́нці|я, *f.*, ~ї

1 tendency, trend, direction

adj. **вели́ка** great, **виразна** pronounced ◊ **Се́ред місько́ї мо́лоді є ви́разна т. пізні́ше одру́жуватися.** There is a pronounced tendency among urban youth to get married later. **провідна́** leading, **си́льна** strong, **центра́льна** central, **я́вна** clear; **зага́льна** general, **широ́ка** broad; **приро́джена** innate, **приро́дна** natural; **загро́злива** menacing, **небезпе́чна** dangerous, **нефорту́нна** unfortunate ◊ **Вона́ ма́є нефорту́нну ~ю говори́ти ду́рниці пі́д впли́вом алкого́лю.** She has an unfortunate tendency to say rubbish under the influence of alcohol. **похму́ра** grim, **триво́жна** alarming; **відцентро́ва** centrifugal, **сепарати́стська** separatist; **супере́члива** contradictory; **аґреси́вна** aggressive, **наси́льницька** violent, **психопати́чна** psychopathic ◊ **Хво́рий виявля́в психопати́чні ~ї.** The patient displayed psychopathic tendencies. **руйні́вна** destructive, **само́гу́бча** suicidal, **саморуйні́вна** self-destructive

v. + **т. виявля́ти ~ю** reveal a tendency ◊ **Проте́сти виявля́ють ~ю до радикаліза́ції.** The protests reveal a tendency to radicalization. (**демонструва́ти** display, **ма́ти** have; **поси́лювати** reinforce; **станови́ти** constitute; **дола́ти** overcome, **зме́ншувати** reduce, **невтралізува́ти** neutralize, **стри́мувати** curb); **опира́тися** *or* **чини́ти о́пір ~ї** resist a tendency (**протиді́яти** counter) ◊ **Вони́ ефекти́вно протиді́яли ~ї поши́рення СНІДу се́ред наркома́нів.** They effectively countered the AIDS spreading tendency among drug addicts.

т. + *v.* **існува́ти** exist; **поглиблюватися** deepen,

поси́люватися intensify, **послáблюватися** *or* **слáбнути** weaken; **спостерігáтися** be in place ◊ **Сéред молóді спостерігáється т. переоцінки релíгії.** A tendency of religion reevaluation is in place among school youth.

prep. **т. до** + *G.* a tendency for/towards sth ◊ **т. до замíщення людéй маши́нами** the tendency towards replacing people with machines; **т.** + *inf.* a tendency to do sth ◊ **т. ігнорувáти руйнівни́й вплив соцмерéж на суспíльство** a tendency to ignore social networks' destructive influence on society

Also see **течія́ 3**

2 inclination, propensity, proclivity

adj. **поведíнкова** behavioral, **психологíчна** psychological; **закономíрна** logical, **істори́чна** historical; **революцíйна** revolutionary; **артисти́чна** artistic; **гомосексуáльна** homosexual ◊ **Йогó гомосексуáльні ~ї стáли виявля́тися в дити́нстві.** His homosexual tendencies started showing in his childhood. **лезбíйська** lesbian

See **схи́льність 1.** *Also see* **жи́лка 3, нáхил 1**

3 idea, drift, direction, tendency

adj. **вели́ка** great, **провіднá** leading ◊ **Сатири́чне трактувáння украї́нського політикуму станóвить провідну́ ~ю її́ кни́жки.** The satirical treatment of the Ukrainian political establishment constitutes the leading tendency of her book. **радикáльна** radical, **центрáльна** central, **загáльна** general, **широ́ка** broad

See **ідéя.** *Also see* **зáдум**

тенді́тн|ий, *adj.*

delicate, tender, soft, fragile

adv. **вкрай** extremely, **дóсить** fairly, **ду́же** very, **надзвичáйно** extraordinarily; **дивові́жно** amazingly, **неймовíрно** incredibly, **несподíвано** unexpectedly; **омáнливо** deceptively; **(за)нáдто** too; **дéщо** somewhat, **трóхи** a little; **зóвсім не** not at all; **емоцíйно** emotionally, **психологíчно** psychologically, **фізи́чно** physically; **геть** totally, **зóвсім** completely, **ще** yet

v. + **т. бу́ти ~им** be delicate ◊ **Олéг т. юнáк.** Oleh is a fragile youth. (**вважáти** + *A.* regard sb ◊ **Гáнна вважáє пóдругу нáдто емоцíйно ~ою.** Hanna regards her (female) friend to be too emotionally delicate. **вигляда́ти** look ◊ **Супéрник ті́льки вигляда́є ~им.** The rival only looks delicate. **видавáтися** + *D.* appear to sb, **виявля́тися** turn out, **звучáти** sound ◊ **Івáнів гóлос звучáв ~им і безборóнним.** Ivan's voice sounded fragile and defenseless. **здавáтися** + *D.* seem to sb; **ставáти** become)

т. + *n.* **т. пáгін** a tender sprout ◊ **На клéні з'яви́лися пéрші ~і пáгони.** The first tender sprouts appeared on the maple tree. (**силуéт** silhouette; **хлóпчик** little boy, **юнáк** youth); **~а дівчи́на** a delicate girl (**жíнка** woman; **душá** soul, **нату́ра** character; **косу́ля** roe deer, **рукá** hand, **фігу́ра** figure; **травá** grass) ◊ **~а травá вкривáла пóле.** Delicate grass covered the field. **~е здорóв'я** delicate health ◊ **Лíкар відсíює кандидáтів із ~им здорóв'ям.** The doctor weeds out candidates with delicate health. (**крíсло** chair) ◊ **Здавáлося, що ~е крíсло от-óт розламáється під нéю.** The fragile chair seemed to be about to break under her. **~і пáльці** delicate fingers ◊ **Її́ ~і пáльці видобувáли з áрфи божéственну му́зику.** Her delicate fingers extracted divine music from the harp. (**плéчі** shoulders)

Also see **делікáтний 4, нíжний 3**

тéніс, *m.*, **~у**, *only sg.*

tennis

adj. **жінóчий** women's ◊ **Країна мáє си́льний жінóчий т.** The country has strong women's tennis. **чоловíчий** men's, **юніóрський** junior; **люби́тельський** amateur, **професíйний** professional; **кóртовий** court, **настíльний** table; **одинóчний** singles, **пáрний** doubles; **европéйський** European, **міжнарóдний** international, **світови́й** world ◊ **Перемóга принеслá їй слáву у світовóму ~і.** The win brought her fame in world tennis.

n. + **т. зíрка ~у** a tennis star (**імени́тість** celebrity, **леґéнда** legend; **світ** world) ◊ **У світі ~у таки́й талáнт рíдкість.** Such a talent is a rarity in the tennis world.

v. + **т. диви́тися т.** watch tennis ◊ **Зенóн ди́виться т. з азáртом.** Zenon watches tennis with passion. (**люби́ти** like ◊ **Микóла лю́бить т.** Mykola likes tennis. **вправля́ти** practice ◊ **Дáрка вправля́є т. тричі на ти́ждень.** Darka practices tennis three times a week. **грáти в** play) ◊ **Він грáє в т. із Лари́сою.** He plays tennis with Larysa.

prep. ♦ **гра в т.** playing tennis ◊ **Гра в т. – це її́ сти́хія.** Playing tennis is her element. **з ~у** in/of tennis ◊ **заня́ття з ~у** a tennis lesson (**змагáння** competion; **кýбок** cup; **трéнер** coach, **трéнерка** female coach) ◊ **Олéг – її́ трéнер із ~у.** Oleh is her tennis coach.

тéнісн|ий, *adj.*

tennis, of or pertaining to tennis

т. + *n.* **т. клуб** a tennis club ◊ **Він записáвся до ~ого клу́бу.** He joined a tennis club. (**корт** court ◊ **На ~ому кóрті чоти́ри гравці.** There are four players on the tennis court. **матч** match, **м'яч** ball; **тáбір** camp; **турнíр** tournament, **чемпіонáт** championship) ◊ **Вонá берé у́часть у націонáльному ~ому чемпіонáті.** She takes part in the national tennis championship. **~а гра** a tennis game (**дружи́на** team; **ракéтка** racket; **сíтка** net) ◊ **М'яч улу́чив у ~у сíтку.** The ball hit the tennis net. **~е взуття́** *coll.* tennis shoes (**змагáння** competition; **облáднання** equipment; **турнé** tour) ◊ **~е турнé включáє шість міст.** The tennis tour includes six cities. **~і прáвила** tennis rules (**шóрти** shorts)

теорéм|а, *f.*, *math.*

theorem

adj. **обéрнена** converse; ♦ **т. Евклíда** Euclid's theorem, ♦ **т. Пітагóра** the Pythagorean theorem

v. + **т. вчи́ти ~у** learn a theorem ◊ **Юрíй ви́вчив ~у Евклíда.** Yurii learned Euclid's theorem. (**довóдити** prove ◊ **Вонá знáє, як довести́ ~у.** She knows how to prove the theorem. **знáти** know; **формулювáти** formulate)

теорети́чн|ий, *adj.*

theoretical, of or pertaining to theory

adv. **всьогó-нá-всьогó** merely, **винятко́во** exceptionally, **ви́сóко** highly, **гóловно** mainly ◊ **гóловно т. аспéкт спрáви** a mainly theoretical aspect of the matter; **чи́сто** purely

т. + *n.* **т. інтерéс** a theoretical interest (**підхíд** approach, **рíвень** level; **рóзум** mind) ◊ **Із кóжної сторíнки кни́жки промовля́є ви́разно т. рóзум áвтора.** The distinctly theoretical mind of the author speaks from every page of the book. **~а бáза** a theoretical basis (**оснóва** foundation, **проблéма** problem; **математи́ка** mathematics, **фíзика** physics, *etc.*); **~е знáчення** theoretical importance (**обґрунтувáння** justification, **питáння** issue, **пояснéння** explanation ◊ **Він не знахóдив ~ого пояснéння аномáлії.** He could not find a theoretical explanation to the anomaly. **~і побудóви** theoretical constructs

v. + **т. бу́ти ~им** be theoretical ◊ **Ця роботá – ~а оснóва дослíдження.** The work is a theoretical foundation for the research. (**вважáти** + *A.* regard sth ◊ **Вонá вважáє питáння ~им.** She regards the issue to be theoretical. **залишáтися** remain)

Ant. **практи́чний 1**

теóрі|я, *f.*, **~ї**

theory; *fig.* explanation

adj. **вели́ка** grand; **єди́на** unified ◊ **Вони́ розробля́ють єди́ну ~ю хáосу.** They are developing a unified theory of chaos. **загáльна** general, **пóвна** complete; **новá** new, **сучáсна** modern ◊ **Сучáсна т. лекси́чних запози́чень здавáлася їй застарíлою.** The modern theory of lexical borrowings seemed obsolete to her. **класи́чна** classic; **улю́блена** pet; **абстрáктна** abstract ◊ **абстрáктна т. зáмість пояснéння** an abstract theory instead of an explanation; **альтернати́вна** alternative, **крити́чна** critical; **радикáльна** radical, **смíлива** audacious; **геніáльна** brilliant, **новáторська** trail-blazing, **оригінáльна** original, **цікáва** interesting; **квазинаукóва** quasi-scientific, **сумнíвна** questionable; **лíва** left-wing, **маркси́стська** Marxist, **революцíйна** revolutionary; **фемінíстська** feminist; **постколоніáльна** postcolonial, **постмодернíстська** postmodernist, **структуралíстська** structuralist, **еволюцíйна** evolutionary, **економíчна** economic, **квáнтова** quantum, **лінґвісти́чна** linguistic, **молекуля́рна** molecular, **мутацíйна** mutation, **наукóва** scientific, **політи́чна** political, **соціологíчна** sociological, **юриди́чна** legal, *etc.*

т. + *n.* ♦ **т. віднóсности** *phys.* the relativity theory (**íгор** game, **ймовíрности** probability, **літерату́ри** literature, **переклáду** translation ◊ **сту́пінь маґíстра з ~ї і прáктики переклáду** an MA degree in theory and practice of translation; **раціонáльного ви́бору** rational choice ◊ **Т. раціонáльного ви́бору не допомагáла зрозуміти поведíнку ви́борця.** The rational choice theory did not help to make sense of the voters' behavior. **чи́сел** number; **Дáрвіна** Darwin's) ◊ **Вони́ – прихи́льники ~ї Дáрвіна.** They are supporters of Darwin's theory.

v. + **т. мáти ~ю** have a theory ◊ **Він мáє цíлу квазинаукóву ~ю.** He has an entire quasi-scientific theory. (**використóвувати** use, **застосóвувати** apply; **представля́ти** + *D.* present to sb, **пропонувáти** + *D.* offer sb, **просувáти** advance; **довóдити** prove, **підтвéрджувати** confirm ◊ **Дáні телескóпа підтвéрджують її́ ~ю.** The telescope data confirm her theory. **приймáти** accept; **вивчáти** study, **розглядáти** examine ◊ **Полíція розглядáє кíлька ~й зни́кнення документíв.** The police examine several theories on the documents' disappearance. **опрацьóвувати** elaborate, **розвивáти** develop, **розробля́ти** work out; **формулювáти** formulate; **висмíювати** ridicule, **відкидáти** reject, **критикувáти** criticize, **спростóвувати** refute, **стáвити під су́мнів** question); ♦ **втíлювати ~ю у прáктику** to put theory into practice; **тримáтися ~ї** hold a theory; **працювáти над ~єю** work on a theory ◊ **Вони́ працю́ють над ~єю погóдних ци́клів.** They work on the weather cycles theory.

т. + *v.* **заснóвуватися на** + *L.* be based on sth ◊ **Т. заснóвується на сéрії експеримéнтів.** The theory is based on a series of experiments. **передбачáти** + *A.* predict sth; **поя́снювати** + *A* explain sth

prep. **в ~ї** in theory ◊ **У ~ї йогó мéтод обіця́є негáйні дивідéнди.** In theory, his method promises immediate dividends.

Cf. **прáктика**

тепéр, *adv.*

1 now, at present, at this moment; this time around ◊ **Т. Полíна готóва грáти.** Now Polina is ready to play. ◊ **Т. Лари́са не роби́тиме тієї ж поми́лки.** This time, Larysa will not make the same mistake. ♦ **Т. чи нíколи.** It's now or never; ♦ **і то т.** right now, at once ◊ **Поясни́ менí, і то т.!** Explain to me, right now! ♦ **не т., то** *or* **так у четвéр** eventually, sooner or later ◊ **Ми́ля домóжеться свогó, не т., так у четвéр.** Mylia will get what she wants, sooner or later.

Also see **зáраз 1**

2 now, nowadays, today, these days ◊ **Т. соціáльні мерéжі замíняють живí лю́дські контáкти.** Nowadays social networks replace live human contacts. ◊ **Колись фíльми булú цікавíші, як т.** In the past, movies were more interesting than now.

3 *as conj.* **т., коли́** now that ◊ **Т., коли́ Джейн відві́дала Украї́ну, вона́ хо́че зно́ву поверну́тися туди́.** Now that Jane has visited Ukraine, she wants to return to it again.

тепе́рішн|ій, *adj.*
1 present, present-day ◊ **У ~іх умо́вах тя́жко ма́ти вла́сну спра́ву.** Under the present conditions, it is difficult to have one's own business. ◊ **т. час** *ling.* the present tense, ◊ **у ~ьому ча́сі** in the present tense
Also see **ни́нішній**. *Ant.* **тоді́шній**
2 current, contemporary ◊ **~я мо́лодь більш відкри́та до сві́ту.** The contemporary youth are more open to the world. ◊ **т. стан справ** the current state of affairs; ◊ **Її захо́плюють ~і тенде́нції в популя́рній культу́рі.** The current trends in popular culture fascinate her.

те́пл|ий, *adj.*
1 warm
adv. **винятко́во** exceptionally ◊ **Як для сі́чня, тепе́р пого́да винятко́во ~а.** For January, the weather is exceptionally warm now. **геть** totally, **ду́же** very, **зо́всім** completely, **надзвича́йно** extraordinarily; **до́сить** fairly, **доста́тньо** sufficiently; **неймові́рно** incredibly ◊ **Вода́ в зато́ці неймові́рно ~е.** The water in the bay is incredibly warm. **особли́во** particularly, **помі́рно** moderately, **порі́вняно** relatively; **дивови́жно** amazingly, **неймові́рно** incredibly, **несподі́вано** unexpectedly; **приє́мно** pleasantly, **розкі́шно** luxuriously; **(за)на́дто** too; **ле́две** barely ◊ **Ро́зчин ле́две т.** The solution is barely warm. **ма́йже** almost; **тро́хи** a little; **не зо́всім** not quite; **ще** still ◊ **Його́ ру́ки були́ ще ~ими.** His hands were still warm. **незвича́йно** unusually, **несезо́нно** unseasonably
т. + *n.* **т. буди́нок** a warm house ◊ **Лю́ди хова́лися від зимо́вого хо́лоду в ~их буди́нках.** People hid from the winter cold in warm houses. (**ве́чір** evening, **день** day, **за́куток** corner; **клі́мат** climate; **о́дяг** clothes, **све́тр** sweater; **ве́ресень** September, **кві́тень** April, *etc.*); **~а вода́** warm water ◊ **Ху́стку слід пра́ти в ~ій воді́.** The kerchief should be washed in warm water. (**кі́мна́та** room; **па́ра** steam; **шу́ба** fur coat); **~е лі́жко** a warm bed (**пальто́** coat; **промі́ння** rays, **со́нце** sun; **ті́ло** body); **~і краї́** warm lands ◊ **Леле́ки відліта́ють у ~і краї́.** Storks are flying away to warm climes.
v. + **т. бу́ти ~им** be warm (**видава́тися** + *D.* appear to sb, **виявля́тися** turn out; **зда́ватися** + *D.* seem to sb; **лиша́тися** stay ◊ **Про́тягом гру́дня мо́ре лиша́ється несезо́нно ~им.** Throughout December, the sea remains unseasonably warm. **подава́ти** + *A.* serve sth ◊ **Борщ подали́ ле́две ~им.** The borshch was served barely warm. **роби́тися** turn ◊ **Її доло́ні зроби́лися ~ими.** Her palms turned warm. **става́ти** become; **трима́ти** + *A.* keep sth)
Cf. **гаря́чий**. *Ant.* **холо́дний 2**
2 *fig.* warm, friendly, cordial ◊ **Атмосфе́ра на зу́стрічі була́ ~ою.** The atmosphere of the meeting was cordial. **Степа́н перечита́в її т. лист.** Stepan re-read her warm letter. ◊ **У Коломи́ї їх чека́ло ~е прийня́ття́.** A warm welcome awaited them in Kolomyia. ◊ **Його́ по́гляд т. та доброзичли́вий.** His look is warm and friendly. ◊ **~а розмо́ва трива́ла за пі́вніч.** The warm conversation lasted till after midnight.
Also **серде́чний 1**

те́пло, *adv., pred.*
1 *adv.* warmly, warm ◊ **Госте́й т. зустрі́ли.** The guests were given a warm reception. ◊ **Ко́жен промо́вець т. говори́в про небі́жчика.** Each speaker spoke warmly of the deceased. ◊ **Вам слід т. одягну́тися.** You should dress warmly.
Ant. **хо́лодно 1**
2 *pred., impers.* warm ◊ **Надво́рі було́ т.** It was warm outside. ◊ **Ви́йшло со́нце, і зроби́лося до́сить т.** The sun came out and it became fairly warm.
Ant. **хо́лодно 2**
3 *pred.* warm, comfortable + *D.*
v. + **т. бу́ти т.** feel warm ◊ **Ада́мові за́ти́шно і т. в ба́тьківській ха́ті.** Adam feels cozy and warm at his parents' home. (**почува́тися** feel, **става́ти** become, start feeling ◊ **Від його́ до́тику Лі́ні ста́ло т.** Lina felt warm from his touch. ♦ **бу́ти т. на душі́ в** + *G.* to warm sb's heart ◊ **У Марі́ї т. на душі́ від то́го, що вона́ поба́читься з Ната́лею.** It warms Maria's heart that she will see Natalia.
Ant. **хо́лодно 3**

тепл|о́, *nt., only sg.*
1 warmth, heat; warm air, warm weather
adj. **інтенси́вне** intense ◊ **Гру́ба дає інтенси́вне т. на всю кімна́ту.** The stove gives intense heat for the entire room. **си́льне** high; **заспокі́йливе** comforting, **ла́гідне** gentle, **ні́жне** tender ◊ **ні́жне т. призахі́дного со́нця** the tender warmth of the setting sun; **приє́мне** pleasant, **соло́дке** sweet ◊ **Соло́дке т. розлива́лося її ті́лом.** Sweet warmth spread through her body.
v. + **т. відчува́ти т.** feel heat ◊ **Ма́ртині па́льці відчува́ли т. насті́льної ла́мпи.** Marta's fingers felt the heat of the table lamp. (**дава́ти** + *D.* give sb; **зберіга́ти** retain ◊ **Пу́хова ку́ртка кра́ще зберіга́є т.** A down jacket retains heat better. **накопи́чувати** accumulate); ♦ **забира́тися на т.** *(of weather) impers.* to get warmer ◊ **Забира́лося на т.** It was getting warmer. **забезпе́чувати** + *A.* **~о́м** provide sth with heat (**насоло́джуватися** savor); **купа́тися в ~і** bask in the warmth ◊ **Вони́ купа́лися в ~і лі́тнього ра́нку.** They basked in the warmth of the summer morning.
т. + *v.* **випромі́нюватися від** + *G.* radiate from sth ◊ **Від коми́нка випромі́нювалося си́льне т.** High heat radiated from the fireplace. **грі́ти** + *A.* *and* **зігріва́ти** + *A.* warm sb ◊ **Його́ грі́ло т. соба́чого ті́ла.** The heat of the dog's body warmed him. **поши́рюватися** *and* **розлива́тися** + *I.* spread through sth
prep. **т. від** + *G.* the warmth from sth ◊ **т. від батаре́ї опа́лення** the warmth from a heating radiator
Also see **теплота́ 2**. *Ant.* **хо́лод 1**
2 *fig.* warmth, friendliness
adj. **вели́ке** great ◊ **У її слова́х відчува́лося вели́ке т.** Great warmth was felt in her words. **душе́вне** spiritual, **емоці́йне** emotional, **людське́** human ◊ **Діте́й оточи́ли людськи́м ~о́м.** The children were surrounded by human warmth. **серде́чне** heartfelt, **спра́вжнє** genuine
v. + **т. виявля́ти т.** show warmth (**нести́** + *D.* bring sb, **передава́ти** convey); **бракува́ти ~а́** + *D.* lack warmth ◊ **Гали́ні бракує емоці́йного ~а́.** Halyna lacks emotional warmth. (**бу́ти позба́вленим** be devoid of); **промени́тися ~о́м** radiate warmth ◊ **Його́ обли́ччя промени́лося ~о́м.** His face radiated warmth.
Also see **доброта́, теплота́ 3**. *Ant.* **хо́лод 3**
3 above zero *(in temperature indications)* ◊ **Де́нна температу́ра пові́тря бу́де сім гра́дусів ~а́.** The daytime air temperature will be +7°.

теплот|а́, *f., only sg.*
1 *phys.* heat ♦ **одини́ця ~и́** *phys.* a thermal unit
adj. **вну́трішня** internal, **пито́ма** specific ◊ **пито́ма т. пла́влення залі́за** specific heat of iron melting; **прихо́вана** latent, **промени́ста** radiating
v. + **т. визнача́ти ~у́** determine the heat ◊ **Вона́ ви́значила пито́му ~у́ об'є́кта.** She determined the specific heat of the object. (**вимі́рювати** measure; **зме́ншувати** reduce, **підви́щувати** increase; **передава́ти** transfer; **зберіга́ти** retain) ◊ **Ка́мінь зберіга́є ~у́ до́вше, як алюмі́ній.** Stone retains heat longer than aluminum.
2 warmth, heat ◊ **Незважа́ючи на лі́тню ~у́, Ма́рта труси́лася, на́че від гаря́чки.** Despite the summer warmth, Marta was shaking as if with fever.
See **тепло́ 1**
3 *fig.* warmth, kindness, friendliness ◊ **Га́нна зга́дує про зу́стріч із ни́ми з особли́вою ~ою.** Hanna recalls her encounter with them with particular warmth.
See **тепло́ 2**. *Also see* **доброта́**

терапе́вт, *m.*; **~ка**, *f.*
therapist
adj. **до́брий** good, **хоро́ший** fine ◊ **Слі́пченка зна́ють як хоро́шого ~а.** Slipchenko is known as a fine therapist. **досві́дчений** experienced, **кваліфіко́ваний** qualified, **ліцензо́ваний** licensed ◊ **Вони́ шука́ють ліцензо́ваного ~а зі значни́м до́свідом.** They are looking for a licensed therapist with considerable experience. **професі́йний** professional ◊ **Вона́ – професі́йний т.** She is a professional therapist. **сертифіко́ваний** certified; ♦ **психотерапе́вт** psychotherapist, ♦ **фізіотерапе́вт** a physical therapist
See **лі́кар, спеція́лі́ст**

терапі́|я, *f.*, **~ї**
therapy, treatment
adj. **альтернати́вна** alternative ◊ **прихи́льник альтернати́вної ~ї** a proponent of alternative therapy; **традиці́йна** traditional; **інтенси́вна** intensive; **професі́йна** occupational, **фізи́чна**, *usu* **фізіотерапі́я** physical therapy; **вітамі́нна** vitamin, **гормона́льна** hormonal, **генети́чна** genetic, **маса́жна** massage, **радіаці́йна**, *usu* **радіотерапі́я** radio therapy, **со́нна** sleep, ♦ **фармакотерапі́я** drug therapy, ♦ **фітотерапі́я** phytotherapy ◊ **Вона́ поя́снює клієнтові перева́ги фітотерапі́ї.** She is explaining the merits of phytotherapy to the client. **хемі́чна** *usu* **хемотерапі́я** chemotherapy, **шо́кова** shock; **групова́** group, **індивіду́а́льна** individual, **сіме́йна** family; **когніти́вна** cognitive, **мовле́ннєва** speech, **поведі́нкова** behavioral
n. + **т. курс ~ї** a course of therapy (**недо́ліки** pitfalls, **перева́ги** merits ◊ **У цьо́му ви́падку перева́ги радіотерапі́ї переви́щують її недо́ліки.** In this case, the merits of radiation therapy surpass its pitfalls. **різно́вид** form) ◊ **Вона́ використо́вує му́зику як різно́вид ~ї.** She uses music as a form of therapy. **гру́па ~ї** a therapy group (**се́сія** session) ◊ **Він мав три се́сії маса́жної ~ї.** He had three massage therapy sessions.
v. + **т. отри́мувати ~ю** receive therapy ◊ **Хво́ра отри́мує маса́жну ~ю.** The (female) patient receives massage therapy. (**потребува́ти** need, **признача́ти** + *D.* prescribe sb ◊ **Лі́кар призна́чив їй гормона́льну ~ю.** The doctor prescribed her hormonal therapy. **рекомендува́ти** + *D.* recommend to sb; **прохо́дити** undergo); **вимага́ти ~ї** require therapy ◊ **Він вимага́є фармакотерапі́ї.** He requires drug therapy.
prep. **т. від** + *G.* therapy for sth ◊ **т. від депре́сії** a therapy for depression
See **лікува́ння**. *Also see* **маса́ж**

терито́рі|я, *f.*, **~ї**
territory
adj. **вели́ка** large, **величе́зна** vast, **значна́** considerable; **кри́хітна** tiny, **мала́** *and* **невели́ка** small; **обме́жена** limited; **довко́лишня** *or* **навко́лишня** surrounding, **приле́гла** adjacent ◊ **Спеція́льний ста́тус поши́рювався на порто́ве мі́сто з приле́глою ~єю.** The special status pertained to the port city and the adjacent territory. **вла́сна** own, **націона́льна** national, **своя́** home, own, **сувере́нна** sovereign; **знайо́ма** familiar; **закордо́нна** foreign, **замо́рська** overseas, **чужа́** alien; **невтра́льна** neutral; **воро́жа** enemy ◊ **спо́сіб потра́пити на воро́жу ~ю непомі́ченим** a way to get to the enemy territory unnoticed; **анексо́вана** annexed, **втра́чена** lost,

зале́жна dependent, **завойо́вана** conquered, **колонія́льна** colonial, **окупо́вана** occupied ◊ **Мі́сто перебува́є на окупо́ваній Росі́єю ~ї.** The city is in the Russian-occupied territory. **спі́рна** contested; **колишня** former, **сусі́дня** neighboring; **недослі́джена** unexplored, **незнайо́ма** unfamiliar; **нова́** new; **небезпе́чна** dangerous; **австрі́йська** Austrian ◊ **Його́ батьки́ народи́лися на коли́шній австрі́йській ~ї.** His parents were born in the former Austrian territory. **по́льська** Polish, **украї́нська** Ukrainian, *etc.*

v. + **т. відвойо́вувати ~ю** recapture territory ◊ **Полк відвоюва́в захо́плену ~ю.** The regiment recaptured the seized territory. (**анексува́ти** annex, **займа́ти** occupy ◊ **Заво́д займа́є малу́ ~ю.** The plant occupies a small territory. **завойо́вувати** conquer, **загарбувати** grab, **захо́плювати** seize; **ма́ти** have, **окупо́вувати** take over, **утри́мувати** hold ◊ **Росі́я продо́вжує утри́мувати япо́нську ~ю.** Russia continues to hold Japanese territory. **досліджувати** explore, **картографува́ти** map out; **заселя́ти** settle, **колонізува́ти** colonize; **втрача́ти** lose, **здава́ти** surrender; **контролюва́ти** control ◊ **Вірме́нія контролю́є цю ~ю бага́то ро́ків.** Armenia has controlled the territory for many years. **лиша́ти** leave; **вступа́ти на** *and* **вхо́дити на** enter) ◊ **Воро́жі військá вступи́ли на грузи́нську ~ю.** The enemy troops entered the Georgian territory. **забріда́ти на** stray into) ◊ **Вони́ забрели́ на ~ю Іра́ну.** They strayed into the Iranian territory. **володі́ти ~єю** possess a territory ◊ **Оліга́рх володі́є вели́кими ~ями по всій краї́ні.** The oligarch possesses big territories all around the country. (**оволодіва́ти** take possession of; **поступа́тися** + *D.* cede to sb; **управля́ти** rule) ◊ **Колонія́льною ~єю управля́в губерна́тор.** The governor ruled the colonial territory.

т. + *v.* **займа́ти** + *A.* occupy sth ◊ **Т. звіри́нця займа́є три гекта́ри.** The territory of the zoo occupies three hectares. **межува́ти з** + *I.* border on sth ◊ **На пі́вночі т. межу́є з рі́чкою При́п'яттю.** In the north, the territory borders on the River Pryp'yat. **простяга́тися** *or* **тягну́тися на** + *A.* stretch for *(distance)* ◊ **Т. па́рку тя́гнеться на сім кіломе́трів із за́ходу на схід.** The park territory stretched for 7 km from west to east.

Also see **місце́вість 1**

те́рмін[1], *m.*, **~а**

term *(word)*

adj. **зага́льний** general, **родови́й** generic, **широ́кий** broad; **конкре́тний** specific; **ба́зовий** basic, **звича́йний** common, **ключови́й** key; **описо́вий** descriptive; **пра́вильний** correct, **то́чний** precise; **двозна́чний** ambiguous, **невира́зний** vague; **комп'ю́терний** computer ◊ **словничо́к комп'ю́терних ~ів** a glossary of computer terms; **лінґвісти́чний** linguistic, **меди́чний** medical, **науко́вий** scientific, **техні́чний** technical, **юриди́чний** legal, *etc.*; **за́йвий** superfluous, **науковоподі́бний** quasi-scientific, **непотрі́бний** unnecessary ◊ **Текст переванта́жений непотрі́бними ~ами.** The text is overloaded with unnecessary terms. **запози́чений** borrowed, **чужи́й** foreign; **питóмий** indigenous, native ◊ **Вона́ віддає перева́гу пито́мим ~ам пе́ред чужи́ми.** She gives preference to native terms over foreign ones. **знайо́мий** familiar, **зна́ний** known; **невідо́мий** unknown, **незнайо́мий** unfamiliar

v. + **т. вжива́ти т.** use a term ◊ **Кра́ще вжи́ти зага́льний т.** It is better to use a general term. (**застосо́вувати** apply; **запози́чувати** borrow; **зна́ти** know; **поя́снювати** + *D.* explain to sb ◊ **Виклада́ч поя́снює студе́нтам ко́жен незнайо́мий т.** The instructor explains every unfamiliar term to the student. **утво́рювати** form); **уника́ти ~а** avoid a term ◊ **Він уника́є за́йвих ~ів.** He avoids superfluous terms. **віддава́ти перева́гу ~ові** *or* **~у** prefer a term; **зловжива́ти ~ом** abuse a term ◊ **Він зловжива́є меди́чними ~ами.** He abuses medical terms. (**користува́тися** use) ◊ **Вона́ кори́стується математи́чними ~ами.** She uses mathematical terms.

т. + *v.* **означа́ти** + *A.* mean sth, **опи́сувати** + *A.* describe sth, **стосува́тися** + *G.* refer to ◊ **Т. «до́пис» стосу́ється міжнаро́дної мере́жі.** The term "post" refers to the Internet.

See **сло́во 1**

2 *colloq.* word ◊ **У полі́ській гові́рці є кі́лька ~ів для карто́плі.** There are several words for potato in the Polissian vernacular.

See **сло́во 1**

те́рмін[2], *m.*, **~у**

1 term, time, period

adj. **до́вгий** long, **значни́й** considerable, **продо́вжений** extended, **трива́лий** lengthy; **коро́ткий** short, **сти́слий** brief; **ви́значений** fixed, **обме́жений** limited; **десятиде́нний** ten-day, **мі́сячний** monthly, **рі́чни́й** yearly, **дворі́чний** two-year, **трирі́чний** three-year ◊ **Спочáтку її́ призна́чили на трирі́чний т.** First she was appointed for a three-year term. **початко́вий** initial; **президе́нтський** presidential

т. + *n.* **т. ді́ї** a period of validity ◊ **Пере́пустка ма́є обме́жений т. ді́ї.** The pass has a limited validity period. **т. домо́вленості** a period of agreement, **т. слу́жби** the time of service

v. + **т. закі́нчувати т.** complete a term (**збі́льшувати** increase, **продо́вжувати** extend; **почина́ти** begin) ◊ **Він поча́в президе́нтський т. зі сканда́лу.** He began his presidential term with a scandal. **домага́тися ~у** seek a term ◊ **Прокуро́р домага́ється для оска́рженої трива́лого ~у ув'я́знення.** The prosecutor seeks a lengthy prison term for the (female) accused.

т. + *v.* **закі́нчуватися** end, **почина́тися** begin ◊ **Т. парла́менту почина́ється з моме́нтом прися́ги.** The parliament's term begins with the moment of the oath.

prep. **т. в** + *A.* a period of *(length of time)* ◊ **Докуме́нт ді́йсний на т. у п'ять ро́ків.** The document is valid for the period of five years.

Also see **час 2**

2 deadline, moment ◊ **Макси́м вже зна́є т. сво́го від'ї́зду.** Maksym already knows the moment of his departure.

prep. **на т.** by/for the deadline ◊ **Студе́нти ма́ють зроби́ти всі завда́ння на вка́заний т.** The students are to do all the assignments by a specific deadline.

See **рече́нець.** *Also see* **моме́нт 1, час 3**

3 *leg.* sentence

adj. **максима́льний** maximal, **мініма́льний** minimal; **сере́дній** medium; **до́вгий** long, **трива́лий** lengthy; **коро́ткий** short, **легки́й** light, **символі́чний** token ◊ **Урядо́вцеві да́ли символі́чний т.** The official was given a token sentence. **скоро́чений** reduced; **обов'язко́вий** mandatory ◊ **Суд ухвали́в обов'язко́вий мініма́льний т.** The court passed the mandatory minimal sentence. **нале́жний** appropriate; **в'язни́чний** prison; **довічний** life; **дворі́чний** two-year, **трирі́чний** three-year, **десятирі́чний** ten-year, *etc.*

v. + **т. відбува́ти т.** serve a sentence ◊ **Він відбу́в рі́чний т.** He served a one-year sentence. (**відси́джувати** carry out, **закі́нчувати** complete; **дава́ти** + *D.* be given ◊ **Йому́ дали́ десятирі́чний т.** He was given a ten-year sentence. **дістава́ти** get, **отри́мувати** receive; **перегляда́ти** review; **відміня́ти** overturn, **скасо́вувати** quash; **підтве́рджувати** uphold; **передбача́ти** carry) ◊ **Зло́чин передба́чає в'язни́чний т. у два ро́ки.** The felony carries a prison sentence of two years.

prep. **т. в** + *A.* a sentence of *(length)*; **т. за** + *A.* a sentence for *(a crime)* ◊ **п'ятирі́чний т. за зґвалтува́ння** a five-year sentence for rape

Cf. **ви́рок**

термíна́л, *m.*, **~а**

terminal

adj. **моде́рний** modern, **нови́й** new ◊ **Ре́йси на Торо́нто відліта́ють із ново́го ~а.** Toronto-bound flights depart from the new terminal. **застарі́лий** obsolete, **стари́й** old; **дистанці́йний** remote; **авто́бусний** bus, **вантáжний** freight, **залізни́чний** rail, **контéйнерний** container, **круї́зний** cruise, **міжнаро́дний** international, **морськи́й** marine, **пасажи́рський** passenger, **пові́тряний** air, **поро́мний** ferry; **га́зовий** gas, **на́фтовий** oil; **і́нший** different, **той са́мий** same; **не той** wrong

v. + **т. приліта́ти на т.** arrive at a terminal ◊ **Рейс з Нью-Йо́рку приліта́є на той са́мий т.** The flight from New York arrives at the same terminal. (**перехо́дити на** transfer to) ◊ **Вони́ ма́ли перейти́ на т. Д.** They had to transfer to Terminal D. **відліта́ти з ~а** depart from a terminal

prep. **з ~а** from a terminal ◊ **Із яко́го ~у відхо́дить корабе́ль?** What terminal is the ship departing from? **на т.** *dir.* to a terminal ◊ **Мо́тря прилеті́ла на і́нший т.** Motria arrived at a different terminal. **на ~і** *posn.* at/in a terminal ◊ **Він знайшо́в ресторáн на поро́мному ~і.** He found a restaurant at the ferry terminal. **у ~і** *posn.* at/in a terminal ◊ **У дру́гому ~і два́дцять посадко́вих ви́ходів.** There are twenty boarding gates at Terminal 2.

терміно́в|ий, *adj.*

urgent, pressing ◊ **~а по́шта** express mail; ◊ **На не́ї очі́кувало ~е повідо́млення.** An urgent message awaited her.

adv. **абсолю́тно** absolutely ◊ **Дору́чення абсолю́тно ~е.** The assignment is absolutely urgent. **вкрай** extremely, **го́стро** acutely, **ду́же** very, **про́сто** simply, **цілко́м** completely; **до́сить** fairly, **ма́йже** almost

v. + **т. бу́ти ~им** be urgent (**вважа́ти** + *A.* consider sth; **оголо́шувати** + *A.* declare sth, **става́ти** become) ◊ **Потре́ба в бензи́ні става́ла го́стро ~ою.** The need for gas was becoming acutely urgent.

Also see **нага́льний 1, невідкла́дний, пи́льний 3**

термінoло́гі|я, *f.*, **~ї**

terminology

adj. **ба́зова** basic, **зага́льна** general, **звича́йна** common, **станда́ртна** standard; **нова́** new, **суча́сна** modern; **лінґвісти́чна** linguistic, **меди́чна** medical, **науко́ва** scientific, **техні́чна** technical; **відпові́дна** adequate, **власти́ва** proper ◊ **Студе́нт сла́бо володі́є власти́вою ~єю.** The student has a poor command of proper terminology. **пра́вильна** correct, **то́чна** precise; **спеція́льна** specialized

v. + **т. запози́чувати ~ю** borrow terminology ◊ **Бага́то мов запози́чує англі́йську комп'ю́терну ~ю.** Many languages borrow English computer terminology. (**засво́ювати** adapt; **зна́ти** know, **розумі́ти** understand; **стандартизува́ти** standardize, **ство́рювати** create) ◊ **Вони́ створи́ли техні́чну ~ю з нуля́.** They created the technical terminology from scratch. **уника́ти ~ї** avoid terminology ◊ **А́втор уника́є спеція́льної ~ї.** The author avoids specialized terminology. **користува́тися ~єю** use terminology ◊ **Вона́ кори́стується спеція́льною ~єю лише́ у відпові́дних ситуа́ціях.** She uses specialized terminology only in appropriate situations.

See **словни́к 2.** *Also see* **ле́ксика**

термо́метр, *m.*, **~а**

thermometer ◊ **Т. вимі́рює низькі́ температу́ри.** The thermometer measures low temperatures.

adj. **інфрачервóний** infrared, **рту́тний** mercury, **цифрови́й** digital; **меди́чний** clinical; **то́чний** accurate

v. + **т. вийма́ти т.** take out a thermometer ◊ **Він**

ви́йняв т. із-під пахви́. He took the thermometer from under the armpit. **вставля́ти** insert ◊ **Лі́кар уста́вив т. дити́ні у ву́хо.** The doctor inserted the thermometer in the child's ear. **ста́вити** place) ◊ **Вона́ поста́вила т. під язи́к хво́рому.** She placed the thermometer under the patient's tongue.

n. + **т. пока́зник ~а** a thermometer reading ◊ **низькі́ пока́зники ~а для бе́резня** low thermometer readings for March; ♦ **сто́впчик ~а** *fig.* mercury, thermometer reading ◊ **Сто́впчик ~а підня́вся до десяти́ гра́дусів тепла́.** Mercury rose to +10°.

т. + *v.* **вимі́рювати** + *A.* measure sth ◊ **Т. вимі́рює температу́ру на ві́дстані.** The thermometer measures the temperature at a distance. **пока́зувати** + *A.* read sth ◊ **Т. пока́зує дев'ятдеся́т гра́дусів Це́льсія.** The thermometer reads 90° C.

терну́|ти, *pf., see* **те́рти**

1 to rub, scrape *(one time)* ◊ **Миросла́ва бо́ляче ~ла лі́коть об стіну́.** Myroslava painfully scraped her elbow against the wall.
2 *colloq.* to have sex *(only of men)*, screw ◊ **Андрі́й геть не від то́го, щоб т. кого́сь.** Andrii is not at all against screwing somebody.
See **ї́бати 1**

теро́р, *m.*, **~у**, *only sg.*

terror

adj. **держа́вний** state, **ґлоба́льний** global, **політи́чний** political, **революці́йний** revolutionary, **тота́льний** total ◊ **В умо́вах тота́льного ~у відкри́та політи́чна опози́ція неможли́ва.** Under the conditions of total terror, open political opposition is impossible.♦ **Черво́ний** *hist.* the Red Terror

n. + **т. кампа́нія ~у** a terror campaign ◊ **У́ряд поча́в кампа́нію ~у про́ти дисиде́нтів.** The government unleashed a terror campaign against dissidents.

v. + **т. використо́вувати** *and* **застосо́вувати т.** use terror (**зупиня́ти** stop, **підтри́мувати** support, **спонсорува́ти** sponsor) ◊ **Оліга́рх спонсору́є політи́чний т. у краї́ні.** The oligarch is sponsoring political terror in the country. **вдава́тися до ~у** resort to terror ◊ **Дикта́тор уда́вся до ~у про́ти опоне́нтів.** The dictator resorted to terror against his opponents. **боро́тися з ~ом** combat terror (**капітулюва́ти пе́ред** capitulate to) ◊ **Прийня́ти таки́й зако́н означа́ло б капітулюва́ти пе́ред ~ом.** Adopting such a law would mean capitulating to terror.

prep. **т. про́ти** + *G.* terror against sb ◊ **т. про́ти инакоду́мців** terror against dissidents
Also see **переслі́дування 2, репре́сія**

терори́зм, *m.*, **~у**, *only sg.*

terrorism

adj. **держа́вний** state, **ґлоба́льний** global ◊ **В оста́нні ро́ки відчу́тно зріс ґлоба́льний т.** Over the last years, global terrorism has perceptibly grown. **міжнаро́дний** international, **місьќий** urban, **транскордо́нний** cross-border ◊ **Росі́йська гібри́дна війна́ включа́є елеме́нт транскордо́нного ~у.** The Russian hybrid war comprises the element of cross-border terrorism. **транснаціона́льний** transnational, **чужозе́мний** foreign; ♦ **повітря́ний т.** air piracy; **вну́трішній** home; **антиамерика́нський** anti-American, **антизахі́дний** anti-Western, **антиукраї́нський** anti-Ukrainian; **збро́йний** armed; **кібернети́чний** cyber; **радика́льний** radical, **фундаменталі́стський** fundamentalist; **я́дерний** nuclear

n. + **т. акт ~у** an act of terrorism ◊ **Ава́рія була́ а́ктом ~у.** The accident was an act of terrorism. (**же́ртва** victim; **загро́за** threat)

v. + **т. зупиня́ти т.** stop terrorism (**заохо́чувати** encourage, **підтри́мувати** support, **спонсорува́ти** sponsor); **вдава́тися до ~у** resort to terrorism ◊ **Наци́сти вдава́лися до ~у про́ти проти́вників у робітни́чому ру́сі.** The Nazis resorted to terrorism against their opponents in the workers' movement. **боро́тися з ~ом** combat terrorism ◊ **Одна́ краї́на не в ста́ні боро́тися із транснаціона́льним ~ом.** One country is in no position to combat transnational terrorism. **капітулюва́ти пе́ред ~ом** capitulate to terrorism ◊ **Ме́шканці схо́ду краї́ни не капітулюва́ти пе́ред ~ом.** The inhabitants of the country's east did not capitulate to terrorism.

терори́ст, *m.*; **~ка**

terrorist

adj. **відо́мий** *or* **зна́ний** known; **засу́джений** convicted, **підо́зрюваний** suspected, **потенці́йний** potential; **майбу́тній** future; **міжнаро́дний** international, **чужи́й** foreign; **озбро́єний** armed; **пра́вий** right-wing, **радика́льний** radical; **ба́скський** Basque, **ісла́мський** Islamic, **ірла́ндський** Irish

т. + *n.* **т.-самогу́бець** a suicide terrorist ◊ **Тут готу́ють терори́стів-самогу́бців.** They train suicide terrorists here. **т.-фундаменталі́ст** a fundamentalist terrorist

терористи́чн|ий, *adj.*

terrorist, of or pertaining to terrorism

т. + *n.* **т. акт** a terrorist act (**ви́бух** explosion ◊ **Ві́стка про т. ви́бух на вокза́лі ви́явилася фальши́вою.** The news about a terrorist explosion at the station proved false. **ви́падок** incident; **на́пад** attack ◊ **Їх попере́дили про небезпе́ку ~ого на́паду.** They were warned about the threat of terrorist attack. **осере́док** cell) ◊ **Його́ завербува́ли до ~ого осере́дку.** He was recruited to a terrorist cell. **~а ба́нда** a terrorist gang (**гру́па** group, **мере́жа** network ◊ **У краї́ні ді́яла ці́ла ~а мере́жа.** An entire terrorist network operated in the country. **організа́ція** organization, **фра́кція** faction; **бо́мба** bomb; **ді́яльність** activity, **кампа́нія** campaign, **опера́ція** operation; **загро́за** threat); **~е вби́вство** a terrorist assassination (**крило́** wing, **розсте́ження** investigation)

терпи́м|ий, *adj.*

1 tolerable, bearable

adv. **бі́льш-ме́нш** more or less, **до́сить** quite, **ле́две** barely ◊ **Уже́ мі́сяць вони́ жили́ в ле́две ~их умо́вах.** For a month now, they had lived under barely tolerable conditions. **ма́йже** almost

v. + **т. бу́ти ~им** be tolerable (**виявля́тися** turn out; **лиша́тися** remain ◊ **Її поведі́нка у кла́сі лиша́лася бі́льш-ме́нш ~ою.** Her behavior in class remained more or less tolarable. **става́ти** become)

Ant. **нестерпний**

2 tolerant, lenient, forgiving

adv. **абсолю́тно** absolutely ◊ **У спра́вах ві́ри вона́ абсолю́тно ~а.** On matters of faith, she is absolutely tolerant. **вкрай** extremely, **дивови́жно** amazingly, **до́сить** fairly, **доста́тньо** sufficiently, **ду́же** very, **на ди́во** surprisingly, **надзвича́йно** extraordinarily; **відно́сно** relatively; **надмі́рно** excessively ◊ **Ма́рта надмі́рно ~а до його́ дива́цтв.** Marta is excessively tolerant of his foibles. **на́дто** too; **політи́чно** politically, **релігі́йно** religiously

v. + **т. бу́ти ~им** be tolerant (**виявля́тися** turn out; **здава́тися** + *A.* seem to sb ◊ **Петруня́к здава́вся відно́сно ~им до опоне́нтів.** Petruniak seemed to be relatively tolerant to his opponents. **лиша́тися** remain; **става́ти** become)

prep. **т. до** + *G.* tolerant of/towards

терпі́нн|я, *nt., only sg.*

patience

adj. **безкіне́чне** endless, **безме́жне** infinite, **вели́ке** great, **дивови́жне** amazing, **неабия́ке** extraordinary, **неймові́рне** incredible; **коро́тке** little ◊ **Із коро́тким ~ям Софі́я до́вго тут не втри́мається.** With little patience, Sofia will not last long here.

v. + **т. випробо́вувати т.** test sb's patience ◊ **Не ва́рто випробо́вувати т. ше́фа.** It's not worth it testing the boss's patience. (**виявля́ти** show ◊ **Хло́пці ви́явили дивови́жне т.** The boys showed amazing patience. **ма́ти** have; **втрача́ти** *or* **тра́тити** lose) ◊ **Га́нна шви́дко тра́тить т.** Hanna quickly loses patience. **вимага́ти т.** require patience ◊ **Робо́та вимага́є неаби́якого т.** The work requires extraordinary patience. (**бракува́ти** + *D.* lack ◊ **Мики́ті браку́є т. закі́нчи́ти пе́реклад.** Mykyta lacks patience to finish the translation. **вистача́ти** + *D.* or **в** + *G.* have enough ◊ **Їй** *or* **у неї ви́стачить т. дочека́тися кінця́.** She will have enough patience to wait till the end. **не ма́ти** not to have; **потребува́ти** need), ♦ **набира́тися т.** to garner patience ◊ **Вони́ набра́лися т., чека́ючи че́рги на обсте́ження.** They garnered their patience, waiting for their turn to be examined. **зловжива́ти ~ям** abuse sb's patience ◊ **Промо́вець зловжива́в ~ям авдито́рії.** The speaker was abusing the audience's patience.

т. + *v.* **вичéрпуватися** be exhausted, **срива́тися** + *D.* snap ◊ **Олі ві́рва́лося т., і вона́ розреготала́ся.** Olia's patience snapped and she burst out laughing. **закі́нчуватися** run out ◊ **Його́ т. закі́нчувалося.** His patience was running out. **винагоро́джуватися** be rewarded ◊ **Марі́їне т. наре́шті ви́нагородилося, і вона́ поба́чила улю́бленого акто́ра.** Finally Maria's patience was rewarded and she saw her favorite actor.

prep. **з ~ям** with patience ◊ **Психія́тр ви́слухав її з вели́ким ~ям.** The psychiatrist heard her out with great patience. **т. на** + *A.* patience for sb/sth ◊ **Він не ма́є т. на ле́жнів.** He does not have patience for lazybones.

терп|і́ти, **~лю́, ~иш, ~лять; ви́~, с~**, *tran.*

1 to tolerate, endure, bear

adv. **без нарі́ка́нь** without complaints ◊ **Вона́ ~іла уда́ри до́лі без нарі́ка́нь.** She endured the blows of fate without complaints. **відва́жно** valiantly, **геро́їчно** heroically **стої́чно** stoically; **мо́вчки** silently, **ти́хо** quietly; **ле́две** barely ◊ **Ода́рка ле́две ~ить цього́ ти́па.** Odarka barely tolerates this character. **да́лі** further ◊ **Симо́н да́лі ~ів її кепкува́ння.** Symon further tolerated her banter. **до́вго** for a long time, **до кінця́** to the end

т. + *n.* **т. випро́бування** endure hardships ◊ **Вона́ ви́терпіла бага́то випро́бувань.** She endured many hardships. (**знуща́ння** *and* **нару́гу** indignity, **кри́вду** wrong, **прини́ження** humiliation, **торту́ри** tortures, **тру́днощі** difficulties; **брехню́** lies, **накле́п** slander; **несправедли́вість** injustice; **го́лод** hunger, **зли́дні** poverty, **хо́лод** cold)

v. + **т. бу́ти гото́вим** be ready to ◊ **Зара́ди спра́ви вони́ гото́ві т. го́лод і хо́лод.** For the cause, they are ready to endure hunger and cold. **не бу́ти у змо́зі** be unable to ◊ **Петро́ не у змо́зі до́вше т. її ста́влення.** Petro is unable to tolerate her treatment any longer. **не бу́ти у ста́ні** be incapable of, **могти́** can ◊ **Як ти мо́жеш т. таке́ прини́ження!** How can you bear such humiliation!

prep. **т. від** + *G.* endure from sb ◊ **т. в ім'я́** + *G.* endure in the name of sth; **т. за** + *A.* endure for sth ◊ **Він ~ить у́тиски за че́сність.** He endures persecution for his integrity. **т. зара́ди** + *G.* to endure for the sake of sth/sb

Also see **вино́сити 6, витри́мувати 2, допуска́ти 2, мири́тися 3, перено́сити 4**

2 to suffer, undergo, be subject to; *pf.* **по~**

т. + *n.* **т. ава́рію** suffer an accident ◊ **Упе́рше літа́к поте́рпів ава́рію.** For the first time, the airplane suffered an accident. (**занепа́д** decline ◊ **Сове́тська імпе́рія ~іла занепа́д.** The Soviet empire was suffering a decline. **катастро́фу** catastrophe, **крах** debacle, **невда́чу** failure, **пора́зку** defeat, **фія́ско** fiasco) ◊ **Його́ ви́борча**

кампанія потерпіла фіяско. His electoral campaign suffered a fiasco.
See **зазнавати 1**
3 *only impf. with* **не** to hate, be unable to bare, cannot stand ◊ **Вона не ~ить фамільярности.** She hates familiarity. ♦ **не т. навіть духу** + *G.* to hate sb's guts ◊ **Ліна навіть духу його не ~ить.** Lina hates his guts.
Also see **сприймати 4**
4 *intr., colloq.* to suffer, hurt; be afflicted with *(sickness, etc.)* ◊ **Місто тяжко ~іло під ворожою окупацією.** The city suffered badly under the enemy's occupation.
prep. **т. від** + *G. or* **на** + *A.* suffer from sth ◊ **Віталій ~ить від хвороби серця** *or* **на хворобу серця.** Vitalii suffers from heart disease.
See **страждати, хворіти.** *Also see* **діставатися 3, потерпати 1**

терпк|ий, *adj.*
1 tart, sharp, pungent, astringent
adv. **все більш** increasingly, **гостро** sharply ◊ **Вишня гостро ~а.** The cherry is sharply tart. **досить** quite, **дуже** very, **надто** too; **ледве** barely ◊ **ледве т. запах польових квітів** barely astringent smell of field flowers **майже** almost; **грамулинку** *colloq.* a tad, **делікатно** delicately, **трохи** a little ◊ **Напій трохи ~ий.** The drink is a little tart.
v. + **т. бути ~им** be tart (**виявлятися** turn out; **знаходити** + *A.* find sth; **робити** + *A.* make sth ◊ **Хрін робив підливу делікатно ~ою.** The horseradish made the sauce delicately tart. **робитися** turn; **смакувати** taste ◊ **Вишневий пиріг смакував і солодким, і ~им.** The cherry pie tasted both sweet and tart. **ставати** become) ◊ **Із кожним днем квашені помідори ставали ~ішими.** The pickled tomatoes were becoming tarter by the day.
Cf. **гіркий 1, кислий 1**
2 *fig.* harsh, sharp, bitter, piercing; biting, scathing
т. + *n.* **т. біль** a sharp pain (**жаль** remorse); **т. вітер** piercing wind (**холод** cold), **т. голос** a shrill voice (**тон** tone); **~á правда** the bitter truth ◊ **Романа хотіла знати всю ~ý правду.** Romana wanted to know the entire bitter truth. (**усмішка** smile) ◊ **У його пам'яті лишалася Іванова ~á усмішка.** Ivan's bitter smile remained in his memory. **~í слова** harsh words

терпляч|ий, *adj.*
patient
adv. **безкінечно** endlessly ◊ **безкінечно ~а людина** an endlessly patient person; **безмежно** infinitely, **вкрай** extremely, **дивовижно** amazingly, **досить** fairly, **дуже** very, **неймовірно** incredibly
v. + **т. бути ~им** be patient (**виявлятися** turn out ◊ **Марина виявилася ~ою слухачкою.** Maryna turned out to be a patient listener. **лишатися** remain)
prep. **т. в** + *L.* patient about sth ◊ **Він завжди т. у справах родини.** He is so patient about family matters. **т. з** + *I.* patient with sb ◊ **Лікарка лишалася ~ою навіть із нестерпними відвідувачами.** The (female) doctor remained patient even with unbearable visitors.
Also see **толерантний**

терпн|ути, ~уть; за~, о~, *intr.*
to go numb, become numb
adv. **відразу** at once ◊ **На холоді Наталі відразу отерпли пальці.** Natalia's fingers at once grew numb in the cold. **раптом** suddenly, **швидко** quickly; **поступово** gradually, **повільно** slowly ◊ **У Романа повільно ~уть ноги.** Roman's legs slowly go numb. **весь час** all the time, **все** *colloq.* all the time, **знову** again, **постійно** constantly, **часто** often
v. + **т. починати** begin to ◊ **Їй почало т. в лівій руці.** *impers.* Her left hand began to go numb. **стати** *pf.* start
prep. **т. від** + *G.* go numb with/from sth ◊ **Від страху у хлопця затерп язик.** The boy's tongue went numb with fear. ◊ **У неї отерпли ноги від сидіння.** Her feet were numb from sitting.
pa. pple. **затерплий** *or* **отерплий** numbed
(о)терпни!
Also see **мліти 3, німіти 3**

терти, тр|уть; терн|ути, ~уть; *pa. impf., m.* **тер**, *pl.* **терли; в~, на~, по~,** *tran.*
1 to rub, massage; chafe, rub raw, scrape; wipe; *pf.* **в~** to rub in ◊ **Він утер крем.** He rubbed the cream in. *pf.* **тернути** to rub *(one time)* ◊ **Перш як відкрити валізу, Химка тернула її від пороху.** Prior to opening the suitcase, Khymka wiped it of the dust. *pf.* **на~** to rub raw ◊ **Нове взуття натерло Романові ноги.** The new shoes rubbed Roman's feet raw.
adv. **весь час** all the time; **добре** well ◊ **Ліда добре натерла хворе коліно кремом.** Lida rubbed the bad knee well with cream. **довго** for a long time ◊ **Хлопчик довго тер очі кулаками.** The boy rubbed his eyes with his fists for a long time. **дуже** hard, **енергійно** vigorously ◊ **Щоб нагрітися, Лев став енергійно т. рушником мокре тіло.** To warm up, Lev started vigorously rubbing his wet body with a towel. **інтенсивно** intensely ◊ **Гриць інтенсивно тер стіл ганчіркою.** Hryts was rubbing the table intensely with a rag. **легко** lightly, **обережно** carefully ◊ **Соля обережно потерла синяк на лікті.** Solia carefully rubbed a bruise on her elbow. **трохи** a little
v. + **т. братися** get down to; **намагатися** try to ◊ **Богдан намагався по~ собі спину.** Bohdan was trying to rub his back. **починати** begin to, **стати** *pf.* start; ♦ **тернути сірник** *only pf.* to strike a match ◊ **Лука тернув сірник.** Luka struck a match.
prep. **т. об** + *A.* rub against sth ◊ **Кабан тер бока об пліт.** The boar was rubbing his side against the fence.
2 to grate
adv. **дрібно** finely ◊ **Хрін і буряк слід дрібно по~.** The horseradish and beet need to be finely grated. **ретельно** thoroughly, **швидко** quickly ◊ **Галина швидко натерла сиру до спаґетті.** Halyna quickly grated some cheese for spaghetti.
pa. pple. **втертий** rubbed in, **натертий** rubbed
(на)тр|и! терни! *(one time)*

тер|тися; ~по, *intr.*
1 to rub, scrape ◊ **Від сильного вітру дерево ~лося об замковий мур.** From the strong wind the tree scraped against the castle wall.
2 *fig., colloq.* to hobnob, rub shoulders, socialize
prep. **т. біля** *or* **коло** + *G. or* **між** + *I.* hobnob with sb ◊ **Оксана ~лася біля людей мистецтва.** Oksana hobnobbed with the artistic crowd.
3 *fig., colloq., only with prep.* to mill around, wander around; buzz around ◊ **Біля будинку ~ся підозрілий тип.** A suspicious character was milling around the building. ◊ **Що це Сергій так треться коло дядька, запобігає перед ним?** Why is Serhii buzzing around his uncle so, fawning over him?

терт|я, *nt.*
1 friction, abrasion, rubbing; *also phys.* ◊ **Від т. тіло нагрівається.** A body gets warm from friction.
adj. **мінімальне** minimal, **невелике** small, **незначне** minor, **слабке** slight; **все більше** increasing, **значне** significant, **надмірне** excessive, **помітне** noticeable, **сильне** great
v. + **т. породжувати т.** generate friction (**збільшувати** increase, **посилювати** intensify; **зменшувати** reduce, **мінімалізувати** minimize) ◊ **Гладка поверхня мінімалізує т.** A smooth surface minimizes friction. **призводити до т.** cause friction
2 *usu pl., fig.* friction, disagreement
adj. **внутрішні** internal, **все більші** increasing ◊ **Усе більші т. в лабораторії ставили проєкт під загрозу.** The increasing friction at the lab threatened the project. **значні** significant, **неуникні** inevitable, **помітні** noticeable ◊ **Між головним редактором і власником газети виникали помітні т.** Considerable friction would emerge between the editor-in-chief and the owner of the paper. **постійні** constant, **сильні** great
v. + **т. викликати т.** cause friction (**породжувати** generate ◊ **Питання про збільшення зарплатні породжувало т. між дирекцією та працівниками.** The issue of a pay raise generated friction between the administration and associates. **створювати** produce); **уникати ~ів** avoid friction (**вести до** lead to, **призводити до** bring about); **запобігати ~ям** prevent friction ◊ **Вона запобігала ~ям у групі.** She tried to prevent friction in the group.
prep. **т. з** + *I.* friction with sb ◊ **У неї постійні т. з начальником.** She has constant friction with her boss. **т. між** + *I.* friction between/among sb
See **конфлікт.** *Also see* **проблема, суперечність 2, сутичка 3**

тест, *m.*, **~у**
test, trial
adj. **добрий** good, **об'єктивний** objective; **важкий** difficult ◊ **Т. був важким.** The test was difficult. **складний** complicated; **елементарний** elementary ◊ **Вони пройдуть низку елементарних ~ів.** They will take a series of elementary tests. **легкий** easy, **короткий** brief; **базовий** basic, **кваліфікаційний** aptitude, **стандартизований** standardized, **стандартний** standard; **візуальний** *and* **зоровий** visual, **письмовий** written ◊ **Єва готова до письмового ~у.** Yeva is ready for the written test. **практичний** practical, **усний** oral; **граматичний** grammar, **лексичний** lexical, **мовний** language, **орфографічний** spelling, **розмовний** conversation, **словниковий** vocabulary ◊ **У понеділок студенти писали словниковий т.** On Monday, the students wrote a vocabulary test. **домашній** take-home, **класний** class
n. + **т. питання ~у** a test question ◊ **Він пояснив студентам питання домашнього ~у.** He explained the take-home test questions to the students. (**результати** results; **умови** terms) ◊ **За умовами ~у вони можуть користуватися словником.** Under the test terms, they can use a dictionary.
v. + **т. складати т.** take a test ◊ **Вони складатимуть т. на наступному занятті.** They will be taking a test at the next class. (**здати** *only pf.* pass ◊ **Люба успішно здала граматичний т.** Liuba successfully passed the grammar test. **писати** write, **проходити** pass; **давати** + *D.* give sb, **проводити з** + *I* administer sb ◊ **Викладач проведе з ними т.** The instructor will administer them a test. **провалювати** *colloq.* fail ◊ **Вона провалила простий т.** She failed a simple test. **оцінювати** evaluate, **виставляти** *and* **ставити оцінку за** grade) ◊ **Він виставив оцінки за т.** He has graded the test. **готуватися до ~у** study for a test (**повторювати до** review for) ◊ **Він повторює граматику до ~у.** He is reviewing grammar for the test. **провалюватися на ~і** fail a test
prep. **за т.** on a test ◊ **оцінки за останні два ~и** grades for the last two tests; **т. з** + *G.* a test in/on sth ◊ **короткий т. з історії** a brief test in history; **т. на** + *A.* ◊ **т. на вправність** proficiency test
Also see **залік, контрольна.** *Cf.* **іспит 1**

технік, *m.*; **технічка**, *f.*
technician
adj. **головний** chief ◊ **Його призначили головним ~ом.** He was appointed the chief technician. **старший** senior; **вмілий** skilled, **досвідчений** experienced, **кваліфікований** qualified, **навчений** trained, **дипломований** certified; **зубний** dental ◊ **Зубний т. виготовив імплант.** The dental technician made the implant. **лабораторний** laboratory, **медичний** medical;

комп'ютерний computer; ♦ **звукотехнік** a sound technician
v. + **т. готувати ~а** train a technician (**наймати** hire) ◊ **Вони найняли медичного ~а.** They hired a medical technician. **працювати ~ом** work as technician
See **спеціяліст, фахівець**

техні|ка, *f., only sg.*
1 technology, engineering ◊ **Наука і т. тісно пов'язані.** Science and technology are closely connected.
adj. **електронна** electronic, **інформаційна** information, **комп'ютерна** computer ◊ **досягнення комп'ютерної ~ки** a feat of computer engineering; **космічна** space; **нинішня** present-day, **найновіша** latest, **нова** new ◊ **Виставка знайомить відвідувачів із новою інформаційною ~кою.** The exhibition familiarizes visitors with new information technology. **новітня** modern ◊ **Новітня т. дозволяє скоротити число людей на виробництві.** Modern technology allows reducing the number of people in production. **сучасна** contemporary ◊ **новини сучасної ~ки** the news of contemporary technology; **теперішня** current
2 equipment, machinery, machines, materiel ◊ **Ворог відступав, лишаючи багато ~ки.** The enemy was retreating, leaving behind a lot of materiel. ◊ **На заводі використовують найновішу ~ку.** They use the latest equipment at the plant.
adj. **важка** heavy, **військова** military; **комп'ютерна** computer, **обчислювальна** computing, **цифрова** digital; **офісна** office, **побутова** household ◊ **Тут продають побутову ~ку.** They sell household equipment here.
See **обладнання 1.** *Also see* **озброєння 2**
3 technique, method, approach
adj. **блискуча** brilliant ◊ **Робота виріжняється блискучою ~кою виконання.** The work stands out by its brilliant execution technique. **відмінна** excellent, **добра** good, **ефективна** effective, **майстерна** masterful, **неперевершена** unsurpassed, **професійна** professional, **сильна** powerful; **базова** basic, **звичайна** conventional, **належна** proper ◊ **Олесі бракує належної ~ки писанкарства.** Olesia lacks a proper Easter-egg painting technique. **кепська** poor, **погана** bad; **приступна** accessible, **проста** simple; **прийнята** accepted, **стандартна** standard, **традиційна** traditional; **незріла** immature, **сира** raw; **зріла** mature, **сформована** established; **альтернативна** alternative, **експериментальна** experimental, **нова** new, **новаторська** innovative; **складна** sophisticated; **сучасна** modern; **архаїчна** archaic, **застаріла** obsolete, **стара** old; **викладацька** teaching, **дослідницька** research; **версифікаційна** versifying, **літературна** literary, **наративна** narrative, **оповідальна** story-telling; **журналістська** journalist, **операторська** cinematographer's, **письменницька** writer's, **режисерська** director's, **репортерська** reporting, **сценарна** script-writing, **фотографічна** photographic; **тренувальна** training; **діягностична** diagnostic ◊ **Він володіє доброю діягностичною ~кою.** He commands a good diagnostic technique. **лікувальна** treatment, **хірургічна** surgical; **аналітична** analytical
т. + *n.* **т. аналізу** an analytical technique (**екзаменування** examination, **оцінки** evaluation, **тестування** testing; **менеджменту** management, **розв'язування проблем** problem-solving; **продажу** sales, **реклами** advertising; **дослідження** research, **інтерв'ювання** interviewing, **опитування** polling; **будівництва** building, **виробництва** manufacturing, **рільництва** farming)
v. + **т. вивчати ~ку** learn a technique (**використовувати** use ◊ **Тут використовують традиційну ~ку рільництва.** They use the traditional farming technique here. **впроваджувати** introduce, **засвоювати** adopt, **застосовувати** apply, **мати** have; **опановувати** master; **опрацьовувати** devise, **розвивати** develop; **демонструвати** demonstrate, **описувати** describe; **вдосконалювати** perfect, **покращувати** improve, **шліфувати** hone ◊ **Він шліфує хірургічну ~ку.** He hones his surgical technique. **змінювати** *and* **міняти** change); **набувати ~ки** acquire a technique (**відмовлятися від** give up) ◊ **Вони відмовилися від архаїчної тренувальної ~ки.** They gave up the archaic training technique. **навчатися ~ці** learn a technique (**вчити** + *A. and* **навчати** + *A.* teach sb) ◊ **Їх навчили ~ці екзаменування.** They were taught the examination technique.
т. + *n.* **діяти** work ◊ **Її т. діє добре з інформантами підліткового віку.** Her technique works well with teenage informants. **дозволяти** + *D.* allow sb to; **допомагати** + *D.* help sb (to), **уможливлювати** + *A.* enable sth ◊ **Нова т. уможливлює контроль за процесом.** The new technique enables monitoring of the process. **засновуватися на** + *L.* be based on sth
Also see **засіб 1, метод, підхід 3, ресурс 2**

технічн|ий, *adj.*
1 technical, of or pertaining to technology
adv. **виняткова** exceptionally ◊ **виняткова т. бік справи** an exceptionally technical side of the matter; ♦ **високотехнічний** highly technical; **тільки** only, **чисто** purely
т. + *n.* **т. контроль** technical control (**огляд** inspection ◊ **Вантажівка мусить пройти т. огляд.** The truck must pass a technical inspection. **опис** description; **персонал** personnel; **прогрес** progress, **прорив** breakthrough; **рівень** level); **~а документація** technical documentation (**освіта** education, **підготовка** preparation; **революція** revolution; **робота** work); **~е досягнення** a technical achievement (**забезпечення** support; **завдання** assignment, **навчання** training), ♦ **~е училище** a vocational school; **~і засоби** technical means (**науки** sciences; **умови** conditions; **характеристики** characteristics)
2 industrial ◊ **~а культура** an industrial crop

технологі|я, *f.*, **~ї**
technology; *often pl.*
adj. **безвідхідна** non-waste, **енергоємна** power-intensive, **енергоощадна** energy-saving, **ресурсоощадна** resource-saving; **зелена** green, **чиста** clean; **передова** advanced; **бездротова** wireless, **виробнича** manufacturing, **інформаційна** information ◊ **впровадження нових інформаційних ~ій** implementation of new information technologies; **комп'ютерна** computer, **мережева** Internet; **переробна** recycling, **сателітарна** *or* **супутникова** satellite, **телекомунікаційна** telecommunication; **нинішня** present-day, **найновіша** latest, **нова** new, **новітня** modern; **сучасна** contemporary; **виборча** election, **політична** *usu* **політтехнологія** political; **брудна** dirty ◊ **Він – майстер брудних політтехнологій.** He is a master of dirty political technologies. **сумнівна** questionable
т. + *n.* **т. виготовлення** a production technology ◊ **т. виготовлення набілу** dairy production technology (**виробництва** manufacturing, **вирощування** cultivation, **зв'язку** communication, **обробки** processing, **переробки** recycling) ◊ **передова т. переробки відходів** an advanced waste-recycling technology
v. + **т. використовувати ~ю** use a technology ◊ **Вони активно використовують мережеві ~ї.** They actively use Internet technologies. (**впроваджувати** introduce, **засвоювати** adopt, **застосовувати** apply, **мати** have; **опановувати** master ◊ **Хірурги міської лікарні опанували ~ю пересадження шкіри.** The surgeons of the Municipal Hospital have mastered the skin graft technology. **вдосконалювати** perfect, **модернізувати** modernize, **покращувати** improve; **розвивати** develop; **інвестувати в** invest in) ◊ **Уряд інвестує в цифрові ~ї.** The government invests in digital technologies. **відмовлятися від ~ї** give up a technology ◊ **Партія відмовилася від сумнівних політичних ~ій.** The party gave up questionable political technologies. **вчити** *and* **навчати** + *A.* **~ї** teach sb technology; **засновуватися на ~ї** be based on a technology ◊ **Виробництво засновується на зелених ~ях.** The manufacturing is based on green technologies.
т. + *n.* **дозволяти** + *D.* allow sb to ◊ **Безвідхідна т. дозволить покращити екологічний стан великих територій.** The non-waste technology will allow to improve the ecological condition of large territories; **допомагати** + *D.* help sb, **уможливлювати** + *A.* enable sth; **засновуватися на** + *L.* be based on sth

течі|я, *f.*, **~ї**
1 current, flow, stream
adj. **потужна** powerful, **прудка** swift, **сильна** strong, **стрімка** fast-flowing ◊ **Тут річка вужчає, а т. стає стрімкою.** Here the river narrows and the current becomes fast-flowing. **швидка** fast; **тепла** warm, **холодна** cold; **небезпечна** dangerous, **підступна** treacherous; **панівна** prevailing; **морська** sea, **океанічна** ocean ◊ **Холодні океанічні ~ї багаті на планктон.** The cold ocean currents are rich in plankton. **невелика** small, **плавна** smooth, **повільна** slow, **слабка** weak; **широка** wide; **верхня** *or* **горішня** upper, **нижня** *or* **долішня** lower ◊ **У нижній ~ї річка сповільнюється.** In its lower stream, the river slows down; **повітряна** air ◊ **Із півночі на місто йде холодна повітряна т.** A cold air front is coming to the city from the north. ♦ **підводна т.** an undercurrent
v. + **т. піддаватися ~ї** yield to a current; **боротися з ~єю** fight a current ◊ **Іван боровся з сильною ~єю.** Ivan was fighting a strong current.
т. + *v.* **відносити** + *A.* carry sth away ◊ **Підступна т. відносила пліт далі від берега.** The treacherous current carried the raft farther from the shore. **йти** flow ◊ **Панівні ~ї тут ідуть із заходу на схід.** The prevailing currents here flow from west to east. **нести** + *A.* carry sth ◊ **Морська т. несе кокоси на великі відстані.** The sea current carries coconuts over great distances.
prep. **за ~єю** with the current ◊ **Він плив за ~єю.** He swam with the stream. ◊ **Вона воліє плисти за ~єю.** *fig.* She prefers to submit to the circumstance. **проти ~ї** against a current ◊ **Вітер ніс вітрильник проти ~ї.** The wind carried the sailboat against the current. ♦ **пливти** *or* **плисти проти ~ї** *fig.* 1) to swim against the tide; 2) to go against the prevailing opinion ◊ **У житті, він ніколи не пливе проти ~ї.** In his life, he never swims against the tide.
Cf. **протяг 1**
2 *fig.* flow, movement, crowd ◊ **плавна т. думок** a smooth flow of thoughts; ◊ **На майдан ішли ~ї люду.** Crowds of people flowed into the square.
3 *fig.* trend, tendency, movement
adj. **декадентська** decadent, **модерністська** modernist ◊ **модерністські ~ї в українській літературі** modernist trends in the Ukrainian literature; **сюреалістська** surrealist, *etc.* **літературна** literary, **мистецька** artistic, **поетична** poetic, **політична** political, **суспільна** social; **модна** fashionable, **нова** new, **популярна** popular.
See **тенденція 1.** *Also see* **напрям 1, річище 2**

т|и, *pers. pr. inform.*, **~ебе**, *after prep.* **~ебе**
you (2nd *pers. sg., implies intimacy when used for a friend or social equal; impolite when used for anyone else*) ◊ **Що т. думаєш?** What do you think? ◊ **Т. знаєш?** You know? ◊ **Ей т.! Що треба?** Hey you! What do you need?

♦ **Де ~обі́!** No way! Forget about it.
v. + **т.** ♦ **бу́ти на «т.» з** + *I.* 1) to be on a first-name basis with sb ◊ **Незважа́ючи на рі́жни́цю ві́ку, Юрко́ з Наді́йкою на «т.».** Despite their age difference, Yurko is on a first-name basis with Nadiyka. 2) *fig.* to be well versed in sth ◊ **Тама́ра давно́ на «т.» з япо́нською.** Tamara has long been in good command of Japanese.
♦ **зверта́тися на «т.» до** + *G.* to address sb by the first name ◊ **Вони́ шви́дко почали́ зверта́тися оди́н до одного́ на «т.»** They quickly started calling each other by the first name. ♦ **перехо́дити на «т.» з** + *I.* to switch to a first-name basis with sb ◊ **Вони́ ви́пили, поцілува́лися й перейшли́ на «т».** They drank, kissed, and switched to a first-name basis.
♦ **Т. мені́, а я ~обі́.** You scratch my back and I'll scratch yours.
D. **~обі́**, *I.* **~обо́ю**

ти́ж|день, *m.*, **~ня**
week
adj. **насту́пний** next ◊ **Фільм вихо́дить у прока́т насту́пного ~ня.** The movie will be released next week. **мину́лий** last, **попере́дній** previous, **цей** this; **весь** all ◊ **Весь насту́пний т. вони́ відпочива́тимуть у го́рах.** All next week, they will be vacationing in the mountains. **по́вний** full, **ці́лий** complete; **важки́й** difficult, **до́вгий** long, **за́йнятий** busy, **напру́жений** tough ◊ **Христи́на готува́лася до напру́женого ~ня.** Khrystyna was preparing for a tough week. **робо́чий** work ◊ **непо́вний робо́чий т.** an incomplete work week; ◊ **Великодній т.** the Easter Week; ◊ **цьо́го ~я** this week (**насту́пного** next, **мину́лого** last); ♦ **без ~ня день** very short time ◊ **Вони́ пробули́ в Ні́жині без ~ня де́нь.** They stayed in Nizhyn very briefly. ♦ **без ро́ку т.** 1) very little time ◊ **Інна працю́є в кав'я́рні без ро́ку т.** Inna has worked at the café for a very short time. 2) very recently ◊ **Оста́нній раз вони́ ба́чилися без ро́ку т.** They saw each other last very recently. ♦ **сім п'я́тниць на т. в** + *G.* to change one's mind all the time ◊ **На Павла́ не мо́жна поклада́тися, в нього сім п'я́тниць на т.** Pavlo cannot be relied on, he changes his mind all the time.
prep. **бі́льше ~ня** over a week ◊ **Вони́ в Рі́вному бі́льше ~ня.** They have been in Rivne for over a week. **за т.** in a week, within a week ◊ **Па́спорт зро́блять за т.** The passport will be ready in/within a week. **на т.** per week ◊ **Заня́ття з мо́ви дві́чі на т.** The language class is twice a week. **на ~ні** this or next week ♦ **на цьо́му ~ні** this week; ♦ **на то́му ~ні** next week ◊ **Обгово́рення продо́вжать на то́му ~ні.** The discussion will be continued next week. **про́тягом ~ня** for a week ◊ **На́ступ трива́в про́тягом ~ня.** The offensive lasted for one week. **у т.** + *G.* the week of *(month)* ◊ **Він ї́здить на мо́ре в пе́рший т. че́рвня.** He goes to the sea the first week of June. **че́рез т.** in a week ◊ **Вона́ закі́нчи́ть кни́жку че́рез т.** She will complete the book in a week. ♦ **~нями** for weeks ◊ **Ча́сом вони́ не розмовля́ють ~нями.** Sometimes they do not speak for weeks.

тижне́в|ий, *adj.*
weekly, week-long ◊ **Газе́та є ~им вида́нням.** The paper is a weekly publication. ◊ **За її ~у відсу́тність в о́фісі ста́лися важли́ві змі́ни.** During her week-long absence, important changes occurred at the office. ◊ **Дру́зі зустрі́лися на традиці́йну ~у ка́ву.** The friends met for their traditional weekly coffee.

тил, *m.*, **~у**
1 rear, back ◊ **Семіна́рія вихо́дила ~ом у вели́кий сад.** The back of the seminary faced a big garden. ◊ **Він переверну́в портре́т ~ом до глядача́.** He turned the portrait with its back to the viewer.
prep. **з ~у** from the back, from behind ◊ **Лю́ба чу́ла, як до не́ї хтось підкрада́ється з ~у.** Liuba heard somebody sneeking up on her from behind.
Ant. **пере́д**
2 *mil.* rear; *also pl.*
v. + **т. борони́ти** *and* **захища́ти т.** defend the rear ◊ **Полк було́ розго́рнуто, щоб борони́ти т.** The regiment was deployed to defend the rear. (**охороня́ти** guard, **прикрива́ти** cover); **атакува́ти** + *A.* **з ~у** attack sb from the rear ◊ **Спро́ба во́рога атакува́ти пози́ції з ~у провали́лася.** The enemy's attempt to attack the positions from the rear failed.
prep. **в т.** *dir.* into the rear ◊ **Гру́па пішла́ в т. во́рога.** The group went into the enemy rear. **у ~у́** *posn.* in the rear ◊ **Вони́ ді́яли в ~у́.** They were operating in the rear.
Ant. **фронт 1**

тимчасо́в|ий, *adj.*
temporary, provisional, short-term
adv. **лише́** *or* **ті́льки** only ◊ **ті́льки ~е житло́** only a temporary accommodation; **ціл́ком** completely; **ле́две** hardly ◊ **Нові́ обме́ження ле́две ~і.** The new restrictions are hardly temporary. **ра́дше** *or* **шви́дше** rather
v. + **т. бу́ти ~им** be temporary (**вважа́ти** + *A.* consider sth; **вигляда́ти** look ◊ **Спору́ди з фане́ри вигляда́ють ра́дше ~ими, як пості́йними.** The plywood structures look temporary rather than permanent. **виявля́тися** turn out; **здава́тися** + *D.* seem to sb) ◊ **Га́ннине захо́плення офо́рмленням здава́лося ~им.** Hanna's fascination with design seemed to be short-term.
Also see **сезо́нний.** *Ant.* **пості́йний**

тип, *m.*, **~а** *and* **~у**
1 ~у type, kind, class, species + *G.*
adj. **будь-яки́й** any, **ко́жний** every; **ви́значений** specified ◊ **Нови́й препара́т лі́кує лише́ ви́значений т. ра́ку.** The new drug treats only a specified type of cancer. **вира́зний** distinct, **конкре́тний** specific, **окре́слений** outlined, **особли́вий** special ◊ **Це була́ оли́вкова олі́я особли́вого ~у.** This was a special type of olive oil. **пе́вний** certain; **відмі́нний** different, **рі́зний** various ◊ **Тут пропону́ють рі́зні ~и припра́в.** They offer various types of spices here. **ба́зовий** basic, **головни́й** main, **основни́й** principal, **пані́вни́й** predominant, **перева́жний** prevalent, **звича́йний** conventional, **станда́ртний** standard ◊ **Фе́рмери користу́ються комба́йнами станда́ртного ~у.** The farmers utilize a standard type of combine harvesters. **традиці́йний** traditional; **альтернати́вний** alternative, **скра́йній** extreme; **нови́й** novel; **ідеа́льний** ideal; **популя́рний** popular, **улю́блений** favorite; **етні́чний** ethnic, **ке́льтський** Celtic, **середземномо́рський** Mediterranean, **слов'я́нський** Slavic, **скандина́вський** Scandinavian ◊ **зо́внішність скандина́вського ~у** the appearance of a Scandinavian type, *etc.*
т. + *n.* **т. воло́сся** a hair type (**ткани́ни** tissue, **шкі́ри** skin, *etc.* **клі́тини** cell, **хара́ктеру** personality; **ґру́нту** soil, **проду́ктів** product, **росли́нності** vegetation; **клі́мату** *or* **підсо́ння** climate) ◊ **субтропі́чний т. підсо́ння** the subtropical climate type
v. + **т. визнача́ти т.** determine a type (**відрізня́ти** distinguish ◊ **Вона́ вмі́є відрізня́ти ~и військо́вих кораблі́в.** She can distinguish classes of military ships. **встано́влювати** establish, **ідентифі́кува́ти** identify, **класифікува́ти** classify, **розпізнава́ти** recognize; **представля́ти** represent; **вибира́ти** choose, **підбира́ти** select) ◊ **Тре́ба підібра́ти відпові́дний т. му́зики.** A suitable type of music needs to be selected.
prep. **за ~ом** in type ◊ **Акто́рка поді́бна за ~ом до по́льки.** The actress is similar in type to a Pole.
Also see **вид[2] 1, жанр 1, поро́да 2, про́філь 3, фо́рма 2**
2 ~у *biol.* phylum
т. + *n.* **т. молю́сків** a phylum of mollusks (**створі́нь** creatures, **хо́рдових** chordates ◊ **Т. хо́рдових включа́є ти́сячі ви́дів.** The phylum of chordates includes some thousands of species. **членистоно́гих** anthropods)
3 ~а *colloq.* character, customer, fellow
adj. **малоприє́мний** unpalatable ◊ **На ве́чірці до Наза́ра чі́пля́вся яки́йсь малоприє́мний т.** Some unpalatable character bugged Nazar at the party. **нав'я́зливий** obtrusive ◊ **Що за нав'я́зливий т. її брат!** What an obtrusive character her brother is! **наха́бний** brazen; **невідо́мий** unknown, **незнайо́мий** unfamiliar; **нестерпний** insufferable; **підозрі́лий** suspicious
Also see **гість 2, еле́мент 4, суб'є́кт 3, фрукт 2**

типо́в|ий, *adj.*
typical, common
adv. **вкрай** extremely ◊ **вкрай ~а для студе́нтів по́ми́лка** a mistake extremely typical of students; **до́сить** rather ◊ **На ви́гляд Мальче́вський зда́ється до́сить ~им поля́ком.** By appearance, Malczewski seems to be a rather typical Pole. **доста́тньо** sufficiently, **ду́же** very; **абсолю́тно** absolutely ◊ **абсолю́тно ~а поведі́нка** absolutely typical behavior; **напра́вду** really, **спра́вді** truly; **ма́йже** almost; **геть** totally, **цілко́м** completely ◊ **Ната́лка ма́є вимо́ву цілко́м ~ої полта́вки.** Natalka has the pronunciation of a completely typical denizen of the Poltava region.
v. + **т. бу́ти ~им** be typical ◊ **Хома́ – т. пі́дліток.** Khoma is a typical teenager (**вигляда́ти** look ◊ **Вона́ вигляда́ла ~ою гуцу́лкою.** She looked like a typical Hutsul woman. **виявля́тися** turn out ◊ **Профе́сор ви́явився ~им агно́стиком.** The professor turned out to be a typical agnostic. **здава́тися** + *D.* seem to sb; **става́ти** become) ◊ **Яросла́ва ста́ла ~ою домогоспода́ркою.** Yaroslava became a typical housewife.
prep. **т. для** + *G.* typical of sb/sth ◊ **Його́ смаки́ ~і для маляра́.** His tastes are typical of an artist.
Also see **класи́чний 4, характе́рний**

тиск, *m.*, **~у**
1 pressure; *also phys.*
adj. **вели́кий** great, **величе́зний** enormous ◊ **Субмари́на витри́мує величе́зний т. води́.** The submarine withstands an enormous water pressure. **висо́кий** high ◊ **Хво́ра ма́ла висо́кий т.** The (female) patient had high blood pressure. **значни́й** significant, **максима́льний** maximal, **підви́щений** elevated, **поту́жний** powerful, **си́льний** strong; **де́який** certain, **мізе́рний** negligible, **мініма́льний** minimal, **невели́кий** little, **пе́вний** certain, **пони́жений** reduced, lower; **вну́трішній** internal; **неосла́бний** relentless, **пості́йний** constant; **кров'яни́й** blood; **допусти́мий** permissible, **потрі́бний** required; **сере́дній** average; **атмосфе́рний** atmospheric
т. + *n.* **т. води́** water pressure (**га́зу** gas, **па́ри** steam, **пові́тря** air; **кро́ви** blood, **ріди́ни** liquid)
v. + **т. визнача́ти т.** determine pressure ◊ **Він ви́значив т. у бало́ні.** He determined the pressure in the tank. (**вимі́рювати** measure; **застосо́вувати** apply; **збі́льшувати** increase, **підійма́ти** *or* **підніма́ти** raise ◊ **Т. па́ри підійма́ють нагріва́нням.** The steam pressure is raised by heating. **зме́ншувати** reduce, **послаблювати** ease; **витри́мувати** withstand; **підтри́мувати** maintain ◊ **Помічни́к підтри́мує т. па́ри в котлі́.** The assistant maintains the steam pressure in the boiler. **слідкува́ти за ~ом** monitor the pressure
т. + *v.* **збі́льшуватися** build up, **підійма́тися** *or* **підніма́тися** rise; **па́дати** fall; **покра́щуватися** improve ◊ **Пі́сля трьох мі́сяців руха́нки її т. покра́щився.** After three months of workouts, her blood pressure improved. **переви́щувати** + *A.* exceed sth ◊ **Т. переви́щує допусти́мий рі́вень.** The pressure exceeds the permissible level.

2 *fig.* pressure, coercion
adj. **великий** great, **величезний** tremendous, **відповідний** adequate, **все більший** growing, **інтенсивний** intense, **неослабний** unrelenting, **непомірний** undue, **постійний** constant, **сильний** strong, **страшний** terrible, **шалений** insane; **військовий** military, **економічний** economic ◊ **Вони працюють під економічним ~ом.** They work under economic pressure. **культурний** cultural, **мовний** linguistic, **політичний** political, **фінансовий** financial; **емоційний** emotional, **моральний** moral, **психологічний** psychological; **зовнішній** external, **міжнародний** international, **народний** popular
v. + **т. справляти т. на** + *A.* exert pressure on sb ◊ **Корпорації справляють неослабний т. на уряд.** Corporations exert unrelenting pressure on the government. (**застосовувати до** + *G.* apply to sb; **збільшувати** increase, **посилювати** heighten; **відчувати** feel ◊ **Він відчуває т. із боку директора.** He feels pressure from the director. **витримувати** withstand, **зменшувати** reduce, **мінімалізувати** minimize, **полегшувати** alleviate); **уникати ~у** escape pressure; **запобігати ~ові** *or* **~у** prevent the pressure (**піддавати** + *A.* subject sb to) ◊ **Їх піддавали моральному ~ові.** They were subjected to moral pressure.
т. + *v.* **зростати** grow, **посилюватися** increase; **зменшуватися** go down, **послаблюватися** decrease
prep. **без ~у** without pressure ◊ **Рішення приймали без жодного зовнішнього ~у.** The decision was made without any external pressure. **під ~ом** under pressure ◊ **Усі подальші кроки робили під ~ом обставин.** All further steps were made under the pressure of circumstance. **т. із боку** + *G.* pressure from sb; **т. на** + *A.* pressure on sb ◊ **Наближення чемпіонату посилювало емоційний т. на його учасників.** The approaching championship heightened the emotional pressure on its participants.
Cf. **вплив 1**
3 *colloq.* tight crowd, press, throng ◊ **На майдані був т. людей.** There was a throng of people on the square.
See **натовп 1.** *Also see* **збіговисько 1, 2, зграя 2, юрба**

тисн|ути, ~уть; на~, при~, с~; *pa., m.* **тис** *or* **тиснув**, *pl.* **тисли** *or* **тиснули**, *tran.*
1 to press, exert pressure, push ◊ **Ті, що стояли ззаду, ~ули на передніх.** Those who were in the back pressed those in the front.
adv. **міцно** hard, **сильно** firmly; **легко** gently, **ледве** barely, **м'яко** softly ◊ **Лікар поклав руку йому на живіт і м'яко натиснув.** The doctor put his hand on his stomach and softly pressed it. **нервово** nervously
prep. **т. до** + *G.* press to sth ◊ **Люба притис(ну)ла сумку до грудей.** Liuba pressed the purse to her chest. **т. на** + *A.* press sb/sth ◊ **Лука натис(ну)в на дзвінок.** Luka pressed the door bell several times.
2 to squeeze, clutch, clench ◊ **Одарка стис(ну)ла кулаки.** Odarka clenched her fists. ♦ **т. руку** + *D.* (*pf.* **по~**) to shake sb's hand ◊ **Чоловіки тепло потисли руки.** The men shook hands cordially.
prep. **т. за** + *A.* squeeze by sth ◊ **Він стис(нув) її за зап'ястя.** He squeezed her by the wrist.
3 *fig.* to pressure, press, exert pressure; oppress
adv. **дуже** *and* **сильно** strongly ◊ **На бідного Марченка хтось дуже ~ув.** Somebody was exerting a strong pressure on poor Marchenko. **безперестанку** nonstop, **весь час** all the time, **неослабно** relentlessly **постійно** constantly; **легко** gently; **політично** politically; **емоційно** emotionally, **морально** morally, **психологічно** psychologically; **відкрито** openly, **нахабно** brazenly, **прямо** directly
v. + **т. намагатися** try to ◊ **Іванна намагалася т. на нього психологічно.** Ivanna tried to exert psychological pressure on him. **починати** begin to ◊ **На прем'єра почали т. партнери по коаліції.** His coalition partners began to exert pressure on the premier. **стати** *pf.* start; **продовжувати** continue to
4 *tran. and intr.* to be too tight *(of clothes)*, to pinch *(of shoes)* ◊ **Віктор почувався незручно в костюмі, що тис.** Viktor felt ill at ease in the suit that was too tight. ◊ **Туфля тисла Ользі великий палець.** The shoe pinched Olha's big toe.
prep. **т. в** + *A.* be too tight in sth ◊ **Піджак тиснув йому в ліктях.** The jacket was too tight for him in the elbows. ◊ **Черевики ~ули в пальцях.** The boots pinched the toes.
pa. pple. **стиснений** *or* **стиснутий** squeezed
(на)тисни!

титр, *m.*, **~у**, *usu pl.*
credits *(in films)*
adj. **початкові** opening, **прикінцеві** final ◊ **Він бачив знайомі імена у прикінцевих ~ах.** He saw familiar names in the final credits.
v. + **т. дивитися ~и** watch credits (**читати** read; **пропускати** skip) ◊ **Марія завжди пропускає ~и.** Maria always skips the credits.
т. + *v.* **йти** roll ◊ **Матвій чекав, поки підуть ~и.** Matvii waited for the credits to start rolling.

титул, *m.*, **~у**
1 title, designation, honorific
adj. **аристократичний** aristocratic, **дворянський** *and* **шляхетний** noble; **княжий** princely, **королівський** royal ◊ **Папа дарував князеві Данилові Галицькому королівський т.** The Pope bestowed the royal title on Prince Danylo of Halych. **спадковий** hereditary; **бучний** grand ◊ **Вона має бучний т. почесного консула.** She has the grand title of honorary consul. **високий** high, **довгий** long, **повний** full; **науковий** scientific; **офіційний** official; **почесний** honorary
v. + **т. давати** + *D.* **т.** give sb a title ◊ **Йому дали т. старійшини села.** He was given the title of the village elder. (**дарувати** + *D.* bestow on sb; **мати** have; **діставати** get, **одержувати** *and* **отримувати** receive; **носити** bear; **успадковувати** inherit; **брати** take ◊ **Він узяв т. Патріярха Київського.** He took the title of the Patriarch of Kyiv. **заслуговувати** earn); **нагороджувати** + *A.* **~ом** award sb a title ◊ **Університет нагородив її ~ом почесного доктора.** The university awarded her the title of an honorary doctor.
Also see **звання 1**
2 title *(in sports)*, championship, win
adj. **європейський** European, **національний** national, **олімпійський** Olympic, **світовий** world; **баскетбольний** basketball, **боксерський** boxing, **футбольний** soccer
v. + **т. брати т.** take a title (**завойовувати** win ◊ **Він завоював національний т. з легкої атлетики.** He won a national track-and-field title. (**здобувати** capture; **боронити** defend; **зберігати** keep, **тримати** hold, **утримувати** retain ◊ **Він утримує т. чемпіона світу три роки.** He has retained the world champion title for three years. **втрачати** lose)
prep. **т. з** + *G.* a title in sth
Also see **звання 1**
3 title *(of publication, etc.)*, name ◊ **Стаття вийшла під іншим ~ом.** The article came out under a different title.
See **назва 1.** *Also see* **заголовок**

тих|ий, *adj.*
1 quiet, calm, placid, still ◊ **Орися чула т. шум дощу надворі.** Orysia heard the quiet sound of the rain outside.
adv. **абсолютно** absolutely ◊ **Їм потрібна абсолютно ~а кімната.** They need an absolutely quiet room. **винятково** exceptionally, **вкрай** extremely, **досить** fairly ◊ **Марія – дівчина досить ~ої вдачі.** Maria is a girl of a fairly quiet character. **достатньо** sufficiently, **дуже** very; **особливо** particularly; **майже** almost, **моторошно** spookily, **підозріло** suspiciously ◊ **Оля з Андрієм підозріло ~і.** Olia and Andrii are suspiciously quiet. **похмуро** grimly, **тривожно** eerily ◊ **тривожно ~е очікування новин** an eerily quiet waiting for the news; **страшенно** terribly; **відносно** relatively, **порівняно** comparatively; **дивно** strangely, **на диво** surprisingly, **надзвичайно** extraordinarily; **неймовірно** incredibly, **незвичайно** unusually, **неприродно** unnaturally; **загрозливо** menacingly
т. + *n.* **т. голос** a quiet voice (**звук** sound, **плач** crying, **свист** whistle, **шелест** rustle; **дощ** rain, **сніг** snow, **сад** garden ◊ **Стефа полюбляє сидіти в ~ому вечірньому саду.** Stefa is fond of sitting in the quiet evening garden. **степ** steppe); **~а мелодія** a quiet tune (**пісня** song; **ніч** night; **околиця** neighborhood ◊ **Рік тому Котущина була дуже ~ою околицею міста.** A year ago, Kotushchyna was a very quiet neighborhood of the city. **вода** water, **гавань** haven, **затока** bay, **річка** river; **квартира** apartment; **пора** time), ♦ **~а вода греблю рве.** Still waters run deep. **~е існування** quiet existence (**море** sea, **озеро** lake; **повітря** air); **~і кроки** quiet steps, ♦ **ясні зорі, ~і води** *fig., poet.* Ukraine ◊ **За тиждень Юрій повертається на ясні зорі, ~і води.** In a week, Yurii will be returning to the bright stars and calm waters (of Ukraine).
v. + **т. бути ~им** be quiet ◊ **У цю пору затока особливо ~а.** At this time, the bay is particularly calm. (**вважати** + *A.* consider sb/sth ◊ **Вони дарма вважали Галю ~ою жінкою.** They considered Halia to be a quiet woman. in vain **виявлятися** prove, **здаватися** + *D.* seem to sb, **лишатися** remain, **ставати** become) ◊ **Романа стала ~ою.** Romana became quiet.
Also see **спокійний 1**
2 slow, unhurried ◊ **Колона рухалася ~ою ходою.** The column moved at a slow pace.
See **повільний.** *Also see* **спокійний 3**

тихо, *adv., pred.*
1 *adv.* quietly, calmly ◊ **Діти т. сиділи і слухали.** The children sat quietly and listened. ◊ **Марія т. підійшла до дверей.** Maria quietly approached the door.
See **тихий**
2 *pred., impers.* quiet, calm
v. + **т. бути т.** be quiet ◊ **На вулиці неприродно т.** It is unnaturally quiet on the street. (**ставати** become, feel) ◊ **День закінчився, й у приймальні стало т.** The day was over, and it became quiet in the reception room. ◊ **Олегові стало т. на душі.** Oleh felt calm at heart.
3 *interj.* quiet! hush! ◊ **«Т.! Я нічого не чую!» – вигукнула Килина.** "Quiet! I can't hear anything!" Kylyna shouted.

тиш|а, *f.*, **~і**, *only sg.*
silence, quiet, quietude
adj. **абсолютна** absolute ◊ **Дослідникам потрібна абсолютна т.** The researchers need absolute silence for work. **велика** great, **глибока** deep, **повна** total, **тривала** lengthy ◊ **Настала тривала т.** A lengthy silence ensued. **цілковита** complete; **коротка** brief, **раптова** sudden ◊ **У кімнаті запала раптова т.** Sudden silence fell in the room. **відносна** relative; **гнітюча** oppressive, **загрозлива** menacing, **моторошна** eerie, **напружена** tense, **незручна** awkward, **ніякова** uneasy, **обтяжлива** strained; **безрадісна** joyless, **важка** heavy, **невдоволена** sullen, **невесела** unhappy, **похмура** gloomy; **вечірня** evening, **нічна** night; **гробова** *and* **могильна** deathly, **смертельна** dead; **дзвінка** ringing, **оглушлива** deafening; **дивна** strange,

незвича́йна unusual, **підозрі́ла** suspicious
v. + **т. зберіга́ти ~у** maintain silence ◊ **Він зберіга́в ~у про́тягом усього́ ви́ступу.** He maintained silence during the entire speech. (**перерива́ти** interrupt, **пору́шувати** break; **прони́зувати** pierce ◊ **~у пронизав крик сови́.** An owl hoot pierced the quiet. **сколи́хувати** shatter ◊ **~у сколихну́в по́стріл.** A gunshot shattered the silence. **запо́внювати** + *I.* fill with sth ◊ **Вона́ відчу́ла потре́бу запо́внити чи́мось обтя́жливу ~у.** She felt the need to fill the strained silence with something. **порина́ти в** lapse into) ◊ **Оле́на пори́нула в похму́ру ~у.** Olena lapsed into gloomy silence. **дотри́муватися ~і** observe silence
т. + *v.* **ви́сіти** hang, **запада́ти** fall, **зустріча́ти** + *A.* greet sb/sth ◊ **Оголо́шення зустрі́ла воро́жа т.** Hostile silence greeted the announcement. **ляга́ти на** + *A.* settle over sth ◊ **Ві́тер ущу́х, і на о́зеро лягла́ т.** The wind died down, and silence settled on the lake. **настава́ти** ensue, **наступа́ти** follow ◊ **Пі́сля її слів наступи́ла ні́якова т.** Uneasy silence followed her words. **огорта́ти** + *A.* envelop sth, **опуска́тися на** + *A.* descend on sth ◊ **На по́ле бо́ю опуска́лася важка́ т.** Heavy silence was descending on the battlefield. **панува́ти в** + *L.* reign over sth ◊ **У за́лі панува́ла мо́торошна т.** An eerie silence reigned over the hall. **погли́блюватися** deepen, **продо́вжуватися** lengthen, **ши́ритися** + *I.* spread through sth ◊ **Гніту́ча т. ши́рилася майда́ном.** Oppressive silence was spreading through the square.
prep. **в ~і** in silence ◊ **Усе́ роби́ли в ~і.** Everything was done in silence.
Cf. **мовча́нка**

ти́шком, *adv., colloq.*
1 quietly, softly, in a low voice ◊ **Вони́ стоя́ли і т. розмовля́ли.** They stood and talked quietly.
See **ти́хо 1**
2 stealthily, surreptitiously, furtively ◊ **Гали́на збира́ла інфо́рмацію т., щоб не виклика́ти підо́зр.** Halyna gathered the information surreptitiously, not to provoke suspicions.

ті́л|о, *nt.*
1 body, figure, anatomy
adj. **лю́дське** human ◊ **Лю́дське т. не мо́же ви́тримати тако́го наванта́ження.** A human body cannot withstand such a stress. **дитя́че** child's, **діво́че** girl's, **жіно́че** female, **чолові́че** male, **юна́цьке** young man's; **все** whole; **го́ле** nude, **оголене** naked; **доскона́ле** perfect ◊ **Здава́лося, що її доскона́ле т. скопі́йоване з гре́цької ста́туї.** Her perfect body seemed to have been copied from a Greek statue. **ду́же** brawny, **жи́лаве** sinewy, **здоро́ве** healthy, **креме́зне** *(usu of men)* strapping, **міцне́** strong, **мускуля́сте** *and* **м'язи́сте** muscular ◊ **Петро́ мав м'язи́сте т. атле́та.** Petro had a muscular athlete's body. **ви́снажене** exhausted, **сухе́** *colloq.* thin, **худе́** thin, **щу́пле** *colloq.* lean; **гладке́** plump, **гру́бе** stout, **огря́дне** heavyset, **товсте́** fat
n. + **т. вага́ ~а** body weight (**стан** condition; **температу́ра** temperature; **фо́рма** shape); **части́на ~а** a part of the body ◊ **Долі́шня части́на її ~а зану́рена у во́ду.** The lower part of her body is submerged in water.
v. + **т. ма́ти т.** have a body (**гартува́ти** temper ◊ **Холо́дний душ пі́сля ру́ханки гарту́є т.** A cold shower after a workout tempers the body. **тренува́ти** train; **трима́ти** carry) ◊ **У бале́тній шко́лі діте́й вчи́ли трима́ти т. пря́мо.** At the ballet school, they taught the children to carry their bodies upright. ♦ **~ом і душе́ю** body and soul, completely ◊ **Вона́ ~ом і душе́ю ві́ддана спра́ві.** She is devoted to the cause, body and soul. **торгува́ти вла́сним ~ом** sell one's body
т. + *v.* **болі́ти** + *A.* ache ◊ **Соломі́ю так болі́ло т., що вона́ не могла́ спа́ти.** Solomija's body ached so bad she could not sleep. **тремті́ти** tremble, **труси́тися** shake ◊ **Її т. труси́лося від хо́лоду.** Her body was shaking from cold. **напру́жуватися** tense ◊ **Його́ т. напру́жилося.** His body tensed.
prep. **в ~і** in a body ◊ **У його́ ~і відбува́ються незворо́тні змі́ни.** Irreversible changes occur in his body. ♦ **бу́ти в ~і** *colloq.* to be stout of body ◊ **Є́ва була́ в ~і.** Yeva was stout of body. **на ~і** *posn.* on a body ◊ **У не́ї на ~і з'яви́лися пля́ми.** Spots appeared on her body. **по ~у** on a body ◊ **Він розма́зав по ~у крем.** He smeared the cream over his body.
Also see **ко́рпус 1, органі́зм 2, стан**[2], **ту́луб.**
Ant. **душа́ 1**
2 *phys.* body, object
adj. **газоподі́бне** gaseous, **рідке́** liquid, **тверде́** solid; **небе́сне** celestial, **невідо́ме** unknown ◊ **Телеско́п ви́явив невідо́ме т., що наближа́лося до Со́нця.** The telescope spotted an unknown body that was approaching the Sun. **чуже́** foreign
See **предме́т 1.** *Also see* **об'є́кт 1**
3 body, corpse
adj. **бездиха́нне** breathless, **ме́ртве** dead, **набря́кле** bloated, **понівечене** mutilated; **неопі́зване** unidentified ◊ **Т. лиша́лося неопі́знаним дві доби́.** The mutilated body remained unidentified for two days.
v. + **т. ексгумува́ти т.** exhume a body (**знахо́дити** find ◊ **Т. жі́нки знайшли́ на дні ставка́.** The woman's body was found at the bottom of the pond. **огляда́ти** examine; **розтина́ти** dissect ◊ **Ко́жен студе́нт-ме́дик мав розітну́ти й огля́нути ме́ртве т.** Each medical student was to dissect and examine a dead body. **розчлено́вувати** dismember; **спа́лювати** cremate ◊ **Її т. спали́ли.** Her body was cremated. **хова́ти** bury)
See **труп**
4 *fig.* body, whole, entity
adj. **живе́** living ◊ **Вона́ – части́на живо́го ~а своє́ї грома́ди.** She is part of her community's living body. **суспі́льне** social, **політи́чне** political; **автоно́мне** autonomous, **ві́льне** free, **незале́жне** independent
See **о́рган 2**

ті́льки, *adv., part., conj.*
1 *part.* only ◊ **Т. Рома́н розумі́є її.** Only Roman understands her. ♦ **т. за запро́шенням** by invitation only; ◊ **Він т. тепе́р зауважи́в ди́вний буди́нок.** He noticed the strange building only now.
Also see **лише́ 1**
2 *adv.* just, just now ◊ **Йоси́па поверну́лася зі шко́ли, т. почина́ло смерка́ти.** Yosypa came back from school when it was just starting to grow dark. ♦ **т. що** just now, right now ◊ **Конце́рт т. що закі́нчився.** The concert has just ended. ♦ **і т.** *or* **та й т.** *or* **та й т. всьо́го** *or* **та й ті́льки ді́ла** nothing else, that's all ◊ **Я хоті́в допомогти́ вам, та й т.** I wanted to help you, that's all.
Also see **лише́ 3**
3 *part. (expresses a high degree or quantity of action in negative constructions with adv. and pr.)* ◊ **До ко́го він т. не зверта́вся по пора́ду.** There was no person he did not turn to for advice. ◊ **Чого́ т. не ба́чив Оста́п у Криму́!** Things Ostap saw in the Crimea! ◊ **Як т. вона́ не переко́нувала Богда́на.** She tried to persuade Bohdan each and every way.
4 *part. (expresses sequence of actions)* as soon as, the moment ◊ **Т. зійшло́ со́нце, ста́ло га́ряче́.** As soon as the sun had risen, it became hot. ◊ **Як т. Лі́да поба́чила світли́ни, їй усе́ ста́ло я́сно.** The moment Lida had seen the photos it all became clear to her. ♦ **т. що** *or* **т.-но** just, just now ◊ **Вони́ т.-но закі́нчили ремонтува́ти маши́ну.** They have just finished fixing the car.
Also see **лише́ 3**
5 *conj. (expresses opposition, contrast)* but ◊ **не лист, а т. коро́тка запи́ска** not a letter, but a short note; ◊ **Він поя́снював, т. студе́нти ні́чого не розумі́ли.** He explained but the students did not understand anything.
6 *conj.* if only, *in* **коли́ т., коли́ б т., якби́ т., якщо́ т.** ◊ **Коли́ т. пробле́ма в ті́м, що вам браку́є ча́су, я дам вам бі́льше ча́су.** If the problem is only that you don't have enough time, I will give you more time. ◊ **Якби́ т. Богда́на пого́дилася взя́ти у́часть у ко́нкурсі.** If only Bohdana agreed to take part in the competition.
Also see **лише́ 4**

ті́н|ь, *f.*
1 shadow, shade, murkiness
adj. **глибо́ка** deep, **густа́** dense ◊ **Густа́ т. від ду́ба була́ за́хистом від со́нця.** The dense shadow of the oak was protection from the sun. **си́льна** strong, **те́мна** dark, **чо́рна** black; **легка́** faint; **величе́зна** giant, **до́вга** long, *also fig.*; **га́рна** nice, **жада́на** welcome, **прие́мна** pleasant, **прохоло́дна** cool
v. + **т. дава́ти т.** make shadow ◊ **Ли́па дає́ га́рну т.** The linden gives a nice shade. (**ки́дати** cast ◊ **Дере́ва ки́дали до́вгі ~і.** The trees cast long shadows. ♦ **ки́дати** *or* **наво́дити т. на** + *A. fig.* 1) to bring discredit to sb; tarnish sb ◊ **На його́ репута́цію намага́лися ки́нути т.** They tried to tarnish his reputation. 2) *fig.* to spoil, mar, poison ◊ **При́крий ви́падок наві́в т. на ї́хні стосу́нки.** The unfortunate incident marred their relationship. **створю́вати** create; **порина́ти в** submerge into, **хова́тися в** hide in) ◊ **Поба́чивши Ні́ну, вона́ схова́лася в т. огоро́жі.** Having seen Nina, she hid in the shadow of the fence. ♦ **відхо́дити в т.** *fig.* to take a back seat, retreat into shadow ◊ **Інсти́нкт підка́зував їй віді́йти в т.** Her instinct prompted her to retreat into shadow. **вирина́ти з ~і** emerge from shadow ◊ **Із ~і ви́ринули дво́є чужи́нців.** Two strangers emerged from the shadow. (**вихо́дити з** step out of; **з'явля́тися з** appear from), ♦ **боя́тися своє́ї ~і** to be afraid of one's own shadow ◊ **Бори́с бої́ться вла́сної ~і.** Borys is afraid of his own shadow. **підстеріга́ти** + *A.* **в ~і** lie in wait for sb in shadow ◊ **Напа́дник підтеріга́в же́ртв у ~і сходово́ї клі́тки.** The assailant lay in wait for his victims in the shadow of the staircase. (**чига́ти на** + *A.* lurk for sb in) ◊ **У ~і лі́су чига́ли вовки́.** Wolves lurked in the shadow of the forest. ♦ **жи́ти в ~і** + *G. fig.* to live in sb's shadow ◊ **Соломі́я жила́ в ~і славе́тного ба́тька.** Solomiia lived in the shadow of her famous father.
т. + *v.* **ляга́ти** lie ◊ **На ї́хню істо́рію лягла́ чо́рна т. брехні́.** *fig.* The dark shadow of a lie lay on their story. **па́дати** fall; **подо́вжуватися** lengthen ◊ **Т. від горі́ подо́вжувалася.** The shadows from the hill were lengthening. **става́ти до́вшою** grow longer; **вимальо́вуватися** loom, **підкрада́тися** creep, **ру́хатися** move; **мерехті́ти** flicker, **стриба́ти** leap, **танцюва́ти** dance ◊ **По кімна́ті танцюва́ли мерехтли́ві ~і.** Flickering shadows danced around the room.
prep. **в т.** *dir.* into shadow ◊ **Він поста́вив комп'ю́тер в т.** He put the computer in the shadow. **в ~і** *posn.* in shadow; **з ~і** from shadow
2 *fig.* shadow, trace, hint
т. + *n.* **т. до́кору** a shadow of reproach ◊ **У Ні́нину́ому го́лосі не було́ й ~і до́кору.** There was not a shadow of reproach in Nina's voice. (**незадово́лення** displeasure, **нетерпі́ння** impatience, **роздратува́ння** irritation; **у́смішки** smile ◊ **Він спостеріга́в за сце́ною без ~і у́смішки.** He observed the scene without a shadow of a smile. **співчуття́** sympathy; **ду́мки** thought)
3 *fig.* shadow, ghost, vision, chimera ◊ **Фільм назива́ється «~і забу́тих пре́дків».** The film is entitled *Shadows of Forgotten Ancestors.* ◊ **За́мок населя́ють ~і мину́лого.** Shadows of the past inhabit the castle.
adj. **злові́сна** sinister ◊ **Фі́рма опини́лася в**

~і організо́ваної злочи́нности. The firm ended up in the shadow of organized crime. **крива́ва** bloody, **мо́торошна** macabre, **похму́ра** grim, **страшна́** terrible ◊ **На мі́сто насува́лася страшна́ т. окупа́ції.** The terrible shadow of occupation was creeping up on the city.

тіньов|и́й, *adj.*
1 shady, shaded, shadowy ◊ **На ~о́му схи́лі гори́ росли́нність і́нша.** The vegetation is different on the shady slope of the mountain. ♦ **т. бік Мі́сяця** the dark side of the Moon
Also see **те́мний 1**
2 *fig.* shady, murky, seamy ◊ **У краї́ні процвіта́є т. бі́знес.** Shady business flourishes in the country. ◊ **В уго́ді була́ ~а́ сторона́.** There was a seamy side to the agreement. ♦ **~а́ еконо́міка** shadow economy; ♦ **т. кабіне́т** *polit.* a shadow cabinet

тісн|и́й, *adj.*
1 cramped, confined, crowded, restricted, narrow
adv. **вкрай** extremely ◊ **Вони́ вироста́ли у вкрай ~о́му комуна́льному поме́шканні.** They were growing up in an extremely cramped communal apartment. **ду́же** very, **на́дто** too, **несте́рпно** unbearably; **до́сить** rather, **тро́хи** a little
v. + **т. бу́ти ~и́м** be cramped ◊ **~і ву́лиці старо́го середмі́стя** narrow streets of the old downtown; (**виявля́тися** turn out ◊ **Кімна́та ви́явилася до́сить ~о́ю.** The room turned out to be rather cramped, **става́ти** become) ◊ **Із наро́дженням дити́ни ї́хнє поме́шкання ста́ло ~и́м.** With the birth of the baby, their apartment became crowded.
Ant. **просто́рий 1**
2 tight, tight-fitting, small ◊ **Ту́флі зана́дто ~і́.** The shoes are too tight. ◊ **Він лю́бить носи́ти ~і́ джи́нси.** He likes to wear tight-fitting jeans.
Ant. **ві́льний 3**
3 tight, dense, compact, close ◊ **Ді́ти оточи́ли вчи́теля ~и́м ко́лом.** The children surrounded their teacher in a tight circle. ◊ **Іри́на задиха́лася в його́ ~и́х обі́ймах.** Iryna was short of breath in his tight embrace.
4 *fig.* close, intimate ◊ **Між ни́ми існу́є ~а́ дру́жба.** A close friendship exists between them. ◊ **Партне́ри підтри́мують ~і робо́чі взає́мини.** The partners maintain close working relations.

ті́сно, *adv., pred.*
1 *adv.* tightly, closely, firmly, compactly ◊ **Вояки́ ста́ли т. в ряд.** The soldiers stood close together in a line. ◊ **Оша́тний костю́м т. обляга́є ї́ї стан.** An elegant suit tightly hugs her figure. ◊ **Т. сти́снуті гу́би виража́ють прези́рство.** The tightly pursed lips express disdain.
2 *adv.* closely, intimately ◊ **Вони́ т. пов'я́зані.** They are closely connected.
3 *impers., pred.* cramped, crowded, too small; too tight; lack space ◊ **У буди́нку було́ на́дто т. для двох сіме́й.** There was too little room in the house for two families.
v. + **т. бу́ти т.** + *D.* be cramped ◊ **Їм т. в мале́нькому про́сторі.** The small space was cramped for them. (**виявля́тися** turn out ◊ **Зе́ні ви́явилося т. у старі́й су́кні.** The old dress turned out to be too tight for Zenia. **почува́тися** feel ◊ **Матві́й почува́ється т. в ї́хньому товари́стві.** *fig.* Matvii feels he does not have enough space in their company. **става́ти** become) ◊ **Пі́сля сва́рки Петро́ві та Андрі́єві ста́ло т. в одно́му гурто́житку.** *fig.* After the fight, the dormitory became too small for Petro and Andrii to share.

ті́стеч|ко, *nt.*
pastry, cake
adj. **до́бре** *or* **смачне́** tasty, **соло́дке** sweet; **дома́шнє** homemade ◊ **п'ять дома́шніх ~ок** five homemade pastries; **кре́мове** cream; **горі́хове** walnut, **мигдале́ве** almond ◊ **філіжа́нка ка́ви з мигдале́вим ~ком** a cup of coffee with almond pastry; **лимо́нне** lemon, **фрукто́ве** fruit; ♦ **заварне́ т.** an eclair ◊ **Іва́н ро́бить заварні́ ~ка.** Ivan makes eclairs.
prep. **т. з** + *I.* pastry with *(filling)* ◊ **т. з шокола́дним кре́мом** a chocolate cream pastry; ◊ **т. з лі́щиновим горі́хом** a pastry with hazelnuts
Also see **десе́рт, торт**

ті́ст|о, *nt., only sg.*
dough
adj. **дрі́жджове** yeast, **здо́бне** rich ◊ **прости́й реце́пт здо́бного ~а** a basic rich dough recipe; **листко́ве** *or* **сі́чене** filo ◊ **Вона́ ро́бить ті́стечка з сі́ченого ~а.** She makes cakes of filo dough. **піско́ве** short, **прі́сне** unleavened ◊ **Мацу́ традиці́йно ро́блять із прі́сного ~а.** Matzah is traditionally made of unleavened dough. **густе́** *or* **круте́** firm; **гру́бе** thick, **тонке́** thin; **пухке́** soft
n. + **т. кава́лок** *or* **шмато́к ~а** a piece of dough (**ку́лька** ball) ◊ **Він зліпи́в чоти́ри ку́льки дріжджово́го ~а.** He shaped four yeast dough balls.
v. + **т. міси́ти т.** knead dough (**роби́ти** make, **розчиня́ти** mix ◊ **Лю́ба розчини́ла т. на пироги́ і поста́вила схо́дити.** Liuba mixed the dough for rolls and put it away to rise. **виклада́ти** turn out ◊ **Вона́ ви́клала т. на стіл.** She turned the dough out on the table. **ліпи́ти** shape, form, **розка́чувати** roll out)
т. + *v.* **схо́дити** rise ◊ **За годи́ну т. зійшло́ вдві́чі.** In an hour, the dough rose to double in size.
prep. **т. на** + *A.* the dough for sth ◊ **т. на варе́ники** dumpling dough ◊ **Т. на варе́ники має́ бу́ти прі́сне.** The Ukrainian dumpling dough is supposed to be unleavened. (**ву́шка** ravioli, **мацу́** matzah, **пироги́** rolls; **пі́цу** pizza, **хліб** bread) ◊ **Вона́ заміси́ла т. на хліб.** She kneaded bread dough.

ті́т|ка, *f.*
1 aunt ◊ **її улю́блена ті́тка Мару́ся** her favorite Aunt Marusia
adj. **лі́тня** elderly ◊ **Він догляда́ї за лі́тньою ~кою Уля́ною.** He cares for his elderly Aunt Uliana now. **двою́рі́дна** once removed, **трою́рідна** twice removed; **дорога́** dear, **улю́блена** favorite; **дивакува́та** quirky ◊ **Ді́ти лю́блять свою́ дивакува́ту ~ку Га́ню.** The children love their quirky Aunt Hania. **доку́члива** annoying; **покі́йна** late, **поме́рла** dead; **неодру́жена** unmarried; **овдові́ла** widowed
v. + **т. ма́ти ~ку** have an aunt ◊ **Наза́р ма́є ~ку, моло́дшу за се́бе.** Nazar has an aunt his junior. **дово́дитися** + *D.* **~кою** be sb's aunt ◊ **Вона́ дово́диться О́льзі двою́рідною ~кою по ма́тері.** She is Olha's maternal aunt once removed.
Cf. **дя́дько 1**
2 *colloq.* woman; *(also as form of address to an older woman)* ◊ **До ньо́го підійшла́ яка́сь т.** A woman approached him. ◊ **~ко На́дю, ви щось хоті́ли?** Aunt Nadia, did you want something?
L. **на ~ці**, *N. pl.* **~ки́**, *G. pl.* **~о́к**

ті́ш|ити, **~ать; в~**, *tran.*
1 to humor, gratify, amuse, entertain, please
adv. **глибо́ко** deeply ◊ **О́лю глибо́ко ~ить те, що вона́ працюва́тиме в газе́ті.** Olia is deeply gratified by the fact that she will be working for a newspaper. **ду́же** greatly, **надзвича́йно** immensely, **напра́вду** truly, **неаби́як** extremely, **особли́во** particularly ◊ **Їх особли́во ~ить те, що Ма́рта ви́рішила ста́ти лі́каркою.** They were particularly pleased at Marta's decision to become a doctor. **спра́вді** genuinely, **як ніко́ли** like never before
т. + *n.* **т. ву́хо** please the ear ◊ **Го́лос співака́ за́вжди́ ~ить Іва́нові ву́хо.** The singer's voice always pleases Ivan's ear. (**зір** eye, **свідо́мість** conscience ◊ **Тама́ра успі́шно закі́нчи́ла навча́ння, і це ~ило її́ свідо́мість.** Tamara had successfully finished studies and this pleased her conscience. **ду́шу** soul, **се́рце** *fig.* heart); ♦ **т. самолю́бство** to tickle sb's ego ◊ **Доччи́на перемо́га в ко́нкурсі ~ила О́льжине самолю́бство.** Her daughter's win in the competition tickled Olha's ego. ♦ **т. себе́ ду́мкою** to flatter oneself ◊ **Він ~ить себе́ ду́мкою, що Лі́на поверне́ться.** He flatters himself thinking that Lina will return.
2 to console, comfort, give solace
v. + **т. бу́ти тре́ба** need to, **допомага́ти** + *D.* help sb (to), **могти́** can ◊ **Оста́па ні́чого не могло́ в~.** Nothing could comfort Ostap. **намага́тися** try to, **про́бувати** attempt to, **стара́тися** strive to ◊ **Вони́ стара́лися в~ Зоря́ну.** They strove to console Zoriana. **хоті́ти** want to
See **втіша́ти 1.** *Also see* **розважа́ти 2**
3 to entertain amuse, divert ◊ **Чолові́к ~ив госте́й, а О́ля кла́ла діте́й спа́ти.** Her husband entertained the guests while Olia was putting the children to bed.
See **ба́вити 1, розважа́ти 1.** *Also see* **втіша́ти 2**
pa. pple. **вті́шений** pleased, glad; consoled, *etc.*
(в)ті́ш!

ті́ш|итися; в~, *intr.*
1 to be glad, be happy, rejoice in + *D. or* **що** + *clause*
adv. **глибо́ко** deeply, **ду́же** very ◊ **Ма́рченко ду́же ~ився, що слу́хання відкла́ли.** Marchenko was very happy that the hearing had been postponed. **напра́вду** truly, **неаби́як** extremely, **особли́во** particularly, **спра́вді** genuinely, **так** so much, **щи́ро** sincerely ◊ **Він щи́ро ~иться ї́хній перемо́зі.** He is genuinely glad about their victory. **як ніко́ли** like never before; **до́вго** for a long time
2 to have, enjoy, possess, boast
adv. **вже** already, **наре́шті** finally; **за́вжди́** always, **незмі́нно** invariably; **я́вно** clearly; **ніко́ли не** never
т. + *n.* **т. визна́нням** enjoy recognition ◊ **Пое́тка ~илася міжнаро́дним визна́нням.** The poetess enjoyed international recognition. (**популя́рністю** popularity, **сла́вою** fame, **успі́хом** success; **підтри́мкою** support, **покрови́тельством** protection, **мрі́єю** dream ◊ **Марі́я ~иться мрі́єю, що коли́-не́будь відві́дає Австра́лію.** Maria has the dream that some day she will visit Australia. **наді́єю** hope)
See **ма́ти[2] 1**
3 to be amused, take pleasure, have fun, laugh + *I.* ◊ **Юрко́ ~иться його́ жа́ртами.** Yurko is always amused by his jokes.
prep. **т. з** + *I.* amuse oneself by sth ◊ **Вони́ ~илися з Аско́льдового акце́нту.** They were amused by Askold's accent.
See **глузува́ти 1.** *Also see* **жартува́ти 2, смія́тися 2**

ткани́н|а, *f.*
1 cloth, fabric, textile
adj. **гру́ба** thick, **міцна́** strong, **цупка́** tough ◊ **На чохо́л до мотоци́кла тре́ба цупко́ї ~и.** A tough cloth is needed for the motorcycle cover. **деліка́тна** delicate, **легка́** light, **м'яка́** soft, **невагома** weightless, **тонка́** thin; **водонепрони́кна** waterproof ◊ **Ку́ртка зро́блена з водонепрони́кної ~и.** The jacket is made of a waterproof fabric. **квітча́ста** floral, **розмальо́вана** patterned; **баво́вняна** cotton, **во́вняна** *and* **шерстяна́** woolen; **нейло́нова** nylon, **синтети́чна** synthetic; **в'я́зана** knitted, **ткана́** woven; **бага́та** rich, **дорога́** expensive, **розкі́шна** luxurious, **чудо́ва** beautiful; **деше́ва** cheap, **про́ста́** plain; **бі́ла** white, **жо́вта** yellow, **зеле́на** green, **си́ня** blue, **черво́на** red, *etc.*
n. + **т. ві́дріз ~и** a length of cloth (**кла́поть** scrap ◊ **Ві́ра витира́є пил із ме́блів кла́птем ~и.** Vira dusts the furniture with a scrap of cloth. **сму́жка** strip, **суві́й** bolt; **шмато́к** piece)
v. + **т. виробля́ти т.** produce cloth (**роби́ти** make ◊ **На фа́бриці ро́блять нейло́нову ~у.** Nylon fabric is made at the factory. **тка́ти** weave; **фарбува́ти** dye) ◊ **~у пофарбува́ли в жо́втий**

ко́лір. The fabric was dyed yellow.
prep. **із ~и** from/of fabric ◊ **Су́кні поши́ті з про́стої ~и.** The dresses are sewed of plain fabric. **на ~і** on fabric ◊ **пля́ма на ~і** a stain on the fabric
Also see **мате́рія 1, матерія́л 4; баво́вна 1, полотно́ 1, сукно́, шовк**
2 *anat.* tissue
adj. **жива́** living, **здоро́ва** healthy, **норма́льна** normal; **м'яка́** soft ◊ **Препара́т застосо́вують для лікува́ння м'я́ких ткани́н.** The drug is used for treating soft tissues. **ме́ртва** dead; **ушко́джена** damaged, **хво́ра** diseased; **лю́дська** human, **росли́нна** plant, **твари́нна** animal; **жирова́** fatty, **епітелія́льна** epithelial, **мозкова́** brain, **м'язова́** muscle, **нерво́ва** nervous, **сполу́чна** connective, **шкі́рна** skin, *etc.*; **навко́лишня** surrounding
v. + **т. переса́джувати ~у** graft tissue ◊ **Йому́ пересади́ли ~у зі спи́ни на ру́ку.** The tissue was grafted from his back to his hand. (**ушко́джувати** damage)

тка́ти, **тч|уть; ви́~**, *intr. and tran.*

1 *intr.* to weave; be a weaver
adv. **вмі́ло** skillfully, **майсте́рно** masterfully, **професі́йно** professionally, **чудо́во** superbly ◊ **Він чудо́во ~е.** He is a superb weaver. **вручну́** manually
v. + **т. вмі́ти** know how to ◊ **Па́ні М. умі́є т.** Mrs. M. knows how to weave. **вчи́ти** + *A.* teach sb to; **вчи́тися** learn to ◊ **Марі́я навчи́лася професі́йно т.** Maria learned to weave professionally.
2 *tran.* to weave ◊ **На фа́бриці ~уть синтети́чні ткани́ни.** Synthetic fabrics are woven at the factory.
prep. **т. з** + *G.* weave from sth ◊ **Вона́ ви́ткала з льо́ну обру́с.** She wove a tablecloth from flax.
pa. pple. **ви́тканий** woven
(ви́)тчи!

тлі́|ти, **~ють; зі~** *or* **зо~**, **с~**, *intr.*

1 to smoulder, smoke, glow; *pf.* burn up
adv. **вре́шті-ре́шт** eventually, **наре́шті** finally ◊ **Дро́ва у гру́бі наре́шті зітлі́ли.** The wood in the stove finally burned up. **пові́льно** slowly, **поступо́во** gradually; **ле́две** barely; **лише́** *or* **ті́льки** only ◊ **Бага́ття ті́льки ~ло.** The campfire was only smouldering.
Cf. **горі́ти 1**
2 to decay, disintegrate, fall apart ◊ **Руко́пис зотлі́в від ча́су.** The manuscript disintegrated with time. ◊ **За племінни́м звича́єм, ті́ло небі́жчика лиша́ли т. в закри́тій пече́рі.** By the tribal tradition, the body of the deceased was left to decay in a sealed cave.
See **гни́ти 1.** *Also see* **прі́ти 1, трухля́віти, ту́хнути**[2]
3 *fig., only impf.* to flicker, shimmer, persevere ◊ **У її́ се́рці ще ~є да́внє коха́ння.** Old love still shimmers in her heart. ◊ **У ті́лі пора́неного вояка́ ще ~ло життя́.** Life still flickered in the body of the wounded soldier.
(с)тлі́й!

тл|о, *nt., only sg.*

1 background, backdrop
adj. **бі́ле** white ◊ **те́мні по́статі на бі́лому ~і** dark figures against a white background; **жо́вте** yellow, **си́нє** blue, *etc.*; **нейтра́льне** neutral; **те́мне** dark; **контра́стне** contrasting, **я́сне́** bright
v. + **т. роби́ти т.** make a background ◊ **Опера́тор зроби́в із юрби́ т. для інтерв'ю.** The cameraman made a backdrop for the interview out of the crowd. (**малюва́ти** paint, **опи́сувати** describe; **ство́рювати** create) ◊ **Блаки́ть не́ба ство́рює контра́стне т. для бі́лих хмар.** The sky's blue creates a contrasting backdrop for white clouds. **бу́ти ~ом** be a background (**лиша́тися** remain; **служи́ти** serve as; **става́ти** become ◊ **Форте́ця ста́ла ~ом поє́динку двох ли́царів.** The fortress became the backdrop of the two knights' showdown. **злива́тися з** merge with ◊ **Гру́па злила́ся з те́мним ~ом лі́су.** The group merged with the dark backdrop of the forest. **контрастува́ти з** contrast with); **виріжня́тися на ~і** stand out against a background ◊ **Те́мні ві́кна буди́нку чі́тко виріжня́лися на ~і стіни́.** The dark windows of the building clearly stood out against the backdrop of the wall. (**розчиня́тися в** dissolve in) ◊ **Чо́вен розчини́вся в сі́рому ~і мо́ря.** The boat dissolved in the gray background of the sea.
prep. **на ~і** + *G.* against the background of sth
Also see **по́ле 4**
2 *fig.* environment, setting, backdrop, context ◊ **Зая́ва полі́тика не виклика́є дові́ри на ~і його́ поро́жніх обіця́нок.** The politician's statement does not inspire faith in the context of his empty promises. ◊ **Дія рома́ну розгорта́ється на ~і війни́.** The action of the novel unfolds against the backdrop of war.
See **конте́кст, середо́вище**

то[1], *conj.*

1 *conj. (used for enumeration of things similar or alternative)* or, then, both... and ◊ **Марі́я т. мовча́ла, т. крича́ла, т. шепта́ла щось.** Maria was silent, then screamed, then whispered something. ◊ **Бори́с т. помага́в їм, т. става́в на перешко́ді.** Borys either helped them or got in their way. ♦ **т. так, т. сяк** this way or that way, each and every way ◊ **Він т. так, т. сяк намага́ється прихова́ти від О́льги пра́вду.** He tries to hide the truth from Olha each and every way. ♦ **т. туди́, т. сюди́** *dir.* here and there ◊ **Вона́ бі́гала т. туди́, т. сюди́ по теа́тру.** She was running here and there around the theater. **т. там, т. сям** *posn.* here and there ◊ **У на́товпі т. там, т. сям вибуха́ли бі́йки.** Fights erupted here and there in the crowd.
2 *(expresses uncertainty, doubt, hesitation after* **не** *and* **чи***)* ◊ **Він чув не т. заохо́чення, не т. осторо́гу.** He heard encouragement or forewarning – he wasn't sure. ◊ **Ді́вчи́на не зна́є, чи т. смі́ятися, чи т. пла́кати.** The girl does not know, whether to laugh or cry.
3 or, otherwise, or else *in conj.* **а т.** *or* **а не т.** *or* **а т. не** ◊ **Поква́птеся, а т. запі́знитеся на літа́к.** Hurry up, otherwise you'll miss your flight.
4 not only but, not simply but, never mind *in conj.* **не т.** *or* **не т. що** ◊ **Він ви́явився не т. що брехуно́м, а зло́дієм!** He turned out to be not only a liar, but a thief!
5 *(expresses condition, time, cause, etc. with* **коли́, як, якщо́***)* ◊ **Як бу́де час, т. поговорѝмо про це.** If there is time, then we'll talk it over. ◊ **Коли́ вони́ бу́дуть гото́ві, т. неха́й подзво́нять мені́.** Have them call me when they are ready. ◊ **Як Марко́ спра́вді хо́че це завда́ння, т. я йому́ його́ дам.** If Marko really wants the assignment, I'll give it to him.

то[2], *part.*

1 that *(as in* that is*)*; is combined with verbs ◊ **Т. був Лев.** That was Lev. ◊ **Т. співа́є Іва́н.** That's Ivan singing. ◊ **Хто т. там іде́ до бра́ми?** Who is going to the gate over there?
2 *(expresses emphasis)* so ◊ **Т. коли́ ма́є приї́хати Оста́п?** So when is Ostap supposed to come? ♦ **Т. ж т. й воно́!** That's exactly it! That's precisely the case!
3 *(is used with im.)* so, then ◊ **Т. скажі́ть мені́ наре́шті, чого́ ви домага́єтеся?** So tell me finally what is it you are after? ◊ **Т. robі́мо це ра́зом.** So let's do it together.

тов́а́р, *m.*, **~у**

1 product, merchandise, goods, commodities; *often pl.*
adj. **деше́вий** cheap; **дороги́й** expensive; **важли́вий** important, **необхі́дний** necessary, **основни́й** basic; **екзоти́чний** exotic ◊ **Судно́ везе́ рі́зні екзоти́чні ~и.** The vessel carries various exotic merchandise. **замо́рський** foreign, **рі́дкісний** rare; **е́кспортний** export ◊ **пере́лік е́кспортних ~ів, що їх виробля́ють у мі́сті** an inventory of the export goods manufactured in the city; **і́мпортний** import; ♦ **продово́льчі ~и** foodstuffs; ◊ **промисло́ві ~и** manufactured goods, ◊ **сільськогоспода́рські ~и** agricultural commodities; **безми́тний** duty-free; **неходови́й** unmarketable, **конкуре́нтний** competitive, **ходови́й** marketable ◊ **За оста́нні ро́ки́ виши́ванки ста́ли ходови́м ~ом.** Over recent years, embroidered shirts became a marketable product. **спожи́вчі** consumer
n. + **т. виробни́цтво ~ів** commodity production ◊ **Скоро́чується виробни́цтво спожи́вчих ~ів.** Consumer goods production diminishes. (**е́кспорт** export, **і́мпорт** import, **про́даж** trading; **ри́нок** market); **ціна́ ~у** a commodity price (**я́кість** quality) ◊ **Я́кість ~у нале́жна, зате́ ціна́ непомі́рно висо́ка.** The commodity quality is appropriate, yet its price is excessively high.
v. + **т. везти́ т.** carry a commodity (**виробля́ти** make, **виготовля́ти** manufacture, **продукува́ти** produce; **доставля́ти** deliver ◊ **Компа́нія доста́вить ~и, куди́ тре́ба.** The company will deliver the goods wherever needed. **купува́ти** buy; **поставля́ти** supply; **продава́ти** sell) ◊ **Вони́ продаю́ть ~и вла́сного виробни́цтва.** They sell merchandise of their own making.
See **проду́кт 1**
2 *only sg., econ.* commodity, product ◊ **За капіталі́зму пра́ця стає ~ом.** Under capitalism, labor becomes a commodity.

товари́ств|о, *nt.*

1 company, companionship; *coll.* friends
adj. **весе́ле** merry, **га́рне** fine, **добі́рне** select, **до́бре** good ◊ **наго́да провести́ час у до́брому ~і** the chance to spend time in good company; **поря́дне** decent, **прие́мне** pleasant, **симпати́чне** agreeable, **те́пле** warm, **чудо́ве** wonderful; **ганéбне** shameful, **неба́жане** undesirable, **пога́не** poor; **гнітю́че** depressing, **неприє́мне** unpleasant, **нудне́** boring; **лю́бе** beloved ◊ **Лі́на вже не поба́читься з лю́бим ~ом.** Lina will not see her beloved friends any more. **своє** one's own
v. + **т. ма́ти т.** have company (**пропонува́ти** + *D.* offer sb, **склада́ти** + *D.* keep sb) ◊ **Я з прие́мністю складу́ вам т.** I will gladly keep you company. **позбува́тися ~а** get rid of company ◊ **Пів ве́чора Оре́ст не міг позбу́тися гнітю́чого ~а нача́льника.** For half an evening, Orest could not get rid of his boss's depressing company. (**потребува́ти** need; **уника́ти** avoid ◊ **Тама́ра уника́є її ~а.** Tamara avoids her company. **шука́ти** seek); **насоло́джуватися ~ом** enjoy company ◊ **Вони́ насоло́джувалися ~ом оди́н о́дного.** They enjoyed each other's company. (**скуча́ти за** *and* **тужи́ти за** miss) ◊ **Наза́р ду́же скуча́в за ~ом.** Nazar missed his friends very much.
prep. **в ~і** + *G.* in company ◊ **Яри́на става́ла і́ншою в ~і коле́г.** Yaryna would become different in the company of her peers. ♦ *fam.* **(пано́ве) т.!** Gentlemen!
Also see **компа́нія 1**
2 group, crowd, company, bunch
adj. **вели́ке** big ◊ **У за́лі зібра́лося вели́ке т. студе́нтів.** A big group of students congregated in the hall. **чисе́льне** numerous; **невели́ке** small; **молоде́** young ◊ **Він спостеріга́в за молоди́м ~ом навко́ло сусі́днього стола́.** He observed the group of young people around the adjacent table. **студе́нтське** student ◊ **До ба́ру схо́диться студе́нтське т.** A student crowd patronizes the bar. **весе́ле** merry, **галасли́ве** noisy; **знайо́ме** familiar; **незнайо́ме** strange ◊ **Хома́ проведе́ день у незнайо́мому ~і.** Khoma will spend one day in a strange company. **жада́не** desired, **ціка́ве** interesting
See **гру́па 1**
3 society, company, association

adj. **археологічне** archeological, **історичне** historical ◊ **Українське історичне т.** the Ukrainian Historical Society; **літературне** literary, **медичне** medical, **музичне** musical, **наукове** scientific, **театральне** theatrical; **кооперативне** cooperative; **спортивне** sports, **студентське** student ◊ **член студентського ~а** a member of the student society, **юнацьке** youth; **добровільне** voluntary; **таємне** secret
n. + **т. голова ~а** the president of a society (**управа** board; **член** member; **діяльність** activity) ◊ **Марина бере участь у діяльності музичного ~а.** Maryna takes part in the activity of the musical society.
v. + **т. засновувати т.** found a society ◊ **Він заснував кінотовариство.** He founded a film society. (**створювати** create, **утворювати** form); **ставати членом ~а** become a member of a society (**вступати до** join ◊ **Левчук уступив до таємного ~а.** Levchuk joined a secret society. **належати до** belong to) ◊ **Вона належить до Наукового ~а імени Шевченка.** She belongs to the Shevchenko Scientific Society.
prep. **у ~і** in a society ◊ **У ~і тисячі членів.** There are thousands of members in the society.
See **організація 1.** *Also see* **асоціяція 1, компанія 2, партія.** *Cf.* **гурток**

товариськ|ий, *adj.*

1 amicable, friendly, congenial ◊ **Дівчата мають ~у розмову.** The girls have a friendly conversation. ♦ **~а зустріч** *sport.* a friendly match
adv. **досить** fairly ◊ **Обговорення відбулося в досить ~ій атмосфері.** The discussion took place in a fairly amicable atmosphere. **дуже** very, **надзвичайно** extremely, **справді** truly; **на диво** amazingly, **несподівано** surprisingly; **майже** almost; **надто** too; **підозріло** suspiciously; **винятково** exceptionally; **незмінно** invariably; **підкреслено** emphatically ◊ **За її підкреслено ~ою поведінкою крився прагматизм.** Pragmatism hid behind her emphatically friendly conduct. **не зовсім** not quite, **не особливо** not particularly
v. + **т. бути ~им** be friendly (**виявлятися** turn out, **здаватися** + *D.* seem to sb; **лишатися** remain ◊ **Її тон лишався незмінно ~им.** Her tone remained invariably friendly. **ставати** become)
prep. **т. до** + *G.* friendly towards sb ◊ **Романа стала на диво ~ою до нього.** Romana became amazingly amicable toward him.
Also see **дружній**
2 social, gregarious, convivial ◊ **Її знають як людину ~у.** She is known as a social person. ◊ **Лева полюбляли за ~у вдачу.** Lev was liked for his gregarious character.

товариш, *m.*, **~а; ~ка,** *f.*

1 companion, partner, associate
adj. **близький** close, **відданий** devoted, **вірний** faithful, **гарний** *and* **добрий** good; **незмінний** invariable, **нерозлучний** inseparable; **бойовий** combat, **ідеологічний** ideological, **партійний** party, **революційний** revolutionary; **колишній** former; ♦ **шкільний т.** a school fellow
prep. **т. по** + *L.* a companion in sth ◊ **т. по грі** a playmate, **т. по зброї** a comrade-in-arms, **т. по навчанню** a fellow student, **т. по роботі** a colleague, fellow worker; ♦ **т. по нещастю** companion in misfortune ◊ **У Василя три інших ~і по нещастю, які так само спізнилися на літак.** Vasyl has three other companions in misfortune who also missed their flight.
Also **приятель**
2 friend, companion, comrade ◊ **Олена не сподівалася побачити давнього ~а Гриця.** Olena did not expect to see her old friend Hryts.
See **друг**
3 *(old Soviet form of address or honorific)* comrade ◊ **Він чинив так, як навчав т. Сталін.** He acted the way Comrade Stalin taught. ◊ **Головою партійної організації обрали ~а Синчука.** Comrade Synchuk was elected the head of the party organization.
N. pl. **~і**

товаришу|вати, ~ють; по~, *intr.*

1 to be friends with; *pf.* to become friends
adv. **близько** close ◊ **Вони близько ~ють.** They are close friends. **давно** for a long time; **несподівано** unexpectedly ◊ **Колишні суперники несподівано потоваришували.** The former rivals unexpectedly became friends.
v. + **т. переставати** stop ◊ **Вони перестали т.** They stopped being friends. **починати** begin to, **стати** *pf.* start; **продовжувати** continue to ◊ **Хлопці продовжують т.** The boys continue to be friends.
prep. **т. з** + *I.* be friends with sb ◊ **Орися ~є з Лукою.** Orysia is friends with Luka.
Also see **водитися 1, дружити.** *Ant.* **ворогувати**
2 *only impf.* to accompany + *D.* ◊ **У подорожі йому ~вала група репортерів.** A group of reporters accompanied him on his trip.
See **супроводжувати 1**
(по)товаришуй!

товст|ий, *adj.*

1 thick ◊ **За ~ими стінами він не чув звуків з вулиці.** He did not hear sounds from the street behind the thick walls.
adv. **досить** fairly, **достатньо** sufficiently, **дуже** very, **надзвичайно** extraordinarily, **надто** too ◊ **Папір надто т. для друкарки.** The paper is too thick for the printer.
т. + *n.* **т. журнал** a thick magazine (**мур** wall; **шар** layer; **гаманець** wallet, **портфель** portfolio) ◊ **Її творчий портфель став досить ~им.** Her creative portfolio became fairly thick. **~а книжка** a thick book (**колона** pillar, **тканина** fabric; **шкіра** skin) ◊ **людина з дуже ~ою шкірою** *fig.* an individual with a very thick skin; ♦ **~а кишка** *anat.* a large intestine; **~е дерево** a thick tree (**скло** glass) ◊ **Стіл покритий ~им склом.** The table is covered with thick glass.
v. + **т. бути ~им** be thick (**виявлятися** turn out ◊ **Крига на річці виявилася достатньо ~ою для ковзанів.** The ice on the river turned out to be thick enough for skating. **здаватися** + *D.* seem to sb, **лишатися** stay, **ставати** become)
Also see **грубий 1.** *Ant.* **тонкий 1**
2 fat *(of person)*, thick, stout, plump ◊ **Ольга десь бачила цього ~ого чоловіка.** Olha saw this fat man some place.
adv. **вкрай** extremely, **дуже** very ◊ **дуже ~і пальці** very thick fingers; **надзвичайно** extraordinarily ◊ **У школі з Тараса кепкували за надзвичайно ~і губи.** At school, Taras was ridiculed for his extraordinarily fat lips. **надто** too; **невпізнанно** unrecognizably; **жахливо** dreadfully, **потворно** hideously, **страшенно** terribly
v. + **т. бути ~им** be fat (**виглядати** look ◊ **У вільній сукні Тамара виглядала страшенно ~ою.** In a loose dress, Tamara looked terribly fat. **виявлятися** turn out ◊ **Одарка виявилася не такою ~ою, як її описували.** Odarka turned out to be not as fat as she had been described. **здаватися** + *D.* seem to sb, **робити** + *A.* make sb, **ставати** become) ◊ **Її ноги стали потворно ~ими.** Her legs became hideously fat.
Also see **гладкий, грубий 2, жирний 2, повний 3.** *Ant.* **худий 1**
3 *colloq.* deep *(of voice)*, bass ◊ **Щоби грати роль, акторка мусить навчитися говорити ~им голосом.** To play the part, the actress has to learn to speak in a deep voice.
See **низький 4**

товсті|ти, ~ють; по~, *intr.*

to grow fatter, gain weight, fatten
adv. **дуже** a lot ◊ **За три місяці Павло дуже потовстів.** In three months, Pavlo gained a lot of weight. **значно** considerably, **помітно** noticeably; **дещо** somewhat, **трошки** a little; **повільно** slowly, **поступово** gradually; **швидко** quickly; **зовсім не** not at all ◊ **Вона зовсім не потовстіла.** She did not at all gain weight.
v. + **т. бути легко** be easy to; **бути неможливо** be impossible to; **бути треба** + *D.* need to; **не давати** + *D.* not allow sb to ◊ **Праця на будівництві не дає йому по~.** Work at the construction site does not allow him to gain weight. **починати** begin to ◊ **Оля почала т.** Olia began to gain weight. **стати** *pf.* start; **переставати** stop
prep. **т. від** + *G.* gain weight from sth ◊ **Він ~є від нездорової їжі.** He gains weight from unhealthy food. **т. на** + *L.* fatten on sth ◊ **Свиня ~ла на картоплі.** The pig was fattening on potatoes.
(по)товстій!
Also see **жиріти 1.** *Ant.* **худнути**

тоді *adv.*

1 then, at that time ◊ **Дівчата пережили т. великі випробування.** The girls went through great trials at the time. ◊ **Його сім'я жила т. в Ужгороді.** His family lived in Uzhhorod then.
Also see **потім**
2 then, after that, next, afterwards ◊ **Спочатку слід вислухати промовця, а т. ставити питання.** First you should listen to the speaker and then pose questions.
3 then, in that case ◊ **Якщо тобі зручніше прийти в середу, т. приходь.** If it is more convenient for you to come on Wednesday, come then.
4 when, *in conj.* **т., коли** *or* **т., як** ◊ **Пан Федькович виходив на прогулянку лише т., як була сонячна погода.** Mr. Fedkovych went out for a walk only when the weather was sunny.

тодішн|ій, *adj.*

of that time, then, of that moment ◊ **У ~іх обставинах тяжко було діяти инакше.** In the circumstance of that time, it was difficult to act differently. ◊ **Вона описує ~і звичаї.** She describes the customs of the time.
Ant. **теперішній 1**

т|ой, *dem. pr., m.,* ~ого́, *after prep.* ~о́го

1 that ◊ **т. гарний хлопець** that handsome guy; ◊ **Софія вперша бачила ~ого викладача.** Sofia saw that instructor for the first time. ◊ **після ~ого вечора** after that evening, **перед ~им концертом** before that concert. ♦ **ні се ні ~е** neither here nor there ◊ **Батько з нього виявився ні се ні ~е.** As a father, he turned out to be neither here nor there. ♦ **ні т., ні цей** neither of the two; ♦ **разом з ~им** at the same time; ♦ **річ у ~ім, що** as a matter of fact, the thing is ◊ **Річ у ~ім, що Ярема не збирався дотримуватися обіцянки.** The thing is that Yarema was not going to keep his promise. ♦ **~им краще** so much the better; ♦ **т. (же) самий** the same ◊ **т. же самий фільм, але під иншою назвою** the same movie, but under a different title; ♦ **т., що зробив це** the one who did it
2 last *(with time indications)* ◊ **Вони бачилися на ~ім** *or* **~ому тижні.** They saw each other last week. ◊ **Іванна перебралася ще ~ого року.** Ivanna moved already last year. ◊ **Театральний сезон закінчився ~ієї неділі.** The theater season ended last Sunday.
3 he, she, it *(as representation of sb previously mentioned)* ◊ **Ніна підійшла до Марка, а т. стояв і мовчав.** Nina approached Marko, and he stood and said nothing. ◊ **Клим гладить кошеня, а ~е муркотить.** Klym is caressing the kitten, and it is purring.
4 one *(in enumeration)*, another ◊ **Вона сортує листи – т. направо, т. – наліво.** She is sorting the letters–one to the right, another to the left.
5 the more ... the more *in* **що ..., то** ◊ **Що довше Ніна слухала його, т. менше розуміла.**

The longer Nina listened to him, the less she understood.
6 wrong *(after neg. part.* **не)** ◊ **Це зовсім не т. шлях.** This is a completely wrong way. ◊ **Нові штани були не ~ого розміру.** The new pants were the wrong size. ◊ **Вийшовши з банку Ольга пішла не в т. бік.** Having come out of the bank, Olha went in the wrong direction.

токсичн|ий, *adj.*
toxic
adv. **вкрай** extremely ◊ **Причиною алергічної реакції є вкрай ~а плісінява.** An extremely toxic mold is the reason for the allergic reaction. **дуже** very, **небезпечно** dangerously ◊ **Прилад попереджає про небезпечно ~і сполуки в повітрі.** The device alerts about dangerously toxic compounds in the air. **особливо** particularly, **смертельно** deadly
v. + **т. бути ~им** be toxic ◊ **Газ особливо т. при вищих температурах.** The gas is particuarly toxic at higher temperatures. (**вважати** + *A.* consider sth; **виявлятися** turn out ◊ **Вона виявилася психологічно ~ою для всіх, хто її оточував.** *fig.* She turned out to be psychologically toxic to everybody surrounding her. **лишатися** remain ◊ **Вода в затоці лишається ~ою.** The water in the bay remains toxic. **ставати** become)
Also see **отруйний**

толерантн|ий, *adj.*
tolerant; patient, lenient
adv. **вкрай** extremely, **дуже** very, **надзвичайно** remarkably, **цілком** completely; **досить** enough, **достатньо** sufficiently; **на диво** surprisingly, **несподівано** unexpectedly; **відносно** relatively; **не зовсім** not quite; **надто** too
v. + **т. бути ~им** be tolerant ◊ **Його ставлення до опонентів ~е.** His attitude toward his opponents is tolerant. (**вважати** + *A.* consider sb; **виявлятися** turn out; **лишатися** remain; **ставати** become) ◊ **Зоя стала більше ~ою до людських дивацтв.** Zoya became more tolerant of human eccentricities.
prep. **т. до** + *G.* tolerant of/towards sb/sth; **т. з** + *I.* patient with sb ◊ **Він несподівано т. з цим хлопцем.** He is unexpectedly lenient with the boy.
Also see **терплячий**

толерантн|ість, *f.*, **~ости**, *only sg.*
tolerance
adj. **безмежна** limitless, **велика** great, **максимальна** maximal, **надзвичайна** extraordinary; **дивовижна** amazing, **несподівана** unexpected ◊ **Несподівана т. батька у справах релігійної свободи заскочила Данила.** His father's unexpected tolerance in matters of religious freedom took Danylo by surprise. **нульова** zero; **позірна** seeming; **надмірна** excessive; **людська** human; **політична** political ◊ **Безхребетність він видає за політичну т.** He passed spinelessness for political tolerance. **расова** racial, **релігійна** religious
n. + **т. брак ~ости** a lack of tolerance (**дефіцит** deficit; **межа** limit, **мінімум** minimum; **рівень** level, **ступінь** degree) ◊ **Щоб розмовляти з нею, треба мати високий ступінь ~ости.** In order to speak with her, one needs to have a high degree of tolerance.
v. + **т. виявляти т.** show tolerance (**виховувати** cultivate ◊ **Назарів дядько виховував у хлопцеві нульову т. до брехні.** Nazar's uncle cultivated zero tolerance for lying in the boy. **мати** have; **плекати** foster; **проповідувати** preach) ◊ **Автор проповідує расову т.** The author preaches racial tolerance. **вчити** + *A.* **~ости** teach sb tolerance (**навчати** + *A.* teach sb; **вчитися** learn)
prep. **т. до** + *G.* tolerance for/toward sb/sth ◊ **Григір т. до тих, хто мислить незалежно.** Hryhir is tolerance for those who think independently.

толк, *m.*, **~у**
1 *only sg., colloq.* judgment, common sense, wisdom, sagacity ◊ **Тут треба діяти обрежно і з ~ом.** One needs to act with caution and judgment here.
v. + **т.** ♦ **знати** *or* **розуміти т. в** + *L.* to be knowledgeable about, be well-versed in sth ◊ **Ляна знає т. у мистецтві.** Liana knows a thing or two about art. ♦ **брати** + *A.* **в т.** to understand sth ◊ **Ігор не візьме в т., що від нього хочуть.** Ihor would not understand what is required of him.
prep. ♦ **з ~ом** smartly, shrewdly ◊ **Ніхто не знає краще за нього, як використати ресурси з ~ом.** Nobody knows better than he does, how to use the resources shrewdly.
See **глузд 1**
2 *only sg., colloq.* benefit, good, advantage ◊ **Із лікаря мало ~у.** There is little good from the doctor. ♦ **буде т. з** + *G.* sb/sth will come out of sb/sth ◊ **Із Петра колись буде т.** Something good would come of Petro one day.
prep. ♦ **без ~у** pointlessly, futilely, in vain ◊ **Учитель пояснює їм теорему, та все без ~у.** The teacher is explaining the theorem to them but all in vain.
3 sense, meaning ◊ **Дзвонити до поліції немає ~у.** Calling the police makes no sense.
v. + **т.** ♦ **добирати ~у** to comprehend sth ◊ **Механік не міг добрати ~у, для чого ця запасна частина.** The mechanic could not figure out what this spare part was for. (**збивати** + *A.* **з** confuse sb) ◊ **Наталку не так легко збити з ~у.** Natalka is not so easy to confuse. ♦ **казати** *or* **говорити ~ом** to speak plainly ◊ **Він не може ~ом сказати, що хоче.** He cannot say plainly what he wants.
See **значення 2, суть.** *Also see* **зміст 1, розуміння 2, символіка 2, сенс 1, смисл**

тому, *adv., conj.*
1 *adv.* that's why, therefore, so, consequently ◊ **Тиміш лишаєшся, т. вони раді.** Tymish is staying that's why they are glad. ◊ **Він програв, т. й сердиться.** He lost; that's why he is angry.
2 *conj.* ♦ **т. що** because, since, as ◊ **Покажи дорогу, т. що я не знаю, куди йти.** Show the way because I don't know where to go. ◊ **Богдані сумно, т. що вона вже ніколи сюди не повернеться.** Bohdana is sad as she will never again return here.
Also see **бо, оскільки 1**
3 *adv.* ago, back ◊ **рік т.** a year ago; ◊ **Вони прийшли годину т.** They came an hour ago. ◊ **Фортецю збудували сімсот років т.** The fortress was built seven hundred years ago.
Also see **назад 2**

тон, *m.*, **~у**
1 tone, timber, tonality
adj. **високий** high ◊ **неприродно високий т. чоловічого голосу** an unnaturally high tone of a man's voice; **гострий** sharp, **дзвінкий** ringing, **жвавий** brisk, **надривний** strident ◊ **Т. її голосу став надривним.** The tone of her voice became strident. **пронизливий** shrill, **тремтячий** trembling; **глибокий** deep, **низький** low, **притишений** hushed ◊ **Усі розмовляли притишеним ~ом.** Everybody talked in a hushed tone. **тихий** quiet, **чистий** clear; **ніжний** tender; **веселий** cheerful, **задоволений** content, **радісний** happy; **жалібний** mournful, **сумний** sad ◊ **Вірш мав сумний т.** The verse had a sad tonality. **невтральний** neutral, **нормальний** normal, **рівний** even ◊ **Ольга сказала це рівним ~ом.** Olha said it in an even tone. **розмірений** measured, **спокійний** calm; **діловий** businesslike, **приземлений** matter-of-fact; **бунтарський** rebellious, **викличний** challenging, **зухвалий** defiant ◊ **Зухвалий т. вимог профспілки скандалізував президента компанії.** The defiant tone of the union's demands scandalized the company president. **наказовий** commanding, **твердий** firm; **лагідний** gentle, **м'який** mild, **приємний** pleasant, **приязний** amicable, **сердечний** cordial, **співчутливий** sympathetic, **теплий** warm, **товариський** comradely; **чемний** polite, **шанобливий** reverential; **примирливий** conciliatory; **нудотний** mawkish, **солодкавий** sugary; **агресивний** aggressive, **в'їдливий** biting, **ворожий** hostile, **конфронтаційний** confrontational, **крижаний** icy, **підозрілий** suspicious, **стриманий** restrained, **холодний** cold; **поблажливий** condescending; **зневажливий** contemptuous, **знущальний** mocking, **іронічний** ironic, **понурий** grim, **похмурий** gloomy ◊ **похмурий т. оповідання** a gloomy tonality of the narrative; **саркастичний** sarcastic; **грайливий** playful; **гнівний** irate, **лютий** furious, **роздратований** irritated, **розлючений** infuriated, **сердитий** angry; **змовницький** conspiratorial
т. + *n.* **т. голосу** a tone of voice (**пісні** song)
v. + **т. брати т.** take a tone ◊ **Співак узяв високий т.** The singer took a high tone. (**використовувати** use; **задавати** set; **змінювати** *and* **міняти** change); **говорити ~ом** speak in a tone ◊ **Персонаж говорить низьким ~ом.** The character speaks in a low tone.
т. + *v.* **звучати** sound; **змінюватися** *and* **мінятися** change ◊ **Т. її голосу змінився.** The tone of her voice changed.
2 tone, mood, air, style
adj. **загальний** general; **неґативний** negative, **позитивний** positive ◊ **Т. її листа був позитивним.** The tone of her letter was positive. **серйозний** serious; **дипломатичний** diplomatic, **офіційний** official, **урочистий** solemn, **формальний** formal; **драматичний** dramatic, **терміновий** urgent ◊ **Її стривожив терміновий т. листа.** The urgent tonality of the letter perturbed her. **буденний** casual, **неформальний** informal, **прозаїчний** prosaic, **фамільярний** familiar ◊ **Фамільярний т. тут недоречний.** A familiar tone is inappropriate here. **дружній** friendly, **заспокійливий** soothing; **моральний** moral, **політичний** political
т. + *n.* **т. звернення** the tone of address (**листа** letter; **дебатів** debates, **обговорення** discussion; **перемовин** negotiations, **розмови** conversation)
n. + **т. вибір ~у** a choice of tone (**зміна** change)
v. + **т. брати т.** take a tone ◊ **Протилежна сторона взяла конфронтаційний т.** The opposite side took a confrontational tone. (**використовувати** use ◊ **Із послом він використовує шанобливий т.** He uses a reverential tone with the ambassador. **встановлювати** establish; **задавати** set ◊ **Одне недбале зауваження задало т. усій дискусії.** One careless remark set the tone for the entire discussion. **змінювати** *and* **міняти** change; **згладжувати** smooth over, **пом'якшувати** soften, **приймати** strike ◊ **Вам слід прийняти з ними аґресивніший т.** You should strike a more aggressive tone with them. **помічати** notice; **тлумачити** interpret); **говорити ~ом** speak in a tone ◊ **Не треба говорити зі мною поблажливим ~ом.** You should not talk to me in a condescending tone. (**підходити** + *D.* *or* **до** + *G.* **за** match) ◊ **За ~ом музика досконало підходить фільмові** *or* **до фільму.** The music perfectly matches the movie in tone.
т. + *v.* **звучати** sound; **змінюватися** *and* **мінятися** change; **видавати** give away, **зраджувати** betray ◊ **Її стриманий т. зраджує роздратування.** Her restrained tone betrays irritation. **м'якшати** soften; **виражати** express, **передавати** convey, **свідчити про** indicate sth ◊ **Режисерів т. свідчив про те, що він задоволений виставою.** The director's tone indicated that he was content with the show. **не**

подобатися not like ◊ **Марії не подобався зверхній т. листа.** Maria did not like the haughty tone of the letter.
prep. **за ~ом** in tone
3 tone, shade *(of color)*
adj. **блідий** pale ◊ **Палата помальована у блідї ~й жовтого і зеленого кольорів.** The ward is painted in pale tones of yellow and green. **м'який** soft, **невтральний** neutral, **пастельний** pastel, **приглушений** muted; **світлий** light, **ясний** bright, **темний** dark, **теплий** warm; **сірий** gray, **тілесний** flesh; **природний** natural ◊ **природний т. її обличчя** the natural tone of her face
v. + **т. пасувати під т.** match a tone ◊ **Пудра не пасує під т. її шкіри.** The powder does not match her skin tone.
4 *mus.* key
adj. **високий** high, **низький** low; **мажорний** major, **мінорний** minor; **лагідний** *and* **м'який** soft
v. + **т. змінювати** *or* **міняти т.** change a key ◊ **П'єса раптом міняє т. з мажорного на мінорний.** The piece suddenly changes tone from major to minor.
т. + *v.* **змінюватися** *or* **мінятися** change; **пасувати до** + *G.* suit sth
prep. **у ~і** in a key ◊ **Концерт починається в низькому ~і.** The concerto begins in a low key.
N. pl. **~и**

тонк|ий, *adj.*
1 thin, narrow, fine, slender
adv. **вкрай** extremely, **дуже** very ◊ **Книжку надрукували на дуже ~ому папері.** The book was printed on very thin paper. **надзвичайно** extraordinarily, **неймовірно** incredibly, **неможливо** impossibly; **досить** fairly, **достатньо** sufficiently; **надто** too
т. + *n.* **т. дріт** thin wire ◊ **Перстень виготовлено із ~ого дроту.** The ring is made of thin wire. (**кінець** end ◊ **т. кінець кийка** the thin end of the stick; **лід** ice; **покрив** cover; **млинець** pancake; **серпанок** haze) ◊ **На леваду опустився т. серпанок туману.** A thin haze of mist descended upon the meadow. **~а голка** a thin needle (**лінія** line, **нитка** thread; **перегородка** partition; **сорочка** shirt ◊ **Вона одягнула ~у шовкову сорочку.** She put on a thin silk shirt. **талія** waist) ◊ **Ліда має неможливо ~у талію.** Lida has an impossibly thin waist. ♦ **~а кишка** *anat.* small intestine; **~е мереживо** a thin lace (**печиво** pastry, **тісто** dough) ◊ **За переписом тісто має бути ~им.** The recipe calls for the dough to be thin. **~і вуса** thin mustache (**риси** features) ◊ **~і риси обличчя** fine facial features
v. + **т. бути ~им** be thin (**виявлятися** turn out ◊ **Стіна виявилася надто ~ою, щоб ізолювати їх від гамору.** The wall turned out to be too thin to isolate them from noise. **здаватися** + *D.* seem to sb, **лишатися** stay; **ставати** become) ◊ **Пас став ~им і міг у будь-який момент порватися.** The band became thin and could tear at any moment.
Ant. **грубий 1, товстий 1**
2 fine, fine-grained, powdery ◊ **Щоразу, коли проїжджає машина, над дорогою підіймається т. сірий порох.** Every time a car passes, fine gray dust rises over the road. ♦ **т. помел** fine grind ◊ **кава ~ого помолу** finely ground coffee
See **дрібний 2**
3 high *(of voice)*, high-pitched ◊ **Володя говорив ~им голосом.** Volodia spoke in a high voice.
See **високий 5.** *Ant.* **низький 4**
4 subtle *(of flavor, smell, color, etc.)*, delicate, subdued ◊ **Квіти мають т. запах.** The flowers have a subtle smell. ◊ **Юрій розкошує від ~ого смаку еспанської шинки.** Yuri relishes the delicate taste of Spanish ham. ◊ **т. натяк** a subtle hint
5 refined *(of style, taste, manner, etc.)*, cultured, polished; discerning ◊ **~і манери** refined manners; ◊ **Умеблювання Ганниного помешкання свідчить про її т. смак.** The furnishing of Hanna's apartment is evidence of her refined taste. ♦ **т. на сльози** a crybaby ◊ **Він виявився ~им на сльози.** He turned out to be a crybaby.
6 subtle *(of mind, sense, etc.)*, astute, perceptive, sharp , keen ◊ **Вона – спостерігачка з ~им розумом.** She is an observer with a keen mind. ◊ **~е відчуття краси ніколи його не підводило.** His keen sense of beauty never let him down. ◊ **т. знавець візантійського мистецтва** an astute connoisseur of Byzantine art
7 keen *(of sense, vision, etc.)*, sharp, acute ◊ **Він має т. зір.** He has sharp vision.
See **гострий 5**
8 *fig.* intricate, sophisticated, complicated ◊ **Заява – частина ~ої політичної гри.** The statement is part of a sophisticated political game. ◊ **Розробка програми – справа надзвичайно ~а.** The program development is an extremely intricate matter.
See **складний 1.** *Also see* **хитрий 3**

топ|ити[1], **~лю, ~иш, ~лять; за~, на~**, *tran.*
1 to heat, heat up; *pf.* **на~** ◊ **Щоб на~ в хаті, треба відро вугілля.** In order to heat the house a bucket of coal is needed. ◊ **У кімнаті холодно, бо Микола щойно почав т.** It is cold in the room because Mykola just began to heat it.
2 *only pf.* to fire up *(a stove, etc.)*; *pf.* **роз~** to light, start a fire ◊ **Люба довго не могла роз~ у грубі.** It took Liuba a long time to light the stove.
pa. pple. **натоплений** heated
(за)топи!

топ|ити[2], **~лю, ~иш, ~лять; роз~**, *tran.*
to melt, thaw; defrost
adv. **вже** already, **нарешті** finally; **повільно** slowly, **поступово** gradually; **швидко** quickly ◊ **Заморожений соус можна швидко роз~ в мікрохвилівці.** The frozen sauce can quickly be thawed in a microwave oven.
т. + *n.* **т. бурульки** thaw icicles (**кригу** ice, **сніг** snow; **заморожену їжу** frozen food) ◊ **Він лишив заморожену качку на столі, щоб роз~.** He left the frozen duck on the table to thaw. **т. алюміній** melt aluminum (**метал** metal, **чавун** cast iron; **масло** butter, **смалець** pig lard; **смолу** tar)
v. + **т. бути треба** + *D.* need to ◊ **Свинець треба роз~.** The lead needs to be melted. **могти** can; **починати** begin to ◊ **Сонце почало т. бурульки на дахах.** The sun began to thaw the icicles on the roofs. **стати** *pf.* start
pa. pple. **розтоплений** melted, thawed
(роз)топи!
Cf. **плавити**

топ|ити[3], **~лю, ~иш, ~лять; в~, по~**, *tran.*
1 to sink, scuttle, drown
adv. **глибоко** deep; **повільно** slowly, **одразу** at once, **швидко** quickly ◊ **Субмарина швидко потопила один за одним три кораблі.** The submarine quickly sank three ships one after another.
v. + **т. вирішувати** decide to ◊ **Вони вирішили по~ човни.** They decided to sink the boats. **могти** can; **намагатися** try to; **хотіти** want to; **погрожувати** threaten to ◊ **Лихий сусід погрожує в~ його в озері.** The wicked neighbor threatens to drown him in the lake.
2 to flood; *pf.* **за~** ◊ **Вода ллється із труби, ~лячи подвір'я.** Water pours out of the pipe, flooding the yard. ◊ **Дощ затопив поле.** The rain flooded the field.
3 *fig.* to drown, immerse, overpower, muffle ◊ **Інна ~ить горе у вині.** Inna drowns her sorrows in wine. ♦ **т.** + *A.* **у крові** to drown sth in blood ◊ **Режим потопив страйк у крові.** The regime drowned the strike in blood.
pa. pple. **потоплений** sunk, drowned
(по)топи!

топ|итися[1]; **по~**, *intr.*
to burn *(of stove, oven)*, be lit ◊ **У хаті ~иться груба.** The stove is burning in the house.

топи|тися[2]; **роз~**, *intr.*
to melt *(of ice; metal, etc.)*, thaw ◊ **Свічка ~лася потріскуючи.** The candle melted, crackling.
See **плавитися**

топи|тися[3]; **в~, по~**, *intr.*
to sink *(of boat, person)*, drown ◊ **Тієї ночі Лука замалим не втопився в річці.** That night, Luka nearly drowned in the river. ◊ **Тут потопився не один корабель.** Many a ship sank here.

топол|я, *f.*
poplar
adj. **висока** tall, **струнка** slender; **молода** young, **стара** old; **пірамідальна** Lombardy ◊ **По обидва боки шляху стояли стрункі пірамідальні ~і.** Slender Lombardy poplars stood on both sides of the road.
See **дерево**

торгів|ець, *m.*, **~ця; торгівка**, *f.*
tradesman, seller, trader, dealer, merchant, vendor
adj. **великий** big; **дрібний** small; **багатий** rich, **заможний** wealthy; **місцевий** local; **закордонний** foreign, **міжнародний** international; **базарний** market ◊ **Він працює базарним ~цем городиною.** He works as a market vegetable vendor. **вуличний** street; **мандрівний** itinerant; **вільний** free, **незалежний** independent; **приватний** private, **професійний** professional; **роздрібний** retail
т. + *n.* **т. автомобілями** a car dealer; **т. валютою** a currency trader (**зброєю** arms; **рабами** slave, **худобою** cattle, **хутром** fur); **т. вином** a wine merchant; **т. городиною** a vegetable vendor
Cf. **продавець**

торгівл|я, *f., only sg.*
commerce, trade
adj. **активна** booming ◊ **Місто стало осередком активної ~і бурштином.** The city became a booming center of amber trade. **енергійна** brisk, **жвава** lively; **вигідна** lucrative, **прибуткова** profitable; **внутрішня** internal, **місцева** local, **міська** urban, **реґіональна** regional ◊ **Зменшення податків стимулює реґіональну ~ю.** Tax reduction stimulates regional trade. **ґлобальна** global, **експортна** export, **експортно-імпортна** export-import, **зовнішня** foreign, **імпортна** import, **міжнародна** international, **світова** world; **пряма** direct; **вільна** free, **лібералізована** liberalized; **чесна** fair; **законна** legitimate, **леґальна** legal; **незаконна** illegitimate ◊ **спроба обмежити незаконну ~ю іконами** an attempt to curb illegitimate trade in icons; **нелеґальна** illegal ◊ **нелеґальна т. краденими кіньми** an illegal trade in stolen horses; **приватна** private; **морська** maritime, **прибережна** coastal, **транскордонна** cross-border; **гуртова** wholesale ◊ **У крамниці гуртової ~і все можна купити дешевше.** Everything can be bought cheaper at a wholesale store. **роздрібна** retail; ♦ **мінова т.** barter
т. + *n.* **т. алкоголем** alcohol trade (**вином** wine; **діамантами** diamond; **зброєю** arms; **книжками** book; **слоновою кісткою** ivory, **хутром** fur; **героїною** heroin, **кокаїною** cocaine, **наркотиками** drug, **опієм** opium) ◊ **На півночі країни процвітає транскордонна т. опієм.** Crossborder opium trade flourishes in the north of the country. ♦ **договір про ~ю** a trade treaty
n. + **т. баланс ~і** a trade balance (**дефіцит** deficit, **дисбаланс** imbalance; **статистика** statistics; **бойкот** boycott, **обмеження** restrictions; **мережа** network. **правила** rules, **режим** regime) ◊ **Київ домагався сприятливого режиму ~і з**

Кана́дою. Kyiv was pushing for a favorable trade regime with Canada.
v. + **т. вести́** *and* **прова́дити ~ю** conduct trade ◊ **Компа́нія веде́ жва́ву ~ю на Кавка́зі.** The company conducts brisk trade in the Caucasus. (**заохо́чувати** promote, **лібералізува́ти** liberalize, **розвива́ти** develop ◊ **Мі́ністри заяви́ли, що ї́хнім пріорите́том є розвива́ти двосторо́нню ~ю.** The ministers stated that their priority was to develop bilateral trade. **розбудо́вувати** build up, **розширя́ти** expand, **стимулюва́ти** stimulate; **забороня́ти** ban ◊ **Вла́да заборони́ла ~ю слоно́вою кі́сткою.** The authorities banned the ivory trade. **обме́жувати** restrict, **реґулюва́ти** regulate; **вплива́ти на** affect commerce) ◊ **Колива́ння ку́рсу валю́ти неґати́вно вплива́є на е́кспортно-і́мпортну ~ю.** The currency rate fluctuation negatively affects the export-import trade. **допомага́ти ~і** help trade (**сприя́ти** facilitate; **перешкоджа́ти** hamper, **шко́дити** damage) ◊ **Конфлі́кт між двома́ столи́цями шко́дить ~і.** The conflict between the two capitals damages trade. **займа́тися ~ею** engage in commerce
т. + *v.* **збі́льшуватися** increase, **зроста́ти** grow, **процвіта́ти** flourish, **розширя́тися** expand; **занепада́ти** decline **підупада́ти** fall ◊ **Зимо́ю роздрі́бна́ т. підупада́є.** In winter, the retail trade falls.
prep. **т. з** + *I.* trade with sb ◊ **ви́гідна т. з краї́нами Дале́кого Схо́ду** lucrative trade with the Far East nations; **т. між** + *I.* trade among/between sb ◊ **ві́льна т. між краї́нами Европе́йського Сою́зу** free trade among the European Union countries
Also see **комерція**

торго́в|ий, *adj.*
commercial, trade, of or pertaining to trade
т. + *n.* **т. бар'є́р** a trade barrier (**дефіци́т** deficit; **капіта́л** capital; **представни́к** representative, **урядо́вець** official; **шлях** route ◊ **Ки́їв стоя́в на ~ому шляху́ з варя́гів у гре́ки.** Kyiv stood on the trade route from the Varangians to the Greeks. **я́рмарок** fair); ♦ **т. флот** a merchant marine ◊ **украї́нський т. флот** the Ukrainian Merchant Marine, **т. центр** a commercial center; **~а асоція́ція** a trade association (**вій́на** war ◊ **Рі́шення означа́є ~у війну́.** The decision means a trade war. **ви́ставка** exhibition; **делеґа́ція** delegation, **мі́сія** mission; **полі́тика** policy, **пра́ктика** practice; **таємни́ця** secret; **уго́да** agreement) ◊ **~а уго́да усу́нула бар'є́ри між двома́ краї́нами.** The trade agreement eliminated barriers between the two countries. **~а пала́та** a chamber of commerce; **~е емба́рґо** trade embargo (**законода́вство** legislation)
See **комерційний**

торгу|ва́ти, **~ють**; *no pf., intr.*
to trade, engage in commerce, sell, deal in + *I.* ◊ **Фі́рма ~є комп'ю́терами.** The firm sells computers.
adv. **акти́вно** actively ◊ **Банк акти́вно ~є а́кціями.** The bank actively trades in stocks. **відкри́то** openly, **ві́льно** freely, **широ́ко** widely; **ви́гідно** profitably, **успі́шно** successfully; **нелеґа́льно** illegally; **у мере́жі** online ◊ **Опішня́нською кера́мікою ~ють у мере́жі.** The Opishnia pottery is traded online.
торгу́й!
See **продава́ти**

торгу|ва́тися; **с~**, *intr.*
to bargain, haggle, negotiate; *pf.* to agree on a price
adv. **вперто** stubbornly ◊ **Мари́на впе́рто ~ва́лася, доки́ не зби́ла ціни́.** Maryna stubbornly haggled till she brought the price down. **до́вго** for a long time, **затя́то** relentlessly, **з аза́ртом** with passion
v. + **т. бу́ти тре́ба** + *D.* need to ◊ **Вам тре́ба т.** You need to haggle. **не збира́тися** not to be about to ◊ **Він і не збира́вся т. з не́ю.** He was not about to haggle with her. **люби́ти** like to, **хоті́ти** want to; **почина́ти** begin to, **ста́ти** *pf.* start; **продо́вжувати** continue
prep. **т. з** + *I.* haggle with sb ◊ **Він ~ється з ко́жною продавчи́нею.** He haggles with every (female) vendor. **т. за** + *A.* haggle over sth ◊ **Продю́сер ~ва́вся за ко́жну пози́цію контра́кту.** The producer haggled over every stipulation of the contract.

торка́|ти, **~ють**; **торкн|у́ти**, **~у́ть**, *tran.*
1 to touch
adv. **ле́две** hardly ◊ **Колі́на пасажи́ра ле́две ~ли спи́нки пере́днього сиді́ння.** The passenger's knees hardly touched the back of the front seat. **ма́йже** almost, **наси́лу** barely; **випадко́во** accidentally; **ле́гко** gently; **мо́вчки** silently, **ти́хо** quietly; **обере́жно** carefully
prep. **т. за** + *A.* touch by sth ◊ **Тама́ра ле́гко торкну́ла його́ за лі́коть.** Tamara gently touched him by the elbow.
Also see **досяга́ти 2**
2 to bother; concern ◊ **Кра́ще не т. його́, бо по́тім не позбу́дешся непро́шених пора́д.** Better not bother him for there will be no getting rid of unsolicited advice. ◊ **Ця спра́ва її́ не ~ла.** The matter did not concern her.
3 *fig.* to move, touch, affect, impress ◊ **Ґу́став Ма́лер ~є йому́ се́рце.** Gustav Mahler touches his heart.
See **зворушувати**

торка́|тися; **торкну́тися**, *intr.*
1 to touch + *G.* ◊ **Юрі́й нагну́вся, намага́ючись торкну́тися рука́ми підло́ги.** Yurii bent down, trying to touch the floor with his hands.
adv. **ле́две** hardly, **ма́йже** almost, **наси́лу** barely; **випадко́во** accidentally ◊ **Га́ля випадко́во торкну́лася руко́ю гаря́чої батаре́ї.** Halia accidentally touched the hot radiator with her hand. **ле́гко** gently; **мо́вчки** silently, **ти́хо** quietly; **обере́жно** carefully ◊ **Па́льці музика́нта обере́жно ~ються струн.** The musician's fingers carefully touch the strings.
v. + **т. нава́жуватися** dare ◊ **Васи́ль нава́жився торкну́тися її́ руки́.** Vasyl dared touch her hand. **намага́тися** try to, **про́бувати** attempt to; **хоті́ти** want to
Also see **досяга́ти 2**
2 *fig.* to move, touch, affect, impress + *G.* ◊ **Слова́ поéта ~ються душі́.** The poet's words touch the soul.
3 to touch upon, mention, raise + *G.* ◊ **У презента́ції він торкну́вся важли́вих пробле́м.** In his presentation, he touched upon important problems.
adv. **навми́сно** deliberately, **намі́рено** intentionally, **свідо́мо** consciously, **спеція́льно** purposefully; **випадко́во** accidentally, **ненаро́ком** inadvertently; **побі́жно** in passing, **поверхо́во** superficially
v. + **т. бу́ти тре́ба** + *D.* need to ◊ **Доповіда́чеві тре́ба торкну́тися ще одного́ епізо́ду війни́.** The presenter needs to touch upon another episode of the war. **ма́ти намі́р** have an intention to, **хоті́ти** want to; **намага́тися не** try not to ◊ **Він намага́ється не т. чутли́вих пита́нь.** He tries not to raise sensitive issues.
Also see **підніма́ти 4**
4 *fig., only impf.* to concern, be about, pertain to, relate to ◊ **Катери́на си́лилася показа́ти, що кри́тика ~ється когось і́ншого.** Kateryna tried hard to show that the criticism concerned someone else.
See **стосува́тися.** *Also see* **відно́ситися 1**

торкну́|ти, *pf., see* **торка́ти**
to touch ◊ **Па́льці му́зики ~ли скри́пку.** The musician's fingers touched the violin.

торкну́|тися, *pf., see* **торка́тися**
to touch ◊ **Холо́дні гу́би Лі́ни ле́две ~лися його́ чола́.** Lina's cold lips barely touched his forehead.

торт, *m.*, **~а**
cake
adj. **дома́шній** homemade; **сві́жий** fresh; **смачни́й** tasty; **вели́кий** big, **колоса́льний** colossal; **весі́льний** wedding, **народи́нний** *or* **уроди́нний** birthday; **традиці́йний** traditional ◊ **Посе́ред стола́ стоя́в традиці́йний торт.** A traditional cake stood in the middle of the table. **біскві́тний** sponge; **горі́ховий** walnut, **мигдале́вий** almond; **лимо́нний** lemon, **фрукто́вий** fruit, **шокола́дний** chocolate; **ки́ївський** Kyiv ◊ **У ї́хні студе́нтські ро́ки ки́ївський т. смакува́в кра́ще, як тепе́р.** In their student years, the Kyiv cake had a better taste than today. **фі́рмо́вий** signature
n. + **т. кава́лок ~а** a piece of cake ◊ **Оле́на з'ї́ла кава́лок горі́хового ~а.** Olena ate a piece of the walnut cake. (**ку́сень** slice, **шмато́к** piece); **асортиме́нт ~ів** an assortment of cakes (**ви́бір** choice); **реце́пт ~а** a cake recipe ◊ **реце́пт мигдале́вого ~а** an almond cake recipe
v. + **т. пекти́ т.** *or* **~а** bake a cake ◊ **Андрі́й упе́рше пік т.** Andrii was baking a cake for the first time. (**роби́ти** make, **прикраша́ти** decorate ◊ **Ната́лка прикраша́є свій фі́рмо́вий т. з особли́вою фанта́зією.** Natalka decorates her signature cake with particular imagination. **рі́зати** cut; **ї́сти** eat, **подава́ти** serve, **пропонува́ти** + *D.* offer sb) ◊ **Кав'я́рня пропону́є біскві́тні, та фрукто́ві ~и.** The café offers sponge and fruit cakes.
prep. **т. з** + *I.* a cake with sth ◊ **т. із ви́шнями** a cherry cake (**горі́хами** walnut)
Also see **ті́стечко**

тост, *m.*, **~у**
toast
adj. **обов'язко́вий** obligatory ◊ **Вече́ря не могла́ обі́йтися без обов'язко́вих ~ів за дру́жбу.** The dinner could not do without the obligatory toasts to friendship. **традиці́йний** traditional; **безконе́чний** endless, **до́вгий** long, **коро́ткий** short; **грузи́нський** Georgian
v. + **т. виголо́шувати т.** make a toast ◊ **Вона́ вста́ла, щоб ви́голосити т.** She rose to make a toast. (**каза́ти** say ◊ **Він навчи́вся каза́ти грузи́нські ~и.** He learned to say Georgian toasts. **піді́йма́ти** *or* **підніма́ти** raise; **пропонува́ти** propose)
prep. **т. за** + *A.* a toast to sb/sth ◊ **Пе́рший т. підняли́ за здоро́в'я господи́ні.** The first toast was raised to the hostess' health.

тота́льн|ий, *adj.*
total, wholesale, absolute
т. + *n.* **т. крах** a total failure ◊ **Його́ план зазна́в ~ого кра́ху.** His plan was a total failure. (**о́пір** resistance; **розпро́даж** sale; **сабота́ж** sabotage; **у́спіх** success ◊ **Її пе́рший альбо́м ті́шився ~им у́спіхом.** Her first album enjoyed a total success. **хао́с** chaos); **~а війна́** a total war (**зра́да** betrayal ◊ **Ха́рківські уго́ди ста́ли ~ою зра́дою Украї́ни.** The Kharkiv agreements became a wholesale betrayal of Ukraine. **кору́пція** corruption; **мобіліза́ція** mobilization; **письме́нність** literacy); **~е неприйня́ття** a total rejection
Also see **абсолю́тний, по́вний 2, цілкови́тий 1**

точ|и́ти[1], **~у́**, **~ать**; **на~**, **ви́~**, **по~**, *tran.*
1 to sharpen
adv. **до́бре** well ◊ **Богда́н до́бре наточи́в ку́хонні ножі́.** Bohdan sharpened the kitchen knives well. **шви́дко** quickly; **ке́псько** poorly, **ле́две** barely, **пога́но** badly, **ся́к-та́к** carelessly; **тро́хи** a little
v. + **т. бра́тися** set about ◊ **Він узя́вся т. ніж.**

He set about sharpening the knife. **бу́ти тре́ба** + *D.* need to ◊ **Окса́ні тре́ба на~ соки́ру.** Oksana needs to sharpen the axe. **вмі́ти** know how to; **могти́** can; **проси́ти** + *A.* ask sb to ◊ **Марі́я попроси́ла чолові́ка на~ ножі́.** Maria asked her husband to sharpen the knives.
2 to turn *(on a lathe)*; *pf.* **ви́~** ◊ **За годи́ну то́кар має ви~ на верста́ті три дета́лі.** In one hour, the turner has to turn three parts on the lathe.
3 *only 3rd pers.* to eat away, gnaw, corrode; *pf.* **по~** ◊ **Іржа́ пові́льно ~ла залі́зний міст.** Rust slowly corroded the iron bridge. ◊ **Дерев'я́ний стіл поточи́в ша́шіль.** The wooden table was eaten away by the borer.
See **ї́сти 4**
4 *only 3rd pers., fig.* to gnaw at, nag, plague, haunt ◊ **Луку́ ~ать су́мніви.** Doubts are gnawing at Luka.
See **пересліду́вати 2**
5 *colloq., fig.* to scold, berate, chide ◊ **Учи́телька щодня́ ~ить ді́вчину без причи́ни.** Every day, the (female) teacher berates the girl for no reason.
See **доріка́ти 1.** *Also see* **ї́сти 6**

точ|и́ти², ~у́, ~ать; на~, *tran.*

1 to pour, tip, let flow ◊ **Барме́н наточи́в три ку́хлі пи́ва.** The bartender poured three mugs of beer.
2 to draw *(liquid, etc.)* ◊ **Хло́пці хо́дять до лі́су т. сік з бере́з.** The boys go to the forest to draw birch sap. ♦ **т. кров з** + *G. fig.* to exploit sb ◊ **Дире́ктор ~и́в із Рома́на кров при ко́жній наго́ді.** The director exploited Roman at every opportunity.
See **ли́ти 1**

точ|и́тися¹; *no pf., intr.*

1 to go on, last, continue, take place ◊ **Заба́ва ~и́лася до са́мого ра́нку.** The party went on all the way to the morning. ◊ **Між ни́ми ~иться гаря́ча диску́сія в пре́сі.** A heated discussion has been going on between them in the press. ◊ **Неоголо́шена війна́ ~иться шо́стий рік.** The undeclared war has continued for six years.
See **відбува́тися 1.** *Also see* **пала́ти 5, трива́ти**
2 to step back, back, move backwards, retreat ◊ **При появі го́стя, Лука́ш став т. до вікна́.** At the visitor's appearance, Lukash started to retreat to the window.

точ|и́тися²; *no pf., intr.*

pass., only impf. to be sharpened, be turned *(on a lathe)*; *also fig.* ◊ **Тут ~аться всі ви́ди ножі́в.** All types of knives are sharpened here.

точ|и́тися³; *no pf., intr.*

to flow, stream, ooze ◊ **Під мосто́м ~и́вся струмо́к.** A stream flowed under the bridge. ◊ **Із ра́ни ~иться кров.** Blood oozes from the wound. ◊ **Із її вуст ~и́лися ле́стощі.** Flattery was oozing from her mouth.

то́ч|ка, *f.*

point, dot; *also fig.*
adj. **вихідна́** *or* **відправна́** starting, **кінце́ва** ending, **фіна́льна** final; **ме́ртва** dead; **сере́динна** midway, **центра́льна** central; **поворо́тна** *fig.* turning ◊ **Поді́ї о́сени були́ поворо́тною ~кою в істо́рії краї́ни.** *fig.* The fall events were a turning point in the country's history. ♦ **гаря́ча т.** *fig.* a hot spot ◊ **За свою́ кар'є́ру репорте́рка побува́ла в багатьо́х гаря́чих ~ках плане́ти.** Over her career, the (female) reporter visited many hot spots of the planet.
т. + *n.* **т. до́ступу** an access point (**замерза́ння** freezing; **зо́ру** view ◊ **Вони́ ма́ли і́ншу ~ку зо́ру.** They had a different point of view. **кипі́ння** boiling ◊ **Ріди́на́ досягла́ ~ки кипі́ння.** The liquid reached the boiling point. **пере́тину** crossing ◊ **т. пере́тину кордо́ну** a border crossing point; **пла́влення** melting); ♦ **т. в ~ку** exactly, literally ◊ **Він описа́в те, що ста́лося, т. в ~ку.** He described exactly what had happened. ♦ **т. конта́кту** a point of contact; ♦ **т. непове́рнення** the point of no return
v. + **т. малюва́ти ~ку** draw a dot (**познача́ти** mark, **ста́вити** put ◊ **Він поста́вив жи́рну ~ку на ма́пі, де перетина́ються шляхи́.** He put a fat dot on the map where the roads intersected. **прибува́ти** *or* **приї́жджа́ти в** arrive at) ◊ **Вони́ прибула́ в насту́пну ~ку маршру́ту.** They arrived at the next point on the route. ♦ **би́ти** *or* **потрапля́ти в са́му ~ку** to hit the mark ◊ **Кри́тик уда́рив** *or* **потра́пив у са́му ~ку.** The critic hit the mark. **досяга́ти ~ки** reach a point ◊ **Конфлі́кт досягну́в ~ки непове́рнення.** The conflict reached the point of no return.
prep. **в ~ку** *dir.* at/to a point; **в ~ці** *posn.* at a point ◊ **Мі́сто розташо́ване в ~ці пере́тину торго́вих шляхі́в.** The city is located at the crossing of trade routes. **ви́ще ~ки** above a point ◊ **ви́ще ~ки пла́влення** above the melting point; **від ~ки** from a point, **до ~ки** to a point ◊ **від ~ки А до ~ки Б** from point A to point B; **ни́жче ~ки** below a point ◊ **ни́жче ~ки замерза́ння** below the freezing point
Also see **бік 8, кра́пка 1, сторона́ 8**

то́чн|ий, *adj.*

1 exact, precise, accurate
adv. **абсолю́тно** absolutely, **ви́соко** highly (*usu* **високото́чний**) ◊ **високото́чне вимі́рювання а́томної ма́си** a highly precise atomic mass measuring; **вкрай** extremely, **до́сить** fairly, **доста́тньо** sufficiently, **ду́же** very, **надзвича́йно** remarkably, **цілко́м** completely; **відно́сно** relatively, **особли́во** particularly, **порі́вняно** comparatively; **в основно́му** broadly, **го́ловно** mainly, **загало́м** generally; **ле́две** barely; **не зо́всім** not quite, **не цілко́м** not completely
т. + *n.* **т. ана́ліз** a precise analysis (**ме́тод** method, **пере́клад** translation; **підраху́нок** calculation; **ро́змір** size; **час** time) ◊ **Годи́нник пока́зує т. час.** The clock shows the exact time. **~а адре́са** an accurate address (**вага́** weight, **ві́дстань** distance, **кі́лькість** quantity); **~е поня́ття** an exact notion (**розумі́ння** understanding, **уя́влення** idea) ◊ **Він не має ~ого уя́влення про краї́ну.** He does not have an accurate idea about the country. ♦ **~і нау́ки** exact sciences; ◊ **~і при́лади** precision instruments
v. + **т. бу́ти ~им** be exact ◊ **т. ана́ліз ситуа́ції на ри́нку** an accurate analysis of the situation in the market (**вважа́ти** + *A.* consider sth; **виявля́тися** turn out ◊ **Адре́са ви́явилася не зо́всім ~ою.** The address turned out to be not quite accurate. **здава́тися** + *D.* seem to sb) ◊ **Обчи́слення здава́лися доста́тньо ~ими.** The calculations seemed sufficiently accurate.
Ant. **прибли́зний**
2 detailed, specific, concrete ◊ **Вони́ підготува́ли т. план дій.** They prepared a detailed action plan.
Also see **докла́дний.** *Ant.* **зага́льний 3**
3 punctual, on time ◊ **Йо́сип то́чний в усьо́му.** Yosyp is punctual in everything.
See **пунктуа́льний**

то́чн|ість, *f.*, **~ости**, *only sg.*

1 precision, accuracy
adj. **абсолю́тна** absolute ◊ **Ви́міри зро́блені з абсолю́тною ~істю.** The measurements were taken with absolute accuracy. **вели́ка** great, **винятко́ва** exceptional, **висо́ка** high, **дивови́жна** amazing ◊ **Комп'ю́тер забезпе́чує дивови́жну т. ана́лізу.** The computer ensures an amazing accuracy of analysis. **доста́тня** sufficient, **зага́льна** general, **значна́** considerable, **максима́льна** maximal, **надзвича́йна** extraordinary, **по́вна** full, **цілкови́та** complete; **підви́щена** increased, **покра́щена** improved; **істори́чна** historical, **науко́ва** scientific, **техні́чна** technical, **фактологі́чна** factual ◊ **Він поста́вив під су́мнів фактологі́чну т. дослі́дження.** He questioned the factual accuracy of the research.
v. + **т. ґарантува́ти** + *D.* **т.** guarantee accuracy to sb ◊ **Аге́нція ґаранту́є клі́єнтові т. пе́рекладу.** The agency guarantees the accuracy of translation to the client. (**забезпе́чувати** ensure; **перевіря́ти** check ◊ **Бухга́лтер переві́рив т. фіна́нсового зві́ту.** The accountant checked the accuracy of the financial report. **підтве́рджувати** confirm, **покра́щувати** improve, **спра́вджувати** verify; **ста́вити під су́мнів** question)
prep. **з ~істю** with accuracy ◊ **Моме́нт зате́мнення Со́нця ви́значили з вели́кою ~істю.** The moment of the solar eclipse was determined with great accuracy.
2 meticulousness, punctuality ◊ **Він вимага́в ~ости від підле́глих.** He demanded punctuality of his subordinates.

то́чно, *adv.*

1 exactly, precisely, sharp ◊ **Аналі́тик т. ви́значив диле́му у́ряду.** The analyst accurately determined the government's dilemma. ◊ **Літа́к прибува́є т. за ро́зкладом.** The airplane arrives exactly according to the schedule. ◊ **Павли́на подзвони́ла їй т. о сьо́мій.** Pavlyna called her exactly at 7:00.
2 absolutely, completely, utterly ◊ **Акто́рка намага́лася повтори́ти слова́ т. одна́ково.** The actress tried to repeat the words absolutely the same way.
3 *colloq.* indeed, yes, certainly ◊ **У ві́дповідь Іва́н почу́в: «Так, т.»** In response Ivan heard, "Yes, indeed."
4 *only in comp.* to be more precise ◊ **Текст ще не гото́вий, точні́ше – в ньо́му ни́зка по́ми́лок.** The text is not yet ready, to be more precise, it has a number of errors.

трав|а́, *f.*

1 grass
adj. **висо́ка** tall, **густа́** thick; **низька́** short ◊ **Т. була́ густо́ю і низько́ю.** The grass was thick and short. **жорстка́** rough; **зеле́на** green, **м'яка́** soft, **розкі́шна** lush; **багаторі́чна** perennial, **однорі́чна** annual; **неко́шена** uncut, **ско́шена** cut; **свіжоско́шена** freshly-mowed; **воло́га** damp, **мо́кра** wet, **слизька́** slippery; **сокови́та** succulent; **суха́** dry
n. + **т. жму́ток ~и́** a tuft of grass ◊ **Він ки́нув кроле́ві кі́лька жму́тків свіжої ~и́.** He tossed several tufts of fresh grass to the rabbit. (**листо́к** blade, **стебло́** stem)
v. + **т. коси́ти ~у́** mow grass (**стри́гти** cut; **суши́ти** dry) ◊ **Під цю по́ру вони́ ко́сять і су́шать ~у́ на сі́но.** Around this time, they mow and dry the grass for hay. **ї́сти** eat); **зароста́ти ~о́ю** grow over with grass ◊ **Двір зарі́с розкі́шною ~о́ю.** The yard overgrew with lush grass.
т. + *v.* **зелені́ти** grow green, sprout ◊ **Ле́две зійшо́в сніг, як скрізь ста́ла зелені́ти т.** The snow had barely been gone than the grass started sprouting everywhere. **рости́** grow; ♦ **хоч т. не рости́** not to care less, be what may ◊ **Іва́н закі́нчить стаття́, а да́лі хоч т. не рости́.** Ivan will finish the article and then he could not care less.
prep. **по ~і́** across/on/through grass ◊ **Оле́кса люби́в ходи́ти босо́ніж по ранко́вій ~і́.** Oleksa liked to walk barefoot on the morning grass. ♦ **як т.** *fig.* bland, tasteless ◊ **Стра́ва ви́явилася цілко́м як т.** The course turned out to be completely bland. **у ~і́** in grass ◊ **Вона́ згуби́ла сере́жку у ~і́.** She lost her earring in the grass.
See **росли́на**
2 *usu pl., colloq.* herb
adj. **аромати́чні** aromatic, **духмя́ні** *and* **паху́чі** fragrant; **ди́кі** wild; **лі́карські** medicinal, **цілю́щі** curative; **мі́шані** mixed; **сві́жі** fresh; **су́шені** dried
v. + **т. збира́ти ~и** gather herbs ◊ **Вони́ збира́ти лі́карські ~и.** They gathered medicinal

herbs. (**зава́рювати** steep) ◊ **Він завари́в О́льзі трав від ка́шлю.** He steeped some herbs for Olha's cough.

тра́в|ень, *m.*, **~ня**
May ◊ **Фільм ви́йшов во́сьмого ~ня.** The film was released on May 8. ◊ **Лука́ш відві́дував батькі́в у ~ні.** Lukash visited his parents in May.
See **мі́сяць 1, сі́чень**

тра́вленн|я, *nt., only sg.*
digestion
adj. **до́бре** good; **пога́не** poor
n. + **т. о́рган т.** a digestive organ (**проце́с** process) ◊ **У не́ї покра́щився проце́с т.** Her digestive process improved. ♦ **ро́злад т.** indigestion ◊ **типо́вий симпто́м ро́зладу т.** a typical symptom of indigestion
v. + **т. ма́ти т.** have digestion ◊ **Хво́рий мав пога́не т.** The patient had poor digestion. (**покра́щувати** improve; **пришви́дшувати** speed up; **сповільнювати** slow); **помага́ти ~ю** help digestion ◊ **цілю́щі тра́ви помага́ють ~ю.** The curative herbs help digestion.

тра́вм|а, *f.*
trauma; *also fig.*
adj. **вели́ка** major, **глибо́ка** deep, **го́стра** severe, **серйо́зна** serious; **емоці́йна** emotional, **мента́льна** mental, **мора́льна** moral ◊ **Втра́та мі́ста ста́ла для воякі́в мора́льною ~ою.** The loss of the city became a moral trauma for the soldiers. **психологі́чна** psychological, **сексуа́льна** sexual, **фізи́чна** physical; **істори́чна** historical
т. + *n.* **т. війни́** a war trauma (**дити́нства** childhood) ◊ **Її фо́бія була́ на́слідком ~и дити́нства.** Her phobia was the consequence of a childhood trauma.
v. + **т. дістава́ти ~у** get a trauma (**лікува́ти** treat ◊ **Ча́сом тя́жче лікува́ти психологі́чну ~у, як фізи́чну.** A psychological trauma is sometime more difficult to treat than a physical one. **ма́ти** have; **перено́сити** suffer); **завдава́ти** + *D.* **~и** inflict a trauma on sb ◊ **В'язни́ця завдала́ їй глибо́кої ~и.** The jail inflicted a deep trauma on her.
See **ра́на 1, 2.** *Also see* **сине́ць**

травни́к, *m.*, **~а́**
lawn
adj. **акура́тний** neat, **га́рний** nice, **догля́нутий** well-tended, **зеле́ний** green, **свіжоско́шений** freshly-mowed ◊ **Свіжоско́шений т. га́рно па́хнув.** The freshly-mowed lawn smelled nice. **ви́горілий** burned, **заро́слий** overgrown
v. + **т. виро́щувати т.** grow a lawn ◊ **Він ви́ростив га́рний т.** He grew a nice lawn. (**коси́ти** mow, **розбива́ти** plot ◊ **Пе́ред буди́нком розби́ли два ~и́.** Two lawns were plotted in front of the building. **підстрига́ти** trim, **полива́ти** water) ◊ **Вона́ щове́чора полива́ла т.** She watered the lawn every evening. **поло́ти** weed, **утри́мувати** maintain; **догляда́ти за ~о́м** take care of a lawn ◊ **Вона́ до́бре догляда́є за ~о́м.** She takes good care of the lawn.
prep. **на т.** *dir.* on/to a lawn ◊ **Стіл поста́вили на т.** The table was put on the lawn. **на ~у́** *or* **~о́ві** *posn.* on a lawn ◊ **На ~у́ засмага́ли студе́нти.** Students were bathing in the sun on the lawn. **по ~у́** on/across a lawn ◊ **У па́рку ко́жен мо́же гуля́ти по ~а́х.** In the park, everybody can walk on the lawns. ♦ **По ~а́х не ходи́ти!** Keep off the grass! **посе́ред ~а́** in the middle of a lawn ◊ **Посе́ред ~а́ ріс кущ троя́нд.** A rose bush grew in the middle of the lawn.

траге́ді|я, *f.*, **~ї**
1 tragedy *(disaster, calamity)*
adj. **вели́ка** big, **істори́чна** historic, historical, **правди́ва** true, **спра́вжня** real; **безпрецеде́нтна** unprecedented, **невимо́вна** unspeakable, **нечу́вана** unheard-of, **жахли́ва** horrifying, **страшна́** terrible; **неда́вня** *or* **нещода́вня** recent ◊ **Неда́вня т. позна́чилася на її житті́.** The recent tragedy affected her life. **лю́дська́** human, **націона́льна** national, **особи́ста** personal, **сіме́йна** family
v. + **т. ба́чити ~ю** see a tragedy (**відверта́ти** avert ◊ **Їй пощасти́ло відверну́ти ~ю.** She was lucky enough to avert the tragedy. **дола́ти** overcome, **пережива́ти** suffer) ◊ **Вони́ пережили́ жахли́ву ~ю.** They suffered a horrifying tragedy. **використо́вувати** exploit; ♦ **роби́ти ~ю з** + *G.* to make a tragedy of sth ◊ **Не ро́бімо ~ї з бана́льної пробле́ми.** Let's not make a tragedy of a banal problem. **бу́ти свідко́м ~ї** witness a tragedy ◊ **Три і́нші осо́би були́ свідками ~ї.** Three other individuals witnessed the tragedy. (**зазнава́ти** suffer ◊ **Унаслідок землетру́су краї́на зазна́ла безпрецеде́нтної ~ї.** As a result of the earthquake the country suffered an unprecedented tragedy. **призво́дити до** lead to) ◊ **Її легкова́жна поведі́нка призвела́ до сіме́йної ~ї.** Her frivolous behavior led to a family tragedy. **запобіга́ти ~ї** prevent a tragedy ◊ **~ї мо́жна запобі́гти.** The tragedy can be prevented. **бу́ти ~єю** be a tragedy (**виявля́тися** prove, **закі́нчуватися** end in; **става́ти** become)
т. + *v.* **переслі́дувати** + *A.* be dogged by ◊ **Одна́ т. за і́ншою переслі́дує їхню роди́ну.** Their family has been dogged by tragedy after tragedy. **розгорта́тися** unfold ◊ **Він ба́чив, як розгорта́лася т.** He saw the tragedy unfold. **спітка́ти** + *A. pf.* befall sb; **става́тися** occur, take place
prep. **т. для** + *G.* a tragedy for sb ◊ **Тре́тє мі́сце в чемпіона́ті ста́ло ~єю для шко́ли.** The third place in the championship became a tragedy for the school.
Ant. **коме́дія.** *Cf.* **дра́ма 2**
2 tragedy *(genre and play)*
adj. **відо́ма** well-known; **класи́чна** classical, **гре́цька** Greek, **шекспі́рівська** Shakespearian
v. + **т. писа́ти ~ю** write a tragedy ◊ **Вона́ хоті́ла написа́ти вели́ку ~ю.** She wanted to write a great tragedy. (**розігрува́ти** act out; **ста́вити** put on) ◊ **Режисе́ра запроси́ли поста́вити дві класи́чні ~ї.** The director was invited to put on two classical tragedies. **гра́ти у ~ї** play a tragedy ◊ **До́сі актри́са гра́ла тільки у ~ї.** Until now, this actress has played only tragedies.
See **п'є́са 1.** *Also see* **дра́ма 1.** *Ant.* **коме́дія**

трагі́чн|ий, *adj.*
1 tragic, tragical
adv. **вкрай** extremely ◊ **вкрай ~а істо́рія** an extremely tragic story; **до́сить** rather ◊ **Ірина ма́є до́сить т. ви́раз.** Iryna has a rather tragic expression. **доста́тньо** sufficiently; **ду́же** very, **надзвича́йно** extraordinarily, **нестерпно** unbearably; **особли́во** particularly, **про́сто** simply; **страше́нно** terribly; **напра́вду** really, **спра́вді** truly, **страше́нно** terribly; **ма́йже** almost
v. + **т. бу́ти ~им** be tragic (**вигляда́ти** look ◊ **Пі́сля пра́ці під зли́вою вони́ вигляда́ли ~ими.** After working in the downpour, they looked tragic. **здава́тися** + *D.* seem to sb ◊ **Стано́вище не таке́ ~е, як зда́ється.** The situation is not as tragic as it seems.
Also see **сумни́й.** *Ant.* **смішни́й**
2 of or pertaining to tragedy, tragic ◊ **Підлі́сну вважа́ють ~ою актри́кою.** Pidlisna is considered to be a tragic actress.
Ant. **комі́чний 2**

традиці́йн|ий, *adj.*
traditional ◊ **Екстер'єр це́ркви прикраша́в т. наро́дний орна́мент.** A traditional folk ornament adorned the exterior of the church.
adv. **вкрай** extremely, **вира́зно** distinctly, **геть** totally ◊ **Іре́на вважа́є, що кра́ще жо́дного смаку́, ніж геть т.** Irena is of the opinion that it's better to have no taste at all than having a totally traditional one. **до́сить** fairly, **ду́же** very, **на́дто** too; **підкре́слено** emphatically ◊ **За́ла оздо́блена в підкре́слено ~ому сти́лі.** The hall is decorated in an emphatically traditional style. **свідо́мо** consciously, **цілко́м** completely; **ле́две** barely
Also see **умо́вний 4**

традиці|я, *f.*, **~ї**
tradition; *often pl.*
adj. **вікова́** centuries-old ◊ **За віково́ю ~єю, на Різдво́ співа́ють коля́дки.** By the centuries-old tradition, carols are sung on Christmas. **віковічна** age-old, **глибоковкорі́нена** deep-rooted, **да́вня** ancient, **стара́** old; **анахроні́чна** anachronistic, **архаї́чна** archaic; **безпере́рвна** unbroken, **до́вга** old, **трива́ла** enduring; **освя́чена ча́сом** time-honored; **бага́та** rich, **важли́ва** important, **вели́ка** great, **га́рна** fine, **прекра́сна** marvelous, **чудо́ва** wonderful; **паніві́на** dominant; **поту́жна** powerful, **си́льна** strong; **герої́чна** heroic, **леґенда́рна** legendary, **сла́вна** glorious; **діді́вська** ancestral, **роди́нна** *or* **сіме́йна** family; **успадко́вана** inherited; **корі́нна́** indigenous, **місце́ва** local, **наро́дна** folk, **націона́льна** national; **популя́рна** popular; **академі́чна** academic, **інтелектуа́льна** intellectual, **науко́ва** scientific, **студе́нтська** student, **університе́тська** university; **військо́ва** military, **духо́вна** spiritual, **істори́чна** historical, **кінематографі́чна** filmic, **кулі́нарна** culinary ◊ **Випіка́ння хлі́ба без дрі́жджів – місце́ва кулі́нарна т.** Baking a yeast-free bread is a local culinary tradition. **культу́рна** cultural, **літерату́рна** literary, **музи́чна** musical, **поети́чна** poetic, **політи́чна** political, **спорти́вна** sport, **театра́льна** theatrical, **філосо́фська** philosophical, **хорова́** choral, **худо́жня** artistic, **тво́рча** creative; **епі́чна** epic, **письмо́ва** written, **у́сна** oral; **католи́цька** Catholic, **мусульма́нська** Muslim, **правосла́вна** Orthodox, **християнська** Christian, **язи́чницька** pagan, *etc.*; **європе́йська** European, **за́хідна** Western ◊ **за́хідна т. ста́вити все під су́мнів** the Western tradition of questioning everything; **украї́нська** Ukrainian, *etc.*; **класи́чна** classical, **середньові́чна** medieval, **нові́тня** modern; **бі́блійна** biblical; **демократи́чна** democratic, **консервати́вна** conservative, **ліберальна** liberal, **радика́льна** radical, **революці́йна** revolutionary
т. + *n.* **~ї боротьби́** the traditions of struggle (**го́нору** *or* **че́сти** honor; **гости́нности** hospitality; **мину́лого** past; **співпра́ці** cooperation; **кінемато́графа** cinema ◊ **~ї сове́тського кіна́ неґати́вно впливають на фільмарі́в.** The Soviet cinema traditions had a negative impact on filmmakers. **літерату́ри** literature, **теа́тру** theater)
v. + **т. відно́влювати ~ю** revive a tradition ◊ **Він віднови́в ~ї шко́ли.** He revived the school traditions. (**встано́влювати** establish, **започатко́вувати** initiate; **ма́ти** have; **плека́ти** foster ◊ **Країна плека́є ~ю ми́рної змі́ни у́ряду.** The country fosters the tradition of a peaceful change of government. **почина́ти** start, **продо́вжувати** continue, **підтри́мувати** uphold, **поважа́ти** honor, **поділя́ти** share, **святкува́ти** celebrate, **шанува́ти** respect; **відсто́ювати** defend, **зберіга́ти** preserve; **охороня́ти** protect; **символізува́ти** symbolize; **відкида́ти** reject, **зане́дбувати** neglect, **зни́щувати** destroy ◊ **У́ряд ни́щив письмо́ві ~ї колонізо́ваних.** The government was destroying the colonized people's written traditions. **іґнорува́ти** ignore, **ки́дати** abandon, **пору́шувати** break; **передава́ти** hand down ◊ **Кобзарі́ передава́ли ~ю коза́цьких дум із поколі́ння в поколі́ння.** Kobza-players handed down the oral Cossack ballad tradition from generation to generation. **успадко́вувати** inherit ◊ **Хома́ успадкува́в роди́нну ~ю гонча́рства від ді́да.** Khoma inherited their family tradition of pottery making

from his grandfather. **входити в** become ◊ **Купання у фонтані ввійшло у ~ю.** Bathing in the fountain became a tradition. **йти проти ~ї** go against a tradition ◊ **Священник пішов проти усталеної ~ї.** The priest went against the established tradition. ♦ **кидати виклик ~ї** challenge a tradition; **ставати ~єю** become a tradition (**йти за** follow; **поривати з** break with) ◊ **Лев порвав з анахронічною ~єю.** Lev broke with the anachronistic tradition.

т. + *v.* **виживати** survive ◊ **Ця чудова т. не вижила.** The wonderful tradition has not survived. **вимагати** + *G.* call for sth, **передбачати** provide for sth, **брати початок в** + *L.* originate in sth ◊ **Багато християнських ~ій бере початок у язичницьких ритуалах.** Many Christian traditions originate in pagan rituals. **відноситися до** + *G.* date back to *(time)*; **диктувати** + *A.* dictate sth, **залишатися** remain, **існувати** exist, **продовжуватися** continue, **не поспішати вмирати** die hard ◊ **~ї сільського життя не поспішають умирати.** The traditions of the village life die hard.

prep. **за ~єю** by a tradition; **згідно з ~єю** according to a tradition ◊ **Кожен почесний гість музею згідно з ~єю садив молодий дубок у гаю неподалік.** According to the tradition, each honorary visitor of the museum would plant a young oak in a grove nearby.

Also see **естафета 2, закон 3, звичай 1, спадок 2**

траєкторі|я, *f.*, **~ї**
trajectory

adj. **балістична** ballistic; **крута** high, **настильна** flat, **низька** low

т. + *n.* **т. кулі** a bullet trajectory ◊ **Формула дозволяє обчислити балістичну ~ю кулі.** The formula allows to compute the bullet's ballistic trajectory. (**літака** aircraft, **польоту** flight)

v. + **т. визначати ~ю** determine a trajectory (**обчислювати** compute; **описувати** follow) ◊ **Описавши круту ~ю, м'яч упав у став.** Having followed a high trajectory, the ball fell in the pond.

Cf. **орбіта**

трактор, *m.*, **~а**
tractor

adj. **великий** big, **малий** *and* **невеликий** small; **потужний** powerful; **іграшковий** toy; **дизельний** diesel; **гусеничний** caterpillar ◊ **Заболочену місцевість здатен пройти гусеничний т.** A caterpiller tractor is capable of crossing the waterlogged terrain. **будівельний** construction, **екскаваторний** excavator, **колісний** wheel; **сільськогосподарський** agricultural

v. + **т. використовувати т.** use a tractor ◊ **Петро використовує на полі невеликий т.** Petro uses a small tractor in the field. (**водити** drive; **купувати** buy ◊ **Вони купили т.** They bought a tractor. **ремонтувати** repair); **орати** + *A.* **~ом** plow sth with a tractor

т. + *v.* **орати** + *A.* plow sth, **працювати** work, **скородити** + *A.* rake sth ◊ **За годину т. поскородив усе поле.** In one hour, the tractor raked the entire field.

N. pl. **~и**
See **автомобіль**

трамва|й, *m.*, **~я**
streetcar

adj. **новий** new, **сучасний** modern ◊ **На маршруті запустили сучасний т.** A modern streetcar was launched on the route. **швидкісний** fast; **допотопний** antediluvian, **старий** old; **романтичний** romantic; **житомирський** Zhytomyr, **львівський** Lviv ◊ **Його зачарували старі львівські ~ї.** He was charmed by the old Lviv streetcars. **одеський** Odesa, *etc.*

I. **~єм**, *N. pl.* **~ї**
See **автобус**

транслю|вати, ~ють; *same, tran.*
to broadcast, transmit, relay

adv. **вперше** for the first time, **первісно** originally; **на всю країну** nationally, **наживо** live ◊ **Телебачення ~ватиме гру наживо.** The television will be broadcasting the game live. **автоматично** automatically, **електронно** electronically; **із запізненням** with a delay, **одночасно** at the same time, **синхронно** simultaneously; **знову** again, **неодноразово** more than once, **повторно** repeatedly, **цілий день** the whole day

т. + *n.* **т. виступ** broadcast a performance (**звернення** address ◊ **Звернення ~вали всі національні телеканали.** All the national TV channels broadcast the address. **інтерв'ю** interview, **програму** show, **репортаж** coverage)

v. + **т. збиратися** plan to ◊ **Перший канал збирається т. футбольний матч на всю країну.** Channel One plans to broadcast the soccer match nationally. **мати намір** intend to; **починати** begin, **продовжити** *pf.* resume ◊ **Ми продовжимо т. концерт після реклами.** We will resume broadcasting the concert after the commercial. **продовжувати** continue

prep. **т. з** + *G.* broadcast from *(a place)* ◊ **Ми ~ємо з Києва.** We are broadcasting from Kyiv. **т. на** + *A.* broadcast to *(a place)*; **т. по** + *L. or no prep.* + *I.* broadcast over *(medium)* ◊ **Виступ транслюватимуть мережею** *or* **по мережі.** The address will be broadcast over the Internet.

pa. pple. **трансльований** broadcast
транслюй!

трансплантаці|я, *f.*, **~ї**
transplant, graft

adj. **вдала** *or* **успішна** successful ◊ **Дев'ятдесят відсотків його ~й були вдалими.** 90% of his transplants were successful. **гостро необхідна** badly needed, **негайна** immediate, **ризикова** high-risk

т. + *n.* **т. кісткового мозку** a bone marrow transplant (**нирки** kidney, **органу** organ, **печінки** liver, **серця** heart, **стовбурових клітин** stem cell, **шкіри** skin, *etc.*)

v. + **т. виконувати ~ю** perform a transplant (**робити** do; **діставати** *colloq.* get, **мати** have, **отримувати** receive ◊ **Він отримав ~ю кісткового мозку.** He received a bone-marrow transplant. **чекати на** wait for) ◊ **Вона чекала на ~ю нирки два роки.** She waited for her kidney transplant for two years. **потребувати ~ї** need a transplant ◊ **Жертва пожежі потребувала негайної ~ї шкіри.** The fire victim needed an immediate skin graft. (**спеціялізуватися з** specialize in) ◊ **Лікарка спеціялізується з ~ї серця.** The (female) doctor specializes in heart transplants.

prep. **для ~ї** for transplant ◊ **органи для ~ї** organs for transplant; **з ~ї** of transplant ◊ **операція з ~ї** a transplant operation; ◊ **експерт із ~ї** a transplant expert

транспланту|вати, ~ють; *same, tran.*
to transplant, graft

adv. **вдало** *or* **успішно** successfully; **негайно** immediately, **при першій нагоді** at first opportunity, **терміново** urgently, **якнайшвидше** as quickly as possible; **вже** already, **нарешті** finally

n. + **т. необхідність т.** a necessity for transplant (**потреба** need) ◊ **гостра потреба т. хворому шкіру** an acute need for a skin graft for the patient; **спроба т.** a transplant attempt

v. + **т. бути потрібно** + *D.* need to ◊ **Пану Й. потрібно т. легені.** Mr. Y. needs a lungs transplant. **вдаватися** + *D.* succeed in ◊ **Хірургові втретє вдалося т. печінку.** The surgeon has succeeded in transplanting a liver for the third time.

pa. pple. **трансплантований** transplanted
трансплантуй!

транспорт, *m.*, **~у**
1 transportation, transit, transport

adj. **дешевий** cheap, **ефективний** efficient, **зручний** convenient, **надійний** reliable; **громадський** public, **міський** city, **місцевий** local; **приватний** private; **автомобільний**, *usu* **автотранспорт** motor, **вантажний** cargo, **пасажирський** passenger; **водний** water, **морський** sea, **річковий** river; **залізничний** rail, **наземний** land, **повітряний** air

n. + **т. засіб ~у** a means of transportation (**міністерство** ministry, **міністр** minister; **система** system); **доступ до ~у** an access to transport

v. + **т. влаштовувати** + *D.* **т.** arrange transport for sb ◊ **Тиміш влаштував їм дешевий т. до порому.** Tymish arranged cheap transportation to the ferry for them. (**забезпечувати** + *D.* provide sb, **організовувати** + *D.* organize for sb, **полагоджувати** + *D.* arrange for sb) ◊ **Агенція полагодила їм т. до монастиря.** The agency arranged transportation to the monastery for them. **добиратися ~ом** travel by transport ◊ **Він добирався до села громадським ~ом.** He traveled to the village by public transport. (**користуватися** use)

prep. **без ~у** without transport ◊ **Оля взяла автівку, залишивши родину без ~у.** Olia took the car, leaving her family without transport. **т. від** + *G.* **до** + *G.* transport from *(a place)* to *(a place)* ◊ **громадський т. від Рівного до села Тайкури** public transport from Rivne to the village of Taikury; **т. між** + *I.* transport between *(places)* ◊ **морський т. між Одесою та Ялтою** the sea transport between Odesa and Yalta

2 shipment, truck, vessel; transport, troopship

adj. **військовий** military ◊ **Із десяти військових ~ів вісім дісталися до пункту призначення.** Of ten military transports, eight made it to their destination point. **продовольчий** provisions

v. + **т. готувати т.** prepare a shipment (**доставляти** deliver; **споряджати** put together ◊ **Вони спорядили продовольчий т. для вояків.** They put together a provisions shipment for soldiers. **посилати** send; **викрадати** steal; **знищувати** destroy, **перехоплювати** intercept)

See **партія 3**

транспортн|ий, *adj.*
transport, transportation, of or pertaining to transportation

т. + *n.* **т. вузол** a transportation hub (**департамент** department, **комітет** committee; **літак** aircraft, **маршрут** route; **оператор** operator ◊ **У реґіоні працює шість ~их операторів.** Six transport operators work in the region. **парк** pool; **проєкт** project); **~а інфраструктура** a transportation infrastructure (**компанія** company; **мережа** network; **промисловість** industry; **система** system), ♦ **~а накладна** a waybill; **~е обслуговування** a transportation service; **~і витрати** transportation expenses (**кошти** costs; **послуги** services; **потреби** needs) ◊ **~і потреби населення зростали.** The population's transportation needs were growing.

трапи|тися, *pf.*, *see* **траплятися**
to happen, *etc.* ◊ **З ним нічого не ~ться.** Nothing will happen to him.

трапля|тися, ~ються; трап|итися, ~люся, ~ишся, ~ляться, *intr.*
1 to happen, take place, occur, be ◊ **Що трапилося?** What happened? ♦ **Нічого, ~ється!** It's alright, it happens!

adv. **вже** already, **вперше** for the first time, **знову** again, **ось-ось** any moment, **ще раз** yet again, **щойно** just; **насправді** really, **фактично** actually, **несподівано** unexpectedly, **раптом** suddenly; **завжди** always, **рідко** rarely, **часто** often

◊ Часто ~лися ситуації, коли́ їм ніхто́ не міг допомогти́. There were often situations, when nobody could help them. ніко́ли не never ◊ Такі́ непорозумі́ння ніко́ли в них не ~ються. Such misunderstandings never occur between them.
v. + т. ма́ти be about to, be bound to ◊ Ма́ло тра́питися щось жахли́ве. Something horrible was about to happen. му́сити must
prep. т. з + *I.* happen to sb ◊ Із не́ю тра́пилася чудо́ва річ. A wonderful thing happened to her.
Also see бу́ти 4, бува́ти 1, виника́ти 2, става́тися
2 to encounter, happen upon, come across + *D.* ◊ Ця рідкі́сна росли́на ~лася дослі́дникам упе́рше. The researchers encountered this rare plant for the first time.
See води́тися. *Also see* зустріча́тися 4
3 *impers. with inf.* to happen, chance, have an opportunity ◊ У Ке́нії їм ~лося ба́чити рідкі́сних звірі́в. In Kenya, they happened to see rare animals. ◊ Мандрівника́м ча́сто ~лося спа́ти у степу́. The travelers would often end up sleeping in the steppe.
трапля́йся! тра́пся!

тра́с|а, *f.*
1 route, course, path, run, line
adj. ка́бельна т. a cable line ◊ Під ву́лицею йде ка́бельна т. A cable line runs under the street. окружна́ т. beltway; повітря́на т. an air route ◊ Із лето́вища почина́лася пе́рша трансконтинента́льна повітря́на т. It was the airport that the first transcontinental air route originated from.
2 highway, throughway, expressway, road
adj. важли́ва important, вели́ка major, головна́ main; асфа́льтова asphalt ◊ До села́ прокла́ли асфа́льтову ~у. An asphalt road was paved to the village.
See автостра́да. *Also see* доро́га
3 trail *(of a bullet, etc.)* ◊ Те́мряву прони́зували вогне́нні ~и від куль. Fiery bullet trails pierced the darkness.

тра́т|ити, **тра́чу**, **~ять; ви́~, по~**, *tran.*
1 to spend
adv. ві́льно freely, імпульси́вно impulsively ◊ У книга́рні він імпульси́вно ви́тратив весь гонора́р. He impulsively spent all his honorarium at the bookstore. обере́жно prudently, розсу́дливо judiciously, розу́мно wisely, ще́дро generously; ♦ даре́мно *or* ду́рно, ма́рно т. to waste, squander ◊ Ле́ся ду́рно ~ила час, слу́хаючи його́. Lesia was wasting her time, listening to him. ле́гко easily
v. + т. бу́ти тре́ба + *D.* need to ◊ Тут тре́ба по~ вели́кі гро́ші. Big money needs to be spent here. могти́ can; почина́ти begin to, ста́ти *pf.* start ◊ Ві́та ста́ла т. бі́льше ча́су на нови́ни. Vita started spending more time on news. відмовля́тися refuse to, намага́тися не try not to
prep. т. на + *A.* spend on sth ◊ Вони́ ~или капіта́л на сумні́вну ініціяти́ву. They were spending their capital on a questionable initiative.
Also see витрача́ти 1
2 to waste, squander ◊ Він ~ить час на безглу́зду спра́ву. He wastes his time on a senseless business.
See га́яти 1, марнува́ти. *Also see* витрача́ти 2, відбира́ти 3, губи́ти 2, прожива́ти 3
3 to lose
т. + *n.* т. вплив lose influence (го́лос voice ◊ Під кіне́ць диску́сії він утра́тив го́лос. By the end of the discussion, he lost his voice. ро́зум mind; си́лу strength ◊ Макси́м шви́дко ~ив си́лу. Maksym was quickly losing strength. терпі́ння patience); ♦ т. вла́ду над собо́ю to lose self-control
See втрача́ти
pa. pple. ви́трачений *or* потра́чений spent
(по)тра́ть!

тре́ба, *pred.*
necessary *(expresses need, necessity, advice)*, need, should + *D.* + *inf.*
adv. го́стро acutely ◊ Хво́рому го́стро т. зроби́ти ді́яліз. The patient is in an acute need of dialysis. ду́же badly ◊ Тара́сові ду́же т. ва́шої пора́ди. Taras badly needs your advice. обов'язко́во definitely; ◊ Не т. пла́кати. Don't cry. ♦ як т. properly ◊ Не мо́жеш зроби́ти як т., то не робі́ взагалі́. If you can't do it properly, then don't do it at all. ♦ Так тобі́ й т. Serves you right.
v. + т. ♦ бу́ти т. to be necessary, be needed ◊ Хомі́ т. йти. Khoma needs to go. ♦ як і т. було́ сподіва́тися as should be expected ◊ Як і т. було́ сподіва́тися, він не дотри́мався сло́ва. As should have been expected, he did not keep his word.
Also see необхі́дно, потрі́бно

тремт|і́ти, **тремчу́**, **~я́ть;** *no pf., intr.*
1 to tremble, shake, shiver; *pf.* за~ to start shaking ◊ Вона́ затремті́ла всім ті́лом. Her entire body started shaking.
adv. ду́же badly ◊ Його́ ру́ки ду́же ~я́ть. His hands are shaking badly. неконтрольо́вано uncontrollably; і́ноді sometimes, час від ча́су from time to time; все ще still, тро́хи a little
prep. т. від + *G.* tremble with *(emotion, etc.)* т. від ви́снаження tremble with exhaustion (гні́ву anger, нена́висти hatred, обу́рення indignation, сла́бости weakness ◊ Від сла́бости Дани́лові ~іли колі́на. Danylo's knees were shaking with weakness. стра́ху fear ◊ Від стра́ху в Андрія́ни ~ів го́лос. Andriana's voice was trembling with fear. хвилюва́ння excitement, хо́лоду cold) ◊ Вона́ ~іла від хо́лоду. She shivered with cold. т. при + *L.* tremble at *(an idea, etc.)* ◊ Петро́ ~ів при ду́мці про зу́стріч з немину́чим. Petro trembled at the thought of his encounter with the inevitable.
v. + т. почина́ти begin to, ста́ти *pf.* start; перестава́ти stop ◊ Її го́лос уре́шті переста́в т. Her voice eventually stopped quivering.
2 to flutter, flicker, twinkle, quiver ◊ У не́бі ~я́ть зірки́. Stars are twinkling in the sky. ◊ Десь дале́ко у глибині́ лі́су ~ів само́тній вого́нь. Somewhere far away, in the thick of the forest a lonely fire flickered.
3 *fig.* to fear, shudder
prep. т. за + *G.* fear for sb ◊ Ма́ти ~ить за си́на на фро́нті. The mother fears for her son on the front. т. пе́ред + *I.* shudder at sth ◊ Вони́ ~і́ли пе́ред його́ гро́зним і́менем. They shuddered at the sound of his awesome name.
See боя́тися. *Also see* жаха́тися 2, потерпа́ти 2
тремти́!

тренува́н|ня, *nt.*
training, exercise, workout
adj. висна́жливе grueling ◊ Че́рез пів ро́ку висна́жливого т. він став і́ншою люди́ною. After half a year of grueling training he became a different person. інтенси́вне intensive, нату́жне strenuous, системати́чне systematic, трива́ле lengthy, упе́рте persistent; додатко́ве additional; розумо́ве mental, фізи́чне physical
т. + *n.* т. во́лі will training (зо́ру vision, м'я́зів muscle, па́м'яті memory, ро́зуму mind, ті́ла body)
v. + т. ма́ти т. have a workout ◊ Щора́нку дівча́та ма́ли двогоди́нне т. Every morning, the girls had a two-hour training. (організо́вувати organize, прово́дити conduct; прохо́дити undergo; закі́нчувати finish, почина́ти begin, продо́вжувати continue) ◊ Тра́вма не дозволя́є їй продо́вжувати т. Her injury does not allow her to continue training. вимага́ти т. require *and* demand training ◊ Тре́нер вимага́є додатко́вого т. The coach demands additional training. (обхо́дитися без do without)
v. + т. готува́ти + *A.* до + *G.* prepare sb for; включа́ти + *A.* include sth ◊ Т. включа́є три ета́пи. The workout includes three stages. склада́тися з + *G.* consist of sth; уможли́влювати + *A.* make it possible ◊ Системати́чне т. па́м'яті уможли́влює шви́дше ви́вчення чужо́ї мо́ви. Systematic memory training makes it possible to learn a foreign language quicker.
See підгото́вка

трену|ва́ти, **~ють; на~**, *tran.*
to train, coach
adv. інтенси́вно intensely, нату́жно strenuously, послідо́вно consistently ◊ Лейтена́нт послідо́вно ~є воякі́в до завда́ння. The lieutenant consistently trains the soldiers for the mission. пості́йно constantly, регуля́рно regularly, системати́чно systematically ◊ Ната́ля два мі́сяці системати́чно ~ва́ла м'я́зи живота́. Natalia systematically trained her abdominal muscles for two months. професі́йно professionally ◊ Украї́нську ви́мову Джейн ~ва́ла професі́йно із фонети́стом. Jane worked on her Ukrainian pronunciation professionally with a phonetician.
pa. pple. натрено́ваний trained
(на)трену́й!

трену|ва́тися; на~, *intr.*
to train, exercise, work out
adv. бага́то hard ◊ Андрі́й бага́то ~ється. Andrii works out hard. інтенси́вно intensely, нату́жно strenuously, професі́йно professionally, серйо́зно seriously, успі́шно successfully; пості́йно constantly ◊ Вона́ ста́ла пості́йно т. She started to exercise constantly. регуля́рно regularly, системати́чно systematically
prep. т. до + *G.* train for sth ◊ Кандида́ти ~ва́лися до теледеба́тів. The candidates were training for the TV debates. т. з + *G.* train in sth ◊ Вона́ ~ється зі стрибкі́в у довжину́. She trains in long jump.
Also see займа́тися[1] 2

трети́н|а, *f.*
third, one-third
adj. пе́рша first ◊ Пе́рша т. те́ксту найціка́віша. The first third of the text is the most interesting. сере́дня middle; оста́ння final; долі́шня *or* ни́жня lower; ве́рхня *or* горі́шня upper ◊ Горі́шня т. стіни́ була́ бі́ла, сере́дня – блаки́тна і долі́шня си́ня. The upper third of the wall was white, the middle one azure, and the lower one blue. ♦ ле́две т. scarcely a third; ма́йже almost ◊ Ма́йже т. ви́борців не проголосува́ла. Almost a third of voters failed to vote. ♦ між ~ою й полови́ною between a third and a half; ♦ по́над т. over a third ◊ По́над т. гру́пи провали́ла і́спит. Over a third of the group failed the exam. ♦ принайм́ні т. at least a third
Cf. полови́на 1, чверть 1

трибу́н|а, *f.*
1 platform, podium
adj. висо́ка high, зімпровізо́вана makeshift; дерев'я́на wooden
v. + т. роби́ти ~у make a platform (видира́тися *and* вила́зити на clamber onto, виска́кувати на jump onto, вихо́дити на come out on ◊ Ко́жен промо́вець по че́рзі вихо́див на зімпровізо́вану ~у. Every speaker in turn came out on the makeshift platform. підійма́тися, *or* підніма́тися на climb); виступа́ти *or* говори́ти *or* промовля́ти з ~и speak from a platform ◊ Соломі́я впе́рше промовля́є з ~и. Solomiia speaks from a platform for the first time. з'явля́тися на ~і appear on a platform (стоя́ти на stand on) ◊ На ~і стоя́ли чле́ни у́ряду. Government members stood on the platform.
prep. на ~у *dir.* onto a platform ◊ Він ви́йшов на ~у. He came out onto the platform. на ~і *posn.* on a platform
2 *fig.* forum ◊ Газе́та слу́жить ~ою для

опози́ції. The newspaper serves as a forum for the opposition.
See **фо́рум 2**
3 stand *(in stadium)*, grandstand ◊ **Че́рез него́ду ~и стадіо́ну були́ поро́жні.** Because of nasty weather, the stadium stands were empty.

трибуна́л, *m.*, **~у**
tribunal; trial by a tribunal
adj. **військо́вий** military; **ви́щий** higher, **найви́щий** highest; **імігр̈аці́йний** immigration ◊ **Спра́ви бі́женців слу́хатиме імігр̈аці́йний т.** Refugee cases will be heard by an immigration tribunal. **міжнаро́дний** international, **революці́йний** revolutionary ◊ **Революці́йний т. ви́знав ко́жного заколо́тника ви́нним.** The revolutionary tribunal found every rebel guilty. **спеція́льний** special
v. + **т. іти́ під т.** face a tribunal ◊ **За недба́лість голова́ слу́жби безпе́ки мо́же піти́ під т.** The security service director can face a trial by tribunal for negligence. **постава́ти пе́ред ~ом** appear before a tribunal ◊ **Він ма́є поста́ти пе́ред ~ом.** He is to appear before a tribunal. (**суди́ти** + *A.* be tried by) ◊ **Дезерти́рів суди́тиме військо́вий т.** The deserters will be tried by a military tribunal.
v. + **т. засу́джувати** + *A.* **до** + *G.* sentence sb to *(a term)* ◊ **Т. засуди́в її до п'яти́ ро́ків.** The tribunal sentenced her to five years.
See **суд 1**

трива́л|ий, *adj.*
long, extended, protracted, lengthy ◊ **Наста́ла ~а па́вза.** A long pause ensued. ◊ **Війна́ обіця́ла бу́ти ~ою.** The war promised to be protracted. ◊ **Акто́ри ви́кликали ~і о́плески.** The actors provoked lengthy applause.
See **до́вгий 1.** *Ant.* **коро́ткий**

трива́л|ість, *f.*, **~ости**, *only sg.*
length, duration ◊ **Оптима́льною є ле́кція ~істю годи́ну.** The optimal lecture is one hour in length.
adj. **бі́льша** greater, **вели́ка** great, **вся** entire, **значна́** considerable, **непомі́рна** inordinate; **реко́рдна** record ◊ **експериме́нт реко́рдної ~ости** an experiment of record length; **сере́дня** average ◊ **Він ви́значив сере́дню т. землетру́сів у регіо́ні.** They determined the average earthquake duration in the region.
v. + **т. збі́льшувати т.** increase the length (**подо́вжувати** extend ◊ **Діє́та подо́вжує т. життя́.** The diet extends your lifespan. **зме́ншувати** reduce, **скоро́чувати** shorten) ◊ **Ната́лка скороти́ла т. до́повіді на де́сять хвили́н.** Natalka shortened the length of her presentation by ten minutes.
т. + *v.* **збі́льшуватися** increase, **зроста́ти** grow; **зме́ншуватися** diminish, **скоро́чуватися** shorten ◊ **За це столі́ття т. холо́дного сезо́ну скороти́лася.** Over this century, the length of the cold season has shortened.
prep. **~істю в** + *A. (time measure)* in length ◊ **фільм ~істю в годи́ну** an hour-long movie, ◊ **мі́сяць ~істю в три́дцять днів** a thirty-day month
Also see **довжина́ 2**

трива́|ти, **~ють; про~**, *intr.*
to last, continue, go on + *A.* ◊ **Непорозумі́ння між ни́ми протрива́ло яку́сь хвили́ну.** The misunderstanding between them lasted for one minute.
adv, **до́вго** long; **недо́вго** not long ◊ **Ідилі́чні взає́мини ~ли недо́вго.** The idyllic relationship did not last long. **звича́йно** usually ◊ **Різдвя́ні вака́ції звича́йно ~ють три ти́жні.** Christmas vacation usually lasts three weeks.
prep. **т. про́тягом** + *G.* last for *(duration of time)* ◊ **Розмо́ва ~ла про́тягом двадцяти́ хвили́н.** The chat lasted for twenty minutes.
(про)трива́й! ♦ **Трива́й (лише́нь)!** Just you wait!

Also see **займа́ти 2, поглина́ти 5, точи́тися**[1] **1, тягну́тися 6**

тривія́льн|ий, *adj.*
trivial
adv. **геть** totally ◊ **Геть ~е спостере́ження вида́валося їй одкрове́нням.** The totally trivial observation seemed to be a revelation to her. **до́сить** rather, **ду́же** very, **очеви́дно** apparently ◊ **А́втор видає очеви́дно ~і те́зи за оригіна́льні.** The author presents apparently trivial arguments as original ones. **цілко́м** completely; **відно́сно** relatively, **порі́вняно** comparatively; **по су́ті** essentially; **майже** almost, **позі́рно** seemingly; **на ди́во** amazingly, **неймові́рно** incredibly
v. + **т. бу́ти ~им** be trivial (**вважа́ти** + *A.* consider sth, **вигляда́ти** look, **видава́тися** appear, **звуча́ти** sound ◊ **Ідея́ узго́джувати дії́ звучи́ть ~ою.** The idea of coordinating actions sounds trivial. **здава́тися** + *D.* seem to sb. **роби́ти** + *A.* render sth) ◊ **Попра́вки зроби́ли ціка́ву пропози́цію ~ою.** The amendments rendered an interesting proposal trivial.
Ant. **оригіна́льний 2, своєрі́дний 1**

триво́|га, *f.*
1 alarm, fear, anxiety
adj. **вели́ка** great ◊ **На ї́хніх обли́ччях була́ вели́ка т.** Great alarm was on their faces. **все бі́льша** growing ◊ **О́ля слу́хала з усе́ бі́льшою ~ою.** Olia was listening with ever growing alarm. **глибо́ка** profound, **го́стра** acute, **значна́** considerable, **неаби́яка** extraordinary, **серйо́зна** serious; **я́вна** obvious; **непере́борна** insurmountable; **несподі́вана** sudden; **безпідста́вна** groundless, **ма́рна** pointless, **непотрі́бна** needless
v. + **т. виклика́ти ~гу** cause alarm ◊ **Стати́стика ви́кликала ~гу в ба́нкових ко́лах.** The statistic caused alarm in the banking circles. (**провокува́ти** provoke; **ши́рити** spread ◊ **Його́ коментарі́ ши́рили се́ред слухачі́в непотрі́бу ~гу.** His comments spread needless alarm among listeners. **відчува́ти** feel; **вислов́лювати** voice, **виража́ти** express ◊ **Ко́жен її жест виража́в ~гу.** Her every gesture expressed alarm. **прихо́вувати** conceal) ◊ **Ре́чниця ле́две прихо́вує ~гу.** The spokeswoman barely conceals her anxiety.
т. + *v.* **бриніти** resonate ◊ **У його́ слова́х брині́ла т.** Alarm resonated in his words. **охо́плювати** + *A.* grip sb ◊ **Марію охопи́ла т.** Anxiety gripped Maria.
prep. **в ~зі** in anxiety ◊ **Вони́ прожили́ у ~зі ти́ждень.** They lived a week in anxiety. **з ~гою** with alarm; **т. за** + *A.* alarm over sth ◊ **Ната́лка не відчуває ~ги за вла́сну безпе́ку.** Natalka does not feel alarm over her own safety. **т. з при́воду** + *G.* alarm concerning sth; **т. че́рез** + *A.* alarm because of sth ◊ **т. че́рез нови́ни з фро́нту** alarm because of the news from the front; **т. що́до** + *A.* alarm as to sth
Also see **занепоко́єність, турбо́та 2**
2 alarm, warning, alert
adj. **бойова́** combat, **поже́жна** fire; **даре́мна** false, **непотрі́бна** needless; ♦ **повітря́на т.** an air-raid warning ◊ **Повітря́на т. ви́явилася фальши́вою.** The air-raid warning turned out to be false.
v. + **т. би́ти ~гу** sound an alarm ◊ **Команди́р наказа́в би́ти ~гу.** The commander ordered to sound the alert. (**зніма́ти** raise ◊ **Хтось зняв поже́жну ~гу.** Somebody raised a fire alarm. **оголо́шувати** sound)
3 *fig.* worry, concern, angst, preoccupation
adj. **душе́вні** spiritual ◊ **життя́, спо́внене душе́вних ~г** a life full of spiritual angst; **життє́ві** life's, **земні́** earthly ◊ **Він уті́к до села́, дале́ко від земни́х ~г.** He ran away to the country, far from earthly concerns. **лю́дські** human
Also see **занепоко́єність**

триво́ж|ити, **~ать; по~, с~**, *tran.*
to disturb, alarm, trouble, worry, unsettle
adv. **глибо́ко** deeply ◊ **Їх глибо́ко ~ить майбу́тнє хло́пця.** The boy's future deeply worries them. **ду́же** greatly; **ви́димо** visibly; **безпере́станку** nonstop, **весь час** all the time, **постійно** constantly ◊ **Лі́ну постійно ~или кри́ки невідо́мих лісови́х істо́т.** Cries of unknown forest creatures constantly alarmed Lina. **неохо́че** reluctantly; **бі́льше не** not any more, **ніко́ли не** never
т. + *n.* **т. ду́шу** disturb one's soul (**се́рце** heart, **сон** sleep ◊ **Тепе́р її сон ~ать постійні кошма́ри.** Now constant nightmares disturb her sleep. **спо́кій** calm; **ду́мку** thought, **ро́зум** mind, **уя́ву** imagination) ◊ **О́браз Ада́ма ~ив її уя́ву.** Adam's image unsettled her imagination.
v. + **т. почина́ти** begin to, **ста́ти** *pf.* start; **перестава́ти** stop ◊ **Зга́дки про мину́ле переста́ли т. Оле́ксу.** Memories of the past stopped troubling Oleksa. **намага́тися не** try not to, **не хоті́ти** not want to ◊ **Юрко́ не хоті́в т. батьків нови́но́ю.** Yurko did not want to worry his parents with the news. **проси́ти** + *A.* **не** ask sb not to ◊ **Го́стя попроси́ла не т. її про́тягом двох годи́н.** The (female) guest asked not to be disturbed for two hours.
pa. pple. **потриво́жений** alarmed, disturbed
(по)триво́ж!

триво́жн|ий, *adj.*
anxious, alarming, troubling, disturbing
adv. **вкрай** extremely ◊ **вкрай ~а пора́ вступни́х і́спитів** an extremely anxious time of entrance exams; **до́сить** rather, **ду́же** very, **несте́рпно** unbearably; **особли́во** particularly
т. + *n.* **т. го́лос** an anxious voice ◊ **У її ~ому го́лосі чу́лися но́тки стра́ху́.** There were notes of fear in her anxious voice. (**по́гляд** look; **день** day, **час** time); **~а ду́мка** an alarming thought ◊ **Макси́ма переслі́дувала ~а ду́мка про її зра́ду.** The alarming thought of her betrayal haunted Maksym. (**ніч** night; **підо́зра** suspicion; **ува́га** attention; **інформа́ція** information, **нови́на** news, **стати́стика** statistic); **~е життя́** an anxious life (**запита́ння** question, **обли́ччя** face; **чека́ння** expectation); **~і хвили́ни** anxious moments
v. + **т. бу́ти ~им** be alarming (**здава́тися** + *D.* seem to sb; **знахо́дити** + *A.* find sth ◊ **Марі́я знахо́дить перспекти́ву лиши́тися без пе́нсії ~ою.** Maria finds the prospect of being left without a pension alarming. **става́ти** become) ◊ **Ко́жне її ре́чення става́ло все бі́льш ~им.** Her every utterance became more alarming.

тризу́б, *m.*, **~а**
1 trident ◊ **В його́ уя́ві т. в'я́жеться із гре́цьким бо́гом морі́в Посейдо́ном.** In his imagination, a trident is associated with the Greek god of the sea Poseidon.
2 trident *(national symbol of Ukraine)* ◊ **Іва́н ма́є татуюва́ння ~а.** Ivan has a trident tattoo.
adj. **вели́кий** big, **га́рний** beautiful; **золоти́й** golden, **срі́бний** silver; **кня́жий** princely; **стилізо́ваний** stylized, **старода́вній** ancient; **украї́нський** Ukrainian
v. + **т. малюва́ти т.** draw a trident (**носи́ти** wear; **татуюва́ти** tattoo); **прикраша́ти** + *A.* **~ом** adorn sth with a trident
т. + *v.* **прикраша́ти** + *A.* grace sth ◊ **Фронто́н будинку прикраша́є т.** A trident graces the frontispiece of the building.
See **герб**

трику́тник, *m.*, **~а**
triangle
adj. **прямоку́тний** right ◊ **Рома́н накре́слив прямоку́тний т.** Roman drew a right triangle. **рівнобе́дренний** isosceles, **рівносторо́нній** equilateral, **різносторо́нній** scalene; **обе́рнений** inverted ◊ **Заборо́нена зо́на нага́дувала**

обе́рнений т. The exclusion zone bore a resemblance to an inverted triangle.
n. + **т. верши́на ~а** the apex of a triangle (**сторона́** side; **гіпотену́за** hypotenuse, **ка́тет** cathetus)
v. + **т. будува́ти т.** construct a triangle (**кре́слити** draw; **утво́рювати** form) ◊ **Пло́ща утво́рювала рівносторо́нній т.** The square formed an equilateral triangle. **розсіка́ти** + *A.* **на ~и** cut sth into triangles ◊ **Живопліт розсіка́є парк на два вели́кі ~ки.** The hedge cuts the park into two large triangles. **згорта́ти** *and* **склада́ти** + *A.* **~ом** fold sth into a triangle ◊ **Згорну́вши лист ~ом, секрета́рка покла́ла його́ до па́пки.** Having folded the letter into a triangle, the secretary put it in a folder.

трима́|ти, **~ють;** *no pf., tran.*
1 to hold, get a grip; clasp; keep
adv. **ви́соко** high ◊ **Іва́нна крокува́ла на чолі́ дружи́ни, ви́соко ~ючи пра́пор.** Ivanna marched at the head of the team, holding the flag high. **ни́зько** low; **мі́цно** firmly ◊ **Йо́сип мі́цно ~в хло́пця за ру́ку.** Josyp held the boy firmly by the hand. **наді́йно** securely, **тве́рдо** tightly, **цу́пко** fast ◊ **Мо́ре цу́пко ~ло поета, оволоді́вши його́ уя́вою.** *fig.* The sea got a fast grip on the poet, having captivated his imagination. **щоси́ли** with all one's strength; **деліка́тно** gently ◊ **Лі́за деліка́тно ~ла троя́нду, на́че боя́лася злама́ти стебло́.** Liza held the rose gently as if in fear of breaking its stem. **обере́жно** carefully
v. + **т. бу́ти тре́ба** + *D.* need to; **намага́тися** try to **стара́тися** strove to ◊ **На́дя стара́лася т. дити́ну за ру́ку.** Nadia strove to hold the child by the hand. **ста́ти** *pf.* start
prep. **т. в** + *L.* hold in sth ◊ **Окса́на ~ла су́мку в руці́.** Oksana held her bag in her hand. **т. за** + *A.* hold by sth; ♦ **т. під контро́лем** to have sth under control ◊ **Він ~є стано́вище під контро́лем.** He has the situation under control. ♦ **т. язи́к за зуба́ми** to hold one's tongue ◊ **Зе́ня ~ла язи́к за зуба́ми.** Zenia held her tongue.
Also see **втри́мувати**[1] **1**
2 *only impf.* to maintain, keep; have ◊ **Юркó ~є поме́шкання чи́стим.** Yurko keeps his apartment clean. ◊ **У спе́ку Мо́тря ~ла ві́кна на́встіж відчи́неними.** In heat, Motria kept her windows wide open. ◊ **Пі́сля сме́рти чолові́ка па́ні Савча́к ста́ла т. квартира́нта.** After her husband's death, Mrs. Savchak started having a tenant. ♦ **т. курс на** + *A.* to head for *(a place)* ◊ **Куди́ це ви ~ете курс?** Where is it that you are heading for? ◊ **Вони́ ~ли курс на Луцьк.** They headed for Lutsk. ♦ **т.** + *A.* **в ку́рсі** to keep sb in the know ◊ **Вона́ ~є штаб у ку́рсі поді́й.** She keeps the headquarters in the know of the events. ♦ **т. обіця́нку** *or* **сло́во** to keep one's word *or* promise ◊ **Він рі́дко ~є сло́во.** He rarely keeps his word.
Also see **дотри́мувати 1**
3 to hold, detain, keep ◊ **Її́ ~ють у полі́ції тре́тій день.** He has been detained by the police for the third day. ◊ **Я не хо́чу вас до́вго т.** I don't want to keep you long. ◊ **Нача́льник зно́ву затри́мав її́ на годи́ну.** The boss again detained her for one hour.
4 to keep, store; raise ◊ **Курча́к ~є ці́нні папе́ри в ба́нку.** Kurchak keep valuable papers in a bank. ◊ **Марі́я ~є гу́си, инди́ки́ й ка́чки.** Maria keeps geese, turkeys, and ducks.
5 to own *(business)*, have, run ◊ **Він ~в шино́к.** He owned a tavern.
See **ма́ти**[2] **1.** *Also see* **володі́ти 1**
pa. pple. **три́маний** held
трима́й!

трима́|тися; *no pf., intr.*
1 to hold, hold on ◊ **Ти́міш сиді́в, ~ючись рука́ми за го́лову.** Tymish sat, holding his head in his hands.
v. + **т. дово́дитися** have to ◊ **Йому́ дово́дилося т. за щось, перебува́ючи на чардаку́ корабля́.** He had to hold on to something while on the ship deck. **намага́тися** try to, **стара́тися** strive to
prep. **т. за** + *A.* hold on to sth
2 *pass.* to be based on, be supported by, be held together, rely on
prep. **т. на** + *L.* be based on sth ◊ **Ділові́ взає́мини ~ються на дові́рі.** Business relations are based on trust. ◊ **Весь музе́й ~ється на робо́ті одно́го фахівця́.** The entire museum is held together by the work of one specialist.
♦ **т. ку́пи** *colloq.* to hold up ◊ **Нова́ тео́рія ле́дь ~ється ку́пи.** The new theory barely holds up.
3 to hold oneself, carry oneself ◊ **Незважа́ючи на вто́му, Лісо́вський ~вся рі́вно.** Despite his exhaustion, Lisovsky held himself upright.
4 *fig.* to behave, conduct oneself, act ◊ **Представни́к протиле́жної сторони́ ~вся агреси́вно.** The representative of the opposite side acted aggressively. ◊ **Рома́на намага́лася т. впе́внено.** Romana did her best to behave with confidence.
See **пово́дитися.** *Also see* **обхо́дитися 3**
5 *fig.* to hold out, persist, persevere ◊ **Воякú гото́ві т. до кінця́.** The soldiers are ready to hold out till the end. ◊ **За́пах по́ту до́вго ~вся в за́лі.** The smell of sweat persisted for a long time in the hall. ◊ **Зимо́ві я́блука ду́же до́бре ~ються аж до весни́.** Winter apples persist very well all the way to spring.
6 to keep, stay, bear + *G.* ◊ **Він навча́вся т. лі́вого бо́ку за кермо́м.** He was learning to keep to the left while behind the wheel. ♦ **т. ку́рсу** to follow a course; ♦ **т. невтраліте́ту** to maintain neutrality ◊ **Голова́ конституці́йного су́ду ~вся невтраліте́ту.** The head of the constitutional court maintained neutrality. ◊ **Температу́ра ~ється нуля́.** The temperature stays at zero.
7 to have, follow, stick to + *G.* ◊ **Письме́нник не ~вся ви́знаних кано́нів.** The writer did not follow recognized canons. ♦ **т. ду́мки, що** to be of the opinion that ◊ **Вона́ ~ється ду́мки, що меди́чне обслуго́вування ма́є бу́ти безкошто́вним.** She is of the opinion that health care should be free.
Also see **дотри́муватися 2**

три́чі, *adv.*
1 three times, threefold ◊ **За зи́му Оле́на хворі́ла на пересту́ду т.** In one winter, Olena had never come down with a cold three times. ◊ **Завда́ння ста́ло т. тя́жчим.** The assignment became three times harder.
2 *colloq., only with adj.* very, extremely ◊ **Наві́ть т. ерудо́вана люди́на не змогла́ б відповісти́ на пита́ння.** Even an extremely knowledgeable person could not answer the question.
See **ду́же**

трі́й|ка, *f.*
1 three, threesome, trio + *G. pl.* ◊ **На да́ху сиді́ла т. го́лубів.** Three pigeons sat on the roof. ◊ **т. поросят** three piglets; ◊ **Ко́жна т. учасників діста́ла окре́ме завда́ння.** Each three participants got a separate task.
2 number three *(of bus, streetcar, etc.)* ◊ **Т. не хо́дить ціє́ю ву́лицею.** Number three does not run on the street.
3 C *(academic grade)* ◊ **Студе́нт у́читься перева́жно на ~ки.** The student earns mostly C's.
See **оці́нка 2**
4 three *(a playing card with three pips)*
See **ка́рта 2**
L. **на ~ці**, *G. pl.* **~ок**

трі́ск, *m.*, **~у**, *only sg.*
crack, crackle
adj. **гучни́й** loud, **заглу́шливий** *or* **оглу́шливий** deafening, **різки́й** sharp, **си́льний** powerful, **сухи́й** dry ◊ **сухи́й т. соло́ми, що гори́ть** dry crackle of burning straw; **ле́две чу́тний** barely audible, **ти́хий** quiet
т. + *n.* **т. бараба́на** a crackle of a drum (**вогню́** fire ◊ **Він засипа́в під т. вогню́ в комину́.** He fell asleep to the crackle of the fire in the fireplace. **де́рева** wood; **електрозва́рювання** electric welding; **кісто́к** bones; **мікрофо́на** microphone, **радіоприйма́ча** radio set; **пета́рди** squib, **по́стрілу** gunshot)
v. + **т. чу́ти т.** hear a crack ◊ **У мі́сті було́ чу́ти т. по́стрілів.** Gunshot cracks were heard in the city.
т. + *v.* **луна́ти** sound ◊ **У коридо́рі пролуна́в різки́й т.** A sharp crack sounded in the corridor.
prep. **з ~ом** with a crackle ◊ **Ва́за з ~ом упа́ла на підло́гу.** The vase fell on the floor with a crack.
♦ **з ~ом провали́тися** to be a resounding failure ◊ **Ви́борча кампа́нія з ~ом провали́лася.** The election campaign was a resounding failure.
See **звук 1**

трі́щ|ати, **~а́ть;** *no pf., intr.*
to crackle, crack; *pf.* **за~** to begin cracking
adv. **го́лосно** loudly ◊ **Дро́ва го́лосно ~а́ли.** The firewood crackled loudly. **заглу́шливо** *or* **оглу́шливо** deafeningly; **періоди́чно** periodically, **час від ча́су** from time to time ◊ **Мікрофо́н час від ча́су ~а́в.** The microphone crackled from time to time. **весь час** all the time, **пості́йно** constantly ◊ **У лі́сі пості́йно ~а́ть по́стріли.** Shots constantly crack in the forest. **ти́хо** quietly ◊ **В кімна́ті ти́хо ~ло старе́ ра́діо.** An old radio quietly crackled in the room.
2 *fig., colloq.* to burst, split ♦ **голова́ ~и́ть в** + *G.* to have a splitting headache; ◊ **У Ната́лки від ї́хнього га́ласу ~а́ла голова́.** Natalka had a splitting headache from the noise they made.
3 *fig.* to fall apart, come apart ♦ **т. по шва́х** to come apart at the seams ◊ **У 1991 ро́ці сове́тська імпе́рія затріща́ла по шва́х.** In 1991, the Soviet empire started coming apart at the seams.
тріщи́!

тро́є, *card., coll.*
1 three + *G.* ◊ **У ни́х т. дівча́т.** They have three girls. ◊ **До бра́ми підійшло́ т. чолові́ків.** Three men approached the gate.
See **трі́йка 1**
2 *as n.* three persons ◊ **Лише́ т. записа́лися на о́гляд до лі́каря в четве́р.** Only three individuals signed up for a doctor's examination on Thursday.
Cf. **дво́є**

трон, *m.*, **~у**
1 throne ◊ **Посе́ред за́ли стої́ть позоло́чений т.** A gilded throne stands in the middle of the hall.
See **крі́сло**
2 *fig.* throne, sovereign power
adj. **імпера́торський** imperial, **кня́жий** princely, **королі́вський** royal, **мона́рший** monarch's, **ца́рський** tsar's; **вака́нтний** vacant, **поро́жній** empty; **митрополи́чий** metropolitan's, **па́пський** papal, **патріа́рший** patriarch's
v. + **т. займа́ти т.** occupy a throne ◊ **Він займа́в ки́ївський т. чверть столі́ття.** He occupied the Kyiv throne for a quarter century. (**захо́плювати** seize; **здобува́ти** gain ◊ **Князь здобу́в королі́вський т. шляхо́м змо́ви.** The prince gained the royal throne through a conspiracy. **узурпува́ти** usurp, **успадкува́ти** inherit ◊ **Лише́ зако́нний син Людо́віка XIII міг успадкува́ти т.** Only Louis XIII's legitimate son could inherit the throne. **втрача́ти** lose; **сіда́ти на** assume ◊ **Короле́ва сі́ла на т. у молодо́му ві́ці.** The queen assumed the throne at a young age. **схо́дити на** ascend ◊ **Пі́сля сме́рти короля́ на т. зійшла́ його́ до́чка Єлизаве́та.** After the king's death, his daughter Elizabeth ascended the throne. **посади́ти** + *A.* **на** put sb on ◊ **На т. посади́ли маріоне́тку.** A puppet was put on the throne. **претендува́ти на** claim) ◊ **На т. претендува́ли три при́нци.** Three princes claimed the throne. **відмовля́тися від ~у** give up a throne (**ски́дати** + *A.* **з** topple sb) ◊ **Повста́ння ски́нуло короля́**

з ~у. The uprising toppled the king from the throne. **сидіти на ~і** sit on a throne ◊ **На папському ~і вперше сидів поляк.** A Pole sat on the papal throne for the first time.
prep. **на т.** *dir.* to a throne ◊ **претендент на т.** a pretender to the throne; **на ~і** *posn.* on a throne

трофе́|й, *m.*, ~я

1 trophy, booty, spoils ◊ **Старий креденс був воєнним ~єм.** The old credenza was a war trophy.
2 trophy, prize, souvenir
adj. **жаданий** coveted, **престижний** prestigious; **мисливський** hunting ◊ **Стіни вітальні прикрашали мисливські ~ї.** Hunting trophies adorned the living room walls. **баскетбольний** basketball ◊ **Миля показала їм свої баскетбольні ~ї.** Mylia showed them her basketball trophies. **гокейний** hockey, **спортивний** sports, **футбольний** soccer, *etc.*
v. + **т. завойовувати т.** win a trophy ◊ **Перший т. Лука завоював у школі.** Luka won his first trophy at secondary school. (**здобувати** take, **мати** have, **отримувати** receive); **володіти ~єм** hold a trophy (**нагороджувати** + *A.* award sb ◊ **Дружину нагородили престижним спортивним ~єм.** The team was awarded a prestigious sports trophy. **оволодівати** gain) ◊ **Івга нарешті оволоділа жаданим ~єм.** Yivha'a has finally gained the coveted trophy.
See **нагорода.** *Also see* **кубок 2, премія 1.** *Cf.* **медаль**

тро́хи, *adv.*

1 a little, somewhat, some, a bit, + *G.* ◊ **У Мусія ще лишалося т. грошей.** Musii still had a little money left. ◊ **Вона випила т. холодного молока.** She had some cold milk. ◊ **Ярема т. боїться.** Yarema is a little afraid. ◊ **Дівчина т. помилялася в оцінках.** The girl was somewhat mistaken in her estimates.
Also see **жменя 2, мало 1**
2 for a while, a short period; a short distance ◊ **Вони т. посиділи, а тоді пішли.** They sat a while and then left. ◊ **Лев зупинився, щоб т. перепочити.** Lev stopped to rest awhile. ◊ **Хлопці пройшли т. далі.** The boys went on a little farther. ♦ **т. віддалік** a little farther; ♦ **т. згодом** a little later
3 *with negated pa. pf.* almost, all but ◊ **Він т. не проспав потяг.** He almost overslept the train. ◊ **Віктор т. не погодився на їхні умови.** Viktor all but agreed to their terms.

тро́щ|а, *f.*, ~і

crash, wreck, accident
adj. **велика** major, **серйозна** serious; **жахлива** terrible, **катастрофічна** catastrophic, **страшна** horrific; **ґвалтовна** abrupt, **несподівана** unexpected, **раптова** sudden; **смертельна** deadly, **фатальна** fatal; **автомобільна** car, **залізнична** train, **корабельна** ship; **авіаційна** airplane ◊ **причини авіаційної ~і** the causes of an airplane crash; **повітряна** air
n. + **т. жертва ~і** a crash victim ◊ **Число жертв повітряної ~і сягнуло сотні.** The number of the air crash victims reached a hundred. (**місце** site, **обставини** circumstance, **час** time); **причина ~і** the cause of a crash
v. + **т. мати ~у** have a crash ◊ **За рік компанія мала одну повітряну ~у.** Over one year, the company had one air crash. (**переживати** survive) ◊ **Герой історії пережив не одну корабельну ~у.** The protagonist of the story survived more than one shipwreck. **зазнавати ~і** suffer a crash ◊ **Під час свого першого польоту Іванна трохи не зазнала ~і.** During her first flight, Ivanna had all but suffered a crash. (**уникати** avoid; **призводити до** cause) ◊ **До ~і призвела недбалість машиніста локомотиву.** It was the engine operator's negligence that had caused the crash. **запобігати ~і** prevent a crash; **гинути у ~і** die in a crash ◊ **Її батьки загинули в автомобільній ~і.** Her parents died in a car crash.
т. + *v.* **ставатися** occur ◊ **Т. сталася у протоці Дарданелли.** The shipwreck occurred in the Dardanelles Strait. **забирати** + *D.* **життя** claim sb's life ◊ **Залізнична т. забрала життя п'ятьом.** The train crash claimed five lives.
prep. **в ~і** in a crash ◊ **У ~і дивом ніхто не загинув.** Miraculously nobody died in the crash.

трощ|и́ти, ~у́, ~ать; роз~, *tran.*

1 to smash, fracture, crash, destroy
adv. **люто** furiously ◊ **Величезні хвилі люто ~или все, що траплялося на шляху.** Huge waves furiously crashed everything they encountered on their way. **легко** easily; **зумисне** *and* **навмисне** deliberately; **умить** instantly, **ущент** to pieces ◊ **Грабіжники ущент розтрощили набір порцеляни.** The robbers smashed to pieces a china set.
v. + **т. братися** set about ◊ **Павлина взялася т. все, що бачила навколо.** Pavlyna set about smashing everything she saw around. **починати** begin to; **змогти** *pf.* manage to, **могти** can ◊ **Він міг легко роз~ собі голову.** He could easily crash his head. **намагатися** try to, **хотіти** want to
Also see **розбивати 1, руйнувати 1**
2 *fig.* to defeat, crash ◊ **Козацьке військо розтрощило ворожі сили під Жовтими Водами.** The Cossack troops defeated the enemy forces at Zhovti Vody.
3 *colloq.* to devour, gobble, gorge oneself on ◊ **Хлопці ~или одну страву за іншою, наче тиждень не їли.** The boys devoured one dish after another, as if they had not eaten for a week.
See **їсти.** *Also see* **жерти 1, поглинати 4, споживати 1**
pa. pple. **розтрощений** smashed
(роз)трощи!

троя́нд|а, *f.*

1 rose *(flower)*
adj. **біла** white, **жовта** yellow, **рожева** pink, **червона** red ◊ **Червона т. – це символ кохання.** A red rose is a symbol of love. **запашна** fragrant; **свіжа** fresh ◊ **Іванко пішов до саду, щоби зрізати свіжих троянд.** Ivanko went to the garden to cut some fresh roses.
n. + **т. запах ~и** the scent of a rose (**квітка** flower, **колючка** thorn, **пелюстка** petal); **букет троянд** a bunch of roses ◊ **Лука подарував їй букет білих троянд.** Luka gave her a bunch of white roses. (**клумба** bed, **плантація** plantation)
See **квітка**
2 rose *(bush)* ◊ **Навколо будинку росли білі й жовті ~и.** White and yellow roses grew around the house.
See **кущ**

труб|á, *f.*

1 tube, pipe, duct
adj. **вузька** narrow, **довга** long ◊ **Вона вхопилася за довгу ~у.** She grabbed a long pipe. **коротка** short, **широка** wide; **гнучка** flexible; **запаяна** sealed; **порожня** empty; **бетонна** concrete, **залізна** iron, **керамічна** ceramic, **металева** metal, **мідна** copper, **пластмасова** plastic, **сталева** steel, **цементна** cement, *etc.* **вихлопна** exhaust ◊ **Вихлопна т. була запаяна.** The exhaust pipe was sealed. **водогінна** water ◊ **Від екстремально низької температури лопнула водогінна т.** A water pipe burst because of extremely low temperatures. **газова** gas, **дренажна** drainage, **каналізаційна** sewage, **опалювальна** heating, **сміттєва** waste; **підземна** underground; **закупорена** clogged, **замерзла** frozen, **розбита** broken, **тріснута** cracked; ♦ **аеродинамічна т.** an aerodynamic tunnel; ♦ **заводська т.** a factory stack; ♦ **паровозна т.** a smokestack; ♦ **паропровідна т.** a steampipe; ♦ **зорова т.** a spyglass
v. + **т. встановлювати ~у** install a pipe (**класти** *and* **прокладати** lay; **заміняти** replace ◊ **Сантехніки замінили стару каналізаційну ~у на нову керамічну.** The plumbers replaced the old sewage pipe with a new ceramic one. **утеплювати** insulate ◊ **Вони утеплили ~у.** They insulated the pipe. **сполучати** connect; **проводити** run) ◊ **Він провів до будинку каналізаційну ~у.** He ran a sewage pipe to the building. ♦ **вилітати у ~у** 1) to go up in smoke, go to waste ◊ **Усі їхні зусилля вилетіли у ~у.** All their efforts went up in smoke. 2) to go bankrupt ◊ **Банк двічі вилітав у ~у.** The bank went bankrupt twice. ♦ **пройти через вогонь, воду й мідні ~и,** *pf.* to go through thick and thin ◊ **Соломія ладна пройти через вогонь, воду й мідні ~и, щоби здійснити свій намір.** Solomiia is ready to go through thick and thin to realize her intention.
т. + *v.* **вести до** + *G.* lead to sth ◊ **Т. веде до озера.** The pipe leads to the lake. **проходити через** + *A.* pass through sth; **замерзати** freeze, **лопати(ся)** burst, **протікати** leak
prep. **по ~і** through a pipe ◊ **По ~і течуть відходи виробництва.** Production waste flows through the pipe. **у ~у** *dir.* into/down a pipe; **у ~і** *posn.* in a pipe ◊ **Утікачі переховувалися у великій підземній ~і.** The fugitives hid in a big underground pipe.
Cf. **трубка 1**
2 *anat.* tube, duct
adj. **євстахієва** Eustachian ◊ **запалення євстахієвої ~и** a Eustachian tube inflammation; **фалопієва** Fallopian
3 *mus.* trumpet, horn ◊ **Олена віртуозно грає на ~і.** Olena is a virtuoso trumpeter. ♦ **басова т.** a tuba
See **інструмент 2**
4 *pred., colloq., fig.* fiasco, wreck, shambles, failure ◊ **Без знання мови вам там буде повна т.** Without command of the language you will be an utter failure there. ♦ **діло – т.** things are bad ◊ **Він подивився навколо і зрозумів, що діло – т.** He looked around and realized that things were bad.

тру́б|ка, *f.*

1 tube, pipe *(dimin. of* **труба***)*
adj. **дихальна** breather ◊ **Під водою вони користувалися дихальними ~ками.** They used breather pipes underwater. **бронхіяльна** bronchial (tube), **капілярна** capillary, **флуоресцентна** fluorescent; ♦ **електронно-променева т.** a cathod-ray tube; ♦ **зорова т.** a spyglass; ♦ **телефонна т.** a handset
prep. **у ~ку** *dir.* in/to a tube ◊ **Вона видихнула у ~ку.** She exhaled into the tube. **у ~ці** *posn.* in a tube ◊ **У ~ці лишалася вода.** There was water remaining in the tube.
Cf. **труба 1**
2 handset, receiver ◊ **Наталя зняла ~ку з телефону.** Natalia took the handset off the phone. ◊ **Марко повісив ~ку.** Marko hung up the receiver.
3 *med.* stethoscope ◊ **На столі лікаря стояла дерев'яна т., якою користувався ще його батько.** There was a wooden stethoscope standing on the doctor's desk that was once used by his father.
G. pl. **~ок**

труд|и́тися, ~жу́ся, ~иться, ~яться; *no pf., intr.*

1 to labor, toil ◊ **Селяни від ранку до ночі ~яться в полі.** Peasants labor in the field from morning till night.
See **працювати 1.** *Also see* **робити 7, служити 1**
2 *colloq.* to bother, take it upon oneself, try, exert oneself ◊ **Марта потрудилася замовити готель.** Marta took it upon herself to make a hotel reservation. ◊ **Не ~іться викликати таксівку,**

ми пі́демо пі́шки. Don't bother calling a cab, we'll go on foot.
See **стара́тися 1**
труди́ся!

тру́днощ|і, *only pl.*, **~ів**
difficulties, problems, complications
adj. **вели́кі** great ◊ **Із вели́кими ~ами лікарі́ ви́лікували хло́пчика від затина́ння.** It was with great difficulty that the doctors cured the little boy from stammering. **величе́зні** enormous, **все бі́льші** increasing, **екстрема́льні** extreme, **жахли́ві** terrible, **неймові́рні** incredible, **серйо́зні** serious, **страшні́** horrible, **нездола́нні** insurmountable; **пе́вні** some; **можли́ві** possible, **неможли́ві** impossible ◊ **Вони́ гото́ються до всіх можли́вих ~ів.** They are preparing for all possible difficulties. **потенці́йні** potential, **особли́ві** particular; **несподі́вані** unexpected; **економі́чні** economic, **матерія́льні** material ◊ **Іва́нну не ляка́ли матерія́льні т.** Material problems did not deter Ivanna. **техні́чні** technical, **фіна́нсові** financial, **практи́чні** practical, **реа́льні** real; **уя́вні** imaginary; **емоці́йні** emotional, **когніти́вні** learning, **психологі́чні** psychological
v. + **т. дола́ти т.** overcome difficulties (**ма́ти** have ◊ **Васи́ль мав т. з пе́рекладом техні́чного те́ксту.** Vasyl had difficulties with the translation of technical text. **пережива́ти** experience ◊ **Дити́на пережива́є психологі́чні т., пов'я́зані з розлу́ченням батькі́в.** The child is experiencing psychological difficulties related to the divorce of its parents. **представля́ти** present; **ство́рювати** cause ◊ **Він сам ство́рює т., і сам же їх геро́їчно дола́є.** *iron.* He himself causes difficulties and in turn heroically overcomes them. **розв'я́зувати** resolve ◊ **По́зика не допомогла́ розв'яза́ти фіна́нсові т.** The loan did not help to resolve the financial difficulties. **нашто́вхуватися на** encounter); **позбува́тися ~ів** get rid of difficulties (**уника́ти** avoid) ◊ **Вони́ уни́кнули ~ів перехо́дового пері́оду.** They avoided the difficulties of the transition period. **ма́ти спра́ву з ~ами** deal with difficulties ◊ **Оре́ста ма́є спра́ву з несподі́ваними ~ами.** Oresta deals with unexpected difficulties. (**справля́тися з** cope with) ◊ **Її органі́зм справля́ється з ~ами адапта́ції до холо́дного підсо́ння.** Her body copes with the difficulties of adapting to a cold climate.
т. + *v.* **виника́ти** arise ◊ **Ви́никли т. з доста́вкою това́рів.** There arose difficulties with the delivery of goods. **мно́житися** multiply; **поляга́ти в** + *L.* lie in sth ◊ **Т. комп'ютеризáції поляга́ють у бра́ку ко́штів.** The difficulties of computerization lie in the lack of funds.
prep. **без ~ів** without difficulties ◊ **Мари́на без ~ів пройшла́ де́сять кіломе́трів.** Maryna walked 10 km without problems. **з ~ами** with difficulty ◊ **Доро́слий перела́зить парка́н із ~ами.** An adult climbs the fence with difficulty. **незважа́ючи на т.** despite difficulties ◊ **Він укладе́ словни́к незважа́ючи на т.** He is compiling the dictionary despite difficulties. **т. з** + *I.* problems with sb/sth ◊ **Вони́ ма́ли т. з поведі́нкою хло́пця на занятті́.** They had problems with the boy's behavior in class.
Also see **пробле́ма, хале́па**

трудов|и́й, *adj.*
working, labor; of or pertaining to work; working, filled with work, gained by work
т. + *n.* **т. до́свід** work experience ◊ **Компа́нія дала́ Зе́ні пе́рший т. до́свід.** The company gave Zenia her first work experience. (**ентузія́зм** enthusiasm; **стаж** experience) ◊ **Вони́ шука́ли когось із ~им ста́жем.** They were looking for somebody with work experience. **~а́ атмосфе́ра** work atmosphere (**ді́яльність** activity; **дисципли́на** discipline), ♦ **~а́ уго́да** an employment contract ◊ **Він працю́є без ~ої уго́ди.** He works without an employment contract. ♦ **~а́ коло́нія** a boot camp; **~е́ вихова́ння** work education; **~е́ життя** working life; **~і резе́рви** labor reserves

трун|а́, *f.*
1 casket, coffin
adj. **дерев'я́на** wooden, **дубо́ва** oak ◊ **Небі́жчика поховали в дубо́вій ~і́.** The deceased was buried in an oak casket. **сосно́ва** pine, *etc.* **про́ста́** simple, **скро́мна** modest; **драпо́вана пра́пором** flag-draped; **відкри́та** open, **закри́та** closed ◊ **По́хорони були́ з закри́тою ~о́ю.** The funeral was with a closed casket.
v. + **т. замовля́ти ~у́** order a casket (**закрива́ти** close; **нести́** carry ◊ **Про́сту́ ~у́ заги́блого несло́ че́тверо офіце́рів.** Four officers carried the fallen man's simple casket. **опуска́ти** lower ◊ **~у́ опусти́ли в моги́лу.** The casket was lowered into the grave. **драпува́ти** *or* **оббива́ти** drape ◊ **~у́ драпува́ли** *or* **оббили бі́лим а́тласом.** The casket was draped with white satin.
prep. **в ~у́** *dir.* into a casket ◊ **Вона́ покла́ла у ~у́ дві троя́нди.** She put two roses in the casket. **в ~і́** *posn.* in a casket
Also see **домови́на 1**
2 *fig.* death ♦ **переверта́тися в ~і́** to turn in one's grave ◊ **Якби́ він знав, у ~і́ переверну́вся б.** If he knew he would turn in his grave.
See **смерть.** *Also see* **домови́на 2, моги́ла 2**

труп, *m.*, **~а**
corpse, cadaver
adj. **жіно́чий** female, **лю́дський** human, **чолові́чий** male; **го́лий** naked, **закрива́влений** bloody ◊ **Саніта́ри ходи́ли се́ред закрива́влених ~ів у по́шуках пора́нених.** The medics walked among bloody corpses looking for wounded. **обгорі́лий** charred; **безголо́вий** headless; **набря́клий** bloated ◊ **Ряту́вальники ви́ловили з о́зера набря́клий т.** The rescuers fished a bloated corpse out of the lake. **поні́вечений** mutilated; **муміфіко́ваний** mummified; **неопі́знаний** unidentified; **бездиха́нний** *poet.* lifeless ◊ **Пана́с упав на кана́пу бездиха́нним ~ом.** Panas fell on the couch like a lifeless corpse. **живи́й** *fig.* living, **ходя́чий** *fig.* walking ◊ **не воя́к, а ходя́чий т.** a walking corpse of a soldier
v. + **т. виявля́ти т.** discover a corpse ◊ **Полі́ція ви́явила в підва́лі поні́вечений т.** The police discovered a corpse in the basement. (**ексгумува́ти** exhume; **знахо́дити** find; **огляда́ти** examine ◊ **Він огля́нув т.** He examined the corpse. **розтина́ти** dissect; **розчлено́вувати** dismember ◊ **Патологі́чний убивця розчлено́вує ~и жертв.** The serial killer dismembers his victims' corpses. **спа́лювати** cremate, **хова́ти** bury) ◊ **~и похова́ли у бра́тській моги́лі.** The corpses were buried in a common grave. **бу́ти всте́леним ~ами** be strewn with corpses ◊ **Земля́ вstéлена ~ами.** The ground is strewn with corpses. (be covered with **бу́ти покри́тим**)
т. + *v.* **висиха́ти** dry, **гни́ти** rot ◊ **У пусте́лі ~и твари́н висиха́ють, а не гнию́ть.** In a desert, animal corpses dry, not rot. **розклада́тися** decompose; **лежа́ти** lie
Also see **ті́ло 3**

тру́п|а, *f.*
company *(theater)*; troupe *(circus)*
adj. **вели́ка** large, **мала́** *and* **невели́ка** small, **мале́нька** *dim.* small; **бале́тна** ballet, **о́перна** *or* **опе́ро́ва** opera ◊ **В о́пері дві ~и: бале́тна й опе́ро́ва.** There are two companies in the opera: a ballet one and opera one. **театра́льна** theater ◊ **Ната́лка знайшла́ пра́цю в невели́кій театра́льній ~і.** Natalka found work in a small theater company. **циркова́** circus; **мандрі́вна́** itinerant ◊ **Ча́сом мі́сто відві́дують мандрі́вні ~и.** Sometimes itinerant troupes visit the city.
See **організа́ція, теа́тр**

трус|и́, *only pl.*, **~і́в**
1 underpants ◊ **Павло́ роздягну́вся до ~і́в.** Pavlo undressed to his underpants.
adj. **дитя́чі** children's, **жіно́чі** women's, **чолові́чі** men's
n. + **т. па́ра ~і́в** a pair of underpants ◊ **У паке́ті три па́ри чолові́чих ~і́в.** There are three pairs of men's underpants in the package.
See **о́дяг, штани́**
2 *sport* shorts ◊ **Футбо́лки дружи́ни жо́втого ко́льору, а т. – си́нього.** The team's T-shirts are yellow and the shorts are blue.

трус|и́ти, **трушу́**, **~ять; по~**, *tran. and intr.*
1 *tran.* to shake, jiggle, joggle
adv. **до́бре** well, **енергі́йно** vigorously, **з усіє́ї си́ли** *and* **щоси́ли** with all one's strength ◊ **Він щоси́ли ~и́в я́блуню, а я́блука не па́дали.** He was shaking the apple tree with all his strength, but the apples would not fall. **си́льно** violently ◊ **Кущ шелесті́в так, на́че його́ хтось си́льно ~и́в.** The bush rustled as if somebody shook it violently. **ле́гко** lightly, **ле́две** barely, **тро́хи** a little
v. + **т. бра́тися** set about ◊ **Рома́на взяла́ся т. від по́роху весь зимо́вий о́дяг.** Romana set about shaking all her winter clothes from dust. **почина́ти** begin to ◊ **Хво́рого почала́ т. гаря́чка.** The patient began to shake with fever. **ста́ти** *pf.* start; ♦ **т.** + *D.* **ру́ку** to shake hand ◊ **Кандида́т потруси́в ко́жному ру́ку.** The candidate shook everybody's hands.
prep. **т. за** + *A.* shake by sth ◊ **Гали́на ~и́ла його́ за пле́чі.** Halyna was shaking him by the shoulders.
Also see **трясти́ 1**
2 *intr.* to shake, brandish, wave + *I.* ◊ **Він потруси́в кулако́м на хуліга́нів.** He shook his fist at the hooligans. ◊ **Вона́ го́лосно смія́лася, ~ся́чи гладки́м живото́м.** She laughed loudly, her fat stomach shaking.
See **маха́ти 1.** *Also see* **трясти́ 2**
pa. pple. **тру́шений** shaken
(по)труси́!

трус|и́тися; за~, *intr.*
1 to shake, tremble, vibrate; *pf.* **за~** to begin shaking
adv. **ду́же** badly, **неконтрольо́вано** uncontrollably, **си́льно** violently ◊ **Від ви́бухів буди́нки навко́ло си́льно ~и́лися.** The buildings around shook violently from explosions. **страше́нно** terribly; **тро́хи** a little, **дослі́вно** literally, **практи́чно** practically; **ви́димо** visibly; **нерво́во** nervously
prep. **т. від** + *G.* shake from/with sth ◊ **Дім ~и́вся від по́тяга, що проїжджа́в.** The house was shaking from the passing train. ◊ **Андрі́й ~и́вся від хо́лоду.** Andrii was trembling with cold.
Also see **трясти́ся 1**
2 *colloq.* to fear, tremble, be afraid ♦ **т. за се́бе** to tremble for one's own life ◊ **Клим труси́вся за вла́сне життя́.** Klym trembled for his own life. ♦ **т. за свою́ шку́ру** *fig.* to be in fear for one's hide
3 *colloq., fig.* to burn *(with desire, curiosity, etc.)*, be dying to ◊ **Марі́я аж ~и́лася з нетерпі́ння дізна́тися, хто а́втор листа́.** Maria was burning with impatience to find out who the author of the letter was.
prep. **т. від** *or* **з** + *G.* be burning with *(emotion, etc.)* ◊ **Дани́ло про́сто ~и́вся від бажа́ння подиви́тися сенсаці́йний фільм.** Danylo was simply burning with the desire to see the sensational movie.
4 to rattle, jolt, jounce ◊ **Ці́лу ніч Мо́тря ~и́лася в по́тязі до Чо́па.** All night, Motria rattled on the train to Chop.

See **ї́хати, подорожува́ти.** *Also see* **мандрува́ти 2, трясти́ся 2**

трюк, *m.*, **~у**
1 stunt
adj. **зухва́лий** daredevil, **карколо́мний** neckbreaking, **смі́ли́вий** daring; **небезпе́чний** dangerous, **фата́льний** fatal; **неможли́вий** impossible, **складни́й** complicated; **повітря́ний** aerial ◊ **Літа́к вико́нував рі́жні повітря́ні ~и.** The airplane performed various aerial stunts. **циркови́й** circus ◊ **Циркови́й т. ви́явився фата́льним для зухва́льця.** The circus stunt proved to be fatal for the daredevil.
v. + **т. вико́нувати т.** perform a stunt (**роби́ти** do; **забороня́ти** ban) ◊ **Небезпе́чний т. заборони́ли.** The dangerous stunt was banned. **вчи́тися ~ові** learn a stunt ◊ **Рома́н учи́вся ново́му ~ові три ти́жні.** Roman took three weeks to learn the new stunt.
2 *fig.* trick, stunt
adj. **ефе́ктний** spectacular, **несподі́ваний** unexpected, **спри́тний** clever ◊ **Репута́цію йому́ врятува́в спри́тний т.** A clever stunt rescued his reputation. **меді́йний** media, **передви́борчий** election, **політи́чний** political ◊ **Вона́ – майстри́ня політи́чних ~ів.** She is a master of political stunts. **рекла́мний** publicity; **бру́дни́й** dirty, **ганé бний** shameful, **деше́вий** cheap, **пі́длий** vile; **кінематографі́чний** movie
v. + **т. викида́ти т.** *colloq.* pull a stunt ◊ **Невідо́мо, яки́й ще рекла́мний т. мо́же ви́кинути фі́рма.** It is anybody's guess what other publicity stunt the firm can pull. (**влашто́вувати** arrange, **організо́вувати** organize) ◊ **Він організува́в кі́лька передви́борчих ~ів.** He organized a few election stunts. **вдава́тися до ~у** resort to a trick ◊ **Режисе́р уда́вся до деше́вих ~ів.** The director resorted to cheap stunts.

тряс|ти́, ~у́ть; ви́~; *pa. m.* **тряс**, *pl.* **трясли́**, *tran. and intr.*
1 *tran.* to shake ◊ **Тама́ра, як шале́на, ~е хло́пця за пле́чі.** Tamara is shaking the boy by his shoulders like crazy. ◊ **Бори́с тряс гру́шу, а ді́ти збира́ли гру́ші.** Borys was shaking the pear tree and the children were picking the pears. ◊ **Наза́ра всьо́го ~ло́ від стра́ху́.** *impers.* Nazar was shaking all over with fear.
See **труси́ти 1**
2 *intr. and tran.* to shake, brandish; jolt ◊ **Жі́нка лю́то ~ла́ хло́пцям патико́м.** The woman furiously shook a stick at the boys.
See **маха́ти 1.** *Also see* **труси́ти 2**
3 to search, frisk, inspect ◊ **Полі́ція зупиня́є і ~е ко́жного.** The police stop and frisk every individual.
See **обшу́кувати 1**
pa. pple. **ви́трясений** shaken out
(ви)тряси́!

тряс|ти́ся; *no pf., tran.*
1 to shake, tremble, vibrate; *pf.* **за~** to begin shaking ◊ **В Андрі́я ~ли́ся ру́ки від збу́дження.** Andrii's hands were shaking with excitement.
See **труси́тися 1**
2 to rattle, jolt, jounce ◊ **Вантажі́вка го́лосно ~ла́ся по доро́зі.** The truck rattled loudly along the road.
See **ї́хати, подорожува́ти.** *Also see* **мандрува́ти 2, труси́тися 4**

туале́т, *m.*, **~у**
1 restroom, lavatory, bathroom
adj. **грома́дський** public, **пла́тний** paid; **бру́дни́й** dirty, **чи́сти́й** clean ◊ **Ко́жен грома́дський т. у мі́сті чи́стий.** Every public restroom in the city is clean. **жіно́чий** women's, **чолові́чий** men's; **комуна́льний** communal ◊ **Для ме́шканців шести́ кварти́р на по́версі був оди́н комуна́льний т.** There was one communal restroom for the tenants of six apartments on the floor. **спі́льний** shared; **окре́мий** separate
v. + **т. ма́ти т.** have a restroom ◊ **Буди́нок ма́є т. на ко́жному по́версі.** The building has a restroom on each floor. (**прибира́ти** clean; **знайти́** *pf.* find ◊ **Пів годи́ни він не міг знайти́ т.** For a half hour he could not find a restroom. **шука́ти** look for); **кори́стува́тися ~ом** use a restroom ◊ **Жі́нки та чолові́ки кори́сту́ються спі́льним ~ом.** Men and women use a shared restroom.
prep. **до ~у** to a restroom ◊ **Вона́ пішла́ до ~у.** She went to the restroom. **у ~і** in a restroom ◊ **У ~ах теа́тру ва́зи з живи́ми кві́тами.** There were vases with fresh flowers in the restrooms of the theater.
2 dress, attire
adj. **вечі́рній** evening ◊ **Госте́й проси́ли з'яви́тися на прийня́ття у вечі́рньому ~і.** The guests were asked to appear at the reception in evening dress. **пообі́дній** afternoon, **ранко́вий** morning; **бездога́нний** impeccable; **оша́тний** elegant
See **о́дяг**
3 *only sg.* appearance, looks ◊ **Щора́нку Мико́ла тра́тив годи́ну на свій т.: душ, голі́ння, зачі́ску і т. д.** Every morning, Mykola would spend an hour attending to his appearance: shower, shave, hairdo, and so on.

туале́тн|ий, *adj.*
toilet, of or pertaining to toilet
т. + *n.* **т. папі́р** toilet paper ◊ **Т. папі́р було́ нелегко́ знайти́.** Toilet paper was hard to find. ♦ **т. сто́лик** a dressing table; **~а вода́** toilet water; **~е ми́ло** toilet soap; ♦ **~і аксесуа́ри** toiletries ◊ **У Марка́ не залиша́лося ~их аксесуа́рів.** Marko was running out of his toiletries.

ту́|га, *f.*, *only sg.*
1 longing, yearning, anxiety
adj. **безпросві́тна** *fig.* hopeless ◊ **У її́ оча́х була́ безпросві́тна т.** There was hopeless longing in her eyes. **бо́лісна** painful, **вели́ка** great, **відчайду́шна** desperate, **глибо́ка** deep, **гніту́ча** depressing, **го́стра** acute, **невимо́вна** unspeakable, **нестерпна** unbearable ◊ **Несте́рпна т. не дає Богда́нові спо́кою дру́гий день.** Unbearable yearning would not leave Bohdan in peace for the second day. **страшна́** terrible, **те́мна** dark, **чо́рна** black; **несподі́вана** sudden; **ди́вна** strange, **незрозумі́ла** incomprehensible, **таємна** secret; **легка́** mild
v. + **т. виклика́ти ~у в** + *G.* cause longing in sb ◊ **Ду́мка про від'ї́зд виклика́ла в Антоні́ни ~гу.** The thought of departure caused longing in Antonina. (**відчува́ти** sense) ◊ **Юлія́н відчу́в ~гу в го́лосі дівчи́ни.** Yulian sensed a longing in the girl's voice.
prep. **від** *or* **з ~ги** from/with longing ◊ **Він пла́кав від ~ги.** He was in tears with longing. **т. за** + *I.* longing for sb ◊ **Оре́сту огорну́ла т. за до́мом.** A longing for home overtook Oresta.
2 sorrow, grief, misery
adj. **безме́жна** boundless, **вели́ка** great, **невимо́вна** unspeakable ◊ **Ма́рта подиви́лася на не́ї очи́ма, спо́вненими невимо́вної ~ги.** Marta looked at her with eyes filled with unspeakable grief. **несте́рпна** unbearable, **пеку́ча** burning, **те́мна** dark, **тяжка́** heavy ◊ **Тяжка́ т. огорну́ла йому́ се́рце.** Heavy grief enveloped his heart.
v. + **т. зна́ти ~гу** know grief ◊ **Степане́нки зна́ли ра́дість і ~гу.** The Stepanenkos knew joy and grief. (**впада́ти в** lapse into) ◊ **Га́нна не з тих, хто ле́гко впада́є в ~гу.** Hanna is not the kind who easily lapses into grief. **піддава́тися ~зі** succumb to grief
prep. **в ~зі** in grief ◊ **Він був у ~зі.** He was in grief.
See **го́ре 1, сму́ток.** *Also see* **меланхо́лія.** *Ant.* **ра́дість, щастя**

туг|и́й, *adj.*
1 tight, rigid ◊ **~а́ моту́зка** a tight rope
adv. **винятко́во** exceptionally, **вкрай** extremely, **геть** totally, **неможли́во** impossibly, **цілко́м** completely; **до́сить** fairly, **доста́тньо** sufficiently, **ду́же** very, **на́дто** too
v. + **т. бу́ти ~и́м** be tight (**виявля́тися** turn out ◊ **Лук ви́явився таки́м ~и́м, що Юрко́ не зміг ви́стрелити.** The bow turned out to be so tight that Yurko was not able to shoot. **здава́тися** + *D.* seem to sb; **лиша́тися** stay; **роби́ти** + *A.* make sth ◊ **Кат зроби́в за́шморг ~и́м.** The executioner made the noose tight. **става́ти** become) ◊ **Жи́лка ста́ла ~о́ю як струна́.** The fishing line became tight as a string.
Ant. **слабки́й 6**
2 tight, compact, dense ◊ **Він ки́нув на віз три ~і́ в'я́зки сі́на.** He threw three tight bales of hay on the wagon. ◊ **Баті́г гру́бий і т.** The whip is thick and tight. ◊ **Він ле́две спромі́гся ви́йняти т. ко́рок із пля́шки.** He barely managed to pull the tight cork out of the bottle.
3 firm, hard, robust, strong ◊ **Ната́лка ма́є ~і́ но́ги.** Natalka has firm legs. ◊ **Вона́ милу́ється ~и́м ті́лом чолові́ка.** She admires the man's firm body.
See **си́льний 1.** *Ant.* **слабки́й 1, кво́лий 1**
4 *fig.* dense, slow, witless, thick ♦ **т. на го́лову** to be slow-witted ◊ **Юна́к ви́явився ~и́м на го́лову.** The youth turned out to be slow-witted. ♦ **бу́ти ~и́м на ву́хо** to be hard of hearing
See **дурни́й 1.** *Also see* **тупи́й 3**

туди́, *adv., conj.*
1 *adv., dir.* there, in that direction *(with motion verbs)* ◊ **Він пі́де т. за́втра.** He'll go there tomorrow. ♦ **т. й сюди́** to and fro, back and forth ◊ **Вага́дло гойда́лося т. й сюди́.** The pendulum swayed to and fro. ♦ **т. й наза́д** there and back ◊ **Ва́ля купи́ла два квитки́ до Оде́си, т. й наза́д.** Valia bought two round-trip tickets to Odesa. ♦ **т. йому́ й доро́га** serves him right ◊ **Почу́вши, що її́ заарештува́ли, Лари́са не без злора́дства сказа́ла: «Т. їй і доро́га.»** On hearing that she had been arrested, Larysa said, not without schadenfreude, "Serves her right."
♦ **не т.** to the wrong place ◊ **Кили́на зрозумі́ла, що не т. потра́пила.** Kylyna realized that she ended up in the wrong place.
2 *conj.*, where, wherefrom, whereto *followed by* **де, зві́дки, куди́** ◊ **О́льга поверну́лася обли́ччям т., де схо́дить со́нце.** Olha turned her face where the sun rises. ◊ **Він біг т., зві́дки ли́нули зву́ки пі́сні.** He ran wherefrom the sounds of song spread. ◊ **Ні́нина уя́ва леті́ла т., куди́ її́ дочка́ ма́ла незаба́ром ї́хати на навча́ння.** Nina's imagination flew whereto her daughter was supposed to travel for her studies soon.

туж|и́ти, ~ать; за~, *intr.*
1 to grieve, lament, mourn ◊ **Весь цей час Оле́кса стра́шно ~и́в.** All this time Oleksa grieved terribly.
See **сумува́ти 1**
2 to yearn for, pine for, miss
prep. **т. за** + *I.* ◊ **Що до́вше Катери́на була́ за кордо́ном, то бі́льше ~и́ла за до́мом.** The longer Kateryna stayed abroad, the more she missed home.
See **сумува́ти 2.** *Also see* **бракува́ти[1] 2, жури́тися 3, нудьгува́ти 2**
3 to wail, lament; *also fig.*
adv. **го́лосно** loudly ◊ **«На́що ж ти нас кида́єш!»– го́лосно ~и́ла Зіно́вія.** "Why are you leaving us!" Zinoviia loudly wailed. **безуті́шно** inconsolably, **жа́лібно** mournfully ◊ **Десь жа́лібно ~и́ла ме́ва.** Somewhere a seagull wailed mournfully. **су́мно** sadly; **ти́хо** quietly ◊ **Десь ви́соко над мо́рем ти́хо ~и́ла ча́йка.** *fig.* Somewhere high above the sea a seagull was quietly wailing.
(за)тужи́!

туз, *m.*, **~á**
1 ace *(in cards)* ◊ **У неї лиша́вся жиро́вий** *or* **тре́фовий т.** She had the ace of diamonds left.
See **ка́рта 2**
2 *fig., colloq.* big shot, bigwig, big fish
adj. **місце́вий** local ◊ **Він був на дру́жній нозі́ з одни́м місце́вим ~о́м.** He was on friendly terms with one local big shot. **літерату́рний** literary, **мафіо́зний** mafia; **пова́жний** important

ту́луб, *m.*, **~а**
1 body, trunk, torso
adj. **го́лий** bare; **вели́кий** big; **мали́й** small ◊ **Хло́пець мав мали́й т. і вели́ку го́лову.** The boy had a small trunk and a big head. **невели́кий** small; **засма́глий** tanned; **атлети́чний** athletic, **міцни́й** strong; **кво́лий** frail
See **ті́ло 1.** *Also see* **ко́рпус 1**
2 *fig.* body *(of car)*, fuselage *(of aircraft)*, hull *(of ship)* ◊ **Срі́блястий т. авті́вки блища́в на со́нці.** The silvery body of the car shimmered in the sun.
See **ко́рпус 2**

тума́н, *m.*, **~у**
1 fog, mist
adj. **важки́й** heavy, **густи́й** thick ◊ **У густо́му ~і О́ля не ба́чила вла́сної руки́.** In the thick fog, Olia did not see her own hand. **легки́й** light; **непрогля́дний** impenetrable; **бі́лий** white, **моло́чний** milky, **си́вий** gray, **си́зий** hoary; **холо́дний** cold ◊ **Холо́дний т. до кісто́к прони́зував її ті́ло.** The cold fog pierced her body to the bone. **зимо́вий** winter, **лі́тній** summer, **осі́нній** fall, *etc.* **вечі́рній** evening, **ранко́вий** morning
v. + **т. розві́ювати т.** scatter fog (**ба́чити** + *A.* **крізь** see sth through); **виринáти з ~у** emerge from a fog ◊ **Час від ча́су з ~у вирина́ли поодино́кі дере́ва.** Lone trees emerged from the fog every now and then. (**з'явля́тися з** appear from, **проступа́ти з** come out from) ◊ **Те́мні фо́рми форте́ці проступа́ли з ~у.** The dark shapes of the fortress were coming out from the fog. **блука́ти в ~і** wander around in a fog (**губи́тися в** get lost in, **заблуди́тися в** *pf.* go astray in; **зника́ти в** disappear in; **топи́тися в** drown in) ◊ **Бе́рег о́зера топи́вся в си́вому ~і.** The lake shore drowned in a gray fog. **бу́ти ого́рнутим ~ом** be shrouded in fog (**бу́ти покри́тим** be covered with) ◊ **По́ле покри́те легки́м ~ом.** The field is covered with a light mist.
т. + *v.* **густі́шати** thicken, **кури́тися** swirl, **лежа́ти** lie, **стели́тися** roll ◊ **Т. стели́вся над водо́ю.** The fog rolled over the water. **зника́ти** disappear, **розві́юватися** disperse ◊ **Вони́ чека́ли, щоб розві́явся т.** They waited for the fog to disperse. **закрива́ти** + *A.* obscure sth ◊ **Т. закрива́є ве́жу.** The fog obscures the tour. **огорта́ти** + *A.* envelop sth, **оповива́ти** + *A.* shroud sth; **покрива́ти** + *A.* cover sth, **опуска́тися на** + *A.* descend on sth ◊ **На доро́гу опусти́вся т.** Fog descended on the road.
prep. **крізь т.** through fog ◊ **Оре́ста ї́хала крізь т.** Oresta drove through the fog. **у т.** *dir.* into fog ◊ **Вояки́ зану́рилися в т.** The soldiers submerged into the fog. **у ~і** in fog ◊ **Сашко́ загуби́вся в непрогля́дному ~і.** Sashko got lost in the impenetrable fog.
Cf. **те́мрява 1**
2 *fig.* mist, fog, haze, cloud ◊ **Усе́ відбува́лося, на́че в ~і.** Everything was happening as if in the fog. ◊ **Над її столо́м ви́сів си́зий т. тютюно́вого ди́му.** A hoary mist of tobacco smoke hung over her table. ◊ **Іва́нна усміхну́лася до ньо́го крізь т. сліз.** Ivanna gave him a smile through the haze of tears. ◊ **Т. упере́джень заважа́в йому́ реалісти́чно диви́тися на світ.** The haze of prejudices prevented him from looking at the world realistically. ♦ **напуска́ти ~у** to mystify sb/sth ◊ **Адвока́т напусти́в ~у у про́сту спра́ву.** The lawyer mystified a straightforward case.
3 *fig., colloq.* dumbhead, fool ◊ **Марко́ почува́вся цілкови́тим ~ом.** Marko felt to be an utter dumbhead.
See **ду́рень.** *Also see* **баня́к 3, жлоб 1, неща́стя 2, стовп 3**

туп|и́й, *adj.*
1 blunt, dull
adv. **абсолю́тно** absolutely, **безнаді́йно** hopelessly ◊ **іржа́вий і безнаді́йно т. ніж** a rusty and hopelessly blunt knife; **геть** totally, **до́сить** fairly, **ду́же** very, **зо́всім** completely; **майже** almost, **тро́хи** a little
v. + **т. бу́ти ~и́м** be blunt (**виявля́тися** turn out ◊ **Бри́тва ви́явилася геть ~о́ю.** The razor turned out to be totally blunt. **роби́ти** + *A.* make sth ◊ **Ша́блю зроби́ли ~о́ю.** They made the saber blunt.
Ant. **го́стрий 1**
2 blunt, round, obtuse ◊ **Чолові́к ішо́в, тя́жко спира́ючись на т. кіне́ць кийка́.** The man walked, leaning heavily on the blunt end of the stick. ♦ **т. кут** *geom.* an obtuse angle
3 *fig.* stupid, thick, dim, slow, brainless ◊ **Він вважа́є чино́вників ~и́ми за ви́значенням.** He considers bureaucrats to be stupid by definition. ◊ **На його́ обли́ччі ви́раз ~о́ї пихи́.** There is an expression of stupid arrogance on his face. ◊ **Її ~а́ жорсто́кість не зна́ла меж.** Her brainless cruelty knew no limits.
See **дурни́й 1.** *Also see* **туги́й 4**
4 vacant *(of expression, etc.)*, blank, empty ◊ **Марі́я слу́хала із ~и́м ви́разом на обли́ччі.** Maria listened with a blank look on her face. ◊ **Лари́су опанува́ла ~а́ байду́жість.** Empty indifference overtook Larysa.
5 dull *(of pain, etc.)* ◊ **У Ле́ва в колі́ні лиша́вся т. біль.** Dull pain remained in Lev's knee.
6 muffled *(of sound)*, dull, muted ◊ **Че́рез товсти́й мур ка́мери до його́ вух долина́в т. звук.** A dull sound reached his ears through the thick wall of the cell.

тупи́к, *m.*, **~а́**
1 dead end, cul-de-sac, blind alley ◊ **Петро́ загна́в вантажі́вку до ~а́.** Petro drove the truck into a blind alley. ◊ **Ву́лиця ви́явилася ~о́м.** The street turned out to be a dead end.
prep. **в т.** *dir.* in/to a dead end ◊ **Вони́ зайшли́ в т.** They got into a dead end. **в ~у́** *posn.* in a dead end ◊ **Він опини́вся в ~у́.** He found himself in a dead end.
2 *fig.* impasse, dead end, deadlock ◊ **Рі́шення завело́ всіх у т.** The decision got everybody in a deadlock.
N. pl. **~и́**

туп|и́ти, **~лю́, ~иш, ~лять; за~, при~,** *tran.*
1 to blunt, dull; **за~** *(fully)*, **при~** *pf. (a little)*
adv. **неуни́кно** inevitably ◊ **Використа́ння неуни́кно ~ить найгостріший ніж.** Use inevitably blunts the sharpest knife. **пові́льно** slowly, **поступо́во** gradually; **шви́дко** quickly ◊ **Тверде́ де́рево шви́дко ~ить інструме́нти.** Hard wood quickly blunts the tools.
2 *fig.* dull, lessen, diminish ◊ **Алкого́ль ~ить па́м'ять.** Alcohol dulls the memory. ◊ **Він шука́є спо́собу при~ біль.** He looks for a way of dulling his pain a little.
pa. pple. **зату́плений** blunted; **приту́плений** blunted *(a little)*
(за)тупи́!

тупі́|ти, **~ють; за~, під~,** *intr.*
1 to become blunt; *pf.* **за~** *(fully)*, **під~** *(a little)* ◊ **Уда́рившись у стіну́, стріла́ затупи́лася.** Having hit the wall, the arrow became blunt.
adv. **геть** totally ◊ **Ле́зо геть затупі́ло.** The blade has become totally blunt. **цілко́м** completely; **де́що** somewhat ◊ **Ніж де́що підтупі́в.** The knife became a little blunt. **трі́шки** *colloq.* a tad, **тро́хи** a little ◊ **Соки́ра тро́хи притупи́лася.** The ax became a little blunted. **пові́льно** slowly, **поступо́во** gradually; **несподі́вано** unexpectedly, **шви́дко** quickly ◊ **Три уда́ри по дубо́вій коло́ді, і соки́ра шви́дко ~ла.** Three hits on an oak log and the ax would quickly become blunt.
2 *fig.* to become dumb *(of a person)*, become stupefied; *pf.* **о~** ◊ **Від шква́лу інформа́ції Лука́ отупі́в.** Luka became stupefied from the barrage of information. ◊ **Юрі́й відчува́в, як ~є з ко́жним днем слу́жби в а́рмії.** Yurii felt he was becoming dumb every day of service in the army.
See **дурі́ти 1**
(за)тупі́й!

тур, *m.*, **~у**
1 stage, round, phase, period ◊ **Її промо́ва позна́чила нови́й т. боротьби́ за інтегра́цію краї́ни в Євро́пу.** Her speech marked a new stage of the struggle for the nation's integration into Europe. ◊ **Ви́бори склада́ються із двох ~ів.** The election consists of two rounds.
See **ета́п 1**
2 *sports* round, heat
adj. **пе́рший** first ◊ **Пе́рший т. чемпіона́ту що́йно розпоча́вся.** The first round of the championship just began. **попере́дній** preliminary, **початко́вий** opening; **дру́гий** second, *etc.*; **насту́пний** next ◊ **У насту́пному ~і вона́ змага́тиметься із грі́зною супе́рницею.** In the next round, she will compete with a formidable rival. **фіна́льний** final; **кваліфікаці́йний** qualifying; **тренува́льний** training
v. + **т. вигравáти т.** win a round ◊ **Бігу́н ви́грав фіна́льний т. «Ку́бку Полі́сся».** The runner won the Polissia Cup final round. (**програва́ти** lose; **вихо́дити в** make) ◊ **Слова́цький спортсме́н ви́йшов у дру́гий т.** The Slovak athlete made the second round.
prep. **в ~і** in the round ◊ **Дружи́на перемогла́ в пе́ршому ~і.** The team won the first round.
Also see **ета́п 2**
3 tour, package tour
adj. **деше́вий** cheap, **недороги́й** inexpensive; **групови́й** group, **роди́нний** *or* **сіме́йний** family; **індивідуа́льний** individual; **ексклюзи́вний** exclusive; **ціка́вий** interesting ◊ **Аге́нція пропону́є ціка́ві ~и За́хідною Украї́ною.** The agency offers interesting tours of Western Ukraine. ◊ **Т. включа́є по́дорож літако́м та готе́ль.** The package tour includes airfare and a hotel accommodation. ♦ **гаря́чий т.** a last-minute deal; **міжнаро́дний** international, **середземномо́рський** Mediterranean, **чорномо́рський** Black-Sea
v. + **т. купува́ти т.** buy a tour (**дарува́ти** + *D.* give sb; **продава́ти** + *D.* sell to sb, **пропонува́ти** + *D.* offer sb ◊ **Він пропону́є кліє́нтам гаря́чі ~и Середзе́мним мо́рем.** He offers customers last-minute deals for tours of the Mediterranean. **знахо́дити** find; **шука́ти** look for; **вируша́ти в** set off on ◊ **Вони́ ви́рушили в т. Інді́єю.** They set off on a tour of India. **відправля́тися в** embark on, **ї́хати в** go on) ◊ **Вони́ ї́дуть у т. Чо́рним мо́рем.** They are going on a tour of the Black Sea.
Cf. **по́дорож**

турбо́т|а, *f.*
1 care, help, concern, attention
adj. **вели́ка** great, **найви́ща** utmost ◊ **Безпе́ка – її найви́ща т.** Safety is her utmost concern. **ба́тьківська** paternal ◊ **Ді́вчина не зна́ла ба́тьківської ~и.** The girl did not know paternal care. **матери́нська** maternal; **па́стирська** pastoral, **духо́вна** spiritual; **ні́жна** tender; **безпере́рвна** incessant, **неосла́бна** unflagging, **пості́йна** constant; **спі́льна** shared
v. + **т. виявля́ти ~у про** + *A.* take care of sb

◊ **Марі́я виявля́ла вели́ку ~у про хво́ру сестру́.** Maria took great care of her sick sister. (**відчува́ти** feel) ◊ **Тут Зі́на відчува́ла ні́жну ~у про се́бе.** Here Zina felt tender concern for her. **вимага́ти ~и** require care ◊ **Старі́ батьки́ Оле́га вимага́ли пості́йної ~и.** Oleh's old parents required constant care. (**потребува́ти** need); **ото́чувати** + *A.* **~ою** surround sb with care ◊ **Персона́л очочи́в пора́неного неосла́бною ~ою.** The staff surrounded the wounded with unflagging care.

prep. **т. з бо́ку** + *G.* care on the part of sb; **т. про** + *A.* care for sb ◊ **т. про школярі́в з бо́ку вчителі́в** the care for schoolchildren on the part of the teachers

See **ува́га 1.** *Also see* **ді́ло 2, до́гляд.** *Ant.* **байду́жість**

2 concern, anxiety, preoccupation, trouble ◊ **Пості́йна т. про те, як оплачувати раху́нки, почина́ла гніти́ти моло́де подру́жжя.** The constant preoccupation about how to pay their bills was beginning to depress the young married couple. ◊ **Її життя́ спо́внене пості́йних турбо́т.** Her life is filled with constant concerns.

See **триво́га 1.** *Also see* **занепоко́єність**

турбу|ва́ти, ~ють; с~, *tran.* + *A.*
to disturb, bother, worry, concern

adv. **вкрай** extremely ◊ **Заува́ження ба́тька вкрай стурбува́ло Ми́шу.** His father's remark made Mysha extremely concerned. **глибо́ко** deeply, **деда́лі бі́льше** increasingly ◊ **Його́ деда́лі бі́льше ~є біль у гру́дях.** The pain in the chest increasingly bothers him. **неаби́як** greatly, **серйо́зно** gravely, **страше́нно** terribly; **напра́вду** truly, **спра́вді** really; **особли́во** especially; **до́сить** rather, **доста́тньо** sufficiently; **тро́хи** a little; **зрозумі́ло** understandably, **надмі́ру** excessively, **на́дто** unduly, **приро́дно** naturally; **виразно** distinctly ◊ **Їх вира́зно ~є майбу́тнє дочки́.** Their daughter's future distinctly worries them. **я́вно** clearly; **зо́всім не** not at all; **ніскі́льки не** not in the least, **нія́к не** in no way ◊ **Загро́за банкру́тства ба́нку нія́к не ~є у́ряд.** The threat of the bank's bankruptcy in no way worries the government.

v. + **т. бу́ти зму́шеним** be forced to ◊ **Вона́ зму́шена т. економі́ста за́питами.** She is forced to bother the economist with inquries. **му́сити** have to; **могти́** can; **нава́жуватися** dare ◊ **Він не нава́жувався т. ше́фа проха́ннями.** He did not dare bother the boss with requests. **хоті́ти** want to ◊ **Хри́стя не хо́че т. її.** Khrystia does not want to bother her. **не бу́ти тре́ба** should not ◊ **Вам не тре́ба т. Петре́нка дрібни́цями.** You should not bother Petrenko with trifles. **почина́ти** begin to ◊ **На́дю поча́в т. артри́т.** Arthritis started bothering Nadia. **ста́ти** *pf.* start; **продо́вжувати** continue; **перестава́ти** stop ◊ **Кошма́ри переста́ли т. жі́нку.** Nightmares stopped bothering the woman.

pa. pple. **стурбо́ваний** concerned ◊ **стурбо́вані грома́дяни** concerned citizens

(с)турбу́й!

Also see **жури́ти 2, ї́сти 5, клопота́ти, непоко́їти, хвилюва́ти 1**

турбу|ва́тися; с~, *intr.*
1 to worry, be concerned, be anxious + *I.* ◊ **Нема́є причи́ни т. її здоро́в'ям.** There is no reason to worry about her health.

adv. **ду́же** a lot ◊ **Він ду́же ~ється з о́гляду на нові́ пода́тки.** He worries a lot over the new taxes. **ма́рно** in vain; **надмі́ру** excessively ◊ **Соломі́я надмі́ру ~ва́лася юнако́м.** Solomiia worried about the youth excessively. **на́дто** too much, **непотрі́бно** needlessly; **особли́во** particularly, **спра́вді** really, **страше́нно** terribly; **тро́хи** a little; **безпереста́нку** nonstop, **весь час** all the time, **пості́йно** constantly

prep. **т. за** *and* **про** + *A.* worry about sth ◊ **Дире́кторка ~ється про брак фо́ндів.** The (female) director is concerned about the dearth of funds.

See **жури́тися 2.** *Also see* **клопота́тися 4, ляка́тися 2, непоко́їтися, пережива́ти 4, хвилюва́тися 1**

2 to take care, look after ◊ **Наза́р ~вався за гостей.** Nazar took care of his guests. ◊ **Яри́на му́сила т. за роди́ну.** Yaryna was obliged to take care of her family.

See **догляда́ти 1**

тури́зм, *m.,* **~у,** *only sg.*
tourism, hiking

adj. **екологі́чний,** *usu* **екотури́зм** environmental tourism ◊ **Краї́на ма́є потенці́ял для екологі́чного ~у.** The country has the potential for environmental tourism. **зеле́ний** green; **екскурсі́йний** sightseeing, **космі́чний** space, **кулiна́рний** culinary, **культу́рний** cultural ◊ **По́дорожі для ньо́го – сино́нім культу́рного ~у.** Travels are synonymous with cultural tourism for him. **ли́жний** ski; **ґлоба́льний** global, **закордо́нний** foreign, **міжнаро́дний** international; **секс-т.** sex tourism ◊ **Мі́сто ста́ло осере́дком секс-тури́зму.** The city has become a sex tourism center.

n. + **т. вплив ~у** the impact of tourism (**ро́звиток** development) ◊ **Нове́ лето́вище дало́ по́штовх ро́звиткові ~у.** The new airport boosted the development of tourism. **зроста́ння ~у** a growth in tourism (**зане́пад** decline, **скоро́чення** decrease) ◊ **Суспі́льна напру́га призведе́ до скоро́чення ~у в реґіо́ні.** The social tension will cause a decrease in tourism in the region. **спри́яння ~ові** promotion of tourism; **дохі́д із ~у** the income from tourism (**прибу́ток** revenue)

v. + **т. заохо́чувати т.** encourage tourism (**поши́рювати** spread, **розвива́ти** develop) ◊ **Мі́сто розвива́є кулiна́рний т.** The city develops culinary tourism. **зале́жати від ~у** depend on tourism ◊ **Рі́вень життя́ насе́лення зале́жить від ~у.** The population's living standard depends on tourism. **допомага́ти ~у** *or* **~ові** help tourism ◊ **Мали́й бі́знес допомага́є ~ові.** Small business helps tourism. (**спри́яти** promote; **перешкоджа́ти** hamper; **шко́дити** hurt) ◊ **Злочи́нність шко́дить ~ові.** Crime hurts tourism. **займа́тися ~ом** go hiking ◊ **Яросла́ва займа́ється гірськи́м ~ом.** Yaroslava goes hiking in the mountains.

т. + *v.* **зроста́ти** grow ◊ **Т. зроста́є.** Tourism is growing. **пережива́ти бум** boom, **розвива́тися** develop; **занепада́ти** decline, **скоро́чуватися** fall; **ва́бити** + *A.* attract sb ◊ **Космі́чний т. ва́бить мільйоне́рів.** Space tourism attracts millionaires.

тури́ст, *m.;* **~ка,** *f.*
tourist

adj. **америка́нський** American, **закордо́нний** foreign, **за́хідний** Western, **міжнаро́дний** international, **украї́нський** Ukrainian, **япо́нський** Japanese; **екологі́чний** environmental, **космі́чний** space; **секс-т.** a sex tourist; **бува́лий** seasoned, **досві́дчений** experienced, **невто́мний** indefatigable

n. + **т. напли́в ~ів** an influx of tourists ◊ **Напли́в ~ів роби́в життя́ несте́рпним для ме́шканців мі́ста.** The influx of tourists made life unbearable for the city dwellers. **па́стка для ~ів** a tourist trap ◊ **Ко́жен дру́гий рестора́н тут – па́стка для ~ів.** Every other restaurant here is a tourist trap. **провідни́к для ~ів** a tourist guide *(person)* ◊ **Оле́г працю́є провіднико́м для по́льських ~ів.** Oleh works as a guide for Polish tourists. **путі́вник для ~ів** a tourist guide *(book)*

v. + **т. відля́кувати ~ів** scare away tourists ◊ **Ча́сті стра́йки на авіалі́ніях відля́кують ~ів.** Frequent airlines strikes scare tourists away. (**прива́блювати** attract) ◊ **Оле́ський за́мок прива́блює ~ів з усього́ сві́ту.** The Olesko Castle attracts tourists from all over the world.

т. + *v.* **відві́дувати** + *A.* visit sth ◊ **Ти́сячі ~ів відві́дують музе́й щоро́ку.** Thousands of tourists visit the museum every year. **приї́жджати до** + *G.* come to *(a place)* ◊ **Найбі́льше ~ів приї́жджає че́рвні.** The greatest number of tourists come in June.

Cf. **мандрівни́к**

туристи́чн|ий, *adj.*
tourist, tourism, of or pertaining to tourism

т. + *n.* **т. бі́знес** tourism business (**потенці́ял** potential, **ри́нок** market, **се́ктор** sector), **т. авто́бус** a tourist bus (**маршру́т** route ◊ **Вони́ ви́брали і́нший т. маршру́т.** They chose a different tourist route. **готе́ль** hotel, **куро́рт** resort; **осере́док** center; **опера́тор** operator) ◊ **Нови́й т. опера́тор ма́є вели́кий асортиме́нт ту́рів.** The new tourist operator has a great variety of package tours. **~а аге́нція** a tourism agency (**інду́стрія** industry); **~а ві́за** a tourist visa (**зо́на** area; **інформа́ція** information, **ма́па** map; **крамни́ця** store, **торгі́вля** trade); **~е бюро́** a tourism bureau; **~е мі́сто** a tourist city (**споря́дження** equipment)

турне́, *nt., indecl.*
tour *(usu by performers or athletes)*

adj. **конце́ртне** concert ◊ **пе́рше вели́ке конце́ртне т. співа́чки** the (female) singer's first big concert tour; **театра́льне** theatrical; **рекла́мне** promotion ◊ **Завдяки́ рекла́мному т. ново́го альбо́му його́ про́даж зріс утри́чі.** Thanks to the new album promotion tour, its sales tripled. **европе́йське** European, **націона́льне** national, **світове́** world; **оста́ннє** last, **проща́льне** farewell, **ювіле́йне** jubilee ◊ **Ювіле́йне т. рок-гу́рту охо́плювало Ки́їв, Ха́рків та і́нші міста́.** The rock band's jubilee tour included Kyiv, Kharkiv, and other cities.

See **гастро́ль, по́дорож.** *Also see* **тур 2**

турні́р, *m.,* **~у**
tournament; *also hist.*

adj. **баскетбо́льний** basketball, **волейбо́льний** volleyball, **те́нісний** tennis, **ша́ховий** chess; **спорти́вний** sports; **европе́йський** European, **міжнаро́дний** international; **місце́вий** local, **націона́льний** national, **реґіона́льний** regional; **відкри́тий** open, **клу́бний** club; **люби́тельський** amateur ◊ **Їм подо́балося диви́тися люби́тельські ~и з футбо́лу.** They liked to watch amateur soccer tournaments. **кваліфікаці́йний** qualifying; **ли́царський** *hist.* knight's ◊ **Її вра́зила сце́на ли́царського ~у.** The knight's tournament scene impressed her.

n. + **т. гра ~у** a tournament game (**лі́дер** leader, **перемо́жець** winner, **уча́сник** participant ◊ **Уча́сники ~у могли́ користува́тися безкошто́вною мере́жею.** The tournament participants could use free Internet. **організа́тор** organizer, **спо́нсор** sponsor; **фіна́л** final); **перемо́га в ~і** a tournament victory ◊ **Його́ до́ля зале́жала від перемо́ги в ~і.** His fate depended on his tournament victory.

v. + **т. вигравати т.** win a tournament ◊ **Її шкі́льна дружи́на втре́тє вигра́є баскетбо́льний т.** Her school team wins the basketball tournament for the third time. (**програва́ти** lose ◊ **Оре́ст заско́чив усі́х, програ́вши т.** Orest took everybody by surprise having lost the tournament. **організо́вувати** organize, **прийма́ти** host ◊ **Насту́пний те́нісний т. прийма́тиме найбі́льший університе́т мі́ста.** The biggest university of the city will be hosting the next tennis tournament. **прово́дити** hold; **ввійти́ в** enter) ◊ **Спортсме́н ле́две ввійшо́в у кваліфікаці́йний т.** The athlete scarcely entered the qualifying tournament. **бра́ти у́часть у ~і** take part in a tournament (**гра́ти в** play ◊ **Він гра́є в оста́нньому ~і.** He is playing in his last tournament. **вигравати в**

win in, **програва́ти в** lose) ◊ **Вони́ програ́ли в ~і.** They lost the tournament.
т. + *v.* **відбува́тися** take place ◊ **Т. відбу́вся в Ха́ркові.** The tournament took place in Kharkiv. **прохо́дити** be underway; **почина́тися** begin; **трива́ти** go on; **закі́нчуватися** finish
prep. **у ~і** in a tournament; **т. з** + *G.* a tournament in sth ◊ **відкри́тий місько́й т. з фехтува́ння** the open city fencing tournament
See **змага́ння 1.** *Also see* **ко́нкурс**

тут, *adv., posn.*
1 here ◊ **Т. ніко́го нема́є.** There's nobody here. ♦ **т. же** right here ◊ **Кни́жка лежа́ла т. же, на бю́рку.** The book was right here, on the desk.
2 in this situation, here ◊ **Т. браку́є дисциплі́ни.** There is a lack of discipline here. ◊ **Як т. мо́жна лиша́тися спокі́йним!** How can one stay calm here!
3 at this moment ◊ **Т. до кімна́ти ввійшла́ делега́ція.** At this moment, a delegation entered the room. ♦ **т. же** right away, immediately ◊ **Почу́вши кро́ки, О́льга т. же підійшла́ до вікна́.** On hearing the steps, Olha approached the window right away.
Ant. **там.** *Cf.* **сюди́**

ту́ф|ля, *f., often pl.*
shoe
adj. **зру́чні** comfortable, **легкі́** light, **м'які́** soft ◊ **Зру́чні ~лі ма́ють бу́ти легки́ми і м'яки́ми.** Comfortable shoes need to be light and soft. **еле́ґантні** elegant; **важкі́** heavy, **жорсткі́** rigid; **незґра́бні** clumsy; **дитя́чі** children's, **жіно́чі** women's, **чолові́чі** men's; **нове́нькі** brand-new ◊ **Хло́пчик був у нове́ньких ~лях.** The little boy had brand-new shoes on. **нові́** new; **зно́шені** worn, **розби́ті** worn-out, **старі́** old ◊ **па́ра стари́х розби́тих ~ель** a pair of old worn-out shoes; **і́мпортні** imported; **америка́нські** American, **англі́йські** English, **італі́йські** Italian, *etc.*; **мо́дні** fashionable, **сти́льні** stylish; **начи́щені** polished, **чи́сті** clean; **брудні́** dirty, **гря́зні** muddy ◊ **Оре́ст зайшо́в до буди́нку у гря́зних ~лях.** Orest entered the building in muddy shoes. **буде́нні** casual, **спорти́вні** sports; **бале́тні** ballet; **ґу́мові** rubber, **за́мшеві** suede, **паруси́нові** canvas, **шкіряні́** leather; **гостроно́сі** pointed; **мо́крі** wet; **сухі́** dry ◊ **Пі́сля ти́жня злив у Юрка́ не лиши́лося сухи́х ~ель.** After a week of downpours, Yurko had no dry shoes left.
n. + **т. виробни́к ~ель** a shoe producer (**диза́йнер** designer ◊ **Зо́я могла́ дозво́лити собі́ ~лі дорого́го диза́йнера.** Zoya could afford the shoes of an expensive designer. **фа́брика** factory; **ремо́нт** repair; **вкла́дка** insert ◊ **Виробни́к ~ель ука́заний на вкла́дці.** The shoemaker is indicated on the insert. **ко́лір** color, **ро́змір** size); **каблу́к** *or* **підбо́р ~лі** the heel of a shoe (**носо́к** toe, **підо́шва** sole); **па́ра ~ель** a pair of shoes ◊ **Катери́на зни́щила па́ру нови́х ~ель.** Kateryna has destroyed a pair of new shoes.
v. + **т. носи́ти ~лі** wear shoes ◊ **Вона́волі́є но́сити зру́чні, а не мо́дні ~лі.** She prefers to wear comfortable rather than fashionable shoes. (**взува́ти** *and* **наклада́ти**, *colloq.* put on ◊ **Взу́вши ~лі, Марі́я ви́бігла на ву́лицю.** Having put on her shoes, Maria ran outside. **застіба́ти** fasten, **зашнуро́вувати** lace up ◊ **Левко́ нагну́вся, щоб зашнурува́ти ~лі.** Levko bent to lace up his shoes. **розстіба́ти** unfasten ◊ **Тя́жко розтібну́ти ~лі змéрзлими па́льцями.** It is difficult to unfasten shoes with frozen fingers. **розшнуро́вувати** unlace; **зніма́ти** take off; **приміря́ти** try on, **розхо́джувати** break in ◊ **Мо́тря ти́ждень розхо́джувала ~лі.** Motria broke in the shoes for a week. **зно́шувати** wear out; **чи́стити** shine; **ми́ти** clean; **купува́ти** buy; **шука́ти** look for; **ремонтува́ти** repair; **виготовля́ти** manufacture, **роби́ти** make) ◊ **Тут роби́ли ~лі.** They made shoes here. **(за)міня́ти каблу́к у ~лях** reheel shoes ◊ **Швець змі́ни́в її́ каблуки́ в ~лях.** The shoemaker reheeled her shoes. (**міня́ти підо́шву** resole)
т. + *v.* **зно́шуватися** wear out, **носи́тися** wear ◊ **Нові́ ~лі до́бре но́сяться.** The new shoes wear well. **ко́штува́ти** + *A.* cost sth ◊ **Такі́ ~лі ко́шту́ють ти́сячу гри́вень.** Such shoes cost ₴1,000. **пасува́ти** + *D.* suit sb *or* **під** + *A.* suit sth ◊ **Жо́вті ~лі до́бре пасу́ють під си́ні джи́нси.** Yellow shoes go well together with blue jeans. **підхо́дити під** + *A.* fit sth; **ти́снути** + *A.* pinch sth ◊ **~ля ти́сне па́льці.** The shoe pinches the toes. **скрипі́ти** squeak
prep. **для ~ель** for shoes ◊ **ва́кса для ~ель** shoe polish; **т. з** + *I.* a shoe with sth ◊ **т. з відкри́тими носка́ми** an open-toed shoe; **т. на** + *A.* a shoe on sth ◊ **т. на висо́кому каблу́ку́** *or* **підбо́рі** a high-heeled shoe (**низько́му підбо́рі** low-heeled; **платфо́рмі** platform ◊ **Коли́сь ~лі на платфо́рмі були́ сти́льними.** Once platform shoes were stylish. **плоскі́й підо́шві** flat; **пря́жці** buckled ◊ **старі́ ~лі на пря́жці** old buckled shoes; **шнурі́вках** lace-up) ◊ **Він купи́в па́ру ~ель на шнурі́вках.** He bought a pair of lace-up shoes.
Also see **взуття́, череви́к, чо́біт**

тушку|ва́ти, **~ють; с~**, *tran.*
to stew, braise ◊ **Петро́ навчи́в його́ т. я́ловичину.** Petro taught him how to stew beef. ◊ **Горо́дину слід т. на сере́дньому вогні́.** Vegetables should be stewed on medium fire.
pa. pple. **(с)тушко́ваний** stewed
тушку́й!
See **вари́ти**

тьмя́н|ий, *adj.*
dim, faint; badly lit, dark; indistinct
adv. **вкрай** extremely ◊ **При тако́му вкрай ~ому сві́тлі го́ді чита́ти.** It is impossible to read with such extremely dim light. **геть** totally, **ду́же** very, **зо́всім** completely; **на́дто** too
v. + **т. бу́ти ~им** be dim (**вигляда́ти** look ◊ **На ві́дстані по́стать вигляда́ла ~ою.** At a distance the figure looked dim. **виявля́тися** turn out ◊ **Кімна́та лі́каря ви́явилася геть ~ою.** The doctor's room turned out to be totally dim. **става́ти** become) ◊ **Перспекти́ва Васи́ле́вого всту́пу до університе́ту ста́ла ~ою.** The prospect of Vasyl's enrollment in university became dim.

тютю́н, *m.*, **~у́**, *only sg.*
tobacco
adj. **жува́льний** chewing, **кури́льний** smoking; **мо́крий** damp; **сухи́й** dry; **міцни́й** strong; **арома́тний** fragrant; ♦ **ню́хальний т.** snuff
v. + **т. виро́щувати т.** grow tobacco ◊ **Селя́ни виро́щували т.** Peasants grew tobacco. (**жува́ти** chew, **кури́ти** *and* **пали́ти** smoke, **спожива́ти** use) ◊ **Сашко́ поча́в спожива́ти т., коли́ працюва́в на заво́ді.** Sashko started using tobacco when he worked at the plant. **ма́ти зале́жність від ~у́** be addicted to tobacco ◊ **Лю́да ма́є зале́жність від ~у́.** Liuda is addicted to tobacco.
n. + **т. виробни́к ~у́** a tobacco producer ◊ **Ри́нок опанува́ли закордо́нні виробники́ ~у́.** The market is dominated by foreign tobacco producers. (**виро́щувач** grower, **планта́ція** plantation; **листо́к** leaf; **про́даж** sales, **рекла́ма** advertising, **ри́нок** market, **спожива́ння** consumption) ◊ **Спожива́ння ~у в краї́ні скороти́лося.** Tobacco consumption in the country has declined.

тютюно́в|ий, *adj.*
tobacco, of or pertaining to tobacco; tobacco-green ◊ **У кімна́ті лиша́ється за́пах ~ого ди́му.** The smell of tobacco smoke lingers in the room.
т. + *n.* **т. дим** tobacco smoke (**за́пах** smell, **смо́рід** stench); **~а зале́жність** tobacco addiction (**крамни́ця** store; **планта́ція** plantation; **фа́брика** factory); **~е ло́бі** a tobacco lobby (**ли́стя** leaves); **~і ви́роби** tobacco products ◊ **Зако́н накла́в пода́ток на ~і ви́роби.** The law imposed a tax on tobacco products.

тя́|га, *f., only sg.*
1 traction, pull, force
adj. **кі́нна** horse, **твари́нна** animal ◊ **У ті часи́ всі за́соби пересува́ння використо́вували твари́нну ~гу.** In those times, all the vehicles used animal traction. **електри́чна** electric, **парова́** steam ◊ **По́тяг ру́хається парово́ю ~гою.** The train is moved by steam traction. **тра́кторна** tractor
2 thrust *(aerospace)*, propulsion ♦ **злі́тна т.** take-off thrust; ♦ **реакти́вна т.** jet propulsion; ♦ **т. приско́рювача** booster thrust; ♦ **си́ла ~и** thrust force
3 draft, pull, current *(only of air or gas)*
adj. **до́бра** good, **поту́жна** powerful ◊ **По́тяг ство́рює в туне́лі поту́жну ~гу, або́ так зва́ний ефе́кт по́ршня.** The train creates a powerful pull in the tunnel, or the so-called piston effect. **си́льна** strong; **небезпе́чна** dangerous; **ке́пська** poor, **пога́на** bad, **слабка́** weak ◊ **Ва́ля до́вго не могла́ розпали́ти в печі́ че́рез слабку́ ~гу в ко́мині.** Valia took a long time to fire up the stove because of a weak draft in the chimney.
Also see **про́тяг 1**

тяга́р, *m.*, **~я́**
1 weight, load, burden
adj. **важки́й** heavy, **вели́кий** great, **величе́зний** enormous, **значни́й** considerable; **легки́й** light, **мізе́рний** negligible ◊ **Т. алюмі́нієвого карка́са був мізе́рним.** The weight of the aluminum carcass was negligible. **невели́кий** small
v. + **т. нести́ т.** carry a weight (**переклада́ти на** shift to sb; **розподі́ляти** distribute; **трима́ти** support) ◊ **Сім коло́н трима́ють т. фронто́ну.** Seven columns carry the load of the frontispiece.
See **вантаж 1.** *Also see* **вага́**
2 *fig.* burden
adj. **важки́й** heavy, **вели́кий** great, **величе́зний** enormous, **непоси́льний** crushing ◊ **На ньо́му лежа́в непоси́льний т. відповіда́льности за ко́жну дити́ну.** The crushing burden of responsibility for every child lay on him. **нестéрпний** intolerable, **страшни́й** terrible ◊ **страшни́й т. експлуата́ції** a terrible burden of exploitation; **додатко́вий** additional, **основни́й** main; **адміністрати́вний** administrative, **борго́вий** debt, **економі́чний** economic, **емоці́йний** emotional, **податко́вий** tax, **психологі́чний** psychological, **фіна́нсовий** financial
v. + **т. бра́ти на се́бе т.** take on a burden ◊ **Вона́ взяла́ на се́бе т. до́гляду за ді́тьмис.** She took on the burden of childcare. (**прийма́ти** assume; **витри́мувати** bear ◊ **Лише́ найсильні́ші могли́ витри́мувати т. війни́.** Only the strongest could bear the burden of war. **збі́льшувати** increase; **зме́ншувати** lessen, **зніма́ти з** + *G.* lift from sb, **поле́гшувати** ease; **ство́рювати** create ◊ **Прису́тність Ори́сі в гру́пі ство́рювала для всіх пе́вний емоці́йний т.** Orysia's presence in the group created a certain emotional burden for everybody. **кла́сти на** + *A.* put on sb, **поклада́ти на** + *A.* place on sb ◊ **На Іва́на покла́ли т. шука́ти фінансува́ння.** They put the burden of looking for funding on Ivan. **переклада́ти на** + *A.* shift onto sb ◊ **План перекла́в т. пода́тків на замо́жних грома́дян.** The plan shifted the tax burden onto wealthy citizens. **розділя́ти з** + *I.* share with sb), ♦ **ма́ти т. на плеча́х** to have a burden on one's shoulders; **бу́ти ~е́м** be a burden ◊ **Вла́сна ха́та була́ важки́м фіна́нсовим ~е́м для них.** Their own house was a heavy financial burden for them. (**вважа́ти** + *A.* consider sb/sth; **здава́тися** + *D.* seem to sb; **лиша́тися** remain; **става́ти** become)

◊ **Че́рез ти́ждень го́сті ста́ли для них ~е́м.** After a week, the guests became a burden for them.
т. + v. **ляга́ти на** + *A.* fall on sb ◊ **Економі́чний т. забезпе́чення а́рмії ліг на весь наро́д.** The economic burden of providing for the army fell on the entire people.
prep. **т. для** + *G.* burden for sb/sth
Also see **вантаж 2**

тягти́, *var.* **тягн|у́ти, ~у́, ~уть; ви́~, по~;** *pa. m.* **тяг** *or* **тягну́в**, *pl.* **тягли́** *or* **тягну́ли**, *tran.*
1 to pull, draw, drag; *pf.* **ви́~** to pull out
adv. **ле́гко** gently, **обере́жно** carefully ◊ **Він обере́жно ви́тяг бри́тву з футля́ра.** He carefully pulled the razor out of the box. **си́льно** hard, **щоси́ли** with all one's strength ◊ **Ірина вхопи́ла його́ за комі́р і щоси́ли потягну́ла.** Iryna grabbed him by the collar and pulled with all her strength. **повільно** slowly; **шви́дко** quickly; **ра́зом** together; **сам** alone ◊ **Горпи́на сама́ тягла́** *or* **~у́ла вели́кий шмато́к де́рева.** Horpyna was pulling a big chunk of wood by herself.
prep. **т. до** + *G.* pull toward *(a place)*; **т. за** + *A.* pull at/by sth ◊ **Дитя́ потягну́ло пса за хвіст** *or* **хвоста́.** The child pulled the dog by the tail. **т. під** + *A.* pull under sth ◊ **Течія́ ~у́ла ті́ло під кри́гу.** The current was pulling the body under the ice.
2 to haul, tug, tow; *pf.* **від~, за~** ◊ **Букси́р ~е ба́ржу з піско́м уго́ру рі́чкою.** A tugboat tugged a barge with sand up the river. ◊ **Миха́йло затягну́в автівку до ґаража́.** Mykhailo towed the car to the garage.
3 *colloq.* to bring, bring along, drag; *pf.* **при~** ◊ **Вона́ притягла́ на конце́рт Марка́.** She dragged Marko to the concert. ◊ **Що це він притягну́в цього́ ра́зу?** What has he brought this time around?
4 to attract, lure, draw; *also impers.* ◊ **Мо́ре непереборно ~у́ло Ната́лю.** The sea had an irresistible attraction for Natalia. ◊ **Узи́мку Юрка́ ~е в Карпа́ти.** *impers.* In winter, Yurko feels a desire to go to the Carpathians.
5 to stretch out, reach out; *pf.* **ви~** ◊ **Хло́пчик ви́тягнув ру́ки до ба́тька.** The little boy stretched his hands out to his father.
6 to run *(a wire, cable, etc.)*; *pf.* **про~** ◊ **Телефо́нний ка́бель протягну́ли під земле́ю.** They ran the phone cable underground. ◊ **Газопро́від ~у́ли по дну мо́ря п'ятсо́т кіломе́трів.** The gas pipeline was being run on the seabed for 500 km.
7 to blow *(of wind)*; *pf.* **по~** to start blowing; *also impers.* to come, flow, stream ◊ **Зі сте́пу потягну́в гаря́чий ві́тер.** A hot wind started blowing from the steppe. ◊ **Із кімна́ти приє́мно ~ну́ло прохоло́дою.** Pleasant cool air flowed in from the room.
8 *impers., only 3rd pers. sg.* to smell, reek ◊ **У не́ї з ро́та ~ну́ло хво́рими зуба́ми.** Her mouth smelled of bad teeth.
See **смерді́ти 1**
9 to drink, take in, inhale *(usu with pleasure)* ◊ **Сте́фа спра́гло ~ну́ла холо́дну во́ду з ква́рти.** Stefa thirstily drank cold water from the mug. ♦ **т. вино́ (горі́лку, пи́во)** to swill wine (vodka, beer); ♦ **т. тютю́н** to smoke ◊ **Ігор ще зі шко́ли ~не тютю́н.** Ihor has been smoking since school.
See **пи́ти 1, 2**
10 to delay, drag out, procrastinate ◊ **Газе́та ~ну́ла з публіка́цією її матеріа́лу.** The paper delayed the publication of her story. ♦ **т. час** to stall for time ◊ **Протиле́жна сторона́ я́вно ~не час.** The opposite side is obviously stalling for time.
See **зволіка́ти**
11 to weigh *with* **на** + *A.* ◊ **Мішо́к карто́плі ~ну́в на до́брячих со́рок кілогра́мів.** The sack of potatoes weighed a good 40 kg.
See **ва́жити 1**
pa. pple. **ви́тягнутий** drawn out
(ви)тягни́!

тяг|ти́ся, *var.* **тягну́тися; ви́~, за~, по~**, *intr.*
1 to reach out, stretch out, hold out ◊ **Ко́жна росли́на ~неться вго́ру.** Every plant reaches upwards.
prep. **т. до** + *G.* reach out for sth ◊ **Його́ рука́ ~ла́ся до ча́рки.** His hand reached out for the shot glass. **т. по** + *A.* reach out for sth ◊ **Хома́ вста́в і потя́гся по хліб.** Khoma stood up and reached for bread.
2 to stretch, be elastic, be stretchy ◊ **Матерія́л ~неться, як ґу́ма.** The material stretches like rubber. ◊ **Юрко́ но́сить штани́ з матерія́лу, що ~неться.** Yurko wears pants made of the cloth that stretches.
3 to flow *(of smoke, smell, etc.)*, stream ◊ **Зі спа́льні ~ну́вся за́пах парфу́мів.** A smell of perfume flowed from the bedroom.
4 to follow, stretch, extend ◊ **Попе́реду молоди́й команди́р, а за ним ~неться загі́н.** The young commander is in front and his detachment follows behind.
5 to move *(slowly)*, drag, creep along ◊ **Тра́сою ~вся гуманіта́рний конво́й.** A humanitarian convoy moved along the highway. ◊ **Това́рний по́тяг ле́две ~ся.** The freight train was barely creeping along.
See **йти 2**
6 to last *(usu long)*, drag on ◊ **Весі́лля ~ло́ся три дні.** The wedding dragged on for three days. ◊ **Розмо́ва ~ла́ся годи́ну.** The conversation dragged on for an hour.
See **трива́ти.** *Also see* **займа́ти 2, поглина́ти 5**
7 to stretch, extend, spread, continue ◊ **Село́ ~неться вздовж одніє́ї ву́лиці де́сять кіломе́трів.** The village stretches along one street for 10 km. ◊ **Ятки із кра́мом ~ли́ся по обі́два бо́ки ри́нку.** Stands with merchandise stretched out on each side of the market.
Also see **бі́гти 5**
8 *fig.* to long for, be attracted to ◊ **Га́лине се́рце ~неться до прекра́сного.** Halia's heart longs for the beautiful.
See **пра́гнути**
9 to sound, drag on ◊ **Зави́в пес, і його́ сумна́ пі́сня ~ла́ся пів но́чі.** A dog started howling, and his sad song dragged on for half the night.
See **звуча́ти 1**

тяжі́нн|я, *nt., only sg.*
1 *phys.* gravitation, gravity
adj. **вели́ке** great, **си́льне** strong; **мале́** low, **нульове́** zero, **слабке́** weak
n. + **т. зако́ни т.** the laws of gravity ♦ **зако́н всесві́тнього тяжі́ння** the law of universal gravitation (**си́ла** force; **центр** center)
v. + **т. не підкоря́тися ~ю** defy gravity ◊ **Це́рква ви́сить у пові́трі, на́че не підкоря́ючись ~ю.** The church hovers in the air as if defying gravity.
2 attraction, appeal, allure ◊ **Її т. до о́пери поси́люється.** She becomes ever more attracted to opera.
See **по́тяг**[1] **1**

тяжі́|ти, ~ють; *no pf., intr.*
to gravitate ◊ **З ві́ком пан Калино́вич почина́в деда́лі бі́льше т. до греко-католи́цької це́ркви.** With age, Mr. Kalynovych was increasingly beginning to gravitate towards the Greek-Catholic Church.
adv. **вира́зно** distinctly ◊ **Нова́ па́ртія вира́зно ~є до європе́йської лiви́ці.** The new party distinctly gravitates towards the European left. **ду́же** very, **помі́тно** noticeably, **я́вно** obviously; **де́що** somewhat; **шви́дше всьо́го** most likely
prep. **т. до** + *G.* gravitate to/toward sth ◊ **Маля́р я́вно ~в до прерафаелі́тів.** The artist clearly gravitated to the Pre-Raphaelites.
тяжі́й!
See **наближа́тися 3**

тяжк|и́й, *adj*
1 heavy, weighty ◊ **~а́ чаву́нна сковорода́** a heavy cast-iron skillet
adv. **вкрай** extremely, **ду́же** very; **на́дто** too, **неймові́рно** incredibly; **до́сить** fairly, *etc.*
v. + **т. бу́ти ~им** be heavy ◊ **Для Ма́рти то́рба із проду́ктами була́ ~о́ю но́шею.** For Marta, the groceries bag was a heavy burden. (**вигляда́ти** look; **виявля́тися** turn out, **здава́тися** + *D.* seem to sb ◊ **Па́м'ятник здава́вся ~им і незґра́бним.** The monument seemed heavy and clumsy. **роби́ти** + *A.* make sth ◊ **Книжки́ зроби́ли валі́зу ~о́ю.** The books made the trunk heavy. **става́ти** become) ◊ **Від води́ її о́дяг став ~им.** Her clothes became heavy with water.
See **важки́й 1.** *Ant.* **легки́й 1**
2 hard, difficult, onorous, complicated; labored ◊ **Ра́зом вони́ переживу́ть ~і часи́.** Together they will survive the hard times. ◊ **Завда́ння ви́явилося ~им.** The assignment turned out to be difficult. ◊ **Він чув чиє́сь ~е́ диха́ння.** He heard somebody's labored breathing. ◊ **~е́ пита́ння** a complicated issue
See **важки́й 5.** *Also see* **соло́ний 2**
3 *fig.* heavy, devastating, powerful ◊ **Його́ зра́да ста́ла для Оле́ни ~им уда́ром.** His betrayal became a heavy blow to Olena. ◊ **~а́ втра́та** a heavy loss
See **дошку́льний 2**
4 *fig.* heavy, sad, sorrowful, gloomy, grim ◊ **Миха́йло покида́в батькі́в із ~им се́рцем.** Mykhailo was leaving his parents with a heavy heart. ◊ **Її не лиша́ють ~і передчуття́.** Gloomy presentiments haunt her.
See **сумни́й.** *Also see* **важки́й 6, пону́рий 2.** *Ant.* **весе́лий, ра́дісний, щасли́вий**
5 *fig.* serious, grave, terrible, awful ◊ **т. гріх** a grave sin; ◊ **Ада́м ла́ден проба́чити їй ~у́ о́бразу.** Adam is ready to forgive her the terrible insult. ◊ **~а́ ра́на** a grave wound (**хворо́ба** sickness)
See **вели́кий 1.** *Also see* **жахли́вий 2, страшни́й 2, страше́нний 2**
6 heavy, dense, thick ◊ **На мі́сто опусти́лася ~а́ те́мрява но́чі.** Heavy darkness of night descended upon the city. ◊ **Ві́ктор нічо́го не ба́чив у ~о́му тума́ні.** Viktor did not see anything in the heavy fog.
See **густи́й 1**
7 strong *(of smell)*, intense, stuffy ◊ **Пові́тря в кімна́ті ~е́.** The air in the room is stuffy.
comp. **тя́жчий**

тя́жко, *adv., pred.*
1 *adv.* difficult, hard, a lot, heavily ◊ **Наза́р т. працюва́в, щоб зароби́ти на автівку.** Nazar worked hard to earn money for the car. ◊ **Ні́на нічо́го не сказа́ла, лише́ т. зітхну́ла.** Nina said nothing she only sighed heavily. ◊ **Іва́н т. пла́кав.** Ivan cried hard.
2 *adv.* gravely, seriously, badly ◊ **Вона́ т. хво́ра.** She is gravely sick.
3 *adv., colloq.* very, a lot, mighty ◊ **Дочка́ в Па́щенків т. розу́мна.** The Pashchenkos' daughter is mighty intelligent. ◊ **Лукашуки́ – т. грошови́ті лю́ди.** The Lukashuks are mighty wealthy people.
4 *pred.* hard, difficult, heavy ◊ **Це бу́де т. зроби́ти.** This will be hard to do. ◊ **О́льзі було́ т. жи́ти з Левко́м і т. без ньо́го.** It was hard for Olha to live with Levko and hard to live without him. ◊ **Марко́ві ста́ло т. на се́рці.** Marko felt heavy at heart.
5 *pred.* sad, unhappy, dejected ◊ **Марі́ї т. зга́дувати істо́рію сво́го коха́ння.** Maria feels sad recollecting her love story.

тя́м|а, *f., colloq., only sg.*
1 cleverness, intelligence, wits, shrewdness ◊ **Хтось мав неаби́яку ~у, щоб збудува́ти тут альта́нку.** Somebody had extraordinary intelligence to build a gazebo here. ◊ **Тут тре́ба**

~у, щоб зрозуміти, де що. One needs some wits to make out what's what.

v. + **т.** ♦ **мати ~у** to have a capacity, to have talent ◊ **Зеня має добру ~у до художнього оформлення.** Zenia has a good capacity for artistic design. ◊ **Не роби цього, як маєш ~у.** Don't do it if you have wits. ♦ **втрачати ~у** 1) to lose one's mind ◊ **Здавалося, що начальник утратить ~у від люті.** It seemed the boss would lose his mind with fury. 2) to lose one's consciousence, faint ◊ **Тамара тричі втрачала ~у.** Tamara fainted three times. ♦ **брати до ~и** to understand, realize ◊ **Марко не міг узяти до ~и, з ким має справу.** Marko could not understand who he was dealing with. ◊ **доходити до ~и** to figure out ◊ **Йому тяжко дійти до ~и в цих розрахунках.** It is difficult for him to figure out these calculations. ♦ **повертати** + *A.* **до ~и** to help sb regain one's senses ◊ **Вона ляснула Тараса по щоці, щоб повернути його до ~и.** She slapped Taras on the cheek to bring him back to his senses. ♦ **повертатися до ~и** to regain one's senses. ♦ **бути не при ~і** not to be quite oneself ◊ **Ганна поводилася так, наче була не при ~і.** Hanna behaved as if she were not quite herself. ♦ **при ~і й пам'яті** of sound mind ◊ **Наталка при ~і й пам'яті.** Natalka is of sound mind.

prep. ♦ **без ~и** 1) mindlessly, senselessly ◊ **Вона без ~и повторює одне й те ж.** She mindlessly repeats one and the same thing. 2) unconscious, senseless ◊ **Хлопець лежав без ~и.** The boy lay unconscious.

See **розум.** *Also see* **глузд 2**

2 understanding, appreciation ◊ **Він виявляв ~у в тому, що стосується психології.** He showed appreciation of what concerned psychology.

See **розуміння 1**

тям|ити, ~лю, ~иш, ~лять; за~, *tran., colloq.*

1 to understand, grasp ◊ **Володя нічого не ~ить в органічній хемії.** Volodia does not understand anything in organic chemistry.

adv. **добре** well, **краще** better ◊ **Тепер він краще ~ив есперантом.** Now he had a better grasp of Esperanto. **непогано** fairly well ◊ **Ліда непогано ~ить у хемії.** Lida has a fair grasp of chemistry. **ледве** barely, **не дуже** not much, **кепсько** poorly, **погано** badly, **трохи** a little

prep. **т. в** *and* **на** + *L.* have a grasp of sth, be good at sth ◊ **Тепер мало хто ~ить у давньому народному ремеслі.** Nowadays few people are good at old folk craft. ♦ **т. смак в** + *L.* to have good taste in sth ◊ **Софія ~ть смак у поезії.** Sofiia has good taste in poetry. ♦ **не т. себе від** + *G.* to be beyond oneself with *(emotion)* ◊ **Хлопці не ~или себе від радости.** The boys were beyond themselves with joy.

See **розуміти 1**

2 to know how to, be skilled, be well-versed, be capable ◊ **Її дід ~ив у бджільництві.** Her grandfather was well-versed in beekeeping. ◊ **Кожен пластун добре ~ить розкласти багаття.** Each (Ukrainian) Boy Scout is skilled at making a campfire.

See **вміти 1**

3 *only pf.* to remember, commit to memory, keep in mind ◊ **Тиміш мусить раз і назавжди за~, що він живе в чужій країні.** Tymish needs to remember once and for all that he is living in a strange country.

See **запам'ятовувати**

pa. pple. **затямлений** understood, memorized **(за)тям!**

У

у, *prep., var., see* **в**

ува|га, *f.*

1 *only sg.* attention

adj. **велика** great, **виняткова** exceptional, **гостра** acute, **додаткова** extra, **значна** considerable, **зосереджена** focused, **максимальна** maximum ◊ **Треба максимальна у. до деталей.** Maximum attention for detail is needed. **надмірна** excessive, **неабияка** uncommon, **невідкладна** urgent, **негайна** immediate, **неподільна** undivided, **особлива** particular, **повна** full, **ретельна** meticulous, **серйозна** serious, **скрупульозна** scrupulous; **крайня** extreme; **безперервна** continuous, **неослабна** unabated, **постійна** constant; **належна** proper; **мінімальна** minimal, **недостатня** insufficient; **небажана** unwanted, **незаслужена** undeserved ◊ **Його дебют тішився незаслуженою ~гою критиків.** His debut enjoyed the undeserved attention of critics. **невиправдана** unwarranted; **громадська** public, **міжнародна** international, **національна** national; **медійна** media, **наукова** scholarly, academic ◊ **Відкриття лишається поза науковою ~гою.** The discovery remains outside the scholarly attention.

n. + **у. причина ~ги** the reason for attention (**фокус** focus of, **центр** center of) ◊ **Він став центром ~ги на тиждень.** He became the center of attention for a week.

v. + **у. виявляти ~гу** show attention ◊ **Ветеринар виявляє безперервну ~гу до хворого коня.** The veterinarian shows the sick horse continuous attention. (**звертати** pay ◊ **Вони звертають мінімальну ~гу на те, що каже політик.** They pay minimal attention to what the politician has to say. **скеровувати** direct; **звертати на себе** catch ◊ **Він намагається звернути на себе медійну ~гу.** He tries to catch media attention. **привертати** attract ◊ **Катря вдягнулася так, щоб привернути до себе ~гу.** Katria dressed so as to attract attention. **приковувати** rivet; **зосереджувати** focus; **відвертати** divert, **відволікати** distract; **змагатися за** compete for) ◊ **Кілька нових картин змагалися за ~гу глядача.** Several films competed for viewer's attention. **вимагати ~ги** require attention ◊ **Становище компанії вимагає негайної ~ги.** The company's situation requires immediate attention. (**заслуговувати** deserve ◊ **Її коментарі заслуговують ~ги.** Her comments deserve attention. **потребувати** need, **просити** ask for ◊ **Він підніс руку, просячи ~ги.** He raised his hand, asking for attention. **уникати** avoid; ♦ **пропускати** + *A.* **мимо** pay no heed to) ◊ **Рита пропустила їхні слова мимо ~ги.** Ryta paid no heed to their words. ♦ **брати** + *A.* **до ~ги** *or more rarely* **на ~гу** to take into consideration ◊ **Рома взяла до ~ги тези доповіді.** Roma took the points of the presentation into consideration. ♦ **бути вартим ~ги** to merit sb's attention ◊ **Непорозуміння не варте ~ги.** The misunderstanding does not merit attention. ♦ **мати на ~зі** to mean to ◊ **Оля мала на ~зі сказати їм про це.** Olia meant to tell them about it.

у. + *v.* **бути зосередженою на** + *A.* be focused on sb/sth, **зосереджуватися на** + *A.* focus on sb/sth ◊ **У. преси зосереджується на загрозі війни.** The media attention focuses on the threat of war. **зменшуватися** diminish, **слабнути** flag; **зростати** increase

prep. **з ~гою** with attention ◊ **Анастасія ставиться до його думки з ~гою.** Anastasia treats his opinion with attention. **у. до** + *G.* attention for/to sb/sth ◊ **у. до деталей** attention for detail

Also see **пильність, турбота 1**

2 *only sg.* care, attention

adj. **індивідуальна** individual ◊ **Хворий вимагає індивідуальної ~ги.** The patient requires individual attention. **особиста** *and* **персональна** personal; **постійна** constant

v. + **у. вимагати ~ги** require attention; **оточувати** + *A.* **~гою** lavish sb with attention ◊ **Марію оточили ~гою.** They lavished attention on Maria.

3 *usu pl.* commentary, comments, remarks, notes

adj. **вступні** introductory, **передні** prefatory ◊ **Він написав передні ~ги до книжки.** He wrote a prefatory commentary to the book. **підсумкові** concluding; **загальні** general; **докладні** detailed, **короткі** brief

See **коментар 2**

уважн|ий, *adj.*

1 attentive, alert, careful, focused ◊ **Валя пам'ятає його ~е обличчя.** Valia remembers his attentive face.

adv. **винятково** exceptionally, **вкрай** extremely, **дуже** very ◊ **Тамара – дуже ~а співрозмовниця.** Tamara is a very attentive interlocutor. **надзвичайно** extraordinarily, **незмінно** invariably ◊ **Він відчував незмінно у. погляд вчительки.** He felt his (female) teacher's invariably attentive gaze. **як завжди** as always; **особливо** particularly ◊ **Завдання вимагає особливо ~ої праці.** The task requires particularly careful work.

v. + **у. бути ~им** be watchful ◊ **Треба бути ~им.** One needs to be watchful. (**виявлятися** prove, **лишатися** remain, **робити** + *A.* make sb; **ставати** become)

prep. **у. до** + *G.* attentive to sb/sth ◊ **Робота зробила її ~ою до деталей.** Work made her attentive to details.

Also see **пильний 1**

2 kind, considerate, caring, solicitous ◊ **Того вечора він був несподівано ~им до Ірини.** That evening, he was unexpectedly considerate to Iryna. ◊ **у. господар** a solicitous host

Also see **дбайливий 1, гостинний**

увесь *adj., var., see* **ввесь**

увечері, *adv., var., see* **ввечері**

увійти, *var., see* **ввійти**

увімкнути, *var., see* **ввімкнути**

ув'язнен|ня, *nt.*

imprisonment, prison

adj. **дворічне** two-year, **трирічне** three-year, **п'ятирічне** five-year, **десятирічне** ten-year; **довічне** life; **несправедливе** wrongful ◊ **Активістка позивається з поліцією за несправедливе у.** The (female) activist is suing the police for her wrongful imprisonment. **незаконне** unlawful

n. + **у. термін у.** a term of imprisonment ◊ **Адвокат клопотався, щоб їм скоротили терміни у.** The attorney was petitioning to have their term of imprisonment reduced. **рік у.** one-year imprisonment (**три роки** three-year, **сім років** seven-year) ◊ **Йому загрожувало сім років у.** He was faced with a seven-year imprisonment.

v. + **у. відбувати у.** serve a prison term ◊ **Ліна відбуває річне у. за крадіжку.** Lina is serving a one-year prison term for larceny. **зазнавати у.** suffer imprisonment ◊ **Дисиденти зазнавали переслідувань і ~ь.** The dissidents suffered persecution and prison. (**засуджувати** + *A.* **до** convict sb to) ◊ **Їх засудили до у.** They were convicted to imprisonment. **загрожувати** + *D.* **~ням** threaten sb with prison

prep. **у. за** + *A.* imprisonment for sth ◊ **у. за торгівлю наркотиками** imprisonment for drug trafficking

Also see **в'язниця, зона 2, полон, тюрма**

ув'я́зню|вати, ~ють; ув'язн|и́ти, ~ять, *tran.*
to imprison, jail, incarcerate
adv. **безпідстáвно** wrongfully ◊ **Він займáвся спрáвами тих, когó безпідстáвно ув'язни́ли.** He dealt with the cases of those who had been wrongfully imprisoned. **незакóнно** unlawfully, **несправедли́во** unjustly, **свавíльно** arbitrarily; **поми́лкóво** mistakenly; **на дóвго** for a long time; **факти́чно** virtually
v. + **у. вимагáти** demand to ◊ **Прокурóр вимагáв ув'язни́ти заарештóваного.** The prosecutor demanded that the detainee be incarcerated. **могти́** can ◊ **За військóвого стáну ýряд міг ув'язни́ти будь-когó.** Under marshal law, the government could imprison anybody. **накáзувати** order to
prep. **у. за** + *A.* imprison for sth ◊ **Її ув'язни́ли за зневáгу до сýду.** She was imprisoned for contempt of court.
pa. pple. **ув'я́знений** incarcerated
ув'я́знюй! ув'язни́!

угóд|а, *f.*
1 agreement, pact, deal, treaty
adj. **письмóва** written, **ýсна** verbal ◊ **Ýсна у. ні до чóго йогó не зобов'я́зує.** A verbal agreement does not oblige him to anything. **підпи́сана** signed; **ратифікóвана** ratified ◊ **Пéред ним лежи́ть підпи́сана, алé ще не ратифікóвана у.** The signed but not yet ratified agreement lies in front of him. **леґáльна** legal; **обов'язкóва до виконáння** binding; **формáльна** formal; **неглáсна** tacit, **нефармáльна** informal, **попередня** tentative ◊ **Попередня у. стáла пéршим крóком на шляхý до вреґулювáння проблéми.** The tentative agreement became the first step on the road to settling the problem. **джентльмéнська** gentleman's; **ви́мушена** coerced; **добровíльна** voluntary; **багатосторóння** multilateral, **двосторóння** bilateral, **міжнарóдна** international; **ми́рна** peace ◊ **Ми́рна у. з терори́стами не вáрта папéру, на якóму напи́сана.** A peace agreement with terrorists is not worth the paper it is written on. **ліцензíйна** licensing, **торгóва** trade
n. + **у. дотри́мання ~и** adherence to an agreement; **порýшення ~и** a breach of an agreement (**пункт** point; **ратифікáція** ratification, **реалізáція** implementation; **умóви** terms) ◊ **Їх не влаштóвують умóви ~и.** The terms of the agreement do not suit them. **проєкт ~и** a draft agreement
v. + **у. мáти ~у** have an agreement ◊ **Компáнія мáє ліцензíйну ~у з ýрядом.** The company has a licensing agreement with the government. (**опрацьóвувати** work out; **підпи́сувати** sign ◊ **Він підпи́ше ~у, обов'язкóву для виконáння.** He will sign a binding agreement. **склáдати** put together ◊ **Дóчки склáли ~у про те, щоб продáти бáтьківський мáєток.** The daughters put together an agreement to sell their parents' estate. **викóнувати** fulfill; **анулювáти** annul, **уневáжнювати** invalidate ◊ **Дії протилéжної сторони́ уневáжнювали ~у про переми́р'я.** The actions of the opposing side invalidated the armistice agreement. **порýшувати** violate ◊ **Вони́ порýшують кóжну ~у.** They violate every agreement. **вступáти в** enter ◊ **Чéські партнéри відмовля́ються вступáти в торгóву ~у з ни́ми.** The Czech partners refuse to enter a trade agreement with them. **домовля́тися про** negotiate ◊ **Казáхи домóвилися про сепарáтну ~у.** The Kazakhs have negotiated a separate agreement. **приставáти на** accept) ◊ **Ки́їв не пристáне на неви́гідну ~у.** Kyiv will not accept an unfavorable agreement. **досягáти ~и** reach an agreement ◊ **Полíтики досягнýли жадáної ~и.** The politicians reached the desired agreement. (**дотри́муватися** *and* **тримáтися** adhere to ◊ **Фíрма сувóро тримáється ~и.** The firm strictly adheres to the agreement. **відступáти від** renege on) ◊ **Вони́ жóдного рáзу не відступи́ли від ~и.** They did not renege on the agreement a single time.
prep. **в ~і** in an agreement ◊ **змíни в ~і** changes in the agreement; **за** *or* **згíдно з ~ою** under an agreement ◊ **За ~ою, ýряд не мóже субсидувáти національного виробникá.** Under the agreement, the government cannot subsidize the national producer. **у. з** + *I.* an agreement with sb, ♦ **у. з сóвістю** a compromise with conscience ◊ **Катери́на йде на ~у з сóвістю.** Kateryna is making a compromise with her conscience. **у. між** + *I.* an agreement between sb ◊ **у. між завóдом і профспíлками** an agreement between the plant and trade unions. **у. про** + *A.* an agreement on sth ♦ **у. про припи́нення вогню́** a cease-fire agreement, ◊ **у. з бáнком про фінансувáння** an agreement with the bank on funding
Also see **дóговір, умóва 3**
2 agreement, understanding
adj. **взаємна** mutual ◊ **Обговóрення припини́ли за взаємною ~ою учáсників.** The discussion was stopped by the participants' mutual agreement. **остатóчна** ultimate, **початкóва** initial
See **домóвленість**

угрупóван|ня, *nt.*
1 group, grouping
adj. **вели́ке** large, **невели́ке** small; **впливóве** influential ◊ **невели́ке, але впливóве у. фінанси́стів** a small but influential group of financiers; **могýтнє** powerful; **літератýрне** literary ◊ **Літератýрне у. стáло відóмим під нáзвою «Молодá мýза».** The literary group came to be known under the name of the *Young Muse.* **мистéцьке** artistic, **поети́чне** poetic; **опозиці́йне** opposition, **політи́чне** political; **громáдське** community, **громадя́нське** citizen; **молодíжне** youth, **студéнтське** student; **екстремíстське** extremist, **підпíльне** clandestine, **підривнé** subversive, **терористи́чне** terrorist; **сепарати́стське** separatist; **проросíйське** pro-Russian, **раши́стське** *colloq., pejor.* Russian suprematist ◊ **У Лугáнську дíяло кíлька раши́стських ~ь.** Several Russian suprematist groups were active in Luhansk. **чорносóтенне** *hist.* Black Hundred, *fig.* Russian racist; ♦ **як у.** as a grouping ◊ **Відтóді вони́ дíють як окрéме у.** Since then they act as a separate grouping.
у. + *n.* **у. активíстів** an activist group ◊ **Полíтика підтри́мує ни́зка ~ь громáдських активíстів.** The politician is supported by a number of community activist groups. (**добровóльців** volunteer; **мóлоді** youth, **студéнтів** student, *etc.*)
n. + **у. дія́льність у.** group's activity, **робóта у.** group work (**керівни́к** *and* **провідни́к** leader; **член** member) ◊ **Марíя знáє двох члéнів у.** Maria is familiar with two group members.
v. + **у. заснóвувати у.** found a group ◊ **Вонá заснувáла мистéцьке у.** She founded an artistic group. (**організóвувати** organize ◊ **Студéнти зорганізувáли політи́чне у.** The students organized a political group. **створювати** create, **формувáти** form; **становИти** constitute ◊ **Ці поéти станóвлять однé ~у.** These poets constitute one group. **очóлювати** head, **представля́ти** represent); **бýти члéном у.** be a member of a group ◊ **Худóжниця не є члéнкою жóдного мистéцького у.** The (female) artist is not a member of a single artistic group. (**налéжати до** belong to, **приєднуватися до** join ◊ **Дéхто з них приєднався до терористи́чного у.** Some of them joined the terrorist group. **ставáти члéном** become a member of; **вихóдити з** leave); **керувáти ~ням** run a group
у. + *v.* **виникáти** emerge ◊ **У місті виникáють громáдські у.** Community groups are emerging in the city. **поставáти** come forth, **утвóрюватися** come about ◊ **Сепарати́стські у. утвори́лися за акти́вної підтри́мки чужи́х спецслýжб.** The separatist groups came about with active support of foreign special services. **формувáтися** form, **включáти** + *A.* comprise sb ◊ **У. включáє людéй рíзних смакíв.** The group includes people of various tastes. **об'єднувати** + *A.* unite sb; **розпадáтися на** + *A.* break into *(parts)*; **складáтися з** + *G.* consist of sb
prep. **в ~ні** in a grouping; **в мéжах у.** within a grouping
Also see **пáртія 1.** *Cf.* **грýпа 1**
2 *mil.* grouping, force
adj. **бойовé** combat ◊ **За корóткий час утвóрено си́льне бойовé у.** Over a short time, a strong combat grouping was formed. **військóве** military, **воєнізóване** paramilitary, **зброй́не** armed; **тáнкове** armored; **ворóже** enemy; **партизáнське** guerrilla, **повстáнське** rebel ◊ **Вони́ розби́ли найбíльше повстáнське у.** They crashed the largest rebel grouping. **наступáльне** assault; **оборóнне** defense
See **си́ла 5**

удáр, *m.*, **~у**
1 blow, stroke, hit, punch
adj. **вáжкий** heavy, **тяжки́й** hard, **потýжний** powerful, **си́льний** strong; **несподíваний** unexpected, **раптóвий** sudden ◊ **Боксéр збив супéрника з ніг раптóвим ~ом.** The boxer knocked his rival off his feet with a sudden punch. **болю́чий** painful, **дошкýльний** scathing; **остáнній** final, **смертéльний** mortal, **фатáльний** fatal; **легки́й** light ◊ **Навíть легки́й у. мóже порýшити рівновáгу механíзму.** Even a light blow can disrupt the mechanism's equilibrium. ♦ **лобови́й у.** head-on collision ◊ **Вітровé скло розби́лося від лобовóго ~у.** The windshield shattered from a head-on collision. ♦ **одни́м удáром** in one fell swoop ◊ **Гáнна порвáла зв'язки́ з ни́ми одни́м ~ом.** Hanna broke her ties with them in one fell swoop.
n. + **у. си́ла ~у** the force of a blow; **град** *and* **зли́ва ~ів** a flurry of blows
у. + *n.* **у. бли́скавки** a strike of lightning, **у. грóму** a thunderclap
v. + **у. діставáти у.** get a blow (**отри́мувати** receive; **приймáти** take ◊ **Оксáна стоїчно приймáла у. за ~ом.** Oksana stoically took one blow after another. **нанóсити** + *D.* give sb; **блокувáти** block); **завдавáти** + *D.* **~у** deliver sb a blow (**зазнавáти** suffer; **уникáти** avoid; **ухиля́тися від** dodge) ◊ **Боксéр спри́тно ухиля́вся від ~ів.** The boxer deftly dodged punches. **обмíнюватися ~ами** exchange punches ◊ **Бійці обміня́лися прóбними ~ами.** The fighters exchanged probing punches.
prep. **у. в** + *A.* a blow on/to sth ◊ **Він дістáв си́льний ~у в ніс.** He got a strong punch to the nose. ♦ **у. у спи́ну** *fig.* a stab in the back ◊ **Дії союзника були́ ~ом у спи́ну.** The ally's actions were a stab in the back. **у. по** + *L.* a blow on/to sth ◊ **си́льний у. по головí** a strong blow on the head; ♦ **у. по обли́ччю** a slap on the face
2 *fig.* blow, shock, calamity
adj. **вели́кий** great ◊ **Результáт кóнкурсу став вели́ким ~ом для Íгоря.** The competition result became a great blow for Ihor. **величéзний** huge, **жахли́вий** horrible, **жорстóкий** cruel, **неаби́який** major ◊ **неаби́який у. для її самоповáги** a major blow for her self-respect; **дошкýльний** scathing, **нищíвний** devastating ◊ **Редáктор газéти завдáв нищíвного ~у репутáції міністра.** The newspaper editor delivered a devastating blow to the minister's reputation. **разю́чий** crushing, **страшни́й** terrible, **тяжки́й** hard; **подві́йний** double; **вирішáльний** decisive, **смертéльний** mortal; ♦ **у. дóлі** a blow of fate
v. + **у. пом'я́кшувати у.** soften a blow ◊ **Левкó хотíв пом'я́кшити у. від неприємної нови́ни для брáта.** Levko wanted to soften the blow from

the unfortunate news for his brother. **завдавати** + *D.* **~у** deal sb a blow; **бути ~ом** be a blow ◊ **Втрата заощаджень – тяжкий у. для Марчука.** The loss of savings is a hard blow for Marchuk.
prep. **у. для** + *G.* a blow for/to sb
3 *mil.* strike, attack, assault, raid
adj. **блискавичний** lightning, **швидкий** quick; **точний** precision, **хірургічний** surgical; **вирішальний** decisive, **лобовий** frontal ◊ **Положення табору убезпечує його від лобового ~у.** The location of the encampment secures it against a frontal attack. **масований** massive; **превентивний** preemptive; **артилерійський** artillery, **повітряний** air ◊ **Вони пережили низку повітряних ~ів.** They survived a series of air strikes. **ракетний** missile, **танковий** tank, **ядерний** nuclear; ♦ **у. у відповідь** a retaliatory strike ◊ **добре спланований у. у відповідь** a well-planned retaliatory strike
v. + **у. проводити у.** carry out a strike; **завдавати ~у** make a strike ◊ **Вони завдали хірургічного ~у по складах зброї.** They made a surgical strike against the arms depots. ♦ **бути під ~ом** 1) to be under attack; 2) *fig.* to be in danger
prep. **у. по** + *A.* a strike against sb/sth
See **напад 1.** *Also see* **приступ 2**
4 *sports* kick, shot; punch
adj. **вільний** free, **кутовий** corner, **штрафний** penalty
prep. **у. в** + *A.* kick in sth ◊ **у. у живіт** a kick in the stomach; **у. по** + *A.* kick at sth ◊ **у. по воротах** a kick at the goal
5 *med.* stroke; fit ◊ **Дієта зменшить небезпеку ~у.** The diet will diminish the danger of a stroke.
adj. **сонячний** sun ◊ **Олена має симптоми сонячного ~у.** Olena has symptoms of sun stroke. **тепловий** heat; ♦ **нервовий у.** a nervous fit
See **напад 2.** *Also see* **приступ 3**

ударя|ти, *var., see* **вдаряти**

ударя|тися, *var., see* **вдарятися**

удач|а, *f.*, **~і**
luck, good fortune, stroke of luck; success
adj. **велика** great, **величезна** immense, **справжня** true; **випадкова** random, **звичайна** plain, **сліпа** blind ◊ **Не можна покладатися на сліпу ~у.** One cannot rely on blind luck. **чиста** pure ◊ **Він потрапив на виставу через чисту ~у.** He got to the performance through pure luck. **дивовижна** amazing, **надзвичайна** extraordinary, **неврогідна** unbelievable, **неймовірна** incredible, **рідкісна** rare ◊ **Побачити екзотичну пташку – рідкісна у. для орнітолога.** To sight an exotic bird is a rare stroke of luck for an ornithologist.
v. + **у. мати ~у** be lucky ◊ **Косюк має ~у працювати з талановитими людьми.** Kosiuk is lucky to work with talented people. (**обіцяти** + *D.* promise sb ◊ **Небесна прикмета обіцяла їм ~у.** The celestial sign promised them luck. **приносити** + *D.* bring sb) ◊ **Він вірить, що молитва перед дорогою принесе йому ~у.** He believes that a prayer before the road will bring him luck. (**по**)**бажати** + *D.* **~і** wish sb luck ◊ **Вони побажали дружині ~і.** They wished the team good luck. (**потребувати** need ◊ **Вони потребують ~і, щоб виграти з таким рахунком.** They need luck to win with such a score. **пробувати** try) ◊ **Тамара спробувала ~і в покері і програла.** Tamara tried her luck at poker and lost. ♦ **~і тобі (вам)!** Good luck to you! **бути ~ею** be (good) luck ◊ **Сутичка під Кам'янцем була для полку справжньою ~ею.** The skirmish at Kam'yanets was truly great luck for the regiment. (**вважати** + *A.* consider sth; **виявлятися** turn out; **ставати** become) ◊ **Форум став для неї неймовірною ~ею.** The forum became incredibly good luck for her.
у. + *v.* **закінчуватися** run out ◊ **Коли-небудь її у. мала закінчитися.** One day, she was bound to to run out of luck. **покидати** + *A.* desert sb ◊ **Здавалося, що у. назавжди покинула Марка.** Good luck seemed to have forever deserted Marko. **продовжуватися** continue, **тривати** hold ◊ **Її у. тривала недовго.** Her good luck did not last long.
prep. **для ~і** for luck ◊ **Ірина носить хрестик для ~і.** Iryna wears a small cross for luck.
Also see **успіх 1, щастя 2.** *Cf.* **вдача**

удома, *var., see* **вдома**

удочерити, *var., see* **вдочерити**

удочеряти, *var., see* **вдочеряти**

уже, *var., see* **вже**

узагальнен|ня, *nt.*
generalization ◊ **Він обережно ставиться до ~ь.** He treats generalizations with caution.
adj. **абстрактне** abstract ◊ **У висновках забагато абстрактних ~ь.** There are too many abstract generalizations in the conclusions. **велике** great, **всеохопне** all-encompassing; **зручне** useful; **правомірне** valid; **безпідставне** groundless; **грубе** gross, **туманне** vague; **поквапне** hasty; **широке** broad; **філософське** philosophical, **художнє** artistic
v. + **у. відкидати у.** reject a generalization ◊ **Таке у. слід відкинути як безпідставне.** Such a generalization should be rejected as groundless. (**робити** make) ◊ **Катерина любить робити поквапні у.** Kateryna likes to make hasty generalizations.
prep. **у. про** + *A.* a generalization about sth ◊ **У. про причини кризи** generalizations about the causes of the crisis; **у. стосовно** + *G.* a generalization regarding sth; **у. щодо** + *G.* a generalization concerning sth
Cf. **висновок**

узагальни|ти, *pf., see* **узагальнювати**
to generalize, *etc.* ◊ **Оглядач ~в ідею фільму.** The reviewer summed up the message of the movie.

узагальню|вати, **~ють; узагальн|ити ~ять**, *tran.*
to generalize, make a generalization; sum up
adv. **блискуче** brilliantly ◊ **Рецензент блискуче узагальнив сюжет фільму.** The reviewer has brilliantly summed up the plot of the movie. **коротко** concisely, **стисло** briefly; **передчасно** prematurely, **поквапно** hastily ◊ **Ви не повинні поквапно у.** You must not make hasty generalizations. **зараз же** right away ◊ **Кожен учень має прочитати текст і зараз же узагальнити його одним реченням.** Every student is to read the text and right away sum it up in one sentence. **швидко** quickly; **метафористично** metaphorically, **художньо** artistically
v. + **у. бути важко** be difficult to ◊ **Йосипові важко узагальнити все, що обговорювали на зустрічі.** It is difficult for Yosyp to sum up everything that was discussed at the meeting. **бути легко** be easy to, **бути можна** *and* **можливо** be possible to, **бути треба** + *D.* need to, **могти** can ◊ **Ви можете коротко узагальнити прочитане?** Can you concisely sum up what you have read? **пробувати** try to
pa. pple. **узагальнений** generalized, summed up
узагальнюй! узагальни!

узаконен|ня, *nt.*
1 legalization, legitimation ◊ **Студенти домагаються у. своєї незалежної профспілки.** The students are pressing for the legalization of their independent union.
See **леґалізація**
2 recognition, acceptance, validation ◊ **Інститут має прероґативу офіційного у. нових слів.** The institute had the prerogative of granting the official recognition to new words.
See **визнання 1**
G. pl. **~ь**

узакони|ти, *pf., see* **узаконювати**
to legalize, *etc.* ◊ **Рішення ~ло проституцію.** The decision made prostitution legal.

узаконю|вати, **~ють; узакон|ити, ~ять**, *tran.*
1 to legalize, make legal, legitimize
adv. **врешті-решт** eventually, **нарешті** finally, **раз і назавжди** once and for all; **швидко** quickly; **де-факто** de facto, **де-юре** de jure; **практично** in practice ◊ **Бездіяльністю правоохоронні органи практично ~вали марихуану.** By their omission, law-enforcement agencies in practice legalized marijuana. **фактично** effectively
v. + **у. бути готовим** be ready to ◊ **Парламент готовий узаконити одностатеві шлюби.** The parliament is ready to legalize same-sex marriages. **вимагати** demand to; **відмовлятися** refuse to; **обіцяти** + *D.* promise sb to, **пропонувати** + *D.* propose sb to ◊ **Він пропонує узаконити медичну марихуану.** He proposes to legalize medical marijuana. **погоджуватися** agree to
See **леґалізувати 1.** *Also see* **визнавати 1**
2 to validate, recognize ◊ **Народне мовлення часто ~є явища, які порушують літературний стандарт.** Vernacular speech oftentimes validates the phenomena that are in violation of the literary standard.
Also see **леґалізувати 2**

узгоджен|ня, *nt.*
1 coordination
adj. **більше** greater, **краще** better; **ефективне** effective, **належне** adequate, **повне** full, **тісне** tight; **негайне** immediate; **кепське** poor, **недостатнє** insufficient, **погане** bad ◊ **Доставка медикаментів затримується через погане у. між допомоговими організаціями.** The delivery of medicines is being delayed because of bad coordination among the relief organizations.
v. + **у. ґарантувати у.** ensure coordination ◊ **Нова модель виробництва ґарантуватиме належне у. всіх його ланок.** The new production model will ensure better coordination of all its parts. (**забезпечувати** provide; **покращувати** improve); **вимагати у.** require coordination ◊ **Становище негайного у. дій.** The situation requires the coordination of actions. (**потребувати** need); **перешкоджати ~ню** be in the way of coordination
prep. **в ~і** in coordination ◊ **Вони спланували розкопки в ~і з місцевим підсонням.** They planned the digs in coordination with the local climate. **у. з** + *I.* coordination with sb/sth; **у. між** + *I.* coordination between/among sb/sth ◊ **брак у. між урядовими інституціями** a lack of coordination among government institutions
See **координація 1**
2 *gram.* agreement ◊ **граматичне у. між прикметником та іменником за родом** grammatical agreement between adjective and noun in gender
G. pl. **~ь**

узгоджу|вати, **~ють; узгод|ити, ~ять**, *tran.*
to coordinate, harmonize
adv. **добре** well, **ретельно** carefully, **тісно** tightly, **чітко** clearly; **з готовністю** readily, **обов'язково** definitely, **радо** gladly; **неохоче** reluctantly; **автоматично** automatically; **завжди** always ◊ **Усі підрозділи завжди ~ють дослідження.** All subdivisions always coordinate research. **рідко** rarely; **ледве** barely
v. + **у. бути необхідно** be necessary to,

бу́ти тре́ба + *D.* need to ◊ **Їм тре́ба узго́дити програ́му фестива́лю зі спо́нсорами.** They need to coordinate the festival program with the sponsors. **проси́ти** + *A.* ask sb to; **хоті́ти** want to

prep. **у. з** + *I.* coordinate with sb/sth ◊ **Програ́ма ~є робо́ту кондиціоне́ра з колива́нням температу́ри.** The software harmonizes the work of the air conditioner with temperature fluctuations.

pa. pple. **узго́джений** coordinated

узго́джуй! узго́дь!

Also see **координува́ти, пого́джувати**

узго́ди|ти, *pf., see* **узго́джувати**
to coordinate, harmonize ◊ **Оле́на ~ла відві́дини сту́дії із продю́сером.** Olena coordinated her visit to the studio with the producer.

узнава́ти, *var., see* **взнава́ти**

узна́ти, *var., see* **взна́ти**

Украї́н|а, *var.* **Вкраї́на**, *poet., f.*
Ukraine

adj. **За́хідна** Western, **Схі́дна** Eastern, **Пі́вде́нна** Southern, **Пі́вні́чна** Northern, **Центра́льна** Central; **Вели́ка** Central, mainland *(traditionally distinguished from Western Ukraine)* ◊ **Ори́ся вироста́ла в Вели́кій ~і, непода́лі́к Ка́нева.** Orysia grew up in Central Ukraine, not far from Kaniv. **Наддніпря́нська** Dnipro River Basin ◊ **Лев не бува́в у жо́дному мі́сті Наддніпря́нської ~и.** Lev did not visit any city in the Dnipro River Basin of Ukraine. **Слобідська́** *or* **Слобожа́нська** Eastern *(the provinces of Kharkiv and Sumy)*; **ві́льна** free, **незале́жна** *and* **самості́йна** independent, **собо́рна** united ◊ **собо́рна У. від Ся́ну до До́ну** united Ukraine from the Sian to the Don Rivers; **демократи́чна** democratic, **квіту́ча** flourishing; **окупо́вана** occupied, **сове́тська** Soviet

prep. **в ~у** *dir.* to Ukraine ◊ **по́дорож в ~у** a trip to Ukraine; **в ~і** *posn.* in Ukraine ◊ **Есте́бан має бага́то дру́зів в ~і.** Esteban has many friends in Ukraine. **до ~и** *dir.* to Ukraine ◊ **Ма́рґарет втре́тє ї́де до ~и.** Margaret travels to Ukraine for the third time. **з ~и** from Ukraine ◊ **Вони́ що́йно поверну́лися з ~и.** They have just returned from Ukraine.

See **краї́на**

украї́н|ець, *m.*, **~ця; ~ка**, *f.*
native or citizen of Ukraine; Ukrainian

adj. **вели́кий** great ◊ **Телесеріа́л присвя́чений вели́ким ~цям.** The TV series is dedicated to great Ukrainians. **визначни́й** outstanding, **генія́льний** brilliant, **славе́тний** famous; **го́рдий** proud; **затя́тий** diehard; **свідо́мий** conscious, **спра́вжній** true, **щи́рий** genuine ◊ **Мико́ла вважа́є, що ко́жний щи́рий у. пови́нен люби́ти свою́ мо́ву.** Mykola is of the opinion that every genuine Ukrainian must love his language. **патріоти́чний** patriotic, **самові́дданий** selfless; **звича́йний** *or* **посполи́тий** ordinary, **середньостатисти́чний** average, **типо́вий** typical; **неохо́чий** reluctant; **уда́ваний** feigned, **фальши́вий** phony; **дволи́чний** duplicitous, **зрадли́вий** disloyal, **підсту́пний** treacherous ◊ **Це був о́браз мазе́пинця, зрадли́вого й підсту́пного ~ця, типо́вого для імпе́рської міфоло́гії.** This was the image of Mazepist, a disloyal and treacherous Ukrainian, typical of the imperial mythology. **хи́трий** cunning; **вузьколо́бий** narrow-minded; **консервати́вний** conservative, **традиці́йний** traditional; **наї́вний** naive, **простакува́тий** gullible, **простоду́шний** simpleminded ◊ **Фільм зобража́є місце́вих жи́телів як простоду́шних ~ців.** The movie describes the local population as simpleminded Ukrainians.

v. + **у. бу́ти ~цем** be a Ukrainian ◊ **У ю́ності Ю́рій був неохо́чим ~цем, зако́ханим у все росі́йське.** In his youth, Yurii was a reluctant Ukrainian in love with all things Russian.

(**вважа́ти** + *A.* consider sb ◊ **Вона́ не вважа́ла ~цями тих, хто не володі́в украї́нською мо́вою.** She did not consider Ukrainian those who had no command of the Ukrainian language. **лиша́тися** remain ◊ **Незважа́ючи на переслі́дування, ти́сячі донечча́н лиша́лися ~цями.** Despite persecution, thousands of Donbas inhabitants remained Ukrainians. **наро́джуватися** be born; **става́ти** become) ◊ **Андрі́й не зра́зу став свідо́мими ~цем.** Andrii did not become a conscious Ukrainian at once.

L. **на ~цеві**

украї́нськ|ий, *adj.*
1 Ukrainian, of or pertaining to Ukraine

у. + *n.* **у. алфа́віт** a Ukrainian alphabet (**герб** coat of arms, **гімн** *or* **сла́вень** anthem; **дух** spirit ◊ **Уча́сники проте́стів показа́ли спра́вжній у. дух.** The protests participants showed true Ukrainian spirit. **хара́ктер** character; **звича́й** custom; **наро́д** people); **~а ідея́** the Ukrainian idea ◊ **Пое́т озву́чує у ві́рші ~у іде́ю.** The poet articulates the Ukrainian idea in the poem. (**культу́ра** culture, **мрі́я** dream; **пі́сня** song; **ку́хня** cuisine, **стра́ва** dish; **літерату́ра** literature, **мо́ва** language; **це́рква** church); **~е ві́йсько** the Ukrainian army (**баро́ко** baroque ◊ **кольори́ і візеру́нки характе́рні для ~ого баро́ка** the colors and patterns characteristic of the Ukrainian baroque; **мисте́цтво** art; **мі́сто** city, **село́** countryside, village; **сло́во** word)

Also see **жо́вто-блаки́тний 2**

2 *as n., only f.* Ukrainian, Ukrainian language ◊ **Ізабе́ла оволоді́ла ~ою.** Isabela has mastered Ukrainian.

adj. ♦ **давньоукраї́нська** Old Ukrainian ◊ **Її́ запроси́ли виклада́ти ку́рс давньоукраї́нської.** She was invited to teach a course of Old Ukrainian. **протоукраї́нська** Proto-Ukrainian ◊ **Опи́сане морфологі́чне я́вище мо́жна спостеріга́ти ще у протоукраї́нській.** The morphological phenomenon described can be observed yet in Proto-Ukrainian. **середньоукраї́нська** Middle Ukrainian ◊ **письмо́ві пам'я́тки середньоукраї́нської** written monuments of Middle Ukrainian; **суча́сна** Modern; **письмо́ва** written, **розмо́вна** conversational, **у́сна** spoken; **бага́та** rich, **ви́шукана** refined, **осві́чена** educated, **сокови́та** succulent; **літерату́рна** literary, **пра́вильна** proper, **станда́ртна** standard; **афекто́вана** affected; **засмі́чена** contaminated, **зіпсо́вана** spoiled, **креолізо́вана** creolized ◊ **тенде́нція заміня́ти у фі́льмах розмо́вну ~у креолізо́ваною** the trend of replacing conversational Ukrainian by a creolized one in movies; **американізо́вана** Americanized, **зпо́льщена** Polonized, **зросі́йщена** Russified

See **мо́ва 1**

українськомо́вн|ий, *adj.*
Ukrainian-speaking

adv. **доскона́ло** perfectly ◊ **Хосе́ – доскона́ло у. еспа́нець.** José is a Spaniard speaking perfect Ukrainian. **частко́во** partially, **ціл́ко́м** completely; **винятко́во** exceptionally ◊ **Він є люди́ною винятко́во ~ою.** He is an exceptionally Ukrainian-speaking person. **послідо́вно** consistently; **ті́льки** only; **приро́дно** naturally

v. + **у. бу́ти ~им** to be Ukrainian-speaking (**вважа́ти** + *A.* consider sb ◊ **У цьо́му середо́вищі її́ вважа́ли наха́бно ~ою.** In this milieu, she was considered to be brazenly Ukrainian-speaking. **виявля́тися** turn out, **лиша́тися** remain ◊ **По́при суспі́льний тиск Тара́с лиша́вся послідо́вно ~им.** Despite all social pressure, Taras remained consistently Ukrainian-speaking. **оголо́шувати** + *A.* declare sth ◊ **Мі́сто оголоси́ло всі грома́дські за́клади ~ими.** The city declared all public establishments to be Ukrainian-speaking. **става́ти** become); **перетво́рювати** + *A.* **на** + *A.* turn sb into ◊ **За рік вона́ перетвори́ла Жера́ра на ~ого чолові́ка.** In a year, she turned Gérard into a Ukrainian-speaking man.

уку́с, *m.*, **~у**
bite

adj. **змі́їний** snake, **комари́ний** mosquito ◊ **Плече́ сверблі́ло від комари́них уку́сів.** The shoulder itched from mosquito bites. **соба́чий** dog; **болю́чий** painful, **сверблячи́й** itchy; **глибо́кий** deep, **страшни́й** nasty; **отру́йний** venomous

у. + *n.* **у. бджоли́** a bee bite (**комара́** mosquito, **оси́** wasp ◊ **Він міг поме́рти від ~у оси́.** He could die of a wasp bite. **змії́** snake, **соба́ки** dog, **щура́** rat)

уле́слив|ий, *adj.*
fawning, obsequious, ingratiating, groveling ◊ **Вона́ не ві́рила ~им лю́дям.** She did not trust obsequious people.

adv. **ду́же** very, **неприє́мно** unpleasantly ◊ **Гали́ні ні́яково диви́тися на її́ неприє́мно ~е обли́ччя.** Halyna feels ill at ease looking at her unpleasantly obsequious face. **огі́дно** disgustingly; **безсоро́мно** shamelessly ◊ **Його́ го́лос став безсоро́мно ~им.** His voice became shamelessly fawning. **неприхо́вано** openly

Also see **масни́й 3**

улі́тку, *var., see* **влі́тку**

ультима́тум, *m.*, **~у**
ultimatum; *also fig.*

adj. **відкри́тий** open, **зухва́лий** brazen ◊ **Зая́ва – зухва́лий у. усі́й міжнаро́дній спі́льно́ті.** The statement is a brazen ultimatum to the entire international community. **прями́й** direct; **завуальо́ваний** veiled; **факти́чний** effective

v. + **у. вруча́ти у.** deliver an ultimatum ◊ **Офіце́р вручи́в йому́ у.** An officer delivered the ultimatum to him. (**дава́ти** + *D.* give sb, **посила́ти** send; **достава́ти** get, **отри́мувати** receive; **прийма́ти** accept; **відкида́ти** reject, **іґнорува́ти** ignore) ◊ **Уряд іґнору́є у. Міжнаро́дного валю́тного фо́нду.** The government ignores the International Monetary Fund's ultimatum. **підкоря́тися ~у** *or* **~ові** comply with an ultimatum ◊ **Обло́жене мі́сто підкори́лося королі́вському ~ові.** The besieged city complied with the royal ultimatum. **ста́вити** + *A.* **пе́ред ~ом** present sb with an ultimatum ◊ **Він факти́чно поста́вив ді́вчину пе́ред ~ом.** He effectively presented the girl with an ultimatum.

у. + *v.* **вимага́ти** + *A.* demand sth ◊ **У. вимага́є роззбро́єння злочи́нних банд.** The ultimatum demands the disarmament of the criminal gangs.

Cf. **вимо́га**

улю́блен|ець, *m.*, **~ця; ~ка**, *f.*
1 favorite *(only of living beings)*, darling, pet

adj. **абсолю́тний** absolute ◊ **Харчу́к – абсолю́тний у. профе́сора.** Kharchuk is the professor's absolute favorite. **вели́кий** great, **зага́льний** general, **найбі́льший** greatest, **незапере́чний** undeniable, **особли́вий** special; **нови́й** new ◊ **О́ля має ново́го ~ця се́ред акто́рів.** Olia has a new favorite among the actors. **особи́стий** personal; **да́вній** long-time, **стари́й** old, **традиці́йний** traditional

у. + *n.* **у. глядачі́в** a viewers' favorite (**жіно́цтва** women's, **на́товпу** crowd, **підлі́тків** teens', **слухачі́в** audience), **у. пу́бліки** a favorite of the public ◊ **Коли́сь полі́тика вважа́ли ~цем пу́бліки.** Once the politician was considered to be a favorite of the public. ♦ **у. до́лі** *or* **форту́ни** a lucky man

v. + **у. бу́ти ~цем** be a favorite (**вважа́ти** + *A.* consider sb; **вибира́ти** choose; **лиша́тися** remain; **става́ти** become ◊ **Завдяки́ альбо́му співа́к став ~цем підлі́тків.** Thanks to the album the singer became a favorite of teens.

prep. **у. в** + *G.* a favorite with sb; **у. се́ред** + *G.* a favorite among sb
Also see **коха́нець 3**
2 pet *(of animal, etc.)*
adj. **дома́шній** domestic; **пухна́стий** fluffy, **чотирила́пий** *and* **чотирино́гий** *fig.* four-legged ◊ **Її чотирила́пого ~ця зву́ть Бровко́.** Her four-legged pet is called Brovko. **загу́блений** lost, **поки́нутий** abandoned
v. + **у. заво́дити ~ця** get a pet ◊ **Пішо́вши на пе́нсію, Лю́да завела́ ~ця.** Having retired, Liuda got herself a pet. (**вигу́люват**и walk ◊ **Де́які студе́нти заробля́ли тим, що вигу́лювали чужи́х ~ців.** Some students earned by walking other people's pets. **ма́ти** have, **трима́ти** keep ◊ **Вла́сниця буди́нку дозволя́ла ме́шканцям трима́ти чотирино́гих ~ців.** The (female) owner of the building allowed her tenants to keep four-legged pets. **годува́ти** feed) ◊ **Вона́ году́є ~ця дві́чі на де́нь.** She feeds her pet twice a day.
Also see **твари́на**

улю́блен|ий, *adj.*
1 favorite, preferred, favored
у. + *n.* **у. письме́нник** a favorite writer (**режисе́р** director, **співа́к** singer, **маля́р** artist; **теа́тр** theater, **фі́льм** film); **~а кав'я́рня** a favorite café (**кни́жка** book, **мело́дія** tune, **пі́сня** song); **~е заня́ття** favorite pastime, hobby (**мі́сце** place ◊ **її ~е мі́сце в па́рку** her favorite place in the park; **мі́сто** city)
2 beloved, loved ◊ **Ната́ля На́ум була́ ~ою акто́ркою для багатьо́х.** Natalia Naum was a beloved actress for many.

умива́тися, *var., see* **вмива́тися**

уми́тися, *var., see* **вми́тися, вмива́тися**

умі́ти, *var., see* **вмі́ти**

умо́в|а, *f.*
1 condition, stipulation, term, provision
adj. **незмі́нна** invariable ◊ **Фахо́вість – незмі́нна у. підбо́ру кандида́тів на вака́нсії.** Competence is the invariable condition for candidate selection for vacancies. **доконе́чна** *and* **коне́чна** obligatory, **доста́тня** sufficient, **обов'язко́ва** mandatory, **суво́ра** strict; **ви́гідна** advantageous, **гума́нна** humane ◊ **Вони́ ви́сунули гума́нні ~и капітуля́ції.** They set out humane terms of capitulation. **зага́льна** general, **зрозумі́ла** comprehensible, **про́ста** simple, **чітка** clear; **легка́** easy ◊ **~и ко́нкурсу не були́ легки́ми.** The terms of the competition were not easy. **прийня́тна** acceptable, **спри́ятлива** favorable; **важка́** tough, **обтя́жлива** burdensome; **окре́ма** separate, **особли́ва** special; **неприйня́тна** unacceptable, **прини́злива** humiliating
у. + *n.* **у. гри** the terms of a game (**до́гово́ру** agreement, **допомо́ги** assistance, **капітуля́ції** capitulation, **ко́нкурсу** competition, **контра́кту** contract, **на́йму** employment; **ми́ру** peace, **переми́р'я** truce ◊ **~и переми́р'я прийня́тні для них.** The terms of the truce are acceptable to them. **підбо́ру** selection; **фінансува́ння** funding)
v. + **у. висува́ти ~у** set out a condition (**додава́ти** attach, **наклада́ти** impose ◊ **Банк накла́в на ньо́го до́сить ви́гідні ~и іпоте́ки.** The bank imposed fairly advantageous mortgage terms on him. **окре́слювати** specify, **пропонува́ти** + *D.* offer sb, **ста́вити** + *D.* set to; **прийма́ти** accept; **вико́нувати** fulfill, **задовольня́ти** satisfy; **пору́шувати** be in breach of ◊ **Бар пору́шує ~и про́дажу алкого́лю.** The bar is in breach of the conditions of alcohol sale. **пого́джуватися на** agree to) ◊ **Він пого́дився на ~и контра́кту.** He agreed to the terms of the contract. **дотри́муватися ~и** comply with a condition ◊ **Вони́ дотри́мувалися ко́жної ~и до́гово́ру.** They complied with every condition of the treaty. **відповіда́ти ~і** meet a condition
prep. **з ~ою, що** with/under the condition that ◊ **Наза́р виклада́тиме ку́рси з ~ою, що заняття́ бу́дуть пополу́дні.** Nazar will be teaching the courses with the condition that the classes are in the afternoon. **за ~и що** on the condition that
Cf. **вимо́га 1**
2 *usu pl.* conditions, circumstance, situation
adj. **до́брі** good, **ідеа́льні** ideal, **найкра́щі** best, **оптима́льні** optimal, **прекра́сні** excellent, **спри́ятливі** favorable; **задові́льні** satisfactory; **важкі́** difficult, **екстрема́льні** extreme, **жахли́ві** horrible, **ке́пські** poor, **небезпе́чні** dangerous, **нелю́дяні** inhumane, **неможли́ві** impossible, **несприя́тливі** unfavorable, **нестерпні** intolerable, **пога́ні** bad, **складні́** adverse, **страшні́** appalling, **шкідли́ві** hazardous; **антисаніта́рні** unsanitary, **брудні́** dirty, **осору́жні** squalid ◊ **Вони́ опини́лися в напра́вду осору́жних ~ах.** They ended up in truly squalid conditions. **звича́йні** usual, **норма́льні** normal; **мінли́ві** changing; **атмосфе́рні** atmospheric, **кліматичні** climatic, **метеорологі́чні** meteorological, **навко́лишні** ambient, **приро́дні** natural, **пого́дні** weather; **експеримента́льні** experimental, **симульо́вані** simulated; **температу́рні** temperature, **фізи́чні** physical; **житлові** housing ◊ **Тя́жко назва́ти їхні житлові ~и задові́льними.** It is difficult to call their living conditions satisfactory. **соція́льні** social
у. + *n.* **~и життя́** living conditions (**їзди́** driving ◊ **Вони́ діста́лися пу́нкту призна́чення, незважа́ючи на складні ~и їзди́.** They reached their destination despite the adverse driving conditions. **підгото́вки** training, **пра́ці** working)
v. + **у. ма́ти ~и** have conditions ◊ **Тут маля́рі ма́ють прекра́сні ~и для тво́рчости.** Here the artists have excellent conditions for work. (**покра́щувати** improve; **полегшувати** alleviate; **відтво́рювати** reproduce, **симулюва́ти** simulate ◊ **Обла́днання симулю́є космі́чні ~и.** The equipment simulates the conditions of space. **ство́рювати** create) ◊ **Уряд створи́в оптима́льні ~и для інвести́цій.** The government created optimal investment conditions. **вироста́ти в ~ах** grow up in conditions ◊ **Ді́ти виросту́ли у складни́х соція́льних ~ах.** The children grew up in tough social conditions. (**жи́ти в** live in, **працюва́ти в** work in) ◊ **Вони́ працю́ють у несте́рпних ~ах.** They work in intolerable conditions.
у. + *v.* **існува́ти** exist ◊ **У ліка́рні існу́ють антисаніта́рні ~и.** Unsanitary conditions exist in the hospital. **пережа́ти** prevail; **змі́нюватися** *and* **міня́тися** change, **погі́ршуватися** deteriorate; **покра́щуватися** *and* **полі́пшуватися** improve ◊ **Пого́дні ~и полі́пшилися.** The weather conditions improved.
prep. **в ~ах** + *G.* in conditions ◊ **Експериме́нт прове́дуть в ~ах невагомости.** The experiment will be conducted in the conditions of weightlessness. ♦ **ні за я́ких умо́в** under no circumstance ◊ **Вона́ не хоті́ла виїжджа́ти з мі́ста ні за я́ких умо́в.** She did not want to leave town under any circumstance.
See **ситуа́ція.** *Also see* **кон'юнкту́ра, обстано́вка 3, стан[1] 2, стано́вище 1**
3 agreement, understanding
v. + **у. підпи́сувати ~у** sign an agreement (**пору́шувати** violate); **дотри́муватися ~и** abide by an agreement ◊ **Компа́нія дотри́мується всіх торго́вих умо́в.** The company abides by all the trade agreements.
See **уго́да 1, 2.** *Also see* **домо́вленість**

умо́вити, *var., see* **вмо́вити**

умо́витися, *var., see* **вмо́витися**

умовля́ти, *var., see* **вмовля́ти**

умовля́тися, *var., see* **вмовля́тися**

умо́вн|ий, *adj.*
1 conditional, provisionary ◊ **Її підтри́мка пропози́ції була́ ~ою.** Her support for the proposal was conditional. ♦ **у. ви́рок** a suspended sentence ◊ **У найгі́ршому ра́зі вона́ діста́не у. ви́рок.** In a worst-case scenario, she will get a suspended sentence. ♦ **у. рефле́кс** *physiol.* a classical conditioning
2 agreed upon, prearranged, arranged beforehand ◊ **Вони́ ма́ли поча́ти пі́сля ~ого сиґна́лу.** They were supposed to begin after the prearranged signal. ◊ **Ори́ся могла́ відчини́ти две́рі, лише́ почу́вши у. стук.** Orysia could unlock the door, only upon hearing the secret knock. ◊ **Миха́йло чека́є кур'єра за ~ою адре́сою.** Mykhailo is waiting for the courier at the agreed-upon address.
3 relative, imaginary, simulated, fictitious, staged ◊ **Що́би злама́ти полоне́ного, терори́сти піддаю́ть його́ так зва́ному ~ому ро́зстрілові.** In order to break a prisoner, the terrorists subject him to the so-called staged execution by shooting.
adv. **ви́разно** distinctly ◊ **Геро́ї оповіда́ння ви́йшли двови́мірними і ви́разно ~ими.** The characters of the story came out two-dimensional and distinctly fictitious. **я́вно** clearly; **ду́же** very, **цілко́м** completely; **доста́тньо** rather; **лише́** only ◊ **Да́на заса́да має для ньо́го лише́ ~е зна́чення.** The given principle has only a relative importance for him. ♦ **~а одини́ця** *econ.* the coin of account; *fig.* dollar ◊ **Буди́нок оціни́ли в 30.000 ~их одини́ць.** The house was valued at $30,000.
4 conventional, accepted, established ◊ **~і за́соби любо́вної лі́рики** conventional devices of love poetry
See **традиці́йний**
5 *ling.* conditional ◊ **у. спо́сіб дієсло́ва** the conditional mood of the verb; ◊ **~е ре́чення** a conditional clause

умо́вн|ість, *f.* **~ости**
1 convention, custom
adj. **встано́влена** established, **звича́йна** usual, **при́йнята** accepted, **станда́ртна** standard, **стара́** old, **традиці́йна** traditional ◊ **За традиці́йною ~істю всі ро́лі в теа́трі кабу́кі гра́ють чолові́ки.** By traditional convention, all the parts in kabuki theater are played by men. **че́мна** polite; **безглу́зда** senseless ◊ **Макси́м вважа́є його́ вимо́гу безглу́здою ~істю.** Maksym considers his requirement to be a senseless convention. **глу́па** silly; **кінематографі́чна** cinematic, **літерату́рна** literary, **поети́чна** poetic, **сцені́чна** stage, **театра́льна** theatrical
v. + **у. відкида́ти у.** reject a convention ◊ **Ді́вчи́на відки́нула у. і пе́ршою освідчи́лася Лу́ці.** The girl rejected convention and confessed her love for Luka first. (**іґнорува́ти** flout, **пору́шувати** break ◊ **Масю́к пору́шує при́йняті ~ості.** Masiuk breaks accepted conventions. **плюва́ти на** *fig.* spit on) ◊ **Він подзвони́в про́сто до нача́льника, плю́нувши на ~ості.** He called his boss directly, having spat on conventions. **дотри́муватися ~ости** follow a convention ◊ **Га́нна не дотри́мується ко́жної глу́пої ~ости.** Hanna does not follow every silly convention. **обтя́жувати себе́ ~остями** burden oneself with conventions ◊ **Лі́дія не обтя́жувала себе́ ~остями, коли́ йшло́ся про дося́гнення мети́.** When it came to attaining her goal, Lidiia did not burden herself with convention.
у. + *v.* **вимага́ти** + *G.* demand sth ◊ **У. вимага́ла до́вгої су́кні.** Convention demanded a long dress. **диктува́ти** + *A.* dictate sth ◊ **Звича́йна у. диктува́ла, щоб він запропонува́в поділи́тися з ни́ми обі́дом.** The usual convention dictated that he offer to share his lunch with them.
prep. **за ~істю** by convention ◊ **За ~істю, плане́ти назива́ють імена́ми ри́мських богі́в.** By convention, planets are named after Roman

gods. **згі́дно з ~істю** according to convention
See **звичай, традиція**
2 conventionality, formality, artificiality ◊ **У сюже́ті є до́ля ~ости.** There is a measure of conventionality in the plotline.

уможли́ви|ти, *pf., see* **уможли́влювати**
to make possible, *etc.* ◊ **Гро́ші ~ли її навча́ння в університе́ті.** The money made her university studies possible.

уможли́влю|вати, ~ють; уможли́в|ити, ~лю, ~иш, ~лять, *tran.*
to make possible, enable, facilitate ◊ **Фіна́нсова допомо́га ~є тво́рчість.** Financial aid enables creativity.
adv. **вре́шті-ре́шт** eventually ◊ **До́свід грома́дської пра́ці вре́шті-ре́шт уможли́вив її політи́чну кар'є́ру.** The experience of social work eventually made her political career possible. **наре́шті** finally; **поступо́во** gradually; **шви́дко** quickly
pa. pple. **уможли́влений** made possible
уможли́влюй! уможли́в!
See **дозволя́ти 1**

уника́|ти, ~ють; уни́кн|ути, ~уть, *tran.* + *G.*
to avoid, escape, elude, shirk, dodge, evade
adv. **акти́вно** actively, **взагалі́** altogether, **за вся́ку ці́ну́** at any cost, **обере́жно** carefully, **послідо́вно** consistently ◊ **Весь ве́чір він послідо́вно ~в Ната́линого по́гляду.** All evening long, he consistently avoided Natalia's gaze. **цілко́м** completely; **ле́гко** easily, **успі́шно** successfully; **навми́сне** deliberately, **намі́рено** purposefully, **свідо́мо** consciously; **скрупульо́зно** scrupulously ◊ **Середньові́чний перепи́сувач нама́гався скрупульо́зно у. поми́лок у руко́писі.** The medieval scribe tried to scrupulously avoid errors in the manuscript. **ле́две** barely; **вмі́ло** skillfully, **майсте́рно** masterfully, **прово́рно** deftly, **спри́тно** shrewdly; **му́дро** wisely; **загало́м** largely, **наза́гал** generally ◊ **Тама́ра наза́гал ~є телеба́чення і ди́виться його́ лише́, коли́ зупиня́ється в готе́лі.** Tamara generally avoids TV and watches it only when she stays at hotels. **я́кось** somehow ◊ **Тара́с я́кось ~в розмовля́ти на дражли́ві те́ми.** Taras somehow avoided talking about touchy subjects.
у. + *n.* **у. відповіда́льности** avoid responsibility (**оче́й** sb's eyes, **по́гляду** gaze; **покара́ння** punishment; **товари́ства** company) ◊ **Лука́ ~в її товари́ства.** Luka avoided her company. **у. військо́вої слу́жби** evade military service
n. + **у. нама́гання у.** efforts to avoid ◊ **Нама́гання ді́вчини у. зу́стрічей із Бори́сом ви́явилися ма́рними.** The girl's efforts to avoid meeting Borys proved futile. **спро́ба уни́кнути** an effort to avoid
v. + **у. бу́ти неможли́во** be impossible to, **бу́ти тя́жко** be difficult to; **вдава́тися** + *D.* manage to ◊ **Воло́ді вдало́ся уни́кнути конфлі́кту із бра́том.** Volodia managed to avoid a conflict with his brother. **нама́гатися** try to, **про́бувати** attempt to, **стара́тися** do one's best to ◊ **Він стара́ється у. англі́йських запози́чень.** He does his best to avoid English loans. **хоті́ти** wish to; **поча́ти** *pf.* begin to, **ста́ти** *pf.* start to ◊ **Мо́тря ста́ла у. креди́тних карто́к.** Motria started to avoid credit cards. **продо́вжувати** continue to ◊ **Левко́ продо́вжував у. півні́чної части́ни мі́ста.** Levko continued to avoid the northern part of town. **переста́ти** *pf.* stop
уника́й! уни́кни!
Also see **мина́ти 5, обхо́дити 5, ухиля́тися 2.** *Cf.* **вника́ти**

уни́кн|ути, *pf., see* **уника́ти**
to avoid, *etc.* ◊ **Злочи́нець не ~ув заслу́женої ка́ри.** The criminal did not avoid the punishment he deserved.

універса́льн|ий, *adj.*
1 universal, general ◊ **Її ціка́влять ~і зако́ни фі́зики.** She takes interest in the general laws of physics.
adv. **напра́вду** *and* **спра́вді** truly ◊ **Вони́ опрацюва́ли напра́вду у. протоко́л економі́чного ана́лізу.** They developed a truly universal protocol of economic analysis. **факти́чно** virtually, **ма́йже** almost; **на́чебто** supposedly, **аж нія́к не** by no means ◊ **Ца́рина застосува́ння відкриття́ аж нія́к не ~а.** The application sphere of the discovery was by no means universal.
v. + **у. бу́ти ~им** be universal (**вважа́ти** + *A.* consider sth, **здава́тися** + *D.* seem to sb; **лиша́тися** remain ◊ **Таки́й спо́сіб кодува́ння інформа́ції до́вго лиша́вся ~им.** Such a manner of information coding remained universal for a long time. **става́ти** become) ◊ **Проду́кт шви́дко став ~им за́собом від грибка́.** The product quickly became a general remedy against fungus.
2 versatile, universal, all-around, multifaceted ◊ **Вона́ ви́явилася напра́вду ~ою люди́ною.** She turned out to be a truly versatile person. ◊ **Його́ ~і знання́ світово́ї культу́ри не мо́жуть не вража́ти.** His universal knowledge of world culture cannot but impress. ◊ **Столі́ттями кінь був ~им за́собом пересува́ння.** For centuries, the horse was an all-purpose means of locomotion.

університе́т, *m.*, **~у**
university ◊ **У яко́му ~і ти навча́єшся?** What university do you study at?
adj. **вели́кий** big, **найбі́льший** biggest; **невели́кий** small; **важли́вий** important; **пе́рший** first, premier ◊ **Два ~и змага́ються за пра́во назива́тися пе́ршими у краї́ні.** The two universities compete for the right to be called premier in the nation. **нови́й** new, **моде́рний** modern; **настарі́ший** oldest, **стари́й** old; **елі́тний** elite, **прести́жний** prestigious, **провідни́й** leading; **місце́вий** local, **держа́вний** state, **націона́льний** national ◊ **Торі́к трьом держа́вним ~ам присво́їли зва́ння націона́льних.** Last year, three state universities were designated as national. **католи́цький** Catholic ◊ **Украї́нський католи́цький у. ті́шиться прести́жем.** The Ukrainian Catholic University enjoys prestige. **прива́тний** private; **гуманіта́рний** humanitarian, **лінґвісти́чний** linguistic ◊ **Він – випускни́к лінґвісти́чного ~у.** He is an alumnus of a linguistic university. **меди́чний** medical, **педагогі́чний** pedagogical, **технологі́чний** technological
n. + **у. адміністра́тор ~у** a university administrator (**виклада́ч** instructor, **профе́сор** professor; **дослі́дник** researcher; **співпрацівни́к** associate; **персона́л** staff, **профе́сорсько-виклада́цький склад** faculty; **аспіра́нт** doctoral student, **студе́нт** student, **студе́нтка** female student; **президе́нт** president, **проре́ктор** deputy rector, **ре́ктор** rector; **бібліоте́ка** library, **ка́мпус** campus ◊ **Бібліоте́ка розташо́вана на старо́му ка́мпусі ~у.** The library is located on the old university campus. **ко́рпус** building, hall, **лабораторі́я** laboratory, **факульте́т** department, **шко́ла** school) ◊ **Вона́ –студе́нтка у Шко́лі пра́ва ~у.** She is a student of the University School of Law.
v. + **у. вибира́ти у.** choose a university ◊ **Він уре́шті-ре́шт ви́брав Ха́рківський у.** Eventually he chose the Kharkiv University. (**відкрива́ти** open ◊ **У. відкри́ли пі́сля розва́лу Сове́тського Сою́зу.** The university was opened after the collapse of the Soviet Union. **засно́вувати** found; **розбудо́вувати** expand; **назива́ти і́менем** + *G.* name after sb ◊ **Черніве́цький у. назва́ли і́менем Ю́рія Федько́вича.** The Chernivtsi University was named after Yurii Fedkovych. **закрива́ти** close down; **відві́дувати** attend ◊ **Уде́нь Ната́ля працюва́ла, а вечора́ми відві́дувала у.** During the day, Natalia worked and in the evening she attended university. **закі́нчувати** graduate from ◊ **Вона́ закі́нчи́ла меди́чний у.** She graduated from a medical university. **ки́дати** drop out of) ◊ **Матві́й му́сив ки́нути у.** Matvii had to drop out of the university. **вступа́ти до ~у** enter a university ◊ **Юрко́ вступи́в до ~у в 1992 ро́ці.** Yurko entered the university in 1992. (**подава́ти докуме́нти до** apply to ◊ **За́раз ко́жен мо́же пода́ти докуме́нти до кілько́х ~ів одра́зу.** Now everyone can apply to several universities at the same time. **ходи́ти до** go to); **виклада́ти в ~і** teach at a university ◊ **Профе́сор Шевельо́в виклада́в у Колумбі́йському ~і.** Professor Shevelov taught at Columbia University. (**вчи́тися** *and* **навча́тися в** study at) ◊ **Хома́ вчи́ться в Сумсько́му держа́вному педагогі́чному ~і.** Andrii studies at the Sumy State Pedagogical University.
prep. **в ~і** *posn.* at/in university; **до ~у** to university ◊ **За́втра він не піде́ до ~у.** He will not go to the university tomorrow.
Also see **коле́дж.** *Cf.* **шко́ла 1**

університе́тськ|ий, *adj.*
university, of or pertaining to a university
у. + *n.* **у. гурто́житок** a university dormitory (**ка́мпус** campus, **ко́рпус** building, hall; **друг** friend; **консо́рціюм** consortium; **підру́чник** textbook; **порта́л** portal; **стату́т** charter; **сту́пінь** degree ◊ **Ні́на ма́є два ~і сту́пені.** Nina has two university degrees. **ко́нкурс** competition, **турні́р** tournament; **центр** center) ◊ **Він працю́є хіру́ргом в ~ому меди́чному це́нтрі.** He works as a surgeon at the university medical center. **~а бібліоте́ка** a university library (**вебсторі́нка** web page, **газе́та** newspaper; **кате́дра** chair; **клі́ніка** clinic; **осві́та** education; **спі́льно́та** community; **тради́ція** tradition); **~е видавни́цтво** university publishers (**життя́** life; **міс́те́чко** campus; **середо́вище** environment; **ра́діо** radio, **телеба́чення** television)
Cf. **шкі́льний**

упе́внений, *var., see* **впе́внений**

упере́джен|ий, *adj.*
1 prejudiced, biased ◊ **Її ана́ліз у.** Her analysis is prejudiced. ◊ **Ко́жен уча́сник диску́сії ви́явився по-сво́єму ~им.** Every participant of the discussion turned out to be biased in his own way. ◊ **О́льжина то́чка зо́ру здава́лася я́вно ~ою.** Olha's point of view seemed to be obviously prejudiced.
prep. **у. до** + *G.* prejudiced against sb/sth ◊ **Він у. до жіно́к.** He is prejudiced against women. **у. про́ти** + *G.* prejudiced against sb/sth ◊ **А́втор у. про́ти всього ново́го.** The author is biased against all things new.
See. **тенденці́йний**
2 bad, negative, detrimental, unfair ◊ **Хри́стя наріка́є на ~е ста́влення до не́ї головно́го економі́ста.** Khrystia complains of the unfair treatment she had from the chief economist.
See **пога́ний 1, 2.** *Also see* **ке́пський, незадові́льний, нія́кий 2, парши́вий 1, паску́дний 1.** *Cf.* **забобо́нний**

упере́джен|ня, *nt., often pl.*
prejudice, bias
adj. **вели́ке** great, **глибо́ке** deep, **гли́бо́ко вкорі́нене** deeply rooted ◊ **гли́бо́ко вкорі́нене у. невда́хи про́ти успі́шних люде́й** a deeply rooted prejudice of a loser against successful people; **серйо́зне** serious; **відкри́те** open, **неприхо́ване** overt, **я́вне** obvious; **страшне́** terrible; **впе́рте** pigheaded, **тупе́** dumb; **осо́бисте** personal; **інституці́йне** institutional; **коли́шнє** former ◊ **Від її коли́шнього у. про́ти веґетарія́нської ку́хні не лиши́лося й слі́ду.** Not a trace was left of her former prejudice against vegetarian cuisine. **старе́** old, **традиці́йне** traditional; **етні́чне** ethnic, **кла́сове** class,

релігі́йне religious; **гомофо́бське** homophobic, **ксенофо́бське** xenophobic, **політи́чне** political, **раси́стське** racist, **секси́стське** sexist; **нераціона́льне** irrational, **сліпе́** blind ◊ **Сліпі́ у. заважа́ють Марі́ї порозумі́тися з ко́жним, хто ду́має іна́кше.** Blind prejudice prevents Maria from coming to an understanding with everyone who thought differently.

v. + **у. вислóвлювати у.** express prejudice ◊ **Бага́то політи́ків вислóвлює у. про́ти іміґра́нтів.** Many politicians express prejudice against immigrants. (**дола́ти** overcome ◊ **Го́ді подола́ти старі́ у. за коро́ткий час.** It is impossible to overcome old prejudices in a short time. **ма́ти** have); **апелюва́ти до у.** ◊ **Демаго́г апелю́є до ~ь на́товпу.** A demagogue appeals to the prejudices of the mob. (**позбува́тися** get rid of; **потерпа́ти** *or* **стражда́ти від** suffer from) ◊ **Він потерпа́в від ~ь з бо́ку росі́йського середо́вища мі́ста.** He suffered from prejudice on the part of the Russian milieu of the city. **потура́ти ~ню** pander to prejudice ◊ **Іва́нна не потура́є гомофо́бським ~ням.** Ivanna does not pander to homophobic prejudice. (**ки́дати ви́клик** challenge); **боро́тися з ~ням** fight prejudice ◊ **Лари́са бо́реться із вла́сними ~ями.** Larysa fights her own prejudices. **стика́тися з** encounter) ◊ **Він зіткну́вся із глибо́кими ~нями.** He encountered deep prejudice.

prep. **без ~ь** without bias ◊ **Вона́ оповіла́ все без ~ь.** She told everything without bias. **з ~ням** with bias ◊ **Мико́ла вислóвлювався з я́вним ~ням.** Mykola expressed himself with obvious bias. **у. до** + *G.* bias toward sb ◊ **у. до украї́нської мо́ви** bias toward the Ukrainian language; **у. про́ти** + *G.* bias against sb; **у. се́ред** + *G.* bias among sb

Cf. **забобо́нність**

управлі́н|ня, *nt.*

1 *only sg.* managing, management, administering, governing + *I.* ◊ **Рефо́рми покра́щують у. заво́дом.** The reforms improve the plant's management. ◊ **у. вла́сністю** property management; ◊ **Григоре́нко відповіда́є за у. міністе́рством.** Hryhorenko is responsible for administering the ministry.

See **керівни́цтво 1.** *Also see* **ме́неджмент 1, про́від 1**

2 office, department, board, directorate, agency ◊ **Він очо́лює житлове́ у. компа́нії.** He heads the housing department of the company. ◊ **Оби́два буди́нки займа́є розві́дувальне у.** Both buildings are occupied by the intelligence directorate.

See **ві́дділ 2.** *Also see* **відді́лення 1, ка́тедра 2, фі́лія**

3 control, operation, steering ◊ **Гали́на неперевéршена в ~і авті́вкою.** Halyna is second to none in driving a car. ◊ *mil.* **у. вогне́м** fire control; ◊ **дистанці́йне у.** distant control

G. pl. **~ь**

уража́ти, *var., see* **вража́ти**

ура́зити, *var., see* **вра́зити**

уразли́вий, *var., see* **вразли́вий**

ура́нці, *var., see* **вра́нці**

уре́шті, *var., see* **вре́шті**

ури́в|ок, *m.*, **~ка**

1 fragment, scrap ◊ **Підло́га всі́яна ~ками газе́т.** The floor is strewn with scraps of newspapers.

adj. **коро́ткий** short ◊ **Тара́с чув коро́ткі ~ки розмо́ви.** Taras heard short fragments of conversation. **крихі́тний** tiny, **мале́нький** *and* **невели́кий** small ◊ **На стовпі́ ви́сів у. електри́чного дро́та.** A fragment of electric wire hung on the pole. **оста́нній** last

у. + *n.* **у. газе́ти** a scrap of newspaper (**дро́та** wire, **ка́беля** cable, **моту́зки** rope, **папе́ру** paper, **плі́вки** film, **ткани́ни** cloth; **запи́сів** records, **сві́дчень** evidence, **спо́гадів** reminiscences) ◊ **У його́ голові́ лиша́лися ~ки спо́гадів про Полта́ву.** Fragments of reminiscences of Poltava lingered in his mind.

v. + **у. збира́ти ~ки** gather fragments ◊ **Він зібра́в ті́льки ури́вки сві́дчень очеви́дців.** He gathered only fragments of eye-witness evidence. (**склада́ти** put together)

See **шмато́к 2**

2 extract, excerpt

adj. **вели́кий** large ◊ **Марко́ вчить напа́м'ять у. те́ксту.** Marko is learning a text extract by heart. **до́вгий** long, **значни́й** considerable; **коро́ткий** short, **мале́нький** small

v. + **у. публікува́ти у.** publish an extract ◊ **Вона́ публіку́є вели́кий у. рома́ну.** She publishes a large extract of the novel. (**деклямува́ти** recite, **цитува́ти** quote, **чита́ти** read; **припи́сувати** + *G.* attribute to sb)

у. + *v.* **бу́ти взя́тим з** + *G.* be taken from *(text)* ◊ **У. взя́тий із його́ статті́.** The extract is taken from his article.

prep. **у. з** + *G.* an extract from sth ◊ **ціка́вий у. з ї́ї моноло́гу** an interesting extract from her soliloquy

See **текст**

ури́вчаст|ий, *adj.*

fragmentary, fragmented, disconnected, disjointed

adj. **до́сить** fairly, **ду́же** very; **на́дто** too ◊ **Ро́зповідь на́дто ~а, щоб Марі́я щось зрозумі́ла.** The story is too fragmentary for Maria to understand anything. ◊ **Вони́ ма́ють лише́ ~і повідо́млення із фро́нту.** They have but fragmented dispatches from the front.

уроди́н|и, *var.* **народи́ни**, *only pl.*

birthday

adj. **насту́пні** next; **мину́лі** *and* **оста́нні** last ◊ **Мину́лі у. були́ осо́бливо весе́лими.** The last birthday was particularly merry.

v. + **у. ма́ти у.** have a birthday ◊ **Си́мон ма́є у. в понеді́лок.** Symon has his birthday on Monday. (**відзнача́ти** mark ◊ **Дикта́тор відзна́чив сімдеся́ті у. з вели́кою по́мпою.** The dictator marked his seventieth birthday with great pomp. **прово́дити** spend ◊ **Марі́я провела́ у., працю́ючи над черго́вою статте́ю.** Maria spent her birthday working on her next article. **святкува́ти** celebrate; **забува́ти про** forget about ◊ **Щоб не забу́ти про вну́кові у., ба́бу́ся зроби́ла помі́тку в календарі́.** Not to forget about her grandson's birthday, grannie made a mark on the calendar. **пам'ята́ти про** remember) ◊ **Він пам'ята́є про Ві́рині у.** He remembers Vira's birthday. **віта́ти з ~ами** greet sb on their birthday ◊ **Він привіта́в Русла́на з ~ами.** He greeted Ruslan on his birthday.

prep. **на у.** for sb's birthday ♦ **подару́нок на у.** a birthday present

Also see **рі́чни́ця**

урожа́й, *var., see* **врожа́й**

урожа́йний, *var., see* **врожа́йний**

урожа́йність, *var., see* **врожа́йність**

уро́|к, *m.*, **~ку**

1 lesson, class *(at school, as opposed to* **заняття́** *at college)*

adj. **до́брий** good, **ціка́вий** interesting; **нудни́й** boring; **відкри́тий** open; **до́вгий** long ◊ **У. здава́вся безкіне́чно до́вгим.** The lesson seemed endlessly long. **додатко́вий** additional; **індивідуа́льний** individual; **прива́тний** private

у. + *n.* **у. астроно́мії** an astronomy lesson (**літерату́ри** literature, **матема́тики** math, **му́зики** music, **пла́вання** swimming, **мо́ви** language, **фі́зики** physics, **хе́мії** chemistry, *etc.*)

n. + **у. план ~ку** a lesson plan ◊ **Він ма́є план ~ку.** He has a lesson plan. **кіне́ць ~у** the end of a lesson (**поча́ток** beginning, **сере́дина** middle; **трива́лість** duration)

v. + **у. відві́дувати у.** attend a lesson ◊ **Неля́ відві́дує ~ки му́зики.** Nelia attends music lessons. (**дава́ти** + *D.* give sb ◊ **Він дає ~ки співу.** He gives singing lessons. **пропонува́ти** + *D.* offer sb; **ма́ти** have ◊ **За́втра Ма́рта ма́є оди́н у.** Tomorrow, Marta has one lesson. **прово́дити** hold; **бра́ти** take ◊ **Га́нна бере́ прива́тні ~ки.** Hanna takes private lessons. **виклада́ти** teach, **почина́ти** start, **розпочина́ти** begin; **прогу́лювати** skip ◊ **Со́ля прогуля́ла у. біоло́гії.** Solia skipped her biology lesson. **пропуска́ти** miss)

у. + *v.* **закі́нчуватися** end ◊ **~ки закі́нчуються о тре́тій.** Lessons end at three. **почина́тися** begin; **трива́ти** + *A.* last *(a period)* ◊ **У. трива́є годи́ну.** A lesson lasts an hour.

prep. **на у.** *dir.* to class ◊ **Ілько́ запізни́вся на у.** Ilko came late to class. **на ~ці** *posn.* during/in class ◊ **На ~ці малюва́ння шу́мно.** It is noisy in the drawing class. **під час ~ку** during a lesson ◊ **Бі́йка ста́лася під час ~ку.** The fight happened during the class. **у. з** + *G.* a lesson in *(discipline)* ◊ **ціка́вий у. з літерату́ри** an interesting lesson in literature

See **заняття́.** *Also see* **ле́кція 1, па́ра[2] 5, семіна́р**

2 lesson, assignment, exercises ◊ **У підру́чнику де́сять ~ків.** There are ten lessons in the textbook. ◊ **Він ке́псько ви́вчив у.** He learned the lesson poorly.

3 *fig.* lesson, experience, caution

adj. **важли́вий** important ◊ **По́дорож ста́ла для хло́пця важли́вим ~ком витрива́лости.** The trip became an important lesson in perseverance for the boy. **вели́кий** great, **до́брий** good, **ко́рисний** useful, **чудо́вий** wonderful; **засадни́чий** basic, **про́сти́й** simple; **нао́чний** object ◊ **Ко́жна ї́ї публі́чна промо́ва була́ нао́чним ~ком ора́торського мисте́цтва.** Her every public speech was an object lesson in oratory art. **безці́нний** priceless, **неоціне́нний** invaluable, **ці́нний** valuable; **бо́лісний** painful, **важки́й** hard, **гірки́й** bitter, **суво́рий** harsh; **життє́вий** life, **мора́льний** moral, **спра́вжній** real

у. + *n.* **у. гі́дности** a dignity lesson (**істо́рії** history, **му́жности** valor ◊ **Істо́рія екіпа́жу ма́ла служи́ти для у́чнів ~ом му́жности.** The crew story was supposed to serve as a valor lesson to the students. **справедли́вости** justice, **че́сности** honesty)

v. + **у. вино́сити у.** draw a lesson ◊ **Лука́ш ви́ніс із листува́ння ко́рисний у.** Lukash drew a useful lesson from the correspondence. (**дістава́ти** *and* **отри́мувати** get, **засво́ювати** learn ◊ **Лі́на засво́їла одра́зу кі́лька життє́вих ~ів під час по́дорожі.** Lina learned at once several life lesson during the trip. **пам'ята́ти** remember; **дава́ти** + *D.* teach sb ◊ **Війна́ дава́ла їм важкі́ ~ки вижива́ння.** The war gave them hard lessons of survival. **забува́ти** forget ◊ **Ко́жне нове́ поколі́ння схи́льне забува́ти ~ки істо́рії.** Every new generation is prone to forget lessons of history. **пам'ята́ти** remember)

See **до́свід, нау́ка 3, шко́ла 2**

урочи́стий, *var., see* **врочи́стий**

у́ряд, *m.*, **~у**

government

adj. **місце́вий** local ◊ **Ліберáли сформу́ють місце́вий у. у Херсо́ні.** The liberals will form the local government in Kherson. **націона́льний** national, **федера́льний** federal, **шта́товий** state *(in USA)* ◊ **прероґати́ва шта́тового ~у** a prerogative of the state government; **центра́льний** central; **консервати́вний** Conservative ◊ **консервати́вний у. Кана́ди** the Conservative government of Canada, **лейбори́стський** Labor, **ліберáльний** Liberal, **соціялісти́чний** Socialist; **нацистський** Nazi, **комуністи́чний** communist, **фаши́стський** fascist, *etc.* **коаліці́йний** coalition; **лі́вий** left-wing, **прáвий** right-wing, **центри́стський** centrist; **міноритáрний** minority; **військо́вий** military, **маріоне́тковий** puppet, **промоско́вський** pro-Moscow; **проза́хідний** pro-Western; **перехідни́й** transitional, **тимчасо́вий** provisional; **чужозе́мний** foreign; **дáнський** Danish, **еспáнський** Spanish, **пóльський** Polish, **украї́нський** Ukrainian, *etc.*; **майбу́тній** future, **нови́й** new, **попере́дній** previous; **тепе́рішній** current; **зако́нний** lawful, **легіти́мний** legitimate; **злочи́нний** criminal, **незако́нний** unlawful, **нелегіти́мний** illegitimate; **олігархі́чний** oligarchic

y. + n. **у. націонáльної є́дности** a government of national unity

n. + **у. відстáвка ~у** the government resignation (**змі́на** change; **чле́н** member ◊ **три чле́ни пóльського ~у** three Polish government members; **міні́стр** minister, **о́рган** body; **працівни́к** employee, **ре́чник** spokesman, **представни́к** representative, **ді́яльність** activity, **обстру́кція** obstruction, **полі́тика** policies, **приче́тність** involvement)

v. + **у. встано́влювати у.** install a government ◊ **Росія́ни встанови́ли в Луга́нську маріоне́тковий у.** The Russians installed a puppet government in Luhansk. (**формува́ти** form ◊ **Прем'єр сформува́в коаліці́йний у.** The premier formed a coalition government. **очо́лювати** head ◊ **У. очо́лив реформа́тор.** A reformer headed the government. **приво́дити до прися́ги** swear in ◊ **Нови́й у. привели́ до прися́ги.** The new government was sworn in. **вали́ти** topple, **дестабілізува́ти** destabilize, **скида́ти** overthrow ◊ **Заколо́тники ски́нули зако́нний у.** The rebels overthrew the lawful government. **розпуска́ти** dissolve) ◊ **Прем'єр розпусти́в у.** The premier dissolved the government.

у. *+ v.* **впрова́джувати** *+ A.* introduce sth ◊ **У. погро́жує впрова́дити у прові́нції пряме́ правлі́ння.** The government threatens to introduce direct rule in the province. **оголо́шувати** *+ A. or* **що** *+ clause* announce sth ◊ **У. оголоси́в, що нада́сть додатко́ву допомо́гу же́ртвам по́вені.** The government announced it would give additional assistance to flood victims. **па́дати** fall ◊ **Із перехо́дом па́ртії в опози́цію у. міг упа́сти.** With the party joining the opposition, the government could fall. **подава́ти у відста́вку** resign ◊ **У. пода́в у відста́вку.** The government resigned. **прихо́дити до вла́ди** come to power ◊ **До вла́ди прийшо́в військо́вий у.** A military government came to power.

prep. **в ~і** in a government ◊ **Вони́ вимага́ють змін в ~і.** They demand changes in the government. **за ~у** *or* **при ~і** under a government ◊ **Зако́н впрова́дили за консервати́вного ~у** *or* **при консервати́вному ~і.** The law was introduced under the Conservative government.

уря́до́в|ець, *m.*, **~ця; ~ка,** *f.*

official

adj. **висо́кий** high, **вплиsо́вий** influential, **найви́щий** top, **ста́рший** senior; **дрібни́й** minor, **моло́дший** junior; **військо́вий** military, **корпорати́вний** corporate ◊ **спо́сіб ми́слення, типо́вий для корпорати́вного ~ця сере́дньої ла́нки** the way of thinking typical of a middle-rank corporate official; **ми́тний** customs, **міністе́рський** ministry, **парті́йний** party ◊ **Зу́стріч відбула́ся з одни́м парті́йним ~цем.** The meeting occurred with one party official. **податко́вий** tax, **поліці́йний** police, **пошто́вий** postal, **профспілко́вий** union, **судови́й** court; **місце́вий** local, **місько́й** city ◊ **Хома́ почина́в місько́м ~цем.** Khoma started as a city official. **обласни́й** provincial, regional, **повіто́вий** county, **райо́нний** district, **реґіона́льний** regional; **ви́браний** elected, **призна́чений** appointed; **висококпрофесі́йний** highly professional, **відповіда́льний** responsible, **че́сний** honest; **безвідповіда́льний** irresponsible, **скорумпо́ваний** corrupt

у. *+ n.* **у. висо́кого рі́вня** a high-level official, (**ни́жчого рі́вня** lower-level, **сере́днього рі́вня** medium-level official)

v. + **у. звільня́ти ~ця** fire an official ◊ **Міні́стр звільни́в найви́щих ~ців управлі́ння.** The minister fired the top officials of the directorate. (**підкупо́вувати** buy off ◊ **~ця ще ніхто́ не зміг підкупи́ти.** Nobody was yet able to buy off the official. **признача́ти** appoint) ◊ **Він призна́чив на поса́ду висококпрофесі́йного ~ця.** He appointed a highly professional official to the post. **дава́ти хаба́р ~цеві** bribe an official ◊ **Га́нна дала́ хаба́р поліці́йному ~цеві.** Hanna bribed a police official. **бу́ти ~цем** be an official (**працюва́ти** work as ◊ **Йому́ працю́є судови́м ~цем.** He works as a court official. **признача́ти** *+ A.* appoint sb as ◊ **Ваку́ленка призна́чили ста́ршим місько́м ~цем.** Vakulenko was appointed a senior city official. **става́ти** become; **зустріча́тися з** meet with; **консультува́тися з** consult with)

Also see **бюрокра́т, співробі́тник 1, чино́вник**

уря́до́в|ий, *adj.*

government, governmental, of or pertaining to government

у. *+ n.* **у. департа́мент** a government department (**ґрант** grant; **звіт** report; **контро́ль** control; **о́рган** body; **працівни́к** employee) ◊ **Як у. працівни́к, він зму́шений вико́нувати її́ дору́чення.** As a government employee he is obliged to do her assignments. **~а аге́нція** a government agency (**допомо́га** assistance, **підтри́мка** support, **субси́дія** subsidy; **кри́за** crisis; **приче́тність** involvement ◊ **Прем'єр запере́чує ~у приче́тність до контра́кту.** The premier denies government involvement in the contract. **полі́тика** policies, **програ́ма** program; **спору́да** building, **устано́ва** institution; **поса́да** post; **слу́жба** service ◊ **Її́ амбі́цією є ~а слу́жба не ни́жче рі́вня міні́стра.** Her ambition is government service, not lower than the minister level. **стати́стика** statistics); **~е міністе́рство** a government ministry (**призна́чення** appointment; **рі́шення** decision); **~і вида́тки** government expenditures (**гро́ші** money, **ресу́рси** resources, **фо́нди** funds; **джере́ла** sources ◊ **Він покликáється на ~і джере́ла.** He referred to government sources. **за́ходи** measures)

усвідо́ми|ти, *pf., see* усвідо́млювати

to realize, *etc.* ◊ **Ві́та ~ла, як непро́сто бу́де зроби́ти заплано́ване.** Vita realized how tough it would be to do what had been planned.

усвідо́млен|ня, *nt., only sg.*

realization, awareness, understanding

adj. **все бі́льше** growing; **глибо́ке** profound, **го́стре** acute, **чітке́** distinct, **цілкови́те** complete, **ясне́** clear; **пе́рвісне** initial; **митте́ве** instant, **раптове́** sudden; **запізні́ле** belated; **пові́льне** slow, **поступо́ве** gradual, **тьмя́не** dim; **ра́дісне** joyful; **бо́лісне** painful, **го́стре** stark, **жахли́ве** horrible, **сму́тне** *or* **сумне́** sad, **трагі́чне** tragic

v. + **у. прихо́дити до у.** come to a realization ◊ **Лю́да прийшла́ до бо́лісного у., що ніко́ли не ви́йде з ненави́сного мі́ста.** Liuda came to the painful realization that she would never leave the hateful city.

у. *+ v.* **керува́ти** *+ I.* drive sb ◊ **Ним керу́є го́стре у. провини.** He is driven by an acute realization of his guilt. **мотивува́ти** *+ I.* motivate sb; **прихо́дити до** *+ G.* come to sb ◊ **У. того́, що злочи́нець – її́ знайо́мий, прийшло́ до Ма́рти, як шок.** The realization that the criminal is an acquaintance of hers came as a shock to Marta. **опано́вувати** *+ I.* get the better of sb ◊ **Ним опанува́ло у. вла́сної безпора́дності.** The realization of his own helplessness took the better of him. **охо́плювати** *+ A.* overcome sb ◊ **Ні́ну охопи́ло у. того́, що вона́ вчини́ла.** The realization of what she had done overcame Nina. **спо́внювати** *+ A.* be filled with ◊ **Марі́ю спо́внило ра́дісне у., що ско́ро вони́ ста́нуть батька́ми.** Maria was filled with the joyful realization that they would soon become parents.

See **розумі́ння**

усвідо́млю|вати, ~ють; усвідо́м|ити, ~лю, ~иш, ~лять, *tran.*

to realize, register, understand, comprehend

adv. **до́бре** well ◊ **Оста́п до́бре ~вав, які́ на́слідки мо́же ма́ти його́ відмо́ва.** Ostap was well aware of the consequences his refusal might have. **до кінця́** fully, **чі́тко** distinctly, **цілко́м** completely, **я́сно** clearly ◊ **Ко́жен я́сно ~є, що його́ чека́є на то́му бо́ці фро́нту.** Each one clearly realizes what awaits him on the other side of the front line. **вже** already, **наре́шті** finally; **спочáтку** at first ◊ **Усе́ було́ драмати́чніше, ніж Дави́д спочáтку ~вав.** Everything was more dramatic than Davyd had at first realized. **вмить** *or* **митте́во** instantly, **одра́зу** immediately, **ра́птом** suddenly; **запізні́ло** belatedly ◊ **Вона́ запізні́ло усвідо́мила, чим відштовхну́ла від се́бе Андрі́я.** She belatedly realized how she had pushed Andrii away. **пові́льно** slowly, **поступо́во** gradually, **ле́две** scarcely ◊ **Вони́ ле́две ~ють загро́зливість стано́вища.** They scarcely realize the gravity of the situation. **наси́лу** barely, **тьмя́но** dimly; **так і не** never ◊ **Яросла́ва так до кінця́ й не усвідо́мила причи́ни його́ рі́шення.** Yaroslava never fully realized the reason for his decision.

v. + **у. бу́ти важли́во** be important to ◊ **Важли́во у., що мо́ва ма́є зна́чення.** It is important to realize that language always matters. **бу́ти неспромо́жним** be incapable of ◊ **Ле́ся неспромо́жна усвідо́мити шко́ду, якої́ завдала́.** Lesia is incapable of understanding the damage she had inflicted on the team. **зму́сити** *+ A.* make sb; **не змогти́** fail to; **почина́ти** begin ◊ **Левко́ почина́в у., що в ді́йсності сказа́в тоді́ брат.** Levko began to realize what his brother had in reality said then. **ста́ти** *pf.* start to

prep. **у. з** *+ I.* realize with *(emotion)* ◊ **Омеля́н із жа́хом усвідо́мив, що не ви́мкнув пра́ски.** Omelyan realized with horror he had not switched off the iron.

pa. pple. **усвідо́млений** realized, grasped

усвідо́млюй! усвідо́м!

See **розумі́ти 1.** *Also see* **уявля́ти 2**

усе́, *var., see* все[1], все[2]

усинови́ти, *var., see* всинови́ти

усиновля́ти, *var., see* всиновля́ти

ускла́днен|ня, *nt.*

1 complication

adj. **меди́чне** medical; **го́стре** acute, **загро́зливе для життя́** life-threatening ◊ **Липи́нському пощасти́ло уни́кнути загро́зливих для життя́ ~ь.** Lypynsky was fortunate to avoid life-threatening complications. **небезпе́чне** dangerous, **серйо́зне** serious ◊ **Він ма́є серйо́зні у.** He has serious complications. **значне́** significant; **невели́ке** minor; **пошире́не** common; **несподі́ване** unexpected, **раптове́** sudden; **рідке́** rare; **довготермíнове** long-term, **хроні́чне** chronic; **фата́льне** fatal; **лока́льне** local; **потенці́йне** potential; **післяопераці́йне** postoperative

v. + **у. дістава́ти у.** develop a complication ◊ **Хво́рий діста́в го́стре у.** The patient developed an acute complication. (**ма́ти** have, **пережи́ти** *pf.* survive ◊ **Вона́ пережила́ небезпе́чне у. від гри́пу.** She survived a dangerous complication from flu. **уника́ти у.** avoid a complication (**зазнава́ти** suffer ◊ **Рома́на зазна́ла несподі́ваного у. від нови́х лі́ків.** Romana suffered an unexpected complication from the new medicine. **вмира́ти** *or* **помира́ти від** die from ◊ **Її ба́тько поме́р від рапто́вого у.** Her father died from a sudden complication. **призво́дити до** cause) ◊ **Опера́ція мо́же призвести́ до ~ь.** The surgery can cause complications. **запобіга́ти ~ню** prevent a complication

у. + v. **виника́ти в** + *G.* develop ◊ **По переса́дці у хво́рих виника́ють у.** After transplant, patients develop complications. **з'явля́тися** occur

prep. **у. від** + *G.* a complication from sth ◊ **серйо́зні у. від радіотерапі́ї** serious complications from radio therapy; **у. з** + *I.* a complication with sth ◊ **Вона́ ма́ла у. з вагі́тністю.** She had a complication with pregnancy.

2 *usu pl.* complication, problem ◊ **У Ма́рти у. на пра́ці.** Marta has problems at work.

adj. **вели́кі** major, **додатко́ві** additional, **несподі́вані** unexpected; **пода́льші** further; **непотрі́бні** unnecessary

v. + **у. виклика́ти у.** cause a complication ◊ **Його́ зізна́ння ви́кличе непотрі́бні у. на перемо́винах.** His confession will cause needless complications in the talks. **додава́ти ~ь** add complications

See **пробле́ма.** *Ant.* **спро́щення**

ускладни́|ти, *pf., see* **ускла́днювати**

to complicate, *etc.* ◊ **На дру́гому ета́пі дослі́дження вони́ ~ли експериме́нт.** At the second stage of research, they made the experiment more complicated.

ускладни́|тися, *pf., see* **ускла́днюватися**

to become complicated, *etc.* ◊ **Його́ життя́ незмі́рно ~лося.** His life became complicated beyond measure.

ускла́дню|вати, ~ють; ускла́дн|ити, ~ять, *tran.*

to complicate, make complicated

adv. **ду́же** greatly, **набага́то** a lot, **зна́чно** considerably, **помі́тно** noticeably, **серйо́зно** ◊ **Дефіци́т води́ серйо́зно ~вав і так непро́сте стано́вище.** The dearth of water seriously complicated the already tough situation. **все бі́льше** increasingly, **всі́ляко** in every way, **да́лі** further; **непотрі́бно** needlessly ◊ **Вона́ непотрі́бно ~вала завда́ння.** She was needlessly complicating the task. **поступо́во** gradually; **я́кось** somehow; **несподі́вано** unexpectedly, suddenly ◊ **Уряд несподі́вано ускладни́в отри́мання віз.** The government suddenly made obtaining visas more complicated.

v. + **у. намага́тися** do one's best to ◊ **Вла́да намага́ється у. до́ступ до архі́вів.** The authorities do their best to complicate access to archives. **про́бувати** try to, **хоті́ти** want to; **почина́ти** begin to, **ста́ти** *pf.* start

pa. pple. **ускла́днений** complicated

ускла́днюй! ускладни́!

Ant. **поле́гшувати, спро́щувати**

ускла́днюва|тися; ускла́днитися, *intr.*

to get complicated, become complicated ◊ **Із ко́жним заняття́м ї́хні завда́ння ~лися.** With every class, their assignments became more complicated.

Also see **ва́жчати 2**

у́сн|ий, *adj.*

oral, verbal ◊ **Оле́на керува́ла прое́ктом ~ої істо́рії Голодомо́ру.** Olena directed an oral history project of the Holodomor.

у. + *n.* **у. і́спит** an oral test (**пере́клад** interpretation); **~а домо́вленість** a verbal agreement; **~а впра́ва** an oral exercise (**презента́ція** presentation; **фо́рма** form) ◊ **Допові́дач ко́ротко ви́кладе свої́ арґуме́нти в ~ій фо́рмі.** The presenter will briefly lay out his arguments in oral form. ♦ **~а наро́дна тво́рчість** folklore; **~е повідо́млення** an oral message (**поя́снення** exposition, **спілкува́ння** communication)

Ant. **письмо́вий 1**

успадко́ву|вати, ~ють; успадку|ва́ти, ~ють *tran.*

to inherit

adv. **генети́чно** genetically ◊ **Хво́ря успадкува́ла серце́ву ва́ду генети́чно.** The patient inherited her heart defect genetically. **за тради́цією** by tradition ◊ **За тради́цією, ста́рший син короля́ ~є престо́л.** By tradition, the king's eldest son inherits the throne. **незаба́ром** soon

v. + **у. ма́ти** stand to ◊ **Вона́ має успадкува́ти п'ять мільйо́нів.** She stands to inherit five million. **могти́** can, **наді́ятися** hope to, **сподіва́тися** expect to

prep. **у. від** + *G.* inherit from sb ◊ **Він успадкува́в упе́ртість від ма́тері.** He inherited his stubbornness from his mother.

pa. pple. **успадко́ваний** inherited

успадко́вуй! успадку́й!

Also see **наслі́дувати 2**

успадкува́|ти, *pf., see* **успадко́вувати**

to inherit ◊ **Вони́ не ~ли ні́чого крім боргі́в.** They inherited nothing but debts.

у́спіх, *m.*, ~у

1 success

adj. **безпрецеде́нтний** unprecedented, **вели́кий** great ◊ **Вели́кий у. поста́ви се́ред глядачі́в заско́чив кри́тиків.** The great success of the production with viewers took critics by surprise. **величе́зний** enormous, **винятко́вий** exceptional, **дивови́жний** amazing, **значни́й** considerable, **надзвича́йний** extraordinary, **неаби́який** major, **неймові́рний** incredible, **помі́тний** notable, **разю́чий** stunning, **фантасти́чний** fantastic, **феномена́льний** phenomenal, **шале́ний** wild; **відно́сний** relative, **обме́жений** limited; **незапере́чний** undeniable, **цілкови́тий** complete; **помі́рний** moderate, **скро́мний** modest, **частко́вий** partial; **початко́вий** initial, **ра́нній** early; **нега́йний** immediate, **неочі́куваний** unanticipated, **несподі́ваний** unexpected, **рапто́вий** sudden; **майбу́тній** future ◊ **Він не сумніва́вся в майбу́тньому ~у ново́го ме́тоду діягно́стики.** He did not doubt the future success of the new diagnostics method. **нещода́вній** recent; **нетрива́лий** short-lived; **непере́рвний** continuous, **трива́лий** long-term ◊ **Трива́лий у. фі́льму у прока́ті ґаранту́є пове́рнення ви́трачених на ньо́го гро́шей.** A long-term theatrical success of the movie guarantees the recuperation of the money spent on it. **зага́льний** overall, **по́вний** complete; **спра́вжній** real; **військо́вий** military ◊ **Репута́цією генера́л завдя́чує одному́ во́єнному ~у на поча́тку конфлі́кту.** The general owes his reputation to one military success at the outset of the conflict. **ділови́й** business, **економі́чний** economic, **літерату́рний** literary ◊ **Літерату́рний у. поє́та ще попе́реду.** The poet's literary success is still to come. **політи́чний** political, **фіна́нсовий** financial; **всесві́тній** worldwide, **міжнаро́дний** international

n. + **у. ключ до ~у** a key to success; **наді́я на у.** a hope of success; **таємни́ця ~у** the secret of success ◊ **Ніхто́ не міг зрозумі́ти таємни́цю ~у акто́ра.** Nobody could figure out the secret of the actor's success.

v. + **у. ґаранту́вати** + *D.* **у.** guarantee success to/for sb/sth ◊ **Ті́льки божеві́льний міг ґаранту́вати інвести́ції у.** Only a madman could guarantee financial success for the investment. (**забезпе́чувати** + *D.* ensure to sb; **ма́ти** be ◊ **Комп'ю́терна гра має неаби́який у. се́ред професіона́лів.** The computer game is a major success among professionals. **обіця́ти** + *D.* promise sb; **передбача́ти** foresee ◊ **Ма́ло хто тоді́ передба́чив у. проду́кту.** At that time, few foresaw the product's success. **пророкува́ти** foretell; **прино́сити** bring; **відтво́рювати** replicate, **повто́рювати** repeat ◊ **Режисе́рка сподіва́ється повтори́ти у. пе́ршого фі́льму.** The director hopes to repeat the success of her first film. **визнача́ти** determine ◊ **чи́нники, що визнача́ють у. шту́чного заплі́днення** factors that determine success of artificial insemination; **оці́нювати** assess; **поя́снювати** + *D.* explain to sb, **припи́сувати** + *D.* attribute to sth ◊ **Батьки́ припи́сують ~и сина́ вихова́нню.** The parents attribute their son's success to his upbringing. **вплива́ти на** influence; **сподіва́тися на** hope for) ◊ **Ви́знання прийшло́ до письме́нника пі́сля то́го, як він переста́в сподіва́тися на у.** Recognition came to the writer after he had stopped hoping for success. ♦ **роби́ти ~и** to make progress; **бажа́ти** + *D.* **~у** wish sb success ◊ **Оре́ста побажа́ла йому́ ~у в ко́нкурсі.** Oresta wished him success in the competition. (**домага́тися** win, **досяга́ти** achieve; **сподіва́тися** expect ◊ **Вони́ ма́ли підста́ви сподіва́тися ~у.** They had the grounds to expect success. **вести́ до** lead to) ◊ **Нова́ терапі́я привела́ до ~у в лікува́нні хворо́би.** The new therapy led to success in treating the sickness. ♦ **не ма́ти ~у** to be a failure ◊ **Серія́л не мав ~у в глядача́.** The new series was a failure with the viewer. **завдя́чувати** + *D.* **~ом** owe success to sb/sth (**закі́нчуватися** end in ◊ **Пра́ця закі́нчилася ~ом.** The work ended in success. **кори́стуватися** *and* **ті́шитися** enjoy) ◊ **Ви́нахід ті́шився ~ом.** The invention enjoyed success.

у. + *v.* **зале́жати від** + *G.* depend on sb/sth ◊ **У. зале́жатиме від здя́тности гру́пи працюва́ти зла́годжено.** Success will depend on the group's ability to work in concert. **засно́вуватися на** + *A.* rely on sth; **поляга́ти в** + *L.* consist in sth; **прихо́дити** come ◊ **У. не прийшо́в до них одра́зу.** Their success did not come overnight.

prep. **без ~у** without success ◊ **Марі́я без ~у намага́лася переконáти її не лиша́тися.** Maria tried, without success, to persuade her not to stay. **з ~ом** with success ◊ **Мето́дика застосо́вується з помі́рним ~ом.** The methodology is used with moderate success. ♦ **з таки́м же ~ом** equally well ◊ **З таки́м же ~ом Лари́са могла́ стве́рджувати, що бли́зько прияте́лює з Луко́ю.** Larysa could equally well claim that she was a close friend of Luka's. **у. в** + *L.* success in sth *or* among/with sb; **у. се́ред** + *G.* success among sb

Also see **дося́гнення, прори́в 2, уда́ча**

2 *only pl.* achievements, accomplishments ◊ **її вели́кі ~и в навча́нні** her great accomplishments in her studies

See **дося́гнення 2**

успі́шн|ий, *adj.*

successful

adv. **винятко́во** exceptionally ◊ **винятко́во у. курс лікува́ння** an exceptionally successful course of treatment; **дивови́жно** amazingly, **до́сить** fairly ◊ **до́сить ~а учени́ця** a fairly successful (female) pupil; **доста́тньо** sufficiently **ду́же** very, **надзвича́йно** extraordinarily ◊ **Уряд оголоси́в перемо́вини надзвича́йно ~ими.** The government declared the talks to be extraordinarily successful. **напра́вду** *or* **спра́вді** truly, **неймові́рно** incredibly, **незвича́йно** unusually, **неправдоподі́бно** improbably, **фантасти́чно** fantastically, **феномена́льно** phenomenally ◊ **Гастро́лі ви́явилися феномена́льно ~ими.** The tour turned out to be phenomenally successful. **шале́но** wildly ◊ **Ви́ступ був шале́но ~им.** The performance was wildly successful. **відно́сно** relatively, **загало́м** largely, **не до кінця́** not wholly, **не ціл́ко́м** not entirely ◊ **не ціл́ко́м успі́шна опера́ція** a not entirely successful operation; **помірко́вано** moderately, **поча́сти** in part, **частко́во** partially; **економі́чно** economically, **комерці́йно** commercially ◊ **Він започатко́вував ни́зку комерці́йно ~их бі́знесів.** He initiated a series of commercially successful businesses. **політи́чно** politically ◊ **Фі́рма зорганізува́ла політи́чно ~у кампа́нію.** The firm orchestrated a politically successful campaign. **фіна́нсово** financially

v. + **у. бу́ти ~им** be successful (**вважа́ти** + *A.* consider sb/sth; **видава́тися** + *D.* appear to sb, **виявля́тися** prove; **здава́тися** + *D.* seem to sb ◊ **Як організа́торка, Миро́ся здає́ться ~ою.** As organizer, Myrosia seems successful. **лиша́тися** remain ◊ **Пропові́дник лиши́вся ~им бага́то ро́ків.** The preacher remained successful for many years. **става́ти** become)

Ant. **невда́лий**

устано́в|а, *f.*

institution, establishment, organization

adj. **важли́ва** important, **вели́ка** large, **вплибо́ва** influential, **головна́** main; **елі́тна** elite, **ключова́** key, **могу́тня** powerful, **прести́жна** prestigious ◊ **Клі́ніка – найбі́льш прести́жна меди́чна у. краї́ни.** The clinic is the most prestigious medical institution in the country. **шано́вана** venerable; **традиці́йна** traditional; **центра́льна** central; **адміністрати́вна** administrative ◊ **На ву́лиці розташо́вано бага́то адміністрати́вних устано́в.** Many administrative institutions are located on the street. **держа́вна** state, **урядо́ва** governmental; **доброчи́нна** charitable ◊ **Фунда́ція діста́ла ста́тус доброчи́нної ~и.** The foundation got the designation of a charitable institution. **дослі́дницька** research, **науко́ва** scientific; **культу́рна** cultural, **осві́тня** educational; **військо́ва** military, **грома́дська** public, **політи́чна** political, **судова́** court, **юриди́чна** legal; **прива́тна** private ◊ **Університе́т був не прива́тною, а держа́вною ~ою.** The university was not a private but state institution. **релігі́йна** religious; **міжнаро́дна** international; **місце́ва** local, **націона́льна** national; **відкри́та** open, **демократи́чна** democratic; **ба́нкова** banking, **економі́чна** economic, **фіна́нсова** financial

у. + *n.* **у. ви́щої осві́ти** a higher educational institution (**громадя́нського суспі́льства** civil society ◊ **Систе́ма руйнува́ла всі ~и громадя́нського суспі́льства.** The system was destroying all the civil society institutions. **місце́вого урядува́ння** local government)

v. + **у. будува́ти ~у** build an institution ◊ **Пе́ред у́рядом стоя́ло завда́ння збудува́ти нові́ націона́льні ~и.** The government was faced with the task of building new national institutions. (**засно́вувати** found ◊ **Митрополи́т Моги́ла заснува́в пе́ршу ~у ви́щої осві́ти в мі́сті.** Metropolitan Mohyla founded the first higher education institution in the city. **ство́рювати** create; **відві́дувати** attend; **відкрива́ти** open; **закрива́ти** close; **ліквідо́вувати** liquidate; **реформува́ти** reform); **зверта́тися до ~и** turn to an institution ◊ **Па́ні Новачу́к зверта́лася до багатьо́х устано́в місце́вого урядува́ння.** Mrs. Novachuk turned to many local government institutions.

prep. **в ~і** at an institution ◊ **Вона́ працю́є в навча́льній ~і.** She works at an educational institution.

Also see **за́клад, інститу́т 2, інститу́ція, міністе́рство, о́рган 2**

установи́ти, *var., see* **встанови́ти**

устано́влювати, *var., see* **встано́влювати**

у́стр|ій, *m.*, **~ою**

regime, order, social system

adj. **держа́вний** state, **економі́чний** economic, **політи́чний** political, **суспі́льний** social; **феда́льний** feudal, **капіталісти́чний** capitalist, **соціалісти́чний** socialist, **комуністи́чний** communist ◊ **Він ду́мав, що комуністи́чний у. – це майбу́тнє лю́дства.** He thought that a communist order is the future of humanity. **встано́влений** established; **демократи́чний** democratic, **ліберальний** liberal; **авторита́рний** authoritarian, **тоталіта́рний** totalitarian ◊ **Чоти́ри поколі́ння його́ пре́дків ви́росли за тоталіта́рного ~ою.** Four generations of his ancestors grew up under the totalitarian order. **нови́й** new ◊ **нови́й світови́й у.** a new world order; **архаї́чний** archaic, **стари́й** old; **попере́дній** previous; **тепе́рішній** present

n. + **у. зане́пад ~ою** decline of an order ◊ **поча́ток зане́паду суспі́льного ~ою Спа́рти** the beginning of Sparta's social order decline (**заро́дження** emergence, **змі́на** change; **ана́ліз** analysis ◊ **проникли́вий ана́ліз ~ою постіндустрія́льної доби́** an insightful analysis of the postindustrial era order; **о́пис** description)

v. + **у. встано́влювати у.** establish an order (**змі́нювати** change ◊ **Револю́ція докорі́нно змі́нює економі́чний і суспі́льний у.** A revolution radically changes the economic and social order. **змі́цнювати** strengthen; **демонтува́ти** dismantle, **зни́щувати** destroy, **підрива́ти** undermine ◊ **Нові́ виробни́чі відно́сини підрива́ли феда́льний у.** The new relations of production undermined the feudal order. **руйнува́ти** ruin)

у. + *v.* **виника́ти** emerge ◊ **Комуністи́чний у. мав ви́никнути на руї́нах капіталі́зму.** The communist order is to emerge on the ruins of capitalism. **занепада́ти** decline; **відро́джуватися** revive, **поверта́тися** return; **пережива́ти** + *A.* survive sth; **існува́ти** exist

prep. **за ~ою** under an order ◊ **життя́ за феда́льного ~ою** life under the feudal order

у́ступ, *m.*, **~у**

paragraph, passage

adj. **вступни́й** opening, **пе́рший** first ◊ **Пе́рший у. есе́ю за́раз же захо́плював чита́ча.** The first passage of the essay right away captures the reader. **початко́вий** initial; **заклю́чний** concluding, **(при)кінце́вий** final, **оста́нній** last, **передоста́нній** penultimate, **насту́пний** next, **попере́дній** previous, **нови́й** new; **коро́ткий** short, **сти́слий** brief; **до́вгий** long; **єди́ний** single; **відо́мий** well-known; **ключови́й** key ◊ **ключови́й у. всього́ те́ксту** the key paragraph of the whole text; **стосо́вний** *and* **релева́нтний** relevant ◊ **Свяще́нник шука́є у Бі́блії у., стосо́вний до про́повіді.** The priest is looking for a passage in the Bible relevant to his sermon.

v. + **у. писа́ти у.** write a paragraph ◊ **Про́тягом дня вона́ змогла́ написа́ти лише́ кі́лька коро́тких ~ів.** During the day, she managed to write only a few short paragraphs. (**викре́слювати** cross out, **додава́ти** add ◊ **Він ще дода́сть прикінце́вий у. із ви́сновками.** He will also add the final paragraph with conclusions. **переска́кувати** skip, **пропуска́ти** miss; **цитува́ти** cite, **чита́ти** read; **шука́ти** look for; **почина́ти** start, **закі́нчувати** end); **писа́ти з ~у** begin a new paragraph

у. + *v.* **мі́стити** + *A.* contain sth ◊ **У. мі́стить ціка́ві да́ні.** The passage contains interesting data. **почина́тися з** + *G.* begin with sth ◊ **У. почина́вся з ві́дступу.** The paragraph started with an indentation.

prep. **в ~і** in a paragraph ◊ **В ~і йшло́ся про мету́ дослі́дження.** The paragraph was about the goal of the research. **пе́ред ~ом** before a paragraph; **пі́сля ~у** after a paragraph

Cf. **ві́дступ 4**

усува́|ти, ~ють; усу́н|ути, ~уть, *tran.*

1 to remove, eliminate, get rid of

adv. **взага́лі** altogether, **геть** totally, **по́вністю** completely, **ціл́ко́м** entirely; **наза́вжди́** forever, **раз і наза́вжди́** once and for all; **поча́сти** in part, **частко́во** partially; **на які́йсь час** for some time, **тимчасо́во** temporarily ◊ **Заборо́на па́ртії тимчасо́во усу́нула її з політи́чної аре́ни.** The ban of the party temporarily removed it from the political arena. **акура́тно** neatly, **без за́йвого га́ласу** without much ado, **оберє́жно** carefully, **ти́хо** quietly; **пові́льно** slowly, **поступо́во** gradually; **ле́гко** easily; **нега́йно** immediately, **по́спіхом** hastily, **за́раз же** right away, **шви́дко** quickly; **вре́шті-ре́шт** eventually, **наре́шті** finally; **своєча́сно** promptly ◊ **Контроле́р має своєча́сно у. дефе́кти у робо́ті.** The controller is to promptly remove defects of work. **силомі́ць** forcibly, **фізи́чно** physically ◊ **Ко́жного, хто чини́в о́пір, усу́нули з приміщення фізи́чно.** Everyone who had resisted was removed from the premises physically. **хірургі́чно** surgically

v. + **у. бра́тися** set about ◊ **Він узя́вся у. з руко́пису всі непотрі́бні запози́чення.** He set about removing all the needless loanwords from the manuscript. **бу́ти ва́жко** be difficult to ◊ **Усу́нути Рожке́вича з поса́ди бу́де ва́жко.** It will be difficult to remove Rozhkevych from the post. **бу́ти змушеним** be compelled to ◊ **Ва́рта була́ зму́шена силомі́ць усу́нути провока́тора із за́ли.** The guards were compelled to forcibly remove the agent provocateur from the auditorium. **ви́рішити** *pf.* decide to; **про́бувати** attempt to, **стара́тися** try to; **хоті́ти** want to ◊ **Дире́ктор хо́че усу́нути посере́дника.** The director wants to get rid of the middleman.

prep. **у. з** + *G.* to remove from *(a place)*

Also see **прибира́ти 3**

2 *euph.* to kill, eliminate ◊ **Журналі́ста усу́нули за нака́зом дикта́тора.** The journalist was eliminated on the dictator's order.

See **вбива́ти 1.** *Also see* **би́ти 6, замо́рювати 1, ліквідува́ти 2, ни́щити, прибира́ти 4**

pa. pple. **усу́нутий** removed, eliminated

усува́й! усу́нь!

усу́ну|ти, *pf., see* **усува́ти**

to remove, *etc.* ◊ **Лі́кар хірургі́чно ~в Ма́рті ро́димку.** The doctor surgically removed Marta's birthmark.

утво́рю|вати, ~ють; утвор|и́ти, ~ю́, ~ять, *tran.*

1 to create, make ◊ **Вели́ка кі́лькість автомобі́лів утвори́ла кілометро́вий ко́рок на доро́зі до мі́ста.** A large number of cars created a kilometer-long jam on the road to the city. ◊ **Підро́зділ утвори́ли у проце́сі модерніза́ції підприє́мства.** The subdivision was created in the process of the enterprise modernization.

See **роби́ти 1, ство́рювати**

2 to form, constitute ◊ **Грома́дські гру́пи, па́ртії, церкви́, спорто́ві асоціа́ції, книжко́ві клу́би, науко́ві товари́ства і т. д. ~ють громадя́нське суспі́льство краї́ни.** Community groups, parties, churches, sports associations, book clubs, scientific societies, etc. form the nation's civil society. ◊ **Поверта́ючи на пі́вніч, рі́чка ~вала піво́стрів.** Turning north, the river formed a peninsula. ◊ **Два́дцять вояків ~ють чоту́.** Twenty more soldiers form a platoon.

pa. pple. **утво́рений** formed, created

утво́рюй! утвори́!

утекти́, *var., see* **втекти́**

утікáти, *var., see* **втікáти**[1] *and* **втікáти**[2]

утікáч, *var., see* **втікáч**

утíлити, *var., see* **втíлити**

утíлювати, *var., see* **втíлювати**

утíха, *var., see* **втíха**

утішáти, *var., see* **втішáти**

утíшити, *var., see* **втíшити**

утóма, *var., see* **втóма**

утрúмати[1], *var., see* **втрúмати**

утрúма|ти[2], *pf., see* **утрúмувати**[2]
to provide for, *etc.* ◊ **З таким бюджéтом Нíна не ~є притýлку для котíв дóвше рóку.** With such a budget, Nina will not maintain the cat shelter for more than a year.

утрúматися[1], *var., see* **втрúматися**

утрúма|тися[2], *pf., see* **утрúмуватися**[2]
to provide for oneself, *etc.* ◊ **Він якóсь ~ється до кінцý зимú.** He will somehow provide for himself till the end of winter.

утрúмувати[1], *var., see* **втрúмувати**

утрúму|вати[2], **~ють; утрúма|ти, ~ють,** *tran.*
1 to provide for, maintain, support
adv. **постíйно** constantly ◊ **Йогó тепéр постíйно хтось ~є.** These days, somebody constantly provides for him. **рáдо** gladly, **щéдро** generously ◊ **Він щéдро ~в кóжну кохáнку.** He generously provided for each of his mistresses. **цілкóм** fully; **лéдве** barely, **хоч якóсь** at least somehow ◊ **Віта хоч якóсь ~ла себé випадкóвими перéкладами.** Vita provided for herself at least somehow by odd translations.
v. + **у. бýти вáжко** be difficult to ◊ **Із такúм зарóбком вáжко у. сім'ю́.** With such a salary, it is difficult to support a family. **бýти нелéгко** be tough to, **бýти неможлúво** be impossible to; **могтú** can, **намагáтися** try to ◊ **Вонá, як моглá, намагáлася у. дітéй.** She tried as best she could to support her children. **обіцяти** + *D.* promise sb to ◊ **Він обіцяє у. брáта, покú той ýчиться.** He promises to provide for his brother while he does his studies. **погóджуватися** agree to; **відмовлятися** refuse to
2 *only impf.* to run, manage, direct
adv. **успíшно** successfully ◊ **Вонá організувáла й успíшно ~є два сиротúнці.** She organized and is successfully running two orphanages. **тривáлий час** for a long time

утрúмуватися[1], *var., see* **втрúмуватися.**

утрúму|ватися[2]**; утрúматися,** *tran.*
1 to provide for oneself, support oneself
adv. **все ж** still, **дúвом** miraculously, **лéдве** scarcely, **насúлу** barely, **пóпри все** in spite of everything, **якóсь** somehow ◊ **Йóсип якóсь ~ється, викóнуючи різні дрібні робóти.** Yosyp provides for himself somehow by doing various odd jobs. **самостíйно** on one's own
v. + **у. бýти змýшеним** be compelled to; **бýти неможлúво** + *D.* be impossible for sb to ◊ **За таку платню неможлúво у. навіть однíй людúні.** It is impossible even for one person to provide for oneself with such a salary. **бýти** + *D.* **трéба** need to ◊ **Дáні трéба у., поєднуючи навчáння із прáцею.** Dana needs to support herself, combining studies with work. **вдавáтися** manage to ◊ **Ірúні вдається у. самостíйно.** Iryna manages to provide for herself on her own. **намагáтися** try to; **могтú** be able to; **не бýти в стáні** be incapable of
2 *only impf., pass.* to be run, be financed, be sponsored
adv. **успíшно** successfully; **фінáнсово** financially; **часткóво** in part, **цілкóм** completely ◊ **Бібліотéка ~ється цілкóм привáтними пожéртвами.** The library is financed completely through private donations.
3 *only impf., pass.* to be kept, be maintained ◊ **Майстéрня ~лася в кéпському стáні.** The workshop was being kept in a poor condition.

ухилú|тися, *pf., see* **ухилятися**
to evade, *etc.* ◊ **Остáп ~вся від удáру.** Ostap evaded the punch.

ухиля|тися, **~ються; ухил|úтися, ~яться,** *intr.*
1 to evade, dodge, elude
adv. **в остáнній момéнт** at the last moment, **лéдве** narrowly ◊ **Корабéль лéдве ухилúвся від торпéди.** The ship narrowly evaded the torpedo. **лéгко** easily ◊ **Óльга лéгко ~лася від дитячих сніжок.** Olha easily dodged children's snowballs. **спрúтно** deftly, **успíшно** successfully; **дúвом** miraculously, **якóсь** somehow; **щорáзу** every time
v. + **у. змогтú** *pf.* manage to ◊ **Він зміг ухилúтися від дéрева, що пáдало.** He managed to evade a falling tree. **спромогтúся** *pf.* contrive to; **намагáтися** try to, **прóбувати** attempt to
prep. **у. від** + *G.* evade sth ◊ **Дівчúна ухилúлася від йогó поцілýнку.** The girl dodged his kiss.
2 to avoid, stay away from
adv. **намíрено** intentionally; **весь час** all the time ◊ **Він увéсь час ~ється від відповíді на питáння.** All the time he avoids answering the question. **незмíнно** invariably, **послідóвно** consistently ◊ **Полíтик послідóвно ~вся від коментарíв.** The politician consistently avoided comment.
See **уникáти.** *Also see* **обхóдити 5**
ухиляйся! ухилúся!

ухóдити, *var., see* **вхóдити**

ýхо, *var., see* **вýхо**

учáсник, *m.*; **учáсниця**, *f.*
participant
adj. **активний** active, **зацікáвлений** interested ◊ **Доповідачá оточúли зацікáвлені ~и панéлі.** Interested participants of the panel surrounded the paper-presenter. **охóчий** willing; **неохóчий** reluctant, **пасúвний** passive; **потенцíйний** potential; **незмíнний** *or* **неодмíнний** invariable, **постíйний** regular; **головнúй** main, **ключовúй** key, **провіднúй** leading
у. + *n.* **у. дискýсії** a discussion participant (**зýстрічі** meeting, **змагáння** competition, **турнíру** tournament, **чемпіонáту** championship; **з'їзду** congress, **конферéнції** conference ◊ **~и конферéнції приїхали з різних краї́н.** The conference participants came from various countries. **семінáру** seminar, **симпóзіуму** symposium; **дослíдження** study, **майстéрні** workshop, **прогрáми** program, **проєкту** project; **фóруму** forum)
v. + **у. вибирáти ~ів** select participants (**визначáти** determine ◊ **Голосувáння глядачíв вúзначить ~ів дискýсії.** Viewers' voting will determe the discussion participants. **збирáти** gather ◊ **Він зібрáв ~ів фóруму.** He gathered the forum participants. **опúтувати** poll, **просúти** ask); **бýти ~ом** be a participant ◊ **Вíктор – у. кóнкурсу на найкрáщий кіносценáрій.** Viktor is a participant the best film script competition. (**вибирáти** + *A.* select sb as, **признaчáти** + *A.* appoint sb as, **ставáти** become ◊ **Ромáн став ~ом популярної телепередáчі.** Roman became a popular TV show participant. **провóдити інтерв'ю з** interview)
Also see **член 1**

ýчаст|ь, *f.*, **~и**, *only sg.*
participation, part
adj. **актúвна** active ◊ **За актúвної ~и кóжного дослíдника проєкт мóжна швúдко закінчúти.** With the active participation of every researcher the project can be quickly completed. **вáжлива** important, **енергíйна** vigorous, **ефектúвна** effective, **жвáва** lively, **зацікáвлена** interested, **змістóвна** meaningful, **значнá** considerable, **мáсова** mass, **постíйна** constant; **бíльша** greater, **велúка** big, **ширóка** wide ◊ **ширóка у. студéнтів в експеримéнті** a wide student participation in the experiment; **шúрша** wider; **прямá** direct ◊ **прямá у. економíста в анáлізі інвестúцій** the economist's direct participation in the investments analysis; **добровíльна** voluntary; **обмéжена** limited ◊ **Ýгода передбачáє обмéжену у. чужóго капітáлу.** The agreement provides for a limited participation of foreign capital. **помíтна** noticeable, **символíчна** token; **обов'язкóва** mandatory; **вúмушена** forced, **формáльна** formal; **небáжана** undesirable ◊ **Йогó у. у концéрті стáла небáжаною.** His participation in the concert became undesirable. **громáдська** community, **суспíльна** public; **держáвна** state; **економíчна** economic, **фінáнсова** financial, **політúчна** political
у. + *n.* **у. авдитóрії** audience participation ◊ **Передáча спирáється на жвáву у. авдитóрії.** The broadcast relies on a lively audience participation. (**глядачíв** viewers', **слухачíв** listener, **студéнтів** student; **батькíв** parental ◊ **Захід передбачáє у. батькíв.** The event presupposes parental participation. **вúборців** voter, **громáди** community, **громадян** citizen, **добровóльців** volunteer, **мóлоді** youth ◊ **Він актúвно заохóчує у. мóлоді в полíтиці.** He actively encourages youth participation in politics. **робітникíв** worker, **селян** peasant, **суспíльства** society, **ýряду** government)
n. + **у. масштáби ~и** the extent of participation ◊ **Масштáби ї́хньої ~и в кампáнії вражáють.** The extent of their participation in the campaign is striking. (**парáметри** parameters, **рíвень** level)
v. + **у. брáти у.** take part ◊ **Минýлого мíсяця він узяв у. у цікáвій конферéнції.** Last month, he took part in an interesting conference. (**заперéчувати** deny ◊ **Він заперéчує своє у. у змóві.** He denies his participation in the conspiracy. **заохóчувати** encourage, **полéгшувати** facilitate; **передбачáти** provide for; **активізувáти** increase, **розширяти** broaden; **забороняти** ban ◊ **Закóн забороняє у. чужóго капітáлу в медíйних компáніях.** The law bans foreign capital participation in media companies. **звýжувати** restrict, **змéншувати** reduce, **обмéжувати** limit) ◊ **Нові прáвила обмéжували у. вúборців у політúчному процéсі.** The new rules limited voter participation in the political process. **вимагáти ~и** require participation ◊ **Гра вимагáє ~и всіх присýтніх.** The game requires the participation of all those present. (**потребувáти** need; **уникáти** avoid ◊ **Христúна уникáє ~и у студéнтських збігóвиськах.** Khrystyna avoids participating in student shindigs. **запрóшувати до** invite to ◊ **Її запросúли до ~и в обговóренні закóну.** She was invited to take part in the discussion of the law. **не брáти** not take) ◊ **Вонú не берýть ~и у вúборах.** They do not take part in the election. **сприяти ~і** promote participation ◊ **Пропонóваний формáт сприятиме ~і в фóрумі всіх політúчних сил.** The proposed format will promote the participation of all political forces in the forum. **відмовляти** + *D.* **в ~і** refuse

sb participation ◊ **Оргкомітéт відмóвив їм в ~і.** The organizing committee refused them participation.
у. + *v.* **активізувáтися** increase ◊ **Із кóжним днем у. мóлоді в кампáнії активізóвувалася.** Youth participation in the campaign was increasing by the day. **зростáти** grow; **зме́ншуватися** diminish
prep. **у. в** + *L.* participation in sth; **без ~и** without participation ◊ **Ми ніяк не обíйдемося без їхньої ~и.** There is no way we will do without their participation. **за ~и** with sb's participation ◊ **Навчáння організóвано за фінáнсової ~и привáтних жертводáвців.** The training is organized with financial participation of private donors.
Also see **стосýнок 2, члéнство**

учéн|ий, *var., see* **вчéний**

ýч|ень, *m.*, **~ня; ~ени́ця**, *f.*
1 pupil, student *(only of secondary school, never university)* ◊ **Микóла – у. серéдньої шкóли №2.** Mykola is a student of Secondary School No. 2. ◊ **Зáвтра ~ні стáрших клáсів їдуть на екскýрсію до Черніве́ців.** Tomorrow the pupils of senior grades are traveling for a sightseeing tour to Chernivtsi.
See **студéнт.** *Also see* **школя́р 1**
2 apprentice, learner, trainee ◊ **Васи́ль працювáтиме ~нем механíка в ґарáжі.** Vasyl will be working as a mechanic's apprentice at a garage.
3 *fig.* disciple, student, follower ◊ **Вони́ вважáють себé ~ями Андрéя Шепти́цького.** They consider themselves Andrei Sheptytsky's disciples.
See **наступник**

учи́лищ|е, *nt.*, **~а**
school, college *(providing secondary specialist education)*
adj. **авіаці́йне** flying ◊ **Хлóпчик мрíє навчáтися в авіаці́йному ~і.** The little boy dreams of studying at a flying school. **комерці́йне** commercial, **музи́чне** music, **професі́йно-технíчне** vocational ◊ **Івáн працю́є дирéктором професі́йно-технíчного ~а.** Ivan works as the principal of a vocational school. **ремісни́че** trade; **дворíчне** two-year, **трирíчне** three-year, **чотирирíчне** four-year ◊ **Людми́ла закінчи́ла чотирирíчне музи́чне у.** Liudmyla finished a four-year music school.
See **університéт, шкóла**

учи́тель, *var., see* **вчи́тель**

учи́ти, *var., see* **вчи́ти**

учи́тися, *var., see* **вчи́тися**

учнíвськ|ий, *adj.*
pupil's, of or pertaining to a secondary school student ◊ **У крамни́ці Óля не знайшлá ~их зóшитів собí до смакý.** Olia did not find pupil's notebooks to her liking in the store.
Cf. **студéнтський**

учóра, *var., see* **вчóра**

учорáшній, *var., see* **вчорáшній**

ýяв|а, *f., only sg.*
1 imagination
adj. **акти́вна** active, **багáта** rich, **бýйна** wild, **вели́ка** great, **дивови́жна** amazing, **жвáва** lively, **живá** vivid, **здорóва** healthy, **неабия́ка** uncommon, **непересíчна** unconventional; **си́льна** strong; **гарячкóва** fevered, **гіперакти́вна** overactive, **перегрíта** overheated; **розви́нена** *and* **розви́нута** well-developed; **лю́дська** human; **твóрча** creative; **чи́ста** pure ◊ **чи́ста у., що не мáє стосýнку до дíйсности** pure imagination that has no relationship to reality; **нездорóва** unhealthy ◊ **Нездорóва у. не давáла хлóпцеві спáти.** His unhealthy imagination would not let the boy sleep. **хвóра** sick, **хворобли́ва** sickly; **обмéжена** limited, **убóга** barren; **колекти́вна** collective, **нарóдна** popular ◊ **У нарóдній ýяві козáк став си́мволом украї́нського дýху свобóди.** In popular imagination, a Cossack became the symbol of the Ukrainian spirit of freedom. **істори́чна** historical, **кінематографíчна** cinematographic; **ероти́чна** erotic; **літератýрна** literary, **музи́чна** musical, **поети́чна** poetic, **політи́чна** political, **релігíйна** religious, **романти́чна** romantic
v. + **у. виявля́ти ~у** show imagination ◊ **Щóби придýмати істóрію, трéба ви́явити ~у.** In order to invent a story one needs to show imagination. (**залучáти** engage; **живи́ти** feed, **запáлювати** ignite, **збýджувати** excite; **мáти** have ◊ **Лев мáє непересíчну ~у.** Lev has an unconventional imagination. **захóплювати** capture, **полони́ти** captivate, **розпáлювати** fire ◊ **Óповіді дя́дька розпáлювали її ~у.** Her uncle's tales fired her imagination. **стимулювáти** stimulate; **втрачáти** lose); **бракувáти** + *D.* **~и** lack imagination ◊ **Олéні нíколи не бракýє ~и там, де трéба щось прикрáсити.** Olena never lacks imagination when it comes to embellishing something. (**забрáкнути** *pf.* run out of ◊ **Під кінéць сценáрію áвторові забрáкло ~и.** Towards the end of the script, the author ran out of imagination. **вимагáти** require ◊ **Робóта декорáтора вимагáє ~и.** Working as a decorator requires imagination. **потребувáти** need); **лишáтися в ~і** remain in imagination (**малювáтися в** form in ◊ **В ~і письмéнника малювáлися персонáжі нóвого ромáну.** Characters of a new novel were forming in the writer's imagination. **вставáти** *or* **поставáти в** arise in ◊ **У Натáлчиній ~і постáло розлю́чене обли́ччя начáльника.** Her boss's infuriated face arose in Natalka's imagination. **спливáти в** pass in) ◊ **В її ~і спливáли подíї дня.** The day's events, were passing in her imagination.
у. + *v.* **малювáти** draw ◊ **Полíнина у. малювáла пóдорож до Кам'я́нця.** Polina's imagination was drawing a trip to Kam'yanets. **працювáти** work ◊ **У. дíвчини гарячкóво працювáла.** The girl's imagination was feverishly at work.
Also see **фантáзія 1**
2 idea, concept ◊ **Журналíст не мáє наймéншої ~и про краї́ну, до якóї потрáпив.** The reporter had not the smallest idea about the country he found himself in.
See **поня́ття 1, уя́влення**

уяви́|ти, *pf., see* **уявля́ти**
to imagine, *etc.* ◊ **Дáна ~ла себé на мíсці пóдруги і жахнýлася.** Dana imagined herself in her (female) friend's place and got horrified.

уя́влен|ня, *nt.*
concept, conception, notion, idea
adj. **бáзове** *and* **засаднúче** basic, **елементáрне** elementary, **загáльне** general, **широ́ке** broad, **ши́рше** broader; **істóтне** essential ◊ **істóтне у. про генéзу мóви** an essential notion of language genesis; **пóвне** whole, **цілкови́те** complete; **непóвне** incomplete, **частко́ве** partial ◊ **Кни́жка лишáє в читачá частко́ве у. про причи́ни конфлíкту.** The book leaves the reader with a partial notion of the causes of the conflict. **ключовé** key; **тóчне** precise, **чíткé** distinct, **ясне́** clear; **двозначне** ambiguous ◊ **Двознáчне у. бíльше шкóдить, як допомагáє.** An ambiguous concept is more harmful than helpful. **неви́разне** vague, **розпли́вчасте** nebulous, **суперéчливе** contradictory, **тумáнне** foggy, **тьмя́не** dim; **абстрáктне** abstract, **гіпотети́чне** hypothetical, **грýбе** rough, **пробли́зне** approximate ◊ **Полкóвник мáє прибли́зне у., скíльки пальнóго потребýє йогó части́на.** The colonel has an approximate notion of how much fuel his unit needs. **теорети́чне** theoretical; **ди́вне** strange, **дивови́жне** bizarre; **цікáве** interesting; **новáторське** innovative, **новé** new, **оригінáльне** original, **своєрíдне** unconventional ◊ **Йогó у. про éтику прáці ви́явилося дóсить своєрíдними.** His concept of work ethic proved to be rather unconventional. **сучáсне** modern; **радикáльне** radical, **революці́йне** revolutionary; **архаї́чне** archaic, **застарíле** dated, **старомóдне** old-fashioned, **традиці́йне** traditional; **класи́чне** classical, **пéрвісне** initial; **популя́рне** popular; **ліберáльне** liberal; **консервати́вне** conservative, **реакці́йне** reactionary ◊ **реакці́йні у. про роль жíнки в суспíльстві** reactionary notions of the woman's role in society
v. + **у. мáти у.** have a concept ◊ **Дáна мáє загáльне у. про те, кýди її посилáють.** Dana has a general notion of where she is being sent. (**складáти** form ◊ **Із запи́ски він склав у. про нáміри її áвтора.** From the note, he formed an idea of its author's intentions. **стáвити під сýмнів** question); **не мáти у.** not to have an idea ◊ **Вони́ не мáли у. про те, як позбýтися дефіци́ту бюджéту.** They had no idea of how to get rid of the budget deficit.
у. + *v.* **диктувáти** + *D.* dictate to sb ◊ **Такý поведíнку диктувáти чолові́кові радикáльні у.** Radical ideas dictated such conduct to the man. **еволюціонувáти** evolve, **змíнюватися** change, **формувáтися** form ◊ **Її у. про секс сформувáлися під вплúвом вýлиці.** Her notions of sex formed under the influence of the street.
prep. **у. про** + *A.* a concept of sth
G. pl. **~ь**
See **ідéя.** *Also see* **ýява 2**

уявля́|ти, ~ють; уяв|и́ти, ~лю́, ~иш, ~лять, *tran.*
1 to imagine, visualize *often followed by* **собí**
adv. **лéгко** easily ◊ **Дани́лові лéгко уяви́ти сестрý успíшним полíтиком.** It is easy for Danylo to imagine his sister as a successful politician. **чíтко** distinctly, **я́сно** clearly; **вмить** instantaneously ◊ **Хомá вмить уяви́в себé на пля́жі якóгось пíвдéнного мóря.** Khoma instantaneously imagined himself on the beach of a southern sea. **рáптом** suddenly; **пóвністю** fully, **цілкóм** completely; **лéдве** hardly, **наси́лу** barely; **яскрáво** vividly ◊ **Читáючи óпис зýстрічі, Лéся яскрáво ~ла собí кóжну детáль.** Reading the description of the encounter, Lesia vividly imagined its every detail.
v. + **у. бýти лéгко** be easy to, **бýти неможли́во** be impossible to ◊ **Неможли́во уяви́ти щось подíбне в європéйській краї́ні.** It is impossible to imagine anything of the sort in a European country. **бýти стрáшно** + *D.* terrify sb to ◊ **Грицéві стрáшно уяви́ти її реáкцію.** It terrifies Hryts to imagine her reaction. **бýти тя́жко** be hard to; **могти́** can, **навáжуватися** dare ◊ **Степáн не навáжувався уяви́ти, що ви́грав лотерéю.** Stepan did not dare imagine he had won the lottery. **намагáтися** try to
pa. pple. **уя́влений** imagined
уявля́й! уяви́! ♦ уя́вімо собí let's imagine ◊ **Уя́вімо собí мíсто Станіслáвів у XIX столíтті.** Let's imagine the city of Stanislaviv in the 19th century.
Also see **бáчитися 2, малювáтися 4, ми́слити 4**
2 *only impf.* to realize, comprehend, know, *often followed by* **собí** ◊ **Ти ~єш, що ти наробúв?** Do you realize what you have done? ◊ **Софíя не ~ла собí, як мóжна жи́ти без мóря.** Sofiia did not comprehend how one could live without the sea. ◊ **Мóтря не ~ла (собí) нáслідків свогó рíшення.** Motria did not realize the consequences of her decision.
See **розумíти 1, усвідóмлювати**

уя́вн|ий, *adj.*
imaginary
adv. **абсолю́тно** absolutely ◊ **Персона́ж абсолю́тно у.** The character is absolutely imaginary. **по́вністю** entirely, **ціл́ком** completely, **чи́сто** purely ◊ **Супе́рниця Оре́сту була́ чи́сто ~ою.** Oresta's rival was purely imaginary. **го́ловно** largely
v. + **у. бу́ти ~им** be imaginary (**вигляда́ти** look ◊ **Тепе́р їхній конфлі́кт вигляда́в ~им.** Now their conflict looked imaginary. **виявля́тися** turn out) ◊ **Міжнаро́дна репута́ція шко́ли ви́явилася як не ~ою, то ду́же перебі́льшеною.** The school's international reputation turned out to be, if not imaginary, then greatly exaggerated.
Also see **ефеме́рний 2, мента́льний, міти́чний 3**

Ф

фа́бри|ка, *f.*
factory, plant, works; *also fig.*
adj. **вели́ка** large, **мала́** small; **суча́сна** modern; **зане́дбана** neglected, **стара́** old ◊ **Стара́ ф. забру́днює пові́тря.** The old factory pollutes the air. **місце́ва** local; **взутт́єва** shoe, **ме́блева** furniture, **порцеля́нова** china, **тексти́льна** textile, **тютюно́ва** tobacco, **шокола́дна** chocolate; ♦ **паперо́ва ф.** *or* **папі́рня** a paper mill
ф. + *n.* **ф. спорти́вного споря́дження** a sports equipment factory; **ф. мрій** *fig.* the dream factory
n. + **ф. вла́сник ~ки** a factory owner (**головни́й інжене́р** chief engineer, **дире́ктор** director; **робітни́к** worker; **дима́р** chimney **ко́рпус** building) ◊ **Корпуси́ ~ки розташо́вані за рі́чкою.** The factory buildings are located across the river.
v. + **ф. будува́ти ~ку** build a factory ◊ **У мі́сті збуду́ють паперо́ву ~ку** *or* **папі́рню.** A paper mill will be built in the city. (**відкрива́ти** open, **закрива́ти** close down; **купува́ти** buy, **продава́ти** sell; **модернізува́ти** modernize); **керува́ти ~кою** manage a factory
ф. + *v.* **виготовля́ти** + *A.* manufacture sth ◊ **Ф. виготовля́є лляну́ ткани́ну.** The factory manufactures linen fabric. **виробля́ти** + *A.* make sth, **продукува́ти** + *A.* produce sth; **відкрива́тися** open, **закрива́тися** close down; **працюва́ти** operate ◊ **Взутт́єва ф. працю́є цілодобо́во.** The shoe factory operates around the clock. **банкрутува́ти** go bankrupt
prep. **на ~ку** *dir.* to a factory ◊ **Вона́ щора́нку ходи́ла на ~ку.** She went to the factory every morning. **на ~ці** *posn.* at a factory ◊ **Га́нна організува́ла ама́торський теа́тр на ~ці.** Hanna organized an amateur theater at the factory.
Also see **заво́д 1, виробни́цтво 2, підприє́мство**

фа́з|а, *f.*
phase, stage
adj. **пе́рша** first ◊ **пе́рша ф. капіталі́зму** the first phase of capitalism; **попере́дня** preliminary, **початко́ва** initial, **ра́ння** early; **втори́нна** secondary, **дру́га** second, **тре́тя** third, *etc.* **тепе́рішня** current; **насту́пна** next, **нова́** new ◊ **Опові́дання позначи́ло нову́ ~у тво́рчости письме́нниці.** The short story marked a new phase of the (female) writer's work. **кінце́ва** final, **оста́ння** last; **перехідна́** transition ◊ **Перехідна́ ф. між авторита́рним та демократи́чним у́строєм трива́ла п'ять ро́ків.** The transition phase between the authoritarian and democratic order lasted five years. **проміжко́ва** intermediate; **коро́тка** short; **важли́ва** important, **го́стра** acute ◊ **Він перебува́є в го́стрій ~і депре́сії.** He is in an acute phase of depression. **крити́чна** critical, **небезпе́чна** dangerous, **хроні́чна** chronic; **випро́бувальна** testing, **дослі́дницька** research, **експеримента́льна** experimental; **газоподі́бна** *phys.* gaseous, **рідка́** *phys.* liquid, **тверда́** *phys.* solid
ф. + *n.* **ф. го́єння** a healing phase ◊ **Ра́на у ~і го́єння.** The wound is in its healing phase. (**запа́лення** inflammation; **ро́звитку** development; **ро́зпаду** disintegration; **дозріва́ння** maturation, **сти́глости** maturity; **хворо́би** disease);
♦ **ф. Мі́сяця** *astr.* a phase of the Moon
v. + **ф. закі́нчувати ~у** complete a phase ◊ **Експериме́нт закі́нчить дослі́дницьку ~у прое́кту.** The experiment will complete the research phase of the project. (**позна́чати** mark; **започатко́вувати** initiate, **почина́ти** start, **прохо́дити** go through ◊ **Зі́нченко пройшо́в небезпе́чну ~у підгото́вки мі́сії.** Zinchenko went through the dangerous phase of the mission preparation. **вирізня́ти** *and* **розрізня́ти** distinguish ◊ **У по́ділі клі́тини розрізня́ють чоти́ри ~и.** Four phases are distinguished in cell division. **вступа́ти в** enter) ◊ **Органі́зм вступи́в у ~у дозріва́ння.** The organism entered the maturation phase. **досяга́ти ~и** reach a phase ◊ **Він досягну́в крити́чної ~и хворо́би.** He reached the critical phase of the disease.
ф. + *v.* **почина́тися** begin; **трива́ти** last ◊ **Ф. інкуба́ції трива́є кі́лька днів.** The incubation phase lasts several days. **закі́нчуватися** end
prep. **у ~і** in a phase ◊ **Симпто́ми відсу́тні в ра́нній ~і хворо́би.** Symptoms are absent in the early phase of the disease. **про́тягом ~и** during a phase ◊ **Він працюва́в про́тягом кінце́вої ~и будівни́цтва.** He worked during the final phase of construction.
See **ета́п 1, періо́д 1.** *Also see* **ко́ло[1] 2**

факт, *m.*, **~у**
fact; case, event ◊ **Ї́м потрі́бні ~и, а не припу́щення.** They need facts, not assumptions.
adj. **ваго́мий** compelling, **важли́вий** important, **зна́чимий** significant, **помі́тний** salient ◊ **Вона́ зверну́ла ува́гу на два помі́тні ~и.** She took note of two salient facts. **промо́вистий** telling; **релева́нтний** *or* **стосо́вний** relevant ◊ **Слід врахува́ти всі стосо́вні ~и.** All the relevant facts need to be taken into account. **ціка́вий** interesting, **нечу́ваний** unheard-of ◊ **Це нечу́ваний ф. пору́шення міжнаро́дного пра́ва.** This is an unheard-of fact of the international law violation. **ви́знаний** recognized, **дове́дений** proven; **ключови́й** key, **засадни́чий** basic ◊ **Доповіда́ч не знав засадни́чих ~ів істо́рії вірме́нської грома́ди мі́ста.** The speaker did not know the basic facts of the city's Armenian community history. **основни́й** principal; **конкре́тний** concrete, **про́стий** simple; **невблага́нний** implacable, **незапере́чний** undeniable, **неспросто́вний** irrefutable ◊ **Пе́ред адвока́том стої́ть завда́ння спростува́ти ~и, що є неспросто́вними.** The attorney is faced with the task of refuting the facts that are irrefutable. **го́лий** bare, **очеви́дний** obvious ◊ **Стаття́ засно́вується на очеви́дних ~ах.** The article is based on obvious facts. **правди́вий** true; **незру́чний** awkward; **жахли́вий** horrible, **неприє́мний** unpleasant, **разю́чий** shocking, **сумни́й** sad; **до́бре відо́мий** well-known; **маловідо́мий** little-known, **невідо́мий** unknown; **істори́чний** historical, **меди́чний** medical, **мо́вний** linguistic ◊ **Те, що македо́нська – це мо́ва, а не діяле́кт, є мо́вним ~ом.** That Macedonian is a language and not a dialect is a linguistic fact. **науко́вий** scientific ◊ **Вона́ переси́пала ле́кцію науко́вими ~ами.** She interspersed her lecture with scientific facts. **поді́бний** similar; ♦ **доко́наний ф.** a fait accompli ◊ **Рі́шення подали́ як доко́наний ф.** The decision was presented as a fait accompli.
v. + **ф. бра́ти до ува́ги ф.** take a fact into account ◊ **Він узя́в до ува́ги ф. пору́шення до́говору.** He took into account the fact of their breach of the agreement. (**врахо́вувати** recon with; **визнава́ти** recognize, **прийма́ти** accept; **зва́жувати** consider ◊ **Комі́сія зва́жила всі ~и.** The committee has considered all the facts. **розгляда́ти** examine; **встано́влювати** establish, **дово́дити** prove, **з'ясо́вувати** ascertain ◊ **Ї́м нале́жить з'ясува́ти ключові́ ~и істо́рії.** It is incumbent on them to ascertain the key facts of the story. **переві́ряти** check, **підтве́рджувати** corroborate; **зна́ти** know, **ма́ти** have ◊ **Доповіда́ч ма́є напогото́ві всі необхі́дні ~и.** The presenter has all the necessary facts at the ready. **усвідо́млювати** be aware of; **збира́ти** gather, **підбира́ти** select; **зга́дувати** mention, **нага́дувати** remind, **надава́ти** + *D.* provide sb with, **представля́ти** *and* **презентува́ти** + *D.* present to sb; **освіжа́ти** refresh ◊ **Вона́ намага́лася осві́жити в голові́ основні́ ~и спра́ви.** She was trying to refresh the principal facts of the case in her mind. **поя́снювати** + *D.* explain to sb ◊ **Лиша́ється ф., яки́й неможли́во поясни́ти.** There remains a fact that is impossible to explain. **вивча́ти** study, **дізнава́тися про** learn ◊ **Вона́ дізна́лася про цей разю́чий ф. пі́сля сме́рти ба́тька.** She learned the shocking fact after her father's death. **тлума́чити** interpret; **забува́ти** forget, **іґнорува́ти** ignore; **прихо́вувати** conceal, **укрива́ти** disguise, **утаю́вати** hide ◊ **Він утаї́в ряд незру́чних ф. своє́ї біогра́фії.** He hid a few awkward facts of his biography. **відобража́ти** reflect ◊ **Нови́й фільм відобража́є маловідо́мі ~и.** The new film reflects little-known facts. **відкида́ти** reject, **запере́чувати** deny ◊ **Ко́жен з них запере́чував ф. своє́ї співпра́ці з терори́стами.** Each of them denied the fact of their collaboration with the terrorists. **піддава́ти су́мніву** question, **спросто́вувати** refute ◊ **Уче́ний наді́явся спростува́ти ф. існува́ння те́мної мате́рії.** The scientist hoped to refute the fact of the existence of the dark matter. **спотво́рювати** distort; **зверта́ти ува́гу на** draw attention to; **наголо́шувати** emphasize ◊ **Вона́ кі́лька раз наголо́шувала ф. своє́ї відсу́тности на зу́стрічі.** Several times she emphasized the fact of her absence at the meeting. **підкре́слювати** underscore); **вирина́ти з ~у** stem from a fact ◊ **Така́ поведі́нка вирина́є з ~у дискриміна́ції.** Such behavior stems from the fact of discrimination. (**не міня́ти** not to change ◊ **Докуме́нт не міня́є ~у приче́тности оліга́рха до сепарати́стів.** The document does not change the fact of the oligarch's involvement with the separatists. **притри́муватися** stick to) ◊ **В ана́лізі результа́тів опи́тування соціо́логи не завжди́ притри́мувалися ~ів.** In their analysis of the polling results, the sociologists did not always stick to the facts. **загострюва́тися ~ом** be exacerbated by a fact ◊ **Стано́вище заго́стрюється ~ом недові́ри суспі́льства до вла́ди.** The situation is exacerbated by the fact of society's distrust of the government. (**поя́снюватися** be explained by, **ускла́днюватися** be complicated by; **змиря́тися з** reconcile oneself to) ◊ **Вони́ змири́лися з ~ом генера́лової зра́ди.** They reconciled themselves to the fact of the general's treason. **засно́вуватися на ~і** be based on a fact ◊ **О́повідь засно́вується на неспросто́вних ~ах життя́.** The narrative is based on irrefutable facts of life.
ф. + *v.* **говори́ти** speak ◊ **~и гово́рять самі́ за се́бе.** The facts speak for themselves.
prep. **ф. з** + *G.* fact of sth ◊ **кі́лька ~ів із життя́ фі́зика** a few facts of the physicist's life; **врахо́вуючи ф.** + *G.* given the fact of sth ◊ **Судд́я зме́ншив те́рмін ув'я́знення, врахо́вуючи ф. каяття́ засу́дженого.** The judge reduced the sentence given the fact of the convict's repentance. **всу́переч ~ові** contrary to a fact ◊ **Розраху́нки зро́блено всу́переч ~ам.** The calculations were made contrary to the facts. **з о́гляду на ф.** in view of a fact ◊ **ЕС поси́лив са́нкції про́ти Росі́ї з**

о́гляду на чисе́нні ~и пору́шення Москво́ю міжнаро́дного пра́ва. The EU increased its sanctions against Russia in view of the numerous facts of Moscow's violations of international law. **незважа́ючи на ф.** despite a fact ◊ **Він і да́лі бре́ше, незважа́ючи на ~и, що підтве́рджують його́ зло́чин.** He goes on lying despite the facts that prove his crime.
Also see **пра́вда**

факти́чн|ий, *adj.*
factual, fact-based, real, actual ◊ **~им вла́сником заво́ду є невідо́мий суб'є́кт.** An unknown subject is the actual owner of the plant. ♦ **ф. шлюб** a common-law marriage; ◊ **Усе́ це – ви́гадка, позба́влена ~ого підґру́нтя.** This is all fiction, devoid of the basis in fact. ◊ **Зая́влена ва́ртість нерухо́мости ви́явилася зна́чно ни́жчою, ніж ~а.** The declared value of the real estate turned out to be considerably lower than the actual one. ◊ **Його́ ~е стано́вище не є таки́м трагі́чним.** His actual situation is not quite so tragic.
See **реа́льний.** *Also see* **спра́вжній**

факту́р|а, *f.*, **~и**
1 texture *(in architecture, music, painting)*
adj. **гладка́** smooth, **делі́катна** delicate, **легка́** light, **м'яка́** soft ◊ **Мазко́ві маляра́ притама́нна м'яка́ ф.** Soft texture is characteristic of the artist's brushstroke. **тонка́** fine, **густа́** thick, **тверда́** firm, **щі́льна** dense; **приє́мна** pleasant; **гру́ба** coarse, **хрустка́** crunchy, **шерша́ва** gritty, **шорстка́** rough; **глевка́** chewy; **оксами́това** velvety ◊ **Ліке́р має гладку́ оксами́тову ~у.** The liqueur has a smooth velvety texture. **відмі́нна** different, **особли́ва** distinctive, **різномані́тна** varied; **бага́та** rich, **ціка́ва** interesting; **зорова́** visual ◊ **Нова́ акто́рка має ціка́ву зорову́ ~у.** The new actress has an extremely interesting visual texture. **музи́кальна** musical, **оркестро́ва** orchestral, **ритмі́чна** rhythmic ◊ **Інструме́нти ма́ли збагати́ти ритмі́чну ~у конце́рту.** The instruments were supposed to enrich the rhythmic texture of the concerto.
ф. + *n.* **ф. воло́сся** a hair texture (**го́лосу** voice; **пове́рхні** surface, **шкі́ри** skin; **ґру́нту** soil; **карти́ни** painting, **полотна́** canvas ◊ **Ф. поло́тен маляра́ була́ гладка́, як світли́н.** The texture of the artist's canvases was as smooth as that of photographs. **світли́ни** photograph, **стіни́** wall)
v. + **ф. відчува́ти ~у** feel the texture (**дава́ти** + *D.* give sth; **ма́ти** have; **створювати** create ◊ **Її́ те́хніка ство́рює шерша́ву ~у пове́рхні стіни́.** Her technique creates a gritty texture of the wall surface. **додава́ти** + *D.* **~и** add texture to sth ◊ **Спеціа́льний ґель додава́в воло́ссю ~и.** The special gel added texture to the hair.
prep. **з ~ою** with a texture ◊ **звукова́ дорі́жка з бага́тою оркестро́вою ~ою** a soundtrack with rich orchestral texture; **за ~ою** in texture ◊ **Матері́я ви́явилася щі́льною за ~ою.** The cloth turned out to be dense in texture.
2 invoice
adj. **відпові́дна** relevant; **нова́** new, **ще одна́** another; **опла́чена** paid; **оригіна́льна** original, **пе́рвісна** initial; **спра́вжня** real, **станда́ртна** standard; **друко́вана** printed; **пи́сана** handwritten ◊ **Ф. має бу́ти друко́ваною, а не пи́саною.** The invoice is to be printed, not handwritten. **підро́блена** fake; **неопла́чена** unpaid ◊ **У шухля́ді вона́ трима́є неопла́чені ~и.** She keeps unpaid invoices in the drawer.
v. + **ф. випи́сувати ~у** issue an invoice (**дістава́ти** get, **отри́мувати** receive; **губи́ти** lose; **опла́чувати** pay ◊ **Отри́мавши ~у, водій тут же оплати́в її.** Having received the invoice, the driver paid it right away. **посила́ти** send) ◊ **Пі́сля ко́жної поку́пки вона́ має посила́ти ~у до бухгалте́рії.** After each purchase she is to send the invoice to the accounting office.
prep. **ф. на** + *A.* an invoice for sth ◊ **оригіна́льна ф. на това́р** the original invoice for merchandise; **за ~ою** according to an invoice ◊ **Вантажі́ в порту́ прийма́ють за ~ами.** In the port, the shipments are received according to invoices.
Also see **квита́нція**

факульте́т, *m.*, **~у**
department *(at university)*
adj. **біологі́чний** biology ◊ **Він виклада́є хе́мію на біологі́чному ~і університе́ту.** He teaches chemistry at the biology department of the university. **істори́чний** history, **математи́чний** mathematics, **фізи́чний** physics, **філологі́чний** philology, **юриди́чний** law, *etc.*; **прести́жний** prestigious
ф. + *n.* **ф. біоло́гії** a department of biology (**істо́рії** history, **матема́тики** mathematics, **філоло́гії** philology ◊ **Його́ прийняли́ на факульте́т рома́но-герма́нської філоло́гії Ки́ївського держа́вного університе́ту.** He was admitted to the Department of Romance and Germanic Philology of Kyiv State University.
n. + **ф. дека́н ~у** the dean of a department (**засту́пник дека́на** deputy dean; **відді́лення** division; **кате́дра** chair ◊ **кате́дра стати́стики ~у соціоло́гії** the chair of statistics of the sociology department
v. + **ф. відкрива́ти ф.** open a department ◊ **Факульте́т кіберне́тики відкри́ли со́рок ро́ків тому́.** The Cybernetics Department was opened forty years ago. (**засно́вувати** found; **очо́лювати** head; **закі́нчувати** graduate from) ◊ **Ні́на закінчи́ла перекладаць́кий факульте́т.** Nina graduated from an interpreters' department. **керува́ти ~ом** run a department; **вчи́тися** *or* **навча́тися на ~і** study at a department
prep. **на ~і** ◊ **Він навча́ється на ~і соціоло́гії.** He studies at the Department of Sociology.

фальши́в|ий, *adj.*
1 counterfeit, false, fake, forged
adv. **абсолю́тно** absolutely, **геть** totally, **по́вністю** completely, **цілко́м** utterly; **про́сто** simply; **я́вно** obviously; **свідо́мо** knowingly
ф. + *n.* **ф. алма́з** a fake diamond (**акце́нт** accent); **ф. експе́рт** a false expert (**па́спорт** passport; **шлюб** marriage) ◊ **Щоб отри́мати громадя́нство, вона́ вступи́ла у ф. шлюб.** In order to obtain citizenship, she entered into a false marriage. **~а банкно́та** a forged banknote ◊ **Продавчи́ня поверну́ла Марі́ї ~у банкно́ту.** The saleswoman returned Maria the forged banknote. **~а коса́** a fake braid ◊ **О́льжина коса́, яка́ так йому́ подо́балася, була́ ~ою.** Olha's braid he liked so much was fake. **~е ві́део** a fake video ◊ **Не тре́ба бу́ти фахівце́м, щоби зна́ти, що це ві́део ~е.** It does not take an expert to know that the video is fake. (**зо́лото** gold; **кая́ття** penitence; **посві́дчення** identification); **~і гро́ші** fake money ◊ **В о́бігу з'яви́лися ~і гро́ші.** Fake money appeared in circulation.
Also see **ли́повий 2, лі́вий 3, підро́блений**
2 false, incorrect, wrong
ф. + *n.* **ф. результа́т** a false result; **~а триво́га** a false alarm, ♦ **~а но́та** *mus.* a false note; **~е відчуття́** a false sense ◊ **Автомобі́ль дає водієві ~е відчуття́ безпе́ки.** The car gives the driver a false sense of security. (**тве́рдження** allegation); **~і сві́дчення** false evidence ◊ **Свідо́мо ~і сві́дчення є криміна́льним зло́чином.** Knowingly giving false evidence is a criminal offense.
3 false, fake, feigned, simulated, hypocritical ◊ **На його́ обли́ччі з'яви́лася ~а у́смішка.** A fake smile appeared on his face. ◊ **~і співчуття́ обу́рили їх.** The fake sympathy outraged them.
See **лицемі́рний.** *Also see* **ви́мушений 3**

фальши́в|ити, **~лю**, **~иш**, **~лять; с~**, *tran.*
1 to sing out of tune ◊ **Вико́нуючи а́рію, співа́к дві́чі сфальши́вив.** While performing the aria, the singer sang out of tune twice.
v. + **ф. намага́тися не** try not to ◊ **Вона́ намага́лася не ф.** She tried not to sing out of tune.
2 *only impf.* to be a hypocrite, be duplicitous, lie ◊ **Васи́ль ніко́ли ні пе́ред ким не ~ить.** Vasyl is never duplicitous with anybody.
Also see **бреха́ти 1**
pa. pple. **сфальши́влений** falsified
(с)фальши́в!

фальши́в|ка, *f.*
forgery, fake
adj. **брудна́** dirty ◊ **брудна́ ф. росі́йського телеба́чення** a dirty fake of the Russian television; **гру́ба** crude, **приміти́вна** primitive; **жалюгі́дна** pathetic; **пі́дла** base; **доскона́ла** perfect ◊ **Він прийня́в доскона́лу ~ку як автенти́чний докуме́нт.** He accepted a perfect forgery as an authentic document. **майсте́рно зро́блена** masterfully executed ◊ **Майсте́рно зро́блена ф. не ввела́ детекти́ва в ома́ну.** The masterfully executed forgery did not trick the detective. **я́вна** obvious
v. + **ф. викрива́ти ~ку** expose a forgery ◊ **Реда́ктор ви́крив сім гру́бих ~ок в газе́тному матеріа́лі.** The editor exposed seven crude fakes in the newspaper story. (**виявля́ти** reveal, **розпізнава́ти** recognize; **дава́ти** + *D.* give sb, **підсо́вувати** + *D.* slip sb ◊ **Їй підсу́нули ~ку.** They slipped her a forgery. **поши́рювати** spread; **фабрикува́ти** fabricate) ◊ **Центр фабрику́є і поши́рює в мере́жі інформаці́йні ~ки.** The center fabricates and spreads information fakes on the Web. **бу́ти ~кою** be a fake (**вигляда́ти** look ◊ **По́свідка про наро́дження вигляда́є ~кою.** The birth certificate looks to be a forgery. **виявля́тися** turn out; **оголо́шувати** + *A.* declare sth) ◊ **Експе́рт оголоси́в її дисерта́цію ~кою.** The expert declared her dissertation a forgery.
ф. + *n.* **вво́дити** + *A.* **в ома́ну** trick sb; **вигляда́ти** look ◊ **На пе́рший по́гляд, ф. вигляда́є спра́вжньою світли́ною.** At first glance, the fake looks like a real photograph.
L. **у ~ці**
Alse see **підро́бка; ли́па 2**

фамілья́рн|ий, *adj.*
presumptuous, impudent, familiar
adv. **вкрай** extremely ◊ **Її́ дратува́ли вкрай ~і мане́ри го́стя.** The extremely presumptuous manners of her guest irked her. **ду́же** very, **зана́дто** *or* **на́дто** too; **де́що** somewhat, **неймові́рно** incredibly, **обра́зливо** insultingly, **обу́рливо** outrageously, **сканда́льно** scandalously; **дру́жньо** amicably
v. + **ф. бу́ти ~им** be presumptuous (**вважа́ти** + *A.* consider sb ◊ **Тама́ра вважа́ла сестру́ зана́дто ~ою, і тому́ рі́дко знайо́мила її дру́зями.** Tamara considered her sister too presumptuous and therefore rarely introduced her to friends. **здава́тися** + *D.* seem to sb)
prep. **ф. з** + *I.* presumptuous with sb

фамілья́рн|ість, *f.*, **~ости**
presumptuousness, presumption, forwardness, familiarity
adj. **звича́йна** usual, **приро́дна** natural; **надмі́рна** excessive; **гру́ба** rude, **наха́бна** brazen; **невипра́вдана** unjustified; **нечу́вана** unprecedented; **неспо́дівана** unexpected; **дру́жня** friendly; **зрозумі́ла** understandable
v. + **ф. ста́витися з ~істю до** + *G.* treat sb with familiarity ◊ **Яки́м ста́вився до хло́пця з ~істю.** Yakym treated the boy with familiarity.
ф. + *v.* **обу́рювати** + *A.* outrage sb; **шокува́ти** + *A.* shock sb ◊ **Їх шокува́ла ф. чужи́нця.** The stranger's presumptuousness shocked them.
prep. **з ~істю** with familiarity ◊ **Вони́ розмовля́ли із дру́жньою ~істю, типо́вою се́ред студе́нтів.** They spoke with a friendly familiarity, typical among students.

фанати́зм, *m.*, **~у**, *only sg.*
fanaticism
adj. **вели́кий** great, **глибо́кий** profound, **дедалі бі́льший** growing, **затя́тий** relentless, **сліпи́й** blind ◊ **Ліну непоко́їть сліпи́й ф. бра́та.** Lina is concerned over her brother's blind fanaticism. **загро́зливий** ominous, **небезпе́чний** dangerous; **ісла́мський** Islamic ◊ **деда́лі бі́льша загро́за ісла́мського ~у** the growing threat of Islamic fanaticism; **релігі́йний** religious, **християнський** Christian; **лі́вий** left-wing, **пра́вий** right-wing; **політи́чний** political
v. + **ф. виклика́ти ф.** cause fanaticism (**роди́ти** bring about; **заохо́чувати** encourage, **підтри́мувати** support **поши́рювати** spread, **розпа́лювати** stoke; **викрива́ти** denounce; **впада́ти в** succumb to) ◊ **Юна́к поступо́во впада́в у релігі́йний ф.** The youth was gradually succumbing religious fanaticism. **потура́ти ~ові** countenance fanaticism (**протиставля́тися** oppose) ◊ **За́мість то́го, що́би протиста́витися ~ові, у́ряд потура́в йому́.** Instead of opposing fanaticism, the government countenanced it. **боро́тися з ~ом** fight fanaticism (**заграва́ти з** flirt with) ◊ **Полі́тик загра́є з пра́вим ~ом.** The politician is flirting with right-wing fanaticism.
ф. + *v.* **вража́ти** + *A.* affect sb; **зроста́ти** grow, **ши́ритися** spread; **зме́ншуватися** decrease

фана́тик, *m.*, **~а; фанати́чка**, *f.*
1 fanatic
adj. **вели́кий** great, **запе́клий** diehard, **сліпи́й** blind; **небезпе́чний** dangerous; **звича́йний** regular; **правди́вий** *and* **спра́вжній** true; **ідеологі́чний** ideological; **ісла́мський** Islamic, **католи́цький** Catholic, **правосла́вний** Orthodox, **протеста́нтський** Protestant, **релігі́йний** religious, **христия́нський** Christian, **юде́йський** Jewish; **лі́вий** left-wing, **комуністи́чний** communist, **пра́вий** right-wing; **політи́чний** political
v. + **ф. бу́ти ~ом** be a fanatic (**вважа́ти** + *A.* consider sb ◊ **Він вважа́в Па́лія звича́йним ~ом.** He considered Palii to be a regular fanatic. **здава́тися** + *D.* seem to sb; **лиша́тися** remain; **става́ти** become) ◊ **Рома́н став запе́клим правосла́вним ~ом.** Roman became a diehard Christian Orthodox fanatic.
ф. + *v.* **вбива́ти** + *A.* kill sb, **мордува́ти** + *A.* murder sb ◊ **Філо́софа замордува́в на́товп релігі́йних ~ів.** A mob of religious fanatics murdered the philosopher. **напада́ти на** + *A.* attack sb
2 *fig.* fanatic, enthusiast, devotee, fan ◊ **Він перетвори́вся на ві́дданого ~а баскетбо́льної дружи́ни.** He transformed into a devoted fan of the basketball team.
adj. **баскетбо́льний** basketball, **футбо́льний** soccer; **літерату́рний** literary, **музи́чний** music, **театра́льний** theater
See **прибі́чник 1**

фанати́чн|ий, *adj.*
fanatical ◊ **Полі́ція заарештува́ла чотирьо́х ~их послідо́вників самопроголо́шеного месі́ї.** The police arrested four fanatical followers of the self-proclaimed messiah.
adv. **вкрай** extremely ◊ **вкрай ~і чле́ни се́кти** extremely fanatical sect members; **до́сить** rather; **ду́же** very, **особли́во** particularly ◊ **гру́па особли́во ~их революціоне́рів** a group of particularly fanatical revolutionaries; **спра́вді** really, **страше́нно** terribly
v. + **ф. бу́ти ~им** be fanatical (**виявля́тися** turn out ◊ **Запро́шений із-за кордо́ну пропові́дник ви́явився страше́нно ~им.** The preacher invited from abroad turned out to be terribly fanatical. **здава́тися** + *D.* seem to sb; **лиша́тися** remain; **става́ти** become) ◊ **Ра́птом о́чі промо́вця ста́ли мо́торошно ~ими.** Suddenly speaker's eyes became sickeningly fanatical.

фанта́зі|я, *f.*, **~ї**
1 fantasy, imagination, fancy, dream ◊ **Тво́рчість мало́го ге́нія живи́ла бага́та ф.** Rich imagination nourished the young genius's creativity. ♦ **ви́твір ~ї** a figment of imagination ◊ **План здає́ться ви́твором хворо́ї ~ї.** The plan seems to be a figment of a sick imagination.
See **у́ява 1**
2 fiction, invention ◊ **Суспі́льство соція́льної справедли́вости ви́явилося чи́стою ~єю.** The society of social justice proved to be pure fiction.
See **ви́гадка.** *Also see* **леге́нда 2, міт 2, химе́ра 1**
3 fantasy *(literary genre)* ◊ **Геро́ї вига́дливої ~ї населя́ють дале́ку гала́ктику.** The characters of the whimsical fantasy inhabit a faraway galaxy.
4 *mus.* fantasia, fantasy ◊ **Компози́тор написа́в ~ю на украї́нські те́ми.** The composer wrote a fantasia on Ukrainian themes.

фантазу|ва́ти, **~ють; на~**, *intr. and tran.*
1 *tran.* fantasize, daydream, pretend; *pf.* **по~** *(for some time)*
adv. **з насоло́дою** with relish; **за́вжди́** always, **ча́сто** often; **тро́хи** a little ◊ **Сла́вка закри́ла о́чі, що́би тро́хи по~ під зву́ки му́зики.** Slavka closed her eyes to daydream a little to the sounds of music.
v. + **ф. люби́ти** like to ◊ **У дити́нстві Сашко́ з Юрко́м люби́ли ф. про екзоти́чні краї́ни.** In childhood, Sashko and Yurko liked to daydream about exotic countries. **ма́ти схи́льність** be inclined to; **почина́ти** begin to, **ста́ти** *pf.* start
prep. **ф. про** + *A.* fantasize about sb/sth
2 to invent, concoct, dream up ◊ **Юна́чка нафантазува́ла про те, як познайо́милася з улю́бленим акто́ром.** The young girl dreamed up how she had met her favorite actor.
See **вига́дувати 1**
3 *mus.* to improvise ◊ **О́ля з ціка́вістю слу́хала, як віртуо́з щось ~ва́в на фортеп'я́ні.** Olia listened with interest to a virtuoso improvise something on the piano.
pa. pple. **нафантазо́ваний** fantasized, pretended
(на)фантазу́й!

фа́рб|а, *f.*
paint, dye
adj. ♦ **акваре́льна ф.** watercolor(s) ◊ **Вона́ навчи́лася користува́тися акваре́льними ~ами.** She learned to use watercolors. **акри́лова** acrylic, **водоемульсі́йна** water-based, **ема́лева** enamel, **емульсі́йна** emulsion, **олі́йна** oil; **густа́** thick, **рідка́** thin; **блиску́ча** shiny, **ґля́нсова** *and* **ґля́нцева** glossy; **ма́това** matte; **прозо́ра** transparent; **сві́жа** fresh, wet ◊ **Обере́жно, сві́жа ф.!** Caution, wet paint! ◊ **Стіл давно́ потребува́в сві́жої ~и.** The table had long been in need of a fresh coat of paint. **суха́** dry; **захисна́** protective; **інтер'є́рна** interior, **фаса́дна** exterior
n. + **ф. сло́їк ~и** a jar of paint ◊ **Йому́ тре́ба три сло́їки водоемульсі́йної ~и.** He needs three jars of water-based paint. (**відро́** bucket ◊ **На пі́длогу у спа́льні пішло́ відро́ ~и.** It took a bucket of paint to paint the bedroom floor **тю́бик** tube; **шар** coat, layer) ◊ **Маля́р найні́с на полотно́ тонки́й шар ~и.** The painter applied a thin coat of paint to the canvas.
v. + **ф. нано́сити ~у на** + *A.* apply paint to sth (**розпиля́ти** spray; **виплёскувати на** + *A.* splash onto sth ◊ **Умочи́вши пе́нзля в ба́нку, він виплёскував ~у на сті́ну.** Having dipped the brush into the jar, he splashed the paint on the wall. **зішкріба́ти з** + *G.* scrape off sth ◊ **Юрі́й зішкрі́б стару́ ~у з альта́нки.** Yurii scraped the old paint off the gazebo. **зніма́ти** remove, **зчища́ти** strip off; **змі́шувати** mix) ◊ **Пра́вильно змі́шувати ~и – це сво́го ро́ду мисте́цтво.** To mix paints correctly is a kind of art. ♦ **згу́щувати ~и** to exaggerate, make a big thing of sth ◊ **Він схи́льний згу́щувати ~и.** He is prone to exaggerate. **налива́ти ~и** pour paint ◊ **Ві́ктор нали́в у скля́нку олі́йної ~и.** Viktor poured some oil paint in the glass. **зобража́ти** + *A.* **~ою** portray sth with paint ◊ **Вона́ зобрази́ла зра́дника те́мними ~ами.** She portrayed the traitor with dark paints. (**малюва́ти** *and* **фарбува́ти** + *A.* paint sth with ◊ **Лі́ля помалюва́ла сті́ну ма́товою ~ою.** Lilia painted the wall with matte paint. ♦ **малюва́ти** + *A.* **роже́вими ~ами** to see sth through rose-tinted glasses ◊ **Іва́н схи́льний малюва́ти все роже́вими ~ами.** Ivan is inclined to see things through rose-tinted glasses. **покрива́ти** + *A.* cover sth with); ♦ **залива́тися ~ою** *fig.* to blush, go red ◊ **Почу́вши компліме́нт, Лев зали́вся ~ою.** Having heard the compliment, Lev went red.
ф. + *v.* **висиха́ти** dry up ◊ **Оле́на перевіря́є, чи ви́сохла ф.** Olena is testing whether or not the paint has already dried. **захища́ти** + *A.* protect sth, **покрива́ти** + *A.* cover sth; **лупи́тися** flake off, **лу́щитися** peel, **трі́скатися** crack ◊ **Ф. потрі́скалася і ста́ла лу́щитися.** The paint cracked and started peeling.
Also see **лак**

фарбу|ва́ти, **~ють; по~**, *tran. and intr.*
to paint + *I.* in sth ◊ **Звича́йно він ~є олі́єю.** He usually paints in oil.
adv. **акура́тно** neatly ◊ **Хома́ акура́тно ~є парка́н.** Petro is neatly painting the fence. **вмі́ло** skillfully, **га́рно** beautifully, **до́бре** well, **рете́льно** thoroughly, **ста́ранно** meticulously; **по́спіхом** hastily, **шви́дко** quickly; **пога́но** badly; **згру́бша** *colloq.* crudely, **яскра́во** brightly ◊ **Мо́тря яскра́во пофарбува́ла гу́би.** Motria brightly painted her lips.
v. + **ф. бу́ти тре́ба** + *D.* need to ◊ **Лукаше́ві тре́ба по~ пі́длогу за оди́н день.** Lukash needs to paint the floor in one day. **бра́тися** set about ◊ **Вони́ взяли́ся ф. ві́кна.** They set about painting the windows. **почина́ти** begin to, **ста́ти** *pf.* start; **закі́нчувати** finish; **виріша́ти** decide to, **хоті́ти** want to ◊ **Йо́сип хо́че по~ кімна́ту черво́ним.** Yosyp wants to paint the room red. **проси́ти** + *A.* ask sb to
prep. **ф. в** *or* **на** + *A.* paint sth *(color)* ◊ **Він пофарбува́в авті́вку у** *or* **на черво́ний ко́лір.** He painted the car red.
pa. pple. **пофарбо́ваний** painted
(по)фарбу́й!
Also see **заба́рвлювати, лакува́ти 1, малюва́ти 2**

фарбува́тися; на~, *intr.*
make oneself up, paint one's face ◊ **Щоб на~, Яри́ні тре́ба хоч два́дцять хвили́н.** To make herself up, Yaryna needs at least twenty minutes. ◊ **Пе́ред ви́ступом ко́жен танцюри́ст му́сив ф.** Before the performance, each dancer had to make himself up.
See **малюва́тися 1**

фасо́н, *m.*, **~у**
1 style, cut, design *(of clothes, shoes, hair, etc.)*; appearance, look
adj. **еле́ґантний** elegant ◊ **Його́ піджа́к еле́ґантного ~у.** His jacket is of elegant cut. **класи́чний** classical ◊ **Ві́ра віддає́ перева́гу ту́флям класи́чного ~у.** Vira gives preference to shoes of classical design. **мо́дний** fashionable, **оста́нній** latest; **неповто́рний** inimitable, **оригіна́льний** original, **осо́бистий** personal; **улю́блений** favorite; **стари́й** old, **старомо́дний** old-fashioned
See **стиль**
2 *fig., colloq.* manner, way ◊ **Незнайо́мець має́ яки́сь ди́вний ф. розмо́ви.** The stranger has a bizarre way of speaking.
See **мане́ра 1, спо́сіб 1**
3 *fig., colloq.* panache, flair, flamboyance ◊ **Оле́кса́ носи́ть окуля́ри шви́дше для ~у, як із необхі́дности.** Oleksa wears the spectacles

for flair rather than of necessity. ♦ **трима́ти** *or* **гну́ти ф.** 1) to show off, swagger; 2) to keep appearances ◊ **У товари́стві місько́х де́нді, Оле́г гне ф., на́че сам таки́й.** In the company of city dandies, Oleh keeps appearances as if he was one of them.

фата́льн|ий, *adj.*
1 fatal, deadly
adv. **за́вжди́** always ◊ **Така́ до́за препара́ту за́вжди́ ~а.** Such a dose of the medicine is always fatal. **зазвича́й** usually, **незмі́нно** invariably, **ча́сто** often; **майже** almost; **можли́во** possibly, **потенці́йно** potentially, **рі́дко** rarely
v. + **ф. бу́ти ~им** be fatal ◊ **Уку́с цього́ павука́ ф.** This spider's bite is fatal. (**вважа́ти** + *A.* consider sth; **виявля́тися** prove) ◊ **Ра́на ви́явилася ~ою.** The wound proved fatal.
prep. **ф. для** + *G.* fatal for/to sb/sth ◊ **У воді́ ця хемі́чна речовина́ ~а для ри́би.** In water this chemical substance is fatal for fish.
See **смерте́льний 1.** *Also see* **вби́вчий 1**
2 fatal, disastrous, ruinous ◊ **Сергі́й справля́є ф. вплив на ко́жного, з ким заво́дить дру́жбу.** Serhii has a fatal influence upon everybody he befriends.
See **згу́бний, шкідли́вий**
3 fated, destined, predestined, preordained ◊ **Га́ля не ві́рить у ~у немину́чість поді́й.** Halia does not believe in the fatal inevitability of events. ◊ **Із відста́ні ча́су ї́хнє випадко́ве знайо́мство вигляда́є ~им.** From the distance of time, their accidental meeting looks predestined.

фах, *m.*, **~у**
profession, speciality; occupation
adj. **важки́й** difficult; **о́браний** chosen; **потрі́бний** required ◊ **брак люде́й із потрі́бним ~ом** dearth of people with the required speciality; **рідкі́сний** rare ◊ **Тоді́ інформаці́йний техно́лог був рідкі́сним ~ом.** Then, information technologist was a rare profession. **найдавні́ший** oldest ◊ **Чаба́нство, цей найдавні́ший ф. у Карпа́тах, сього́дні зника́є.** Shepherding, the oldest profession in the Carpathians, is now disappearing. **традиці́йний** traditional; **улю́блений** favorite
v. + **ф. обира́ти ф.** choose a profession ◊ **Батьки́ зо́всім не намага́лися вплину́ти на те, яки́й ф. обере́ дочка́.** The parents did not at all try to influence what profession their daughter would choose. (**опано́вувати** master ◊ **Він опанува́в ф. перукаря́ за пів ро́ку.** He mastered the hair-stylist's profession in half a year. **змі́нювати** *or* **міня́ти** change)
prep. **за ~ом** by profession ◊ **Хто Тимі́ш за ~ом?** What is Tymish by profession?
Also see **профе́сія**

фахів|е́ць, *m.*, **~ця́; фахівчи́ня**, *f.*
specialist, expert, professional
adj. **блиску́чий** brilliant, **винятко́вий** exceptional, **відмі́нний** excellent, **неперевe̐ршений** unsurpassed, **рідкі́сний** rare, **хоро́ший** good, **чудо́вий** great; **відо́мий** well-known, **славе́тний** famous, **провідни́й** leading ◊ **Він – провідни́й ф. з істо́рії теа́тру.** He is a leading expert in theater history. **пога́ний** bad, **ке́пський** poor, **посере́дній** mediocre; **недосві́дчений** inexperienced; **ли́повий** *colloq.* fake
See **спеціалі́ст.** *Also see* **ма́йстер 1, професіона́л, юри́ст.** *Ant.* **ама́тор 1, люби́тель 2**

федера́ці|я, *f.*, **~ї**
1 federation *(of states)*
adj. **держа́вна** state, **ві́льна** free; loose ◊ **Нова́ імпе́рія кри́лася за фаса́дом ~ї незале́жних респу́блік під на́звою «Сове́тський Сою́з».** The new empire was hiding behind the front of the federation of independent republics called the "Soviet Union."
n. + **ф. член ~ї** a member of a federation ◊ **Се́ред чле́нів ~ї існува́ла ієра́рхія.** There existed a hierarchy among the members of the federation.
v. + **ф. ство́рювати ~ю** create a federation; **вступа́ти до ~ї** join a federation ◊ **Ще три держа́ви вступи́ли до ~ї.** Three more states joined the federation.
ф. + *v.* **розва́люватися** *or* **розпада́тися** fall apart ◊ **Із проголо́шенням незале́жности Украї́ни сове́тська ф. розпа́лася.** With the declaration of Ukraine's independence, the Soviet federation fell apart.
prep. **в ~ї** in a federation; **в ме́жах ~ї** within a federation ◊ **вну́трішні тертя́ в ме́жах Росі́йської ~ї** internal frictions within the Russian Federation
Also see **сою́з**
2 federation *(of people)*, association
adj. **націона́льна** national ◊ **націона́льна ф. баскетбо́лу** a national basketball federation; **реґіона́льна** regional; **світова́** world
ф. + *n.* **ф. легко́ї атле́тики** a track-and-field federation (**баскетбо́лу** basketball, **гоке́ю** hockey, **професі́йного бо́ксу** professional boxing, **футбо́лу** soccer; **профспіло́к** trade-union) ◊ **Їх запроси́ли взя́ти у́часть у конфере́нції націона́льної ~ї профспіло́к.** They were invited to take part in a conference of the national trade-union federation.
See **організа́ція**

фемін|і́зм, *m.*, **~у**, *only sg.*
feminism ◊ **Окса́на розумі́ла ф. як боротьбу́ за економі́чну, політи́чну і соція́льну рі́вність ста́тей.** Oksana understood feminism as the struggle for economic, political, and social equality of the sexes.
adj. **войовни́чий** militant ◊ **Ода́рка – прихи́льниця войовни́чого ~у.** Odarka is a supporter of militant feminism. **радика́льний** radical; **соціялісти́чний** socialist; **звича́йний** mainstream, **помірко́ваний** moderate ◊ **Він відкида́є на́віть помірко́ваний ф.** He rejects even moderate feminism. **суча́сний** modern, contemporary; **за́хідний** Western, **украї́нський** Ukrainian; **ліберáльний** liberal; **лезбі́йський** lesbian; **негритя́нський** *and* **чо́рний** black; **інстинкти́вний** instinctive ◊ **Марі́єю керу́є інстинкти́вний ф.** Maria is driven by instinctive feminism. **стихі́йний** spontaneous
See **ідеоло́гія, філосо́фія**

феміні́стськ|ий, *adj.*
feminist, of or pertaining to feminism
ф. + *n.* **ф. рух** a feminist movement (**рома́н** novel, **фільм** movie); **~а антрополо́гія** feminist anthropology (**епістемоло́гія** epistemology; **літерату́ра** literature, **поéзія** poetry; **дія́льність** activism ◊ **Університе́т – відо́мий осере́док ~ого дія́льности.** The university is a well-known center of feminist activism. **організа́ція** organization; **рито́рика** rhetoric; **соціоло́гія** sociology, **теоло́гія** theology, **тео́рія** theory); **~е вче́ння** a feminist teaching (**га́сло** motto, **мисте́цтво** art; **пита́ння** question)

фе́рм|а, *f.*
farm
adj. **вели́ка** big; **мала́** small; **місце́ва** local, **сусі́дня** neighboring; **кі́нська** horse, **моло́чна** dairy, **ове́ча** sheep; ♦ **птахофе́рма** a poultry farm ◊ **За місте́чком є птахофе́рма.** Outside the township, there is a poultry farm. **свиня́ча** *or usu* **свинофе́рма** pig, **твари́нна** animal, **роди́нна** *or* **сіме́йна** family; **дослі́дницька** research ◊ **Він працю́є ветерина́ром на дослі́дницькій ~і.** He works as a veterinarian at a research farm. **експеримента́льна** experimental; **зразко́ва** model ◊ **зразко́ва ф., де розво́дили корі́в** a model cow-breeding farm; **органі́чна** organic
n. + **ф. земля́ ~и** the farm land (**маши́ни** machinery, **обла́днання** equipment, **реманéнт** implements ◊ **серпи́, ко́си, граблі́, лопа́ти та і́нший реманéнт ~и** sickles, scythes, rakes, spades, and other farm implements; **те́хніка** technology, **тра́ктор** tractor; **по́ле** field; **проду́кція** production; **робітни́к** worker, **робітни́ця** female worker)
v. + **ф. будува́ти ~у** build a farm ◊ **Він буду́є моло́чну ~у.** He is building a dairy farm. (**відві́дувати** visit; **ма́ти** have; **успадко́вувати** inherit) ◊ **Пана́с успадкува́в батькі́вську ~у.** Panas inherited his parents' farm. **воло́діти ~ою** own a farm (**управля́ти** run) ◊ **Її найняли́ управля́ти ове́чою ~ою.** She was hired to run a sheep farm. **бу́ти ви́рощеним на ~і** be reared on a farm (**жи́ти на** live on) ◊ **Гриць живе́ на ~і.** Hryts lives on a farm.
v. + **ф. бу́ти** be ◊ **Ф. була́ на окраї́ні села́.** The farm was on the outskirts of the village. **розташо́вуватися** be situated, **стоя́ти на** + *L.* lie on ◊ **Ф. стої́ть на па́горбах над рі́чкою.** The farm lies on the hills by the river.
prep. **на ~у** *dir.* to a farm ◊ **Щора́нку вони́ ї́здять на ~у.** Every morning, they drive to the farm. **на ~і** *posn.* at/on a farm ◊ **На ~і є свині́ та коро́ви.** There are pigs and cows on the farm.
Also see **заво́д 2**

фе́рмер, *m.*, **~а; ~ка**, *f.*
farmer
adj. **вели́кий** big; **дрібни́й** small ◊ **За два ро́ки він перетвори́вся із дрібно́го на вели́кого ~а.** In two years, he transformed from a small into a big farmer. **бага́тий** rich, **замо́жний** wealthy ◊ **Місце́ва бюрокра́тія живи́лася за раху́нок замо́жних ~ів.** The local bureaucracy sponged off wealthy farmers. **успі́шний** successful; **бі́дний** poor; **незале́жний** independent; **місце́вий** local ◊ **Вони́ купу́ють набі́л у місце́вого ~а.** They buy their dairy from a local farmer.
See **селя́нин**

фестива́л|ь, *m.*, **~ю**
festival
adv. **вели́кий** big, **величе́зний** huge; **важли́вий** important; **популя́рний** popular; **нови́й** new; **найстарі́ший** oldest; **европе́йський** European, **міжнаро́дний** international; **місце́вий** local, **місько́й** city, **націона́льний** national, **реґіона́льний** regional; **джа́зовий** jazz, ♦ **кінофестива́ль** a film festival ◊ **Прем'є́ра фі́льму була́ на Венеці́йському кінофестива́лі.** The movie's premier was at the Venice Film Festival. **культу́рний** cultural, **літерату́рний** literary, **молоді́жний** youth, **музи́чний** music ◊ **«Черво́на Ру́та» – пе́рший постсове́тський музи́чний ф. в Украї́ні.** The *Chervona Ruta* is the first post-Soviet music festival in Ukraine. **пісе́нний** song, **поети́чний** poetry, **танцюва́льний** dance, **театра́льний** theater ◊ **Він ї́де на театра́льний ф.** He is going to a theater festival. **фолькло́рний** folk
ф. + *n.* **ф. аніма́ції** an animated film festival ◊ **Ф. аніма́ції прово́дять на річково́му кораблі́.** The animated film festival is held on board a river boat. (**ба́йкерів** biker, **ву́личної культу́ри** street culture, **ву́личного мисте́цтва** street art, **гу́мору** humor, **наро́дного мисте́цтва** folk art, **пи́ва** beer, **пи́санок** Easter eggs, **са́ла** pig fat, **та́нцю** dance)
prep. **на ф.** *dir.* to a festival, **на ~і** *posn.* at a festival
Also see **дека́да 2**

фігу́р|а, *f.*, **~и**
1 figure, body, physique
adj. **бездога́нна** impeccable ◊ **жі́нка з бездога́нною ~ою** a woman of impeccable figure; **га́рна** beautiful, **краси́ва** fine, **чудо́ва** lovely; **разю́ча** stunning ◊ **Пе́ршою ки́далася в о́чі разю́ча ф. кінозі́рки.** The first thing that

caught the eye was the film star's stunning figure. **атлети́чна** athletic ◊ **Його́ ле́гко впізна́ти за атлети́чною ~ою.** He is easy to recognize by his athletic body. **важка́** heavy, **дебе́ла** burly, **жи́лава** sinewy, **корена́ста** stocky, **креме́зна** robust, **маси́вна** bulky, **му́жня** manly, **м'язи́ста** muscular, **огря́дна** corpulent, **приземкува́та** squat ◊ **Незнайо́мець мав приземкува́ту ~у.** The stranger had a squat body. **плечи́ста** *or* **широкопле́ча** broad-shouldered; **ви́снажена** exhausted, **охля́ла** haggard; **ґраціо́зна** graceful; **струнка́** slender, **тонка́** thin, **худа́** lean, **щу́пла** slim, **щупля́ва** slimmish; **висо́ка** tall; **поту́жна** powerful; **легка́** light; **кри́хітна** tiny, **мала́** small, **мале́нька** *dem.* small, **мініатю́рна** miniature

v. + **ф. втрача́ти ~у** lose one's figure ◊ **Пі́сля дру́гої вагі́тности Іри́на втра́тила чудо́ву ~у.** After the second pregnancy, Iryna lost her lovely figure. (**зберіга́ти** keep ◊ **Щоб зберегти́ ~у, Павло́ переста́в спожива́ти вуглево́ди.** To keep his figure, Pavlo stopped consuming hydrocarbons. **ма́ти** have); **слі́дкува́ти за ~ою** watch one's figure ◊ **Він суво́ро слі́дкува́в за ~ою.** He strictly watched his figure.

See **по́стать 1**

2 silhouette, shape

adj. **жіно́ча** female, **чолові́ча** male; **невира́зна** vague, **розпли́вчата** fuzzy, **те́мна** dark ◊ **У вікні́ з'яви́лася те́мна ф.** A dark figure appeared in the window.

See **силуе́т.** *Also see* **по́стать 1**

3 sculpture ◊ **Маси́вна бро́нзова ф. Бу́дди ви́лита у во́сьмому столі́тті.** The massive bronze sculpture of the Buddha was cast in the eighth century.

See **скульпту́ра**

4 figure, person ◊ **Політтехно́лог став центра́льною ~ою кампа́нії.** The political technologist became the central figure of the campaign. ♦ **ку́льтова ф.** a cult figure ◊ **Для них Шевельо́в став ку́льтовою ~ою.** For them, Shevelov became a cult figure.

See **геро́й 1, люди́на 1, осо́ба 1, персона́ж, по́стать 4**

5 figure, shape, pattern ◊ **Квадра́т, прямоку́тник, трику́тник чи ко́ло – це геометри́чні ~и.** A square, rectangle, triangle or circle are geometrical figures.

6 *mus.* figure ◊ **ф. музи́чного су́проводу** a music accompaniment figure

7 figure *(in dance, skating, flying, etc.)*, movement ◊ **Їй тя́жко опанува́ти ~и та́нґа.** Tango figures are difficult for her to master. ♦ **ф. ви́щого пілота́жу** *aviat.* aerial stunt

8 *chess* chessman, piece

adj. **ша́хова** chess ◊ **Ко́жна ша́хова ф. – ви́твір мисте́цтва.** Every chess piece is a work of art. **бі́ла** white, **чо́рна** black; **важка́** major ◊ **Ферзь і тура́ – це важкі́ ша́хові ~и.** Queen and rook are major chess pieces. **легка́** minor ◊ **Легкі́ ~и – це слон і кінь.** The minor pieces are bishop and knight.

v. + **ф. вигрува́ти ~у** win a piece ◊ **Цим хо́дом Оре́ста ви́грала ще одну́ ~у.** By this move, Oresta won yet another piece. (**втрача́ти** lose) ◊ **За пів годи́ни гри її́ опоне́нт втра́тив чоти́ри ~и.** In half an hour of the game, her opponent lost four pieces. **же́ртвувати ~ою** sacrifice a piece (**ходи́ти** move) ◊ **І́гор не ду́мав ходи́ти ціє́ю ~ою.** Ihor did not plan to move this piece.

Also see **короле́ва 3, коро́ль 4**

9 *ling.* device, turn of phrase

adj. **вира́зна** expressive, **ефе́ктна** impressive, **оригіна́льна** original ◊ **Він – ма́йстер оригіна́льної ~и.** He is a master of an original turn of phrase. **сві́жа** fresh, **яскра́ва** vivid; **популя́рна** popular, **ча́сто вжи́вана** often-used; **заяло́жена** hackneyed, **пласка́** platitudinous; **метафористи́чна** metaphoric, **ритори́чна** rhetorical, **стилісти́чна** stylistic; ♦ **ф. мо́ви** a figure of speech ◊ **Ви́раз – не бі́льше, як про́сто ефе́ктна ф. мо́ви.** The expression is simply an impressive figure of speech.

See **ви́раз 1**

фі́зик, *m.*; **фі́зичка**, *f.*

physicist ◊ **Він у́читься на ~а.** He studies to be a physicist.

adj. **вели́кий** great, **видатни́й** eminent ◊ **Тут працюва́ло кі́лька видатни́х ~ів.** Several eminent physicists worked here. **геніа́льний** brilliant ◊ **Геніа́льний ф. Альбе́рт Айнштайн був чле́ном Науко́вого товари́ства і́мени Шевче́нка у Нью-Йо́рку.** The brilliant physicist Albert Einstein was a member of the Shevchenko Scientific Society in New York. **провідни́й** leading; **відо́мий** well-known, **славе́тний** famous; **експеримента́льний** experimental, **теорети́чний** theoretical; **а́томний** atomic, **ква́нтовий** quantum ◊ **Нільс Бор – провідни́й ква́нтовий ф. сво́го ча́су.** Niels Bohr is a leading quantum physicist of his time. **математи́чний** mathematical, **меди́чний** medical, **я́дерний** nuclear

See **вче́ний, спеціялі́ст**

фі́зи|ка, *f., only sg.*

physics

adj. **а́томна** *or* **а́томова** atomic, **біологі́чна** biological, **ква́нтова** quantum, **математи́чна** mathematical, **меди́чна** medical, **молекуля́рна** molecular, **низькотемперату́рна** low-temperature, **пла́змова** plasma, **я́дерна** nuclear; **класи́чна** classical ◊ **Вона́ виклада́є курс класи́чної ~ки.** She teaches a classical physics course. **Нью́тонова** Newtonian; **експеримента́льна** experimental, **прикладна́** applied ◊ **університе́тська кате́дра прикладно́ї ~ки** the university applied physics department; **релятиві́стська** relative, **статисти́чна** statistical; **теорети́чна** theoretical ◊ **застосува́ння дослі́джень у теорети́чній ~ці** application of research in theoretical physics; **фундамента́льна** fundamental ◊ **Крушельни́цька спеціялізу́ється з фундамента́льної ~ки.** Krushelnytska majors in fundamental physics. **суча́сна** modern ◊ **револю́ція в суча́сній ~ці** a revolution in modern physics

ф. + *n.* **ф. висо́ких ене́ргій** high-energy physics (**пла́зми** plasma)

n. + **ф. зако́ни ~ки** the laws of physics

See **дисципліна 2, предме́т 2**

фізи́чн|ий, *adj.*

1 physical, of or pertaining to physics

ф. + *n.* **ф. до́слід** a physical experiment (**зако́н** law; **ідеалі́зм** idealism; **світ** world; **факульте́т** department) ◊ **Зе́ня вчи́ться на ~ому факульте́ті університе́ту.** Zenia studies at the Physics Department of the university. **~а геогра́фія** physical geography (**геоло́гія** geology, **матема́тика** mathematics, **нау́ка** science, **хе́мія** chemistry; **лаборато́рія** laboratory; **структу́ра** structure); **~е по́ле** a physical field (**ото́чення** environmernt **я́вище** phenomenon); **~і я́кості** physical characteristics

2 physical, bodily, corporal; manual ◊ **Наза́р відчува́в ~у насоло́ду від купа́ння в мо́рі.** Nazar felt physical pleasure from bathing in the sea. ◊ **Спортсме́н був у ста́ні скра́йнього ~ого висна́ження.** The athlete was in a state of extreme physical exhaustion. ◊ **Він заробля́є на прожиття́ ~ою пра́цею.** He makes a living by manual labor. ◊ **~а культу́ра** *usu* **фізкульту́ра** physical culture

Ant. **розумо́вий**

3 physical, material ◊ **Ля́ну ма́ло ціка́вить ф. світ, її́ ува́га прику́та до метафізи́чного.** Liana takes little interest in the physical world, her attention is riveted on the metaphysical.

Also see **матерія́льний 1.** *Ant.* **духо́вний, метафізи́чний**

фікти́вн|ий, *adj.*

fictitious, falsified, false

adv. **абсолю́тно** absolutely ◊ **Люстра́ція, яку́ прово́див у́ряд, була́ абсолю́тно ~ою.** The lustration the government conducted was absolutely fictitious. **чи́сто** purely ◊ **чи́сто ф. шлюб** a purely fictitious marriage; **ціл́ком** completely, **я́вно** clearly

v. + **ф. бу́ти ~им** be fictitious (**виявля́тися** turn out) ◊ **Факту́ра ви́явилася ~ою.** The invoice turned out to be fictitious.

Also see **фальши́вий, химе́рний 1**

фі́кці|я, *f.*, **~ї**

fiction, fabrication

adj. **юриди́чна** legal; **абсолю́тна** absolute ◊ **Її́ навча́ння в консервато́рії – абсолю́тна ф.** Her study at the conservatory is absolute fiction. **по́вна** total, **цілкови́та** complete, **чи́ста** pure

v. + **ф. ство́рювати ~ю** create a fiction ◊ **Істо́рія її́ поло́ну – чи́ста ф., яку́ створи́в у́ряд.** The story of her captivity is pure fiction created by the government. (**поши́рювати** spread); **вдава́тися до ~ї** resort to fiction ◊ **Де пра́вда не допомага́ла, він удава́вся до ~ї.** Where the truth was of no help, he resorted to fabrication.

See **брехня́ 1**

філіжа́н|ка, *f.*

cup, coffee-cup *(only porcelain)* ◊ **Дві ~и ка́ви, будь ла́ска.** Two cups of coffee, please.

adj. **вели́ка** big, **мала́** *and* **невели́ка** small, **мале́нька** *dim.* small; **еле́ґантна** elegant; **порцеля́нова** china; **напівпо́вна** half-full, **по́вна** full; **напівпоро́жня** half-empty, **поро́жня** empty; **надще́рблена** chipped, **розби́та** broken, **трі́снута** cracked ◊ **Ко́жна дру́га ф. серві́зу була́ або́ надщерблена, або́ ж трі́снута.** Every second cup of the set was either chipped or cracked. **ка́вова** coffee, **ча́йна** tea

ф. + *n.* **ф. води́** a cup of water ◊ **Він опусти́в ча́йну торби́нку в ~ку гаря́чої води́.** He lowered the teabag in the cup of hot water. (**окро́пу** boiling water; **ка́ви** coffee, **кака́о** hot chocolate, **молока́** milk, **ча́ю** tea) ◊ **Лі́да замо́вила ~ку ча́ю.** Lida ordered a cup of tea.

v. + **ф. випива́ти ~ку** drink a cup ◊ **Лі́ля ви́пила ~ку кака́о.** Lilia drank a cup of hot chocolate. (**налива́ти** pour, **напо́внювати** fill; **опорожня́ти** empty, **осу́шувати** drain ◊ **Петро́ нали́в по́вну ~ку води́ і за́раз же осуши́в її́.** Petro poured a full cup of water and drained it right away. **підійма́ти** *or* **підніма́ти** raise ◊ **Оле́ся підняла́ до вуст ~ку капучи́на.** Olesia raised the cup with cappuccino to her lips. **підно́сити** pick up; **ста́вити** put down; **замовля́ти** order, **проси́ти** ask for ◊ **Він попроси́в ~ку молока́.** He asked for a cup of milk. **пропонува́ти** + *D.* offer sb, **роби́ти** + *D.* make sb) ◊ **Я ра́до зроблю́ вам ~ку ка́ви.** I will gladly make you a cup of coffee. **пи́ти з ~ки** drink from a cup ◊ **Еспре́со п'ють із мале́ньких ~ок.** Espresso is drunk from small cups.

ф. + *v.* **мі́стити** + *A.* contain sth ◊ **Ф. мі́стила якусь те́мну рі́дину.** The cup contained some dark liquid. **па́дати** fall; **розбива́тися** break, **трі́скати** crack

prep. **в ~ку** *dir.* in/to a cup ◊ **Він нали́в у ~ку молока́.** He poured some milk in the cup. **в ~ці** *posn.* in a cup ◊ **У ~ці лиша́лася ка́ва.** There was coffee left in the cup.

Cf. **ку́бок 1, скля́нка, ча́ша 1**

філі́|я, *f.*, **~ї**

subsidiary, branch

adj. **головна́** main, **центра́льна** central; **нова́** new, **ще одна́** another; **закордо́нна** foreign, **місце́ва** local, **реґіона́льна** regional ◊ **Компа́нія відкри́ла в Херсо́ні реґіона́льну ~ю.** The company opened a regional subsidiary in Kherson.

американська American, **українська** Ukrainian ◊ **В українській ~ї корпорації є вакансії.** There are vacancies in the corporation's Ukrainian branch. **французька** French, *etc.*
ф. + *n.* **ф. асоціяції** an association branch (**організації** organization, **партії** party, **профспілки** trade union; **банку** bank, **компанії** company, **корпорації** corporation, **фірми** firm)
v. + **ф. відкривати ~ю** open a branch (**засновувати** found; **закривати** close down) ◊ **Банк закрив ще одну ~ю в місті.** The bank closed another branch in the city.
See **відділення 1.** *Also see* **відділ 2, катедра 2**

філософ, *m.*; **~ка**, *f.*
philosopher; *also fig.* thinker
adj. **великий** great ◊ **Читальну залу прикрашали погруддя великих ~ів.** The busts of great philosophers graced the reading room. **видатний** outstanding, **визначний** eminent, **впливовий** important, **провідний** leading, **чільний** prominent; **відомий** well-known, **прославлений** famed, **славетний** famous; **народний** people's ◊ **Григорія Сковороду часто зображають як мандрівного народного ~а.** Hryhorii Skovoroda is often portrayed as an itinerant people's philosopher. **античний** ancient, **грецький** Greek, **класичний** classical, **римський** Roman; **середньовічний** medieval, **новітній** modern, **сучасний** contemporary; **західний** Western, **східний** Eastern; **китайський** Chinese, **мусульманський** Muslim, **християнський** Christian; **професійний** *or* **фаховий** professional; **моральний** moral, **політичний** political ◊ **З усіх політичних ~ів він найбільше читав Гану Арендт.** Of all the political philosophers, he read Hanna Arendt the most. **соціяльний** social; **природний** natural ◊ **У Богдана є щось від природного ~а.** *fig.* There is something of a natural philosopher about Bohdan.
ф. + *n.* **ф. історії** a philosopher of history (**мистецтва** art, **науки** science, **політики** politics, **права** law, **релігії** religion, *etc.*)
See **вчений.** *Also see* **мислитель, мудрець**

філософі|я, *f.*, **~ї**, *only sg.*
1 philosophy *(subject)*
adj. **антична** ancient, **класична** classical, **середньовічна** medieval, **новітня** modern, **просвітницька** Enlightenment ◊ **«Знання – це сила» – головне гасло просвітницької ~ї.** "Knowledge is power" is the principal motto of Enlightenment philosophy. **сучасна** modern; **буддійська** Buddhist, **грецька** Greek ◊ **Для нього грецьку ~ю уособлюють насамперед Сократ, Платон і Аристотель.** For him, Greek philisophy is above all personified by Socrates, Plato, and Aristotle. **індуська** Hindu, **ісламська** Islamic, **китайська** Chinese, **християнська** Christian ◊ **фахівець із християнської ~ї** an expert in Christian philosophy. **юдейська** Jewish; **моральна** moral, **політична** political, **правова** legal, **соціяльна** social; **аналітична** analitic, **екзистенційна** existential, **марксистська** Marxist, **позитивістська** positivist, **позитивна** positive, **постмодерністська** postmodern, **феміністська** feminist, *etc.*
ф. + *n.* **ф. історії** the philosophy of history (**науки** science, **політики** politics, **права** law, **релігії** religion, *etc.*)
See **дисципліна 2, предмет 2**
2 philosophy *(beliefs)*
adj. **інша** different, **конкуруюча** competing, **панівна** prevailing ◊ **Збагачення за всяку ціну – така ф. здається сьогодні панівною.** Enrichment at any cost – such a philosophy seems to be prevailing today. **провідна** guiding, **загальна** general, **засаднича** basic, **проста** simple, **життєва** life ◊ **Він мав іншу життєву ~ю.** He had a different life philosophy. **колективна** collective, **корпоративна** corporate; **власна** one's own, **особиста** personal; **колективістська** collectivist; **консервативна** conservative, **ліберальна** liberal; **економічна** economic, **лікарська** doctor's ◊ **«Не нашкодь!» було його лікарською ~єю.** "Do no harm!" was his philosophy as a doctor. **менеджерська** management, **освітня** educational, **педагогічна** pedagogical, **політична** political, **ринкова** market; **перевірена** tested
v. + **ф. виробляти ~ю** develop a philosophy ◊ **За роки викладання Христина виробила власну педагогічну ~ю.** Over the years of teaching, Khrystyna developed her own pedagogical philosophy. (**засвоювати** appropriate, **поділяти** share ◊ **Марко поділяє їхню менеджерську ~ю.** Marko shares their management philosophy. **приймати** accept; **формулювати** formulate; **відображати** reflect; **міняти** change; **відкидати** reject, **ставити під сумнів** question; **переглядати** revise) ◊ **Корпорація докорінно переглянула свою виробничу ~ю.** The corporation has radically revised its production philosophy. **притримуватися ~ї** follow a philosophy ◊ **Марта притримується утилітарної ~ї у взаєминах з колеґами.** Marta follows a utilitarian philosophy in her relationship with her colleagues.
ф. + *v.* **визначати** + *A.* inform sth ◊ **Кожне рішення визначає колективістська ф.** Each decision is informed by collectivist philosophy. **впливати на** + *A.* influence sth, **формувати** + *A.* form sth
prep. **згідно з ~єю** according to sb's philosophy
Also see **вимога 2, естетика 2, засада, основа, правило, принцип**

філософськ|ий, *adj.*
philosophical, of or pertaining to philosophy
adv. **глибоко** deeply ◊ **Це глибоко ~а притча.** This is a deeply philosophical parable. **досить** fairly; **надто** too, **радше** rather, **чисто** purely ◊ **Суперечка мала чисто ~у природу.** The argument had a purely philosophical nature.
ф. + *n.* **ф. аналіз** a philosophical analysis (**підхід** approach, **погляд** look ◊ **Він пропонує власний ф. погляд на речі.** He offers his own philosophical look at things. **принцип** principle; ◊ **ф. факультет** the Philosophy Department ◊ **Ф. факультет університету тішиться престижем.** The Philosophy Department of the university enjoys prestige. **~а глибина** philosophical depth ◊ **Її поезії притаманна ~а глибина.** Philosophical depth is inherent in her poetry. (**думка** thought, **основа** basis, **система** system, **традиція** tradition, **школа** school); **~е бачення** a philosophical view (**розуміння** understanding, **сприйняття** perception; **вчення** teaching, **узагальнення** summation) ◊ **Роман – ~е узагальнення досвіду автора.** The novel is a philosophical summation of the author's experience.
v. + **ф. бути ~им** be philosophical ◊ **Мотиви Марійної відмови радше ~і, як емоційні.** The motivation of Maria's refusal is philosophical rather than emotional. (**вважати** + *A.* consider sth; **ставати** become) ◊ **Письмо аналітика стає все більш споглядальним і ~им.** The analyst's writing is becoming more contemplative and philosophical.

фільм, *m.*, **~у**
film, movie, picture
adj. **довгий** long, **короткий** short; **захопливий** exciting, **розважальний** entertaining; **хороший** good, **чудовий** great, **цікавий** interesting; **кепський** poor, **невдалий** failing ◊ **Тепер вона знає, як почувається режисерка невдалого ~у.** Now she knows what the director of a failing film feels. **поганий** bad, **провальний** disastrous; **успішний** successful; **аванґардовий** avant-garde ◊ **Перший аванґардовий ф. зняли в 1910-х роках.** The first avant-garde movie was shot in the 1910s. **авторський** auteur, **артгавсний** art-house, **масовий** mass, **популярний** popular; **архівний** archival, **втрачений** lost; **закордонний** foreign; **любительський** amateur; **голівудський** Hollywood; **класичний** classic, **культовий** cult ◊ **«Тіні забутих предків» став культовим ~ом.** *Shadows of Forgotten Ancestors* became a cult film. **національний** national; **незалежний** independent; **німий** silent; **короткометражний** short, **повнометражний** feature-length; **анімаційний** animated, **документальний** documentary ◊ **фестиваль документальних ~ів** a short film festival; **художній** feature ◊ **Його перший художній ф. виявився провальним.** His first feature movie proved disastrous. **ґанґстерський** gangster ◊ **Він має слабість до ґанґстерських ~ів.** He has a weakness for gangster movies. **детективний** detective, **дитячий** children's, **історичний** historical, **комедійний** comedy, **науково-фантастичний** sci-fi, **пригодницький** action; **еротичний** erotic, **порнографічний** pornographic; **кольоровий** color, **чорно-білий** black-and-white; **великобюджетний** big-budget, **малобюджетний** small-budget; ♦ **відеофільм** a video film; **рекламний** promotional ◊ **Леся час від часу знімала рекламні ~и.** Lesia shot promotional movies from time to time.
ф. + *n.* **ф. жахів** a horror movie ◊ **«Вій» був першим совєтським ~ом жахів.** *Vii* was the first Soviet horror movie. (**нової хвилі** new wave ◊ **впливовий ф. французької нової хвилі** an important film of the French new wave; **поетичного кінематографа** poetic cinema) ◊ **У збірці були всі ~и українського поетичного кінематографа.** There were all the films of the Ukrainian poetic cinema in the collection.
n. + **ф. актор ~у** a film actor (**монтажист** editor, **оператор** cameraman, **оператор-постановник** director of photography, **продюсер** producer ◊ **У Совєтському Союзі професія продюсера ~у в західному смислі слова не існувала.** In the Soviet Union, the profession of film producer in the Western sense of the word did not exist. **режисер** director, **сценарист** writer; **акторський колектив** cast ◊ **Акторський колектив ~у складався як з українських, так і з американських акторів.** The film cast consisted of both Ukrainian and American actors. **знімальна група** crew; **жанр** genre ◊ **Комедя – особливо популярний жанр французького ~у.** Comedy is a particularly popular French film genre. **декорації** set, **звукова доріжка** soundtrack, **музика** music, **сцена** scene, **сюжет** plot, **сценарій** script, **титри** credits ◊ **Наталя шукала своє ім'я в титрах ~у.** Natalia was looking for her name in the film credits. **дебют** debut ◊ **Дебют ~у відбувся на фестивалі «Молодість».** The film debut took place at the *Molodist* Film Festival. **афіша** poster) ◊ **Юрко збирає афіші детективних ~ів.** Yurko collects detective film posters. **кульмінація ~у** the climax of a film (**розв'язка** denouement ◊ **Розв'язка ~у заскочила глядачів.** The denouement of the film took viewers by surprise. **початок** beginning; **середина** middle; **кінець** end; **демонстрація** screening, **показ** showing) ◊ **Він устиг на останній показ ~у.** He made it to the last showing of the film.
v. + **ф. дивитися ф.** watch a film ◊ **Інна дивилася комедійний ф.** Inna was watching a comedy movie. (**знімати** shoot ◊ **Вони знімають третій ф.** They are shooting their third movie. **монтувати** edit; **продюсувати** produce, **режисерувати** direct ◊ **За ці роки Осика зрежисерував три художні ~и.** Over these years, Osyka directed three feature films. **робити** make; **випускати** release ◊ **Ф. випустять за місяць.** The film will be released in a month.

демонструва́ти screen, крути́ти, *colloq. and* пока́зувати show ◊ Ї́ї нови́й ф. крути́ли *or* пока́зували двічі на день. They showed her new movie twice a day. люби́ти like, love ◊ Сла́вка і до́сі лю́бить ф. «Фантома́с». Slavka still loves the movie *Fantomas*. реклямува́ти promote; висува́ти на + *A*. offer for *(an award)* ◊ Коміте́т ви́сунув ф. на пре́мію. The committee offered the movie for an award. номінува́ти nominate for *(award)* ◊ Ф. «Мандари́ни» номінува́ли на О́скара. The film *Tangerines* was nominated for the Oscar. забороня́ти ban, кла́сти на поли́цю *fig.* shelve ◊ Вла́да ти́хо покла́ла ф. на поли́цю. *fig.* The authorities quietly shelved the film. піддава́ти цензу́рі censor) ◊ Ф. піддали́ безжа́льній цензу́рі. The film was ruthlessly censored. насоло́джуватися ~ом enjoy a film ◊ Ча́ста рекла́ма не дава́ла їм насоло́дитися ~ом. Frequent commercials would not let them enjoy the movie.

ф. + *v*. вихо́дити come out ◊ Він відмо́вився сказа́ти, коли́ са́ме ви́йде ф. He refused to say when exactly the film would come out. йти be on ◊ Ф. наре́шті йде в кінотеа́трах мі́ста. The movie is finally on at the city theaters. ма́ти прем'є́ру have a premiere ◊ Бага́то леґенда́рних ~ів ма́ло прем'є́ру в Ка́нах. Many legendary films had their premiere at Cannes. засно́вуватися на + *L*. be inspired by sth ◊ Ф. засно́вується на рома́ні Умбе́рта Е́ка. The film is inspired by Umberto Eco's novel. ма́ти на́зву be called, have a title ◊ Ф. має ди́вну на́зву. The movie has a strange title. назива́тися be entitled ◊ Режисе́р ще не знав, як назива́тиметься ф. The director did not yet know what the film would be entitled. висмі́ювати + *A*. ridicule sth, зобража́ти + *A*. portray sth, місти́ти + *A*. contain sth ◊ Ф. мі́стить одну́ стате́ву сце́ну. The film contains one sex scene. опи́сувати + *A*. describe sth, передава́ти + *A*. capture sth ◊ Істори́чний ф. передає дух епо́хи вели́ких відкри́ттів. The historical film captures the spirit of the epoch of great discoveries. пока́зувати + *A*. show sth ◊ Ф. пока́зує життя́ мі́ста. The film shows city life. представля́ти + *A*. represent sth, розповіда́ти про + *A*. tell sth ◊ Цей ф. пе́ршим розпові́в про Голодомо́р. The film was the first to tell about the Holodomor. закі́нчуватися + *I*. end in sth ◊ Ф. закі́нчується весі́ллям. The film ends in a wedding. почина́тися + *I*. begin with sth ◊ Ф. почина́ється крива́вою сце́ною. The film begins with a bloody scene. ма́ти у́спіх у + *G*. be a success with sb ◊ Ф. має у́спіх у ста́ршого глядача́. The film is a success with the elder viewer. ті́шитися популя́рністю се́ред + *G*. enjoy popularity among/with sb ◊ Ф. ті́шиться популя́рністю се́ред мо́лоді. The film enjoys popularity among youth.

prep. в ~і in a film ◊ У ~і гра́ють ті́льки нефахо́ві акто́ри. Only nonprofessional actors play in the film. пе́ред ~ом before a film ◊ Він сказа́в коро́тке сло́во пе́ред ~ом. He said a few words before the film. ф. для + *G*. a film for sb ◊ аніма́ційний ф. для доро́слих an animated film for adults; ф. про + *A*. a film about sb/sth ◊ ф. про коза́ків a film about Cossacks

Also see екраніза́ція, карти́на 3, кіно́ 2, кліп, му́льтик, стрі́чка 4

фільму|ва́ти, ~ють; за~, *tran.*

to film, shoot, capture on film ◊ Я хо́чу за~ всю на́шу по́дорож. I want to film our entire trip.

adv. вже already, наре́шті finally; операти́вно promptly, шви́дко quickly ◊ Шви́дко зафільмува́вши оди́н епізо́д, вони́ взяли́ся за дру́гий. Having quickly filmed one episode, they got down to the second one. га́рно beautifully, до́бре well, професі́йно professionally; пога́но badly; таємно secretly; на нату́рі on location ◊ Сце́ни би́тви фільмува́ли на нату́рі. The battle scenes were filmed on location.

ф. + *n*. ф. фільм shoot a film (ви́ступ performance, діало́г dialogue, епізо́д episode, інте́рв'ю interview ◊ Він попроси́в при́ятеля за~ інте́рв'ю. He asked his friend to film the interview. матерія́л footage, серія́л series, сце́ну scene)

v. + ф. бу́ти мо́жна be possible to ◊ Ново́ю ка́мерою мо́жна ф. без додатко́вого освітлення. It is possible to film without additional lighting with the new camera. бу́ти неможли́во be impossible to, бу́ти тре́ба + *D*. need to ◊ Мари́ні тре́ба за~ фіна́л розмо́ви. Maryna needs to shoot the end of the conversation. ви́рішувати decide to; готува́тися prepare to ◊ Вони́ готува́лися ф. матерія́л про полоне́них. They prepared to shoot the footage about the captives for a long time. могти́ can, спромогти́ся *pf.* succeed in ◊ Він спромі́гся за~ парува́ння дельфі́нів. He succeeded in shooting the dolphins mating. намага́тися try to; проси́ти + *A*. ask sb to; почина́ти begin to, ста́ти *pf.* start ◊ Оре́ста ста́ла ф. супере́чку між клі́єнтом і продавчи́нею. Oresta started filming the argument between the customer and the saleswoman. продо́вжувати continue ◊ Ка́мера продо́вжувала ф. про́тягом шести́ годи́н. The camera continued filming for six hours. закі́нчувати finish

prep. ф. на + *A*. shoot on sth ◊ Він ~є на чо́рно-бі́лу плі́вку. He shoots on a black-and-white film.

Also see зніма́ти 6

фіна́л, *m*., ~у

1 finale, end, ending

adj. вели́чний grand, разю́чий stunning ◊ разю́чий ф. о́пери a stunning finale of the opera; чудо́вий beautiful; драмати́чний dramatic, трагі́чний tragic; щасли́вий happy ◊ Фільм має щасли́вий ф. The film has a happy ending. хорови́й *mus.* choral

ф. + *n*. ф. дра́ми a drama finale (конце́рту concerto, о́пери opera, п'є́си play, серія́лу series, фі́льму movie)

v. + ф. компонува́ти ф. compose a finale (писа́ти write; змі́нювати alter; ма́ти have); досяга́ти ~у reach a finale; закі́нчуватися ~ом end in a finale ◊ П'є́са закі́нчується хорови́м ~ом. The play ends in a choral finale.

prep. ф. до + *G*. a finale to sth ◊ Він напи́ше ф. до серія́лу. He will write the series finale.

See кіне́ць

2 *sports* final, finals, final game ◊ Дружи́на ви́йшла в ф. чемпіона́ту. The team made the championship finals.

ф. + *n*. ф. ку́бка a cup final ◊ Реґіона́льний ф. ку́бка з футбо́лу прохо́дитиме в Херсо́ні. The regional soccer cup finals will take place in Kherson. (турні́ру tournament, чемпіона́ту championship)

v. + ф. диви́тися ф. watch a final ◊ Вони́ пішли́ до ба́ру, щоб подиви́тися европе́йський ф. на вели́кому екра́ні. They went to the bar, in order to watch the European final on a big screen. (прийма́ти host ◊ Столи́ця краї́ни прийма́тиме ф. світово́го чемпіона́ту. The nation's capital will be hosting the world championship final. прово́дити hold; вихо́дити в *and* прохо́дити в make, потрапля́ти в go through to) ◊ Гімна́ст має шанс потра́пити у ф. The gymnast has a chance to go through to the final. потрапля́ти до ~у go through to the final; бу́ти в ~і be in the final (змага́тися в compete in) ◊ Вони́ змага́тимуться в ~і. They will be competing in the final.

ф. + *v*. відбува́тися *or* прохо́дити в + *L*. take place in *(a place)*; розігрва́тися play out ◊ Ф. поєди́нку розі́грається між стари́ми супе́рниками. The final of the showdown is played out between old rivals.

prep. у ф. *dir.* in/to a final; у ~і *posn.* in a final

Also see змага́ння 2

фіна́льн|ий, *adj.*

final, of or pertaining to ending or finale ◊ У ~ій сце́ні геро́й прокида́ється. In the final scene, the protagonist wakes up. ◊ Кви́ток на ф. матч чемпіона́ту їй не по кише́ні. The ticket to the final game of the championship is beyond her means.

Also see заключни́й. *Ant.* початко́вий

фіна́нс|и, *only pl.*, ~ів

1 finances ◊ Стан ~ів фі́рми виклика́в занепоко́єння. The state of the firm's finances caused concern.

adj. солі́дні sound ◊ Компа́нія спира́лася на солі́дні ф. The company relied on sound finances. вла́сні own, незале́жні independent, окре́мі separate ◊ Ко́жне мі́сто було́ держа́вою з у́рядом, скарбни́цею та окре́мими ~ами. Each city was a state with its government, treasury, and separate finances. держа́вні state ◊ Він діста́в до́ступ до держа́вних ~ів. He got access to the state finances.

2 *colloq.* money, resources, means, finances

adj. доста́тні sufficient, необхі́дні necessary, потрі́бні requisite; значні́ considerable, необме́жені unlimited ◊ Ф. бібліоте́ки дале́кі від необме́жених. The library resources are far from unlimited. солі́дні sound; мізе́рні meager, невели́кі small, скро́мні modest; роди́нні *or* сіме́йні family ◊ Роди́нні ф. та́нули. The family finances were melting away. вла́сні own ◊ Рома́н посіда́є вла́сні ф. Roman possesses his own resources. особи́сті personal, прива́тні private

v. + ф. дістава́ти ф. obtain finances (ма́ти have ◊ Він має доста́тні ф., щоб купи́ти малу́ крамни́цю. He has enough money to buy a small store. посіда́ти possess; контролюва́ти control); бракува́ти + *G*. ~ів lack finance ◊ Шко́лі браку́є ~ів на будівни́цтво тре́тього по́верху. The school lacks sufficient money for the construction of the third floor.

See гро́ші, ресу́рси

фіна́нсов|ий, *adj.*

financial, fiscal

ф. + *n*. ф. ві́дділ a financial department (звіт report, контро́ль control, ме́неджмент management, на́гляд supervision; крах crash; ри́нок market); ♦ ф. рік a fiscal year; ~а ді́яльність financial activity (ініціати́ва initiative; кри́за crisis; переві́рка audit; систе́ма system); ♦ ~а пірамі́да a Ponzi scheme; ~е забезпе́чення financial backing (планува́ння planning; пра́во law; стано́вище condition) ◊ ~е стано́вище ба́нку фі́лії the financial condition of the bank; ~і показники́ financial indicators

Also see грошови́й, матеріа́льний 2

фінансува́нн|я, *only sg.*

funding, financing

adj. відпові́дне adequate, доста́тнє sufficient, значне́ significant, нале́жне proper, необхі́дне necessary, потрі́бне requisite, сутте́ве substantial, ще́дре generous; додатко́ве additional, збі́льшене increased; по́вне full; частко́ве partial; невідпові́дне inadequate, недоста́тнє insufficient, обме́жене limited ◊ Лі́карня отри́мує обме́жене ф. The hospital receives limited funding. довготермі́нове long-term, короткотермі́нове short-term ◊ Короткотермі́нове ф. не ви́рішує пробле́ми. Short-term funding does not solve the problem. непере́рвне continuous; пе́рвісне initial, пряме́ direct; грома́дське public, корпорати́вне corporate, прива́тне private; держа́вне state, урядо́ве government; міжнаро́дне international

ф. + *n*. ф. бібліоте́ки a library funding ◊ Мі́ністр скороти́в ф. бібліоте́к. The minister slashed the funding of libraries. (університе́ту university, шко́ли school; музе́ю museum ◊ Інве́стор продо́вжив ф. музе́ю. The investor continued the funding of the museum. **дослі́дження** research, **осві́ти** education; **прое́кту** project; **ро́звитку** development)

n. + **ф. брак ф.** a funding shortfall ◊ **З о́гляду на брак ф. зві́льнено п'ять працівникі́в.** In view of the funding shortfall, five associates were let go. (**дефіци́т** deficit, **кри́за** crisis, **збі́льшення** increase; **скоро́чення** cut; **рі́вень** level; **фо́рмула** formula) ◊ **гнучка́ фо́рмула ф.** a flexible funding formula; **джерело́ ф.** a source of funding

v. + **ф. дава́ти** + *D.* **ф.** give sb funding ◊ **Банк дав їм потрі́бне ф.** The bank gave them the requisite funding. (**забезпе́чувати** provide, **надава́ти** allocate; **влашто́вувати** arrange, **дістава́ти** get, **здобува́ти** win, **отри́мувати** receive; **відно́влювати** restore; **схва́лювати** approve; **збі́льшувати** increase, **поси́лювати** boost; **почина́ти** begin; **зме́ншувати** reduce, **скоро́чувати** cut; **затри́мувати** withhold, **припиня́ти** stop) ◊ **Інве́стор припини́в ф. прое́кту.** The investor stopped the funding of the project. **потребува́ти ф.** need funding ◊ **Вони́ потребу́ють додатко́вого ф.** They are in need of additional funding. (**проси́ти** request, **шука́ти** seek) ◊ **Йо́сип шука́є ф. дослі́дження.** Yosyp seeks funding for his research. **забезпе́чувати** + *A.* **~ям** provide sb with funding ◊ **Інститу́т забезпе́чує опи́тування по́вним ~ям.** The institute provides the survey with full funding. **відмовля́ти** + *D.* **у** deny sb funding ◊ **Їм відмо́вили у ~і.** They were refused the funding.

ф. + *v.* **йти на** + *A.* go for sth ◊ **Ф. йшло на ство́рення ново́го змі́сту.** The funding went to the generation of new content. **надхо́дити від** + *G.* come from *(a person)* ◊ **Ф. надійшло́ від аноні́много жертвода́вця.** The funding came from an anonymous donor. **надхо́дити з** + *G.* come from *(a source)* ◊ **Ф. надхо́дитиме з рі́зних джере́л.** The funding will be coming from various sources. **збі́льшуватися** increase, **зроста́ти** rise; **вичерпуватися** run out ◊ **Ф. ви́черпалося.** The funding ran out. **зме́ншуватися** decrease

фінансу|ва́ти, ~ють; про~, *tran.*

to fund, finance

adv. **адеква́тно** adequately ◊ **Упе́рше її ви́борчу кампа́нію ~ва́ли адеква́тно.** For the first time, her election campaign was adequately funded. **до́бре** well ◊ **Торі́к фестива́ль до́бре ~ва́ли.** Last year, the festival was well financed. **маси́вно** heavily, **нале́жно** properly; **по́вністю** entirely, **ціл́ко́м** in full ◊ **Ко́нкурс ціл́ко́м ~є міська́ вла́да.** The city government funds the competition in full. **почасти** partially, **частко́во** in part ◊ **Ремо́нт доро́ги частко́во ~є центра́льний у́ряд.** The road repair is partially funded by the central government. **ке́псько** poorly, **пога́но** badly; **пря́мо** directly; **незако́нно** unlawfully, **таємно** secretly; **незале́жно** independently, **одноосі́бно** single-handedly ◊ **Шко́лу одноосі́бно ~є місце́вий підприє́мець.** A local businessman single-handedly funds the school. **прива́тно** privately

v. + **ф. відмовля́тися** refuse to ◊ **Íра відмо́вилася ф. аванту́ру бра́та.** Ira refused to fund her brother's gambling. **допомага́ти** + *D.* help sb to ◊ **Пода́ток допомага́є ф. кіновиробни́цтво.** The tax helps fund film production. **пого́джуватися** agree to

pa. pple. **профінансо́ваний** funded

(про)фінансу́й!

фі́ніш, *m.*, ~у

sports finish

adj. **доскона́лий** perfect ◊ **доскона́лий ф. перего́нів** a perfect finish to a race; **перемо́жний** victorious, **тріумфа́льний** triumphant, **чудо́вий** great; **катастрофі́чний** catastrophic, **невда́лий** unsuccessful

v. + **ф. досяга́ти ~у** reach the finish ◊ **Вона́ досягла́ ~у пе́ршою.** She was the first to reach the finish. (**наближа́тися до** approach) ◊ **Велосипеди́сти наближа́лися до ~у.** The cyclists were approaching the finish.

prep. **на ~і** at the finish line ◊ **На ~і змагуні́в віта́ли вболіва́льники.** Fans were greeting the contestants at the finish line.

See **кіне́ць 2**

фі́рм|а, *f.*

1 firm

adj. **вели́ка** large ◊ **Па́ні Садова́ очо́лила вели́ку ~у.** Mrs. Sadova headed a large firm. **чі́льна** major; **мала́** *and* **невели́ка** small; **відо́ма** well-known; **успі́шна** successful; **прести́жна** prestigious; **нова́** new, ♦ **новоство́рена ф.** a start-up ◊ **фонд для підтри́мки новоство́рених фірм** a start-ups support fund; **роди́нна** *or* **сіме́йна** family; **закордо́нна** *and* **чужозе́мна** foreign; **міжнаро́дна** international, **мультинаціона́льна** multinational; **місце́ва** local, **рі́вненська** Rivne-based, **сумська́** Sumy-based, **терно́пільська** Ternopil-based, **херсо́нська** Kherson-based; **нью-йо́ркська** New York-based, *etc.*; **авди́торська** auditing, **бро́керська** brokerage, **бухга́лтерська** accounting ◊ **Відо́ма бухга́лтерська ф. сліду́вала за фіна́нсовим ста́ном ба́нку.** A well-known accounting firm monitored the bank's financial condition. **виробни́ча** production, **консультаці́йна** consulting, **лі́зингова** leasing, **ма́ркетингова** marketing, **підря́дна** contractor, **рекла́мна** advertising, **страхова́** insurance, **юриди́чна** law ◊ **По́руч розташо́вуються о́фіси кілько́х юриди́чних фірм.** Offices of several law firms are located nearby.

n. + **ф. дире́ктор ~и** the director of a firm (**економі́ст** economist, **інжене́р** engineer, **клі́єнт** client, **ме́неджер** manager)

v. + **ф. викупо́вувати ~у** buy out a firm (**купува́ти** buy, **придба́ти** *pf.* acquire ◊ **Консо́рціюм придба́в авди́торську ~у.** The consortium acquired an auditing firm. **перебира́ти** take over ◊ **~у перебра́в нови́й ме́неджмент.** A new management took over the firm. **почина́ти** start; **очо́лювати** head ◊ **Йому́ запропонува́ли очо́лити ~у.** It was proposed to him to head the firm. **закрива́ти** close; **ки́дати** quit, **лиша́ти** leave; **найма́ти** hire) ◊ **Вони́ найняли́ будіве́льну ~у.** They hired a construction firm. **керува́ти ~ю** manage a firm; **працюва́ти в ~і** work for a firm ◊ **Пе́трів працю́є у коре́йській ~і.** Petriv works for a Korean firm.

ф. + *v.* **базува́тися в** + *L.* be based in *(a place)* ◊ **Ф. базува́тиметься в Миколаєві.** The firm will be based in Mykolayiv. **злива́тися з** + *I.* merge with sth; **зроста́ти** grow ◊ **Ф. шви́дко зроста́ла.** The firm was quickly growing. **конкурува́ти з** + *I.* compete with sb ◊ **Чоти́ри черні́гівські ~и конкуру́ють на європе́йському ри́нку.** Four Chernihiv-based firms compete on the European market. **працюва́ти** operate ◊ **украї́нські ~и, що працю́ють в і́нших краї́нах** Ukrainian firms operating in other countries; **розширя́тися** expand; **виробля́ти** + *A.* make sth, **продукува́ти** + *A.* manufacture sth, **розробля́ти** + *A.* develop sth ◊ **Ф. розробила ме́тод перео́бки сміття́.** The firm developed a method of garbage recycling. **продава́ти** + *A.* sell sth; **спеціялізува́тися з** + *G.* specialize in sth; **найма́ти** + *A.* hire sb ◊ **Ф. найняла́ головни́м економі́стом люди́ну із за́хідною осві́тою.** The firm hired a person with Western education as its chief economist. **банкрутува́ти** go bankrupt ◊ **Че́рез рік ф. збанкрутува́ла.** In a year, the firm went bankrupt.

prep. **у ~і** at/in a firm ◊ **тво́рча атмосфе́ра в ~і** creative atmosphere at the firm

Also see **компа́нія 2, організа́ція 1.** *Also see* **корпора́ція, товари́ство 3**

2 *fig.* front, cover, façade ◊ **Під ~ою сало́ну краси́ ді́яли аге́нти чужозе́мної ро́звідки.** Foreign intelligence agents operated under the front of the beauty parlor.

фі́рмо́в|ий, *adj.*

1 firm, of or pertaining to a firm; special

ф. + *n.* **ф. бланк** a letterhead, **ф. знак** the firm's logo ◊ **Две́рі прикраша́є ф. знак.** The firm's logo adorns the door. **~а крамни́ця** a firm's store ◊ **Вона́ працю́є продавчи́нею у ~ій крамни́ці.** She works as a saleswoman in a firm's store.

2 *fig.* trademark, signature; authentic, genuine *(as opposed to a knock-off)*

ф. + *n.* ♦ **ф. по́тяг** a special train ◊ **Ф. по́тяг, крім но́мера, ма́є на́зву.** A special train, besides the number, has a name. ◊ **ф. по́черк** a signature handwriting (**стиль** style); **~а за́чіска** a signature haircut (**мане́ра** manner) ◊ **Оле́ну ле́гко впізна́ти по її ~ій мане́рі одяга́тися.** Olena is easy to recognize by her signature manner of dressing. **~і джи́нси** authentic jeans ◊ **Підро́бку видава́ли за ~і джи́нси «Лі́вайз».** A knock-off was passed off as genuine Levi's jeans.

фло́т, *m.*, ~у

fleet

adj. **вели́кий** large, **величе́зний** huge; **поту́жний** powerful; **ввесь** entire; **невели́кий** small; **китобі́йний** whaling, **риболове́цький** fishing ◊ **Країна втра́тила риболове́цький ф.** The country lost its fishing fleet. **а́томний** atomic; **морськи́й** marine, **та́нкерний** tanker, **торго́вий** merchant; **бойови́й** battle, **військо́вий** naval ◊ **Військо́вий ф. базу́ється в трьох по́ртах.** The naval fleet is based in three ports. **підво́дний** submarine, **уда́рний** strike; ♦ **військо́во-повітря́ний ф.** an air force; **воро́жий** enemy ◊ **Вони́ зни́щили трети́ну воро́жого ~у.** They destroyed a third of the enemy fleet.

v. + **ф. будува́ти ф.** build a fleet (**модернізува́ти** modernize, **озбро́ювати** arm ◊ **Уряд озбро́їв ф. ново́ю субмари́ною.** The government armed the fleet with a new submarine. **поси́лювати** strengthen; **розбудо́вувати** build up; **утри́мувати** maintain ◊ **Не ко́жна краї́на у змо́зі утри́мувати морськи́й ф.** Not every country is capable of maintaining a marine fleet. **посила́ти** send; **зни́щувати** destroy, **топи́ти** sink); **кома́ндувати ~ом** command a fleet; ♦ **служи́ти на ~і** to serve in a navy ◊ **Миха́йло прослужи́в на ~і три ро́ки.** Mykhailo served in the navy for three years.

ф. + *v.* **базува́тися в** + *L.* be based in *(a place)*; **включа́ти** + *A.* include sth ◊ **Тепе́р модернізо́ваний військо́во-повітря́ний ф. включа́є стратегі́чні бомбардува́льники.** Now the modernized air force includes strategic bombers. **склада́тися з** + *G.* consist of sth ◊ **Риболове́цький ф. склада́ється з деся́тків су́ден.** The fishing fleet consists of dozens of vessels.

prep. **в ~і** in a fleet ◊ **У китобі́йному ~і шість корабл́ів.** There are six ships in the whaling fleet.

фоє́, *nt., indecl.*

lobby, foyer

adj. **вели́ке** big, **просто́ре** spacious; **га́рне** beautiful, **оша́тне** elegant ◊ **Оша́тне ф. теа́тру не мо́же не вража́ти.** The elegant theater foyer cannot but impress. **розкі́шне** luxurious; **головне́** main; **невели́ке** small; **скро́мне** modest; **перепо́внене** crowded

ф. + *n.* **ф. ґалере́ї** a gallery lobby (**готе́лю** hotel, **кінотеа́тру** movie theater, **музе́ю** museum, **о́пери** opera house, **теа́тру** theater) ◊ **Вони́ зустрі́лися у ф. теа́тру.** They met in the theater foyer.

prep. **у ф.** *dir. and posn.* in a foyer ◊ **Він зайшо́в у сві́тле ф.** He entered the bright foyer. ◊ **Він був у сві́тлому ф.** He was in the bright foyer.

See **коридо́р**

фо́кус[1], *m.*, **~у**
1 *phys.* focus ◊ **Про́мені збира́ються у ~і лі́нзи.** The rays gather in the lens focus.
2 *optics* focus *(clear image)*
adj. **го́стрий** sharp ◊ **Вона́ шука́є світли́ну сце́ни в го́строму ~і.** She is looking for the photo of the scene in sharp focus. **м'яки́й** soft, **невира́зний** blurry
v. + **ф. змі́нювати ф.** change focus (**перено́сити** shift, **перемика́ти** switch; **ма́ти** have; **втрача́ти** *and* **губи́ти** loose) ◊ **Час від ча́су зобра́ження на екра́ні губи́ло ф.** Every now and then the image on the screen would lose focus. **набира́ти ~у** come into focus (**надава́ти** + *D.* give sth) ◊ **При́стрій надає́ о́бразу м'яко́го ~у.** The device gives the image a soft focus.
3 *fig.* focus, center, pivot; emphasis; subject
adj. **головни́й** main ◊ **Головни́м ~ом дослі́дження є генети́чні мута́ції.** The main focus of the research are genetic mutations. **пе́рший** primary, **основни́й** principal, **центра́льний** central; **конкре́тний** specific, **особли́вий** particular
ф. + *n.* **ф. ана́лізу** the focus of analysis (**диску́сії** *and* **обгово́рення** discussion, **дослі́дження** research, **зацікавлення** interest, **розгля́ду** examination, **розсте́ження** investigation, **ува́ги** attention)
n. + **ф. змі́на ~у** a change of focus (**змі́щення** shift) ◊ **Він не допуска́є змі́щення ~у з важли́вих пита́нь на другоря́дні.** He does not allow a shift of focus from important issues to secondary ones.
v. + **ф. заго́стрювати ф.** sharpen a focus (**звужувати** narrow ◊ **Керівни́к пора́див їй звузи́ти ф. дослі́дження.** The advisor suggested that she narrow the research focus. **розши́рювати** *or* **розширя́ти** expand; **зберіга́ти** keep, **утри́мувати** maintain; **зосере́джувати на** + *L.* center on sth; **зміща́ти** shift; **станови́ти** constitute) ◊ **Листи́ фі́лософа стано́влять ф. її́ ува́ги.** The philosopher's letters constitute the focus of her attention. **бракува́ти** + *D.* **~у** lack a focus ◊ **Його́ ви́сновкам бракува́ло аналіти́чного ~у.** His conclusions lacked analytical focus. **бу́ти ~ом** be a focus ◊ **~ом розсте́ження були́ держа́вні заку́півлі пально́го.** The state fuel acquisitions were the focus of investigation. (**лиша́тися** remain; **служи́ти** serve as; **става́ти** become); **бу́ти в ~і** be the focus ◊ **У ~і ро́згляду кру́глого сто́лу бу́дуть найнові́ші економі́чні показники.** The latest economic indicators will be the focus of examination by the roundtable. (**збіга́тися в** converge in) ◊ **Перемо́га на ви́борах – це той ф., в яко́му збіга́ються інтере́си всіх опозиці́йних па́ртій.** Election victory is the focal point where the interests of all the opposition parties converge.
ф. + *v.* **бу́ти на** + *L.* be on ◊ **Ф. журналі́ста був на тіньово́му бі́знесі міні́стра.** The reporter's focus was on the minister's shadow business. **змі́нюватися** change, **лиша́тися на** + *L.* remain on sth; **перехо́дити на** + *L.* turn to sth ◊ **Ф. диску́сії перейшо́в на права́ люди́ни.** The focus of the discussion turned to human rights.
prep. **в ~і** in focus ◊ **У ~і перемо́вин до́вгий пере́лік пита́нь.** A lengthy list of issues was in the focus of the talks. **по́за ~ом** outside a focus ◊ **Торгі́вля людьми́ лиша́ється по́за ~ом пре́си.** Human trafficking remains outside the media focus.

фо́кус[2], *m.*, **~у**
1 trick, sleight of hand
adj. **складни́й** difficult, **спри́тний** clever; **зна́ний** well-known, **стари́й** old; **класи́чний** classic, **про́сти́й** simple; **картя́рський** card ◊ **Матві́й навчи́в хло́пця кілько́х картя́рських ~ів.** Matvii taught the boy a few card tricks.
v. + **ф. вико́нувати ф.** perform a trick ◊ **Бла́зень ви́конав оди́н класи́чний ф.** The clown performed one classic trick. (**пока́зувати** do) ◊ **Вона́ пока́зує спри́тні ~и із заплю́щеними очи́ма.** She does clever tricks with her eyes closed.
Also see **шту́ка 3**
2 *fig., usu pl.* trick, deception, trickery
adj. **брудни́й** dirty ◊ **Оле́кса – ма́йстер брудни́х ~ів.** Oleksa is a master of dirty tricks. **пі́длий** vile, **підсту́пний** treacherous; **деше́вий** cheap
v. + **ф. вести́ся на ф.** fall for a trick ◊ **Як могла́ Хри́стя повести́ся на його́ деше́ві ~и!** How could Khrystia fall for his cheap tricks! **вдава́тися до ~ів** resort to trickery ◊ **Коли́ тре́ба, він удає́ться до пі́длих ~ів.** When need be, he resorts to mean tricks.
See **брехня́ 1, обма́н 1.** *Also see* **ба́йка 2, ка́зка 2**
3 whim, caprice ◊ **Не зверта́йте ува́ги – це лише́ ще оди́н із його́ ~ів.** Pay no attention – it's just another of his whims.
Also see **химе́ра 4**

фолькло́р, *m.*, **~у**, *only sg.*
folklore
adj. **музи́чний** musical ◊ **ціка́вий зразо́к украї́нського музи́чного ~у** an interesting sample of Ukrainian musical folklore; **пісе́нний** vocal; **міськи́й** urban, **місце́вий** local; **популя́рний** popular; **втра́чений** lost, **забу́тий** forgotten; **стари́й** old; **нові́тній** modern; **відна́йдений** recovered; **спорто́вий** sporting, **футбо́льний** soccer
n. + **ф. геро́й ~у** a character of folklore ◊ **коза́к Мама́й як геро́й украї́нського ~у** Cossack Mamay as a character of Ukrainian folklore (**збі́рка** collection; **тради́ція** tradition)
v. + **ф. вивча́ти ф.** study folklore ◊ **Він вивча́є пісе́нний ф. За́хідного Полі́сся.** He studies the vocal folklore of Western Polissia. (**збира́ти** collect; **популяризува́ти** popularize)
prep. **у ~і** in folklore ◊ **стилісти́чний за́сіб, що ча́сто трапля́ється в місько́му ~і** the stylistic device that often occurs in urban folklore

фонд, *m.*, **~у**
1 fund, collection, *econ.* assets
adj. **вели́кий** large, **значни́й** significant; **доброчи́нний** charitable ◊ **Попо́внення музе́йної збі́рки фінансува́в доброчи́нний ф.** A charitable fund financed the replenishment of the museum collection. **харитати́вний** charity; **спеціа́льний** special; **допомо́говий** relief, **термінови́й** emergency; **компенсаці́йний** compensation ◊ **За лікува́ння поже́жників пла́тить компенсаці́йний ф.** A compensation fund pays for the firemen's treatment. **амортизаці́йний** amortization, **валю́тний** currency, **виробни́чий** production ◊ **Че́рез зме́ншення виробни́чих ~ів компа́нії ме́неджмент скороти́в робо́чу си́лу.** Because of the decrease of the company's production funds, the management reduced the work force. **ґаранті́йний** guarantee, **грошови́й** cash, **дире́кторський** director's, **забезпече́вий** *or* **страхови́й** insurance, **заморо́жений** frozen, **ліквідний** liquid, **пенсі́йний** pension, **преміа́льний** bonus, **резе́рвний** reserve; **спі́льний** mutual; **центра́льний** central; **держа́вний** state; **міжнаро́дний** international ♦ **Міжнаро́дний валю́тний ф.** the International Monetary Fund; ♦ **золоти́й ф.** a gold reserve; **оборо́тний ф.** circulating assets (**основни́й** fixed); ♦ **стату́тний ф.** an authorized capital; ♦ **цільови́й ф.** a fund in trust
ф. + *n.* **ф. валю́тних відрахува́нь** a currency fund (**ви́борчої кампа́нії** election campaign ◊ **Вони́ про́сять роби́ти поже́ртви у ф. кампа́нії.** They ask to make donations into the campaign fund. **допомо́ги** relief, **економі́чного стимулюва́ння** economic stimulus, **заробі́тної пла́ти** wages, **ро́звитку виробни́цтва** production development, **соціа́льного забезпе́чення** social insurance; **оборо́ни** defense) ◊ **Грома́дяни акти́вно же́ртвували до націона́льного ~у оборо́ни.** Citizens actively made donations into the national defense fund.
n. + **ф. адміністра́тор ~у** a fund administrator (**дире́ктор** director, **ме́неджер** manager, **опіку́н** trustee; **раху́нок** account; **ва́ртість** value; **прибутко́вість** performance) ◊ **Висо́ка прибутко́вість ~у ті́шила інве́сторів.** The high fund performance pleased the investors.
v. + **ф. встано́влювати ф.** establish a fund (**ство́рювати** create ◊ **Вони́ створи́ли інвестиці́йний ф.** They created an investment fund. **започатко́вувати** initiate, **почина́ти** start; **захо́плювати** raid ◊ **Ба́нк захопи́в деся́тки пенсі́йних ~ів.** The bank raided dozens of pension funds. **спусто́шувати** ravage) ◊ **Ме́неджер спусто́шив резе́рвні ~и компа́нії.** The manager ravaged the company's reserve funds. **керува́ти ~ом** run a fund (**користува́тися** use)
prep. **у ~і** in a fund ◊ **У ґаранті́йному ~і де́сять мілья́рдів.** There are ten billion in the guarantee fund.
Also see **портфе́ль 3**
2 *usu pl.* funds *(available money)*; *colloq.* cash
adj. **вели́кі** big, **значні́** considerable, **суттє́ві** substantial, **чима́лі** major; **відпові́дні** adequate ◊ **Ле́сі довело́ся шука́ти ~и, щоб ви́дати кни́жку.** Oresta had to seek the funds so as to publish her book. **доста́тні** sufficient; **недоста́тні** insufficient; **обме́жені** limited; **необме́жені** unlimited; **додатко́ві** additional, **надлишко́ві** surplus; **на́явні** available ◊ **На́явних ~ів не вистача́ло на по́дорож.** The available funds were not enough for the trip. **ду́же необхі́дні** much-needed, **потрі́бні** requisite; **держа́вні** state, **урядо́ві** government; **прива́тні** private; **публі́чні** public; **парті́йні** party, **профспілко́ві** trade-union, **церко́вні** church, **шкільні́** school
n. + **ф. брак ~ів** a lack of funds ◊ **Вони́ відчува́ли брак ~ів.** They were experiencing a lack of funds. (**неста́ча** shortage; **на́длишок** surplus) ◊ **Вони́ діли́лися на́длишком ~ів з сусі́дами.** They shared the surplus of funds with their neighbors.
v. + **ф. ма́ти ~и** have funds (**виділя́ти на** + *A.* allocate for sth ◊ **Фунда́ція ви́ділила чима́лі ~и на лі́ків.** The foundation allocated major funds for the medicines. **дава́ти** + *D.* give sb, **надава́ти** + *D.* make available for sb ◊ **Вони́ обіця́ють нада́ти Назаруко́ві значні́ ~и.** They promise to make considerable funds available to Nazaruk. **діставати** get, **добува́ти** obtain ◊ **Він не знав, де добу́де потрі́бні ~и.** He did not know where he would obtain the needed funds. **отри́мувати** receive; **збира́ти** collect ◊ **Софі́я збира́є ~и на ха́ту.** Sofia is collecting the funds for an apartment. **накопи́чувати** amass ◊ **Оста́п накопи́чував ~и на пе́рший вне́сок за поме́шкання.** Ostap was amassing the funds for the first installment for his apartment. **посіда́ти** possess; **використо́вувати** use, **витрача́ти** spend ◊ **Він шви́дко ви́тратив усі́ ~и.** He quickly spent all funds. **позича́ти** borrow, lend; **розподіля́ти** distribute; **затри́мувати** withhold; **зніма́ти** withdraw ◊ **Тама́ра мо́же зніма́ти обме́жені ~и на вла́сний ро́зсуд.** Tamara can withdraw limited funds at her own discretion. **інвестува́ти в** + *A.* invest into sth, **перека́зувати** transfer ◊ **Банк переказа́в на ї́хній раху́нок обіця́ні ~и.** The bank transferred the promised funds to their account. **признача́ти на** + *A.* earmark for sth, **скеро́вувати** *and* **спрямо́вувати на** + *A.* direct to sth; **кра́сти** steal, **привла́снювати** appropriate, **розкрада́ти** embezzle) ◊ **Прем'є́р розкрада́в держа́вні ~и.** The premier was embezzling state funds. **бракува́ти** + *D.* **~ів** be short of funds ◊ **Їм бракує ~ів.** They are short of funds. **забезпе́чувати** + *A.* **~ами** provide sb/sth with funds ◊ **До́сі сестра́ забезпе́чувала Андрі́я потрі́бними ~ами.** Until now, his sister provided Andrii with the requisite funds.

ф. + *v.* **збі́льшуватися** increase, **зроста́ти** grow ◊ **Її ~и зроста́ють.** Her funds are growing. **мно́житися** multiply; **зме́ншуватися** reduce, **скоро́чуватися** dwindle; **закі́нчуватися** run out ◊ **Ра́но чи пі́зно його́ ~и закі́нча́ться.** Sooner or later, his funds will run out.
prep. **ф. для** + *G.* a fund for sth ◊ **~и для вояків на фро́нті** funds for soldiers on the front
3 *often pl.* funds, resources, reserves
adj. **архі́вний** archival, **бібліоте́чний** library, **інформаці́йний** information, **рукопи́сний** manuscript; **відкри́тий** open, **закри́тий** closed; **таємний** secret
v. + **ф. збі́льшувати ф.** increase the resources (**розбудо́вувати** build up, **розши́рювати** expand ◊ **Дире́ктор розши́рив архі́вні ~и бібліоте́ки.** The director expanded the library archival funds. **каталогізува́ти** catalogue, **комп'ютеризува́ти** computerize, **опи́сувати** describe, **опрацьо́вувати** process, **оцифро́вувати** digitalize, **систематизува́ти** systematize) ◊ **Ґрант дозво́лив систематизува́ти рукопи́сні ~и.** The grant allowed systematizing the manuscript funds.
prep. **у ~ах** in funds ◊ **У ~ах музе́ю кри́ються правди́ві скарби́.** Veritable treasures are hiding in the museum funds.

фонта́н, *m.*, ~а

1 fountain *(structure)*
adj. **вели́кий** large ◊ **Майда́н прикраша́є вели́кий ф.** A large fountain graces the square. **висо́кий** tall; **невели́кий** small; **анти́чний** ancient, **бароко́вий** baroque, **ри́мський** Roman, **середньові́чний** medieval; **стари́й** old, **старови́нний** age-old; **суча́сний** modern; **славе́тний** famous; **декорати́вний** ornamental; **музи́чний** musical ◊ **Су́ми ва́блять тури́стів музи́чними ~ами.** Sumy attracts tourists with its musical fountains. **мультимеді́йний** multimedia, **плаву́чий** floating; **кімна́тний** indoor; **садо́вий** garden
v. + **ф. будува́ти ф.** build a fountain (**встано́влювати** install; **проєктува́ти** design; **реставрува́ти** restore) ◊ **Бароко́вий ф. на Ринкові́й пло́щі відреставрува́ли.** *impers.* The baroque fountain on the Market square was restored.
2 fountain, jet, spout ◊ **Хви́лі розбива́лися об скє́лі, створю́ючи ~и пі́нистих бри́зок.** The waves smashed against the rocks, creating fountains of foaming splashes.
adj. **гаря́чий** hot; **крижани́й** ice-cold, **прохоло́дний** cool, **холо́дний** cold; **вели́кий** large, **величе́зний** huge; **неконтрольо́ваний** uncontrollable, **поту́жний** powerful; **дрібни́й** *and* **тоне́нький** thin
ф. + *n.* **ф. води́** a fountain of water (**га́зу** gas, **на́фти** oil, **пар** steam; **кро́ви** blood ◊ **З арте́рії бив ф. кро́ви.** A fountain of blood gushed from the artery. **пи́лу** dust, **пі́ску** sand)
v. + **ф.** ♦ **би́ти** *and* **бри́зкати ~ом** spout in a fountain ◊ **З-під скє́лі гаря́чий пар бив~ом.** Hot steam spouted in a fountain from under the rock.
ф. + *v.* **би́ти** spout, blast ◊ **Ф. пала́ючої на́фти бив на висоту́ п'яти́ по́верхів.** A fountain of blazing oil blasted five stories high. **піді́йма́тися** *or* **підніма́тися** rise ◊ **За човно́м піді́йма́лися тоне́нькі ~и води́.** Thin jets of water rose in the wake of the boat.
3 *fig., colloq.* fount, fountain, well; burst
adj. **поту́жний** powerful; **спра́вжній** veritable
ф. + *n.* **ф. бана́льностей** a fountain of platitudes ◊ **Із його́ вуст бив ф. бана́льностей.** A fountain of platitudes spouted from his mouth. (**компліме́нтів** compliments, **ле́стощів** flattery; **красномо́вства** eloquence; **ла́йки** obscenities, **лю́ті** rage ◊ **Марко́ несподі́вано ви́бухнув ~ом лю́ті.** Marko unexpectedly exploded in a fountain of rage. **матюкі́в** *colloq.* expletives, **проклько́нів** curses)
See **поті́к 3**

фо́рм|а, *f.*

1 shape, form, configuration
adj. **геометри́чна** geometrical ◊ **Вона́ ви́явила рі́зні геометри́чні ~и в орнамента́ції за́ли.** She identified various geometrical forms in the ornamentation of the hall. **зо́внішня** exterior; **ди́вна** strange ◊ **Від опромі́нення со́сни набули́ ди́вних форм.** From radiation, the pines assumed strange shapes.**незвича́йна** unusual; **знайо́ма** familiar, **про́ста́** simple; **неповто́рна** inimitable, **оригіна́льна** original, **уніка́льна** unique; **ціка́ва** interesting; **бездога́нна** impeccable ◊ **Ві́ктор милува́вся бездога́нною ~ою анти́чної ста́туї.** Viktor admired the impeccable shape of the ancient statue. **дове́ршена** perfect, **пра́вильна** regular, **симетри́чна** symmetrical ◊ **Майда́н має симетри́чну ~у.** The square has a symmetrical form. **аеродинамі́чна** aerodynamic; **делі́ка́тна** delicate ◊ **делі́ка́тна ф. її па́льців** the delicate shape of her fingers; **пла́вна** smooth ◊ **пла́вні ~и спорти́вної автівки** smooth shapes of a sports car; **ви́кривлена** crooked, **непра́вильна** irregular ◊ **У непра́вильній ~і її па́льців є щось прива́бливе.** There is something attractive in the irregular shape of her fingers. **несиметри́чна** asymmetrical; **абстра́ктна** abstract ◊ **Ма́ляр дослі́джує абстра́ктні ~и.** The artist explores abstract shapes. **випадко́ва** random ◊ **Хідни́к ви́мощений камі́нням випадко́вої ~и.** The sidewalk is paved with stones of random shape. **ви́гнута** curved, **ви́довжена** elongated, **еліпти́чна** elliptical, **квадра́тна** square ◊ **лист фане́ри квадра́тної ~и** a sheet of plywood of square shape; **клиноподі́бна** wedge, **конусоподі́бна** conical, **кру́гла** round, **кутува́та** angular ◊ **Ша́пка надава́ла його́ голові́ кутува́тої ~и.** The hat gave his head an angular shape. **окру́гла** rounded, **пірамі́да́льна** pyramid, **прямоку́тна** rectangular, **ромбови́дна** diamond, **трику́тна** triangular, **сфери́чна** spherical, **циліндри́чна** cylindrical; **грушоподі́бна** pear, **серцеподі́бна** heart, **яйцеподі́бна** egg ◊ **яйцеподі́бна ф. голови́** an egg shape of the head; **невира́зна** indistinct, **неясна́** vague ◊ **Спостері́га́ч міг роздиви́тися лише́ нея́сні ~и неопі́знаної люди́ни.** The observer could only discern the vague shapes of an unidentified person. **розми́та** blurry
ф. + *n.* **ф. люди́ни** the shape of a person (**обли́ччя** face, **ні́гтя** fingernail, toenail, **руки́** hand, arm, **ті́ла** body) ◊ **маси́вна ф. боксе́рового ті́ла** the massive shape of the boxer's body; **ф. е́ліпса** the shape of an ellipse (**зі́рки** star, **квадра́та** square, **ко́ла** circle, **прямоку́тника** rectangle, **трапе́ції** trapezium, **трику́тника** triangle)
v. + **ф. бра́ти** *and* **набира́ти ~у** take a shape ◊ **Щора́зу кера́міка, яку́ вона́ ро́бить, набира́є ту са́му ~у.** Every time, the ceramics she makes takes the same shape. (**ма́ти** have ◊ **Стіл має ~у трапе́ції.** The table has the shape of a trapezium. **надава́ти** give sth ◊ **Си́рові надаю́ть ~у ди́ска.** The cheese is given the shape of a disk. **утво́рювати** form; **зберіга́ти** retain ◊ **З о́гляду на колива́ння температу́ри асфа́льт не міг до́вго зберіга́ти ~у.** Because of temperature fluctuations, the asphalt could not retain its shape for long. **трима́ти** keep, **утри́мувати** maintain ◊ **Нови́й матерія́л до́бре утри́мує ~у.** The new material maintains its shape quite well. **відно́влювати** regain, **втрача́ти** lose, **змі́нювати** *or* **мі́няти** change ◊ **Меду́зи зда́тні постійно мі́няти ~у.** Jellyfish are capable of constantly changing their shape. **спотво́рювати** distort ◊ **Освітлення спотво́рює ~и предме́тів до невпізна́нного.** Lighting distorts the shape of objects beyond recognition. **ба́чити** see, **роздивля́тися** make out); **набира́ти ~и** take on a shape ◊ **Ранко́вий і́ній набра́в химе́рних форм.** The morning hoarfrost took on whimsical shapes. (**набува́ти** assume; **надава́ти** + *D.* give sth); **трапля́тися в ~і** come in a shape ◊ **Ці істо́ти трапля́ються в рі́зних ~ах.** These creatures come in different shapes. (**трапля́тися в** be found in)
prep. ♦ **для ~и** for the sake of appearance, for show ◊ **Урядо́вець розмовля́в украї́нською ра́дше для ~и, як із переконання.** The official spoke Ukrainian rather for show than out of conviction. ♦ **за ~ою** according to the rules ◊ **Він діє суво́ро за ~ою.** He acts strictly according to the rules. **у ~і** + *G.* in the shape of sth ◊ **Налі́пка ви́готовлена у ~і шестику́тника.** The sticker is made in the shape of a hexagon.
2 form, type, variety
adj. **звича́йна** usual, **поши́рена** common ◊ **поши́рена ф. ві́русу** a common form of the virus; **ти́пова** typical, **характе́рна** characteristic; **відмі́нна** different, **рі́зна** various ◊ **рі́зні ~и органі́чного життя́** various forms of organic life; **ба́зова** *and* **засадни́ча** basic, **примітив́на** primitive, **про́ста́** simple; **складна́** complex; **го́стра** virulent, **небезпе́чна** dangerous ◊ **Лі́да пережила́ небезпе́чну ~у гри́пу.** Lida survived a dangerous variety of flu. **шкідли́ва** harmful; **знайо́ма** familiar, **пе́рвісна** original, **ра́ння** early, **традиці́йна** traditional; **кінце́ва** final; **електро́нна** electronic, **цифрова́** digital; **фізи́чна** physical; **нова́** new, **нові́тня** modern ◊ **нові́тня ф. політи́чної боротьби́** a modern form of political struggle; **літерату́рна** literary, **мисте́цька** *and* **худо́жня** art, **музи́чна** musical; **графі́чна** graphic
ф. + *n.* **ф. життя́** a form of life (**існува́ння** existence, **ми́слення** thinking; **вла́сности** ownership; **опла́ти** payment; **організа́ції** organization; **по́ступу** progress, **ро́звитку** development; **боротьби́** struggle, **инакоду́мства** dissent, **опози́ції** opposition, **о́пору** resistance, **проте́сту** protest; **ро́зпаду** disintegration; **урядува́ння** government)
v. + **ф. вивча́ти ~у** study a form ◊ **Вона́ вивча́є про́сті ~и о́бміну ене́ргією.** She studies simple forms of energy exchange. (**вирі́жня́ти** detect, **дослі́джувати** investigate, **класифікува́ти** classify; **опи́сувати** describe); **набира́ти ~и** take a form ◊ **Демократи́чні проце́си набира́ють нови́х форм.** Democratic processes take new forms. (**набува́ти** assume)
prep. **у ~і** + *G.* in the form of sth ◊ **Тут життя́ існу́є лише́ у примітив́ній ~і.** Here life exists only in primitive form. ♦ **у тій чи і́ншій ~і** in some form or other
See **вид**[2] **1, 2, катего́рія 1, тип 1**
3 mold, cast
adj. **вогнетривка́** fire-resistant; **гли́няна** clay ◊ **Археоло́ги знайшли́ гру́бі гли́няні ~и із за́лишками бро́нзи всере́дині.** The archeologists found crude clay molds with remnants of bronze inside. **керамі́чна** ceramic, **кре́мні́єва** silicon, **пластма́сова** plastic; **алюмі́нієва** aluminum, **залі́зна** iron, **метале́ва** metallic, **чаву́нна** cast iron; **спеція́льна** special
v. + **ф. виготовля́ти ~у** produce a mold (**роби́ти** make; **використо́вувати** use); **залива́ти** + *A.* **в ~у** pour sth into a mold ◊ **Мета́л залива́ли в вогнетривкі́ ~и.** Metal was poured into fire-resistant molds.
4 form, condition, fitness
adj. **виняткова** exceptional, **відмі́нна** excellent, **до́бра** fine, **найкра́ща** best, **оптима́льна** top, **прекра́сна** great; **жалюгі́дна** pathetic ◊ **Вони́ були́ в жалюгі́дній ~і.** They were in pathetic condition. **ке́пська** poor, **пога́на** bad; **спорти́вна** athletic, **фізи́чна** physical ◊ **Ори́ся має прекра́сну фізи́чну ~у.** Orysia is in a great physical form. **тепе́рішня** present
v. + **ф. зберіга́ти ~у** keep one's form ◊ **Дружи́на зберегла́ ~у до поча́тку чемпіона́ту.** The team kept its form till the start of the championship. (**відно́влювати** regain, **утри́мувати** maintain; **вхо́дити в** attain ◊ **Ле́ся**

мáє мíсяць, щоб увійти́ в ~у. Lesia has a month to attain form. повертáтися в return to ◊ Потрíбно пів рóку сувóрого режи́му щоб повернýтися в ~у. In order to return to form, one needs at least half a year of strict regimen. втрачáти lose); досягáти ~и achieve form ◊ Дíвчата досягнýли дóброї спорти́вної ~и. The girls achieved a good athletic form.
prep. у ~і in a form, ♦ бýти у ~і to be in form ◊ Юрíй був у винятко́вій ~і. Yurii was in exceptional condition. ♦ бýти не у ~і to be out of form ◊ Христи́на я́вно не у ~і. Khrystyna is clearly out of condition.
5 uniform, dress
adj. військóва military, офіцéрська officer, солдáтська soldier; парáдна dress, пóвна full ◊ вояки́ в пóвній парáдній ~і the soldiers in a full dress uniform; традиці́йна traditional; шкільнá school; баскетбóльна basketball, гокéйна hockey, футбóльна soccer ◊ Шкóла закупи́ла футбóльні ~и для дружи́ни. The school bought soccer uniforms for its team.
v. + ф. вбирáти ~у don a uniform ◊ Оксáна вбрáла шкільнý ~у. Oksana donned her school uniform. (вдягáти put on; купувáти buy; міня́ти change; прасувáти press, прáти wash); бýти вбрáним *and* одя́гненим, одя́гнутим у ~у be dressed in a uniform (вбирáтися у don, вдягáтися у put on) ◊ Вдягнýвшись у ~у, він побíг на гру. Having put on his uniform, he ran off to the game.
prep. без ~и without a uniform ◊ Хлóпці грáють без ~и. The boys play without uniforms. в ~і *posn.* in a uniform ◊ Всі в гáрно ви́прасуваній ~і. Everybody is in nicely pressed uniform.
See óдяг, костю́м
6 *ling.* form ♦ неознáчена ф. дієслóва the infinitive of a verb
adj. видовá aspectual, граматичнa grammatical, лекси́чна lexical, морфологíчна morphological, фонети́чна phonetic, часовá tense; змéншувальна diminutive; говіркóва vernacular, діялéктна dialectal, розмóвна colloquial, фамілья́рна familiar; архаї́чна archaic, застарíла obsolete, старíюча obsolescent; корóтка short, пóвна full ◊ Дéякі прикмéтники мáють пóвну й корóтку ~и. Some adjectives have a full and short form.

формáльн|ий, *adj.*
1 formal, of or pertaining to form ◊ ~а лóгіка formal logic; ◊ Фроси́на отри́мала ~у освíту у Дрогóбичі. Frosyna received her formal education in Drohobych.
2 perfunctory, superficial, token, symbolic
adв. винятко́во exceptionally, вкрай extremely ◊ Стáвлення Мирослáви до обов'я́зків булó вкрай ~им. Myroslava's attitude towards her responsibilities was extremely superficial. ви́разно distinctly; дóсить rather, дýже very; гóловно mainly, загалóм generally; чи́сто purely, я́вно clearly
v. + ф. бýти ~им be superficial (здавáтися + *D.* seem to sb, лишáтися remain, ставáти become) ◊ Листувáння ставáло все бíльше ~им. The correspondence was becoming ever more perfunctory.
See поверхóвий 1
3 formal, official ◊ ф. лист про відстáвку a formal resignation letter; ◊ Він подáв ~у скáргу. He filed a formal complaint. ◊ Тут не обíйтися без ~ого ви́бачення. One won't do without a formal apology here.
See офіці́йний 1

формáт, *m.*, ~у
format, size, shape; *also fig.* framework, arrangement
adj. вели́кий large ◊ Малю́нки ви́конані на áркушах вели́кого ~у. The drawings are executed on large format sheets. мали́й *and* невели́кий small, серéдній medium; стандáртний standard; електрóнний electronic, медíйний media, цифрови́й digital; відмíнний *and* íнший different ◊ лéкція íншого ~у a lecture of a different format; рíзний various; ідентичний identical, той сáмий same; зви́клий *or* звичáйний usual, при́йнятий accepted
v. + ф. використóвувати ф. use a format ◊ Для збíрки видавéць ви́користає мали́й ф. The publisher will use a small format for the collection. (змíнювати change, модифікувáти modify; підтри́мувати support ◊ Програвáч підтри́мує америкáнський ф. відеоди́ску. The player supports the US DVD format. порýшувати breach; вкладáтися в fit) ◊ Перемóвини не вкладáлися у зви́клий ф. The talks did not fit the usual format. притри́муватися ~у follow a format
prep. у ф. *dir.* in/to a format ◊ Матерія́л переведено у цифрови́й ф. The footage was transferred into a digital format. у ~і *posn.* in a format ◊ Платфóрма діє в рíзних медíйних ~ах. The platform functions in various media formats.

формý|вáти, ~ють; с~, *tran.*
1 to shape, form, develop ◊ Неврóни згóдом ~ють нервóву систéму нóвого організму. The neurons later form the new organism's nervous system.
adv. з чáсом with time ◊ Із чáсом молоди́й дуб ~є потýжну коренéву систéму. With time, the young oak tree forms a powerful root system. крок за крóком step by step, повíльно slowly, поступóво gradually, рáно чи пíзно sooner or later; вже already, нарéшті finally
v. + ф. брáтися get down to; вмíти be capable of ◊ Садівни́к умíє ф. декорати́вний живоплíт. The gardener is capable of shaping a decorative hedge. знáти як know how to, могти́ can
2 to form, create, establish, organize
adv. дóвго for a long time; негáйно immediately, оперативно promptly, зáраз же right away, швидко quickly; спíльно jointly
v. + ф. вирíшувати decide to ◊ Опози́ція вирíшила с~ тіньови́й кабінéт. The opposition decided to form a shadow cabinet. допомагáти + *D.* help sb, запрóшувати + *D.* invite sb ◊ Президéнт запроси́в провідника́ парлáментської бíльшости с~ ýряд. The president invited the parliamentary majority leader to form the government. намагáтися attempt to; погóджуватися agree to ◊ Усі погоди́лися с~ страйкови́й комітéт. Everybody agreed to form the strike committee right away.
See організóвувати 1
3 to form, develop, shape, teach ◊ Вели́ка літератýра ~є у читачá здáтність до співпережи́вання. Great literature forms the reader's capacity for empathy.
adv. врéшті-рéшт ultimately, з чáсом with time, крок за крóком step by step, поступóво gradually ◊ В університéті дíвчина поступóво ~вáла світóгляд. The girl gradually formed her world view at university. вели́кою мíрою to a great extent ◊ Учителі вели́кою мíрою ~ють ýчнів. Teachers to a great extent form their pupils. неуни́кно inevitably, свідóмо consciously, терпля́че patiently; успíшно successfully
Also see вихóвувати 2, виробля́ти 3
4 to mold, cast ◊ Брóнзові фігýри ~вáли на спеція́льне замóвлення. The bronze figures were cast on special order.
pa. pple. сформóваний formed
(с)формýй!

фóрмул|а, *f.*
1 formula, recipe, prescription, motto
adj. корóтка short, прóстá simple, складнá complicated; таємна secret; відóма well-known загальновідóма universally known ◊ загальновідóма ф. щáстя the universally known formula of happiness
2 formula, expression, cliché
adj. бюрократи́чна bureaucratic, вступнá introductory ◊ Кóжне рíшення сýду почина́ється цією вступнóю ~ою. Each court ruling starts with this introductory formula. зви́чна customary, при́йнята accepted; офіці́йна official; розмóвна colloquial; юриди́чна legal; архаї́чна archaic, старá old
ф. + *n.* ф. ввíчливости a politeness formula (етикéту etiquette ◊ Ця архаї́чна ф. етикéту знóву набулá поши́рення. This archaic etiquette formula has gained currency again. звертáння address; щодéнного вжи́тку everyday use) ◊ Звертáння стáло ~ою щодéнного вжи́тку. The appellation became an everyday formula.
See ви́раз 1. *Also see* фігýра 9
3 *science* formula
adj. прóстá simple; складнá complicated, хи́тра clever; алгебраї́чна algebraic, математи́чна mathematical ◊ Він мáє дóбру пáм'ять на математи́чні ~и. He has a good memory for mathematical formulas. наукóва scientific, хемі́чна chemical ◊ Вонá єди́на знáла хемі́чну ~у рóзчину. She alone knew the solution's chemical formula.
v. + ф. запам'ятóвувати ~у memorize a formula (знáти know; писáти write); корúстувáтися ~ою use a formula ◊ Вíктор не знав, як користувáтися нóвою алгебраї́чною ~ю. Viktor did not know how to use the new algebraic formula.
Also see рівня́ння

формулю|вáти, ~ють; с~, *tran.*
to formulate
adv. ви́разно with clarity ◊ Він намагáвся с~ думки́ максимáльно ви́разно. He tried to formulate his thoughts with maximum clarity. експліци́тно explicitly, налéжно properly, неоднознáчно unequivocally, однознáчно clearly, чíтко *and* я́сно clearly; обережно carefully конкрéтно specifically
ф. + *n.* ф. вíдповідь formulate an answer (дýмку thought, завдáння task, зміст content, ідéю idea, питáння question, поня́ття concept, проблéму problem, рéчення sentence, тéзу point)
v. + ф. вмíти know how to ◊ Вонá вмíє чíтко ф. питáння. She knows how to formulate her questions clearly. допомагáти + *D.* help sb to; намагáтися try to
See вислóвлювати

формулювáн|ня, *nt.*
framing *(of question, etc.)*, formulation, wording
adj. вдáле apt, налéжне proper, оригінáльне original, прáвильне correct; маніпуляти́вне manipulative, провокати́вне provocative; недорéчне inappropriate, несподíване unexpected; хи́бне erroneous, ціка́ве interesting ◊ Йогó ф. проблéми здавáлося цікáвим. His framing of the problem seemed interesting.
G. pl. ~ь

фортéц|я, *f.*
fortress
adj. вели́ка big; потýжна powerful ◊ Мíсто оборони́ла потýжна ф. A powerful fortress protected the city. грíзна formidable ◊ Дíти грáлися сéред руї́н коли́сь грíзної ~і. The children played among the ruins of the once formidable fortress. похмýра grim; неперемóжна invincible; старá old, старови́нна age-old; середньовíчна medieval; дерев'я́на wooden, кам'янá stone; летю́ча *fig.* flying ◊ Бомбардувáльник називáли «летю́чою ~ею». The bomber was called a "flying fortress."
n. + ф. бійни́ця ~і a fortress embrasure ◊ Бійни́ці коли́шньої ~і тепéр – вíкна. The former fortress embrasures are windows now. (брáма gate, вéжа tower ◊ Три півнíчні вéжі ~і

збереглúся. Three northern fortress towers are preserved. мýри walls, рів moat)
v. + ф. будувáти ~ю build a fortress ◊ **Князь збудувáв кілька велúких ~ь на захóплених зéмлях.** The prince built several big fortresses on the conquered lands. (**звóдити** raise, **спорýджувати** construct; **брáти в облóгу** lay siege to ◊ **Козáцьке вíйсько взялó ~ю в облóгу.** The Cossack troops laid siege to the fortress. **захóплювати** take, **облягáти** besiege ◊ **Вонú мáли накáз облягтú ~ю.** They had the order to besiege the fortress. **утрúмувати** hold ◊ **Із запáсом водú й харчíв вонú моглú утрúмувати ~ю пів рóку.** With the reserve of water and food, they could hold the fortress for half year. **зрíвнювати із землéю** raze to the ground, **нападáти на** attack, **руйнувáти** ruin)
prep. в ~ю *dir.* into a fortress ◊ **Підкрíплення ввійшлú в ~ю світáнком.** The reinforcements entered into the fortress at dawn. **у ~і** in a fortress ◊ **У ~і є підзéмний хід.** There is an underground passage in the fortress.
Also see **зáмок**

фóрум, *m.*, ~у

1 *hist.* forum
adj. **грéцький** Greek, **рúмський** Roman ◊ **Лéся годúнами гулялá руїнами Рúмського ~у.** Lesia walked among the ruins of the Roman Forum for hours. **стародáвній** ancient
See **майдáн 1, плóща 2**
2 *fig.* forum, gathering, meeting, congress, assembly
adj. **вáжливий** important, **кóрисний** useful; **демократúчний** democratic, **представнúцький** representative, **публíчний** public; **мерéжевий** Internet ◊ **Він берé ýчасть у рíзних мерéжевих ~ах.** He takes part in various Internet forums. **культýрний** cultural, **медúчний** medical, **медíйний** media, **наукóвий** scientific, **релігíйний** religious, **політúчний** political, **профспілкóвий** trade-union, **студéнтський** student, *etc.* **ґлобáльний** global, **всесвíтній** *and* **світовúй** world, **європéйський** European; **національний** national, **реґіонáльний** regional
ф. + *n.* **ф. археóлогів** an archeologists' forum ◊ **пéрший ф. археóлогів** the first archeologists' forum (**винахíдників** inventors', **дослíдників** scholars' ◊ **У жóвтні мíсто приймáтиме ф. дослíдників украї́нської культýри.** In October, the city will be hosting a forum of Ukrainian culture scholars. **кінематографíстів** filmmakers', **неурядóвих організáцій** non-government organizations)
See **з'їзд.** *Also see* **собóр 2, трибýна 2**

фотóграф, *m.*; ~ка, *f.*

photographer
adj. **геніáльний** brilliant, **неперевéршений** unsurpassed, **прекрáсний** wonderful, **чудóвий** great; **відóмий** well-known, **славéтний** famous; **дóбрий** good ◊ **Максúм мáє óко дóброго ~а.** Maksym has the eye of a good photographer. **хорóший** fine; **досвíдчений** experienced, **майстéрний** masterful, **талановúтий** talented, **успíшний** successful; **найкрáщий** best; **вільнонáйманий** freelance ◊ **Газéта корúстується пóслугами вільнонáйманих ~ів.** The newspaper uses the services of freelance photographers. **офіцíйний** official; **професíйний** professional, **штáтний** staff; **весíльний** wedding ◊ **Орéст починáв весíльним ~ом.** Orest started as a wedding photographer. **воєнний** war, **портрéтний** portrait, **спортúвний** *or* **спортóвий** sports ◊ **Йогó акредитувáли спортóвим ~ом.** He was accredited as a sports photographer. ♦ **ф.-папарáцці** a paparazzi ◊ **Іменúту пáру переслíдували фотóграфи-папарáцці.** Paparazzi followed the celebrity couple.
v. + ф. **наймáти ~а** hire a photographer ◊ **Вонú найнялú ~а.** They hired a photographer. **позувáти для ~а** pose for a photographer; **бýти ~ом** be a photographer (**працювáти** work as, **ставáти** become)
ф. + *v.* **знімáти** + *A.* shoot sth ◊ **Офіцíйний ф. президéнта зняв новý сéрію світлúн.** The president's official photographer shot a new series of pictures. **проявлúти плíвку** develop a film; **робúти світлúни** make photographs
See **спеціалíст**

фотогрáфі|я, *f.*, ~ї

1 *only sg.* photography *(as art)* ◊ **У дослíдженні кóсмосу ширóко використóвують ~ю.** Photography is widely used in space exploration. ◊ **національний музéй ~ї** a national photography museum
adj. **амáторська** *and* **любúтельська** amateur, **професíйна** professional; **худóжня** fine-art ◊ **Худóжня ф. віддзеркáлює те, як мистéць бáчить об'єкт.** Fine-art photography reflects the way the artist sees the object. **кольорóва** color, **чóрно-бíла** black-and-white ◊ **Івáн – віртуóз чóрно-бíлої ~ї.** Ivan is a virtuoso of black-and-white photography. **електрóнна** electronic, **цифровá** digital; **інфрачервóна** infrared, **підвóдна** underwater, **сателітáрна** *or* **супýтникова** satellite; **весíльна** wedding, **воєнна** war, **вýлична** street, **документáльна** documentary, **комерцíйна** commercial, **космíчна** space ◊ **вúставка космíчної ~ї** a space photography exhibition; **новинáрська** news, **пейзáжна** landscape, **портрéтна** portrait; **сучáсна** modern
n. + ф. **архíв ~ї** a photography archive ◊ **Він сидúть в архíві ~ї.** He sits in the photography archive. (**вúставка** exhibition, **збíрка** *or* **колéкція** collection; **музéй** museum; **жанр** genre, **стилíстика** stylistics, **стиль** style, **темáтика** thematics) ◊ **Темáтика її ~ї обмéжується дúкою прирóдою пíвночі.** Her photography's thematics are limited to the wild nature of the north.
2 picture, photograph ◊ **Він узяв із полúці альбóм із родúнними ~ями.** He took the album with family pictures from the shelf.
See **світлúна.** *Also see* **картúна 1, кáртка 4**
prep. **на ~ї** in the picture ◊ **ім'я чоловíка на ~ї** the name of the man in the picture

фотографу|вáти, ~ють; с~, *tran.*

to photograph, take a picture
adv. **без спáлаху** without flash; **зі спáлахом** with flash; **крадькомá** stealthily, **непомíтно** unnoticed ◊ **Чоловíків непомíтно ~вáв якúйсь тип.** Some character was taking pictures of the men unnoticed. **тихéнько** *dim.* quietly; **безперестáнку** non-stop, **весь час** all the time, **постíйно** continuously; **раз** once, **двíчі** twice, **трúчі** three times; **майстéрно** masterfully, **професíйно** professionally
v. + ф. **бýти трéба** + *D.* need to ◊ **Лíні трéба бýдь-що с~ малярá для своєї газéти.** Lina needs by all means to photograph the artist for her paper. **бýти неможлúво** be impossible to ◊ **У пíтьмі неможлúво ф. без спáлаху.** It is impossible to take pictures in darkness without a flash. **вмíти** can, **змогтú** manage to, **зумíти** contrive to ◊ **Ніхтó не знав, як він зумíв с~ секрéтний об'єкт.** Nobody knew how he contrived to take a picture of the secret object. **починáти** begin to, **стáти** *pf.* start; **продóвжувати** continue to; **просúти** + *A.* ask sb to, **мáти нáмір** intend to, **хотíти** want to
pa. pple. **сфотографóваний** photographed
(с)фотографýй!

фраґмéнт, *m.*, ~а

fragment
adj. **корóткий** short ◊ **Від старовúнного трактáту лишáється два корóткі ~и.** Two short fragments remain of the ancient treatise. **крúхітний** tiny ◊ **крúхітні ~и метеорúту** tiny meteor fragments; **невелúкий** small; **єдúний** only, **окрéмий** separate; **відóмий** well-known ◊ **репродýкція відóмого ~а фрéски Мікелáнджела** a reproduction of the well-known Michelangelo's fresco fragment
ф. + *n.* **ф. áмфори** a fragment of an amphora (**вáзи** vase, **стáтуї** statue, **фрéски** fresco, **картúни** picture, **плíвки** film, **фíльму** movie; **рéчення** sentence, **розмóви** conversation ◊ **Ярúна чýла окрéмі ~и розмóви.** Yaryna heard separate fragments of the conversation. **сторíнки** page, **тéксту** text
v. + ф. **розбивáти** + *A.* **на ~и** break sth into fragments ◊ **Він розбúв скло на дрібнí ~и.** He broke the glass into small fragments.
See **частúна.** *Also see* **дóля**[2], **шматóк**

фрáз|а, *f.*

phrase; *also ling.*
adj. **ідіоматúчна** idiomatic, **ключовá** key ◊ **Читáючи тéкст дóповіді, Мóтря підкрéслювала ключовý ~у кóжного ýступу.** Reading the text of the presentation, Motria underlined the key phrase of each paragraph. **розмóвна** colloquial; **відóма** well-known, **знайóма** familiar; **популярна** popular; ♦ **крилáта ф.** a famous phrase, one-liner ◊ **Те, що кричáли футбóльні фанáти, стáло крилáтою ~ою.** What the soccer fans shouted became a famous phrase. **барвúста** colorful, **влýчна** apt, **оригінáльна** original, **промóвиста** telling, **свíжа** fresh, **соковúта** juicy; **банáльна** commonplace ◊ **Він вúкреслив із тéксту кíлька банáльних фраз.** He crossed several commonplace phrases from the text. **заї́жджена** hackneyed, **зашмýляна** *colloq.* overused, **порóжня** empty; **бундю́чна** pretentious, **висóка** highfalutin, **помпéзна** pompous; ♦ **ходя́ча ф.** a stock phrase; **музúчна** musical; **дієслíвна** *ling.* verbal, **іменникóва** *ling.* noun, nominal, **прикметникóва** *ling.* adjectival, **прислівникóва** *ling.* adverbial
v. + ф. **використóвувати ~у** use a phrase ◊ **Сúмон усé використóвує цю ~у.** Symon uses the phrase all the time. (**вживáти** employ; **запозúчувати** *and* **позичáти** borrow; **вимовлáти** utter, **повтóрювати** repeat ◊ **Ірúна, як рóбот, повтóрює відóму ~у.** Like a robot, Iryna repeats the well-known phrase. **цитувáти** quote; **утвóрювати** coin)
See **вúраз.** *Cf.* **рéчення**

фрáкці|я, *f.*, ~ї

faction *(in parliament or political party)*
adj. **велúка** major, **головнá** main, **панівнá** dominant; **впливóва** influential, **потýжна** powerful, **сúльна** strong; **крúхітна** tiny, **невелúка** small ◊ **Пáртія мáє невелúку, алé галаслúву ~ю в парлáменті.** The party has a small but boisterous faction in parliament. **опозиціíйна** opposition; **парлáментська** parliamentary, **проурядóва** pro-government; **партíйна** party, **політúчна** political; **конкурýюча** rival; **ліберáльна** liberal, **помірќóвана** moderate; **радикáльна** radical; **лíва** left-wing, **прáва** right-wing, **центрúстська** centrist ◊ **Центрúстська і прáва ~ї намагáються домóвитися.** The centrist and right-wing factions are trying to come to an agreement. **держáвницька** statist ◊ **Вонú створúли держáвницьку ~ю.** They formed a statist faction. **націоналістúчна** nationalist, **патріотúчна** patriotic; **олігархíчна** oligarchic; **проросíйська** pro-Russian ◊ **олігархíчна проросíйська ф.** an oligarchic pro-Russian faction, **офіцíйна** official ◊ **У рáді чотúри офіцíйні ~ї.** There are four official factions in the council.
v. + ф. **очóлювати ~ю** lead a faction (**реєструвáти** register ◊ **Щоб зареєструвáти ~ю, трéба мáти мінімáльне числó членíв.** In order to register a faction, one needs to have a minimal number of members. (**ствóрювати** form; **розпускáти** dissolve); **бýти члéном ~ї** be a member of a faction (**налéжати до** belong to)

◊ **Вона́ нале́жить до вла́дної ~ї.** She belongs to the government faction.
Also see **гру́па 1**

фронт, *m.*, **~у**
1 *mil.* front, front line
adj. **за́хідний** western, **схі́дний** eastern ◊ **Їх посла́ли на схі́дний ф.** They were sent to the eastern front. **півде́нний** southern, **півні́чний** northern; **бойови́й** battle, **во́єнний** war; **об'є́днаний** united ◊ **Насе́лення мі́ста зустрі́ло во́рога об'є́днаним ~ом.** The population of the city met the enemy as a united front.
prep. **з ~у** from a front ◊ **Вони́ поверну́лися із ~у.** They returned from the front. **на ф.** *dir.* to a front ◊ **Допомо́га йшла на ф. з усі́х заку́тків краї́ни.** Aid was going to the front from all corners of the country. ♦ **на два ~и** on two fronts, in two directions ◊ **Зе́ня хворі́є, і Павло́ працю́є на два ~и.** Zenia is sick and Pavlo works on two fronts. **на ~і** *posn.* at a front ◊ **Вона́ на ~і медсестро́ю.** She is at the front as a nurse.
Ant. **тил 2**
2 *meteo.* front
adj. **атмосфе́рний** atmospheric; **те́плий** warm ◊ **До мі́ста наближа́ється те́плий ф.** A warm front is approaching the city. **холо́дний** cold
3 *fig.* front, field, sphere
adj. **інформаці́йний** information, **культу́рний** cultural, **мо́вний** language, **організаці́йний** organizational, **осві́тній** educational, **політи́чний** political, **фіна́нсовий** financial ◊ **нови́ни з фіна́нсового ~у** news from the financial front
See **ца́рина**
4 front *(association)* ◊ **В Есто́нії, Ла́твії та Литві́ ра́зом ви́никли наро́дні ~и.** Popular fronts emerged at the same time in Estonia, Latvia, and Lithuania.
See **рух 4.** *Also see* **кампа́нія**

фрукт, *m.*, **~а**
1 fruit, *often pl.* ◊ **~и та горо́дина** fruit and vegetables
adj. **нести́глий** unripe ◊ **Нести́глі ~и пакува́ли в я́щики.** Unripe fruits were packaged into boxes. **перести́глий** overripe, **сти́глий** ripe; **м'яси́стий** fleshy, **сокови́тий** juicy; **м'яки́й** soft; **сві́жий** fresh; **гнили́й** rotten; **ки́слий** sour, **соло́дкий** sweet, **терпки́й** tart; **екзоти́чний** exotic, **тропі́чний** tropical, **ци́трусовий** citrus; **заморо́жені** frozen ◊ **Взи́мку вони́ ма́ють заморо́жені ~и.** In winter, they have frozen fruits. **консерво́ваний** canned, **су́шений** dried
v. + **ф. ї́сти ф.** eat a fruit ◊ **Ма́ти привчи́ла їх ї́сти сві́жі ~и що́дня.** Their mother taught them to eat fresh fruits everyday. (**спожива́ти** consume; **збира́ти** pick; **ми́ти** wash; **рі́зати** cut; **суши́ти** dry ◊ **Ната́ля зазвича́й су́шить ~и на про́даж.** Natalia usually dries fruits to sell. **чи́стити** peel)
ф. + *v.* **достига́ти** *and* **сти́гнути** ripen ◊ **Цього́річ ~и в саду́ дости́гли рані́ше.** This year, the fruits in the orchard ripened earlier. **гни́ти** rot; **рости́** grow
Also see **о́воч 2, плід 1; я́блуко**
2 *fig., pejor.* oddball, freak ◊ **О́ля знає рі́зних дивакі́в, але́ тако́го ~а зустріча́є впе́рше.** Olia knows various weirdos, but it is the first time that she encounters such a freak.
See **суб'є́кт 3, тип 2**

фрукто́в|ий, *adj.*
fruit, of or pertaining to fruits; fruity
ф. + *n.* **ф. десе́рт** a fruit dessert (**пирі́г** pie, **сала́т** salad, **торт** cake ◊ **Він навчи́вся роби́ти ф. торт.** He learned to make a fruit cake. **кокте́йль** cocktail, **пунш** punch, **сиро́п** syrup, **сік** juice; **ко́шик** basket; **ніж** knife; **смак** taste), ♦ **ф. сад** an orchard ◊ **Навко́ло ха́ти ф. сад.** There is an orchard around the house. **~а діє́та** a fruit diet (**кислота́** acid; **крамни́ця** store; **пі́ца** pizza); **~е вино́** a fruit wine (**де́рево** tree ◊ **На ву́лиці росту́ть ~і дере́ва.** Fruit trees grew on the street. **моро́зиво** ice cream, **пе́чиво** cookie)

фунда́мент, *m.*, **~у**
1 foundation, footing
adj. **бето́нний** concrete, **кам'яни́й** stone, **цегляни́й** brick; **висо́кий** high, **глибо́кий** deep, **широ́кий** wide ◊ **Коло́на піді́ймалася з широ́кого ~у.** The column rose from a wide foundation. **міцни́й** strong ◊ **Спору́да ма́ла міцни́й ф.** The edifice had a strong foundation. **вузьки́й** narrow
ф. + *n.* **ф. буди́нку** the foundation of a building (**музе́ю** museum, **пала́цу** palace ◊ **Ф. пала́цу на полови́ну осі́в у зе́млю.** The palace foundation sank into the ground by half. **теа́тру** theater, **цитаде́лі** citadel, **шко́ли** school)
v. + **ф. заклада́ти ф.** lay a foundation ◊ **Вчо́ра закла́ли ф. ново́ї шко́ли.** Yesterday the new school foundation was laid. (**ри́ти** dig ◊ **Ф. ви́рили за день.** They dug the foundation in a day. **підрива́ти** undermine, **хита́ти** shake); **будува́ти** + *A.* **на ~і** build sth on a foundation (**стоя́ти на** stand on, **ста́вити** + *A.* **на** put sth on ◊ **Буди́нок поста́вили на висо́кий ф.** The building was put on a high foundation.
prep. **на ф.** *dir.* on/to a foundation; **на ~і** *posn.* on a foundation ◊ **Рестора́н збудува́ли на бето́нному ~і.** The restaurant was built on a concrete foundation.
Also see **осно́ва 1**
2 *fig.* foundation, basis, base
adj. **до́брий** good, **міцни́й** strong ◊ **Уче́ний закла́в міцни́й ф. для пода́льших дослі́джень у га́лузі.** The scholar laid a strong foundation for further research in the field. **наді́йний** secure, **несхи́тний** unshakable, **солі́дний** solid, **тверди́й** firm; **слабки́й** weak, **сумні́вний** questionable, **хистки́й** shaky; **ідеологі́чний** ideological, **інтелектуа́льний** intellectual, **філосо́фський** philosophical, *etc.* ◊ **Уче́ння засно́вується на хистко́му філосо́фському ~і.** The teaching rests on a shaky philosophical foundation.
See **осно́ва 2.** *Also see* **хребе́т 3**

фундамента́льн|ий, *adj.*
1 strong, sound, solid; extensive, voluminous ◊ **~а спору́да вража́є.** The solid edifice is impressive. ◊ **Він володі́в ~ою коле́кцією стародру́ків.** He possessed an extensive collection of old prints.
2 fundamental, foundational, basic
adv. **абсолю́тно** absolutely **абсолю́тно ~а умо́ва пода́льшої пра́ці** an absolutely fundamental condition of continued work; **ді́йсно** really, **до́сить** fairly, **доста́тньо** enough, **ду́же** very, **напра́вду** *or* **спра́вді** truly ◊ **Вона́ припусти́лася спра́вді ~ої по́милки.** She made a truly fundamental mistake.
v. + **ф. бу́ти ~им** be fundamental (**вважа́ти** + *A.* consider sth, **здава́тися** + *D.* seem to sb; **лиша́тися** remain) ◊ **Мо́ва лиша́ється ~ою ри́сою тото́жности.** Language remains a fundamental identity trait.
prep. **ф. для** + *G.* fundamental for sb/sth ◊ **Свобо́да сло́ва ~а для демокра́тії.** Freedom of speech is fundamental for democracy.
Also see **ба́зовий 1, головни́й 1, ґрунто́вний 2, капіта́льний 2, основни́й 1, принципо́вий 2, радика́льний 2**

функціону|ва́ти, **~ють;** *no pf., intr.*
to function, operate
adv. **адеква́тно** *or* **відпові́дно** adequately ◊ **Прила́д ~є відпові́дно.** The device functions adequately. **бездога́нно** flawlessly ◊ **Нова́ кавова́рка ~ва́ла бездога́нно.** The new coffee-maker functioned flawlessly. **гла́дко** smoothly, **до́бре** well, **доскона́ло** perfectly, **ефекти́вно** effectively, **норма́льно** normally ◊ **Усі́ механі́зми ~ють норма́льно.** All the mechanisms function normally. **нале́жним чи́ном** properly, **пра́вильно** *and* **спра́вно** correctly, **успі́шно** successfully; **задові́льно** satisfactorily; **ке́псько** poorly, **пога́но** badly; **все ще** still; **ле́две** barely; **го́ловно** mainly, **насампе́ред** primarily; **автоно́мно** autonomously, **незале́жно** independently ◊ **Судова́ вла́да ма́є ф. незале́жно від викона́вчої.** Judicial power is to function independently from executive power. **напра́вді** actually ◊ **Він намага́вся зрозумі́ти, як ри́нок ~є напра́вді.** He strove to understand how the market actually functions.
v. + **ф. бу́ти здა́тним** be able to, **бу́ти нездა́тним** be unable to, **могти́** can ◊ **А́вто мо́же до́бре ф. наві́ть у скра́йніх умо́вах.** The car can function well even in extreme conditions. **намага́тися** try to; **почина́ти** begin to; **продо́вжувати** continue to ◊ **Штаб продо́вжує ф.** The headquarters continues to function. **перестава́ти** cease to; **відмовля́тися** refuse to ◊ **Комп'ю́тер відмовля́ється ф.** The computer refuses to function.
prep. **ф. як** + *N.* function as sth ◊ **Підро́зділ ~є як систе́ма ра́ннього попере́дження.** The unit functions as an early-warning system.
See **працюва́ти 2**

фу́нкці|я, *f.*, **~ї**
function
adj. **ба́зова** basic, **важли́ва** important, **головна́** main, **життє́ва** vital, **ключова́** key, **ко́рисна** useful, **основна́** principal, **пе́рша** primary, **суттє́ва** essential, **фундамента́льна** fundamental; **конкре́тна** specific, **окре́ма** separate ◊ **Ко́жен о́рган ма́є окре́му ~ю.** Each organ has a separate function. **особли́ва** particular; **додатко́ва** additional; **пе́рвісна** original; **подві́йна** dual; **виховна́** educational, **культу́рна** cultural, **ме́неджерська** managerial, **організа́торська** organizational, **педагогі́чна** pedagogical ◊ **Учи́тель вико́нує дві ~ї – педагогі́чну та виховну́.** A teacher performs two functions – pedagogical and educational. **політи́чна** political, *etc.*
See **роль 3**

футбо́л, *m.*, **~у**, *only sg.*
soccer ◊ **Васи́ль гра́є у ф. із дити́нства.** Vasyl has played soccer since childhood.
adj. **ама́торський** *or* **люби́тельський** amateur ◊ **У шко́лі він грав в ама́торський ф.** In school, he played amateur soccer. **профе́сійний** professional, **дитя́чий** children's, **шкільни́й** high-school, **юніо́рський** junior, **молодíжний** youth; **жіно́чий** women's; **америка́нський ф.** American football; ♦ **европе́йський ф.** soccer
v. + **ф. диви́тися ф.** watch soccer ◊ **Іва́н диви́ться ф.** Ivan watches soccer. (**гра́ти у** to play)
ф. + *v.* **подо́батися** + *D.* like ◊ **Луці́ подо́бається ф.** Luka likes soccer. **ті́шитися популя́рністю** enjoy popularity ◊ **В Украї́ні ф. ті́шиться популя́рністю.** In Ukraine, soccer enjoys popularity.
prep. **з ~у** in soccer ◊ **тре́нер з ~у** a soccer coach
See **гра, спорт.** *Also see* **баскетбо́л, волейбо́л**

футбо́льн|ий, *adj.*
soccer, of or pertaining to soccer
ф. + *n.* **ф. клуб** a soccer club (**м'яч** ball, **стадіо́н** stadium; **ре́фері** *or* **суддя́** referee, **тре́нер** coach; **вболіва́льник** enthusiast, **у́льтра** ultra, **фана́т** fan, **хулі́га́н** hooligan; **сезо́н** season; **ку́бок** cup, **матч** match, **турні́р** tournament, **чемпіона́т** championship; **журна́л** magazine); **~а гра** a soccer game (**дружи́на** team ◊ **У ї́хній ~ій дружи́ні три рі́вненські гравці́.** There are three players from Rivne on their soccer team. **кричá́лка** chant ◊ **Вебсторі́нка присвя́чена ~им крича́лкам.** The web page is dedicated

to soccer chants. **ліґа** league; **кар'єра** career; **леґенда** legend, **сенсáція** sensation; **сорóчка** shirt, **фóрма** uniform); **~е взуття** soccer shoes (**пóле** field; **дозвілля** leisure, **свято** holiday); **~і ворóта** soccer goal (**бýци** cleats, **труси** shorts; **новини** news)

Х

хабáр, *m.* **~á**
bribe, kickback ◊ **Вонá зажадáла п'ять тисяч ~á.** She demanded five thousand as a bribe.
adj. **великий** big, **величéзний** huge, **дорогий** expensive; **відкритий** open, **прихóваний** concealed ◊ **Квитóк на фінáльний матч футбóльного чемпіонáту був прихóваним ~éм.** The ticket to the final match of the soccer championship was a concealed bribe.
v. + **х. брáти х.** *or* **~á** take a bribe (**вимагáти** solicit ◊ **Поліціянт вимагáв х.** The policeman was soliciting a bribe. **жадáти** demand; **давáти** + *D.* give sb ◊ **Маркó відмóвився давáти лікареві х. за те, щоб йогó негáйно оглянули.** Marko refused to give the physician a bribe in order to be examined immediately. **платити** + *D.* pay sb; **пропонувáти** + *D.* offer sb) ◊ **Він запропонувáв урядóвцеві великий х.** He offered the official a big bribe.
prep. **х. за** + *A.* a bribe for sth ◊ **Кожен студéнт платив йомý х. за оцінку.** Every student paid him a bribe for a grade.

хазяїн, *m.*; **хазяйка**, *f.*
1 owner, holder, proprietor ◊ **Ніхтó не знáє, хто є ~ом фірми.** Nobody knows who is the owner of the firm.
v. + **х.** ♦ **вихóдити в ~и** *or* **хазяї** achieve wealth ◊ **За рік-два вони вийдуть у хазяї.** In a year or two, they will achieve real wealth. **ставáти ~ом** become wealthy
See **влáсник.** *Also see* **госпóдар 2**
2 master, landlord, host ◊ **Кóжен дім мáє ~а.** Every household has its master. ◊ **Щорóку х. збільшує квартплáту.** Every year, the landlord increases the rent.
See **госпóдар 1**
3 employer, master, boss ◊ **Х. дозвóлив Микóлі взяти три дні відпýстки.** The employer allowed Mykola to take three days of leave.
4 male head of the household, paterfamilias, husband ◊ **Чоловік питáв, чи мóже говорити з ~ом.** The man asked whether he could speak with the head of the household. ◊ **Удовá шукáла ~а.** The widow was looking for a husband.
adj. **дóбрий** good, **гостинний** hospitable, **ласкáвий** kind, **сердéчний** cordial, **увáжний** attentive, **щéдрий** generous
х. + *n.* **х. дóму** the head of the household (**родини** *or* **сім'ї** family) ◊ **«Хто х. родини – я чи Сашкó?»– жартомá вигукнув він.** "Who is the head of the family, myself or Sashko?" he shouted in jest.
5 *fig.* master, boss, captain ♦ **сам собі х.** one's own master ◊ **У своїй фірмі Петрунчáк – сам собі х.** At his firm, Petrunchak is his own master. ♦ **бýти ~ом свогó слóва** to be true to one's word, keep one's promise; ♦ **х. станóвища** master of the situation ◊ **Як не намагáвся Мáрків бýти ~ом станóвища в шкóлі, пéвні рéчі лишáлися пóза йогó контрóлем.** However hard Markiv tried to be master of the situation at school, certain things remained beyond his control.
v. + **х. бýти ~ом** be a master (**лишáтися** remain, **робитися** *and* **ставáти** become) ◊ **Він ставáв ~ом у лабораторії.** He was becoming the boss at the laboratory.
Also see **госпóдар 3**

халéп|а, *f., colloq.*
problem, trouble, headache, misfortune, bind
adj. **велика** big, **дóбра** *colloq.* bad, **небúяка** major, **серйóзна** serious, **спрáвжня** real, **страшнá** terrible; **дáвня** age-old, **старá** old ◊ **В Анастáсії загострився артрит – її старá х.** Anastasiia's arthritis, her old bane, got worse. **етична** ethical, **морáльна** moral, **політична** political, **фінáнсова** financial
v. + **х. завáрювати ~у** cause a problem ◊ **Ну й ~у ти заварила!** What a problem you have caused! (**мáти з** + *I.* have with sb/sth ◊ **Галина мáла серйóзну ~у з цією студéнткою.** Halyna had a serious problem with this (female) student. **чинити** + *D.* cause sb ◊ **Адвокáт умóвив поліцію не чинити юнакóві ~и.** The lawyer persuaded the police not to cause the youth trouble. **вскáкувати в** leap into, **встрявáти** *and* **потрапляти в** get in) ◊ **Він потрáпив у дóбру ~у.** He got into a bad bind. **збувáтися** *or* **позбувáтися ~и** get rid of a problem (**набирáтися** get in ◊ **З цим помічникóм вони тільки наберýться ~и.** With this helper they will only get in trouble. **наробити** + *D. pf.* cause sb ◊ **Працівник наробив фірмі ~и.** The associate caused problems to the firm. **вибирáтися** *or* **викрýчуватися, вилáзити з** get out of) ◊ **Він намагáвся вилізти зі страшнóї ~и.** He was trying to get out of a terrible bind. **бýти в ~і** be in a bind ◊ **Він був в етичній ~і.** He was in an ethical bind.
х. + *v.* **виникáти** occur ◊ **На конферéнції виникла х.** A problem occurred at the conference. **траплятися** happen; **звáлюватися на** + *A.* befall sb ◊ **Подібна х. звáлювался на них упéрше.** Such a problem befell them for the first time. **наскáкувати на** + *A.* come upon sb
See **проблéма.** *Also see* **виклик 3, гімнó 4, дилéма, клóпіт 1, морóка, незгóда 2, питáння 2, прикрість, тертя 2, трýднощі**

хам, *m., colloq., pejor.*; **~ка**, *f.*
boor, lout
adj. **великий** big, **звичáйний** common, **небáчений** unheard-of, **остáнній** ultimate ◊ **Він повóдився, як остáнній х.** He behaved like the ultimate lout. **п'яний** drunken, **спрáвжній** true, **страшний** terrible
v. + **х. знáти** + *A.* **як ~а** know sb as a boor ◊ **У шкóлі ýчні знáли Віктора як ~а.** At school, pupils knew Viktor as a boor. **бýти ~ом** be a boor ◊ **Він прóсто не міг не бýти ~ом.** He simply could not help being a boor. (**вважáти** + *A.* consider sb; **виявлятися** turn out ◊ **Її знайóмий виявився ~ом.** Her acquaintance turned out to be a boor. **лишáтися** remain; **називáти** + *A.* call sb) ◊ **Пóза óчі журналісти називáли президéнта ~ом.** Behind his back, journalists call the president a boor.

хáмств|о, *nt., only sg.*
boorishness; *fig.* outrage, disgrace, scandal
adj. **велике** big, **винятковé** exceptional, **звичáйне** common, **нечýване** unheard-of, **остáннє** ultimate, **спрáвжнє** true, **страшнé** terrible; **типóве** typical
v. + **х. терпіти х.** suffer boorishness ◊ **Не бажáючи терпіти ~а, Лев устáв і вийшов.** Unwilling to suffer boorishness, Lev stood up and left. (**чинити** commit); **вважáти** + *A.* **~ом** consider sth an outrage ◊ **Зóя вважáє їхній рéгіт ~ом.** Zoya considers their laughter an outrage. (**називáти** + *A.* call sth) ◊ **Йогó словá не мóжна назвáти інáкше, як ~ом.** One cannot call his words anything but an outrage.

хáмськ|ий, *adj., colloq.*
boorish, rude, loutish
adv. **абсолютно** absolutely ◊ **Їх шокувáло абсолютно ~е заувáження начáльника.** The chief's absolutely boorish remark shocked them. **геть** totally, **цілкóм** completely; **ганéбно** shamefully, **неймовірно** incredibly ◊ **Мáрта намагáлася зрозуміти причини неймовірно ~ого вчинку.** Marta tried to understand the reasons for the incredibly boorish deed. **стрáшно** terribly, **шокýюче** shockingly; **однозначно** clearly
х. + *n.* **х. вираз** a boorish expression (**віршик** ditty, **дóпис** post ◊ **Х. дóпис Андрія викликав зливу критики.** Andrii's boorish post provoked a barrage of criticism. **жарт** joke, **коментáр** comment, **лист** letter; **начáльник** boss, **персонáл** staff ◊ **Лікáрня мáла погáну слáву чéрез свій х. персонáл.** The hospital had a bad reputation because of its boorish staff. **тип** character); **~а відповідь** a boorish reply (**поведінка** behavior) ◊ **Здавáлося, пасажири не заперéчували прóти ~ої поведінки водія автóбуса.** It seemed the passengers did not object to the bus driver's boorish behavior. **~е заувáження** a boorish remark (**стáвлення** treatment; **товариство** company) ◊ **Богдáн уникáє їхнього ~ого товариства.** Bohdan avoids their boorish company. **~і словá** boorish words

хаóс, *m.*, **~у**, *only sg.*
chaos, disorder, disarray
adj. **абсолютний** absolute ◊ **У її головí панувáв абсолютний х.** Absolute chaos reigned in her head. **загáльний** general, **мáсовий** mass, **пóвний** complete, **правдивий** true, **суцільний** *and*, **тотáльний** total ◊ **Він лéгко орієнтýється в суцільному ~і кабінéту.** He easily finds his way in the total chaos of the study. **цілковитий** *and* **чистий** sheer; **керóваний** controlled, **організóваний** organized ◊ **Олéкса навчився працювáти в організóваному ~і редáкції.** Oleksa learned to work in the organized chaos of the editorial office. **адміністративний** administrative, **економічний** economic, **організаційний** organizational, **суспільний** social, **політичний** political, **трáнспортний** traffic ◊ **Мóтрі набридло мáти спрáву із трáнспортним ~ом по дорóзі додóму.** Motria got fed up dealing with the traffic chaos on her way home. **фінáнсовий** financial
х. + *n.* **х. врáжень** a chaos of impressions ◊ **Юрія охопив суцільний х. врáжень від побáченого у Флорéнції.** Yurii was gripped by an utter chaos of impressions from the things seen in Florence. (**думóк** thoughts, **емóцій** emotions, **почуттів** feelings; **звýків** sounds, **кольорів** colors) ◊ **Полотнó здалóся ~ом кольорів.** The canvas seemed to be a chaos of colors.
n. + **х. стáн ~у** a state of chaos ◊ **Фінáнси краïни перебувáли у стáні тотáльного ~у.** The nation's finances were in a state of total chaos. (**сцéна** scene)
v. + **х. порóджувати х.** cause chaos ◊ **Звістка про порáзку породила у місті х.** The news of the defeat caused chaos in the city. (**поширювати** spread, **сіяти** sow, **спричиняти** bring about, **створювати** create; **контролювáти** control, **спрямóвувати** channel; **опускáтися в** descend into, **поринáти в** be plunged into, **скóчуватися в** slide into) ◊ **Після промóви збóри скотилися в х.** After the speech, the meeting slid into chaos. **уникáти ~у** avoid chaos ◊ **Дóсі їм вдавáлося уникáти ~у.** So far, they have managed to avoid chaos. (**привóдити** *or* **призвóдити до** lead to ◊ **Рефóрма не призвелá до ~у.** The reform did not lead to chaos. ♦ **бýти на грáні ~у** to be on the brink of chaos; **запобігáти ~ові** *or* **~у** prevent chaos; **закінчуватися ~ом** end in chaos ◊ **Якби не поліція, матч міг би закінчитися мáсовим ~ом.** If it had not been for the police, the match could have ended in mass chaos. **опинятися в ~і** end up in chaos
х. + *v.* **вибухáти** break out ◊ **На фóндовій біржі вибухнув х.** Chaos broke out at the stock exchange. **виникáти** arise, **наставáти** ensue; **панувáти** reign ◊ **У міністéрстві панувáв х.** Chaos reigned in the ministry. **otóчувати** + *A.*

surround sb/sth ◊ **Їх ото́чував страшни́й х.** Terrible chaos surrounded them.
prep. **у ~і** in chaos ◊ **Анато́лій в емоці́йному ~і.** Anatolii is in emotional chaos. **че́рез х.** because of chaos; **х. у** + *L.* chaos in sth ◊ **Вони́ запізни́лися че́рез х. у мі́сті.** They were late because of the chaos in the city. **х. се́ред** + *G.* chaos among sb/sth
Also see **ана́рхія, безла́ддя, ро́злад 1, стихі́я 2.** *Ant.* **лад 1, поря́док 1**

хаоти́чн|ий, *adj.*

chaotic
adv. **абсолю́тно** absolutely ◊ **Черне́тка статті́ ма́є абсолю́тно х. ви́гляд.** The draft article looks absolutely chaotic. **вкрай** extremely, **геть** totally, **ду́же** very, **цілко́м** completely; **до́сить** fairly; **майже** almost; **на́дто** too; **страше́нно** terribly; **все бі́льше** increasingly ◊ **Мі́тинг става́в усе́ бі́льше ~ою.** The rally was becoming increasingly more chaotic. **де́що** somewhat, **тро́хи** a little
v. + **х. бу́ти ~им** be chaotic (**видава́тися** + *D.* appear to sb ◊ **Його́ думки́ видава́лися ~им.** His thoughts appeared chaotic. **виявля́тися** prove, **здава́тися** + *D.* seem to sb; **става́ти** become)

хапа́|ти, ~ють; схоп|и́ти, ~лю́, ~иш, ~лять, *tran.*

1 to seize, grab, snatch
adv. **нерво́во** nervously ◊ **Стефа́нія нерво́во схопи́ла слу́хавку.** Stefania nervously grabbed the receiver. **у па́ніці** in panic ◊ **У па́ніці вона́ ~ла зі сто́лу які́сь докуме́нти.** In panic, she grabbed some documents from the table. **спазмати́чно** spasmodically ◊ **Чолові́к спазмати́чно ~в рука́ми пові́тря, відчува́ючи, що то́не.** The man spasmodically grabbed at the air, sensing that he was drowning. **несподі́вано** unexpectedly, **похапце́м** hastily, **ра́птом** suddenly, **шви́дко** quickly; ♦ **зі́рки з не́ба не х.** not to be the sharpest knife in the drawer ◊ **Лі́да не ~ла зіро́к із не́ба.** Lida was not the sharpest knife in the drawer.
v. + **х. встига́ти** have the time to, **змогти́** *pf.* manage to ◊ **Він зміг с~ жме́ню зерна́.** He managed to grab a handful of grain. **спромага́тися** contrive to; **намага́тися** try to, **хоті́ти** want to
prep. **х. за** + *A.* grab by/at sth ◊ **Він схопи́в хло́пця за ру́ку.** He grabbed the boy by the hand. ◊ **Ча́сто ка́шель ~в його́ за го́рло.** Often a cough would grab him by the throat. ♦ **х. бика́ за ро́ги** to take the bull by the horns
Also see **зага́рбувати 2, захо́плювати 1, охо́плювати 1, схо́плювати 1, хапа́тися 1.** *Cf.* **лови́ти 1**
2 to catch, capture, apprehend ◊ **«~йте зло́дія!»– крича́ла вона́.** "Catch the thief!" she cried. ◊ **Полі́ція схопи́ла втікача́.** The police captured the fugitive.
See **лови́ти 1**
3 *fig.* to grasp, comprehend, take it ◊ **Побі́жно прочита́вши текст, Лари́са ле́гко ~ла його́ іде́ю.** Having skimmed a text, Larysa would easily grasp its message.
See **розумі́ти 1.** *Also see* **схо́плювати 6**

хапа́|тися; схопитися, *intr.*

1 to seize, grab, snatch, *only with prep.*
prep. **х. за** + *A.* grab at/by sth ◊ **Сашко́ спуска́вся в яр, ~чися за кущі́.** Sashko was descending into the ravine, grabbing at bushes. ◊ **Ори́ся схопи́лася за ніж.** Orysia grabbed a knife. ♦ **х. за го́лову** to grab one's head ◊ **Гриць схопи́вся за го́лову в ро́зпачі.** Hryts grabbed his head in despair. ♦ **Потопа́ючий ~ється за соломи́нку.** A drowning man will clutch at straws. ♦ **х. за вся́ку мо́жливість** to seize every opportunity ◊ **Він ~вся за вся́ку мо́жливість, довести́ свою́ правоту́.** He seized every opportunity to prove he was right.
Also see **хапа́ти 1**

2 to set about, get down to, begin ◊ **Він ~вся роби́ти три спра́ви ра́зом.** He set about doing three things at the same time. ♦ **не ~ючись** calmly, without haste ◊ **Він методи́чно, не ~ючись, вивча́в ко́жен до́каз.** He studied every proof methodically, without haste.
See **бра́тися 2, почина́ти**

хара́ктер, *m.*, ~у

1 character, nature, personality
adj. **до́брий** good ◊ **юна́к з до́брим ~ом** a youth of good character; **ла́гідний** kind, **м'яки́й** gentle, **прие́мний** pleasant, **симпати́чний** likable, **ще́дрий** generous ◊ **Садову́ люби́ли за ще́дрий х.** Sadova was liked for her generous character. **грайли́вий** playful, **жартівли́вий** humorous; **врівнова́жений** balanced, **рі́вний** even, **ста́лий** stable; **гаря́чий** fervent, **при́страсний** passionate, **темпера́ментний** temperamental; **загадко́вий** enigmatic; **впе́ртий** stubborn, **несхи́тний** unswerving, **рішу́чий** resolute, **си́льний** strong ◊ **На вака́нтну поса́ду вона́ шука́ла кандида́та із си́льним ~ом.** For the vacancy, she was looking for a candidate with strong character. **тверди́й** firm, **цілеспрямо́ваний** purposeful; **важки́й** difficult ◊ **Гали́нин важки́й х. ча́сто става́в причи́ною конфлі́ктів із коле́гами.** Halyna's difficult character often became the reason for conflicts with colleagues. **крути́й** prickly, **несте́рпний** unbearable, **пога́ний** bad, **складни́й** complex
n. + **х. ва́да ~у** a character flaw ◊ **Вчи́тель зна́є ва́ди ~у у́чня.** The teacher knows the character flaws of his pupil. (**недо́лік** defect; **ри́са** trait) ◊ **Мари́на прихо́вує неприє́мні ри́си сво́го ~у.** Maryna conceals unpleasant traits of her character.
v. + **х. вихо́вувати х.** instill character ◊ **Ба́тьки ви́ховали в Тетя́ни цілеспрямо́ваний х.** Her parents instilled a purposeful personality in Tetiana. (**плека́ти** foster; **ма́ти** have; **успадко́вувати** inherit; **формува́ти** shape ◊ **Випробува́ння формува́ли її тверди́й х.** Ordeals shaped her firm character. **виявля́ти** reveal; **перела́мувати** break; **прихо́вувати** conceal)
Also see **душа́ 2, нату́ра 1, організа́ція 3, подо́ба 2, приро́да 2, склад**[2] **2, темпера́мент 1**
2 character, will power, strength
adj. **си́льний** strong ◊ **Перемо́га ста́ла можли́вою завдяки́ си́льному ~ові ї́хньої рятува́льної дружи́ни.** The victory became possible thanks to the strong character of their rescue team. **спра́вжній** real
v. + **х. пока́зувати х.** show character ◊ **Рятýючи побрати́мів, воя́к показа́в спра́вжній х.** Rescuing his brothers-in-arms, the soldier showed real character.
See **во́ля 1, си́ла 1**
3 character, quality, nature, trait
adj. **вира́зний** distinct, **відмі́нний** distinctive, **і́нший** different; **вну́трішній** intrinsic, **індивідуа́льний** individual; **винятко́вий** exceptional, **незвича́йний** unusual, **оригіна́льний** original, **особли́вий** special, **уніка́льний** unique; **іденти́чний** *or* **одна́ковий** identical, **таки́й са́мий** same; **пе́рвісний** initial; **традиці́йний** traditional; **місце́вий** local, **націона́льний** national ◊ **націона́льний х. інтер'є́ру собо́ру** the national character of the cathedral's interior; **реґіона́льний** regional; **ґлоба́льний** global, **міжнаро́дний** international; **міськи́й** urban, **провінці́йний** provincial, **сільськи́й** rural ◊ **сільськи́й х. пое́тики а́втора** the rural character of the author's poetics
v. + **х. ма́ти х.** have a character (**втрача́ти** lose; **зберіга́ти** retain ◊ **Ісла́ндська мо́ва столі́ттями зберіга́ла оригіна́льний х.** The Icelandic language has for centuries retained its original character. **підкре́слювати** underscore; **розвива́ти** develop); **набира́ти ~у** take on a character ◊ **Його́ робо́ти набира́ють ~у африка́нського мисте́цтва.** His works take on the character of African art. (**надава́ти** + *D.* give sth ◊ **Мушта́рда надає́ підли́ві особли́вого ~у.** Mustard gives the sauce its special character. **прибира́ти** assume) ◊ **Да́лі хора́л прибира́є ~у григорія́нського спі́ву.** Further on, the choral assumes the character of Gregorian chant.
prep. **за ~ом** in character ◊ **Це́рква є карпа́тською за ~ом.** The church is Carpathian in character.
Also see **власти́вість, ри́са 1**

характеризу|ва́ти, ~ють; о~, *tran.*

1 to characterize, portray, speak of ◊ **Пили́п ~є її́, як обдаро́вану ді́вчину.** Pylyp characterizes her as a gifted girl.
adv. **неґати́вно** negatively; **позити́вно** positively ◊ **Шви́дкий по́ступ позити́вно характеризу́є Матві́я.** The quick advancement speaks positively of Matvii. **прихи́льно** favorably; **влу́чно** aptly ◊ **Ви́раз «невиліко́вний рома́нтик» влу́чно ~є Лукаша́.** The expression "incurable romantic" aptly characterizes Lukash. **кілько́ма слова́ми** in a few words, **сти́сло** briefly; **пра́вильно** correctly; **помилко́во** mistakenly, **хи́бно** erroneously
v. + **х. бу́ти мо́жна** be possible to, **бу́ти неможли́во** be impossible to, **бу́ти тя́жко** be difficult to ◊ **Тя́жко о~ полі́тика кілько́ма слова́ми.** It is difficult to characterize the politician in a few words. **вмі́ти** be able to, **змогти́** *pf.* manage to, **мо́гти** can, **намага́тися** try to; **пропонува́ти** + *D.* offer sb to; **проси́ти** + *A.* ask sb to
2 *only impf., 3rd pers.* to be characteristic of, be inherent in ◊ **Ю́лію ~є зда́тність дивува́тися сві́тові.** The capacity to marvel at the world is characteristic of Yuliia.
pa. pple. **охарактеризо́ваний** characterized, portrayed
(о)характеризу́й!

характери́сти|ка, *f.*

1 characteristic, feature, attribute
adj. **ба́зова** basic, **важли́ва** important ◊ **Електри́чна прові́дність є важли́вою ~кою ко́жного хемі́чного елеме́нта.** Electric conductivity is an important characteristic of each chemical element. **визнача́льна** defining, **головна́** principal, **істо́тна** essential, **ключова́** key, **фундамента́льна** fundamental, **чі́льна** major; **обов'язко́ва** obligatory ◊ **Че́сність ма́є бу́ти обов'язко́вою ~кою держа́вного службо́вця.** Integrity must be an obigatory characteristic of a civil servant. **вира́зна** distinct, **відмі́тна** distinguishing, **чітка́** clear; **індивідуа́льна** individual, **окре́ма** separate, **особли́ва** peculiar, **прикме́тна** distinctive, **розпізнава́льна** identifying, **типо́ва** typical; **зага́льна** general, **індивідуа́льна** individual, **особи́ста** personal; **спі́льна** common; **біологі́чна** biological, **генети́чна** genetic ◊ **Дрозофі́ла виявля́є ціка́ві генети́чні ~ки.** Fruit flies display curious genetic attributes. **культу́рна** cultural, **людська́** human, **психологі́чна** psychological, **соціа́льна** social, **стате́ва** sexual; **електри́чна** electric, **маґні́тна** magnetic, **фізи́чна** physical, **хемі́чна** chemical; **набу́та** acquired, **успадко́вана** inherited
v. + **х. виявля́ти ~ку** display a characteristic (**демонструва́ти** exhibit, **ма́ти** have, **посіда́ти** possess; **поділя́ти з** + *I.* share with sb/sth ◊ **Речовина́ поділя́є ряд ~к зі срі́блом.** The substance shares a number of qualities with silver. **вивча́ти** study, **виявля́ти** identify ◊ **Дослі́дник ви́явив невідо́му електри́чну ~ку лі́тію.** The researcher identified an unknown electrical characteristic of lithium. **відкрива́ти** discover, **порі́внювати** compare; **розгляда́ти** examine
See **ри́са 1.** *Also see* **ге́ній 1**
2 characterization, portrayal, description
adj. **вичерпна** exhaustive, **дета́льна** *and*

докла́дна detailed ◊ **Студе́нт дав докла́дну ~ку геро́єві рома́ну.** The student gave a detailed characterization of the novel's protagonist. **зага́льна** general; **ідеологі́чна** ideological, **культу́рна** cultural, **мо́вна** linguistic, **психологі́чна** psychological, **соція́льна** social
See **о́пис 1**
3 letter of reference, reference, testimonial, character reference
adj. **блиску́ча** glowing ◊ **Пацеда́вець написа́в Софі́ї блиску́чу ~ку.** Her employer wrote Sofia a glowing reference. **до́бра** good, **позити́вна** positive, **прихи́льна** favorable; **невтра́льна** neutral; **ке́пська** poor, **пога́на** bad
v. + **х. дава́ти** + *D.* **~ку** give sb a reference ◊ **Вона́ дала́ Матві́єві невтра́льну ~ку.** She gave Matvii a neutral reference. (**надава́ти** + *D.* provide sb with, **пода́ти** + *D.* submit to sb, **представля́ти** + *D.* present to sb, **проси́ти** + *A.* ask sb for); **потребува́ти ~и** need a reference ◊ **Антоні́на потребува́ла кра́щої ~ки.** Antonina needed a better reference.
prep. **в ~ці** in a reference ◊ **У її ~і є бага́то ціка́вого.** There are many interesting things in her reference. **х. від** + *G.* a reference from sb ◊ **Вона́ подала́ ~ку від профе́сора.** She submitted a reference from her professor. **х. з** + *G.* reference from *(a place)* ◊ **х. з мі́сця пра́ці** a reference from the place of employment

характе́рн|ий, *adj.*
characteristic, typical ◊ **Вона́ промовля́ла з ~ою пихо́ю.** She was speaking with characteristic arrogance. ◊ **Він відділи́в ~і я́вища від випадко́вих.** He separated typical phenomena from the accidental ones.
adv. **до́сить** fairly ◊ **Гли́нистий ґрунт до́сить х. для ціє́ї зо́ни.** Clayey soil is fairly characteristic of this zone. **доста́тньо** sufficiently, **ду́же** very, **цілко́м** entirely
v. + **х. бу́ти ~им** be characteristic (**вважа́ти** + *A.* consider sth ◊ **Зга́дану особли́вість вважа́ли ~ою для півні́чних діяле́ктів.** The peculiarity mentioned was considered chracteristic of the northern dialects. **става́ти** become)
prep. **х. для** + *G.* characteristic of sb/sth
See **типо́вий**

хари́зм|а, *f.*, *only sg.*
charisma
adj. **вели́ка** great, **величе́зна** immense, **леґенда́рна** legendary, **неабияка** remarkable, **невідпі́рна** irresistible, **поту́жна** powerful, **си́льна** strong; **правди́ва** *and* **спра́вжня** true; **вро́джена** innate, **приро́дна** natural; **особи́ста** personal, **особли́ва** special, **рі́дкісна** rare, **уніка́льна** unique ◊ **полі́тик з уніка́льною ~ою** a politician with a unique charisma
v. + **х. використо́вувати ~у** use one's charisma ◊ **Він не соро́мився використо́вувати вро́джену ~у.** He did not shy away from using his innate charisma. (**зберіга́ти** retain ◊ **На́віть у дев'я́носто Патрія́рх Мстисла́в зберіга́в леґенда́рну ~у.** Even at ninety, Patriarch Mstyslav retained his legendary charisma. **ма́ти** have, **посіда́ти** possess; **втрача́ти** lose); **бракува́ти ~и** lack charisma ◊ **Йому́ браку́є ~и.** He lacks charisma. **опира́тися ~і** resist charisma (**піддава́тися** succumb to) ◊ **Рі́дко хто не піддава́вся ~і пропові́дника.** Rarely did anybody not succumb to the preacher's charisma. **промени́тися ~ою** radiate charisma ◊ **Він промени́ться ~ою.** He radiates charisma.

ха́рті|я, *f.*, **~ї**
charter
adj. **устано́вча** founding; ♦ **Вели́ка х. во́льностей** *hist.* the Magna Carta ◊ **Вели́ку ~ю во́льностей називаю́ть попере́дницею европе́йських конститу́цій.** The Magna Carta is called the precursor of European constitutions. ◊ **Олімпі́йська х.** the Olympic Charter
х. + *n.* **х. безпе́ки** a security charter ◊ **~ю европе́йської безпе́ки прийняли́ в 1999 ро́ці.** The Charter for European Security was adopted in 1999. (**мо́ви** language) ◊ **х. францу́зької мо́ви у Квебе́ку** the Charter of the French language in Quebec
See **зако́н**

харчов|и́й, *adj.*
food, of or pertaining to food; nutritional
х. + *n.* **х. бі́знес** food business ◊ **Мі́сто набуло́ зна́чення вели́кого осере́дку ~ого бі́знесу.** The city acquired the importance of major food business center. (**ланцю́г** chain; **проду́кт** product, **раціо́н** ration; **режи́м** regimen ◊ **Лі́кар призна́чив їй суво́рий х. режи́м.** The doctor prescribed her a strict food regimen. **станда́рт** standard; **тало́н** stamp) ◊ **Уряд уві́в ~і тало́ни.** The government introduced food stamps. **~а́ алергі́я** a food allergy (**інтоксика́ція** intoxication, **полі́тика** policies; **промисло́вість** industry), ◊ **~а́ ці́нність** a nutritional value; **~е́ емба́рґо** a food embargo (**запезпе́чення** provision, **постача́ння** supplies; **отру́єння** poisoning); **~і дода́тки** food additives (**запа́си** reserves)

харчува́нн|я, *nt.*, *only sg.*
1 nourishment, subsistence; *also fig.*
adj. **адеква́тне** *and* **відпові́дне** adequate, **нале́жне** proper; **пожи́вне** nutritious ◊ **Тут же́ртви по́вені могли́ діста́ти пожи́вне х.** Here the flood victims could get nutritious nourishment. **безпере́рвне** uninterrupted, **гаранто́ване** guaranteed, **пості́йне** continuous; **мініма́льне** minimal; **духо́вне** *fig.* spiritual, **емоці́йне** *fig.* emotional, **інтелектуа́льне** *fig.* intellectual
v. + **х. дава́ти** *and* **надава́ти** + *D.* **х.** give sb nourishment ◊ **Переселе́нцям нада́ли ґаранто́ване х.** The immigrants were given a guaranteed subsistence. (**дістава́ти** get, **отри́мувати** receive) ◊ **Він отри́мує до́бре х.** He receives good nourishment. **бракува́ти** + *G.* **х.** lack nourishment ◊ **Солда́там браку́є х.** The soldiers lack nourishment. (**позбавля́ти** + *A.* deprive sb of; **потребува́ти** need) ◊ **Ді́ти потребу́ють х.** The children need nourishment. **забезпе́чувати** + *A.* **~м** provide sb with nourishment
2 food ◊ **Ма́ти готува́ла йому́ су́мку з дома́шнім ~ям.** His mother prepared a bag with homemade food for him. ◊ **У них закі́нчувалося х.** They were running out of food.
See **ї́жа, продово́льство.** *Also see* **заку́ска 2, пере́куска, стіл 2**

харчу|ва́ти, ~ють; *no pf., tran.*
to feed, nourish, board ◊ **Со́нце ~є життєда́йною ене́ргією ко́жен органі́зм.** *fig.* The sun nourished every organism with life-giving energy. ◊ **Воло́дя ~вав бра́та, по́ки той шука́в пра́цю.** Volodia boarded his brother while he looked for a job.
харчу́й! ♦ **Харчу́йте здоро́ві!** Bon appetit! Enjoy your food!
See **годува́ти 1.** *Also see* **живи́ти 1, забезпе́чувати 4**

харчува́|тися; *no pf., intr.*
to eat, feed oneself, board, subsist ◊ **Студе́нти ~лися само́ю карто́плею і молоко́м.** The students subsisted only on potatoes and milk.
See **ї́сти 2.** *Also see* **живи́тися 1, 2**

ха́т|а, *f.*, **~и**
1 house *(usu single-story, in the countryside)*
adj. **вели́ка** big ◊ **Вони́ живу́ть у вели́кій ~і.** They live in a big house. **величе́зна** huge, **просто́ра** spacious; **мала́** little, **кри́хітна** tiny, **невели́ка** small, **скро́мна** modest; **трикімна́тна** three-room, **чотирикімна́тна** four-room, *etc.*; **дерев'я́на** wooden, **кам'я́на́** stone, **цегляна́** brick; **га́рна** beautiful, **оша́тна** elegant ◊ **Ко́жна ха́та в місте́чку догля́нута й оша́тна.** Every house in the township is well-tended and elegant. **хоро́ша** nice, **чепурна́** tidy; **за́тишна** comfortable; **ти́ха** quiet ◊ **Він ви́брав ти́ху ~у бі́ля лі́су.** He chose a quiet house near the forest. **розкі́шна** luxurious; **поню́ра** gloomy, **похму́ра** dingy, **потво́рна** ugly; **зачу́хана** *colloq.* shabby, **зане́дбана** neglected, **занеха́яна** derelict, **напівзруйно́вана** ramshackle, **поки́нута** abandoned, **поро́жня** *and* **пуста́** empty, **розва́лена** dilapidated ◊ **У розва́леній ~і коли́сь жила́ сільська́ ві́дьма.** A village witch once lived in the dilapidated house. **мисли́вська** hunting, **риба́льська** fisherman's, **свяще́нницька** priest's, **селя́нська** peasant; **замі́ська** countryside, **сільська́** village ◊ **Ко́жна четве́рта сільська́ х. тепе́р стоя́ла поро́жньою.** Every fourth village house now stood empty. **ба́тьківська** parents', **пре́дківська** ancestral; **сусі́дня** neighboring, **сусі́дська** neighbor's
n. + **х. вікно́ ~и** a window of a house ◊ **Ві́кна ~и ма́ли старі́ дерев'я́ні ра́ми, помальо́вані в си́ній ко́лір.** The windows of the house had old wooden frames painted blue. (**дах** roof, **две́рі** door, **стіна́** wall, **стрі́ха** thatch; **бік** side ◊ **З лі́вого бо́ку ~и росте́ ли́па.** A linden grows on the left side of the house. **вміст** contents; **зад** *and* **тил** back ◊ **Тил ~и лиша́вся непофарбо́ваним.** The back of the house remained unpainted. **інтер'є́р** interior, **пере́д** *and* **фаса́д** front; **вла́сник** owner, **покупе́ць** buyer; **ва́ртість** value, **ціна́** price; **купі́вля** purchase, **про́даж** sale; **ме́шканець** resident; **будівни́цтво** construction, **опоря́дкува́ння** decoration, **ремо́нт** repair) ◊ **Ремо́нт ~и обійшо́вся їм у гру́дку гро́шей.** *colloq.* The repair of the house cost them quite some money.
v. + **х. будува́ти ~у** build a house ◊ **Вони́ бу́дують кам'я́ну ~у.** They are building a stone house. **розширя́ти** extend ◊ **Пі́сля наро́дження дити́ни Тарасю́кі взяли́ся розширя́ти ~у.** After their child's birth, the Tarasiuks got down to extending their house. **вмебльо́вувати** *and* **обставля́ти** furnish ◊ **Він обста́вив ~у стари́ми ме́блями.** He furnished the house with old furniture. **біли́ти** whitewash, **малюва́ти** *or* **фарбува́ти** paint, **опорядко́вувати** decorate, **прибира́ти** clean, **тинькува́ти** plaster ◊ **Вони́ потинькува́ти ~у.** They plastered the house. **зно́сити** tear down ◊ **Ко́жну поки́нуту ~у зно́сили, а на її мі́сці будува́ли нову́.** Each abandoned house was torn down and a new one built in its place. **руйнува́ти** ruin; **ремонтува́ти** repair; **займа́ти** occupy ◊ **Дві сім'ї́ займа́ють шестикімна́тну ~у.** Two families occupy the six-room house. **купува́ти** buy; **ма́ти** have ◊ **Він має дерев'я́ну ~у в Карпа́тах.** He has a wooden house in the Carpathians. **посіда́ти** possess; **винайма́ти** *or* **найма́ти** rent ◊ **Він (ви)найма́є ці́лу ~у.** He rents an entire house. **здава́ти** rent out ◊ **Марко́ здає ~у ро́дичам.** Marko rents his house out to his relatives. **продава́ти** sell; **буди́ти** wake up; **обшуко́вувати** search ◊ **Polі́ція обшука́ла всю ~у і ні́чого не знайшла́.** The police searched the entire house and found nothing. **перебира́тися в** move into) ◊ **Вони́ перебра́лися в бі́льшу ~у.** They moved into a bigger house. **виселя́тися з ~и** move out of a house ◊ **Сусі́ди ви́селилися з ~и.** The neighbors moved out of the house. (**переї́жджа́ти до** move into); **жи́ти в ~і** live in a house ◊ **Вона́ живе́ в розкі́шній ~і на бе́резі мо́ря.** She lives in a luxurious house on the sea shore. (**ме́шкати в** reside in; **зупиня́тися в** stay in) ◊ **У ~і зупиня́лися рі́зні підозрі́лі ти́пи.** Various suspicious characters stayed in the house.
х. + *v.* **бу́ти розташо́ваною** *and* **розташо́вуватися** be situated ◊ **Х. розташо́вана на горі́.** The house is situated on a hill. **стоя́ти** stand; **вихо́дити на** + *A.* face sth ◊ **Х. вихо́дить на майда́н.** The house faces a

square. **горі́ти** burn ◊ **Х. письме́нника згорі́ла.** The writer's house burned down. **загоря́тися** catch fire, **розва́люватися** fall apart; **ко́штува́ти** cost ◊ **Дерев'я́на х. ко́штує доро́жче, як цегляна́.** A wooden house costs more than the brick one.

prep. **в ~у** *dir.* in/to a house ◊ **Пес забі́г у ~у.** The dog ran into the house. **в ~і** *posn.* at/in a house ◊ **Утікача́ схопи́ли в ~і його́ колишньої жі́нки.** The runaway was captured at his former wife's house. **від ~и** from a house ◊ **Від ~и до шко́ли кіломе́тр.** It is a kilometer from the house to school. **до ~и** to a house ◊ **Сте́жка веде́ до ~и.** The path leads to the house. ♦ **від ~и до ~и** from house to house, from door to door ◊ **Вони́ розно́сили летю́чки від ~и до ~и.** They carried the flyers from door to door. **з ~и** out of a house ◊ **З ~и ви́бігла Ле́ся.** Lesia ran out of the house. **за ~ою** behind a house ◊ **За ~ою був сад.** There was an orchard behind the house.

Cf. **буди́нок 1, дім 1**

2 *colloq.* home, one's place, apartment ◊ **Я йду до ~и.** I am going home. ◊ **Ві́ктор ча́сто зга́дує за ~у, за роди́ну, за дру́зів.** Viktor often reminisces about his home, his family, and his friends. ◊ **Вони́ купи́ли трикімна́тну ~у.** They bought a three-room apartment. ♦ **Моя́ х. скра́ю, ні́чого не зна́ю.** This is none of my business; I want no part of it.

prep. **до ~и** to sb's place ◊ **Рома́на запроси́ла дру́зів до се́бе до ~и.** Romana invited her friends to her place. ♦ **верта́тися до ~и** to come back home *or* to one's homeland ◊ **За ти́ждень вони́ проща́тимуться з Кана́дою й верта́тимуться до ~и.** In a week, they will be bidding goodbye to Canada and returning home. **з ~и** from one's home ◊ **Він вихо́дить із ~и ра́но-вра́нці.** He leaves home early in the morning. ♦ **не вихо́дити з ~и** to stay home, not to show up in public ◊ **Коли́ напада́ла депре́сія, він дня́ми не вихо́див із ~и.** When depression set in, he stayed home for days on end. ♦ **вино́сити смі́ття з ~и** *fig.* to wash one's dirty linen in public ◊ **На її мі́сці я б до́бре поду́мав, перш як вино́сити смі́ття з ~и.** If I were her, I'd think long and hard before washing my dirty linen in public. **на ~у до** + *G. dir.* to sb's place ◊ **Пі́сля семіна́ру ми всі пішли́ на ~у до Анто́на.** After the seminar, we all went to Antin's place. ♦ **на всю ~у** 1) loudly ◊ **Антоні́на зітхну́ла на всю ~у.** Anatonina gave a loud sigh. 2) much, intensely, strongly ◊ **Печеня́ па́хла на всю ~у.** The roast gave a strong smell. **у ~і** home, at home ◊ **Уже́ дев'я́та ве́чора, а Си́мона ще нема́є в ~і.** It is 9:00 PM but Symon is not yet home. **в се́бе в ~і** at one's place ◊ **У се́бе в ~і вона́ мо́же роби́ти все, що забажа́є.** At her own place, she is free to do anything she wishes. ♦ **сиді́ти в ~і** to sit at home, stay home ◊ **Зимо́вими вечора́ми Га́нна полюбля́є сиді́ти в ~і й чита́ти.** On winter nights, Hanna likes to sit at home and read.

See **дім 2**

3 shelter, sanctuary, refuge ◊ **Наближа́лася ніч, і мандрі́вники взя́лися шука́ти ~у.** The night was coming and the travelers got down to looking for shelter.

See **приту́лок 1.** *Also see* **дім 2**

N. pl. **ха́ти**

хвал|и́ти, ~ять; по~, *tran.*

to praise, commend

adv. **висо́ко** highly, **до небе́с** to the skies ◊ **Кри́тики ~ять поста́ву траге́дії до небе́с.** Critics praise the production of the tragedy to the skies. **ду́же** greatly; **заслу́жено** deservedly, **справедли́во** justly; **на лю́дях** in public ◊ **Адрія́на ~ила хло́пця на лю́дях і свари́ла вдо́ма.** Adriiana praised the boy in public and scolded him at home. **публі́чно** publicly; **односта́йно** unanimously; **весь час** all the time, **неоднора́зово** repeatedly **пості́йно** constantly, **ча́сто** often; **для годи́ться** for appearance's sake ◊ **Оле́кса відчува́в, що вчи́тель ~ить його́ для годи́ться.** Oleksa sensed that his teacher praised him for appearance's sake. **ма́рно** in vain, **ні́защо** for nothing; ♦ **х. Бо́га** thank God ◊ **Х. Бо́га, вони́ діста́лися до ха́ти без пробле́м.** Thank God, they made it home without problems.

v. + **х. бра́тися** set about; **бу́ти гото́вим** be ready to ◊ **Нача́льник гото́вий х. його́ за ко́жну дурни́чку.** The boss is ready to praise him for every trifle. **не перестава́ти** not to stop ◊ **Миро́н не перестава́в х. студе́нта.** Myron would not stop praising the student. **почина́ти** begin to, **ста́ти** *pf.* start; **стара́тися** strive to ◊ **Вона́ стара́ється час від ча́су х. ді́вчину.** She strives to praise the girl from time to time. **хоті́ти** want to; **не забува́ти** not forget to

prep. **х. за** + *A.* praise for sth ◊ **На́віть супе́рники ~или їх за чудо́вий ви́ступ.** Even her rivals praised them for a great performance.

pa. pple. **похва́лений** praised

(по)хвали́!

Ant. **засу́джувати 2, критикува́ти, ла́яти 1, свари́ти 1**

хвал|и́тися, ~яться; по~, *intr.*

to boast, brag + *I.* about/of sth

adv. **безсоро́мно** shamelessly ◊ **Він безсоро́мно ~и́вся пода́рунками від батькі́в.** He shamelessly boasted of the presents from his parents. **відкри́то** openly; **весь час** all the time, **за́вжди́** always, **пості́йно** constantly, **ча́сто** often; **ні́коли не** never

v. + **х. бу́ти не від то́го, щоб** be not against ◊ **Вона́ не від то́го, щоб по~ свої́ми у́спіхами в хло́пців.** She is not against boasting about her success with the boys. **люби́ти** like to ◊ **Андрі́й люби́в по~.** Andrii liked to boast.

prep. **х. пе́ред** + *I.* boast to sb ◊ **Він ні́коли не ~и́вся пе́ред дру́зями.** He never bragged to his friends.

хвили́н|а, *f.*

1 minute

adj. **пе́рша** first ◊ **Здава́лося, що пе́рша х. поєди́нку трива́ла ві́чність.** The first minute of the fight seemed to last for an eternity. **оста́ння** final, last ◊ **В оста́нню ~у ви́ступу вона́ сказа́ла найважли́віше.** In the last minute of the presentation, she said the most important thing. **прикінце́ва** closing; **насту́пна** next, **попере́дня** previous; **безкіне́чна** endless, **до́вга** long, **коро́тка** brief; **виріша́льна** decisive ◊ **Насту́пна х. виріша́льна.** The next minute is the decisive one. **кошто́вна** precious ◊ **Ко́жна х. була́ кошто́вною.** Every minute was precious. **істори́чна** historic, **напру́жена** tense ◊ **Мину́ло п'ять напру́жених хвили́н.** Five tense minutes passed. ♦ **х. у ~у** to the minute, exactly on time ◊ **По́тяг прийшо́в х. у ~у.** The train arrived exactly on time.

v. + **х. займа́ти ~у** take a minute ◊ **Це займе́ одну́ ~у.** This will take one minute. (**прово́дити** spend ◊ **Ми провели́ хвили́н два́дцять у почека́льні.** We spent about ten minutes in the waiting room. **тра́тити** waste ◊ **Він потра́тив на ма́рну розмо́ву де́сять хвили́н.** He wasted ten minutes on the futile conversation. **лічи́ти** *or* **рахува́ти** count ◊ **Ко́жен із них рахува́в ~и до кінця́ віста́ви.** Each of them was counting minutes till the end of the show. **пробу́ти** *pf.* stay, **сиді́ти** sit ◊ **Кліє́нт проси́дів у крі́сліданти́ста со́рок хвили́н.** The client sat in the dentist's chair for forty minutes. **стоя́ти** stand, **чека́ти** wait) ◊ **Він чека́в одну́ ~у.** He waited for one minute.

х. + *v.* **мина́ти** elapse ◊ **Від моме́нту, як віді́йшов по́тяг, мину́ло де́сять хвили́н.** Ten minutes elapsed since the moment the train had departed. **пролі́тати** fly by ◊ **Пролеті́ло со́рок хвили́н.** Forty minutes flew by. **прохо́дити** pass; **перехо́дити в** turn into sth ◊ **Де́сять хвили́н ле́кції перейшли у два́дцять, тоді́ – в со́рок, а тоді́ – в годи́ну.** Ten minutes of the lecture turned into twenty, then forty, and then an hour.

prep. **без ~и (хвили́н)** *(in indications of time by the clock)* minutes to *(an hour)* ◊ **Була́ без п'яти́ хвили́н четве́рта годи́на, коли́ закінчи́вся фі́льм.** It was five minutes to four o'clock when the movie ended. ♦ **без п'яти́ хвили́н** *colloq.* almost, practically ◊ **Іре́на без п'яти́ хвили́н до́ктор філоло́гії.** Irena is practically a doctor of philology. **за ~у** in a minute ◊ **Полі́на обіця́ла віддзвони́ти за ~у.** Polina promised to call back in a minute. **про́тягом ~и** for a minute ◊ **Зате́мнення трива́ло про́тягом п'ятдесяти́ хвили́н.** The eclipse lasted for fifty minutes. **че́рез ~у** in a minute ◊ **Він переві́рив комп'ю́тер че́рез два́дцять хвили́н.** He checked up on the computer in twenty minutes.

Also see **секу́нда**

2 moment, while; time ◊ **~у повага́вшись, Рома́н вки́нув листа́ до пошто́вої скри́ньки.** Having hesitated a moment, Roman dropped the letter in the mailbox. ♦ **одну́ ~у** just a moment

adj. **ві́льна** free ◊ **Ці́лий день чолові́к не мав ві́льної ~и.** All day, the man has not had a free moment. **за́йва** spare; **приє́мна** pleasant, **споки́йна** quiet

х. + *n.* **х. випробува́нь** a moment of trial (**зу́стрічі** encounter ◊ **Він до́вго пам'ята́тиме ~у ї́хньої пе́ршої зу́стрічі.** He will remember the moment of their first encounter for a long time. **проща́ння** farewell; **ува́ги** attention ◊ **Мені́ потрі́бна х. ва́шої ува́ги.** I need your attention for a moment. **ра́дости** joy; **ві́дчаю** despair, **розпу́ки** desperation)

prep. ♦ **з ~и на ~у** any moment, any time ◊ **Він отри́має підтве́рдження грошово́го пере́казу з ~и на ~у.** He will receive the money transfer confirmation any moment. ♦ **за ~у** in a moment, in no time ◊ **Ва́ше замо́влення бу́де гото́ве за ~у.** Your order will be ready in a moment.

See **мить 1, 2.** *Also see* **моме́нт 1, хви́ля**[2], **те́рмін**[2] **2, час 3**

хвилюва́н|ня, *nt.*

excitement, nervousness, agitation, concern, worrying

adj. **вели́ке** great, **величе́зне** tremendous ◊ **Іва́на охопи́ло величе́зне х.** Ivan was overtaken by tremendous excitement. **го́стре** acute, **неаби́яке** high; **ві́дчутне** palpable, **помі́тне** noticeable, **скра́йнє** extreme, **страшне́** terrible; **пе́вне** certain; **душе́вне** spiritual ◊ **Він не міг писа́ти пое́зію без душе́вного х.** He could not write poetry without spiritual agitation. **приє́мне** pleasurable, **ра́дісне** happy; **нерво́ве** nervous, **тре́петне** tremulous, **триво́жне** anxious ◊ **Ві́стка від Дани́ла ви́кликала в його́ се́стер триво́жне х.** The news from Danylo caused anxious agitation in his sisters. **безпричи́нне** unfounded, **ма́рне** futile ◊ **За годи́ну ста́ло я́сно, що ї́хнє х. було́ ма́рним.** In an hour, it became clear that their agitation was futile. **все бі́льше** growing; **ди́ке** wild, **запа́морочливе** heady; **ди́вне** strange; **юна́цьке** youthful; **безупи́нне** nonstop, **пості́йне** constant ◊ **Пості́йне х. за діте́й висна́жувало її.** Her constant concern for her children exhausted her.

v. + **х. виклика́ти х.** cause excitement (**відчува́ти** feel ◊ **Слу́хаючи зве́рнення, Йоси́па відчува́ла все бі́льше х.** Listening to the address, Yosypa felt a growing excitement. **контролюва́ти** control, **потамо́вувати** suppress, **прихо́вувати** hide ◊ **Василе́нко стара́вся прихова́ти х.** Vasylenko tried to hide his excitement. **стри́мувати** contain; **додава́ти** add ◊ **Ко́жен звук додава́в х.** Each sound added excitement. **поси́лювати** increase); **тремті́ти від х.** tremble with excitement ◊ **Юна́к тремті́в від вели́кого х.** The youth trembled with great excitement.

х. + *v.* **зроста́ти** grow ◊ **У його́ се́рці зроста́ло тре́петне х.** Tremulous excitement was growing in his heart. **поси́люватися** increase, **охо́плювати** + *A.* overtake sb; **спо́внювати** + *A.* fill sb ◊ **Ди́вне х. спо́внило Марі́ю.** Strange excitement filled Maria.
prep. **без х.** without excitement ◊ **Оле́на розгляда́ла світли́ни без найме́ншого х.** Olena was examining the pictures without the least excitement. **від х.** with excitement ◊ **Його́ гу́би сіпалися від х.** His lips twitched with excitement. **з ~ням** with excitement ◊ **Лев зга́дував приго́ду з відчу́тним ~ням.** Lev recollected the adventure with palpable excitement. **че́рез х.** because of excitement ◊ **Че́рез х. вона́ не могла́ зосере́дитися.** Because of the excitement, she could not focus.

хвилю|ва́ти, ~ють; с~, *tran.*
1 to agitate, disturb, worry, concern, preoccupy
adv. **гли́боко** deeply, **го́стро** acutely ◊ **Намі́р си́на йти на фронт го́стро схвилюва́в Тама́ру.** Her son's intention to go to the front acutely worried Tamara. **ду́же** greatly; **по-спра́вжньому** for real, **серйо́зно** seriously; **спра́вді** really; **чому́сь** for some reason, **зо́всім не** not at all ◊ **Мене́ зо́всім не ~є, що ви робитимете.** What you will do does not concern me at all.
х. + *n.* **х. ро́зум** *or* **се́рце** agitate the mind *or* heart ◊ **Його́ промо́ви ~ва́ли ти́сячі серде́ць.** His speeches agitated thousands of hearts. (**кров** blood, **почуття́** feelings, **се́рце** heart)
v. + **х. могти́** can, **намага́тися** try to ◊ **Намага́йтеся не х. хво́ру без потре́би.** Try not to worry the (female) patient needlessly. **хоті́ти** want to ◊ **Не хо́чу х. вас че́рез дурни́цю.** I do not want to disturb you over a trifle.
Also see **жури́ти 2**
2 to ripple, ruffle ◊ **Ві́тер ~ва́в мо́ре.** The wind rippled the sea.
схвильо́ваний agitated, excited; rippled
(с)хвилю́й!

хвилю|ва́тися, ~ю́ться; *no pf., intr.*
1 to be nervous, worry, be concerned, be anxious ◊ **Нема́ причи́ни х.** There is no reason to be nervous.
adv. **ду́же** greatly, **страше́нно** terribly, **так** so ◊ **Чому́ вона́ так ~ється?** Why is she so nervous? **ви́димо** visibly, **помі́тно** noticeably, **я́вно** clearly; **де́що** somewhat, **тро́хи** a little; **чому́сь** for some reason; **зо́всім не** not at all, **ма́йже не** almost ◊ **Юрі́й ма́йже не ~ва́вся, йдучи́ на зу́стріч зі студе́нтами.** Yurii was almost calm, going to the meeting with students. **за́вжди́** always, **і́ноді** sometimes, **ні́коли не** never
v. + **х. намага́тися не** try not to ◊ **Анастасі́я намага́лася не х., розповіда́ючи йому́ про свій за́дум.** Anastasiia tried not to be nervous, while telling him about her plan. **почина́ти** begin to, **ста́ти** *pf.* start; **переста́ти** stop
Also see **жури́тися 2, клопота́тися 4, непоко́їтися, пережива́ти 4, турбува́тися 1**
2 to ripple, wave, undulate ◊ **Пшени́чне по́ле ~ва́лося з ко́жним по́дувом ві́тру.** The field of wheat waved with every puff of the wind.
хвилю́йся!

хвилююч|ий, *adj.*
exciting, moving, touching, stirring, thrilling
adv. **вкрай** extremely ◊ **вкрай ~а о́повідь** an extremely moving story; **до́сить** fairly, **ду́же** very, **надзвича́йно** extraordinarily ◊ **Так знайо́ма фра́за набула́ ново́го і надзвича́йно ~ого змі́сту.** Thus a familiar phrase assumed a new and extraordinarily thrilling sense. **напра́вду** truly, **неймові́рно** incredibly, **осо́бли́во** particularly, **страше́нно** terribly
v. + **х. бу́ти ~им** be exciting ◊ **Для Софі́ї пі́сня була́ страше́нно ~ою.** For Sofia, the song was terribly moving. (**виявля́тися** turn out; **здава́тися** + *D.* seem to sb; **лиша́тися** remain; **става́ти** become)

хви́л|я[1], *f.*
1 wave
adj. **вели́ка** big, **величе́зна** huge, **висо́ка** high ◊ **Висо́кі ~і одна́ за о́дною розбива́лися об ске́лі.** High waves broke on the rocks one after another. **гіга́нтська** giant ◊ **Гіга́нтська х. проковтну́ла хло́пця на до́шці.** A giant wave swallowed the boy on the board. **три-метро́ва** three-meter, **п'ятиметро́ва** five-meter; **невели́ка** small; **морська́** sea, **океа́нська** ocean; **прибі́йна** surf ◊ **У цьому мі́сці прибі́йні ~і найви́щі.** In this spot, surf waves are highest. **крижана́** ice-cold, **холо́дна** cold
n. + **х. гре́бінь ~і** crest of a wave ◊ **Бі́лі гре́бені хвиль піді́йма́лися над борта́ми я́хти.** White crests of waves rose above the boards of the yacht. (**ене́ргія** energy, **си́ла** power)
v. + **х. лови́ти ~ю** catch a wave ◊ **Він за́раз же злови́в прибі́йну ~ю.** He immediately caught a surf wave. (**розбива́ти** break); **захища́ти** + *A.* **від хвиль** protect sb/sth from waves; **ї́хати на ~і** ride a wave
х. + *v.* **би́тися об** + *A.* hit against sth ◊ **~і би́лися об лі́вий борт човна́.** Waves hit against the port of the boat. **вдаря́тися об** + *A.* pound sth; **зато́плювати** + *A.* flood sth, **нако́чуватися на** + *A.* roll onto sth ◊ **~і нако́чувалися на піща́ний пляж.** Waves rolled onto the sandy beach. **накрива́ти** + *A.* cover sb/sth, **поглина́ти** + *A.* engulf sb/sth; **піді́йма́тися** *or* **підніма́тися** rise; **лютува́ти** rage, **реві́ти** roar; **розбива́тися об** + *A.* break on sth; **пле́скатися об** + *A.* lap against sth ◊ **Те́плі хвилі пле́скалися Світла́ні об но́ги.** Warm waves lapped Svitlana's feet.
2 *fig.* wave, flow, rush, tide
adj. **вели́ка** big, **велете́нська** enormous, **величе́зна** huge, **гіга́нтська** giant, **колоса́льна** colossal, **маси́вна** massive, **поту́жна** powerful; **насту́пна** next, **нова́** new, **сві́жа** fresh ◊ **Еконо́місти заповіда́ють сві́жу ~ю банкру́тств.** Economists anticipate a fresh wave of bankruptcies. **пе́рша** first; **дру́га** second; **оста́ння** last; **попере́дня** previous
х. + *n.* **х. вдя́чности** a tide of gratitude (**гні́ву** anger, **обу́рення** indignation ◊ **Х. обу́рення прокоти́лася мере́жевою спільно́тою краї́ни.** A wave of indignation rolled up and down the Internet community of the country. **па́ніки** panic, **почутті́в** feelings, **ра́дости** joy ◊ **Їх усі́х охопи́ла х. ра́дости.** A tide of joy overtook all of them. **розчарува́ння** disillusionment; **бі́женців** refugees ◊ **Краї́на не змо́же да́ти ра́ди з ново́ю ~ею бі́женців.** The country will not be able to handle a new wave of refugees. **імігра́ції** immigration; **злочи́нности** crime) ◊ **На мі́сто накоти́лася х. злочи́нности.** A crime wave rolled into the city.
v. + **х. виклика́ти ~ю** cause a wave ◊ **Оголо́шення ви́кликало ~ю розчарува́ння се́ред студе́нтів.** The announcement caused a wave of disillusionment among students. (**поро́джувати** create, **посила́ти** send, **провокува́ти** trigger); **спричиня́тися до ~і** bring about a wave ◊ **Війна́ спричини́лася до велете́нської ~і перемі́щених осі́б.** The war brought about an enormous wave of displaced people.
3 *phys.* wave, oscillation; *often pl.*
adj. **акусти́чна** acoustic ◊ **Прила́д випромі́нює акусти́чні ~і.** The device emits acoustic waves. **звукова́** sound, **ультразвукова́** ultrasonic; **ґравітаці́йна** gravitational, **електромаґні́тна** electromagnetic, **маґні́тна** magnetic, ♦ **радіохви́ля** a radio wave, **світлова́** light, **сейсмі́чна** seismic; **вибухо́ва** *or* **уда́рна** shock ◊ **Їх вби́ло уда́рною ~ею.** They were killed by the shock wave. **до́вга** long, **коро́тка** short, **сере́дня** medium
n. + **х. довжина́ ~і** a wave length (**частота́** frequency)
v. + **х. випромі́нювати ~і** emit waves (**генерува́ти** generate; **виявля́ти** detect; **відбива́ти** deflect) ◊ **Екра́н відбива́є радіохви́лі.** The screen deflects radio waves.
х. + *v.* **пошир́юватися на** + *A.* travel *(a distance)* ◊ **Світлові́ ~і мо́жуть пошир́юватися на величе́зні ві́дстані.** Light waves can travel enormous distances. **прохо́дити** + *A.* cover sth ◊ **Електромаґні́тна х. прохо́дить величе́зну ві́дстань за до́лі секу́нди.** An electromagnetic wave covers enormous distance in a fraction of a second. **відбива́тися від** + *G.* bounce off sth ◊ **Акусти́чні ~і відбива́ються від об'є́ктів, які́ трапля́ються на шляху́.** Acoustic waves easily bounce off the objects they encounter in their path.
4 *fig.* wave, curl, twist, coil, flow; *often pl.*
adj. **гаря́ча** hot, **те́пла** warm; **густа́** thick ◊ **Воло́сся спада́ло густи́ми ~ями їй на пле́чі.** Her hair cascaded in thick waves down her shoulders. **курна́** dusty
х. + *n.* **х. арома́тів** a wave of aroma (**за́пахів** smells ◊ **Із ку́хні ши́рилися ~і апети́тних за́пахів.** Waves of appetizing smells spread from the kitchen. **звукі́в** sounds, **му́зики** music, **спі́ву** singing)

хви́л|я[2], *f., colloq.*
while, second, moment ◊ **Яку́сь ~ю, Дани́ло сиді́в заду́мавшись.** Danylo sat for a moment, thinking.
prep. ♦ **в одну́ ~ю** in an instant, quickly ◊ **Ва́ля все зрозумі́ла в одну́ ~ю.** Valia understood everything in an instant. ♦ **у тій ~і** at that moment; ♦ **за ~ю** *or* **по ~і** after/in a moment; ♦ **на одну́ ~ю** for one moment ◊ **Він замо́вкнув на одну́ ~ю.** He fell silent for a moment.
Also see **мить 1, моме́нт 1, секу́нда, хвили́на 2**

хв|іст, *m.*, **~оста́**
1 tail
adj. **до́вгий** long; **коро́ткий** *and* **ку́ций** short, **обрі́заний** *or* **обтя́тий** docked ◊ **до́берман з обтя́тим ~осто́м** a Doberman with a docked tail; **чіпки́й** prehensile ◊ **Ма́впа ма́є чіпки́й х., що допомага́є їй ла́зити по дере́вах.** The monkey has a prehensile tail, that helps her climb trees. **за́ячий** hare, **кроля́чий** rabbit, **оле́нячий** deer; **коня́чий** horse, **коро́в'ячий** cow, **котя́чий** cat, **свиня́чий** pig, **соба́чий** dog; **ли́сячий** fox ◊ **ко́мір із ли́сячого ~оста́** a collar made of fox tail; **павиче́вий** peacock ◊ **Візеру́нок строка́тий, як павиче́вий х.** The pattern is many-colored as a peacock tail. **ри́б'ячий** fish
х. + *n.* **х. коня́** a horse tail (**коро́ви** cow, **кро́лика** rabbit, **лиси́ці** fox, **оле́ня** deer, **свині́** pig; **кота́** cat, **соба́ки** dog; **ле́ва** lion, **ти́гра** tiger; **павича́** peacock, **пі́вня** rooster; **аку́ли** shark **дельфі́на** dolphin, **кита́** whale, **ри́би** fish)
n. + **х. кі́нчик ~оста́** the tip of a tail ◊ **Кіт чо́рний, лише́ кі́нчик ~оста́ бі́лий.** The cat is black, and only the tip of his tail is white.
v. + **х. обрі́зати** *or* **обтина́ти х.** *or* **~оста́** dock a tail (**задира́ти** *or* **піді́йма́ти, підніма́ти** raise; **опуска́ти** lower, **підгина́ти** *or* **підібга́ти**, *pf. and* **хова́ти** hide ◊ **Пес підібга́в** *or* **схова́в ~оста́ між ла́пи.** The dog hid his tail between his legs. **наступа́ти на** step on) ◊ **Він ненаро́ком наступи́в кото́ві на х.** He inadvertently stepped on the cat's tail. ♦ **іти́ соба́ці під х.** *fig.* to go to the dogs ◊ **Усі́ Окса́нині зуси́лля пішли́ соба́ці під х.** All Oksana's efforts went to the dogs.
♦ **пока́зувати ~оста́** to flee, beat a hasty retreat; **верті́ти** *or* **виля́ти, крути́ти, маха́ти ~осто́м** wag one's tail ◊ **Сірко́ ра́дісно маха́в ~осто́м.** Sirko was wagging his tail joyfully. (**би́ти** beat, **стьоба́ти** flick ◊ **Кінь стьоба́в ~осто́м, відганя́ючи мух.** The horse flicked his tail, chasing away the flies. **хльоста́ти** *and* **шмага́ти** thrash); ♦ **ходи́ти ~осто́м за** + *I.* to follow sb, tail sb ◊ **Чого́ ти хо́диш**

за мно́ю ~осто́м! Why are you following me!
♦ Соро́ка на ~ості́ принесла́. *fig.* A little bird told me. ◊ – Зві́дки вони́ зна́ють, що він блефу́є? – Соро́ка на ~ості́ принесла́. – How do they know he is bluffing? – A little bird told them.
2 *fig.* trail, wake, tail, stream
adj. **густи́й** thick ◊ **За локомоти́вом тягну́вся гу́стий х. па́ри.** A thick trail of steam followed the locomotive. **бі́лий** white, **сі́рий** gray, **чо́рний** black
х. + *n.* **х. ди́му** a trail of smoke (**ку́ряви** dust; **па́ри** vapor, **пі́ни** foam) ◊ **Чо́вен здійма́є ~ости́ бру́дної пі́ни.** The boat stirs trails of dirty foam.
See **слід**[1] **1**
3 tail, rear, end ◊ **Раке́та влу́чила у х. літака́.** The missile hit the tail of the airplane. ◊ **Коме́та має до́вгий черво́ний х.** The comet has a long red tail.
prep. ♦ **з ~осто́м** *colloq.* and then some, and more, plus ◊ **Адвока́тові плати́ли ти́сячу з ~осто́м за годи́ну робо́ти.** The lawyer was paid a thousand and then some for an hour of work. **у ~ості́** at the tail, in the rear ◊ **Його́ вантажі́вка ру́халася у ~ості́ коло́ни.** His truck was moving at the tail of the column. ♦ **пле́нтатися у ~ості́** to drag one's feet, lag behind ◊ **Левко́ за́вжди́ пле́нтається у ~ості́.** Levko always drags his feet.
See **кіне́ць 1**
4 *fig., colloq.* incomplete *(grade at university)* ◊ **Ві́ктор має два ~ости́ з попере́днього семе́стру.** Viktor has two incompletes from the previous semester.

хво́р|ий, *adj., n.*

1 *adj.* sick, ill, unwell, bad ◊ **Іва́нні болі́ла ~а нога́.** Ivanna's bad foot hurt.
adv. **вкрай** extremely ◊ **Тама́ра заста́ла її́ в лі́жку вкрай ~ою.** Tamara found her in bed extremely sick. **ду́же** very, **крити́чно** critically, **небезпе́чно** dangerously ◊ **Небезпе́чно ~і паціє́нти були́ під каранти́ном.** Dangerously sick patients were under quarantine. **серйо́зно** seriously, **спра́вді** really, **страше́нно** terribly, **хроні́чно** chronically; **невиліко́вно** incurably, **смерте́льно** mortally, **фата́льно** fatally; **до́сить** rather, **доста́тньо** sufficiently; **тро́хи** a little; **психі́чно** mentally ◊ **Бага́то вояків поверта́ється із фро́нту психі́чно ~ими.** Many soldiers return from the front mentally sick. **фізи́чно** physically
v. + **х. бу́ти ~им** be sick ◊ **Він серйо́зно х.** He is seriously sick. (**вигляда́ти** look ◊ **Ві́ктор вигляда́є ~им.** Viktor looks sick. **видава́тися** + *D.* appear to sb, **виявля́тися** turn out ◊ **Вона́ ви́явилася ~ою.** She turned out to be sick. **здава́тися** + *D.* seem to sb ◊ **Ю́ля здава́лася ду́же ~ою.** Yulia seemed very sick. **лежа́ти** lie ◊ **Ці́лий ти́ждень Макси́м проле́жав ~им.** For a whole week, Maksym lay sick. **лиша́тися** remain ◊ **Ні́ла лиша́лася ~ою ще два ти́жні.** Nila remained sick for another two weeks. **наро́джуватися** be born ◊ **Дити́на народи́лася ~ою.** The child was born sick. **почува́тися** feel ◊ **Він почува́ється хво́рим.** He feels sick. **става́ти** become)
prep. **х. від** + *G.* sick from sth ◊ **Людми́ла ста́ла ~ою від тютюно́вого ди́му.** Liudmyla became sick from the tobacco smoke. **х. на** + *A.* sick with sth ◊ **Оле́на ~а на запа́лення леге́нів.** Olena is sick with pneumonia.
Also see **слаби́й 1**
2 *adj., fig.* sick, perverted, gruesome ◊ **Фільм – проду́кт ~ої уя́ви режисе́ра.** The movie is a product of its director's sick imagination. ◊ **Їй остоги́дло слу́хати ~і жа́рти нача́льника.** She was fed up with listening to her boss's sick jokes.
Also see **хворобли́вий 2**
3 *n., m. and f.* patient ◊ **Лі́кар переві́в ~у до і́ншої пала́ти.** The physician transferred the (female) patient to a different ward. ◊ **Цей х. вимага́в особли́вого до́гляду.** The patient required special care.
adj. **важки́й** severely sick; **доро́слий** adult ◊ **У за́хідному крилі́ були́ лише́ доро́слі ~і.** Only adult patients were in the western wing. **лі́тній** elderly ◊ **Кі́лька лі́тніх ~их чека́ло че́рги.** A few elderly patients were waiting for their turn. **стари́й** old, **ста́рший** older; **педіатри́чний** pediatric ◊ **Вона́ спеціялізу́ється на педіатри́чних ~их.** She specializes in pediatric patients. **діябети́чний** diabetic, **онкологі́чний** oncological, **ра́ковий** cancer, **серце́вий** cardiac, **хірургі́чний** surgical, *etc.*; **вразли́вий** vulnerable; ♦ **амбулато́рний х.** an outpatient, ♦ **стаціона́рний х.** an inpatient
v. + **х. лікува́ти ~ого** treat a patient ◊ **Тут успі́шно лі́кують ра́кових ~их.** Cancer patients are successfully treated here. (**виліко́вувати** cure; **обсте́жувати** examine, **огляда́ти** see ◊ **Він огля́нув важку́ ~у.** He saw the severely sick (female) patient. **оці́нювати** assess ◊ **~ого має оціни́ти гру́па експе́ртів.** A group of experts is to assess the patient. **випи́сувати** discharge ◊ **Пі́сля опера́ції ~их звича́йно випи́сують че́рез два дні.** After surgery, they usually discharge the patients in two days. **направля́ти** *and* **скеро́вувати до** + *D.* refer to sb ◊ **Він скерува́в ~у до гінеко́лога.** He referred the (female) patient to a gynecologist. **перево́дити** transfer ◊ **~ого перевели́ до реані́мації.** The patient was transferred to an intensive care unit. **прийма́ти** 1) admit to *(hospital)* ◊ **~ого прийняли́ до ліка́рні неприто́мним.** The patient was admitted to the hospital unconscious. 2) see ◊ **Терапе́втка прийняла́ ~ого в се́бе в кабіне́ті.** The (female) therapist saw the patient at her office. **діягностува́ти** + *A.* **в ~ого** diagnose a patient with sth ◊ **У ~ого діягностува́ли цукри́цю.** The patient was diagnosed with diabetes. **признача́ти** *or* **припи́сувати** + *A.* **~ому** prescribe a patient sth ◊ **Лі́кар приписа́в ~ому курс лікува́ння.** The doctor prescribed the patient a course of treatment.
х. + *v.* **виду́жувати від** + *G.* recuperate from sth ◊ **~а виду́жувала.** The (female) patient was recuperating. **ма́ти** + *A.* have sth ◊ **Х. має нефри́т.** The patient has nephritis. **отри́мувати** + *A.* receive sth ◊ **Х. отри́мав до́зу радія́ції.** The patient received a radiation dose. **потерпа́ти від** + *G.* suffer from sth ◊ **Х. потерпа́є від депре́сії.** The patient suffers from depression. **прохо́дити** + *A.* undergo sth ◊ **Х. пройшо́в лікува́ння.** The patient underwent treatment. **реаґува́ти на** + *A.* respond to sth ◊ **Х. реаґу́є на лі́ки ду́же до́бре.** The patient responds very well to the medication.
prep. ♦ **до́гляд за ~им** patient care; **х. на** + *A.* a patient with *(disease)* ◊ **х. на діябе́т** a diabetic patient (**печі́нку** liver, **рак** cancer, **се́рце** cardiac, **СНІД** AIDS, **туберкульо́з** tuberculosis, *etc.*)
Also see **наркома́н, паціє́нт, слаби́й 2**

хворі́|ти, ~ють; за~, *intr.*

to be sick; *pf.* to fall sick + *I.* with sth ◊ **У ста́ршому ві́ці бага́то люде́й хроні́чно ~є артри́том.** In advanced age, many people are chronically sick with arthritis.
adv. **весь час** all the time ◊ **У дити́нстві Зі́на весь час ~ла.** When a child, Zina was sick all the time. **до́вго** for a long time, **час від ча́су** from time to time, **ча́сто** often; **ма́йже не** almost not ◊ **Зимо́ю вона́ ма́йже не ~є.** In winter she is almost never sick. **ніко́ли не** never; **тро́хи** a little ◊ **Петро́ тро́хи ~в.** Petro was a little sick. **невиліко́вно** incurably, **серйо́зно** seriously ◊ **Він ніко́ли серйо́зно не ~в.** He was never seriously sick. **тя́жко** gravely; **безпере́вно** continuously, **з дити́нства** since childhood, **пості́йно** constantly, **хроні́чно** chronically; **несподі́вано** unexpectedly, **ра́птом** suddenly ◊ **Поверну́вшись з-за кордо́ну, він ра́птом захворі́в.** Having returned from abroad, he suddenly fell sick.
v. + **х. бу́ти мо́жна** can, be possible to ◊ **Улі́тку мо́жна за~ на звича́йну засту́ду.** In the summer, one can fall sick with a common cold. **бу́ти схи́льним** be prone to ◊ **Узи́мку вона́ схи́льна х. на го́рло.** In winter, she is prone to having a sore throat. **намага́тися не** try not to; **почина́ти** begin to, **ста́ти** *pf.* start ◊ **Пі́сля опера́ції Стефа́нія ста́ла пості́йно х.** After the surgery, Stefania started being constantly sick. **перестава́ти** stop
prep. **х. на** + *A.* be sick with sth ◊ **Він ~є на грип.** He is sick with the flu.
(за)хворі́й!
Also see **захво́рювати 1, терпі́ти 4**

хворо́б|а, *f.*

sickness, illness, disease, malaise
adj. **до́вга** long, **довготрива́ла** long-term; **коро́тка** short ◊ **Вона́ поме́рла пі́сля коро́ткої ~и.** She died after a short sickness. **го́стра** acute, **набу́та** acquired ◊ **х., набу́та вна́слідок спожива́ння забру́дненої води́** a disease acquired as the result of dirty water consumption; **страшна́** terrible ◊ **Її́ х. була́ не тако́ю страшно́ю, як здава́лося споча́тку.** Her disease was not as terrible as it had seemed at first. **деґенерати́вна** degenerative; **хроні́чна** chronical; **небезпе́чна** dangerous, **невилі́ко́вна** incurable, **смерте́льна** deadly ◊ **У тре́тині ви́падків ця х. смерте́льна.** In one third of cases, the disease is deadly. **фата́льна** fatal; **ди́вна** strange, **рі́дкісна** rare ◊ **Його́ вра́зила рі́дкісна деґенерати́вна х.** A rare degenerative disease afflicted him. **зара́зна** contagious, **інфекці́йна** infectious; **вро́джена** *or* **приро́джена** congenital ◊ **Сього́дні бага́то вро́джених хворо́б піддає́ться лікува́нню.** Nowadays many congenital diseases are treatable. **спадко́ва** hereditary, **успадко́вана** inherited; **генети́чна** genetic; **автоіму́нна** autoimmune, **венери́чна** venereal, **дитя́ча** childhood ◊ **такі́ дитя́чі ~и., як кір та сви́нка** childhood diseases such as measles and mumps; **легене́ва** pulmonary, **психі́чна** mental, **серце́ва** heart, **тропі́чна** tropical; **бактері́яльна** bacterial, **ві́русна** viral; **профе́сі́йна** occupational ◊ **Ко́жен робі́тни́к фа́брики мав профе́сі́йну ~у.** Every factory worker had an occupational disease.
х. + *n.* **х. Альцга́ймера** Alzheimer's disease ◊ **ра́нні симпто́ми ~и Альцга́ймера** early symptoms of Alzheimer's disease (**кише́чника** bowel, **се́рця** heart, **ни́рок** kidney, **печі́нки** liver, **Па́ркінсона** Parkinson's, **селезі́нки** spleen, **шлу́нка** stomach)
n. + **х. ви́падки ~и** the incidence of disease ◊ **зроста́ння ви́падків ~и** a rise in the incidence of the disease (**загро́за** threat, **небезпе́ка** danger; **лікува́ння** treatment; **на́слідки** consequences; **озна́ки** signs, **симпто́м** symptom; **причи́на** cause ◊ **Її́ ціка́вили не симпто́ми, а причи́ни ~и.** She was interested not in the symptoms but causes of the disease. **пошире́ння** spread, **ро́звиток** progression; **спа́лах** outburst ◊ **«Лі́карі́ без кордо́нів» зафіксува́ли спа́лахи ~и в Пакиста́ні.** *Doctors without Borders* registered outbursts of the disease in Pakistan. ♦ **істо́рія ~и** a medical history ◊ **Наза́рів лі́кар ще не чита́в його́ істо́рії ~и.** Nazar's physician has not yet read his medical history. **відпі́рність до ~и** resistance to a disease
v. + **х. впі́ймати ~у** *colloq., only pf.* catch a disease ◊ **У концта́борі ко́жен міг шви́дко впі́ймати яку́сь ~у.** In the concentration camp, everyone could quickly catch a disease of some kind. (**дістава́ти** get; **виліко́вувати** cure ◊ **Нова́ терапі́я дозволя́є ви́лікувати ~у, яку́ вважа́ли невиліко́вною.** The new therapy makes it possible to cure the disease that was considered incurable. **контролюва́ти** control, **лікува́ти** treat; **ма́ти** have; **носи́ти** carry ◊ **Він не пі́дозрював, що но́сить небезпе́чну ~у.** He did not suspect that he carried a dangerous disease. **передава́ти** + *D.* pass on to sb ◊ **Вона́ передала́ венери́чну**

~у своє́му партне́рові. She passed the venereal disease on to her partner. **пошир́ювати** spread; **вдава́ти** feign ◊ **І́гор удає ~у, хоч здоро́вий, як бугай́.** Ihor is feigning sickness, even though he is healthy as a bull. **визнача́ти** determine, **виявля́ти** detect ◊ **П'ять ро́ків тому́ було́ неможли́во ви́явити ~у на ра́нній ста́дії.** Five years ago, it was impossible to detect the disease at its early stage. **діягностува́ти** diagnose; **іґнорува́ти** ignore; **ліквідува́ти** eradicate; **успадко́вувати від** + *G.* inherit from sb) ◊ **Вона́ успадкува́ла автоіму́нну ~у від ба́тька.** She inherited the autoimmune disease from her father. **позбува́тися ~и** get rid of a disease ◊ **Ціє́ї ~и не так ле́гко позбу́тися.** This disease in not so easy to get rid of. (**вмира́ти** *or* **помира́ти від** die of) ◊ **Ніхто́ не зна́є, від яко́ї ~и поме́р небі́жчик.** Nobody knows what disease the deceased died of. **запобіга́ти ~і** prevent a disease ◊ **Здоро́ве харчува́ння здатне запобі́гти багатьо́м ~ам.** Healthy nutrition is capable of preventing many diseases. **заража́ти** + *A.* **~ою** infect sb with a disease ◊ **Хво́рий зарази́в ново́ю ~ою со́тні і́нших.** The patient infected hundreds of others with the new disease. (**боро́тися з** fight) ◊ **У́ряд гото́вий боро́тися з невідо́мою ~ою.** The government is ready to fight the unknown disease.

х. + *v.* **вбива́ти** + *A.* kill sb ◊ **Високозара́зна х. загро́жувала вби́ти ти́сячі.** The highly contagious disease threatened to kill thousands. **виника́ти** occur ◊ **Упе́рше х. ви́никла в Сау́дівській Ара́вії.** First the disease occurred in Saudi Arabia. **поши́рюватися** + *I.* spread through sth ◊ **Х. пові́льно поши́рювалася її ті́лом.** The disease slowly spread through her body. **проґресува́ти** progress, **розвива́тися** develop

prep. **з ~ою** with a disease ◊ **І хроні́чною ~ою мо́жна жи́ти та працюва́ти.** One can live and work with a chronic disease.

G. pl. **хворо́б**

Also see **задишка, зале́жність 2, зара́ження, інфе́кція, ко́мплекс 2, короткозо́рість, ма́нія 1, не́жить, пересту́да, ро́злад 3**

хворобли́в|ий, *adj.*

1 sickly, unhealthy, prone to ailments

adv. **до́сить** rather ◊ **Га́ня була́ до́сить ~ою дівчи́нкою.** Hania was a rather sickly little girl. **ду́же** very, **страше́нно** terribly

See **хво́рий 1**

2 *fig.* sick, perverted, neurotic, oversensitive ◊ **Дитя́чі пу́стощі виклика́ли ~у реа́кцію в Марі́ї.** Children's pranks caused a neurotic reaction in Maria. ◊ **У його́ пості́йному самоана́лізі є щось ~е.** There is something sick about his constant self-analyzing. **Слі́дчий розгляда́в світли́ни же́ртви із ~им смакува́нням.** The detective examined the pictures of the victim with sick relish.

See **хво́рий 2**

хемі́чн|ий, *adj.*

chemical

х. + *n.* **х. ана́ліз** a chemical analysis (**еквівале́нт** equivalent, **елеме́нт** element, **зв'язо́к** bond; **потенція́л** potential, **склад** makeup) ◊ **о́пис ~ого скла́ду моле́кули важко́ї води́** a description of the chemical makeup of the heavy water molecule; ♦ **х. факульте́т** a department of chemistry; **~а ава́рія** a chemical accident (**ата́ка** attack, **збро́я** weapon; **безпе́ка** safety; **лаборато́рія** laboratory, **промисло́вість** industry; **реа́кція** reaction, **техноло́гія** technology, **фі́зика** physics, **фо́рмула** formula); **~е виробни́цтво** a chemical production (**забру́днення** contamination, **очи́щення** purification; **обла́днання** equipment; **рівня́ння** equation; **я́вище** phenomenon)

хе́мі|я, *f.*, ~ї

1 chemistry ◊ **Він вивча́є ~ю.** He studies chemistry.

adj. **аналіти́чна** analytical, **прикладна́** applied, **теорети́чна** theoretical; **атмосфе́рна** atmospheric, **зеле́на** green, **ква́нтова** quantum, **меди́чна** medicinal, **фармацевти́чна** pharmaceutical, **фізи́чна** physical; **неоргані́чна** inorganic, **органі́чна** organic; **промисло́ва** industrial

х. + *n.* **х. атмосфе́ри** atmospheric chemistry (**довкі́лля** environmental)

See **предме́т 2.** *Also see* **дисциплі́на 2**

2 *fig.* chemistry, structure, makeup, composition

х. + *n.* **х. води́** water chemistry (**ґру́нту** soil, **кро́ви** blood; **мо́зку** brain, **м'я́зової ткани́ни** muscle tissue, **ті́ла** body)

See **будо́ва 3, склад[1] 2, структу́ра.** *Also see* **організа́ція 4**

3 *fig.* affinity, attraction, rapport, chemistry

adj. **винятко́ва** exceptional, **рі́дкісна** rare, **уніка́льна** unique; **все бі́льша** growing, **незапере́чна** undeniable ◊ **Між дівча́тами існува́ла незапере́чна х.** An undeniable chemistry existed between the girls. **пе́вна** certain, **помі́тна** noticeable, **я́вна** obvious; **жо́дна** *and* **ні́яка** no, **нульова́** zero; **ди́вна** strange; **позити́вна** positive; **неґати́вна** negative

v. + **х. відчува́ти ~ю** feel the chemistry ◊ **Оле́кса відчува́в неґати́вну ~ю на факульте́ті.** Oleksa felt some negative chemistry at the department.

х. + *v.* **з'явля́тися** appear, emerge ◊ **Між коле́ґами ста́ла з'явля́тися пе́вна х.** Certain chemistry started emerging among the colleagues.

prep. **х. між** + *I.* chemistry between/among sb ◊ **Між ни́ми нема́ жо́дної ~ї.** There is no chemistry between them.

See **прихи́льність**

хижа́к, *m.*, ~а́

1 predator

adj. **вели́кий** large ◊ **Коли́сь в полі́ських ліса́х води́лися вовки́ та і́нші вели́кі ~и́.** Once there were wolves and other large predators in the Polissia forests. **дрібни́й** minor, **мали́й** small; **грі́зний** fearsome, **небезпе́чний** dangerous; **двоно́гий** two-legged, **чотирино́гий** four-legged; **крила́тий** winged

2 *fig.* predator, shark, profiteer

adj. **безду́шний** mean-spirited, **безсерде́чний** heartless, **жа́дібний** greedy, **жорсто́кий** cruel, **кровоже́рний** bloodthirsty, **ненаси́тний** insatiable; **небезпе́чний** dangerous, **підсту́пний** treacherous, **типо́вий** typical ◊ **А́втор малю́є портре́т типо́вого ~а́, так зва́ного «ново́го украї́нця».** The author depicts a portrait of a typical predator, a so-called 'new Ukrainian'.

v. + **х. пово́дитися як х.** behave like a predator ◊ **Відчу́вши сла́бкість у люди́ні, Дмитро́ почина́в пово́дитися з не́ю, як х.** Sensing a weakness in a person, Dmytro would start behaving like a predator with her. **бу́ти ~о́м** be a predator (**виявля́тися** turn out; **здава́тися** + *D.* seem to sb; **лиша́тися** remain ◊ **По́при га́рні мане́ри, у своїй істо́ті ці лю́ди лиша́ються ~а́ми.** Despite the nice manners, these people remain predators in essence. **става́ти** become) ◊ **В ото́ченні шахраї́в він сам став безду́шним ~о́м.** Surrounded by swindlers, he became a mean-spirited shark himself.

хи́ж|ий, *adj.*

1 predatory, of or pertaining to predator

х. + *n.* **х. звір** a predatory beast (**плазу́н** reptile ◊ **Тут мо́жна поди́бати розма́їття ~их плазуні́в.** Here one can come across a variety of predatory reptiles. **оре́л** eagle, **птах** bird, **со́кіл** falcon); **~а кома́ха** a predatory insect ◊ **~их кома́х використо́вують для боротьби́ зі шкідника́ми саді́в.** Predatory insects are used to fight orchard pests. (**росли́на** plant; **твари́на** animal); **~е створі́ння** a predatory creature ◊ **На світли́ні яке́сь ~е створі́ння.** There is a predatory creature in the picture.

2 *fig.* murderous, vicious, bloodthirsty; hostile, ominous ◊ **У її оча́х холо́дний х. блиск.** There is a cold murderous glimmer in her eyes. ◊ **Ру́хи незнайо́мця ста́ли ~ими.** The stranger's movements became hostile.

See **воро́жий 1**

3 *fig.* predatious, rapacious, wolfish ◊ **Він намага́вся контролюва́ти свої́ ~і інсти́нкти.** He strove to keep in check his wolfish instincts. ◊ **Широ́кі кри́си капелю́ха хова́ли її обли́ччя від ~ого о́ка.** The wide brims of her hat protected her face from predatious eyes.

химе́р|а, *f.*, ~и

1 chimera, fantasy, illusion, dream ◊ **Юна́к існу́є у сві́ті химе́р.** The youth exists in the world of chimeras. ♦ **гна́ти ~и** to talk nonsense ◊ **Щора́зу, коли́ Полішу́к випива́в за́йве, він гна́в ~и.** Every time Polishchuk drank too much he talked nonsense. ♦ **снува́ти ~и** to live in a dream world, fantasize ◊ **За́мість то́го, щоби твере́зо оціни́ти стано́вище, вона́ сну́є ~и.** Instead of giving a sober assessment of the situation, she fantasizes

See **ви́гадка.** *Also see* **фанта́зія 2**

2 hallucination, delusion ◊ **Щора́зу, як перед ни́м поста́є нова́ х., він заплю́щує о́чі, щоб позбу́тися її.** Every time a new hallucination appears in front of him, he closes his eyes to get rid of it.

3 oddity, weirdness, peculiarity ◊ **Ві́ра ма́рить дале́кими міста́ми, спо́вненими ~ами архіте́ктури.** Vira dreams of distant cities filled with oddities of architecture.

4 *usu pl.* whims, vagaries, caprice, quirk ◊ **Ю́рій іґнорува́ти ~и мало́ї Наді́йки.** Yurii ignores little Nadiyka's whims. ◊ **Він убира́ється за оста́нніми ~ами мо́ди.** He dresses according to the latest whims of fashion.

See **при́мха.** *Also see* **фо́кус[2] 3**

химе́рн|ий, *adj.*

1 chimerical, illusory, nonexistent, fictitious ◊ **Її іди́лія бі́льше ~а, як реа́льна.** Her bliss is more illusory than real. ◊ **У його́ оча́х світи́лася ~а наді́я поба́чити Марі́ю.** The illusory hope of seeing Maria flickered in his eyes.

See **фікти́вний, фальши́вий**

2 fancy, elaborate, ornate, whimsical ◊ **Він милува́вся ~ими ри́бками в аква́ріюмі.** He was admiring fancy fish in the fish tank. ◊ **За ніч моро́з намалюва́в ~і візеру́нки на ві́ко́нних ши́бах.** Overnight frost drew elaborate ornaments on the window panes.

Also see **виба́гливий 2, вига́дливий 2**

3 unpredictable, volatile, mercurial ◊ **~а до́ля готува́ла Зено́нові несподі́ванки.** Mercurial fate was preparing surprises for Zenon.

See **примхли́вий**

4 weird, odd, bizarre, quirky ◊ **па́ні з ~ими смака́ми і ~им почуття́м гу́мору** a lady of bizarre tastes and quirky sense of humor

See **ди́вний 1.** *Also see* **дива́цький, ексцентри́чний**

5 inscrutable, cryptic, impenetrable, unfathomable ◊ **Він перечи́тував х. текст, щора́зу ме́нше розумі́ючи його́.** He reread the inscrutable text, each time understanding it less.

See **таємни́чий**

хи́тр|ий, *adj.*

1 cunning, sly, crafty

adv. **винятко́во** exceptionally ◊ **На́віть винятко́во х. Петро́ не зміг увести́ її в ома́ну.** Even exceptionally crafty Petro failed to pull the wool over her eyes. **до́сить** rather, **ду́же** very, **надзвича́йно** extremely ◊ **Во́рог уда́вся до надзвича́йно ~ого мане́вру.** The enemy resorted to an extremely cunning maneuver. **небезпе́чно** dangerously, **неймові́рно** incredibly, **страше́нно** terribly

v. + **х. бу́ти ~им** be cunning ◊ **Катери́на була́ ~ою жі́нкою і могла́ обдури́ти будь-**

кого. Kateryna was a crafty woman and could trick anybody. (**вважа́ти** + *A.* consider sb/sth, **виявля́тися** turn out; **здава́тися** + *D.* seem to sb; **става́ти** become) ◊ **Її́ очі зву́зилися, ста́ли ~ими.** Her eyes squinted and became cunning. ♦ **х., як лис** *or* **лисиця** sly as a fox
2 clever, sharp, smart, astute, wise ◊ **Перемо́гою вони́ завдя́чували ~ій та́ктиці команди́ра.** They owed their victory to their commander's clever tactic.
3 *colloq.* intricate, sophisticated, fancy, complicated ◊ **Він ви́найшов х. при́стрій руба́ти дро́ва.** He invented a fancy device to chop wood.
Also see **вче́ний**[1] **3, тонки́й 8**

хи́трощ|і, *pl.*, **~ів**
1 deceit, trickery, duplicity, cunning, craftiness
adj. **вели́кі** great, **неаби́які** extraordinary, **зуми́сні** deliberate, **намі́рені** intentional; **пі́длі** vile, **підсту́пні** treacherous ◊ **За слова́ми ра́дника кри́лися підсту́пні х.** Treacherous craftiness was hiding behind the advisor's words. **знайо́мі** familiar ◊ **У їхніх ді́ях Ні́на вбача́ла знайо́мі х.** Nina saw familiar craftiness in their actions. ♦ **без ~ів** honest, forthright ◊ **Іва́н – чолові́к без ~ів, йому́ мо́жна ві́рити.** Ivan is an honest man; he can be trusted.
v. + **х. іти́** *or* **пуска́тися на х.** use deceit ◊ **Ле́ся пусти́лася на х., щоб ви́братися з хале́пи.** Lesia used deceit to get out of the quandry. **вдава́тися до ~ів** resort to trickery ◊ **Оле́на вдала́ся до ~ів і вмо́вила його́ підписа́ти папі́р.** Olena resorted to trickery and talked him into signing the document.
Also see **хи́трість 1**
2 ruse, artifice, machination, subterfuge
adj. **військо́ві** military ◊ **Форте́цю взяли́ військо́вими ~ами.** The fortress was taken by military subterfuge. **політи́чні** political; **стратегі́чні** strategic, **таки́чні** tactical; **мале́нькі** little; **підсту́пні** treacherous
v. + **х. застосо́вувати х.** use subterfuge ◊ **Коли́ не мо́жна домогти́ся чого́сь че́сно, він застосо́вує х.** When he cannot get his way openly, he turns to subterfuge. (**приклада́ти** apply) ◊ **Тут слід прикла́сти не ті́льки ро́зум, а й х.** One needs to apply not only intelligence but artifice here.
See **хи́трість 2**

хіба́, *part.*
1 *used in yes/no-questions with a negated word* don't, doesn't, didn't, won't, shan't, haven't, *etc.* ◊ **Х. Марко́ не його́ брат?** Isn't Marko his brother? ◊ **Х. О́ля не каза́ла вам?** Hasn't Olia told you?
Also see **либо́нь 3, чи**
2 *used in general questions, implies disbelief or a negative answer* ◊ **Х. тут мо́жна спа́ти?** Can one sleep here? ◊ **Х. я коли́-не́будь каза́в щось поді́бне?** Did I ever say anything of the sort?
3 *used as equivalent of yes/no-question, implying doubt, surprise or distrust* really? is that so? is that right? ◊ – **Я вже каза́в тобі́. – Х.?** – I have already told you. – Have you, really?
Also see **невже́ 2**
4 *used in yes/no-questions with a shade of doubt, surprise or distrust* ◊ **Х. це все, що вони́ ви́явили?** Is this everything they revealed? ◊ **Х. вона́ здатна на таки́й пі́длий крок?** Is she indeed capable of such a base step?
Also see **невже́ 1**
5 *colloq., euph.* ♦ **на х.?** why the hell? what for? ◊ **На х. він таке́ ро́бить?** Why the hell is he doing this? ◊ **На х. воно́ вам тре́ба?** What the hell do you need it for?
See **чому́ 2, хуй 3.** *Also see* **чого́ 2**

х|ід, *m.*, **~о́ду**
1 motion, run, movement, walking, driving ◊ **Матві́й ря́сно прів від швидко́го ~о́ду.** Matvii sweated profusely from walking quickly. ◊ **Його́ ха́та яки́х де́сять хвили́н ~о́ду від них.** His house is some ten-minute walk from them.
v. + **х.** ♦ **дава́ти за́дній х.** 1) to back, pull back, reverse ◊ **Ви́їхати із глухо́го кута́ мо́жна, лише́ да́вши за́дній х.** One can get out of the dead end only by backing up. 2) *fig.* to back down, give in ◊ **Стефа́нія жури́лася, що у крити́чний моме́нт він дасть за́дній х.** Stefania worried that at a critical moment he would back down. ♦ **дава́ти спра́ві х.** to set the matter in motion ◊ **Шеф відкла́в зая́ву набі́к, ви́рішивши не дава́ти їй ~о́ду.** The boss put the application aside, having decided not to set it in motion. ♦ **йти в х.** to start being used ◊ **Коли́ супере́чка розгорі́лася, в х. пішли́ обра́зи.** When the argument heated up, insults started flying. ♦ **йти за́днім ~о́дом** to back up ◊ **Маши́на пішла́ за́днім ~о́дом.** The car started backing up. ♦ **свої́м ~о́дом** on foot, walking ◊ **Вони́ діста́лися до музе́ю свої́м ~о́дом.** They got to the museum walking. ♦ **прити́шувати** *or* **сти́шувати х.** slow down, reduce the speed ◊ **На поворо́тах Ві́ра прити́шує х.** At turns, Vira slows down. ♦ **бу́ти в ~оду́** to be in use, be in circulation ◊ **У шко́лі в ~оду́ які́сь допото́пні комп'ю́тери.** Some antediluvian computers are in use at the school.
prep. ♦ **з ~о́ду** at once, right away; without pausing ◊ **Він підхо́дить до прила́вка, з ~о́ду хапа́є ковбасу́ і зника́є.** He comes up to the counter, right away grabs the sausage, and disappears. ♦ **на ~оду́** 1) in motion, on the move, on the go ◊ **Він ви́йшов із трамва́я на ~оду́.** He got off the streetcar while it was moving. ◊ **Марко́ ро́бить усе́ на ~оду́.** Marko does everything on the move. 2) without pausing, on the fly ◊ **Роксола́на йшла́ до ґаража́ і на ~оду́ перевіря́ла по́шту.** Roksolana was walking to the garage and checking her mail on the fly. 3) quickly, promptly, right away ◊ **Коли́ щось у ха́ті псува́лося, Лука́ш тут же, на ~оду́ все направля́в.** When something broke in the house, Lukash promptly fixed it right away. 4) in operating condition ◊ **Меха́нік відповіда́є за те, щоб те́хніка була́ на ~оду́.** The mechanic is responsible for the equipment to be in working condition.
See **рух 1.** *Also see* **хода́**
2 speed
adj. **по́вний** full, **шале́ний** insane ◊ **На тако́му шале́ному ~оду́ виска́кувати з по́тяга небезпе́чно.** It is dangerous to jump out of the train at such insane speed. **мали́й** low, **ти́хий** slow ◊ **Чо́вен перейшо́в на ти́хий х., щоб не роби́ти хвиль.** The boat switch to a slow speed not to make waves. ♦ **і ~о́ду** *colloq.* and run, run away ◊ **Ді́ти почу́ли, що сказа́в учи́тель, і ~о́ду на ву́лицю.** The children heard what the teacher said and ran for the exit. ♦ **на по́вному** *or* **по́внім ~оду́** at full speed, at full throttle ◊ **Та́нки ру́халися на по́вному ~оду́.** The tanks moved at full throttle.
v. + **х. набира́ти ~о́ду** gather speed ◊ **По́тяг набра́в ~о́ду.** The train gathered speed. (**піддава́ти** speed up, go faster) ◊ **Ви мо́жете тро́хи підда́ти ~о́ду.** Can you go a bit faster.
See **шви́дкість**
3 passageway, passage, corridor
adj. **вузьки́й** narrow, **низьки́й** low, **тісни́й** tight; **те́мний** dark; **підзе́мний** underground ◊ **Від собо́ру до за́мку вів підзе́мний х.** An underground passageway led from the cathedral to the castle. **прихо́ваний** hidden, **таємни́й** secret; **заплу́таний** tangled ◊ **Ме́шканці пече́рного мі́ста поро́били у ске́лі заплу́тані ~оди́.** The inhabitants of the cave city made tangled passageways in the rock. **зви́вистий** winding; ♦ **х. сполу́чення** *mil.* a communication trench ◊ **Зли́ва залила́ всі ~оди́ сполу́чення.** The downpour flooded all the communication trenches.
4 door, opening, entry, exit, doorway
adj. **головни́й** main, **бокови́й** side; **окре́мий** separate ◊ **Кімна́та ма́ла окре́мий х. на ву́лицю.** The room had a separate exit to the street. **потає́мний** secret; ♦ **чо́рний х.** a back door ◊ **Вони́ ви́слизнули з буди́нку че́рез чо́рний х.** They slipped out of the building through the back door. ♦ **з чо́рного ~о́ду** *fig.* illegally, illicitly ◊ **Він не мо́же прода́ти това́р іна́кше, як з чо́рного ~о́ду.** He cannot sell the goods in any other way but illegally. ♦ **зна́ти всі ~оди́ і ви́ходи** to know all the ins and outs. ◊ **Він зна́є всі~оди́ й ви́ходи місько́го у́ряду.** He knows all the ins and outs of the city government.
See **две́рі.** *Cf.* **бра́ма, воро́та 1**
5 course, current, direction, progression ◊ **Те, що ста́лося, вклада́ється у прогнозо́ваний х. поді́й.** What happened fits the predicted course of events. ◊ **Тама́рі подо́бається х. його́ думо́к.** Tamara likes his train of thought.
See **пере́біг**
6 move *(in cards, chess, etc.)*, inning, lead, turn ◊ **Ваш х.** It's your lead.
adj. **блиску́чий** brilliant, **ви́грашний** winning, **до́брий** good, **несподі́ваний** unexpected ◊ **У ша́хах Катери́на – майстри́ня несподі́ваних ~о́дів.** In chess, Kateryna is a master of unexpected moves. **ке́пський** poor, **невда́лий** infelicitous, **пога́ний** bad
v. + **х. роби́ти х.** make a move ◊ **Насту́пний х. його́ опоне́нт зроби́в ферзе́м.** His opponent made his next move with the queen.
prep. **з ~о́ду** on a move ◊ **Вона́ ви́грала з п'ятна́дцятого ~о́ду.** She won on the fifteenth move.
7 *fig.* ploy, move, maneuver
adj. **блиску́чий** brilliant, **вда́лий** successful, **ви́грашний** winning, **до́брий** good, **кмітли́вий** smart, **му́дрий** wise, **пра́вильний** correct, right ◊ **Яре́ма зроби́в пра́вильний х.** Yarema made the right move. **розу́мний** sensible, **спри́тний** shrewd; **аґреси́вний** aggressive, **рішу́чий** resolute, **си́льний** strong; **ризико́вий** risky, **небезпе́чний** dangerous; **відва́жний** audacious, **зуха́лий** daring, **смі́ли́вий** bold ◊ **Ма́ло хто очі́кував від Ната́лі тако́го смі́ли́вого ~о́ду.** Few people expected such a bold move from Natalia. **неочі́куваний** unanticipated, **несподі́ваний** unexpected, **підсту́пний** treacherous, **хи́трий** cunning; **відчайду́шний** desperate, **драмати́чний** dramatic, **радика́льний** radical; **безпрецеде́нтний** unprecedented; **ціка́вий** interesting; **нови́й** new; **оста́нній** last; **насту́пний** next; **пе́рший** first; **захисни́й** defensive, **політи́чний** political ◊ **Інтерв'ю ви́явилося спри́тним політи́чним ~о́дом.** The interview proved to be a shrewd political move. **запобі́жний** preventive, **стратегі́чний** strategic, **такти́чний** tactical; **ке́пський** poor, **нерозу́мний** unwise, **пога́ний** bad, **тупи́й** *colloq.* dumb; **заборо́нений** forbidden, **неле́ґальний** illegal
v. + **х. використо́вувати х.** use a move ◊ **Він ви́користав заборо́нений х.** He used a forbidden maneuver. (**застосо́вувати** apply, **роби́ти** make; **невтралізува́ти** neutralize; **оголо́шувати** announce, **очі́кувати** anticipate, **передбача́ти** foresee, **планува́ти** plan); **вдава́тися до ~о́ду** resort to a move ◊ **Він уда́вся до ризико́вого ~о́ду.** He resorted to a risky move. **запобіга́ти ~о́дові** prevent a move ◊ **Хи́трість запобіга́є будь-яко́му рапто́вому ~о́дові опоне́нтів.** The ruse prevents any sudden move by the opponents.
х. + *v.* **виправдо́вувати себе́** pay off ◊ **Ризико́вий х. ви́правдав себе́.** The risky move paid off. **виявля́тися** + *I.* prove ◊ **Х., що зда́вся блиску́чим, ви́явився катастрофі́чним.** The move, that seemed brilliant, proved a disaster. **дава́ти** + *D.* + *A.* give sb sth ◊ **Цей х. дав їм бі́льше про́стору для мане́вру.** The move gave them more space to maneuver. **дозволя́ти** + *D.* allow sb; **заско́чувати** + *A.* surprise sb; **ма́ти** *or* **ста́вити за мету́** + *A. or inf.* be aimed at sth ◊ **Його́ х. ста́вив за мету́ заблокува́ти**

голосува́ння. His move was aimed at blocking the vote. **прова́люватися** fail
See **крок 2**
8 walk, gait, stride ◊ **Він упізнава́в Оле́ся по важко́му ~у́.** He recognized Oles by his heavy gait.
See **хода́.** *Also see* **крок 3**
9 *tech.* running, operation, stroke ♦ **х. по́ршня вго́ру** a piston upstroke, ♦ **х. по́ршня вниз** a piston downstroke
adj. **зворо́тний** return, **неробо́чий** idle, **прями́й** forward, **робо́чий** power ◊ **Із чотирьо́х ~о́дів двигуна́ вну́трішнього згора́ння тре́тій назива́ють робо́чим.** Of the four strokes of the internal combustion engine, the third one is called a power stroke.
L. **на ~оду́** *and* **в ~о́ді**, *N. pl.* **~оди́**, *G. pl.* **~о́дів**

хідни́к, *m.*, **~а́**
sidewalk, pavement, footpath
adj. **вузьки́й** narrow, **широ́кий** wide; **м'яки́й** soft, **тверди́й** hard; **асфа́льтний** asphalt, **бето́нний** concrete, **дерев'я́ний** wooden, **кам'яни́й** stone ◊ **По́під буди́нками кам'яни́й х.** There is a stone sidewalk along the buildings. **цеме́нтний** cement, **цегляни́й** brick; **мо́щений** paved; **нері́вний** uneven; **гладки́й** smooth, **рі́вний** even; **лю́дний** crowded; **поро́жній** empty, **пусти́нний** deserted; **ви́митий** washed, **підме́тений** swept, **чи́стий** clean; **брудни́й** dirty, **зане́дбаний** neglected, **курни́й** dusty; **нови́й** new, **стари́й** old; **потрі́сканий** cracked; **засні́жений** snow-covered, **мо́крий** wet, **покри́тий кри́гою** ice-covered, **слизьки́й** slippery, **сухи́й** dry; **міськи́й** city
n. + **х. брі́вка ~а́** the curb of a sidewalk ◊ **Він стоя́в, балансу́ючи на брі́вці ~а́.** He stood, balancing on the curb of the sidewalk. (**край** edge; **пове́рхня** surface)
v. + **х. заміта́ти** *or* **підміта́ти х.** sweep a sidewalk ◊ **Оле́ся замела́ х. пе́ред буди́нком.** Olesia swept the sidewalk in front of the house. (**ми́ти** wash, **полива́ти зі шла́нга** hose, **прибира́ти** clean up, **чи́стити** clean ◊ **Крама́р почи́стив х.** The store owner cleaned the sidewalk. **засмі́чувати** litter; **перегоро́джувати** block; **покрива́ти** cover ◊ **Х. покрива́ло сухе́ ли́стя.** Dry leaves covered the sidewalk.
♦ **чи́стити від сні́гу** shovel ◊ **Він почи́стив х. від сні́гу.** He shoveled the sidewalk. **сіда́ти на** sit down on ◊ **Вони́ сі́ли на х. відпочи́ти.** They sat down on the sidewalk to rest. **става́ти** *and* **ступа́ти на** step on) ◊ **Га́нна ста́ла ного́ю на х.** Hanna stepped on the sidewalk with her right foot. **бі́гти ~о́м** run along a sidewalk (**гуля́ти** *or* **прогу́люватися** saunter, **йти** walk); **лежа́ти на ~у́** lie on a sidewalk ◊ **На ~у́ лежа́в переве́рнутий смітни́к.** There lay an overturned trash can on the sidewalk. (**сиді́ти на** sit on, **стоя́ти на** stand on ◊ **Гру́пи люде́й стоя́ли на ~у́.** Groups of people stood on the sidewalk. **гуля́ти по** walk up and down)
х. + *n.* **вести́ до** + *G.* lead to *(a place)* ◊ **До альта́нки вів х.** A footpath led to the gazebo.
prep. **на х.** *dir.* on/to a sidewalk ◊ **Ме́блі ви́несли на х.** They carried the furniture out on the sidewalk. **на ~у́** *posn.* on a sidewalk; **по ~у́** along/on a sidewalk ◊ **Він біг по ~у́.** He ran on the sidewalk.

хімі́чний, *var., see* **хемі́чний**

хі́мія, *var., see* **хе́мія**

хліб, *m.*, **~а**
1 bread
adj. **сві́жий** fresh ◊ **За́пах сві́жого ~а розійшо́вся по ха́ті.** The smell of fresh bread spread over the house. **черстви́й** stale; **сухи́й** dry, **тверди́й** hard; **плі́снявий** moldy; **те́плий** warm; **хрумки́й** *or* **хрустки́й** crunchy; **глевки́й** half-baked, **недопе́чений** underbaked; **до́брий** *or* **смачни́й** tasty; **бі́лий** white, **сі́рий** brown, **чо́рний** black ◊ **бабу́син реце́пт чо́рного ~а** grandma's black bread recipe; **жи́тній** rye, **пшени́чний** wheat, **цілозерно́ви́й** wholewheat ◊ **Вони́ купу́ють ті́льки цілозерно́ви́й х.** They buy only wholewheat bread. **бездрі́жджовий** unleavened, **органі́чний** organic; **ні́ме́цький** German, **украї́нський** Ukrainian, **францу́зький** French, *etc.* **селя́нський** peasant; **підсма́жений** fried; **покра́яний** sliced; **дома́шній** homemade, ♦ **х. дома́шньої ви́пічки** home-baked bread
n. + **х. буха́нка ~а** a loaf of bread ◊ **Маши́на кра́є буха́нку ~а за лі́чені секу́нди.** The machine slices a loaf of bread in mere seconds. (**скибка** slice, **скори́на** crust ♦ **~а ні скори́ни** no food at all ◊ **У них дру́гий день не було́ ~а ні скори́ни.** For the second day, they had no food at all. **кава́лок** chunk, **ку́сень** hunk ◊ **Іва́нна відлама́ла ку́сень ~а.** Ivanna broke off a hunk of bread. **ку́сник** *dim.* piece, **окра́єць** *and* **шмато́к** piece ◊ **У напле́чнику лиша́ється окра́єць черство́го ~а.** There is a piece of stale bread remaining in the backpack. ♦ **заробля́ти на шмато́к ~а** to earn one's bread; **реце́пт** recipe)
v. + **х. ї́сти х.** eat bread ◊ **Намага́ючись сху́днути, Бори́с переста́в ї́сти бі́лий х.** Trying to lose weight, Borys stopped eating white bread. (**спожива́ти** consume; **пекти́** bake ◊ **На Різдво́ ма́ти пече́ жи́тній х.** For Christmas, mother bakes rye bread. **підсма́жувати** toast ◊ **Вона́ підсма́жила х. на кана́пки.** She toasted some bread for sandwiches. **сма́жити** fry; **кра́яти** slice, **рі́зати** cut, **лама́ти** break; **місі́ти** knead ◊ **Сестра́ навчи́ла Гри́ця місі́ти х.** His sister taught Hryts to knead bread. **нама́зувати** + *I.* spread with sth ◊ **Іри́на нама́зала х. муштардо́ю.** Iryna spread the bread with mustard. ♦ **нама́зувати ма́слом** butter ◊ **Тимі́ш нама́зав х. ма́слом.** Tymish buttered the bread. **кла́сти** + *A.* **на** put sth on) ◊ **Вона́ покла́ла на х. ши́нку і кільце́ цибу́лі.** She put ham and a ring of onion on the bread.
х. + *v.* **пекти́ся** bake ◊ **Цей х. до́бре пече́ться в електри́чній печі́.** This bread bakes well in an electric oven. **схо́дити** rise ◊ **На́дя лиши́ла х. у те́плому мі́сці схо́дити.** Nadia left the bread in a warm place to rise.
prep. **без ~а** without bread ◊ **Він ї́сть борщ без ~а.** He eats borshch without bread. **з ~ом** with bread ◊ **Вона́ ї́ла з ~ом усе́.** She ate everything with bread. **на х.** *dir.* onto bread ◊ **Що вам покла́сти на х.?** What do you want me to put on your bread? **на ~і** *posn.* on bread ◊ **На ~і була́ плі́снява.** There was mold on the bread.
See **ї́жа**
2 *only sg.* grain ◊ **Краї́на – оди́н із найбі́льших експорте́рів ~а у сві́ті.** The country is one of the biggest grain exporters in the world.
3 cereal crops, cereal ◊ **Місце́ві селя́ни столі́ттями виро́щують х.** Local peasants have for centuries cultivated cereal crops.
4 *usu sg., fig., colloq.* livelihood, living, daily bread ◊ **Усе́, що Рома́н заробля́в від крамни́ці, було́ його́ ~ом.** All that Roman earned from his store was his livelihood. ♦ **бу́ти на своє́му ~і** to earn one's own livelihood ◊ **Ля́на п'ять ро́ків на своє́му ~і.** Liana has earned her own livelihood for five years. ♦ **є х. і до ~а** to be well provided for, have more than enough food ◊ **Їм нема́ на що наріка́ти, бо є в них х. і до ~а.** They have nothing to complain about for they are well provided for. ♦ **заробля́ти (на) х.** to earn a living ◊ **Тя́жко заробля́ти на х. писа́нням ві́ршів.** It is difficult to earn a living by writing poems.
♦ **легки́й х.** easy work ◊ **Він шука́є легко́го ~а.** He is looking for easy work. ♦ **х. щоде́нний** daily bread ◊ **Х. наш щоде́нний дай нам сього́дні.** Give us this day our daily bread. *(Matthew 6:11)*;
5 *fig., colloq.* food, nourishment ◊ **Хай там як, але́ а́рмія забезпе́чує йому́ і приту́лок, і х.** Whatever may happen, but the army provides him with shelter and food. ♦ **бу́ти на чужи́х ~а́х** *or* **чужо́му ~ові** *or* ♦ **ї́сти чужи́й х.** live off sb, sponge off sb ◊ **Він кра́ще вванта́житиме ваго́ни, як жи́тиме на чужи́х ~а́х!** He'd rather work loading railroad cars, than live off somebody!
♦ **зна́ти** *or* **дізнава́тися почо́му х. і сіль** to have been around the block a few times, know the ways of the world ◊ **Оста́п хоч і молоди́й, але́ зна́є, почо́му х. і сіль.** Though young, Ostap has been around the block a few times.
See **ї́жа.** *Also see* **заку́ска 2, пере́куска, стіл 2, харчі́ 1, харчува́ння 2**

хлі́бн|ий, *adj.*
1 bread, of or pertaining to bread, grain, cereals
х. + *n.* **х. ~а бі́ржа** a grain exchange; **~а крамни́ця** a bread store ◊ **Бі́ля ~их крамни́ць з'яви́лися че́рги.** Lines appeared near the bread stores. (**монопо́лія** monopoly), ♦ **~а ка́ртка** a bread ration card; **~е ті́сто** bread dough ◊ **Для ~ого ті́ста потрі́бні дрі́жджі.** Yeast is needed for bread dough. ♦ **~е де́рево** a breadfruit tree) ◊ **У ботані́чному саду́ росли́ ~і дере́ва з А́фрики.** There grew breadfruit trees from Africa in the botanical gardens. **~і проду́кти** breadstuffs.
See **хліб 1, 2**
2 *fig.* lucrative, profitable, well-paid, gainful ♦ **~а поса́да** a plum position; ◊ **~а робо́та** a gainful job
See **прибутко́вий**

хлів, *m.*, **~а́**
1 barn, cattle-shed, pigsty
adj. **вели́кий** big; **невели́кий** small; **дерев'я́ний** wooden; **нови́й** new, **стари́й** old ◊ **Стари́й х. – при́хисток для коро́ви, дві́йка свине́й і куре́й.** The old barn is a shelter for a cow, two pigs and chickens.
Also see **буди́нок**
2 *fig.* pigsty ◊ **Ларисина кімна́та в гурто́житку ста́ла правди́вим ~о́м.** Larysa's dormitory room became a true pigsty.

хло́п|ець, *m.*, **~ця**
1 boy
adj. **вели́кий** big, **висо́кий** tall ◊ **До баскетбо́льної дружи́ни бра́ли ті́льки висо́ких ~ців.** They accepted only tall boys on the basketball team. **мали́й** small, **мале́нький** *dim.* little; **молоди́й** young; **ста́рший** elder, older, **найста́рший** eldest, oldest; **п'ятирі́чний** five-year-old, **десятирі́чний** ten-year-old ◊ **На цій світли́ні він – десятирі́чний х.** In the picture, he is a ten-year-old boy. **обдаро́ваний** gifted, **таланови́тий** talented; **працьови́тий** hard-working, **стара́нний** industrious ◊ **Лев був стара́нним ~цем.** Lev was an industrious boy. **ви́хований** well-bred, **до́брий** good, **слухня́ний** obedient, **че́мний** polite, **хоро́ший** nice; **галасли́вий** noisy; **неви́хований** ill-educated, **неслухня́ний** disobedient, **нече́мний** rude, **розбе́щений** spoiled; **впе́ртий** stubborn
2 son, boy ◊ **Олі́йники ма́ють двох ~ців. Ста́ршого зву́ть Григо́рій, а моло́дшого – Пили́п.** The Oliynyks have two boys. The elder is called Hryhorii, and the younger Pylyp.
See **син 1**
3 youth, young man, guy, chap ◊ **Яре́ма – типо́вий ки́ївський х. із прете́нзією на фра́нта.** Yarema is a typical Kyiv guy with a pretense of a dandy.
Also see **моло́де́ць 1, па́рубок 1, чолові́к 1, юна́к**
4 boyfriend ◊ **Як зва́ти її́ ~ця?** What's her boyfriend's name?
adj. **ни́нішній** *or* **тепе́рішній** current, **нови́й** new ◊ **Лука́ – її́ нови́й х.** Luka is her new boyfriend. **коли́шній** former, **попере́дній** previous, **черго́вий** another
v. + **х. знайо́митися із ~цем** meet one's boyfriend ◊ **Тут О́ля познайо́милася зі своїм ~цем.** Here Olia met her boyfriend. (**порива́ти**

з break up with) ◊ **Вона́ порва́ла із ~цем.** She broke up with her boyfriend.
V. **~че!** *(fam. form of address)*

хма́р|а, *f.*
1 cloud
adj. **важка́** heavy, **вели́ка** big, **величе́зна** enormous ◊ **Не́бо засла́ла величе́зна х.** An enormous cloud covered the sky. **густа́** thick, **щі́льна** dense; **легка́** light; **висо́ка** high, **низька́** low; **поде́рта** *and* **рва́на** ragged ◊ **Со́нце то вигляда́ло, то хова́лося за низьки́ми поде́ртими ~ами.** The sun would show through, then hide behind the low ragged clouds. **бі́ла** white, **свинце́ва** leaden, **сі́ра** gray, **срібля́ста** silvery, **те́мна** dark, **чо́рна** black; **злові́сна** ominous, **похму́ра** gloomy; **гра́дова** hail, **грозова́** storm, **дощова́** rain, **снігова́** snow; **висококупча́ста** altocumulus, **високошарува́та** altostratus, **купча́ста** cumulus, **купча́сто-дощова́** cumulonimbus, **пери́ста** *or* **пір'ї́ста, пір'я́ста, пі́рчаста** cirrus, **пери́сто-купча́ста** cirrocumulus, **пери́сто-шарува́та** cirrostratus, **шарува́та** stratus, **шарува́то-дощова́** nimbostratus, **шарува́то-купча́ста** stratocumulus
n. + **х. клуб** *and* **клубо́к хмар** a bank of clouds (**шар** layer ◊ **Верши́на горі́ хова́лася в ша́рі хмар.** The peak of the mountain was hiding in a layer of clouds. **утво́рення** formation)
v. + **х. гна́ти ~у** drive a cloud ◊ **Си́льний ві́тер жене́ ~и на за́хід.** Strong wind drives the clouds westwards. (**розві́ювати** *or* **розганя́ти** disperse ◊ **Вони́ сподіва́лися, що ві́тер розжене́ ~и.** They hoped that the wind would disperse the clouds. **хова́тися за** hide behind) ◊ **Мі́сяць схова́вся за ~у.** The moon hid behind a cloud. **зника́ти у ~і** disappear in a cloud ◊ **Літа́к зник у ~ах.** The airplane disappeared in the clouds.
х. + *v.* **збира́тися** gather ◊ **На пі́вночі збира́лися ~и.** Clouds gathered in the north. **з'явля́тися** appear ◊ **На о́брії з'яви́лася мале́нька х.** A small cloud appeared on the horizon. **ску́пчуватися** amass; **утво́рюватися** form; **вкрива́ти** *or* **застеля́ти, покрива́ти** + *A.* cover sth, **закрива́ти** + *A.* block sth, **затуля́ти** + *A.* obscure sth ◊ **На хви́лю мі́сяць затули́ла х.** For a moment, a cloud obscured the moon. **огорта́ти** + *A.* envelop sth; **розві́юватися** clear, **розхо́дитися** disperse ◊ **Пі́сля дощу́ ~и розійшли́ся.** After the rain, the clouds dispersed. **підійма́тися** *or* **підніма́тися** lift; **ви́сіти** hang, **нависа́ти** hover ◊ **Над та́бором нависа́ла дощова́ х.** A rain cloud hovered over the camp. **нести́ся** race ◊ **Пе́ред її́ очи́ма несли́ся ~и.** Before her eyes, clouds raced. **пливти́** *or* **плисти́** float, **пропливати** drift, **ру́хатися** move
prep. ♦ **до хмар** to the sky ◊ **Поже́жа була́ аж до хмар.** The fire was sky-high. **з ~и** from a cloud; **за ~ою** behind a cloud, ♦ **жи́ти за ~ами** to live in an imaginary world; **крізь ~у** through a cloud ◊ **Со́нячне про́міння ча́сом пробива́лося крізь ~у.** Sunlight sometimes broke through a cloud. **над** *or* **по́над ~ами** above the clouds; **під** *or* **по́під ~ами** below the clouds ◊ **Змій ширя́в по́під ~ами.** The kite hovered below the clouds. **у ~у** *dir.* into a cloud ◊ **Вертолі́т полеті́в про́сто у ~и.** The helicopter flew straight into the clouds. **у ~і** *posn.* in a cloud ◊ **По́думки Любо́в була́ висо́ко у ~ах.** In her thoughts, Liubov was high in the clouds. ♦ **вита́ти у ~ах** *fig.* to have one's head in the clouds ◊ **Він пів життя́ провита́в у ~ах.** He spent half of his life with his head in the clouds. ◊ **про́світ у ~і** a break in a cloud ◊ **Со́нце сві́тило че́рез про́світ у ~і.** The sun shone through a break in the cloud.
2 cloud, mass, billow; swarm
adj. **вели́ка** great, **величе́зна** huge; **густа́** thick; **га́зова** gas, **димова́** smoke, **радіоакти́вна** radioactive
х. + *n.* **х. ди́му** a cloud of smoke (**ку́ряви** *or* **пи́лу** dust, **па́ри** *or* **па́ру** steam; **комарі́в** mosquitos ◊ **Їх огорну́ла х. комарі́в.** A swarm of mosquitos enveloped them. **мух** flies, **саранчі́** locusts)
v. + **х. здійма́ти** *or* **підійма́ти ~у** stir a cloud ◊ **Вантажі́вка здійня́ла ~у ку́ряви на доро́зі.** The truck stirred a cloud of dust on the road. (**випльо́вувати** belch ◊ **Фабри́чні ко́мини випльо́вували ~и чо́рного ди́му.** The factory stacks belched clouds of black smoke. **випуска́ти** release, **утво́рювати** form)
3 *fig.* multitude, lots of, *etc.* ◊ **У не́ї в голові́ ро́їлася х. нови́х іде́й.** A great number of new ideas swarmed in her head.
See **бага́то 1.** *Also see* **гора́ 2, ку́па 3, ма́са 3, мо́ре 2, океа́н 2**

хма́рн|ий, *adj.*
1 cloudy, covered with clouds, gray
adv. **до́сить** rather ◊ **до́сить х. день** a rather cloudy day; **ду́же** very, **надзвича́йно** extremely, **тро́хи** a little, **перева́жно** mostly, **ча́сти** partly, **цілко́м** completely
v. + **х. бу́ти ~им** be cloudy ◊ **Ра́нок був ~им.** The morning was cloudy. (**виявля́тися** turn out *(weather)* ◊ **День ви́явився перева́жно ~им.** The day turned out to be mostly cloudy. **лиша́тися** remain; **става́ти** become) ◊ **Не́бо става́ло все бі́льш ~им.** The sky was becoming more and more cloudy.
Ant. **чи́стий 3**
2 *fig.* gloomy, downcast ◊ **Мар'я́на ки́нула на не́ї х. по́гляд.** Mar'yana cast a gloomy look at her.
See **пону́рий 1, похму́рий 1**

хова́|ти, **~ють; с~**, *tran.*
1 to hide, conceal; stow away, put away ◊ **Він схова́в ка́рти під пра́ву доло́ню.** He hid the cards under his right palm.
adv. **до́бре** well ◊ **Візьми́ гро́ші та до́бре схова́й.** Take the money and hide it well. **рете́льно** thoroughly, **таємно** secretly, **шви́дко** quickly; **вже** already, **нега́йно** immediately, **за́раз же** right away ◊ **Прочита́вши запи́ску, Ма́рта за́раз же схова́ла її́.** Having read the message, Marta hid it right away. **ле́две** barely ◊ **Вона́ ле́две ~ла шок від що́йно почу́тої ро́зповіді.** She barely hid the shock from the story she had just heard. **зуми́сне** *or* **навми́сне** on purpose ◊ **Марі́я зуми́сне ~є від ньо́го свої́ оща́дження.** Maria hides her savings from him on purpose. **свідо́мо** deliberately; **цілко́м** completely
v. + **х. бу́ти спромо́жним** be able to **бу́ти неспромо́жним** be unable to ◊ **Він неспромо́жний с~ розчарува́ння.** He is unable to hide his disappointment. **бу́ти тре́ба** + *D.* need to ◊ **Йо́сипові тре́ба с~ папе́ри в безпе́чному мі́сці.** Yosyp needs to hide the papers in a secure place. **вдава́тися** + *D.* succeed in ◊ **До́сі йому́ вдава́лося х. незру́чні фа́кти від пре́си.** Until now, he succeeded in hiding the uncomfortabe facts from the press. **змогти́** *pf.* manage to; **могти́** can, be able to ◊ **Софі́я мо́же х. свої́ спра́вжні почуття́.** Sofia is able to hide her real feelings. **намага́тися** try to, **зроби́ти спро́бу** make an attempt to; ♦ **ні́чого пра́вди х.** truth be told ◊ **Ні́на –найкра́ща студе́нтка, ні́чого пра́вди х.** Truth be told, Nina is the best student.
prep. **х. в** + *A. dir.* hide sth into *(a place)* ◊ **Він схова́в фо́та у кни́жку.** He hid the photos in a book. **х. в** + *L. posn.* hide sth in *(a place)* ◊ **Вона́ ~є докуме́нти у кни́жці.** She hides the documents in a book. ♦ **х.** + *A.* **в па́м'яті** to keep sth in memory ◊ **Ві́та ~ла в па́м'яті стра́шну істо́рію.** Vita kept the horrible story in her memory. **х. від** + *G.* hide from sb ◊ **Вони́ ~ли втікачі́в від полі́ції.** They hid fugitives from the police. **х. до** + *G.* hide in/to *(a place)* ◊ **Він схова́в світли́ни до шухля́ди.** He hid the photos in the drawer. **х. за** + *A. dir.* hide behind sth ◊ **Вона́ схова́ла обли́ччя за ві́яло.** She hid her face behind the fan. **х. за** + *I. posn.* hide behind sth ◊ **Про́тягом розмо́ви вона́ ~ла обли́ччя за ві́ялом.** During the conversation, she was hiding her face behind the fan. **х. під** + *I. posn.* hide under sth ◊ **Вона́ ~є лист під но́сом у чолові́ка.** She is hiding the letter under her husband's nose.
pa. pple. **схо́ваний** hidden
(с)хова́й!
Also see **маскува́ти 1.** *Cf.* **прихо́вувати**
2 to bury, inter, lay to rest; *pf.* **по~** ◊ **Козака́ похова́ли під ду́бом.** The Cossack was buried under the oak.
adv. **живце́м** alive ◊ **Тетя́на почува́лася так, на́че її́ живце́м ~ли.** Tetiana felt as if she was being buried alive. **з по́мпою** with pomp, **з по́честями** with honors, **урочи́сто** solemnly; **таємно** secretly ◊ **У ста́рі ча́си самогу́бців ~ли таємно по́за цвинта́рем.** In old times, suicides were buried secretly outside the cemetery. **шви́дко** quickly
v. + **х. ма́ти на́мір** have the intention of ◊ **Мі́ська вла́да ма́є на́мір по~ заги́блих на фро́нті як геро́їв.** The city government has the intention of burying the fallen on the front as heroes. **заповіда́ти, щоб** + *clause* bequeath to ◊ **Вона́ заповіла́, щоб її́ похова́ли в Украї́ні.** She bequeathed to be buried in Ukraine. **плануа́ти** plan to, **хоті́ти** want to ◊ **Він хоті́в по~ ма́тір по́ряд з її́ оста́ннім чолові́ком.** He wanted to bury his mother by the side of her last husband.

хова́|тися; с~, *intr.*
1 to hide, conceal oneself; find shelter ◊ **У її́ оча́х ~лася ціка́вість.** Curiosity was hiding in her eyes. ◊ **За парка́ном хтось ~вся.** Somebody was hiding behind the fence. ◊ **Тут мо́жна с~ від бу́рі.** Here one can hide from the storm. ♦ **х. від відповіда́льности за** + *A.* to avoid responsibility for sth ◊ **Він намага́вся с~ від відповіда́льности за свої́ ді́ї.** He tried to avoid responsibility for his actions.
prep. **х. від** + *G.* hide from sb/sth; **х. се́ред** + *G.* hide among sb ◊ **Злоді́й ~вся се́ред люде́й.** The thief was hiding among the people.
See **хова́ти 1**
2 to be, persist, stay, endure
adv. **гли́бо́ко** deep; **все́ ще** still, **до́сі** even now ◊ **В О́линій ду́ші до́сі ~ється за́здрість до його́ у́спіху.** Envy of his success persists in Olia's soul even now.
Also see **сиді́ти 6**

ход|а́, *f., only sg.*
walk, gait, stride
adj. **важка́** heavy, **ведме́жа** bear-like, **незґра́бна** clumsy, **нері́вна** uneven; **енергі́йна** energetic, **ґраці́йна** gracious, **легка́** light; **обере́жна** careful, **спорти́вна** athletic, **спри́тна** agile; **пові́льна** slow ◊ **Його́ х. ста́ла пові́льною.** His gait became slow. **поква́пна** hasty, **шви́дка́** fast
Also see **крок 3, хід 8**

ход|и́ти, **~жу́**, **~иш**, **~ять**; *no pf., multi., intr.*
1 to go *(repeatedly, there and back, as opposed to* **іти́***)*, walk, pace, walk around
adv. **весь час** all the time ◊ **Бі́ля буди́нку весь час ~ять підозрі́лі ти́пи.** Suspicious characters walk near the building all the time. **за́вжди́** always, **звича́йно** usually, **ча́сто** often, **як пра́вило** as a rule, **пості́йно** constantly, **рі́дко** seldom, **ніко́ли не** never ◊ **Вони́ ніко́ли не ~ять до па́рку.** They never go to the park. **вздо́вж і по́перек** length and breadth ◊ **Він ~и́в уздо́вж і по́перек по́ля, огляда́ючи ко́жен його́ квадра́тний метр.** He walked the length and breadth of the field, inspecting its every square meter. **туди́ й сю́ди** up and down; **ле́гко** lightly, **крадькома́** stealthily, **ти́хо** quietly; **ва́жко** heavily, **незґра́бно** clumsily ◊ **Вона́ ~и́ла ва́жко**

і незгра́бно. She had a heavy and clumsy walk. **навшпи́ньки** on tiptoe ♦ **х. навшпи́ньки** *or* **на за́дніх ла́пках пе́ред** + *I.* to dance attendance to sb ◊ **Мико́ла все життя́ ~ить навшпи́ньки пе́ред те́щею.** All his life, Mykola has danced attendance to his mother-in-law. **пі́шки** on foot; **самості́йно** unaided

v. + **х. вмі́ти** be able to ◊ **Дити́на ще не вміла х.** The baby was not yet able to walk. **вчи́ти** + *A.* teach sb to, **вчи́тися** learn to ◊ **Пі́сля ава́рії Павло́ знову вчи́вся х.** After the accident, Pavlo learned to walk again. **люби́ти** like to ◊ **Вона́ лю́бить х. мі́стом.** She likes to walk around the city. **могти́** can, be able to ◊ **Незаба́ром він могти́ме х. самості́йно.** Soon he will be able to walk unaided.

prep. **х. від** + *G.* **до** + *G.* go from *(a place)* to *(a place)* ◊ **Дру́зі ~или від ба́ру до ба́ру ці́лу ніч.** The friends went from bar to bar all night. **х. до** + *G.* go to *(a place)* ◊ **Оста́ннім ча́сом він не ~ить до це́ркви.** Lately he has not been going to church. **х. на** + *A.* go to *(an event)* ◊ **Катери́на ~ила на ви́ставку.** Kateryna went to an exhibition. **х. по** + *A.* go for sth ◊ **Іва́н ~ив по проду́кти.** Ivan went to buy groceries. ♦ **х. по п'я́тах за** + *I.* to be on sb's heels ◊ **Полі́ція ~ила за Іри́ною по п'я́тах.** The police were right on Iryna's heels. **х. по** + *L.* go down/up sth ◊ **Він зами́слено ~ив по кімна́ті.** He pensively paced up and down the room. **х. че́рез** + *A.* walk across sth ◊ **Робітники́ ~ять че́рез цей міст на фа́брику.** Workers walk across the bridge to the factory.

Cf. **гуля́ти 1, йти 1.** *Also see* **бі́гати 1**

2 to hang out, hang around, loiter, associate with ◊ **Він уве́сь день десь ~и́в.** He hung out somewhere all day. ◊ **Не ра́джу вам х. з ци́ми людьми́.** I do not recommend that you associate with these people.

3 to attend *(university, lecture)*, go to, visit, be present at

prep. **х. на** + *A.* go to *(an event. etc.)* ◊ **х. на відкриття́** go to an opening ◊ **Учо́ра вони́ ~или на відкриття́ бібліоте́ки.** Yesterday they went to the opening of the library. (**заняття́** classes ◊ **Яре́ма ~ить на заняття́.** Yarema attends classes. **конфере́нцію** conference, **ле́кцію** lecture, **семіна́р** seminar; **дискоте́ку** disco, **народи́ни** *or* **уроди́ни** birthday party; **виста́ву** performance, **конце́рт** concert ◊ **Вони́ переста́ли х. на конце́рти.** They stopped going to concerts. **о́перу** opera, **п'є́су** play, **поста́ву** production, **фільм** movie; **база́р** bazaar, **ри́нок** market; **вокза́л** station, **заво́д** plant, **по́шту** post office, **фа́брику** factory); **х. до** + *G.* to *(a place, building, etc.)* ◊ **х. до ба́нку** visit a bank (**бібліоте́ки** library, **крамни́ці** store; **ба́ру** bar, **кав'я́рні** cafe, **рестора́ну** restaurant; **кінотеа́тру** movie theater, **музе́ю** museum, **о́пери** opera house; **батькі́в** parents' place ◊ **Мину́лої субо́ти Лі́на ~ила до батькі́в.** Last Saturday, Lina went to her parents' place. **дру́зів** friends' place) ◊ **Вони́ давно́ не ~или до свої́х дру́зів.** They have not visited their friends' place for a long time.

See **відві́дувати 1.** *Also see* **заві́тати, прові́дувати 1**

4 *fig.* to see *(a person)*, go out with ◊ **Матві́й рік ~ить з О́лею.** Matvii has gone out with Olia for a year.

See **зустріча́тися 3**

5 to follow, *only with prep.*

prep. **х. за** + *I.* follow sb ◊ **Щеня́ скрізь ~ило за хазя́їном.** The puppy followed its master everywhere. ◊ **Вона́ невідсту́пно ~ила за нача́льником.** She relentlessly followed her boss.

See **сте́жити 1**

6 to tend to, look after, care for, *only with prep.*

prep. **х. за** + *I. or* **ко́ло** + *G.* look after sb ◊ **Христи́на ~и́тиме за ї́хніми ді́тьми** *or* **ко́ло ї́хніх діте́й.** Khrystyna will tend to their children. ◊ **Він навчи́в Мо́трю х. ко́ло мотоци́кла.** He taught Motria how to tend to the motorcycle properly. ◊ **Ці кві́ти примхли́ві, і за ни́ми тре́ба неаби́як х.** These flowers are capricious and they need a lot of care.

See **догляда́ти 2**

7 to run *(of bus, train, ship, etc.)*, travel, sail, fly ◊ **Від Ки́єва до Ка́нева ~и́ли кораблі́ на підво́дних кри́лах.** Hydrofoils ran from Kyiv to Kaniv. ◊ **По́тяги між двома́ міста́ми ~ять три́чі на день.** Trains between the two cities run three times a day.

8 travel *(of sun, stars, etc.)* ◊ **Коли́сь лю́ди ду́мали, що Со́нце ~ить навко́ло Землі́.** Once people thought that the Sun traveled around the Earth.

9 *fig.* to travel, wander, roam ◊ **Ку́бок із вино́м ~и́в навко́ло стола́.** The cup of wine went around the table. ◊ **Химе́рні ті́ні ~или по сті́нах кімна́ти.** Whimsical shadows wandered on the walls of the room. ◊ **За́пах сві́жого хлі́ба ~и́в по ха́ті.** The smell of fresh bread traveled through the house.

10 *only with prep.* to wear, put on *(clothes)*, dress, be dressed

prep. **х. в** + *L.* wear sth ◊ **На пра́цю Га́нна ~и́ла в ділово́му костю́мі.** Hanna wore a business suit to work. ◊ **Іва́н лю́бить х. у крава́тці.** Ivan likes to wear a tie.

See **носи́ти 2.** *Also see* **вдяга́тися**

11 to be, feel, be in a state of ◊ **Дем'я́н ти́ждень ~ить сумни́й.** Dem'yan has been sad for a week. ◊ **Ці́лий день вона́ ~и́ла збу́дженою.** She was excited all day.

See **бу́ти 1**

12 to circulate, spread ◊ **Про ї́хню роди́ну в мі́сті ~ять диво́вижні поголо́ски.** Strange rumors circulate about their family in the city. ◊ **Се́ред журналі́стів ~ить інформа́ція про відста́вку міні́стра.** Information about the minister's resignation has circulated among reporters.

13 to be in use, circulate, be current ◊ **На чо́рному ри́нку ~ять як гри́вні, так і до́лари.** Both hryvnias and dollars are in use on the black market. ◊ **Ро́ків три́дцять тому́ цей ви́раз ~ив се́ред мо́лоді.** Some thirty years ago, the expression was current among the youth.

14 to lead *(in cards, chess, etc.)*, play, move + *I., pf.* **по~** *or* **піти́** ◊ **Була́ Надійчина че́рга х., і вона́ пішла́** *or* **походи́ла чи́рвовим ту́зом.** It was Nadiyka's turn to play and she played an ace of hearts.

adv. **несподі́вано** unexpectedly, **ра́птом** suddenly; **спри́тно** shrewdly

prep. **х. з** + *G.* play *(a card)*, move *(a piece)* ◊ **Її опоне́нт походи́в із ферзя́.** Her opponent moved his queen. ◊ **Він походи́в** *or* **пішо́в з вино́вого ни́жника.** He played a jack of spades.

15 *only impf.* to concern, be about, come down to, mean, have in mind, be after

prep. **х. про** + *A.* be about sb/sth ◊ **Тут ~и́ло про те, чи цим лю́дям мо́жна довіря́ти.** It was about whether or not these people could be trusted. ◊ **Про що йому́ ~ить?** What is he after?

See **іти́ся 4.** *Also see* **іти́**

ходи́!

холестери́н, *m.*, ~у, *chem.*, *only sg.*

cholesterol

adj. **висо́кий** high, **підви́щений** elevated; **низьки́й** low; **до́брий** good, **пога́ний** bad

n. + **х. рі́вень ~у** a cholesterol level ◊ **Ві́ктор ма́є висо́кий рі́вень ~у.** Viktor has a high cholesterol level.

v. + **х. збі́льшувати х.** increase cholesterol ◊ **Сма́жена ї́жа збі́льшує х.** Fried food increases cholesterol. (**підві́щувати** raise; **зме́ншувати** lower, **скоро́чувати** reduce ◊ **Часни́к ні́бито скоро́чує пога́ний х.** Garlic allegedly reduces bad cholesterol. **контролюва́ти** monitor, **трима́ти під контро́лем** keep under control)

х. + *v.* **збі́льшуватися** increase, **зроста́ти** rise ◊ **У хворо́ї де́що зріс х.** The (female) patient's cholesterol has risen somewhat. **зме́ншуватися** decrease, **скоро́чуватися** go down

prep. **від ~у** for cholesterol ◊ **лі́ки від ~у** a medication for cholesterol

хо́лод, *m.*, ~у

1 cold, cold air, cold weather

adj. **аркти́чний** Arctic, **вели́кий** great, **го́стрий** biting, **лю́тий** bitter ◊ **Уночі́ х. стає лю́тим.** At night, the cold becomes bitter. **моги́льний** grave-like ◊ **У кімна́ті стоя́в моги́льний х.** There was grave-like cold in the room. **паралізу́ючий** paralyzing, **прони́зливий** piercing, **си́льний** strong, **страше́нний** terrible, **страшни́й** dreadful; **зимо́вий** winter

v. + **х. відчува́ти х.** feel cold ◊ **Світла́на відчува́ла х. на́віть у кожу́сі.** Svitlana felt the cold even in the sheepskin coat. **боя́тися ~у** be afraid of cold (**захища́ти** + *A.* **від** protect sb/sth from ◊ **Сні́г захища́є пшени́цю від ~у.** Snow protects the wheat from cold. **ні́міти від** be numb with, **сині́ти від** be blue with ◊ **Її ру́ки посині́ли від ~у.** Her hands went blue with cold. **тремті́ти від** shiver with, **труси́тися від** shake with ◊ **Оре́ст уве́сь труси́вся від ~у.** Orest shook all over with cold.

х. + *v.* **насува́тися** come ◊ **Із пі́вночі насува́вся х.** Cold was coming from the north. **паралізува́ти** + *A.* paralyze sb/sth ◊ **Аркти́чний х. паралізува́в краї́ну.** Arctic cold paralyzed the country. **пошි́рюватися** spread, **прони́зувати** + *A.* pierce sb, **проника́ти в** + *L.* penetrate sth ◊ **Х. проника́в у ко́жен закуто́к ха́ти.** The cold penetrated every corner of the house.

prep. **від ~у** against/from cold ◊ **Енергі́йний рух помага́є від ~у.** Vigorous movement is help against the cold. **на ~і** out in the cold ◊ **Вони́ лиши́лися на лю́тому ~і.** They were left out in the bitter cold.

Also see **за́морозки, моро́з 1.** *Ant.* **тепло́ 1, теплота́ 1, 2**

2 shiver, quiver, tremble ◊ **Від ду́мки про зу́стріч із Тара́сом у ньо́го х. по спи́ні пробіга́в.** The thought of seeing Taras sent shivers down his spine.

3 *fig.* cold, enmity, hostility, malice, indifference ◊ **Від її слів ві́є ~ом.** Her words emanate cold. ◊ **Із ко́жним днем зроста́в х. у ї́хніх стосу́нках.** The chill in their relationship grew by the day. ◊ **Процю́к поста́вився до її проха́ння з ви́разним ~ом.** Protsiuk took a distinctly cold attitude toward her request.

See **байду́жість.** *Ant.* **тепло́ 2**

холоди́льник, *var.* холодни́к, *m.*, ~а/~а́

refrigerator

adj. **вели́кий** big ◊ **На ку́хні нема́є мі́сця для вели́кого ~а.** There is no room for a big refrigerator in the kitchen. **мале́нький** *dim.* small, **мали́й** *and* **невели́кий** small, **дома́шній** home; **нови́й** new, **стари́й** old; **зіпсо́ваний** broken; **відно́влений** refurbished, **поремонто́ваний** repaired ◊ **Неда́вно поремонто́ваний х. пога́но пра́цює.** The recently repaired refrigerator does not work well. **запако́ваний** packed ◊ **Х. стоя́в запако́ваний проду́ктами.** The refrigerator stood packed with groceries. **по́вний** full; **поро́жній** empty; **деше́вий** cheap; **дороги́й** expensive

n. + **х. две́рі ~а** a refrigerator door (**моро́зилка** freezer; **поли́ця** shelf); **магні́т на х.** a refrigerator magnet ◊ **Із ко́жної краї́ни Ната́лка приво́зила магні́т на х.** From every country, Natalka would bring home a refrigerator magnet.

v. + **х. відкрива́ти х.** open a refrigerator ◊ **Х. не мо́жна було́ відкри́ти беззву́чно.** The refrigerator could not be opened silently. (**закрива́ти** close; **запако́вувати** + *I.* stock with sth ◊ **Щосубо́ти вони́ запако́вують х. проду́ктами на ти́ждень упере́д.** Every Saturday, they stock the refrigerator with groceries for a week in advance. **напо́внювати** + *I.* fill with; **розморо́жувати** defrost) ◊ **Пе́ред відпу́сткою Ю́рій розморо́жує і вимика́є х.** Before vacation, Yurii defrosts and turns off the refrigerator.

х. + *v.* **гуді́ти** *or* **густи́** hum ◊ **У кутку́ поме́шкання гуді́в** *or* **гув х.** A refrigerator was humming in the corner of the apartment.
prep. **до ~а** in/to a refrigerator ◊ **Він схова́в борщ до ~а.** He put the borshch away in the refrigerator. **у х.** *dir.* in/to a refrigerator ◊ **Ні́на по сто раз на день загляда́є в х.** A hundred times a day, Nina looks in the refrigerator. **у ~у** *posn.* in a refrigerator ◊ **У ~у нічо́го не було́.** There was nothing in the refrigerator.
See **при́стрій**

холод|и́ти, ~жу́, ~я́ть; о~, *tran.*
1 to cool, chill, refrigerate ◊ **Сві́жий вітере́ць приє́мно ~и́в Андрі́єві обли́ччя.** A fresh breeze pleasantly cooled Andrii's face. ◊ **Уно́чі вона́ відчиня́є ві́кна, щоб тро́хи о~ ха́ту.** At night, she opens the windows to cool her place a little.
See **охоло́джувати 1**
2 *fig.* to chill, give shivers, petrify, frighten ◊ **Гали́на байду́жість ~и́ла йому́ ду́шу.** Halia's indifference petrified his soul. ◊ **Триво́га за хло́пців ~и́ть Оле́ні се́рце, не дає спа́ти.** Anxiety for the boys petrifies Olena's heart and keeps her from sleeping.

холо́дн|ий, *adj.*
1 cold, chilly ◊ **Це кра́ще роби́ти в ~у пого́ду.** It is better done in cold weather.
adv. **винятко́во** exceptionally ◊ **винятко́во ~е лі́то** an exceptionally cold summer; **вкрай** extremely ◊ **В Євро́пі заповіда́ли вкрай ~у зиму́.** An extremely cold winter was being forecast for Europe. **геть** totally, **ду́же** very, **зо́всім** completely, **надзвича́йно** extraordinarily, **страше́нно** terribly; **особли́во** particularly; **до́сить** rather, **доста́тньо** sufficiently, **порі́вняно** relatively; **неймові́рно** incredibly, **несподі́вано** unexpectedly; **приє́мно** pleasantly ◊ **Ваго́н метра́ приє́мно х.** The subway car is pleasantly cold. **(за)на́дто** too; **небезпе́чно** dangerously; **майже** almost; **тро́хи** a little; **не зо́всім** not quite; **незвича́йно** unusually, **несезо́нно** unseasonably ◊ **Тра́вень ви́дався несезо́нно ~им.** May turned out to be unseasonably cold. **ще** still
х. + *n.* **х. борщ** cold borshch ◊ **Улі́тку вона́ ва́рить х. борщ.** In summer, she cooks cold borshch. (**ві́тер** wind, **дощ** rain, **сніг** snow ◊ **відчуття́ ~ого сні́гу на обли́ччі** the sensation of cold snow on the face; **тума́н** fog; **день** day, **клі́мат** climate; **че́рвень** June, **жо́втень** October, *etc.*; **душ** shower; **напі́й** drink; ♦ **облива́тися ~им по́том** to break into a cold sweat) ◊ **Від переля́ку він обли́вся ~им по́том.** He broke into a cold sweat with fright. **~а вода́** cold water ◊ **Він зану́рив ру́ку в ~у во́ду.** He dipped his hand in cold water. (**заку́ска** snack, **стра́ва** dish ◊ **Че́рез відсу́тність еле́ктрики рестора́н подає лише́ ~і стра́ви.** There being no electricity, the restaurant serves only cold dishes. **течі́я** current); **~е лі́то** cold summer (**мо́ре** sea, **о́зеро** lake; **пові́тря** air; **молоко́** milk ◊ **Він лю́бить ~е молоко́.** He likes cold milk. **моро́зиво** ice cream); **~і но́ги** cold feet (**ру́ки** hands ◊ **На́віть у гаря́чий день вона́ має ~і ру́ки.** Even on a hot day, her hands are cold. ♦ **~а війна́** *hist.* the Cold War
v. + **х. бу́ти ~им** be cold ◊ **Мо́ре тут ~е.** The sea is cold here. (**видава́тися** + *D.* appear to sb, **виявля́тися** turn out; **здава́тися** + *D.* seem to sb; **лиша́тися** stay; **подава́ти** + *A.* serve sth ◊ **Напі́й подаю́ть ~им.** The drink is served cold. **роби́тися** turn, **става́ти** become; **трима́ти** + *A.* keep sth) ◊ **Про вся́к ви́падок вона́ трима́є пля́шку бі́лого вина́ ~ою.** Just in case, she keeps a bottle of white wine cold.
Also see **крижани́й 2.** *Ant.* **гаря́чий 1**
2 *fig.* cold, unfriendly, hostile ◊ **Світли́ни здаю́ться ~ими, позба́вленими емо́цій.** The photographs seem cold, devoid of emotions. ◊ **Без кві́тів поме́шкання стає́ ~им і сумни́м.** Without flowers the apartment becomes cold and sad. ◊ **Вони́ не сподіва́лися ~ого прийо́му.** They did not anticipate a cold reception. ♦ **з ~им се́рцем** in cold blood ◊ **Сна́йпери з ~им се́рцем стріля́ли у протестува́льників.** The sharp-shooters shot at the protesters in cold blood.
Also see **кам'яни́й 2, крижани́й 2, стале́вий 2, сухи́й 4, черстви́й 2.** *Ant.* **те́плий 1**
3 *fig.* cold, sober, dispassionate, objective ◊ **Йому́ часо́м бракува́ло ~ого по́гляду на ре́чі.** He sometimes lacked a dispassionate view of things. ◊ **Тут тре́ба кого́сь із ~им ро́зумом і гаря́чим се́рцем.** Somebody with sober mind and passionate heart is needed here.
Also see **тверези́й 2**

хо́лодно, *adv., pred.*
1 *adv.* coldly, in a cold manner ◊ **У не́бі х. блища́ть зо́рі.** Stars shine coldly in the sky. ◊ **Вони́ прийняли́ Хри́стю х.** *fig.* They gave Khrystia a cold reception. ◊ **У ві́дповідь на пита́ння Да́на х. посміхну́лася.** In response to the question, Dana sneered coldly.
See **холо́дний 1-3.** *Ant.* **те́пло 1**
2 *pred., impers.* cold ◊ **Надво́рі було́ ти́хо і х.** It was quiet and cold outdoors. ◊ **У го́рах уже́ х.** It is already cold in the mountains. ◊ **Пі́сля дощу́ ста́ло х.** It became cold after the rain.
Ant. **те́пло 2**
3 *pred.* cold, stiff, frigid *(of physical or mental state)* + *D.*
v. + **х. бу́ти х.** be cold ◊ **Хомі́ х. в мо́крому о́дязі.** Khoma is cold in wet clothes. (**почува́тися** feel ◊ **Ю́рій почува́вся х. в товари́стві незнайо́мих люде́й.** Yurii felt cold in the company of strange people. **става́ти** start feeling) ◊ **Дівча́там ста́ло х.** The girls started feeling cold. ♦ **ні х., ні жа́рко** + *D.* to be all the same, make no difference to sb ◊ **Подо́бається глядача́м фільм, чи ні – режисе́рові ні х. ні жа́рко.** It makes no difference to the director whether or not the viewers like the movie.
Ant. **те́пло 3**

холо́н|ути, ~уть; о~; *pa. pf., m.* **охоло́в** *or* **охоло́нув,** *pl.* **охоло́ли** *or* **охоло́нули,** *intr.*
1 to cool, cool down/off, chill off, become cold
adv. **геть** totally ◊ **Двигу́н геть охоло́в.** The engine became totally cold. **до́бре** *colloq.* enough ◊ **Чай не встиг до́бре о~.** The tea had not had time to cool off enough. **зна́чно** considerably, **помі́тно** noticeably; **по́вністю** fully, **цілко́м** completely; **приє́мно** pleasantly, **шви́дко** quickly, **пові́льно** slowly ◊ **Зі́рка пові́льно ~е.** The star is slowly cooling. **поступо́во** gradually, **тро́хи** a little, **ле́две** scarcely, **наси́лу** barely ◊ **Ті́ло небі́жчика наси́лу охоло́ло, коли́ його́ знайшли́.** The body of the deceased had barely become cold when it was found.
v. + **х. бу́ти тре́ба, щоб** need to ◊ **Тре́ба, щоб молоко́ тро́хи охоло́ло.** The milk needs to cool off a little. **встига́ти** have the time to; **почина́ти** begin to, **ста́ти** *pf.* start
2 *fig.* to go cold *(with fear, terror, etc.)*, be petrified, be scared ◊ **Васи́ль ди́виться у вікно́ і ~е від поба́ченого.** Vasyl looks in the window and goes cold from what he sees. ♦ **кров ~е в жи́лах** + *D.* sb's blood curdles ◊ **Тама́ра чита́є цей лист, і їй у жи́лах ~е кров.** Tamara reads the letter and her blood curdles. ♦ **се́рце** *or* **душа́ ~е** *fig.* sb's heart stops ◊ **При зву́ках кро́ків у ньо́го захоло́ло се́рце.** At the sound of steps, his heart stopped.
3 *fig.* to cool, grow cold, become indifferent ◊ **З ча́сом її при́страсть охоло́ла.** With passage of time, her passion considerably cooled.
prep. **х. до** + *G.* become indifferent to sb ◊ **О́льга ~ула до ньо́го.** Olha was growing indifferent to him.
(о)холо́нь!

хор, *m..,* **~у**
1 choir
adj. **вели́кий** big, **невели́кий** small; **дитя́чий** children's ◊ **Дитя́чий х. здобу́в популя́рність у краї́ні.** The children's choir won popularity in the country. **жіно́чий** women's, **чолові́чий** male; **ама́торський** *and* **люби́тельський** amateur ◊ **Ама́торський х. співа́є на цілко́м професі́йному рі́вні.** The amateur choir sings at an entirely professional level. **професі́йний** professional; **наро́дний** folk; **університе́тський** university ◊ **націона́льний ко́нкурс університе́тських ~ів** a national competition of university choirs; **шкі́льний** school; **церко́вний** church ◊ **Співо́чу кар'є́ру Ле́ся почала́ в церко́вному хо́рі.** Lesia started her singing career in a church choir.
х. + *n.* **х. хло́пчиків** a boys' choir ◊ **Вони́ чу́ли «Ще́дрик» у викона́нні ~у хло́пчиків.** They heard the *Carol of the Bells* sung by a boys' choir.
v. + **х. засно́вувати х.** found a choir ◊ **Компози́тор заснува́в професі́йний х.** The composer founded a professional choir. (**створю́вати** establish ◊ **Він створи́в наро́дний х.** He established a folk choir. **слу́хати** listen to); **дири́ґувати ~ом** conduct a choir ◊ **Фроси́на дири́ґувала шкі́льним ~ом.** Frosyna conducted the school choir. **бу́ти в ~і** be in a choir ◊ **Яре́ма в ~і з пе́ршого ку́рсу.** Yarema has been in the choir since his first year. (**співа́ти в** sing in) ◊ **Вона́ співа́є в хо́рі «Ду́мка».** She sings in the *Dumka* Choir.
х. + *v.* **викону́вати пі́сню** perform a song, **виступа́ти** perform; **співа́ти** + *A.* sing sth; **ї́хати на гастро́лі** go on a tour
2 *adv., only I.* in chorus, in unison, together ◊ **Ді́ти ~ом повто́рюють моли́тву.** The children repeat the prayer in chorus. **Вони́ співа́ли ~ом.** They sang in chorus.
See **ра́зом 1**

хоро́бр|ий, *adj.*
brave, courageous, valiant
adv. **винятко́во** exceptionally ◊ **Ві́ктор ви́явив себе́ винятко́во ~им чолові́ком.** Viktor proved to be an exceptionally brave man. **ду́же** very, **надзвича́йно** extraordinarily; **на рі́дкість** exceptionally, **неймові́рно** unbelievably, **напра́вду** *or* **спра́вді** truly ◊ **напра́вду х. вчи́нок** a truly courageous deed; **страше́нно** tremendously; **особли́во** particularly
х. + *n.* **х. вояк** a brave soldier ◊ **Він ви́явився ~им вояко́м.** He proved to be a brave soldier. (**ви́клик** challenge; **вчи́нок** deed, **крок** step; **план** plan; **го́лос** voice, **по́гляд** look; **експеримента́тор** experimenter, **хло́пець** boy); **~а ата́ка** a bold attack (**ді́вчина** girl, **жі́нка** woman; **мрі́я** dream; **опера́ція** operation, surgery; **поведі́нка** behavior); **~е почина́ння** a courageous initiative (**рі́шення** decision; **се́рце** heart ◊ **Вона́ – ді́вчина зі ~им се́рцем.** She is a girl of a brave heart. **сло́во** word)
v. + **х. бу́ти ~им** be courageous ◊ **Рекс – мали́й, але́ страше́нно х. пес.** Reks is a small but tremendously brave dog. (**вважа́ти** + *A.* consider sb ◊ **Ю́рко́ не вважа́є себе́ особли́во ~им.** Yurko does not consider himself to be particularly brave. **вигляда́ти** look, **виявля́ти себе́** prove, **виявля́тися** turn out, **роби́ти** + *A.* make sb; **става́ти** become) ◊ **Сергі́й став ~им вояко́м.** Serhii became a brave soldier.
Also see **му́жній 1**

хоро́бр|ість, *f.,* **~ости,** *only sg.*
courage, bravery, valor
adj. **вели́ка** great, **величе́зна** immense, **винятко́ва** exceptional, **разю́ча** striking, **колоса́льна** colossal ◊ **Що́би зроби́ти це, потрі́бна колоса́льна х.** In order to do this, colossal courage is needed. **надзвича́йна** extraordinary, **неаби́яка** uncommon, **неперевéршена** unsurpassed, **неба́чена**

unparalleled, **надихáюча** inspiring, **чималá** considerable; **особлúва** particular; **особúста** personal; **інтелектуáльна** intellectual ◊ **Не мóжна не захóплюватися її інтелектуáльною ~істю.** One cannot but admire her intellectual courage. **морáльна** moral, **політúчна** political
n. + **х. верх ~ости** the picture of courage ◊ **У небезпéці вонá вúявила верх ~ости.** She proved to be the picture of courage in danger. (**зразóк** example, **ідеáл** ideal); ♦ **х. пéред облúччям вóрога** courage in the face of the enemy (**небезпéки** danger, **смéрти** death) ◊ **Не кóжен здáтний на х. пéред облúччям смéрти.** Not everyone is capable of courage in the face of death.
v. + **х. виявлятú х.** display courage (**демонструвáти** demonstrate, **покáзувати** show ◊ **Ярúна показáла морáльну х.** Yaryna showed moral courage. **знахóдити** find ◊ **Він знайшóв х., щоб вúзнати публíчно, що він помилúвся.** He found the courage to publicly admit he had made a mistake. **мобілізувáти** mobilize); **бракувáти** + *D.* **~ости** lack courage ◊ **Йомý бракýє політúчної ~ости, щоб прийняти непопулярне рíшення.** He lacks the political courage to make an unpopular decision. (**набирáтися** muster ◊ **Він набрáвся ~ости написáти Мелáнії.** He mustered the courage to write Melaniia. **потребувáти** need) ◊ **Кóжен потребýє ~ости сказáти гіркý прáвду.** Everybody needed courage to tell the bitter truth. **аплодувáти ~ості** applaud sb's courage ◊ **Громáда аплодýє ~ості пожéжників.** The community applauds the firemen's courage. **захóплюватися ~істю** admire sb's courage
prep. ♦ **для ~ости** for courage ◊ **Адáм вúпив для ~ости.** Adam has had a drink for courage.
Also see **дух 5, мýжність 1.** *Ant.* **боягýзтво**

хорóш|ий, *adj.*

1 good, fine, quality
adv. **дóсить** fairly ◊ **Він подáв дóсить х. сценáрій.** He submitted a fairly good script. **дýже** very, **надзвичáйно** extraordinarily ◊ **Óля мáє надзвичáйно х. гóлос.** Olia has an extraordinarily good voice. **цілкóм** quite, **напрáвду** *or* **спрáвді** really, **особлúво** particularly; **на дúво** amazingly ◊ **Вонá – на дúво ~а актóрка.** She is an amazingly good actress. **неочíкувано** *or* **несподíвано** unexpectedly ◊ **Робóта булá неочíкувано ~ої якости.** The work was of unexpectedly good quality. **безперéчно** undeniably
х. + *n.* **х. анáліз** a good analysis (**бáтько** father, **друг** friend, **знайóмий** acquaintance, **сусíд** neighbor ◊ **Одúн сусíд спрáвді х., затé íнший – крáще не питáти.** One neighbor is really good, but the other – better not ask. **адвокáт** lawyer, **лíкар** doctor, **фахівéць** specialist; **кінь** horse, **пес** dog; **підхíд** approach, **план** plan); **~а вчúтелька** a good teacher ◊ **Вонá вважáє себé ~ою вчúтелькою.** She considers herself to be a good teacher. (**жíнка** wife, **мáти** mother; **порáда** advice, **рекомендáція** recommendation; **погóда** weather, **порá** time ◊ **~а порá збирáти грибú** a good time to pick mushrooms; **порóда** breed; **якість** quality); **~е врáження** a good impression ◊ **Хлóпець спрáвив на них х. врáження.** The boy produced a good impression on them. (**життя** life); **~і взаєму́ни** good relations
v. + **х. бýти ~им** be good (**вважáти** + *A.* consider sb ◊ **Лéва вважáють ~им фахівцéм.** Lev is considered to be a good specialist. **виглядáти** look ◊ **Матерíял виглядáє ~им.** The material looks good. **виявлятися** turn out ◊ **Її ідéя вúявилася ~ою.** Her idea turned out to be good. **лишáтися** remain; **ставáти** become) ◊ **Йогó стиль став дýже ~им.** His style became very good.
prep. **х. для** + *G.* good for sb/sth ◊ **Тéкст х. для студéнтів серéднього рíвня.** The text is good for intermediate level students.
comp. **крáщий, лíпший**
Also see **дóбрий 2.** *Ant.* **кéпський, погáний**
2 beautiful, handsome, fine ◊ **Данúло – стáршого вíку пáрубок, усé ще х. з вúгляду.** Danylo is a bachelor advanced in age, still of handsome appearance. ◊ **~е облúччя** a fine face; ♦ **~а врóда** beauty ◊ **Її ~а врóда стáла легéндою.** Her beauty became a legend.
See **вродлúвий, гáрний**
3 good, respectable, reputable ◊ **Він похóдить із ~ої родúни.** He comes from a good family. ◊ **Олéну заманúли обіцянками ~ої платні.** Olena was lured by promises of a good salary.
4 elegant, fine *(of clothes)* ◊ **На зýстріч із ним Лéся вбрáлася в особлúво ~у сýкню.** For her meeting with him, Lesia put on her especially elegant dress.
See **гáрний 1, елегáнтний, ошáтний 2**

хотíти, хóч|уть; за~, *tran.*

to want, wish + *G. or inf.* ◊ **Вонá хóче тúші і спóкою.** She wants silence and calm. ◊ **Маркó хотíв сказáти їм про це.** Marko wanted to tell them about it.
adv. **відчайдýшно** desperately, **все** *colloq.* all the time, **гáряче** fervently, **дíйсно** truly, **дýже** badly, very much ◊ **Вонú дýже ~уть потрáпити на концéрт.** They very much want to get to the concert. **зáвждú** always, **íноді** sometimes, **прúстрасно** passionately; **прóсто** simply ◊ **Лукá прóсто ~е, щоб йогó лишúли в спóкої.** Luka simply wants to be left alone. **сúльно** strongly, **спрáвді** really, **таємно** secretly, **тíльки** only ◊ **Я тíльки ~у сказáти вам однý вáжливу річ.** I only want to tell you one important thing. **шалéно** insanely, **щúро** sincerely; **вирáзно** distinctly, **явно** clearly; ♦ **х. їсти** to be hungry, ♦ **х. пúти** to be thirsty ◊ **Вонá дýже ~е пúти.** She is very thirsty. ♦ **де ~еш** *or* **~ете** wherever, any place ◊ **Дíвчúна з такóї замóжної родúни моглá вчúтися де ~еш.** A girl from such a wealthy family could study anywhere. ♦ **когó** *and* **хто ~еш** *or* **~ете** whoever, everybody, anybody ◊ **Степáн звертáвся по допомóгу до кóго ~еш, та все мáрно.** Stepan turned for help to everybody but all in vain. ◊ **Такý річ хто ~ете, вам зрóбить.** Anybody can do such a thing for you. ♦ **колú ~у** *or* **~еш, ~ете** whenever, any time ◊ **Я зупиняюся на дáчі колú ~у.** I stay at the cottage any time. ♦ **що ~еш** *or* **~ете** whatever, anything ◊ **Вонá наговорúть, що ~ете, абú домогтúся свогó.** She will say anything to get her way. ♦ **як ~у** *or* **~еш, ~ете** any way, in any manner ◊ **Мýсиш як ~еш закінчúти текст до понедíлка.** You must finish the text by Monday whichever way. ♦ **~еш не ~еш** willy-nilly, whether you like it or not ◊ **Обстáвини змýшували багатьóх співпрацювáти з окупацíйною влáдою, ~еш не ~еш.** Circumstances compelled many to collaborate with the occupying authorities willi-nilly.
Alse see **бажáти 2, жадáти 1, шукáти 2**
no pa. pple. **бáжаний** desired *is used instead*
(за)хоч!

хотí|тися; за~, *intr.*

only 3rd pers. sg., impers. to want, desire, feel like + *D., with inf. or* **щоб** + *clause* ◊ **Одáрці хóчеться морóзива.** Odarka feels like ice cream. ◊ **Адáмові страх, як ~лося їсти.** Adam was terribly hungry. ◊ **Максúмові так ~лося, щоб булó лíто, відпýстка, мóре.** Maksym felt such a desire for it to be summer, vacation, the sea. ◊ **Йомý вже годúну ~лося до туалéту.** He had wanted to go to the bathroom for an hour now. ◊ **Булó далéко за пíвніч, а Олéні геть не ~лося спáти.** It was way past midnight, but Olena did not feel sleepy at all.
Also see **лінь 2, охóта 2**

хоч, *conj., part.*

1 *conj.* though, although, in spite of, despite, *often with* **а, алé, та, все ж, затé, однáк, протé** *in the main clause* ◊ **Х. завóд напівзруйнóваний, та на ньóму працюють якíсь люди.** Though the plant is half-destroyed, some people work in it. ◊ **Х. Хомý болíла спинá, протé він продóвжував копáти.** Though his back hurt, Khoma continued to dig. ◊ **Х. дорóги стáли слизькúми, Нíна пішлá по продýкти.** Although the roads had become slippery, Nina still went to buy groceries. ◊ **Лукашýк дóсить старúй, х. ще здорóвий чолов'яга.** Lukashuk is rather old, though still a healthy chap.
2 *conj., in implied comparisons* ◊ **Він – крáсень, х. у кíні знімáй.** He has movie-star good looks. ◊ **Надвóрі вúдно, х. кнúжку читáй.** It is so light outdoors, one can read a book. ♦ **х. гать гатú** a lot, galore, in abundance ◊ **В Уляни залицяльників х. гать гатú.** Uliana has suitors galore. ♦ **х. убúй (менé)** for the life of me, for love nor money ◊ **Не мóжу знайтú ключí, х. убúй.** I cannot for the life of me find my keys. ◊ **Ярéма не погóджувався на такí ýмови, х. убúй.** Yarema did not accept such conditions for love nor money.
3 *conj.* however, although, though *(opposition, contrast)* ◊ **Він не знав, хто це, х. здогáдувався.** He did not know who it was, though he surmised.
4 *part.* just, merely, only, at least ◊ **Побýдьте з ним х. годúну.** Stay with him for just an hour. ◊ **Він мóже не жартувáти х. у серйóзній ситуáції?** Can he at least stop joking in such a serious situation? ◊ **Ількó так хотíв почýти х. однé лáгідне слóво.** Ilko so badly wanted to hear at least one kind word.
5 *part.* even, even if, if only, *also followed by* **би** ◊ **Варвáра лáдна жúти х. під мостóм, абú не з батькáми.** Varvara is ready to live even under a bridge, as long as it is not at her parents'. ◊ **Х. би вонá не забýла про домóвленість.** If only she does not forget about the agreement. ♦ **х. би й так** so what, even if it were so ◊ – **Невжé вам це подóбається! – А х. би й так?** You can't possibly like it! So what if I do?
6 *part.* for instance, say, for example *followed by* **би** ◊ **Він запропонувáв показáти їм музéй, х. би найцікавíші експонáти.** He offered to show them the museum, for instance the most interesting exhibits. ◊ **Візьмíмо х. би конвáлії.** Let's take lilies of the valley for example.
7 *part.* any, no matter *with* **де, колú, хто, що, як** *etc.* ♦ **х. де** anywhere, no matter where ◊ **Секлúта запéвнилá Свирúда, що х. де йогó знáйде, нáвіть у Полтáві.** Selkyta assured Svyryd that she would find him anywhere, even in Poltava. ♦ **х. колú** any time, no matter when ◊ **Мóжете дзвонúти менí х. колú.** You can call me any time. ♦ **х. хто** anybody, no matter who ◊ **Вонá нікóго не боїться, х. хто б то був.** She doesn't fear anybody, whoever it is. ♦ **х. що** anything, no matter what ◊ **Кажú йомý х. що, а він не слýхає.** Say anything to him, but he would not listen. ♦ **х. як** any way, no matter how ◊ **Х. як намагáється Йóсип задобрúти жíнку, не помагáє.** No matter how hard Yosyp tries to ingratiate himself with his wife, it does not help.

храм, *m.*, **~у**

1 temple
adj. **велúкий** great, **величéзний** huge; **велúчний** magnificent ◊ **зáлишки велúчного ~у Посейдóна на мúсі Суньйóн** the remnants of the magnificent Temple of Poseidon on Cape Sounion; **разю́чий** impressive; **грéцький** Greek, **рúмський** Roman; **класúчний** classical, **сторадáвній** ancient; **зруйнóваний** ruined; **язúчницький** pagan; **буддíйський** Buddhist, **індуїстський** Hindu; **мусульмáнський** Muslim, **християнський** Christian, **юдéйський** Jewish; **католúцький** Catholic, **правослáвний** Orthodox, *etc.*; ♦ **Пéрший х.** the First Temple ◊ **Пéрший х., ще знáний як Х. Соломóна.** The First Temple is also known as Solomon's Temple. ♦ **Дрýгий х.** the Second Temple
n. + **х. жрець ~у** a temple priest ◊ **На мозáїці зображéні жерцí ~у Зéвса.** The priests of the

Temple of Zeus are depicted in the mosaic. (**жри́ця** priestess; **настоя́тель** prior, dean; **ко́мплекс** complex; **вівта́р** altar, **коло́на** column, **фронто́н** frontispiece)
v. + **х. будува́ти х.** build a temple ◊ **Х. збудува́ли з ма́рмуру.** The temple was built of marble. (**зво́дити** erect; **руйнува́ти** destroy ◊ **Х. Гро́бу Госпо́днього кі́лька разі́в руйнува́ли.** The Church of the Holy Sepulcher was ruined several times. **освя́чувати** consecrate ◊ **Хрестовоздви́женський х., що на Поді́лі, освяти́ли в 1748 ро́ці.** The Temple of the Exaltation of the Cross in the Podil was consecrated in 1748. **присвя́чувати** + *D.* dedicate to sb ◊ **Х. присвяти́ли апо́столові Андрі́ю.** The temple was dedicated to Andrew the Apostle.
prep. **до ~у** to a temple ◊ **Проце́сія йшла до ~у Гефе́ста.** The procession headed to the Temple of Hephaestus. **у х.** *dir.* to a temple ◊ **Він прийшо́в у х.** He came to the temple. **у ~і** *posn.* at/in a temple ◊ **У ~і Мерку́рія ма́рмуровий вівта́р.** There is a marble altar in the Temple of Mercury.
See **це́рква 1.** *Also see* **собо́р**
2 *fig., poet.* temple, palace ◊ **Буди́нок акаде́мії – це вели́чний х. нау́ки.** The academy building is a magnificent temple of science.
х. + *n.* **х. ду́ху** a temple of spirit (**культу́ри** culture, **мисте́цтв** arts ◊ **Вони́ заснува́ли не про́сто культу́рний осере́док, а правди́вий х. мисте́цтв.** What they founded is not just a cultural center but a veritable temple of arts. **осві́ти** education, **свобо́ди** freedom, **справедли́вості** justice)
See **пала́ц 1, 2**

хреб|е́т, *m.*, **~та́**

1 spine, backbone
adj. **кряжи́стий** robust, **міцни́й** strong; **ви́кривлений** curved, **здеформо́ваний** deformed, **зла́маний** fractured ◊ **Лі́кар ду́мав, що в не́ї зла́маний х.** The doctor believed she had a fractured backbone.
n. + **х. анато́мія ~та́** the anatomy of a spine (**ви́гин** curvature; **ві́дділ** section ◊ **пошко́дження в ши́йному ві́дділі ~та́** the damage in the cervical section of the spine; **части́на** part; **довжина́** length; **ви́кривлення** *and* **деформа́ція** deformation, **перело́м** fracture)
v. + **х. вигина́ти х.** *or* **~та́** curve one's spine ◊ **Юліа́н міг так ви́гнути ~та́, що дістава́в па́льцями ніг до голови́.** Yuliian could curve his spine so that his toes touched his head. (**згина́ти** bend; **випросто́вувати** *or* **випрямля́ти, розпрямля́ти** straighten ◊ **Він уста́в і розпра́вив х.** He stood up and straightened his spine. **лама́ти** *and* **перебива́ти** break ◊ **В ава́рії він ле́две не злама́в х.** *or* **~та́.** In the car accident, he nearly broke his spine. **пошко́джувати** damage ◊ **Пості́йне сиді́ння за комп'ю́тером пошко́дило ї́й х.** Constant sitting at the computer damaged her spine. **направля́ти** fix) ◊ **Гомоні́ли, що жі́нка вмі́є направля́ти х.** The woman was said to know how to fix a spine. **пробіга́ти по ~ту** *or* **~о́ві** slide down/up a spine ◊ **Від ду́мки про зу́стріч із мольфа́ром хо́лод пробі́г Оле́ксі по ~о́ві.** The thought of meeting with the warlock sent a shiver down Oleksa's spine.
prep. **у ~ті́** in a spine ◊ **ку́ля у ~ті́** a bullet in the spine
2 back, shoulders ◊ **Візни́к уда́рив коня́ пу́жалном по ~ті́.** The coachman hit the horse's back with a whip.
See **спи́на 1.** *Also see* **кряж 1**
3 *fig.* backbone, foundation, core, spine ◊ **Ця ду́мка була́ ~то́м його́ життє́вої філосо́фії.** This thought was the backbone of his life philosophy. ◊ **гру́па активі́стів, що ста́ла ~то́м проте́сту** the group of activists who became the backbone of the protest
See **осно́ва 2.** *Also see* **ба́за 2, ґрунт 2, фунда́мент 2**
4 range *(of mountains)*, chain; ridge
adj. **висо́кий** high, **крути́й** steep, **поло́гий** slanting; **лісі́стий** woody ◊ **За о́зером підніма́ється лісі́стий х.** Behind the lake, a woody ridge rises. **скеля́стий** rocky; **до́вгий** long; **нездола́нний** impassable; **гірськи́й** mountain ◊ **На шляху́ до Швайца́рії тре́ба подола́ти гірськи́й х.** A mountain range needs to be crossed on the way to Switzerland. **підво́дний** underwater; **засні́жений** snow-covered; **півні́чний** northern, **за́хідний** western
х. + *n.* **х. гори́** the ridge of a mountain ◊ **півні́чно-за́хідний х. Монбла́ну** the north-western ridge of Mont Blanc
х. + *v.* **простяга́тися** stretch, **тягну́тися на** + *A.* extend for *(a distance)* ◊ **Підво́дний х. тя́гнеться на ти́сячу кіломе́трів.** The underwater range extends for 1,000 km.
Also see **гора́ 1**

хрест, *m.*, **~а́**

1 cross
adj. **христия́нський** Christian; **дерев'я́ний** wooden ◊ **На моги́лі встанови́ли дерев'я́ний х.** A wooden cross was erected on the grave. **залі́зний** iron, **золоти́й** gold, **камі́нний** *or* **кам'яни́й** stone ◊ **Найвідо́міший фі́льм Леоні́да Оси́ки назива́ється «Камі́нний х.»** Leonid Osyka's most well-known film is titled *A Stone Cross.* **метале́вий** metal, **срі́бний** silver; **андрі́ївський** St. Andrew's ◊ **Візеру́нок на тарі́лці у фо́рмі андрі́ївського ~а́.** The pattern on the plate is in the shape of St. Andrew's cross. **вірме́нський** Armenian, **гре́цький** Greek, **лати́нський** Latin, **ке́льтський** Celtic, **мальті́йський** Maltese, **патріа́рший** patriarchal, **правосла́вний** Eastern Orthodox, **руні́чний** runic; **нагру́дний** pectoral; **бі́лий** white ◊ **На две́рях хтось кре́йдою поста́вив бі́лий х.** Somebody chalked a white cross on the door. **чо́рний** black; ♦ **Міжнаро́дний Черво́ний Х.** the International Red Cross
v. + **х. нести́ х.** carry a cross (**носи́ти** wear ◊ **Він но́сить нагру́дний х.** He wears a pectoral cross. **ста́вити** put) ◊ **Бі́ля ко́жного незнайо́мого сло́ва Мо́тря ста́вила х.** Motria put a cross next to every unfamiliar word. ♦ **ста́вити х. на** + *A.* to finish, put an end to sth, pull the plug on ◊ **Сва́рка поста́вила х. на ї́хній дру́жбі.** The fight put an end to their friendship. **осі́няти себе́** *and* **хрести́тися ~о́м** cross oneself ◊ **Чолові́к побо́жно осіни́в себе́ ~о́м.** The man piously crossed himself. (**познача́ти** + *A.* mark sth with; **присяга́тися** swear on) ◊ **Він присягну́вся ~о́м, що ка́же пра́вду.** He swore on the cross he was telling the truth. ♦ **як з ~а́ зня́тий** dead on one's feet ◊ **Пі́сля кілько́х годи́н пра́ці на́віть найсильні́ший з них був як з ~а́ зня́тий.** After several hours of work, even the strongest of them was dead on his feet.
prep. **на ~і** *posn.* on a cross ◊ **Ко́жного раба́-втіка́ча вони́ приріка́ли вмира́ти на ~і.** They doomed every fugitive slave to die on a cross.
2 cross *(decoration)* ◊ **Президе́нт нагороди́в уче́ну Хресто́м Іва́на Мазе́пи.** The President awarded the (female) scholar the Cross of Ivan Mazepa. ♦ **Х. Вікто́рії** a Victoria Cross *(in Britain)*
See **нагоро́да.** *Also see* **ку́бок 2, меда́ль**
3 *fig.* cross, burden, ordeal, curse ◊ **Усе́ життя́ вона́ несе́ важки́й х. учи́тельки.** *fig.* All her life, she has carried the heavy teacher's cross.
4 *as adv., only I.* crosswise, crossways ◊ **Він склав ру́ки ~о́м на гру́дях.** He folded his hands crosswise on his chest.

хрест|и́ти, *var.* **христи́ти, хрещу́, ~иш, ~я́ть; по~**, *tran.*

1 to baptize, christen; convert to Christianity ◊ **Вони́ похрести́ли дити́ну че́рез мі́сяць пі́сля наро́дження** They had the baby baptized a month after its birth. ◊ **Украї́ну-Русь ~ив Вели́кий князь Володи́мир.** Great Prince Volodymyr baptized Ukraine-Rus.
2 to name, give a name + *I.*; *pf.* **о~** ◊ **Ді́вчинку охрести́ли Га́нною.** The little girl was given the name of Hanna. ◊ **Батьки́ ще не зна́ли, як охре́стять до́чку.** The parents did not yet know what name they would give their daughter.
3 to baptize *(into a church)* + *I.*; *pf.* **ви~** *or* **по~** ◊ **Си́на ви́хрестили** *or* **похрести́ли като́ликом, а до́чку –правосла́вною.** The son was baptized Catholic, and the daughter Orthodox.
4 *nonequiv.* to be a godparent, act as godparent at baptism, baptize *(one's godchild)* ◊ **У насту́пну неді́лю Поліщуки́ йду́ть до це́ркви х. сусі́дського си́на.** Next Sunday, the Polishchuks are going to church to baptize their neighbors' son. ◊ **Ці два полі́тики ~или ді́тей оди́н одно́му.** The two politicians became godfathers of each other's children.
5 to cross, make the sign of the cross, bless; *pf.* **пере~** *or* **по~** ◊ **На знак благослові́ння Ірина перехрести́ла си́на.** As a sign of benediction, Iryna crossed her son.
6 *fig., colloq.* to nickname, call by a nickname; call; *pf.* **о~** ◊ **За пиху́ Марка́ охрести́ли в шко́лі Цва́ном.** For his arrogance Marko got the nickname of Tsvan at school. **Дру́зі й до́сі ~ять його́ До́ном Жуа́ном.** Friends still call him Don Juan.
pa. pple. **похре́щений** baptized; nicknamed
(по)хрести́!

християн|и́н, *m.*, **~и́на; ~ка**, *f.*

Christian
adj. **благочести́вий** devout ◊ **Він уважа́в, що так ма́є чини́ти ко́жен благочести́вий х.** He believed that every devout Christian must do so. **богобі́йний** God-fearing, **ві́рний** faithful, **ві́руючий** believing, **до́брий** good, **набо́жний** *or* **побо́жний** pious ◊ **Своє́ю поведі́нкою Рома́н хоті́в сказа́ти, що він –побо́жний х.** By his behavior Roman wanted to say that he was a pious Christian. **релігі́йний** religious, **христолюби́вий** Christ-loving; **гре́ко-католи́цький** Greek-Catholic, **єва́нгельський** evengelical, **католи́цький** Catholic, **правосла́вний** Orthodox, **протеста́нтський** Protestant ◊ **Ініціяти́ву підтри́мали всі ~и мі́ста: правосла́вні, гре́ко-католи́цькі чи єва́нгельські.** The initiative was supported by all the Christians of the city, whether Orthodox, Greek-Catholic or evangelical. **консервати́вний** conservative, **пра́вий** right-wing; **ліберальний** liberal ◊ **Як для ві́руючого ~и́на, він ви́явився на ди́во лібера́льним.** For a believing Christian, he turned out to be amazingly liberal.
v. + **х. бу́ти ~и́ном** be a Christian ◊ **Оле́кса був ~и́ном, хоч не ду́же релігі́йним.** Oleksa was a Christian, though not very religious. (**виявля́тися** turn out; **вихо́вувати** + *A.* bring sb up as ◊ **Ба́бця ви́ховала Василя́ ~и́ном.** Grandma brought Vasyl up as a Christian. **лиша́тися** remain, **става́ти** become; **хрести́ти** + *A.* baptize as)
х. + *v.* **ві́рити** believe ◊ **Як х., Наза́р ві́рив у життя́ пі́сля сме́рті.** As a Christian, Nazar believed in life after death. **моли́тися** pray; **ходи́ти до це́ркви** go to church ◊ **Він належа́в до ві́рних християн, що не хо́дять до це́ркви.** He belonged to the faithful Christians who do not go to church.
G. pl. **християн**

хр|ін, *m.*, **~і́ну** *and* **~о́ну**, *only sg.*

1 horseradish, horseradish root ◊ **Ма́ти посла́ла Тара́са на горо́д ви́копати ~о́ну.** Mother sent Taras to the vegetable garden to dig up some horseradish. ◊ **Тут продаю́ть ко́рінь ~о́ну.** Horseradish root is sold here. ◊ **Він навчи́в Тимоша́ те́рти х. на ві́трі, щоб не пла́кати.** He taught Tymish to grate horseradish root in the wind so as not to cry.
2 horseradish *(condiment)*

adj. **го́стрий** spicy, **пеку́чий** pungent ◊ **Він любив їсти шинку з пекучим ~о́ном.** He liked eating his ham with pungent horseradish. **до́брий** tasty; **сві́жий** fresh ◊ **Х. був свіжим і гострим.** The horseradish was fresh and spicy. **дома́шній** homemade; **те́ртий** grated
See **припра́ва**
3 *euph., colloq.* heck, hell ◊ **Якого ~і́ну ти тут хо́диш!** What the hell are you loitering here for! ♦ **до ~і́на** a lot, galore ◊ **Він мав до ~і́на зроби́ти перш, як іти́ домі́в.** He had to do a lot before going home. ♦ **до ~і́ну** what for, why the hell ◊ **До ~і́ну ви запросили їх сюди?** Why the hell did you invite them here?; ♦ **стари́й х.** *pejor.* an old fart ◊ **Оксана не впізнава́ла улю́бленого вчителя в старо́му ~о́нові** *or* **~і́нові.** Oksana did not recognize her favorite teacher in the old fart. ♦ **неха́й йому́ х.** *or* **х. із ним** to hell with it ◊ **Не хо́че помага́ти, то й не тре́ба – х. із ним.** He doesn't want to help, fine. To hell with him. ♦ **Х. не соло́дший за ре́дьку.** It is six of one, half dozen of another. ◊ **Спочатку президе́нтом був оди́н оліга́рх, тоді́ і́нший – про́стому лю́дові х. не соло́дший за ре́дьку.** First the president was one oligarch then another – to the average person it's six of one, half dozen of another. ♦ **яки́й х.** 1) who the hell ◊ **Який х. дзво́нить опі́вночі?** Who the hell is calling at midnight? 2) what the hell ◊ **Він що, сказився , чи який х.?** Has he gone crazy, or what the hell?
See **хуй 2**

хроні́чн|ий, *adj.*
1 chronic
х. + *n.* **х. алкого́лік** a chronic alcoholic ◊ **Він має обли́ччя ~ого алкого́ліка.** He has the face of a chronic alcoholic. (**бронхі́т** bronchitis, **панкреати́т** pancreatitis, **тонзилі́т** tonsillitis; **стан** condition); **~а депре́сія** chronic depression ◊ **симпто́ми ~ої депре́сії** symptoms of chronic depression (**неду́га** sickness, **хворо́ба** disease); **~е безсо́ння** chronic sleeplessness ◊ **Петра́ заму́чило ~е безсо́ння.** Petro is exhausted by chronic sleeplessness. (**запа́лення** inflammation)
2 *fig.* chronic, endless, constant
х. + *n.* **х. бреху́н** a chronic liar ◊ **Рома́на зна́ють як ~ого брехуна́.** Roman is known as a chronic liar. (**зло́дій** thief); **~а вто́ма** chronic fatigue ◊ **~а втома стала познача́тися на його продукти́вності.** The chronic fatigue started affecting his productivity. (**зло́чинність** crime, **інфля́ція** inflation; **самі́тність** loneliness) ◊ **Йому подобається ~а само́тність.** He likes his chronic loneliness. **~е недоїда́ння** chronic malnutrition; **~і пробле́ми** chronic problems ◊ **Фі́рма має ~і пробле́ми із про́дажем на украї́нському ри́нку.** The firm has chronic problems with sales on the Ukrainian market.
See **пості́йний 1.** *Also see* **впе́ртий 3**

хроп|і́ти, ~лю́, ~е́ш, ~ля́ть; *no pf.*; *pa., m.* **хріп** *or* **хропі́в**, *pl.* **хропли́** *or* **хропі́ли**, *intr.*
1 to snore; *pf.* **за~** to start snoring ◊ **Не мину́ло і хвили́ни, як гість захрі́п** *or* **захропі́в.** A minute had barely passed before the guest started snoring.
adv. **го́лосно** loudly ◊ **У сусі́дньому купе́ хтось го́лосно хріп** *or* **~і́в.** Somebody snored loudly in the adjacent compartment. **ду́же** a lot; **ле́гко** lightly, **ле́две** barely, **ми́рно** peacefully, **ти́хо** quietly ◊ **У кутку́ ти́хо ~і́в якийсь невідо́мий.** A stranger was quietly snoring in the corner. **тро́хи** a little; **весь час** all the time, **за́вжди́** always, **незмі́нно** invariably, **пості́йно** constantly
v. + **х. намага́тися не** try not to ◊ **Тиміш намага́вся не х.** Tymish tried not to snore. **почина́ти** begin to, **ста́ти** *pf.* start ◊ **Пі́сля опера́ції чолові́к став ду́же х.** After the surgery, the man started snoring a lot.
2 *colloq.* to sleep tight ◊ **Зло́дій ни́шпорив по ха́ті, а госпо́дарі ~і́ли в лі́жку.** The thief rummaged through the house, while the owners slept tight in their bed.
See **спа́ти 1**
хропи́!

хти́в|ий, *adj.*
lascivious, lecherous, lewd ◊ **Геро́їня звела́ о́чі на юнака́ і обли́зала товсті́ ~і гу́би.** The character raised her gaze at the youth and licked her thick lascivious lips.
adv. **ви́разно** distinctly ◊ **Вона́ не чу́ла того́, що шепоті́в їй той ви́разно х. го́лос.** She did not hear what that distinctly lecherous voice was whispering to her. **відве́рто** explicitly ◊ **Чолові́к ки́нув на не́ї відве́рто х. по́гляд.** The man cast an explicitly lascivious look at her. **ви́кли́чно** defiantly, **відкри́то** openly
v. + **х. бу́ти ~им** be lascivious ◊ **Анті́н не був ~им чолові́ком.** Antin was not a lascivious man. (**роби́тися** grow **става́ти** become) ◊ **Її ви́раз став відкри́то ~им.** Her expression became openly lascivious.
Also see **масни́й 4**

хто, *pr.*
1 **к|ого́** who ◊ **Х. така́ Козорі́з?** Who is Kozoriz? ◊ **Х. там?** Who's there? ◊ **Х. це таки́й?** Who is this? ◊ **До ~о́го він зверта́вся?** Who did he turn to? ◊ **З ~им ви ра́дилися?** Whom did you consult with? ♦ **~ому́ кажу́!** I'm talking to you! ♦ **Х. б поду́мав!** Who would think! Imagine it!
Also see **ли́хо 3, хуй 4**
2 *colloq.*, **к|ого́** some, some of them ◊ **Ма́йже всі спа́ли, а х. ле́жав мо́вчки й диви́вся на не́бо.** Almost everybody was sleeping, but some lay silently and watched the sky. ♦ **бага́то х.** many ◊ **Бага́то х. з уча́сників Майда́ну пішо́в на фронт.** Many of the Maidan participants went to the front. ◊ **Вона́ розповіда́ла цю істо́рію бага́то ~ому́.** She told many people the story. ♦ **ма́ло х.** few, hardly anyone ◊ **Пі́сля цього́ ма́ло х. вже ві́рив йому́.** After this, hardly anyone believed him. ◊ **Нови́й студе́нт ма́ло з ~им товаришува́в.** The new student was friends with few people. ♦ **не х. і́нший, як** none other than ◊ **А́втором те́ксту був не х. і́нший, як сам Зе́ров.** The author of the text was none other than Zerov himself.
3 **к|ого́** one, some ◊ **Усі́ ки́нулися втіка́ти. Х. пі́шки, х. на коні́, х. на во́зі.** Everyone took flight. Some on foot, some on horseback, some by wagon. ◊ **Учи́тель подарува́в щось ко́жному у́чневі: ~ому́ перо́, ~ому́ зо́шит.** The teacher gave something to each pupil: to some a pen, to some a notebook.
4 **к|ого́** somebody, anybody ◊ **Він запита́в, чи х. помі́тив щось.** He asked whether by chance anybody noticed anything. ◊ **Іва́н почува́вся так, нена́че х. души́в його́.** Ivan felt as if somebody was choking him.
See **хто-не́будь 2, хтось**
5 one who, those who, that ◊ **Х. ві́стрибнув із човна́, врятува́вся.** Those who had jumped out of the boat saved themselves. ◊ **Вони́ хоті́ли, щоб про це зна́ли всі, х. вмі́є чита́ти.** They wanted everybody who could read to know about it. ◊ **Він подя́кував ко́жному, х. прийшо́в.** He thanked everybody who had come.

хто-не́будь, *pr.*, **к|ого́-не́будь**
1 anybody, anyone, no matter who ◊ **Мо́жна з ~им-не́будь прийти́.** You can come with anybody. ◊ **Борисю́к був гото́вий запропонува́ти квито́к ~ому́-не́будь, лиш би він не пропа́в.** Borysiuk was ready to offer the ticket to just about anyone, so as not to waste it.
2 somebody, someone, anyone ◊ **Ори́ся терпля́че чека́ла, щоб х. у готе́лі взяв слу́хавку.** Orysia patiently waited for somebody at the hotel to pick up the receiver. ◊ **Чи х. знає мі́сто?** Does anyone know the city? ◊ **Час від ча́су він підхо́див до ~о́го-не́будь із прису́тніх і щось шепта́в.** Every now and then he approached someone of those present and whispered something to him. ◊ **Це ле́гко полаго́дить х. і́нший.** Somebody else will easily arrange this.
Also see **хто 4, хтось**

хтось, *pr.*, **к|ого́сь**
somebody, someone, some; anybody ◊ **Х. попере́див Ма́рка про небезпе́ку.** Somebody alerted Marko to the danger. ◊ **~ому́сь таке́ кіно́ подо́бається, а ~ому́сь – ні.** Some like such cinema, and some don't. ◊ **Неха́й це ро́бить х. і́нший.** Let somebody else do it. ♦ **х. з** + G. which one of, who of *(many)* ◊ **Вона́ зна́ла, хто з них був збито́чником.** She knew which one of them was the prankster. ◊ **Ви тут із ~и́мось знайо́мі?** Are you familiar with anybody here?
D. **~ому́сь**, *L.* **на ~о́мусь.**
Also see **хто 4, хто-не́будь, щось[1] 2**

худ|и́й, *adj.*
1 thin, skinny, lean
adv. **вкрай** extremely, **до́сить** rather, **ду́же** very, **геть** completely ◊ **У його́ геть ~и́х рука́х було́ бага́то си́ли.** There was much strength in his completely thin hands. **надзвича́йно** extraordinarily, **на́дто** too, **страше́нно** terribly; **тро́хи** a little; **мо́дно** fashionably; **нездоро́во** unhealthily ◊ **Зі світли́ни на нього диви́лася нездоро́во ~а́ дити́на.** An unhealthily skinny child was looking at him from the picture.
v. + **х. бу́ти ~и́м** be thin ◊ **Актро́ка на́дто ~а́ для ро́лі.** The actress is too thin for the part. (**вигляда́ти** look ◊ **Тара́с вигляда́в страше́нно ~и́м.** In this kind of lighting, Taras looked terribly thin. **виявля́тися** turn out, **лиша́тися** stay ◊ **Ю́ля лиша́ється мо́дно ~о́ю.** Yuliia stays fashionably thin. **роби́ти** + *A.* make sb) ◊ **Су́кня роби́ла Ма́рту ~о́ю і ґраці́йною.** This dress made Marta thin and elegant.
Also see **сухи́й 3.** *Ant.* **гладки́й, жи́рний 1, товсти́й 2**
2 lean *(of meat)* ◊ **Вона́ спожива́є лише́ ~е м'я́со, ри́бу й горо́дину.** She consumes only lean meat, fish, and vegetables.
3 faint *(of light, etc.)*, poor ◊ **При ~о́му мерехті́нні сві́чки не мо́жна було́ чита́ти.** It was impossible to read in the faint flicker of the candle.
See **слабки́й 1.** *Also see* **слаби́й 3**

ху́дн|ути, ~уть; с~; *pa., m.* **худ** *or* **ху́днув**, *pl.* **ху́дли** *or* **ху́днули**, *intr.*
to lose weight
adv. **все** *colloq.* the whole time ◊ **Хво́ра все ху́дла.** The (female) patient was losing weight the whole time. **крок за кро́ком** step by step, **пові́льно** slowly, **поступо́во** gradually; **під на́глядом лі́каря** under a doctor's supervision ◊ **Х. слід під на́глядом лі́каря.** One should lose weight under doctor's supervision. **нега́йно** immediately, **ра́птом** suddenly, **рі́зко** abruptly, **шви́дко** quickly; **до́сить** enough, **доста́тньо** sufficiently ◊ **Щоб бу́ти ві́ді́браним на змага́ння, він му́сить доста́тньо схуднути.** To be selected for the competition he has to lose enough weight. **ду́же** a lot ◊ **Вона́ ду́же схудла.** She lost a lot of weight. **неймові́рно** incredibly, **си́льно** much; **страше́нно** terribly ◊ **Він страше́нно схуд.** He has gotten terribly thin. **де́що** somewhat, **помі́тно** noticeably, **тро́хи** a little
v. + **х. бу́ти тре́ба** + *D.* need to ◊ **Ада́мові тре́ба с~.** Adam needs to lose weight. **вдава́тися** + *D.* manage to ◊ **Із радика́льною діє́тою йому́ вдало́ся шви́дко с~.** With the radical diet he managed to lose weight quickly. **намага́тися** attempt to, **стара́тися** try to; **хоті́ти** want to; **ра́дити** + *D.* recommend to sb to ◊ **Лі́кар ра́дить Ори́сі с~.** Her doctor recommends that Orysia lose weight. **почина́ти** begin to, **ста́ти** *pf.* start ◊ **Він став х.** He started losing weight.

prep. **х. на** + *A.* lose *(quantity)* weight ◊ **Він хоче с~ на десять кілограмів.** He wants to lose 10 kg.
Ant. **жиріти 1, товстіти**

худоб|а, *f.*, *coll.*, *only sg.*
cattle, livestock
adj. ♦ **велика рогата х.** longhorn cattle ◊ **Він має сто голів великої рогатої ~и.** He has a hundred head of longhorn cattle. ♦ **мала рогата х.** shorthorn cattle ◊ **Овець та кіз ще називають малою рогатою ~ою.** Sheep and goats are also called shorthorn cattle. **домашня** domestic, **молочна** dairy ◊ **Місцеві ферми вирощують молочну ~у.** The local farms raise dairy cattle. **м'ясна** beef; **породиста** thoroughbred
n. + **х. голова ~и** a head of cattle (**стадо** herd) ◊ **Стадо ~и включає сорок голів.** The herd of cattle includes forty head. **авкціон ~и** a cattle auction (**вирощування** rearing, **розведення** breeding, **продавець** dealer, **ринок** market) ◊ **Зараз за містом був найбільший в околиці ринок ~и.** Right outside the city, there was the biggest cattle market in the area.
v. + **х. випасати ~у** graze cattle ◊ **Худобу випасали на лузі.** The cattle was grazed on the meadow. (**вирощувати** raise, **розводити** breed ◊ **Вони розводять породисту ~у.** They breed thoroughbred cattle. **тримати** keep; **гнати** herd ◊ **Він жене ~у на пасовисько.** He is herding the cattle to pasture. **зганяти** round up ◊ **~у зігнали в загін.** The cattle was rounded up into a pen. **переганяти** drive; **красти** steal; **вбивати** kill ◊ **Селяни почали вбивати ~у.** Peasants began to kill their cattle. **різати** slaughter)
х. + *v.* **пастися** graze; **ревіти** bellow
prep. **для ~и** for cattle ◊ **вагон для ~и** a cattle car (**загін** pen; **корм** fodder ◊ **У них закінчився корм для ~и.** They ran out of cattle fodder. **харч** feed)

художник, *m.*; **художниця**, *f.*
1 artist, painter
adj. **великий** great ◊ **твори великих ~ів Відродження** works by the great Renaissance artists; **видатний** outstanding, **геніяльний** brilliant ◊ **Полотно міг створити геніяльний х.** The canvas could be created by a brilliant artist. **досконалий** accomplished, **обдарований** gifted, **талановитий** talented; **визнаний** recognized, **знаменитий** celebrated, **славетний** famous; **професійний** professional; **менше знаний** lesser known, **невідомий** *and* **незнаний** unknown; **плідний** prolific, **продуктивний** productive; **оригінальний** original, **своєрідний** unconventional ◊ **З учасників виставки лише двох-трьох можна назвати своєрідними ~ами.** Of the exhibition participants, only two or three can be called unconventional artists. **творчий** creative; **правдивий** true, **справжній** real; **жахливий** terrible, **кепський** poor, **поганий** bad; **посередній** mediocre ◊ **Х. із нього виявився посередній.** He turned out to be a mediocre artist. **комерційний** commercial; **модний** fashionable, **популярний** popular; **батальний** combat, **воєнний** war; **офіційний** official; **живий** living
х. + *n.* **х.-аванґардист** an avant-garde artist ◊ **У її стилі відчутний вплив італійських малярів-аванґардистів.** The influence of Italian avant-garde artists is discernible in her style. (**-графік** graphic, **-мариніст** marine, **-мініятюрист** miniature ◊ **Цей х.-мініятюрист – правдивий віртуоз.** The miniature artist is a true virtuoso. **-пейзажист** landscape; **-класик** classic ◊ **Остання серія робіт здобула йому репутацію маляра-класика.** The last series of works earned him the reputation as a classic artist. **-прерафаеліт** Pre-Raphaelite, **-реаліст** realist, **-романтик** romantic, **-сюрреаліст** Surrealist, **-футурист** Futurist), ♦ **х.-ілюстратор** an illustrator ◊ **Він починав як х.-ілюстратор.** He started as an illustrator. **х. барока** a baroque artist (**Відродження** Renaissance; **сімнадцятого століття** seventeenth-century, **двадцятого століття** twentieth-century) ◊ **Галерея має збірку ~ів початку двадцятого століття.** The gallery has a collection of the early twentieth-century artists.
v. + **х. виставляти ~ка** exhibit an artist ◊ **Музей виставив невідомих малярів-модерністів.** The museum exhibited unknown Modernist artists. (**показувати** show-case; **наймати** hire) ◊ **Він найняв іншого ~а.** He hired a different artist. **надихати** inspire ◊ **Мистецтво стародавнього Вавілону надихало ~а.** The art of Ancient Babylonia inspired the artist. **просувати** promote, **рекламувати** advertise; **впливати на** influence); **давати замовлення** *and* **замовляти** + *A.* **~ові** commission sth from an artist ◊ **Він замовив батальному ~ові картину.** He commissioned a picture from a combat artist.
х. + *v.* **змальовувати** + *A.* depict sb/sth, **зображати** + *A.* portray sb/sth, **малювати** + *A.* draw sb/sth ◊ **Х. намалював три ескізи.** The artist drew three sketches. **писати** + *A.* paint sth ◊ **Х. пише фрески.** The artist paints frescoes. **створювати** + *A.* create sth; **експериментувати з** + *I.* experiment with sth ◊ **Х. експериментує з колажем.** The artist experiments with collage. **працювати** work; **виставляти** + *A.* exhibit sth ◊ **У ґалереї виставлятимуть роботи місцеві ~и.** Local artists will be exhibiting their works in the gallery.
Also see **маляр 1, графік**[2]
2 *fig.* artist, master, maestro ◊ **Він – правдивий х. слова.** He is a true literary master. ◊ **Лесь Курбас був неперевершеним ~ом сцени.** Les Kurbas was an unsurpassed artist of the stage.
prep. **х. у** + *L.* a master at/of sth ◊ **У шахах Лев – х.** Lev is a master at chess.
See **майстер 2**

художн|ій, *adj.*
1 artistic, art, feature *(of film)*, of or pertaining to arts ◊ **х. фільм** a feature film; ◊ **х. музей** an art museum; ◊ **~я виставка** an art exhibition, ♦ **~я гімнастика** rhythmic gymnastics, ◊ **~я література** fiction *(literature)*; ◊ **Її приваблювало ~є середовище Одеси.** She was attracted by the artistic milieu of Odesa. ◊ **На виставці ~ього скла вони придбали вазу.** They purchased the vase at the art glass exhibition. **~і прикраси** artistic ornaments
2 esthetic, artistic, expressive
х. + *n.* **х. елемент** an esthetic element (**засіб** device, **образ** image, **смак** taste ◊ **Опорядкування палацу виконане з ~ім смаком.** The palace decoration is executed with artistic taste. **стиль** style); **~я глибина** esthetic depth (**краса** beauty ◊ **Їх глибоко вразила ~я краса мозаїк.** They were deeply impressed by the astistic beauty of the mosaics. **правда** truth; **сила** power; **філософія** philosophy; **школа** school); **~є кредо** an esthetic credo ◊ **Кожен член спілки невідступно тримається її ~ього кредa.** Every member of the association relentlessly adheres to its esthetic credo.
Also see **гарний 1, естетичний 2**

ху|й, *m.*, **~я**, *vulg.*
1 dick, cock
adj. **великий** big ◊ **На карикатурі політик намальований у вигляді великого ~я.** In the cartoon, the politician is drawn in the shape of a big dick. **грубий** *or* **товстий** thick, **довгий** long; **маленький** *dim.* small; **брудний** dirty; ♦ **А ~я не хочеш!** Suck my dick! Fuck off! ♦ **~я лисого** *and* **~я тобі!** No fucking way! ◊ **Він наївно думав, що втече – ~я лисого!** Naively he thought he'd flee – no fucking way! ♦ **один х.** same fucking difference ◊ **Їм один х., куди йти: на захід чи на схід.** It's the same fucking difference for them where to go: west or east.
v. + **х. виймати х.** *or* **~я** take out a dick ◊ **Він вийняв ~я і став сцяти.** He took out his dick and began to piss. (**показувати** + *D.* show sb, **ховати** hide away; **дрочити** *colloq.* jack off, **смоктати** suck), ♦ **Іди на х.!** Go fuck yourself! ♦ **посилати на х.** to tell sb to fuck off ◊ **Марія послала його на х.** Maria told him to fuck off. ♦ **смоктати х.** 1) to give head ◊ **Вона смокче ~я?** Does she give head? 2) to end up empty-handed, lose ◊ **Лев передчував, що будуть вони смоктати ~я.** Lev had a hunch that they would end up empty-handed. ♦ **хотіти і рибку з'їсти, і на х. сісти** to want to have one's cake and eat it too ◊ **Він вельми хитрий, хоче і рибку з'їсти, і на х. сісти.** He is mighty clever, he wants to have his fucking cake and eat it too. ♦ **~єм груші збивати** to do nothing, bum around ◊ **Замість ~єм груші збивати, краще б допоміг.** Instead of fucking around, you'd better help.
prep. ♦ **до ~я** a fucking lot ◊ **Ти до ~я знаєш.** You know a fucking lot. ♦ **Ну його на х.!** fuck it! ♦ **х. з** + *I.* to hell with sb/sth ◊ **Не хочеш казати, х. з тобою, сам дізнаюся.** So you won't tell me, to hell with you. I'll find out on my own.
Also see **геніталії, хрін 3, член 3.** *Cf.* **пизда 1**
2 *fig.* dick, idiot ◊ **Що це за два ~ї прийшли мене повчати?** Who are those two dicks who came to tell me what to do? ♦ **старий х.** an old dick ◊ **Не зв'язуйся з цим старим ~єм.** Don't get involved with that old dick. ♦ **х. собачий** sleazebag, son of a bitch
Cf. **пизда 2**
3 *as pr.* what, what the fuck, the fuck *(with interr. pr.)* ◊ **Якого ~я він тут робить?** What the fuck is he doing here? ♦ **на ~я?** why the fuck, what the fuck for? ◊ **На ~я тобі проблеми?** What the fuck do you need problems for? ♦ **ні ~я** nothing, not a fuck, shit ◊ **Ви ні ~я не зробили.** You have done shit. ♦ **ні ~я собі!** no shit! what the fuck! imagine it! ◊ **Ну й друзі в тебе Галю, ні ~я собі!** The friends you have, Halia, no shit! ♦ **якого ~я?** what the fuck? why the fuck? ◊ **Якого ~я тобі треба від мене?** What the fuck do you need from me?
See **лихо 3, ніщо 1, чого 2, що**[1] **1.** *Also see* **хіба 5**
4 *as interr. pr.* who the fuck, nobody ◊ **У великому місті х. їх хто піймає.** In a large city, who the fuck can catch them. ◊ **Х. його знає, де вони сховали гроші.** Who the fuck knows where they hid the money.
See **ніхто, хто 1**
N. pl. **~ї**

хуст|ка, *f.*
1 headscarf, kerchief, shawl
adj. **велика** big; **маленька** *dim. and* **невелика** small; **груба** thick; **легка** light, **тонка** thin; **тепла** warm; **гарна** beautiful; **зелена** green, **синя** blue, **червона** red, **чорна** black ◊ **На знак жалоби вона носила чорну ~ку.** As a sign of mourning, she wore a black headscarf. **бавовняна** cotton, **вовняна** woolen, **кашмірова** cashmere, **пухова** down, **шовкова** silk ◊ **Шовкова х. така тонка, що її можна сховати в кулаку.** The silk kerchief is so thin, it can be hidden in a fist. ♦ **тернова х.** a cashmere headscarf *(with floral pattern)*
v. + **х. вбирати** *or* **вдягати ~ку** put on a headscarf ◊ **Вона вбрала ~ку до церкви.** She put on a headscarf for church. (**зав'язувати** tie ◊ **Сергій зав'язав на шиї маленьку ~ку.** Serhii tied a small kerchief around his neck. **замотувати** + *A.* wrap sth ◊ **Вона по-циганськи замотала ~ку навколо талії.** She wrapped a headscarf around her waist the Gypsy way. **носити** wear; **знімати** put off; **згортати** *and* **складати** fold ◊ **Знявши ~ку, Ліна згорнула і поклала її до шафи.** Having taken off her kerchief, Lina folded and put it in the wardrobe. **бути замотаною в** be draped in) ◊ **Жінка замотана в розкішну ~ку.** The woman is draped in a splendid shawl. **покривати** + *A.* **~кою** cover sth with a headscarf ◊ **Вона покрила голову ~кою.** She covered her head with a headscarf.

х. + *v.* **покривáти** + *A.* cover sth ◊ **Ї́ї гóлову покривáє х.** A headscarf covers her head.
prep. **в ~ці** in a headscarf ◊ **Вонá булá в ~ці.** She was in a headscarf.
2 handkerchief ◊ **Він ви́тягнув ~ку і ви́сякнув у неї́ нóса.** He pulled out a handkerchief and blew his nose into it. ♦ **носовá х.** *and* **х. до** *or* **для нóса** a handkerchief
N. pl. **~ки́**, *G. pl.* **~óк**

хýтр|о, *nt.*
fur
adj. **густé** thick ◊ **Лиси́ця мáла густé х.** The fox had thick fur. **легкé** light, **м'якé** soft, **шовкови́сте** silky; **тéпле** warm; **спрáвжнє** real, **синтети́чне** synthetic, **фальши́ве** faux; **вóвче** wolf, **зáяче** hare, **кроля́че** rabbit, **ли́сяче** fox, **собáче** dog, *etc.*
v. + **х. носи́ти х.** wear fur ◊ **Тетя́на нóсить ~а.** Tetiana wears furs. (**закýтувати** + *A.* **у** wrap sb in, **закýтуватися у** wrap oneself in) ◊ **Валенти́на закýталася в х.** Valentyna wrapped herself in fur. **оздóблювати** + *A.* **~ом** trim sth with fur ◊ **наки́дка, оздóблена ли́сячим ~ом** a cape, trimmed with fox fur (**підбивáти** + *A.* line sth with) ◊ **Йогó пальтó підби́те синтети́чним ~ом.** His coat is lined with synthetic fur.
prep. **з ~а** of fur ◊ **Він купи́в шáпку з невідóмого ~а.** He bought a hat of unknown fur. **на ~і** lined with fur ◊ **кýртка на зáячому ~і** a jacket lined with hare fur; **у ~і** in fur ◊ **ромáн «Венéра в ~і»** the novel *Venus in Fur.*
G. pl. **хутр**

Ц

цáрин|а, *f.*
sphere, domain, field, province
adj. **і́нша** different, **окрéма** separate; **вели́ка** large, **ширóка** wide, **ши́рша** wider ◊ **Ї́ї ви́нахід дістáв ши́ршу ~у застосувáння, ніж пéрвісно очі́кували.** Her invention got a wider sphere of application than had been initially anticipated. **вузькá** narrow, **обмéжена** limited; **академі́чна** academic, **військóва** military, **культýрна** cultural, **мóвна** language ◊ **полі́тика асиміля́ції в мóвній ~і** the assimilation policies in the language sphere; **наукóва** scientific, **політи́чна** political, **суспі́льна** social, **театрáльна** theatrical, **фінáнсова** financial; **привáтна** private, **публі́чна** public
ц. + *n.* **ц. вжи́тку** a sphere of usage ◊ **ц. вжи́тку відмі́нкової фóрми** the sphere of usage of the case usage; (**впли́ву** influence, **ді́яльности** activity, **дослі́джень** research, **життя́** life, **застосувáння** application, **зацікáвлення** interest ◊ **Ц. зацікáвлень дослі́дника вузькá.** The researcher's sphere of interest is narrow. **знань** expertise)
v. + **ц. визначáти ~у** determine a sphere ◊ **Дослі́дниця ви́значила ~у пoши́рення трьох ви́дів акýл.** The (female) researcher has determined the proliferation sphere of three shark species. (**звýжувати** narrow down, **обмéжувати** limit; **розширя́ти** broaden; **вихóдити (по) за** go outside) ◊ **Тéма вихóдить за ~у йогó знань.** The topic goes beyond the sphere of his expertise. **бýти обмéженим ~ою** be limited to a sphere ◊ **Те, що читáла Христи́на не обмéжене ~ою ї́ї зацікáвлення.** What Khrystyna read was not limited to the sphere of her interest.
prep. **у ~і** in the sphere ◊ **Супýтник перебувáє у ~і ґравітáції Мáрса.** The satellite is in the gravitation sphere of Mars. **пóза ~ою** outside a sphere
Also see **гáлузь, ділянка 3, кóло[1] 4, лі́нія 3, фронт 3**

цви́нтар, *m.*, **~я**
cemetery, graveyard
adj. **військóвий** military, **комунáльний** communal, **місьќий** *and* **муніципáльний** municipal, **місцéвий** local, **сільськи́й** village, **церкóвний** church; **відкри́тий** open ◊ **Ц. відкри́тий із дев'я́тої рáнку.** The cemetery is open since 9:00 AM. **закри́тий** closed; **чи́нний** acting; **нови́й** new, **стари́й** old; **вірмéнський** Armenian ◊ **Стари́й вірмéнський ц. давнó закри́то.** The old Armenian cemetery has long since been closed. **католи́цький** Catholic, **мусульмáнський** Muslim, **правослáвний** Orthodox; **ні́мецький** German, **пóльський** Polish, **украї́нський** Ukrainian ◊ **Йогó остáнки спочивáють на украї́нському ~і в Бáвндбруку.** His remains are resting in the Ukrainian cemetery in Boundbrook. **гáрний** beautiful, **ти́хий** quiet
v. + **ц. ховáти** + *A.* **на ~і** bury sb in a cemetery ◊ **Небі́жчика поховáли на військóвому ~і.** The deceased was buried in the military cemetery.
prep. **на ц.** *dir.* to a cemetery ◊ **Вони́ пішли́ на ц. прибрáти моги́ли роди́ни.** They went to the cemetery to tidy their family graves. **на ~і** *posn.* in a cemetery ◊ **На ~і ростýть дуби́.** There are oaks growing in the cemetery. **за ~ем** after/behind a cemetery ◊ **За ~ем ідé ліс.** There is a forest behind the cemetery.

цвісти́, цвіт|ýть; за~; *pa. m.* **цвів**, *pl.* **цвіли́**, *intr.*
1 to bloom, blossom, flower; be covered with flowers; *pf.* to start blooming ◊ **Зацві́в ясми́н, запóвнивши двір п'янки́м аромáтом.** Jasmin started blooming, filling the courtyard with its intoxicating fragrance.
adv. **бýйно** exuberantly, **пи́шно** lushly, **ря́сно** profusely ◊ **Молодá я́блуня ~é ря́сно, як ніќоли.** The young apple tree blossoms profusely as never before. **нарéшті** finally, **остáннім** last; **пéршим** first ◊ **Берéзи ~ýть пéршими.** Birches are the first to bloom. **пізні́ше** later ◊ **Тóрік ли́па цвілá пізні́ше, як зáвжди.** Last year, linden bloomed later than usual. **пі́зно** late, **рані́ше** earlier, **рáно** early; **безперестáнку** nonstop, **весь час** all the time, **дóвго** for a long time; **раз на рік** once a year; **де-не-дé** here and there ◊ **Левáда де-не-дé ~é кульбáбами.** The meadow is blooming with dandilions here and there. **дóвго** for a long time ◊ **кущі́, що дóвго ~ýть** long-blooming shrubs
Also see **кві́тнути 1, 2**
2 to become moldy; *pf.* **по~** ◊ **Хліб поцві́в.** The bread became moldy.
(за)цвіти́!

цвіт, *m.*, **~у**, *only sg.*
1 blossom, bloom
adj. **гáрний** beautiful, **чудóвий** lovely; **бі́лий** white, **рожéвий** pink, **густи́й** thick, **пи́шний** lush, **рясни́й** luxuriant; **пахýчий** fragrant, **п'янки́й** intoxicating; **бузкóвий** lilac, **ясми́новий** jasmine ◊ **Увéчері ясми́новий ц. стає осóбливо п'янки́м.** In the evening, the jasmine blossom becomes particularly intoxicating. **каштáновий** chestnut, **ли́повий** linden, **пéрсиковий** peach, **яблунéвий** apple ◊ **Ї́ї волóсся пáхне яблунéвим ~ом.** Her hair smells of apple blossom.
ц. + *n.* **ц. акáції** acacia blossom (**барві́нку** periwinkle, **бузкý** lilac, **ясми́ну** jasmine, **кали́ни** guelder rose, **ли́пи** linden, **я́блуні** apple) ◊ **Він лю́бить чай із ~у я́блуні.** He likes apple blossom tea.
v. + **ц. давáти ц.** produce blossom (**мáти** have ◊ **сорт я́блуні, що мáє осóбливо густи́й ц.** the sort of apple tree that has particularly thick blossoms; **ню́хати** smell; **рвáти** pick; **суши́ти** dry) ◊ **У чéрвні Марі́я рве і сýшить ли́повий ц.** In June, Maria picks and dries linden blossoms. **милувáтися ~ом** admire blossom ◊ **Ти́сячі прихóдять до ботані́чного сáду помилувáтися бузкóвим ~ом.** Thousands come to the botanical gardens to admire lilac blossoms. (**розцвітáти** burst into) ◊ **Маґнóлії розцвіли́ пи́шним рожéвим ~ом.** Magnolias burst into lush pink bloom.
ц. + *v.* **в'я́нути** fade; **з'явля́тися** come out ◊ **На грýші з'яви́вся рясни́й ц.** Luxuriant blossoms came out on the pear tree. **опадáти** fall ◊ **Ц. акáції вже опáв.** The acacia blossoms already fell.
prep. ♦ **у ~у** *and* **у ~і** 1) covered with blossoms ◊ **Пóле у червóному мáковому ~і.** The field is covered in red poppy blossoms. 2) *fig., often* **у ~і літ** *or* **життя́, сил** at the prime of one's life ◊ **Вонá помéрла у ~і сил.** She died at the prime of her life.
Cf. **кві́ти**
2 *fig.* flower, best, finest ◊ **На зáхист краї́ни встав ц. патріоти́чної мóлоді.** The flower of patriotic youth rose to defend the country. ◊ **ц. світовóї наýки** the best of the world scientists

цвях, *m.*, **~а**
nail
adj. **вели́кий** big, **дóвгий** long; **корóткий** short ◊ **Ц. нáдто корóткий, щóби служи́ти вішакóм.** The nail is too short to serve as a hanger. **грýбий** thick; **тонки́й** thin; **гóстрий** sharp; **тупи́й** blunt ◊ **Щоб не розколóти дéрева, слід викори́стóвувати тупі́ ~и.** In order not to crack the wood, blunt nails should be used. **зі́гнутий** bent; **прями́й** straight; **іржáвий** rusty; **залі́зний** iron, **мі́дний** copper
n. + **ц. голі́вка ~а** a nail head ◊ **Голі́вка ~а булá дéщо ви́пуклою.** The nail head was somewhat convex.
v. + **ц. виймáти ц.** *and* **~а** take a nail out (**витя́гувати** pull out ◊ **Він плоскогýбцями ви́тягнув із дóшки іржáві ~и.** He pulled rusty nails out of the board with pliers. **вбивáти в** + *A.* knock into sth ◊ **Вонá вби́ла ц. у стінý на третину.** She knocked the nail into the wall a third of its length. **забивáти в** + *A.* hammer into sth, **заганя́ти в** + *A.* drive into sth ◊ **Стóляр заганя́є ц. у дóшку одни́м удáром молоткá.** The carpenter drives a nail into the board with one knock of the hammer.
ц. + *v.* **виступáти** protrude, **стирчáти** stick out ◊ **Із дóшки стирчи́ть ц.** A nail sticks out of the board. **згинáтися** bend ◊ **Незґрáбний удáр молоткóм – і ц. згинáється.** A clumsy blow of the hammer, and the nail bends.
prep. **на ц.** *or* **~а** *dir.* on/to a nail ◊ **Вонá пові́сила пальтó на ц.** She hung the coat on a nail. **на ~ý** *posn.* on a nail ◊ **Йогó піджáк ви́сів на ~óві.** His jacket hung on a nail.

це, *part., pr.*
1 *part., dem.* it, this, that, these, those ◊ **Ц. пóмилка.** It's a mistake. ◊ **Ц. ї́ї мáти дзвóнить.** That's her mother calling. ◊ **Ц. світли́ни, про які́ я згáдувала.** Those are the photos I mentioned.
2 *part. (stresses interrogative pronoun it follows)* ◊ **Когó ц. Натáлка привелá з собóю?** Who's this Natalka brought along? ◊ **Куди́ ц. ти ди́вишся?** What are you looking at? ◊ **Чомý ц. Ю́ля весь час мовчи́ть?** Why is it that Yulia is silent all the time?
3 *dem. pr. (used as a link-word in compound nominal or verbal predicate)* ◊ **Мóва – ц. найдорóжче, що мáє кóжен нарóд.** Language is the most precious thing every nation possesses. ◊ **Усé, що йомý тепéр лишáється, – ц. сі́сти і заплáкати.** All that's left for him to do now is sit down and cry.

цéгл|а, *f., coll., only sg.*
bricks
adj. **бі́ла** white, **червóна** red; **вогнетривкá** fire ◊ **Для пéчі потрі́бна вогнетривкá ц.** Fire bricks are required for the oven. **личкувáльна** facing, **обпáлена** baked; **самáнова** adobe ◊ **Самáнову ~у виготовля́ють із сýміші солóми, гли́ни та піскý.** Adobe bricks are made of a mixture of straw, clay, and sand. **ці́ла** whole; **би́та** broken

v. + **ц. виготовля́ти ~у** manufacture bricks (**роби́ти** make; **використо́вувати** use ◊ **Для шко́ли використо́вуватимуть черво́ну ~у.** Red bricks will be used for the school. **випа́лювати** fire ◊ **Цей сорт ~и випа́люють при ду́же висо́кій температу́рі.** This sort of brick is fired at very high temperature. **кла́сти** lay) ◊ **Андрі́й навчи́вся пра́вильно кла́сти ~у.** Andrii learned to lay bricks correctly.
prep. **з ~и** ◊ **буди́нок із бі́лої ~и** a house of white bricks
Cf. **ка́мінь, цегли́на**

цегли́н|а, *f.*
brick
adj. **вели́ка** big, **мала́** *and* **невели́ка** small; **важка́** heavy; **легка́** light; **міцна́** strong; **ці́ла** whole; **розби́та** broken ◊ **На ко́жен деся́ток ці́лих цегли́н було́ три розби́тих.** For each ten whole bricks there were three broken ones.
v. + **ц. ки́дати ~у** throw a brick (**кла́сти** lay ◊ **Вона́ покла́ла пе́ршу ~у ліка́рні.** She laid the first brick of the hospital. **подава́ти** hand over ◊ **Стефа́нія подає́ їй одну́ ~у за і́ншою.** Stefaniia hands over one brick after another to her. **розбива́ти** break) ◊ **Він розби́в ~у на дві полови́нки.** He broke the brick into two halves.
prep. **ц. за ~ою** brick by brick ◊ **Вони́ розібра́ли стіну́ ц. за ~ою.** They took apart the wall, brick by brick.
Also see **це́гла**

ц|ей, *dem., pr., m.,* **~ього́** *and* **~о́го** *after prep.*
1 *dem.* this, the ◊ **Ц. мі́сяць шви́дко мину́в.** The month quickly passed. ◊ **По ц. бік ву́лиці посади́ли кле́ни.** Maple trees were planted this side of the street. ◊ **~е село́ відо́ме на весь світ.** The village is known all around the world. ◊ **Пе́ред ~ією ха́тою росло́ вели́ке де́рево.** A big tree grew in front of the house. ◊ **Без ~ього апара́та в них нічо́го не ви́йде.** Without this device, they will not succeed. ♦ **за ~их умо́в** under these conditions; ♦ **у ~ю секу́нду** right away, immediately ◊ **На́стя в ~ю секу́нду зрозумі́ла, що зроби́ла.** Nastia understood right away what she had done. ♦ **~ього́ ра́зу** this time around ◊ **~ього́ ра́зу Макси́м прийшо́в до́бре підгото́ваний.** This time around, Maksym came well-prepared.
2 *pr.* this one, he, she *(used to refer to sb or sth previously mentioned)* ◊ **Іва́нна була́ із ста́ршим бра́том. Ц. приї́хав на конфере́нцію.** Ivanna was with her elder brother. He had come for a conference. ♦ **при ~о́му** at the same time; ◊ **Са́ме для ~ього ми тут.** We are here exactly for this.

цеме́нт, *m.,* **~у**, *only sg.*
cement
adj. **мо́крий** wet, **слизьки́й** slippery ◊ **Пі́сля дощу́ ц. става́в слизьки́м.** After the rain, the cement would become slippery. **сві́жий** fresh ◊ **Він ви́шкрябав свої́ ініціа́ли на сві́жому ~і.** He scratched his initials in the fresh cement. **потрі́сканий** cracked; **гладки́й** smooth; **шорстки́й** rough; **тверди́й** hard; **холо́дний** cold
v. + **ц. виготовля́ти ц.** produce cement ◊ **Заво́д виготовля́є ц. рі́зних ти́пів.** The plant produces cement of various types. (**використо́вувати** use; **висипа́ти** pour ◊ **Вона́ ви́сипала ц. до відра́.** She poured the cement into a bucket. **змі́шувати з** + *I.* mix with sth, **розво́дити** + *I.* dilute with) **Ц. тре́ба змі́шати з піско́м, а тоді́ розвести́ водо́ю.** The cement needs to be mixed with sand and then diluted with water. **додава́ти ~у до** + *G.* add cement to sth ◊ **Він дода́в ~у до ро́зчину.** He added cement to the mortar.
ц. + *v.* **застига́ти** *or* **тужа́віти** set ◊ **За ніч ц. цілко́м засти́г** *or* **стужа́вів.** Overnight the cement completely set. **тверді́ти** harden ◊ **Ц. до́вго не тверді́в.** The cement took a long time to harden. **трі́скатися** crack
prep. **з ~у** of cement ◊ **Пі́дло́га з ~у холо́дна.** The floor made of cement is cold.

цензу́р|а, *f.*
censorship
adj. **відкри́та** open, **пряма́** direct; **непряма́** indirect, **прихо́вана** disguised ◊ **Вимо́га урядо́вця факти́чно є фо́рмою прихо́ваної ~и.** The official's demand is in effect a form of disguised censorship. **сумо́ра** strict; **тота́льна** total; **військо́ва** military, **воє́нна** wartime, **держа́вна** state, **урядо́ва** government, **церко́вна** church; **меді́йна** media, **мере́жева** Internet, **офіці́йна** official; ♦ **самоцензу́ра** self-censorship ◊ **У матеріа́лі є озна́ки самоцензу́ри.** There are signs of self-censorship in the story.
v. + **ц. наклада́ти ~у на** + *A.* impose censorship on sb/sth ◊ **Уря́д накла́в суво́ру ~у на всі публіка́ції про конфлі́кт.** The government imposed strict censorship on all the publications about the conflict. (**поси́лювати** tighten; **послабля́ти** relax; **скасо́вувати** abolish)
Cf. **заборо́на**

центр, *m.,* **~у** *and* **~а**
1 **~у**, center, hub
adj. **важли́вий** important ◊ **У сімна́дцятому столі́тті мі́сто було́ важли́вим ~ом друка́рства.** In the 16th century, the city was an important book-printing center. **вели́кий** large, **головни́й** main, **нерво́вий** *fig.* nerve ◊ **Приміщення слу́жить за нерво́вий ц. кампа́нії.** The apartment serves as the nerve center of the campaign. **провідни́й** leading; **невели́кий** small, **другоря́дний** secondary; **адміністрати́вний** administrative, **всесві́тній** world, **європе́йський** European, **міжнаро́дний** international, **націона́льний** national, **реґіона́льний** regional; **місько́й** urban; **демографі́чний** population, **молоде́чий** *and* **молодíжний** youth; **військо́вий** military; **дослі́дницький** research, **інформаці́йний** information, **культу́рний** cultural, **навча́льний** training, **науко́вий** scientific, **обчи́слювальний** computation, **осві́тній** educational; **політи́чний** political, **релігі́йний** religious, **спорти́вний** sports; **ба́нковий** banking, **ділови́й** business, **економі́чний** economic, **комерці́йний** commercial, **промисло́вий** industrial ◊ **Криви́й Ріг залиша́ється вели́ким промисло́вим ~ом Украї́ни.** Kryvy Rih remains a big industrial center of Ukraine. **торго́вий** trading, **фіна́нсовий** financial ◊ **Ло́ндон мо́же втра́тити зна́чення світово́го фіна́нсового ~у.** London can lose its importance as a world financial center.
ц. + *n.* **ц. вла́ди** a power center (**обслуго́вування** service, **працевлаштува́ння** employment); **ц. ви́буху** the center of the explosion (**епіде́мії** epidemic, **землетру́су** earthquake, **конфлі́кту** conflict; **ува́ги** attention)
v. + **ц. бу́ти ~ом** be a center (**виявля́тися** turn out ◊ **Банк ви́явився ~ом відмива́ння гро́шей.** The bank turned out to be a money laundering center. **залиша́тися** remain, **служи́ти** served as, **става́ти** become) ◊ **На мить вона́ ста́ла ~ом зага́льної ува́ги.** For an instant, she became the center of general attention. **перебува́ти в ~і** be in the center (**розташо́вуватися в** be located in, **опиня́тися в** end up in)
ц. + *v.* **бу́ти розташо́ваним в** + *L.* be located at/in *(space)*, **розташо́вуватися в** + *L.* be situated at/in *(space)*; **змі́щуватися на** + *A.* shift to *(direction)* ◊ **Ц. вла́ди у краї́ні змісти́вся на за́хід.** The power center in the country shifted to the west.
prep. **бі́ля ~у** near a center, **у ~і** in the center, **навко́ло ~у** around a center
Also see **гніздо́ 3, е́піцентр, мі́сто 2, нерв 3, серцевина́ 2, столи́ця, штаб**
2 **~у**, center, midpoint, middle
adj. **сами́й** very ◊ **Стіл стої́ть по са́мому ~у кімна́ти.** The table stood at the very center of the room. **спра́вжній** true, **факти́чний** effective
ц. + *n.* **ц. дво́ру** the center of a courtyard (**дити́нця** patio; **за́ли** hall, **кімна́ти** room; **мі́ста** city ◊ **Ц. мі́ста бу́диться пізні́ше, як око́лиці.** The center of the city wakes up later than the suburbs. **села́** village; **пло́щі** square) ◊ **Пам'я́тник споруди́ли у ~і пло́щі.** The monument was erected at the center of the square.
prep. **в ~і** *and* **по ~у** at the center ◊ **Сце́на бу́де по ~у пло́щі.** The stage will be at the center of the square.
See **сере́дина 1.** *Ant.* **край**[1] **1**
3 **~у**, *polit.* center ◊ **Ц. політи́чного спе́ктру краї́ни займа́ють три па́ртії.** Three parties occupy the center of the nation's political spectrum.
adj. **ідеологі́чний** ideological, **партíйний** party, **політи́чний** political, **релігі́йний** religious
prep. **в ~і** in the center; **від ~у** from/of center, ◊ **Фра́кція правору́ч від ~у.** The faction is to the right of center.
4 **~а**, *geom.* center, fulcrum, pivot ◊ **Лі́нія пролягає бі́ля ~а квадра́та.** The line lies near the center of the square. ♦ **ц. ваги́** a center of gravity; ◊ **ц. ко́ла** the center of a circle (**квадра́та** square, **ку́лі** sphere, **трику́тника** triangle, *etc.*); ♦ **нерухо́мий ц.** a fixed pivot

центра́льн|ий, *adj.*
1 central, middle, center
ц. + *n.* **ц. вхід** the central entrance (**майда́н** square, **о́стрів** island; **се́ктор** sector) ◊ **Вони́ обстрі́люють ц. се́ктор фро́нту.** They shell the central sector of the front. **ц. зуб** a center tooth; **~а діля́нка** the central section ◊ **Тре́ба заміни́ти ~у діля́нку водого́ну.** The central part of the water pipe needs replacing. (**части́на** part); **~е мі́сце** a central position
2 main, principal, chief, central
ц. + *n.* **ц. вокза́л** the central station (**коміте́т** committee, **о́рган** organ; **уря́д** government); **~а вла́да** the central authorities (**ву́лиця** street ◊ **Ві́кна спа́льні вихо́дять на ~у ву́лицю.** The bedroom windows look out on the main street. **по́стать** figure; **пробле́ма** problem, **роль** part ◊ **Солда́ти відігра́ли ~у роль у повста́нні.** Soldiers played a central part in the uprising. **бібліоте́ка** library, **ліка́рня** hospital; **нерво́ва систе́ма** nervous system), ♦ **~а Ра́да** *hist.* the Central Rada *(government of the Ukrainian National Republic)*; **~е відді́лення** a central branch ◊ **Вона́ працю́є в ~ому відді́ленні ба́нку.** She works at the central branch of the bank. (**опа́лення** heating; **пита́ння** issue, **поня́ття** concept; **управлі́ння** directorate)
See **головни́й 1, основни́й 1**

церемо́ні|я, *f.,* **~ї**
ceremony
adj. **важли́ва** important ◊ **~ю посвя́чення у студе́нти вважа́ють особли́во важли́вою.** The student induction ceremony is considered especially important. **особли́ва** *and* **спеція́льна** special, **традиці́йна** traditional; **до́вга** long, **трива́ла** extended; **мару́дна** tedious ◊ **Він зберіга́в заціка́влений ви́раз на обли́ччі про́тягом мару́дної ~ї.** He kept an interested expression on his face for the duration of the tedious ceremony. **нудна́** boring; **коро́тка** short; **нему́дра** unsophisticated, **про́ста́** simple ◊ **Ц. шлю́бу була́ про́сто́ю.** The marriage ceremony was short. **скро́мна** modest, **ти́ха** quiet; **пи́шна** lavish, **помпе́зна** pompous; **звору́шлива** moving; **істори́чна** historic, **незабу́тня** unforgettable; **прива́тна** private, **публі́чна** public; **офіці́йна** official, **форма́льна** formal; **весі́льна** wedding, **шлю́бна** marriage; **жало́бна** mourning; **інавґураці́йна** inauguration; **ча́йна** tea ◊ **Готе́ль запро́шує госте́й на**

япóнську чáйну ~ю. The hotel invites its guests to a Japanese tea ceremony. ♦ **Що за ~ї!** No formalities, please!

ц. + *n.* **ц. відкриття́** an opening ceremony (**відслóнення** unveiling ◊ **Ц. відслóнення меморіяльної дóшки Зéрова булá глибóко зворýшливою.** The Zerov memorial plaque unveiling ceremony was deeply moving. **інавґурáції** inauguration; **заклáдення пéршого кáменя** ground-breaking, **закриття́** closing; **нагорóд** awards; **підписáння** signing ◊ **У ~ї підписáння угóди взяли́ ýчасть урядóвці з обóх сторíн.** Officials on both sides took part in the agreement signing ceremony. **покладáння вінкíв** wreath-laying, **поховáння** burial; **презентáції** presentation; **шлю́бу** marriage)

v. + **ц. відправля́ти ~ю** perform a ceremony ◊ **~ю шлю́бу відпрáвили три свящéнники.** Three priests performed the marriage ceremony. (**провáдити** conduct); **брáти ýчасть у ~ї** take part in a ceremony ◊ **Вонá візьмé ýчасть в ~ї нагорóдження.** She will take part in the awards ceremony. (**бýти присýтнім на** be present at; **головувáти на** officiate at) ◊ **Вонá головувáла на ~ї заклáдення пéршого кáменя.** She officiated at the ground-breaking ceremony.

ц. + *v.* **відзначáти** + *A.* mark sth ◊ **Ц. відзначи́ла внéсок учéної в украї́нське мовознáвство.** The ceremony marked the (female) scholar's contribution to Ukrainian linguistics. **упáм'ятнювати** + *A.* commemorate sth ◊ **Щорíчна ц. упáм'ятнює герóїв Небéсної сóтні.** The annual ceremony commemorates the heroes of the Heavenly Hundred.

prep. **без ~й** without ceremony, without formalities ◊ **Забíлик без ~й попроси́ла ї́х ви́йти з кабінéту.** Without ceremony, Zabilyk asked them to leave her office. **на ~ю** *dir.* to a ceremony; **на ~ї** *posn.* at a ceremony; **під час ~ї** during a ceremony

Also see **ритуáл**

цéрк|ва, *f.*, ~ви

1 church *(building)*

adj. **вели́ка** big; **малá, малéнька, невели́ка** small ◊ **У мíсті дві правослáвні ~ви: однá вели́ка, а другá малá.** There are two Orthodox churches in the city, one big, another small. **старá** old; **новá** new; **місцéва** local, **парафія́льна** parish, **сільськá** village; **дерев'я́на** wooden, **кам'янá** stone ◊ **На мíсці дерев'я́ної ~ви князь збудувáв кам'янý.** On the spot of the wooden church, the prince built a stone one. **гуцýльська** Hutsul, **козáцька** Cossack; **барокóва** baroque, **візантíйська** Byzantine; **Андрíївська** St. Andrew's, **Трóїцька** Trinity; ♦ **Десяти́нна ц.** the Church of the Tithes

ц. + *n.* **ц. св. Вавари** St. Barbara's Church (**св. Софíї** St. Sophia's; **св. Миколáя** St. Nicholas, **св. Юра** St. George's, *etc.*); **ц. Воздви́ження** the Church of the Resurrection (**Преображéння** the Transfiguration, **Успíння Богорóдиці** the Dormition of the Mother of God) ◊ **Дити́ну хрести́ли в ~ві Успíння Богорóдиці.** The baby was baptized in the Church of the Dormition of the Mother of God.

v. + **ц. будувáти ~ву** build a church (**стáвити** erect ◊ **Гéтьман постáвив ~ву на пáм'ять про перемóгу над москóвським вíйськом.** The Hetman erected a church to commemorate his victory over the Moscovite army. **освя́чувати** consecrate, **присвя́чувати** + *D.* dedicate to sb/sth ◊ **~ву присвяти́ли св. Маркóві.** The church was dedicated to St. Mark. **пали́ти** burn down, **руйнувáти** ruin); **ходи́ти до ~ви** go to church ◊ **Він рíдко коли́ хóдить до ~ви.** He rarely ever goes to church.

prep. **до ~ви** to church; **у ~ві** in church ◊ **У ~ві збíрка мозáїки XI столíття.** There is a collection of the 11th-century mosaics in the church.

Also see **собóр, храм 1**

2 church *(denomination)* ◊ **екуменíчний рух до об'є́днання християнських ~óв** the ecumenical movement towards unification of Christian churches

adj. **вірмéнська** Armenian, **грéцька** Greek, **кóптська** Coptic, **румýнська** Romanian, **украї́нська** Ukrainian, *etc.*; **Англікáнська** Anglican, **бапти́стська** Baptist, **Грéко-Католи́цька** Greek Catholic, **Католи́цька** Catholic, **Лютерáнська** Lutheran; **євáнгельська** evangelical, **правослáвна** Orthodox, **протестáнтська** Protestant; **автокефáльна** autocephalous; **вселéнська** universal, **екуменíчна** ecumenical

v. + **ц. заснóвувати ~ву** found a church ◊ **Лютерáнську ~ву заснувáв Марти́н Лю́тер.** Martin Luther founded the Lutheran Church. (**очóлювати** head ◊ **Украї́нську автокефáльну правослáвну ~ву очóлює патріярх.** The Ukrainian Autocephalous Orthodox Church is headed by a patriarch. **критикувáти** criticize); **зрікáтися ~ви** renounce a church ◊ **Совє́тська влáда змýшувала ї́х зректи́ся Грéко-Католи́цької ~и.** The Soviet authorities were forcing them to renounce the Greek Catholic Church. **служи́ти ~ві** serve a church ◊ **Усé життя́ вонá служи́ла ~ві.** She served the church her entire life.

ц. + *v.* **вчи́ти** + *A.* teach sth ◊ **Ц. вчи́ть люби́ти бли́жнього, як самóго себé.** The church teaches to love one's neighbor like oneself.

See **релíгія.** *Also see* **вíра 2**

церкóвн|ий, *adj.*

1 church, of or pertaining to church *(as building)*

ц. + *n.* **ц. вівтáр** a church altar ◊ **Ц. вівтáр ви́різьблений із ли́пи.** The church altar is carved of linden. (**дзвін** bell, **кýпол** dome, **хор** choir) ◊ **Він насóлоджувався спíвом ~ого хóру.** He was enjoying the church choir singing. **~а архітектýра** church architecture (**брáма** gate; **влáсність** property, **вéжа** tower, **зáла** hall, **крамни́ця** store, **спорýда** building; **кни́га** book ◊ **Зáпис про її́ нарóдження і хрéщення булó зрóблено в ~ій кни́зі.** The entry about her birth and baptism was made in the church book.) ♦ **бíдний мов** *or* **нáче ~а ми́ша** as poor as a church mouse; **~е подвíр'я** a church courtyard

2 church, ecclesiastical, religious

ц. + *n.* **ц. календáр** a church calendar (**моти́в** tune ◊ **Вонá співáла яки́йсь ц. моти́в.** She sang a religious tune. **обря́д** ritual, **спів** singing; **собóр** council, synod ◊ **Берестéйський ц. собóр 1596 рóку** *hist.* the Brest Church Council of 1596; **суд** court, **шлюб** marriage); **~а влáда** church authorities (**ієрáрхія** hierarchy; **мýзика** music; **полíтика** policies; **слýжба** service, **шкóла** school); **~е брáтство** a religious brotherhood (**життя́** life, **мистéцтво** art; **питáння** issue; **прáво** law, **розлýчення** divorce; **свя́то** holiday; **таїнство** sacrament); **~і спрáви** church matters

Also see **духóвний 3, свящéнний 2.** *Opp* **мирськи́й, світськи́й 1, цивíльний 3**

цибули́н|а, *f.*

onion ◊ **У них лишáлося дві ~и.** They had two onions remaining. ◊ **За рецéптом, на суп трéба три вели́кі ~и.** The soup recipe calls for three large onions.

adj. **вели́ка** large, **серéдня** medium, **малá** *and* **невели́ка** small ◊ **Мáрта почи́стила і дрíбно посіклá дві малí ~и.** Marta peeled and finely chopped two small onions. **плоскувáта** flattish; **почи́щена** peeled; **цíла** whole; **гнилá** rotten

See **цибýля 1, 2.** *Cf.* **картопли́на, моркви́на**

цибýл|я, *f.*

1 *coll., only sg.* onion

adj. **гóстра** pungent ◊ **~я цьогó сóрту нáдто гóстра, щоб її́ ї́сти сирóю.** This sort of onion is too pungent to eat raw. **свíжа** fresh, **солóдка** sweet; **сирá** raw; **бíла** white, **зелéна** green, **червóна** red; **гнилá** rotten; **підсмáжена** sautéed, **смáжена** fried, **вáрена** boiled, **тушкóвана** stewed; **порíзана** *or* **накрáяна** chopped ◊ **три столóві лóжки накрáяної ~і** three tablespoons of chopped onions; **пошаткóвана** sliced ◊ **Поклáсти на ши́нку тóнко пошаткóвану ~ю.** Put thinly sliced onion on the ham. **почи́щена** peeled, **сíчена** chopped up

n. + **ц. кільцé ~і** an onion ring (**лушпи́ння** skin ◊ **Лушпи́ння ~і використóвують, щоб фарбувáти я́йця на Вели́кдень.** Onion skins are used to paint eggs for Easter. **зáпах** smell ◊ **На кýхні стої́ть си́льний зáпах ~і.** There is a strong smell of onions in the kitchen. **смак** taste)

v. + **ц. вари́ти ~ю** boil onions ◊ **Вонá вáрить ~ю з рéштою горóдини.** She boils onions with the rest of the vegetables. (**ґрилювáти** grill, **карамелізувáти** caramelize ◊ **Порíзану ~ю карамелізýють.** The chopped onions are caramelized. **підсмáжувати** sauté ◊ **~ю підсмáжили на оли́вковій олі́ї.** The onions were sautéed in olive oil. **пря́жити** *or* **смáжити** fry, **тушкувáти** stew; **кря́яти** *and* **рíзати** cut, **сíкти** chop, **шаткувáти** slice; **чи́стити** peel ◊ **Він чи́стить ~ю.** He peels onions. **вирóщувати** grow) ◊ **Вони́ вирóщують влáсну ~ю.** They grow their own onions. **сади́ти** plant

See **горóдина 1, ї́жа**

2 onion ◊ **Він ви́брав однý ~ю.** He chose one onion.

See **цибули́на**

цивілізáці|я, *f.*, ~ї

civilization

adj. **анти́чна** Ancient, **грéцька** Greek ◊ **Мíсто Херсонéс розташóвувалося на далéкій перифéрії грéцької ~ї.** The city of Chersonesos was located at the distant periphery of the Greek civilization. **ри́мська** Roman, **класи́чна** Classical; **дáвня** age-old, **рáння** early ◊ **Археóлог багáто рóків шукáє слíди́ рáнніх ~й на терито́рії Украї́ни.** The archeologist has for many years looked for the traces of early civilizations in the territory of Ukraine. **старá** old, **стародáвня** ancient; **примíти́вна** primitive; **висóка** high, **передовá** advanced, **розви́нута** developed; **новá** new, **новíтня** modern, **сучáсна** contemporary; **європéйська** European, **зáхідна** Western, **ісламська** Islamic, **християнська** Christian; **невідóма** unknown, **позазéмна** extraterrestrial ◊ **Фігýри на óстрові Пáсхи мóжуть бýти зали́шками позазéмної ~ї.** The figures on Easter Island can be remnants of an extraterrestrial civilization. **лю́дська** human, **світовá** world; **індустрія́льна** industrial, **постіндустрія́льна** postindustrial; **втрáчена** lost, **мéртва** dead

n. + **ц. коли́ска ~ї** *fig.* a cradle of civilization ◊ **Киї́в, як коли́ска украї́нської ~ї** Kyiv as the cradle of the Ukrainian civilization (**почáток** beginning, **світáнок** dawn; **занéпад** decline, **кінéць** end, **рóзпад** collapse; **рíвень** level)

v. + **ц. будувáти ~ю** build a civilization ◊ **Мáя збудувáли висóку ~ю.** The Maya built a high civilization. (**нести́** + *D.* bring civilization to sb ◊ **Колонізáтор ствéрджує, що несé ~ю нарóдам, які́ він завойóвує.** A colonizer maintains that he brings civilization to the peoples he conquers. **ствóрювати** create; **зни́щувати** destroy ◊ **Вáрвари не змогли́ зни́щити ри́мську ~ю.** Barbarians failed to destroy the Roman civilization. **руйнувáти** ruin; **рятувáти** save; **вивчáти** study, **дослíджувати** explore; **відкривáти** discover, **знахóдити** find); **загрóжувати ~ї** threaten a civilization ◊ **Ґлобáльне потеплíння загрóжує лю́дській ~ї.** Global warming threatens human civilization.

ц. + *v.* **процвітáти** flourish ◊ **Чоти́ри тисячолíття томý в доли́ні Нíлу процвітáла стародáвня ц.** Four millennia ago, an ancient civilization flourished in the Nile Valley. **занепадáти** decline, **пáдати** fall ◊ **Ця ц. теж мýсила впáсти.** This civilization also had to fall.

цивільн|ий, *adj.*
1 civil
ц. + n. **ц. ко́декс** a civil code ◊ **Текст ~ого ко́дексу Украї́ни мо́жна звантажи́ти з мере́жі.** The text of the Civil Code of Ukraine can be downloaded from the Internet. (**по́зов** suit; **проце́с** procedure); **~а авіа́ція** civil aviation (**но́рма** norm; **оборо́на** defense) ◊ **навча́ння з ~ої оборо́ни** a civil defense training to be revived; **~е законода́вство** a civil legislation (**пра́во** law) ◊ **експе́рт із ~ого пра́ва** a civil law expert; **~і відно́сини** civil relations (**права́** rights)
2 civilian *(as opposed to military)*
ц. + n. **ц. ви́гляд** a civilian appearance ◊ **Миките́нко ба́чив його́ в товари́стві трьох осі́б ~ого ви́гляду.** Mykytenko saw him in the company of three individuals of civilian appearance. (**о́дяг** attire; **працівни́к** associate, worker); **~а люди́на** a civilian person ◊ **Іва́н – люди́на ~а і не годи́ться для слу́жби в а́рмії.** Ivan is a civilian person and unfit for service in the army. (**зви́чка** habit), ♦ **~а осо́ба** a civilian ◊ **Ще вчо́ра всі де́сятеро були́ ~ими осо́бами.** Only yesterday, all ten of them were civilians. **~е життя́** civilian life; **~і умо́ви** civilian conditions ◊ **Яри́на відви́кла жи́ти в ~их умо́вах.** Yaryna grew unaccustomed to living in civilian conditions.
Ant. **військо́вий 1**
3 civil *(as opposed to church)*, secular ◊ **Усу́переч во́лі батькі́в па́ра ви́брала ц., а не церко́вний шлюб.** Contrary to their parents' will, the couple chose a civil rather than church marriage. ◊ **Церко́вні обря́ди шлю́бу чи по́хорону комуні́сти намага́лися заміни́ти ~ими.** Communists tried to replace the church rituals of marriage or funeral with secular ones.
Also see **мирськи́й.** *Ant.* **церко́вний 2**
4 *as n., only nt. sg.* civilian dress, civilian clothes ◊ **Майо́р одягну́вся в ~е.** The major put on civilian clothes. ◊ **жі́нка в ~ому** a woman in civilian dress
See **о́дяг**
5 *as n., only m. or f.* civilian, non-military ◊ **У гру́пі двоє ~их і тро́є військо́вих.** There are two civilians and three military people in the group.
Ant. **військо́вий 2**

цикл, *m.*, **~у**
1 cycle, round
adj. **коро́ткий** short, **трива́лий** lengthy; **де́нний** daily, **тижне́вий** weekly, **мі́сячний** monthly, **рі́чни́й** annual; **нерегуля́рний** irregular, **пе́рерваний** interrupted, **пору́шений** disrupted; **пра́вильний** *and* **регуля́рний** regular; **менструа́льний** menstrual ◊ **Пору́шений менструа́льний ц. мо́же бу́ти озна́кою ни́зки ро́зладів здоро́в'я.** An interrupted menstrual cycle can be a sign of a host of health disorders. **непере́рвний** continuous ◊ **Її́ завда́ння – забезпе́чити непере́рвний ц. виробни́цтва.** Her task is securing a continuous production cycle. **нескінче́нний** endless; **весь** whole, **по́вний** complete; **життє́вий** life ◊ **життє́вий ц. дрозофі́ли** the life cycle of a fruit fly; **приро́дний** natural; **ви́борчий** election ◊ **Насту́пний ви́борчий ц. мо́же ста́ти оста́ннім для па́ртії.** The next election cycle can become the last one for the party. **репродукти́вний** reproductive; **мі́сячний** lunar, **со́нячний** solar; **бізнесо́вий** business, **економі́чний** economic ◊ **Вона́ вивча́є типо́вий економі́чний ц.** She studies a typical economic cycle. **інвестиці́йний** investment
ц. + n. **ц. ро́звитку** a development cycle ◊ **За столі́ття еконо́міка краї́ни пройшла́ кі́лька ~ів ро́звитку.** Over one century, the country's economy went through several development cycles.
n. + **ц. довжина́ ~у** the cycle length (**трива́лість** duration; **частота́** frequency)
v. + **ц. заве́ршувати ц.** complete a cycle ◊ **Со́нце заве́ршує рі́чни́й ц.** The sun is completing its annual cycle. (**закі́нчувати** end; **зупиня́ти** stop; **повто́рювати** repeat; **почина́ти** start; **прохо́дити** go through; **перерива́ти** interrupt, **пору́шувати** disrupt; **ство́рювати** create)
ц. + v. **почина́тися** start, **розпочина́тися** begin; **заве́ршуватися** complete, **закі́нчуватися** end ◊ **Оди́н репродукти́вний ц. закі́нчується, а і́нший почина́ється, і так без кінця́.** One reproductive cycle ends, while another starts and so it goes without end. **перерива́тися** interrupt, **повто́рюватися** repeat ◊ **Ц. повто́рюється безпереста́нку.** The cycle repeats nonstop. **продо́вжуватися** continue
prep. **на ц.** per cycle ◊ **Загадко́ве я́вище трапля́ється дві́чі на ц.** The enigmatic phenomenon takes place twice per cycle. **у ~і** in a cycle ◊ **У ~і є три ета́пи.** There are three stages in the cycle.
Also see **пері́од 1**
2 series
ц. + n. **ц. ви́ступів** a series of appearances ◊ **Вона́ організува́ла ц. публі́чних ви́ступів для рекла́ми кни́жки.** She organized a series of public appearances to promote the book. (**дослі́джень** investigations; **ле́кцій** lectures, talks ◊ **У листопа́ді він прочита́в ц. ле́кцій у Міла́нському університе́ті.** In November, he delivered a series of lectures at the University of Milan. **публіка́цій** publications, **стате́й** articles; **фі́льмів** films)
See **ряд 2**

цині́зм, *m.*, **~у**, *only sg.*
cynicism
adj. **вби́вчий** killer ◊ **У ко́жному її́ сло́ві брині́в уби́вчий ц.** Killer cynicism resonated in her every word. **вели́кий** great, **відкри́тий** open, **все бі́льший** increasing, **гірки́й** bitter, **глибо́кий** deep, **го́лий** bare ◊ **Кили́ну зо́всім не шокува́в го́лий ц. її́ коле́ги.** Kylyna was not at all shocked by her (female) colleague's bare cynicism. **надзвича́йний** extraordinary, **скра́йній** extreme, **страше́нний** terrible; **надмі́рний** excessive ◊ **На́віть надмі́рний ц. ста́не в приго́ді ко́жному, хто ма́є спра́ву з цим ти́пом.** Even excessive cynicism will come in handy to everyone who deals with this character. **зага́льний** general, **пошйрений** widespread; **я́вний** clear; **грома́дський** public, **політи́чний** political
n. + **ц. атмосфе́ра ~у** an atmosphere of cynicism (**дух** spirit ◊ **Її́ ви́ступ прося́кнутий ду́хом ~у.** Her speech is permeated with the spirit of cynicism. **но́тка** note ◊ **У коментаря́х спостеріга́ча була́ но́тка ~у.** There was a note of cynicism in the observer's comments. **хви́ля** surge)
v. + **ц. виклика́ти ц.** provoke cynicism ◊ **Обі́цянки полі́тика виклика́ють ті́льки ц. у ви́борців.** The politician's promises provoke only cynicism among voters. (**поро́джувати** breed; **поши́рювати** spread)
prep. **з ~ом** with cynicism ◊ **Вона́ ста́вилася до Анто́на з ~ом.** She treated Antin with cynicism.
Also see **сарка́зм, скептици́зм**

ци́нік, *m.*; **ци́нічка**, *f.*
cynic ◊ **Він гово́рить як ц.** He talks like a cynic.
adj. **абсолю́тний** absolute, **безсерде́чний** heartless, **вели́кий** great, **винятко́вий** exceptional, **звича́йний** regular, **неба́чений** unparalled, **невиліко́вний** incurable, **невипра́вний** incorrigible ◊ **Прису́тність невипра́вного ~а деморалізу́є гру́пу.** The presence of the incorrigible cynic demoralizes the group. **переко́наний** convinced, **рі́дкісний** rare, **холо́дний** cold; **по́вний** total, **ціло́витий** complete
v. + **ц. бу́ти ~ом** be a cynic ◊ **Він був холо́дним ~ом.** He was a cold cynic. (**вважа́ти** + *A.* consider sb ◊ **Іва́н вважа́є себе́ не ~ом, а про́сто реалі́стом.** Ivan considers himself not a cynic, but simply a realist. **виявля́тися** turn out; **здава́тися** + *D.* seem to sb; **лиша́тися** remain ◊ **Пан Р. до сме́рти лиша́вся ~ом.** Mr. R. remained a cynic till the day he died. **роби́ти** + *A.* make sb, **става́ти** become) ◊ **Вели́кий ентузія́ст шви́дко став звича́йним ~ом.** The great enthusiast quickly became a regular cynic.

ціні́чн|ий, *adj.*
cynical
adv. **винятко́во** exceptionally, **вкрай** extremely, **глибо́ко** deeply, **до́сить** rather, **ду́же** very, **надзвича́йно** extraordinarily, **страше́нно** terribly ◊ **Тетя́на страше́нно ~а в оці́нках люде́й.** Tetiana is terribly cynical in her characterizations of people. **геть** totally, **ціл**ко́м completely; **на́дто** too; **неви́правдано** unjustifiably; **тро́хи** a little; **за́вжди́** always, **незмі́нно** invariably, **прогнозо́вано** predictably; **типо́во** typically; **несподі́вано** unexpectedly, **нетипо́во** untypically
v. + **ц. бу́ти ~им** be cynical (**виявля́тися** turn out; **звуча́ти** sound ◊ **Він боя́вся, що звуча́тиме на́дто ~им для діте́й.** He feared he would sound too cynical for the children. **здава́тися** + *D.* seem to sb ◊ **Йо́сипове обли́ччя здава́лося відкри́то ~им про́тягом усіє́ї промо́ви ре́ктора.** Yosyp's face seemed openly cynical for the duration of the (university) president's entire speech. **става́ти** become) ◊ **Її́ тон став ~им.** Her tone became cynical.

цита́т|а, *f.*
quote, quotation
adj. **відо́ма** well-known, **влу́чна** apt, **па́м'ятна** memorable, **славе́тна** famous, **пряма́** direct; **дослі́вна** literal, **то́чна** accurate; **перефразо́вана** paraphrased ◊ **Ц. була́ я́вно перефразо́ваною.** The quotation was obviously paraphrased. **біблі́йна** biblical
v. + **ц. бра́ти ~у** take a quotation ◊ **А́вторка взяла́ ~у зі Сковороди́.** The (female) author took the quotation from Skovoroda. (**викори́стовувати** use, **подава́ти** furnish; **спотво́рювати** distort ◊ **~у св. А́вгустина спотвори́ли до невпізна́ння.** The quotation of St. Augustine's was distorted beyond recognition. **припи́сувати** + *D.* attribute to sb ◊ **Він приписа́в ~у Агата́нгелові Кри́мському.** He attributed the quotation to Ahatanhel Krymsky.
ц. + v. **похо́дити з** + *G.* come from *(a source)* ◊ **Ц. похо́дить із Жа́ка Дериди́.** The quotation comes from Jacques Derrida. **узаса́днювати** + *A.* substantiate sth ◊ **Ц. ма́ла узасадни́ти головну́ те́зу тракта́ту.** The quotation was supposed to substantiate the principal argument of the treatise.
prep. **ц. з** + *G.* a quotation from *(source)* ◊ **влу́чна ц. із Ґвіча́рдіні** an apt quotation from Guicciardini

циту|ва́ти, ~ю́ть; за~, про~, *tran.*
to cite, quote
adv. **бага́то** extensively ◊ **Він бага́то ~є соціо́лога Бурдьє́.** He extensively quotes the sociologist Bourdieu. **докла́дно** accurately, **дослі́вно** verbatim, **ча́сто** often, **розло́го** at length; **ві́льно** freely; **приблі́зно** approximately; **вибірко́во** selectively, **ви́ще** above, **попере́дньо** previously, **рані́ше** earlier ◊ **Рані́ше він ~ва́в «Ніко́махову е́тику» Аристо́теля.** Earlier he quoted the *Nechomachean Ethics* by Aristotle. **ни́жче** below, **пізні́ше** later; **пря́мо** directly
prep. **ц. з** + *G.* quote from *(source)* ◊ **Вона́ ~є з «Ми́ни Маза́йла» Мико́ли Куліша́.** She is quoting from *Myna Mazailo* by Mykola Kulish.
pa. pple. **зацито́ваний** *and* **процито́ваний** quoted ◊ **Зацито́ваний урив́ок із Ґе́те спра́вив вра́ження на слухачі́в.** The quoted excerpt from Goethe made an impression on the listeners.
(за)циту́й!

ци́фр|а, *f.*
1 number, digit, figure ◊ **У допові́ді були́ ~и ро́звитку двосторо́нньої торгі́влі.** In the report, there were numbers of the bilateral trade development.

adj. **найновіша** latest, **остáння** last, **пéрша** first; **багатознáчна** multi-digit, **двознáчна** two-digit, **тризнáчна** three-digit, **десятизнáчна** ten-digit, *etc.*; **рúмська** Roman ◊ **Рік напúсано рúмською ~ою.** The year is written in the Roman numerals. **реáльна** real, **спрáвжня** genuine, **уя́вна** imaginary ◊ **Ц. рáдше уя́вна, як реáльна.** The figure is imaginary rather than real. **крýгла** round ◊ **До формуля́ру трéба вписувати крýглі ~и видáтків і надхóджень.** Round numbers of expenditures and gains should be entered in the form. **серéдня** average

v. + **ц. додавáти ~у** add a number ◊ **Усí ~и слід додáти.** All the numbers should to be added up.

See **числó 1.** *Also see* **код 2**

2 *colloq.* quantity, amount, figures; *usu pl.* ◊ **~и убúтих і порáнених не моглú не шокувáти.** The latest figures of those killed and wounded could not but shock.

adj. **астрономíчна** astronomical, **круглéнька** *colloq.* handsome ◊ **Вонú обдурúли держáву на круглéньку ~у.** They cheated a handsome amount out of the government.

See **кíлькість.** *Also see* **чисéльність, числó 2**

цифров|úй, *adj.*

digital

ц. + *n.* **ц. архíв** a digital archive ◊ **Йогó ц. архíв сягáє двох терабáйтів.** His digital archive reaches two terabytes. (**диктофóн** voice recorder, **приймáч** receiver; **друк** print; **зміст** content; **пíдпис** signature; **світ** world; **сиґнáл** signal; **формáт** format; **фотоапарáт** (still) camera); **~á безпéка** digital security (**бібліотéка** library ◊ **Урядóвий ґрант призначéний на розширення ~óї бібліотéки університéту.** The government grant is earmarked for the university digital library expansion. **інформáція** information; **кни́жка** book; **мáпа** map ◊ **Вонá розробля́є ~ý мáпу реґіóну.** She is developing a digital map of the region. **фотогрáфія** photography); **~é зображення** a digital image (**картографувáння** mapping; **кінó** cinema; **мóвлення** broadcasting; **облáднання** equipment, **рáдіо** radio, **телебáчення** television); **~í дáні** digital data (**новúни** news; **ресýрси** resources, **технолóгії** technologies)

цікáв|ий, *adj.*

1 interesting ◊ **Це ~а дýмка.** This is an interesting thought.

adv. **винятко́во** exceptionally, **вкрай** extremely ◊ **Я мáю для вас укрáй ~і папéри.** I have extremely interesting papers for you. **дóсить** fairly ◊ **дóсить ц. поворóт подíй** a fairly interesting turn of events; **дýже** very; **надзвичáйно** extraordinarily ◊ **надзвичáйно ~і археологíчні знáхідки** extraordinarily interesting archeological finds; **невірогíдно** incredibly, **неймовíрно** improbably; **особлúво** especially; **страшéнно** terribly; **напрáвду** truly, **спрáвді** really; **подвíйно** doubly; **потенцíйно** potentially; **зáвждú** always ◊ **її зáвждú цікáвий аналíз полíтики** her always interesting analysis of politics; **незмíнно** invariably; **візуáльно** visually; **археологíчно** archeologically, **геологíчно** geologically, **діялектологíчно** dialectologically ◊ **Полíсся – діялектологíчно ц. реґіóн Украïни.** Polissia is a dialectologically interesting region of Ukraine. **істори́чно** historically, **соціологíчно** sociologically, *etc.*

v. + **ц. бýти ~им** be interesting (**виглядáти** look, ◊ **Петрó виглядáв ~им у ділово́му костю́мі.** Petro looked interesting in a business suit. **виявля́тися** turn out; **здавáтися** + *D.* seem to sb ◊ **Текст здаéться їй ~им.** The text seems interesting to her. **лишáтися** remain; **рóбити** + *A.* make sth ◊ **Порівня́льний підхíд рóбить відóму нарóдну пíсню новóю й ~ою.** Comparative approach makes the well-known folk song new and interesting. **ставáти** become)

prep. **ц. для** + *G.* interesting for/to sb ◊ **Фільм ви́явився особлúво ~им для ветерáнів війнú.** The movie turned out to be particularly interesting for war veterans.

2 curious, interested; *also as n.* ◊ **За Гáнною спостерігáли дві пáри ~их очéй.** Two pairs of curious eyes observed Hanna. ◊ **Навкóло них зібрáвся нáтовп ~их.** A crowd of curious people gathered around them.

prep. **ц. до** + *G.* curious about sb/sth ◊ **Остáп ц. до кóжної подрóбиці дискýсії.** Ostap is curious about every detail of the discussion.

See **допитливий**

цікáвин|ка, *f.*

sight, landmark, curiosity, curious fact or thing

adj. **архітектýрна** architectural, **істори́чна** historical, **культýрна** cultural, **літератýрна** literary, **музи́чна** musical ◊ **Вúступ став головнóю музи́чною ~кою концéрту.** The performance became the main musical curiosity of the concert. **прирóдна** natural, **туристи́чна** tourist; **відóма** well-known, **головнá** main, **популя́рна** popular, **славéтна** famous; **маловідóма** little-known, **невідóма** unknown

v. + **ц. бáчити ~ку** see a sight ◊ **Вонú не мáли чáсу побáчити ~ки мíста.** They did not have the time to see the city sights. (**відвíдувати** visit ◊ **Він відвíдав архітектýрні ~ки Бердúчева.** He visited architectural landmarks of Berdychiv. **оглядáти** inspect; **покáзувати** + *D.* show sb; **фотографувáти** photograph); **ставáти ~кою** become a landmark ◊ **Будúнок письмéнниці став літератýрною ~кою Чернівців.** The (female) writer's house became a literary landmark of Chernivtsi.

L. **в ~ці**

цікáв|ити, ~лю, ~иш, ~лять; за~, *tran.*

1 to interest, be of interest to

adv. **глибóко** deeply, **гóстро** keenly, **дýже** greatly ◊ **Істóрія дýже ~ить Петрá.** History is of great interest to Petro. **найбíльше** most of all, **насáмперед** first of all, **особлúво** particularly; **напрáвду** truly, **спрáвді** really; **зáвждú** always ◊ **Юрка зáвждú ~ла воєнна істóрія.** War history had always interested Yurko. **лéдве** scarcely ◊ **Тéма іміґрáції лéдве зацікáвить ширóкого глядачá.** The theme of immigration will scarcely interest a wide viewership. **нікóли не** never; **мáло** little ◊ **Менé мáло ~ить, що вонú скáжуть.** It is of little interest to me what they have to say. **наймéнше** least of all ◊ **Грóші ~или Орéсту наймéнше.** Money was of least interest to Oresta.

v. + **ц. могтú** can ◊ **Не дýмаю, що йогó це мóже ц.** I don't think this can be of interest to him. **починáти** begin to, **стáти** *pf.* start to; **продóвжувати** continue to ◊ **Пéрша Пунíчна війнá продóвжувала ц. Андрія.** The First Punic War continued to be of interest to Andrii. **переставáти** stop

Also see **зацікáвлювати 1, обхóдити 7**

2 to attract ◊ **Усé, що їх ~ить у цій краïні, – це можли́вість розбагатíти.** All that attracts them in the country is the opportunity to get rich.

See **привáблювати.** *Also see* **зацікáвлювати 3**

pa. pple. **зацікáвлений** interested

(за)цікáв!

цікáв|итися; за~, *intr.*

1 to take an interest in, be interested in + *I.* *pf.* to start taking an interest ◊ **Ірúна ~иться літератýрою.** Iryna is interested in literature. ◊ **Ним зацікáвилася слýжба безпéки.** The security services started taking an interest in him.

adv. **активно** actively, **глибóко** deeply, **гóстро** keenly, **дýже** greatly, **найбíльше** most of all, **насáмперед** first of all, **особлúво** particularly; **напрáвду** *and* **спрáвді** really ◊ **Він спрáвді зацікáвився педагóгікою.** He really started taking an interest in pedagogy. **серйóзно** seriously; **зáвждú** always; **лéдве** scarcely, **навря́д** unlikely ◊ **Навря́д чи Христúна кóли-нéбудь ~итиметься балéтом.** It's unlikely Khrystyna will ever take an interest in ballet. **мáло** little, **нікóли не** never; **наймéнше** least of all

v. + **ц. могтú** can; **починáти** begin to, **стáти** *pf.* start to ◊ **Вонá стáла ц. міськóю полíтикою.** She started taking an interest in city politics. **продóвжувати** continue to; **переставáти** stop ◊ **Він перестáв ц. кар'єрою режисéра.** He stopped taking an interest in the director's career.

Also see **займáтися[1] 1, захóплюватися 2**

2 to inquire, ask a question; *pf.* **по~** ◊ **Полíна поцікáвилася здорóв'ям йогó батькíв.** Polina inquired about his parents' health.

prep. **ц. в** + *G.* ask sb ◊ **Поцікáвтеся у вартовóго.** Ask the guard.

See **питáти.** *Also see* **запúтувати**

3 *colloq.* to be attracted + *I.* ◊ **Ірéна я́вно ~иться новúм сусíдом.** Irena is obviously attracted to her new neighbor.

цікáв|ість, *f.*, **~ости**, *only sg.*

1 curiosity, inquisitiveness, interest

adj. **велúка** great ◊ **Вонá відчувáла велúку ц. до антúчної літератýри.** She felt great interest in Ancient literature. **глибóка** deep, **гóстра** keen, **жáдібна** avid ◊ **Стефáн читáв листá з жáдібною ~істю.** Stefan was reading the letter with avid interest. **неабúяка** remarkable; **ненасúтна** insatiable, **непотамóвна** unquenchable, **пéвна** certain, **прóстá** simple, **чúста** pure; **непíдрóбна** sincere; **прáвдúва** true, **спрáвжня** genuine; **перебíльшена** exaggerated, **удáвана** feigned ◊ **Ромáн слýхав її з удáваною ~ю.** Roman listened to her with feigned interest. **фальшúва** fake; **хвóра** morbid ◊ **Хвóра ц. штовхáла йогó подзвонúти до пóдруги.** Morbid curiosity drove him to calling his (female) friend. **порóжня** *or* **пустá** idle; **інтелектуáльна** intellectual, **науко́ва** scientific; **прирóдна** natural; **громáдська** public

v. + **ц. викликáти ц.** spark interest ◊ **Оголóшення вúкликало ц. у громáді.** The announcement sparked curiosity in the community. (**збýджувати** arouse, **виявля́ти** show; **відчувáти** feel; **задовольня́ти** satisfy; **мáти** have; **вдавáти** feign) ◊ **Він, як міг, удавáв ц. до її óповіді.** He feigned interest in her story as best he could.

ц. + *v.* **зростáти** grow ◊ **Марíїна ц. зрослá.** Maria's curiosity grew. **мотивувáти** + *I.* motivate sb, **опанóвувати** + *I. or A.* take over sb ◊ **Ним опанувáла несподíвана ц.** Sudden curiosity over took him. **штовхáти** + *A.* drive sb

prep. **без ~ости** without interest ◊ **Він слýхав без наймéншої ~ости.** He was listening to this without the slightest interest. **від** *or* **з ~ости** out of curiosity ◊ **Вонá підійшлá до вікнá із прóстої ~ости.** She approached the window out of simple curiosity. **з ~істю** with interest ◊ **Я з ~істю прочитáю сценáрій.** I will read the script with interest. **ц. до** + *G.* curiosity about sb/sth

Cf. **допúтливість**

2 attraction, allure ◊ **Спрóщена синтáкса додає її прóзі ~ости.** Simplified syntax adds attraction to her prose.

See **привáбливість**

цíл|е, *nt.*, **~ого**

1 whole, entity

adj. **вирáзне** distinct, **гармонíйне** harmonious, **зв'я́зне** coherent; **все** entire, **неподíльне** undivided, **нерозрúвне** integral, **пóвне** complete, **єдúне** single, **однé** one; **бíльше** larger; **колектúвне** collective, **суспíльне** social; **органíчне** organic

v. + **ц. складáти ц.** make a whole ◊ **Він мáє окрéмі частúни загáдки, з я́ких повúнен склáсти ц.** He has separate parts of the puzzle, of which he is to make a whole. (**становúти** constitute; **утвóрювати** form) ◊ **Кóжен елемéнт композúції утвóрює ц. з рéштою.** Each element of the composition forms a whole with the rest. **належати до ~ого** belong to a whole ◊ **3 цього моменту Марія належала до більшого суспільного ~ого.** As of this moment, Maria belonged to a larger social whole.

prep. ♦ **у цілому** 1) in total ◊ **У цілому він узяв інтерв'ю у ста осіб.** In total, he interviewed a hundred people. 2) as a whole, on the whole ◊ **У цілому Лариса не заперечувала проти їхньої присутности.** On the whole, Larysa did not object to their presence. **від ~ого** of a whole ◊ **Вона почувається частиною великого ~ого.** She feels to be part of a big entity.

2 *math.* integer, whole number ◊ **Дана величина повинна бути ~им.** The given value needs to be an integer.

ціл|ий, *adj.*

1 entire, whole, all ◊ **Подивитися мандрівний цирк прийшло ~е село.** The entire village showed up to see the traveling circus. ◊ **Буревій повалив ~е дерево.** The hurricane brought down an entire tree. ◊ **Її поезія надихала ~і покоління.** Her poetry inspired entire generations.

Also see **весь**

2 as much as *(with indications of quantity)*, as many as, as big as, whole ◊ **Банк готовий дати їм ~их три мільйони позики.** The bank is ready to loan them a whole three million. ◊ **Зусиллями добровольців озброєно й одягнено ~у сотню вояків.** Through the volunteers' efforts, as many as a hundred soldiers are provided with arms and clothes. ♦ **~а вічність** all eternity ◊ **Тепер вони можуть бути разом ~у вічність.** Now they can be together for all eternity. **~е життя** entire life ◊ **Ярема присвятив політиці ~е ж.** Yarema dedicated his entire life to politics.

3 full, filled up ◊ **Вона подала кожному гостеві по ~ій мисці борщу.** She served each guest a full plate of borshch. ◊ **Клієнт має повернути автівку з ~им баком бензину.** The client is to return the car with a full tank of gas.

See **повний 1**

4 for the duration of + *A. or I.* ◊ **Ніна писала доповідь ~у суботу.** Nina wrote the presentation all Saturday long. ◊ **Він не чув від сина ц. місяць.** He has not heard from his son for a whole month. ♦ **~ими годинами** for hours ◊ **Тиміш читає ~ими годинами.** Tymish reads for hours. (**днями** days, **тижнями** weeks, **роками** years)

5 whole, intact ◊ **Навколо стола лежали пляшки від вина, деякі ~і, а инші побиті.** Empty wine bottles lay around the table, some whole, others broken. ◊ **Чотири будинки на вулиці ~і після пожежі.** Four houses on the street are intact after the fire. ◊ **Буханка хліба лишалася ~ою й нечепаною.** The loaf of bread stayed intact and untouched. ♦ **ц.-цілісінький** absolutely intact ◊ **Він повернувся цілим-цілісіньким.** He returned absolutely intact.

6 alive, unscathed ◊ **Не кожен вийшов із бою ~им.** Not everyone got out of the battle unscathed. ◊ **Христя просила Бога, щоб син лишився ~им.** Khrystia asked God for her son to stay alive. ◊ **Неймовірно, як після такої аварії її руки й ноги були ~ими.** It's incredible that after such an accident her arms and legs were intact.

See **живий 1**

7 veritable, true, genuine ◊ **Тим часом на семінарі розгорталася ~а баталія.** Meanwhile a veritable battle was unfolding at the seminar. ◊ **Її поява на публіці стане ~ою сенсацією.** Her appearance in public will become a veritable sensation.

See **справжній.** *Also see* **правдивий 2**

цілковит|ий, *adj.*

1 complete, full, absolute, total, utter

ц. + *n.* **ц. контроль** full control ◊ **Вона не заспокоїться, доки не матиме ~ого контролю над компанією.** She will not rest till she has full control over the company. (**порядок** order; **провал** failure ◊ **Кампанія закінчилася ~им провалом.** The campaign ended in a total failure. **успіх** success); **~а перемога** a total victory (**поразка** defeat; **сенсація** sensation); **~е видужання** a full recovery ◊ **Побажавши їй ~ого видужання, Тамара повісила слухавку.** Having wished her a full recovery, Tamara hung up the receiver. (**задоволення** satisfaction; **небажання** reluctance; **непорозуміння** misunderstanding; **розчарування** disappointment) ◊ **Він виявився ~им розчаруванням для публіки.** He proved to be a complete disappointment for the public.

Also see **абсолютний, повний 2, суцільний 2**

2 unlimited, unrestricted, total ◊ **Він має ~у свободу дії.** He has unlimited freedom of action. ◊ **Манёвр не дасть урядові захопити ~у владу.** The maneuver will not let the government seize total power.

цілком, *adv.*

1 in entirety, as a whole ◊ **Він проковтнув варене яйце ц.** He swallowed the boiled egg in its entirety. ◊ **Дослідниця розглядає процес не по частинах, а ц.** The (female) researcher examines the process not piecemeal but as a whole.

Also see **поспіль 2**

2 quite, entirely, completely, fully, altogether ◊ **До світанку міст ц. поремонтували.** By dawn, the bridge was completely repaired. ◊ **Я ц. погоджуюся.** I fully agree. ◊ **Вона ц. у стані зробити все сама.** She is altogether capable of doing it all on her own.

Also see **геть 1, живцем 2, зовсім 1, навік 2, рішуче 2, сповна, чисто 2**

цілодобов|ий, *adj.*

round-the-clock, twenty-four-hour

ц. + *n.* **ц. догляд** round-the-clock care (**канал** channel, **обмін валюти** currency exchange; **режим** regimen; **розклад** schedule) ◊ **На стіні висів ц. розклад руху потягів.** There was a round-the-clock train schedule hanging on the wall. **~а бензозаправка** a round-the-clock gas station (**аптека** pharmacy, **крамниця** store; **робота** work); **~е обслуговування** round-the-clock service

цілу|вати, ~ють; по~, *tran.*

to kiss, give a kiss

adv. **гаряче** ardently, **жадібно** hungrily, **міцно** hard ◊ **Чоловіки міцно поцілували один одного на прощання.** The men kissed each other hard as they parted. **палко** vehemently, **пристрасно** passionately, **шалено** fiercely; **легко** lightly, **ніжно** tenderly; **ледве** barely; **коротко** briefly; **крадькома** stealthily; **нарешті** finally; **неохоче** reluctantly, **поблажливо** condescendingly, **стримано** reticently, **тихо** silently, **холодно** coldly; **урочисто** solemnly, **чемно** politely; **вдячно** gratefully

v. + **ц. дозволяти** let ◊ **Галя дозволила йому по~ себе в щоку.** Halia let him kiss her on the cheek. **намагатися** try to ◊ **Хлопець намагався по~ її.** The boy tried to kiss her. **нахилятися** bend to ◊ **Назар нахилився по~ їй руку.** Nazar bent to kiss her hand. **хотіти** want to; ♦ **хоч малюй, хоч ~й** pretty as a picture ◊ **Перед Ольгою стояла молода жінка, хоч малюй, хоч ~й.** In front of Olha stood a young woman, pretty as a picture.

prep. **ц. в** + *A.* kiss on sth ◊ **Священник поцілував її в чоло.** The priest kissed her on the forehead. ♦ **ц. на прощання** kiss goodbye

(по)цілуй!

Also see **лизати 3**

ціл|ь, *f.*

1 target, mark, bullseye

adj. **вибрана** chosen; **відкрита** open ◊ **Там стояло п'ять відкритих ~ей.** There were five open targets standing there. **конкретна** specific, **нерухома** sitting, **рухома** moving, **сама** very, **хороша** good

v. + **ц. бачити ц.** see a target ◊ **У тумані ледве можна було побачити ц.** One could barely see the target in the fog. (**брати** acquire ◊ **Снайпер довго не міг узяти ц.** The sniper took a long time to acquire the target. **вибирати** choose, **знаходити** find, **шукати** look for; **не потрапляти в** miss ◊ **Як можна з такої відстані не потрапити в ц.!** How can one miss the target from such a distance! **потрапляти в** hit ◊ **Із десяти пострілів шість потрапили в ц.** Out of ten shots, six hit the target. **стріляти в** shoot at ◊ **Вона намагалася стріляти просто в ц.** She was trying to shoot straight at the target. **використовувати за** *or* **як** use sth as ◊ **Вони використовували за ц. порожні пляшки.** They used empty bottles as targets. **цілитися в** aim at)

prep. **в ц.** *or* **по ~і** at a target ◊ **Він стріляє по рухомій ~і.** He is shooting at a moving target.

2 *fig.* aim, goal, purpose ◊ **Його ц. полягає в тому, щоб пристойно оволодіти португальською.** His goal consists in getting a decent command of Portuguese.

v. + **ц. мати ц.** pursue a goal ◊ **Зенон має шляхетні ~і.** Zenon has noble goals. (**осягати** attain) ◊ **Вона здатна осягти будь-яку ц.** She is capable of attaining any goal.

See **мета.** *Also see* **завдання 3, зміст 4, призначення 2, сенс 2**

I. **~лю**

цін|а, *f.*

1 price

adj. **висока** high, **грабіжницька** rip-off ◊ **Вони відмовилися платити таку грабіжницьку ~у.** They refused to pay such a rip-off price. **дорога** expensive, **завищена** inflated, **максимальна** maximum ◊ **Сто гривень за світлину – це максимальна ц.** ₴100 a photograph is the maximum price. **надмірна** excessive, **непомірна** exorbitant, **неприступна** prohibitive, **скажена** insane; **дешева** cheap, **зменшена** reduced, **знижена** discounted, **найнижча** rock-bottom, **низька** low; **конкурентна** competitive; **приваблива** attractive ◊ **Приваблива ц. насправді дуже завищена.** The attractive price in reality is greatly inflated. **добра** good, **поміркована** moderate, **пристойна** decent, **приступна** affordable ◊ **Крамниця пропонувала електроніку за приступними ~ами.** The store offered electronic equipment for affordable prices. **розумна** reasonable, **справедлива** fair; **смішна** ridiculous ◊ **За книжку пропонують смішну ~у.** They offer a ridiculous price for the book. **абсолютна** absolute; **базова** base; **відпускна** transfer, **готівкова** cash, **договірна** negotiated, **єдина** uniform, **закупівельна** procurement ◊ **Вони домовилися про закупівельні ~и на збіжжя.** They came to an agreement about the grain procurement prices. **купівельна** purchase; **неокруглена** odd; **повна** full, **прейскурантна** sticker, **пропонована** suggested, **рекомендована** recommended; **контрольована** controlled, **реґульована** regulated, **ринкова** market, **розрахункова** accounting, **середня** average; **гуртова** wholesale, **роздрібна** retail; **субсидована** subsidized ◊ **Вони купували набіл за субсидованими ~ами, а продавали за ринковими.** They bought dairies at subsidized prices and sold them at market ones. **споживча** consumer, **узгоджена** agreed, **фактична** actual ◊ **Фактична ц. квартири була дещо вищою.** The actual price of the apartment was somewhat higher. **фіксована** fixed; **штучно підтримувана** pegged; **монопольна** monopoly; **зональна** zone, **світова** world

ц. + *n.* **ц. активів** assets price (**акції** stock, **власности** property, **золота** gold; **будинку** house, **житла** housing, **землі** land, **нерухомости** real estate; **вступу** admission ◊ **Ц. вступу до музею вдвічі нижча для студентів.** The museum admission price is half lower for students.

квиткá ticket; покупця́ bid; продавця́ asking); ц. свобóди the price of freedom (ýспіху success)
n. + ц. війнá цін a price war (вреґулювáння adjustment, динáміка behavior, еластúчність elasticity; ескалáція escalation; íндекс index, коливáння fluctuation; лібералізáція liberalization; нúжній рíвень floor, рíвень level; паритéтність parity, підвúщення increase; підтрúмка support, фіксáція fixing; діяпазóн range; змíна change; зростáння rise, піднéсення increase, падíння drop, скорóчення reduction; нестабíльність volatility, рух movement, стабíльність stability; спúсок list)
v. + ц. встанóвлювати ~ý set a price ◊ Щóби знúщити конкурéнтів, вонú встановúли штýчно низькý ~ý на сировинý. To destroy their competitors, they set an artificially low price for raw materials. (визначáти determine; збивáти bring down, знúжувати lower, спускáти reduce; підвúщувати raise, піднóсити hike; прáвити ask ◊ За сýкню кравéць запрáвив помірковáну ~ý. The tailor asked a moderate price for the dress. мáти have ◊ У супермáркеті мáють низькí ~и на м'ясо. They have low meat prices at the supermarket. порíвнювати *or* співставля́ти compare ◊ Вебсторíнка дозволя́є співстáвити ~и на квиткú. The website allows you to compare ticket prices. підганя́ти *and* припасóвувати adjust ◊ Вам слід підігнáти *and* припасувáти ~и так, щоб урахувáти собівáртість продýкції. You should adjust the prices so as to take into account the production costs. домовля́тися про negotiate) ◊ Три фíрми домóвилися про фіксóвану ~ý. The three firms negotiated a fixed price. збíльшуватися за ~ою increase in price (зростáти за rise in; змéншуватися за come down in; варіювáтися за vary in ◊ Автíвки варіюються за ~óю від ста до п'ятисóт тúсяч грúвень. The cars vary in price from ₴100,000 to ₴500,000. коливáтися за fluctuate in) ◊ Стрáви в ресторáні шúроко коливáються за ~ою. Dishes at the restaurant widely fluctuate in price. ♦ бýти в ~í to be valued ◊ В університéті дóбрі фахівцí в ~í. At the university, good specialists are valued.
ц. + *v.* знúжуватися від + *G.* до + *G.* go down from *(value)* to *(value)*, обвáлюватися collapse ◊ ~и на вýгілля обвалúлися. The coal prices collapsed. пáдати fall ◊ ~и на сирý нáфту продóвжували пáдати. Crude oil prices continued to fall. рíзко пáдати plummet; злітáти shoot up ◊ За кíлька годúн ц. зóлота злетíла на сто дóларів. In a few hours the gold price shot up $100. зростáти від + *G.* до + *G.* go up from sth to sth ◊ Світові ~и на мідь зрослú від п'ятú до шестú дóларів за кілогрáм. World prices of copper went up from $5 to $6 a kilogram. підскáкувати на + *A.* jump by *(a value)* ◊ Торíк ц. комунáльних пóслуг підскóчила на сім відсóтків. Last year, utilities price shot up by 7%. повзтú вгóру climb, подвóюватися double ◊ За дéсять рóків серéдня ц. на житлó у столúці країни подвóїлася. In ten years, the average housing price in the nation's capital doubled. потрóюватися triple; варіювáтися vary, коливáтися fluctuate, міня́тися change ◊ Гуртові ~и на горóдину міня́ються в залéжности від порú рóку. The wholesale vegetable prices change depending on the season of the year.
prep. в ~í in price ◊ Дáлі нерухóмість зростáтиме в ~í. Further, real estate will go up in price. за ~ý at a price ◊ Гáрні мéблі мóжна купúти лишé за висóку ~ý. Nice furniture can be bought only at a high price. ц. за + *A.* price per *(item)* ◊ ц. за кілогрáм price per kilogram
2 *fig.* value, cost, worth, price; ♦ дорогóю ~óю at high price ◊ Нáдто дорогóю ~óю здобýто незалéжність, щóби втрачáти її тепéр. Too high a price was paid for independence to lose it now.
v. + ц. складáти + *D.* ~ý price sb/sth ◊ Знання́ – це скарб, якóму й ~и не мóжна склáсти. Knowledge is the treasure that cannot be priced. досягáти + *G.* ~óю achieve sth at the cost of sth ◊ Вонá досягнýла ýспіху мінімáльною ~óю. She achieved success at minimal cost. (здобувáти + *A.* conquer sth ◊ Вóрог здобýв мíсто ~óю велúких втрат. The enemy conquered the city at the cost of great losses. робúти + *A.* do sth, *etc.*); ♦ знáти собí ~ý to know one's worth ◊ Марíя знáє собí ~ý і не дозвóлить комýсь трактувáти себé з неповáгою. Maria knows her worth and will not allow anyone to treat her disrespectfully.
prep. ♦ за всяку ~ý at any cost ◊ Вонú за вся́ку ~ý прáгнуть унúкнути трагéдії. They strive to avoid tragedy at any cost. ♦ ~óю життя́ at the cost of life (здорóв'я health, крóви blood, чéсности integrity, чéсти honor ◊ Вонá моглá зберегтú хлíбну посáду ~óю влáсної чéсти. She could keep her cushy position at the expense of her own honor. щáстя happiness)
Also see вáртість 2

цін|úти, ~ю́, ~ять; о~, *tran.*

1 to price, set a price of
adv. вúсоко highly, дóкладно exactly, нúзько low; професíйно *and* фáхово professionally ◊ Він шукáв спеціялíста, якúй фáхово оцінúв би будúнок. He sought a specialist who would price his house professionally. з пéршого пóгляду at first sight, зáраз же right away, швúдко quickly
v. + ц. бýти трéба + *D.* need to ◊ Перш як виставля́ти чóвен на прóдаж, йогó трéба о~. Before putting the boat up for sale, it needs to be priced. могтú can; просúти + *A.* ask sb to
prep. ц. в + *A.* price at *(value)* ◊ Комп'ютер оцінúли в дéсять тúсяч грúвень. The computer was priced at ₴10,000
See оцíнювати 1
2 *fig.* to value, assess, judge ◊ Гáнна вúсоко ~йла йогó почуття́ гýмору. Hanna highly valued his sense of humor.
See цінувáти. *Also see* поважáти 2
pa. pple. оцíнений valued, assessed
(о)цінú!

цíнн|ий, *adj.*

1 valuable, precious, high-priced, pricey
adv. все більш increasingly; винятковo exceptionally, дóсить fairly, дýже very, надзвичáйно extremely, осóбливо particularly; нáдто too ◊ Це нáдто ц. матеріял, щоб використóвувати без потрéби. This is too valuable a material to use it needlessly. економíчно economically, комерцíйно commercially
v. + ц. бýти ~им be valuable (вважáти + *A.* ◊ Йогó вважáють ~им економíстом. He is considered to be a valuable economist. виявля́тися turn out ◊ Не кóжна картúна вúявлялася худóжньо ~ою. Not every picture turned out to be artistically valuable. здавáтися + *D.* seem to sb ◊ Світлúна здалáся Мóтрі ~ою. The picture seemed valuable to Motria. лишáтися stay, робúти + *A.* make sth ◊ Рік вúпуску мáрки робúв її особлúво ~ою. The stamp's year of issue made it particularly valuable. ставáти become) ◊ Осóбисті рéчі музикáнта рáптом стáли ~ими. The musician's personal effects suddenly became very valuable.
2 *fig.* valuable, useful, beneficial
adv. винятковo exceptionally ◊ Порáди пáні Ж. бáжані та винятковo ~і. Mrs. Zh.'s advice is desirable and exceptionally valuable. дýже very, надзвичáйно extremely ◊ Він зробúв надзвичáйно ц. внéсок у змíцнення держáви. He made an extremely valuable contribution to the strengthening of the state. особлúво particularly; політúчно politically, суспíльно socially ◊ суспíльно ~а ініціятúва a socially valuable initiative; естетúчно esthetically, худóжньо artistically

цíнн|ість, *f.*, ~ости

1 value, worth
adj. велúка great ◊ Тепéр кóжен малю́нок режисéра мáє велúку ц. Now every director's drawing has great value. величéзна enormous, винятковá exceptional; невелúка small; пожúвна nutritional ◊ Пожúвна ц. салáту мізéрна. The nutritional value of lettuce is negligible.
prep. ц. для + *G.* value for sb/sth ◊ Листú піяніста представля́ють велúку ц. для музикознáвців. The pianist's letters present great value for musicologists.
See вáртість 1
2 *usu. pl.* values, ethics, principles; treasures
adj. висóкі high, шляхéтні noble; новí new ◊ Він шукáв новí, ще не скомпрометóвані ~ості. He sought new and not yet compromised values. загáльні common, загальноприйня́ті generally accepted, панíвні dominant, спíльні shared, універсáльні universal; консервативні conservative, старí old, традицíйні traditional ◊ Бабýся тримáється традицíйних ~остей. Grandma adheres to traditional values. естетúчні esthetic, культýрні cultural ◊ вúкрадені культýрні ~ості íнших нарóдів stolen cultural treasures of other nations; лю́дські human, національні national, освíтні educational, політúчні political, соціяльні social; духóвні spiritual, етúчні ethical ◊ Герóй ромáну стáвить під сýмнів загáльні етúчні ~ості. The protagonist of the novel questions the general ethical values. морáльні moral, релігíйні religious, християнські Christian; бáтьківські parental, родúнні *or* сімéйні family; демократúчні democratic, гуманістúчні humanistic ◊ Для них християнські ~ості тотóжні універсáльним гуманістúчним. For them, Christian values are identical with the universal humanistic ones. ліберáльні liberal
n. + ц. набíр ~остей a set of values; систéма ~остей a value system
v. + ц. заохóчувати ~ості encourage values ◊ Він заохóчує у студéнтів лю́дські ~ості. He encourages human values in his students. (захищáти protect, зберігáти preserve; мáти have; плекáти cherish, поділя́ти share ◊ Вонú поділя́ють політúчні ~ості. They share political values. пошúрювати spread, прищéплювати + *D.* instill in sb ◊ Він прищéплює дочцí шляхéтні ~ості. He instills noble values in his daughter. сповíдувати profess; утілювати embody; заплямóвувати stain ◊ Вонá заплямувáла морáльні ~ості, що їх плекáли у шкóлі. She stained the moral values that were cherished at school. компрометувáти compromise, підривáти undermine); дотрúмуватися ~остей hold on to values ◊ Патріóт дотрúмується духóвних ~остей влáсного нарóду. A patriot follows his people's spiritual values.

ціну|вáти, ~ють; *no pf.*, *tran.*

to value, esteem, appreciate
adv. вúсоко highly ◊ У мíсті вúсоко ~ють трýпу драматúчного теáтру. The drama theater company is highly esteemed in the city. все бíльше increasingly, дýже greatly, особлúво particularly ◊ Тут особлúво ~ють украї́нських боксéрів. Ukrainian boxers are particularly valued here. заслýжено deservedly, належно duly; однáково equally; лéдве barely ◊ Лíна лéдве ~вáла свогó дя́дька. Lina barely appreciated her uncle. мáло little, недостáтньо not enough ◊ Дýмаючи, що її недостáтньо ~ють, Лíда сталá шукáти íнше мíсце прáці. Thinking that she was not appreciated enough, Lida started looking for a different place of work.
v. + ц. вмíти know how to ◊ Не кóжен вмíє налéжно ц. те, що мáє в життí. Not everybody knows how to duly value what he has in life. навчúтися *pf.* learn to; стáти *pf.* start; перестáти *pf.* stop ◊ Óльгу перестáли ц. в колектúві. They

stopped appreciating Olha on her team.
prep. **ц. за** + *A.* appreciate for sth ◊ **Васили́ну однА́ково ~ють за весе́лу вда́чу і го́стрий ро́зум.** Vasylyna is equally appreciated for her happy nature and shrewd mind.
Also see **поважа́ти 2, цінити 2**

ціну|ва́тися; *no pf., intr.*
to be valued, be appreciated ◊ **Полі́ський льон ви́соко ~ється.** The Polissia linen is highly valued. ◊ **У мисте́цькому середо́вищі тала́нт і ге́ній ду́же ~ва́лися.** In artistic milieu, talent and genius were greatly valued.

цно́т|а, *f.*
1 *only sg.* virginity, chastity
adj. **абсолю́тна** absolute; **діво́ча** girl's, **юна́цька** youthful; **нече́пана** intact ◊ **нарече́на з нече́паною ~ою** a fiancée with her virginity intact
v. + **ц. берегти́ ~у** keep one's virginity ◊ **Катери́на береже́ свою́ ~у.** Kateryna is saving her virginity. (**губи́ти** lose); **позбавля́ти** + *A.* **~и** take sb's virginity ◊ **Лукаша́ позба́вила ~и жі́нка, ста́рша за ньо́го на сім ро́ків.** A woman, seven years his senior, took Lukash's virginity. (**позбавля́тися** get rid of) ◊ **Вона́ позба́вилася ~и ви́падково.** She got rid of her virginity by accident.
Also see **цнотли́вість 1, чесно́та 2**
2 virtue, integrity, goodness ◊ **На́дя знає, що че́сність не є одні́єю з його́ цнот.** Nadia knows that integrity is not one of his virtues.
See **чесно́та 1.** *Also see* **цнотли́вість 2**

цнотли́в|ий, *adj.*
1 virtuous, righteous, good, pure ◊ **Макси́м запевня́в її́, що у своїх почу́ттях він абсолю́тно ц.** Maksym assured her that he was absolutely pure in his feelings. ◊ **Її́ моти́ви ви́явилися ~ими.** Her motives turned out to be virtuous.
Also see **неви́нний 2, чи́стий 9**
2 chaste, virginal, intact
v. + **ц. бу́ти ~им** be chaste (**вважа́ти** + *A.* consider sb ◊ **У своїй наї́вності Павло́ вважа́в дру́га таки́м же ~им, як і він сам.** In his naivité, Pavlo considered his friend to be as chaste as he himself was. **виявля́тися** turn out ◊ **Його́ нарече́на ви́явилася ~ою.** His fiancée turned out to be chaste. **здава́тися** + *D.* seem to sb; **лиша́тися** stay)
Also see **че́сний 5**

цнотли́в|ість, *f.*, **~ости**, *only sg.*
1 chastity, virginity ◊ **Вона́ наміре́но втра́тила ц. ще до шлю́бу.** She intentionally lost her virginity before marriage.
See **цно́та 1.** *Also see* **чесно́та 2**
2 innocence, purity ◊ **У ко́жному її́ су́дженні була́ ди́вна ц. що́до реа́льного сві́ту.** In her every pronouncement, there was strange innocence in what concerned the real world.
See **цно́та 2.** *Also* **чесно́та 1**

цуке́р|ка, *f.*
candy
adj. **караме́льна** caramel, **м'я́тна** peppermint, **шокола́дна** chocolate ◊ **Яків лю́бить шокола́дні ~ки.** Yakiv likes chocolate candies. **м'яка́** soft, **тверда́** hard; **хрумка́** crunchy; **соло́дка** sweet; **дома́шня** homemade
n. + **ц. коро́бка ~ок** a box of candies ◊ **Він подарува́в Ма́рті коро́бку її́ улю́блених ~ок.** He gave Marta a box of her favorite candies.
v. + **ц. ї́сти ~ку** eat candy ◊ **Лі́кар не ра́дить їй ї́сти ~ки.** Her doctor advises her against eating candy. (**купува́ти** buy; **люби́ти** like; **роби́ти** make ◊ **Він навчи́вся роби́ти дома́шні ~ки.** He learned to make homemade candies. **розгорта́ти** unwrap; **роздава́ти** hand out) ◊ **Із наго́ди свя́та вони́ роздава́ли ді́тям ~ки.** On the occasion of the holiday, they handed out candies to children.
L. **в ~ці**

цу́к|ор, *m.*, **~ру**, *only sg.*
sugar
adj. **нерафіно́ваний** unrefined, **пу́дровий** powdered, **рафіно́ваний** refined; **столо́вий** table; **бі́лий** white, **бруна́тний** *and* **кори́чневий** brown; **ґранульо́ваний** granulated, **куско́вий** lump; **буряко́вий** beet, **клено́вий** maple, **па́льмовий** palm, **тростинний** cane, **фрукто́зний** fructose
ц. + *n.* **ц.-пісо́к** granulated sugar ◊ **мішо́к цу́кру-піску́** a bag of granulated sugar (**-пу́дра** powdered, **-сире́ць** raw)
n. + **ц. кілогра́м ~ру** a kilogram of sugar (**пів кілогра́ма** half a kilogram; **горня́** cup ◊ **Два горня́ти ~ру слід розміша́ти із горня́м бо́рошна.** Two cups of sugar should be mixed with a cup of flour. **ло́жка** spoonful; **шмато́к** lump; **виробни́к** producer; **виробни́цтво** production; **вміст** content ◊ **висо́кий вміст ~ру** a high sugar content; **замі́нник** substitue; **рі́вень** level) ◊ **небезпе́чно висо́кий рі́вень ~ру у крові́** a dangerously high blood sugar level
v. + **ц. кла́сти ц.** put sugar ◊ **Він покла́в до ча́ю два шматки́ ~ру.** He put two lumps of sugar in his tea. (**розмі́шувати** mix, **розчиня́ти** dissolve; **карамелізува́ти** caramelize; **виробля́ти** produce; **місти́ти** contain); **додава́ти ~ру** add sugar ◊ **Марі́я додала́ до ка́ви ще ~ру.** Maria added more sugar to the coffee. **посипа́ти** + *A.* **~ром** sprinkle sth with sugar (**припоро́шувати** + *A.* dust sth with) ◊ **Андрі́й припороши́в торт цу́кром-пу́дрою.** Andrii dusted the cake with powdered sugar.
ц. + *v.* **карамелізува́тися** caramelize; **розчиня́тися** dissolve ◊ **Ц. шви́дко розчини́вся в гаря́чій воді́.** The sugar quickly dissolved in hot water.
prep. **без ~ру** without sugar ◊ **Він п'є ка́ву без ~ру.** He drinks his coffee without sugar. **з ~ром** with sugar

цукро́в|ий, *adj.*
sugar, of or pertaining to sugar
ц. + *n.* **ц. буря́к** a sugar beet (**дода́ток** additive ◊ **сік без ~их дода́тків** juice without sugar additives; **заво́д** mill; **сиро́п** syrup), ♦ **ц. ді́бе́т** *med.* diabetes; **~а planта́ція** a sugar plantation (**промисло́вість** industry; **тростина** cane), ♦ **~а ва́та** cotton candy, ♦ **~а пу́дра** powdered sugar ◊ **три столо́ві ло́жки ~ої пу́дри** three tablespoons of powdered sugar; **~е виробни́цтво** sugar production (**пе́чиво** cookie) ◊ **Лари́са купи́ла кілогра́м ~ого пе́чива.** Larysa bought a kilogram of sugar cookies.

цупк|и́й, *adj.*
1 rigid, hard, stiff, thick, rough, heavy
adv. **винятко́во** exceptionally ◊ **Пальто́ поши́те з винятко́во ~ої шкі́ри.** The coat is sewn from exceptionally stiff leather. **вкрай** extremely, **до́сить** quite, **доста́тньо** sufficiently, **ду́же** very ◊ **Сливки́ були́ ще ду́же ~ими.** The plums were still very hard. **(за)на́дто** too ◊ **Вона́ шука́ла міцну́, але́ не на́дто ~у́ ткани́ну.** She was looking for a strong but not too rigid a cloth. ♦ **~а́ вода́** hard water ◊ **У ~ій воді́ висо́кий умі́ст карбона́ту ка́льцію і маґне́зію.** There is high calcium and magnesium carbonate content in hard water.
v. + **ц. бу́ти ~и́м** be rigid ◊ **Йо́сипове воло́сся ~е́, як дріт.** Yosyp's hair is stiff as wire. (**вигляда́ти** look ◊ **Пружи́на вигляда́є ~о́ю.** The spring looks rigid. **виявля́тися** turn out ◊ **Папі́р ви́явився ~и́м, як карто́н.** The paper turned out to be thick as cardboard. **здава́тися** + *D.* seem to sb ◊ **Коц зда́вся хло́пцеві ~и́м і те́плим.** The blanket seemed thick and warm to the boy. **лиша́тися** stay; **става́ти** become) ◊ **У воді́ огірки́ зно́ву ста́ли ~и́ми.** In water, the cucumbers became hard again.
See **тверди́й 1.** *Ant.* **м'яки́й**
2 strong *(of a person)*, tenacious, tight, muscular, robust ◊ **Син ви́ріс висо́ким й ~и́м.** The son grew up tall and sinewy. ◊ **Миха́йло дарма́ намага́ється ви́рватися із бра́тових ~и́х рук.** Mykhailo tries in vain to break free from his brother's tight grip.
See **си́льний 1**
3 tough *(of plants, shrubs, root, etc.)*, strong; prickly, spiny ◊ **Виноградна́ лоза́ має ~е́ корі́ння.** Grape vines have tough roots. ◊ **Вона́ подря́пала собі ру́ки об ~і кущі́ шипши́ни.** She scratched her hands on the prickly wild rose bushes.
4 strong *(of cold, wind, etc.)*, bitter, biting ◊ **Надво́рі ц. моро́з.** There is bitter cold outdoors.
See **лю́тий[2] 4.** *Also see* **жорсто́кий 2**
5 *fig., colloq.* strong *(of character, memory, etc.)*, tenatious ◊ **Незважа́ючи на вік, Іва́н зберіга́в ~у́ па́м'ять і прито́мний ро́зум.** Despite his age, Ivan retained a tenatious memory and lucid mind.
6 *fig., colloq.* tenatious, clinging, stubborn ◊ **осо́бливо ~и́й пережи́ток росі́йського панува́ння** a particularly tenatious vestige of Russian domination
See **впе́ртий 1**

ця́т|ка, *f.*
1 speck, blotch, spot *(usu small)*
adj. **всього лише́** mere, **дрібна́** small, **крихі́тна** tiny, **мала́** small, **мале́нька** *dim.* little; **непомі́тна** indiscernible; **бі́ла** white, **бруна́тна** brown ◊ **Його́ ру́ки вкри́ті бруна́тними ця́тками.** His hands are covered with brown spots. **руда́** red ◊ **руді́ ця́тки на обли́ччі** red blotches on the face; **чо́рна** black, *etc*.; **сві́тла** light, **те́мна** dark ◊ **По́стать удалині́ ста́ла те́мною ~кою.** The figure in the distance became a dark speck.
ц. + *n.* **ц. кре́йди** a speck of chalk (**фа́рби** paint ◊ **На до́шці хтось поста́вив три ~ки бі́лої фа́рби.** Somebody put three dots of white paint on the board. **чорни́ла** ink; **жа́йворонка** lark, **корабля́** ship, **літака́** airplane; **люди́ни** person)
v. + **ц. ба́чити ~ку** see a speck ◊ **Чолові́к поба́чив ~ку корабля́ на о́брії.** The man saw a speck of a ship on the horizon. (**лиша́ти** leave, **ста́вити** put; **перетво́рюватися на** turn into) ◊ **За хви́лю літа́к перетво́риться на ледь помі́тну ~ку.** In a moment, the airplane will turn into a barely visible speck. ♦ **диви́тися в одну́ ~ку** to stare into space ◊ **Зе́ня мо́вчки диви́лася в одну́ ~ку.** Zenia silently stared into space. **бу́ти ~кою** be a speck ◊ **Пта́шка була́ ~кою на екра́ні рада́ра.** The bird was a dot on the radar screen. (**вигляда́ти** look as, **видні́тися** *and* **мрі́яти** be visible as ◊ **Її́ по́стать мрі́яла ~кою на тлі бі́лого по́ля.** Her figure was visible as a speck against the backdrop of the white field. **роби́тися** grow into, **става́ти** become)
ц. + *v.* **зника́ти** disappear, **розчиня́тися** dissolve; **з'явля́тися** appear; **бі́літи** loom white ◊ **На ні́чному не́бі бі́ліла яскра́ва ц. Ма́рса.** The bright spot of Mars shone white in the night sky. **чорні́ти** loom black
prep. ♦ **в ~ку** *and* **в ~ка́х** spotted ◊ **На Тетя́ні жо́вта су́кня в чо́рну ~ку.** Tetiana has a yellow dress with black polka dots.
See **кра́пка 1.** *Cf.* **пля́ма 1**
2 dot ◊ **В а́збуці Мо́рзе коро́ткий сиґна́л назива́ють «~кою», а до́вгий – «тире́».** In Morse Code, a short signal is called "a dot", and the long one "a dash."
See **кра́пка 2**
L. **на ~ці**

Ч

ча|й, *m.*, **~ю**
tea
adj. **гаря́чий** hot ◊ **Філіжа́нка гаря́чого ~ю шви́дко зігрі́є вас.** A cup of hot tea will quickly warm you up. **лі́тній** lukewarm, **те́плий** warm, **холо́дний** cold; **міцни́й** strong, **слабки́й** weak; **сві́жий** fresh; **соло́дкий** sweet, **зеле́ний** green, **чо́рний** black ◊ **Зеле́ний ч. освіжа́є її кра́ще, як чо́рний.** Green tea refreshes her better than black tea. **англі́йський** English, **інді́йський** Indian, **кита́йський** Chinese, **япо́нський** Japanese, *etc*; **вишне́вий** cherry, **ясми́новий** jasmine, **ли́повий** linden, **м'я́тний** mint, **рум'янко́вий** camomile, **трав'яни́й** herbal, **фрукто́вий** fruit, **цитри́новий** *or* **лимо́нний** lemon, **я́блучний** apple
n. + **ч. паке́т ~ю** a package of tea ◊ **Він ви́йняв із су́мки паке́т ~ю.** He took a package of tea out of the bag. (**скля́нка** glass ◊ **Вона́ замо́вила провідникові чоти́ри скля́нки ~ю.** She asked the (train) conductor for four glasses of tea. **філіжа́нка** cup; **знаве́ць** aficionado ◊ **Садови́й – вели́кий знаве́ць ~ю.** Sadovy is a great tea aficionado. **люби́тель** lover, **поціно́вувач** fan), ♦ **паке́тик ~ю** *dim.* a tea bag
v. + **ч. зава́рювати ч.** brew tea ◊ **Він зава́рює ч. у скляно́му по́суді.** He brews his tea in a glass pot. (**роби́ти** make; **пи́ти** drink ◊ **Він ча́сто п'є япо́нський ч.** He often drinks Japanese tea. **сьо́рбати** sip; **подава́ти** + *D.* serve sb ◊ **Оре́ст пода́в гостя́м ч. із пе́чивом.** Orest served his guests tea with cookies. **прино́сити** + *D.* bring sb, **розлива́ти** pour out ◊ **Ма́рта розлила́ їм ч.** Marta poured them out the tea. **розмі́шувати** stir ◊ **Він ди́виться у вікно́, механі́чно розмі́шуючи ч.** He is looking in the window, stirring his tea mechanically. **солоди́ти** sweeten; ♦ **дава́ти** + *D.* **на ч.** to tip sb ◊ **Вона́ дала́ ке́льнерові сто гри́вень на ч.** She tipped the waiter ₴100. **запро́шувати** + *A.* **на** invite sb for) ◊ **Я хоті́в би запроси́ти вас до се́бе на ч.** I'd like to invite you to my place for tea.
ч. + *v.* **вистига́ти** *or* **холо́нути** cool ◊ **Фа́ня пила́ ч., не даючи́ йому́ охоло́нути.** Fania drank her tea without allowing it to cool. **зава́рюватися** brew ◊ **Ч. зава́рювався не до́вше десяти́ хвили́н.** The tea brewed not longer than 10 minutes. **насто́юватися** steep ◊ **Ч. уже́ настоя́вся.** The tea has already steeped.
prep. **ч. з** + *I.* tea with sth ◊ **ч. із ме́дом** tea with honey; ♦ **ч. на тра́вах** herbal tea
Also see **м'я́та**

ча́йн|ий, *adj.*
tea, of or pertaining to tea
ч. + *n.* **ч. відді́л** a tea department ◊ **У ~ому відді́лі продаю́ть не лише чай, а й усе́ до ньо́го.** In the tea department, they sell not only tea but everything that goes with it. (**кущ** bush, **лист** leaf; **набі́р** *and* **серві́з** set; **арома́т** aroma, **за́пах** smell; **смак** taste); **~а крамни́ця** a tea store (**планта́ція** plantation; **ло́жка** teaspoon, **скля́нка** glass, **філіжа́нка** cup; **та́ця** tray; **церемо́нія** ceremony); **~е блю́дце** a tea saucer (**горня́** mug ◊ **Із Ло́ндона Мико́ла приві́з йому́ черво́не ~е горня́.** Mykola brought him a red tea mug from London. **си́тце** strainer)

ча́йник, *m.*, **~а**
kettle
adj. **електри́чний** electric; **алюмі́нієвий** aluminum ◊ **Такі́ алюмі́нієві ~и мо́жна знайти́ ли́ше в бабу́синій комі́рці.** One can find such aluminum kettles only in a grandma's pantry. **мі́дний** copper
v. + **ч. ввімкну́ти ч.** switch on a kettle (**ви́мкнути** switch off; **кип'ятити** boil; **напо́внити** fill; **поста́вити** put on) ◊ **Напо́внивши ч. водо́ю, На́стя поста́вила його́ кип'яти́тися.** Having filled the kettle with water, Nastia put it on to boil.
ч. + *v.* **вимика́тися** switch off ◊ **Електри́чний ч. вимика́вся автомати́чно.** The electric kettle switched off automatically. **закипа́ти** boil, come to a boil ◊ **Ч. усе́ не закипа́в.** The kettle would not come to a boil. **свисті́ти** whistle, **співа́ти** *fig.* sing

чайов|і́, *only pl.*, **~и́х**
tip *(pay for service)*
adj. **вели́кі** big, **значні́** considerable, **ще́дрі** generous; **жалюгі́дні** measly, **невели́кі** small, **символі́чні** token
v. + **ч. дава́ти** + *D.* **ч.** give sb a tip, tip sb ◊ **Він рі́дко дава́в такси́стам ч.** He rarely tipped cab drivers. (**лиша́ти** + *D.* leave sb ◊ **Клі́єнтка лиши́ла перука́рці ще́дрі ч.** The (female) client left the hairdresser a generous tip. **дістава́ти** get, **отри́мувати** receive) ◊ **За свої́ по́слуги він іно́ді отри́мував невели́кі ч.** He sometimes received a small tip for his services.
See **гро́ші**

чарівн|и́й *adj.*
1 magic, magical, fairy
adv. **абсолю́тно** absolutely, **напра́вду** truly, **про́сто** simply, **спра́вді** really ◊ **росли́на зі спра́вді ~о́ю си́лою** a plant with a really magical power
ч. + *n.* **ч. ки́лим** a magic carpet (**меч** sword, **ліхта́р** lantern) ◊ **У коле́кції музе́ю є три ~і ліхтарі.** There are three magic lanterns in the museum collection. **~а́ наки́дка** a magic cape ◊ **~а́ наки́дка ро́бить неви́димим ко́жного, хто її вбира́є.** The magic cape makes everybody who puts it on invisible. (**па́личка** wand; **си́ла** force), ♦ **~а́ ка́зка** a fairy tale; **~е́ короле́вство** a magic kingdom (**сло́во** word) ◊ **Вона́ зна́є ~і слова́, що не раз помага́ли.** She knows the magic words that helped her more than once.
2 *fig.* charming, delightful, enchanting, fascinating
adv. **абсолю́тно** absolutely ◊ **Її у́смішка була́ тако́ю абсолю́тно ~о́ю, що юна́к на мить забу́в, де він.** Her smile was so absolutely charming, that the youth forgot for a moment where he was. **безкіне́чно** endlessly, **винятко́во** exceptionally, **ду́же** very, **неймові́рно** incredibly ◊ **Пе́ред його́ очи́ма поста́в неймові́рно ч. Дніпро́.** The incredibly charming Dnipro River stretched before his eyes. **особли́во** particularly, **про́сто** simply ◊ **Він – про́сто ~а́ люди́на.** He is simply a charming person. **спра́вді** truly ◊ **спра́вді ~а́ наї́вність** a truly charming naivité; **ще бі́льш** even more
v. + **ч. бу́ти ~и́м** be charming (**вигляда́ти** look ◊ **У вечі́рній су́кні Кили́на вигляда́є особли́во ~о́ю.** In the evening dress, Kylyna looks particularly charming. **виявля́тися** turn out ◊ **Мі́стечко ви́явилося ~и́м.** The town turned out to be charming. **здава́тися** + *D.* seem to sb; **лиша́тися** remain, **роби́ти** + *A.* make sth ◊ **О́сінь роби́ла стари́й парк ще бі́льш ~и́м.** Fall made the old park even more charming. **става́ти** become)

чару|ва́ти, **~ють**, *var.* **зачаро́вувати**, **~ють; за~**, *tran.*
1 to bewitch, enchant ◊ **Красу́ню зачарува́в злий чаклу́н.** An evil warlock bewitched the beauty.
Also see **зачаро́вувати 1**
2 *fig.* to charm, enchant, bewitch, captivate + *I.* by/with
adv. **абсолю́тно** absolutely ◊ **Вона́ абсолю́тно зачарува́ла журі́ своїм та́нцем.** She has absolutely bewitched the jury by her dance. **геть** totally, **напра́вду** truly, **про́сто** simply ◊ **Богда́н не сті́льки розка́зував, скі́льки про́сто ~ва́в слухачі́в.** Bohdan was not so much narrating to as simply charming his listeners. **спра́вді** really ◊ **Віва́льді спра́вді ~є ко́жного, хто його́ чу́є.** Vivaldi really bewitches everybody who hears him. **цілко́м** completely; **ма́йже** almost
See **прива́блювати.** *Also see* **зачаро́вувати 2**
pa. pple. **зачаро́ваний** bewitched, enchanted
(за)чару́й!

час, *m.*, **~у**
1 time *(as opposed to place)* ◊ **Усе́ пови́нно ма́ти ч. і мі́сце.** Everything ought to have its time and place. ◊ **Тео́рія відно́сности розгляда́є ч. і про́стір у тісно́му зв'язку́.** The theory of relativity regards time and space in close relationship.
n. + **ч. біг ~у** passage of time (**плин** flow) ♦ **з бі́гом** *or* **пли́ном ~у** as time goes by, with time ◊ **З бі́гом ~у все стає на свої́ мі́сця.** As time goes by everything falls into place.
v. + **ч. затри́мувати ч.** hold back time (**зупиня́ти** *or* **спиня́ти** stop) ◊ **Усти́на хоті́ла б зупини́ти ч.** Ustyna would like to stop time.
ч. + *v.* **зупиня́тися** stop ◊ **Ле́кція така́ до́вга, на́че ч. зупини́вся.** The lecture is so long, as if time stopped. **лет́іти** fly ◊ **Що ста́рішою вона́ стає́, то шви́дше лети́ть ч.** The older she gets the quicker time flies. **мина́ти** pass ◊ **Ч. мину́в у дома́шніх кло́потах.** Time passed in domestic chores. **прохо́дити** go, **тягну́тися** drag ◊ **Ч. у селі́ тягну́вся все пові́льніше.** Time in the country dragged ever slower. **го́їти** + *A.* heal sth ◊ **Ра́но чи пі́зно ч. заго́їть її ра́ни.** Sooner or later, time will heal her wounds. **лікува́ти** + *A.* heal sb ◊ **Ті́льки ч. мо́же ви́лікувати Йо́сипа.** Only time can heal Yosyp. ♦ **Ч. не жде.** Time does not wait. ◊ **Тре́ба поква́питися, адже́ ч. не жде.** We need to make haste, after all time does not wait. ♦ **мо́рок ~у** the mists of time ◊ **Страшна́ дра́ма загуби́лася в мо́році ~у.** The terrible drama is lost in the mists of time. ♦ **спра́ва ~у** a matter of time ◊ **Розва́л коалі́ції – спра́ва ~у.** The collapse of the coalition is a matter of time.
prep. **крізь ч.** through time ◊ **Вона́ ма́є зда́тність ба́чити поді́ї крізь ч.** She has the capacity to see events through time. **у ~і** in time ◊ **Магі́чна маши́на дозволя́є мандрува́ти в ~і.** The magical machine allows travel through time.
2 time, while, spell
adj. **весь** *or* **увесь** all ◊ **Весь цей ч. ка́мера фіксу́є ко́жного відві́дувача.** All this time, the camera records every visitor. **до́вгий** long ◊ **Вони́ не ба́чилися до́вгий ч.** They have not seen each other for a long time. **значни́й** considerable, **необме́жений** unlimited ◊ **Вла́сник ма́є пра́во користува́тися програ́мою необме́жений ч.** The owner has the right to use the software for an unlimited time. **трива́лий** lengthy; **де́який** *or* **яки́йсь** some ◊ **Лука́ш працюва́в на будівни́цтві яки́йсь ч.** Lukash worked in construction for some time. **пе́вний** certain, **коро́ткий** short, **обме́жений** limited, **розу́мний** reasonable ◊ **Він мо́же лиша́тися тут про́тягом розу́много ~у.** He can stay here for a reasonable time. **ві́льний** free, ♦ **у ві́льний ч.** in one's free time ◊ **У ві́льний ч. Рома́н відсипа́вся.** Roman caught up on sleep in his free time. **додатко́вий** additional, **за́йвий** spare ◊ **Він скориста́вся двома́ годи́нами за́йвого ~у.** He took advantage of two hours of spare time. **необхі́дний** necessary, **потрі́бний** requisite; **безці́нний** priceless, **кошто́вний** precious ◊ **Чи мо́жна зайня́ти у вас п'ять хвили́н кошто́вного ~у?** May I take five minutes of your precious time? **продукти́вний** productive; **екра́нний** screen, **ігрови́й** playing, **льо́тний** flying; ♦ **оста́ннім ~ом** lately, of late ◊ **Оста́нні́м ~ом Христи́на хо́дить сама́ на се́бе неподі́бна.** Lately Khrystyna has not been quite herself.
ч. + *n.* **ч. адапта́ції** adaptation time ◊ **Ч. адапта́ції зале́жить від ни́зки чи́нників.** The adaptation time depends on a host of factors. (**відпочи́нку** resting, **дозві́лля** leisure;

лікува́ння treatment, **оду́жування** recuperation ◊ **Нови́й режи́м лікува́нна зна́чно скороти́в ч. оду́жування прооперо́ваних.** The new treatment regimen considerably reduced the recuperation time of those operated upon. **підгото́вки** preparation; **по́дорожі** travel, **чека́ння** waiting)

n. + **ч. брак ~у** lack of time ♦ **за бра́ком ~у** for lack of time ◊ **Іри́на не закі́нчи́ла пере́кладу за бра́ком ~у.** Iryna did not finish the translation for lack of time. (**відрі́зок** span, **довжина́** length, **кава́лок** *colloq.* a great deal ◊ **У них ще лиша́вся кава́лок ~у, щоб огов́татися.** They still had a great deal of time to come to their senses. **кі́лькість** amount ◊ **Чверть годи́ни – це недоста́тня кі́лькість ~у.** A quarter hour is an insufficient amount of time. **пері́од** period, **трива́лість** duration)

adv. + **ч. бага́то ~у** much time (**скі́льки** how much, **сті́льки** so much) ◊ **Скі́льки ~у вам тре́ба**? How much time do you need?

v. + **ч. бу́ти тре́ба** + *D.* **ч.** need time ◊ **Щоб зроби́ти су́міш, Бори́сові тре́ба ч.** Borys needs time to make the mixture. (**вигравáти** gain ◊ **Спри́тним мане́вром вони́ ви́грали ч.** They gained time by the shrewd maneuver. **дава́ти** + *D.* give sb ◊ **Да́йте їй ч. і гро́ші, і все бу́де зро́блено.** Give her the time and money and everything will be done. **займа́ти** take ◊ **Процеду́ра займе́ ч.** The procedure will take time. **залиша́ти** leave ◊ **Голова́ залиши́в ч. для пита́нь і відповіде́й.** The chair left time for questions and answers. **затя́гувати** play for ◊ **Глу́пими жа́ртами відві́дувач я́вно затя́гував ч.** By silly jokes, her visitor was clearly playing for time. **знахо́дити** find, **шука́ти** seek; **ма́ти** have ◊ **Яри́на ма́ла ч. і терпля́че чека́ла.** Yaryna had time and waited patiently. **вбива́ти** kill ◊ **Щоб уби́ти ч., Га́нна гра́ла в комп'ю́терну гру.** To kill time, Hanna played a computer game. **га́яти** *or* **марнува́ти** waste ◊ **Я не бу́ду бі́льше га́яти вам ч.** I will not waste your time any longer. **надолу́жувати** make up for ◊ **Яре́ма надолу́жив ч., працю́ючи бі́льше.** Yarema made up for the time by working more. **присвя́чувати** + *D.* devote to sb/sth ◊ **Марко́ присвя́чує ві́льний ч. роди́ні.** Marko devotes his free time to his family. **прово́дити** spend ◊ **Вони́ прово́дять ч. у диску́сіях.** They spend their time in discussions. ♦ **ве́село прово́дити ч.** to have fun ◊ **Ми ве́село провели́ ч. на уроди́нах.** We had fun at the birthday party. **скоро́чувати** reduce); **додава́ти ~у** add time ◊ **Ре́фері дода́в тро́хи ~у.** The referee added some time. (**не ма́ти** not to have ◊ **Я не ма́ю ~у на це.** I have no time for this. **потребува́ти** need) ◊ **Вони́ потребу́ють ~у.** They need time. ♦ **як бу́де ч.** if time permits ◊ **Я покошу́ травни́к, як бу́де ч.** I will mow the lawn if time permits.

ч. + *v.* **добіга́ти кінця́** come to an end ◊ **Її ч. в Ате́нах добіга́в кінця́.** Her time in Athens was coming to an end. **закі́нчуватися** be up ◊ **Ваш ч. закі́нчи́вся.** Your time is up.

prep. **в ч.** at time ◊ **Грабу́нок ста́вся в ч., коли́ полі́ція була́ в ба́нку.** The robbery occurred at the time when the police were in the bank. ♦ **з ~ом** in time ◊ **З ~ом усі́ зви́кли до тяжки́х умо́в.** In time, everybody got accustomed to tough conditions. **за ч.** in time ◊ **Вона́ навчи́лася розмовля́ти япо́нською за коро́ткий ч.** She learned to speak Japanese in short time. **на ч.** for a time ◊ **Вони́ припини́ли листува́тися на коро́ткий ч.** They stopped corresponding for a short time. ♦ **під ч.** + *G.* during sth ◊ **Вони́ обмі́нювалися запи́сками під ч. ле́кції.** They were exchanging messages during the lecture. **по (яко́мусь) ~і** after some time ◊ **По яко́мусь ~і вона́ змири́лася з перспекти́вою жи́ти в Ха́ркові.** After some time, she reconciled herself to the prospect of living in Kharkiv. ♦ **найближ́чим ~ом** in the near future ◊ **Світла́на обіця́ла провіда́ти їх найбли́жчим ~ом.** Svitlana promised to visit them in the near future.

♦ **тим ~ом** meanwhile

Also see **моме́нт 2, пері́од 1, те́рмін**[2] **1**

3 time, moment, point

adj. **вда́лий** opportune ◊ **Вони́ оголоси́ли пере́рву у вда́лий ч.** They announced a break at an opportune time. **ви́значений** determined, **власти́вий** proper ◊ **Терапію тре́ба роби́ти у власти́вий ч.** The therapy should be performed at the proper time. **слу́шний** propitious; **потрі́бний** requisite; **вечі́рній** evening, **обі́дній** lunch, **ранко́вий** morning; ♦ **Усьо́му свій ч.** There is a time for everything. ♦ **сме́ртний ч.** death, demise

v. + **ч.** ♦ **бу́ти ч.** + *D. pred.* to be high time ◊ **Ч. їй роби́ти самості́йні рі́шення.** It is high time she made independent decisions. ◊ **Був ч. вируша́ти в доро́гу.** It was time to set out on the road. ♦ **бу́ти на ~і** to be well-timed, come at the right time ◊ **Хло́пці зму́чилися, і бу́дь-яка́ допомо́га була́ б якра́з на ~і.** The guys were tired and any help would be right when it's needed.

prep. **до ~у** by/till the time ◊ **До яко́го ~у він ма́є стипе́ндію?** Till what time does he have the scholarship? **з ~у** + *G.* since the time of sth ◊ **з ~у зу́стрічі** since the time of the encounter; **у ч.** at the moment ◊ **Оби́два заговори́ли у той сам ч.** Both started speaking at the same moment.

♦ **у той ч., коли́** *or* **як** *conj.* at the time when ◊ **Бу́ря почала́ся у той ч., як корабе́ль ви́йшов у мо́ре.** The storm began when the ship had already set sail. ♦ **ч. від ~у** from time to time

See **мить 1.** *Also see* **годи́на 3, моме́нт 2, пора́ 2, те́рмін**[2] **2**

4 time *(as shown on the clock)*

adj. **докла́дний** *or* **то́чний** exact, precise ◊ **Годи́нник пока́зує то́чний ч. до секу́нди.** The clock shows the precise time down to the second. **зимо́вий** winter *or* standard, ♦ **лі́тній ч.** daylight saving time ◊ **Зимо́вий ч. відстає́ від лі́тнього на одну́ годи́ну.** Winter time is one hour behind daylight saving time. **місце́вий** local, **ґри́нвіцький** Greenwich, **ки́ївський** Kyiv, **украї́нський** Ukrainian; **східноевропе́йський** Eastern European, **північноамерика́нський схі́дний** Eastern Standard, *etc.*; **спра́вжній** *astr.* apparent

v. + **ч. пока́зувати ч.** show time (**перехо́дити на** switch to) ◊ **За́втра краї́на пере́йде на лі́тній ч.** Tomorrow, the country will switch to daylight saving time. **звика́ти до ~у** get accustomed to time ◊ **Він уже́ звик до Чилі́йського ~у.** He already is accustomed to the Chilean time.

prep. **за місце́вим ~ом** in local time ◊ **Годи́ни відльо́ту і прильо́ту по́дано за місце́вим ~ом.** Flight departure and arrival hours are in local time.

5 time, epoch, period, *often pl. (usu in the past/ present)*

adj. **герої́чний** heroic, **захо́пливий** thrilling, **істори́чний** historic, historical, **леґенда́рний** legendary, **па́м'ятний** memorable, **сла́ветний** famous; **анти́чний** ancient, ♦ **да́вні ~и́** olden times, days of yore ◊ **Це ста́лося в да́вні ~и́.** This happened in the days of yore. **давньоки́ївський** Old Kyivan, **середньові́чний** medieval, **стари́й** old; **неда́вній** recent, **нови́й** new, **нові́тній** modern

n. + **ч. дух ~у** the spirit of time, zeitgeist

prep. ♦ **з прада́вніх ~ів** since time immemorial ◊ **Ле́мки живу́ть тут із прада́вніх ~ів.** The Lemkos have lived here since time immemorial. ♦ **на ві́чні ~и́** for all eternity

See **пері́од 1.** *Also see* **вік 2, годи́на 3, доба́ 3, епо́ха, е́ра 2, 3**

6 *ling.* tense

adj. **майбу́тній** future, **мину́лий** past, **тепе́рішній** present; **докона́ний** perfective, **недоко́наний** imperfective

v. + **ч. визнача́ти ч.** determine tense (**перетво́рювати** + *A.* **на** transform sth into) ◊ **Студе́нтка ма́є перетвори́ти у́ступ з мину́лого на майбу́тній ч.** The (female) student is to transform the passage from past into future tense.

prep. **в ~і** in a tense ◊ **Відміня́ти украї́нське дієсло́во в мину́лому ~і ле́гко.** Conjugating a Ukrainian verb in the past tense is easy.

часни́к, *m.*, **~у́**, *only sg.*
garlic

adj. **ди́кий** *or* **польови́й** wild, **дома́шній** homegrown ◊ **Він кори́стується дома́шнім ~о́м із ри́нку.** He uses homegrown garlic from the market. **сві́жий** fresh; **сири́й** raw; **марино́ваний** pickled, **пе́чений** roasted, **пря́жений** *or* **сма́жений** fried; **паху́чий** fragrant

n. + **ч. голі́вка ~у́** a bulb of garlic ◊ **У них лиши́лася голі́вка ~у́.** They have a bulb of garlic left. (**зубе́ць** clove; **жме́ня** fistful, **кілогра́м** kilogram)

v. + **ч. души́ти ч.** crush garlic (**кри́ши́ти** chop, **товкти́** pestle ◊ **Він розто́вк у сту́пці ч. із сі́ллю.** He pestled the garlic with salt in a mortar. **чи́стити** peel) ◊ **Ку́хар чи́стить ч.** The cook is peeling the garlic.

prep. **з ~о́м** with garlic ◊ **Він ро́бить майоне́з з ~о́м.** He makes mayonnaise with garlic.

часнико́в|ий, *adj.*
garlic, of or pertaining to garlic

ч. + *n.* **ч. майоне́з** garlic mayonnaise (**поро́шо́к** powder; **суп** soup; **хліб** bread) ◊ **ски́бка ~ого хлі́ба з си́ром** a slice of garlic bread with cheese; **~а ковба́са** garlic sausage (**олі́я** oil; **підли́ва** sauce, **сіль** salt); **~е лушпи́ння** garlic peels (**ма́сло** garlic butter) ◊ **Вони́ роби́ли вла́сне ~е ма́сло.** They made their own garlic butter.

ча́сом, *adv.*
1 sometimes, at times ◊ **Ч. Яре́ма ди́виться телеві́зор.** Sometimes Yarema watches TV.

See **йноді, и́ноді**

2 by any chance, perhaps *(in neg. questions)* ◊ **Він ч. не з Терно́поля?** Is he from Ternopil by any chance? ◊ **Ви ч. не йдете́ в мі́сто?** Are you by any chance heading downtown?

ча́ст|ий, *adj.*
frequent

adv. **винятко́во** exceptionally, **вкрай** extremely ◊ **Її вкрай ~і візи́ти почина́ли дратува́ти всіх в о́фісі.** His extremely frequent visits started irking everybody in the office. **до́сить** fairly, **доста́тньо** sufficiently, **ду́же** very; **(за)на́дто** too ◊ **Напа́ди ка́шлю ста́ли на́дто ~ими.** The cough fits became all too frequent. **все бі́льше** *and* **деда́лі бі́льше** increasingly; **відно́сно** relatively; **загро́зливо** menacingly, **небезпе́чно** dangerously ◊ **Іва́на напру́жували небезпе́чно ~і поворо́ти доро́ги.** The dangerously frequent turns of the road made Ivan tense. **підозрі́ло** suspiciously; **недоста́тньо** insufficiently

v. + **ч. бу́ти ~им** be frequent (**виявля́тися** turn out ◊ **Ви́бухи гні́ву з її бо́ку ви́явилися загро́зливо ~ими.** The eruptions of anger on her part turned out to be menacingly frequent. **здава́тися** + *D.* seem to sb; **роби́тися** *and* **става́ти** become) ◊ **Пі́сля шлю́бу його листи́ зроби́лися ду́же ~ими.** After the marriage, his letters became very frequent.

Also see **числе́нний 2.** *Ant.* **рі́дкісний, рі́дкий 4**

части́н|а, *f.*
1 part

adj. **бі́льша** larger ◊ **Васили́на вида́є бі́льшу ~у стипе́ндії на поме́шкання.** Vasylyna spends a larger part of her scholarship on accommodation. **вели́ка** large, **величе́зна** huge; **важли́ва** important, **значна́** significant ◊ **Тут зосере́джена значна́ ч. нерухо́мости компа́нії.** A significant part of the company's real estate is concentrated here. **неаби́яка** sizeable, **помі́тна** noticeable; **мала́** small ◊ **мала́ ч. і́хніх боргі́в** a small part of

their debts; мале́нька *dim.* small, невели́ка small; одна́кова same, рі́вна equal ◊ **чоти́ри рі́вні ~и буха́нки** four equal parts of the loaf; **невід'є́мна** integral, **невідді́льна** inseparable, **незмі́нна** invariable ◊ **незмі́нна ч. порозумі́ння між сторона́ми** the invariable part of the understanding between the parties; **необхі́дна** indispensible, **потрі́бна** necessary; **ба́зова** *or* **засадни́ча** basic, **істо́тна** substantial, **основна́** principal, **центра́льна** central; **змі́нна** interchangeable; **найгі́рша** worst, **найкра́ща** best; **оста́ння** last, **пе́рша** first, **сере́дня** middle; **дру́га** second, **тре́тя** third ◊ **Негі́дник з'являє́ться у тре́тій ~і рома́ну.** The villain appears in the third part of the novel. **ве́рхня** *or* **горі́шня** upper, **долі́шня** *or* **ни́жня** lower; **вну́трішня** inner, **зо́внішня** outer; **пере́дня** front, **фаса́дна** façade; **за́дня** back, **ти́льна** posterior; **за́хідна** western, **півде́нна** southern, *etc.* ◊ **Село́ розташо́ване в півде́нній ~і височи́ні.** The village is located in the southern part of the plateau. **відда́лена** remote ◊ **Його́ посла́ли у відда́лену ~у Поді́лля.** He was sent to a remote part of Podillia. **torn суміжна** contiguous, **сусі́дня** neighboring; **виразна** distinct, **окре́ма** separate; **і́нша** other, **неодна́кова** unequal, **рі́зна** *only pl.* different ◊ **Її батьки́ похо́дять із рі́зних части́н Украї́ни.** Her parents come from different parts of Ukraine. **складова́** constituent ◊ **Організа́ція має́ шість складови́х части́н.** The organization has six constituent parts. **важка́** hard ◊ **Насту́пні три ро́зділи ви́явилися особли́во важко́ю ~ою дисерта́ції.** The next three chapters turned out to be a particularly hard part of the dissertation. **тяжка́** tough, **складна́** complicated; **легка́** easy, **про́ста́** simple; **заба́вна** entertaining, **куме́дна** funny, **ціка́ва** interesting; **страшна́** scary; **сумна́** sad, *etc.*
v. + **ч. включа́ти ~у** comprise a part ◊ **Сюже́т включа́є три ~и.** The plot comprises three parts. (**станови́ти** constitute; **утво́рювати** form) ◊ **Чоти́ри ури́вки утво́рюють окре́му темати́чну ~у папі́русу.** The four excerpts form a separate thematic part of the papyrus. **діли́ти** + *A.* **на ~и** divide sth into parts (**розбива́ти** + *A.* **на** break sth down into) ◊ **Команди́р розби́в загі́н на ~и.** The commander broke the unit down into parts. **бракува́ти** + *D.* **~и** lack a part ◊ **Стародру́кові бракує́ оста́нньої ~и.** The old print lacks the last part. (**не вистача́ти** be short of; **склада́тися з** consist of ◊ **На́рис склада́ється з п'яти́ части́н.** The writeup consists of five parts.
prep. **в ~і** in a part ◊ **ви́раз, ужи́тий у оста́нній ~і моноло́гу** the expression used in the last part of the soliloquy; ◊ **виста́ва в двох ~ах** a performance in two parts
Also see **відді́л 1, ді́я 6, до́ля**[2], **полови́на 3, фраґме́нт, шмато́к 1**
2 part, component *(in a machine)*
adj. **запасна́** (*usu* **запчасти́на**) spare ◊ **Він не міг знайти́ потрі́бну запасну́ ~у** *or* **запчасти́ну.** He could not find the necessary spare part. **автомобі́льна** car; **рухо́ма** moving; **зіпсо́вана** broken; **нова́** new; **ржа́ва** rusted, **стара́** old; **дорога́** expensive; **і́мпортна** imported; **залі́зна** iron, **мета́лева** metal, **стале́ва** steel; **кре́мнієва** silicon, **пластма́сова** plastic
ч. + *n.* **ч. автомобі́ля** *and* **маши́ни** a car part (**велосипе́да** bicycle, **двигуна́** engine, **мотоци́кла** motorcycle, **човна́** boat) ◊ **Двигу́н ле́гше розібра́ти на ~и, як зібра́ти.** It is easier to take the engine apart, than put it together.
n. + **ч. виробни́к ~и** the part maker ◊ **Виробнико́м рухо́мої ~и ви́явився місце́вий заво́д.** A local plant turned out to be the moving part maker. (**постача́льник** supplier, **продаве́ць** dealer; **но́мер** number)
v. + **ч. виробля́ти ~у** manufacture a part ◊ **Заво́д виробля́є запчасти́ни.** The plant manufactures spare parts. (**продукува́ти** produce, **роби́ти** make; **продава́ти** sell; **збира́ти** assemble; **заміня́ти** replace)
3 division, department, unit ◊ **Вона́ пройшла́ обсте́ження в меди́чній ~і.** She had an examination in the medical unit. ◊ **Аналі́тик працю́є в політи́чній ~і шта́бу па́ртії.** The analyst works in the political unit of the party headquarters. ◊ **аналіти́чна ч. міністе́рства** the ministry's analytical department
See **відді́л 2, відді́лення** 1. *Also see* **кате́дра 2, управлі́ння, філі́я**
4 *mil.* unit, detachment
adj. **бойова́** combat ◊ **Він кома́ндує бойово́ю ~ою.** He commands a combat unit. **військо́ва** military; **артилері́йська** artillery, **інжене́рна** engineering, **кавалері́йська** cavalry, **піхо́тна** infantry, **розві́дувальна** intelligence, **та́нкова** tank; **воро́жа** enemy
n. + **ч. за́лишки ~и** remnants of a unit; **команди́р ~и** a unit commander
v. + **ч. зни́щувати ~у** destroy a unit ◊ **Вони́ зни́щили воро́жу ~у.** They destroyed the enemy unit. (**ліквідо́вувати** eliminate; **пересува́ти** move, **розгорта́ти** deploy; **поси́лювати** reinforce ◊ **Піхо́тну ~у поси́лили двома́ та́нками.** The infantry unit was reinforced by two tanks.
Also see **а́рмія 1**
5 *only I. pl., as adv.* in parts, in installments, piecemeal ◊ **Він пого́дився на спла́ту бо́ргу ~ами.** He agreed to the debt being paid in installments.

част|ка, *f.*

1 part, share
adj. **бі́льша** greater ◊ **Ба́хмут отри́мує бі́льшу ~ку допомо́ги, як і́нші міста́.** Bakhmut receives a greater share of help than other cities. **вели́ка** large, **значна́** significant, **суттє́ва** substantial; **вся** entire, **по́вна** full; **кри́хітна** tiny, **мала́** little, **мініма́льна** minimal, **невели́ка** small, **незначна́** insignificant, **скро́мна** modest ◊ **Проду́кція фі́рми стано́вить скро́мну ~ку експо́рту краї́ни.** The firm's production constitutes a modest share of the nation's exports. **деда́лі бі́льша** increasing; **непропорці́йна** disproportionate; **зако́нна** lawful ◊ **Він претенду́є на зако́нну ~ку спа́дщини.** He claims his lawful share of the inheritance. **пропорці́йна** proportionate, **рі́вна** equal ◊ **Ко́жен інве́стор отри́мує рі́вну ~ку прибу́тку.** Each investor receives an equal share of the income. ♦ **ле́вова ч.** a lion's share ◊ **Ле́вова ч. ви́граної лотере́ї пішла́ на спла́ту пода́тків.** The lion's share of the won lottery money went to pay taxes.
ч. + *n.* **ч. авдито́рії** the audience share (**зарпла́тні** salary, **прибу́тку** income, **ри́нку** market) ◊ **Видаве́ць захо́плює все бі́льшу ~ку книжко́вого ри́нку.** The publisher gains an increasing share of the book market.
v. + **ч. бра́ти ~ку** take a part ◊ **Брат узя́в свою́ ~ку землі́.** The brother took his part of the land. (**дістава́ти** get, **отри́мувати** receive ◊ **Музе́й має́ отри́мати суттє́ву ~ку архі́ву ску́льптора.** The museum is to receive a significant part of the sculptor's archive. **вико́нувати** do ◊ **Ко́жен вико́нує свою́ ~ку робо́ти.** Everyone does his share of work. **вклада́ти** *or* **вно́сити в** + *A.* contribute to sth ◊ **Ді́аспора вклада́є вели́ку ~ку ко́штів у відбудо́ву це́ркви.** The diaspora contributes a large share of funds to the church's reconstruction. **ма́ти** have; **збі́льшувати** increase, **зме́ншувати** reduce; **ма́ти пра́во на** be entitled to ◊ **Він має́ пра́во на п'ятивідсо́ткову ~ку дивіде́ндів.** He is entitled to a 5% share of the dividends. **претендува́ти на** claim)
2 *ling.* particle
adj. **вказівна́** demonstrative, **граммати́чна** grammatical, **емфати́чна** emphatic, **запере́чна** negative, **зворо́тна** reflexive ◊ **У де́яких за́хідних діяле́ктах зворо́тну ~ку «ся» вжива́ють пе́ред дієсло́вом.** In some western dialects the reflexive particle "ся" is used before the verb. **мода́льна** modal, **наказо́ва** imperative, **окли́чна** exclamatory, **пита́льна** interrogative, **порівня́льна** comparative, **стве́рджувальна** affirmative, **умо́вна** conditional, *etc.*
3 *phys.* particle ◊ **елемента́рні ~ки́** elementary particles

частко́в|ий, *adj.*

partial ◊ **Того́ дня вони́ ба́чили ~е зате́мнення со́нця.** That day, they saw a partial sun eclipse.
adv. **винятко́во** exceptionally; **ті́льки** only; **де́що** somewhat
v. + **ч. бу́ти ~им** be partial ◊ **Рефо́рми були́ ~ими, бі́льше космети́чними.** The reforms were partial, more cosmetic. (**вигляда́ти** look, **лиша́тися** remain) ◊ **Без додатко́вого фінансува́ння дослі́дження ли́шиться ~им.** Without additional funding, the research will remain partial.

ча́сто, *adv.*

often, frequently ◊ **Мари́на так бага́то працю́є, що ч. забува́є пої́сти.** Maryna works so hard that she often forgets to eat. **Він на́дто ч. хворі́є.** He is too often sick. ♦ **ч.-гу́сто** often
Ant. **рі́дко 1**

частот|а́, *f.*

1 frequency, incidence
adj. **вели́ка** great, **висо́ка** high, **все бі́льша** increasing; **очі́кувана** anticipated; **приблі́зна** approximate, **типо́ва** typical; **іденти́чна** identical, **одна́кова** same ◊ **Програ́ми передаю́ть на одна́ковій ~і.** The programs are broadcast on the same frequency. **відмі́нна** different, **і́нша** other; **відно́сна** relative; **загро́злива** alarming ◊ **Зара́ження ново́ю хворо́бою реєстру́ють із загро́зливою ~о́ю.** Infection with the new disease is recorded with alarming frequency. **небезпе́чна** dangerous
v. + **ч. визнача́ти ~у́** determine a frequency (**мі́ряти** measure ◊ **Лі́кар помі́ряв ~у́ її́ ди́хання.** The doctor measured the frequency of her breathing. **збі́льшувати** increase; **зме́ншувати** reduce ◊ **Препара́т зме́ншив ~у́ епілепти́чних на́падів.** The medicine reduced the frequency of epileptic attacks. **обчи́слювати** calculate; **порі́внювати** compare; **вплива́ти на** affect sth ◊ **До́за раді́ації вплива́є на ~у́ захво́рювання лейкемі́єю.** The radiation dose affects the frequency of leukemia occurrence.
prep. **з ~о́ю** with frequency ◊ **Лісові́ поже́жі бува́ють із деда́лі бі́льшою ~о́ю.** Forest fires occur with increasing frequency.
2 *phys.* frequency
adj. **вели́ка** great, **висо́ка** high ◊ **струм висо́кої ~и́** high frequency current; **все бі́льша** increasing; **обчи́слена** calculated, **очі́кувана** anticipate; **приблі́зна** approximate, **сере́дня** average
ч. + *n.* **ч. колива́нь** a vibration frequency (**мікрохви́лі** microwave, **сиґна́лу** signal, **хви́лі** wave)
n. + **ч. діапазо́н ~и́** a frequency range (**модуля́ція** modulation, **різни́ця** difference, **спектр** spectrum)
N. p. **часто́ти**, *G. pl.* **часто́т**

ча́ш|а, *f.*, **~і**

1 chalice, goblet, wine cup, bowl; cup ◊ **Свяще́нник підні́с ~у з вино́м.** The priest raised the chalice with wine.
adj. **вели́ка** big; **бро́нзова** bronze, **золота́** golden, **мета́лева** metal, **мі́дна** copper, **срі́бна** silver; **інкрусто́вана** inlaid, **орнаменто́вана** ornamental; **старови́нна** ancient ◊ **старови́нна ч., інкрусто́вана смара́гдами** an ancient chalice inlaid with emeralds
n. + **ч. ву́шко ~і** a handle of the cup ◊ **бро́нзова ч. з маси́вними ву́шками** a bronze chalice with massive handles (**ві́нця** *only pl.* rim ◊ **Вона́ напо́внила ~у по ві́нця.** She filled the cup to the rim. **дно** bottom ◊ **На дні ~і лиша́лася кра́пля вина́.** There was a drop of

wine remaining at the bottom of the chalice. **край** brim, **ні́жка** *or* **стоя́н** stem) ◊ **ч. на гру́бій ні́жці** a cup on a thick stem. ◊ **Скитський ке́лих мав дві части́ни: ~у і стоя́н.** The Scythian goblet had two parts: a bowl and a stem.
See **скля́нка.** *Cf.* **філіжа́нка, ча́шка 1**
2 *fig.* cup, experience, lot, fate
adj. **до́бра** good; **по́вна** full; **гірка́** bitter ◊ **Він не збира́вся пи́ти свою́ гірку́ ~у.** He was not about to drink his bitter cup. **сме́ртна** deadly
ч. + *n.* **ч. ли́ха** a cup of grief (**недо́лі** misery, **сме́рти** death, **сму́тку** sadness, **страждáнь** suffering; **терпі́ння** patience; **дру́жби** friendship; **ра́дости** joy, **ща́стя** happiness)
v. + **ч. випива́ти ~у** *fig.* drink a cup ◊ **Під росі́йською окупа́цією кри́мські тата́ри ви́пили по́вну ~у ли́ха.** Under the Russian occupation, the Crimean Tatars drank a full cup of grief. (**куштува́ти** partake of, **опорожня́ти** empty; **перепо́внювати** overfill) ◊ **Брута́льне побиття́ ми́рних студе́нтів наре́шті перепо́внило ~у наро́дного терпі́ння.** The brutal beating of peaceful students finally overfilled the cup of people's patience. ♦ **ви́пити ~у сме́рти** *fig.* to die, perish
3 *fig.* cup, bowl, dome ◊ **Ч. стадіо́ну спорожні́ла.** The stadium bowl became empty. ◊ **На те́мній ~і не́ба сяя́ли зо́рі.** Stars shone on the dark dome of the sky.

ча́ш|ка, *f.*
1 cup ◊ **Ч. ма́ла відла́мане ву́шко.** The cup was missing the handle. ◊ **Їм браку́є ~о́к.** They don't have enough cups.
See **філіжа́нка**
2 *anat.* kneecap ◊ **Упе́ртий біль у ~ці заважа́є йому́ ходи́ти.** The stubborn pain in his kneecap impedes his walk. ♦ **надколі́нна ч.** a kneecap

че́рт|ь, *f.*, **~и**
1 quarter *(one of four equal parts)* ◊ **Вони́ ме́шкали за ч. кіло́метра від крамни́ці.** They resided a quarter kilometer from the store.
v. + **ч. станови́ти ч.** make up a quarter ◊ **Гру́па стано́вить ч. усі́х студе́нтів мо́ви.** The group makes up a quarter of all the language students. **діли́ти** + *A.* **на ~і** divide sth into quarters ◊ **Він розділи́в рис на ~і.** He divided the rice into quarters. (**розбива́ти** + *A.* **на** break sth into, **розрі́зати на** cut sth into) ◊ **Степа́н розрі́зав я́блуко на ~і.** Stepan cut the apple into quarters.
Cf. **полови́на 1, трети́на, чеверти́на**
2 quarter *(three months)*
adj. **пе́рша** first ◊ **Найви́щі про́дажі вони́ ма́ли в пе́ршій ~і ро́ку.** They had the highest sales in the first quarter of the year. **дру́га** second, **тре́тя** third, **четве́рта** fourth; **мину́ла** past, **оста́ння** last, **попере́дня** previous; **насту́пна** next; **пото́чна** current; **фіна́нсова** fiscal; **ко́жна** each; **навча́льна** *(in secondary school)* academic ◊ **Шкі́льний рік склада́ється з чотирьо́х навча́льних ~ей.** A school year consists of four academic quarters.
ч. + *v.* **почина́тися** begin ◊ **Оста́ння ч. почала́ся спа́дом.** The last quarter began with a recession. **закі́нчуватися** end
prep. **на поча́тку ~и** at the beginning of a quarter; **при кінці́ ~и** at the end of a quarter ◊ **Рі́чну реві́зію компа́нії прово́дитимуть при кінці́ ~и.** The company's yearly audit will be held at the end of the quarter. **про́тягом ~и** during a quarter
Also see **мі́сяць, рік, семе́стр**
3 quarter *(of hour)*, fifteen minutes ◊ **Годи́нник пока́зує ч. на сьо́му.** The clock says quarter after six.
prep. **ч. на** + *A. or* **ч. по** + *L.* quarter after *(hour)* ◊ **Уже́ ч. на тре́тю** *or* **ч. по дру́гій.** It is already quarter past two. **за ч.** + *N.* a quarter to *(hour)* ◊ **Вони́ зустріча́ються за ч. пе́рша.** They meet at quarter to one.

чек, *m.*, **~а**
check
adj. **вели́кий** big ◊ **її пе́рший вели́кий ч.** her first big check; **ба́нковий** bank, **ви́плачений** paid, **депози́тний** deposit, **доро́жній** traveler's, **іменни́й** personal, **підтве́рджений** marked, **пове́рнений** bounced ◊ **Вла́сник раху́нку пла́тить штраф за ко́жен пове́рнений ч.** The account owner pays a penalty for every bounced check. **поро́жній** empty, **особи́стий** *or* **персона́льний** personal; **унева́жнений** cancelled; **підро́блений** forged, **фікти́вний** fake
v. + **ч. випи́сувати ч.** write out a check ◊ **На чиє́ ім'я́ я ма́ю ви́писати ч.?** To whose name am I supposed to write out the check? (**вруча́ти** + *D.* hand sb ◊ **Лавреа́тові вручи́ли ч.** They handed the laureate a check. **дава́ти** + *D.* give sb, **депонува́ти** deposit ◊ **Він задепонува́в ~и.** He deposited the checks. **діста́вати** get, **отри́мувати** receive ◊ **Щомі́сяця вона́ отри́мує ч. на кру́глу су́му від коли́шнього чолові́ка.** Every month, she receives a check for a hefty sum from her former husband. **огроше́влювати** cash ◊ **Вона́ огроше́вила ч. у ба́нку.** She cashed the check at the bank. **писа́ти** + *D.* write sb ◊ **Мо́жна написа́ти вам ч.?** Can I write you a check? **підпи́сувати** sign; **посила́ти** send; **прийма́ти** accept ◊ **Рестора́н прийма́є іменні́ ~и.** The restaurant accepts personal checks. **унева́жнювати** cancel ◊ **Їй тре́ба подзвони́ти до ба́нку й унева́жнити ч.** She needs to call the bank and have them cancel the check. **підробля́ти** forge) ◊ **Виявля́ється, що ч. підроби́ли.** It turns out that the check was forged. **плати́ти ~ом** pay by check ◊ **Тут пла́тять як ~ом, так і креди́тною ка́рткою.** They pay both by check and credit card here. (**зупиня́ти ви́плату за** stop payment on) ◊ **Банк зупини́в ви́плати за всіма́ фікти́вними ~ами.** The bank stopped payments on all the fake checks.
prep. **ч. на** + *A.* check for *(a sum)* ◊ **Він ви́писав ч. на три ти́сячі гри́вень.** He wrote out a check for ₴3,000.

чека́|ти, **~ють;** *no pf., tran.*
1 to wait, await + *G. and* + *A.*; **по~**, *pf.* to wait for some time ◊ **Іва́н ~в жі́нку з робо́ти.** Ivan was waiting for his wife from work. ◊ **Вони́ ~ють такcі́вку** *or* **таксі́вки пів годи́ни.** They have waited for a cab for half an hour.
adv. **ві́чність** for an eternity, **ві́чно** forever, always ◊ **Вона́ ві́чно ~є яки́хось пробле́м.** She always awaits problems of some kind. **до́вго** long; **затамува́вши по́дих** *or* **не ди́хаючи** with bated breath ◊ **Васи́ль не ди́хаючи ~в на її насту́пне ре́чення.** Vasyl waited for her next sentence with bated breath. **з нетерпі́нням** *or* **нетерпля́че** impatiently, **з триво́гою** with anxiety, **напру́жено** tensely ◊ **Усі́ мовча́ть, напру́жено ~ючи кур'є́ра.** Everybody is silent, tensely waiting for the courier. **нерво́во** nervously; **тро́хи** awhile ◊ **Ми почека́ли тро́хи і пішли́.** We waited awhile and left. **ці́лими годи́нами** for hours, **ці́лими дня́ми** for days ◊ **Ча́сом вони́ му́сять ч. пого́ди ці́лими дня́ми.** Sometimes they have to wait for good weather for days. **ти́жнями** for weeks, **рока́ми** for years; **мо́вчки** silently, **прире́чено** with resignation, **ти́хо** quietly ◊ **Ко́жен відві́дувач сиді́в і ти́хо ~в че́рги.** Every visitor sat and quietly waited for his turn. **терпля́че** patiently, **чемно** politely; **дарма́** *and* **ма́рно** in vain ◊ **Іри́на ма́рно ~ла запро́шення.** Iryna waited for the invitation in vain.
v. + **ч. бу́ти зму́шеним** be compelled to ◊ **О́льга була́ зму́шена ч. у прийма́льній три годи́ни.** Olha was compelled to wait in the reception room for three hours. **бу́ти слід** + *D.* should ◊ **Вам слід тро́хи по~.** You should wait a little. **бу́ти тре́ба** + *D.* need to ◊ **Нам тре́ба по~ допомо́ги.** We need to wait for help. **зму́шувати** + *A.* keep sb ◊ **Я не хоті́в би зму́шувати вас ч.** I would not want to keep you waiting. **ле́две могти́** can hardly; **могти́** can ◊ **Він не міг бі́льше ч.** He could not wait any longer. **не люби́ти** not to like ◊ **Яре́ма не лю́бить ч.** Yarema does not like waiting.
prep. **ч. на** + *A.* wait for sb/sth ◊ **Тара́с терпля́че ~в на ві́дповідь із ві́дділу ка́дрів.** Taras waited patiently for the response from human resources. **ч. про́тягом** + *G.* wait for *(time period)* ◊ **Вони́ чека́ють про́тягом семи́ мі́сяців.** They have waited for seven months. ♦ **ч., як віл обу́ха** to wait with resignation or indifference
Also see **вигляда́ти² 3, жда́ти 1**
2 to expect, anticipate, await, hope for ◊ **Марі́я ~ла, що дочка́ оду́мається.** Maria expected that her daughter would come to her senses. ◊ **У сі́чні ~ють лю́тих моро́зів.** Bitter cold is expected in January. ♦ **ч., як ма́нни з не́ба** *or* **небе́сної** to expect sb/sth like manna from heaven ◊ **Він ~є Матві́я, як ма́нни небе́сної.** He has waited for Matvii, like manna from heaven.
prep. **ч. від** + *G.* expect of sb ◊ **Кри́тики ~ли від письме́нниці геніа́льних рома́нів.** Critics expected brilliant novels of the (female) writer.
3 *fig.* to lie in store for, await ◊ **Компози́тора ~є світове́ ви́знання.** World recognition is in store for the composer.
Also see **жда́ти 2, усміха́тися 3**
(по)чека́й!

че́мн|ий, *adj.*
polite, courteous
adv. **бездога́нно** impeccably, **винятко́во** exceptionally, **вкрай** extremely, **до́сить** fairly, **ду́же** very, **ді́йсно** really, **напра́вду** *or* **спра́вді** truly ◊ **спра́вді ~а молода́ осо́ба** a truly courteous young individual; **підкре́слено** emphatically, **скрупульо́зно** scrupulously; **дивови́жно** amazingly ◊ **Кри́тика була́ озву́чена дивови́жно ~им то́ном.** The criticism was vocalized in an amazingly polite tone. **неймові́рно** incredibly; **несподі́вано** unexpectedly, **ра́птом** suddenly; **страше́нно** terribly; **на́дто** overly, **надмі́ру** excessively; **на ди́во** surprisingly, **незвича́йно** unusually; **особли́во** particularly; **ле́две** scarcely; **ма́йже** almost; **менш як** less than, **не зо́всім** not altogether, **не особли́во** not particularly; **невпізна́нно** unrecognizably, **нехаракте́рно** uncharacteristically; **підозрі́ло** suspiciously
ч. + *n.* **ч. го́лос** a polite voice (**жест** gesture; **воді́й** driver, **пан** gentleman ◊ **Про вас пита́в яки́йсь ч. пан.** Some courteous gentleman inquired about you. **продаве́ць** salesman, **чолові́к** man, **юна́к** youth); **~а поста́ва** a polite attitude (**люди́на** individual, **па́ні** lady; **поведі́нка** behavior, **у́смішка** smile); **~і мане́ри** polite manners ◊ **Його́ мане́ри бездога́нно ~і.** His manners are impeccably polite.
v. + **ч. бу́ти ~им** be polite ◊ (**вважа́ти** + *A.* consider sb, **виявля́тися** turn out, **здава́тися** + *D.* seem to sb; **лиша́тися** remain ◊ **Про́тягом диску́сії уча́сники лиша́лися ~ими оди́н з о́дним.** For the duration of the discussion, the participants remained polite with one another. **става́ти** become)
prep. **ч. в** + *L.* polite in sth ◊ **Оле́кса підкре́слено ч. у ко́жному сло́ві.** Oleksa is emphatically polite in his every word. **ч. до** + *G.* polite toward sb ◊ **Васи́ль став невпізна́нно ~им до ньо́го.** Vasyl became unrecognizably polite toward him. **ч. з** + *I.* polite with sb
Also see **ви́хований, деліка́тний 1**

че́мн|ість, *f.*, **~ости**, *only sg.*
politeness, courtesy, courteousness, civility
adj. **бездога́нна** impeccable, **вели́ка** great ◊ **Вона́ сказа́ла це з вели́кою ~істю.** She said it with great politeness. **винятко́ва** exceptional, **спра́вжня** true; **підкре́слена** emphatic; **дивови́жна** amazing, **неймові́рна**

incredible; **несподі́вана** unexpected, **надмі́рна** excessive; **незвича́йна** unusual; **рідкі́сна** rare; **нехаракте́рна** uncharacteristic; **перебі́льшена** exaggerated, **підозрі́ла** suspicious, **фальши́ва** phony, **шту́чна** artificial; **елемента́рна** elementary ◊ **Посла́ти запро́шення його́ зобов'язувала елемента́рна ч.** Elementary politeness obliged him to extend the invitation. **звича́йна** common, **прийня́та** conventional

v. + **ч. виявля́ти ч. до** + *G.* show sb courtesy ◊ **Ви́яви ч. до го́стя, запроси́ його́ до сто́лу.** Show the guest some courtesy, invite him to the table. (**демонструва́ти** + *D.* demonstrate to sb) ◊ **Він продемонструва́в опоне́нтові бездога́нну ч.** He demonstrated impeccable civility toward his opponent.

prep. **з ~істю** with politeness ◊ **Їх обслуго́вували з підкре́сленою ~істю.** They were served with emphatic courtesy. **ч. до** + *G.* politeness toward sb

Ant. **гру́бість**

че́рв|ень, *m.*, **~ня**

June ◊ **Він закі́нчує шко́лу дру́гого ~ня.** He finishes school on June 2.

L. **в ~ні** ◊ **Юрко́ подорожу́є до Гре́ції в ~ні.** Yurko travels to Greece in June.

See **мі́сяць 1, сі́чень**

черво́н|ий, *adj.*

1 red

adv. **геть** totally ◊ **Сті́ни кімна́ти були́ геть ~ими.** The walls of the room were totally red. **цілко́м** completely; **ду́же** very; **ле́две** scarcely, **майже** almost, **не зо́всім** not quite, **тро́хи** a little; **вогни́сто-ч.** fiery red, **розкі́шно-ч.** richly red; **блі́до-ч.** pale red, **сві́тло-ч.** *or* **я́сно-ч.** light red; **вишне́во-ч.** cherry red, **крива́во-ч.** blood red, **те́мно-ч.** dark red, **яскра́во-ч.** bright red ◊ **Вона́ намалюва́ла гу́би яскра́во-черво́ною пома́дою.** She painted her lips with bright red lipstick.

ч. + *n.* **ч. борщ** red borshch ◊ **З усі́х украї́нських страв ч. борщ – його́ найулю́бленіша.** Of all the Ukrainian dishes, red borshch is his most favorite. (**відті́нок** shade ◊ **Приза́хідне со́нце було́ жо́вте з ~им відті́нком.** The setting sun was yellow with a shade of red. **ко́лір** color; **мак** poppy; **мі́сяць** moon), ♦ **Ч. Капелю́шок** Red Riding Hood; ♦ **Ч. Хрест** the Red Cross; **~а ба́рва** a red color (**кали́на** guelder rose; **лі́нія** line; **спідни́ця** skirt, **су́кня** dress); **~е вино́** red wine (**нами́сто** beads; **сві́тло** light) ♦ **переходити ву́лицю на ~е сві́тло** to jaywalk ◊ **Він за́вжди перехо́див ву́лицю на ~е сві́тло.** He had always jaywalked. ♦ **~е де́рево** mahogany ◊ **дорогі́ ме́блі з ~ого де́рева** expensive mahogany furniture; ♦ **~е змі́щення** *phys.* the red shift; ♦ **Черво́не мо́ре** the Red Sea

v. + **ч. носи́ти ~е** wear red ◊ **Лі́на ча́сто носи́ть ч.** Lina often wears red. (**малюва́ти** + *A.* **на** paint sth ◊ **Ла́ви в па́рку помалюва́ли на ~е.** The benches in the park were painted red. **бу́ти ~им** be red (**здава́тися** + *D.* seem to sb; **малюва́ти** + *A. or* **фарбува́ти** + *A.* paint sth ◊ **Вони́ традиці́йно малюва́ли пі́длогу ~им.** They traditionally painted the floor red. **роби́тися** grow, **става́ти** become ◊ **О́брій над океа́ном става́в вогни́сто-черво́ним.** The horizon over the ocean was becoming fiery red.

prep. **ч. від** + *G.* red with sth ◊ **Сніг був ~им від кро́ви.** The snow was red with blood. **ч., як** + *N.* red as sth ◊ **ч., як кали́на** red as a guelder-rose (**кора́л** coral, **кров** blood, **мак** poppy, **рубі́н** ruby, **це́гла** brick)

2 red *(of skin, etc.)*, pink, flush; bloodshot *(of eyes)*

adv. **гу́сто** densely, **ду́же** very ◊ **Ура́жена шкі́ра ду́же ~а.** The affected skin is very red. **хворобли́во** sickly; **до́сить** rather, **ле́гко** slightly, **тро́хи** a little; **загро́зливо** menacingly; **помі́тно** noticeably

v. + **ч. бу́ти ~им** be red ◊ **Її о́чі ~і че́рез брак сну.** Her eyes are red because of lack of sleep. (**вигляда́ти** look, ◊ **При цьо́му сві́тлі його́ ши́я вигляда́є ~ою.** In this light, his neck looks red. **здава́тися** + *D.* seem to sb)

prep. **ч. від** + *G.* red with/from ◊ **обли́ччя ~е від лю́ті** a face red with rage

3 *fig., polit., often pejor.* red, communist ◊ **~а окупа́ція** the Red occupation; ◊ **Ч. теро́р** the Red Terror; ◊ **Кни́жка назива́ється «Ч. го́лод. Ста́лінова війна́ про́ти Украї́ни».** The book is titled *Red Famine. Stalin's War on Ukraine.*

червоні́|ти, ~ють; по~, *intr.*

1 to redden, turn red ◊ **Мета́л поча́в ч. на вогні́.** The metal started turning red on fire. ◊ **Не́бо на схо́ді почервоні́ло.** The sky in the east turned red.

2 to blush *(of face)*, flush, turn red

adv. **гу́сто** densely, **ду́же** very, **страше́нно** terribly; **ле́гко** easily, slightly; **ле́две** barely, **тро́хи** a little; **несподі́вано** unexpectedly, **ра́птом** suddenly; **зра́дницьки** traitorously ◊ **Коли́ Юхи́м бреха́в, його́ обли́ччя зра́дницьки ~ло.** When Yukhym lied, his face would turn traitorously red.

prep. **ч. від** + *G.* redden with sth ◊ **Лука́ почервоні́в від збу́дження.** Luka blushed with excitement. ♦ **ч. з** + *G.* blush with sth ◊ **Він почервоні́в із со́рому.** He blushed with shame. ♦ **ч. за** + *A.* to be ashamed for sb/sth ◊ **Оле́ні довело́ся ч. за си́на.** Olena had to be ashamed for her son.

Also see **горі́ти 5, спала́хувати 4**

3 *nonequiv., only impf., 3rd pers.* to show red, stand out red ◊ **У жи́ті ~ли ма́ки.** Poppies showed red in the rye.

черв'я́к, *m.*, **~а́**

worm

adj. **до́вгий** long, **коро́ткий** short; **товсти́й** thick, **тонки́й** thin; **слизьки́й** slimy; **бі́лий** white, **жо́втий** yellow, **черво́ний** red; ♦ **дощови́й ч.** an earthworm ◊ **Пі́сля дощу́ на хіднику́ з'явля́лися дощові́ ~і́.** After the rain, earthworms would appear on the sidewalk.

v. + **ч. копа́ти ~і́в** dig worms ◊ **Степа́н накопа́в ~і́в на риба́лку.** Stepan dug up some worms for fishing.

ч. + *v.* **звива́тися** wiggle ◊ **Ч. пові́льно звива́вся вго́ру гі́лкою.** The worm slowly wiggled up the branch. **по́взати** *and* **повзти́** crawl ◊ **По м'я́су по́взали бі́лі ~і́.** White worms crawled on the meat. ◊ **До Мо́трі в се́рце запо́вз ч. су́мнівів.** *fig.* Doubts had wormed their way into Motria's heart. **ри́ти** + *A.* burrow sth ◊ **Ри́ючи в землі́ туне́лі, ~і́ створю́ють своєрі́дну систе́му вентиля́ції.** Burrowing tunnels in the soil, worms create a ventilation system of sorts.

Cf. **змія́**

че́р|га, *f.*

1 line, queue; place in a line

adj. **вели́ка** big ◊ **Бі́ля вхо́ду зібра́лася вели́ка ч.** A big line gathered at the entrance. **до́вга** long ◊ **Він знав, що до́вга ч. шви́дко ру́хається.** He knew that the long line moved quickly. **спра́вжня** veritable, **ці́ла** entire; **мала́** *and* **невели́ка** small; **непере́рвна** continuous

v. + **ч. втрача́ти ~гу** lose a place in line ◊ **Хто не з'я́виться на перекли́чку, той втра́тить ~гу.** Those who fail to show up for the roll call will lose their place in the line. (**іґнорува́ти** ignore, **переска́кувати** skip; **утво́рювати** form), ♦ **займа́ти ~гу** to line up ◊ **На́стя зайняла́ ~гу.** Nastia lined up.

ч. + *v.* **ви́тися** wind ◊ **Ч. покупці́в в'є́ться геть за ріг кварта́лу.** The line of buyers winds all the way around the corner of the block. **почина́тися** begin, **закі́нчуватися** end; **тягну́тися** + *A.* stretch for *(a distance)* ◊ **Ч. тягну́лася на три́ста ме́трів.** The line stretched for 300 m. **утво́рюватися** form ◊ **Бі́ля кіо́ску утвори́лася до́вга ч.** A long line formed at the booth.

prep. ♦ **без ~ги** skipping the line ◊ **За́вжди́ був хтось, хто намага́вся пройти́ без ~ги.** There would always be somebody who tried to skip the line. **у ~гу** *dir.* in line ◊ **Яросла́ва ста́ла у до́вгу ~гу.** Yaroslava took a place in the long line. **у ~зі** *posn.* in a line ◊ **Дани́ло помі́тив знайо́мі обли́ччя в ~зі.** Danylo noticed familiar faces in the line. **ч. по** + *A.* a line for sth ◊ **ч. по горо́дину** a line for vegetables

2 turn, time, opportunity

adj. **довгоочі́кувана** long-awaited; **ва́ша** *and* **твоя́** your ◊ **Тепе́р ва́ша ч. вино́сити смі́ття.** It's your turn now to take out the garbage. **чия́** whose ◊ **Чия́ сього́дні ч. відкида́ти сніг?** Whose turn is it to shovel today?

v. + **ч. чека́ти ~гу** *or* **~ги** wait one's turn ◊ **Ко́жен кандида́т спокі́йно чека́в ~гу.** Each candidate calmly waited his turn. (**очі́кувати на** await; **пропуска́ти** miss) ◊ **Севери́н пропусти́в ~гу.** Severyn missed his turn. **чека́ти ~ги** wait one's turn (**очі́кувати** await) ◊ **Вони́ набра́лися терпі́ння й очі́кували ~ги.** They mustered up their patience and awaited their turn. ♦ **іти́ своє́ю ~гою** to follow one's course ◊ **Життя́ в мі́сті йде́ своє́ю ~гою.** Life in the city follows its course.

ч. + *v.* **настава́ти** *and* **підхо́дити, прихо́дити** come ◊ **Її ч. наста́ла** *and* **підійшла́ че́рез три годи́ни.** Her turn came after three hours.

prep. ♦ **бу́ти** *or* **стоя́ти на ~зі** to be sb's turn, be next ◊ **Тепе́р на ~зі стоя́ло пита́ння про вака́нсії.** Next was the issue of vacancies. **по ~зі** in turn, taking turns ◊ **Вони́ по ~зі догляда́ли за хво́рим.** They took turns caring for the sick man. ♦ **по́за ~гою** immediately, without delay, first of all ◊ **Вони́ ма́ють нака́з обробля́ти да́ні з сателі́та по́за ~гою.** They have the order to process the satellite data first of all. ♦ **у пе́ршу ~гу** first of all, above all, primarily ◊ **Вам слід у пе́ршу ~гу до́бре відпочи́ти.** You should first of all have a good rest.

3 *mil.* volley, burst

adj. **автома́тна** machine-gun; **до́вга** long, **коро́тка** short; **ча́ста** *only pl.* frequent ◊ **Чу́лися ча́сті автома́тні ~ги.** Frequent machine-gun volleys were heard. **несподі́вана** unexpected

ч. + *n.* **ч. куль** a volley of bullets (**по́стрілів** shots) ◊ **несподі́вана ч. по́стрілів** a sudden volley of shots

v. + **ч. випуска́ти ~гу** launch a volley ◊ **Солда́т усти́г ви́пустити по ньо́му коро́тку ~гу.** The soldier managed to launch a short volley at him. (**вистрі́лювати** fire; **дава́ти** let off); **ско́шувати** + *A.* **~гою** *fig.* mow sb down with a volley ◊ **Поліція́нт скоси́в напа́дника ~гою з пістоле́та.** The policeman mowed the assailant down with a volley from his gun.

черго́в|ий, *adj.*

1 next, next in turn, another ◊ **Контрабанди́сти привезли́ ~у́ гру́пу бі́женців.** The smugglers brought a group of refugees. ◊ **Пре́са повідомля́є про ~и́й ви́нахід.** The press reports another invention. ◊ **~а́ ви́тівка діте́й** another children's prank; ◊ **~і ви́бори відбу́дуться за три ро́ки.** The next election will take place in three years.

2 regular, scheduled ◊ **Вони́ хо́чуть розсла́битися пі́сля ~ої реві́зії.** They want to relax after the regular audit. ◊ **~у́ переві́рку систе́ми прово́дять раз на мі́сяць.** The scheduled system check is conducted once a month.

3 on duty, in charge ◊ **У ві́дділку полі́ції три ~і́ офіце́ри.** There are three officers on duty at the police precinct.

prep. **ч. на** *or* **по** + *L.* on duty at *(a place)* ◊ **Якове́нко був ~и́м по тре́тьому по́верху.** Yakovenko was in charge of the third floor.

4 *as n., m. and f.* person on duty, officer in charge ◊ **ч. по перепускно́му пу́нкту** the officer on duty at the checkpoint; ◊ **У лабораторії працювало двоє ~их.** Two persons on duty worked at the lab.

черевик, *m.*, **~а**
boot, *usu. pl.*
adj. **великий** big; **маленький** *dim.* small ◊ **У кутку стояли маленькі ~и.** Small boots stood in the corner. **малий** small, **мініатюрний** miniature; **важкий** heavy, **масивний** massive; **легкий** light; **водонепроникний** waterproof; **ґумовий** rubber, **замшевий** suede, **шкіряний** leather; **зашнурований** laced-up; **брудний** muddy; **начищений** shined ◊ **Іванові ~и досконало начищені.** Ivan's boots are shined to perfection. **дитячий** children's, **жіночий** female, **чоловічий** male ◊ **Ольга була в важких чоловічих ~ах.** Olha had heavy male boots on. **брунатний** brown, **червоний** red, **чорний** black; **модний** fashionable, **стильний** stylish; **старомодний** old-fashioned ◊ **Павло купив собі пару стильних ~ів.** Pavlo bought himself a pair of stylish boots. **альпіністський** climbing; **армійський** army, **бойовий** combat; **лижний** ski, **робочий** work, **спортивний** sports
n. + **ч. носок ~а** the toe of a boot ◊ **Іра копнула двері носком ~а.** Ira kicked the door with the toe of her boot. **пара ~ів** a pair of boots
v. + **ч. взувати** *or* **накладати ч.** put a boot on ◊ **Вона взула** *or* **наклала ґумові ~и.** She put her rubber boots on. (**зашнуровувати** lace up ◊ **Він зашнурував ~и.** He laced his boots up. **роззувати** *or* **скидати** take off, **розшнуровувати** unlace; **стягувати** pull off; **зношувати** *or* **стоптувати** wear out; **розношувати** break in ◊ **Віктор розношував ~и довше, як звичайно.** Viktor took longer than usual to break in the boots. **чистити** clean, polish ◊ **Давид готовий чистити ~и в готелі, лиш би не сидіти без роботи.** Davyd is ready to polish boots in a hotel, so as not to sit around doing nothing.
prep. **ч. зі сталевим носком** steel-toe capped boots; **ч. на замку** zipped boots (**на шнурках** laced), **ч. на товстій підошві** thick-soled boots
See **взуття, туфля**; *Cf.* **чобіт**

через, *prep.* + *A.*
relations of space
1 across, through ◊ **Стежка в'ється ч. леваду.** The path winds through the meadow. ◊ **Він ходив ч. увесь коридор з кінця в кінець.** He walked across the entire hallway from end to end. ◊ **Проти церкви ч. майдан стояла їхня крамниця.** Their store stood in front of the church across the square.
2 *(repetition)* every ◊ **Загадковий знак трапляється у книжці ч. кожних дванадцять сторінок.** The enigmatic sign appears every twelve pages in the book.
3 over ◊ **Він перехилився ч. край човна.** He bent over the edge of the boat. ◊ **Вода перелилася ч. вінця склянки.** Water spilled over the rim of the glass. ◊ **Він перекинув торбу ч. плече.** He slung the bag over his shoulder. ◊ **У місті немає мосту ч. річку.** There is no bridge over the river in the city. ♦ **ч. міру** over the top, too much, excessively ◊ **Ви журитеся ч. міру, все буде добре.** You worry too much; everything will be fine.
relations between objects
4 through, via ◊ **Сторони вели перемовини ч. перекладача.** The parties conducted the talks through an interpreter.
5 *(manner of action)* by ◊ **Їх чекала смерть ч. повішення.** Death by hanging awaited them.
relations of cause and effect
6 because of, due to ◊ **Матч скасовано ч. погоду.** The match was cancelled because of the weather. ♦ **ч. брак** + *G.* due to the lack of sth ◊ **Фабрику закрили ч. брак попиту на її продукцію.** The factory was closed due to the lack of demand for its products. ♦ **ч. відсутність** + *G.* for absence (lack) of sth ◊ **Його не можна призначати на вакансію ч. відсутність досвіду.** He cannot be appointed to the vacancy for absence of experience. ♦ **ч. те (це)** that's why, for that matter, therefore ♦ **У Соломії народини, ч. те вона така весела.** It's Sololomiia's birthday; that's why she is so happy. ♦ **ч. те, що** + *clause* because ◊ **Катерина журиться ч. те, що не зможе приїхати до батьків на Великдень.** Kateryna is worried because she will not be able to come see her parents for Easter. ♦ **ч. що** *or* **віщо** 1) why, because of what, for what reason ◊ **Ганна не пам'ятає, ч. що гнівається на подругу.** Hanna does not remember why she is angry with her (female) friend. 2) as a result, consequently ◊ **Аналітик не володіє українською, ч. що його коментарі подій у Києві здаються поверховими.** The analyst has no command of Ukrainian, consequently his comments on the events in Kyiv seem superficial. ♦ **ч. щось** for some reason ◊ **Старі друзі не говорять ч. щось уже чотири місяці.** For some reason, the old friends have not been on speaking terms for four months now.
Also see **внаслідок, з-за 2**
relations of time
7 in, after ◊ **Рана загоїлася ч. три тижні.** The wound healed in three weeks. ◊ **Він добрався до фортеці ч. дві години.** He reached the fortress in two hours. ♦ **ч. деякий час** after some time ◊ **Через деякий ч. становище нормалізувалося.** After some time, the situation normalized. ◊ **Він підкидає у грубу дрова ч. кожну годину.** He throws wood in the stove every hour.

череш|ня, *f.*
1 sweet cherry *(berry)* ◊ **Черешня була екзотичним делікатесом у їхніх краях.** A sweet cherry was an exotic delicacy in their parts.
adj. **велика** big; **соковита** juicy; **біла** white, **червона** red; **солодка** sweet
Cf. **вишня 1**
2 sweet cherry *(tree)*, cherry ◊ **Тут ~і не ростуть.** Sweet cherries do not grow here. ◊ **У саду кілька ~ень.** There are a few sweet cherry trees in the orchard
See **дерево**

чернет|ка, *f.*
draft, rough sketch
adj. **первісна** original ◊ **У первісній ~ці тексту багато помилок.** There are many errors in the original draft text. **перша** first, **попередня** preliminary; **робоча** working ◊ **Він тримає окрему папку для робочих ~ок.** He keeps a separate folder for working drafts. **остаточна** final
ч. + *n.* **ч. договору** a draft agreement (**угоди** treaty; **виступу** address, **доповіді** report, **промови** speech; **законопроєкту** bill, **контракту** contract; **листа** letter, **перекладу** translation, **плану** plan, **пропозиції** proposal, **статті** article, **тексту** text)
v. + **ч. готувати ~ку** prepare a draft ◊ **~ку контракту підготують на понеділок.** The draft contract will be prepared by Monday. (**писати** write ◊ **Анастасія написала попередню ~ку доповіді менш, як за годину.** Anastasiia wrote a preliminary draft report in less than an hour. **робити** produce, **складати** draw up; **закінчувати** finish ◊ **Олександер щойно закінчив ~ку перекладу.** Oleksander has just finished the draft translation. **подавати** + *D.* submit to sb; **посилати** + *D.* send to sb; **переглядати** review, **читати** read; **схвалювати** approve); **ознайомлюватися з ~кою** familiarize oneself with a rough sketch ◊ **Він ще не ознайомився з ~кою їхньої пропозиції.** He has not yet familiarized himself with their draft proposal.
prep. **в ~ці** in a draft
Cf. **проєкт 2**

чернетков|ий, *adj.*
rough, draft; preparatory ◊ **Перед готовою до публікації статтею було аж п'ять ~их варіянтів.** Before the article was ready for publishing, there were as many as five rough versions. ◊ **Роблячи ~і замальовки, маляр готував своє наступне полотно.** Making rough sketches, the artist prepared his next canvas. ◊ **Ч. текст читається як цілком довершений.** Her draft text reads as quite completed. ◊ **Поки що вони на стадії ~ої роботи.** So far they are at the stage of preparatory work.
Also see **попередній 2**

черств|ий, *adj.*
1 stale *(of bread, etc.)*, dry, hard
adv. **вже** already ◊ **Хліб уже ~ий.** The bread is already stale. **геть** totally, **досить** rather, **дуже** very, **справді** really, **цілком** completely; **майже** almost
ч. + *n.* **ч. багет** a stale baguette (**хліб** bread) ◊ **У них лишалося пів буханця ~ого хліба.** They had half a loaf of stale bread remaining.
v. + **ч. бути ~им** be stale (**виявлятися** turn out, **здаватися** + *D.* seem to sb; **їсти** + *A.* eat sth ◊ **Вона любила їсти хліб ~им.** She liked to eat stale bread. **споживати** + *A.* consume sth)
Ant. **свіжий 1**
2 *fig.* callous, cold, unfeeling ◊ **Назар слухав її із ~ою усмішкою на обличчі.** Nazar listened to her, a callous smile on his face.
v. + **ч. бути ~им** be unfeeling (**виявлятися** turn out ◊ **Професор виявився ~им педантом.** The professor turned out to be an unfeeling pedant. **здаватися** + *D.* seem to sb; **лишатися** remain ◊ **Її серце лишалося ~им до Григорієвих благань.** Her heart remained cold toward Hryhorii's entreaties. **ставати** become)
prep. **ч. до** + *G.* callous toward sb/sth ◊ **Вона ~а до людського болю.** She is callous toward human pain.
See **холодний 2.** *Also see* **кам'яний 2, крижаний 2, сталевий 2, сухий 4**

чесн|ий, *adj.*
1 honest, upright, honorable
adv. **бездоганно** impeccably, **винятково** exceptionally ◊ **Павло – людина винятково ~а.** Pavlo is an exceptionally honest person. **дуже** very, **надзвичайно** extraordinarily, **наскрізь** through and through, **справді** truly, **цілком** completely; **не дуже** not very ◊ **Це не дуже ч. учинок з її боку.** This is not a very honest thing to do on her part. **не зовсім** not entirely; ♦ **~е слово** Word of honor! On my word! I swear! ◊ **Я не знав, що це треба було зробити, ~е слово!** I did not know this needed to be done, I swear!
v. + **ч. бути ~им** be honest (**вважати** + *A.* consider sb, **виглядати** look; **виростати** grow up ◊ **Вона виросла ~ою людиною.** She grew up to be an upright person. **виявлятися** turn out ◊ **Міністр виявився не зовсім ~им.** The minister turned out to be not entirely honest. **здаватися** + *D.* seem to sb, **лишатися** remain ◊ **Протягом кар'єри у правоохоронних органах Приходько лишався ~им поліціянтом.** Throughout his career in law-enforcement, Prykhodko remained an honest policeman. **ставати** become)
prep. **ч. у** + *L.* honest as to/about/in sth ◊ **Вона ~а в усьому, що стосується служби.** She is honest in everything that concerns her service. **ч. з** *and* **перед** + *I.* honest with sb ◊ **Він був ~им перед сином.** He was honest with his son.
2 truthful, honest ◊ **Христина пе може бути ~ою з директором.** Khrystyna cannot be honest with the director.
prep. **ч. з** *or* **перед** + *I.* honest with sb ◊ **Петро був не до кінця ~им із** *or* **перед самим собою.** Petro was not entirely honest with his own self.
See **правдивий 1**

3 conscientious, diligent, hard-working ◊ **ч. учи́тель** a conscientious teacher
See **працьови́тий, сумлі́нний.** *Also see* **пи́льний 4**
4 respected, respectable, honorable, ♦ **~а компа́нія** *or* **кумпа́нія** *iron.* decent company ◊ **~ою компа́нією він жартома́ назива́в брехуна́, дрібно́го зло́дія і хроні́чного ле́жня.** He jokingly called a liar, a petty thief, and a chronic idler decent company.
See **авторите́тний.** *Also see* **прести́жний, поря́дний 3, респекта́бельний, солі́дний 2**
5 chaste, virginal, intact ◊ **Софі́я лиша́лася ~ою до шлю́бу.** Sofiia remained a virgin until her marriage.
See **цнотли́вий 2**

чесн|і́сть, *f.*, **~ости**, *only sg.*
honesty, integrity
adj. **абсолю́тна** absolute ◊ **Абсолю́тна ч. свяще́нника не виклика́ла в не́ї су́мніву.** The priest's absolute integrity raised no doubt in her mind. **бездога́нна** impeccable, **безсумні́вна** unquestionable, **безумо́вна** unconditional, **винятко́ва** exceptional ◊ **Винятко́ва ч. журналі́стки – причи́на не одніє́ї її пробле́ми.** The (female) journalist's exceptional integrity is the cause of more than one problem for her. **цілкови́та** complete; **професі́йна** *or* **фахова́** professional
v. + **ч. виявля́ти ч.** show one's integrity ◊ **Головна́ економі́стка ви́явила цілкови́ту ч.** The chief (female) economist showed complete integrity. (**розпла́чуватися за** pay for ◊ **Слі́дчий розплати́вся за ч. поса́дою.** The detective paid with his position for his integrity. (**терпі́ти за** suffer for); **вимага́ти ~ости** require integrity ◊ **Поса́да су́дді вимага́є ~ости.** The post of judge requires integrity. **бу́ти відо́мим ~істю** be known for integrity ◊ **Він відо́мий бездога́нною ~істю.** He is known for his impeccable integrity. (**же́ртвувати** sacrifice) ◊ **Вона́ поже́ртвувала професі́йною ~істю зара́ди бра́та.** She sacrificed her professional integrity for the sake of her brother.

чесно́т|а, *f.*
1 virtue, goodness, virtuousness; *fig.* benefit, advantage
adj. **важли́ва** important, **вели́ка** great, **висо́ка** high, **основна́** cardinal ◊ **Че́сність і поря́дність – для не́ї основні́ ~и.** Honesty and decency are cardinal virtues for her. **пе́рша** primary, **спра́вжня** real; **винятко́ва** exceptional; **безсумні́вна** unquestionable; **жіно́ча** feminine ◊ **Жіно́чі ~и нарече́ної були́ відо́мі всім.** The bride's feminine virtues were known to everybody. **людська́** human, **осо́биста** personal, **чолові́ча** masculine; **грома́дська** public, **громадя́нська** civic, **ети́чна** ethical ◊ **Його́ зна́ли як чолові́ка з винятко́вими ети́чними ~ами.** He was known as a man of exceptional ethical virtues. **інтелектуа́льна** intellectual, **мора́льна** moral ◊ **Шко́ла прище́плює у́чням висо́кі мора́льні ~и.** The school inculcates its students with high moral virtues. **політи́чна** political; **християнська** Christian; **притама́нна** inherent, **характе́рна** characteristic; **стара́** old, **старомо́дна** old-fashioned, **традиці́йна** traditional
v. + **ч. втілювати ~у** embody a virtue ◊ **Головна́ герої́ня втíлює христия́нську ~у всепро́щення.** The (female) protagonist embodies the Christian virtue of forgiveness. (**символізува́ти** symbolize; **вихваля́ти** extol, **заохо́чувати** promote, **оспі́вувати** exalt ◊ **Промо́вець оспі́вував ~и демокра́тії.** The speaker exalted the virtues of democracy. **підтри́мувати** support, **святкува́ти** celebrate; **практикува́ти** practice, **прище́плювати** + *D.* inculcate sb with, **пропові́дувати** preach ◊ **Сам він не поспіша́в практикува́ти політи́чні ~и, які́ пропові́дував.** He himself was not in a hurry practicing the political virtues he preached. **ма́ти** have, **посіда́ти** possess; **успадко́вувати від** + *G.* inherit from sb) ◊ **Він успадкува́в від ма́тері ~у гости́нности.** He inherited the virtue of hospitality from his mother. **вчи́ти** *or* **навча́ти** + *A.* **~і** teach sb a virtue ◊ **Ста́рший брат навча́в їх ~ам працьови́тости й наполе́гливости.** Their elder brother taught them the virtues of industriousness and tenacity.
n. + **ч. взі́рець ~и** a paragon of virtue ◊ **Він – узі́рець громадя́нської ~и.** He is a paragon of civic virtue.
Also see **гі́дність 2, цно́та 2**
2 chastity, virginity ◊ **Тара́с утра́тив юна́цьку ~у із ста́ршою па́нею.** Taras lost his youthful virginity with an older lady.
See **цнотли́вість 1, цно́та 1**

чест|ь, *f.*, **~и**, *only sg.*
1 honor *(good reputation)*, dignity
adj. **національна** national ◊ **Пре́са оголоси́ла зая́ву міні́стра обра́зою націона́льної ~и краї́ни.** The press denounced the minister's statement as an insult to the country's national honor. **осо́биста** personal, **професі́йна** professional
v. + **ч. берегти́ ч.** preserve honor ◊ **Вона́ ре́вно береже́ професі́йну ч.** She jealously preserves her professional honor. (**борони́ти** *or* **захища́ти** defend, **рятува́ти** save ◊ **Він уря́тував ч. роди́ни.** He saved his family honor. **підтри́мувати** uphold; **роби́ти** + *D.* do to sb ◊ **Перемо́га баскетбо́льної дружи́ни в турні́рі ро́бить ч. ново́му тре́нерові.** The basketball team's win in the tournament does honor to the new coach. **заплямо́вувати** soil ◊ **Ганéбний учи́нок заплямува́в його́ ч.** The shameful deed soiled his honor. **боро́тися** *or* **виступа́ти, стоя́ти за** fight for) ◊ **Спортсме́нка боро́тиметься за ч. краї́ни на світово́му чемпіона́ті.** The sportswoman will be fighting for the nation's honor in the world championship.
n. + **ч. ко́декс ~и** a code of honor ◊ **Се́ред злочи́нців діє свій ко́декс ~и.** Among criminals, their own code of honor applies. ♦ **сло́во ~и** one's word of honor ◊ **Даю́ сло́во ~и, що я цього́ не роби́в.** I give you my word of honor that I did not do it! ♦ **відпуска́ти** + *A.* **під сло́во ~и** to release sb on parole ◊ **Її відпусти́ли під сло́во ~и.** She was paroled. ♦ **спра́ва ~и** a matter of honor ◊ **Перемогти́ – для боксе́ра спра́ва ~и.** Winning is a matter of honor for the boxer.
ч. + *v.* ♦ **стоя́ти на кону́** *or* **на ка́рті** to be at stake ◊ **На кону́ стої́ть ч. устано́ви.** The honor of the institution is at stake.
prep. **без ~и** without honor ◊ **Вона́ – люди́на без ~и і со́вісти.** She is a person without honor and conscience. **з ~ю** with honor ◊ **Вони́ з ~ю ви́конають мі́сію.** They will execute the mission with honor.
See **гі́дність**
2 honor *(privilege)*
adj. **вели́ка** great, **величе́зна** tremendous ◊ **Для Оле́ни познайо́митися з режисе́ром – величе́зна ч.** To get acquainted with the director is a tremendous honor for Olena. **винятко́ва** exceptional, **особли́ва** special, **сумні́вна** dubious ◊ **Бра́ти у́часть у ї́хньому почина́нні було́ для Левка́ сумні́вною ~ю.** Taking part in their initiative was a dubious honor for Levko.
v. + **ч. діли́ти ч.** share the honor ◊ **Вона́ поділи́ла ч. лавреа́тки ще з одни́м поéтом.** She shared the honor of the winner with another poet. (**ма́ти** have ◊ **Хома́ мав ч. познайо́митися з винятко́вою жі́нкою.** Khoma had the honor of meeting an exceptional woman. **роби́ти** + *D.* do sb ◊ **Зробі́ть нам ч., прийді́ть на захі́д.** Do us the honor of attending the event. **вважа́ти за** deem it) ◊ **Олекса́ндер вважа́є за ч. працюва́ти з ни́ми.** Oleksander deems it an honor to work with them. **діли́тися ~ю з** + *I.* share an honor with sb ◊ **Яре́ма поді́литься з не́ю ~ю вести́ засі́дання.** Yarema will share the honor of conducting the meeting with her.
3 honor *(respect)*
adj. **вели́ка** great, **величе́зна** tremendous, **нале́жна** due; **заслу́жена** well-deserved, **незаслу́жена** undeserved; ♦ **забага́то ~и для** + *G. or D. (no prep.)* too much honor for sb ◊ **Ра́дитися з ни́ми в такі́й важли́вій спра́ві? Чи не забага́то ~и?** Consulting with them on such an important matter? Wouldn't that be too much of an honor?
v. + **ч. віддава́ти** + *D.* **ч.** 1) *mil.* salute sb, present arms ◊ **Поба́чивши полко́вника, вартові́ відда́ли йому́ ч.** Having seen the colonel, the guards saluted him. 2) pay one's respect for sb ◊ **Со́тні люде́й прийшли́ відда́ти оста́нню ч. учено́му.** Hundreds of people came to pay their last respects to the scientist. (**роби́ти** + *D.* do sb) ◊ **Запро́шення ста́ти чле́нкою у́ряду зро́бить їй заслу́жену ч.** The invitation to become a member of the government will do her a well-deserved honor. ♦ **тре́ба й ч. зна́ти** one should know better ◊ **Ле́ва запроси́ли лиши́тися, але́ тре́ба й ч. зна́ти – вже пі́вніч.** Lev was asked to stay, but he should know better, it's already midnight.
prep. **на ч.** + *G.* in honor of sb ◊ **Ву́лицю на́звано на ч. одного́ видатно́го драмату́рга.** The street is named in honor of a prominent playwright.

четве́р, *m.*, **~га́**
Thursday
adj. **пе́рший** first, **мину́лий** past (last), **оста́нній** last *(in a month)* ◊ **оста́нній ч. мі́сяця** the last Thursday of the month; **той** *colloq.* past; **насту́пний** next, **цей** this; **довгожда́ний** long-awaited, **щасли́вий** lucky; **нефорту́нний** unfortunate, **сумни́й** sad, **фата́льний** fatal
ч. + *v.* **настава́ти** *or* **прихо́дити** come ◊ **Що́йно був поне́ділок, а вже прийшо́в ч.** It was Monday just now, and Thursday has already come. **мина́ти** pass ◊ **Ч. мину́в, як одна́ годи́на.** Thursday passed like one hour.
prep. **від ~га́** from/since Thursday ◊ **Іва́нна працю́є тут від мину́лого ~га́.** Ivanna has worked here since last Thursday. **до ~га́** till Thursday ◊ **Вони́ у ві́д'ї́зді до насту́пного ~га́.** They are away till next Thursday. **на ч.** by/for Thursday ◊ **Маши́ну направля́ть на цей ч.** The car will be fixed by this Thursday. ♦ **не тепе́р, так** *or* **то в ч.** one way or another ◊ **Пої́хати до Луга́нська їм таки́ дове́деться – не тепе́р, то в ч.** They will have to go to Luhansk, one way or another. **у ч.** on Thursday
D. **~гу́** *or* **~го́ві**; *N. pl.* **~ги́**, *G. pl.* **~гі́в**
See **день**

чи, *conj. and part.*
1 *conj.* or *(expresses alternative of mutually exclusive options)* ◊ **Це чолові́к чи жі́нка?** Is it a man or a woman? ◊ **Хоме́нкові байду́же, лю́блять його́ у шко́лі ч. нена́видять.** It is the same to Khomenko, whether he is loved or hated at school. ♦ **ра́но ч. пі́зно** sooner or later ◊ **Ра́но ч. пі́зно ця схе́ма зава́литься.** Sooner or later the scheme will collapse. ♦ **сяк ч. так** *or* **так ч. іна́к** *or* **ч. сяк** *or* **ч. так** in any case, at any rate, anyways, this way or another ◊ **Ч. так, ч. сяк, а вам тре́ба проси́ти до́звіл на будівни́цтво.** You need to ask for a construction permit, in any case.
Cf. **або́ 1**
2 *conj.* ♦ **ч. то ... ч. (то)** 1) whether, if *(expresses uncertainty)* ◊ **Тя́жко сказа́ти ч. то чолові́к, ч. жі́нка, пере́брана в чолові́ка.** It is difficult to say whether it is a man or a woman dressed as a man. ◊ **Вона́ вага́лася, ч. то сказа́ти їм про це, ч. то промо́вчати.** She hesitated whether to tell them about it or keep mum. 2) and; both and ◊ **Він до́бре спить скрізь, ч. то у вла́сному лі́жку, ч. в чужо́му.** He sleeps well everywhere, both in his own bed and in somebody else's.

3 *conj.* that is, that is to say ◊ **Вони́ тут жили́, ч. існува́ли.** They lived there, that is existed.
♦ **ч. то пак** better to say ◊ **Він їм – помічни́к, ч. то пак пора́дник.** He is their assistant, or better to say adviser.
4 *conj.* whether, if, whether or not ◊ **Він пита́є, ч. ви прийде́те.** He's asking whether you'll come. ◊ **Не́стор не зна́є, ч. поба́чить Неа́поль знову.** Nestor does not know, whether or not he would see Naples again.
5 *interr. part. in yes/no-questions* ◊ **Ч. він – тури́ст?** Is he a tourist? ◊ **Ч. вони́ привезли́ все, що обіця́ли?** Did they bring everything they had promised?
Also see **либо́нь 3, хіба́ 1**
6 *interr. part.* **ч. не** 1) perhaps, maybe *(expresses possibility, assumption)* ◊ **Да́на поду́мала, ч. не провідати дру́га.** Dana thought perhaps she should pay her friend a visit. ◊ **Ч. не вас я ба́чив на відкритті́ вистави?** Was it you I saw at the exhibition opening? 2) approximately, nearly, about ◊ **На відно́влення буди́нку ви́тратили ч. не п'ять мільйо́нів.** About five million was spent on the building restoration.

чим, *conj.*
than *(in comparison)* ◊ **Назага́л Павли́на люби́ла поезію бі́льше, ч. про́зу.** On the whole, Polina liked poetry more than prose. ◊ **Свого́ ча́су мі́сто Остріг було́ бі́льшим, ч. Рі́вне.** There was a time, when the city of Ostrih was larger than Rivne. ♦ **ч. світ** at dawn, early in the morning ◊ **За́втра вони́ му́сять встава́ти ч. світ.** Tomorrow they have to wake up at dawn. ♦ **ч. .., тим** *or* **то** the more ... the more ◊ **Ч. холодні́ше ставало надво́рі, тим тепліше всі вдяга́лися.** The colder it became outdoors, the warmer everybody dressed. ◊ **Ч. складні́ший сюже́т, то цікаві́ший для О́льги фільм.** The more complicated the plotline, the more interesting is the movie for Olha.

чин|и́ти, ~ять; в~, *tran. and intr.*
1 *intr.* to do, act ◊ **Пра́гнучи задобри́ти жі́нку, Макси́м ~ив так, як вона́ жада́ла.** Trying to please his wife, Maksym did as she demanded.
adv. **ди́вно** strangely ◊ **Си́мон ди́вно ~ив.** Symon acted in a strange way. **непередба́чувано** unpredictably ◊ **Він зда́тен ч. непередба́чувано.** He is capable of acting in an unpredictable manner. **зако́нно** lawfully, **правомі́рно** rightfully ◊ **Адміністáція ~ить правомі́рно, не дозволя́ючи пали́ти в рестора́ні.** The administration acts rightfully, not allowing to smoke in the restaurant. **незако́нно** unlawfully ◊ **Суддя́ вчини́в незако́нно.** The judge acted unlawfully.
prep. **ч. про́ти** + *G.* act against sb/sth ◊ **Зе́ня ~ила про́ти сумлі́ння.** Zenia acted against her conscience.
See **ді́яти 1, роби́ти 3**
2 *intr.* to behave, conduct oneself ◊ **Оре́ст учини́в як безсо́вісний брехун.** Orest behaved like a liar without a conscience. ◊ **Ко́жен мо́же ч., як хо́че.** Everyone can behave as he pleases.
3 *tran.* to cause, bring about, do, commit; put up + *D.* ◊ **Во́рог не сподіва́вся, що насе́лення ~итиме таки́й шале́ний о́пір.** The enemy did not expect the population to put up such a fierce resistence.
ч. + *n.* **ч. добро́** do good ◊ **Він прийшо́в із на́міром ч. добро́.** He came with the intention to do good. (**зло́** evil, **кри́вду** wrong ◊ **Вона́ ду́має, що мо́же безка́рно ч. лю́дям кри́вду.** She thinks she can do people wrong with impunity. **ли́хо** misfortune, **несправедли́вість** injustice; **обра́зу** insult; **ка́пость** *or* **па́кість** mean trick ◊ **Зара́ди по́мсти Іва́н гото́вий в~ будь-яку́ па́кість.** For the sake of revenge Ivan was prepared to pull any kind of mean trick. **пе́релюб** adultery; **по́милку** mistake) ◊ **Вона́ ста́ла ч. одну́ глу́пу по́милку за і́ншою.** She started committing one stupid mistake after another. ♦ **ч. суд над** + *I.* to dispense justice on sb ◊ **Революціоне́ри самі́ ~или суд над ворога́ми.** The revolutionaries dispensed justice on their enemies themselves.
Also see **допуска́тися 3**
pa. pple. **вчи́нений** done, committed
(в)чини́!

чи́нн|ий, *adj.*
1 operative, effective, current, valid
ч. + *n.* **ч. криміна́льний ко́декс** the operative criminal code (**пра́вопис** orthography ◊ **Мовозна́вець вважа́є, що ч. пра́вопис – це ви́твір російських колоніза́торів.** The linguist is of the opinion that the current orthography is the creation of Russian colonizers. **про́від** leadership); **~а вла́да** current authorities (**процеду́ра** procedure; **податко́ва систе́ма** tax system; **програ́ма навча́ння** studies program) ◊ **Її не задовольня́ла ~а програ́ма навча́ння.** The current studies program did not satisfy her. **~е законода́вство** acting legislation ◊ **Нака́з пору́шує ~е законода́вство.** The order violates the current legislation. (**керівни́цтво** management; **посві́дчення** identification ◊ **Доста́тньо ма́ти ~е посві́дчення осо́би.** It is enough to have a valid personal identification. **свідо́цтво** certificate); **~і пра́вила** current rules
Also see **ді́йсний 1, тепері́шній.** *Ant.* **неді́йсний**
2 incumbent, current ◊ **Каnде́нція ~ого президе́нта закі́нчиться за рік.** The incumbent president's term in office will end in a year. ◊ **На ви́борах переміг ч. голова́ мі́ста.** The incumbent city mayor won the election.

чи́нник, *m.*, **~а**
factor
adj. **важли́вий** important, **вели́кий** big ◊ **Вірме́ни ста́ли вели́ким ~ом культу́рного життя́ мі́ста.** Armenians gradually became a big factor in the city life. **визнача́льний** deciding, **виріша́льний** decisive, **вплив́овий** influential, **голо́вний** main, **істо́тний** essential, **ключови́й** key, **основни́й** principal, **провідни́й** leading, **суттє́вий** substantial; **акти́вний** active ◊ **вода́, ві́тер, со́нце та і́нші акти́вні ~и приро́ди** water, wind, the sun and other active factors of nature; **додатко́вий** additional; **вну́трішній** internal, **зо́внішній** external; **обме́жувальний** limiting, **сприя́тливий** favorable, **стри́мувальний** deterring, **ускла́днюючий** complicating; **демографі́чний** demographic, **лю́дський** human, **психологі́чний** psychological, **соція́льний** social, **суспі́льний** societal; **екологі́чний** environmental; **культу́рний** cultural, **мо́вний** language ◊ **Дослі́дник іґнору́є мо́вні ~и формува́ння колекти́вної тото́жности.** The researcher ignores the language factors of the collective identity formation. **політи́чний** political, **релігі́йний** religious; **економі́чний** economic, **матерія́льний** material, **монета́рний** monetary, **фінана́нсовий** financial; **контексту́альний** contextual, **ситуати́вний** situational; **пості́йний** constant, **ста́лий** stable ◊ **Тури́зм – ра́дше ситуати́вний, як ста́лий ч. місце́вої еконо́міки.** Tourism is a situational rather than constant factor of the local economy.
ч. + *n.* **ч. впли́ву** an influence factor (**заля́кування** intimidation, **обме́ження** limiting, **стри́мування** deterrent, **ти́ску** pressure, **формува́ння** shaping)
n. + **ч. вплив ~а** the impact of a factor (**зна́чення** importance, **ро́ль** role); **поєдна́ння ~ів** a combination of factors ◊ **Тут ма́ємо спра́ву з ці́лим поєдна́нням ~ів.** It is an entire combination of factors that is in place here.
v. + **ч. бра́ти до ува́ги ч.** take into consideration a factor ◊ **Він бере́ до ува́ги ч. хари́зми кандида́та.** He takes into consideration the factor of the candidate's charisma. (**врахо́вувати** consider; **оці́нювати** assess; **іґнорува́ти** ignore; **перебі́льшувати** exaggerate); **бу́ти ~ом** be a factor ◊ **Підсо́ння – важли́вий ч. у ви́борі мі́сця прожива́ння пенсіоне́рів.** Climate is an important factor in the place of residence choice by the retirees. (**вважа́ти** + *A.* consider sth ◊ **Люстра́цію ча́сто вважа́ють визнача́льним ~ок у рефо́рмі систе́ми.** Lustration is often considered to be a defining factor in the reform of the system. **виявля́тися** turn out, **лиша́тися** remain; **става́ти** become) ◊ **Поту́жні збро́йні си́ли ста́ли головни́м ~ом стри́мування аґре́сора.** Powerful armed forces became the main deterring factor for the aggressor.
ч. + *v.* **бу́ти причи́ною** + *G.* cause sth ◊ **Причи́ною безробі́ття є як соція́льні, так і економі́чні ~и.** Both social and economic factors cause unemployment. **причиня́тися до** + *G.* bring sth about ◊ **До ава́рії причини́вся винятко́во лю́дський ч.** The accident was brought about exceptionally by the human factor. **взаємоді́яти** interact ◊ **Економі́чні й духо́вні ~и взаємоді́ють.** Economic and spiritual factors interact. **вплива́ти на** + *A. and* **ма́ти впли́в на** + *A.* influence sb/sth ◊ **На продукти́вність робітникі́в вплива́є ни́зка ~ів.** A host of factors influence the workers' productivity. **познача́тися на** + *A.* to affect sth/sb; **ді́яти** operate ◊ **Тут шви́дше за все ді́є ч. психологі́чної настано́ви.** Most likely it is the factor of one's psychological attitude that operates here. **поя́снювати** + *A.* explain sth; **обме́жувати** + *A.* constrain sb/sth, **перешкоджа́ти** + *D.* hamper sb/sth
prep. **ч. у** + *L.* factor in *(a process, etc.)* ◊ **ключови́й ч. у збли́женні двох сторі́н** a key factor in the rapprochement of the two parties

чино́вник, *m.*; **чино́вниця**, *f.*
official, bureaucrat
adj. **висо́кий** high-ranking ◊ **Вона́ ма́є нара́ду з висо́кими ~ами із президе́нтської адміністра́ції.** She has a conference with high-ranking officials of the presidential administration. **найви́щий** top, **ста́рший** senior; **вплив́овий** influential; **дрібни́й** minor ◊ **Він працю́є дрібни́м ~ом у міністе́рстві.** He works as a minor ministry official. **моло́дший** junior; **до́брий** good, **ефекти́вний** effective, **працьови́тий** hard-working, **стара́нний** diligent, **сумлі́нний** conscientious, **че́сний** honest; **безче́сний** dishonest, **скорумпо́ваний** corrupt
v. + **ч. підкупо́вувати ~а** bribe an official; **дава́ти хаба́р ~ові** give a kickback to an official ◊ **Він дістає потрі́бні до́зволи, даючи́ хабарі́ відпові́дним ~ам.** He obtains the requisite permits, giving kickbacks to respective officials.
See **урядо́вець**

чи́сельн|ий, *adj.*
numerical, numeral ◊ **Вони́ перемогли́, незважа́ючи на ~у перева́гу опоне́нта.** They won, despite the numerical superiority of the opponent. ◊ **да́ні про ч. склад а́рмії** the data on the numerical makeup of the army; ◊ **прихи́льник ~их ме́тодів ана́лізу** a proponent of the numerical methods of analysis
Cf. **чисе́нний 1**

числе́нн|ий, *adj.*
1 numerous, big, sizable ◊ **Да́на му́сить відпові́сти на ~і інформаці́йні за́пити.** Dana has to respond to numerous information requests. ◊ **~а авдито́рія** a big audience. ◊ **Існува́ли ~і ве́рсії те́ксту.** There existed numerous versions of the text.
Cf. **чи́сельний**
2 frequent ◊ **Вони́ чу́ли ~і по́стріли десь недале́ко.** They heard frequent gunshots somewhere nearby.
See **ча́стий**

чис|ло́, *m.*, **~ла́**
1 *math.* number *(digit)*
adj. **абстра́ктне** abstract, **алгебри́чне** algebraic; **однозна́чне** single-digit, **двозна́чне** two-digit, **тризна́чне** three-digit, **чотиризна́чне** four-digit, **п'ятизна́чне** five-digit, *etc.* ◊ **Лари́са запам'ято́вує десятизна́чне ч., погля́нувши на нього раз.** Larysa remembers a ten-digit number, having taken one look at it. **непа́рне** odd, **па́рне** even; **біна́рне** *or* **дві́йкове** binary, **десятко́ве** decimal, **ді́йсне** real, **імено́ване** concrete; **ірраціона́льне** irrational, **раціона́льне** rational; **ко́мплексне** complex, **кру́гле** round, **мі́шане** mixed, **натура́льне** natural, **про́сте́** prime, **сере́днє** average; **уя́вне** imaginary; **випадко́ве** random; **від'є́мне** negative, **дода́тне** positive; **непра́вильне** wrong, **пра́вильне** correct; **нещасли́ве** unlucky, **щасли́ве** lucky; ♦ **дробове́ ч.** a fraction; ♦ **ці́ле ч.** an integer ◊ **Мі́шане ч. склада́ється з ці́лого ~ла́ і дро́бу.** A mixed number consists of an integer and a fraction.
v. + **ч. відніма́ти ч.** subtract a number (**діли́ти** divide ◊ **Пе́рше ч. слід відня́ти від дру́гого і поділи́ти на ві́сім.** The first number should be subtracted from the second one and divided by eight. **додава́ти** add, **мно́жити** multiply; **обчи́слювати** calculate; **подво́ювати** double, **потро́ювати** triple; **вно́сити** enter ◊ **Вона́ внесла́ отри́мане ч. в табли́цю.** She entered the number obtained in the chart. **запи́сувати** write down, **писа́ти** write; **вибира́ти** pick, **приду́мувати** think up) ◊ **Ко́жен уча́сник мав приду́мати дові́льне восьмизна́чне ч.** Each participant had to think up a random eight-digit number.
ч. + *v.* **ді́литися на** + *A.* be divisible by *(a value)* ◊ **Ви́беріть натура́льне ч., що ді́литься на три.** Pick a natural number divisible by three.
Also see **ци́фра 1.** *Also see* **код 2**
2 *only sg., colloq.* number *(quantity)* ◊ **Книга́рня продала́ присто́йне ч. примі́рників її рома́ну.** The bookstore sold a decent number of copies of her novel.
v. + **ч. збі́льшуватися ~ло́м** increase in number ◊ **Прихи́льників полі́тика збі́льшилися ~ло́м.** The politician's supporters increased in number. (**зроста́ти** grow in; **змі́ншуватися** diminish in, **скоро́чуватися** decrease in) ◊ **У но́вому ро́ці ска́рги на полі́цію скороти́лися ~ло́м.** In the new year, complaints about the police decreased in number. ♦ **нема́ ~ла́** + *D.* there is no end to sth ◊ **Лю́ди все йшли́, і не було́ їм ~ла́.** People kept coming, and there was no end to them.
prep. ♦ **без ~ла́** endlessly, immeasurably ◊ **У те́ксті було́ без ~ла́ поми́лок.** There were endless mistakes in the text.
See **кі́лькість.** *Also see* **чисе́льність**
3 date, day *(of month), often pl.* ◊ **Яке́ сього́дні ч.?** What date is it today?
adj. **вчора́шнє** yesterday's, **за́втрашнє** tomorrow's, **сього́днішнє** today's; **за́днє** back ◊ **Докуме́нт позна́чено за́днім ~ло́м.** The document is backdated. ♦ **за́днім ~ло́м** in hindsight, retroactively ◊ **Він ро́бить усе́ за́днім ~ло́м.** He does everything in hindsight.
v. + **ч. ста́вити ч.** put a date ◊ **Поста́вте ч. і пі́дпис.** Put the date and your signature. **познача́ти** + *A.* **~ло́м** date sth, put a date on sth ◊ **Вона́ позна́чила лист учора́шнім ~ло́м.** She put yesterday's date on the letter.
prep. ♦ **в пе́рших ~лах мі́сяця** early in a month ◊ **Фестива́ль відбува́ється в пе́рших ~лах тра́вня.** The festival takes place in early May. ♦ **у сере́дніх ~лах мі́сяця** in the middle of the month, ♦ **в оста́нніх ~лах мі́сяця** late in the month; ◊ **Він приї́жджає у двадця́тих ~лах ве́ресня.** He is coming some time after September 20. **по ~лах** on days ◊ **Профе́сор має консульта́ції по па́рних ~лах.** The professor has office hours on even-numbered days.
See **да́та 1**
4 *only sg. with prep.* number, lot, collection, group *prep.* **в ~лі́** + *G.* among sb/sth ◊ **За насе́ленням Фра́нція в ~лі́ найбі́льших краї́н Євро́пи.** By its population, France is among the largest nations of Europe. ♦ **в то́му** *or* **тім ~лі́** including, as well as ◊ **Вони́ ма́ли п'ять і́спитів, у тім ~лі́ з істо́рії.** They had five exams, including the one in history. **до ~ла́** + *G.* to sb/sth ◊ **громадя́ни, що нале́жать до ~ла́ дискриміно́ваних за мо́вною озна́кою** the citizens who belong to the group discriminated against on the basis of language
5 *ling.* number ◊ **Грамати́чна катего́рія ~ла́ власти́ва таки́м части́нам мо́ви, як іме́нник, дієсло́во чи прикме́тник.** The grammatical category of number is inherent in such parts of speech as noun, verb or adjective.
ч. + *n.* **ч. дієсло́ва** verb number ◊ **Ч. дієсло́ва склада́ється з одни́ни та множини́.** Verb number consists of the singuar and plural. (**займе́нника** pronoun, **іме́нника** noun, **прикме́тника** adjective)
6 issue *(of newspaper)*, copy, edition
ч. + *n.* **ч. газе́ти** a newspaper number ◊ **Він не знайшо́в 9285-го ~ла́ газе́ти в архі́ві.** He did not find issue 9285 of the newspaper in the archive. (**журна́лу** magazine ◊ **Вона́ ви́брала ~ла журна́лу за чоти́ри оста́нні ро́ки.** She selected the issues of the magazine for the last four years. **телефо́ну** phone) ◊ **Лі́кар написа́в Оле́сі своє ч. телефо́ну.** The doctor wrote his phone number for Olesia.
See **газе́та, журна́л**
G. pl. **~ел**

чи́ст|ий, *adj.*
1 clean *(air, water, etc.)*, pure, clear
adv. **абсолю́тно** absolutely ◊ **До́слід прово́дили в абсолю́тно ~ому середо́вищі.** The experiment was carried out in an absolutely clean environment. **бездога́нно** impeccably, **винятко́во** exceptionally, **геть** totally, **ду́же** very, **зо́всім** entirely, **ідеа́льно** ideally, **надзвича́йно** extraordinarily, **цілко́м** completely; **до́сить** fairly, **доста́тньо** sufficiently; **осо́бливо** particularly, **порівня́но** relatively; **дивови́жно** amazingly, **незви́чайно** unusually, **неймові́рно** incredibly, **несподі́вано** unexpectedly; **приє́мно** pleasantly (**за**)**на́дто** too; **ле́две** barely, **ма́йже** almost; **не зо́всім** not entirely ◊ **Тетя́ні довело́ся спа́ти в не зо́всім ~ій посте́лі.** Tetiana had to sleep in a not entirely clean bed. **знов́у** again; **ще** still
v. + **ч. бу́ти ~им** be clean ◊ **Джерело́ лиша́ється цілко́м ~им.** The spring remains completely clean. (**виявля́тися** turn out ◊ **Вода́ у кра́ні ви́явилася ~ою.** The tap water turned out to be clean. **лиша́тися** stay; **роби́ти** + *A.* make sth ◊ **як зроби́ти пові́тря в мі́сті зно́ву ~им** how make the air in the city clean again; **става́ти** become ◊ **За три́дцять ро́кі́в о́зеро мо́же ста́ти ~им.** In thirty years, the lake can become clean. **трима́ти** + *A.* keep sth); ♦ **виво́дити на ~у во́ду** to expose sb ◊ **Журналі́ст ви́вів не одно́го скорумпо́ваного урядо́вця на ~у во́ду.** The reporter exposed more than one corrupt official. ♦ **~ої води́** true, genuine, pure and simple ◊ **Він розціни́в зая́ву як ~ої води́ провока́цію.** He regarded the statement as a provocation, pure and simple.
prep. **ч., як** + *N.* clean as sth ♦ **ч., як кришта́ль** crystal clear ◊ **У ~ій, як кришта́ль, воді́ з'явля́лися оди́н за о́дним барви́сті кора́ли.** Colorful corals appeared one after the other in the crystal clear water. (**скло́** glass, **сльоза́** tear)
Also see **я́сний 2.** *Ant.* **бру́дний 1**
2 clean *(washed)*
v. + **ч. бу́ти ~им** be clean ◊ **Ма́ртине помі́шкання було́ несподі́вано ~им.** Marta's apartment was unexpectedly clean. (**видава́тися** + *D.* appear to sb, **виявля́тися** turn out; **здава́тися** + *D.* seem to sb ◊ **Скло здало́ся Полі́ні ~им.** The glass seemed clean to Polina. **роби́ти** + *A.* turn sth ◊ **За годи́ну Пили́п зроби́в її ку́хню бездога́нно ~ою.** In an hour, Pylyp made her kitchen impeccably clean. **става́ти** become) ◊ **Бру́дна біли́зна не ста́не ~ою са́ма собо́ю.** Dirty linen will not become clean on its own.
Ant. **бру́дний 1**
3 clear *(of sky, etc.)*, cloudless ◊ **Пі́сля дощу́ не́бо ста́ло ~им і безхма́рним.** After the rain, the sky became clear and cloudless. ◊ **чи́ста, як сльоза́, насто́яна на тра́вах само́гонка** moonshine, clear as a tear and infused with herbs
See **я́сний 1.** *Ant.* **хма́рний 1**
4 clean *(of a page, etc.)*, blank ◊ **О́ля диви́лася на ~ий а́ркуш, не зна́ючи, де поча́ти писа́ти.** Olia looked at the clean page, not knowing where to start writing.
5 *fig.* superior, excellent, perfect ◊ **Ні́чого не ска́жеш, ~а робо́та.** This is hands down excellent workmanship.
6 pure, uncontaminated, unadulterated ◊ **Пе́рсні зро́блено з ~ого зо́лота.** The rings are made of pure gold. **ч. спирт** pure alcohol; ♦ **бра́ти** + *A.* **за ~у моне́ту** to take sth at face value ◊ **Очеви́дну бре́хню Марко́ взяв за ~у моне́ту.** Marko took a patent lie at face value.
Also see **щи́рий 4**
7 clean, distinct, simple ◊ **Вона́ насоло́джувалася ~ими лі́ніями ті́ла ді́вчи́ни.** She relished the clean lines of the girl's body. ◊ **~і класи́чні ри́си ри́мського обли́ччя** the clean classical features of the Roman face
See **чітки́й 1**
8 pure, refined, flawless ◊ **Америка́нка говори́ла ~ою украї́нською.** The (female) American spoke pure Ukrainian.
Also see **доскона́лий 1**
9 *fig.* pure, honest; innocent, chaste ◊ **Андрі́й мав що́до ді́вчи́ни ~і на́міри.** Andrii had pure intentions toward the girl. ♦ **від ~ого се́рця** in all sincerity ◊ **Скажу́ вам від ~ого се́рця, що її сцена́рій лиша́є бажа́ти кра́щого.** I'll tell you in all sincerity that her script leaves much to be desired. ◊ **Запевня́ю вас, це ~а пра́вда.** I assure you, this is pure truth. ◊ **Рома́на ма́ла ~е сумлі́ння.** Romana had a clear conscience.
See **неви́нний 2, цнотли́вий 2.** *Ant.* **амора́льний**
10 *colloq.* sheer, utter, absolute ◊ **Ті́льки ~а дуре́па могла́ сказа́ти таке́.** Only an utter (female) idiot could say such a thing. ◊ **Вони́ познайо́милися завдяки́ ~ій випадко́вості.** They met thanks to a pure accident. ◊ **Усе́, що вона́ пи́ше, – ~а нісені́тниця.** Everything she writes is pure nonsense.
See **спра́вжній.** *Also see* **правди́вий 2**
11 net, final, effective ◊ **Торі́к крамни́ця дала́ їм п'ятсо́т ти́сяч ~ого прибу́тку.** Last year, the store gave them five hundred thousand of net profit.

чи́ст|ити, чи́щу, ~иш, ~ять; по~, *tran.*
1 to clean, cleanse ◊ **Іва́н мав по~ помі́шкання до свя́та.** Ivan had to clean the apartment for the holiday.
adv. **бездога́нно** impeccably, **до́бре** well, **рете́льно** thoroughly, **стара́нно** painstakingly, **як слід** properly; **недба́ло** carelessly ◊ **Ма́рта насвари́ла хло́пця за те, що той недба́ло почи́стив ки́лим.** Marta scolded the boy for having cleaned the carpet carelessly. **пога́но** badly, **як-не́будь** anyhow; **до́вго** for a long time; **ле́гко** easily, **шви́дко** quickly
ч. + *n.* **ч. баняки́** clean pots ◊ **Він осо́бливо не люби́в ч. мі́дні баняки́.** He particularly disliked cleaning copper pots. (**дзьоб** beak; **ки́лим** carpet; **ри́бу** fish ◊ **Ка́тря почи́стила що́йно зло́влену ри́бу.** Katria cleaned the just caught fish. **пил** dust, **пля́ми** stains) ◊ **Пля́ми мо́жна ле́гко по~ щі́ткою й ми́лом.** The stains can be easily cleaned with a brush and soap.
v. + **ч. бу́ти тре́ба** + *D.* need to ◊ **Оле́ні тре́ба по~ со́дою ку́хонне срі́бло.** Olena needs to clean the kitchen silverware with soda. **бра́тися** set

about, **почина́ти** begin to, **ста́ти** *pf.* start; **дава́ти** + *D.* **завда́ння** give sb the task to, **ма́ти завда́ння** be tasked with, **му́сити** be obliged to ◊ **Васи́ль му́сив по~ від бру́ду взуття́.** Vasyl had to clean the shoes from dirt. **намага́тися** try to; **могти́** can, **мо́жна** be possible to; **проси́ти** + *A.* ask sb to, **хоті́ти** want to ◊ **Він хоті́в по~ хідни́к пе́ред буди́нком.** He wanted to clean the sidewalk in front of the building. **бу́ти лі́нь(ки)** + *D.* be too lazy to, be reluctant ◊ **Світла́ні лі́ньки ч. килими́.** Svitlana is reluctant to clean the carpets.

Also see **очища́ти 1.** *Cf.* **ми́ти**

2 to brush *(teeth, clothes, shoes)*, shine, polish

adv. **за́вжди́** always ◊ **Вале́рій за́вжди́ ~ив ту́флі ввече́рі пі́сля пра́ці.** Valerii always shined his shoes in the evening after work. **коли́ тре́ба** when need be, **пості́йно** constantly, **реґуля́рно** regularly, **релігі́йно** *iron.* religiously ◊ **Тепе́р Тетя́на релігі́йно ~ить зу́би.** *joc.* Now Tetiana religiously brushes her teeth. **дві́чі на день** twice a day ◊ **Я чи́щу зу́би дві́чі на день.** I brush my teeth twice a day. **іноді** sometimes, **ніко́ли не** never ◊ **Він ніко́ли не ~ив о́дягу сам, а віддава́в його́ нато́мість до хемчи́стки.** He never cleaned his clothes himself but took them to the cleaners instead. **рі́дко** rarely

3 to shovel, scoop up *(snow)*; clear *(a garden, forest, etc.)*; sweep *(chimney)* ◊ **Він реґуля́рно ~ить сніг пе́ред крамни́цею.** He regularly shovels the snow in front of the store.

prep. **ч. від** + *G.* clear of sth ◊ **Восени́ вони́ ~ять сад від сухо́го листя́ й гіло́к.** In fall, they clear the garden of dry leaves and branches.

Also see **очища́ти 1, розчища́ти**

4 to peel, skin, rind off, shell

ч. + *n.* **ч. карто́плю** peel potatoes ◊ **Павло́ навчи́вся шви́дко ч. карто́плю.** Pavlo learned to peel potatoes quickly. (**квасо́лю** beans ◊ **Вони́ почи́стили відро́ квасо́лі.** They shelled a bucketful of beans. **мо́ркву** carrots, **огірки́** cucumbers; **ци́бу́лю** onions, **часни́к** garlic; **яйце́** egg) ◊ **Він ма́є спо́сіб ле́гко ч. ва́рені я́йця.** He has a way of easily shelling boiled eggs.

Also see **очища́ти 3.** *Cf.* **лу́щити**

5 *fig., colloq.* to beat, give sb a beating ◊ **Га́нна вхопи́ла па́тика́ і взяла́ся ч. ним зло́дія.** Hanna grabbed a stick and set about beating the burglar with it.

See **би́ти 2**

6 *fig., colloq.* to scold, berate, let sb have it ◊ **Те́ща не пропуска́ла жо́дного при́воду, щоб по~ Хому́.** The mother-in-law did not miss any excuse to berate Khoma.

7 *hist., polit.* to purge ◊ **Кремль періоди́чно ~ив парті́йний апара́т, трима́ючи суспі́льство у стра́ху́.** The Kremlin periodically purged the party apparatus, keeping society in terror.

pa. pple. **почи́щений** cleaned, brushed

(по)чи́сти!

чи́сто, *adv.*

1 clean, cleanly, neatly, clearly, distinctly ◊ **Ві́кна ч. ви́мито.** The windows are cleanly washed.

2 purely, absolutely, completely, exactly ◊ **В її́ оча́х спалахну́ла ч. дитя́ча ціка́вість.** Her eyes flashed with a purely childish curiosity. ◊ **Іва́н чини́в ч. так са́мо в аналогі́чних обста́винах.** Ivan acted exactly the same way in identical circumstance. ♦ **все ч.** absolutely everything ◊ **Він усе́ ч. пам'ята́в.** He remembered absolutely everything. ♦ **всі ч.** absolutely everybody. ♦ **геть-ч.** absolutely ◊ **Чолові́к був геть-ч. не при па́м'яті.** The man was absolutely out of his wits.

See **геть 1, зо́всім 1, ціло́м 2**

3 exceptionally, purely ◊ **Таке́ використа́ння сло́ва мо́жли́ве в ч. іроні́чному конте́ксті.** Such word use is possible in a purely ironic context.

Also see **ви́ключно 2**

4 *colloq., as conj. (in comp.)* like, exactly like ◊ **Оста́п чудо́во співа́є. Ч. вам Луча́но Паваро́тті.** *iron.* Ostap is a wonderful singer. Exactly like Luciano Pavarotti to you. ♦ **ч. на́че** *or* **ні́би, як** exactly like, exactly as if ◊ **Варва́ра розповіда́є, ч. на́че все сама́ ба́чила.** Varvara tells it exactly as if she had seen it all herself.

See **як² 1**

чистот|а́, *f., only sg.*

cleanliness; purity; clarity; *also fig.*

adj. **абсолю́тна** absolute ◊ **На на столі́ була́ абсолю́тна ч.** The table was absolutely clean. **бездога́нна** impeccable, **висо́ка** high ◊ **Оле́нка – люди́на висо́кої мора́льної ~и́.** *fig.* Olenka is a person of high moral purity. **зразко́ва** exemplary, **по́вна** full ◊ **Те́хнік хо́че досягну́ти по́вної ~и́ зву́ку.** The technician wants to achieve full clarity of sound. **цілкови́та** complete; **надмі́рна** excessive ◊ **Надмі́рна ч. ство́рює для дити́ни теплич́ні умо́ви.** Excessive cleanliness creates greenhouse conditions for a child. **стери́льна** sterile; **нале́жна** proper; **особи́ста** personal; **відно́сна** relative, **порі́вняна** comparative; **зага́льна** general

v. + **ч. забезпе́чувати ~у́** ensure cleanliness ◊ **Черго́вий забезпе́чує ~у́ в їда́льні.** The person on duty ensures cleanliness in the canteen. (**люби́ти** like, **підтри́мувати** maintain ◊ **Оста́п навчи́в хло́пця підтри́мувати нале́жну ~у́ в кімна́ті.** Ostap taught the boy to maintain proper cleanliness in the room. **дба́ти про** care for); **бракува́ти ~и́** + *D.* lack cleanliness ◊ **Йо́сипові бракува́ло ~и́ й поря́дку.** Yosyp's lacked cleanliness and order. (**досяга́ти** achieve); **надава́ти зна́чення ~і** attach importance to cleanliness ◊ **Нача́льниця надає вели́кого зна́чення особи́стій ~і ко́жного підле́глого.** The (female) boss attaches great importance to the personal cleanliness of her every subordinate. **відрізня́тися ~о́ю** stand out for purity (**вража́ти** + *A.* impress sb with; **зачаро́вувати** + *A.* enchant sb with)

See **чи́стий 1-9.** *Also see* **гігіє́на**

чита́н|ня, *nt.*

1 *only sg.* reading *(activity, process)*

adj. **вду́мливе** close ◊ **Вду́мливе ч. ві́рша виявля́є алю́зії на особи́сте життя́ а́втора.** A close reading of the poem reveals allusions to the author's personal life. **глибо́ке** deep, **крити́чне** critical ◊ **Крити́чне ч. не є її́ перева́гою.** Critical reading is not her forte. **рете́льне** thorough, **серйо́зне** serious, **ува́жне** careful; **недба́ле** careless, **побі́жне** cursory, **поверхо́ве** superficial, **поква́пне** hasty ◊ **Пі́сля поква́пного ч. докуме́нта він ле́две що пам'ята́в.** After a hasty reading of the document, he remembered hardly anything. **швидке́** quick; **голосне́** *or* **гучне́** loud

ч. + *n.* **ч. ві́рша** reading of a verse (**те́ксту** text; **ма́пи** map); **ч. мо́вою** reading in a language ◊ **Джо́нове ч. украї́нською ча́сом тя́жко зрозумі́ти.** John's reading in Ukrainian is sometimes hard to understand.

n. + **ч. на́вички ч.** reading skills ◊ **Вона́ покра́щила на́вички ч. англі́йською.** She improved her English reading skills.

v. + **ч. вдоскона́лювати ч.** perfect one's reading (**покра́щувати** improve; **бра́тися за** set about, **сіда́ти за** get down to) ◊ **На вихідні́ він ся́де за ч. бібліогра́фії.** He will get down to reading the bibliography on the weekend.

prep. **ч. про** + *A.* reading about sb/sth ◊ **ч. про поді́ї 2014 ро́ку** reading about the events of 2014; **для ч.** for reading ◊ **окуля́ри для ч.** reading glasses

2 reading *(event), often pl.*

adj. **літерату́рні** literary, **поети́чні** poetry, **публі́чні** public, **сцені́чні** staged, **худо́жні** artistic; **бібді́йні** Bible; **шевче́нківські** Shevchenko

v. + **ч. відві́дувати ч.** attend a reading ◊ **Корні́й відві́дає літерату́рні ч. у книга́рні по́близу.** Kornii will attend the literary readings at the bookstore nearby. (**йти/ходи́ти на** go to; **влашто́вувати** arrange, **організо́вувати** organize, **прово́дити** hold) ◊ **Тут прово́дять бібді́йні ч.** They hold Bible readings here.

See **захі́д¹ 1.** *Also see* **імпре́за**

3 reading *(text)*, read

adj. **до́бре** good, **захо́пливе** captivating ◊ **Ко́жен її́ есе́й незмі́нно стає захо́пливим ~ням.** Her every essay invariably becomes a captivating read. **ціка́ве** interesting; **важке́** difficult, **серйо́зне** serious; **легке́** light, **розважа́льне** entertaining; **зага́дане** *or* **за́дане** assigned ◊ **Вона́ ще не бра́лася за ч. з філосо́фії, зага́дане на се́реду.** She has not yet gotten to the reading in philosophy, assigned for Wednesday. **обов'язко́ве** compulsory; **пропоно́ване** suggested, **рекомендо́ване** recommended; **підгото́вче** preparatory; **пода́льше** further

v. + **ч. зага́дувати** *or* **задава́ти ч.** assign a reading ◊ **Ще зара́но задава́ти їм таке́ важке́ ч.** It is too early to assign them such a difficult reading.

prep. **ч. до** + *G.* a reading for *(occasion)* ◊ **ч. до семіна́ру** a reading for a seminar; **ч. з** + *G.* a reading in *(a subject)* ◊ **ч. з гре́цької траге́дії** a reading in Greek tragedy

See **текст 1**

4 reading, interpretation ◊ **Він запропонува́в до́сить несподі́ване ч. всім відо́мого ви́разу.** He offered a fairly unexpected reading of the expression known to everybody.

See **інтерпрета́ція**

5 *polit.* reading ◊ **ч. законопрое́кту** reading of a bill

adj. **пе́рше** first, **дру́ге** second, **оста́ннє** final

See **обгово́рення**

G. pl. **~ь**

чита́|ти, ~ють; про~, *tran. and intr.*

1 to read

adv. **вго́лос** aloud ◊ **Щоб не втра́тити англі́йську вимо́ву, Га́нна ча́сто ~є вго́лос.** In order not to lose her English pronunciation, Hanna often reads aloud. **про се́бе** silently, **ти́хо** quietly; **ви́разно** articulately, **чі́тко** clearly, **пові́льно** slowly, **по склада́х** by syllabi; **жа́дібно** avidly, **з ціка́вістю** with interest ◊ **Гали́на прочита́ла матері́ял із ціка́вістю.** Halyna read the story with interest. **пожа́дливо** voraciously ◊ **Вона́ пожа́дливо ~ла запи́ску.** She was voraciously reading the message. **ува́жно** carefully; **вес час** all the time ◊ **На таки́й робо́ті люди́на му́сить весь час ч.** In this line of work, one has to read all the time. **пості́йно** constantly, **реґуля́рно** regularly; **вже** already, **наре́шті** finally, **неда́вно** recently, **що́йно** just ◊ **Він що́йно прочита́в це в мере́жі.** He has just read it on the Web. **я́кось** somehow; **аналіти́чно** analytically, **крити́чно** critically; **ві́льно** fluently, **до́бре** well

v. + **ч. вмі́ти** be able to, **могти́** can; **встига́ти** have the time to ◊ **Авті́вка так шви́дко проїхала, що Іре́на не встигла про~ номерні́ зна́ки.** The car passed so swiftly that Irena did not have the time to read its license plate. **змогти́** *pf.* manage to; **вчи́ти** + *A.* teach sb to ◊ **Ната́ля навчи́ла хло́пця ч.** Natalia taught the boy to read. **вчи́тися** learn to ◊ **Катери́на до́вго не могла́ навчи́тися ч.** Kateryna took a long time to learn to read. **люби́ти** like to; **почина́ти** begin to ◊ **Вони́ почали́ ч. рома́н.** They began to read the novel. **продо́вжувати** go on, **закі́нчувати** finish, **переста́ти** stop ◊ **Вартови́й переста́в ч.** The guard stopped reading.

prep. **ч. в** + *L.* read in sth ◊ **Вона́ ~є нови́ни в мере́жі.** She reads the news on the Internet. **ч. з** + *G.* read from sth ◊ **Петро́ прочита́в до́повідь з екра́ну комп'ю́тера.** Petro read the presentation from the computer screen. ♦ **ч. між рядка́ми** to read between the lines ◊ **Вона́ навчи́лася ч. між рядка́ми.** She learned to read between the lines. **ч. на** + *A.* read on sth ◊ **І́гор прочита́в пра́вила на звoро́тному бо́ці ка́ртки.** Ihor read the rules on

the reverse side of the card. **ч. про** + *A.* read about sb/sth ◊ **Про поді́ю мо́жна про~ в місце́вій газе́ті.** One can read about the event in the local newspaper.
2 to recite, declaim ◊ **Ніхто́ у кла́сі не ~є ві́рші так до́бре, як Іва́нна.** Nobody in the grade recites poems quite so well as Ivanna. ◊ **Пе́ред подоро́жжю вона́ ти́хо ~ла «О́тче наш».** Before a journey, she would quietly recite the *Our Father.*
3 to deliver *(a lecture),* teach *(a course)* ◊ **Він ~є ле́кції в рі́зних університе́тах.** He gives talks at various universities. ◊ **Щосеме́стру профе́сор Яво́рська ~є три ку́рси.** Every semester, Professor Yavorska teaches three courses.
See **виклада́ти 4.** *Also see* **вчи́ти 1**
4 to read, discern, interpret ◊ **Анато́лій прочита́в у його́ по́гляді до́кір.** Anatolii read a reproach in his look. ◊ **Стари́й чолові́к навчи́в її ч. небе́сні зна́ки.** The old man taught her to read celestial signs. ◊ **До́брий педаго́г вмі́є ч. люди́ну.** *fig.* A good educator knows how to read a person.
See **інтерпретува́ти.** *Also see* **поя́снювати 1, розумі́ти 1**
pa. pple. **прочи́таний** read
(про)чита́й!

чита́ч, *m.*, **~á; ~ка**, *f.*
reader
adj. **до́брий** good ◊ **Ко́жен а́втор хо́че ма́ти до́брих ~ів.** Each author wants to have good readers. **компете́нтний** competent, **крити́чний** critical ◊ **Як крити́чний ч. Матві́й усе́ піддає су́мніву.** As a critical reader, Matvii questions everything. **досві́дчений** experienced, **пи́льний** alert, **прони́кливий** insightful, **чутли́вий** perceptive; **вибагли́вий** discriminating, **розбі́рливий** discerning; **рете́льний** thorough, **ува́жний** attentive, **швидки́й** fast; **зацікáвлений** interested, **інтеліге́нтний** intelligent, **розу́мний** shrewd; **високоосві́чений** highly educated, **високочо́лий** high-brow ◊ **Її те́ксти призна́чені високочо́лому ~еві.** Her texts are meant for a high-brow reader. **інтелектуа́льний** intellectual, **осві́чений** educated, **поінформо́ваний** well-informed, **тонки́й** subtle; **ке́пський** poor, **пога́ний** bad; **непоінформо́ваний** uninformed, **неува́жний** inattentive, **розсі́яний** distracted; **ві́дданий** devoted, **ві́рний** loyal, **да́вній** long-time ◊ **Він – да́вній ч. часо́пису «Всесві́т».** He is a long-time reader of *Vsesvit* magazine. **всеї́дний** *fig.* omnivorous, **жа́дібний** avid, **ненаси́тний** insatiable, **пожа́дливий** voracious; **реґуля́рний** regular; **доро́слий** adult, **зрі́лий** mature, **молоди́й** young, **підлі́тковий** teen-age, **ю́нацький** youthful; **зага́льний** general;
♦ **Дороги́й** *and* **Лю́бий чита́чу!** Dear reader!
ч. + *n.* **ч. газе́ти** a newspaper reader (**журна́лу** magazine; **нови́н** news; **а́втора** author's, **письме́нника** writer's, **письме́нниці** (female) writer's; **коло́нки** column's) ◊ **Він рока́ми був реґуля́рним ~е́м спорти́вної коло́нки.** For years, he had been the sports column's regular reader.
v. + **ч. прива́блювати ~á** attract readership ◊ **Матеpія́л прива́бив молодо́го ~á.** The story attracted young readership. **апелюва́ти до ~á** appeal to a reader ◊ **Аналіти́чні публіка́ції ма́ло апелюють до зага́льного ~á журна́лу.** Analytical publications have little appeal for the general reader of the magazine. (**признача́тися для** be meant for); **подо́батися ~е́ві** be to the reader's liking
Also see **гляда́ч, слуха́ч 1, 2**

чітк|и́й, *adj.*
1 clear, distinct, lucid, sharp ◊ **~á тінь віко́нної ра́ми па́дала на пі́длогу.** The clear shadow of the window frame fell on the floor.
adv. **абсолю́тно** absolutely ◊ **По́черк у листі́ був абсолю́тно ~и́м.** The handwriting in the letter was absolutely clear. **винятко́во** exceptionally, **геть** totally, **доскона́ло** perfectly, **зо́всім** entirely, **цілко́м** completely; **до́сить** fairly, **доста́тньо** sufficiently, **ду́же** very ◊ **На снігу́ видні́вся ду́же ч. слід від колі́с.** There were very clear wheel marks visible on the snow. **надзвича́йно** extraordinarily; **дивови́жно** amazingly **незвича́йно** unusually, **неймові́рно** incredibly, **несподі́вано** unexpectedly ◊ **Світли́на ви́йшла несподі́вано ~о́ю.** The photo came out unexpectedly clear. **порі́вняно** relatively; **не зо́всім** not entirely ◊ **Її ви́мова не зо́всім ~á.** Her pronunciation is not entirely clear.
v. + **ч. бу́ти ~и́м** be clear (**виявля́тися** turn out, **(за)лиша́тися** remain ◊ **Зобра́ження залиша́лося ~и́м про́тягом всіє́ї переда́чі.** The image remained sharp for the duration of the entire show. **става́ти** become) ◊ **У дру́гому ро́зділі дисерта́ції ви́клад став доскона́ло ~и́м і переко́нливим.** In the second chapter of the dissertation, the narrative became perfectly lucid and compelling.
Also see **чи́стий 7**
2 well-organized, effective, concerted ◊ **Робо́та колекти́ву неможли́ва без ~о́ї взаємо́дії ко́жної його́ ла́нки.** The work of the team is impossible without an effective interaction of its every subdivision.

чі́тк|ість, *f.*, **~ости**, *only sg.*
1 sharpness, clarity, articulateness
adj. **бездога́нна** inpeccable, **висо́ка** high ◊ **Оста́ння плі́вка виріжня́лася висо́кою ~істю о́бразу.** The last film stood out for its high sharpness of image. **вели́ка** great, **винятко́ва** exceptional, **висо́ка** high, **до́бра** good, **доскона́ла** perfect, **максима́льна** maximal, **по́вна** full, **цілкови́та** complete; **все бі́льша** increasing; **чудо́ва** admirable; **нале́жна** proper, **потрі́бна** necessary; **жахли́ва** terrible, **ке́пська** poor, **пога́на** bad ◊ **Че́рез пога́ну ч. зву́ку вони́ не зрозумі́ли полови́ни ска́заного.** Because of bad clarity of sound they did not understand a half of what had been said. **відно́сна** relative, **порі́вняна** comparative
v. + **ч. вно́сити ч.** bring clarity ◊ **Марі́я хо́че раз і наза́вжди внести́ ч. в цю заплу́тану спра́ву.** Maria wants to bring clarity to the tangled matter once and for all. (**втрача́ти** lose; **забезпе́чувати** provide; **збі́льшувати** increase, **поси́лювати** enhance; **ма́ти** have); **бракува́ти ~ости́** lack clarity ◊ **Його́ письмо́ві бракува́ло ~ости.** His writing lacked clarity. (**додава́ти** add ◊ **Кі́лька скоро́чень додаду́ть ~ости те́кстові.** Several excisions will add clarity to the text. **досяга́ти** achieve); **відрізня́тися ~і́стю** stand out for one's clarity (**вража́ти** + *A.* impress sb with; **справля́ти вра́ження на** + *A.* impress sb with) ◊ **До́повідь спра́вила на прису́тніх вра́ження ~істю ду́мки.** The presentation impressed those present with its clarity of thought.
See **чітки́й 1**
2 effectiveness, efficiency, coordination ◊ **Ме́неджер сподіва́вся досягну́ти бі́льшої ~ости у співпра́ці з партне́рами.** The manager hoped to achieve greater effectiveness in cooperation with its partners.
See **ефекти́вність**

член, *m.*; **~ка**, *var.* **~ки́ня**, *f.*
1 member; **чле́нка**, *var.* **членки́ня**, *f.*
adj. **акти́вний** active ◊ **Він – акти́вний ч. журі́ ко́нкурсу.** He is an active member of the competition jury. **асоційо́ваний** associate; **ді́йсний** in good standing; **дові́чний** life; **індивідуа́льний** individual, **колекти́вний** group; **о́браний** elected; **по́вний** full; **пості́йний** permanent ◊ **п'ять пості́йних ~ів Ра́ди Безпе́ки ООН** the five permanent UN Security Council members; **важли́вий** important, **видатни́й** prominent, **ви́дний** notable ◊ **ви́дний ч. місце́вої грома́ди** a notable member of the local community; **відо́мий** well-known, **вплив́овий** influential, **провідни́й** leading, **шано́ваний** respected; **моло́дший** junior, **рядови́й** rank-and-file, **ста́рший** senior; **да́вній** long-time, **нови́й** new ◊ **Організа́ція потребу́є нови́х ~ів.** The organization needs new members. **стари́й** long-standing; **коли́шній** former, **потенці́йний** potential; **ві́дданий** devoted, **ві́рний** faithful; **поче́сний** honorary ◊ **Він –поче́сний ч. правлі́ння музе́ю.** He is an honorary member of the museum board. **таємни́й** secret
ч. + *n.* **ч. акаде́мії** an academy member ◊ **На засі́данні ви́ступило три ~и акаде́мії.** Three academy members spoke at the meeting. (**асоція́ції** association; **ба́нди** gang, **бра́тства** fraternity ◊ **Його́ вважа́ли провідни́м ~ом правосла́вного бра́тства.** He was considered to be a leading member of the Orthodox fraternity. **гру́пи** group; **карте́лю** cartel; **журі́** jury; **дружи́ни** team, **екіпа́жу** crew; **клу́бу** club; **колекти́ву** collective, **орке́стри** orchestra; **організа́ції** organization, **па́ртії** party, **профспі́лки** trade union, **товари́ства** society ◊ **ч. Науко́вого товари́ства і́мени Шевче́нка** a member of the Shevchenko Scientific Society; **грома́ди** community; **кла́ну** clan, **роди́ни** *or* **сім'ї́** family; **ку́льту** cult, **се́кти** sect, **це́ркви** church)
v. + **ч. бу́ти ~ом** be a member ◊ **Пан Лиса́к був ~ом катако́мбної це́ркви.** Mr. Lysak was a member of the catacomb church. (**залиша́тися** remain, **обира́ти** + *A.* elect sb, **признача́ти** + *A.* appoint sb; **роби́ти** + *A.* make sb ◊ **Його́ зроби́ли ~ом клу́бу.** He was made a member of the club. **става́ти** become)
ч. + *v.* **бра́ти у́часть у** + *L.* participate in *(a group)* ◊ **Як ді́йсний ч. товари́ства, Макси́м бере́ у́часть у ко́жному його́ засі́данні.** As a society member in good standing, Maksym participates in its every meeting. **відві́дувати** + *A.* attend *(a group)*; **вступа́ти до** + *G.* join *(a group)*; **вихо́дити з** + *G.* leave *(a group)*, **подава́ти у відста́вку** resign; **голосува́ти за** + *A.* vote for sth; **підтри́мувати** + *A.* support sb/sth
Also see **нале́жний 2, уча́сник**
2 *anat.* member, limb ◊ **Від уто́ми ко́жен ч. її ті́ла обважні́в.** Because of fatigue, every member of her body became heavy. ◊ **Він так заме́рз, що ле́две міг ру́хати ~ами.** He was so cold, he could barely move his limbs.
See **кінці́вка 2**
3 *anat.* penis ◊ **П. чолові́ка перебува́в у збу́дженом ста́ні.** The man's penis was in the state of arousal. ♦ **стате́вий ч.** a male member
Also see **геніта́лії, хуй 1**
4 part, component ◊ **Коме́ти, плане́ти й астеро́їди – це ~и Со́нячної систе́ми.** Comets, planets, and asteroids are components of the Solar System.
5 *math.* term ◊ **ч. пропо́рції** a term of a proportion (**рівня́ння** equation)
6 *ling.* part *(of sentence)*
adj. **головни́й** principal; **однорі́дний** homogeneous ◊ **Усі́ три прикме́тники в ре́ченні є однорі́дними ~ами.** All three adjectives in the sentence are its homogeneous parts.

чле́нств|о, *nt.*, *only sg.*
membership, *coll.* members
adj. **асоційо́ване** associate, **індивідуа́льне** individual, **колекти́вне** group, **корпорати́вне** corporate; **по́вне** full ◊ **Він ті́шиться привіле́ями по́вного ~а.** He enjoys the previleges of full membership. **поче́сне** honorary; **акти́вне** active; **безкошто́вне** free; **дові́чне** lifetime, **про́бне** trial ◊ **Про́бне ч. у спорти́вному клу́бі обме́жене мі́сяцем.** A trial membership in the sports club is limited to a month. **тимчасо́ве** temporary; **щорі́чне** annual
v. + **ч. втрача́ти ч.** lose one's membership ◊ **Не заплати́вши вне́сків, Марко́ ризикува́в втра́тити ч. у спі́лці.** Having not paid his dues,

Marko ran the risk of losing his membership in the union. (**давáти** + *D.* give sb, **надавáти** + *D.* grant sb, **пропонувáти** + *D.* offer sb ◊ **У Брюсéлі їй запропонувáли ч. в Європéйському лінґвістúчному товарúстві.** In Brussels, she was offered membership in the European Linguistic Society. **зберігáти** keep, **діставáти** get, **отрúмувати** obtain; **збíльшувати** increase, **розшúрювати** expand; **обмéжувати** restrict ◊ **Вонú обмéжили ч. тúми, хто розмовляє білорýською.** They restricted their membership to those who spoke Belarusian. **анулювáти** annul, **скасóвувати** cancel; **подавáти на** apply for) ◊ **Кóжен із них подáв на ч. у клýбі.** Each of them applied for club membership. **домагáтися ~а** seek membership; **відмовля́ти** + *D.* **в ~і** deny sb membership ◊ **Їй відмóвили у ~і в пáртії.** They denied her party membership.
Also see **ýчасть**

чóб|іт, *m.*, **~óта**, *often pl.*
high boot, boot *(calf-high and higher)* ◊ **Орéст стягнýв із ніг ~óти.** Orest pulled his high boots off his feet.
adj. **лíвий** left, **прáвий** right; **важкúй** heavy ◊ **До двeрéй наближáлися чиї́сь важкí ~óти.** Somebody's heavy boots were approaching the door. **масúвний** massive; **легкúй** light; **водонепронúкний** waterproof; **ґýмовий** rubber, **зáмшевий** suede, **шкірянúй** leather; **велúкий** big, **висóкий** high ◊ **Струмóк мóжна пройтú у висóких ґýмових ~óтях.** The stream can be crossed with high rubber boots on. **бруднúй** muddy; **начúщений** well-shined; **дитя́чий** children's, **жінóчий** female, **чоловíчий** male; **брунáтний** brown, **червóний** red ◊ **На кóжному танцюрúстові булú червóні ~óти.** Every dancer had red high boots on. **чóрний** black; **мóдний** fashionable, **стúльний** stylish; **старомóдний** old-fashioned; **їздовúй** riding, **ковбóйський** cowboy, **мисливськúй** hunting, **робóчий** work
v. + **ч. лáгодити ч.** mend a boot; ♦ **лизáти ~óти** + *D. fig.* to lick sb's boots ◊ **Він усé життя́ лúже комýсь ~óти.** All his life he has licked somebody's boots.
prep. **ч. з** + *G.* a high boot made of sth ◊ **Óрися прийшлá в ~óтях із тонкóї шкíри.** Orysia came in high boots made of thin leather. **ч. на висóкому підбóрі** a high-heeled boot; **ч. на низькóму підбóрі** a low-heeled high boot
G. pl. **~íт**, *D. pl.* **~óтам** *or* **~óтям**, *I. pl.* **~óтами** *or* **~íтьмú**, *L. pl.* **у ~óтях** *or* **~óтах**
See **взуття́**. *Cf.* **черевúк**

чóвн|ен, *m.*, **~нá**
boat, rowboat
adj. **крихíтний** tiny ◊ **Він перепливв рíчку крихíтним ~óм.** He crossed the river in a tiny boat. **малúй** small, **невелúкий** little; **ґýмовий** rubber, **дерев'я́ний** wooden, **надувнúй** inflatable, **плоскодóнний** flat-bottomed; **весловúй** rowing, **motóрний** motor ◊ **Їм потрíбен мотóрний ч.** They need a motor boat. **швидкíсний** speed; **прогулянкóвий** pleasure, **туристúчний** tour; **рибáльський** fishing, **рятувáльний** rescue; **іграшкóвий** toy; **дірявий** leaky ◊ **На середúні óзера вонú помíтили, що ч. дірявий.** In the middle of the lake, they noticed that the boat was leaky. **перевéрнутий** overturned; **хисткúй** shaky ◊ **Плоскодóнний ч. хисткúй.** A flat-bottomed boat is shaky.
v. + **ч. вивóдити ч.** *or* **~нá** take a boat out ◊ **За такóго вíтру вивóдити ч. небезпéчно.** It is dangerous to take the boat out in such wind. (**повертáти** turn ◊ **Він повернýв ч. лíворуч.** He turned the boat left. **скерóвувати** steer, **спрямóвувати** direct; **вантáжити** load, **розвантáжувати** unload; **прив'я́зувати** tie up ◊ **Ілля́ забýв прив'язáти ~нá.** Illia forgot to tie the boat up. **винаймáти** rent; **гойдáти** *and* **розгóйдувати** rock; **швартувáти** moor; **відв'я́зувати** untie, **відшвартóвувати** unmoor; **штовхáти** push; **будувáти** build, **проєктувáти** design; **перевертáти** overturn; **затóплювати** scuttle ◊ **Він затопúв ч. бíля бéрега.** He scuttled his boat near the bank. **топúти** sink; **сідáти в** get into ◊ **Вонá намагáлася сíсти в ч., не намочúвши ніг.** She tried to get into the boat without getting her feet wet. **скакáти в** jump into), ♦ **стáвити ч. на кíтвý** anchor a boat ◊ **Він постáвив ч. на кíтвý.** He anchored the boat.
вибирáтися з ~нá get out of a boat (**вилáзити з** get off ◊ **Яків помíг кóжному вúлізти з ~нá.** Yakiv helped everyone to get out of the boat. **вискáкувати з** jump off ◊ **Він вúскочив з ~нá у вóду.** He jumped off the boat into the water. **пíрнáти з** dive from); ♦ **катáтися на ~нí** to go boating ◊ **Вонá взялá брáта покатáтися на ~нí.** She took her brother boating.
ч. + *v.* **йти** go ◊ **Ч. ішóв паралéльно до бéрега.** The boat was going parallel to the shore. **ходúти** ply ◊ **Чéрез протóку хóдять пасажúрські ~нú.** Passenger boats ply across the strait. **пливтú** *or* **плистú** sail; **повертáти** turn ◊ **Ч. несподíвано повернýв назáд.** The boat unexpectedly turned back. **приставáти до бéрега** dock, **швартувáтися** moor; **набирáти водú** take water, **напóвнюватися водóю** fill with water ◊ **Ч. напóвнився водóю.** The boat filled with water. **перевертáтися** capsize, **тонýти** sink ◊ **Здавáлося, що ч. переверне́ться й потóне.** It seemed that the boat would capsize and sink. **везтú** + *A.* carry sth, **доставля́ти** + *A.* deliver sth, **перевóзити** + *A.* ferry sth ◊ **Ч. мóже перевóзити багáто вантажý.** The boat can ferry lots of cargo.
prep. **в ч.** *or* **~нá** *dir.* into a boat ◊ **Ларúса поклáла наплíчник у ч.** Larysa put her backpack in the boat. **в ~нí** *posn.* in a boat ◊ **Він сховáвся в ~нí.** He hid in the boat. **з ~нá** from a boat ◊ **Вонú пірнáли з ~нá.** They were diving from the boat. **на ~нí** *posn.* on a boat ◊ **На ~нí булú якíсь незнайóмі лю́ди.** There were some strange people on the boat. **під ~нóм** under a boat; **ч. до** + *G.* a boat to *(destination)* ◊ **Він шукáв ч. до пля́жу.** He was looking for a boat to the beach.
Also see **суднó, я́хта**. *Cf.* **корабéль**

чогó, *pr., adv., conj.*
1 *pr., G. sg. of* **що** what ◊ **Когó чи ч. ви так стрáшно боїтéся?** Whom or what are you so terribly afraid of? ◊ **Це влáсне те, без ч. машúна не працювáтиме.** This is in fact what the mechanism will not function without.
2 *adv.* why, what for ◊ **Ч. вонú не прийшлú?** Why didn't they come? ◊ **Ч. тут вагáтися?** Why hesitating? ◊ **Ч. всі мовчáть?** Why is everybody silent?
See **чомý 2.** *Also see* **хібá 5, хуй 3**
3 *as conj.* why, for what reason ◊ **Олéна моглá лишé догáдуватися, ч. він став уникáти її.** Olena could only surmise for what reason he started avoiding her. ◊ **Ми не знáли, ч. подорóж відкладáли.** We did not know why the trip was being put off.
See **чомý 3**

чогóсь, *pr., adv.*
1 *pr., G.* of **щось** something ◊ **Вонá гортáла кнúжку, впéрто шукáючи ч.** She leafed through the book, stubbornly looking for something. ◊ **У йогó вéрсії подíй бракувáло ч. важлúвого.** His version of the events lacked something important.
2 *adv.* for some reason ◊ **Вонá ч. сумýє.** For some reason, she is sad. ◊ **Вíктор ч. зітхнýв.** Viktor sighed for some reason.

чоловíк, *m.*
1 man, male
adj. **дорóслий** adult ◊ **За два рóки пíдліток став дорóслим ~ом.** In two years, the teenager became an adult man. **лíтній** aged, **старúй** old, **стáрший** elderly; **молодúй** young; **одрýжений** married, **неодрýжений** unmarried, **одинóкий** single ◊ **Захíд признáчено для одинóких ~íв сéреднього вíку.** The event is meant for single middle-aged men. **розлýчений** divorced ◊ **двíчі розлýчений стáрший ч.** an elderly man, twice divorced; **вродлúвий** good-looking, **гáрний** handsome, **жадáний** desirable, **привáбливий** attractive, **симпатúчний** pleasant; **бридкúй** repulsive, **гидкúй** hideous, **негáрний** unattractive, **неприє́мний** unpleasant, **нестéрпний** insufferable, **огúдний** revolting, **потвóрний** ugly, **страшнúй** horrible; **злúй** evil, **лихúй** nasty, **погáний** bad; **велúкий** big, **висóкий** tall, **довгов'я́зий** *and* **довготелéсий** lanky; **сухúй** skinny, **худúй** thin; **малúй** small, **малéнький** little, **низькúй** short; **важкúй** heavy, **гладкúй** stout, **жúрний** fat, **огря́дний** bulky, **пóвний** portly; **незґрáбний** clumsy; **жúлавий** sinewy ◊ **Цей сухúй ч. дивовúжно жúлавий.** This skinny man is amazingly sinewy. **міцнúй** able-bodied, **мускуля́стий** *and* **м'язúстий** muscular, **сúльний** strong; **світловолóсий** light-haired, **темноволóсий** dark-haired; **лúсий** bald; **бородáтий** bearded, **волохáтий** hairy; **гóлий** naked; **незря́чий** blind; **безпритýльний** homeless, **безробíтний** unemployed; **беззáхисний** defenseless, **безпорáдний** helpless, **спантелúчений** confused; **неозбрóєний** unarmed, **озбрóєний** armed ◊ **На них напáло трóє озбрóєних ~íв.** Three armed men attacked them. **істерúчний** hysterical; **дóбрий** good, **добросéрдий** kindhearted, **лáгідний** kind; **надзвичáйний** extraordinary; **передовúй** progressive, **сучáсний** modern; **безстрáшний** fearless, **відвáжний** valiant ◊ **Одúн відвáжний ч. врятувáв від смéрти цíлу сім'ю́.** One valiant man saved an entire family from death. **смілúвий** courageous; **самовíдданий** selfless; **гóрдий** proud, **мýжній** manly; **достóйний** honorable, **поря́дний** decent, **чéсний** honest, **шляхéтний** noble; **інтеліґéнтний** intelligent, **розýмний** wise; **спрúтний** shrewd; **п'я́ний** drunken; **пихáтий** arrogant; **брутáльний** brutal, **грýбий** rude, **хáмський** boorish; **дивакувáтий** weird, **ексцентрúчний** eccentric ◊ **Ексцентрúчні ~и привáблювали Мáрту.** Eccentric men attracted Marta. **дúвний** strange; **таємнúчий** mysterious; **звичáйний** regular; **весéлий** cheerful, **везýчий** *and* **талáнливий** lucky, **щаслúвий** happy; **понýрий** grim, **похмýрий** gloomy; **лю́тий** furious, **сердúтий** angry; **багáтий** rich, **замóжній** wealthy; **бíдний** poor; **бісексуáльний** bisexual, **гетеросексу-áльний** heterosexual, **гомосексуáльний** homosexual
G. pl. **~íв** ◊ **Скíльки ~íв і жінóк працю́є тут?** How many men and women work here?
Also see **дя́дько 2, пан 2, хлóпець 3.** *Cf.* **половúна 4.** *Ant.* **жíнка 1**
2 husband, spouse, man
adj. **майбýтній** future, **нúнішній** *or* **тепéрішній** current; **колúшній** former; **помéрлий** deceased; **пéрший** first, **другúй** second, *etc.*; **остáнній** last ◊ **Івáн – її остáнній ч.** Ivan is her last husband. **ідеáльний** ideal, **підхóжий** suitable; **новúй** new; **вíдданий** devoted, **вíрний** faithful; **дóбрий** good ◊ **Маркó був їй дóбрим ~ом.** Marko was a good husband to her. **кохáний** beloved, **чудóвий** wonderful; **зрадлúвий** cheating, **невíрний** unfaithful; **відсýтній** absent ◊ **Він відсýтній у сім'ї і як ч., і як бáтько.** He is absent from his family, both as a husband and father. **жорстóкий** cruel, **крúвдний** abusive; **ревнúвий** jealous
v. + **ч. знахóдити ~а** find a husband ◊ **Мáрта дóвго не моглá знайтú собí підхóжого ~а.** Marta took a long time to find herself a suitable husband. (**шукáти** look for; **втрачáти** lose; **кúдати** leave); **ітú від ~а** walk out on a husband ◊ **Вонá пішлá від ~а.** She walked out on her husband. **зрáджувати ~ові** cheat on a husband ◊ **Вонá зрáджує ~ові з якúмось богéмним поéтом.**

She cheats on her husband with some bohemian poet. **бу́ти ~ом** be a husband (**лиша́тися** remain, **става́ти** become ◊ **Вони́ ста́ли ~ом і жі́нкою.** They became husband and wife. **знайо́митися з** meet ◊ **Лі́ля познайо́милася з майбу́тнім ~ом у Я́лті.** Lilia met her future husband in Yalta. **бра́ти шлюб із** *and* **одру́жуватися з** marry ◊ **Фроси́на взяла́ шлюб із дру́гим ~ом че́рез два ро́ки пі́сля сме́рти пе́ршого.** Frosyna married her second husband two years after the death of her first one. **розлуча́тися з** divorce) ◊ **Вона́ розлучи́лася з ~ом че́рез п'ять ро́ків невда́лого шлю́бу.** She divorced her husband after five years of failed marriage.

G. pl. **~ів** ◊ **Акто́рка ма́ла шість ~ів.** The actress had six husbands.

Cf. **дружи́на 1, жі́нка 2**

3 person, individual ◊ **Коли́ ч. пла́че, йому́ зазвича́й стає ле́гше.** When a person cries, she/he usually feels better.

G. pl. **ч.** ◊ **У на́шій гру́пі сім ч.** There are seven people in our group.

See **люди́на**

чолові́ч|ий, *adj.*

1 male, man's, masculine, of or pertaining to men

ч. + *n.* **ч. капелю́х** a man's hat (**костю́м** suit, **піджа́к** jacket; **ро́змір** size; **колекти́в** team, **хор** choir) ◊ **У мі́сті було́ три ~і хо́ри.** There were three male choirs in the city. **~а вразли́вість** masculine sensitivity (**ві́дданість** loyalty, **дру́жба** friendship; **робо́та** work ◊ **~а робо́та вимага́є фізи́чної си́ли.** Man's work requires physical strength. **нату́ра** character, **психоло́гія** psychology; **соро́чка** shirt; **стать** sex); **~е насе́лення** male population ◊ **~е насе́лення Кита́ю сього́дні ме́нше, як жіно́че.** Today, China's male population is smaller than female. (**пальто́** coat); **~і ту́флі** men's shoes (**череви́ки** boots ◊ **Соломі́я вигляда́є ціка́во в ~их череви́ках.** Sofiia has an interesting look in men's boots. **шкарпе́тки** socks, **штани́** pants; **взає́мини** relations)

Ant. **жіно́чий 1, 2**

2 manly, virile, macho ◊ **Їх зустріча́ла жі́нка з де́що ~им обли́ччям.** A woman with a somewhat manly face was there to meet them. ◊ **Хло́пчик потребу́є ~ого ідеа́лу.** The little boy needs a manly role model.

See **му́жній 2.** *Ant.* **жіно́чий 2**

3 *ling.* masculine, male ♦ **ч. рід** *ling.* the masculine gender ◊ **Дієсло́во «ї́хав» стої́ть у ~ому ро́ді однини́ мину́лого ча́су.** The verb *drove* is in the masculine singular of the past tense. ♦ **~á ри́ма** *poet.* a masculine rhyme

Ant. **жіно́чий 3**

чому́, *pr., adv.*

1 *pr., D.* of **що** what ◊ **Завдяки́ ч. це ста́ло можли́вим?** Thanks to what did this become possible?

2 *adv.* why, what for ◊ **Ч. ми ма́ємо роби́ти все самі́?** Why do we have to do everything alone? ◊ **Ч. ви пита́єте?** Why are you asking? ◊ **Ч. б вам не поїхати до Полта́ви з на́ми.** Why not come to Poltava with us.

Also see **наві́що, на́що, хіба́ 5, чого́ 2**

3 *as conj.* why, for what reason ◊ **Анастасі́я не зна́є, ч. лиши́лася вдо́ма.** Anastasiia does not know, why she stayed home. ◊ **Він не ка́же, ч. зміни́в на́міри.** He does not say why he changed his mind.

Also see **чого́ 3**

чо́рн|ий, *adj.*

1 black ◊ **На Наза́рові ч. костю́м.** Nazar has a black suit on.

adv. **весь** all; **ду́же** very; **одна́ково** equally, **рівномі́рно** uniformly; **геть** totally, **цілко́м** completely ◊ **Кіт, що перебі́г доро́гу, був цілко́м ~им.** The cat that had crossed the road was completely black. **майже** almost; **не зо́всім** not quite; ♦ **~е де́рево** blackwood, ebony ♦ **~е зо́лото** *fig.* oil; ♦ **ч. чай** black tea; ♦ **~им по бі́лому** in black and white ◊ **Тут ~им по бі́лому напи́сано, що полюва́ння в запові́днику заборо́нене.** It is written here in black and white that hunting in the nature preserve is forbidden.

v. + **ч. бу́ти ~им** be black ◊ **Перегоро́дка була́ рівномі́рно ~ою.** The partition was uniformly black. (**малюва́ти** *or* **фарбува́ти** + *A.* paint sth ◊ **Парка́н помалюва́ли ~им.** The fence was painted black. ♦ **малюва́ти** + *A.* **~ими фа́рбами** to paint sth black ◊ **Як песимі́стка, Ла́на малю́є все ~ими фа́рбами.** As a pessimist, Lana paints everything black. **става́ти** become) ◊ **Вікно́нні ши́би ста́ли ~ими від са́жі.** The window panes became black with soot.

prep. **ч. як** + *N.* black as sth ♦ **воло́сся ~е, як смола́** jet black hair

Ant. **бі́лий 1**

2 *as n., nt.* black, black color, black clothes ◊ **Вона́ лю́бить ходи́ти в ~ому.** She is fond of wearing black.

v. + **ч. вдяга́ти** *or* **вдяга́тися в ~е** dress in black ◊ **За звича́єм, удова́ ма́ла вдяга́ти ч. про́тягом ро́ку.** By custom, a widow had to dress in black for one year. (**люби́ти** like, **носи́ти** wear); **ходи́ти в ~ому** wear black

3 dark, brown, suntanned, *etc.* ◊ **Із пі́вночі на мі́сто насува́лася ~а хма́ра.** A dark cloud was moving over the city from the north. ◊ **Він був у ~их окуля́рах.** He had dark glasses on. ◊ **На о́брії з'яви́лася ~а сму́га лі́су.** A dark strip of forest appeared on the horizon. ◊ **Він віддає перева́гу ~ому хлі́бові.** He gives preference to dark (rye) bread. ◊ **Його́ обли́ччя ста́ло ~им від со́нця.** His face became dark from the sun. ♦ **~а металу́ргія** ferrous metallurgy ♦ **~і о́чі** dark eyes

See **те́мний 1, 2.** *Ant.* **сві́тлий 1**

4 dirty, unwashed, soiled ◊ **За яки́х три ти́жні бі́лизна ста́ла цілко́м ~ою.** In some three weeks, the linen became completely dirty.

See **брудни́й 1**

5 *fig.* menial *(of work)*, unskilled, rough, heavy ◊ **Йому́ даю́ть ті́льки ~у робо́ту.** He is given only menial work.

6 *fig.* illegal, unauthorized ◊ **Меди́чний препара́т мо́жна купи́ти на ~ому ри́нку.** The medicine can be bought on the black market.

7 *fig.* dark, gloomy, joyless; calamitous ◊ **Сканда́л започаткува́в ~у добу́ в істо́рії університе́ту.** The scandal inaugurated a dark period in the university history. ◊ **Тимі́ш гнав від се́бе ~і ду́мки́.** Tymish chased away gloomy thoughts. ◊ **Се́рце дівчи́ни огорну́ла ~а ту́га.** Dark grief enveloped the girl's heart. ♦ **на** *or* **про ч. день** against a rainy day ◊ **Він оща́див кру́глу су́му про ч. день.** He saved a tidy sum against a rainy day. ♦ **~і зли́дні** abject poverty ◊ **Два ро́ки сім'я́ жила́ у ~их зли́днях.** For two years, the family had lived in abject poverty.

See **те́мний 3**

8 *fig.* dark, evil, wicked, rabid ◊ **Не́ю ру́хала ~а злі́сть.** Rabid fury drove her. ♦ **~а за́здрість** killer envy; ♦ **~а ма́гія** black magic ♦ **~а невдя́чність** rank ingratitude ◊ **За допомо́гу він відплати́в Са́вченкові ~ою невдя́чністю.** For his help, he repaid Savchenko with rank ingratitude. ♦ **~а со́тня** 1) *hist.* the Black Hundred; 2) *fig., coll.* Russian chauvinists ◊ **Допи́сувач був ру́пором ~ої со́тні.** The blogger was a mouthpiece of Russian chauvinism. ♦ **~а хворо́ба** *med.* epilepsy

See **те́мний 4**

чорні́|ти, ~ють; по~, *intr.*

1 to blacken, become black ◊ **Ко́мин цілко́м почорні́в від са́жі.** The chimney became completely black with soot.

adv. **вре́шті-ре́шт** eventually, **поступо́во** gradually, **геть** totally, **цілко́м** completely

2 *nonequiv., only impf., 3rd pers.* to show black ◊ **Під його́ нога́ми ~ла безо́дня.** The abyss showed black under his feet.

чорни́л|о, *nt.*

ink ◊ **Він потребу́є папі́р, перо́ й ч.** He needs paper, pen and ink.

adj. **густе́** thick, **розве́дене** diluted; **сві́же** wet ◊ **Ч. на а́ркуші було́ ще сві́жим.** The ink on the sheet was still wet. **те́мне** dark, **фіоле́тове** purple, **черво́не** red, **чо́рне** black, *etc.*; **безба́рвне** *or* **симпати́чне** invisible ◊ **Запи́ску напи́сано симпати́чним ~ом.** The message was written in invisible ink. **незми́вне** indelible ◊ **Лі́да надписа́ла компа́ктний диск незми́вним ~ом.** Lida inscribed the CD with indelible ink. **татуюва́льне** tattoo

n. + **ч. пля́ма ~а** an ink blob ◊ **Він не зна́є, зві́дки на сторі́нці пля́ма густо́го ~а.** He does not know where the blob of dense ink on the page came from. (**пля́шечка** bottle); **малю́нок ~ом** a drawing in ink (**на́пис** inscription in) ◊ **На кла́птику газе́ти був на́пис безба́рвним ~ом.** There was an inscription in invisible ink on the scrap of newspaper.

v. + **ч. викори́стовувати ч.** use ink (**промока́ти** blot; **вилива́ти** spill out, **розля́пувати** spill ◊ **Незгра́бним ру́хом він розля́пав ч. на зо́шит.** With a clumsy move, he spilled ink on the notebook. **розма́зувати** smear); **користува́тися ~ом** use ink ◊ **Усі́ зви́кли користува́тися фіоле́товим ~ом.** Everybody was accustomed to using purple ink. (**малюва́ти** draw in, **писа́ти** write in)

ч. + *v.* **висиха́ти** dry ◊ **Він чека́в, щоб ви́сохло ч.** He waited for the ink to dry. **розма́зуватися** smudge ◊ **Ч. все ще розма́зувалося.** The ink still smudged.

чорт, *m.*; **~и́ця**, *f.*

1 devil, evil spirit, fiend ◊ **Пана́с ві́рив у рі́зного ро́ду ~ів.** Panas believed in all kinds of devils. ◊ **Із ха́ти бі́гли лю́ди, як ~и́ з пе́кла.** People were running out of the house like devils from hell. ♦ **боя́тися** + *G.*, **як ч. ла́дану** to be scared like hell of sb/sth ◊ **Лука́ш боя́вся води́, як ч. ла́дану.** Lukash was scared like hell of water. ♦ **лі́зти ~ові на ро́ги** to take mortal risks ◊ **Він ліз ~ові на ро́ги так, на́че не мав ні жі́нки, ні діте́й.** He took grave risks as though he had neither wife nor children. ♦ **не ві́рити ні в Бо́га, ні в ~а** not to believe in anything ◊ **Юна́к не ві́рив ні в Бо́га, ні в ~а.** The youth did not believe in anything in the world. ♦ **Не таки́й страшни́й ч., як його́ малю́ють.** *colloq.* The devil is not so black as he is painted.

Also see **лихи́й 4, лука́вий 4**

2 *colloq.* damn, hell ◊ **Яки́й там ч. вереща́ть на всю ву́лицю?** Who the hell is out there screaming for all to hear? ♦ **ч. його́ зна́є** who the hell knows ◊ **Ч. його́ зна́є, на́що їм було́ купува́ти таку́ дороґу́ річ!** Devil knows why they would buy something so expensive. ♦ **дава́ти** + *D.* **~ів** 1) to let sb have it, to give sb hell; 2) to scold sb

prep. ♦ **до ~а** + *G.* a great deal, a lot ◊ **Чолові́к має до ~а гро́шей.** The man has a great deal of money. ♦ **на ~а** what for, no need ◊ **На ~а ви так стара́єтеся? Одна́ково ні́чого не змі́ниться.** What do you exert yourself for? It won't make a difference anyway. ♦ **Іди́ до ~а!** Go to hell!

чуб, *m.*, **~а**

forelock *(usu about man's hair)*

adj. **густи́й** thick, **до́вгий** long; **рі́денький** *dim.* thin, **коро́ткий** short; **рі́вний** even; **кучеря́вий** curly ◊ **Усі́м подо́бається його́ кучеря́вий ч.** Everybody likes his curly forelock. **скуйо́вджений** disheveled, **прями́й** straight; **коза́цький** Cossack-style ◊ **Коза́цький ч. увійшо́в у мо́ду.** A Cossack-style forelock has come into fashion.

v. + **ч. підрі́зувати ч.** *or* **~а** trim a forelock ◊ **Перука́р підрі́зав хло́пцеві ~а.** The hairdresser trimmed the boy's forelock. (**пригла́джувати** flatten ◊ **Іва́н пригла́див скуйо́вджений ч.** Ivan flattened his dishevelled forelock. **розчі́сувати** comb; **тягну́ти** + *A.* **за** pull sb by, **хапа́ти** + *A.* **за** grab sb by) ◊ **Учи́тель схопи́в хло́пця за ч.** *or* **~а.** The teacher grabbed the boy by his forelock.

чу́д|о, *nt.*

1 wonder, miracle ◊ **Лише́ ч. могло́ врятува́ти стано́вище.** Only a miracle could save the situation. ◊ **Те, що ді́вчинка ви́дужала, було́ правди́вим ~ом.** The little girl's recovery was a true miracle. ♦ **яки́м ~ом** by what miracle ◊ **Яки́м ~ом він зміг ви́грати бій?** By what miracle did he manage to win the fight? ♦ **яки́мсь** *or* **яки́мось ~ом** by some miracle, God knows how ◊ **Одна́ роди́на яки́мось ~ом пережила́ землетру́с.** By some miracle, one family survived the earthquake.
See **ди́во 1**
2 marvel, miracle, paragon ◊ **Нови́й комп'ю́тер здава́вся ~ом те́хніки.** The new computer seemed to be a marvel of technology. ◊ **Собо́р – ч. архітекту́рної доскона́лости.** The cathedral is a paragon of architectural perfection.
N. pl. **чу́да** *and* **чудеса́**

чудо́в|ий, *adj.*

wonderful, great, beautiful, lovely, superb ◊ **Вони́ познайо́милися ~ого лі́тнього дня.** They met on a wonderful summer day. ◊ **Він ма́є ~і си́ні о́чі.** He has beautiful blue eyes. ◊ **По́дорож до Ри́му лиши́ла в її се́рці ~і спо́гади.** Her trip to Rome left lovely memories in her heart.
adv. **абсолю́тно** absolutely ◊ **абсолю́тно ~а ідея́** an absolutely wonderful idea; **напра́вду** truly, **спра́вді** really; **про́сто** simply
v. + **ч. бу́ти ~им** be wonderful (**здава́тися** + *D.* seem to sb) ◊ **Її за́дум здава́вся всім про́сто ~им.** Her design seemed simply wonderful to everybody.
Also see **ди́вний 2, зако́нний 2, знамени́тий 1, капіта́льний 3, кла́сний 3**

чудо́во, *adv.*

1 wonderfully, superbly, great ◊ **Ю́рій ч. співа́є.** Yurii is a superb singer.
v. + **ч. вигляда́ти ч.** look great ◊ **Кири́ло вигляда́є ч.** Kyrylo looks great. (**звуча́ти** sound, **па́хнути** smell ◊ **Троя́нди ч. па́хнули.** The roses smelled great. **почува́тися** feel ◊ **Незважа́ючи на стрес від появи на пу́бліці, Ната́лія почува́лася ч.** Despite the stress from her public appearance, Nataliia felt great. **танцюва́ти** dance) ◊ **Марі́я ч. танцю́є та́нго.** Maria is a great tango dancer.
Also see **зако́нно 2**
2 perfectly ◊ **Ми все ч. розумі́ємо.** We understand everything perfectly well. *interj.* **Ч.!** Great!

чуж|и́й, *adj.*

1 somebody else's, other people's, different ◊ **Полі́на забробля́є, догляда́ючи за ~и́ми ді́тьми.** Polina earns her living by looking after other people's children. ◊ **Він ніко́ли не за́здрив ~и́м у́спіхам.** He was never envious of other people's success. ◊ **Оре́ста ра́птом заговори́ла ~и́м го́лосом.** Oresta suddenly started speaking in somebody else's voice. ◊ **Мико́ла рока́ми жив за ч. раху́нок.** For years, Mykola lived at somebody else's expense.
See **і́нший 1**
2 foreign, alien, strange ◊ **Секре́тні папе́ри не могли́ потра́пити в ~і ру́ки.** The secret papers could not get into strange hands.
adj. **ви́разно** distinctly, **геть** totally, **цілко́м** completely ◊ **Він сприйма́є їхню культу́ру як цілко́м ~у́.** He perceives their culture as completely alien. **я́вно** clearly ◊ **Ця люди́на ма́ла я́вно ~і для Ні́ни ці́нності.** This person had the values that were clearly alien to Nina. **зо́всім не** not at all, **не зо́всім** not quite

ч. + *n.* **ч. ви́раз** a foreign expression (**вплив** influence; **край** land, **наро́д** people, **у́ряд** government) ◊ **Він представля́є інтере́си ~о́го у́ряду.** He represents the interests of a foreign government. **~а́ культу́ра** a foreign culture (**люди́на** person, **мо́ва** language ◊ **По́над усе́ вона́ лю́бить вивча́ти ~і мо́ви.** Above all she likes to learn foreign languages. **ці́нність** value); **~е́ запози́чення** a foreign borrowing (**мі́сто** city; **пре́звище** family name; **сло́во** word)
Also see **закордо́нний, зарубі́жний, зо́внішній 3, иномо́вний.** *Ant.* **вну́трішній 3, свій, украї́нський**
3 *as n.* foreigner, stranger ◊ **Я́ків стоя́в се́ред кімна́ти, на́че ч.** Yakiv stood in the middle of the room like a stranger.
See **чужи́нець**

чужи́н|ець, *m.*, **~ця; ~ка**, *f.*

stranger, foreigner ◊ **Робе́рто – єди́ний ч., яко́го вона́ зна́є.** Roberto is the only foreigner she knows.
adj. **знайо́мий** familiar ◊ **Ната́лка запроси́ла до се́бе двох знайо́мих ~ців.** Natalka invited two familiar foreigners to her place. **незнайо́мий** unfamiliar; **нецікави́й** uninteresting, **ціка́вий** interesting; **неприє́мний** unpleasant, **приє́мний** pleasant; **симпати́чний** nice, **че́мний** polite; **аґреси́вний** aggressive, **нече́мний** impolite, **ха́мський** churlish
Also see **за́йда 1, незнайо́мець.** *Ant.* **земля́к, знайо́мий, края́нин**

чу́|ти, **~ють; по~**, *tran.*

to hear ◊ **Я ~в, що ви до́бре зна́єте Алба́нію.** I heard that you know Albania well. ◊ **Він слу́хає мене́, але́ ні́чого не ~є.** He is listening to me but he does not hear anything.
adv. **до́бре** well ◊ **Ви мене́ до́бре ~єте?** Do you hear me well? **пра́вильно** correctly, **чі́тко** distinctly, **я́сно** clearly; **ле́две** barely ◊ **Я тебе́ ле́две ~ю, голосні́ше!** I barely hear you, louder! **сла́бо** faintly
v. + **ч.** ♦ **бу́ти ч.** to be heard ◊ **Тара́са було́ ле́две ч. з тако́ї ві́дстані.** Taras could barely be heard from such distance. **могти́** can, **си́литися** + *pf. inf.* strain to ◊ **Ві́ра си́лилася по~ його́ че́рез шум зли́ви.** Vira strained to hear him through the noise of the downpour. **вдава́ти, що не** pretend not to ◊ **Ївга вдава́ла, що не ~є її.** Yivha is pretending not to hear her.
Cf. **слу́хати 1**
2 to be told, hear ◊ **Павли́на ~ла, що сусі́дового си́на пора́нили під Го́рлівкою.** Pavlyna was told that her neighbor's son got wounded near Horlivka. ◊ **Він написа́в про події так, як ~в від очеви́дців.** He wrote about the events the way he had been told by eyewitnesses.
adv. **випадко́во** accidentally, **ча́сто** often, **я́кось** once ◊ **Васили́на я́кось ~ла про ново́го дире́ктора на робо́ті.** Vasylyna once heard about the new director at work. ♦ **Хто таке́ ~в, щоб** + *clause* Can you imagine that ... ◊ **Хто таке́ ~в, щоб жі́нка пе́ршою освідчувалася чолові́кові в коха́нні?** Can you imagine a woman being the first to confess her love to a man? ♦ **Що ч.?** What's up?
See **дізнава́тися 1**
3 to feel, sense ◊ **Вона́ ~ла, як заби́лося се́рце.** She felt her heart start beating. ◊ **Він переста́в ч. біль.** He stopped feeling the pain. ◊ **Іва́н чита́є і водно́час ~є на собі́ чийсь по́гляд.** Ivan is reading and at the same time he feels someone's gaze on him.
See **відчува́ти**
4 to have a presentiment, forebode, have a misgiving; anticipate ◊ **Наза́р ~в, що наближа́ється бу́ря.** Nazar had a misgiving that a storm was approaching.
See **передчува́ти**
pa. pple. **почу́тий** heard
(по)чу́й!

чу́т|ка, *f.*

rumor, hearsay, gossip; *often pl.*
adj. **брехли́ва** scurrilous ◊ **Вона́ му́сила дізна́тися, звідки пішла́ брехли́ва ч.** She had to find out from where the scurrilous rumor had originated. **накле́пницька** slanderous, **фальши́ва** false; **зла** vicious, **злі́сна** malicious, **лиха́** evil, **недо́бра** nasty, **оги́дна** ugly, **пі́дла** base; **обра́злива** insulting, **принизли́ва** humiliating; **сканда́льна** scandalous; **отру́йна** poisonous, **токси́чна** toxic; **дивови́жна** fantastic; **безпідста́вна** baseless, **непідтве́рджена** unconfirmed; **химе́рна** bizarre; **впе́рта** persistent, **пошире́на** widespread; **сміхови́нна** ridiculous
v. + **ч. підігріва́ти ~ку** fuel a rumor ◊ **Він підігріва́в ~ку про ро́зрив у їхніх стосу́нках.** He fueled the rumor of the breakup in their relationship. (**поши́рювати** spread ◊ **Газе́та поши́рює безпідста́вні ~ки́.** The paper spreads baseless rumors. **пуска́ти** start ◊ **Світла́на пусти́ла ~ку про те, що їхній шлюб із розраху́нку.** Svitlana started the rumor that theirs was a marriage of convenience. **розпуска́ти** circulate; **запере́чувати** deny, **підтве́рджувати** confirm ◊ **Ре́чниця полі́ції відмо́вилася як підтве́рдити, так і запере́чити ~ки́ про аре́шт оліга́рха.** The police spokeswoman refused either to confirm or deny the rumors about the oligarch's arrest. **чу́ти** hear; **спира́тися на** rely on) ◊ **Прокуро́р спира́ється на ~ки́.** The prosecution relies on rumors. **ві́рити ~ка́м** believe rumors (**кла́сти край** put an end to) ◊ **Вони́ шука́ли спо́сіб покла́сти край токси́чним ~ка́м.** They looked for a way to put an end to the toxic rumors.
ч. + *v.* **дохо́дити до** + *G.* reach sb ◊ **Ч. про банкру́тство дійшла́ й до Палія́.** The rumor of the bankruptcy reached Palii as well. **поши́рюватися** *and* **ши́ритися** spread ◊ **Злі ~ки́ поши́рюються** *or* **ши́ряться шви́дше, як до́брі.** Vicious rumors spread quicker than good ones. **облі́тати** + *A.* sweep sth ◊ **Ч. про її хворо́бу облеті́ла все мі́сто.** The rumor of her sickness swept through the entire city. **проліта́ти** + *I.* sweep through sth ◊ **Мі́стом пролеті́ла ч. про можли́ву відста́вку голови́.** The rumor of the mayor's possible resignation swept through the city. **розхо́дитися** + *I.* get around sth; ♦ **і ч. пропа́ла** never to be heard from again ◊ **Поїхав він на заробі́тки до Іта́лії, і ч. пропа́ла.** He went to work in Italy never to be heard from again. ♦ **є ч., що** + *clause* they say that, there is a rumor that ◊ **В університе́ті є ч., що ма́ють збудува́ти нови́й гурто́житок.** There is a rumor at the university that a new dormitory is to be built. ♦ **ч. така́, що** + *clause* it is rumored that ◊ **Ч. така́, що вони́ одру́жуються.** They are rumored to be getting married.
prep. **ч. про** + *A.* a rumor about/of sb/sth ◊ **ч. про їхню зра́ду** the rumor of their betrayal; **ч. що́до** + *G.* a rumor concerning sb/sth ◊ **ч. що́до вжива́ння стеро́їдів се́ред боксе́рів** the rumor concerning the use of steroids among boxers; ♦ **без ~ки** without a trace ◊ **Він пропа́в без ~ки на рік.** He vanished for a year without a trace. **з ~о́к** by/from hearsay ◊ **Про їхні таємні зу́стрічі він знав ті́льки з ~о́к.** He knew about their secret meetings only by hearsay. **се́ред ~о́к** among rumors
L. **в ~ці**
Also see **брехня́ 2, слух 2**

чутли́в|ий, *adj.*

1 sensitive, receptive, susceptible, keen ◊ **Росли́на не є ~ою до пере́падів температу́ри.** The plant is not sensitive to temperature fluctuations.
adv. **винятко́во** exceptionally ◊ **Він ма́є винятко́во ~е ву́хо.** He has an exceptionally sensitive ear. **вкрай** extremely, **ду́же** very, **надзвича́йно** extraordinarily, **страше́нно** terribly; **ді́йсно** *and* **спра́вді** really, **напра́вду** truly ◊ **маса́жистка з напра́вду ~ими па́льцями** a masseuse with truly sensitive fingers; **особли́во**

particularly; **надмі́ру** excessively, **(за)на́дто** too; **доста́тньо** sufficiently
v. + **ч. бу́ти ~им** be sensitive ◊ (**виявля́тися** turn out ◊ **Її ніс ви́явився вкрай ~им.** Her nose turned out to be extremely sensitive. **лиша́тися** remain, **роби́ти** + *A.* make sb ◊ **Пра́ця з бі́женцями зроби́ла Ада́ма ~им до чужи́х стражда́нь.** His work with refugees made Adam sensitive to other people's suffering. **става́ти** become) ◊ **Її о́чі ста́ли ~ими до сві́тла.** Her eyes became sensitive to light.
prep. **ч. до** + *G. or* **на** + *A.* sensitive to sth ◊ **Вона́ ста́ла ~ою на всякі инакомо́влення.** She became sensitive to all kinds of intimations.
Also see **вразли́вий 1, дошку́льний 3**
2 sensitive, tender, delicate ◊ **Вона́ ле́две ру́хала ~ими вуста́ми.** She was barely moving her tender lips.
See **ні́жний 2**
3 sensitive, tricky, difficult ◊ **Сто́рони перемо́вин обхо́дили ~е пита́ння поселе́нців.** The negotiating parties steered clear of the sensitive issue of settlers.
adv. ♦ **високочутли́вий** highly sensitive, **вкрай** extremely, **ду́же** very, **страше́нно** terribly; **потенці́йно** potentially ◊ **Вона́ побо́юється, щоб потенці́йно ~а інформа́ція не потра́пила до рук во́рога.** She fears that the potentially sensitive information will fall into the enemy's hands. **до́сить** rather; **екологі́чно** ecologically, **комерці́йно** commercially, **культу́рно** culturally, **політи́чно** politically ◊ **Вони́ відклада́ють ро́згляд політи́чно ~их пита́нь.** They put off the examination of the politically sensitive issues.
See **болю́чий 3, делікáтний 2**

чутт|я́, *nt.*

1 sense ◊ **Ві́ктор має хворобли́ве ч. до́тику.** Viktor has an unhealthy sense of touch.
adj. **го́стре** acute ◊ **Вона́ ча́сом на́віть страждáє від го́строго ч. за́паху.** Sometimes she even suffers from her acute sense of smell. **до́бре** good, **розви́нене** developed, **поси́лене** heightened, **тонке́** keen; **наді́йне** reliable, **несхи́бне** unfailing, **то́чне** accurate; **послáблене** weakened, **ке́пське** poor, **пога́не** bad, **слабке́** weak, **хистке́** shaky; **хворобли́ве** unhealthy; ♦ **п'ять ~ів** five senses ◊ **До п'яти́ ~ів нале́жать до́тик, за́пах, зір, слух та смак.** The five senses are: touch, smell, sight, hearing and taste. ♦ **шо́сте ч.** the sixth sense
ч. + *n.* **ч. до́тику** a sense of touch (**за́паху** smell, **зву́ку** sound, **зо́ру** sight, **смаку́** taste)
n. + **ч.** ♦ **о́ргани ч.** sense organs ◊ **Люди́на має п'ять о́рганів ч.: ву́ха, ніс, о́чі, шкі́ра та язи́к.** A person has five sense organs: ears, nose, eyes, skin, and tongue.
v. + **ч. втрача́ти ч.** lose a sense ◊ **Андрі́й на яки́йсь час утра́тив ч. за́паху.** For some time, Andriii lost his sense of smell. (**ма́ти** have; **віднахо́дити** regain; **заго́стрювати** sharpen, **поси́лювати** heighten ◊ **Є рі́жні спо́соби поси́лювати ч. зо́ру.** There are various ways of heightening the sense of sight. **притупля́ти** dull) ◊ **Він пив, щоби притупи́ти ч.** He drank to dull his senses.
ч. + *v.* **зника́ти** disappear ◊ **У хво́рого зни́кло ч. смаку́.** The patient's sense of taste disappeared. **каза́ти** + *D.* tell sb, **підка́зувати** + *D.* prompt sb ◊ **Усі́ його́ ч. підка́зували йому́ втіка́ти.** All his senses prompted him to run.
Also see **відчуття́ 1**
2 sense, feeling ◊ **Від зга́дки про Я́лту в Ахте́мовому се́рці воруxну́лися болю́чі ч.** Painful feelings stirred in Akhtem's heart at the mention of Yalta.
See **почуття́ 1.** *Also see* **відчуття́ 1**
3 sense, understanding, awareness
adj. **до́бре** good, **розви́нене** developed, **тонке́** keen, **чудо́ве** great; **вро́джене** innate, **інтуїти́вне** intuitive, **приро́дне** natural; **набу́те** acquired; **правди́ве** true, **спра́вжнє** genuine; **дивови́жне** amazing, **загадко́ве** enigmatic ◊ **Кажани́ ма́ють яке́сь загадко́ве ч. орієнта́ції.** Bats have some enigmatic sense of direction. **винятко́ве** exceptional, **рі́дкісне** rare, **уніка́льне** unique; **особли́ве** peculiar, **своє́рідне** unconventional; **безпомилко́ве** unmistakable, **доскона́ле** perfect, **наді́йне** reliable, **несхи́бне** unfailing; **відсу́тнє** absent; **бізнесо́ве** business, **естети́чне** esthetic, **худо́жнє** artistic
ч. + *n.* **ч. орієнта́ції** a sense of direction (**про́стору** space ◊ **Вони́ знайшли́ архіте́ктора з рі́дкісним ~я́м про́стору і пропо́рцій.** They found an architect with a rare sense of space and proportion. **моме́нту** timing, **ча́су** time; **небезпе́ки** danger; **мі́ри** measure, **мо́ди** fashion, **прекра́сного** beauty, **пропо́рцій** proportion, **ри́тму** rhythm, **сти́лю** style)
v. + **ч. ма́ти ч.** have a sense ◊ **Він має вро́джене ч. сти́лю.** He has a natural sense of style. (**вихо́вувати в** + *G.* instilled in sb ◊ **Батьки́ ви́ховали в си́на тонке́ ч. прекра́сного.** The parents instilled a keen sense of beauty in their son. **спира́тися на** rely on) ◊ **Рекла́мна кампа́нія спира́ється на винятко́ве ч. моме́нту її організа́торів.** The promotion campaign relies on its organizers' sense of timing. **вимага́ти ч.** require a sense ◊ **Нова́ поса́да вимагає необи́якого ч. мо́ди.** The new position requires an uncommon sense of fashion.
prep. **без ч.** without a sense ◊ **Пан М. ви́явився без уся́кого ч. мі́ри.** Mr. M. turned out to have no sense of measure. **з ~я́м** with a sense
Also see **відчуття́ 4**

чха́|ти, ~ють; чхну́ти, ~уть, *intr.*

1 to sneeze
adv. **ввесь час** all the time; **оди́н раз** once, **дві́чі** twice ◊ **Він дві́чі чхну́в.** He sneezed twice. **го́лосно** loudly, **ти́хо** quietly; **неконтрольо́вано** uncontrollably, **ча́сто** often ◊ **У кві́тні вона́ ча́сто ~є.** In April, she often sneezes.
v. + **ч. почина́ти** begin to ◊ **Кіт поча́в ч.** The cat began to sneeze. **ста́ти** *pf.* start; **продо́вжувати** continue to ◊ **Він продо́жував го́лосно ч.** He continued to sneeze loudly. **перестава́ти** stop
2 *colloq., fig.* to spit *(to express contempt)*, not to care; *pf.* **на~** ◊ **Чха́ти я хоті́в на ва́ші пра́вила.** I couldn't care less for your rules. ♦ **бу́ти** + *D.* **на~ на** + *A.* not to give a damn about sb/sth ◊ **Прокуро́рові було́ на~ на парла́ментську недото́рка́нність полі́тика.** The prosecutor did not give a damn about the politician's parliamentary immunity.
Also see **плюва́ти 2**
(на)чха́й!

Ш

шале́н|ий, *adj.*

1 crazy, insane, deranged ◊ **Мари́ні ста́ло мо́торошно від його́ ~ого ре́готу.** Maryna felt creeped out by his crazy laughter. ◊ **Він абсолю́тно ш., що пого́дився на ї́хні умо́ви.** He must be absolutely insane to agree to their terms. ♦ **як ш.** like crazy ◊ **Вона́ ста́ла ки́датися по кімна́ті, як ~а.** She started tossing about the room like crazy.
prep. **ш. від** + G. crazy with sth ◊ **Палі́й погля́нув на ньо́го ~ими від стра́ху́ очи́ма.** Palii looked at him, his eyes crazy with fear.
See **божеві́льний 1.** *Also see* **наві́жений 1**
2 fierce, furious, frenzied, wild ◊ **Воя́ки ки́нулися в на́ступ з ~ими кри́ками.** The soldiers rushed to attack with furious cries. ◊ **Візни́к намага́вся я́кось зупини́ти ~их ко́ней.** The coachman tried to somehow stop the frenzied horses. ◊ **Три дні вони́ провели́ в ~ій підгото́вці.** They spent three days in furious preparation.
Also see **божеві́льний 1, наві́жений 3**
3 powerful, strong, fierce, violent, crazy ◊ **За ві́кном люто́ва́ла ~а хуртови́на.** A fierce snow blizzard raged behind the window. ◊ **Ш. ві́тер зірва́в дах із буди́нку.** Violent wind tore the roof off the building. ◊ **Степа́н відчува́в ~у си́лу в рука́х.** Stepan felt fierce strength in his hands.
Also see **несамови́тий 3**
4 *fig.* enormous, huge *(usu of money, etc.)* ◊ **Прое́кт отри́мав ~і ресу́рси на дослі́дження.** The project received enormous resources for research. ◊ **Їм пла́тять ~і гро́ші.** They are paid crazy money.
See **вели́кий.** Also see **божеві́льний, 3 наві́жений 3**
5 crazy, intense, great, fast, precipitous ◊ **Повз них на ~ій шви́дкості промча́ли дві авті́вки.** Two cars careened past them at an insane speed. ◊ **Ще оди́н ш. день, і в не́ї не ви́тримають не́рви.** Another crazy day and her nerves will snap. ◊ **Ш. темп життя́ не для Оле́ся.** The crazy life tempo is not for Oles.
Also see **божеві́льний 2, наві́жений 2**

шано́вн|ий, *adj.*

1 esteemed, respected ◊ **Чле́нами надзі́рної ра́ди є ~і представники́ грома́ди.** Members of the supervisory board are respected community representatives.
Also see **поче́сний 1**
2 esteemed, respected *(as part of address formula)* ♦ **Ш. па́не** + *N.* Dear Mr., ♦ **~а па́ні** + *N.* Dear Mrs. ◊ **Лист почина́вся зви́клим звертáнням «Ш. профе́соре».** The letter began with the customary appellation *Respected Professor.*

шанта́ж, *m.*, ~у́

blackmail
adj. **відкри́тий** open, **наха́бний** brazen, **прями́й** direct, **спра́вжній** real, **я́вний** obvious; **прихо́ваний** hidden; **пості́йний** constant; **військо́вий** military, **економі́чний** economic, **політи́чний** political, **я́дерний** nuclear; **емоці́йний** emotional ◊ **Він уда́вся до погро́зи самогу́бства – типо́вої фо́рми емоці́йного ~у́.** He resorted to a threat of suicide, a typical form of emotional blackmail. **мора́льний** moral, **психологі́чний** psychological
n. + **ш. систе́ма ~у́** a blackmail system ◊ **Правлі́ння було́ засно́ване на систе́мі ~у́.** The administration was founded on a system of blackmail. (**спро́ба** attempt) ◊ **спро́ба ~у́ активі́стів з бо́ку полі́ції** a blackmail attempt of activists by the police
v. + **ш. застосо́вувати ш. до** + *G* use blackmail on sb ◊ **Він гото́вий застосува́ти ш., щоби зму́сити кри́тиків заткну́тися.** He is ready to use blackmail to make his critics shut up. **вдава́тися до ~у́** resort to blackmail ◊ **Слу́жба безпе́ки вдава́лася до ~у́ особли́во бунтівли́вих чле́нів парла́менту.** The security service resorted to blackmail of particularly recalcitrant members of parliament.
Also see **загро́за 2, погро́за**

шантажу|ва́ти, ~ють; *no pf., tran.*

to blackmail + *A.* + *I.* ◊ **Прокуро́р ~ва́в суддю́ компрома́том.** The prosecutor blackmailed the judge with compromising material.
adv. **відкри́то** openly ◊ **Пінчу́к відкри́то ~ва́в їх.** Pinchuk openly blackmailed them. **пря́мо** directly; **факти́чно** effectively ◊ **Обіця́ючи оприлю́днити ім'я́ полі́тика, реда́ктор факти́чно ~ва́в його́.** Promising to make the politician's name public, the editor effectively blackmailed him. **емоці́йно** emotionally, **мора́льно** morally, **психологі́чно** psychologically
v. + **ш. дозволя́ти** + *D.* allow sb to ◊ **Світли́ни**

дозволя́ли їх влáсникові ш. цьогó бабія́. The pictures allowed their owner to blackmail this philanderer. **намагáтися** try to ◊ **Невідóмий намагáвся ш. її.** The stranger tried to blackmail her. **роби́ти спрóбу** attempt to, **хоті́ти** want to; **стáти** *pf.* start
шантажу́й!
Also see **погрóжувати**

шáп|ка, *f.*
1 cap, hat
adj. **плéтена** knitted ◊ **У кишéні вонá мáла плéтену ~ку на ви́падок холóдної погóди.** In her pocket, she had a knitted cap, in case of cold weather. **дитя́ча** children's, **жінóча** women's, **чоловíча** men's; **зимóва** winter, **тéпла** warm; **вóвняна** woolen, **шкірянá** leather; ♦ **хутрянá ш.** a fur hat ◊ **Ти́міш рі́дко носи́в хутряну́ ~ку, яку́ купи́ла йому́ сестрá.** Tymish rarely wore the fur hat his sister had bought him. ♦ **ш.-вушáнка** a trapper hat; **легкá** light, **паперóва** paper; **ли́жна** ski, **спорти́вна** sport ◊ **Óля люби́ла свою́ спорти́вну ~ку з червóним козиркóм.** Olia liked her sport cap with a red visor. **плавéцька** swimming; **блáзенська** dunce; ♦ **ш.-невиди́мка** the Cap of Invisibility ◊ **Він прони́кнув до палáцу за допомóгою шáпки-невиди́мки.** He got inside the palace with the help of the Cap of Invisibility.
v. + **ш. вбирáти** *or* **одягáти ~ку** put on a cap (**знімáти** *or* **здіймáти, скидáти** doff, **стя́гувати** pull off; **носи́ти** wear); **приклáдáти ру́ку до ~ки** tip one's cap ◊ **Вóяк приклáв до ~ки ру́ку, вітáючи команди́ра.** The soldier tipped his cap, greeting the commander. ♦ **давáти по ~ці** to beat sb, let sb have it ◊ **Вони́ такі́ лю́ті, що й по ~ці мóжуть дáти Івáнові.** They are so mad they can give Ivan a beating.
prep. **в ~ку** *dir.* in a cap ◊ **Вонá поклáла гриби́ в ~ку.** She put the mushrooms in her cap. **в ~ці** *posn.* in a cap ◊ **У ~ці булó ще п'ять горíхів.** There were five more nuts in the cap. **під ~ку** *dir.* under a cap ◊ **Кошеня́ сховáлося під ~ку.** The kitten hid under a hat. **під ~кою** *posn.* under a cap ◊ **Рукави́ці були́ під ~кою.** The gloves were under the cap.
Cf. **капелю́х**
2 *fig.* cap, top ◊ **На вершку́ гори́ з'яви́лася сніговá ш.** A snow cap appeared on the mountain peak. ◊ **Пóлюси плане́ти покри́ті крижани́ми ~кáми.** The poles of the planet are covered with ice caps. ♦ **ш. вóлосся** a shock of hair ◊ **Йогó óчі лéдве булó ви́дно з-під ~ки чóрного вóлосся.** His eyes were barely visible from under a shock of black hair.
3 *printing* heading, rubric ◊ **Зазвичáй газéта подає́ її матерія́ли під ~кою «Закóн і поря́док».** Customarily, the newspaper runs her stories under the rubric *Law and Order.*
See **ру́брика.** *Also see* **рóзділ**
N. pl. **~ки́**, *G. pl.* **~óк**

шар[1], *m.*, **~у**
1 layer, stratum
adj. **вели́кий** large, **значни́й** significant, **помі́тний** noticeable, **ширóкий** wide; **невели́кий** small, **тонéнький** *dim.* fine ◊ **Усé покри́в тонéнький ш. сáжі.** A fine layer of soot covered everything. **тонки́й** thin; **важки́й** heavy, **глибóкий** deep, **густи́й** dense, **товсти́й** thick; **пухки́й** soft, **тверди́й** hard; **вéрхній** *or* **горíшній** upper ◊ **Горíшній ш. сні́гу був ще пухки́м.** The upper layer of snow was still soft. **внутрíшній** inner, **долíшній** *or* **ни́жній** lower, **серéдній** middle; **ву́зький** narrow; **оди́н** single ◊ **Покриття́ склада́ється з одногó ~у ґу́ми.** The cover consists of a single layer of rubber. **ізоляці́йний** insulation; **подві́йний** double ◊ **Конди́тер змасти́в торт подві́йним ~ом крéму.** The pastry cook covered the cake with a double layer of cream. **потрíйний** triple; **додаткóвий** additional ◊ **Вони́ мáли на собí додаткóвий ш. тéплого óдягу.** They had on an additional layer of warm clothes. **захисни́й** protective
ш. + *n.* **ш. атмосфéри** a stratum of the atmosphere ◊ **Радіохви́лі відбивáються від горíшніх ~ів атмосфéри.** Radio waves bounce off the upper layers of the atmosphere. (**гáзу** gas, **ди́му** smoke, **озóну** ozone, **пові́тря** air; **води́** water ◊ **Затону́лі кораблі́ захи́щені глибóким ~ом води́.** Sunken ships are protected by a deep layer of water. **гли́ни** clay, **землі́** dirt; **ли́стя** leaves, **солóми** straw; **мáсла** butter, **ті́ста** dough; **óдягу** clothing, **ткани́ни** cloth ◊ **Пальтó має три ~и ткани́ни.** The coat has three layers of cloth. ♦ **ш. фáрби** a coat of paint
v. + **ш. додавáти ш.** add a layer (**наклáдáти** apply ◊ **Вонá наклáла на картóн захисни́й ш. фáрби.** She applied a protective coat of paint to the cardboard. **змивáти** wash off, **знімáти** remove; **утвóрювати** make ◊ **Ли́стя утвóрює прирóдний ізоляці́йний ш.** The leaves make a natural insulating layer. **формувáти** form); **бу́ти вкри́тим ~ом** be covered with a layer ◊ **Прóтягом трьох мíсяців земля́ вкри́та товсти́м ~ом сні́гу.** For three months, the ground is covered with a thick layer of snow. (**вкривáти** + *A.* cover sth ◊ **Сíно густи́м ~ом укривáє подвір'я.** Hay covers the yard with a thick layer. **змáщувати** + *A.* lubricate, cover sth with)
ш. + *v.* **захищáти** + *A.* protect sth ◊ **Ш. перегнóю захищáє часни́к від зимóвих морóзів.** A layer of manure protects the garlic against winter cold. **покривáти** + *A.* cover sth, **припорóшувати** + *A.* dust sth ◊ **Ш. крéйди припорóши́в пі́длогу бі́ля дóшки.** A layer of chalk dusted the floor near the blackboard.
prep. **в ~і** in a layer; **між ~áми** between layers ◊ **Міль сховáлася між двомá ~ами ткани́ни.** The moth hid between two layers of cloth. **під ~ом** beneath/under a layer ◊ **Фрéску знайшли́ під ~ом пізні́ших розпи́сів.** The fresco was found beneath the layer of later paintings. ♦ **ш. за ~ом** layer after/upon layer ◊ **Реставрáтор знімáв із карти́ни ш. за ~ом бру́ду.** The restorer lifted layer after layer of dirt off the painting.
Also see **верствá 1**
2 *fig.* layer
adj. **археологíчний** archeological ◊ **Робітники́ натрáпили на недослі́джений археологíчний ш.** The workers ran into an uninvestigated archeological layer. **культу́рний** cultural ◊ **Опи́сана тради́ція є части́ною íншого культу́рного ~у.** The described tradition is part of a different cultural layer. **цивілізаці́йний** civilizational; **лекси́чний** lexical, **словникóвий** vocabulary ◊ **Ш. архаї́змів включáє кі́лька ти́сяч слів.** The layer of archaisms includes a few thousand words.
ш. + *n.* **шар культу́ри** a layer of culture (**лéксики** lexicon) ◊ **Осóбові займéнники нале́жать до високочастóтного ~у лéксики.** Personal pronouns belong to a high-frequency layer of lexicon.
Also see **верствá 1**

шар[2], *m.*, **~а**
ball, sphere ◊ **Він зібрáв білья́рдні ~и.** He collected the billiard balls.
See **ку́ля 2**

шарф, *m.*, **~а**
scarf, muffler
adj. **вели́кий** big, **дóвгий** long, **товсти́й** thick, **ширóкий** wide; **тéплий** warm; **легки́й** light; **бавóвняний** cotton ◊ **Вóсени́ він не розставáвся зі своїм бавóвняним ~ом.** In the fall, he did not part company with his cotton scarf. **вóвняний** wool, **кашмі́ровий** cashmere ◊ **Áлла привезлá йому́ на дару́нок кашмі́ровий ш.** Alla brought him a cashmere scarf as a gift. **шифóновий** chiffon, **шовкóвий** silk; **плéтений** knitted; **смугáстий** striped
v. + **ш. вдягáти** *or* **одягáти ш.** *or* **~а** put on a scarf (**зав'я́зувати навкóло** + *G.* tie around sth ◊ **Гáнна зав'язáла навкóло ши́ї вели́кий ш.** Hanna tied a big scarf around her neck. (**заку́тувати навкóло** + *G.* wrap around sth, **замóтувати навкóло** + *G.* wind around sth; **знімáти** take off, **розв'я́зувати** untie, **розку́тувати** unwrap, **розмóтувати** unwind ◊ **Íгор розмотáв ~а й ки́нув йогó на стілéць.** Ihor unwrapped his scarf and tossed it on the chair. **плести́** knit ◊ **Пéрший ш. Назáр плів ти́ждень.** Nazar knitted his first scarf for a week.
ш. + *v.* **закривáти** + *A.* **від** + *G.* cover sth from sth, **захищáти** + *A.* **від** + *G.* protect sb/sth from sth ◊ **Ш. не захищáв йогó від хóлоду.** The scarf did not protect him from the cold. **зігрівáти** + *A.* warm sb/sth

шат|рó, *nt.*
tent, marquee ◊ **Здавáлося, що вíтер от-óтповáлить ~ра.** It seemed that the wind was about to bring the tents down. ◊ **Солдáти напну́ли ш. команди́ра.** The soldiers put up their commander's tent. ◊ **Їм трéба кі́лька ~ер із цупкóго брезéнту.** They needed several tents of sturdy canvas. ♦ **стáти ~рами** *pf.* to make camp ◊ **Вони́ стáли ~рами зáраз за селóм.** They made camp right outside the village.
See **намéт 1**

шáф|а, *f.*
1 wardrobe, dresser, cabinet
adj. **вели́ка** big ◊ **Ш. такá вели́ка, що до нéї зáйде дорóслий чоловíк.** The wardrobe is so big that an adult man can walk into it. **висóка** high, **ширóка** wide; **невели́ка** small; **дерев'я́на** wooden, **фанéрна** plywood; **вбудóвана** built-in; **антиквáрна** vintage, **старомóдна** old-fashioned; **залі́зна** iron ◊ **Докумéнти зберігáли в залі́зній ~і.** Documents were kept in an iron cabinet. **металéва** metal; ♦ **книжкóва ш.** a bookcase ◊ **За столóм стоїть книжкóва ш. зі скляни́ми двéрцями.** Behind the desk there stands a bookcase with glass doors.
v. + **ш. відчиня́ти ~у** open a wardrobe (**зачиня́ти** close, **замикáти** lock); **виймáти** + *A.* **з ~и** take sth out of a wardrobe ◊ **Нíна ви́йняла з ~и два компле́кти біли́зни.** Nina took two sets of bed linen out of the wardrobe. (**клáсти** + *A.* **до** put sth in; **ховáти** + *A.* stow sth away in) ◊ **Вонá сховáла альбóм до ~и.** She stowed the album away in the wardrobe.
prep. **в ~у** *dir.* in/to a wardrobe ◊ **Лíдія повíсила пáльта в ~у.** Lidiia hung the coats up in the wardrobe. **в ~і** *posn.* in a wardrobe ◊ **Вонá дóвго шукáла щось у ~і.** She looked long for something in the wardrobe. **до ~и** in/to a wardrobe; **на ~і** on a wardrobe ◊ **На ~і стоя́в керамíчний глек.** There was a ceramic jug on the wardrobe.
Also see **гардерóб 1, мéблі**
2 cupboard
adj. **кухóнна** kitchen ◊ **Чай на горíшній поли́ці кухóнної ~и.** The tea is on the upper shelf of the kitchen cupboard. **настíнна** wall; **гóла** bare, **порóжня** empty ◊ **Настíнна ш. мáйже порóжня.** The wall cupboard is almost empty.
v. + **ш. стáвити** + *A.* **до ~и** put sth in a cupboard ◊ **Пóсуд слід постáвити до ~и.** The dishes should be put in the cupboard. **тримáти** + *A.* **в ~і** keep sth in a cupboard ◊ **Припрáви тримáють у малéнькій ~і ліворуч.** The spices are kept in the small cupboard on the left.

шахрá|й, *m.*, **~я́; ~ка**, *f.*
swindler, cheat; petty thief ◊ **Бухгáлтер ви́явився вели́ким ~єм.** The accountant proved to be a big cheat. ◊ **Остерігáйтеся ~їв на ри́нку.** Beware of swindlers in the market. ◊ **Вонá не помі́тила, як посполи́тою стáла ~кою.** She did not notice how she had become a regular cheat.
See **злóдій.** *Also see* **жук 2.** *Cf.* **бреху́н**

шахру|ва́ти, **~ють; с~**, *intr.*
to swindle, cheat, deceive
adv. **майсте́рно** masterfully ◊ **Аге́нт із нерухо́мости так майсте́рно ~вав, що його́ рока́ми не могли́ ви́крити.** The real estate agent cheated so masterfully that they could not expose him for years. **професі́йно** professionally; **ле́гко** easily; **ввесь час** all the time ◊ **Продавчи́ня весь час ~ва́ла.** The saleswoman cheated all the time. **пості́йно** constantly; **системати́чно** systematically; **свідо́мо** consciously
v. + **ш. зви́кнути** *pf.* make it one's custom to ◊ **Він звик ш., на́віть коли́ в цьо́му нема́є потре́би.** He is used to cheating even when there is no need to do so. **навчи́тися** *pf.* learn to ◊ **Працю́ючи із дрібни́ми шахрая́ми, вона́ й сама́ ско́ро навчи́лася ш.** Working with petty swindlers, she herself soon learned to swindle.
(с)шахра́юй!
See **бреха́ти 1**

ша́хт|а, *f.*
1 mine, pit
adj. **алма́зна** diamond, **ву́гільна** coal, **залізору́дна** iron-ore, **золота́** gold, **мі́дна** copper, **срі́бна** silver, **ура́нова** uranium; **глибо́ка** deep; **ви́черпана** exhausted, **заки́нута** abandoned
n. + **ш. вла́сник ~и** a mine owner ◊ **Банк тепе́р –вла́сник золото́ї ~и.** The bank is now the gold mine owner. (**што́льня** shaft)
v. + **ш. експлуатува́ти ~у** operate a mine ◊ **Усі́ алма́зні ~и краї́ни експлуату́ють чужозе́мні компа́нії.** All the diamond mines of the country are operated by foreign companies. (**розробля́ти** work ◊ **Австралі́йська фі́рма отри́мала конце́сію розробля́ти дві залізору́дні ~и.** An Australian firm received a concession to work two iron-ore mines. **висна́жувати** exhaust) ◊ **Мі́дну ~у ви́снажили столі́ття тому́.** The copper mine was exhausted a century ago.
ш. + *v.* **дава́ти** + *A.* produce sth ◊ **Нова́ ш. дає́ сім ти́сяч тон ма́рґанцевої руди́ на день.** The new mine produces 7,000 tons of manganese ore a day.
prep. **в ~у** *dir.* down a mine ◊ **Журналі́ст спусти́вся у ~у.** The reporter went down the mine. **в ~і** *posn.* in a mine ◊ **За оста́нніх де́сять ро́ків у ~і не ста́лося жо́дної ава́рії.** No accident happened in the mine over the last ten years. **на ~і** at a mine ◊ **На ~і оголоси́ли страйк.** A strike was announced at the mine.
2 shaft, trunk, vent
adj. **вентиляці́йна** ventilation, **лі́фтова** elevator ◊ **Він прони́к на деся́тий по́верх лі́фтовою ~ою.** He got to the tenth floor through the elevator shaft. ♦ **пускова́ ш.** *mil.* launching silo ◊ **Раке́та так і не поки́нула пускової́ ~и.** The missile never left its launching silo. ♦ **раке́тна ш.** *mil.* missile silo

шашли́к, *m.*, **~а́**
1 shish kebab
v. + **ш. маринува́ти ш.** marinade a shish kebab ◊ **Він замаринува́в ~и́.** He marinaded shish kebabs. (**роби́ти** make ◊ **За тради́цією ~и́ роби́в чолові́к.** Traditionally a shish kebab was made by a man. **сма́жити** roast)
2 *usu pl., fig.* barbecue *(an event)* ◊ **Дру́зі запроси́ли Марчукі́в на ~и́.** Friends invited the Marchuks to a barbecue. ◊ **На вихідні́ вони́ робі́тимуть ~и́.** They will have a barbecue on the weekend.
See **вечі́рка.** *Also see* **збіго́висько 3, зу́стріч 3, прийня́ття 1**

шва́ґ|ер, *m.*, **~ра́**
brother-in-law ◊ **Зено́н люби́в ~ра́.** Zenon was fond of his brother-in-law.
adj. **гости́нний** hospitable ◊ **Ш. був гости́нним до його́ дру́зів.** His brother-in-law was hospitable to his friends. **приязни́й** friendly, **ще́дрий** generous ◊ **Ш. ще́дрий до Гри́ця і щора́зу влашто́вує у́чту з наго́ди його́ візи́ту.** His brother-in-law is generous to Hryts and each time he throws a feast on the occasion of his visit.

швидк|а́, *f.*
ambulance, *abbr. of* **ш. допомо́га** (*lit.* quick help)
n. + **ш. віді́й ~о́ї** an ambulance driver (**екіпа́ж** crew, **персона́л** personnel, **працівни́к** worker, **слу́жба** service, **ста́нція** station) ◊ **Ста́нція ~о́ї за кіломе́тр від суперма́ркету.** The ambulance station is a kilometer away from the supermarket.
v. + **ш. ви́кликати ~у́** call an ambulance ◊ **Він ви́кликав ~ку́.** He called an ambulance. (**подзвони́ти на** call ◊ **За яки́м число́м телефо́ну тут дзво́нять на ~ку́?** What telephone number do you use to call an ambulance here? **посила́ти** send ◊ **Одра́зу три шпита́лі посла́ли ~і на мі́сце тро́щі.** At once three hospitals sent ambulances to the site of the crash. **кла́сти** + *A.* **у** put sb in ◊ **Вони́ покла́ли но́ші у ~у́.** They put the stretcher in the ambulance. **вести́** drive) ◊ **Іва́н во́дить ~у́ два ро́ки.** Ivan has driven an ambulance for two years. **доставля́ти** + *A.* **~о́ю** bring sb by an ambulance ◊ **Же́ртву доста́вили в ліка́рню ~о́ю.** The victim was brought to the hospital by an ambulance.
ш. + *v.* **виїжджа́ти** be on its way ◊ **Ш. ви́їхала чверть годи́ни тому́.** The ambulance was on its way a quarter hour ago. **прибува́ти до** + *G.* come to *(a place)*, **приї́жджати на** + *A. or* **до** + *G.* arrive at *(a place)* ◊ **Ш. прибула́ на мі́сце поже́жі за п'ять хвили́н.** The ambulance arrived at the site of the fire in five minutes.
prep. **в ~у** *posn.* in/to an ambulance; **в ~і́й** *posn.* in an ambulance ◊ **Вона́ поїхала до шпита́лю у ~і́й ра́зом з Оста́пом.** She went to the hospital in an ambulance together with Ostap.

швидк|и́й, *adj.*
1 fast, rapid, quick, swift ◊ **Вони́ перейшли́ на ш. крок.** They switched to a quick pace.
adv. **винятко́во** exceptionally, **вкрай** extremely ◊ **Їм потрі́бно вкрай ~е́ полу́чення до мере́жі.** They need an extremely fast Internet connection. **до́сить** fairly, **доста́тньо** sufficiently ◊ **Не жу́ріться, ваш по́тяг доста́тньо ш.** Don't worry your train is sufficiently fast. **ду́же** very, **надзвича́йно** extraordinarily ◊ **Вони́ ро́блять надзвича́йно ш. по́ступ у ви́вченні мо́ви.** They are making extraordinarily swift progress in the study of the language. **незвича́йно** unusually; **несподі́вано** unexpectedly; **на́дто** too, **небезпе́чно** dangerously; **неможли́во** impossibly; **дивови́жно** amazingly, **на ди́во** amazingly, **неймові́рно** incredibly, **страше́нно** terribly; **не зо́всім** not quite; **відно́сно** relatively, **особли́во** particularly, **порі́вняно** comparatively; ♦ **~а допомо́га** an ambulance
ш. + *n.* **ш. кінь** a swift horse ◊ **На тако́му ~о́му коні́ її́ ле́две хто пережене́.** Hardly anybody will pass her on such a swift horse. (**крок** step, **поті́к** stream, **рух** movement, **тано́к** dance, **темп** tempo); **~а́ їзда́** swift riding (**рі́чка** river, **течія́** current; **хода́** gait; **жі́нка** woman); **~е́ поши́рення** quick proliferation
v. + **ш. бу́ти ~и́м** be rapid (**виявля́тися** prove ◊ **Кінь ви́явився ~и́м.** The horse proved to be fast. **здава́тися** + *D.* seem to sb ◊ **Яки́х п'ять ро́ків тому́ її́ комп'ю́тер зда́вся б неможли́во ~и́м.** Some five years ago, her computer would seem impossibly fast. **лиша́тися** remain, **роби́ти** + *A.* make sb/sth, **става́ти** become) ◊ **Ди́хання хво́рого ста́ло ~и́м іури́вчастим.** The patient's breathing became rapid and fitful.
Also see **момента́льний.** *Ant.* **пові́льний**
2 agile, nimble, lithe ◊ **Шеф-ку́хареві потрі́бні два ~і помічники́.** The chef needs two agile assistants. ◊ **Вона́ спостеріга́ла за ~и́ми ру́хами ма́йстра.** She watched the master's nimble movements. ♦ **бу́ти ~и́м на ру́ку** to be light on one's feet ◊ **Нова́к був до́сить ~и́м на ру́ку.** The novice was fairly light on his feet.
Also see **ло́вкий 2**
3 quick, hasty, hurried, high-paced ◊ **Розмо́ва була́ на́дто ~о́ю, щоб він зміг зрозумі́ти її́.** The conversation was too quick for him to be able to understand it. ◊ **Гали́на люби́ла мі́сто, за ене́ргію і ш. темп життя́.** Halyna liked the city for its energy and quick tempo of life.
4 quick, sudden, immediate, instantaneous ◊ **Пе́вна побажа́ла йому́ ~о́го ви́дужання.** Pevna wished him a quick recovery. ◊ **Усі́ сподіва́лися на ~е́ закі́нчення по́шуків.** Everybody hoped for a quick completion of the search. ♦ **До ~о́го поба́чення!** See you soon!
comp. **шви́дший**

шви́дк|ість, *f.*, **~ости**
speed, velocity
adj. **блискави́чна** lightning ◊ **Його́ врятува́ла блискави́чна ш. реа́кції.** The lightning speed he reacted with saved him. **вели́ка** great, **величе́зна** enormous, **висо́ка** high, **разю́ча** astonishing, **дивови́жна** amazing ◊ **Чу́тка про пове́рнення Оста́па з дивови́жною ~істю облеті́ла фа́брику.** The rumor of Ostap's return swept through the factory with amazing speed. **до́бра** good, **жахли́ва** terrible ◊ **По́тяг промча́в повз ста́нцію з жахли́вою ~істю.** The trained rushed past the station with terrible speed. **максима́льна** maximal, **надзвукова́** supersonic, **неймові́рна** incredible, **феномена́льна** phenomenal, **шале́на** insane; **мала́** small, **мале́нька** *dim.* small, **мініма́льна** minimal, **низька́** low, **помі́рна** moderate; **кре́йсерська** cruising, **норма́льна** normal ◊ **Ш. ві́тру була́ дале́кою від норма́льної.** The wind speed was far from normal. **по́вна** full, **робо́ча** operating; **незмі́нна** invariable, **пості́йна** constant, **сере́дня** average, **стабі́льна** stable; **збі́льшена** increased, **поси́лена** added; **зме́ншена** reduced, **обме́жена** limited; **небезпе́чна** dangerous
ш. + *n.* **ш. ві́тру** wind speed (**пові́тря** air, **течії́** current ◊ **Вони́ не врахува́ли ~ости Перуа́нської течії́.** They did not take into account the speed of the Humboldt Current. **заванта́ження** download, **обро́бки** processing, **проце́сора** processor, **сполу́чення** connection; **діяфра́гми** shutter) ◊ **Фотоапара́т автомати́чно вибира́є ш. діяфра́гми.** The photo camera chooses the shutter speed automatically. ♦ **ш. зву́ку** the speed of sound (**сві́тла** light; **космі́чного корабля́** spacecraft)
n. + **ш. збі́льшення ~ости** a speed increase ◊ **При́лад зафіксува́в три ви́падки збі́льшення ~ости.** The device recorded three instances of speed increase. (**зме́ншення** reduction; **контро́ль** control; **межа́** limit, **обме́ження** restriction; **реко́рд** record) ◊ **Він установи́в реко́рд ~ости.** He set a speed record.
v. + **ш. збі́льшувати ш.** increase the speed ◊ **Вона́ збі́льшила ш.** She increased speed. (**набира́ти** gather ◊ **Стари́й авто́бус пові́льно набра́в ш.** The old bus slowly gathered speed. **наро́щувати** build up, **розвива́ти** reach ◊ **Велосипеди́ст мо́же розвива́ти ш. сімдеся́т кіломе́трів на годи́ну.** The bicyclist can reach a speed of 70 km per hour. **утри́мувати** maintain ◊ **Вона́ утри́мувала стабі́льну ш.** She maintained a stable speed. **втрача́ти** lose ◊ **Авті́вка втрача́ла ш.** The car was losing speed. **збавля́ти** *and* **зме́ншувати** reduce ◊ **На поворо́тах віді́й збавля́в ш.** The driver reduced the speed at curves. **вимі́рювати** measure); **досяга́ти ~ости** attain speed ◊ **За сім секу́нд мотоци́кл досяга́є ~ости у сто кіломе́трів за годи́ну.** In seven seconds the motorcycle attains a speed of a 100 km an hour. (**бракува́ти** + *D.* lack) ◊ **Чо́вно́ві брaку́є ~ости.** The boat lacks speed. **ру́хатися зі ~істю** + *G.* move at a speed of sth ◊ **Космі́чний кора́бель ру́хався зі ~істю сві́тла.** The spacecraft moved at the speed of light.
prep. **зі ~істю** at a speed ◊ **Поді́ї розвива́лися**

з шалéною ~істю. The events unfolded at an insane speed. **на ~ості** at a speed ◊ **Вітри́льник пливé на пóвній ~ості.** The tall ship is sailing at full speed.
Also see **хід 2**

шедéвр, *m.*, **~а**
masterpiece ◊ **Цéрква є правди́вим ~ом ґóтики.** The church is a true Gothic masterpiece.
adj. **вели́кий** great, **ви́знаний** recognized; **малéнький** *dim.* minor; **дивови́жний** amazing; **правди́вий** true, **спрáвжній** genuine; **забу́тий** forgotten, **втрáчений** lost ◊ **Істóрик надíявся відшукáти втрáчений ш. Донатéлла.** The historian hoped to find the lost Donatello's masterpiece. **архітектýрний** architectural, **кінематографíчний** cinematic ◊ **Довжéнкова «Земля́» налéжить до кінематографíчних ~ів двадця́того столíття.** Dovzhenko's *Earth* is among the cinematic masterpieces of the 20th century. **кулінáрний** culinary, **літератýрний** literary, **музи́чний** musical, **поети́чний** poetic, **театрáльний** theatrical
v. + **ш. залишáти по собí ш.** leave behind a masterpiece ◊ **Він зали́шив по собí дóбрий деся́ток кулінáрних ~ів.** He left behind a good dozen culinary masterpieces. (**компонувáти** compose ◊ **Скóрик скомпонувáв не оди́н музи́чний ш.** Skoryk composed more than one musical masterpiece. **писáти** write, **ствóрювати** create) ◊ **Скýльптор створи́в дивови́жний ш.** The sculptor created an amazing masterpiece. **вважáти** + *A.* **~ом** consider sth a masterpiece (**визнавáти** + *A.* recognize sth as, **оголóшувати** + *A.* declare sth) ◊ **Кри́тики оголóшували ~ом кóжен дрýгий її ромáн.** Critics would declare her every other novel a masterpiece.

шéлест, *m.*, **~у**
rustle
adj. **легки́й** gentle ◊ **Легки́й ш. трави́ заколи́сував Соломíю.** The gentle rustle of the grass put Solomiia to sleep. **м'яки́й** soft, **приглýшений** muffled ◊ **До нéї долітáв приглýшений ш. сторíнок.** The muffled rustle of pages reached her. **слабки́й** faint, **тихéнький** *dim.* quiet, **ти́хий** quiet; **приємний** pleasant
v. + **ш. чýти ш.** hear rustle ◊ **Він чув ш. мóкрого ли́стя.** He heard the rustle of wet leaves.
prep. **з ~ом** with a rustle ◊ **Вонá пройшлá з ти́хим ~ом шóвку.** She passed with a quiet rustle of silk.
See **звук.** *Cf.* **шéпіт**

шелест|íти, **шелещý**, **~ять; про~**, *intr. and tran.*
to rustle; *fig.* whisper ◊ **Гáнні здалóся, що вíтер прошелестíв їй щось у вýхо.** *fig.* It seemed to Hanna that the wind whispered something into her ear.
adv. **лéгко** gently, **м'я́ко** softly ◊ **Її дóвга вечíрня сýкня м'я́ко ~íла.** Her long evening dress rustled softly. **слáбко** faintly, **тихéнько** *dim.* quietly, **ти́хо** quietly ◊ **Літній лéгіт ти́хо ~íв про щось у гíллі.** *fig.* The summer breeze rustled quietly about something in the branches. **приємно** pleasantly
See **шептáти**

шéп|іт, *m.*, **~оту**, *only sg.*
whisper
adj. **легки́й** gentle, **лéдве чýтний** barely audible ◊ **Лéдве чýтний ш. за спи́ною відволікáв Анастасíю від читáння.** A barely audible whisper behind her back distracted Anastasiia from reading. **м'яки́й** soft, **наймéнший** barest ◊ **Хлóпець насторóжувався від наймéншого ~оту.** The boy pricked up his ears from the barest whisper. **прóсто** mere, **здýшений** choked ◊ **Він сказáв остáннє рéчення здýшеним від сліз ~отом.** He uttered the last sentence in a whisper choked by tears. **приглýшений** hushed, **тихéнький** *dim.* quiet, **ти́хий** quiet; **монотóнний** monotonous; **зловíсний** ominous, **понýрий** grim; **змóвницький** conspiratorial; **хри́плий** husky; **голосни́й** *and* **гучни́й** loud; **гаря́чий** ardent, **збýджений** excited ◊ **По нáтовпу прокоти́вся збýджений ш.** An excited whisper rolled through the crowd. **несамови́тий** fierce, **при́страсний** passionate ◊ **Зíна млíла від йогó при́страсного ~оту.** Zina was swooning from his passionate whisper. ♦ **сценíчний ш.** stage whisper; **чýтний** audible
v. + **ш. чýти ш.** hear a whisper (**переходити на** switch to) ◊ **Побáчивши незнайóмця, Лари́са перейшлá на ш.** Having seen a stranger, Larysa switched to a whisper. **казáти** + *A.* **~отом** tell sth in a whisper ◊ **Кили́на сказáла йомý парóль змóвницьким ~отом.** Kylyna told him the password in a conspiratorial whisper. (**розмовля́ти** speak) ◊ **Íгор навчи́вся розмовля́ти сценíчним ~отом.** Ihor learned to speak in a stage whisper.
Cf. **шелéст**

шепотí|ти, **~ý**, **шепóч|уть; про~**, *tran.*
to whisper, speak in a whisper
adv. **лéдве чýтно** barely audible ◊ **Черни́ця лéдве чýтно шепотíла словá моли́тви.** The nun was saying the words of the prayer in a barely audible whisper. **м'я́ко** softly, **тихéнько** *dim.* quietly, **ти́хо** quietly; **гóлосно** *and* **гýчно** loudly, **хрипки́м гóлосом** in a husky voice; **гáряче** ardently, **гарячкóво** feverishly, **збýджено** excitedly, **несамови́то** fiercely ◊ **Він щось несамови́то шепотíв сам до сéбе.** He was fiercely whispering something to himself. **при́страсно** passionately; **гíрко** bitterly, **гнíвно** angrily, **лю́то** furiously; **по-змóвницьки** conspiratorially; **мáйже** almost; **у вíдповідь** back ◊ **«Я знáю,» – прошепотíв він у вíдповідь.** "I know," he whispered back.
v. + **ш. могти́** can ◊ **Це булó все, що Павли́на моглá про~.** It was all Pavlyna could whisper. **намагáтися** try to; **продóвжувати** go on, **стáти** *pf.* start
prep. ♦ **ш. на вýхо** to whisper into sb's ear ◊ **Він став щось ш. хлóпцеві на вýхо.** He started whispering something into the boy's ear.
no pa. pple.
(про)шепочи́!
See **казáти**

шерст|ь, *f.*, **~и**, *only sg.*
1 hair (*of animals*)
adj. **густá** thick, **рíдкá** thin; **дóвга** long, **корóтка** short; **жорсткá** rough, **м'якá** soft ◊ **Ш. на живóті у пса булá м'якóю.** The hair on the dog's stomach was soft. **ведмéжа** bear's, **верблю́жа** camel's, **вóвча** wolf's, **зáяча** hare's, **котя́ча** cat's ◊ **Олéсь мав гóстру алергíю на котя́чу ш.** Oles was severely allergic to cat's hair. **кроля́ча** rabbit's, **овéча** sheep's, **собáча** dog's
prep. ♦ **за ~ю** *fig.* the right way; ♦ **прóти ~и** against the grain, *fig.* the wrong way ◊ **Усé, що Полíна не казáла чи роби́ла, булó йомý прóти ~и.** Everything Polina said or did rubbed him the wrong way.
Cf. **вóвна, волóсся**
2 *colloq.* hair (*human*) ◊ **Йогó рýки покривáє густá ш.** Thick hair covers his hands.
See **волóсся**
3 wool, wool yarn ◊ **Вонá купи́ла чóрної ~и на шарф.** She bought black wool yarn for a scarf.
See **вóвна**

ши́н|а, *f.*
1 tire
adj. **безкáмерна** tubeless; **запаснá** spare; **ґýмова** rubber; **пневмати́чна** pneumatic, **радіáльна** radial; **зимовá** winter ◊ **Без зимóвих шин тут гóді проїхати.** There is no driving here without winter tires. **проби́та** punctured ◊ **Із проби́тою ~ою він не мóже далéко заї́хати.** With a punctured tire, he cannot travel far. **спýщена** flat; **знóшена** worn, **стéрта** bald; **дефекти́вна** defective, **вжи́вана** used, **старá** old; **новá** new, **новíсінька** brand-new; **зáдня** front, **перéдня** rear; **автомобíльна** car, **велосипéдна** bicycle, **мотоциклéтна** motorcycle, **трáкторна** tractor ♦ **ш. висóкого ти́ску** a high-pressure tire
n. + **ш. рóзмір ~и** a tire size (**сліди́** tracks) ◊ **Сліди́ шин вели́ до лíсу.** The tire tracks led to the forest. **вéреск шин** a squeal of tires (**вищáння** screech)
v. + **ш. замíняти ~у** change a tire ◊ **Макси́м замінúв стéрту ~у.** Maksym changed the bald tire. (**міня́ти** replace; **надувáти** inflate, **напомпóвувати** pump ◊ **Він напомпувáв спýщену ~у.** He pumped the flat tire. **спускáти** deflate ◊ **Він трóхи спусти́в перéдні ~и.** He deflated the front tires a little. **направля́ти** fix ◊ **Механíк напрáвив йомý ~у.** The mechanic fixed his tire. **перевіря́ти** check ◊ **Пéред дорóгою вонá перевíрила всі ~и.** Before the road, she checked all the tires. **пробивáти** puncture, **прокóлювати** pierce ◊ **Хтось проколóв перéдню ~у велосипéда.** Somebody pierced the front tire of the bicycle. **рíзати** slash
ш. + *v.* **здувáтися** deflate ◊ **Óрисина запаснá ш. здýлася.** Orysia's spare tire deflated. **лóпати** blow ◊ **Чéрез годи́ну їзди́ лóпнула ш.** After an hour of driving, a tire blew. **спускáти** go flat ◊ **У її рóвері спусти́ли оби́дві ~и.** Both tires of her bicycle went flat. **верещáти** squeal, **вищáти** screech ◊ **Новíсінькі ~и́ вищáли на кóжному поворóті.** The brand-new tires screeched at every turn.
prep. ◊ **знак від шин** a tire mark ◊ **На асфáльті лишáлися знáки від шин.** There were tire marks remaining on the asphalt. **слід від шин** tire tracks
Cf. **кóлесо 1**
2 *med.* splint ◊ **Він мíсяць носи́в ~у на нозí.** For a month, he wore a splint on his leg. ◊ **гíпсова ш.** a plaster splint

ши́н|ка, *f.*
ham
adj. **вáрена** boiled, **вýджена** smoked, **в'я́лена** cured ◊ **Вонá зроби́ла канáпку з в'я́леної ~ки.** She made a cured ham sandwich. **пéчена** baked; **жи́рна** fat, **піснá** lean; **еспáнська** Spanish ◊ **Дорогá еспáнська ш. назививáється «пáта нéґра».** The expensive Spanish ham is called *pata negra.* **пáрмська** Parma; **консервóвана** canned; **накрáяна** sliced; **холóдна** cold; **великóдня** Easter
n. + **ш. кавáлок** *and* **шматóк ~ки** a piece of ham ◊ **Він відрíзав два кавáлки великóдньої ~ки.** She cut two pieces of the Easter ham.
v. + **ш. ї́сти ~ку** eat ham ◊ **Вонá їсть ~ку з домáшнім хрóном.** She eats ham with homemade horseradish. (**в'я́лити** cure, **пекти́** roast ◊ **На Великдéнь мáти традицíйно печé ~ку.** For Easter mother traditionally roasts ham. **нарізáти** slice, **рíзати** cut ◊ **Він нарíзав ~ку товсти́ми шматкáми.** He cut the ham in thick pieces. **подавáти** + *D.* serve sb)
prep. **з ~ки** of ham ◊ **канáпка з ~ки** a ham sandwich; **з ~кою** with ham ◊ **салáт із ~кою** a salad with ham
L. **в ~ці**, *G. pl.* **~ок**
See **м'я́со**

ширин|á, *f.*
width, breadth ◊ **стіл ~óю в оди́н метр** a table one meter in width
adj. **вели́ка** great, **величéзна** enormous; **максимáльна** maximal; **вузькá** narrow, **мінімáльна** minimal, **невели́ка** small; **вся** whole, **загáльна** overall, **пóвна** full, **цілкови́та** entire; **змíнна** variable, **мінли́ва** changing; **серéдня** average, **стандáртна** standard; **доклáдна** exact ◊ **У докумéнті вкáзано доклáдну ~у мóсту.** The document specifies the exact width

of the bridge, приблúзна approximate
v. + ш. вимірювати *or* міряти ~ý measure the width ◊ Він вúміряв ~ý канáлу. He measured the width of the canal. (обчúслювати calculate; збільшувати до + *G.* expand to *(a measure)* ◊ ~ý прохóду збільшили до чотирьóх мéтрів. The passage width was expanded to 4 m. змéншувати до + *G.* decrease to *(a measure)*, обмéжувати + *I.* limit to *(a measure)* ◊ ~ý дóшки обмéжили сорокá сантимéтрами. The board width was limited to 40 cm. скорóчувати до + *G.* reduce to *(a measure)*; мáти have; охóплювати span) ◊ Óбрус лéдве охóплює ~у столá. The tablecloth barely spans the width of the table.
ш. + *v.* збільшуватися increase, зростáти grow; змéншуватися decrease, змінюватися vary
prep. по ~і across a width ◊ Подря́пина йшла по всій ~і двéрей. The scratch went across the whole door width.
Also see óбрій 2. *Cf.* широтá 1-3. *Ant.* довжинá 1
N. pl. ширúни

широ́к|ий, *adj.*
1 wide, broad ◊ У новій частúні міста вýлиці прямí і ~і. In the new part of the city, the streets are straight and wide.
adv. виняткóво exceptionally, вкрай extremely ◊ Радіостáнція передає у вкрай ~ому діяпазóні частóт. The radio station broadcasts in an extremely wide frequency range. дóсить fairly, достáтньо sufficiently, дýже very, надзвичáйно extraordinarily, особлúво particularly; помірно moderately; віднóсно relatively, порівня́но comparatively; дивовúжно amazingly, неймовíрно incredibly, несподíвано unexpectedly; приємно pleasantly, розкíшно luxuriously ◊ розкíшно ~е лíжко a luxuriously wide bed; нáдто too, надмíрно overly; лéдве barely ◊ лéдве ~і прохóди між рядáми barely wide passages between rows; трóхи a little; не зóвсім not quite; незвичáйно unusually, непотрíбно needlessly
v. + ш. бýти ~им be wide (видавáтися + *D.* appear to sb ◊ Двéрі вúдалися достáтньо ~ими, щоб пронестú роя́ль. The door appeared wide enough to take the grand piano through. виявля́тися turn out ◊ Вікнá в кімнáті вúявилися несподíвано ~ими. The windows in the room turned out to be unexpectedly wide. здавáтися + *D.* seem to sb; робúтися turn ◊ Чоловíкові óчі зробúлися ~ими від пóдиву. The man's eyes grew wide with surprise. ставáти become) ◊ Плéчі юнакá стáли ~ими, як у дорóслого чоловíка. The youth's shoulder's became broad, like those of an adult man.
Ant. вýзький 1
2 loose *(of clothes, etc.)*, baggy, slack ◊ Вонá носúла надмíрно ~у сýкню. She wore an overly loose dress. ◊ ~і штанú знóву вхóдять у мóду. Baggy pants are coming into fashion again.
See вíльний 3. *Ant.* вузькúй 1, тісний 2
3 sweeping, extensive, wide-ranging ◊ ~им пóмахом рукú госпóдар запросúв їх зайтú. With a sweeping motion of his hand the host invited them to come in. ◊ Зая́ва здавáлася їй нáдто ~ою і загáльною. The statement seemed too sweeping and general to her. ◊ Я застерíг би вас від надмíрно ~их вúсновків. I would caution you against overly sweeping conclusions.
Also see місткúй 2. *Ant.* вузькúй 3
4 large, broad, comprehensive, wide-ranging ◊ окрéмий ресторáн у ~ій мерéжі такúх заклáдів one specific restaurant in a large chain of such establishments; ◊ Учáсники семінáру вúсловили ~е розмáїття пóглядів. The seminar participants expressed a broad variety of views. ◊ Конститýція ґарантýє громадя́нам ~і правá. The Constitution guarantees citizens broad rights.
Ant. вузькúй 3
5 wide, varied, diverse, manifold ◊ Він – людúна ~их зацікáвлень. He is a person of wide interests. ◊ Її ~а ерудúція не мóже не вражáти. Her wide erudition cannot but impress.
6 *fig.* magnanimous, generous, big-hearted ◊ Мóтрю люблять за ~у вдáчу. Motria is liked for her big-hearted nature. ◊ ш. жест гостúнности a magnanimous gesture of generosity; ♦ ~е сéрце *fig.* a big heart; ♦ на ~у нóгу on a large scale, magnanimously, grandly ◊ Усé тут будýють на ~у нóгу. Everything here is built on a large scale. ◊ Він живé на ~у нóгу. He lives in a grand way.
7 wide, mass, universal, general ◊ ~ій пýбліці однáково. The wide public does not care. ◊ Завóд виробля́є товáри ~ого вжúтку. The plant produces goods of mass consumption. ◊ ~е обговóрення законопрóєкту далó неочíкувані нáслідки. The wide discussion of the bill yielded unanticipated results. ◊ Йогó ромáн здобýв ~е визнáння. His novel gained wide recognition.
See мáсовий 1. *Also see* загáльний 1, людний. *Ant.* вузькúй 1
comp. шúрший ◊ телевíзор зі знáчно шúршим екрáном a TV set with a considerably wider screen

широт|á, *f.*
1 breadth, width, range, extent, universality ◊ Він відрізня́вся від íнших особлúвою ~óю знань. He differed from the others by his particular breadth of knowledge. ◊ Її перевáгою є ш. робóчого дóсвіду. Her advantage is the breadth of her work experience.
See широ́кий 3-7. *Cf.* ширинá
2 *geogr.* latitude
adj. географíчна geographic, доклáдна *and* тóчна exact; приблúзна approximate; арктúчна Arctic, антарктúчна Antarctic; висóка high ◊ Вонú плáвають у висóких ~ах. They sail at high latitudes. низькá low, помíрна temperate, тропíчна tropical ◊ Дúвна комáха трапля́ється в помíрних ~ах. The strange insect occurs in temperate latitudes. півдéнна southern, півнíчна northern
v. + ш. визначáти ~ý determine a latitude ◊ Прúлад мóже визначáти географíчну довготý і ~ý. The device can determine geographic longitude and latitude. (обчúслювати calculate)
prep. в ~ах at latitudes; на ~í + *G.* at a latitude of ◊ Вонú булú на ~í міста Черкáс. They were at the latitude of the city of Cherkasy.
Ant. довготá
3 width, breadth ◊ Він грýбо вúзначив ~ý рíчки. He roughly determined the width of the river.
See ширинá
N. pl. ширóти

шú|ти, ~ють; по~, *tran. and intr.*
1 to sew; за~ *pf.* to sew up, mend; sew into ◊ Діямáнти зашúли в підклáдку піджакá. The diamonds were sewn into the jacket lining.
adv. акурáтно neatly ◊ Він акурáтно зашúв дíрку. He neatly mended the hole. вмíло skillfully, дóбре well, майстéрно masterfully; повíльно slowly; ретéльно painstakingly; недбáло carelessly, як-нéбудь sloppily
v. + ш. бýти трéба + *D.* need to; вмíти be able to, могтú can; навчáти + *A.* teach sb to ◊ Тíтка Світлáна навчúла Андрíя ш. Aunt Svitlana taught Andrii to sew. навчúтися learn to ◊ Тимíш навчúвся майстéрно ш. Timish learned to sew masterfully. брáтися get down to, сідáти sit down to ◊ Пíсля робóти вонá сідáла ш. After work, she sat down to sew. перестáти *pf.* stop; ♦ по~ + *A.* в дýрні to take sb for a ride ◊ Мáрію ще ніхтó нíколи не пошúв у дýрні. Nobody has ever taken Maria for a ride yet.
2 to embroider ◊ Óля ~є сорóчку шовкóвими ниткáми. Olia is embroiding the shirt with silk threads.
See вишивáти
pa. pple. пошúтий sewn
(по)шúй!

шú|я, *f.*, ~ї
neck
adj. дóвга long; корóтка short; бичáча bull-like ◊ Жúли на йогó бичáчій ~ї налилúся крóв'ю від натýги. The veins in his bull-like neck filled with blood from exertion. масúвна massive, м'язúста muscular, міцнá strong, могýтня powerful, товстá fat; делікáтна delicate ◊ делікáтна ш. Чечúлії Ґаллерáні Cecilia Gallerani's delicate neck; лебедúна swanlike, сухорля́ва scraggy, тендíтна tender, тонкá thin, худá skinny; задерев'янíла stiff ◊ Вонá розминáла ~ю, задерев'янíлу від дóвгого сидíння. She was massaging her neck, stiff from long sitting. злáмана broken
v. + ш. витягувати ~ю crane one's neck ◊ Тарáс вúтягнув ~ю, щоб побáчити, що дíється на вýлиці. Taras craned his neck to see what was going on the street. (ламáти break; закýтувати wrap ◊ Вíра закýтала ~ю вóвняною хýсткою. Vira wrapped her neck in a wool headscarf. прикривáти cover ◊ Шарф прикривáв Данúлові ~ю. The scarf covered Danylo's neck. потягнýти *pf.* strain ◊ Він ненарóком потягнýв собí ~ю. He inadvertently strained his neck. ♦ гнýти ~ю пéред + *I. only impf. fig.* to lick sb's boots ◊ Оксáна не збирáється гнýти пéред нúми ~ю. Oksana is not about to lick their boots. ♦ наминáти ~ю + *D.* to let sb have it, beat somebody up ◊ Він хóче нам'я́ти ~ию томý, хто поширює брехлúві чуткú. He wants to give a beating to the one who spreads the mendacious rumors. пошкóджувати injure, скрýчувати wring ◊ Сусíд погрóжує скрутúти хлóпцеві ~ю. The neighbor threatens to wring the boy's neck. розминáти massage, розтирáти rub ◊ Тамáра трóхи розтéрла йомý ~ю. Tamara rubbed his neck a little.
ш. + *v.* болíти ache ◊ Петрá болíла ш. Petro's neck ached.
prep. на ~ю *dir.* onto sb's neck ◊ Вонá повíсила гóстеві на ~ю ґірля́нду із квíтів. She hung a flower garland onto the guest's neck. на ~ї *posn.* in/on a neck ◊ м'я́зи на ~ї спортсмéна the muscles in the athlete's neck; навкóло ~ї around sb's neck ◊ Вонá зав'язáла навкóло ~ї шовкóву хустúну. She tied a silk scarf around her neck ♦ вúтурити + *A.* в ~ю *pf.* to kick sb out ◊ Без запрóшення нас мóжуть прóсто вúтурити з прийня́ття в ~ю. Without an invitation, they can simply kick us out of the reception. ♦ гнáти + *A.* в три ~ї to kick sb out, chuck sb out ◊ Такé ледáщо, як він, слід гнáти з кіностýдії в три ~ї. Such a loafer as he should be kicked out of the film studio. ♦ бýти по ~ю в боргáх to be up to one's neck in debt. ♦ діставáти по ~ї to get it in the neck, be punished ◊ Борúс не сподівáвся дістáти від бáтька по ~ї. Borys did not expect to get it in the neck from his father.
Cf. карк

шкал|á, *f.*
scale, range; *also fig.* ◊ Сúлу землетрýсів мíряють за ~óю Рíхтера. Earthquake magnitude is measured by the Richter scale.
adj. рухóма sliding ◊ Зарплáту обчúслюють за рухóмою ~óю. Salary is calculated by a sliding scale. стáла fixed; звичáйна regular, прúйнята accepted, стандáртна standard; геохронологíчна geochronological, логаритмíчна logarithm, температýрна temperature, часовá time; тематúчна thematic ◊ Її прóза мáє широ́ку тематúчну ~ý. Her prose has a wide thematic range. п'ятибáльна five-point, десятибáльна ten-point ◊ Її попросúли вúзначити інтенсúвність бóлю за десятибáльною ~óю. She was asked to determine the intensity of the pain by a ten-point scale.
ш. + *n.* ш. Бофóрта the Beaufort scale ◊ Щоб вúміряти швúдкість вíтру використóвують ~ý Бофóрта. To measure the speed of the wind, the Beaufort scale is used. (Рíхтера Richter, Тóрина Torino, Фýджити Fujita), ♦ ш.

вимі́рювань a measurement scale
v. + **ш. використо́вувати ~у́** use a scale ◊ **Яку́ ~у́ він використо́вує?** What scale does he use? (**застосо́вувати** apply; **розробля́ти** develop; **ство́рювати** create) ◊ **Дослі́дники створи́ли вла́сну ~у́ вимі́рювань.** The researchers created their own measurement scale.
ш. + *v.* **бу́ти засно́ваною на** + *L.* be based on sth ◊ **Ш. засно́вана на десятко́вій систе́мі.** The scale is based on the decimal system.
prep. **на ~і́** on a scale

шкідли́в|ий, *adj.*
harmful, detrimental, injurious, hazardous ◊ **Це тільки́ одна́ з її багатьо́х ~их зви́чок.** This is but one of her many harmful habits. ◊ **У тропі́чному лі́сі во́диться вели́ке розмаї́ття ~их кома́х.** There occurs a great variety of harmful insects in the rain forest.
adv. **вкрай** extremely ◊ **Товари́ство ба́йкерів справля́є вкрай ш. вплив на Марка́.** The bikers' company has an extremely harmful influence on Marko. **ду́же** very, **страше́нно** terribly; **до́сить** rather, **доста́тньо** sufficiently; **однозна́чно** unambiguously, **особли́во** particularly; **все бі́льше** increasingly; **неймові́рно** incredibly; **очеви́дно** evidently, **я́вно** clearly; **потенці́йно** potentially; **несподі́вано** unexpectedly; **екологі́чно** environmentally, **мора́льно** morally, **політи́чно** politically, **соція́льно** socially
v. + **ш. бу́ти ~им** be harmful ◊ **особли́во ш. складни́к** a particularly harmful ingredient (**вважа́ти** + *A.* consider sth ◊ **Він вважа́є нову́ мо́ду ~ою для мо́лоді.** He considers the new fashion harmful for the youth. **виявля́тися** turn out; **здава́тися** + *D.* seem to sb; **става́ти** become) ◊ **Участь у клу́бі ста́ла ~ою для не́ї.** Her participation in the club became harmful to her.
prep. **ш. для** + *G.* harmful to sb/sth
Also see **дурни́й 3, згу́бний, злоя́кісний 1, пога́ний 2, ризико́вий, нездоро́вий 2, небезпе́чний, фата́льний 2.** *Ant.* **ко́рисний, неви́нний 4**

шкідни́к, *m.*, **~а́**; **шкідни́ця**, *f.*
1 pest, vermin
adj. **звича́йний** common ◊ **Чо́рний грибо́к став звича́йним ~о́м васильків.** Black fungus became a common pest for basil. **пошире́ний** widespread; **вели́кий** major, **серйо́зний** serious; **руйнівни́й** destructive, **спусто́шливий** devastating; **сільськогоспода́рський** agricultural ◊ **Особли́во серйо́зним сільськогоспода́рським ~о́м в Украї́ні є ведме́дка.** The European mole cricket is a particularly serious agricultural pest in Ukraine. **садо́вий** garden, **росли́нний** plant
n. + **ш. контро́ль ~і́в** pest control (**популя́ція** population; **поши́рення** proliferation) ◊ **Фе́рмери намага́ються обме́жити поши́рення но́вого ~а́.** Farmers try to limit the new pest proliferation.
v. + **ш. вбива́ти ~а́** kill a pest (**зни́щувати** eradicate; **відна́джувати** repel, **контролюва́ти** control) ◊ **Пестици́ди дозволя́ють контролюва́ти ряд росли́нних ~і́в.** Pesticides make it possible to control a host of plant pests. **боро́тися зі ~о́м** fight a pest
2 *fig.* evildoer, saboteur ◊ **Комуністи́чна пропага́нда перекладала вину́ за ко́жну невда́чу у́ряду на так зва́них ~і́в.** The communist propaganda laid the blame on the so-called saboteurs for every government failure.

шкі́льн|ий, *adj.*
school, of or pertaining to secondary school
ш. + *n.* **ш. вік** school age ◊ **Вона́ ма́є до́сить доро́слі су́дження як на ді́вчину ~о́го ві́ку.** She has fairly mature judgment for a girl of secondary-school age. (**двір** yard ◊ **Вони́ збира́лися бі́ля старо́ї бере́зи у ~о́му дворі́.** They gathered near the old birch in the school yard. **майда́нчик** playground, **сад** garden, **теа́тр** theater; **журна́л** register, **зо́шит** notebook, **підру́чник** textbook; **обі́д** lunch; **вчи́тель** teacher, **друг** friend, **сто́рож** guard; **рік** year); **~а́ до́шка** a school blackboard (**мо́лодь** youth, **по́друга** friend; **осві́та** education ◊ **покра́щення ~о́ї осві́ти** the improvement of secondary school education; **па́рта** desk; **пере́рва** interval ◊ **Мала́ ~а́ пере́рва трива́є п'ять хвили́н.** The small school interval lasts twenty minutes. **програ́ма** curriculum; **тради́ція** tradition, **фо́рма** uniform); **~е́ завда́ння** a school assignment (**занятт́я** class; **захо́плення** passion ◊ **Її ~ими захо́пленнями є істо́рія та літерату́ра.** Her secondary-school passions are history and literature. **коха́ння** love; **навча́ння** studies ◊ **Пере́їзд до і́ншого мі́ста ма́ло позначи́вся на його́ ~о́му навча́нні.** Moving to a different city had little impact on his school studies. **ра́діо** radio; **свя́то** holiday); **~і́ вака́ції** school vacation (**пра́вила** rules; **ро́ки́** years) ◊ **Вони́ збира́ються, що́би згада́ти ~і́ ро́ки.** They gather to reminisce about their school years.
Cf. **університе́тський**

шкі́р|а, *f.*
1 skin ◊ **Її ш. засма́гла.** Her skin got suntanned.
adj. **бездога́нна** flawless ◊ **Рекла́ма ґарантува́ла бездога́нну ~у щасли́вому вла́сникові кре́му.** The commercial guaranteed flawless skin to the cream's lucky owner. **га́рна** beautiful, **до́бра** good, **доскона́ла** perfect, **здоро́ва** healthy, **чи́ста** clear; **гладка́** smooth, **деліка́тна** delicate, **м'яка́** soft, **ні́жна** tender ◊ **Під очи́ма ш. особли́во ні́жна.** Under eyes, the skin is particularly tender. **прозо́ра** translucent, **тонка́** thin, **чутли́ва** sensitive; **молода́** young; **пружна́** supple ◊ **Його́ пружна́ ш. прие́мна на до́тик.** His supple skin is pleasant to the touch. **блиску́ча** glowing, **воло́га** moist, **мо́кра** wet; **жи́рна** greasy, **масна́** oily; **зморшкува́та** wrinkled ◊ **зморшкува́та ш. на його́ поти́лиці** the wrinkled skin on his nape; **обви́сла** sagging, **потрі́скана** cracked, **стара́** old; **гру́ба** *and* **товста́** thick, **тверда́** hard, **туга́** tough; **жорстка́** rough, **суха́** dry, **шкаруба́** scaly, **шорстка́** leathery; **ме́ртва** dead; **бі́ла** white, **бруна́тна** brown, **роже́ва** pink, **те́мна** dark, **чо́рна** black, **засма́гла** suntanned; **бліда́** pale; **вра́жена** affected, **обві́трена** weathered, **обпе́чена** burned, **ошпа́рена** scalded, **подра́знена** irritated, **пошко́джена** damaged, **сверблячa** itchy; **веснянкува́та** freckled ◊ **Від со́рому веснянкува́та ш. його́ обли́ччя гу́сто почервоні́ла.** The freckled skin of his face went densely red with shame. **ряба́** blotchy; **безволо́са** hairless, **го́ла** bare, **незахи́щена** exposed; ♦ **гу́сяча ш.** gooseflesh; ♦ **ш. і кістки́** skin and bones ◊ **Пі́сля ро́ку діє́ти від ньо́го лиша́лися сама́ ш. і кістки́.** After a year of dieting, nothing but skin and bones were left of him.
n. + **ш. кліти́на ~и** a skin cell (**ткани́на** tissue; **ко́лір** color, **стан** condition, **тип** type ◊ **Вона́ ма́є темні́ший тип ~и.** Hers is a darker skin type. **переса́дка** *or* **трансплanта́ція** graft ◊ **Же́ртву поже́жі врятува́ла переса́дка ~и.** The fire victim was saved by a skin graft. **інфе́кція** infection, **о́пік** burn, **подра́знення** irritation, **пошко́дження** damage, **рак** cancer, **хворо́ба** disease) ◊ **Він діста́в яку́сь рі́дкісну хворо́бу ~и.** He got some rare skin disease.
v. + **ш. вису́шувати ~у** dry one's skin ◊ **Висо́ка температу́ра пові́тря вису́шувала її ~у.** The high air temperature dried her skin. (**захища́ти** protect, **живи́ти** nourish, **зволо́жувати** moisturize ◊ **Оли́вкова олі́я до́бре зволо́жує ~у.** Olive oil moisturizes the skin well. **обдира́ти** scratch ◊ **Він обде́р ~у на лі́ктях.** He scratched the skin on his elbows. **обпіка́ти** burn, **ошпа́рювати** scald, **подра́знювати** irritate, **пошко́джувати** damage; **пробива́ти** pierce, **проко́лювати** puncture ◊ **Цвях проколо́в йому́ ~у на ли́тці.** The nail punctured the skin on his calf. **рі́зати** cut; **скида́ти** shed ◊ **Змі́ї періоди́чно скида́ють ~у.** Snakes shed their skin periodically. **зніма́ти** remove ◊ **Ме́тод застосо́вують, щоб зніма́ти ме́ртву ~у.** The method is used to remove dead skin.
ш. + *v.* **блища́ти** glisten ◊ **Ш. на його́ ли́сій голові́ блища́ла.** The skin on his bald head glistened. **висиха́ти** dry up, **засмага́ти** get suntanned, **зла́зити** *or* **обла́зити** peel off ◊ **У Васи́ля на спи́ні зла́зить ш.** The skin peels off on Vasyl's back. **лу́щитися** flake off, **трі́скатися** crack; **ви́сіти** hang, **обвиса́ти** sag ◊ **Ш. на його́ підборі́дді обви́сла.** The skin on his chin sagged. **старі́ти** age; ♦ **в** + *G.* **моро́з іде́ по́за ~ою** *fig.* sb's skin crawls at sth ◊ **Від ду́мки про пацюкі́в у ха́ті в Ма́рти моро́з по́за ~ою йшов.** At the thought of rats in her house, Marta's skin crawled.
prep. **крізь ~у** through the skin ◊ **На її рука́х крізь ~у просту́пали жи́ли.** Veins showed on her arms through the skin. **на ~у** *dir.* on/to sb's skin ◊ **Вона́ покла́ла компре́с на обпе́чену ~у.** She put a compress on the burned skin. **на ~і** *posn.* on sb's skin ◊ **На ~і з'яви́лася алергі́чна ви́сипка.** An allergic rash appeared on the skin. **під ~ою** *posn.* under sb's skin ◊ **Він відчува́в ґу́лю під ~ою.** He felt a lump under his skin.
Also see **шку́ра 2**
2 leather, skin *(of animal)* ◊ **Вони́ не купу́ють ви́робів зі ~и.** They don't buy leather products.
adj. **натура́льна** real, **спра́вжня** genuine ◊ **ту́флі зі спра́вжньої ~и** genuine leather shoes; **синтети́чна** synthetic, **штучна** man-made; **ко́зяча** goat, **коро́в'яча** cow, **крокоди́ляча** crocodile, **леопа́рдова** leopard, **свиня́ча** pig, **стру́сева** ostrich, **теля́ча** calf; **м'яка́** soft, **тонка́** thin; **гру́ба** thick; **бруна́тна** brown, **жо́вта** yellow, **зеле́на** green, **си́ня** blue, **чо́рна** black; **лако́вана** patent; **поно́шена** worn
v. + **ш. вичиня́ти ~у** tan skin (**оброблья́ти** treat ◊ **~у оброби́ли кислото́ю.** The leather was treated with acid. **заміня́ти** replace ◊ **Спра́вжню ~у ча́сто заміня́ють шту́чною.** Genuine leather is often replaced with the man-made one. **носи́ти** wear); **бу́ти зро́бленим зі ~и** be made from/of leather ◊ **Рукави́чки зро́блені з тонко́ї ~и.** The gloves are made of thin leather. ♦ **перепліта́ти** + *A.* **~ою** to have sth bound in leather ◊ **Кни́жку вона́ переплела́ ~ою.** She had the book bound in leather.
ш. + *v.* **зно́шуватися** wear out, **носи́тися** wear ◊ **Ш. до́вго і га́рно но́ситься.** Leather wears long and well. **трі́скатися** crack
prep. **зі ~и** of leather
Cf. **шку́ра 1.** *Also see* **шку́ра 3**

шкірян|и́й, *adj.*
1 leather, made of leather
ш. + *n.* **ш. дива́н** a leather sofa ◊ **Стари́й ш. дива́н ство́рює особли́ву атмосфе́ру в кімна́ті.** The old leather sofa creates a special atmosphere in the room. (**капелю́х** hat, **па́сок** belt, **пі́джа́к** jacket, **плащ** raincoat); **~а́ ку́ртка** a leather jacket (**спідни́ця** skirt; **промисло́вість** industry; **валі́за** suitcase, **су́мка** bag); **~е́ крі́сло** a leather armchair (**пальто́** coat; **сиді́ння** seat) ◊ **~і сиді́ння в літаку́** the leather seats in the airplane; **~і́ аксесуа́ри** leather accessories (**ме́блі** furniture; **штани́** pants; **санда́лі** sandals, **ту́флі** shoes, **череви́ки** boots, **чо́боти** high boots)
2 *med.* skin, of or pertaning to skin ◊ **клі́ніка ~и́х хворо́б** a skin disease clinic; ♦ **ш. лі́кар** a dermatologist

шко́д|а[1], *f.*
harm, damage, detriment
adj. **вели́ка** great **величе́зна** enormous, **масшта́бна** extensive, **максима́льна** maximal, **неаби́яка** significant, **невимо́вна** untold, **незворо́тна** irreversible, **непопра́вна** irreparable,

серйóзна serious, страшнá awful, суттєва substantial, тяжкá heavy; довготермінóва long-term, постійна permanent, тривáла lasting; вúдима visible, значнá considerable, очевúдна obvious ◊ **Ш. від паління тютюнý цілкóм очевúдна.** The harm from smoking tobacco is quite obvious. **помітна** noticeable, **явна** clear; **дрібнá** minor, **мінімáльна** minimal, **невелúка** small; **можлúва** possible ◊ **Газéти писáли про можлúву ~у від йогó заяви для двосторóнніх взаємин.** The papers wrote about the possible harm to the bilateral relations from his statement. **потенційна** potential; **злісна** malicious, **зумúсна** willful, **намірена** intentional; **кримінáльна** criminal; **випадкóва** accidental, **ненамірена** unintended; **екологíчна** environmental; **емоційна** emotional, **морáльна** moral, **психологíчна** psychological, **фізúчна** physical, *etc.*

v. + **ш. компенсувáти** + *D.* ~**у** compensate sb for damage ◊ **Він наполягáв, щóби влáсник газéти компенсувáв йомý морáльну ~у від публікáції матеріялу.** He insisted that the newspaper owner compensate him for the moral damage from the publication of the story. (**заподíювати** + *D.* inflict sb, **робúти** + *D.* do sb ◊ **Курс лікувáння мóже зробúти бíльше ~и, як кóристи.** The course of treatment can do more harm than good. **чинúти** + *D.* cause sb; **оцíнювати** assess; **звóдити до мінімуму** minimize; **змéншувати** reduce) ◊ **Фíльтри змéншують ~у від небезпéчних гáзів.** The filters reduce the harm from hazardous gases. **зазнавáти ~и від** + *G.* suffer harm from sb/sth (**уникáти** avoid), ♦ **завдавáти** + *D.* ~**и** to harm sb/sth ◊ **Зв'язкú з олігархáтом завдаю́ть ~и її репутáції.** Her ties with the oligarchy harm her reputation.

prep. **на ~у** + *G.* to the detriment of sb/sth ◊ **Вонú дíють на ~у влáсним інтерéсам.** They act to the detriment of their own interests. **ш. від** + *G.* harm from sb/sth; ♦ **як спíйманий на ~і** as if caught red-handed ◊ **Ромáн запинáвся, як спíйманий на ~і.** Roman stammered as if caught red-handed.

See **збиток 1.** *Also see* **крúвда 3**

шкóда², *pred.*
1 pity, shame ◊ **Ш., що вонú не почекáли нас.** It's a shame they did not wait for us.

adv. **дýже** great ◊ **Дýже ш., що ви не мóжете прийтú.** It's a great shame you cannot come. **напрáвду** truly, **спрáвді** real, **страшéнно** terrible, **стрáшно** awful; ♦ **А ш.** Too bad. ◊ **Він обіцяв допомогтú, алé не допомíг. А ш.** He promised to help, but did not. Too bad.

v. + **ш. бýти ш.** + *D.*+ *G.* be sorry, feel sorry, be a shame ◊ **Михáйлові ш. своїх юнáцьких очíкувань.** Mykhailo feels sorry about his youthful expectations. ◊ **Нам страшéнно ш. пропустúти її вúступ.** It is a terrible shame for us to miss her performance. ◊ **І не ш. оцé Стефáнії кúдати такý прáцю?** Doesn't Stefaniia feel sorry to quit such a job? (**робúтися** *or* **ставáти** feel) ◊ **Їм зробúлося** *or* **стáло ш.** They felt sorry.

Also see **жаль² 1**

2 to grudge, begrudge, loath ◊ **Йомý булó ш. трáтити час на дурнúці.** He was loath to waste time on trifles.

Also see **жаль² 2**

шкóд|ити, ~жу, ~ять; за~, по~, *intr.*
to harm, damage, hurt; be harmful + *D.* ◊ **Нікотúн ~ить здорóв'ю нáвіть у малúх дóзах.** Nicotine is harmful to health even in small doses.

adv. **дýже** greatly ◊ **Монопóлії дýже ~ять вíльній конкурéнції.** Monopolies greatly harm free competition. **максимáльно** maximally ◊ **Грýпи óпору намагáлися максимáльно ш. окупáнтам.** The resistence groups tried to cause maximum damage to the occupiers. **зумúсно** *and* **навмúсно** deliberately, **намíрено** on purpose; **неунúкно** inevitably

ш. + *n.* **ш. здорóв'ю** harm sb's health (**сéрцю** heart; **кар'єрі** career, **майбýтньому** future ◊ **Арéшт неунúкно зашкóдить йогó майбýтньому.** The arrest will inevitably harm his future. **перспектúвам** prospects, **спрáві** cause, **шáнсам** chances, *etc.*)

v. + **ш. брáтися** set about ◊ **Мосійчýк узявся зумúсно ш. колéзі.** Mosiychuk set about deliberately harming his colleague. **стáти** *pf.* start to; **намагáтися** try to; ♦ **не ~ить** *or* **не ~ило б** + *inf.* it's worth, one should ◊ **Нáвіть досвíдченому вчúтелеві не ~ить учúтися в ýчнів.** Even an experienced teacher should learn from his students.

(по)шкóдь!

шкоду|вáти, ~ють; по~, *tran.*
1 to be sorry, regret, **що** + *clause* ◊ **Він ~є, що збрехáв.** He regrets he lied.

adv. **гíрко** bitterly, **глибóко** deeply, **дýже** greatly ◊ **Він дýже ~є, що не взяв інтерв'ю в економíста.** He greatly regrets having not interviewed the economist. **напрáвду** truly, **спрáвді** really, **страшéнно** terribly, **стрáшно** awfully; **одрáзу** immediately, **зáраз же** instantly ◊ **Він зáраз же пошкодувáв, що купúв квиткú.** He instantly regretted his buying the tickets. **швúдко** quickly ◊ **Вонá швúдко пошкодувáла, що довíрилася хлóпцеві.** She quickly regretted having confided in the boy. **згóдом** *and* **пізнíше** later, **скóро** soon; **лéдве** hardly ◊ **Зíна лéдве ~є, що не прийнялá запрóшення.** Zina hardly regrets having not accepted the invitation. **трóхи** a little; **ні в якóму рáзі не** in no case ◊ **Юрíй ні в якóму рáзі не ~вáтиме, що поїде до них.** Yurii will not regret going to see them in any case.

v. + **ш. змýшувати** + *A.* make sb; **починáти** begin to ◊ **Христúна починáла ш., що зв'язáлася з нúми.** Khrystyna was beginning to regret having gotten mixed up with them. **стáти** *pf.* start to

Also see **жалíти 2**

2 to pity sb, have pity on sb ◊ **Він пошкодувáв дочкý і не покарáв її.** He had pity on his daughter and did not punish her. ◊ **Пошкодýйте нас!** Have pity on us!

Also see **жалíти 1**

3 to stint, scrimp on, skimp, be economical with + *D.* ◊ **Леонíда не ~вáла дівчúні грóшей на мóдний óдяг і взуття.** Leonida did not stint the girl on the money for fashionable clothes and footware.

adv. **зáвжди** always ◊ **Ляна зáвжди ~вáла собí цýкру до чáю.** Lana always skimped on sugar for her tea. **явно** clearly; **зóвсім не** not at all, **нітрóхи не** not in the least ◊ **Мéнеджер нітрóхи не ~вáв ресýрсів на ремóнт водогóну.** The manager did not at all stint on the resources for the plumbing repair. ♦ **ш. грóшей на** + *A.* stint on money for sth ◊ **Бáтько ~є Петрóві грóшей на новúй комп'ютер.** Father stints Petro the money for a new computer. ◊ **Будь лáска, візьмíть собí мáсла та не ~йте кав'яру.** Please take some butter and do not stint on the caviar. ♦ **ш. собí всьóго** to stint oneself everything

Also see **жалíти 3**

4 to spare ◊ **Ольгá ~є брáта і дає йомý тíльки легкý робóту.** Olha spares her brother and gives him only easy work. ◊ **За такúй недóгляд шеф не пошкодýє головнóго інженéра.** The boss will not spare the chief engineer for such an oversight. ♦ **не ~ючи сил** sparing no effort ◊ **Вонú тренувáлися, не ~ючи сил.** They trained sparing no effort.

Also see **жалíти 4**

(по)шкодýй!

шк|óла, *f.*
1 school *(as institution)*

adj. **велúка** big, **невелúка** small ◊ **У містéчку п'ять невелúких ~іл.** There are five small schools in the township. **вечíрня** evening, **підготóвча** preparatory, **початкóва** elementary, **серéдня** secondary ◊ **Богдáна так і не закíнчила серéдньої ~óли.** Bohdana never finished secondary school. **восьмирíчна** eight-year, **десятирíчна** ten-year ◊ **За совєтської систéми серéдні ~óли булú десятирíчними.** Under the Soviet system, secondary schools were ten-year institutions. **одинадцятирíчна** eleven-year; ♦ **вúща ш.** higher learning ◊ **докорíнна реформа вúщої ~óли** a radical reform of higher learning; **спеціялізóвана** specialized, **спеціяльна** special; **безкоштóвна** free, **плáтна** fee-paying; **незалéжна** independent; **держáвна** public, **привáтна** private ◊ **Нова привáтна ш. булá безкоштóвною.** The new private school was free. **загáльна** comprehensive; **парафіяльна** parish, **церкóвна** church; **лíтня** summer ◊ **Лíтня ш. українознáвства Кúєво-Могилянської акадéмії** the Kyiv-Mohyla Academy Ukrainian Studies Summer School, **недíльна** Sunday, **субóтня** Saturday; **мíсцева** local, **міськá** city, **сíльська** rural ◊ **Освíта, якý Лíдія отрúмала в сíльській ~óлі, дóсить висóкого рíвня.** The education Lidiia received at her rural school is of a fairly high level. **міжнарóдна** international; **єзуїтська** Jesuit, **католúцька** Catholic, **мусульмáнська** Muslim, **правослáвна** Orthodox; **елітáрна** elite, **престúжна** prestigious; **бізнесóва** *or usu* **бізнесшкóла** business ◊ **Він викладáє мéнеджмент в бізнесшкóлі Львíвського націонáльного університéту.** He teaches management at the Lviv National University Business School. **богослóвська** divinity ◊ **Батькú віддалú Андрія до богослóвської ~óли.** His parents sent Andrii to a divinity school. **військóва** military, **кінематографíчна** *or usu* **кіношкóла** film ◊ **При університéті нещодáвно заснóвано кіношкóлу.** Recently a film school was founded at the university. **мóвна** language, **музúчна** music, **хореографíчна** choreographic, **хоровá** choir, **худóжня** art, **правнúча** *and* **юридúчна** law

v. + **ш. дирéктор ~óли** a school principal (**викладáч** instructor, **вчúтель** teacher, **працівнúк** associate; **персонáл** staff; **áктова зáла** auditorium, **бібліотéка** library, **двір** yard, **кóрпус** building, **лабораторія** laboratory, **спортзáла** gymnasium) ◊ **За відсýтности áктової зáли зáходи провóдять у спортзáлі ~óли.** *impers.* In the absence of an auditorium, events are held in the school gymnasium.

v. + **ш. відвíдувати ~óлу** attend school ◊ **Серéдню ~óлу №5 відвíдують дíти півдéнної окóлиці міста.** Children of the southern neighborhood of the city attend Secondary School No. 5. (**відкривáти** open ◊ **~óлу відкрúто сім рóків томý.** The school was opened seven years ago. **заснóвувати** found; **закривáти** close down; **закíнчувати** finish, **починáти** start ◊ **Кáтря почнé початкóву ~óлу в вéресні.** Katria will start elementary school in September. **кúдати** quit **прогýлювати** play hooky from ◊ **Гáля впéрше прогуляла ~óлу.** Halia played hooky from school for the first time. **пропускáти** skip) ◊ **Васúль не з тих, хто пропускáє ~óлу.** Vasyl is not the one to skip school. **виключáти** + *A.* **зі ~óли** expel sb from school ◊ **Її виключúли зі ~óли за крадíжку.** She was expelled from school for theft. (**записувати** + *A.* **до** enroll sb at ◊ **Грúця записáли до математúчної ~óли.** *impers.* Hryts was enrolled at a mathematical school. **записуватися до** get enrolled in; **ходúти до** go to); **викладáти в ~óлі** teach at a school ◊ **Вонá викладáє в худóжній ~óлі.** She teaches at an art school. (**вчúтися** *and* **навчáтися в** study at) ◊ **Оксáна навчáється в музúчній ~óлі.** Oksana studies at a school of music. ♦ **дóбре вчúтися** *or* **навчáтися в ~óлі** to do well at school ◊ **Він дóбре вчúться в ~óлі.** He does well at school.

prep. **в ~óлі** *posn.* at/in school ◊ **Він зорганізувáв у ~óлі теáтр.** He organized a theater at school. **до ~óли** *dir.* to/for school ◊ **Вонú вихóдили до ~óли за чверть вóсьма.** They would set out for school at quarter to eight. **зі ~óли** from school ◊ **Колú**

вона́ поверта́ється додо́му зі ~о́ли? When does she return home from school? пі́сля ~о́ли after school ◊ Він хо́дить до спортза́ли пі́сля ~о́ли. He goes to the gym after school.
Also see сту́дія 2. *Cf.* університе́т
2 *fig.* school, schooling, studies, learning, training ◊ Тут, у доброво́льчому ру́сі, Богда́на пройшла́ до́бру ~о́лу життя́. Here, in the volunteer movement, Bohdana had undergone a good school of life. ◊ Він не був люди́ною старо́ї ~о́ли. He was not old school.
See до́свід. *Also see* нау́ка 4
3 school, thinking, trend
adj. архітекту́рна architectural, маля́рська painting, худо́жня artistic, painting; лінґвісти́чна linguistic, науко́ва scientific, феноменологі́чна phenomenological, філологі́чна philological, філосо́фська philosophical, *etc.*
ш. + *n.* ш. архітекту́ри a school of architecture (ду́мки thought, кіберне́тики cybernetics ◊ Ки́ївська ш. кіберне́тики the Kyiv School of Cybernetics, літературозна́вства literary studies, мовозна́вства linguistics, філосо́фії philosophy)
v. + ш. засно́вувати ~о́лу found a school ◊ Фуко́ заснува́в вла́сну філосо́фську ~о́лу. Foucault founded his own philosophical school. нале́жати до ~о́ли belong to a school

школя́р, *m.*, **~а́; ~ка**, *f.*
1 schoolboy, secondary school student *(as opposed to college or university student)* ◊ Студе́нтам допомага́ли ~і ста́рших кла́сів. Schoolchildren of senior grades helped the students.
adj. моло́дший junior ◊ програ́ма для моло́дших ~ів a program for junior schoolchildren; ста́рший senior
2 *only pl.* schoolchildren ◊ У цей час дня метрополіте́н запо́внювали ~і. At this time of day, schoolchildren thronged the subway.
Cf. студе́нт

шку́р|а, *f.*, **~и**
1 hide, skin *(usu of animals with hair)*
adj. гру́ба *and* товста́ thick, жорстка́ coarse, тверда́ tough; ви́чинена tanned; сира́ raw; ве́прова boar's ◊ На підло́зі лежа́ла ве́прова ш. A boar's hide lay on the floor. бича́ча bull's, бу́йволяча buffalo, во́вча wolf, звіря́ча animal, коро́в'яча cow, ле́вова lion, леопа́рдова leopard, слоня́ча elephant, теля́ча calf's, ти́грова tiger, *etc.*; ♦ ове́ча ш. sheepskin; ♦ вовк в ове́чій ~і a wolf in sheep's clothing
v. + ш. вичиня́ти ~у tan a hide ◊ Він навчи́вся вичиня́ти ~и. He learned to tan hides. (зніма́ти з + *G.* remove; здира́ти з + *G.* skin sb) ◊ Із заріза́них теля́т здира́ли ~у. The slaughtered calves were skinned. ♦ де́рти сім шкур з + *G.* to rip sb off blind, exploit sb ruthlessly ◊ У цьо́му університе́ті з вас здеру́ть сім шкур за навча́ння. At this university, they will rip you off blind for tuition.
Cf. шкі́ра 1
2 *colloq.* skin *(human)* ♦ бу́ти *and* перебува́ти, жи́ти в чужі́й ~і to be in sb's shoes ◊ Якби́ ко́жен урядо́вець хоч оди́н день пожи́в у ~і про́стої люди́ни. If only every official got into a common man's shoes for just one day. ♦ відчува́ти *or* зазнава́ти + *A.* на вла́сній ~і to experience sth first-hand ◊ Ти мене́ не зрозумі́єш, до́ки не відчу́єш на вла́сній ~і, що зна́чить три дні не спа́ти. You won't understand me till you have a first-hand experience of what it means to go sleepless for three days. ♦ рятува́ти свою́ *or* вла́сну ~у to save one's own hide ◊ Голова́ у́ряду ду́мав про те, як урятува́ти свою́ ~у. The head of government was thinking about how to save his own hide.
See шкі́ра 1
3 leather, skin ◊ валі́за із гру́бої коро́в'ячої~и a thick cow leather suitcase
See шкі́ра 2
4 *colloq., rude* bastard, jerk, lowlife, scumbag; self-seeker ◊ Він не ві́рив, щоб така́ прокремлі́вська ш. працюва́ла в у́ряді. He did not believe such a pro-Kremlin scumbag would work in government.
See негі́дник
5 *colloq.* rind, skin, peel ◊ каву́н із гру́бою ~ою a watermelon with thick rind

шлунко́в|ий, *adj.*
gastric, stomach, of or pertaining to stomach
ш. + *n.* ш. біль a stomach pain (ві́рус bug, грип flu; ро́злад upset, спа́зми cramps; тракт tract); ~а ви́разка a stomach ulcer (інфе́кція infection ◊ Він ма́є ~у інфе́кцію. He has a stomach infection. кислота́ acid; кровоте́ча bleeding; тру́бка tube; хворо́ба disease) ◊ симпто́ми поши́реної ~ої хворо́би symptoms of a widespread stomach disease; ~і со́ки stomach juices

шлу́н|ок, *m.*, **~ка**, *anat.*
stomach *(digestive organ)*
adj. по́вний full; голо́дний hungry, поро́жній empty ◊ Бори́с мо́же бі́гати ті́льки на поро́жній ш. Borys can only jog on an empty stomach. розла́днаний upset ◊ О́льжин розла́днаний ш. не дає́ їй спа́ти. Olha's upset stomach prevents her from sleeping. си́льний strong; слабки́й weak, чутли́вий sensitive ◊ Із таки́м чутли́вим ~ком тре́ба бу́ти обере́жним. One needs to be careful with such a sensitive stomach.
n. + ш. ви́разка ~ка a stomach ulcer ◊ Лі́дія позбула́ся ви́разки ~ка. Lidiia got rid of her stomach ulcer. (вміст contents, пробле́ми problems ◊ У не́ї з'яви́лися пробле́ми ~ка. She developed stomach problems. рак cancer. ро́злад disorder, спа́зми cramps, хворо́ба ailment)
v. + ш. вивертá ти ш. *fig.* turn sb's stomach ◊ Ви́гляд свиня́чої кро́ви вивертáв йому́ ш. The sight of pig's blood turned his stomach. (набива́ти stuff ◊ Він так наби́в ш. смако́ликами, що ле́две міг ди́хати. He stuffed his stomach with so many delicacies he could hardly breathe. промива́ти pump) ◊ Хво́рому проми́ли ш. They pumped the patient's stomach.
ш. + *v.* болі́ти ache ◊ Її́ ду́же болі́в ш. She had a bad stomach ache. бурча́ти rumble ◊ Пі́сля сніда́нку йому́ став бурча́ти ш. After breakfast, his stomach started to rumble.
prep. в ~ку *posn.* in a stomach ◊ Бурча́ння в її́ ~ку гучні́шало. The rumbling in her stomach was becoming louder.
Also see живі́т 2. *Cf.* живі́т 1

шлюб, *m.*, **~у**
marriage, matrimony, wedlock
adj. до́брий good, уда́лий *and* успі́шний successful, щасли́вий happy; багатоді́тний with many children; безді́тний childless ◊ До́сі ї́хній ш. був щасли́вим, хоч і безді́тним. Until now, their marriage had been happy, though childless. катастрофі́чний disastrous, невда́лий failed, нещасли́вий unhappy; ♦ ш. із розраху́нку a marriage of convenience; пе́рший first, дру́гий second, *etc.*; насту́пний next; попере́дній previous; пі́зній late, ра́нній early ◊ Цей ра́нній ш. не обіця́в бу́ти успі́шним. The early marriage did not promise to be successful. звича́йний conventional, традиці́йний traditional ◊ Він – переко́наний прибі́чник традиці́йного ~у між жі́нкою і чолові́ком. He is a convinced supporter of a traditional marriage between a woman and a man. зако́нний lawful, зареє́стрований registered; незареє́стрований *or* факти́чний common-law; грома́дянський *or* циві́льний civil, церко́вний church; ви́мушений forced, морґана́тичний morganatic; незако́нний illicit, фікти́вний fictitious; таємни́й secret ◊ Спочáтку ї́хній ш. лиша́вся таємним на́віть для найбли́жчої роди́ни. Initially their marriage remained secret even for their closest family. сучá сний modern; нетрадиці́йний non-traditional; гетеросексуа́льний heterosexual; гомосексуа́льний homosexual, лесбі́йський lesbian, одностате́вий same-sex ◊ У ї́хній краї́ні одностате́вий ш. лиша́ється табу́. Same-sex marriage remains a taboo in their country. монога́мний monogamous; відкри́тий open, поліга́мний polygamous ◊ Він був у поліга́мному ~і. He was in a polygamous marriage. влашто́ваний arranged; нері́вний unequal ◊ Батьки́ диви́лися на ш. си́на з бі́дною жі́нкою як на нері́вний. His parents regarded their son's marriage to the poor woman as unequal. міжетні́чний interethnic, міжконфесі́йний interfaith ◊ Рома́нів ш. із Ре́йчел – пе́рший міжконфесі́йний ш. у роди́ні. Roman's marriage to Rachel is the first interfaith marriage in his family. міжра́совий interracial
v. + ш. визнава́ти ш. recognize a marriage (леґалізува́ти *or* узако́нювати legalize, реєструва́ти register; анулюва́ти annul; забороня́ти prohibit; розрива́ти break up, уневáжнювати invalidate ◊ Суд уневáжнив ш. як ви́мушений. The court invalidated the marriage as a forced one. пропонува́ти + *D.* propose sb; рятува́ти save; вступа́ти в enter) ◊ Вона́ вступи́ла у ш. із яки́мось футболі́стом. She entered a marriage with a soccer player. ♦ бра́ти ш. to get married ◊ Вони́ взя́ли циві́льний ш. у прису́тності найбли́жчих дру́зів. They got married in a civil ceremony in the presence of their closest friends.
ш. + *v.* закі́нчуватися end ◊ Поспі́шний ш. закі́нчився че́рез ти́ждень. The hasty marriage ended in a week. розпада́тися fall apart ◊ Ма́ло хто очі́кував, що ї́хній ш. так шви́дко розпаде́ться. Few expected their marriage to fall apart quite so soon.
prep. від ~у by/from a marriage ◊ Його́ ста́рша дочка́ від попере́днього ~у. His elder daughter is by his previous marriage. в ~і in marriage, married ◊ Вони́ вже рік, як у ~і. They have been married for a year now. ◊ Уся́ке трапля́лося в ї́хньому ~і. Various things happened in their marriage. ш. з + *I.* a marriage to/with sb ◊ ш. Оста́па з Васили́ною Ostap's marriage to Vasylyna; ш. між + *I.* a marriage between sb ◊ Це унеможли́влювало ш. між ни́ми. This made a marriage between them impossible. по́за ~ом out of wedlock, outside marriage ◊ Вона́ ма́ла стате́ві сто́сунки по́за ~ом. She had sexual relationships outside marriage.
Also see замі́жжя, одру́ження, подру́жжя 1, 2

шлю́бн|ий, *adj.*
1 matrimonial, marriage, wedding, of or pertaining to marriage
ш. + *n.* ш. день a wedding day ◊ Йо́сипів ш. день ви́дався со́нячним і холо́дним. Yosyp's wedding day turned out to be sunny and cold. (костю́м suit; корова́й bread, торт cake); ~а обру́чка a wedding ring (проце́сія procession; су́кня dress; церемо́нія ceremony); ~е вбрання́ a wedding attire; ~і відно́сини marital relations (урочи́стості ritual)
Cf. весі́льний
2 married ◊ Він закоха́вся у ~у жі́нку. He fell in love with a married woman. ◊ ~і лю́ди ма́ють бі́льше щоде́нних кло́потів, як само́тні. Married people have more everyday chores than the single ones.
See одру́жений. *Ant.* неодру́жений, па́рубок 2

шлях, *m.*, **~у**
1 road, way, route
adj. вузьки́й narrow, широ́кий wide; безпе́чний safe, до́брий good, гладки́й smooth, рі́вний level, звиви́стий winding, прями́й straight; відкри́тий open; поки́нутий deserted, поро́жній empty; крути́й steep, похи́лий sloping, стрімки́й

precipitous; мальовни́чий scenic; асфа́льтовий blacktop, мо́щений paved, ґрунтови́й dirt; залізни́чний rail ◊ Мі́сто стої́ть на пере́тині залізни́чних ~ів. The city stands at the crossing of railroads. трамва́йний streetcar; ♦ шосе́йний ш. a highway; во́дний water, морськи́й maritime, річкови́й river; пові́тряний air; торго́вий trading; важки́й hard, тяжки́й difficult; кам'яни́стий rocky; немо́щений unpaved; ке́пський poor, небезпе́чний dangerous, нелегки́й tough, пога́ний bad; заne̍дбаний neglected; засні́жений snowy, крижани́й icy; курни́й dusty; мо́крий wet, слизьки́й slippery; те́мний dark; до́вгий long; коро́ткий short, швидки́й fast; пра́вильний right, непра́вильний wrong ◊ Людми́ла поїхала по непра́вильному ~у́. Liudmyla took the wrong road. ♦ вели́кий ш. highway, major road; ♦ второ́ваний ш. a well-trodden road; ♦ Чума́цький Ш. *astr.* the Milky Way

v. + ш. будува́ти ш. build a road (асфальтува́ти asphalt ◊ Мі́сто заасфальтува́ло ш. до па́рку. The city asphalted the road to the park. мости́ти pave, направля́ти fix, ремонтува́ти repair, розширя́ти widen, утри́мувати maintain; вибира́ти choose ◊ Вони́ ви́брали до́вший, зате́ мальовни́чий ш. до Кам'янця́. They chose a longer but scenic road to Kam'yanets. знахо́дити find; шука́ти look for ◊ Вони́ шука́ють ґрунтови́й ш., що веде́ до лі́су. They are looking for a dirt road that leads to the forest. перебіга́ти run across ◊ Утіка́чі перебі́гли ш. і схова́лися в кана́ві. The fugitives ran across the road and hid in the ditch. перетина́ти cross, перехо́дити get across; блокува́ти block, закрива́ти close, перекрива́ти blockade ◊ Хтось перекри́в ш. коло́дами. Somebody blockaded the road with logs. очища́ти clear ◊ Без тра́ктора вони́ не очи́стять ~у від зава́лів. Without a tractor they will not clear the road from debris. виї́жджати на pull out onto ◊ Коли́ Лю́ба виї́жджала на головни́й ш., її маши́ну вда́рила вантажі́вка. As Liuba was pulling out onto the main road, her car was hit by a truck. поверта́ти на turn onto); виї́жджати *or* з'їжджа́ти зі ~у pull off a road ◊ Він з'їхав зі ~у на узбі́ччя. He pulled off the road onto the shoulder. йти шля́хо́м walk a road ◊ Вам слід іти́ цим ~ом до пе́ршого перехре́стя. You should walk this road to the first intersection. (ї́хати drive ◊ Він волі́в ї́хати второ́ваним шля́хо́м. He preferred driving a well-trodden road. мандрува́ти *and* подорожува́ти travel); ї́хати по ~у́ follow a road ◊ Вони́ йду́ть по пра́вильному ~у́. They are following the right road.

ш. + *v.* бі́гти run, вести́ lead, йти go ◊ Вузьки́й кам'яни́стий ш. іде́ по́над бе́регом мо́ря. The narrow rocky road goes close to the seashore. приво́дити + *A.* take sb ◊ Ніхто́ не знав, куди́ їх приведе́ цей курни́й ш. Nobody knew where this dusty road would take them. простяга́тися stretch, тягну́тися extend ◊ Ш. тягну́вся до́брих сто кіломе́трів. The road extended for a good 100 km. ви́тися wind ◊ Да́лі ш. в'є́ться схи́лом гори́. Farther on, the road winds down the slope of the mountain. закру́чуватися bend, звива́тися wind, петля́ти meander ◊ поверта́ти turn, скру́чувати *colloq.* curve ◊ Щохвили́ни ш. скру́чував як не лі́воруч, то пра́воруч. Every minute, the road curved either left or right. повзти́ вго́ру climb; пересіка́ти *and* перетина́ти + *A.* cross sth ◊ Ш. перетина́є степ зі схо́ду на за́хід. The road crosses the steppe from east to west. відгалу́жуватися branch out; получа́ти *or* сполуча́ти + *A.* connect sth ◊ Нови́й ш. получа́є два найбі́льші мі́ста краї́ни. The new road connects the two biggest cities of the country. зву́жуватися narrow, розширя́тися widen

prep. на ш. *dir.* on/to a road; на ~у́ *posn.* on a road ◊ Вони́ були́ на ~у́ додо́му. They were on the road home. по ~у́ along/on a road ◊ Він ї́хав по ново́му ~у́. He drove on the new road. че́рез ш. across a road; ш. до + *G.* a road to sth; ш. з + *G.* a road from *(a place)* ◊ ш. зі Льво́ва до Лу́цька the road from Lviv to Lutsk.

See доро́га. *Also see* автостра́да, заї́зд 1, залізни́ця, тра́са 2. *Cf.* сте́жка 1

2 *fig.* road, path, course; manner, way ◊ Він на ~у́ до по́вного оду́жання. He is on the road to full recovery. ◊ Уря́д став на ш. війни́ із профспі́лка́ми. *fig.* The government embarked on the path of war with trade unions. ♦ ми́рним шля́хо́м in a peaceful way ◊ Вони́ вла́днали конфлі́кт ми́рним шля́хо́м. They settled the conflict in a peaceful way.

N. pl. ~и́

Also see сте́жка 2

шляхе́тн|ий, *adj.*

1 noble *(of social origin)*, aristocratic ◊ Княгини́цька похо́дила зі ~ого украї́нського ро́ду. Kniahynytska came from a noble Ukrainian family. ◊ Гала́ган був чолові́ком ~ої кро́ви. Halahan was a man of noble blood. ◊ ~е похо́дження a noble origin

2 *fig.* noble, virtuous, good, righteous

adv. ду́же very, надзвича́йно extraordinarily ◊ Слід відда́ти їй нале́жне за надзвича́йно ш. жест. One should give her credit for the extraordinarily noble gesture. напра́вду truly, спра́вді genuinely, ціл́ком completely; виня́тко́во exceptionally; не ду́же not very ◊ Його́ не ду́же ~а мане́ра розмовля́ти з підле́глими насторо́жила Оле́ну. His not very noble manner of talking with his subordinates put Olena on guard. не зо́всім not entirely

v. + ш. бу́ти ~им be noble ◊ Це були́ ~і слова́, що надиха́ли. Those were noble words that inspired. (вважа́ти + *A.* consider sb/sth, вигляда́ти look ◊ У вбранні́ лі́царя він вигляда́в ~им. In the knight's attire, he looked noble. виявля́тися turn out ◊ Його́ на́міри що́до Тетя́ни ви́явилися виня́тко́во ~ими. His intentions concerning Tetiana turned out to be exceptionally noble. здава́тися + *D.* seem to sb)

Also see висо́кий 4, го́рдий 2, ли́царський 2, свяще́нний 4. *Ant.* мерзе́нний, низьки́й 3, пі́длий

шляхе́тн|ість, *f.*, ~ости, *only sg.*

nobility, virtue, decency ◊ Це ще оди́н бага́ч, що не виріжня́ється ~істю. This is another rich man who does not stand out for his nobility.

adj. вели́ка great, вро́джена innate ◊ Її вро́джена ш. впада́ла в о́чі. Her innate nobility caught the eye. правди́ва *and* спра́вжня true, приро́дна natural

ш. + *n.* ш. ду́ху nobility of spirit (на́мірів intentions, поведі́нки behavior; вихова́ння upbringing, похо́дження origin)

v. + ш. виявля́ти ш. display nobility (демонструва́ти demonstrate, пока́зувати show) ◊ Се́ред зага́льної па́ніки він показа́в спра́вжню ш. ду́ху. In the middle of general panic, he showed a true nobility of spirit. бракува́ти + *D.* ~ости lack nobility ◊ Його́ мотива́м браку́є ~ости. His motives lack nobility. (вимага́ти require; потребува́ти need); аплодува́ти ~ості applaud sb's nobility

шмат|о́к, *m.*, ~ка́

1 piece, chunk, bit

adj. бі́льший larger ◊ Йому́ діста́вся бі́льший ш. робо́ти. He got a larger chunk of the job. вели́кий large, величе́зний huge; до́брий good ◊ Вона́ з'ї́ла до́брий ш. хлі́ба з бо́рщем. She ate a good piece of bread with borshch. добря́чий *colloq.* entire, до́вгий long, ці́лий whole; дрібни́й little, мале́нький *dim.* small, мали́й *and* невели́кий small ◊ три невели́кі ~ки́ бурштину́ three small pieces of amber; найкра́щий best ◊ Він ви́брав найкра́щий ш. м'я́са на шашлики́. He chose the best piece of meat for the shish kebab. найкра́щий best; оста́нній last; випадко́вий odd; го́стрий sharp, пола́маний broken; ♦ насу́щний ш. daily bread

ш. + *n.* ш. кри́ги a piece of ice (ма́рмуру marble, скелі́ rock; пля́шки bottle, скла glass ◊ Він наступи́в на ш. розби́того скла́. He stepped on a piece of broken glass. сті́льця́ chair, стола́ table; ма́сла butter, м'я́са meat, са́ла pig fat ◊ У них лиша́ється вели́кий ш. са́ла They have a big chunk of pig fat remaining. хлі́ба bread) ♦ ш. ми́ла a bar of soap

v. + ш. збира́ти ~ки́ gather pieces (склада́ти put together ◊ Він склав ~ки́ кольоро́вих ка́хлів у моза́їку. He put together pieces of colored tiles into a mosaic. розкида́ти scatter; склею́вати glue together; рі́зати + *A.* на cut sth into ◊ Вона́ порі́зала ма́сло на три ~ки́. She cut the butter into three pieces. розбива́ти + *A.* на break sth into; розбива́тися на break into) ◊ Ва́за розби́лася на дрі́бні ~ки́. The vase broke into little pieces. ♦ заробля́ти на ш. хлі́ба to earn one's daily bread

prep. в ~ку́ in a piece ◊ в одно́му ~ку́ in one piece; на ~ки́ in/to pieces ♦ розва́люватися на ~ки́ to come to pieces ◊ Фоте́ль розвали́вся на ~ки́. The armchair came to pieces. ♦ розпада́тися на ~ки́ to fall to pieces ◊ Стари́й словни́к розпада́вся на ~ки́. The old dictionary was falling to pieces. ♦ рва́ти + *A.* на ~ки́ tear sth into pieces ◊ Прокі́п порва́в запи́ску на дрі́бні ~ки́. Prokip tore the note into little pieces.

See части́на 1. *Also see* до́ля[2], ку́сень 1, полови́на 3. *Cf.* кла́поть

2 scrap, strip, piece, fragment ◊ Ко́вдру поши́то з випадко́вих ~кі́в ткани́ни. The blanket is sewn from odd pieces of cloth. ◊ Ву́лиця була́ покри́та ~ка́ми папе́ру. The street was covered with scraps of paper.

Also see кла́поть, ку́сень 1, фраґме́нт, у́ривок 1

3 *fig.* fragment, piece ◊ Він міг розібра́ти лише́ окре́мі ~ки́ розмо́ви. He could make out only separate fragments of the conversation. ◊ У його́ па́м'яті вирина́ли ~ки́ вчора́шніх снів. Fragments of his yesterday's dreams emerged in his memory.

шнурі́в|ка, *f.*

shoelace, shoestring, bootlace

adj. зав'я́зана tied ◊ ті́сно зав'я́зана ш. a tightly tied shoelace; розв'я́зана undone; до́вга long, коро́тка short; гру́ба *and* товста́ thick, тонка́ thin; мі́цна strong; шкіряна́ leather, шовко́ва silk; бруна́тна brown, жо́вта yellow, черво́на red ◊ На нога́х він мав чо́рні ту́флі з черво́ними ~ками. He had black shoes with red shoelaces on his feet. чо́рна black, *etc.*

n. + ш. па́ра ~ок a pair of shoelaces ◊ Мо́тря купи́ла три па́ри ~ок. Motria bought three pairs of shoelaces.

v. + ш. зав'я́зувати ~ку tie a shoelace ◊ Хло́пчик ще не навчи́вся зав'я́зувати ~ки. The little boy did not yet learn to tie his shoelaces. (перезав'я́зувати retie ◊ Він нагну́вся, щоб перезав'яза́ти ~ку, що розв'яза́лася. He bent to retie the shoelace that had come undone. розв'я́зувати untie)

ш. + *v.* рва́тися tear ◊ На лі́вому череви́кові порва́лася ш. The bootlace on the left boot tore. розв'я́зуватися come undone

L. на ~ці on shoelace ♦ кросі́вки на ~ках laced sneakers

Also see шнуро́к 2

шнур|о́к, *m.*, ~ка́

1 cord, string, tie; *often* thin rope

adj. до́вгий long, коро́ткий short ◊ Ш. був на́дто коро́тким, щоб зв'яза́ти весь стос газе́т. The string was too short to tie the entire stack of newspapers. гру́бий *and* товсти́й thick, тонки́й thin; мі́цни́й strong; капро́новий nylon ◊ Капро́новий ш. ле́гше перері́зати, як

порва́ти. It is easier to cut than tear the nylon cord. **шовко́вий** silk; **натя́гнутий** taut ◊ **Натя́гнутий, як струна́, ш. от-о́т трі́сне.** The cord, taut as a string, is about to snap. **туги́й** tight; **ві́льний** loose; **заплу́таний** tangled
prep. **за ш.** by a cord ◊ **Він сми́кнув за ш., прив'я́заний до ру́чки двере́й.** He pulled by the cord tied to the door handle. **на ш.** *dir.* on/to a cord ◊ **Він пові́сив світли́ни на ш. со́хнути.** He hung the photos on a string to dry. **на ~ку́** *posn.* on a cord ◊ **Карти́на ви́сіла на ~ку́.** The picture hung on a cord.
See **моту́зка**
2 shoelace, shoestring, bootlace ◊ **Марі́ї подо́баються жо́вті ~ки́ в си́ніх кросі́вках.** Maria likes yellow shoelaces in blue sneakers.
See **шнурі́вка**

ш|ов, *m.*, **~ва**
1 seam
adj. **прості́й** plain, **францу́зький** *or* **подві́йний** French ◊ **інстру́кція про те, як пра́вильно зроби́ти подві́йний ш.** an instruction on how to correctly make a French seam; **бокови́й** side, **пере́дній** front, **ти́льний** back, **центра́льний** central; **неви́димий** invisible
v. + **ш. прасува́ти ш.** press a seam ◊ **Він рете́льно прасува́в ко́жен ш. на штана́х.** He pressed every seam in the pants with care. (**рва́ти** rip; **роби́ти** make, **ши́ти** sew) ◊ **Зо́я заши́ла ти́льний ш. су́кні.** Zoya sewed the back seam of the dress.
prep. **без ~ва** seamless ◊ **Панчо́хи тепе́р ро́блять без ~вів.** Stockings are made seamless nowadays. ♦ **розлази́тися по ~вах** to come apart at the seams ◊ **Його́ пальто́ розлази́лося по ~вах.** His coat was coming apart at the seams. ♦ **трі́щати по (всіх) ~вах** to burst at the seams ◊ **Стара́ систе́ма трі́щить по всіх ~вах, але́ не здає́ться.** The old system is bursting at the seams but would not give up.
Also see **рубе́ць 3**
2 *techn.* joint, juncture, weld
adj. **водонепрони́кний** watertight; **гру́бий** thick, **тонки́й** thin; **неви́димий** invisible; **зва́рений** welded
v. + **ш. зва́рювати ш.** weld a joint (**роби́ти** make) ◊ **Він зроби́в ~ви в конте́йнері водонепрони́кними.** He made the joints in the container watertight.
prep. **в ~ві** in a joint ◊ **трі́щина у ~ві** a crack in the joint; **ш. між** + *I.* a joint between sth ◊ **тонки́й ш. між стале́вими листа́ми** a thin joint between steel sheets
3 *med.* stitch, suture
adj. **спеція́льний** special, **хірургі́чний** surgical; **пе́рвісний** primary
v. + **ш. зніма́ти ш.** take out a stitch ◊ **За ти́ждень хво́рому пови́нні зня́ти ~ви.** In a week, they are to take out the patient's stitches. (**наклада́ти** put in) ◊ **У ліка́рні йому́ накла́ли на ра́ну три ~ви.** At the hospital, they put three stitches in his wound. **потребува́ти ~ів** need stitches ◊ **Ра́на потребува́ла ~ів.** The injury needed seven stitches.
ш. + *v.* **розсмо́ктуватися** dissolve ◊ **Спеціа́льні ~ви з ча́сом розсмо́ктуються.** The special stitches dissolve with time. **сверблі́ти** itch
prep. **ш. на** + *A. dir.* a stitch in/to sth ◊ **ш., накла́дений на розби́ту брову́** a stitch put in the lacerated brow; **ш. на** + *L. posn.* a stitch in sth ◊ **~ви на ра́ні свербі́ли.** The stitches in the wound were itching.

шові́ні́зм, *m.*, **~у**, *only sg.*
chauvinism, jingoism
adj. **культу́рний** cultural, **мо́вний** linguistic, **націона́льний** national; **чолові́чий** male; **америка́нський** American, **брита́нський** British, **росі́йський** Russian, **францу́зький** French; **великодержа́вний** great power; **інституці́йний** institutional; **примі́ти́вний** primitive; **типо́вий** typical
v. + **ш. демонструва́ти ш.** demonstrate chauvinism ◊ **Його́ ана́ліз демонстру́є типо́вий ш.** His analysis demonstrates typical chauvinism.
See **раси́зм.** *Also see* **гомофо́бія**

шові́ніст, *m.*; **~ка**, *f.*
chauvinist, jingoist
adj. **відве́ртий** blatant ◊ **Його́ знайо́мий ви́явився відве́ртим ~ом.** His acquaintance turned out to be a blatant chauvinist. **відкри́тий** overt, **я́вний** obvious; **примі́ти́вний** primitive; **прихо́ваний** covert; **войовни́чий** virulent, **запе́клий** fierce, **затя́тий** diehard; **невипра́вний** incorrigible, **переко́наний** convinced; **бо́лісно знайо́мий** painfully familiar; **америка́нський** American, **брита́нський** British, **по́льський** Polish, **росі́йський** Russian, **япо́нський** Japanese, *etc.*; **типо́вий** typical; **культу́рний** cultural, **мо́вний** linguistic
v. + **ш. зна́ти** + *A.* **як ~а** know sb to be a chauvinist ◊ **Його́ зна́ють як запе́клого ~а.** He is known to be a fierce chauvinist. (**критикува́ти** + *A.* **як** criticize sb as); **бу́ти ~ом** be a chauvinist (**вважа́ти** + *A.* consider sb; **виявля́тися** turn out; **здава́тися** + *D.* seem to sb; **лиша́тися** remain ◊ **Він лиша́ється невипра́вним ~ом.** He remains an incorrigible chauvinist. **става́ти** become)
See **раси́ст.** *Cf.* **гомофо́б**

шо́вк, *m.*, **~у**
silk
adj. **деліка́тний** delicate, **найто́нший** thinnest, **тонки́й** thin; **м'яки́й** soft; **натура́льний** natural, **спра́вжній** genuine, **чи́стий** pure; **розкі́шний** rich ◊ **соро́чка з розкі́шного блаки́тного ~у** a shirt of rich azure silk; **дороги́й** expensive; **сири́й** raw; **шту́чний** artificial; **інді́йський** Indian, **кита́йський** Chinese, **тайла́ндський** Thai, *etc.*
v. + **ш. виробля́ти ш.** produce silk (**носи́ти** wear ◊ **Вона́ лю́бить носи́ти ш.** She likes wearing silk. **пря́сти** weave); **підбива́ти** + *A.* **~ом** line sth with silk ◊ **Пітжа́к підби́ли ~ом.** The jacket was lined with silk.
prep. **в ~у** *or* **~а́х** in silk ◊ **Княги́ня була́ в дороги́х ~а́х.** The princess was in expensive silk. **з ~у** of/from silk, silk; ♦ **на ~у** silk-lined
See **ткани́на 1**

шовко́в|ий, *adj.*
1 silk, made of silk, of or pertaining to silk
ш. + *n.* **ш. абажу́р** a silk chandelier shade (**ки́лим** carpet, **па́сок** belt, **пра́пор** flag); **~а біли́зна** silk underwear (**крава́тка** necktie, **моту́зка** rope, **соро́чка** shirt, **су́кня** dress, **ткани́на** cloth; **промисло́вість** industry, **фа́брика** mill)
2 *fig.* silky, smooth, soft, sleek
ш. + *n.* **~а шкі́ра** silky skin; **~е воло́сся** silky hair; ◊ **кінь із ~ою гри́вою** a horse with a silky mane; ◊ **~і кри́ла** *fig.* silky wings (**мрі́ї** *fig.* dreams, **сни** *fig.* slumbers)
3 *fig.* tender, gentle ◊ **Ні́на заговори́ла до ньо́го ти́хим ~им го́лосом.** Nina started speaking to him in a quiet silky voice. ◊ **~а весна́** *fig.* tender spring
4 *fig., colloq.* obedient, meek, submissive ♦ **бу́ти, як ш.** to be meek as a lamb; ♦ **ста́ти, як ш.** to become meek as a lamb ◊ **Пі́сля розмо́ви з ба́тьком, О́льга ста́ла, як ~а.** After the conversation with her father, Olha became meek as a lamb.

шок, *m.*, **~у**
shock
adj. **абсолю́тний** absolute ◊ **Для Яри́ни нови́на ста́ла абсолю́тним ~ом.** The news became an absolute shock to Yaryna. **вели́кий** great, **величе́зний** huge, **глибо́кий** deep ◊ **Ви́раз глибо́кого ~у лиша́вся на його́ обли́ччі ще яку́сь мить.** An expression of deep shock lingered on his face for another moment. **неабия́кий** major, **поту́жний** powerful, **си́льний** intense, **страшни́й** terrible; **правди́вий** genuine, **спра́вжній** real; **по́вний** total, **цілкови́тий** complete, **чи́стий** pure; **види́мий** apparent ◊ **Його́ ви́гляд ви́кликав види́мий ш. у прису́тніх.** His appearance gave an apparent shock to those present. **очеви́дний** obvious, **я́вний** clear; **все бі́льший** growing, **зага́льний** general **несподі́ваний** sudden; **паралізу́ючий** paralyzing; **перви́нний** initial ◊ **Її перви́нний ш. зміни́вся на обу́рення.** Her initial shock changed to indignation. **пе́рший** first; **економі́чний** economic ◊ **Девальва́ція валю́ти була́ економі́чним ~ом для спожива́ча.** The currency devaluation was an economic shock to consumers. **культу́рний** culture ◊ **По́дорож до США ста́ла для Мар'я́ни культу́рним ~ом.** Her trip to the USA became a culture shock to Mar'yana. **політи́чний** political; **анафілакти́чний** *med.* anaphylactic, **больови́й** *med.* pain
v. + **ш. відчува́ти ш.** feel a shock (**діставáти** *and* **отри́мувати** get ◊ **Марко́ діста́в правди́вий ш., поба́чивши меню́.** Marko got a genuine shock on seeing the menu. **ма́ти** have ◊ **Вона́ давно́ не ма́ла тако́го ~у.** She had not had such a shock for a long time. **виража́ти** express ◊ **О́чі хло́пця виража́ли чи́стий ш.** The boy's eyes expressed pure shock. **виклика́ти в** + *G.* give sb; **дола́ти** overcome ◊ **Подола́вши ш., вона́ продо́вжила говори́ти.** Having overcome her shock, she went on speaking. **опано́вувати** conquer; **зра́джувати** betray ◊ **Його́ ру́ки зра́джували ш. від почу́того.** His hands betrayed shock from what he had heard. **хова́ти** hide; **вдава́ти** feign ◊ **Зо́я намага́лася вдава́ти ш.** Zoya tried to feign shock. **уявля́ти (собі)** imagine) ◊ **Уяві́ть собі́ мій ш., коли́ я дізна́вся про це.** Imagine my shock when I learned about it. **вмира́ти від ~у** die of shock ◊ **Пора́нений міг уме́рти від больово́го ~у.** The wounded could die of a pain shock. (**завмира́ти від** stop dead from ◊ **Він завме́р від ~у.** He stopped dead from shock. **ого́втуватися від** recover from); **бу́ти ~ом** come as a shock (**става́ти** become)
ш. + *v.* **з'явля́тися** appear, **настава́ти** occur; **зроста́ти** grow ◊ **Що чітќіше він усвідо́млював, що ста́лося, то бі́льше зроста́в його́ ш.** The clearer he realized what had happened, the more his shock grew. **(за)лиша́тися** remain; **мина́ти** *or* **прохо́дити** pass ◊ **Його́ ш. шви́дко мину́в.** His shock quickly passed.
prep. **від ~у** from a shock; **з ~ом** with shock ◊ **Жі́нка з ~ом зрозумі́ла, що її обдури́ли.** The woman realized with shock that she had been cheated. **у ~у** in shock ◊ **Вона́ спостеріга́ла за сце́ною у по́вному ~у.** She observed the scene in total shock. **ш. від** + *G* a shock at sb/sth; **ш. для** + *G* shock to sb

шоко́ван|ий, *adj.*
shocked + *I.* at/by ◊ **Го́сті ~і низьки́м рі́внем обслуго́вування.** The guests are shocked by the low level of service.
adv. **вкрай** extremely ◊ **Здава́лося, що вкрай ~ий таки́м ста́вленням покупе́ць розпла́четься.** It seemed that the buyer, extremely shocked by such treatment, would break down crying. **до́сить** fairly, **ду́же** greatly, **страше́нно** terribly; **напра́вду** genuinely, **спра́вді** really; **ви́димо** visibly ◊ **Га́нна ви́димо ~а ї́хньою реа́кцією.** Hanna is visibly shocked by their reaction. **помі́тно** noticeably, **я́вно** clearly; **геть** totally, **по́вністю** utterly, **цілко́м** completely; **де́що** somewhat, **ле́гко** mildly, **тро́хи** a little
v. + **ш. бу́ти ~им** be shocked (**вигляда́ти** look ◊ **Ко́жен паса́жир авто́буса вигляда́в ~им.** Each passenger of the bus looked shocked. **звуча́ти** sound ◊ **Вона́ звуча́ла ~ою.** She sounded shocked. **здава́тися** + *D.* seem to sb; **почува́тися** feel) ◊ **Хво́рий почува́вся ~им недба́лістю персона́лу.** The patient felt shocked by the staff negligence.

шо́ков|ий, *adj.*
shock, of or pertaining to shock
ш. + *n.* **ш. і́ндекс** a shock index (**сцена́рій** scenario) ◊ **Аналі́тики назива́ють програ́му ~им сцена́рієм.** Analysts call the program the shock scenario. ♦ **ш. стан** a state of shock; **~а мето́дика** a shock methodology (**та́ктика** tactic, **терапі́я** therapy)

шокола́д, *m.*, **~у**, *only sg.*
chocolate
adj. **звича́йний** plain; **бі́лий** white, **моло́чний** milk, **те́мний** dark; **гірки́й** bitter, **несоло́дкий** unsweetened; **конди́терський** cooking ◊ **Він користу́ється конди́терським ~ом.** He uses cooking chocolate. **гаря́чий** hot, **пла́влений** melted ◊ **Вона́ полила́ мигда́ль пла́вленим ~ом.** She poured melted chocolate over the almonds. **по́ристий** aerated, aero, **рідки́й** liquid
n. + **ш. кава́лок**, *colloq. or* **шмато́к ~у** a piece of chocolate (**пли́тка** bar; **вид** *or* **різно́вид** variety ◊ **У крамни́ці пропонува́ли два деся́тки різно́видів ~у.** Two dozen varieties of chocolate were on offer at the store. **смак** taste) ◊ **незабу́тній смак те́много ~у** the unforgettable taste of dark chocolate
v. + **ш. ї́сти ш.** eat chocolate (**лама́ти** *or* **розла́мувати** break ◊ **Мо́тря розлама́ла ш. на чоти́ри кава́лки.** Motria broke the chocolate into four pieces. **пла́вити** melt, **те́рти** grate; **вмоча́ти** + *A.* **в** dip sth in) ◊ **Га́ля вмочи́ла па́лець у ш., а тоді́ облиза́ла його́.** Halia dipped her finger in chocolate and then licked it. **нама́зувати** + *A.* **~ом** spread sth with chocolate ◊ **Лі́на нама́зала ко́жне ті́стечко ~ом.** Lina spread each cake with chocolate. (**обма́зувати** *and* **обшмаро́вувати** + *A.* coat sth with, **покрива́ти** + *A.* cover sth with, **посипа́ти** + *A.* sprinkle sth with) ◊ **Торт посипа́ли те́ртим ~ом.** The cake was sprinkled with grated chocolate.
ш. + *v.* **пла́витися** melt ◊ **Христи́на помі́шувала, до́ки ш. не розпла́вився.** Khrystyna stirred till the chocolate melted.
prep. **з ~ом** with chocolate ◊ **пе́репис підли́ви з ~ом** a recipe for sauce with chocolate

шокола́дов|ий, *var.* **шокола́дний**, *adj.*
1 chocolate, of or pertaining to chocolate
ш. + *n.* **ш. десе́рт** a chocolate dessert (**коктéйль** cocktail, **крем** cream, **мус** mousse, **торт** cake) ◊ **Тут печу́ть надзвича́йно до́брі ~і то́рти.** They bake extremely tasty chocolate cakes here. **~а підли́ва** chocolate sauce (**обго́ртка** wrapper, **пли́тка** bar; **фа́брика** factory); **~е ма́сло** chocolate butter (**молоко́** milk, **моро́зиво** ice cream, **пе́чиво** cookies); **~і цуке́рки** chocolate candies ◊ **Володи́мир купи́в кілогра́м ~их цуке́рок.** Volodymyr bought a kilo of chocolate candies.
2 chocolate *(of color)*, deep brown ◊ **В Ната́линих ~их оча́х бли́снула ціка́вість.** Curiosity gleamed in Natalia's chocolate eyes.
See **бруна́тний, ко́лір**

шпале́р|а, *f.*, **~и**
wallpaper, *usu pl.*
adj. **нові́** new, **сві́жі** fresh ◊ **Сві́жі ~и па́хли кле́єм.** The fresh wallpaper smelled of glue. **ви́цвілі** faded, **облу́плені** peeling, **старі́** old; **те́мні** dark, **я́сні** light; **бе́жеві** beige, **жо́вті** yellow, **о́хрові** ocher, **пасте́леві** pastel, **черво́ні** red, *etc.* **візеру́нчасті** patterned, **квітча́ті** floral, flowery ◊ **Він позбу́вся квітча́тих шпале́р.** He got rid of the floral wallpaper. **квітча́сті** flowery, **смуга́сті** striped; **акри́лові** acrylic, **вині́лові** vinyl; **вульґа́рні** vulgar; **ви́шукані** refined; **деше́ві** cheap, **дорогі́** expensive; **комп'ю́терні** *comput.* desktop
n. + **ш. руло́н шпале́р** a roll of wallpaper ◊ **На кімна́ту тре́ба сім руло́нів шпале́р.** Seven rolls of wallpaper are needed for the room. (**асортиме́нт** assortment, **ви́бір** selection, **розмаї́ття** variety)
v. + **ш. кле́їти ~и** hang wallpaper ◊ **Люми́ла впе́рше в житті́ кле́їла ~и.** Liudmyla was hanging wallpaper for the first time in her life. (**купува́ти** buy, **підбира́ти** select; **пропонува́ти** + *D.* offer sb ◊ **Тут пропону́ють бага́тий ви́бір шпале́р.** A rich selection of wallpaper is offered here. **здира́ти** strip ◊ **Вони́ зде́рли старі́ ~и.** They stripped the old wallpaper. **міня́ти** change); **бу́ти обкле́єним ~ами** be hung with wallpaper ◊ **Кімна́та обкле́єна вульґа́рними ~ами.** The room is hung with vulgar wallpaper.
ш. + *v.* **лупи́тися** peel ◊ **~и лупи́лися у трьох міся́х.** The wallpaper peeled in three spots.

шпигу|ва́ти[1], **~ють;** *no pf., intr.*
1 to spy ◊ **Наді́я ма́ла відчуття́, що за не́ю ~ють.** Nadiia had the feeling that she was spied on.
adv. **крадькома́** in stealth, **по́тайки** stealthily, **таємно** secretly; **незако́нно** unlawfully, **нелеґа́льно** illegally
prep. **ш. для** + *G.* spy for sb ◊ **Слу́жба безпе́ки затри́мала ме́шканця Оде́си, що ~ва́в для воро́жого у́ряду.** The security service detained a resident of Odesa who spied for the enemy government. **ш. за** + *I.* spy on sb
2 *colloq.* to observe, follow ◊ **Ка́мера зо́внішнього спостере́ження пи́льно ~є за всім, що ді́ється навко́ло.** The outdoor surveillance camera closely observes everything that is going on around.

шпигу|ва́ти[2], **~ють; на~**, *tran.*
to season, spice + *I.* with sth ◊ **Вона́ ~ва́ла ши́нку часнико́м і розмари́ном.** She seasoned the ham with garlic and rosemary.
Cf. **начиня́ти**

шпигу́н, *m.*, **~а́; ~ка**, *f.*
spy
adj. **воро́жий** enemy, **чужозе́мний** foreign; **америка́нський** American, **брита́нський** British ◊ **Джеймз Бонд – брита́нський ш.** James Bond is a British spy. **ізра́їльський** Israeli, **росі́йський** Russian, *etc.* **завербо́ваний** recruited, **професі́йний** professional; **кібернети́чний** *or usu* **кібершпигу́н** cyber, **комп'ютеро́вий** computer, **промисло́вий** industrial
n. + **ш. вербува́ння ~ів** a recruitment of spies; **гніздо́ ~ів** a spy den (**мере́жа** network ◊ **Кремль утри́мує в краї́ні мере́жу ~ів.** The Kremlin maintains a spy network in the country. **ви́шкіл** training, **шко́ла** school)
v. + **ш. викрива́ти ~а́** expose a spy (**виявля́ти** uncover; **знахо́дити** find; **знешко́джувати** neutralize ◊ **Контррозві́дка знешко́дила ~а́ в адміністра́ції президе́нта.** Counterintelligence neutralized a spy in the presidential administration. **ліквідува́ти** eliminate; **вербува́ти** recruit); **ді́яти як ш.** act as a spy ◊ **Він ді́яв як воро́жий ш.** He acted as an enemy spy. **бу́ти ~о́м** be a spy ◊ **Газе́та посіда́є до́кази того́, що засту́пник міні́стра є чужозе́мним ~о́м.** The newspaper is in possession of evidence that the deputy minister is a foreign spy. (**виявля́тися** turn out; **лиша́тися** remain; **роби́ти** + *A.* make sb, **става́ти** become) ◊ **Він свідо́мо став ~о́м.** He consciously became a spy.
ш. + *v.* **проника́ти в** + *A.* infiltrate sth ◊ **У Ра́ду націона́льної безпе́ки прони́к воро́жий ш.** An enemy spy infiltrated the National Security Council.
Cf. **во́рог**

шпигу́нськ|ий, *adj.*
spy, of or pertaining to spies or spying
ш. + *n.* **ш. літа́к** a spy plane (**супу́тник** satellite; **рома́н** novel ◊ **У цей пері́од особли́во популя́рним стає жанр ~ого рома́ну.** In this period, the spy novel genre becomes particularly popular. **фільм** movie ◊ **Він лю́бить ~і фі́льми.** He is fond of spy movies. **центр** center); **~а аге́нція** a spy agency (**істо́рія** story; **ка́мера** camera; **мере́жа** network; **мі́сія** mission); **~е лі́гво** a spy lair (**обла́днання** equipment; **ремесло́** *fig.* craft) ◊ **Вона́ доскона́ло володі́є ~им ремесло́м.** She is in perfect command of the spy craft.

шпи́льк|а, *f.*
1 pin; hairpin
adj. **золота́** golden, **метале́ва** metal, **сріб́на** silver; **вели́ка** large, **невели́ка** small; **англі́йська** safety ◊ **Мирос́лав но́сить англі́йську ~ку про всяк ви́падок.** Myroslav wears a safety pin, just in case.
v. + **ш. вийма́ти ~ку** pull out a pin ◊ **Ляга́ючи спа́ти, Лю́да ви́йняла з воло́сся ~ки́.** When going to bed, Liuda pulled hairpins out of her hair. (**встромля́ти** stick in; **застіба́ти** + *A.* **на** do sth up with) ◊ **Він застібну́в комі́рець соро́чки на ~ку.** He did his shirt collar up with a pin. **коло́ти** + *A.* **~кою** prick sb/sth with a pin ◊ **Щоб позбу́тися ко́рчу, вона́ вколо́ла себе́ ~кою.** In order to get rid of the cramps, she pricked herself with a pin. (**прикрі́пляти** + *A.* fasten sth with, **прони́зувати** *or* **простромля́ти** + *A.* pierce sth with)
ш. + *v.* **коло́ти** + *A.* prickle sth ◊ **Англі́йська ш. розкри́лася й коло́ла її́.** The safety pin had opened and was prickling her. **стирча́ти** stick out ◊ **Із поду́шечки стирча́ло кі́лька ~о́к.** Several pins stuck out of the little pillow.
Also see **го́лка 1**
2 *fig.* barb, taunt, jibe, *often pl.*
adj. **в'ї́длива** biting, **го́стра** sharp, **дошку́льна** scathing, **крити́чна** critical ◊ **Поéт на́дто чутли́вий до крити́чних ~о́к.** The poet is too sensitive to critical barbs. **незаслу́жена** undeserved, **несправедли́ва** unfair
v. + **ш. діста́вати ~ки́** get barbs ◊ **Кни́жка дістає ~ки́ кри́тиків.** The book is getting barbs from critics.
ш. + *v.* **дошкуля́ти** hurt ◊ **~ки́ кри́тиків дошкуля́ли письме́нникові.** Critics' barbs hurt the writer.
See **кри́тика 2**
3 *bot.* pine needle, thorn ◊ **Кра́плі дощу́ блища́ли на ~ка́х со́сон.** Raindrops glistened on the pine needles. ◊ **Не бува́є троя́нд без ~о́к.** There are no roses without thorns.
See **го́лка 2**
4 *colloq.* stiletto heel, shoe with a stiletto heel, stiletto ◊ **Су́кня вигляда́ла ефе́ктно в поєдна́нні зі ~ка́ми.** The dress looked impressive in combination with stilettos.
L. **на ~ці**

шпиталізу|ва́ти, **~ють;** *same, tran.*
to hospitalize
adv. **невідкла́дно** without delay, **нега́йно** immediately, **терміно́во** urgently; **примусо́во** forcibly ◊ **Її́ примусо́во ~вали до психіатри́чної ліка́рні.** She was forcibly hospitalized in a psychiatric hospital.
v. + **ш. бу́ти змý шеним** be compelled to ◊ **Лі́кар був змýшеним ш. її́.** The doctor was compelled to hospitalize her. **бу́ти необхі́дно** be necessary, **бу́ти тре́ба** need to ◊ **Хво́рого тре́ба ш.** The patient needs to be hospitalized.
prep. **ш. в** + *A. or* **до** + *G.* hospitalize in *(a hospital)*, **ш. з о́гляду на** + *A.* hospitalize for sth ◊ **Ді́вчину ~вали до райо́нної ліка́рні з о́гляду на біль у гру́дях.** The girl was hospitalized in the district hospital for chest pains.
pa. pple. **шпиталізо́ваний** hospitalized
шпиталізу́й!

шпіона́ж, *m.*, **~у**, *only sg.*
espionage, spying
adj. **військо́вий** military, **економі́чний** economic, **електро́нний** electronic, **кібернети́чний** cyber, **корпорати́вний** corporate, **космі́чний** space, **промисло́вий** industrial; **міжнаро́дний** international; **америка́нський** American, **ізра́їльський** Israeli, **по́льський** Polish, **росі́йський** Russian, *etc.*

v. + ш. вести́ ш. conduct espionage ◊ **Полко́вник вів кібернети́чний ш. на ко́ристь сусі́дньої краї́ни.** The colonel conducted cyber espionage on behalf of a neighboring country. **організо́вувати** organize; **бу́ти стра́ченим за** be executed for ◊ **Її́ стра́тили за ш. про́ти вла́сної краї́ни.** She was executed for spying against her own country. **потрапля́ти до в'язни́ці за** end up in jail for); **бу́ти причéтним до ~у** be involved in espionage; **займа́тися ~ем** engage in espionage ◊ **Під прикриттям диплома́ти́чного па́спорта вона́ займа́лася ~ем.** Under the cover of her diplomatic passport, she engaged in espionage. **звинува́чувати** +*A.* **в ~і** accuse sb of spying
prep. **ш. на ко́ристь** + *G.* espionage on behalf of sb; **ш. про́ти** + *G.* espionage against sb

шпри́ц, *m.*, **~á**
syringe
adj. **безкошто́вний** free ◊ **Наркома́нам роздаю́ть безкошто́вні ~и́.** Free syringes are distributed to drug addicts. **нови́й** new, **стерилізо́ваний** sterilized, **стери́льний** sterile, **чи́стий** clean; **брудни́й** dirty, **ви́користаний** used, **зара́жений** contaminated; **багаторазо́вий** reusable, **одноразо́вий** disposable ◊ **У клі́ніці закі́нчуються одноразо́ві ~и́.** The clinic is running out of disposable syringes. **пластма́совий** plastic, **скляни́й** glass
n. + **ш. використа́ння ~ів** the use of syringes (**виробни́цтво** production; **поку́пка** purchase); **обмі́н ~ів** a syringe exchange ◊ **програ́ма о́бміну ~ів** a syringe exchange program
v. + **ш. використо́вувати ш.** use a syringe ◊ **Тут використо́вують виняткóво одноразо́ві ~и́.** They use exceptionally disposable syringes here. (**готува́ти** prepare, **стерилізува́ти** sterilize ◊ **Стерилізува́ти мо́жна скляні́ ~и́.** Glass syringes can be sterilized. **набира́ти** + *G.* **в** draw sth into) ◊ **Вона́ набра́ла у ш. кодеї́ну.** She drew codeine into the syringe. **кори́стува́тися ~о́м** use a syringe ◊ **Кори́стува́тися брудни́ми ~а́ми небезпе́чно.** It is dangerous to use dirty syringes.

шрифт, *m.*, **~у**
font; type, print, typeface
adj. **гре́цький** Greek, **кири́личний** Cyrillic ◊ **кири́личні ~и програ́ми** the Cyrillic fonts of the application; **лати́нський** Latin; **друка́рський** print; **жи́рний** bold, **ко́нтурний** ultralight, **наджи́рний** black, **напівжи́рний** semibold, **сві́тлий** light; **звича́йний** plain, **курси́вний** italic, **похи́лий** oblique, **прями́й** regular
n. + **ш. наси́ченість ~у** a font weight ◊ **Наси́ченість ~у варіює́ться від ко́нтурного до наджи́рного.** A font weight varies from ultralight to black. (**на́хил** slope, **ро́змір** size, **ширина́** width)
v. + **ш. використо́вувати ш.** use a font (**ма́ти** have ◊ **Комп'ю́тер ма́є по́над сто ~ів.** The computer has in excess of a hundred fonts. **чита́ти** read) ◊ **За ти́ждень він навчи́вся чита́ти гре́цький ш.** In a week, he learned to read a Greek font. **друкува́ти** + *A.* **~ом** print sth in a font (**кори́стува́тися** use; **писа́ти** write in ◊ **Украї́нські ре́чення він писа́в жи́рним ~ом, а англі́йський пере́клад – звича́йним.** He wrote the Ukrainian sentences in a bold type, and the English translation in a plain one. **склада́ти** + *A.* set sth in) ◊ **Пе́рший у́ступ скла́ли наджи́рним ~ом.** The first paragraph is set in black type.
Also see **друк 2**

штаб, *m.*, **~у**
staff, headquarters
adj. **головни́й** main ◊ **Сьо́мий по́верх займа́є головни́й ш. ви́борчої кампа́нії.** The seventh floor is occupied by the election campaign main headquarters. **центра́льний** central; **постíйний** permanent; **імпровізо́ваний** makeshift, **тимчасо́вий** temporary; **армі́йський** army, **брига́дний** brigade, **військо́вий** military, **дивізі́йний** division, **полкови́й** regiment; **адміністрати́вний** administrative, **кома́ндний** command, **оперативний** operational, **парті́йний** party ◊ **Вона́ ма́є завда́ння прони́кнути в парті́йний ш.** She has the task of infiltrating the party headquarters. **політи́чний** political; **міжнаро́дний** international, **місце́вий** local, **націона́льний** national, **реґіона́льний** regional, **світови́й** world ◊ **Тут розташо́ваний світови́й ш. «Лі́карів без кордо́нів».** The world headquarters of the *Doctors without Borders* is located here.
ш. + *n.* **ш. а́рмії** the army headquarters ◊ **Ш. а́рмії зни́щила бо́мба.** The army headquarters was destroyed by a bomb. (**брига́ди** brigade, **дивізії** division, **по́лку** regiment; ♦ **генера́льний ш.** *mil.* general staff; **кампа́нії** campaign, **компа́нії** *fig.* company, **корпора́ції** *fig.* corporation, **па́ртії** party, **полі́ції** police) ◊ **Вони́ пікету́ють ш. обласно́ї полі́ції.** They are picketing the provincial police headquarters.
v. + **ш. відкрива́ти ш.** open a headquarters ◊ **Існу́є потре́ба відкри́ти націона́льний ш. корпора́ції для Туре́ччини.** *fig.* There is a need to open the corporation's national headquarters for Turkey. (**встано́влювати** establish, **ма́ти** have ◊ **За́хідна філі́я фі́рми ма́є автоно́мний ш.** *fig.* The western branch of the firm has autonomous headquarters. **розгорта́ти** deploy, **розташо́вувати** locate ◊ **Ба́жано розташува́ти ш. па́ртії в робітни́чій око́лиці.** It is desirable to locate the party headquarters in a working neighborhood. **ство́рювати** create; **закрива́ти** close, **ліквідо́вувати** eliminate ◊ **Звіт місти́в рекоменда́цію ліквідува́ти четверти́ну реґіона́льних ~ів кампа́нії.** The report contained the recommendation to eliminate a quarter of the campaign regional headquarters. **перено́сити** move) ◊ **Ш. диві́зії перенесли́ на зві́льнену від во́рога терито́рію.** The division headquarters was moved to the territory liberated from the enemy.
ш. + *v.* **бу́ти розташо́ваним** *or* **розташо́вуватися** be located ◊ **Ш. по́лку був розташо́ваним** *or* **розташо́вувався в коли́шній фа́бриці.** The regiment headquarters was located in a former factory.
See **центр 1**

штамп, *m.*, **~у**
1 stamp, seal
adj. **офіці́йний** official, **спра́вжній** genuine; **підро́блений** forged, **фікти́вний** fictitious; **квадра́тний** square, **трику́тний** triangular ◊ **офіці́йний трику́тний ш. ми́тниці** the official triangular customs stamp; **візо́вий** visa ◊ **На візо́вому ~і мо́жна розібра́ти да́ту.** One can make out the date on the visa stamp. ♦ **пошто́вий ш.** a postal seal ◊ **На ма́рці нема́є пошто́вого ~у.** There is no postal seal on the stamp. **коли́шній** former, **стари́й** old
ш. + *n.* **ш. бібліоте́ки** a library stamp ◊ **На ~і бібліоте́ки напи́сано «Заборо́нено продава́ти!»** The library stamp reads "Forbidden to sell!" (**міністе́рства** ministry, **організа́ції** organization, **університе́ту** university, **устано́ви** institution, **шко́ли** school)
v. + **ш. ста́вити ш.** put a stamp ◊ **Імміграці́йний урядо́вець поста́вив ш. їй у па́спорт.** The immigration official put a stamp in her passport.
ш. + *v.* **стоя́ти** be ◊ **На четве́ртій сторі́нці кни́жки сто́їть ш. бібліоте́ки.** There is a library stamp on page four of the book.
Cf. **ма́рка 1**
2 *techn.* punch, dies, die ◊ **Археоло́ги знайшли́ старода́вні ~и для ка́рбу моне́т.** Archeologists found ancient dies for minting coins.
3 *fig.* cliché ◊ **Ви́раз давно́ став звича́йним ~ом.** The expression became a usual cliché long ago.
adj. **заї́жджений** hackneyed ◊ **Він полюбля́в час від ча́су вжи́ти яки́йсь заї́жджений ш.** He was fond of using a hackneyed cliché every now and then. **зама́цаний** *colloq.* tired, **звича́йний** usual, **поно́шений** worn-out, **стари́й** old; **популя́рний** popular; **журналі́стський** media, **поети́чний** poetic, **репорте́рський** reporter's; **кінематографі́чний** movie ◊ **Весь її́ фільм – це оди́н кінематографі́чний ш.** Her entire film is one movie cliché. **літерату́рний** literary, **стилісти́чний** stylistic
v. + **ш. використо́вувати ш.** use a cliché ◊ **Він використо́вує популя́рні ~и сове́тської доби́.** He uses popular Soviet period clichés. **уника́ти ~у** avoid a cliché ◊ **Вона́ уника́є поно́шених ~ів.** She avoids worn-out clichés. (**позбува́тися** get rid of; **вдава́тися до** resort to)

штан|и́, *only pl.*, **~і́в**
pants, trousers ◊ **Воло́дя взяв зі собо́ю двоє ~ів.** Volodia took along two pants.
adj. **до́вгі** long ◊ **Ш., які́ йому́ купи́ла Зо́я, ви́явилися зана́дто до́вгими.** The pants Zoya had bought him, turned out to be too long. **коро́ткі** short; **вузькі́** narrow, **широ́кі** wide, **ві́льні** loose ◊ **У мо́ді були́ ві́льні ш.** Loose pants were in fashion. **мішкува́ті** baggy; **обти́слі** *or* **тісні́** tight; **бавовня́ні** cotton, **вельве́тові** corduroy, **во́вняні** wool, **джи́нсові** denim, **лляні́** linen, **полі́єстерові** polyester, **флане́леві** flannel, **шкіряні́** leather, **шовко́ві** silk; **карта́ті** plaid, **смуга́сті** striped; **поде́рті** ripped; **буде́нні** casual **святко́ві** dressy; ♦ **спорти́вні ш.** sweatpants ◊ **Рекети́ри типо́во носи́ли спорти́вні ш. та з вишне́вого ко́льору піджаки́.** The racketeers typically wore sweatpants and cherry-colored blazers.
n. + **ш. па́ра ~ів** a pair of pants; **бли́скавка ~ів** pants zipper ◊ **Він пома́цав бли́скавку ~ів, чи бува́ не розстебну́лася.** He felt the pants zipper, making sure it did not open by chance. (**кишéня** pocket, **холо́ша** leg; **довжина́** length, **ро́змір** size; **фасо́н** model)
v. + **ш. вбира́ти** *or* **вдяга́ти, наклада́ти ш.** put on pants ◊ **Із тако́ї особли́вої наго́ди Лев убра́в святко́ві ш. і бі́лу соро́чку.** For such a special occasion, Lev put on his dressy pants and a white shirt. (**натяга́ти** pull on; **застіба́ти** button up, zip up; **підтяга́ти** *or* **підтя́гувати** pull up, **розстіба́ти** undo, **скида́ти** drop, **стяга́ти** pull off) ◊ **Прийшо́вши додо́му, Іва́н стягну́в мо́крі ш.** Having come home, Ivan pulled off his wet pants.
prep. ♦ **залиши́тися без ~ів** to lose everything, become penniless ◊ **Ще одна́ така́ інвести́ція, і вони́ зали́ша́ться без ~ів.** Another such investment and they will lose everything. **в ~и́** *dir.* in/to pants ◊ **Він схова́в гамане́ць у ~и́.** He hid the wallet in his pants. **в ~а́х** *posn.* in pants ◊ **У його́ ~а́х за́вжди́ напрасо́вані рубці́.** The creases in his pants are always well-pressed.
D. **~а́м** *or* **~ям**, *I.* **~а́ми** *or* **~ями** *or* **~ьми́**, *L.* **в ~а́х** *or* **~ях**

штат[1], *m.*, **~у**
staff, personnel
adj. **вели́кий** big, **величе́зний** enormous, **значни́й** considerable, **чи́сле́нний** numerous; **розду́тий** inflated; **додатко́вий** additional; **весь** *or* **уве́сь** entire, **по́вний** full ◊ **По́вний ш. місце́вої полі́ції взяв у́часть в опера́ції.** The full staff of the local police took part in the operation. **пості́йний** permanent ◊ **У шко́лі пра́цює со́рок осі́б пості́йного ~у.** Forty people of permanent staff work at the school. **тимчасо́вий** temporary; **висококваліфіко́ваний** highly qualified, **досві́дчений** experienced, **кваліфіко́ваний** qualified, **на́вчений** educated, **підгото́ваний** trained, **професі́йний** *and* **фахови́й** professional; **допомі́жний** support; **назе́мний** ground ◊ **ве́сь назе́мний ш. лeто́вища** the entire ground staff of the airport
v. + **ш. ма́ти ш.** have a staff ◊ **Інститу́т ма́є кваліфіко́ваний ш.** The institute has a qualified staff. (**вербува́ти** recruit, **набира́ти** hire ◊ **Компа́нія набира́є додатко́вий ш.** The

company is hiring additional staff. **найма́ти** employ ◊ **Міністе́рство найма́є величе́зний ш.** The ministry employs enormous staff. **признача́ти** appoint; **виганя́ти** fire, **звільня́ти** dismiss, **розрахо́вувати** let go ◊ **Розрахува́ли третину ~у лаборато́рії.** *impers.* A third of the laboratory staff was let go. **скоро́чувати** cut; **опла́чувати** pay ◊ **Мі́сто не в ста́ні опла́чувати таки́й розду́тий ш. урядо́вців.** The city is incapable of paying such an inflated staff of bureaucrats. **утри́мувати** retain) ◊ **Дире́ктор утри́мує найбі́льш кваліфіко́ваний ш.** The director retains the most qualified staff.

ш. + v. **вико́нувати** + *A.* carry sth out, **ма́ти спра́ву з** + *I.* deal with sb/sth ◊ **Ш. ліка́рні впе́рше ма́є спра́ву з вели́кою кі́лькістю пора́нених.** The hospital staff deals with a great number of wounded for the first time. **працюва́ти** work ◊ **Дослі́дницький ш. інститу́ту працю́є п'ять днів на ти́ждень.** The research staff of the institute works five days a week.

prep. **в ~і** on the staff ◊ **Він не у ~і компа́нії.** He is not on the company's staff.

Also see **персона́л**

штат[2], *m.*, **~у**
state *(in USA, Brazil, etc.)* ◊ **Посу́ха вра́зила пі́вде́нно-за́хідні ~и США.** The draught struck southwestern states of the USA.

See **о́бласть**

штовха́|ти, ~ють; штовхн|у́ти, ~у́ть, *tran.*
1 to push, nudge

adv. **аґреси́вно** aggressively, **безцеремо́нно** unceremoniously, **відчайду́шно** frantically ◊ **Він відчайду́шно ~в за́мкнені две́рі, щоб ви́рватися надві́р.** He was frantically pushing the locked door to get outdoors. **гру́бо** rudely, **лю́то** furiously, **серди́то** angrily; **несподі́вано** unexpectedly, **ра́птом** suddenly, **си́льно** hard; **зуми́сно** *or* **навми́сно** deliberately ◊ **Хтось штовхну́в Богда́на навми́сно, сподіва́ючись, що він упаде́.** Somebody pushed Bohdan deliberately, hoping he would fall. **лего́нько** *dim.* lightly, **ле́гко** lightly, **обере́жно** carefully ◊ **Час від ча́су Ми́рка обере́жно ~ла його́ лі́ктем, щоб той не куня́в.** Every now and then, Myrka carefully nudged him with her elbow for him not to doze. **тихе́нько** *dim.* quietly, **ти́хо** quietly ◊ **Він ти́хо штовхну́в коле́ґу під столо́м, щоб той переста́в каза́ти дурни́ці.** He quietly nudged his colleague under the table so that he stop saying nonsense. **грайли́во** playfully; **слі́по** blindly; **крадькома́** stealthily; **по́спіхом** hastily, **шви́дко** quickly; **повільно** slowly; **про́сто** simply; **вго́ру** up, **впере́д** forward, **набі́к** aside ◊ **Аґреси́вна жі́нка безцеремо́нно штовхну́ла її́ набі́к.** An agressive woman pushed her aside unceremoniously. **надоли́ну** down, **наза́д** backward

ш. + n. **ш. голово́ю** push with one's head (**лі́ктем** elbow, **ного́ю** foot, **плече́м** shoulder, **руко́ю** hand) ◊ **Лю́ди́на, яка́ штовхну́ла Мусі́я руко́ю, ви́явилася стари́м при́ятелем.** The person who pushed Musii with his hand turned out to be his old pal.

v. + ш. **намага́тися** try to; **почина́ти** begin to ◊ **Усі́ почали́ ш. авті́вку впере́д.** Everybody began to push the car forward. **ста́ти** *pf.* start; **перестава́ти** stop ◊ **«Переста́ньте ш. мене́!» – ви́гукнула Лі́да.** "Stop pushing me!" Lida shouted.

prep. **ш. в** + *A.* push in sth ◊ **Хтось штовхну́в її́ у спи́ну.** Somebody pushed in the back. **ш. під** + *A.* push under sth ◊ **Він намага́вся штовхну́ти пасажи́ра під по́тяг, що надхо́див.** He tried to push the passenger under the oncoming train.

2 *fig.* to push, urge, press ◊ **Лють ~ла його́ на необа́чні ді́ї.** Anger pushed him to act rashly. ◊ **По́мста ~є її́ до то́го, що́би знайти́ сво́го кри́вдника.** Vengeance pushes her to chasing down her wrongdoer.

Also see **надиха́ти**

pa. pple. **штовхну́тий** pushed

штовха́й! штовхни́!

штовхну́|ти, *pf., see* **штовха́ти**
to push, *etc.* ◊ **Не зна́ти, що ~ло чолові́ка на самогу́бство.** There is no telling what pushed the man to commit suicide.

што́р|а, *f.*, **~и**
blind, shade, curtain

adj. **важка́** heavy ◊ **На ві́кнах кінозали ви́сіли важкі́ ~и.** Heavy blinds hung on the windows of the movie hall. **гру́ба** thick; **мере́живна** lace, **оксами́това** velvet, **шовко́ва** silk; **легка́** light, **мале́нька** *dim.* small, **невели́ка** small; **віді́пнута** open, **за́пнута** closed, drawn; **душова́** shower ◊ **Вона́ поба́чила по́стать че́рез душову́ ~у.** She saw a figure through the shower curtain.

v. + ш. **відкрива́ти ~у** open a blind (**відпина́ти** draw open, **відслоня́ти** pull open ◊ **Вона́ відслони́ла ~у, щоб подиви́тися, хто за вікно́м.** She pulled open the curtain to see who was outside the window. **піді́ймати** *or* **підніма́ти** raise; **закрива́ти** draw, **запина́ти** close, **опуска́ти** lower; **ві́шати** hang ◊ **Він пові́сив ~у над коли́скою.** He hung a curtain above the cradle. **міня́ти** replace) ◊ **Старі́ ~и тре́ба поміня́ти.** The old curtains need to be replaced.

ш. + v. **ви́сіти** hang ◊ **Черво́ні ~и ви́сять тут де́сять ро́ків.** The red curtains have hung here for ten years. **гойда́тися** flutter ◊ **~и ле́гко гойда́лися щора́зу, як відчиня́лися две́рі.** The curtains fluttered gently every time the door opened. **надима́тися** *and* **надува́тися** billow ◊ **~а наду́лася від про́тягу.** The curtain billowed in the draft.

prep. **за ~у** *dir.* behind a curtain ◊ **Ле́ся поста́вила драби́ну за ~у.** Lesia put the ladder behind the curtain. **за ~ою** *posn.* behind a curtain ◊ **За ~ою хтось хова́вся.** Somebody was hiding behind the curtain.

Also see **заві́са 1**

шторм, *m.*, **~у**
1 storm *(usu sea storm)* ◊ **Не́бо вкри́ли свинце́ві хма́ри, прові́сниці вели́кого ~у.** The sky got covered with leaden clouds, harbingers of a great storm.

adj. **вели́кий** great, **лю́тий** raging, **неаби́який** major, **неба́чений** unprecedented, **нищівни́й** devastating **си́льний** bad ◊ **Кораблі́ потра́пили в си́льний ш.** The ships got caught up in a bad storm. **скаже́ний** ferocious, **страхітли́вий** monster, **страшни́й** terrible, **шале́ний** fierce; **спра́вжній** real; **зимо́вий** winter, **лі́тній** summer, **осі́нній** fall, *etc.* **аркти́чний** Arctic, **тропі́чний** tropical

v. + ш. **заповіда́ти ш.** foretell a storm (**прогнозува́ти** forecast ◊ **Прогнозу́ють ш.** A storm is in the forecast. **перечі́кувати** wait out ◊ **Якби́ вони́ зна́ли, то перечека́ли б ш. у порту́.** Had they known they would have waited the storm out in port. (**потрапля́ти в** get caught up in); **хова́ти** + *A.* **від ~у** shelter sb from a storm ◊ **Га́вань схова́ла від ~у не оди́н корабе́ль.** The haven sheltered more than one ship from a storm. **слідкува́ти за ~ом** track a storm ◊ **Метеорологі́чна слу́жба слідку́є за неба́ченим ~ом.** The weather service is tracking the unprecedented storm.

ш. + v. **лютува́ти** rage ◊ **Скаже́ний ш. лютува́в дві доби́.** The ferocious storm raged for two days. **йти** be coming ◊ **Іде́ шале́ний ш.** A fierce storm is coming. **наближа́тися** *and* **насува́тися на** + *A.* be approaching sth, **збира́тися** be brewing ◊ **Усі́ небе́сні озна́ки сві́дчили, що збира́ється спра́вжній ш.** All the celestial signs said that a real storm was brewing. **наліта́ти на** + *A.* hit sth ◊ **Ш. налеті́в на о́стрів несподі́вано.** The storm hit the island suddenly. **прихо́дити** move in ◊ **Ш., як за́вжди́, прийшо́в з океа́ну.** As always, the storm moved in from the ocean. **зніма́тися** *and* **розбушува́тися** *pf.* break ◊ **Ш. розбушува́вся, коли́ вони́ були́ у відкри́тому мо́рі.** The storm broke when they were in open sea. **гамсе́лити** + *A. colloq.* lash sth, **гати́ти по** + *A. colloq.* batter sth; **проліта́ти** + *I. or* **по** + *L.* sweep sth ◊ **Зимо́вий ш. пролеті́в пі́вде́нним узбере́жжям** *or* **по пі́вде́нному узбере́жжю.** A winter storm swept the southern coast. **затиха́ти** abate ◊ **Ш. то затиха́в, то зно́ву шале́нів.** The storm would abate and then rage again. **посла́блюватися** subside, **прохо́дити** pass; **трива́ти** + *A.* last *(a period)*; **топи́ти** + *A.* sink sth ◊ **Страхітли́вий ш. потопи́в третину флоту.** The monster storm sunk a third of the fleet. ♦ **шука́ти при́хистку від ~у** to seek shelter from a storm.

prep. **у ш.** *dir.* in/to a storm ◊ **Вони́ ви́пливли про́сто в ш.** They set sail right into the storm. **пе́ред ~ом** before a storm; **під час ~у** during a storm

See **бу́ря 1.** *Also see* **бураві́й, гроза́ 1**

2 *fig., colloq.* storm, hail, onslaught ◊ **У за́лі здійня́вся правди́вий ш. проте́стів.** A genuine storm of protests erupted in the auditorium.

See **бу́ря 2, град**

штормов|и́й, *adj.*
storm, of or pertaining to a storm, stormy

ш. + n. **ш. ві́тер** storm wind ◊ **Здава́лося, що ш. ві́тер от-о́т зі́рве́ дах.** It seemed the storm wind was about to rip the roof off. **~а́ пого́да** stormy weather; **~а́ пора́** a storm season ◊ **Вони́ не хоті́ли виплива́ти в мо́ре посере́дині ~о́ї пори́.** They were reluctant to set sail in the middle of a storm season. (**хви́ля** wave); **~е́ мо́ре** a stormy sea; **~е́ попере́дження** a storm advisory; **~і́ умо́ви** storm conditions

штраф, *m.*, **~у**
fine, penalty

adj. **вели́кий** big, **величе́зний** enormous, **значни́й** significant, **істо́тний** substantial, **максима́льний** maximal, **неаби́який** quite some ◊ **За пору́шення вона́ заплати́ла неаби́який ш.** She paid quite some fine for the violation. **надмі́рний** exorbitant, **непомі́рний** excessive, **тяжки́й** heavy, **чима́лий** hefty; **мале́нький** *dim.* small, **мали́й** *and* **невели́кий** small, **мініма́льний** minimal, **символі́чний** token; **неви́правданий** unjustified, **несправедли́вий** unfair; **адміністрати́вний** administrative, **грошови́й** money

v. + ш. **дава́ти** + *D.* **ш.** levy a fine on sb ◊ **Їм дали́ ш.** A fine was levied on them. (**впрова́джувати** introduce, **збі́льшувати** increase; **наклада́ти на** + *A.* impose on sb ◊ **Поліція́нт накла́в на не́ї істо́тний ш.** The policeman imposed a substantial fine on her. **дістава́ти** get, **отри́мувати** receive, **плати́ти** pay ◊ **Він відмо́вився плати́ти ш.** He refused to pay the fine. **передба́чати** carry) ◊ **Пору́шення пра́вил поже́жної безпе́ки передба́чає ш. у ти́сячу гри́вень.** A fire safety rules violation carries a ₴1,000 fine. **кара́ти ~ом** punish sb/sth with a fine ◊ **Спожива́ння алкого́лю на ву́лиці кара́ють ~ом.** Alcohol consumption on the street is punished with a fine.

prep. **ш. у ро́змірі** + *G.* a fine in the amount of sth ◊ **Він отри́мав ш. у ро́змірі двох ти́сяч гри́вень.** He received a fine in the amount of ₴2,000. **ш. за** + *A.* a fine for sth ◊ **ш. за пору́шення пра́вил доро́жнього ру́ху** a fine for a traffic rules violation

Also see **ка́ра 2, покара́ння 1, стя́гнення 2**

штрафу|ва́ти, ~ють; о~, *tran.*
to fine, penalize

adv. **несправедли́во** unfairly ◊ **Водій оштрафува́ли несправедли́во.** The driver was penalized unfairly. **суво́ро** severely, **тя́жко** heavily;

весь час all the time, неоднoразóво more than once, постíйно constantly, чáсто often; вперше for the first time; нíколи never; рíдко rarely
prep. ш. за + *A.* penalize for *(violation)* ◊ Водíя оштрафувáли за паркувáння пóряд з гідрáнтом. The driver was penalized for parking next to a hydrant.
pa. pple. оштрафóваний fined
(о)штрафуй!

штý|ка, *f.*
1 piece, item ◊ **Він хотíв купи́ти лопáти, по 250 гри́вень за ~ку.** He was looking to buy spades, at ₴250 a piece. ◊ **Ви сказáли, вам трéба тарíлки. Скíльки ~к?** You said you needed plates. How many?
2 *colloq.* thing, deal, matter, trick ◊ **Хлóпчик дýмав, що кóжен лíкар мáє такý ~ку, що всі хворóби лікýє.** The little boy believed that every doctor possessed such a thing that treated all diseases.
adj. **ди́вна** strange ◊ **Що за ди́вна ш. ця дівчи́на!** What a strange thing this girl is! **дóбра** good ◊ **«Дóбра ш. ці черéвики,» – подýмав він.** "Those boots are damn good," he thought. **дорогá** expensive ◊ **Як на мéне, то комп'ютер – занáдто дорогá ш.** As for me, a computer is too expensive a thing. **таємни́ча** mysterious ◊ **Поéзія – такá таємни́ча ш.** Poetry is such a mysterious thing. **цікáва** interesting; ♦ **вели́ка ш.** big deal; ♦ **невели́ка ш.** no big deal ◊ **Навчи́тися читáти пóльською для нéї – вели́ка ш.** Learning to read Polish is a big deal to her. ♦ **Ось у чóму ш.** That's what it is. ♦ **ш. в тóму** *or* **тім, що** the thing is that, the point is that ◊ **Ш. в тóму, що Марíя вже читáла все це.** The thing is that Maria had already read all of this.
See **річ 4**
3 trick, joke, feat, sleight of hand ♦ **викидáти ~ки** play tricks; ♦ **От так ш.!** Well I'll be damned!
See **фóкус² 1**
L. **на ~ці**

штурм, *m.*, **~у**, *mil.*
assault, attack, charge
adj. **вели́кий** major ◊ **Сою́зні áрмії готувáли вели́кий ш.** The allied armied were preparing a major assault. **загáльний** all-out, **лобови́й** frontal, **маси́вний** massive, **повномасштáбний** full-scale, **прями́й** direct; **запéклий** fierce, **затя́тий** relentless, **смертéльний** deadly; **нови́й** fresh, **подáльший** further ◊ **Подáльший ш. цитадéлі став неможли́вим.** Further assault of the citadel became impossible. **пéрший** first ◊ **Пéрший ш. не дав бáжаного результáту.** The first assault did not yield the desired result. **початкóвий** initial, **остáнній** last; **вирішáльний** decisive; **успíшний** successful
v. + ш. **вести́ ш.** conduct an assault ◊ **Ш. вели́ у два етáпи.** The assault was conducted in two stages. (**здíйснювати** carry out, **провóдити** make; **починáти** begin ◊ **Загáльний ш. фортéці почали́ на світáнку.** The all-out assault of the fortress was begun at dawn. **ви́тримати** withstand ◊ **Жмéнька вoякíв ви́тримала маси́вний ш.** A handful of soldiers withstood a massive assault. **відби́ти** repel ◊ **Відби́вши ш. вони́, пішли́ в нáступ.** Having repelled the assault, they went on an offensive. **пережи́ти** survive); ♦ **брáти** + *A.* **~ом** to take sth by storm ◊ **Вони́ брáли ~ом однé укрíплення за íншим.** They took by storm one strongpoint after another.
Also see **нáпад 1, удáр 3**

штурмов|и́й, *adj.*, *mil.*
assault, attack, of or pertaining to assault
ш. + *n.* **ш. батальйóн** an assault batallion (**вертолíт** *or* **гелікóптер** helicopter ◊ **Нáступ підтри́мувало п'ять ~их гелікóптерів.** Five assault helicopters supported the offensive. **літáк** aircraft, **корабéль** ship); **~á грýпа** an assault group ◊ **Він комáндує дрýгою ~óю грýпою.** He commands the second assault group. (**оперáція** operation); **~é завдáння** an assault task ◊ **Кóжен воя́к отри́мав окрéме ~é завдáння.** Each soldier received a separate assault task. **~í си́ли** an assault force

штýчн|ий, *adj.*
1 artificial, man-made
ш. + *n.* **ш. алмáз** an artificial diamond ◊ **Ш. алмáз дешéвший за прирóдний.** An artificial diamond is cheaper than a natural one. (**рубíн** ruby; **óстрів** island; **шовк** silk) ◊ **Він не мóже відрíзни́ти натурáльний шовк від ~ого.** He cannot tell natural from artificial silk. **~а кінцíвка** an artificial limb (**ногá** leg, **рукá** arm ◊ **Завдяки́ ~ій руцí він міг бýти самодостáтнім.** Thanks to an artificial arm, he could be self-sufficient. **вóвна** wool, **шкíра** leather; **кров** blood, **плáзма** plasma); **~е волокнó** an artificial fiber (**запи́лення** pollination, **заплíднення** insemination; **óзеро** lake ◊ **За мíстом булó ~е óзеро.** There was a man-made lake outside the city. **освíтлення** lighting, **світлó** light); **~і зýби** artificial teeth (**квíти** flowers ◊ **~і квíти нагáдують їй про смерть.** Artificial flowers bring death to her mind. **матеріяли** materials)
Ant. **прирóдний 1**
2 *fig.* artificial, feigned, affected ◊ **Мáртина рáдість булá якóюсь перебíльшеною, ~ою.** Marta's was an exaggerated and artificial kind of joy.
adv. **вкрай** extremely, **дóсить** rather, **дýже** very; **геть** totally, **цілкóм** completely; **ви́разно** distinctly, **я́вно** clearly; **дéщо** somewhat, **трóхи** a little
v. + ш. **бýти ~им** be artificial (**виглядáти** look ◊ **У грими́ Óльга виглядáє ~ою.** Olha looks artificial in makeup. **виявля́тися** turn out ◊ **Íрина гости́нність ви́явилася прорахóваною й ~ою.** Iryna's hospitality turned out to be calculated and feigned. **здавáтися** + *D.* seem to sb; **ставáти** become) ◊ **Її гóлос став холóдним і ~им.** Her voice became cold and artificial.
3 *fig.* artificial, contrived, false ◊ **Пропонóваний у трактáті підхід здавáвся нáдто ~им.** The approach proposed in the treatise, seemed too contrived.

штýчно, *adv.*
artificially, in an artificial way
v. + ш. **виглядáти ш.** look artificial ◊ **Натáля виглядáла ш. в новóму вбрáнні.** Natalia looked artificial in the new clothes. (**звучáти** sound) ◊ **Щорáзу, коли́ Микóла чув сам себé, йогó гóлос звучáв ш.** Every time Mykola heard his own self, his voice sounded artificial.

шýб|а, *f.*
fur coat
adj. **дорогá** expensive; **мóдна** fashionable; **новá** new; **знóшена** worn-out, **старá** old ◊ **Вонá все ще люби́ла свою старý ~у.** She was still fond of her old fur coat. **натурáльна** natural, **синтети́чна** synthetic, **штýчна** artificial; **зáяча** hare, **крóляча** rabbit, **ли́сяча** fox, **нóркова** mink
See **пальтó, óдяг**

шукá|ти, ~ють; від~, роз~ , *tran.*
1 to look for, search, seek + *A. and G.*; *pf.* to find ◊ **Де мóжна від~ дóбрий ресторáн?** Where can I find a good restaurant? ◊ **Ми ~ли готéль і нарéшті відшукáли.** We were looking for a hotel and finally found one.
adv. **весь час** all the time, **все** *colloq.* all the time, **дóвго** long, **впéрто** stubbornly ◊ **Весь цей час Ромáна впéрто йогó ~ла.** All this time, Romana was stubbornly looking for him. **наполéгливо** persistently, **послідóвно** consistently, **постíйно** constantly ◊ **Стýдія постíйно ~є таланови́ту мóлодь.** The studio is in constant search of talented youth. **системати́чно** systematically; **навпóмацки** gropingly ◊ **Вонá навпóмацки ~ла в тéмряві склянку з водóю.** She was groping for her glass of water in the dark. **наóслíп** blindly; **скрізь** everywhere; **аґреси́вно** aggressively, **акти́вно** actively, **відчайдýшно** desperately, **гарячкóво** frenetically, **жáдібно** eagerly; **навми́сне** deliberately; **успíшно** successfully; **безуспíшно** unsuccessfully, **дармá** vainly, **мáрно** in vain ◊ **Він мáрно ~в потрíбного слóва.** He searched in vain for the right word. **у дáний момéнт** at the present moment, **зáраз** currently; ♦ **ш. скрізь і всю́ди** search far and wide
ш. + *v.* **брáтися** set about, **ки́датися** rush to ◊ **Почýвши про близькý небезпéку, всі кинулися ш. збрóю.** Having heard of the impending danger, everybody rushed to look for arms. **бýти змýшеним** be forced to, **довóдитися** be compelled to ◊ **Чáсто Тамáрі довóдилося ш. будь-якý перекладáцьку робóту.** Often Tamara was compelled to look for any kind of translation work. **йти** go to ◊ **Вонá пішлá ш. щось на кýхні.** She went to look for something in the kitchen. **намагáтися** try to; **починáти** begin to, **стáти** *pf.* start ◊ **Він став ш. окуля́ри.** He started looking for his glasses. **переставáти** stop, **продóвжувати** continue to
prep. ш. в + *L.* look for in sth ◊ **Він ~є цю кни́жку в усíх бібліотéках.** He is looking for this book in all the libraries.
Also see **наглядáти 3, ри́тися, обшýкувати 2**
2 to seek, desire, want ◊ **Ці лю́ди ~ли крáщого життя́.** Those people were seeking a better life. ◊ **Він ~в спóкою і гармóнії.** He desired peace and harmony.
See **хотíти.** *Also see* **жадáти 1**
no pa. pple., **знáйдений** found *is used instead*
(від)шукáй! знайди́!

шум¹, *m.*, **~у**
noise, sound; roar, rustle
adj. **вели́кий** great ◊ **У зáлі стоя́в вели́кий ш.** There was great noise in the auditorium. **гучни́й** loud, **оглýшливий** deafening ◊ **Чéрез оглýшливий ш. водоспáду розмóва стáла неможли́вою.** Because of the deafening noise of the waterfall the conversation became impossible. **жахли́вий** awful, **нестéрпний** unbearable, **страшни́й** terrible; **безперéрвний** incessant, **монотóнний** monotonous, **постíйний** constant; **мінімáльний** minimal ◊ **Полíні тя́жко зосерéдитися нáвіть за мінімáльного ~у навкóло.** It is difficult for Polina to focus even with minimal noise around. **невели́кий** small, **негучни́й** low, **приглýшений** muffled, **слабки́й** faint, **ти́хий** quiet; **фóновий** ambient; **ґвалтóвний** abrupt, **несподíваний** unexpected, **раптóвий** sudden
ш. + *n.* **ш. вíтру** the roar of the wind (**водоспáду** waterfall, **хвиль** waves), **ш. дерéв** the rustle of trees (**трави́** grass); **ш. двигýна** the noise of an engine (**літакá** aircraft, **птахíв** birds, **холоди́льника** refrigerator, **трáнспорту** traffic), **ш. крил** the flutter of wings
v. + ш. **здíймáти ш.** cause noise ◊ **Поя́ва пса здíйняла страшни́й ш. сéред мев.** The appearance of a dog caused a terrible noise among the seagulls. (**роби́ти** make, **ствóрювати** create; **слýхати** listen to, **чýти** hear ◊ **Щонóчі вонá чýла ш. крóків на схóдах.** Every night, she heard the noise of steps in the stairwell. **заглушáти** drown out ◊ **Вонá кричáла, намагáючися заглуши́ти ш. трáнспорту.** She was shouting, trying to drown out the noise of the traffic. **змéншувати** reduce, **прити́шувати** lower; **скáржитися на** complain of) ◊ **Він поскáржився комендáнтові на чáстий ш. від сусíдів.** He complained about the frequent noise from his neighbors to the superintendant. ♦ **Багáто ~у, а дíла мáло.** All talk and no action.
ш. + *v.* **йти з** + *G.* come from *(a source)* ◊ **З далéкого кінця́ коридóру йшов приглýшений ш. розмóв.** A muffled noise of conversations came from the far end of the corridor. **поши́рюватися з** + *G.* spread from *(a source)*;

гучнішати get louder, ставати гучнішим become louder, наростати grow louder, посилюватися increase; вщухати die away, затихати *or* стихати die down; припинятися stop; продовжуватися continue ◊ **Ш. із вулиці продовжувався майже до світанку.** The noise from the street continued almost till dawn.
prep. **ш. від** + *G.* noise from sth ◊ **Він звик до шуму від двигуна.** He got accustomed to the noise from the engine. **ш. з** + *G.* noise from *(a source)* ◊ **постійний ш. з вулиці** constant noise from the street

шум², *m.*, ~у, *only sg.*

foam, froth
adj. **густий** thick; **білий** white, **брудний** dirty; **морський** sea; **пінистий** frothy ◊ **Кожна гальба пива мала корону пінистого ~у.** Every beer mug had a crown of frothy foam. **теплий** warm
v. + **ш. збирати ш.** skim the foam ◊ **Він збирав ш. з юшки за допомогою чайного сита.** He skimmed the foam off the broth with the help of a tea strainer. (**збивати** whip up, **робити** make)

шум|іти, ~лю, ~иш, ~лять; *no pf., intr.*

1 to make noise, be noisy, roar, rustle, shuffle, flutter, *etc.* ◊ **За стіною монотонно ~іло електричне обладнання.** Electrical equipment rumbled monotonously behind the wall.
adv. **голосно** loudly ◊ **Тут річка ~іла особливо голосно.** Here, the river roared particularly loudly. **дуже** very, **жахливо** awfully, **оглушливо** deafeningly ◊ **Годину тому фондова біржа оглушливо ~іла.** An hour ago, the stock exchange was making a deafening noise. **страшенно** terribly ◊ **Збуджені грою діти страшенно ~іли.** The children exhilarated by the game, were making a terrible noise. **безперестанку** incessantly, **весь час** all the time, **незмінно** invariably, **постійно** constantly; **менше** less, **тихо** quietly ◊ **Верби тихо ~іли на вітрі.** The willows quietly rustled in the wind. **трохи** a little; ♦ **аж гай ~ить** at full throttle, to the hilt ◊ **Хлопці працюють, аж гай ~ить.** The boys are working at full throttle.
v. + **ш. могти** can ◊ **Ви можете трохи менше ш.!** Can you make a bit less noise! **намагатися не** try not to ◊ **Вони намагалися не ш., щоб не привертати уваги.** They tried not to be noisy, so as not to attract attention. **починати** begin to, **стати** *pf.* start; **переставати** stop ◊ **Цілу ніч сусіди не переставали ш.** All night long, the neighbors would not stop making noise. **продовжувати** continue to
2 *fig.* to bustle, pass by ◊ **За вікном готелю ~іло й нуртувало місто.** The city bustled and whirled outside the hotel window. ◊ **У цих стінах ~іло життя не одного покоління студентів.** The life of more than one generation of students bustled within those walls.
3 *fig., collog.* to shout, talk ◊ **Про що це вони там так ~лять?** What is it they are talking about so?
See **кричати 1, розмовляти 1**
шуми!

шухляд|а, *f.*

drawer ◊ **Із правого боку письмового стола три ~и.** On the right side of the desk, there are three drawers.
adj. **глибока** deep, **мілка** shallow; **довга** long; **відкрита** open, **замкнута** locked; **горішня** *and* **верхня** top, **середня** middle, **долішня** *and* **нижня** bottom; **ліва** left-hand, **права** right-hand; **кухонна** kitchen, **столова** table; **таємна** secret
v. + **ш. відкривати ~у** open a drawer (**відмикати** unlock; **закривати** shut, **замикати** lock; **витягати** *or* **витягувати** pull out ◊ **Він витягнув ~у зі стола і переглянув її вміст.** He pulled the drawer out of the table and examined its contents. **вставляти** put in; **випорожняти** empty, **вичищати** clean out, **впорядковувати** organize, **переглядати** look through; **сягати в** reach into) ◊ **Вона сягнула рукою глибоко в ~у.** She reached deep into the drawer with her hand. ♦ **відкладати** + *A.* **в довгу ~у** to put sth on the back burner ◊ **Комітет відклав його пропозицію в довгу ~у.** The committee put his proposal on the back burner. **порпатися в ~і** rummage through a drawer
prep. **в ~у** *dir.* in/to a drawer; **в ~і** *posn.* in a drawer ◊ **Батарейки зберігалися в середній ~і.** The batteries were kept in the middle drawer. **з ~и** from a drawer ◊ **Він вийняв із кухонної ~и столове срібло.** He took the table silver out of the kitchen drawer.

Щ

щаслив|ий, *adj.*

1 happy ♦ **~ої подорожі!** Have a nice trip!
adv. **безмежно** boundlessly, **винятково** exceptionally, **досконало** perfectly ◊ **Фінансові проблеми врешті-решт зруйнували їхню колись досконало ~у родину.** Financial problems eventually destroyed their once perfectly happy family. **досить** fairly, **дуже** very, **надзвичайно** extremely; **відносно** relatively ◊ **Діти виростали у відносно ~их обставинах.** The children were growing up in relatively happy circumstances. **особливо** particularly, **просто** simply; **направду** truly, **справді** really; **благословенно** blissfully, **екстатично** ecstatically, **ідеально** ideally, **казково** fabulously, **неймовірно** incredibly, **неправдоподібно** implausibly, **фантастично** fantastically; **божевільно** crazily, **шалено** insanely ◊ **Написати це могла лише шалено ~а людина.** Only an insanely happy person could write this. **як ніколи** like never before; **майже** almost; **далеко не** far from, **не зовсім** not quite, **не особливо** not particularly ◊ **Його школа виявилася не особливо ~им закутком міста.** His school turned out to be not a particularly happy nook of town.
щ. + *n.* **щ. батько** a happy father (**день** day) ◊ **Вони познайомилися ~ого дня.** They met on a happy day. **~а жінка** a happy woman (**пара** couple); **~е дитинство** happy childhood (**материнство** motherhood; **обличчя** face, **подружжя** marriage) ◊ **На світлинах їхнє подружжя здавалося благословенно ~им.** In the pictures, their marriage seemed blissfully happy. **~і літа** happy years (**люди** people, **очі** eyes; **хвилини** moments) ◊ **У такі ~і хвилини вона забуває все, що пережила.** At such happy moments, she forgets everything she had gone through.
v. + **щ. бути ~им** be happy (**виглядати** look, **видаватися** + *D.* appear to sb ◊ **Хлопці видавалися Олені екстатично ~ими.** The boys appeared to be ecstatically happy to Olena. **здаватися** + *D.* seem to sb; **виявлятися** turn out; **почуватися** feel, **робити** + *A.* make sb ◊ **Народивши доньку, Ліна зробила чоловіка направду ~им.** Having given birth to a daughter, Lina made her husband truly happy. **ставати** become; **вмирати** die) ◊ **Зараз, коли вийшла друком її книжка, Зеня могла вмерти ~ою.** Now, that her book came out in print, Zenia could die happy. ♦ **Бувайте ~і!** All the best! Good luck!
Also see **сонячний 3.** *Cf.* **радісний.** *Ant.* **сумний**
2 lucky, fortunate ◊ **Петро вірив, що коли-небудь витягне щ. квиток.** Petro believed that one day he would draw a lucky ticket. ◊ **Іванченко виявилася ~ою знахідкою для колективу.** Ivanchenko proved to be a lucky find for the team. ◊ **Вони завдячували перемогою в матчі одному ~ому ударові.** They owned their win in the match to one lucky strike. ◊ **щ. збіг обставин** a fortunate coincidence; ♦ **родитися під ~ою зіркою** to be born under a lucky star ♦ **~ої дороги!** Farewell!
prep. **щ. для** + *G.* happy for sb ◊ **Вони вважають чеського арбітра ~им для дружини.** They consider the Czech referee to be lucky for the team.

щаст|ити, ~ять; по~, *intr.*

1 *only impers. with 3rd pers. sg.* + *D.* to be lucky, be in luck; *pf.* to get lucky, strike it lucky
adv. **досить** fairly, **дуже** very, **надзвичайно** extremely, **неймовірно** incredibly ◊ **Досі Оресті неймовірно ~ило в коханні.** Until now, Oresta was incredibly lucky in love. **направду** truly, **справді** really; **іноді** sometimes, **рідко** rarely; **весь час** all the time ◊ **Усі думали, що Борисові весь час ~ить, а насправді він просто шахрував.** Everybody thought Borys was in luck all the time, but in reality he simply cheated. **завжди** always, **незмінно** invariably, **постійно** constantly, **часто** often; **нарешті** finally; **майже** almost
prep. **щ. в** + *L.* be lucky in/at sth ◊ **Їй рідко ~ить у покері.** She is rarely lucky at poker. **щ. з** + *I.* be lucky with sb/sth ◊ **Студентам пощастило з викладачем мови.** The students struck it lucky with the language instructor. **щ. на** + *A.* be lucky as to sb/sth ◊ **Левові ~ить на друзів на роботі.** Lev has luck with friends at work.
2 *only impers. with 3rd pers. sg.* + *D.* + *inf.* to manage, succeed ◊ **Йому пощастило виграти арбітраж.** He managed to win the arbitration. ◊ **Не думаю, що вам пощастить повернути гроші.** I don't think you will manage to get the money back. ◊ **Їм пощастило втекти з полону.** They managed to escape from captivity. ♦ **~й тобі** *and* **~й вам (Боже)!** Good luck to you!
See **вдаватися 2.** *Also see* **могти 2**

щаст|я, *nt., only sg.*

1 happiness, joy
adj. **велике** great ◊ **Його приїзд – велике щ. для родини.** His arrival is great joy to the family. **вічне** eternal, **глибоке** deep, **ідеальне** ideal, **найбільше** *and* **найвище** greatest ◊ **Провести кілька годин із коханою жінкою здавалося Олесеві найвищим ~ям.** Spending a few hours with his beloved woman seemed to Oles to be the greatest happiness. **коротке** brief, **короткотривале** short-lived; **неймовірне** incredible, **правдиве** true, **справжнє** genuine, **чисте** pure; **майбутнє** future; **земне** earthly, **людське** human, **особисте** personal ◊ **Від завтрашнього рішення залежало її особисте щ.** Her personal happiness depended on tomorrow's decision. **подружнє** marital, **родинне** *or* **сімейне** family
v. + **щ. відчувати щ.** feel happiness (**знаходити** find ◊ **Павлина знайшла щ. в Миколаєві.** Polina found her happiness in Mykolayiv. **купувати** buy ◊ **Хіба можна купити щ. за гроші?** Can happiness be bought for money? **приносити** + *D.* bring sb ◊ **Можливо, наступний рік принесе Василині щ.** Maybe next year will bring Vasylyna happiness. **отруювати** + *D.* poison for sb) ◊ **Своєю появою Віктор отруїв їхнє короткотривале щ.** By his appearance, Viktor poisoned their short-lived happiness. ♦ **вважати за щ.** + *inf. or clause* to be happy to do sth ◊ **Лукаш вважав за щ., що може допомогти їм.** Lukash was happy he could help them. **бажати** + *D.* **щ.** wish sb happiness (**бути сповненим** be filled with; **досягати** achieve, **зазнавати** experience ◊ **Разом вони зазнали і щ., і горя.** Together they experienced both happiness and grief. **шукати** look for ◊ **Іван уперто шукав щ.** Ivan persisted in looking for happiness. **зітхати від** sigh with, **мліти від** swoon with ◊ **Здавалося, що вона зімліє від щ.** It seemed she would swoon with happiness. **плакати від** cry with); **променитися ~ям** radiate happiness ◊ **Ганна променилася ~ям.** Hanna radiated happiness. (**світитися** glow with) ◊ **Його обличчя світилося ~ям.** His face was beaming with joy.

щ. + *v.* **бути в** + *L.* be in, reside in sth ◊ **Хай у вашім домі буде щ.** Let there be happiness in your home. **променитися** radiate, **світитися** gleam ◊ **В її очах світилося щ.** Happiness gleamed in her eyes.
prep. **від щ.** with happiness ◊ **Іван не тямив себе від щ.** Ivan was not himself with happiness.
Cf. **радість**
2 good luck, blessing ◊ **Його щ. в покері тривало недовго.** His good luck in poker did not last long.
v. + **щ.** ♦ **мати щ.** to be lucky ◊ **Олена мала щ. потрапити до короткого списку кандидатів на вакансію.** Olena had the good luck of getting on the short list of candidates for the opening. ♦ **пробувати щ.** try one's luck ◊ **Він уперше пробував щ. заробити грошей в Еспанії.** For the first time, he was trying his luck to earn some money in Spain.
щ. + *v.* ♦ **випадати щ.** + *D.* to be destined to do sth, have the good luck to do sth ◊ **Юрієві випало щ. слухати лекції Жака Дериди.** Yurii had the good luck of listening to Jacques Derrida's lectures.
prep. ♦ **на щ.** for good luck; fortunately, luckily ◊ **Валя подарувала хлопцеві фігурку янгола на щ.** Valia gave the boy an angel figurine for good luck. ◊ **На щ., Леонтина має друзів у Чернівцях.** Fortunately Leontyna has friends in Chernivtsi. ◊ **На наше щ., потяг ще не відійшов.** Luckily for us, the train has not yet left. **щ. для** + *G.* blessing for sb ◊ **Те, що сталося, – щ. для одних і горе для інших.** What happened is a blessing for some and misery for others.
See **удача**
3 fate, fortune, destiny ◊ **Тисячі українців поїхали шукати щ. в інших країнах.** Thousands of Ukrainians left in search of their fortune in other countries.
See **доля**[1] **1**

ще, *adv.*

1 more, in addition, another, else ◊ **Нам треба щ. трохи сиру.** We need some more cheese. ◊ **Лев з'їв щ. голубця.** Lev ate another cabbage roll. ◊ **Вони почули постріл, тоді щ.** They heard a gunshot, then another. ◊ **Куди щ. мені слід звернутися?** Where else should I turn? ◊ **Хто щ. там був?** Who else was there? ◊ **Як щ. це можна пояснити?** How else can this be explained? ♦ **та щ. й** besides, in addition, to boot ◊ **Світлана не поспівчувала їй та щ. й насварила.** Svitlana failed to sympathize with her but chided her besides. ♦ **щ. більше** even more; ♦ **щ. раз** once more, one more time; ♦ **щ. й щ.** more and more; ♦ **що щ.?** what else? ◊ **Що щ. ви хотіли знати?** What else did you want to know? ♦ **Щ. що скажеш!** What a thing to say!
2 still *(in affirmative statements)*, as early as, as far back as ◊ **Він щ. працює.** He is still working. ◊ **Сад щ. спав.** *fig.* The garden was still asleep. ◊ **Вони все щ. вимагали ревізії.** They still demanded an audit. ◊ **Вона почала писати вірші щ. в шість років.** She started writing poems as early as the age of six.
3 yet *(in negative statements)* ◊ **Він щ. не знає.** He doesn't know yet. ◊ **Щ. ні.** Not yet. ◊ **Вони щ. нічого не розуміли.** They did not understand anything yet.
4 even *(with comp. adj., adv.)*, still ◊ **Тепер хлопці стали щ. ближчими друзями.** Now the boys became even closer friends. ◊ **Його становище робиться щ. гіршим.** His situation grows even worse.
Also see **все**[1] **4**
5 *as part.* only ◊ **Щ. вчора вони були в Києві.** Only yesterday they were in Kyiv. ◊ **Щ. місяць тому ніхто не знав, що їх чекає.** Only a month ago, nobody knew what was in store for them.
See **лише, тільки**
6 *as part.* what if, God forbid, or ◊ **Тихо, щ. збудиш дітей!** Quiet or you'll wake the kids. ◊ **До міста сім кілометрів, щ. змерзнете в дорозі.** There are 7 km to the city, what if you freeze on the way.

щедр|ий, *adj.*

generous, lavish, copious, profuse, bountiful; ♦ **Щ. вечір** St. Melania's Feast *(Ukrainian holiday celebrated on January 13)*
adv. **винятково** exceptionally ◊ **Він зробив Ярославі винятково ~у пропозицію.** He made an exceptionally generous offer to Yaroslava. **досить** fairly, **дуже** very, **надзвичайно** extremely, **на рідкість** exceptionally; **несподівано** unexpectedly; **відносно** relatively, **особливо** particularly; **направду** truly, **справді** really; **казково** fabulously, **неймовірно** incredibly, **неправдоподібно** implausibly; **надміру** exceedingly, **надто** too; **підозріло** suspiciously; **як ніколи** like never before; **далеко не** far from, **не зовсім** not quite, **не особливо** not particularly
v. + **щ.** **бути ~им** be generous ◊ **Винагорода за роботу буде ~ою.** The compensation for the work will be generous. (**здаватися** + *D.* seem to sb; **виявлятися** turn out ◊ **Усупереч обіцянкам, її вклад виявився не особливо ~им.** Contrary to promises, her contribution turned out to be not particularly generous. **ставати** become) ◊ **Антін став надто щ. на обіцянки.** Antin became too generous with promises.
prep. **щ. на** + *A.* generous with sth

щедр|ість, *f.*, **~ости**, *only sg.*

generosity
adj. **безкорисна** disinterested ◊ **Він наполягав, що його щ. безкорисна.** He insisted that his generosity was disinterested. **безмежна** boundless, **велика** great, **величезна** immense, **виняткова** exceptional, **надзвичайна** extraordinary, **неймовірна** incredible, **особлива** particular, **самовіддана** selfless, **самозречена** self-abnegating, **шляхетна** noble; **несподівана** unexpected ◊ **Несподівана щ. багача спровокувала знущальні коментарі у пресі.** The rich man's unexpected generosity provoked mocking commentary in the press. **підозріла** suspicious
n. + **щ.** **акт ~ости** an act of generosity (**жест** gesture) ◊ **Подарунок сприйняли як жест шляхетної ~ости.** The gift was perceived as gesture of noble generosity.
v. + **щ.** **виявляти щ.** show generosity (**поцінóвувати** appreciate; **віддячувати** + *D.* **за** repay sb for ◊ **Вона віддячила Лукашукові за щ.** She repaid Lukashuk for his generosity. **дякувати** + *D.* **за** thank sb for) ◊ **Голова міста подякував підприємцям за щ.** The city mayor thanked the businessmen for their generosity. **вирізнятися ~істю** stand out for one's generosity ◊ **Ліза не вирізняється ~істю.** Liza does not stand out for her generosity. (**користатися** take advantage of) ◊ **Користуючися ~істю жертводавців, уряд скоротив видатки на культуру.** Taking advantage of donors' generosity, the government cut expenditures for culture.
prep. **щ. до** + *G.* generosity to sb ◊ **їхня щ. до музею** their generosity to the museum; **щ. стосовно** + *G.* generosity toward sb/sth ◊ **щ. стосовно громадян із фізичними обмеженнями** generosity towards physically impaired citizens; **завдяки ~ості** thanks to sb's generosity ◊ **Стипендія стала можливою завдяки ~ості громади.** The scholarship became possible thanks to the generosity of the community.

щелеп|а, *f.*, *anat.*

jaw
adj. **велика** big, **квадратна** square, **масивна** massive; **горішня** *or* **верхня** upper, **долішня** *or* **нижня** lower; **міцна** strong, **стиснута** clenched ◊ **Його міцно стиснуті ~и справляли враження рішучої людини.** His firmly clenched jaws made the impression of a resolute person. **сувора** stern; **зламана** broken; **штучна** artificial
v. + **щ.** **вивихати ~у** dislocate a jaw ◊ **Тамара так широко позіхнула, що вивихнула ~у.** Tamara yawned so wide, she dislocated her jaw. (**ламати** fracture, **розбивати** break; **терти** rub ◊ **Орест механічно потер собі ~у там, де його болів зуб.** Orest mechanically rubbed his jaw, where his tooth ached. **опускати** drop; **стискати** clench ◊ **Ігор стиснув від болю ~и.** Ihor clenched his jaws from pain. **рухати ~ою** work one's jaw ◊ **Лікар попросив його порухати ~ою туди й сюди.** The doctor asked him to work his jaw back and forth.
щ. + *v.* **боліти** ache; **повиснути** *pf.* drop ◊ **Від несподіванки у Дани повисла щ.** Dana's jaw dropped with surprise. **роззявлятися** hang open ◊ **Коли дід куняв, у нього роззявлялася щ.** When the old man dozed, his jaw would hang open. **видаватися** jut ◊ **Як Лев силкувався переконувати когось, його щ. видавалася вперед.** When Lev strained to persuade somebody, his jaw jutted forward. **стискатися** clench; **хрустіти** crack
prep. **в ~у** *dir.* in/to sb's jaw ◊ **Його вдарили у ~у.** He was hit in the jaw. **в ~і** *posn.* in sb's jaw ◊ **У неї в ~і виявили тріщину.** A crack was found in her jaw. **на ~і** on sb's jaw; **під ~ою** under a jaw ◊ **ґуля під ~ою** a lump under the jaw; **по ~і** on a jaw ◊ **У нього по ~і щось повзало.** Something was crawling on his jaw.

щир|ий, *adj.*

1 sincere, honest, straightforward
adv. **абсолютно** absolutely ◊ **Ганна абсолютно ~а у своїй вірі.** Hanna is absolutely sincere in her faith. **винятково** exceptionally, **до кінця** altogether, **дуже** very, **надзвичайно** extraordinarily, **наскрізь** through and through, **направду** truly, **справді** really; **геть** totally, **цілком** completely; **не дуже** not very, **не зовсім** not entirely; **занадто** *or* **надто** too; **позірно** seemingly
v. + **щ.** **бути ~им** be sincere (**вважати** + *A.* consider sb, **виглядати** look; **виявлятися** turn out ◊ **Її каяття виявилося ~им.** Her repentance turned out to be sincere. **здаватися** + *D.* seem to sb ◊ **Галина здавалася йому цілком ~ою.** Halyna seemed to be completely sincere to him. **лишатися** remain)
prep. **щ. в** + *L.* sincere about/in sth ◊ **Він не до кінця щ. у взаєминах із Лукою.** He is not altogether sincere in his relationship with Luka. **щ. з** + *I.* sincere with sb ◊ **Іван був не зовсім ~им із матір'ю.** Ivan was not entirely sincere with his mother.
Also see **відвертий 1, прямий 2**
2 sincere, heartfelt, profound, fervent, ardent ◊ **Між ними ~а приязнь і повага.** There is heartfelt friendship and respect between them. ◊ **Вони висловили ~у подяку всім, хто їх підтримав.** They expressed their sincere gratitude to everybody who had supported them. ♦ **~ою душею** *or* **~им серцем** selflessly, ardently ◊ **Кожен із них ~ою душею служив спільній справі.** Each of them selflessly served the common cause. ◊ **У час випробувань ~а молитва помагала Михайлові.** At the time of trials, a fervent prayer would help Mykhailo.
See **гарячий 3**
3 true, genuine ◊ **Він вважає, що щ. християнин може любити ворога.** He believes that a true Christian can love his enemy. ◊ **Як кожна ~а українка, Марія любила свою мову.** As every true Ukrainian, Maria loved her language. ♦ **щ. друг** a true friend, ♦ **~а подруга** a true female friend
See **справжній.** *Also see* **правдивий 2, сердечний 3**

4 pure, uncontaminated ◊ **Він подарува́в наречені́й ланцюжо́к зі ~ого зо́лота.** He gave his fiancée a chain of pure gold. ♦ **~а пра́вда** pure truth ◊ **Хло́пець ка́же ~у пра́вду.** The boy is telling pure truth.
See **чи́стий 6**

щи́р|ість, *f.*, **~ости**, *only sg.*
sincerity, frankness, straightforwardness
adj. **абсолю́тна** absolute ◊ **Він промовля́в слова́ каяття́ з абсолю́тною ~істю.** He was uttering the words of repentance with absolute sincerity. **вели́ка** great, **глибо́ка** deep, **по́вна** total, **цілкови́та** complete; **правди́ва** true, **спра́вжня** genuine, **я́вна** obvious; **надмі́рна** excessive; **уда́вана** feigned, **фальши́ва** fake ◊ **Мико́лі ста́ло ги́дко від фальши́вої ~ости коле́ги.** Mykola was repulsed by his colleague's fake sincerity. **ди́вна** strange; **ви́мушена** forced, **натя́гнута** strained; **несподі́вана** unexpected ◊ **Її несподі́вана щ. була́ ви́мушеною.** Her unexpected sincerity was forced. **нехаракте́рна** uncharacteristic
щ. + *n.* **щ. каяття́** the sincerity of repentance ◊ **Щ. її каяття́ по́за су́мнівом.** The sincerity of her repentance is beyond doubt. (**перекона́нь** convictions, **почуття́** feeling, **розмо́ви** conversation, **співчуття́** sympathy, **то́ну** tone)
n + **щ. брак ~ости** lack of sincerity ◊ **Холо́дні о́чі жі́нки зра́джували брак ~ости.** The woman's cold eyes betrayed a lack of sincerity. (**на́дмір** abundance)
v. + **щ. виявля́ти щ.** show sincerity ◊ **Вона́ шука́ла спо́сіб ви́явити щ. своє́ї ві́ри.** She sought a way to show the sincerity of her faith. (**демонструва́ти** + *D.* demonstrate to sb; **дово́дити** + *D.* prove to sb, **пока́зувати** + *D.* display to sb; **ста́вити під су́мнів** call into question) ◊ **Це ста́вить під су́мнів ї́хню щ.** This calls their sincerity into question. **бу́ти впе́вненим у ~ості** be convinced of sb's sincerity ◊ **Марко́ впе́внений у бра́товій ~ості.** Marko is sure of his brother's sincerity. (**сумніва́тися в** doubt) ◊ **Оле́г серйо́зно сумніва́вся в ~ості її почутті́в.** Oleh seriously doubted the sincerity of her feelings.
щ. + *v.* **брині́ти** resonate ◊ **У Катери́ниних слова́х брині́ла вели́ка щ.** Great sincerity resonated in Kateryna's words. **виклика́ти су́мнів в** + *G.* cause sb's doubt
prep. **зі ~істю** with sincerity ◊ **Вона́ говори́ла з нехаракте́рною ~істю в го́лосі.** She spoke with uncharacteristic frankness in her voice. ♦ **по ~ості** in all sincerity, frankly ◊ **Наста́в час поговори́ти з ни́ми по ~ості.** The time has come to have a frank conversation with them. ♦ **по ~ості сказа́ти** to be perfectly frank ◊ **По ~ості сказа́ти, зая́ва прем'є́ра виклика́є по́див.** To be perfectly frank, the premier's pronouncement raises eyebrows.
Also see **відве́ртість, прямота́ 2**

щит, *m.*, **~а́**
1 shield, escutcheon
adj. **алюмі́нієвий** aluminum, **залі́зний** iron, **метале́вий** metal, **пла́стиковий** *or* **пластма́совий** plastic ◊ **Поліція́нти ма́ли пла́стикові ~и́.** The policemen had plastic shields. **дерев'я́ний** wooden, **фане́рний** plywood; **вели́кий** big, **невели́кий** small
v. + **щ. опуска́ти щ.** lower a shield (**підійма́ти** *or* **підніма́ти** raise) ◊ **Він підня́в щ., боро́нячись від камі́ння.** He raised the shield, protecting himself from the rocks. **ма́ти** have; **нести́** carry, **трима́ти** hold; **бу́ти** + *D.* **за** act as for sb ◊ **Кам'яни́й парка́н був йому́ за щ. від ку́ль.** The stone fence acted as a shield against bullets for him. **кла́сти** + *A.* **на** put sb on) ◊ **По́раненого покла́ли на щ.** They put the wounded on a shield. **бу́ти екіпо́ваним ~о́м** be equipped with a shield (**бу́ти озбро́єним** be armed with) ◊ **Леґіоне́р був озбро́єний мече́м і ~о́м.** A legionnaire was armed with a sword and a shield.
prep. **за ~о́м** behind a shield ◊ **Поліція́нт хова́вся за ~о́м.** The policeman was hiding behind his shield. ♦ **поверта́тися зі ~о́м** to return a winner, win sth ◊ **Він поверну́вся з бо́ю зі ~о́м.** He returned a winner from the battle. **на ~і́** *posn.* on a shield ◊ **голова́ Меду́зи на ~і́** Medusa's head on the shield; ♦ **поверта́тися на ~і́** *fig.* to return defeated, suffer a defeat
2 *fig.* shield, protection
adj. **захисни́й** protective, **оборо́нний** defensive ◊ **Я́дерний арсена́л мав служи́ти ефекти́вним оборо́нним ~о́м.** The nuclear arsenal was supposed to serve as an effective defensive shield. **живи́й** live, **зеле́ний** green ◊ **Лі́си назива́ють зеле́ним ~о́м Землі́.** Forests are called the green shield of the Earth. **лю́дський** human; **антираке́тний** missile-defense, **маґні́тний** magnetic, **радіаці́йний** radiation, **теплови́й** heat ◊ **Нови́й комбінезо́н ста́не теплови́м ~о́м поже́жника.** The new overalls will become the fireman's heat shield. **я́дерний** nuclear; ♦ **снігови́й щ.** a snow fence; **наді́йний** reliable, **непроника́ний** impenetrable
v. + **щ. забезпе́чувати щ.** provide a shield ◊ **Нова́ збро́я забезпе́чує щ. від та́нків.** The new weapons provide a shield against tanks. (**надава́ти** + *D.* give sb; **утво́рювати** form) ◊ **Жінки́ утвори́ли живи́й щ.** The women formed a live shield. **використо́вувати** + *A.* **як щ.** use sb/sth as a shield ◊ **Воро́же ві́йсько використо́вувало місце́вих ме́шканців як лю́дський щ.** The enemy troops used local residents as a human shield.
щ. + *v.* **захища́ти** + *A.* **від** + *G.* protect sb/sth from sth/sth ◊ **Гній – щ., що захища́є часни́к від моро́зу.** The manure is a shield protecting the garlic from frost.
prep. **щ. від** + *G.* a shield against sb/sth ◊ **Програ́ма слу́жить непрони́кним ~о́м від га́керів.** The software serves as an impenetrable shield against hackers.
See **за́хист 1.** *Also see* **оборо́на 1, охоро́на 2**
3 board ♦ **рекла́мний щ.** a billboard ◊ **Уздо́вж шосе́ стоя́ть величе́зні рекла́мні ~и́.** There are huge billboards standing along the highway.
4 *techn.* panel ♦ **розподі́льний щ.** a switchboard; ◊ **щ. осві́тлення** a light panel; ◊ **щ. пості́йного стру́му** a direct current panel; ◊ **щ. управлі́ння** a control panel

щі́т|ка, *f.*
brush
adj. **взутте́ва** shoe-polish ◊ **У них у ха́ті не було́ взутте́вих ~о́к.** There were no shoe-polish brushes at their place. **зубна́** tooth ◊ **Усі́ зубні́ ~ки́ в долі́шній шухля́ді.** All the toothbrushes are in the bottom drawer. **оде́жна** clothes ◊ **оде́жна щ. з кі́нського во́лосу** a clothes brush made of horsehair. **туале́тна** toilet ◊ **Вона́ продезинфі́кувала туале́тну ~ку хло́ркою.** She disinfected the toilet brush with chloral hydrate. **дротяна́** wire, **капро́нова** nylon; **тверда́** hard-bristled, **цупка́** stiff ◊ **Тут потрі́бна цупка́ щ.** A stiff brush is needed here. **м'яка́** soft; **вузька́** narrow, **широ́ка** wide
prep. **щ. для** + *G.* a brush for sth ◊ **щ. для воло́сся** a hair brush (**гри́му** makeup, **ні́гтів** nail; **ко́мина** chimney, **підло́ги** floor, **по́суду** dish, **фа́рби** paint, **чи́щення** cleaning ◊ **Вони́ трима́ли всі ~ки́ для чи́щення в окре́мій комі́рчині́.** They kept all the cleaning brushes in a separate pantry. **шпале́р** wallpaper)
v. + **щ. користува́тися ~кою** use a brush ◊ **Іре́на кори́стується м'я́кою зубно́ю ~кою.** Irena uses a soft toothbrush. (**підміта́ти** sweep with ◊ **Він підмі́в воло́сся ~кою.** He swept the hair with a brush. **чи́стити** + *A.* clean sth with ◊ **Він почи́стив одя́г ~кою.** He cleaned the clothes with a brush. **біли́ти** + *A.* whitewash sth with) ◊ **Вони́ біли́ли сті́ни натура́льними ~ка́ми.** They whitewashed the walls with natural brushes.
L. **на ~ці**
Cf. **пе́нзель**

що¹, *pr.*, **чо|го́, ві́що** *after* **за, про, че́рез,** *and others*
1 what ◊ **Щ. це (таке́)?** What is it? ◊ **Чого́ там нема́?** What is not there? ◊ **Щ. вони́ чита́ють?** What are they reading? ◊ **Зна́єте щ.?** You know what? ♦ **То й щ.?** So what? ♦ **Не зна́ти чого́** *or* **~му́.** There's no telling why. ♦ **ні за щ. ні про щ.** for no good reason, for nothing, in vain ◊ **Вони́ ризикува́ли пропа́сти ні за щ. ні про щ.** They risked perishing for nothing. ♦ **щ. це (воно́) за** what kind, what, who ◊ **Щ. це за нове́ пра́вило?** What kind of a new rule is this? ◊ **Щ. це за фахіве́ць?** What kind of specialist is this? ◊ **Щ. воно́ за мі́сто?** What city is it? ◊ **Про ві́що ви з ни́ми розмовля́єте?** What are you talking with them about?
Also see **ли́хо 3, хуй 3**
2 why, what for, for what reason ◊ **Щ. тут сиді́ти без робо́ти?** Why sit here without work? ◊ **Щ. ти вдаєш із се́бе ду́рня?** Why are you playing a fool? ◊ **Щ. ви жу́ритеся? Все бу́де до́бре.** Why worry? Everything will be all right. ♦ **зара́ди ~го** what for, why; ♦ **За щ.?** What for? Why? ◊ **За ві́що ви її так не лю́бите?** Why do you dislike her so?
3 how, how about ◊ **Щ. твій брат, уже́ одружи́вся?** How is your brother, did he get married yet? **Щ. там навча́ння?** How are your studies?
4 what *(as subject and object)* ◊ **Щ. впа́ло в во́ду, те пропа́ло.** What has fallen in the water is lost. ◊ **Він розказа́в їм усе́, щ. знав.** He told them everything he knew.
5 whatever *with part.* **не** ◊ **Щ. їй не пропонува́ли, вона́ не пого́джувалася.** Whatever they offered her, Nastia did not agree. ♦ **щ. не кажи́** *or* **кажі́ть** certainly, of course ◊ **Завда́ння він ма́є нелегке́, щ. не кажи́.** The task he has is certainly not an easy one.
6 every, each *(with n., ord. and card.)* ◊ **Щ. нови́й день до аґе́нції прихо́дили нові́ кліє́нти.** Every new day, new customers would come to the agency. ◊ **Вони́ зупиня́лися щ. сто ме́трів перепочи́ти.** They stopped every hundred meters to rest. ◊ **У цій око́лиці мі́ста щ. не люди́на, то знайо́мий чи при́ятель.** In this area of the city, everyone is either an acquaintance or a friend. ◊ **В Анато́лія щ. не день – то пробле́ма.** Anatolii has a problem every day. ◊ **У цього́ ку́харя щ. не стра́ва – то шеде́вр.** With this chef, every dish is a masterpiece.
See **ко́жний 1**
7 how *(indicates high degree of quality)*, very, no matter how, so ◊ **Щ. вже його́ принижува́ли в проце́сі відбо́ру!** How they humiliated him during the selection process! ◊ **Щ. Оле́на не переќонувала його́, все нама́рно.** No matter how much Olena tried to persuade him, it was all in vain. ◊ **Я познайо́млю вас з Іре́ною. Щ. ціка́ва, щ. розу́мна!** I'll introduce you to Irena. She is so interesting, so intelligent! ♦ **до ~го** very, such, what ◊ **До ~го смачна́ ю́шка!** What a very tasty soup! ◊ **До ~го ж вона́ ціка́во розповіда́є!** She is such an interesting storyteller! ◊ **До ~го геніа́льно він поста́вив п'єсу!** What a brilliant production of the play he did! ♦ **щ. є ду́ху** *or* **си́ли** with all one's strength, as hard as ◊ **Вона́ ста́ла щ. було́ си́ли гамсе́лити у две́рі.** She began to bang at the door as hard as she could.
See **ду́же**
8 something, anything ◊ **Мо́же, вам да́ти щ. поїсти?** Perhaps you'd like something to eat? ◊ **Ти про це щ. чув?** Did you hear anything about it? ◊ **Ось но́мер телефо́ну на той ви́падок,**

коли́ зі мно́ю щ. тра́питься. Here's the phone number in case something happens to me.
See **що-не́будь, щось¹ 1**

що², *conj.*
1 that ◊ **До́бре, щ. ви прийшли́.** It is good (that) you came. ◊ **Як приє́мно, щ. всі її́ пробле́ми поза́ду.** How nice that all her problems are behind her.
2 that *(introduces object clauses)* ◊ **Рома́на обіця́ла, щ. поверне́ться насту́пного дня.** Romana promised that she would come back next day. ◊ **Він ка́же, щ. не ві́рить у ду́хів.** He says that he does not believe in spirits.
Also see **щоб 2**
3 that *(introduces attributive clauses)*, which, who ◊ **Це оста́ння стаття́, щ. він опублікува́в.** This is the last article (that) he published. ◊ **Жі́нка гля́нула на валі́зу, щ. стоя́ла в кутку́.** The woman cast a look at the suitcase that stood in the corner. ◊ **кни́жка, щ. він купи́в** the book that he bought; ◊ **Ось світли́на, щ. ви про не́ї пита́ли.** Here is the photograph that you asked about. ◊ **Лі́кар, щ. живе́ тут, спеціялізу́ється з дитя́чих хворо́б.** The doctor who lives here specializes in children's diseases. ◊ **Це сказа́в америка́нець, щ. вона́ познайо́милася з ним неда́вно.** The American she had met recently said this.
Also see **щоб 3**
4 since, because, that *(introduces clauses of cause, manner, degree, etc.)* ◊ **Щ. в Оста́па не було́ з собо́ю готі́вки, він заплати́в креди́тною ка́рткою.** Since Ostap had no cash on him, he paid with a credit card. ◊ **Лі́за така́ зму́чена, щ. ле́две стої́ть на нога́х.** Liza is so tired, (that) she can hardly stand on her feet. ◊ **Вікно́ зроби́ли так, щ. з ньо́го ви́дно все подві́р'я.** The window is made in such a manner that the entire courtyard is seen from it.
Also see **щоб 4**
5 the ... the *(introduces condition with comp. degree, with* **то***)* ◊ **Щ. да́лі вони́ відхо́дили від мі́ста, то ва́жче става́ло ко́жному на се́рці.** The farther they went from the city, the heavier each of them felt at heart. ◊ **Щ. бі́льше вчи́тель поя́снює, то ме́нше у́чні розумі́ють.** The more the teacher explains, the less the students understand. ◊ **Щ. до́вше Лі́на слу́хала, то ціка́віше їй става́ло.** The longer Lina listened, the more interested she became.
6 like, as if ◊ **По́ле було́, щ. безкра́є мо́ре.** The field was like a boundless sea. ◊ **Вона́ зашарі́лася і ста́ла запина́тися, щ. мале́ ді́вча.** She blushed and started stammering like a little girl.
See **як² 1**

щоб, *var.* **що́би**, *conj.*
1 in order to, so as ◊ **Щ. напра́вити міст, тре́ба ти́ждень.** In order to repair the bridge, one week is needed. ◊ **Він подзвони́в, щ. запроси́ти нас на ле́кцію.** He called in order to invite us to the lecture. ◊ **Вони́ поїхали до Зба́ража, що́би поба́читися з дру́зями.** They traveled to Zbarazh so as to see their friends.
Also see **для 3**
2 *(introduces objective clauses)* ◊ **Мі́ля проси́ла поліція́нтів, що́би ті відпусти́ли її́.** Mylia begged the policemen to let her go. ◊ **Учи́тель сказа́в, щ. вони́ прийшли́ рані́ше.** The teacher told them to come earlier.
Also see **що² 2**
3 *(introduces attributive clauses)* who, that, when ◊ **Нема́ тако́ї люди́ни, щ. усе́ це могла́ запам'ята́ти.** There is no such person who could memorize all of this. ◊ **Не було́ хвили́ни, щ. Рома́н не ду́мав про ньо́го.** There was not a moment when Roman did not think of him.
Also see **що² 3**
4 *(introduces clauses of manner)* in the manner that, so that, the way that ◊ **Це тре́ба зроби́ти так, щ. по́тім не переробля́ти зно́ву.** This must be done so as not to redo it again later.
Also see **що² 4**
5 *(introduces conditional clauses)* if ◊ **Щ. не дощ, ми гуля́ли б у па́рку.** If it were not for the rain, we would walk in the park. ◊ **Ніхто́ про це не зна́в би, щ. не О́ля.** Nobody would know about it, if it were not for Olia.

щоде́нн|ий, *adj.*
daily, everyday ◊ **~а газе́та тепе́р вихо́дить дві́чі на ти́ждень.** The daily newspaper now comes out twice a week. ◊ **Це сло́во ввійшло́ в щ. ужи́ток.** The word gained everyday currency. ◊ **Вона́ у своє́му ~ому о́дязі.** She is in her everyday clothes. ♦ **Хліб наш щ. дай нам сьогóдні.** Give us this day our daily bread. *Matthew 6:11*
Also see **життє́вий 2, повсякде́нний 1**

щоде́нник, *m.*, **~а**
1 diary, journal
adj. **дета́льний** *and* **докла́дний** detailed ◊ **докла́дний щ. археологі́чних розко́пок** a detailed journal of the archeological excavation. **невідо́мий** unknown; **особи́стий** personal, **прива́тний** private, **таємни́й** secret; **мандрівни́й** travel; **мере́жевий** online, ♦ **відеощоде́нник** a video diary
v. + **щ. вести́ щ.** keep a diary ◊ **Юлія́н веде́ щ. уже́ два́дцять ро́ків.** For twenty years Yulian has kept a diary. (**заво́дити** start ◊ **Вона́ завела́ щ.** She started a diary. **знахо́дити** find ◊ **Дослі́дник знайшо́в щ. істо́рика.** The researcher found the historian's diary. **шука́ти** look for; **зни́щувати** destroy, **пали́ти** burn; **дослі́джувати** research, **чита́ти** read) ◊ **Він прочита́в щ. уче́ної.** He read the (female) scientist's diary. **запи́сувати** + *A.* **до ~а** write sth in a diary ◊ **Вона́ запи́сувала до ~а іме́на всіх, з ким знайо́милася.** In the diary, she wrote the names of everybody she met. (**заното́вувати до** note in); **заното́вувати в ~у** note in ◊ **Він заното́вував спостере́ження в ~у.** He noted his observations in a diary.
щ. + *n.* **зберегти́ся** *pf.* be extant ◊ **Зберíгся щ. полі́тика.** The politician's diary is extant. **знайти́ся** *pf.* be found, **зника́ти** disappear ◊ **У яки́йсь моме́нт усі́ її ~и зни́кли без слі́ду.** At a certain moment, all her diaries disappeared without a trace.
prep. **в щ.** *dir.* in/to a diary ◊ **Він покла́в перо́ у щ.** He put the pen in his diary. **в ~у** *posn.* in a diary ◊ **окре́мий за́пис у ~у** a separate diary entry
2 daily, daily newspaper ◊ **вплив́овий націона́льний щ.** an influential national daily
See **газе́та**

щодня́, *adv.*
every day, daily ◊ **Щ. вони́ підійма́лися о сьо́мій.** Every day they rose at seven. ◊ **Миха́йло ба́чився з Оле́ксою ма́йже не щ.** Mykhailo saw Oleksa almost every day.

що́до, *conj.*
concerning, as to, regarding, about + *G.*
◊ **Виклада́ч говори́в про свої́ на́міри щ. ново́го ку́рсу.** The instructor talked about his intentions as to the new course. ◊ **крити́чна ду́мка щ. її ра́нніх robі́т** a critical opinion regarding her early works; ◊ **інформа́ція щ. умо́в ко́нкурсу** the information about the terms of the competition; ◊ **Щ. кни́жки, то забу́дьте про не́ї.** As to the book, forget about it.

що́йно, *adv., conj., part.; colloq.*
1 *adv.* just, just now, a moment ago ◊ **Яре́ма щ. дзвони́в.** Yarema has just called. ◊ **Лари́са щ. зрозумі́ла, як працю́є нова́ програ́ма.** Larysa understood how the new software operates just now.
2 *conj.* as soon as, barely, hardly *(with* **як***)* ◊ **Щ. він закінчи́в чита́ти, як хтось посту́кав.** As soon as he had finished reading, somebody knocked. ◊ **Щ. со́нце сі́ло за о́брій, як надво́рі ста́ло те́мно.** Hardly had the sun set behind the horizon than it became dark outside.
3 *part.* right, exactly, precisely; only, but ◊ **Бі́йка ста́лася, щ. вони́ йшли з конце́рту.** The fight happened just when they were coming from the concert. ◊ **Го́сті прийду́ть щ. насту́пного ро́ку.** The guests will come only next year. ♦ **щ. ті́льки** the moment ◊ **Щ. ті́льки На́дя прочита́ла запи́ску, вона́ все зрозумі́ла.** The moment Nadia read the note she understood everything.

щ|ока́, *f., anat.*
cheek
adj. **лі́ва** left ◊ **Його́ лі́ву ~оку́ спотво́рював рубе́ць.** A scar disfigured his left cheek. **пра́ва** right; **гаря́ча** hot, **те́пла** warm; **рум'я́на** pink, **черво́на** red; **холо́дна** cool; **гладка́** smooth, **м'яка́** soft, **ні́жна** tender; **бліда́** pale, **змарні́ла** pallid, **худа́** thin; **впа́ла** sunken, **запа́ла** hollow ◊ **чолові́к із запа́лими ~ока́ми** a man with hollow cheeks; **окруѓла** chubby, **пу́хла** plump; **него́лена** unshaven; **мо́кра** wet ◊ **~о́ки, мо́крі від сліз** cheeks wet with tears
v. + **щ. гла́дити ~оку́** stroke a cheek ◊ **Іри́на погла́дила доло́нею ~оку́.** Iryna stroked her cheek with her palm. (**голу́бити** caress, **те́рти** rub, **чу́хати** *and* **шкря́бати** scratch ◊ **Вона́ пошкря́бала ~оку́ там, де вкуси́в кома́р.** She scratched her cheek where a mosquito had bitten. **кла́сти** rest ◊ **Він покла́в ~оку́ Да́ні на плече́.** He rested his cheek on Dana's shoulder. **пу́дрити** powder; **лиза́ти** + *A.* **в** lick sb on ◊ **Щеня́ лизну́ло його́ у ~оку́.** The puppy licked him on the cheek. **цілува́ти** + *A.* **в** kiss sb on) ◊ **Він поцілу́вав хло́пця в ~оку́.** He kissed the boy on the cheek.
щ. + *v.* **горі́ти** burn ◊ **У Дмитра́ горі́ли ~о́ки.** *fig.* Dmytro's cheeks burned. **червоні́ти** redden, **шарі́тися** blush ◊ **У На́дії зашарі́лися ~о́ки.** Nadiia's cheeks blushed.
prep. **в ~оку́** *dir.* on a cheek ◊ **поцілу́нок у ~оку́** a kiss on a cheek; **до ~оки́** against a cheek ◊ **Він прити́снувся но́сом до її ~оки́.** He pressed his nose against her cheek. **на ~оку́** *dir.* on/to a cheek ◊ **Йому́ на ~оку́ сі́ла му́ха.** A fly landed on his cheek. **на ~оці́** *posn.* on a cheek ◊ **Він ма́є ро́димку на пра́вій ~оці́.** He has a mole on his right cheek. **по ~оці́** across a cheek ◊ **Вона́ вда́рила його́ по ~оці́.** She gave him a slap across the cheek.
G. pl. **~ік**

що-не́будь, *pr.*, **чого́-не́будь**
something, anything ◊ **Скажі́ть щ.!** Say something! ◊ **Він не подару́є ді́тям на Різдво́ щ.** He would not give his children just anything for Christmas. ◊ **Чи мо́жна вам допомогти́ чим-не́будь?** Can I help you with anything?

щось¹, *pr.*, **чо|го́сь**
1 something ◊ **Оле́ксу щ. я́вно жури́ло.** Something was clearly worrying Oleksa ◊ **У його́ істо́рії бракува́ло ~го́сь важли́вого.** His story lacked something important. ◊ **Ра́птом жі́нка зупини́лася, прислуха́ючись до ~го́сь.** Suddenly the woman stopped, pricking her ears to something. ◊ **Ма́ю сказа́ти вам, щ. ду́же приє́мне.** I have something very pleasant to tell you. ◊ **Вона́ прива́блює хло́пця ~мось спра́вді невідпі́рним.** She attracts the boy with something really irresistible. ♦ **Тут щ. не те** *or* **так.** Something is wrong here. ♦ **щ. і́нше** something else ◊ **Ми вже це чу́ли. Розкажи́ щ. і́нше.** We already heard this. Tell us something else.
2 *colloq.* somebody, someone *(unknown)* ◊ **У саду́ за буди́нком щ. ходи́ло.** Somebody walked in the garden behind the building. ◊ **У кімна́ті щ. го́лосно захропі́ло.** Someone started snoring loudly in the room.
See **хтось**

щось[2], *adv., prep., colloq.*
1 *adv.* for some reason ◊ **Тієї ночі Петрові щ. не спалося.** That night, Petro could not sleep for some reason. ◊ **Олена щ. не хотіла розмовляти зі мною про це.** For some reason, Olena was not keen to talk about it with me.
2 *adv.* it seems, as if, as though ◊ **Він щ. вагається дати остаточну відповідь.** He is seemingly hesitant to give her his final answer. ◊ **Олекса щ. затих.** It seemed Oleksa became quiet.
3 *prep.* about, nearly, approximately, some ◊ **Вона працює в ресторані щ. два місяці.** She has worked at the restaurant for some two months. ♦ **щ. з** + *A.* about, approximately ◊ **На підготовку їм дали щ. із годину.** They were given about an hour to prepare.
See **приблизно.** *Also see* **біля 2, близько 3, який 4, якийсь 2**

щур, *m.*, **~á**
rat
adj. **великий** big, **гладкий** fat; **огидний** ugly; **нахабний** brazen ◊ **~и в камері ставали дедалі нахабнішими.** The rats in the cell were becoming ever more brazen. **водяний** water; **сірий** Norwegian, **чорний** black; **каналізаційний** sewer, **лабораторний** laboratory; **свійський** pet ◊ **Він пишався своїм свійським ~óм.** He was proud of his pet rat.
v. + **щ. виводити ~á** get rid of a rat ◊ **Вони три тижні не могли вивести ~ів у коморі.** For three weeks, they could not get rid of the rats in their pantry. (**душити** kill ◊ **Пес швидко задушив ~á.** The dog killed the rat quickly. **ловити** catch ◊ **Кішка ловила і мишей, і ~ів.** The she-cat caught both mice and rats. **труїти** poison) ◊ **Час від часу на складі труїли ~ів.** *impers.* They would poison the rats in the warehouse every now and then.
щ. + *v.* **пищати** squeak ◊ **Під підлогою пищали ~й.** Rats squeaked under the floor. **шкребти** scratch, **гризти** + *A.* gnaw sth ◊ **Помідори погриз щ., що завівся на кухні.** A rat, that had set up home in the kitchen, gnawed the tomatoes. **поширювати хвороби** spread disease; **перебігати** scuttle ◊ **Гладкий щ. вигулькнув з каналізації і перебіг вулицю.** A fat rat popped up from the sewer and scuttled across the street. **прошмигати** scurry ◊ **В неї під ногами прошмигнув щ.** A rat scurried under her feet.
prep. **для ~ів** for rats ♦ **отрута для ~ів** rat poison; **на ~ів** for rats ♦ **пастка на ~ів** a rat trap
Cf. **миша 1**

Ю

юна|к, *m.*, **~ká; ~чка**, *f., var.* **юнка**
young man, youth
adj. **вродливий** good-looking, **гарний** handsome ◊ **Тиміш – гарний ю. двадцяти років.** Tymish is a handsome youth of twenty years of age. **безстрашний** fearless, **відважний** courageous, **хоробрий** brave; **жилавий** muscular, **здоровий** healthy, **міцний** robust, **сильний** strong; **вихований** well-bred, **чемний** polite; **освічений** educated, **розумний** intelligent, **тямовитий** *or* **тямущий** smart; **вразливий** impressionable, **ідеалістичний** idealistic, **мрійливий** dreamy, **наївний** naive; **веселий** cheerful, **життєрадісний** happy; **забавний** amusing, **кумедний** funny; **жовторотий** *fig.* unfledged ◊ **Експедиційна група також включала кількох жовторотих ~ків.** The expedition group also included several unfledged youths. **недосвідчений** inexperienced, **незрілий** callow ◊ **На збіговиську Анатолій поводився як незрілий ю.** Anatolii behaved like a callow youth at the shindig. **прищавий** spotty
V. **~че**, *N. pl.* **~ки**
Also see **молодець 2, парубок 1, хлопець 3.** *Cf.* **чоловік 1**

юн|ий, *adj.*
young, youthful ♦ **Ю. друже!** Young friend!
ю. + *n.* **ю. вигляд** a youthful appearance ◊ **Нехай його ю. вигляд не вводить вас в оману.** Do not allow his youthful appearance to trick you. (**викладач** instructor, **моряк** sailor; **ентузіязм** enthusiam, **ідеалізм** idealism) ◊ **Життя допоможе їй позбутися ~ого ідеалізму.** Life will help her get rid of her youthful idealism. **~а наївність** youthful naiveté (**невинність** innocence, **необачність** indiscretion, **пристрасть** passion); **~е завзяття** youthful vigor (**натхнення** inspiration; **обличчя** face, **серце** heart); **~і дні** youthful days (**роки** years; **мрії** dreams; **очі** eyes) ◊ **На зморшкуватому обличчі старого світилися радістю ~і очі.** Youthful eyes glowed with happiness on the old man's wrinkled face.
See **молодий**[1] **1**

юн|ість, *m.*, **~ости**, *only sg.*
youth, adolescence
adj. **далека** distant, **рання** early; **наївна** naive, **невинна** innocent, **недосвідчена** inexperienced; **втрачена** lost ◊ **Тут пройшла її втрачена ю.** Here, her lost youth passed. **змарнована** misspent; **незабутня** unforgettable
v. + **ю. надолужувати ю.** recapture one's youth ◊ **Він хоче надолужити змарновану ю.** He wants to recapture his misspent youth. (**переживати знову** relive ◊ **Того вечора кожен із глядачів знову переживав далеку ю.** That evening, each of the viewers was reliving their distant youth. **проживати** live, **проводити** spend) ◊ **Марта провела дитинство і ю. в сім'ї, сповненій любови.** Marta spent her childhood and youth in a loving family.
ю. + *v.* **минати** pass ◊ **Її ю. швидко мине.** Her youth will quickly pass. **пролітати** fly by; **закінчуватися** end ◊ **Його ю. закінчилася зі смертю батька.** His youth ended with the death of his father.
prep. **з ~ости** since one's youth ◊ **Вона допомагала матері з ранньої ~ости.** She helped her mother since her early youth. **протягом ~ости** during/throughout one's youth ◊ **Дівчина мала астматичний синдром протягом усієї ~ости.** The girl had an asthmatic syndrome during her entire youth. **у ~ості** in one's youth ◊ **У ~ості він мріяв стати лікарем.** In his youth, he dreamed of becoming a doctor.
See **молодість.** *Ant.* **старість**

юридичн|ий, *adj.*
law, legal, of or pertaining to law
ю. + *n.* **ю. факультет** a law school *(at a university)* ◊ **Він закінчив ю. факультет Одеського університету.** He finished the Odesa University Law School. **~а адреса** a legal address ◊ **У заяві вам слід подати свою ~у адресу.** In the application, you should indicate your legal address. (**консультація** advice, **особа** entity) ◊ **Він не має статусу ~ої особи.** He does not have the status of a legal entity. **~е забезпечення** legal support (**переочення** oversight, **питання** issue; **ускладнення** complication); **~і послуги** legal services ◊ **Вона надає ~і послуги тим, хто їх потребував.** She provides legal services to those, who need them.
Cf. **судовий**

юрисдикці|я, *f.*, **~ї**
jurisdiction
adj. **пряма** direct, **виняткова** exclusive, **всесвітня** universal, **загальна** general, **місцева** local, **національна** national, **обмежена** limited; **військова** military, **консульська** consular, **кримінальна** criminal, **церковна** ecclesiastic, **цивільна** civil
v. + **ю. визнавати ~ю** recognize a jurisdiction ◊ **США відмовляються визнати російську ~ю над Кримом.** The USA refuses to recognize Russian jurisdiction over the Crimea. (**давати** + *D.* give sb, **надавати** + *D.* grant sb ◊ **Закон надає суддям обмежену ~ю.** The law grants judges a limited jurisdiction. **зберігати** retain, **здійснювати** exercise, **мати** have ◊ **Суд має ~ю лише в межах країни.** The court has jurisdiction only within the boundaries of the country. **обмежувати** limit; **поширювати на** + *A.* extend to *(domain)* ◊ **Прецедент поширив ~ю суду на виняткове тлумачення закону.** The precedent extended the court's jurisdiction to the exclusive interpretation of the law. **підпадати під** come under) ◊ **Помісна церква Польщі підпадає під ~ю Святого Престолу.** The Polish particular church comes under the Holy See's jurisdiction. **бракувати ~ї** lack jurisdiction ◊ **Міському судові бракує ~ї над національною поліцією.** The municipal court lacks jurisdiction over the national police. **бути під ~єю** be subject to jurisdiction ◊ **Він під ~єю племінного суду.** He is subject to the jurisdiction of the tribal court.
prep. **у межах ~ї** within sb's jurisdiction; **під ~єю** under the jurisdiction ◊ **Місто Овруч перебувало під прямою ~єю київського князя.** The city of Ovruch was under the direct jurisdiction of the Prince of Kyiv. **поза ~єю** beyond/outside jurisdiction ◊ **Таке стягнення є поза ~єю викладача школи.** Such a sanction is outside the jurisdiction of a school instructor. **ю. над** + *I.* jurisdiction over sth ◊ **Верховна Рада має виняткову ~ю над державним бюджетом.** The Supreme Rada has the exclusive jurisdiction over the national budget.

юрист, *m.*; **~ка**, *f.*
lawyer, attorney, counsel, legal expert
adj. **блискучий** brilliant, **відмінний** excellent, **добрий** good; **розумний** smart, **спритний** shrewd, **тямущий** *colloq.* adept ◊ **Він виявився тямущим ~ом.** He turned out to be an adept lawyer. **неперевершений** unsurpassed; **видатний** outstanding, **відомий** well-known, **славетний** famous; **першорядний** firstrate, **провідний** leading, **старший** senior, **чільний** top ◊ **Семенюк відомий як чільний у місті ю. із прав людини.** Semeniuk is known as a top human rights lawyer in town. **дипломований** certified; **досвідчений** experienced, **кваліфікований** qualified, **компетентний** competent; **безвідповідальний** irresponsible, **кепський** poor, **липовий** *colloq.* phony ◊ **Звільніть свого липового ~а!** Fire your phony lawyer! **недосвідчений** inexperienced, **несумлінний** sloppy, **поганий** bad; **багатий** rich, **заможний** wealthy; **дорогий** expensive; **ненажерливий** greedy ◊ **Вона позбулася ненажерливого ~а.** She got rid of the greedy lawyer. **впливовий** influential, **могутній** powerful; **військовий** military, **іміграційний** immigration, **корпоративний** corporate, **кримінальний** criminal ◊ **Вони найняли кримінального ~а.** They hired a criminal lawyer. **міжнародний** international, **податковий** tax, **цивільний** civilian; **приватний** private, **урядовий** government ◊ **В арбітражі його представляє урядовий ю.** A government lawyer represents him in the arbitration.
prep. **ю. з** + *G.* a lawyer in *(a field)* (**конституційного права** constitutional law, **кримінального права** criminal law, **міжнародного права** international law, **корпоративного права** corporate law, **прав людини** human rights)
See **спеціаліст.** *Also see* **захисник 2, адвокат**

юш|ка, *f.*
1 soup ◊ **~ці бракує со́ли.** The soup lacks salt.
adj. **густа́** thick, **рідка́** thin; **поживна** nourishing, **си́тна** hearty ◊ **Кожен з'їв по мисці си́тної ~ки.** Each ate a bowl of hearty soup. **до́бра** *or* **смачна́** tasty; **гаря́ча** hot, **лі́тня** lukewarm, **те́пла** warm, **зи́мна** *or* **холо́дна** cold; **концентро́вана** condensed ◊ **Вона́ давно́ не їсть концентро́ваних ~о́к.** She has not eaten condensed soups for a long time. **веґетарія́нська** vegetarian; **горо́хова** split pea, **грибо́ва** mushroom ◊ **Павло́ вважа́є, що печери́ці не годя́ться на грибову́ ~ку.** Pavlo believes that field mushrooms are not good for a mushroom soup. **квасоле́ва** bean, **ку́ряча** chicken, **м'ясна́** meat, **овоче́ва** *or* **ярино́ва** vegetable, **рибна** fish, **сочеви́чна** lentil, **цибуле́ва** onion; **свіжа** fresh; **вчора́шня** yesterday's, **сього́днішня** today's; **бабу́сина** grandma's, **ді́дова** grandad's, **ма́мина** mom's, **та́това** dad's
n. + **ю. баня́к ~ки** a pot of soup ◊ **На плиті́ стоя́в баня́к квасоле́вої ~ки.** A pot of bean soup stood on the stove. (**горня́** cup, **кастру́ля** saucepan, **ми́ска** bowl, **ополо́ник** *and* **черпа́к** ladle) ◊ **Володи́мир нали́в у ко́жну ми́ску по три ополо́ники горо́хової ~ки.** Volodymyr poured three ladles of split pea soup in each bowl.
v. + **ю. вари́ти ~ку** cook a soup ◊ **Де ти навчи́лася вари́ти таку́ до́бру ~ку?** Where did you learn to cook such tasty soup? (**готува́ти** prepare ◊ **На обі́д Тара́с приготува́в смачну́ ярино́ву ~ку́.** For lunch Taras has prepared a delicious vegetable soup. **замовля́ти** order ◊ **Не ва́рто нам замовля́ти овоче́ву ~ку.** We should not order the vegetable soup. **ї́сти** eat, **куштува́ти** sample, **про́бувати** try; **люби́ти** like ◊ **Оле́на найбі́льше лю́бить ку́рячу ~ку.** Olena likes chicken soup most of all. **насипа́ти** dish out, **подава́ти** + *D.* serve sb, **прино́сити** + *D.* bring sb; **рекомендува́ти** + *D.* recommend to sb); **годува́ти** + *A.* **~кою** feed sb with soup (**ла́сува́ти** relish ◊ **Левко́ я́вно ласува́в цибуле́вою ~кою.** Lev was clearly relishing the onion soup. **наїда́тися** satiate oneself with) ◊ **Ю. така́ пожи́вна, що не́ю одно́ю цілко́м мо́жна наї́стися.** The soup is so nourishing one can satiate oneself with it alone.
ю. + *v.* **вари́тися** cook ◊ **Ю. з консе́рви ва́риться за п'ять хвили́н.** A canned soup cooks in five minutes. **кипі́ти** boil, **млі́ти** simmer, **настою́ватися** sit ◊ **Гото́ва ю. ма́є настоя́тися принаймні три годи́ни.** The ready soup needs to sit for at least three hours. **подо́батися** + *D.* like ◊ **Анастасії подо́бається веґетарія́нська ю.** Anastasiia likes vegetarian soup. **смакува́ти** taste good, be to sb's liking ◊ **У дити́нстві Серге́єві не смакува́ла ри́бна ю.** In his childhood, fish soup was not to Serhii's liking. **скиса́ти** go sour ◊ **За ніч ю. ски́сла.** Overnight the soup went sour. **холо́нути** cool
prep. **ю. з** + *G.* a soup made of sth ◊ **ю. з горо́дини** a vegetable soup (**карто́плі** potato, **ква́шеної капу́сти** saurekraut, **кроля́** rabbit, **ри́би** fish; **сочеви́ці** lentil); **ю. з** + *I.* a soup *(eaten, cooked)* with sth ◊ **ю. з естраго́ном** soup with tarragon (**кро́пом** dill, **пе́рцем** pepper, **петру́шкою** parsley, **смета́ною** sour cream, **часнико́м** garlic, *etc.*)
Also see **суп**
2 *fig., colloq.* blood ◊ **Із но́са у Гришка́ потекла́ ю.** Blood started running from Hryshko's nose. ♦ **пуска́ти** + *D.* **~ку** 1) to beat sb ◊ **Васи́ль усти́г пусти́ти ~ку двом напа́дникам, а тре́тій уті́к.** Vasyl managed to beat two assailants, and the third one fled. 2) to kill sb
See **кров 1**

Я

я, *n., pr.*
1 *indecl., nt.* the last letter in the Ukrainian alphabet ♦ **від а до я** from A to Z, from start to finish, completely ◊ **Він перегля́нув руко́пис від а до я.** He reviewed the manuscript from A to Z.
2 *pers. pr., 1st pers. sg.*, **м|ене́** I ◊ **Я живу́ на ці́й ву́лиці.** I live on this street. ♦ **про ~е́не** I don't care ◊ **Про ме́не, роби́, що хо́чеш.** Do what you will for all I care. ♦ **як на ~е́не** as to me, as far as I am concerned ◊ **Як на ~е́не, то це найкра́щий фільм Фелліні.** As to me, this is Fellini's best film. ◊ **Скажі́ть ~ені́, де зупи́нка авто́буса.** Tell me where the bus stop is. ◊ **Пе́реді ~но́ю в че́рзі було́ сім осі́б.** There were seven people in front of me in the line.
3 *indecl., nt.* self
adj. **вла́сне** one's own, **вну́трішнє** inner ◊ **Ні́на не втрача́є конта́кту зі свої́м вну́трішнім «я».** Nina does not lose touch with her inner self. **дру́ге** other, **зви́кле** regular, **звича́йне** usual; **найглибше** innermost, **підсвідо́ме** subconscious, **пригні́чене** repressed, **прихо́ване** concealed; **коли́шнє** former, **мину́ле** past, **старе́** old; **майбу́тнє** future, **нове́** new, **оно́влене** revitalized; **індивідуа́льне** individual, **прива́тне** private, **публі́чне** public; **жіно́че** female, **чолові́че** male; **ліри́чне** lyrical, **поети́чне** poetic, **тво́рче** creative; **спра́вжнє** true ◊ **Ціно́ю асиміля́ції є зре́чення свого́ спра́вжнього «я».** The price of assimilation is the denunciation of one's true self. **вдоскона́лене** improved, **кра́ще** better; **ви́ще** higher, **духо́вне** spiritual, **лю́дське** human
v. + **я. виража́ти своє я.** express one's self ◊ **Етю́ди виража́ють найгли́бше «я» маляра́.** The sketches express the artist's innermost self. (**вявля́ти** reveal, **відкрива́ти** discover, **знахо́дити** find ◊ **Вона́ помага́є студе́нтам знайти́ тво́рче «я».** She helps students find their creative selves. **слу́хати** listen to; **іґнорува́ти** ignore, **пригні́чувати** repress) ◊ **Для спі́льної спра́ви вона́ му́сила пригні́чувати своє індивідуа́льне «я».** For the common cause she had to suppress her individual self. **бу́ти в конта́кті зі свої́м «я»** be in touch with one's self
Also see **е́ґо**

я́блу|ко, *nt.*
1 apple
adj. **соло́дке** sweet; **ви́нне** sharp ◊ **~ка на пирі́г ма́ють бу́ти не соло́дкі, а ви́нні.** The apples for the pie need to be not sweet but sharp. **ки́сле** sour, **ки́сло-соло́дке** sweet-and-sour, **терпке́** tart; **зеле́не** green, **черво́не** red; **сокови́те** juicy; **тверде́** hard ◊ **Я. було́ хоч тверде́, але́ на ди́во сокови́те.** The apple was, though hard, but amazingly juicy. **паху́че** fragrant, **смачне́** tasty; **пі́знє** late ◊ **популя́рний сорт пі́зніх ~к, що сти́гнуть зимо́ю** a popular sort of late apples, that ripen in winter; **ра́ннє** early; **сти́гле** ripe; **гниле́** rotten; **ква́шене** pickled ◊ **Він ма́є ква́шені ~ка.** He has pickled apples. **карамелізо́ване** caramelized, **пе́чене** baked; **пото́вчене** bruised ◊ **Трети́на ~к у я́щику ви́явилася пото́вченою.** A third of the apples in the crate turned out to be bruised. ♦ **я. разбра́ту** the apple of discord
v. + **я. ї́сти я.** eat an apple ◊ **На десе́рт він з'їв я.** For dessert, he ate an apple. (**куса́ти** bite; **нарі́зати** slice, **рі́зати** cut, **те́рти** grate, **чи́стити** peel ◊ **По́тім тре́ба почи́стити й порі́зати два ~ка.** Then two apples need to be peeled and sliced. **закрива́ти** can, **ква́сити** pickle, **суши́ти** dry) ◊ **Він насуши́в ~к на зи́му.** He dried some apples for the winter. **вирі́зати серцеви́ну ~ка** core an apple ◊ **спеція́льний ніж, щоб вирі́зати серцеви́ну ~к** a special knife to core apples with; ♦ **~ку ні́де впа́сти.** There's no room to swing a cat. ◊ **На її́ ви́ступ прийшло́ сті́льки наро́ду, що ~ку ні́де було́ впа́сти.** So many people showed up for her performance, there was no room to swing a cat.
я. + *v.* **гни́ти** rot ◊ **У соло́мі ~ка не гнию́ть так шви́дко.** In straw, apples do not rot so quickly. **достига́ти** ripen; **мо́рщитися** wrinkle; **смакува́ти** + *D.* taste to sb
prep. ♦ **в ~ках** dappled *(of horses)* ◊ **си́ва коби́ла в ~ках** a dappled gray mare
See **плід, фрукт**
2 *fig., anat.* ♦ **Ада́мове я.** *anat.* Adam's apple, ♦ **очне́ я.** an eyeball, ♦ **я. міше́ні** bullseye ◊ **Вона́ потра́пила в я.** She hit the bullseye. ♦ **потрапля́ти в я.** *fig.* to succeed, score a bullseye
L. **в ~ці** *and* **в ~ку**

я́блучн|ий, *adj.*
apple, of or pertaining to apples, made of apples
я + *n.* **я. о́цет** apple vinegar (**пирі́г** pie, **стру́дель** strudel; **сидр** cider, **сік** juice; **сад** orchard, **сезо́н** season) ◊ **Я. сезо́н почина́ється при кінці́ че́рвня.** The apple season begins in late June. **~а діє́та** an apple diet (**підли́ва** sauce) ◊ **В америка́нській ку́хні картопля́ники ї́дять із ~ою підли́вою.** In the American cuisine, potato pancakes are eaten with applesauce. ♦ **~а кислота́** *chem.* malic acid; **~е варе́ння** an apple jam (**вино́** wine, **пови́дло** jam, **пюре́** purée)

я́вищ|е, *nt.*, **~а**
1 phenomenon
adj. **астрономі́чне** astronomical ◊ **Це астрономі́чне я. до́сі було́ невідо́ме нау́ці.** The astronomical phenomenon has until now been unknown to science. **біологі́чне** biological, **економі́чне** economic, **істори́чне** historical, **культу́рне** cultural, **лінґвісти́чне** linguistic, **мента́льне** mental, **політи́чне** political, **приро́дне** natural, **психологі́чне** psychological, **релігі́йне** religious, **соція́льне** social, **стихі́йне** natural ◊ **Вони́ не в си́лі запобі́гти таки́м стихі́йним ~ам, як землетру́с, по́вінь, посу́ха чи бурев́ій.** They are incapable of preventing such natural phenomena as earthquake, flood, draught, or hurricane. **фізи́чне** physical, **хемі́чне** chemical; **зага́льне** universal, **звича́йне** common ◊ **Перетво́рення яйця́ на курча́ – це звича́йне я.** The transformation of an egg into a chicken is a common phenomenon. **поши́рене** widespread; **всесві́тнє** worldwide, **ґлоба́льне** global; **відо́ме** well-known, **ча́сте** frequent; **ізольо́ване** isolated, **окре́ме** separate; **рі́дкісне** rare, **уніка́льне** unique; **нещода́внє** recent, **нове́** new; **суча́сне** contemporary; **ди́вне** strange, **дивови́жне** bizarre, **загадко́ве** enigmatic, **незбагне́нне** unfathomable, **незвича́йне** unusual, **непоясни́ме** inexplicable, **таємни́че** mysterious; **паранорма́льне** paranormal; **ку́льтове** cult; **ти́пове** typical, **характе́рне** characteristic, **ціка́ве** interesting
v. + **я. аналізува́ти я.** analyze a phenomenon ◊ **Комп'ю́тер дозволя́є аналізува́ти це я.** The computer allows to analyze this phenomenon. (**вивча́ти** study ◊ **Вона́ вивча́є паранорма́льні ~а.** She studies paranormal phenomena. **дослі́джувати** investigate, **опи́сувати** describe; **розумі́ти** understand; **спостеріга́ти** observe ◊ **Подібне я. спостеріга́ють раз на сто ро́кі́в.** Such a phenomenon is observed once in a hundred years. **бу́ти ~ем** be a phenomenon (**вважа́ти** + *A.* consider sth ◊ **Вони́ вважа́ють це уніка́льним ~ем.** They consider it to be a unique phenomenon. **лиша́тися** remain, **става́ти** become) ◊ **Фільм став ку́льтовим ~ем.** The movie became a cult phenomenon.
я. + *v.* **існува́ти** exist ◊ **Астроно́ми наре́шті отри́мали до́каз того́, що передба́чене коли́сь я. ді́йсно існу́є.** Astronomers finally obtained proof that the once anticipated phenomenon indeed existed. **трапля́тися** occur ◊ **Опи́сане я. трапля́ється лише́ на еква́торі.** The described phenomenon occurs only on the

equator. **інтриґува́ти** + *A.* intrigue sb, **ціка́вити** + *A.* interest sb
2 event, fact, occurrence ◊ **Кри́тика у́ряду ста́ла звича́йним ~ем грома́дського життя́.** Criticism of the government has become a common fact of public life.
See **поді́я**

явля́|тися, **~ються; з~**, *intr.*
to appear, emerge, visit ◊ **Поети́чне натхне́ння ~лося до не́ї, як пра́вило, вра́нці.** As a rule, poetic inspiration visited her in the morning.
See **з'явля́тися 1**

я́вн|ий, *adj.*
clear, obvious, evident ◊ **Кили́на сказа́ла це з ~им знуща́нням.** Kylyna said it with clear mockery.
adv. **абсолю́тно** absolutely ◊ **Статтю́ напи́сано з абсолю́тно ~им політи́чним підте́кстом.** The article is written with an absolutely obvious political subtext. **бі́льш як** more than, **вкрай** extremely ◊ **Його́ вкрай ~е упере́дження ви́кликало пита́ння се́ред уча́сників диску́сії.** His extremely evident bias provoked questions among the discussion participants. **все бі́льш** increasingly, **до́сить** fairly, **ду́же** very, **зо́всім** totally, **одна́ково** equally, **однозна́чно** unambiguously, **прості́сінько** plainly, **про́сто** simply, **цілко́м** utterly; **вже** already; **ле́две** hardly, **ма́йже** almost, **менш** less; **на́дто** too, **бо́лісно** painfully ◊ **Його́ вто́ма става́ла бо́лісно ~ою.** His exhaustion was becaming painfully evident.
v. + **я. бу́ти ~им** be obvious ◊ **Іроні́чне ста́влення Ада́менка до коле́ґи було́ вже на́дто ~им.** Adamenko's ironic attitude toward his colleague was all too evident. (**вигляда́ти** + *D.* look to sb ◊ **Взає́мне притяга́ння між ни́ми вигляда́ло ~им.** The mutual attraction between them looked obvious. **видава́тися** + *D.* appear to sb, **здава́тися** + *D.* seem to sb; **лиша́тися** remain; **роби́ти** + *A.* make sth; **ставáти** become) ◊ **Недові́ра між ни́ми ста́ла ~ою.** The mistrust between them became evident.
prep. **я. для** + *G.* obvious for sb ◊ **Факт її́ у́части в опера́ції став ~им для ко́жного.** The fact of her participation in the transaction became evident to everybody.
Also see **відве́ртий 2**

я́вно, *adv.*
clearly, evidently, obviously ◊ **Вона́ я. небайду́жа до хло́пця.** She is clearly not indifferent toward the boy. ◊ **Марти́н я. симпатизу́є скра́йнім по́глядам.** Martyn is clearly sympathetic to the extreme views.

я́г|ода, *f.*
berry
adj. **соло́дка** sweet; **гірка́** bitter, **терпка́** tart; **зеле́на** green, **сти́гла** ripe; **ї́стівна́** edible; **отру́йна** poisonous ◊ **Отру́йні ~оди ча́сто ма́ють прива́бливий ви́гляд.** Poisonous berries often are of attractive appearance. **заморо́жена** frozen, **су́шена** dried; **сві́жа** fresh, **сокови́та** juicy, **пі́зня** late, **ра́ння** early; ♦ **з одно́ї гі́ллі ~оди** of the same origin, of the same ilk ◊ **Корні́й та Іва́нка з одно́ї гі́ллі ~оди.** Kornii and Ivanka are of the same ilk. ♦ **на́шого по́ля я.** one of us ◊ **Він усе́ ро́бить іна́кше, він – не на́шого по́ля я.** He does everything differently; he is not one of us. ♦ **одно́го по́ля я.** birds of a feather
я. + *n.* **я. виногра́ду** a grape berry (**гороби́ни** rowan, **кали́ни** guelder rose, **мали́ни** raspberry, **полуни́ці** strawberry, **суни́ці** wild strawberry, **чорни́ці** huckleberry, **чо́рної порі́чки** black currant, *etc.*)
n. + **я. жме́ня ~ід** a handful of berries (**ки́тиця** cluster) ◊ **пи́шні ки́тиці черво́них ~ід гороби́ни** gorgeous clusters of red rowan berries
v. + **я. збира́ти ~у** *and* **~и** pick berries ◊ **В цей час ді́ти хо́дять до лі́су збира́ти ~у.** At this time, children go to the forest to pick berries. (**ї́сти** eat; **ма́ти** have, **дава́ти** produce ◊ **Чи цей кущ дає ~оди?** Does this bush produce berries? **заморо́жувати** freeze, **суши́ти** dry)
prep. **з ~одами** with berries ◊ **варе́ники з ~одами** dumplings with berries
Also see **плід 1, полуни́ця**

язи́к, *m.*, **~а́**
tongue; *also fig.*
adj. **го́стрий** *fig.* sharp ◊ **Анато́лій го́стрий на я.** Anatolii has a sharp tongue. **до́вгий** long, **тонки́й** thin, **роздво́єний** forked ◊ **Гадю́ка має роздво́єний я.** The snake has a forked tongue. ♦ **до́вгий я.** *fig.* a loose tongue; ♦ **злий я.** *fig.* a venomous tongue
я. + *n.* **я. вогню́** *fig.* a tongue of fire ◊ **Черво́ні ~и́ вогню́ охопи́ли дах буди́нку.** Red tongues of fire engulfed the roof of the building. (**по́лум'я** flame) ◊ **Гаря́чі ~и́ по́лум'я лиза́ли сті́ни.** Hot tongues of flame licked up the walls.
v. + **я. вива́лювати** *or* **виставля́ти я.** *or* **~а́** stick out a tongue ◊ **Світла́на ви́ставила я., дра́жнячися з ним.** Svitlana stuck out her tongue, teasing him. (**пока́зувати** + *D.* put out to sb; **прику́шувати** *fig.* bite ◊ **Прикуси́ ~а́, ти на́дто бага́то гово́риш.** Bite your tongue, you are talking too much. **притри́мувати** *fig.* hold ◊ **Він так хоті́в розказа́ти їм усе́, хоч обіця́в собі́ притри́мувати я.** He so wanted to tell them everything though he had promised himself to hold his tongue. **розв'я́зувати** *fig.* loosen) ◊ **Марихуа́на розв'яза́ла О́льзі я.** Marijuana loosened Olha's tongue. ♦ **трима́ти я. за зуба́ми** to keep mum; ♦ **злі́тати** *or* **зрива́тися з ~а́** to slip off one's tongue ◊ **У ньо́го з ~а́ зірва́вся неделіка́тний епі́тет.** An indelicate epithet slipped off his tongue. **дава́ти во́лю ~у́** *or* **~о́ві** free one's tongue; **кла́цати ~о́м** click one's tongue ◊ **Він го́лосно кла́цнув ~о́м.** He clicked his tongue loudly. ♦ **крути́тися на кінці́ ~а́** to be on the tip of one's tongue ◊ **Пріз́вище а́втора крути́лося в Соломі́ї на кінці́ ~а́.** The author's name was on the tip of Solomiia's tongue.
я. + *v.* **звиса́ти** hang out ◊ **У пса звиса́в я.** The dog's tongue hung out.

я|йце́, *nt.*
1 egg
adj. **сві́же** fresh ◊ **п'ять сві́жих ~є́ць** five fresh eggs; **сире́** raw; **ту́хле** rotten; **органі́чне** organic; **гу́сяче** goose, **ку́ряче** chicken, **качи́не** duck, **инди́че** turkey; **ва́рене** boiled ◊ **Ва́ля взяла́ шість ва́рених ~є́ць у доро́гу.** Valia took six boiled eggs for the road. **зби́те** beaten, **пря́жене** *or* **сма́жене** fried ◊ **Він з'ї́в два пря́жених ~йця́.** He ate two fried eggs.
v. + **я. виси́джувати я.** brood an egg ◊ **Гу́ска ви́сиділа качи́не я.** The goose brooded a duck egg. (**нести́** lay ◊ **При кінці́ о́сени ку́ри перестаю́ть нести́ ~йця́.** In late fall, chickens stop laying eggs. **стерегти́** guard; **зако́пувати** bury ◊ **Черепа́хи зако́пують ~йця́ в пісо́к на пля́жі.** Turtles bury their eggs into the sand on the beach. **вари́ти** boil, **збива́ти** beat, **збира́ти** collect ◊ **Щодня́ вона́ збира́є щось два́дцять ~є́ць.** Every day, she collects some 20 eggs. **пря́жити** *or* **сма́жити** fry, **облу́плювати** *and* **чи́стити** peel; **криши́ти** chop, **рі́зати** cut; **розбива́ти** break ◊ **Він розби́в чоти́ри ~йця́.** He broke four eggs. **змі́шувати** mix) ◊ **~йця́ слід змі́шати зі скля́нкою бо́рошна.** The eggs should be mixed with a cup of flour. **вилу́плюватися з ~йця́** hatch from an egg; **сиді́ти на ~йця́х** brood eggs; ♦ **не бу́ти ва́ртим ви́їденого ~йця́** not be worth a straw ◊ **Статтяа́ не ва́рта ви́їденого ~йця́.** The article is not worth a straw.
2 *biol.* egg, ovum ◊ **Лише́ одна́ сперматозо́їда заплі́днює я.** Only one spermatozoid impregnates an egg.
adj. **до́норське** donor, **заморо́жене** frozen ◊ **Заморо́жені ~йця́ зберіга́ють у спеція́льному ба́нку.** Frozen eggs are kept in a special bank. **заплі́днене** impregnated, **здоро́ве** healthy
я. + *n.* **я. люди́ни** a human ovum (**твари́ни** animal)
v. + **я. же́ртвувати я.** donate an egg (**продава́ти** sell; **заморо́жувати** freeze; **заплі́днювати** impregnate)
3 *biol., usu pl.* egg, ovum, spawn
я. + *n.* **~йця́ жа́би** frog eggs (**жука́** beetle, **кома́хи** insect, **мете́лика** butterfly, **мо́лі** moth, **му́хи** fly)
v. + **я. відклада́ти ~йця́** deposit *and* lay eggs ◊ **За життя́ му́ха мо́же відкла́сти до п'ятисо́т ~єць.** A fly can lay up to 500 eggs.
4 *vulg., only pl.* balls *(testicles)* ◊ **Він хоті́в показа́ти, що ма́є вели́кі ~йця́ і ніко́го не бої́ться.** He wanted to show he had big balls and feared no one. ♦ **ба́ба з ~йця́ми** *pejor.* a butch woman; *(as compliment)* a ballsy woman ◊ **Опоне́нтка полі́тика ви́явилася ба́бою з ~йця́ми.** The politician's opponent turned out to be a ballsy woman.

як[1], *adv.*
1 how, what ◊ **Я. ти це мо́жеш зна́ти?** How can you know this? ◊ **Я. це дале́ко?** How far is it? ◊ **Я. мо́жна лиша́тися спокі́йним в зага́льній па́ніці?** How can one stay calm in a general panic? ◊ **Я. ва́ше ім'я́ та пріз́вище?** What is your name and family name? ♦ **я. є** 1) as is ◊ **А́втор лиша́є свій руко́пис я. є.** The author leaves his manuscript as is. 2) completely ◊ **Він я. є зіпсува́в усім вечі́рку.** He completely ruined the party for everybody. ◊ **Він ви́явився шахрає́м, я. є.** He turned out to be a complete fraudster. ♦ **я. кому́** it depends, it varies, depends on the person ◊ **– Це до́бра п'є́са? – Я. кому́. Одни́м – до́бра, і́ншим – не ду́же.** – Is it a good play? – It depends. Good to some, not so good to others. ♦ **хай там я.** whatever it is, at any rate ◊ **Хай там я., вона́ зро́бить те, що пообіця́ла.** Whatever it is, she will do what she promised. ♦ **я. не є** whatever it is, at any rate; still, nevertheless, given the circumstance ◊ **Хоч Юлія́н і недосві́дчений, але́ поміч́ник, я. не є.** Though Yulian is inexperienced but a helper nevertheless. ◊ **Я. не є, але́ це її́ ба́тько.** Whatever it is, but this is her father.
2 how, so much, so ◊ **Я. тут га́рно!** It is so nice here! ◊ **Я. бага́то в її́ житті́ зміни́лося!** How much has changed in her life!
Also see **наскі́льки 1**
3 *(in set expressions of time)* ♦ **я. коли́** 1) sometimes, at times ◊ **Я. коли́ по телеві́зору пока́зували до́брі фі́льми.** Sometimes they showed good movies on television. ◊ **Вона́ мо́же бу́ти цілко́м непередба́чуваною я. коли́.** She can be utterly unpredictable at times. 2) it depends ◊ **– Вамподо́бається о́пера? – Я. коли́.** – Do you like opera? – It depends.
4 somehow, by some means, in some way ◊ **Мо́жете переконáти їх я.?** Can you persuade them somehow?
See **як-не́будь 1, я́кось 1; ся́к-та́к 1**

як[2], *conj.*
1 like, as, the way ◊ **Вони́ не зна́ли, куди́ йти у степу́, безме́жному, я. мо́ре.** They did not know where to go in a steppe boundless like the sea. ◊ **Лев зник без слі́ду, я. роса́ на со́нці.** Lev vanished without a trace like the dew in the sun. ◊ **Петро́ си́льний, я. дуб.** Petro is strong like an oak. ◊ **Вона́ смія́лася, я. божеві́льна.** She was laughing like crazy. ♦ **я. оди́н** as one, unanimously ◊ **Усі́, я. оди́н, лиши́лися на́ ніч.** All as one stayed for the night.
Also see **нена́че 2, чи́сто 4, що**[2] **6**
2 than + *N. (in comp. statements)* ◊ **Пі́зні я́блука смачні́ші, я. ра́нні.** The late apples are tastier than the early ones. ◊ **Мі́сто Га́лич старі́ше, я.**

Жовква. The city of Halych is older than Zhovkva. ◊ **Польща має більше населення, я. Чехія.** Poland has more population than the Czech Republic.
Also see **від 8, за[1] 26, ніж[2]**
3 as ♦ **я. завжди** as always, as usual ◊ **Тарас, я. завжди, не дотримав слова.** Taras did not keep his promise as always. ♦ **я. видно** apparently ◊ **Вірш їм, я. видно, не подобається.** Apparently they do not like the poem. ♦ **я. відомо** to be known ◊ **Я. відомо, це найстаріший університет у країні.** This university is known to be the oldest in the nation. ♦ **я. ніколи** as never before ◊ **Вони вагалися, я. ніколи.** They were hesitant as never before. ♦ **я. слід** properly, appropriately, well ◊ **Перед сном вона я. слід перевірила вікна і двері.** Before going to bed she properly checked the windows and doors. ♦ **я. .., так і ...** both ... and ◊ **Я. він, так і його жінка – лікарі.** Both he and his wife are physicians.
3 *(introduces objective clause)* ◊ **Настя дивиться, я. він пише.** Nastia watches him write. ◊ **Ніхто не бачив, я. невідомий прослизнув до будинку.** Nobody saw the stranger slip into the building. ◊ **Богдан не уявляє, я. помириться з нею.** Bohdan has no idea how to make peace with her.
4 when *(introduces clause of time)* ◊ **Вони вечеряли, я. подзвонив телефон.** They were having dinner when the phone rang. ◊ **Усі починали куняти щоразу, я. він мав слово.** Everybody would begin to doze every time he had the floor. ◊ **Я. прийде літо, поїдемо відпочивати на море.** When summer comes, we'll go on vacation by the sea.
See **якщо 1**
5 *(expresses quick succession of events)* ◊ **Василь змінив пароль рахунку, я. запідозрив щось недобре.** Vasyl changed the account password the moment he suspected something was not right. ♦ **я. тільки** as soon as ◊ **Він скаже їм, я. тільки щось знатиме.** He will tell them as soon as he knows something.
6 if *(introduces clause of condition)* ◊ **Я. хочеш, то я лишуся.** If you want, I'll stay. ◊ **Ці речі стають очевидними, я. дослідник знає мову і культуру народу.** These things become obvious, if a researcher knows the language and culture of the people. ◊ **Я. допоможете їм, то матимете їхню підтримку.** If you help them, you will have their support. ◊ **Вона любила арію Лючії, тільки я. її співала Марія Стеф'юк.** She liked Lucia's aria, only if Maria Stef'yuk sang it.
See **якщо 1.** *Also see* **раз[3], скоро[2] 1**
7 in the way *(manner of action)*, the way, in the manner ◊ **Олекса дивився на неї, я. дивляться божевільні.** Oleksa was looking at her the way crazy people look. ◊ **Вона чинить так, я. їй підказує досвід.** She acts the way her experience prompts her to.
8 regular, as any *(expresses common quality with repetition)* ◊ **Ось маєш – комп'ютер я. комп'ютер, нічого особливого.** Here you are – a regular computer, nothing special. ◊ **Він переконався, що тут студенти я. студенти.** He found out that here the students were as any students are.

як[3], *part.*

1 if not *(emphasis) with* **не** ◊ **Хто я. не Андрій навчить її таємницям ремесла?** Who will teach her the secrets of the craft if not Andrii? ♦ **страх я.** *colloq.* tremendously, a lot ◊ **Проні страх я. подобалися такі любовні історії.** Pronia was terribly fond of such love stories. ◊ **Він страх я. хоче подивитися «Мину Мазайла».** He has a tremendous desire to watch *Myna Mazailo* (play). ♦ **я. же** of course, certainly ◊ **Вони не знали про це? Я. же, добре знали!** They did not know about it? Of course they very well did!
2 how *(in rhetorical questions)* ◊ **Я. можна не любити Карпат?!** How can one not like the Carpathians?! ◊ **Я. ви смієте вагатися?** How dare you hesitate?
3 *(expresses disbelief, surprise, etc.)* ◊ **Я., ви не бували в Полтаві?!** You have never been to Poltava, really?!
See **невже 2**
4 *only with pf.* all of a sudden, suddenly ◊ **Остап відчинив двері та я. заверещить.** Ostap opened the door and suddenly gave such a scream. ◊ **Соломія слухала її, слухала, а тоді я. трісне рукою по столу.** Solomiia listened and listened to her, then suddenly slammed her hand on the table.
See **раптом.** *Also see* **зненацька 1, несподівано, разом 4**

якби, *conj.*

if *(in hypothetical or unreal conditions)* ◊ **Кирило не звернув би уваги на цю людину, я. побачив її десь на вулиці.** Kyrylo would not pay attention to this person if he saw her somewhere on the street. ◊ **Він допоміг би, я. вони попросили.** He would have helped if they had asked.
Also see **скоро[2] 2.** *Cf.* **якщо 1**

як|ий, *pr., m.*, **~ого**

1 what, which, what kind of ◊ **Я. сьогодні день?** What day is it today? ◊ **~е сьогодні число?** What date is it today? ◊ **~е видання підручника ви маєте?** What textbook edition do you have? ◊ **~а цікава книжка!** What an interesting book! ◊ **~а з цих світлин краща?** Which one of these photographs is better? ♦ **~е їй (йому мені, тобі) діло?** 1) What business is it of hers (his, mine, yours, *etc.*)? 2) She (he, I, you, *etc.*) doesn't care.
Also see **котрий 1**
2 how, what ◊ **Подивіться на краєвид. Я. гарний!** Take a look at the view. How beautiful! ◊ **Я. рідкісний колір має діямант у її персні!** What a rare color the diamond in her ring has!
Also see **наскільки 1**
3 some, some kind of ◊ **Випадало б навести я. приклад.** It would be called for to give some kind of an example. ◊ **Може, розкажете нам ~у страшну історію.** Perhaps you could tell us some scary story. ◊ **~і слухачі погоджувалися з нею, ~і ні.** Some listeners agreed with her, others did not.
See **якийсь 1**
4 about, nearly, some, approximately ◊ **Їй лишалося зредаґувати ~их сім сторінок.** There remained some seven pages for her to edit. ◊ **Звідси до Чопа було ~их сорок кілометрів.** There were about 40 km from here to Chop.
Also see **біля 2, близько 3, приблизно, щось[2] 3, якийсь 2**
5 what *(introduces objective, attributive and other clauses)*, which, that ◊ **Слідчий хотів установити, у ~ому будинку живе Симчук.** The detective wanted to establish which house Symchuk lived in. ◊ **Ось собор, про я. вона так багато читала.** Here is the cathedral that she read so much about. ◊ **Ніхто не знає, я. за характером новий начальник.** Nobody knows what kind of character the new boss has. ◊ **Це дівчина, про ~у я казав.** This is the girl I spoke about. ◊ **Щеня, ~е їй подарували, тепер великий лютий пес.** The puppy that was given her is a big and fierce dog now.
Also see **котрий 3.** *Cf.* **що**

як|ий-небудь, *pr., m.*

some, any; whatever, whichever, just any ◊ **Дай їй я. натяк.** Give her any hint. ◊ **Він погоджувався на ~у-небудь роботу.** He agreed to any work.
Also see **будь-який, всякий 1**

як|ийсь, *pr., m.*

1 some, some kind of ◊ **Їй дзвонив я. добродій.** Some gentleman called her. ◊ **Вона казала це з ~имось дивним виразом на обличчі.** She was saying it with some kind of strange expression on her face. ♦ **~имось дивом** by some miracle ◊ **Будинок ~имось дивом уцілів після буревію.** The building remained intact after the hurricane by some miracle.
2 about, nearly, some, approximately ◊ **Христя спала ~ісь три години.** Khrystia slept for some three hours.
Also see **біля 2, близько 3, приблизно, щось[2] 3, який 4**

якісн|ий, *adj.*

1 qualitative ◊ **Реформа причинилася до ~их змін у судовій системі.** The reform brought about qualitative changes in the court system. ♦ **я. аналіз** *chem.* qualitative analysis
Cf. **кількісний**
2 *colloq.* high-quality, excellent, well-crafted, top-notch ◊ **Завод виробляє ~і велосипеди.** The plant produces high-quality bicycles.
adv. **винятково** exceptionally, **досить** fairly, **достатньо** sufficiently ◊ **достатньо ~е обладнання** an equipment of sufficiently high quality; **дуже** very, **надзвичайно** extraordinarily; **дійсно** really, **справді** truly; **незмінно** invariably, **як завжди** as always; **зовсім не** not at all, **недостатньо** insufficiently
v. + **я. бути ~им** be high-quality (**вважати** + *A.* consider sth ◊ **Вони вважають її програму достатньо ~ою.** They consider her software to be sufficiently well-crafted. **видаватися** + *D.* appear to sb, **здаватися** + *D.* seem to sb, **лишатися** remain ◊ **Продукція кіностудії лишається незмінно ~ою.** The movie studio production remains of an invariably high quality. **робити** + *A.* make sth ◊ **Редакторка зробила журнал ~им.** The (female) editor made the magazine a high-quality one. **ставати** become)
See **добрий 3, кваліфікований 2**
3 *ling.* qualitative, gradable ◊ **я. прикметник** a qualitative adjective ◊ **З усіх класів прикметників лише ~і мають ступені порівняння.** Of all the classes of adjectives, only qualitative ones have degrees of comparison.

як|ість, *f.*, **~ости**

1 quality ◊ **Кількість ще не означає я.** Quantity does not yet mean quality.
adj. **бездоганна** impeccable ◊ **Фірма постачає їм сталь бездоганної ~ости.** The firm supplies them with steel of impeccable quality. **видатна** outstanding ◊ **Їм удалося досягнути видатної ~ости фільтрів.** They managed to achieve an outstanding quality of filters. **виняткова** exceptional, **висока** high, **відмінна** excellent, **добра** good, **зразкова** exemplary, **ідеальна** ideal, **найвища** top, **неперевершена** unsurpassed; **задовільна** satisfactory, **неприйнятна** unacceptable, **прийнятна** acceptable; **жахлива** terrible, **кепська** poor, **низька** low, **погана** bad, **посередня** mediocre, **середня** medium; **змінна** varying; **технічна** technical; **естетична** esthetic, **мистецька** *and* **художня** artistic, **творча** creative
я. + *n.* **я. води** water quality (**ґрунту** soil, **повітря** air ◊ **Причиною астматичного синдрому може бути я. повітря.** The air quality can be the reason for the asthma syndrom. **продукту** product, **продукції** production; **послуг** services, **сервісу** service, **товару** merchandise); ◊ **я. життя** quality of life ◊ **За останнє десятиліття я. життя середнього громадянина не покращувалася.** Over the last decade, the average citizen's quality of life has not improved.
n. + **я. ґарантія ~ости** a quality assurance (**контроль** control, **стандарти** standards)
v. + **я. ґарантувати я.** guarantee quality ◊ **Із такою сировиною тяжко ґарантувати задовільну я. продукту.** With such raw materials, it is hard to guarantee a satisfactory product quality. (**забезпечувати** ensure, **підносити** raise, **покращувати** improve; **погіршувати** reduce; **визначати** determine, **випробовувати** test, **оцінювати** assess, **судити про** judge ◊ **Випробування дозволять**

суди́ти про я. механі́зму. The testing will allow judging the quality of the mechanism. вплива́ти на affect); досяга́ти ~ости achieve quality; же́ртвувати ~істю sacrifice quality ◊ Ме́неджмент компа́нії поже́ртвував ~істю проду́кції зара́ди кі́лькости. The company management sacrificed the production quality for the sake of its quantity. (слідкува́ти за monitor) ◊ П'ять фахівці́в слідку́ють за ~істю това́ру. Five specialists monitor the merchandise quality. познача́тися на ~ості affect quality ◊ Ке́пські умо́ви пра́ці театра́льної тру́пи позна́чилися на худо́жній ~ості всіх її поста́в. The poor work conditions of the theater company affected the artistic quality of all its productions.
я. + *v.* змі́нюватися vary ◊ Я. проду́кції змі́нюється зале́жно від рі́жних чи́нників. The production quality varies depending on various factors. погі́ршуватися go down, покра́щуватися improve; стражда́ти suffer
Cf. кі́лькість
2 quality, feature, trait ◊ Важли́вою ~істю педаго́га є зда́тність до співпережива́ння. The important quality of an educator is the capacity for empathy. ◊ Еруди́ція стає рі́дкісною ~істю се́ред журналі́стів. Erudition is becoming a rare quality among journalists.
See ри́са 1

як-не́будь, *adv.*
1 somehow, by some means, in some way ◊ Не жу́ріться, ми дамо́ собі ра́ду я. Don't worry we'll somehow manage. ◊ Петро́ намага́вся я. напра́витиколіща́тко у валі́зі. Petro tried to fix the wheel in his suitcase in some way.
Also see я́кось 1; сяк-та́к 1
2 carelessly, anyhow, poorly ◊ Я́рмарок організо́вано я. The fair is organized carelessly. ◊ Курсова́ робо́та, напи́сана я., діста́ла до́бру оці́нку. The course paper, written poorly, got a good grade. ◊ Він зроби́в завда́ння я., що́би скорі́ше позбу́тися його́. He did the assignment anyhow, in order to get rid of it quickly.
3 sometime, once, one day ◊ Я. я покажу́ тобі́, як це роби́ти. I'll show you how it's done sometime. ◊ Зайді́ть до нас на ка́ву я. Come to our place for coffee sometime.
Also see коли́-не́будь 1, коли́сь, раз[2], рані́ше 2, я́ко́сь[2]

я́кось[1], я́ко́сь[2], *adv.*
1 somehow, by some means, in some way ◊ До́сі Павле́нки я. зво́дили кінці́ з кінця́ми. Untill now the Pavlenkos somehow made the two ends meet. ♦ я. воно́ бу́де it will sort itself out ◊ Не зна́ючи, що роби́ти зі свої́м життя́м, Пили́п усе́ ж наді́явся, що я. воно́ бу́де. Not knowing what to do with his life, Pylyp still hoped that it would sort itself out somehow.
Also see сяк-та́к 1, як-не́будь 1
2 for some reason ◊ О́льзі я. байду́же, що про не́ї ду́мають сусі́ди. For some reason, Olha does not care what her neighbors think of her. ◊ Він я. не мав охо́ти раді́ти. For some reason he did not have the urge to be happy.
3 inadvertently, accidentally, by chance ◊ Прохо́дячи повз стіл, він я. зачепи́в лі́ктем ва́зу. Passing by the table, he inadvertently touched a vase with his elbow.

я́ко́сь[2], *adv.*
once, sometime, some day ◊ Я. Тама́ра з Анато́лієм гуля́ли па́рком і поба́чили там ди́вну сце́ну. Once Tamara and Anatolii were walking in the park and saw a strange scene there. ◊ Лі́да обіця́ла навчи́ти його́ пря́жити млинці́, я. при наго́ді. Lida promised to teach him how to fry pancakes some day when there's an opportunity.
Also see коли́-не́будь 1, коли́сь, раз[2], рані́ше 2, як-не́будь 3

якщо́, *conj.*
1 if *(in real possible conditions)* ◊ Я. тобі́ хтось обри́д, попроси́ в нього гро́шей. If you get tired of somebody, ask him for money. ◊ Я. хо́чете, я заспіва́ю колиско́ву. If you like, I will sing a lullaby. ◊ Не кажи́, я. не зна́єш. Don't say it if you don't know. ♦ я. вже на те пішло́ no offense, to be honest ◊ Я. вже на те пішло́, то нам не тре́ба ва́ших настано́в. No offense, but we do not need your guidance.
See як[2] 4, 6, раз[3], скоро[2] 2. *Cf.* якби́
2 what if *(only in questions)* ◊ А я. це не про́сто вто́ма, а поча́ток хворо́би? What if this is not simply fatigue, but the beginning of a sickness?

я́м|а, *f.*
pit, hole
adj. бездо́нна bottomless ◊ Стра́ви одна́ за о́дною зника́ли в її ро́ті, як у бездо́нній ~і. One dish the other vanished in her mouth, like in a bottomless pit. вели́ка big ◊ Посе́ред по́ля ви́никла вели́ка я. A big pit appeared in the middle of the field. величе́зна huge, глибо́ка deep, широ́ка wide; мілка́ shallow, невели́ка small ◊ Він перестри́бував невели́кі ~и, а ши́рші обхо́див. He jumped over small pits and bypassed the wider ones. чо́рна black; ♦ вигрібна́ я. a cesspool, ♦ пові́тряна я. an air pocket
v. + я. копа́ти *or* ри́ти ~у dig a pit ◊ Екскава́тори копа́ли ~у під фунда́мент буди́нку. The excavators were digging a pit for the building foundation. ♦ Не копа́й і́ншому ~и, бо сам упаде́ш. He that mischief hatches, mischief catches. (закрива́ти + *I.* cover with sth ◊ ~у закри́ли стале́вим листо́м. They covered the pit with a steel sheet. залива́ти + *I.* flood with sth ◊ ~у залило́ дощово́ю водо́ю. *impers.* The pit was flooded with rainwater. запо́внювати + *I.* fill up with sth ◊ ~у запо́внили піско́м. They filled the pit up with sand. засипа́ти + *I.* fill with sth) ◊ За бра́ком асфа́льту ~и на доро́зі засипа́ли жо́рствою. Because of the dearth of asphalt, they filled the pits on the road with gravel.
я. + *v.* виника́ти appear, трапля́тися occur ◊ На доро́зі трапля́лися ~и. Pits occurred on the road. утво́рюватися form
prep. в ~у *dir.* in/to a pit ◊ Цукро́ві буряки́ скида́ли в ~у. The sugar beets were dumped in a pit. в ~і *posn.* in a pit ◊ Вона́ весь цей час сиді́ла у ~і. All this time, she sat in a pit. до ~и in/to a pit ◊ Кухо́нні відхо́ди йдуть до вигрібно́ї ~и. Kitchen waste goes to the cesspool pit.

я́нгол, *m.*; ~и́ця, *f.*
1 angel ♦ я.-засту́пник *or* я.-охоро́нець a guardian angel ◊ Пе́ред сном Катру́ся моли́лася до я́нгола-засту́пника. Before bed, Katrusia prayed to her guardian angel. ♦ прови́нний я. a fallen angel
v. + я. бу́ти поді́бним на ~а resemble an angel ◊ На світли́ні хло́пчик поді́бний на ~а. In this picture, the little boy resembles an angel.
2 *fig.* angel *(usu woman)*, beautiful or kind person ◊ Із ~а він перетвори́вся на чортеня́. He turned from an angel to a little devil.
adj. доверше́ний perfect; мале́нький little, рятівни́й saving, спра́вжній true; аж ні́як не not at all, дале́ко не far from ◊ Марко́ дале́ко не я. у ді́йсності. Marko is far from an angel in reality.

я́рмар|ок, *m.*, ~ку
fair, market
adj. вели́кий big; важли́вий important, відо́мий well-known, популя́рний popular, славе́тний famous, улю́блений favorite; щотижне́вий weekly, щомі́сячний monthly, щорі́чний annual; ву́личний street, міськи́й city, місце́вий local, сільськи́й village; всесві́тній world, міжнаро́дний international ◊ Тут прохо́дить важли́вий міжнаро́дний я. Here, an important international fair takes place. націона́льний national; антиква́рний antiques ◊ Улі́тку він ко́чує від одно́го антиква́рного ~ку до і́ншого. In the summer, he migrates from one antiques fair to another. кі́нський horse, книжко́вий book ◊ Книжко́вий я., відо́мий як Фо́рум видавці́в. The book fair is known as the Publishers' Forum, мисте́цький art, ремісни́чий craft; дитя́чий children's, шкільни́й school; гуртови́й wholesale; ♦ пташи́ний я. *or* база́р a bird colony
я. + *n.* я. кві́тів a flower fair (наро́дних реме́сел folk craft); я. іде́й *fig.* a fair of ideas
v. + я. відві́дувати я. attend a fair ◊ Щоро́ку вона́ відві́дує книжко́вий я. у Льво́ві. Every year she attends the book fair in Lviv. (ма́ти have ◊ Ко́жне райо́нне мі́сто має щомі́сячний я. Every county city has a monthly fair. організо́вувати organize ◊ Учні впе́рше організо́вували шкільни́й я. For the first time, the pupils organized a school fair. прийма́ти host ◊ У субо́ту мі́сто прийма́є мисте́цький я. On Saturday, the city hosts an art fair. прово́дити hold, ходи́ти на go to) ◊ Ді́ти лю́блять ходи́ти на я. кві́тів. The children are fond of going to the flower fair. ♦ пропа́сти, як пес на ~ку to vanish into thin air
я. + *v.* вудбува́тися take place ◊ Гуртови́й я. відбува́ється щомі́сяця. The wholesale fair takes place every month. мандрува́ти travel
prep. з ~ку from a fair ◊ Вони́ якра́з поверта́лися з ~ку. They were just returning from a fair. на я. *dir.* to a fair ◊ Вона́ ходи́ла на я. ура́нці. She would go to the fair in the morning. на ~ку at a fair ◊ Чудо́ву кера́міку купи́ли на ~ку. The wonderful ceramics was bought at the fair.

яскра́в|ий, *adj.*
1 bright, dazzling, sunny ◊ Пішохо́дів на мить осліпи́ло ~е сві́тло авті́вки. The bright lights of the car momentarily blinded the pedestrians.
adv. винятко́во exceptionally, вкрай extremely, до́сить fairly, quite, ду́же very, надзвича́йно extraordinarily; незвича́йно unusually, особли́во particularly; несте́рпно unbearably ◊ Йому́ болі́ли о́чі від несте́рпно ~ої ла́мпи. His eyes hurt from the unbearably bright lamp. сліпу́чо blindingly; неприро́дно unnaturally; надмі́рно excessively, на́дто too, страше́нно terribly; прие́мно pleasantly; все ще still
v. + я. бу́ти ~им be bright ◊ Був я. зимо́вий ра́нок. It was a bright winter morning. (вигляда́ти look, виявля́тися turn out; здава́тися + *D.* seem to sb ◊ У те́мряві но́чі ві́кна буди́нку здава́лися особли́во ~ими. In the dark of the night, the building windows seemed particularly bright. лиша́тися remain, роби́ти + *A.* make sth ◊ Він попроси́в еле́ктрика зроби́ти освітле́ння сце́ни ме́нш ~им. He asked the electrician to make the lighting of the stage less bright. става́ти become) ◊ Підніма́ючись над о́брієм, сонце́ става́ло сліпу́чо ~им. Rising above the horizon, the sun was becoming blindingly bright.
2 bright, vivid, intense ◊ Він став носи́ти незвича́йно ~і кольори́. He started wearing unusually bright colors. ◊ Пі́сля зли́ви лева́да вигляда́є ~ою і сві́жою. After the downpour, the meadow looks bright and fresh. ◊ Яки́мось ди́вом старода́вні фре́ски й тепе́р лиша́ються ~ими. By some miracle, the ancient frescoes remain bright even now.
Also see гаря́чий 2, сві́жий 5, сві́тлий 1, чи́стий 5, я́сний 1
3 lively, vivid, colorful ◊ Режисе́р теа́тру – винятко́во ~а особи́стість. The director of the theater is an exceptionally colorful individual. ◊ Його́ я. тала́нт надиха́є всіх навко́ло. His lively talent inspires everybody around.
Also see барви́стий 2, експреси́вний
4 vivid, compelling, impressive ◊ Собо́р вважа́ють ~им зразко́м ґоти́чної архітекту́ри. The cathedral is considered to be a vivid example of Gothic architecture. ◊ Уче́ний пропону́є

~і до́кази своє́ї тео́рії. The scholar offers compelling proof of his theory. ◊ **Де́які дитя́чі вра́ження лиши́лися ~ими в її́ свідо́мості.** Some childhood impressions have remained vivid in her conscience.
Also see **о́бразний 2**

яскра́в|ість, *f.*, **~ости**, *only sg.*
brightness, vividness, expressivity, *etc.*
◊ **Хова́ючись за хма́ру, мі́сяць втрача́в я.** Hiding behind a cloud, the moon lost its brightness. ◊ **Її́ мане́ра ви́кладу вирізня́ється дивови́жною ~істю.** Her narrative manner stands out for its amazing vividness.
See **яскра́вий 1-4**

я́с|на, *only pl.*, **~ен**, *anat.*
gum
adj. **ве́рхні** upper, **ни́жні** lower; **роже́ві** pink; **беззу́бі** toothless ◊ **Сміючи́сь, дід щора́зу пока́зував беззу́бі я.** Laughing, the old man every time bared his toothless gums. **запа́лені** inflamed, **напу́хлі** swollen, **хво́рі** bad
n. + **я. запа́лення ~ен** gum inflammation (**хворо́ба** disease)
v. + **я. масажува́ти я.** massage the gum ◊ **Лі́кар пора́див йому́ масажува́ти я. зубно́ю щі́ткою.** The doctor advised that he massage his gums with a toothbrush. (**оголя́ти** bare; **лікува́ти** treat)

я́сн|ий, *adj.*
1 light *(of color)*, bright, sunny, dazzling ◊ **Не́бо освіти́ла ~а́ блискави́ця.** Bright lightning illuminated the sky. ◊ **Вони́ ме́шкали у просто́рій ~ій кімна́ті.** They lived in a spacious sunny room. ♦ **~і зо́рі, ти́хі во́ди** *poet.* the bright stars and the quiet waters *(a traditional reference to Ukraine and its yellow and azure national colors)*. ♦ **щоб воно́ (він, вона́) горі́ло (горі́в, горі́ла) ~им вогне́м** to hell with it (him, her, *etc.*) ◊ **Я сті́льки ча́су потра́тив на завда́ння, щоб воно́ горі́ло ~им вогне́м!** I spent so much time on the assignment, to hell with it! ♦ **як грім з ~о́го не́ба** like a bolt from the blue
Also see **ви́дний 3, сві́жий 5, сві́тлий 1, чи́стий 3, яскра́вий 2**
2 clear, transparent ◊ **У ~ій далині́ сте́пу ви́дно на бага́то кіломе́трів упере́д.** In the clear space of the steppe, one can see for many kilometers ahead. ◊ **Він диви́вся в ~е́ си́нє не́бо.** He was looking into the clear blue sky. ◊ **Він пив ~у́ во́ду з кирни́ці.** He drank clear water from a well.
See **чи́стий 1**
3 *fig.* happy, gleeful, beaming, bright ◊ **Воро́жка ка́же, що він ма́тиме ~у́ до́лю.** The soothsayer says he will have a happy fate. ◊ **~е́ майбу́тнє, що його́ обіця́ла програ́ма па́ртії, відклада́лося.** *iron.* The bright future promised by the party's program was being put off.
See **щасли́вий 1**
4 serene, placid, calm ◊ **Зе́ня спали́ла листува́ння з ~им сумлі́нням.** Zenia burned the correspondence with a serene conscience. ◊ **Обли́ччя мадо́нни освітлює ~а́ у́смішка.** A serene smile illuminates the madonna's face.
5 light, bright, fair ◊ **На тлі што́ри її́ ~е́ воло́сся вигляда́є ще гарні́шим.** Against the backdrop of the curtain, her fair hair looks even more beautiful. ◊ **Із ра́ни текла́ ~а́ черво́на кров.** Bright red blood flowed from the wound.
6 clear, distinct ◊ **Голоси́ люде́й на ву́лиці става́ли ~ішими.** The people's voices on the street became clearer. ◊ **Її́ по́черк був я., майже каліграфі́чний.** Her penmanship was clear, almost caligraphic.
7 *fig.* clear, understood, obvious ◊ **Ситуа́ція зі змага́ннями цілко́м ~а́.** The situation with the competition is quite clear. ◊ **Штаб а́рмії запропонува́в я. план дій.** The army headquarters offered a clear plan of action.
♦ **~а́ річ** clearly, obviously ◊ **Пі́сля поба́ченого вони́, ~а́ річ, не ма́ли жо́дних ілю́зій.** After what they had seen, they clearly had no illusions.
Also see **недвозна́чний, однозна́чний 2, очеви́дний**
8 lucid, clearheaded, sensible ◊ **У своЇ ві́сімдесят сім Марі́я ма́ла цілко́м ~у́ го́лову.** At eighty-seven, Maria had an entirely lucid mind.
See **прито́мний 1, свідо́мий 1.** *Also see* **розу́мний 1, сві́тлий 7**
9 luminous, radiant, glowing ◊ **~а́ у́смішка на світли́ні надиха́ла її́.** The radiant smile in the picture inspired her. **~е́ обли́ччя** a radiant face
Also see **сві́тлий 5**

я́сно, *adv.*, *pred.*
1 *adv.* clearly, brightly, clear, bright ◊ **На серпне́вому не́бі я. сяя́ли зо́рі.** Stars shone brightly in the August sky. ◊ **На бі́лому снігу́ я. виступа́ла її́ по́стать.** Her figure stood out clearly against the white snow. ◊ **Оре́ст я. чув кро́ки.** Orest clearly heard steps. ◊ **я.-зеле́ний ко́лір** a bright green color
See **ясни́й 1-9**
2 *pred.* + *D.* clear, evident, obvious
v. + **я. бу́ти я.** ◊ **Дани́лові я., що розрахо́вувати тре́ба на се́бе само́го.** It is clear to Danylo that he should rely on himself. (**става́ти** become ◊ **Їй ста́ло все я.** It all became clear to her. **чу́тися** be heard) ◊ **Полі́ні я. чу́лися чиї́сь голоси́.** Somebody's voices were clearly audible to Polina. ◊ **Я.?** Do you understand? ♦ **Я., як Бо́жий день.** Clear as a day.
3 *pred.* cloudless *(of weather, etc.)*, sunny, fine ◊ **У насту́пні три до́би ма́ло бу́ти я. і те́пло.** The next three days were supposed to be sunny and warm. ◊ **На хвили́ну в ха́ті ста́ло я., мов уде́нь.** For a moment, it became bright as day in the house.

я́т|ка, *f.*
kiosk, stall, fruit-stand
adj. **база́рна** market, **торго́ва** sales ◊ **Він працю́є в торго́вій ~ці.** He works in a sales stall. **газе́тна** newspaper, **книжко́ва** book; **конди́терська** pastry, **овоче́ва** vegetable, **продукто́ва** grocery, **ри́бна** fish, **сигаре́тна** tobacco, **сувені́рна** bric-a-brac, **фрукто́ва** fruit, *etc.*; **я. з моро́зивом** an ice cream booth
v. + **я. ма́ти ~ку** have a stall ◊ **Вона́ ма́є чоти́ри ~ки на ри́нку.** She has four stalls at the market. (**ста́вити** set up ◊ **Тара́сенко поста́вив ~ку без до́зволу.** Tarasenko set up his stall without permisssion. **розбира́ти** dismantle, **усува́ти** remove)
я. + *v.* **продава́ти** + *A.* sell sth ◊ **Насту́пні шість ~ок продаю́ть кві́ти.** The following six stalls sell flowers.
See **крамни́ця**

я́хт|а, *f.*
yacht
adj. **вели́ка** big, **невели́ка** small; **розкі́шна** fancy, **лю́ксова** luxury, **розкі́шна** luxurious; **прива́тна** private ◊ **Вони́ перепливли́ Атла́нтику на прива́тній ~і.** They crossed the Atlantic by a private yacht. **перего́нова** racing ◊ **Перего́нова я. не ду́же годи́ться для відпочинко́вих по́дорожей.** A racing yacht is not very good for recreational cruises. **крéйсерська** cruising; **вітри́льна** sailing, **мото́рна** motor
v. + **я. замовля́ти ~у** charter a yacht ◊ **Вони́ замо́вили лю́ксову ~у.** They chartered a luxury yacht. (**пришварто́вувати** moor); **пла́вати ~ою** cruise on a yacht ◊ **Усе́ товари́ство пла́вало вітри́льною ~ою.** The entire company cruised on a sailing yacht.
prep. **на ~ту** *dir.* onboard a yacht ◊ **Вони́ взяли́ на ~у бі́льше, як тре́ба.** They took more than was necessary on board the yacht. **на ~і** *posn.* ◊ **На ~і доста́тньо мі́сця.** There is enough space on board the yacht.
See **корабе́ль.** *Also see* **судно́, чо́вен**

ячм|і́нь[1], *m.*, **~е́ню**
barley, barley grain ◊ **У селі́ традиці́йною культу́рою є я.** Barley is the traditional crop in the village,. ◊ **Усі́ п'ять со́ртів пи́ва ва́рять із ~е́ню.** All five varieties of beer are brewed of barley. ◊ **Ко́ней году́ють сі́ном і ~е́нем.** The horses are fed with hay and barley.
See **зерно́ 1.** *Also see* **жи́то, пшени́ця**

ячм|і́нь[2], *m.*, **~еня́**, *med.*
sty
adj. **вели́кий** big, **невели́кий** small ◊ **Я. був невели́ким.** The sty was small. **сверблячи́й** itchy, **черво́ний** red
v. + **я. виліко́вувати я.** cure a sty ◊ **Марі́йка навчи́ла си́на наро́дного спо́собу виліко́вувати я.** Mariika taught her son a folk method to cure a sty. (**лікува́ти** treat; **ма́ти** have) ◊ **Вона́ ніко́ли не ма́ла ~еня́.** She never had a sty. **позбува́тися ~еня́** get rid of a sty
я. + *v.* **виска́кувати** *and* **вила́зити** pop up ◊ **В Андрі́я на о́ці ви́ліз я.** A sty popped up on Andrii's eye. **з'явля́тися** appear

я́щик, *m.*, **~а**
crate, case, box
adj. **вели́кий** large ◊ **Усі́ її́ пожи́тки спако́вано до вели́кого ~а.** All her effects are packed in a large case. **квадра́тний** square ◊ **квадра́тний я. з-під вина́** a square wine case; **прямоку́тний** rectangular, **по́вний** full ◊ **три ~и, по́вні я́блук** three crates full of apples; **поро́жній** empty; **переве́рнутий** upturned; **дерев'я́ний** wooden, **метале́вий** metal, **пластма́совий** plastic; **розби́тий** broken, **розтро́щений** smashed ◊ **Підло́га гурті́вні всі́яна розтро́щеними ~ами.** The warehouse floor is littered with smashed crates. **міцни́й** sturdy
я. + *n.* **я. молока́** a case of milk (**вина́** wine, **горі́лки** vodka, **пи́ва** beer, **шампа́нського** champagne) ◊ **На уроди́ни він мав ці́лий я. шампа́нського.** He had an entire case of champagne for his birthday.
n. + **я. гора́ ~ів** a mountain of cases (**ку́па** heap, **стіг** stack, **шта́бель** pile) ◊ **Під стіно́ю стоя́ть шта́белі ~ів.** There are piles of cases standing under the wall.
v. + **я. ванта́жити я.** + *I.* load a case with sth ◊ **Ада́м наванта́жив по́вний я. книжка́ми.** Adam loaded a full case with books. ◊ **Наді́йка помага́ла йому́ ванта́жити ~и в ба́ґажник.** Nadiyka helped him load the cases in the trunk. (**відкрива́ти** open; **напо́внювати** + *I.* fill with sth, **пакува́ти** + *I.* pack with sth; **розванта́жувати** unload, **розпако́вувати** unpack; **ста́вити** put; **пакува́ти** + *A.* **в** pack sth in/to) ◊ **Вони́ спакува́ли архі́в у ~и.** They packed the archive in boxes. **грома́дити ~и** pile cases
я. + v. **мі́стити** + *A.* contain sth ◊ **Оста́нній я. місти́в особли́во ці́нні світли́ни.** The last case contained particularly valuable photographs.
prep. **в я.** *dir.* in/to a case; **в ~у** *posn.* in a case ◊ **У ~ку ще лиша́ється мі́сце.** There is still room left in the case. **до ~а** into a case ◊ **Поклади́ па́пки до ме́ншого ~ка.** Put the folders in the smaller case. **з ~а** from/out of a case ◊ **Із ~ка ви́лізла ми́шка.** A little mouse crept out of the case. **я. з** + *I.* a case of sth ◊ **невели́кий фане́рний я. з тесля́рським реманéнтом** a small plywood crate with carpenter's tools
Cf. **коро́бка 1**